Vorwort

Im vergangenen Jahr ist die Strafprozessordnung in erheblicher Weise geändert worden. Es wurden 12 neue Vorschriften eingefügt (§§ 114 c, 114 d, 114 e, 116 b, 119 a, 154 f, 160 b, 202 a, 212, 257 b, 257 c, 473 a) und nicht weniger als 73 Vorschriften geändert (vgl. die Übersicht Seite XLIX und XLX). Die wesentlichsten Änderungen brachten drei jeweils am 29. Juli 2009 erlassene Gesetze, nämlich das Gesetz zur Änderung des Untersuchungshaftrechts (BGBl I 2274), das 2. Opferrechtsreformgesetz (BGBl I 2280) und das Gesetz zur Regelung der Verständigung im Strafverfahren (BGBl I 2353). Letzteres konnte noch bei der Vorauflage in einem Ergänzungsheft berücksichtigt werden; es ist jetzt natürlich in den Kommentartext eingearbeitet. Damit ist die Strafprozessordnung in einem Umfang umgestaltet worden wie schon längere Zeit nicht mehr. Wie sich die gesetzliche Regelung der Verständigung im Strafverfahren in der Praxis auswirken wird, ist noch nicht abzusehen.

Neben den erfolgten Gesetzesänderungen waren wiederum Hunderte von Entscheidungen des BVerfG und des BGH sowie weiterer Gerichte sowie eine Fülle neu erschienenen strafverfahrensrechtlichen Schrifttums zu verarbeiten. Besonders hervorgehoben seien die Festschrift „25 Jahre Arbeitsgemeinschaft Strafrecht des Deutschen Anwaltvereins" sowie die Festschriften für *Volkmar Mehle*, *Heinz Stöckel* und *Klaus Volk* und das Sonderheft der NStZ für *Klaus Miebach*. Aus der Kommentarliteratur wurden die neu erschienenen Bände 6/1 und 8 der 26. Auflage des Löwe-Rosenberg (§§ 213–255 a und §§ 374–448), der KMR bis zur 57. und der Systematische Kommentar bis zur 64. Lieferung sowie die 4. Auflage des Heidelberger Kommentars und die 2. Auflage des Anwaltkommentars berücksichtigt; ferner war neben anderen Lehrbüchern des Strafprozessrechts insbesondere die nunmehr von *Schünemann* gestaltete 26. Auflage des bisher von *Roxin* verantworteten „Strafverfahrensrecht" einzuarbeiten.

Durch die Föderalismusreform (Gesetz vom 28. 8. 2006, BGBl I 2863) wurde das Recht des Straf- und des Untersuchungshaftvollzugs Sache der Länder. Das bewirkte einschneidenden Änderungen bei § 119 StPO; die Untersuchungshaftvollzugsordnung ist inzwischen schon in einer Reihe von Bundesländern (zB Berlin, Nordrhein-Westfalen, Rheinland-Pfalz) durch ein Untersuchungshaftvollzugsgesetz ersetzt worden. Dasselbe gilt in einzelnen Ländern für das StVollzG, das aber weiterhin im Anhang abgedruckt ist, weil es bisher noch in vielen Ländern als Landesrecht weitergilt.

Die Neuauflage befindet sich hinsichtlich Gesetzgebung, Rechtsprechung und Schrifttum durchgängig auf dem Stand vom 1. April 2010; vereinzelt konnten auch noch danach ergangene Entscheidungen und später erschienenes Schrifttum berücksichtigt werden. Unveröffentlichte – nur mit dem Aktenzeichen und dem Entscheidungsdatum zitierte – Entscheidungen des BVerfG und des BGH können im Volltext auf der Internet-Seite der Gerichte aufgefunden werden.

Es freut mich und ich bin dankbar dafür, dass *Jürgen Cierniak* zu meiner Entlastung die Bearbeitung weiterer Vorschriften übernommen hat; die von ihm kommentierten Paragraphen sind aus der Rückseite des Titelblattes zu entnehmen.

Wie stets danken die Bearbeiter den Benutzern des Kommentars herzlich für Anregungen und Hinweise und bitten darum, ihnen solche auch weiterhin zukommen zu lassen. Wir sagen den Herren Dr. Weber und Harm vom Verlag C. H. Beck Dank für die gute Zusammenarbeit. Ich schließe dieses Vorwort wie immer mit einem besonderen Wort des Dankes an meine Frau, die es mir durch ihre liebevolle Fürsorge und Rücksichtnahme ermöglicht, weiterhin die Arbeit der Kommentierung zu leisten.

Landau/Pfalz im Mai 2010 *Lutz Meyer-Goßner*

Beck'sche Kurz-Kommentare

Band 6

Strafprozessordnung

Gerichtsverfassungsgesetz, Nebengesetze und ergänzende Bestimmungen

Erläutert von

Dr. Lutz Meyer-Goßner

Vorsitzender Richter am Bundesgerichtshof a. D.
Honorarprofessor an der Universität Marburg

und

Jürgen Cierniak

Richter am Bundesgerichtshof

53., neu bearbeitete Auflage
des von Otto Schwarz begründeten,
in der 23. bis 35. Auflage von Theodor Kleinknecht und
in der 36. bis 39. Auflage von Karlheinz Meyer
bearbeiteten Werkes

Verlag C. H. Beck München 2010

Es haben bearbeitet:

Meyer-Goßner: Einleitung, §§ 1–51, §§ 57–80 a, §§ 82–93, §§ 112–130, §§ 132–146 a, §§ 151–157, § 160 b, §§ 168–473 a (außer §§ 252, 406 e) StPO, GVG, EGStPO, EGStGB, StrEG

Cierniak: §§ 52–56, §§ 81–81 h, §§ 94–111 p, §§ 131–131 c, §§ 147–149, §§ 158–167 (außer § 160 b), § 252, § 406 e, §§ 474–495 StPO, EGGVG, MRK

Zitiervorschlag: *Meyer-Goßner [Cierniak]*

Verlag C. H. Beck im Internet:
beck.de

ISBN 978 3 406 60600 7

Wilhelmstraße 9, 80801 München

Satz, Druck und Bindung: Druckerei C. H. Beck, Nördlingen
(Adresse wie Verlag)

Gedruckt auf säurefreiem, alterungsbeständigem Papier
(hergestellt aus chlorfrei gebleichtem Zellstoff)

Inhalt

1. Strafprozessordnung

Erstes Buch. Allgemeine Vorschriften

Zweites Buch. Verfahren im ersten Rechtszug

Drittes Buch. Rechtsmittel

3. Anhang. Nebengesetze und ergänzende Bestimmungen

I. Erläuterte Gesetze

II. Andere Gesetze

III. Sonstige Rechtsvorschriften

Abkürzungen

Entscheidungen der Oberlandesgerichte sind durch Angabe der Orte gekennzeichnet, an denen das Gericht seinen Sitz hat (zB Hamm NJW **59**, 317). Der Fettdruck von Gesetzesabkürzungen im Text (zB § 43 **JGG**) weist darauf hin, dass die Vorschrift im Anhang abgedruckt ist.

A .... Anhang
AA .... Auswärtiges Amt
aaO .... am angegebenen Ort
Abg .... Abgeordnete(r)
AbgG .... Gesetz über die Rechtsverhältnisse der Mitglieder des Deutschen Bundestages idF vom 21. 2. 1996 (BGBl I 326; FNA 1101–8) – Sartorius I Nr 48 –
abl .... ablehnend
ABl .... Amtsblatt
Abs .... Absatz, auch bezeichnet mit einer römischen Zahl
Abschn .... Abschnitt
aE .... am Ende
AEUV .... Vertrag über die Arbeitsweise der EU (ABl EU 2008 C 115, S 47)
aF .... alte Fassung
AfP .... Archiv für Presserecht (zitiert nach Jahr und Seite)
AG .... Amtsgericht, Ausführungsgesetz
AK .... Kommentar zur Strafprozessordnung in der Reihe Alternativkommentare (Hrsg. Wassermann). Bd. 1 (Einl – § 93) 1988, Bd 2 Teilbd 1 (§§ 94–212 b) 1992, Teilbd 2 (§§ 213–275) 1993, Bd 3 (§§ 276–477) 1996 (zitiert nach Bearbeiter, Randnummer und Paragraph)
AktG .... Aktiengesetz vom 6. 9. 1965 (BGBl I 1089; III 4121–1) – Schönfelder Nr 51 –
allgM .... allgemeine Meinung
Alt .... Alternative
aM .... anderer Meinung
Amelung .... Amelung, Knut, Rechtsschutz gegen strafprozessuale Grundrechtseingriffe (1976)
Amelung-FS .... Festschrift für Knut Amelung zum 70. Geburtstag (2009)
Amelunxen [B] .... Amelunxen, Clemens, Die Berufung in Strafsachen (1982)
Amelunxen [N] .... Amelunxen, Clemens, Der Nebenkläger im Strafverfahren (1980)
Amelunxen [R] .... Amelunxen, Clemens, Die Revision der Staatsanwaltschaft (1980)
ÄndG .... Änderungsgesetz
ÄndVO .... Änderungsverordnung
Anh .... Anhang
Anl .... Anlage
Anm .... Anmerkung
ANM .... Alsberg/Nüse/Meyer, Der Beweisantrag im Strafprozess (5. Aufl, 1983)
AnwBl .... Anwaltsblatt (zitiert nach Jahr und Seite)
AnwK .... Anwaltskommentar StPO (2. Aufl, 2010, herausgegeben von Wilhelm Krekeler, Markus Löffelmann und Ulrich Sommer, zitiert nach Bearbeiter, Randnummer und Paragraph)
AO .... Abgabenordnung (Anh 6)
AöR .... Archiv des öffentliches Rechts (zitiert nach Band und Seite)
ArbGG .... Arbeitsgerichtsgesetz idF vom 2. 7. 1979 (BGBl I 853, 1036; III 320–1) – Schönfelder Nr 83 –

Abkürzungen

ArchKrim .... Archiv für Kriminologie (zitiert nach Band und Seite)
ArchPF .... Archiv für das Post- und Fernmeldewesen (zitiert nach Jahr und Seite)
Art .... Artikel
Arzt .... Arzt, Günther, Der befangene Strafrichter (1969)
AStBV (St) 2010 .... Anweisungen für das Straf- und Bußgeldverfahren (Steuer) vom 23. 12. 2009
AsylVfG .... Asylverfahrensgesetz idF vom 2. 9. 2008 (BGBl I 1798) – Sartorius I Nr 567 –
ATDG .... Antiterrordateigesetz vom 22. 12. 2006 (BGBl I 3409)
AufenthG .... Gesetz über den Aufenthalt, die Erwerbstätigkeit und die Integration von Ausländern im Bundesgebiet idF vom 25. 2. 2008 (BGBl I 163)
Aufl .... Auflage
AV .... Allgemeine Verfügung
AWG .... Außenwirtschaftsgesetz idF vom 27. 5. 2009 (BGBl I 1150; III 7400–1)
AZRG .... Gesetz über das Ausländerzentralregister vom 2. 9. 1994 (BGBl I 2265)

BA .... Blutalkohol, Wissenschaftliche Zeitschrift für die medizinische und juristische Praxis (zitiert nach Jahr und Seite)
BAG .... Bundesarbeitsgericht; Entscheidungen des Bundesarbeitsgerichts (zitiert nach Band und Seite)
BAnz .... Bundesanzeiger
BÄO .... Bundesärzteordnung idF vom 16. 4. 1987 (BGBl I 1218; III 2122–1)
Bär .... Bär, Wolfgang, Handbuch der EDV-Beweissicherung (2007; zitiert nach Randnummern)
BAT .... Bundesangestelltentarif vom 23. 2. 1961 (GMBl 137)
Baumann .... Baumann, Jürgen, Grundbegriffe und Verfahrensprinzipien des Strafprozessrechts (3. Aufl, 1979)
Baumann-FS .... Festschrift für Jürgen Baumann zum 70. Geburtstag (1992)
Bay .... Bayerisches Oberstes Landesgericht. Mit Zahlen. Sammlung von Entscheidungen in Strafsachen (alte Folge zitiert nach Band und Seite, neue Folge nach Jahr und Seite)
BayAGGVG .... Gesetz zur Ausführung des Gerichtsverfassungsgesetzes und von Verfahrensgesetzen des Bundes vom 23. 6. 1981 (GVBl 188)
BayGZVJu .... Bayerische Verordnung über gerichtliche Zuständigkeiten im Bereich des Staatsministeriums der Justiz vom 2. 2. 1988 (GVBl 6, 97)
BayJMBl .... Bayerisches Justizministerialblatt (zitiert nach Jahr und Seite)
BayPAG .... Bayerisches Polizeiaufgabengesetz idF vom 14. 9. 1990 (GVBl 397) – Ziegler/Tremel Nr 570 –
BayStVollzG .... Bayerisches Strafvollzugsgesetz vom 10. 12. 2007 (GVBl 866)
BayVBl .... Bayerische Verwaltungsblätter (zitiert nach Jahr und Seite)
BayVerf .... Verfassung des Freistaates Bayern vom 2. 12. 1946 (BayBS I 3) – Ziegler/Tremel Nr 850 –
BayVerfGH .... Bayerischer Verfassungsgerichtshof
BayVerfGHE .... Entscheidungen des Bayerischen Verfassungsgerichtshofes (zitiert nach Band und Seite)
BayVSG .... Bayerisches Verfassungsschutzgesetz idF vom 10. 4. 1997 (GVBl S 70)
BB .... Betriebs-Berater (zitiert nach Jahr und Seite)
BBergG .... Bundesberggesetz vom 13. 8. 1980 (BGBl I 1310; III 750–15)
BBG .... Bundesbeamtengesetz vom 5. 2. 2009 (BGBl I 160; III 2030–2-30) – Sartorius I Nr 160 –
BDG .... Bundesdisziplinargesetz vom 9. 7. 2001 (BGBl I 1510; FNA 2031–4) – Sartorius I Nr 220 –
BDiszH .... Bundesdisziplinarhof

BDSG .... Bundesdatenschutzgesetz idF vom 14. 1. 2003 (BGBl. I 66; III 204–1) – Sartorius I Nr 245 –
BeamtStG .... Gesetz zur Regelung des Statusrechts der Beamtinnen und Beamten in den Ländern (Beamtenstatusgesetz) vom 17. 6. 2008 (BGBl I 1010)
BeckOK .... Beck'scher Online-Kommentar zur StPO, zitiert nach Bearbeiter, Randnummer und Paragraph
BeckTKG-Komm .... Beck'scher TKG-Kommentar (3. Aufl, 2006; zitiert nach Bearbeiter, Randnummer und Paragraph)
Begr .... amtl Begründung
Bek .... Bekanntmachung
Bemmann-FS .... Festschrift für Günter Bemmann zum 70. Geburtstag (1997)
ber .... berichtigt
BerlVerfGH .... Berliner Verfassungsgerichtshof
Beulke .... Beulke, Werner, Der Verteidiger im Strafverfahren, Funktionen und Rechtsstellung (1980)
Beulke StP .... Beulke, Werner, Strafprozessrecht (10. Aufl, 2008; zitiert nach Randnummern)
BewHi .... Bewährungshilfe, Fachzeitschrift für Bewährungs-, Gerichts- und Straffälligenhilfe (zitiert nach Jahr und Seite)
BezG .... Bezirksgericht
BfDI .... Bundesbeauftragter für den Datenschutz und die Informationsfreiheit
BFH .... Bundesfinanzhof
BFHE .... Sammlung der Entscheidungen des Bundesfinanzhofes (zitiert nach Jahr und Seite)
BGB .... Bürgerliches Gesetzbuch idF vom 2. 1. 2002 (BGBl I 42, 2909; 2003 I 738; BGBl III 400–2) – Schönfelder Nr 20 –
BGBl I, II, III .... Bundesgesetzblatt Teil I, Teil II, Teil III
BGH .... Bundesgerichtshof; Entscheidungen des Bundesgerichtshofs in Strafsachen (zitiert nach Band und Seite)
BGH-FG .... 50 Jahre Bundesgerichtshof, Festgabe aus der Wissenschaft, Bd IV (2000)
BGH-FS .... Festschrift aus Anlass des fünfzigjährigen Bestehens von Bundesgerichtshof, Bundesanwaltschaft und Rechtsanwaltschaft am Bundesgerichtshof (2000)
BGHR .... BGH-Rechtsprechung in Strafsachen (zitiert nach Paragraph und Stichwort; ist kein Paragraph angegeben, so handelt es sich um eine Entscheidung zu dem kommentierten Paragraphen, ggf zu demselben Absatz und Satz des Paragraphen; ist kein Gesetz angegeben, handelt es sich um das kommentierte Gesetz)
BGHZ .... Entscheidungen des Bundesgerichtshofs in Zivilsachen (zitiert nach Band und Seite)
B/G/K/M .... Brünow/Gatzweiler/Krekeler/Mehle, Strafverteidigung in der Praxis, Bd 1: Grundlagen des Strafverfahrens, Bd 2: Besondere Verfahrensarten (2. Aufl, 2000; zitiert nach Paragraph und Randnummer)
BGSG .... Bundesgrenzschutzgesetz, seit 2005 BPolG
BinSchVfG .... Gesetz über das gerichtliche Verfahren in Binnenschifffahrtssachen vom 27. 9. 1952 (BGBl I 641; III 310–5)
BJagdG .... Bundesjagdgesetz idF vom 28. 9. 1976 (BGBl I 2849; III 792–1)
BKA .... Bundeskriminalamt
BKAG .... Bundeskriminalamtgesetz vom 7. 7. 1997 (BGBl I 1650; III/FNA 2190–1) – Sartorius I Nr 450 –
Blaese/Wielop .... Blaese/Wielop, Die Förmlichkeiten der Revision in Strafsachen (3. Aufl, 1991, zitiert nach Seite)
Blau-FS .... Festschrift für Günter Blau zum 70. Geburtstag (1985)
Blomeyer-GS .... Gedächtnisschrift für Wolfgang Blomeyer (2004)

Abkürzungen

BMF .... Bundesministerium der Finanzen
BMI .... Bundesministerium des Innern
BMinG .... Gesetz über die Rechtsverhältnisse der Mitglieder der Bundesregierung idF vom 27. 7. 1971 (BGBl I 1166; III 1103–1) – Sartorius I Nr 45 –
BMJ .... Bundesministerium/Bundesminister der Justiz
BMVg .... Bundesministerium der Verteidigung
BNotO .... Bundesnotarordnung vom 24. 2. 1961 (BGBl I 98; III 303–1) – Schönfelder Nr 98 a –
Bockelmann-FS .... Festschrift für Paul Bockelmann zum 70. Geburtstag (1979)
Bockemühl .... Bockemühl, Jan, Private Ermittlungen im Strafprozess (1996)
Böhm-FS .... Festschrift für Alexander Böhm zum 70. Geburtstag (1999)
Böttcher-FS .... Festschrift für Reinhard Böttcher zum 70. Geburtstag (2007)
Bohnert .... Bohnert, Joachim, Beschränkungen der strafprozessualen Revision durch Zwischenverfahren (1983)
BORA .... Berufsordnung für Rechtsanwälte
Boujong-FS .... Festschrift für Karlheinz Boujong zum 65. Geburtstag (1996)
BPolG .... Bundespolizeigesetz vom 19. 10. 1994 (BGBl I 2978; 2005 I 1818) – Sartorius I Nr 90 –
BPolZV .... Verordnung über die Zuständigkeit der Bundespolizeibehörden vom 22. 2. 2008 (BGBl I 250)
BPräs .... Bundespräsident
BPräsWahlG .... Gesetz über die Wahl des Bundespräsidenten durch die Bundesversammlung vom 25. April 1959 (BGBl I 230)
BRAO .... Bundesrechtsanwaltsordnung vom 1. 8. 1959 (BGBl I 565; III 303–8) – Schönfelder Nr 98 –
BRat .... Bundesrat
BR-Drucks .... Drucksache des Bundesrates
BReg .... Bundesregierung
BRep .... Bundesrepublik Deutschland
Bringewat .... Bringewat, Peter, Die Bildung der Gesamtstrafe (1987; zitiert nach Randnummer)
Bringewat StVollstr .... Bringewat, Peter, Strafvollstreckung, Kommentar zu den §§ 449–463 d StPO (1993; zitiert nach Paragraph und Randnummer)
Brodag .... Brodag, Strafverfahrensrecht, Kurzlehrbuch zum Ermittlungsverfahren der StPO (11. Aufl. 2005)
BRRG .... Beamtenrechtsrahmengesetz idF vom 31. 3. 1999 (BGBl I 654; III 2030–1) – Sartorius I Nr 150 – außer Kap II und § 135 ab 1. 4. 2009 außer Kraft
Brunner/Dölling .... Brunner, Rudolf, Dölling, Dieter, Jugendgerichtsgesetz, Kommentar (11. Aufl, 2002; zitiert nach Randnummer und Paragraph)
Bruns-FS .... Festschrift für Hans-Jürgen Bruns zum 70. Geburtstag (1978)
BSG .... Bundessozialgericht
BStBl .... Bundessteuerblatt (zitiert nach Jahr und Seite)
BTag .... Bundestag
BT-Drucks .... Drucksache des Bundestages (die erste Zahl bezeichnet die Wahlperiode)
BT-GeschO .... Geschäftsordnung des Deutschen Bundestages idF vom 2. 7. 1980 (BGBl I 1237) – Sartorius I Nr 35 –
BtMG .... Betäubungsmittelgesetz idF vom 1. 3. 1994 (BGBl I 359; III 2121–6–24)
BtPrax .... Betreuungsrechtliche Praxis (zitiert nach Jahr und Seite)
Bumiller/Harders .... Bumiller/Harders, FamFG Freiwillige Gerichtsbarkeit, Kurzkommentar (9. Aufl, 2009; zitiert nach Randnummer und Paragraph)
Burhoff ErmV .... Burhoff, Detlef, Handbuch für das strafrechtliche Ermittlungsverfahren (5. Aufl, 2010; zitiert nach Randnummern)
Burhoff HV .... Burhoff, Detlef, Handbuch für die strafrechtliche Hauptverhandlung (6. Aufl, 2010; zitiert nach Randnummern)

Busse/Volbert/Steller ..... Busse/Volbert/Steller, Belastungserleben von Kindern in Hauptverhandlungen; Abschlussbericht eines Forschungsprojekts im Auftrag des BMJ (1996)
BVerfG .... Bundesverfassungsgericht
BVerfGE .... Entscheidungen des Bundesverfassungsgerichts (zitiert nach Band und Seite)
BVerfGG .... Gesetz über das Bundesverfassungsgericht idF vom 11. 8. 1993 (BGBl I 1474; III 1104–1) – Sartorius I Nr 40 –
BVerfSchG .... Bundesverfassungsschutzgesetz vom 20. 12. 1990 (BGBl I 2954; III 12–4) – Sartorius I Nr 80 –
BVerwG .... Bundesverwaltungsgericht
BVerwGE .... Entscheidungen des Bundesverwaltungsgerichts (zitiert nach Band und Seite)
BW .... Baden-Württemberg
BWAGGVG .... Baden-Württembergisches Gesetz zur Ausführung des Gerichtsverfassungsgesetzes und von Verfahrensgesetzen der ordentlichen Gerichtsbarkeit vom 16. 12. 1975 (GBl 868)
BWG .... Bundeswahlgesetz idF vom 23. 7. 1993 (BGBl I 1288; III 111–1) – Sartorius I Nr 30 –
BwVollzO .... Bundeswehrvollzugsordnung vom 29. 11. 1972 (BGBl I 2205; III 452–3) – Piller/Herrmann Nr 2 m –
BZR .... Bundeszentralregister
BZRG .... Bundeszentralregistergesetz (Anh 7)

Calliess/Müller-Dietz .... Calliess/Müller-Dietz, Strafvollzugsgesetz, Kurzkommentar (10. Aufl, 2005; zitiert nach Randnummer und Paragraph)
CR .... Computer und Recht (zitiert nach Jahr und Seite)

Dahs .... Dahs, Hans, Handbuch des Strafverteidigers (7. Aufl, 2005; zitiert nach Randnummer)
Dahs/Dahs .... Dahs/Dahs, Die Revision im Strafprozess, (7. Aufl, 2008; zitiert nach Randnummer)
Dahs-FS .... Festschrift für Hans Dahs zum 70. Geburtstag (2005)
DANA .... Datenschutz Nachrichten (zitiert nach Jahr und Seite)
DAR .... Deutsches Autorecht (zitiert nach Jahr und Seite)
DAR (B) .... Bär, Die Rspr des BayObLG in Verkehrstrafsachen und Bußgeldverfahren (Jahreszusammenstellungen im DAR, 1987 bis 1998)
DAR (Bu) .... Burhoff, Die Rspr des OLG Hamm in Verkehrsstrafsachen und Bußgeldverfahren wegen Verkehrsordnungswidrigkeiten (Jahreszusammenstellungen im DAR, seit 1996)
DAR (G) .... Goydke, Die Rspr des BGH in Verkehrsstrafsachen und Bußgeldverfahren (Jahreszusammenstellungen im DAR, 1990 und 1991)
DAR (L) .... Lempuhl, Die Rspr des BayObLG in Verkehrsstrafsachen und Bußgeldverfahren wegen Ordnungswidrigkeiten (Jahreszusammenstellungen im DAR, seit 1999)
DAR (M) .... Martin, Die Rspr des BGH in Verkehrsstrafsachen (Jahreszusammenstellungen im DAR, 1953 bis 1975)
DAR (N) .... Nehm, Die Rspr des BGH in Verkehrsstrafsachen und Bußgeldverfahren (Jahreszusammenstellungen im DAR, 1992 bis 1994)
DAR (R) .... Rüth, Die Rspr des BayObLG in Verkehrsstrafsachen und Bußgeldverfahren (Jahreszusammenstellungen im DAR, 1963 bis 1986)
DAR (Sp) .... Spiegel, Die Rspr des BGH in Verkehrsstrafsachen und Bußgeldverfahren (Jahreszusammenstellungen im DAR, 1976 bis 1989)
DAR (Te) .... Tepperwien, Die Rspr des BGH in Verkehrsstrafsachen und Bußgeldverfahren (Jahreszusammenstellungen im DAR seit 2003)
DAR (To) .... Tolksdorf, Die Rspr des BGH in Verkehrsstrafsachen und Bußgeldverfahren (Jahreszusammenstellungen im DAR, 1995 bis 2002)
DAV-FS .... Festschrift 25 Jahre Arbeitsgemeinschaft Strafrecht des Deutschen Anwaltvereins (2009)

Abkürzungen

DB	Der Betrieb (zitiert nach Jahr und Seite)
Dencker	Dencker, Friedrich, Verwertungsverbote im Strafprozess (1977)
desgl	desgleichen
dh	das heißt
Diemer/Schoreit/ Sonnen	Diemer/Schoreit/Sonnen, Kommentar zum Jugendgerichtsgesetz (5. Aufl, 2008; zitiert nach Paragraph und Randnummer)
Dippel	Dippel, Karlhans, Die Stellung des Sachverständigen im Strafprozess (1986)
Diss	Dissertation
DJT	Deutscher Juristentag
DNotZ	Deutsche Notar-Zeitschrift (zitiert nach Jahr und Seite)
DÖV	Die Öffentliche Verwaltung (zitiert nach Jahr und Seite)
DRB	Deutscher Richterbund
Dreher-FS	Festschrift für Eduard Dreher znm 70. Geburtstag (1977)
DRiG	Deutsches Richtergesetz
DRiZ	Deutsche Richterzeitung (zitiert nach Jahr und Nummer, ab 1950 nach Jahr und Seite)
DRZ	Deutsche Rechtszeitschrift (zitiert nach Jahr und Seite)
DStR	Deutsches Steuerrecht (zitiert nach Jahr und Seite)
DStZ	Deutsche Steuerzeitung (zitiert nach Jahr und Seite)
DtZ	Deutsch-Deutsche Rechtszeitschrift (zitiert nach Jahr und Seite)
DuD	Datenschutz und Datensicherheit (zitiert nach Jahr und Seite)
Dünnebier-FS	Festschrift für Hanns Dünnebier (1982)
DVBl	Deutsches Verwaltungsblatt (zitiert nach Jahr und Seite)
DVO	Durchführungsverordnung
EAG	Europäische Atomgemeinschaft
EBAO	Einforderungs- und Beitreibungsanordnung vom 25. 11. 1974 (BAnz Nr 230) – Piller/Herrmann Nr 10 Anlage I –
EbSchmidt	Eberhard Schmidt, Lehrkommentar zur Strafprozessordnung und zum Gerichtsverfassungsgesetz (Teil I – 2. Aufl – 1964; zitiert nach Randnummer; Teil II 1957, Teil III 1960; zitiert nach Randnummer und Paragraph)
EbSchmidt-FS	Festschrift für Eberhard Schmidt zum 70. Geburtstag (1961)
EbSchmidt Nachtr	Eberhard Schmidt, Nachträge und Ergänzungen zu Teil II des Lehrkommentars (1967)
EbSchmidt Nachtr II	Eberhard Schmidt, Nachträge und Ergänzungen zu Teil II des Lehrkommentars (1970)
Eckert-GS	Gedächtnisschrift für Jörn Eckert (2008)
EDV	Elektronische Datenverarbeitung
EG	Europäische Gemeinschaften
EGGVG	Einführungsgesetz zum Gerichtsverfassungsgesetz (Anh 2)
EGH	Ehrengerichtshof
EGMR	Europäischer Gerichtshof für Menschenrechte
EGOWiG	Einführungsgesetz zum Gesetz über Ordnungswidrigkeiten vom 24. 5. 1968 (BGBl I 503; III 454–2)
EGStGB	Einführungsgesetz zum Strafgesetzbuch (Anh 3)
EGStPO	Einführungsgesetz zur Strafprozessordnung (Anh 1)
EGV	Vertrag zur Gründung der Europäischen Gemeinschaft vom 25. 3. 1957 (BGBl II 766) idF des Vertrags über die Europäische Union vom 7. 2. 1992 (BGBl II 1253/1256) – Sartorius II Nr 150 –
EGWStG	Einführungsgesetz zum Wehrstrafgesetz vom 30. 3. 1957 (BGBl I 306; III 452–1)
Einf	Einführung
Einl	Einleitung
einschr	einschränkend
Eisenberg	Eisenberg, Ulrich, Jugendgerichtsgesetz mit Erläuterungen (14. Aufl, 2010; zitiert nach Paragraph und Randnummer)

Eisenberg BR	Eisenberg, Ulrich, Beweisrecht der StPO (6. Aufl, 2008; zitiert nach Randnummern)
Eisenberg-FS	Festschrift für Ulrich Eisenberg zum 70. Geburtstag (2009)
EKMR	Europäische Kommission für Menschenrechte
Ellersiek	Ellersiek, Dirk, Die Beschwerde im Strafprozess (1981)
Engisch-FS	Festschrift für Karl Engisch (1969)
entspr	entsprechend(e)(en)(er)
ER	Ermittlungsrichter
Erbs/Kohlhaas	Erbs/Kohlhaas, Strafrechtliche Nebengesetze, Loseblattkommentar
erg	ergänzend
Erker	Erker, Martin, Das Beanstandungsrecht gemäß § 238 II StPO (1988)
Erl	Erlass
Eser-FS	Festschrift für Albin Eser zum 70. Geburtstag (2005)
EStG	Einkommensteuergesetz idF vom 8. 10. 2009 (BGBl I 3366)
EU	Europäische Union
EuAbgG	Europaabgeordnetengesetz vom 6. 4. 1979 (BGBl I 413; III 111–6)
EuAlÜbk	Europäisches Auslieferungsübereinkommen vom 13. 12. 1957 (BGBl 1964 II 1371; 1976 II 1778)
EuGH	Europäischer Gerichtshof (Gerichtshof der Europäischen Gemeinschaften)
EuGRZ	Europäische Grundrechte (Zeitschrift; zitiert nach Jahr und Seite)
EuRAG	Gesetz zur Umsetzung von Richtlinien der Europäischen Gemeinschaft auf dem Gebiet des Berufsrechts der Rechtsanwälte vom 9. März 2000 (BGBl I 182)
EuRHÜbk	Europäisches Übereinkommen über die Rechtshilfe in Strafsachen vom 20. 4. 1959 (BGBl 1964 II 1369, 1386; 1976 II 1799) und vom 29. 5. 2000 (BGBl 2005 II 651)
EuZW	Europäische Zeitung für Wirtschaftsrecht (zitiert nach Jahr und Seite)
EV	Einigungsvertrag (Vertrag zwischen der Bundesrepublik Deutschland und der Deutschen Demokratischen Republik über die Herstellung der Einheit Deutschlands) vom 31. 8. 1990 (BGBl II 889)
ev	eventuell
EWG	Europäische Wirtschaftsgemeinschaft
EWR	Europäischer Wirtschaftsraum
EzSt	Entscheidungssammlung zum Straf- und Ordnungswidrigkeitenrecht (Loseblattsammlung)
FA	Finanzamt
FAG	Gesetz über Fernmeldeanlagen idF vom 3. 7. 1989 (BGBl I 1455; III 9020–1)
Fahl	Fahl, Christian, Rechtsmissbrauch im Strafprozess (2004; zitiert nach Seite)
Faller-FS	Festschrift für Hans-Joachim Faller (1984)
FamFG	Gesetz über das Verfahren in Familiensachen und in den Angelegenheiten der freiwilligen Gerichtsbarkeit vom 17. 12. 2008 (BGBl I 2587)
FamRZ	Ehe und Familie im privaten und öffentlichen Recht (zitiert nach Jahr und Seite)
FeV	Verordnung über die Zulassung von Personen zum Straßenverkehr (Fahrerlaubnis-Verordnung) vom 18. 8. 1998 (BGBl I 2214)
Fezer	Fezer, Gerhard, Strafprozessrecht (2. Aufl, 1995; zitiert nach Fallnummer und Randnummer)
Fezer-FS	Festschrift für Gerhard Fezer zum 70. Geburtstag (2008)
ff	folgende
FG	Festgabe, Finanzgericht
FGG	Gesetz über die Angelegenheiten der freiwilligen Gerichtsbarkeit idF vom 20. 5. 1898 (RGBl 771; BGBl III 315–1) – Schönfelder Nr 112 –

Abkürzungen

FGG-RG	FGG-Reformgesetz vom 17. 12. 2008 (BGBl I 2586)
FGO	Finanzgerichtsordnung vom 28. 3. 2001 (BGBl I 442; III 350–1)
FinB	Finanzbehörde
Fischer	Fischer, Strafgesetzbuch und Nebengesetze (57. Aufl, 2010; zitiert nach Randnummer und Paragraph)
FlRG	Flaggenrechtsgesetz idF vom 26. 10. 1994 (BGBl I 3140; III 9514–1)
Fn	Fußnote
Franke/Wienroeder	Franke/Wienroeder, BtMG, Teil II: Strafprozessrecht (3. Aufl, 2008; zitiert nach Randnummer)
Franzen/Gast/Joecks	Franzen/Gast/Joecks, Steuerstrafrecht (7. Aufl, 2009; zitiert nach Bearbeiter, Randnummer und Paragraph)
Friebertshäuser-FG	Festgabe für den Strafverteidiger Heino Friebertshäuser (1997)
Frowein/Peukert	Frowein/Peukert, EMRK-Kommentar (2. Aufl, 1996)
FS	Festschrift
G	Gesetz
G 10	Gesetz zur Beschränkung des Brief-, Post- und Fernmeldegeheimnisses (Anh 11)
GA	Goltdammers Archiv für Strafrecht (zitiert nach Jahr und Seite)
GA-FS	140 Jahre Goltdammers Archiv für Strafrecht. Eine Würdigung zum 70. Geburtstag von Paul-Günter Pötz (1993)
GABl	Gemeinsames Amtsblatt
Gallas-FS	Festschrift für Wilhelm Gallas (1973)
GBA	Generalbundesanwalt
GBl	Gesetzblatt
GebGabe	Geburtstagsgabe
GedSchr	Gedächtnisschrift
Geerds	Geerds, Friedrich, Vernehmungstechnik (5. Aufl, 1976)
Geerds-FS	Festschrift für Friedrich Geerds zum 70. Geburtstag (1995)
Geiß-FS	Festschrift für Karlmann Geiß zum 65. Geburtstag (2000)
Ges	Gesetz
GeschO	Geschäftsordnung
GeschOBGH	Geschäftsordnung des Bundesgerichtshofes vom 3. 3. 1952 (BAnz Nr 83 vom 30. 4. 1952)
GewO	Gewerbeordnung idF vom 22. 2. 1999 (BGBl I 202; III 7100–1) – Sartorius I Nr 800 –
GG	Grundgesetz für die Bundesrepublik Deutschland vom 23. 5. 1949 (BGBl 1; III 100–1) – Schönfelder Nr 1, Sartorius Nr 1 –
ggf	gegebenenfalls
GKG	Gerichtskostengesetz vom 5. 5. 2004 (BGBl I 718) – Schönfelder Nr 115 –
Glaser	Glaser, Michael, Der Rechtsschutz nach § 98 Abs. 2 Satz 2 StPO (2008)
GmbH	Gesellschaft mit beschränkter Haftung
GMBl	Gemeinsames Ministerialblatt
GmS-OGB	Gemeinsamer Senat der obersten Gerichtshöfe des Bundes
GnO	Gnadenordnung
Göhler	Göhler, Erich, Gesetz über Ordnungswidrigkeiten (15. Aufl, 2009; zitiert nach Randnummer und Paragraph)
Göhler/Buddendiek/Lenzen	Göhler/Buddendiek/Lenzen, Lexikon des Nebenstrafrechts (Loseblattausgabe – 2. Aufl, 1996) = Registerband zu Erbs/Kohlhaas (zitiert nach Randnummer oder Stichwort)
Gössel	Gössel, Karl Heinz, Strafverfahrensrecht (1977)
Gössel-FS	Festschrift für Karl Heinz Gössel zum 70. Geburtstag (2002)
Gollwitzer-Koll	Kolloquium für Dr. Walter Gollwitzer zum 80. Geburtstag am 16. 1. 2004

Grabenwarter	Grabenwarter, Christoph, Europäische Menschenrechtskonvention (2003)
Graßhof-FG	Der verfasste Rechtsstaat, Festgabe für Karin Graßhof (1998)
GRUR	Gewerblicher Rechtsschutz und Urheberrecht (zitiert nach Jahr und Seite)
GrS	Großer Senat
Grünwald	Grünwald, Gerald, Die Teilrechtskraft in Strafsachen (1964)
Grünwald BewR	Grünwald, Gerald, Das Beweisrecht der Strafprozessordnung (1993)
Grünwald-FS	Festschrift für Gerald Grünwald zum 70. Geburtstag (1999)
Grützner-GebGabe	Aktuelle Probleme des Internationalen Strafrechts. Beiträge zur Gestaltung des Internationalen und eines supranationalen Strafrechts. Heinrich Grützner zum 65. Geburtstag (1970)
Grunst	Grunst, Bettina, Prozesshandlungen im StrafProzess (2002)
GS	Gesetzessammlung
GStA	Generalstaatsanwalt
GSSt	Großer Senat für Strafsachen
Guradze	Guradze, Heinz, MRK-Kommentar (1968; zitiert nach Randnummer und Paragraph)
GüKG	Güterkraftverkehrsgesetz vom 22. 6. 1998 (BGBl I 1485) – Sartorius I Nr 952 –
GÜV	Gesetz zur Überwachung strafrechtlicher und anderer Verbringungsverbote vom 24. 5. 1961 (BGBl I 607; III 12–2)
GVBl, GVOBl	Gesetz- und Verordnungsblatt
GVG	Gerichtsverfassungsgesetz
GVNW	Gesetz und Verordnungsblatt für das Land Nordrhein-Westfalen
GWB	Gesetz gegen Wettbewerbsbeschränkungen idF vom 15. 7. 2005 (BGBl I 2114; III 703–1) – Schönfelder Nr 74 –
GwG	Gesetz über das Aufspüren von Gewinnen aus schweren Straftaten (Geldwäschegesetz) vom 13. 8. 2008 (BGBl I 1690; III 7613–1)
Hamm-FS	Festschrift für Rainer Hamm zum 65. Geburtstag (2008)
Hanack-FS	Festschrift für Ernst-Walter Hanack zum 70. Geburtstag (1999)
Hanack-Symp	Aktuelle Probleme der Strafrechtspflege, Beiträge eines Symposion anlässlich des 60. Geburtstages von Ernst- Walter Hanack (1991)
Hartmann	Hartmann, Peter, Kostengesetze (40. Aufl, 2010, zitiert nach Randnummer)
HbFAStrR	Handbuch des Fachanwalts Strafrecht (4. Aufl, 2009; zitiert nach Teil, Kapitel und Randnummer)
Heckmann	Heckmann, Dirk, Internetrecht (2. Aufl, 2009; zitiert nach Randnummer und Paragraph)
Heghmanns	Heghmanns, Michael, Das Arbeitsgebiet des Staatsanwalts (4. Aufl, 2010; zitiert nach Randnummer)
Heghmanns/Scheffler	Heghmanns Michael/Scheffler Uwe, Handbuch zum Strafverfahren (2008, zitiert nach Bearbeiter, Kapitel und Randnummer)
Heinitz-FS	Festschrift für Ernst Heinitz zum 70. Geburtstag (1972)
Hellebrand	Hellebrand, Johannes, Die Staatsanwaltschaft (1999; zitiert nach Randnummer)
Hellmann	Hellmann, Uwe, Strafprozessrecht (2. Aufl, 2005; zitiert nach Randnummer)
Henkel	Henkel, Heinrich, Strafverfahrensrecht (2. Aufl, 1968)
Henkel-FS	Grundfragen der gesamten Strafrechtswissenschaft. Festschrift für Heinrich Henkel zum 70. Geburtstag (1974)
Hentschel	Hentschel, Peter, Trunkenheit, Fahrerlaubnisentziehung, Fahrverbot im Straf- und Ordnungswidrigkeitenrecht (10. Aufl, 2006; zitiert nach Randnummer)
Herzberg-FS	Festschrift für Rolf Dietrich Herzberg zum 70. Geburtstag (2008)
HESt	Höchstrichterliche Entscheidungen. Sammlung von Entscheidungen der Oberlandesgerichte und der Obersten Gerichte in Strafsachen (1948–49; zitiert nach Band und Seite)

Abkürzungen

Heusinger-EG .... Ehrengabe für Bruno Heusinger (1968)
HGB .... Handelsgesetzbuch vom 10. 5. 1897 (RGBl 219; BGBl III 4100–1) – Schönfelder Nr 50 –
Hilger-FG .... Datenübermittlungen und Vorermittlungen. Festgabe für Hans Hilger (2003)
HinterlO .... Hinterlegungsordnung vom 10. 3. 1937 (RGBl I 285; als Bundesrecht aufgehoben mit Wirkung vom 1. 12. 2010, BGBl 2007 I, 2614, 2616)
HintG NW .... Hinterlegungsgesetz Nordrhein-Westfalen vom 16. 3. 2010 (GVBl 192)
Hirsch-FS .... Festschrift für Hans Joachim Hirsch zum 70. Geburtstag (1999)
HK .... Heidelberger Kommentar zur Strafprozessordnung (4. Aufl, 2009; zitiert nach Bearbeiter, Randnummer und Paragraph)
HK-GS .... Handkommentar Gesamtes Strafrecht (2008; zitiert nach Bearbeiter, Randnummer und Paragraph)
hM .... herrschende Meinung
HmbAGGVG .... Hamburgisches Gesetz zur Ausführung des Gerichtsverfassungsgesetzes vom 31. 5. 1965 (GVBl 99)
HmbUVollzG .... Hamburgisches Untersuchungshaftvollzugsgesetz vom 15. 12. 2009 (GVBl 473)
Honig-FS .... Festschrift für R. M. Honig zum 80. Geburtstag (1970)
HRR .... Höchstrichterliche Rechtsprechung (zitiert nach Jahr und Nummer)
HRRS .... Onlinezeitschrift für Höchstrichterliche Rechtsprechung zum Strafrecht. Internetzeitung für Strafrecht – www.hrr-strafrecht.de – 2000 ff
HRRS-Fezer-FG .... HRRS-Festgabe für Gerhard Fezer zum 70. Geburtstag (2008)
Hs .... Halbsatz
HSOG .... Hessisches Gesetz über die öffentliche Sicherheit und Ordnung idF vom 14. 1. 2005 (GVBl I 14)

idF .... in der Fassung (der Bekanntmachung)
idR .... in der Regel
ieS .... im engeren Sinn
IFSG .... Gesetz zur Verhütung und Bekämpfung von Infektionskrankheiten beim Menschen vom 20. 7. 2000 (BGBl I 1045)
InsO .... Insolvenzordnung vom 5. 10. 1994 (BGBl I 2866; III/FNA 311–13) – Schönfelder Nr. 110 –
IntKommEMRK .... Internationaler Kommentar zur Europäischen Menschenrechtskonvention, bearbeitet von Golsong, Karl, Miehsler, Petzold, Rogge, Vogler, Wildhaber
IPRax .... Praxis des Internationalen Privat- und Verfahrensrechts (zitiert nach Jahr und Seite)
IRG .... Gesetz über die internationale Rechtshilfe in Strafsachen idF vom 27. 6. 1994 (BGBl I 1537)
iS .... im Sinne
Isak/Wagner .... Isak/Wagner, Strafvollstreckung, Handbuch der Rechtspraxis Band 9 (7. Aufl, 2004; zitiert nach Randnummer)
Isele .... Isele, Walter, Bundesrechtsanwaltsordnung (1976)
IStGH .... Internationaler Strafgerichtshof
IStGHG .... Gesetz über die Zusammenarbeit mit dem Internationalen Strafgerichtshof vom 21. 6. 2002 (BGBl I 2144)
ITRB .... Der IT-Rechts-Berater (zitiert nach Jahr und Seite)
iVm .... in Verbindung mit
iwS .... im weiteren Sinn

JA .... Juristische Arbeitsblätter (zitiert nach Jahr und Seite)
Jäger .... Jäger, Christian, Beweisverwertung und Beweisverwertungsverbote im Strafprozess (2003)
Jahn .... Gutachten C für den 67. Deutschen Juristentag 2008

Jahn/Nack	Jahn/Nack, Strafprozessrechtspraxis und Rechtswissenschaft – getrennte Welten? (2008)
JahrassPieroth	JarassPieroth, Grundgesetz für die Bundesrepublik Deutschland (9. Aufl, 2007; zitiert nach Randnummer und Paragraph)
Jahrreiss-FS	Festschrift für Hermann Jahrreiss (1964)
Janiszewski	Janiszewski, Horst, Verkehrsstrafrecht (5. Aufl, 2004; zitiert nach Randnummer)
JBeitrO	Justizbeitreibungsordnung vom 11. 3. 1937 (RGBl I 298; BGBl III 365–1) – Schönfelder Nr 122 –
JBl	Justizblatt
JBlRP	Justizblatt Rheinland-Pfalz
Jescheck-FS	Festschrift für Hans-Heinrich Jescheck zum 70. Geburtstag (1985)
Jessnitzer/Ulrich	Jessnitzer/Ulrich, Der gerichtliche Sachverständige. Ein Handbuch für die Praxis (11. Aufl, 2001; zitiert nach Randnummer)
JGG	Jugendgerichtsgesetz (Anh 8)
JKomG	Justizkommunikationsgesetz vom 22. 3. 2005 (BGBl I 837)
JM	Justizminister, Justizministerium
JMBl	Justizministerialblatt
JMBlNW	Justizministerialblatt für das Land Nordrhein-Westfalen (zitiert nach Jahr und Seite)
Joecks	Joecks, Wolfgang, Strafprozessordnung – Studienkommentar (2. Aufl, 2008; zitiert nach Paragraph und Randnummer)
JP	Juristische Person
JR	Juristische Rundschau (zitiert nach Jahr und Seite)
JugG	Jugendgericht
JugK	Jugendkammer
JugSchG	Jugendschöffengericht
JuMiG	Justizmitteilungsgesetz und Gesetz zur Änderung kostenrechtlicher Vorschriften und anderer Gesetze vom 18. 6. 1997 (BGBl I 1430)
JuMoG	Justizmodernisierungsgesetz (1. JuMoG vom 24. 8. 2004, BGBl I 2198; 2. JuMoG vom 22. 12. 2006, BGBl I 3416)
Jung-FS	Festschrift für Heike Jung zum 65. Geburtstag (2007)
Jung/Müller-Dietz	Dogmatik und Praxis des Strafverfahrens. Beiträge anlässlich des Colloquiums zum 65. Geburtstag von Gerhard Kielwein (1989)
Jura	Juristische Ausbildung (zitiert nach Jahr und Seite)
JurBüro	Das Juristische Büro (zitiert nach Jahr und Spalte)
JurPC	Internet-Zeitschrift für Rechtsinformatik
JuS	Juristische Schulung (zitiert nach Jahr und Seite)
Justiz	Die Justiz – Amtsblatt des Justizministeriums Baden-Württemberg (zitiert nach Jahr und Seite)
JV	Justizverwaltung
JVA	Justizvollzugsanstalt
JVBl	Justizverwaltungsblatt (zitiert nach Jahr und Seite)
JVEG	Justizvergütungs- und -entschädigungsgesetz vom 5. 5. 2004 (BGBl I 776)
JVerwA	Justizverwaltungsakt
JVerwB	Justizverwaltungsbehörde
JVollzGB BW	Gesetzbuch über den Justizvollzug in Baden-Württemberg – Justizvollzugsgesetzbuch – vom 10. 11. 2009 (GBl 545)
JW	Juristische Wochenschrift (zitiert nach Jahr und Seite)
JZ	Juristenzeitung (zitiert nach Jahr und Seite)
K&R	Kommunikation und Recht (zitiert nach Jahr und Seite)
Kaiser-FS	Festschrift für Günter Kaiser zum 70. Geburtstag (1998)
Kap	Kapitel
Katholnigg	Katholnigg, Oskar, Strafgerichtsverfassungsrecht (3. Aufl, 1999)
A. Kaufmann-GedSchr	Gedächtnisschrift für Armin Kaufmann (1989)
H. Kaufmann-GedSchr	Gedächtnisschrift für Hilde Kaufmann (1986)
Kaum	Kaum, Markus, Der Beistand im Strafprozessrecht (1992)

Keidel	Keidel, Theodor, FamFG (16. Aufl, 2009; zitiert nach Randnummer und Paragraph)
Keller-GS	Gedächtnisschrift für Rolf Keller (2003)
Kern-FS	Tübinger Festschrift für Eduard Kern zum 80. Geburtstag (1968)
Kfz	Kraftfahrzeug
Kissel/Mayer	Kissel/Mayer, Otto Rudolf und Mayer, Herbert, Gerichtsverfassungsgesetz, Kommentar (5. Aufl, 2008; zitiert nach Randnummer und Paragraph)
KG	Kammergericht
KK	Karlsruher Kommentar zur Strafprozessordnung (6. Aufl, 2008; zitiert nach Bearbeiter, Randnummer und Paragraph)
KK/OWiG	Karlsruher Kommentar zum Gesetz über Ordnungswidrigkeiten (2. Aufl, 2000; zitiert nach Bearbeiter, Randnummer und Paragraph)
Kleinknecht-FS	Strafverfahren im Rechtsstaat. Festschrift für Theodor Kleinknecht zum 75. Geburtstag (1985)
Klug-FS	Festschrift für Ulrich Klug zum 70. Geburtstag (1983)
KMR	Loseblattkommentar zur Strafprozessordnung, begründet von Kleinknecht/Müller/Reitberger, 7. Aufl, 1980, herausgegeben von Müller/Sax/Paulus; 8. Aufl, 1990, herausgegeben von Fezer/Paulus, nunmehr herausgegeben von v. Heintschel-Heinegg/Stöckel, bis zur 41. Aktualisierungslieferung; zitiert nach Bearbeiter, Paragraph und Randnummer
Koch-FG	Strafverteidigung und Strafprozess. Festgabe für Ludwig Koch (1989)
Kohlmann-FS	Festschrift für Günter Kohlmann zum 70. Geburtstag (2003)
KonsG	Gesetz über die Konsularbeamten, ihre Aufgaben und Befugnisse vom 11. 9. 1974 (BGBl I 2317; III 27–5) – Sartorius I Nr 570 –
Kopp/Schenke	Kopp/Schenke, Verwaltungsgerichtsordnung (16. Aufl, 2009)
KostO	Gesetz über die Kosten in Angelegenheiten der freiwilligen Gerichtsbarkeit idF vom 26. 7. 1957 (BGBl I 861, 960; III 361–1) – Schönfelder Nr 119 –
KostRÄndG 1994	Gesetz zur Änderung von Kostengesetzen und anderen Gesetzen (Kostenrechtsänderungsgesetz 1994) vom 24. 6. 1994 (BGBl I 1325)
KostRspr	Kostenrechtsprechung, bearb von Lappe, von Eicken, Noll, Schneider, Herget (zitiert nach Gesetz, Paragraph und Nummer)
KostVfg	Durchführungsbestimmungen zu den Kostengesetzen vom 1. 3. 1976 idF vom 1. 6. 1987 (bundeseinheitlich) – Piller/Herrmann Nr 10 –
Krack	Krack, Rolf, Die Rehabilitierung des Beschuldigten im Strafverfahren, 2002
Kramer	Kramer, Bernhard, Grundbegriffe des Strafverfahrensrechts (6. Aufl, 2004; zitiert nach Randnummer)
Krause	Krause, F. W., Zum Urkundenbeweis im Strafprozess (1966)
Krause-FS	Festschrift für Friedrich-Wilhelm Krause zum 70. Geburtstag (1990)
Krause/Nehring	Krause/Nehring, Strafverfahrensrecht in der Polizeipraxis (1978; zitiert nach Randnummer)
Krebs-FG	Festgabe für Albert Krebs aus Anlass seines 70. Geburtstags (1969)
Krey	Krey, Volker, Deutsches Strafverfahrensrecht (Bd 1 2006; Bd 2 2007, zitiert nach Band und Randnummer)
Krey pE	Krey, Volker, Zur Problematik privater Ermittlungen des durch eine Straftat Verletzten, 1994
Krey VE	Krey, Volker und andere, Rechtsprobleme des strafprozessualen Einsatzes Verdeckter Ermittler (BKA-Forschungsreihe, Sonderband, 1993; zitiert nach Randnummern)
KrG	Kreisgericht
krit	kritisch
KritV	Kritische Vierteljahresschrift für Gesetzgebung und Rechtswissenschaft (zitiert nach Jahr und Seite)
Kube/Leineweber	Kube/Leineweber, Polizeibeamte als Zeugen und Sachverständige (2. Aufl, 1980)

Küchenhoff-GedSchr	Recht und Rechtsbesinnung, Gedächtnisschrift für Günther Küchenhoff (1987)
Kühne	Kühne, Hans-Heiner, Strafprozessrecht (7. Aufl, 2006; zitiert nach Randnummer)
Küper-FS	Festschrift für Wilfried Küper zum 70. Geburtstag (2007)
KUG	Gesetz betr das Urheberrecht an Werken der bildenden Künste und der Fotografie vom 9. 1. 1907 (RGBl 7; BGBl III 440–3) – Schönfelder Nr 67 –
KUP	Kriminologie und Praxis, Schriftenreihe der Kriminologischen Zentralstelle e. V.
KVGKG	Kostenverzeichnis zum GKG
KWG	Gesetz über das Kreditwesen (Kreditwesengesetz) idF vom 9. 9. 1998 (BGBl I 2776) – Sartorius II 856 –
KWKG	Gesetz über die Kontrolle von Kriegswaffen vom 20. 4. 1961 (BGBl I 444)
Lackner/Kühl	Lackner, Karl und Kühl, Kristian, Strafgesetzbuch mit Erläuterungen (26. Aufl, 2007)
Lange-FS	Festschrift für Richard Lange zum 70. Geburtstag (1976)
Larenz-FS	Festschrift für Karl Larenz zum 70. Geburtstag (1973)
LBerufsG	Landesberufsgericht
LBG LSA	Beamtengesetz des Landes Sachsen-Anhalt vom 15. 12. 2009 (GVBl 648)
Leferenz-FS	Festschrift für Heinz Leferenz zum 70. Geburtstag (1983)
Leibholz-FS	Festschrift für Gerhard Leibholz zum 65. Geburtstag (1966; Bände 1, 2)
Lenckner-FS	Festschrift für Theodor Lenckner zum 70. Geburtstag (1998)
Lent-FS	Festschrift für Friedrich Lent zum 75. Geburtstag (1957)
LG	Landgericht
Lesch	Lesch, Heiko Hartmut, Strafprozessrecht, 2. Aufl, 2001 (zitiert nach Kapitel und Randnummer)
Lisken-GS	Lauschen im Rechtsstaat, Gedächtnisschrift für Hans Lisken (2004)
Litwinski/Bublies	Litwinski/Bublies, Strafverteidigung im Strafvollzug (1989)
LJV	Landesjustizverwaltung
LK	Strafgesetzbuch Leipziger Kommentar (11. Aufl, herausgegeben von Jähnke, Laufhütte und Odersky, 1992 ff; 12. Aufl, herausgegeben von Laufhütte, Rissing-van Saan und Tiedemann; zitiert nach Bearbeiter, Randnummer und Paragraph)
LKA	Landeskriminalamt
LM	Entscheidungen des Bundesgerichtshofs im Nachschlagewerk des Bundesgerichtshofs von Lindenmaier/Möhring (zitiert nach Nummer und Paragraph)
LMBG	Lebensmittel- und Bedarfsgegenständegesetz idF vom 9. 9. 1997 (BGBl I 2296; III 2125–40–1–2) – Sartorius I Nr 280 –
Löffler	Löffler, Martin, Presserecht (5. Aufl, 2006; zitiert nach Bearbeiter, Randnummer und Paragraph)
Löffler-FS	Festschrift für Martin Löffler (1980)
LPartG	Gesetz über die Eingetragene Lebenspartnerschaft (Lebenspartnerschaftsgesetz) vom 16. 2. 2001 (BGBl I 266)
LPG	Landespressegesetz
LR	Löwe/Rosenberg, Die Strafprozessordnung und das Gerichtsverfassungsgesetz, Großkommentar, (26. Aufl. 2006 Band 1: Einleitung und §§ 1–47; Band 2: §§ 48–93; Band 4: §§ 112–150; Band 5: §§ 151–212 b; sonstige §§ 25. Aufl, 1997 ff; zitiert nach Bearbeiter, Randnummer und Paragraph; Zitate aus Auflagen vor der 25. Aufl. sind besonders gekennzeichnet)
LRE	Sammlung lebensmittelrechtlicher Entscheidungen (zitiert nach Band und Seite)

v. Lübtow-FG .... Festgabe für Ulrich von Lübtow (1980)
Lüderssen-FS .... Festschrift für Klaus Lüderssen zum 70. Geburtstag (2002)
LuftVG .... Luftverkehrsgesetz idF vom 10. 5. 2007 (BGBl I 698; III 96–1)
LV .... Landesverfügung

MABl .... Ministerialamtsblatt
Maihofer-FS .... Festschrift für Werner Maihofer zum 70. Geburtstag (1988)
MarkenG .... Gesetz über den Schutz von Marken und sonstigen Kennzeichen vom 25. 10. 1994 (BGBl I 3082; III/FNA 423-5-2)
Marxen/Tiemann .... Marxen, Klaus und Tiemann, Frank, Die Wiederaufnahme in Strafsachen (2. Aufl. 2006; zitiert nach Randnummern)
Maunz/Dürig .... Grundgesetz, Kommentar von Maunz/Dürig ua, Loseblattausgabe
Maunz-FG .... Festgabe für Theodor Maunz zum 70. Geburtstag (1971)
Maurach-FS .... Festschrift für Reinhart Maurach zum 70. Geburtstag (1972)
H. Mayer-FS .... Beiträge zur gesamten Strafrechtswissenschaft. Festschrift für Hellmuth Mayer zum 70. Geburtstag (1966)
MBl .... Ministerialblatt
MDR .... Monatsschrift für Deutsches Recht (zitiert nach Jahr und Seite)
MDR (D) .... Dallinger, Aus der Rspr des BGH in Strafsachen
MDR (H) .... Holtz, Aus der Rspr des BGH in Strafsachen
MDR (S) .... H. W. Schmidt, Aus der Rspr des BGH in Staatsschutzsachen
MedR .... Medizinrecht (zitiert nach Jahr und Seite)
Mehle-FS .... Festschrift für Volkmar Mehle zum 65. Geburtstag (2009)
Mellinghoff .... Mellinghoff, Georg, Fragestellung, Abstimmungsverfahren und Abstimmungsgeheimnis im Strafverfahren (1988)
MEPolG .... Musterentwurf eines einheitlichen Polizeigesetzes des Bundes und der Länder idF des Beschlusses der Innenministerkonferenz vom 25. 11. 1977 (veröffentlicht von Heise/Riegel, 2. Aufl, 1978)
Meurer-GS .... Gedächtnisschrift für Dieter Meurer (2002)
D. Meyer .... Meyer, Dieter, Strafrechtsentschädigung (7. Aufl, 2008; zitiert nach Paragraph und Randnummer)
Meyer-GedSchr .... Gedächtnisschrift für Karlheinz Meyer (1990)
Meyer-Goßner/Appl ..... Meyer-Goßner, Lutz, Appl, Ekkehard, Die Urteile in Strafsachen (28. Aufl, 2008; zitiert nach Randnummer)
Meyer-Goßner-FS .... Festschrift für Lutz Meyer-Goßner zum 65. Geburtstag (2001)
Meyer-Ladewig .... Jens Meyer-Ladewig, Handkommentar zur MRK (2003, zitiert nach Artikel und Randnummer)
Mezger-FS .... Festschrift für Edmund Mezger zum 70. Geburtstag (1954)
Middendorff-FS .... Festschrift für Wolf Middendorff zum 70. Geburtstag (1986)
Miebach-SH .... NStZ-Sonderheft für Dr. Klaus Miebach zum Eintritt in den Ruhestand (2009)
MiStra .... Anordnung über Mitteilungen in Strafsachen (bundeseinheitlich) – Anh 13 –
Miyazawa-FS .... Festschrift für Koíchí Miyazawa (1995)
MMR .... MultiMedia und Recht (zitiert nach Jahr und Seite)
Möhring-FS .... Festschrift für Philipp Möhring zum 65. Geburtstag (1965)
MOG .... Gesetz zur Durchführung der Gemeinsamen Marktorganisationen idF vom 27. 8. 1986 (BGBl I 1397; III 7847–11)
Montenbruck .... Montenbruck, Axel, In dubio pro reo (1985)
MRK .... Konvention zum Schutze der Menschenrechte und Grundfreiheiten (Anh 4)
MSchrKrim .... Monatsschrift für Kriminologie und Strafrechtsreform (zitiert nach Jahr und Seite)
Müller .... Müller, Klaus, Der Sachverständige im gerichtlichen Verfahren Handbuch des Sachverständigenbeweises (3. Aufl, 1988)
Müller-FS .... Festschrift für Egon Müller (2008)
Müller-Dietz-FS .... Festschrift für Heinz Müller-Dietz zum 70. Geburtstag (2001)

von Münch .... von Münch, Ingo (Hrsg), Grundgesetz-Kommentar (Band I, 4. Aufl, 1992 Band II, 3. Aufl, 1995; Bd. III, 3. Aufl, 1996)

Münchhalffen/ Gatzweiler .... Münchhalffen/Gatzweiler, Das Recht der Untersuchungshaft (3. Aufl, 2009, zitiert nach Randnummer)

MünchKommStGB .... Münchener Kommentar zum StGB (2003; zitiert nach Bearbeiter, Randnummer und Paragraph)

mwN .... mit weiteren Nachweisen

Nds .... Niedersächsisch

NdsAGGVG .... Ausführungsgesetz zum Gerichtsverfassungsgesetz vom 5. 4. 1963 (GVBl 225)

NdsRpfl .... Niedersächsische Rechtspflege (zitiert nach Jahr und Seite)

NdsVBl .... Niedersächsische Verwaltungsblätter (zitiert nach Jahr und Seite)

Nehm-FS .... Festschrift für Kay Nehm zum 65. Geburtstag (2006)

nF .... neue Fassung

NJ .... Neue Justiz (zitiert nach Jahr und Seite)

NJOZ .... Neue Juristische Online-Zeitschrift (zitiert nach Jahr und Seite)

NJVollzG .... Niedersächsisches Justizvollzugsgesetz vom 14. 12. 2007 (GVBl 720)

NJW .... Neue Juristische Wochenschrift (zitiert nach Jahr und Seite)

NPA .... Neues Polizei-Archiv

N/Sch/W .... Niemöller/Schlothauer/Weider, Gesetz zur Verständigung im Strafverfahren; zitiert nach Bearbeiter, Paragraph bzw Teil und Randnummer

NStE .... Neue Entscheidungssammlung für Strafrecht (zitiert nach Paragraph und Nummer; ist kein Paragraph angegeben, so handelt es sich um eine Entscheidung zu dem kommentierten Paragraphen)

NStZ .... Neue Zeitschrift für Strafrecht (zitiert nach Jahr und Seite)

NStZ (K) .... Kusch, Aus der Rspr des BGH zum Strafverfahrensrecht (Übersichten in der NStZ 1992 bis 2000)

NStZ (M) .... Miebach, Aus der (vom BGH nicht veröffentlichten) Rspr des BGH in Strafsachen zum Verfahrensrecht (Übersichten in der NStZ 1988 bis 1990)

NStZ (M/K) .... Miebach/Kusch, Aus der Rspr des BGH zum Strafverfahrensrecht (Übersichten in der NStZ 1991)

NStZ (Pf) .... Pfeiffer, Aus der Rspr des BGH in Strafsachen zum Verfahrensrecht (Übersichten in NStZ 1981 und 1982)

NStZ (Pf/M) .... Pfeiffer/Miebach, Aus der (vom BGH nicht veröffentlichten) Rspr des BGH in Strafsachen zum Verfahrensrecht (Übersichten in der NStZ 1983 bis 1987)

NStZ (S) .... H. W. Schmidt, Aus der Rspr des BGH in Staatsschutzstrafsachen (Übersichten in der NStZ)

NStZ-RR .... NStZ-Rechtsprechungs-Report (zitiert nach Jahr und Seite)

NStZ-RR (B) .... Becker, Aus der Rspr des BGH zum Strafverfahrensrecht (Übersichten im NStZ-RR von 2001 bis 2008)

NStZ-RR (C) .... Cierniak, Aus der Rspr des BGH zum Strafverfahrensrecht (Übersichten im NStZ-RR 2009)

NStZ-RR (C/Z) .... Cierniak/Zimmermann, Aus der Rspr des BGH zum Strafverfahrensrecht (Übersichten im NStZ-RR seit 2010)

NStZ-RR (K) .... Kusch, Aus der Rspr des BGH zum Strafverfahrensrecht (Übersichten im NStZ-RR von 1998 bis 2000)

NStZ-RR (M/P) .... Maier/Percic, Aus der Rspr zur Verletzung des Beschleunigungsgebots aus Art. 6 I 1 EMRK (Übersichten im NStZ-RR seit 2009)

NStZ-RR (S) .... H. W. Schmidt, Aus der Rspr des BGH in Staatsschutzstrafsachen

NTS .... NATO-Truppenstatut

NTSG .... Gesetz über den Schutz der Truppen des Nordatlantikpaktes durch das Straf- und Ordnungswidrigkeitenrecht (Nato-Truppen-Schutzgesetz) vom 27. 3. 2008 (BGBl. I 491)

NTS-AG .... Gesetz zum NATO-Truppenstatut und den Zusatzvereinbarungen
NTS-VP .... Unterzeichnungsprotokoll zum NATO-Truppenstatut
NTS-ZA .... Zusatzabkommen zum NATO-Truppenstatut
NVwZ .... Neue Zeitschrift für Verwaltungsrecht (zitiert nach Jahr und Seite)
NW .... Nordrhein-Westfalen
NZI .... Neue Zeitschrift für das Recht der Insolvenz und Sanierung (zitiert nach Jahr und Seite)
NZV .... Neue Zeitschrift für Verkehrsrecht (zitiert nach Jahr und Seite)

ObLG .... Oberstes Landesgericht
Odersky-FS .... Festschrift für Walter Odersky zum 65. Geburtstag (1996)
öffentl .... öffentlich(e)(en)(er)
OEG .... Gesetz über die Entschädigung für Opfer von Gewalttaten idF vom 7. 1. 1985 (BGBl I 1; III 86–8)
Oehler-FS .... Festschrift für Dietrich Oehler zum 70. Geburtstag (1985)
ÖstVerfGH .... Österreichischer Verfassungsgerichtshof
OGH .... Oberster Gerichtshof. Mit Zahlen. Entscheidungen des Obersten Gerichtshofs für die britische Zone in Strafsachen (zitiert nach Jahr und Seite)
OLG .... Oberlandesgericht
OLG-NL .... OLG-Rechtsprechung Neue Länder (zitiert nach Jahr und Seite)
OLGSt .... Entscheidungen der Oberlandesgerichte zum Straf- und Strafverfahrensrecht (zitiert nach Paragraph und Seite, ab 1983 nach Paragraph und Nummer; ist kein Paragraph angegeben, so handelt es sich um eine Entscheidung zu dem kommentierten Paragraphen)
OpferRRG .... Opferrechtsreformgesetz, 1. – vom 24. 6. 2004 (BGBl I 1354), 2. – vom 29. 7. 2009 (BGBl I 2280)
Opferschutzgesetz .... Erstes Gesetz zur Verbesserung der Rechtsstellung des Verletzten im Strafverfahren vom 18. 12. 1986 (BGBl I 2496)
OrgKG .... Gesetz zur Bekämpfung des illegalen Rauschgifthandels und anderer Erscheinungsformen der Organisierten Kriminalität vom 15. 7. 1992 (BGBl I 1302; III 450–23)
OrgStA .... Anordnung über Organisation und Dienstbetrieb der Staatsanwaltschaften (bundeseinheitlich)
OStA .... Oberstaatsanwalt
Ostendorf .... Ostendorf, Heribert, Kommentar zum Jugendgerichtsgesetz (8. Aufl, 2009; zitiert nach Paragraph und Randnummer)
Otto-FS .... Festschrift für Harro Otto zum 70. Geburtstag (2007)
OVG .... Oberverwaltungsgericht
OWi .... Ordnungswidrigkeit
OWiG .... Gesetz über Ordnungswidrigkeiten idF vom 19. 2. 1987 (BGBl I 602; III 454–1) – Schönfelder Nr 94 –

Paeffgen .... Paeffgen, Hans-Ulrich, Vorüberlegungen zu einer Dogmatik des Untersuchungshaftrechts (1986)
Park .... Park, Tido, Handbuch Durchsuchung und Beschlagnahme (2. Aufl, 2009; zitiert nach Randnummer)
ParlStG .... Gesetz über die Rechtsverhältnisse der parlamentarischen Staatssekretäre vom 24. 7. 1974 (BGBl I 1538; III 1103–3) – Sartorius I Nr 47 –
PassG .... Passgesetz vom 19. 4. 1986 (BGBl I 537; III 210–5) – Sartorius I Nr 250 –
PatAO .... Patentanwaltsordnung vom 7. 9. 1966 (BGBl I 557; III 424–5–1)
PatG .... Patentgesetz idF vom 16. 12. 1980 (BGBl I 1981, 1)
Paulus-FG .... Festgabe für Rainer Paulus zum 70. Geburtstag (2009)
Pelz .... Pelz, Christian, Strafrecht in Krise und Insolvenz (2004; zitiert nach Randnummer)
PersAuswG .... Gesetz über Personalausweise idF vom 21. 4. 1986 (BGBl I 548; III 210–1) – Sartorius I Nr 255 –

Peters	Peters, Karl, Strafprozess. Ein Lehrbuch (4. Aufl, 1985)
Peters Fehlerquellen	Peters, Karl, Fehlerquellen im Strafprozess (Band I 1970; Band II 1972; Band III 1974)
Peters-FG	Wahrheit und Gerechtigkeit im Strafverfahren. Festgabe für Karl Peters aus Anlass; seines 80. Geburtstages (1984)
Peters-FS	Einheit und Vielfalt des Strafrechts. Festschrift für Karl Peters zum 70. Geburtstag (1974)
Pfeiffer	Pfeiffer, Gerd, Strafprozessordnung, Kommentar (5. Aufl, 2005)
Pfeiffer-FS	Strafrecht, Unternehmensrecht, Anwaltsrecht. Festschrift für Gerd Pfeiffer (1988)
Pfenninger-FS	Probleme des Schweizerischen Strafprozessrechts. Ausgewählte Aufsätze von Hans Felix Pfenninger. Festschrift zu seinem 80. Geburtstag (1966)
PflVersG	Gesetz über die Pflichtversicherung für Kraftfahrzeughalter idF vom 5. 4. 1965 (BGBl I 213; III 925–1) – Schönfelder Nr 63 –
Piller/Herrmann	Piller/Herrmann, Justizverwaltungsvorschriften, Loseblatt-Textsammlung
POGRP	Polizei- und Ordnungsbehördengesetz (des Landes Rheinland-Pfalz) idF vom 10. 11. 1993 (GVBl 595)
Pohlmann/Jabel/Wolf	Pohlmann/Jabel/Wolf, Strafvollstreckungsordnung, Kommentar (8. Aufl, 2001; zitiert nach Randnummer und Paragraph)
PolGBW	Polizeigesetz (des Landes Baden-Württemberg) idF vom 13. 1. 1992 (GBl 92, 1, 596; 93, 155)
PolGNW	Polizeigesetz (des Landes Nordrhein-Westfalen) idF vom 25. 7. 2003 (GVNW 441)
Polizei	Die Polizei (zitiert nach Jahr und Seite)
PostG	Postgesetz idF vom 22. 12. 1997 (BGBl I 3294; III 900–4) – Sartorius I Nr 910 –
Pr	Preußen oder preußisch
Präs	Präsident
PräsLG	Präsident des Landgerichts
PräsOLG	Präsident des Oberlandesgerichts
PStR	Praxis Steuerstrafrecht (zitiert nach Jahr und Seite)
PUAG	Untersuchungsausschussgesetz vom 19. 6. 2001 (BGBl I 1142)
PV	Personenvereinigung
PVR	Praxis Verkehrsrecht (zitiert nach Jahr und Seite)
RA	Rechtsanwalt
Ranft	Ranft, Otfried, Strafprozessrecht (3. Aufl, 2005; zitiert nach Randnummer)
RAK	Rechtsanwaltskammer
RdErl	Runderlass
RDG	Gesetz über außergerichtliche Rechtsdienstleistungen (Rechtsdienstleistungsgesetz) vom 12. 12. 2007 (BGBl I 2840)
Rn	Randnote(-nummer)
Rdschr	Rundschreiben
RDV	Recht der Datenverarbeitung (zitiert nach Jahr und Seite)
Rebmann-FS	Festschrift für Kurt Rebmann zum 65. Geburtstag (1989)
Rebmann/Roth/Herrmann	Rebmann/Roth/Herrmann, Gesetz über Ordnungswidrigkeiten, Loseblattkommentar (zitiert nach Randnummer und Paragraph)
Recht	Das Recht (zitiert nach Jahr und Nummer)
R&P	Recht und Psychiatrie (zitiert nach Jahrgang und Seite)
RegBl	Regierungsblatt
Remmers-FS	Festschrift für Walter Remmers (1995)
Rengier	Rengier, Rudolf, Die Zeugnisverweigerungsrechte im geltenden und künftigen Strafverfahrensrecht (1979)
RG	Reichsgericht. Mit Zahlen. Entscheidungen des Reichsgerichts in Strafsachen (zitiert nach Band und Seite)

RGBl I, II	Reichsgesetzblatt Teil I, Teil II
Richter II-FS	Festschrift für Christian Richter II (2006)
Rieß-FS	Festschrift für Peter Rieß zum 70. Geburtstag (2002)
RiJGG	Richtlinien zum Jugendgerichtsgesetz idF vom 1. 8. 1994 (bundeseinheitlich) – Piller/Herrmann Nr 2e –
RiStBV	Richtlinien für das Strafverfahren und das Bußgeldverfahren (Anh 12)
RiVASt	Richtlinien für den Verkehr mit dem Ausland in strafrechtlichen Angelegenheiten idF vom 8. 12. 2008 (bundeseinheitlich) – Piller/Herrmann Nr 2f –
RMBl	Reichsministerialblatt
Rönnau	Rönnau, Thomas, Vermögensabschöpfung in der Praxis (2003; zitiert nach Randnummer)
Rogall	Rogall, Klaus, Der Beschuldigte als Beweismittel gegen sich selbst (1977)
Rolinski-FS	Festschrift für Klaus Rolinski zum 70. Geburtstag (2002)
Rosenberg/Schwab/Gottwald	Rosenberg/Schwab/Gottwald, Zivilprozessrecht, begründet von Rosenberg, fortgeführt von Schwab, nunmehr bearbeitet von Gottwald (15. Aufl, 1993)
Rosenmeier	Rosenmeier, Eugen W., Die Verbindung von Strafsachen im Erwachsenenstrafrecht (1973)
ROW	Recht in Ost und West (zitiert nach Jahr und Seite)
Roxin-FS	Festschrift für Claus Roxin zum 70. Geburtstag (2001)
Roxin/Schünemann	Roxin, Claus, Schünemann Bernd, Strafverfahrensrecht. Ein Studienbuch (26. Aufl, 2009; zitiert nach Paragraph und Randnummer)
RpflAnpG	Rechtspflege-Anpassungsgesetz vom 26. 6. 1992 (BGBl I 1147), aufgehoben durch Gesetz vom 19. 4. 2006 (BGBl I 866)
RpflEntlG	Gesetz zur Entlastung der Rechtspflege vom 11. 1. 1993 (BGBl I 50)
Rpfleger	Der Deutsche Rechtspfleger (zitiert nach Jahr und Seite)
RPflG	Rechtspflegergesetz (Anh 9)
RPGerOrgG	Gerichtsorganisationsgesetz (des Landes Rheinland-Pfalz) vom 5. 10. 1977 (GVBl 333)
RSAG	Gesetz vom 21. 6. 2002 zur Ausführung des Römischen Statutes des IStGH vom 17. 7. 1998 (BGBl I 2144)
Rspr	Rechtsprechung
Rudolphi-FS	Festschrift für Hans-Joachim Rudolphi zum 70. Geburtstag (2004)
Rudolphi-Symp	Zur Theorie und Systematik des Strafprozessrechts, Symposium zu Ehren von Hans-Joachim Rudolphi (1995)
Rüping	Rüping, Hinrich, Das Strafverfahren (3. Aufl, 1997; zitiert nach Randnummer)
RV	Rundverfügung
RVG	Rechtsanwaltsvergütungsgesetz vom 5. 5. 2004 (BGBl I 788)
RVO	Reichsversicherungsordnung idF vom 17. 5. 1924 (RGBl I 779; BGBl III 820–1)
RW	Rechtswissenschaft, Zeitschrift für rechtswissenschaftliche Forschung (zitiert nach Jahr und Seite)
S	Satz oder Seite
SächsVBl	Sächsische Verwaltungsblätter (zitiert nach Jahr und Seite)
Salger-FS	Straf- und Strafverfahrensrecht, Recht und Verkehr, Recht und Medizin. Festschrift für Hannskarl Salger (1995)
Sarstedt-FS	Festschrift für Werner Sarstedt zum 70. Geburtstag (1989)
Sarstedt/Hamm	Sarstedt/Hamm, Die Revision in Strafsachen (6. Aufl, 1998; zitiert nach Randnummer)
Sartorius I	Verfassungs- und Verwaltungsgesetze der Bundesrepublik, Loseblattausgabe, begründet von Sartorius, Band I (zitiert nach Gliederungsnummern)

Satzger .... Internationales und Europäisches Strafrecht (3. Aufl, 2009; zitiert nach Paragraph und Randnummer)
Schäfer-FS .... Festschrift für Karl Schäfer zum 80. Geburtstag (1979)
Schäfer-SH .... NJW-Sonderheft für Gerhard Schäfer zum 65. Geburtstag (2002)
Schaffstein/Beulke .... Schaffstein, Friedrich, Beulke, Werner, Jugendstrafrecht. Eine systematische Darstellung (12. Aufl, 1995)
Schaffstein-FS .... Festschrift für Friedrich Schaffstein zum 70. Geburtstag (1975)
Schätzler/Kunz .... Schätzler/Kunz, Gesetz über die Entschädigung für Strafverfolgungsmaßnahmen, Kommentar (3. Aufl, 2003; zitiert nach Randnummer und Paragraph)
Scheffler .... Scheffler, Uwe, Die überlange Dauer von Strafverfahren (1991)
SchG .... Schöffengericht
SchiedsmZ .... Schiedsmannszeitung (zitiert nach Jahr und Seite)
Schilken .... Schilken, Eberhard, Gerichtsverfassungsrecht (4. Aufl, 2007; zitiert nach Randnummern)
SchlHA .... Schleswig-Holsteinische Anzeigen (zitiert nach Jahr und Seite)
SchlHA (D) .... Döllel, Aus der Rspr der Strafsenate und der Senate für Bußgeldsachen des Schlesw-Holst OLG (Jahreszusammenstellungen in den SchlHA, 2000)
SchlHA (D/D) .... Döllel/Dreeßen, Aus der Rspr der Strafsenate und der Senate für Bußgeldsachen des Schlesw-Holst OLG (Jahreszusammenstellungen in den SchlHA, seit 2001)
SchlHA (E/J) .... Ernesti/Jürgensen, Aus der Rspr der Strafsenate und der Senate für Bußgeldsachen des Schlesw-Holst OLG (Jahreszusammenstellungen in den SchlHA, 1968 bis 1979)
SchlHA (E/L) .... Ernesti/Lorenzen, Aus der Rspr der Strafsenate und der Senate für Bußgeldsachen des Schlesw-Holst OLG (Jahreszusammenstellungen in den SchlHA, 1980 bis 1986)
SchlHA (L) .... Lorenzen, Aus der Rspr der Strafsenate und der Senate für Bußgeldsachen des Schlesw-Holst OLG (Jahreszusammenstellung in den SchlHA, 1987)
SchlHA (L/D) .... Lorenzen/Döllel, Aus der Rspr der Strafsenate und der Senate für Bußgeldsachen des Schlesw-Holst OLG (Jahreszusammenstellungen 1998 und 1999)
SchlHA (L/G) .... Lorenzen/Görl, Aus der Rspr der Strafsenate und der Senate für Bußgeldsachen des Schlesw-Holst OLG (Jahreszusammenstellungen in den SchlHA, 1988 bis 1990)
SchlHA (L/S) .... Lorenzen/Schiemann, Aus der Rspr der Strafsenate und der Senate für Bußgeldsachen des Schlesw-Holst OLG (Jahreszusammenstellungen in den SchlHA (1996 und 1997)
SchlHA (L/T) .... Lorenzen/Thamm, Aus der Rspr der Strafsenate und der Senate für Bußgeldsachen des Schlesw-Holst OLG (Jahreszusammenstellungen in den SchlHA, 1991 bis 1995)
Schlothauer/Weider .... Schlothauer, Reinhold und Weider, Hans-Joachim, Untersuchungshaft (3. Aufl, 2001; zitiert nach Randnummer)
Schlüchter .... Schlüchter, Ellen, Das Strafverfahren (2. Aufl, 1983; zitiert nach Randnummer)
Schlüchter-FG .... Freiheit und Verantwortung in schwieriger Zeit, Kritische Studien aus vorwiegend straf(prozess-)rechtlicher Sicht zum 60. Geburtstag von Prof Dr Ellen Schlüchter
Schlüchter-GS .... Gedächtnisschrift für Ellen Schlüchter (2002)
Schlüchter-RpflEntlG ... Schlüchter, Ellen, Weniger ist mehr, Aspekte zum Rechtspflegeentlastungsgesetz (1992)
Schlüchter StP .... Schlüchter, Ellen, Strafprozessrecht (2. Aufl, 1995; zitiert nach Seite)
Schmidt .... Schmidt, Wilhelm, Gewinnabschöpfung im Straf- und Bußgeldverfahren (2006, zitiert nach Randnummer)
Schmidt-Hieber .... Schmidt-Hieber, Werner, Verständigung im Strafverfahren (1986; zitiert nach Randnummer)
Schmidt-Leichner-FS .... Festschrift für Schmidt-Leichner zum 65. Geburtstag (1977)

Schmidt-Räntsch	Schmidt-Räntsch, Günther, Deutsches Richtergesetz (5. Aufl, 1995)
Schmitt-FS	Festschrift für Rudolf Schmitt zum 70. Geburtstag (1992)
Schneider-FS	Festschrift für Hans Joachim Schneider zum 70. Geburtstag (1998)
Schönfelder	Schönfelder, Deutsche Gesetze, Loseblattsammlung des Zivil-, Straf- und Verfahrensrechts, begründet von Schönfelder (zitiert nach Gliederungsnummern)
Schorn	MRK-Kommentar (1965, zitiert nach Seite)
Schorn/Stanicki	Schorn/Stanicki, Die Präsidialverfassung der Gerichte aller Rechtswege (2. Aufl, 1975)
SchrAG	Schriftgutaufbewahrungsgesetz vom 22. 3. 2005 (BGBl I 852)
SchRegO	Schiffsregisterordnung idF vom 26. 5. 1994 (BGBl I 1133; III 315–18)
Schreiber-FS	Festschrift für Hans-Ludwig Schreiber zum 70. Geburtstag (2003)
Schroeder	Schroeder, Friedrich-Christian, Strafprozessrecht (4. Aufl, 2007; zitiert nach Randnummern)
Schroeder-FS	Festschrift für Friedrich-Christian Schroeder zum 70. Geburtstag (2006)
Schröder-GedSchr	Gedächtnisschrift für Horst Schröder (1978)
Sch/Sch	Schönke/Schröder, Strafgesetzbuch, bearbeitet von Lenckner, Eser, Stree, Eisele, Heine, Perron, Sternberg-Lieben, Schittenhelm (27. Aufl, 2006; zitiert nach Bearbeiter, Randnummer und Paragraph)
Schüler-Springorum-FS	Festschrift für Horst Schüler-Springorum zum 65. Geburtstag (1993)
Schünemann-Symp	Symposium für Bernd Schünemann zum 60. Geburtstag (2005)
Schulz/Händel/Soiné	Schulz/Händel/Soiné, Strafprozessordnung mit Erläuterungen, für Polizeibeamte im Ermittlungsdienst, bearbeitet von Michael Soiné (7. Aufl, 1982 ff)
SchwarzArbG	Gesetz zur Bekämpfung der Schwarzarbeit und illegalen Beschäftigung vom 23. 7. 2004 (BGBl I 1842)
Schwind-FS	Festschrift für Hans-Dieter Schwind zum 70. Geburtstag (2006)
SchwurG	Schwurgericht
SDÜ	Übereinkommen zur Durchführung des Übereinkommens von Schengen vom 14. Juni 1985 zwischen den Regierungen der Staaten der Benelux-Wirtschaftsunion, der Bundesrepublik Deutschland und der Französischen Republik betreffend den schrittweisen Abbau der Kontrollen an den gemeinsamen Grenzen vom 19. Juni 1990 (Schengener Durchführungsübereinkommen)
Seebode	Seebode, Manfred, Der Vollzug der Untersuchungshaft (1985)
Seebode-FS	Festschrift für Manfred Seebode zum 70. Geburtstag (2008)
Seier	Seier, Jürgen, Das Rechtsmittel der sofortigen Beschwerde gegen strafprozessuale Nebenentscheidungen (1980)
SG	Soldatengesetz idF vom 30. 5. 2005 (BGBl I 1482; III 51–1)
SGB I	Erstes Buch Sozialgesetzbuch – Allgemeiner Teil – vom 11. 12. 1975 (BGBl I 3015; III 860–1) – Sartorius I Nr 408 –
SGB III	Drittes Buch Sozialgesetzbuch – Arbeitsförderung – vom 24. 3. 1997 (BGBl I 595; III 860–3)
SGB VIII	Achtes Buch Sozialgesetzbuch – Kinder- und Jugendhilfe – idF vom 14. 12. 2006 (BGBl I 3134; III/FNA 860–8) – Schönfelder Nr 46
SGB X	Zehntes Buch Sozialgesetzbuch – Sozialverwaltungsverfahren und Sozialdatenschutz – idF vom 18. 1. 2001 (BGBl I 130; III 860–10–1/2) – Sartorius I Nr 409 –
SGG	Sozialgerichtsgesetz idF vom 23. 9. 1975 (BGBl I 2535; III 330–1)
SigG	Signaturgesetz vom 16. 5. 2001 (BGBl I 876)
SJZ	Süddeutsche Juristenzeitung (zitiert nach Jahr und Spalte)
SK	Systematischer Kommentar zur Strafprozessordnung und zum Gerichtsverfassungsgesetz, bearbeitet von Rudolphi, Degener, Frisch, Frister, Paeffgen, Rogall, Schlüchter (+), Velten, Weßlau,

	Wohlers, Wolter. Loseblattkommentar, bis zur 46. Aufbau-Lieferung (zitiert nach Bearbeiter, Randnummer und Paragraph)
SLGH	Schomburg/Lagodny/Gleß/Hackner, Internationale Rechtshilfe in Strafsachen (4. Aufl, 2006, zitiert nach Randnummer und Paragraph)
sog	sogenannte(r)
Solbach/Klein	Solbach/Klein, Anklageschrift, Einstellungsverfügung, Dezernat und Plädoyer (11. Aufl, 1998; zitiert nach Seite)
Sowada	Sowada, Christoph, Der gesetzliche Richter im Strafverfahren, 2002
Spendel-FS	Festschrift für Günter Spendel zum 70. Geburtstag (1992)
StA	Staatsanwaltschaft oder Staatsanwalt
Strauda-FS	Festschrift zu Ehren des Strafrechtsausschusses der Bundesrechtsanwaltskammer (2006)
StASchlH-FS	Festschrift zum 125-jährigen Bestehen der Staatsanwaltschaft Schleswig-Holstein (1992)
StBerG	Steuerberatungsgesetz idF vom 4. 11. 1975 (BGBl I 2735; III 610–10)
StGB	Strafgesetzbuch idF vom 1. 1. 1999 (BGBl 1998 I 3324; III 450–2) – Schönfelder Nr 85 –
StGH	Staatsgerichtshof
StM	Staatsministerium
Stock-FS	Festschrift zum 70. Geburtstag von Ulrich Stock (1966)
Stöckel-FS	Festschrift zum 70. Geburtstag von Heinz Stöckel (2010)
StPO	Strafprozessordnung
str	streitig
StraFo	Strafverteidiger Forum (zitiert nach Jahr und Seite)
StrÄndG	Strafrechtsänderungsgesetz
Strauda-FS	Festschrift zu Ehren des Strafrechtsausschusses der Bundesrechtsanwaltskammer (2006)
Stree/Wessels-FS	Festschrift für Walter Stree und Johannes Wessels zum 70. Geburtstag (1993)
StrEG	Gesetz über die Entschädigung für Strafverfolgungsmaßnahmen (Anh 5)
StrK	Strafkammer
StrRehaG	Strafrechtliches Rehabilitierungsgesetz
StRR	StrafRechtsReport, Arbeitszeitschrift für das gesamte Strafrecht (zitiert nach Jahrgang und Seite)
StrRG	Gesetz zur Reform des Strafrechts (1. StrRG vom 25. 6. 1969, BGBl I 645/III 450–13–1; 2. StrRG vom 4. 7. 1969, BGBl I 717/III 450–13–2; 4. StrRG vom 23. 11. 1973, BGBl I 1725/III 450–13–4; 5. StrRG vom 18. 6. 1974, BGBl I 1297/III 450–13–5; 6. StrRG vom 26. 1. 1998, BGBl I 164/III 450–13–5; StrRG vom 26. 1. 1998, BGBl I 164/III 450–13–6
stRspr	ständige Rechtsprechung
StS	Strafsenat
StV	Strafverteidiger, Juristische Fachzeitschrift (zitiert nach Jahr und Seite)
StVÄG 1979	Strafverfahrensänderungsgesetz 1979 vom 5. 10. 1978 (BGBl I 1645; III 312–10)
StVÄG 1987	Strafverfahrensänderungsgesetz 1987 vom 27. 1. 1987 (BGBl I 475)
StVÄG 1999	Strafverfahrensänderungsgesetz 1999 vom 2. 8. 2000 (BGBl I 1253)
StVG	Straßenverkehrsgesetz idF vom 5. 3. 2003 (BGBl I 310; FNA 9231–1) – Schönfelder Nr 35 –
StVO	Straßenverkehrs-Ordnung vom 16. 11. 1970 (BGBl I 1565, 1971 I 38; III 9233–1) – Schönfelder Nr 35 a –
StVollstrK	Strafvollstreckungskammer

StVollstrO .... Strafvollstreckungsordnung idF vom 1. 4. 2001 (bundeseinheitlich) – Piller/Herrmann Nr 2b –
StVollzG .... Strafvollzugsgesetz (Anh 10)
1. StVRG .... Erstes Gesetz zur Reform des Strafverfahrensrechts vom 9. 12. 1974 (BGBl I 3393, 3533; III 312–8–1)
1. StVRGErgG .... Gesetz zur Ergänzung des Ersten Gesetzes zur Reform des Strafverfahrensrechts vom 20. 12. 1974 (BGBl I 3686)

teilw .... teilweise
Thomas/Putzo .... Kommentar zur ZPO, 29. Aufl 2008, bearbeitet von Reichold, Klaus und Hüßtege, Rainer (zitiert nach Randnummer und Paragraph)
ThürBG .... Thüringer Beamtengesetz vom 20. 3. 2009 (GVBl S 238)
ThürPAG .... Thüringer Polizeiaufgabengesetz vom 4. 6. 1992 (GVBl S 199)
TiefseebergbauG .... Gesetz zur vorläufigen Regelung des Tiefseebergbaus vom 16. 8. 1980 (BGBl I 1457; III 750–16)
TierSchG .... Tierschutzgesetz idF vom 18. 5. 2006 (BGBl I 1207)
TKG .... Telekommunikationsgesetz vom 22. 6. 2004 (BGBl I 1190)
TKÜV .... Telekommunikations-Überwachungsverordnung vom 3. 11. 2005 (BGBl I 3136)
TMG .... Telemediengesetz vom 26. 2. 2007 (BGBl I 179; 251)
TOA .... Täter-Opfer-Ausgleich
Toepel .... Toepel, Friedrich, Grundstrukturen des Sachverständigenbeweises im Strafprozessrecht, 2002
Triffterer-FS .... Festschrift für Otto Triffterer zum 65. Geburtstag (1996)
Tröndle-FS .... Festschrift für Herbert Tröndle zum 70. Geburtstag (1989)
Trusen-FS .... Festschrift für Winfried Trusen zum 70. Geburtstag (1994)

ua .... unter anderem
Übk .... Übereinkommen
UHaft .... Untersuchungshaft
UKG .... Gesetz zur Bekämpfung der Umweltkriminalität
unzutr .... unzutreffend(e)(en)(er)
UrhG .... Gesetz über Urheberrecht und verwandte Schutzrechte vom 9. 9. 1965 (BGBl I 1273; III 440–1) – Schönfelder Nr 65 –
UrkB .... Urkundsbeamte, -en, -er
uU .... unter Umständen
UVollzG Berl .... Berliner Untersuchungshaftvollzugsgesetz vom 3. 12. 2009 (GVBl 686)
UVollzG NW .... Untersuchungshaftvollzugsgesetz Nordrhein-Westfalen vom 27. 10. 2009 (GVBl 540)
UVollzG RP .... Landesuntersuchungshaftvollzugsgesetz (Rheinland-Pfalz) vom 15. 9. 2009 (GVBl 317)
UVollzO .... Untersuchungshaftvollzugsordnung idF vom 1. 1. 1977 (bundeseinheitlich) – Piller/Herrmann Nr 2a –
UWG .... Gesetz gegen den unlauteren Wettbewerb idF vom 3. 3. 2010. (BGBl I 254; BGBl III 43–1) – Schönfelder Nr 73 –
UZwG .... Gesetz über den unmittelbaren Zwang bei Ausübung öffentlicher Gewalt durch Vollzugsbeamte des Bundes vom 10. 3. 1961 (BGBl I 165; III 201–5) – Sartorius I Nr 115 –
UZwGBw .... Gesetz über die Anwendung unmittelbaren Zwanges und die Ausübung besonderer Befugnisse durch Soldaten der Bundeswehr und zivile Wachpersonen vom 12. 8. 1965 (BGBl I 796; III 55–6) – Sartorius I Nr 117 –

VAG .... Versicherungsaufsichtsgesetz idF vom 17. 12. 1992 (BGBl 1993 I 2)
VereinsG .... Gesetz zur Regelung des öffentlichen Vereinsrechts vom 5. 8. 1964 (BGBl I 593; III 2180–1) – Sartorius I Nr 425 –

Verf .... Verfassung
VerfGH .... Verfassungsgerichtshof
VerkMitt .... Verkehrsrechtliche Mitteilungen (zitiert nach Jahr und Seite)
vern .... verneinend
VersR .... Versicherungsrecht (zitiert nach Jahr und Seite)
VerwA .... Verwaltungsakt
VerwB .... Verwaltungsbehörde
VerwRspr .... Verwaltungsrechtsprechung in Deutschland. Sammlung obergerichtlicher Entscheidungen aus dem Verfassungs- und Verwaltungsrecht (zitiert nach Band und Nummer)
VG .... Verwaltungsgericht
VGH .... Verwaltungsgerichtshof
vgl .... vergleiche
VGO .... Vollzugsgeschäftsordnung idF vom 1. 7. 1980 (bundeseinheitlich) – Piller/Herrmann Nr 2p –
VMBl .... Ministerialblatt des Bundesministers der Verteidigung
VO .... Verordnung
VOBl .... Verordnungsblatt
Volckart .... Volckart, Bernd, Verteidigung in der Strafvollstreckung und im Vollzug (1988)
Volk .... Volk, Klaus, Prozessvoraussetzungen im Strafrecht (1978)
Volk-FS .... Festschrift für Klaus Volk zum 65. Geburtstag (2009)
Volk StP .... Volk, Klaus, Grundkurs StPO (6. Aufl, 2008; zitiert nach Paragraph und Randnummer)
VollstrB .... Vollstreckungsbehörde
VOR .... Zeitschrift für Verkehrs- und Ordnungswidrigkeitenrecht (zitiert nach Jahr und Seite)
Vorb .... Vorbemerkungen
VRS .... Verkehrsrechts-Sammlung (zitiert nach Band und Seite)
VStGB .... Völkerstrafgesetzbuch vom 26. 6. 2002 (BGBl I 2254)
VV .... Verwaltungsvorschrift
VVG .... Gesetz über den Versicherungsvertrag (Versicherungsvertragsgesetz) vom 23. 11. 2007 (BGBl I 2631)
VVRVG .... Vergütungsverzeichnis zum RVG
VwGO .... Verwaltungsgerichtsordnung idF vom 19. 3. 1991 (BGBl I 685; III 340–1) – Sartorius I Nr 600 –
VwVfG .... Verwaltungsverfahrensgesetz idF vom 23. 1. 2003 (BGBl I 102; III 201–6) – Sartorius I Nr 100 –
VwZG .... Verwaltungszustellungsgesetz vom 12. 8. 2005 (BGBl I 2354) – Sartorius I Nr 110 –

Wacke-FS .... Festschrift zum 70. Geburtstag von Gerhard Wacke (1972)
WaffG .... Waffengesetz vom 11. 10. 2002 (BGBl I 3970, 4592, 2003 I 1957)
Wasserburg .... Wasserburg, Klaus, Die Wiederaufnahme des Strafverfahrens (1983)
Wassermann-FS .... Festschrift für Rudolf Wassermann zum 60. Geburtstag (1985)
WDO .... Wehrdisziplinarordnung vom 16. 8. 2001 (BGBl I 2093; III 52–5)
Weber-FS .... Festschrift für Ulrich Weber zum 70. Geburtstag (2004)
WehrDiszH .... Wehrdisziplinarhof
Weigend .... Weigend, Thomas, Deliktsopfer und Strafverfahren (1989)
WeimRV .... Verfassung des Deutschen Reichs vom 11. 8. 1919 (RGBl 1383)
Welzel-FS .... Festschrift für Hans Welzel zum 70. Geburtstag (1974)
Welp .... Welp, Jürgen, Die strafprozessuale Überwachung des Post- und Fernmeldeverkehrs (1974)
Widmaier-FS .... Festschrift für Gunter Widmaier zum 70. Geburtstag (2008)
WiPrO .... Wirtschaftsprüferordnung idF vom 5. 11. 1975 (BGBl I 2803; III 702–1)
WiStG 1954 .... Gesetz zur Vereinfachung des Wirtschaftsstrafrechts idF vom 3. 6. 1975 (BGBl I 1313; III 453–11) – Schönfelder Nr 88 –

Abkürzungen

wistra	Zeitschrift für Wirtschaft, Steuer, Strafrecht (zitiert nach Jahr und Seite)
wN	weitere Nachweise
Wohlers	Wohlers, Wolfgang, Entstehung und Funktion der Staatsanwaltschaft (1994)
Wolf	Wolf, Manfred, Gerichtsverfassungsrecht aller Verfahrenszweige (6. Aufl, 1987)
Wolff-FS	Festschrift für E. A. Wolff zum 70. Geburtstag (1998)
WpHG	Wertpapierhandelsgesetz idF vom 9. 9. 1998 (BGBl I 2708)
WStG	Wehrstrafgesetz idF vom 24. 5. 1974 (BGBl I 1213; III 452–2)
WÜD	Wiener Übereinkommen vom 18. 4. 1961 über diplomatische Beziehungen (BGBl 1964 II 957; 1965 II 147) – Sartorius II Nr 325 –
WÜK	Wiener Übereinkommen vom 24. 4. 1963 über konsularische Beziehungen (BGBl 1969 II 1585; 1971 II 1285) – Sartorius II Nr 326 –
ZahnHkG	Gesetz über die Ausübung der Zahnheilkunde idF vom 16. 4. 1987 (BGBl I 1225; III 2123–1)
ZaöRV	Zeitschrift für ausländisches Recht und Völkerrecht (zitiert nach Band und Seite)
zB	zum Beispiel
ZEG	Zuständigkeitsergänzungsgesetz vom 7. 8. 1952 (BGBl I 407; III 310–1)
ZevKR	Zeitschrift für evangelisches Kirchenrecht (zitiert nach Jahr und Seite)
ZFdG	Zollfahndungsdienstgesetz vom 16. 8. 2002 (BGBl I 3202)
ZFIS	Zeitschrift für Innere Sicherheit in Deutschland und Europa (zitiert nach Jahr und Seite)
ZfS	Zeitschrift für Schadensrecht (zitiert nach Jahr und Seite)
ZfStrVo	Zeitschrift für Strafvollzug (zitiert nach Jahr und Seite)
ZfZ	Zeitschrift für Zölle und Verbrauchsteuern (zitiert nach Jahr und Seite)
ZInsO	Zeitschrift für das gesamte Insolvenzrecht (zitiert nach Jahr und Seite)
ZIP	Zeitschrift für Wirtschaftsrecht und Insolvenzpraxis (zitiert nach Jahr und Seite)
Zipf	Zipf, Heinz, Strafprozessrecht (2. Aufl, 1976; zitiert nach Randnummer)
Zipf-GS	Gedächtnisschrift für Heinz Zipf (1999)
ZIS	Zeitschrift für Internationale Strafrechtsdogmatik (zitiert nach Jahr und Seite)
ZJJ	Zeitschrift für Jugendkriminalrecht und Jugendhilfe (zitiert nach Jahr und Seite)
ZJS	Zeitschrift für das Juristische Studium (zitiert nach Jahr und Seite)
ZKA	Zollkriminalamt
Zöller	Zöller, Kommentar zur ZPO, 28. Aufl, 2010 (zitiert nach Bearbeiter, Randnummer und Paragraph)
ZollVG	Zollverwaltungsgesetz vom 21. 12. 1992 (BGBl I 2125; III 613–7)
Zopfs	Zopfs, Jan, Der Grundsatz „in dubio pro reo“ (1999)
ZPO	Zivilprozessordnung idF vom 5. 12. 2005 (BGBl I 3202; 2006 I 431; 2007 I 1781; III 310–4) – Schönfelder Nr 100 –
ZRP	Zeitschrift für Rechtspolitik (zitiert nach Jahr und Seite)
ZS	Zivilsenat
ZSchG	Gesetz zur Änderung der Strafprozessordnung und der Bundesgebührenordnung für Rechtsanwälte (Gesetz zum Schutz von Zeugen bei Vernehmungen im Strafverfahren und zur Verbesserung des Opferschutzes; Zeugenschutzgesetz) vom 30. 4. 1998 (BGBl I 820)
ZSHG	Zeugenschutz-Harmonisierungsgesetz vom 11. 12. 2001 (BGBl I 3510)

ZStW	Zeitschrift für die gesamte Strafrechtswissenschaft (zitiert nach Band und Seite)
ZSW	Zeitschrift für das gesamte Sachverständigenwesen (zitiert nach Jahr und Seite)
ZUM	Zeitschrift für Urheber- und Medienrecht (zitiert nach Jahr und Seite)
zutr	zutreffend(e)(en)(er)
zust	zustimmend
ZVG	Gesetz über die Zwangsversteigerung und die Zwangsverwaltung idF vom 20. 5. 1898 (RGBl I 369, 713; BGBl III 310–14) – Schönfelder Nr 108 –
zw	zweifelhaft, zweifelnd
zZ	zurzeit
ZZP	Zeitschrift für Zivilprozess (zitiert nach Band und Seite)

Tabelle der Änderungen der Strafprozessordnung und des Gerichtsverfassungsgesetzes

I. Strafprozessordnung

1. In zeitlicher Folge[1)]

Lfd Nr	Änderndes Gesetz	Datum	RGBl (ab 1922 Teil I) Seite	Geänderte Paragraphen der StPO
1	Einführungsgesetz zum BGB	18. 8. 1896	604	11, 149
2	Gesetz betr. Änderungen des GVG und der StPO	17. 5. 1898	252	50
3	Gesetz betr. die Abänderung des § 7 der StPO	13. 6. 1902	227	7
4	Gesetz zur Vereinfachung der Strafrechtspflege	21. 10. 1917	1037	(197 a), 407
5	Gesetz betr. Aufhebung der Militärgerichtsbarkeit	17. 8. 1920	1579	51, 70, 77
6	Gesetz zur Entlastung der Gerichte	11. 3. 1921	229	(197 a), 200, 201, 267, 275, 374, 407, 464 b
7	Gesetz zur weiteren Entlastung der Gerichte	8. 7. 1922	569	349, 388
8	Gesetz über die Zulassung der Frauen zu den Ämtern und Berufen der Rechtspflege	11. 7. 1922	573	22
9	Gesetz zur Änderung des GKG	21. 12. 1922	1 (1923)	471, 473
10	Bek. der Texte des GVG und der StPO auf Grund der Verordnung über Gerichtsverfassung und Strafrechtspflege v. 4. 1. 1924 (RGBl. I S. 15)	22. 3. 1924	322	16, 23, 27, 31, 40, 48, 49, 50, 51, 52, 53, 54, 55, 56, 57, 58, 59, 60, 61, 63, 65, (66), 66 a, 66 c, 66 e, (66 e), 67, 68, 69, 70, 71, 77, 139, 140, 153, 154, 155, 156, 157, 158, 159, 160, 161, 162, 163, 164, 165, 166, 167, (168), (169), 170, 171, 172, 173, 174, 175, 176, 177, (178), (179), (180), (181), (182), (183), (184), (185), (186), (187), (188), (189), (190), (191), (192), (193), (194), (195), (196), (197), (197 a), (198), 199, 200, 201, 202, 203, 204, 205, 206, 206 a, 207, (208), 209, 210, 211, (212), 213, 214, 215, 216, 217, 218, 219, 220, 221, 222, 223, 224, 225, 226, 227, 228, 229, 230, 231, 232, 233, 234, 235, 236, 237, 238, 239, 240, 241, 242, 243, 244, 245,

1) Berücksichtigt sind auch solche Gesetze und Verordnungen, die sachliche Änderungen der StPO enthalten, ohne einzelne Vorschriften ausdrücklich im Wortlaut zu ändern. Eine nach Paragraphen geordnete Tabelle der Änderungen ist im Anschluss an diese Tabelle abgedruckt.

Lfd Nr	Änderndes Gesetz	Datum	RGBl (ab 1922 Teil I) Seite	Geänderte Paragraphen der StPO
				246, 247, 248, 249, 250, 251, 252, 253, 254, 255, 256, 258, 259, 260, 261, 262, 263, 264, 265, 266, 267, 268, 270, 271, 273, 275, 276, (276), (277), (278), (279), (280), (281), (282 a), (282 b), (283), (284), 285, (285), 286, (286), 287, (287), 288, (288), 289, (289), 290, (290), 291, (291), 292, (292), 293, (293), 294, (294), 295, (295), 296, (296), 297, (297), 298, (298), 299, (299), 300, (300), 301, (301), 302, (302), 303, (303), 304, (304), 305, (305), 306, (306), 307, (307), 308, (308), 309, (309), 310, (310), 311, (311), 312, (312), (313), 314, (314), 315, (315), 316, (316), 317, (317), 318, 319, 320, 321, 322, 323, 324, 325, 326, 327, 328, 329, 330, 331, 332, 333, (334), 335, 336, 337, 338, 339, (340), 341, 342, 343, 344, 345, 346, 347, 348, 349, 350, 354, 355, 356, 357, 358, 359, 360, 361, 362, 363, 364, 365, 366, 367, 368, 369, 370, 371, 372, 373, 374, 375, 376, 377, 378, 379, 380, 381, 382, 383, 384, 385, 386, 387, 388, 389, 390, 391, 392, 393, 394, 395, 396, 397, 398, 399, (400), 401, 402, 403, 404, (406), 407, 408, 409, 410, 411, 412, (413), (414), (415), (416), (417), (418), (419), (420), (421), (422), (423), (424), (425), (426), (427), (428), (429), (430), (431), (432), (434), (435), (436), (437), (438), (439), (440), (441), (442), 443, (443), (444), (445), (446), (447), (448), 449, 450, 451, 452, (453), (454), 455, 456, 457, 458, (459), 460, 461, 462, (463), 464 a, 464 b, 465, 466, 467, 468, 469, 470, (470), 471, (471), (472), 473, (473), (474), (475), (476)
11	Gesetz zur Abänderung der StPO	22. 12. 1925	475	245, (313), (444)

Lfd Nr	Änderndes Gesetz	Datum	RGBl (ab 1922 Teil I) Seite	Geänderte Paragraphen der StPO
12	Gesetz zur Vereinfachung des Militärstrafrechts	30. 4. 1926	197	(435)
13	Gesetz zur Abänderung der StPO	27. 12. 1926	529	53, 114, 114 a, 114 b, 115, 115 a, 117, 118, 118 a, 118 b, 120, 125, 126, 131, (132), 148, 200, 201, 218, 245, 268, (340), (445)
14	Verordnung über die Abänderung des Wortlauts verschiedener Gesetze und Verordnungen aus Anlaß des Fortfalls der Bezeichnungen „Gerichtsschreiberei“ und „Gerichtsschreiber“	30. 11. 1927	334	31, (168), (187), (188), 220, 320, 385, 390, 464 b
15	Deutsches Auslieferungsgesetz	23. 12. 1929	239	154 b, 456 a
16	Reichsministergesetz	27. 3. 1930	96	50, 54, 76
16 a	Reichsabgabenordnung	22. 5. 1931	161	(419), (420), (421), (422), (423), (424), (425), (426), (427), (428), (429)
16 b	Dritte Verordnung des Reichspräsidenten zur Sicherung von Wirtschaft und Finanzen und zur Bekämpfung politischer Ausschreitungen	6. 10. 1931	537	(212)
16 c	Verordnung des Reichspräsidenten auf dem Gebiet der Rechtspflege und der Verwaltung	14. 6. 1932	285	148, 153, 229, 312, (417)
17	Verordnung zur Vereinfachung der Zustellungen	17. 6. 1933	394	35, 146, 218, 378
18	Ausführungsgesetz zu den Gesetzen gegen gefährliche Gewohnheitsverbrecher und über Maßregeln der Sicherung und Besserung	24. 11. 1933	1000	(5 a), 80 a, 81, 81 a, 81 b, 113, 126 a, 127, 128, 129, 131, 140, 145, 148, 149, 154, 154 b, 160, 207, 232, 233, (233 a), 246 a, 260, 263, 265, 267, 270, 299, 305, 310, 331, 358, 359, 363, 371, 373, 384, 407, (429 a), (429 b), (429 c), (429 d), (429 e), 456 a, 456 b, (456 c), 458, 463, 465, 466, 467
19	Gesetz zur Einschränkung der Eide im Strafverfahren	24. 11. 1933	1008	57, 58, 59, 60, 61, 62, 63, 64, 65, (66), 66 a, 66 b, 66 c, (66 e), 68 a, 79, (193), 223
20	Gesetz über Reichsverweisungen	23. 3. 1934	213	154 b, 160, 232, 233, 260, 263, 265, 267, 407, 456 a, 465, 466
21	Gesetz zur Änderung von Vorschriften des Strafrechts und des Strafverfahrens	24. 4. 1934	341	115, 117, 118, 118 a, 118 b, 125, 126, 443
22	Gesetz zur Änderung von Vorschriften des Strafverfahrens und des GVG	28. 6. 1935	844	16, (17), 112, 154 c, (170 a), (178), (179), (180), (181), (182), (183), (184), (186), 201, 202, 232, 244, 245, 265, (267 a), (267 b), 276, (277), (278), (279), (280), (281), (282), (282 a), (282 b), (282 c), 285, 286, 287, 288, 289, 290, 295, 298, 331, 358, 373,

Lfd Nr	Änderndes Gesetz	Datum	RGBl (ab 1922 Teil I) Seite	Geänderte Paragraphen der StPO
				(434), (435), (436), (437), (438), (439), (440), (441), (442), (443), (444), (445), (446), (447), (448), (454), 463, (474)
22 a	Verordnung über Maßnahmen auf dem Gebiet der Gerichtsverfassung und der Rechtspflege	1. 9. 1939	1658	87, 140, (212), 244, 245, (313), 407
22 b	DVO zur Verordnung über Maßnahmen auf dem Gebiet der Gerichtsverfassung und der Rechtspflege	8. 9. 1939	1703	140
22 e	Verordnung über die Zuständigkeit der Strafgerichte, die Sondergerichte und sonstige strafverfahrensrechtliche Vorschriften	21. 2. 1940	405	140, 147, 148, (212), (212 a), (212 b)
23	DVO zur Verordnung über die Zuständigkeit der Strafgerichte, die Sondergerichte und sonstige strafverfahrensrechtliche Vorschriften	13. 3. 1940	489	(5 a), 140, 141, 142, 212, 270, 407
23 a	Verordnung zur Änderung der Strafvorschriften über fahrlässige Tötung, Körperverletzung und Flucht bei Verkehrsunfällen	2. 4. 1940	606	374
24	Verordnung über den Geltungsbereich des Strafrechts	16. 5. 1940	754	(8 a), 153 c
24 a	DVO zum Gesetz zur Änderung des StGB	24. 9. 1941	581	463
25	Verordnung zur weiteren Vereinfachung der Strafrechtspflege	13. 8. 1942	508	36, 38, 119, 152, 153, 172, 173, 174, 175, 176, 177, (195), 214, 220, 222, 226, 232, 233, (233 a), 235, 239, 241, 260, 266, 377, 382, 386, 388, 395, 407, 471, (472)
26	Verordnung über die Beseitigung des Eröffnungsbeschlusses im Strafverfahren	13. 8. 1942	512	16, 148, 156, (198), 199, 201, (202), 203, 204, 205, 206, 206 a, 207, 208, 209, 210, 211, 213, 215, 264, 265, 267, (279)
27	DVO zur Verordnung über die Angleichung des Strafrechts des Altreichs und der Alpen- und Donau-Reichsgaue	29. 5. 1943	341	57, 59, 61, 62, 66 b, 79, 286
28	Dritte Verordnung zur Vereinfachung der Strafrechtspflege	29. 5. 1943	342	27, 28, 30, 31, 200, (200), 217, 251, 272, 359, 362, 363, 367, 370, 373 a, 403, 404, 405, 406, (406), 406 a, 406 b, 406 c, (406 d), (463), 472 a
28 a	Zweite DVO zur Verordnung zur Angleichung des Strafrechts des Altreichs und der Alpen- und Donau-Reichsgaue	20. 1. 1944	41	393
28 d	Vierte Verordnung zur Vereinfachung der Strafrechtspflege	13. 12. 1944	339	98, 105, 140, 171, 228
29	Gesetz zur Wiederherstellung der Rechtseinheit auf dem Gebiete der Gerichtsverfassung, der bürgerlichen Rechtspflege, des Strafverfahrens und des Kostenrechts	12. 9. 1950	455, 629	4, (5 a), 8, (8 a), 9, 10, 11, 16, (17), (18), 25, 27, 28, 30, 31, (32), 36, 38, 49, 50, 53, 54, 55, 57, 59, 61, 62, 63, 64, (66), 66 b, 66 c, 66 e, 68 a, 69, 76,

Lfd Nr	Änderndes Gesetz	Datum	BGBl Teil I Seite	Geänderte Paragraphen der StPO
				77, 79, 81, 81 a, 81 b, 81 c, 81 d, 87, 96, 98, 103, 104, 105, 112, 113, 114 b, 116 a, 118, 118 a, 118 b, 119, 126, 128, 129, 136 a, 140, 141, 142, (144), 145, (147 a), 149, 152, 153, 153 c, 154, 154 b, 154 c, 154 d, 156, 157, 161, 163, 170, 171, 172, 173, 174, 175, 176, 177, (178), (179), (180), (181), (182), (183), (184), (186), (190), (193), (195), (197), (198), 199, 200, 201, 202, (202), 203, 204, 205, 206, 206 a, 207, (208), 209, 210, 211, (212), (212 a), (212 b), 213, 214, 215, 217, 220, 222, 223, 226, 228, 229, 232, 233, 235, 239, 240, 241, 244, 245, 251, 260, 264, 265, 266, 267, (267 a), (267 b), 268, (269 a), 270, 272, 273, (273 a), 275, 276, (277), (278), (279), (280), (281), (282 b), (282 c), 285, 286, 287, 288, 289, 290, 291, 292, 295, 298, 304, 310, 312, (313), 320, 330, 331, 333, (334), 335, 338, (340), 345, (347 a), 349, 354, 354 a, 358, 359, 362, 363, 367, 370, 371, 373, 373 a, 377, 379, 380, 382, 383, (383 a), 384, 386, 388, 390, 393, 395, 401, 403, 404, 405, 406, 406 a, 406 b, 406 c, (406 d), 407, 408, (413), (414), (415), (416), (417), (418), (419), (420), (421), (422), (423), (424), (425), (426), (427), (428), (429), (429 b), (430), (434), (435), (436), (437), (438), (439), (440), (441), 443, 452, (453), (454), 456 a, (456 c), 458, (459), 462, 462 a, 463, (463), 464, 469, 470, 471, (472), 472 a, (474)
30	Strafrechtsänderungsgesetz	30. 8. 1951	739	153 b, 153 c, 169, 354, 374, 395, 443
31	Gesetz über Maßnahmen auf dem Gebiete des Kostenrechts	7. 8. 1952	401	304, 465
32	Gesetz zur Sicherung des Straßenverkehrs	19. 12. 1952	832	111 a, (212 b), 232, 233, 305, 463
33	Drittes Strafrechtsänderungsgesetz	4. 8. 1953	735	7, 9, 10, 13 a, 35 a, 37, (39), 44, 53, 53 a, 81 a, 81 c, 97, (101 a), 116,

Lfd Nr	Änderndes Gesetz	Datum	BGBl Teil I Seite	Geänderte Paragraphen der StPO
				148, (150), 152, 152 a, 153, 154, 154 b, 154 c, 154 d, 160, 170, 171, 172, (188), 247, 260, 263, 267, 268, 268 a, 268 b, 305 a, 308, 319, 324, 346, 362, 364, 391, 395, 408, 409, (429 e), (431), (432), 450, 453, 453 a, 454, 467, 470
34	Viertes Strafrechtsänderungsgesetz	11. 6. 1957	597	105, 153 e, (198 a)
35	Gesetz zur Änderung und Ergänzung kostenrechtlicher Vorschriften	26. 7. 1957	861	71, 84, 118, (150), 152, 350
36	Vereinsgesetz	5. 8. 1964	593	153 e
37	Zweites Gesetz zur Sicherung des Straßenverkehrs	26. 11. 1964	921	111 a, 232, 233, 267, 407, 408, 409, (413), 450, 463, 463 b
38	Gesetz zur Änderung der StPO und des GVG (StPÄG)	19. 12. 1964	1067	16, 23, 25, 26, 26 a, 27, 28, 33, 33 a, 37, 53, 112, 113, 114, 114 a, 114 b, 115, 115 a, 116, 116 a, 117, 118, 118 a, 118 b, 119, 120, 121, 122, 123, 124, 125, 126, 126 a, 128, 130, 131, 136, 140, 141, 142, 145 a, 147, 148, 153, 154 a, 154 d, 161, 163, 163 a, (169), 169 a, (169 b), (169 c), 175, (192), (197), 200, 201, 202, 207, (208), 209, (212), 215, 217, 243, (257 a), 265, 270, 271, 273, 275, 308, 311, 311 a, 328, 345, 349, 350, 354, 369, 372, 383, 384, 385, 396, 397, 407, (413), 453 b, 454, 467, 467 a, (472)
39	Gesetz über den Fristablauf am Sonnabend	10. 8. 1965	753	43
40	Urheberrechtsgesetz	9. 9. 1965	1273	374
41	Bek. der Neufassung	17. 9. 1965	1373	(Neufassung)
42	Sortenschutzgesetz	20. 5. 1968	429	374
43	Einführungsgesetz zum Gesetz über Ordnungswidrigkeiten (EGOWiG)	24. 5. 1968	503	10, 45, 55, 98, 110, 111 a, 127 a, 132, 268 c, 272, 335, 385, 396, 407, 409, (413), 430, (430), 431, (431), 432, (432), 433, 434, 435, 436, 437, 438, 439, 440, 441, 442, 443, 444, 462, 464, 464 a, 464 b, 465, 466, 467, 467 a, 469, 470, 471, (472), 472 b, 473
44	Achtes Strafrechtsänderungsgesetz	25. 6. 1968	741	125, 128, 153 c, 153 d, 153 e, 165, 172, 395, 443
45	Gesetz zur Beschränkung des Brief-, Post- und Fernmeldegeheimnisses	13. 8. 1968	949	100 a, 100 b, 101
46	Erstes Gesetz zur Reform des Strafrechts	25. 6. 1969	645	60, 61, 68 a, 80 a, 112, 113, 140, (212 b), 232, 246 a, 265 a, 267, 268 a, (277), 305 a, 374, (413),

Lfd Nr	Änderndes Gesetz	Datum	BGBl Teil I Seite	Geänderte Paragraphen der StPO
				431, 453, 453 b, 454, 460, 462
47	Gesetz zur allgemeinen Einführung eines zweiten Rechtszuges in Staatsschutz-Strafsachen	8. 9. 1969	1582	121, 122, 140, 153 c, 153 d, 153 e, 169, 172, (178), (186), (198), 209, 210, 304, 310, 354, 452, 462, (474)
48	Bundeszentralregistergesetz	18. 3. 1971	243	260
49	Gesetz zur Änderung des GVG	8. 9. 1971	1513	(13 b)
50	Zwölftes Strafrechtsänderungsgesetz	16. 12. 1971	1979	100 a
51	Gesetz zur Änderung der Bezeichnungen der Richter und ehrenamtlichen Richter und der Präsidialverfassung des Gerichts	26. 5. 1972	841, 1973, 496	31, 169, (185), (186), 240, 272, 275, 338, 359, 362
52	Gesetz zur Änderung der StPO	7. 8. 1972	1361	112, 112 a, 116, 122 a
53	Waffengesetz	19. 9. 1972	1797	100 a, 276
54	Viertes Gesetz zur Reform des Strafrechts	23. 11. 1973	1725	100 a, 104, 106 b, 112 a
55	Einführungsgesetz zum StGB (EGStGB)	2. 3. 1974	469, 502	3, 7, 10, 22, 51, 60, 61, 62, 65, 70, 77, 81 c, 92, 94, 95, 97, 100, 100 a, (101 a), 102, 103, 104, 105, 107, 108, (111), 111 a, 111 b, 111 c, 111 d, 111 e, 111 f, 111 g, 111 h, 111 i, 111 k, 111 l, 112, 113, 114, 120, 121, 122, 123, 124, 127, 127 a, 130, 132, 132 a, 134, 140, 142, 153, 153 a, 153 b, 153 c, 153 d, 153 e, 154, 154 a, 154 b, 154 c, 154 e, 158, 160, 163, 172, 176, 200, 207, 209, (212 b), 232, 233, 247, 260, 263, 265, 265 a, 267, 268 a, 268 c, 272, (277), (279), (280), (281), (282), (282 a), (282 b), (282 c), (283), (284), 285, 290, 295, 304, 305, (313), 331, (334), 358, 359, 362, 363, 364, 371, 373, 374, 375, 376, 380, 384, 388, 389, 393, 395, 396, 405, (406 d), 407, 408, 409, 413, (413), 414, 415, 416, (429 a), (429 b), (429 c), (429 d), 430, 431, 433, 436, 438, 439, 440, 442, 444, 451, 453, 453 a, 453 b, 454, 456 a, 456 b, 457, 458, 459, (459), 459 a, 459 b, 459 c, 459 d, 459 e, 459 f, 459 g, 459 h, 460, 462, 462 a, 463 (463), 463 a, 463 b, 463 c, 463 d, 464, 464 a, 465, 466, 467, 467 a, (472), 472 a, 472 b, (474)
56	Fünftes Gesetz zur Reform des Strafrechts	18. 6. 1974	1297	53, 97

Lfd Nr	Änderndes Gesetz	Datum	BGBl Teil I Seite	Geänderte Paragraphen der StPO
57	Erstes Gesetz zur Reform des Strafverfahrensrechts	9. 12. 1974	3393, 3533	4, 16, (17), 23, 26 a, 27, 36, 44, 45, 46, 47, 51, 52, 61, 65, (66), 70, 73, 77, 81 c, 87, 91, 98, 100, 104, 110, 111 e, 115 a, 120, 125, 126, 128, 129, 135, 136, 141, 147, 154 a, 156, 159, 161, 161 a, 162, 163, 163 a, 165, 166, 168, 168 a, 168 b, 168 c, 168 d, (168), 169, (169), 169 a, (169 b), (169 c), 170, 173, (178), (179), (180), (181), (182), (183), (184), (185), (187), (188), (189), (190), (191), (192), (193), (194), (195), (196), (197), (198), 199, 200, 201, 202, 203, 204, (208), (212), (212 b), 214, 215, 221, 222, 224, 228, 229, 256, 267, 268, 270, 273, 275, 294, 303, 304, 306, 312, 315, 329, 330, 333, 338, 342, 364 a, 364 b, 367, 369, 377, 385, 395, 396, 397, 399, (400), 401, 407, 408, 411, 412, 430, 441, 450 a, 453 a, 453 c, 454, 462, 464 a, 464 b, 467, 467 a, (471)
58	Gesetz zur Entlastung des Landgerichts und zur Vereinfachung des gerichtlichen Protokolls	20. 12. 1974	3651	304
59	Gesetz zur Ergänzung des Ersten Gesetzes zur Reform des Strafverfahrensrechts	20. 12. 1974	3686	57, 66 c, 66 d, 66 e, (66 e), 137, 138 a, 138 b, 138 c, 138 d, 140, 146, 231 a, 231 b, 241 a, 245, 257, (257 a), 265, 304, 378
60	Bek der Neufassung	7. 1. 1975	129, 650	(Neufassung)
61	Gesetz über das Zeugnisverweigerungsrecht der Mitarbeiter von Presse und Rundfunk	25. 7. 1975	1973, 2164	53, 97, 98, 111 m, 111 n
62	Gesetz zur Änderung des GKG, des Gesetzes über die Kosten der Gerichtsvollzieher, der BRAGO und anderer Vorschriften	20. 8. 1975	2189	455 a, 457
63	Strafvollzugsgesetz	16. 3. 1976	581	
64	Fünfzehntes Strafrechtsänderungsgesetz	18. 5. 1976	1213	53, 97
65	Adoptionsgesetz	2. 7. 1976	1749	22, 52
66	Gesetz zur Änderung des StGB, der StPO, des GVG, der Bundesrechtsanwaltsordnung und des Strafvollzugsgesetzes	18. 8. 1976	2181	112, 138 a, 138 c, 148, 148 a, 153 c, 153 d, 153 e
67	Gesetz zur Änderung der StPO	14. 4. 1978	497	103, 105, 108, 111, 127, 138 a, 138 b, 138 c, 148, 163 b, 163 c
68	Gesetz zur Änderung des Waffenrechts	31. 5. 1978	641	100 a
69	Strafverfahrensänderungsgesetz 1979	5. 10. 1978	1645	2, 4, 6 a, (13 b), 16, (18), 29, 34 a, 51, 68, 154, 154 a, 168, 168 a, 201,

Lfd Nr	Änderndes Gesetz	Datum	BGBl Teil I Seite	Geänderte Paragraphen der StPO
				209, 209 a, 222 a, 222 b, 225 a, 231 c, 245, 249, 267, 270, 273, 304, 324, 325, 336, 338, 407, 408, 450, 453 c, 462 a
70	Gesetz zur Änderung zwangsvollstreckungsrechtlicher Vorschriften	1. 2. 1979	127	459 g, 463 b
71	Achtzehntes Strafrechtsänderungsgesetz	28. 3. 1980	373	10 a, 100 a
72	Gesetz über die Prozesskostenhilfe	13. 6. 1980	677	172, 379, 379 a, 396
73	Gesetz zur Neuordnung des Betäubungsmittelrechts	28. 7. 1981	681	100 a, 112 a
74	Zwanzigstes Strafrechtsänderungsgesetz	8. 12. 1981	1329	454
75	Zweites Gesetz zur Änderung des Bundeszentralregistergesetzes	17. 7. 1984	990	260
76	Dreiundzwanzigstes Strafrechtsänderungsgesetz	13. 4. 1986	393	260, 453, 454, 454 a, 454 b, 455, 456 a, 458, 462, 462 a, 463, 463 d
77	Passgesetz und Gesetz zur Änderung der StPO	19. 4. 1986	537	163 d
78	Zweites Gesetz zur Bekämpfung der Wirtschaftskriminalität	15. 5. 1986	721	374, 444
79	Gesetz zur Änderung des OWiG, des StVG und anderer Gesetze	7. 7. 1986	977	306, 311, 407
80	Gesetz zur Änderung des Gebrauchsmustergesetzes	15. 8. 1986	1446	374
81	Opferschutzgesetz	18. 12. 1986	2496	68 a, 140, 245, 374, 377, 379 a, 395, 396, 397, 397 a, 400, 403, 404, 406, 406 d, 406 e, 406 f, 406 g, 406 h, 459 a, 472, 473
82	Strafverfahrensänderungsgesetz 1987	27. 1. 1987	475	25, 35, 35 a, 40, 87, 139, 140, 142, 145 a, 146, 146 a, 153 a, 229, 232, 234 a, 249, 251, 257, 265, 267, 268, 273, 304, 325, 328, 364 b, 373 a, 380, 407, 408, 408 a, 409, 410, 411, 464, 467 a, 469, 473
83	Bek der Neufassung	7. 4. 1987	1074, 1319	Neufassung
84	Halbleiterschutzgesetz	22. 10. 1987	2294	374
85	Gesetz zur Änderung der StPO	17. 5. 1988	606	140, 142
86	Poststrukturgesetz	8. 6. 1989	1026	100 a, 100 b
87	Gesetz zur Änderung des StGB und des Versammlungsgesetzes und zur Einführung einer Kronzeugenregelung bei terroristischen Straftaten	9. 6. 1989	1059	112 a
88	Gesetz zur Regelung des Geschäftswertes bei land- und forstwirtschaftlichen Betriebsübergaben und zur Änderung sonstiger kostenrechtlicher Vorschriften	15. 6. 1989	1082	464 c
89	Produktpirateriegesetz	7. 3. 1990	422	374, 395
90	Gesetz zur Neuregelung des Ausländerrechts	9. 7. 1990	1354	100 a
91	Betreuungsgesetz	12. 9. 1990	2002	22, 52, 60, 81 c
92	Gesetz zur Verbesserung der Überwachung des Außenwirtschaftsverkehrs und zum Verbot von Atomwaffen, biologischen und chemischen Waffen	5. 11. 1990	2428	100 a

Lfd Nr	Änderndes Gesetz	Datum	BGBl Teil I Seite	Geänderte Paragraphen der StPO
93	Rechtspflege-Vereinfachungsgesetz	17. 12. 1990	2847	304
94	Gesetz zur Änderung des AWG, des StGB und anderer Gesetze	28. 2. 1992	372	100 a, 111 b
95	Sechsundzwanzigstes Strafrechtsänderungsgesetz Menschenhandel	14. 7. 1992	1255	100 a
96	Organisierte Kriminalitätsgesetz	15. 7. 1992	1302	68, 98 a, 98 b, 98 c, 100 a, 100 b, 100 c, 100 d, 101, 110 a, 110 b, 110 c, 110 d, 110 e, 111 o, 111 p, 112 a, 163 e, 168 a, 200, 222, 443, 457, 459 h, 460, 463 a
97	Gesetz zur Einführung eines Zeugnisverweigerungsrechts für Beratung in Fragen der Betäubungsmittelabhängigkeit	23. 7. 1992	1366	53, 97
98	Schwangeren- und Familienhilfegesetz	27. 7. 1992	1398	53, 97, 108
99	Gesetz zur Entlastung der Rechtspflege	11. 1. 1993	50	37, 153, 153 a, 244, 313, 322, 322 a, 406 d, 406 h, 407, 408 b, 409
100	Ausführungsgesetz Suchtstoffübereinkommen 1988	2. 8. 1993	1407	10 a
101	Kostenrechtsänderungsgesetz 1994	24. 6. 1994	1325	464 b, 464 d, 467, 472 b
102	Einunddreißigstes Strafrechtsänderungsgesetz	27. 6. 1994	1440	443
103	Postneuordnungsgesetz	14. 9. 1994	2325	100 b
104	Prozesskostenhilfeänderungsgesetz	10. 10. 1994	2954	397 a
105	Markenrechtsreformgesetz	25. 10. 1994	3082	374, 395
106	Verbrechensbekämpfungsgesetz	28. 10. 1994	3186	26, 100 a, 112, 112 a, (212), (212 a), (212 b), 249, 257 a, 267, 411, 417, 418, 419, 420, 474, 475, 476, 477
107	Siebzehntes Gesetz zur Änderung des AbgG und Vierzehntes Gesetz zur Änderung des EuAbgG	4. 11. 1994	3346	54, 96
108	Schwangeren- und Familienhilfeänderungsgesetz	21. 8. 1995	1050	53
109	Markenrechtsänderungsgesetz 1996	19. 7. 1996	1014	374
110	Strafverfahrensänderungsgesetz – DNA-Analyse	17. 3. 1997	534	81 a, 81 c, 81 e, 81 f, 101
111	Justizmitteilungsgesetz	18. 6. 1997	1430	453
112	Dreiunddreißigstes Strafrechtsänderungsgesetz	1. 7. 1997	1607	112 a, 395
113	Gesetz zur Änderung der Strafprozessordnung	17. 7. 1997	1822	127 b
114	Gesetz zur Bekämpfung der Korruption	13. 8. 1997	2038	374
115	Zweite Zwangsvollstreckungsnovelle	17. 12. 1997	3039	463 b
116	Begleitgesetz zum Telekommunikationsgesetz	17. 12. 1997	3108	99, 100 a, 100 b
117	Gesetz zur Bekämpfung von Sexualdelikten und anderen gefährlichen Straftaten	26. 1. 1998	160	304, 454, 454 a, 463
118	Sechstes Gesetz zur Reform des Strafrechts	26. 1. 1998	164	100 a, 112, 112 a, 154 e, 374, 380, 395, 443
119	Gesetz zur Änderung des StVG und anderer Gesetze	24. 4. 1998	747	111 a, 153 a, 268 c, 463 b
120	Zeugenschutzgesetz	30. 4. 1998	820	58 a, 68 b, 168 e, 247 a, 255 a, 395, 397 a, 406 g, 406 h

Lfd Nr	Änderndes Gesetz	Datum	BGBl Teil I Seite	Geänderte Paragraphen der StPO
121	Gesetz zur Verbesserung der Bekämpfung der Organisierten Kriminalität	4. 5. 1998	845	100 a, 100 c, 100 d, 100 e, 100 f, 101, 111 b, 111 o, 111 p
122	Gesetz über die Berufe der Psychologischen Psychotherapeuten und des Kinder- und Jugendlichenpsychotherapeuten, zur Änderung des Fünften Buches Sozialgesetzbuch und anderer Gesetze	16. 6. 1998	1311	53, 97
123	Gesetz zur Reform des strafrechtlichen Wiederaufnahmerechts	9. 7. 1998	1802	359
124	Drittes Gesetz zur Änderung der Bundesnotarordnung und anderer Gesetze	31. 8. 1998	2585	53, 138 c
125	DNA-Identitätsfeststellungsgesetz	7. 9. 1998	2646	81 g
126	Gesetz zur strafverfahrensrechtlichen Verankerung des Täter-Opfer-Ausgleichs und zur Änderung des Gesetzes über Fernmeldeanlagen	20. 12. 1999	2491	153 a, 155 a, 155 b, 172
127	Strafverfahrensänderungsgesetz 1999	2. 8. 2000	1253	100 a, 110 e, 131, 131 a, 131 b, 131 c, 147, 160, 161, 163, 163 f, 385, 406 e, 456 a, 477, 478, 479, 480, 481, 482, 483, 484, 485, 486, 487, 488, 489, 490, 491, 492, 493, 494, 495
128	Fünftes Gesetz zur Änderung des Strafvollzugsgesetzes	27. 12. 2000	2043	454
129	Lebenspartnerschaftsgesetz	16. 2. 2001	266	22, 52, 149, 361, 395, 404
130	Gesetz zur Änderung des Bundesdatenschutzgesetzes und anderer Gesetze	18. 5. 2001	904	486
131	Zustellungsreformgesetz	25. 6. 2001	1206	37
132	Gesetz zur Einführung des Euro in Rechtspflegesachen und in Gesetzen des Straf- und Ordnungswidrigkeitenrechts, zur Änderung der Mahndruckverordnungen sowie zur Änderung weiterer Gesetze	13. 12. 2001	3574	304, 463 c
133	Gesetz zur Bereinigung von Kostenregelungen auf dem Gebiet des geistigen Eigentums	13. 12. 2001	3656	374
134	Gesetz zur Änderung der Strafprozessordnung	20. 12. 2001	3879	100 g, 100 h, 101
135	Gesetz zur Änderung der Strafprozessordnung	15. 2. 2002	682	53, 53 a, 97
136	Gesetz zur Ausführung des Römischen Statuts des Internationalen Strafgerichtshofes vom 17. 7. 1998	21. 6. 2002	2144	154 b, 456 a
137	Gesetz zur Einführung des Völkerstrafgesetzbuches	26. 6. 2002	2254	100 a, 100 c, 112, 153 c, 153 f
138	OLG-Vertretungsänderungsgesetz	23. 7. 2002	2850	66 e, 140, 259, 464 b, 464 c
139	Gesetz zur Änderung des Ordnungswidrigkeitenverfahrensrechts	26. 7. 2002	2864	479
140	Gesetz zur Änderung der Strafprozessordnung	6. 8. 2002	3018	81 f, 100 h, 100 i, 111 f
141	Gesetz zur Einführung der vorbehaltenen Sicherungsverwahrung	21. 8. 2002	3344	246 a, 260, 267, 268 d, 275 a, 454

Lfd Nr	Änderndes Gesetz	Datum	BGBl Teil I Seite	Geänderte Paragraphen der StPO
142	Vierunddreißigstes Strafrechtsänderungsgesetz	22. 8. 2002	3390	100 c, 103, 111, 112, 138 a, 148, 153 c, 443
143	Sechstes Gesetz zur Änderung des Strafvollzugsgesetzes	5. 10. 2002	3954	100 a
144	Gesetz zur Neuregelung des Waffenrechts	11. 10. 2002	3970	100 a, 100 c, 443, 492
145	Gesetz zur Regelung des Urheberrechts in der Informationsgesellschaft	10. 9. 2003	1774	374, 395
146	Gesetz zur Modernisierung der gesetzlichen Krankenversicherung	14. 11. 2003	2190	97
147	Gesetz zur Umsetzung des Rahmenbeschlusses des Rates vom 13. Juni 2002 zur Terrorismusbekämpfung und zur Änderung anderer Gesetze	22. 12. 2003	2836	112
148	Fünfunddreißigstes Strafrechtsänderungsgesetz	22. 12. 2003	2838	100 c
149	Gesetz zur Änderung der Vorschriften über die Straftaten gegen die sexuelle Selbstbestimmung und zur Änderung anderer Vorschriften	27. 12. 2003	3007	68 b, 81 e, 81 g, 88, 100 a, 153 c, 255 a, 397 a
150	Geschmacksmusterreformgesetz	12. 3. 2004	390	374, 395
151	Kostenrechtsmodernisierungsgesetz	5. 5. 2004	718	71, 84, 304, 379 a
152	Telekommunikationsgesetz	22. 6. 2004	1190	100 b
153	Opferrechtsreformgesetz	24. 6. 2004	1354	48, 58, 58 a, 81 d, 136, 138 c, 214, 243, 247 a, 273, 323, 395, 397 a, 403, 404, 405, 406, 406 a, 406 b, 406 d, 406 f, 406 g, 406 h, 473
154	Gesetz gegen den unlauteren Wettbewerb	3. 7. 2004	1414	374
155	Gesetz zur Einführung der nachträglichen Sicherungsverwahrung	23. 7. 2004	1838	275 a, 463
156	Aufenthaltsgesetz	30. 7. 2004	1950	100 a, 100 c
157	1. Justizmodernisierungsgesetz	24. 8. 2004	2198	40, 57, 59, 61, 62, 63, 64, 65, 66, 68 a, 79, 81 a, 81 c, 98, 100 b, 100 d, 100 i, 105, 110, 111, 111 e, 111 f, 111 l, 131, 131 c, 132, 163 d, 163 f, 168 a, 223, 226, 229, 234 a, 247 a, 251, 256, 271, 286, 314, 341, 354, 374, 380, 411, 418, 468
158	Gesetz zur effektiveren Nutzung von Dateien im Bereich der Staatsanwaltschaften	10. 9. 2004	2318	484, 488, 491, 492, 493, 494, 495
159	Anhörungsrügengesetz	9. 12. 2004	3220	33 a, 356 a
160	Gesetz zur Überarbeitung des Lebenspartnerschaftsrechts	15. 12. 2004	3396	52
161	37. Strafrechtsänderungsgesetz (Menschenhandel)	11. 2. 2005	239	68 b, 100 a, 100 c, 154 c, 255 a, 395, 397 a
162	Justizkommunikationsgesetz	22. 3. 2005	837	41 a
163	Gesetz zur Umsetzung des Urteils des BVerfG vom 3. März 2004	24. 6. 2005	1841	100 c, 100 d, 100 e, 100 f 100 i, 101, 110 e, 163 d, 477
164	Gesetz zur Novellierung der forensischen DNA-Analyse	12. 8. 2005	2360	81 f, 81 g, 81 h
165	Gesetz zur Stärkung der Rückgewinnungshilfe und der Vermögensabschöpfung bei Straftaten	24. 10. 2006	2350	111 b, 111 e, 111 f, 111 g, 111 h, 111 i, 111 k, 291, 292, 293, 310, 371, 409

Lfd Nr	Änderndes Gesetz	Datum	BGBl Teil I Seite	Geänderte Paragraphen der StPO
166	Gesetz zur Errichtung und Regelung der Aufgaben des Bundesamtes für Justiz	17. 12. 2006	3171	492
167	2. Justizmodernisierungsgesetz	22. 12. 2006	3416	47, 116 a, 176, 267, 357, 379, 454, 454 a, 454 b, 459 a
168	Gesetz zur Strafbarkeit beharrlicher Nachstellungen (40. StrÄndG)	22. 3. 2007	354	112 a, 374, 395
169	Gesetz zur Stärkung der Selbstverwaltung der Rechtsanwaltschaft	26. 3. 2007	358	138, 142
170	Gesetz zur Reform der Führungsaufsicht und zur Änderung der Vorschriften über die nachträgliche Sicherungsverwahrung	13. 4. 2007	513	406 d, 463, 463 a
171	Gesetz zur Sicherung der Unterbringung in einem psychiatrischen Krankenhaus und in einer Entziehungsanstalt	16. 7. 2007	1327	126 a, 246 a, 358, 463
172	2. Gesetz zur Bereinigung von Bundesrecht im Zuständigkeitsbereich des BMJ	23. 11. 2007	2614	100 a
173	Gesetz zur Neuregelung der Telekommunikationsüberwachung und anderer verdeckter Ermittlungsmaßnahmen sowie zur Umsetzung der Richtlinie 2006/24/EG	21. 12. 2007	3198	58 a, 97, 98, 98 b, 100, 100 a, 100 b, 100 c, 100 d, 100 e, 100 f, 100 g, 100 h, 100 i, 101, 108, 110, 110 b, (110 d), (110 e), 155 b, 160 a, 161, 162, 163 d, 163 e, 163 f, 304, 474, 476, 477, 478, 479, 480, 481
174	Gesetz zur Neuregelung des Grundstoffüberwachungsrechts	11. 3. 2008	306	100 a
175	Gesetz zur Einführung der nachträglichen Sicherungsverwahrung bei Verurteilungen nach Jugendstrafrecht	8. 7. 2008	1212	275 a
176	Gesetz zur Umsetzung des Rahmenbeschlusses des Rates der Europäischen Union zur Bekämpfung der sexuellen Ausbeutung von Kindern und der Kinderpornographie	31. 10. 2008	2149	100 a, 255 a
177	Gesetz zum Schengener Informationssystem der zweiten Generation	6. 6. 2009	1226	163 e
178	Gesetz zur Änderung der StPO	26. 6. 2009	1597	53, 97
179	Viertes Gesetz zur Änderung des Sprengstoffgesetzes	17. 7. 2009	2062	492
180	Gesetz zur Reform der Sachaufklärung in der Zwangsvollstreckung	29. 7. 2009	2258	463 b
181	Gesetz zur Änderung des Untersuchungshaftrechts	29. 7. 2009	2274	98, 114 a, 114 b, 114 c, 114 d, 114 e, 115, 115 a, 116 b, 117, 119, 119 a, 126, 126 a, 127, 127 b, 140, 141, 147, 148, 162, 163 c, 275 a, 406 e, 453 c, 477
182	Gesetz zur Stärkung der Rechte von Verletzten und Zeugen im Strafverfahren (2. Opferrechtsreformgesetz)	29. 7. 2009	2280	48, 57, 58, 58 a, 60, 68, 68 a, 68 b, 81 c, 111 l, 112 a, 138, 142, 147, 154 f, 158, 161 a, 163, 163 a, 200, 201, 214, 222, 241 a, 243, 247, 255 a, 395, 397, 397 a,

Lfd Nr	Änderndes Gesetz	Datum	BGBl Teil I Seite	Geänderte Paragraphen der StPO
				406 d, 406 e, 406 f, 406 g, 406 h, 473 a, 478
183	Gesetz zur Regelung der Verständigung im Strafverfahren	29. 7. 2009	2353	35 a, 44, 160 b, 202 a, 212, 243, 257 b, 257 c, 267, 273, 302
184	Gesetz zur Verfolgung der Vorbereitung von schweren staatsgefährdenden Gewalttaten	30. 7. 2009	2437	100 a, 100 c, 103, 111, 112 a, 443

2. Nach Paragraphen geordnet

StPO § …[1]	Nr des ändernden Gesetzes[2]	StPO § …[1]	Nr des ändernden Gesetzes[2]
2	69	56	10
3	55	57	10, 19, 27, 29, 59, 157, 182
4	29, 57, 69	58	10, 19, 153, 182
(5 a)	18, 23, 29	58 a	120, 153, 173, 182
6 a	69	59	10, 19, 27, 29, 157
7	3, 33, 55	60	10, 19, 46, 55, 91, 182
8	29	61	10, 19, 27, 29, 46, 55, 57, 157
(8 a)	24, 29	62	19, 27, 29, 55, 157
9	29, 33	63	10, 19, 29, 157
10	29, 33, 43, 55	64	19, 29, 157
10 a	71, 100	65	10, 19, 55, 57, 157
11	1, 29	66	157
13 a	33	(66)	10, 19, 29, 57
(13 b)	49, 69	(66 a)	10, 19, 157
16	10, 22, 26, 29, 38, 57, 69	(66 b)	19, 27, 29, 157
(17)	22, 29, 57	(66 c)	10, 19, 29, 59, 157
(18)	29, 69	(66 d)	59, 157
22	8, 55, 65, 91, 129	(66 e)	10, 19, 29, 59, 138, 157
23	10, 38, 57	67	10
25	29, 38, 82	68	10, 69, 96, 182
26	38, 106	68 a	19, 29, 46, 81, 157, 182
26 a	38, 57	68 b	120, 149, 161, 182
27	10, 28, 29, 38, 57	69	10, 29
28	28, 29, 38	70	5, 10, 55, 57
29	69	71	10, 35, 151
30	28, 29	73	57
31	10, 14, 28, 29, 51	76	16, 29
(32)	29	77	5, 10, 29, 55, 57
33	38	79	19, 27, 29, 157
33 a	38, 159	80 a	18, 46
34 a	69	81	18, 29
35	17, 82	81 a	18, 29, 33, 110, 157
35 a	33, 82, 183	81 b	18, 29
36	25, 29, 57	81 c	29, 33, 55, 57, 91, 110, 157, 182
37	33, 38, 99, 131	81 d	29, 153
38	25, 29	81 e	110, 149
(39)	33	81 f	110, 140, 164
40	10, 82, 157	81 g	125, 149, 164
41 a	162	81 h	164
43	39	84	35, 151
44	33, 57, 183	87	22 a, 29, 57, 82
45	43, 57	88	149
46	57	91	57
47	57, 167	92	55
48	10, 153, 182	94	55
49	10, 29	95	55
50	2, 10, 16, 29	96	29, 107
51	5, 10, 55, 57, 69	97	33, 55, 56, 61, 64, 97, 98, 122, 135, 146, 173, 178
52	10, 57, 65, 91, 129, 160	98	28 d, 29, 43, 57, 61, 157, 173, 181
53	10, 13, 29, 33, 38, 56, 61, 64, 97, 98, 108, 122, 124, 135, 178	98 a	96
53 a	33, 135	98 b	96, 173
54	10, 16, 29, 107	98 c	96
55	10, 29, 43	99	116

[1] Die Tabelle geht von der jetzt geltenden Zählung der Paragraphen aus und führt die Änderung einer Vorschrift auch dann bei dem jetzigen Paragraphen an, wenn die Vorschrift zur Zeit der Änderung noch eine andere Bezeichnung hatte. Eine in Klammer gesetzte Zahl gibt die frühere Bezeichnung eines inzwischen weggefallenen Paragraphen wieder.

[2] Die Zahlen in dieser Spalte verweisen auf die laufende Nummer in Spalte 1 der unter 1. abgedruckten Tabelle der Änderungsgesetze und Verordnungen.

StPO § …	Nr des ändernden Gesetzes	StPO § …	Nr des ändernden Gesetzes
100	55, 57, 173	118 b	13, 21, 29, 38
100 a	45, 50, 53, 54, 55, 57, 68, 71, 73, 86, 90, 92, 94, 95, 96, 106, 116, 118, 121, 127, 137, 143, 144, 149, 156, 172, 173, 174, 176, 184	119	25, 29, 38, 181
		119 a	181
		120	13, 38, 55, 57
		121	38, 47, 55
100 b	45, 86, 96, 103, 116, 152, 157, 173	122	38, 47, 55
100 c	96, 121, 137, 142, 144, 148, 161, 163, 173, 184	122 a	52
		123	38, 55
100 d	96, 121, 157, 163, 173	124	38, 55
100 e	121, 163, 173	125	13, 21, 38, 44, 57
100 f	121, 163, 173	126	13, 21, 29, 38, 57, 181
100 g	134, 173	126 a	18, 38, 171, 181
100 h	134, 140, 173	127	18, 55, 67, 181
100 i	140, 157, 163, 173	127 a	43, 55
101	45, 96, 110, 121, 134, 163, 173	127 b	113, 181
(101 a)	33, 55	128	18, 29, 38, 44, 57
102	55	129	18, 29, 57
103	29, 55, 67, 142, 184	130	38, 55
104	29, 54, 55, 57	131	13, 18, 38, 127, 157
105	28 d, 29, 34, 55, 67, 157	131 a	127
107	55	131 b	127
108	55, 67, 98, 173	131 c	127, 157
110	43, 57, 157, 173	132	43, 55, 157
110 a	96	(132)	13
110 b	96, 173	132 a	55
110 c	96	134	55
(110 d)	96, 173	135	57
(110 e)	96, 127, 163, 173	136	38, 57, 153
111	67, 142, 157, 184	136 a	29
(111)	55	137	59
111 a	32, 37, 43, 55, 119	138	169, 182
111 b	55, 94, 121, 165	138 a	59, 66, 67, 142
111 c	55	138 b	59, 67
111 d	55	138 c	59, 66, 67, 124
111 e	55, 157, 165	138 d	59
111 f	55, 140, 157, 165	139	10, 82
111 g	55, 165	140	10, 18, 22 a, 22 b, 22 e, 23, 28 d, 29, 38, 46, 47, 55, 59, 81, 82, 85, 138, 181
111 h	55, 165		
111 i	55, 165	141	23, 29, 38, 57, 181
111 k	55, 165	142	23, 29, 38, 55, 82, 85, 169, 182
111 l	55, 57, 157, 182	(144)	29
111 m	61	145	18, 29
111 n	61	145 a	38, 82
111 o	96, 121	146	17, 59, 82
111 p	96, 121	146 a	82
112	22, 29, 38, 46, 52, 55, 66, 106, 118, 137, 142, 147	147	16 c, 22 e, 38, 57, 127, 181, 182
		(147 a)	29
112 a	52, 54, 73, 87, 96, 106, 112, 118, 168, 182, 184	148	13, 16 c, 18, 22 e, 26, 33, 38, 66, 67, 142, 181
113	18, 29, 38, 46, 55	148 a	66
114	13, 38, 55	149	1, 18, 29, 129
114 a	13, 38, 181	(150)	33, 35
114 b	13, 29, 38, 181	152	25, 29, 33, 35
114 c	181	152 a	33
114 d	181	153	10, 16 b, 25, 29, 33, 38, 55, 99
114 e	181	153 a	55, 82, 99, 119, 126
115	13, 21, 38, 181	153 b	30, 55
115 a	13, 38, 57, 181	153 c	24, 29, 30, 44, 47, 55, 66, 137, 142, 149
116	33, 38, 52	153 d	44, 47, 55, 66
116 a	29, 38, 167	153 e	34, 36, 44, 47, 55, 66
116 b	181	153 f	137
117	13, 21, 38, 181	154	10, 18, 29, 33, 55, 69
118	13, 21, 29, 35, 38	154 a	38, 55, 57, 69
118 a	13, 21, 29, 38	154 b	15, 18, 20, 29, 33, 55, 136

StPO § …	Nr des ändernden Gesetzes
154 c	22, 29, 33, 55, 161
154 d	29, 33, 38
154 e	55, 118
154 f	182
155	10
155 a	126
155 b	126, 173
156	10, 26, 29, 57
157	10, 29
158	10, 55, 182
159	10, 57
160	10, 18, 20, 33, 55, 127
160 a	173
160 b	183
161	10, 29, 38, 57, 127, 173
161 a	57, 182
162	10, 57, 173, 181
163	10, 29, 38, 55, 57, 127, 182
163 a	38, 57, 182
163 b	67
163 c	67, 181
163 d	77, 157, 163, 173
163 e	96, 173, 177
163 f	127, 157, 173
164	10
165	10, 44, 57
166	10, 57
167	10
168	57, 69
168 a	57, 69, 96, 157
168 b	57
168 c	57
168 d	57
168 e	120
(168)	10, 14, 57
169	30, 47, 51, 57
(169)	10, 38, 57
169 a	38, 57
(169 b)	38, 57
(169 c)	38, 57
170	10, 29, 33, 57
(170 a)	22
171	10, 28 d, 29, 33
172	10, 25, 29, 33, 44, 47, 55, 72, 126
173	10, 25, 29, 57
174	10, 25, 29
175	10, 25, 29, 38
176	10, 25, 29, 55, 167
177	10, 25, 29
(178)	10, 22, 29, 47, 57
(179)	10, 22, 29, 57
(180)	10, 22, 29, 57
(181)	10, 22, 29, 57
(182)	10, 22, 29, 57
(183)	10, 22, 29, 57
(184)	10, 22, 29, 57
(185)	10, 51, 57
(186)	10, 22, 29, 47, 51
(187)	10, 14, 57
(188)	10, 14, 33, 57
(189)	10, 57
(190)	10, 29, 57
(191)	10, 57
(192)	10, 38, 57
(193)	10, 19, 29, 57
(194)	10, 57
(195)	10, 25, 29, 57
(196)	10, 57
(197)	10, 29, 38, 57
(197 a)	4, 6, 10
(198)	10, 26, 29, 47, 57
(198 a)	34
199	10, 26, 29, 57
200	6, 10, 13, 28, 29, 38, 55, 57, 96, 182
201	6, 10, 13, 22, 26, 29, 38, 57, 69, 182
202	10, 22, 29, 38, 57
(202)	26, 29
202 a	183
203	10, 26, 29, 57
204	10, 26, 29, 57
205	10, 26, 29
206	10, 26, 29
206 a	10, 26, 29
206 b	54
207	10, 18, 26, 29, 38, 55
(208)	10, 26, 29, 38, 57
209	10, 26, 29, 38, 46, 47, 55, 69
209 a	69
210	10, 26, 29, 47
211	10, 26, 29
212	183
(212)	10, 16 b, 22 a, 22 e, 23, 29, 38, 57, 106
(212 a)	22 e, 29, 106
(212 b)	22 e, 29, 32, 46, 55, 57, 106
213	10, 26, 29
214	10, 25, 29, 57, 153, 182
215	10, 26, 29, 38, 57
216	10
217	10, 28, 29, 38
218	10, 13, 17, 59
219	10
220	10, 14, 25, 29
221	10, 57
222	10, 25, 29, 57, 96, 182
222 a	69
222 b	69
223	10, 19, 27, 29, 157
224	10, 57
225	10
225 a	69
226	10, 25, 29, 157
227	10
228	10, 28 d, 29, 57
229	10, 16 c, 29, 57, 82, 157
230	10
231	10
231 a	59
231 b	59
231 c	69
232	10, 18, 20, 22, 25, 29, 32, 37, 46, 55, 82
233	10, 18, 20, 25, 29, 32, 37, 55
(233 a)	18, 25
234	10
234 a	82, 157
235	10, 25, 29
236	10
237	10
238	10

StPO § …	Nr des ändernden Gesetzes
239	10, 25, 29
240	10, 29, 51
241	10, 25, 29
241 a	59, 182
242	10
243	10, 26, 29, 38, 153, 182, 183
244	10, 22, 22 a, 29, 99
245	10, 11, 13, 22, 22 a, 29, 69
246	10
246 a	18, 46, 141, 171
247	10, 33, 55, 59, 81, 182
247 a	120, 153, 157
248	10
249	10, 69, 82, 106
250	10
251	10, 28, 29, 82, 157
252	10
253	10
254	10
255	10
255 a	120, 149, 161, 176, 182
256	10, 57, 157
257	59, 82
257 a	106
(257 a)	38, 59
257 b	183
257 c	183
258	10
259	10, 138
260	10, 18, 20, 25, 29, 33, 48, 55, 75, 76, 141
261	10
262	10
263	10, 18, 20, 33, 55
264	10, 26, 29
265	10, 18, 20, 22, 26, 29, 38, 55, 59, 82
265 a	46, 55
266	10, 25, 29
267	6, 10, 18, 20, 26, 29, 33, 37, 46, 55, 57, 69, 82, 106, 141, 167, 183
(267 a)	22, 29
(267 b)	22, 29
268	10, 13, 29, 33, 57, 82
268 a	33, 46, 55
268 b	33
268 c	43, 55, 119
268 d	141
(269 a)	29
270	10, 18, 23, 26, 29, 38, 57, 69
271	10, 38, 157
272	28, 29, 43, 51, 55
273	10, 29, 38, 57, 69, 82, 153, 183
(273 a)	29
275	6, 10, 29, 38, 51, 57
275 a	141, 155, 175, 181
276	10, 22, 29, 53
(276)	10
(277)	10, 22, 29, 46, 55
(278)	10, 22, 29
(279)	10, 22, 26, 29, 55
(280)	10, 22, 29, 55
(281)	10, 22, 29, 55
(282)	22, 55
(282 a)	10, 22, 55
(282 b)	10, 22, 29, 55
(282 c)	22, 29, 55
(283)	10, 55
(284)	10, 55
285	10, 22, 29, 55
(285)	10
286	10, 22, 27, 29, 157
(286)	10
287	10, 22, 29
(287)	10
288	10, 22, 29
(288)	10
289	10, 22, 29
(289)	10
290	10, 22, 29, 55
(290)	10
291	10, 29, 165
(291)	10
292	10, 29, 165
(292)	10
293	10, 165
(293)	10
294	10, 57
(294)	10
295	10, 22, 29, 55
(295)	10
296	10
(296)	10
297	10
(297)	10
298	10, 22, 29
(298)	10
299	10, 18
(299)	10
300	10
(300)	10
301	10
(301)	10
302	10, 183
(302)	10
303	10, 57
(303)	10
304	10, 29, 31, 47, 55, 57, 58, 59, 69, 82, 93, 117, 132, 151, 173
(304)	10
305	10, 18, 32, 55
(305)	10
305 a	33, 46
306	10, 57, 79
(306)	10
307	10
(307)	10
308	10, 33, 38
(308)	10
309	10
(309)	10
310	10, 18, 29, 47, 165
(310)	10
311	10, 38, 79
(311)	10
311 a	38
312	10, 16 c, 29, 57
(312)	10
313	99

StPO § …	Nr des ändernden Gesetzes
(313)	10, 11, 22 a, 29, 55
314	10, 157
(314)	10
315	10, 57
(315)	10
316	10
(316)	10
317	10
(317)	10
318	10
319	10, 33
320	10, 14, 29
321	10
322	10, 99
322 a	99
323	10, 153
324	10, 33, 69
325	10, 69, 82
326	10
327	10
328	10, 38, 82
329	10, 57
330	10, 29, 57
331	10, 18, 22, 29, 55
332	10
333	10, 29, 57
(334)	10, 29, 55
335	10, 29, 43
336	10, 69
337	10
338	10, 29, 51, 57, 69
339	10
(340)	10, 13, 29
341	10, 157
342	10, 57
343	10
344	10
345	10, 29, 38
346	10, 33
347	10
(347 a)	22, 29
348	10
349	7, 10, 29, 38
350	10, 35, 38
354	10, 29, 30, 38, 47, 157
354 a	22, 29
355	10
356	10
356 a	159
357	10, 167
358	10, 18, 22, 29, 55, 171
359	10, 18, 28, 29, 51, 55, 123
360	10
361	10, 129
362	10, 28, 29, 33, 51, 55
363	10, 18, 28, 29, 55
364	10, 33, 55
364 a	57
364 b	57, 82
365	10
366	10
367	10, 28, 29, 57
368	10
369	10, 38, 57
370	10, 28, 29
371	10, 18, 29, 55, 165
372	10, 38
373	10, 18, 22, 29, 55
373 a	28, 29, 82
374	6, 10, 23 a, 30, 40, 42, 46, 55, 78, 80, 81, 84, 89, 105, 109, 114, 118, 133, 145, 150, 154, 157, 168
375	10, 55
376	10, 55
377	10, 25, 29, 57, 81
378	10, 17, 59
379 a	29, 72, 81, 151
380	10, 29, 55, 82, 118, 157
381	10
382	10, 25, 29
383	10, 29, 38
(383 a)	29
384	10, 18, 20, 29, 38, 55
385	10, 14, 38, 43, 57, 127
386	10, 25, 29
387	10
388	7, 10, 25, 29, 55
389	10, 55
390	10, 14, 29
391	10, 33
392	10
393	10, 28 a, 29, 55
394	10
395	10, 25, 29, 30, 33, 44, 55, 57, 81, 89, 105, 112, 118, 120, 129, 145, 150, 182 153, 161, 168
396	10, 38, 43, 55, 57, 72, 81
397	10, 38, 57, 81, 182
397 a	81, 104, 120, 149, 153, 161, 182
398	10
399	10, 57
400	81
(400)	10, 57
401	10, 29, 57
402	10
403	10, 28, 29, 81, 153
404	10, 28, 29, 81, 129, 153
405	28, 29, 55, 153
406	28, 29, 81, 153
(406)	10, 28
406 a	28, 29, 153
406 b	28, 29, 153
406 c	28, 29
406 d	81, 99, 153, 170, 182
(406 d)	28, 29, 55
406 e	81, 127, 181, 182
406 f	81, 153, 182
406 g	81, 120, 153, 182
406 h	81, 99, 120, 153, 182
407	4, 6, 10, 18, 20, 22 a, 23, 25, 29, 37, 38, 43, 55, 57, 69, 79, 82, 99
408	10, 29, 33, 37, 55, 57, 69, 82
408 a	82
408 b	99
409	10, 33, 37, 43, 55, 82, 99, 165
410	10, 82
411	10, 57, 82, 106, 157
412	10, 57

StPO § …	Nr des ändernden Gesetzes
413	55
(413)	10, 29, 37, 38, 43, 46, 55
414	55
(414)	10, 29
415	55
(415)	10, 29
416	55
(416)	10, 29
417	106
(417)	10, 16 c, 29
418	106, 157
(418)	10, 29
419	106
(419)	10, 16 a, 29
420	106
(420)	10, 16 a, 29
(421)	10, 16 a, 29
(422)	10, 16 a, 23, 29
(423)	10, 16 a, 29
(424)	10, 16 a, 29
(425)	10, 16 a, 29
(426)	10, 16 a, 29
(427)	10, 16 a, 29
(428)	10, 16 a, 29
(429)	10, 16 a, 29
(429 a)	18, 55
(429 b)	18, 29, 55
(429 c)	18, 55
(429 d)	18, 55
(429 e)	18, 33
430	43, 55, 57
(430)	10, 29, 43
431	43, 46, 55
(431)	10, 33, 43
432	43
(432)	10, 33, 43
433	43, 55
434	43
(434)	10, 22, 29
435	43
(435)	10, 12, 22, 29
436	43, 55
(436)	10, 22, 29
437	43
(437)	10, 22, 29
438	43, 55
(438)	10, 22, 29
439	43, 55
(439)	10, 22, 29
440	43, 55
(440)	10, 22, 29
441	43, 57
(441)	10, 22, 29
442	43, 55
(442)	10, 22
443	10, 21, 29, 30, 43, 44, 96, 102, 118, 142, 144, 184
(443)	10, 22
444	43, 55, 78
(444)	10, 12, 22
(445)	10, 13, 22
(446)	10, 22
(447)	10, 22
(448)	10, 22

StPO § …	Nr des ändernden Gesetzes
449	10
450	10, 33, 37, 55, 69
450 a	57
451	10, 55
452	10, 29, 47
453	33, 46, 55, 76, 111
(453)	10, 29
453 a	33, 55, 57
453 b	38, 46, 55
453 c	57, 69, 181
454	33, 38, 46, 55, 57, 74, 76, 117, 128, 141, 167
(454)	10, 22, 29
454 a	76, 117, 167
454 b	76, 167
455	10, 76
455 a	62
456	10
456 a	15, 18, 20, 29, 55, 76, 117, 127, 136
456 b	18, 55
456 c	18, 29, 55
(456 c)	18, 29
457	10, 55, 62, 96
458	10, 18, 29, 55, 76
459	55
(459)	10, 29, 55
459 a	55, 81, 167
459 b	55
459 c	55
459 d	55
459 e	55
459 f	55
459 g	55, 70
459 h	55, 96
460	10, 46, 55, 96
461	10
462	10, 29, 43, 46, 47, 55, 57, 76
462 a	29, 55, 69, 76
463	18, 22, 24 a, 29, 32, 37, 55, 76, 117, 155, 170, 171
(463)	10, 28, 29, 55
463 a	55, 96, 170
463 b	37, 55, 70, 115, 119, 180
463 c	55, 132
463 d	55, 76
464	10, 29, 43, 55, 82
464 a	43, 55, 57
464 b	6, 10, 14, 43, 57, 101, 138
464 c	88, 138
464 d	101
465	10, 18, 20, 31, 43, 55
466	10, 18, 20, 43, 55
467	10, 18, 33, 38, 43, 55, 57, 101
467 a	38, 43, 55, 57, 82
468	10, 157
469	10, 29, 43, 82
470	10, 29, 33, 43
(470)	10
471	9, 10, 25, 29, 43
(471)	10, 57
472	81
(472)	10, 25, 29, 38, 43, 55
472 a	28, 29, 55
472 b	43, 55, 101

StPO § …	Nr des ändernden Gesetzes	StPO § …	Nr des ändernden Gesetzes
473	9, 10, 43, 81, 82, 153	482	127
(473)	10	483	127
473 a	182	484	127, 158
474	127, 173	485	127
(474)	10, 22, 29, 47, 55	486	127, 130
475	127	487	127
(475)	10	488	127, 158
476	127, 173	490	127
(476)	10	491	127, 158
477	127, 163, 173, 181	492	106, 127, 144, 158, 166, 179
478	127, 173, 182	493	106, 127, 158
479	127, 139, 173	494	106, 127, 158
480	127, 173	495	106, 127, 158
481	127, 173		

II. Gerichtsverfassungsgesetz

1. In zeitlicher Folge[1]

Lfd Nr	Änderndes Gesetz	Datum	RGBl (ab 1922 Teil I) Seite	Geänderte Paragraphen des GVG
1	Gesetz betr. Abänderung des § 137 des GVG	17. 3. 1886	61	(136), 138
2	Gesetz betr. die unter Ausschluss der Öffentlichkeit stattfindenden Gerichtsverhandlungen	5. 4. 1888	133	172, 173, 174, 175, 193
3	Gesetz betr. Änderungen des GVG und der StPO	17. 5. 1898	252	22,74
4	Gesetz betr. das Flaggenrecht der Kauffahrteischiffe	22. 6. 1899	319	74
5	Gesetz betr. Änderungen des GVG	5. 6. 1905	533	24,74
6	Gesetz betr. die Zuständigkeit des Reichsgerichts	22. 5. 1910	767	130
7	Gesetz betr. die Entschädigung der Schöffen und Geschworenen	29. 7. 1913	617	55, (84)
8	Gesetz zur Vereinfachung der Strafrechtspflege	21. 10. 1917	1037	24, 74
9	Gesetz betr. Aufhebung der Militärgerichtsbarkeit	17. 8. 1920	1579	34
10	Gesetz zur Entlastung der Gerichte	11. 3. 1921	229	14, 24, 33, 34, 58, 74, 149, (180)
11	Gesetz zur Erweiterung des Anwendungsgebiets der Geldstrafe und zur Einschränkung der kurzen Freiheitsstrafen	21. 12. 1921	1604	24
12	Gesetz über die Heranziehung der Frauen zum Schöffen- und Geschworenenamt	25. 4. 1922	465	29, 31, 34, 35, 40, 45, 49, 55, 56, (84)
13	Gesetz zur weiteren Entlastung der Gerichte	8. 7. 1922	569	14, (66), (134), 135, 138
14	Gesetz über die Zulassung der Frauen zu den Ämtern und Berufen der Rechtspflege	11. 7. 1922	573	29, 155
15	Zweites Gesetz zur weiteren Entlastung der Gerichte	27. 3. 1923	217	14, 24, 125, (134), 135, 138, 139
16	Neunte Ergänzung des Besoldungsgesetzes	18. 6. 1923	385	130
17	Gesetz zur Vereinfachung der Urliste	11. 7. 1923	647	36
18	Verordnung zur Entlastung der Gerichte	23. 7. 1923	742	14, 24
19	Zweite Verordnung zur Entlastung der Gerichte	15. 9. 1923	884	14, 24
20	Dritte Verordnung zur Entlastung der Gerichte	30. 10. 1923	1041	14, 24
21	Weitere Verordnung zur Entlastung der Gerichte und über die Gerichtskosten	13. 12. 1923	1186	14, 24
22	Verordnung über die Vermögensstrafen und Geldbußen	6. 2. 1924	44	24
23	Verordnung über die Verfahren in bürgerlichen Rechtsstreitigkeiten	13. 2. 1924	135	76, 122
24	Bek. der Texte des GVG und der StPO	22. 3. 1924	299	(2), (3), (5), (8), 14, (15), 18, 22, 24, 25, 28, 34,

[1] Eine nach Paragraphen geordnete Aufstellung der Änderungen ist hiernach abgedruckt.

Lfd Nr	Änderndes Gesetz	Datum	RGBl (ab 1922 Teil I) Seite	Geänderte Paragraphen des GVG
				35, 49, 53, 55, 56, 58, 59, (62), (64), (66), 70, 73, 74, 76, 77, 78, (79), (80), (81), (82), (83), (84), (85), (86), (87), (88), (89), (90), (91), (92), 120, 121, 122, 125, 130, (134), 135, (136), 139, 140, 142, 143, 147, 148, 149, 152, 153, 154, 160, 178, 196, 197
25	Gesetz zur Änderung des GVG	13. 2. 1926	99	33
26	Gesetz zur Abänderung des Gesetzes zum Schutze der Republik	31. 3. 1926	190	(134), (137), 139
27	Gesetz zur Änderung der Bezeichnungen „Gerichtsschreiberei", „Gerichtsschreiber" und „Gerichtsdiener"	9. 7. 1927	175	153
28	Verordnung über die Abänderung des Wortlauts verschiedener Gesetze und Verordnungen aus Anlass des Fortfalls der Bezeichnungen „Gerichtsschreiberei" und „Gerichtsschreiber"	30. 11. 1927	334	161
29	Reichsministergesetz	27. 3. 1930	96	34
30	Verordnung des Reichspräsidenten zum Schutze der Wirtschaft	9. 3. 1932	121	172, 173, 174
31	Verordnung des Reichspräsidenten über Maßnahmen auf dem Gebiete der Rechtspflege und Verwaltung	14. 6. 1932	285	35, 36, 40, 42, 44, 45, 49, (51), 52, 77, (90)
32	Verordnung zur Vereinfachung der Zustellungen	17. 6. 1933	394	(87)
33	Gesetz zur Änderung der Vorschriften des GVG über die Präsidien der Gerichte	4. 7. 1933	451	(62), (63), (64), (64 a), (66), 117, (131)
34	Ausführungsgesetz zu dem Gesetz gegen gefährliche Gewohnheitsverbrecher und über Maßnahmen der Sicherung und Besserung	24. 11. 1933	1000	26 a, 171 a
35	Gesetz zur Änderung des GVG	13. 12. 1934	1233	18, 19, (19), 34, 40, 152, 162
36	Gesetz über die Beseitigung der Gerichtsferien	7. 3. 1935	352	199, 200, 201, 202
37	Gesetz zur Änderung von Vorschriften des Strafverfahrens und des GVG	28. 6. 1935	844	(136), (137), 138, 146
38	Verordnung über die Zuständigkeit der Strafgerichte, die Sondergerichte und sonstige strafverfahrensrechtliche Vorschriften	21. 2. 1940	405	120
39	DVO zur Verordnung über die Zuständigkeit der Strafgerichte, die Sondergerichte und sonstige strafverfahrensrechtliche Vorschriften	13. 3. 1940	489	24, 25, 26, 26 a, 28, (79), (80), (81), (82), (83), (84), (85), (86), (87), (88), (89), (90), (91), (92), (134), 139
			BGBl (ab 1951 Teil I Seite)	
40	Gesetz zur Wiederherstellung der Rechtseinheit auf dem Gebiete der Gerichtsverfassung, der bürgerlichen Rechtspflege, des Strafverfahrens und des Kostenrechts	12. 9. 1950	455, 515	(2), (5), (6), (8), 10, (11), 12, 14, (15), 17 a, 18, 19, 21 i, 22, (22 a), (22 b), 22 d, 24, 25, 26, 28, 29, 30, 32, 33, 34, 35, 36, 37, 38, 39, 40, 41, 42,

Lfd Nr	Änderndes Gesetz	Datum	BGBl Teil I Seite	Geänderte Paragraphen des GVG
				43, 44, 45, 46, 48, 49, 50, (51), 52, 53, 55, 56, 57, 58, (61), (62), (63), (64), (64 a), (66), (67), 70, 73, 74, 76, 78, (79), (80), (81), (82), (83), (84), (85), (86), (87), (88), (89), (90), (91), (92), 116, 117, (118), 120, 121, 122, 123, 124, 125, 126, 127, 128, 129, 130, (131), 132, (134), 135, (137), 138, 139, 140, 142, 143, 145, 146, 147, 148, 149, 150, 152, 153, 154, 158, 159, 160, 164, 167, 168, 181, 192, 199, 200, 201, 202
41	Strafrechtsänderungsgesetz	30. 8. 1951	739	24, 74 a, 120, 122, (134), (134 a)
42	Drittes Strafrechtsänderungsgesetz	4. 8. 1953	735	29, (51), (134), 196
43	Jugendgerichtsgesetz	4. 8. 1953	751	26, 74 b
44	Gesetz über den Beitritt der BRep. Deutschland zu der Konvention vom 9. 12. 1948 über die Verhütung und Bestrafung des Völkermords	9. 8. 1954 und 14. 3. 1955	II, 729 und II, 210	(134)
45	Viertes Strafrechtsänderungsgesetz	11. 6. 1957	597	74 a
46	Gesetz zur Änderung und Ergänzung kostenrechtlicher Vorschriften	26. 7. 1957	861	55, 107, (165)
47	Verwaltungsgerichtsordnung	21. 1. 1960	17	17, 17 a
48	Sechstes Strafrechtsänderungsgesetz	30. 6. 1960	478	74 a
49	Deutsches Richtergesetz	8. 9. 1961	1665	(2), (3), (4), (5), (6), (7), (8), (9), 10, (11), 29, (62), (68), 70, 77, (83), (88), (118), 125, 148, (198)
50	Erstes Gesetz zur Änderung mietrechtlicher Vorschriften	29. 7. 1963	505	23, 200
51	Gesetz zur Änderung des Gesetzes über die Entschädigung von Zeugen und Sachverständigen sowie des Gesetzes über die Entschädigung der ehrenamtlichen Beisitzer bei den Gerichten	21. 9. 1963	757	107
52	Siebentes Strafrechtsänderungsgesetz	1. 6. 1964	337	(80)
53	Vereinsgesetz	5. 8. 1964	593	74 a
54	Gesetz zur Änderung von Wertgrenzen und Kostenvorschriften in der Zivilgerichtsbarkeit	27. 11. 1964	933	14, 23
55	Gesetz zur Änderung der StPO und des GVG	19. 12. 1964	1067	58, (64), (69), 117, 169
56	Einführungsgesetz zum Aktiengesetz	6. 9. 1965	1185	95
57	Achtes Strafrechtsänderungsgesetz	25. 6. 1968	741	74 a, (134)
58	Erstes Gesetz zur Reform des Strafrechts	25. 6. 1969	645	24, 25, 32, 36, 74, 175
59	Gesetz über die rechtliche Stellung der nichtehelichen Kinder	19. 8. 1969	1243	23, 23 a, 72, 119, 170, 200

Lfd Nr	Änderndes Gesetz	Datum	BGBl Teil I Seite	Geänderte Paragraphen des GVG
60	Gesetz zur allgemeinen Einführung eines zweiten Rechtszuges in Staatsschutz-Strafsachen	8. 9. 1969	1582	24, (61), 74, 74 a, 120, 130, (134), (134 a), 135, 139, 142 a, 166
61	Gesetz zur Änderung des GVG	8. 9. 1971	1513	74 c
62	Gesetz zur Änderung des Deutschen Richtergesetzes	10. 9. 1971	1557	10, 142
63	Elftes Strafrechtsänderungsgesetz	16. 12. 1971	1977	(80)
64	Zwölftes Strafrechtsänderungsgesetz	16. 12. 1971	1979	(80)
65	Gesetz zur Änderung der Bezeichnung der Richter und ehrenamtlichen Richter und der Präsidialverfassung der Gerichte	26. 5. 1972	841	10, 21, 21 a, 21 b, 21 c, 21 d, 21 e, 21 f, 21 g, 21 h, 22, (22 a), 22 a, (22 b),22 b, 25, 28, 29, 30, 35, 38, 39, 40, 45, 46, 47, 48, 52, 53, 54, 55, 56, 57, 59, 60, (61), (62), (63), (64), (65), (66), (67), (69), 73, 74, 76, 77, 78, (81), (82), (83), (84), (85), (86), (87), (89), (90), (91), (92), 106, 107, 108, 109, 110, (111), 112, 113, 115, 116, 117, 121, 124, 130, (131), 132, 195, 197
66	Viertes Gesetz zur Reform des Strafrechts	23. 11. 1973	1725	(80)
67	Einführungsgesetz zum StGB (EGStGB)	2. 3. 1974	469	24, 25, 56, 74 a, 74 c, 78 a, 78 b, (80), 120, 142 a, 172, 174, 177, 178, 179, 181, 182, 183
68	Gesetz zur Änderung des GVG	25. 3. 1974	761	14, 18, 19, 20, 21
69	Erstes Gesetz zur Reform des Strafverfahrensrechts	9. 12. 1974	3393, 3533	21 e, 24, 25, 28, 33, 34, 35, 36, 39, 40, 42, 43, 45, (51), 54, 58, 60, 73, 74, 74 c, 74 d, 76, 77, 78, (79), (80), (81), (82), (83), (84), (85), (86), (87), (89), (90), (91), (92), 116, 120, 121, 122, 135, 139, 140 a, 152, 153, 166
70	Gesetz zur Entlastung der Landgerichte und zur Vereinfachung des gerichtlichen Protokolls	20. 12. 1974	3651	21 g, 23
71	Gesetz zur Ergänzung des Ersten Gesetzes zur Reform des Strafverfahrensrechts	20. 12. 1974	3686	(51), (111), 135, 174, 177, 178, 189
72	Bek. der Neufassung	9. 5. 1975	1077	(Neufassung)
73	Gesetz zur Änderung des GKG, des Gesetzes über die Kosten der Gerichtsvollzieher, der BRAGO und anderer Vorschriften	20. 8. 1975	2189	121
74	Strafvollzugsgesetz	16. 3. 1976	581	23 a, 58, 74 c, 78 a, 107, 119, 133
75	Erstes Gesetz zur Reform des Ehe- und Familienrechts	14. 6. 1976	1421	23 b, 23 c, 72, 138, 170, 200
76	Adoptionsgesetz	2. 7. 1976	1749	78 b, 155
77	Erstes Gesetz zur Bekämpfung der Wirtschaftskriminalität	29. 7. 1976	2034	74 c
78	Gesetz zur Änderung des StGB, der StPO, des GVG, der Bundesrechtsanwaltsordnung und des Strafvollzugsgesetzes	18. 8. 1976	2181	120, 142 a

Lfd Nr	Änderndes Gesetz	Datum	BGBl Teil I Seite	Geänderte Paragraphen des GVG
79	Vereinfachungsnovelle	3. 12. 1976	3281	96, 99, 133, 157
80	Strafverfahrensänderungsgesetz 1979	5. 10. 1978	1645	42, 45, 46, 47, 48, 49, 52, 54, 74 a, 74 c, 74 d, 74 e, 77, 135, 143
81	Gesetz zur Neuregelung des Rechts des Urkundsbeamten der Geschäftsstelle	19. 12. 1979	2306	153
82	Achtzehntes Strafrechtsänderungsgesetz	28. 3. 1980	373	74
83	Staatshaftungsgesetz	26. 6. 1981	553	71
84	Gesetz zur Neuordnung des Betäubungsmittelrechts	28. 7. 1981	681	74 a
85	Gesetz zur Erhöhung der Wertgrenzen in der Gerichtsbarkeit	8. 12. 1982	1615	23, 78 a, 78 b
86	Gesetz über die internationale Rechtshilfe in Strafsachen (IRG)	23. 12. 1982	2071	78 a, 78 b
87	Gesetz zur Änderung des Strafvollzugsgesetzes	20. 1. 1984	97, 360	78 a, 121
88	Zweites Gesetz zur Änderung des Bundeszentralregistergesetzes	17. 7. 1984	990	20
89	Dreiundzwanzigstes Strafrechtsänderungsgesetz	13. 4. 1986	393	78 a, 78 b
90	Zweites Gesetz zur Bekämpfung der Wirtschaftskriminalität	15. 5. 1986	721	74 c
91	Gesetz zur Änderung wirtschafts-, verbraucher-, arbeits- und sozialrechtlicher Vorschriften	25. 7. 1986	1169	95
92	Gesetz zur Änderung des Gebrauchsmustergesetzes	15. 8. 1986	1446	120, 142 a
93	Gesetz zur Änderung von Kostengesetzen	9. 12. 1986	2326	107
94	Opferschutzgesetz	18. 12. 1986	2496	171 b, 172, 173, 174, 175
95	Gesetz zur Bekämpfung des Terrorismus	19. 12. 1986	2566	120, 142 a
96	Strafverfahrensänderungsgesetz 1987	27. 1. 1987	475	36, 58, 76, 77, 78 b, 120
97	Halbleiterschutzgesetz	22. 10. 1987	2294	120, 142 a
98	EWIV Ausführungsgesetz	14. 4. 1988	514	74 c
99	Produktpirateriegesetz	7. 3. 1990	422	74 c
100	Gesetz zur Ausführung von Sorgerechtsübereinkommen und zur Änderung des Gesetzes über die Angelegenheiten der freiwilligen Gerichtsbarkeit sowie anderer Gesetze	5. 4. 1990	701	23 b, 200
101	Betreuungsgesetz	12. 9. 1990	2002	23 b, 23 c, 138, (171)
102	Viertes Gesetz zur Änderung der VwGO	17. 12. 1990	2809	17, 17 a, 17 b
103	Rechtspflege-Vereinfachungsgesetz	17. 12. 1990	2847	21 c, 23, 35, 96, 98, 101, 108, 109, 113, 116, 132, (136), (137), 138, 166
104	Organisierte Kriminalitätsgesetz	15. 7. 1992	1302	172
105	Gesetz zur Entlastung der Rechtspflege	11. 1. 1993	50	21 g, 23, 23 b, 24, 25, 74, 74 c, 76, 78 b, 196
106	Gesetz zur Änderung des RPflG und anderer Gesetze	24. 6. 1994	1374	22 c, 193
107	Zweites Finanzmarktförderungsgesetz	26. 7. 1994	1749	74 c
108	Einführungsgesetz zur Insolvenzordnung	5. 10. 1994	2911	22, 32, 33, 109, 113, 202
109	Markenrechtsreformgesetz	25. 10. 1994	3082	74 c
110	Verbrechensbekämpfungsgesetz	28. 10. 1994	3186	122
111	Gesetz zur Bereinigung des Umwandlungsrechts	28. 10. 1994	3210	74 c, 95

Lfd Nr	Änderndes Gesetz	Datum	BGBl Teil I Seite	Geänderte Paragraphen des GVG
112	Gesetz zur Rechtsvereinheitlichung der Sicherungsverwahrung	16. 6. 1995	818	78 b
113	Markenrechtsänderungsgesetz 1996	19. 7. 1996	1014	95
114	Gesetz zur Abschaffung der Gerichtsferien	28. 10. 1996	1546	199, 200, 201, 202
115	Dreiunddreißigstes Strafrechtsänderungsgesetz	1. 7. 1997	1607	74
116	Gesetz zur Bekämpfung der Korruption	13. 8. 1997	2038	74 c
117	Kindschaftsrechtsreformgesetz	16. 12. 1997	2942	23 b, 72, 119, 170
118	Sechstes Gesetz zur Reform des Strafrechts	26. 1. 1998	164	74, 74 a, 120
119	Kindesunterhaltsgesetz	6. 4. 1998	666	23 a, 23 b
120	Handelsrechtsreformgesetz	22. 6. 1998	1474	95, 105
121	Betreuungsrechtsänderungsgesetz	25. 6. 1998	1580	23 b
122	Gesetz zur Änderung der Haftungsbeschränkung in der Binnenschiffahrt	25. 8. 1998	2489	23
123	Gesetz zur Stärkung der Unabhängigkeit der Richter und Gerichte	22. 12. 1999	2598	21 a, 21 b, 21 c, 21 d, 21 e, 21 g, 22 a
124	Zweites Zuständigkeitslockerungsgesetz	3. 5. 2000	632	143
125	Strafverfahrensänderungsgesetz 1999	2. 8. 2000	1253	74 c
126	Berichtigung des Gesetzes zur Stärkung der Richter und Gerichte	26. 9. 2000	1415	22 a
127	Gesetz zur Verlängerung der Besetzungsreduktion der Strafkammern	19. 12. 2000	1756	76, 122
128	Lebenspartnerschaftsgesetz	16. 2. 2001	266	23 a, 23 b, 138, 155
129	Gesetz zur Änderung von Vorschriften auf dem Gebiet der Anerkennung und Vollstreckung ausländischer Entscheidungen in Zivil- und Handelssachen	19. 2. 2001	288	23 b
130	Drittes Seerechtsänderungsgesetz	16. 5. 2001	898	95 b
131	Zustellungsreformgesetz	25. 6. 2001	1206	20, 23
132	Zivilprozessreformgesetz	27. 7. 2001	1887	23, 72, 105, 119, 133, 178
133	Gesetz zur Modernisierung des Schuldrechts	26. 11. 2001	3138	23
134	Gesetz über elektronische Register und Justizkosten für Telekommunikation	10. 12. 2001	3422	78 a, 121
135	Gesetz zur Verbesserung des zivilgerichtlichen Schutzes bei Gewalttaten und Nachstellungen sowie zur Erleichterung der Überlassung der Ehewohnung bei Trennung	11. 12. 2001	3513	23 a, 23 b
136	Gesetz zur Gleichstellung behinderter Menschen und zur Änderung anderer Gesetze	27. 4. 2002	1467	33
137	Gesetz zur Ausführung des Römischen Status des Internationalen Strafgerichtshofes vom 17. 7. 1998	21. 6. 2002	2144	21
138	Gesetz zur Einführung eines Völkerstrafgesetzbuches	26. 6. 2002	2254	120
139	Gesetz zur Erleichterung der Bekämpfung von illegaler Beschäftigung und Schwarzarbeit	23. 7. 2002	2787	74 c
140	OLG-Vertretungsänderungsgesetz	23. 7. 2002	2850	22 c, 186, 187, 191 a
141	Gesetz zur Änderung des GVG	26. 7. 2002	2914	120
142	Vierunddreißigstes Strafrechtsänderungsgesetz	22. 8. 2002	3390	74 a, 120

Lfd Nr	Änderndes Gesetz	Datum	BGBl Teil I Seite	Geänderte Paragraphen des GVG
143	Spruchverfahrensneuordnungsgesetz	12. 6. 2003	838	95
144	Gesetz zur Umsetzung des Rahmenbeschlusses des Rates vom 13. Juni 2002 zur Terrorismusbekämpfung und zur Änderung anderer Gesetze	22. 12. 2003	2836	120
145	Gesetz zur Änderung der Vorschriften über die Straftaten gegen die sexuelle Selbstbestimmung und zur Änderung anderer Vorschriften	27. 12. 2003	3007	74
146	Geschmacksmusterreformgesetz	12. 3. 2004	390	95
147	Kostenrechtsmodernisierungsgesetz	5. 5. 2004	718	55, 107
148	Opferrechtsreformgesetz	24. 6. 2004	1354	24, 74, 78 a, 187
149	Gesetz gegen den unlauteren Wettbewerb	3. 7. 2004	1414	95
150	Gesetz zur Einführung der nachträglichen Sicherungsverwahrung	23. 7. 2004	1838	24, 74 f, 120 a
151	Schwarzarbeitsbekämpfungsgesetz	23. 7. 2004	1842	74 c
152	1. Justizmodernisierungsgesetz	24. 8. 2004	2198	152
153	Gesetz zur Vereinheitlichung der Verfahrensvorschriften zur Wahl und Berufung ehrenamtlicher Richter	21. 12. 2004	3599	33, 34, 36, 40, 42, 52, 77, 108
154	Gesetz zur Einführung der Europäischen Gesellschaft (SEEG)	22. 12. 2004	3675	74 c
155	Gesetz zum internationalen Familienrecht	26. 1. 2005	162	23 b
156	Justizkommunikationsgesetz	22. 3. 2005	837	191 a
157	Gesetz zur Umsetzung von Vorschlägen zu Bürokratieabbau und Deregulierung aus den Regionen	21. 6. 2005	1666	23 c
158	Gesetz zur Umsetzung des Urteils des BVerfG vom 3. März 2004	24. 6. 2005	1841	74 a, 120
159	Gesetz zur Einführung von Kapitalanleger-Musterverfahren	16. 8. 2005	2437	71, 95, 118, 119
160	1. Gesetz zur Bereinigung von Bundesrecht im Zuständigkeitsbereich des BMJ	19. 4. 2006	866	13 a, 21 j, 93, 106, 116, 120, 153, 184
161	Gesetz zur Einführung der Europäischen Genossenschaft und zur Änderung des Genossenschaftsrechts	14. 8. 2006	1911	74 c, 95
162	Gesetz über die Durchsetzung der Verbraucherschutzgesetze bei innergemeinschaftlichen Verstößen	21. 12. 2006	3367	95
163	2. Justizmodernisierungsgesetz	22. 12. 2006	3416	74 c, 120
164	Gesetz zur Änderung des Wohnungseigentumsgesetzes und anderer Gesetze	26. 3. 2007	370	23, 72
165	Gesetz zur Vereinfachung des Insolvenzverfahrens	13. 4. 2007	509	72
166	Zweites Gesetz zur Änderung des JGG und anderer Gesetze	13. 12. 2007	2894	121
167	Gesetz zur Neuregelung der Telekommunikationsüberwachung und anderer verdeckter Ermittlungsmaßnahmen sowie zur Umsetzung der Richtlinie 2006/24/EG	21. 12. 2007	3198	120, 142 a
168	Gesetz zur Regelung des Statusrechts der Beamten und Beamtinnen in den Ländern	17. 6. 2008	1010	153

Lfd Nr	Änderndes Gesetz	Datum	BGBl Teil I Seite	Geänderte Paragraphen des GVG
169	Gesetz zur Einführung der nachträglichen Sicherungsverwahrung bei Verurteilungen nach Jugendstrafrecht	8. 7. 2008	1212	74 f, 120 a
170	Gesetz zur Modernisierung des GmbH-Rechts und zur Bekämpfung von Missbräuchen	23. 10. 2008	2026	74 c
171	Gesetz zur Verbesserung der grenzüberschreitenden Forderungsdurchsetzung und Zustellung	30. 10. 2008	2122	189
172	Gesetz zur Reform des Verfahrens in Familiensachen und in den Angelegenheiten der freiwilligen Gerichtsbarkeit	17. 12. 2008	2586	12, 13, 17 a, 17 b, 21 b, 22, 23 a, 23 b, 23 c, 23 d, 71, 72, 95, 119, 133, 156, 170, 185, 189
173	Gesetz zur Stärkung der Rechte von Verletzten und Zeugen im Strafverfahren (2. Opferrechtsreformgesetz)	29. 7. 2009	2280	73, 135, 139, 172
174	Gesetz zur Verfolgung der Vorbereitung von schweren Staatsgefährdenden Gewalttaten	30. 7. 2009	2437	120
175	Gesetz zur Modernisierung von Verfahren im anwaltlichen und notariellen Berufsrecht, zur Errichtung einer Schlichtungsstelle der Rechtsanwaltschaft sowie zur Änderung sonstiger Vorschriften	30. 7. 2009	2449	23, 140

2. Nach Paragraphen geordnet

GVG § …[1]	Nr des ändernden Gesetzes[2]	GVG § …[1]	Nr des ändernden Gesetzes[2]
(2)	24, 40, 49	25	24, 39, 40, 58, 65, 67, 69, 105
(3)	24, 49	26	39, 40, 43
(4)	49	26 a	34, 39
(5)	24, 40, 49	28	24, 39, 40, 65, 69
(6)	40, 49	29	12, 14, 40, 42, 49, 65
(7)	49	30	40, 65
(8)	24, 40, 49	31	12
(9)	49	32	40, 58, 108
10	40, 49, 62, 65	33	10, 25, 40, 69, 108, 136, 153
(11)	40, 49	34	9, 10, 12, 24, 29, 35, 40, 69, 153
12	40, 172	35	12, 24, 31, 40, 65, 69, 103
13	172	36	17, 31, 40, 58, 69, 96, 153
13 a	160	37	40
14	10, 13, 15, 18, 19, 20, 21, 24, 40, 54, 68	38	40, 65
		39	40, 65, 69
(15)	24, 40	40	12, 31, 35, 40, 65, 69, 153
17	47, 102	41	40
17 a	40, 47, 102, 172	42	31, 40, 69, 80
17 b	102, 172	43	40, 69
18	24, 35, 40, 68	44	31, 40
19	35, 40, 68	45	12, 31, 40, 65, 69, 80
(19)	35, 40	46	40, 65, 80
20	68, 88, 131	47	65, 80
21	137	48	40, 65, 80
(21)	65, 68	49	12, 24, 31, 40, 80
21 a	65, 123	50	40
21 b	65, 123, 172	(51)	31, 40, 42, 69, 71
21 c	65, 103, 123	52	31, 40, 65, 80, 153
21 d	65, 123	53	24, 40, 65
21 e	65, 69, 123	54	65, 69, 80
21 f	65	55	7, 12, 24, 40, 46, 65, 147
21 g	65, 70, 105, 123	56	12, 24, 40, 65, 67
21 h	65	57	40, 65
21 i	40	58	10, 24, 40, 55, 69, 74, 96
21 j	160	59	24, 65
22	3, 24, 40, 65, 108, 172	60	65, 69
(22 a)	40, 65	(61)	40, 60, 65
22 a	65, 123, 126	(62)	24, 33, 40, 49, 65
(22 b)	40, 65	(63)	33, 40, 65
22 b	65	(64)	24, 33, 40, 55, 65
22 c	106, 140	(64 a)	33, 40
(22 c)	40, 65	(65)	65
22 d	40	(66)	13, 24, 33, 40, 65
23	50, 54, 59, 70, 85, 103, 105, 122, 131, 132, 133, 164, 175	(67)	40, 65
		(68)	49
23 a	59, 75, 119, 128, 135, 172	(69)	55, 65
23 b	75, 100, 101, 105, 117, 119, 121, 128, 129, 135, 155, 172	70	24, 40, 49
		71	159, 172
23 c	75, 101, 157, 172	72	59, 75, 117, 132, 164, 165, 172
23 d	172	73	24, 40, 65, 69, 173
24	5, 8, 10, 11, 15, 18, 19, 20, 21, 22, 24, 39, 40, 41, 58, 60, 67, 69, 105, 148, 150	74	3, 4, 5, 8, 10, 24, 40, 58, 60, 65, 69, 82, 105, 115, 118, 145, 148

[1] Die Tabelle geht von der jetzt geltenden Zählung der Paragraphen aus und führt die Änderung einer Vorschrift auch dann bei dem jetzigen Paragraphen an, wenn die Vorschrift zur Zeit der Änderung noch eine andere Bezeichnung hatte. Eine in Klammer gesetzte Zahl gibt die frühere Bezeichnung eines inzwischen weggefallenen Paragraphen wieder.

[2] Die Zahlen in dieser Spalte verweisen auf die laufende Nummer in Spalte 1 der unter 1. abgedruckten Tabelle der Änderungsgesetze.

GVG § …	Nr des ändernden Gesetzes
74 a	41, 45, 48, 53, 57, 60, 67, 80, 84, 118, 142, 158
74 b	43
74 c	61, 67, 69, 74, 77, 80, 90, 98, 99, 105, 107, 109, 111, 125, 139, 151, 154, 161, 163, 170
74 d	69, 80
74 e	80
74 f	150, 169
76	23, 24, 40, 65, 69, 96, 105, 127
77	24, 31, 49, 65, 69, 80, 96, 153
78	24, 40, 65, 69
78 a	67, 74, 85, 87. 89, 134, 148
78 b	67, 76, 85, 89, 96, 105, 112
(79)	24, 39, 40, 69
(80)	24, 39, 40, 52, 63, 64, 66, 67, 69
(81)	24, 39, 40, 65, 69
(82)	24, 39, 40, 65, 69
(83)	24, 39, 40, 49, 65, 69
(84)	7, 12, 24, 39, 40, 65, 69
(85)	24, 39, 40, 65, 69
(86)	24, 39, 40, 65, 69
(87)	24, 32, 39, 40, 65, 69
(88)	24, 39, 40, 49
(89)	24, 39, 40, 65, 69
(90)	24, 31, 39, 40, 65, 69
(91)	24, 39, 40, 65, 69
(92)	24, 39, 40, 65, 69
93	160
95	56, 91, 111, 113, 120, 130, 143, 146, 149, 159, 161, 162, 172
96	79, 103
98	103
99	79
101	103
105	132
106	65, 160
107	46, 51, 65, 74, 93, 147
108	65, 103, 153
109	65, 103, 108, 120
110	65
(111)	65, 71
112	65
113	65, 103, 108
115	65
116	40, 65, 69, 103, 160
117	33, 40, 55, 65
(118)	40, 49
118	159
119	59, 74, 117, 132, 159, 172
120	24, 38, 40, 41, 60, 67, 69, 78, 92, 95, 96, 97, 118, 138, 141, 142, 144, 158, 160, 163, 167, 174
120 a	150, 169
121	24, 40, 65, 69, 73, 87, 134, 166
122	23, 24, 40, 41, 69, 110, 127
123	40
124	40, 65
125	15, 24, 40, 49
126	40
127	40
128	40
129	40
130	6, 16, 24, 40, 60, 65
(131)	33, 40, 65
132	40, 65, 103
133	74, 79, 132, 172
(134)	13, 15, 24, 26, 39, 40, 41, 42, 44, 57, 60
(134 a)	41, 60
135	13, 15, 24, 40, 60, 69, 71, 80, 173
(136)	1, 24, 37, 103
(137)	26, 37, 40, 103
138	1, 13, 15, 37, 40, 75, 101, 103, 128
139	15, 24, 26, 39, 40, 60, 69, 173
140	24, 40, 175
140 a	69
142	24, 40, 62
142 a	60, 67, 78, 92, 95, 97, 167
143	24, 40, 80, 124
145	40
146	37, 40
147	24, 40
148	24, 40, 49
149	10, 24, 40
150	40
152	24, 35, 40, 69, 152
153	24, 27, 40, 69, 81, 160, 168
154	24, 40
155	14, 76, 128
156	172
157	79
158	40
159	40
160	24, 40
161	28
162	35
164	40
(165)	46
166	60, 69, 103
167	40
168	40
169	55
170	59, 75, 117, 172
(171)	101
171 a	34
171 b	94
172	2, 30, 67, 94, 104, 173
173	2, 30, 94
174	2, 30, 67, 71, 94
175	2, 58, 94
177	67, 71
178	24, 67, 71, 132
179	67
(180)	10
181	40, 67
182	67
183	67
184	160
185	172
186	140
187	148
(187)	140
189	71, 172
191 a	140, 156
192	40
193	2, 106

GVG § …	Nr des ändernden Gesetzes	GVG § …	Nr des ändernden Gesetzes
195	65	(199)	36, 40, 114
196	24, 42, 105	(200)	36, 40, 50, 59, 75, 100, 114
197	24, 65	(201)	36, 40, 114
(198)	49	(202)	36, 40, 108, 114

Einleitung

Übersicht

1) Wesen des Strafprozesses: **1**

A. Der **Prozess** ist ein rechtlich geordneter, von Lage zu Lage sich entwickelnder Vorgang zur Gewinnung einer richterlichen Entscheidung (innerhalb der ordentlichen Gerichtsbarkeit; Art 95 I GG) über ein materielles Rechtsverhältnis (EbSchmidt I 56). Sein Ziel ist nicht die Überführung des Angeklagten (wie im Inquisitionsprozess), sondern ein objektiver Ausspruch über Schuld, Strafe oder sonstige strafrechtliche Maßnahmen. **2**

a) Die **Förmlichkeiten** des Rechtsganges haben neben ihrer Ordnungsfunktion weitgehend sachliche Bedeutung: Sie realisieren das Rechtsstaatsprinzip im Prozess (unten 18–22) und die auf diesem begründete Unschuldsvermutung nach Art 6 II **MRK** (dort 12ff; BVerfGE **22**, 265), um deren Widerlegung oder Bestätigung es im Prozess geht (weshalb das freisprechende Urteil kein Gestaltungsurteil ist im Gegensatz zum verurteilenden, das die Rechtswirkung des „Bestraftseins" herbeiführt; EbSchmidt I 31). Darüber hinaus sollen sie die Gefahr menschlichen Irrens in der Entscheidung möglichst in Schranken halten (Geerds SchlHA **64**, 57). Sie sind „Wegweiser sowohl für Handeln als auch für Erkennen im Strafverfahren" (Hassemer Volk-FS 212). **3**

b) **Ziel des Strafprozesses** ist die Schaffung von Rechtsfrieden auf dem Wege des gewissenhaften Strebens nach Gerechtigkeit (Dippel Widmaier-FS 113; Gusy StV **02**, 151; Krack 46; Rieß Schäfer-FS 168ff und JR **06**, 270; Schlüchter Rudolphi-Symp 216; Schmidhäuser EbSchmidt-FS 511ff; vgl aber auch Murmann GA **04**, 65: Wiederherstellung oder Verwirklichung des Rechts unter den Bedingungen der Unsicherheit). Normwidersprüche zwischen materiellem und prozessualen Strafrecht sind durch einen grundsätzlichen Vorrang des prozessualen Rechts aufzulösen (Sieber Roxin-FS 1138). **4**

B. Der **Staat** – für die Rechtsgemeinschaft – macht dem Beschuldigten den Prozess. Daher gehört das Strafprozessrecht – das formelle Strafrecht – dem öffentlichen Recht an. Die StPO ist ein Codex zur dynamischen Verteidigung der Gemeinschaft gegen den Rechtsbrecher, zur Durchsetzung und Bewährung des materiellen Strafrechts, in rechtsstaatlicher Justizförmigkeit. Das Strafverfahrensrecht wird „als angewandtes Verfassungsrecht" verstanden (BVerfGE **32**, 373, 383 = NJW **72**, 1123, 1125; BGH **19**, 325, 330; vgl unten 18ff). Die Vorschriften der StPO dürfen Verfassungsrecht nicht verletzen, ihre Auslegung muss mit dem GG vereinbar sein (BVerfGE **12**, 113, 124; unten 193; vgl auch Niemöller StraFo **00**, 361). Die StPO regelt, wann die einzelnen Beteiligten (unten 70ff) als Prozesssub- **5** jekte das Recht oder die Pflicht haben, sich in das Verfahren einzuschalten, und welche Mittel der Prozessgestaltung sie haben. Subjekt von Prozesshandlungen (unten 94) ist auch der Beschuldigte, dessen Tat und Verschulden Objekt der Untersuchung sind.

6 Das Strafprozessrecht wird ergänzt durch die **„Strafprozesslehre“,** die sich mit dem Ablauf der prozessualen Vorgänge innerhalb der rechtlichen Regeln, mit den tatsächlichen Gegebenheiten und Vollzügen im Prozess befasst (Peters H. Peters-GedSchr, 1967, S 891 ff, und seine Untersuchung „Fehlerquellen im Strafprozess“). Beispiele: 4 zu § 162; 28 zu § 163.

7 a) **Nur das durch den Kläger geltend gemachte Straf- und Rechtsfolgenverlangen** wegen der in der Anklage bezeichneten Tat (vgl §§ 151, 207, 264 I), die dem Beschuldigten vorgeworfen wird (§ 155 I), der Strafanspruch der Rechtsgemeinschaft, ist Gegenstand des Verfahrens. Auch der Schuldausspruch ist wesentlicher Bestandteil des Urteils; seine „Repressivwirkung“ – diese ist kennzeichnend für das Strafverfahren – besteht in der Missbilligung durch die Rechtsgemeinschaft, einer „negativen sozialethischen Kennzeichnung des Täters“ (Bruns, Teilrechtskraft und innerprozessuale Bindungswirkung des Strafurteils, 1961, S 44). Er ist nicht Ahndung, dient aber als solcher sowohl spezial- als auch generalpräventiven Zwecken (Wagner GA **73**, 42).

8 b) Die **Rehabilitation** des Verletzten oder des unschuldigen Angeklagten ist Nebenzweck des Verfahrens (Tiedemann Peters-FG 142; vgl 40 zu § 260; 38 zu § 267), und zwar auf Grund des materiellen Rechts, soweit es darüber Bestimmungen enthält (zB §§ 165, 200 StGB; BGH **11**, 273), oder aus Gründen der Fairneß (4 zu Art 6 MRK; unten 155). Dieser Nebenzweck rechtfertigt aber nicht, das Verfahren bei Entscheidungsreife noch wesentlich zu verlängern (13 zu § 244) oder gar eine im Entscheidungssatz nicht beschwerende Entscheidung anzufechten (11 vor § 296). Der Beschuldigte kann nicht verlangen, dass ein Strafverfahren allein zu dem Zweck fortgeführt wird, seine Unschuld zu beweisen (BGH **10**, 88, 93; teilw anders Krack 180). Wichtig ist jedoch: Jeder Freispruch enthält der Sache nach zumindest eine Bestätigung dafür, dass die Unschuldsvermutung nach Art 6 II **MRK** unwiderlegt geblieben ist (vgl oben 2 ff).

9 c) Der **Strafprozess ist kein Parteienprozess** wie das zivilrechtliche Verfahren (vgl aber Spendel Kohlmann-FS 683).

10 Im Gegensatz zu diesem, das von der Dispositionsmaxime (dh von der Verfügungsfreiheit der Parteien) beherrscht ist und in dem die Entscheidung auf Grund einer vom Parteivorbringen abhängigen (formellen) Wahrheit ergeht, besteht im Strafprozess für die StA der Verfolgungszwang, das sog Legalitätsprinzip (§ 152 II), und für StA und das Gericht der Grundsatz der **Erforschung der materiellen Wahrheit** (§§ 160, 244 II; vgl dazu – in Abgrenzung zum amerikanischen Strafprozessrecht – Schünemann Fezer-FS 555). Dabei klärt das Gericht die Sache, mit der es befasst ist (vgl unten 37), von Amts wegen auf (sog Ermittlungsgrundsatz, vgl 11 zu § 244).

11 C. Das **Steuerstrafverfahren** (wegen Steuer- und Zollstraftaten, vgl § 369 **AO**) ist in den §§ 385–408 **AO** geregelt. Es gelten folgende Besonderheiten:

12 a) **FinB an Stelle der StA:** Im reinen Steuerstrafverfahren führt die FinB (FA, Hauptzollamt, Bundesamt für Finanzen; § 386 I S 2 **AO**) das Ermittlungsverfahren wegen Steuerstraftaten anstelle der StA in eigener Verantwortung (§ 386 II **AO**), ohne an Weisungen der StA gebunden zu sein (BFHE **104**, 187; Stuttgart NStZ **91**, 291). Die StA kann jedoch das Ermittlungsverfahren jederzeit an sich ziehen; die FinB kann es auch von sich aus jederzeit an die StA abgeben. Wenn die StA das Verfahren betreibt oder die Polizei nach § 163 ermittelt, haben die Dienststellen und Beamten der Steuer- und Zollfahndung dieselben Rechte und Pflichten wie die Behörden und Beamten des Polizeidienstes; es gelten § 161 I S 2 sowie § 152 GVG (§ 404 **AO;** eingehend dazu Harms Schlüchter-GS 451). Zur Durch-

suchung und Beschlagnahme im Steuerstrafverfahren vgl Schuhmann wistra **93**, 93.

13 b) **Antrag auf Strafbefehl durch die FinB:** Im Rahmen des § 407 II kann die FinB wegen einer Steuerstraftat den Erlass eines Strafbefehls beim AG beantragen und dadurch die öffentliche Klage erheben (§ 400 **AO;** 5 zu § 407). Hat sie einen Strafbefehl beantragt, so geht die weitere Zuständigkeit auf die StA über, wenn das Gericht den Strafbefehl nicht erlässt, sondern Hauptverhandlung anberaumt (§ 408 III S 2), oder wenn der Beschuldigte Einspruch gegen den Strafbefehl einlegt (§ 406 I **AO**). So entsteht das (zunächst eingeschränkte) Anklagemonopol der StA (§ 152 I) wieder in Form der Befugnis, die Klage nach § 411 zurückzunehmen, eine andere Anklage zu erheben oder das Ermittlungsverfahren einzustellen.

14 c) **Nebenbeteiligt** im Steuerstrafverfahren ist die FinB in allen Abschnitten des staatsanwaltschaftlichen oder gerichtlichen Verfahrens. Führt die StA das Ermittlungsverfahren, so hat die FinB nicht nur dieselben Rechte und Pflichten wie die Polizei (§ 402 **AO**), sondern ein eigenes Recht zur Akteneinsicht (§ 395 **AO**) und zur Teilnahme an den Ermittlungshandlungen (§ 403 **AO**). Anklageschrift und Strafbefehlsantrag werden ihr mitgeteilt (§ 403 III **AO**); vor Einstellung des Verfahrens durch die StA wird sie gehört (§ 403 IV **AO**). Im gerichtlichen Verfahren hat die FinB ein selbstständiges Anhörungs- und Informationsrecht (§ 407 **AO;** unten 73).

15 d) **Zuständiges Gericht:** (1) **AG-Sachen,** konzentriert ab Anklage nach § 391 **AO:** Im vorbereitenden Verfahren ist für alle richterlichen Entscheidungen und Untersuchungshandlungen das AG zuständig, das auch bei anderen Delikten zuständig wäre, insbesondere in den Fällen der §§ 98, 105, 111, 111e, 114, 125, 126a II, 162. Wird die öffentliche Klage erhoben, sei es durch Einreichung einer Anklageschrift, sei es durch Strafbefehlsantrag, so ist das AG am Sitz des LG für das weitere Verfahren zuständig, auch die StA bei diesem Gericht (§ 143 I GVG). Im Vorverfahren ist dieses AG nur für eine Prozesshandlung zuständig: Für die Zustimmung nach § 153 I und § 153a I. Die Konzentration für das Verfahren nach Anklageerhebung gilt auch, wenn die Anklage auch andere Straftaten als Steuerstraftaten zum Gegenstand hat (§ 391 IV **AO**).

16 (2) **LG-Sachen:** Hier besteht die besondere Zuständigkeit der WirtschaftsStrK nach § 74c I Nr 3 GVG.

17 D. Das **Bußgeldverfahren** nach dem OWiG liegt primär in der Hand der VerwB (§ 35 OWiG; vgl aber II); ihre Entscheidungen unterliegen jedoch der gerichtlichen Nachprüfung (§§ 67ff OWiG). Für Bußgeldverfahren wegen Steuerordnungswidrigkeiten (einschl Zollordnungswidrigkeiten, vgl § 377 **AO**), gelten die §§ 409–412 **AO;** für die Einleitung gilt § 397 **AO** entspr (§ 410 I Nr 5 **AO**).

18 E. Das **Rechtsstaatsprinzip** – iS einer materialen Wertordnung – besteht aus 2 Postulaten: dem der Rechtssicherheit und dem der materiellen Gerechtigkeit. Strafprozessuale Zeugnisverweigerungsrechte und Beschlagnahmeverbote stellen Ausnahmen von der Pflicht zur umfassenden Aufklärung der materiellen Wahrheit dar und können nicht beliebig begründet oder erweitert werden; danach kann die Vertraulichkeit journalistischer Arbeit nicht umfassend gewährleistet sein, und §§ 94, 97 V in Verbindung mit § 53 I sind mit Art 5 I S 2 GG vereinbar (BVerfG NJW **88**, 329, 330). Ein wesentlicher Bestandteil der Gerechtigkeit ist die Aufrechterhaltung einer funktionstüchtigen Rechtspflege, ohne die Gerechtigkeit nicht verwirklicht werden kann (BVerfGE **33**, 367, 383 = NJW **72**, 2214; **41**, 246, 250 = NJW **76**, 413; **44**, 353, 374 = NJW **77**, 1489; **46**, 214, 222; **74**, 257, 262; krit Rieß StraFo **00**, 364; eingehend Landau NStZ **07**, 121). Den Widerstreit zwischen den beiden Postulaten muss in 1. Hinsicht der Gesetzgeber (ohne Willkür) entscheiden (BVerfGE **25**, 269, 290; BVerfG NJW **04**, 739, 741; krit Arnold StraFo **05**, 8). Das Rechtsstaatsprinzip erfordert ein Verfahren vor dem gesetzlichen

(Art 101 I S 2 GG; 4 zu § 16 GVG) und unabhängigen (Art 97 I GG; 1 zu § 1 GVG) Richter, in dem die gewährleisteten Grundrechte beachtet werden (Art 1 III GG; Art 2 ff **MRK**), insbesondere die Würde des Menschen (Art 1 I GG; BGH **5**, 333; MDR **60**, 856), das allgemeine Persönlichkeitsrecht (Art 2 I GG; BGHZ **13**, 337), die Freiheit der Person (Art 2 II S 2 GG; BVerfGE **10**, 273, 322), die Gleichheit vor dem Gesetz (Art 3 GG) und das darin enthaltene Willkürverbot sowie der Ausschluss unmenschlicher Behandlung (2 zu Art 3 MRK).

19 a) Das Recht auf ein **faires, rechtsstaatliches Verfahren** gewährleistet das Rechtsstaatsprinzip (Art 20 III GG) iVm dem allgemeinen Freiheitsrecht nach Art 2 I GG (BVerfGE **26**, 66, 71 = NJW **69**, 1423; BVerfGE **38**, 105, 111 = NJW **75**, 103; BVerfGE **57**, 250, 274 = NJW **81**, 1719, 1722; BVerfGE **63**, 380, 390 = NJW **83**, 1599; BVerfGE **66**, 313, 318 = NJW **84**, 2403). Es handelt sich um einen auf der Ebene des Verfassungsrechts angesiedelten allgemeinen Grundsatz des Verfahrensrechts, der sich aus Art 6 I S 1 **MRK** ergibt (dort 4). Den fair trial-Grundsatz muss der Gesetzgeber als Leitlinie bei der Ausgestaltung des Verfahrensrechts beachten. Der Grundsatz darf nicht etwa an die Stelle von Vorschriften der StPO oder von Verfahrensgrundsätzen gesetzt werden, die sich aus ihnen ergeben (verfehlt daher BGH **32**, 44 = JR **84**, 171 mit abl Anm Meyer: Wahlrecht des Angeklagten zwischen Rüge der Verletzung der StPO oder des fair trial-Grundsatzes; abl auch Herdegen NStZ **84**, 343; vgl ferner Renzikowski JZ **99**, 612). Für die Strafgerichte kommt der Grundsatz somit nur zur Anwendung, wenn die StPO keine Einzelbestimmung zur Verfügung stellt (Hamm Salger-FS 290; Meyer-Goßner NStZ **82**, 362; zur Anwendung des Grundsatzes im Strafverfahren vgl BGH **24**, 125, 131; **49**, 112, 120; NJW **80**, 1761; ferner Bottke Roxin-FS 1243 und Meyer-Goßner-FS 73; Dörr, Faires Verfahren, 1984, S 144 ff; Rzepka, Zur Fairness im deutschen Strafverfahren, 2000; Steiner, Das Fairnessprinzip im Strafprozess, 1995; zur Bedeutung für das Gerichtsverfassungsrecht Schilken 108 ff; Heubel, Der „fair trial" – ein Grundsatz des Strafverfahrens? 1981, S 145 hält ihn demgegenüber „für rechtstheoretisch wie rechtspraktisch entbehrlich"). Die Verfahrensrüge des Verstoßes gegen den Grundsatz des fairen Verfahrens kann idR nicht in Betracht kommen, wenn der Angeklagte es unterlassen hat, den Tatrichter wegen Besorgnis der Befangenheit (§ 24) abzulehnen (BGH NStZ **09**, 168). Auch ohne Ablehnung des Richters hat BGH **53**, 294 aber einen solchen zu einem Beweisverwertungsverbot führenden Verstoß in dem Fall angenommen, in dem eine heimliche Überwachung von Ehegattengesprächen in einem eigens dafür zugewiesenen separaten Besuchsraum in der UHaft ohne die übliche erkennbare Überwachung vorgenommen worden war (nur im Ergebnis zust Engländer JZ **09**, 1179; Zuck JR **10**, 17; krit unter Hinweis auf die Rspr des EGMR zu Art 6 MRK auch Hauck NStZ **10**, 17). Der Grundsatz gilt gegenüber allen Verfahrensbeteiligten (Schleswig SchlHA **97**, 145 [L/S]) und kommt insbesondere in Betracht, wenn das Gericht gegen einen von ihm selbst geschaffenen Vertrauenstatbestand verstoßen hat (ThürVerfGH NJW **03**, 740; erg unten 119e und 2 zu § 154a). Die Verletzung des Rechtsstaatsprinzips führt nicht zum Entstehen eines Prozesshindernisses (unten 148).

20 b) Der **Grundsatz der Verhältnismäßigkeit** von Mittel und Zweck, Methode und Ziel, Stärke des Zugriffs und Gemeinwohlnutzen ist mit Verfassungsrang ausgestattet (BVerfG NJW **86**, 767, 769). Er verlangt, dass eine Maßnahme unter Würdigung aller persönlichen und tatsächlichen Umstände des Einzelfalles zur Erreichung des angestrebten Zwecks geeignet und erforderlich ist, was nicht der Fall ist, wenn ein milderes Mittel ausreicht, und dass der mit ihr verbundene Eingriff nicht außer Verhältnis zur Bedeutung der Sache und zur Stärke des bestehenden Tatverdachts steht (BVerfGE **30**, 1 = NJW **71**, 275; BVerfGE **44**, 353, 373 = NJW **77**, 1489, 1490; BVerfGE **59**, 95; **67**, 157, 173 = NJW **85**, 121, 122; Bay **78**, 152, 157 = NJW **79**, 2626; Knauth JuS **79**, 339). Er ist inzwischen in mehrere gesetzliche Bestimmungen ausdrücklich aufgenommen, zB in §§ 81 II

S 2, 97 V S 2 Hs 2, 112 I S 2, 120 I S 1, 160a II S 1, 163b II S 2; 163d I S 1; §§ 62, 74b I StGB; § 24 I OWiG. Vgl Kleinknecht NJW **66**, 1539.

21 c) Dieses **Verbot des Übermaßes** setzt der Zulässigkeit eines sonst zulässigen Eingriffs bei dessen Anordnung, Vollziehung und Fortdauer eine Grenze (BVerfGE **32**, 373, 379 = NJW **72**, 1123; BVerfGE **34**, 238, 246 = NJW **73**, 891), zB bei körperlichen Eingriffen (18 zu § 81a), bei Beschlagnahme und Durchsuchung (18 zu § 94; 15a zu § 102; 1a zu § 103), bei Eingriffen in die Pressefreiheit (Art 5 I S 2 GG), bei denen zwischen den Erfordernissen einer freien Presse und denen der Strafverfolgung abzuwägen ist (BVerfGE **15**, 223 = NJW **63**, 147; BVerfGE **20**, 162, 186 = NJW **66**, 1603, 1607).

22 d) Dabei ergibt sich eine **Stufung in der Zulässigkeit** prozessualer Eingriffe nach der Schwere des Tatvorwurfs und der Stärke des Tatverdachts. ZB kann eine Maßnahme zunächst unzulässig sein, aber nach gewissen Beweiserhebungen zulässig werden (vgl BVerfGE **17**, 117; zur Funktion des Tatverdachts vgl Corts/Hege JA **76**, 303, 379) oder sonst bei erst entstehendem Übergewicht des Interesses der Allgemeinheit gerechtfertigt sein (BVerfGE **27**, 344 = NJW **70**, 555 zum Fall der Beiziehung von Ehescheidungsakten zur Leistung von Amtshilfe).

23 F. **Rechtliches Gehör** (Art 103 I GG) muss jedermann vor Gericht erhalten. Der Anspruch bedeutet, dass dem Betroffenen Gelegenheit gegeben werden muss, sich dem Gericht gegenüber zu den gegen ihn erhobenen Vorwürfen zu äußern (BVerfGE **60**, 175, 210 = NJW **82**, 1579), Anträge zu stellen und Ausführungen zu machen (BVerfGE **6**, 19, 20 = NJW **57**, 17 L; BVerfGE **36**, 85, 87 = NJW **74**, 133), und dass das Gericht seine Ausführungen zur Kenntnis nehmen und in Erwägung ziehen muss (BVerfGE **64**, 135, 144 = NJW **83**, 2762; BVerfG **65**, 305, 307 = NJW **84**, 1026; BGH **28**, 44, 46 mwN). Die nähere Ausgestaltung des rechtlichen Gehörs ist den einzelnen Verfahrensordnungen überlassen (BVerfGE **67**, 208, 211 = NJW **84**, 2567; BVerfGE **74**, 228, 233 = NJW **87**, 2067). Die Verletzung solcher Vorschriften stellt nicht zugleich einen Verstoß gegen Art 103 I GG dar, es sei denn, das Gericht hätte bei ihrer Auslegung und Anwendung die Bedeutung und Tragweite des Anspruchs auf rechtliches Gehör verkannt (BVerfGE **60**, 305, 310 = NJW **82**, 1636; BVerfGE **74**, 228, 233 = NJW **87**, 2067). Ein subjektives verfassungsmäßiges Recht, von allen Behörden vor jeglichen belastenden Maßnahmen gehört zu werden, ist dagegen nicht gewährleistet (BayVerfGHE **18** II 140, 152; **25** II 143).

24 a) Auf die **Pflicht zur Wahrung der Menschenwürde** geht dieses Recht zurück (BVerfGE **7**, 275, 279; Rüping, Der Grundsatz des rechtlichen Gehörs und seine Bedeutung im Strafverfahren, 1976: anthropologischer Ansatz; Schneider NJW **77**, 873ff über den Zusammenhang mit der Mitwirkung des Verteidigers). Es soll verhindern, dass der Mensch zum bloßen Objekt eines Verfahrens gemacht wird (BVerfGE **7**, 53, 58 = NJW **57**, 1228; BVerfGE **9**, 89, 95 = NJW **59**, 427), dient also keineswegs nur der Erforschung der Wahrheit.

25 b) **Jedermann** hat Anspruch auf rechtliches Gehör, dh jeder, der nach der maßgebenden Verfahrensordnung an einem gerichtlichen Verfahren als Beschuldigter, Partei oder in ähnlicher Stellung beteiligt ist (BVerfGE **17**, 361; unten 73), gleichgültig, ob er eine natürliche oder juristische, eine inländische oder ausländische Person ist (BVerfGE **12**, 6 = MDR **61**, 26). Der Beteiligte muss wissen, dass ein Beschwerdeverfahren anhängig ist (BVerfGE **19**, 49, 51 = NJW **65**, 1267) oder eine Prüfung im Vollstreckungsverfahren ansteht (zB § 454), bevor zu seinem Nachteil entschieden wird.

26 In manchen Fällen lässt das Gesetz die **Anhörung des Verteidigers** genügen, zB § 81. Sonst sind der Beschuldigte und der Verteidiger zu hören (Karlsruhe JZ **69**, 710 mit Anm EbSchmidt). Jedoch darf bei schriftlicher Anhörung außerhalb der Hauptverhandlung davon ausgegangen werden, dass eine Äußerung des Vertei-

digers im Hinblick auf seine Funktion (unten 82 ff; 1 ff vor § 137) zugleich eine solche des Beschuldigten ist (BGH MDR **74**, 367 [D]), nicht umgekehrt.

27 Da das Strafverfahren nicht in die Rechtsstellung des Staates eingreift, hat **die StA nicht** den durch das GG garantierten Anspruch auf rechtliches Gehör, sondern nur ein verfahrensrechtlich gewährleistetes Recht auf Anhörung (vgl § 33 I, II; Braunschweig NJW **62**, 753; **aM** EbSchmidt Nachtr 16; Arndt DRiZ **59**, 368; NJW **62**, 1194; Röhl NJW **64**, 275; erg 3 zu § 33 a).

28 c) **Gelegenheit zur Äußerung** muss dem Verfahrensbeteiligten gegeben werden, und zwar in Kenntnis des Entscheidungsthemas zum Sachverhalt, zum Tatsachenstoff des Prozesses, den Tatsachen und Beweisergebnissen (zB Gutachten, vgl Röhl NJW **64**, 279), auch zu rechtserheblichen Verfahrenstatsachen (BayVerfGH VerwRspr **16**, 3). Ferner in zumutbarer Weise (BGH NJW **59**, 1330) und mit genügend Zeit (BVerfGE **8**, 89 = NJW **58**, 1436), auch zu ihm bekannten Tatsachen oder Beweisergebnissen (BVerfGE **20**, 349) und zu offenkundigen Tatsachen (BVerfGE **10**, 177, 182 = NJW **60**, 31). Dazu gehört die Bereitschaft, die Ausführungen des Beteiligten zur Kenntnis zu nehmen und in Erwägung zu ziehen (BVerfGE **22**, 267, 273; **40**, 101 = Rpfleger **75**, 293; Endemann NJW **69**, 1197). Der Anspruch gewährt das Recht, tatsächliche und rechtliche Ausführungen zu machen (BVerfGE **9**, 259; **28**, 378 = MDR **70**, 825; Schilken 128 ff), Beweisanträge zu stellen und darauf einen Bescheid zu bekommen (29 zu § 244), aber nicht einen Anspruch auf Beweiserhebung in Gegenwart des Beteiligten (Bay NJW **60**, 2287), auf Unmittelbarkeit der Beweisaufnahme (BVerfGE **1**, 418, 429 = NJW **53**, 177, 178; Tiedemann MDR **63**, 458), auf bestimmte Beweismittel oder auf bestimmte Arten von Beweismitteln (BVerfGE **57**, 250, 274 = NJW **81**, 1719, 1721).

29 **Zu den Tatsachen und Beweisergebnissen** muss das rechtliche Gehör gewährt werden (BVerfGE aaO). Es umfasst darüber hinaus das Gebot, Gelegenheit zu Rechtsausführungen zu geben. Zu der in Betracht kommenden Beweiswürdigung oder rechtlichen Beurteilung braucht der potentiell Betroffene nicht gehört zu werden, sofern sich der Gegenstand des Verfahrens nicht ändert (vgl § 265). Insoweit schützt Art 103 I GG die Prozessbeteiligten nicht vor Überraschungsentscheidungen (BayVerfGH NJW **64**, 2295; vgl aber unten 162).

29a Das **nemo-tenetur-Prinzip** (*nemo tenetur se ipsum accusare* und *nemo tenetur se ipsum prodere)* bedeutet, dass niemand verpflichtet ist, sich selbst anzuklagen oder gegen sich selbst Zeugnis abzulegen; ein Beschuldigter ist grundsätzlich nicht verpflichtet, aktiv zur Sachaufklärung beizutragen (BGH NStZ **09**, 705). Das Prinzip ist in Art 14 III Buchst g IPBPR (s 7 vor Art 1 MRK) enthalten und hat in § 136 I S 2 für den Beschuldigten (dort 7) und in § 55 I für den Zeugen (dort 1) Ausdruck gefunden, gilt aber als übergeordneter Rechtsgrundsatz (Ranft 338; Safferling ZIS **09**, 784; Schroeder 371 ff; eingehend dazu Bosch, Aspekte des nemo-tenetur-Prinzips aus verfassungsrechtlicher und strafprozessualer Sicht, 1998, zugl Diss Augsburg 1997; Böse GA **02**, 98; Torka, Nachtatverhalten und Nemo tenetur, 2000, zugl Diss Passau 1998/99; Verrel NStZ **97**, 361 ff; 415 ff; ders, Die Selbstbelastungsfreiheit im Strafverfahren, 2001) für das gesamte Strafverfahren. Aus ihm folgt auch die Freiheit des Beschuldigten, selbst darüber zu befinden, ob er an der Aufklärung des Sachverhalts in anderer Weise als durch Äußerungen zum Untersuchungsgegenstand aktiv mitwirken will oder nicht (BGH NJW **96**, 2940, 2942; vgl aber auch Weßlau ZStW **110**, 32: keine Lieferung von Beweismitteln gegen sich selbst). Der Beschuldigte darf daher auch nicht zu Tests, Tatortrekonstruktionen, Schriftproben oder zur Schaffung ähnlicher für die Erstattung eines Gutachtens notwendiger Anknüpfungstatsachen gezwungen werden (BGH **34**, 39, 46; vgl auch EGMR NJW **06**, 3117: unzulässige zwangsweise Verabreichung eines Brechmittels; dazu Renzikowski Amelung-FS 669; erg 2 zu Art 3 MRK). Schutz vor unbewusster Selbstbelastung bietet der Grundsatz jedoch nicht (BGH **40**, 66, 71; NJW **96**, 2940, 2943; Krey VE 169), anders jedoch bei einer durch Ausnutzung eines geschaffenen Vertrauensverhältnisses entlockten Aussage (BGH **52**, 11 = NJW **07**, 3138 mit Anm Duttge JZ **08**, 261, Engländer ZIS **08**, 163, Renzikowski JR **08**, 164 und Rogall NStZ **08**, 110; BGH NStZ **09**, 343 mit Anm Bauer StV **10**, 120). Erg unten 80 und 4a zu § 136a. Der in verschiedenen Vorschriften der StPO garantierte Schutz des Angehörigenverhältnisses (§§ 52 I, III, 97 I, 100c VI, 252) gehört in seinem Kernbestand zu den rechtsstaatlich unverzichtbaren Erfordernissen eines fairen Verfahrens (BVerfG NJW **10**, 287). Ob das Prinzip auch für juristische Personen gilt, gegen die behördliche Ermittlungen mit dem Ziel ihrer Sanktionierung durchgeführt werden, ist umstritten (verneinend BVerfGE **95**, 220 = JZ **98**, 300; jedenfalls „prinzipiell" Arzt JZ **03**, 456; bejahend hingegen Schuler JR **03**, 265; eingehend Queck, Die Geltung des nemo-tenetur-Grundsatzes zugunsten von Unternehmen, 2005, zugl Diss Dresden). Zur Bedeutung des Grundsatzes im Steuerstrafverfahren vgl BGH JR **05**, 300 mit Anm Lesch). Zur gefährdeten Zulässigkeit von „Verteidigung durch Schweigen" auf europäischer Ebene Salditt Hamm-FS 595.

d) **Nur bei drohender Beschwer** (8ff vor § 296) hat der Beteiligte (unten 70) den Anspruch auf Gehör. Erforderlichenfalls muss er mehrmals gehört werden, weil keine Tatsache und kein Beweisergebnis gegen ihn verwendet werden darf, wenn er dazu nicht gehört worden ist (vgl unten 35). Das gilt auch bei verfahrensrechtlichen Tatsachen (BayVerfGH NJW **62**, 1387). **30**

e) Die **Nichtausnutzung der Gelegenheit** zur Äußerung ändert nichts daran, dass dem Betroffenen das rechtliche Gehör gewährt worden ist. Der Betroffene muss also uU die nach Lage der Sache bestehenden prozessualen Möglichkeiten, sich das rechtliche Gehör zu verschaffen, ausnutzen, zB durch Wortmeldung oder Antrag auf Vertagung (vgl BGH LM Nr 1 zu § 33); sonst verwirkt er den Anspruch (BVerfGE **5**, 10), zB in den Fällen der §§ 231 II, 231a, 231b, 232, 233. Jedoch braucht er sich nicht zu erkundigen, ob Neues beigebracht worden ist, selbst wenn er hiermit rechnen muss; er darf sich vielmehr darauf verlassen, dass er verständigt wird, wenn eine Verwertung zu seinem Nachteil erwogen wird (BVerfGE **15**, 218). **31**

f) **Vor der Entscheidung** des Gerichts (unten 121ff) ist grundsätzlich das rechtliche Gehör zu gewähren (vgl §§ 33, 33a, 311 III, 311a; zum Strafbefehlsverfahren 24 zu § 407). Bei Maßnahmen, die nur der technischen Prozessführung dienen, braucht das rechtliche Gehör nicht gewährt zu werden (vgl oben 30), zB nicht vor der Bestimmung eines Termins (vgl 6 zu § 213). **32**

g) Das **Gericht** muss das rechtliche Gehör gewähren oder veranlassen oder sich vergewissern, dass es gewährt worden ist. Unter dieser Voraussetzung genügt es, dass der StA mit Bezug auf die bevorstehende richterliche Entscheidung (unten 121ff) die Gelegenheit zur Äußerung gibt, insbesondere vor einer Entscheidung, die ohne mündliche Verhandlung ergeht (erg 11 zu § 33). Ebenso kommt die Anhörung über den Verteidiger in Betracht (12 zu § 33). **33**

h) Die **Heilung des Mangels** ist möglich, und zwar bei widerruflichen Entscheidungen (unten 112ff) durch Widerruf und neue Entscheidung oder durch Nachholung des rechtlichen Gehörs zur Prüfung des Widerrufs; im Übrigen in der Rechtsmittelinstanz (BVerfGE **5**, 22 = NJW **52**, 1026; von Winterfeld NJW **61**, 849), falls sie Tatsacheninstanz ist (BVerfGE **8**, 182; Röhl NJW **64**, 273). Ist der Beschluss, bei dessen Zustandekommen das rechtliche Gehör nicht oder nicht vollständig gewährt worden ist (§ 33 III), für das Gericht, das ihn erlassen hat, sonst nicht mehr abänderbar, so hat es den Mangel des rechtlichen Gehörs dennoch in einem Nachverfahren zu heilen, vgl §§ 33a, 311a, auch § 311 III. **34**

i) Ein **Verwertungsverbot** besonderer Art (das nicht zum Beweisrecht gehört, unten 51ff) besteht für Tatsachen und Beweisergebnisse, zu denen das rechtliche Gehör nicht gewährt worden ist; sie dürfen nicht für eine Entscheidung zuungunsten eines Beteiligten verwendet werden, der nicht die Gelegenheit zur Äußerung **35** erhalten hat (§ 33 I, III; BVerfGE **13**, 24, 191). Das ergibt sich für das Urteil auch aus § 261 (dort 6, 7).

36 Das Verwertungsverbot besteht nicht, wenn die Anhörung nach § 33 IV oder einer anderen rechtfertigenden Vorschrift unterblieben oder durch eigenes Verhalten des Beteiligten **verwirkt** worden ist (vgl aber § 33 a). Die Nichtgewährung des Fragerechts nach Art 6 III Buchst d **MRK** führt nicht zu einem Verwertungsverbot.

37 G. Die **Mitwirkung der StA,** der das Anklagemonopol zusteht (§ 152 I; Ausnahmen: § 374, ferner § 400 **AO;** oben 13) und für die das Legalitätsprinzip gilt (§ 152 II), gibt dem Strafprozess sein besonderes Gepräge. Nur die Strafsachen, die sie dem Gericht durch Anklageerhebung zur Entscheidung unterbreitet, werden Gegenstand eines gerichtlichen Strafverfahrens. StA und Gericht sind zwei voneinander unabhängige Rechtspflegeorgane (vgl § 150 GVG), die auf das gleiche Ziel hinarbeiten (erg 1, 3 vor § 141 GVG).

38 Für die Abweichung vom normalen Verfahren verlangt das Gesetz in vielen Fällen die **Übereinstimmung** beider Organe, zB bei Einstellung des Verfahrens nach den §§ 153 I, II, 153 a I, II, 153 b I, II, 153 e I, II, 154 II; ferner beim Strafbefehl hinsichtlich Verfahrensart und Inhalt (§§ 407, 408), bei Verwerfung der Revision ohne Hauptverhandlung durch Beschluss (§ 349 II, III), bei Strafbemessung durch das Revisionsgericht ohne eigene Tatsachenverhandlung (§ 354 I). Über Wesen und Stellung der StA vgl unten 87 sowie vor § 141 GVG.

39 H. Die **Mitwirkung der Polizei:** Kriminal- und Schutzpolizei sind gemeinsam Träger der Verbrechensbekämpfung, auch der Strafverfolgung. In der Mehrzahl der Länder bearbeitet die Schutzpolizei die „kleine" bis zur „mittleren" Kriminalität sowie die OWien, die Kriminalpolizei dagegen die Strafsachen, in denen ihre besonderen Kenntnisse und Möglichkeiten von überwiegender Bedeutung sind. Im funktionalen Sinn ist jede Strafverfolgungstätigkeit kriminalpolizeiliche Betätigung. Zum Verhältnis StA-Polizei bei Überlappung von Strafverfolgung und Gefahrenabwehr vgl 13 zu § 161; 17 zu § 163.

40 a) Der **erste Zugriff** (§ 163) obliegt der Polizei in ihrer Strafverfolgungstätigkeit (Kriminalpolizei im materiellen, funktionellen Sinn). Sie untersteht dabei dem Legalitätsprinzip, dh dem Verfolgungszwang (vgl zu §§ 152 II, 163 I). Da die ersten Anhaltspunkte für die Verfolgung von Straftaten überwiegend im polizeilichen Bereich zutage treten, werden die meisten Ermittlungsverfahren von der Polizei eingeleitet. Sie verfügt auch über zahlreiche Karteien, Sammlungen und technische Einrichtungen, die der Aufklärung von Verbrechen dienen, sowie über den kriminalpolizeilichen Nachrichten- und Fahndungsapparat, auch auf internationaler Basis (vgl die Übersicht über die vielfältigen Informationssysteme der Polizei auf Bundes- und Landesebene bei Krekeler StraFo **99**, 82 ff). Hierzu gehört neben dem bekannten Instrumentarium von Interpol (vgl § 3 I BKAG) auch Europol (ABl EG 1995 C 316 S 1; dazu Tolmein StV **99**, 108; Zieschang ZRP **96**, 427; unten 207 f) und der Kooperationsverbund zwischen den Polizeien der Schengen-Staaten (alle EU-Staaten außer dem Vereinigten Königreich und Irland, Bulgarien, Rumänien und Zypern, aber auch Island und Norwegen und die Schweiz) durch das SDÜ (unten 216). Für die Personen- und Sachfahndungspraxis von erheblicher Bedeutung ist das Schengener Informationssystem (SIS); es besteht aus dem Zentralrechner in Straßburg (C. SIS) und den nationalen Schengener Informationssystemen (N. SIS; vgl dazu Wilkesmann NStZ **99**, 68). Die Polizei hat ihre Verhandlungen nach den Ermittlungen, die keinen Aufschub gestatten, ohne Verzug der StA vorzulegen, damit diese die ihr vom Gesetz zugewiesene Leitung des Ermittlungsverfahrens übernehmen kann (vgl auch RiStBV 3; 3 ff zu § 163). Bei Steuerstraftaten haben das Recht und die Pflicht zum ersten Zugriff auch die in § 404 **AO** bezeichneten FinBen.

41 b) **Ermittlungsorgan der StA** ist die Polizei, gleichviel, ob sie von sich aus beim ersten Zugriff oder auf Ersuchen der StA tätig wird (vgl unten 61). Die StA trägt die Verantwortung für die Durchführung des Verfahrens in rechtlicher und

tatsächlicher Hinsicht (Füllkrug ZRP **84**, 193; Geißer GA **83**, 338; Peters 183; allg zum Verhältnis StA/Polizei: Rüping ZStW **95**, 894). Die Behörden und Beamten des Polizeidienstes sind verpflichtet, den Ermittlungsersuchen der StA nachzukommen (§ 161 I S 2; dort 11). In noch stärkerer Bindung an die StA stehen diejenigen Beamten, die Ermittlungspersonen der StA sind (vgl zu § 152 GVG).

In Steuerstrafsachen ist auch die **FinB Ermittlungsorgan des StA** (§ 402 **AO**). Führt die FinB das Ermittlungsverfahren selbstständig (§ 386 II **AO**), so tritt sie an die Stelle des StA (§ 399 **AO**) und kann Ermittlungen durch die Polizei vornehmen lassen (oben 12). 42

c) **Bei der Vollstreckung,** für die die StA zu sorgen hat (10 zu § 36), wirkt die Polizei ebenfalls mit, und zwar in jeder Lage des Verfahrens, also auch noch bei der Vollstreckung des Sicherungshaftbefehls nach § 453 c oder des Vollstreckungshaftbefehls nach § 457 II (vgl auch 1 zu § 152 GVG; §§ 25, 37 MEPolG; Art 52, 62 BayPAG). Selbstverständlich vollzieht sie auch ihre eigenen Anordnungen (zB nach §§ 98 I, 105 I, 111 e I S 2). 43

d) **Auch für den Richter** wird die Polizei auf Ersuchen tätig, zB im Vorverfahren, wenn der Richter als Not-StA eingreift (§ 165), bei der Sitzungspolizei (§ 176 GVG, dort 14) und in sonstigen Fällen der Vollzugs- oder Amtshilfe durch polizeigemäße Handlungen (§ 25 MEPolG; Art 52 BayPAG). 44

e) **Zwang** darf nur angewandt werden, soweit das Strafverfahrensrecht dies zulässt (vgl § 136 a I S 2). Dieser Grundsatz, der sich auch aus Art 2 II GG ergibt, entspricht dem öffentlich-rechtlichen Gesetzesvorbehalt für hoheitliche Eingriffe (Krey, Studien zum Gesetzesvorbehalt im Strafrecht, 1977; erg 32 zu § 163). Die Zulässigkeit kann sich aus dem Sinn und Zweck der durchzusetzenden Anordnung ergeben, zB bei Verhaftung, Durchsuchung, Beschlagnahme, körperlicher Untersuchung (KG JR **79**, 347; Kleinknecht NJW **64**, 2181; einschr Krey ZStW **101**, 857; Mertens, Strafprozessuale Grundrechtseingriffe und Bindung an den Wortsinn der ermächtigenden Norm, 1996). 45

Über **die Art und Weise** der Anwendung unmittelbaren Zwanges enthält die StPO keine Regelung (Riegel ZRP **78**, 14, 18). Für sie gelten jeweils die Regelungen, die für das den Zwang anwendende Organ erlassen sind, für die Polizei also die polizeirechtlichen Regelungen (§§ 35 ff MEPolG, zB Art 60 ff BayPAG). Über unmittelbaren Zwang durch Soldaten der Bundeswehr, denen militärische Wach- oder Sicherheitsaufgaben übertragen sind, und zivile Wachpersonen vgl das UZwGBw, durch Bedienstete der JVA vgl §§ 94 ff, 178 **StVollzG.** Zur Anordnung unmittelbaren Zwanges durch die StA bestehen bundeseinheitliche Richtlinien (RiStBV, Anlage A). Nur im Fall des § 81 c VI S 2 macht das Gesetz die Anwendung unmittelbaren Zwanges von einer besonderen Anordnung des Richters abhängig. 46

J. **Beweis.** Das gesamte Ermittlungsverfahren, das tatrichterliche Verfahren und zT auch das Revisionsverfahren bestehen aus dem Suchen nach Beweisen, der Erhebung der Beweise, ihrer Würdigung und aus dem Ziehen von Konsequenzen aus den Beweisergebnissen in der Form von Entscheidungen (unten 121 ff). 47

a) Der **Begriff** Beweis wird in der StPO in unterschiedlichem Sinn gebraucht (erg 2 zu § 244). Die Erhebung oder Aufnahme eines Beweises (vgl §§ 163 a II, 244 I, 245, 246 I) besteht darin, dass ein Beweismittel in das Verfahren eingeführt und zur Gewinnung eines Beweisergebnisses verwendet wird. Beweisergebnis (vgl § 33 III) ist das, was das Beweismittel an tatsächlichem Beurteilungsstoff für die Entscheidung der Beweisfrage ergibt. Zu den Beweisergebnissen muss das rechtliche Gehör gewährt werden (§§ 33 I, III, 258, 261; oben 23 ff). Die Gesamtheit der Beweisergebnisse, einschließlich der Indizien (25 zu § 261), wird durch die Beweiswürdigung für die zu treffende Entscheidung verwertet (§ 261). Die gleiche Methode wird bei jeglicher Beweiswürdigung angewendet, die einer Entscheidung oder Maßnahme eines Strafverfolgungsorgans vorausgeht und nur einen bestimm- 48 ten Verdachtsgrad voraussetzt, zB bei der Prüfung, ob dringender Tatverdacht vorliegt (§§ 112 I, 127 II) oder genügender Anlass zur Erhebung der öffentlichen Klage (§ 170 I S 1) oder hinreichender Tatverdacht als Voraussetzung für die Eröffnung des Hauptverfahrens (§ 203) besteht.

49 b) Die **Beweismittel** des Strafverfahrens sind: Zeugen (§§ 48 ff), Sachverständige und Augenschein (§§ 72 ff), Urkunden und andere Schriftstücke (§§ 249 ff), ferner die Aussagen der Beschuldigten (§§ 136, 163 a I, 243 III) und der Mitbeschuldigten (vgl zB § 251 I, II), obwohl deren Vernehmung nicht zur Beweisaufnahme im prozesstechnischen Sinn gehört (§ 244 I). Die sog persönlichen Beweismittel treten durch ihre Aussage in Funktion; die sog sachlichen Beweismittel, dh die Gegenstände, die als Beweismittel für die Untersuchung von Bedeutung sind (§ 94 I), also die Beweisgegenstände (vgl § 102), und die beweiserheblichen wahrnehmbaren Sachgegebenheiten und Vorgänge werden durch Einnahme des Augenscheins zur Kenntnis genommen, soweit es sich nicht um Urkundenbeweis handelt. Dieser Verlesungsbeweis dient der Ermittlung des gedanklichen Inhalts eines Schriftstückes (1 zu § 249); es kommt mittelbar derjenige zu Wort, der eine Aussage in die Urkunde gelegt hat. Es gibt auch noch andere Verbindungen von Personal- und Sachbeweis, zB wenn eine Sachbeobachtung durch einen Zeugen geschildert oder durch einen Sachverständigen bewertet wird. Von großer Bedeutung ist insoweit der kriminaltechnische Sachbeweis, also die kriminalistische Sicherung und Auswertung der Tatspuren (zur Behandlung des Sachbeweises im Strafverfahren vgl Foth/Karcher NStZ **89**, 166; zu dem bei der Bewertung von Gutachten zu beachtenden Unterschied zwischen Merkmals- und Belastungswahrscheinlichkeit vgl BGH NStZ **92**, 601; Knussmann NStZ **91**, 175; Hellmiß NStZ **92**, 24; Müller Rolinski-FS 219). Der Mensch kann nicht nur Aussageperson, sondern auch Gegenstand des Augenscheins sein (14 zu § 86). Seine Leiche gehört sogar (im Gegensatz zum lebenden Körper) zu den Beweisgegenständen iS des § 94, ist also beschlagnahmefähig. Untersuchungen, Experimente und Versuche sind der einen oder anderen Beweisart zuzurechnen (BGH NJW **61**, 1486), je nachdem, ob sie nur geschildert oder unmittelbar zur Wahrnehmung der an der Verhandlung Beteiligten vorgeführt werden. Vielfach werden dabei mehrere Beweisarten kombiniert, zB bei Erläuterung einer Augenscheinseinnahme durch einen Sachverständigen oder Zeugen oder den Angeklagten. Daher bleibt keine Lücke: Tatsachen, Vorgänge und Gegenstände jeder Art können auf dem einen oder anderen Wege beweismäßig erfasst und verwertet werden.

50 c) **Beweisverbote** (dazu übersichtliche Zusammenstellung bei Baumann/Brenner, Die strafprozessualen Beweisverbote, 1991; umfassende Erörterung in LR-Gössel Einl L; vgl ferner Pitsch „Strafprozessuale Beweisverbote, Eine systematische, praxisnahe und rechtsvergleichende Untersuchung unter besonderer Berücksichtigung des Steuerstrafverfahrens, der Zufallsfunde nd der Fernwirkungsproblematik", 2009 [zugl Diss Trier]) hindern die Erhebung und Verwertung von Beweisen, schränken also die Amtsaufklärungspflicht nach § 244 II ein, wobei eine rechtswidrige Ermittlung selbstverständlich auch dann unzulässig ist, wenn sie nicht zu einem Beweisverwertungsverbot (unten 55) führen würde (Gössel NStZ **98**, 127). Solche Beschränkungen müssen im Interesse eines rechtsstaatlichen Verfahrens hingenommen werden; die StPO zwingt nicht zur Wahrheitserforschung um jeden Preis (BGH **14**, 358, 365; **31**, 304, 308). Allgemein wird zwischen den (wenigen) gesetzlichen (zB § 136 a III S 2) und den (vielen) nicht normierten Beweisverwertungsverboten unterschieden; letztere werden wiederum aufgeteilt in selbstständige, dh solche, bei denen die Beweiserhebung rechtmäßig war (zB § 477 II S 2), und unselbstständige Beweisverwertungsverbote, denen ein Verfahrensverstoß vorangegangen ist (zB Verstoß gegen § 52 III S 1). Der Begriff Beweisverbote ist im Übrigen nach hM der Oberbegriff für Beweiserhebungs- und Beweisverwertungsverbote (Küpper JZ **90**, 416). Amelung (Informationsbeherrschungsrechte im Strafprozess, 1990) will diese auf das Urteil ausgerichteten Begriffe durch „Informations-

erhebungs-, Speicherungs- und Verwertungsverbot" ersetzen und untersucht den insoweit vor und nach dem Urteil erforderlichen Rechtsschutz; zusammenfassend und gegen Kritik – insbesondere von Rogall (Grünwald-FS 531 und Hanack-FS 293) – verteidigend auch in Bemmann-FS 505 und Roxin-FS 1259, ferner Schlüchter-GS 417. Weitergehend Singelnstein Eisenberg-FS 643: Rechtswidrig gewonnene Beweise sind unverwertbar, weil die Verwertung eine neuerliche Verletzung des Rechts auf informationelle Selbstbestimmung bedeutet. Erg unten 55, 55a.

Ein **Zwischenbescheid**, in dem sich das Gericht zur Frage eines Beweisverbots erklären müsste, ist in der tatrichterlichen Hauptverhandlung nicht vorgesehen; es ist dem Gericht aber nicht verboten, seine Rechtsauffassung hierzu mitzuteilen (BGH NStZ **07**, 719; erg 26 zu § 136). **50a**

Bei den **Beweiserhebungsverboten** wird zwischen Beweisthema-, Beweismittel- und Beweismethodenverboten unterschieden (zur unterschiedlichen Terminologie vgl Strate JZ **89**, 176). **51**

Beweisthemaverbote verwehren es dem Richter, bestimmte Tatsachen aufzuklären. Dazu gehören insbesondere Tatsachen, die bereits in anderen Verfahren oder in dem anhängigen Verfahren bindend festgestellt sind (vgl ANM 433ff). Unaufklärbar sind auch geheimhaltungsbedürftige Tatsachen, zB solche, die dem Beratungsgeheimnis nach § 43 DRiG unterliegen oder nach § 174 III GVG geheimzuhalten sind. Über Vorverurteilungen dürfen keine Feststellungen getroffen werden, wenn sie getilgt oder tilgungsreif sind (§ 51 I **BZRG**). **52**

Beweismittelverbote untersagen die Benutzung bestimmter Beweismittel, zB von Zeugen, die von ihrem Zeugnisverweigerungsrecht nach §§ 52ff, Art 38 I GG (Wahlgeheimnis) oder Art 47 I GG (Abgeordnete) oder von ihrem Untersuchungsverweigerungsrecht nach § 81c III Gebrauch machen oder die nach § 54 zur Aussageverweigerung verpflichtet sind. Urkunden dürfen nicht benutzt werden, wenn eine Sperrerklärung nach § 96 vorliegt, ferner nicht in den Fällen der §§ 250, 252. **53**

Beweismethodenverbote untersagen eine bestimmte Art und Weise der Beweisgewinnung, die aber sonst zulässig ist. In Betracht kommen insbesondere die Verbote des § 136a. **54**

Beweisverwertungsverbote können sich aus Beweiserhebungen ergeben, die gegen ein Beweisthema- oder Beweismittelverbot verstoßen haben. Beweisverwertungsverbot bedeutet, dass die so ermittelten Tatsachen nicht zum Gegenstand der Beweiswürdigung und Urteilsfindung gemacht werden dürfen (krit dazu Löffelmann JR **09**, 10). Wird der Angeklagte *nur* durch das unverwertbare Beweismittel belastet, führt dies nach bisher allgM zum Freispruch (vgl auch BGH **51**, 202, 206), nur nach Ansicht von Jäger [257ff] zur Einstellung des Verfahrens entspr § 260 III; diese Ansicht ist unzutr, da das, was die StPO für Verfahrenshindernisse vorsieht, nicht einfach entspr auf andere Rechtsinstitute ausgedehnt werden darf (vgl Meyer-Goßner Eser-FS 373 und Hamm-FS 451; Ranft Spendel-FS 735; abl – allerdings wegen „Überinterpretierung" des Freispruchs – auch Fezer StV **05**, 468). In manchen Fällen sieht das Gesetz ausdrücklich ein Verwertungsverbot vor, zB in §§ 69 III, 136a, 252 sowie in § 51 I **BZRG** (BGH NStZ-RR **00**, 110 L; vgl 14 zu § 261), auch in §§ 4 VI, 7 VI **G 10**, § 101 VIII UrhG und auch in § 393 II **AO** (dazu BGH NStZ **02**, 436 und 437 = JZ **02**, 615 und 616 mit Anm Hellmann; Bay **96**, 126 = NStZ **97**, 92; StraFo **98**, 54 mit zust Anm Hermanns; abl BGH wistra **99**, 341; zusammenfassend Spriegel StraFo **98**, 156 sowie Rogall Kohlmann-FS 465; vgl ferner Aselmann NStZ **03**, 71; Böse wistra **03**, 47). Sonst löst die fehlerhafte Beweiserhebung aber nicht zwangsläufig ein Verwertungsverbot aus (BVerfG NJW **00**, 3557; NStZ **06**, 46; wistra **09**, 425; BGH **19**, 325, 331; **24**, 125, 128; **25**, 325, 331; **27**, 355, 357; **31**, 304, 308; **33**, 83; **34**, 39, 52; **37**, 30, 32; **38**, 214, 219; **44**, 243 = StV **99**, 185 mit abl Anm Asbrock = JZ **99**, 524 mit abl Anm Fezer = JR **99**, 521 mit abl Anm Wolters; NStZ **88**, 142 mit Anm Dörig; Trüg/Habetha NStZ **08**, 482; **aM** LR-Gössel Einl L 127 und NStZ **98**, 130: Auf- **55**

gabe der Unterscheidung zwischen Erhebungs- und Verwertungsverbot, dafür schlägt er in Hanack-FS 277 die Unterscheidung zwischen relativen und absoluten Beweisverwertungsverboten vor; anders wiederum Jäger [268 ff] und in GA **08**, 484 ff, der gerade strikt zwischen Erhebungs- und Verwertungsverboten trennen und zwischen kausalen und abstrakten Beweisgegenstandsverboten unterscheiden will und damit – wenig überzeugend – zu vielfach von der hM abweichenden Ergebnissen gelangt [zB zu § 252]). Nach der Rspr des BVerfG stellt ein Beweisverwertungsverbot von Verfassungs wegen eine begründungsbedürftige Ausnahme dar (BVerfG NJW **10**, 287; wistra **09**, 425, 427; abl Dallmeyer HRRS **09**, 429: gerade umgekehrt bedürfe nicht die Nichtverwertung eines rechtswidrig gewonnenen Beweises sondern seine Verwertung einer besonderen Legitimation).

55a **Auf allgemein-verbindliche Regeln,** unter welchen Voraussetzungen ein solches Verbot besteht, haben sich Rspr und Lehre bisher noch nicht einigen können (zu Systematisierungsversuchen vgl Amelung NJW **91**, 2533; Beulke StV **90**, 184; ZStW **103**, 665; Gössel GA **91**, 483; Hauf NStZ **93**, 457; Jäger GA **08**, 473; Ranft Spendel-FS 719); Mitsch NJW **08**, 2300 bringt in Anlehnung an die bisherige Rspr Gesetzgebungsvorschläge. Es werden im Wesentlichen 3 verschiedene Auffassungen vertreten (näher dazu mwN LR-Gössel Einl L 128 ff [mit eigenem – methodisch verbindenden – Lösungsvorschlag: „einzig sinnvolle Frage, ob zu irgendeinem Zeitpunkt bei der Gewinnung jener Tatsachen, die zur Urteilsgrundlage wurden, gegen die Rechtsordnung verstoßen wurde"]; Rogall JZ **96**, 947 und Grünwald-FS 523 ff): Die „Schutzzwecklehre" will den Schutzzweck der verletzten Norm über das Eintreten eines Verwertungsverbots entscheiden lassen (wiederum abweichend die von Jäger [so] vertretene „beweisgegenständliche Schutzzwecklehre"); die „Lehre vom informationellen Folgenbeseitigungs- und Unterlassungsanspruch" sieht die Verwertungsverbote als Mittel zur Beseitigung einer rechtswidrigen Informationslage (oben 50 aE); die „Abwägungslehre", die von der Rspr vertreten wird, geht vom Einzelfall aus und entscheidet nach der Sachlage und der Art des Verbotes (Rogall aaO: „normative Fehlerfolgenlehre"; krit Fezer JZ **99**, 526; scharf abl Dallmeyer, Beweisführung im Strengbeweisverfahren, 2. Aufl. 2008, S 157 ff). So hat der BGH für Beweiserhebungsverbote, die ausschließlich dem Schutz des Staates (§§ 54, 96) oder dritter Personen (§§ 55, 81 c) dienen, die sog Rechtskreistheorie entwickelt (17 zu § 55). Sonst ist stets das Interesse des Staates an der Tataufklärung gegen das Individualinteresse des Bürgers an der Bewahrung seiner Rechtsgüter abzuwägen (BGH **52**, 110; Rogall NStZ **88**, 385 ff, ZStW **91**, 31 ff und Rudolphi-Symp 152 ff; krit Hassemer Maihofer-FS 183 ff; Trüg/Habetha NStZ **08**, 484, abl zur Abwägungslehre Lesch Volk-FS 311; Müssig GA **99**, 139; Neuhaus StV **10**, 49; Wohlers StV **08**, 434; Wolter GA **99**, 167, BGH-FG 986 ff und in Roxin-FS 1151, wo er statt dessen zwischen Verletzungen des Gesetzes im Kern – absolutes Verwertungsverbot –, erheblicher Verletzung – relatives Verwertungsverbot – und nicht-erheblichen Verletzungen – Abwägungstheorie – unterscheidet; ähnlich neuerdings auch Jahn, Gutachten C zum 67. DJT 2008, nach dessen „Beweisbefugnislehre" wegen der überragenden Bedeutung von Art 1 I S 1 GG jeder tatsächlich vorliegende und noch fortwirkende Verstoß gegen den Menschenwürdegrundsatz ausnahmslos zur Unzulässigkeit des Verwertungsakts führt und Verstöße gegen sonstige Freiheitsgrundrechte stets ein Beweisverwertungsverbot nach sich ziehen, wenn der Verwertungsakt ihren Wesensgehalt verletzt). Es kommt danach immer darauf an, ob höherwertige Rechtsgüter den Verzicht auf Beweismittel und Beweisergebnisse, mit denen die Überführung eines Straftäters gelingen könnte, unabweislich machen (vgl BGH **19**, 325, 331; 125, 130; **27**, 355, 357; **34**, 39, 53; weitergehend Bottke Jura **87**, 366: immer wenn Vollzug der Maßnahme wegen deren Eigenart [sofortiger Vollzug oder Heimlichkeit] nicht mit formellen Rechtsbehelfen verhindert werden kann). Das Gewicht des Verfahrensverstoßes und seine Bedeutung für die rechtlich geschützte Sphäre des Betroffenen sind bei der Abwägung somit ebenso zu beachten wie die Erwägung, dass der Staat eine funktionstüchtige Rechtspflege zu gewährleisten hat; danach liegt ein Verwertungsverbot nahe, wenn die verletzte Verfahrensvorschrift dazu bestimmt ist, die Grundlagen der verfahrensrechtlichen Stellung des Beschuldigten zu sichern (BGH **38**, 214, 220), hingegen nicht, wenn seine Auswirkungen auf die geschützten Interessen unbedeutend sind (Rogall Hanack-FS 308; zu den wichtigsten Parametern Jahn Stöckel-FS 266). Muss nach diesen Grundsätzen auf die Sachaufklärung verzichtet werden (vgl bei den einzelnen Vorschriften), so gilt das grundsätzlich gleichermaßen für Entlastungs- wie Belastungsbeweise (KMR-Paulus 547 zu § 244; ANM 480; Kleinknecht NJW **66**, 1543; **aM** Rogall ZStW **91**, 38: nur für Belastungsbeweise; Güntge StV **05**, 403: falls dadurch nicht grundlegende Prinzipien des Verfahrensrechts verletzt werden oder gegen übergeordnete Interessen verstoßen würde; vgl aber eingehend auch R. Hamm und Nack StraFo **98**, 361 ff sowie Amelung StraFo **99**, 181 ff zur Verwertbarkeit rechtswidrig gewonnener Beweismittel zugunsten des Angeklagten).

Auch **unmittelbar aus dem GG** können sich Beweisverbote ergeben (BVerfGE **34**, 238 = JZ **73**, 504 mit Anm Arzt; BGH **14**, 358; **19**, 325, 329; **31**, 304, 308; ANM 513 mwN in Fn 614). Dabei kann es sich um die Wahrung der Grundrechte des Angeklagten, eines Zeugen oder eines unbeteiligten Dritten handeln (Bay **78**, 152 = JR **80**, 432 mit Anm Hanack). Ein Beweisverbot besteht auch, wenn nur bei der Verwertung des Beweises in unzulässiger Weise in Grundrechte eingegriffen wird (BVerfG aaO; Bottke JA **79**, 595; Knauth JuS **79**, 339; Rieß JR **79**, 167). Ein verfassungsrechtliches Beweisverbot kann sich insbesondere aus dem Grundrecht nach Art 2 I GG iVm Art 1 I GG ergeben, das dem Staatsbürger einen Bereich privater Lebensgestaltung gewährleistet, der unantastbar und jeder Einwirkung der öffentlichen Gewalt entzogen ist (BVerfGE **35**, 202, 220 = NJW **73**, 1226, 1228; BGH **31**, 296, 299; BGHZ **73**, 120, 122 ff = NJW **79**, 647). 56

Schriftliche Aufzeichnungen (insbesondere Tagebücher), die der Intimsphäre des Angeklagten oder eines Zeugen angehören, können unverwertbar sein (BVerfGE **34**, 238, 245 = JZ **73**, 504 mit Anm Arzt; BGH **19**, 325; Bay **92**, 44 = NJW **92**, 2370; zum notwendigen Revisionsvorbringen vgl BGH MDR **91**, 486 [H]). Solche Aufzeichnungen sind zwar – anders als Unterlagen, die der Verteidigung dienen (BGH **44**, 46; erg 37 zu § 97; 2 zu § 148) – nicht schlechthin von der Verwertung ausgenommen (BVerfGE **80**, 367 = NJW **90**, 563; Geppert JR **88**, 474; Küpper JZ **90**, 419 f; Ranft Spendel-FS 731; **aM** Otto Kleinknecht-FS 328; vgl auch BGH MDR **91**, 486 [H]). Keine Bedenken bestehen, wenn sie nur äußere Ereignisse festhalten (Plagemann NStZ **87**, 570). Sie können ferner verwertet werden, falls sie Angaben über begangene (BGH NJW **95**, 269: Abschiedsbrief bei Selbsttötungsversuch nach versuchtem Mord; **aM** Wolter StV **90**, 179 und Meyer-GedSchr 507) oder bevorstehende schwere Straftaten enthalten (BVerfG aaO; Störmer NStZ **90**, 398; insoweit zust zur Abwehr konkreter, schwerwiegender Gesundheits- und Lebensgefahren Wolter aaO). In sonstigen Fällen ist nach BGH (**34**, 397, 401, NJW **94**, 1970 = JR **94**, 430 mit krit Anm Lorenz; vgl auch BerlVerfGH NJW **04**, 593; Schleswig StV **00**, 11; Ellbogen NStZ **01**, 460; **06**, 180) zwischen dem Persönlichkeitsschutz nach Art 1, 2 GG einerseits und den Belangen einer funktionsfähigen Strafrechtspflege andererseits abzuwägen (im Ergebnis zust SK-Schlüchter 52 zu § 261; Schlehofer GA **99**, 357). Das BVerfG (aaO) erklärt eine solche Abwägung im absolut geschützten Kernbereich persönlicher Lebensgestaltung hingegen für unzulässig (dazu Amelung NJW **90**, 1754 f; Plagemann aaO mit Bedenken gegen die Brauchbarkeit dieser Unterscheidung vgl auch Krauss Gallas-FS 378 ff); auch im Übrigen hält es aber zutr eine Abwägung für erforderlich. Es hat (aaO bei einem Abstimmungsergebnis von 4 : 4) die Verwertung für zulässig erachtet, wenn die intimen Aufzeichnungen in einem unmittelbaren Bezug zur konkreten schweren Straftat stehen (dagegen – mit der unterlegenen Senatsmeinung – Jahn NStZ **00**, 383; Küpper aaO; Störmer aaO; Wolter aaO; vgl. auch Geppert aaO). Auch in einer neueren Entscheidung (StraFo **08**, 421 zu § 176 I StGB) hat das BVerfG daran festgehalten, dass die Verwertung privater Aufzeichnungen, die nicht zum absolut geschützten Kernbereich gehören, durch das öffent- 56a liche Interesse an einer möglichst vollständigen Wahrheitsermittlung gerechtfertigt sein kann. Bei der Abwägung kann auch der Gesichtspunkt der Entlastung des Beschuldigten oder eines Dritten eine Rolle spielen (BVerfG aaO; BGH aaO; **aM** Küpper aaO 418; Wolter aaO 177; Amelung NJW **90**, 1758: nicht zum Zwecke der Nachforschung). Amelung (NJW **88**, 1002; **90**, 1758) will die Problematik über Art 4 I GG (Gewissensfreiheit) lösen (ähnlich Lorenz GA **92**, 274; abl Störmer aaO 397). Nur der Tagebuchverfasser selbst kann aber der Verwertung widersprechen (offen gelassen von BGH NStZ **98**, 635).

56b Durch **Verletzung der Vertraulichkeit des Wortes** in nach § 201 StGB strafbarer Weise gewonnene Beweise sind unverwertbar, wenn der Betroffene die Verwertung nicht gestattet hat (BGH **34**, 379, 400; **36**, 167, 172), sofern nicht besondere Umstände (Notwehr, Nothilfe) die Verwertung rechtfertigen (BVerfG aaO; BGH **14**, 358; **27**, 355, 357; **31**, 296, 299; **34**, 39; Bay **94**, 6 = NJW **94**, 1671 = StV **95**, 65 mit Anm Preuß; AG Winsen NJW **86**, 2001: heimliche Tonbandaufnahmen; zur Verwertbarkeit eigenmächtig aufgezeichneter Gespräche eingehend Gropp StV **89**, 216; Küpper JZ **90**, 420; vgl auch 40 ff zu § 163), ebenso Beweiserhebungen auf Grund heimlich angefertigter Lichtbild-, Film- oder Videoaufnahmen (BGHZ **24**, 200, 208 = JZ **57**, 571 mit Anm Hubmann; BGH NJW **66**, 2353; **75**, 2075 = JZ **76**, 31 mit Anm W. Schmidt), sowie Beweisgewinnungen durch heimliche Beobachtungen oder heimliches Belauschen in der Privatsphäre (BGH NJW **64**, 165; JR **71**, 65 mit Anm Bökelmann = JZ **71**, 387 mit Anm Arzt), insbesondere durch technische Abhörgeräte (BGH **31**, 296; ANM 516), sofern nicht die Voraussetzungen der §§ 100 c, 100 f gegeben sind. Für die Verwertung rechtmäßig beschlagnahmter Tonbandaufnahmen, die eine Privatperson für eigene Zwecke rechtswidrig festgehalten hat, lässt BGH **36**, 167 eine Abwägung des Interesses an der Aufklärung schwerer Straftaten gegen den Persönlichkeitsschutz des Beschuldigten zu (vgl auch Kramer NJW **90**, 1760).

56c Aus einer **Missachtung der in Art 8 der Richtlinie 83/189/EWG** des Rates vom 28. 3. 1983 über ein Informationsverfahren auf dem Gebiet der Normen und technischen Vorschriften festgelegten Verpflichtung, eine technische Vorschrift über Alkoholmeter mitzuteilen, folgt kein Verwertungsverbot für ein nach diesem Alkoholmeter gewonnenen Beweis (EuGH NStZ **99**, 141 mit zust Anm Gleß = StV **99**, 130 mit zust Anm Satzger; eingehend dazu Gärditz wistra **99**, 293); ebenso für Radarmessgeräte AG Bad Hersfeld NZV **99**, 349.

56d **Beweisverbote in Fällen mit Auslandsbezug** erörtert eingehend Gless JR **08**, 317. Sie stellt folgende Regeln auf: Der Sachverhalt ist nach dem Maßstab der eigenen Rechtsordnung festzustellen. Es gelten die Anforderung an Zuverlässigkeit und Fairness der Beweisführung der Rechtsordnung, unter deren Geltung Beweismittel verwertet werden. Die Rechtsordnung des Staates, in dem die Beweise gewonnen werden, ist insofern zweitrangig. Neben strafprozessualen determinieren auch völkerrechtliche Überlegungen die Entscheidung über das Eingreifen von Beweisverboten. Im Gegensatz zu dieser Forderung von Gless ist die bisherige Rspr aber noch einschr: So soll ein Beschuldigter aus der gegenüber einem anderen Staat verübten Völkerrechtswidrigkeit grundsätzlich keine strafprozessualen Vorteile für sich herleiten können (BGH **37**, 30 = JZ **90**, 1033 mit Anm Schroeder; erg unten 149). Vgl. ferner 13, 34 ff zu § 251.

56e Aus **Art 6 MRK** folgt nach – allerdings umstr – Rspr des EGMR kein *allgemeines* Verbot, rechtswidrig oder gar menschenrechtswidrig erlangte Beweise gegen den Angeklagten zu verwerten (EGMR NJW **10**, 213; dazu eingehend und krit Gaede JR **09**, 493).

57 Ob ein Beweisverwertungsverbot eine **Fernwirkung** hat, also auch andere Beweismittel unverwertbar macht, deren Vorhandensein erst bei der unverwertbaren Beweiserhebung bekannt geworden ist, richtet sich nach der Sachlage und der Art des Verbots (BGH **27**, 355, 357; **29**, 244, 249; **aM** Lesch Volk-FS 320; Paulus Meyer-GedSchr 328). Grundsätzlich besteht keine Fernwirkung (BGHR StPO § 110 a Fernwirkung 1; Köln NZV **01**, 137 mwN; Roxin/Schünemann § 24, 60;

aM SK-Rogall 94 zu § 136a und JZ **96**, 948: Abwägung zwischen den Interessen des Beschuldigten und dem Strafverfolgungsinteresse). Die Gegenmeinung (Grünwald JZ **66**, 500; Hatfke GA **73**, 79, Spendel NJW **66**, 1105) stützt sich vor allem auf die nordamerikanische „fruit of the poisonous tree-doctrine", nach der auch mittelbare Beweisergebnisse stets einem Verwertungsverbot unterliegen (dazu Pitsch [oben 50] S 373ff). Die unkritische Übernahme dieser Doktrin ist jedoch verfehlt; denn in den USA dienen die Beweisverbote vornehmlich der Disziplinierung der Polizei (Bradley GA **85**, 101; Harris StV **91**, 313; Herrmann JZ **85**, 608), in der BRep sollen sie dagegen die Rechtsstaatlichkeit des Verfahrens gewährleisten (dagegen Conen Eisenberg-FS 459; Fahl 291 mwN; vgl auch BGH **51**, 285, 293ff und dazu Hüls ZIS **09**, 167). Die Frage ist vor allem für § 136a erörtert worden (dort 31). Der BGH hat eine Fernwirkung bisher nur für das Beweisverwertungsverbot nach dem **G 10** angenommen (BGH **29**, 244; vgl auch BGH NJW **87**, 2525, 2526 = JZ **87**, 936 mit Anm Fezer und abl Anm Neuhaus NJW **90**, 1221).

Umstritten ist auch, ob ein Beweisverwertungsverbot eine **Fortwirkung** haben **57a** kann. Hierbei handelt es sich um einen Unterfall der Fernwirkung. Es geht um die Frage der Verwertbarkeit des Beweismittels, wenn eine erneute, ordnungsgemäße Beweiserhebung wegen der unzulässigen Beweisgewinnung nicht möglich ist. Das Problem tritt bei der Verwertbarkeit einer erneuten Vernehmung auf, die unter dem Eindruck eines vorher begangenen Verstoßes durchgeführt wurde (vgl dazu 9 zu § 136, 30 zu § 136a).

Die personelle Reichweite von Beweisverwertungsverboten (so auch der **57b** Titel der einschlägigen Untersuchung von Schwaben, 2005, zugl Diss Passau 2005) bereitet ebenfalls erhebliche Probleme. Es geht um die Frage, ob und wie ein für einen Prozessbeteiligten bestehendes Verwertungsverbot im Hinblick auf einen anderen wirkt (vgl dazu auch Dencker StV **95**, 232; Hamm NJW **96**, 2185; Nack StraFo **98**, 366; Weßlau StV **10**, 41). Zur Rspr vgl 20 zu § 136, 6 zu § 168c sowie 16 aE zu § 261 (vgl auch BGH **38**, 214, 228; **42**, 15, 24; **47**, 233, 234; **53**, 191; NJW **09**, 1427 = JR **09**, 380 mit Anm Gless/Wennekers). Mit Schwaben (aaO S 152/153) ist eine Wirkungserstreckung – abgesehen von gesetzlich geregelten Fällen wie zB § 136a III – dann anzunehmen, wenn der verbotene Beweis in einem gemeinsamen Verfahren zugleich gegen den unmittelbar Betroffenen und den Mitbeschuldigten verwertet werden soll oder wenn dem Schutzzweck der Beweiserhebungsnorm nur Genüge getan werden kann, wenn die Verwertung auch für und gegen Dritte verboten ist.

Gelegentlich wird in Rspr (vgl BGH **24**, 125, 130; NStZ **89**, 375, 375 mit Anm **57c** Roxin) und Literatur (vgl dazu vor allem Rogall NStZ **88**, 385) die Erwägung angestellt, ob das Beweismittel auch auf rechtmäßigem Wege hätte erlangt werden können, und hiervon seine Verwertbarkeit abhängig gemacht, sog **hypothetischer Ersatzeingriff.** Diese Überlegung ist vertretbar, erfordert aber – soll das Beweisverbot dadurch nicht ganz entwertet werden – eine konkrete Betrachtungsweise dahin, ob tatsächlich nach den Umständen des Falles die Möglichkeit legalen Handelns bestand (vgl zur Problematik BGH NJW **03**, 2034 = StV **03**, 370 mit krit Anm Weßlau StV **03**, 483 = JZ **04**, 155 mit krit Anm Braum; Bernsmann/Sotelsek StV **04**, 125; Fahl 192; Putzke/Scheinfeld StV **05**, 645; Theile wistra **04**, 125; Schröder, Beweisverwertungsverbote und die Hypothese rechtmäßiger Beweiserlangung im Strafprozess, 1992, S 113, 175). Bei willkürlicher Verkennung des Richtervorbehalts nach § 105 hat BGH **51**, 285, 295 (zust Hüls ZIS **09**, 167; Mosbacher NJW **07**, 3686; Ransiek JR **07**, 437; krit Schneider Miebach-SH 50) die Anwendung dieser Rechtsfigur zutr abgelehnt. Eingehende Darstellung der Rspr – jedoch im Ergebnis gänzlich abl – bei Jahn/Dallmeyer NStZ **05**, 297; ebenso abl Wohlers Fezer-FS 311ff.

Von den Beweisverwertungsverboten sind mit Dencker (Meyer-Goßner-FS 237) **57d** die **Verwendungsverbote** zu unterscheiden, wie sie zB in §§ 100d V, 100i II, 160a I S 2, 477 II sowie in § 11 VI GwG und in § 97 I S 3 InsO enthalten sind (vgl auch 3 zu § 484; 2 zu § 18 EGGVG). Ein Verwendungsverbot verbietet iSd

BDSG jegliche Form von Nutzung solcher Daten zur Informationserhebung und -verarbeitung (Dencker aaO 243; vgl auch Singelnstein ZStW **120**, 854). Es steht der Einleitung eines Strafverfahrens entgegen (Rogall JZ **08**, 828). Die von der Rspr entwickelten Grundsätze zu den sog relativen Beweisverwertungsverboten, nach denen nicht jeder Verstoß bei der Beweiserhebung zu einem Verwertungsverbot hinsichtlich der so erlangten Erkenntnisse führt (oben 55 ff), gelten auch für Verwendungsregelungen bzw Verwendungsbeschränkungen (BGH **54**, 69, 87 ff; str). Inwieweit das Verwendungsverbot des § 97 I S 3 InsO reicht, ob es sowohl der Einleitung eines Strafverfahrens entgegensteht als auch eine Fernwirkung hat, ist umstritten (vgl LG Stuttgart NStZ-RR **01**, 282 und eingehend zur Problematik Gatzweiler DAV-FS 480; Hefendehl wistra **03**, 1; Pelz 612; Püschel DAV-FS 759; erg 20 zu § 94).

57e Schließlich können Beweisverbote auch eine **Frühwirkung** haben (LR-Gössel Einl K 110 spricht von Vorauswirkung). Es geht dabei um die Frage, ob ein Beweisverbot bereits Maßnahmen im Ermittlungsverfahren, also etwa der Bejahung eines Anfangsverdachts (dazu 4 zu § 152), des dringenden Tatverdachts bei der UHaft (dazu 5 zu § 112) oder der Verwertung der von unzulässigen Telefonüberwachungsmaßnahmen gewonnenen Erkenntnissen (dazu 6, 7 zu § 477) oder der Durchführung von Zwangsmaßnahmen (zB der Wohnraumüberwachung nach § 100 c IV, V), entgegensteht (eingehend dazu Hengstenberg, Die Frühwirkung der Verwertungsverbote, 2007, zugl Diss Köln 2006).

58 **2) Verfahrensabschnitte:**

59 A. **In folgenden Stufen** wickelt sich der Strafprozess ab:

(I) Ermittlungsverfahren oder vorbereitendes Verfahren (§§ 158 ff);

(II) Zwischenverfahren (Entscheidung über die Eröffnung des Hauptverfahrens §§ 199 ff);

(III) Hauptverfahren (§§ 213 ff) einschl des Rechtsmittelverfahrens bis zur Rechtskraft der gerichtlichen Entscheidung;

(IV) Vollstreckungsverfahren (§§ 449 ff).

60 B. Das **Ermittlungsverfahren** (vorbereitende Verfahren) ist eingeleitet, sobald die StA (§ 160 I), eine Behörde oder ein Beamter des Polizeidienstes (§ 163) oder die FinB (Einl 12) eine Maßnahme trifft, die erkennbar darauf abzielt, gegen jemanden strafrechtlich vorzugehen (§ 397 I **AO**), auch wenn der Beschuldigte noch unbekannt ist. Es liegt in der Hand der StA, die dabei von der Kriminalpolizei (oben 39) unterstützt wird. Es dient der Sammlung des Belastungs- und Entlastungstoffes (§ 160). Daher gilt der Grundsatz der freien Gestaltung des Ermittlungsverfahrens, soweit nicht bestimmtes Vorgehen oder bestimmte Formen des Vorgehens vorgeschrieben sind oder sich zwingend aus der Sachlage oder mittelbar aus Rechtsgründen ergeben. ZB kann die vorgeschriebene Vernehmung des Beschuldigten (§ 163 a I) oder eine von ihm beantragte Beweiserhebung (§ 163 a II) früher oder später durchgeführt werden. Auch sonst ist die Reihenfolge der Ermittlungen nach dem Zweck und Stand der Untersuchung zu bestimmen (vgl zB 19 zu § 160). Zu den auch hier zu beachtenden Grundsätzen – insbesondere faires Verfahren, Verhältnismäßigkeit und Fürsorgepflicht (oben 19 f; unten 155) – vgl Rieß Rebmann-FS 396 ff. Das Ermittlungsgeheimnis ist zu wahren, wenn das Gesetz nicht entgegensteht (zB § 111 e III, IV; § 114 II Nr 4; § 147 I, II; Loesdau MDR **62**, 773), solange es im Interesse der Untersuchung oder zur Schonung des Beschuldigten (vgl RiStBV 4 a) oder eines gefährdeten Zeugen (vgl 64 zu § 244) geboten ist (BGH **10**, 276). Mitteilungspflichten (zB nach § 49 BeamtStG, § 125 c BRRG [MiStra 15, 29 I S 1 Nr 1], § 8 III SchwarzArbG oder § 18 III, IV Arbeitnehmerüberlassungsgesetz [MiStra 47]) oder -ermächtigungen nach den §§ 12 ff **EGGVG** (zB iVm MiStra 40 I Nr 1, 42 I Nr 1, 43 Nr 1) sind zu beachten. Die StA muss entscheiden, ob sie die öffentliche Klage bei Gericht erhebt (§ 170 I) oder ob sie das Verfahren einstellt.

Die StPO fasst unter den einheitlichen Begriff **Einstellung des Verfahrens** leider ganz unterschiedliche Verfahrenserledigungen: Zum einen die Einstellung bei fehlendem Anlass zur Erhebung der öffentlichen Klage (§ 170 II), dann die Einstellungen nach dem Opportunitätsprinzip (§§ 153 ff), die Einstellung wegen eines Verfahrenshindernisses (vgl §§ 206 a, 260 III, unten 141 ff) und schließlich die vorläufige Einstellung (§§ 154 e II, 205). Besser wäre es (vgl Meyer-Gossner Eser-FS 379), zwecks Unterscheidung dieser ganz verschiedenen „Einstellungsmöglichkeiten" in den Fällen der §§ 153 Abs. 2, 153 a Abs. 2, 153 b Abs. 2, 153 e Abs. 2, 154 Abs. 2 entsprechend dem Wortgebrauch in den Absätzen 1 dieser Vorschriften, die der Staatsanwaltschaft das „Absehen von der Verfolgung" bzw. das „Absehen von der Erhebung der öffentlichen Klage" gestatten, hier nicht von „Einstellung" sondern von „Beendigung der Verfolgung" zu sprechen (ebenso bei § 154 b Abs. 4). Derselbe Begriff sollte für die Staatsanwaltschaft in den Fällen der §§ 153 c Abs. 4, 153 d Abs. 2, 153 e Abs. 2, 153 f Abs. 3 sowie 154 d und 170 Abs. 2 verwendet werden. In den Fällen der §§ 154 e Abs. 2 und 205 sollte nicht von einer „vorläufigen Einstellung", sondern von einem „Innehalten mit der Strafverfolgung" gesprochen werden. Diese Begriffe würden es ermöglichen, mit „Einstellung des Verfahrens" jeweils nur die Fälle des Fehlens einer Prozessvoraussetzung bzw. des Vorliegens eines Verfahrenshindernisses zu erfassen, und würden Hinweise entbehrlich machen, dass die „Einstellungen" nach dem Opportunitätsprinzip oder nach anderen Vorschriften nicht gemeint seien. **60a**

Die **öffentliche Klage** wird erhoben durch Einreichung einer Anklageschrift mit dem Antrag, das Hauptverfahren zu eröffnen (§ 200). Mit der Anklage wird das Gericht mit der Sache befasst, die Sache wird bei ihm anhängig. Das ist jedoch keine Rechtshängigkeit; denn diese setzt die ausschließliche Dispositionsbefugnis des Gerichts voraus, dh das Verbot für die StA, die Klage zurückzunehmen (§ 156). Eine besondere Art der Erhebung der öffentlichen Klage ist der Antrag auf Erlass eines Strafbefehls (§ 407 I). **60b**

Die **polizeilichen Ermittlungen** im Rahmen des ersten Zugriffs (§ 163) bilden rechtlich keinen selbstständigen Verfahrensabschnitt, sondern sind nur ein dem staatsanwaltschaftlichen vorbereitenden Verfahren vorgeschalteter und zugehöriger Teil des Ermittlungsverfahrens (oben 41). Über das Verhältnis der StA zur Polizei vgl oben 39 ff. **61**

In Steuerstrafsachen tritt großenteils die FinB an die Stelle der StA (vgl §§ 386, 399, 400 **AO;** oben 12). Ein **schriftliches Verfahren** ist das Ermittlungsverfahren. Daher müssen alle Beweiserhebungen vollständig in die Akten aufgenommen werden. Auch Beobachtungen und Feststellungen, die nicht protokolliert werden oder in Urkunden oder anderen Schriftstücken zum Ausdruck kommen, müssen durch Aktenvermerke festgehalten werden, weil sie sonst von der StA bei der abschließenden Verfügung (§ 170) und, falls Anklage erhoben wird, vom Gericht bei der Entscheidung über die Eröffnung des Hauptverfahrens (§ 203) sowie bei der Aufklärung des Sachverhalts in der Hauptverhandlung (§ 244 II) nicht berücksichtigt werden können und für den Verteidiger bei der Akteneinsicht (§ 147) nicht erkennbar sind. **62**

C. Im **Zwischenverfahren** (Eröffnungsverfahren) entscheidet das Gericht darüber, ob das Hauptverfahren zu eröffnen ist. Im Eröffnungsbeschluss wird die Klage zugelassen (§ 207; für Privatklage vgl § 383 I); mit ihm wird die Strafsache rechtshängig (1 zu § 156). Die zugelassene Klage grenzt den Prozessstoff in persönlicher und tatsächlicher Hinsicht ab und bestimmt das rechtliche Thema des Hauptverfahrens unter dem Vorbehalt späterer Änderung (§ 265). Zum beschleunigten Verfahren vgl 3 zu § 418, zum Verfahren bei Strafbefehlen 2 vor § 407. **63**

D. Das **Hauptverfahren** beginnt mit dem Erlass des Eröffnungsbeschlusses (§ 203), im Fall des § 266 II mit dem Beschluss auf Einbeziehung der weiteren Straftat (Bay **53**, 1). Es reicht bis zum rechtskräftigen Abschluss der gerichtlichen Untersuchung. Die Akten des Verfahrens werden zwischen 5 und 30 Jahre (je nach **64**

Schwere des Strafausspruchs) bzw dauernd (bei lebenslanger Freiheitsstrafe) aufbewahrt. Zur Aktenaufbewahrung im Einzelnen vgl das SchrAG und die entspr landesrechtlichen Bestimmungen; vgl auch KG StraFo **09**, 337; v. Galen DAV-FS 509; Hilger Meyer-Goßner-FS 755; erg 7 zu § 483.

65 E. Das **Vollstreckungsverfahren** (§§ 449 ff) schließt sich an die rechtskräftige Sachentscheidung an.

66 a) **Zu ihm gehören** alle Maßnahmen, durch welche die Ausführung des rechtskräftigen Straferkenntnisses ins Werk gesetzt werden soll, zB die Ladung zum Strafantritt, die Vorführung oder Verhaftung des Verurteilten (§ 457), die Berechnung der erkannten Strafe (§ 458 I). Auch die Maßnahmen zur Durchsetzung des Urteils, die sich auf den Vollzug von Maßregeln der Besserung und Sicherung oder auf die Durchsetzung sonstiger Anordnungen (zB Einziehung, Verfall, Fahrverbot) beziehen, gehören zur Strafvollstreckung.

67 b) **VollstrB** ist die StA (§ 451 I). Bei der Vollstreckung von Freiheitsentziehung gegen Jugendliche und gegen Heranwachsende, falls gegen diese materielles Jugendstrafrecht angewandt worden ist, tritt an die Stelle der VollstrB der Jugendrichter als Vollstreckungsleiter (§§ 82 I S 1, 90 II S 2, 110 I **JGG**).

68 c) Der **Strafvollzug** gehört nicht zum Vollstreckungsverfahren. Vollzugsbehörden sind die JVAen (§ 126 StVollzG). Die Unterbringung in einem psychiatrischen Krankenhaus (§ 63 StGB) und in einer Entziehungsanstalt (§ 64 StGB) werden von Anstalten dieser Art vollzogen, die nicht Anstalten der JV sind (§§ 136–138 StVollzG).

69 d) Die **gerichtlichen Entscheidungen über Vollstreckungsmaßnahmen** richten sich nach §§ 458–463. Das Verfahren bei Anträgen auf gerichtliche Entscheidung gegen VerwAe der JVAen für Erwachsene ist in den §§ 109 ff **StVollzG** geregelt; die Entscheidung trifft die „kleine" StVollstrK (§§ 78 a I Nr 2, 78 b I Nr 2 GVG; erg 17 zu § 462 a).

70 **3) Verfahrensbeteiligte:**

71 A. **Wer nach dem Gesetz eine Prozessrolle** ausüben, dh durch eigene Willenserklärungen im prozessualen Sinn (unten 94) gestaltend als Prozesssubjekt mitwirken muss oder darf, ist Verfahrensbeteiligter. Das mit der Sache befasste Gericht ist Träger des gerichtlichen Verfahrens und ist nicht gemeint, wenn vom Verfahrensbeteiligten die Rede ist, wie die § 33 I, III, §§ 159 II, 172 Nr 2 GVG zeigen; denn der Richter muss gegenüber den Verfahrensbeteiligten als Nichtbeteiligter in Erscheinung treten (BVerfGE **21**, 139, 145 = NJW **67**, 1123; BVerfGE **30**, 149, 153, 160 = NJW **71**, 1029).

72 a) **Hauptbeteiligte** sind der Beschuldigte (unten 76 ff), sein Verteidiger (unten 82 ff), sein Beistand (unten 86), die StA (unten 87), der Nebenkläger (unten 89), der Privatkläger (unten 90).

73 b) **Nebenbeteiligt** sind Personen, die im allgemeinen Interesse oder zur Abwehr eigener Rechtsnachteile am Verfahren teilnehmen oder sich beteiligen dürfen. Dazu gehört der Verletzte (1 vor § 406 d). Die FinB ist im staatsanwaltschaftlichen oder gerichtlichen Steuerstrafverfahren beteiligt (oben 14), ebenso die VerwB im gerichtlichen Bußgeldverfahren (§ 76 OWiG) oder im Verfahren der StA, wenn diese die Verfolgung der OWi übernommen hat (§§ 42, 63 OWiG). Desgl die VerwB in Wirtschaftsstraf-, Außenwirtschafts- und EWG-Marktordnungssachen (§ 13 II WiStG 1954, § 38 II AWG, § 38 II MOG). Die Nebenbeteiligung kann sich auch auf einzelne Entscheidungen oder Teile des Verfahrens beziehen, zB bei den Verfalls- oder Einziehungsbeteiligten (unten 91), bei der Geldbußbeteiligung einer JP oder PV (unten 92) und bei den Verletzten (§§ 111 b V, 111 e III, IV, 111 g, 111 h, 111 i, 111 k, 403 ff). Zu den partiell Beteiligten iwS gehören auch die Personen mit Beschwerderecht nach § 304 II sowie der RA als Beistand des Zeugen (Krekeler NJW **80**, 980; §§ 406 f, 406 g; 11 vor § 48, § 68 b).

c) **Im Jugendstrafverfahren** sind auch beteiligt die Vertreter der Jugendgerichtshilfe (§§ 38, 50 III **JGG**), der Erziehungsberechtigte und der gesetzliche Vertreter (§§ 50 II, 67 **JGG**). 74

d) **Nicht zu den Verfahrensbeteiligten gehören** diejenigen, die nur eine mittelbare Aufgabe (zB als Zeuge – **aM** Humborg JR **66**, 448 – oder Sachverständiger) oder eine Hilfsfunktion bei der Gestaltung des Strafverfahrens haben, zB die Polizeibeamten (§§ 161 I S 2, 163), die Ermittlungspersonen der StA (§ 152 GVG), der Ermittlungsrichter (§ 162), der UrkB (§§ 226, 271); ferner die „Dritten", solange sie nicht von einer Entscheidung betroffen werden. 75

B. **Beschuldigter** (allg zum Begriff: Fincke ZStW **95**, 918) ist nur der Tatverdächtige, gegen den das Verfahren als Beschuldigten betrieben wird (BGH **10**, 8, 12; LR-Gleß 4 zu § 136; SK-Rogall 16 vor § 133; Geppert Schroeder-FS 675). Die Beschuldigteneigenschaft kann nur ein Willensakt der zuständigen Strafverfolgungsbehörde begründen (BGH **34**, 138, 140; Frankfurt NStZ **88**, 425; Artzt Kriminalistik **70**, 379; Fezer 3/51; Lenckner Peters-FS 340; Montenbruck ZStW **89**, 888; Rogall 25 und MDR **77**, 978), der idR in der förmlichen Einleitung des Ermittlungsverfahrens besteht, aber auch vorliegt, wenn die StA nach § 162 um Vernehmung einer Person als Beschuldigten ersucht (BGH StV **85**, 397), oder wenn die StA Maßnahmen gegen ihn ergreift, die erkennbar darauf abzielen, gegen ihn wegen einer Straftat strafrechtlich vorzugehen (BGH **51**, 150 = JR **07**, 300 mit zust Anm Eisele; BGH NStZ **97**, 398 mit Anm Rogall), oder wenn, wie nach §§ 81, 81 a, 81 b, 112 ff, 127 II oder im Steuerstrafverfahren nach § 397 I **AO,** eine nur gegen einen Beschuldigten zulässige Anordnung getroffen wird (Karlsruhe Justiz **86**, 143; Fezer aaO; Geppert Oehler-FS 328; Rogall 28 ff). Strafunmündige können nicht zu Beschuldigten gemacht werden (Eisenberg StV **89**, 554; Frehsee ZStW **100**, 297; Mayer GA **90**, 509; Rogall 24); werden sie aber als Beschuldigte behandelt, so haben sie auch deren Rechte (LR-Gleß 7 zu § 136). Ist die öffentliche Klage erhoben, so wird der Beschuldigte als Angeschuldigter bezeichnet; nach Eröffnung des Hauptverfahrens ist er Angeklagter (§ 157). 76

a) **Tatverdacht allein** begründet weder die Beschuldigteneigenschaft, noch zwingt er ohne weiteres zur Einleitung von Ermittlungen. Nur wenn Ermittlungen auf Grund einer Strafanzeige geführt werden, muss der Verdächtige immer als Beschuldigter behandelt werden (LR-Gleß 9 zu § 136; von Gerlach NJW **69**, 778; Satzger JZ **01**, 643). Sonst kommt es auf die Stärke des Tatverdachts an (BGH **37**, 48; NJW **94**, 2904, 2907; **09**, 3589; NStZ-RR **02**, 67 [B]; NStZ **08**, 48). Es müssen immer Tatsachen vorliegen, die auf eine nahe liegende Möglichkeit der Täterschaft oder Teilnahme schließen lassen (BGH **53**, 112). Der Verfolgungsbehörde steht insoweit ein Beurteilungsspielraum zu (BGH **38**, 214, 228; StraFo **05**, 27 mit abl Anm Trüg StraFo **05**, 202; **aM** Störmer ZStW **108**, 521). Den hat sie nicht überschritten, wenn sie einen Polizeibeamten, den ein der Straftat nach § 113 StGB verdächtiger Beschuldigter der Körperverletzung bezichtigt, nicht als Beschuldigten vernimmt (Schünemann DRiZ **79**, 104), wohl aber bei einer Befragung eines als Fahrer verdächtigten Unfallverursachers (Hamm StV **10**, 5), als auch, wenn ein Polizeibeamter bei einer verdachtsunabhängigen Verkehrs-Alkoholkontrolle im Pkw, in dem sich nur der Fahrer befindet, Alkoholgeruch feststellt (**aM** Bay NZV **03**, 435 mit abl Anm Heinrich NZV **04**, 159; vgl aber auch Bay **04**, 141 = wistra **05**, 239; Geppert Schroeder-FS 687). Ist die Einleitung eines Ermittlungsverfahrens geboten, weil der Vernehmungsbeamte den Verdächtigen als Täter überführen will, dann darf dieser nicht als Zeuge vernommen werden (BGH **51**, 367 mit zust Anm Mikolajczyk ZIS **07**, 565; zust auch Roxin JR **08**, 17); ggf ist eine Zeugenvernehmung (für richterliche Vernehmungen vgl 3 zu § 136) als Beschuldigtenvernehmung fortzusetzen (BGH **22**, 129, 132). Ist die erforderliche Belehrung unterblieben, sind weder die Angaben des Betroffenen noch die des Vernehmungsbeamten verwertbar (BGH NJW **07**, 2706; LG Koblenz NZV **02**, 422; erg 7, 20 zu § 136), auch wenn dem Betroffenen klar war, dass er 77 als Beschuldigter nicht zur Aussage verpflichtet gewesen wäre (so zutr Trüg StraFo **05**, 203 gegen BGH StraFo **05**, 201; Geppert aaO; anders Mittag JR **05**, 386).

78 b) Ist der **Täter in einem bestimmten Personenkreis** zu suchen, so müssen nicht von vornherein alle Angehörigen dieser Gruppe als Beschuldigte behandelt werden (BGH **38**, 214, 227). Am Unfallort dürfen die Polizeibeamten daher die Anwesenden zunächst formlos befragen, um beurteilen zu können, gegen wen Ermittlungen als Beschuldigte zu führen sind (BGH NStZ **83**, 86; Oldenburg NJW **67**, 1097; Stuttgart MDR **77**, 70; Lühr Polizei **85**, 43; erg 9 zu § 163). Der Fahrzeughalter wird im Zweifel aber als Fahrzeugführer in Betracht kommen und zu belehren sein (AG Bayreuth NZV **03**, 202 mit zust Anm Heinrich). Das Gleiche gilt bei vorsätzlichen Straftaten, für die mehrere Täter in Betracht kommen (BGH NStZ **83**, 86; von Gerlach NJW **69**, 780; Kohlhaas NJW **65**, 1255). Sind mehrere hinreichend tatverdächtig, so müssen aber alle als Beschuldigte behandelt werden, auch wenn sich ihre Täterschaft gegenseitig ausschließt (Kohlhaas aaO; Lenckner Peters-FS 340; Schünemann DRiZ **79**, 104; **aM** von Gerlach aaO).

79 c) Die **informatorische Befragung** der Tatverdächtigen, die nach diesen Grundsätzen noch keine Beschuldigten sind, ist Zeugenvernehmung. Die Bestrebungen des Schrifttums, neben Beschuldigte und Zeugen den „Verdächtigen" als schweigeberechtigte Auskunftsperson zu stellen (Bruns Schmidt-Leichner-FS 14; Bringewat JZ **81**, 289; Gundlach NJW **80**, 2142), verdienen keine Zustimmung. Es gibt keine Auskunftsperson, die nicht entweder Beschuldigter oder Zeuge ist (SK-Rogall 23 vor § 48 und 13 vor § 133; ANM 168; Fezer 3/52; von Gerlach NJW **69**, 777; Rogall NJW **78**, 2535; MDR **77**, 978). Dass bei den informatorischen Befragungen die Aussageverweigerungsrechte nach §§ 52 ff bestehen, ist selbstverständlich (Bruns Schmidt-Leichner-FS 6 ff; Rogall NJW **78**, 2537). Es handelt sich aber nicht um Vernehmungen ieS (KG JR **92**, 437; Düsseldorf NJW **68**, 1840); daher erfolgt keine Belehrung nach den §§ 52 III S 1, 136 I S 2 (Beulke StV **90**, 181; Fezer aaO; Geppert Oehler-FS 324, 338 ff; Rogall aaO; **aM** ter Veen StV **83**, 293), erst recht nicht nach § 55 (**aM** Gerling, Informatorische Befragung und Auskunftsverweigerungsrecht, 1987, S 93 ff: entspr Anwendung; **aM** auch Krey 1/319; Schlüchter 85 und StP 43). Jedoch gilt § 252 (dort 7). Wird der Tatverdächtige nach der informatorischen Befragung als Beschuldigter vernommen, so braucht er über die Belehrung nach § 136 I S 2 hinaus nicht auch dahin belehrt zu werden, dass er nicht an seine Angaben bei der informatorischen Befragung gebunden ist (Geppert Oehler-FS 339 ff und Meyer GedSchr 109 gegen AG Tiergarten StV **83**, 277 und ter Veen StV **83**, 293). Die Erklärungen bei einer informatorischen Befragung können dem Beschuldigten vorgehalten werden, wenn er später (nach ordnungsgemäßer Belehrung) zur Sache aussagt (BGH NStZ **83**, 86); sie können auch durch Vernehmung des vorermittelnden Polizeibeamten in das Verfahren eingeführt werden (Geppert Oehler-FS 344).

80 d) **Kein Objekt des Verfahrens** ist der Beschuldigte. Vielmehr muss ihm die Möglichkeit gegeben werden, zur Wahrung seiner Rechte auf den Gang und das Ergebnis des Strafverfahrens Einfluss zu nehmen (BVerfGE **57**, 250, 275 = NJW **81**, 1719, 1722; BVerfGE **63**, 380, 390 = NJW **83**, 1599; BVerfGE NJW **84**, 113 mwN). Deswegen darf auch durch die Beschränkung der Aussagegenehmigung auf Grund beamtenrechtlicher Vorschriften sein Recht auf Verteidigung im Kern nicht berührt werden (BGH **36**, 44 = NStZ **89**, 331 mit krit Anm Salditt), während Einschränkungen im Randbereich unter strengen Voraussetzungen zulässig sind (dazu BGH NJW **07**, 3010). Eine Pflicht zur Mitwirkung am Strafverfahren trifft auch den Beschuldigten in mancher Beziehung (Stuttgart MDR **74**, 333; Laier NJW **77**, 1139; Rüping JR **74**, 135), zB die Pflicht, vor Gericht oder der StA zu erscheinen (vgl §§ 133, 134, 163 a III, 230 I, II), sich ggf einem anderen, zB einem Zeugen, gegenüberstellen zu lassen (11 zu § 58) oder Untersuchungshandlungen zu dulden (vgl zB § 81 a). Der EGMR (NJW **08**, 3549) hat auch die (englische, strafbedrohte) Verpflichtung, bei einer Geschwindigkeitsüberschreitung

Namen und Anschrift des Fahrers anzugeben, für zulässig erklärt. Der Beschuldigte ist aber nicht verpflichtet, bei einer Untersuchungshandlung eines Strafverfolgungsorgans oder eines Sachverständigen aktiv mitzuwirken (BGH **34**, 39, 46; vgl auch oben 29a; 11 zu § 81a). Unbeschadet seines Rechts, sich durch Schweigen zur Sache oder Inaktivität zu verteidigen, ist er zur Vermeidung eigener Nachteile aufgerufen, taugliche und verfügbare Beweismittel bei seiner Verteidigung auszunutzen (BGH JR **62**, 148) oder von prozessualen Möglichkeiten Gebrauch zu machen (vgl 9ff zu § 238; erg § 5 II S 1 **StrEG**). Wenn er schweigt, muss er im Einzelfall in Kauf nehmen, dass zur Entlastung geeignete Umstände unaufgeklärt bleiben (Bay DAR **69**, 237 [R]; Hamburg VRS **41**, 195), vielleicht auch, dass bei Freispruch die Entschädigung nach § 6 **StrEG** versagt wird (Hamm GA **77**, 372, 373).

e) **Beendigung des Beschuldigtenverhältnisses:** Der Hauptfall der Beendi- 81
gung ist die Einstellung des Ermittlungsverfahrens nach § 170 I. Die Strafsache gegen einen Beschuldigten kann auch von einer anderen Strafsache abgetrennt und eingestellt werden, noch bevor das Ermittlungsverfahren insgesamt vollständig durchgeführt ist (8 zu § 170); ebenso kann ein Angeschuldigter durch Nichteröffnung des Hauptverfahrens gegen ihn aus der Beschuldigtenrolle ausscheiden. Sonst endet das Beschuldigtenverhältnis mit der das Erkenntnisverfahren gegen ihn abschließenden rechtskräftigen Entscheidung (Hamm NJW **74**, 914); durch rechtskräftige Verurteilung wird er zum Verurteilten (5 zu § 157). Mit dem Ende des Beschuldigtenverhältnisses wird er, wenn er Auskunftsperson im Verfahren gegen einen anderen bleibt, zum Zeugen (dazu 21 vor § 48).

C. **Verteidiger** ist idR ein RA (§ 138 I). Er ist unabhängiges Organ der 82
Rechtspflege (vgl §§ 1, 3 BRAO; BVerfGE **39**, 156, 165 = NJW **75**, 1013), das dem Beschuldigten als Beistand (§ 137) an die Seite tritt (erg 1 vor § 137). Die Befugnis des Beschuldigten, sich von einem Verteidiger seiner Wahl Beistand leisten zu lassen (§ 137 I), ist gewährleistet durch Art 6 III Buchst c **MRK** und das Rechtsstaatsprinzip (BVerfG aaO; BVerfGE **63**, 380, 390ff = NJW **83**, 1599; BVerfGE **64**, 135, 145 = NJW **83**, 2762, 2764; BVerfGE **66**, 313, 319 = NJW **84**, 2403).

a) Der **Verteidiger ist verpflichtet,** alle zugunsten des Beschuldigten spre- 83
chenden tatsächlichen und rechtlichen Gesichtspunkte geltend zu machen (BGH 9, 20; Ackermann NJW **54**, 1385).

b) **Kraft seiner Stellung** als Beistand handelt der Verteidiger regelmäßig, wenn 84
er in das Verfahren eingreift, also aus eigenem Recht und in eigenem Namen, nicht als Vertreter des Beschuldigten (BGH **12**, 367). Die Ausübung zahlreicher Befugnisse gibt das Gesetz sowohl dem Verteidiger als auch dem Beschuldigten (zB §§ 240 II, 251 I Nr 1, II Nr 3; auch § 297 gehört hierher, nur ist das Recht des Verteidigers in bestimmter Weise beschränkt). Andere Befugnisse stehen nur dem Verteidiger zu (zB §§ 147, 239). Außerdem gibt es persönliche prozessuale Befugnisse, die dem Angeklagten selbst vorbehalten sind (zB §§ 217 III, 233, 251 I Nr 4, 302; für Strafantrag 15 zu § 158). Diese Befugnisse kann der Verteidiger in seiner Stellung als Beistand nicht anstelle des Beschuldigten wahrnehmen; er bedarf hierzu vielmehr einer Vertretungsvollmacht, die je nach Sachlage auch in dessen Schweigen liegen kann (Rieß NJW **77**, 882). In den §§ 234, 350 II, 387 I, 411 II S 1 sind ausdrücklich Fälle der Vertretung des Angeklagten durch den Verteidiger geregelt, wobei die Verteidigerstellung durch schriftliche Vertretungsvollmacht erweitert wird.

c) **Verteidigerähnlich** ist die Stellung des sonstigen Bevollmächtigten wie die 85
des gewählten oder bestellten Vertreters des Verfalls- oder Einziehungsbeteiligten (§§ 434, 442) oder der JP oder PV (unten 91, 92), gegen die als Nebenfolge der Straftat einer natürlichen Person eine Geldbuße festgesetzt werden soll (§ 444), ebenso die der Beistände der Privat- und Nebenkläger (§§ 378, 397 I S 2 iVm § 378).

86 D. Der **Beistand** nach § 149 (Ehegatte oder gesetzlicher Vertreter) hat nach seiner Zulassung die prozessuale Funktion, den Beschuldigten zu unterstützen. Im Vorverfahren kann ihm die Teilnahme an richterlichen Untersuchungshandlungen gestattet werden. Ein weitergehendes Gestaltungsrecht hat er im Gegensatz zum Verteidiger nicht. Nur der gesetzliche Vertreter hat noch ein selbstständiges Anfechtungsrecht (§ 298). Der im jugendgerichtlichen Verfahren bestellte Beistand dagegen hat in der Hauptverhandlung die Rechte des Verteidigers (§ 69 I, III **JGG**). Im Übrigen haben im Verfahren gegen Jugendliche die Erziehungsberechtigten und gesetzlichen Vertreter eine besondere Stellung (§ 67 **JGG**).

87 E. Die **StA** führt das Ermittlungsverfahren, wobei die Zulässigkeit von Maßnahmen gegen Beschuldigte und Dritte im Ermittlungsverfahren allerdings vielfach (zB §§ 81 a, 81 c, 98, 100 a, 105, 125) von einer richterlichen Entscheidung abhängig ist (dazu Hilger Meyer-GedSchr 209 und Salger-FS 327; Schnarr NStZ **91**, 209); eine allgemeine gerichtliche Kontrolle des Ermittlungsverfahrens gibt es jedoch nicht (vgl 6 zu § 270; 9 zu § 23 EGGVG) und ist auch *de lege ferenda* nicht anzustreben (Rieß Geerds-FS 501 ff). Eine von der StA erhobene Anklage unterbreitet dem Gericht einen Fall zur Entscheidung. Ohne ihre Anklage ist eine strafgerichtliche Untersuchung – abgesehen von § 374 und § 400 **AO** – unzulässig (oben 37). Sie wirkt aber in allen Verfahrensabschnitten mit dem Ziel richtiger Anwendung des Gesetzes (vgl RG **48**, 26) mit, und zwar als ein dem Gericht gleichgeordnetes Organ der Strafrechtspflege (Wohlers 278) und mit dem Ziel, zu einer gerechten Entscheidung beizutragen, als „Wächter des Gesetzes" (BGHZ **20**, 178 = NJW **56**, 1028), als „Vertreterin des öffentlichen Interesses" (BGH 1 StR 527/61 vom 2. 2. 1962).

88 Dennoch gehört es zu einem fairen Verfahren (oben 19), dass nach Erhebung der öffentlichen Klage die verfahrensrechtliche **Waffengleichheit** zwischen dem Angeklagten und der StA gewahrt wird (BVerfGE **38**, 105, 111 = NJW **75**, 103; BVerfG NJW **84**, 1907; Schilken 118 ff; 4 zu Art 6 MRK; eingehend zur Anwendung dieses Prinzips im Europäischen Rechtsraum und in der BRep Safferling NStZ **04**, 181 ff). Dabei bedeutet Waffengleichheit nicht Gleichheit der Rechte, sondern deren Ausbalancierung unter Berücksichtigung der Verschiedenartigkeit der Prozessrollen (Beulke 37 ff; Brause Kriminalistik **95**, 349; E. Müller NJW **76**, 1063; Bedenken gegen den Begriff äußert Dreher Kleinknecht-FS 105 ff; vgl auch 9 vor § 141 GVG). Die Verletzung der Waffengleichheit bewirkt kein Verfahrenshindernis (BGH NJW **84**, 1907 = NStZ **84**, 419 mit Anm Gössel: Kenntnis der StA vom Verteidigungskonzept; erg unten 148). Dass die StA im Ermittlungsverfahren einen Informationsvorsprung besitzt, verstößt zwar gegen die Waffengleichheit, liegt aber in dem Erfordernis einer wirksamen und funktionstüchtigen Strafrechtspflege und ist daher unvermeidbar (BVerfG NStZ **84**, 228). Der – auch eindringliche – Hinweis der StA gegenüber einem „Entlastungszeugen" auf die Wahrheitspflicht verstößt nicht gegen das Gebot der Waffengleichheit (BGH NStZ **04**, 347).

89 F. Der **Nebenkläger** schließt sich der öffentlichen Klage an (§§ 395 ff), verfolgt damit idR aber persönliche Genugtuung für erlittenes Unrecht durch Bestrafung des Beschuldigten (BVerfGE **26**, 66, 70 = NJW **69**, 1423). Er ist ein mit besonderen Rechten ausgestatteter Verfahrensbeteiligter (2 vor § 395). Am Verfahren beteiligt ist aber auch ein Verletzter, der den Anschluss als Nebenkläger nicht erklärt hat oder nicht anschlussberechtigt ist (1 vor § 406 d).

90 G. Der **Privatkläger** erstrebt – wie der Nebenkläger – persönliche Genugtuung für erlittenes Unrecht. Die Privatklage ist nur bei bestimmten leichten Vergehen zulässig (§ 374), die idR die Allgemeinheit wenig berühren und bei denen selbst der Verletzte bisweilen kein Interesse an ihrer Verfolgung hat (BVerfGE **26**, 66, 70 = NJW **69**, 1423). Wenn darüber hinaus durch die Tat der Rechtsfriede gestört wird und die Strafverfolgung ein gegenwärtiges Anliegen der Allgemeinheit ist, übernimmt die StA die Verfolgung, weil sie im öffentlichen Interesse liegt (§§ 376,

377 II; RiStBV 86). Im Privatklageverfahren selbst wirkt die StA grundsätzlich nicht mit (vgl § 377 I S 1).

H. Der **Verfalls- oder Einziehungsbeteiligte** (§ 431 I S 1, § 442 II) wird am gerichtlichen Verfahren beteiligt. Das ist eine Folgerung aus dem Grundsatz des rechtlichen Gehörs (oben 23 ff). Dabei macht es keinen grundsätzlichen Unterschied, ob es sich um ein Strafverfahren gegen eine bestimmte Person handelt oder um das sog selbstständige Verfahren nach §§ 440, 442. 91

J. **Geldbußbeteiligung einer juristischen Person (JP) oder Personenvereinigung (PV)** nach § 444: Hat jemand als vertretungsberechtigtes Organ einer JP oder als Mitglied eines solchen Organs, als Vorstand eines nicht rechtsfähigen Vereins oder als Mitglied eines solchen Vorstands oder als vertretungsberechtigter Gesellschafter einer Personenhandelsgesellschaft eine Straftat oder OWi begangen, so kann unter bestimmten Voraussetzungen gegen die JP oder PV als Nebenfolge eine Geldbuße festgesetzt werden (§ 30 I–III OWiG). Dafür gibt es auch ein selbstständiges Verfahren (§ 444 III iVm § 30 IV OWiG). 92

K. Der **Betroffene** iS des OWiG (dieser Begriff wird in allen Stadien des Bußgeldverfahrens verwendet) ist im Strafprozess Beteiligter, wenn er nur wegen einer OWi (anstatt im Bußgeldverfahren, oben 17) neben dem Beschuldigten in dem gegen diesen gerichteten Verfahren wegen des sachlichen Zusammenhangs zwischen seiner OWi und der Straftat des Beschuldigten verfolgt wird (§ 42 OWiG). 93

4) Prozesshandlungen: 94

A. **Jede prozessgestaltende Betätigung** (Bay **75**, 107 = MDR **76**, 165; Rosenberg/Schwab/Gottwald § 63 V) des Gerichts, der StA oder eines anderen Verfahrensbeteiligten, sei sie eine Entscheidung, eine Erklärung, ein Antrag oder ein Realakt (zB Aktenvorlage, BGH **26**, 384), ist eine Prozesshandlung, auch die Einwirkung eines Dritten, die den Prozess erst ermöglicht (zB Strafantrag) oder ganz oder teilw zu seiner Beendigung zwingt (zB Zurücknahme des Strafantrags). Reine Wissenserklärungen dagegen, wie die Aussage eines Beschuldigten, Zeugen oder Sachverständigen, gehören nicht zu den Prozesshandlungen, soweit es um ihren Inhalt geht (**aM** Paulus Meyer-GedSchr 317). Hinsichtlich der Wirkungen der Prozesshandlungen sind mit Grunst (S 133) Rechtswirkungen (= Begründung, Änderung oder Aufhebung von Rechten und Pflichten) und Gestaltungswirkungen (= Einwirkung auf den Prozess als Entwicklungsvorgang) zu unterscheiden. Adressaten der Bekanntmachung einer Entscheidung sind die davon betroffenen Verfahrensbeteiligten, zu denen im Offizialverfahren stets auch die StA gehört; Adressat von Prozesshandlungen der Beteiligten ist, soweit nichts anderes bestimmt ist, das Rechtspflegeorgan, das in dem betreffenden Abschnitt das Verfahren maßgeblich führt. Erst der Eingang bei der zuständigen Stelle macht die Prozesshandlung wirksam (Bay aaO). Zur Zulässigkeit von Vereinbarungen zwischen Angeklagten und Gericht oder StA vgl unten 119. Über den Inhalt einer prozessualen Erklärung, die verfahrensgestaltende Wirkung entfaltet, entscheidet der objektive Erklärungssinn, der ggf durch Auslegung zu ermitteln ist. Dabei ist das Gesamtverhalten des Erklärenden einschließlich aller erkennbar hervorgetretenen Nebenumstände zu berücksichtigen. Auf den hinter der Erklärung stehenden verborgenen inneren Willen kommt es nicht an (BGH **32**, 394, 400; KMR-Sax Einl X 25 ff). 95

B. Die **Handlungsfähigkeit** des Prozessbeteiligten ist Voraussetzung für die Wirksamkeit seiner Prozesshandlung (BGH MDR **55**, 271 [D]; Hamm NJW **73**, 1894); ihn begünstigende, den Eintritt der Rechtskraft einer Verurteilung hemmende Prozesshandlungen eines verhandlungsunfähigen Beschuldigten sind aber wirksam (Bay **88**, 131 = NStZ **89**, 131; Düsseldorf StraFo **97**, 338). 96

a) Die **Verhandlungsfähigkeit** des Beschuldigten ist die Fähigkeit, in oder außerhalb der Verhandlung seine Interessen vernünftig wahrzunehmen, die Verteidigung in verständiger und verständlicher Weise zu führen, Prozesserklärungen abzugeben und entgegenzunehmen (BVerfG NJW **95**, 1951; BGH **41**, 97

16, 18; NStZ **96**, 242; krit dazu mit eigener, neuer Definition Rath GA **97**, 215). Sie setzt aber nicht Geschäftsfähigkeit voraus (BGH NStZ **83**, 280; **85**, 207 [Pf/M]), sondern nur einen genügenden Reifegrad sowie Freiheit der Willensentschließung und Willensbetätigung (vgl Siegert DRiZ **53**, 100; unten 110). Je nach den Anforderungen für die anstehenden Prozesshandlungen kann eine unterschiedliche Beurteilung erforderlich sein; Widmaier (NStZ **95**, 362) spricht daher zutr von der „Verteidigungsfähigkeit", von der die Verhandlungsfähigkeit nur ein Teil ist. Auch ein Geisteskranker, ein Taubstummer oder ein in der Entwicklung gehemmter Jugendlicher kann uU verhandlungsfähig sein. Bei Volljährigen entfällt die Verhandlungsfähigkeit idR nur durch schwere körperliche oder seelische Mängel oder Krankheiten (BGH NJW **70**, 1981; NStZ **85**, 207 [Pf/M]; **88**, 213 [M]; Düsseldorf NJW **98**, 395; vgl auch LG Konstanz NJW **02**, 911: HIV-Infizierter). Verhandlungsunfähigkeit kann sich auch aus konkreten Anhaltspunkten für die Befürchtung ergeben, der Beschuldigte werde bei Fortführung des Verfahrens, vor allem der Hauptverhandlung, sein Leben einbüßen oder schwerwiegende Dauerschäden für seine Gesundheit erleiden (BVerfGE **51**, 324, 346 = NJW **79**, 2349; BVerfG NJW **02**, 51; vgl auch BVerfG NJW **05**, 2382: Risikoschwangerschaft). Einer eingeschränkten Verhandlungsfähigkeit kann durch angepasste Verhandlungsführung (Pausen, Unterbrechungen, ärztliche Aufsicht) begegnet werden. Die Beurteilung der Verhandlungsfähigkeit ist Aufgabe des Gerichts, das sich dabei der Sachkunde des Sachverständigen bedient (BVerfG EuGRZ **09**, 645, 647). Ein Angeklagter ist nicht verpflichtet, zur Herstellung seiner Verhandlungsfähigkeit einen keineswegs unerheblichen Eingriff bei sich vornehmen zu lassen (BVerfGE **89**, 120 = NStZ **93**, 598 mit zust Anm Meurer; BGH StV **92**, 553: Ballondilatation). Endgültige Verhandlungsunfähigkeit des Beschuldigten ist Verfahrenshindernis und führt zur Einstellung des Verfahrens (unten 146, 154; 1 zu § 205). Der Vertreter des Beschuldigten (vgl 7 vor § 137) muss ebenfalls verhandlungsfähig sein (Bay **64**, 85 = JR **64**, 427 mit Anm Dünnebier).

98 b) Die **Handlungsfähigkeit anderer Prozessbeteiligter** setzt ebenfalls nicht allgemein Prozessfähigkeit voraus. Das Gesetz trifft zT eine besondere Regelung, wie zB in § 77 III StGB über die Stellung des Strafantrags; ebenso in § 374 III für die Privatklage.

99 **Verteidiger und StA** müssen auf jeden Fall prozessfähig sein (Seibert JZ **51**, 440; BVerfGE **37**, 67, 77 für RA im Zivilprozess). Die Eignung eines zugelassenen RA zum Verteidiger wird idR noch nicht durch Krankheit oder altersbedingte Störungen beseitigt (BGH 5 StR 260/58 vom 21. 11. 1958). Im Übrigen ist es in 1. Linie Sache des Verteidigers selbst und nicht des Gerichts, zu beurteilen, ob er zur Verteidigung imstande ist (3 vor § 137). Das gilt besonders beim Wahlverteidiger (BGH JR **62**, 428; 41 zu § 338); ebenso beim StA. Dagegen ist es Sache des Gerichts, darauf zu achten, dass nicht gegen § 146 verstoßen wird.

100 c) **Zeugen und Sachverständige** sind nicht Prozessbeteiligte (oben 75), sondern Beweismittel (oben 49). Der Sachverständige als Mitverantwortlicher bei der Aufklärung der Straftat muss prozessfähig sein, der Zeuge nur aussagetüchtig (13 vor § 48).

101 C. **Zu den richterlichen Prozesshandlungen** gehören die Entscheidungen des Gerichts, aber auch jede eine Entscheidung vorbereitende richterliche Tätigkeit, die zu einem Prozessvorgang wird. Die gerichtlichen Prozesshandlungen sind keine VerwAe (14 zu § 23 EGGVG).

102 D. **Tragende Prozesshandlungen** sind solche, die unmittelbar Voraussetzungen für den Fortgang, die Beschränkung oder die Beendigung des Prozesses schaffen. Sie sind überwiegend Prozess- oder Rechtszugvoraussetzungen (unten 141), zT Handlungen von Organen, zB öffentliche Anklage, Eröffnung des Hauptverfahrens, zT Handlungen von Privatpersonen, zB Strafantrag.

E. Eine **Anfechtung der Prozesshandlung** wegen Irrtums in der Erklärung oder im Beweggrund ist unzulässig, weil die Prozesshandlung öffentlich-rechtlicher Art ist (BGH **17**, 14, 18, NStZ **97**, 611; KG JR **78**, 524). Vgl erg unten 110, 111. 103

F. **Unwirksam ist eine Prozesshandlung,** wenn es das Gesetz bestimmt (zB § 8 IV **RPflG**) oder wenn sie nach einer konkreten Gesetzesbestimmung von vornherein keine Folgen auslösen kann, zB die Zurücknahme eines Rechtsmittels des Verteidigers ohne die ausdrückliche Ermächtigung nach § 302 II (29 zu § 302), die Mitteilung der Besetzung der Richterbank an den Angeklagten anstatt an seinen Verteidiger (§ 222 a I S 2), oder wenn sie an einem besonders schwerwiegenden Mangel leidet, der nicht nur in die Kategorie der Verfahrens-, Form- und Zuständigkeitsmängel gehört und bei verständiger Würdigung aller in Betracht kommender Umstände offenkundig ist (vgl §§ 44, 46 VwVfG für VerwAe). Verliert eine Prozesshandlung ihre Wirkung nur durch den Fortgang des Verfahrens, so wird sie zwar prozessual überholt, aber nicht unwirksam (BVerfGE **9**, 160 = NJW **59**, 431; 17, 18 vor § 296). 104

a) **Urteile und andere gerichtliche Entscheidungen** können nach früher vielfach vertretener Ansicht in seltenen Ausnahmefällen (vgl BGH **29**, 351, 352) nichtig sein, wenn sie an einem derart schweren Mangel leiden, dass es bei Berücksichtigung der Belange der Rechtssicherheit und des Rechtsfriedens vom Standpunkt der Gerechtigkeit aus schlechthin unerträglich wäre, sie als verbindlichen Richterspruch anzunehmen und gelten zu lassen (vgl BVerfG NJW **85**, 125; BGH **33**, 126, 127; NJW **60**, 2108; NStZ **84**, 279; zB bei Willkür: BGH **29**, 216), und der Mangel für einen verständigen Beurteiler offen zutage liegt (Evidenztheorie: BVerfGE **29**, 45, 49; BGH **10**, 278, 281; **29**, 351, 353; **33**, 126, 127; NStZ **84**, 279; Düsseldorf VRS **75**, 50; vgl § 44 I VwfG). 105

In einem Rechtsstaat sind derartig beschaffene Urteile **aber nicht vorstellbar.** Die in Rspr und Literatur hierzu angestellten Erwägungen sind idR auch rein theoretischer Natur (Feiber NStZ **89**, 45; Meyer-Goßner JR **81**, 379 und ZIS **09**, 522). Die Vorstellung, in einem Rechtsstaat könne es nichtige – dh schlechthin und für jedermann unbeachtliche – Urteile geben, sollte daher aufgegeben werden (LG Hannover NJW **70**, 290; AK-Loos 21 Anh zu § 264; LR-Kühne Einl Abschn K 116; Grünwald ZStW **76**, 250; Geppert GA **72**, 182 Fn 134; Radtke JR **03**, 130; Sarstedt JR **55**, 351; Volk StP § 15, 11; dem wohl auch zuneigend BGH NStZ **09**, 579, 580; **aM** Köln NStZ-RR **02**, 341, das sogar ein von einem örtlich unzuständigen Richter ohne Hauptverhandlung erlassenes Urteil für nichtig erklärt!). Diese Lehre ist zudem nicht praktikabel (Rüping 553; vgl auch die dazu von Gössel JR **79**, 76 angestellten Erwägungen; in dem von ihm besprochenen Fall lag nur ein unvollständiges und kein – teilw – nichtiges Urteil vor) und nur geeignet, Verwirrung zu stiften (exemplarisch dafür BGH **33**, 41; dazu Weis NJW **84**, 2804 mit Entgegnung K. Meyer; Vogt/Kurth NJW **85**, 104; klargestellt durch BGH **33**, 126). Entweder liegt in den in der Literatur erörterten Fällen gar kein vollstreckbares Urteil vor (zB „Entscheidung" durch den Wachtmeister) oder das grob fehlerhafte Urteil wird im Rechtsmittelverfahren, bei Rechtskraft im Wiederaufnahmeverfahren beseitigt oder gemäß § 458 für nicht vollstreckbar erklärt (zum einzig praktischen Anwendungsfall unten 107). 105a

Für Zwischenentscheidungen passt die Lehre ohnehin nicht (Meyer-Goßner JR **81**, 380); derartige noch so fehlerhafte Entscheidungen führen entweder den gewünschten Erfolg (zB Eröffnung des Hauptverfahrens, 11 zu § 207) nicht herbei (ohne deswegen – wie Felsch NStZ **96**, 165 missversteht, ähnlich Weidemann wistra **00**, 50 – nichtig zu sein) oder können im Laufe des Verfahrens stets korrigiert werden (so nun auch BGH **45**, 58 = JZ **00**, 213 mit Anm Bernsmann; BGH NStZ **09**, 579, 580). 105b

b) **Geisteskrankheit** des Richters ist kein absoluter Nichtigkeitsgrund. Sie macht die Entscheidung allenfalls unwirksam, wenn die Geisteskrankheit den 106

Richter unfähig gemacht hat, die Vorgänge aufzunehmen und zu beurteilen (Peters 523), und diese Unfähigkeit als grundlegender Wirksamkeitsmangel (für die mit dem Richter zusammenwirkenden Personen) offen zutage tritt.

107 c) **Verstoß gegen den Grundsatz ne bis in idem** (unten 171): Nach älterer Ansicht ist ein rechtskräftiges Urteil unwirksam, wenn in derselben Sache schon vorher eine rechtskräftige Sachentscheidung vorlag (RG **54**, 12; Peters 521 ff und Kern-FS 338; einschr aber schon BGH NStZ **84**, 279; wistra **90**, 67 mit abl Anm Bauer/Wrage-Molkenthin wistra **90**, 198). Dem ist nicht zuzustimmen, weil der Mangel durch Wiederaufnahme des Verfahrens (§ 359 Nr 5) geltend gemacht (LR-Kühne Einl K 119) oder im Rahmen eines Prüfungsverfahrens nach § 458 berücksichtigt werden kann (Koblenz NStZ **81**, 195 = JR **81**, 520 mit Anm Rieß). Ergeht nach einer nicht-rechtskräftigen Verurteilung in derselben Sache ein rechtskräftiges Urteil, ist das erste Urteil wegen entgegenstehender Rechtskraft – nicht wegen „prozessualer Überholung", wie Jena JR **99**, 125 meint – aufzuheben (ebenso Wolters JR **99**, 128; so jetzt auch zutr Jena VRS **110**, 418).

108 d) **Keine Unwirksamkeit:** Bei Beschlüssen und Verfügungen, die lediglich dem Fortgang des Verfahrens dienen sollen, ist grundsätzlich kein Raum für die Annahme einer Unwirksamkeit (BGH **45**, 58 = JZ **00**, 213 mit Anm Bernsmann; Hamm NJW **58**, 880; Gollwitzer Rieß-FS 141; oben 105). Generell haben richterliche Entscheidungen, in ganz besonderem Maße Urteile, die Vermutung der Wirksamkeit für sich (BGH **21**, 74, 76 schon für VerwAe). Unwirksamkeit entsteht daher auch nach Auffassung der hM nicht schon dadurch, dass die Unzulässigkeit eines Rechtsmittels (Hamm JMBlNW **56**, 59) oder die Teilrechtskraft unbeachtet geblieben (Bremen JZ **58**, 547 mit Anm Spendel: weitere Beispiele) oder ein sonstiges Verfahrenshindernis, das nicht in einem rechtskräftigen Urteil besteht, übersehen worden ist. Ganz allgemein ist ein Urteil nicht deshalb unwirksam, weil es unter schwerem Verfahrensverstoß ergangen ist, wie sich aus § 338 ergibt, zB weil das Gericht nicht richtig besetzt war oder weil ein Jugendlicher zu Unrecht von einem Erwachsenengericht nach Erwachsenenstrafrecht verurteilt worden ist (Hamburg NJW **52**, 1150; Brunner/Dölling 12 zu § 1 **JGG**) oder im umgekehrten Fall (Lackner GA **55**, 33).

109 e) **Geltendmachung der Unwirksamkeit:** Die hM muss von ihrem Standpunkt aus die für einen Rechtsstaat unerträgliche Ansicht vertreten, die Unwirksamkeit sei von keiner förmlichen Feststellung abhängig. Gleichwohl sollen aber Rechtsmittel gegen eine solche Entscheidung nach hM ebenso zulässig sein wie gegen eine wirksame (BGH NJW **53**, 1829; **54**, 34; **aM** Gössel JR **79**, 76). Nach der formellen Rechtskraft ist demnach Wiederaufnahme wie gegen ein wirksames Urteil zulässig. Jedoch kann die Unwirksamkeit auch nach §§ 458 ff geltend gemacht werden (9 zu § 458).

110 f) **Andere unwirksame Prozesshandlungen** (die nicht zu den gerichtlichen Entscheidungen gehören, oben 105): Prozesserklärungen sind bei Handlungsunfähigkeit des Verfahrensbeteiligten unwirksam (oben 96 ff). Unwirksam sind auch solche Erklärungen, die offensichtlich nicht ernstlich gemeint oder zum Schein abgegeben sind (EbSchmidt I 207). Bei üblen Beschimpfungen und Beleidigungen uä kann es an den Mindestanforderungen fehlen, die an eine ernsthafte Eingabe und deren Zulässigkeit zu stellen sind (Karlsruhe NJW **74**, 915; MDR **73**, 876). Falsche Kennzeichnung des Rechtsmittels (§ 300) oder einer sonstigen Prozesserklärung schadet nicht (1 zu § 300). § 136 a ist auf Prozesserklärungen nicht entspr anwendbar (BGH **17**, 14; dazu EbSchmidt JR **62**, 290; Oehler JZ **63**, 227). Das schließt nicht aus, dass eine Erklärung durch Drohung oder Täuschung unwirksam wird (BGH aaO), so bei Drohung, die sich gegen Leib, Leben oder Freiheit richtet (Oehler aaO), oder wenn der Angeklagte und (oder) sein Verteidiger durch Handlungen des Gerichts in einen für die Rechtsmittelerklärung ursächlichen unverschuldeten Rechtsirrtum versetzt worden sind (Celle GA **70**, 285; Hamm NJW **76**, 1952; 22 zu § 302).

g) **Unzulässigkeit wegen Rechtsmissbrauchs:** Der Gebrauch prozessualer 111
Rechte zur Erreichung rechtlich missbilligter Ziele ist auch im Strafprozess verboten. Der StPO ist zwar eine Generalklausel darüber fremd (Vogel NJW **78**, 1223; vgl auch Kröpil DRiZ **96**, 448, ZRP **97**, 9, JR **97**, 315 und JZ **98**, 135); sie enthält aber eine Vielzahl von Regelungen, die an ein missbräuchliches Verhalten anknüpfen, nämlich die §§ 26a I Nr 3, 138a I Nr 2, 231a I S 1, 241 I und II, 244 III S 2 Var. 6, 245 II S 3 Var. 5, 257 III, 257a S 1 und 266 III S 1 (vgl Beulke Amelung-FS 544; dort auch speziell zum Missbrauch von Verteidigungsrechten; ders StV **09**, 554). Darüber hinaus ist aber auch hier der Gebrauch prozessualer Rechte zum Erreichen rechtlich missbilligter Ziele untersagt (vgl Fischer NStZ **97**, 212; Kudlich, Strafprozess und allgemeines Missbrauchsverbot, 1998, zugl Diss Würzburg; ders NStZ **98**, 588; Kudlich und Stankewitz Schlüchter-FG 13 und 25; Niemöller StV **96**, 501 ff unterscheidet zwischen objektiv prozessfremden und subjektiv prozesswidrigen Zwecken). Es besteht ein allgemeines Missbrauchsverbot (BGH **38**, 111, 113 mwN = JR **93**, 169 mit Anm Scheffler; BGH **51**, 88 mwN, zust Fahl JR **07**, 34; Pfister StV **09**, 551; Satzger/Hanft NStZ **07**, 185, abl Gaede StraFo **07**, 29; LG Hamburg StraFo **04**, 170 mit abl Anm Durth/Meyer-Lohkamp; vgl dazu Maatz und Widmaier NStZ **92**, 513 ff; Bünger NStZ **06**, 306; Niemöller aaO; Roxin Hanack-FS 19; Senge NStZ **02**, 225; **aM** Danckert/Bertheau Hanack-FS 36; Fezer Weber-FS 475; R. Hamm NJW **93**, 296; Herdegen NStZ **00**, 3; Jahn/Schmitz wistra **01**, 328; Kempf StV **96**, 507; Kühne StV **96**, 684; NJW **98**, 3027; Weßlau Lüderssen-FS 787; einschr auch Hassemer Meyer-Goßner-FS 127, 143, der aber einen Rechtsmissbrauch annimmt, wenn „die Funktion strafprozessualer Befugnisse zum Schaden eines Rechtsguts durch eine gegensätzliche Funktion ersetzt wird"). Dass der BGH zutr ein solches allgemeines Verbot des „Rechtsmissbrauchs im Strafprozess" bejaht hat, ist von Fahl in seiner gleichnamigen Untersuchung überzeugend nachgewiesen worden (S 728). Missbrauch ist danach der zweckfremde Einsatz eines Rechts; ein solcher ist in der StPO nirgends erlaubt, wie dort durch die verstreuten Regelungen (zB §§ 26a I Nr 3, 138a I Nr 2, 145 IV, 241 S 1, 244 III S 2, 257a, 266 III S 1) bestätigt wird. Ein Missbrauch prozessualer Rechte ist daher anzunehmen, wenn ein Verfahrensbeteiligter die ihm durch die StPO eingeräumten Möglichkeiten zur Wahrung seiner verfahrensrechtlichen Belange benutzt, um gezielt verfahrensfremde oder verfahrenswidrige Ziele zu verfolgen (BGH aaO; Beulke/Witzigmann StV **09**, 394). Einer gesetzlichen Missbrauchsregelung, die ohnehin inhaltsleer wäre („Missbrauch ist verboten"), bedarf es nicht (Fahl 730 ff; Meyer-Goßner BGH-FS 633). Eine Prozesshandlung, die ein rechtlich missbilligtes Ziel verfolgt, ohne dass ihr ein konkretes gesetzliches Verbot entgegensteht (oben 104), ist jedoch nicht unwirksam, sondern nur unzulässig. Auch widersprüchliches Prozessverhalten „verdient keinen Rechtsschutz" (BGH StV **01**, 100 sowie 101 mit abl Anm Ventzke; BGH NStZ **08**, 475 mit krit Anm Ventzke StV **09**, 69). Zur Verwirkung des Rechts auf Stellung eines Befangenheitsantrags wegen rechtsmissbräuchlichen Verhaltens BGH NJW **06**, 108; zur Schaffung einer sog „Verjährungsfalle" im OWi-Verfahren vgl Düsseldorf JR **08**, 522 mit zust Anm Fahl.

G. Für die **Widerruflichkeit** von Prozesshandlungen gilt Folgendes: 112

a) **Gerichtliche Entscheidungen:** Urteile und urteilsähnliche Entscheidungen, 112a
wie der Strafbefehl (vgl aber § 411 III), sind nach ihrem Erlass unwiderruflich (erg 5 ff vor § 33; 24 zu § 349). Das Gleiche gilt für die mit der sofortigen Beschwerde anfechtbaren Beschlüsse (§ 311 III S 1; Einschränkung S 2) und (wegen seiner verfahrenstragenden Bedeutung) den Eröffnungsbeschluss (BGH **10**, 247). Bis zu ihrer Bekanntmachung (§ 35 I, II) sind auch diese Entscheidungen – wie alle anderen – widerruflich. Bei Beschlüssen kann die Widerruflichkeit im Gesetz vorgesehen sein (zB § 56f StGB). Aber auch sonst sind Beschlüsse, gegen die einfache Beschwerde zulässig oder nur mangels übergeordneter Instanz unzulässig (§ 304 IV) ist oder die nach § 305 als Zwischenentscheidungen nicht selbstständig

angefochten werden können, widerruflich, sei es wegen veränderter Umstände oder wegen Irrtums, weil sie nur laufende Entscheidungen sind.

113 Darüber hinaus begründet die **Nichtgewährung des rechtlichen Gehörs** bei Beschlüssen die Widerruflichkeit.

114 Der Widerruf ist **von Amts wegen, auf Beschwerde** (7 ff zu § 306) oder auf **Gegenvorstellung** (23 ff vor § 296) zulässig. Er setzt voraus, dass die Entscheidung falsch oder unsachgemäß ist oder dass ein erhebliches prozessuales Unrecht durch ihn gutgemacht (RG **37**, 112), dh ein erheblicher Verfahrensfehler geheilt werden soll (Düsseldorf MDR **80**, 335; **82**, 518). Auch ohne förmlichen Widerruf eines Beschlusses kann ein fehlerhafter Verfahrensabschnitt widerrufen und wiederholt werden (RG **53**, 170).

115 Der **Widerruf eines nicht (mehr) anfechtbaren Beschlusses** wird für zulässig erachtet, wenn dem Beschluss durch nachträglich bekanntgewordene Tatsachen der Boden völlig entzogen worden ist und der nicht erträgliche Mangel nicht anders geheilt werden kann (BGH NJW **51**, 771; RG **59**, 419; Stuttgart MDR **82**, 341; krit Hanack JZ **73**, 778), zB wenn sich nach Einstellung wegen Verfahrenshindernisses (§ 206 a) herausstellt, dass das Verfahren schon vorher rechtskräftig abgeschlossen war (Hamm JMBlNW **72**, 35). Hier wird die bereits vorher rechtskräftig gewordene Sachentscheidung durch das Gericht, das den Beschluss erlassen hat (Rostock NZV **94**, 287), wieder hergestellt. Der Widerruf ist nicht mehr statthaft, wenn mit ihm eine durch ihn rechtskräftig gewordene Sachentscheidung nachträglich aufgehoben oder geändert würde (BGH **17**, 94, 97).

116 b) Auch **bei anderen Prozesshandlungen** regelt das Gesetz die Widerruflichkeit nur zum Teil, etwa die Zurücknahme des Strafantrags in § 77 d StGB, der Anklage in §§ 156, 411 III, der Privatklage in § 391, der Rechtsmittel in § 302. Prozesstragende Erklärungen (oben 102) sind mangels gegenteiliger Regelung im Zweifel unwiderruflich (RG **63**, 302), ebenso diejenigen, die das ganze oder weitere Verfahren überflüssig machen oder dessen Beendigung bewirken, zB der Verzicht auf Strafantrag gegenüber einem Strafverfolgungsorgan (BGH NJW **57**, 1368), auf Rechtsmittel (21 zu § 302), die Zurücknahme eines Rechtsmittels (9 zu § 302), die Übernahmeerklärung der StA nach § 377 II (Saarbrücken NJW **59**, 163), ihre Erklärung nach § 230 I StGB (BGH **19**, 374, 380); ebenso die Zustimmung, durch die ein Abweichen von der Regel legalisiert wird (zB nach §§ 61 Nr 5, 245 I S 2, 251 I Nr 4, II). Einfache Prozesserklärungen ohne solche Wirkung, insbesondere Anträge und Behauptungen, sind dagegen widerruflich. Ein solcher Widerruf macht aber eine auf der Prozesshandlung beruhende Entscheidung nicht unwirksam. Die zulässige Zurücknahme wird wirksam, wenn sie dem mit der Sache befassten Rechtspflegeorgan zugeht (vgl BGH **16**, 105).

117 H. Der **Verzicht auf eine Prozesshandlung** ist zulässig, soweit diese nicht Pflicht ist, und zwar von dem Zeitpunkt an, von dem an die Handlung zulässig ist, bis zu dem Zeitpunkt, wo sie ohnehin unzulässig wird. ZB kann auf die Befugnis zum Strafantrag während der Antragsfrist (§ 77 b StGB; BGH NJW **57**, 1368) oder auf Rechtsmittel während der Rechtsmittelfrist verzichtet werden (§ 302). Zur Wirkung des außergerichtlichen Verzichts des Verletzten auf Strafantrag und Privatklage vgl 13 vor § 374. Der Verzicht unterscheidet sich von der Verwirkung dadurch, dass hier willentlich eine Rechtsposition preisgegeben wird, während dort ein vom „Willen" unabhängiger Rechtsverlust eintritt (Fahl 140).

118 J. **Bedingungsfeindliche Prozesshandlungen** sind solche, die nicht von außerprozessualen Bedingungen abhängig gemacht werden dürfen, wie zB Rechtsmittel (BVerfGE **40**, 272, 274 = NJW **76**, 141; 5 vor § 296); seine Zurücknahme oder Beschränkung (Schleswig SchlHA **88**, 112 [L/G]) oder das Einverständnis als rechtliche Voraussetzung für eine Verfahrensvereinfachung (zB nach §§ 245 I S 2, 251 I Nr 1, II Nr 3). Die unzulässige Bedingung macht die Prozesshandlung unwirksam (BGH **5**, 183; **25**, 187 = JR **74**, 295 mit Anm Hanack; RG **66**, 265, 268; Hamm NJW **73**, 257; Sarstedt/Hamm 220). Auf diese Weise sollen Unklarheiten

vermieden werden (BGH MDR **76**, 414), insbesondere über den Eintritt der Rechtskraft (unten 163). Wo solche nicht zu befürchten sind, können Prozesshandlungen mit einer Bedingung verbunden werden, soweit das mit ihrer besonderen Zweckbestimmung vereinbar ist und das mit der Sache befasste Gericht die durch die Bedingung hervorgerufene Ungewissheit selbst beseitigen kann (BGH **29**, 396). Allg zu bedingten Prozesshandlungen im Strafprozess: W. Schmid GA **82**, 95. Das Gesetz lässt vereinzelt selbst ein bedingtes Rechtsmittel zu, zB in den §§ 315 II, 342 II. Zulässig ist auch ein bedingter Beweisantrag (vgl 22 zu § 244) und die Zurücknahme des Strafantrags für den Fall einer dem Antragsteller günstigen Kostenentscheidung (5 zu § 470). Von der Bedingung, die auf den Eintritt oder Nichteintritt eines künftigen ungewissen Ereignisses abstellt, ist die Voraussetzung zu unterscheiden, die an etwas Gegebenes, insbesondere an eine bestimmte Rechtslage anknüpft. Die Verknüpfung mit einer Voraussetzung oder mit einer reinen Rechtsbedingung schadet nicht (BGH **25**, 187 mit Anm Hanack JR **74**, 295; Hamm NJW **73**, 257). Der Vorbehalt oder die Ankündigung zulässiger Zurücknahme – wenn auch in die Form einer „Bedingung" gekleidet – ist keine Bedingung (zB beim Strafantrag; vgl hierzu erg 5 zu § 470).

5) Verständigung im Strafprozess: 119

A. **Absprachen** zwischen den Prozessbeteiligten setzt das Gesetz in mehreren Fällen ausdrücklich (vgl etwa §§ 265 a, 470 S 2) oder stillschweigend (vgl insbesondere § 153 a) voraus. Im Privatklageverfahren ist ein gerichtlicher Vergleich zwischen Privatkläger und Angeklagtem (8 ff vor § 374), im Adhäsionsverfahren zwischen Adhäsionskläger und Angeklagtem (§ 405) zulässig; der Nebenklageberechtigte kann sich durch Vergleich mit dem Angeklagten verpflichten, seine Rechte nicht auszuüben (13 vor § 395). Verständigung im Strafprozess gab es schon vor Inkrafttreten des Gesetzes zur Regelung der Verständigung im Strafverfahren am 4. 8. 2009 (BGBl I 2274); so wurden häufig Absprachen zwischen Verteidiger und StA im Ermittlungsverfahren getroffen, vor allem aber zwischen diesen Verfahrensbeteiligten und dem Gericht im Hauptverfahren. Zum Inhalt dieser Absprachen gehörte vor allem die Zusage des Angeklagten, ein volles oder ein Teilgeständnis abzulegen, aber auch die Bereitschaft, von der Stellung von Beweisanträgen abzusehen oder bereits gestellte Anträge zurückzunehmen. Als Gegenleistung wurde dem Angeklagten die Verhängung einer milderen Strafe zugesagt; aber auch die Einstellung von Nebenverfahren nach § 154 oder die Anwendung des § 154 a im laufenden Verfahren wurde versprochen. Die Bedenken gegen eine zwischen den Verfahrensbeteiligten getroffene Verständigung über die Höhe der gegen den Angeklagten zu verhängenden Strafe bei Ablegung eines Geständnisses durch diesen, wodurch die Beweisaufnahme weithin entbehrlich wird, liegen auf der Hand. Der staatliche Strafanspruch, die Einhaltung der Verfahrensgrundsätze, die rechtliche Subsumtion und die Grundsätze der Strafbemessung dürfen nicht ins Belieben und zur freien Disposition der Prozessbeteiligten und des Gerichts gestellt werden. Das bundesdeutsche Strafprozessrecht ist grundsätzlich nicht auf vergleichsweise Erledigung angelegt (Seier JZ **88**, 684); ein konsensuales Verfahren ist der StPO unbekannt (vgl Meyer-Goßner NStZ **04**, 216 und ZRP **04**, 190). Es ist aber heute allgemeine Erkenntnis, dass die Absprachepraxis, die sich praeter legem entwickelt hat, nicht mehr gänzlich rückgängig gemacht werden kann (Fezer NStZ **10**, 177; Meurer NJW **00**, 2944; Weigend NStZ **99**, 63 und BGH-FG 1013). Sie wurde daher als „strafprozessuales Faktum" anerkannt (Rieß JR **05**, 437; Satzger HbFAStrR 8. Teil Kap 3). Die überlastete deutsche Strafjustiz wäre ohne die Absprachepraxis oftmals auch nur schwer in der Lage gewesen, die Vielzahl von Großverfahren, besonders von Wirtschaftsstrafverfahren, zu erledigen (vgl etwa Braum AnwBl **00**, 222; Dahs NStZ **88**, 154; Hanack StV **87**, 500; Widmaier StV **86**, 357; zur Häufigkeit von Absprachen bei den WirtschaftsStrKn vgl Siolek DRiZ **93**, 424). Es konnte daher nicht mehr darum gehen, jegliche Absprache zwischen den Verfahrensbeteiligten zu verbieten, sondern nur darum, sie in rechtlich 119a zulässige Bahnen zu lenken (Meyer-Goßner Gollwitzer-Koll 163; Seher JZ **05**, 634), wie die Rspr des BGH und das Verständigungsgesetz es denn auch versucht habent (dazu näher im folgenden). Eine Verständigung kann im Übrigen auch besonders sachgerecht sein, um dem verfahrensrechtlichen Beschleunigungsgebot durch Vermeidung langwieriger Beweisaufnahmen zu dienen (BGH **49**, 84, 88) oder um dem Opfer eines sexuellen Gewaltverbrechens eine es stark belastende Aussage zu ersparen (BGH 5 StR 286/03 vom 13. 8. 2003; zust G. Schöch NJW **04**, 3462).

119b B. Bei der **Entwicklung der Verständigung im Strafverfahren**, die seit etwa Anfang der achtziger Jahre des vorigen Jahrhunderts zu beobachten ist, lassen sich 4 Phasen unterscheiden (vgl auch Nestler in Schünemann-Symp 15):

119c a) **Zunächst** wurde ein **vollkommen heimliches Verfahren** außerhalb des Gerichtssaales betrieben: Vorsitzender des Gerichts, Staatsanwalt und Verteidiger sprachen ab, dass der Angeklagte bei Ablegung eines Geständnisses zu einer bestimmten Strafe verurteilt werden sollte. Die Schöffen wurden an der Absprache gar nicht, die übrigen richterlichen Mitglieder nur gelegentlich an der Absprache beteiligt; der Angeklagte wurde nur durch den Verteidiger unterrichtet. Es wurde die Erklärung von Rechtsmittelverzichten und strenge Geheimhaltung vereinbart.

119d b) Nachdem diese Verfahrensweise durch einen anonym erschienenen Aufsatz (StV **82**, 545) allgemein bekannt wurde, hatten sich **alsbald auch das BVerfG und der BGH** damit zu befassen. Das BVerfG erklärte in einer Kammerentscheidung (NJW **87**, 2662 = NStZ **87**, 419 mit Anm Gallandi) solche Absprachen nicht grundsätzlich für unzulässig, wies aber darauf hin, dass die Freiheit der Willensentschließung und der Willensbetätigung des Angeklagten nicht unter Verstoß gegen § 136 a beeinträchtigt werden, er also nicht durch das Versprechen gesetzlich nicht vorgesehener Vorteile oder durch Täuschung zu einem Geständnis gedrängt werden dürfe (dazu auch Seier JZ **88**, 683; abwegig Schmitt GA **01**, 412: nicht der Angeklagte, sondern das Gericht befinde sich in einer „psychologischen Drucksituation"; zutr dagegen Wagner Gössel-FS 588). Das Gericht dürfe ferner die Sachaufklärungspflicht nach § 244 II nicht vernachlässigen; es dürfe sich daher nicht mit einem Geständnis des Angeklagten begnügen, das gegen die Zusage oder In-Aussicht-Stellung einer Strafmilderung abgegeben worden ist, wenn nach der Sache eine weitere Beweiserhebung naheliege (vgl auch Schmidt-Hieber NStZ **88**, 302). Schließlich dürfe die Strafe nicht unangemessen niedrig sein; denn Aufgabe des Rechtsstaats bleibe in jedem Fall, den Straftäter im Rahmen der geltenden Gesetze zu verfolgen und abzuurteilen und einer gerechten Strafe zuzuführen (BVerfG aaO mwN). Das Gericht habe die – schon immer als rechtlich unbedenklich angesehene – Möglichkeit, dem Angeklagten die mildernde Berücksichtigung seines Geständnisses bei der Strafzumessung zuzusagen (vgl BGH **1**, 387; **14**, 189; **20**, 268; StV **99**, 407), jedoch keinesfalls eine bestimmte Strafe.

119e **Der BGH** nahm in den folgenden Jahren in einer Vielzahl von Entscheidungen zu einzelnen Aspekten der Verständigung (insbesondere zur Befangenheit des Richters, zur Beachtung des Öffentlichkeitsgrundsatzes und des § 136 a, der Prinzipien des fairen Verfahrens und der Gewährung rechtlichen Gehörs sowie zu Verletzungen des Beweisantragsrechts Stellung (vgl die Nachw in BGH **43**, 195 und NJW **04**, 2536). Weil sich der BGH aber nicht grundsätzlich zur Zulässigkeit von Verfahrensabsprachen äußerte, bestand bei den Instanzgerichten Unsicherheit darüber, ob und inwieweit Verständigungsgespräche in und außerhalb der Hauptverhandlung zulässig seien.

119f c) **Mit der Entscheidung des 4. Strafsenats des BGH vom 28. 8. 1997** wurde diese von der Praxis vermisste grundsätzliche Entscheidung zur Verständigung im Strafverfahren (allerdings beschränkt auf die Ablegung eines Geständnisses des Angeklagten gegen Zusicherung einer Strafmilderung) vorgelegt (BGH **43**, 195 = JR **98**, 245 mit zust Anm Kintzi; vgl dazu insbesondere krit Weigend NStZ **99**, 57 und BGH-FG 1022; zust aber Weider StraFo **03**, 406; vgl ferner Bottke Zipf-GedSchr 451; Kölbel NStZ **02**, 74; Kruse StraFo **00**, 146; Rönnau wistra **98**, 49; Satzger JA **98**, 98; gänzlich abl Schünemann Rieß-FS 525 und Fezer-FS 569, auch Haas Keller-GS 45; zu den Erfahrungen mit dieser Rspr Siolek Rieß-FS 563). Mit dieser Entscheidung begann eine neue Phase für die Absprache im Strafverfahren, denn die Instanzgerichte konnten nun erkennen, was der BGH für zulässig und was er für verboten hielt. Da sich die anderen Strafsenate dieser Rspr anschlossen, entstand hieraus in der Folgezeit eine „gefestigte Rspr" (so BGH **49**, 84, 88). Danach galt: 1. Die Verständigung muss unter Mitwirkung aller Verfahrensbeteiligten in öffentlicher Hauptverhandlung stattfinden, wobei aber Vorgespräche außerhalb der Hauptverhandlung nicht ausgeschlossen sind. 2. Das Ergebnis der Verständigung muss als vorgeschriebene Förmlichkeit im Hauptverhandlungsprotokoll niedergelegt werden (mit der Folge des § 274 hinsichtlich positiver und negativer Beweiskraft, vgl 12ff zu § 274). 3. Das Gericht muss das Geständnis daraufhin überprüfen, ob es glaubhaft ist; sich hierzu aufdrängende Beweiserhebungen dürfen nicht unterbleiben. 4. Das Gericht darf keine bestimmte Strafe zusagen, jedoch eine Strafobergrenze angeben, die es nicht überschreiten werde. An diese Zusage ist das Gericht sodann gebunden, falls sich in der Hauptverhandlung später nicht neue, dem Gericht bisher unbekannte, schwerwiegende Umstände zu Lasten des Angeklagten ergeben; eine deswegen beabsichtigte Abweichung von der Zusage ist in der Hauptverhandlung mitzuteilen. 5. Das Gericht hat bei der Zusage des Nichtüberschreitens einer Strafobergrenze die allgemeinen Strafzumessungsgesichtspunkte zu beachten; die Strafe muss schuldangemessen sein. Dass das Geständnis im Rahmen einer Verständigung abgelegt worden ist, steht dessen strafmildernder Berücksichtigung jedoch nicht entgegen. Mit diesen Regeln wurde aber nicht eine zweite Verfahrensart neben dem „normalen" Strafverfahren geschaffen (Wagner Gössel-FS 585; zw Weigend NStZ **99**, 57), vielmehr war eine Verständigung danach gerade nur im Rahmen des von der StPO vorgeschriebenen Verfahrens erlaubt. Der Angeklagte hatte demnach auch keinen „Anspruch" darauf, dass ihm das Gericht die Einhaltung einer Strafobergrenze bei Ablegung eines Geständnisses zusagte.

d) Durch die **Entscheidung des Großen Senats für Strafsachen des BGH vom 3. 3. 2005** (BGH **50**, 40, dazu Dahs NStZ **05**, 580; Duttge/Schoop StV **05**, 421; Rieß JR **05**, 435; Seher JZ **05**, 634; Theile StraFo **05**, 409; Widmaier NJW **05**, 1985) trat eine neue Phase ein. Die Entscheidung wurde notwendig, weil trotz BGH **43**, 195 viele Gerichte von dem bequemen – und vermeintlich „sichereren" – Weg der (offenen oder heimlichen) Absprache unter Vereinbarung eines Rechtsmittelverzichts nicht abgehen wollten und unter den Senaten des BGH unterschiedliche Meinungen zur Wirksamkeit eines auf Grund einer solchen Absprache erklärten Rechtsmittelverzichts bestanden. Der GrS entschied, dass das Gericht im Rahmen einer (offenen oder heimlichen) Urteilsabsprache an der Erörterung eines Rechtsmittelverzichts nicht mitwirken und auf einen solchen Verzicht auch nicht hinwirken dürfe. Der GrS schuf in diesem Zusammenhang ferner das Gebot einer „qualifizierten Rechtsmittelbelehrung". Im Übrigen hat der GrS aber BGH **43**, 195 bestätigt und lediglich insoweit verschärft, als er dem Tatgericht ein Abweichen von der zugesagten Strafobergrenze bereits dann gestattete, wenn schon bei der Urteilsabsprache vorhandene relevante tatsächliche oder rechtliche Aspekte übersehen wurden. Der GrS hat aber vor allem auch eingehend dargelegt, dass Urteilsabsprachen, die sich im Rahmen des von BGH **43**, 195 Erlaubten halten zulässig und verfassungsrechtlich nicht zu beanstanden sind (scharf abl Duttge/Schoop StV **05**, 421). **119g**

C. Nachdem der GrS des BGH jedoch eindringlich ein Tätigwerden des Gesetzgebers erbeten hat (zust Rieß JR **05**, 438; zw Leitner Strauda-FS 372), wurden **verschiedene Gesetzesentwürfe** zur Regelung von Absprachen im Strafverfahren vorgelegt: Referentenentwurf des BMJ (abrufbar unter www.bmj.bund.de), Entwurf des Landes Niedersachsen (BR-Drucks 235/06; dazu Heister-Neumann ZRP **06**, 137), dem entspr der Entwurf des BRats BT-Drucks 16/4197 (dazu **119h**

Graumann HRRS **08**, 122), Entwurf der BRAK (ZRP **05**, 235; dazu Landau/Bünger ZRP **05**, 268; Meyer-Goßner StV **06**, 485; Schünemann ZRP **06**, 63; den Entwurf scharf abl der Strafrechtsausschuss des DeutschenAnwaltVereins StraFo **06**, 89). Zusammenfassend und krit zu diesen Entwürfen Altenhain/Hagemeier/Haimerl NStZ **07**, 71 ff, die vor einer vorschnellen Festschreibung der BGH-Rspr (zu erg: mit vielfach unsystematischen Abweichungen) und somit vor „systemimmanenten" Vorschlägen warnen und statt dessen unter dem zutr Hinweis darauf, dass der Gesetzgeber – anders als der BGH – nicht an die bisherigen gesetzlichen Vorgaben gebunden ist, eine „große Lösung" zur Einführung konsensualer Vorgehensweisen fordern. Krit zu den Entwürfen von BMJ und BRat auch Gössel Fezer-FS 506; zur Berücksichtigung der Opferinteressen in den Entwürfen Böttcher Müller-FS 102. Nunmehr hat der Gesetzgeber gegen Ende der 16. Legislaturperiode das **„Gesetz zur Regelung der Verständigung im Strafverfahren"** vom 29. 7. 2009 (BGBl I 2353) verabschiedet. Im Hinblick auf die Bedeutung dieses tief in das Gefüge unseres Strafprozesses eingreifenden Gesetzes und der seit Jahrzehnten anhaltenden Diskussion über die Zulässigkeit von Verständigungen im Strafverfahren verwundert die Eile, mit der das Gesetzesvorhaben „durchgezogen" wurde: Gesetzesentwurf vorgelegt am 27. 1. 2009, erste Beratung im Bundestag am 29. 1. 2009, Stellungnahme des Bundesrates vom 6. 3. 2009, Gegenäußerung der Bundesregierung vom 18. 3. 2009, Sachverständigenanhörung am 25. 3. 2009, Beschlussempfehlung und Bericht des Rechtsausschusses vom 20. 5. 2009, Verabschiedung des Gesetzes am 28. 5. 2009. Dass dies trotz der vielfach gegen eine überstürzte Regelung vorgebrachten grundsätzlichen Bedenken und der ins Einzelne gehenden Kritik (vgl nur BR-Drucks 65/09; *Altenhain/Hagemeier/Haimerl* NStZ **07**, 71; *Fischer* NStZ **07**, 433 und StraFo **09**, 177; *Meyer-Goßner* ZRP **09**, 107; *Schünemann* ZRP **09**, 104; *Weßlau* Müller-FS 779) geschehen ist, befremdet umso mehr (vgl auch Fezer NStZ **10**, 177). Ob durch die nun vor allem in § 257 c erfolgte Regelung Bestand haben wird, bleibt abzuwarten (vgl auch Rieß ZIS **09**, 480; Schlothauer/Weider StV **09**, 606). Die Debatte über die Einführung eines „echten" konsensualen Verfahrens ohne Bindung an § 244 II wird aber sicherlich weiter gehen (Altenhain/Haimerl JZ **10**, 337).

119i D. **Zur gesamten Problematik** vgl Jahn GA **04**, 272; ZStW **118**, 427; Dippel Widmaier-FS 105; Kuckein/Pfister BGH-FS 641 ff; Landau/Eschelbach NJW **99**, 321 ff; Lüderssen Hamm-FS 419 und Fezer-FS 531; Meaer ZStW **119**, 633; Ranft 1222 ff; Satzger HbFAStrR 8. Teil Kap 3 1 ff; Schlüchter Spendel-FS 737 sowie Braun, Die Absprache im deutschen Strafverfahren, 1998, zugl Diss Tübingen 1997, der darlegt, dass „praktisch alle modernen Strafverfahrenssysteme mehr oder weniger offen diejenigen Beschuldigten belohnen, die mit den Behörden kooperieren" [S 179], und der daher einen ausformulierten Gesetzgebungsvorschlag für ein kooperatives Verfahren vorlegt [S 297 ff]; ders StraFo **01**, 77; Sinner, Der Vertragsgedanke im Strafprozessrecht, 1999, zugl Diss Frankfurt aM 1998, der eine klare Trennung des „prinzipienorientierten und des vertragsorientierten Prozessmodells" verlangt; Siolek, Verständigung in der Hauptverhandlung, 1993, zugl Diss Hannover 1992; Trüg, Lösungskonvergenzen trotz Systemdivergenzen im deutschen und US-amerikanischen Strafverfahren, 2003, S 104 ff; ders ZStW **120**, 331; Weider, Vom Dealen mit Drogen und Gerechtigkeit, 2000, zugl Diss Gießen; Weßlau, Das Konsensprinzip im Strafverfahren (2002); dies StraFo **07**, 1; Weichbrodt, Das Konsensprinzip strafprozessualer Absprachen (2006, zugl Diss Berlin 2004/2005); krit zu den „Möglichkeiten eines Konsensualprozesses nach deutschem Strafprozessrecht" Duttge ZStW **115**, 539 und Salditt ZStW **115**, 570; vgl ferner die umfangreichen Erörterungen anlässlich des 58. DJT (Gutachten von Schünemann, Referate von Böttcher, Schäfer und Widmaier; Hamm ZRP **90**, 337; Kintzi JR **90**, 309 und Hanack-FS 177; Lüderssen StV **90**, 415; Schmidt-Hieber DRiZ **90**, 321; Wagner/Rönnau GA **90**, 387; Weigend JZ **90**, 774; Wolfslast NStZ **90**, 409; vgl ferner Dencker/Hamm, Der Vergleich im Strafprozess,

1988; Günter und Krüger DRiZ **90**, 150; Koch ZRP **90**, 249; Niemöller StV **90**, 34 und GA **09**, 172; Rex DRiZ **91**, 31; Schäfer DRiZ **89**, 294; Volk Salger-FS 411; Zschockelt Salger-FS 435) und die dort gefassten Beschlüsse (NJW **90**, 2987, 2992). Einen ausformulierten Gesetzesvorschlag hat Wagner Gössel-FS 602 vorgelegt, der ein einvernehmliches Verfahren aber auf Freiheitsstrafen bis zu 2 Jahren – in Eckert-GS 959 erhöht auf 3 Jahre – beschränken will.

Die Einführung eines **echten Konsensualverfahrens**, wie es bereits früher vorgeschlagen und neuerdings wieder aufgegriffen wurde (Meyer-Goßner NStZ **92**, 167; **07**, 425, 431; Böttcher-FS 105, 120), könnte nach Erlass des Eröffnungsbeschlusses bei Einräumung des Schuldvorwurfs (wie eine Art „Schuldinterlokut") insoweit zum Wegfall der Beweisaufnahme mit einer gesetzlichen Strafrahmenänderung zu Gunsten des Angeklagten führen (zust Bogner, Absprachen im Deutschen und Italienischen Strafprozessrecht, 2000, S 127, zugl Diss Marburg 1999; G. Schöch, Urteilsabsprachen in der Strafrechtspraxis, 2007, zugl Diss Passau, 204; ebenfalls zust und weiterführend Küpper Jura **99**, 400; krit R. Hamm Meyer-Goßner-FS 40; F. Meyer ZStW **119**, 633; vgl auch Altenhain/Hagemeier/Haimerl NStZ 20 007, 71, 78: Unterwerfung des Angeschuldigten unter die Anklage gegen Strafnachlass; vgl ferner Böttcher/Widmaier JR **91**, 356 und die Überlegungen von Behrendt GA **91**, 347 ff; Sinner ZRP **94**, 478). Dass der Angeklagte den Schuldvorwurf anerkennen kann, würde der Regelung im Strafbefehlsverfahren (§§ 407 ff, dort darüber hinaus auch die mögliche Akzeptanz der verhängten Strafe) entsprechen. **119k**

Es werden vermehrt auch **sonstige Lösungen** zur Vereinfachung der Hauptverhandlung vorgeschlagen, vgl etwa Eser ZStW **104**, 486: Modifizierung der Prozessmaximen; vgl auch Schlüchter Rudolphi-Symp 222 ff; Vogel JZ **04**, 827; Weigend ZStW **104**, 486: Aufwertung des Ermittlungsverfahrens und nur noch ergänzende Beweisaufnahme in der Hauptverhandlung. **119l**

6) Form der Prozesshandlungen: **120**

A. **Entscheidungen:** Die Entscheidung des Gerichts auf Grund einer Hauptverhandlung ergeht in der Form des Urteils, wenn sie die Strafsache (durch Sach- oder Prozessentscheidung, unten 172) für die Instanz abschließen will (unten 165), sofern nichts anderes bestimmt ist (zB § 153 II S 3, § 153 a II S 2). Sonst ergehen Beschlüsse. Auch der Strafbefehl (§ 407) gehört in die Kategorie der Beschlüsse, ebenso der Haftbefehl, der Durchsuchungsbefehl und die Beschlagnahmeanordnung des Gerichts. Lediglich von anderen Entscheidungen gesonderte technische Anordnungen, Belehrungen, Hinweise uä ergehen als Verfügungen. Die Entscheidungen der StA sind Verfügungen (zB §§ 171, 161 a II, III), Anordnungen (zB §§ 98, 105 I, 111 e I S 1, 164) oder Beschwerdebescheide (zB § 172). **121**

Zum **Begriff** der Entscheidung gehört stets ein Ausspruch, der die Rechtsstellung eines Beteiligten unmittelbar berührt, woran es zB bei einer bloß prozessleitenden Verfügung fehlt (vgl 2 zu § 33). Die Art der Entscheidung (Urteil oder Beschluss) richtet sich nicht immer nach der Bezeichnung, die ihr das Gericht gegeben hat; maßgebend ist, in welcher Form sie richtig hätte ergehen müssen. Das ist insbesondere für die Anfechtung und Rechtskraft von Bedeutung (unten 167). **122**

Es gibt auch **stillschweigende** Entscheidungen, nämlich, wenn etwas mit Wissen des Gerichts geschieht, was an sich eine förmliche gerichtliche Entscheidung voraussetzen würde, die aber unterlassen wird (zB im Falle des § 175 II S 1 GVG: BGH 4 StR 54/56 vom 5. 4. 1956). Erforderlich ist dabei, dass der Entscheidungsinhalt in anderen Prozesshandlungen (Nürnberg SJZ **49**, 703), ev auch in einem prozessualen Unterlassen (BGH NJW **52**, 233; 1305) zum Ausdruck kommt, und zwar so deutlich, als ob die Entscheidung förmlich ergangen wäre (BGH 1 StR 88/53 vom 20. 8. 1953; Köln JMBlNW **84**, 235). Auch bei der StA, der Polizei oder anderen Strafverfolgungsbehörden gibt es stillschweigende Anordnung von Maßnahmen, zB eine Durchsuchungsanordnung einer Ermittlungsperson der StA, die dadurch evident wird, dass er die Durchsuchung beginnt (3 zu § 105). **123**

124 B. Für die **Erklärungen und Anträge** ergibt sich die Form jeweils aus dem Gesetz oder aus der Art des Prozessabschnitts, in den sie fallen. Vorbehaltlich anderer gesetzlicher Regelung werden sie außerhalb der Verhandlung schriftlich, innerhalb der Hauptverhandlung mündlich angebracht.

125 a) Für die **Zurücknahme** gelten grundsätzlich die gleichen Formerfordernisse wie für die Anbringung (7 zu § 302). In vielen Fällen ist die Erklärung zu Protokoll der Geschäftsstelle zulässig oder vorgeschrieben.

126 b) Auch **durch deutliche schlüssige Handlung** können Prozesserklärungen, für die keine besondere Form vorgeschrieben ist, abgegeben werden (BGH GA **76**, 115), insbesondere die Erklärung des Verzichts auf ein Recht, das dem Erklärenden freilich bekannt sein muss (vgl Hamburg JR **67**, 193 mit zust Anm Koffka). Erklärungen oder Anträge werden erst wirksam, wenn sie der mit der Sache befassten Stelle zugehen (RG **52**, 200; **76**, 345; vgl BGH NJW **57**, 1368).

127 c) **Vertretung** in der Erklärung und im Willen ist bei Anträgen und Erklärungen außerhalb der Hauptverhandlung statthaft (12 vor § 137), soweit weder das Gesetz noch die höchstpersönliche Natur der Prozesshandlung entgegensteht. Vgl unten 134; 14, 15 zu § 158. Vertretung in der Hauptverhandlung ist nur statthaft, soweit ausdrücklich zugelassen, zB §§ 234, 350 II, 378, 397 I S 2 iVm §§ 378, 411 II S 1, 434 I. Über Zustellungsvollmacht vgl § 145 a, auch § 116 a III.

128 C. Zur **Schriftform** gehört, dass aus dem Schriftstück der Inhalt der Erklärung, die abgegeben werden soll, und die Person, von der sie ausgeht, schon im Zeitpunkt des Eingangs der Erklärung bei Gericht (zur Fristwahrung vgl 13 ff zu § 42) hinreichend zuverlässig entnommen werden können (GmS-OGB NJW **80**, 172, 174; BGH **2**, 77, 78; **12**, 317; **30**, 182, 183; NJW **84**, 1974; NStZ **02**, 558). Außerdem muss feststehen, dass es sich nicht um einen Entwurf handelt, sondern dass das Schriftstück mit Wissen und Willen des Berechtigten dem Gericht zugeleitet worden ist (GmS-OGB aaO; BGH NStZ-RR **00**, 305; Zweibrücken NStZ **84**, 576; NStZ-RR **00**, 350). Nicht unbedingt notwendig ist die handschriftliche Unterzeichnung (BVerfGE **15**, 288, 291; GmS-OGB aaO; BGH aaO; Nürnberg NStZ-RR **08**, 316). Daher genügt ein Handzeichen, falls es nicht nur die Fertigung des Entwurfs abschließt (Bay **62**, 69 = NJW **62**, 1527), auch beim Eröffnungsbeschluss (erg 11 zu § 207). Zur Identifizierung genügt idR ein Faksimilestempel (Stuttgart NJW **76**, 1902, 1903), selbst bei der Unterschrift des Leiters der StA (RG **63**, 247; vgl aber RiStBV 149), oder eine behördlich beglaubigte Abschrift. Bei einem RA genügt auch das mit Schreibmaschine geschriebene Diktatzeichen iVm dem gedruckten Briefkopf (BGH **2**, 78; RG **67**, 385; Oldenburg NJW **83**, 1072), nicht aber der bloße Fertigungsvermerk eines Kanzleiangestellten (Bay NJW **80**, 2367; KG JR **71**, 252; Schleswig SchlHA **87**, 120 [L]). Eine von der Behörde auf Tonband aufgenommene Erklärung wird zur schriftlichen, wenn der Beamte sie nachträglich in Reinschrift überträgt und in geeigneter Weise die Identität des Erklärenden bestätigt (vgl 11 zu § 158). Die Schriftform ist auch gewahrt, wenn der UrkB im Anschluss an die Hauptverhandlung eine Erklärung des Angeklagten in das Protokoll aufnimmt, verliest und genehmigen lässt (BGH NJW **84**, 1974). Die telefonische Abgabe der Erklärung genügt nicht der Schriftform (BGH **30**, 64, 66 mwN; vgl auch unten 140), wohl aber ein mit Hilfe des Computers ohne Ausdruck unmittelbar geschicktes Telefaxschreiben (BVerfG wistra **02**, 417). Eine elektronische Form der Unterschrift („elektronische Signatur", dazu Hähnchen NJW **01**, 2831) ist im Strafverfahren ebenso wie zuvor schon nach § 130 a ZPO im Zivilverfahren nunmehr durch § 41 a zugelassen (vgl dort).

129 D. Ist die **Unterzeichnung** durch einen Verteidiger oder RA vorgeschrieben (vgl §§ 172 III S 2, 345 II, 366 II, 390 II), so muss die Unterschrift eigenhändig geleistet werden (Düsseldorf NJW **98**, 919). Zur Übernahme der Verantwortung für den Inhalt vgl 33 zu § 172; 16 zu § 345; 4 zu § 366. Eine Vertretung bei der Unterzeichnung ist unzulässig (Bay NJW **91**, 2095; KG JR **74**, 207 mit Anm

Kohlhaas; KG JR **87**, 217); eine Ausnahme gilt nur für den amtlich bestellten Vertreter (Dahs/Dahs 59; Sarstedt/Hamm 203). Unterzeichnet ein RA in Untervollmacht des Wahlverteidigers ist aber idR von der Übernahme der Verantwortung auszugehen (BVerfG NJW **96**, 713). Die Unterschrift muss idR aus der Wiedergabe des vollen bürgerlichen Namens bestehen, bei einem Doppelnamen reicht aber ein Teil des Namens, wenn keinerlei Zweifel an der Identität des Unterzeichnenden bestehen (Frankfurt NJW **89**, 3030; **aM** Voraufl); die Verwendung der Anfangsbuchstaben (Paraphe) reicht nicht aus (BGH NJW **67**, 2310; **75**, 1704; **82**, 1467; RG **37**, 81; **69**, 137). Lesbar braucht die Unterschrift nicht zu sein; Undeutlichkeiten und Verstümmelungen schaden nicht. Es muss aber ein die Identität des Unterschreibenden ausreichend kennzeichnender individueller Schriftzug vorliegen (BGH MDR **60**, 394; **64**, 747; BFH **140**, 424 = BB **84**, 1089; BFH **141**, 223; **143**, 198; **147**, 199 = NJW **87**, 343), der einmalig ist, entspr charakteristische Merkmale aufweist und sich als Unterschrift eines Namens darstellt (BGH NJW **82**, 1467). Es muss ein Mindestmaß an Ähnlichkeit in dem Sinne bestehen, dass ein Dritter, der den Namen des Unterzeichnenden kennt, ihn aus dem Schriftbild noch herauslesen kann (BGH **12**, 317, 319). Daher müssen mindestens einzelne Buchstaben zu erkennen sein; andernfalls fehlt es an den Merkmalen einer Schrift (BGH NJW **74**, 1090; **82**, 1467; **85**, 1227; Schleswig SchlHA **85**, 137 [E/L]; vgl auch Oldenburg NJW **88**, 2812 für richterliche Unterschrift). Dass der beigefügte Vorname lesbar ist, genügt nicht (**aM** BGH NJW **85**, 1227). Wegen Fehlens der charakteristischen Merkmale einer Unterschrift reichen geometrische Figuren oder Zeichen (BGH **12**, 317; Hamburg MDR **73**, 428; Köln OLGSt § 345 S 13) oder geschlängelte Linien (BGH AnwBl **74**, 225 mit Anm Chemnitz = JR **74**, 381 mit Anm Bassenge; BGH NJW **75**, 1705; Nürnberg NStZ-RR **07**, 151) unter keinen Umständen aus (Blaese/Wielop 131 mwN; **aM** Hanack JZ **73**, 777). Auch ein Namensstempel darf nicht verwendet werden (RG **69**, 137; BGH NJW **76**, 966). Diese Rspr ist wegen der Möglichkeit der Wiedereinsetzung mit Art 6 I **MRK** vereinbar (EKMR NJW **89**, 579).

Räumlich ist das Erfordernis der „Unter“zeichnung nicht zu verstehen; die Unterschrift muss nicht unbedingt unter der Schrift, darf aber nicht auf einem besonderen Blatt oder auf einem aufgeklebten Zettel stehen (BGH NStZ-RR **02**, 261 [B]; Sarstedt/Hamm 202). Die Unterschrift auf einem Anschreiben genügt ebenfalls nicht (Dahs/Dahs 59; **aM** KK-Kuckein 13; LR-Hanack 25; beide zu § 345; offen gelassen von BGH NStZ-RR **07**, 132 [B]). **130**

E. **Zu Protokoll der Geschäftsstelle** des Gerichts können Anträge gestellt und Rechtsmittelerklärungen abgegeben werden (vgl §§ 158 II, 306 I, 314 I, 341 I, 345 II, 366 II, 381 S 1). Zur Fristwahrung vgl 12 vor § 42. **131**

a) Eine **Rechtspflicht zur Aufnahme** solcher Erklärungen besteht, wenn das Gesetz die Befugnis zur Protokollerklärung vorsieht, auch wenn für die Erklärung, wie bei §§ 158 II, 306 I, die Schriftform genügt (BGH **30**, 64, 69; Bremen Rpfleger **56**, 240; Düsseldorf NJW **88**, 1923; Stuttgart Justiz **85**, 321; Meyer JR **82**, 168) oder wenn ein Antrag in der Hauptverhandlung zu Protokoll erklärt werden kann (vgl § 404 I S 1). Gegen die Weigerung des Urkundsbeamten, das Protokoll aufzunehmen, ist nur die Dienstaufsichtsbeschwerde zulässig (Hamburg MDR **83**, 512). **132**

b) **Zuständiger Beamter** ist der UrkB als Organ der Rechtspflege (Kissel/Mayer 25 zu § 153 GVG). Nur der Rechtspfleger ist nach § 24 I Nrn 1 und 2 **RPflG** zuständig für die Aufnahme von Erklärungen über die Einlegung und Begründung der Revision (§§ 341, 345 II), der Rechtsbeschwerde (§ 79 OWiG; § 116 **StVollzG**), der weiteren Beschwerde (§ 310) und der Wiederaufnahme des Verfahrens (§ 366 II; § 85 OWiG). Der Rechtspfleger soll ferner sonstige Rechtsbehelfe aufnehmen, soweit sie gleichzeitig begründet werden, sowie andere Anträge und Erklärungen, die nach Schwierigkeit und Bedeutung den vorgenannten Geschäften vergleichbar sind (§ 24 II Nrn 1, 3 **RPflG**). Die von einem unzuständigen Beamten aufgenommene Erklärung ist unwirksam (BGH NJW **52**, 1386; **133**

RG **59**, 419; Bay NStZ **93**, 193; W. Schmid Rpfleger **62**, 301). Hat derjenige, der sie abgibt, das Protokoll unterschrieben, so kann sie aber als eigene schriftliche Erklärung gewertet werden (Koblenz MDR **82**, 166; VRS **52**, 364, 365).

134 c) **Vertretung:** Wer die Erklärung abgeben will, muss sich bei dem zuständigen Beamten einfinden; telefonische Erklärungen sind unwirksam (BGH **30**, 64; unten 140). Der Erklärende kann sich aber (in der Erklärung oder im Willen) durch einen Bevollmächtigten vertreten lassen. Der Vertreter muss verhandlungsfähig, aber nicht geschäftsfähig nach bürgerlichem Recht sein (Bay **64**, 85 = JR **64**, 427 mit Anm Dünnebier; **aM** W. Schmid SchlHA **81**, 109). Die Bevollmächtigung muss bereits bei der Niederschrift bestehen, kann aber später nachgewiesen werden (erg 12 zu § 137). Wegen fehlender Vollmacht darf die Aufnahme der Erklärung daher nicht verweigert werden (Bay DAR **84**, 246 [R]). Eine Vertretung durch den Verteidiger ist unzulässig (Düsseldorf MDR **75**, 73 L; Rostock VRS **86**, 356; **aM** W. Schmid Rpfleger **62**, 301).

135 d) **Förmlichkeit der Protokollaufnahme:** Das Protokoll darf nicht in Kurzschrift abgefasst werden (Celle NJW **58**, 1314; Schleswig SchlHA **80**, 73; Köln VRS **71**, 54, 56). Es ist vom UrkB zu unterschreiben; das Fehlen der Unterschrift ist aber unschädlich, wenn feststeht, dass die Niederschrift vom zuständigen UrkB herrührt und keinen bloßen Entwurf darstellt (Celle StraFo **98**, 428 mwN; Gössel JR **00**, 383). Im Übrigen kann die Unterschrift bis zum Ablauf der Frist für die Einlegung oder Begründung des Rechtsmittels nachgeholt werden (W. Schmid Rpfleger **62**, 303). Der Erklärende muss von dem Protokollinhalt durch Vorlesen oder Vorlage zur Durchsicht Kenntnis nehmen können. Im Protokoll wird üblicherweise vermerkt, dass er es genehmigt und unterschrieben hat; wesentlich ist diese Beurkundung aber nicht (BGH **29**, 173, 178).

136 Das **Fehlen der Unterschrift** des Erklärenden ist ebenfalls unschädlich (BGH aaO; Bay **61**, 177 = Rpfleger **61**, 355; Köln VRS **71**, 54, 56). Das gilt auch, wenn der Erklärende sie ausdrücklich verweigert, falls auf Grund der Umstände des Einzelfalls kein Zweifel daran besteht, dass die Erklärung seinem Willen entspricht (Karlsruhe NStZ-RR **07**, 23), oder wenn die Weigerung nur deshalb erfolgt, weil der Beamte nicht bereit ist, weitere Erklärungen aufzunehmen (Bay aaO; W. Schmid aaO). Das Protokoll muss aus sich selbst heraus verständlich sein. Die Bezugnahme auf Anlagen ist unzulässig (RStBV 150 III). Vgl auch 20ff zu § 345.

137 e) In das **Hauptverhandlungsprotokoll** werden Rechtsmittelerklärungen grundsätzlich nicht aufgenommen (11 zu § 274). Unzulässig ist das aber nicht. Denn ein richterliches Protokoll, das in der Bewertung allgemein über der Niederschrift des UrkB steht, ersetzt die Protokollierung durch die Geschäftsstelle (BGH **31**, 109 = JR **83**, 385 mit abl Anm Fezer; Bay wistra **94**, 118). Der Angeklagte kann daher die Berufung oder Revision im Anschluss an die Urteilsverkündung in Anwesenheit des Gerichts zu Protokoll erklären (BGH aaO; MDR **83**, 950; Zweibrücken NStE Nr 5 zu § 314). Allerdings hat er auf diese Art der Rechtsmitteleinlegung keinen Anspruch (RG **66**, 417); sie entspricht auch nicht der Würde des Gerichts und sollte daher idR verweigert werden (Düsseldorf VRS **50**, 383; Koblenz VRS **61**, 356; **62**, 297). Wirksam und üblich ist die Erklärung des Verzichts auf Rechtsmittel am Schluss der Hauptverhandlung (19 zu § 302).

138 f) Auch der **UrkB der StA** (§ 153 I GVG) ist Beurkundungsorgan, sei es bei Vernehmungen des StA (§ 168b II iVm § 168a IV S 1), sei es zur Beurkundung von Prozesserklärungen, die bei der StA abgegeben werden können, zB nach § 158 I, II.

139 F. **Telegramme; Fernschreiben; Telebriefe; Telefax; e-mail:** Telegramme werden jetzt – nachdem die schnelle Übermittlung von Nachrichten durch Telefax oder e-mail geschieht – nur noch wie gewöhnliche Briefe zugestellt; gegenüber der Erklärung durch normalen Brief bestehen daher keine Besonderheiten mehr. Die

Einlegung und Begründung von Rechtsmitteln durch Fernschreiben (das über ein dem öffentlichen Verkehr dienendes Netz oder über das Fernschreibnetz der Polizei übermittelt wird) ist zulässig (BGH **31**, 7 = NStZ **83**, 36 mit Anm W. Schmid). Zur Fristwahrung vgl 18 vor § 42. Dem stehen Telebriefe (gewöhnliche Briefsendungen, die auf einem Teil der Strecke durch Fernkopierer übermittelt und anschließend von der Post im verschlossenen Umschlag als Fernkopie zugestellt werden) gleich (BGH wistra **89**, 313; Karlsruhe NJW **86**, 2773; Koblenz NStZ **84**, 236).

Ein Rechtsmittel kann dementsprechend auch durch **Telefax** eingelegt und begründet werden (BAG NJW **87**, 341; Düsseldorf NJW **95**, 671; NJW **95**, 2177; Zweibrücken OLGSt Nr 8 zu § 345); das Original muss handschriftlich unterschrieben sein (Düsseldorf JMBlNW **89**, 153; Hamburg NJW **89**, 3167), braucht aber selbst nicht vorgelegt zu werden (Frankfurt NStZ-RR **01**, 375). Das Telefaxschreiben muss die Unterschrift enthalten (Schleswig SchlHA **96**, 97 [L/T]; **aM** München NJW **03**, 3429; allerdings bei Beschwerden nicht erforderlich: Düsseldorf NStZ-RR **99**, 49) und diese Seite muss innerhalb der Frist beim Gericht eingegangen sein (KG NJW **97**, 1864). Technisch bedingte Übermittlungsfehler dürfen nicht zu Lasten des Absenders gehen (BVerfG NJW **96**, 2857; **01**, 3473; BGH NStZ **05**, 650; Oldenburg NJW **92**, 2906); die Belegung des Faxgerätes durch andere eingehende Sendungen ist aber kein einer technischen Störung gleich zu achtender Umstand (BVerfG NJW **07**, 2838). Die Übersendung fristwahrender Schriftsätze per Telefax erfordert eine wirksame Ausgangskontrolle (BVerfG NJW **07**, 2839). Allein der „OK"-Vermerk im Sendebericht belegt nicht den ordnungsgemäßen Empfang des Telefaxschreibens (KG NStZ-RR **07**, 24; Düsseldorf VRS **89**, 214; erg 9 a zu § 45). Die elektronische Übertragung einer Textdatei mit eingescannter Unterschrift auf ein Faxgerät des Gerichts genügte schon bisher (GmS-OGB NJW **00**, 2340 = JR **01**, 371 mit abl Anm Schmittmann; erg oben 128 aE), nicht hingegen eine digitale Signatur; nunmehr ist aber nach § 41 a eine qualifizierte elektronische Signatur oder ein ähnlich sicheres, durch RechtsVO zugelassenes Verfahren vorgeschrieben (vgl die Erl zu § 41 a). Die Rechtsmitteleinlegung durch eine einfache, nicht signierte e-mail ist jedoch unzulässig (Oldenburg NJW **09**, 536; Schleswig SchlHA **09**, 244 [D/D]). **139a**

G. Eine **telefonische Erklärung** gegenüber der Empfangsbehörde genügt weder der Schriftform (oben 128), noch erfüllt sie die Voraussetzungen der Rechtsmitteleinlegung zu Protokoll der Geschäftsstelle. Wer Erklärungen zu Protokoll geben will, muss sich persönlich auf der Geschäftsstelle einfinden; nur dann kann der Urkundsbeamte die Identität und Berechtigung des Erklärenden und den Inhalt der Erklärung zuverlässig feststellen (BGH **30**, 64 = JR **82**, 210 mit Anm Wolter; Bay DAR **85**, 246 [R] für die Berufungseinlegung; **aM** LG Münster NJW **05**, 166; Düsseldorf Rpfleger **83**, 363 für die Beschwerde; Rostock MDR **94**, 402 und Hamm DAR **95**, 457 für die Rechtsbeschwerde nach § 79 OWiG; Stuttgart MDR **84**, 75 für die Beschwerde im Verfahren nach § 464 b; Zweibrücken StV **82**, 415 für den Einspruch gegen den Strafbefehl; **aM** AK-Lemke 14 zu §§ 42, 43; LR-Graalmann-Scheerer 11 vor § 42). Für die Einlegung des Einspruchs gegen den Bußgeldbescheid gilt das aber nicht (BGH **29**, 173), ebenso nicht für die Beschwerde nach § 172 I S 1 (Stuttgart NStZ **89**, 42; **aM** GStA Hamburg MDR **92**, 21). **140**

7) Prozessvoraussetzungen: **141**

A. **Wesen:** Prozessvoraussetzungen sind Bedingungen für die Zulässigkeit, in einem bestimmten Verfahren (vor diesem Gericht und unter Mitwirkung dieser Prozessbeteiligten) zu einem Sachurteil in einer bestimmten Sache zu gelangen (BGH **10**, 74, 75). Vom Gesetz wird dieser Begriff, der auf O. Bülow (Die Lehre von den Prozesseinreden und den Prozessvoraussetzungen, 1868) zurückgeht und für das Strafverfahren erst nach Inkrafttreten der StPO weiterentwickelt worden ist, nicht verwendet. Es spricht nur (in §§ 206 a I, 260 III, 304 IV S 2 Nr 2, 467 III S 2 Nr 2, § 6 I Nr 2 **StrEG**) von Verfahrenshindernissen. Dieser Begriff bezeichnet **142** nach allgM das Fehlen von Prozessvoraussetzungen. Diese Terminologie wird der Rechtslage an sich nicht gerecht. Dadurch wird verhindert, dass – wie es sachgerecht wäre – zwischen Prozessvoraussetzungen und Prozesshindernissen unterschieden wird: Unter Prozessvoraussetzungen sollte man die Voraussetzungen verstehen, die vorliegen müssen, damit das Verfahren vor diesem Gericht überhaupt durchgeführt werden darf; als Prozesshindernisse sollten die Umstände verstanden werden, die der Bestrafung des Angeklagten durch das – an sich zulässig mit der Sache befasste – Gericht entgegenstehen (vgl dazu eingehender Meyer-Goßner Rieß-FS 342 ff und Eser-FS 389; ähnlich Rieß BGH-FG 841).

143 Da das Gesetz aber eine andere Terminologie verwendet, müssen die Begriffe Prozessvoraussetzung und Verfahrenshindernis weiterhin synonym verwendet werden; es muss dabei aber jeweils unterschieden werden, ob das Fehlen der Prozessvoraussetzung bzw das Vorliegen eines Verfahrenshindernisses für das Gericht zu einem **„Befassungsverbot" oder nur zu einem „Bestrafungsverbot"** führt (so nun auch BGH **51**, 202, 205; Hamm NStZ-RR **08**, 383; München NJW **08**, 3151, 3153; Stuttgart StV **08**, 402; KMR-Eschelbach Einl 209 aE; vgl auch Gieg/Olbermann DAR **09**, 621: „übliche Unterscheidung"; ähnlich früher schon Zielinski H-Kaufmann-GS 881, der zwischen Prozessvoraussetzungen und Verurteilungsvoraussetzungen unterscheiden will; unzutr die Kritik von LR-Stuckenberg 29 zu § 206 a, der den grundsätzlichen Unterschied, ob das Gericht für die Sache iwS zuständig ist oder nicht, nicht erfasst hat). Ein **Befassungsverbot,** bei dessen Vorhandensein es also dem Gericht untersagt ist, sachlich über den erhobenen Vorwurf zu befinden (Krack 251 spricht ähnlich von dem „prozessualen Mindeststandard", kommt aber in GA **03**, 549 Fn 50 hinsichtlich der Abgeordnetenimmunität unzutr zu einem anderen Ergebnis), liegt vor, wenn eine der folgenden Prozessvoraussetzungen fehlt: Wirksame Anklage und wirksamer Eröffnungsbeschluss, deutsche Gerichtsbarkeit, örtliche und sachliche Zuständigkeit, Leben des Beschuldigten, Strafmündigkeit, keine parlamentarische oder diplomatische Immunität, keine entgegenstehende Rechtskraft, keine entgegenstehende Rechtshängigkeit. **Bestrafungsverbote,** die also nicht die Durchführung des Verfahrens gegen den Angeklagten hindern, jedoch seiner Bestrafung entgegenstehen, sind fehlender oder zurückgenommener Strafantrag, Verjährung, Amnestie, auslieferungsrechtliche Beschränkungen, Verhandlungsunfähigkeit; dasselbe würde auch für unzulässige Tatprovokation und überlange Verfahrensdauer gelten, soweit sie zu einem Verfahrenshindernis führen (dazu unten 148 a, 148 c).

143a Die **Wirkungen eines Befassungsverbots** bestehen darin, dass das Verfahren eingestellt werden muss (auch bei „Freispruchsreife", vgl BGH **46**, 130 = JR **01**, 421 mit zust Anm Krack; erg 45 zu § 260 und auch bei Teilrechtskraft, dazu unten 151), dass aber ein neues Verfahren eingeleitet werden kann, wenn das Befassungsverbot entfallen ist, also zB bei neuer Erhebung einer nunmehr wirksamen Anklage, bei Beseitigung entgegenstehender Rechtshängigkeit usw. Eine Besonderheit gilt für die sachliche Zuständigkeit, deren Fehlen kraft Gesetzes nicht zur Einstellung des Verfahrens, sondern zur Verweisung an das zuständige Gericht führt (vgl §§ 209, 225 a, 270) bzw in bestimmten Fällen für unbeachtlich erklärt wird (§ 269). Einem Befassungsverbot gehen allerdings noch die speziellen Voraussetzungen vor, die das Gesetz für die sachliche Befassung mit einem Rechtsmittel aufstellt, also die Vorschriften über die Zulässigkeit eines Rechtsmittels (§§ 319, 341) sowie für die Berufung § 329 (dort 8) und für die Revision §§ 345, 346 (11 zu § 346; Meyer-Goßner Rieß-FS 332 ff). Erfolgte die Einstellung erst in der Rechtsmittelinstanz, besteht für das neue Verfahren kein Verschlechterungsverbot (erg 4 a zu § 331).

143b Die **Wirkungen eines Bestrafungsverbots** bestehen zwar idR auch in der Einstellung des Verfahrens; ist das Verfahren aber bis zur „Freispruchsreife" gediehen, geht der Freispruch der Einstellung vor (erg 44 zu § 260; München NJW **08**, 3151, 3155; Meyer-Goßner aaO 344). Ist das Verfahren wegen eines Bestrafungsverbots eingestellt worden, ist es insoweit auch materiell rechtskräftig wie ein

Sachurteil (erg unten 172). Entfällt das Bestrafungsverbot, weil zB ein neuer, zulässiger Strafantrag gestellt oder eine auslieferungsrechtliche Beschränkung aufgehoben wird, besteht nach Einstellung erst in der Rechtsmittelinstanz für das neue Verfahren das Verbot der *reformatio in peius*.

B. **Einzelheiten:** 144

a) **Gesetzlich ausdrücklich bestimmte Prozesshindernisse** sind die absolute Strafunmündigkeit des Beschuldigten nach § 19 StGB (Lackner/Kühl 2 zu § 19 StGB) und für die Privatklage ein Lebensalter des Beschuldigten unter 18 Jahren (§ 80 **JGG**). Zum Tod des Beschuldigten vgl 8 zu § 206 a, zur dauernden Verhandlungsunfähigkeit oben 97. Ein Prozesshindernis ist ferner das Fehlen der Unterworfenheit unter die deutsche Gerichtsbarkeit wegen diplomatischer Immunität (§§ 18–20 GVG), nach Art VII NTS und aus anderen Gründen, nach verbreiteter Ansicht auch, wenn wegen der Unanwendbarkeit des deutschen Strafrechts nach §§ 3 ff StGB keine Strafe verhängt werden darf (BGH NStZ **86**, 320 mwN; **95**, 440, 441; Saarbrücken NJW **75**, 506, 509), sowie, bis zur Genehmigung der Strafverfolgung durch das Parlament, die Immunität der Abgeordneten (Art 46 II GG und die entspr, nach § 152 a in der gesamten BRep geltenden Vorschriften der Landesverfassungen; Europa-Abgeordnete: RiStBV 192 b). Gesetzlich bestimmte Prozesshindernisse sind auch die Niederschlagung des Verfahrens durch ein Straffreiheitsgesetz, die Beschränkungen bei der Auslieferung eines Beschuldigten an die BRep (§ 72 IRG) nach dem Spezialitätsgrundsatz (BGH **19**, 118, 119; **22**, 307; **29**, 94; **31**, 51, 52; StV **85**, 274 L; **87**, 6; Oldenburg StV **95**, 13, nicht jedoch bei einem wegen Teilrechtskraft ins Leere gehenden Verwertungsverbot: BGH **51**, 202, 207; **aM** Lagodny NStZ **07**, 347; eingehend dazu Gless/Eymann StV **08**, 318), der Eintritt der Verfolgungsverjährung nach § 78 I S 1 StGB, das Fehlen eines wirksamen Strafantrags oder sein späterer Wegfall bei der Verfolgung der sog Antragsdelikte (zB §§ 183 II, 194, 230, 248 a, 294 StGB), das Fehlen des behördlichen Strafverlangens (§ 104 a StGB), der behördlichen Ermächtigung (§§ 90 IV, 90 b II, 97 III, 104 a, 194 IV, 353 a II, 353 b IV StGB) oder der Erklärung der StA über die Bejahung des besonderen öffentlichen Interesses (zB nach §§ 230 I S 1, 303 c StGB). Ferner begründet das Verbot der Doppelbestrafung nach Art 103 III GG, der Grundsatz ne bis in idem, der jedoch nur eingeschränkt (unten 177) für ausländische Verurteilungen gilt (BVerfGE **12**, 66, BGH **6**, 176; **12**, 36; **24**, 54, 57; StV **86**, 292; vgl auch § 51 III StGB), ein Prozesshindernis (BGH **9**, 190, 192; **20**, 292, 293; unten 171 ff). Der Verbrauch der Strafklage (unten 171 ff) durch gerichtliches Urteil, durch unanfechtbar gewordene gerichtliche Einstellungsbeschlüsse nach § 153 II (dort 38), 153 a II (dort 52), 153 b (dort 3), 206 a (dort 11) oder durch staatsanwaltschaftliche Einstellungsverfügungen nach § 153 a I S 4 (dort 45) stehen daher der Einleitung oder Weiterführung des Verfahrens entgegen. Da die doppelte Anhangigkeit ein und derselben Sache bei verschiedenen Gerichten (Bay **00**, 172: nicht bei demselben Spruchkörper) zu der durch Art 103 III GG verbotenen Doppelbestrafung führen kann, ist bereits die anderweite Rechtshängigkeit ein von Amts wegen zu beachtendes Prozesshindernis (BGH **1**, 67, 68; **5**, 381, 383; **10**, 358, 363; **22**, 185, 186; 232, 235; KG VRS **67**, 123; erg 1 zu § 12). Auch die Rechtskraft in dem anhängigen Verfahren (Rechtskraft des Strafbefehls, Teilrechtskraft des Urteils) ist ein solches Prozesshindernis für das weitere Verfahren (Hamm NJW **09**, 245 L = NStZ-RR **08**, 383; München NJW **08**, 1331 mit Anm Meyer-Goßner; LR-Hanack 50 ff zu § 337). Prozesshindernisse sind auch das Fehlen einer wirksamen Anklageschrift (26 zu § 200), der die Nachtragsanklage nach § 266, die Antragsschrift nach § 414 II und der Einziehungsantrag nach §§ 441 gleichstehen, das Fehlen eines wirksamen Eröffnungsbeschlusses (4 zu § 203) oder eines Einbeziehungsbeschlusses nach § 266, das Fehlen eines wirksamen Strafbefehls und im Wiederaufnahmeverfahren des Beschlusses nach § 370 II (dort 8). Prozesshindernisse sind ferner das Fehlen der sachlichen (1 zu § 6) und örtlichen Zuständigkeit (7 vor § 7) und das Innehaltungsgebot des § 154 e II (dort 11). 145

146 b) **Schwerwiegende Mängel des Verfahrens** berechtigen idR nur zur Urteilsanfechtung und führen dann zur Urteilsaufhebung, wenn das Urteil auf ihnen beruht (§ 337 I). Prozesshindernisse sind sie nur, wenn sie nach dem aus dem Zusammenhang ersichtlichen Willen des Gesetzgebers so schwer wiegen, dass von ihrem Fehlen die Zulässigkeit des Verfahrens im Ganzen abhängig gemacht werden muss (BGH **15**, 287, 290; **19**, 273, 278; **24**, 239, 240; **26**, 84, 91; **32**, 345, 350; **33**, 183, 186; **35**, 137, 140; **36**, 294, 295; **41**, 72, 75; hiergegen Volk 205 ff, der die Notwendigkeit der Bewährung der Rechtsordnung mit dem Ziel der Friedenssicherung für maßgebend hält). Aus dem Umstand, dass es sich um einen zwingenden Aufhebungsgrund nach § 338 handelt, lässt sich das nicht herleiten (BGH **26**, 84, 88). Den Versuchen, den seit langem feststehenden Kreis der aus Verfahrensmängeln hergeleiteten Prozesshindernisse zu erweitern, ist der BGH mit Recht entgegengetreten (vgl BGH **15**, 287: unentschuldigtes Ausbleiben des Angeklagten zu Beginn der Berufungsverhandlung; BGH **26**, 84: vorschriftswidrige Abwesenheit des Angeklagten in der Berufungsverhandlung; BGH **33**, 183 = JR **86**, 300 mit Anm Meyer = NStZ **85**, 563 mit Anm Bruns: Fehlen der in § 316 II vorgeschriebenen Zustellung des 1. Urteils).

147 c) **Unmittelbar aus dem GG** lassen sich Prozesshindernisse grundsätzlich nicht herleiten (Bartlsperger DVBl **93**, 345/346).

148 Das gilt insbesondere für Verstöße gegen das **Rechtsstaatsprinzip nach Art 20 III GG.** Bei der Weite und Unbestimmtheit dieses Prinzips (Einl 19) ist es aus Gründen der Rechtssicherheit bedenklich, die Einleitung oder Weiterführung eines Strafverfahrens davon abhängig zu machen, dass bestimmte Umstände als Verstoß gegen den fair trial-Grundsatz bewertet werden (Rieß BGH-FG 825; **aM** Küpper JR **00**, 259; Weiler GA **94**, 561). Die Konturen der Rechtsfigur des Prozesshindernisses drohen zu verschwimmen, wenn man allein an solche Wertungsergebnisse anknüpft (BGH **32**, 345, 352 = NStZ **85**, 131 mit Anm Meyer; Karlsruhe StV **86**, 10; vgl auch Rieß JR **85**, 45; Seelmann ZStW **95**, 831; Volk StV **86**, 36); nur als *ultima ratio* kommt die Annahme eines von Verfassungs wegen bestehenden Verfahrenshindernisses in Betracht (BGH **46**, 159; München NJW **08**, 3151, 3154; Hillenkamp NJW **89**, 2841).

148a Bei Überschreitung der Grenzen des erlaubten **tatprovozierenden Verhaltens** eines polizeilichen V-Manns (dazu eingehend Körner Kriminalistik **02**, 449 ff) hält BGH **45**, 321 (= NStZ **00**, 269 mit krit Anm Endriss/Kinzig = JZ **00**, 363 mit abl Anm Roxin = JR **00**, 432 mit im Ergebnis zust Anm Lesch = StV **00**, 57 mit abl Anm Sinner/Kreuzer StV **00**, 114, abl auch Herzog StV **03**, 410, Kreuzer Schreiber-FS 240; Wolter BGH-FG 980 sowie Lüderssen BGH-FG 909 „unzulässige Vermischung von Unrecht und Recht"; vgl auch BGH NStZ-RR **00**, 289 [K]; Maul BGH-FS 569; van Gemmeren Schäfer-SH 28) daher und aus weiteren Erwägungen (kein alles oder nichts-Prinzip, Abgrenzungsschwierigkeiten) daran fest, dass dies nur bei der Strafzumessung zu berücksichtigen ist (dagegen Kutzner StV **02**, 277: mit den Grundsätzen des Strafzumessungsrechts unvereinbar; anders aber Sinn, Straffreistellung aufgrund von Drittverhalten, 2007, 370) und kein Verfahrenshindernis begründet (so schon BGH **33**, 356, 362; **aM** zB Arloth NJW **85**, 417; Bruns NStZ **83**, 49; **85**, 565; StV **84**, 388; Dencker Dünnebier-FS 447; Gössel NStZ **84**, 421; Rüping, Die Mitverantwortung des Staates als Strafverfolgungsverbot, 1984, S 19; Wolfslast, Staatlicher Strafanspruch und Verwirkung, 1995, S 232 ff; vgl auch BVerfG NJW **87**, 1874). Der BGH widerspricht damit dem EGMR (NStZ **99**, 47 mit Anm Sommer = StV **99**, 127 mit Anm Kempf; Renzikowski Keller-GS 203; eingehende Kritik Gaede/Buermeyer HRRS **08**, 279 sowie I. Roxin DAV-FS 1070), der bei Anstiftung eines bis dahin Unverdächtigen durch einen polizeilichen Lockspitzel die Einstellung des Verfahrens ausgesprochen und eine Entschädigung zugebilligt hat (eingehend dazu Kinzig StV **99**, 288, der statt Annahme eines Verfahrenshindernisses oder der Strafzumessungslösung ein Beweiserhebungs- und Verwertungsverbot befürwortet; vgl auch BGH StV **99**, 631 mit abl Anm Taschke; abwegig Bay **01**, 122

= JR **00**, 256 mit abl Anm Küpper); ebenso hat EGMR NJW **09**, 3565 (dazu Greco StraFo **10**, 52) in einem abgeschlossenen Verfahren eine Entschädigung wegen Verstoßes gegen Art 6 I S 1 **MRK** zugesprochen. Der BGH (**45**, 321) verlangt aber, dass der auch von ihm insoweit bejahte Verstoß gegen Art 6 I S 1 **MRK** in den Urteilsgründen festzustellen und bei der Festsetzung der Rechtsfolgen das Maß der Kompensation für das konventionswidrige Handeln gesondert zum Ausdruck zu bringen ist (BGH **47**, 44 mit Anm Weber NStZ **02**, 50; abl Kreuzer aaO 243). Beweismittel zum Nachweis einer unzulässigen Tatprovokation dürfen dem Beschuldigten grundsätzlich nicht vorenthalten werden (EGMR StraFo **03**, 360 mit Anm Sommer). Die Geltendmachung des Verfahrensverstoßes bedarf in der Revision der Erhebung einer Verfahrensrüge, sofern er sich nicht schon aus den Urteilsfeststellungen ergibt (BGH NStZ **01**, 53; Jähnke Meyer-Goßner-FS 564). Einen Anspruch eines Straftäters darauf, dass die Ermittlungsbehörden so frühzeitig einschreiten, dass seine Taten verhindert werden, gibt es aber nicht (BGH NStZ **08**, 685; bestätigt durch BVerfG 2 BvR 2076/07 vom 28. 11. 2007).

Ein Prozesshindernis besteht auch nicht deshalb, weil der Beschuldigte durch Publizierung von belastendem Material **in Presse, Rundfunk und Fernsehen „öffentlich vorverurteilt“** worden ist (LR-Stuckenberg 58 zu § 206 a; Bruns H. Kaufmann-GedSchr 866; Hassemer NJW **85**, 1927 ff; **aM** Weiler StraFo **03**, 186; Wohlers StV **05**, 190: *ultima ratio*; vgl auch J. Meyer in: Eser/Meyer, Öffentliche Vorverurteilung und faires Strafverfahren, 1986, S 344, 351 sowie die Aufsätze im StV **05**, 166 ff zum Einfluss der Berichterstattung in den Medien auf Verlauf, Inhalt und Ergebnis des Strafverfahrens), weil die StA Kenntnis vom Verteidigungskonzept des Angeklagten erlangt hat (BGH NStZ **84**, 419 mit krit Anm Gössel; Arloth NJW **85**, 417; Rieß JR **85**, 45), weil die Ermittlungsbeamten versucht haben, eine Verurteilung des Angeklagten um jeden Preis herbeizuführen (BGH **33**, 283 = StV **85**, 398 mit krit Anm Becker), weil sich die Ermittlungsbehörde Beweismanipulationen hat zuschulden kommen lassen (**aM** LG Hannover StV **85**, 94) oder sich an die „Zusage“, eine Tat nicht verfolgen zu wollen, nicht gehalten hat (BGH **37**, 10 mit zust Anm Gatzweiler NStZ **91**, 46: jedoch wesentlicher Strafmilderungsgrund; abl Scheffler wistra **90**, 319; vgl auch Weigend JR **91**, 257; erg oben 119 ff) oder weil eine gesetzwidrige Zellendurchsuchung unter Ausnutzung der Abwesenheit der Angeklagten stattgefunden hat (Karlsruhe StV **86**, 10 unter Aufhebung der Entscheidung AG Mannheim StV **85**, 276; dazu Volk StV **86**, 34). Zur Vermeidung öffentlicher Vorverurteilungen durch staatsanwaltliche Ermittlungsverfahren Schaefer Müller-FS 623. **148b**

Zur Frage der **Folgen einer überlangen Verfahrensdauer** vgl 9 zu Art 6 MRK. **148c**

Auch Verstöße gegen die **allgemeinen Regeln des Völkerrechts (Art 25 GG)** begründen nicht ohne weiteres ein Prozesshindernis. Das gilt insbesondere für die völkerrechtswidrige Festnahme des Angeklagten auf dem Gebiet eines fremden Staates, selbst unter Zurückverbringung in die BRep unter Umgehung der Auslieferungsbestimmungen. Ein Prozesshindernis besteht nur in extrem gelagerten Ausnahmefällen (BVerfG NJW **86**, 3021; LG Koblenz JBlRP **05**, 53; vgl auch Vogel [unten 209] S 37) und wenn der ausländische Staat wegen der völkerrechtswidrigen Verletzung seines Hoheitsgebiets Ansprüche gegen die BRep stellt, die ihrer Art nach der Durchführung der Strafverfolgung entgegenstehen (BGH NStZ **84**, 563; **85**, 464; StV **85**, 273; Düsseldorf NJW **84**, 2050; vgl auch BVerfG NJW **86**, 1427 und dazu abl Mann NJW **86**, 2167 und zust M. Herdegen EuGRZ **86**, 1; **aM** SK-Paeffgen 32 Anh zu § 206 a; Schubarth StV **87**, 173; Vogler Oehler-FS 379: völkerrechtliche Restitutionspflicht; Schünemann GA-FS 229 spricht sich für ein „vorübergehendes Inhaftierungsverbot“ aus). Das Ersuchen des ausländischen Staats um unverzügliche Rückführung des Angeklagten hindert die Durchführung des Revisionsverfahrens nicht (BGH NJW **87**, 3087 = StV **87**, 138 mit Anm Sieg StV **88**, 7; der BGH hat das Verfahren aber nach § 205 eingestellt; vgl auch Schlimm ZRP **93**, 262; Wilske ZStW **107**, 48 und Anm zu Hamburg NStZ **95**, 552). **149**

149a Soweit das BVerfG für die früheren **DDR-Spione** (Mitarbeiter und Agenten des Ministeriums für Staatssicherheit und des militärischen Nachrichtendienstes der DDR) angenommen hat (BVerfGE **92**, 277 = NStZ **95**, 383; abl Classen NStZ **95**, 371; Schroeder JR **95**, 441; Volk NStZ **95**, 367; nur im Ergebnis zust Schlüchter/Duttge NStZ **96**, 460), aus dem Verhältnismäßigkeitsgrundsatz ergebe sich „unmittelbar von Verfassungs wegen ein Verfolgungshindernis", handelt es sich um eine nicht verallgemeinerungsfähige, auf den besonderen Umständen der deutschen Wiedervereinigung beruhende Einzelfallentscheidung (zu den Folgerungen aus dieser Entscheidung vgl Bay **95**, 139 = NJW **96**, 669 = JR **96**, 427 mit Anm Schmidt).

150 C. **Von Amts wegen und in jeder Lage des Verfahrens** sind nach bisher hM Prozesshindernisse zu berücksichtigen (BGH **6**, 304, 306; **20**, 292, 293; **22**, 1, 2; **29**, 94; wistra **03**, 382, 383; Celle NStZ **83**, 233), bei Tateinheit für jedes der verletzten Strafgesetze nach dessen Grundsätzen (BGH MDR **56**, 527 [D]; RG **62**, 83, 88). Richtigerweise kann dies aber nur für solche Verfahrenshindernisse gelten, die ein Befassungsverbot darstellen (Einl 143 ff); Verfahrenshindernisse, die lediglich ein Bestrafungsverbot enthalten, müssen in der Revisionsinstanz durch eine Sachrüge (so fehlender Strafantrag, Verjährung, Amnestie) oder eine Verfahrensbeschwerde (so Verhandlungsunfähigkeit, auslieferungsrechtliche Beschränkungen, überlange Verfahrensdauer) geltend gemacht werden (eingehend dazu Meyer-Goßner NStZ **03**, 169 ff; vgl auch KMR-Eschelbach Einl 209). Vgl ferner zur Berücksichtigung der während des Verfahrens neu geschaffenen Prozessvoraussetzungen 3 zu § 354 a, der nach Urteilserlass, aber vor Rechtskraft eingetretenen Prozesshindernisse 3 zu § 346. Zur Prüfung der Prozessvoraussetzungen im Berufungsverfahren nach § 329 vgl dort 8, im Revisionsverfahren nach § 346 dort 11.

151 **Teilrechtskraft** steht der Berücksichtigung von Prozesshindernissen nicht entgegen (BGH **8**, 269 = JZ **56**, 417 mit Anm Jescheck; BGH **15**, 203, 207; **21**, 242; **31**, 51; Bay VRS **68**, 454; 6 zu § 337), insbesondere nicht die Urteilsanfechtung nur im Strafausspruch (BGH DAR **78**, 160 [Sp]; Bay **76**, 149 = MDR **77**, 422; VRS **65**, 291, 293) oder in der Strafaussetzungsfrage (BGH **11**, 393). Es reicht aus, dass das Verfahren noch wegen einer Nebenfolge anhängig ist (BGH **6**, 304; **13**, 128; Hamm NJW **78**, 654). Das kann aber nur für Befassungsverbote (Einl 143 a) gelten, für Bestrafungsverbote (Einl 143 b) schon deswegen nicht, weil diese nicht von Amts wegen zu berücksichtigen sind (oben 150).

151a Ist ein **Rechtsmittel** auf die Verurteilung wegen einzelner selbstständiger Taten **beschränkt**, so werden Prozesshindernisse, die sich nur auf die anderen beziehen, nicht berücksichtigt, auch wenn eine Gesamtstrafe gebildet worden ist (Grünwald, Die Teilrechtskraft im Strafverfahren, 1964, S 325; SK-Frisch 4 zu § 318; unrichtig BGH **8**, 269 = JZ **56**, 417 mit Anm Jescheck). Aber auch, wenn durch eine wirksame Berufungsbeschränkung horizontale Teilrechtskraft eingetreten ist, steht dies der Berücksichtigung des Verfahrenshindernisses entgegen (eingehend dazu Meyer-Goßner Volk-FS 462; erg 13 zu § 328; 4 zu § 358). Dies gilt entgegen BGH 3 StR 141/09 vom 29. 10. 2009 nicht nur, wenn die horizontale Teilrechtskraft durch eine teilweise Urteilsaufhebung durch das Rechtsmittelgericht, sondern ebenso, wenn sie durch eine wirksame Rechtsmittelbeschränkung herbeigeführt worden ist.

152 Die Prüfung erfolgt im **Freibeweis** (BGH **16**, 164, 166; **21**, 81; **22**, 90; NStZ **85**, 420; Frankfurt NJW **83**, 1208, 1209; ANM 119 ff; Rieß JR **85**, 48 und BGH-FG 837; **aM** Roxin/Schünemann § 21, 23; Többens NStZ **82**, 184; Volk 28; allg zum Freibeweis: 7, 9 zu § 244). Zur Bindung des Revisionsgerichts an die Urteilsfeststellungen vgl 6 zu § 337.

153 Zur Verfahrensweise beim **Zweifel** am Bestehen eines Prozesshindernisses vgl 7 zu § 206 a; 34 zu § 261.

154 D. **Verfahrensrechtliche Folgen:** Liegt ein Prozesshindernis vor, das sich auf das ganze Verfahren bezieht, so darf ein Strafverfahren nicht eingeleitet werden.

Wird gleichwohl Anklage erhoben, so ist die Eröffnung des Hauptverfahrens abzulehnen (2 zu § 204) oder die Privatklage zurückzuweisen (7 zu § 383). Ein bereits anhängiges Verfahren muss (außerhalb der Hauptverhandlung nach § 206a, in der Hauptverhandlung nach § 260 III) eingestellt werden, auch wenn es bereits im Schuldspruch oder teilw im Rechtsfolgenausspruch rechtskräftig abgeschlossen ist (oben 151). Ist das Prozesshindernis behebbar, so kann das Verfahren nach Schaffung der Prozessvoraussetzung – zB Nachholung des Strafantrags oder Wiederherstellung der Verhandlungsfähigkeit – fortgeführt bzw bei fehlender Anklage oder fehlendem Eröffnungsbeschluss durch neue Anklageerhebung ein neues Verfahren eingeleitet werden (vgl auch 6 zu § 354). Beim Fehlen der Zuständigkeit schreiben §§ 225a I S 1, 270 I S 1, 328 II, 355 statt der Einstellung die Verweisung an das zuständige Gericht vor. Bezieht sich das Prozesshindernis nur auf eine tateinheitlich begangene Gesetzesverletzung, so scheidet diese aus dem Verfahren ohne förmliche Einstellung aus (BGH **7**, 305). Der Rechtsmittelrücknahme steht das Entstehen eines Prozesshindernisses nicht entgegen (6 zu § 302).

8) Prozessuale Fürsorgepflicht: 155

A. **Begriff:** Außer den gesetzlich im Einzelnen geregelten Pflichten erwachsen dem Gericht und den Strafverfolgungsbehörden eine Reihe von Nebenpflichten aus dem Rechtsstaatsprinzip (oben 18ff), aus dem im öffentlichen Recht geltenden Grundsatz des Vertrauensschutzes (BVerwGE **5**, 312), aus dem Recht auf Verteidigung und dem Recht auf ein faires Verfahren (BVerfGE **26**, 66, 71; oben 19; 4 zu Art 6 **MRK**) und aus der allgemeinen Rechtspflicht, das Verfahren justizförmig, pfleglich und zweckvoll zu gestalten. Dazu gehört zB die Überwindung von Kommunikationsschwierigkeiten und der mögliche Persönlichkeitsschutz (zB §§ 68 II, III, 68a; §§ 171b, 172 Nr 2 GVG). Diese Pflichten werden unter der Sammelbezeichnung prozessuale Fürsorgepflicht zusammengefasst (Peters 199; Roxin/Schünemann § 44, 26; vgl allg: Plötz, Die gerichtliche Fürsorgepflicht im Strafverfahren, 1980; zu den Grenzen Maiwald Lange-FS 745; vgl auch BGH **22**, 118, 122; **25**, 325; **26**, 1, 4; krit Rüping JZ **83**, 664). 156

B. **Gegenüber dem Verfahren und den Beteiligten** besteht die Pflicht. Sie dient einem behutsamen Ausgleich zwischen der Subjektstellung aller Verfahrensbeteiligten und der Verantwortung für die Wahrheitsfindung (Maiwald Lange-FS 745). Die pflegliche Führung des Verfahrens erfordert es zB, Beweise zu sichern, deren Verlust oder Entwertung durch Zeitablauf zu befürchten ist, gleichviel, ob es sich um belastende oder entlastende Beweistatsachen handelt (vgl §§ 205 S 2, 285). Wesentlich ist die Pflicht, durch Fragen und Hinweise dahin zu wirken, dass die Prozessbeteiligten sich über alle erheblichen Tatsachen vollständig erklären, sachdienliche Anträge stellen (vgl § 139 ZPO) und sich eindeutig äußern (BGH **6**, 282, 284 hinsichtlich der StA); dass ein Rechtspflegeorgan sich nicht mit einer vorher abgegebenen Erklärung in Widerspruch setzt (zB BGH MDR **72**, 925 [D]). Gegenüber einem durch einen Rechtskundigen verteidigten Angeklagten wird Anlass zu einer Fürsorge naturgemäß seltener bestehen als gegenüber einem Rechtsunkundigen, Unerfahrenen oder Unbemittelten, der keinen geeigneten Beistand zur Seite hat (vgl Bay NJW **59**, 2274). Insgesamt ergibt sich aus dem Rechtsgedanken der prozessualen Fürsorge in vielen Fällen die Pflicht, „den Beschuldigten, auch wo es nicht ausdrücklich vorgeschrieben ist, über seine Rechte zu belehren" (vgl Österr. StPO 1975, § 3) oder ihn auf Folgen einer Säumnis hinzuweisen (Bay **62**, 6; Eb Schmidt Nachtr 2 zu § 412). Jedoch darf sie nicht zur Warnung des Angeklagten vor belastenden Angaben führen; die Wahrheitsfindung hat Vorrang (Maiwald aaO). Auch der Schutz des StA, des Verteidigers und anderer mitwirkender Personen gegen Angriffe oder Ehrverletzungen durch den Angeklagten oder andere anwesende Personen unter Ausnutzung der Mittel der §§ 177, 178 GVG gehört zur Fürsorgepflicht (Teerhorst MDR **77**, 598; 9 zu § 176 GVG). 157

Der **Grundsatz der Verhältnismäßigkeit** als Übermaßverbot hat in der Rechtsentwicklung der jüngeren Zeit den Charakter einer eigenständigen prozes- 158 sualen Rechtsinstitution gewonnen und kann daher heute aus der prozessualen Fürsorgepflicht als Auffangtatbestand ausgeschieden werden (oben 20, 21).

159 C. Die **Pflicht, Verfahrensmängel zu heilen,** gehört ebenfalls zur Fürsorgepflicht (Bay **65**, 2; Gössel 166; Schmid Maurach-FS 535; 39 zu § 337; 3 zu § 338). Insbesondere bei Fehlerhaftigkeit des Verfahrens kann es notwendig werden, den betroffenen Verfahrensteil zu wiederholen. Dieser Grundsatz hat zB in § 29 II S 2 Niederschlag gefunden (Marczak StraFo **04**, 376).

160 D. Das **Beschleunigungsgebot** (dazu Laue GA **05**, 648; Pfeiffer Baumann-FS 329), das in 1. Hinsicht dem Interesse des Beschuldigten, aber auch dem öffentlichen Interesse dient (BGH **26**, 228, 232), kann noch zum Fürsorgegebot gerechnet werden (Gössel 166), obgleich es sich ebenfalls mehr und mehr zum selbstständigen Rechtsinstitut entwickelt hat (vgl BGH **52**, 349, 355). Es folgt aus der allgemeinen Fürsorgepflicht (BGH **26**, 1, 4), aus Art 6 **MRK** (dort 7 ff), verstärkt für Haftsachen aus Art 5 III S 2 **MRK** und Art 2 II S 2 GG (BVerfGE **20**, 45 = NJW **66**, 1259), für diese Sachen nochmals verstärkt für das Verfahren bis zum Urteil durch die §§ 121, 122, ferner aus zahlreichen einzelnen Verfahrensbestimmungen, zB aus den kurzen Anfechtungsfristen und aus § 72 V **JGG.** Das Beschleunigungsgebot ist ein dem öffentlichen Interesse dienender Verfahrensgrundsatz, der nicht zur Disposition der Verfahrensbeteiligten steht (Piel Widmaier-FS 433 mwN). Für das Ermittlungsverfahren vgl Kohlmann Maurach-FS 501 ff, der bei Verletzung des Beschleunigungsanspruchs die §§ 23 ff **EGGVG** anwenden will (vgl aber dort 5 ff). Zur Verteidigerbestellung 9 a zu § 142; zur Terminierung 4, 7 zu § 213; zur Aussetzung 10 zu § 228. Zur Beschleunigung muss jede mögliche organisatorische Maßnahme ausgeschöpft werden, insbesondere in Haftsachen (BVerfGE **36**, 264, 272 = NJW **74**, 304); erg 3 zu § 120, 1 zu § 121. Zur ausdehnenden Anwendung des Beschleunigungsgrundsatzes in der Rspr des BGH zutr krit Eidam JZ **09**, 320, Fezer Widmaier-FS 177 und Tepperwien NStZ **09**, 1; zu den durch eine zu rigide Anwendung des Beschleunigungsgrundsatzes auftretenden Gefahren für eine wirksame Verteidigung Piel aaO 436.

161 E. **Für alle Organe der Strafrechtspflege,** also auch für die StA (oben 37, 38; vor § 141 GVG) und die (Kriminal-)Polizei als deren Ermittlungsorgan (oben 39) sowie für Rechtspfleger und UrkB (oben 133) bei der Aufnahme von Erklärungen besteht die Pflicht zur prozessualen Fürsorge. Die StA hat zB bei Verdacht einer Straftat eines Abgeordneten, der Immunität genießt (Art 46 II GG, § 152 a), zu versuchen, dieses zeitweilige Verfahrenshindernis durch Herbeiführung einer Entscheidung des Parlaments über die Erteilung der Verfolgungsgenehmigung zu beseitigen (KG JR **59**, 432), wenn es im öffentlichen Interesse liegt (12 zu § 152).

162 F. Eine **prozessuale Rechtspflicht,** nicht nur ein *officium nobile,* ist die Fürsorgepflicht, soweit sie auf „Gesetz und Recht" (Art 20 III GG) beruht, anders ausgedrückt, wenn sie sich aus der Verfassung oder anderen Gesetzen ergibt (zB auf Grund von Analogie zu anderen Bestimmungen, Celle NJW **74**, 1258, 1260), insbesondere wenn sie auf das Erfordernis fairen Verfahrens (oben 19 ff) oder im Bereich der StA auf das Legalitätsprinzip zurückzuführen ist (KG JR **59**, 432). Daher kann es notwendig sein, den bestellten Verteidiger abzulösen, wenn er sich offensichtlich als völlig unfähig zeigt oder seine Pflicht offensichtlich grob verletzt (4 zu § 143). Der Charakter der Rechtspflicht kann auch aus vorangegangenem Tun iS einer Garantie entstehen. Hat zB im Falle des § 219 der Antragsteller den Bescheid erhalten, die Richtigkeit der Beweistatsache werde unterstellt, und hält das Gericht sich nicht daran gebunden, so muss der Vorsitzende dem Antragsteller davon Kenntnis geben (BGH **1**, 51). Aus denselben Erwägungen ist ein Hinweis des Gerichts an den möglicherweise betroffenen Beteiligten geboten, wenn es in einem wesentlichen Punkt von seiner diesem Beteiligten bekannten Rechtsauffassung oder von der allgemein herrschenden Rspr abweichen will (oben 29). Auch eine unrichtige Auskunft der Geschäftsstelle (zB über angebliche Terminverlegung) kann die Pflicht begründen, hierauf Rücksicht zu nehmen (zB durch Vertagung:

Düsseldorf GA **58**, 54). Der Vorsitzende ist aber grundsätzlich nicht verpflichtet, den Verteidiger vom Vorhandensein neuer Beweismittel zu unterrichten, die nach dessen Akteneinsicht zu den Akten gelangt sind (BGH DAR **85**, 193 [Sp]), vgl aber 29 zu § 101. Das Gericht ist auch nicht verpflichtet, die Prozessbeteiligten über die vorläufige Bewertung von Beweismitteln zu informieren (BGH NStZ-RR **08**, 180).

9) Rechtskraft richterlicher Entscheidungen: **163**

A. Die **formelle Rechtskraft** bedeutet, dass die Entscheidung von den Verfahrensbeteiligten nicht oder nicht mehr mit einem ordentlichen Rechtsmittel angefochten werden kann und für diesen Prozess nicht mehr abänderbar ist. Sie dient der Rechtssicherheit (vgl 1 vor § 359), die in Widerspruch zur Gerechtigkeit im Einzelfall geraten kann (vgl BVerfGE **19**, 166). Das die Rechtskraft erzeugende Prozessereignis kann die Verwerfung oder die Zurücknahme eines Rechtsmittels sein oder der Verzicht auf Rechtsmittel oder der ungenutzte Ablauf der Anfechtungsfrist. Ein Urteil, das nur von einem Prozessbeteiligten nicht mehr angefochten werden kann, ist noch nicht rechtskräftig; denn maßgebend ist die absolute Rechtskraft, nicht die sog relative, die nur eine teilw Sperrwirkung erzeugt (§§ 301, 331 I, 358 II) und im Übrigen nur für die Anrechnung der UHaft Bedeutung hat (§ 450 I). **164**

a) Ein **Urteil,** das formell rechtskräftig geworden ist, beendet die Rechtshängigkeit, gleichviel, ob es sich um eine Prozessentscheidung oder um ein Sachurteil handelt. Letzteres wird mit der Unanfechtbarkeit auch materiell rechtskräftig (unten 168 ff). In Ausnahmefällen geht die Rechtskraft wieder verloren, nämlich durch Wiedereinsetzung in den vorigen Stand nach Versäumung einer Rechtsmittelfrist (§§ 44 ff), durch Wiederaufnahme des Verfahrens (§§ 359 ff; § 79 I BVerfGG) oder sonst durch Aufhebung (zB auf Verfassungsbeschwerde, unten 230 ff). **165**

b) Ein **Beschluss** kann ebenfalls formell rechtskräftig werden (vgl dazu Trepper, Zur Rechtskraft strafprozessualer Beschlüsse, 1996), jedoch nur ein solcher, der lediglich mit der sofortigen Beschwerde angefochten werden kann (§ 311) oder seiner Art nach von vornherein jeder Anfechtung entzogen ist (zB §§ 46 II, 138 d VI S 3, 419 II S 2). Zur formellen Rechtskraft gehört außer der Unanfechtbarkeit auch, dass die Entscheidung durch das Gericht grundsätzlich nicht mehr geändert werden kann (München MDR **87**, 783; erg oben 112 ff). Dadurch entsteht eine formelle Sperrwirkung für eine neue Entscheidung in derselben Frage, bis dem Beschluss durch Nova die Grundlage entzogen ist (zB 11 zu § 206 a; 1 zu § 211). Eine rechtskräftige Unzuständigkeitserklärung zB sperrt, solange sie besteht, auch die Möglichkeit, dass das Gericht dieselbe Sache auf eine neue Klage in einem neuen Verfahren untersucht (BGH **18**, 1, 5). In einzelnen Fällen gibt es auch eine formelle Rechtskraft für gewisse Zeit, zB 52 zu § 454, 3 zu § 459 f. **166**

c) Die **Art der Entscheidung** (Urteil oder Beschluss) richtet sich nicht zwingend nach der Bezeichnung, die sie trägt. Maßgebend für die Anfechtung und die formelle und materielle Rechtskraft ist vielmehr die Form, in der sie hätte ergehen sollen (BGH **15**, 259; EbSchmidt JZ **63**, 715; 11 ff zu § 296). Stellt zB das Gericht in der Hauptverhandlung das Verfahren wegen einer einheitlichen Tat unter einem oder mehreren Gesichtspunkten ein, weil der Angeklagte insoweit nicht schuldig sei, so ist dieser Beschluss der Sache nach ein freisprechendes Urteil (BGH JZ **63**, 714). **167**

B. Die **materielle Rechtskraft,** die die formelle voraussetzt und ein Spezifikum der Rspr ist, betrifft die gegenwärtige und künftige Zulässigkeit von Sanktionen gegen denselben Täter wegen derselben Tat. Die materiellen Rechtsfolgen bleiben auch für die Zukunft festgesetzt oder abgelehnt. **168**

a) Die **Entscheidung,** bei Verurteilung der Schuldspruch (oben 7) und die Rechtsfolgenentscheidung (28 zu § 260), wird in ihrer positiven und ihrer negativen Seite unabänderlich (Gestaltungs- oder Beendigungswirkung); die positive **169** wird zugleich vollstreckbar (§ 449, Vollstreckungswirkung). Hinzu kommt die Sperrwirkung (unten 170, 173). Eine Feststellungswirkung kann auch das Gesetz vorsehen, zB § 66 I Nr 1 StGB; vgl auch unten 178; zur Feststellungs- und Tatbestandswirkung vgl Grunsky Kern-FS 223.

170 b) Auf die **Entscheidungsgründe** eines freisprechenden oder verurteilenden Erkenntnisses bezieht sich die Wirkung der Rechtskraft nicht (BVerfGE **36**, 174, 184 ff = NJW **74**, 179; BGHZ **13**, 279; BGH NJW **82**, 1239, 1240). Das vollrechtskräftige Urteil erzeugt also hinsichtlich der tatsächlichen Feststellungen keine Rechtskraft (BGH **43**, 106 = JR **98**, 117 mit krit Anm Loos; BGH NStZ-RR **04**, 238; KG NStZ-RR **08**, 357; Bruns EbSchmidt-FS 602; Roxin/Schünemann § 52, 10; erg 9 zu § 249). Es ist grundsätzlich weder ein Strafrichter noch ein Zivilrichter an Tatsachen gebunden, die in einem rechtskräftigen Strafurteil festgestellt sind (BGH NStZ **08**, 685; Kölbel/Steiner JR **09**, 450); soll etwas anderes gelten, muss das Gesetz dies ausdrücklich bestimmen (wie zB in § 190 S 2 StGB, Stuttgart NJW **60**, 1872; in § 464 III S 2; vgl aber auch § 262). Dagegen hat sich nunmehr Tolksdorf Grünwald-FS 731 ff ausgesprochen, soweit es sich um für den Rechtsfolgenausspruch erhebliche Tatsachen handelt; auch insoweit muss aber gelten, dass der nun entscheidende Richter zu einer neuen Beweisaufnahme berechtigt, wenn auch nicht schlechthin verpflichtet ist: Sind die erhobenen Beanstandungen nämlich nicht geeignet, die früher gezogenen Schlüsse zu erschüttern, kann ein darauf bezogener Beweisantrag „als bedeutungslos" abgelehnt werden (BGH **43**, 106, 108; NStZ-RR **00**, 35 [K]; **01**, 138; v. Freier ZStW **120**, 287 ff; erg 54 zu § 244).

171 c) Der **Verbrauch der Strafklage** ist die wichtigste Wirkung der materiellen Rechtskraft. Er tritt erst ein, wenn das Verfahren wegen der Tat, die Gegenstand des Verfahrens ist, vollständig abgeschlossen ist (BGH **28**, 119, 121); vorher besteht das Verfahrenshindernis der Rechtshängigkeit (oben 145). Die Sperrwirkung – *ne bis in idem,* Grundsatz der Einmaligkeit der Strafverfolgung – macht eine neue Strafverfolgung gegen denselben Täter wegen derselben Tat unzulässig (Art 103 III GG; BGH **20**, 292). Sie ist – ebenso wie das Gebot des rechtlichen Gehörs (Art 103 I GG) – der Sache nach ein verfahrensrechtliches Grundrecht (BVerfGE **9**, 89, 96; **23**, 191, 202 = NJW **68**, 982). Daher hat die materielle Rechtskraft eine Doppelwirkung: Sie schafft ein Verfahrenshindernis (oben 145), gewährleistet aber auch ein subjektives verfassungsmäßiges Recht, nicht wegen derselben Tat mehrfach bestraft zu werden (BGH **5**, 323, 328; vgl auch BVerfGE **23**, 191, 203 ff; BVerfG NJW **83**, 1600; **84**, 1675; Schleswig StV **88**, 56: Nichtbefolgung einer Einberufung zum Zivildienst auf Grund fortdauernder Gewissensentscheidung). Spätere Ergänzungs- oder Vervollständigungsklage ist nicht zulässig (BVerfGE **65**, 377, 381 = NJW **84**, 604; Achenbach ZStW **87**, 74 ff; Roxin/Schünemann § 52, 16).

172 d) **Nur die Sachentscheidung** verbraucht die Strafklage (BVerfGE **12**, 62; BGH **2**, 375), also nicht der Nichteröffnungsbeschluss wegen Verfahrenshindernisses (2 zu § 204), ein Einstellungsbeschluss nach § 206a und ein Einstellungsurteil nach § 260 III nur insoweit, wie sie über das Vorliegen eines Bestrafungsverbots (vgl Einl 142, 143) hinsichtlich der angeklagten prozessualen Tat entschieden haben (BGH NJW **07**, 3010, 3011; Stuttgart StV **08**, 402; LR-Kühne Einl K 85 ff; Krack 234; erg 11 zu § 206a; 47, 48 zu § 260).

173 e) Die **Sperrwirkung** reicht so weit, wie die Sachentscheidung durch ein Strafgericht der BRep auf Grund der Anklage und des Eröffnungsbeschlusses in tatsächlicher und rechtlicher Hinsicht geboten war (BVerfGE **56**, 22 = NJW **81**, 1433; BGH **29**, 288, 292; NJW **81**, 997; 1 ff zu § 264). Die Verurteilung wegen Hehlerei verbraucht daher idR nicht die Strafklage wegen des vorangegangenen Raubes des Hehlgutes (BGH **35**, 60 mit zust Anm Roxin JZ **88**, 260; **aM** Gillmeister NStZ **89**, 3). Die Strafklage wird nur beschränkt verbraucht, wenn das mit der Sache befasste Gericht und jedes andere Gericht der BRep rechtlich gehindert war, die Tat unter einem bestimmten rechtlichen Gesichtspunkt zu beurteilen, zB in-

folge Fehlens der Gerichtsbarkeit der BRep (oben 142, unten 212; § 18 GVG; RiStBV 193 ff) oder einer Beschränkung durch eine Auslieferungsbedingung (oben 147; § 72 IRG) oder eines anderen Verfahrenshindernisses (BGH **15**, 259). In diesem Fall kann die Aburteilung der Tat überhaupt oder, wenn sie nur teilw ausgeschlossen war, unter dem schwereren Gesichtspunkt, der im 1. Verfahren unberücksichtigt bleiben musste, in einem späteren Verfahren nachgeholt werden, wenn das Hindernis nachträglich wegfällt (BGH aaO; RG **56**, 166). Bei Ausscheidung eines Tatteils oder einer von mehreren Gesetzesverletzungen nach § 154 a erstreckt sich die Rechtskraft auch auf das Ausgeschiedene.

f) **In persönlicher Hinsicht** wird die Strafklage gegen denjenigen verbraucht, gegen den sich das Verfahren wirklich gerichtet hat. Dabei kommt es nicht entscheidend auf die richtige Erfassung der Personalien an. Dass der Angeklagte unter falschem Namen aufgetreten ist, berührt die Wirksamkeit des Urteils gegen ihn nicht (BGH NStZ-RR **96**, 9; Köln MDR **83**, 865 hält allerdings bis zur Rubrumberichtigung ein Rechtsmittel des wahren Namensträgers für zulässig; aber gerade wegen der Berichtigungsmöglichkeit bedarf es für ihn keines Rechtsmittels, vgl KG NStZ-RR **04**, 240; Düsseldorf NStZ **94**, 355). Zur Verurteilung eines anderen unter dem Namen des Angeklagten vgl 27 zu § 230. **174**

g) Bei **fortgesetzter Handlung** (vgl dazu 14 zu § 260) und **Dauerstraftat** verbraucht das rechtskräftige verurteilende Straferkenntnis die Strafklage auch für diejenigen Einzelakte, die vor der letzten Tatsachenverhandlung (BGH **9**, 324; MDR **80**, 272 [H]) oder vor Erlass des Strafbefehls (Köln wistra **86**, 273; vgl auch BGH **33**, 230, 232; **aM** BGH **6**, 125: vor Zustellung) begangen, aber in dem Verfahren nicht behandelt worden sind (6, 9 zu § 264; auch 4, 17 zu § 154 a). Das gilt auch bei Teilrechtskraft eines Urteils; Teilakte, die vor Rechtskraft des Schuldspruchs begangen wurden, sind einer neuen Strafverfolgung nicht zugänglich (BGH StV **86**, 141). BGH **29**, 288 macht eine Ausnahme für die mit dem Organisationsdelikt des § 129 StGB ideell konkurrierenden schwereren Straftaten; dazu BVerfGE **56**, 22 = NJW **81**, 1433 = StV **81**, 323 mit Anm Grünwald; Krauth Kleinknecht-FS 215; Rieß NStZ **81**, 72; Werle NJW **80**, 2671; erg 6 zu § 264. Wenn die erstinstanzliche Verurteilung im Schuldspruch rechtskräftig wird, beginnt mit ihr eine neue Tat; der Strafklageverbrauch reicht in diesem Fall bloß bis zum Zeitpunkt des Erlasses dieses Urteils (Bay **77**, 39 = GA **78**, 81 L zur Dauerstraftat). Die rechtskräftige Aburteilung einer Einzelhandlung als einer selbstständigen Tat verbraucht die Strafklage nicht wegen der übrigen Teile der Fortsetzungstat (BGH NStZ **93**, 51; NStE Nr 11 zu § 264; Hamm VRS **74**, 194; vgl auch 13 zu § 207). Das gilt auch dann, wenn die StA die Strafverfolgung gem § 154 a auf diesen einen Einzelakt beschränkt hatte, da es allein auf die Tatsache der Verurteilung wegen einer Einzeltat oder einer fortgesetzten Handlung ankommt (**aM** BGH NStZ **89**, 381: Strafklageverbrauch für die gesamte fortgesetzte Tat; offengelassen von BGH NStZ **92**, 142). Anders ist es, wenn die Aburteilung mehrere Einzeltaten zum Gegenstand hatte, die bei zutreffender Beurteilung nur Teilakte einer fortgesetzten Handlung sind, zu der auch weitere in einem neuen Verfahren angeklagte Taten gehören (BGH **33**, 122 = JZ **86**, 45 mit Anm Gössel). Werden nach Aburteilung der Einheitstat neue Einzelhandlungen bekannt und untersucht, bei denen fraglich ist, ob sie zu der Einheitstat gehören, so entscheidet zunächst die StA und dann der neue Tatrichter über die Frage des Strafklageverbrauchs, und zwar unabhängig von den Feststellungen und der Beurteilung des rechtskräftigen Urteils (BGH **15**, 268 = JZ **61**, 425 mit Anm Peters; BGH StV **84**, 366; Hamburg VRS **45**, 31; Schlüchter JR **90**, 13); auch bei früherer unrichtiger Annahme einer Dauerstraftat steht aber die Rechtskraft der Verfolgung weiterer in dem abgeurteilten Zeitraum begangener Taten entgegen (LG Memmingen NStZ-RR **97**, 140). Wird die Dauerstraftat auch nach rechtskräftiger Verurteilung nicht beendet, kann eine erneute Verurteilung nur erfolgen, wenn der Täter einen neuen, von der ersten Verurteilung qualitativ verschiedenen Tatentschluss gefasst hat (BVerfG **175**

HRRS **07**, 30 zu § 235 II Nr 2 StGB; zust Kahlo/Zabel HRRS-Fezer-FG 87). Die Verurteilung wegen unerlaubten Besitzes (und Führens) einer Waffe verbraucht demnach nicht die Strafklage wegen eines mit ihr durchgeführten Verbrechens, da die Dauerstraftat des Waffenbesitzes durch die auf einem neuen Willensentschluss beruhende schwerere Tat unterbrochen wird (anders nur, wenn der Täter wegen Führens der Waffe bei dieser Gelegenheit – in Unkenntnis des dabei begangenen Verbrechens – bereits verurteilt worden ist); übt der Täter auch nach Begehung des Verbrechens den unerlaubten Waffenbesitz aus, so begeht er eine weitere (sachlich-rechtlich und prozessual) selbstständige Tat (BGH **36**, 151 = JR **90**, 161 mit Anm Mitsch; Puppe JR **86**, 205; Schlüchter JZ **91**, 1059, 1061 und SK 32 zu § 264). Zum Strafklageverbrauch bei gleichzeitiger Einfuhr von Waffen und Betäubungsmitteln vgl BGH NJW **89**, 726 und LG Freiburg StV **91**, 16, zum unerlaubten Erwerb von Betäubungsmitteln und anschließender Straßenverkehrsgefährdung Bay NJW **91**, 2360 und Schlüchter aaO. Ein von dem Vorwurf einer fortgesetzten Handlung oder eines Dauerdelikts freisprechendes Urteil verbraucht die Strafklage nur für die in diesem Verfahren behandelten Fälle (RG **66**, 19, 26; Bay MDR **94**, 505). Später bekanntgewordene Einzelfälle können trotz des Freispruchs verfolgt werden (Bay aaO; Düsseldorf StV **87**, 241). Ein nicht erwiesenes Geschehen kann mit dem abgeurteilten keine einheitliche Tat im sachlichrechtlichen Sinn bilden (BGH NStZ **02**, 328).

175a Diese Regeln werden auf die neue Rechtsfigur der **Bewertungseinheit** (vgl BGH **30**, 28, NStZ **00**, 207, NJW **02**, 1810 = JR **03**, 31 mit Anm Puppe, StV **02**, 235, NStZ-RR **06**, 55 zum BtMG, BGH **46**, 6 = JZ **00**, 733 mit Anm Puppe zum VereinsG, BGH NStZ **07**, 578 zum Subventionsbetrug) entspr angewendet (BGH 2 StR 165/00 vom 23. 6. 00; 1 StR 587/09 vom 14. 1. 2010; Karlsruhe StV **98**, 28; KK-Schoreit 22 b zu § 260). So tritt zB auch hier eine Zäsurwirkung durch eine rechtskräftige Verurteilung ein (BGH 1 StR 526/08 vom 23. 10. 2008).

176 h) **Inländische Entscheidungen** verbrauchen die Strafklage für die Gerichte der BRep (BGH NStZ **86**, 557; BayVerfGH NJW **63**, 1003; vgl auch BVerfG **12**, 62, 66). Das muss aber auch für vor dem 3. 10. 1990 ergangene Entscheidungen der Gerichte der ehemaligen DDR gelten; denn diese bleiben nach Art 18 EV wirksam (erg 11 vor § 449). Zur Rechtskraftwirkung von Strafbefehlen vgl 11, 12 zu § 410).

177 i) **Urteile ausländischer Gerichte** verbrauchen die Strafklage für die Gerichte der BRep nicht (BGH StV **86**, 292; **88**, 18: aber Berücksichtigung bei der Strafzumessung). Ein Grundsatz *ne bis in idem* mit zwischenstaatlicher Geltung als allgemeine Regel des Völkerrechts besteht nicht (BVerfG StraFo **08**, 151, 153 mwN). Jedoch kann durch zwei- oder mehrseitige zwischenstaatliche Vereinbarungen bzw supranational die Geltung des Grundsatzes vereinbart sein (dazu BVerfG aaO mit näheren Ausführungen).

177a Insbesondere **nach Art 54 SDÜ** (unten 216) darf durch eine andere Vertragspartei nicht wegen „derselben Tat" verfolgt werden; dieselbe Tat liegt vor, wenn sie – unabhängig von der rechtlichen Qualifizierung – einen Komplex von Tatsachen darstellt, die in zeitlicher und räumlicher Hinsicht sowie nach ihrem Zweck unlösbar miteinander verbunden sind (EuGH NJW **06**, 1781 mit zust Anm Radtke NStZ **08**, 162 und krit Anm Bauer NStZ **09**, 456; EuGH NJW **07**, 3412 und 3416; JZ **07**, 245 mit krit Anm Kühne; Kühne Müller-FS 375; Plöckinger/Leidenmühler wistra **03**, 86); es ist ohne Bedeutung, ob das Verhalten des Angeklagten nach dem Rechtsverständnis des deutschen Strafrechts als mehrere Taten iSd § 264 zu werten ist (BGH **52**, 275 = NJW **08**, 2931 mit Anm Rübenstahl = NStZ **09**, 457 mit Anm Lagodny sowie Anm Kische wistra **09**, 162 und Anm Kretschmer JR **09**, 390; vgl auch Heger HRRS **08**, 413). Das Verfolgungsverbot gilt für denjenigen, der rechtskräftig abgeurteilt worden ist, vorausgesetzt, dass im Falle einer Verurteilung die Sanktion bereits vollstreckt worden ist, wofür kurzfristige, anzurechnende Polizei und/oder UHaft nicht genügt (EuGH NJW **07**, 3412), gerade vollstreckt wird (EuGH aaO; BGH **46**, 187: auch dann, wenn die Vollstreckung zur Bewährung ausgesetzt ist) oder nach dem Recht des Urteilsstaates nicht mehr vollstreckt werden kann (vgl dazu EuGH NJW **09**, 3149; Saarbrücken StV **97**, 359 mit Anm Schomburg StV **97**, 383; München StV **02**, 71 L mit zust Anm Hecker; Satzger 9, 68); der Grundsatz unterliegt allerdings Einschränkungen (vgl Art 55 SDÜ), wobei aber bei erneuter Verfolgbarkeit bereits erlittener Freiheitsentzug auf die neue Sanktion anzurechnen ist (vgl Art 56 SDÜ; Grotz StraFo **95**, 102; Schomburg NJW **95**, 1931). Nur aus der Sicht des zuerst entscheidenden Staates (nicht auch der übrigen Staaten) muss eine rechtskräftige oder rechtskraftähnliche Entscheidung vorliegen (Lagodny NStZ **97**, 265; Plöckinger/Leidenmühler aaO; **aM** aber EuGH NJW **06**, 1781, zust Kische aaO 163: Eigenverantwortung des Zweitverfolgerstaates). Zum sachlichen Anwendungsbereich dieses internationalen *ne bis in idem*-Grundsatzes vgl BGH NStZ **98**, 149 mit Anm van den Wingaert und Lagodny; BGH NStZ **99**, 250 = StV **99**, 244 mit Anm Schomburg; BGH **45**, 123 = StV **99**, 478 mit Anm Kühne und Anm Bohnert/Lagodny NStZ **00**, 636; Bay **00**, 78 = NZV **00**, 421; Dannecker Kohlmann-FS 605; Degenhard StraFo **05**, 65; Harms Rieß-FS 725; Hecker StV **01**, 306; Radtke/Busch EuGRZ **00**, 421; Schomburg NJW **00**, 1833; SLGH 5 ff zu Art 54 SDÜ; Sommer StraFo **99**, 38. Auch ein rechtskräftiger Freispruch bewirkt Strafklageverbrauch nach Art 54 SDÜ (BGH **46**, 307 = NStZ **01**, 557 mit Anm Radtke NStZ **01**, 662; BGH StV **07**, 154; EuGH NStZ **07**, 408 und NStZ **07**, 410 L = JZ **07**, 245 mit zust Anm Kühne; Freispruch aus Mangel an Beweisen; EuGH NJW **06**, 3403, Stuttgart StV **08**, 402; Freispruch wegen Verjährung), ebenso nach der Rspr des EuGH die ohne Mitwirkung eines Gerichts erfolgte Einstellung des Verfahrens durch die StA, nachdem der Beschuldigte bestimmte Auflagen erfüllt hat (EuGH NStZ **03**, 332 mit Anm Thym = StV **03**, 313 mit Anm Mansdörfer; Stein NJW **03**, 1162; abl Radtke/Busch NStZ **03**, 281 sowie Appl Vogler-GS 121, die zutr auf das Erfordernis der materiellen Rechtskraft der Entscheidung abstellen), nicht aber eine Einstellung ohne Sanktionen oder eine Einstellung mit der Möglichkeit der Wiederaufnahme des Verfahrens wie etwa nach § 211 (zw Stein aaO; **aM** Böse GA **03**, 763; Kühne JZ **03**, 305; **04**, 743), schon gar nicht eine nicht endgültige und nicht bindende Einstellung nach § 170 II (EuGH NStZ-RR **09**, 109; ÖstOGH NStZ **05**, 344). Dass ein Gericht wegen der Tat von der Verfolgung ohne sachliche Prüfung deswegen abgesehen hat, weil ein anderer Staat Strafverfolgungsmaßnahmen eingeleitet hat, steht der Verfolgung der Tat durch diesen nicht entgegen (EuGH NJW **05**, 1337). Zur Klärung dem EuGH-Ges unterfallender Rechtsfragen vgl unten 207.

Weitere unterschiedlich ausgestaltete **Verbote der Doppelverfolgung** enthalten Art VII (8) NTS, Art 10 des Jugoslawien-IStGH-Statuts und Art 9 des Ruanda-IStGH-Statutes (vgl Einl 207 a) sowie jeweils Art 7 des Übk vom 26. 7. 1995 auf Grund von Art K. 3 des Vertrags über die EU über den Schutz der finanziellen Interessen der EG (BGBl II 2324) und des entspr Protokolls vom 27. 9. 1996 (BGBl II 2342). Der BTag hat am 7. 9. 1998 das Übk vom 25. 5. 1987 zwischen den Mitgliedstaaten der EG über das Verbot der Doppelbestrafung ratifiziert (BGBl II 2227); es ist noch nicht in Kraft getreten, wird aber schon von allen EU-Staaten außer Griechenland, Luxemburg, dem Vereinigten Königreich, Spanien, Schweden und Finnland als solches neben Art 54 SDÜ vorzeitig angewendet. Erg unten 215 ff. **177b**

Auch die förmliche **Abgabe von Verfahren** kann auf Grund völkerrechtlicher Vereinbarung (vgl etwa Art XV des Deutsch/Österreichischen Ergänzungsvertrages zum EuRHÜbk, BGBl 1975 II 1157; 1976 II 1818) zum Verfahrenshindernis im abgebenden Staat führen (Karlsruhe GA **88**, 378). Zu Entscheidungen supranationaler Gerichte vgl BGH **24**, 54, 57. **177c**

k) Eine **disziplinare Ahndung** wegen eines Verhaltens, das zugleich eine dienstliche oder berufliche Verfehlung und eine Straftat darstellt, verbraucht die Strafklage nicht (BVerfGE **21**, 378, 391 = NJW **67**, 1654; BVerfGE **27**, 180, 184; KG StV **87**, 519 mit Anm Frister). Denn Art 103 III GG greift nur ein, wenn die **178**

Verhängung einer weiteren echten Kriminalstrafe in Frage steht (BVerfGE **43**, 101, 105 = NJW **77**, 293). Umgekehrt ist eine Ahndung im Disziplinarverfahren wegen solcher Tatsachen ausgeschlossen, die Gegenstand einer gerichtlichen Entscheidung waren, die zum Freispruch der betreffenden Person von dem Vorwurf einer Straftat oder einer OWi geführt hat (vgl Feuerich NJW **88**, 183 zum ehrengerichtlichen Verfahren). In einem solchen Fall kommt disziplinare Ahndung nur noch insoweit in Betracht, als das Verhalten, ohne den Tatbestand einer Strafvorschrift oder einer Bußgeldvorschrift zu erfüllen, eine ahndbare Pflichtverletzung enthält (vgl § 16 III WDO; § 14 BDG; § 118 II BRAO; § 109 II StBerG; § 83 II WPO; § 102 II PatAO).

179 Zu einer Art **Anrechnung** kann es auf folgende Art kommen: Eine disziplinare Ahndung kann die Entscheidung nach §§ 153, 153a in der Beurteilung des öffentlichen Interesses beeinflussen. Außerdem muss ein bereits verbüßter Disziplinararrest gegen einen Soldaten bei der Berechnung einer Freiheitsstrafe berücksichtigt werden (BVerfGE **21**, 391 = NJW **67**, 1654 mit krit Anm Rupp; BVerfGE **27**, 180 = NJW **70**, 507 mit krit Anm Kreuzer); ebenso muss Disziplinarbuße auf die Geldstrafe angerechnet werden, wenn sie wegen derselben Tat verhängt worden ist (Hamm NJW **78**, 1063).

180 l) Auf eine **Ordnungswidrigkeit** erstreckt sich der Strafklageverbrauch nach § 84 I OWiG. Auch die rechtskräftige gerichtliche Entscheidung über eine OWi erzeugt eine Sperrwirkung gegen spätere Strafverfolgung (§ 84 II OWiG).

181 C. Der **Strafbefehl,** der nur wegen Vergehens zulässig ist, ergeht schriftlich in einem Beschlussverfahren. Er verbraucht bei Rechtskraft die Strafklage im selben Umfang wie ein rechtskräftiges Urteil (12 zu § 410).

182 D. **Beschlüsse,** die eine das Verfahren beendigende Sachentscheidung enthalten, haben im Vergleich zu den freisprechenden Urteilen ebenfalls nur eine beschränkte materielle Rechtskraft (Loos JZ **78**, 592). Denn wenn sich neue Tatsachen oder Beweismittel ergeben, die im Zusammenhang mit den bereits beim Erlass des Beschlusses bekannten Tatsachen die Erhebung der öffentlichen Klage gegen denselben Beschuldigten wegen derselben Tat rechtfertigen, ist ein neues Verfahren zulässig, wie sich aus den §§ 174 II, 211 sowie § 47 III **JGG** ergibt. Das mit der Sache neuerdings befasste Gericht stellt bei der Eröffnung des Hauptverfahrens fest, dass die materielle Rechtskraft des früheren Beschlusses auf Grund neuer Tatsachen oder Beweismittel entfallen ist. Das gilt auch für den Beschluss nach § 153 II (dort 37, 38), nach § 153b II oder nach § 154 II (dort 17). Vgl dazu Radtke, Zur Systematik des Strafklageverbrauchs verfahrenserledigender Entscheidungen im Strafprozess, 1994, S 139ff.

183 E. **Bei der Einstellung des Verfahrens nach Erfüllung auferlegter und übernommener Pflichten** und Weisungen (§ 153a I S 4, II) entsteht ein weitergehendes Verfahrenshindernis als bei sanktionsloser Verfahrenseinstellung (52 zu § 153a).

184 F. Die **Teilrechtskraft** (vgl Bruns, Teilrechtskraft und innerprozessuale Bindungswirkung des Strafurteils, 1961), dient einer vernünftigen verfahrenswirtschaftlichen Ersparung richterlicher Überholungs- und Nachbesserungsarbeiten. Sie entsteht entweder durch Teilanfechtung (§§ 318, 344 I) oder durch Teilaufhebung des Urteils und ist sowohl quantitativ als auch qualitativ weniger als die volle Rechtskraft (Bruns NStZ **84**, 131).

185 a) **Zwei Formen** sind zu unterscheiden: Die **vertikale** Teilrechtskraft beschränkt sich auf einen Teil des Prozessstoffes, der selbst Gegenstand eines eigenen Verfahrens hätte sein können, also auf die Frage der Bestrafung eines von mehreren Angeklagten oder auf eine von mehreren Taten (§ 264). Sind mehrere Taten Gegenstand des Verfahrens und ist eine davon hinsichtlich aller Angeklagter rechtskräftig abgeurteilt, so entsteht insoweit die Wirkung voller Rechtskraft (Bay JZ **60**, 31).

Bei der **horizontalen** Teilrechtskraft dagegen handelt es sich um eine Stufe im Verfahren gegen einen Angeklagten wegen einer Tat, namentlich um die Rechtskraft des Schuldspruchs. Sie führt noch nicht zum Strafklageverbrauch (BGH NJW **80**, 1807; Gössel Rieß-FS 120), sondern ist nur Verfahrenshindernis für ein anderweitiges Strafverfahren (BGH **28**, 119 mit Anm Grünwald JR **79**, 300; oben 171) und schafft eine innerprozessuale Bindungswirkung (Gössel aaO; erg 31 zu § 318). **185a**

b) Die **Bestandskraft bei Änderung der Rechtslage** ist für das teilrechtskräftige Urteil geringer als die für das vollrechtskräftige. Das zeigt sich deutlich bei den Verfahrenshindernissen (oben 151). Auch die §§ 354a, 357 führen zur Aufhebung des teilrechtskräftigen Urteils. Der Rechtsgedanke des § 354a ist in jeder Lage des Verfahrens anwendbar (Bay JZ **61**, 390 mit zust Anm Hardwig = JR **61**, 351 mit zust Anm Mittelbach; Oldenburg NdsRpfl **62**, 237), auch bei Rechtskraft des Schuldspruchs. Ferner entfällt die Beschränkung der Berufung auf das Strafmaß und damit die Rechtskraft des Schuldspruchs, wenn die Strafnorm nichtig ist (Bay **62**, 216). **186**

c) **Bestand der tatsächlichen Feststellungen bei horizontaler Teilrechtskraft:** Der neuerlich mit der Sache befasste Tatrichter darf sich nicht in Widerspruch zu den Feststellungen setzen, die dem in Teilrechtskraft erwachsenen Urteilsspruch zugrunde liegen (BGH **7**, 283; **24**, 274; **28**, 119 = JR **79**, 299 mit Anm Grünwald). Bindend sind in 1. Linie die Tatsachen, in denen die Tatbestandsmerkmale zu finden sind, darüber hinaus aber auch die – weitergehenden – Feststellungen zum Tatgeschehen iS des geschichtlichen Vorgangs (BGH **30**, 340: Feststellungen, die das Tatgeschehen näher umschreiben) und die Tatsachen, aus denen der Beweis hierfür abgeleitet wird; denn auch sie sind Grundlage des Schuldspruchs, selbst wenn sie als sog doppelrelevante Feststellungen zugleich für den Rechtsfolgenausspruch Bedeutung haben (BGH **24**, 274; **28**, 119; BGH MDR **80**, 275 [H]; vgl zu dem Problem Kleinknecht JR **68**, 467 zu BGH **22**, 90). Die entspr Prüfungsbeschränkung tritt ein, wenn von vornherein nur der Rechtsfolgenausspruch angefochten worden ist. In diesem Fall ist es nur zulässig, die Sachdarstellung des 1. Urteils zu ergänzen; es dürfen aber nicht Feststellungen getroffen werden, die den vom Erstrichter zum Schuldspruch getroffenen widersprechen würden (Bay **88**, 173 = NZV **89**, 204). **187**

d) **Grundlage der Tatsachenbindung:** Diese lässt sich nicht aus der Rechtskraft ableiten. Denn nur eine Entscheidung, nicht Feststellungen sind der Rechtskraft fähig. Eine Tatsachenbindung gehört nicht zum Wesen der Rechtskraft (oben 170). Sie kann nur aus den §§ 327, 352 I, 353 II und aus dem Grundsatz der Einheitlichkeit der Urteilsfeststellungen abgeleitet werden. Bei Teilanfechtung wird aber die notwendige Tatsachenprüfung nicht dadurch eingeschränkt, dass die den rechtskräftigen Teil der Entscheidung tragenden Tatsachen zugleich für den angefochtenen Teil von Bedeutung sind (Zipf JR **78**, 251; erg 24 zu § 318). **188**

e) **Grenzen der Tatsachenbindung:** Die (noch verbleibende) Bindung besteht auch dann, wenn im weiteren Verfahren bei der noch ausstehenden Prüfung widersprechende Tatsachen hervortreten (BGH **14**, 30, 36; str; vgl Grünwald S 91 ff; Kleinknecht JR **68**, 467; Spendel ZStW **67**, 508; erg 21 zu § 353). **189**

10) Gesetzesauslegung: **190**

Die Auslegungsmethoden, die juristische Methodologie, die Reihenfolge des methodischen Vorgehens und die Vollständigkeit der Prüfung sind Gegenstand zahlreicher Untersuchungen, zB Baumann, Beiträge zur Strafrechtsdogmatik, 1987: Die natürliche Wortbedeutung als Auslegungsgrenze im Strafrecht; Engisch, Einführung in das juristische Denken, 8. Aufl, 1983; Larenz, Methodenlehre der Rechtswissenschaft, 5. Aufl, 1983; F. Müller, Juristische Methodik, 3. Aufl, 1989, der neben der Berücksichtigung der Norm auch die der Strukturen der Wirklichkeit verlangt (S 121–182); Heusinger, Rechtsfindung und Rechtsfortbildung im

Spiegel richterlicher Erfahrung, 1975; Gössel Peters-FS 41 ff; Esser, Vorverständnis und Methodenwahl in der Rechtsfindung, 2. Aufl, 1972; Lautmann, Soziologie vor den Toren der Jurisprudenz, 1971; Zippelius, Einführung in die juristische Methodenlehre, 4. Aufl, 1985; Grüber JZ **74**, 665 mit weit Angaben.

191 A. **Nach dem Rechtsstaatsprinzip** (oben 18 ff) muss die Auslegung den materialen Wertvorstellungen entsprechen, die sich aus dem GG, insbesondere aus den Grundrechten (BVerfGE **7**, 198 = NJW **58**, 257; Arndt DRiZ **59**, 201), der **MRK** (5 vor Art 1 MRK) und dem Gesamtgefüge unserer Rechtsordnung (BVerfGE **7**, 282, 291 = NJW **58**, 540) ergeben. Dabei ist auch das Rangverhältnis zwischen verschiedenen Normengruppen zu beachten, zB Art 31 GG. Über das Rangverhältnis der **MRK** zum GG und den gewöhnlichen Gesetzen vgl 3 vor Art 1 MRK.

192 Jede Auslegung der Gesetze betrifft deren **Geltungsbereich.** Daher sind die geschriebenen oder ungeschriebenen Auslegungsregeln – zB *lex posterior derogat priori* – Bestandteil der Rechtsordnung (Draht, Grund und Verbindlichkeit des Rechts, S 23), soweit sie allgemein anerkannt sind. Dagegen sind die durch Auslegung gewonnenen Leitsätze zur Auslegung der einzelnen Gesetzesbestimmungen nicht bindendes Recht, selbst bei gefestigter oder ständiger höchstrichterlicher Rspr, solange sie nicht zu Gewohnheitsrecht geworden ist (18 ff zu § 132 GVG; 11 vor § 141 GVG).

193 B. Die **verfassungskonforme Auslegung** (vgl dazu Krey 1/37 ff und Studien zum Gesetzesvorbehalt im Strafrecht, 1977, S 69 ff; erg unten 218 ff) darf nicht dazu führen, dass einem im Wortlaut und Sinn eindeutigen Gesetz ein entgegengesetzter Sinn gegeben wird (BVerfGE **8**, 28 = NJW **58**, 1227 mit Anm Stern 1435; BGH **13**, 117). Ist jedoch bei einer möglichen Interpretation ein Widerspruch zum GG festzustellen, bei einer anderen dagegen nicht, so ist diese maßgebend (BVerfGE **40**, 88, 94 = NJW **75**, 1355), selbst wenn dem subjektiven Willen des früheren Gesetzgebers (vgl unten 194) die Erstere eher entsprechen würde (BVerfGE **32**, 373, 383 = NJW **72**, 1123). Im Zweifelsfall ist diejenige Auslegung zu wählen, die die juristische Wirkungskraft der Grundrechtsnorm am stärksten entfaltet (BVerfGE **6**, 55, 72 = NJW **57**, 417; BVerfGE **32**, 54, 71 = NJW **71**, 2299; BVerfGE **39**, 1, 38 = NJW **75**, 573, 575). Willkür ist auch bei der Auslegung unzulässig. Sie ist im objektiven Sinn zu verstehen und liegt vor bei tatsächlicher und eindeutiger Unangemessenheit einer Maßnahme im Verhältnis zu der tatsächlichen Situation, deren sie Herr werden soll (BVerfGE **42**, 64, 73 = NJW **76**, 1391).

194 C. Der **objektivierte Wille des Gesetzgebers,** wie er sich aus dem Wortlaut der Gesetzesbestimmung (unten 196), dem Sinnzusammenhang und dem erkennbaren Zweck der Vorschrift ergibt, ist maßgebend (BVerfGE **45**, 272, 288; BGH **31**, 128, 130). Der Wille des Gesetzgebers fällt nach dieser objektiven Auslegungsmethode zusammen mit dem Willen des Gesetzes; dem subjektiven Willen des historischen Gesetzgebers kommt im Allgemeinen nur bestätigende Bedeutung zu; zuweilen spielt aber der „genetische Aspekt" eine Rolle (nach Naucke Engisch-FS 280 gilt die objektive Auslegung nur, wenn die subjektive versagt). Vorstellungen des Gesetzgebers, die im Gesetzeswortlaut keinen Niederschlag gefunden haben, sich aber ausschließlich zu Gunsten des von der strafrechtlichen Bestimmung Betroffenen auswirken, dürfen berücksichtigt werden (BGH **52**, 31, 37 = JR **08**, 207, 209 mit abl Anm Zschieschack/Rau; BGH 1 ARs 3/08 vom 2. 4. 2008; zw BGH 4 StR 314/07, 391/07 vom 5. 2. 2008; eingehend dazu Kudlich JR **08**, 257).

195 D. Die **weiteren Auslegungsmethoden,** die zur Erfassung des objektivierten Willens des Gesetzgebers führen und, wie jegliche Rechtsanwendung und Auslegung, auf die gerechte Lösung von Rechtsproblemen abzielen, sich also in diesem Sinn gegenseitig ergänzen (Gribbohm MDR **66**, 976), sind:

196 a) Die **grammatische Auslegung:** Jede Auslegung fängt beim Wort an (BGH **3**, 262; **14**, 118; **18**, 152; **19**, 307). Rein formelle Erwägungen dürfen aber nicht das entscheidende Gewicht erhalten (BGH **6**, 398; **10**, 88; Zimmermann NJW **56**, 1262). Die auf Grund des Wortlauts gewonnenen Ergebnisse sind an Sinn und Zweck der Bestimmung zu messen (BGH **27**, 236, 238; **30**, 97, 101). Eine Begriffsjurisprudenz ist auch im Strafverfahrensrecht zu verwerfen. Ist der Wortlaut eindeutig und führt er zu einer sinnvollen Anwendung des Gesetzes, so sind der Auslegung in einem anderen Sinn unter dem Gesichtspunkt der Gewaltenteilung Grenzen gesetzt (BVerfGE **8**, 28, 33 = NJW **58**, 1227).

b) Die **systematische Auslegung** berücksichtigt bei der Ermittlung des Sinnes 197 der Bestimmung deren Zusammenhang mit anderen Normen desselben oder eines anderen Gesetzes. Denn auch die Rechtsvergleichung zwischen verschiedenen Rechtsgebieten kann innere Gemeinsamkeiten ergeben und zur Systematisierung rechtlicher Argumentation und zu Auslegungskomponenten führen (Clemens, Strukturen juristischer Argumentation, 1977). In diese Gesamtbetrachtung ist auch eine gefestigte Rspr einzubeziehen (BVerfGE **45**, 363, 372), besonders bei Generalklauseln oder unbestimmten, wertausfüllungsbedürftigen Rechtsbegriffen (BVerfG aaO). Die erweiternde Anwendung einer Vorschrift ist grundsätzlich nur dann statthaft, wenn das Ergebnis der Gerechtigkeit entspricht (BGH **16**, 168, 173).

Die – verfassungsrechtlich grundsätzlich unbedenkliche (BVerfGE **82**, 6 = 198 JZ **90**, 811 mit Anm Roellecke) – **Analogie,** die über die erweiternde Auslegung hinausgeht, also keine Auslegung des Gesetzes ist, aber zu dieser fließende Grenzen hat, setzt voraus, dass der zu entscheidende Fall von dem gesetzlichen Normfall nur unwesentlich abweicht, also rechtsähnlich ist (Hamm MDR **70**, 1030). Sie stellt eine Verallgemeinerung durch Gleichbewertung eines gesetzlich geregelten spezifischen Falltypus mit dem vorliegenden gesetzlich nicht geregelten Falltypus dar. Analogie ist im materiellen Strafrecht zur Ausfüllung von Gesetzeslücken (unten 202) unzulässig, soweit es sich um Strafbegründung oder -schärfung handelt (§ 1 StGB; Art 103 II GG; Art 7 MRK; Krey, Studien zum Gesetzesvorbehalt im Strafrecht, 1977), im Verfahrensrecht aber zulässig (KG NJW **79**, 1668, 1669; **aM** LR-Lüderssen/Jahn Einl M 47; einschr auch Welp JR **91**, 267 mwN in Fn 24: nicht bei Eingriffen in grundgesetzlich geschützte Rechte, und Jäger GA **06**, 615: im Bereich der beweisbildenden Verfahrensnormen), und zwar auch, soweit sie sich zuungunsten des Beschuldigten auswirkt (zum „Zwang" vgl oben 45). Sieht das Gesetz selbst entspr Anwendung anderer Bestimmungen vor, so findet sie ihre Grenze dort, wo Sinn und Zweck des Verfahrens der Heranziehung der anderen Bestimmungen entgegensteht (vgl BGH NJW **59**, 347).

c) Die **teleologische Auslegung** (krit dazu Herzberg NJW **90**, 2525) stellt im 199 Rahmen der vom Gesetzeswortlaut (oben 196) noch gedeckten Spannweite auf den Zweck (das Telos), den objektiven Zweckgehalt der Norm unter Berücksichtigung der Praktikabilität, ab. Ausnahmebestimmungen sind nach einer alten Regel eng auszulegen (BGH **25**, 126; **26**, 270; **30**, 168, 170). Jedoch gilt dieser Grundsatz nicht durchgängig (BVerfGE **47**, 239, 250 = NJW **78**, 1149, 1150), insbesondere nicht, wenn die Ausnahme selbst ein bestimmtes – wenn auch engeres – Prinzip aufstellt (BAG NJW **55**, 886; Weinsheimer NJW **59**, 566). Die enge Auslegung ist jedenfalls dann nicht angebracht, wenn es um die Tragweite einer Einschränkung geht, die eine Ausnahme innerhalb der Ausnahme darstellt (BGH **27**, 236, 238). In diesem Fall darf die Gegenausnahme nicht auf Grund formaler Regeln, ohne sachliche Notwendigkeit, extensiv angewandt werden, um der „Primärausnahme" einen möglichst schmalen Anwendungsbereich zu sichern. Daher ist wohl schon heute davon auszugehen, dass die überkommene Auslegungsregel in einzelnen Fällen bei Berücksichtigung des Grundgedankens zu der Ausnahmebestimmung in ihr Gegenteil umgekehrt wird (Küper JZ **78**, 204). Die teleologische Auslegungsmethode berücksichtigt auch einen grundlegenden Wandel der gesellschaftlichen Lebensformen, der Denkweise und des Lebensgefühls (BVerfGE **10**, 354, 368 = NJW **60**, 619, 620) iS einer Anpassung an die berechtigten Bedürfnisse einer sich ständig wandelnden Gesellschaftswirklichkeit (BGH NJW **59**, 2262;

Arndt NJW **63**, 1279). Nicht zuletzt ist das Bedenken der möglichen Folgen, Neben- und Begleiterscheinungen weithin ebenfalls notwendiger Bestandteil der Auslegung (Ecker JZ **67**, 265). *In dubio pro reo* gilt bei der Auslegung nicht (RG **62**, 372; 37 zu § 261).

200 d) Die **authentische Auslegung** ist Auslegung durch eine Gesetzesbestimmung. In einem Gesetz kann aber nicht eine authentische Auslegung des GG gesehen werden (BVerfGE **12**, 45, 53 = NJW **61**, 355, 357).

201 e) Die **Vorrangfrage** spielt nur dann eine Rolle, wenn man auf dem Wege der verschiedenen Auslegungsmethoden zu verschiedenen Ergebnissen gelangen würde. Die hM räumt mit Recht dem objektiven – teleologischen Sinn des Gesetzes den Vorrang ein (in diesem Sinn ua BGH **10**, 157, 160).

202 E. Die **Ausfüllung einer Gesetzeslücke** kann notwendig werden, wenn das Gesetz ohne sie nicht verwirklicht werden kann (Bachof JZ **51**, 740). Um eine Gesetzeslücke handelt es sich nicht, wenn das Schweigen des Gesetzes planmäßig ist und daher eine Entscheidung bedeutet („beredtes Schweigen", Canaris, Die Feststellung von Lücken im Gesetz, 1964, S 40 ff). Bei der Gesetzeslücke kann es sich um eine Formulierungslücke handeln, die darauf beruht, dass der Gesetzgeber bei der Fassung einer Bestimmung einen Fall ersichtlich nicht bedacht hat (zB BGH **26**, 335, 338). Sie kann eine Wertungslücke sein. Bei dieser wäre das positive Recht zwar nach seinem Wortlaut an sich ohne Ergänzung widerspruchsfrei anwendbar, aber das Ergebnis gebietet eine andere Wertung (Zippelius, Einführung in die juristische Methodenlehre, S 68). Bei der Lückenausfüllung sucht der Auslegende einen Obersatz, der aus demselben, notfalls aus einem anderen Gesetz zu gewinnen ist, und leitet davon den lückenschließenden Auslegungssatz ab, und zwar mittels Erst-Recht-Schluss (Sonderfall des Analogieschlusses) oder Heranziehung von übergesetzlichen Rechtsgrundsätzen (Obermayer NJW **66**, 1889). Eine rechtsändernde richterliche Rechtsfortbildung setzt voraus, dass sich seit dem Erlass der Norm entweder die sachlichen Gegebenheiten oder die Gesamtrechtsordnung geändert haben (Jesch JZ **63**, 241; Wank, Grenzen richterlicher Rechtsfortbildung, 1978; krit unter Darstellung der rechtsstaatswidrigen geschichtlichen Entwicklung zwischen 1933 und 1945 Hillgruber JZ **08**, 745; vgl 18 ff zu § 132 GVG; oben 199). Wesentlich ist stets, dass es sich noch um Rspr handelt und nicht um Normsetzung, die den Gerichten nicht zukommt (BVerwGE **50**, 255, 262).

203 F. **Neues Prozessrecht** gilt bereits für die schwebenden Verfahren, wenn nichts anderes bestimmt ist (4 zu § 354 a), nicht nur hinsichtlich des Verfahrens, sondern auch für die Stellung der Verfahrensbeteiligten (oben 70) und für Maßnahmen gegen sie (Hamburg MDR **77**, 337). Es hat aber ohne ausdrückliche anderweitige Regelung keine rückwirkende Kraft. Ob eine Prozesshandlung ordnungsgemäß ist, richtet sich nach dem im Zeitpunkt ihrer Vornahme geltenden Recht (unklar LR-Kühne Einl E 22). Der Gerichtsstand wird aber, wenn nichts anderes bestimmt, durch nachträgliche Änderung der ihn begründenden Umstände, also auch durch ein neues Gesetz, nicht mehr geändert (vgl § 16). Auch sonst kann das Prinzip der Rückwirkung ausgeschlossen sein durch Gründe der Rechtssicherheit oder aus begrifflicher Unmöglichkeit (BayVerfGHE **5** II 243).

204 **11) Interlokales Strafverfahrensrecht und supranationale Gerichtsbarkeit:**

205 A. Das **Verfahrensrecht des Gerichtsortes** gilt nach der Kollisionsregel bei innerstaatlicher Verschiedenheit des Verfahrensrechts. Im Revisionsrechtszug ist für die Frage der Ordnungsmäßigkeit des Verfahrens durch den Tatrichter das Recht maßgebend, das am Sitz des Tatrichters gilt (vgl BGH **2**, 305; **7**, 40). Das in dem einen Land bestehende Verfahrenshindernis steht der Strafverfolgung derselben Tat in einem anderen Land, in dem ebenfalls ein Gerichtsstand begründet ist, nicht entgegen, soweit das Gesetz nichts anderes bestimmt (wie zB in § 152 a). Das Verfahrenshindernis, das nur im Bezirk des ersuchten Gerichts, nicht auch für das

ersuchende Gericht gilt, hindert nicht die Durchführung einer Untersuchungshandlung durch das ersuchte Gericht (§ 162; § 158 GVG, dort 2, 3).

B. Der **Vertrag von Lissabon** zur Änderung des Vertrags über die EU und des Vertrags zur Gründung der EG, unterzeichnet in Lissabon am 13. 12. 2007 (ABl der EU vom 17. 12. 2007 – 2007/C 306), ist am 1. 12. 2009 in Kraft getreten. Das BVerfG (NJW **09**, 2267) hat das Zustimmungsgesetz gem § 59 II GG für verfassungskonform befunden. Der Vertrag bekräftigt den Grundsatz gegenseitiger Anerkennung gerichtlicher Entscheidungen. Schrittweise sollen einheitliche Mindeststandards für Beschuldigtenrechte durch die EU festgeschrieben werden. In Art 47 ff des Vertrages sind zentrale Grundsätze des europäischen Verfahrensrechts enthalten, nämlich das Recht auf einen wirksamen Rechtsbehelf, auf ein unparteiisches Gericht und auf Prozesskostenhilfe (Art 47), die Garantie der Unschuldsvermutung und von Verteidigungsrechten (Art 48), die Grundsätze *nulleum crimen, nulla poena sine lege* und die Verhältnismäßigkeit von Strafen (Art 49) sowie das Verbot mehrfacher Strafverfolgung (Art 50). Zu den strafrechtlichen Inhalten des Vertrages im einzelnen vgl Böse ZIS **10**, 76, F. Meyer NStZ **09**, 657, Frenz/Wübbenhorst wistra **09**, 449, Kubiziel GA **10**, 99, Mansdörfer HRRS **10**, 11 und Spemann StraFo **09**, 499. 206

C. **Supranationale Gerichtsbarkeit** übt der EuGH in Luxemburg aus (vgl auch Art 19 Buchst b **MRK**). Dort finden bisher zwar keine Strafverfahren statt, wohl aber Bußgeldverfahren (BGH **24**, 54). Dieses Gericht ist nicht einem ausländischen gleichzusetzen (BGH aaO). Zu den Bestrebungen, die Tätigkeit der Strafverfolgungsbehörden im Rahmen der EG zu harmonisieren, vgl Zuleeg JZ **92**, 761. Der EuGH trifft auf der Grundlage von Art 35 EUV Vorabentscheidungen über die Auslegung der Übk nach Art VI (Polizeiliche und Justitielle Zusammenarbeit); vgl hierzu Ges vom 6. 8. 1998 (BGBl I 2035 – EuGHG), das Vorlagerechte und Pflichten deutscher Gerichte näher definiert. Der EuGH ist allein zur Klärung dem EuGHG unterfallender Rechtsfragen berufen; die Anrufung des BGH nach § 42 IRG insoweit ist unzulässig (BGH **47**, 326 = JZ **02**, 1173 mit zust Anm Vogel). Soweit von der EU erlassene Richtlinien nicht ordnungsgemäß oder nicht rechtzeitig in nationales Recht umgesetzt worden sind, kann nach der Rspr des EuGH die Richtlinie ggf unmittelbar angewendet oder das mitgliedstaatliche Recht richtlinienkonform ausgelegt werden; EuGH StV **06**, 1 (eingehend dazu Gärditz/Gusy GA **06**, 225 hat dies auch auf Rahmenbeschlüsse ausgedehnt (dazu krit Tinkl StV **06**, 36). 207

Der **Internationale Strafgerichtshof** zur Verfolgung für im Hoheitsgebiet des ehemaligen Jugoslawien begangene Verstöße gegen humanitäres Völkerrecht ist durch die Resolution 827 des Sicherheitsrats der Vereinten Nationen vom 25. 5. 1993 mit Sitz in Den Haag errichtet worden. Die BRep hat am 10. 4. 1995 (BGBl I 485) das Ges über die Zusammenarbeit mit dem ICTY erlassen (vgl dazu Schomburg NStZ **95**, 428; Trautwein NJW **95**, 1658); im Einzelnen Ambos NStZ **98**, 123; NJW **98**, 1444; ZStW **111**, 175; Kreß NStZ **00**, 617. Zu dem durch Resolution 955 eingesetzten ICTR für Ruanda hat die BRep am 4. 5. 1998 (BGBl I 843) das entspr Ges erlassen. 207a

Die Bemühungen, einen **permanenten** Internationalen Strafgerichtshof zu errichten (vgl dazu Ambos ZRP **96**, 263; NJW **01**, 405; Ostendorf ZRP **96**, 467; Triffterer Zipf-GS 493), haben am 17./18. 7. 1998 in Rom zur Verabschiedung eines Gründungsstatuts (BGBl 2000 II 1393) durch die diplomatische Staatenkonferenz der Vereinten Nationen geführt. Der IStGH hat seinen Sitz in Den Haag und ist für die Verfolgung von Völkermord, Verbrechen gegen die Menschlichkeit, Kriegsverbrechen und das Verbrechen des Angriffskriegs zuständig (Kinkel NJW **98**, 2650; Roggemann NJ **98**, 505; Hermsdörfer JR **01**, 6; Stahn EuGRZ **98**, 577; Werle JZ **01**, 885); die Strafverfolgung durch nationale Gerichte hat aber Vorrang (vgl Kaul ZIS **07**, 494). Deutschland hat das Statut ratifiziert; Grundlage ist das IStGV-StatutG vom 4. 12. 2000 (BGBl II 1993). Das Statut ist – 207b ebenso wie das Ausführungsgesetz zum römischen Statut (RSAG; BGBl I 2144; dazu MacLean ZRP **02**, 260) – am 1. 7. 2002 in Kraft getreten, nachdem es inzwischen von mehr als 60 Staaten ratifiziert worden ist (Schomburg NJW **02**, 1630); der IStGH hat am 11. 3. 2003 seine Arbeit aufgenommen. Am 30. 6. 2002 ist ferner das Deutsche Völkerstrafgesetzbuch (VStGB, BGBl I 2254) in Kraft getreten, das das Statut von Rom umsetzt und eine Verfolgung von Völkerrechtsverbrechen auch durch die deutsche Justiz ermöglicht (vgl § 153 f).

207c Das „Grünbuch" der EG-Kommission vom 11. 12. 2001 sieht ua die Schaffung einer **Europäischen Staatsanwaltschaft** vor (vgl BR-Drucks 51/02; Herbert DRiZ **02**, 209); es wird zZ in den Mitgliedstaaten diskutiert („Zur Europäisierung der Strafverfolgung" vgl ZStW **115**, 275–474 = Beiträge in der Außerordentlichen Tagung der deutschsprachigen Strafrechtslehrer am 7./8. 11. 2003 in Dresden). Danach soll es einen weisungsunabhängigen Europäischen StA geben, dem aus den Mitgliedstaaten abgeordnete StAe unterstellt sind, die in ihren jeweiligen Staaten nach Weisung des Europäischen StA die Verfolgung der gemeinschaftsrechtlichen Delikte betreiben (vgl dazu Radtke GA **04**, 16, der mit Recht bemängelt, dass hier ein Strafverfolgungsorgan geschaffen würde, „das keine eigene, sein Handeln leitende und begrenzende Strafverfahrensordnung aufweist"; krit auch – mit Hinblick auf die Verteidigung – Satzger Widmaier-FS 558; dort auch zur angedachten Institutionalisierung eines „Eurodefensors").

207d Nachdem das erste **Europäische Haftbefehlsgesetz** vom 21. 7. 2004 (BGBl I 1748) durch das BVerfG (BVerfGE **113**, 273 = NJW **05**, 2289) für nichtig erklärt worden war, gilt nun das Europäische Haftbefehlsgesetz (EuHbG) vom 20. 7. 2006 (BGBl I 1721); es soll das Auslieferungsverfahren zwischen den Mitgliedstaaten der EU vereinfachen und verkürzen. Erg 9 vor § 112.

207e Mit der Etablierung von **OLAF** (= Organisation de la Lutte Anti-Fraude, vormals UCLAF) ist eine Institution mit einer Art länderübergreifender strafprozessualer Befugnis geschaffen worden (VO EG Nr 1073/1999); die Mitarbeiter von OLAF dürfen in voller Unabhängigkeit ua innerhalb der Organe der Europäischen Gemeinschaften Untersuchungen zur Bekämpfung von Betrug, Korruption und sonstigen rechtswidrigen Handlungen zum Nachteil der finanziellen Interessen der Gemeinschaften durchführen (vgl Kühne 94 ff; Satzger 9, 18 ff).

207f Der polizeilichen Zusammenarbeit dient **Europol** (Art 29 ff EUV; die Europol-AbfrageV vom 22. 5. 2007 – BGBl I 940 – bezeichnet die in der BR zuständigen Behörden iSd Europol-Übk), der justiziellen Zusammenarbeit. Es gilt nun der Beschl des Rates (2009/371/II) vom 6. 4. 2009 zur Errichtung des Europäischen Polizeiamts (BGBl I 2504); eingehend dazu Niemeier/Walter Kriminalistik **10**, 17. **Eurojust** (Art 31 II EUV) hat seinen Sitz in Den Haag; hierzu ist das Eurojust-Gesetz vom 12. 5. 2004 ergangen (BGBl I 902), das die Kompetenzen des deutschen Mitglieds von Eurojust bestimmt und außerdem die Bedingungen des Daten- und Informationsaustauschs deutscher Gerichte und Strafverfolgungsbehörden mit Eurojust regelt; den Strafverteidigern ist der Zugang zu Eurojust verwehrt (vgl dazu Esser/Herbold NJW **04**, 2421; Esser GA **04**, 717). Zu Europol und Eurojust vgl Wolter Hilger-FG 287 ff und Kohlmann-FS 693 ff; eingehend zu Europol Ratzel Kriminalistik **07**, 284 ff und 428 ff sowie Qubain u. a. Kriminalistik **07**, 363 ff; vgl auch Alternativentwurf Europol und europäischer Datenschutz, 2008; erg 8b zu § 163.

207g Die **Europäische Beweisanordnung**, die am 21. 12. 2007 vom Europäischen Rat als Rahmenbeschluss formell angenommen worden ist (Rats-Dokument 13076/07), regelt neben dem etablierten System zwischenstaatlicher Rechtshilfe die Beweisaufnahme durch Herbeischaffung von Sachen, Schriftstücken und Daten (Satzger 9, 35 ff), während für Zeugenvernehmungen und verdeckte Überwachungsmaßnahmen bis auf weiteres die Regeln der konventionellen Rechtshilfe gelten (zur EBA 2007 eingehend Krüßmann StraFo **08**, 458; vgl ferner Ahlbrecht NStZ **06**, 70; Gazeas ZRP **05**, 18; Gleß StV **04**, 679; Heger ZIS **07**, 554; Kotzurek ZIS **06**, 123). Dass die Notwendigkeit eines europäischen Strafverfahrensrechts besteht und sich die BRep durch die Rspr des EGMR „auf dem Weg zu einem europäischen Strafverfahrensrecht“ befinde, legt Esser in seiner so bezeichneten umfangreichen Untersuchung (2002) dar (vgl auch Radtke GA **04**, 20). Zur Strafverteidigung in Europa vgl den Tagungsbericht von Nitschmann GA **04**, 655.

12) Internationales Strafverfahrensrecht: 208

A. Dieses **Rechtsgebiet** umfasst die im Inland unmittelbar geltenden Rechts- 209
normen, welche auslandsbezogene strafprozessuale Sachverhalte zum Gegenstand haben (vgl Vogel, Perspektiven des internationalen Strafprozessrechts, 2004, S 5); es behandelt insbesondere auch die Fragen, die sich daraus ergeben, dass zur Verfolgung vieler Straftaten Prozesshandlungen in mehreren Staaten vorgenommen werden. Soweit nicht eine andere zwischenstaatliche Regelung besteht, ist jeweils das Recht des Staates maßgebend, in dem die Untersuchungshandlung vorgenommen wird. Jedoch ist es völkerrechtlich anerkannt, dass an Bord eines Schiffes oder Luftfahrzeugs die StPO des Staates gilt, dem das Fahrzeug zuzurechnen ist (§ 4 StGB), solange sich dieses nicht in fremdem Hoheitsraum befindet (vgl Esser ZIS **09**, 277; Schnorr von Carolsfeld Maurach-FS 615; Wille, Die Verfolgung strafbarer Handlungen an Bord von Schiffen und Luftfahrzeugen, 1974). Mit Auslieferung, Durchlieferung und sonstiger Rechtshilfe in Strafsachen befassen sich das IRG sowie bilaterale und multilaterale ÜbK über die Rechtshilfe in Strafsachen (unten 214).

Gewährtes Asyl (Art 16 a I GG) steht einer Auslieferung grundsätzlich nicht 209a
entgegen (§ 4 S 2 AsylVfG); die Gefahr drohender Verfolgung ist im Auslieferungsverfahren selbstständig zu prüfen. Nach Art 16 II GG ist nunmehr die Auslieferung Deutscher an einen Mitgliedsstaat der EU oder einen IStGH zulässig, soweit rechtsstaatliche Grundsätze gewahrt sind.

B. Ein **Übergreifen** der Strafverfolgungstätigkeit des einen Staates in das Gebiet 210
des anderen ist grundsätzlich nicht zulässig. Soweit es überhaupt in Betracht kommt, setzt es die generelle (zB nach Art 39 ff SDÜ) oder im Einzelfall erteilte Genehmigung des ausländischen Hoheitsträgers voraus. Die Vernehmung durch eine konsularische Vertretung der BRep im Ausland ist innerstaatliche Rechtshilfe (§§ 2, 15 KonsG; BGH **26**, 140, 142). Im Übrigen leisten sich die Staaten nach Maßgabe der Auslieferungs- und Rechtshilfeverträge gegenseitige Rechtshilfe für ihre Strafverfahren (unten 215 ff). Die Übernahme der Strafverfolgung durch den anderen Staat ist ebenso zulässig wie die Abgabe an einen anderen Staat (erg oben 177 c).

C. Das **sog Strafrechtsanwendungsrecht** (§§ 3–7 StGB) betrifft das materielle 211
Strafrecht. Es hat aber insofern mittelbar prozessuale Bedeutung, als es dafür maßgebend ist, ob ein Verfahren wegen einer Auslandstat durchgeführt werden kann. § 153 c hebt für Auslandstaten das Legalitätsprinzip auf und ersetzt es durch das Opportunitätsprinzip.

D. **Kollisionsnormen** enthalten die Bestimmungen über die Exterritorialität. 212
Die Exterritorialen repräsentieren ihren Staat in einem fremden Staat oder stehen in besonders engen Beziehungen zu einem solchen Repräsentanten des Staates. Vgl dazu §§ 18–20 GVG.

E. **Ausländisches Strafprozessrecht** wird im deutschen Verfahren nicht an- 213
gewendet, auch nicht ein ausländisches Prozesshindernis bei der Verfolgung einer Auslandstat, wie zB die ausländische Verjährung (RG **40**, 402), oder rechtskräftige ausländische Aburteilung wegen derselben Tat (vgl § 51 III StGB; § 153 c II), es sei denn, völkerrechtliche Vereinbarungen sehen – zB bei der Erledigung von Rechtshilfeersuchen oder hinsichtlich des Strafklageverbrauchs – etwas anderes vor (vgl oben 177). Leistet der fremde Staat für ein ausländisches Verfahren Rechtshilfe, so ist sie wirksam, wenn er sein Prozessrecht beachtet (BGH **2**, 304; **7**, 12).

F. Die **Richtlinien für den Verkehr mit dem Ausland in strafrechtlichen** 214
Angelegenheiten (RiVASt) idF vom 8. 12. 2008 (abgedr bei Piller-Herrmann

unter 2f) sind Verwaltungsvorschriften der Bundesregierung und der Regierungen der Länder mit aktuellen Hinweisen. Sie werden vom BMJ im Einvernehmen mit dem Auswärtigen Amt auf dem laufenden gehalten.

215 G. Die **bi- oder multilateralen Übk über die Rechtshilfe in Strafsachen** gehen dem IRG vor (§ 1 III IRG), das im vertraglichen Bereich nur lückenfüllend heranzuziehen ist. Sie begründen völkerrechtliche Pflichten zur Unterstützung im Allgemeinen (Auslieferung, sonstige Rechtshilfe, Vollstreckungshilfe) oder für bestimmte Bereiche der Kriminalitätsbekämpfung (zB Drogenhandel, Geldwäsche; vgl dazu das Übk vom 8. 11. 1988, BGBl 1998 II 519). Sie dienen auch der Zusammenarbeit, wie etwa das NATO-Truppenstatut mit seinen Zusatzvereinbarungen (Anl 10ff); so grenzt Art VII NTS die deutsche Gerichtsbarkeit von der des Entsendestaates ab und regelt die Fälle der konkurrierenden Gerichtsbarkeit sowie die gegenseitige Unterstützungspflicht. Für das nationale Strafverfahren sind RechtshilfeÜbk häufig von unmittelbarer Bedeutung (Verfahrenshindernisse, Erreichbarkeit von im Ausland befindlichen Beweismitteln, Übermittlung von Urkunden usw, vgl SLGH Einl 46ff, 105ff).

215a Die wichtigsten allgemeinen multilateralen RechtshilfeÜbk für die BRep sind diejenigen des nunmehr 47 Staaten umfassenden Europarates (vgl dazu auch eingehend Kühne 70ff; Huber Hilger-FG 135): Das **Europäische Auslieferungsübereinkommen (EuAlÜbk)** vom 13. 12. 1957 (BGBl 1964 II 1369; 1976 II 1778; 1994 II 299) mit seinem 2. Zusatzprotokoll vom 17. 3. 1978 (BGBl 1991 II 874); es soll durch das EuÜbk zur Bekämpfung des Terrorismus vom 27. 1. 1977 (BGBl 1978 II 321, 907; vgl dazu BGH **29**, 211) und durch bilaterale Verträge – insbesondere mit Italien, den Niederlanden, Österreich und der Schweiz – ergänzt und erleichtert werden. Das Übk über das vereinfachte Auslieferungsverfahren vom 10. 3. 1995 (BGBl II 2229) sowie das Übk vom 27. 9. 1996 über die Auslieferung (BGBl II 2253) zwischen den Mitgliedstaaten der EU sind noch nicht in Kraft getreten; sie können aber vorzeitig angewendet werden, so das Übk vom 27. 9. 1996 zwischen Deutschland, Dänemark, Finnland, den Niederlanden, Portugal und Spanien und das Übk vom 10. 3. 1995 zwischen Deutschland, Dänemark, Finnland, den Niederlanden, Österreich und Schweden. Das Abkommen vom 26. 5. 1989 zwischen den Mitgliedstaaten der EG über die Vereinfachung und Modernisierung der Verfahren zur Übermittlung von Auslieferungsersuchen ist vorläufig anwendbar zwischen Deutschland, den Benelux-Staaten, Italien, Österreich, Schweden, Spanien und Großbritannien (BGBl 1998 II 965). Durch zusätzliche Verträge wird der Anwendungsbereich des EuAlÜbk näher bestimmt und zT erweitert (zB mit Österreich, der Schweiz und Frankreich, vgl BGBl 1975 II 1157, 1162 und 1977 II 1798 und 1818; 1975 II 1169, 1175 und 1977 II 1798, 1818; 1978 II 328).

215b Das **Europäische Übk über die Rechtshilfe in Strafsachen (EuRHÜbk)** vom 20. 4. 1959 (BGBl 1964 II 1369, 1386; 1976 II 1799; 1995 II 736) mit seinem Zusatzprotokoll vom 17. 3. 1978 (BGBl 1991 II 909), das durch bilaterale Verträge – insbesondere mit Frankreich, Italien, den Niederlanden und Österreich sowie durch das Schengener DurchführungsÜbk (unten 216) – erleichtert und ergänzt wird, schafft die Grundlage für möglichst alle Ersuchen um Unterstützung, die im Bereich der kleinen Rechtshilfe denkbar sind, oder in Verfahren, die mit einem Strafverfahren zusammenhängen (zB in Gnaden- und Wiederaufnahmeverfahren, in Verfahren zur Entschädigung für zu Unrecht erlittene Verfolgungsmaßnahmen, Tilgung von Eintragungen im BZR). Rechtshilfe gibt es auch im Strafnachrichtenaustausch (durch fallbezogenes Ersuchen im Einzelfall oder durch automatische Benachrichtigung anderer Vertragsstaaten, zB nach Art 13, 22 EuRHÜbk). Lediglich im Vollstreckungsbereich (Verhaftungen, Vollstreckung von Strafentscheidungen) ist die Rechtshilfe im EuRHÜbk nicht vorgesehen. Die Anordnung der Haft ist im EuAlÜbk geregelt. Liegt ein Ablehnungsgrund nach Art 2 EuRHÜbk vor, so steht es im Ermessen des ersuchten Staates, ob er Rechtshilfe leisten will (Näheres zum EuRHÜbk Walter NJW **77**, 983 ff mwN). Das EuRHÜbk vom 30. 4. 1959 ist inzwischen ergänzt worden durch das Übk vom 29. 5. 2000 über die Rechtshilfe in Strafsachen zwischen den Mitgliedstaaten der EU (BGBl 2005 II 650) mit dem Protokoll vom 16. 10. 2001 zu diesem Übk (BGBl 2005 II 661); das EuRhÜbk ist in der BRD am 2. 2. 2006 in Kraft getreten (vgl dazu BGH StV **07**, 627 mit Anm Schuster StV **08**, 396). Das Ges zur Umsetzung des Übk vom 22. 7. 2005 – Änderungen des IRG, ua Einfügung der §§ 61 a, 61 b, 83 j, 83 k – (BGBl I 2189) trat am 8. 8. 2005 in Kraft.

Das **ÜberstellungsÜbk (ÜberstÜbk)** vom 21. 3. 1983 (BGBl 1992 II 98) soll die Reintegration eines Verurteilten im Heimatstaat und die Entlastung der Vollzugsanstalten von Ausländern ermöglichen. Nationale verfahrensrechtliche Vorschriften hierzu enthält das Überstellungsausführungsgesetz vom 26. 9. 1991 (BGBl I 1954); vgl BVerfG NStZ **98**, 140 mit Anm Schomburg NStZ **98**, 142 zum Rechtsschutz gegen die Ablehnung eines Überstellungswunsches. Das SDÜ (unten 216) erleichtert in seinen Art 67 ff die Übertragung der Vollstreckung gegen in ihr Heimatland geflüchtete Verurteilte ebenso wie das EG-VollstrÜbk, das die Übertragung der Vollstreckung einer freiheitsentziehenden Strafe gemäß Art 3 nur an den Aufenthalt im zukünftigen Vollstreckungsstaat knüpft (erg 7 ff vor § 449). Es ist im Verhältnis zwischen Deutschland und den Niederlanden vorzeitig anwendbar. **215c**

Eine **Schnellübersicht über die Vertragsstaaten** dieser RechtshilfeÜbk (Rdn 215 a–215 c) mit Stand vom 1. 10. 2005 findet sich bei Schomburg NJW **05**, 3264. Die EU hält mittlerweile eine Vielzahl eigener Übk zur internationalen Rechtshilfe in Strafsachen vor, die jedoch derzeit nur zwischen einzelnen Staaten, die eine derartige Erklärung abgegeben haben, „vorzeitig angewendet" werden (vgl näher dazu SLGH vor Hauptteil III 20; Schomburg NJW **00**, 540). **215d**

Nach Art 48 ff des **SDÜ** vom 19. 6. 1990 zwischen der BRep, Frankreich und den Benelux-Staaten (BGBl 1993 II 1013, 1045 ff; 1998 II 1968) leisten sich diese sowie die Vertragsstaaten, für die das SDÜ nunmehr als Teil des EU-Besitzstandes auch in Kraft gesetzt worden ist – Griechenland, Italien, Österreich, Portugal, Spanien sowie Dänemark, Finnland, Island, Norwegen und Schweden – (dazu näher Plöckinger/Leidenmühler wistra **03**, 82), ferner die Schweiz und Liechtenstein weitergehende Rechtshilfe in Strafsachen, zB auch für Zuwiderhandlungen gegen Ordnungsvorschriften, in Verfahren über Ansprüche auf Entschädigung für Strafverfolgungsmaßnahmen, in Gnadensachen, Steuersachen usw (vgl auch Schübel NStZ **97**, 107; erg 25 zu § 37). **216**

13) Verfahren zur Wahrung der Verfassung: **217**

A. **Angewandtes Verfassungsrecht** ist die StPO (BVerfGE **32**, 373, 383 = NJW **72**, 1123, 1125; BGH **19**, 325, 330; Bay **78**, 152, 155 = NJW **79**, 2624; oben 5). Gesetz und Rspr sind stets am GG zu messen. Grundrechtsverletzungen können mit den strafprozessualen Rechtsmitteln, insbesondere mit der Revision (§ 337 II), gerügt werden. Die Strafgerichte sind verpflichtet, sie zu heilen, wenn die Vorschriften der StPO das ermöglichen (Meyer Kleinknecht-FS 267; Zuck JZ **85**, 921; 1 zu § 33 a). Das BVerfG entscheidet im konkreten Normenkontrollverfahren (unten 219 ff) über die Vereinbarkeit des Gesetzes mit dem GG; auf Verfassungsbeschwerde (unten 230 ff) prüft es darüber hinaus, ob Gesetze oder Entscheidungen der Strafgerichte gegen das GG verstoßen. **218**

B. **Konkretes Normenkontrollverfahren:** **219**

a) Ein **Entscheidungsmonopol des BVerfG** begründet Art 100 I GG. Die Fachgerichte dürfen Gesetze im formellen Sinn (BVerfGE **1**, 184 = NJW **52**, 497), auf deren Gültigkeit es bei der Entscheidung ankommt, nicht für verfassungswidrig erklären; nur die Entscheidung, dass ein Gesetz mit dem GG vereinbar ist, steht ihnen zu. Art 100 I GG bezieht sich nicht auf vorkonstitutionelle, dh vor dem 24. 5. 1949 verkündete Gesetze (BVerfGE **2**, 124, 128 ff = NJW **53**, 497; BVerfGE **32**, 296 = NJW **72**, 571), sofern nicht bei einer späteren Änderung oder Er- **220** gänzung der „konkrete Bestätigungswille" des Bundesgesetzgebers erkennbar geworden ist (BVerfGE **6**, 55, 65 = NJW **57**, 417; BVerfGE **63**, 181 = NJW **83**, 1968). Art 100 I GG gilt auch nicht für das EG-Recht, sofern es sich nicht nur um die deutschen Zustimmungsgesetze handelt (BVerfGE **52**, 187, 202 = NJW **80**, 519; Tomuschat NJW **80**, 2611; vgl aber BVerfGE **37**, 271 = NJW **74**, 1697). Die Möglichkeit der Vorlage an den EuGH nach Art 177 EWG-Vertrag schließt die Vorlage an das BVerfG nicht aus (BVerfGE **69**, 174, 183 = NJW **85**, 2522). Bei Zweifeln darüber, ob eine Regel des Völkerrechts Bestandteil des Bundesrechts ist und ob sie nach Art 25 GG unmittelbare Rechte und Pflichten für den Einzelnen begründet, ist die Anrufung des BVerfG nach Art 100 II GG iVm §§ 13 Nr 12, 83, 84 BVerfGG vorgeschrieben. Bei Meinungsverschiedenheiten über das Fortgelten des früheren Rechts als Bundesrecht besteht das Entscheidungsmonopol des BVerfG nach Art 126 GG.

221 b) Die **Vorlagepflicht nach Art 100 I GG** setzt voraus, dass die Verfassungsmäßigkeit des Gesetzes für die gerichtliche Entscheidung von Bedeutung ist (BVerfGE **48**, 40, 45 ff = NJW **76**, 1446; BVerfG NStZ-RR **06**, 323), nicht nur für ihre Begründung (BVerfGE **13**, 97, 103 ff; **44**, 297, 300); sie muss zur abschließenden Beurteilung des konkreten gerichtlichen Verfahrens unerlässlich sein (BVerfG NJW **95**, 772). Unmittelbare Entscheidungsgrundlage braucht das Gesetz aber nicht zu sein (BVerfGE **2**, 406). Dass der Inhalt der abschließenden Entscheidung noch nicht feststeht, schließt die Vorlage nicht ohne weiteres aus (vgl BVerfGE **24**, 119, 133 = NJW **68**, 2233; BVerfGE **41**, 269 = NJW **76**, 843). Sie ist daher schon im Verfahren des Ermittlungsrichters nach § 162 (BVerfGE **33**, 367, 373 = NJW **72**, 2214) und vor Erlass des Eröffnungsbeschlusses zulässig (BVerfGE **4**, 352, 354 = NJW **56**, 99). Der Richter ist in seiner Funktion als Strafvollstreckungsleiter (3 zu § 451) nicht vorlagebefugt (BVerfG NStE Nr 4 zu Art 100 GG). Zur Vorlage ist der Richter im Übrigen nur berechtigt und verpflichtet, wenn er von der Verfassungswidrigkeit des Gesetzes überzeugt ist; bloße Zweifel und Bedenken genügen nicht (BVerfGE **1**, 184 = NJW **52**, 497; BVerfGE **68**, 352, 359 = JMBlNW **85**, 106). Der Klärung von Meinungsverschiedenheiten zwischen Gerichten desselben Rechtszugs dient das Verfahren nicht (BVerfGE **80**, 54 = NStE Nr 1 zu Art 100 GG); die Vorlage ist daher unzulässig, wenn ein übergeordnetes Gericht in einer zurückverweisenden, bindenden Entscheidung die Verfassungsmäßigkeit eines Gesetzes ausdrücklich oder stillschweigend bejaht hat (BVerfG wistra **94**, 263).

222 Art 100 I GG führt zu einem **Verfahrenshindernis besonderer** Art mit der Folge, dass dem Gericht jede andere Entscheidung außer der Vorlage untersagt ist (BVerfGE **34**, 321 = NJW **73**, 1319 mit Anm Bethge NJW **73**, 2100). Die Vorlagepflicht entfällt nicht deshalb, weil das BVerfG bereits mit der Prüfung der Norm befasst ist, insbesondere auf Vorlage desselben (Köln NJW **61**, 2269, 2271) oder eines anderen Gerichts (Schleswig SchlHA **76**, 178 [E/J]; Millgramm Jura **83**, 354); die Aussetzung der Vorlage bis zur Entscheidung des BVerfG in der anderen Sache ist daher nicht statthaft (Frankfurt MDR **56**, 232 L; LG Osnabrück MDR **86**, 517; Höhn NJW **61**, 443; offen gelassen von BGH NJW **93**, 1279).

223 **Zwischenentscheidungen,** die die Verfassungsmäßigkeit der Norm voraussetzen, darf das Gericht während der Aussetzung nicht treffen; die Entscheidung über die Aufrechterhaltung strafprozessualer Zwangsmaßnahmen darf es aber nicht bis zur Entscheidung über die Vorlage aufschieben (Stratenwerth JZ **57**, 299; **aM** Köln NJW **55**, 1489 mit Anm Schmidt-Leichner).

224 c) **Vorlageverfahren:** Die Vorlage ist erst zulässig, wenn das Gericht eine sachliche Entscheidung zu treffen hat, bei der es auf die Gültigkeit des Gesetzes ankommt (BVerfGE **51**, 401, 403 = NJW **80**, 38; **84**, 233 = EuGRZ **91**, 242, 243).

225 Das **Gericht, nicht der Vorsitzende allein** (BVerfGE **1**, 80 = NJW **52**, 60), sofern er nicht auch die anstehende Entscheidung allein zu treffen hat (BVerfGE **54**, 159 = NJW **81**, 912), in keinem Fall der Rechtspfleger (BVerfGE **30**, 170

= NJW **71**, 605; BVerfGE **61**, 75 = NJW **82**, 2178), beschließt die Aussetzung des Verfahrens und die Einholung der Entscheidung (§ 80 I BVerfGG). Nach Eröffnung des Hauptverfahrens entscheidet es in der Besetzung, in der es das Urteil und die mit der Urteilsfindung zusammenhängenden Entscheidungen zu treffen hat (BVerfGE **16**, 305 = NJW **63**, 1915; BVerfGE **19**, 71 = MDR **65**, 722), das SchG und die StrK also unter Mitwirkung der Schöffen (BVerfG aaO; BVerfGE **1**, 80 = NJW **52**, 60). StA und Verteidigung sind vor der Entscheidung, das Verfahren auszusetzen, anzuhören (BVerfGE **47**, 146, 151 = NJW **78**, 1151).

Die **Begründung des Vorlagebeschlusses** muss aus sich heraus verständlich sein (BVerfGE **22**, 175, 177 = NJW **67**, 1604; BVerfGE **26**, 302, 307 = NJW **69**, 1953; BVerfGE **34**, 257 = NJW **73**, 843; BVerfGE **69**, 185 = MDR **85**, 644; BVerfGE **70**, 219, 228). Ihr muss zu entnehmen sein, aus welchen Erwägungen das Gericht, auf dessen Auffassung es insoweit ankommt, sofern sie nicht offensichtlich unhaltbar ist (BVerfGE **72**, 51, 60 = MDR **88**, 553), die als verfassungswidrig erachtete Norm für entscheidungserheblich hält (BVerfGE **64**, 251, 254 = wistra **83**, 251; BVerfGE **69**, 185 = MDR **85**, 644; BVerfGE **72**, 91, 102; BVerfG 2 BvL 16/08 vom 11. 9. 2008), mit welcher übergeordneten Rechtsnorm sie unvereinbar (BVerfGE **58**, 153, 157 = MDR **81**, 900; BVerfGE **64**, 175, 178 = NJW **83**, 2812; BVerfGE **64**, 251, 254 = wistra **83**, 251; BVerfGE **72**, 51, 60 = MDR **88**, 553) und weshalb ihre verfassungskonforme Auslegung nicht möglich ist (BVerfGE **48**, 40, 45; **85**, 329 = NJW **92**, 1951). Dazu hat das Gericht in den Gründen des Beschlusses den Sachverhalt, der genügend aufgeklärt sein muss (BVerfGE **64**, 251 = wistra **83**, 251; BVerfGE **70**, 219, 228), so weit wiederzugeben, wie er für die rechtliche Beurteilung wesentlich ist (BVerfGE **48**, 396, 400 = NJW **78**, 2023; BVerfGE **64**, 192, 201); es muss auch die rechtlichen Erwägungen erschöpfend darlegen (BVerfGE **37**, 328, 332; **48**, 396, 400 = NJW **78**, 2023; BVerfGE **51**, 401, 403 = NJW **80**, 38; BVerfGE **66**, 256, 268; **68**, 311, 316 = NJW **85**, 1691; BVerfGE **70**, 219, 228) und sich dabei eingehend mit der Rechtslage auseinandersetzen (BVerfGE **83**, 111 = NJW **91**, 1877; BVerfG NJW **95**, 772). Ferner muss festgestellt werden, dass der Angeklagte die ihm zur Last gelegte Tat schuldhaft begangen hat (BVerfGE **35**, 306; **51**, 401, 403 = NJW **80**, 38). Der Vorlagebeschluss muss mit hinreichender Deutlichkeit erkennen lassen, dass das Gericht bei Gültigkeit des zur Prüfung gestellten Gesetzes zu einem anderen Ergebnis kommen würde als im Fall seiner Ungültigkeit, und wie es dieses Ergebnis begründen würde (BVerfGE **11**, 330, 334 = NJW **61**, 115; BVerfGE **48**, 396, 399 = NJW **78**, 2023; BVerfGE **51**, 401, 403 = NJW **80**, 38; BVerfGE **65**, 265, 277; 308, 314; **66**, 100, 105 = NJW **84**, 1675; BVerfGE **68**, 311, 316 = NJW **85**, 1691; BVerfGE **72**, 91, 102; **74**, 236, 242). Dabei reicht aber die Darlegung aus, dass das angefochtene Urteil im Fall der Gültigkeit der Norm aufgehoben und die Sache an den Tatrichter zur weiteren Aufklärung zurückverwiesen werden soll (BVerfGE **24**, 119, 123 = NJW **68**, 2233). Wird die Entscheidungserheblichkeit im Laufe des Normenkontrollverfahrens zweifelhaft, so muss das Gericht diese Ungewissheit in angemessener Frist beseitigen; andernfalls wird die Vorlage unzulässig (BVerfGE **51**, 161 = NJW **79**, 1649). 226

Der Vorlagebeschluss wird **dem BVerfG unmittelbar vorgelegt** (§ 80 I BVerfGG); RiStBV 190 ist zu beachten. Der Beschluss, der von den Richtern zu unterschreiben ist, deren Unterschrift unter einem Urteil erforderlich wäre (BVerfGE **34**, 257, 260 = NJW **73**, 843), ist ebenso wenig anfechtbar wie die Ablehnung eines Antrags auf Vorlage (Düsseldorf VRS **83**, 415 mwN). Er kann zurückgenommen werden, wenn seine Grundlagen nachträglich entfallen (BVerfGE **29**, 325; **49**, 213 = NJW **68**, 503), insbesondere, wenn das BVerfG das Gesetz inzwischen für verfassungswidrig erklärt hat (Lechner, BVerfGG 3. Aufl, zu § 80 II). 227

Hat das BVerfG die Norm bereits früher für mit dem GG vereinbar erklärt, so ist eine **erneute Vorlage** nur zulässig, wenn unter Einnahme des in der früheren Entscheidung dokumentierten Rechtsstandpunkts des BVerfG dargelegt wird, welche inzwischen eingetretenen Veränderungen eine abermalige verfassungsrechtliche 228

Prüfung veranlassen und geeignet sind, eine abweichende Entscheidung zu ermöglichen (BVerfGE **65**, 179 = NJW **84**, 970; BVerfGE **70**, 242, 249 = NJW **86**, 422; BVerfGE **87**, 341 = EuGRZ **93**, 94; BVerfG NJW **04**, 3620 = StraFo **04**, 310, 311 mit krit Anm Endriß).

229 d) **Landesverfassungsgerichte** sind zT nach Landesrecht auch für die Prüfung vorkonstitutioneller Normen zuständig (allg Schäfer NJW **54**, 1). Die Zuständigkeit des BVerfG wird durch die eines Landesverfassungsgerichts nicht ausgeschlossen (BVerfGE **2**, 380, 388 ff = NJW **53**, 1137; BVerfGE **55**, 207, 224 ff = NJW **81**, 971); umgekehrt gilt das Gleiche (BayVerfGH NStZ **86**, 88). Über die Grenzen der Überprüfbarkeit durch die Landesverfassungsgerichte vgl A. Schmidt NJW **75**, 289 und 11 a zu § 112. Erg unten 241.

230 C. **Verfassungsbeschwerde:**

231 a) **Zulässig** ist die Verfassungsbeschwerde (zusammenfassend Klein/Sennekamp NJW **07**, 945) nur, wenn der Beschwerdeführer geltend macht, dass er in einem seiner Grundrechte oder in einem seiner in Art 20 IV, 33, 38, 101, 103 und 104 GG enthaltenen Rechte – unmittelbar rechtlich und nicht nur mittelbar faktisch (BVerfG NJW **09**, 3569) – verletzt ist (Art 93 I Nr 4 a GG iVm § 13 Nr 8 a BVerfGG); diese Beanstandung muss er aber auch bereits im Ausgangsverfahren (erfolglos) erhoben haben (BVerfG NStZ **00**, 544). Auf die Verletzung der **MRK** kann die Verfassungsbeschwerde nicht gestützt werden (2 zu Art 13 MRK). Sie kann sich außer gegen Gesetze (vgl § 93 III, IV BVerfGG) gegen Urteile und Beschlüsse richten, die das Strafverfahren abschließen, aber auch gegen Zwischenentscheidungen, mit denen über eine für das Verfahren wesentliche Rechtsfrage abschließend entschieden wird (BVerfGE **25**, 336, 344 = NJW **69**, 1104; BVerfGE **53**, 109 = NJW **80**, 1095), zB über die Richterablehnung (BVerfGE **24**, 56 = NJW **68**, 1621), über die Aufrechterhaltung des Haftbefehls (vgl BVerfGE **53**, 152 = NJW **80**, 1448), Durchsuchungsanordnungen (BVerfGE **42**, 212 = NJW **76**, 1735; **44**, 353 = NJW **77**, 1489; BVerfG NJW **05**, 1640; BayVerfGH NStZ **86**, 88), nicht aber über die Eröffnung des Hauptverfahrens (BVerfGE **25**, 336 = NJW **69**, 1104; BVerfG NJW **89**, 2464), es sei denn, die Entscheidung habe nach dem substantiierten Vortrag des Beschwerdeführers Verfassungsrecht verletzt (BVerfG StV **05**, 196 mit Anm Durth/Kempf: Verstoß gegen Art 103 III GG), die Nichtzulassung als Nebenkläger (BVerfG NStZ-RR **02**, 309), die Abtrennung oder Nichtabtrennung eines Strafverfahrens oder die Bestellung eines Pflichtverteidigers (BVerfG NJW **07**, 3563 L Nr 5 und 6), die Ablehnung einer Terminsverlegung (BVerfG NStZ-RR **02**, 113) oder die Einholung eines Gutachtens (BayVerfGH NJW **91**, 2953).

232 Die **StA** kann keine Verfassungsbeschwerde erheben, sofern sie nicht den Fiskus in einem Zivilprozess vertritt (BVerfGE **6**, 45 = NJW **57**, 337; **aM** Arndt DRiZ **59**, 368). Denn dieser Rechtsbehelf dient nur der Verteidigung eigener subjektiver Rechte gegenüber dem Staat, nicht der Austragung von Meinungsverschiedenheiten zwischen Staatsorganen (BVerfGE **15**, 298, 301 ff = NJW **63**, 899).

233 Die Zulässigkeit der Verfassungsbeschwerde setzt ein **Rechtsschutzinteresse** voraus (BVerfGE **21**, 139, 143 = NJW **67**, 1123; BVerfGE **56**, 99, 106 = NJW **81**, 1599; BVerfGE **81**, 138 = NJW **90**, 1033), das sich aus der belastenden Gerichtsentscheidung selbst ergeben und noch fortbestehen muss (BVerfGE **33**, 247, 253 = NJW **72**, 1747; BVerfGE **50**, 244, 247 = NJW **79**, 1285; BVerfG NJW **03**, 1175: nicht bei Freispruch). Die Beschwer durch die Urteilsgründe kann genügen (BVerfGE **6**, 7, 9 = NJW **56**, 1833; BVerfGE **28**, 151 = MDR **70**, 822; BVerfG NStZ **87**, 421; Jakobs JZ **79**, 279). Auch wenn das mit der Verfassungsbeschwerde verfolgte Begehren erledigt ist, kann ausnahmsweise ein weiterwirkendes Rechtsschutzbedürfnis bestehen (BVerfGE **33**, 247, 256 = NJW **72**, 1747). Jedoch ist eine Verfassungsbeschwerde idR unzulässig, wenn der Beschwerdeführer nur noch durch die Kosten- und Auslagenentscheidung beschwert ist (BVerfGE **33**, 247, 256 = NJW **72**, 1747; **39**, 276, 292 = NJW **75**, 1501; BVerfGE **50**, 244, 248 =

NJW **79**, 1285). Anders ist es, wenn sich der behauptete Verfahrensverstoß ausschließlich auf die Kostenentscheidung bezieht und die Entscheidung in der Hauptsache davon nicht berührt wird (BVerfG NJW **87**, 2569). Die Verfassungsbeschwerde erledigt sich grundsätzlich durch den Tod des Beschwerdeführers, wenn sie der Durchsetzung höchstpersönlicher Rechte dienen sollte (BVerfGE **109**, 279 = NJW **04**, 999), Ausnahmen bleiben aber im Einzelfall zulässig (BVerfG NJW **10**, 47, 48).

Erst nach **Erschöpfung des Rechtswegs** kann die Verfassungsbeschwerde erhoben werden (§ 90 II S 1 BVerfGG). Er ist so lange nicht erschöpft, wie der Beschwerdeführer die Möglichkeit hat, im Verfahren vor den Gerichten des zuständigen Gerichtszweigs die Beseitigung der Entscheidung zu erreichen (BVerfGE **8**, 222; **73**, 322, 325; vgl Henschel Faller-FS 165; Lübbe-Wolff/Geisler NStZ **04**, 480). Zum Rechtsweg gehören auch die Antragstellung nach §§ 33a, 311a (BVerfGE **33**, 192 = NJW **72**, 1227; **42**, 243, 250 = NJW **76**, 1837; **74**, 359, 380 = NJW **87**, 2427, 2429; NJW **03**, 1513; NStZ-RR **98**, 73; **00**, 110) sowie nach § 356a (BVerfG NStZ-RR **06**, 379; **08**, 28) und der Antrag auf Wiedereinsetzung in den vorigen Stand (BVerfGE **42**, 252 = NJW **76**, 1839; **77**, 275, 282 = NJW **88**, 1255), auf gerichtliche Entscheidung nach §§ 23ff **EGGVG** (BVerfG NJW **91**, 690) oder nach §§ 109ff **StVollzG,** nicht aber der Wiederaufnahmeantrag nach §§ 359ff, auch nicht eine Gegenvorstellung (BVerfGE **122**, 190 = EuGRZ **09**, 68; erg 25 vor § 296). Hat sich der Beschwerdeführer den Rechtsweg selbst abgeschnitten, zB indem er einen Rechtsmittelverzicht erklärt (BVerfGE **16**, 1 = NJW **63**, 1491), das Rechtsmittel zurückgenommen (BVerfGE **2**, 123) oder nicht einmal in zulässiger Weise eingelegt hat (BVerfGE **1**, 13 = NJW **52**, 20; BVerfGE **54**, 53, 65; BVerfG NJW **87**, 1874), so ist die Verfassungsbeschwerde unzulässig. Das Gleiche gilt, wenn die verfassungsrechtliche Beschwer im Rechtsmittelverfahren nur auf Rüge berücksichtigt werden konnte, diese aber unterlassen oder nicht ordnungsgemäß erhoben worden ist (BVerfGE **74**, 102, 113 = NJW **88**, 45; BVerfG MDR **86**, 729). Der Erschöpfung des Rechtswegs bedarf es auch, wenn die Statthaftigkeit des Rechtsmittels umstritten ist (BVerfGE **68**, 376 = NJW **85**, 2249), nicht aber, wenn es offensichtlich unzulässig ist (BVerfG NJW **09**, 3710) oder wenn im Hinblick auf eine gefestigte und einheitliche höchstrichterliche Rspr kein Erfolg des Rechtsmittels zu erwarten ist (BVerfGE **9**, 3, 7ff = NJW **59**, 91). Auch sonst kann das BVerfG nach § 90 II S 2 BVerfGG sofort entscheiden, wenn die Verfassungsbeschwerde von allgemeiner Bedeutung ist (vgl dazu BVerfGE **71**, 305, 349 = NJW **86**, 1483; BVerfG NJW **87**, 2288), wenn dem Beschwerdeführer ein schwerer und unabwendbarer Nachteil entstünde, falls er zunächst auf den Rechtsweg verwiesen würde (§ 90 II S 2 BVerfGG), oder wenn ihm die Erschöpfung des Rechtswegs aus anderen Gründen nicht zuzumuten ist (BVerfGE **49**, 24, 51 = NJW **78**, 2235, 2236). Vgl ferner die Zusammenstellung bei Kreuder NJW **01**, 1244. **234**

b) **Einzulegen und zu begründen** ist die Verfassungsbeschwerde schriftlich, auch telegrafisch (BVerfGE **32**, 365 = NJW **72**, 899), innerhalb eines Monats (dazu BVerfG NJW **89**, 1148; StV **91**, 241) nach Zustellung oder Bekanntgabe der Entscheidung (§ 93 I BVerfGG) unter deren Beifügung (Seyfarth ZRP **00**, 272) bei dem BVerfG. Anwaltszwang besteht nicht (krit Jahn ZIS **09** Z, 512; anders nur in der mündlichen Verhandlung, dort ist zur wirksamen Prozessvertretung nach § 22 II BVerfGG stets eine auf das konkrete Verfahren bezogene Vollmacht erforderlich (BVerfG NJW **02**, 428). Prozesskostenhilfe wird nur ausnahmsweise gewährt (Jahn aaO 515). § 93 II BVerfGG sieht bei unverschuldeter Verhinderung an der Einhaltung der Frist die Möglichkeit einer Wiedereinsetzung in den vorigen Stand vor. Die Strafgerichte sind zur Entgegennahme der Beschwerde nicht zuständig und zur Weiterleitung an das BVerfG nicht verpflichtet. **235**

In der – auch innerhalb der Monatsfrist abzugebenden – **Begründung** der Beschwerde müssen das Recht, das verletzt sein soll, und die Entscheidung, durch die **236** der Beschwerdeführer sich verletzt fühlt, bezeichnet werden (§ 92 BVerfGG); einer ausdrücklichen Benennung des als verletzt gerügten Grundrechtartikels bedarf es aber nicht (BVerfG NJW **95**, 124). Der Sachverhalt muss so ausführlich dargestellt werden, dass das BVerfG anhand der Begründung ohne Heranziehung weiterer Unterlagen beurteilen kann, ob die Verletzung eines der in § 90 I BVerfGG bezeichneten verfassungsmäßigen Rechte des Beschwerdeführers in Betracht kommt (BVerfG StV **00**, 233; 465 ff; zu den sehr weitgehenden Anforderungen abl Franke JR **00**, 468, Jahn Widmaier-FS 821; Rogall NStZ **00**, 490; Weßlau StV **00**, 468). Die Bezugnahme auf beigefügte Schriftstücke ist zulässig (BVerfGE **28**, 104 = NJW **70**, 1176; BVerfGE **32**, 365 = NJW **72**, 899), nicht jedoch auf nur in den Strafakten befindliche (zu den Begründungsanforderungen im einzelnen Eschelbach/Gieg/Schulz NStZ **00**, 565 sowie Kreuder NJW **01**, 1246). Bei der Rüge eines Verstoßes gegen Art 103 I GG muss dargelegt werden, was der Beschwerdeführer bei rechtzeitiger Gewährung rechtlichen Gehörs vorgetragen hätte (BVerfG NStZ **04**, 215).

237 **Aufschiebende Wirkung** hat die Verfassungsbeschwerde nicht; das BVerfG kann aber nach § 32 BVerfGG eine einstweilige Anordnung erlassen. Wenn das im Einzelfall zu erwarten ist, kann der Vollzug der angefochtenen Entscheidung kurze Zeit aufgeschoben werden (vgl zB BVerfGE **84**, 341 = NStZ **91**, 604).

238 c) **Verfahren des BVerfG:** Die Verfassungsbeschwerde bedarf der Annahme zur Entscheidung (§ 93 a I BVerfGG). Sie ist nur anzunehmen, soweit ihr grundsätzliche verfassungsrechtliche Bedeutung zukommt (§ 93 a II Buchst a BVerfGG) oder wenn es zur Durchsetzung der in § 90 I BVerfGG genannten Rechte (= Grundrechte und Art 20 IV, 33, 38, 101, 103, 104 GG) angezeigt ist, was auch der Fall sein kann, wenn dem Beschwerdeführer durch die Versagung der Entscheidung zur Sache ein besonders schwerer Nachteil entsteht (§ 93 a II Buchst b BVerfGG; vgl BVerfGE **96**, 245 = NJW **98**, 443: Angriff gegen den Schuldspruch einer strafgerichtlichen Verurteilung); Bagatellen werden somit zur Entscheidung nicht angenommen (Klein NJW **93**, 2074; Zuck NJW **93**, 2641). Vgl zu den Annahmevoraussetzungen im einzelnen BVerfG NJW **94**, 993. Die nach § 15 a BVerfGG gebildeten, aus 3 Richtern bestehenden Kammern, die nicht die Zusammensetzung des Senats widerspiegeln müssen (BVerfG NJW **90**, 39 Nr 2 und 3; krit dazu Heüveldop NJW **90**, 28), können die Annahme der Verfassungsbeschwerde ohne mündliche Verhandlung durch einstimmigen und unanfechtbaren Beschluss ablehnen, der keiner Begründung bedarf (§§ 93 b I S 1, 2, 93 d I, III S 1 BVerfGG). Im Fall des § 93 a II Buchst b BVerfGG kann die Kammer die Verfassungsbeschwerde annehmen und ihr gemäß § 93 c BVerfGG stattgeben, wenn sie offensichtlich begründet ist; die Entscheidung hat die Bindungswirkung des § 31 I BVerfGG (BVerfG StV **06**, 72, 78). Im Übrigen entscheidet der Senat über die Annahme (§ 93 b III S 2 BVerfGG). Gibt das BVerfG der Verfassungsbeschwerde statt, so hebt es die Entscheidung auf und verweist die Sache an ein zuständiges Gericht zurück (§ 95 II BVerfGG; vgl dazu BVerfG NJW **95**, 2706).

238a **Bei missbräuchlicher Einlegung** einer Verfassungsbeschwerde kann das BVerfG dem Beschwerdeführer – auch dem Bevollmächtigten, falls diesem die Missbräuchlichkeit vorrangig zuzurechnen ist (BVerfG NJW **04**, 2959) – nach § 34 II BVerfGG eine Gebühr bis zu 2600 € auferlegen (vgl BVerfG NJW **92**, 1952; **93**, 384; **95**, 385; 1418; 1419; **96**, 1273; NStZ-RR **96**, 45; eingehend dazu ter Veen EuGRZ **98**, 645 ff; krit Schoreit ZRP **02**, 148; Zuck NJW **96**, 1254). Zur Auslagenerstattung bei parallel erhobenen (gegen dasselbe Gesetz gerichteten) und bei erledigten, an sich begründeten Verfassungsbeschwerden vgl BVerfGE **85**, 109 und 117 = NJW **92**, 818 und 816.

238b **Bei Tod** des Beschwerdeführers ist die Verfassungsbeschwerde idR erledigt; eine Fortführung des Verfahrens durch den Rechtsnachfolger ist nur für solche Rügen zugelassen, die der Rechtsnachfolger im eigenen Interesse geltend machen kann (BVerfG NJW **07**, 351, 352).

d) Die **Prüfung des BVerfG** beschränkt sich darauf, ob die Entscheidung ein Grundrecht verletzt oder auf einer grundsätzlich unrichtigen Auffassung von der Bedeutung, Reichweite und Wirkkraft eines der geltend gemachten Grundrechte beruht (BVerfGE **35**, 202, 219 = NJW **73**, 1226, 1227; BVerfGE **49**, 304, 314 = NJW **79**, 305; BVerfGE **53**, 207, 211 = NJW **80**, 1677) oder ob das Entscheidungsergebnis selbst ein solches Grundrecht verletzt, insbesondere den Grundsatz der Verhältnismäßigkeit (BVerfGE **53**, 152, 158 = NJW **80**, 1448) oder das Willkürverbot missachtet (BVerfGE **4**, 294, 297 = NJW **55**, 1674; BVerfGE **70**, 93 = NJW **86**, 575). Die Gestaltung des gerichtlichen Verfahrens, die Feststellung und Würdigung des Sachverhalts, die Auslegung der Gesetze und ihre Anwendung auf den Einzelfall sind der Prüfung des BVerfG entzogen, sofern nicht spezifisches Verfassungsrecht verletzt ist (BVerfGE **10**, 271, 273 = NJW **60**, 1243; BVerfGE **18**, 85, 92 ff = NJW **64**, 1715; BVerfGE **70**, 93 = NJW **86**, 575; BVerfG NJW **82**, 29; **92**, 35). Dem BVerfG obliegt also nicht die allgemeine Prüfung strafgerichtlicher Urteile auf mögliche Fehler bei der Feststellung des entscheidungserheblichen Sachverhalts oder in der Anwendung des Strafrechts. **239**

e) Unanfechtbar sind Nichtannahmebeschlüsse der Kammern des BVerfG (§ 93 d I 2 BVerfGG). Sie können auch auf Gegenvorstellung grundsätzlich nicht mehr abgeändert werden. Das BVerfG (NJW 08, 1582) hat allerdings offen gelassen, ob ausnahmsweise eine Abänderungskompetenz der Kammer besteht, wenn unter Außerachtlassung von entscheidungserheblichen, dem BVerfG vorliegenden Prozessstoff und damit unter Verletzung von Art 103 I GG entschieden wurde. **240**

f) Eine **landesrechtliche Verfassungsbeschwerde** kann nach § 90 III BVerfGG mit der zum BVerfG konkurrieren. Sieht das Landesrecht allerdings einen Ausschluss der Landesverfassungsbeschwerde bei Erhebung der Bundesverfassungsbeschwerde vor, muss der Betroffene zwischen beiden wählen (BVerfG NJW **96**, 1464). Sonst schließen beide Verfassungsbeschwerden einander nicht aus (BVerfGE **17**, 172 = NJW **64**, 491; BVerfGE **22**, 267 = NJW **67**, 1955), selbst wenn eine von ihnen schon verworfen worden ist (BayVerfGHE **18** II 140, 150) oder der Verstoß bei der Anwendung einer bundesrechtlichen Norm vorgekommen sein soll (BayVerfGH BayJMBl **64**, 140). Ist jedoch durch das Landesverfassungsgericht eine landesverfassungsrechtliche Streitigkeit in der Sache abschließend entschieden, ist die Bundesverfassungsbeschwerde unzulässig (BVerfGE **96**, 231 = NJW **98**, 293). Das GG hindert das Landesverfassungsgericht nicht daran, die Anwendung von bundesrechtlichem Verfahrensrecht an den Grundrechten der Landesverfassung zu prüfen, soweit sie den gleichen Inhalt wie entsprechende Rechte des GG haben (so zusammenfassend Lange NJW **98**, 1281 zu BVerfGE **96**, 345 = NJW **98**, 1296; krit dazu auch Berkemann JR **98**, 403). Hat der BGH ein landgerichtliches Urteil bestätigt, ist dessen Überprüfung allerdings der Gerichtsbarkeit des Landesverfassungsgerichts entzogen (BerlVerfGH JR **05**, 15). **241**

1. Strafprozessordnung (StPO)[1]

Vom 1. Februar 1877 (RGBl 253; BGBl III 312–2) idF vom 7. April 1987 (BGBl I 1074, 1319), letztes ÄndG vom 30. Juli 2009 (BGBl I S. 2437, 2439)

Erstes Buch. Allgemeine Vorschriften

1. Abschnitt. Sachliche Zuständigkeit der Gerichte

Vorbemerkungen

1) Arten der Zuständigkeit: Welches Gericht dazu berufen ist, im 1. Rechtszug in einer Strafsache zu entscheiden, bestimmt sich nach den Regeln der sachlichen (§§ 1–6) und der örtlichen (§§ 7–21) Zuständigkeit. Welcher von mehreren Spruchkörpern eines Gerichts bei gleicher Ordnung entscheidet, ist eine Frage der Geschäftsverteilung, die teils durch Gesetz (unten 7), teils durch das Präsidium im Geschäftsverteilungsplan (unten 6) geregelt wird. 1

2) Die **sachliche Zuständigkeit** ist die Verteilung der Strafsachen nach Art und Schwere unter den erstinstanzlichen, unterschiedlich besetzten Gerichten verschiedener Ordnung. Im Allgemeinen bezieht das Gesetz den Begriff der sachlichen Zuständigkeit auf das Gericht als Ganzes, auf einzelne Abteilungen nur, wenn sie verschieden hohe Rechtsfolgengewalt haben (BGH **18**, 79, 83 [GSSt]; **26**, 191, 197). Die Zuordnung zu verschiedenen Gerichten im organisatorischen Sinn bedeutet also nicht notwendig eine verschiedene Ordnung der Spruchkörper (Rieß GA **76**, 2 ff). Eine Zuständigkeitskonzentration (zB nach § 391 I, III **AO**) berührt die sachliche Zuständigkeit der Spruchkörper nicht (BGH **26**, 191, 194). Die sachliche Zuständigkeit ist in jeder Lage des Verfahrens von Amts wegen zu prüfen (§ 6). 2

3) Die **örtliche Zuständigkeit,** der Gerichtsstand (vgl die Überschrift des 2. Abschnitts) ist maßgebend dafür, welches Gericht im 1. Rechtszug sich unter mehreren sachlich zuständigen Gerichten mit der Sache zu befassen hat (§§ 7 ff). Die örtliche Zuständigkeit prüft das Gericht, bei dem die Anklage erhoben ist, bis zur Eröffnung des Hauptverfahrens von Amts wegen (§ 16 S 1). Danach darf sie von dem mit der Sache befassten Gericht nur noch berücksichtigt werden, wenn der Angeklagte den Unzuständigkeitseinwand bis zum Beginn seiner Vernehmung zur Sache in der Hauptverhandlung erhoben hat (§ 16 S 2, 3). Das gilt auch für den Revisionsrechtszug. Die Unzuständigkeitsrüge des Angeklagten (§ 338 Nr 4) ist daher nur zulässig, wenn er im 1. Rechtszug rechtzeitig den Unzuständigkeitseinwand erhoben hatte (dort 31). 3

4) Die **erstinstanzliche Zuständigkeit besonderer StrKn** (§§ 74 II, 74 a, 74 c GVG) steht als besondere Zuständigkeit neben der sachlichen und örtlichen Zuständigkeit (**aM** Karlsruhe JR **85**, 521 mit Anm Meyer; KK-Fischer 4 zu § 1: funktionelle Zuständigkeit; LR-Erb 3). Sie beruht auf gesetzlicher Geschäftsverteilung (Celle MDR **86**, 953); denn das Gesetz gebietet, solche StrKn zu errichten und ihnen die von ihm bestimmten Aufgaben zuzuweisen. Die Zuständigkeit der besonderen StrK ist nicht wie die sachliche Zuständigkeit in jeder Lage des Verfahrens von Amts wegen zu prüfen (§ 6), sondern wie die örtliche (§ 16 S 1) nur bis zur Eröffnung des Hauptverfahrens (§ 6 a S 1). Danach darf die mit der Sache befasste StrK ihre Unzuständigkeit nur noch auf rechtzeitigen Einwand des Angeklagten beachten (§ 6 a S 2, 3). 4

---

[1] Die Paragraphenüberschriften sind nicht amtlich.

5 Einen **Vorrang gegenüber den allgemeinen StrKn** räumt § 74e GVG den besonderen StrKn ein. Auch unter ihnen selbst besteht nach dieser Vorschrift eine Rangfolge: Das SchwurG (§§ 74 II, 74d GVG) steht an 1., die WirtschaftsStrK (§ 74c GVG) an 2. und die StaatsschutzStrK (§ 74a GVG) an 3. Stelle.

6 Um diese Rangfolge im Eröffnungsverfahren zu sichern und Zuständigkeitsstreit zu vermeiden, haben die besonderen StrKn die **Kompetenz-Kompetenz.** Bei der Anwendung der §§ 209, 210 II sind sie Gerichten höherer Ordnung gleichgestellt (§ 209a Nr 1). Auch die nach § 74e GVG vorrangige besondere StrK steht im Verhältnis zu einer nachrangigen einem Gericht höherer Ordnung gleich; daher hat sie im Verhältnis zu dieser anderen StrK mit besonderer Zuständigkeit die Kompetenz-Kompetenz. Diese Vorrangfolge wirkt auch noch im Hauptverfahren, wenn ein Einwand nach § 6a als begründet erscheint (§§ 225a IV, 270 I S 2). Sie berechtigt auch dazu, eine Verbindung zusammenhängender oder eine Trennung verbundener Strafsachen im Eröffnungsverfahren (§ 209a Nr 1) oder nach Eröffnung des Hauptverfahrens zu beschließen (§§ 4 II, 209a Nr 1; vgl dazu Meyer-Goßner NStZ **89**, 297).

7 **5)** Die **geschäftsplanmäßige Zuständigkeit** beruht auf der Verteilung der Geschäfte auf die einzelnen Spruchkörper der Gerichte durch das Präsidium nach § 21e I S 1 GVG. Sie ist eine weitere Zuständigkeit neben der sachlichen und örtlichen Zuständigkeit.

8 **6) Funktionelle Zuständigkeit:** Unter diesen Begriff werden alle Zuständigkeitsregelungen zusammengefasst, die nicht zur sachlichen oder örtlichen Zuständigkeit, zur Zuständigkeit besonderer StrKn oder zur geschäftsplanmäßigen Zuständigkeit gehören. Eine Frage der funktionellen Zuständigkeit ist insbesondere die Übertragung von Aufgaben auf den Vorsitzenden eines Kollegialgerichts (vgl §§ 125 II S 2, 126 II S 2, 3, 142 I, 147 V, 213, 221, 231 I S 2, 231a II, 231b II, 238 I; §§ 21f, 21g, 176, 179 GVG) und auf den Rechtspfleger (vgl §§ 21, 22, 24, 31 **RPflG**), ferner die Zuständigkeit der StVollstrKn (§§ 78a, 78b GVG).

9 **7)** Die **Zuständigkeit der Rechtsmittelgerichte** (§§ 73 I, 74 III, 121 I Nr 1, 135 I GVG) gehört zur funktionellen, nicht zur sachlichen Zuständigkeit (BGH **19**, 177, 179; **22**, 250, 251; **25**, 51, 53; Nürnberg NJW **63**, 502; KK-Fischer 4 zu § 1). Für die Rechtsmittelentscheidung ist grundsätzlich ein Gericht höherer Ordnung im organisatorischen Aufbau der Gerichte zuständig. Die Zuständigkeit der Rechtsmittelgerichte hängt nicht davon ab, ob das Gericht, dessen Entscheidung angefochten ist, seine Zuständigkeit zu Recht oder zu Unrecht angenommen hat. Maßgebend ist allein, welches Gericht die angefochtene Entscheidung tatsächlich erlassen hat (erg 19 vor § 296).

10 **8) Jugendgerichte,** die über Verfehlungen Jugendlicher und Heranwachsender entscheiden (§§ 33 I, 107 **JGG**), gibt es beim AG und beim LG; sie sind Teil der ordentlichen Gerichtsbarkeit (§ 33 II **JGG**), Abteilungen der ordentlichen Gerichte mit besonderer Zuständigkeit.

11 Das **Verhältnis zu den Erwachsenengerichten,** dh die Frage, ob in einer Strafsache ein JugG oder ein Erwachsenengericht im 1. Rechtszug zu entscheiden hat, behandelt das Gesetz in vieler Hinsicht wie eine Frage der sachlichen Zuständigkeit (Rieß NStZ **81**, 305); insbesondere besteht die Prüfungspflicht nach § 6 (BGH **30**, 260; 6 zu § 6). Das gilt aber nicht für das Revisionsgericht; es prüft die Zuständigkeitsfrage nur auf entspr Rüge (34 zu § 338).

12 Zur Vermeidung von Zuständigkeitskonflikten haben die JugGe grundsätzlich die **Kompetenz-Kompetenz,** dh die Befugnis, über ihre Zuständigkeit selbst zu entscheiden. Das Erwachsenengericht, bei dem die Anklage erhoben ist und das die Zuständigkeit eines JugG gleicher Ordnung für gegeben erachtet, muss die Sache diesem Gericht zur Entscheidung über seine Zuständigkeit vorlegen (§ 209a Nr 2 iVm § 209 II). Hält das JugG, bei dem die Anklage erhoben ist, ein Erwachsenengericht gleicher Ordnung für zuständig, so eröffnet es das Hauptverfahren vor die-

sem Gericht mit bindender Wirkung (§ 209 a Nr 2 iVm § 209 I). Die entspr Kompetenz-Kompetenz besteht auch im tatrichterlichen Hauptverfahren, soweit Jugendliche oder Heranwachsende angeklagt sind (§§ 225 a I S 2 Hs 2, 270 I S 1 Hs 2).

Ein **Vorrang anderer Art** ergibt sich aus § 47 a S 1 **JGG.** Danach darf sich ein JugG nach der Eröffnung des Hauptverfahrens nicht deshalb für unzuständig erklären, weil die Sache vor ein für allgemeine Strafsachen zuständiges Gericht gleicher oder niedrigerer Ordnung gehöre. Es muss trotz dieser Unzuständigkeit das Hauptverfahren im 1. Rechtszug durchführen. Daraus folgt, dass diese Unzuständigkeit des JugG von dem erwachsenen Angeklagten auch nicht mit der Revisionsrüge nach § 338 Nr 4 geltend gemacht werden kann (dort 34). 13

9) Ein **Zuständigkeitsstreit** (Kompetenzkonflikt) unter mehreren Gerichten entsteht, wenn sich jedes dieser Gerichte in derselben Sache für zuständig (positiver Konflikt) oder für unzuständig (negativer Konflikt) hält. 14

A. Beim **sachlichen Kompetenzkonflikt** (oben 2) hat die höhere Zuständigkeit den Vorrang (BGH **19**, 177, 181; SK-Rudolphi 16); das ergibt sich aus §§ 209, 225 a, 269, 270. Bei mehrfacher Rechtshängigkeit muss das Gericht sein Verfahren einstellen, das die Untersuchung später eröffnet hat, auch wenn es das Gericht höherer Ordnung ist (BGH **22**, 232; KK-Fischer 25 zu § 1; 1 zu § 12). Es ist § 12 mit den dort gemachten Einschränkungen (vgl 2 zu § 12) entspr anzuwenden. Beim negativen Kompetenzkonflikt gelten die §§ 14, 19 entspr (2 zu § 14; 2 zu § 19). 15

B. Beim **örtlichen Kompetenzkonflikt** gilt die Regelung des § 12; notfalls wird das zuständige Gericht durch das gemeinschaftliche obere Gericht bestimmt (§§ 14, 19). 16

C. Ein **Streit um die Auslegung des Geschäftsverteilungsplans** wird durch das Präsidium entschieden (BGH **25**, 242, 244; **26**, 191, 200; Düsseldorf MDR **82**, 689; erg 22 zu § 21 e GVG). 17

Sachliche Zuständigkeit

1 Die sachliche Zuständigkeit der Gerichte wird durch das Gesetz über die Gerichtsverfassung bestimmt.

1) Die **sachliche Zuständigkeit der Gerichte** bestimmen für das AG die §§ 24–28 GVG, für die StrK die §§ 73–74 d, 74 f GVG, für das OLG §§ 120, 120 a GVG. Wegen der Rechtsmittelgerichte vgl §§ 73 I, 74 III, 121 I, 135 GVG. Die Errichtung von ObLGen sieht § 9 **EGGVG** vor. 1

2) Rangordnung: Höheres Gericht gegenüber dem Strafrichter (§ 25 GVG) ist das SchG (§§ 24, 28), gegenüber beiden Gerichten die StrK, gegenüber AG und LG das OLG. Das erweiterte SchG (§ 29 II GVG) ist gegenüber dem einfachen SchG kein höheres Gericht (2 zu § 29 GVG). Die StrKn mit besonderer Zuständigkeit (§§ 74 II, 74 a, 74 c GVG) stehen nach § 209 a für bestimmte Entscheidungen Gerichten höherer Ordnung gleich; ihren Vorrang untereinander regelt § 74 e GVG. Bei den Jugendgerichten, für die § 209 a ebenfalls gilt, ist die Rangordnung: Jugendrichter, JugSchG, JugK. 2

Verbindung und Trennung RiStBV 114

2 I [1]**Zusammenhängende Strafsachen, die einzeln zur Zuständigkeit von Gerichten verschiedener Ordnung gehören würden, können verbunden bei dem Gericht anhängig gemacht werden, dem die höhere Zuständigkeit beiwohnt.** [2]**Zusammenhängende Strafsachen, von denen einzelne zur Zuständigkeit besonderer Strafkammern nach § 74 Abs. 2 sowie den §§ 74 a und 74 c des Gerichtsverfassungsgesetzes gehören würden, können verbunden bei der**

Strafkammer anhängig gemacht werden, der nach § 74 e des Gerichtsverfassungsgesetzes der Vorrang zukommt.

II Aus Gründen der Zweckmäßigkeit kann durch Beschluss dieses Gerichts die Trennung der verbundenen Strafsachen angeordnet werden.

1 **1) Verbindung mehrerer Strafsachen** (I):

2 A. **Grundsätze:** Durch eine Verfahrensverbindung kann Doppelarbeit erspart, insbesondere aber verhindert werden, dass derselbe Sachverhalt von mehreren Gerichten unterschiedlich beurteilt wird (BGH **11**, 130, 133; **18**, 238, 239). Sie dient daher der Funktionsfähigkeit der Strafrechtspflege (BVerfGE **45**, 354, 359 = NJW **77**, 1767) und sollte nicht zurückhaltend vorgenommen werden (**aM** Herzog StV **93**, 612: Vorschrift wegen Art 101 I S 2 GG verfassungswidrig). I regelt die Verbindung von zusammenhängenden (§ 3) Straftaten iS des § 264, für die Gerichte verschiedener Ordnung (2 zu § 1) zuständig sind, durch die StA, § 4 die Verbindung durch das Gericht, § 13 die Verbindung bei unterschiedlicher örtlicher Zuständigkeit, § 237 die auf die gleichzeitige Verhandlung beschränkte Verbindung. Für die Verfahrensverbindung durch die StA gilt im Einzelnen folgendes:

3 B. Bei **Zuständigkeit desselben Gerichts** für mehrere iS des § 3 zusammenhängende Strafsachen kann die StA die Sache in einer gemeinsamen Anklage bei Gericht anhängig machen. Das ist gesetzlich nicht ausdrücklich bestimmt, ergibt sich aber aus der weitergehenden Regelung des I und aus § 13 I (Rosenmeier 31). Gleichgültig, ob die StA die Sachen schon im Ermittlungsverfahren verbunden hatte, wozu sie jederzeit befugt ist (LR-Erb 14; Meyer-Goßner DRiZ **85**, 241), oder ob sie die Verbindung erst anlässlich der Anklageerhebung vornimmt. Verpflichtet zur Verbindung ist die StA nicht. Ist in einer der Strafsachen bereits das Hauptverfahren eröffnet, so ist die Verbindung nur nach § 4 möglich (dort 5).

4 C. Bei **Zuständigkeit verschiedener Gerichte** für die einzelnen Strafsachen ist zu unterscheiden:

5 Wenn verschiedene **Gerichte gleicher Ordnung** (2 zu § 1) zuständig sind, kann die StA mehrere miteinander verbundene Sachen bei einem von ihnen anklagen; das ist eine Frage der örtlichen Zuständigkeit, die durch § 13 I geregelt ist (dort 2).

6 Sind **Gerichte verschiedener Ordnung** (2 zu § 1) im 1. Rechtszug zuständig, so liegt der Fall des I vor. Die StA kann die iS des § 3 zusammenhängenden Sachen nach I S 1 verbunden bei dem höheren Gericht anhängig machen, nicht aber eine zur Zuständigkeit des AG gehörende Sache nur deswegen beim LG anklagen, weil dort ein Berufungsverfahren anhängig ist (BGH **38**, 172; NStZ **92**, 397). Sind mehrere StrKn mit besonderer Zuständigkeit nach §§ 74 II, 74 a oder 74 c GVG zuständig, so können alle Sachen bei derjenigen StrK angeklagt werden, deren Vorrang § 74 e GVG bestimmt (I S 2). Auch auf diese Verfahrensverbindung hat der Angeklagte keinen Rechtsanspruch (10 zu § 4). Eine getrennte Anklagerhebung kann insbesondere bei unterschiedlichem Ermittlungsstand in Haftsachen und zur Vermeidung von Großverfahren geboten sein (vgl RiStBV 114 S 2).

7 D. **Sonderfälle:**

8 Nach §§ 42, 64 OWiG kann mit einem Strafverfahren auch die **Verfolgung von OWien** verbunden werden. Dann kann aber die OWi vom Gericht nicht mehr durch Trennung aus der gerichtlichen Zuständigkeit ausgeschieden werden; denn die Ahndung einer OWi durch das Gericht ohne vorausgegangenen Bußgeldbescheid sieht das Gesetz nicht vor (Göhler 4 zu § 45 OWiG).

9 Strafsachen gegen **Jugendliche und Erwachsene** können verbunden anhängig gemacht werden, wenn die Voraussetzungen des § 103 I **JGG** vorliegen. Das gilt entspr für die Verbindung von Strafsachen gegen Heranwachsende und Erwachsene (§ 112 S 1 **JGG**). Zuständig für die verbundenen Sachen ist das JugG (§ 103 II S 1 **JGG**), sofern nicht die Zuständigkeit des BGH oder OLG begründet (§ 102 **JGG**) oder für die Erwachsenenstraftat die Wirtschafts- oder StaatsschutzStrK zuständig

ist (§ 103 II S 2 **JGG**). Diese Grundsätze gelten auch, wenn mehrere Taten eines Angeklagten verbunden anhängig gemacht werden, die er in verschiedenen Altersstufen begangen hat (§ 32 JGG). Weder in § 32 noch sonst im JGG ist aber bestimmt, dass alle Straftaten die ein Beschuldigter in verschiedenen Altersstufen begangen hat, gleichzeitig abgeurteilt werden müssen (BGH **10**, 100; JR **74**, 428 mit Anm Brunner).

2) Trennung der verbundenen Sachen (II): Gemeint ist nur die Verfahrenstrennung, dh die Auflösung der Sachverbindung mit der Folge, dass die abgetrennte Sache an das für sie zuständige niedere Gericht zurückfällt (LR-Erb 19ff; SK-Rudolphi 17), nicht die nur vorübergehende Abtrennung der Verhandlung, insbesondere zu dem Zweck, die Zeugenvernehmung eines Mitbeschuldigten zu ermöglichen (dazu 22 vor § 48). Die Trennung ist aus Gründen der Zweckmäßigkeit ebenso zulässig wie das Unterlassen der Verbindung (oben 6); sie steht im Ermessen des Gerichts (BGH **18**, 238; JR **69**, 148 mit Anm von Gerlach; BGH JR **74**, 428). Der Angeklagte hat keinen Anspruch auf die Abtrennung seines Verfahrens (Frankfurt StV **83**, 92). 10

Die Trennung **erfolgt** bei Erlass des Eröffnungsbeschlusses in der Weise, dass die eine der von der StA verbundenen Sachen bei dem zuständigen Gericht niederer Ordnung eröffnet wird (§ 209 I; Düsseldorf NStZ **91**, 145 mwN). Nach Eröffnung des Hauptverfahrens, insbesondere in der Hauptverhandlung, ist ein besonderer Beschluss des in I bezeichneten ranghöheren Gerichts erforderlich, der erst nach Anhörung des Angeklagten ergehen darf (BGH NStZ **82**, 188 [Pf]). Eine stillschweigende Trennung ist nicht möglich. Die Einstellung eines der Verfahren nach § 205 enthält keine Trennung nach II (Frankfurt bei Fischer StV **81**, 85); auch in dem bloßen Abschluss eines Verfahrensteils liegt keine Sachtrennung (Köln VRS **53**, 130). 11

3) Anfechtung: Die Anklageerhebung nach I ist unanfechtbar, die Teileröffnung (oben 11) ist nach § 210 anfechtbar. 12

Der Trennungsbeschluss nach II kann von der StA und dem von der Trennung betroffenen Angeklagten mit der **Beschwerde** nach § 304 I angefochten werden; § 305 S 1 steht nicht entgegen, weil der Beschluss nur das Verfahren hemmt und bei der Urteilsfällung nicht erneut geprüft wird (Bay **53**, 86; Frankfurt StV **83**, 92; **91**, 504; **aM** Bohnert 30). Das Beschwerdegericht prüft den Beschluss in vollem Umfang, nicht nur auf Ermessensfehler (Düsseldorf NStZ **91**, 145 mwN; LR-Erb 27 mwN). Der Beschluss, mit dem der Antrag auf Trennung abgelehnt wird, ist nach § 305 S 1 unanfechtbar (Bay **52**, 117). 13

Mit der **Revision** können Ermessensfehler bei der Verbindung oder Trennung nicht gerügt werden; sie kann nur auf Ermessensmissbrauch und auf andere Verfahrensfehler gestützt werden, insbesondere auf die Verletzung der §§ 244 II, 261 (BGH **18**, 238; NJW **53**, 836; Koblenz VRS **49**, 115). 14

Begriff des Zusammenhangs **RiStBV 17, 114**

3 Ein Zusammenhang ist vorhanden, wenn eine Person mehrerer Straftaten beschuldigt wird oder wenn bei einer Tat mehrere Personen als Täter, Teilnehmer oder der Begünstigung, Strafvereitelung oder Hehlerei beschuldigt werden.

1) Den **Zusammenhang** in den Fällen der §§ 2, 4 und 13 definiert die Vorschrift. Er kann persönlicher oder sachlicher Art sein. Auch eine Verbindung beider Arten (kombinierter Zusammenhang) ist möglich (KK-Fischer 5; unten 4). 1

2) Persönlicher Zusammenhang iS des § 3 liegt vor, wenn einem und demselben Beschuldigten mehrere verfahrensrechtlich selbstständige Straftaten iS des § 264 vorgeworfen werden. Tatmehrheit iS des § 53 StGB genügt nicht. Denn wenn mehrere solcher Taten nicht auch mehrere Straffälle iS des § 264 bilden, ist 2 ihre gemeinsame Aburteilung ohnehin zwingend vorgeschrieben; es besteht eine „Prozesseinheit" (BGH MDR **76**, 64; Kleinknecht MDR **58**, 357; 6 zu § 264). Klagt die StA eine solche einheitliche Tat gleichwohl bei verschiedenen Gerichten an und zieht das höhere Gericht das andere Verfahren an sich, so liegt kein Fall der §§ 3, 4 vor, sondern es wird nur das Prozesshindernis der doppelten Rechtshängigkeit beseitigt (BGH **19**, 177, 181; NJW **58**, 31). Entsprechendes gilt, wenn dieselbe Tat sowohl im gewöhnlichen Strafverfahren als auch im Sicherungsverfahren nach §§ 413ff angeklagt ist (BGH **22**, 185).

3 **3)** Beim **sachlichen Zusammenhang** wird eine Tat mehrerer Beteiligter untersucht. Maßgebend ist auch hier der verfahrensrechtliche Tatbegriff des § 264 (BGH NJW **88**, 150; Kindhäuser JZ **93**, 479; die Entscheidung BGH **11**, 130 = MDR **58**, 356 mit abl Anm Kleinknecht ist überholt). Von § 3 sind alle Formen strafrechtlicher Täterschaft (auch Mittäter, mittelbare Täter, Nebentäter) erfasst (Rotsch/Sahan ZIS **07**, 146). Die Teilnahme ist hingegen nicht auf diejenige des § 27 StGB beschränkt; es genügt vielmehr die in dieselbe Richtung zielende Mitwirkung an einem einheitlichen geschichtlichen Vorgang (BGH NJW **88**, 150; **aM** Rotsch/Sahan aaO). Der Zusammenhang besteht bei Begünstigung auch, wenn sie im Vorverfahren für den Beschuldigten (zB durch Falschaussage) begangen worden ist (BGH **18**, 238); das Gleiche gilt für den Versuch der Strafvereitelung (§§ 258 I, IV StGB).

4 **4)** Ein **kombinierter Zusammenhang** liegt zB vor, wenn der Verdacht besteht, dass A einen Mord begangen hat, B sich hierbei der Strafvereitelung und außerdem durch eine selbstständige Tat der Unterschlagung schuldig gemacht hat. Dann kann auch wegen dieser Tat infolge ihres mittelbaren Zusammenhangs mit dem Mord Anklage bei dem SchwurG erhoben werden (vgl SK-Rudolphi 4).

Verbindung und Trennung rechtshängiger Sachen

4 I **Eine Verbindung zusammenhängender oder eine Trennung verbundener Strafsachen kann auch nach Eröffnung des Hauptverfahrens auf Antrag der Staatsanwaltschaft oder des Angeklagten oder von Amts wegen durch gerichtlichen Beschluss angeordnet werden.**

II [1] **Zuständig für den Beschluss ist das Gericht höherer Ordnung, wenn die übrigen Gerichte zu seinem Bezirk gehören.** [2] **Fehlt ein solches Gericht, so entscheidet das gemeinschaftliche obere Gericht.**

1 **1)** Die **Verbindung rechtshängiger Sachen,** die iS des § 3 zusammenhängen, lässt I zu. Die Vorschrift knüpft an § 2 an; sie ermöglicht die Zusammenfassung von Strafsachen (iS des § 264) aus den Zuständigkeiten von Spruchkörpern verschiedener Ordnung. Anders als nach § 2 ist es aber gleichgültig, ob es sich um Spruchkörper eines und desselben Gerichts oder verschiedener Gerichte handelt. § 4 setzt also nicht immer die Abänderung der örtlichen, stets aber die der sachlichen Zuständigkeit voraus. Sind mehrere Verfahren bei Gerichten gleicher Ordnung an verschiedenen Orten anhängig, so geht es nur um die örtliche Zuständigkeit; dann gilt § 13 II (Düsseldorf MDR **85**, 1048). Wenn mehrere Strafverfahren gegen einen Angeschuldigten wegen derselben Tat bei verschiedenen Gerichten anhängig sind, sind die §§ 3, 4 überhaupt nicht anwendbar (2 zu § 3). Die Verbindung von Strafsachen gegen Jugendliche oder Heranwachsende und gegen Erwachsene regeln die §§ 103, 112 S 1 **JGG.**

2 A. Für **bei *verschiedenen* Gerichten rechtshängige Strafsachen** (zur Rechtshängigkeit vgl 1 zu § 156) gilt § 4. Die Gerichte müssen von unterschiedlicher Rangordnung (2 zu § 1) sein; dabei braucht, wie II S 1 zeigt, das niedere Gericht nicht zum Bezirk des höheren zu gehören. § 4 ermöglicht demnach die Verbindung von Sachen, von denen eine beim AG, die andere bei der großen StrK oder die eine beim LG, die andere im 1. Rechtszug beim OLG anhängig ist. Die Vor-

schrift ist auch anwendbar, wenn innerhalb desselben Gerichts eine Sache beim Strafrichter (§ 25 GVG), die andere beim SchG (BGH **25**, 51; Meyer-Goßner DRiZ **85**, 242) anhängig ist.

Die Anwendbarkeit des § 4 auf **Sachen, in denen bereits ein Urteil ergangen ist,** ist grundsätzlich ausgeschlossen (BGH **19**, 177 = JZ **64**, 468 mit zust Anm EbSchmidt; BGH **22**, 185, 186; **25**, 51, 53; **37**, 15, 17; NStZ **86**, 564; **97**, 331 [K]; KG JR **69**, 349). Eine Verbindung solcher Sachen ist nur möglich, wenn dadurch der Rechtsmittelzug nicht verändert und auch nicht gegen andere Verfahrensgrundsätze verstoßen wird. Daher kann eine vom Revisionsgericht nach § 354 II zurückverwiesene Sache mit einer bei einem niederen Gericht anhängigen Sache verbunden werden (BGH **25**, 51), auch wenn die zurückverwiesene Sache schon im Schuldspruch rechtskräftig ist. Eine im 1. Rechtszug bei ihr anhängige Sache kann die große StrK mit einer Berufungssache, die bei einem anderen LG anhängig ist, aber nicht verbinden; denn dadurch würde in den gesetzlichen Instanzenzug eingegriffen (BGH **19**, 175, **25**, 53; AnwK-Rotsch 3; LR-Erb 15). Unzulässig ist ferner die Verbindung eines beim Amtsgericht anhängigen Verfahrens mit einem Berufungsverfahren beim Landgericht (BGH **37**, 15). 3

Ist **erst *eine* Strafsache anhängig,** so kann die StA wegen einer inzwischen anklagereif gewordenen anderen Sache, die zur Zuständigkeit eines Gerichts niederer Ordnung gehören würde, die Anklage bei dem höheren Gericht erheben und die Verbindung beantragen (BGH NStZ **96**, 447; **98**, 612 [S]; Meyer-Goßner DRiZ **85**, 242; **aM** Rosenmeier 47 ff; erg 2 zu § 2). Auch sonst kann das höhere Gericht schon nach § 4 verfahren, wenn in der bei dem niederen Gericht anhängigen Sache das Hauptverfahren noch nicht eröffnet ist (einschr BGH NJW **90**, 2760 und BGHR Verbindung 16: falls StA der Abgabe zustimmt), jedoch nicht im umgekehrten Fall (Eröffnung beim niederen, noch keine Eröffnung beim höheren Gericht, BGH StraFo **06**, 492). 4

B. Für **bei *demselben* Gericht anhängige Strafsachen** gilt folgendes (zum Ganzen ausführlich Meyer-Goßner NStZ **04**, 353 ff): 5

a) Wenn bei **demselben Spruchkörper im selben Rechtszug** mehrere Verfahren anhängig sind, können sie ohne weiteres durch Beschluss (BGH StraFo **05**, 203: ggf auch konkludent) miteinander verbunden werden. Hierfür genügt der Entschluss des Spruchkörpers zur Zusammenführung der bisher getrennten Verfahren; es wird dann nur aktentechnisch festgehalten, welches Verfahren „führt". 6

b) Wenn **bei demselben Spruchkörper in verschiedenen Rechtszügen** Verfahren anhängig sind, was jetzt nur noch bei der großen JugK vorkommen kann (erstinstanzliche Verfahren und Berufungsverfahren gegen Urteile des JSchöffG), muss eine Verbindung entspr § 4 I als unzulässig angesehen werden, denn dadurch würde in den Instanzenzug eingegriffen werden und sich die Zuständigkeit des Revisionsgerichts ändern. Hier bleibt aber die Möglichkeit der gemeinsamen Verhandlung nach § 237, allerdings demnach ohne Verfahrensverschmelzung und ohne gemeinsame Entscheidung (vgl 1, 8 zu § 237). 7

c) Wenn **bei verschiedenen Spruchkörpern im selben Rechtszug** mehrere Verfahren anhängig sind, ist zu unterscheiden: 8

(1) Handelt es sich um **gleichartige Spruchkörper** (zB 2 SchGe, 2 kleine oder 2 große Strkn), so einigen sich die Spruchkörper dahin, dass der eine Spruchkörper die Sache an den anderen abgibt und dieser sie übernimmt (BGH NJW **95**, 1688 mwN). Kommt keine Einigung zustand, muss entspr § 21 e I S 1 GVG das Präsidium entscheiden. 8a

(2) Bei **ungleichartigen Spruchkörpern** kommt es darauf an, welchem von ihnen nach § 74 e GVG der höhere Rang zukommt; der ranghöhere kann das andere Verfahren übernehmen (zB die WirtschaftsStrK das Verfahren der allg StrK, das SchwurG das der WirtschaftsStrK). Ebenso kann die kleine JugK (§ 33 b I JGG) oder die kleine WirtschaftsStrK (6 zu § 74 c GVG) Verfahren der kleinen Strafkammer an sich ziehen. 8b

8c (3) Bei **Jugendsachen** ist nach § 103 II **JGG** zu unterscheiden: Das SchwurG muss die Sache – je nach Verfahrensstand – gemäß §§ 6a, 225a IV, 270 I S 2 an die JugK, die JugK muss sie an die WirtschaftsStrK oder an die Staatsschutzkammer (§ 74a GVG) verweisen.

8d d) **Bei verschiedenen Spruchkörpern in verschiedenen Rechtszügen** anhängige Verfahren können nicht verbunden werden, also nicht ein bei einer kleinen StrK anhängiges Berufungsverfahren mit einem erstinstanzlichen Verfahren bei der großen StrK; denn auch hier gilt, dass dadurch unzulässigerweise in den Instanzenzug eingegriffen werden würde (LR-Erb 19ff; Sowada 718). Die Rspr (BGH NStZ **98**, 628; NStZ-RR **98**, 257 [K]; **99**, 257 [K]) lässt hier bisher allerdings noch die Verbindung zu, es sei denn, dass (horizontale) Teilrechtskraft eingetreten ist (BGH **36**, 348, 350; **37**, 15, 17). Folge der nach der Rspr möglichen Verbindung und der durch sie eintretenden Verschmelzung des Berufungs- mit dem erstinstanzlichen Verfahren ist aber, dass eine Rücknahme der Berufung dann nicht mehr möglich ist (BGH **38**, 300).

9 C. **In jedem Verfahrensabschnitt** ist die Verfahrensverbindung auf Antrag oder von Amts wegen zulässig, auch noch in der Hauptverhandlung (BGH **45**, 342, 351 = JR **01**, 250 mit zust Anm Gollwitzer), in der dann allerdings die Gefahr einer Verletzung des § 261 besteht (BGH NJW **53**, 836). Das gilt aber nur bei Verbindungen von Verfahren gegen *verschiedene* Angeklagte; soll eine weitere Anklage gegen *denselben* Angeklagten erhoben werden, gegen den die Hauptverhandlung bereits läuft, kommt nur eine (mündliche) Nachtragsanklage nach § 266 in Betracht (BGH **53**, 108; Gubitz/Bock StraFo **07**, 225). Das schließt die Erhebung weiterer (schriftlicher) Anklagen nicht aus; nur können diese nicht entspr § 4 zu dem sich bereits in der Hauptverhandlung befindenden Verfahren verbunden werden (BGH aaO; erg 4 zu § 266); eine Verbindung nach § 237, die die Selbstständigkeit der Verfahren unberührt lässt (dort 1), bleibt hingegen möglich (**aM** Gubitz/Bock aaO, die sich insoweit zu Unrecht auf meine Ausführungen in NStZ **04**, 355 berufen).

10 D. Im **Ermessen des Gerichts** steht die Verbindung (BGH **18**, 238; BGHR Verbindung 4). Der Ermessensspielraum unterliegt aber verfassungsrechtlichen Grenzen: Das Recht des Beschuldigten auf ein rechtsstaatliches, faires Verfahren, sein Recht auf zügigen Abschluss des Strafverfahrens und das Übermaßverbot können im Einzelfall das aus Gründen der Prozessökonomie bestehende öffentliche Interesse an einer Verfahrensverbindung überwiegen; das ist insbesondere zu beachten, wenn der Angeklagte durch die Verbindung wegen § 146 seinen Verteidiger verlieren würde (BVerfG StV **02**, 578). Vor dem Verbindungsbeschluss ist rechtliches Gehör zu gewähren (BGH NJW **89**, 2403, 2407). Einen Rechtsanspruch darauf, dass alle gegen ihn anhängigen Sachen in einer Hauptverhandlung erledigt werden, hat der Angeklagte nicht (Koblenz VRS **49**, 115; vgl aber auch Stuttgart NJW **60**, 2353). Ein Antrag auf Verbindung zusammenhängender Sachen kann daher ohne Begründung abgelehnt werden (RG **57**, 44; Bohnert 29; **aM** SK-Rudolphi 11). Mit dem Erlass des Verbindungsbeschlusses entfällt die Rechtshängigkeit bei dem niederen Gericht (BGH NJW **58**, 31).

11 **2)** Die **Trennung** der verbundenen Sachen (10 zu § 2) ist während der Rechtshängigkeit, auch noch im Revisionsrechtszug (zB durch Teilverwerfung des Rechtsmittels) und nach Zurückverweisung durch das Revisionsgericht nach § 354 II, aus Zweckmäßigkeitsgründen zulässig, insbesondere wenn nur eine der verbundenen Sachen entscheidungsreif ist (vgl BGH MDR **75**, 23 [D]; SK-Rudolphi 9). Die Trennung ist rechtlich nicht deshalb notwendig, weil der Grund der Verbindung nachträglich entfällt. Sie erfordert einen ausdrücklichen Beschluss (unten 15); nur ausnahmsweise kann ein Verfahren auch stillschweigend, durch schlüssiges Verhalten, getrennt (und später auch wieder verbunden) werden (**aM** SK-Rudolphi 11: nur ausdrückliche Entscheidung); das muss dann aber gewollt und

erkennbar sein (RG **70**, 65, 68; Bay **61**, 192 = NJW **61**, 2318). Die Trennung hebt die Wirkung des § 5 auf; jedes Verfahren ist prozessual wieder selbstständig; es gilt jedoch § 269 (dort 7). Ein – nach der Rspr zulässigerweise (oben 8 d) – mit einem erstinstanzlichen Verfahren verbundenes Berufungsverfahren bleibt aber auch nach der Trennung ein Verfahren erster Instanz, da es durch die mit der Verbindung erfolgte Verschmelzung seine Eigenschaft als Berufungsverfahren verloren hat (BGH **38**, 300; Stuttgart JR **95**, 517 mit insoweit abl Anm Wendisch = NStZ **95**, 248 mit insoweit zust Anm Meyer-Goßner NStZ **96**, 51). Eine vorübergehende Trennung in der Hauptverhandlung kann durch die Anwendung des § 231 c vermieden werden (dort 3); das Recht zur Verfahrenstrennung nach § 4 wird dadurch nicht berührt (BGH **32**, 100; 270; KK-Gmel 2 zu § 231 c; einschr LR-Becker 3 zu § 231 c; **aM** Schlothauer Koch-FS 250). Zur vorübergehenden Abtrennung zwecks Zeugenvernehmung eines der Mitangeklagten vgl 22 vor § 48.

3) Zuständigkeiten (II): 12

A. Den **Verbindungsbeschluss** erlässt grundsätzlich das ranghöhere Gericht (2 zu § 1). Zur Entscheidung bei der Verbindung von bei demselben Gericht anhängigen Verfahren vgl oben 6 ff. 13

Das **gemeinschaftliche obere Gericht** (II S 2) ist zuständig, wenn die verschiedenen Gerichte nicht alle zum Bezirk des ranghöheren gehören. Gemeinschaftliches oberes Gericht ist für mehrere AGe das LG, für mehrere LGe das OLG, sonst der BGH (dieser insgesamt auch dann, wenn für einige der mehreren zu verbindenden Sachen das OLG zuständig wäre, BGH NStZ **01**, 656 L). Ist jedoch ein OLG nach § 121 III GVG für mehrere Bezirke zuständig, ist es insoweit auch gemeinschaftliches oberes Gericht (BGH NStZ-RR **97**, 187; **07**, 129 [B]; BGHR Oberes Gericht 1; Volckart NStZ **90**, 205). Eine durch ein unzuständiges Gericht nicht wirksam vorgenommene Verbindung kann das zuständige obere Gericht ggf nachholen, wenn die Sache im Wege der Revision zu ihm gelangt ist (BGH NStZ-RR **97**, 170; **02**, 257 [B]). 14

B. Den **Trennungsbeschluss,** der keiner besonderen Begründung bedarf (BGH NStZ **00**, 211), erlässt das Gericht, bei dem die verbundenen Sachen anhängig sind, das gemeinschaftlich obere Gericht (oben 14), wenn es die Verbindung angeordnet hatte; zuvor ist rechtliches Gehör zu gewähren (BGH NJW **89**, 2403, 2407). 15

4) Beschwerde: Der Verbindungsbeschluss des erkennenden Gerichts ist nach § 305 S 1 unanfechtbar (LR-Erb 44; **aM** Rosenmeier 91). Zur Anfechtbarkeit des Trennungsbeschlusses vgl 13 zu § 2. Mit dem Beginn oder der Fortsetzung der Hauptverhandlung ist die Beschwerde prozessual überholt (17 zu § 296). 16

5) Revision: Vgl 14 zu § 2. 17

Maßgebendes Verfahren

5 **Für die Dauer der Verbindung ist der Straffall, der zur Zuständigkeit des Gerichts höherer Ordnung gehört, für das Verfahren maßgebend.**

1 **1)** Die **verfahrensrechtliche Folge der Verbindung** nach §§ 2 ff ist, anders als im Fall des § 237 (dort 1), die Verschmelzung der verbundenen Sachen zu einem einheitlichen Verfahren (BGH **36**, 348). Daher richtet sich das gesamte Verfahren nach den Regeln für den Straffall, der zur Zuständigkeit des Gerichts höherer Ordnung gehört. Das gilt bei persönlicher Verbindung nach § 3 zB für die notwendige Verteidigung nach § 140 (EbSchmidt 4; erg 5 zu § 140). Der Ausschluss eines Richters nach § 22 erstreckt sich auf sämtliche verbundenen Straffälle (6 zu § 22). Für das zulässige Rechtsmittel ist die Zuständigkeit des Gerichts maßgebend, bei dem die Verfahren verbunden sind, und zwar sowohl bei persönlicher (BGH MDR **55**, 755; **75**, 198 [D]) als auch bei sachlicher Verbindung (BGH

NJW **55**, 1890 L) und auch, wenn das Verfahren wegen der Sache, die die höhere Zuständigkeit begründet hat, durch Einstellung erledigt ist (BGH MDR **55**, 755; erg 1 zu § 135 GVG). Wegen des Zeugnisverweigerungsrechts der Angehörigen vgl 11 ff zu § 52. Wurde ein Strafbefehlsverfahren verbunden, so ist die Rücknahme des Einspruchs nach § 411 III nur möglich, wenn die Verfahren wieder getrennt werden (offengelassen in BGH **36**, 175, 187).

2 **2) Selbstständig** bleiben die verbundenen Sachen, soweit es sich um Prozesshindernisse (Einl 143 ff) handelt, die nur für die eine Strafsache bestehen. Deshalb bedarf es nach der Verbindung in den Fällen der §§ 408 III S 2, 417 ff auch nicht eines Eröffnungsbeschlusses (Bay OLGSt Nr 3 zu § 4). Es kann sich in diesen Fällen aber empfehlen, die Sachen vor der Urteilsverkündung wieder zu trennen oder nur eine Verbindung nach § 237 vorzunehmen, so dass es dann bei der ursprünglichen Verfahrensart und Rechtsmittelzuständigkeit verbleibt (erg 8 zu § 237). Wenn sich die eine der verbundenen Sachen gegen Jugendliche oder Heranwachsende richtet (§§ 103, 112 **JGG**), gilt § 104 **JGG.**

Prüfung von Amts wegen

6 Das Gericht hat seine sachliche Zuständigkeit in jeder Lage des Verfahrens von Amts wegen zu prüfen.

1 **1)** Eine **Prozessvoraussetzung** (Einl 141 ff) ist die sachliche Zuständigkeit (BGH **18**, 79, 81 [GSSt]). Wenn sie fehlt, darf keine Sachentscheidung ergehen. Das Gericht ist aber verpflichtet, das Verfahren bei sachlicher Unzuständigkeit an das zuständige Gericht zu bringen, wenn das Gesetz diese Möglichkeit vorsieht (unten 3). Andernfalls muss das Verfahren nach § 206 a oder § 260 III eingestellt werden (KK-Fischer 1). Im Hauptverfahren gilt die Einschränkung des § 269.

2 **2) In jeder Lage des Verfahrens von Amts wegen** hat das Gericht seine sachliche Zuständigkeit zu prüfen, auch im Revisionsrechtszug (BGH **10**, 74; **18**, 79, 83 [GSSt]; Bay **85**, 33 = NStZ **85**, 470). In den Tatsacheninstanzen ist kein Einwand (wie nach §§ 6 a, 16), in der Revisionsinstanz keine besondere Rüge erforderlich (32 zu § 338). Soweit die Zuständigkeit von der besonderen Bedeutung des Falles abhängt, wird deren Vorliegen nach Beginn des Hauptverfahrens nicht mehr geprüft (8 zu § 24 GVG). Das Gleiche gilt für die Rechtsfolgenerwartung nach § 25 Nr 2 GVG (dort 2). Wird das Urteil wegen Fehlens der sachlichen Zuständigkeit nicht angefochten, erwächst es in Rechtskraft (RG **71**, 377, 378).

3 **3) Verfahren bei sachlicher Unzuständigkeit:** Das unzuständige Gericht, bei dem die Anklage erhoben ist, eröffnet das Hauptverfahren vor dem zuständigen niederen Gericht (§ 209 I) oder legt die Sache dem zuständigen höheren Gericht vor (§ 209 II). Zwischen Eröffnung des Hauptverfahrens und Beginn der Hauptverhandlung ist wegen § 269 nur noch die Vorlage an das sachlich zuständige Gericht höherer Ordnung zulässig (§ 225 a I). In der Hauptverhandlung wird nach § 270 an das höhere Gericht verwiesen.

4 Das **Berufungsgericht** hat nur dieselbe Strafgewalt wie das AG (BGH **31**, 63, 66; 9 zu § 328); hat das 1. Urteil sie überschritten, so muss das LG daher die Sache nach § 328 II an dieses Gericht verweisen (dort 5).

5 Das **Revisionsgericht** verweist die Sache nach § 355 an das zuständige Gericht (BGH **38**, 212).

6 **4)** Für die **sachliche Zuständigkeit der JugGe** im Verhältnis zu anderen JugGen gelten die §§ 6, 269 ebenfalls. Im Verhältnis zu den Erwachsenengerichten gleicher Ordnung haben die JugGe einen Vorrang, der nicht zur sachlichen Zuständigkeit gehört, aber grundsätzlich in jeder Lage des Verfahrens zu beachten ist (11 vor § 1), im Revisionsrechtszug aber nur auf zulässig erhobene Verfahrensrüge (34 zu § 338).

Zuständigkeit besonderer Strafkammern

6a **[1]Die Zuständigkeit besonderer Strafkammern nach den Vorschriften des Gerichtsverfassungsgesetzes (§ 74 Abs. 2, §§ 74 a, 74 c des Gerichtsverfassungsgesetzes) prüft das Gericht bis zur Eröffnung des Hauptverfahrens von Amts wegen. [2]Danach darf es seine Unzuständigkeit nur auf Einwand des Angeklagten beachten. [3]Der Angeklagte kann den Einwand nur bis zum Beginn seiner Vernehmung zur Sache in der Hauptverhandlung geltend machen.**

1) Die **Zuständigkeit der besonderen StrKn** nach §§ 74 II, 74 a, 74 c GVG, 1
für die § 74 e GVG eine Rangfolge aufstellt, behandelt das Gesetz nach § 209 a Nr 1 bei der Anwendung der §§ 4 II, 209, 210 II wie die sachliche Zuständigkeit (vgl 10 ff vor § 1; 3 ff zu § 209 a). Aus Gründen der Verfahrensvereinfachung sind diese StrKn aber sonst aus der in jeder Lage des Verfahrens zu beachtenden sachlichen Zuständigkeit (§ 6) herausgenommen worden. Dadurch soll verhindert werden, dass eine Strafsache noch im Lauf der Hauptverhandlung an eine StrK mit besonderer Zuständigkeit oder an eine allgemeine StrK verwiesen werden muss (vgl Meyer JR **85**, 523; Schlüchter JR **82**, 512). Daher stellt § 6 a in Übereinstimmung mit der Regelung bei der örtlichen Zuständigkeit (§ 16) eine zeitliche Grenze für die Zuständigkeitsprüfung auf. Ist bis dahin die Unzuständigkeit der allgemeinen StrK nicht entdeckt oder nicht geltend gemacht worden, so entscheidet sie auch in Sachen, für die eine besondere StrK nach § 74 e GVG zuständig ist. Sie wird hierfür von Rechts wegen zuständig. Daraus folgt aber nicht, dass alle StrKn des LG eine einheitliche sachliche Zuständigkeit haben (**aM** Celle MDR **86**, 953); denn § 6 a hat die Zuständigkeitsregelung der §§ 74 ff GVG nicht beseitigt (Meyer-Goßner DRiZ **89**, 300).

Im Verhältnis zwischen Erwachsenengericht und **Jugendgericht** besteht keine 2
dem § 6 a entspr Vorschrift; die Zuständigkeit muss daher immer von Amts wegen geprüft werden (BGH **30**, 260; MDR **81**, 269 [H]; erg 11 vor § 1; 6 zu § 6); das gilt auch dann, wenn die JugK ihre Zuständigkeit im Eröffnungsverfahren verneint und das Hauptverfahren vor einer anderen Strafkammer eröffnet hatte, sich aber dort in der Hauptverhandlung die jugendgerichtliche Zuständigkeit herausstellt (BGH **47**, 311 = NStZ **03**, 47 mit Anm Rieß).

2) Von Amts wegen (S 1) wird die Zuständigkeit nur bis zur Eröffnung des 3
Hauptverfahrens (§ 203), dh bis zum Erlass des Eröffnungsbeschlusses (§ 207) bzw bei den besonderen Verfahrensarten dem entspr Zeitpunkt (vgl 2 zu § 16; 6 zu § 28). Die Prüfung hat auch die StrK mit besonderer Zuständigkeit vorzunehmen, bei der die Anklage erhoben ist; der Grundsatz des § 269 gilt nicht entspr (Bohnert 36; Rieß NJW **78**, 2267 Fn 58; **79**, 1536). Sie prüft, ob an ihrer Stelle eine allgemeine StrK oder eine nach § 74 e GVG vor- oder nachrangige StrK mit besonderer Zuständigkeit zuständig ist. Die allgemeine StrK, bei der die Anklage erhoben ist, muss prüfen, ob und ggf an welche besondere StrK die Sache abzugeben ist.

3) Der **Einwand des Angeklagten** (S 2, 3) kann ohne nähere Begründung die 4
Zuständigkeit einer allgemeinen oder einer nach § 74 e GVG vor- oder nachrangigen besonderen StrK geltend machen. Allerdings wird die Frage, ob zur Beurteilung des Falles besondere Kenntnisse des Wirtschaftslebens erforderlich sind und daher nach § 74 c I Nr 6 GVG eine Wirtschafts-StrK zuständig ist, nach hM auf den Einwand nicht geprüft (KK-Fischer 13; LR-Stuckenberg 47 zu § 209 a; Rieß NJW **78**, 2268; erg 33 zu § 338; 10 zu § 74 c GVG).

A. **Zum Einwand befugt** (S 2) ist nicht nur der Angeklagte, dem der Beschul- 5
digte im Sicherungsverfahren nach §§ 413 ff und die Nebenbeteiligten (Einl 73) gleichstehen, sondern auch der Erziehungsberechtigte und der gesetzliche Vertreter (§§ 67 I, 103 II S 2, 3 **JGG**). Der Verteidiger kann den Einwand für den Angeklagten erheben, aber nicht aus eigenem Recht (erg 1 zu § 297). Der Einwand des

StA oder eines anderen Verfahrensbeteiligten ist nur eine Anregung für die von Amts wegen vorzunehmende Prüfung nach S 1 (oben 2). Nach Eröffnung des Hauptverfahrens ist er daher unbeachtlich (KK-Fischer 7).

6 B. **Zulässiger Zeitraum** (S 3): Der Einwand kann schon im Eröffnungsverfahren geltend gemacht (§ 201 I) und dann nach Eröffnung des Hauptverfahrens wiederholt werden (Meyer-Goßner NStZ **81**, 169). Auch der vor Beginn der Hauptverhandlung erhobene Einwand kann in der Hauptverhandlung erneut erhoben werden (LR-Erb 18; Meyer-Goßner aaO 170); das ist jedoch nicht erforderlich, wenn er nicht beschieden worden ist.

7 Nach **Beginn der Vernehmung des Angeklagten** zur Sache kann der Einwand nicht mehr erhoben werden. Maßgebend ist der Zeitpunkt, in dem der Angeklagte nach der Belehrung nach § 243 V S 1 erklärt hat, ob er sich äußern oder nicht zur Sache aussagen wolle (BGH NStZ **84**, 128); der Einwand muss vor jeder weiteren Erklärung geltend gemacht werden. Danach ist er schlechthin unzulässig; da es sich um eine Ausschlussfrist handelt, ist Wiedereinsetzung nach § 44 ausgeschlossen (KK-Fischer 8; erg 3 zu § 44). Wenn der Einwand nicht rechtzeitig erhoben wird, tritt eine Zuständigkeitsperpetuierung ein, die durch eine nachträgliche Änderung der Sachlage oder der rechtlichen Beurteilung nicht mehr beseitigt werden kann (BGH NStZ **09**, 404; LR-Stuckenberg 46 zu § 209a). Das gilt auch dann, wenn die Umstände, die die Zuständigkeit einer besonderen StrK nach § 74e GVG begründen, erst nach Erlass des Eröffnungsbeschlusses bekannt geworden (BGH **30**, 187 = JR **82**, 511 mit insoweit abl Anm Schlüchter; KK-Fischer 8; **aM** SK-Rudolphi 17) oder nach Beginn der Sachvernehmung des Angeklagten eingetreten sind (BGH aaO: Tod des Opfers einer in den Katalog des § 74 II GVG fallenden Tat; SK-Rudolphi 15; Rieß NJW **78**, 2266). Dass damit ggf auch eine nur mit 2 Berufsrichtern besetzte StrK (§ 76 II GVG) in einer SchwG-Sache entscheidet, muss hingenommen werden.

8 Findet die **Hauptverhandlung gegen mehrere Angeklagte** statt, so kann jeder den Einwand bis zum Beginn seiner Vernehmung zur Sache geltend machen, auch wenn ein Mitangeklagter ihn durch Säumnis verloren hat. Der Angeklagte, der zu einem gleich lautenden Einwand eines Mitangeklagten nach § 33 II gehört worden ist, sich ihm aber nicht angeschlossen hat, kann den Einwand aber nicht mehr erheben (LR-Erb 15).

9 Bei einer **Hauptverhandlung in Abwesenheit des Angeklagten** tritt der Ausschluss des Einwands, den der nach § 140 I Nr 1 stets mitwirkende Verteidiger erheben kann, zu dem Zeitpunkt ein, in dem die Verfahrenshandlung vorgenommen wird, die dem Beginn der Sachvernehmung des Angeklagten entspricht. Das ist der Beginn der in §§ 231a I S 2, 232 III, 233 II S 1, 415 II S 1 vorgeschriebenen Verlesung der Niederschrift über die Vernehmung des Angeklagten (LR-Erb 16; erg 4 zu § 222b). Ist der Einwand schon bei dieser Vernehmung erhoben worden, so ist er rechtzeitig angebracht, ohne dass es auf den Zeitpunkt der Verlesung ankommt (LR-Erb 17).

10 Für den Ausschluss des Einwands ist immer die **1. Hauptverhandlung in der Sache** maßgebend. Die Befugnis zum Einwand lebt nicht wieder auf, wenn nach Aussetzung der Hauptverhandlung (§ 228 I S 1) oder nach Zurückverweisung der Sache (§§ 328 II, 354 II, III, 355) eine neue Hauptverhandlung stattfindet (SK-Rudolphi 13; Meyer-Goßner NStZ **81**, 171; erg 3 zu § 16). Nur bei Wiedereinsetzung in den vorigen Stand nach § 235 entsteht die Befugnis zum Einwand von neuem.

11 C. **Form:** Vor Beginn der Hauptverhandlung kann der Einwand schriftlich (Einl 128) oder zu Protokoll der Geschäftsstelle (Einl 131ff) erhoben werden. In der Hauptverhandlung ist er mündlich geltend zu machen; er wird in der Sitzungsniederschrift beurkundet (§ 273 I).

12 **4) Verfahren bei Unzuständigkeit:** Stellt sich die Unzuständigkeit bei Eröffnung des Hauptverfahrens heraus, so gelten die §§ 209, 209a Nr 1 (dort 4ff). Vor

Beginn der Hauptverhandlung wird nach § 225 a IV verfahren (dort 25 ff). Ist ein begründeter Einwand in der Hauptverhandlung erhoben worden, so verweist das Gericht die Sache nach § 270 I S 1 (dort 12 ff) an das zuständige Gericht. Die Entscheidung des Gerichts ergeht nach Anhörung der Verfahrensbeteiligten (§ 33 I, II).

5) Im **Berufungsverfahren** ist § 6 a entspr auf den Fall anzuwenden, dass im 1. Rechtszug ein SchG über eine Wirtschaftsstraftat iS des § 74 c I GVG entschieden hat. 13

Nach dieser Vorschrift iVm § 76 I S 1 GVG ist dann eine **kleine StrK als WirtschaftsStrK** das zuständige Berufungsgericht (6 zu § 74 c GVG). Wird die Sache nicht ihr, sondern der allgemeinen StrK nach § 321 S 2 vorgelegt, so prüft diese ihre Zuständigkeit bis zur Beendigung des Vortrags des Berichterstatters nach § 324 I S 1 (LR-Erb 22; KMR-v. Heintschel-Heinegg 6; Meyer-Goßner NStZ **81**, 172; **aM** bis zum Beginn: SK-Rudolphi 3; Rieß JR **82**, 515 übersieht, dass anders als bei unzulässiger Berufung eine unterbliebene Beratung der StrK dann in der Hauptverhandlung nicht mehr nachholbar wäre); der Angeklagte kann den Einwand der Unzuständigkeit der allgemeinen StrK entspr S 3 bis zum Beginn seiner Vernehmung zur Sache geltend machen (Düsseldorf JR **82**, 514 mit zust Anm Rieß; Rieß JR **80**, 80; 6 vor § 1). Ist der Einwand berechtigt, so verweist die allgemeine StrK die Berufungssache nach §§ 270 I S 2, 332 an die WirtschaftsStrK (Meyer-Goßner NStZ **81**, 173; Rieß JR **80**, 83). Die Bestimmung des zuständigen Gerichts nach den §§ 14, 19 ist in einem solchen Fall entbehrlich und daher unzulässig (Düsseldorf wistra **95**, 362 mwN). Entsprechendes gilt für den umgekehrten Fall, dass die Sache auf die Berufung der unzuständigen WirtschaftsStrK vorgelegt wird. Sie gibt das Verfahren entspr §§ 209, 209 a, 225 a IV S 2 mit bindender Wirkung an die allgemeine StrK ab (Celle NdsRpfl **87**, 257). 14

Stellt sich in **Strafsachen anderer Art** erst auf Grund der Beweisaufnahme in der Berufungsverhandlung heraus, dass eine sachliche Zuständigkeit des SchG nicht bestanden hat und eine StrK mit besonderer Zuständigkeit zuständig ist, so gilt § 328 (dort 9). 15

6) Anfechtung: Eine Beschwerde des Angeklagten ist nicht zulässig; denn der vor oder in der Hauptverhandlung ergangene Beschluss, mit dem der Einwand der Unzuständigkeit abgelehnt worden ist, ist unanfechtbar (§§ 201 II S 2, 210 I, 305 S 1). Mit der Revision kann der Angeklagte die Verwerfung des Einwands im Eröffnungsverfahren ebenfalls nicht beanstanden (§ 336 S 2). Wenn er ihn nach Eröffnung des Hauptverfahrens ohne Erfolg geltend gemacht hat, kann er die Rüge nach § 338 Nr 4 erheben (dort 33), nicht aber die StA zu seinen Gunsten (LR-Erb 28; Bohnert 35; **aM** KK-Fischer 13). Aus der Revisionsbegründung muss dann hervorgehen, dass der Einwand rechtzeitig erhoben worden war (BGH GA **80**, 255, Düsseldorf VRS **71**, 366). 16

2. Abschnitt. Gerichtsstand

Vorbemerkungen

1) Der **Gerichtsstand** ist die örtliche Zuständigkeit im 1. Rechtszug für die Untersuchung und Entscheidung einer Strafsache; von ihr hängt nach § 143 I GVG die örtliche Zuständigkeit der StA ab. Die örtliche Zuständigkeit für einzelne richterliche Untersuchungshandlungen ist jeweils im Gesetz bestimmt (vgl §§ 98 II S 3, 4, 100 IV S 1, 125 I, 126 I S 1, 162 I S 1, 2, § 157 GVG). Die Zuständigkeit des Rechtsmittelgerichts richtet sich nach dem Gericht, dessen Entscheidung angefochten wird. 1

Hauptgerichtsstände sind die des Tatorts (§§ 7 I, 10), des Wohnsitzes (§§ 8 I, 11) und des Ergreifungsorts (§ 9). 2

3 Nur **subsidiär** gelten die Gerichtsstände des gewöhnlichen Aufenthalts und des letzten inländischen Wohnsitzes (§ 8 II) sowie der Gerichtsstand Hamburg bei im Bereich des Meeres begangenen Straftaten (§ 10a). Fehlt ein Gerichtsstand, so kann er vom BGH bestimmt werden (§ 13a). Bei Verhinderung des zuständigen Gerichts gilt § 15, in Eilfällen § 21.

4 **Besondere Gerichtsstände** sind die der Presse (§ 7 II) und des Zusammenhangs (§ 13). An den Gerichtsstandsbestimmungen hat die BayGZVJu (GVBl **88**, 6) nichts geändert (BGH **35**, 344).

5 **2) Sonderfälle** der örtlichen Zuständigkeit regeln §§ 388 I, 441 I S 2 und § 444 III S 2. Im Jugendstrafverfahren gilt ergänzend § 42 I **JGG.** In Binnenschifffahrtssachen iS § 2 III Buchst a BinSchVfG ist das Gericht des Tatorts ausschließlich zuständig (§ 3 III S 1 BinSchVfG; § 14 GVG; dazu Nürnberg NStZ-RR **97**, 271). Für Straftaten nach § 7 des Ges zur vorläufigen Regelung der Rechte am Festlandsockel vom 24. 7. 1964 (BGBl I 497) ist nach § 12 dieses Gesetzes das AG Hamburg zuständig. Entsprechendes gilt für Straftaten nach Art 2 des Ges zu dem Europäischen Übereinkommen vom 22. Januar 1965 zur Verhütung von Rundfunksendungen, die von Sendestellen außerhalb der staatlichen Hoheitsgebiete gesendet werden, vom 26. 9. 1969 (BGBl II 1969), zuletzt geändert durch Art 263 EGStGB, nach Art 4 dieses Gesetzes.

6 **3) Zuständigkeitskonzentrationen:** Die LJV kann nach §§ 58, 157 II GVG, § 4 I BinSchVfG für den Bezirk mehrerer AGe einem von ihnen die Entscheidung in Strafsachen ganz oder teilw zuweisen. Für WirtschaftsStrKn, Schwurgerichte und StVollstrKn kann die Zuständigkeit eines LG für den Bezirk mehrerer LGe bestimmt werden (§ 74c III, IV, 74d, 78 I GVG). Das AG am Sitz des LG ist örtlich zuständig nach § 391 I, II **AO,** § 38 I AWG, § 38 I MOG, § 13 I WiStG. Das LG im Bezirk des OLG ist zuständig für die in § 74a GVG bezeichneten Staatsschutzsachen, das OLG, in dessen Bezirk die Landesregierung ihren Sitz hat, für die Staatsschutzsachen nach § 120 I GVG.

7 **4)** Eine **Prozessvoraussetzung** (Einl 141 ff) ist die örtliche Zuständigkeit, aber nur eine kurzlebige (1 zu § 16). Das Gericht prüft sie von Amts wegen nur bis zur Eröffnung des Hauptverfahrens (§ 16 S 1). Danach darf es sich nur auf Einwand des Angeklagten für unzuständig erklären (§ 16 S 2).

8 Die **Verweisung** des Verfahrens an das zuständige Gericht lässt das Gesetz im Bereich der örtlichen Zuständigkeit für den 1. Rechtszug nicht zu; das unzuständige Gericht muss das Verfahren einstellen (4 zu § 16). Nur in den Rechtsmittelzügen ist die Verweisung an das zuständige Gericht nach §§ 328 II, 355 zulässig.

9 Die **Übertragung** der Sache von einem zuständigen Gericht auf ein anderes sehen § 12 II, § 42 III **JGG** vor.

10 **5) Wahlrecht der StA:** Wenn nach den §§ 7ff (oder auch innerhalb des § 7 iVm § 9 StGB) mehrere Gerichte örtlich zuständig sind, kann die StA (auch der Privatkläger) wählen, bei welchem dieser Gerichte sie die Anklage erheben will (BGH **10**, 391, 392; **21**, 212, 215; 247, 249; **26**, 374; Bay NJW **87**, 3091); sie bestimmt dadurch das zuständige Gericht. Das verstößt nicht gegen Art 101 I S 2 GG (BGH 1 StR 559/74 vom 18. 3. 1975; LR-Erb 22; Sowada 648 hält es zwar für verfassungsrechtlich durchaus problematisch, aber für hinnehmbar, weil eine Vorrangregelung unverhältnismäßig große Nachteile für die Funktionstüchtigkeit der Strafrechtspflege mit sich brächte; **aM** SK-Rudolphi 9; Achenbach Wassermann-FS 855; Engelhardt DRiZ **82**, 419; Strate Widmaier-FS 577; Herzog StV **93**, 612 fordert den Gesetzgeber auf, zwischen §§ 7–9 eine verbindliche Reihenfolge herzustellen; Heghmanns StV **00**, 277 meint, dies lasse sich mit einer verfassungskonformen Auslegung erreichen; vgl auch RiStBV 2 I), sofern die Wahl nicht willkürlich erfolgt (so geschehen im Fall Hamm NStZ-RR **99**, 16). Eine bereits getroffene Wahl kann die StA, solange das Hauptverfahren nicht eröffnet ist, dadurch ändern, dass sie die öffentliche Klage zurücknimmt (§ 156) und bei einem

anderen Gericht erhebt (BGH **21**, 247, 249). Die Wahl der StA kann nur im Rahmen des § 16, nicht nach § 23 **EGGVG** überprüft werden (Hamm aaO; Lange NStZ **95**, 111; Sowada 646, der aber § 12 II entspr anwenden will; **aM** Strubel/Sprenger NJW **72**, 1738).

Tatort **RiStBV 2, 250**

7 **I Der Gerichtsstand ist bei dem Gericht begründet, in dessen Bezirk die Straftat begangen ist.**

II [1] Wird die Straftat durch den Inhalt einer im Geltungsbereich dieses Bundesgesetzes erschienenen Druckschrift verwirklicht, so ist als das nach Absatz 1 zuständige Gericht nur das Gericht anzusehen, in dessen Bezirk die Druckschrift erschienen ist. [2] Jedoch ist in den Fällen der Beleidigung, sofern die Verfolgung im Wege der Privatklage stattfindet, auch das Gericht, in dessen Bezirk die Druckschrift verbreitet worden ist, zuständig, wenn in diesem Bezirk die beleidigte Person ihren Wohnsitz oder gewöhnlichen Aufenthalt hat.

1) Der Gerichtsstand des Tatorts (I) ist einer der 3 Hauptgerichtsstände (2 vor § 7). 1

Tatort ist nach 9 I StGB jeder Ort, „an dem der **Täter** gehandelt hat oder im Falle des Unterlassens hätte handeln müssen oder an dem der zum Tatbestand gehörende Erfolg eingetreten ist oder nach der Vorstellung des Täters eintreten sollte" (zum Begriff des „Erfolgs" vgl Köln StraFo **09**, 162). Bei einer Tatbegehung in mittelbarer Täterschaft ist Tatort sowohl der Betätigungsort des mittelbaren Täters als auch jeder Ort, an dem die Mittelsperson gehandelt hat oder der Erfolg eingetreten ist (BGH wistra **91**, 135). Damit kann sich eine Vielzahl von Tatorten für eine Tat ergeben (dazu eingehend Rotsch ZIS **06**, 17). 2

Tatort für die **Teilnahme** ist nach § 9 II S 1 StGB jeder Ort, „an dem die Tat begangen ist oder der Teilnehmer gehandelt hat oder im Falle des Unterlassens hätte handeln müssen oder an dem nach seiner Vorstellung die Tat begangen werden sollte". Bei versuchter Beteiligung begründet auch der Begehungsort des in Aussicht genommenen Verbrechens einen Tatort (Lackner/Kühl 3 zu § 9 StGB). Begünstigung (§ 257 StGB), Strafvereitelung (§§ 258, 258a StGB) und Hehlerei (§§ 259, 260 StGB) sind keine Teilnahmetaten und daher nicht stets am Ort der Vortat begangen. 3

Der **zum Tatbestand gehörende Erfolg** iS § 9 StGB umfasst nur solche Tatfolgen, die für die Verwirklichung des Deliktstatbestandes erheblich sind (BGH **51**, 29). Bei Falschaussage (§§ 153, 154 StGB) eines nach § 223 vernommenen Zeugen ist die Tat auch an dem Ort begangen, an dem das Hauptverfahren geführt wird. Bei konkreten Gefährdungsdelikten ist Erfolg iS § 9 I StGB der Eintritt der Gefahr (Fischer 4a, 5a zu § 9 StGB). Dagegen ist bei abstrakten Gefährdungsdelikten eine konkret eingetretene Gefahr kein tatbestandsmäßiger Erfolg; der Ort, an dem sie eingetreten ist, begründet keinen Gerichtsstand (str, vgl Fischer aaO). 4

Liegt der Tatort **außerhalb des Geltungsbereichs** der StPO, so kommen nur die Gerichtsstände nach §§ 8–11, 13, 13a in Betracht. 5

2) Gerichtsstand der Presse (II): 6

A. Der **„fliegende Gerichtsstand der Presse"**, der aus I folgen würde (vgl BGH **11**, 56, 59), wird durch II S 1 für die in der BRep erscheinenden Druckschriften durch den Gerichtsstand des Erscheinungsorts ersetzt; die übrigen Gerichtsstände bleiben unberührt (vgl auch RiStBV 250). Lässt sich der Erscheinungsort der Druckschrift nicht feststellen, so gilt I mit der Folge, dass jedes Gericht zuständig ist, in dessen Bezirk das Presseinhaltsdelikt – zB durch Verbreiten – begangen wurde (BGH **43**, 122; LG Mainz JBlRP **03**, 288). Für Druckschriften, die im Ausland erscheinen, gilt I; ein Gerichtsstand ist an jedem Verbreitungsort 7 begründet. II ist entspr auf Ton- und Fernsehrundfunkanstalten anzuwenden (so mit überzeugender Begründung LR-Erb 12 ff; ebenso LG Landshut NStZ-RR **99**, 367; AG Würzburg NStZ **90**, 199 mwN und zust Anm Kusch; KK-Fischer 8).

8 B. **Druckschriften** iS II S 1 sind nach der in den Landespressegesetzen üblichen Legaldefinition alle mittels der Buchdruckerpresse oder eines sonstigen zur Massenherstellung geeigneten Vervielfältigungsverfahrens hergestellten und zur Verbreitung bestimmten Schriften, besprochenen Tonträger, bildlichen Darstellungen und Musikalien mit Text oder Erläuterungen. Um periodische Druckschriften (2 zu § 111 n) braucht es sich nicht zu handeln. Auf welchem Stoff die Vervielfältigung vorgenommen worden ist, spielt keine Rolle. Für die Verbreitung von Schriften, die nicht unter II fallen, ist Tatort auch jeder Beförderungs- und Unterwegsort (Wagner MDR **61**, 93).

9 C. Als **Erscheinungsort** wurde früher der Ort angesehen, an dem die Druckschrift mit dem Willen des Verfügungsberechtigten die Stätte ihrer Herstellung zum Zweck der Verbreitung verlässt; richtigerweise ist aber idR auf die Geschäftsniederlassung des Verlegers bzw des verantwortlichen Redakteurs abzustellen (LR-Erb 21). Auch mehrere Erscheinungsorte sind möglich. Das Erscheinen setzt voraus, dass die Druckschrift einem größeren Personenkreis zugänglich gemacht werden soll (vgl BGH **13**, 257).

10 D. Nur für **Presseinhaltsdelikte** gilt II S 1, dh für in der Druckschrift enthaltene Äußerungen, deren Kundgebung gegen das Strafrecht verstößt (LR-Erb 18). Welcher Art diese Straftat ist, spielt keine Rolle; unter II S 1 fallen insbesondere auch Straftaten nach § 184 StGB (Hamm MDR **52**, 441) und § 353 b I StGB.

11 E. Für eine **Privatklage wegen Beleidigung** nach §§ 185–187 a, 189 StGB ist nach II S 2 außer dem AG am Erscheinungsort auch das AG am Verbreitungsort zuständig, wenn die beleidigte Person in dessen Bezirk zZ der Klageerhebung ihren Wohnsitz (1 zu § 8) oder gewöhnlichen Aufenthalt (2 zu § 8) hat. Verbreitungsort ist der Ort, an dem die Druckschrift einem größeren Personenkreis zugänglich gemacht wird. Ist die Privatklage bei dem für diesen Ort zuständigen AG erhoben worden, so wird das Verfahren dort fortgesetzt, wenn die StA nach § 377 II die Verfolgung übernimmt (BGH **11**, 56).

Wohnsitz oder Aufenthaltsort

8 [I] **Der Gerichtsstand ist auch bei dem Gericht begründet, in dessen Bezirk der Angeschuldigte zur Zeit der Erhebung der Klage seinen Wohnsitz hat.**

[II] **Hat der Angeschuldigte keinen Wohnsitz im Geltungsbereich dieses Bundesgesetzes, so wird der Gerichtsstand auch durch den gewöhnlichen Aufenthaltsort und, wenn ein solcher nicht bekannt ist, durch den letzten Wohnsitz bestimmt.**

1 **1)** Der **Gerichtsstand des Wohnsitzes** (I) gehört zu den Hauptgerichtsständen (2 vor § 7). Der Wohnsitz bestimmt sich nach den §§ 7–11 BGB, bei Berufs- und Zeitsoldaten nach § 9 BGB. Der Annahme eines Wohnsitzes steht nicht entgegen, dass der Täter in einem Hotel wohnt oder längere Zeit abwesend ist. Es kommt nur darauf an, dass er sich an dem Ort niedergelassen hat (LG Frankfurt aM StV **88**, 381), gleichviel, ob er sich dessen bewusst war, damit im Rechtssinn einen Wohnsitz zu begründen (BVerfGE **8**, 81, 86). Das Innehaben einer Wohnung ist ein Indiz, aber nicht allein ausschlaggebend (vgl 8 zu § 37). Bei mehrfachem Wohnsitz besteht ein mehrfacher Gerichtsstand nach § 8.

2 Maßgebend ist stets der Wohnsitz **zZ der Erhebung der Klage;** der Wohnsitz zu einem früheren Zeitpunkt ist ebenso unbeachtlich wie spätere Änderungen, auch wenn sie noch vor Erlass des Eröffnungsbeschlusses eintreten (SK-Rudolphi 8). Vgl erg § 11.

2) Der **Gerichtsstand des gewöhnlichen Aufenthalts** (II) zZ der Erhebung der Klage ist ein Nebengerichtsstand für den Fall, dass ein Wohnsitz in der BRep oder im Land Berlin nicht besteht. Der gewöhnliche Aufenthalt muss im Geltungsbereich der StPO gelegen sein (Köln JMBlNW **78**, 113); er besteht an dem Ort, an dem sich jemand freiwillig ständig oder für längere Zeit, wenn auch nicht ununterbrochen, aufhält, ohne dort seinen Wohnsitz zu begründen. Die zwangsweise Unterbringung in einem Krankenhaus, einer JVA, einer Heilanstalt uä begründet den gewöhnlichen Aufenthalt auch dann nicht, wenn sie für längere Dauer berechnet ist. Ein mehrfacher gewöhnlicher Aufenthalt ist begrifflich ausgeschlossen. 3

3) Der **Gerichtsstand des letzten Wohnsitzes** (II) ist Ersatzgerichtsstand für den Fall, dass kein Gerichtsstand des Wohnsitzes besteht und der gewöhnliche Aufenthalt nicht bekannt ist oder im Ausland liegt. 4

Ergreifungsort

9 **Der Gerichtsstand ist auch bei dem Gericht begründet, in dessen Bezirk der Beschuldigte ergriffen worden ist.**

1) Der **Gerichtsstand des Ergreifungsorts** steht grundsätzlich gleichwertig neben den anderen Hauptgerichtsständen nach §§ 7 und 8 (2 vor § 7; **aM** Hamm NStZ-RR **99**, 16; Heghmanns StV **00**, 279). Praktische Bedeutung hat er vor allem bei Auslandstaten und bei Taten, deren Begehungsort nicht eindeutig feststeht. Besteht ein gemeinsames AG (§ 58 I GVG), so ist es auch dann Ergreifungsort, wenn der Beschuldigte im Bezirk eines der anderen AGe ergriffen worden ist (Corves MDR **56**, 335). Maßgebend ist stets der Ergreifungs-, nicht der spätere Verwahrungsort. 1

Ergreifung ist jede befugte und gerechtfertigte Festnahme durch Beamte oder Privatpersonen zum Zweck der Strafverfolgung, insbesondere nach § 127 I und II. Führt die Ergreifung nicht zum Erlass eines Haftbefehls (§§ 125, 128 II S 2), so wird nach früher allgM ein Gerichtsstand nach § 9 nicht begründet; der BGH (**44**, 347) hält dies nunmehr jedoch nicht mehr für erforderlich, sondern lässt die Einleitung eines Ermittlungsverfahrens genügen; das ist nicht unbedenklich (**aM** LR-Erb 6), weil die Strafverfolgungsbehörden dadurch nahezu beliebig einen Gerichtsstand in der BRD begründen können. Wird der Beschuldigte auf Grund eines Haftbefehls festgenommen, so handelt es sich auch dann um eine Ergreifung iS § 9, wenn er alsbald flüchtet (Köln JMBlNW **78**, 113). Ergriffen iS des § 9 wird der Beschuldigte auch dann, wenn er sich den Strafverfolgungsbehörden stellt (SK-Rudolphi 2). Es muss sich aber um eine Ergreifung des „Beschuldigten" handeln. Bei Auslieferung ist der Ort des Grenzübergangs maßgebend (BGH NStZ-RR **07**, 114). 2

Daher genügt noch nicht das **vorübergehende Festhalten** des bloß Verdächtigen im Identitätsfeststellungsverfahren nach §§ 163b, 163c. Diese „Ergreifung" kann den Gerichtsstand nur begründen, wenn sie alsbald zur Einleitung des Ermittlungsverfahrens gegen den Verdächtigen führt und dieser dadurch noch während seiner Festhaltung Beschuldigter wird (LR-Erb 7). 3

Die Zuständigkeit des § 9 erstreckt sich **auf andere Straftaten,** die der Beschuldigte vor seiner Ergreifung begangen, derentwegen die Ergreifung aber nicht stattgefunden hat (BGH NStZ-RR **07**, 114), auch wenn der Beschuldigte sich nach seiner Ergreifung ununterbrochen in UHaft und nachfolgender Strafhaft befunden hat (München MDR **56**, 566). 4

Für **künftige Taten** begründet die vorangegangene Ergreifung keinen Gerichtsstand. 5

2) Spätere Änderungen der Haftumstände heben den einmal begründeten Gerichtsstand nach § 9 wegen derselben Tat nicht auf. Das gilt insbesondere, wenn 6 der Beschuldigte entweicht oder (wegen Fortfalls des dringenden Tatverdachts oder der Haftgründe des § 112 II) aus der Haft entlassen wird. Bei einer erneuten Ergreifung wird abermals ein Gerichtsstand nach § 9 begründet, der den früheren aber unberührt lässt (LR-Erb 9).

Straftaten auf deutschen Schiffen oder Luftfahrzeugen

10 **I Ist die Straftat auf einem Schiff, das berechtigt ist, die Bundesflagge zu führen, außerhalb des Geltungsbereichs dieses Gesetzes begangen, so ist das Gericht zuständig, in dessen Bezirk der Heimathafen oder der Hafen im Geltungsbereich dieses Gesetzes liegt, den das Schiff nach der Tat zuerst erreicht.**

II Absatz 1 gilt entsprechend für Luftfahrzeuge, die berechtigt sind, das Staatszugehörigkeitszeichen der Bundesrepublik Deutschland zu führen.

1 **1)** Für **Straftaten auf deutschen Schiffen und Luftfahrzeugen** gilt nach § 4 StGB das deutsche Strafrecht unabhängig vom Recht des Tatorts. § 10 regelt den Gerichtsstand für den Fall, dass die Tat auf einem solchen Fahrzeug begangen wird, während es sich außerhalb des Geltungsbereichs der StPO, insbesondere außerhalb der Zwölfmeilenzone (erg 2 zu § 10a; vgl Fischer 13 vor § 3 StGB), auf offener See oder in einem ausländischen Hafen, befindet (BGH **53**, 265). Liegt der Tatort ausschließlich im Geltungsbereich der StPO, so gilt nur § 7; liegt er sowohl innerhalb als auch außerhalb dieses Geltungsbereichs, so stehen die Gerichtsstände nach §§ 7, 10 wahlweise zur Verfügung. Von § 10 unberührt bleiben auch die Gerichtsstände der §§ 8, 9, 11 und 13.

2 **2) Schiffe** iS von I sind alle Fahrzeuge, die nach §§ 1, 2, 10, 11, 14 FlRG zur Führung der Bundesflagge berechtigt sind (wegen der Einzelheiten vgl BGH **53**, 265; LR-Erb 5).

3 **Heimathafen** ist nicht der Ort, an dem das Schiffsregister geführt, sondern der Hafen, von dem aus mit dem Schiff die See- oder Binnenschifffahrt betrieben wird (vgl § 480 I HGB, § 4 I SchRegO, § 8 II Nr 2a VO zum FlRG vom 4. 7. 1990 (BGBl I 1389). Wenn ein Binnenschiff keinen Heimathafen hat, ist der Heimatort maßgebend, notfalls der Ort der Registereintragung (§ 4 I, III SchRegO).

4 **Erster Anlaufhafen** nach der Tat ist der Hafen, in dem das Schiff angelegt hat.

5 Ist das nicht der Heimathafen, so ist der **Gerichtsstand** sowohl (wahlweise) am Ort dieses Hafens als auch an dem des Heimathafens begründet.

6 **3)** Für **Luftfahrzeuge** (II) gilt I entspr. Was Luftfahrzeuge sind, ist in § 1 II LuftVG bestimmt (nicht nur Flugzeuge, sondern auch Drehflügler (Hubschrauber), Luftschiffe, Segelflugzeuge, Motorsegler, Ballone und sonstige für die Benutzung des Luftraums bestimmte Geräte).

7 Zur Führung des **Staatszugehörigkeitszeichens der BRep** und einer besonderen Kennzeichnung berechtigt und verpflichtet sind nach § 2 V LuftVG die deutschen Luftfahrzeuge. Da Luftfahrzeuge nach Art 17 des Chicagoer Abkommens über die Internationale Zivilluftfahrt vom 7. 12. 1944 (BGBl 1956 II 411, 934) die Staatszugehörigkeit des Staates haben, in dem sie eingetragen sind, sind deutsche Flugzeuge die nach § 3 LuftVG, § 14 Luftverkehrs-Zulassungs-Ordnung idF vom 27. 3. 1999 (BGBl I 610) in der Luftfahrzeugrolle beim Luftfahrt-Bundesamt in Braunschweig eingetragenen Flugzeuge.

8 Der Begriff des **Heimathafens** ist im Luftverkehrsrecht nicht bekannt. Ein Luftfahrzeug hat seinen „Heimathafen" (entspr I und § 480 I HGB) dort, wo es zum Zweck seines Betriebs dauernd stationiert ist (LR-Erb 10).

9 Fehlt ein solcher Ort, so ist der Gerichtsstand an dem Ort begründet, wo das Luftfahrzeug nach der Tat **zuerst landet.** Das gilt auch für Notlandungen außerhalb von Flugplätzen; bei bloßen Zwischennotlandungen kommt es auf den Ort der nachfolgenden Landung auf einem Flughafen an (LR-Erb 11).

Gerichtsstand bei Straftaten auf dem Meer

10a Ist für eine Straftat, die außerhalb des Geltungsbereichs dieses Gesetzes im Bereich des Meeres begangen wird, ein Gerichtsstand nicht begründet, so ist Hamburg Gerichtsstand; zuständiges Amtsgericht ist das Amtsgericht Hamburg.

1) Nur für **Straftaten gegen die Umwelt** nach §§ 324–330 d StGB, die 1
außerhalb der BRep im Bereich des Meeres begangen werden, bestimmte die Vorschrift früher einen subsidiären Gerichtsstand. Durch Ges vom 2. 8. 1993 (BGBl I 1407) ist die Einschränkung auf die Umweltstraftaten gestrichen worden; nunmehr besteht eine umfassende subsidiäre Zuständigkeit Hamburgs für alle außerhalb des deutschen Hoheitsgebietes im Bereich des Meeres begangenen Straftaten. Dies gilt nach Art 7 des Ges seit dem Tage, an dem das Übereinkommen der Vereinten Nationen vom 20. 12. 1988 gegen den unerlaubten Verkehr mit Suchtstoffen und psychotropen Stoffen für die BRep in Kraft getreten ist; das war der 28. 2. 1994 (BGBl 1993 II 1136; 1994 II 496). Die Regelung entspricht der des § 12 des Ges vom 24. 7. 1964 und des Art 4 des Ges vom 26. 9. 1969 (vgl 5 vor § 7).

Der **Bereich des Meeres** außerhalb der BRep umfasst die hohe See und frem- 2
de Küstengewässer (Fischer 4 zu § 324 StGB), jeweils mit dem Meeresgrund und dem Luftraum über dem Meer. Der Bereich der der BRep vorgelagerten Küstengewässer gehört bis zu 12 Seemeilen zum Gebiet der BRep (Bek der BReg vom 11. 11. 1994, BGBl I 3428; MünchKommStGB-Ambos 12 zu § 3).

2) Der **Gerichtsstand Hamburg** gilt nur, wenn die §§ 8–10 keinen anderen 3
Gerichtsstand begründen. Das AG Hamburg ist besonders genannt, weil es nicht das einzige AG in Hamburg ist.

Beamte im Ausland

11 I [1]Deutsche, die das Recht der Exterritorialität genießen, sowie die im Ausland angestellten Beamten des Bundes oder eines deutschen Landes behalten hinsichtlich des Gerichtsstandes den Wohnsitz, den sie im Inland hatten. [2]Wenn sie einen solchen Wohnsitz nicht hatten, so gilt der Sitz der Bundesregierung als ihr Wohnsitz.

II Auf Wahlkonsuln sind diese Vorschriften nicht anzuwenden.

1) Den **Wohnsitzgerichtsstand exterritorialer Deutscher und Auslands-** 1
beamter bestimmt I in Ergänzung des § 8 II dahin, dass nicht der ausländische Wohnsitz maßgebend ist, sondern der letzte Wohnsitz im Inland (S 1); bei dessen Fehlen gilt der Sitz der BReg als Wohnsitz (S 2). Ob der Tatort im Inland oder Ausland liegt, ist gleichgültig.

Exterritoriale Deutsche gibt es nur im Ausland. Ihre Exterritorialität be- 2
stimmt sich nach Völkerrecht (vgl §§ 18–20 GVG).

Deutsche Auslandsbeamte haben idR auch ihren Wohnsitz im Ausland. Für 3
ihre Familienangehörigen bleibt es bei § 8 II. Der Begriff des Beamten ist weit auszulegen. Maßgebend ist nicht der staatsrechtliche Beamtenbegriff, sondern der strafrechtliche nach § 11 I Nrn 2, 4 StGB (LR-Erb 2).

2) Wahlkonsuln (II) sind (Ehren-)beamte iS des § 6 V BBG. Sie sind aber we- 4
gen ihrer oft nur losen Verbindung zur BRep und ihrer meist ausländischen Staatsangehörigkeit von der Regelung des I ausgenommen.

Zusammentreffen mehrerer Gerichtsstände

12 I Unter mehreren nach den Vorschriften der §§ 7 bis 11 zuständigen Gerichten gebührt dem der Vorzug, das die Untersuchung zuerst eröffnet hat.

II Jedoch kann die Untersuchung und Entscheidung einem anderen der zuständigen Gerichte durch das gemeinschaftliche obere Gericht übertragen werden.

1 **1)** Das **Zusammentreffen mehrerer Gerichtsstände** (I) nach §§ 7–11, auch nach § 13a (vgl BGH **10**, 255), bereitet keine rechtlichen Schwierigkeiten, solange die StA im Ermittlungsverfahren das Wahlrecht hat (10 vor § 7) oder nur eines der örtlich zuständigen Gerichte mit der Sache befasst ist. Für den Fall, dass sie bei mehreren Gerichten im 1. Rechtszug anhängig ist, überträgt I dem Gericht die ausschließliche Zuständigkeit (BGH **3**, 134, 138), das die Untersuchung zuerst eröffnet hat (BGH NStZ-RR **00**, 332); wo die Anklage zuerst erhoben worden ist, spielt keine Rolle. Diese Regelung gilt auch, wenn die verschiedenen Gerichte unterschiedlichen Stufen der sachlichen Zuständigkeit angehören (BGH **22**, 232; Stuttgart Justiz **82**, 304; SK-Rudolphi 6; erg 2 zu § 1); sie ist ferner entspr anzuwenden, wenn die verschiedenen Gerichte sich am selben Ort befinden, also dieselbe örtliche Zuständigkeit besteht (**aM** BGH **36**, 175, 181, aber mit demselben Ergebnis). Im Zwischenverfahren findet die Vorschrift keine Anwendung (BGH **36**, 361, 362).

2 Eine **Einschränkung des Grundsatzes des I** ist dahin erforderlich, dass der Vorrang stets dem Verfahren gebührt, in dem die Sache dem Richter zu umfassenderer, erschöpfenderer Aburteilung unterbreitet worden ist (BGH **5**, 381, 384; Bay **88**, 160 = NStZ **89**, 241). Sind mehrere in Tateinheit (§ 52 StGB) stehende Taten bei Gerichten verschiedener Ordnung angeklagt, so hat das höhere Gericht den Vorrang, wenn das untere nicht für alle Taten sachlich zuständig ist (BGH **36**, 175, 181; NStZ **95**, 351). Das höhere Gericht hat das andere Verfahren nicht „an sich zu ziehen" und fortzuführen (zust LR-Erb 15 Fn 21; so aber BGH aaO, was ohnehin nur möglich ist, wenn das untere Gericht zum Bezirk des höheren Gerichts gehört, und entgegen BGH ausscheiden muss, wenn in der anderen Sache bereits ein Urteil ergangen ist), sondern das niedere Gericht hat sein Verfahren wegen § 12 I (also nicht nach § 206a) durch Einstellung zu beenden (unten 4), wobei die Einstellung auch in einer „Abgabe" an das höhere Gericht gesehen werden kann. Eine Verbindung der Verfahren kommt nicht in Betracht (vgl 1 zu § 4; unrichtig daher BGH **36**, 175, 188, wo auf den Erlass des „Verbindungsbeschlusses" abgestellt wird).

3 Die **Eröffnung der Untersuchung** iS I erfolgt idR durch den Erlass des Eröffnungsbeschlusses (§ 203). Im beschleunigten Verfahren nach §§ 417 ff ist der Beginn der Vernehmung des Angeklagten zur Sache maßgebend (vgl 13 zu § 417; 3 zu § 418), bei der Nachtragsanklage der Erlass des Beschlusses nach § 266 I, im Strafbefehlsverfahren und im Fall des § 408 III S 2 der Beginn der Hauptverhandlung. Bei einem Streit zwischen den Gerichten, wem der Vorrang gebührt, gilt § 14.

4 Die ausschließliche **Zuständigkeit nach I hat zur Folge,** dass das unzuständige Gericht sein Verfahren einstellen muss, allerdings unter dem Vorbehalt, dass sich das andere Verfahren nicht ohne Sachentscheidung erledigt (RG **52**, 259, 264; **67**, 53, 57). Der Vorrang des nach I zuständigen Gerichts entfällt, wenn es das Verfahren endgültig einstellt (LR-Erb 13). Hat das unzuständige Gericht unter Nichtbeachtung der anderweitigen Rechtshängigkeit rechtskräftig entschieden, ist das eigentlich vorrangige Verfahren einzustellen (BGH **38**, 37, 42; NStZ **95**, 351, 352; Düsseldorf JMBlNW **90**, 154). Das gilt auch bei Teilrechtskraft (Kammerer MDR **90**, 785 gegen Bay **88**, 160 = NStZ **89**, 241).

5 **2)** Die **Übertragung** (II) der Strafsache auf ein anderes örtlich zuständiges Gericht, auch im Fall des § 13a (BGH **10**, 255), unter Aufhebung der Präventionswirkung des I durch das gemeinschaftliche obere Gericht (14 zu § 4) ist auf Antrag oder von Amts wegen zulässig, wenn dafür gewichtige Gründe sprechen, zB die Reiseunfähigkeit von Prozessbeteiligten oder die Rücksicht darauf, dass eine Vielzahl von Zeugen an dem Ort des anderen Gerichts wohnt oder der Angeklagte dort inhaftiert ist (vgl zur Zweckmäßigkeit BGH wistra **98**, 307; NStZ-RR **02**, 65 [B]).

Die Sache kann immer nur einem Gericht übertragen werden, das schon bei der Eröffnung der Untersuchung örtlich zuständig gewesen ist (BGH **13**, 209, 217; **16**, 391), auf ein nach § 13 I zuständig gewesenes Gericht nicht mehr nach Wegfall des Sachzusammenhangs (BGH **16**, 391). Die Übertragung setzt nicht voraus, dass das Verfahren schon bei mehreren Gerichten anhängig ist (Düsseldorf MDR **84**, 70).

Aber eines von ihnen muss die **Untersuchung bereits eröffnet** haben (BGH **10**, 391; **15**, 314; **16**, 391); denn solange die StA noch die Wahl hat, vor welches von mehreren zuständigen Gerichten sie die Sache bringen will, dürfen die Gerichte die Zuständigkeit nicht bestimmen (BGH **26**, 374). Da die Wahlmöglichkeit der StA besteht, solange sie nach § 156 die Anklage zurücknehmen und bei einem anderen Gericht einreichen kann (BGH **12**, 180, 184; **26**, 374), ist die Übertragung nach II im ordentlichen Strafverfahren erst nach Eröffnung des Hauptverfahrens zulässig, im Strafbefehlsverfahren erst nach Beginn der auf rechtzeitigen Einspruch hin anberaumten Hauptverhandlung (BGH **13**, 186; **14**, 343, 344; **26**, 374; NStZ **04**, 449), nicht schon mit der Vernehmung durch einen ersuchten Richter (BGH MDR **77**, 810 [H]); entsprechendes gilt im Fall des § 408 III S 2 (Düsseldorf MDR **84**, 70) und im OWi-Verfahren (BGH NStZ **03**, 558). Im beschleunigten Verfahren nach §§ 417 ff ist eine Übertragung mit Rücksicht auf § 419 I S 1 nicht zulässig (BGH **15**, 314). 6

II gilt **nur bis zum Erlass des Urteils,** also nicht im Rechtsmittelverfahren (BGH **19**, 177, 179; **33**, 111), auch nicht nach Aufhebung des Urteils und Zurückverweisung der Sache nach § 354 II (BGH **18**, 261; **25**, 51, 53; **33**, 111, 112; LR-Erb 28). 7

Die **Wirkung der Übertragung** besteht darin, dass die Rechtshängigkeit der Sache bei dem Gericht, das nach I den Vorrang hat, endet und bei dem anderen, ebenfalls zuständigen Gericht begründet oder bestätigt wird. Diese Wirkung tritt, anders als bei Verweisung (vgl 21 zu § 270), erst mit dem Zugang des Beschlusses bei dem neuen Gericht ein. Das Verfahren geht auf dieses Gericht in der Lage über, in der es sich befindet; Prozesshandlungen braucht es nicht zu wiederholen. Seine örtliche Zuständigkeit darf es nicht mehr prüfen; jedoch ist eine Rückübertragung durch das gemeinschaftliche obere Gericht nach II möglich. Hält sich das Gericht für sachlich unzuständig, so verfährt es nach § 225 a bzw § 270; bei irrtümlicher Zuweisung kommt auf Gegenvorstellung auch eine Abänderung des Beschlusses durch das obere Gericht in Betracht (BGH 2 ARs 405/09 vom 27. 1. 2010). 8

3) Beschwerde gegen die Übertragungsentscheidung ist unzulässig (BGH StraFo **03**, 272; erg 2 zu § 304). 9

Gerichtsstand des Zusammenhangs

13 **I Für zusammenhängende Strafsachen, die einzeln nach den Vorschriften der §§ 7 bis 11 zur Zuständigkeit verschiedener Gerichte gehören würden, ist ein Gerichtsstand bei jedem Gericht begründet, das für eine der Strafsachen zuständig ist.**

II [1]Sind mehrere zusammenhängende Strafsachen bei verschiedenen Gerichten anhängig gemacht worden, so können sie sämtlich oder zum Teil durch eine den Anträgen der Staatsanwaltschaft entsprechende Vereinbarung dieser Gerichte bei einem unter ihnen verbunden werden. [2]Kommt eine solche Vereinbarung nicht zustande, so entscheidet, wenn die Staatsanwaltschaft oder ein Angeschuldigter hierauf anträgt, das gemeinschaftliche obere Gericht darüber, ob und bei welchem Gericht die Verbindung einzutreten hat.

III In gleicher Weise kann die Verbindung wieder aufgehoben werden.

1) Der **Gerichtsstand des Zusammenhangs** (I) steht den Gerichtsständen nach §§ 7–11, 13 a gleich (BGH **11**, 106, 108; **16**, 391, 393). Er entsteht nicht erst 1 durch die Verbindung der Strafsachen, geht aber unter, wenn der Zusammenhang (zum Begriff vgl 2ff zu § 3) schon im Ermittlungsverfahren wieder entfällt (Celle StraFo **99**, 89). Erst wenn wegen der verbundenen Sachen Anklage erhoben und darauf das Hauptverfahren eröffnet worden ist, lässt der spätere Wegfall des Zusammenhangs die Zuständigkeit nach I unberührt (BGH **16**, 391, 393; NJW **93**, 2819, 2820; **03**, 446, 452; NStZ **04**, 100; SK-Rudolphi 3).

2 Der Gerichtsstand nach I **setzt voraus,** dass verschiedene Gerichte gleicher Ordnung (BGH **22**, 232; **37**, 15, 17; NStZ **82**, 294; **86**, 564; NStZ-RR **08**, 33 [B]) nach §§ 7–11, auch nach § 13a (Schermer MDR **64**, 895), örtlich zuständig sind; ein inländischer Gerichtsstand muss somit für jede Sache bereits bestehen (BGH NJW **92**, 1635; NStZ **09**, 221). Der StA (auch der Privatkläger) hat dann die Wahl (10 vor § 7), ob er die Sachen einzeln bei dem jeweils nach diesen Vorschriften zuständigen Gericht oder verbunden bei einem von ihnen anklagt. Ist eine der Sachen bereits bei Gericht (im 1. Rechtszug) anhängig, so kann eine andere, die noch nicht anderweitig rechtshängig geworden ist, auch durch Nachtragsanklage nachgeschoben werden (BGH **20**, 219, 221). Das Gericht hat die Zweckmäßigkeit der Verbindung nicht zu prüfen; es kann sie nur nach III, der auch im Fall des I gilt, wieder auflösen (BGH MDR **57**, 653 [D]; Schleswig SchlHA **58**, 115).

3 **2) Verbindung anhängiger Strafsachen** (II): Die von der StA unterlassene Verbindung der Sachen durch das Gericht ist schon nach Erhebung der Anklage zulässig (BGH **20**, 219, 221; **21**, 247, 248).

4 Die Verbindung setzt **entspr Anträge der beteiligten StAen** voraus, die sich also über die Verbindung einig sein müssen (BGH NStZ-RR **10**, 51 L); es reicht aber auch ein Antrag des vorgesetzten GStA aus (LR-Erb 14). Dem Erfordernis der Antragstellung ist genügt, wenn jede der beteiligten StAen der Verbindung ausdrücklich zustimmt (Bay **57**, 118 = NJW **57**, 1329).

5 Die Verbindung erfolgt durch eine den Anträgen der beteiligten StAen entspr **Vereinbarung der beteiligten Gerichte** (S 1). Sie besteht in einem förmlichen Abgabebeschluss (BGH NStZ **82**, 294) und einem darauf folgenden förmlichen Übernahmebeschluss (vgl aber auch BGH **37**, 15, 16). Mit dessen Erlass wird die Sache bei dem übernehmenden Gericht anhängig (Rosenmeier 46).

5a Die **Verbindung setzt voraus,** dass der Sachzusammenhang noch besteht (BGH **16**, 391, 393; München NJW **69**, 148; Zweibrücken MDR **79**, 517), die Strafsachen bei Gerichten gleicher Ordnung anhängig sind (BGH **22**, 232; NStZ **82**, 294; **86**, 564; oben 2), also nicht auch die sachliche Zuständigkeit geändert wird (dann gilt § 4, so dass eine gleichwohl nach § 13 II vorgenommene Verbindung unwirksam ist, BGH NStZ-RR **96**, 232; **01**, 129 [K]; **03**, 1 [B]; **06**, 85; NStZ **00**, 435; StraFo **07**, 327; zw BGH NStZ **96**, 47; Felsch NStZ **96**, 163), noch kein Urteil ergangen ist (RG **48**, 297; Düsseldorf MDR **85**, 1048 unter Hinweis auf BGH **19**, 177, 179; **aM** LR-Erb 13: auch nach Zurückverweisung nach § 354 II; offen gelassen von BGHR § 4 Verbindung 14) und die Verbindung, was idR der Fall sein wird, sachgemäß erscheint (Nürnberg MDR **65**, 678).

6 Durch eine **Entscheidung des gemeinschaftlichen oberen Gerichts** (S 2) kann die nicht zustande gekommene gerichtliche Vereinbarung, nicht aber die Übereinstimmung der zuständigen StAen ersetzt werden (BGH **21**, 247; NStZ **93**, 27 [K]; **04**, 688; NStZ-RR **02**, 257 [B]; **05**, 77 L; StraFo **03**, 235). Das gemeinschaftliche obere Gericht (zum Begriff 14 zu § 4) kann daher nur auf übereinstimmenden Antrag der StAen oder auf Antrag des Angeklagten entscheiden; von den beteiligten Gerichten kann es nicht angerufen werden (BGH NStZ-RR **03**, 97 [B]).

7 **3)** Die **Aufhebung der Verbindung** (III) ist, solange kein Urteil ergangen ist, aus Zweckmäßigkeitsgründen in der gleichen Form wie die Verbindung möglich, auch im Fall des I (oben 2). Anhängige Sachen können also auf übereinstimmende Anträge der StAen durch Vereinbarung der beteiligten Gerichte getrennt werden,

bei Verbindung nach II S 2 nur, wenn sich die Umstände verändert haben, bei Nichtzustandekommen der Vereinbarung durch Entscheidung des gemeinschaftlichen oberen Gerichts auf Antrag der StAen oder des Angeklagten (Schleswig SchlHA **58**, 115). Mit der Trennung geht die Sache in der Lage, in der sie sich befindet, auf das Gericht über, das den Übernahmebeschluss erlassen hat (Mutzbauer NStZ **95**, 214).

4) Beschwerde: Die Entscheidung der StA, zusammenhängende Sachen nach I bei einem der nach §§ 7–11, 13a zuständigen Gerichte anzuklagen, ist nicht anfechtbar (10 vor § 7). Im Fall des II S 1, III ist Beschwerde nach § 304 I gegen die Beschlüsse des abgebenden und übernehmenden Gerichts zulässig (Nürnberg MDR **65**, 678), solange es nicht erkennendes Gericht geworden ist (§ 305 S 1; differenzierend LR-Erb 21). Die Entscheidung des gemeinschaftlichen oberen Gerichts nach II S 2, III ist unanfechtbar (2 zu § 304). 8

Zuständigkeitsbestimmung durch den BGH

13a **Fehlt es im Geltungsbereich dieses Bundesgesetzes an einem zuständigen Gericht oder ist dieses nicht ermittelt, so bestimmt der Bundesgerichtshof das zuständige Gericht.**

1) Die **Gerichtsstandsbestimmung durch den BGH** ist mit Art 101 I S 2 GG vereinbar (BVerfGE **20**, 336, 343 = NJW **67**, 99), aber nur zulässig, wenn die Zuständigkeit auch nicht aus dem Sinn und Zweck eines Gesetzes hergeleitet werden kann (BGH **20**, 157, 158; NStZ **88**, 209 [M]). Andererseits setzt § 13a nicht voraus, dass es unmöglich ist, einen gesetzlich festgelegten Gerichtsstand zu ermitteln; es genügt, dass er nicht ermittelt ist (vgl BGH **10**, 255). 1

Der BGH hat bei Entscheidungen nach § 13a nicht **zu prüfen,** ob der Einleitung und Durchführung des Verfahrens ein Prozesshindernis entgegensteht; seine Prüfung beschränkt sich darauf, ob ein zuständiges Gericht nicht vorhanden oder nicht ermittelt ist (BGH **18**, 19 = JZ **63**, 564 mit Anm Jescheck; BGH **33**, 97; BGHR Anwendungsbereich 4). 2

Die Gerichtsstandsbestimmung **unterbleibt** aber, wenn ohne weiteres feststeht, dass die Untersuchung und Entscheidung nicht zum Aufgabenbereich der Gerichte der BRep gehören (BGH **11**, 379; **12**, 326; **15**, 72; NStZ **07**, 534), insbesondere, wenn ihre Gerichtsbarkeit durch § 20 GVG ausgeschlossen ist (BGH **33**, 97; **aM** KK-Fischer 5). 3

2) Schon im Ermittlungsverfahren, idR auf Antrag oder Anregung der StA oder eines Dritten, bestimmt der BGH durch unanfechtbaren (§ 304 IV S 1) Beschluss das für die Sache zuständige Gericht. Damit wird zugleich (vgl § 143 I GVG) die zuständige StA bestimmt (BGH **10**, 255, 256; **18**, 19, 20; **32**, 159, 160). Der Antrag nach § 13a kann von einer StA auch dann gestellt werden, wenn das Opportunitätsprinzip gilt, insbesondere in den Fällen des § 153c. Sinnvoll ist das aber nur, wenn damit zu rechnen ist, dass die Tat auch verfolgt wird (BGH 2 ARs 293/76 vom 11. 8. 1976). 4

§ 13a dient nicht der abstrakten Klärung verfahrensunabhängiger, abstrakter Zuständigkeitsfragen (BGH NStZ **92**, 27 [K]; BGHR Anwendungsbereich 5); Voraussetzung ist, dass eine bestimmte konkretisierte und individualisierte Tat verfolgt werden soll (BGH NStZ **94**, 139; **99**, 577). Die Vorschrift ist unanwendbar, wenn der Prioritätsgrundsatz des § 14 II IRG eingreift (BGH wistra **89**, 34). Für die Verfolgung von Straftaten, die von Ausländern im Ausland an Ausländern verübt worden sind, bedarf es zur Begründung der deutschen Gerichtsbarkeit eines legitimierenden inländischen Anknüpfungspunkts (BGH NStZ **99**, 236). 5

3) Der **Gerichtsstand nach § 13a** steht denen nach §§ 7–11, 13 gleich und fällt daher nicht weg, wenn später ein auf §§ 7–10 beruhender Gerichtsstand ermittelt wird (BGH **10**, 255, 258; **32**, 159, 160; NStZ-RR **03**, 268 L). Da er aber 6 gegenüber den anderen Gerichtsständen auch keinen Vorrang genießt, kann die StA in diesem Fall zwischen ihm und den anderen Gerichtsständen wählen (Schermer MDR **64**, 895; erg 10 vor § 7). Ist die Sache bereits bei Gericht anhängig, so kann sie entspr § 12 II von dem nach § 13a bestimmten Gericht auf ein anderes der in §§ 7–10 bezeichneten Gerichte übertragen werden (BGH **10**, 255). Dagegen kommt die Änderung der nach § 13a bestimmten Zuständigkeit durch erneuten Beschluss nach dieser Vorschrift idR nicht in Betracht (BGH **32**, 159, 160). Wird nach § 13a ein LG als zuständiges Gericht bestimmt, so bezieht sich das nicht auf die zu seinem Bezirk gehörenden AGe; das zuständige AG muss daher besonders bestimmt werden, wenn im weiteren Verfahren Entscheidungen erforderlich werden, die nur ein solches Gericht treffen kann (BGH aaO).

Zuständigkeitsstreit

14 Besteht zwischen mehreren Gerichten Streit über die Zuständigkeit, so bestimmt das gemeinschaftliche obere Gericht das Gericht, das sich der Untersuchung und Entscheidung zu unterziehen hat.

1 **1) Streit über die Zuständigkeit** iS der Vorschrift ist ein Streit über die Auslegung eines Gesetzes, nicht über Kompetenzen auf Grund von Verwaltungsvorschriften (Frankfurt NStZ **82**, 260; vgl auch BGHR Entscheidung 1: Einleitung der Vollstreckung gegen Jugendlichen). Bei dem Streit kann es sich sowohl um einen positiven (mehrere Gerichte halten sich für zuständig) als auch, solange mindestens eine Entscheidung noch anfechtbar ist (danach gilt § 19), um den negativen (mehrere Gerichte halten sich nicht für zuständig) Zuständigkeitsstreit handeln. § 14 gilt auch nach Urteilsrechtskraft im Strafvollstreckungsverfahren (Bay NJW **55**, 601; Braunschweig NdsRpfl **75**, 176) und in Strafvollzugssachen (Hamm NStZ-RR **08**, 79).

1a § 14 ist **nicht anwendbar** bei einem internen Zuständigkeitsstreit zwischen verschiedenen Spruchkörpern desselben Gerichts bei Zweifeln über die Auslegung des Geschäftsverteilungsplans (KG NJW **64**, 2437; Schleswig SchlHA **82**, 114 [E/L]) oder der §§ 74 II, 74a, 74c GVG (Düsseldorf JMBlNW **95**, 153; JR **82**, 514 mit zust Anm Rieß; Meyer-Goßner NStZ **81**, 174; **aM** München JR **80**, 77 mit abl Anm Rieß; erg 6 zu § 74c GVG) oder bei einem Streit zwischen Jugend- und Erwachsenengericht (LG Zweibrücken NJW **05**, 2100 L = NStZ-RR **05**, 153) oder wenn das Gericht eine Entscheidung des übergeordneten Gerichts in Zweifel zieht (BGH NStZ **94**, 23 [K]: LG – OLG; Hamburg OLGSt DNA-IFG Nr 4: AG – LG; BGH NStZ-RR **07**, 179 und 2 ARs 467/08 vom 29. 10. 2008: AG – OLG).

2 **§ 14 gilt entsprechend** für den negativen sachlichen Kompetenzstreit, wenn sonst kein anderer Ausweg besteht, das Verfahren fortzusetzen (BGH **18**, 381 = JZ **63**, 714 mit Anm EbSchmidt; BGH **31**, 361, 362; **45**, 26 mit zust Anm Franke NStZ **99**, 524; zum konkreten Fall aber zutr abl Weidemann wistra **00**, 46; KG NJW **64**, 2437;Frankfurt NStZ-RR **09**, 315; Stuttgart Justiz **99**, 403), auch bei internem Streit über die gesetzliche Zuständigkeit, zB zwischen Berufungs- und Beschwerdekammer beim LG (Frankfurt aM NStZ-RR **96**, 302; Schleswig SchlHA **97**, 149 [L/S])), nicht aber bei einem Streit über die Art des Rechtsmittels gegen ein Urteil des AG (BGH **31**, 183 = JR **83**, 343 mit Anm Meyer; BGH **39**, 162), auch nicht bei einem Streit zweier Führungsaufsichtsstellen (Zweibrücken NStZ **02**, 279). Erg 22 zu § 21e GVG; 3 zu § 78 GVG; 2 zu § 116 GVG.

3 **2)** Das **gemeinschaftliche obere Gericht** (14 zu § 4) kann im Streitfall von den Prozessbeteiligten, auch von der StA (Jena VRS **113**, 342), auch ohne vorherige Ausschöpfung der Beschwerdemöglichkeiten, und von jedem der beteiligten Gerichte – aber nicht durch den Rechtspfleger (BGH NStZ **91**, 27 [M/K]; Hamm NStZ-RR **08**, 79: jedenfalls nicht bei den nach § 24 I Nr 1a RPflG übertragenen Gechäften) – in Form einer Entscheidung (Düsseldorf NStZ **00**, 609: des gesamten

Spruchkörpers) oder durch Vorlage (BGH **11**, 56, 58) angerufen werden. Bestimmt werden kann nur eines der streitenden Gerichte (Wendisch JR **95**, 520). Hält das obere Gericht beide für unzuständig, so muss es den Antrag zurückweisen (BGH **31**, 244, 245; NStZ **97**, 255; **01**, 110; StraFo **01**, 432; erg 3 zu § 19). Es kann dann aber, von § 13 a abgesehen, das zuständige Gericht in den Beschlussgründen bezeichnen und es der StA (bzw dem Gericht, vgl Bamberg NStZ-RR **05**, 377 zu einem Fall des § 225 a) überlassen, die Strafsache vor dieses Gericht zu bringen.

3) Rechtsmittel: Es gilt das Gleiche wie bei § 12 II (dort 9). 4

Verhinderung des zuständigen Gerichts

15 Ist das an sich zuständige Gericht in einem einzelnen Falle an der Ausübung des Richteramtes rechtlich oder tatsächlich verhindert oder ist von der Verhandlung vor diesem Gericht eine Gefährdung der öffentlichen Sicherheit zu besorgen, so hat das zunächst obere Gericht die Untersuchung und Entscheidung dem gleichstehenden Gericht eines anderen Bezirks zu übertragen.

1) Der **Gerichtsstand kraft Übertragung,** der mit Art 101 I S 2 GG vereinbar ist (vgl BVerfGE **20**, 336, 343 = NJW **67**, 99), will Schutz vor Stillstand der Rechtspflege bieten und verhindern, dass der schuldige Täter nicht bestraft und der unschuldige Angeklagte nicht freigesprochen wird (BGH **22**, 250, 252). § 15 setzt nicht voraus, dass allein bei dem verhinderten Gericht ein Gerichtsstand nach §§ 7–11, 12 II, 13 I begründet wäre, sondern ist auch anwendbar, wenn noch ein oder mehrere Gerichtsstände in der Sache gegeben sind, so dass die Untersuchung und Entscheidung nach §§ 12 II, 13 II auf eines dieser Gerichte übertragen werden könnte (BGH **21**, 212). Anders als nach §§ 12 II, 14 kann die Sache auch einem sonst nicht zuständigen Gericht übertragen werden (BGH **16**, 84, 86), zB wenn alle Gerichtsstände (§§ 7 ff) bei dem verhinderten Gericht zusammenfallen (BGH **21**, 212). Die Übertragung kann sich auf das gesamte Verfahren oder auf einzelne richterliche Handlungen beziehen. 1

Sie ist in **jeder Lage des Verfahrens** zulässig (BGH **21**, 212, 215), auch im Rechtsmittelzug (BGH **22**, 250), und kann auf Antrag oder von Amts wegen ergehen (BGH **47**, 275 = JR **02**, 432 mit zust Anm Best); die Vorschrift ist restriktiv auszulegen (BGH aaO). Die Übertragung vor Rechtshängigkeit, die idR nur für einzelne Untersuchungshandlungen in Betracht kommt, lässt die Befugnis der StA unberührt, unter mehreren Gerichtsständen zu wählen (BGH **21**, 212, 215; 10 vor § 7). 2

2) **Rechtlich verhindert** ist das Gericht, wenn die bei ihm tätigen Richter einschließlich ihrer Vertreter aus rechtlichen Gründen (§§ 22, 24, 28 I) in dem Verfahren nicht tätig werden können, wobei aber allein die Gefahr, dass das gesamte Gericht voreingenommen sei, nicht genügt (BGH NStZ **07**, 475, wistra **09**, 446). Zu diesen Vertretern gehören alle Richter, die nach dem GVG und den landesrechtlichen Ergänzungsvorschriften dazu bestellt werden können, jedoch nur, falls ihre Bestimmung schon bei Eintritt des Verhinderungsfalles möglich war. Richter, die erst von der LJV zur Behebung der Verhinderung zur Verfügung gestellt werden, bleiben außer Betracht. 3

3) **Tatsächlich verhindert** ist das Gericht, wenn sämtliche Richter erkrankt sind, wenn infolge von Aufruhr oder kriegsähnlicher Ereignisse Gerichtsstillstand eingetreten ist, wenn in den Fällen des § 210 III (dort 8) oder § 354 II (dort 38) ein Auffangspruchkörper nicht besteht und auch nicht nachträglich gebildet werden kann, aber auch, wenn es – zB wegen krankheitsbedingter Reiseunfähigkeit (BGH 2 ARs 286/06 vom 19. 7. 2006) – unmöglich ist, den Angeklagten (BGH **16**, 84) oder einen wichtigen Zeugen, dessen kommissarische Vernehmung nicht ausreicht, zur Hauptverhandlung zu bringen. Weite Entfernung zwischen Gericht und Prozessbeteiligten ist allein kein Verhinderungsgrund (BGH MDR **70**, 4

383 [D]), auch nicht, dass das Gericht den Aufenthaltsort des Angeklagten nicht feststellen kann (BGH NStZ **97**, 331 [K]). Kann das Gericht die Verhandlung an einem anderen Ort seines Bezirks durchführen und entfällt dadurch die Verhinderung, so ist § 15 nicht anwendbar. Die Vorschrift gilt aber auch, wenn das Gericht von seiner Befugnis, die Hauptverhandlung außerhalb seines Bezirks durchzuführen (1 zu § 166 GVG), keinen Gebrauch macht (BGH **22**, 250; BGHR Verhinderung 1).

5 **4)** Eine **Gefährdung der öffentlichen Sicherheit** liegt insbesondere vor, wenn mit erheblichen Unruhen gerechnet werden muss, zB mit Protestdemonstrationen, denen mit polizeilichen Mitteln nicht begegnet werden kann. Ob das der Fall ist, wird unter Berücksichtigung der verfügbaren und geeigneten Schutzmittel beurteilt (RG **10**, 381, 383). Die Übertragung kommt nur in Betracht, wenn die Gefährdung ihren Ursprung in der Durchführung der Verhandlung gerade vor dem zuständigen Gericht hat und nicht auf andere Weise (oben 4 aE) beseitigt werden kann (BGH **47**, 275 = JR **02**, 432 mit zust Anm Best). Eine gefährliche Bedrohung der Richter oder Verfahrensbeteiligten kann genügen.

6 **5)** Das **zunächst obere Gericht** ist das dem verhinderten unmittelbar übergeordnete Gericht, also das LG für das AG, das OLG für das LG, der BGH für das OLG. Es entscheidet von Amts wegen. Die Übertragung kann von dem verhinderten Gericht oder der LJV angeregt, auch von der StA oder anderen Prozessbeteiligten beantragt werden. Sie steht nicht im Ermessen des Gerichts, sondern muss angeordnet werden, wenn die Voraussetzungen des § 15 vorliegen (RG **45**, 67). Das Obergericht darf die Sache nur einem Gericht übertragen, das dieselbe sachliche Zuständigkeit hat wie das verhinderte und das in seinem eigenen Bezirk liegt, dem es also ebenfalls übergeordnet ist (BGH **16**, 84). Besteht zB für den LG-Bezirk nur ein gemeinsames SchG (§ 58 GVG), so darf das LG die Sache nicht einem SchG eines anderen LG-Bezirks übertragen (Nürnberg BayJMBl **55**, 36). Soll die Sache an ein bezirksfremdes Gericht übertragen werden, so ist das gemeinschaftliche obere Gericht zuständig, das sowohl dem verhinderten als auch dem neuen Gericht übergeordnet ist (14 zu § 4), ggf der BGH (BGH **16**, 84; **21**, 212). Anders als nach §§ 210 III S 1, 354 II S 1 kann der BGH die Sache auch dem Gericht eines anderen Landes übertragen (BGH **22**, 250, 252).

7 **6)** Die **Wirkung der Übertragung** des ganzen Verfahrens besteht darin, dass das beauftragte Gericht, das den Übertragungsbeschluss nicht zu überprüfen hat (LR-Erb 19), örtlich zuständig wird und dass die Sache falls sie schon anhängig ist, auf dieses Gericht übergeht. Diese Wirkung tritt ein, wenn der Übertragungsbeschluss dem beauftragten Gericht zugeht. Sie bleibt, auch nach Wegfall der Verhinderung des an sich zuständigen Gerichts, bis zum Abschluss des Verfahrens bestehen, sofern die Übertragung von dem oberen Gericht nicht in der gleichen Form zurückgenommen wird.

8 **7) Beschwerde** gegen den Übertragungsbeschluss ist unzulässig (Celle NJW **57**, 73 L; Schleswig SchlHA **58**, 235; KK-Fischer 7; erg 2 zu § 304).

Prüfung der örtlichen Zuständigkeit

16 **[1]Das Gericht prüft seine örtliche Zuständigkeit bis zur Eröffnung des Hauptverfahrens von Amts wegen. [2]Danach darf es seine Unzuständigkeit nur auf Einwand des Angeklagten aussprechen. [3]Der Angeklagte kann den Einwand nur bis zum Beginn seiner Vernehmung zur Sache in der Hauptverhandlung geltend machen.**

1 **1)** Eine **zeitliche Beschränkung der Prüfung** der örtlichen Zuständigkeit bestimmt die Vorschrift. Diese Zuständigkeit, die ohnehin einem Wahlrecht der StA unterliegt (10 vor § 7), ist im Hinblick auf die Gleichwertigkeit der Recht-

sprechung der Gerichte gleicher Ordnung nicht von derselben Bedeutung wie die sachliche Zuständigkeit. Es ist daher nicht notwendig, Verfahrensverzögerungen hinzunehmen, um stets die Entscheidung eines örtlich zuständigen Gerichts herbeiführen zu können. Die örtliche Zuständigkeit ist, wie die besondere Zuständigkeit der in § 74e GVG bezeichneten Gerichte (vgl § 6a), eine nur befristete kurzlebige Verfahrensvoraussetzung (7 vor § 7).

2) Von Amts wegen (S 1) prüft das Gericht seine örtliche Zuständigkeit nur bis zur Eröffnung des Hauptverfahrens (§ 203), dh bis zum Erlass des Eröffnungsbeschlusses (§ 207), im beschleunigten Verfahren nach §§ 417 ff jedoch bis zum Beginn der Vernehmung des Angeklagten zur Sache (2 zu § 418). Vgl 3 zu § 6a. 2

3) Für den **Einwand des Angeklagten** (S 2, 3) gelten die gleichen Grundsätze wie bei § 6a; vgl dort zu den Einwandbefugten 5, zur zeitlichen Begrenzung 6ff, zur Form 11. Wie im Fall des § 6a (dort 7) tritt nach § 16 S 2 mit Beginn der Sachvernehmung des Angeklagten eine Zuständigkeitsperpetuierung ein; eine spätere Änderung der tatsächlichen Umstände oder der rechtlichen Beurteilung der Tat ist für die Zuständigkeitsfrage ohne Bedeutung (RG **65**, 267). Maßgebend für den Ausschluss des Einwands ist, wie bei § 6a (dort 10), immer die Sachvernehmung in der 1. Hauptverhandlung in der Sache (Köln StraFo **09**, 162). Hat jedoch die StA, nachdem das 1. Gericht sich für unzuständig erklärt hatte, die öffentliche Klage bei einem anderen Gericht erhoben, so kann der Angeklagte den Einwand der örtlichen Zuständigkeit erneut geltend machen. 3

4) Verfahren bei Unzuständigkeit: Erhebt die StA, deren örtliche Zuständigkeit durch die des Gerichts bestimmt wird (§ 143 I GVG), die Anklage vor einem örtlich unzuständigen Gericht, so lehnt dieses nicht die Eröffnung des Hauptverfahrens nach § 204 ab, sondern erklärt sich durch Beschluss für unzuständig (RG **32**, 50; Hamm NStZ-RR **99**, 16; KK-Fischer 4; LR-Erb 12; **aM** Heghmanns/Scheffler-Heghmanns VI 291: Nichteröffnung); die StA erhebt dann die Anklage vor einem anderen Gericht (10 vor § 7). Nach Eröffnung des Hauptverfahrens wird das Verfahren nach § 206a eingestellt, in der Hauptverhandlung durch Urteil nach § 260 III (Düsseldorf VRS **80**, 281; Köln VRS **74**, 32, 34; LR-Erb 14; SK-Rudolphi 10; **aM** Gössel H. Kaufmann-GedSchr 983: Beschluss über Unzuständigkeit). Wird statt dessen ein Beschluss erlassen, durch den sich das Gericht für unzuständig erklärt, so bedeutet das sachlich ebenfalls die Einstellung des Verfahrens (BGH **18**, 1). 4

Die **Abgabe oder Verweisung** an ein örtlich zuständiges Gericht ist, anders als im Fall der fehlenden Zuständigkeit nach §§ 6, 6a, im 1. Rechtszug ausgeschlossen (BGH **23**, 79, 82; LR-Erb 9; vgl aber Braunschweig JZ **62**, 420; Karlsruhe GA **77**, 58 für Verweisungen im Einverständnis mit der StA) und, wenn sie gleichwohl erfolgt, ohne rechtliche Wirkung; denn das Gericht würde damit in das Auswahlrecht (10 vor § 7) und das Beschwerderecht (§ 210 II) der StA eingreifen. Nur die Rechtsmittelgerichte können die Sache nach § 328 II (dort 5ff) und § 355 (dort 6) an das zuständige Gericht verweisen, wenn das angefochtene Urteil von einem örtlich unzuständigen Gericht erlassen worden war. 5

5) Im **Rechtsmittelverfahren** entscheidet stets das übergeordnete Gericht ohne Rücksicht darauf, ob der 1. Richter zuständig war. Ist die Sache, was selten vorkommen wird, vor ein unzuständiges Rechtsmittelgericht gelangt, so gilt § 16 entspr (**aM** LR-Erb 20: § 348 entspr). Von Amts wegen wird die Zuständigkeit bis zum Beginn des Vortrags des Berichterstatters geprüft, auf Einwand des Angeklagten bis zu dessen Sachvernehmung (vgl 14 zu § 6a), im Revisionsverfahren nur bis zum Beginn des Vortrags des Berichterstatters nach § 351 I. 6

6) Anfechtung: Gegen den Beschluss, durch den sich das Gericht im Eröffnungsverfahren für örtlich unzuständig erklärt (oben 4), steht der StA die einfache Beschwerde nach § 304 zu (LR-Erb 16). Ist die Beschwerde begründet, ver- 7 weist das Beschwerdegericht die Sache an das Erstgericht zurück (BGH **43**, 122). Die Anfechtbarkeit von Einstellungsbeschlüssen vor der Hauptverhandlung regelt § 206a II. Das Einstellungsurteil nach § 260 III ist mit Berufung oder Revision anfechtbar. Hatte der Angeklagte in der Hauptverhandlung den Einwand nach S 2 ohne Erfolg erhoben, so kann er gegen das Sachurteil die Rüge des § 338 Nr 4 erheben (dort 31). Erg 6 zu § 328, 6 zu § 355.

17, 18 (weggefallen)

Negativer Kompetenzstreit

19 Haben mehrere Gerichte, von denen eines das zuständige ist, durch Entscheidungen, die nicht mehr anfechtbar sind, ihre Unzuständigkeit ausgesprochen, so bezeichnet das gemeinschaftliche obere Gericht das zuständige Gericht.

1 **1)** Bei einem **Kompetenzstreit über die örtliche Zuständigkeit** ist nach § 19 zu verfahren, wenn mehrere Gerichte ihre Unzuständigkeit bereits selbst ausgesprochen haben oder die Unzuständigkeit in einer Beschwerdeentscheidung festgestellt worden ist. Die Entscheidungen müssen unanfechtbar sein; andernfalls hilft schon § 14.

2 Bei einem **Kompetenzstreit über die sachliche Zuständigkeit** ist § 19 entspr anwendbar, wenn das Verfahren sonst nicht fortgesetzt werden könnte (2 zu § 14).

3 **2)** Das **gemeinschaftliche obere Gericht** (14 zu § 4) kann nur durch einen Prozessbeteiligten angerufen werden, idR durch die StA. Es darf nur eines der Gerichte, deren Unzuständigkeit festgestellt ist, als zuständig bezeichnen. Ist keines dieser Gerichte zuständig, so muss es die Entscheidung ablehnen (erg 3 zu § 14); eine Verweisung an das zuständige Gericht ist nicht zulässig. Zu der Entscheidung nach § 19 ist das gemeinschaftliche obere Gericht auch befugt, wenn es selbst in einem früheren Beschwerdeverfahren das jetzt als zuständig bezeichnete Gericht für unzuständig erklärt hatte (KK-Fischer 3).

4 Die **Entscheidung** ergeht nach Anhörung des Prozessgegners (§ 33 II, III) durch unanfechtbaren Beschluss; die Unzuständigkeitserklärungen der unteren Gerichte brauchen nicht ausdrücklich aufgehoben zu werden.

Untersuchungshandlungen eines unzuständigen Gerichts

20 Die einzelnen Untersuchungshandlungen eines unzuständigen Gerichts sind nicht schon dieser Unzuständigkeit wegen ungültig.

1 **1) Einzelne Untersuchungshandlungen** (zum Begriff vgl 4 zu § 162) sind auch wirksam, wenn ein örtlich unzuständiges Gericht sie in Verkennung seiner Zuständigkeit vornimmt (LG Köln MDR **96**, 192; vgl auch § 7 FGG, § 44 III Nr 1 VwVfG). Das gilt entspr bei Unzuständigkeit nach dem Geschäftsverteilungsplan (vgl § 22d GVG), hingegen nicht bei sachlicher Unzuständigkeit (Köln StV **04**, 417). Unwirksam sind aber Untersuchungshandlungen eines Richters, dessen Unzuständigkeit so offensichtlich ist, dass ihre Nichtbeachtung das Gesetz in grober Weise verletzt (SK-Rudolphi 1).

2 § 20 ist **entspr anwendbar** auf Entscheidungen in Strafvollstreckungs- und Strafvollzugssachen (BGH **27**, 329, 331).

3 **2)** Die **Wirksamkeit der Untersuchungshandlungen** des unzuständigen Gerichts beschränkt sich nicht auf das Vorverfahren. Auch Beweiserhebungen nach §§ 223–225 brauchen nicht wiederholt zu werden; die Protokolle sind nach §§ 251, 253, 254 verlesbar. Entsprechendes gilt für § 369 (Düsseldorf NJW **79**, 1724 L).

Notzuständigkeit

21 Ein unzuständiges Gericht hat sich den innerhalb seines Bezirks vorzunehmenden Untersuchungshandlungen zu unterziehen, bei denen Gefahr im Verzug ist.

1) Nur ein **örtlich unzuständiges Gericht** darf in Eilfällen tätig werden; in die sachliche Zuständigkeit darf nicht eingegriffen werden. § 21 gilt für alle Gerichte, betrifft aber in 1. Hinsicht die AGe (LR-Erb 3). Praktische Bedeutung hat er im Hinblick auf § 165 nur, wenn die Untersuchung schon bei einem anderen Gericht anhängig ist. 1

2) Nur **einzelne Untersuchungshandlungen** (zum Begriff vgl 4 zu § 162) darf das an sich unzuständige Gericht (von Amts wegen oder auf Antrag der StA) vornehmen. Die weitere Verfügung in der Sache steht dem zuständigen Gericht zu. 2

3) Gefahr im Verzug liegt vor, wenn der Untersuchungserfolg bei Abgabe an das zuständige Gericht gefährdet wäre, weil die Untersuchungshandlung nicht, nur unter wesentlicher Erschwerung oder nur zu spät vorgenommen werden könnte (erg 6 zu § 98). 3

3. Abschnitt. Ausschließung und Ablehnung der Gerichtspersonen

Vorbemerkungen

1) Das **Recht auf den gesetzlichen Richter** (Art 101 I S 2 GG) ist nicht gewahrt, wenn der Rechtssuchende vor einem Richter steht, der (etwa wegen naher Verwandtschaft, Freundschaft oder Verfeindung) die gebotene Unvoreingenommenheit vermissen lässt (BVerfGE **21**, 139, 146 = NJW **67**, 1123; BVerfG **30**, 149, 153 = NJW **71**, 1029). Der Gesetzgeber muss daher Vorsorge dafür treffen, dass die Richterbank von Richtern freigehalten wird, die dem rechtlich zu würdigenden Sachverhalt und den anderen Beteiligten nicht mit der erforderlichen Distanz eines Unbeteiligten und daher am Ausgang des Verfahrens uninteressierten Dritten gegenüberstehen. Diesem Zweck dienen die Vorschriften über die Ausschließung und Ablehnung von Gerichtspersonen (BVerfGE **46**, 34, 37 = MDR **78**, 201). Die beiden Rechtsinstitute unterscheiden sich darin, dass die Ausschließung kraft Gesetzes eintritt (1 zu § 22), das Ausscheiden wegen Befangenheit nur auf Grund einer konstitutiven Entscheidung des Gerichts, die ein Ablehnungsgesuch (§ 24) oder eine Selbstanzeige (§ 30) voraussetzt. 1

2) Gerichtspersonen iS des Abschnitts sind Berufsrichter sowie Schöffen, UrkB und sonstige Protokollführer (§ 31). Die Ablehnung eines Sachverständigen regelt § 74, die des Dolmetschers § 191 GVG. Für die Ausschließung und Ablehnung des Rechtspflegers sind die §§ 22 ff entspr anwendbar (§ 10 **RPflG**). Für um die Vernehmung von Zeugen ersuchte Konsularbeamte gelten die §§ 22 ff nicht (Düsseldorf NStZ **83**, 469; Karlsruhe Justiz **74**, 468), auch nicht für den Bezirksrevisor als Vertreter der Staatskasse, zB in dem Verfahren nach § 4 JVEG (Koblenz OLGSt § 22 Nr 1). 2

3) Für **Staatsanwälte** gelten die §§ 22 ff nach hM nicht entspr (BGH NJW **80**, 845; **84**, 1907, 1908 = NStZ **84**, 419 mit Anm Gössel; NStZ **91**, 595; Bay **83**, 327; Hamm NJW **69**, 808; Stuttgart NJW **74**, 1394; LG Köln NStZ **85**, 230 mit zust Anm Wendisch; LG Mönchengladbach JR **87**, 303 mit Anm Bruns; Bohnert 105 ff; Fezer 3/30; Wendisch Schäfer-FS 243 ff; vgl auch BVerfGE **25**, 336, 345 = NJW **69**, 1104, 1106). Das bedeutet jedoch nicht, dass es mit dem Gebot eines rechtsstaatlichen Verfahrens (Einl 19) vereinbar wäre, dass ein StA in Verfahren mitwirkt, in denen er selbst Verletzter, mit dem Beschuldigten oder Verletzten 3 verwandt oder verschwägert, als Richter, Polizeibeamter, Verteidiger oder Anwalt des Verletzten tätig oder sonst mit der Sache (iS des § 23) vorbefasst gewesen ist (vgl dazu im einzelnen Reinhardt, Der Ausschluss und die Ablehnung des befangen erscheinenden Staatsanwalts, 1997, S 119 ff, rechtsvergleichend S 231 ff; Schairer, Der befangene Staatsanwalt, 1983, S 61 ff; Tolksdorf, Mitwirkungsverbot für den befangenen Staatsanwalt, 1989, S 86 ff; Frisch Bruns-FS 398; Pawlik NStZ **95**, 313; Pfeiffer Rebmann-FS 369; vgl auch Krey 1/175 ff, der die Ausschlussgründe der §§ 22 ff, 138 a, b und des § 20 VwVfG entspr anwenden will; erg 17 vor § 48 für den als Zeugen vernommenen StA). In § 11 BWAGGVG, § 7 NdsAGGVG ist ausdrücklich bestimmt, dass ein StA in solchen Fällen keine Amtshandlungen vornehmen darf. Allerdings geben diese Vorschriften, deren Gültigkeit ohnehin zweifelhaft ist (vgl Arloth NJW **83**, 208; Frisch aaO 389; Pfeiffer aaO 365; Wendisch Schäfer-FS 247), keine allgemeinen Richtlinien ab (Böttcher Roxin-FS 1334 Fn 10; Frisch aaO; Kintzi Wassermann-FS 906; **aM** Kuhlmann DRiZ **76**, 15; Roxin/Schünemann § 9, 15; vgl auch Stuttgart NJW **74**, 1394).

4 Allgemein ist es vielmehr **Sache des StA, auf seine Ablösung zu drängen** (Wohlers 294), und Aufgabe des Dienstvorgesetzten, einen StA, dessen Mitwirkung unzulässig und der daher von entspr Amtshandlungen zu befreien ist (vgl § 65 BBG), nach § 145 I GVG abzulösen (Zweibrücken StV **00**, 516). Das Gericht und die anderen Prozessbeteiligten können bei ihm auf die Ablösung hinwirken (Stuttgart aaO). Das Gericht kann sie aber nicht gegen seinen Willen durchsetzen (LR-Siolek 10; **aM** Arloth NJW **83**, 207; Kuhlmann DRiZ **76**, 14: Feststellungsbeschluss). Entsprechendes gilt für den Fall, dass der Beschuldigte den StA für befangen hält, wobei aber keineswegs die gleichen Maßstäbe anzuwenden sind wie nach § 24 bei der Befangenheit von Richtern (BVerfG JR **79**, 28 mit Anm Bruns; BGH NJW **84**, 1907, 1908; StV **96**, 297; Pawlik NStZ **95**, 311; vgl auch LG Mönchengladbach JR **87**, 303 mit Anm Bruns: Pflicht zum Eingreifen des Gerichts auf Grund der Fürsorgepflicht, wenn der StA seine Pflicht zur Objektivität schwer und nachhaltig verletzt).

5 Die Prozessbeteiligten haben **kein Recht auf Ablehnung** eines ausgeschlossenen oder befangenen StA (Hamm NJW **69**, 808; Karlsruhe MDR **74**, 423; LR-Siolek 11; SK-Rudolphi 38; Pfeiffer Rebmann-FS 367; Schlüchter 66.1; **aM** Arloth NJW **83**, 209; **85**, 418; Böttcher-FS 7; Bottke StV **86**, 123; Bruns Grützner-GebGabe 42; Buckert NJW **70**, 847; Hilgendorf StV **96**, 51; Joos NJW **81**, 100; Roxin/Schünemann § 9, 15; Rüping 388; Frisch Bruns-FS 408 ff verneint das Ablehnungsrecht nur für das Hauptverfahren; Schairer [oben 3] S 159, will ein staatsanwaltschaftliches Ablehnungsverfahren entspr § 24 einrichten; siehe auch AK-Wassermann 9; BGH NJW **80**, 845 lässt die Frage offen). Ein Antrag auf gerichtliche Entscheidung nach § 23 **EGGVG** gegen die Entscheidung des Dienstvorgesetzten des StA ist unzulässig (dort 15).

6 Mit der **Revision** kann die unzulässige Mitwirkung eines „ausgeschlossenen" StA in der Hauptverhandlung gerügt werden (Stuttgart NJW **74**, 1394 mit Anm Fuchs; LR-Siolek 12; Bruns Grützner-GebGabe 46; Roxin/Schünemann § 9, 15; Schlüchter 66.1; Wendisch Schäfer-FS 243 ff; **aM** Bohnert 114: revisibel ist nur das Unterlassen des Gerichts, auf Ablösung des StA hinzuwirken).

7 Jedoch liegt nicht der zwingende Aufhebungsgrund des § 338 Nr 5 vor; die Revision ist **nur begründet,** wenn nicht auszuschließen ist, dass das Urteil auf der Mitwirkung des StA beruht (§ 337; vgl 17 vor § 48 für den als Zeuge vernommenen StA). Die angebliche Befangenheit des StA, für die es nicht einmal hinreichende Beurteilungsmaßstäbe gibt (vgl aber Böttcher Roxin-FS 1333), kann nicht Gegenstand einer Revisionsrüge sein; die Ablösung steht hier im richterlich nicht nachprüfbaren Ermessen des Dienstvorgesetzten (Kissel/Mayer 8 zu § 145 GVG; Krey 1/188; Pfeiffer Rebmann-FS 375; **aM** SK-Rudolphi 41; Arloth Böttcher-FS 12; Bruns JR **79**, 28; Pawlik NStZ **95**, 315; Tolksdorf [oben 3] S 129; offengelassen bei BGH NJW **80**, 845; NStZ **84**, 419). Aus § 145 GVG lässt sich kein Revisionsgrund herleiten (dort 6).

Ausschluss von Richtern

22 Ein Richter ist von der Ausübung des Richteramtes kraft Gesetzes ausgeschlossen,

1. wenn er selbst durch die Straftat verletzt ist;
2. wenn er Ehegatte, Lebenspartner, Vormund oder Betreuer des Beschuldigten oder des Verletzten ist oder gewesen ist;
3. wenn er mit dem Beschuldigten oder mit dem Verletzten in gerader Linie verwandt oder verschwägert, in der Seitenlinie bis zum dritten Grad verwandt oder bis zum zweiten Grad verschwägert ist oder war;
4. wenn er in der Sache als Beamter der Staatsanwaltschaft, als Polizeibeamter, als Anwalt des Verletzten oder als Verteidiger tätig gewesen ist;
5. wenn er in der Sache als Zeuge oder Sachverständiger vernommen ist.

1) Kraft Gesetzes tritt die Ausschließung nach §§ 22, 23 ein (vgl. BVerfGE **21**, 1
139, 145 = NJW **67**, 1123; BVerfGE **46**, 34, 37 = MDR **78**, 201), selbst wenn der Grund dafür weder dem Richter noch einem Prozessbeteiligten bekannt ist (BGH bei Herlan MDR **54**, 656). Gleichgültig ist, ob der Richter sich befangen fühlt (BGH **14**, 219, 223) oder die Prozessbeteiligten mit seiner Mitwirkung einverstanden sind (Schorn GA **63**, 258).

Der Ausschluss ist **von Amts wegen zu beachten;** einer Entscheidung bedarf 2
es nur in Zweifelsfällen. Jeder Prozessbeteiligte kann sie aber ohne zeitliche Beschränkung (1 zu § 25) anregen oder mit einem Ablehnungsgesuch nach § 24 geltend machen. Der darauf ergehende Gerichtsbeschluss hat nur feststellende Bedeutung (4 zu § 24).

Die **Ausschließungsgründe** sind in den §§ 22, 23 (und § 148a II S 1) er- 3
schöpfend aufgeführt (BVerfGE **46**, 34, 38 = MDR **78**, 201; Düsseldorf NStZ **87**, 571; Stuttgart StV **85**, 492; 1 zu § 23). Sie sind eng auszulegen (BGH **44**, 4, 7 = NStZ **98**, 524 mit Anm Bottke) und dürfen nicht dadurch erweitert werden, dass für bestimmte Fälle allgemein § 24 „zur Lückenfüllung" herangezogen wird (so aber Arzt 17ff, 65ff; Roxin/Schünemann § 8, 10; erg 39 zu § 354). Dass der Richter auch nicht in einer Sache mitwirken darf, in der er selbst Beschuldigter (Stuttgart MDR **71**, 67) oder Täter ist (LR-Siolek 22), versteht sich von selbst und bedurfte keiner gesetzlichen Regelung. Die Ausschließung zwingt den Richter, sich jeder Tätigkeit in der Sache zu enthalten (zur Anwendung des § 29 vgl dort 1).

Sie beginnt mit dem Entstehen des Ausschließungsgrundes und gilt für **richter-** 4
liche Handlungen jeder Art, zB für die Bestimmung eines Hauptverhandlungstermins, auf die der ausgeschlossene Richter nicht einmal Einfluss nehmen darf (BVerfGE **4**, 412, 416 = JZ **56**, 407 mit Anm Kern). Sie gilt nicht nur für das Hauptverfahren, sondern auch für Nachtragsentscheidungen, zB nach § 453 (Stuttgart GA **89**, 37), nach § 454 (Stuttgart Justiz **88**, 317), nach § 458 (Hamm MDR **57**, 760), nach § 460 (Düsseldorf StV **83**, 361) und nach den §§ 462, 463 (Koblenz GA **78**, 156), nicht aber für Akte der JV, zB für die Auslosung der Schöffen (BGH **3**, 68; Schorn GA **63**, 267).

Die Vorschrift ist für die **StA** nicht entspr anwendbar (3 vor § 22). 5

2) Verletzt (Nr 1) ist, wie bei § 172 (dort 9), nur der durch eine Straftat unmit- 6
telbar in seinen Rechten betroffene Richter (BGH **1**, 298; BGHR Verletzter 1; Bay **92**, 139 = NStZ **93**, 347); mittelbare Betroffenheit reicht nicht aus (BGH **51**, 100; NStZ **06**, 646: Parteimitgliedschaft). Die Tat muss Gegenstand des Verfahrens, darf also nicht erst während der Hauptverhandlung begangen sein (BGH **14**, 219). Ob der Täter wegen der Tat noch verurteilt werden kann, ist gleichgültig (BGH aaO); die Verfolgungsbeschränkung nach § 154a beseitigt den Ausschluss daher nicht (KG StV **81**, 13). Sind mehrere Sachen miteinander nach §§ 2ff verbunden, so erstreckt sich der Ausschluss auf das ganze Verfahren, auch wenn der Richter nur in einer dieser Sachen Verletzter ist (BGH **14**, 219; erg 1 zu § 5). Werden die

Sachen wieder getrennt, so besteht der Ausschluss in allen verbunden gewesenen Sachen fort (BGH aaO).

7 Bei **Vermögensdelikten** gilt Nr 1 nur, wenn für den Richter ein unmittelbarer Nachteil eingetreten ist (BGH **1**, 298; vgl im Einzelnen LR-Siolek 16 ff), also kein Ausschluss des Mieters bei Schädigung des Grundstückeigentümers (BGH NStZ **09**, 342; dazu Volkmer NStZ **09**, 371). Durch einen Diebstahl ist der Richter iS der Nr 1 verletzt, wenn er Eigentümer oder Gewahrsamsinhaber der Sache, durch einen Betrug nur, wenn er der Geschädigte, nicht nur der Getäuschte war (BGH MDR **71**, 363 [D]). Bei Insolvenzdelikten ist jeder verletzt, der aus der Masse nicht voll befriedigt wird; die nachträgliche Befriedigung ist insoweit ohne Bedeutung. Der Insolvenzverwalter ist durch Straftaten zum Nachteil der Masse nicht verletzt. Bei Taten zum Nachteil einer OHG sind alle Gesellschafter verletzt (RG **46**, 77, 80). Wenn sich das Delikt gegen eine JP (AG, GmbH, eingetragene Genossenschaft usw) richtet, sind keine Einzelpersonen verletzt (RG **37**, 415; **69**, 127), auch nicht die Mitglieder der Willensorgane (RG **67**, 219) oder der Prokurist der geschädigten JP, selbst wenn er am Gewinn beteiligt ist (BGH **1**, 298). Verletzt iS der Nr 1 ist auch nicht der Kreistagsabgeordnete des geschädigten Landkreises (BGH MDR **55**, 145 [D]).

8 Durch eine **Beleidigung,** die in dem anhängigen Strafverfahren geahndet werden soll, ist der davon unmittelbar betroffene Richter verletzt, auch wenn den Strafantrag der Dienstvorgesetzte gestellt hat (BGH MDR **54**, 628); dieser ist wegen der Antragstellung nicht ausgeschlossen (LR-Siolek 20). Werden alle Richter der BRep oder eines ihrer Länder verunglimpft, so sind iS der Nr 1 nur diejenigen verletzt, gegen die die Beleidigung unmittelbar gerichtet ist (RG **25**, 179; Arzt 45; Schorn GA **63**, 262), es sei denn, ein sonstiger Richter fühle sich persönlich betroffen (BVerfG NJW **92**, 2471). Auch an einem Gericht mit mehr als 200 Richtern ist durch Verunglimpfung einer nicht genannten Zahl von ihnen nicht jeder Richter beleidigt (KG JR **78**, 422). Der Täter kann durch derartige Pauschalbeleidigungen keinen Stillstand der Rechtspflege erreichen. Beleidigungen des Richters während des Strafverfahrens führen ebenfalls nicht zum Ausschluss, da der Beschuldigte sonst jeden ihm unbequemen Richter ausschalten könnte (EbSchmidt 8; Schorn GA **63**, 263; erg 7 zu § 24). Daher kann ein Ordnungsmittel wegen Ungebühr durch den beleidigten Richter selbst festgesetzt werden (2 ff zu § 178 GVG).

9 **3) Ehegatte, Lebenspartner oder Vormund** (Nr 2): Zur Ehe vgl 5 zu § 52, zum Lebenspartner vgl § 1 LPartG. Das Verlöbnis (4 zu § 52) gibt nur einen Ablehnungsgrund nach § 24 (dort 11). Der Gegenvormund (§ 1792 BGB) steht dem Vormund gleich (RG **11**, 223), nicht aber der Betreuer nach § 1896 BGB.

10 **4) Verwandtschaft und Schwägerschaft** (Nr 3) sind nach dem BGB zu beurteilen (wegen der Einzelheiten vgl 6 zu § 52). Sie müssen zwischen dem Richter und dem Beschuldigten bestehen. Ist der Richter mit dem StA, dem UrkB, einem Schöffen, Verteidiger, Zeugen oder Sachverständigen oder mit dem Anzeigenden verwandt oder verschwägert, so liegt allenfalls ein Ablehnungsgrund nach § 24 vor (BGH MDR **74**, 547 [D]; KK-Fischer 8).

11 **5) Frühere Strafverfolgungs- oder Verteidigertätigkeit** (Nr 4):

12 A. Der Begriff **Beamter** (vgl Fischer 13 ff zu § 11 StGB) ist im funktionellen Sinn zu verstehen.

13 Beamte der **StA** sind außer den beim GBA, dem GStA und den örtlichen Staatsanwaltschaften tätigen StAn auch Amtsanwälte und die mit der Wahrnehmung amtsanwaltschaftlicher Aufgaben beauftragten Referendare.

14 **Polizeibeamte** sind nur ausgeschlossen, wenn sie durch ihr Amt zur Verfolgung von Straftaten kraft Gesetzes (§ 163) oder kraft Auftrags der StA (§ 161 I S 2, § 152 I GVG) berufen sind (BGH MDR **58**, 785). Die Erstellung wissenschaftlicher oder kriminaltechnischer Gutachten ist kein Ausschließungsgrund (BGH

aaO), auch nicht die Tätigkeit als Untersuchungsführer in einem Disziplinarverfahren (LG Mühlhausen NStZ-RR **96**, 18, das aber § 24 bejaht).

15 **Anwälte** des Verletzten können nur RAe sein. Eine beratende Tätigkeit genügt, nicht Tätigkeit als Gnadenbeauftragter (Düsseldorf NStZ **87**, 571).

16 **Verteidiger** sind alle Wahl- und Pflichtverteidiger, auch die nach §§ 138 II, 139 tätig gewordenen.

17 B. Der Begriff **Sache** ist weit auszulegen (BGH **9**, 193; Stuttgart Justiz **79**, 212). Denn § 22 bezweckt, schon den Anschein eines Verdachts der Parteilichkeit zu vermeiden (BGH aaO; **28**, 262, 265; **31**, 358, 359; StV **82**, 51). Unter „Sache" ist grundsätzlich das Verfahren, vom Beginn der Ermittlungen über die Hauptverhandlung bis zum Wiederaufnahmeverfahren (BGH **28**, 262, 264; Bay **88**, 13 = NStZ **88**, 286), zu verstehen, das die strafrechtliche Verfolgung einer bestimmten Straftat zum Gegenstand hat (BGH **28**, 262; Bay aaO; Düsseldorf NStZ **87**, 571). Tatmehrheit iS des § 53 StGB und das Vorliegen mehrerer selbstständiger Taten iS des § 264 stehen der Sachgleichheit nicht entgegen (BGH aaO). Entscheidend ist vielmehr die Einheit der Hauptverhandlung (BGH aaO). Bei verbundenen Sachen ist das gesamte Verfahren als eine Sache iS der Nr 4 anzusehen (BGH **14**, 219, 222; **28**, 262, 263; Düsseldorf StV **83**, 361). Sachgleichheit iS der Vorschrift setzt aber nicht einmal Verfahrensidentität voraus; sie kann auch vorliegen, wenn der Richter in derselben „Sache", aber in einem anderen Verfahren tätig war und dadurch der Anschein der Parteilichkeit aufkommen kann (BGH **9**, 193; **28**, 262, 265; **31**, 358). Jedoch besteht keine Sachgleichheit, wenn nur die frühere Strafe, an deren Zustandekommen der Richter als StA mitgewirkt hat, nach § 55 StGB in eine nunmehr zu bildende Gesamtstrafe einbezogen wird (BGH **28**, 262; vgl aber Stuttgart NStZ **88**, 375).

18 C. Bei **vorangegangener Strafverfolgungstätigkeit** ist es unerheblich, ob der Täter noch unbekannt, die frühere Tätigkeit sachlich oder formeller Art (vgl RG **28**, 53, 54: Aufenthaltsanfrage und Zustellungsverfügung; RG **55**, 113: Abgabe an die zuständige Behörde) und ob sie für das Verfahren wesentlich oder unbedeutend war (BGH StV **82**, 51: Sachstandsanfrage und Verfügung einer Wiedervorlagefrist). Maßgebend ist, ob der Richter zuvor als Beamter der StA, wenn auch in untergeordneter Weise, irgendetwas zur Erforschung des Sachverhalts oder zur Beeinflussung des Verfahrensablaufs getan hat (BGH wistra **06**, 310). Untersuchungshandlungen nach § 165 führen aber nicht zum Ausschluss (BGH **9**, 233, 235), auch nicht die Teilnahme als StA im Rahmen von Todesermittlungen an einer Obduktion, soweit diese keinen Anhalt für ein Fremdverschulden erbracht hat (BGH **49**, 29), und auch nicht die Tätigkeit in einem Disziplinarverfahren (LG Zweibrücken NStZ-RR **99**, 308; anders im umgekehrten Fall gemäß § 48 I Nr 5 BDG). Ob der Beamte die Sache selbst bearbeitet oder eine von einem anderen Beamten entworfene Verfügung unterzeichnet hat, ist gleichgültig (BGH NJW **52**, 1149). Nr 4 gilt auch, wenn der Richter sich an der Geschwindigkeitskontrolle durch die Verkehrspolizei aktiv beteiligt hat (Karlsruhe VRS **39**, 109). Unschädlich ist aber, dass der Richter, als er StA war, sich mit der Sache zur Ausbildung eines Referendars befasst hat (RG **59**, 267) oder dass er Leiter der StA gewesen ist, ohne sich mit der Sache irgendwie selbst zu beschäftigen (RG **70**, 161, 162) oder dass er als Ministerialbeamter mit der Sache befasst war, ohne darin aber eine eigene Tätigkeit zu entfalten (BGH wistra **06**, 310).

19 **6) Vernehmung als Zeuge oder Sachverständiger** (Nr 5): Auch hier bedeutet die Sachgleichheit nicht Verfahrensidentität (oben 17); ein Richter ist daher idR auch ausgeschlossen, wenn er in einem anderen Verfahren als Zeuge zu demselben Tatgeschehen vernommen worden ist, das er jetzt abzuurteilen hätte (BGH **31**, 358; NStZ **07**, 711; Bay DAR **86**, 246 [R]). Darunter ist aber nicht nur die Wiedergabe eigener Wahrnehmungen zum Tatgeschehen zu verstehen, vielmehr wird jede Äußerung des Zeugen zu solchen Fragen erfasst, die im Hinblick auf die Schuld- und Straffrage richterlicher Würdigung bedürfen (BGH StV **08**, 283 mwN). Der Richter ist auch dann ausgeschlossen, wenn der Verfahrensteil

nach der Zeugenvernehmung nach § 154 II ausgeschieden worden ist (BGH NStZ **06**, 113 mit zust Anm Binder StV **06**, 676).

20 **Vernehmung** ist die Anhörung durch ein Strafverfolgungsorgan in irgendeinem Verfahrensabschnitt. Dabei genügt die schriftliche Äußerung über sachlich erhebliche Umstände, auch eine dienstliche Äußerung (SK-Rudolphi 21; W. Schmid GA **80**, 285), bei Heranziehung als Gutachter die Erstattung eines schriftlichen Gutachtens; hingegen reicht die Äußerung zu nur prozessual erheblichen Umständen nicht aus (BGH StV **93**, 507; W. Schmid aaO), insbesondere auch nicht eine solche, die den Gegenstand des bei dem Richter anhängigen Verfahrens betrifft und die er im Zusammenhang mit seiner amtlichen Tätigkeit in dieser Sache wahrgenommen hat (BGH **44**, 4 = NStZ **98**, 524 mit Anm Bottke: BGH **47**, 270; StV **04**, 355; eingehend dazu Fahl 259 ff; erg 49 zu § 244), so auch nicht die Tätigkeit als beauftragter Richter (BGH **45**, 354, 355 = JR **01**, 120 mit abl Anm Goeckenjan/Eisenberg). Grundsätzlich muss eine mündliche oder schriftliche Vernehmung bereits stattgefunden haben; die Anfertigung eines förmlichen Vernehmungsprotokolls ist nicht erforderlich (BGH NStZ **98**, 93). Die bloße Möglichkeit, dass es zur Vernehmung kommt, genügt nicht (BGH MDR **77**, 107 [H]; NJW **09**, 1287 L = wistra **09**, 69; erg aber 15 vor § 48). Durch die Benennung als Zeuge in einem Beweisantrag wird der Richter daher nicht ohne weiteres ausgeschlossen, auch nicht durch die Ladung als Zeuge (BGH **14**, 219, 220). Wenn er sein Nichtwissen dienstlich versichert, kann er an der Ablehnung des Beweisantrags sogar mitwirken (BGH **39**, 239 = NStZ **94**, 80 mit zust Anm Bottke; erg 67 zu § 244). Die Abgabe einer Sachverständigenerklärung ohne Auftrag eines Strafverfolgungsorgans, zB unmittelbar auf Bitte des Verteidigers, ist unter dem Gesichtspunkt der Befangenheit (§§ 24, 30) zu beurteilen.

21 **7)** Die **Folge der Mitwirkung eines ausgeschlossenen Richters** ist nicht die Unwirksamkeit der Entscheidung (Einl 104 ff), sondern nur ihre Anfechtbarkeit durch Rechtsmittel, insbesondere mit der Revision nach § 338 Nr 2 (vgl zur Entscheidung des Revisionsgerichts Leu StV **09**, 507). Das gilt auch für den Eröffnungsbeschluss (11 zu § 207). Das Beschwerdegericht verweist die Sache zurück (8 zu § 309). Für den Fall der Mitwirkung eines ausgeschlossenen Richters an einem unanfechtbaren Beschwerdebeschluss hält Düsseldorf MDR **80**, 335; **82**, 518 zu Unrecht die Zurücknahme des Beschlusses auf Gegenvorstellungen für zulässig und geboten (dazu 25 vor § 296).

22 **8) Revision:** Vgl § 338 Nr 2.

Ausschluss wegen vorangegangener Mitwirkung

23 **I Ein Richter, der bei einer durch ein Rechtsmittel angefochtenen Entscheidung mitgewirkt hat, ist von der Mitwirkung bei der Entscheidung in einem höheren Rechtszuge kraft Gesetzes ausgeschlossen.**

II 1 Ein Richter, der bei einer durch einen Antrag auf Wiederaufnahme des Verfahrens angefochtenen Entscheidung mitgewirkt hat, ist von der Mitwirkung bei Entscheidungen im Wiederaufnahmeverfahren kraft Gesetzes ausgeschlossen. 2 Ist die angefochtene Entscheidung in einem höheren Rechtszug ergangen, so ist auch der Richter ausgeschlossen, der an der ihr zugrunde liegenden Entscheidung in einem unteren Rechtszug mitgewirkt hat. 3 Die Sätze 1 und 2 gelten entsprechend für die Mitwirkung bei Entscheidungen zur Vorbereitung eines Wiederaufnahmeverfahrens.

1 **1)** Die **Mitwirkung an Vorentscheidungen** begründet grundsätzlich keine Befangenheit des Richters (12 ff zu § 24); nur in den Fällen des § 23 führt sie kraft Gesetzes (1 zu § 22) zu seinem Ausschluss. Die Vorschrift enthält zusammen mit §§ 22, 148 a II S 1 einen erschöpfenden Katalog der Ausschließungsgründe (BVerfGE **46**, 34, 38; Stuttgart StV **85**, 492; 2 zu § 22). Sie ist als Ausnahmevor-

schrift eng auszulegen (BVerfGE **30**, 149, 155 = NJW **71**, 1029, 1030; BGH **9**, 233, 234; MDR **72**, 387 [D]; Bremen NStZ **90**, 97).

Die StPO geht insbesondere von dem Grundsatz aus, dass die **der Mitwirkung als erkennender Richter vorausgehende richterliche Tätigkeit** keine Befangenheit begründet (BGH **9**, 233; KK-Fischer 1). Kein Ausschließungsgrund ist es daher, dass der erkennende Richter in derselben Sache als Ermittlungsrichter nach §§ 162, 169 tätig war (BGH **9**, 233, 235; MDR **54**, 399 [D]; **72**, 387 [D]; Bay **54**, 158 = NJW **55**, 395), dass er eine kommissarische Vernehmung oder einzelne Beweiserhebungen nach § 202, auch bei erheblichem Umfang, angeordnet und durchgeführt (BGH **9**, 233) oder dass er an Haftentscheidungen (BGH MDR **72**, 387 [D]) oder am Eröffnungsbeschluss mitgewirkt hat (BVerfGE **30**, 149 = NJW **71**, 1029). Ebensowenig führt die Mitwirkung an einem früheren Verfahren, das mit dem neuen nur sachlich zusammenhängt, zum Ausschluss (Düsseldorf NJW **82**, 2832). 2

Der in **die Tatsacheninstanz zurückgekehrte Rechtsmittelrichter** ist von der Mitwirkung in derselben Sache nicht ausgeschlossen (BVerfGE **30**, 149, 155 = NJW **71**, 1029, 1030; vgl aber LR-Siolek 12; Peters 147: Ablehnungsrecht). Daher darf als erkennender Richter tätig sein der Richter, der beim OLG im Beschwerderechtszug beim Erlass des Eröffnungsbeschlusses (BGH MDR **72**, 387 [D]), und der Revisionsrichter, der an dem nach § 354 II zurückverweisenden Urteil mitgewirkt hat. 3

Zu der Frage, ob der Richter, der bei dem Urteil mitgewirkt hat, das vom Revisionsgericht unter **Zurückverweisung nach § 354 II** aufgehoben worden ist, von der neuen tatrichterlichen Entscheidung ausgeschlossen ist, vgl 39 zu § 354. 4

2) An **Rechtsmittelentscheidungen** (I) darf nicht mitwirken, wer bei der angefochtenen Entscheidung mitgewirkt hat. Dabei genügt eine mittelbare Beteiligung. Ausgeschlossen sind daher auch der Richter, der beim AG das Urteil gefällt hat, von der Entscheidung über die Revision gegen das Berufungsurteil (KG JW **28**, 1949 L; Königsberg JW **28**, 3015) und der Richter, der an einem früheren Berufungsurteil mitgewirkt hatte, an der Revision gegen ein erneutes Berufungsurteil in derselben Sache (Schleswig SchlHA **58**, 318). Nicht ausgeschlossen ist der Richter, der nur an einer ausgesetzten Hauptverhandlung teilgenommen hat (KK-Fischer 3), und der Ergänzungsrichter (§ 192 II GVG), der nicht für einen verhinderten Richter eintreten musste und daher an dem Urteil nicht mitgewirkt hat, auch wenn er an den Beratungen über die dem Urteil vorausgegangenen Entscheidungen teilgenommen hat (BVerfGE **30**, 149, 157 = NJW **71**, 1029, 1030; RG **65**, 40; Arzt NJW **71**, 1112; vgl auch Malkewitz NJW 71, 2287; Schorn GA **63**, 274), auch nicht der Richter, der das 1. Urteil erlassen hat, von der Entscheidung über einen Wiedereinsetzungsantrag nach § 329 III (Koblenz MDR **82**, 428 L). Die Mitwirkung an Entscheidungen, die nicht auf Beschwerde, Berufung oder Revision ergehen, ist auch sonst stets zulässig (KK-Fischer 2). 5

3) Im **Wiederaufnahmeverfahren** (II) entscheidet idR nicht das Gericht, gegen dessen Entscheidung, sich der Antrag richtet (§ 140a GVG). Darüber hinaus schließt II den Richter, der an der angefochtenen Entscheidung (S 1) oder, bei Anfechtung eines im Rechtsmittelzug ergangenen Urteils, an der ihr zugrunde liegenden Entscheidung in einem unteren Rechtszug mitgewirkt hat (S 2), von allen Entscheidungen im Wiederaufnahmeverfahren, auch schon von denen nach §§ 360 II, 368, 370 (Saarbrücken NJW **66**, 167), aus, auch von Vorentscheidungen nach § 364b (S 3). Das gilt auch, wenn der Richter nach Aufhebung eines Urteils im Strafausspruch und Zurückverweisung nur an der neuen Entscheidung mitgewirkt hat (**aM** Nürnberg NStZ-RR **99**, 305). Nicht ausgeschlossen ist der Richter, der den Eröffnungsbeschluss erlassen hat (BVerfGE **30**, 149, 157 = NJW **71**, 1029, 1030), der nicht für einen verhinderten Richter eingetretene Ergänzungsrichter (oben 5), der Richter, der an einem vom Revisionsgericht aufgehobenen Urteil mitgewirkt hat (Hamm NJW **66**, 2073; Koblenz NStZ-RR **97**, 111), und 6 der Richter, der bei der Beweisaufnahme nach § 369 (BGH NJW **54**, 891) oder an dem (vom OLG aufgehobenen) Beschluss nach § 370 I beteiligt war (BGH aaO).

7 Nach BVerfGE **30**, 165 = NJW **71**, 1033 (zust Arzt NJW **71**, 1112; vgl auch Malkewitz NJW **71**, 2287) hat auch der **Revisionsrichter** an dem angefochtenen Urteil mitgewirkt, wenn er an der Verwerfung der Revision beteiligt war; nach BVerfGE **63**, 77, 80 = NJW **83**, 1900 gilt das sogar bei der Beschlussverwerfung nach § 349 II. Die Revisionsrichter des OLG sind daher insbesondere von der Entscheidung nach § 372 ausgeschlossen. Ist die Revision als unzulässig verworfen oder das Urteil aufgehoben worden, so besteht jedoch kein Ausschließungsgrund (Arzt NJW **71**, 1113; einschr LR-Siolek 17 Fn 36 für die Urteilsaufhebung). Bei der Entscheidung über die Revision gegen das nach Erneuerung der Hauptverhandlung ergangene Urteil (§ 373) ist auch der Richter nicht ausgeschlossen, der schon bei der Entscheidung über die Revision gegen das 1. Urteil mitgewirkt hat (BVerfG 2 BvR 1191/81 vom 1. 3. 1982; **aM** Sieg NJW **84**, 1519).

8 **4) Revision:** Vgl § 338 Nr 2.

Ablehnung von Richtern

24 **I Ein Richter kann sowohl in den Fällen, in denen er von der Ausübung des Richteramtes kraft Gesetzes ausgeschlossen ist, als auch wegen Besorgnis der Befangenheit abgelehnt werden.**

II Wegen Besorgnis der Befangenheit findet die Ablehnung statt, wenn ein Grund vorliegt, der geeignet ist, Misstrauen gegen die Unparteilichkeit eines Richters zu rechtfertigen.

III 1 Das Ablehnungsrecht steht der Staatsanwaltschaft, dem Privatkläger und dem Beschuldigten zu. 2 Den zur Ablehnung Berechtigten sind auf Verlangen die zur Mitwirkung bei der Entscheidung berufenen Gerichtspersonen namhaft zu machen.

1 **1)** Die **Richterablehnung** (wegen der Schöffen und Protokollführer vgl § 31) ist sowohl aus einem der Ausschließungsgründe der §§ 22, 23 als auch wegen der Besorgnis der Befangenheit zulässig. Zur Ablehnungsberechtigung vgl unten 20, zum Ablehnungsverfahren §§ 26 ff.

2 Die Ablehnung kann nur **für bestimmte einzelne Dienstgeschäfte** oder für eine Reihe derartiger Geschäfte erklärt werden, die eine innere Einheit bilden, nicht aber im Voraus für Entscheidungen oder andere richterliche Handlungen, von denen noch gar nicht feststeht, ob der abgelehnte Richter an ihnen mitwirkt (BGH NStE Nr 9; BGHR § 26 a Unzulässigkeit 6; KG NStZ **83**, 44; Schleswig GA **53**, 187; Günther NJW **86**, 284; vgl auch Koblenz GA **77**, 314). Dass die begründete Ablehnung praktisch zum Ausschluss des Richters von bestimmten Tätigkeitsfeldern führen und damit Anlass zu einer Änderung des Geschäftsverteilungsplanes geben kann, steht dem Antrag nicht entgegen (BVerfG NJW **96**, 3333). Den spätesten Zeitpunkt der Ablehnung bestimmt § 25.

3 Abgelehnt werden können nur einzelne Richter oder einzelne Mitglieder eines Gerichts, nicht ein **Kollegialgericht als Ganzes** (BVerfGE **11**, 1, 3 = MDR **61**, 26; BVerfGE **46**, 200; StGH Bremen MDR **58**, 901; BGH MDR **55**, 271 [D]) oder gar sämtliche Richter eines Gerichts (Schleswig SchlHA **96**, 89 [L/T]), auch nicht alle Richter, die an einer bestimmten Entscheidung mitgewirkt haben (**aM** BGH **23**, 200 = JR **70**, 268 mit Anm Peters; Hamburg MDR **84**, 512; Peters 149). Ein solches Ablehnungsgesuch ist entspr § 26 a von dem Gericht in seiner gewöhnlichen Besetzung zu verwerfen (BGH MDR **55**, 271 [D]; BGHR § 26 a Unzulässigkeit 6; Schorn GA **63**, 167; 1 zu § 26 a). Statthaft ist es aber, jedes Mitglied des Gerichts in einem oder mehreren Gesuchen als Einzelpersonen abzulehnen, auch mit derselben Begründung (BGH **23**, 200; Stuttgart Justiz **94**, 188; Günther NJW **86**, 282; Peters JR **70**, 269).

4 **2) Ablehnung wegen eines Ausschließungsgrundes** (I): Der Ausschluss tritt kraft Gesetzes ein (1 zu § 22). Die Verfahrensbeteiligten haben aber das Recht, unter den Voraussetzungen des § 26 II (LR-Siolek 2; **aM** Schorn GA **63**, 279) das Gericht zu zwingen, über diese von Amts wegen zu beachtende Frage eine Entscheidung zu treffen, die nur feststellende Bedeutung hat (2 zu § 22).

5 **3) Ablehnung wegen Besorgnis der Befangenheit** (I, II):

6 A. Das **Vorliegen eines Ablehnungsgrundes** ist grundsätzlich vom Standpunkt des Ablehnenden aus zu beurteilen (unten 8). Ob der Richter tatsächlich parteiisch oder befangen ist, spielt daher keine Rolle (BVerfGE **20**, 9, 14 = JZ **66**, 312 mit Anm Sarstedt; BGH **24**, 336, 338; StV **88**, 417; Hamm NJW **67**, 1577; Koblenz VRS **54**, 132; Krekeler NJW **81**, 1634; Wassermann NJW **63**, 429). Ebensowenig kommt es darauf an, ob er sich für befangen hält (BVerfGE **32**, 288, 290 = DÖV **72**, 312; BGH **2**, 4, 11) oder Verständnis für Zweifel an seiner Unbefangenheit aufbringt (Bay DRiZ **77**, 244).

7 **Aus seinem eigenen Verhalten** kann der Ablehnende keinen Ablehnungsgrund herleiten; er hätte es sonst in der Hand, sich nach Belieben jedem Richter zu entziehen (BGH NJW **52**, 1425; München NJW **71**, 384; einschr LR-Siolek 37; Arzt 53 ff; erg 8 zu § 22). Die Ablehnung rechtfertigt daher nicht, dass er gegen den Richter eine Strafanzeige erstattet (BVerfG NJW **96**, 2022; BGH NJW **62**, 748; KG JR **62**, 113), gegen ihn Dienstaufsichtsbeschwerde erhoben oder ein Disziplinarverfahren beantragt hat (BGH NJW **52**, 1425; Michel MDR **93**, 1147). Auch dass der Richter beleidigendes oder provozierendes Verhalten des Angeklagten oder seines Verteidigers nicht einfach hinnimmt, berechtigt nicht zur Ablehnung (Rabe NJW **76**, 172), selbst wenn er deswegen Strafanzeige erstattet hat (München NJW **71**, 384; **aM** aber, wenn auch auf den Einzelfall abstellend, BGH NStZ **92**, 290 mit abl Anm Krehl NStZ **92**, 598).

8 B. **Misstrauen in die Unparteilichkeit des Richters** ist gerechtfertigt, wenn der Ablehnende bei verständiger Würdigung des ihm bekannten Sachverhalts Grund zu der Annahme hat, dass der oder die abgelehnten Richter ihm gegenüber eine innere Haltung einnehmen, die ihre Unparteilichkeit und Unvoreingenommenheit störend beeinflussen kann (BVerfGE **32**, 288, 290 = DÖV **72**, 312; BGH **1**, 34, 39; **21**, 334, 341; **24**, 336, 338; StV **88**, 417; Düsseldorf VRS **66**, 27, 28; Koblenz StV **86**, 7; Köln StV **88**, 287, 288; LG Bremen StV **88**, 12; LG Kiel StraFo **05**, 417). Dabei kommt es zwar auf den Standpunkt des Ablehnenden an (oben 6), nicht aber auf seinen (möglicherweise einseitigen) subjektiven Eindruck und auf seine unzutreffenden Vorstellungen vom Sachverhalt (BGH MDR **55**, 270 [D]; **aM** Dahs/Dahs 166). Maßgebend sind vielmehr der Standpunkt eines vernünftigen Angeklagten (BGH **1**, 34, 37; **21**, 334, 341 krit dazu Strate Koch-FG 263 ff) und die Vorstellungen, die sich ein geistig gesunder, bei voller Vernunft befindlicher Prozessbeteiligter bei der ihm zumutbaren ruhigen Prüfung der Sachlage machen kann (BGH NJW **68**, 2297, 2298 = JZ **69**, 437 mit Anm Arzt; Celle NJW **90**, 1308; Düsseldorf VRS **66**, 27, 28; Köln NStZ **92**, 142). Der Ablehnende muss daher Gründe für sein Ablehnungsbegehren vorbringen, die jedem unbeteiligten Dritten einleuchten (BGH JR **57**, 68; Koblenz VRS **54**, 132; Schorn GA **63**, 161; einschr Arzt 21 ff; Krekeler NJW **81**, 1633). Nur so wird gewährleistet, dass der nach Gesetz und Geschäftsverteilungsplan zuständige Richter nicht ohne triftigen Grund in einem Einzelfall von der Mitwirkung an der Entscheidung ausgeschlossen wird (BVerfG **31**, 145, 165; für weitherzige Auslegung des Ablehnungsrechts aber Arzt 19; Krekeler aaO; Schorn aaO). Die ursprünglich begründete Besorgnis der Befangenheit kann durch die dem Ablehnenden bekanntgemachte dienstliche Äußerung des Richters nach § 26 III ausgeräumt werden (BGH **4**, 264, 270; MDR **74**, 367 [D]; vgl auch Arzt 30 ff).

9 C. Die **persönlichen Verhältnisse des Richters** berechtigen nur dann zur Ablehnung, wenn zwischen ihnen und der Strafsache ein besonderer Zusammen-

hang besteht. Religion, Weltanschauung, Geschlecht, landsmannschaftliche Herkunft und Familienstand des Richters sind idR kein Ablehnungsgrund (vgl BGH MDR **57**, 16 [D]; **92**, 934 [H]; Koblenz NJW **69**, 1177), auch nicht die Mitgliedschaft in einer politischen Partei (BVerfGE **2**, 295, 297 = NJW **53**, 1097; BVerfGE **11**, 1, 3 = MDR **61**, 26; BGH aaO; Frankfurt NJW **86**, 1272; Koblenz aaO; vgl aber auch BGH **2**, 4, 11; LG Bremen StV **93**, 69; Wassermann DRiZ **87**, 144) oder in einer Gewerkschaft (Günther NJW **86**, 284), selbst wenn der Richter sich über die bloße Mitgliedschaft hinaus betätigt (BGH NJW **62**, 748; Wassermann NJW **63**, 429; erg 6 zu § 22). Beim Verdacht dezidierter Ausländerfeindlichkeit des Richters kann aber die Ablehnung durch einen Angeklagten ausländischer Herkunft begründet sein (Karlsruhe NJW **95**, 2503; AG Köln StV **07**, 127).

10 **Dienstliche Beziehungen** des Richters zu dem Beschuldigten oder einem seiner Angehörigen lassen keine Voreingenommenheit besorgen, wenn es sich nicht um ein besonders enges, auf die persönlichen Beziehungen ausstrahlendes Verhältnis handelt (BGH **43**, 16 = JR **98**, 297; NJW **57**, 1400 L; Stuttgart MDR **61**, 1035; Zweibrücken NJW **68**, 1439), zB bei gemeinsamer Arbeit im selben Spruchkörper (Düsseldorf NJW **10**, 1158 L = NStZ-RR **10**, 114; Arzt 51). Entsprechendes gilt für dienstliche Kontakte des Richters zu dem angeklagten RA (Frankfurt NStZ **81**, 233).

11 Dagegen können **persönliche Beziehungen** des Richters zu Beschuldigten, Verletzten oder Zeugen die Ablehnung rechtfertigen, zB wenn er mit einem von ihnen eng befreundet ist (LG Bonn NJW **66**, 160; Arzt 48 ff), auch bei Mitgliedschaft in derselben studentischen Korporation (Teplitzky JuS **69**, 320). Ein Ablehnungsgrund kann auch darin liegen, dass der Richter mit dem Beschuldigten verfeindet ist. Spannungen zwischen Richter und Verteidiger können die Ablehnung nur begründen, wenn sie schwerwiegend sind (BGH MDR **71**, 897 [D]; **75**, 23 [D]; NStZ **87**, 19 [Pf/M]; Braunschweig StraFo **97**, 76; Düsseldorf VRS **89**, 434; weitergehend Beulke 211; Latz Richter II-FS 357; vgl auch Arzt 57 ff), insbesondere zu gegenseitigen Strafanzeigen geführt haben (Hamm NJW **51**, 731; Dahs 202; Rabe NJW **76**, 172). Dass die Voreingenommenheit des Richters aus diesen Spannungen herzuleiten ist, muss in dem Ablehnungsantrag dargetan werden (BGH StV **86**, 281). Der Umstand, dass der Richter in einem Zivilprozess den Gegner des Angeklagten anwaltlich vertreten hat, lässt Befangenheit stets besorgen (BGH MDR **72**, 752 [D]).

11a Auch Äußerungen, die der Richter in einer **wissenschaftlichen Fachpublikation** gemacht hat, können uU die Befangenheit begründen (BVerfG NJW **96**, 3333). Dass der Richter in einer Kommentierung des Gesetzes seine Rechtsmeinung niedergelegt hat, rechtfertigt für sich allein die Ablehnung aber nicht (BSG NJW **93**, 2261).

11b Allein der Umgang eines erkennenden Richters **mit der Presse** begründet nicht die Besorgnis der Befangenheit, und zwar selbst dann nicht, wenn das Verhalten des Richters persönlich motiviert oder sogar unüberlegt war (BGH NJW **06**, 3290; vgl aber auch EGMR NJW **06**, 2901, 2903 [120]).

12 D. Die **Mitwirkung des Richters an Vorentscheidungen** ist idR kein Ablehnungsgrund (**aM** SK-Rudolphi 1 zu § 23); denn ein verständiger Angeklagter kann und muss davon ausgehen, dass der Richter sich dadurch nicht für künftige Entscheidungen festgelegt hat (BGH **21**, 334, 341 mwN; NStZ **83**, 135; NStZ-RR **09**, 85; Düsseldorf VRS **87**, 344; 346; NStZ-RR **97**, 175).

13 Das gilt insbesondere für die Mitwirkung in einem **früheren Zivil- oder Strafverfahren,** in dem dieselben Vorgänge wie in dem jetzigen Verfahren eine Rolle spielten oder das sonst mit ihm im Zusammenhang steht (BGH **21**, 334, 341; Düsseldorf NJW **82**, 2832), auch bei Mitwirkung an der Verurteilung des Ablehnenden in einer früheren Sache (BGH MDR **55**, 271 [D]; NStZ-RR **07**, 1 [B]) oder eines Mittäters wegen derselben Straftat (EGMR NJW **07**, 3553; BGH NStZ **86**, 206 [Pf/M]; StV **87**, 1 mit Anm de Boor; NJW **96**, 1355, 1357; **97**, 3034, 3036; NStZ-RR **01**, 129 [K]; **aM** Arzt 84 ff; Herzog StV **99**, 455; Stange/

Rilinger StV **05**, 579; Ziegler Mehle-FS 687), sofern nicht schon das Verhalten des Richters in dem früheren Verfahren (LG Mainz StV **07**, 125) oder die Gründe des früheren Urteils (LG Heilbronn StV **87**, 333) die Besorgnis der Befangenheit begründen (BGH MDR **68**, 202 [D]; VRS **25**, 423; Bremen NStZ **91**, 95), zB wenn ein früher als unglaubwürdig bezeichneter Zeuge nun wegen Falschaussage angeklagt ist (Celle NJW **90**, 1308; Michel MDR **93**, 1147) oder in einem Urteil ein früherer Mitangeklagter als glaubwürdig und die Angeklagten deshalb als unglaubwürdig bezeichnet worden sind (LG Bremen StV **90**, 203; vgl eingehend Isfen StV **09**, 611 zu „Feststellungen im Strafurteil über gesondert Verfolgte und Unschuldsvermutung"). Auch der in die Tatsacheninstanz zurückgekehrte Rechtsmittelrichter (3 zu § 23) kann idR nicht abgelehnt werden (**aM** Arzt 79), ebenso wenig der Richter, der an einer vom Revisionsgericht (oder vom Bundesverfassungsgericht, BGH wistra **07**, 426) aufgehobenen Entscheidung mitgewirkt hatte (39 zu § 354;), oder derjenige, der nach einem die Wiederaufnahme des Verfahrens ablehnenden Beschluss nach dessen Aufhebung durch das Beschwerdegericht in der erneuten Hauptverhandlung (§ 373) mitwirkt (LG Gießen NJW **96**, 2667).

Die Mitwirkung an **Zwischenentscheidungen in dem anhängigen Verfahren** und die in solchen Entscheidungen geäußerten Rechtsmeinungen rechtfertigen die Ablehnung idR ebenfalls nicht (BGH **15**, 40, 46/47; NStZ **85**, 492 [Pf/M]; weitergehend Semmler, Prozessverhalten des Richters unter dem Aspekt des § 24 II StPO, insbesondere Verfahrensverstöße als Ablehnungsgrund, 1994, S 151: generell kein Ablehnungsgrund), selbst wenn in ihnen die Überzeugung von der Schuld des Angeklagten zum Ausdruck gekommen ist (BGH NStZ **91**, 27 [M/K]; GA **62**, 282; VRS **41**, 203; **aM** Meyer-Mews StraFo **00**, 369). Für die Mitwirkung des Berichterstatters am Eröffnungsbeschluss und des Strafsenats an der Erhebung der Anklage (§ 175 S 1) sind grundsätzlich keine Ausnahmen zu machen (BGH GA **61**, 115; **aM** Arzt 70 ff), auch nicht für die Mitwirkung eines Beisitzers an der Entscheidung über die Beschwerde gegen den Haftbefehl (BGH NStZ **87**, 221 [Pf/M]), anders nur im Verfahren nach § 121 (Bremen NStZ **90**, 96). Diese Grundsätze gelten auch, wenn eine Zwischenentscheidung auf einem Verfahrensfehler (BGH NStZ **94**, 447; StV **98**, 414 mit abl Anm Park: Nichtbeachtung des § 142 I S 2; vgl auch Koblenz NStZ **83**, 470: Nichtnamhaftmachung des Richters; vgl ferner Jena NJW **06**, 3794 zur verspäteten Überprüfung nach § 67 e StGB), auf einem tatsächlichen Irrtum (BGH VRS **41**, 203; NStZ-RR **99**, 257 [K]) oder auf einer unrichtigen oder sogar unhaltbaren Rechtsansicht beruht (BGH NStZ **95**, 218 [K]; NJW **62**, 748; 4 StR 275/09 vom 12. 11. 2009; Bremen AnwBl **77**, 73), sofern sie nicht völlig abwegig ist (BGH NJW **84**, 1907, 1909; 5 StR 263/08 vom 9. 7. 2009; enger Duttge NStZ **03**, 375) oder sogar den Anschein der Willkür erweckt (Bay **01**, 111 = wistra **02**, 196) anders aber, wenn durch das BVerfG eine (objektiv) willkürliche Verfahrensweise festgestellt worden ist (LG Hamburg StV **04**, 590). In folgenden Einzelfällen wurde die Ablehnung als berechtigt anerkannt: BGH NJW **90**, 1373: Widerruf der Bestellung des Pflichtverteidigers ohne wichtigen Grund; Bay StV **88**, 97: Fehlende Rücksichtnahme auf den Wunsch des Angeklagten, von einem RA seines Vertrauens verteidigt zu werden; Naumburg StraFo **05**, 24: Grundlose Ablehnung eines Terminsverlegungsantrags; Köln StV **91**, 292: Ablehnung eines Beweisantrages als verspätet; LG Berlin StV **93**, 8 und LG Hildesheim StV **87**, 12: Nichtgewährung rechtlichen Gehörs; LG Köln StV **87**, 381: Unter keinem denkbaren Gesichtspunkt vertretbare Versagung der Akteneinsicht; LG Hanau NStZ **04**, 398: Weigerung der Richter, Kenntnis von Beiakten zu nehmen; Karlsruhe StV **05**, 539: Nichtterminierung einer Haftsache ohne nachvollziehbaren Grund. Der Umstand, dass in laufender Hauptverhandlung Beweisergebnisse mitgeteilt worden sind, die sich später als unverwertbar herausstellen, rechtfertigt aber nicht die Ablehnung der Schöffen (BGH **42**, 191, 193). 14

E. Das **Verhalten des Richters vor oder während der Hauptverhandlung** kann die Ablehnung begründen, wenn es besorgen lässt, dass er nicht unvoreinge- 15 nommen an die Sache herangeht, insbesondere von der Schuld des Angeklagten bereits endgültig überzeugt ist (BGH **48**, 4 mit zust Anm Duttge NStZ **03**, 375; BGH NStZ **99**, 629; StraFo **01**, 384; **08**, 71; vgl hierzu eingehend Semmler [oben 14]).

16 Eine solche Einstellung kann sich aus **Erklärungen vor der Hauptverhandlung** gegenüber dem Angeklagten (BGH MDR **61**, 432: „Sie sind für das Gericht der Typ des Gewohnheitsverbrechers"), gegenüber Dritten, auch schon vor der dienstlichen Befassung mit der Sache (RG **61**, 67), gegenüber der Presse (BGH **4**, 264 = JZ **54**, 50 mit Anm Bader), vor allem aber gegenüber dem Verteidiger ergeben (vgl BGH NJW **76**, 1462; StV **91**, 450; Koblenz VRS **54**, 132), etwa wenn die von diesem mitgeteilte Einlassung des Angeklagten als „schwachsinnig" bezeichnet wird (LG Mainz StraFo **04**, 350 mit zust Anm König). Dagegen ist das Äußern einer Rechtsansicht vor der Hauptverhandlung kein Ablehnungsgrund (BVerfGE **4**, 143 = NJW **55**, 541 L), gleichgültig, ob es in einem Einzelfall oder in Lehre oder Schrifttum geschieht (Sarstedt JZ **66**, 315; **aM** Schorn GA **63**, 162).

17 Die **Verhandlungsführung** kann Misstrauen in die Unvoreingenommenheit des Richters rechtfertigen, wenn sie rechtsfehlerhaft, unangemessen oder sonst unsachlich ist, zB wenn der Richter dem Angeklagten bewusst das rechtliche Gehör versagt (BGH VRS **41**, 203, 205; Schleswig SchlHA **76**, 44; Zweibrücken StV **96**, 650; vgl auch Bay **94**, 208 = StV **88**, 97), ihm das Ergebnis von Nachermittlungen verheimlicht (BGH StV **95**, 396) oder sein Fragerecht unberechtigt beschränkt (BGH StV **85**, 2), wenn er in grob unsachlicher Weise seinen Unmut über die von dem Verteidiger gestellten Beweisanträge äußert (Brandenburg StraFo **07**, 24; LG Bad Kreuznach StV **92**, 61), auch wenn er sich schließlich der gesetzlichen Anordnung beugt, eine beantragte Beweisaufnahme vorzunehmen (BGH NStZ **88**, 372), wenn sich aus seinen Äußerungen ergibt, dass er eine schnelle Sacherledigung einer sachgerechten Aufklärung vorzieht (BGH NStZ **03**, 666), indem er zB erklärt, der Verteidiger wolle nur „Sand ins Getriebe streuen" (BGH StV **05**, 531), wenn er den Eindruck erweckt, ein Haftbefehl sei ergangen („das haben Sie nun davon"), weil der Verteidiger eines Mitangeklagten die Aufhebung des gegen diesen bestehenden Haftbefehls beantragt hatte (BGH wistra **01**, 24), wenn er den Angeklagten bedrängt, zur Sache auszusagen (BGH NJW **59**, 55 mit zust Anm EbSchmidt; vgl auch Bay StV **95**, 7; LG Frankfurt aM StV **84**, 415) oder ein Geständnis abzulegen (BGH NJW **82**, 1712; NStZ **07**, 711) oder für den Fall des Schweigens zur Anklage statt Ablegung eines Geständnisses eine höhere Strafe androht (Stuttgart NStZ-RR **05**, 349), wenn er ihm in ungewöhnlich scharfer Form Vorhaltungen macht (BGH NJW **59**, 55 mit Anm EbSchmidt; BGH MDR **58**, 741 [D]; Bay NJW **93**, 2948: „Sie lügen nach Aktenlage unverschämt"), insbesondere äußert, der Angeklagte solle sich, statt die Berufung zu betreiben, lieber bei der Verletzten entschuldigen (Köln StV **88**, 287), oder ihn sonst unter Verletzung des richterlichen Verhandlungsstils in unangemessener, spöttischer (KG NJW **09**, 96) oder gar ehrverletzender Weise behandelt (BGH MDR **71**, 547 [D]: unberechtigter Vorwurf der Verdunkelung; BGH StV **91**, 49: Hinweis auf Todesstrafe in anderen Ländern; vgl auch Hamm NJW **67**, 1577 mit Anm Deubner NJW **67**, 2371), wenn er den Eindruck erweckt, er habe sich hinsichtlich des Ergebnisses der Beweisaufnahme bereits festgelegt (BGH NStZ-RR **04**, 208; KG StV **05**, 490), so, wenn er bei der Vernehmung eines Entlastungszeugen seine feste Überzeugung von der Unwahrheit der Aussage erkennen lässt (BGH NJW **84**, 1907, 1908), wenn er auf einen Zeugen dahin einwirkt, er solle von seinem Zeugnisverweigerungsrecht keinen Gebrauch machen (BGH **1**, 34), wenn er dem Verteidiger erklärt, er werde die Verhandlung nicht „platzen" lassen, auch auf die Gefahr, dass das Urteil aufgehoben wird (BGH MDR **72**, 571 [D]), oder auf ein Verhalten des Verteidigers völlig unangemessen reagiert (BGH StV **93**, 339; **95**, 396; Brandenburg StV **97**, 455), zB wegen eines zuvor gestellten Befangenheitsantrags ungewöhnlich drastisch formulierte Vorwürfe gegen ihn erhebt (BGH NStZ **05**, 218) oder spöttisch fragt „Meinen Sie, dass wir die Anträge noch schnel-

ler ablehnen können?" (BGH NStZ **06**, 49). Ein Ablehnungsgrund kann auch der Umstand sein, dass der Richter den Pflichtverteidiger nur deshalb von der Verteidigung entbunden hat, weil er einen Pullover unter der Robe trug und dabei nicht erkennbar war, ob er einen Langbinder trage (BGH NStZ **88**, 510), bei der StA die Erhebung einer Nachtragsanklage anregt (BGH MDR **57**, 653 [D]), dass er dem StA Zusagen hinsichtlich der Strafzumessung macht, um ihn zur Zurücknahme eines Antrags zu bewegen (BGH NStZ **85**, 36), dass er in der Hauptverhandlung versucht, ihn zum Einspruch gegen Fragen des Verteidigers zu veranlassen (BGH MDR **69**, 723 [D]), oder dass er dem Dienstvorgesetzten des SitzungsStA gegenüber äußert, dieser fungiere wie ein Verteidiger (BGH NStZ **91**, 348).

Dagegen kann die **Ablehnung nicht darauf gestützt werden,** dass der Vorsitzende dem Angeklagten in nachdrücklicher Form Vorhalte macht (BGH MDR **57**, 16 [D]; VRS **25**, 423, 424) und dabei seine Auffassung vom Sinngehalt der vorgehaltenen Urkunde äußert (BGH MDR **84**, 797 [H]), dass er sich in angemessener Weise dagegen verwahrt, dass der Verteidiger auf einen Mitangeklagten Druck ausübt (BGH MDR **71**, 897 [D]), oder dass er es unterlässt, den Verteidiger auf Urkunden in den Akten hinzuweisen (BGH MDR **84**, 797 [H]). Die Ablehnung rechtfertigen idR auch nicht der Rat, das Rechtsmittel wegen fehlender Erfolgsaussichten zurückzunehmen (RG **60**, 43; Düsseldorf StraFo **99**, 347; vgl aber KG StV **88**, 98 und Hamm StV **98**, 64), nach der Sachlage noch verständliche Unmutsäußerungen (BGH NStZ **00**, 325 nach lang andauernder Zeugenbefragung; BGH NJW **77**, 1829, 1830: „Theater"; BGH MDR **71**, 17 [D]: „Dummes Geschwätz"; BGH NStZ-RR **96**, 200: „Der Steuerzahler bedankt sich für solche Anträge"; BGH 4 StR 461/08 vom 9. 6. 2009: „Das ist ja lachhaft") oder überflüssige Bemerkungen (BGH MDR **53**, 147 [D]: „Ihnen wird das Lachen noch vergehen"; vgl auch BGH 5 StR 263/08 vom 9. 7. 2009) sowie sachlich gerechtfertigte sitzungspolizeiliche Maßnahmen (Molketin MDR **84**, 20 gegen LG Hamburg StV **81**, 617: Zuziehung von Polizeibeamten in Zivil). Auch dass der Richter außerhalb der Hauptverhandlung Kontakt zu einem Angeklagten aufnimmt oder den Angeklagten auf das nach dem derzeitigen Sachstand zu erwartende Verfahrensergebnis hinweist, ist nicht ohne weiteres ein Ablehnungsgrund (BGH StV **88**, 417; vgl aber Bremen StV **89**, 145 mit Anm Hamm; LG Kassel StV **93**, 68), ebenso wenig der Hinweis auf die Bedeutung eines Geständnisses für die Strafzumessung (BGHR § 24 II Befangenheit 12; BGH NStZ-RR **98**, 257 [K]), wohl aber uU die heimliche Absprache mit einem Mitangeklagten (BGH **37**, 99; NJW **96**, 1355, 1358) oder die Inaussichtstellung einer bestimmten Strafe (BGH **37**, 298; vgl auch BGH **45**, 312 = **01**, 159 mit Anm Kintzi). Spannungen zwischen dem Richter und dem Verteidiger bzw dem Sachverständigen können idR die Ablehnung nicht begründen (BGH NJW **98**, 2458, 2459 = StV **99**, 463 mit insoweit krit Anm Zieschang; Hamm NJW **05**, 379 L = StraFo **04**, 415; dazu krit Zwiehoff JR **06**, 415). 18

Zur Ablehnung berechtigt aber, dass der Richter die **Urteilsabsetzung während des Plädoyers des Verteidigers** beginnt (Bay **72**, 217 = VRS **44**, 206). 19

4) Ablehnungsberechtigt (III S 1) sind außer der StA, die das Ablehnungsrecht auch zugunsten des Angeklagten hat, Privatkläger und Beschuldigte (auch gesetzliche Vertreter und Erziehungsberechtigte nach § 67 I **JGG**), im Rahmen seiner Beteiligung am Verfahren der Nebenkläger (§ 397 I S 3) sowie Verfallsund Einziehungsbeteiligte (§§ 431, 433, 442 II), Antragsteller im Klageerzwingungsverfahren nach § 172 II (Hamm NJW **76**, 1701; Karlsruhe NJW **73**, 1658; Koblenz NStZ **83**, 470; Saarbrücken NJW **75**, 399) und im Adhäsionsverfahren nach §§ 403 ff (BVerfG NJW **07**, 1670 gegen die früher hM). Auch dem durch grundrechtsrelevante Eingriffe (zB nach §§ 100 a III, 100 c III S 2, 103) betroffenen „Dritten" wird ein Ablehnungsrecht zugebilligt (BGH [ER] NStZ **06**, 584). Der Verteidiger hat im eigenen Namen kein Ablehnungsrecht (Dahs 166); idR ist aber 20 anzunehmen, dass er ein Ablehnungsgesuch im Namen des Beschuldigten vorbringt, auch wenn es sich ausschließlich auf Vorgänge stützt, die das Verhältnis zwischen Verteidiger und Richter betreffen (Rabe NJW **76**, 172).

21 **5)** Die **Namhaftmachung** (III S 2) kann nicht nur für Entscheidungen, sondern für Amtshandlungen jeder Art gefordert werden (Koblenz NStZ **83**, 470). Sie obliegt dem Vorsitzenden und muss so rechtzeitig geschehen, dass der Ablehnungsberechtigte ermitteln kann, ob Ablehnungsgründe vorliegen (Bay MDR **85**, 342; Bay **89**, 136 = NStZ **90**, 200); mit der Entscheidung in der Sache muss dann gewartet werden (BVerfG NJW **91**, 2758). Auskünfte über die Person des Richters (Ausbildung, Meinungen, Lebensumstände) zur Ermittlung von Ablehnungsgründen können nicht verlangt werden (Koblenz aaO). Ist die Mitteilung gemacht, so ist auch ein späterer Richterwechsel von Amts wegen mitzuteilen (RG **66**, 10; Bay aaO; MDR **88**, 339). Eine Mitteilungspflicht besteht aber nicht, wenn das Ablehnungsgesuch nach § 26 a als unzulässig ohne Ausscheiden des abgelehnten Richters verworfen wird (BGHR Besetzungsmitteilung 1; BGH NStZ **07**, 416; **aM** Jahn Fezer-FS 430). Keine Verpflichtung besteht ferner zur Namhaftmachung des Protokollführers (Bay DAR **89**, 368 [B]).

22 **6) Anfechtung:** Vgl §§ 28, 338 Nr 3. Die Verweigerung der Namhaftmachung kann mit der Beschwerde nach § 304 I angefochten werden; § 305 S 1 gilt. Die Revision kann darauf nur gestützt werden, wenn der Antrag in der Hauptverhandlung wiederholt und Aussetzung der Verhandlung beantragt worden ist (Bay MDR **88**, 339). Der Beschwerdeführer muss darlegen, dass er durch die verspätete Namhaftmachung gehindert worden ist, einen bestimmten erfolgreichen Ablehnungsantrag zu stellen (Bay **89**, 136 = NStZ **90**, 200 zutr gegen frühere Rspr). Auf dem Unterlassen der Mitteilung von einem späteren Richterwechsel beruht das Urteil daher nicht, wenn eine Ablehnung mit der von dem Beschwerdeführer angegebenen Begründung keinen Erfolg gehabt hätte (RG JW **30**, 925).

Zeitpunkt der Ablehnung

25 **I [1] Die Ablehnung eines erkennenden Richters wegen Besorgnis der Befangenheit ist bis zum Beginn der Vernehmung des ersten Angeklagten über seine persönlichen Verhältnisse, in der Hauptverhandlung über die Berufung oder die Revision bis zum Beginn des Vortrags des Berichterstatters, zulässig. [2] Alle Ablehnungsgründe sind gleichzeitig vorzubringen.**

II [1] Nach diesem Zeitpunkt darf ein Richter nur abgelehnt werden, wenn

1. die Umstände, auf welche die Ablehnung gestützt wird, erst später eingetreten oder dem zur Ablehnung Berechtigten erst später bekanntgeworden sind und

2. die Ablehnung unverzüglich geltend gemacht wird.

[2] Nach dem letzten Wort des Angeklagten ist die Ablehnung nicht mehr zulässig.

1 **1)** Die **zeitliche Grenze für die Ablehnung wegen Befangenheit in der Hauptverhandlung** bestimmt die Vorschrift (KG NStZ **91**, 401). Die Ablehnung eines nach §§ 22, 23 ausgeschlossenen Richters ist, solange er mit der Sache befasst ist, ohne zeitliche Beschränkung möglich (2 zu § 22). Zur Ablehnung außerhalb der Hauptverhandlung vgl unten 10. Verspätete Ablehnungsgesuche sind nach § 26 a I Nr 1 als unzulässig zu verwerfen.

2 **2)** Nach **Beginn der Vernehmung des Angeklagten über seine persönlichen Verhältnisse** nach § 243 II S 2, also nach Beginn der Feststellung der Personalien (11 zu § 243), ist das Ablehnungsrecht für alle vorher eingetretenen und dem Ablehnungsberechtigten bekannten Ablehnungsgründe verwirkt, auch bei Abwesenheit des Ablehnungsberechtigten (Rieß/Hilger NStZ **87**, 148). Das be-

deutet andererseits, dass mit der Ablehnung immer bis zu diesem Zeitpunkt gewartet werden darf (BGH **4**, 264, 270). Bei mehreren Angeklagten entsteht die zeitliche Grenze des I S 1 für alle mit der Vernehmung des 1. Angeklagten. Eine Ausnahme gilt nur, wenn die Verfahren erst nach diesem Zeitpunkt verbunden werden (Rieß/Hilger aaO). Nach Aussetzung der Hauptverhandlung oder Zurückverweisung der Sache (§§ 328 II, 354 II, 355) entsteht die zeitliche Grenze des I S 1 erneut; dass der Ablehnungsberechtigte in der früheren Verhandlung die Ablehnung nicht erklärt hat, ist ohne Bedeutung (BGH **23**, 277, 278; Brandenburg StV **97**, 455; Oldenburg NJW **59**, 2225, 2226 = JZ **60**, 61 mit Anm Peters).

In der **Berufungs- und Revisionsverhandlung** liegt die Grenze nach I S 1 beim Beginn des Vortrags des Berichterstatters nach §§ 324 I, 351 I. 3

In dem **besonderen Verfahren** nach § 233 I muss die Ablehnung bis zum Beginn der Verlesung des die Personalien des Angeklagten enthaltenden Vernehmungsprotokolls nach § 233 III S 2 erklärt werden (vgl LR-Siolek 19; erg 9 zu § 6a). Wird nicht zur Sache verhandelt (Fälle der §§ 329, 412 I) so ist das Ablehnungsgesuch alsbald nach Prüfung der Formalien zu stellen. 4

Nach dem **Konzentrationsgebot** des I S 2 müssen alle zZ der Ablehnung bekannten Gründe gleichzeitig vorgebracht werden. Das gilt auch, wenn das Ablehnungsgesuch schon vor dem Zeitpunkt des I S 1 gestellt wird. Die verwirkten Gründe kann der Ablehnungsberechtigte nur noch zur Unterstützung einer auf einen nicht verwirkten Grund gestützten Ablehnung heranziehen. 5

3) Zu einem späteren Zeitpunkt (II S 1) kann die Ablehnung nur erklärt werden, wenn es sich um später, dh nach dem in I S 1 bezeichneten Zeitpunkt, **neu eingetretene oder bekanntgewordene Umstände** handelt (Nr 1). 6

Maßgebend ist die Kenntnis des Angeklagten, nicht die seines Verteidigers (zw BGH NStZ-RR **07**, 129 [B]), beim Nebenkläger aber die Kenntnis des Vertreters (BGH **37**, 264). 7

Die Ablehnungsgründe müssen **unverzüglich** geltend gemacht werden (Nr 2), dh sobald wie möglich, ohne eine nicht durch die Sachlage begründete Verzögerung (BGH **21**, 334, 339; NStZ **82**, 291, 292; Bay NJW **92**, 2242). Dabei ist ein strenger Maßstab anzulegen (BGH VRS **34**, 200, 201; NStZ **06**, 644). Dem Angeklagten ist aber stets eine Überlegungsfrist und die ausreichende Möglichkeit einzuräumen, sich mit seinem Verteidiger zu beraten (BGH NStZ **84**, 371; StV **91**, 49; NStZ **92**, 290 mit krit Anm Krehl NStZ **92**, 598; Köln StV **88**, 287, 288); welcher Zeitpunkt hierfür erforderlich ist, hängt von den Umständen des Einzelfalles ab (BGH aaO). Entsteht der Ablehnungsgrund während einer Beweiserhebung, so braucht er vor deren Beendigung nicht geltend gemacht zu werden (BGH StV **86**, 281; vgl Köln StV **88**, 287: Unterbrechung um 2 Tage). Es darf zugewartet werden, ob sich der erste Eindruck einer möglichen Befangenheit im Laufe einer Hauptverhandlung durch das weitere Verhalten des Richters verfestigt (München NJW **07**, 449). Bei kurzen Unterbrechungen der Sitzung kann deren Fortsetzung abgewartet werden. Bis zur Fortsetzung einer länger unterbrochenen Hauptverhandlung darf aber nicht gewartet werden. Daher kann es notwendig sein, das Ablehnungsgesuch zwischen 2 Verhandlungstagen außerhalb der Hauptverhandlung anzubringen (BGH **21**, 331; NJW **91**, 50; NStZ **82**, 291, 292; **93**, 141; **96**, 47; StV **95**, 396; BGH 5 StR 24/08 vom 10. 6. 2008); Bearbeitung während des Wochenendes kann aber nicht verlangt werden (Düsseldorf NJW **92**, 2243 L). Eine schuldhaft verspätete Kenntnisnahme der Ablehnungstatsachen durch den Verteidiger darf dem Angeklagten nicht zugerechnet werden (BGH 3 StR 367/09 vom 17. 12. 2009 mwN). 8

Gelegenheit zur Anbringung des Ablehnungsgesuchs muss dem Ablehnenden vom Vorsitzenden nicht unverzüglich gegeben werden, jedoch noch am selben Hauptverhandlungstag; § 238 I gilt auch insofern (Drees NStZ **05**, 184). 9

Nach dem letzten Wort des Angeklagten nach § 258 II, nicht erst nach § 258 III (LR-Siolek 32), ist nach II S 2 die Ablehnung – verfassungsrechtlich 10 unbedenklich (BVerfG NJW **88**, 477) – nicht mehr zulässig (krit dazu AK-Wassermann 8; LR-Siolek 33; BGH NStZ-RR **09**, 2 [C] lässt offen, ob eine Ausnahme „zur Vermeidung unerträglicher Ergebnisse" gemacht werden darf); notfalls muss der Angeklagte zuvor eine Unterbrechung der Hauptverhandlung beantragen (BVerfG NStZ-RR **06**, 379). Wurde nach dem letzten Wort wieder in die Beweisaufnahme eingetreten (27 zu § 258), entfällt die Präklusionswirkung (BGH NStZ **06**, 644).

11 **4)** Wird **außerhalb einer Hauptverhandlung** entschieden, so ist die Ablehnung ohne zeitliche Beschränkung zulässig (Schleswig SchlHA **82**, 31), aber nur, solange die Entscheidung nicht erlassen ist (BVerfG NStZ **07**, 709 mwN; BGH NStZ **93**, 600; NStZ-RR **01**, 130 [K]; 333; Hamm VRS **101**, 204; Jena NStZ **97**, 510 mwN; Jahn Fezer-FS 423). Nachträglich kann der Richter nicht mehr abgelehnt werden, auch wenn die Entscheidung anfechtbar ist und die Möglichkeit der Zurückverweisung der Sache durch das Rechtsmittelgericht besteht (KG NStZ **83**, 44; Koblenz NStE Nr 2 mwN; Schleswig SchlHA **90**, 143; Meyer-Goßner NJW **75**, 1179). Wer einen Antrag nach § 33 a gestellt hat, kann die Ablehnung aber auch für diese Entscheidung erklären (KG JR **84**, 39; Düsseldorf MDR **86**, 777; Koblenz NStZ **83**, 470), nicht hingegen im Verfahren über Gegenvorstellungen (BGH NStZ-RR **98**, 51; **01**, 333; **06**, 1 [B]: Düsseldorf NStZ **89**, 86; VRS **80**, 27; **83**, 356; **86**, 444; Hamm aaO; offen gelassen von BGH NStZ-RR **05**, 173, 174; **06**, 85). Zur Ablehnung bei § 356 a vgl dort 1.

Ablehnungsverfahren

26 I [1]**Das Ablehnungsgesuch ist bei dem Gericht, dem der Richter angehört, anzubringen; es kann vor der Geschäftsstelle zu Protokoll erklärt werden.** [2]**§ 257 a findet keine Anwendung.**

II [1]**Der Ablehnungsgrund und in den Fällen des § 25 Abs. 2 die Voraussetzungen des rechtzeitigen Vorbringens sind glaubhaft zu machen.** [2]**Der Eid ist als Mittel der Glaubhaftmachung ausgeschlossen.** [3]**Zur Glaubhaftmachung kann auf das Zeugnis des abgelehnten Richters Bezug genommen werden.**

III **Der abgelehnte Richter hat sich über den Ablehnungsgrund dienstlich zu äußern.**

1 **1) Anzubringen** (I) ist das Ablehnungsgesuch bei dem Gericht, dh dem Spruchkörper, dem der Richter bei der Tätigkeit angehört, von der ihn der Ablehnende ausschließen möchte. Wird ein ersuchter Richter abgelehnt, so ist das Gesuch bei ihm, nicht bei dem ersuchenden Gericht zu stellen. Ablehnungsgesuche gegen Richter von auswärtigen Strafkammern (§ 78 GVG) oder Strafsenaten (§ 116 II GVG) sind bei diesen Gerichten anzubringen.

2 **2)** Eine **Form** für das Gesuch ist nicht vorgeschrieben. Es kann – nach freier Entscheidung des Antragstellers (BGH StV **05**, 531) – außerhalb der Hauptverhandlung schriftlich (Einl 128) oder zu Protokoll der Geschäftsstelle (Einl 131 ff), in der Hauptverhandlung schriftlich oder mündlich angebracht werden. Schriftliche Antragstellung darf nicht nach § 257 a vorgeschrieben werden (I S 2; vgl dazu auch die Entscheidung BGHR § 24 II Vorsitzender 4, die allerdings noch vor Einfügung des I S 2 ergangen ist). Bei mündlicher Antragstellung gilt § 273 I; protokolliert wird aber lediglich der Antrag ohne Gründe (BGH StraFo **09**, 145). Auch wenn ein Richter in einer Hauptverhandlung abgelehnt wird, gelten für das Ablehnungsverfahren weder der Öffentlichkeitsgrundsatz noch das Gebot der Anwesenheit des Angeklagten (BGH NStZ **82**, 188 [Pf]; **96**, 398).

3 **3)** Eine **Wiederholung** der Ablehnung aus demselben Grund ist unzulässig (4 zu § 26 a), sofern nicht (in der Frist des § 25) neue Tatsachen geltend gemacht (RG **24**, 12, 14; Schorn GA **63**, 179) oder, wenn das 1. Ablehnungsgesuch wegen

ungenügender Glaubhaftmachung verworfen worden war, neue zusätzliche Mittel der Glaubhaftmachung beigebracht werden (vgl BGH **21**, 85, 87 = JR **67**, 227 mit krit Anm Hanack, Günther NJW **86**, 281).

4) Inhalt des Gesuchs: Der abgelehnte Richter muss durch Angabe seines 4
Namens oder in anderer Weise eindeutig bezeichnet werden. Ferner müssen die Ablehnungsgründe, dh die Tatsachen, auf die das Gesuch gestützt wird, angegeben werden (vgl § 26 a I Nr 2), und zwar in dem Ablehnungsgesuch selbst, nicht durch Bezugnahme auf die Akten (Bay **52**, 188 = JZ **52**, 753). Im Fall des § 25 II müssen auch die Tatsachen angeführt werden, aus denen sich die Rechtzeitigkeit des Antrags ergeben soll.

5) Glaubhaftmachung (II): 5

A. **Umfang** (S 1): Die zur Begründung der Ablehnung geltend gemachten Tat- 6
sachen müssen glaubhaft gemacht werden, im Fall des § 25 II auch die Voraussetzungen des rechtzeitigen Vorbringens. Von der Glaubhaftmachung kann abgesehen werden, wenn der Ablehnungsgrund sich aus den Akten ergibt oder sonst gerichtsbekannt ist (BGH NStZ **07**, 161; 6 zu § 45) oder wenn im Fall des § 25 II die Rechtzeitigkeit des Gesuchs auf der Hand liegt (BGH MDR **65**, 1004).

B. **Glaubhaftmachung bedeutet,** dass die behaupteten Tatsachen so weit be- 7
wiesen werden müssen, dass das Gericht sie für wahrscheinlich hält (BGH **21**, 334, 350; NStZ **91**, 144; Bay **55**, 223, 225 = JZ **56**, 340; Düsseldorf NJW **85**, 2207; erg 10 zu § 45) und dass es in die Lage versetzt wird, ohne verzögernde weitere Ermittlungen zu entscheiden (BGH **21**, 334, 347; Düsseldorf aaO; W. Schmid SchlHA **81**, 73). Eine förmliche Beweisaufnahme über das Ablehnungsvorbringen findet nicht statt (BGH MDR **72**, 17 [D]); es ist nicht Sache des Gerichts, von sich aus Zeugen zu hören oder vernehmen zu lassen (Düsseldorf aaO). Das Gericht ist auch nicht verpflichtet, auf weitere Glaubhaftmachung hinzuwirken (BGH **21**, 334, 348). Nicht behebbare Zweifel an der Richtigkeit der behaupteten Tatsachen wirken sich zu Lasten des Antragstellers aus; der Grundsatz *in dubio pro reo* gilt nicht (BGH **21**, 334, 352; Düsseldorf StV **85**, 223; VRS **81**, 373; 10 zu § 45).

C. **Mittel der Glaubhaftmachung** (S 2, 3) sind grundsätzlich nur schriftliche 8
Erklärungen, insbesondere eidesstattliche Versicherungen von Zeugen (unten 10) und anwaltliche Versicherungen (unten 13) sowie andere Bescheinigungen und Unterlagen. Da der Ablehnende die Wahrscheinlichkeit seines tatsächlichen Vorbringens bis zu dem Grad darzutun hat, der vernünftigerweise als Entscheidungsgrundlage geboten erscheint, genügt die Benennung von Beweismitteln idR nicht (vgl aber unten 11).

Der **Ablehnende selbst** kann die Richtigkeit seiner tatsächlichen Angaben 9
nicht beschwören (S 2). Er kann ihre Richtigkeit auch nicht an Eides Statt versichern. Das gilt nicht nur für den Beschuldigten (Düsseldorf StV **85**, 223; Hamm MDR **65**, 843; Koblenz VRS **64**, 271; 8 zu § 45), sondern für jeden Antragsteller. Gibt er gleichwohl eine eidesstattliche Versicherung ab, so ist sie als einfache Erklärung zu werten, die jedoch grundsätzlich zur Glaubhaftmachung nicht genügt (Düsseldorf OLGSt § 44 Nr 3; StV **85**, 223; Koblenz OLGSt § 172 Nr 10; 9 zu § 45).

Schriftliche Erklärungen von Zeugen sind unbeschränkt zulässig (uU auch 10
fremdsprachige, vgl Bamberg NStZ **89**, 335). Diese Auskunftspersonen dürfen zwar nicht vereidigt werden (S 2), können aber die Richtigkeit ihrer Erklärungen eidesstattlich versichern.

Die **Benennung von Zeugen** reicht zur Glaubhaftmachung nur aus, wenn der 11
Ablehnende eine schriftliche Äußerung der Auskunftsperson nicht erlangen kann, sei es, dass ihm der Zeuge die schriftliche Bestätigung verweigert, etwa unter Hinweis auf die fehlende Genehmigung des Dienstvorgesetzten, sei es, dass er ihn nicht unverzüglich erreichen kann (BGH **21**, 334, 347; MDR **78**, 111 [H]; Bay **55**, 210 = JZ **56**, 340; Bremen JZ **77**, 442; Düsseldorf NJW **85**, 2207; VRS **96**, 111; Kob-

lenz OLGSt § 172 Nr 10). Er muss dann aber glaubhaft machen, dass einer dieser Gründe gegeben ist (BGH aaO). Liegt ein solcher Fall des Unvermögens der Glaubhaftmachung vor, so erhebt das Gericht den Beweis von Amts wegen.

12 Auch die **Berufung auf das Zeugnis des abgelehnten Richters** (S 3) ist zulässig. Sie muss ausdrücklich erklärt werden; insbesondere bei einem Verteidiger ist sie nicht zu unterstellen (Frankfurt NJW **77**, 767; Günther NJW **86**, 283; **aM** Celle NdsRpfl **82**, 100).

13 Der **Verteidiger** versichert seine eigenen Handlungen, Unterlassungen und Beobachtungen üblicherweise „anwaltlich" (Köln NJW **64**, 1038). Das Fehlen einer solchen Versicherung ist aber mit Rücksicht auf die Wahrheitspflicht des RA idR unschädlich (BGH NStZ **07**, 161; Bay **94**, 208 = StV **95**, 7; Schleswig MDR **72**, 165).

14 **6)** Die **dienstliche Äußerung des abgelehnten Richters** (III) ist für die Entscheidung nach § 27 zwingend vorgeschrieben, ist allerdings verzichtbar, wenn der Sachverhalt eindeutig feststeht (BGH NStZ **08**, 117; **aM** Richter II Eisenberg-FS 566); im Verfahren nach § 26a entfällt sie (BVerfGE **11**, 1, 3 = MDR **61**, 26; BGH NJW **05**, 3434). Sie muss gegenüber dem zur Entscheidung berufenen Spruchkörper (nach idR mündlicher Aufforderung, vgl BGH wistra **02**, 267, 268) schriftlich abgegeben und darf nicht in das Sitzungsprotokoll diktiert werden (Bay StV **82**, 460). In der dienstlichen Erklärung kann der Richter uU auch ein zu beanstandendes Verhalten (17 zu § 24) durch Klarstellung und Entschuldigung beseitigen (BGH NStZ **06**, 49). Wenn dem Gesuch nicht stattgeben wird, muss das Gericht, auch wenn der abgelehnte Richter nur erklärt – was regelmäßig unzureichend und unerheblich (nach Richter II Hamm-FS 591 sogar unzulässig) ist –, er fühle sich nicht befangen (Braunschweig NJW **76**, 2024, 2025; AK-Wassermann 5; **aM** Köln MDR **73**, 57 L) dies dem Antragsteller zur Kenntnis bringen und ihm nach § 33 II, III Gelegenheit zur Stellungnahme geben (BVerfGE **24**, 56, 62 = NJW **68**, 1621; BGH **21**, 85, 87 = JR **67**, 227 mit Anm Hanack; BGH **23**, 200, 203; NStZ **83**, 354 [Pf/M]; StV **82**, 457). Auf einem Verstoß hiergegen kann das Urteil beruhen (Hamm StV **96**, 11); das gilt aber nicht, wenn der Antragsteller Gelegenheit hatte, das Ablehnungsgesuch nach Kenntnisnahme von der dienstlichen Äußerung zu wiederholen (BGH **21**, 85 = JR **67**, 227 mit Anm Hanack; BGH StV **82**, 457; Hamm NJW **67**, 1577).

Unzulässige Ablehnung

26a **I Das Gericht verwirft die Ablehnung eines Richters als unzulässig, wenn**

1. die Ablehnung verspätet ist,
2. ein Grund zur Ablehnung oder ein Mittel zur Glaubhaftmachung nicht angegeben wird oder
3. durch die Ablehnung offensichtlich das Verfahren nur verschleppt oder nur verfahrensfremde Zwecke verfolgt werden sollen.

II 1 Das Gericht entscheidet über die Verwerfung nach Absatz 1, ohne dass der abgelehnte Richter ausscheidet. 2 Im Falle des Absatzes 1 Nr. 3 bedarf es eines einstimmigen Beschlusses und der Angabe der Umstände, welche den Verwerfungsgrund ergeben. 3 Wird ein beauftragter oder ein ersuchter Richter, ein Richter im vorbereitenden Verfahren oder ein Strafrichter abgelehnt, so entscheidet er selbst darüber, ob die Ablehnung als unzulässig zu verwerfen ist.

1 **1)** Zur **Verfahrensvereinfachung** ermächtigt die Vorschrift das Gericht, über die Verwerfung unzulässiger Ablehnungsgesuche, auch wenn mit ihnen der Ausschluss des Richters nach §§ 22, 23 behauptet wird, unter Mitwirkung des abgelehnten Richters zu entscheiden. Der Katalog der Gründe, den I enthält, ist aber

unvollständig; unzulässig ist auch die Ablehnung eines Richters, der mit der Sache noch nicht (2 zu § 24) oder nicht mehr (10 zu § 25) befasst ist, und die Ablehnung eines Gerichts als Ganzes (3 zu § 24). In diesen Fällen gilt II S 1 entspr (3 zu § 24).

2) Die **Verwerfung als unzulässig** (I) steht nicht im Ermessen des Gerichts (vgl BGH NStZ **82**, 291), sondern ist beim Vorliegen der gesetzlichen Gründe zwingend vorgeschrieben („Das Gericht verwirft …"). Wird nicht nach § 26a verfahren, obwohl dessen Voraussetzungen vorlagen, so entscheidet das nach § 27 zuständige Gericht (BGH **21**, 334, 337; KG JR **66**, 229). Das Gericht muss ihm die Entscheidung überlassen, wenn auch nur geringe Zweifel am Vorliegen der Gründe des I bestehen; sonst darf es aber solche Handlungen vornehmen, die der Vorbereitung der nach II zu treffenden Entscheidung dienen (Düsseldorf NStE Nr 3). Das Gesuch kann nur insgesamt als unzulässig verworfen werden; die Verwerfung einzelner Ablehnungsgründe als unzulässig ist ausgeschlossen (BGH **37**, 99, 105). 2

A. **Verspätetes Ablehnungsgesuch** (Nr 1): Vgl § 25. Ist die Rechtzeitigkeit entgegen § 26 II S 1 nicht glaubhaft gemacht, so darf das Gericht davon ausgehen, dass der Ablehnungsgrund schon im Zeitpunkt des § 25 I bekannt war (BGH MDR **65**, 1004). Das muss in der Begründung des Beschlusses dargelegt werden. 3

B. **Fehlen eines Ablehnungsgrundes oder der Glaubhaftmachung** (Nr 2): Der Antragsteller muss die Ablehnung mit Tatsachen begründen (vgl § 25 II Nr 1: „Umstände, auf welche die Ablehnung gestützt wird"). Unzulässig ist daher ein Gesuch, das überhaupt keine Begründung enthält, auch wenn es ihre Beibringung ankündigt (Günther NJW **86**, 283). Eine Frist zur nachträglichen Beibringung einer Begründung wird nicht bewilligt (München NJW **76**, 436). 4

Dem Fehlen der Begründung steht der Fall gleich, dass die Begründung aus zwingenden rechtlichen Gründen zur Rechtfertigung eines Ablehnungsgesuchs **völlig ungeeignet** ist (BVerfG NJW **95**, 2912; BGH NStZ **99**, 311; NStZ-RR **02**, 66 [B]). Hierbei ist jedoch ein strenger Maßstab anzulegen: Will das Gericht dies annehmen, ist es in besonderem Maße verpflichtet, das Ablehnungsgesuch seinem Inhalt nach vollständig zu erfassen und ggf wohlwollend auszulegen, da es anderenfalls leicht dem Vorwurf ausgesetzt sein kann, tatsächlich im Gewande der Zulässigkeitsprüfung in eine Begründetheitsprüfung einzutreten und sich damit in unzulässiger Weise zum „Richter in eigener Sache" zu machen (BGH wistra **08,** 267); überschreitet das Gericht die ihm damit gezogenen engen Grenzen kann dies die Besorgnis der Befangenheit begründen (BVerfG NJW **05**, 3410; **06**, 3129). Entscheidend ist, ob das Gesuch ohne nähere Prüfung und losgelöst von den konkreten Umständen des Einzelfalls zur Begründung der Besorgnis gänzlich ungeeignet ist (BVerfG NStZ-RR **07**, 275, 276; BGH NStZ **06**, 51; **06**, 644), zB die bloße prozessordnungsgemäße Mitwirkung an einer Vorentscheidung oder eine bloße Vorbefassung mit der Sache (BGH NJW **06**, 2864; wistra **06**, 431; NStZ-RR **09**, 85; vgl auch BGH NStZ **08**, 473); anders ist es aber, wenn besondere Umstände hinzutreten (bedenklich daher Köln NStZ-RR **08**, 115), insbesondere solche, die über die Tatsache einer negativen Vorbefassung sowie die damit notwendig verbundenen inhaltlichen Äußerungen hinausgehen (BGH NStZ **06**, 705; **08**, 46; 523; 3 StR 367/09 vom 17. 12. 2009). Ein Gesuch, das an eine objektiv rechtsfehlerhafte, insbesondere prozessordnungswidrige Zwischenentscheidung oder eine solche Maßnahme der Verhandlungsführung anknüpft, wird idR nicht als völlig ungeeignet angesehen werden können (BVerfG NStZ-RR **07**, 275, 276; BGH aaO; vgl auch Düsseldorf NJW **06**, 3798); keineswegs ist völlige Ungeeignetheit schon bei offensichtlicher Unbegründetheit anzunehmen (BVerfG NStZ-RR **07**, 275, 276; BGH StraFo **04**, 238; BGHR Unzulässigkeit 9; Köln StV **91**, 293). Bleiben Zweifel, ist einem Vorgehen nach § 27 der Vorzug zu geben (BVerfG aaO; NJW **05**, 3414 L; BGH **50**, 216). Wird das Gesuch auf die – nicht nur pauschal behauptete – willkürliche Annahme der Unzulässigkeit eines früheren Ablehnungsgesuchs gestützt, ist idR nach § 27 zu verfahren (BVerfG NStZ-RR **07**, 4a

276). Vgl zum Ganzen auch Gaede HRRS **05**, 319, Güntge JR **06**, 363 und Meyer-Goßner NStZ **06**, 53.

4b **Unzulässig** ist aber das bloße Behaupten eines Grundes, zB eines Verwandtschafts- oder Schwägerschaftsverhältnisses, das auf eine unzulässige Ausforschung hinausläuft (BGH MDR **70**, 899 [D]). Kollegialität ist allein kein Ablehnungsgrund (Schleswig SchlHA **97**, 149 [L/S]). Der Verwerfungsgrund der Nr 2 liegt auch vor, wenn der Ablehnungsgrund infolge rechtskräftiger Verwerfung eines vorausgegangenen Gesuchs verbraucht ist (Hamm NJW **66**, 2073; Günther NJW **86**, 283; erg 3 zu § 26). Ist kein Mittel zur Glaubhaftmachung angegeben, so ist das Ablehnungsgesuch ebenfalls unzulässig, sofern nicht der Ablehnungsgrund oder im Fall des § 25 II die Rechtzeitigkeit gerichtsbekannt ist. Zur Unzulässigkeit der Ablehnung im Revisionsverfahren Meyer-Goßner BGH-FS 623.

5 C. **Missbrauch des Ablehnungsrechts** (Nr 3; dazu eingehend Kröpil AnwBl **97**, 575): Unzulässig sind Gesuche, mit denen der Antragsteller in Wahrheit nicht das Ausscheiden des abgelehnten Richters, sondern ausschließlich andere Ziele erreichen will. Bezweckt er daneben auch das Ausscheiden des Richters, so ist Nr 3 nicht anwendbar.

6 **Verschleppungsabsicht** liegt vor, wenn der Antragsteller ausschließlich eine Verzögerung der Hauptverhandlung bezweckt (BGH MDR **55**, 271 [D]; Hamm JMBlNW **77**, 200; Naumburg StraFo **05**, 24). Das muss offensichtlich, also ohne weitere Nachforschungen feststellbar sein (KK-Fischer 10). Praktisch kommt ein solcher Fall kaum vor (Bay **72**, 217, 219 = MDR **73**, 246; vgl aber BGH wistra **09**, 446).

7 **Verfahrensfremd** iS der Nr 3 ist zB das Verfolgen rein demonstrativer Zwecke (KG GA **74**, 220; Koblenz MDR **77**, 425) oder des Zwecks, die abgelehnten Richter zu verunglimpfen (vgl BGH NStZ **97**, 331 [K]; KG JR **66**, 229: in die Form eines Ablehnungsgesuchs gekleidete Schmähschrift). Auch das muss offensichtlich sein (KG VRS **115**, 132). Auf die Sachfremdheit kann insbesondere aus der völligen Abwegigkeit der Ablehnungsgründe geschlossen werden (eingehend zu Nr 3 Fahl 371 ff). Unzulässig ist es auch, über das Ablehnungsverfahren einen Streit über das bisherige Ergebnis der Beweisaufnahme auszutragen (BGH NStZ **04**, 630; erg 20 zu § 22; 49 zu § 244).

8 **3)** Die **Entscheidung** (II) trifft das Gericht, in der Hauptverhandlung unter Mitwirkung der Schöffen – auch bei Unterbrechung der Hauptverhandlung, (München NJW **07**, 449, erg 3 zu § 30 GVG) –, ohne dass der abgelehnte Richter ausscheidet (S 1), in den Fällen des S 3 der abgelehnte Richter allein. Die Verwerfung aus den Gründen des I Nr 3 erfordert Einstimmigkeit (S 2).

9 Der Verwerfungsbeschluss ist zu **begründen** (§§ 28 II, 34). Im Fall des I Nr 3 muss er die den Verwerfungsgrund tragenden Umstände angeben (S 2), auch soweit sie offensichtlich sind. Die Begründung muss so ausführlich sein, dass sie dem Beschwerdegericht eine sachliche Nachprüfung ermöglicht (Bay **72**, 217 = VRS **44**, 206; Köln StV **91**, 292). Bei Ablehnung wegen Verschleppungsabsicht gelten für die Begründung dieselben strengen Anforderungen, wie sie die Rspr (vgl 43 zu § 244) bei der Ablehnung von Beweisanträgen verlangt (BGH MDR **73**, 371 [D]; Krey 1/122).

10 Eine **Kostenentscheidung** ist nicht zu treffen.

11 **4) Anfechtung:** Zur sofortigen Beschwerde vgl § 28, zur Revision § 338 Nr 3. Bei Verwerfung wegen Verspätung muss die Revision alle Vorgänge mitteilen, aus denen sich beurteilen lässt, ob das Gesuch unverzüglich angebracht worden ist (BGH MDR **77**, 109 [H]). Das Revisionsgericht kann den Verwerfungsgrund innerhalb des § 26 a austauschen (BGH NStZ **06**, 644 – bestätigt durch BVerfG NStZ-RR **06**, 379: „nicht unverzüglich" statt „völlig ungeeignet"; BGH 5 StR 24/08 vom 10. 6. 2008). Wird ein Befangenheitsantrag trotz sachlichen Gehalts nach I Nr 2 behandelt, kann der Angeklagte damit seinem gesetzlichen Richter entzogen

(Art 101 I S 2 GG; 6 zu § 338) worden sein (BVerfG StraFo **05**, 109; StV **05**, 478; BGH NStZ **05**, 218); zu den revisionsrechtlichen Folgen vgl 28 zu § 338, zum notwendigen Revisionsvorbringen 29 zu § 338.

Entscheidung über das Ablehnungsgesuch

27 **I Wird die Ablehnung nicht als unzulässig verworfen, so entscheidet über das Ablehnungsgesuch das Gericht, dem der Abgelehnte angehört, ohne dessen Mitwirkung.**

II Wird ein richterliches Mitglied der erkennenden Strafkammer abgelehnt, so entscheidet die Strafkammer in der für Entscheidungen außerhalb der Hauptverhandlung vorgeschriebenen Besetzung.

III [1] Wird ein Richter beim Amtsgericht abgelehnt, so entscheidet ein anderer Richter dieses Gerichts. [2] Einer Entscheidung bedarf es nicht, wenn der Abgelehnte das Ablehnungsgesuch für begründet hält.

IV Wird das zur Entscheidung berufene Gericht durch Ausscheiden des abgelehnten Mitglieds beschlussunfähig, so entscheidet das zunächst obere Gericht.

1) Zuständigkeit: 1

A. Das **Gericht, dem der abgelehnte Richter angehört** (I), dh der jeweilige Spruchkörper, entscheidet über das Ablehnungsgesuch, wenn es nicht nach § 26a verworfen worden ist. Zuständig ist der im Zeitpunkt der Entscheidung – nicht dem der Antragstellung – berufene Richter (BGH **44**, 26 = StV **99**, 463 mit insoweit zust Anm Zieschang). Der abgelehnte Richter darf bei der Entscheidung nicht mitwirken. In der Hauptverhandlung ist daher eine Entscheidung unmöglich; sie muss stets, aber nicht sofort (§ 29 II S 1), unterbrochen werden (BGH **15**, 384; RG **13**, 302). Die sofortige Verhandlung über das Ablehnungsgesuch im Sitzungssaal ist daher kein Teil der Hauptverhandlung (BGH NStZ **96**, 398). 2

B. Die **StrK** (II) entscheidet in der für Entscheidungen außerhalb der Hauptverhandlung vorgeschriebenen Besetzung, also ohne Schöffen (§ 76 S 2 GVG). Der abgelehnte Richter wird durch einen anderen Richter der StrK oder durch den geschäftsplanmäßigen oder für den Einzelfall bestimmten Vertreter ersetzt. Kann der Vorsitzende nicht aus seiner eigenen Kammer vertreten werden, weil deren Mitglieder sämtlich verhindert sind, so darf der Dienstälteste der von einer anderen Kammer gestellten regelmäßigen Vertreter den Vorsitz übernehmen (BGH NJW **59**, 1141). 3

Werden mehrere oder sämtliche Richter einer StrK gleichzeitig und aus dem gleichen Grund abgelehnt, so wird darüber durch einen **einheitlichen Beschluss** entschieden (BGH **44**, 26 = StV **99**, 463 mit insoweit zust Anm Zieschang; Frankfurt StV **81**, 199; LG Münster NStZ **84**, 472 mit abl Anm Frohne), also nicht zunächst über das Ablehnungsgesuch gegen den Vorsitzenden, danach über das gegen den dienstälteren Beisitzer usw (vgl dazu KK-Fischer 4). In Fällen nacheinander eingehender und unterschiedlich begründeter Ablehnungsgesuche ist hingegen sukzessive Entscheidung in der Reihenfolge der Gesuche erforderlich (BGH NStZ **96**, 144). Ebenfalls muss dann, wenn zugleich ein Richter abgelehnt wird, der über das Ablehnungsgesuch als Vertreter zu entscheiden hat, über diese Ablehnung vorab entschieden werden (BGH **21**, 334). Das gilt auch für die Anzeige nach § 30 (Oldenburg NdsRpfl **87**, 61). Über ein Befangenheitsgesuch, mit dem geltend gemacht wird, die abgelehnten Richter hätten ein gegen ihn gerichtetes Befangenheitsgesuch fehlerhaft abgelehnt, darf ein Richter idR nicht sachlich entscheiden (BGH NStZ **84**, 419, 420; NJW **06**, 854; zw BGH NJW **92**, 763; NStZ **94**, 447; vgl auch BVerfG NJW **95**, 2914). 4

C. Beim **AG** entscheidet stets, auch wenn ein von einem höheren Gericht ersuchter Richter abgelehnt wird, ein anderer Richter des AG (III S 1), bei einem einstelligen AG der nach § 22b I GVG bestellte Vertreter. Einer Entscheidung 5 bedarf es nicht, wenn der abgelehnte Richter das Ablehnungsgesuch für begründet hält (III S 2). Diese Erklärung kann er aber erst abgeben, wenn er die Zulässigkeit des Gesuchs geprüft hat. Im Zweifel wird er die Entscheidung des zuständigen anderen Richters herbeiführen, insbesondere, wenn die StA das Gesuch für unbegründet hält. Jedoch kann der abgelehnte Richter nach erneuter Prüfung auf der Abgabe der Erklärung nach III S 2 bestehen. Alsdann entfällt die Entscheidungsbefugnis eines anderen Richters (Düsseldorf MDR **87**, 253).

6 D. Der **StS** des BGH oder OLG entscheidet in der für Entscheidungen außerhalb der Hauptverhandlung vorgeschriebenen Besetzung, beim OLG also mit 3 Richtern (§ 122 I GVG), beim BGH mit 5 Richtern (§ 139 I GVG).

7 E. Für den **Ermittlungsrichter** des AG (§ 162) gilt III. Ist ein Ermittlungsrichter des BGH oder des OLG (§ 169) abgelehnt, so entscheidet ein im Geschäftsverteilungsplan zu bestimmender anderer Ermittlungsrichter, nicht der StS (BGH bei H. W. Schmidt MDR **86**, 179).

8 F. Das **zunächst obere Gericht** (IV), also das LG für das AG, das OLG für das LG, der BGH für das OLG, entscheidet, wenn Beschlussunfähigkeit eintritt. Das ist erst der Fall, wenn bei dem ganzen Gericht (nicht nur vorübergehend) kein Vertreter mehr vorhanden ist oder bestellt werden kann (Stuttgart MDR **74**, 1034; Zweibrücken NJW **68**, 1439); § 22b I GVG wird durch IV nicht berührt. Das obere Gericht hat insoweit zu entscheiden, wie es zur Wiederherstellung der Beschlussfähigkeit des unteren Gerichts erforderlich ist. Die Prüfungsreihenfolge wird durch die Vertretungsregelung in der Geschäftsverteilung des unteren Gerichts bestimmt (Frankfurt NStZ **81**, 233; Oldenburg NdsRpfl **87**, 61). Eine Beschränkung der Prüfung auf die nicht oder am schwächsten begründeten Ablehnungsgesuche ist unzulässig (LR-Siolek 39; **aM** Zweibrücken aaO).

9 **2)** Die **Entscheidung** über das Ablehnungsgesuch ergeht durch Beschluss (§ 28), außerhalb der Hauptverhandlung (oben 2) nach Anhörung der Prozessbeteiligten (§ 33 II, III). Eine förmliche Beweisaufnahme findet nicht statt (BGH NStZ **07**, 51). Jedoch können im Freibeweis (7, 9 zu § 244) Zeugen vernommen und andere Beweise erhoben werden (RG **61**, 67, 70). Das Gesuch kann auch jetzt noch als unzulässig (§ 26a I) verworfen werden (BGH **21**, 334, 337); eine Rückgabe deswegen an die nach § 26a entscheidende Strafkammer ist aber ausgeschlossen (München NJW **07**, 449, 450; LR-Siolek 5 zu § 26a). Wenn das Gesuch zulässig ist, wird es als unbegründet zurückgewiesen (§ 28 II S 1) oder für begründet erklärt (§ 28 I). Dabei dürfen nur die Ablehnungsgründe berücksichtigt werden, die in dem Gesuch innerhalb der Antragsfrist des § 25 (BGH MDR **52**, 659 [D]) geltend gemacht worden sind (LR-Siolek 30; **aM** BGH JR **72**, 119 mit abl Anm Peters; R. Hamm NJW **73**, 178). Der Beschluss muss nach § 34 mit Gründen versehen werden, wenn er das Ablehnungsgesuch verwirft; eine Kostenentscheidung ergeht nicht.

9a **Mehrere Ablehnungsgesuche** gegen denselben Richter können in einer einheitlichen Entscheidung beschieden und sodann auch vom Beschwerdegericht in einer Gesamtschau gewürdigt werden (KG NJW **09**, 96 mwN).

10 Der Beschluss muss dem abgelehnten Richter und den Prozessbeteiligten **bekanntgemacht** werden. Er kann bei der Fortsetzung der unterbrochenen Hauptverhandlung verkündet werden (§ 35 I), auch durch den erfolglos abgelehnten Richter (BGH **15**, 384). Sonst wird er schriftlich mitgeteilt, im Fall des § 28 II S 1 durch förmliche Zustellung, im Fall des § 28 II S 2 formlos.

11 Der Beschluss hat, wenn er rechtskräftig ist, die **Wirkung,** dass der vor der Ablehnung bestehende Zustand wieder eintritt. Der zu Unrecht abgelehnte Richter muss wieder mitwirken (BGH **21**, 334, 338). Wird dem Ablehnungsgesuch stattgegeben, so steht der abgelehnte Richter einem ausgeschlossenen gleich. Der Ausschluss bezieht sich auf das gesamte Verfahren, auch auf die Verhandlung gegen Mitangeklagte, die selbst kein Gesuch angebracht haben oder deren Gesuch erfolglos geblieben ist (BGH GA **79**, 311). Zur Vermeidung dieser Wirkung darf das

Verfahren gegen die anderen Mitangeklagten nicht abgetrennt werden (BGH aaO). Auf andere Strafverfahren ist der Beschluss ohne Einfluss. Seine Wirkung beschränkt sich im Übrigen – wie idR. bei verfahrensrechtlichen Entscheidungen (vgl nur § 20) – auf die Zukunft. Frühere Entscheidungen berührt er selbst dann nicht, wenn die Ablehnungsgründe bei ihrem Erlass schon vorgelegen haben (Hamm MDR **64**, 344; Koblenz NStZ **83**, 471; LR-Siolek 45; **aM** Janssen StV **02**, 170).

Rechtsmittel

28 I **Der Beschluss, durch den die Ablehnung für begründet erklärt wird, ist nicht anfechtbar.**

II 1 **Gegen den Beschluss, durch den die Ablehnung als unzulässig verworfen oder als unbegründet zurückgewiesen wird, ist sofortige Beschwerde zulässig.** 2 **Betrifft die Entscheidung einen erkennenden Richter, so kann sie nur zusammen mit dem Urteil angefochten werden.**

1) Wird die **Ablehnung für begründet erklärt** (I), so ist die Entscheidung nicht anfechtbar, nach § 336 S 2 (dort 6) auch nicht mit der Revision (KMR-Bockemühl 1; unrichtig daher BGH NStZ **82**, 291, 292; vgl Krey 1/127); das gilt auch im Fall des § 30 (dort 8). Sie kann auch nicht widerrufen werden. I gilt auch im Hauptverfahren. 1

2) Wird das **Ablehnungsgesuch verworfen oder zurückgewiesen** (II), so ist zu unterscheiden: 2

A. War der abgelehnte Richter **kein erkennender Richter** (unten 6), so kann der Prozessbeteiligte, der ihn abgelehnt hat, den Beschluss nach II S 1 mit sofortiger Beschwerde (§ 311) anfechten, sofern nicht § 304 IV entgegensteht (dort 11). Die Beschwerde ist auch zulässig, wenn vor ihrer Einlegung das Hauptverfahren eröffnet worden ist. Wird das Ablehnungsgesuch außerhalb der Hauptverhandlung angebracht, ist eine weitere Glaubhaftmachung im Beschwerdeverfahren noch zulässig, nicht aber das Nachschieben eines weiteren Ablehnungsgrundes (Düsseldorf JMBlNW **95**, 80; Hamburg OLGSt Nr 1 zu § 26; **aM** Schleswig NStZ **81**, 489 L = SchlHA **82**, 31). 3

Das **Beschwerdegericht prüft** den Ablehnungsbeschluss in umfassender Weise (BGH NStZ-RR **06**, 5 [B]). Es entscheidet auch dann in der Sache selbst, wenn das Gesuch zu Unrecht als unzulässig verworfen worden war (vgl 8 zu § 309; 27, 28 zu § 338); anders aber bei Entzug des gesetzlichen Richters (4 a zu § 26 a). Etwa noch fehlende Feststellungen holt es – wenn möglich – nach, andernfalls verweist es die Sache zurück (KG NStZ **91**, 401); auch eine fehlende dienstliche Äußerung kann eingeholt werden (Hamburg aaO). Die Revision ist nach § 336 S 2 ausgeschlossen, es sei denn, das Beschwerdegericht habe die Beschwerde irrig als unzulässig verworfen, weil es das Revisionsgericht für zuständig gehalten hat (zust KK-Fischer 3; offen gelassen von BGHR Rechtsmittel 1). 4

B. Bei **erfolgloser Ablehnung eines erkennenden Richters** schließt II S 2 aus Gründen der Prozesswirtschaftlichkeit die selbstständige Anfechtung des Beschlusses aus. Das gilt auch, wenn er von einem unzuständigen Richter erlassen worden ist (Saarbrücken NJW **66**, 169; **aM** LG Krefeld NJW **64**, 2438). 5

Erkennender Richter (vgl auch 2 zu § 305) sind alle Richter, die zur Mitwirkung in der Hauptverhandlung berufen sind (Karlsruhe NJW **75**, 458; Saarbrücken aaO), der Ergänzungsrichter (§ 192 II GVG) auch, wenn der Ergänzungsfall noch nicht eingetreten ist (Celle NJW **73**, 1054; Schleswig SchlHA **96**, 89 [L/T]; **aM** LR-Siolek 13; SK-Rudolphi 9: wenn Eintritt feststeht). Auch der Richter, der nach § 27 dazu berufen ist, über ein Ablehnungsgesuch zu entscheiden, ist nach hM erkennender Richter (**aM** Meyer-Mews StraFo **08**, 182; gegen ihn Meyer-Goßner StraFo **08**, 415), jedoch nicht mehr, wenn er über das jeweilige Ablehnungsgesuch entschieden hat (BGH NStZ **07**, 719; Hamburg NStZ **99**, 50). Die 6

Eigenschaft als erkennender Richter beginnt mit dem Erlass des Eröffnungsbeschlusses (BGH NJW **52**, 234; KG JR **81**, 168; Hamm NStZ-RR **02**, 238; VRS **104**, 452; Köln NJW **93**, 608 mwN; Schleswig SchlHA **90**, 113 [L/G]), beim Berufungs- und Revisionsgericht mit der Vorlegung der Akten nach §§ 321, 347 II (KG aaO; Karlsruhe NStZ-RR **98**, 144; **aM** Bremen NStZ **91**, 95; LR-Siolek 22: mit Terminsanberaumung; erg 2 zu § 305), nach Zurückverweisung (§§ 328 II, 354 II, III, 355) mit dem Eingang der Akten (2 zu § 305). Im beschleunigten Verfahren nach §§ 417 ff wird der Richter mit der Terminsanberaumung oder der Anordnung, dass die Hauptverhandlung sofort durchzuführen ist, erkennender Richter (Hamburg NJW **64**, 2123; KK-Fischer 7; SK-Rudolphi 12), im Strafbefehlsverfahren nach §§ 407 ff mit Erlass des Strafbefehls bzw mit der Anberaumung der Hauptverhandlung nach §§ 408 III S 2, 411 I S 2 (LG Zweibrücken NStZ **06**, 120). Die Eigenschaft als erkennender Richter endet mit der Verfahrenseinstellung oder Urteilsfällung (Hamm VRS **104**, 452; LG Düsseldorf StV **91**, 410), im Fall des § 329 I auch, wenn später noch über einen Wiedereinsetzungsantrag nach § 329 III zu entscheiden ist (KG NZV **02**, 334 mwN; **aM** Düsseldorf NStZ-RR **04**, 47; Hamm NStZ-RR **05**, 267).

6a § 28 II S 2 **gilt entspr im Strafvollstreckungsverfahren** (Brandenburg NStZ **05**, 296; Düsseldorf NStZ **87**, 290 mit abl Anm Chlosta; Schleswig SchlHA **04**, 234 [D/D] mwN; **aM** KG NStZ **83**, 44; Hamm NStZ **09**, 53; Saarbrücken NStZ-RR **07**, 222) **und im Strafvollzugsverfahren** (Celle StraFo **98**, 428; Hamburg StraFo **08**, 520; Koblenz NStZ **86**, 384; **aM** Nürnberg NStZ **88**, 475).

7 Die **Entscheidung betrifft einen erkennenden Richter** auch dann, wenn das Ablehnungsgesuch schon vor Eintritt der Rechtshängigkeit gestellt, aber erst später beschieden wird (Düsseldorf NStZ **03**, 448; Karlsruhe NJW **75**, 458; Köln NJW **93**, 608), oder wenn darüber schon vor Beginn der Hauptverhandlung entschieden worden ist (BGH **31**, 15).

8 **Nur zusammen mit dem Urteil** ist die Anfechtung zulässig. Das Rechtsmittel bleibt aber seiner Natur nach eine sofortige Beschwerde; das Gesetz ändert nur aus Zweckmäßigkeitsgründen den Rechtsmittelzug (BGH **27**, 96, 98; erg 25, 26 zu § 338). Wenn das Urteil unanfechtbar ist, kann auch der Ablehnungsbeschluss nicht angefochten werden (Köln MDR **76**, 774). Ist die sofortige Beschwerde nach § 304 IV S 2 ausgeschlossen, so gilt das auch für die Anfechtung zusammen mit dem Urteil (BGH NStZ **07**, 417; erg 26 zu § 338). Bei der Anfechtung des Beschlusses müssen im Übrigen die Formen und Fristen eingehalten werden, die für das Rechtsmittel gegen das Urteil gelten (BGH **21**, 334, 340; Köln aaO; erg 29 zu § 338). Eine besondere sofortige Beschwerde braucht aber neben der Revision nicht eingelegt zu werden (Hamm JMBlNW **73**, 273; Karlsruhe MDR **74**, 418; erg 25 zu § 338).

9 Bei der **Berufung** ist die Anfechtung nach II S 2 nutzlos; da für das Berufungsgericht nach § 328 grundsätzlich keine Möglichkeit besteht, an das AG zurückzuverweisen, muss es in der Sache entscheiden, gleichgültig, ob der 1. Richter zu Recht abgelehnt worden war (KK-Fischer 9; unrichtig daher LG Köln MDR **92**, 893, da hier – anders als in den in 4 zu § 328 erörterten Fällen – eine Sachentscheidung 1. Instanz vorliegt).

10 Bei der **Revision** ist die Anfechtung nach II S 2 nur mit einer Verfahrensrüge möglich, für die § 344 II S 2 gilt (29 zu § 338). Zur Prüfung durch das Revisionsgericht vgl 27, 28 zu § 338.

Unaufschiebbare Amtshandlungen

29 **I Ein abgelehnter Richter hat vor Erledigung des Ablehnungsgesuchs nur solche Handlungen vorzunehmen, die keinen Aufschub gestatten.**

II 1 Wird ein Richter während der Hauptverhandlung abgelehnt und würde die Entscheidung über die Ablehnung (§§ 26 a, 27) eine Unterbrechung der Hauptverhandlung erfordern, so kann diese so lange fortgesetzt werden, bis eine Entscheidung über die Ablehnung ohne Verzögerung der Hauptverhand-

lung möglich ist; über die Ablehnung ist spätestens bis zum Beginn des übernächsten Verhandlungstages und stets vor Beginn der Schlussvorträge zu entscheiden. [2]Wird die Ablehnung für begründet erklärt und muss die Hauptverhandlung nicht deshalb ausgesetzt werden, so ist ihr nach der Anbringung des Ablehnungsgesuchs liegender Teil zu wiederholen; dies gilt nicht für solche Handlungen, die keinen Aufschub gestatten. [3]Nach Anbringung des Ablehnungsgesuchs dürfen Entscheidungen, die auch außerhalb der Hauptverhandlung ergehen können, unter Mitwirkung des Abgelehnten nur getroffen werden, wenn sie keinen Aufschub gestatten.

1) Von der Mitwirkung ausgeschlossen ist der Richter, sofern nicht das Vorliegen von Ausschließungsgründen nach §§ 22, 23 eindeutig feststeht (Schorn GA **63**, 278), nicht schon, wenn ein Ablehnungsgesuch nach § 24 gestellt, sondern erst, wenn es für begründet erklärt wird. Schon vorher, dh ab Eingang des Ablehnungsgesuchs (Frankfurt NJW **98**, 1238), auch wenn dieses unzulässig ist (Bay **54**, 56), hat er sich aber grundsätzlich (I) aller Amtshandlungen zu enthalten, die nicht unaufschiebbar sind. Gemeint sind nur bestimmte zukünftige Handlungen, die den Angeklagten betreffen; die Absetzung und Unterzeichnung früher verkündeter Urteile und die Mitwirkung an Protokollberichtigungen unterliegt keinen Beschränkungen (Hamm MDR **64**, 344). Für Ablehnungsgesuche in der Hauptverhandlung enthält II eine Sonderregelung. 1

2) Erledigung unaufschiebbarer Geschäfte (I): Vor der Erledigung des Ablehnungsgesuchs hat der Richter das Recht und die Pflicht, unaufschiebbare Amtshandlungen vorzunehmen, auch in der Hauptverhandlung. 2

Erledigt ist das Ablehnungsgesuch, wenn es durch das Gericht als unzulässig verworfen oder als unbegründet zurückgewiesen worden ist. Wenn sofortige Beschwerde zulässig ist (§ 28 II S 1), gilt I bis zur Rechtskraft der Entscheidung (Celle NdsRpfl **98**, 130 mwN; München MDR **82**, 773; Stuttgart MDR **94**, 499 mwN; Teplitzky JuS **69**, 325; **aM** KG JR **68**, 28 unter Hinweis auf § 307 I; Roxin/Schünemann § 8, 14; Schorn GA **63**, 178; offen gelassen bei BGH **4**, 208). 3

Unaufschiebbar sind Handlungen, die wegen ihrer Dringlichkeit nicht anstehen können, bis der Ersatzrichter eintreten kann (BGH **48**, 264), zB die Festsetzung von Ordnungsmitteln nach § 177 GVG, die Erhebung von Beweisen, deren Verlust droht, die Vernehmung von Beweispersonen, die erst nach geraumer Zeit wieder geladen werden können, unaufschiebbare Haftentscheidungen, die Terminsanberaumung zum Zweck der Verjährungsunterbrechung (Köln VRS **59**, 428) und die Bestimmung eines Fortsetzungstermins sowie die Ladung hierzu (erg 11 zu § 229), der Beginn der Hauptverhandlung jedenfalls dann, wenn das Ablehnungsgesuch erst unmittelbar vorher angebracht worden ist, nicht aber die Verlesung der Anklage und des Eröffnungsbeschlusses (BGH aaO). 4

Aufschiebbar sind zB die Entscheidung über die Eröffnung des Hauptverfahrens (BGH **4**, 208; Frankfurt StV **01**, 496; erg 11 zu § 207), idR die Vernehmung von Zeugen (BGH NStZ **02**, 429) und die Verwerfung einer Revision nach § 346 I (Bay **54**, 56). 5

Die Gründe, aus denen er die Handlung für unaufschiebbar hält, muss der Richter in einem **Aktenvermerk** niederlegen, wenn sie nicht offensichtlich sind (Köln aaO). 6

Die unaufschiebbar gewesene **Handlung bleibt wirksam,** auch wenn die Ablehnung später für begründet erklärt wird; anders ist es, wenn ein Ausschließungsgrund nach §§ 22, 23 festgestellt wird (LR-Siolek 8, 20). Dass die Handlung aufschiebbar gewesen wäre, begründet ebenfalls für sich allein nicht ihre Unwirksamkeit (BGH **48**, 264; erg unten 16). 7

3) Vorläufige Zurückstellung der Entscheidung in der Hauptverhandlung (II): 8

A. **Die Ermächtigung zur Fortsetzung der Hauptverhandlung** unter Mitwirkung des abgelehnten Richters beugt Verfahrensverzögerungen durch Miss- 9 brauch des Ablehnungsrechts vor. II gilt auch, wenn das Gesuch während einer Unterbrechung außerhalb der Hauptverhandlung angebracht wird (Rieß NJW **78**, 2268), nicht aber, wenn es schon vor Beginn der Hauptverhandlung gestellt war. Die Fortsetzung der Verhandlung setzt stets voraus, dass die Entscheidung über die Ablehnung eine Unterbrechung erfordern würde.

10 Wenn innerhalb einer **ohnehin vorgesehenen Unterbrechung** entschieden werden kann, darf daher nicht weiterverhandelt werden (Rieß aaO). Die Ansicht, auch sonst sei die Fortsetzung der Verhandlung unzulässig, wenn die durch die Entscheidung über das Ablehnungsgesuch eintretende Verzögerung nicht „übermäßig" ist (LR-Siolek 27), könnte nur zutreffen, wenn stets von vornherein feststeht, wie lange die Unterbrechung dauern wird; das ist offensichtlich nicht der Fall.

11 Ob über ein Ablehnungsgesuch sofort entschieden oder die Entscheidung zurückgestellt wird, **entscheidet der Vorsitzende** nach pflichtgemäßem Ermessen (BGH NStZ **02**, 429); die Anrufung des Gerichts nach § 238 II ist zulässig und geboten (unten 16).

12 B. Sobald sie **ohne Verzögerung der Hauptverhandlung** möglich ist, muss die Entscheidung ergehen (II S 1). Insbesondere im Fall des § 26a wird die Entscheidung bis zum nächsten Verhandlungstag getroffen werden müssen.

13 Auch sonst dürfen die **zeitlichen Grenzen** des II S 1 Hs 2 nicht ausgenutzt werden, wenn eine frühere Entscheidung möglich ist. Vor jeder weiteren Sacherörterung, spätestens am übernächsten Verhandlungstag, gleichgültig, welche Abstände zwischen den Verhandlungstagen liegen (einschr LR-Siolek 32), muss über das Ablehnungsgesuch entschieden werden. Werden die Schlussvorträge (§§ 258, 326) schon früher gehalten, so ist die Entscheidung spätestens vor ihrem Beginn zu treffen.

14 C. Eine **Wiederholung der Hauptverhandlung** (II S 2 Hs 1) ist erforderlich, wenn das Ablehnungsgesuch für begründet erklärt wird. Hatte an der Verhandlung kein Ergänzungsrichter (§ 192 GVG) teilgenommen, so muss sie ausgesetzt und eine völlig neue Hauptverhandlung durchgeführt werden, an der statt des abgelehnten Richters sein Vertreter mitwirkt. Selbst wenn sofort ein Ergänzungsrichter für den mit Erfolg abgelehnten Richter eintritt, ist nach II S 2 die Wiederholung des nach der Anbringung des Ablehnungsgesuchs liegenden Teils der Hauptverhandlung notwendig. Eine Ausnahme gilt nur für solche Teile, die iS des I unaufschiebbar waren (II S 2 Hs 2). Die Beweisergebnisse des zu wiederholenden Teils der Hauptverhandlung dürfen für die Urteilsfindung unmittelbar nicht verwertet werden; es ist aber zulässig, Beweis darüber zu erheben, welche Aussagen Angeklagte und Zeugen während dieses Verhandlungsteils gemacht haben (KMR-Paulus 20; **aM** SK-Rudolphi 18).

15 D. Eine **Ausnahme** von der Ermächtigung, zunächst unter Mitwirkung des abgelehnten Richters weiterzuverhandeln, gilt nach II S 3 für aufschiebbare Entscheidungen, die auch außerhalb der Hauptverhandlung getroffen werden können. Darunter fallen Haftentscheidungen, Beschlagnahme- und Durchsuchungsbeschlüsse sowie Anordnungen nach §§ 81 II, 81a II, 81c V, 111b, 132a.

16 **4)** Mit der **Revision** kann die Verkennung des Begriffs der Unaufschiebbarkeit gerügt werden, wobei dem Richter aber ein Spielraum dahin einzuräumen ist, dass die Entscheidung nur vertretbar und ermessensfehlerfrei sein muss (BGH NStZ **02**, 429 mwN); der bloße formale Verstoß gegen I vermag bei fehlender Befangenheit des Richters die Revision aber nicht zu begründen (BGH **48**, 264). Bei Anwendung des II S 1 kann auch die Überschreitung der dort bestimmten zeitlichen Grenzen beanstandet werden (BGH NStZ **96**, 398). Im Übrigen gelten die Grundsätze zu § 238 II (dort 16, 17; BGH aaO). War das Ablehnungsgesuch noch in der Hauptverhandlung zurückgenommen worden, so kann die Revision auf einen Verstoß gegen I nicht gestützt werden (Koblenz VRS **65**, 441).

Selbstanzeige

30 Das für die Erledigung eines Ablehnungsgesuchs zuständige Gericht hat auch dann zu entscheiden, wenn ein solches Gesuch nicht angebracht ist, ein Richter aber von einem Verhältnis Anzeige macht, das seine Ablehnung rechtfertigen könnte, oder wenn aus anderer Veranlassung Zweifel darüber entstehen, ob ein Richter kraft Gesetzes ausgeschlossen ist.

1) Eine **Selbstanzeige** des Richters sieht die Bestimmung vor, keine Selbstablehnung. Die Anzeige besteht in der Mitteilung von Tatsachen, die Ausschließungsgründe nach §§ 22, 23 oder Befangenheitsgründe nach § 24 enthalten. Die Erklärung des Richters, dass er sich befangen fühle, ist rechtlich bedeutungslos. Darüber und über seine Entbindung von der weiteren Mitwirkung entscheidet allein das nach § 27 zuständige Gericht, und zwar vom Standpunkt des Beschuldigten aus (BGH DRiZ **59**, 153). Für den Ergänzungsrichter (§ 192 II GVG) gilt § 30 schon, bevor er für einen verhinderten Richter eingetreten ist (LR-Siolek 11; vgl 6 zu § 28). Die Vorschrift gilt nach § 31 I auch für Schöffen und Protokollführer. 1

Die Selbstanzeige ist eine **Dienstpflicht** des Richters, die er nach pflichtgemäßem Ermessen auszuüben hat (Neustadt NJW **63**, 2087; Schleswig SchlHA **53**, 69; LR-Siolek 2, 7) und von der er auch dann nicht entbunden ist, wenn die seine Ablehnung rechtfertigenden Tatsachen den Prozessbeteiligten bekannt sind (Arzt 37 Fn 61). Die zeitliche Schranke des § 25 spielt bei der Selbstanzeige keine Rolle (BGH GA **62**, 338); der Richter darf sie aber nicht hinauszögern. 2

2) Von Amts wegen hat das Gericht Ausschließungsgründe nach §§ 22, 23 zu beachten (1 zu § 22). Liegen sie ohne Zweifel vor, so bedarf es keiner Entscheidung. Bestehen an ihrem Vorliegen Zweifel (auf die jeder Richter hinzuweisen hat, auch wenn sie andere Richter betreffen), so muss das Gericht so entscheiden, als seien die Ausschließungsgründe von einem Prozessbeteiligten geltend gemacht oder von dem Richter angezeigt worden. 3

3) Bis zur gerichtlichen Entscheidung über seine Selbstanzeige darf der Richter in dem Verfahren grundsätzlich nicht weiter tätig werden (BGH **25**, 122 = JR **74**, 73 mit Anm Arzt; BGH **31**, 3, 5; Schleswig SchlHA **63**, 78). Denn erst diese Entscheidung stellt klar, ob er oder sein Vertreter der gesetzliche Richter ist. Bis dahin gilt § 29 I, nicht aber § 29 II (KK-Fischer 4). Wenn von Amts wegen über Zweifel an dem Vorliegen von Ausschließungsgründen zu entscheiden ist, gelten diese Grundsätze entspr, und zwar von der Geltendmachung des Zweifels an. 4

Die **Entscheidung des Gerichts** erfolgt durch Beschluss. Sie war von der früher hM als eine innere Angelegenheit des Gerichts angesehen worden; das BVerfG (**89**, 28 = NJW **93**, 2229) hat jedoch entschieden, dass Art 103 I GG gebiete, die Selbstanzeige den Verfahrensbeteiligten mitzuteilen und diesen Gelegenheit zur Stellungnahme zu geben. Zuständig ist das in § 27 bezeichnete Gericht; auch § 27 IV ist anzuwenden (Frankfurt NStZ **81**, 233; Zweibrücken NJW **68**, 1439: Entscheidung über zahlreiche Selbstanzeigen). 5

4) Die **Entbindung des Richters** von der Mitwirkung hat zur Folge, dass er, abgesehen von unaufschiebbaren Handlungen (§ 29 I), von jeder richterlichen Tätigkeit in der Sache ausgeschlossen ist (BGH **3**, 68; Schleswig SchlHA **63**, 78), gleichviel, wann der Hinderungsgrund entstanden ist. Richterliche Handlungen, die er trotzdem vornimmt, sind unwirksam (BGH **31**, 3, 5). Auf Justizverwaltungsangelegenheiten erstreckt sich der Ausschluss nicht (BGH **3**, 68). 6

5) Anfechtung: 7

A. **Beschwerde:** Der Richter hat kein Beschwerderecht gegen den Beschluss, mit dem auf seine Selbstanzeige festgestellt wird, dass kein Ausschließungsgrund vorliegt oder keine Befangenheit zu besorgen ist (Celle NdsRpfl **66**, 118; Schles- 8 wig SchlHA 53, 69; KMR-Paulus 9; Bohnert 86; **aM** Teplitzky JuS **69**, 325 Fn 109). Das Gleiche gilt für denjenigen, der durch das Vorbringen des Zweifels über einen Ausschließungsgrund Anlass zur Beschlussfassung gegeben hat. Auch sonst steht den Prozessbeteiligten kein Beschwerderecht zu; sie können allerdings selbst einen Befangenheitsantrag stellen und dessen Verwerfung oder Zurückweisung nach § 28 II anfechten. Wird der Richter von der Mitwirkung ausgeschlossen, so gilt § 28 I entspr (BGH GA **62**, 338).

9 B. Die **Revision** kann auf das Unterlassen der Selbstanzeige nicht gestützt werden (BGH GA **62**, 338; MDR **66**, 24 [D]; LR-Siolek 24; Bohnert 92; vgl aber Neustadt NJW **63**, 2087; Teplitzky JuS **69**, 325: Prüfung auf Ermessensmissbrauch). Auch den auf Selbstanzeige wegen Befangenheit ergehenden Beschluss nach § 30 kann das Revisionsgericht grundsätzlich nicht prüfen (BGH **3**, 68; **25**, 122 = JR **74**, 73 mit Anm Arzt; BGH GA **62**, 338); allenfalls kann ein Verstoß gegen Art 101 I S 2 durch Willkür gerügt werden (6 zu § 16 GVG). Wird der Richter schon vor der Entscheidung über die Selbstanzeige durch einen Vertreter ersetzt, so ist der zwingende Aufhebungsgrund des § 338 Nr 1 gegeben (BGH **25**, 122 = JR **74**, 73 mit Anm Arzt). Die Nichtbeachtung eines Ausschließungsgrundes kann nach § 338 Nr 1 gerügt werden (10 zu § 28), auch wenn bei Zweifeln über ihn ein Beschluss nach § 30 ergangen ist, der ihn verneint hat.

Schöffen; Urkundsbeamte

31 **I Die Vorschriften dieses Abschnitts gelten für Schöffen sowie für Urkundsbeamte der Geschäftsstelle und andere als Protokollführer zugezogene Personen entsprechend.**

II 1 Die Entscheidung trifft der Vorsitzende. 2 Bei der großen Strafkammer und beim Schwurgericht entscheiden die richterlichen Mitglieder. 3 Ist der Protokollführer einem Richter beigegeben, so entscheidet dieser über die Ablehnung oder Ausschließung.

1 **1)** Für **Schöffen** gelten die §§ 22, 23 über den Ausschluss kraft Gesetzes entspr. Daneben ist die Amtsunfähigkeit nach §§ 31 S 2, 33, 77 I GVG zu beachten, und zwar von Amts wegen (RG **25**, 415); sie stehen den Ausschließungsgründen gleich (LR-Siolek 3; **aM** SK-Rudolphi 3; Bohnert 95: Unfähigkeit geht vor). Ferner gelten die Vorschriften über die Richterablehnung (§§ 24 ff) entspr, ausgenommen den durch II ersetzten § 27 I und den für Schöffen nicht passenden § 27 II–IV. Auch die Anwendung des § 29 I kommt nicht in Betracht (LR-Siolek 2; **aM** KMR-Paulus 1).

2 Die **Befangenheitsgründe** gehen nicht weiter als bei den Berufsrichtern (vgl aber Hanack JR **67**, 229). Insbesondere gilt auch bei Schöffen die Vermutung der Unparteilichkeit (BGH **22**, 289, 295). Die Ablehnung rechtfertigen nicht Spannungen mit dem Verteidiger (BGH MDR **75**, 23 [D]), die Kenntnis von Presseveröffentlichungen, die das Ergebnis des Verfahrens vorwegnehmen (BGH **22**, 289), die gelegentliche Lektüre der Anklageschrift während der Hauptverhandlung (LG Kiel SchlHA **77**, 56), die Verwandtschaft mit anderen mitwirkenden Schöffen (BGH MDR **74**, 547 [D]), auch nicht die versehentliche Verlesung von über den Anklagesatz hinausgehenden Einzelheiten der Tat durch den StA (BGH NStZ **84**, 14 [Pf/M]) und kurze Meinungsäußerungen des Schöffen ohne endgültige Stellungnahme zur Sache (BGH **21**, 85 = JR **67**, 227 mit Anm Hanack). Ein Ablehnungsgrund kann aber darin liegen, dass der Schöffe Bediensteter der geschädigten Behörde ist (BGH MDR **54**, 151 [D]; AG Bremen StV **09**, 181) oder dass er während der Hauptverhandlung unsachliche Bemerkungen macht (BGH NStZ **91**, 144) oder ständig einschläft (LG Bremen StV **02**, 357).

3 **2)** Für **Protokollführer** gelten die §§ 22 ff entspr, ausgenommen § 23 (der UrkB kann in allen Rechtszügen tätig werden), § 27 I (an dessen Stelle tritt II) und

der §§ 27 II–IV, 29 (die für den UrkB nicht passen). Dass eine Ablehnung wegen Befangenheit begründet sein könnte, ist praktisch nicht vorstellbar (vgl Schultz MDR **80**, 109). Da der UrkB austauschbar ist (7 zu § 226) und § 29 II S 1 nicht gilt, braucht die Hauptverhandlung nicht wiederholt zu werden, wenn er wegen Befangenheit ausscheiden muss (**aM** KK-Fischer 8; SK-Rudolphi 9); das bis zum Ausscheiden gefertigte Protokoll ist voll wirksam (**aM** EbSchmidt 5; Krey 1/136: Fehlen der Beweiskraft). Nur das von einem nach § 22 ausgeschlossenen UrkB gefertigte Protokoll ist nicht nach § 274 beweiskräftig (RG **68**, 272; LR-Sioolek 17); daher empfiehlt sich eine Ablösung, sobald Ausschließungsgründe erkennbar sind oder geltend gemacht werden.

Für **selbstständige Amtshandlungen** des UrkB (Aufnahme von Rechtsmittel- 4
erklärungen und dgl) gelten die §§ 22ff nicht (Schleswig SchlHA **59**, 107; LR-Siolek 5). Obwohl der UrkB insoweit nicht kraft Gesetzes ausgeschlossen ist, wie zB der Gerichtsvollzieher nach § 155 GVG, darf er beim Vorliegen von Ausschließungsgründen entspr (dem unmittelbar nicht anwendbaren) § 20 VwVfG nicht tätig werden. Wegen Befangenheit kann er nicht abgelehnt werden (erg 21 zu § 24).

3) Entscheidung: Für die richterliche Zuständigkeit gilt II anstelle des § 27. 5
Bei Verwerfung als unzulässig gilt § 26a II S 1, 2. Beim SchG und der kleinen StrK entscheidet der Vorsitzende allein (II S 1), bei der großen StrK die richterlichen Mitglieder ohne Mitwirkung der Schöffen (II S 2). Der StS des BGH und des OLG entscheidet über die Ausschließung oder Ablehnung des Protokollführers in der für die Hauptverhandlung bestimmten Besetzung, das OLG im 1. Rechtszug also ggf (vgl § 122 II GVG) mit 5, nicht mit 3 Richtern (**aM** LR-Siolek 11). Ist der Protokollführer einem Richter beigegeben, so entscheidet dieser allein (II S 3).

4) Rechtsmittel: Für Schöffen gilt § 28 entspr, auch dessen II S 2. Die Ent- 6
scheidung über die Ablehnung des UrkB in der Hauptverhandlung ist unanfechtbar (LG Stuttgart NJW **64**, 677; KK-Fischer 10; **aM** AK-Wassermann 6; LR-Siolek 14; SK-Rudolphi 11; vgl auch Bohnert 95ff); da eine Urteilsanfechtung praktisch nicht in Betracht kommt, ist jedenfalls § 28 II S 2 nicht anwendbar (LR-Siolek 15).

Wegen der **Revision** gilt für Schöffen § 338 Nrn 2, 3. Auf der Mitwirkung 7
eines ausgeschlossenen oder befangenen Protokollführers kann das Urteil nicht beruhen (BGHR Protokollführer 1; RG **68**, 272; erg 26 zu § 344).

32 (weggefallen)

4. Abschnitt. Gerichtliche Entscheidungen und Kommunikation zwischen den Beteiligten

Vorbemerkungen

1) Für die **gerichtlichen Entscheidungen** (Einl 121) gelten die allgemeinen 1
Vorschriften dieses Abschnitts. Zu unterscheiden sind Sachentscheidungen über den Prozessgegenstand und bloße Prozessentscheidungen, die aus verfahrensrechtlichen Gründen eine Sachentscheidung ablehnen, den Weg zu ihr versperren oder die Sicherung und den Ablauf des Verfahrens betreffen. Für beide Arten fordert das Gesetz die Anhörung der Beteiligten (§§ 33, 33a) und regelt, welche Entscheidungen mit Gründen versehen (§ 34) und wann und auf welche Weise sie bekanntgegeben werden müssen (§§ 35ff). Über die Wirksamkeit richterlicher Prozesshandlungen und ihre Widerruflichkeit (Einl 112ff) enthält der Abschnitt keine Bestimmungen.

2 **2)** Das **Ergehen einer Entscheidung** wird in vielen Vorschriften vorausgesetzt, ohne dass das Gesetz ausdrücklich sagt, welcher Zeitpunkt hierfür maßgebend ist. Im Einzelnen gilt Folgendes:

3 A. **In der Hauptverhandlung** ergeht die Entscheidung durch Verkündung des Urteils (§ 268 II S 1) oder Beschlusses (§ 35 I S 1), gleichgültig, ob der davon Betroffene anwesend ist. Bei der Urteilsverkündung ist nur die Verlesung der Urteilsformel, nicht die außerdem vorgeschriebene mündliche Eröffnung der Urteilsgründe wesentlich (38 zu § 338). Unabänderbar wird das Urteil aber erst mit Beendigung der vollständigen Verkündung (9 ff zu § 268).

4 B. **Außerhalb der Hauptverhandlung** ergehen die Entscheidungen in Anwesenheit der betroffenen Personen durch Verkündung (§ 35 I S 1), sonst schriftlich. Beim schriftlichen Erlass von Entscheidungen ist der aktenmäßige Erlass vom Erlass mit Außenwirkung zu unterscheiden:

5 a) **Aktenmäßig ist die Entscheidung erlassen,** wenn sie vollinhaltlich zur Kenntnis für Personen außerhalb des Gerichts niedergelegt und durch den zuständigen Richter unterschrieben ist (BGH **25**, 187; Koblenz MDR **85**, 955). Von dieser Art des Erlasses der Entscheidung gehen zB § 78 c II StGB und § 33 II OWiG aus.

6 Die **Unterzeichnung von Beschlüssen** schreibt das Gesetz nicht vor (BGH NStZ **85**, 492 [Pf/M]; Bay **89**, 102 = StV **90**, 395 mit Anm Naucke). Anders als nach § 275 II bei Urteilen ist bei Beschlüssen insbesondere nicht die Unterschrift aller mitwirkenden Richter erforderlich (BGH NJW **54**, 360; JR **57**, 69). Daher lässt § 14 II GeschOBGH für Beschlüsse dieses Gerichts, die außerhalb der mündlichen Verhandlung ergehen, die Unterschrift des Vorsitzenden und des Berichterstatters genügen. Trägt der Beschluss einer StrK nur eine oder 2 Unterschriften, so muss aber erkennbar sein, dass die gerichtliche Entscheidung gleichwohl in der gesetzlich vorgeschriebenen Besetzung mit 3 Richtern getroffen worden ist (BGH NStZ-RR **97**, 205; Düsseldorf MDR **84**, 164; Nürnberg MDR **94**, 294; Stuttgart Justiz **82**, 165). Hat der 3. Richter gar nicht mitgewirkt, so handelt es sich um einen Beschlussentwurf, um eine Nichtentscheidung (BVerfG NJW **85**, 788), die aber anfechtbar ist, wenn sie den Prozessbeteiligten zugestellt wurde (Rosenberg/Schwab/Gottwald § 62 III 2; Lüke JuS **85**, 767).

7 **Fehlt es an der Unterschrift,** so muss sich mindestens aus den Umständen ohne jeden Zweifel ergeben, dass die in den Akten befindliche Entscheidung auf dem Willen des zuständigen Richters beruht (Bay **57**, 4 = MDR **57**, 374; Düsseldorf NJW **70**, 1937; Koblenz MDR **85**, 955; vgl auch Koblenz MDR **83**, 864 und Düsseldorf VRS **96**, 204 für den Fall der Vertretung in der Unterschrift).

8 Durch den aktenmäßigen Erlass wird die **Entscheidung existent** und daher auch schon anfechtbar (4 vor § 296); sie kann aber noch abgeändert werden (erg 24 zu § 349).

9 b) **Erlassen mit Außenwirkung** wird die Entscheidung an dem Tag, an dem die Geschäftsstelle sie an eine Behörde oder Person außerhalb des Gerichts hinausgibt (Bay **77**, 77, 79 = MDR **77**, 778; Bay **79**, 148 = VRS **58**, 34; **01**, 53 mwN; KG NZV **92**, 123; Köln NJW **93**, 608; Meyer JR **76**, 515); das gilt auch, wenn die Geschäftsstelle ohne richterliche Anweisung handelt (Bay **81**, 84 = NJW **81**, 2589; **aM** LR-Graalmann-Scheerer 12 zu § 33). Maßgebend ist also nicht, wann die Entscheidung vom Richter in den Geschäftsgang gegeben (so RG **56**, 358, 360; **66**, 121; Hamm GA **59**, 287; Köln JR **76**, 514) oder wann sie den Verfahrensbeteiligten zugestellt worden ist (so KG VRS **38**, 137; Bremen NJW **56**, 435; Koblenz VRS **48**, 291; LR-Graalmann-Scheerer aaO), sondern der Zeitpunkt, von dem ab es tatsächlich unmöglich ist, sie abzuändern (Meyer aaO; vgl auch KK-Maul 4 zu § 33).

10 **3)** Ein **Recht auf richterliche Entscheidung** hat grundsätzlich jeder Antragsteller, der in seiner Eingabe nicht erkennen lässt, dass er auf einen Bescheid

verzichtet. Wenn es sich nicht um einen Antrag handelt, für den das Gesetz eine förmliche Entscheidung vorschreibt, kann der Antragsteller formlos beschieden werden; mindestens die Art der Erledigung ist ihm schriftlich mitzuteilen (vgl BVerfGE **2**, 225 = NJW **53**, 817 zu Art 17 GG).

Eine **sachliche Entscheidung unterbleibt,** wenn die Eingabe oder der Antrag nicht den Anforderungen entspricht, die an jede bei einer Behörde einzureichende Eingabe zu stellen sind, etwa wenn sie einen beleidigenden, herausfordernden oder erpresserischen Inhalt hat (BVerfG aaO). Das gilt insbesondere auch für Strafanzeigen, die keinen sachlichen Inhalt haben, sondern nur grob beleidigend oder querulatorisch sind (vgl dazu Solbach/Klein 16). 11

Falls eine Antrags- oder Rechtsmittelschrift **grobe Verunglimpfungen** des Antragsgegners, des angerufenen Gerichts oder anderer mit der Sache befasster Justizorgane enthält (KG NJW **69**, 151; Hamm NJW **76**, 978; Karlsruhe NJW **73**, 1658; **74**, 915; Koblenz MDR **73**, 157; **87**, 433 L; Stuttgart Justiz **02**, 553; eingehend Kockel/Vossen-Kempkens NStZ **01**, 178) und nicht ersichtlich ist, dass zugleich auch ein sachliches Anliegen verfolgt wird (BVerfG StV **01**, 697), wird – auch wenn der Verfasser der Schmähschrift ein RA ist (Karlsruhe MDR **78**, 74) – dem Antragsteller formlos oder, wenn in der Sache durch Beschluss zu entscheiden wäre, durch Beschluss mitgeteilt, dass das Gericht eine Entscheidung ablehnt (vgl BVerfG NStZ **01**, 616; BGH NStZ **07**, 283; SK-Weßlau 15; erg 1 zu § 171). 12

So auch dann zu verfahren, wenn der Antragsteller dadurch **sein Rechtsmittel verliert,** ist allerdings nicht angängig; hier hat eine Entscheidung in der Sache zu ergehen (Düsseldorf MDR **93**, 462 mwN; Fahl 608); ggf ist der Antragsteller auf die Ungehörigkeit seiner Äußerungen hinzuweisen (vgl BGH NStZ **04**, 690) oder zugleich eine Strafanzeige nach §§ 185 ff StGB zu erstatten. 13

Wer eine **Eingabe wiederholt,** die bereits ordnungsmäßig beschieden worden war, hat grundsätzlich keinen Anspruch auf erneuten Bescheid (BVerfG aaO). 14

4) Die **äußere Form der Entscheidungen** ist gesetzlich nur teilw geregelt, zB für das Urteil, das im Namen des Volkes ergeht (§ 268 I), aus Urteilsformel und -gründen besteht (§§ 260 IV, 268 II) und schriftlich zu den Akten gebracht werden muss (§ 275). Auch die Beschlüsse bestehen aus Entscheidungssatz und, soweit erforderlich, Begründung. Das folgt aus § 34, der zwischen Entscheidung und Begründung unterscheidet. Schriftliche Entscheidungen müssen außerdem das Gericht, das Datum der Entscheidung und die Personalien des Beschuldigten angeben (Düsseldorf Rpfleger **93**, 506), also eine Art Rubrum enthalten; die Namen der beschließenden Richter ergeben sich aus der Unterzeichnung, können aber auch in der Eingangsformel des Beschlusses bezeichnet werden. 15

Anhörung der Beteiligten

33 **I Eine Entscheidung des Gerichts, die im Laufe einer Hauptverhandlung ergeht, wird nach Anhörung der Beteiligten erlassen.**

II Eine Entscheidung des Gerichts, die außerhalb einer Hauptverhandlung ergeht, wird nach schriftlicher oder mündlicher Erklärung der Staatsanwaltschaft erlassen.

III Bei einer in Absatz 2 bezeichneten Entscheidung ist ein anderer Beteiligter zu hören, bevor zu seinem Nachteil Tatsachen oder Beweisergebnisse, zu denen er noch nicht gehört worden ist, verwertet werden.

IV 1 Bei Anordnung der Untersuchungshaft, der Beschlagnahme oder anderer Maßnahmen ist Absatz 3 nicht anzuwenden, wenn die vorherige Anhörung den Zweck der Anordnung gefährden würde. 2 Vorschriften, welche die Anhörung der Beteiligten besonders regeln, werden durch Absatz 3 nicht berührt.

1 **1)** Das **rechtliche Gehör** (Einl 23 ff) sichert die Vorschrift den Beteiligten. Sie bleibt hinter dem prozessualen Grundrecht des Art 103 I GG nicht zurück; auf die Verfassungsvorschrift braucht daher nicht zurückgegriffen zu werden. § 33 gibt keinen Anspruch auf einen rechtlichen Dialog (BGH NJW **89**, 2403, 2407 mwN; erg 7 a zu § 265): er wird durch §§ 248 S 2, 257, 258 II, 265 I, II, 326 S 2 und 351 II S 2 erweitert und für Rechtsmittelentscheidungen durch §§ 308 I, 320 S 2, 347 I ergänzt. Im Strafbefehlsverfahren gilt die Sondervorschrift des § 407 III.

2 **2)** Eine **Entscheidung** des Gerichts (Einl 121 ff) iS des § 33 ist ein Ausspruch im Vor- oder Hauptverfahren, der in irgendeiner Hinsicht in die sachlich-rechtliche oder verfahrensrechtliche Rechtsstellung eines Prozessbeteiligten oder in die Rechte Dritter eingreift. Eine weite Auslegung des Begriffs ist geboten (LR-Graalmann-Scheerer 6). Jedoch fallen prozessleitende Verfügungen und Entscheidungen, die nur den Gang des Verfahrens regeln, nicht unter I (KK-Maul 2; **aM** KMR-Paulus 4). Die Anhörungspflicht bezieht sich auch nicht auf gerichtsinterne Entscheidungen (4 zu § 30) und auf bloße Mitteilungen, Belehrungen, Hinweise und justizinterne Anordnungen. Vgl im Übrigen die Erläuterungen zu den einzelnen Vorschriften.

3 Zur Frage, wann eine Entscheidung **ergangen** ist, vgl 2 ff vor § 33.

4 **3) Beteiligte** sind alle Verfahrensbeteiligten (Einl 70 ff), aber auch Dritte, in deren Rechte die gerichtliche Entscheidung eingreift (BGH **19**, 7, 15 [GSSt]; vgl auch Bohnert JZ **78**, 710), zB Zeugen, gegen die Ordnungsmittel nach § 70 I oder nach § 178 GVG angeordnet werden sollen.

5 **4) Entscheidungen in der Hauptverhandlung** (I): Die Pflicht zur Anhörung bedeutet, dass den Beteiligten, sofern sie anwesend sind (Celle MDR **56**, 759; LR-Graalmann-Scheerer 17), Gelegenheit zur Äußerung zu der Frage gegeben werden muss, über die eine Entscheidung ergehen soll, und zwar in tatsächlicher und rechtlicher Hinsicht (Einl 28). Da eine sachgemäße Äußerung nur möglich ist, wenn die Beteiligten den Gegenstand der Entscheidung kennen, muss er ihnen mitgeteilt werden, sofern er nicht auf der Hand liegt.

6 Die **Form der Anhörung** steht im Ermessen des Gerichts, wenn sie nicht ausdrücklich bestimmt ist, wie zB in § 308 I. Eine ausdrückliche Aufforderung zur Äußerung ist grundsätzlich nicht erforderlich (BGH **17**, 337, 340; NStZ **93**, 500; OGH **2**, 113; Bay StV **82**, 460); ausnahmsweise kann aber die Fürsorgepflicht sie gebieten. IdR genügt es, dass dem Beteiligten das Recht, sich erklären zu können, erkennbar zum Bewusstsein gebracht wird; nicht ausreichend ist die bloße Möglichkeit, die „tatsächliche Gelegenheit", zur Stellungnahme (Bay aaO).

7 Ist der Angeklagte mit seinem **Verteidiger** erschienen, so genügt dessen Anhörung (BGH MDR **74**, 367 [D]). Wird nur der Angeklagte gehört, so ist das unschädlich, wenn, was idR der Fall ist, der Verteidiger erkennen kann, dass er ebenfalls Gelegenheit zur Stellungnahme hat. Kennt nur der Angeklagte die Tatsachen, zu denen rechtliches Gehör gewährt wird, so genügt seine Anhörung immer.

8 Eine **wesentliche Förmlichkeit** iS § 273 I ist die Anhörung; sie muss daher im Protokoll beurkundet werden (KK-Maul 7; KMR-Paulus 27; **aM** BGH NStZ **93**, 500; EbSchmidt Nachtr 13).

9 **5) Entscheidungen außerhalb der Hauptverhandlung** (II, III):

10 A. Die **StA** (II) ist vor einer richterlichen Entscheidung außerhalb der Hauptverhandlung schriftlich zu hören. Außer in den gesetzlich besonders geregelten Fällen (vgl §§ 118 a III S 1, 124 II S 3, 138 d IV S 1) kann sie eine mündliche Anhörung nicht verlangen (LR-Graalmann-Scheerer 29). Die StA nimmt auf Grund ihrer Aktenkenntnis Stellung; da sie zur Mitwirkung verpflichtet ist (Einl 37 ff), darf sie hiervon grundsätzlich nicht absehen. Einschränkungen von II enthalten §§ 125 I, 128 II S 2 und für den Fall, dass ein StA nicht alsbald erreichbar ist, § 163 II S 2 (dort 26) und § 163 c mit seinem Beschleunigungsgebot (dort 11).

Auch im Fall der Briefbeanstandung nach § 148a wird die StA nicht gehört (dort 4). Eine Einschränkung des II enthält auch § 309 I für die Beteiligung der StA beim Beschwerdegericht (dort 2). Da die Anhörung der StA keine Gewährung rechtlichen Gehörs iS Art 103 I GG ist (Einl 27), bestehen gegen solche Ausnahmen keine verfassungsrechtlichen Bedenken. Für Privat- und Nebenkläger ist II nicht anwendbar; für sie gelten §§ 385 I S 1, 397 I S 2.

B. **Andere Beteiligte** (III) sind vor einer richterlichen Entscheidung außerhalb der Hauptverhandlung nur zu hören, wenn sie zu ihrem Nachteil ergehen soll. Sie werden, zweckmäßigerweise unter Bestimmung einer Äußerungsfrist, schriftlich davon unterrichtet, welche Entscheidung zu treffen ist und dass sie sich dazu schriftlich äußern können. Der Verteidiger kann durch die Gewährung von Akteneinsicht unterrichtet werden. Die Anhörung durch die StA kann genügen, wenn erkennbar ist, dass sie der Vorbereitung einer gerichtlichen Entscheidung dient. **11**

Wird dem **Verteidiger** Gelegenheit zur Äußerung gegeben, so reicht das idR aus, weil durch ihn der Beschuldigte zu Wort kommt (BGH MDR **74**, 367 [D]; BGHR § 33a S 1 Anhörung 6; Karlsruhe NJW **68**, 1438 = JZ **69**, 710 mit Anm EbSchmidt; vgl auch BGH **26**, 379; Einl 26). Das Gleiche gilt für den in verteidigerähnlicher Stellung handelnden Prozessbevollmächtigten eines Nebenbeteiligten (Einl 73) sowie für den RA als Beistand des Privat- oder Nebenklägers. Dagegen kann die Anhörung des Beteiligten die des Verteidigers oder Bevollmächtigten grundsätzlich nicht ersetzen (BGH **25**, 252, 254; Karlsruhe aaO). **12**

Auf **Tatsachen und Beweisergebnisse,** zu denen der Beteiligte noch nicht gehört worden ist, die das Gericht für entscheidungserheblich hält (Hamburg NJW **64**, 2315; KK-Maul 8) und die es zu seinem Nachteil verwerten will, muss sich die Anhörung erstrecken. Die Tatsachen können der äußeren Geschehenswelt angehören oder Vorgänge im Innern des Menschen betreffen (KK-Maul 9). Sie können auch rein verfahrensrechtlicher Natur sein (Köln NJW **70**, 1336), wie zB die Rechtzeitigkeit des Strafantrags. Zu den Beweisergebnissen gehören insbesondere Sachverständigengutachten und Ergebnisse eines Augenscheins. Auch Werturteile sind Beweisergebnisse, wenn sie auf beobachteten äußeren oder inneren Tatsachen beruhen, nicht aber bloße Rechtsausführungen (Düsseldorf VRS **82**, 189). Die Äußerung eines Beteiligten kann dazu führen, dass sein Gegner nach III gehört werden muss. Der Anhörung bedarf es nicht, wenn das Gericht die Tatsachen oder Beweisergebnisse nicht berücksichtigen will (KG NJW **54**, 1410, 1411; SK-Weßlau 17) oder wenn zwar ein Teil der Tatsachen zuungunsten des Beteiligten gewertet wird, die Entscheidung aber auf Grund anderer Tatsachen zu seinen Gunsten ausfällt. **13**

Besondere Regelungen über die Anhörung der Beteiligten bleiben unberührt. Dazu gehören insbesondere die Anhörungspflichten nach § 81 I S 1, 122 II S 1, 175 S 1, 201 I, 225a II S 1, 453 I S 2, 454 I S 2, 3 und 462 II. **14**

6) Die **Notwendigkeit überraschender Maßnahmen** (IV S 1) schließt die Anhörung nach III aus. Außer der Anordnung der UHaft nach §§ 112ff und der Beschlagnahme nach §§ 94ff, 111bff, gehören dazu insbesondere die Eingriffe nach §§ 81a, 99, 100a, 102–104, die Anordnung der Sicherheitsleistung nach § 132 und die Vorführung nach § 134. **15**

Eine **Gefährdung des Zwecks der Anordnung** liegt vor, wenn auf Grund von Tatsachen im Einzelfall oder nach der Lebenserfahrung die Gefahr besteht, dh wenn es naheliegt, dass der Beteiligte bei vorheriger Anhörung den Zugriff vereiteln werde, zB durch Flucht oder durch Verstecken der Gegenstände, die beschlagnahmt werden sollen. Die Umstände, die die Anwendung des IV S 1 veranlasst haben, sind in dem Beschluss darzulegen, wenn sie nicht, wie meist, offensichtlich sind. IV S 1 gilt auch im Beschwerderechtszug (§ 308 I S 2; dazu Hamm NStZ-RR **98**, 19; **01**, 254; Stuttgart NStZ **90**, 247). **16**

Die Vorschrift **gilt entspr,** wenn die Anordnung gar nicht ergehen und daher ihren Zweck nicht erfüllen könnte, weil die Anhörung aus tatsächlichen Gründen nicht möglich ist, zB bei unbekanntem Aufenthalt des Anzuhörenden, oder weil **17** bestimmte Anhaltspunkte dafür bestehen, dass die vorherige Anhörung eine Gefahr für Leib oder Leben anderer herbeiführen würde. Dagegen darf von der Anhörung nicht deshalb abgesehen werden, weil der dazu erforderliche Aufwand unverhältnismäßig wäre.

18 Eine **nachträgliche Anhörung** erfolgt im Rechtsmittelzug, wenn die Entscheidung anfechtbar ist (BVerfG NJW **04**, 2443; NStZ-RR **08**, 16; zust Kempf StraFo **04**, 299). Nur wenn sie nicht angefochten werden kann, ist nach § 33 a nachträgliches Gehör zu gewähren (Frankfurt NStZ-RR **02**, 306). Über das Recht auf nachträgliche Anhörung ist der Betroffene in der nicht anfechtbaren Entscheidung zu belehren (BVerfG **9**, 89, 107 = NJW **59**, 427; BVerfGE **18**, 399, 404 = NJW **65**, 1171, 1172); von Amts wegen braucht die Anhörung nicht in jedem Fall durchgeführt zu werden (**aM** KK-Maul 14; Hanack JR **67**, 230; Kleinknecht JZ **65**, 160).

19 **7) Revision:** Das Urteil kann auf dem Verstoß gegen die Anhörungspflicht in der Hauptverhandlung nur beruhen, wenn der Angeklagte ihn sofort beanstandet hat. Andernfalls muss angenommen werden, dass er die Entscheidung stillschweigend gebilligt hat und seine Anhörung daher zu keinem anderen Ergebnis geführt hätte.

Nachholung des rechtlichen Gehörs

33a [1]**Hat das Gericht in einem Beschluss den Anspruch eines Beteiligten auf rechtliches Gehör in entscheidungserheblicher Weise verletzt und steht ihm gegen den Beschluss keine Beschwerde und kein anderer Rechtsbehelf zu, versetzt es, sofern der Beteiligte dadurch noch beschwert ist, von Amts wegen oder auf Antrag insoweit das Verfahren durch Beschluss in die Lage zurück, die vor dem Erlass der Entscheidung bestand.** [2]**§ 47 gilt entsprechend.**

1 **1)** Die **Nachholung des rechtlichen Gehörs** sieht die Vorschrift vor. Da der Anspruch auf rechtliches Gehör (§ 33 III) durch Art 103 I GG verbürgt ist, kann seine Verletzung mit der Verfassungsbeschwerde (Einl 230 ff) gerügt werden. Zur Anrufung des BVerfG muss es aber nicht kommen, wenn die Strafgerichte den Mangel selbst beheben können (vgl Meyer Kleinknecht-FS 267). Das ermöglicht § 33 a; die Vorschrift, die nur subsidiär gilt und daher für das Beschwerdeverfahren durch § 311 a und für das Revisionsverfahren durch § 356 a als speziellere Regelungen ersetzt wird (vgl dort), soll das BVerfG entlasten. Sie erfasst jeden Verstoß gegen Art 103 I GG im Beschlussverfahren (BVerfGE **42**, 243, 250 = NJW **76**, 1837, 1839 = JZ **77**, 21 mit Anm Goerlich; BVerfG NStZ **85**, 277; Frankfurt NStZ-RR **02**, 306), also nicht nur ohne Anhörung verwertete Tatsachen und Beweisergebnisse (§ 33 III), sondern etwa auch Anträge und Rechtsausführungen anderer Verfahrensbeteiligter sowie die Information über die entscheidungserheblichen Beweismittel (BVerfG NStZ-RR **08**, 16, 17).

1a In Befolgung der Entscheidung des **Plenums des BVerfG** vom 30. 4. 2003 (BVerfGE **107**, 395 = NJW **03**, 1924) hat die Vorschrift durch das Anhörungsrügengesetz die jetzige Fassung erhalten. § 33 a findet keine Anwendung nach Abschluss des Verfahrens durch rechtskräftiges Urteil (BGH NStZ **92**, 27 [K]; Stuttgart MDR **90**, 271); SK-Weßlau 8, 9 erwägt, ob wegen der Entscheidung des Plenums des BVerfG hiervon Ausnahmen zu machen sind, verneint dies aber letztlich zutr, während unzutr Meyer-Mews (NJW **04**, 716) daraus weitreichende Folgerungen für das gesamte Strafverfahren und Eschelbach (GA **04**, 228) Folgerungen hinsichtlich der Anfechtbarkeit des Eröffnungsbeschlusses (1 zu § 210) und zur Begründung von Beschlüssen nach § 349 II (20 zu § 349) ziehen wollen (wie hier auch BGH NStZ-RR **05**, 173). Der Antrag nach § 33 a gehört zum Rechtsweg iS § 90 II BVerfGG; die Verfassungsbeschwerde ist daher erst zulässig, wenn er erfolglos gestellt worden war (BVerfG NStZ-RR **04**, 372; erg Einl 234).

2) Voraussetzungen des Nachverfahrens: 2

A. **Verletzung des Rechts auf rechtliches Gehör** in entscheidungserheblicher Weise bei Erlass eines Beschlusses außerhalb der Hauptverhandlung, gleichgültig, ob es sich um ein Versehen handelt oder ob das Gericht nach § 33 IV S 1 verfahren hat. Entscheidungserheblich ist die unterbliebene Anhörung nur dann, wenn und soweit sie sich auf das Ergebnis des Beschlusses ausgewirkt hat; hätte der Betroffene auch bei Anhörung sich nicht anders als geschehen verteidigen können oder ist es sonst ausgeschlossen, dass das Gericht bei Anhörung anders entschieden hätte, ist der Gehörsverstoß nicht entscheidungserheblich. Für Urteile hat § 33a keine Bedeutung. Er gilt auch nicht, wenn das Anhörungsrecht der StA (§ 33 II) nicht beachtet worden ist; denn sie kann nicht in dem Grundrecht nach Art 103 I GG verletzt werden (LR-Graalmann-Scheerer 8; SK-Weßlau 3; Ellersiek 181; erg Einl 27). 3

B. **Unanfechtbarkeit des Beschlusses:** Gemeint ist nur der Fall, dass das Gesetz die Anfechtung mit Beschwerde oder weiterer Beschwerde (§ 310) ausdrücklich ausschließt (KG NJW **66**, 991); dazu gehört auch der Ausschluss nach §§ 28 II, 305 S 1. Hat der Betroffene das zulässige Rechtsmittel versäumt oder zurückgenommen, so gilt § 33a nicht (Celle NJW **68**, 1391; Stuttgart NJW **74**, 284). Die Vorschrift ist aber entspr anwendbar, wenn dem Verurteilten ohne vorherige Anhörung die Strafaussetzung widerrufen und der Beschluss öffentl zugestellt worden ist, weil sein Aufenthalt nicht zu ermitteln war (BGH **26**, 127; Düsseldorf JR **93**, 125 mit zust Anm Wendisch; Hamm NJW **77**, 61). Andere Rechtsbehelfe iS des § 33a sind insbesondere Anträge nach §§ 44, 319 II, 346 II. 4

Bei **noch anfechtbaren Beschlüssen** ist die Pflicht zur Heilung des Verstoßes gegen das rechtliche Gehör selbstverständlich nicht geringer als im Fall des § 33a (BVerfG DAR **76**, 239; Kleinknecht JZ **65**, 159; erg 7 zu § 306; vgl auch § 311 III S 2). 5

C. Zum **Nachteil eines Beteiligten** muss der Beschluss ergangen sein, und der Nachteil muss noch bestehen (Düsseldorf NStE Nr 7). Nachteil ist gleichbedeutend mit Beschwer (LG Krefeld NJW **77**, 642; KK-Maul 4; erg 8ff vor § 296). Daher genügt es nicht, dass sich der Beteiligte durch die Beschlussgründe belastet fühlt. Der Nachteil besteht nicht mehr, wenn die Beschwer entfallen ist; er wird auch dann zu verneinen sein, wenn ein Interesse an der Feststellung der Rechtswidrigkeit einer erledigten Maßnahme (18a vor § 296) nicht gegeben ist (Celle NJW **73**, 863; **aM** Esskandari StraFo **97**, 292). 6

3) Nachholungsverfahren: Auf Antrag des Betroffenen, der an keine Frist gebunden ist, aber ebenso wenig wie ein unbefristetes Rechtsmittel (6 vor § 296) beliebig lange hinauszögert werden darf (Koblenz wistra **87**, 357), muss nachträglich rechtliches Gehör gewährt werden; eine Form schreibt das Gesetz für den Antrag nicht vor (Bay **73**, 42 = NJW **73**, 1140). Über den Antrag, der die Voraussetzungen des § 33a dartun muss (Koblenz wistra **87**, 357; LR-Graalmann-Scheerer 19), ist auch zu entscheiden, wenn er nicht ausreichend substantiiert ist oder wenn die Voraussetzungen des § 33a nicht vorliegen (KG JR **84**, 39); er wird dann kostenfällig als unzulässig verworfen (Köln NStZ **06**, 181). Dafür entsteht (ebenso wie bei Verwerfung als unbegründet) eine Gerichtsgebühr von 50 € (Nr. 3900 KVGKG). 7

Von Amts wegen wird das Nachtragsverfahren eingeleitet, wenn das Gericht auf andere Weise als durch einen Antrag des Betroffenen von dem Rechtsverstoß erfährt (BayVerfGHE **39** II 82 = NJW **87**, 314), nicht aber in jedem Fall, wenn von der Anhörung nach § 33 IV S 1 abgesehen worden war (dort 17). Äußert sich der Betroffene, dem dann zweckmäßigerweise eine Frist gesetzt wird, nicht, so wird das Nachholungsverfahren formlos abgeschlossen (Düsseldorf JurBüro **86**, 1216; KK-Maul 10). Von der Anhörung von Amts wegen darf nicht deshalb abgesehen werden, weil sie zuvor infolge Verschuldens des Betroffenen nicht möglich war. Sie darf aber unterbleiben, wenn er trotz Kenntnis der Beschlussgründe be- 8 wusst auf eine nachträgliche Äußerung verzichtet hatte und daher zu erwarten ist, dass er auch auf Anfrage keine Erklärung zur Sache abgeben werde (KK-Maul 8).

9 **4) Überprüfungsverfahren:** Hat der Betroffene nachträglich rechtliches Gehör erhalten und dazu eine Stellungnahme abgegeben, so muss das Gericht prüfen, ob die frühere Entscheidung abgeändert werden muss (BVerfG NJW **90**, 3191). Zulässig ist das nur, wenn sie auf der Verletzung des rechtlichen Gehörs beruhen kann (Karlsruhe Justiz **85**, 319). Eine Schlechterstellung des Betroffenen ist nicht statthaft (Bay **73**, 42 = NJW **73**, 1140). Die Abänderung erfolgt wie bei der Wiedereinsetzung in den vorigen Stand nach § 44 dadurch, dass das Verfahren durch Beschluss in die Lage zurückversetzt wird, in der es sich vor Erlass der beschwerenden Entscheidung befand. Die Vollstreckung der Entscheidung wird durch den Beschluss nicht gehemmt; das Gericht kann jedoch einen Aufschub der Vollstreckung anordnen (S 2 iVm § 47). Ist eine Änderung nicht erforderlich, so muss gleichwohl ein neuer Beschluss erlassen werden.

10 **5) Beschwerde:** Lehnt das Gericht die nachträgliche Gewährung des rechtlichen Gehörs oder die Zurückversetzung in die frühere Lage aus formellen Gründen ab, so ist hiergegen Beschwerde nach § 304 zulässig (KG NJW **66**, 991; StraFo **07**, 241 mwN). Die sachliche Überprüfungsentscheidung ist nicht anfechtbar; denn das würde auf die Zulassung der (gesetzlich ausgeschlossenen) weiteren Beschwerde hinauslaufen (KG aaO; Celle VRS **64**, 439; Frankfurt NStZ-RR **03**, 79). Das gilt auch, wenn mit der Beschwerde geltend gemacht wird, das Gericht habe die von dem Betroffenen vorgebrachten Umstände inhaltlich nicht genügend „verarbeitet" (BbgVerfG NStZ-RR **00**, 172, 173; **aM** Bringewat StVollstr 28 zu § 453; Hanack JR **74**, 113). Beschwerde ist aber zulässig, wenn das Gericht seinen ursprünglichen Beschluss aufhebt (LG Aachen MDR **92**, 790; SK-Weßlau 26; Katzenstein StV **03**, 364; **aM** Düsseldorf JR **93**, 125 mit abl Anm Wendisch) oder ihm bei erneuter Sachentscheidung (wiederum) ein Verstoß gegen Art 103 I GG unterlaufen ist (Frankfurt NStZ-RR **05**, 238), ferner, wenn eine rechtskräftige Entscheidung ohne Vorliegen der Voraussetzungen des § 33a abgeändert worden ist (Karlsruhe Justiz **85**, 319). Das Recht auf Wiedereinsetzung nach § 44 wird durch § 33a nicht berührt (LG Flensburg DAR **85**, 93).

Begründung

34 **Die durch ein Rechtsmittel anfechtbaren Entscheidungen sowie die, durch welche ein Antrag abgelehnt wird, sind mit Gründen zu versehen.**

1 **1)** Der **Begründungszwang** dient dem Zweck, die Anfechtungsberechtigten in die Lage zu versetzen, eine sachgemäße Entscheidung über ihr weiteres prozessuales Vorgehen, insbesondere über die Einlegung eines Rechtsmittels, zu treffen; ferner soll dem Rechtsmittelgericht die Prüfung der Entscheidung ermöglicht werden (RG **75**, 11, 13; KG StV **86**, 142; Düsseldorf StV **91**, 521 mwN und Anm Schlothauer). Die Gerichte sind aber nicht verpflichtet, sich in den Entscheidungsgründen mit jedem Vorbringen zu befassen (BVerfGE **13**, 132, 149; **47**, 182, 187 = NJW **78**, 989; vgl dazu aber Wagner ZStW **106**, 274: Begründungspflicht folgt aus Art 20 III GG). Das gilt besonders bei letztinstanzlichen, mit ordentlichen Rechtsmitteln nicht mehr angreifbaren Entscheidungen (BVerfGE **65**, 293, 295; BVerfG NJW **95**, 2912; **97**, 1693).

2 **2) Anfechtbare Entscheidungen** iS des § 34 können nur Sachentscheidungen sein, gleichgültig, ob sie sich auf verfahrensrechtliche oder sachlich-rechtliche Fragen beziehen. Unmittelbar anfechtbar brauchen sie nicht zu sein; es genügt, dass sie auf die Revision geprüft werden können (KK-Maul 2). Auf Verfügungen, die nur den Gang des Verfahrens bestimmen oder die Prozessleitung betreffen, ist § 34 nicht anwendbar (LR-Graalmann-Scheerer 8).

Entscheidungen, durch die ein Antrag abgelehnt wird, sind nur solche, die einen Antrag voraussetzen. Sind sie von Amts wegen zu treffen, so brauchen sie demnach streng genommen auch dann nicht begründet zu werden, wenn ein Antrag gestellt worden war (so BGH **15**, 253). Die hM verlangt aber unter dem Gesichtspunkt des rechtlichen Gehörs und der dem Gericht obliegenden Fürsorgepflicht (Einl 155 ff) auch in diesen Fällen eine Begründung, vor allem dann, wenn ein Prozessbeteiligter dem Antrag eines anderen widersprochen hat (vgl LR-Graalmann-Scheerer 8, 9). 3

3) Der **Inhalt der Begründung,** auch der mündlichen (5 zu § 35), muss die rechtlichen und tatsächlichen Erwägungen erkennen lassen, auf denen die Entscheidung beruht (Mosbacher Miebach-SH 21). Die bloße Wiedergabe des Gesetzeswortlauts genügt nicht (Bay **52**, 257, 258 = NJW **53**, 233; Köln StV **88**, 335, 336; erg 41 zu § 244), auch nicht allgemeine oder formelhafte Wendungen. Das Maß der aus dem Anspruch auf rechtliches Gehör folgenden Erörterungspflicht wird nicht nur durch die Bedeutung des Vortrags der Beteiligten für das Verfahren bestimmt, sondern auch durch die Schwere eines zur Überprüfung gestellten Grundrechtseingriffs (BVerfG NJW **04**, 1519). Bezugnahmen auf andere Entscheidungen sind zulässig, soweit das Gesetz nichts anderes bestimmt und die Verständlichkeit der Begründung darunter nicht leidet, insbesondere auch, wenn eine bloße Wiederholung eines früher gestellten Antrags vorliegt (BGH NStZ-RR **04**, 118). 4

Ermessensentscheidungen brauchen idR eine Begründung nur in der Weise, dass das Ermessen als rechtliche Grundlage der Entscheidung erkennbar ist (BGH **1**, 175, 177; Celle NJW **61**, 1319; Hamburg MDR **70**, 255; Mosbacher aaO). Wenn andernfalls Zweifel möglich sind, muss die Begründung aber deutlich machen, welche Ermessensentscheidung getroffen und welcher von mehreren möglichen Fällen als gegeben angenommen worden ist (BGH aaO). Wenn die tatsächlichen oder rechtlichen Umstände dazu drängen, muss auch dargelegt werden, dass es sich um eine reine Ermessensfrage handelt, nicht um eine Rechtsfrage (vgl SK-Weßlau 10). Es dürfen keine Zweifel daran bleiben, dass die Grenzen des Ermessens beachtet worden sind. 5

Besondere Bestimmungen enthalten für Urteile § 267, für die Richterablehnung § 26 a II S 2, für den Haftbefehl § 114 II, III, für den Eröffnungsbeschluss §§ 204, 207, für den Vorlagebeschluss § 225 a III und für den Verweisungsbeschluss § 270 II. 6

4) Das **Fehlen der Begründung** führt bei Urteilen zwingend zur Urteilsaufhebung (§ 338 Nr 7). Bei Beschlüssen entscheidet das Beschwerdegericht idR in der Sache (7 zu § 309); zu einem Beweisverwertungsverbot führt die fehlende (oder unzureichende) Begründung nicht (dazu eingehend und krit Schmidt StraFo **09**, 448). 7

Rechtskraft durch Beschluss

34a **Führt nach rechtzeitiger Einlegung eines Rechtsmittels ein Beschluss unmittelbar die Rechtskraft der angefochtenen Entscheidung herbei, so gilt die Rechtskraft als mit Ablauf des Tages der Beschlussfassung eingetreten.**

1) Der **Eintritt der Rechtskraft** ist maßgebend für den Beginn der Vollstreckbarkeit des Strafurteils (§ 449), für die Strafzeitberechnung nach §§ 37 ff StVollstrO (dazu Pohlmann Rpfleger **79**, 126), für den Beginn der Bewährungszeit (§ 56 a II S 1 StGB) und der Führungsaufsicht (§ 68 c III S 1 StGB) sowie für die Eintragungsfähigkeit einer Verurteilung in das Zentralregister (§ 4 **BZRG**). Das sachliche Recht macht auch den Beginn von Rechtsfolgen vom Eintritt der Rechtskraft der Entscheidung abhängig, zB den des Rechtsverlusts nach § 45 StGB (§ 45 a I StGB), der Entziehung der Fahrerlaubnis (§§ 69 III S 1, 69 a V S 1 StGB), 1 des Berufsverbots (§ 70 IV S 1 StGB), und für den Eigentumsübergang nach §§ 73e I, 74 I StGB.

2 **Herbeigeführt** wird die Rechtskraft strafgerichtlicher Entscheidungen entweder durch nicht angefochtene oder nicht weiter anfechtbare Urteile oder durch Beschlüsse.

3 Da **Urteile** verkündet werden müssen (§ 268 II S 1), kann insoweit kein Zweifel über den Zeitpunkt ihres Erlasses und des daran geknüpften Eintritts der Rechtskraft entstehen. Bei nicht anfechtbaren Urteilen ist der Tag der Verkündung maßgebend. Entsteht die Rechtskraft mit dem ungenutzten Ablauf der Rechtsmittelfrist, so wird die Entscheidung mit dem Beginn des 1. Tages nach dem Ablauf der Frist rechtskräftig, falls dieser Zeitpunkt nicht durch § 43 II hinausgeschoben wird.

4 Führt ein **Beschluss** unmittelbar die Rechtskraft der angefochtenen Entscheidung herbei, so kommt es für den Eintritt der Rechtskraft an sich auf den Tag an, an dem der Beschluss erlassen worden ist. Das kann nicht nur aus Rechtsgründen (9 vor § 33), sondern auch in tatsächlicher Hinsicht zweifelhaft sein. Aus Gründen der Rechtssicherheit unterstellt daher § 34a, dass die Rechtskraft mit dem Ablauf des Tages der Beschlussfassung eingetreten ist (erg unten 7). Das ermöglicht es, den Zeitpunkt des Eintritts der Rechtskraft ohne weiteres aus dem Beschluss abzulesen. Für Beschlüsse, die in einer Verhandlung verkündet werden, hat § 34a keine Bedeutung.

5 **2)** Nur wenn **nach rechtzeitiger Einlegung eines Rechtsmittels** ein Beschluss unmittelbar, dh ohne die Möglichkeit weiterer Anfechtung, die Rechtskraft herbeiführt, ist § 34a anwendbar. Er hat insbesondere Bedeutung für Beschlüsse der Revisionsgerichte nach § 349 I, mit denen das Rechtsmittel aus anderen Gründen als wegen verspäteter Einlegung verworfen wird (23 zu § 349), und für Verwerfungsbeschlüsse nach § 349 II, gilt aber auch für Entscheidungen der Rechtsmittelgerichte nach §§ 322 II, 346 II, mit denen der Beschluss über die Verwerfung eines rechtzeitig eingelegten Rechtsmittels bestätigt wird (KK-Maul 4; LR-Graalmann-Scheerer 9; erg 5 zu § 346). Der Beschluss, mit dem eine rechtzeitig eingelegte Berufung nach § 322 I oder eine rechtzeitig eingelegte Revision nach § 346 I verworfen wird, führt nicht unmittelbar die Rechtskraft des Urteils herbei (2 zu § 322; 5 zu § 346).

6 Bei **verspäteter Rechtsmitteleinlegung** bedarf es der verfahrenserleichternden Unterstellung des § 34a nicht. Denn wenn eine verspätete Berufung nach § 319 I oder § 322 I oder eine verspätete Revision nach § 346 I oder § 349 I verworfen wird, hat das für den Eintritt der Rechtskraft nur feststellende Bedeutung; sie ist bereits mit dem Ablauf der Anfechtungsfrist eingetreten (1 zu § 316; 1 zu § 319; 5 zu § 346; 23 zu § 349). Aus dem selben Grund ist § 34a für Beschlüsse, mit denen die sofortige Beschwerde nach § 319 II verworfen wird, bedeutungslos.

7 **3) Mit dem Ablauf des Tages der Beschlussfassung** tritt nach § 34a die Rechtskraft ein. Tag der Beschlussfassung iS der Vorschrift ist der Tag, dessen Datum der Beschluss trägt. Auf den Zeitpunkt seines Erlasses (5 ff vor § 33) kommt es nicht an, bei Beschlüssen eines Kollegialgerichts auch nicht auf den Tag, an dem über die Entscheidung beraten und abgestimmt worden ist (KK-Maul 7). Der Ablauf des Tages der Beschlussfassung fällt zusammen mit dem Beginn des auf die Beschlussfassung folgenden Tages. Bei einem zeitlich fest begrenzten Rechtsverlust ist daher die Berechnungsregel des § 43 I anzuwenden, nicht aber § 43 II, der nur für Prozesserklärungsfristen gilt.

Bekanntmachung

35 I [1]**Entscheidungen, die in Anwesenheit der davon betroffenen Person ergehen, werden ihr durch Verkündung bekanntgemacht.** [2]**Auf Verlangen ist ihr eine Abschrift zu erteilen.**

II [1] Andere Entscheidungen werden durch Zustellung bekanntgemacht. [2] Wird durch die Bekanntmachung der Entscheidung keine Frist in Lauf gesetzt, so genügt formlose Mitteilung.

III Dem nicht auf freiem Fuß Befindlichen ist das zugestellte Schriftstück auf Verlangen vorzulesen.

1) **Entscheidungen** iS der Vorschrift sind alle gerichtlichen Entscheidungen einschließlich der prozessleitenden Verfügungen, die für den weiteren Verfahrensverlauf von Bedeutung sind (Braunschweig JZ **53**, 640, 641; Hamm VRS **66**, 44, 45), zB die Ablehnung eines Beweisantrags (44 zu § 244) oder eines Vertagungsantrags (RG **23**, 136) und der Beschluss über die Entbindung nach § 233 (RG **44**, 47; **62**, 259). 1

Zum Begriff des **Betroffenen** vgl 4 zu § 33. Der Betroffene braucht nicht beschwert zu sein (Braunschweig aaO); § 35 gilt auch, wenn er durch die Entscheidung begünstigt wird. Die StA ist, außer im Privatklageverfahren, stets betroffen. 2

Zur Frage, ob **Betroffene ohne ausreichende Kenntnis der deutschen Sprache** eine schriftliche Übersetzung der Gerichtsentscheidung verlangen können, vgl 26 zu Art 6 MRK. 3

2) **Verkündung der in Anwesenheit des Betroffenen ergehenden Entscheidungen** (I): 4

A. Die **Verkündung** (I S 1) ist die Form der Bekanntmachung von Urteilen und anderen Entscheidungen, die in der Hauptverhandlung oder in einer anderen Verhandlung, zB bei einer kommissarischen Vernehmung nach § 223, ergehen. Für die Urteilsverkündung gilt § 268 II, der im Jugendstrafverfahren durch § 54 II **JGG** eingeschränkt wird. Von den Beschlüssen, die in Anwesenheit der davon Betroffenen ergehen, wird (durch Verlesung oder in freier Rede) der wesentliche Inhalt mitgeteilt (RG **44**, 53), soweit erforderlich auch die Gründe. Der Mangel wirksamer Verkündung kann bei Beschlüssen, nicht bei Urteilen, durch schriftliche Bekanntmachung geheilt werden Die Verkündung ist Sache des Richters, bei Kollegialgerichten des Vorsitzenden (Oldenburg NJW **52**, 1310), der sie aus besonderen Gründen einem anderen Richter, aber niemand anderem übertragen kann (LR-Graalmann-Scheerer 7). Sie ist in der Sitzungsniederschrift zu beurkunden (§ 273 I); außerhalb einer Hauptverhandlung wird sie in den Akten vermerkt. 5

B. Der **Anspruch auf Erteilung einer Abschrift** (I S 2) bezieht sich nur auf Entscheidungen, nicht auf andere Aktenbestandteile (BGH MDR **73**, 371 [D]; LR-Graalmann-Scheerer 10; erg 6 zu § 147). Über die Erteilung entscheidet der Vorsitzende des Gerichts, das die Entscheidung erlassen hat, und zwar unverzüglich. Ist die Entscheidung in der Hauptverhandlung verkündet worden, so kann die Abschrift erst nach Fertigstellung des Protokolls verlangt werden (RG **44**, 53), sofern der Betroffene nicht ein besonderes Interesse an einer früheren Erteilung hat (Mosbacher Miebach-FS 22; weitergehend LR-Graalmann-Scheerer 12; SK-Weßlau 13: alle bedeutsameren Beschlüsse), bei mehrtägigen Hauptverhandlungen jedoch idR nach Ende des einzelnen Hauptverhandlungstages. Auf die Erteilung einer Abschrift des Beschlusses, mit dem ein Beweisantrag abgelehnt worden ist, besteht ein Anspruch, wenn er eine längere Begründung enthält (BGH NStZ **08**, 110; ANM 767). Auch wer Beschwerde gegen einen Ordnungsmittelbeschluss nach § 178 GVG einlegen will, kann sofort eine Beschlussabschrift verlangen (Karlsruhe Justiz **77**, 385). Über die Kosten vgl Nr 9000 KVGKG. Die (kostenlose) Übersendung des rechtskräftigen Urteils und der Beschlüsse nach § 268 a schreibt RiStBV 140 vor. 6

Der **Anspruch auf Abschriftserteilung entfällt,** wenn er ohne jeden Zusammenhang mit irgendeinem auch nur entfernt in Betracht kommenden strafverfahrensrechtlichen Zweck geltend gemacht wird (KG JR **60**, 352 L; KMR-Paulus 20; **aM** KK-Maul 8; LR-Graalmann-Scheerer 9), nicht aber deshalb, weil die Entscheidung bereits rechtskräftig ist (KK-Maul 10). Nach endgültigem Abschluss des Verfahrens ist I S 2 nicht mehr anwendbar; dann entscheidet die aktenverwahrende JV. 7

Sie wird dem Verlangen idR stattgeben, wenn der Antragsteller früher einen Anspruch nach I S 2 hatte, es sei denn, dass kein schutzwürdiges Interesse dargetan ist.

8 Das **öffentliche Geheimhaltungsinteresse** (RiStBV 213) kann zur Beschränkung führen. Wird durch die Abschrift ein Staatsgeheimnis iS des § 93 StGB gefährdet, so werden die Teile weggelassen, die es enthalten. Dafür kann uU Einsicht in die unverkürzte Entscheidung auf der Geschäftsstelle angeboten werden. Dem Verteidiger kann die vollständige Abschrift erteilt werden, wenn ein gesetzliches Schweigegebot nach § 174 II GVG und die Anordnung der Rückgabe nach bestimmter Zeit als Sicherungsmaßnahmen genügen. Darüber hinaus werden idR noch Auflagen über Verwahrung, Fertigung von Abschriften und Zugänglichmachung an andere notwendig sein (BGH **18**, 369, 373; erg 24 zu 200). Rechtliche Ausführungen sind nie geheim.

9 **3) Zustellung der in Abwesenheit des Betroffenen erlassenen Entscheidungen** (II):

10 A. Die förmliche **Zustellung** (II S 1) einer Ausfertigung oder beglaubigten Abschrift (2 zu § 37) ist ein in der gesetzlichen Form (§§ 37–41) zu bewirkender Akt, durch den dem Adressaten Gelegenheit verschafft wird, von einem Schriftstück Kenntnis zu nehmen (BGH NJW **78**, 1858; Rosenberg/Schwab/Gottwald § 73 I 1). Sie ist nicht nur erforderlich, wenn eine Frist in Lauf gesetzt wird, sondern auch für Mitteilungen, durch die einem Abwesenden das rechtliche Gehör gewährt werden soll (BGH **27**, 85, 75; vgl auch BVerfGE **36**, 85, 88 = NJW **74**, 133). Zuzustellen ist auch die Ladung, wenn die Ladungsfrist (§§ 217, 218, 323) zu wahren ist (RiStBV 117 I S 1).

11 Für die **Mitteilung von Urteilen** gelten keine Besonderheiten mehr; wenn sie nicht anfechtbar sind, genügt die formlose Mitteilung. Über Zustellungen durch die StA vgl RiStBV 91 II S 1, 105 V.

12 B. Die **formlose Mitteilung** (II S 2) erfolgt schriftlich (Hamm VRS **57**, 125); mündliche Eröffnung und Beurkundung durch den UrkB ist nicht zulässig (LR-Graalmann-Scheerer 23). IdR wird eine Ausfertigung oder Abschrift der Entscheidung durch einfachen Brief übersandt. Die formlose Mitteilung reicht aus, wenn durch die Bekanntmachung der Entscheidung keine strafprozessuale Frist (Fristen für die Verfassungsbeschwerde [Einl 235] und für den Antrag nach Art 26 MRK brauchen nicht berücksichtigt zu werden) in Lauf gesetzt wird. Daraus ergibt sich zugleich, dass ein Beschluss nicht rechtskräftig wird, wenn er dem Anfechtungsberechtigten nicht förmlich zugestellt wird (BGH **26**, 140; Celle JR **78**, 337 mit Anm Stree; Schleswig SchlHA **78**, 87). Durch die Verkündung der Entscheidung in der Hauptverhandlung kann ihre formlose Mitteilung stets ersetzt werden (BGH **15**, 384; KK-Maul 18; **aM** EbSchmidt 9).

13 **4)** Die **Zustellung an behördlich Verwahrte** (III) richtet sich nach den allgemeinen Vorschriften; nur die Ersatzzustellung ist beschränkt (9 zu § 37). Nicht auf freiem Fuß ist jeder, dem die Freiheit auf Anordnung des Richters oder einer Behörde entzogen und der dadurch in der Wahl seines Aufenthalts beschränkt ist (BGH **4**, 308; **13**, 209, 212). Die Verlesung nach III ersetzt die Zustellung nicht; das Verlangen, ihm das Schriftstück vorzulesen, setzt vielmehr voraus, dass es dem Inhaftierten vorher wirksam zugestellt worden war. Wird dem Verlangen nicht stattgegeben, so berührt das die Wirksamkeit der Zustellung nicht.

14 **5) Gesetzliche Pflichten zur Mitteilung** der ergangenen Entscheidungen sind zu beachten, etwa nach § 49 BeamtStG, § 125 c I S 1 Nr 3, S 2, II BRRG (MiStra 15) für die einen Rechtszug abschließenden Urteile und Beschlüsse sowie Haft- und Unterbringungsbefehle in Strafsachen gegen Beamte oder nach § 27 III, IV BtMG (MiStra 50) für die das Verfahren abschließenden Entscheidungen wegen Verstößen gegen das BtMG oder mit dem Betäubungsmittelverkehr in Zusammenhang stehender Taten. Vgl ferner § 8 **EGStPO** und §§ 12 ff **EGGVG** (siehe jeweils dort).

Rechtsmittelbelehrung **RiStBV 142**

35a [1]**Bei der Bekanntmachung einer Entscheidung, die durch ein befristetes Rechtsmittel angefochten werden kann, ist der Betroffene über die Möglichkeiten der Anfechtung und die dafür vorgeschriebenen Fristen und Formen zu belehren.** [2]**Ist gegen ein Urteil Berufung zulässig, so ist der Angeklagte auch über die Rechtsfolgen des § 40 Abs. 3 und der §§ 329, 330 zu belehren.** [3]**Ist einem Urteil eine Verständigung (§ 257 c) vorausgegangen, ist der Betroffene auch darüber zu belehren, dass er in jedem Fall frei in seiner Entscheidung ist, ein Rechtsmittel einzulegen.**

1) Eine **Rechtsmittelbelehrung** (S 1) ist bei der Bekanntmachung einer durch befristetes Rechtsmittel anfechtbaren Entscheidung zu erteilen (vgl allg Warda MDR **57**, 717), dh bei der Verkündung (§ 35 I S 1) oder Zustellung (§ 35 II S 1) der Entscheidung. 1

A. **Befristete Rechtsmittel** sind sofortige Beschwerde (§ 311), Berufung (§§ 312 ff) und Revision (§§ 333 ff). 2

Der Antrag auf Wiedereinsetzung nach § 44 ist kein Rechtsmittel iS des § 35 a (BGH NStE Nr 20 zu § 44; Hamm VRS **63**, 362; Schrader NStZ **87**, 447 fordert gleichwohl die Rechtsmittelbelehrung; zust Nöldeke NStZ **91**, 71; erg 24 zu § 44); aber die **Vorschrift gilt entspr** für die Wiedereinsetzung gegen Abwesenheitsurteile (§§ 235 S 2, 329 III, 412; vgl RiStBV 142 III S 2), ferner für Anträge auf Entscheidung des Rechtsmittelgerichts (§§ 319 II S 3, 346 II S 3). 3

B. Der **Betroffene** ist zu belehren, dh derjenige, der gegen die Entscheidung ein befristetes Rechtsmittel einlegen kann (Bay **66**, 90, 91 = NJW **67**, 122), auch wenn er rechtskundig oder durch einen Anwalt verteidigt oder vertreten ist (KK-Maul 6). Das Fehlen einer Beschwer (8 ff vor § 296) macht die Belehrung nicht entbehrlich, sofern es nicht offensichtlich ist (LG Oldenburg NdsRpfl **75**, 249). Für Erziehungsberechtigte und gesetzliche Vertreter gilt § 67 II **JGG;** sind sie bei der Urteilsverkündung abwesend, so werden sie nicht belehrt (BGH **18**, 21; Brunner/Dölling 10 zu § 67 **JGG**). 4

Die Belehrung der **StA** und der am Verfahren beteiligten Staatsorgane (Naumburg NStZ **07**, 603: Bußgeld- und Strafsachenstelle des FA) ist nicht nur überflüssig, sondern unangebracht, nicht aber die Belehrung anfechtungsberechtigter Verwaltungsbehörden (Bay **66**, 90 = NJW **67**, 122). 5

Ein **Verzicht** des Betroffenen auf die Belehrung ist zulässig (BGH NStZ **84**, 329; Hamm NJW **56**, 1330; Zweibrücken MDR **78**, 861); er kann darin liegen, dass der Verteidiger die Belehrung übernimmt (Hamm MDR **78**, 337). 6

C. **Form der Belehrung:** Die Belehrung, die klar, unmissverständlich und vollständig sein muss (BGH **24**, 15, 25), ist Sache des Gerichts, nicht der StA (Hamm NJW **54**, 812; Schleswig SchlHA **55**, 227; vgl aber Warda MDR **57**, 720). Bei der Verkündung einer Entscheidung erfolgt sie mündlich, wobei auf ein Merkblatt verwiesen werden kann. Das Merkblatt ist dem Betroffenen stets auszuhändigen (BVerfG NJW **96**, 1811 mwN; vgl auch RiStBV 142 I S 2; einschr BVerfG NStZ **07**, 416: auch bei Belehrung über Revision (!) nur bei Anhaltspunkten für mangelndes Verständnis in der Person des Angeklagten); die Aushändigung des Merkblatts allein genügt (Düsseldorf VRS **96**, 111). Hat der Betroffene sich vorher entfernt, so unterbleibt die mündliche Belehrung; das Gericht ist aber verpflichtet, sie schriftlich nachzuholen, es sei denn, der Angeklagte habe sich gerade mit dem Ziel entfernt, die Rechtsmittelbelehrung zu unterlaufen (Düsseldorf ZfZ **84**, 218; **aM** Köln NStZ **09**, 655 L), Auch wenn sich herausstellt, dass der Betroffene die mündliche Belehrung missverstanden hat, kann die Fürsorgepflicht (Einl 155 ff) gebieten, sie bei der Zustellung der Entscheidung schriftlich zu wiederholen (Koblenz MDR **77**, 425; vgl auch KG VRS **99**, 440). Bei Zustellung einer Entscheidung wird schriftlich belehrt, und zwar entweder in der Entscheidung selbst oder durch Beifügung eines Merkblatts (RiStBV 142 III S 1). 7

8 Die mündliche Belehrung wird nach § 273 I im **Sitzungsprotokoll** beurkundet (Köln OLGSt Nr 1; vgl RiStBV 142 I S 4); zum Umfang der Beweiskraft vgl 6 zu § 274. Die Beifügung des Merkblatts wird in der Zustellungsurkunde vermerkt (RiStBV 142 III S 1); der Vermerk erbringt Beweis dafür, ob die Belehrung erfolgt ist oder nicht (Düsseldorf NStZ **86**, 233 mit Anm Wendisch).

9 Gegenüber einem **der deutschen Sprache nicht mächtigen Betroffenen** wirkt in der Hauptverhandlung oder bei sonstiger mündlicher Belehrung ein Dolmetscher mit (4 zu § 185 GVG). Die durch ihn zu vermittelnde Rechtsmittelbelehrung muss den Hinweis enthalten, dass die schriftliche Rechtsmitteleinlegung in deutscher Sprache erfolgen muss (unten 12). Da die Gerichtssprache Deutsch ist (§ 184 GVG), hat der Ausländer keinen Anspruch auf Aushändigung eines Belehrungs-Merkblatts in seiner Sprache (Köln VRS **67**, 251; **aM** LR-Graalmann-Scheerer 20; vgl auch J. Meyer ZStW **93**, 527). Es wird ihm grundsätzlich zugemutet, sich bei schriftlicher Belehrung selbst um die Übersetzung zu bemühen (13 zu § 44). Nur wenn die Belehrung dazu dient, das rechtliche Gehör zu gewähren, insbesondere im Fall des § 409 I S 1 Nr 7, sollte sie grundsätzlich in einer dem Betroffenen verständlichen Sprache erteilt werden (BVerfGE **42**, 120 = NJW **76**, 1021; LG München II NJW **72**, 405; AK-Kirchner 11; weitergehend noch BVerfGE **40**, 95 = NJW **75**, 1597; erg 22 zu § 44).

10 D. **Inhalt der Belehrung:** Über die Möglichkeit der Anfechtung, die Art des Rechtsmittels und die dafür vorgeschriebenen Fristen und Formen wird belehrt. Die Angabe des Gerichts oder der Gerichte, bei denen das Rechtsmittel einzulegen ist, ist erforderlich (Stuttgart StraFo **07**, 114), aber nicht notwendig mit Straße und Hausnummer (Warda MDR **57**, 520; **aM** LR-Graalmann-Scheerer 23).

11 Die Belehrung muss sich auch auf den Beginn der **Frist** erstrecken; jedoch bleibt die konkrete Berechnung des Laufs der Frist dem Betroffenen überlassen (BVerfGE **31**, 388, 390 = NJW **71**, 2217; KK-Maul 9; **aM** Weihrauch NJW **72**, 243); daher braucht die Belehrung nicht den Hinweis auf § 43 II zu enthalten. Belehrt werden muss auch darüber, dass das Rechtsmittel innerhalb der Frist bei Gericht eingegangen sein muss (BGH **8**, 105; Saarbrücken NStZ **86**, 470; LG Saarbrücken NStZ-RR **02**, 334 mwN).

12 Zu der Belehrung über die **Form** gehört bei Ausländern auch der Hinweis, dass die schriftliche Rechtsmitteleinlegung in deutscher Sprache erfolgen muss (BVerfGE **64**, 135, 149 = NJW **83**, 2762, 2764; BGH **30**, 182; StraFo **05**, 419; KG JR **77**, 129; Düsseldorf MDR **82**, 866; vgl auch RiStBV 142 I S 3).

13 E. Das **Unterlassen der Belehrung** führt zur Anwendung des § 44 S 2 (dort 22). Auf den Beginn der Rechtsmittelfrist ist es ohne Einfluss (BGH NJW **74**, 1335; NStZ **84**, 181; 329; KK-Maul 16).

14 Die **unvollständige Belehrung** steht der unterlassenen gleich, wenn die Lückenhaftigkeit einen wesentlichen Punkt betrifft (22 zu § 44), zB wenn nicht mitgeteilt wird, bei welchem Gericht das Rechtsmittel anzubringen ist (Bay **76**, 19 = VRS **50**, 430; Hamburg NJW **62**, 602 L = GA **62**, 218) oder dass das Rechtsmittel innerhalb der Frist bei Gericht eingegangen sein muss (BGH **8**, 105; Hamburg GA **63**, 348), oder wenn nicht über die Möglichkeit der Rechtsmitteleinlegung nach § 299 (Bremen MDR **79**, 517) oder bei der Wahlmöglichkeit nach § 335 I nur über die Möglichkeit der Revision (LG München I NJW **56**, 1368), nicht aber, wenn nur über die Möglichkeit der Berufung belehrt worden ist (KG JR **77**, 81; **aM** KK-Maul 9; LR-Graalmann-Scheerer 21).

15 Auch eine **falsche Belehrung** steht der unterlassenen gleich, wenn sich die Unrichtigkeit auf einen wesentlichen Punkt bezieht (Hamm Rpfleger **61**, 80). Wird zu einer zutreffenden mündlichen Belehrung ein falsches Merkblatt überreicht, so gilt die Belehrung insgesamt als unrichtig (Köln VRS **43**, 295; Neustadt GA **60**, 121; Saarbrücken NJW **65**, 1031).

16 **2) Belehrung bei Zulässigkeit der Berufung** (S 2): Der Angeklagte, der dem Gericht nach Einlegung der Berufung keine Kenntnis vom Wechsel seiner Anschrift

gibt, kann nach § 40 III öffentl geladen werden. Seine Berufung wird nach § 329 I verworfen, wenn er bei Beginn der Hauptverhandlung nicht erschienen ist. Entsprechendes gilt nach § 330 II S 2 Hs 1 für die Berufung des gesetzlichen Vertreters. Auf diese für ihn nachteiligen Folgen muss der Angeklagte bei der allgemeinen Rechtsmittelbelehrung nach S 1 hingewiesen werden. Die Belehrung über die Folgen seines Ausbleibens wird nach § 323 I S 2 bei der Ladung zur Berufungsverhandlung in ausführlicherer Weise (dort 3) wiederholt. Bei fehlender Belehrung gilt auch oben 13 (Hamburg NStZ-RR **00**, 238 mwN; **aM** SK-Weßlau 15 zu § 40).

3) Die vom GrS des BGH in seiner Entscheidung BGH **50**, 40, 61 vorgeschriebene **„qualifizierte Belehrung"** bei einer Absprache ist vom Gesetzgeber für das Verständigungsverfahren (§ 257 c) in S 3 übernommen worden. Ihre Bedeutung wird aber noch geringer als bisher schon sein (vgl Altenhain/Haimerl JZ **10**, 333): Beruht das Urteil auf einer Verständigung, die gemäß § 257 c III S 4 nur zustande kommt, wenn StA und Angeklagter dem Vorschlag des Gerichts zustimmen, so ist es wenig wahrscheinlich, dass ohne diese „qualifizierte Belehrung" unüberlegt von der Einlegung von Rechtsmitteln gegen das Urteil abgesehen werden wird. Da zudem nach der Neufassung des § 302 I S 2 (vgl dort) ein Rechtsmittelverzicht nach einer Verständigung überhaupt nicht mehr wirksam abgegeben werden kann, erscheint diese Regelung in § 35 a S 3 überflüssig. 17

Im Gegensatz zur bisherigen – vom GrS geschaffenen – **Regelung** gilt § 35 a S 3 nur nach einer Verständigung iSd § 275 c, nicht etwa auch für (unzulässige) heimliche Rechtsmittelverzichtvereinbarungen: Der Widerspruch, eine Rechtsmittelverzichtvereinbarung für unzulässig zu erklären, gleichwohl aber auch für sie eine „qualifizierte Belehrung" zu verlangen, ist damit beseitigt. Nach einer Verständigung kann weder auf die gesetzlich vorgeschriebene noch auf die qualifizierte Rechtsmittelbelehrung wirksam verzichtet werden (BGH **51**, 275 = JR **08**, 83 mit Anm Gössel; KMR-Ziegler 32). 18

Ist die „qualifizierte Belehrung" **versäumt worden**, hat dies keine direkten Folgen, da ein erklärter Rechtsmittelverzicht nach § 302 I S 2 ohnehin unwirksam ist. Das Urteil wird aber gleichwohl rechtskräftig, wenn der Betroffene innerhalb der Rechtsmittelfrist kein Rechtsmittel einlegt. Wurde er allerdings nicht „qualifiziert belehrt", kann dies die Wiedereinsetzung in den vorigen Stand gegen die Versäumung der Rechtsmittelfrist begründen, wenn der Wiedereinsetzungsantrag frist- und formgerecht (§ 45 I, II S 2) gestellt wird und der Angeklagte glaubhaft macht (§ 45 II S 1), dass er – was freilich schwer vorstellbar ist – der irrigen Meinung war, er dürfe gegen das Urteil kein Rechtsmittel einlegen (vgl aber auch zur früheren Regelung BGH **45**, 227, **47**, 238). – **Nur der Umstand**, dass qualifiziert belehrt wurde, nicht deren Inhalt muss protokolliert werden (BGH StraFo **09**, 335; LR-Graalmann-Scheerer 31). Zur Formulierung der Belehrung vgl BGH NStZ **07**, 419. Der Verstoß gegen S 3 ist nicht revisibel (Kirsch StraFo **10**, 100). 19 20

Zustellung und Vollstreckung

36 I [1] **Die Zustellung von Entscheidungen ordnet der Vorsitzende an.** [2] **Die Geschäftsstelle sorgt dafür, dass die Zustellung bewirkt wird.**

II [1] **Entscheidungen, die der Vollstreckung bedürfen, sind der Staatsanwaltschaft zu übergeben, die das Erforderliche veranlasst.** [2] **Dies gilt nicht für Entscheidungen, welche die Ordnung in den Sitzungen betreffen.**

1) Zustellung durch das Gericht (I): 1

A. **Anordnung des Vorsitzenden** (S 1): Sowohl die förmliche Zustellung (10 zu § 35) als auch die formlose Mitteilung (12 zu § 35) erfolgt auf Anordnung des Vorsitzenden. Der Strafrichter und der ersuchte und beauftragte Richter sind zuständig, wenn sie die Entscheidung getroffen haben (KK-Maul 2). Für Beschlüsse des Rechtspflegers (zB nach § 464 b) gilt I S 1 entgegen seinem Wortlaut nicht. Die versehentlich unterlassene richterliche Anordnung kann der StA nachholen (Düsseldorf MDR **82**, 599; Schleswig SchlHA **82**, 116 [E/L]; **aM** LR-Graalmann-Scheerer 10). 2

3 Die Anordnung muss schriftlich (Zweibrücken MDR **86**, 1047 lässt eine mündliche Anordnung genügen, wenn sie aktenkundig gemacht worden ist) und **für jeden Einzelfall** getroffen werden. Unzulässig ist eine allgemeine Anordnung des Vorsitzenden an die Geschäftsstelle, die in seinem Spruchkörper anfallenden Entscheidungen zuzustellen, soweit das nicht Aufgabe der StA ist.

4 Die Anordnung muss die **Zustellungsempfänger bezeichnen** und bestimmen, ob eine förmliche Zustellung oder eine formlose Mitteilung erfolgen soll. Die bloße Anordnung, dass zugestellt werden soll, ist unzureichend (KG JR **77**, 521; Düsseldorf NStZ-RR **97**, 332; VRS **91**, 286; Hamm MDR **77**, 67; NStZ **82**, 479; Koblenz NStZ **92**, 194 mwN; Stuttgart MDR **76**, 245; Doller DRiZ **75**, 280; vgl auch Celle NdsRpfl **84**, 173: Zustellung an „Verteidiger", wenn mehrere vorhanden sind), auch bei Zustellungen an die StA nach § 41 (BGH NStZ **86**, 230; **aM** Hamm OLGSt S 1). Andernfalls wäre die Zustellungsanordnung eine leere Förmlichkeit (vgl aber BGH NStZ **83**, 325, wonach die Anordnung, es solle „wie üblich" zugestellt werden, genügt, und Bay **82**, 12 = MDR **82**, 600, das die Anordnung: „Urteil zustellen", dahin auslegt, es solle dem Verteidiger zugestellt werden).

5 Die **Art der förmlichen Zustellung** braucht der Vorsitzende dagegen nicht zu bestimmen (Düsseldorf VRS **98**, 286; unten 6). Ist der Zustellungsempfänger bezeichnet, so genügt nach fehlgegangener Zustellung auch die Verfügung des Rechtspflegers, dass an die neue Anschrift zugestellt werden soll (Schleswig SchlHA **85**, 120 [E/L]).

6 B. Das **Bewirken der Zustellung** (S 2), dh die Ausführung der Anordnung, ist Aufgabe der Geschäftsstelle des Gerichts. Sie bestimmt die Art der förmlichen Zustellung, wenn der Vorsitzende darüber keine Anordnung getroffen hat (Hamm JMBlNW **82**, 223), und übergibt die Sendung dem Zustellungsbeamten (vgl zur Zustellung durch Justizbedienstete zB VwV JM BW vom 5. 11. 2007, Justiz **07**, 376) oder (mit vorbereiteter Zustellungsurkunde) einem beliehenen Postunternehmen. Gemäß § 33 PostG sind marktbeherrschende Lizenznehmer, die Briefzustelldienstleistungen erbringen, verpflichtet, Schriftstücke förmlich zuzustellen, und als beliehene Unternehmer mit entspr Hoheitsbefugnissen ausgestattet (derzeit erfüllt nur die Deutsche Post AG diese Kriterien). Im Fall des § 40 veranlasst das Postunternehmen den Aushang an der Gerichtstafel. I S 2 schließt nicht aus, dass der Richter die Zustellung selbst bewirkt, zB indem er die Entscheidung dem Empfänger an der Amtsstelle aushändigt und das in den Akten vermerkt (§ 173 ZPO).

7 C. **Zustellung ohne Anordnung:** Fehlt die nach I S 1 erforderliche Anordnung des Vorsitzenden, ist sie unvollständig oder ist der Zustellungsadressat oder die Zustellungsart nicht eindeutig bestimmt, ist die Zustellung einer Entscheidung, auch nach § 41, unwirksam (BGH NStZ **86**, 230 mwN; Bay **81**, 84, 85 = NJW **81**, 2589, 2590; **82**, 12 = MDR **82**, 600; Celle StV **82**, 265, 266; Hamm NStZ **82**, 479 Nr 34; München NStZ-RR **10**, 15 L; **aM** KG JR **77**, 521; Hamm NStZ **82**, 479 Nr 33 L). Statt des Vorsitzenden kann aber auch ein richterlicher Beisitzer die Anordnung treffen (Düsseldorf NStZ **82**, 257 L; **aM** SK-Weßlau 15).

8 D. **Zustellung entgegen der Anordnung:** Unwirksam ist die Zustellung, wenn entgegen der Anordnung des Vorsitzenden nicht mit Postzustellungsurkunde, sondern nach § 174 ZPO (Bay **00**, 65 = NStZ-RR **99**, 243) oder wenn nicht dem Verteidiger, sondern dem Betroffenen (Düsseldorf MDR **83**, 339; Hamm VRS **94**, 345; Zweibrücken VRS **53**, 277; KrG Saalfeld MDR **93**, 564) oder umgekehrt (Bay **89**, 1 = MDR **89**, 665), nicht aber, wenn nur dem Verteidiger, nicht auch dem Betroffenen zugestellt worden ist (Düsseldorf VRS **64**, 269).

9 **2) Zustellung durch die StA** (II S 1):

10 A. Eine **Sonderregelung für vollstreckungsbedürftige Entscheidungen** enthält die Vorschrift. Sie werden nicht durch das Gericht zugestellt, sondern der StA übergeben, die das Erforderliche veranlasst (**aM** Saarbrücken NStZ **86**, 471 mit Anm Wendisch). Denn Zustellung und Vollstreckung müssen in einer Hand

liegen, damit die Vollstreckung nicht durch die vorherige Bekanntmachung der Entscheidung gefährdet wird (Düsseldorf NStZ **88**, 150; Doller NJW **77**, 2153; Rieß NJW **75**, 86). II S 1 ist daher nur auf Entscheidungen anwendbar, die erforderlichenfalls zwangsweise durchgesetzt werden müssen, wie Haftbefehle, Beschlagnahme- und Durchsuchungsbeschlüsse (Oldenburg NStZ-RR **09** H, 219; Herrmann NJW **78**, 653; Wendisch JR **78**, 445; NStZ **86**, 473). Die Ansicht, die Vorschrift gelte immer, wenn zur Durchsetzung der Entscheidung mehr zu veranlassen ist als ihre Zustellung (Celle JR **78**, 337; Frankfurt GA **80**, 474; Hamm NJW **78**, 175; Zweibrücken JR **77**, 292 mit zust Anm Schätzler), wird dem Sinn der Vorschrift nicht gerecht (Oldenburg aaO).

Dass die StA ihre **eigenen Entscheidungen** selbst zustellt, ist gesetzlich nicht 11 bestimmt, aber selbstverständlich. Wegen der Zustellung der Revisionsschrift der StA vgl 1 zu § 347.

B. **Entscheidungen, die der Vollstreckung bedürfen,** sind insbesondere 12 Ordnungsmittelbeschlüsse nach §§ 51 I S 2, 3, 70 I S 2, 77 I S 1, Anordnungen nach §§ 81 a II, 81 c V, 98 I, 100 I, 100 b I S 1, 105 I, Haftbefehle nach §§ 112 ff, 230 II, 236, 329 IV, 453 c, Unterbringungsbefehle nach § 126 a und Widerrufsbeschlüsse nach § 116 IV (vgl ferner Wendisch JR **78**, 447). Keiner Vollstreckung bedürfen Beschlüsse, durch die Zwangsmaßnahmen (Haftbefehle, Unterbringungsbefehle, Beschlagnahmebeschlüsse usw) aufgehoben werden oder durch die der Vollzug eines Haftbefehls nach § 116 ausgesetzt wird, auch Beschlüsse des Gerichts des 1. Rechtszugs oder der StVollstrK über den Widerruf der Strafaussetzung zur Bewährung (Düsseldorf NStZ **88**, 150) oder die erst nach Rechtskraft der Entscheidung wirksame Aussetzung des Strafrests nach § 454 iVm § 57 StGB (Frankfurt GA **80**, 474; Oldenburg NStZ-RR **09**, 219; Graalmann-Scheerer 22; Wendisch JR **78**, 445; **aM** Celle NdsRpfl **92**, 94; Hamm NJW **78**, 175; Zweibrücken JR **77**, 292 mit Anm Schätzler; Mrozynski JR **83**, 140).

C. **Veranlassen des Erforderlichen:** Der StA werden die Akten idR auf An- 13 ordnung des Vorsitzenden übersandt. Das in der Sache Erforderliche hat sie aber auch zu veranlassen, wenn ihr die Entscheidung ohne ausdrücklichen Hinweis auf die Vollstreckungsbedürftigkeit und ohne Ersuchen um weitere Veranlassung zugeht. In jedem Fall hat die StA die Zustellung und die Vollstreckung der Entscheidung zu betreiben. Die Zustellung muss von dem StA oder Amtsanwalt, nicht von der Geschäftsstelle, angeordnet werden.

3) Vollstreckung durch das Gericht (II S 2): Eine Ausnahme von II S 1 gilt 14 für Entscheidungen über die Ordnung in den Sitzungen nach §§ 169 ff GVG. Die Vollstreckung der nach diesen Vorschriften festgesetzten Ordnungsmittel hat der Vorsitzende unmittelbar zu veranlassen (§ 179 GVG); nach § 31 III **RPflG** ist sie dem Rechtspfleger übertragen. Der Vorsitzende macht auch die Entscheidung bekannt oder veranlasst ihre Zustellung. Die Zuständigkeit des Gerichts besteht über II S 2 hinaus auch für die Beugehaft nach §§ 70 II, 95 II (BGH **36**, 155), die jederzeit auf das Entstehen von Vollstreckungshindernissen (15 zu § 70) zu prüfen ist; auch insoweit gilt § 31 III **RPflG.**

4) Anfechtung: Gegen Zustellungs- und Vollstreckungsmaßnahmen der StA ist 15 der Antrag auf gerichtliche Entscheidung nach § 23 **EGGVG** zulässig (KK-Maul 18; LR-Graalmann-Scheerer 37; Strubel/Sprenger NJW **72**, 1736).

Zustellungsverfahren

37 **I Für das Verfahren bei Zustellungen gelten die Vorschriften der Zivilprozessordnung entsprechend.**

II Wird die für einen Beteiligten bestimmte Zustellung an mehrere Empfangsberechtigte bewirkt, so richtet sich die Berechnung einer Frist nach der zuletzt bewirkten Zustellung.

1 **1) Gegenstand der Zustellung:** Zugestellt wird von Urteilen und ihnen gleichstehenden Beschlüssen, zB nach §§ 346, 349, eine Ausfertigung, dh eine Abschrift mit dem Ausfertigungsvermerk der Geschäftsstelle, der vom UrkB unterschrieben und mit dem Dienstsiegel versehen wird (vgl § 275 IV). Die Zustellung einer vom UrkB (auch der StA) beglaubigten Abschrift (§ 169 II S 1 ZPO) des Urteils reicht aus (BGH **26**, 140, 141; MDR **73**, 19 [D]), nicht aber die einer einfachen Abschrift. Eine besondere Form des Beglaubigungsvermerks ist gesetzlich nicht vorgeschrieben; er muss aber unterzeichnet werden (vgl BGH NJW **76**, 2263). Beschlüsse werden ebenfalls in Ausfertigung oder beglaubigter Abschrift zugestellt. Eine beglaubigte Ablichtung steht einer beglaubigten Abschrift gleich.

2 Ausfertigung oder beglaubigte Abschrift müssen das zuzustellende Schriftstück **wortgetreu und vollständig** wiedergeben. Wesentliche Fehler machen die Zustellung unwirksam (BGH MDR **67**, 834; Düsseldorf NStZ **02**, 448; vgl Bay MDR **82**, 500: in wesentlichen Teilen unleserliche Ausfertigung; KG JR **82**, 251: fehlende Wiedergabe der richterlichen Unterschriften). Kleine Unrichtigkeiten schaden nicht, wenn der Empfänger dem zugestellten Schriftstück den Inhalt der Urschrift entnehmen kann (BGH NJW **78**, 60; StraFo **04**, 238). Erg 5 zu § 345.

3 **2) Zustellungsadressat** ist derjenige, für den die Zustellung bestimmt ist, auch der Minderjährige (Schweckendieck NStZ **90**, 170), oder sein Zustellungsbevollmächtigter (§ 171 ZPO; vgl auch Köln NStZ-RR **08**, 379: Einverständniserklärung genügt). Empfangsberechtigt sind außerdem der Pflichtverteidiger und der Wahlverteidiger, dessen Vollmacht bei den Akten ist (§ 145 a I). Kann an mehrere Verteidiger wirksam zugestellt werden, so genügt die Zustellung an einen von ihnen (BGH **22**, 221, 222; **34**, 371; Düsseldorf VRS **64**, 269, 270; RiStBV 154 I S 2); § 172 I S 1 ZPO gilt nicht entspr. Trotz Zustellungsvollmacht genügt rechtlich stets die Zustellung an den Beschuldigten (6 zu § 145 a). Der gesetzliche Vertreter ist nicht empfangsberechtigt (Düsseldorf NStZ **96**, 52); auch § 171 ZPO gilt nicht, da es nur auf die Verhandlungsfähigkeit, nicht auf das Lebensalter ankommt (KG StV **03**, 343); Zustellung an einen nur wegen bestimmter Angelegenheiten unter Betreuung (§§ 1896 ff BGB) Stehenden ist zulässig (Brandenburg NStZ-RR **09**, 219).

4 **3) Verfahren bei Zustellungen** (I):

5 A. Die **Vorschriften der ZPO** über Zustellungen (§§ 166–195) gelten entspr, soweit sie sich für die Anwendung im Strafverfahren eignen. Im Wesentlichen sind die §§ 166, 168, 169, 173, 174, 176–178, 181–183, 189, 194 ZPO anwendbar. Die §§ 185–188 ZPO gelten für öffentliche Zustellungen nur, wenn Privat- und Nebenkläger sowie Personen, die nach § 124 II, III Sicherheit geleistet haben, sie bewirken; im Übrigen ist § 40 die Sondervorschrift.

6 B. **Ersatzzustellung:** Grundsätzlich erfolgt die Zustellung durch Übergabe einer Ausfertigung oder beglaubigten Abschrift des zuzustellenden Schriftstücks an dem Ort, wo die Person, der zugestellt werden soll, angetroffen wird (§ 177 ZPO). Allgemein üblich ist die Zustellung durch die Post (§§ 168 I, 176 ff ZPO); es kann aber auch ein Gerichtsvollzieher oder eine andere Behörde (zB die Polizei) beauftragt werden, wenn eine Zustellung nach § 168 I keinen Erfolg verspricht (§ 168 II ZPO). Post iSd Zustellvorschriften der ZPO sind lizensierte marktbeherrschende Postunternehmen, die gemäß § 33 I PostG mit Hoheitsbefugnissen beliehen und verpflichtet sind, Schriftstücke förmlich zuzustellen (derzeit nur die Deutsche Post AG). Eine Ersatzzustellung, auch von Abwesenheitsurteilen (§ 232 IV schließt nur die Ersatzzustellung nach § 181 I ZPO aus) und Strafbefehlen (20 zu § 409), sehen die §§ 178 ff ZPO in folgenden Fällen vor:

7 a) **An** erwachsene **Familienangehörige oder ständige Mitbewohner** (§ 178 I Nr 1 ZPO) ist die Ersatzzustellung zulässig, wenn der Zustellungsadressat in seiner Wohnung nicht angetroffen oder der Überbringer der Zustellung zu ihm nicht vorgelassen wird (vgl LG Magdeburg StV **08**, 626). Sie setzt also voraus, dass er

dort, wo ihm zugestellt werden soll, eine Wohnung (7 zu § 102) hat (Köln NJW **80**, 2720; LG Ellwangen StV **85**, 496).

Wohnung ist ohne Rücksicht auf Wohnsitz (1 zu § 8), polizeiliche Anmeldung (BGH NJW **78**, 1858; Koblenz MDR **81**, 1036; VRS **44**, 209) und die in einem Postnachsendeantrag angegebene Adresse (Hamburg MDR **82**, 1041) die Räumlichkeit, die der Adressat zZ der Zustellung tatsächlich für eine gewisse Dauer zum Wohnen benutzt (BGH aaO; Düsseldorf StV **87**, 378; **93**, 400; Karlsruhe NJW **81**, 471; Koblenz aaO; vgl auch LG Ellwangen aaO für Studentenwohnungen). Der tatsächlichen Benutzung bedarf es aber dann nicht, wenn der Adressat seinen Schriftwechsel unter dieser Anschrift führt und seine Post dort abholt (Bay **04**, 33 = VRS **106**, 452; Hamm VRS **106**, 57; Jena NJW **06**, 2567 L = NStZ-RR **06**, 238; vgl auch Dresden NStZ **05**, 398 bei Inhaftierung des Adressaten wegen Verbüßung von Ersatzfreiheitsstrafen). 8

Eine Ersatzzustellung ist nicht zulässig, wenn die Räume längere Zeit **nicht benutzt** werden, zB bei längerer Straf- oder UHaft (BGH aaO; KG VRS **117**, 166; Düsseldorf VRS **96**, 27; Hamm NStZ-RR **03**, 189; Karlsruhe StV **85**, 291), bei mehrmonatigem Aufenthalt in einer Therapieeinrichtung (Frankfurt NStZ-RR **03**, 174; Hamm NStZ **82**, 521; StraFo **03**, 417; Karlsruhe NJW **97**, 3183) oder im Ausland zu beruflichen Zwecken (Bay **61**, 79 = MDR **61**, 785) oder wegen Flucht vor der Strafverfolgung (Schleswig SchlHA **92**, 144 [L/T]), bei Wehrdienst mit Kasernierung (Bay **71**, 94 = VRS **41**, 281), bei einer mehrmonatigen Weltreise (LG Berlin MDR **92**, 791), nicht aber bei kürzeren Geschäfts- oder Urlaubsreisen (Bay **61**, 79 = MDR **61**, 785) oder bei kurzfristigem freiwilligen Klinikaufenthalt (BGH NJW **85**, 2197; Zweibrücken MDR **84**, 762) oder bei nur vorübergehendem Auszug ohne Begründung einer neuen Wohnung (Hamburg NJW **06**, 1685; Hamm NStZ-RR **06**, 309). 9

Die Ersatzzustellung kann nach § 178 I Nr 1 ZPO an einen **erwachsenen Familienangehörigen,** eine in der Familie beschäftigte Person oder einen erwachsenen ständigen Mitbewohner erfolgen. Familienangehöriger ist jede zur Familie gehörende Person. Die Familie ist nicht auf Ehepaare und deren Kinder oder eingetragene Lebenspartner beschränkt; auch Pflegekinder und in die Familie aufgenommene nahe Verwandte zählen dazu (Thomas/Putzo 11 zu § 178; Zöller/Stöber 8 zu § 178), soweit das gegebene und nach außen zum Ausdruck gebrachte Vertrauensverhältnis die Weitergabe der Sendung an den Zustellungsadressaten erwarten lässt (BT-Drucks 14/4554 S 20). Erwachsen iS § 178 I Nr 1 ZPO ist auch ein Minderjähriger, der nach seiner körperlichen Entwicklung und äußeren Erscheinung den Eindruck eines Erwachsenen macht (BSG MDR **77**, 82; Hamm NJW **74**, 1150 L; VGH Mannheim MDR **78**, 519; erg 15 zu § 98); unwirksam ist die Übergabe an eine 11-Jährige (Hamm OLGSt Nr 1), wirksam aber idR an einen 14-Jährigen (LG Köln NStZ-RR **99**, 368). 10

Eine in der Familie **beschäftigte Person** kann auch eine unentgeltlich im Haushalt tätige Verwandte sein, soweit sie nicht schon als Familienangehörige (oben 10) gilt (Hamm MDR **82**, 516). 11

Der Begriff des **ständigen Mitbewohners** umfasst Wohngemeinschaften und unverheiratete Paare gleich welchen Geschlechts (Thomas/Putzo 13 zu § 178). Häusliche Gemeinschaft iSv gemeinsamer Haushaltsführung ist nicht erforderlich (Zöller/Stöber 12 zu § 178). 12

In Geschäftsräumen (zB Behördenräume, Büros, Warteräumen, Läden) kann einer dort beschäftigten Person (§ 178 I Nr 2 ZPO), **in Gemeinschaftseinrichtungen** (zB Alten- und Wohnheime, Kasernen, Krankenhäuser) an den Leiter oder einen dazu ermächtigten Vertreter (§ 178 I Nr 3 ZPO) zugestellt werden, nicht aber an einen Mitbewohner (Bremen StV **05**, 541 L). Im Geschäftsraum ist die Ersatzzustellung auch zulässig, wenn sie eine persönliche Angelegenheit des Adressaten betrifft (Bay DAR **82**, 252 [R]). Wird ein RA in seiner Kanzlei nicht angetroffen, so kann das Schriftstück stets einem darin anwesenden Gehilfen oder einer Schreibkraft übergeben werden, auch wenn sie noch minderjährig sind 13

(BVerwG NJW **62**, 70); die Niederlegung bei der Post ist unzulässig (BGH NJW **76**, 149; OVG Bremen NJW **86**, 2132).

13a b) **In einen Briefkasten**, der zu der Wohnung oder dem Geschäftsraum gehört, oder eine ähnliche Vorrichtung, die der Adressat für den Postempfang eingerichtet hat und die in der allgemein üblichen Art für eine sichere Aufbewahrung geeignet ist, kann ersatzweise gemäß § 180 S 1 ZPO das zuzustellende Schriftstück eingelegt werden. Die Zustellung ist auch dann wirksam, wenn der Briefkasten mangels Verschließbarkeit zwar objektiv unsicher, dieser Umstand für den Postzusteller aber nicht erkennbar ist (Nürnberg NJW **09**, 2229). Einer konkreten Kennzeichnung der zur Einlegung benutzten Vorrichtung bedarf es in der Zustellungsurkunde nicht (BGH [ZS] NJW **06**, 150; Köln NJW **05**, 2026). Der Briefkasten oder die ähnliche Einrichtung muss aber eindeutig der Wohnung des Zustellempfängers zuzuordnen sein (Köln NStZ-RR **09**, 314: Schreibtisch in einer Gemeinschaftseinrichtung [oben 13]). Der Einwurf in einen in der Hauseingangstür eines Mehrfamilienhauses angebrachten gemeinsamen Briefeinwurfschlitz genügt nicht und macht die Ersatzzustellung unwirksam (Hamm VRS **107**, 109).

14 c) **Durch Niederlegung** bei der Geschäftsstelle des AG oder bei der Post (§ 181 I ZPO) ist die Ersatzzustellung zulässig, wobei aber jedes beliehene Unternehmen iSd § 33 I PostG grundsätzlich auch in von ihm beauftragten Agenturen durch Niederlegung zustellen darf (Rostock NStZ-RR **02**, 373: Niederlegung in einem Otto-Shop). Voraussetzung ist jedoch, dass zuvor die Ersatzzustellung in den Briefkasten des Wohn- oder Geschäftsraumes (§ 180 ZPO) oder in Gemeinschaftseinrichtungen (§ 178 I Nr 3 ZPO) nicht ausführbar gewesen ist (Hamburg NStZ-RR **03**, 46; vgl auch LG Darmstadt NStZ **05**, 164 mit abl Anm Walz: Briefkasten muss in einer für den Zusteller eindeutig erkennbaren Weise in der allgemein üblichen Art für eine sichere Aufbewahrung geeignet sein). Über die Niederlegung muss eine schriftliche Mitteilung in der bei gewöhnlichen Briefen üblichen Weise abgegeben werden; ist dies nicht möglich, muss die Mitteilung an der Tür der Wohnung, des Geschäftsraums oder der Gemeinschaftseinrichtung angeheftet werden (§ 181 I S 2 ZPO). Die Niederlegung im Postfach des Zustellungsempfängers genügt nicht (BFH NJW **84**, 448; Bay **62**, 222 = Rpfleger **63**, 387 mit abl Anm Lappe; **aM** BVerwG NJW **71**, 1284).

15 Die **Mitteilung** kann durch den Briefschlitz geworfen (Hamm JMBlNW **81**, 68; **aM** Köln JurBüro **79**, 607), unter der Wohnungstür durchgeschoben (BVerwG NJW **73**, 1945; Koblenz NStE Nr 10) oder, wenn das im Einzelfall üblich ist, vor der Haustür abgelegt (BVerwG NJW **85**, 1179) werden. Die Ersatzzustellung nach § 181 ZPO ist nicht deshalb ausgeschlossen, weil der Adressat einen Antrag auf Rücksendung seiner Post an den Absender (Bay **56**, 213 = NJW **57**, 33) oder auf Nachsendung an eine andere Adresse gestellt hat (Bay MDR **81**, 60; Hamburg MDR **82**, 1041); der Adressat muss aber zZ des Zustellungsversuchs und der Benachrichtigung davon noch an der angegebenen Adresse wohnhaft sein, im Gegensatz zur früheren Regelung (vgl Frankfurt NStZ-RR **97**, 138) wegen § 181 I S 3 ZPO aber nicht mehr zZ der Niederlegung bei der Post.

16 d) Das **Verbot der Ersatzzustellung** an den Gegner des Adressaten bestimmt § 178 II ZPO. Die Vorschrift hat nur für Zustellungen an Privatkläger, Nebenkläger und Nebenbeteiligte Bedeutung. Nach Hamburg NJW **64**, 678 schließt sie auch die Ersatzzustellung an durch die dem Angeklagten vorgeworfene Tat unmittelbar verletzte Personen aus.

17 e) **Wirkung der Ersatzzustellung:** Eine zulässige Ersatzzustellung hat zur Folge, dass die Entscheidung dem Empfänger wirksam zugestellt ist, auch wenn er davon persönlich keine Kenntnis erlangt (BGH **27**, 85, 88). Wird durch die Zustellung eine Frist in Lauf gesetzt, so ist für ihren Beginn allein der Tag der Ersatzzustellung maßgebend. Der Anspruch auf rechtliches Gehör nach Art 103 I GG wird durch das mit der Ersatzzustellung verbundene Risiko des Betroffenen, der auf die Benachrichtigung durch die Ersatzpersonen angewiesen ist, nicht beeinträchtigt (BVerfGE **25**, 158, 165 = NJW **69**, 1103, 1104; **26**, 315, 318 = NJW **69**, 1531; **42**, 243, 246 = NJW **76**, 1837, 1838).

C. **Besondere Fälle:** 18

a) **Zustellungen an einen Rechtsanwalt,** Notar, Gerichtsvollzieher, Steuerberater oder an eine sonstige Person, bei der auf Grund ihres Berufes von einer erhöhten Zuverlässigkeit ausgegangen werden kann (zB Wirtschaftsprüfer, Hochschullehrer) sowie an eine Behörde, Körperschaft oder eine Anstalt des öffentlichen Rechts können nach § 174 ZPO auch durch die Post, durch Boten, durch Telekopie, durch ein elektronisches Dokument oder durch Einlegung in ein Fach gegen Empfangsbekenntnis erfolgen. Für die Wirksamkeit der Zustellung ist erforderlich, dass der RA usw persönlich Kenntnis von seinem Gewahrsam an dem ihm zustellungshalber übersandten Schriftstück erhalten hat und durch Unterzeichnung des Empfangsbekenntnisses den Willen äußert, das Schriftstück als zugestellt anzunehmen. Zeitpunkt der Zustellung ist daher nicht das Datum des Eingangs des Schriftstücks in der Anwaltskanzlei, sondern dessen Annahme durch den RA mit dem Willen, es als zugestellt anzusehen (BVerfG NJW **01**, 1563; BGH NJW **74**, 1469, 1470; **79**, 2566; **91**, 709). Diesen Zeitpunkt muss er in einem Empfangsbekenntnis angeben (BGH NStZ **96**, 149; Celle StraFo **00**, 279), zu dessen Ausstellung er standesrechtlich verpflichtet ist (Düsseldorf StV **90**, 345). Der Annahmewille kann auch konkludent zum Ausdruck gebracht werden, wobei die Zustellung auch dann wirksam ist, wenn sich der Verteidiger pflichtwidrig geweigert hat, vom Text des zugestellten Schriftstücks Kenntnis zu nehmen (BGH NStZ-RR **05**, 77). Der Gegenbeweis gegen die Richtigkeit des Datums ist (unter strengen Voraussetzungen) zulässig (BVerfG aaO; BGH NJW **69**, 1297; **80**, 1846, 1847; **87**, 325, 1335; VersR **83**, 1080; Düsseldorf NStZ-RR **98**, 110). Die Angabe eines unrichtigen Datums lässt die Wirksamkeit der Zustellung unberührt (BGH NJW **91**, 709; NStZ-RR **04**, 46), ebenso ein fehlendes Datum (München NStZ-RR **10**, 15 L). Die Unterzeichnung ist notwendig (Celle aaO) und verlangt die Wiedergabe des vollen bürgerlichen Namens mit entspr Schriftzeichen (Einl 129). Auf einen Verstoß gegen diese Pflicht kann sich der RA allerdings nicht berufen, wenn er einräumt, dass der Schriftzug von ihm stammt (BGH NJW **85**, 2651, 2652). Ein wirksames Empfangsbekenntnis, das auch nachträglich ausgestellt werden kann, ist wesentliches Erfordernis für die Wirksamkeit der Zustellung (BGHZ **35**, 236 = MDR **61**, 759). Unterzeichnet es statt des Pflichtverteidigers ein anderer RA, so ist die Zustellung unwirksam (BGH MDR **81**, 982 [H]; NStZ **88**, 213 [M] mwN; StV **81**, 12; wistra **88**, 236). Bei Zustellung an einen Wahlverteidiger gilt für die Unterzeichnung aber nicht die Beschränkung des § 137 I S 2 (Hamm JMBlNW **82**, 58). 19

Die Zustellung an einen **RA aus einem Mitgliedstaat der EG** (vgl 3 zu § 138), der nicht als niedergelassener (§§ 2 ff EuRAG), sondern nur als dienstleistender europäischer RA nach §§ 25 ff EuRAG tätig ist, erfolgt nach § 31 EuRAG in 1. Hinsicht an einen von ihm zu benennenden Zustellungsbevollmächtigten; ist keiner benannt, so gilt der RA, mit dem einvernehmlich gehandelt wird („Einvernehmensanwalt" nach § 28 EuRAG), als Zustellungsbevollmächtigter; kann nicht an einen RA zugestellt werden, erfolgen Zustellungen an die Partei. 20

b) **Seeleuten** kann nach Seemannsart zugestellt, dh sie können aufgefordert werden, sich bei der nächsten Liegezeit auf der Geschäftsstelle des AG zu melden, um die Zustellung abzuholen (Bremen Rpfleger **65**, 48; StrK beim AG Bremerhaven NJW **67**, 1721). 21

An **Binnenschiffer** kann gewohnheitsrechtlich auf allen Wasserstraßen durch Vermittlung der Wasserschutzpolizei gegen Empfangsbescheinigung zugestellt werden (Blankenheim MDR **92**, 926 mwN). Vgl auch 8 zu § 48. 22

Blankenheim (aaO) empfiehlt, diese Zustellmöglichkeit auf **Nichtsesshafte** entspr anzuwenden (Zustellung bei üblichen Übernachtungsstellen durch die Polizei). 22a

23 c) Für die **Zustellung an Soldaten** gelten keine besonderen Bestimmungen (KK-Maul 21). Jedoch enthält der Erlass über Zustellungen, Ladungen, Vorführungen und Zwangsvollstreckungen in der Bundeswehr idF der Bek vom 16. 3. 1982 (VMBl 130), geändert durch Erlass vom 20. 6. 1983 (VMBl 182), Bestimmungen über die Mitwirkung der Truppe (vgl 10 zu § 48). Nach dem Erlass des BMVg vom 23. 7. 1998 (VMBl 246) ist Leiter einer Truppenunterkunft (= Gemeinschaftseinrichtung, oben 13) der Kompaniefeldwebel oder dessen Vertreter. Für die in der BRep stationierten NATO-Streitkräfte gelten Art 36, 37 NTS-ZA.

24 d) Bei **Gefangenen** ist die Ersatzzustellung dadurch beschränkt, dass weder in der Wohnung noch in den gewerblichen Räumen wirksam zugestellt werden kann (oben 8). Dafür ist der Anstaltsleiter oder dessen Vertreter oder der zur Postannahme ermächtigte Beamte nach § 178 I Nr 3 ZPO empfangsbefugt (oben 13; **aM** LG Saarbrücken StV **04**, 362). In JVAen wird meist durch Justizbeamte, ggf im Wege der Amtshilfe, zugestellt (§§ 168 I S 2, 176 I ZPO). Die Zustellurkunde muss die Unterschrift des Beamten, aber nicht notwendig mit seiner Dienstbezeichnung, enthalten (Düsseldorf StraFo **02**, 87).

25 **4) Zustellung im Ausland:** Nach § 183 I Nr 1 ZPO besteht die Möglichkeit einer vereinfachten Zustellung im Ausland durch Einschreiben mit Rückschein, soweit auf Grund völkerrechtlicher Vereinbarungen Schriftstücke unmittelbar durch die Post übersandt werden dürfen. Für das Strafverfahren hat aber bereits Art 52 I des SDÜ (Einl 216) die Möglichkeit unmittelbarer Urkundenübersendung eröffnet (vgl Heß NJW **01**, 20); die Liste aller Urkunden, die unmittelbar per „Einschreiben mit Rückschein" durch die Post übersandt werden dürfen, ist bei SLGH 15 ff zu Art 52 SDÜ abgedruckt. Hinweispflichten in Ladungen an Zeugen im Ausland nach Art 10, 12 EuRHÜbk (vgl 63 zu § 244) bleiben unberührt. Auf dem an die absendende Stelle zurückzusendenden Rückschein wird vermerkt, an wen die Sendung übergeben worden ist (Köln NStZ **00**, 666; Rose wistra **98**, 16; Sommer StraFo **99**, 41). Die Zustellung ist nur wirksam, wenn der unterschriebene Rückschein zu den Gerichtsakten gelangt; eine Ersatzzustellung durch Niederlegung (oben 6 ff) genügt nicht (Oldenburg StV **05**, 432; LG Nürnberg-Fürth StraFo **09**, 381). Die Übergabe an Ersatzempfänger ist ausgeschlossen, wenn der eingeschriebene Brief den Vermerk „Eigenhändig" trägt. Kosten für diese vereinfachte Zustellungsart werden nach Nr 9014 KVGKG erhoben.

25a Bei den **anderen Staaten,** in denen die Übersendung durch die Post völkerrechtlich nicht zulässig ist, sind Postzustellungsaufträge an Empfänger im Ausland unzulässig (§ 183 I Nr 2 ZPO; Rose aaO). Ist der Adressat deutscher Staatsangehöriger, so können die deutschen Auslandsvertretungen die Zustellung bewirken (§ 16 KonsG; RiVASt 129 III). In welcher Form das geschieht, ist dem deutschen Konsul überlassen; zulässig ist zB die Aushändigung gegen Nachweis am Amtssitz (BGH **26**, 140, 142). Für den Nachweis genügt nach § 16 S 2 KonsG das schriftliche Zeugnis des Konsuls, aus dem sich ergibt, auf wessen Ersuchen in welcher Strafsache welches Schriftstück ausgehändigt worden und wann das geschehen ist (BGH aaO). Außer diesem Weg und für ausländische Staatsangehörige kommt ein Rechtshilfeersuchen an den fremden Staat in Betracht, wenn es nach den zwischenstaatlichen Vereinbarungen zulässig ist (RiVASt 115, 116). Für die Zustellung von Verfahrensurkunden an Partnerstaaten des EuRHÜbk (Einl 215 b), die das SDÜ nicht in Kraft gesetzt haben, gilt Art 7 EuRHÜbk. Wenn nicht ein vom Empfänger unterschriebenes Empfangsbekenntnis vorliegt, wird die Zustellung durch ein schriftliches Zeugnis der ersuchten Stelle nachgewiesen (Art 7 II EuRHÜbk). Die Urkunde des ausländischen Zustellungsbeamten über die Zustellung genügt nicht (Bay **81**, 17 = StV **81**, 224).

26 **5) Zustellungsmängel** machen die Zustellung nur bei offensichtlichen schweren Fehlern unwirksam, nicht schon bei irriger Annahme der Zustellungszuständigkeit. Unwirksam ist eine Zustellung insbesondere, wenn eine Ersatzzustellung

nach den §§ 178ff ZPO nicht zulässig oder von der die Zustellung anordnenden Behörde ausdrücklich ausgeschlossen worden war, wenn die Zustellungsurkunde in wesentlichen Teilen unrichtig oder unvollständig ist, zB der Zustellungsempfänger falsch bezeichnet (Celle NdsRpfl **85**, 173; **aM** Köln NJW **05**, 2026) oder das Zustellungsdatum auf der Urkunde falsch angegeben ist (Hamm OLGSt Nr 2; zw BGH NJW **91**, 709), wenn bei Ersatzzustellung nach § 181 I S 2 ZPO die Angabe der Art der formlosen Mitteilung fehlt (Düsseldorf NJW **00**, 3511), wenn nach der Zustellungsurkunde eine unmittelbare, in Wahrheit aber eine Ersatzzustellung vorgenommen worden ist (BGH BB **56**, 58; Bay **62**, 257; Hamm VRS **60**, 200; Karlsruhe MDR **76**, 161) oder wenn auf der Zustellungsurkunde (Düsseldorf StraFo **00**, 380) oder auf dem zurückgeleiteten Empfangsbekenntnis des Verteidigers nach § 174 ZPO (BGHR Wirksamkeit 3) die Unterschrift fehlt.

Die Zustellungsurkunde genießt die **Beweiskraft** des § 418 I ZPO (BVerwG NJW **85**, 1179, 1180; **86**, 2127; Düsseldorf NJW **00**, 2831). Der Gegenbeweis ist zwar zulässig (§ 418 II ZPO), aber nicht durch das bloße Behaupten des Gegenteils unter Benennung des Postbediensteten als Zeugen (BVerwG aaO; Düsseldorf VRS **87**, 441; Hamm VRS **101**, 439). Auch bei bloßen Zweifeln an der Richtigkeit der urkundlichen Feststellungen ist der Gegenbeweis nicht erbracht (Düsseldorf NJW **00**, 2831; Köln aaO; vgl aber BerlVerfGH NStZ-RR **01**, 337: Zweifeln ist ggf nachzugehen); Glaubhaftmachung genügt nicht (Schleswig SchlHA **84**, 98 [E/L]; vgl aber KG wistra **01**, 37: anders im Wiedereinsetzungsverfahren). Der Inhalt der Urkunde kann insbesondere durch nachträglich bekanntgewordene Umstände widerlegt werden (BVerfG NStZ-RR **97**, 70; Jena VRS **110**, 128). 27

Eine **Heilung** von Zustellungsmängeln tritt nach I iVm § 189 ZPO mit dem Zeitpunkt ein, zu dem Adressaten das Schriftstück tatsächlich zugegangen ist; das gilt auch, wenn der Lauf einer gesetzlichen Rechtsmittelfrist von der Zustellung abhängt (Frankfurt NStZ-RR **04**, 336; SK-Weßlau 43; vgl auch Hamburg NStZ-RR **03**, 46; **05**, 17; LG Magdeburg StV **08**, 626). Eine gescheiterte Zustellung in Form der Übergabe an den Zustellungsempfänger selbst kann nicht in eine wirksame Ersatzzustellung umgedeutet werden (Düsseldorf VRS **87**, 441). Die fehlerhafte Zustellung nach § 178 ZPO ist unschädlich, wenn bei zutr rechtlicher Bewertung eine Zustellung nach § 171 ZPO anzunehmen ist (Köln NStZ-RR **08**, 379). 28

6) Doppelzustellungen (II): Wird demselben Empfangsberechtigten mehrfach zugestellt, so ist nur die 1. Zustellung maßgebend (BGH NJW **78**, 60; Hamburg NJW **65**, 1614; Saarbrücken NJW **64**, 1633; Dünnebier JZ **69**, 96), sofern ihr nicht ein wesentlicher Mangel anhaftet, der sie unwirksam macht (oben 2). Doppelzustellungen an den Beschuldigten und den Verteidiger sind nicht zugelassen (vgl § 145a III). Finden sie gleichwohl statt, so ist die später bewirkte Zustellung an den Verteidiger unwirksam, wenn sich zum Zustellungszeitpunkt weder eine Vollmachtsurkunde bei den Akten befunden hat noch eine Vollmacht in der Hauptverhandlung mündlich erteilt und im Protokoll beurkundet worden ist (Bay **92**, 157 = MDR **93**, 459; Düsseldorf NStZ **88**, 327; **aM** Düsseldorf VRS **73**, 389; erg 9 zu § 145a). Von mehreren wirksamen Zustellungen – zB auch an mehrere Verteidiger desselben Beschuldigten – ist nach II nur die spätere maßgebend, was zu einer faktischen Fristverlängerung führen kann (BGHR § 345 I Fristbeginn 4). Das gilt selbst dann, wenn die spätere Zustellung erst angeordnet worden ist, nachdem die 1. schon bewirkt war (BGH **22**, 221; Bay **67**, 101 = NJW **67**, 2124; Bay **75**, 150 = VRS **50**, 292). War allerdings die durch die 1. Zustellung eröffnete Frist bereits abgelaufen, so wird sie durch die Zustellung an einen weiteren Empfangsberechtigten nicht wieder eröffnet (BGH **34**, 371 = JR **88**, 467 mit Anm Wendisch; NStZ **85**, 17 [Pf/M]; SK-Weßlau 45), auch nicht, wenn diese Zustellung noch vor Ablauf der Frist angeordnet worden war (BGH **22**, 221; Bay aaO; Düsseldorf StV **97**, 121 mwN). 29

Unmittelbare Ladung

38 **Die bei dem Strafverfahren beteiligten Personen, denen die Befugnis beigelegt ist, Zeugen und Sachverständige unmittelbar zu laden, haben mit der Zustellung der Ladung den Gerichtsvollzieher zu beauftragen.**

1 **1)** Die **Befugnis zur unmittelbaren Ladung** haben Angeklagte (§§ 220 I, 323 I S 1, 386 II), Privatkläger (§ 386 II), Nebenkläger (10 zu § 397), Beschuldigte im Sicherungsverfahren (§ 414 I), Verfalls- und Einziehungsbeteiligte (§§ 433 I, 440 III, 442 I) sowie JPen und Personenvereinigungen (§ 444 II S 2, III S 1).

2 **2)** Der **Gerichtsvollzieher** ist unmittelbar mit der Zustellung der vom Auftraggeber unterschriebenen Ladung zu beauftragen; eine Vermittlung durch die Geschäftsstelle des Gerichts findet nicht statt (vgl § 161 GVG). Der Gerichtsvollzieher kann die Deutsche Post AG (vgl 6 zu § 36) um Ausführung der Zustellung ersuchen (§§ 191, 194 ZPO), nicht aber der Ladungsberechtigte selbst (BGH NJW **52**, 836).

3 **Zuständig** für die Zustellung durch Ersuchen an die Post ist jeder Gerichtsvollzieher in der BRep (§ 160 GVG), für die unmittelbare Zustellung ohne Mitwirkung der Post nur der am Bestimmungsort (KK-Maul 2).

4 **3) Verpflichtet zum Erscheinen** ist der unmittelbar Geladene nur unter den Voraussetzungen des § 220 II. Fehlen sie, so ist die Ladung durch den Gerichtsvollzieher zwar zulässig, den sonst gebotenen Hinweis (vgl § 48) auf die gesetzlichen Folgen des Ausbleibens (§§ 51, 77) darf die Ladung dann aber nicht enthalten.

39 (weggefallen)

Öffentliche Zustellung

40 I [1]**Kann eine Zustellung an einen Beschuldigten, dem eine Ladung zur Hauptverhandlung noch nicht zugestellt war, nicht in der vorgeschriebenen Weise im Inland bewirkt werden und erscheint die Befolgung der für Zustellungen im Ausland bestehenden Vorschriften unausführbar oder voraussichtlich erfolglos, so ist die öffentliche Zustellung zulässig.** [2]**Die Zustellung gilt als erfolgt, wenn seit dem Aushang der Benachrichtigung zwei Wochen vergangen sind.**

II **War die Ladung zur Hauptverhandlung dem Angeklagten schon vorher zugestellt, dann ist die öffentliche Zustellung an ihn zulässig, wenn sie nicht in der vorgeschriebenen Weise im Inland bewirkt werden kann.**

III **Die öffentliche Zustellung ist im Verfahren über eine vom Angeklagten eingelegte Berufung bereits zulässig, wenn eine Zustellung nicht unter einer Anschrift möglich ist, unter der letztmals zugestellt wurde oder die der Angeklagte zuletzt angegeben hat.**

1 **1) Gegenstand der öffentlichen Zustellung** (allg dazu M.J. Schmid MDR **78**, 96) können nicht nur gerichtliche Entscheidungen, ausgenommen Strafbefehle (21 zu § 409), sein, sondern auch Anordnungen, Verfügungen und Ladungen (vgl aber § 232 II), auch zur Berufungsverhandlung (9 zu § 329). Aufforderungen zur Erklärung nach § 201 I sind jedenfalls dann zulässig, wenn Verjährung droht, ein Haftbefehl besteht und kein Grund für einen Ausschluss der Öffentlichkeit gegeben ist (so zutr Mosenheuer wistra **02**, 409; **aM** – unzulässig – KK-Maul 3; M.J. Schmid aaO); auch bei Aufforderung nach § 453 I S 2 ist öffentliche Zustellung zulässig. Für Ladungen der StA gilt § 40 nicht (18 zu § 163a).

2) Dem **Beschuldigten** kann öffentl zugestellt werden, auch Verfalls- und Einziehungsbeteiligten (§§ 433 I, 435 I Hs 2, 442 I), nicht aber denjenigen, die für den Beschuldigten Sicherheit geleistet haben (§ 124 II, III). Ausgeschlossen ist die öffentliche Zustellung im Jugendstrafverfahren (Brunner/Dölling 5; Eisenberg 31; beide zu § 2 **JGG**; erg aber 9 zu § 329) und nach Art 36 NTS-ZA. Beschuldigter iS des § 40 ist auch, wer bereits rechtskräftig verurteilt ist (LR-Graalmann-Scheerer 3). Daher kann der Beschluss, mit dem die Aussetzung des Strafrestes zur Bewährung widerrufen wird, öffentl zugestellt werden (11 zu § 453c). Für andere Verfahrensbeteiligte gelten über § 37 I ohnehin die §§ 185 bis 188 ZPO. 2

3) Voraussetzung der öffentlichen Zustellung ist in den Fällen I und II die Unmöglichkeit, die Zustellung in der vorgeschriebenen Weise im Inland an den Beschuldigten, den Verteidiger nach § 145a I (Köln StV **98**, 211; LG Frankfurt a.M. StV **04**, 554) oder an einen Zustellungsbevollmächtigten (RG **66**, 76, 79) zu bewirken. Auslandsaufenthalt des Beschuldigten ist nicht erforderlich, Hauptanwendungsfall ist vielmehr, dass sein Aufenthalt unbekannt ist. Befindet er sich im Ausland und kennt das Gericht den Aufenthaltsort, so ist nach I weitere Voraussetzung, dass die gewöhnliche Zustellung unausführbar oder voraussichtlich erfolglos ist. Nur wenn dem Beschuldigten die Ladung zur Hauptverhandlung schon vorher zugestellt war, entfällt diese Voraussetzung (II); in diesem Fall wird von ihm verlangt, dass er den Zugang weiterer Zustellungen ermöglicht (Hamburg JR **82**, 122 mit Anm Wendisch; Krause JR **78**, 392). Die öffentliche Zustellung ist auch zulässig, wenn der Angeklagte seinen Wohnsitz in das Ausland verlegt oder an seinen ausländischen Wohnort zurückkehrt (KG NStZ **09**, 111; Frankfurt NStZ-RR **04**, 48; Hamburg aaO). 3

Soll (als *ultima ratio*) öffentl zugestellt werden, weil der Aufenthalt des Beschuldigten nicht bekannt ist, so setzt das voraus, dass das Gericht vorher mit allen ihm zum Verfügung stehenden zumutbaren Mitteln versucht hat, den **Aufenthaltsort zu ermitteln** (Bay NStZ **84**, 29; Düsseldorf VRS **89**, 291; Frankfurt StV **83**, 233; Köln VRS **59**, 42; Schleswig SchlHA **86**, 103 [E/L]). Dabei ist ein strenger Maßstab anzulegen (BVerfG NStZ-RR **05**, 205; Bay **91**, 92 = NStZ **91**, 598; KG StraFo **06**, 105; Düsseldorf VRS **87**, 349). Dass das Schriftstück nach versuchter Zustellung mit dem Vermerk „Empfänger unbekannt verzogen" zurückkommt, genügt nicht (Celle StV **85**, 495; Köln VRS **64**, 198). Bei Ausländern ist idR eine Anfrage beim Bundesverwaltungsamt – Ausländerzentralregister – erforderlich (Köln VRS **59**, 42; StV **90**, 345 L; Stuttgart MDR **76**, 775; vgl § 10 AZRGund dazu Schriever-Steinberg NJW **94**, 3276). Auch eine Anfrage beim länderübergreifenden staatsanwaltschaftlichen Verfahrensregister (§ 492) sollte idR erfolgen (SK-Weßlau 12). Unterlässt das Gericht die erforderlichen Nachforschungen, so ist die Zustellung unwirksam (Bay NStZ **84**, 29; Celle StV **85**, 495; Köln VRS **64**, 198), sofern nicht feststeht, dass sie erfolglos gewesen wären (Oldenburg OLGSt S 7). 4

4) Unter **erleichterten Voraussetzungen** (III) ist die öffentliche Zustellung im Verfahren über eine Berufung (nicht über eine nach § 335 als Berufung zu behandelnde Revision, Bremen StV **91**, 150 L) des Angeklagten (nicht seines gesetzlichen Vertreters) zulässig. Die öffentliche Zustellung der Ladung zur Berufungsverhandlung und von zustellungsbedürftigen Entscheidungen, insbesondere des Berufungsurteils (nach Bay **91**, 92 = NStZ **91**, 598 aber nicht die Zustellung zum Ingangsetzen der Revisionsbegründungsfrist nach § 345 I S 2, zw) kann entgegen I, II bereits angeordnet werden, wenn die gewöhnliche Zustellung nicht an den Verteidiger (§ 145a; unzutr Düsseldorf VRS **97**, 132, vgl demgegenüber Rieß/Hilger NStZ **87**, 152) und an den Angeklagten – trotz Zustellversuchs (Hamm NJW **06**, 3511 L = NStZ-RR **06**, 309) – nicht unter der Anschrift möglich ist, unter der letztmals zugestellt wurde oder die der Angeklagte zuletzt angegeben hat. Die Vorschrift will es dem Gericht ersparen, zeit- und arbeitsaufwändige Ermittlungen nach einem Angeklagten anzustellen, der das Berufungsverfahren 5 dadurch verzögern will, dass er seinen Wohnsitz aufgibt und sich an einem dem Gericht nicht bekannten Ort aufhält (Bay **00**, 138 = NStZ-RR **01**, 139 L; Hamburg NStZ-RR **00**, 238; Schleswig SchlHA **99**, 173 [L/D]). Dem Angeklagten wird daher eine Mitwirkungspflicht auferlegt; daher gilt III auch, wenn der Angeklagte ins Ausland abgeschoben worden ist (Stuttgart NStZ-RR **04**, 219). Wenn er Rechtsnachteile, insbesondere die Verwerfung seiner Berufung nach § 329 I und den Eintritt der Rechtskraft des Berufungsurteils, vermeiden will, muss er dem Berufungsgericht seine neue Anschrift mitteilen (vgl aber bei Jugendlichen 9 zu § 329). Auf die Folgen, die das Unterlassen dieser Obliegenheit hat, wird er nach § 35 a S 2 hingewiesen (erg 16 zu § 35 a). Wird nach öffentlicher Zustellung die Anschrift vor der Verhandlung doch noch bekannt, muss nach § 37 geladen werden; die Zugangsfiktion des I S 2 gilt dann nicht mehr (Düsseldorf MDR **92**, 985 mwN; Hamm NStZ-RR **05**, 114; Oldenburg StraFo **04**, 274; Stuttgart StV **01**, 336 L).

6 **5)** Die **Anordnung** der öffentlichen Zustellung, die bei Vorliegen der Voraussetzungen des § 40 zwingend ist, erfolgt nach § 37 I iVm § 186 I ZPO durch Gerichtsbeschluss (Hamm JMBlNW **58**, 262). Fehlt die gerichtliche Anordnung oder hat der Vorsitzende des Kollegialgerichts sie allein oder fehlerhaft (KG StraFo **09**, 240) getroffen, so ist die Zustellung unwirksam; eine gesetzliche Frist wird nicht in Lauf gesetzt.

7 **6) Bewirkt** wird die öffentliche Zustellung nach § 37 I iVm § 186 II ZPO dadurch, dass eine Benachrichtigung über die Zustellung an der Gerichtstafel ausgehängt wird, die insbesondere den Namen des Zustellungsadressaten, das Aktenzeichen (Dresden StraFo **06**, 375), die Bezeichnung des Prozessgegenstandes und die Stelle, wo das Schriftstück eingesehen werden kann (idR die Geschäftsstelle des Gerichts), enthält. Das Einsichtsrecht in das Schriftstück selbst hat nur der Berechtigte oder sein Bevollmächtigter. Der Inhalt der gerichtlichen Entscheidung wird – im Gegensatz zur bis 2004 geltenden Fassung des § 40 – nicht mehr ausgehängt; dadurch wird vermieden, dass ein Unberechtigter mehr als unumgänglich über die Zustellung erfährt (BT-Drucks 15/3482 S 20). Es besteht auch weiterhin – wie seit jeher – die Möglichkeit, statt des Aushangs an der Gerichtstafel die Benachrichtigung von der Zustellung im Bundesanzeiger oder in anderen Blättern zu veröffentlichen (§ 37 I iVm § 187 ZPO). Der Aushang erfolgt gemäß § 37 iVm § 186 ZPO an der Gerichtstafel des die öffentliche Zustellung anordnenden Gerichts (KG StraFo **09**, 240; Stuttgart Justiz **06**, 235), dh im Berufungsverfahren an der Gerichtstafel des LG (KG aaO; Hamm NJW **07**, 933; Stuttgart NJW **07**, 936), im Vollstreckungsverfahren ggf bei der StVollstrK (Düsseldorf StraFo **02**, 394 mwN). Die Zustellung gilt mit Ablauf von 2 Wochen nach Erscheinen des Blattes oder der Anheftung an der Gerichtstafel als erfolgt, auch wenn der an unbekanntem Ort befindliche Zustellungsempfänger den Akt der Bekanntmachung nicht wahrnehmen kann (Düsseldorf StraFo **02**, 394, 395). Anheftung und Abnahme hat der UrkB der Geschäftsstelle unter Angabe des Zeitpunkts zu beurkunden (§ 186 III ZPO). Die Vorschriften in § 40 I–III gehen im Übrigen den §§ 185, 188 ZPO als speziellere Regelungen vor (BT-Drucks aaO S 21). Ein Aushang beim unzuständigen Gericht führt zur Unwirksamkeit der Zustellung (Hamm aaO; Stuttgart aaO), nicht aber der unter Verstoß gegen § 186 II BGB erfolgte Aushang des zuzustellenden Schriftstücks selbst (Karlsruhe NStZ-RR **07**, 205).

8 **7) Anfechtung:** Gegen die Anordnung nach § 40 ist Beschwerde (etwa durch den Verteidiger) nach § 304 I zulässig (Celle MDR **76**, 335); es gilt aber § 305 S 1 (KG JR **95**, 38). Nach Durchführung der öffentlichen Zustellung ist die Beschwerde unzulässig (Düsseldorf VRS **90**, 183) und eine Aufhebung des Anordnungsbeschlusses ausgeschlossen (LG Aachen NStZ **92**, 143 mit Anm Wendisch).

Zustellung an die StA **RiStBV 159**

41 [1]**Zustellungen an die Staatsanwaltschaft erfolgen durch Vorlegung der Urschrift des zuzustellenden Schriftstücks.** [2]**Wenn mit der Zustellung der Lauf einer Frist beginnt, so ist der Tag der Vorlegung von der Staatsanwaltschaft auf der Urschrift zu vermerken.**

1) Eine **Vereinfachung der Zustellung** an die StA bezweckt § 41. Die Zustellung nach § 37 – auch iVm § 174 ZPO (KG NStE Nr 3) – wird dadurch nicht ausgeschlossen (Zweibrücken JR **77**, 292 mit Anm Schätzler); jedoch ist dann für deren Wirksamkeit die Unterzeichnung des Empfangsbekenntnisses durch den Behördenleiter oder die ihn vertretende Person erforderlich (Frankfurt NStZ-RR **96**, 234). Für die Anordnung der Zustellung gilt § 36 I S 1, für das Bewirken § 36 I S 2. 1

2) Nur durch **Vorlegung der Urschrift** (S 1) des zuzustellenden Schriftstücks, auch ohne Beifügung der Akten, ist die Zustellung nach § 41 möglich; die formlose Übersendung oder Vorlage einer beglaubigten Abschrift genügt nicht (RG **61**, 351; Düsseldorf Rpfleger **83**, 325; Hamm JMBlNW **77**, 257; Köln MDR **66**, 947). Erforderlich ist, dass der Zustellungswille der zustellenden Behörde erkennbar wird (Hamm aaO; Saarbrücken VRS **47**, 366, 367); auf den Willen des Beamten der StA, das Schriftstück als Zustellung entgegenzunehmen, kommt es nicht an (RG **57**, 55; Hamm GA **57**, 183; JMBlNW **82**, 21). Ein ausdrücklicher Hinweis auf § 41 ist nicht erforderlich, auch nicht ein ausdrücklicher Übersendungsvermerk „zur Zustellung" (Hamm aaO). Die Vorlegung zur Kenntnisnahme (Zweibrücken VRS **54**, 284) oder (unter Bezugnahme auf eine Rechtsmittelschrift) zur weiteren Veranlassung (Bay **95**, 154 = wistra **96**, 38; Hamm GA **57**, 183), kann ausreichen, aber nicht die Rücksendung der Akten „nach Erledigung" (Hamm JMBlNW **77**, 257). 2

3) Bewirkt ist die Zustellung ohne Rücksicht auf die Kenntnis des Behördenleiters oder Sachbearbeiters der StA – und unabhängig davon, ob eine handschriftliche Urschrift nur schwer lesbar ist (Saarbrücken NStE Nr 2) – mit dem Eingang des Schriftstücks bei der StA (RG **72**, 317; SK-Weßlau 5). Fristen berechnen sich grundsätzlich nach dem Eingangsstempel der StA (Braunschweig NStZ **88**, 514). Der Vermerk nach S 2 (dazu RiStBV 159) ist nur ein auf andere Weise ersetzbares Beweismittel. Das Unterlassen oder die Verweigerung des Vermerks und die Angabe eines unrichtigen Eingangstages sind auf den mit der Zustellung beginnenden Fristenlauf ohne Einfluss (RG **57**, 55; Hamm GA **57**, 183). 3

Elektronisches Dokument

41a I [1]**An das Gericht oder die Staatsanwaltschaft gerichtete Erklärungen, Anträge oder deren Begründung, die nach diesem Gesetz ausdrücklich schriftlich abzufassen oder zu unterzeichnen sind, können als elektronisches Dokument eingereicht werden, wenn dieses mit einer qualifizierten elektronischen Signatur nach dem Signaturgesetz versehen und für die Bearbeitung durch das Gericht oder die Staatsanwaltschaft geeignet ist.** [2]**In der Rechtsverordnung nach Absatz 2 kann neben der qualifizierten elektronischen Signatur auch ein anderes sicheres Verfahren zugelassen werden, das die Authentizität und die Integrität des übermittelten elektronischen Dokuments sicherstellt.** [3]**Ein elektronisches Dokument ist eingegangen, sobald die für den Empfang bestimmte Einrichtung des Gerichts oder der Staatsanwaltschaft es aufgezeichnet hat.** [4]**Ist ein übermitteltes elektronisches Dokument zur Bearbeitung nicht geeignet, ist dies dem Absender unter Angabe der geltenden technischen Rahmenbedingungen unverzüglich mitzuteilen.** [5]**Von dem elektronischen Dokument ist unverzüglich ein Aktenausdruck zu fertigen.**

II [1]Die Bundesregierung und die Landesregierungen bestimmen für ihren Bereich durch Rechtsverordnung den Zeitpunkt, von dem an elektronische Dokumente bei den Gerichten und Staatsanwaltschaften eingereicht werden können, sowie die für die Bearbeitung der Dokumente geeignete Form. [2]Die Landesregierungen können die Ermächtigung durch Rechtsverordnung auf die Landesjustizverwaltungen übertragen. [3]Die Zulassung der elektronischen Form kann auf einzelne Gerichte oder Staatsanwaltschaften oder Verfahren beschränkt werden.

1 **1) Elektronisches Dokument:** Alle Verfahrensbeteiligte – also nicht nur StA, Beschuldigte, Verteidiger, sondern auch Zeugen und Sachverständige – können dem Gericht oder der StA elektronische Dokumente einreichen (I S 1). Diese müssen, ebenso wie etwa im Zivilverfahren nach § 130a ZPO, mit einer qualifizierten elektronischen Signatur nach dem SigG versehen sein. Dazu bestimmt § 2 Nr 1–3 SigG:

„Im Sinne dieses Gesetzes sind
1. *„elektronische Signaturen" Daten in elektronischer Form, die anderen elektronischen Daten beigefügt oder logisch mit ihnen verknüpft sind und die zur Authentifizierung dienen,*
2. *„fortgeschrittene elektronische Signaturen" elektronische Signaturen nach Nummer 1, die*
   a) ausschließlich dem Signaturschlüssel-Inhaber zugeordnet sind,
   b) die Identifizierung des Signaturschlüssel-Inhabers ermöglichen,
   c) mit Mitteln erzeugt werden, die der Signaturschlüssel-Inhaber unter seiner alleinigen Kontrolle halten kann, und
   d) mit den Daten, auf die sie sich beziehen, so verknüpft sind, dass eine nachträgliche Veränderung der Daten erkannt werden kann,
3. *„qualifizierte elektronische Signaturen" elektronische Signaturen nach Nummer 2, die*
   a) auf einem zum Zeitpunkt ihrer Erzeugung gültigen qualifizierten Zertifikat beruhen und
   b) mit einer sicheren Signaturerstellungseinheit erzeugt werden,"

2 Neben der qualifizierten elektronischen Signatur kann in der RechtsVO nach II **auch ein anderes Verfahren** vorgesehen werden, das die Authentizität und die Integrität des übermittelten elektronischen Dokuments sicherstellt (I S. 2). Solche anderen sicheren Verfahren müssen somit gewährleisten, dass das elektronische Dokument dem angegebenen Absender zuzurechnen ist, in seiner Integrität geschützt übermittelt wird, und nach Eingang bei dem Gericht oder der StA so gespeichert wird, dass die Überprüfung der Integrität sichergestellt ist (BT-Drucks 15/4067 S. 37). Da diese anderen Verfahren aber nur neben und nicht an Stelle der qualifizierten elektronischen Signatur zugelassen werden dürfen, existiert im Strafverfahren mit dieser ein bundesweit einheitlich einsetzbares Verfahren (BT-Drucks aaO S. 43).

3 **2) Voraussetzungen:**

4 A. Nur bei nach den Vorschriften der StPO **schriftlich abzufassenden oder zu unterzeichnenden** Erklärungen und Anträgen ist eine qualifizierte elektronische Signatur erforderlich, bei anderen (zB nach § 23 EGGVG) hingegen nicht (LR-Graalmann-Scheerer 4). Schriftform bzw Unterzeichnung ist nach der StPO insbesondere erforderlich beim Einspruch gegen einen Strafbefehl (§ 410 I S. 1), bei Rechtsmitteleinlegungen und -begründungen (§§ 306 I, 314 I, 341 I, 345 II, 410 I S 1) und bei einem Wiederaufnahmeantrag (§ 366 II); weitere Anwendungsfälle sind § 172 III S. 2 und § 381. Auch soweit für Anträge der StA Schriftform nicht vorgeschrieben ist, kann jedoch durch eine innerbehördliche Weisung angeordnet werden, sie mit einer Qualifizierten elektronischen Signatur zu versehen (BT-Drucks 15/4067 S. 43).

5 B. **Geeignet** für die Bearbeitung durch das Gericht oder die StA muss das Dokument sein. Die in dieser Hinsicht zu stellenden Anforderungen werden durch die nach II zu erlassende RechtsVO festgelegt.

3) Eingang: Nach I S. 3 ist das elektronische Dokument eingegangen, sobald die übermittelte Datei beim Empfänger auf maschinenlesbarem Datenträger aufgezeichnet ist. Dadurch wird es dem Absender ermöglicht, Fristen bis kurz vor ihrem Ablauf zu nutzen. 6

4) Bearbeitung: Von dem eingegangen elektronischen Dokument ist unverzüglich ein Abdruck zu fertigen, der zu den Akten genommen wird (I S 5); eine rein elektronische Aktenführung gibt es im Strafverfahren also nicht (Viefhues NJW **05**, 1015; zur geplanten Einführung Diwell DAV-FS 450). Falls technische Probleme auftreten, die zur Folge haben, dass das Dokument zur Bearbeitung durch Gericht oder StA ungeeignet ist (oben 5), muss der Absender hierüber unter Angabe der geltenden technischen Rahmenbedingungen unverzüglich informiert werden (I S 4). Bei einer dadurch versäumten Frist ist binnen einer Woche nach Eingang der Mitteilung gemäß § 45 Wiedereinsetzung in den vorigen Stand zu beantragen (Graalmann-Scheerer Nehm-FS 284), die idR gewährt werden wird (vgl KK-Graf 14). 7

5) Die **elektronische Zustellung** eines Dokuments an Behörden, Wirtschaftsprüfer, Rechtsanwälte/Notare usw ist nach § 5 IV VwZG zulässig; die elektronische Zustellung eines elektronischen Dokuments regelt § 5 V-VII VwZG. 8

6) Regelungen durch RechtsVO: II ermächtigt die Bundesregierung und die Landesregierungen bzw nach Übertragung die Landesjustizverwaltungen jeweils für ihren Zuständigkeitsbereich RechtsVOen zu erlassen, in denen der Zeitpunkt der Eröffnung, Dateiformate und zulässige Adressierung bestimmt werden. Die Zulassung kann auf einzelne Gerichte oder StAen oder Verfahren beschränkt werden. Übersicht über die erlassenen VOen und Ermächtigungen im Internet abfragbar unter www.egvp.de (= Elektronisches Gerichts- und Verwaltungspostfach); vgl auch KK-Graf 23 ff. Ob für die Übergangszeit bis zum Erlass der RechtsVO nach dem Beschluss des GmS-OGB vom 5. 4. 2000 zum sog Computerfax (NJW **00**, 2340) zu verfahren ist (dazu Einl 139 a), hat der Gesetzgeber offen gelassen (BT-Drucks 15/4067 S. 44), dürfte aber zu bejahen sein. Hingegen ist eine entspr Anwendung auf einfache, nicht signierte e-mails ausgeschlossen (Oldenburg NJW **09**, 536; erg Einl 139 a). 9

Hinsichtlich der für eine Bearbeitung geeigneten und damit zulässigen Form bislang in den RechtsVOen einheitlich **zugelassenen Dokumentformaten** vgl KK-Graf 24. 10

5. Abschnitt. Fristen und Wiedereinsetzung in den vorigen Stand

Vorbemerkungen

1) Die **Frist** ist ein begrenzter, idR bestimmt bezeichneter, jedenfalls aber bestimmbarer Zeitraum, innerhalb dessen etwas geschehen muss oder nicht geschehen darf. Die §§ 42 ff gelten nur für strafprozessuale Fristen; für sachlich-rechtliche Fristen (zB die Strafantragsfrist nach § 77 b StGB und die Verjährungsfrist nach § 78 StGB) haben sie keine Bedeutung. 1

Keine Fristen iS der §§ 42 ff sind Fristen, innerhalb deren oder bei deren Ablauf ein Strafverfolgungsorgan eine Prozesshandlung vornehmen soll oder muss (KK-Maul 6 zu § 43; KMR-Paulus 5; **aM** LR-Graalmann-Scheerer 2), zB nach §§ 98 III, 111 e II S 1, 115 II, 115 a II S 1, 118 V, 118 a IV S 2, 122 IV S 2, 128 I S 1, 129, 275 I S 2. Die 6-Monats-Frist des § 121 I ist ebenfalls keine Frist ieS, obwohl in § 121 III S 1 vom Fristenlauf die Rede ist. 2

Auch der **Termin** ist keine Frist; er ist ein gesetzlich oder richterlich bestimmter Zeitpunkt, an dem oder von dem ab eine Verhandlung stattfinden soll; als Termin wird auch die ganze Zeitspanne einer Verhandlung bezeichnet (vgl EbSchmidt 8). 3

4 **2) Einteilung der Fristen:**

5 A. **Gesetzliche Fristen** ergeben sich unmittelbar aus dem Gesetz (zB aus § 45 I S 1, 172 II S 1, 235 I S 1, 311 II S 1, 314 I, 317, 319 II S 1, 341 I, 345 I, 346 II S 1, 349 III S 2, 409 I S 1 Nr 7, 439 II S 1). Sie dürfen nicht verlängert werden.

6 Bei unverschuldeter Versäumung ist Wiedereinsetzung in den vorigen Stand nach § 44 möglich, sofern es sich nicht um **Ausschlussfristen** handelt, nach deren Ablauf die Prozesshandlung schlechthin unzulässig ist, wie nach §§ 6a S 3, 16, S 3, 25, 222b S 1, 303 S 1, 388 I, 391 I S 2, 439 II S 2.

7 B. **Richterliche Fristen** sind solche, deren Beginn und Dauer im Einzelfall auf Grund besonderer gesetzlicher Ermächtigung, zB nach §§ 123 III, 201 I, 368 II, 379 III, 379a I, 382, 406g IV S 3, oder im Rahmen der Prozessleitung durch richterliche Verfügung festgesetzt werden. Für sie gelten die §§ 42, 43 nur, wenn der Richter bei der Fristsetzung nichts anderes bestimmt (EbSchmidt 3; Meyer JR **72**, 72). Sie können, außer bei zwingender Säumnisfolge (zB nach § 379a III S 1), auf Antrag oder von Amts wegen verlängert oder nach Ablauf mit kürzerer, gleicher oder längerer Dauer neu gewährt werden (KK-Maul 4 zu § 43).

8 C. **Handlungs- und Erklärungsfristen** sind Zeiträume, innerhalb deren ein Verfahrensbeteiligter eine Prozesshandlung vornehmen muss, damit sie zulässig ist. Sie sind teils gesetzlich bestimmt (oben 5), teils werden sie richterlich festgesetzt (oben 7). Zur Fristwahrung vgl unten 11 ff.

9 D. **Zwischenfristen** sind Fristen, die der Richter oder StA in der Weise zu beachten hat, dass er eine Handlung nicht vor ihrem Ablauf vornehmen darf. Solche Fristen bestimmen zB §§ 138d II S 2, 217 I, 418 II S 3.

10 3) Für **staatsanwaltschaftliche Fristen,** dh solche, die bei der StA wahrzunehmen sind, gelten die §§ 42, 43 entspr (SK-Weßlau 5 zu § 43). Dagegen sind die Vorschriften über die Wiedereinsetzung (§§ 44, 45) bei den Erklärungsfristen im Ermittlungsverfahren nicht anwendbar; eine Ausnahme gilt für die Versäumung der Frist des § 172 I S 1 (dort 17).

11 **4) Wahrung von Erklärungsfristen:**

12 A. **Erklärungen zu Protokoll der Geschäftsstelle** (Einl 131 ff) wahren die Frist, wenn sie rechtzeitig bei dem UrkB des zuständigen Gerichts abgegeben und von ihm niedergeschrieben werden; vgl auch § 299 II. Wird eine Erklärung, die auch schriftlich abgegeben werden kann, von einem unzuständigen Gericht protokolliert, so ist die Frist gewahrt, wenn das Protokoll von dem Erklärenden unterzeichnet ist und rechtzeitig an das zuständige Gericht gelangt (erg Einl 133).

13 B. **Schriftliche Erklärungen** (Einl 128): Die Fristwahrung setzt keine Mitwirkung des Gerichts voraus (BVerfGE **41**, 323, 328 = NJW **76**, 747). Entscheidend ist allein, dass das Schriftstück innerhalb der Frist ordnungsgemäß (also nicht durch Einwurf in ein offenes Fenster, Übergabe an die Putzfrau, Durchschieben unter der Haustür oder auf ähnliche Weise) in die Verfügungsgewalt des zuständigen Gerichts gelangt, wenn auch an eine falsche Abteilung oder zu falschen Akten (BGH wistra **99**, 346; Köln VRS **57**, 299). Die Übergabe an einen empfangsberechtigten Beamten außerhalb des Gerichtsgebäudes und außerhalb der Dienstzeit reicht aus, nicht aber der Einwurf in ein Fach, das nur für den internen Postaustausch der Behörden bestimmt ist (LG Stuttgart MDR **86**, 689). Einschreibsendungen gehen schon zu, wenn dem Gericht die Benachrichtigung über den bei dem Postunternehmen hinterlegten Brief übergeben wird (LR-Graalmann-Scheerer 18), Sendungen, die in ein Postfach eingelegt werden, sind mit dem Einsortieren zugegangen, nicht erst mit der Abholung (BGHR ZPO § 577 II Postfach 1; Frankfurt NStZ-RR **07**, 206; KK-Maul 17 zu § 43; **aM** LR-Graalmann-Scheerer 25). Eine falsche Adressierung der Sendung ist unschädlich. Nicht erforderlich ist, dass das Schrift-

stück bis zum Ende der Dienstzeit eingegangen ist (1 zu § 43) oder dass ein zu seiner Entgegennahme zuständiger Beamter es amtlich in Empfang nimmt (BVerfGE **52**, 203, 209 = NJW **80**, 580; BVerfGE **57**, 117 = NJW **81**, 1951; BVerfGE **69**, 381, 385ff = NJW **86**, 244).

Daher wahrt der Einwurf in einen gewöhnlichen **Hausbriefkasten** die Frist 14
(BGH NJW **81**, 1216 = JR **81**, 331 mit Anm Grundmann), auch wenn mit der Leerung am selben Tag nicht gerechnet werden kann (BVerfGE **42**, 128 = NJW **76**, 255; BGH NJW **84**, 1237; BVerwG NJW **74**, 73). Wer einen solchen Briefkasten benutzt, hat aber die Beweislast für den rechtzeitigen Einwurf der Erklärungsschrift (vgl Frankfurt NJW **74**, 1959; W. Schmid Dünnebier-FS 113). Entsprechendes gilt für das Einsortieren in ein Postfach des Gerichts (BGH MDR **87**, 134).

Die Anbringung eines **Nachtbriefkastens** hat den Vorteil, dass ein Kontrollme- 15
chanismus die Erfassung der vor Mitternacht eingegangenen Briefe ermöglicht und dass bei seinem Versagen der rechtzeitige Eingang der Sendung unterstellt wird (Bay **68**, 103, 106 = NJW **69**, 201). Der Eingangsstempel ist eine öffentliche Urkunde iSd § 418 I ZPO, der Beweis für den Zeitpunkt des Eingangs erbringt; der Beweis kann aber durch den Nachweis der Unrichtigkeit des ausgewiesenen Zeitpunkts entkräftet werden.

Wenn das Schriftstück bei einem **unzuständigen Gericht** oder bei der StA 16
eingereicht wird, kommt es für die Fristwahrung darauf an, dass es dem zuständigen Gericht noch innerhalb der Frist zugeht (BGH MDR **73**, 557 [D] Düsseldorf NStZ-RR **02**, 216; Karlsruhe JR **92**, 302 mit abl Anm Sommermeyer); dass ihm sein Inhalt von dem unzuständigen Gericht telefonisch übermittelt wird, genügt dann, wenn darüber ein Protokoll aufgenommen wird (Celle MDR **70**, 608; Düsseldorf NStZ **84**, 184 mit Anm Maul; Zweibrücken MDR **82**, 166). Wird das an ein unzuständiges Gericht adressierte Schriftstück dem zuständigen Gericht lediglich durch die Briefkontrolle (bei UHaft) bekannt, so wahrt das die Frist nicht (LG Bielefeld MDR **83**, 779).

Betreiben mehrere Gerichte oder andere Justizbehörden eine **gemeinsame** 17
Briefannahmestelle (Eingangsstelle, Einlaufstelle), die auch ein gemeinschaftlicher Nachtbriefkasten (oben 15) sein kann, so wird eine Frist durch den Eingang des Schreibens bei dieser Stelle gewahrt. Die unrichtige Adressierung ist unschädlich, wenn der wahre Adressat eine der Trägerbehörden ist; die neuere Rspr verlangt aber, dass das Schriftstück rechtzeitig an die zuständige Behörde weitergeleitet worden ist (BGH NJW **83**, 123; Bay **74**, 141 = JR **76**, 26 mit abl Anm Küper; Bay **84**, 15 = VRS **66**, 285; Bay NJW **88**, 714; Frankfurt NJW **88**, 2812; NStZ-RR **00**, 212; Hamm NStZ-RR **10**, 21; Stuttgart NStZ **87**, 185 mit krit Anm Maul; ebenso W. Schmid Dünnebier-FS 117ff; **aM** AK-Lemke 28; LR-Graalmann-Scheerer 22ff). Entsprechendes gilt bei einem gemeinsamen Telefaxanschluss (Düsseldorf JMBlNW **90**, 179; Frankfurt NStZ-RR **02**, 215).

C. **Erklärungen durch Telefax** (Einl 139a) sind dem Gericht zugegangen, 18
wenn das Schriftstück am Empfangsgerät ausgedruckt wird (KK-Maul 19 zu § 43).

Ebenso ist die durch **Fernschreiber** abgegebene Erklärung (Einl 139) dem Ge- 19
richt zugegangen, wenn der Text in der Anlage des Empfängers vollständig niedergeschrieben ist (W. Schmidt NStZ **83**, 37). Das gilt in beiden Fällen auch dann, wenn der angegebene Zeitpunkt nach Dienstschluss liegt und die Fernschreibanlage nicht besetzt ist (BGHZ **101**, 276 = NJW **87**, 2586; Zweibrücken OLGSt Nr 8 zu § 345; vgl auch BVerfGE **52**, 203 = NJW **80**, 580); die Beweislast, dass das vor Fristablauf geschehen ist, hat derjenige, der die Erklärung abgibt (W. Schmidt aaO).

D. **Zweifel an der Fristwahrung:** Vgl 35 zu § 261. 20

Tagesfristen

42 **Bei der Berechnung einer Frist, die nach Tagen bestimmt ist, wird der Tag nicht mitgerechnet, auf den der Zeitpunkt oder das Ereignis fällt, nach dem der Anfang der Frist sich richten soll.**

1 **1)** Nicht nur bei den **Tagesfristen** zählt der Anfangstag nicht mit. § 42 gilt vielmehr für Fristen aller Art (gesetzliche, richterliche, Handlungsfristen, amtliche Fristen für den Richter). Die Vorschrift besagt, dass bei der Fristberechnung der Tag nicht mitgezählt wird, auf den das für den Fristbeginn maßgebende Ereignis fällt. Beginnt zB eine Dreitagesfrist am 10. 5., so endet sie mit Ablauf des 13. 5. Vgl auch 1, 2 zu § 43.

2 **2)** Die **24-Stunden-Frist** des § 418 II S 3 ist keine Tagesfrist iS des § 42; daher zählt der Zustellungstag bei ihrer Berechnung mit (LR-Graalmann-Scheerer 6).

Wochen- und Monatsfristen

43 **I Eine Frist, die nach Wochen oder Monaten bestimmt ist, endet mit Ablauf des Tages der letzten Woche oder des letzten Monats, der durch seine Benennung oder Zahl dem Tag entspricht, an dem die Frist begonnen hat; fehlt dieser Tag in dem letzten Monat, so endet die Frist mit dem Ablauf des letzten Tages dieses Monats.**

II Fällt das Ende einer Frist auf einen Sonntag, einen allgemeinen Feiertag oder einen Sonnabend, so endet die Frist mit Ablauf des nächsten Werktages.

1 **1)** Bei **Wochen- und Monatsfristen** (I) zählt der Anfangstag ebenso wenig mit wie bei den Tagesfristen nach § 42. Fällt zB das eine Wochenfrist in Lauf setzende Ereignis (Verkündung, Zustellung) auf einen Mittwoch, so endet die Frist mit Ablauf des folgenden Mittwochs. Die am 5. eines Monats beginnende Monatsfrist endet mit dem Ablauf des 5. des folgenden Monats. Nach I Hs 2 endet die am 31. Mai beginnende Monatsfrist am 30. Juni, die am 31. Januar beginnende Monatsfrist am 28., im Schaltjahr am 29. Februar. Das gilt auch für den Fall, dass für den Anfang einer Frist der Beginn eines Tages maßgebend ist, zB wenn sich die Revisionsbegründungsfrist an die Einlegungsfrist des § 341 anschließt (4 zu § 345); auch dann wird der Anfangstag bei der Fristberechnung (entgegen § 188 II BGB) nicht mitgezählt (BGH **36**, 241; **aM** Schulze JR **96**, 51). Fristen enden stets erst um 24 Uhr des letzten Tages, nicht schon mit dem Ende der Dienstzeit der Gerichte (BVerfGE **41**, 323 = NJW **76**, 747; **42**, 128 = NJW **76**, 1255).

2 **2)** Die **gesetzliche Fristverlängerung** (II) gilt nicht nur für die Fristen des I, sondern auch für die Tagesfristen (RG **62**, 140), auch für richterliche Fristen, selbst wenn sie nach dem Datum bestimmt sind (Bay **71**, 54 = JR **72**, 71 mit Anm Meyer; KK-Maul 22; Günther Kriminalistik **06**, 684, 689; **aM** LR-Graalmann-Scheerer 4 zu § 42). Ausnahmslos gilt das nicht; denn der Richter ist nicht gehindert, das Fristende auf einen Sonnabend oder Feiertag zu legen (**aM** Schultz MDR **73**, 732), muss das aber eindeutig („bis Sonntag, den 4. 5.") zum Ausdruck bringen (Meyer aaO).

3 Allgemeine **Feiertage** sind die staatlich anerkannten (Art 140 GG iVm Art 139 WeimRV), nicht die nur staatlich geschützten Feiertage (Bay **57**, 131; vgl BGH NStZ **08**, 55: Buß- und Bettag). Nach Bundesrecht ist nur der 3. Oktober ein gesetzlicher Feiertag (Art 2 II EV); die übrigen sind landesrechtlich bestimmt (vgl im Einzelnen Göhler/Buddendiek/Lenzen 769). Die Fristverlängerung tritt nur ein, wenn der Tag am Ort des Gerichts, bei dem die Frist gewahrt werden muss, ein staatlich anerkannter Feiertag ist; die Feiertagsregelung am Wohnsitz des Beschuldigten oder am Sitz der Kanzlei seines Verteidigers ist hierfür ohne Belang (Celle NdsRpfl **96**, 253). Die Sonnabende stehen den Feiertagen gleich, nicht jedoch sonstige dienstfreie Tage (Bay **99**, 75 = NStZ-RR **99**, 363).

Wiedereinsetzung in den vorigen Stand

44 [1]**War jemand ohne Verschulden verhindert, eine Frist einzuhalten, so ist ihm auf Antrag Wiedereinsetzung in den vorigen Stand zu gewähren.** [2]**Die Versäumung einer Rechtsmittelfrist ist als unverschuldet anzusehen, wenn die Belehrung nach den § 35 a Satz 1 und 2, § 319 Abs. 2 Satz 3 oder nach § 346 Abs. 2 Satz 3 unterblieben ist.**

1) Kein Rechtsmittel, sondern ein förmlicher Rechtsbehelf anderer Art (20 vor § 296) ist der Wiedereinsetzungsantrag (BGH **25**, 89, 91). Denn ihm fehlt der Devolutiveffekt (2 vor § 296), und mit ihm wird auch nicht die Nachprüfung einer Entscheidung erstrebt (RG **22**, 31). Die Rechtskraft der Entscheidung steht der Wiedereinsetzung nicht entgegen, sondern soll durch sie gerade beseitigt werden (BVerfG NStE Nr 34 mwN). Ausgeschlossen ist die Wiedereinsetzung aber, wenn das Verfahren durch eine Sachentscheidung des Revisionsgerichts nach § 349 II oder V (nicht durch Verwerfung nach § 349 I) rechtskräftig abgeschlossen ist; dann ist nur noch die Wiederaufnahme nach §§ 359 ff zulässig (25 zu § 349). 1

2) Wiedereinsetzung bei Fristversäumnis, nicht schon bei praktischer Verkürzung der Frist infolge verspäteter Kenntnis von der Zustellung (LG Münster MDR **85**, 866), lässt § 44 zu. Ist keine Frist versäumt, so ist sie unzulässig (BGH **17**, 94, 96; Bay **71**, 228 = NJW **72**, 1097). Wenn der Antragsteller aber irrtümlich so behandelt worden ist, als hätte er die Frist versäumt, wird ihm nach nunmehr ganz hM Wiedereinsetzung gewährt (BGH NStZ **88**, 210 [M]; Bay VRS **39**, 272; Düsseldorf VRS **96**, 27 mwN; Schleswig SchlHA **92**, 144 [L/T]; SK-Weßlau 6; **aM** KG wistra **02**, 37; JR **06**, 301 [mit inkonsequenten Ausnahmen]; vgl auch 41 zu § 329). 2

A. **Fristen:** In Betracht kommt jede gesetzliche oder richterliche Frist, die keine absolute Ausschlussfrist (6 vor § 42) ist. § 44 gilt auch für die Frist des § 45 I S 1 (dort 3) und des § 172 I (dort 17), nicht aber für Erklärungsfristen im Ermittlungsverfahren, auch nicht für die Fristen der §§ 6 a S 3, 16 S 3, 222 a, 222 b und § 317 (Dresden OLG-NL **98**, 216), für die Frist, die das Gericht für die Begründung einer Beschwerde gesetzt hat (Karlsruhe MDR **83**, 250), für die Strafantragsfrist nach § 77 b I S 1 StGB (BGH NJW **94**, 1165 mwN), für die vereinbarte Frist zum Widerruf eines Privatklagevergleichs (Oldenburg JW **31**, 2390; LG Würzburg NJW **54**, 768), für den Anschluss als Nebenkläger (BGH NStZ-RR **97**, 136) und für die Versäumung der Bezeichnung des unbenannt eingelegten Rechtsmittels (2 zu § 335) als Revision innerhalb der Frist des § 345 I (vgl 8 zu § 335). Bei Versäumung der Berufungs- und Revisionsfristen sind neben dem Antrag nach § 44 die Rechtsbehelfe nach §§ 319 II, 346 II zulässig. 3

B. **Fristversäumung:** 4

a) **Eine Frist versäumt** iS des § 44, wer sie einhalten wollte, aber nicht eingehalten hat. Wer von einem befristeten Rechtsbehelf bewusst keinen Gebrauch gemacht hat, war nicht iS des S 1 an der Einlegung „verhindert" (BGH NStZ **01**, 160; Bay **70**, 148 = JR **71**, 29; Bay **77**, 189 = JR **78**, 128 mit Anm Wendisch; vgl auch Düsseldorf MDR **84**, 71: Rechtsmittelverzicht). Das gilt auch bei falscher Einschätzung der Rechtsfolgen der Entscheidung (Koblenz OLGSt Nr 14) oder der Erfolgsaussichten des Rechtsmittels (Köln NStZ-RR **96**, 212), auch eines Rechtsmittels in anderer Sache (Düsseldorf MDR **82**, 866), selbst wenn sie auf unrichtiger, aber nicht bewusst wahrheitswidriger Belehrung durch einen RA beruht (Düsseldorf NJW **82**, 60). § 44 ist auch nicht anwendbar, wenn der Verteidiger statt der Erfolg versprechenden Revision gegen ein Verwerfungsurteil nach § 329 I einen erfolglosen Wiedereinsetzungsantrag gestellt hat (Düsseldorf VRS **82**, 460; **aM** KG NStZ **94**, 603), oder wenn der Angeklagte, der keine Revision eingelegt hat, den Revisionsgrund des § 338 Nr 7 nach Ablauf der Revisions- 5 frist erkennt (Mertens NJW **79**, 1698; Stein NJW **80**, 1086; **aM** AK-Lemke 6; SK-Weßlau 10; Pahlmann NJW **79**, 98).

6 b) Die **Versäumung der vorgeschriebenen Form** steht der Fristversäumung gleich (BGH **26**, 335), zB wenn der Antrag nach § 172 II den gesetzlichen Formvorschriften nicht entspricht (Koblenz VRS **64**, 34), die Revisionsbegründungsschrift vom Angeklagten selbst unterschrieben oder vom Verteidiger versehentlich nicht (BGH bei Sarstedt JR **55**, 29) oder (unzulässigerweise, vgl 15 zu § 142) von einem Sozius des Pflichtverteidigers (BGH NStZ **03**, 615) oder sonst nicht formgerecht (Einl 129) unterzeichnet worden ist oder nicht den Anforderungen des § 344 entspricht (Zweibrücken StV **91**, 550 mwN) oder ein Telefax nur teilweise innerhalb der Frist eingeht (BGH 2 StR 511/01 vom 25. 1. 2002).

7 c) Zur **Nachholung von Verfahrensrügen** der bereits formgerecht begründeten Revision (vgl allg Hilger NStZ **83**, 152; Ventzke StV **97**, 227) kann dem Angeklagten, der mit seinem Verteidiger in der Hauptverhandlung anwesend war, Wiedereinsetzung grundsätzlich nicht bewilligt werden (BGH **1**, 44; **14**, 330, 333; **26**, 335, 338; wistra **06**, 271; NJW **08**, 2356; Hamm StV **88**, 55 L; Nürnberg NJW **07**, 937 L = NStZ-RR **06**, 380; **aM** LR-Graalmann-Scheerer 13ff; SK-Weßlau 13; Berndt StraFo **03**, 113).

7a **Ausnahmen** sind zugelassen worden, wenn der Beschwerdeführer unverschuldet durch äußere Umstände oder durch Maßnahmen des Gerichts an der rechtzeitigen Revisionsbegründung gehindert worden ist (BGH wistra **93**, 347; NStZ **97**, 46 L; 2 StR 524/09 vom 17. 2. 2010; Ventzke StV **97**, 229). Beispiele: Verzögerung der Postbeförderung (BGH **14**, 330; NStZ **81**, 110; **84**, 34; Bay **80**, 158 = NJW **81**, 1055), Ausfall des Telefaxgeräts des Gerichts (BGH wistra **05**, 344; NStZ **08**, 705; KG NStZ-RR **07**, 24), Unmöglichkeit oder Verweigerung der Akteneinsicht während der Frist des § 345 I (BGH NStZ **84**, 418; NStZ-RR **97**, 302 L; StV **05**, 9 L; Jena StV **06**, 461 L), Unmöglichkeit an die eigenen Akten zu gelangen (BGH NStZ **08**, 525), Erkrankung des Verteidigers (BGH MDR **66**, 25 [D]; NStZ **85**, 204 [Pf/M]), Fehlen der Unterschrift des Verteidigers (BGH **31**, 161), bei einem Versehen des Verteidigerbüros (BGH NStZ-RR **01**, 259 [B]; **05**, 257 [B]; dazu Berndt StraFo **03**, 114), verspätete Beiordnung des Verteidigers (BGH StV **83**, 225), Weigerung des Pflichtverteidigers, mehr als die Sachrüge zu erheben (Bay MDR **74**, 247), Weigerung des Rechtspflegers, notwendiges Vorbringen aufzunehmen (BGH wistra **92**, 148), oder wenn die sonst zur Zulässigkeit des Rechtsmittels führende fristgerechte Rüge völlig ins Leere gehen würde (Bay **78**, 11 = MDR **78**, 777; zur Wiedereinsetzung bei Änderung der bisherigen ständigen Rspr vgl BGH wistra **93**, 347 einerseits, Celle NZV **93**, 42 andererseits). War der Angeklagte in der Hauptverhandlung ohne Verteidiger, so ist ihm zur Nachholung von Verfahrensrügen durch den später gewählten Verteidiger idR Wiedereinsetzung zu bewilligen (Bay **84**, 6 = MDR **84**, 773). Jedoch muss die nachgeschobene Rüge selbst auch § 45 (BGH NStZ-RR **08**, 282; NStZ **09**, 173) sowie der Form des § 344 II S 2 entsprechen (BGH 1 StR 639/89 vom 19. 12. 1989) und auch § 345 genügen. Wird geltend gemacht, fehlende Akteneinsicht habe die formgerechte Formulierung der Rüge verhindert, muss die Rüge so genau mitgeteilt werden, wie dies ohne Akteneinsicht möglich ist (BGH wistra **95**, 347), und im Übrigen muss der Beschwerdeführer darlegen, inwieweit er dadurch an einer ordnungsgemäßen Begründung gehindert war (BGH NStZ **97**, 45; NStZ-RR **04**, 226 [B]; 3 StR 555/09 vom 4. 2. 2010; Zweibrücken wistra **01**, 277; Burhoff StV **97**, 437).

7b Dagegen ist **keine Wiedereinsetzung gewährt** worden wegen Nichtmitgabe der Akten ins Büro (BGH NStZ **85**, 13 [Pf/M]; NStZ-RR **98**, 258 [K]; krit Ventzke StV **97**, 229), bei Unterlassen des Verteidigers, die Erledigung des Akteneinsichtsgesuchs anzumahnen (BGH NStZ **85**, 492; **00**, 326; Koblenz VRS **70**, 282) oder sich um Akteneinsicht zu bemühen (BGH NStZ-RR **06**, 2 [B]), bei fehlender Einsichtnahme in den Geschäftsverteilungsplan (BGH NStZ-RR **08**,

34 [B]) oder in die Akten des Gerichts (Bay NStZ-RR **04**, 82) oder des LG-Präsidiums (BGHR Verfahrensrüge 4 und 12), bei fehlender Begründung für die Notwendigkeit der Akteneinsicht im Hinblick auf die zu erhebende Verfahrensrüge (BGH wistra **93**, 228), zur Anbringung einer Verfahrensrüge durch einen nachträglich beauftragten Verteidiger (BGH StV **99**, 198 L; StraFo **05**, 25) oder wenn der Angeklagte durch 2 RAe verteidigt wird, von denen einer die Sachrüge fristgerecht erhoben, der andere aber die Frist zur Geltendmachung von Verfahrensbeschwerden versäumt hat (BGH StraFo **08**, 423). Dass der Rechtspfleger sich geweigert hat, sich Sätze ins Protokoll diktieren zu lassen, führt nicht zur Wiedereinsetzung (BGH NStZ **06**, 585), auch nicht, dass die zu Protokoll erklärte Revisionsbegründung außer der Sachrüge größtenteils unzulässige Verfahrensrügen enthält (BGH NJW **08**, 3369 L = NStZ-RR **08**, 312; EzSt Nr 5). Wiedereinsetzung zur Wiederholung einer nicht formgerecht eingelegten oder zur Ergänzung oder Berichtigung einer bereits erhobenen Verfahrensrüge ist in jedem Fall ausgeschlossen (BGH NStZ **85**, 181; wistra **92**, 28; StraFo **05**, 299; 3 StR 277/09 vom 3. 12. 2009; Köln NStZ-RR **96**, 212), ebenso bei einer nicht formgerecht erhobenen Sachrüge (Hamm NZV **01**, 490).

3) Wiedereinsetzung bei Terminversäumung sehen §§ 235, 329 III, 391 IV, 401 III S 2, 412 iVm 329 III vor. Zur Wiedereinsetzung bei nicht wirksamer Ladung zur Berufungsverhandlung vgl 41 zu § 329. 8

4) Auf Antrag wird Wiedereinsetzung gewährt (S 1), **von Amts wegen** nur, wenn die versäumte Handlung nachgeholt ist (§ 45 II S 3). Gegen den Willen des Antragsberechtigten ist sie nicht zulässig. Antragsberechtigt ist jeder Verfahrensbeteiligte oder Dritte (Zeugen in den Fällen der §§ 51, 70, Zuhörer im Fall des § 181 GVG), der eine Frist versäumt hat. Der Verteidiger kann entspr § 297 den Antrag stellen, wenn er die Frist für ein Rechtsmittel versäumt hat, das er aus eigenem Recht eingelegt hatte (Köln OLGSt § 145a S 11; KK-Maul 3). Sonst braucht er eine Vollmacht (Kleinknecht NJW **61**, 86). Der gesetzliche Vertreter ist antragsberechtigt, wenn er nach § 298 I tätig geworden ist (Bay **54**, 51 = NJW **54**, 1378). Der StA kann den Antrag nicht zugunsten anderer Beteiligter stellen; § 296 gilt nicht (Bremen GA **57**, 87; LG Aachen NJW **61**, 86 mit Anm Kleinknecht; LR-Graalmann-Scheerer 2 zu § 46; **aM** AK-Lemke 15; erg 1 zu § 297). 9

5) Verhinderung ohne Verschulden: 10

A. **Eigenes Verschulden** an der Fristversäumung, nicht nur an der Herbeiführung eines Hindernisses iS § 45 I S 1 (Düsseldorf VRS **99**, 121: polizeiliche Festnahme; Hamburg MDR **83**, 152: Selbstmordversuch), schließt die Wiedereinsetzung aus. Maßgebend ist die dem Antragsteller mögliche und zumutbare Sorgfalt (Frankfurt NStZ-RR **03**, 204; Stuttgart Justiz **85**, 321; vgl auch Fünfsinn NStZ **85**, 486). Eine großzügige Anwendung des § 44 ist im Interesse der materiellen Gerechtigkeit geboten (Sarstedt JR **56**, 112). Die Anforderungen an die Vorkehrungen gegen die Fristversäumung dürfen insbesondere dann nicht überspannt werden, wenn es für den Antragsteller um den „ersten Zugang" zum Gericht, dh um die Möglichkeit geht, erstmals das rechtliche Gehör in der Sache zu erlangen (BbgVerfG NStZ-RR **02**, 239; Goerlich NJW **76**, 1526 mN aus der Rspr des BVerfG). 11

Beispiele: Schuldhaft handelt nicht, wer die Frist bis zu ihrer Grenze ausnutzen will; dazu ist jeder berechtigt (BVerfGE **41**, 323, 328 = NJW **76**, 747; BVerfGE **52**, 203 = NJW **80**, 580; BVerfGE **69**, 381, 385 = NJW **86**, 244; vgl aber BVerfG NJW **00**, 574 und **06**, 1505: Verschulden bei Aufgabe eines Telefax erst wenige Minuten vor Fristablauf mit verspätetem Eingang wegen Belegung des Empfanggeräts). Das gilt auch, wenn das Rechtsmittel aus „taktischen" Gründen erst am letzten Tag eingelegt werden soll (München MDR **73**, 868; Rostock NStZ **94**, 200). Eigenes Verschulden des Angeklagten liegt auch nicht vor, wenn die Prozesshandlung des Verteidigers wegen Zurückweisung nach § 146a unwirk- 12 sam ist (BGH **26**, 335, 338; StV **83**, 225 L; Düsseldorf JMBlNW **86**, 34; NStZ **84**, 235; Hamm NJW **80**, 1059; Koblenz VRS **65**, 372; Köln OLGSt § 45 Nr 2). Wer eine Frist vergisst, handelt idR schuldhaft, ebenso wer seinen Beistand zu spät (BGH MDR **56**, 11 [D]) oder nicht eindeutig (Düsseldorf VRS **96**, 374) mit der Rechtsmitteleinlegung beauftragt oder nicht darauf achtet, dass ihn der Auftrag rechtzeitig erreicht (BGHR Verschulden 2), wer für Rücksprachen mit dem Verteidiger nicht erreichbar ist (BGH NStZ **97**, 95) oder wer als Gefangener die Rechtsmittelschrift erst am letzten Tag der Frist in den Abteilungsbriefkasten der JVA gibt (BGH NStZ **06**, 54; BGHR § 44 S 1 Verhinderung 12; vgl auch BGH NStZ-RR **99**, 110). Wer die Rechtsmitteleinlegung durch einen Dritten erledigen lässt, muss sich vom rechtzeitigen Eingang überzeugen (BGH NStZ **96**, 50; Hamm NStZ-RR **09**, 242: Bewährungshelfer; Stuttgart Justiz **80**, 56; Zweibrücken StV **92**, 360: Ehegatte), sofern das nicht, etwa bei Krankenhausaufenthalt, unmöglich ist (Stuttgart Justiz **85**, 321). Verschuldet ist auch die Fristversäumung infolge unrichtiger Adressierung der Rechtsmittelschrift, die bei dem unzuständigen Gericht am letzten Tag der Frist eingeht (Düsseldorf JMBlNW **97**, 271; Hamm NStZ **85**, 185; Naumburg NStZ-RR **01**, 272). Ist eine rechtzeitig eingegangene Rechtsmittelschrift aber nicht im normalen Geschäftsgang weitergeleitet worden, ist Wiedereinsetzung zu gewähren (Naumburg aaO); eine Weiterleitung per Telefax ist nach nunmehr hM auch dann nicht erforderlich, wenn der drohende Fristablauf ohne weiteres erkennbar ist (Hamm NStZ-RR **08**, 283 L; **09**, 347 L). Unzureichende Sprachkenntnisse eines Ausländers schließen das Verschulden nicht aus (BGH DAR **85**, 199 [Sp]), jedoch dürfen auch hier die Anforderungen nicht überspannt werden (BVerfG NJW **91**, 2208; StV **95**, 394 L).

13 B. **Unkenntnis vom Fristbeginn:** Die Frist versäumt schuldhaft, wer die mündliche Rechtsmittelbelehrung missverstanden hat (Neustadt MDR **60**, 602); anders kann es allerdings bei einem unverteidigten Jugendlichen (Schleswig StV **10**, 62 mit zust Anm Gubitz/Molkentin) oder einem Ausländer sein, der keinen Verteidiger hat und dem nur mündlich (ohne Erteilung eines Merkblatts, vgl 7 ff zu § 35 a) eine komplizierte Rechtsmittelbelehrung erteilt wird (KG NZV **92**, 123). Schuldhaft handelt jedoch, wer eine Belehrung überhaupt nicht verstanden hat, sich aber nicht nach dem Fristbeginn erkundigt (BGH NStZ-RR **07**, 3 [B]; Hamm NJW **01**, 3279). Auch wer sie richtig verstanden hat, versäumt die Frist schuldlos, wenn er auf Anraten seines Verteidigers auf die Urteilszustellung wartet (Frankfurt NJW **83**, 893 L). Die Nichtaushändigung eines Merkblatts (RiStBV 142 I) wird idR als Entschuldigung anzusehen sein (BVerfG NJW **96**, 1811; Düsseldorf NStE Nr 26; Köln NStZ **97**, 404; Saarbrücken NJW **03**, 2182; **aM** Schleswig SchlHA **90**, 113 [L/G]; einschr auch Hamm aaO). Ein Ausländer, dem eine von ihm als belastend erkannte Entscheidung mit einer ihm nicht verständlichen Rechtsmittelbelehrung zugestellt worden ist, muss sich bemühen, alsbald ihren Inhalt zu erfahren (BVerfG StV **95**, 394 L; Hamm JMBlNW **81**, 166; Köln MDR **79**, 864; **82**, 247; VRS **63**, 457; **67**, 251; LG Berlin VRS **115**, 126; erg unten 22). Bei einer der korrekten schriftlichen Belehrung widersprechenden unrichtigen mündlichen Belehrung darf der Betroffene nicht einfach von der mündlichen Belehrung ausgehen (Dresden NStZ-RR **02**, 171; **aM** SK-Weßlau 41). Schuldhaft handelt auch, wer trotz bestehender Zweifel an der Wirksamkeit seines Rechtsmittelverzichts nicht unverzüglich den Rechtsrat eines Rechtskundigen einholt (Jena NJW **03**, 3071).

14 C. **Unkenntnis von der Zustellung:** Wer von seiner Wohnung vorübergehend abwesend ist, muss nicht deshalb besondere Vorkehrungen dafür treffen, dass er rechtzeitig von Zustellungen Kenntnis erlangt, weil gegen ihn Ermittlungen geführt werden (BVerfGE **26**, 315 = NJW **69**, 1531; **41**, 332 = NJW **76**, 747; BVerfG NJW **93**, 847; LG Zweibrücken NStZ **98**, 267), wohl aber, wenn bereits ein Strafverfahren anhängig und daher mit Zustellungen zu rechnen ist (KG VRS **87**, 131; Hamm NJW **70**, 1429; **74**, 1477; vgl auch BVerfG aaO), insbeson-

dere mit der des Berufungsurteils (Frankfurt MDR **87**, 76) oder der Ladung zur Berufungsverhandlung (Celle StraFo **02**, 17; Dresden NStZ **05**, 398) oder bei Fortführung des Verfahrens nach der vorläufigen Einstellung nach § 153a (Stuttgart Justiz **88**, 215). Ohne besondere Anhaltspunkte muss er aber nicht damit rechnen, dass ihm Familienangehörige Zustellungen vorenthalten (Düsseldorf NStZ **92**, 99) oder Termine unrichtig notieren (Düsseldorf NJW **95**, 742; Frankfurt NStZ **01**, 85)). Wer sich in der Bewährungszeit verborgen hält, insbesondere auch entgegen einer richterlich erteilten Weisung seinen Aufenthaltsort nicht angibt, kann keine Wiedereinsetzung beanspruchen (BGH **26**, 127; Düsseldorf StraFo **02**, 394 mwN; Hamm NStZ-RR **04**, 46). Die Notwendigkeit einer öffentlichen Zustellung schließt die Wiedereinsetzung nicht allgemein aus (Frankfurt NStZ-RR **04**, 210; Karlsruhe NJW **74**, 1152; Stuttgart aaO); idR steht sie ihr aber entgegen.

D. **Verschulden Dritter:** 15

a) **Deutsche Post AG:** Die gewöhnliche Postlaufzeit zwischen Aufgabe- und 16
Zustellungsort muss in Rechnung gestellt werden (BGH NJW **58**, 2015; NStZ **84**, 209 [Pf/M]), auch übliche Verlängerungen an Sonn- und Feiertagen (Düsseldorf VRS **67**, 38), nicht aber eine Verzögerung der Postbeförderung (BGH NJW **78**, 1488; Hamburg NJW **74**, 68; vgl auch BVerfGE **41**, 23 = NJW **77**, 513; BVerfGE **44**, 302 = NJW **77**, 1233; BVerfGE **53**, 25 = NJW **80**, 769; BVerfGE **62**, 334 = NJW **83**, 1479; BVerfG NJW **83**, 560), sofern sie nicht selbst verschuldet ist, was beim Fehlen der Postleitzahl idR der Fall sein wird (Düsseldorf NJW **94**, 2841; Frankfurt NStZ-RR **97**, 137; **aM** Stuttgart NJW **82**, 2832). Eine Laufzeit von 2 Tagen für einen in der Wochenmitte aufgegebenen Brief entspricht auch bei größerer Entfernung nicht der Regel (vgl auch BVerfGE **40**, 42, 45 = NJW **75**, 1405; BVerfG NJW **94**, 1856); mit einer längeren Postlaufzeit als 1 Tag braucht daher nicht gerechnet zu werden (BGH GA **94**, 75), auch nicht bei Einschreibsendungen (Hamm NJW **09**, 2230; **aM** KG NStZ-RR **06**, 142; Stuttgart NStZ-RR **10**, 15 unter Hinweis auf § 270 S 2 ZPO, der aber nur eine Zugangsvermutung aufstellt, während es hier darum geht, von welcher *tatsächlichen* Erwartung der Betroffene ausgehen darf). Differenzierungen danach, ob die Post zZ der Briefaufgabe gerade besonders stark beansprucht war, sind nicht zulässig (BVerfG NJW **92**, 1952).

b) **Justizbehörden:** Dem Betroffenen ist nicht zuzurechnen die Nichtvorfüh- 17
rung zur Rechtsmitteleinlegung nach § 299 (Düsseldorf Rpfleger **83**, 363; Stuttgart Justiz **85**, 321; Blaese/Wielop 95 mwN; vgl aber Karlsruhe Justiz **03**, 490: anders, wenn fristgemäße schriftliche Einlegung möglich und zumutbar gewesen wäre), die Protokollaufnahme durch einen unzuständigen Beamten (BVerfG NStZ-RR **05**, 238), die unrichtige Sachbehandlung durch den UrkB (BVerfG NJW **05**, 3629; Bay JR **60**, 145 mit Anm Sarstedt; KK-Maul 28 mwN), die unrichtige Belehrung durch Beamte der JVA (BGH NStZ **93**, 27 [K]), die Vereitelung des fristgemäßen Zugangs des Schriftstücks (BVerfGE **62**, 216 = NJW **83**, 560), zB bei Unmöglichkeit der Entgegennahme eines eingeschriebenen Briefs als Eilzustellung (KG NStZ **95**, 612; Oldenburg StV **83**, 324 L), die Störung des Telefaxgerätes des Gerichts (BGH StraFo **05**, 27; Brandenburg NStZ **05**, 711; dazu eingehend Graalmann-Scheerer Nehm-FS 277; vgl auch Roth NJW **08**, 785 zur Fristversäumung wegen Belegung des Telefaxgerätes) oder der nicht feststellbare Eingang eines abgesandten Telefaxes bei Gericht (KG NStZ-RR **07**, 24; Karlsruhe NStZ **94**, 200), die fehlende Möglichkeit, nach Dienstschluss mit fristwahrender Wirkung ein Schriftstück einzureichen (Hamm JMBlNW **57**, 178), das Unterlassen der sofortigen Weitergabe durch den die Briefkontrolle für Gefangene ausübenden Beamten (Düsseldorf NStZ **90**, 149; vgl aber BGH NStZ **92**, 555 und **93**, 27 [K]: nicht, wenn der Gefangene das Schreiben erst am letzten Tag der Frist der JVA zur Weiterleitung übergibt) oder von einer unzuständigen Empfangsbehörde zur (aus der Schrift erkennbaren) zuständigen Stelle (Brandenburg OLGSt Nr 32; Düsseldorf NStZ-RR **99**, 147; Hamm MDR **78**, 73; Koblenz MDR **73**, 691; Köln StV **81**, 118; Schleswig SchlHA **85**, 129 [E/L]), das Unterlassen der

Mitteilung an den Verteidiger nach § 145a III S 2 (Bay **75**, 150 = VRS **50**, 292; KG StV **03**, 343; VRS **117**, 166; Celle StV **94**, 7; Köln VRS **42**, 125, 128; München NJW **08**, 3797; Schleswig NJW **81**, 1681; Stuttgart Justiz **09**, 328, auch noch im Vollstreckungsverfahren, Schleswig SchlHA **92**, 12) oder nach § 145a III S 1 an den Beschuldigten (BGH StV **06**, 283), sofern die Fristversäumung hierauf beruht (Frankfurt NJW **82**, 1297; vgl auch Bay **81**, 193 = MDR **82**, 774 und Bay **92**, 79 = NJW **93**, 150: nicht bei Versäumung der Einlegungsfrist; Düsseldorf VRS **89**, 41 und Nürnberg NStZ-RR **99**, 114: nicht bei fehlender Beauftragung des Verteidigers zur Rechtsmitteleinlegung; Frankfurt VRS **59**, 429: nicht, wenn sich der Verteidiger schon als unzuverlässig erwiesen hatte; zu weitgehend Frankfurt MDR **83**, 152: weil Rechtsbehelfsbelehrung an den Angeklagten selbst gerichtet war), nicht aber das Unterlassen einer Weitergabe des Rechtsmittelschriftsatzes per Telefax (Hamm NJW **97**, 2829; NStZ-RR **08,** 283 L; einschr aber oben 12 aE) oder der telefonischen Benachrichtigung vom Rechtsmitteleingang beim unzuständigen Gericht (Düsseldorf NStZ **84**, 184 mit zust Anm Maul; Hamm NStZ **85**, 472; **aM** Zweibrücken MDR **82**, 166). Zur Benachrichtigung des Verteidigers von der Zustellung ist der Angeklagte nicht verpflichtet (Bay **01**, 157 = NStZ-RR **00**, 110), jedenfalls dann nicht, wenn er den bindenden Auftrag zur Rechtsmitteleinlegung gegeben hatte (Frankfurt NJW **82**, 1297).

18 c) **Verschulden des Verteidigers,** auch des gewählten, ist dem Angeklagten idR nicht zuzurechnen (BVerfG NJW **91**, 351; **94**, 1856; BGH **14**, 306, 308; NJW **94**, 3112; Koblenz VRS **74**, 53; vgl auch Graalmann-Scheerer Nehm-FS 285: Fehler des Verteidigers beim Telefaxverkehr), auch nicht im Fall des § 297 (Karlsruhe Justiz **92**, 485) Zur Überwachung des Verteidigers ist der Angeklagte grundsätzlich nicht verpflichtet (BGH NStZ **90**, 25 [M]; Düsseldorf VRS **65**, 445; **89**, 214; StraFo **99**, 22; Köln VRS **101**, 373). Der Wiedereinsetzung steht jedoch ein Mitverschulden des Angeklagten entgegen, zB wenn er untätig bleibt, obwohl ihm die Unzuverlässigkeit des Verteidigers bekannt ist (BGH **25**, 89, 93; NJW **73**, 1138 = JR **73**, 470 mit Anm Peters; NStZ **97**, 560; Frankfurt VRS **59**, 429) oder obwohl er die Fristversäumung durch den Verteidiger voraussehen kann (BGH **14**, 306; NJW **73**, 1138; NStZ **95**, 352), zB weil er weiß oder damit rechnen muss, dass der Verteidiger nicht tätig werden (BGH NStZ **04**, 166; NStZ-RR **09**, 375) oder die (aussichtslose) Revision nicht begründen wird (BGH NStZ **85**, 493 [Pf/M]) oder ihre Begründung von einer Vorschusszahlung (BGH DAR **85**, 200 [Sp]; BGHR § 44 S 1 Verhinderung 15) oder von der Begleichung alter Schulden abhängig macht (BGH EzSt Nr 4). Ist der Verteidiger kein RA, so kommt es darauf an, ob der Vertretene auf die Fristwahrung vertrauen konnte (M.J. Schmid NJW **76**, 941).

19 Nach dem **allgemeinen Verfahrensgrundsatz des § 85 II ZPO** müssen sich Verfahrensbeteiligte, die sich nicht gegen einen Schuldvorwurf verteidigen, wie der Privatkläger, der Nebenkläger und der Antragsteller im Klageerzwingungsverfahren nach § 172 II, das Verschulden ihres Vertreters zurechnen lassen (BGH **30**, 309; NStZ-RR **03**, 80 L; KG NJW **65**, 1032; Düsseldorf NJW **93**, 341; 1344; NStZ **89**, 193 mit abl Anm Rieß; Karlsruhe NStZ-RR **97**, 157; Koblenz VRS **64**, 33; Nürnberg NStZ-RR **98**, 143; **aM** AK-Lemke 32; LR-Graalmann-Scheerer 62; SK-Weßlau 37). Gleiches gilt bei Verschulden des Verteidigers im Beschwerdeverfahren nach § 124 II S 2 (Stuttgart Justiz **80**, 285) und nach § 464 III (BGH **26**, 126; Düsseldorf NStZ **89**, 242; Koblenz GA **90**, 267; OLGSt Nr 19), im Kostenfestsetzungsverfahren nach § 464b (Düsseldorf JurBüro **83**, 733; **87**, 723; Hamm NJW **61**, 1319), im Verfahren nach §§ 23ff **EGGVG** (dort 7), in Strafvollzugssachen nach §§ 109ff **StVollzG** (Frankfurt MDR **81**, 1044; NStZ **82**, 351) und im Beschwerdeverfahren nach §§ 8 III, 9 II **StrEG** (KG JR **79**, 128; NJW **08**, 94; Schätzler/Kunz 27 zu § 9 StrEG; erg 18 zu § 8 StrEG) sowie bei Verschulden des Verfahrensbevollmächtigten des Einziehungsbeteiligten (Düsseldorf NStZ-RR **01**, 335); denn in all diesen Fällen besteht nicht das besondere Schutzbedürfnis, das

allein die Ausnahme von dem Grundsatz des § 85 II ZPO für den sich verteidigenden Beschuldigten rechtfertigt.

Kanzleiversehen ist für den RA und den Vertretenen ein unverschuldetes Ereignis, wenn die Fristversäumung nur hierauf beruht (BGH NStZ **00**, 545; Zweibrücken VRS **53**, 120). Maßgebend ist, ob das Personal sorgfältig ausgewählt und überwacht wird und ob durch geeignete Büroorganisation Vorsorge für die Fristeinhaltung getroffen worden ist (BGH NJW **53**, 1023; **75**, 1362; Düsseldorf NJW **93**, 1344 mwN). Denn der RA darf die Kontrolle der Fristen und die Führung des Fristenkalenders durch gut ausgebildete, erfahrene und zuverlässige Kräfte in eigener Verantwortung erledigen lassen, wenn er entspr Vorkehrungen damit verbindet (BGHZ **43**, 148, 150 = NJW **65**, 1021; BGH DAR **05**, 248 [Te]). Zu Fehlern des RA im Telefaxverkehr eingehend Graalmann-Scheerer Nehm-FS 286. 20

E. **Der StA** kann Wiedereinsetzung auf Antrag oder auch von Amts wegen (BGH StraFo **07**, 502) gewährt werden, wenn sie eine Frist ohne eigenes Verschulden versäumt hat. Wurde die Fristversäumnis durch den leitenden Beamten oder einen Beamten der Behörde, dessen er sich bei der Erfüllung seiner Aufgaben bedient (dazu gehören auch die Justizwachtmeister), verschuldet, scheidet Wiedereinsetzung aus (BGH wistra **88**, 198; Bay **84**, 129 = JR **85**, 254 mit abl Anm Wendisch; Frankfurt NStZ-RR **97**, 176; KK-Maul 33; einschr LR-Graalmann-Scheerer 63: keine Anrechnung des Verschuldens untergeordneter Dienstkräfte). 21

6) Die **gesetzliche Vermutung bei unterbliebener Rechtsmittelbelehrung (S 2)** hebt nur das Erfordernis des fehlenden Verschuldens des Antragstellers auf. Den ursächlichen Zusammenhang zwischen Belehrungsmangel und Fristversäumung setzt die Wiedereinsetzung auch hier voraus (BGH NStZ **01**, 45; Düsseldorf NStZ **86**, 233 mwN und zust Anm Wendisch; NJW **93**, 1344; MDR **97**, 282; Stuttgart NJW **81**, 1917; vgl oben 5); das ist verfassungsrechtlich unbedenklich, jedoch dürfen die Anforderungen auch hier nicht überspannt werden (BVerfG NJW **91**, 2277). Im Antrag muss daher auch dargelegt werden, dass die Frist infolge des Fehlens der Belehrung nach § 35 a versäumt worden ist (Düsseldorf NStZ **89**, 242; Rpfleger **94**, 429; Frankfurt NJW **07**, 2712 L = NStZ-RR **07**, 206; Karlsruhe NStZ-RR **97**, 157). Bei Verzicht des Verteidigers auf die Belehrung gilt S 2 nicht (Düsseldorf VRS **78**, 458; Zweibrücken MDR **78**, 861), wohl aber, wenn der Angeklagte sich vor Beendigung der Hauptverhandlung eigenmächtig entfernt hat (Düsseldorf ZfZ **84**, 218; **aM** Köln NStZ **09**, 655 L; erg 7 zu § 35 a). Wird einem der deutschen Sprache nicht hinreichend mächtigen Ausländer ein Strafbefehl ohne eine ihm verständliche Belehrung über die Einspruchsmöglichkeit zugestellt, so wird Wiedereinsetzung nur nach S 1 gewährt (BVerfGE **42**, 120 = NJW **76**, 1021; oben 13). 22

Die **unvollständige** oder **unrichtige Belehrung** steht der unterlassenen gleich und führt ebenfalls zur Anwendung des S 2 (BGH **30**, 182, 185; KG JR **77**, 129; Bremen MDR **79**, 517; Düsseldorf VRS **82**, 460; **92**, 21; Hamburg NJW **62**, 202), ebenso eine irreführende Zuschrift des Gerichts (BGH NStZ **94**, 23; Köln OLGSt § 35 a S 13). Die Unvollständigkeit oder Unrichtigkeit muss aber einen wesentlichen Punkt betreffen (Bay **94**, 199 = wistra **95**, 76; Zweibrücken VRS **88**, 356); andernfalls kommt nur Wiedereinsetzung nach S 1 in Betracht. Zur Beweiskraft des Protokollvermerks über die Belehrung vgl 6 zu § 274. Zur entspr Anwendung des § 44 S 2 bei § 40 III vgl Frankfurt NStZ **88**, 376 mit Anm Wendisch. 23

Die **Vermutung einer unverschuldeten Versäumung der Rechtsmittelfrist** passt nicht für die unterbliebene Belehrung über die Freiheit zur Einlegung von Rechtsmitteln nach § 35 a S 3; daher ist diese Vorschrift aus dem Bereich des § 44 S 2 herausgenommen, der deshalb bei unterbliebener „qualifizierter Belehrung" nicht zur Anwendung kommt. Bei einer Verständigung wird der Betroffene zumeist deren Ergebnis als dauerhaft akzeptieren und eine Rechtsmittelüberprüfung gar nicht wünschen; eine Erstreckung der Regelung des § 44 S 2 auch auf die Fälle des Fehlens einer „qualifizierten Belehrung" würde die Rechtsmit- 23a telmöglichkeiten auch nach bloßem Motivwechsel allzu sehr erweitern (BT-Drucks 16/11736 S 11; **aM** Duttge Böttcher-FS 71).

24 **7)** Eine **ausdrückliche Belehrung über die Möglichkeit der Wiedereinsetzung** ist grundsätzlich nicht vorgesehen (vgl 3 zu § 35a). Wenn der Wiedereinsetzungsgrund aber in einem den Gerichten zuzurechnenden Fehler (oben 17) liegt, fordert der Grundsatz des fairen Verfahrens eine solche Belehrung (BVerfG NJW **05**, 3629; erg Einl 157); mit Zugang dieser Belehrung beginnt die Frist zur Stellung des Wiedereinsetzungsantrags (§ 45 I S 1) zu laufen (erg 12 zu § 45).

25 **8) Wirkung der Wiedereinsetzung:** Das Verfahren wird nicht „in den vorigen Stand", sondern in den Zustand versetzt, der bestanden hätte, wenn die Frist nicht versäumt worden wäre (Köln NJW **87**, 80; Meyer JR **78**, 432). Die infolge der Säumnis eingetretene Rechtskraft der Entscheidung sowie Beschlüsse und Urteile, durch die ein Rechtsmittel wegen Versäumung als unzulässig verworfen worden ist, fallen ohne weiteres weg, ebenso das Urteil, das infolge der Versäumung ergangen war. Die förmliche Aufhebung der Entscheidung ist nicht erforderlich (LR-Graalmann-Scheerer 14 zu § 46); ihr Wegfall sollte aber in dem Wiedereinsetzungsbeschluss festgestellt werden (Geppert GA **72**, 176), wenigstens in den Gründen (Wendisch JR **81**, 132). Ist die Einlegung eines Rechtsmittels mit dem Wiedereinsetzungsantrag nachgeholt worden (§ 45 II S 1), so wird mit der Wiedereinsetzung zugleich die Rechtzeitigkeit der Anfechtung festgestellt (Meyer JR **78**, 432). Vorteile, die der Betroffene ohne die Versäumung nicht gehabt hat, erlangt er durch die Wiedereinsetzung nicht (Hamm NJW **72**, 2097); die Wiedereinsetzung gegen die Versäumung der Revisionsbegründungspflicht kann daher nur dazu führen, die Rüge der Verletzung materiellen Rechts zu erheben, eröffnet aber nicht die Möglichkeit, Verfahrensrügen nachzuschieben (BGH DAR **88**, 233 [Sp]; NStZ **93**, 245; Braunschweig NStZ **96**, 298). Eine verbüßte Strafhaft wandelt sich nicht rückwirkend in UHaft (BGH **18**, 34, 36; Hamm NStZ-RR **10**, 29).

Wiedereinsetzungsantrag **RiStBV 155**

45 I [1]**Der Antrag auf Wiedereinsetzung in den vorigen Stand ist binnen einer Woche nach Wegfall des Hindernisses bei dem Gericht zu stellen, bei dem die Frist wahrzunehmen gewesen wäre.** [2]**Zur Wahrung der Frist genügt es, wenn der Antrag rechtzeitig bei dem Gericht gestellt wird, das über den Antrag entscheidet.**

II [1]**Die Tatsachen zur Begründung des Antrags sind bei der Antragstellung oder im Verfahren über den Antrag glaubhaft zu machen.** [2]**Innerhalb der Antragsfrist ist die versäumte Handlung nachzuholen.** [3]**Ist dies geschehen, so kann Wiedereinsetzung auch ohne Antrag gewährt werden.**

1 **1) Antragstellung** (I):

2 A. **Form:** Es genügt die Schriftform (Einl 128). Wird mit dem Antrag zugleich die versäumte Prozesshandlung nachgeholt (II S 2), so muss eine für sie vorgeschriebene besondere Form eingehalten werden (unten 11).

3 B. Die **Wochenfrist** (I S 1) wird nach § 43 berechnet. Sie beginnt mit der Beseitigung des Hindernisses, zB der Unkenntnis, auf der die Fristversäumung beruht (Karlsruhe MDR **93**, 564), im Fall der Zustellung durch Niederlegung erst mit der tatsächlichen Kenntnisnahme von der Postsendung (LG Köln MDR **97**, 283). Maßgebend ist die Kenntnis des Betroffenen selbst (anders aber in den in 19 zu § 44 erörterten Vertretungsfällen, vgl Frankfurt NStZ-RR **03**, 369), nicht die früher (Bay **56**, 251 = NJW **57**, 192; Braunschweig NJW **67**, 1432) oder später (Bay **55**, 188 = NJW **56**, 154; Köln VRS **42**, 127, 128) erlangte Kenntnis des Verteidigers (BGHR Frist 2; BGH NStZ **06**, 54), auch nicht ein bloßer Zweifel an der Rechtzeitigkeit der Handlung (Schleswig SchlHA **81**, 91 [E/L]). Gegen die

Versäumung der Frist des I S 1 ist Wiedereinsetzung nach § 44 möglich (Düsseldorf NJW **82**, 60; Hamm NJW **58**, 1104; VRS **53**, 191). Bei Zweifeln an der Fristeinhaltung ist zuungunsten des Antragstellers zu entscheiden (Celle NdsRpfl **82**, 140; KMR-Paulus 4, anders aber ders Seebode-FS 290 Fn 105; SK-Weßlau 5; **aM** Hamburg NJW **74**, 68; KK-Maul 3; LR-Graalmann-Scheerer 5), sofern nicht behördliches Verschulden (Aktenverlust; defekter Nachtbriefkasten) vorliegt (Celle OLGSt § 44 Nr 1; Düsseldorf NStZ **99**, 97). Liegt der Wiedereinsetzungsgrund in einem dem Gericht zuzurechnenden Fehler, ist der Betroffene ggf über die Möglichkeit der Wiedereinsetzung zu belehren (BVerfG NStZ-RR **05**, 238).

C. **Zuständiges Gericht** ist in 1. Hinsicht das Gericht, bei dem die Frist wahrzunehmen gewesen wäre (S 1). Zur Fristwahrung genügt aber die Antragstellung bei dem Gericht, das nach § 46 I über den Antrag entscheidet (S 2); dort kann die versäumte Handlung auch nachgeholt werden, wenn sie nach dem Gesetz (zB § 341 I) bei dem Gericht 1. Instanz vorzunehmen ist (Hamburg JR **78**, 430 mit zust Anm Meyer). Für inhaftierte Beschuldigte gilt ferner § 299 (KK-Maul 5). 4

2) Antragsbegründung (II): Der Antrag muss Angaben nicht nur über die versäumte Frist und den Hinderungsgrund, sondern auch über den Zeitpunkt des Wegfalls des Hindernisses enthalten (BGH NStZ **87**, 217 [Pf/M] mwN; **96**, 149; **06**, 54; Hamm VRS **86**, 179; Köln NStZ-RR **02**, 142 mwN), auch wenn der Verteidiger eigenes Verschulden geltend macht (KG VRS **109**, 281; Düsseldorf VRS **92**, 115). Diese Angaben sind Zulässigkeitsvoraussetzungen für den Antrag; sie müssen noch innerhalb der Wochenfrist des I S 1 gemacht werden (BGH NStZ-RR **96**, 338; KG JR **77**, 308; Düsseldorf OLGSt Nr 14). Später können sie nur noch ergänzt und verdeutlicht werden (KG JR **75**, 380; Düsseldorf Rpfleger **93**, 460; Hamm NStE Nr 15; einschr Braunschweig NJW **67**, 1432). Vorzutragen ist stets ein Sachverhalt, der ein der Wiedereinsetzung entgegenstehendes Verschulden ausschließt (KG NZV **02**, 47; 51; Düsseldorf NStZ-RR **96**, 169 mwN; Karlsruhe NStZ-RR **97**, 157). Macht der Antragsteller zB geltend, er habe die Frist infolge unvorhersehbarer Verzögerung der Postzustellung versäumt (16 zu § 44), so muss er die Umstände der Einlieferung der Sendung nach Zeit und Ort so genau darlegen, dass das Gericht die Frage des Verschuldens (12 zu § 44) hinreichend zuverlässig beurteilen kann (Frankfurt NStZ-RR **02**, 12; Jena StraFo **97**, 331); behauptet er, eine Benachrichtigung der Post nicht vorgefunden zu haben, muss er Einzelheiten darlegen und glaubhaft machen, die auf Grund der konkreten Umstände ein Abhandenkommen des Benachrichtigungzettels möglich erscheinen lassen (BVerfG NStZ-RR **98**, 73). Nur Tatsachen, die allgemeinkundig oder aktenkundig sind, brauchen nicht vorgetragen zu werden (BVerfG NJW **95**, 2544 mwN; Düsseldorf OLGSt § 44 Nr 31). 5

3) Glaubhaftmachung (II S 1): Vgl auch 5ff zu § 26. Das Erfordernis der Wahrscheinlichmachung durch den Antragsteller bezieht sich auf alle Tatsachen, die für die Entscheidung über die Zulässigkeit und Begründetheit des Antrags von Bedeutung sind. Obwohl die Glaubhaftmachung noch nach Ablauf der Antragsfrist nachgeholt werden kann (unten 7), ist sie Zulässigkeitsvoraussetzung für den Antrag (BGH NStZ **91**, 295; Koblenz VRS **68**, 211). Eine Glaubhaftmachung erübrigt sich aber, wenn die Begründungstatsachen gerichtsbekannt oder aktenkundig sind (Düsseldorf VRS **64**, 269; **92**, 115). Auch die Rechtsunkenntnis der Angeklagten bedarf (zB im Fall des § 146 a) idR keiner Glaubhaftmachung (Düsseldorf JMBlNW **86**, 34). 6

A. **Frist:** Bei der Antragstellung oder im Verfahren über den Antrag muss die Glaubhaftmachung erfolgen (II S 1). Ist sie angekündigt oder nach der Sachlage zu erwarten, so stellt das Gericht die Entscheidung eine angemessene Zeit zurück. Der durch den Antrag entstehende Schwebezustand und eine etwaige Nachbringungsfrist müssen aber kurz gehalten werden. Die Glaubhaftmachung kann nach dem eindeutigen Wortlaut des II noch im Beschwerderechtszug nachgeholt werden (BVerfGE **41**, 332 = NJW **76**, 1537; BVerfGE **43**, 95, 98; KG JR **92**, 347; Bam- 7 berg NStZ **89**, 335; München MDR **85**, 162; gegen die Rspr des BVerfG Heyland JR **77**, 402). Die Ergänzung der Glaubhaftmachung ist stets zulässig (Stuttgart Justiz **72**, 121).

8 B. **Mittel der Glaubhaftmachung:** In Betracht kommen alle Mittel, die geeignet sind, die Wahrscheinlichkeit des Vorbringens darzutun (8 ff zu § 26). Die Benennung eines Amtsträgers als Zeugen für das amtliche Verschulden bei der Fristversäumung kann genügen (11 zu § 26; so uU die Benennung von Beamten der JVA, vgl BGHR Glaubhaftmachung 1; Tatsachenvortrag 3). Eidesstattliche Versicherungen des Beschuldigten sind nicht zugelassen; sie haben nur den Wert einer eigenen schlichten Erklärung (Bay NStZ **90**, 340; 9 zu § 26).

9 Die **eigene Erklärung des Antragstellers** ist keine Glaubhaftmachung (BGH NStZ **85**, 493 [Pf/M]), auch nicht, wenn der behauptete Wiedereinsetzungsgrund besonders naheliegt oder der Lebenserfahrung entspricht (BVerfG StV **93**, 451; KG NJW **74**, 657 = JR **74**, 252 mit Anm Peters). Aus Art 19 IV, 103 I GG folgt nichts anderes (BVerfGE **41**, 332 = NJW **76**, 1537). Die Behauptung eines ausländischen Angeklagten, er habe die Rechtsmittelbelehrung nicht verstanden, genügt somit nicht (Oldenburg NStZ-RR 08, 150). Auf die Glaubhaftmachung kann aber verzichtet werden, wenn sie dem Antragsteller, ohne dass dieser einen Beweisverlust verschuldet hat (München NStZ **88**, 377), nicht möglich ist (BVerfG NJW **95**, 2545; KG aaO; Düsseldorf NStZ **90**, 149; Koblenz VRS **64**, 28; vgl auch Düsseldorf StV **85**, 223; NStE Nr 19), insbesondere, wenn sie durch amtliches Verschulden vereitelt worden ist (Celle NdsRpfl **86**, 280); das ist zB der Fall, wenn der Briefumschlag mit dem Poststempel, der die rechtzeitige Absendung beweist, vernichtet worden ist (BVerfG NJW **97**, 1770; Schleswig NJW **94**, 2841; LG Flensburg VRS **60**, 42). Die Unmöglichkeit der Glaubhaftmachung muss der Antragsteller dartun, wenn sie nicht offensichtlich ist; nur dann ist der allein auf die eigene Erklärung gestützte Antrag zulässig (Düsseldorf OLGSt Nr 6; **aM** Koblenz VRS **64**, 29).

9a Zur Glaubhaftmachung einer **technischen Störung des Telefax-Empfangsgeräts** reicht es nicht aus, nur das Sendeprotokoll mit OK-Vermerk vorzulegen; vielmehr bedarf es zusätzlich der eidesstattlichen Versicherung des Verteidigers oder seines Personals darüber, wann welches konkret bezeichnete Dokument mit welchem Inhalt vorschriftsmäßig übermittelt worden ist. Der Angeklagte selbst kann zur Glaubhaftmachung einen Einzelverbindungsnachweis der Telefonrechnung vorlegen, aus dem sich ergibt, ob zu dem im Sendeprotokoll dokumentierten Zeitpunkt tatsächlich eine Verbindung vom Faxanschluss des Absenders zur Rufnummer des Empfangsgeräts bestanden hat (Graalmann-Scheerer Nehm-FS 282, 283).

10 C. **Erforderlicher Beweisgrad:** Vgl 7 zu 26. Die Wiedereinsetzung hängt nicht davon ab, dass das Gericht die volle Überzeugung von den Wiedereinsetzungstatsachen gewonnen hat. Es genügt, dass ihm in einem nach Lage der Sache vernünftigerweise zur Entscheidung hinreichendem Maß die Wahrscheinlichkeit ihrer Richtigkeit dargetan wird (BGH **21**, 334, 350; Düsseldorf NJW **85**, 2207; wistra **90**, 364; OLGSt Nr 3). Insbesondere wenn es sich um Wiedereinsetzung zur Erlangung des „ersten Zugangs" zum Gericht handelt, dürfen die Anforderungen an den Beweisgrad nicht überspannt werden (BVerfGE **40**, 88, 91 = NJW **75**, 1355). Dass eine Behauptung nicht widerlegt werden kann, reicht aber nicht aus (BGH **21**, 334, 352; Düsseldorf aaO). Zweifel gehen zu Lasten des Antragstellers (BGHR Glaubhaftmachung 2; Düsseldorf VRS **97**, 422; Jena NStZ-RR **06**, 345; SK-Weßlau 17).

11 **4) Nachholung der versäumten Handlung** (II S 2): Bei bloßer Verspätung der Prozesshandlung ist die Nachholung überflüssig. Es genügt, dass, wenn auch nur stillschweigend, auf sie Bezug genommen wird (Bay VRS **66**, 453). Ist die Handlung aber bisher versäumt oder nicht formgerecht vorgenommen worden, so muss sie innerhalb der Frist des I S 1 und in der gesetzlich vorgeschriebenen Form nachgeholt werden (BGH NStZ **89**, 15 [M]; BGHR § 44 S 1 Verhinderung 11; Brandenburg VRS **116** D, 271; Düsseldorf NStZ **93**, 496; NStE Nr 17; NJW **98**,

919). Andernfalls ist der Antrag unzulässig. Eine nachgeholte Revisionsbegründung muss allerdings nur den Formerfordernissen der §§ 344 I, II S 1, 345 II genügen; ob sie auch § 344 II S 2 entspricht, wird nur im Revisions- und nicht im Wiedereinsetzungsverfahren geprüft (BGH **42**, 365). Die Wochenfrist des I S 1 wird durch die Monatsfrist des 345 I ersetzt, wenn Wiedereinsetzung gewährt wird, weil der Verteidiger nach § 146a zurückgewiesen worden ist (BGH **26**, 335, 339; Koblenz VRS **65**, 372) oder weil der Angeklagte keine Rechtsmittelbelehrung (Koblenz NStZ **91**, 42) oder erst verspätet Kenntnis von dem schriftlichen Urteil erhalten hat (BGH StV **06**, 283; Zweibrücken MDR **80**, 869) und die Revisionsanträge und ihre Begründung nunmehr in gesetzmäßiger Weise angebracht werden müssen (BGHR § 45 I S 1 Frist 1); im Übrigen kann dem Angeklagten auch kein Schuldvorwurf gemacht werden, wenn sein Verteidiger rechtsirrig die volle Frist des § 345 I für sich in Anspruch nimmt (BGH NStZ **97**, 45).

5) Wiedereinsetzung ohne Antrag (II S 3), auch bei verspätetem Antrag 12 (Bremen StV **91**, 505), kommt nur bei Fristversäumung, nicht bei Versäumung der Hauptverhandlung in den Fällen der §§ 235, 329, 412 in Betracht (KK-Gmel 6 zu § 235; Schlüchter 685.2; **aM** Düsseldorf NJW **80**, 1704; LG Siegen NJW **76**, 2359; AK-Lemke 3; vgl auch Köln NStZ-RR **02**, 142: keine Amtsermittlung hinsichtlich etwaiger Ladungsmängel). Denn ob der Angeklagte das Verfahren fortgesetzt haben will, das infolge seines Nichterscheinens zum Abschluss gekommen ist, muss ihm selbst überlassen bleiben; allerdings reicht es aus, wenn der Wille zur Fortführung des Verfahrens eindeutig zum Ausdruck kommt (vgl beim Fehlen einer Ladung Hamburg StV **01**, 339; Hamm NStZ-RR **09**, 314; Meyer-Goßner Hamm-FS 458). Bei Fristversäumung setzt die Wiedereinsetzung ohne Antrag voraus, dass alle anderen Voraussetzungen des § 45 vorliegen, insbesondere die versäumte Handlung frist- und formgerecht nachgeholt (BGH MDR **88**, 456 [H]; Düsseldorf VRS **67**, 53), was nicht unbedingt im Bewusstsein der Fristversäumung erfolgt sein muss (Bay **87**, 102, 103 = OLGSt Nr 1 mit Anm Wendisch), oder eine Nachholung überflüssig ist, weil die Prozesshandlung bereits, wenn auch verspätet, vorgenommen worden ist (Lintz JR **87**, 94 gegen Gössel JR **86**, 384; **87**, 97) und der ursächliche Zusammenhang zwischen Versäumungsgrund und Säumnis ohne weiteres erkennbar ist (Düsseldorf StraFo **00**, 412; Saarbrücken NStZ **86**, 470, 472; Zweibrücken VRS **88**, 356). Der Wille, die Prozesshandlung vorzunehmen, muss so eindeutig feststehen, dass der förmliche Antrag durch die Fiktion der Antragstellung ersetzt werden kann. Ferner muss das fehlende Verschulden des Betroffenen an der Fristversäumung offensichtlich und eine Glaubhaftmachung wegen Offenkundigkeit oder Aktenkundigkeit überflüssig sein (Düsseldorf JurBüro **92**, 255; Frankfurt VRS **59**, 429; vgl Hamburg NStZ **85**, 568 = JR **86**, 382 mit abl Anm Gössel: Verzögerung der Postbeförderung). Unter diesen Voraussetzungen ist Wiedereinsetzung von Amts wegen idR zu gewähren, wenn der Wiedereinsetzungsgrund in einem Verfahrensfehler des Gerichts liegt (BVerfGE **42**, 252, 257 – NJW **76**, 1839, 1840; Hamm NStZ **85**, 568 L; Köln NZV **06**, 47). Gleiches gilt, wenn nicht aufgeklärt werden kann, ob die Fristversäumnis auf einer überlangen Postlaufzeit beruht (Brandenburg NZV **06**, 316; Hamm NStZ-RR **09**, 112; erg 16 zu § 44). Ist das Rechtsmittel ohnehin aus anderen Gründen unzulässig, wird gegen die Versäumung der Rechtsmittelfrist keine Wiedereinsetzung gewährt (Zweibrücken JBlRP **98**, 222). Zur Geltung der Fiktion des § 342 III vgl dort 4.

Entscheidung; Rechtsmittel

46 **I Über den Antrag entscheidet das Gericht, das bei rechtzeitiger Handlung zur Entscheidung in der Sache selbst berufen gewesen wäre.**

II Die dem Antrag stattgebende Entscheidung unterliegt keiner Anfechtung.

III Gegen die den Antrag verwerfende Entscheidung ist sofortige Beschwerde zulässig.

1 **1) Zuständig** für die Entscheidung über den Wiedereinsetzungsantrag (I) ist stets das zur Entscheidung in der Sache selbst berufene Gericht, also das AG bei Versäumung der Einspruchsfrist gegen den Strafbefehl (§§ 409 I S 1 Nr 7, 411 I S 1), das Rechtsmittelgericht bei Versäumung einer Rechtsmittelfrist. Das Berufungsgericht ist bei verspäteter unbestimmter Anfechtung (2 zu § 335) zuständig (8 zu § 335), das Revisionsgericht für die Wiedereinsetzung zur Ermöglichung des Übergangs von der Revision zur Berufung (13 zu § 335). Zur Zuständigkeit im Kostenfestsetzungsverfahren vgl 5 zu § 464b.

2 Über einen **vom AG übergangenen Wiedereinsetzungsantrag** gegen die Versäumung der Einspruchsfrist im Strafbefehlsverfahren darf das Rechtsmittelgericht nicht selbst entscheiden (Frankfurt NStZ-RR **06**, 215 mwN), auch dann nicht, wenn der Wiedereinsetzungsantrag erst im Revisionsverfahren gestellt ist (SK-Weßlau 2; erg 7 zu § 347). Das Rechtsmittelgericht muss die nach dem Strafbefehl erlassenen Entscheidungen aufheben und den Einspruch als unzulässig verwerfen (BGH **22**, 52; Bay **88**, 134 = JR **90**, 36 mit Anm Wendisch; erg 12 zu § 411). Eine Zurückverweisung der Sache an das AG kommt nicht in Betracht (**aM** für die Revisionsinstanz Bay **87**, 102 = OLGSt Nr. 1 mit zust Anm Wendisch; Wendisch JR **90**, 38); denn für die vom Revisionsgericht zu treffende Entscheidung (vgl BGH **13**, 306) ist es unbeachtlich, ob ein Wiedereinsetzungsantrag gestellt war oder nicht. Der Fall ist dem bei Vorliegen eines noch behebbaren Verfahrenshindernisses nicht vergleichbar. Über den Wiedereinsetzungsantrag ist nicht durch Urteil, sondern durch Beschluss zu entscheiden; nur bei stattgebender Entscheidung kommt es zu einer neuen Hauptverhandlung. Dasselbe gilt, wenn das LG die Versäumung der Berufungsfrist nicht erkannt hatte (Bay **87**, 102 = OLGSt Nr 1 mit zust Anm Wendisch; Bay **95**, 175 = NStZ-RR **96**, 74; Hamburg StraFo **06**, 29 4; **aM** Hamburg NStZ **85**, 568 = JR **86**, 382 mit abl Anm Gössel).

3 **2)** Die **Entscheidung** ergeht durch Beschluss. Die StA und andere betroffene Prozessbeteiligte sind nach § 33 II, III zu hören, zB der Angeklagte vor der Entscheidung über einen Wiedereinsetzungsantrag des Privatklägers (BayVerfGH MDR **61**, 829), der Privatkläger im umgekehrten Fall (BVerfGE **14**, 8 = NJW **62**, 580).

4 Nicht ausgeschlossen ist eine **stillschweigende Wiedereinsetzung** (Düsseldorf VRS **73**, 390), zB durch Anberaumung der Hauptverhandlung (Bay VRS **58**, 366; Hamburg VRS **14**, 57; Hamm NJW **58**, 880; VRS **51**, 296; Stuttgart NJW **76**, 1905) oder sonst durch Fortsetzung des Verfahrens (Oldenburg VRS **68**, 282). Das setzt aber voraus, dass das Gericht die Fristversäumung überhaupt erkannt hat (Bay **87**, 102, 103 = OLGSt Nr 1 mit Anm Wendisch; Düsseldorf JR **86**, 121 mit Anm Welp; Hamburg StraFo **06**, 294; Hamm VRS **87**, 127).

5 Die **Entscheidung lautet** auf Verwerfung als unzulässig, wenn ein formelles Erfordernis fehlt, als unbegründet, wenn die Voraussetzungen des § 44 nicht vorliegen, oder auf Gewährung der Wiedereinsetzung. Zur Wirkung der Wiedereinsetzung vgl 25 zu § 44. Die Kostenentscheidung richtet sich nach § 473 VII (dort 38).

6 Ein **Widerruf** der stattgebenden Entscheidung ist ausgeschlossen (BVerfGE **14**, 8, 10 = NJW **62**, 580; Hamm VRS **65**, 33; Oldenburg VRS **68**, 282; Schleswig SchlHA **84**, 99 [E/L]). Sie ist selbst dann bindend, wenn sie von einem unzuständigen Gericht erlassen ist (unten 7) oder auf unzutreffenden Erwägungen beruht (Braunschweig NJW **73**, 2119). Dagegen kann die Verwerfungsentscheidung aufgehoben werden, wenn ihre tatsächliche Grundlage sich als falsch herausstellt (Hamburg JR **55**, 274 mit Anm Mittelbach).

7 **3) Entscheidungen unzuständiger Gerichte:** Hat statt des zuständigen Rechtsmittelgerichts der Tatrichter die Wiedereinsetzung bewilligt, so ist das für das weitere Verfahren bindend (Bay **80**, 36 = VRS **59**, 214; Düsseldorf NStZ **88**, 238; KG VRS **35**, 287; Hamm VRS **65**, 33). Ablehnende Beschlüsse können auf sofortige Beschwerde nach III aufgehoben werden (Bay **61**, 157 = NJW **61**, 1982; Frankfurt NStZ-RR **04**, 300: bei Verstoß gegen § 29 DRiG). Die Rechtsmittel-

gerichte, insbesondere im Fall des § 346 II die Revisionsgerichte, sind an sie nicht gebunden (BGH MDR **77**, 284 [H]; Bay **80**, 36 = VRS **59**, 214; **86**, 247 [R]; KK-Maul 10; KMR-Paulus 20; **aM** KG JR **56**, 111 mit Anm Sarstedt; Schleswig SchlHA **83**, 107 [E/L]; LR-Graalmann-Scheerer 28; SK-Weßlau 11; **aM** auch Koblenz VRS **62**, 449 für den Fall der erfolglosen Anfechtung der Entscheidung).

4) Anfechtung: Die Wiedereinsetzung bewilligende Beschlüsse sind unanfechtbar (II), auch wenn sie von einem unzuständigen Gericht erlassen sind (oben 7). Gegen Verwerfungsentscheidungen ist, wenn nicht § 304 IV entgegensteht (BGH NJW **76**, 525), sofortige Beschwerde zulässig (III), auch wenn sie ohne Antrag ergangen sind (Schleswig SchlHA **83**, 107 [E/L]). Das Rechtsmittel steht auch der StA zu (16 zu § 296), auch zugunsten des Angeklagten (Kleinknecht NJW **61**, 87). Hat das AG statt der für die Berufung zuständigen kleinen StrK entschieden, so befindet diese in der durch § 76 GVG vorgeschriebenen Besetzung, nicht auf sofortige Beschwerde die große StrK, über die Wiedereinsetzung (Schleswig SchlHA **82**, 117 [E/L]). Hat das AG statt des zuständigen OLG entschieden, so befindet dieses, nicht das LG über die sofortige Beschwerde (KG JR **83**, 214; Schleswig SchlHA **93**, 243 [L/T]; **aM** LR-Graalmann-Scheerer 28, 29); das gilt jedenfalls bei gleichzeitig gestelltem Antrag nach § 346 II (Bay **61**, 157 = NJW **61**, 1982) und dann, wenn über das gleichzeitig eingelegte Rechtsmittel noch nicht entschieden worden ist (Bay MDR **93**, 892; Celle NZV **98**, 258). 8

Vollstreckung

47 **I Durch den Antrag auf Wiedereinsetzung in den vorigen Stand wird die Vollstreckung einer gerichtlichen Entscheidung nicht gehemmt.**

II Das Gericht kann jedoch einen Aufschub der Vollstreckung anordnen.

III 1 Durchbricht die Wiedereinsetzung die Rechtskraft einer gerichtlichen Entscheidung, werden Haft- und Unterbringungsbefehle sowie sonstige Anordnungen, die zum Zeitpunkt des Eintritts der Rechtskraft bestanden haben, wieder wirksam. 2 Bei einem Haft- oder Unterbringungsbefehl ordnet das die Wiedereinsetzung gewährende Gericht dessen Aufhebung an, wenn sich ohne Weiteres ergibt, dass dessen Voraussetzungen nicht mehr vorliegen. 3 Andernfalls hat das nach § 126 Abs. 2 zuständige Gericht unverzüglich eine Haftprüfung durchzuführen.

1) Keine **Vollstreckungshemmung** (I) bewirkt der Antrag nach §§ 44, 45; sie tritt erst ein, wenn Wiedereinsetzung bewilligt ist (vgl BGH **18**, 34, 36; Hamm NJW **56**, 274). Dadurch soll Missbräuchen vorgebeugt werden. 1

2) Vollstreckungsaufschub (II), nicht auch den Aufschub der Wirksamkeit des rechtskräftig verhängten Fahrverbots nach § 44 StGB (Köln NJW **87**, 80, Wollentin/reckerfeld NJW **66**, 634), kann das nach § 46 I zuständige Gericht, aber auch das Gericht gewähren, bei dem der Antrag nach § 45 I S 1 gestellt worden ist; es muss die Sache dann aber dem nach § 46 I zuständigen Gericht vorlegen, das die Entscheidung abändern kann (KMR-Paulus 1). Der Vorsitzende eines Kollegialgerichts kann den Aufschub nicht allein bewilligen. Ist die Strafvollstreckung schon eingeleitet, so kann ihre Unterbrechung angeordnet werden. Der Aufschub ist aber nur zulässig, wenn der Wiedereinsetzungsantrag frist- und formgerecht gestellt ist und Erfolg verspricht (KK-Maul 2). Die Entscheidung ist nach § 304 I mit der Beschwerde anfechtbar. 2

3) Wiederwirksamkeit von Haft- und Unterbringungsbefehlen und sonstigen Anordnungen (III): Nach allgM wurde davon ausgegangen, dass durch die eingetretene Rechtskraft gegenstandslos gewordene Haftbefehle usw nach gewährter Wiedereinsetzung wiederaufleben. Da das BVerfG (NJW **05**, 3131; abl Mosbacher NJW **05**, 3110) eine andere Auffassung vertreten hatte, ergaben sich 3 hieraus für die Praxis erhebliche Schwierigkeiten (vgl Helgerth Nehm-FS 306). Um diese zu beheben, hat das 2. JuMoG den III in § 47 eingefügt und damit die alte Rechtslage wiederhergestellt. Nicht nur Haft- und Unterbringungsbefehle (auch solche nach § 453 c) sondern auch sonstige durch die Rechtskraft erledigte Anordnungen leben wieder auf; in Betracht kommen hier insbesondere Beschlagnahmen zu Beweiszwecken (§ 94), vorläufige Entziehung der Fahrerlaubnis (§ 111 a), vorläufige Sicherstellungsmaßnahmen (§§ 111 b ff), vorläufiges Berufsverbots (§ 132 a), Bestellung eines Pflichtverteidigers (§ 141). Nach § 116 gegen Erfüllung bestimmter Auflagen ausgesetzte Haftbefehle werden in gleicher Weise wieder wirksam, Sicherheitsleistungen nach § 123 müssen erneut erbracht werden (BR-Drucks 550/06 S 96).

4 Die **Aufhebung des Haft- bzw Unterbringungsbefehls** durch das die Wiedereinsetzung gewährende Gericht (entspr § 126 III) ordnet III S 2 an, falls die Voraussetzungen für deren Zulässigkeit inzwischen offensichtlich nicht mehr gegeben sind; das ist vor allem der Fall, wenn bereits ein bestehender Strafrest zur Bewährung ausgesetzt worden oder die Strafe voll verbüßt ist. Andernfalls hat das nach § 126 II zuständige Gericht unverzüglich eine Haftprüfung (§§ 117 ff) durchzuführen (III S 3). Hinsichtlich der sonstigen Anordnungen bleibt es der Initiative des Betroffenen überlassen, durch einen dementsprechenden Antrag beim zuständigen Gericht eine Aufhebung der Anordnung zu erreichen.

6. Abschnitt. Zeugen RiStBV 64–68

Vorbemerkungen

1 **1)** Der **Zeuge** ist ein persönliches Beweismittel (Einl 49), eine Beweisperson, die in einem nicht gegen sie selbst gerichteten Strafverfahren Auskunft über die Wahrnehmung von Tatsachen gibt (RG **52**, 289; ANM 171; Peters 342; zur Abgrenzung vom Sachverständigen vgl 2 zu § 85). Wer nichts aussagen, sondern nur in Augenschein genommen werden soll, ist kein Zeuge (LR-Ignor/Bertheau 3). Gleichgültig ist, wann und aus welchem Anlass (Zufall, Berufsausübung, Auftrag des Gerichts oder der Polizei) der Zeuge die Wahrnehmungen gemacht hat, über die er aussagen soll (BGH **33**, 178, 181). Wahrnehmungen sind auch die dem Zeugen von anderen gemachten Mitteilungen; der Zeuge vom Hörensagen ist ein taugliches Beweismittel (erg 4 zu § 250).

2 **2) Gegenstand des Zeugenbeweises** sind Tatsachen, nicht Rechtsfragen, Erfahrungssätze, allgemeine Eindrücke, Schlussfolgerungen oder Mutmaßungen. Die Tatsachen können auch negativer Art sein, zB dass der Zeuge eine bestimmte Äußerung nicht gehört hat (ANM 194). Über innere Tatsachen, auch hypothetischer Art, kann der Zeuge ebenfalls vernommen werden, sofern es sich um Vorgänge in seinem eigenen Bewusstsein handelt (ANM 191: eigenpsychische Tatsachen). Vorgänge im Innern eines anderen Menschen (ANM 193: fremdpsychische Tatsachen) entziehen sich dagegen seiner Wahrnehmung (BGH NStZ **04**, 690); er kann nur Tatsachen bekunden, die Schlussfolgerungen auf solche Vorgänge zulassen (BGH StV **84**, 61; Zweibrücken StV **90**, 440). Soll aus den Wahrnehmungen des Zeugen auf ein bestimmtes weiteres Geschehen geschlossen werden, ist nicht dieses weitere Geschehen, sondern nur die Wahrnehmung des Zeugen tauglicher Gegenstand des Zeugenbeweises (BGH **39**, 251 mit abl Anm Hamm StV **93**, 455 und zust Anm Widmaier NStZ **93**, 602).

3 Ebenso können reine **Werturteile** nicht Gegenstand des Zeugenbeweises sein. Zwar ist ein gewisses Maß an urteilender Tätigkeit bei den meisten Zeugenaussagen erforderlich. Solche Bewertungen müssen aber auf Maßstäben beruhen, die allgemein anerkannt und für das Gericht leicht überprüfbar sind (RG **27**, 95; **37**, 371; **57**, 412). Über die Charaktereigenschaften eines anderen kann der Zeuge nur vernommen werden, wenn er tatsächliche Umstände bekunden kann, die den

Schluss auf ihr Vorliegen zulassen (ANM 197 ff). Unter diesen Voraussetzungen kann die Glaubwürdigkeit, Ehrlichkeit, Verdorbenheit, Geschwätzigkeit eines Menschen Gegenstand des Zeugenbeweises sein (BGH **39**, 251, 254).

Einfache **Rechtsbegriffe** wie Anstiftung, Kauf, Miete, Eigentum, kann der Zeuge bei seiner Aussage verwenden (ANM 205). Über die Schuldfähigkeit des Angeklagten hat er sich nicht zu äußern; das schließt einfache Bewertungen, insbesondere über den Trunkenheitsgrad des Angeklagten, nicht aus (BGH MDR **79**, 807 [H]; Bay DAR **72**, 119 [R]; ANM 203). 4

3) Zeugenpflichten: Der Zeuge muss zur Vernehmung erscheinen, wahrheitsgemäß aussagen und seine Aussage auf Verlangen beeiden (J. Meyer ZStW **95**, 834; Peters 346). Das sind staatsbürgerliche Pflichten, die von der StPO nicht begründet, sondern vorausgesetzt wurden (BVerfGE **49**, 280, 284 = NJW **79**, 32; BVerfG NJW **88**, 897, 898), nun aber auch in § 48 I ausdrücklich bestimmt sind. Diese Pflichten treffen alle deutschen Staatsangehörigen, auch im Ausland, Ausländer und Staatenlose nur, wenn sie sich im Inland aufhalten (Hamburg MDR **67**, 686). Exterritoriale sind von der Zeugenpflicht befreit (§§ 18, 19 GVG). 5

Als **Nebenpflicht** ist mit der Zeugeneigenschaft die Pflicht verbunden, Wahrnehmungen zur Prüfung der Glaubwürdigkeit zu machen und zu bekunden (20 zu § 68), Gegenüberstellungen zu dulden (§ 58 II) und an Augenscheinseinnahmen teilzunehmen (BGH GA **65**, 108). 6

Erweitert wird die Zeugenpflicht durch die Pflicht zur Duldung der körperlichen Untersuchung (§ 81 c). Zu außergerichtlichen Tätigkeiten (Herstellung von Augenscheinsobjekten und Schriftproben) ist der Zeuge nicht verpflichtet. Bestimmte Zeugen haben aber die Pflicht, sich schriftlich dienstlich zu äußern (W. Schmid SchlHA **81**, 2) und sich auf ihre Aussage vorzubereiten (8 zu § 69); im Übrigen besteht für einen Zeugen aber keine Vorbereitungspflicht (eingehend dazu Schlothauer Dahs-FS 457). 7

4) Zeugenrechte: 8

A. **Weigerungsrechte:** Die Befugnis, die Aussage ganz oder teilw zu verweigern, lässt die Zeugenpflicht entfallen. Weigerungsrechte ergeben sich aus den §§ 52 ff, aber auch aus dem Beratungsgeheimnis (§ 43 **DRiG**), aus dem Wahlgeheimnis nach Art 38 I GG und den entspr Vorschriften der Länderverfassungen (LR-Ignor/Bertheau 19; ANM 451 mwN in Fn 171) und für Abgeordnete des BTages aus Art 47 S 1 GG (22 zu § 53). Nach Ansicht des BVerfG wird der Zeugniszwang ausnahmsweise und unter ganz besonderen Umständen durch Art 1 I, 2 I GG begrenzt, wenn die Zeugenvernehmung wegen der Eigenart des Beweisthemas in einen grundrechtlich geschützten Bereich der privaten Lebensgestaltung eingreifen würde (BVerfGE **33**, 367, 374 = JZ **73**, 780 mit Anm Würtenberger; BVerfGE **38**, 312, 325 = DÖV **75**, 637 mit Anm Bergmann; BVerfG NJW **79**, 1286; krit Rengier 107 ff; erg 2 zu § 53). Für den „Kunden" einer Prostituierten ergibt sich daraus kein Weigerungsrecht (Bay **78**, 152 = JR **80**, 432 mit Anm Hanack). 9

B. **Im Verfahren** hat der Zeuge Anspruch auf angemessene Behandlung (Humborg JR **66**, 448) und (vgl § 68 a) auf Ehrenschutz (Kube/Leineweber 29). Er darf nicht zum bloßen Verfahrensobjekt gemacht werden (BVerfGE **27**, 1, 6 = NJW **69**, 1707; BVerfGE **38**, 105, 114 = NJW **75**, 103, 104; Jung GA **98**, 326; Thomas NStZ **82**, 489; vgl auch Böttcher Kleinknecht-FS 25 und Schüler-Springorum-FS 541; Dahs NJW **84**, 1921 zum Persönlichkeitsschutz des Verletzten als Zeuge; allgemein Nelles NJ **98**, 449). In die Grundrechte des Zeugen darf nur eingegriffen werden, wenn und soweit das für die Wahrheitsfindung unerlässlich ist (Granderath MDR **83**, 798). Das Gericht ist dem Zeugen gegenüber zur Fürsorge verpflichtet. Der Zeuge muss vor einer Lebens- oder Leibesgefahr geschützt werden, in die er durch die Mitwirkung in einem Strafverfahren geraten kann (BVerfGE **57**, 250, 284 = NJW **81**, 1719, 1724; vgl auch BGH **33**, 83, 91 = JZ **85**, 494 mit Anm Fezer; Fezer JuS **87**, 359; Krehl GA **90**, 555; NJW **91**, 85). Nach § 1 10

ZSHG (dazu Hilger Gössel-FS 605) können ein Zeuge sowie seine Angehörigen oder ihm sonst nahe stehende Personen nach Maßgabe dieses Gesetzes geschützt werden, wenn sie auf Grund ihrer Aussagebereitschaft einer Gefährdung von Leib, Leben, Gesundheit, Freiheit oder wesentlicher Vermögenswerte ausgesetzt sind, sich für Zeugenschutzmaßnahmen eignen und ihr Einverständnis damit besteht (eingehend zum Zeugenschutz auch SK-Rogall 68 ff; Griesbaum NStZ **98**, 433 ff; Soiné Kriminalistik **99**, 602 ff); nach § 10 III ZSHG bleibt es für Aussagen des Zeugen vor Gericht aber bei den Vorschriften der §§ 68, 110b III (dazu BGH **50**, 318, 324 = JR **06**, 343 mit zust Anm Eisenberg/Reuther; eingehend zum Spannungsverhältnis zwischen Zeugenschutzprogramm und Wahrheitsermittlung im Strafprozess Eisenberg Fezer-FS 193 ff). § 6 BKAG hat dem BKA den Zeugenschutz als Aufgabe in den Fällen übertragen, in denen es die Strafverfolgung wahrnimmt (dazu Griesbaum aaO 435). Das Gericht darf eine Gefahrenlage, in die der Zeuge durch eine wahrheitsgemäße Aussage geraten könnte, nicht durch Anwendung von Zwangsmaßnahmen nach § 70 verschärfen (BGH NStZ **84**, 31). Gewisse Unannehmlichkeiten, die mit der Bekundung der Wahrheit verbunden sind, zB dass der Beschuldigte von der Aussage erfährt, muss der Zeuge aber hinnehmen (BGH **29**, 99, 104). Erörterungen und Beweiserhebungen zum Privat- und insbesondere auch Intimleben des Zeugen, die zu dem Verfahrensgegenstand in keinem unmittelbaren Zusammenhang stehen, sind nur nach sorgfältiger Prüfung ihrer Unerlässlichkeit statthaft (BGH NJW **05**, 1519; vgl auch § 68 a, 241 II); das Gericht hat somit hinsichtlich des Umfangs der Beweisaufnahme die Opferschutzinteressen in seine Erwägungen einzubeziehen (BGH NJW **05**, 2791). Dem Schutz des Zeugen dienen im Übrigen §§ 171 b, 172 Nr 1 a GVG. Zur Identitätsänderung und Aushändigung von „Tarnpapieren" zum Schutz gefährdeter Zeugen vgl Soiné/Soukup ZRP **94**, 466; zur Zuziehung einer Vertrauensperson vgl § 406 f II.

11 C. Die **Zuziehung eines Rechtsbeistands** ist neben der Beiordnung eines Zeugenbeistands nun in § 68 b geregelt. Die Rspr des BVerfG, das aus dem Gebot der fairen Verfahrensgestaltung (Einl 19) das Recht des Zeugen, der ein Auskunftsverweigerungsrecht nach § 55 hat, sonst unter der Voraussetzung einer „besonderen rechtsstaatlichen Legitimation", auf Zuziehung eines RA als Rechtsbeistand zu der Vernehmung ableitete (BVerfGE **38**, 105 = NJW **75**, 103; dazu Adler StraFo **02**, 146: ungerechtfertigte Einschränkung; ebenso König Rieß-FS 245: jeder Zeuge; vgl ferner zum Zeugenbeistand Dahs 1150 ff; Hammerstein NStZ **81**, 125; Thomas NStZ **82**, 489; vgl auch Kaum 130 ff; krit Schünemann Meyer-Goßner-FS 396), ist damit in erweiterter Form (vgl die Erl zu § 68 b) Gesetz geworden. Das Recht auf Hinzuziehung eines Beistands bei der Vernehmung ist für durch die Straftat verletzte Zeugen in §§ 406 f, 406 g geregelt. Auf andere Zeugen sind diese Vorschriften nicht entspr anwendbar. § 68 b II sieht unter besonderen Voraussetzungen die Beiordnung eines Zeugenbeistand für die Dauer der Vernehmung vor. Die gerichtliche Beiordnung eines Beistands ist außerhalb der gesetzlich geregelten Fälle in §§ 68 b II, 406 g III, IV ausgeschlossen (BVerfG NStZ **83**, 374 = StV **83**, 489 mit Anm Hauffe; BGH StB 10/98 vom 9. 9. 1998; KG NStE Nr 33 zu § 140; Koblenz MDR **95**, 1160).

12 **5) Zeugnisfähigkeit:**

13 A. Eine **allgemeine Zeugnisunfähigkeit** gibt es nicht (RG **52**, 138; KK-Senge 5; ANM 173). Zeuge kann auch sein, wer körperliche oder geistige Gebrechen hat, sofern er nur zu Wahrnehmungen und ihrer Wiedergabe vor Gericht fähig ist (BGH **2**, 269, 270; **43**, 62). Kinder können Zeugen sein, wenn von ihnen eine verständliche Aussage zu erwarten ist (Gley StV **87**, 405 ff). Dafür gibt es keine feste Altersgrenze; Kinder unter viereinhalb Jahren werden aber selten aussagetüchtig sein (Arntzen DRiZ **76**, 20; vgl auch ANM 174 mwN). Die Vernehmung Geisteskranker ist auch in der Hauptverhandlung nicht ausgeschlossen (RG **33**, 393; **58**, 396). Ist eine eigentliche Aussage nicht zu erwarten (taubstumme Analphabeten), so kann uU die Mimik des Zeugen die mündlichen Bekundungen ersetzen (vgl RG **33**,

403; ANM 174; erg 3 zu § 186 GVG). Abgeordnete dürfen vernommen werden (vgl RiStBV 191 III Buchst d), auch im Verfahren gegen Mittäter.

B. **Organe der Rechtspflege:** 14

a) **Richter** können Zeugen sein, auch wenn sie schon an der Verhandlung mitgewirkt haben. Sie sind nach § 22 Nr 5 von der weiteren Mitwirkung ausgeschlossen, sobald sie der Zeugenladung folgen (BGH **7**, 44, 46; MDR **77**, 107 [H]; StV **91**, 99). Die bloße Benennung des Richters als Zeugen führt nicht zum Ausschluss, wenn er erklärt, zu der Beweisfrage nichts zu wissen (BGH **7**, 330 = JZ **56**, 31 mit Anm Kleinknecht; BGH **11**, 206; MDR **77**, 107 [H]; Michel MDR **92**, 1026; ANM 176 mwN), anders aber, falls er seine Vernehmung als Zeuge selbst für erforderlich hält (AG Brandenburg StraFo **07**, 501). An dem Beschluss, durch den der Antrag auf seine Vernehmung nach § 244 III S 2 wegen Verschleppungsabsicht abgelehnt wird, kann er selbst mitwirken (67 zu § 244). Andernfalls könnte der Beschuldigte jeden Richter nach Belieben ausschalten. 15

b) Für **Urkundsbeamte,** die an der Verhandlung als Protokollführer mitwirken, gilt das entspr. Sie sind nach §§ 22 Nr 5, 31 I von der weiteren Mitwirkung erst ausgeschlossen, wenn einem Antrag auf ihre Vernehmung stattgegeben wird (ANM 177). 16

c) **Staatsanwälte** können als Zeugen vernommen werden, auch wenn sie an der Sitzung teilnehmen (Celle NStZ **84**, 136). Ihre bloße Benennung als Zeugen hindert sie an der weiteren Mitwirkung nicht (Dose NJW **78**, 349). Die bloße Beantwortung einer sachbezogenen Frage des Verteidigers macht sie nicht zu Zeugen (BGH NStZ **86**, 133). Nach der Vernehmung kann der StA weiter auftreten, wenn er nur über Vorgänge ausgesagt hat, die sich erst aus seiner dienstlichen Befassung mit der Sache ergeben haben und die Gestaltung des Verfahrens, insbesondere die äußeren Umstände der Vernehmung des Angeklagten, betreffen, und wenn durch Zuziehung eines weiteren StA dafür Vorsorge getroffen worden ist, dass er seine Aussage nicht im Schlussvortrag selbst würdigen muss (BGH **14**, 265, 267; **21**, 85, 90 = JR **67**, 227 mit abl Anm Hanack; NStZ **90**, 24 [M]; NJW **96**, 2239, 2241; Pawlik NStZ **95**, 312; Schneider NStZ **94**, 457; Bedenken hiergegen erhebt BGH NStZ **89**, 583, aufrechterhalten von BGH NStZ **08**, 353; dagegen eingehend Kelker StV **08**, 381; Müller-Gabriel StV **91**, 235; dem BGH zust Brause NJW **92**, 2869; für völligen Ausschluss des StA demgegenüber aber Hanack JZ **71**, 91; **72**, 81; Fahl 278; Schlüchter 66.1; vgl auch Malmendier NJW **97**, 230; eingehend zur gesamten Problematik SK-Rogall 46ff); bei entbehrlicher Würdigung der Aussage bedarf es der Zuziehung eines weiteren StA nicht (BGH NStZ-RR **01**, 107; **06**, 257 [B]). Wenn sich seine Aussage nur auf die Tat eines Mitangeklagten bezieht, ist er nicht gehindert, hinsichtlich der übrigen Angeklagten die Anklage weiter zu vertreten (BGH **21**, 85, 89; KK-Senge 11; Dose NJW **78**, 352; **aM** Grünwald BewR 17; Roxin/Schünemann § 26, 7). In anderen Fällen ist die weitere Mitwirkung des StA, insbesondere die Würdigung der eigenen Aussage, unzulässig und führt auf entspr Rüge (BGH NStZ **07**, 419) zur Aufhebung des Urteils, wenn es darauf beruht (BGH **14**, 265; NJW **87**, 3088, 3090; NStZ **83**, 135; StV **83**, 497 mit Anm Müllerhoff; Düsseldorf StV **91**, 59; Naumburg StraFo **07**, 64). Die Vernehmung als Zeuge in einer früheren (ausgesetzten) Hauptverhandlung führt hingegen nicht zum Ausschluss des StA (BGH NStZ **94**, 194). 17

d) Der **Verteidiger** kann Zeuge sein (vgl § 53 I Nr 2). Nach seiner Aussage kann er wieder als Verteidiger auftreten (LR-Ignor/Bertheau 45; Fahl 286; **aM** Gössel 201: Ausschließung möglich; Peters 345: automatisches Ausscheiden). Insbesondere darf er vom Gericht nicht ausgeschlossen werden; denn § 138a regelt die Ausschließungsgründe abschließend (SK-Rogall 61; ANM 186; Dahs NJW **75**, 1390; Krause StV **84**, 171). Das Verbot darf nicht dadurch umgangen werden, dass der Verteidiger nach § 58 I vor seiner Vernehmung aus dem Saal gewiesen oder als Zeuge nicht nach § 248 entlassen wird. Ist die Verteidigung nach § 140 notwen- 18 dig, so muss dem Angeklagten während der Vernehmung des Verteidigers grundsätzlich ein anderer Verteidiger beigeordnet werden (BGH StV **96**, 469 mwN; ANM 186).

19 C. **An der Straftat beteiligte Personen:**

20 a) Der **Beschuldigte** kann sich zur Sache einlassen, und seine Angaben können bei der Entscheidung berücksichtigt werden. Als Zeuge in eigener Sache darf er nicht vernommen werden (BGH **10**, 8, 10; NJW **64**, 1034; JR **69**, 148; ANM 181).

21 b) **Mitbeschuldigte** können, auch wenn sie nach § 231 c zeitweise beurlaubt sind (dort 2), nicht Zeugen sein, sobald und solange die Verfahren nach den §§ 2 ff, 237 verbunden sind. Bereits diese prozessuale Gemeinsamkeit steht der Zeugenvernehmung entgegen, und zwar sowohl über die gemeinschaftlich begangene Tat als auch über selbstständige Straffälle, die nur einem anderen Mitbeschuldigten zur Last gelegt werden (BGH **3**, 149; **10**, 8, 11; NJW **64**, 1034; ANM 182 mwN). Die im Schrifttum vielfach vertretene Ansicht, die Frage sei unter sachlichrechtlichen Gesichtspunkten zu beurteilen, schon die Tatbeteiligung schließe die Zeugenvernehmung von Mitbeschuldigten aus (Dünnebier JR **75**, 1; Lenckner Peters-FS 333; Montenbruck ZStW **89**, 878; Müller-Dietz ZStW **93**, 1227; Peters 346; Prittwitz, Der Mitbeschuldigte im Strafprozess, 1984, S 140, 153 ff; Roxin/Schünemann § 26, 5; Schlüchter 479), ist abzulehnen (BGH NJW **85**, 76 = StV **84**, 361 mit abl Anm Prittwitz; SK-Rogall 46 ff; dazu auch Montenbruck JZ **85**, 976), denn sie widerspricht dem Gesetz (vgl § 60 Nr 2; Grünwald BewR 15). Im Übrigen lässt sich mit einem „verfahrensrechtlichen Zwitter" (Rogall NJW **78**, 2535, 2536), wie es der als Beschuldigter zu vernehmende Nichtangeklagte oder der als Zeuge zu vernehmende Mitangeklagte wäre, keine Sachaufklärung betreiben (vgl ANM 184).

22 Die vorübergehende **Trennung** der verbundenen Sachen ermöglicht die Zeugenvernehmung des Mitbeschuldigten, dessen Verfahren abgetrennt worden ist (BGH **10**, 8, 11; **27**, 139, 141; JR **69**, 148 mit Anm von Gerlach; ANM 182 mwN). Sie ist zulässig, wenn sich die Vernehmung auf eine Tat beziehen soll, die dem Mitbeschuldigten nicht selbst zur Last gelegt wird (BGH NJW **64**, 1034; MDR **71**, 897 [D]; einschr LG Frankfurt aM StV **86**, 470: nicht, wenn die Bekundungen in irgendeiner Weise auf die gegen den Beschuldigten ergehende Entscheidung von Einfluss sein können), nicht aber, wenn sie eine gemeinschaftliche Tat betreffen soll (BGH JR **69**, 148; MDR **77**, 639 [H]; StV **84**, 186; Hamm VRS **42**, 208; ANM 183); denn dadurch würde der Grundsatz umgangen, dass ein Angeklagter nicht Zeuge in einem ihn selbst betreffenden Verfahren sein kann. Allg zur sog Rollenvertauschung: Dünnebier JR **75**, 1; Prittwitz aaO und NStZ **81**, 463; Peters in GedSchr für H. Peters, 1967, S 897; Roxin/Schünemann § 26, 5.

23 D. **Sonstige Verfahrensbeteiligte:** Nebenkläger können als Zeugen vernommen werden (10 vor § 395), nicht aber Privatkläger (2 zu § 384). Zeugen können ferner sein (vgl ANM 186 ff) Beistände nach § 149 (dort 2) und § 69 **JGG,** Erziehungsberechtigte und gesetzliche Vertreter (§ 67 **JGG**) sowie Antragsteller im Anhangsverfahren nach §§ 403 ff. Dass der Sachverständige gleichzeitig Zeuge sein kann, folgt aus § 74 I S 2. Für den Dolmetscher gilt das Gleiche; er kann seine Aussage selbst in die fremde Sprache übersetzen (RG **45**, 304; LR-Ignor/Bertheau 30). Der nach § 407 I **AO** teilnahmeberechtigte Vertreter des FA kann ebenfalls Zeuge sein (LG Dresden NStZ **99**, 313 mit zust Anm Rüping), nicht aber Verfalls- und Einziehungsbeteiligte, soweit sie im Strafverfahren (§§ 431 ff), im Nachverfahren (§ 439) oder im selbstständigen Verfahren (§ 440) beteiligt sind oder sich beteiligen können (vgl aber 5 zu § 433).

24 **6) Entspr anwendbar** sind die §§ 48 ff bei Vernehmungen durch die StA, soweit nichts anderes bestimmt ist (§ 161 a I S 2). Bei Vernehmung durch andere Ermittlungsorgane, insbesondere durch die Polizei, gelten die Bestimmungen zT

nach ausdrücklicher Regelung (§ 163a V), im Übrigen, soweit sie Rechte des Zeugen betreffen oder Rücksicht auf ihn vorschreiben (§§ 52–55, 68a, 69). Im Bußgeldverfahren gelten die §§ 48ff entspr, soweit nichts anderes bestimmt ist (§ 46 I OWiG).

Zeugenpflichten und Zeugenladung **RiStBV 64–66**

48 [I] [1] **Zeugen sind verpflichtet, zu dem zu ihrer Vernehmung bestimmten Termin vor dem Richter zu erscheinen.** [2] **Sie haben die Pflicht auszusagen, wenn keine im Gesetz zugelassene Ausnahme vorliegt.**

[II] **Die Ladung der Zeugen geschieht unter Hinweis auf verfahrensrechtliche Bestimmungen, die dem Interesse des Zeugen dienen, auf vorhandene Möglichkeiten der Zeugenbetreuung und auf die gesetzlichen Folgen des Ausbleibens.**

1) Zeugenpflichten: Der durch das 2. OpferRRG 2009 eingefügte I enthält 1
die schon bisher allgemein bejahten (5 vor § 48) Zeugenpflichten zum Erscheinen und zur Aussage. Ausnahmen von der Aussagepflicht enthalten die §§ 52 bis 55.

2) Zeugenladung: 1a

A. **Form:** Für die Zeugenladung, dh die Aufforderung, an einem bestimmten 1b
Ort zu einer bestimmten Zeit zur Vernehmung zu erscheinen, ist eine besondere Form nur in § 38 vorgeschrieben. Gericht und StA (§ 161a I S 2) können schriftlich, per Telefax oder Fernschreiber, mündlich, auch telefonisch, laden. Schriftlich kann durch einfachen Brief, nicht durch Postkarte (RiStBV 64 III S 1) geladen werden; da die Anwendung des § 51 den Ladungsnachweis erfordert (2 zu § 51), ist förmliche Zustellung geraten (LR-Ignor/Bertheau 4; vgl für die Ladung zur Hauptverhandlung RiStBV 117 I). Die mündliche Ladung kann der Vorsitzende, etwa bei Unterbrechung oder Aussetzung der Verhandlung, selbst vornehmen, sonst durch Gerichtswachtmeister oder Polizei veranlassen. Da eine Ladungsfrist nicht besteht (2 zu § 51), kann der Zeuge zum sofortigen Erscheinen vor Gericht aufgefordert werden.

B. **Inhaltlich** muss die Ladung erkennen lassen, dass der Geladene als Zeuge 2
vernommen werden soll (RiStBV 64 I S 1). Der Name des Beschuldigten wird, auch bei richterlicher Vernehmung, nicht angegeben, wenn der Zweck der Untersuchung das verbietet, der Gegenstand der Beschuldigung nur, wenn das zur Vorbereitung der Aussage geboten erscheint (RiStBV 64 I S 2). Wegen der Aufforderung, Unterlagen mitzubringen, vgl RiStBV 64 II. Belehrungen nach §§ 52 III S 1, 55 II, 57 gehören nicht in die Ladung.

Der **Hinweis auf die gesetzlichen Folgen des Ausbleibens** nach § 51 ist bei 3
jeder Zeugenladung erforderlich, auch bei wiederholter Ladung und bei mündlicher Ladung in einer unterbrochenen oder ausgesetzten Hauptverhandlung (Hamm NJW **57**, 1330). Der Hinweis muss so vollständig sein, dass der Zeuge über die Folgen des § 51 Klarheit gewinnen kann. Der schuldunfähige Zeuge wird nur auf § 51 I S 3 hingewiesen (erg 15, 20 zu § 51). Bei nicht auf freiem Fuß befindlichen Zeugen tritt an die Stelle des Hinweises der Vorführungsbefehl des Richters oder die Vorführungsanordnung der StA (vgl 2 zu § 51; 11, 13 zu § 214).

Nach der Änderung des § 48 durch das 1. OpferRRG ist der Zeuge aber nicht 3a
nur auf seine Pflichten, sondern **auch auf seine Rechte hinzuweisen**. Das ist unproblematisch hinsichtlich des Hinweises auf Möglichkeiten der Zeugenbetreuung (zB Zeugenzimmer; Betreuung mitgebrachter Kinder usw); bezüglich des Hinweises auf die den Interessen des Zeugen dienenden verfahrensrechtlichen Bestimmungen – gedacht ist hier etwa an §§ 58a, 68, 68a, 68b oder § 247 S 2, aber auch an §§ 171b I, 172 GVG – ergibt sich aber die Schwierigkeit, dass solche Hinweise individuell – und nicht etwa formularmäßig – durch den Richter angeordnet werden müssen. Ob die Richter diese Mehrarbeit auf sich nehmen können,

erscheint fraglich: IdR wird sich erst in der Hauptverhandlung beurteilen lassen, ob von diesen Vorschriften Gebrauch zu machen ist, auch werden die Verfahrensbeteiligten dazu gehört werden müssen. Zudem besteht – nicht nur bei formularmäßiger Anordnung, wie der Gesetzgeber angenommen hat (vgl BT-Drucks 15/1976 S 10), sondern stets – die Gefahr, dass durch solche Hinweise „grundlose Befürchtungen und unerfüllbare Erwartungen" geweckt werden! Eingehend und krit dazu auch Wenske DRiZ **05**, 293.

4 C. Die **Anordnung der Ladung** trifft der Richter oder StA, der die Vernehmung durchführen will. Für Ladungen zur Hauptverhandlung gilt § 214 I S 1, III. Gerichtliche Ladungen zur Hauptverhandlung führt die Geschäftsstelle des Gerichts aus (§ 214 I S 2); sonst gilt § 36 I S 2 entspr. Die Abweichung von der angeordneten Ladungsform berührt die Wirksamkeit der Ladung nicht, ebenso wenig ein inhaltlicher Mangel (Neuhaus StV **04**, 621); ein Verstoß gegen II unterliegt weder der Beschwerde noch der Revision (Wenske DRiZ **05**, 296). Die Ladung wird innerhalb des Geltungsbereichs der StPO stets unmittelbar bewirkt (§ 160 GVG).

5 D. **Sonderfälle:**

6 a) Zur Ladung im **Ausland** wohnhafter ausländischer oder deutscher Zeugen vgl 25, 25a zu § 37. Deutsche Zeugen im Ausland können aber auch durch die Auslandsvertretungen der BRep geladen werden (RiVASt 129 III). Zu den Ladungsarten nach RiVASt und EuRHÜbk sowie zur Ladung nach besonderen zwischenstaatlichen Vereinbarungen vgl Rose wistra **98**, 14ff. Wegen der Exterritorialen vgl RiStBV 196ff.

7 b) **Kinder** werden zu Händen ihrer gesetzlichen Vertreter geladen, die sie zur Erfüllung ihrer Zeugenpflichten anzuhalten haben (Hamm NJW **65**, 1613), Jugendliche ab 14 Jahren können hingegen persönlich geladen werden (Frankfurt NStZ-RR **05**, 268; Schweckendieck NStZ **90**, 171). Fehlt dem Zeugen die notwendige Verstandesreife, so ist allein der gesetzliche Vertreter zu laden und aufzufordern, sich mit ihm an Gerichtsstelle einzufinden (Skupin MDR **65**, 866). Der Hinweis nach II wird auf den Zeugen bezogen. Mit ihm wird der weitere Hinweis verbunden, dass ein Erziehungsberechtigter als Begleitperson mitkommen kann und entschädigt wird (§ 7 I S 2 JVEG).

8 c) **Seeleute** (vgl 21 zu § 37) können nach Seemannsart geladen, dh durch die Wasserschutzpolizei aufgefordert werden, sich bei der nächsten Liegezeit auf der Geschäftsstelle des AG zu melden (Bremen Rpfleger **65**, 48; StrK beim AG Bremerhaven NJW **67**, 1721).

9 **Binnenschiffer** (vgl 22 zu § 37) können ebenfalls durch Vermittlung der Wasserschutzpolizei geladen werden (Hamm NJW **65**, 1613 L; Köln NJW **53**, 1932).

10 d) **Soldaten:** Maßgebend sind Nrn 17ff des Erlasses des BMVg idF vom 16. 3. 1982 (VMBl 130), geändert durch Erlass vom 20. 6. 1983 (VMBl 182). Danach werden Soldaten in derselben Weise wie andere Personen geladen (vgl auch 23 zu § 37). Die Ladung wird ihnen auf Veranlassung des Gerichts oder der StA zugestellt oder übersandt. Wegen der Soldaten ausländischer NATO-Truppen in der BRep vgl Art 37 NTS-ZA.

Vernehmung des Bundespräsidenten

49 **[1] Der Bundespräsident ist in seiner Wohnung zu vernehmen. [2] Zur Hauptverhandlung wird er nicht geladen. [3] Das Protokoll über seine gerichtliche Vernehmung ist in der Hauptverhandlung zu verlesen.**

1 **1)** Die **Vernehmung des BPräs** (S 1) ist, falls er auf dieses Vorrecht nicht verzichtet (LR-Ignor/Bertheau 2; **aM** SK-Rogall 5: unverzichtbar), nur in seiner Wohnung zulässig. Dazu gehören auch der Dienstsitz und der vorübergehende Wohnsitz am Urlaubsort oder bei einem Staatsbesuch. Im Hinblick auf S 3 kommt nur eine richterliche Vernehmung, auch durch das ganze Gericht, in Betracht (LR-

Ignor/Bertheau 3; **aM** SK-Rogall 7, 8). Die Prozessbeteiligten haben bei Vernehmungen außerhalb des Gerichts kein Anwesenheitsrecht; §§ 168 c II, 223, 224 gelten nicht. § 70 I, II ist anwendbar (LR-Ignor/Bertheau 4). Für den Vertreter des BPräs (Art 57 GG) gilt das Vorrecht nicht (KK-Senge 1; LR-Ignor/Bertheau 1).

2) Zur **Hauptverhandlung** (S 2, 3) wird der BPräs nicht geladen, es sei denn, dass er nicht mehr im Amt ist. Auch Ladungen nach §§ 214 III, 220 I sind ausgeschlossen. Abweichend von § 250 S 2 wird die Vernehmungsniederschrift verlesen. Dazu bedarf es keiner besonderen Beschlussfassung. § 251 IV S 1 und 2 gelten nicht; S 3 und 4 sind entspr anwendbar. 2

Vernehmung von Mitgliedern oberster Staatsorgane

50 **I Die Mitglieder des Bundestages, des Bundesrates, eines Landtages oder einer zweiten Kammer sind während ihres Aufenthaltes am Sitz der Versammlung dort zu vernehmen.**

II Die Mitglieder der Bundesregierung oder einer Landesregierung sind an ihrem Amtssitz oder, wenn sie sich außerhalb ihres Amtssitzes aufhalten, an ihrem Aufenthaltsort zu vernehmen.

III Zu einer Abweichung von den vorstehenden Vorschriften bedarf es

für die Mitglieder eines in Absatz 1 genannten Organs der Genehmigung dieses Organs,

für die Mitglieder der Bundesregierung der Genehmigung der Bundesregierung,

für die Mitglieder einer Landesregierung der Genehmigung der Landesregierung.

IV [1]Die Mitglieder der in Absatz 1 genannten Organe der Gesetzgebung und die Mitglieder der Bundesregierung oder einer Landesregierung werden, wenn sie außerhalb der Hauptverhandlung vernommen worden sind, zu dieser nicht geladen. [2]Das Protokoll über ihre richterliche Vernehmung ist in der Hauptverhandlung zu verlesen.

1) Die **Sonderregelung** enthält für Parlaments- und Regierungsmitglieder in allen Verfahrensabschnitten (RG **26**, 255) eine örtliche Beschränkung der Zeugenpflicht. Sie bezweckt den Schutz von Störungen der Parlaments- und Regierungsarbeit durch Reisen an auswärtige Vernehmungsorte. Ein Verzicht hierauf ist ausgeschlossen (KK-Senge 1; EbSchmidt 3). 1

2) Vernehmung von Parlamentsmitgliedern (I): Dem Landtag entspricht in Hamburg und Bremen die Bürgerschaft, in Berlin das Abgeordnetenhaus. § 50 gilt zwischen den Wahlperioden auch für den Personenkreis des Art 49 GG und der entspr Vorschriften der Landesverfassungen. 2

Vernehmungsort ist der Sitz der Versammlung, wenn die Vernehmung in die mit dem 1. Zusammentritt beginnende Sitzungsperiode einschließlich der Parlamentsferien fällt und der Zeuge sich am Sitz der Versammlung aufhält. Andernfalls kann er an seinem Aufenthaltsort vernommen werden. Das Gericht entscheidet hierüber nach pflichtgemäßem Ermessen unter Berücksichtigung der Arbeitsbelastung des Zeugen (BGH NStZ **82**, 158; **aM** LR-Ignor/Bertheau 3: allg Vorschriften gelten). 3

Die **Vernehmung,** die im Hinblick auf IV S 2 nur durch den Richter, auch durch das ganze Gericht durchgeführt werden kann, erfolgt in den Räumen des Gerichts am Parlamentssitz. Dorthin ist der Abgeordnete zu laden. Für das Anwesenheitsrecht der Prozessbeteiligten (§§ 168 c, 224) gelten keine Besonderheiten. 4

3) Vernehmung von Regierungsmitgliedern (II): Die BReg besteht aus dem Bundeskanzler und den Bundesministern (Art 62 GG). Die Staatssekretäre gehören nicht zum Kabinett, auch die parlamentarischen Staatssekretäre nicht, 5 selbst wenn sie die Bezeichnung Staatsminister führen; da sie Abgeordnete sein müssen (§ 1 ParlStG), fallen sie aber unter I. Die Zusammensetzung der Landesregierungen ergibt sich aus den Landesverfassungen. Die Senate von Berlin, Bremen und Hamburg sind Landesregierung; ihre Mitglieder sind die Bürgermeister (in Berlin der Regierende Bürgermeister) und die Senatoren. In Bayern gehören die Staatssekretäre zur Regierung (Art 43 II BayVerf).

6 **Vernehmungsort** ist der Amtssitz oder, wenn der Zeuge sich dort nicht aufhält, der Aufenthaltsort, auch wenn sich dort kein Gericht befindet. Hält er sich an einem Gerichtsort nur auf, weil er einer unzulässigen Ladung gefolgt ist, so darf er nicht vernommen werden (KK-Senge 7).

7 Die **Vernehmung** erfolgt in der Hauptverhandlung, wenn Gerichtsort und Amtssitz oder Aufenthalt identisch sind, sonst durch einen beauftragten oder ersuchten Richter. Im Übrigen gilt das Gleiche wie für Parlamentsmitglieder (oben 4).

8 **4)** Die **Sondergenehmigung** (III) kann von Amts wegen oder auf Antrag des Gerichts oder eines Prozessbeteiligten, auch auf Anregung des Abgeordneten oder des Regierungsmitglieds, erteilt werden. Der Antrag ist unmittelbar an die Regierung oder den Parlamentspräsidenten zu richten. Erteilung und Nachweis der Genehmigung sind an keine Form gebunden; die eidliche Versicherung des Zeugen, ihm sei die Genehmigung erteilt worden, reicht aus (RG JW **93**, 289). Ohne die erforderliche Sondergenehmigung darf der Zeuge nicht vernommen werden. Eine Umgehung in der Weise, dass er sich zum Aufenthalt am Gerichtsort bereit erklärt, ist unzulässig.(SK-Rogall 3; **aM** LR-Ignor/Bertheau 10). Nach Anl 6 Abschn C S 3 BT-GeschO bedarf es keiner Sondergenehmigung, wenn der Vernehmungstermin außerhalb der Sitzungswochen des BTages liegt.

9 **5)** Zur **Hauptverhandlung** (IV) darf der Zeuge nur geladen werden, wenn sie an dem nach I oder II zulässigen Vernehmungsort stattfindet oder eine Genehmigung nach III erteilt ist und wenn der Zeuge nicht bereits außerhalb der Hauptverhandlung vernommen worden war. Die Unzulässigkeit der Ladung bezieht sich auch auf §§ 214 III, 220 I (**aM** LR-Ignor/Bertheau 12). Diese Vorschriften gelten nur, wenn die Hauptverhandlung vor einem Gericht stattfindet, vor das die Zeugen nach § 50 geladen werden dürfen, oder wenn eine Genehmigung nach III vorliegt.

10 Die **Verlesung** der Vernehmungsniederschrift (vgl 2 zu § 49) ist stets zulässig, wenn nach diesen Grundsätzen eine Ladung nicht statthaft ist. Den erfolglosen Versuch, eine Genehmigung nach III zu erlangen, setzt die Verlesung nicht voraus (RG **26**, 253; LR-Ignor/Bertheau 13).

11 **6)** Die **Revision** kann, da § 50 nur den Interessen der Parlaments- und Regierungsarbeit dient, auf die Unzulässigkeit der Vernehmung nicht gestützt werden, wohl aber darauf, dass die Vernehmungsniederschrift unter Verstoß gegen IV S 2 verlesen worden ist (LR-Ignor/Bertheau 14).

Folgen des Ausbleibens **RiStBV 64 III, 117 I**

51 **I [1]Einem ordnungsgemäß geladenen Zeugen, der nicht erscheint, werden die durch das Ausbleiben verursachten Kosten auferlegt. [2]Zugleich wird gegen ihn ein Ordnungsgeld und für den Fall, dass dieses nicht beigetrieben werden kann, Ordnungshaft festgesetzt. [3]Auch ist die zwangsweise Vorführung des Zeugen zulässig; § 135 gilt entsprechend. [4]Im Falle wiederholten Ausbleibens kann das Ordnungsmittel noch einmal festgesetzt werden.**

II [1]Die Auferlegung der Kosten und die Festsetzung eines Ordnungsmittels unterbleiben, wenn das Ausbleiben des Zeugen rechtzeitig genügend entschuldigt wird. [2]Erfolgt die Entschuldigung nach Satz 1 nicht rechtzeitig, so unterbleibt die Auferlegung der Kosten und die Festsetzung eines Ordnungsmittels nur dann, wenn glaubhaft gemacht wird, dass den Zeugen an der

Verspätung der Entschuldigung kein Verschulden trifft. [3] Wird der Zeuge nachträglich genügend entschuldigt, so werden die getroffenen Anordnungen unter den Voraussetzungen des Satzes 2 aufgehoben.

[III] Die Befugnis zu diesen Maßregeln steht auch dem Richter im Vorverfahren sowie dem beauftragten und ersuchten Richter zu.

1) Der **Ungehorsam des Zeugen,** dessen Folgen die Vorschrift regelt, setzt die Pflicht voraus, einer Ladung zu folgen. Sie besteht nicht in den Fällen der §§ 49, 50, 220 II; ein Zeugnisverweigerungsrecht ist dagegen auf die Erscheinungspflicht ohne Einfluss. Ungehorsam iS des § 51 ist ein Zeuge, der trotz ordnungsmäßiger Ladung ohne rechtzeitige genügende Entschuldigung ausbleibt. Die Vorschrift wird durch § 70 ergänzt. Wer nicht als Zeuge geladen ist, kann nicht iS des § 51 unentschuldigt ausbleiben. Gegen gesetzliche Vertreter und Erziehungsberechtigte, die das Nichterscheinen eines kindlichen oder jugendlichen Zeugen verschulden, können daher keine Ungehorsamsfolgen festgesetzt werden (KG StraFo **98**, 49; Hamm NJW **65**, 1613; Skupin MDR **65**, 865). 1

A. **Ordnungsmäßige Ladung** (I S 1): Es muss eine schriftliche oder mündliche (1 zu § 48) Ladungsanordnung mit Hinweis auf die gesetzlichen Folgen des Ausbleibens vorliegen, bei Ladung zur Hauptverhandlung nach § 214. Die Ladung muss Ort und Zeit der Vernehmung angeben (eine Ausnahme gilt für Ladungen nach Seemannsart; 21 zu § 37; 8 zu § 48) und den Hinweis nach § 48 enthalten. Eine schriftliche Ladung muss dem Zeugen nachweislich (München MDR **92**, 70), wenn auch nicht unbedingt förmlich zugestellt worden sein (Düsseldorf VRS **79**, 20; Koblenz MDR **81**, 1036 für unzulässige Ersatzzustellung). Im Fall des § 220 ist Zustellung nach § 38 erforderlich. Eine Ladungsfrist besteht nicht. Die Ladung des nicht auf freiem Fuß befindlichen Zeugen zur Hauptverhandlung oder zur richterlichen Vernehmung wird mit einem Vorführungsbefehl des Richters, die Ladung zur Vernehmung durch den StA mit dessen Vorführungsanordnung verbunden; beides tritt an die Stelle des Hinweises nach § 48 (dort 3; 11, 13 zu § 214). 2

B. **Nichterscheinen** (I S 1) bedeutet Ausbleiben am Vernehmungsort, der nicht der Gerichtssitz zu sein braucht, zu der festgesetzten Zeit. Verspätetes Erscheinen vor Erlass eines Beschlusses nach § 51 wird nicht geahndet (KMR-Neubeck 6; **aM** KK-Senge 3; LR-Ignor/Bertheau 4). Auch ein Untersuchungsgefangener, der sich weigert, sich zum Vernehmungsort transportieren zu lassen, „erscheint" nicht (Düsseldorf NJW **81**, 2768; **aM** KK-Senge 2). Als nicht erschienen gilt ferner der körperlich anwesende, aber infolge schuldhafter Trunkenheit oder schuldhaften Genusses anderer berauschender Mittel (14 zu § 329) vernehmungsunfähige Zeuge (Saarbrücken JBl Saar **62**, 13; Kaiser NJW **68**, 188; Michel MDR **92**, 544; vgl auch BGH **23**, 331, 334). 3

Das **vorzeitige Weggehen** vor der endgültigen Entlassung (§ 248) steht dem Nichterscheinen nach hM gleich (LR-Ignor/Bertheau 6; **aM** Lampe MDR **74**, 540: Ungehorsam nach § 70). Der Vorsitzende kann den Zeugen ebenso festhalten wie den Angeklagten (§ 231 I S 2), wenn dadurch die sonst notwendige Vorführung erspart wird (KMR-Neubeck 6; Enzian NJW **57**, 450; **aM** Lampe aaO). 4

Bereits begangenen Ungehorsam setzt § 51 voraus (Düsseldorf NJW **81**, 2768); er ist daher nicht anwendbar, wenn ein Zeuge vor dem Termin erklärt, er werde nicht kommen. Nur wenn seine Weigerung bereits zu einer Terminsverlegung gezwungen hat, treffen ihn die Ungehorsamsfolgen (Stuttgart NJW **56**, 840 mit Anm Reiff NJW **56**, 1083; Fezer 13/15; **aM** KMR-Neubeck 7; SK-Rogall 9). 5

C. **Fehlen einer rechtzeitigen genügenden Entschuldigung** (II S 1): 6

a) Eine **Entschuldigung,** die rechtzeitig vorgebracht wird und genügende Gründe enthält, schließt die Folgen des § 51 I aus. Ob der Zeuge sich selbst oder ob ein anderer ihn entschuldigt, ist gleichgültig. Erforderlich ist aber stets, dass er entschuldigt wird (KK-Senge 15; LR-Ignor/Bertheau 7). 7

8 b) **Rechtzeitig** ist die Entschuldigung nur, wenn sie so frühzeitig eingeht, dass eine Verlegung des Termins und eine Abbestellung der zur Verhandlung geladenen Personen noch im gewöhnlichen Geschäftsbetrieb möglich ist (KK-Senge 10).

9 c) Eine **verspätete Entschuldigung** löst nur dann keine Ungehorsamsfolgen aus, wenn noch vor deren Anordnung glaubhaft gemacht wird (5 ff zu § 26; 6 zu § 45), dass den Zeugen an der Verspätung kein Verschulden trifft. Hat der Zeuge das vor der Anordnung glaubhaft gemacht und angekündigt, dass er seine Entschuldigungsgründe, für die er noch die Beweise beschaffen müsse, alsbald geltend machen wolle, so wird die Entscheidung für kurze Zeit aufzuschieben sein.

10 d) **Genügend** muss die Entschuldigung sein. Das setzt nicht voraus, dass das Gericht die volle Überzeugung von ihrer Richtigkeit gewinnt (LR-Ignor/Bertheau 7; KMR-Neubeck 10; **aM** KK-Senge 16); es reicht aus, dass das Gericht keinen Anlass sieht, daran zu zweifeln. Daher kann eine Entschuldigung auch dann genügen, wenn der Zeuge die Gründe nicht nachweisen kann, sein Vorbringen aber durch die Lebenserfahrung oder dem Gericht sonst bekannte Tatsachen gestützt wird. Bei Zweifeln über eine behauptete Erkrankung kann Vorlage eines amtsärztlichen Attestes verlangt werden (BGHR Entschuldigung 1).

11 **Genügend entschuldigt** ist ein Zeuge, der unverschuldet keine Kenntnis von der Ladung hat. Den Erhalt der Ladung braucht der Zeuge idR nicht sicherzustellen (KG Recht **28**, 464). Anders ist es, wenn dazu besonderer Anlass besteht, etwa wenn der Zeuge sich jahrelang nur vorübergehend an seinem ersten Wohnsitz aufhält (Düsseldorf NJW **80**, 2721; Molketin DRiZ **81**, 385; **aM** M.J. Schmid NJW **81**, 858) oder wenn er von der bevorstehenden Vernehmung unterrichtet worden war (KK-Senge 13). Unkenntnis von der Ladung infolge Verschuldens dritter Personen entschuldigt nicht ohne weiteres (Hamm NJW **56**, 1935: Verschulden der Kanzleikraft eines Rechtsanwalts). Unvorhersehbare Verhinderungen (plötzliche Erkrankung, Verkehrsunfall, Naturkatastrophen und dgl) entschuldigen, nicht aber Verzögerungen, mit denen man rechnen muss (Molketin aaO: Parkplatzsuche).

12 **Keine genügende Entschuldigung** ist die Furcht vor Nachteilen durch die Aussage (Hamm MDR **74**, 330 L: Angst vor dem Angeklagten; Jena NStZ **04**, 280 und Molketin DRiZ **81**, 385: Befürchtung, im Gerichtssaal verhaftet zu werden; **aM** Bremen JR **63**, 232). Nicht ausreichend als Entschuldigung ist das Verschlafen des Termins (Düsseldorf OLGSt Nr 3) und idR auch nicht die Berufung auf private oder berufliche Pflichten (BVerfG NJW **02**, 955). Diese muss der Zeuge zurückstellen, solange das nicht zu unverhältnismäßigen Nachteilen führt (Hamm aaO; Koblenz VRS **67**, 252; vgl aber auch Düsseldorf OLGSt Nr 1; LG Bonn NStE Nr 6). Einen Urlaub muss er notfalls verlegen (Jena StraFo **97**, 331), unterbrechen oder vorzeitig abbrechen (Koblenz OLGSt Nr 2). Dringende berufliche Pflichten können unter Anlegung strenger Maßstäbe entschuldigen (KG JR **71**, 338: unaufschiebbare Besprechung mit Regierungsmitgliedern). Die Verhinderung des Beistands (§§ 406 f, 406 g; 11 vor § 48) berechtigt nicht den Zeugen selbst zum Fernbleiben (**aM** LG Hildesheim StV **85**, 229; erg 5 zu § 68 b). Ein Irrtum über den Terminstag ist idR verschuldet (München NJW **57**, 306), ebenso ein Irrtum über die Erscheinungspflicht, insbesondere wenn der Zeuge glaubt, wegen eines Zeugnis- oder Auskunftsverweigerungsrechts nicht erscheinen zu müssen (BGH NStZ **96**, 482 [S]; Molketin aaO), oder wenn er ohne weiteres der Meinung eines RA vertraut, er brauche die Ladung nicht zu beachten (Jena aaO; **aM** Oldenburg MDR **76**, 336; Stuttgart Justiz **73**, 180). In einem unvermeidbaren Verbotsirrtum befindet sich dagegen ein Zeuge, der rechtzeitig vor dem Termin einen Entschuldigungsgrund vorbringt, vom Gericht aber nicht darüber unterrichtet worden ist, dass er nicht genügt (LR-Ignor/Bertheau 11).

13 **2) Ungehorsamsfolgen** (I) sind die Auferlegung der Kosten, die Festsetzung von Ordnungsmitteln und die Anordnung der Vorführung.

14 A. Die **Auferlegung der Kosten** (I S 1) ist zwingend und für jeden Fall des Ungehorsams vorgeschrieben. Der Angeklagte hat hierauf einen Rechtsanspruch (BayVerfGHE **18** II 134 = JR **66**, 195). Der Zeuge hat aber nur die nach dem Ausbleiben (Braunschweig NJW **67**, 1381) und durch das Ausbleiben verursachten Kosten zu erstatten. Der Kostenausspruch beziffert die Kosten (§ 464 a I) nicht im Einzelnen (sie werden erst in dem Verfahren nach § 464 b festgesetzt) und bezieht sich auch nur auf diejenigen Kosten, die der Angeklagte bei Verurteilung (§ 465 I S 1) oder die Staatskasse bei Nichtverurteilung (§ 467 I) zu tragen hätte (Karlsruhe NJW **80**, 951). Die Höhe der Ersatzpflicht der Auslagen des Angeklagten wird daher durch § 464 a II begrenzt; mehr als die notwendigen Auslagen des Angeklagten braucht der Zeuge nicht zu ersetzen (Karlsruhe NJW **80**, 951; LG Hamburg NJW **74**, 509; SK-Rogall 13). Seine Zahlungspflicht lässt den Anspruch des Angeklagten gegen die Staatskasse nach § 467 I unberührt (dort 2). Mehrere unentschuldigt ausgebliebene Zeugen haften für die Kosten in voller Höhe als Gesamtschuldner (LG Berlin NStZ-RR **05**, 288).

15 B. **Ordnungsmittel** dürfen nur gegen schuldfähige Zeugen festgesetzt werden, nicht gegen Kinder (§ 19 StGB) und andere schuldunfähige Personen (Hamm MDR **80**, 322; LG Bremen NJW **70**, 1429; Meier JZ **91**, 640; Skupin MDR **65**, 865; vgl auch BVerfGE **20**, 323, 332 = NJW **67**, 195; BVerfGE **58**, 159 = NJW **81**, 2457 zu § 890 ZPO; 3 zu § 70), auch nicht gegen die Eltern des Kindes (Meier aaO). Ob gegen einen Jugendlichen ein Ordnungsmittel festgesetzt werden darf, hängt von dem Reifegrad (§ 3 **JGG**) ab (LR-Ignor/Bertheau 16; Göhler 55 zu § 59 OWiG).

16 a) **Ordnungsgeld** (I S 2): Diese Art der repressiven Unrechtsfolge tritt grundsätzlich zwingend (erg unten 19) neben die Auferlegung der Kosten. Nur beim Ausbleiben vor dem beauftragten oder ersuchten Richter und im Vorverfahren steht die Anordnung im Ermessen des Gerichts (III). Im Fall des § 245 II wird nicht geprüft, ob ein Beweisantrag auf Vernehmung des Zeugen Erfolg gehabt hätte (M.J. Schmid MDR **80**, 115; str). Die Bemessung des Ordnungsgeldes (5–1000 €) regelt Art 6 I **EGStGB;** Zahlungserleichterungen sieht Art 7 **EGStGB** vor.

17 Ist das **Verschulden gering** und eine Ahndung nicht erforderlich, so kann von der Festsetzung des Ordnungsgeldes entspr § 153, § 47 II OWiG abgesehen werden (Hamm VRS **41**, 283, 285; Koblenz MDR **79**, 424; NStZ **88**, 192 [zu § 77]; LG Berlin NStZ **95**, 508 mit zust Anm Sander), etwa bei einer viele Monate zurückliegenden Ladung (Düsseldorf NJW **96**, 138) oder bei nur unwesentlicher Verzögerung der Verhandlung oder bei allseitigem Verzicht auf die Aussage (Grüneberg MDR **92**, 326). Der Zustimmung der StA bedarf es dazu nicht (Düsseldorf MDR **90**, 174; Zweibrücken VRS **77**, 447), auch nicht der des Zeugen (Düsseldorf wistra **94**, 77). Die Kostenpflicht (oben 14) wird durch die Einstellung nicht berührt (KG JR **95**, 174; Hamm aaO; Köln MDR **91**, 275; LR-Ignor/Bertheau 22; SK-Rogall 17; Grüneberg aaO; Sander GA **95**, 569; **aM** Düsseldorf aaO mwN; NJW **93**, 546).

18 b) **Ordnungshaft** (I S 2) darf nur für den Fall der Uneinbringlichkeit des Ordnungsgeldes angeordnet werden. Den Haftrahmen (1 Tag–6 Wochen) bestimmt Art 6 II **EGStGB.** Die nachträgliche Festsetzung gestattet Art 8 I **EGStGB.** Bei unbilliger Härte kann die Vollstreckung unterbleiben (Art 8 II **EGStGB**).

19 c) **Bei wiederholtem Ausbleiben** (I S 4) darf das Ordnungsmittel noch einmal festgesetzt werden, wobei die Höchstgrenzen des Art 6 **EGStGB** ohne Anrechnung der vorangegangenen Festsetzungen gelten. Die wiederholte Festsetzung ist aber nicht zwingend. In weiteren Wiederholungsfällen ist sie unzulässig. Um einen Wiederholungsfall handelt es sich aber nur, wenn derselbe Vernehmungsfall vorliegt; der Grundsatz des § 70 IV gilt nicht (LR-Ignor/Bertheau 20).

20 C. **Vorführung** (I S 3): Der Erlass eines Vorführungsbefehls steht im Ermessen des Gerichts. Die Vorführung kann neben der Festsetzung von Ordnungsmitteln

angeordnet werden, ist aber auch zulässig, wenn diese wegen Schuldunfähigkeit des Zeugen (LR-Ignor/Bertheau 24; **aM** Skupin MDR **65**, 685) oder nach I S 4 ausgeschlossen ist, bei Kindern wird eine Vorführung aber idR unverhältnismäßig sein (vgl Vierhaus NStZ **94**, 271), statt dessen ist eine kommissarische Vernehmung durchzuführen (Meier JZ **91**, 640). Voraussetzung der Vorführung ist die Besorgnis, der Zeuge werde zum nächsten Termin wiederum nicht erscheinen. Für die Vorführung gilt nach I S 3 Hs 2 der § 135 entspr (vgl Kaiser NJW **65**, 1216; erg 7 zu § 135; 20 zu § 230).

21 **3)** Das **Anordnungsverfahren** ist gesetzlich nicht besonders geregelt.

22 A. **Zuständig** ist nicht der Vorsitzende allein, sondern das Gericht, vor dem der Zeuge aussagen soll (KG NStZ-RR **00**, 145), im Vorverfahren (III) der Ermittlungsrichter (§§ 162, 169) und der beauftragte oder ersuchte Richter (§ 223), in der Hauptverhandlung das erkennende Gericht unter Mitwirkung der Schöffen (§§ 30 I, 77 I GVG). Der StA ist zuständig, wenn der Zeuge vor ihm aussagen soll (16 zu § 161 a); eine Einschränkung ergibt sich aus § 161 a II S 2.

23 B. **Gerichtsbeschluss.** Die Ungehorsamsfolgen werden auf Antrag oder von Amts wegen durch Beschluss (nicht im Urteil, KG NStZ-RR **06**, 288 L) festgesetzt; das geschieht regelmäßig iVm der Feststellung des Ausbleibens. Der Beschluss kann auch außerhalb der Verhandlung ergehen, in der der Zeuge ausgeblieben ist (Hamm GA **59**, 314; LG Zweibrücken NStZ-RR **98**, 112), ggf auch noch nach rechtskräftigem Abschluss des Verfahrens (KG aaO). Zur Verjährung der Festsetzung von Ordnungsmitteln vgl Art 9 I **EGStGB.**

24 C. **Rechtliches Gehör:** Das Anordnungsverfahren ist idR ein Verfahren ohne den Zeugen. Dieser muss sich das Gehör selbst verschaffen, wie sich aus II S 1, 2 ergibt (Einl 30). Darüber hinaus hat er die Möglichkeit der nachträglichen Entschuldigung (II S 3; Einl 23). Daher wird auch die Vorführung ohne vorherige Anhörung angeordnet und durchgeführt (KK-Senge 19; **aM** Enzian JR **75**, 277). In der Hauptverhandlung ergeht der Beschluss, wenn er nicht vom StA beantragt ist, nach dessen Anhörung (§ 33 I). Bei Vernehmungen, an denen der StA nicht teilnimmt, kann der Beschluss alsbald auch ohne Anhörung der StA erlassen werden. Der Beschluss ist, da anfechtbar, zu begründen (§ 34).

25 **4) Aufhebung bei nachträglicher Entschuldigung** (II S 3). Der Ordnungsgeldbeschluss wird nicht dadurch hinfällig, dass der Zeuge nachträglich seine Pflichten erfüllt oder dass auf ihn verzichtet wird. Das Gericht, das den Beschluss erlassen hat (LG Kiel SchlHA **81**, 115), muss ihn nur dann aufheben, wenn der Zeuge nachträglich, auch in einer Beschwerdeschrift (unten 28), sein Ausbleiben genügend entschuldigt (oben 11 ff) und ferner glaubhaft macht, dass ihn an dem verspäteten Vorbringen der Entschuldigungsgründe kein Verschulden trifft. Die Vorschrift ist entspr anwendbar, wenn der Zeuge sich verspätet entschuldigt hatte und nunmehr die Glaubhaftmachung nach II S 2 nachholt (LR-Ignor/Bertheau 28). Die nachträgliche Entschuldigung kann in einem zusätzlichen Entschuldigungsgrund oder in einem zusätzlichen Nachweis bestehen, der dem Zeugen vorher nicht zur Verfügung stand. Fehlt es an der Glaubhaftmachung, so ist der Aufhebungsantrag als unzulässig zu verwerfen; die nachgebrachte Entschuldigung wird dann sachlich nicht geprüft (Düsseldorf MDR **86**, 778; LR-Ignor/Bertheau 27). Der Antrag auf Beschlussaufhebung ist auch noch nach Abschluss des Verfahrens (Hamm NJW **56**, 1935) und nach Beitreibung des Ordnungsgeldes (Hamm MDR **50**, 179) zulässig; wegen Verspätung darf er nicht zurückgewiesen werden. Über den Aufhebungsantrag wird nach Anhörung der StA entschieden (§ 33 II). Der Beschluss ist mit Gründen zu versehen (§ 34). Ist der Ordnungsgeldbeschluss aufgehoben worden, so darf er auch dann nicht erneut ergehen, wenn Material beigebracht wird, das seine Richtigkeit erweist (LR-Ignor/Bertheau 27). Die StA hebt ihre Ordnungsmittelverfügung selbst auf, wenn die Voraussetzungen des II S 3 vorliegen (16 zu § 161 a).

Statt der Aufhebung kommt auch die Herabsetzung des Ordnungsgeldes in Betracht, wenn das nachträgliche Entschuldigungsvorbringen nur dazu Anlass gibt. 26

5) **Vollstreckung:** Vgl für Ordnungsmittel 1, 5 und 6 zu Art 6 EGStGB. Den Vorführungsbefehl vollstreckt die StA nach § 36 II S 1 (Wendisch JR **78**, 447). Zur Vollstreckungsverjährung vgl Art 9 II **EGStGB.** Die Kosten der Vollstreckung trägt der Zeuge (LR-Ignor/Bertheau 29). 27

6) Die **Beschwerde** (§ 304), die § 305 S 1 nicht ausschließt, steht der StA und dem betroffenen Zeugen zu, dem Beschuldigten nur, wenn er durch auch nur stillschweigendes Unterlassen oder durch Aufhebung der Überbürdung der Kosten auf den Zeugen nach I S 1 beschwert ist (BayVerfGHE **18** II 134 = JR **66**, 195; Düsseldorf VRS **87**, 437 mwN; Schleswig SchlHA **88**, 108 [L/G]). Weitere Beschwerde ist nicht zulässig, auch nicht gegen die Festsetzung von Ordnungshaft (Frankfurt NStZ-RR **00**, 382; 5 zu § 310). Eine Beschwerde des Zeugen, die nachträgliches Entschuldigungsvorbringen enthält, hat der Richter, der den Ordnungsgeldbeschluss erlassen hat, nach II S 3 zu behandeln; erst gegen diesen Beschluss ist Beschwerde zulässig (Düsseldorf MDR **83**, 690; Hamm VRS **42**, 283; Koblenz VRS **67**, 252; **aM** LG Itzehoe SchlHA **88**, 36; Sander NStZ **95**, 509). Ist die Beschwerde zulässig, so kann sie noch nach Vollstreckung des Ordnungsmittels (KG NStZ-RR **00**, 145) und nach Rechtskraft des Urteils eingelegt werden (Hamm NJW **56**, 1935); sie kann auf die Höhe des Ordnungsgeldes und die Bemessung der Ersatzhaft beschränkt werden. Das Verschlechterungsverbot (§§ 331, 358 II) gilt entspr (Hamm MDR **60**, 946; erg 5 vor § 304). Die Kosten einer erfolgreichen Beschwerde des Zeugen und seine notwendigen Auslagen trägt die Staatskasse; hat sich der Angeklagte aber erfolglos gegen die Aufhebung des Ordnungsmittelbeschlusses beschwert, hat er die notwendigen Auslagen des Zeugen im Beschwerdeverfahren zu tragen (Düsseldorf wistra **94**, 77). 28

Gegen Verfügungen der StA ist der Antrag auf gerichtliche Entscheidung nach § 161 a III zulässig (dort 19 ff). 29

7) Die **Revision** kann auf Rechtsverstöße in dem Ordnungsmittelverfahren nicht gestützt werden. Durch das Unterlassen der Festsetzung von Ordnungsmitteln oder der Vorführung ist der Angeklagte nicht beschwert. Mit der Revision kann aber gerügt werden, dass das Gericht seine Aufklärungspflicht (§ 244 II) verletzt hat, weil es den Zeugen nicht zum Erscheinen gezwungen hat. 30

8) **Abgeordnete und Exterritoriale:** Bei Abgeordneten (1 ff zu § 50) steht die Immunität (Art 46 II–IV GG; § 152 a) der Anwendung des § 51 nicht entgegen. Ersatzordnungshaft wird auch bei einem Abgeordneten festgesetzt. Ihre Vollstreckung bedarf aber ebenso wie die zwangsweise Vorführung der Genehmigung des Parlaments (vgl Anl 6 Abschn A Nr 14 Buchst c BT-GeschO). Gegen Exterritoriale dürfen die Maßnahmen des § 51 nicht angeordnet werden (3 zu § 18 GVG). Das gilt auch für andere im Inland lebende Ausländer, falls sie sich zZ der Hauptverhandlung im Ausland befinden (Hamburg MDR **67**, 686; Düsseldorf NJW **91**, 2223; **99**, 1647) und die Reise nicht der Umgehung der Zeugenpflicht dient (KK-Senge 21; **aM** SK Rogall 11: auch dann nicht). 31

Zeugnisverweigerungsrecht der Angehörigen **RiStBV 65**

52 **I Zur Verweigerung des Zeugnisses sind berechtigt**

1. der Verlobte des Beschuldigten oder die Person, mit der der Beschuldigte ein Versprechen eingegangen ist, eine Lebenspartnerschaft zu begründen;

2. der Ehegatte des Beschuldigten, auch wenn die Ehe nicht mehr besteht;

2 a. der Lebenspartner des Beschuldigten, auch wenn die Lebenspartnerschaft nicht mehr besteht;

3. wer mit dem Beschuldigten in gerader Linie verwandt oder verschwägert, in der Seitenlinie bis zum dritten Grad verwandt oder bis zum zweiten Grad verschwägert ist oder war.

II [1]**Haben Minderjährige wegen mangelnder Verstandesreife oder haben Minderjährige oder Betreute wegen einer psychischen Krankheit oder einer geistigen oder seelischen Behinderung von der Bedeutung des Zeugnisverweigerungsrechts keine genügende Vorstellung, so dürfen sie nur vernommen werden, wenn sie zur Aussage bereit sind und auch ihr gesetzlicher Vertreter der Vernehmung zustimmt.** [2]**Ist der gesetzliche Vertreter selbst Beschuldigter, so kann er über die Ausübung des Zeugnisverweigerungsrechts nicht entscheiden; das Gleiche gilt für den nicht beschuldigten Elternteil, wenn die gesetzliche Vertretung beiden Eltern zusteht.**

III [1]**Die zur Verweigerung des Zeugnisses berechtigten Personen, in den Fällen des Absatzes 2 auch deren zur Entscheidung über die Ausübung des Zeugnisverweigerungsrechts befugte Vertreter, sind vor jeder Vernehmung über ihr Recht zu belehren.** [2]**Sie können den Verzicht auf dieses Recht auch während der Vernehmung widerrufen.**

1 **1) Grund der Vorschrift,** die durch § 81c III für Untersuchungen, durch § 97 I Nr 1 für Beschlagnahmen ergänzt wird (vgl weiter §§ 100c VI, 252), ist die Rücksicht auf die Zwangslage des Zeugen, der zur Wahrheit verpflichtet ist, aber befürchten muss, dadurch einem Angehörigen zu schaden (BGH **2**, 351, 354; **11**, 213, 217 [GSSt]; **22**, 35, 36; **27**, 231; Hoffmann MDR **90**, 112; vgl aber SK-Rogall 8: Ausprägung des nemo-tenetur-Prinzips; Rengier 8ff: Schutz der ganzen Familie). Das Zeugnisverweigerungsrecht besteht aber allgemein, nicht nur für belastende Aussagen, und ohne Rücksicht darauf, ob der Zeuge selbst die Konfliktlage empfindet (BGH **12**, 235, 239 [GSSt]; NJW **81**, 2825) und aus welchen Gründen er nicht aussagt, zB weil er sich nicht selbst belasten will oder weil seinem Verlangen auf Ausschluss der Öffentlichkeit nicht entsprochen worden ist (BGH NJW **81**, 2825, 2826). Den Schutz der Wahrheitsfindung und des Angeklagten vor der Verwertung konfliktbehafteter und daher in ihrem Wert vielleicht geminderter Beweismittel bezweckt § 52 nicht (BGH **11**, 213, 215 [GSSt]; SK-Rogall 12; Paeffgen Rieß-FS 416; Schittenhelm NStZ **01**, 51; **aM** BGH **10**, 393; Rengier 56ff); von Anträgen oder vom Verzicht des Beschuldigten ist das Zeugnisverweigerungsrecht daher unabhängig.

2 Die Pflicht, der **Zeugenladung** zu folgen, wird durch § 52 nicht berührt (1 zu § 51). Auch Beweisanträge dürfen nicht deshalb nach § 244 III S 1 abgelehnt werden, weil der Zeuge weigerungsberechtigt ist (ANM 452), auch nicht, wenn er das Fehlen der Aussagebereitschaft schon Dritten gegenüber erklärt (BGH 1 StR 157/79 vom 24. 7. 1979) oder die Aussage schon im Ermittlungsverfahren verweigert hat (RG **40**, 435). Hat er die Aussageverweigerung schon bei einer richterlichen Vernehmung erklärt, so kann der Beweisantrag aber abgelehnt werden, sofern keine Anhaltspunkte für einen Sinneswandel des Zeugen vorliegen (ANM 453). Erg unten 24.

3 **2) Zeugnisverweigerungsberechtigte** (I):

4 A. **Verlobte** (Nr 1): Das Verlöbnis ist ein, nicht notwendig öffentliches, gegenseitiges und von beiden Seiten ernst gemeintes Eheversprechen (BGH NJW **72**, 1334) oder das ernst gemeinte Versprechen der Begründung einer Lebenspartnerschaft (§§ 1297 II und §§ 1298 bis 1302 BGB gelten nach Art 1 § 1 III S 2 des Ges vom 15. 12. 2004 [BGBl I 3396] entspr). Fehlt dieser ernsthafte Wille bei einem Partner, so liegt kein zu berücksichtigendes Verlöbnis vor, auch wenn der andere davon nichts weiß (BGH **29**, 54, 57; NStZ **86**, 84). Daher ist das Verlöbnis des Heiratsschwindlers unwirksam (BGH **3**, 215; SK-Rogall 23). Unwirksam ist auch ein Versprechen, das gegen die guten Sitten verstößt, zB bei noch bestehendem anderweitigen Verlöbnis (RG **71**, 152) und bei noch bestehender Ehe (BGH NStZ **83**, 564

mit Anm Pelchen; BGH VRS **36**, 20), solange sie nicht rechtskräftig geschieden ist (Bay **82**, 172 = JR **84**, 125 mit Anm Strätz; Celle MDR **83**, 1045; **aM** LG Heidelberg StV **81**, 616; LR-Ignor/Bertheau 5; SK-Rogall 26, falls ein Scheidungsurteil 1. Instanz vorliegt; Füllkrug StV **86**, 37, der aber eine mindestens 3-jährige Trennung verlangt; Pelchen Pfeiffer-FS 287; offen gelassen bei BGH NStZ **86**, 206 [Pf/M]; BGHR Verlobte 1; vgl auch BVerfG NJW **87**, 2807 L). Das Verlöbnis braucht nicht schon zZ der Tat bestanden zu haben, muss aber zZ der Aussage bestehen (BGH **23**, 16; NJW **80**, 67, 68). Das Gericht darf die Angabe des Zeugen über das Bestehen eines Verlöbnisses als richtig hinnehmen, wenn niemand widerspricht (1 zu § 56); bezweifelt es sie, so muss es die Glaubhaftmachung nach § 56 verlangen (BGH NJW **72**, 1334; NStZ **85**, 205 [Pf/M]; vgl aber BGH NStZ **86**, 84). Der Grundsatz *in dubio pro reo* gilt nicht (BGH NStZ **83**, 354 [Pf/M]). Urteilsfeststellungen über das Bestehen des Verlöbnisses sind nicht vorgeschrieben (OGH **2**, 173).

B. **Ehegatten** (Nr 2): Die Ehe muss im Inland gültig geschlossen worden oder nach deutschem Recht als gültig anzuerkennen sein. Ob Aufhebungsgründe nach § 1314 II BGB vorliegen, spielt keine Rolle (vgl BGH **9**, 37 mwN), auch nicht, dass die Ehe nur zum Schein geschlossen worden ist (Bay NStZ **90**, 187). Das Zeugnisverweigerungsrecht besteht auch, wenn die Ehe erst nach der Tat geschlossen worden ist; nach der Scheidung oder Auflösung der Ehe besteht es fort (BGH aaO; RG **47**, 286), nicht aber nach dem Tod des Ehegatten, wenn das Verfahren gegen andere Angeklagte fortgesetzt wird (unten 11). Das Zusammenleben in „eheähnlicher Gemeinschaft" berechtigt nicht zur Zeugnisverweigerung (Schleswig SchlHA **07**, 282 [D/D]; SK-Rogall 20; Eisenberg BR 1214; Pelchen Pfeiffer-FS 293 ff; Weber Keller-GS 338; **aM** Skwirblies Nichteheliche Lebensgemeinschaft und Angehörigenbegriff im Straf- und Strafprozessrecht, 1990, S 200; vgl auch Kretschmer JR **08**, 55), schon gar nicht eine freundschaftliche Beziehung außerhalb einer bestehenden Ehe (BVerfG NStZ **99**, 255 mit Anm Wollweber NStZ **99**, 628; **aM** für „verlöbnis-ähnliche lebenspartnerschaftliche Bindungen" Jansen, Das Zeugnisverweigerungsrecht aus § 52 StPO für besondere persönliche Nähe- und Vertrauensverhältnisse, 2004, zugl Diss Köln 2002; vgl auch unten 5 a). **5**

C. **Lebenspartner** (Nr 2 a) sind die Personen gleichen Geschlechts, die nach § 1 I LPartG wirksam eine Lebenspartnerschaft begründet haben. Die Lebenspartnerschaft begründet in Bezug auf die Verwandten des anderen Lebenspartners eine Schwägerschaft (§ 11 II LPartG), die zu einem Zeugnisverweigerungsrecht nach I Nr 3 führen kann. Die Vorschriften über das Verlöbnis nach §§ 1297 ff BGB gelten für die Lebenspartnerschaft entspr (§ 1 III S 2 LPartG), so dass insoweit auch ein Zeugnisverweigerungsrecht nach Nr 1 besteht (oben 4; so auch schon früher Kranz StV **04**, 518; krit KK-Senge 13 a). **5a**

D. **Verwandtschaft und Schwägerschaft** (Nr 3) sind nach §§ 1589, 1590 BGB zu beurteilen. Verwandt in gerader Linie sind Personen, deren eine von der anderen abstammt (§ 1589 S 1 BGB); das Zeugnisverweigerungsrecht besteht ohne Rücksicht auf den Grad ihrer Verwandtschaft (Eltern, Kinder; Großeltern, Enkel; Urgroßeltern, Urenkel). In der Seitenlinie (§ 1589 S 2 BGB) haben es nur voll- und halbbürtige Geschwister (BGH StV **88**, 89) sowie Geschwisterkinder (Nichten, Neffen; vgl. BGH NJW **10**, 1290, 1291) im Verfahren gegen die eigenen Geschwister oder die Geschwister ihrer Eltern (und umgekehrt), nicht aber Geschwisterkinder (Basen, Vettern) im Verfahren gegen eines von ihnen. Für nichtehel Kinder bestehen keine Besonderheiten. **6**

Verschwägert sind die Verwandten eines Ehegatten mit dem anderen Ehegatten (§ 1590 I S 1 BGB). Die Ehe muss gültig geschlossen sein; ob sie anfechtbar ist, spielt keine Rolle. Gleichgültig ist auch, ob sie noch besteht (BGH **9**, 37). Der Kreis der Weigerungsberechtigten ist aber begrenzt. Der Ehegatte des Beschuldigten kann das Zeugnis nur im Verfahren gegen dessen Eltern, Großeltern, Urgroßeltern, nicht von ihm stammende Kinder, Enkel und Urenkel (und umgekehrt) sowie im Verfahren gegen die Geschwister des Ehegatten, also gegen Schwager **7**

und Schwägerin (und umgekehrt), nicht gegen deren Kinder verweigern. Das zwischen dem Ehegatten und dem Ehegatten eines Blutsverwandten (zB Ehemänner zweier Schwestern) bestehende Verhältnis begründet keine Schwägerschaft (RG **15**, 78).

8 Bei **Adoption** behalten die als Kind Angenommenen trotz der Auflösung des Verwandtschaftsverhältnisses (§ 1755 I S 1 BGB) das Zeugnisverweigerungsrecht zugunsten ihrer bisherigen Verwandten, ihre Kinder nur, wenn sie schon zZ der Adoption geboren waren. Gegenüber den Annehmenden und deren Verwandten haben die als Minderjährige angenommenen Kinder das Zeugnisverweigerungsrecht wie eheliche Kinder, auch nach Auflösung des Adoptionsverhältnisses. Als Volljährige Adoptierte haben es nur gegenüber den Adoptierenden, nicht aber (vgl § 1770 I S 2 BGB) gegenüber deren Verwandten.

9 **Pflegeeltern und Pflegekinder** haben kein Zeugnisverweigerungsrecht (für eine Gesetzesänderung Kett-Straub ZRP **05**, 46).

10 **3)** Nur **Angehörige des Beschuldigten** haben das Zeugnisverweigerungsrecht. Ihr Angehöriger muss der Tatverdächtige sein, gegen den zZ der Vernehmung des Zeugen wenigstens ein Ermittlungsverfahren anhängig ist (RG **16**, 154; **27**, 312, **32**, 72; Rogall NJW **78**, 2537). Verwandtschaftliche Beziehungen zum Nebenkläger sind unerheblich, zum Privatkläger nicht, wenn er infolge einer Widerklage zugleich Angeklagter ist (Bay JW **27**, 1495 L; DRiZ **27**, 77). War jemand als Zeuge vernommen worden, bevor er Angehöriger des Beschuldigten war, so muss er, wenn ein solches Verhältnis nachträglich entsteht und seine Aussage von Bedeutung ist, nochmals nach Belehrung vernommen werden, weil andernfalls seine frühere Aussage auch nicht durch Vernehmung der Verhörsperson verwertbar wäre (BGH **22**, 219; **27**, 231; NJW **72**, 1334; **80**, 67, 68; erg 2 zu § 252).

11 Im **Verfahren gegen mehrere Beschuldigte** kann der Angehörige das Zeugnis in vollem Umfang verweigern, wenn die Aussage auch seinen Angehörigen betrifft (BGH **7**, 194; **27**, 139, 141; **32**, 25, 29; **34**, 138; 215, 216 = NStZ **87**, 286 mit Anm Pelchen; NJW **86**, 2121; NStZ **82**, 389; **84**, 176; **85**, 419; **aM** Otto NStZ **91**, 220; Schäfer Hamm-FS 640). Dabei ist ausreichend, aber auch erforderlich, dass in irgendeinem Verfahrensabschnitt, wenn auch nur im Ermittlungsverfahren, ein gegen die mehreren Beschuldigten gerichtetes zusammenhängendes einheitliches Verfahren („in derselben Richtung", vgl 15 zu § 60) anhängig war (BGH **32**, 25, 29; **34**, 138, 215, 216 mwN; **aM** Prittwitz NStZ **86**, 64), wobei der Zusammenhang nicht bereits durch die Gleichzeitigkeit der Ermittlungen hergestellt wird (BGH **34**, 138, 141; 215 = EzSt Nr 8 mit abl Anm Moschüring; BGH NStZ **85**, 419; **87**, 83). Die prozessuale Gemeinsamkeit der Verfahren muss durch eine ausdrückliche Willensentscheidung der StA begründet worden sein; es genügt nicht, dass die Ermittlungen bei der StA oder Polizei faktisch zusammen in einem Vorgang geführt worden sind (BGH **34**, 215; BGHR § 52 I Nr 3 Mitbeschuldigter 8; dagegen Rengier StV **88**, 465, der eine materiellrechtliche Betrachtungsweise empfiehlt; abl auch Fezer JZ **96**, 603). Das Zeugnisverweigerungsrecht besteht auch dann, wenn der Angehörige des Zeugen durch Einstellung nach § 170 II (BGH MDR **78**, 280 [H]; StV **88**, 89; **98**, 245) oder § 205 (BGH **27**, 139, 141) oder auf andere Weise aus dem Verfahren ausgeschieden (BGH **34**, 138; NJW **80**, 67; NStZ **84**, 176) oder wenn das Verfahren gegen ihn abgetrennt worden ist (BGH MDR **73**, 902 [D]; **79**, 952, 953; NStZ **88**, 18 [Pf/M]; **aM** Fischer JZ **92**, 570, der ein Zeugnisverweigerungsrecht über den Zeitpunkt der Abtrennung hinaus stets verneinen will; offen gelassen von BGH NJW **09**, 2548). Es erlischt jedoch, wenn das gegen den Angehörigen geführte Verfahren – gleichgültig, ob durch Verurteilung oder durch Freispruch – rechtskräftig abgeschlossen (BGH **38**, 96 = JR **93**, 213 mit Anm Gollwitzer = NStZ **92**, 195 mit Dokumentation Widmaier; StV **92**, 1; NJW **93**, 2326) oder wenn der Angehörige verstorben ist (BGH NJW **92**, 1118); dieser neueren Rspr des BGH zust Grünwald BewR 24; Rogall JZ **96**, 951; abl Beulke StP 192; Dahs/Langkeit StV **92**, 492; vgl auch Hoffmann MDR **90**, 111; eingehend zum

Ganzen – im Ergebnis der neueren Rspr zust – Spelthahn, Das Zeugnisverweigerungsrecht von Angehörigen eines Mitbeschuldigten, 1997, zugl Diss Bochum 1997). Bei rechtskräftiger Verurteilung erlischt das Zeugnisverweigerungsrecht auch bzgl solcher Tatvorwürfe, hinsichtlich deren das Verfahren nach § 154 I oder II eingestellt worden ist (BGH NJW **09**, 2548 mit krit Anm Zöller ZJS **09**, 582). Ob diesen Fällen die Einstellung nach § 153a gleichzusetzen ist, hat BGH NStZ **98**, 583 offen gelassen.

Betrifft das Verfahren **mehrere rechtlich unabhängige Straffälle,** so besteht kein Zeugnisverweigerungsrecht, wenn der Angehörige nur zu einem Fall vernommen werden soll, an dem sein Angehöriger nicht beteiligt ist (RG **16**, 154; **27**, 270). Das setzt voraus, dass keine Tatidentität iS § 264 besteht, es sich also nicht um dasselbe geschichtliche Ereignis handelt (BGH NJW **74**, 758; NStZ **83**, 564). Jede Beziehung der die eine Tat betreffenden Aussage auf die andere muss ausgeschlossen sein (BGH aaO). Andernfalls ist das Zeugnisverweigerungsrecht unteilbar (BGH **7**, 194; MDR **79**, 952, 953). Hehlerei, Begünstigung, Strafvereitelung und Teilnahme nach den §§ 25ff StGB fallen in diesen Zusammenhang. Wird auf Grund neuen Tatverdachts und anderer Beweislage ein neues Verfahren gegen einen Beschuldigten eingeleitet, der schon früher unter Verdacht stand, besteht für Angehörige, die im früheren Verfahren mitbeschuldigt waren, kein Zeugnisverweigerungsrecht (BGH NJW **98**, 3363; abl Radtke NStZ **99**, 481). Im Privatklageverfahren kann das Zeugnisverweigerungsrecht für Klage und Widerklage nur einheitlich behandelt werden. 12

4) Ausübung des Zeugnisverweigerungsrechts: 13

A. Ein **höchstpersönliches Recht** ist das Zeugnisverweigerungsrecht (BGH **21**, 303, 305). Der Tatrichter darf sich daher nicht mit der Mitteilung eines Dritten über die mangelnde Aussagebereitschaft des Zeugen begnügen (BGH MDR **79**, 989 [H]), eine für den Zeugen abgegebene anwaltliche Erklärung reicht aber aus (BGH NStZ **07**, 712). Auch der Minderjährige übt das Recht selbstständig aus, sofern er nicht verstandesunreif iS II ist; seine gesetzlichen Vertreter wirken nicht mit. Ob der Zeuge von seinem Zeugnisverweigerungsrecht Gebrauch machen will, kann im Freibeweisverfahren (9 zu § 244) geklärt werden (BGH NStZ **01**, 48). 14

B. **Ausdrücklich erklären** muss der Zeuge seine Weigerung. Er darf nicht einfach wesentliche Tatsachen verschweigen (vgl BGH **2**, 90; **7**, 127). Die Zeugnisverweigerung kann sich auf die ganze Aussage oder einen Teil, auch auf einzelne Fragen (uU auch nur eines Prozessbeteiligten) beziehen (unten 21) und noch während der Vernehmung erklärt werden. Die Bereitschaft, an der Sachaufklärung in anderer Weise mitzuwirken, schließt sie nicht aus (BGH NJW **60**, 2156: Anwesenheit bei Vernehmung eines anderen Zeugen). 15

C. Eine **Begründung** für die Ausübung des Rechts braucht der Zeuge nicht zu geben (BGH NJW **80**, 794; **84**, 136; JR **81**, 432 mit Anm Hanack). Er muss auch nicht erklären, ob er die Aussage zugunsten oder zuungunsten des Beschuldigten verweigert (Frankfurt StV **82**, 64, 65). Der Richter darf ihn nach seinen Beweggründen auch nicht fragen (BGH **6**, 279; NStZ **89**, 440; vgl auch BGH StV **83**, 353). Geschieht das trotzdem, so dürfen die Erklärungen des Zeugen weder protokolliert noch berücksichtigt werden (BGH **6**, 279). 16

D. **Zeugen ohne ausreichende Verstandesreife oder -kraft** (II): 17

a) Die **notwendige Verstandesreife** hat der Zeuge, wenn er erkennen kann, dass der Beschuldigte etwas Unrechtes getan hat, dass ihm hierfür Strafe droht und dass die Zeugenaussage möglicherweise zu dieser Bestrafung beitragen kann (BGH **14**, 159, 162; NJW **67**, 360). Das hat der Tatrichter unabhängig von Minderjährigkeit oder Betreuung (§ 1896 BGB) des Zeugen zu beurteilen und zu entscheiden (BGH **13**, 394, 397; **14**, 159, 160; Stuttgart NJW **71**, 2237). Für die Annahme, dass die notwendige Verstandesreife vorhanden ist, gibt es keine feste 18

Altersgrenze. Bei 7-jährigen wird sie idR fehlen (BGH **14**, 159, 162); dagegen wird sie bei 14-jährigen (BGH **20**, 234), auch wenn sie schwachsinnig sind (BGH NJW **67**, 360), bei 15-jährigen (BGH NStZ **97**, 145), 16-jährigen (BGH NStZ **85**, 493 [Pf/M]) und bei 17-jährigen (BGH **14**, 21, 24) vorhanden sein. Im Zweifel ist mangelnde Verstandesreife anzunehmen (BGH **19**, 85; **23**, 221; NJW **79**, 1722).

19 b) Die **Entscheidung des gesetzlichen Vertreters** ist – nur dann (BGH NStZ **97**, 145) – erforderlich, wenn ein Zeuge von der Bedeutung seines Weigerungsrechts keine genügende Vorstellung hat, bei Zeugen über 18 Jahren nur, wenn wegen einer psychischen Krankheit oder einer geistigen oder seelischen Behinderung eine Betreuung angeordnet worden ist (§ 1896 BGB). Wer gesetzlicher Vertreter ist, bestimmt sich nach bürgerlichem Recht. Fehlt bei einem Erwachsenen ein gesetzlicher Vertreter, so muss ein Betreuer (vgl § 1896 BGB) bestellt werden (Rieß NJW **75**, 83 Fn 41); zu dessen Befugnis, ein Rechtsmittel einzulegen, vgl Düsseldorf JMBlNW **95**, 248. Sind, wie bei ehelichen Minderjährigen, die von beiden Elternteilen vertreten werden, mehrere gesetzliche Vertreter vorhanden, so muss jeder von ihnen einwilligen (BGH MDR **72**, 923 [D]); es genügt aber, dass einer die Einwilligung erteilt und der andere zustimmt (BGH MDR **57**, 52). Zur Aussage wird der Zeuge durch die Einwilligung des gesetzlichen Vertreters nicht gezwungen (BGH **14**, 159; **21**, 303; **23**, 221; StV **83**, 494). Der gesetzliche Vertreter kann die Aussage zwar verhindern, indem er nicht zustimmt; wenn er einwilligt, entscheidet aber der verstandesunreife Zeuge selbst darüber, ob er aussagen will (BGH NJW **79**, 1722; **91**, 2432). Hat der Zeuge schon ausgesagt, so kann die Zustimmung des gesetzlichen Vertreters nachgeholt werden; wird sie verweigert, so ist die Aussage unverwertbar. Diese Grundsätze gelten auch hinsichtlich der nach BGH **45**, 203 zulässigen (vgl 16a zu § 252) Erklärung des Einverständnisses mit der Verwertung einer früheren Vernehmung durch Anhörung der Vernehmungsperson (BGH **49**, 72, 76).

20 c) **Ausschluss des gesetzlichen Vertreters** (S 2): Ist der gesetzliche Vertreter selbst der Beschuldigte, so darf er über die Ausübung des Zeugnisverweigerungsrechts nicht entscheiden, gleichgültig, ob der Zeuge oder ein anderer das Opfer der Tat ist. Ausgeschlossen ist dann auch die Entscheidung durch den nicht beschuldigten Elternteil. Ist aber nur ein Elternteil gesetzlicher Vertreter, so darf er auch entscheiden, wenn der Ehegatte der Beschuldigte ist (LR-Ignor/Bertheau 32; BGH NStZ **91**, 398 und NJW **96**, 206 haben offen gelassen, ob dem zuzustimmen ist); der Gegenmeinung (KK-Senge 29; Rieß NJW **75**, 83 Fn 42; vgl auch Schimansky Pfeiffer-FS 300: Redaktionsversehen), die S 2 entspr anwenden will, kann trotz des auch hier bestehenden Interessengegensatzes wegen der eindeutigen gesetzlichen Regelung nicht gefolgt werden (Schweckendieck NStZ **08**., 537, dort auch zum Fall, dass der Beschuldigte ein naher Angehöriger des allein vertretungsberechtigten Elternteils ist). Wegen eines Interessenkonflikts ist nach §§ 1693, 1629 II BGB der gesetzliche Vertreter aber ausgeschlossen, wenn er zugleich gesetzlicher Vertreter des Beschuldigten ist (Düsseldorf NStZ-RR **01**, 303). Beim Ausschluss des gesetzlichen Vertreters muss ein Ergänzungspfleger nach § 1909 I S 1 BGB bestellt werden. Den Antrag stellt der Richter oder StA, der den Zeugen vernehmen will; für die Polizei stellt ihn die StA. An die Ansicht der antragstellenden Behörde, auch der StA (Stuttgart MDR **86**, 58), dass der gesetzliche Vertreter ausgeschlossen ist und dem Zeugen die notwendige Verstandesreife oder -kraft fehlt, ist der Vormundschaftsrichter gebunden (LG Memmingen MDR **82**, 145; Schimansky aaO 303; **aM** Schaub FamRZ **66**, 136; vgl auch Karlsruhe StraFo **03**, 310: keine Ergänzungspflegschaft, wenn zu erwarten ist, dass die Sorgerechtsinhaber im Interesse ihres Kindes handeln werden). Andererseits ist das Gericht an die vom Vormundschaftsgericht angeordnete Pflegschaft gebunden (BGH NStZ **88**, 17 [Pf/M]). Die Vormundschaftsgerichte machen die Pflegerbestellung grundsätzlich davon abhängig, dass der jugendliche Zeuge bereits

seine Aussagebereitschaft erklärt hat (Stuttgart MDR **86**, 58; LG Memmingen aaO).

5) Der **Verzicht auf das Weigerungsrecht** ist möglich. Er kann uU stillschweigend dadurch erklärt werden, dass der Zeuge aussagt (LR-Ignor/Bertheau 33; **aM** SK-Rogall 60) oder dass der gesetzliche Vertreter die Vernehmung des Zeugen widerspruchslos geschehen lässt (BGH NStZ **97**, 145); ein Verzicht liegt aber nicht in der Erklärung des Zeugen, er wolle sich nicht selbst belasten (BGH NJW **84**, 136). Der Verzicht kann auf einzelne Tatkomplexe, aber auch auf einzelne Fragen beschränkt werden (oben 15). Den Umfang der Verwertbarkeit seiner Aussage kann aber ein in vollem Umfang aussagender Zeuge nicht bestimmen (BGH **48**, 294). Er kann nur das Zeugnis – teilw oder ganz – verweigern oder auf dieses Recht verzichten (BGH **17**, 324, 328; KG JR **67**, 347; erg aber 16a zu § 252). 21

6) Widerruf: Die Erklärung des Zeugen, er wolle nicht aussagen, kann widerrufen werden, auch in einem späteren Verfahrensabschnitt (BGH NJW **61**, 1484). Widerrufbar ist auch der Verzicht auf das Weigerungsrecht (III S 2) auch noch während der Vernehmung, aber nicht nach ihrer Beendigung (BGH NStZ **85**, 13 [Pf/M]). Die Vernehmung darf dann nicht durch- oder fortgeführt werden. Was der Zeuge vor dem Widerruf ausgesagt hat, kann verwertet werden (BGH **2**, 99, 107; NJW **88**, 716; **04**, 1466, 1467; SK-Rogall 64; **aM** Rengier NStZ **98**, 48 mwN); § 252 gilt nur, wenn das Zeugnis bei einer neuen Vernehmung verweigert wird (dort 1, 2). Eine Teilvereidigung hinsichtlich des vor dem Widerruf liegenden Aussageteils ist ausgeschlossen (BGH NJW **88**, 716). Für die Zustimmung des gesetzlichen Vertreters gelten diese Grundsätze entspr. 22

7) Folge der Zeugnisverweigerung ist in 1. Hinsicht, dass die Vernehmung des Zeugen unzulässig iS der §§ 244 III S 1, 245 II S 2 wird (ANM 452) und das Verwertungsverbot des § 252 entsteht. Eine vorläufige Einstellung des Verfahrens nach § 205, um abzuwarten, bis der Zeuge die nötige Verstandesreife erlangt, ist unzulässig (Stuttgart Justiz **01**, 552). Der Zeuge darf nicht durch Ordnungs- oder Zwangsmittel nach § 70 zur Aussage gezwungen werden. Zu prüfen ist aber, ob der Zeuge nichts sagen *will* oder ob er nur auf Grund von Hemmungen (zB kindliches Tatopfer) nichts mehr sagen *kann;* im letzteren Fall muss das Gericht durch Maßnahmen nach § 247 oder nach § 172 Nr 4 GVG versuchen, die Hemmungen zu überwinden (BGH NStZ **99**, 94). Die – auch formlose – Augenscheinseinnahme des Zeugen ist nicht ausgeschlossen (BGH StraFo **04**, 314 mwN; München 4St RR 27/09 vom 23. 4. 2009; **aM** LR-Ignor/Bertheau 24; SK-Rogall 58). Daher muss er sich auch für eine Gegenüberstellung (§ 58 II) zur Verfügung stellen (9 zu § 58). Die Berücksichtigung des äußeren Verhaltens in der Hauptverhandlung (Zuzwinkern zum Angekl.) ist dagegen unzulässig (Köln VRS **57**, 425). 23

Das Recht, den Zeugen in einem **Beweisantrag** zu benennen, geht nach §§ 244 III S 1, 245 II S 3 verloren, sofern die Sachlage, auf Grund deren sich der Zeuge zur Aussageverweigerung entschlossen hatte, unverändert fortbesteht (BGH **21**, 12, 13; NStZ **82**, 126; LR-Ignor/Bertheau 38: ungeeignetes Beweismittel), nicht aber, wenn der Angeklagte im 1. Rechtszug verurteilt wurde und der Zeuge nunmehr in der Berufungsverhandlung vernommen werden soll (Bay **67**, 49 = JR **67**, 346; ANM 454). Der Beweisantrag ist auch zulässig, wenn nicht nur behauptet, sondern im Einzelnen dargelegt wird, dass der Zeuge nunmehr aussagebereit sei (ANM 453). 24

Zur Berücksichtigung der Zeugnisverweigerung bei der **Beweiswürdigung** vgl 20 zu § 261 und BGH NStZ **00**, 546. Bei der Bescheidung von Verfahrensanträgen des Angeklagten darf die Zeugnisverweigerung nicht berücksichtigt werden (BGH StV **85**, 485). 25

8) Die **Belehrung** (III S 1) muss in allen Fällen, nicht nur in denen des II, dem Zeugen eine genügende Vorstellung von der Bedeutung des Zeugnisverweige- 26 rungsrechts zu vermitteln suchen (BGH **9**, 195, 197; **32**, 25, 32; StV **84**, 405 mit Anm Peters; vgl auch Hanack JR **81**, 434). Dabei darf auf die Entschließungsfreiheit des Zeugen nicht eingewirkt werden (BGH **1**, 34, 37; **9**, 195, 197; **10**, 393, 394; NStZ **89**, 440; Schleswig SchlHA **08**, 230 [D/D]); den Hinweis auf Rechtstatsachen schließt das nicht aus (BGH **21**, 12; DAR **79**, 189 [Sp]; Hamm MDR **73**, 427), auch nicht eine gleichzeitige Belehrung nach § 55 II (BGH NStZ **88**, 561). Eine Belehrung über beide Rechte ist erforderlich, wenn 2 Angeklagte Angehörige des Zeugen sind. Über die Möglichkeit des Widerrufs der getroffenen Entscheidung wird nicht belehrt (BGH **32**, 25, 31/32; MDR **69**, 194 [D]; **aM** KMR-Neubeck 33: bei Fürsorgebedürfnis), auch nicht über die Verwertbarkeit der Aussage vor dem Richter (§ 252) trotz späterer Zeugnisverweigerung (BGH **32**, 25, 32; NStZ **85**, 36; StV **84**, 326).

27 Die Belehrung ist **Aufgabe des Richters,** bei Kollegialgerichten des Vorsitzenden (BGH StV **84**, 405), der sie nicht auf einen anderen abwälzen (BGH **9**, 195) und nicht einem Sachverständigen übertragen darf (BGH NJW **91**, 2432; NJW **96**, 206; NStZ **97**, 349), bei Vernehmungen durch die StA oder Polizei dieser Beamten.

28 Zu belehren ist immer **der Zeuge selbst** (BGH **14**, 21, 24), der gesetzliche Vertreter nur in den Fällen des II. Daneben ist aber stets die Belehrung des Zeugen erforderlich, auch darüber, dass ihn die Zustimmung seines Vertreters nicht zur Aussage verpflichtet (BGH **21**, 303, 306; **23**, 221, 223; NJW **79**, 1722; NStZ **84**, 43; **91**, 295; 398). Ein bestimmter Wortlaut ist für die Belehrung nicht vorgeschrieben; Art und Umfang stehen im pflichtgemäßen Ermessen des Richters (BGH NJW **95**, 1501, 1503).

29 **Vor jeder Vernehmung,** und zwar vor der Vernehmung zur Sache (BGH StV **84**, 405), ist die Belehrung erforderlich, auch wenn sie bereits bei einer früheren Vernehmung erfolgt ist (BGH **13**, 394, 399; NJW **86**, 2121; NStZ **84**, 418) und auch, wenn der Zeuge dort auf sein Weigerungsrecht verzichtet hatte (SK-Rogall 69). Eine abstrakte Belehrung vor Feststellung der persönlichen Verhältnisse ist nicht unzulässig (BGH StV **84**, 405 mit abl Anm Peters; **aM** Sieg StV **85**, 130), aber nicht zweckmäßig und unzureichend, wenn der Zeuge davon ausgeht, er sei mit dem Angeklagten nicht verwandt oder verschwägert (BGH NStZ **06**, 647; 3 StR 442/09 vom 26. 1. 2010). Entbehrlich ist die erneute Belehrung bei nochmaliger Vernehmung am selben Verhandlungstag (BGH NStZ **87**, 373; **90**, 25 [M]) und bei nur ergänzender Befragung an einem späteren Verhandlungstag (BGH 1 StR 78/75 vom 30. 4. 1975; vgl aber BGH NStZ **84**, 418).

30 Im **Protokoll** müssen die Belehrung und die dazu abgegebene Erklärung des Zeugen beurkundet werden (LR-Ignor/Bertheau 51).

31 Die **Heilung des Unterlassens** der Belehrung ist zulässig und geboten, wenn es vor Urteilserlass bemerkt wird (BGH NStZ **89**, 484). Dazu reicht die bloße Nachholung der Belehrung nicht aus. Vielmehr muss die Erklärung des Zeugen herbeigeführt werden, dass er auch nach Belehrung von seinem Zeugnisverweigerungsrecht keinen Gebrauch gemacht hätte (BGH **12**, 235, 242 [GSSt]; **20**, 234; NJW **96**, 206 mit Anm Wohlers StV **96**, 192; vgl auch BGH NJW **85**, 1470; NStZ **99**, 91). Empfehlenswert (**aM** Geppert Meyer-GedSchr 115: notwendig) ist der Hinweis auf die sonstige Unverwertbarkeit der früheren Aussage (erg 9 zu § 136). Das gilt entspr für die Zustimmung des gesetzlichen Vertreters nach II (KK-Senge 36). Eine Wiederholung der Zeugenaussage ist in keinem Fall erforderlich (LR-Ignor/Bertheau 52). Ist die Heilung des Mangels nicht möglich (Tod, Unauffindbarkeit des Zeugen), so muss im Urteil ausdrücklich festgestellt werden, dass die gesetzwidrig erlangte Aussage nicht verwertet worden ist (BGH **13**, 394, 399).

32 **9) Verwertungsverbot bei unterlassener Belehrung:** Ist die Belehrung nach III S 1 oder die Einholung der Zustimmung nach II unterblieben, so darf die Aussage nicht verwertet werden. Es besteht ein Verlesungs- und Verwertungsverbot im selben Umfang wie bei § 252 (BGH **14**, 159, 160; **23**, 221, 223; StV **81**, 4;

NStZ **90**, 25 [M]; NStZ-RR **96**, 106; Rogall ZStW **91**, 36; ebenso für das Zivilverfahren: BGH NJW **85**, 1470; erg 2 zu § 252). Dass der Zeuge nach § 55 II belehrt worden ist, ändert daran nichts (BGH NJW **80**, 67, 68; NStZ **82**, 389; **83**, 354 [Pf/M]; **84**, 176; **88**, 210 [M]). Das Verwertungsverbot entfällt aber, wenn feststeht, dass der Zeuge seine Rechte gekannt hat und auch nach Belehrung ausgesagt hätte (BGH **40**, 336, 339 mwN = StV **95**, 171 mit abl Anm Eisenberg StV **95**, 625; ANM 488 mwN); der Umstand allein, dass der Zeuge bei der Polizei nach Belehrung ausgesagt hat, lässt aber weder den Schluss zu, dass ihm sein Zeugnisverweigerungsrecht auch in der Hauptverhandlung bekannt war, noch dass er nach einer Belehrung erneut zur Aussage bereit gewesen wäre (BGH StraFo **04**, 238; StV **04**, 297). Dem in der Hauptverhandlung erschienenen Zeugen, der nach Belehrung auf sein Zeugnisverweigerungsrecht verzichtet hat, dürfen Vorhalte auch aus einer unter Verstoß gegen III S 1 erlangten Aussage gemacht werden (BGH StraFo **06**, 492). Ist er vor der Hauptverhandlung verstorben, so darf die Niederschrift über seine frühere Vernehmung nach § 251 I Nr 2 verlesen werden, auch wenn die Belehrung nach III S 1 fehlt (BGH **22**, 35 = JR **68**, 429 mit abl Anm Peters; MDR **66**, 384 [D]; **aM** Fezer JuS **78**, 330; Michaelis NJW **69**, 730; Roxin/Schünemann § 24, 43). Eine Fernwirkung, dh ein Beweisverbot für die auf Grund der unter Verstoß gegen III S 1 erlangten Aussage ermittelten Beweise und Tatsachen, besteht nicht (Köln NZV **01**, 137; zw LR-Ignor/Bertheau 56; **aM** SK-Rogall 88).

10) Revision: Die Prüfung der Tatsachen, die die Verlobung und Verwandt- 33
schaft begründen, sowie der Annahme, dass der Zeuge nur eine ungenügende Vorstellung von der Bedeutung des Eides hat, kann mit der Revision nicht erreicht werden; insoweit können nur Rechtsfehler gerügt werden (17 zu § 337; vgl zum Verlöbnis auch die Nachw in BGH **48**, 294, 300). Die Feststellung des Vorsitzenden, ob ein Verlöbnis vorliegt, muss zum Erhalt einer Verfahrensrüge nach § 238 II beanstandet werden (BGH 4 StR 606/09 vom 9. 3. 2010).

Das **Unterlassen der Belehrung** nach III S 1, das außer dem Angeklagten 34
auch Mitangeklagte rügen können, zu deren Ungunsten die Aussage verwertet worden ist (BGH **7**, 194, 196; **27**, 139, 141; **33**, 148, 154; NStZ **82**, 389; **83**, 354 [Pf/M]; StV **88**, 89; hingegen nicht Nebenkläger, so BGH NStZ **06**, 349), begründet die Revision, wenn der Zeuge ausgesagt hat und das Urteil darauf beruht (BGH **6**, 279; **9**, 37, 39); das Gleiche gilt für den Fall, dass der gesetzliche Vertreter nicht belehrt worden ist (BGH **12**, 235, 243 [GSSt]; **14**, 159, 160; StV **81**, 4). Ob dem Gericht das Angehörigenverhältnis überhaupt bekannt war, spielt keine Rolle (BGH StV **88**, 89). Ob dies auch für den Fall des Verlöbnisses gilt, hat BGH **48**, 294 offen gelassen; jedenfalls müssen in der Revision Tatsachen vorgetragen werden, die den Rechtsbegriff des Verlöbnisses ausfüllen (Frankfurt NJW **07**, 3014 L = NStZ-RR **07**, 241; erg 9 zu § 337). Das Beruhen des Urteils auf dem Verfahrensfehler ist ausgeschlossen, wenn er rechtzeitig geheilt worden ist (oben 31), wenn der Zeuge oder gesetzliche Vertreter seine Rechte gekannt hat (BGH NStZ **90**, 549; StraFo **06**, 492; oben 32) oder wenn sicher ist, dass er auch nach Belehrung ausgesagt hätte (BGH NJW **86**, 2121; NStZ **89**, 484; vgl aber auch Widmaier Hanack-FS 392), zB wenn er nach § 55 belehrt worden ist (BGH NStZ **84**, 464; **98**, 583); nachträgl (nach Urteilsverkündung abgegebene) Erklärungen müssen aber außer Betracht bleiben (BGH StV **02**, 3).

Bei **unrichtiger Belehrung,** die zur Zeugnisverweigerung eines präsenten 35
Zeugen geführt hat, ist § 245 verletzt (BGH StV **93**, 235 mwN; erg 3 und 30 zu § 245), sonst § 244 II (50 zu § 53; 18 zu § 55); die Erhebung dieser Verfahrensrügen macht einen entspr Tatsachenvortrag nach § 344 II S 2 erforderlich (BGH aaO). Auf der unrichtigen Belehrung beruht das Urteil auch, wenn der Zeuge ein Auskunftsverweigerungsrecht hatte und daher nach § 55 II belehrt werden musste (BGH MDR **83**, 92 [H]). Sagt der Zeuge trotz der falschen Belehrung aus, so ist der Mangel unschädlich (BGH MDR **79**, 806 [H]).

Zeugnisverweigerungsrecht der Berufsgeheimnisträger

53 I [1] Zur Verweigerung des Zeugnisses sind ferner berechtigt

1. Geistliche über das, was ihnen in ihrer Eigenschaft als Seelsorger anvertraut worden oder bekanntgeworden ist;
2. Verteidiger des Beschuldigten über das, was ihnen in dieser Eigenschaft anvertraut worden oder bekanntgeworden ist;
3. Rechtsanwälte, Patentanwälte, Notare, Wirtschaftsprüfer, vereidigte Buchprüfer, Steuerberater und Steuerbevollmächtigte, Ärzte, Zahnärzte, Psychologische Psychotherapeuten, Kinder- und Jugendlichenpsychotherapeuten, Apotheker und Hebammen über das, was ihnen in dieser Eigenschaft anvertraut worden oder bekanntgeworden ist; Rechtsanwälten stehen dabei sonstige Mitglieder einer Rechtsanwaltskammer gleich;

3 a. Mitglieder oder Beauftragte einer anerkannten Beratungsstelle nach den §§ 3 und 8 des Schwangerschaftskonfliktgesetzes über das, was ihnen in dieser Eigenschaft anvertraut worden oder bekanntgeworden ist;

3 b. Berater für Fragen der Betäubungsmittelabhängigkeit in einer Beratungsstelle, die eine Behörde oder eine Körperschaft, Anstalt oder Stiftung des öffentlichen Rechts anerkannt oder bei sich eingerichtet hat, über das, was ihnen in dieser Eigenschaft anvertraut worden oder bekanntgeworden ist;

4. Mitglieder des Deutschen Bundestages, der Bundesversammlung, des Europäischen Parlaments aus der Bundesrepublik Deutschland oder eines Landtages über Personen, die ihnen in ihrer Eigenschaft als Mitglieder dieser Organe oder denen sie in dieser Eigenschaft Tatsachen anvertraut haben, sowie über diese Tatsachen selbst;
5. Personen, die bei der Vorbereitung, Herstellung oder Verbreitung von Druckwerken, Rundfunksendungen, Filmberichten oder der Unterrichtung oder Meinungsbildung dienenden Informations- und Kommunikationsdiensten berufsmäßig mitwirken oder mitgewirkt haben.

[2] Die in Satz 1 Nr. 5 genannten Personen dürfen das Zeugnis verweigern über die Person des Verfassers oder Einsenders von Beiträgen und Unterlagen oder des sonstigen Informanten sowie über die ihnen im Hinblick auf ihre Tätigkeit gemachten Mitteilungen, über deren Inhalt sowie über den Inhalt selbst erarbeiteter Materialien und den Gegenstand berufsbezogener Wahrnehmungen. [3] Dies gilt nur, soweit es sich um Beiträge, Unterlagen, Mitteilungen und Materialien für den redaktionellen Teil oder redaktionell aufbereitete Informations- und Kommunikationsdienste handelt.

II [1] Die in Absatz 1 Satz 1 Nr. 2 bis 3 b Genannten dürfen das Zeugnis nicht verweigern, wenn sie von der Verpflichtung zur Verschwiegenheit entbunden sind. [2] Die Berechtigung zur Zeugnisverweigerung der in Absatz 1 Satz 1 Nr. 5 Genannten über den Inhalt selbst erarbeiteter Materialien und den Gegenstand entsprechender Wahrnehmungen entfällt, wenn die Aussage zur Aufklärung eines Verbrechens beitragen soll oder wenn Gegenstand der Untersuchung

1. eine Straftat des Friedensverrats und der Gefährdung des demokratischen Rechtsstaats oder des Landesverrats und der Gefährdung der äußeren Sicherheit (§§ 80 a, 85, 87, 88, 95, auch in Verbindung mit § 97 b, §§ 97 a, 98 bis 100 a des Strafgesetzbuches),
2. eine Straftat gegen die sexuelle Selbstbestimmung nach den §§ 174 bis 176, 179 des Strafgesetzbuches oder
3. eine Geldwäsche, eine Verschleierung unrechtmäßig erlangter Vermögenswerte nach § 261 Abs. 1 bis 4 des Strafgesetzbuches

ist und die Erforschung des Sachverhalts oder die Ermittlung des Aufenthaltsortes des Beschuldigten auf andere Weise aussichtslos oder wesentlich

erschwert wäre. ³Der Zeuge kann jedoch auch in diesen Fällen die Aussage verweigern, soweit sie zur Offenbarung der Person des Verfassers oder Einsenders von Beiträgen und Unterlagen oder des sonstigen Informanten oder der ihm im Hinblick auf seine Tätigkeiten nach Absatz 1 Satz 1 Nr. 5 gemachten Mitteilungen oder deren Inhalts führen würde.

Übersicht

1) Zweck der Vorschrift ist der Schutz des Vertrauensverhältnisses zwischen bestimmten Berufsangehörigen und denen, die ihre Hilfe und Sachkunde in Anspruch nehmen (Oldenburg NJW **82**, 2615; LG Köln NJW **59**, 1598; Rengier 13ff; vgl auch BVerfGE **38**, 312, 323 = NJW **75**, 588; BGH **9**, 59, 61 [Konfliktsituation des Zeugen] sowie den umfassenden Überblick zum Arzt bei Theuner, Die ärztliche Schweigepflicht im Strafrecht, 2009, zugl Diss Frankfurt am Main, S 290ff). Eine Entbindung von der Pflicht zur Verschwiegenheit ist nach II in bestimmtem Umfang möglich (unten 45ff). Dass derjenige, der die Entbindung erklären kann, selbst unbeschränkt aussagepflichtig ist, spielt für das Zeugnisverweigerungsrecht aber keine Rolle (BGH MDR **69**, 723 [D]; Oldenburg aaO). Die Pflicht, vor Gericht zu erscheinen, lässt die Vorschrift unberührt (1 zu § 51); auch Beweisanträge können mit Rücksicht auf das Zeugnisverweigerungsrecht nicht ohne weiteres abgelehnt werden (2 zu § 52). Vgl ferner Schmitt, Die Berücksichtigung der Zeugnisverweigerungsrechte nach §§ 52, 53 StPO bei den auf Beweisgewinnung gerichteten Zwangsmaßnahmen, 1993, die im Einzelnen darlegt, wie die Zeugnisverweigerungsrechte auch bei Beschlagnahme (10 zu § 95; 35ff zu § 97) und Telefonüberwachung (8ff zu § 100a) zu beachten sind. Vgl erg auch § 119 IV S 1, 2 Nr 18. 1

2) Keine erweiternde Auslegung: Der Kreis der Zeugnisverweigerungsberechtigten ist auf die in I bezeichneten Berufsangehörigen beschränkt. Er muss wegen der Notwendigkeit, eine funktionsfähige Rechtspflege zu erhalten, auf das unbedingt erforderliche Maß begrenzt werden (BVerfGE **33**, 367, 383 = JZ **73**, 780 mit Anm Würtenberger; BVerfGE **38**, 312, 321 = NJW **75**, 588). Nur ausnahmsweise und unter ganz besonderen Umständen kann mit Rücksicht auf Art 1 I, 2 I GG eine Begrenzung des Zeugniszwangs unmittelbar aus dem GG hergeleitet werden (BVerfG aaO; NJW **79**, 1286; NStZ **88**, 418; Koblenz NStZ-RR **08**, 283; **aM** Rüping 176: kaum praktikabel; eingehend dazu Baier JR **99**, 495ff; Bosbach, Ungeschriebene strafprozessuale Zeugnisverweigerungsrechte im Bereich der Rechtsberatung?, 2009 [zugl Diss Passau 2008], S 77ff). Private Geheimhaltungsinteressen begründen ein Zeugnisverweigerungsrecht nur, soweit das Prozessrecht sie als schätzenswert anerkennt (BVerGE **76**, 363, 387 = NJW **88**, 897, 899). Das Verbot, geschützte personenbezogene Daten unbefugt bekanntzu- 2 geben, gibt für sich noch kein Zeugnisverweigerungsrecht (Köln VRS **84**, 101; erg unten 4).

3 **Kein Zeugnisverweigerungsrecht** haben Bankangestellte mit Rücksicht auf das „Bankgeheimnis" (LG Frankfurt a. M. NJW **54**, 688, 690; LG Hamburg NJW **78**, 958; Ehlers BB **78**, 1513; Kretschmer wistra **09**, 180; erg 4 zu § 161), Insolvenzverwalter (LG Ulm NJW **07**, 2056 mit Anm Schork; LG Saarbrücken ZInsO **10**, 431 mit insoweit zust Anm Weyand), Betriebsräte (BVerfG NJW **79**, 1286; Rengier BB **80**, 321), Bewährungshelfer (vgl dazu Schenkel NStZ **95**, 67), Gerichtshelfer nach § 160 III S 2 und § 38 **JGG** (Eisenberg StV **98**, 312; Sontag NJW **76**, 1438) sowie Opferhelfer (ehrenamtlich tätige Personen, die sich um Opfer von Straftaten kümmern, vgl G. Schöch DRiZ **06**, 57), private Haftpflichtversicherer (BVerfG ZfS **82**, 13; Celle – 3. StS – NJW **85**, 640; Geppert DAR **81**, 301; Ulsenheimer Meyer-Goßner-FS 353; **aM** Bruns Maurach-FS 484; vgl auch Celle – 1 StS – NStZ **82**, 393 = JR **82**, 475 mit abl Anm Rengier; Dencker NStZ **82**, 459), Mitarbeiterinnen eines Vereins zur Beratung vergewaltigter Frauen (Schleswig SchlHA **96**, 90 [L/T]), Personalräte (LG Hannover NdsRpfl **62**, 40), psychologische Beratungsstellen (LG Freiburg NStZ-RR **99**, 366), Mitglieder von Psychotherapiegruppen (krit dazu Riemer/Tschuschke in Gruppentherapie und Gruppendynamik, 2004, 193), Rechtsbeistände (Buhrow NJW **66**, 2152), Schiedsmänner (BVerwGE **18**, 58 = NJW **64**, 1088), Sozialarbeiter und Sozialpädagogen (BVerfGE **33**, 367 = JZ **73**, 780 mit Anm Würtenberger; BVerfG NStZ **88**, 418), Tierärzte (BVerfGE **38**, 312 = NJW **75**, 588) und öffentlich-rechtliche Versicherungen und Verrechnungsstellen (Rengier 181 ff).

4 **3) Verhältnis zu § 203 StGB:** Mit der Schweigepflicht nach dieser Vorschrift stimmt das Zeugnisverweigerungsrecht nach § 53 nicht überein. Es geht weiter als der materielle Strafrechtsschutz, weil es sich auch auf Tatsachen bezieht, die keine „Geheimnisse" sind (KK-Senge 3; Amelung DNotZ **84**, 201; Welp Gallas-FS 399; str). Andererseits ist der betroffene Personenkreis in § 53 enger gefasst als in § 203 StGB. Aus der sachlich-rechtlichen Schweigepflicht ergibt sich nicht etwa ohne weiteres das Recht, die Aussage zu verweigern (LR-Ignor/Bertheau 8; Rengier 174 und BB **80**, 321; Sieber Roxin-FS 1131; **aM** Foth JR **76**, 7). Jedoch wird die Gleichstellung derjenigen, die das Geheimnis von einem Verstorbenen oder aus dessen Nachlass erlangt haben, mit den sonstigen Geheimhaltungsverpflichteten (§ 203 III S 3 StGB) auch für das Zeugnisverweigerungsrecht zu gelten haben (vgl BVerfGE **32**, 373, 381 = NJW **72**, 1123 für § 97).

5 Einen **Rechtfertigungsgrund** für den Bruch der Schweigepflicht nach § 203 StGB enthält § 53 nicht; denn der Zeugniszwang, der die Preisgabe des Geheimnisses sonst rechtfertigt, ist durch § 53 für den in I bezeichneten Personenkreis gerade aufgehoben. Der Zeuge darf daher nur aussagen, wenn er dafür einen besonderen Rechtfertigungsgrund nach § 34 StGB hat (Fezer 15/29), etwa wenn er eigene Interessen schützen muss (BGH **1**, 366; Sch/Sch-Lenckner 33 zu § 203 StGB) oder wenn das Interesse an der Geheimhaltung der Tatsachen geringer ist als das Allgemeininteresse an ihrer Offenbarung (BGH **9**, 59, 61; **18**, 146, 147; ANM 497; allgM). Die Bedeutung des § 53 liegt vor allem darin, dass der Zeuge selbst dann das Zeugnis verweigern kann, wenn diese Voraussetzungen vorliegen (Bringewat NJW **74**, 1742; Lenckner NJW **65**, 327; Welp Gallas-FS 402).

6 Die erforderliche **Abwägung nimmt der Zeuge vor,** nicht das Gericht (BGH MDR **57**, 527 [D]; Fezer JuS **78**, 472; Kurth NStZ **83**, 542). Das Gericht muss sie ihm ermöglichen (BGH **15**, 200), darf aber nicht auf seine Willensbildung einwirken (BGH **20**, 298, 299; **42**, 73, 76 = JR **97**, 33 mit Anm Welp; ANM 797), auch nicht, wenn durch die Aussage schwerer Schaden von einem Dritten oder der Allgemeinheit abgewendet werden kann (Lenckner NJW **65**, 327). Die Entscheidung, ob er sich der Gefahr aussetzen will, nach § 203 StGB bestraft zu werden, liegt allein bei dem Zeugen (BGH **9**, 59, 61; **15**, 200, 202; **18**, 146, 147; Hamm NJW **68**, 1203; **aM** Michalowski ZStW **109**, 537 mwN). Ver-

zichtet er auf sein Zeugnisverweigerungsrecht, so muss das Gericht ihn vernehmen; die Aussage ist verwertbar, auch wenn sie gegen § 203 StGB verstößt (BGH aaO; KK-Senge 9, SK-Rogall 25, ANM 498; Otto Kleinknecht-FS 339; Paeffgen Rieß-FS 420 Fn 30; Roxin/Schünemann § 24, 45; Schlüchter 489.2; grundsätzlich auch LR-Ignor/Bertheau 12, 13, außer bei Verletzung des Kernbereichs privater Lebensgestaltung oder wenn Weigerungsberechtigter über Vorliegen oder Umfang des Zeugnisverweigerungsrechts irrt; **aM** Beulke 209; Dencker 138 ff; Fezer 15/31; Freund GA **93**, 49; Lenckner NJW **65**, 326; Habscheid GedSchr für H. Peters, 1967, S 870; Ranft 535 ff; Rengier 331; Theuner [oben 1] 336; Welp Gallas-FS 407; Wichmann, Das Berufsgeheimnis als Grenze des Zeugenbeweises, 2000, zugl Diss Göttingen).

4) Der **Umfang des Zeugnisverweigerungsrechts** ist auf die bei der Berufsausübung anvertrauten oder bekanntgewordenen Tatsachen begrenzt (BGH DAR **97**, 181 [To]), kann sich aber ggf auch auf die Person des Dritten und das Ob und Wie des Kontaktes erstrecken (Groß StV **96**, 562; vgl auch LG Dresden NJW **07**, 2789). Das kann für ein und denselben Vernehmungsgegenstand nur einheitlich beurteilt werden; das Weigerungsrecht ist unteilbar und entfällt nicht etwa in Bezug auf bestimmte Personen, die an den Vorgängen nur als Dritte beteiligt waren (BGH **33**, 148 = JR **86**, 33 mit Anm Hanack = NStZ **85**, 372 mit Anm Rogall). Die Erlangung des Wissens muss in die Berufsausübung fallen oder wenigstens mit ihr zusammenhängen (Schleswig SchlHA **82**, 111), und zwar unmittelbar (LR-Ignor/Bertheau 14; **aM** LG Köln NJW **59**, 1598). Das ist auch der Fall bei Kenntniserlangung aus den Akten oder Karteien des Praxisvorgängers (BVerfGE **32**, 382 = NJW **72**, 1124). Geschützt ist auch der Inhalt eines beruflichen Gesprächs, auch hinsichtlich der eigenen Äußerungen des Zeugen (BGH MDR **78**, 281 [H]). Die Frage ist rechtlicher Art; daher entscheidet das Gericht (Bamberg StV **84**, 499; Schleswig aaO). 7

Anvertraute Tatsachen sind die unter Verlangen oder stillschweigender Erwartung der Geheimhaltung (RG **66**, 273, 274; Köln NStZ **83**, 412) schriftlich oder mündlich mitgeteilten Tatsachen, aber auch solche, die dadurch preisgegeben werden, dass dem Berufsausübenden Gelegenheit zu Beobachtungen und Untersuchungen gegeben wird (BGH **38**, 369, 370). Gleichgültig ist, ob der Beschuldigte oder ein Dritter die Tatsachen anvertraut hat (Sch/Sch-Lenckner 13 ff zu § 203 StGB) und ob sie der Geheimsphäre des Beschuldigten oder eines anderen angehören. Zur Weitergabe an Dritte mitgeteilte Tatsachen sind nicht anvertraut (Hamm NStZ **10**, 164). 8

Bekanntgewordene Tatsachen sind diejenigen, die der Berufsausübende von dem Beschuldigten oder einem Dritten erfahren hat, ohne dass sie ihm anvertraut worden sind. Der Begriff ist weit auszulegen (BGH MDR **78**, 281 [H]; Schleswig SchlHA **82**, 111). Von wem, zu welchem Zweck und aus welchem Grund dem Berufsausübenden die Tatsachen bekanntgeworden sind, ist gleichgültig; hiervon muss der andere auch nichts wissen (Hamm NStZ **10**, 164). Unter den Begriff fällt auch zufällig erlangtes Wissen, wenn es im Zusammenhang mit dem Vertrauensverhältnis erworben wurde (Oldenburg NJW **82**, 2615; LG Karlsruhe StV **83**, 144 mit Anm Kreuzer), nicht aber außerhalb eines solchen Zusammenhangs (Bamberg StV **84**, 499; vgl auch SK-Rogall 63). 9

5) **Zeitliche Dauer:** Das Zeugnisverweigerungsrecht endet nicht mit der Erledigung des Auftrags (LG Düsseldorf NJW **58**, 1152), dauert entspr § 203 IV StGB auch nach dem Tod desjenigen fort, dessen Vertrauen zu dem Berufsausübenden geschützt wird (RG **71**, 21; BayLSG NJW **62**, 1789; Düsseldorf NJW **59**, 821; Solbach DRiZ **78**, 205; vgl näher Theuner [oben 1] 311) und erlischt nicht, wenn der Zeuge seinen Beruf aufgibt; § 54 IV gilt entspr (LR-Ignor/Bertheau 18). 10

6) **Zeugnisverweigerungsberechtigte** (I): 11

A. **Geistliche** (Nr 1): Gemeint sind nur Geistliche der christlichen Kirchen und der sonstigen staatlich anerkannten öffentlich-rechtlichen Religionsgemeinschaften 12

(LR-Ignor/Bertheau 21; **aM** Haas NJW **90**, 3253; jetzt auch BGH 4 StR 650/09 vom 15. 4. 2010). Ob auch kirchenrechtl eine Verschwiegenheitspflicht besteht, ist gleichgültig (Dallinger JZ **53**, 436; Lenckner NJW **65**, 322; **aM** jetzt BGH aaO). Das Zeugnisverweigerungsrecht erstreckt sich nur auf Tatsachen, die den Geistlichen – als solche sind auch hauptamtlich tätige Laientheologen anzusehen (BGH **51**, 140; Ling GA **01**, 325; de Wall NJW **07**, 1856; scharf abl aber Rogall Eisenberg-FS 589) – in ihrer Eigenschaft als Seelsorger anvertraut oder bekannt geworden (oben 7 ff) sind (auch die Tatsache des Beichtgangs: RG JW **28**, 2142 mit Anm Mezger), nicht auf das, was sie in ausschließlich karitativer, fürsorgerischer, erzieherischer oder verwaltender Tätigkeit oder nur gelegentl der Ausübung des geistlichen Berufs erfahren haben (BGH **37**, 138; **51**, 140 mit Anm Bussenius/Dahs NStZ **07**, 275 und Schroeder JR **07**, 171, bestätigt durch BVerfG NJW **07**, 1865, dazu eingehend de Wall aaO sowie Radtke ZevKR **07**, 617 ff und Rogall aaO 603; BGH 4 StR 394/09 vom 4. 2. 2010; vgl auch Hiebl StraFo **99**, 87), zB wenn sich ein Verbrecher an einen Geistlichen als Verbindungsmann nur zur Erlangung oder Wahrung des Verbrechenserfolges oder zur Vereitelung der Strafverfolgung wendet (KK-Senge 12; Hass SchlHA **73**, 164). Ob der Geistliche als Seelsorger angegangen worden ist, muss objektiv, nicht nur nach Auffassung der Beteiligten beurteilt werden; in Grenz- und Zweifelsfällen wird die Meinung des Geistlichen maßgebend sein (BGH aaO); § 55 wird häufig (Rogall aaO 587), § 56 selten in Betracht kommen.

13 B. **Verteidiger** (Nr 2): Gemeint sind alle gewählten und bestellten Verteidiger (vgl Beulke Lüderssen-FS 696). Ob der Zeuge die Verteidigung tatsächlich geführt hat, ist gleichgültig. Das Zeugnisverweigerungsrecht erstreckt sich auch auf das, was dem Zeugen in einer anderen Strafsache als Verteidiger desselben oder eines anderen Beschuldigten anvertraut oder bekanntgeworden (oben 7 ff) ist (Welp Gallas-FS 398), nicht aber auf das im Zusammenhang mit seiner eigenen kriminellen Betätigung erlangte Wissen, wenn er also die strafbare Handlung ohne jeden sachlichen Zusammenhang mit denkbaren Verfahrenszielen begangen hat (BGH **38**, 7; vgl dazu Paulus NStZ **92**, 305; Scheffler StV **92**, 299; Stumpf NStZ **97**, 8). Ist der Beschuldigte, in dessen Verfahren der Verteidiger aussagen soll, der Mandant, so wird die Ausübung des Zeugnisverweigerungsrechts praktisch zur Pflicht (LR-Ignor/Bertheau 27; Rudolphi Schaffstein-FS 440; Welp Gallas-FS 404 ff). Dem Mandanten selbst steht kein Zeugnisverweigerungsrecht zu (Koblenz NStZ-RR **08**, 283, 284; krit dazu Bosbach NStZ **09**, 177; erg 2 a zu § 148). Eine Verwirkung des Zeugnisverweigerungsrechts wegen Missbrauchs (vgl Bringewat NJW **74**, 1740) kommt nicht in Betracht (LR-Ignor/Bertheau 28).

14 C. **Rechtsanwälte, Ärzte und ähnliche Berufe** (Nr 3):

15 a) **Rechtsanwälte** sind nur die nach § 12 BRAO zugelassenen Anwälte, ausländische RAe nach §§ 206, 207 BRAO (erg 3 zu § 138; weitergehend Wessing wistra **07**, 171: entspr Anwendung auf alle in ihren jeweiligen Heimatstaaten als Verteidiger zugelassenen RAe), sowie allgemein bestellte Vertreter (§ 53 BRAO) und Abwickler (§ 55 BRAO), Syndikusanwälte (vgl § 46 BRAO) nur, wenn sie mit typisch anwaltlichen Aufgaben befasst sind (Hassemer wistra **86**, 1; ähnlich Roxin NJW **92**, 1129; **95**, 17: bei hinreichender Unabhängigkeit; **aM** SK-Rogall 85: kein Zeugnisverweigerungsrecht; vgl auch LG Berlin NStZ **06**, 470; LG Bonn NStZ **07**, 605). Dem nach § 3 BNotO bestellten **Notar** (für den § 18 II, III BNotO Spezialregelungen enthält) steht der Notarassessor (§ 7 BNotO) gleich. Wegen der **Patentanwälte** vgl § 19 PatAO, der **Wirtschaftsprüfer** §§ 1 I S 1, 15 WiPrO (vgl dazu LG Bonn NJW **02**, 2261 = StV **02**, 68 mit zust Anm Wehnert), der **vereidigten Buchprüfer** § 128 I WiPrO und der **Steuerberater** und Steuerbevollmächtigten §§ 40, 42 StBerG.

16 Wegen des **Umfangs des Zeugnisverweigerungsrechts** vgl oben 7 ff. Kenntnisse, die RAe und Steuerberater in ihrer Eigenschaft als Aufsichtsratsmitglied einer AG gemacht haben, dürfen nicht verschwiegen werden (Celle NdsRPfl **83**, 124), wohl aber Erkenntnisse eines mit der unternehmensinternen Aufklärung strafbaren

Verhaltens beauftragten externen RAes (Wessing DAV-FS 926 mit Hinweis auf die Befugnis des mandatierenden Unternehmens nach II S 1). Auch die Beweisfrage, ob der Steuerberater mit der Abgabe von Steuererklärungen beauftragt worden ist, fällt unter das Zeugnisverweigerungsrecht (Schleswig SchlHA **82**, 111). Wird ein RA von einem Erpresser in Anspruch genommen, um bei den Verhandlungen über das Lösegeld mitzuwirken, so hat er insoweit kein Zeugnisverweigerungsrecht (Haas NJW **72**, 1081); anders ist es, wenn er das Erpressungsopfer vertritt (BGH NJW **86**, 1183, 1185). Das Zeugnisverweigerungsrecht eines Notars besteht grundsätzlich auch bei amtspflicht- und gesetzwidriger Umsetzung eines ihm erteilten Auftrags, wird aber durch die Anzeigepflicht nach § 11 I S. 1, III GwG eingeschränkt (BGH **50**, 64; vgl dazu Rogall Eisenberg-FS 606; Widmaier Dahs-FS 543); entspr gilt dies für die übrigen in I Nr 2 und 3 Genannten (KK-Senge 16a). Zur Verwertungsbeschränkung für Angaben des Jahresabschlussprüfers im berufsrechtlichen Verfahren nach § 62 V WiPrO vgl Leipold Volk-FS 292; Verjans DAV-FS 869.

b) **Ärzte und ähnliche Berufe:** Arzt ist, wer im Inland als Arzt approbiert ist oder nach § 2 II–IV BÄO zur vorübergehenden Ausübung des Arztberufs berechtigt ist. Ausländische Ärzte, die nicht unter § 2 III BÄO (EG-Staatsangehörige) fallen, sind nicht zeugnisverweigerungsberechtigt (zw Schubarth ZStW **105**, 367). Wegen der **Zahnärzte** vgl § 1 ZahnHkG, wegen der **Psychotherapeuten** vgl Ges vom 16. 6. 1998 (BGBl I 1311). **Apotheker** ist, wer approbiert ist oder den Beruf nach § 2 II Bundes-Apothekerordnung idF vom 19. 6. 1989 (BGBl I 1479) vorübergehend ausüben darf. Wegen der **Hebammen** vgl § 2 des Hebammengesetzes vom 4. 6. 1985 (BGBl I 902). 17

Das Zeugnisverweigerungsrecht **erstreckt** sich auf alles, was dem Arzt usw in dieser Eigenschaft bei der Untersuchung oder Heilbehandlung anvertraut oder bekanntgeworden (oben 7 ff) ist (ausführlich hierzu Michalowski ZStW **109**, 519 ff). Dazu gehören der Name des Patienten und die Tatsache seiner Behandlung (BGH **33**, 148, 151; Oldenburg NJW **82**, 2615; LG Itzehoe SchlHA **87**, 188 [Diebstahl im Wartezimmer]; LG Köln NJW **59**, 1598), auch Beobachtungen ohne förmliche Mitteilungen, zB bei Befassung mit einem Bewusstlosen, und andere Feststellungen über das Anvertraute hinaus (LG Karlsruhe StV **83**, 144 mit Anm Kreuzer), gleichviel, ob diese Tatsachen dem Patienten überhaupt bekannt waren oder sind. Auch auf die Anbahnung des Beratungs- und Behandlungsverhältnisses, zB auf die Begleitumstände der Krankenhausaufnahme eines Patienten, erstreckt sich das Zeugnisverweigerungsrecht (BGH **33**, 148 = JR **86**, 33 mit Anm Hanack = NStZ **85**, 372 mit Anm Rogall) sowie darauf, ob überhaupt ein Behandlungsverhältnis bestanden hat (BGH JZ **00**, 683 mit zust Anm Kühne), nicht aber auf lediglich bei Gelegenheit der Berufsausübung erfahrene Tatsachen (Hamm NStZ **10**, 164: für die Polizei bestimmte Angaben). 18

Das Zeugnisverweigerungsrecht besteht auch, wenn dem Zeugen die Gelegenheit zur Untersuchung und Behandlung auf Grund **gesetzlicher Duldungspflicht** zwangsweise verschafft worden ist; die gesetzliche Duldungspflicht ersetzt die sonst erforderliche Zustimmung (BGHZ **40**, 288 = NJW **64**, 449). Daher sind auch Truppenärzte (BDiszH NJW **63**, 409), Amtsärzte (BGH aaO; einschr Jakobs JR **82**, 361) und Ärzte im Strafvollzug (Karlsruhe NStZ **93**, 405 mwN; Geppert, Die ärztliche Schweigepflicht im Strafvollzug, 1983, S 15; Rengier 16 ff) zeugnisverweigerungsberechtigt. 19

Ein **zum Sachverständigen bestellter Arzt,** auch wenn er privat praktiziert (Kohlhaas DAR **68**, 74; DRiZ **59**, 246; **aM** Hiendl NJW **58**, 2101), hat auch hinsichtlich der Zusatztatsachen (11 zu § 79; wegen der Befundtatsachen vgl 2 zu § 76) kein Zeugnisverweigerungsrecht, wenn der Untersuchte die Untersuchung oder den Eingriff kraft Gesetzes dulden musste (BGH StV **02**, 633 mit abl Anm Bosch; StraFo **09**, 64) oder hätte verweigern können, aber nicht verweigert hat (BGHZ **40**, 288, 294 = NJW **64**, 449, 451; Hamm NJW **68**, 1202; Geppert aaO S 33; einschr Kühne JZ **81**, 652: nur wenn er eindeutig als „Amtshilfe" auftritt; 20

einschr auch Krauß ZStW **97**, 112; zust LR-Ignor/Bertheau 38). Das gilt aber nur im Rahmen des jeweiligen Verfahrens und des Auftrags (BGH aaO). Tatsachen, die ihm ohne Zusammenhang mit seinem Gutachten freiwillig mitgeteilt worden sind (RG **61**, 384), und sein Wissen aus früherer Behandlung (Bockelmann, Strafrecht des Arztes, 1968, S 45; Hass SchlHA **73**, 42), braucht der Sachverständige nicht zu offenbaren (BGH **38**, 369). Für Zufallsbeobachtungen (12 zu § 79) gilt I Nr 3 ohne Einschränkung. Erg 2 zu § 76.

21 D. **Schwangerschaftsberater** (Nr 3 a): Mitglieder der in Nr 3 a bezeichneten Stellen sind der Leiter und alle sonstigen in einem Dienstverhältnis zu der Stelle stehenden Ärzte, Psychologen und Sozialarbeiter (Rengier 25 ff). Beauftragte sind sonstige Personen, die dazu bestellt sind, im Auftrag einer Beratungsstelle deren Aufgaben wahrzunehmen. Das Zeugnisverweigerungsrecht erstreckt sich nicht nur auf die Schwangerschaft, sondern auf alle für die Beratung bedeutsamen Lebensumstände (KK-Senge 21). Betreuer einer „Babyklappe" fallen nicht unter die Vorschrift (LG Köln NJW **02**, 909 = JR **02**, 171 mit zust Anm Neuheuser; **aM** Beulke Herzberg-FS 605, 621 mit beachtlichem Hinweis darauf, dass im Interesse des Lebensschutzes des Säuglings I Nr 3 a entspr anzuwenden sei).

22 E. **Berater für Fragen der Betäubungsmittelabhängigkeit** (Nr 3 b): Durch Ges vom 23. 7. 1992 (BGBl I 1366) ist das schon lange geforderte (vgl Endriss ZRP **89**, 45; Lichtenberg/Schücking ZRP **89**, 243; Stegemann/Martens StV **89**, 325; rechtsvergleichend J. Meyer ZRP **89**, 423; zur früheren Rechtslage vgl BVerfGE **44**, 353 = NJW **77**, 1489; BVerfG NStZ **88**, 418) Zeugnisverweigerungsrecht für Mitarbeiter von Suchtberatungsstellen eingeführt worden. Es betrifft aber nur die Beratung hinsichtlich der im BtMG erfassten Suchtformen und Suchtgefahren und besteht lediglich für Beratungsstellen, die von einer Behörde oder einer Körperschaft, Anstalt oder Stiftung des öffentlichen Rechts eingerichtet oder anerkannt worden sind (einschließlich niederschwelliger Eingangseinrichtungen, LG Kiel StV **10**, 127), gilt also nicht für ehrenamtlich tätige Berater in sog Selbsthilfegruppen (BVerfG NJW **96**, 1587 = StV **98**, 355 mit Anm Kühne; LG Freiburg StraFo **99**, 136). Inhaltlich ist es auf die Informationen beschränkt, die bei der Beratung oder Behandlung von Betäubungsmittelkonsumenten oder Betäubungsmittelabhängigen erlangt worden sind; alle übrigen Formen der Suchtberatung wurden bewusst ausgeklammert (krit dazu Kreuzer Schüler-Springorum-FS 538). Das Zeugnisverweigerungsrecht umfasst aber nicht nur die vom Beratenen selbst mitgeteilten Informationen, sondern auch entspr Gespräche des Beraters mit Familienangehörigen und Freunden (BT-Drucks 12/2738 S 5). Gerichts- und Bewährungshelfer, Strafvollzugsbedienstete und Sozialarbeiter, die in Betäubungsmittelfragen beraten, haben kein Zeugnisverweigerungsrecht (Kreuzer aaO 539).

23 F. **Abgeordnete** (Nr 4): Für BTags-Abgeordnete gilt Art 47 S 1 GG. Für Abgeordnete der Länderparlamente vereinheitlicht Nr 4 die entspr Bestimmungen der Länderverfassungen (Dallinger JZ **53**, 436; Heitzer NJW **52**, 89). Nach Einbeziehung der Mitglieder der Bundesversammlung und der deutschen Mitglieder des Europäischen Parlaments ist Nr 4 *lex specialis* zu § 6 EuAbgG und § 7 BPräsWahlG.

24 Das Zeugnisverweigerungsrecht **erstreckt** sich auf die Tatsachen, die dem Abgeordneten im Zusammenhang mit seiner Abgeordnetentätigkeit von einem anderen Abgeordneten, einem Regierungsvertreter oder einem Privatmann anvertraut worden sind (oben 8) oder die er dem anderen anvertraut hat, sowie auf die ihm als Abgeordneten sonst bekanntgewordenen (oben 9) Tatsachen. Auch über die Person seiner Gewährsleute braucht der Abgeordnete nicht auszusagen (Rengier 32 ff). Der Abgeordnete entscheidet nach freiem Ermessen darüber, ob er aussagen oder schweigen will. Weisungen können ihm hierüber nicht erteilt werden; § 54 gilt nicht entspr (LR-Ignor/Bertheau 45). Eine Befreiung von der Schweigepflicht ist ausgeschlossen.

Das Weigerungsrecht nach Nr 4 **dauert** nach Beendigung des Mandats fort (Dallinger JZ **53**, 436), erstreckt sich aber nicht auf das, was der Abgeordnete vor Beginn oder nach Ablauf der Wahlperiode erfährt (Kohlhaas GA **58**, 65). 24a

G. **Mitarbeiter von Presse, Rundfunk usw** (Nr 5): 25

a) Der **Schutz des Vertrauensverhältnisses** zwischen Presse und privaten Informanten gehört zu der durch Art 5 I S 2 GG verbürgten Pressefreiheit (BVerfGE **36**, 193, 204 = NJW **73**, 356, 358; **50**, 234, 240; BVerfG NStZ **82**, 253) und unterfällt Art 10 **MRK** (dort 1). Das Zeugnisverweigerungsrecht dient daher nicht in 1. Hinsicht dem Schutz des Verfassers, Einsenders und Gewährsmanns, sondern der im öffentlichen Interesse liegenden Tätigkeit von Presse und Rundfunk (BVerfG aaO; BVerfGE **20**, 162, 176 = NJW **66**, 1603; BGH **28**, 240, 254; vgl auch EGMR NJW **08**, 2563: „Grundvoraussetzung für die Pressefreiheit"). Das Recht eines Journalisten, seine Quelle zu verschweigen, ist echter Bestandteil des Rechts auf Informationsfreiheit und kann daher nicht als einfaches Privileg angesehen werden, das ihm je nach Rechtmäßigkeit oder Unrechtmäßigkeit der Information gewährt oder entzogen wird (EGMR NJW **08**, 2565). Es besteht auch, wenn der Informant die Aussage wünscht (Bremen JZ **77**, 444). Andererseits hat der Informant keinen Rechtsanspruch darauf, dass der Pressemitarbeiter von seinem Zeugnisverweigerungsrecht Gebrauch macht (BVerfG NStZ **82**, 253). Standesrechtlich ist er dazu aber verpflichtet (Löffler/Achenbach 79 ff zu § 23 LPG). 26

Nach Ansicht des BVerfG enthielt Nr 5 aF **keine abschließende Regelung;** vielmehr könne sich ein Zeugnisverweigerungsrecht über Nr 5 hinaus unmittelbar aus Art 5 I S 2 GG ergeben (BVerfGE **25**, 296, 305 = NJW **69**, 1019; BVerfGE **36**, 193, 211 = NJW **74**, 356, 359; BVerfGE **64**, 108, 116 = NStZ **83**, 515 = JZ **83**, 795 mit abl Anm Fezer; ebenso LG Hannover AfP **74**, 670; Jaraß AfP **75**, 215; Löffler AfP **75**, 730 und NJW **78**, 913; **aM** BGH **28**, 240, 254; krit Rengier 107 ff; vgl nun auch § 97 V S 2 2. Hs; erg 6 zu § 70). 27

b) **Personenkreis:** Zur Zeugnisverweigerung sind Personen berechtigt, die bei der Vorbereitung, Herstellung oder Verbreitung von Druckwerken (im Gegensatz zur früheren Regelung müssen es nicht mehr periodische sein), Rundfunksendungen, Filmberichten oder der Unterrichtung oder Meinungsbildung dienenden Informations- und Kommunikationsdiensten berufsmäßig mitwirken oder mitgewirkt haben; auch das wissenschaftliche Publikationswesen zählt hierzu (Greitemann NStZ **02**, 572). 28

Im Gegensatz zur früheren Regelung genügt die Mitwirkung bei **allen Arten von Druckwerken;** es muss sich nicht mehr um periodische Druckwerke handeln (vgl dazu Kramer Kriminalistik **04**, 758, 759). 29

Rundfunksendungen sind Sendungen des Hör- und Bildfunks; Nr 5 gilt daher auch für Mitarbeiter an Fernsehsendungen und nunmehr auch für die in Art 5 I S 2 GG erwähnten Filmberichterstatter. 30

Die **berufsmäßige Mitwirkung** bei der Herstellung oder Verbreitung des Druckwerks oder der Sendung setzt Nr 5 voraus (krit dazu R. Hamm NJW **01**, 270). In Betracht kommen nicht nur Journalisten, Intendanten, Sendeleiter und Archivare, sondern alle Angehörigen des redaktionellen, kaufmännischen und technischen Personals, einschließlich der Hilfspersonen (Stenotypistinnen, Setzergehilfen, Volontäre), sowie Justitiare (LG Hamburg AfP **84**, 172), die auf Grund ihrer beruflichen oder dienstlichen Stellung von der Person des Verfassers, Einsenders oder Gewährsmanns oder von dem Inhalt der Mitteilung Kenntnis erlangen können (Dallinger JZ 53, 436; Kohlhaas NJW **58**, 41). Gleichgültig ist, ob sie die Kenntnis vor oder nach der Veröffentlichung oder Verbreitung des Druckwerks oder der Sendung erlangt haben und ob sie inzwischen aus den Diensten des Presse- oder Rundfunkunternehmens ausgeschieden sind (Löffler/Achenbach 30 zu § 23 LPG; Kohlhaas Löffler-FS 147). Berufsmäßig wirken auch freiberuflich schaffende Journalisten mit (BGH NJW **99**, 2051); auf die Absicht der Gewinnerzie- 31 lung kommt es nicht an (Kohlhaas aaO). Nebenberuflich Mitwirkende handeln nur dann berufsmäßig, wenn sie beabsichtigen, die Tätigkeit durch wiederholte Ausübung zu einer dauernden oder doch wiederkehrenden Beschäftigung zu machen (Kohlhaas aaO). Dazu kann die Mitwirkung in einem Einzelfall ausreichen (BGH **7**, 129). Es genügt nicht, dass der Zeuge ohne berufsmäßige Einbindung in den Medienbereich irgendwann einmal in irgendeiner Weise tätig geworden ist (BT-Drucks 14/5166 S 8). Wer nur gelegentlich Beiträge einsendet, hat somit kein Zeugnisverweigerungsrecht (Kunert MDR **75**, 886).

32 Bei der **Vorbereitung, Herstellung oder Verbreitung** muss die Mitwirkung erfolgen. Mit dem Begriff Vorbereitung wird das Stadium der Informationsbeschaffung erfasst (BVerfGE **10**, 118 = NJW **60**, 29; Bremen JZ **77**, 444), insbesondere durch Rechercheure (Kunert aaO). Herstellen ist die gesamte Tätigkeit, die auf die inhaltliche, sprachliche oder technische Gestaltung der Druckschrift oder Sendung abzielt. Zum Verbreiten gehört jede Handlung, durch die das Druckwerk oder die Sendung veröffentlicht, also dem Publikum zugänglich gemacht wird (BGH **18**, 63; Löffler/Achenbach 36 zu § 23 LPG), auch wenn das nicht öffentl geschieht (Versand an Vereinsmitglieder).

33 c) **Umfang des Zeugnisverweigerungsrechts:** Es bezieht sich auf Personen (Verfasser, Einsender, Informanten), auch wenn sie bei dem Presseorgan tätig sind, und auf Mitteilungen (Beiträge, Unterlagen, Mitteilungen und Materialien für den redaktionellen Teil). Es kann entfallen, wenn der Informant nur bezweckt, durch die Presseveröffentlichung auf sich aufmerksam zu machen (BVerfG NStZ **82**, 253: anonyme „Bekennerbriefe" zu schweren Straftaten).

34 aa) Da die **Person des Informanten** verschwiegen werden darf, brauchen Fragen nach dem Namen, aber auch nach sonstigen Tatsachen, die die Aufdeckung der Identität – auch mittelbar (BGH **36**, 298) – ermöglichen, nicht beantwortet zu werden (Kohlhaas NJW **58**, 42). Wenn jedoch das Presseorgan die Identität des Informanten selbst aufgedeckt hat, besteht wegen der weiteren Einzelheiten, die seine Ermittlung ermöglichen (Aufenthaltsort, Aussehen, Zugang der Information), kein Zeugnisverweigerungsrecht (BGH NJW **99**, 2051; **28**, 240, wo aber zu Unrecht bei überwiegendem Veröffentlichungsbedürfnis und bei außerordentlichem Publizitätsinteresse eine Ausnahme gemacht wird; vgl auch Rengier JZ **79**, 797; Roxin/Schünemann § 26, 25). Auf die sonstigen Umstände der Veröffentlichung, zB auf die an den Informanten geleisteten Zahlungen bezieht sich das Zeugnisverweigerungsrecht nicht, sofern sie nicht für Fahndungsmaßnahmen oder Aufenthaltsermittlungen aufschlussreich sind (BVerfGE **25**, 296, 306 = NJW **69**, 1019; BGH **28**, 240, 256; **aM** SK-Rogall 171).

35 **Verfasser** ist der geistige Urheber des Beitrags, gleichgültig, ob er ihn selbst schriftlich abgefasst oder nur diktiert hat und ob der Beitrag unverändert oder redigiert in die Druckschrift oder Sendung aufgenommen worden ist. Mehrere Urheber sind Mitverfasser (LG Hamburg AfP **84**, 172). Verfasser oder Mitverfasser iS Nr 5 kann auch ein Redakteur oder anderer Mitarbeiter des Presseorgans sein; seine Mitwirkung unterliegt dem Zeugnisverweigerungsrecht (LG Hamburg aaO; LG Heilbronn AfP **84**, 119). Auch die Person des Verfassers, der selbst im Rundfunk spricht, darf verschwiegen werden (Groß NJW **75**, 1763).

36 **Einsender** ist, wer Informationen oder Beiträge, die von anderen Personen verfasst sind, oder Briefe, Aufzeichnungen, Äußerungen oder Stellungnahmen anderer Art einem Presseunternehmen oder Rundfunksender übersendet oder übergibt, auch wenn das nur für Archivzwecke geschieht.

37 **Sonstiger Informant** ist, wer die Anregung für einen Pressebericht oder eine Rundfunksendung gibt oder wer das Material (Schriftstücke, Abbildungen, Tonträger, andere Gegenstände) dazu ganz oder teilw zur Verfügung stellt. Er braucht nichts zu verfassen.

38 bb) **Mitteilungen** dürfen verschwiegen werden, die den bezeichneten Personen in ihrer beruflichen Eigenschaft, nicht als Privatleuten, von Verfassern, Einsendern und sonstigen Informanten gemacht worden sind. Dazu gehört die Tatsache, dass überhaupt eine Mitteilung gemacht worden ist, und alles, was der Presse im Hinblick auf ihre Tätigkeit im Zusammenhang mit einer etwaigen Veröffentlichung im redaktionellen Teil des Druckwerks mitgeteilt worden ist (BGH **28**, 240, 251; vgl auch Rebmann Pfeiffer-FS 230 ff für „Bekennerbriefe" von Terroristen). Auch das Ermöglichen gezielter bestimmter Beobachtungen kann darunter fallen (BGH **28**, 240, 255; LG Heilbronn AfP **84**, 119). Ob die Mitteilungen zur Veröffentlichung geführt haben oder für sie vorgesehen sind, ist gleichgültig (BGH **28**, 240, 251; LG Heilbronn aaO). Geschützt ist auch das nicht zur Veröffentlichung bestimmte sog Hintergrundmaterial (BGH aaO; Bremen JZ **77**, 444; Löffler/Achenbach 58 zu § 23 LPG) und das Archivmaterial (Kohlhaas Löffler-FS 149). Die Mitteilungen müssen den Presse- oder Rundfunkmitarbeitern von außen gemacht worden sein.

Auch auf **selbst erarbeitetes Material** bezieht sich nach der Neuregelung nunmehr das Zeugnisverweigerungsrecht (zum vorherigen Streitstand vgl Ollendorff, Der Schutz der Recherche im strafprozessualen Zeugnisverweigerungsrecht der Medienschaffenden in der BRep Deutschland, 1991); dies war bisher von BGH **36**, 298 = JR **90**, 431 mit abl Anm J. Meyer nur anerkannt worden, wenn die Offenbarung zur Enttarnung des Informanten führen konnte. Jetzt ist es generell auf die selbst recherchierten Materialien (zB Notizen, Negative, Fotos) und auf auch auf solche Wahrnehmungen erweitert worden, die nicht mit einer von Dritten stammenden Information in Zusammenhang stehen (krit dazu Kunert NStZ **02**, 171). 39

Dieses inhaltlich sehr weitgehende, nahezu unumschränkte Zeugnisverweigerungsrecht (vgl Tsambikakis StraFo **02**, 145) erfährt nun aber im Gegensatz zu den sonstigen Fällen der Nr 5 nach II S 2 im staatlichen Strafverfolgungsinteresse wegen des besonderen Gewichts der aufzuklärenden Straftat eine **Einschränkung,** wenn die Aussage zur Aufklärung eines Verbrechens (§ 12 I StGB) beitragen soll oder wenn Gegenstand der Untersuchung ein dort bezeichnetes Vergehen ist; die Aufzählung der in Betracht kommenden Vergehen ist abschließend. Die folgende Subsidiaritätsklausel („... auf andere Weise aussichtslos oder wesentlich erschwert") bezieht sich nach der gesetzlichen Fassung nur auf den Aussagezwang bei Vergehen, bei Verbrechen besteht danach diese Einschränkung nicht (SK-Rogall 182; Löffler/Achenbach 68 zu § 23 LPG); ob das so gewollt war, ist nach den Gesetzesmaterialien unklar, da sie nach dem Vorschlag des BRats (BR-Drucks 688/01) insgesamt gelten sollte und die jetzige Fassung auf einer (nicht mit Gründen versehenen) Empfehlung des Vermittlungsausschusses (BT-Drucks 14/7776) beruht. 39a

Gegen diese Subsidiaritätsregelung hatte die BReg **berechtigte Bedenken** geltend gemacht (BT-Drucks 14/5166 S 9); wegen der Unbestimmtheit der Begriffe dürfte sich die Subsidiaritätsklausel im Ermittlungsverfahren und vor allem in einer Hauptverhandlung als wenig praktikabel erweisen (vgl auch Kramer Kriminalistik **04**, 760); Streitigkeiten darüber, ob dem Zeugen nun ein Zeugnisverweigerungsrecht zusteht oder nicht, scheinen zwangsläufig (so auch SK-Rogall 184; R. Hamm NJW **01**, 270; Kunert NStZ **02**, 172). 39b

Zu II S 2 besteht in II S 3 jedoch wieder eine **Unterausnahme,** wonach der Zeuge in allen Fällen des S 2 die Aussage doch verweigern darf, wenn sie zur Offenbarung der Person des Verfassers, Einsenders oder sonstigen Informanten oder der ihm im Hinblick auf seine Tätigkeit nach I S 1 Nr 5 gemachten Mitteilungen oder deren Inhalts führen würde; hier ist die in BGH **36**, 298 dargelegte Rechtsauffassung vom Gesetzgeber übernommen und der „Gemengelage" zwischen selbstrecherchierten und von Dritten zugetragenen Informationen (Kunert aaO) Rechnung getragen worden. Schon mit dieser Behauptung kann der Zeuge daher der Aussagepflicht entgehen (daher krit KK-Senge 44 c). 39c

cc) **Für den redaktionellen Teil** des Druckwerks, der Rundfunksendung oder des Filmberichts oder für redaktionell aufbereitete Informations- und Kommunika- 40 tionsdienste müssen die Beiträge, Unterlagen, Mitteilungen und Materialien bestimmt sein. Dazu gehören auch die in einer Zeitung veröffentlichten Leserbriefe (KG NJW **84**, 1133). Auf den Anzeigenteil, Werbefunk und Werbefernsehen erstreckt sich das Zeugnisverweigerungsrecht dagegen nicht (Löffler/Achenbach 76 zu § 23 LPG mwN). Eine Ausnahme gilt nach Meinung des BVerfG, wenn der Anzeige eine gleiche oder ähnliche Funktion wie Beiträgen des redaktionellen Teils zukommt (BVerfGE **64**, 108 = JZ **83**, 795 mit abl Anm Fezer: Auftraggeber einer Chiffreanzeige).

41 7) Für die **Ausübung des Zeugnisverweigerungsrechts** gelten die Grundsätze zu § 52 (dort 13 ff). Der Zeuge kann das Geheimnis teilw preisgeben und teilw offenbaren (RG **48**, 269, 272; KK-Senge 7). Die Gründe für die Zeugnisverweigerung braucht er nicht darzulegen (RG **57**, 63, 65; Flor JR **53**, 371); das Gericht kann aber, wenn es Zweifel hat, die eidliche Versicherung nach § 56 verlangen.

42 Der **Widerruf des Verzichts** auf das Zeugnisverweigerungsrecht ist entspr § 52 III S 2 bis zum Schluss der Vernehmung möglich. Die bisherige Aussage bleibt verwertbar, darf aber nicht beeidet werden (KK-Senge 8). Erg 3 zu § 252.

43 Die **verfahrensrechtlichen Folgen** der Weigerung entsprechen denen des § 52 (dort 23 ff). Bei der Beweiswürdigung darf die Zeugnisverweigerung nicht berücksichtigt werden (20 zu § 261).

44 8) Eine **Belehrungspflicht** besteht nicht (BGH NJW **91**, 2844, 2846; GA **69**, 92; VRS **41**, 93). Das Gericht darf davon ausgehen, dass der Zeuge seine Berufsrechte und -pflichten kennt (vgl BGH 4 StR 394/09 vom 4. 2. 2010: dauerhaft in Deutschland aufenthältlicher Geistlicher eines fremden Landes). Nur wenn die Unkenntnis offensichtlich ist, gebietet die Fürsorgepflicht eine Belehrung (BGH MDR **80**, 815 [H]; Dresden NStZ-RR **97**, 238; Molketin MDR **82**, 98; Welp JR **97**, 37).

45 9) Die **Entbindung von der Verschwiegenheitspflicht** (II) führt nur in den Fällen I Nrn 2–3 b zur Aussagepflicht (vgl Theuner [oben 1] 320: kein „Wahlrecht" des Arztes; **aM** für RAe bzw Verteidiger Matt Widmaier-FS 851; Schäfer Hanack-FS 89); einen dieser entzogenen „Kernbereich" der Verteidigung (vgl BGH StV **08**, 284 mit abl Anm Beulke/Ruhmannseder) gibt es nicht (BGH StraFo **10**, 69). In den anderen Fällen kann sie nur die Entschließung des Zeugen beeinflussen. Die Erklärung ist eine Prozesshandlung, die Handlungsfähigkeit voraussetzt (Einl 96 ff). Das Gericht ist nicht, auch nicht aus Fürsorgegründen, verpflichtet, den anwesenden Angeklagten zu befragen, ob er den die Aussage verweigernden Zeugen entbinden wolle (BGH 1 StR 108/75 vom 14. 10. 1975). Die Weigerung des Angeklagten, den Zeugen zu entbinden, hindert diesen nicht an der Aussage. Das Gericht muss ihm daher Gelegenheit geben, sich zu entscheiden (BGH **15**, 200, 202; Frankfurt StV **82**, 414; ANM 797).

46 A. **Zur Entbindung berechtigt** ist jeder, zu dessen Gunsten die Schweigepflicht gesetzlich begründet ist (Hamburg NJW **62**, 689, 691). Sind mehrere geschützt, so müssen alle (gemeinsam oder getrennt) die Erklärung abgeben (Celle wistra **86**, 83; Hamm GA **69**, 220). Für eine GmbH müssen die rechtlichen und faktischen Geschäftsführer die Erklärung abgeben (Celle aaO; LG Hamburg wistra **05**, 394; vgl auch LG Berlin wistra **93**, 278 zum ehemaligen Geschäftsführer), für eine AG oder Genossenschaft der Vorstand; der Insolvenzverwalter allein kann nicht entbinden, auch wenn Straftaten zum Nachteil der Gesellschaft von deren Geschäftsführern begangen worden sind (Düsseldorf StV **93**, 346 mit zust Anm Münchhalffen; Koblenz NStZ **85**, 426; Schleswig NJW **81**, 294; LG Saarbrücken wistra **95**, 239 mit abl Anm Weyand; Dahs Kleinknecht-FS 63; Dierlamm DAV-FS 444; Krause Dahs-FS 360 ff; Pelz 606; Schmitt wistra **93**, 14; Huber-Lotterschmid, Verschwiegenheitspflichten, Zeugnisverweigerungsrechte und Beschlagnahmeverbote zugunsten juristischer Personen, 2006 [zugl Diss Berlin], S 99; **aM**

Nürnberg NJW **10**, 690; Oldenburg NJW **04**, 2176; LG Hamburg NStZ-RR **02**, 12 mwN; Schäfer wistra **85**, 210; krit Haas wistra **83**, 183); bei einem Wechsel in Geschäftsführung oder Vorstand der JP ist sowohl eine Entbindungserklärung des gegenwärtigen als auch eines früheren Vertretungsberechtigten, der dem Zeugen Tatsachen anvertraut hat, erforderlich (eingehend dazu Dierlamm und Krause aaO; vgl auch AG Bonn NJW **10**, 1390 [persönl Beratung] und hierzu R. Hamm NJW **10**, 1332). Hat hingegen einem Zeugen die Tatsachen jemand anvertraut, der nicht zugleich der Geheimnisgeschützte ist, so ist die Entbindung durch den Geheimnisgeschützten erforderlich und ausreichend; der Anvertrauende muss nicht auch noch selbst entbinden (Göppinger NJW **58**, 243). Nur wenn der Beschuldigte selbst dem Zeugen Drittgeheimnisse anvertraut hat, kann sowohl der Dritte als auch der Beschuldigte entbinden (Köln NStZ **83**, 412 mit abl Anm Rogall; Kohlhaas NJW **64**, 1165; **aM** Hamburg NJW **62**, 689, 691; KK-Senge 46; SK-Rogall 198).

B. Die **Erklärung** kann durch schlüssiges Verhalten erfolgen (vgl Hamm Stra- 47
Fo **08**, 386 und Nürnberg NJW **09**, 1761: Vorlage eines ärztlichen Attests zur Entschuldigung des Nichterscheinens im Termin; erg 19 zu § 329). Die Benennung der Vertrauensperson als Zeugen ist als Entbindung zu werten (KK-Senge 50). Die nur mutmaßliche Einwilligung reicht dagegen nicht aus (Solbach DRiZ **78**, 205). Die Erklärung wirkt nur in dem Verfahren, in dem sie abgegeben wird, aber für alle Verfahrensabschnitte. Ob sie wirksam ist, beurteilt das Gericht, nicht der Zeuge (BDiszH NJW **60**, 550). Ist der Geheimnisgeschützte verstorben, so kann die Entbindung in einer zu Lebzeiten abgegebenen Erklärung (München AnwBl. **75**, 159; Solbach aaO), auch in einem nachgelassenen Brief (BDiszH aaO), gesehen werden (vgl auch BGHZ **91**, 392 = NJW **84**, 2893).

Eine **Vertretung** in der Erklärung ist, da es sich um ein höchstpersönliches 48
Recht handelt, unzulässig, auch wenn der Geheimnisgeschützte willensunfähig ist (KK-Senge 48; LR-Ignor/Bertheau 81; **aM** Solbach DRiZ **78**, 207, der § 52 II entspr anwenden will). Nach seinem Tod können weder die Erben noch die nächsten Angehörigen entbinden; wenn der mutmaßliche Wille des Vertretenen nicht festgestellt werden kann, muss der Zeuge selbst entscheiden (BGHZ **91**, 392 = NJW **84**, 2893; BGH MDR **80**, 81 5 [H]; Bay NJW **87**, 1492; Celle NJW **65**, 362; Stuttgart MDR **83**, 236; **aM** LG Hildesheim NStZ **82**, 394; Solbach DRiZ **78**, 204).

C. **Beschränkbar und widerrufbar** ist die Entbindung, beschränkbar aber 49
nicht auf einzelne Tatsachen, sondern nur auf Tatsachenkomplexe (Hamburg NJW **62**, 689; **aM** Theuner [oben 1] 317), widerrufbar in entspr Anwendung des § 52 III S 2 (BGH **18**, 146, 149; Hamburg aaO). Der Widerruf muss ausdrücklich – wenn auch nicht unter Verwendung dieses Wortes – erklärt werden (BGH **42**, 73, 75 = JR **97**, 33 mit Anm Welp). Bei Teilentbindung kann der Zeuge über diese Grenze hinaus aussagen, wenn er einen Rechtfertigungsgrund (oben 5) hat. Hatte der Zeuge zunächst ausgesagt, wegen des Widerrufs der Entbindung aber dann die weitere Aussage verweigert, so ist die Aussage verwertbar (KMR-Neubeck 41). Die Niederschrift kann in der Hauptverhandlung verlesen werden; § 252 gilt nicht (BGH **18**, 146; SK-Rogall 209; **aM** Hamburg NJW **62**, 689, 691).

10) Revision: Dass der Zeuge sich zu Unrecht für die Zeugnisverweigerung 50
oder den Verzicht darauf entschieden hat, kann nicht gerügt werden (BGH **9**, 59; BGHR Schweigepflicht 1), auch nicht das Unterlassen einer Belehrung (oben 44). Revisibel sind aber die unrichtige Belehrung und der unrichtige Hinweis darauf, dass eine Entbindung nach II erfolgt ist (BGH **42**, 73 = JR **97**, 33 mit Anm Welp; Schwaben NStZ **02**, 295). Hat das zur Aussage des Zeugen geführt, so ist die Revision begründet, wenn das Urteil auf ihr beruht (ANM 498; Fezer JuS **78**, 472; Philipps Bockelmann-FS 837; einschr RG **57**, 63, 65; **66**, 273; **71**, 21; Köln OLGSt § 261 S 99: nicht, wenn dem Zeugen die Entschließungsfreiheit erhalten geblieben ist; Grünwald JZ **66**, 498: nicht bei Preisgabe von Drittgeheimnissen); Beanstandung nach § 238 II ist nicht erforderlich (BGH **42**, 73, 77; KK-Senge 56).

Die Rüge kann jeder Angeklagte erheben, zu dessen Nachteil die Aussage verwertet worden ist, auch wenn er nicht zu den Personen gehört, die durch das Zeugnisverweigerungsrecht unmittelbar geschützt sind (BGH **33**, 148 = JR **86**, 33 mit Anm Hanack = NStZ **85**, 374 mit Anm Rogall; **aM** Grünwald aaO). Verweigert der Zeuge auf Grund unrichtiger Belehrung die Aussage, so ist § 245 verletzt, wenn er präsent ist, sonst § 244 II (BGH NStZ **94**, 94; Welp Gallas-FS 408; erg 35 zu § 52; 18 zu § 55).

Zeugnisverweigerungsrecht der Berufshelfer

53a **I [1]Den in § 53 Abs. 1 Satz 1 Nr. 1 bis 4 Genannten stehen ihre Gehilfen und die Personen gleich, die zur Vorbereitung auf den Beruf an der berufsmäßigen Tätigkeit teilnehmen. [2]Über die Ausübung des Rechtes dieser Hilfspersonen, das Zeugnis zu verweigern, entscheiden die in § 53 Abs. 1 Satz 1 Nr. 1 bis 4 Genannten, es sei denn, dass diese Entscheidung in absehbarer Zeit nicht herbeigeführt werden kann.**

II Die Entbindung von der Verpflichtung zur Verschwiegenheit (§ 53 Abs. 2 Satz 1) gilt auch für die Hilfspersonen.

1 **1)** Zur **Verhinderung von Umgehungen** des Zeugnisverweigerungsrechts nach § 53 I S 1 Nrn 1–4 dehnt die Vorschrift dieses Recht, entspr § 203 III StGB, auf die Hilfspersonen (Berufsgehilfen und Personen, die sich auf den Beruf vorbereiten) aus. Für Personen, die selbst ein Zeugnisverweigerungsrecht nach § 53 haben (hinzugezogener Arzt, Sozius des RA), hat § 53a keine Bedeutung (Kohlhaas GA **58**, 72). Für das Beschlagnahmerecht wird die Vorschrift durch § 97 III, IV ergänzt.

2 **2) Hilfspersonen.** Vorausgesetzt wird weder ein soziales Abhängigkeitsverhältnis noch eine berufsmäßige Tätigkeit (eingehend SK-Rogall 7 ff und Eisenberg-FS 600). Daher fallen auch ständig oder gelegentlich mithelfende Familienmitglieder des Arztes oder RA unter § 53a (Krekeler/Schonard wistra **98**, 138). Keine Hilfspersonen sind selbstständige Gewerbetreibende, die für einen Berufsausübenden iS § 53 I S 1 Nrn 1–4 Einzelaufträge erledigen, zB der von einem RA beauftragte Detektiv (KK-Senge 3; Starke Rudolphi-Symp 87; **aM** LG Frankfurt a. M. NJW **59**, 589; Bockemühl 47; Jungfer StV **89**, 504; Krey pE 71), der EDV-Experte (Spatschek Hamm-FS 743) oder Gutachter (LG Essen StraFo **96**, 92 mit abl Anm Oster; abl auch Krekeler/Schonard aaO und Schäfer Hanack-FS 92 [anders aber S 96], die jedoch das Verbot erweiternder Auslegung [2 zu § 53] nicht gebührend berücksichtigen; ferner Beulke Lüderssen-FS 698; KK-Senge 3 hält § 53a für anwendbar, solange der Verteidiger das Gutachten nicht in das Verfahren einführt; weitergehend Münchhalffen StraFo **01**, 167 und Richter II-FS 407), der selbstständig für einen Zahnarzt tätige Zahntechniker (KK-Senge 3; **aM** LBerufsG für Zahnärzte Stuttgart NJW **75**, 2255) und der von einem Arzt herbeigerufene Krankentransportfahrer (KK-Senge 3; **aM** Kohlhaas NJW **67**, 666); zum Kreditinstitut hinsichtlich eines RA- oder Notaranderkontos vgl Frankfurt NJW **02**, 1135, 1136 und weiter die Nachw bei Rau wistra **06**, 413 (erg 12, 40 zu § 97). Bei Strafverteidigern will Krause StraFo **98**, 1 ff den Begriff des Gehilfen weiter fassen, da die überkommene Auslegung „in einem veralteten Bild von Verteidigung wurzelt“ und systematisch und verfassungsrechtlich unvertretbar sei. § 53a ist nicht anwendbar, wenn zwischen der Tätigkeit des Hauptberufsträgers und des Gehilfen kein unmittelbarer Zusammenhang besteht (vgl Hamm NStZ **10**, 164), zB bei Banken, privatärztlichen Verrechnungsstellen, Datenbanken, Krankenkassen, Berufskammern (LR-Ignor/Bertheau 3; Lenckner, Arzt und Recht, 1966, S 167) und beim Hauspersonal, sofern es nicht ausnahmsweise bei der Berufsarbeit hilft (Bedienung des Telefons, Empfang von Patienten), sowie beim technischen Personal (Boten, Kraftfahrer, Heizer, Putzfrauen usw).

Im Einzelnen kommen in Betracht die für den **Geistlichen** in der Seelsorge, nicht bei damit nicht unmittelbar zusammenhängenden Tätigkeiten, mithelfenden Personen (Rogall Eisenberg-FS 603; Stromberg MDR **74**, 892). 3

Bei **Rechtsanwälten** sind es die juristischen Mitarbeiter (nicht als RA zugelassene Volljuristen, Referendare, Studenten), der zugezogene Dolmetscher (LG Verden StV **96**, 371 L) und das Büropersonal. 4

Beim **Arzt** zählen hierzu die von ihm herangezogenen Psychologen (Hoffmann NJW **71**, 1440) und anderen Spezialisten (Kohlhaas NJW **72**, 1502) sowie die für ihn tätigen Krankenpfleger, Krankenschwestern (Hamm NStZ **10**, 164), Wochenpflegerinnen, Masseure, Bademeister, medizinisch-technische Assistentinnen und Studenten, aber auch Sekretärinnen und Buchhalter (Kleinewefer/Wilts NJW **64**, 430), im Krankenhaus neben diesen Hilfspersonen auch der Verwaltungsdirektor (Köln VRS **84**, 103; Oldenburg NStZ **83**, 39 mit abl Anm Pelchen; **aM** Kreuzer NJW **75**, 2235), nicht aber das übrige Verwaltungs- und Hilfspersonal (KK-Senge 2; weitergehend Kohlhaas NJW **72**, 1509). 5

Beim **Abgeordneten** sind es die Assistenten und Sekretärinnen, auch ihm zuarbeitende Fraktionsreferenten sowie bei ihm in Ausbildung befindliche Personen, nicht die Wahlhelfer (LR-Ignor/Bertheau 7). 6

3) Abgeleitet vom Zeugnisverweigerungsrecht des Hauptberufsträgers ist das Schweigerecht der Hilfspersonen (BGH **9**, 59, 61; LG Köln NJW **59**, 1598). Der Hauptberufsträger entscheidet nach I S 2 über die Aussagepflicht seiner Hilfspersonen mit bindender Wirkung (zu den Besonderheiten bei gemeinsamer Berufsausübung vgl Thielen StraFo **00**, 121); eine Ausnahme gilt, wenn die Entscheidung in absehbarer Zeit nicht herbeigeführt werden kann (Tod, Erkrankung, längere Abwesenheit). Eine Aussage der Hilfsperson entgegen der ihr erteilten Weisung ist verwertbar (KK-Senge 8; LR-Ignor/Bertheau 8; **aM** SK-Rogall 43; Rengier 324 Fn 48). Zum Beschwerderecht des Hauptberufsträgers vgl Köln StV **91**, 506 mit Anm Münchhalffen. 7

Einheitlich muss die Entscheidung des Hauptberufsträgers nicht sein. Er kann selbst das Zeugnis verweigern, die Hilfspersonen aber zur Aussage anweisen (SK-Rogall 33) oder umgekehrt verfahren (KK-Senge 7; **aM** LG Köln NJW **59**, 1598). Er kann auch einer Mehrzahl von Hilfspersonen unterschiedliche Anweisungen für ihr Aussageverhalten geben. 8

Im **Verfahren gegen den Hauptberufsträger** steht der Hilfsperson kein Zeugnisverweigerungsrecht zu (**aM** SK-Rogall 36), sofern nicht ein Dritter, dem der Hauptberufsträger nach § 203 StGB zum Schweigen verpflichtet ist, Mitbeschuldigter ist und sich die Aussage auf ihn beziehen soll; dann gilt § 53 a (LBerufsG Stuttgart NJW **75**, 2255; KK-Senge 9; weitergehend LR-Ignor/Bertheau 11; Schliwienski NJW **88**, 1507: Zeugnisverweigerungsrecht stets, wenn die Rechte der durch § 203 StGB, §§ 53, 53 a geschützten Personen betroffen werden). 9

4) Die **Entbindung** des Hauptberufsträgers von der Schweigepflicht nach § 53 II erstreckt sich auf die Hilfspersonen (II). Sie ist unteilbar. Der Hauptberufsträger und seine Gehilfen können nur gemeinsam entbunden oder nicht entbunden werden (SK-Rogall 37; anders *de lege ferenda* Theuner [1 zu § 53] 320). 10

5) Revision: Vgl 50 zu § 53. Die in BGH **9**, 59 dargelegten Grundsätze gelten auch hier (BGH 4 StR 457/89 vom 5. 9. 1989). 11

Verschwiegenheitspflicht öffentlich Bediensteter **RiStBV 66**

54 **I Für die Vernehmung von Richtern, Beamten und anderen Personen des öffentlichen Dienstes als Zeugen über Umstände, auf die sich ihre Pflicht zur Amtsverschwiegenheit bezieht, und für die Genehmigung zur Aussage gelten die besonderen beamtenrechtlichen Vorschriften.**

II Für die Mitglieder des Bundestages, eines Landtages, der Bundes- oder einer Landesregierung sowie für die Angestellten einer Fraktion des Bundestages und eines Landtages gelten die für sie maßgebenden besonderen Vorschriften.

III Der Bundespräsident kann das Zeugnis verweigern, wenn die Ablegung des Zeugnisses dem Wohl des Bundes oder eines deutschen Landes Nachteile bereiten würde.

IV Diese Vorschriften gelten auch, wenn die vorgenannten Personen nicht mehr im öffentlichen Dienst oder Angestellte einer Fraktion sind oder ihre Mandate beendet sind, soweit es sich um Tatsachen handelt, die sich während ihrer Dienst-, Beschäftigungs- oder Mandatszeit ereignet haben oder ihnen während ihrer Dienst-, Beschäftigungs- oder Mandatszeit zur Kenntnis gelangt sind.

1 **1)** Die **Verschwiegenheitspflicht,** die für Angehörige des öffentlichen Dienstes gesetzlich oder durch Tarifvertrag bestimmt ist, überträgt § 54 ohne Abänderung auf das Verfahrensrecht. Die Vorschrift schützt nur öffentliche Geheimhaltungsinteressen, nicht amtlich bekanntgewordene Privatgeheimnisse (KMR-Neubeck 1; **aM** Rengier 47 ff), und hat daher für das Post-, Steuer- und Sozialgeheimnis (3 ff zu § 161) keine Bedeutung. Die Pflicht, diese Geheimnisse zu wahren, folgt unmittelbar aus den entspr Vorschriften.

2 § 54 schafft ein **Beweiserhebungsverbot** (Rengier 42; Welp Gallas-FS 422). Aussagepflicht und Aussagebefugnis entfallen, soweit die Amtsverschwiegenheit reicht (BGH MDR **52**, 659 [D]; Hamburg NStZ **94**, 98). Eine Belehrung des Zeugen darüber ist nicht vorgeschrieben und kann daher unterbleiben (LR-Ignor/Bertheau 1). Erst wenn die Aussagegenehmigung erteilt wird, tritt die allgemeine Zeugenpflicht wieder in Kraft (Rengier 42). Die ohne Genehmigung gemachte Aussage ist aber verwertbar (Rogall ZStW **91**, 35; Roxin/Schünemann § 24, 47; str). § 54 gilt auch für Vernehmungen durch StA (§ 161 a I S 2) und Polizei und auch für Aussagen nach dem Ausscheiden aus dem öffentlichen Dienst bzw nach Beendigung der Beschäftigungs- oder Mandatszeit (IV). Auf Beschuldigte findet sie keine (entspr) Anwendung (LR-Ignor/Bertheau 3); zu deren Konflikt zwischen Aussagefreiheit und Verschwiegenheitspflicht Bohnert NStZ **04**, 301; Einl 80.

3 **2) Personenkreis** (I):

4 A. **Beamte:** Der Begriff umfasst unmittelbare und mittelbare Bundes- und Landesbeamte, auch Ehrenbeamte (KK-Senge 6; Feller JZ **61**, 628). In Betracht kommen nur Personen, die unter Berufung in das Beamtenverhältnis in einem öffentlichen Dienst- und Treueverhältnis zum Bund, einem Land, einer Gemeinde oder einer Körperschaft, Anstalt oder Stiftung des öffentlichen Rechts stehen (§ 4 BBG, § 3 I BeamtStG). Die Verschwiegenheitspflicht, die zu den hergebrachten Grundsätzen des Berufsbeamtentums gehört und nach Art 33 V GG Verfassungsrang hat (BVerwGE **66**, 39 = NJW **83**, 638), folgt für Bundesbeamte aus §§ 67–69 BBG, für Landesbeamte aus § 37 BeamtStG. Die Vorschriften lauten:

5 ***§ 67 BBG Verschwiegenheitspflicht***

I 1 Beamtinnen und Beamte haben über die ihnen bei oder bei Gelegenheit ihrer amtlichen Tätigkeit bekannt gewordenen dienstlichen Angelegenheiten Verschwiegenheit zu bewahren. 2 Dies gilt auch über den Bereich eines Dienstherrn hinaus sowie nach Beendigung des Beamtenverhältnisses.

II 1 Absatz 1 gilt nicht, soweit

1. *Mitteilungen im dienstlichen Verkehr geboten sind,*
2. *Tatsachen mitgeteilt werden, die offenkundig sind oder ihrer Bedeutung nach keiner Geheimhaltung bedürfen, oder*
3. *gegenüber der zuständigen obersten Dienstbehörde, einer Strafverfolgungsbehörde oder einer von der obersten Dienstbehörde bestimmten weiteren Behörde oder außerdienstlichen Stelle ein durch Tatsachen begründeter Verdacht einer Korruptionsstraftat nach den §§ 331 bis 337 des Strafgesetzbuches angezeigt wird.*

[2] Im Übrigen bleiben die gesetzlich begründeten Pflichten, geplante Straftaten anzuzeigen und für die Erhaltung der freiheitlichen demokratischen Grundordnung einzutreten, von Absatz 1 unberührt.

III [1] Beamtinnen und Beamte dürfen ohne Genehmigung über Angelegenheiten nach Absatz 1 weder vor Gericht noch außergerichtlich aussagen oder Erklärungen abgeben. [2] Die Genehmigung erteilt die oder der Dienstvorgesetzte oder, wenn das Beamtenverhältnis beendet ist, die oder der letzte Dienstvorgesetzte. [3] Hat sich der Vorgang, der den Gegenstand der Äußerung bildet, bei einem früheren Dienstherrn ereignet, darf die Genehmigung nur mit dessen Zustimmung erteilt werden.

IV [1] Beamtinnen und Beamte haben, auch nach Beendigung des Beamtenverhältnisses, auf Verlangen der oder des Dienstvorgesetzten oder der oder des letzten Dienstvorgesetzten amtliche Schriftstücke, Zeichnungen, bildliche Darstellungen sowie Aufzeichnungen jeder Art über dienstliche Vorgänge, auch soweit es sich um Wiedergaben handelt, herauszugeben. [2] Entsprechendes gilt für ihre Hinterbliebenen und Erben.

§ 68 BBG Versagung der Aussagegenehmigung 6

I Die Genehmigung, als Zeugin oder Zeuge auszusagen, darf nur versagt werden, wenn die Aussage dem Wohle des Bundes oder eines deutschen Landes Nachteile bereiten oder die Erfüllung öffentlicher Aufgaben ernstlich gefährden oder erheblich erschweren würde.

II [1] Sind Beamtinnen oder Beamte Partei oder Beschuldigte in einem gerichtlichen Verfahren oder soll ihr Vorbringen der Wahrnehmung ihrer berechtigten Interessen dienen, darf die Genehmigung auch dann, wenn die Voraussetzungen des Absatzes 1 erfüllt sind, nur versagt werden, wenn die dienstlichen Rücksichten dies unabweisbar erfordern. [2] Wird die Genehmigung versagt, haben die oder der Dienstvorgesetzte der Beamtin oder dem Beamten den Schutz zu gewähren, den die dienstlichen Rücksichten zulassen.

III [1] Über die Versagung der Genehmigung entscheidet die oberste Dienstbehörde. [2] Sie kann diese Befugnis auf andere Behörden übertragen.

§ 69 BBG Gutachtenerstattung 6a

[1] Die Genehmigung, ein Gutachten zu erstatten, kann versagt werden, wenn die Erstattung den dienstlichen Interessen Nachteile bereiten würde. [2] § 68 Abs. 3 gilt entsprechend.

§ 37 BeamtStG Verschwiegenheitspflicht 7

I [1] Beamtinnen und Beamte haben über die ihnen bei oder bei Gelegenheit ihrer amtlichen Tätigkeit bekannt gewordenen dienstlichen Angelegenheiten Verschwiegenheit zu bewahren. [2] Dies gilt auch über den Bereich eines Dienstherrn hinaus sowie nach Beendigung des Beamtenverhältnisses.

II [1] Absatz 1 gilt nicht, soweit

1. *Mitteilungen im dienstlichen Verkehr geboten sind,*
2. *Tatsachen mitgeteilt werden, die offenkundig sind oder ihrer Bedeutung nach keiner Geheimhaltung bedürfen, oder*
3. *gegenüber der zuständigen obersten Dienstbehörde, einer Strafverfolgungsbehörde oder einer durch Landesrecht bestimmten weiteren Behörde oder außerdienstlichen Stelle ein durch Tatsachen begründeter Verdacht einer Korruptionsstraftat nach den §§ 331 bis 337 des Strafgesetzbuches angezeigt wird.*

[2] Im Übrigen bleiben die gesetzlich begründeten Pflichten, geplante Straftaten anzuzeigen und für die Erhaltung der freiheitlichen demokratischen Grundordnung einzutreten, von Absatz 1 unberührt.

III [1] Beamtinnen und Beamte dürfen ohne Genehmigung über Angelegenheiten, für die Absatz 1 gilt, weder vor Gericht noch außergerichtlich aussagen oder Erklärungen abgeben. [2] Die Genehmigung erteilt der Dienstherr oder, wenn das Beamtenverhältnis beendet ist, der letzte Dienstherr. [3] Hat sich der Vorgang, der den Gegenstand der Äußerung bildet, bei einem früheren Dienstherrn ereignet, darf die Genehmigung nur mit dessen Zustimmung erteilt werden. [4] Durch Landesrecht kann bestimmt werden, dass an die Stelle des in den Sätzen 2 und 3 genannten jeweiligen Dienstherrn eine andere Stelle tritt.

IV [1] Die Genehmigung, als Zeugin oder Zeuge auszusagen, darf nur versagt werden, wenn die Aussage dem Wohl des Bundes oder eines deutschen Landes erhebliche Nachteile bereiten oder die Erfüllung öffentlicher Aufgaben ernstlich gefährden oder erheblich erschweren würde. [2] Durch Landesrecht kann bestimmt werden, dass die Verweigerung der Genehmigung zur Aussage vor Untersuchungsausschüssen des Deutschen Bundestages oder der Volksvertretung eines Landes einer Nachprüfung unterzogen werden kann. [3] Die Genehmigung, ein Gutachten zu erstatten, kann versagt werden, wenn die Erstattung den dienstlichen Interessen Nachteile bereiten würde.

V [1] Sind Beamtinnen oder Beamte Partei oder Beschuldigte in einem gerichtlichen Verfahren oder soll ihr Vorbringen der Wahrnehmung ihrer berechtigten Interessen dienen, darf die Genehmigung auch dann, wenn die Voraussetzungen des Absatzes 4 Satz 1 erfüllt sind, nur versagt werden, wenn die dienstlichen Rücksichten dies unabweisbar erfordern. [2] Wird sie versagt, ist Beamtinnen oder Beamten der Schutz zu gewähren, den die dienstlichen Rücksichten zulassen.

VI 1 Beamtinnen und Beamte haben, auch nach Beendigung des Beamtenverhältnisses, auf Verlangen des Dienstherrn oder des letzten Dienstherrn amtliche Schriftstücke, Zeichnungen, bildliche Darstellungen sowie Aufzeichnungen jeder Art über dienstliche Vorgänge, auch soweit es sich um Wiedergaben handelt, herauszugeben. 2 Die gleiche Verpflichtung trifft ihre Hinterbliebenen und Erben.

8 B. **Richter:** Nach §§ 46, 71 I DRiG gelten die beamtenrechtl Vorschriften. Das Genehmigungserfordernis besteht auch, wenn ein Richter über seine strafprozessualen Untersuchungshandlungen als Zeuge vernommen wird, auch in dem Verfahren, in dem er tätig geworden ist (KK-Senge 4; SK-Rogall 14). Die ehrenamtl Richter haben mit Ausnahme der landwirtschaftl Beisitzer in Landwirtschaftssachen (§ 5 III S 2 des Ges über das gerichtl Verfahren in Landwirtschaftssachen vom 21. 7. 1953 [BGBl I 667], idF des Ges vom 22. 7. 2001 [BGBl I 1887]) keine über die Pflicht zur Wahrung des Beratungsgeheimnisses (§ 45 I S 2 DRiG) hinausgehende Verschwiegenheitspflicht. Für die Richter des BVerfG fehlt eine gesetzl Regelung; es ist streitig, ob der Richter selbst (LR-Ignor/Bertheau 5), der Senat (EbSchmidt Nachtr 5) oder das Plenum (KK-Senge 5) die Entscheidung treffen muss.

9 C. **Angestellte des öffentlichen Dienstes:** Ihre Verschwiegenheitspflicht richtet sich entgegen dem Wortlaut von I nicht nach beamtenrechtlichen, sondern nach tarifvertraglichen Vorschriften und besteht daher nur in den durch Gesetz vorgesehenen oder vom Arbeitgeber angeordneten Fällen (§ 3 I Tarifvertrag für den öffentlichen Dienst [Bund, Kommunen], § 9 BAT [Berlin, Hessen], § 3 II Tarifvertrag für den öffentlichen Dienst der Länder [übrige Bundesländer]). Für die Versagung der Aussagegenehmigung gelten dagegen § 68 BBG, § 37 IV BeamtStG.

10 D. **Andere Personen des öffentlichen Dienstes** sind zur Verschwiegenheit verpflichtet, wenn ihre Tätigkeit mit der einer Behörde in weitestem Sinn zusammenhängt und nicht nur untergeordneter oder mechanischer Art ist. Dem Bereich der staatlichen oder kommunalen Verwaltung muss sie nicht unbedingt zuzuordnen sein. In Betracht kommen etwa Gemeinderatsmitglieder (OVG Münster MDR **55**, 61), Schiedsmänner (BVerwGE **18**, 58 = NJW **64**, 1088; Hamm NJW **68**, 1440), Geistliche, soweit nicht § 53 I S 1 Nr 1 anzuwenden ist (KK-Senge 8; Stromberg MDR **74**, 292; weitergehend Feller JZ **61**, 629; Rengier 44), wohl auch Mitarbeiter kirchlicher Beratungsstellen (Köln StraFo **99**, 90; Hiebl StraFo **99**, 89), Geschäftsführer einer Kreishandwerkschaft (LG Aachen NJW **54**, 1213), nicht aber Mitarbeiter öffentlich-rechtlicher Kreditinstitute (KMR-Neubeck 6; **aM** KK-Senge 8; Sichtermann, Bankgeheimnis und Bankauskunft, 3. Aufl, 1984, S 334 mwN). Eingehend hierzu SK-Rogall 24 ff. Zur Verschwiegenheitspflicht der Datenschutzbeauftragten vgl LR-Ignor/Bertheau 10.

11 **V-Leute** der Polizei und der Nachrichtendienste fallen unter diesen Personenkreis nur, wenn sie hauptberuflich mit festen Bezügen angestellt sind (vgl Freeden Polizei **58**, 71), aber auch dann, wenn sie nach dem Verpflichtungsgesetz vom 2. 3. 1974 (BGBl I 469, 547) besonders zur Verschwiegenheit verpflichtet worden sind (BGH **31**, 148, 156; NStZ **81**, 70; **83**, 228, 230; **84**, 31; Celle NStZ **83**, 570; Hamburg NStZ **94**, 98; **aM** AK-Kühne 23; ANM 455 mwN; J. Meyer ZStW **95**, 846; ob BGH **40**, 211, 213 hierfür herangezogen werden kann, wie Lesch JA **95**, 699 annimmt, erscheint fraglich). Auf den gemäß § 3 und § 10 ZSHG (10 vor § 48) förmlich verpflichteten Zeugen ist § 54 I nicht (entspr) anwendbar (BGH **50**, 318 = JR **06**, 343 mit zust Anm Eisenberg/Reuther).

12 E. **Soldaten** sind keine Personen des öffentlichen Dienstes. § 54 gilt aber entspr (KK-Senge 10). Die Verschwiegenheitspflicht ergibt sich aus § 14 SG:

13 ***§ 14 SG Verschwiegenheit***

I 1 Der Soldat hat, auch nach seinem Ausscheiden aus dem Wehrdienst, über die ihm bei oder bei Gelegenheit seiner dienstlichen Tätigkeit bekannt gewordenen Angelegenheiten Verschwiegenheit zu bewahren. 2 Dies gilt nicht, soweit

1. Mitteilungen im dienstlichen Verkehr geboten sind,

2. Tatsachen mitgeteilt werden, die offenkundig sind oder ihrer Bedeutung nach keiner Geheimhaltung bedürfen, oder

3. gegenüber der zuständigen obersten Dienstbehörde, einer Strafverfolgungsbehörde oder einer von der obersten Dienstbehörde bestimmten weiteren Behörde oder außerdienstlichen Stelle ein durch Tatsachen begründeter Verdacht einer Korruptionsstraftat nach den §§ 331 bis 337 des Strafgesetzbuches angezeigt wird.

[3] Im Übrigen bleiben die gesetzlich begründeten Pflichten, geplante Straftaten anzuzeigen und für die Erhaltung der freiheitlichen demokratischen Grundordnung einzutreten, von Satz 1 unberührt.

II [1] Der Soldat darf ohne Genehmigung über solche Angelegenheiten weder vor Gericht noch außergerichtlich aussagen oder Erklärungen abgeben. [2] Die Genehmigung erteilt der Disziplinarvorgesetzte, nach dem Ausscheiden aus dem Wehrdienst der letzte Disziplinarvorgesetzte. [3] Die §§ 68 und 69 des Bundesbeamtengesetzes gelten entsprechend.

III (nicht abgedruckt)

F. Für **EG-Bedienstete** gilt Art 19 der VO Nr 31 (EWG) 11 (EAG) über das Statut der Beamten und über die Beschäftigungsbedingungen für die sonstigen Bediensteten der EWG und der EAG vom 18. 12. 1961 (BGBl 1962 II 953, 959, 997) idF der VO (EWG) des Rates vom 29. 2. 1968 (ABl EG Nr L 56 S 1). Danach dürfen diese Personen die ihnen bei ihrer amtlichen Tätigkeit bekanntgewordenen Tatsachen nur mit Zustimmung der Anstellungsbehörde bei Gericht vorbringen oder über sie aussagen. Die Zustimmung darf nur versagt werden, wenn die Interessen der Gemeinschaft es erfordern und die Versagung für den Beamten keine strafrechtlichen Folgen haben kann. 14

G. **Ehemalige Bedienstete** der Staatsverwaltung der ehemaligen **DDR** können sich nicht mehr auf ihre Schweigepflicht berufen; entspr Verpflichtungen sind mit der Wiedervereinigung am 3. 10. 1990 weggefallen (Rein/Hilger DtZ **93**, 261). 14a

3) Zeugnisverweigerung: Ob eine Ausnahme von der Verschwiegenheitspflicht besteht, weil die Tatsache offenkundig, dh allgemein bekannt oder allgemein zugänglich (Kube/Leineweber 116; erg 51 zu § 244), oder ihrer Bedeutung nach nicht geheimhaltungsbedürftig ist (§ 67 BBG, § 37 II Nr 2 BemtStG, § 14 I S 2 SG), entscheidet zunächst der Zeuge selbst. Hat er auch nur Zweifel an seiner Berechtigung zur Aussage, so darf und muss er das Zeugnis verweigern (RG **48**, 38; KK-Senge 12; Welp Gallas-FS 422). Das Gericht darf ihn über offenbar geheimhaltungsbedürftige Tatsachen nicht vernehmen, auch wenn er aussagebereit ist (Kube/Leineweber 116; Welp aaO); ein Verwertungsverbot begründet der Verstoß aber nicht (ANM 499 mwN). Ermittlungspersonen der StA (§ 152 GVG) dürfen stets vernommen werden, sofern die zuständige Behörde nicht angeordnet hat, dass allgemein oder für bestimmte Einzelfälle eine Aussagegenehmigung erforderl ist (LR-Ignor/Bertheau 14; Böhm NStZ **83**, 158; Krause/Nehring Einl 324; **aM** Kube/Leineweber 116, die in jedem Falle eine Genehmigung für erforderl halten). Das Gleiche gilt für den Vertreter der Gerichtshilfe (vgl Eisenberg NStZ **86**, 309 für den Vertreter der Jugendgerichtshilfe; **aM** Brunner/Dölling 14 zu § 38 **JGG**). 15

4) Aussagegenehmigung: 16

A. **Einholung:** Bevor nicht versucht worden ist, bei der zuständigen Stelle (BGH NStZ **01**, 656) die Aussagegenehmigung zu erlangen, darf von der Vernehmung des Zeugen wegen fehlender Genehmigung nicht abgesehen werden (BGH **29**, 390, 392). Zur Einholung ist das Gericht, die StA oder die Polizeibehörde verpflichtet, die den Zeugen vernehmen will (RiStBV 66 I S 1). Dem Zeugen darf die Beschaffung der Genehmigung nicht aufgegeben werden (Kube/Leineweber 117). Zweifel an der Aussageberechtigung sind durch eine Anfrage bei dem Dienstvorgesetzten zu klären (RiStBV 66 I S 2). Die Aussagegenehmigung können auch die Prozessbeteiligten beantragen, die sich auf den Zeugen berufen (BVerwGE **34**, 252 = NJW **71**, 160; VGH München NJW **80**, 198), auch der Nebenkläger (KK-Senge 13), nicht aber der Privatkläger (BVerwG aaO; LR-Ignor/Bertheau 15; **aM** SK-Rogall 46). 17

In dem **Antrag** müssen die Vorgänge, über die der Zeuge vernommen werden soll, kurz, aber erschöpfend angegeben werden (RiStBV 66 III S 1). Das kann durch Mitteilung der Beweisfragen, aber auch, was zweckmäßiger ist, allgemein durch Bezeichnung des gesamten Beweisthemas geschehen. 18

19 B. **Zuständig für die Erteilung** der Aussagegenehmigung ist der gegenwärtige Dienstvorgesetzte des Zeugen, bei Beendigung des Dienstverhältnisses der letzte Dienstvorgesetzte (§ 67 III S 2 BBG, § 37 III S 2 BeamtStG; oben 5, 7); wegen des Wechsels des Dienstherrn vgl § 67 III S 3 BBG, § 37 III S 3 BeamtStG. Der Disziplinarvorgesetzte ist zuständig, wenn der Zeuge verschiedenen staatlichen Stellen untersteht. Bei Ermittlungspersonen der StA ist der polizeiliche Dienstvorgesetzte zuständig, nicht der Leiter der StA (Hamm JMBlNW **56**, 36; KK-Senge 14; LR-Ignor/Bertheau 17). Die Genehmigung erteilt die Behörde idR schriftlich; bei Eilbedürftigkeit genügt mündliche oder telefonische Genehmigung (LR-Ignor/Bertheau 18).

20 C. **Die Versagung der Genehmigung** ist nur unter den Voraussetzungen der § 68 I BBG, § 37 IV S 1 BeamtStG (oben 6, 7) zulässig. Dabei ist zu beachten, dass es dem Wohle des Bundes auch dann Nachteile bereitet, wenn ein V-Mann einer Lebens- oder Leibesgefahr ausgesetzt wird (BVerfGE **57**, 250, 285 = NJW **81**, 1719, 1723 ff; BGH **33**, 83 = JZ **85**, 494 mit Anm Fezer). Sind die tatbestandlich beschriebenen Nachteile nicht zu befürchten, ist die Genehmigung zu erteilen (BVerwGE **34**, 252 = NJW **71**, 160; VGH München **80**, 198); andernfalls entscheidet die Behörde nach pflichtgemäßem Ermessen. Dabei muss sie sich am Gebot einer rechtsstaatlichen Verfahrensgestaltung orientieren. Sie darf nicht allein die von ihr wahrzunehmenden Aufgaben zur Entscheidungsgrundlage machen, sondern muss die Bedeutung der gerichtlichen Wahrheitsfindung für die Sicherung der Gerechtigkeit und das Gewicht des Freiheitsanspruchs des Beschuldigten angemessen berücksichtigen (BGH **32**, 115, 124 [GSSt]; vgl auch BVerfGE **57**, 250, 283 ff = NJW **81**, 1719, 1724; BVerwGE **66**, 39 = NJW **83**, 638); insbesondere ist auch das Recht des Beschuldigten auf umfassende Verteidigung zu beachten (dazu eingehend BGH NJW **07**, 3010 mit Anm Niehaus NStZ **08**, 354 und Wohlers JR **08**, 127 sowie Laue ZStW **120**, 246; erg 9 und 14 zu § 96). Über die Versagung entscheidet bei Bundesbeamten die oberste Dienstbehörde, die diese Befugnis aber auf andere Behörden übertragen kann (§ 68 III BBG; oben 6); entspr Regelungen enthalten die meisten Landesbeamtengesetze.

21 Zur **Begründung** genügen zwar allgemeine Angaben über die Versagungsgründe. Die Behörde muss aber die Gründe ihrer Weigerung so weit verständlich machen, dass das Gericht in die Lage versetzt wird, auf die Beseitigung etwaiger Hindernisse hinzuwirken und auf die Bereitstellung des bestmöglichen Beweises zu dringen (BGH **29**, 109, 112; vgl auch BVerfGE **57**, 250, 290, 293 = NJW **81**, 1719, 1725; BVerwGE **66**, 39 = NJW **83**, 638; OVG Berlin StV **84**, 279; Fezer JuS **87**, 360).

22 Die Genehmigung kann unter **Beschränkung** auf einzelne Tatkomplexe oder Fragen erteilt werden (BGH **17**, 382, 384; MDR **52**, 659 [D]; Fezer JuS **78**, 474). Insbesondere kann die Person des Anzeigeerstatters oder die Angabe der Person des V-Manns von der Genehmigung ausgenommen werden (BGH aaO; Hamm NJW **70**, 821; Stuttgart NJW **72**, 67; **aM** BGH JR **69**, 305 mit Anm Koffka); zur Geheimhaltung der Identität des Zeugen vgl § 68 III-V (erg 4 zu § 247).

23 Der **Widerruf** der Genehmigung ist zulässig. Zur Verwertbarkeit zuvor gemachter Aussagen vgl 4 zu § 252.

24 D. **Bindende Wirkung** hat die behördliche Entscheidung. Ist die Genehmigung erteilt, muss der Zeuge vernommen werden, auch wenn das Gericht Bedenken gegen die Offenbarung seines Wissens hat (Kube/Leineweber 124). Ist sie versagt oder nur in beschränktem Umfang erteilt, so ist die Vernehmung ganz oder in diesem Umfang verboten (BGH **17**, 382, 384; Celle MDR **59**, 414; Hamm NJW **70**, 821; MDR **76**, 1040), auch wenn das Gericht die Versagungsgründe für gesetzwidrig hält (RG **44**, 291, 292); notfalls muss es Gegenvorstellungen erheben (BGHR § 244 II Aussagegenehmigung 1; Hamburg NStZ **94**, 98, 99).

25 E. Die **Folge der Genehmigungsversagung** ist in 1. Hinsicht der Wegfall des Zeugen als zulässiges Beweismittel. Er muss zwar einer Ladung vor Gericht folgen; seine Vernehmung ist aber unzulässig (Feller JZ **61**, 630; Fezer JuS **78**, 474; o 24).

Beweisanträge müssen nach §§ 244 III S 1, 245 II S 2 wegen Unzulässigkeit der Beweiserhebung abgelehnt werden (BGH **30**, 34, 37; ANM 456; **aM** BGH MDR **80**, 987 [H], Hamm MDR **76**, 1040, KK-Senge 20, LR-Ignor/Bertheau 26: Unerreichbarkeit; erg 49 zu § 244). Fragen an den Zeugen, die von der Aussagegenehmigung nicht gedeckt sind, müssen nach § 241 II zurückgewiesen werden (Celle HESt **2**, 79; Fezer aaO; Kube/Leineweber 124). Aussagen des Zeugen im Vorverfahren dürfen nach der Versagung der Genehmigung nicht, auch nicht durch Vernehmung der Verhörsperson, verwertet werden (Celle MDR **59**, 414).

Bei der **Beweiswürdigung** darf die Versagung der Aussagegenehmigung berücksichtigt werden (20 zu § 261); dass die Beweistatsachen zutreffen, wird nicht als wahr unterstellt (LR-Ignor/Bertheau 28; SK-Rogall 69). **26**

F. **Anfechtung:** Die Aufklärungspflicht kann gebieten, dass das Gericht gegen die Versagung der Genehmigung Gegenvorstellungen erhebt (BGH NStZ **81**, 70; Fezer JuS **78**, 484), sofern die Entscheidung ermessensfehlerhaft erscheint oder nicht hinreichend begründet worden ist (BGH **32**, 115, 125 ff [GSSt]; **33**, 178, 180; **42**, 175, 177 = NStZ **96**, 608 mit zust Anm Geerds; Hamm NJW **70**, 821; Schlüchter 481), nicht aber, wenn sie offenbar berechtigt ist (BGH NJW **81**, 770; NStZ **85**, 446). Auch die Erhebung einer Dienstaufsichtsbeschwerde kann angebracht sein (SK-Rogall 67). Sie kann auch von jedem Beteiligten erhoben werden, der an der Vernehmung des Zeugen interessiert ist (VG Wiesbaden NJW **50**, 699 mit Anm Werner; LR-Ignor/Bertheau 23). **27**

Im **Verwaltungsrechtsweg** können Verfahrensbeteiligte, die ein rechtliches Interesse an der Aussage haben, auch Privat- und Nebenkläger (M. J. Schmid JR **78**, 8), nicht aber Gericht oder StA (Laue ZStW **120**, 260; J. Meyer ZStW **95**, 842; erg 14 zu § 96), die ganz oder teilw versagende Entscheidung anfechten (BVerwGE **18**, 58 = NJW **64**, 1088; BVerwGE **34**, 254 = NJW **71**, 170; VGH München NJW **80**, 198). Da es sich um eine Klage aus dem Beamtenverhältnis iS der §§ 126, 127 BRRG handelt, kommt nur dieser Rechtsweg in Betracht (BVerwGE **66**, 39 = NJW **83**, 638; Stuttgart NJW **85**, 77 = NStZ **85**, 136 mit Anm Hilger; OVG Berlin StV **84**, 280; SK-Rogall 70; vgl auch VG Berlin StV **01**, 269 mit Anm Gusy), der nach § 23 **EGGVG** auch dann nicht, wenn die Aussagegenehmigung für einen Richter oder Justizbeamten versagt worden ist (Hamm NJW **68**, 1440; KK-Senge 20). Der Beamte selbst kann die Erteilung der Aussagegenehmigung nicht anfechten, auch wenn er sich für gefährdet hält (**aM** M. J. Schmid JR **78**, 8). **28**

Einen Anspruch auf **Aussetzung des Verfahrens** bis zur Entscheidung über Gegenvorstellungen, Dienstaufsichtsbeschwerde oder Klage haben die Prozessbeteiligten nicht (LR-Ignor/Bertheau 25; Woesner NJW **61**, 536; **aM** M. J. Schmid aaO). Maßgebend ist vielmehr, ob die Aufklärungspflicht die Aussetzung gebietet (KK-Senge 21; ANM 457; Fezer 15/42 und JuS **78**, 474, der aber JuS **87**, 362 eine Aussetzungsverpflichtung aus Art 19 IV GG herleitet); das ist nicht der Fall, wenn die Klage aussichtslos erscheint (BGH NJW **81**, 770; NStZ **85**, 466) oder das Beschleunigungsgebot überwiegt (BGH NStZ-RR **08**, 65 [B]). **29**

5) Mitglieder oberster Staatsorgane (II): Für Mitglieder des BTages (2 zu § 50) gilt § 44 c AbgG. Für Mitglieder der BReg (5 zu § 50) sind die §§ 6, 7 BMinG maßgebend; sie entsprechen inhaltlich den §§ 67–69 BBG (oben 5, 6). Für die Mitglieder der Landtage und der Landesregierungen (5 zu § 50) gelten die entspr Vorschriften der Länder. **30**

6) Der **Bundespräsident** (III) entscheidet selbst, ob er aussagen will (SK-Rogall 77). Das Gericht darf die Entscheidung weder prüfen, noch eine Begründung oder Glaubhaftmachung verlangen (KK-Senge 24). Entsprechendes gilt für den Präsidenten des BRats, wenn er nach Art 57 GG die Befugnisse des BPräs wahrgenommen hat und hierüber aussagen soll (LR-Ignor/Bertheau 33). **31**

7) Mit der **Revision** kann ein Verstoß gegen § 54 nicht geltend gemacht werden, vom Angeklagten nicht, weil sein Rechtskreis nicht verletzt ist (BGH **32**

NJW **52**, 151; Amelung Schlüchter-GS 433; Kleinknecht NJW **66**, 1539; **aM** LR-Ignor/Bertheau 34; Schlüchter 492; Welp Gallas-FS 423), vom StA nicht, weil die Vernehmung ohne Aussagegenehmigung der Aufklärung nicht schadet, die Versagung der Genehmigung aber bindend ist (SK-Rogall 80). Zulässig ist nur die Aufklärungsrüge, die darauf gestützt werden kann, dass sich das Gericht nicht genügend bemüht hat, die Aussagegenehmigung zu erlangen (KK-Senge 26; oben 27).

Auskunftsverweigerungsrecht **RiStBV 65**

55 **I Jeder Zeuge kann die Auskunft auf solche Fragen verweigern, deren Beantwortung ihm selbst oder einem der in § 52 Abs. 1 bezeichneten Angehörigen die Gefahr zuziehen würde, wegen einer Straftat oder einer Ordnungswidrigkeit verfolgt zu werden.**

II Der Zeuge ist über sein Recht zur Verweigerung der Auskunft zu belehren.

1 **1)** Dem **Schutz des Zeugen,** nicht des Angeklagten oder der anderen Beteiligten, dient die Vorschrift (BGH **1**, 39; **11**, 213 [GSSt]; **17**, 245; VRS **34**, 218; **36**, 23). Sie soll nicht falschen Aussagen des Zeugen vorbeugen (Düsseldorf NStZ **82**, 257 = StV **82**, 344 mit Anm Prittwitz; Zweibrücken NJW **95**, 1301; **aM** Frankfurt NJW **51**, 614; Fezer 15/31 und JuS **78**, 327; Rengier 56ff; Roxin/Schünemann § 24, 48; EbSchmidt JZ **58**, 596), sondern ergänzt nur, um dem Zeugen eine seelische Zwangslage zu ersparen (BGH **9**, 34, 36; **17**, 245), die Aussagefreiheit des Beschuldigten (7 zu § 136) und das Aussageverweigerungsrecht des Zeugen (§ 52) dahin, dass der Zeuge bei einer Aussage weder sich selbst noch einen Angehörigen, der nicht Beschuldigter ist, belasten muss (BVerfGE **38**, 105, 113 = NJW **75**, 103; BVerfG NStZ **85**, 277; BGH **11**, 213, 216 [GSSt]; Rengier 54). Ist der Angehörige der Beschuldigte, so gilt nur § 52 (Fezer 15/33; Geerds Stock-FS 177 Fn 30; **aM** KK-Senge 11; LR-Ignor/Bertheau 3; SK-Rogall 18: Wahlrecht zwischen §§ 52, 55).

2 **2)** Das **Auskunftsverweigerungsrecht** besteht entgegen dem missverständlichen Wortlaut von I nicht nur bei der Befragung nach § 69 II, sondern allgemein (LR-Ignor/Bertheau 5; Geerds Stock-FS 174) und unabhängig davon, ob der Zeuge zuvor (zB im Ermittlungsverfahren) bereits belastende Angaben gemacht hat (Mitsch JZ **92**, 174). Es ist aber kein Zeugnisverweigerungsrecht ieS (BVerfG 2 BvR 941/09 vom 10. 3. 2010; BGH **10**, 104; **27**, 139, 143; **aM** Rengier 53). Nur wenn – wie meist bei Tatbeteiligten, aber vielfach auch schon bei einer Tat Verdächtigen, besonders nach Einleitung eines Ermittlungsverfahrens (KG StraFo **09**, 382, 383) – der gesamte Inhalt der Aussage die Voraussetzungen von I erfüllt, wird das Auskunftsverweigerungsrecht praktisch zum Recht, die Aussage in vollem Umfang zu verweigern (BVerfG 2 BvR 504/08 ua vom 21. 4. 2010; BGH **10**, 104; **17**, 245, 247; NStZ **86**, 181; StV **87**, 328; **02**, 604; NJW **98**, 1728; LG Hamburg NStZ **08**, 588; eingehend dazu Lohberger Müller-FS 411; Thomas NStZ **82**, 493). Gleichgültig ist, ob die verlangte Auskunft den Beschuldigten be- oder entlasten soll (LR-Ignor/Bertheau 7; Hammerstein NStZ **81**, 126). Das Auskunftsverweigerungsrecht besteht schon dann, wenn nur entweder die Bejahung oder die Verneinung einer Frage den Zeugen oder seinen Angehörigen in die Gefahr der Verfolgung bringt; andernfalls würde der Gebrauch des Auskunftsverweigerungsrechts einen Verdachtsgrund gegen ihn oder seinen Angehörigen schaffen (BVerfG NJW **99**, 779; BGH MDR **93**, 722 [H]; NJW **99**, 1413; SK-Rogall 34; Grünwald Klug-FS II 501; Lohberger aaO; Richter II StV **96**, 457).

3 **3) Verfolgungsgefahr:**

4 A. **Wegen einer Straftat oder OWi,** die er früher begangen hat, nicht wegen des Inhalts der Aussage muss dem Zeugen Verfolgung drohen (BGH **50**, 318 mwN; Düsseldorf StV **82**, 344 mit Anm Prittwitz; vgl auch BVerfG NStZ **85**, 277 betr einen früheren Beschuldigten, dessen Einlassung bei seiner Verurteilung für

widerlegt erachtet wurde; ferner Kehr NStZ **97**, 160: Kein Auskunftsverweigerungsrecht für unglaubhafte wahre Aussage; sehr krit Sommer StraFo **98**, 8). Daher genugt es auch nicht, wenn von dem Zeugen eine Aussage verlangt wird, deren Inhalt nach dem Recht eines anderen Staates strafbar ist (LG Stuttgart NStZ **92**, 454 mit Anm Odenthal NStZ **93**, 52; **aM** LG Freiburg NJW **86**, 3036). Der Strafverfolgung steht gleich die Abgeordneten- oder Ministeranklage (BGH **17**, 128, 136) und ähnliches (zw LR-Ignor/Bertheau 9).

§ 55 ist **nicht anwendbar,** wenn nur Verfolgung aus disziplinarrechtlichen (Hamburg MDR **84**, 335; KK-Senge 7; SK-Rogall 49; **aM** Köln NJW **88**, 2487; Baumann Kleinknecht-FS 19) oder ehrenrechtlichen Gründen droht, wenn die Aussage dem Zeugen oder einem Angehörigen zur Unehre gereichen (Bay **78**, 154) oder wenn ein Vermögensnachteil oder der Verlust von Kunst-, Geschäfts- oder Betriebsgeheimnissen eintreten könnte. 5

Strafe oder Geldbuße braucht nicht zu drohen. Ausreichend ist die Gefahr der Anordnung von Sicherungsmaßregeln, auch im Verfahren nach §§ 413 ff, von Erziehungsmaßregeln nach § 9 **JGG** (Geerds Stock-FS 174) und von Zuchtmitteln nach § 13 **JGG** (BGH **9**, 34: mindestens bei Jugendarrest). 6

B. Die sichere **Erwartung der Verfolgung** ist nicht erforderlich. Es genügt, dass die Einleitung eines Ermittlungsverfahrens droht (Hamburg NJW **84**, 1635; Hamm StraFo **98**, 119; Geerds Stock-FS 174), nicht aber eine bloße theoretische Möglichkeit (BGH MDR **94**, 929; NStZ **07**, 278; **10**, 287, 288; BGHR § 55 I Verfolgung 2; LG Hamburg NStZ **08**, 588; Koblenz StV **96**, 474 mit abl Anm Gatzweiler; LG Trier NJW **87**, 2826; vgl auch BGH NStZ **81**, 93 [Pf] und NJW **89**, 2703 zu § 129 a StGB). Ob die Gefahr gegeben ist, hat – wie aus § 56 folgt – der Richter, nicht etwa der Zeuge allein zu beurteilen (LG Hamburg aaO; **aM** Sommer StraFo **98**, 14). Dass der Zeuge eine Straftat oder OWi unmittelbar offenbaren müsste, wird nicht vorausgesetzt. Daher gilt § 55 auch, wenn er über Tatsachen Auskunft geben müsste, die den Verdacht mittelbar begründen (BVerfG NJW **02**, 1411; **03**, 3045; BGHR § 55 I Verfolgung 1; Köln NStZ-RR **05**, 269), zB wenn Fragen ein Teilstück in einem mosaikartigen Beweisgebäude betreffen und demzufolge zu einer Belastung des Zeugen beitragen können (BVerfG 2 BvR 504/08 ua vom 21. 4. 2010; BGH StV **87**, 328; NJW **99**, 1413; StraFo **08**, 423; Celle StV **88**, 99; Köln 2 Ws 588/09 vom 11. 12. 2009 [NStZ-RR **10**, 146 L]; Zweibrücken StV **00**, 606; Lohberger Müller-FS 415). Dasselbe gilt, wenn die Verfolgungsgefahr erst durch die Auskunft herbeigeführt wird, zB nach §§ 153 ff, 164 StGB bei Abweichung von einer Aussage, die der Zeuge (BGH MDR **53**, 402 [D]; NJW **08**, 2038, 2039) oder ein Angehöriger früher gemacht hat. Auch die Gefahr einer ausländischen Strafverfolgung berechtigt zur Auskunftsverweigerung (LG Freiburg NJW **86**, 3036); § 55 verlangt dann aber das Vorliegen von Umständen, die eine konkrete Gefahr dieser Verfolgung begründen (Odenthal NStZ **85**, 117; eingehend dazu – auch zu den Rechtsbehelfen, wenn das Auskunftsverweigerungsrecht vom Gericht nicht anerkannt wird – Ahlbrecht/Börgers ZIS **08**, 218). 7

C. Bei **zweifellos ausgeschlossener Gefahr** besteht kein Weigerungsrecht (BGH **9**, 34; MDR **81**, 632 [H]), zB wenn offensichtlich Rechtfertigungs- oder Entschuldigungsgründe vorliegen (LR-Ignor/Bertheau 14; Geerds Stock-FS 176 Fn 24), wenn der Angehörige verstorben ist oder wenn der Zeuge oder Angehörige bei Tatbegehung strafunmündig war (**aM** Eisenberg GA **01**, 157, sofern dem Kind jetzt oder später erhebliche Konsequenzen drohen). Ein Weigerungsrecht ist auch nicht gegeben, wenn der Zeuge oder Angehörige schon rechtskräftig verurteilt ist (Celle NJW **62**, 2315; Koblenz JBlRP **08**, 295; LG Ravensburg NStZ **08**, 177; vgl auch BGH StraFo **09**, 415; NStZ **10**, 287, 288 zu Besonderheiten bei Organisationsdelikten sowie BVerfG NStZ **85**, 277), auch wenn die Strafe oder Geldbuße noch nicht vollstreckt ist, falls nicht zwischen der abgeurteilten Tat und anderen noch verfolgbaren Taten ein enger Zusammenhang besteht (BGH NStZ **06**, 178; 509; StraFo **09**, 415; 1 StR 399/09 vom 1. 9. 2009; KG StraFo **09**, 8

382; Düsseldorf VRS **111**, 45); dass der nunmehr angeklagte Tatgenosse ihn belastende Angaben des bereits rechtskräftig abgeurteilten Zeugen zum Anlass nehmen könnte, diesen anderer – auch gleichgelagerter – Straftaten zu bezichtigen, begründet kein Weigerungsrecht (BGH NStZ **07**, 278, 279; Köln NStZ **09**, 586). Rechtskraft wegen Versäumung der Rechtsmittelfrist bei gestelltem Wiedereinsetzungsantrag genügt nicht (Celle NStZ **83**, 377). Kein Weigerungsrecht besteht ferner, wenn die Verfolgung wegen eines nicht behebbaren Prozesshindernisses, zB wegen Verjährung (BVerfG DB **75**, 1936; BGH MDR **58**, 14 [D]; vgl aber auch BGH StV **91**, 145 mit Anm Wächtler), Amnestie (BGH **4**, 130; **9**, 34), Fristablaufs bei Antragsdelikten, Strafklageverbrauchs (BGH NJW **99**, 1413 und NStZ **99**, 415, krit dazu Dahs NStZ **99**, 386) oder endgültiger Einstellung nach § 153 a (Bay VRS **78**, 49) ausgeschlossen ist. Die Rechtskraft des Schuldspruchs genügt nicht, soweit der Zeuge strafzumessungsrelevante oder für den sonstigen Rechtsfolgenausspruch bedeutsame Umstände offenbaren müsste, jedoch ist hierbei zu beachten, dass sog doppelrelevante Tatsachen (20 zu § 353) für das weitere Verfahren gegen den Zeugen bindend geworden sind (BGH NJW **05**, 2166).

9 Besteht die **Möglichkeit der Wiederaufnahme** nach §§ 211, 362, so steht der Anwendung des § 55 insoweit (vgl dazu BGH NStZ-RR **05**, 316) weder die rechtskräftige Ablehnung der Eröffnung des Hauptverfahrens (BGH MDR **53**, 402 [D]) noch die rechtskräftige Freisprechung entgegen (BGH StV **84**, 408). Ist nach Einstellung nach §§ 153 ff oder § 45 **JGG** die Verfahrensfortsetzung rechtlich möglich, so kommt es darauf an, ob sie auf Grund der Auskünfte des Zeugen zu erwarten wäre (vgl BGH **10**, 104 für § 45 I S 3 **JGG**). Bei Einstellung wegen dauernder Verhandlungsunfähigkeit nach § 206 a genügt die Möglichkeit der Einleitung eines neuen Verfahren (BGH NStZ **86**, 181).

10 D. Die **Entscheidung über die Verfolgungsgefahr** betrifft eine Rechtsfrage; sie trifft das Gericht, nicht der Zeuge oder Angeklagte (Hamburg NJW **84**, 1635). In der Hauptverhandlung entscheidet zunächst der Vorsitzende, das Gericht nur im Fall des § 238 II (BGH **51**, 144 = NStZ **07**, 230 mit Anm Widmaier = JR **07**, 382 mit Anm Mosbacher). Maßgebend sind immer die Umstände des Einzelfalls (BGH **1**, 39; **10**, 104); dem Tatrichter kommt ein Beurteilungsspielraum zu (BVerf 2 BvR 504/08 ua vom 21. 4 2010). Das Verlangen nach Glaubhaftmachung (§ 56) steht im Ermessen des Gerichts (BGH MDR **71**, 188 [D]).

11 **4)** Die **Auskunftsverweigerung** muss ausdrückl erklärt werden; der Zeuge darf die belastenden Tatsachen nicht einfach verschweigen (BGH **7**, 127; **21**, 167, 171; vgl auch BVerfGE **38**, 105, 113 = NJW **75**, 103). Die Entscheidung über die Selbstbelastung trifft immer der Zeuge selbst nach seinem eigenen freien Ermessen, auch der verstandesunreife. Nur wenn Angehörige gefährdet werden, gilt § 52 II entspr (LR-Ignor/Bertheau 18). Die Erklärung kann bis zum Schluss der Vernehmung abgegeben werden (Celle NJW **58**, 72, 74); wahrheitswidr Angaben bei dieser Vernehmung können bis zu diesem Zeitpunkt widerrufen werden (vgl auch BGH NStZ **82**, 431: stillschweigender Widerruf durch Geltendmachen des Auskunftsverweigerungsrechts). Widerrufbar ist nicht nur die Auskunftsverweigerung, sondern auch der Verzicht auf sie; § 252 gilt dann nicht (dort 5). Zum Recht des Zeugen auf Beiziehung eines anwaltl Beistandes vgl §§ 68 b, 161 a I S 2, 163 III S 1 (erg 11 vor § 48).

12 **5)** Die **verfahrensrechtliche Folge** der erklärten (nicht bloß möglichen) Auskunftsverweigerung ist die Unzulässigkeit der (weiteren) Befragung zu diesem Punkt (BGH **47**, 220, 223). Fragen können nach § 241 II (BGH **50**, 318), Beweisanträge nach §§ 244 III S 1, 245 II S 2 als unzulässig abgelehnt werden (SK-Rogall 56; ANM 253 ff, 825; **aM** BGH NStZ **86**, 181: Ungeeignetheit des Beweismittels; erg 61 zu § 244). Die bisherigen Angaben des Zeugen bleiben aber verwertbar (BGH **47**, 221; StV **97**, 512; KG StraFo **09**, 382, 383; Rengier NStZ **98**, 48). § 252 gilt nicht; auch für die Angaben vor der Hauptverhandlung besteht kein Verwertungsverbot (BGH **6**, 209, 211; **17**, 245; Bay **84**, 1 = NJW **84**, 1246; Dölling NStZ **88**, 8; **aM** SK-Rogall 63; Hanack JZ **72**, 238 und Schmidt-Leichner-FS 92; Rengier 236).

Zulässig sind die Vernehmung der Verhörsperson (BGH aaO; MDR **68**, 202 [D]; **73**, 19 [D]) und Vorhalte (28 zu § 249), nicht jedoch die Protokollverlesung nach § 251 I Nr 2 (vgl 11 zu § 251; anders bei gleichzeitiger Weigerung eines Auslandszeugen, in die BRep einzureisen oder in seiner Heimat auszusagen [BGH 4 StR 619/09 vom 2. 3. 2010]). Das Unterlassen der Belehrung nach II begründet kein Verwertungsverbot (BGH **11**, 213, 218 [GSSt]; ANM 489 mwN; str). Zur Berücksichtigung der Auskunftsverweigerung bei der Beweiswürdigung vgl 20 zu § 261.

Die **Pflicht zur Eidesleistung** wird durch die Verweigerung der Auskunft auf einzelne Fragen nicht berührt (BGH **6**, 382). 13

6) Die **Belehrung** schreibt II zwingend vor (KK-Senge 17; LR-Ignor/Bertheau 32; **aM** Koffka JR **68**, 30: Sollvorschrift), auch wenn schon nach § 52 III S 1 belehrt worden ist (Bay **84**, 1 = NJW **84**, 1246). Sie entfällt aber, wenn nur der beschuldigte Angehörige verfolgungsgefährdet und der Zeuge nach § 52 III S 1 belehrt worden ist (KK-Senge 18; **aM** KMR-Neubeck 13; Schlüchter 494.1). Die Belehrung ist niemals gesetzwidrig (BGH MDR **53**, 402 [D]; Oldenburg NJW **61**, 1225), sollte aber bei nicht offensichtlich Tatbeteiligten nicht schon bei Beginn der Vernehmung, sondern erst erfolgen, wenn Grund zu der Annahme, nicht nur die theoretische Möglichkeit besteht, dass die Voraussetzungen von I vorliegen (BGH MDR **53**, 402 [D]; Frankfurt NJW **51**, 614; eine möglichst frühzeitige Belehrung empfehlen Eser ZStW **86** Beih 165; Montenbruck ZStW **89**, 883; Rogall 189 und NJW **78**, 2537). Belehrt wird allgemein unter Hinweis auf § 55 oder in der Weise, dass dem Zeugen die Fragen bezeichnet werden, die er nicht zu beantworten braucht (BGH aaO). Der Richter ist befugt, den Zeugen hierbei über Umstände zu unterrichten, die für die vom Zeugen zu treffende Entscheidung von Bedeutung sein können (BGH 4 StR 275/09 vom 12. 11. 2009). Ggf (oben 2) ist er dahin zu belehren, dass er die ganze Aussage verweigern kann (BGH MDR **53**, 402 [D]). 14

Die Belehrung ist **Sache des Vorsitzenden;** das Gericht entscheidet nur im Fall des § 238 II (BGH StraFo **09**, 145). Die Belehrung ist eine wesentliche Förmlichkeit iS §§ 168 a I, 273 I S 1 (Bay **64**, 141 = JZ **65**, 291 mit abl Anm Sarstedt). 15

7) Die **Revision** kann auf die berechtigte Auskunftsverweigerung nicht gestützt werden (LR-Ignor/Bertheau 39). Sie kann nur rügen, das Gericht habe gegen § 244 II verstoßen, weil es die unberechtigte Weigerung aus Rechtsirrtum (Verkennung der Begriffe Angehörige oder Verfolgung) hingenommen hat. Die tatsächliche Beurteilung der Verfolgungsgefahr kann nicht zur Nachprüfung gestellt werden (BGH **10**, 104; **43**, 321; NStZ **06**, 178). 16

Das **Unterlassen der Belehrung** begründet die Revision des Angeklagten nach hM nicht, weil § 55 nicht seinem Schutz dient (BGH **1**, 39; **11**, 213 [GSSt]; NStZ **83**, 354 [Pf/M]; **85**, 493 [Pf/M]; NStZ-RR **10**, 66 [C/Z]; ANM 489; Rogall JZ **96**, 953; **aM** LR-Ignor/Bertheau 41; Bernsmann StraFo **98**, 74; Fezer 15/37; Peters 353; Rengier 311 ff; abl auch Hauf NStZ **93**, 457 und wistra **95**, 53; gegen ihn Bauer NJW **94**, 2531 und wistra **96**, 46; vgl auch Roxin/Schünemann § 24, 48 [Beweiswürdigungslösung]; abwegig Gallandi NStZ **91**, 119; erg 19 zu § 337), die der StA nicht, weil der Verstoß die Sachaufklärung nicht beeinträchtigen konnte. In einem späteren Verfahren gegen den Zeugen führt das Unterlassen der Belehrung dagegen zu einem Verwertungsverbot (Celle NStZ **02**, 386; SK-Rogall 79; Grünwald JZ **66**, 499 Fn 97; vgl auch Bay **84**, 1 = NJW **84**, 1246; Karlsruhe StraFo **02**, 291), falls der Verwertung in der Hauptverhandlung widersprochen worden ist (Bay **01**, 64 = NZV **01**, 525; erg 25 zu § 136). 17

Die **unrichtige Belehrung** kann nicht gerügt werden, wenn der Zeuge die Auskunft nicht verweigert hat (BGH NStZ **81**, 93 [Pf]). Hat er sie verweigert, so ist § 245 verletzt, wenn er präsent ist (BGH MDR **74**, 16 [D]; Hamm VRS **45**, 123; ANM 797 mwN), sonst § 244 II (BGH MDR **53**, 402 [D]; SK-Rogall 80). Die Rüge ist nur zulässig, wenn vorher der Zwischenrechtsbehelf des § 238 II (oben 10) erhoben worden ist (BGH **51**, 144 = NStZ **07**, 230 mit Anm Widmaier = JR **07**, 382 mit Anm Mosbacher; erg 22 zu § 238). 18

Glaubhaftmachung des Verweigerungsgrundes

56 [1]**Die Tatsache, auf die der Zeuge die Verweigerung des Zeugnisses in den Fällen der §§ 52, 53 und 55 stützt, ist auf Verlangen glaubhaft zu machen.** [2]**Es genügt die eidliche Versicherung des Zeugen.**

1 **1)** Das **Verlangen nach Glaubhaftmachung** (S 1) steht im Ermessen des Gerichts. Es kann der Erklärung des Zeugen über das Vorliegen der tatsächlichen Voraussetzungen der §§ 52, 53, 55 (auch des § 53a) ohne weiteres glauben (BGH NJW **72**, 1334; MDR **71**, 188 [D]). Bezweifelt es sie, so ist idR das Verlangen nach eidlicher Versicherung geboten (BGH NJW **72**, 1334; StV **84**, 450; LG Hamburg VRS **74**, 442; offengelassen bei BGH NStZ **86**, 84). Das Verlangen stellt in der Hauptverhandlung der Vorsitzende (BGH MDR **71**, 188 [D]), das Gericht nur im Fall des § 238 II. Anträge der Prozessbeteiligten können ohne Begründung abgelehnt werden (KMR-Neubeck 5; SK-Rogall 6; **aM** LR-Ignor/Bertheau 3).

2 **2) Gegenstand der Glaubhaftmachung** sind die zur Zeugnisverweigerung berechtigenden Tatsachen, die nicht offenkundig sind (BGH **28**, 240, 258). Bei § 52 kommen insbesondere die die Verlobung begründenden Tatsachen in Betracht (BGH NJW **72**, 1334; DAR **77**, 178 [Sp]), bei § 53 die Tatsachen, aus denen sich das Schweigerecht (Anvertrautsein oder Bekanntwerden bei der Berufsausübung) ergibt. Im Fall des § 55 dürfen Angaben über die Tat, derentwegen Verfolgungsgefahr besteht, nicht verlangt werden; denn das wäre ohne Selbstbelastung des Zeugen nicht möglich (BGH StV **87**, 328). Die Glaubhaftmachung erstreckt sich daher nur auf die Annahme des Zeugen, dass diese Gefahr vorliegt (BGH StV **86**, 282; LG Hamburg VRS **74**, 442; Hammerstein NStZ **81**, 125).

3 **3) Glaubhaftmachung:** Vgl 5ff zu § 26; 6ff zu § 45; der Satz *in dubio pro reo* gilt nicht (BGH **21**, 334, 352; NStZ **83**, 354 [Pf/M]). Eidliche Versicherung iS S 2 ist die Eidesleistung nach § 64 (auch die Versicherung nach § 67) oder die Bekräftigung nach § 65. Nicht anwendbar ist § 62. An die Stelle der Eidesnorm tritt die glaubhaft zu machende Tatsache. Das Eidesverbot des § 60 Nr 1 ist zu beachten; § 60 Nr 2 gilt nicht, weil sonst die Glaubhaftmachung im Fall des § 55 ausgeschlossen wäre (KK-Senge 6). Das Gericht darf zur Glaubhaftmachung niemals mehr als den Eid verlangen, kann sich aber mit eidesstaatlichen Versicherungen zufrieden geben (Köln StraFo **02**, 131; SK-Rogall 13). Auch der Eid unterliegt der freien Beweiswürdigung (LG Hamburg NStZ **08**, 588).

4 **4)** Die **Revision** setzt die Beanstandung nach § 238 II voraus (SK-Rogall 18). Dass das Gericht das Zeugnisverweigerungsrecht ohne Glaubhaftmachung anerkannt hat, kann nur gerügt werden, wenn die Entscheidung erkennbar auf Rechtsirrtum beruht (BGH NJW **72**, 1334; MDR **71**, 188 [D]; LR-Ignor/Bertheau 10).

Zeugenbelehrung **RiStBV 130**

57 [1]**Vor der Vernehmung werden die Zeugen zur Wahrheit ermahnt und über die strafrechtlichen Folgen einer unrichtigen oder unvollständigen Aussage belehrt.** [2]**Auf die Möglichkeit der Vereidigung werden sie hingewiesen.** [3]**Im Fall der Vereidigung sind sie über die Bedeutung des Eides und darüber zu belehren, dass der Eid mit oder ohne religiöse Beteuerung geleistet werden kann.**

1 **1) Mündlich und vor der Vernehmung** ist die Zeugenbelehrung zu erteilen, auch wenn sie schon in der Ladungsschrift enthalten war (LR-Ignor/Bertheau 1; Lorenz DRiZ **65**, 158; vgl aber Bringewat MDR **84**, 451, der eine gemischt mündlich/schriftliche Belehrung empfiehlt). In der Hauptverhandlung ist die gleichzeitige Belehrung aller nach Aufruf (§ 243 I S 1) erschienenen Zeugen zulässig.

2 **2)** Aus **Ermahnung** zur Wahrheit**, Belehrung** über die Möglichkeit der Vereidigung und **Hinweis** auf die strafrechtlichen Folgen nach §§ 153, 154, 161 StGB, uU auch auf die nach §§ 257, 258 StGB, besteht die richterliche Zeugenbelehrung. Nur im Fall der Vereidigung erfolgt eine weitere Belehrung nach S 3 iVm § 64 I, II, IV, dabei aber nicht auf die Möglichkeit zusätzlicher Beteuerung nach § 64 III und nicht auf § 65. Der StA (§ 161 a I S 2) ermahnt nur zur Wahrheit. Die richterliche Belehrung bezieht sich auch auf die Angaben zur Person (§ 68 I).

3 Eine Warnung vor unwahrer Aussage während der Vernehmung ist zulässig (BGH StV **84**, 99, 101), insbesondere durch **Wiederholung** der Belehrung (BGH **3**, 199), durch Hinweise auf die Bekundungen anderer Zeugen (RG **54**, 297) und durch vollständige Niederschrift der Aussage nach § 273 III mit dem Hinweis, dass sie zur Grundlage eines Ermittlungsverfahrens gemacht werden kann.

4 **3)** Die **Form** des Hinweises und der Belehrung steht im richterlichen Ermessen (Bay **78**, 154). Die Bedeutung der Zeugenpflicht muss deutlich gemacht werden. Ist eine Eidesbelehrung nach S 3 erforderlich, muss sie in angemessener und wirkungsvoller Weise (Hülle DRiZ **53**, 89; RiStBV 130 S 1) eine genügende Vorstellung vom Wesen und der Bedeutung des Eides vermitteln, sofern sie nicht, bei rechtskundigen Zeugen, vorausgesetzt werden kann.

5 Üblicherweise wird die Belehrung in das **Protokoll** aufgenommen. Um eine wesentliche Förmlichkeit iS des §§ 168 a I, 273 I handelt es sich aber nicht (KK-Senge 6; **aM** LR-Ignor/Bertheau 8; zw SK-Rogall 11; vgl auch RiStBV 130 S 2); daher gilt auch die Vermutung des § 274 nicht (BGH DAR **58**, 99 [M]).

6 **4) Informatorische Befragungen** ohne Belehrung sieht das Gesetz nicht vor (BGH MDR **74**, 369 [D]; Celle StV **95**, 292; Köln StV **88**, 289; **99**, 8; ANM 127, 172). Personen, die als Zeugen in Betracht kommen, können jedoch in dieser Weise darüber gehört werden, ob sie überhaupt etwas von dem Fall wissen (RG **66**, 113, 115; Bay **53**, 137 = NJW **53**, 1524). Zulässig sind auch informatorische Befragungen zur Vorbereitung der Vernehmung, zB über für Identität oder Zeugnisverweigerungsrecht erhebliche Tatsachen, Befragungen ohne Verbindung mit der Aussage, zB über den Aufenthalt eines anderen Zeugen und formlose Befragungen im Zusammenhang mit der Augenscheinseinnahme (ANM 125, 258; erg 12 zu § 249).

7 **5) Revision:** § 57 ist eine nur im Interesse des Zeugen erlassene Ordnungsvorschrift, auf deren Verletzung die Revision nicht gestützt werden kann (BGH VRS **22**, 144; **36**, 23; NStZ **83**, 354 [Pf/M]), auch nicht iVm § 244 II unter dem Gesichtspunkt der Verletzung der Aufklärungspflicht (KK-Senge 7; **aM** Bernsmann StraFo **98**, 75).

Vernehmung; Gegenüberstellung **RiStBV 18**

58 **I Die Zeugen sind einzeln und in Abwesenheit der später zu hörenden Zeugen zu vernehmen.**

II Eine Gegenüberstellung mit anderen Zeugen oder mit dem Beschuldigten im Vorverfahren ist zulässig, wenn es für das weitere Verfahren geboten erscheint.

1 **1)** Die **Einzelvernehmung** (I) ist die Regel. Gegenüberstellungen (unten 10) kommen erst in Betracht, wenn jeder Zeuge vorher einzeln vernommen worden ist. I gilt in allen Verfahrensabschnitten, auch bei Vernehmungen durch StA (§ 161 a I S 2) und Polizei (§ 163 a V).

2 **2) In Abwesenheit der später anzuhörenden Zeugen** (I) ist der Zeuge zu vernehmen. Er soll seine Aussage ohne Kenntnis dessen machen, was Angeklagte und andere Beweispersonen bekunden; dadurch soll seine Unbefangenheit und die

Selbstständigkeit der Darstellung erhalten bleiben (BGH **3**, 386, 388; MDR **55**, 396 [D]). Gespräche des Zeugen mit bereits vernommenen Zeugen in Verhandlungspausen verbietet § 58 nicht (BGH NJW **62**, 260).

3 A. **Für alle Zeugen** gilt I, auch für den sachverständigen Zeugen (LR-Ignor/Bertheau 2), den StA (BGH NJW **87**, 3088, 3090; **aM** Häger Meyer-GedSchr 182) und den Wahlverteidiger als Zeugen (18 vor § 48) und den als Zeugen zu vernehmenden Beistand nach § 149 (BGH **4**, 205). Dagegen haben das Recht auf Anwesenheit während der ganzen Verhandlung der Einziehungs- und Verfallsbeteiligte, der Antragsteller im Adhäsionsverfahren nach §§ 403 ff, der Nebenkläger nach § 397 I S 1 (vgl auch BGH MDR **52**, 532 [D]; VRS **48**, 18; Gollwitzer Schäfer-FS 78) sowie zum Anschluss als Nebenkläger Befugte (§ 406 g I S 2), und, mit der Einschränkung des § 51 II–V **JGG** die nach § 67 **JGG** beteiligten Erziehungsberechtigten und gesetzlichen Vertreter (zusammenfassend Pfordte Müller-FS 551). Wegen des Sachverständigen vgl § 80 II, wegen des Anwesenheitsrechts des von dem Zeugen zugezogenen Rechtsbeistandes 11 vor § 48.

4 B. Die **Reihenfolge der Vernehmung** der erschienenen Zeugen steht im richterlichen Ermessen (BGH **2**, 110; NJW **62**, 260). Fürsorge- und Aufklärungspflicht können es beschränken. Kinder und Jugendliche sollten möglichst vor den anderen Zeugen vernommen und sodann entlassen werden (RiStBV 135 II). Der Beistand sollte so bald wie möglich vernommen werden, damit er seine Rechte wahrnehmen kann (BGH **4**, 205). Entsprechendes gilt für die zur Anwesenheit berechtigten Zeugen (oben 3). Unzulässig ist die Vernehmung der Verhörsperson über die Aussage eines zur Zeugnisverweigerung Berechtigten, bevor dieser sich zur Aussage bereit erklärt hat (BGH **2**, 110; **7**, 194, 197; **25**, 176, 177).

5 C. Die **Abwesenheit des Zeugen bis zu seiner Vernehmung** kann das Gericht notfalls dadurch erzwingen, dass es ihn mit Gewalt aus dem Saal entfernen lässt (§§ 176, 177 GVG). Auch Zuhörer, deren Vernehmung beantragt oder vom Gericht für erforderlich gehalten wird, sind aus dem Sitzungssaal zu weisen; ihre zwangsweise Entfernung verstößt nicht gegen § 169 GVG (BGH **3**, 386; NStZ **01**, 163; StV **02**, 6 mit abl Anm Reichert); jedoch dürfen Zuhörer nicht pauschal wegen eines Gruppenmerkmals ausgeschlossen werden (BGH StV **03**, 659: sämtliche armenische Zuhörer). Andererseits macht seine Anwesenheit vor der Vernehmung den Zeugen nicht zu einem ungeeigneten Beweismittel. Er kann als Zeuge vernommen werden (OGH **2**, 19; Rudolphi MDR **70**, 99), und Beweisanträge dürfen nicht mit der Begründung abgelehnt werden, er sei vorher Zuhörer gewesen (KG VRS **38**, 56).

6 D. **Nach der Vernehmung** steht der Zeuge bis zu seiner Entlassung (vgl RiStBV 135 S 1) zur Verfügung des Gerichts (§ 248). Das Gericht kann seine Anwesenheit auch nach der Entlassung dulden, kann ihn aber auch entfernen (BGH NJW **62**, 260); denn I bedeutet nicht, dass die Zeugenvernehmung in Anwesenheit der bereits gehörten Zeugen stattfinden muss (BGH MDR **55**, 396 [D]; RG **48**, 211). Eine Entfernung des Zeugen kommt insbesondere in Betracht, wenn eine ergänzende Vernehmung oder eine Gegenüberstellung beabsichtigt oder wenn zu besorgen ist, dass ein anderer Zeuge in seiner Gegenwart nicht die Wahrheit sagen werde (KK-Senge 5; **aM** Schneiders StV **90**, 91). Das Gericht entscheidet hierüber nach pflichtgemäßem Ermessen ohne Bindung an Anträge (RG aaO).

7 **3) Gegenüberstellungen** (II):

8 A. **Schon im Vorverfahren** sind Gegenüberstellungen zulässig, wenn sie zur Sachaufklärung geboten erscheinen. Ein Zeuge kann durch richterliche Anordnung verpflichtet werden, sich zur Gegenüberstellung bei der Polizei einzufinden (LG Hamburg MDR **85**, 72). In der Hauptverhandlung können Gegenüberstellungen ohne besondere gesetzliche Grundlage im Rahmen des § 244 II vorgenommen werden. Einen Rechtsanspruch darauf hat der Angeklagte nicht (BGH NJW **60**, 2156, 2157; MDR **74**, 724 [D]; **76**, 17 [D]; DAR **79**, 190 [Sp]); der

Antrag auf Gegenüberstellung ist kein Beweisantrag iS § 244 III (dort 26). Bittet der Vorsitzende während der Hauptverhandlung die Polizei eine Wahlgegenüberstellung durchzuführen, sollte er der Verteidigung Gelegenheit zur Teilnahme daran geben; verpflichtet sind er und die Polizei hierzu aber nicht (vgl BGH NStZ **10**, 53 mit krit Anm Schneider).

B. Bei der **Identifizierungsgegenüberstellung** (vgl allg: Odenthal, Die Gegenüberstellung im Strafverfahren, 3. Aufl, 1999) wird die zu identifizierende Person in Augenschein genommen und nur der andere Teil als Zeuge vernommen (KG NJW **79**, 1668). Die Gegenüberstellung ist Teil dieser Vernehmung (KG JR **79**, 347; Rogall MDR **75**, 814). Der Zeuge ist daher zur Mitwirkung verpflichtet, wenn er kein Aussageverweigerungsrecht nach §§ 52 ff hat (KK-Senge 8). Der Gegenübergestellte muss sich von ihm in Augenschein nehmen lassen, auch wenn er als Beschuldigter die Einlassung (BGH **34**, 39, 49; KG NJW **79**, 1668; JR **79**, 347; Bremen MDR **70**, 165; Rogall 57) oder als Zeuge die Aussage verweigert (KMR-Neubeck 9; **aM** KK-Senge 8 unter Hinweis auf BGH NJW **60**, 2156; erg 23 zu § 52; 5 zu § 133). Die Rechtspflicht des Beschuldigten, sich einem Zeugen gegenüberstellen zu lassen, ergibt sich aus II (BGH 1 StR 653/70 vom 20. 7. 1970; KG JR **79**, 348). Eine Mindermeinung hält die Gegenüberstellung dagegen für eine Maßnahme nach § 81 b (SK-Rogall 35; Roxin/Schünemann § 33, 16; Schlüchter 185), die wohl hM hält sie für eine körperliche Untersuchung nach § 81 a (Kratzsch JA **81**, 617; Odenthal S 57 ff und NStZ **85**, 434); beides mit Recht abl Welp JR **94**, 37, der aber auch II verneint und damit eine Gesetzeslücke annimmt. Bei einer Vielzahl von Zeugen kann die Gegenüberstellung in der Weise vorgenommen werden, dass eine Videoaufnahme von dem Beschuldigten und anderen Personen hergestellt und den Zeugen vorgeführt wird (8 zu § 81 b). 9

Bei der **Vernehmungsgegenüberstellung** sollen Widersprüche zwischen einer Zeugenaussage und den Angaben des Beschuldigten oder eines anderen Zeugen durch Rede und Gegenrede, Fragen und Vorhalte geklärt werden (KG NJW **79**, 1668). Hierbei handelt es sich um eine besondere Art der Vernehmung der beiden gegenübergestellten Personen, bei der der Richter auch eine gegenseitige Befragung zulassen kann (LR-Ignor/Bertheau 10). 10

C. Die **Form** der Gegenüberstellung zum Zweck der Identifizierung und ihren Zeitpunkt bestimmt der Richter, zB die Kleidung (RG **48**, 210) oder eine Veränderung der Haar- oder Barttracht (23 zu § 81 a; 10 zu § 81 b). Der Beschuldigte ist nicht berechtigt, den Vergleich seiner äußeren Erscheinung mit dem Erinnerungsbild des Zeugen durch Grimassen, Schließen der Augen, Senken des Kopfes oder Verdrehen der Gliedmaßen unmöglich zu machen. Notfalls kann er hieran durch unmittelbaren Zwang gehindert werden; dazu bietet II die Rechtsgrundlage (KG NJW **79**, 1668; JR **79**, 347; Roxin/Schünemann § 33, 16; **aM** LR-Krause 44 zu § 81 a; Grünwald JZ **81**, 423; Kühne 479, Odenthal NStZ **85**, 435). Die Gegenübergestellten brauchen sich nicht im selben Raum zu befinden; die Beobachtung durch einen venezianischen Spiegel ist zulässig (KG aaO; LR-Krause 46 zu § 81 a; **aM** Grünwald aaO). 11

Die Identifizierungsgegenüberstellung findet regelmäßig als **Wahlgegenüberstellung** (Odenthal [oben 9] S 101 ff; krit Gniech/Stadler StV **81**, 565; Steinke Kriminalistik **78**, 505) in der Weise statt, dass mehrere Personen gegenübergestellt werden (vgl RiStBV 18 S 1); Ratschläge zur zweckmäßigen Gestaltung geben Karlsruhe NStZ **83**, 377 mit Anm Odenthal NStZ **84**, 137; Köln StV **92**, 412; vgl auch Eisenberg Kriminalistik **95**, 458; Odenthal NStZ **85**, 435. Deren Hergang ist im Protokoll, bei ausschlaggebender Bedeutung möglichst im Bild, in umfassender Weise festzuhalten (Karlsruhe aaO; Krause/Nehring Einl 222); Aufnahmen mit einem Videogerät sind zulässig (BVerfG NStZ **83**, 84) und zur Rekonstruktion der Gegenüberstellung in der Hauptverhandlung empfehlenswert (LR-Ignor/Bertheau 13). Die Einzelgegenüberstellung hat einen geringeren Beweiswert (Schleswig SchlHA **71**, 216 [E/J]; Nöldeke NStZ **82**, 193); ihr Ergebnis darf aber bei der 12

Beweiswürdigung durchaus berücksichtigt werden (BGH DAR **76**, 94 [Sp]; KG NStZ **82**, 215; Stuttgart Justiz **97**, 378).

12a Neuerdings wird demgegenüber die **sequentielle** (oder sukzessive) **Gegenüberstellung** empfohlen, bei der der Zeuge jeweils nur eine Person sieht, ihm aber nacheinander mehrere Personen gezeigt werden (BGH NStZ-RR **01**, 133 [K] unter Hinweis auf Mertn/Schwarz/Walser Kriminalistik **98**, 421); der Beweiswert ist gegenüber einer Einzel- oder Wahlgegenüberstellung erheblich höher (dazu und zur Durchführung mittels Video-Vorführung Artkämper StRR **07**, 210; Köhnken DAV-FS 602; Odenthal NStZ **01**, 580; Schwarz Kriminalistik **99**, 397).

13 Der Beweiswert des **wiederholten Wiedererkennens** in der Hauptverhandlung (wie auch in der Berufungsverhandlung, Braunschweig StV **10**, 126) ist fragwürdig, weil er durch das vorangehende Wiedererkennen beeinflusst wird; der hierbei gewonnene Eindruck wird das ursprüngliche Erinnerungsbild idR überlagern, so dass in Wahrheit der Angeklagte nicht mit dem Täter, sondern mit der bei der vorhergehenden Gegenüberstellung als verdächtig bezeichneten Person verglichen wird (BGH **16**, 204; NStZ **97**, 355; Celle StV **87**, 429; Düsseldorf NStZ **90**, 506; StV **91**, 509; Frankfurt NStZ **88**, 41; StV **88**, 290; Koblenz StV **07**, 348; Köln StV **94**, 67; LG Gera StV **97**, 180; AG Unna StV **82**, 109 mit Anm Budde; Odenthal NStZ **85**, 433; Schweling MDR **69**, 177; eingehend dazu Wiegmann StraFo **98**, 37 und Pauly StraFo **98**, 41; Geipel DAR **05**, 476). Dasselbe gilt, wenn dem Wiedererkennen in der Hauptverhandlung eine Lichtbildvorlage vorausgegangen war (BGH NStZ **87**, 288; **98**, 266; LG Köln NStZ **91**, 202; Riegel ZRP **97**, 476; vgl auch Meurer/Sporer: Zum Beweiswert von Personenidentifizierungen: Neuere empirische Befunde, 1990; erg 11 zu § 261; 12 zu § 267), zumal bei Einzellichtbildvorlagen (Düsseldorf StV **01**, 445; Koblenz NStZ-RR **01**, 110; Köln NStZ-RR **01**, 109).

14 Bei der Identifizierung durch einen **Stimmenvergleich** sind dieselben Grundsätze zu beachten (Odenthal NStZ **95**, 579); auch hierbei ist sicherzustellen, dass der Zeuge die Stimme des Verdächtigen nicht isoliert, sondern neben anderen Stimmen hört und dass die Vergleichsstimmen eine gewisse Klangähnlichkeit aufweisen (BGH **40**, 66; NStZ **94**, 597 mit Anm Eisenberg; Freund JuS **95**, 394), wobei die Anforderungen aber nicht überspannt werden dürfen (vgl Köln StV **98**, 178 mit Anm Meurer). Die Identifizierung eines Verdächtigen *ausschließlich* an seiner Stimme wird mit einer zur Verurteilung ausreichenden Sicherheit aber nur selten möglich sein (Ackemann, Rechtmäßigkeit und Verwertbarkeit heimlicher Stimmvergleiche im Strafverfahren, 1997 [zugl Diss Passau 1996], S 21 ff).

15 **4) Revision:** I ist eine Ordnungsvorschrift, deren Verletzung die Revision nicht begründen kann (BGH NJW **62**, 260; DAR **81**, 196 [Sp]); KG VRS **38**, 56; Oldenburg VRS **58**, 32; **aM** Peters 360). Gerügt werden kann nur ein Verstoß gegen § 244 II (BGH NJW **87**, 3088, 3090), zB weil der Zeuge in Abwesenheit des 1. Zeugen anders ausgesagt hätte (BGH MDR **55**, 396 [D]). Auch die Verletzung des II begründet die Revision nur, wenn darin eine Verletzung der Aufklärungspflicht liegt (BGH MDR **74**, 274 [D]). Es ist aber ein sachlich-rechtlicher Mangel (unzureichende Beweiswürdigung), wenn sich aus dem Urteil nicht ergibt, dass sich das Gericht des eingeschränkten Beweiswerts einer Einzelgegenüberstellung (oben 12), eines wiederholten Wiedererkennens (oben 13) oder eines unzureichenden Stimmenvergleichs (oben 14) bewusst war (BGH **40**, 66; NStZ **82**, 342; Düsseldorf NStZ **90**, 506; StV **07**, 347 mit zust Anm Waider; Köln StV **86**, 12; **92**, 412; **94**, 67; VRS **86**, 126).

Aufzeichnung auf Bild-Ton-Träger **RiStBV 19, 19 a, 19 b**

58a

I [1] Die Vernehmung eines Zeugen kann auf Bild-Ton-Träger aufgezeichnet werden. [2] Sie soll aufgezeichnet werden, wenn

1. dies bei Personen unter 18 Jahren, die durch die Straftat verletzt sind, zur Wahrung ihrer schutzwürdigen Interessen geboten ist oder

2. zu besorgen ist, dass der Zeuge in der Hauptverhandlung nicht vernommen werden kann und die Aufzeichnung zur Erforschung der Wahrheit erforderlich ist.

II [1]Die Verwendung der Bild-Ton-Aufzeichnung ist nur für Zwecke der Strafverfolgung und nur insoweit zulässig, als dies zur Erforschung der Wahrheit erforderlich ist. [2]§ 101 Abs. 8 gilt entsprechend. [3]Die §§ 147, 406e sind entsprechend anzuwenden, mit der Maßgabe, dass den zur Akteneinsicht Berechtigten Kopien der Aufzeichnungen überlassen werden können. [4]Die Kopien dürfen weder vervielfältigt noch weitergegeben werden. [5]Sie sind an die Staatsanwaltschaft herauszugeben, sobald kein berechtigtes Interesse an der weiteren Verwendung besteht. [6]Die Überlassung der Aufzeichnung oder die Herausgabe von Kopien an andere als die vorbezeichneten Stellen bedarf der Einwilligung des Zeugen.

III [1]Widerspricht der Zeuge der Überlassung einer Kopie der Aufzeichnung seiner Vernehmung nach Absatz 2 Satz 3, so tritt an deren Stelle die Überlassung einer Übertragung der Aufzeichnung in ein schriftliches Protokoll an die zur Akteneinsicht Berechtigten nach Maßgabe der §§ 147, 406e. [2]Wer die Übertragung hergestellt hat, versieht die eigene Unterschrift mit dem Zusatz, dass die Richtigkeit der Übertragung bestätigt wird. [3]Das Recht zur Besichtigung der Aufzeichnung nach Maßgabe der §§ 147, 406e bleibt unberührt. [4]Der Zeuge ist auf sein Widerspruchsrecht nach Satz 1 hinzuweisen.

1 **1) Besonders schutzbedürftigen Zeugen** sollen die häufig belastenden Mehrfachvernehmungen, auch in der Hauptverhandlung, dadurch erspart werden, dass eine verwertbare Bild-Ton-Aufzeichnung einer – einmaligen, frühzeitigen – (richterlichen) Vernehmung in späteren Verfahrensstadien zur Verfügung steht (Weigend, Gutachten zum 62. DJT, C 60 und C 64 Fn 204, jedoch mit Bedenken gegen eine frühe Aussage; zur „sekundären Traumatisierung" insbesondere kindlicher und jugendlicher Opferzeugen durch Maßnahmen der Strafverfolgung vgl zB Hussels ZRP **95**, 243; Laubenthal JZ **96**, 338; Brocker BewHi **97**, 402; Mildenberger, Schutz kindlicher Zeugen im Strafverfahren durch audiovisuelle Medien, Diss Passau 1995 S 19ff; Hasdenteufel, Die Strafprozessordnung als Grenze des Einsatzes von Videotechnologie im Strafverfahren bei sexuell missbrauchten Kindern, Diss Bonn 1997 S 6ff; Busse/Volbert/Steller 12ff; Busse/Volbert in Steller/Volbert, Psychologie im Strafverfahren, 1997, S 224ff; krit Arntzen ZRP **95**, 241; Pfäfflin StV **97**, 95; vgl auch Brunner/Dölling 5c im Anh zu § 125 JGG mwN; von Knoblauch zu Hatzbach ZRP **00**, 276; Keiser, Das Kindeswohl im Strafverfahren, 1998, zugl Diss Hannover 1997, S 37ff; Kölbel ZStW **119**, 334). Dies kann je nach Lage des Einzelfalls den Verzicht auf eine persönliche Vernehmung des Zeugen in der Hauptverhandlung nahelegen (vgl auch § 255a). Die Einspielung früherer Vernehmungen in die Hauptverhandlung kann Zeugen ferner vor Einschüchterungen und Repressalien durch Dritte schützen (Jung GA **98**, 324; vgl auch KG JZ **97**, 629 mit Anm Marxen). I ist als Signal an die Praxis gedacht, den Belangen dieser Gruppe von Zeugen bereits im Ermittlungsverfahren Rechnung zu tragen (zu Erfahrungen im Inland Schöch Meyer-Goßner-FS 368, im Ausland vgl Bohlander ZStW **107**, 82; Köhnken StV **95**, 376; Laubenthal JZ **96**, 340).

1a Die **Vorschrift beschränkt sich daher nicht** auf minderjährige Zeugen, sondern erfasst etwa auch alte, kranke oder gebrechliche Menschen, Opfer von Gewalt- und Sexualstraftaten, für eine Hauptverhandlung gemäß § 96 analog (dort 12) oder § 110b III (dort 8) zu sperrende besonders gefährdete Ermittlungsbeamte und Personen, die sich von ihrer kriminellen Vergangenheit losgesagt haben (zum Schutz gefährdeter Zeugen vgl Griesbaum NStZ **98**, 433; Schlüchter Schneider-FS 447; erg unten 7), sowie Zeugen, deren Rückkehr in das Ausland bevorsteht.

1b Die Bild-Ton-Aufzeichnung **dient damit zugleich der Beweissicherung**, auch durch Fixierung der besonders bedeutsamen Erstaussage kindlicher Opferzeugen (BGH NStZ **94**, 297; **95**, 558; NJW **96**, 206; StV **97**, 513; Zschockelt/Wegner NStZ **96**, 305; Wegner ZRP **97**, 405; Eisenberg BR 1311, 1312; zur Problematik vgl auch Deckers NJW **96**, 3105); dies kann auch dem aus § 244 II folgenden Prinzip des bestmöglichen Beweises (12 zu § 244) entsprechen (Jung GA **98**, 325). Das Spannungsverhältnis des Zeugenschutzes zum Unmittelbarkeitsgrundsatz und zur Pflicht des Gerichts, die Wahrheit zu erforschen, darf andererseits aber – auch in der Gesetzesanwendung – nicht aus dem Blick geraten (vgl Fischer JZ **98**, 816; Schünemann StV **98**, 391; Dahs NJW **98**, 2332; zur Entwicklung der Gesetzgebung vgl Caesar NJW **98**, 2313; aus der Sicht der Verteidigung Leitner StraFo **99**, 45).

2 Die Bestimmung, die gemäß § 168e S 4 bei getrennter Vernehmung durch den Ermittlungsrichter entspr Anwendung findet (vgl ferner 20 zu § 223), gilt für **richterliche und staatsanwaltschaftliche** (§ 161a I S 2) sowie – allerdings wegen fehlender Verweisung in § 163a V nur iS eines Richtliniencharakters (Kretschmer JR **06**, 454) – polizeiliche Zeugenvernehmungen im Ermittlungsverfahren (Beulke ZStW **113**, 710; Eisenberg aaO; Rieß StraFo **99**, 3: **aM** KK-Senge 3; Seitz JR **98**, 312), nicht aber für Beschuldigtenvernehmungen (42 zu § 163). Mit Blick auf die Verwertbarkeit wird es häufig angezeigt sein, eine richterliche Vernehmung anzustreben (vgl §§ 255a I iVm 251 II; § 255a II S 1). Für die Hauptverhandlung enthält § 247a S 4 eine die Anwendung des § 58a I ausschließende Sondervorschrift (Rieß NJW **98**, 3241).

3 **2)** Bei den **Voraussetzungen der Aufzeichnung** unterscheidet I:

4 A. **Jede Vernehmung eines Zeugen** kann nach S 1 aufgezeichnet werden. Der Begriff umfasst nach dem Zweck der Regelung (oben 1) alle Verfahrensvorgänge, die mit der Vernehmung in enger Verbindung stehen oder sich aus ihr entwickeln und daher zu diesem Verfahrensabschnitt gehören, auch wenn es sich um Verfahrensvorgänge mit selbstständiger verfahrensrechtlicher Bedeutung handelt, zB eine Augenscheinseinnahme oder eine kurze Äußerung eines anderen Zeugen, wenn sie im Zusammenhang mit der Aussage stehen, oder – bei richterlicher Vernehmung – die Verhandlung und Entscheidung über die Vereidigung sowie die Vereidigung selbst (vgl auch 17 zu § 172 GVG). Auch wenn S 1 die Aufzeichnung der Vernehmung eines Zeugen pauschal zulässt, wird nicht nur der technische Aufwand in der Praxis zu zurückhaltender Anwendung führen. Der mit einer Bild-Ton-Aufzeichnung verbundene erhebliche Eingriff in das Persönlichkeitsrecht des Zeugen sowie die angestrebte Durchbrechung des Unmittelbarkeitsgrundsatzes erfordern in jedem Einzelfall eine sorgfältige Abwägung am Maßstab der Verhältnismäßigkeit, der den Einsatz der Videotechnologie etwa gestattet, wenn eine entscheidungserhebliche Aussage umfangreich ist, ein komplexes Tatgeschehen betrifft oder wenn sich die Vernehmung besonders schwierig gestaltet (zur Frage einer Teilaufzeichnung zurückhaltend Rieß StraFo **99**, 3).

5 B. Die **Soll-Vorschrift** des S 2 erfasst 2 Fälle:

6 a) Nach **Nr 1** ist die Vernehmung der durch die Straftat Verletzten, die im Zeitpunkt ihrer Anhörung noch nicht 18 Jahre alt sind, regelmäßig aufzuzeichnen. Wie schon die Parallele zu § 397a I Nr 4 ergibt, sind nur unmittelbar verletzte Zeugen gemeint (vgl 3 zu § 395), zumal die oben 4 genannten Gesichtspunkte eine enge Auslegung der Soll-Vorschrift in S 2 nahe legen. Durch die Einschränkung, dass die Aufzeichnung „zur Wahrung ihrer schutzwürdigen Interessen geboten" sein muss, ist klargestellt, dass die Anwendung der Vorschrift in Alltagsfällen regelmäßig nicht angezeigt ist (so auch Rieß NJW **98**, 3241 Fn 24, der als Beispiele jugendliche Opfer von Straßenverkehrsdelikten und geringere Straftaten im Jugendlichenmilieu nennt), wohl aber bei einem Kind als Opfer schwerwiegender Sexualstraftaten (BGH NStZ-RR **04**, 336 L; **06**, 2 [B]). Die Vorführung der Aufnahme einer

richterlichen Vernehmung ist in der Hauptverhandlung zum Schutz der Zeugen aus dieser Altersgruppe unter erleichterten Voraussetzungen zulässig (§ 255 a II S 1).

b) Nach **Nr 2** soll die Vernehmung eines Zeugen ferner aufgezeichnet werden, wenn auf Grund bestimmter Anhaltspunkte (KK-Senge 7) oder kriminalistischer Erfahrung die Prognose gerechtfertigt ist, der Zeuge könne in der Hauptverhandlung nicht vernommen werden; der Zweck der Beweissicherung, wie er auch § 160 II zugrundeliegt, tritt hier deutlich hervor: Neben lebensgefährlich erkrankten, gebrechlichen, gefährdeten oder ausländischen Zeugen ist etwa an Fälle zu denken, in denen Erziehungsberechtigte kindlichen oder jugendlichen Zeugen aus berechtigter Sorge um deren Wohl voraussichtlich die Teilnahme an der Hauptverhandlung nicht gestatten werden (vgl BGH NJW **96**, 206 mit Anm Wohlers StV **96**, 162; OLG Saarbrücken NJW **74**, 1959 mit Anm Eschke NJW **75**, 354; Weigend, Gutachten zum 62. DJT, C 59; Laubenthal JZ **96**, 342; 6 zu § 223 und 21 zu § 251); die Einführung der Videotechnologie soll Eltern kindlicher Opferzeugen die Befolgung entsprechender ärztlicher oder psychologischer Ratschläge erleichtern (vgl BT-Drucks 13/7165 S 7). Die Bestimmung greift auch ein, wenn dem Zeugen in der Hauptverhandlung ein Auskunftsverweigerungsrecht zustehen kann (**aM** LR-Ignor/Bertheau 20; SK-Rogall 15). Bei den gefährdeten Zeugen ist nicht nur an zu sperrende (oben 1), sondern auch an solche Personen zu denken, die in ein Zeugenschutzprogramm aufgenommen werden sollen und ggf in einer Hauptverhandlung nicht zur Verfügung stehen (Caesar NJW **98**, 2315). Allerdings können die gleichen Bedenken, die im Einzelfall einer Videosimultanübertragung entgegenstehen (vgl 1 zu § 168 e, 1 zu § 247 a), auch gegen die Aufzeichnung der Aussage sprechen (Schlüchter Schneider-FS 453; Schlüchter/Greff Kriminalistik **98**, 534; Wagner Kriminalistik **00**, 167; **aM** Weider/Staechelin StV **99**, 51, 42). Die Erwartung, das Gericht werde in der Hauptverhandlung nach § 255 a II S 1 verfahren, berechtigt den vernehmenden Richter nicht, das Vorliegen der Voraussetzungen der Nr 2 anzunehmen (zu Nr 1, der nur Verletzte umfasst, oben 6). Kumulativ setzt Nr 2 weiter voraus, dass die Aufzeichnung zur Erforschung der Wahrheit erforderlich ist. Mit Blick auf § 244 II verlangt das Gesetz die Prüfung, ob die Verwendung der Aufzeichnung ergiebiger sein wird als die Verlesung der Niederschrift der Vernehmung (hierzu unten 9) sowie ob es im konkreten Verfahren auf den höheren Beweiswert ankommt. Da die Einvernahme auf Videoband der Vernehmung zu Protokoll deutlich überlegen ist, weil die Aufzeichnung die Worte der vernommenen Person und deren Betroffenheit unmittelbar wiedergibt (vgl Laubenthal JZ **96**, 342; Seitz JR **98**, 312), wird dies häufig, aber nicht gleichsam automatisch anzunehmen sein, erkennbar nebensächliche Aussagen werden etwa ausscheiden. Dem Vernehmenden ist insoweit ein Beurteilungsspielraum einzuräumen (ähnlich KK-Senge 7; vgl auch BGH **41**, 30). 7

3) Die **Duldung der Bild-Ton-Aufzeichnung** ist Bestandteil der Zeugenpflicht (SK-Rogall 8), die Einwilligung des zu Vernehmenden bzw seines gesetzlichen Vertreters in den Eingriff in das Recht am eigenen Bild ist im Anwendungsbereich der Vorschrift nicht erforderlich (Eisenberg BR 1311; zu polizeilichen Vernehmungen Rieß SraFo **99**, 3; vgl ferner 42 zu § 163 und zur Rechtslage in der Hauptverhandlung 11 zu § 247 a). Im Interesse der Gewinnung einer brauchbaren Aussage sollte der Vernehmende sich jedoch um ein kooperatives Verhalten des Zeugen bemühen. Von Ordnungsmitteln nach §§ 51, 70, die gegen Kinder ohnehin nicht angeordnet werden dürfen (15 und 20 zu § 51; 3 zu § 70), sollten Richter und StA (§ 161 a II S 1) daher nur zurückhaltend Gebrauch machen. Es ist (entgegen KK-Senge 8, der § 81 c heranzieht; vgl aber dort 23 mN) nicht unzulässig, weigerungsberechtigte Zeugen erst nach Beginn der Aufzeichnung gemäß § 52 III S 1 (oder § 55 II) zu belehren (SK-Rogall 9; Leitner StraFo **99**, 47: sogar zwingend). Verweigert der angehörige Zeuge in der Hauptverhandlung das Zeugnis, darf die Aufzeichnung seiner Vernehmung nach §§ 252, 255 a I nicht abge- 8 spielt werden (12 zu § 252); eine nichtrichterliche Verhörsperson darf auch nicht über den Eindruck befragt werden, den sie bei einer früheren Vernehmung des angehörigen Zeugen gewonnen hat (vgl BGH NJW **79**, 1722 aE; BGH 5 StR 487/77 vom 4. 10. 1977; 13 zu § 252; SK-Schlüchter 27 zu § 252). Dieser bleibt jedoch Gegenstand des Augenscheins (vgl näher 23 zu § 52, 23 zu § 81 c und 14 zu § 86, je mwN; ferner Eisenberg BR 2315).

9 **4)** Die **Anordnungskompetenz** liegt beim Vernehmenden. Der Ermittlungsrichter (zur Zuständigkeit dort 8 aE) hat nur die Zulässigkeit der beantragten Videoaufzeichnung zu prüfen (4 zu § 162); er hat § 168 c II, III und V (sowie § 406 g II S 2, 3) zu beachten, auch mit Blick auf § 255 a II S 1 (vgl dort 8). Bei Vorliegen der Voraussetzungen des § 168 e soll er eine getrennte Vernehmung durchführen. Erforderlich ist ein vollständiges Protokoll nach §§ 168, 168 a (Richter; vgl LG Kaiserslautern JBlRP **99**, 282) oder § 168 b II (StA), der auch bei polizeilichen Vernehmungen (oben 2) beachtet werden sollte (BGH NStZ **95**, 353); die Videoaufzeichnung kann Grundlage der Protokollierung sein (§ 168 a II S 1, dort 4). Der Erstvernehmende muss in der Lage sein, gute, vollständige und nichtsuggestive Befragungen durchzuführen, da sich Fehler im weiteren Verlauf des Verfahrens häufig nicht mehr ausgleichen lassen (Hinweise geben Zschockelt/Wegner NStZ **96**, 305; vgl auch Eisenberg BR 1318 ff, 1413 ff). Die JV hat die erforderliche technische Ausstattung zur Verfügung zu stellen (zur technischen Umsetzung vgl Janovsky Kriminalistik **99**, 455; Schlothauer StV **99**, 48).

10 **5)** Die **Verwendung** der nach I erstellten Aufzeichnung beschränkt II S 1 (SK-Rogall 3, 19; zw für polizeiliche Vernehmungen Seitz JR **98**, 312; vgl oben 2) im Hinblick auf die schutzwürdigen Interessen des Zeugen (insbesondere sein Persönlichkeitsrecht) auf Zwecke der Strafverfolgung; in Betracht kommt neben dem anhängigen jedwedes andere Strafverfahren, das im Zeitpunkt der Aufzeichnung noch nicht eingeleitet zu sein braucht, auch ein Verfahren gegen den Zeugen als Beschuldigten (KK-Senge 10). Zur Wahrheitserforschung erforderlich ist die Verwendung, wenn das Abspielen der Aufzeichnung ergiebiger sein wird als das Verlesen der Niederschrift und es im konkreten Verfahren auf den höheren Beweiswert ankommt (vgl oben 7). Im Übrigen stellt § 255 a (dort 5) für die Vorführung der Aufzeichnung in der Hauptverhandlung weitere Voraussetzungen auf. Ob die Aufnahme der Vernehmung eines nach § 52 zeugnisverweigerungsberechtigten Zeugen abgespielt werden kann, richtet sich nach den zu § 255 a (dort 3, 8) dargestellten Grundsätzen. Mit Einverständnis des Zeugen darf das von seiner Vernehmung gefertigte Videoband auch in anderen Verfahren (etwa vor dem Familiengericht oder Jugendamt) bzw zu anderen Zwecken (Geltendmachung von Schadensersatzansprüchen) benutzt werden; dies kann ohne gesonderte Einwilligung durch Anfertigung von Kopien geschehen.

11 **6) Die Löschung** der Bild-Ton-Aufzeichnung regelt II S 2 durch Verweisung auf § 101 VIII (vgl dort 27). Nach II S 5 sind ausgehändigte Kopien an die StA herauszugeben, sobald kein berechtigtes Interesse an der weiteren Verwendung besteht. Damit ist eine frühere Streitfrage (vgl Janovsky Kriminalistik **99**, 453) entschieden worden.

12 **7) Akteneinsicht:**

13 A. Das Akteneinsichtsrecht des **Verteidigers** nach § 147, des **anwaltlichen Vertreters des Nebenklägers** (12 zu § 397) und des **Bevollmächtigten des Verletzten** gemäß § 406 e erstreckt sich auf die Bild-Ton-Aufzeichnung als Bestandteil der Sachakten (Neuhaus StV **04**, 623); dem Angeklagten selbst kann es entspr § 147 VII gewährt werden. Diesen Akteneinsichtsberechtigten dürfen Kopien der Aufzeichnung auch ohne Einwilligung des Zeugen überlassen werden (II S 2, 3); Einschränkungen nach § 147 IV bestehen insoweit für den Verteidiger nicht (**aM** Trück NStZ **04**, 129). Allerdings kann der Zeuge gemäß III S 1 der

Überlassung einer Kopie an die nach II S 3 Berechtigten widersprechen, worüber er nach III S 4 zu belehren ist. Dann beschränkt sich das Einsichtsrecht auf die Besichtigung der Aufzeichnung bei der StA (III S 3) oder auf ein nach III S 1, 2 zu errichtendes (vgl 8, 9 zu § 168 e) und den Berechtigten zu überlassendes Protokoll (krit dazu Neuhaus aaO, der darin einen Verstoß gegen den Grundsatz der Waffengleichheit zwischen StA und Verteidigung sieht); solche Schriftstücke brauchen nicht vernichtet zu werden. Die bisher streitige Frage, ob der Verteidiger seinem Mandanten eine Kopie überlassen darf (dazu Schöch Meyer-Goßner-FS 368), ist durch den durch das 1.OpferRRG eingefügten II S 4 verneinend geklärt worden (SK-Rogall 34).

B. Soweit es um **andere Stellen** als die in Rn 13 bezeichneten Akteneinsichtsberechtigten – also um Einsichtsgesuche nach §§ 474 ff – geht, bedarf die Überlassung der Aufzeichnung oder die Herausgabe von Kopien der Einwilligung des Zeugen (II S 6). 14

8) Anfechtung: Für die Beschwerde gegen die Entscheidung des Ermittlungsrichters gelten die allgemeinen Vorschriften der §§ 304 ff; gegen dessen Anordnung, die Vernehmung aufzuzeichnen, kann sich der Zeuge beschweren (§ 304 II), mangels Beeinträchtigung eigener Rechte nicht aber gegen das Absehen von einer Aufnahme (SK-Rogall 41). Mit der Revision kann etwa beanstandet werden, dass eine vorhandene Bild-Ton-Aufzeichnung zu Unrecht nicht verwertet worden ist (§ 244 II; vgl 13 zu § 255 a). 15

Vereidigung

59 I [1] **Zeugen werden nur vereidigt, wenn es das Gericht wegen der ausschlaggebenden Bedeutung der Aussage oder zur Herbeiführung einer wahren Aussage nach seinem Ermessen für notwendig hält.** [2] **Der Grund dafür, dass der Zeuge vereidigt wird, braucht im Protokoll nicht angegeben zu werden, es sei denn, der Zeuge wird außerhalb der Hauptverhandlung vernommen.**

II [1] **Die Vereidigung der Zeugen erfolgt einzeln und nach ihrer Vernehmung.** [2] **Soweit nichts anderes bestimmt ist, findet sie in der Hauptverhandlung statt.**

1) Regelmäßig nicht zu vereidigen sind die Zeugen im Gegensatz zur früheren Rechtslage nach Änderung der Vorschrift durch das 1. JuMoG. Damit ist die gesetzliche Regelung an die Praxis angepasst worden, die unter Anwendung des § 61 Nr 5 aF, der die Nichtvereidigung bei allseitigem Verzicht zuließ, von der Vereidigung nahezu ausnahmslos abgesehen hatte. Der Gesetzgeber hat damit entspr § 391 ZPO, § 48 OWiG von der Regelvereidigung abgesehen (dafür schon Schellenberg NStZ **93**, 372), ist aber Forderungen nach völliger Abschaffung der Vereidigung (vgl SK-Rogall 130 vor § 48; Dahs Rebmann-FS 161; Grünwald Schmitt-FS 311 und BewR 45; Schünemann Meyer-Goßner-FS 393) nicht nachgekommen (krit dazu Knauer/Wolf NJW **04**, 2932; Neuhaus StV **05**, 47; Schiller Volk-FS 689). 1

2) Die **Vereidigung kann erfolgen** wegen der ausschlaggebenden Bedeutung der Aussage oder zur Herbeiführung einer wahrheitsgemäßen Aussage. Es ist damit eine dem früheren § 48 OWiG entspr Regelung geschaffen worden (vgl dazu Düsseldorf NStE Nr 1 zu § 48 OWiG). In den Fällen des § 61 Nr 1, 2 und 4 aF, dh bei 16–18 Jahre alten Zeugen (wegen möglicher Unreife), beim Verletzten sowie bei Personen, die iSd § 52 I Angehörige des Verletzten oder des Beschuldigten (wegen deren auf dem Näheverhältnis beruhenden oft unzuverlässigen Angaben) oder die wegen Meineids verurteilt worden sind (wegen der daraus resultierenden Bedenken gegen deren Glaubwürdigkeit), wird das Gericht auch jetzt noch die Frage der Vereidigung besonders sorgfältig prüfen müssen. 2

3 **Ausschlaggebende Bedeutung** hat die Aussage, wenn sie für eine entscheidungserhebliche Tatsache das alleinige Beweismittel (Neustadt NJW **52**, 118) oder bei der Beweiswürdigung das „Zünglein an der Waage" ist (BGH **16**, 99, 103; KG VRS **26**, 287), gleichgültig, ob sie be- oder entlastend wirkt (Hamm NJW **73**, 1940). Die ausschlaggebende Bedeutung fehlt aber, wenn die Aussage ersichtlich unwahr ist (BGH aaO; Bay DAR **64**, 242 [R]; KG aaO; LR-Ignor/Bertheau 7; **aM** Neustadt NJW **59**, 783). Dass sie im Widerspruch zu der Aussage eines vereidigten Zeugen steht, genügt allein nicht; denkgesetzlich kann nur eine der beiden Aussagen ausschlaggebend sein (KMR-Neubeck 4; LR-Ignor/Bertheau 7; **aM** Köln NJW **54**, 570; Neustadt aaO; KK-Senge 1 b). Nur wenn die Aussage geeignet ist, die des anderen Zeugen zu erschüttern, darf der Zeuge daher vereidigt werden.

4 **Zur Herbeiführung einer wahren Aussage** ist die Vereidigung nicht schon zulässig, wenn der Zeuge offensichtlich die Wahrheit verfälscht oder verschweigt, sondern nur, wenn bestimmte Tatsachen auch die Annahme begründen, dass er unter Eideszwang erhebliche Tatsachen bekunden werde (BGH **16**, 99, 103; Hamm NJW **73**, 1940; Peglau/Wilke NStZ **05**, 188).

5 **3) Einzeln und nach der Vernehmung** sind die Zeugen zu vereidigen. Zur Einzelvereidigung vgl 2 zu § 64. Der Nacheid ist zwingend vorgeschrieben. Er ist nach dem endgültigen Abschluss der Vernehmung zu leisten (BGH **8**, 301, 310) und umfasst nicht Bekundungen des Zeugen bei einer späteren nochmaligen Vernehmung (Bay **56**, 245; Koblenz VRS **44**, 444; 1 zu § 67).

6 **4)** Der **Eid umfasst** alle Angaben des Zeugen, auch die zur Person und zu den Generalfragen nach § 68 I, IV (RG **60**, 407; J. Meyer ZStW **95**, 835), auch, ohne besondere Anordnung des Gerichts, Angaben zu Fragen, die dem Bereich des Freibeweises angehören (ANM 146; W. Schmid SchlHA **81**, 42; **aM** Willms Heusinger-EG 398), ohne eine solche Anordnung aber nicht Angaben zur Glaubhaftmachung (§ 56) eines nur teilw ausgeübten Zeugnisverweigerungsrechts.

7 **Teilvereidigung** kann zulässig und geboten sein, wenn mehrere Taten iS des § 264 Gegenstand des Verfahrens sind. Einzelheiten bei 22 zu § 52; 26 zu § 60.

8 **5) Eine Entscheidung über die Vereidigung** ist notwendig (BGH StraFo **05**, 244; StV **05**, 200 mit Anm Schlothauer; SK-Rogall 17; Müller JR **05**, 79, **07**, 81; **aM** BGH **50**, 282; zust KK-Senge 10; abl zutr Klemke StV **06**, 158; vgl aber auch BGH NStZ **09**, 647); sie ergeht von Amts wegen in der Hauptverhandlung (Ausnahmen: §§ 62, 63) nach Abschluss der Vernehmung, spätestens bis zum Schluss der Beweisaufnahme (BGH **1**, 346, 348). Wird ein Zeuge in einem späteren Abschnitt einer Hauptverhandlung noch einmal vernommen, bedarf es einer neuen Entscheidung über die Vereidigung; diese umfasst grundsätzlich die gesamte bisherige Aussage des Zeugen (BGH **48**, 221 mit Anm Maier NStZ **03**, 674). Anträge der Beteiligten zur Frage der Vereidigung oder deren Verzicht auf die Vereidigung sind unbeachtlich; entscheidend ist nur das Ermessen des Gerichts, das die Voraussetzungen des I S 1 (oben 3, 4) prüft; selbst bei ausschlaggebender Bedeutung der Aussage kann die Vereidigung somit unterbleiben (Peglau/Wilke NStZ **05**, 188; **aM** Klemke aaO).

9 Die **Vorabentscheidung** trifft anstelle des Gerichts der Vorsitzende ohne vorherige Anhörung der Beteiligten (BGH StV **05**, 200 mit Anm Schlothauer; Peglau/Wilke NStZ **05**, 189; **aM** SK-Rogall 16 ff), wenn er es nicht vorzieht, sogleich das Gericht entscheiden zu lassen. Die Entscheidung bezieht sich immer nur auf die bisher gemachte Aussage. Wird der Zeuge später nochmals vernommen, so ist hierüber neu zu entscheiden (BGH **1**, 346; NStZ **82**, 188 [Pf]; Koblenz VRS **67**, 248, 250); dabei bindet die Vorentscheidung nicht.

10 Nach hM ist die Vorabentscheidung eine Maßnahme der Sachleitung, gegen die nach § 238 II die **Anrufung des Gerichts** zulässig und grundsätzlich notwendig ist, um die Entscheidung überhaupt mit der Revision angreifen zu können (BGH

StV **05**, 200; NStZ-RR **05**, 208; vgl aber unten 13). Nach zutr Ansicht entscheidet der Vorsitzende jedoch anstelle des Gerichts (LR-Ignor/Bertheau 23; ANM 104; Fuhrmann NJW **63**, 1235; GA **63**, 76 ff); mit der Anrufung des Gerichts wird nur die Entscheidung des nach dem Gesetz zuständigen Spruchkörpers verlangt. Eine unterlassene Entscheidung über die Vereidigung kann bis zum Urteilserlass nachgeholt werden (erg 29 zu § 60).

6) Einer **Begründung** bedarf die Vereidigung gemäß I S 2 in der Hauptverhandlung nicht, anders bei Vereidigung außerhalb der Hauptverhandlung (erg 6 zu § 62). Dass für den gesetzlichen Regelfall der Nichtvereidigung (oben 1) keine Begründung erforderlich ist, versteht sich von selbst (BGH StV **05**, 200 mit Anm Schlothauer; Müller JR **05**, 79). Ein Antrag auf Vereidigung kann im Hinblick auf I S 2 (vgl auch 3 zu § 34) ohne Begründung abgelehnt werden (Schuster StV **05**, 629; **aM** Sommer StraFo **04**, 296). Das gilt auch für den nach § 238 II (oben 10) ergangenen Beschluss (Müller aaO 80; offen gelassen von BGH aaO und NStZ **06**, 463; **aM** Schlothauer aaO); die Regelung des § 59 geht insoweit § 34 vor (Schuster aaO; **aM** Klemke StV **06**, 159; Peglau/Wilke NStZ **05**, 189). **11**

7) Protokoll: Die Tatsache der Vereidigung oder Nichtvereidigung – nicht deren Begründung (oben 11; Müller JR **05**, 80) – ist eine wesentliche Förmlichkeit iS §§ 168 a I, 273 I und muss daher im Protokoll beurkundet werden (BGH StraFo **05**, 244; Diehm StV **07**, 444; Schuster StV **05**, 628; **aM** BGH **50**, 282; vgl auch BGH NStZ **06**, 114: nur die Vereidigung). Bei Vernehmung mehrerer Zeugen ist die Vereidigung eines jeden von ihnen einzeln zu beurkunden (Koblenz OLGSt S 3). Bei Teilvereidigung (oben 7) muss das Protokoll klar ergeben, welcher Teil der Aussage beeidet worden ist und welcher nicht. **12**

8) Die **Revision** kann darauf gestützt werden, dass die Vereidigung unter Verstoß gegen § 60 erfolgt sei (vgl 31 ff zu § 60). Im Übrigen ist die Entscheidung nicht revisibel, weil die Entscheidung über die Frage der Vereidigung im Ermessen des Gerichts liegt (SK-Rogall 29; Knauer/Wolf NJW **04**, 2933). Auch wenn der Zeuge vereidigt wurde, obwohl der Aussage keine ausschlaggebende Bedeutung zukommt oder die Vereidigung zur Herbeiführung einer wahrheitsgemäßen Aussage nicht notwendig war, kann dies nicht gerügt werden, ebenso im umgekehrten Fall der Nichtvereidigung trotz Vorliegens der Voraussetzungen des I S 1 (**aM** BGH NStZ **09**, 343; 397: „bei Überschreitung des Beurteilungsspielraums oder rechtsfehlerhafter Ermessensausübung"; aber das erscheint als eine rein theoretische Überlegung). Unterlässt der Vorsitzende allerdings eine Entscheidung über die Vereidigung, so kann das auch gerügt werden, wenn keine Entscheidung des Gerichts herbeigeführt worden ist (BGH **1**, 269, 273; NJW **86**, 1999, 2000; NStZ **84**, 371; **87**, 374; StV **92**, 146; Frankfurt NStZ-RR **99**, 336; Schlothauer StV **05**, 200; **aM** BGH **50**, 282: Antrag auf Vereidigung erforderlich; dagegen einschr BGH StV **09**, 225); ob das Urteil auf dem Fehler beruht, ist nunmehr aber angesichts der grundsätzlichen Nichtvereidigung von Zeugen (oben 1) an den Umständen des Einzelfalls zu prüfen (BGH NStZ **06**, 114; Schuster StV **05**, 629). § 59 ist auch verletzt, wenn ein bereits vereidigter Zeuge nochmals vernommen worden ist, ohne dass die Nichtvereidigung angeordnet oder nach § 67 verfahren wurde (vgl BGH **1**, 346, 348; KG NJW **68**, 807, 808); das Urteil beruht idR auf dem Mangel, wenn das Gericht die ergänzende Vernehmung zu Unrecht als informatorische Befragung (6 zu § 57) gewertet hat (Köln StV **88**, 289). Wird eine uneidliche entlastende Aussage im Urteil irrtümlich als eidliche gewertet, so wird das Urteil hierauf idR nicht zum Nachteil des Angeklagten beruhen (Hamm NJW **72**, 1531; **aM** Bay StV **88**, 145). Bei Aussagen anderer Art kann das Beruhen nicht deshalb ausgeschlossen werden, weil Gericht und Zeuge irrtümlich davon ausgegangen sind, die Vereidigung sei erfolgt (BGH StV **99**, 137), oder weil der in der Hauptverhandlung bereits eidlich vernommene Zeuge bei seiner erneuten Vernehmung mit der wiederholten Vereidigung rechnen müsste (BGH NStZ **87**, 374); **13**

im Übrigen ist dies eine Frage des Einzelfalls (vgl BGH NStZ-RR **97**, 302). Die Revision kann sich nicht darauf berufen, sie habe im Vertrauen auf die Beeidigung des Zeugen von weiteren Beweisanträgen abgesehen; denn durch die Vereidigung wird nicht der Rechtsschein erweckt, dem Zeugen werde seine Aussage geglaubt werden (BGH NStZ **86**, 130; **94**, 227 [K]; **aM** Esskandari StV **02**, 52).

Vereidigungsverbote

60 **Von der Vereidigung ist abzusehen**

1. bei Personen, die zur Zeit der Vernehmung das 18. Lebensjahr noch nicht vollendet haben oder die wegen mangelnder Verstandesreife oder wegen einer psychischen Krankheit oder einer geistigen oder seelischen Behinderung vom Wesen und der Bedeutung des Eides keine genügende Vorstellung haben;

2. bei Personen, die der Tat, welche den Gegenstand der Untersuchung bildet, oder der Beteiligung an ihr oder der Begünstigung, Strafvereitelung oder Hehlerei verdächtig oder deswegen bereits verurteilt sind.

Übersicht

1 **1) Zwingende Vereidigungsverbote** enthält die Vorschrift. Zeigen sich Anhaltspunkte für ihr Vorliegen, so muss das Gericht die Frage erörtern (BGH StV **88**, 325; erg unten 34), ggf im Freibeweis (7, 9 zu § 244) Ermittlungen führen (RG **51**, 69; **56**, 102; ANM 128). Bleiben Zweifel, so ist nach § 59 zu verfahren (KK-Senge 3). Die freie Beweiswürdigung wird durch die Vereidigungsverbote nicht eingeschränkt; das Gericht kann – zumal die Regelvereidigung durch das 1. JuMoG abgeschafft ist (1 zu § 59) – selbstverständlich auch dem unvereidigt gebliebenen Zeugen glauben (vgl BGH MDR **71**, 17 [D]; unten 8).

2 **2) Eidesunmündigkeit** (Nr 1 erster Unterfall): Das Vereidigungsverbot besteht nach § 187 II BGB bis zum Beginn des Tages, an dem der Zeuge 18 Jahre alt wird (zur Altersgrenze vgl 1 zu § 241 a). Maßgebend ist der Zeitpunkt der Aussage. Die Vereidigung ist aber, auch in den Fällen des § 251 II und § 325 nachzuholen, wenn der Zeuge noch vor Schluss der Beweisaufnahme (KK-Senge 4) eidesmündig wird.

3 Zur **Begründung** der Nichtvereidigung genügt die Anführung der Gesetzesstelle (BGH VRS **22**, 144, 148; **41**, 186; LR-Ignor/Bertheau 34).

4 **3) Eidesunfähigkeit** (Nr 1 zweiter Unterfall): Nur eine psychische Krankheit oder eine geistige oder seelische Behinderung schließen die Vereidigung aus, nicht Unwissenheit, Unglauben oder Gedächtnisschwäche (LR-Ignor/Bertheau 4), auch nicht eine Behinderung, die die Vorstellung vom Wesen des Eides nur unwesentlich beeinträchtigt (RG **58**, 396; EbSchmidt 11; **aM** Peters 356). Daher zwingt

weder Gebrechlichkeitspflegschaft noch die Anordnung der Betreuung (BGH **22**, 266) oder Freisprechung wegen Schwachsinns nach § 20 StGB (Hamm GA **69**, 316) ohne weiteres zur Nichtvereidigung. Vorübergehende Beeinträchtigungen der Geistestätigkeit (Alkohol- oder Drogenrausch) führen nur zur Aufschiebung der Vereidigung (RG **34**, 283; **53**, 136).

Die **Entscheidung** trifft der Richter, vorab der Vorsitzende (9 zu § 59; unten 27) nach pflichtgemäßem Ermessen (BGH **22**, 266). Bei Vorliegen von Anhaltspunkten ist das Unterlassen der Prüfung rechtsfehlerhaft (oben 1), insbesondere bei Anordnung der Betreuung (BGH aaO) oder früherer Freisprechung nach § 20 StGB (Hamm GA **69**, 316). 5

Die **Begründung** muss erkennen lassen, ob der Zeuge wegen fehlender Verstandesreife oder aus welchem sonstigen Grund er unvereidigt geblieben ist. Allgemeine Bemerkungen über fehlende Vorstellungen von der Bedeutung des Eides (RG **53**, 136) oder der Hinweis auf den Gesundheitszustand des Zeugen genügen nicht. 6

4) Tat- oder Teilnahmeverdacht (Nr 2): 7

A. **Grund des Vereidigungsverbots** ist nicht in 1. Hinsicht die Notwendigkeit, den Zeugen vor einem Meineid zu bewahren (Stuttgart MDR **70**, 163; **aM** Stuttgart NJW **78**, 711, 713), sondern die fehlende Unbefangenheit des Tatverdächtigen, der seine Stellung ähnlich der eines Beschuldigten empfindet (BGH **1**, 360, 363; **4**, 368, 371; **6**, 382; **10**, 65, 67; **17**, 128, 134), und die Erfahrung, dass der Eid zur Erhöhung des Beweiswerts in solchen Fällen nicht geeignet ist (BGH **4**, 255, 257; 368, 371; **10**, 65, 67; Bay **82**, 166). Bei der Beweiswürdigung ist der nicht selten geringere Beweiswert der Aussage teilnahmeverdächtiger Zeugen zu berücksichtigen (BGH **17**, 128, 134). Ein Verbot, dem Zeugen zu glauben, besteht aber nicht (BGH **10**, 65, 70; NStZ **83**, 354 [Pf/M]; oben 1). 8

B. **Tat:** Der Begriff ist nicht in sachlich-rechtlichem Sinn (§§ 52, 53 StGB) zu verstehen; maßgebend ist der verfahrensrechtliche Tatbegriff (§ 264). Er umfasst den ganzen geschichtlichen Vorgang, innerhalb dessen der Tatbestand verwirklicht worden ist (BGH **1**, 360, 363; **4**, 255; 368; **6**, 382; **21**, 147, 148; **23**, 141, 145; **92**, 934 [H]; Hamm StV **84**, 105; 2 zu § 264). Tatverdacht besteht, wenn Anhaltspunkte dafür vorliegen, dass nicht der Angeklagte, sondern der Zeuge der Täter ist (BGH MDR **61**, 1031 [D]). Dabei kommt es auf das Ergebnis der Hauptverhandlung an, nicht auf die zugelassene Anklage (BGH **10**, 358, 365; VRS **14**, 58, 60; KG VRS **10**, 298). Nr 2 kann anwendbar sein, wenn die Beihilfe, deren der Zeuge verdächtig ist, dieselbe Haupttat betrifft wie die dem Angeklagten zur Last gelegte Beihilfe (BGH **21**, 147). 9

Auch eine **Vortat** gehört zur Tat, wenn sie in untrennbarem denknotwendigen Zusammenhang mit ihr steht (BGH **4**, 255, 256). Daher ist in einem Strafverfahren wegen falscher Aussage, die der Angeklagte in einem Zivilprozess über eine frühere Straftat gemacht haben soll, der Teilnehmer an jener Vortat zugleich Beteiligter iS der Nr 2 (BGH **6**, 382; Seibert NJW **63**, 143). 10

C. **Teilnahme:** Auch der Begriff Beteiligung ist in weitestem Sinn zu verstehen. 11

a) **Tatbeteiligt** ist nicht nur der Teilnehmer iS der §§ 25 ff StGB, sondern jeder, der bei dem zur Aburteilung stehenden Vorgang in strafbarer Weise und in derselben Richtung wie der Beschuldigte mitgewirkt hat (BGH **4**, 255; 368; **10**, 65, 67; NStZ **83**, 516; StV **82**, 342; Bay **82**, 166; **aM** Rotsch/Sahan ZIS **07**, 148). Tatbeteiligte sind zB der Begünstigte und seine Mittäter und Gehilfen im Verfahren gegen den Begünstigten (BGH **4**, 255), der Bestechende im Verfahren gegen den Bestochenen (BGH GA **69**, 348; RG **64**, 296), der Fahrer im Verfahren gegen den Fahrzeughalter wegen Zulassens des Fahrens ohne Fahrerlaubnis (Düsseldorf VRS **70**, 141), der Verkäufer von Betäubungsmitteln im Verfahren gegen den Erwerber (Bay **82**, 166 = MDR **83**, 778), der Abnehmer der von dem Beschuldigten vertriebenen Betäubungsmittel (Düsseldorf StraFo **01**, 413) und der Dieb im Verfahren gegen den Hehler (BGH **1**, 360; **6**, 382). 12

13 b) **In strafbarer Weise** muss der Zeuge mitgewirkt haben (BGH **9**, 71, 73). Es genügt nicht die objektive Förderung der Tat ohne Gehilfenvorsatz (BGH MDR **80**, 630 [H]) oder die straflose Teilnahme als Lockspitzel (BGH NJW **81**, 1626; NStZ **82**, 127; NStZ **90**, 193). Auch der notwendige Teilnehmer (Fischer 7 vor § 25 StGB) muss vereidigt werden, wenn er sich nicht über die notwendige Teilnahme hinaus an der Tat beteiligt hat (BGH **19**, 107). Das Unterlassen des Zeugen begründet das Vereidigungsverbot nur, wenn er rechtlich zum Handeln verpflichtet war (BGH StV **82**, 342), zB nach § 138 StGB (BGH **42**, 86, 87 mwN; NStZ **00**, 494; NStZ-RR **01**, 18).

14 Ist die Tatbeteiligung an sich strafbar, so stehen **Rechtsgründe, die die Verurteilung im Einzelfall hindern,** der Anwendung der Nr 2 nicht entgegen (BGH **43**, 321). Das gilt insbesondere für Verfahrenshindernisse (BGH **4**, 130; NJW **52**, 1146; MDR **68**, 696 [D]; Hamburg NStZ **83**, 426) und persönliche Strafausschließungs- und Strafaufhebungsgründe (BGH NStZ **83**, 516; JR **91**, 246 mit Anm Dahs; NStZ-RR **98**, 335: BGHR Strafvereitelung, versuchte 8: Rücktritt nach § 24 StGB; BGH MDR **73**, 191 [D]: Rücktritt nach § 31 StGB; BGH **9**, 71, 73; Stuttgart NJW **78**, 711, 713: Straflosigkeit nach § 258 VI StGB) sowie für Einstellungen nach § 153a II (BGH MDR **94**, 1072 [H]). Dagegen beseitigt die Straflosigkeit wegen Vorliegens von Rechtfertigungsgründen (RG **22**, 99; **31**, 219) oder Schuldausschließungsgründen (Hamm GA **69**, 316) das Vereidigungsverbot.

15 c) **In derselben Richtung** wie der Beschuldigte muss der Zeuge an der Tat mitgewirkt haben (Hamm JMBlNW **82**, 191), auch nach seinen eigenen Vorstellungen (BGH **4**, 368, 371). Eine unmittelbare Beteiligung wird aber nicht vorausgesetzt (BGH **21**, 147: Beteiligung an anderen Einzelakten der fortgesetzten Tat), auch nicht Gleichartigkeit der Straftaten. Die Tat des Zeugen kann daher ein anderes Strafgesetz verletzen als die des Angeklagten (BGH VRS **14**, 58, 60; RG **64**, 379; Bay **82**, 166), zB § 138 StGB (oben 13) oder § 323c StGB (BGH VRS **28**, 420). Die Beteiligung kann sich auch auf die Vortat beziehen (BGH **1**, 360; **6**, 382; Hamm NJW **69**, 2297).

16 Ein **bloßer Zusammenhang** mit der Tat des Beschuldigten schließt die Vereidigung aber nicht aus (BGH MDR **69**, 535 [D]), insbesondere nicht die Begehung einer gleichartigen Tat unabhängig von der des Angeklagten (BGH aaO). Das gilt vor allem für Taten, die der Zeuge nur bei Gelegenheit der Tat des Angeklagten als andere selbstständige Tat begangen hat (BGH **6**, 382; Hamm NJW **57**, 1411; SK-Rogall 32).

17 Eine **gegen den Zeugen selbst gerichtete Tat** hindert die Vereidigung nicht (RG **12**, 190, 192; **17**, 116, 121), auch nicht, wenn der Zeuge die Beleidigung des Angeklagten auf der Stelle erwidert hat (RG **11**, 300, 303) oder wenn die Tochter des Angeklagten den Beischlaf ablehnend nur über sich ergehen ließ (BGH NStZ **99**, 470).

18 Bei **Fahrlässigkeitstaten** kann Teilnahme iS der Nr 2 vorliegen (BGH NJW **52**, 1102; StV **82**, 342; VRS **10**, 141), wenn der Zeuge fahrlässig zur Herbeiführung desselben rechtswidrigen Erfolges beigetragen hat (BGH **10**, 65; NStZ **83**, 516; VRS **14**, 58, 60; **28**, 420; Düsseldorf MDR **86**, 340). Das gilt auch, wenn weder der Angeklagte noch der Zeuge einen Dritten verletzt hat oder wenn der Zeuge selbst verletzt worden ist (BGH **10**, 65, 66; KG VRS **27**, 207; Neustadt NJW **53**, 1197; **aM** Bay **53**, 98 = GA **53**, 156).

19 D. **Begünstigung und Strafvereitelung,** auch versuchte Strafvereitelung (BGH NJW **92**, 1054, 1055; Stuttgart MDR **75**, 950), stehen der Beteiligung gleich. Die Vortat muss nicht erwiesen (Celle MDR **66**, 605) und kann eine andere als die dem Beschuldigten zur Last gelegte sein (Hamm MDR **82**, 690: Strafvereitelung zugunsten des unfallbeteiligten Nebenklägers). Auch eine gemeinsame Vortat steht der Vereidigung entgegen (BGH **6**, 382 = JZ **55**, 343 mit Anm Henkel; Hamm NJW **69**, 2297: Begünstiger des Diebes im Verfahren gegen den Heh-

ler). Vorausgesetzt wird aber immer, dass der Zeuge bei der Tat nach §§ 257, 258 StGB die dem Beschuldigten zur Last gelegte Tat in ihrem Unrechtsgehalt erkannt und keine tatsächlich oder rechtlich völlig abweichenden Vorstellungen gehabt hat (BGH **4**, 368).

Strafbar außerhalb der Hauptverhandlung muss sich der Zeuge gemacht 20
haben (BGH NStZ **89**, 583, 584). Der Verdacht, dass er erst bei seiner gegenwärtigen Vernehmung falsch aussagt, um den Beschuldigten sachlich zu begünstigen oder der Bestrafung zu entziehen, hindert die Vereidigung daher nicht (BGH **1**, 360; **19**, 113, 114; NJW **82**, 947; 1601; NStZ **81**, 268; 309; StV **83**, 1; Bay **85**, 79 = NJW **86**, 202; **90**, 134 = NStZ **91**, 203; Düsseldorf NJW **88**, 84; Koblenz NJW **84**, 1247). Sie muss dagegen unterbleiben, wenn der Zeuge schon vorher (bei der Polizei, im 1. Rechtszug, in einer ausgesetzten Hauptverhandlung oder in einem anderen Verfahren) die gleiche Aussage gemacht hat, die den Verdacht der Straftat nach § 257 oder § 258 StGB begründet (BGH **1**, 360, 363; **34**, 68; NJW **86**, 266; NStZ **04**, 97; Stuttgart NJW **78**, 711). Gleichgültig ist, ob der Zeuge seine frühere Aussage später richtig gestellt (BGH NStZ **82**, 78), in der Hauptverhandlung nicht bestätigt oder den Angeklagten dort sogar belastet hat (BGH MDR **70**, 383 [D]).

Bei der Begünstigung nach § 257 StGB besteht das Vereidigungsverbot auch, 21
wenn der Zeuge verdächtig ist, dem Angeklagten die Aussage schon **vor der Hauptverhandlung zugesagt** zu haben (BGH **27**, 74; MDR **79**, 108 [H]; NStZ **81**, 268; **aM** Lenckner NStZ **82**, 401). Anders ist es bei der Strafvereitelung nach § 258 StGB. Die bloße Zusage der uneidlichen Falschaussage – auch mittels einer ausgehändigten schriftlichen Erklärung (BGH NStZ **92**, 181) – ist nur eine straflose Vorbereitungshandlung dieser Tat (BGH **31**, 10 mit abl Anm Beulke NStZ **81**, 160; BGH **34**, 68; Bremen NJW **81**, 2711; vgl auch BGH NJW **82**, 1601) und steht daher der Vereidigung nicht entgegen (Bay **85**, 79 = JR **87**, 37 mit Anm Krümpelmann/Heusel; Düsseldorf NJW **88**, 84; Hamburg StV **83**, 325; Koblenz NJW **84**, 1246; KK-Senge 25; LR-Ignor/Bertheau 24; **aM** BGH NStZ **81**, 268; MDR **79**, 108 [H]; Hamburg NJW **81**, 771 = JR **81**, 158 mit Anm Rudolphi). Das Versprechen einer eidlichen Falschaussage hindert die Vereidigung schon deshalb nicht, weil der Täter sich durch Aufdeckung dieser Zusage in der Hauptverhandlung nicht der Bestrafung aussetzt, sondern im Gegenteil nach § 31 I Nr 2 StGB straffrei wird; auf einen solchen Fall ist Nr 2 nicht anzuwenden (BGH **30**, 332; KG NStZ **81**, 449; Düsseldorf NJW **88**, 84).

E. **Hehlerei** steht der Tatbeteiligung ebenfalls gleich. Dabei genügt der Verdacht 22
der Hehlerei an einer Sache, die der Beschuldigte von einem Zwischenhehler erworben hat, und der Verdacht des Weiterverkaufs der gehehlten Sache an einen zweiten Hehler (RG **42**, 248); auch Anstiftung oder Beihilfe zur Hehlerei reicht aus (BGH StV **90**, 484). Die Vereidigung ist ferner ausgeschlossen, wenn der Zeuge in dem Verfahren gegen den Beschuldigten vernommen wird, der verdächtig ist, den Vortäter begünstigt zu haben (RG **58**, 373).

F. Der **Verdacht** der Täterschaft oder Tatbeteiligung muss noch zZ des Urteils- 23
erlasses vorliegen (BGH NStZ **81**, 110); die Belehrung nach § 55 II beweist daher nicht, dass das Gericht gegen Nr 2 verstoßen hat (BGH **23**, 30, 32; **42**, 86, 87; VRS **29**, 26). Hinreichend oder dringend braucht der Verdacht nicht zu sein; ein entfernter Verdacht genügt (BGH **4**, 255, 256; **17**, 128, 134; NJW **83**, 2335, 2336; NStZ **83**, 516; StV **82**, 342; NStE Nr 11; Hamm StV **84**, 105; LR-Ignor/Bertheau 28; Dahs JR **91**, 246). Das Gericht muss den Verdacht aber haben, nicht nur theoretisch für möglich halten (BGH NJW **85**, 638; 5 StR 528/91 vom 25. 2. 1992; Düsseldorf GA **85**, 511). Der Zeuge erhält nicht die Gelegenheit, den Verdacht dadurch auszuräumen, dass er unter Eid seine Unschuld bekundet (BGH VRS **14**, 58; KG VRS **27**, 207; Hamburg VRS **31**, 203).

Dem Verdacht **steht nicht entgegen,** dass der Angeklagte freigesprochen wird 24
oder dass das Ermittlungsverfahren gegen ihn (BGH StV **90**, 145; NStZ **00**, 45)

oder gegen den Zeugen schon eingestellt (BGH NJW **55**, 1488; GA **68**, 149) oder der Zeuge bereits freigesprochen worden ist (BGH StV **94**, 412; Stuttgart MDR **70**, 163). Umgekehrt kann das Gericht den Verdacht auch dann verneinen, wenn der Zeuge sich selbst der Beteiligung bezichtigt oder ein Ermittlungsverfahren gegen ihn anhängig ist (BGH NStZ **89**, 583, 584).

25 G. **Bereits wegen Tatbeteiligung verurteilte Zeugen** dürfen nicht vereidigt werden, auch wenn das Urteil noch nicht rechtskräftig ist (KK-Senge 32; LR-Ignor/Bertheau 29; **aM** Lenckner Peters-FS 342 Fn 37). Straferlass und Strafvollstreckungsverjährung sind ohne Bedeutung. Der Verdacht darf nicht mehr geprüft werden; die Verurteilung begründet eine unwiderlegliche Vermutung der Tatbeteiligung. Ihr steht der Strafbefehl gleich, der nicht rechtskräftige nur, solange gegen ihn kein Einspruch eingelegt ist.

26 H. **Teilvereidigung** ist geboten, wenn dem Angeklagten mehrere rechtlich selbstständige Taten zur Last gelegt sind, der Zeuge aber nur wegen der einen Tat teilnahmeverdächtig ist (BGH NStZ **87**, 516 mit Anm Dahs; BGHR Teilvereidigung 5). Sagt er über beide Straffälle aus, so muss er über die eine eidlich, über die andere uneidlich vernommen werden (BGH **19**, 107, 109; NJW **54**, 1655; GA **83**, 564). Das gilt aber nicht, wenn, wie immer bei Tatidentität nach § 264 (BGH GA **68**, 149; MDR **58**, 141 [D]; StV **88**, 419), zwischen den mehreren Straffällen ein innerer Zusammenhang besteht, der die Glaubwürdigkeit des Zeugen nicht nur im Einzelfall (BGH StV **87**, 90; NStZ **89**, 218 [M]), sondern insgesamt beeinträchtigt (Bremen OLGSt S 17; LR-Ignor/Bertheau 30), insbesondere, wenn Gegenstand der Aussage ein nicht oder nur schwer zu trennendes Gesamtgeschehen ist (BGH GA **83**, 564; NStZ **87**, 516 mit Anm Dahs; StV **97**, 114).

27 I. Die **Entscheidung** über die Nichtvereidigung trifft vorab der Vorsitzende (9, 10 zu § 59) nach pflichtgemäßem Ermessen, das Gericht erst, wenn ein Gerichtsmitglied oder ein Prozessbeteiligter das verlangt. Endgültig wird erst im Zeitpunkt der Urteilsberatung entschieden (BGH StV **82**, 251; unten 29).

28 Eine **Begründung** für die Nichtvereidigung verlangt das Gesetz jetzt nicht mehr (§ 59 I S 2). Wird die Nichtvereidigung aber nicht in Anwendung der Abschaffung der Regelvereidigung auf das Ermessen des Richters, sondern auf § 60 gestützt, so muss der Grund angegeben werden, falls der Richter ohne Eingreifen des § 60 die Vereidigung vorgenommen hätte; es ist dann erkennbar zu machen, welcher Art das Verhältnis des Zeugen zu der dem Angeklagten vorgeworfenen Tat ist, ob also Verdacht der Täterschaft, der Beteiligung, Begünstigung, Strafvereitelung oder Hehlerei besteht (BGH NJW **52**, 273), sofern nicht, zB wenn der Zeuge schon als Mittäter verurteilt ist, der Grund offensichtlich ist (BGH NJW **53**, 231; VRS **22**, 144, 147). Die tatsächlichen Erwägungen, auf denen der Verdacht beruht, brauchen nicht dargelegt zu werden (BGH NJW **52**, 273; VRS **11**, 49, 50; **25**, 38), auch nicht in den Urteilsgründen (Bay **53**, 151 = MDR **54**, 121 mit Anm Mittelbach).

29 K. Die **Nachholung der Vereidigung** ist geboten, wenn der Tat- oder Teilnahmeverdacht bei der Urteilsberatung entfällt (BGH **8**, 155; NStZ **81**, 110; MDR **91**, 484 [H]); NStZ **95**, 244; W. Schmid JZ **69**, 760 und Maurach-FS 535) und kein anderer Grund für die Nichtvereidigung besteht (BGH NStZ **93**, 341). Ist die Nachholung nicht möglich (Tod, Unauffindbarkeit des Zeugen), so muss der Mangel bei der Beweiswürdigung berücksichtigt werden (W. Schmid aaO).

30 Stellt sich umgekehrt bei der Urteilsberatung heraus, dass ein vereidigter Zeuge tat- oder teilnahmeverdächtig ist, so muss die Aussage bei der Beweiswürdigung **als uneidliche gewertet** werden (BGH **4**, 130; NJW **52**, 1145, 1146; MDR **70**, 383 [D]; **75**, 725 [D]; NStZ **81**, 309). Das muss den Prozessbeteiligten unter Wiedereintritt in die Verhandlung bekannt gegeben (BGH **4**, 130; NStZ **86**, 230; StV **81**, 329; Bremen StV **84**, 369; Schlothauer StV **86**, 226), und diese Unterrichtung muss im Protokoll vermerkt werden (BGH **4**, 130).

5) Revision: Die fehlerhafte Nichtvereidigung nach § 60 kann nur gerügt werden, wenn darüber, von Amts wegen oder auf Beanstandung der Vorabentscheidung des Vorsitzenden (10 zu § 59), das Gericht entschieden hatte (BGHR § 60 Nr 2 Tatbeteiligung 2; Rügevoraussetzungen 1 und 2; BGH NJW **96**, 2242, 2243; **aM** Widmaier NStZ **92**, 522; Ziegert StV **99**, 171: jedenfalls dann, wenn der Angeklagte den Zeugen als Täter überführen wollte). Dagegen setzt die Rüge der Vereidigung unter Verletzung des § 60 nicht voraus, dass der Beschwerdeführer die Entscheidung des Gerichts herbeigeführt hat (BGH **20**, 98; GA **62**, 370; **69**, 348; Düsseldorf VRS **70**, 141). 31

Im Fall der **Nr 1 erster Unterfall** ist die Revision auch begründet, wenn das Gericht den Zeugen in Unkenntnis seines wahren Alters vereidigt hat (LR-Ignor/Bertheau 41). 32

Im Fall der **Nr 1 zweiter Unterfall** kann die Revision darauf gestützt werden, dass das Gericht die Vereidigungsfrage nicht geprüft hat, obwohl dazu Anlass bestand (BGH **22**, 266). Sonst können nur Rechtsfehler bei dieser Prüfung gerügt werden (BGH aaO). 33

Im Fall der **Nr 2** kann gerügt werden, dass das Gericht die Nichtvereidigung nicht geprüft hat, obwohl das Urteil Anhaltspunkte für einen Tat- oder Teilnahmeverdacht des Zeugen ergibt (BGH **4**, 255; **21**, 147, 148; **39**, 199, 200; **42**, 86, 87; NJW **91**, 2844; StV **94**, 356; NStZ-RR **98**, 258 [K]; Köln StV **04**, 308). Hat das Gericht die Anwendung der Nr 2 geprüft, so kann nicht die unrichtige tatsächliche Wertung, sondern nur die Verkennung von Rechtsbegriffen gerügt werden (BGH **4**, 255; 368; **9**, 71, 72; **21**, 147, 148; StV **82**, 251; 342). Auf dem Verstoß beruht das Urteil idR, wenn die unbeeidete Aussage bei der Beweiswürdigung berücksichtigt worden ist (BGH **8**, 155, 158; StV **90**, 193), auch bei Revision der StA gegen ein freisprechendes Urteil (Koblenz VRS **69**, 289), nicht aber, wenn das Urteil ergibt, dass die Aussage im Fall der Beeidigung nicht anders gewürdigt worden wäre (BGH NStZ **00**, 265, 267; NStZ-RR **03**, 97 [B]). War die Vereidigung nach Nr 2 unzulässig und ist die Aussage nicht nur als uneidliche gewertet worden (oben 30), so muss das Urteil idR aufgehoben werden, weil das Gericht der Aussage eines vereidigten Zeugen meist größere Glaubhaftigkeit beimisst als der eines anderen (BGH **4**, 255, 257; NJW **82**, 1601; JR **91**, 246 mit Anm Dahs; Köln StV **01**, 224); das gilt aber nicht ausnahmslos (BGH NStZ-RR **02**, 77 mwN; **03**, 2 [B]), zB wenn das Gericht schon der beeideten Aussage nicht geglaubt hat (BGH StV **86**, 89 mit abl Anm Schlothauer; LR-Ignor/Bertheau 45; **aM** Frankfurt NStZ-RR **03**, 141; Esskandari StV **02**, 51; erg 13 aE zu § 59). Zur Urteilsaufhebung führt idR auch das Fehlen der Unterrichtung (oben 30) darüber, dass eine Aussage nur als uneidliche gewertet wird (BGH **4**, 130; MDR **75**, 725 [D]; einschr BGH NJW **86**, 266 = StV **86**, 89 mit abl Anm Schlothauer), es sei denn, die Wertung als uneidliche liegt nach dem weiteren Verfahrensgang auf der Hand (BGHR § 60 Nr 2 Vereidigung 4). 34

Eidesverweigerungsrecht

61 **Die in § 52 Abs. 1 bezeichneten Angehörigen des Beschuldigten haben das Recht, die Beeidigung des Zeugnisses zu verweigern; darüber sind sie zu belehren.**

1) Zur **Eidesverweigerung** sind nach § 61 (früher: § 63) die Angehörigen des Beschuldigten (nicht des Verletzten) iS des § 52 I im Umfang ihres Zeugnisverweigerungsrechts befugt; ggf (12 zu § 52) kann der Eid teilw verweigert werden. Die Weigerung schließt die Vereidigung ohne weiteres aus; eine Beschlussfassung ist überflüssig. Die Verweigerung und der Verzicht darauf werden im Protokoll beurkundet (§§ 168 a I, 273 I). Schlüsse aus der Weigerung dürfen bei der Beweiswürdigung nicht gezogen werden (20 zu § 261). Der Verzicht auf das Weigerungsrecht kann vor 1 der Vereidigung widerrufen (RG **62**, 142, 144), die Erklärung, der Eid werde verweigert, zurückgenommen werden (Bay **51**, 74, 78; LR-Ignor/Bertheau 4).

2 **2)** Die **Belehrung,** die nicht schon in der nach § 52 III S 1 enthalten ist (BGH **4**, 217; MDR **69**, 194 [D]; Düsseldorf NStZ **84**, 182), muss auch erteilt werden, wenn der Zeuge sich zur Eidesleistung bereit erklärt hat, immer aber nur, wenn der Richter den Zeugen auch tatsächlich vereidigen will. Die Belehrung, die nach §§ 168 a I, 273 I in der Vernehmungs- oder Sitzungsniederschrift beurkundet werden muss, muss bei jeder Vernehmung, auch in derselben Hauptverhandlung, wiederholt werden, auch wenn der Zeuge den Eid früher geleistet hat. Das Unterlassen der Belehrung kann durch Nachholung, wenn der Zeuge darauf erklärt, er hätte den Eid auch nach Belehrung geleistet, oder nach entspr Unterrichtung der Prozessbeteiligten durch Wertung der Aussage als uneidlich geheilt werden.

3 **3)** Die **Revision** kann das Unterlassen der Belehrung rügen, wenn das Urteil auf der Aussage beruht (BGH **4**, 217; MDR **69**, 194 [D]), sich insbesondere nicht ausschließen lässt, dass das Gericht die Glaubwürdigkeit des Zeugen anders beurteilt hätte, wenn er es nach Belehrung abgelehnt hätte, die Aussage zu beschwören (BGH StV **87**, 513; **91**, 498: NStZ **92**, 224 [K]; **01**, 604; **08**, 171; StV **02**, 465 mit zust Anm Ahlbrecht). Für das Beruhen ohne Bedeutung ist es, ob das Gericht dem Zeugen auch ohne Beeidigung geglaubt hätte (BGH NStZ **08**, 171). Am Beruhen fehlt es hingegen, wenn das Urteil die Aussage nicht (oder nicht zuungunsten des Beschwerdeführers) oder nur als uneidlich verwertet hat (Düsseldorf NStZ **84**, 182 mit Anm Krekeler) oder wenn mit Sicherheit davon auszugehen ist, dass der Zeuge auch nach Belehrung geschworen hätte (BGH aaO; **aM** LR-Ignor/Bertheau 10). Die Rüge können die StA, der Angeklagte, ein Mitangeklagter (BGH aaO), auch der Nebenkläger (Düsseldorf aaO; **aM** SK-Rogall 8) erheben.

Vereidigung im vorbereitenden Verfahren

62 **Im vorbereitenden Verfahren ist die Vereidigung zulässig, wenn**

1. Gefahr im Verzug ist oder

2. der Zeuge voraussichtlich am Erscheinen in der Hauptverhandlung verhindert sein wird

und die Voraussetzungen des § 59 Abs. 1 vorliegen.

1 **1) Im Ermittlungsverfahren** (Einl 60 ff), auch bei richterlichen Vernehmungen nach §§ 173 III, 202 S 1 und bei Beweissicherungen nach § 205 S 2, ist die Vereidigung nach § 62 (früher § 65) nur ausnahmsweise zulässig: Neben den Voraussetzungen des § 59 I (dort 2 ff) muss entweder Gefahr im Verzug (Nr 1) vorliegen oder der Zeuge voraussichtlich am Erscheinen in der Hauptverhandlung verhindert sein (Nr 2). Bei Vernehmungen nach §§ 162, 169 bindet der Antrag der StA auf Vereidigung das Gericht nicht (erg 8 zu § 59; vgl auch Nehm Meyer-Goßner-FS 287).

2 **2) Zulässig ist die Vereidigung** aus folgenden Gründen:

3 A. **Bei ausschlaggebender Bedeutung der Aussage oder zur Herbeiführung einer wahren Aussage;** diese allgemeinen Voraussetzungen für eine Vereidigung nach § 59 I S 1 müssen auch für eine Vereidigung im vorbereitenden Verfahren erfüllt sein. Alternativ muss ferner vorliegen:

4 B. **Gefahr im Verzug** (Nr 1), dh wenn ohne die Vereidigung der Verlust des Beweismittels oder das Scheitern der weiteren Aufklärung zu befürchten (RG **43**, 337; zw Schellenberg NStZ **93**, 373 Fn 12), zB mit dem baldigen Tod des Zeugen oder seiner späteren Unauffindbarkeit zu rechnen ist.

5 C. **Bei Verhinderung des Zeugen** (Nr 2), zB wegen Krankheit, Gebrechlichkeit, hohen Alters, langer Auslandsreise, Rückkehr in die ausländische Heimat,

nicht aber wegen Unzumutbarkeit des Erscheinens in der Hauptverhandlung wegen großer Entfernung vom Gerichtsort (SK-Rogall 5).

3) Das **Protokoll** muss nach § 168a I die Angabe enthalten, ob der Zeuge vereidigt worden ist. Für Vereidigungen außerhalb der Hauptverhandlung wird aber als Ausnahme von der Regel in § 59 I S 2 bestimmt, dass auch der Grund der Vereidigung anzugeben ist. Dabei genügt der Hinweis auf die Gesetzesstelle. **6**

4) In der Hauptverhandlung kann die Niederschrift über die Zeugenaussage im Fall der Nr 1 nach § 251 II Nr 1, im Fall der Nr 2 nach § 251 II Nr 2 als eidliche (§ 251 IV S 3) verlesen werden. Erscheint der Zeuge, so ist erneut über die Frage der Vereidigung gemäß §§ 59, 60 zu befinden. **7**

5) Die **Revision** kann nicht auf einen Verstoß gegen § 62 (SK-Rogall 8 mwN), aber auf Verletzung der §§ 60, 61 gestützt werden (LR-Ignor/Bertheau 8). Mit der Revision kann ein Verstoß gegen die Protokollierungspflicht (oben 5) nicht gerügt werden. **8**

Vereidigung bei kommissarischer Vernehmung

63 Wird ein Zeuge durch einen beauftragten oder ersuchten Richter vernommen, muss die Vereidigung, soweit sie zulässig ist, erfolgen, wenn es in dem Auftrag oder in dem Ersuchen des Gerichts verlangt wird.

1) Für alle Vernehmungen durch beauftragte (mit der Vernehmung beauftragte Mitglieder des erkennenden Gerichts) oder ersuchte (im Wege der Rechtshilfe nach § 157 GVG angegangene) Richter im Strafverfahren, nicht nur im Vorverfahren, gilt § 63. Wegen der Vernehmungen auf Ersuchen der StA vgl 1 zu § 62. **1**

2) Ist **in dem Vernehmungsersuchen nichts bestimmt**, so entscheidet der vernehmende Richter nach Maßgabe des § 59 I S 1 über die Vereidigung. Das erkennende Gericht ist daran nicht gebunden. Es kann nachträglich um die Vereidigung ersuchen; dann gilt Hs 2. Wenn es die Vereidigung für unzulässig hält, muss es die eidliche Aussage als uneidliche werten (KK-Senge 1). **2**

3) Dem **Ersuchen um eidliche Vernehmung** (Hs 2) muss der beauftragte oder ersuchte Richter entsprechen, sofern nicht §§ 60, 61 entgegenstehen (SK-Rogall 4). **3**

4) An das **Ersuchen um uneidliche Vernehmung** ist der Richter nicht gebunden, denn gerade bei der Vernehmung kann sich das Bedürfnis für eine Vereidigung ergeben (KK-Senge 4). **4**

Eidesform

64 I Der Eid mit religiöser Beteuerung wird in der Weise geleistet, dass der Richter an den Zeugen die Worte richtet:

„Sie schwören bei Gott dem Allmächtigen und Allwissenden, dass Sie nach bestem Wissen die reine Wahrheit gesagt und nichts verschwiegen haben"

und der Zeuge hierauf die Worte spricht:

„Ich schwöre es, so wahr mir Gott helfe".

II Der Eid ohne religiöse Beteuerung wird in der Weise geleistet, dass der Richter an den Zeugen die Worte richtet:

„Sie schwören, dass Sie nach bestem Wissen die reine Wahrheit gesagt und nichts verschwiegen haben"

und der Zeuge hierauf die Worte spricht:

„Ich schwöre es".

III Gibt ein Zeuge an, dass er als Mitglied einer Religions- oder Bekenntnisgemeinschaft eine Beteuerungsformel dieser Gemeinschaft verwenden wolle, so kann er diese dem Eid anfügen.

IV Der Schwörende soll bei der Eidesleistung die rechte Hand erheben.

1 **1)** Zwischen dem **Eid mit oder ohne religiöse Beteuerung** (I, II) kann der Zeuge nach § 64 wählen, worüber er nach § 57 S 2 vor der Vereidigung zu belehren ist. Im Protokoll wird nur die Eidesleistung beurkundet (BGH NStZ **99**, 396, 399 mwN). Wegen der Bekräftigung anstelle der Eidesleistung vgl § 65.

2 **2)** Die **Eidesnorm** („Sie schwören …") spricht der Richter allein, die Eidesformel („Ich schwöre es") der Zeuge. Die Anrufung Gottes kann bei Mohammedanern durch die Allahs ersetzt werden (LR-Ignor/Bertheau 3; Jünemann MDR **70**, 725; Leisten MDR **80**, 637). Bei Vereidigung mehrerer Zeugen dürfen die die Eidesnorm enthaltenden Worte an alle gemeinsam gerichtet werden (KK-Senge 2 zu § 59 mwN). Nur die Eidesformel muss jedem einzelnen Zeugen vor- und von jedem einzeln nachgesprochen werden (Frankfurt NJW **62**, 1834). Wegen der Vereidigung hör- oder sprachbehinderter Personen vgl § 66, von Personen, die der deutschen Sprache nicht mächtig sind, § 188 GVG. Zum Umfang der von dem Eid erfassten Aussage vgl 6 zu § 59.

3 **3) Beteuerungsformeln einer Religions- oder Bekenntnisgemeinschaft** (III) kann der Zeuge anfügen, wenn sie der Verstärkung der eidlichen Beteuerung dienen, ihr also nicht widersprechen oder sie sogar aufheben (RG **10**, 181; Köln MDR **69**, 501). Die Mitgliedschaft des Zeugen und die Üblichkeit der Beteuerungsformel prüft das Gericht nicht nach; Mängel der religiösen Beteuerung berühren die Prozessordnungsmäßigkeit einer Vereidigung nicht (BGH NStZ **99**, 396, 399). Im Protokoll wird die Anfügung der Beteuerungsformel nicht beurkundet.

4 **4)** Das **Erheben der rechten Hand** (IV) ist kein wesentlicher Bestandteil der Eidesleistung und kann daher nicht erzwungen werden. Andere symbolische Handlungen, zB Niederknien oder Handauflegen auf den Koran, sind dem Zeugen nicht verwehrt (vgl Leisten MDR **80**, 636, der auch rituelle Waschungen zulassen will).

5 **5) Revision:** Ein Versehen bei der Formulierung der Eidesnorm oder -formel macht den Eid nicht unwirksam (BGH **3**, 309, 312); das Urteil wird auf dem Mangel idR nicht beruhen (KK-Senge 6; **aM** SK-Rogall 14).

Bekräftigung der Wahrheit der Aussage

65 **I 1 Gibt ein Zeuge an, dass er aus Glaubens- oder Gewissensgründen keinen Eid leisten wolle, so hat er die Wahrheit der Aussage zu bekräftigen. 2 Die Bekräftigung steht dem Eid gleich; hierauf ist der Zeuge hinzuweisen.**

II Die Wahrheit der Aussage wird in der Weise bekräftigt, dass der Richter an den Zeugen die Worte richtet:

„Sie bekräftigen im Bewusstsein Ihrer Verantwortung vor Gericht, dass Sie nach bestem Wissen die reine Wahrheit gesagt und nichts verschwiegen haben" und der Zeuge hierauf spricht:

„Ja".

III § 64 Abs. 3 gilt entsprechend.

1 **1)** Der **Ersatz des Eides** durch Bekräftigung der Wahrheit der Aussage (I S 1) muss dem Zeugen nach Art 4 I GG freigestellt sein (BVerfGE **33**, 23 = JZ **72**, 515 mit Anm Peters); dem entspricht § 65. Eine Belehrung hierüber ist nur geboten, nachdem der Zeuge die Eidesleistung in jeder Form abgelehnt hat. Für die An-

wendung des § 65 genügt die Erklärung des Zeugen, dass seinem Eid die bezeichneten Gründe entgegenstehen; das Gericht prüft das nicht nach (LR-Ignor/Bertheau 2). Für Bekräftigungsnorm und -formel gilt 2 zu § 64 entspr.

2) Die **Gleichstellung von Bekräftigung und Eid** (I S 2), auf die der Zeuge vor der Bekräftigung ausdrücklich hinzuweisen ist, gilt nicht nur für den Zeugen (vgl § 155 Nr 1 StGB), sondern auch für das Verfahren. Anwendbar sind insbesondere die §§ 67, 70. 2

3) **Beteuerungsformeln** (III) können entspr § 64 III angefügt werden. Die Wirksamkeit der Bekräftigung hängt davon aber niemals ab (BGH MDR **72**, 18 [D]). Zulässig sind auch symbolische Handlungen, etwa die Bekräftigung durch Handschlag (vgl RG **52**, 63; **57**, 342). 3

4) Die **Revision** kann darauf gestützt werden, dass der Zeuge selbst das Vorliegen der Voraussetzungen des I S 1 nicht behauptet hat. Sind Zeuge und Gericht von der Wirksamkeit der Bekräftigung ausgegangen, so wird das Urteil darauf aber idR nicht beruhen (KK-Senge 5). 4

Hör- und Sprachbehinderte

66 **I** [1]**Eine hör- oder sprachbehinderte Person leistet den Eid nach ihrer Wahl mittels Nachsprechens der Eidesformel, mittels Abschreibens und Unterschreibens der Eidesformel oder mit Hilfe einer die Verständigung ermöglichenden Person, die vom Gericht hinzuzuziehen ist.** [2]**Das Gericht hat die geeigneten technischen Hilfsmittel bereitzustellen.** [3]**Die hör- oder sprachbehinderte Person ist auf ihr Wahlrecht hinzuweisen.**

II Das Gericht kann eine schriftliche Eidesleistung verlangen oder die Hinzuziehung einer die Verständigung ermöglichenden Person anordnen, wenn die hör- oder sprachbehinderte Person von ihrem Wahlrecht nach Absatz 1 keinen Gebrauch gemacht hat oder eine Eidesleistung in der nach Absatz 1 gewählten Form nicht oder nur mit unverhältnismäßigem Aufwand möglich ist.

III Die §§ 64 und 65 gelten entsprechend.

1) Die Eidesleistung durch **hör- oder sprachbehinderte Personen** regelt § 66, der ursprünglich nur eine Bestimmung für stumme Zeugen traf. Es werden hier nicht nur für gänzlich sprachlose, sondern auch für sprachbehinderte, und darüber hinaus auch für hörbehinderte Personen Regelungen getroffen, was sowohl den Interessen der Rechtspflege als auch der Integration von Menschen mit Behinderungen dient, denen vor Gericht die gleichberechtigte Teilhabe ermöglicht werden soll (BT Drucks 14/9266 S 35). Die Vorschrift gilt natürlich auch für hör- *und* sprachbehinderte Personen (Taubstumme). Ähnliche Regelungen bestehen jetzt neben der Eidesleistung ganz allgemein für hör- und sprachbehinderte Personen nach § 186 GVG; für blinde oder sehbehinderte Personen gilt § 191 a GVG. Ob ein Zeuge hör- oder sprachbehindert ist, muss der Richter ggf im Freibeweis (7, 9 zu § 244) prüfen. 1

2) Ein dreifaches **Wahlrecht,** wie sie den Eid leisten will, hat die behinderte Person nach I S 1 (Nachsprechen der Eidesformel nach § 64 oder § 65, Abschreiben und Unterschreiben der Eidesformel oder Ablegung des Eides mit Hilfe eines vom Gericht zugezogenen Dritten). Auf dieses Wahlrecht muss sie – ggf mit Hilfe der hinzugezogenen Person – hingewiesen werden (I S 3). Das Gericht muss von sich aus die notwendigen technischen Hilfsmittel bereitstellen (I S 2), damit das Wahlrecht und die gewählte Eidesleistung selbst wirksam ausgeübt werden können. 2

3) Das **Gericht entscheidet,** wie die Eidesleistung zu erfolgen hat, wenn der behinderte Zeuge von seinem Wahlrecht keinen Gebrauch machen will oder eine 3

Eidesleistung in der gewählten Form nicht oder nur mit unverhältnismäßigem Aufwand möglich ist (II). Dann kann das Gericht zwischen schriftlicher Eidesleistung oder Hinzuziehung eines „Dolmetschers" wählen. Dass eine Vereidigung bei einer erheblich hör- und/oder sprachbehinderten Person gänzlich unmöglich sein könne, wie früher gelegentlich angenommen worden ist (RG **33**, 403), dürfte nunmehr ausgeschlossen sein (SK-Rogall 3).

Berufung auf früheren Eid

67 **Wird der Zeuge, nachdem er eidlich vernommen worden ist, in demselben Vorverfahren oder in demselben Hauptverfahren nochmals vernommen, so kann der Richter statt der nochmaligen Vereidigung den Zeugen die Richtigkeit seiner Aussage unter Berufung auf den früher geleisteten Eid versichern lassen.**

1 **1)** Um eine **nochmalige Vernehmung** handelt es sich, wenn die frühere mit der Eidesleistung oder Bekräftigung abgeschlossen war, auch wenn der Zeuge noch am selben Tag und vor seiner Entlassung (§ 248) erneut vernommen wird (BGH **4**, 140, 142). Gleichgültig ist, ob die frühere Aussage bestätigt, erweitert, wiederholt oder erläutert wird (Saarbrücken VRS **23**, 53; KK-Senge 1; LR-Ignor/Bertheau 2). Nach einer früheren Vernehmung als Sachverständiger ist § 67 nicht anwendbar (Köln MDR **55**, 183).

2 **2)** Nur **im selben Verfahren** gilt § 67 (allg: von Schowingen JZ **55**, 267).

3 A. **Gegen denselben Beschuldigten** muss das Verfahren gerichtet sein, in dem der Zeuge erneut aussagt. Der Hinzutritt neuer von der Aussage betroffener Mitbeschuldigter schließt § 67 aus (RG **49**, 251). Nach Verfahrenstrennung kann sich der Zeuge in jedem der weitergeführten Verfahren auf den vor der Trennung geleisteten Eid berufen (vgl RG **44**, 352).

4 B. **Im selben Vorverfahren** findet die erneute Vernehmung statt, wenn der Zeuge vor Erhebung der Anklage nach § 170 I oder einer dieser gleichstehenden Verfahrenshandlung erneut vernommen wird. Ausgeschlossen ist die Berufung auf den im Vorverfahren geleisteten Eid bei erneuter Vernehmung im Zwischenverfahren nach § 202 S 1 (LR-Ignor/Bertheau 3, 4) und im Hauptverfahren (BGH MDR **53**, 722 [D]), auch nach § 223 (RG **12**, 373).

5 C. **Dasselbe Hauptverfahren:** Gemeint ist das Verfahren vom Erlass des Eröffnungsbeschlusses bis zur Rechtskraft des Urteils (BGH **23**, 283, 285; GA **68**, 340; LR-Ignor/Bertheau 5). Es kann daher mehrere Hauptverhandlungen umfassen (BGH GA **79**, 272). Auch das Zwischenverfahren nach § 202 gehört hierher (LR-Ignor/Bertheau 5). Bei erneuter Vernehmung im 1. Rechtszug ist § 67 bei Fortsetzung und bei jedem Neubeginn der Verhandlung anwendbar, auch wenn die frühere Vernehmung nach Eröffnung des Hauptverfahrens nach § 223 stattgefunden hatte (RG **4**, 437; KK-Senge 5). Im Berufungsverfahren kann sich der Zeuge auf den vor dem AG geleisteten Eid auch berufen, wenn die StrK die Sache wegen Überschreitung der Strafgewalt des AG nunmehr im 1. Rechtszug verhandelt (BGH **23**, 283, 285; GA **68**, 340). § 67 ist ferner anwendbar nach Verweisung der Sache an ein höheres Gericht (§ 270) und nach Zurückverweisung durch das Berufungs- oder Revisionsgericht (§§ 328 II, 354 II, III, 355). In der erneuten Hauptverhandlung nach Wiederaufnahme des Verfahrens ist die Berufung auf den in der früheren Hauptverhandlung oder bei der Vernehmung nach § 369 geleisteten Eid unzulässig (RG **18**, 417; KK-Senge 6).

6 **3) Richterliches Ermessen** entscheidet, ob der Zeuge neu vereidigt oder ob nach § 67 verfahren werden soll (LR-Ignor/Bertheau 10). Wie bei der Vereidigung (9 zu § 59) trifft der Vorsitzende die Vorabentscheidung (Braunschweig NJW **57**, 513). Die erneute Vereidigung ist vorzuziehen, wenn der Zeuge die Bedeutung der

Versicherung nicht begreift, insbesondere aber nach sehr langem Zeitablauf (LR-Ignor/Bertheau 10; von Schowingen JZ **55**, 267). Mangelnde Erinnerung an die Vereidigung schließt die Anwendung des § 67 aber nicht aus (BGH 5 StR 282/61 vom 29. 8. 1961).

4) Die **Versicherung unter Berufung auf den früheren Eid,** über deren Bedeutung der Zeuge entspr § 57 S 2 belehrt werden muss, darf wie der Eid (§ 59 S 1) erst nach der Vernehmung entgegengenommen werden (BGH MDR **72**, 198 [D]). Der Zeuge muss die Erklärung selbst, aber nicht unbedingt mit den Worten des Gesetzes (BGH aaO: „Bezugnahme" auf den früheren Eid) abgeben; der Hinweis des Richters auf den früheren Eid genügt nicht (BGH **4**, 140; KK-Senge 8). Die Berufung auf einen in Wahrheit nicht geleisteten Eid ist wirkungslos (RG **64**, 379; Köln NJW **63**, 2333; Saarbrücken VRS **23**, 53). 7

5) Im **Protokoll** muss die Berufung auf den früheren Eid beurkundet werden (§§ 168a I, 273 I), nicht aber, wann und wo der Zeuge ihn geleistet hat. Der richtige Protokollvermerk lautet: „Der Zeuge versichert die Richtigkeit seiner Aussage unter Berufung auf den früher geleisteten Eid". 8

6) Revision: Ihre Zulässigkeit hängt nicht davon ab, dass gegen die Vorabentscheidung des Vorsitzenden (oben 6) das Gericht angerufen worden ist (BGH MDR **72**, 199 [D]). Sie kann aber nicht darauf gestützt werden, dass die erneute Vereidigung der Anwendung des § 67 vorzuziehen gewesen wäre (LR-Ignor/Bertheau 15). War der frühere Eid nicht im selben Verfahren geleistet, so beruht das Urteil auf dem Verstoß gegen § 67 nicht, wenn sich zweifelsfrei feststellen lässt, dass Zeuge und Gericht von der Wirksamkeit der Versicherung ausgegangen sind (BGH MDR **53**, 722 [D]; RG **64**, 379). Entsprechendes gilt, wenn der Zeuge sich auf einen nicht geleisteten Eid berufen hat (BGH NStZ **84**, 328; KK-Senge 10; LR-Ignor/Bertheau 16; **aM** Köln NJW **63**, 2333; erg 13 zu § 79; 3 zu § 189 GVG). 9

Vernehmung zur Person; Beschränkung der Angaben

68 **I** [1]**Die Vernehmung beginnt damit, dass der Zeuge über Vornamen, Nachnamen, Geburtsnamen, Alter, Beruf und Wohnort befragt wird.** [2]**Ein Zeuge, der Wahrnehmungen in amtlicher Eigenschaft gemacht hat, kann statt des Wohnortes den Dienstort angeben.**

II [1]**Einem Zeugen soll zudem gestattet werden, statt des Wohnortes seinen Geschäfts- oder Dienstort oder eine andere ladungsfähige Anschrift anzugeben, wenn ein begründeter Anlass zu der Besorgnis besteht, dass durch die Angabe des Wohnortes Rechtsgüter des Zeugen oder einer anderen Person gefährdet werden oder dass auf Zeugen oder eine andere Person in unlauterer Weise eingewirkt werden wird.** [2]**In der Hauptverhandlung soll der Vorsitzende dem Zeugen bei Vorliegen der Voraussetzungen des Satzes 1 gestatten, seinen Wohnort nicht anzugeben.**

III [1]**Besteht ein begründeter Anlass zu der Besorgnis, dass durch die Offenbarung der Identität oder des Wohn- oder Aufenthaltsortes des Zeugen Leben, Leib oder Freiheit des Zeugen oder einer anderen Person gefährdet wird, so kann ihm gestattet werden, Angaben zur Person nicht oder nur über eine frühere Identität zu machen.** [2]**Er hat jedoch in der Hauptverhandlung auf Befragen anzugeben, in welcher Eigenschaft ihm die Tatsachen, die er bekundet, bekannt geworden sind.**

IV [1]**Liegen Anhaltspunkte dafür vor, dass die Voraussetzungen der Absätze 2 oder 3 vorliegen, ist der Zeuge auf die dort vorgesehenen Befugnisse hinzuweisen.** [2]**Im Fall des Absatzes 2 soll der Zeuge bei der Benennung einer ladungsfähigen Anschrift unterstützt werden.** [3]**Die Unterlagen, die die Feststel-**

lung des Wohnortes oder der Identität des Zeugen gewährleisten, werden bei der Staatsanwaltschaft verwahrt. [4]Zu den Akten sind sie erst zu nehmen, wenn die Besorgnis der Gefährdung entfällt.

V [1]**Die Absätze 2 bis 4 gelten auch nach Abschluss der Zeugenvernehmung. [2]Soweit dem Zeugen gestattet wurde, Daten nicht anzugeben, ist bei Auskünften aus und Einsichtnahmen in Akten sicherzustellen, dass diese Daten anderen Personen nicht bekannt werden, es sei denn, dass eine Gefährdung im Sinne der Absätze 2 und 3 ausgeschlossen erscheint.**

1 **1)** Die **Feststellung der Personalien** (I) steht am Anfang der Zeugenvernehmung. Sie dient vor allem dem Zweck, Personenverwechselungen zu vermeiden, soll aber auch eine verlässliche Grundlage für die Beurteilung der Glaubwürdigkeit schaffen, insbesondere den Beteiligten die Einholung von Erkundigungen ermöglichen (BGH **23**, 244, 245; **32**, 115, 128 [GSSt]; **33**, 83, 87; NJW **86**, 1999; krit Bittmann ZRP **09**, 212). Auf Verlangen des Gerichts müssen Zeugen im Rahmen der Sachaufklärung auch weitere Angaben zu ihren Personalien machen, zB zu einem früheren Ehenamen.

2 Die Möglichkeit, den **Dienstort** statt des Wohnortes anzugeben (I S 2), betrifft nur Zeugen, die Wahrnehmungen in amtlicher Eigenschaft gemacht haben, in erster Linie somit Polizeibeamte; sie kommt aber auch zB für einen StA oder Richter in Betracht. Die Wahrnehmung in amtlicher Eigenschaft ist zu bejahen, wenn die Kenntniserlangung im Zusammenhang mit einer Diensthandlung steht oder das Wissen in sonstiger Weise dienstlich erlangt worden ist (ähnlich wie beim Zeugnisverweigerungsrecht, vgl 7, 9 zu § 53); in diesen Fällen wird der Zeuge daher auch stets eine Aussagegenehmigung (vgl § 54 und die Erläuterungen dort) benötigen. Für andere Personen gilt II (unten 10).

3 Der Zeuge ist **verpflichtet,** die Personalien anzugeben, auch wenn er von einem Zeugnisverweigerungsrecht Gebrauch macht (vgl § 111 I OWiG). Notfalls wird seine Identität auf Grund seiner Ausweispapiere oder durch Zeugenvernehmung festgestellt. Dient die Vernehmung nur der Identitätsfeststellung, so sind die Personalfragen zugleich Vernehmung zur Sache.

4 **2) Personalfragen:**

5 A. **Vor- und Nachnamen** sind festzustellen, sofern sie nicht dem Gericht und allen Prozessbeteiligten bekannt sind (RG **40**, 157). Der Zeuge muss den Rufnamen, auf Verlangen auch die weiteren Vornamen, und den Familiennamen, auch den Geburtsnamen angeben. Die Angabe des Künstlernamens kann ebenfalls verlangt werden.

6 B. Das **Alter** muss der Zeuge auch angeben, wenn nicht ersichtlich ist, wieso es darauf für das Verfahren ankommt. Er kann nach ihm auch in der Weise gefragt werden, dass er zur Angabe von Geburtstag und -jahr aufgefordert wird (LR-Ignor/Bertheau 4; Herminghausen DRiZ **51**, 225).

7 C. **Beruf:** Die Berufsbezeichnung sagt oft nichts über die dauernde Beschäftigung aus. Daher kann ihre Ergänzung durch Angaben über berufliche Stellung und Art des Erwerbs verlangt werden. Die Frage nach früheren Erwerbstätigkeiten überschreitet den Rahmen der Personalienfeststellung (BGH MDR **66**, 383 [D]; LR-Ignor/Bertheau 5).

8 D. **Wohnort** ist, wie sich aus II ergibt (und wovon auch der Gesetzgeber ausgeht, vgl BR-Drucks 178/09 S 19), die genaue postalische Anschrift, nicht die bloße Ortsangabe (vgl BGH NJW **90**, 1125; Stuttgart Justiz **91**, 333; **aM** Rebmann/Schnarr NJW **89**, 1188; Schweckendieck NStZ **02**, 414; eingehend dazu SK-Rogall 14). Zeugen ohne festen Wohnsitz werden nach ihrem Aufenthaltsort gefragt (vgl § 222 I). Zur Angabe des Dienstortes statt des Wohnortes oben 2 und unten 10; zur Geheimhaltung des Wohnorts bei Gefährdung des Zeugen vgl unten 14ff.

E. Nach der **Religion** darf im Hinblick auf Art 140 GG iVm Art 136 III S 1 WeimRV nicht gefragt werden. Das schließt nicht aus, die Religion des Zeugen festzustellen, wenn das für die Sachaufklärung, insbesondere für die Würdigung der Aussage, von Bedeutung ist. 9

3) Ausnahme für die Wohnortsangabe (II): Wenn begründeter Anlass dafür besteht, kann jeder selbst gefährdete oder einen anderen durch seine Wohnortangabe gefährdenden Zeuge in und außerhalb der Hauptverhandlung statt des Wohnortes seinen Geschäfts- oder Dienstort oder eine andere ladungsfähige Anschrift angeben; dasselbe gilt, wenn zu besorgen ist, dass auf den Zeugen oder eine andere Person in unlauterer Weise eingewirkt werden wird (vgl dazu § 112 II Nr 3b), zB auch durch Stalking (6 zu § 112a). In der Hauptverhandlung wird darüber hinausgehend nach II S 2 dem Zeugen grundsätzlich zu gestatten sein, sogar jede diesbezügliche Angabe zu verweigern, wenn die Möglichkeiten nach II S 1 zu seinem Schutz nicht ausreichen; das gilt auch bei nicht-öffentlichen Verhandlungen (LR-Ignor/Bertheau 11). Wird eine im Vorverfahren gemachte Aussage verlesen, ist unter den Voraussetzungen des II S 2 von der Wiedergabe des Wohnortes abzusehen (Hilger NStZ **92**, 459). 10

Die **Entscheidung** über die Anwendung der Vorschrift trifft der Vorsitzende nach pflichtgemäßem Ermessen (BGH NJW **89**, 1230; Hilger aaO) unter Abwägung des Persönlichkeitsschutzes mit dem Informationsanspruch der Prozessbeteiligten und der Öffentlichkeit (Leineweber MDR **85**, 637) von Amts wegen oder auf Antrag eines Prozessbeteiligten (vgl für die StA: RiStBV 130a) oder des Zeugen. Nach § 238 II kann die Entscheidung des Gerichts herbeigeführt werden, auch von dem Zeugen (KK-Senge 9; Leineweber MDR **85**, 638; **90**, 111). 11

Voraussetzung der Verheimlichung des Wohnorts ist eine Gefährdung von Rechtsgütern des Zeugen oder anderer Personen, insbesondere Angehöriger, Freunde, Bekannter des Zeugen, aber auch sonstiger Personen, über die der Wohnort in Erfahrung gebracht werden kann; als gefährdete Rechtsfüter kommen in Betracht: Leib und Leben, Freiheit, Eigentum, Besitz und Hausfrieden (Anschläge auf Gebäude, Kraftwagen und dgl). Bloße Belästigungen (Telefonanrufe, Massensendungen, fingierte Warenbestellungen) genügen nicht (LR-Ignor/Bertheau 10; Leineweber MDR **85**, 637; **aM** Celle NJW **88**, 2751). Die Gefährdung ist zu besorgen, wenn schon früher ein Anschlag auf den Zeugen oder einen Dritten erfolgt oder angedroht worden ist und wenn das mit den Bekundungen des Zeugen in dem gegenwärtigen Verfahren zusammenhängt. Die Gefährdung kann sich aber auch auf Grund kriminalistischer Anhaltspunkte, kriminologischer Erfahrungen oder der Lebenserfahrung ergeben (Leineweber aaO und Kriminalistik **79**, 39; Rebmann/Schnarr NJW **89**, 1186). Eine unmittelbar bevorstehende Rechtsgutverletzung ist nicht erforderlich (Koblenz NStZ **92**, 95 mit zust Anm Hund). 12

II schränkt das **Fragerecht** der Prozessbeteiligten nach § 240 ein. Ist dem Zeugen die Nichtangabe des Wohnorts gestattet, so darf er ihn während der ganzen Hauptverhandlung verheimlichen (Leineweber MDR **85**, 637; Rieß NJW **78**, 2268). 13

4) Geheimhaltung der Personalien (III): 14

A. **Über II hinaus** kann die Angabe des Wohn- oder Aufenthaltsortes gänzlich verweigert werden, wenn der Zeuge dadurch an Leben, Leib oder Freiheit gefährdet werden würde. Reicht auch dies nicht aus, so kommt unter diesen Voraussetzungen als weitestgehender Schutz die Verheimlichung der Identität des Zeugen in Betracht (krit Eisenberg NJW **93**, 1036). Voraussetzung ist auch hier eine Gefährdungslage, die noch nicht konkretisiert zu sein braucht (Hilger NStZ **92**, 459). Der Begriff Identität umfasst die gegenwärtige und die frühere Identität; für die Geheimhaltung der Identität eines Verdeckten Ermittlers gilt § 110b III. Zur Identitätsänderung vgl BVerfGE **57**, 250, 286 = NJW **81**, 1719, 1724; BGH **29**, 109, 15

113. § 68 geht § 10 ZSHG nach dessen III vor (dazu BGH **50**, 318, 324; Hilger Gössel-FS 612).

16 B. Die **Befragung** nach III S 2 hat – was sich aus dem Wortlaut nicht ergibt (Böttcher Schüler-Springorum-FS 549) – im Wesentlichen für Verdeckte Ermittler Bedeutung, die danach diese Eigenschaft offenbaren müssen, falls die von ihnen getroffenen Feststellungen mit ihrem Einsatz als Verdeckte Ermittler zusammenhängen (SK-Rogall 42; Möhrenschlager wistra **92**, 332). Die Vorschrift gilt nur für die Hauptverhandlung, um eine Enttarnung des Verdeckten Ermittlers während eines Einsatzes zu vermeiden (Hilger NStZ **92**, 459).

17 C. **Körperlich anwesend und sichtbar** soll der Zeuge grundsätzlich sein (vgl Tiedemann/Sieber NJW **84**, 756). Daher war nach der bisherigen Rspr die Vernehmung eines optisch oder akustisch „abgeschirmten", insbesondere eines vermummten oder sonst unkenntlich gemachten Zeugen, ausgeschlossen (BGH **32**, 115, 124 [GSSt] = JZ **84**, 430 mit Anm Fezer; vgl auch SK-Rogall 6 zu § 58 a). Diese Rspr ist wegen der Möglichkeit audiovisueller Vernehmung nach § 247 a aber nunmehr als überholt anzusehen (BGH NJW **03**, 74 in einem durch Revisionsrücknahme gegenstandslos gewordenen – vgl StV **03**, 5 – Anfragebeschluss; grundsätzlich zust BGH StV **04**, 241 mit Anm Wattenberg; KK-Senge 71 vor § 48; Beulke ZStW **113**, 726; Diemer NJW **99**, 1670, NStZ **01**, 398; Nehm-FS 265; Güntge JR **07**, 429; Kolz Schäfer-SH 35, Valerius GA **05**, 459, der allerdings Zustimmung des Angeklagten verlangt; im Ergebnis zust auch SK-Frister 62 zu § 247 a; vgl ferner für Verdeckte Ermittler BGH NStZ **05**, 43 [dazu abl Wittke Kriminalistik **05**, 226] und BGH NStZ **06**, 648 mit Anm Schuster StV **07**, 507; erg 1 a zu § 247 a); audiovisuelle Verfremdungen des Zeugen sind daher sowohl bei unmittelbar-persönlicher als auch bei einer Videovernehmung grundsätzlich zulässig (Walter StraFo **04**, 224 mit weiteren Einzelheiten; zw Renzikowski Mehle-FS 537). Für polizeiliche Vernehmungen gelten diese Grundsätze ohnehin nicht (BGH **33**, 83 = JZ **85**, 494 mit Anm Fezer = NStZ **85**, 278 mit Anm Arloth; krit Taschke StV **85**, 269; erg 14 zu § 251). Ist ein Zeuge unter Verstoß gegen die Verpflichtung zur Angabe der Personalien kommissarisch vernommen worden, so hindert das die Zeugenvernehmung des vernehmenden Richters über den Inhalt der Aussage in der Hauptverhandlung eines anderen Verfahrens jedenfalls dann nicht, wenn die Personalien des Zeugen inzwischen bekannt sind (BGH NJW **86**, 1999 mit abl Anm Fezer StV **86**, 372).

18 **5) Hinweispflicht** (IV S 1, 2): Auf die Möglichkeit, unter den Voraussetzungen des II eine andere ladungsfähige Anschrift anzugeben oder unter der Voraussetzung des III Angaben zur Person zu verweigern, ist der Zeuge nicht erst in der Hauptverhandlung, sondern auch schon bei einer polizeilichen Vernehmung hinzuweisen (dazu § 163 III), wobei er im Fall des II bei der Suche nach einer ladungsfähigen Anschrift unterstützt werden soll. Dies ist als konkrete Handlungsanleitung für die polizeiliche Praxis gedacht (BR-Drucks 178/09 S 21).

19 **6)** Die **Unterlagen,** die den Wohnort oder die Identität des Zeugen betreffen, sind bei der StA zu verwahren; erst nach Entfallen der Besorgnis der Gefährdung werden sie zu den Akten genommen (IV S 3 und 4), erst dann erstreckt sich auf sie das Einsichtsrecht nach § 147.

20 **7) Fortgeltung** (V S 1): Auch nach Abschluss der Zeugenvernehmung gelten II–IV. Ergibt sich die Gefährdung des Zeugen erst nach Abschluss der Vernehmung, ist ihm im Fall des II daher noch nachträglich zu gestatten, eine andere Anschrift anzugeben. Das bedeutet, dass die Strafverfolgungsbehörden mit einem solchen Zeugen Kontakt aufnehmen müssen, wenn ihnen später bekannt wird, dass eine Gefährdung des Zeugen zu besorgen ist (BR-Drucks 178/09 S 21).

21 **Sicherzustellen** ist bei Auskünften aus und Einsichtnahme in Akten, dass von dem Zeugen geheim gehaltene Daten anderen Personen nicht bekannt werden, solange die Gefährdung nach II, III noch besteht (V S 2). Eine Verpflichtung, sol-

che Daten in der gesamten Akte unkenntlich zu machen, wie es der Regierungsentwurf vorsah (BR-Drucks aaO) ist nach Einwendungen des BRates (BR-Drucks 178/1/09 S 2) als zu weitgehend nicht Gesetz geworden.

8) Protokoll: Die Vernehmung des Zeugen zur Person muss nach §§ 168a I, 273 I im Protokoll beurkundet werden. Üblicherweise werden nur die Erklärungen des Zeugen vermerkt. Die Generalfragen (6a zu § 68a) gehören zur Sachvernehmung, werden aber in der Praxis meist ebenfalls in das Protokoll aufgenommen. 22

9) Revision: Grundsätzlich ist § 68 eine nicht revisible Ordnungsvorschrift (BGH **23**, 244; KG JR **77**, 295; Saarbrücken VRS **21**, 48; Herdegen NStZ **84**, 202; **aM** offenbar Frenzel NStZ **84**, 39). Seine Verletzung kann nur unter dem Gesichtspunkt der Verletzung der Aufklärungspflicht (§ 244 II) gerügt werden (Böttcher Schüler-Springorum-FS 549; vgl RG **55**, 22: Vernehmung des falschen Zeugen). Gerügt werden kann aber die Verletzung des I S 1 durch Unterlassen der Identitätsfeststellung (BGH **23**, 244 wendet § 338 Nr 8 an) und des I S 2, II durch hierdurch nicht gerechtfertigtes Unterlassen der Wohnortfeststellung, das die Verteidigung des Angeklagten beschränkt (krit dazu BGH NJW **89**, 1231 und Rebmann/Schnarr NJW **89**, 1191). Ebenso kann gerügt werden, dass die Voraussetzungen des III S 1 nicht vorgelegen haben (Eisenberg NJW **93**, 1036) oder das Fragerecht nach III S 2 unzulässig eingeschränkt worden ist (erg 9 zu § 68a). 23

Bloßstellen von Zeugen

68a [I] **Fragen nach Tatsachen, die dem Zeugen oder einer Person, die im Sinne des § 52 Abs. 1 sein Angehöriger ist, zur Unehre gereichen können oder deren persönlichen Lebensbereich betreffen, sollen nur gestellt werden, wenn es unerlässlich ist.**

[II] [1] **Fragen nach Umständen, die die Glaubwürdigkeit des Zeugen in der vorliegenden Sache betreffen, insbesondere nach seinen Beziehungen zu dem Beschuldigten oder der verletzten Person, sind zu stellen, soweit dies erforderlich ist.** [2] **Der Zeuge soll nach Vorstrafen nur gefragt werden, wenn ihre Feststellung notwendig ist, um über das Vorliegen der Voraussetzungen des § 60 Nr. 2 zu entscheiden oder um seine Glaubwürdigkeit zu beurteilen.**

1) Angemessene Behandlung und Ehrenschutz kann der Zeuge beanspruchen (BVerfGE **38**, 105, 114ff = NJW **75**, 103; Dähn JR **79**, 138; Humborg JR **66**, 448; Wulf DRiZ **81**, 379). Zwar lassen sich unangenehme und bloßstellende Fragen im Interesse der Sachaufklärung nicht immer vermeiden. Der Zeuge kann aber auch dann verlangen, dass möglichst schonend mit ihm umgegangen wird (LR-Ignor/Bertheau 1; Hülle DRiZ **53**, 89; vgl auch Schulz/Handel/Soine 2 zur „Zeugenscheu", dh zu dem Bemühen der Zeugen, Vernehmungen auszuweichen). 1

2) Nach **entehrenden Tatsachen** (I), die ihn selbst oder einen Angehörigen iS § 52 I betreffen, und nach Tatsachen, die deren persönlichen Lebensbereich betreffen, darf der Zeuge nur gefragt werden, wenn das unerlässlich ist. 2

Entehrend sind Tatsachen, die nach objektiven Maßstäben, ohne Rücksicht auf die persönliche Empfindlichkeit des Zeugen (KK-Senge 1), die sittliche Bewertung des Zeugen oder seiner Angehörigen in der Umwelt nachteilig beeinflussen können (Hamm NJW **54**, 1495; LR-Ignor/Bertheau 4; eingehend SK-Rogall 23ff). 3

Den persönlichen Lebensbereich betreffende Tatsachen stehen im Gegensatz zu den Umständen, die nur das Berufs- oder Erwerbsleben betreffen (**aM** SK-Rogall 29). Gemeint ist der private Bereich, der jedermann zur Entfaltung seiner Persönlichkeit gewährleistet werden muss. Dazu gehören insbesondere private Eigenschaften und Neigungen des Zeugen, sein Gesundheitszustand, seine religiö- 4 se und politische Einstellung, aber auch Tatsachen aus seinem Familienleben (vgl 3 zu § 171b GVG). Zum persönlichen Lebensbereich gehört unter allen Umständen die Intimsphäre des Zeugen. Der Gesetzgeber will vor allem verhindern, dass die Opfer von Sexualstraftaten ohne erkennbaren Zusammenhang mit der dem Angeklagten vorgeworfenen Tat Befragungen über ihr Sexualleben unterzogen werden (vgl dazu Wolters, Zur Anwendung von § 68a I in der Hauptverhandlung des Vergewaltigungsprozesses, Diss Osnabrück 1987). § 68a wird durch § 171b GVG ergänzt.

5 **Unerlässlich** ist die Befragung, wenn sonst die Wahrheit nicht aufgeklärt werden kann (BGH **13**, 252, 254; **21**, 334, 360; NStZ **82**, 170; Bay **78**, 158 = JR **80**, 432, 434 mit Anm Hanack; vgl auch Schünemann StV **98**, 395). Auf die Bedeutung der Strafsache kommt es nicht an (LR-Ignor/Bertheau 6; KMR-Neubeck 4; SK-Rogall 32; **aM** AK-Lemke 2); die Sachaufklärung geht immer vor (Dähn JR **79**, 141).

6 Ob die Befragung sich auf unmittelbar **erhebliche Tatsachen** oder nur auf Hilfstatsachen bezieht, spielt keine Rolle (BGH **13**, 252, 255; NStZ **82**, 170). Nur unerhebliche Fragen dürfen nicht gestellt werden; das gilt auch für Fragen, die nur bei der Strafzumessung von untergeordneter Bedeutung sind (Hamm NJW **56**, 1495).

6a **3)** Die sog **Generalfragen** (II S 1) werden nur gestellt, wenn ihre Beantwortung nach dem Ermessen des Gerichts erforderlich ist. Schutzmaßnahmen nach § 68 I bis III dürfen dadurch nicht unterlaufen werden (Hilger NStZ **92**, 459). Die Entscheidung trifft zunächst der Vorsitzende. Die Prozessbeteiligten und der Zeuge können nach § 238 II die Entscheidung des Gerichts herbeiführen (SK-Rogall 51).

6b Aus II S 1 folgt, dass der Zeuge zur Beantwortung von Fragen verpflichtet ist, die seine **Glaubwürdigkeit** in der vorliegenden Sache oder ganz allgemein betreffen (vgl BGH **23**, 1) und sich auf sein Vorleben, seine geistig-seelische Entwicklung, seine körperlichen Eigenschaften (Gebrechen, besondere Fähigkeiten usw) beziehen.

6c Die Klärung der **Beziehung zu Beschuldigten und Verletzten** (Ehe, Verwandtschaft, Schwägerschaft) dient vor allem der Entscheidung über die Weigerungsrechte nach §§ 52, 55 und die Frage der Vereidigung nach § 61. Bestehen solche Beziehungen offensichtlich nicht, so kann die Befragung unterbleiben (KG JR **77**, 295). In der Praxis ist es aber üblich, jeden Zeugen nach den Beziehungen zu dem Beschuldigten zu fragen.

7 **4) Fragen nach Vorstrafen** (II S 2), auch nach nicht rechtskräftigen Verurteilungen (Dähn JR **79**, 141) und nach einer OWi (LG Mannheim NJW **81**, 1795), dürfen grundsätzlich nur zur Feststellung der Glaubwürdigkeit (zB wegen Verurteilung des Zeugen nach §§ 153ff, 164, 263 StGB) oder der Vereidigungsvoraussetzungen nach § 60 Nr 2 gestellt werden (BGH NStZ **01**, 418). Wenn sie im Interesse des Zeugen liegen (etwa weil der Angeklagte ihn wegen der Vorstrafen erpresst hat), sind sie aber auch sonst zulässig. Das Gericht kann auch einen Strafregisterauszug einholen, Vorstrafakten beiziehen und das Urteil verlesen (BGH **1**, 337). Im Erziehungsregister eingetragene und im Strafregister getilgte oder tilgungsreife Verurteilungen scheiden aus; der Zeuge darf sich als unbestraft bezeichnen (§§ 53, 64 I **BZRG**).

8 **5)** Die **Entscheidung** über die Unerlässlichkeit der Frage trifft der Vorsitzende, auf Antrag eines Prozessbeteiligten oder des Zeugen (SK-Rogall 39; Böttcher JR **87**, 139) nach § 238 II das Gericht. Wird die Frage zugelassen, so muss der Zeuge sie, außer im Fall des § 55 I, beantworten (Dähn JR **79**, 141). Da § 68a das Fragerecht für alle Beteiligten beschränkt, dürfen Fragen, die nach I oder II nicht gestellt werden sollen, nach § 241 II zurückgewiesen werden (BGH **13**, 252, 254; **21**, 334, 360).

6) **Revision:** § 68a ist eine nicht revisible Ordnungsvorschrift (Celle NdsRpfl **51**, 19; KK-Senge 6; **aM** LR-Ignor/Bertheau 12; SK-Rogall 41). Sind Fragen unter Berufung auf § 68a zu Unrecht abgelehnt worden, so begründet dies, falls ein Gerichtsbeschluss herbeigeführt wurde, gemäß § 338 Nr 8 die Revision (BGH NStZ **82**, 170; **90**, 400). 9

Beiordnung eines Rechtsanwalts

68b **I [1] Zeugen können sich eines anwaltlichen Beistands bedienen. [2] Einem zur Vernehmung des Zeugen erschienenen anwaltlichen Beistand ist die Anwesenheit gestattet. [3] Er kann von der Vernehmung ausgeschlossen werden, wenn bestimmte Tatsachen die Annahme rechtfertigen, dass seine Anwesenheit die geordnete Beweiserhebung nicht nur unwesentlich beeinträchtigen würde. [4] Dies wird in der Regel der Fall sein, wenn aufgrund bestimmter Tatsachen anzunehmen ist, dass**

1. **der Beistand an der zu untersuchenden Tat oder an einer mit ihr im Zusammenhang stehenden Begünstigung, Strafvereitelung oder Hehlerei beteiligt ist,**
2. **das Aussageverhalten des Zeugen dadurch beeinflusst wird, dass der Beistand nicht nur den Interessen des Zeugen verpflichtet erscheint, oder**
3. **der Beistand die bei der Vernehmung erlangten Erkenntnisse für Verdunkelungshandlungen im Sinne des § 112 Absatz 2 Nummer 3 nutzt oder in einer den Untersuchungszweck gefährdenden Weise weitergibt.**

II [1] Einem Zeugen, der bei seiner Vernehmung keinen anwaltlichen Beistand hat und dessen schutzwürdigen Interessen nicht auf andere Weise Rechnung getragen werden kann, ist für deren Dauer ein solcher beizuordnen, wenn besondere Umstände vorliegen, aus denen sich ergibt, dass der Zeuge seine Befugnisse bei seiner Vernehmung nicht selbst wahrnehmen kann. [2] § 142 Absatz 1 gilt entsprechend.

III [1] Entscheidungen nach Absatz 1 Satz 3 und Absatz 2 Satz 1 sind unanfechtbar. [2] Ihre Gründe sind aktenkundig zu machen, soweit dies den Untersuchungszweck nicht gefährdet.

1) Gewählter Zeugenbeistand (I): 1

A. **Entstehungsgeschichte**: Durch das 2. OpferRRG ist unter Aufnahme und Fortentwicklung der Rspr des BVerfG (11 vor § 48) das grundsätzlich bestehende Recht auf Beiziehung eines anwaltlichen Beistandes nun gesetzlich geregelt worden. Damit wird ein „Gleichklang" (BR-Drucks 178/09 S 22) zwischen dem beigeordneten Zeugenbeistand (unten 8 ff) und dem Beistand des Verletzten bzw Nebenklagebefugten nach §§ 406f, 406g hergestellt. 2

B. **Geltungsbereich:** Die Befugnis des Zeugen, sich eines anwaltlichen Beistandes – also eines RA oder einer diesem nach § 138 I, III gleichgestellten Person – zu bedienen, besteht nach I S 1 schlechthin, somit nicht nur bei der Zeugenvernehmung. Sie ist nicht auf richterliche Vernehmungen beschränkt, sondern gilt in gleicher Weise gemäß §§ 161a I S 2 bzw § 163 III S 1 für staatsanwaltschaftliche und polizeiliche Vernehmungen. Eine Verpflichtung der Strafverfolgungsbehörden, den Zeugen auf sein Recht zur Beiziehung eines Beistandes hinzuweisen, sieht das Gesetz nicht vor; eines Hinweises bedarf es daher nicht (**aM** Dahs NStZ **83**, 184; Thomas NStZ **82**, 489). Es ist grundsätzlich Sache des Zeugen selbst, die Anwesenheit seines RA zu bewirken. Zumindest bei umfangreichen und schwierigen Zeugenvernehmungen werden die Strafverfolgungsbehörden aber im Interesse einer fairen Verfahrensgestaltung darauf achten müssen, dass der Zeuge Gelegenheit hat, einen RA beizuziehen und erst in dessen Begleitung zur Vernehmung erscheinen muss. Einer ausdrücklichen Zulassung bedarf der Beistand nicht (BGH NStZ **90**, 25 [M]. 3

4 C. **Befugnisse des Beistands:** I S 2 erörtert nur das Anwesenheitsrecht des Beistandes. Aus dem Anwesenheitsrecht ergibt sich aber auch ein durch seinen Aufgabenbereich beschränktes Mitwirkungsrecht. Er kann unzulässige Fragen beanstanden. Insbesondere soll er die Wahrnehmung der Weigerungsrechte des Zeugen nach §§ 52ff ermöglichen und bei Zeugen, die in ihrer Aussagefähigkeit oder -bereitschaft gehemmt sind, Aussagefehler und Missverständnisse verhindern. Er hat zwar keine selbstständigen Antragsrechte und darf den Zeugen nur beraten, auch für ihn Anträge und Erklärungen anbringen (Lohberger Strauda-FS 154), nicht aber bei der Aussage vertreten (König Rieß-FS 254). Hinsichtlich des Inhalts des Beratungsgesprächs steht dem Zeugen ein Auskunftsverweigerungsrecht zu (Düsseldorf NStZ **91**, 504; LG Lübeck StV **93**, 516; erg 4 zu § 406 g). Eine Verhinderung des Beistands gibt dem Zeugen nicht das Recht, dem Termin fernzubleiben (BGH NStZ **89**, 484 mit abl Anm Krehl NStZ **90**, 192; abl auch Adler StraFo **02**, 156; vgl aber oben 3 und LG Zweibrücken NJW **99**, 3792: Möglichkeit der Rücksprache geben) oder die Aussage zu verweigern (KG 4 Ws 189/98 vom 16. 9. 1998). Der Beistand kann mehrere Zeugen gleichzeitig vertreten (BGH 5 StR 47/90 vom 6. 3. 1990; Thomas Koch-FG 285; vgl aber unten 7).

5 **Der RA, der kein Verfahrensbeteiligter ist** und daher nicht in Robe auftritt (**aM** Wagner DRiZ **83**, 21), ist über § 475 hinaus nicht zur Akteneinsicht (**aM** Schmidt Müller-FS 660; nur für Ausnahmefälle KK-Senge 18 a) und auch nicht zur Anwesenheit vor oder nach der Vernehmung berechtigt (BVerfG **38**, 105 = NJW **75**, 103; Wagner NStZ **04**, 101 gegen LG Heilbronn ebenda; **aM** LR-Ignor/Bertheau 22; Hammerstein NStZ **81**, 125; Lohberger Strauda-FS 155 ff; Schmidt aaO 663; Stange/Rilinger StraFo **02**, 224; Thomas NStZ **82**, 489; vgl auch OVG Berlin StraFo **01**, 375). Von dem Vernehmungstermin wird er nicht benachrichtigt, wie auch der Umkehrschluss aus § 397 II S 3 ergibt.

6 **Die Staatskasse zahlt** dem Beistand keine Gebühren (Düsseldorf Rpfleger **93**, 37; **aM** Bremen StV **83**, 513 mit Anm Joester; vgl auch LG Hannover NStZ **82**, 433 L; LG Verden aaO) und erstattet sie auch dem Zeugen nicht nach § 19 I S 1 Nr 3 iVm § 7 JVEG (BVerfG aaO; Düsseldorf JMBlNW **80**, 35), es sei denn, die Heranziehung des Beistandes war nicht ausschließlich im eigenen Interesse des Zeugen erfolgt (Düsseldorf NStZ **97**, 501). Der Beistand hat aber nach Vorb 4 I VVRVG gegen den Zeugen einen Gebührenanspruch wie der Verteidiger oder jeder andere anwaltliche Vertreter auch (Köln StrFo **08**, 350; Schleswig NStZ-RR **07**, 126; Burhoff StraFo **04**, 186; str). Ob eine Kostenübernahme zulässig ist, wenn ein ausländischer Zeuge sein Erscheinen zur kommissarischen Vernehmung in seinem Heimatland von der Begleitung durch einen RA abhängig macht, erscheint zweifelhaft (Opitz StV **84**, 311 hält das für zulässig; BVerfG aaO sieht in der Zusage mit Recht keinen Verstoß gegen § 136 a I). Eine Beschwerde des Zeugen gegen die Versagung von Prozesskostenhilfe ist entspr §§ 404 V S 3, 406 III S 1, 397 a III S 3 unzulässig (Koblenz aaO; Schleswig SchlHA **97**, 172 [L/S]).

7 D. **Ausschluss des Beistandes**: I S 3 bestimmt, wann ein Beistand von der Vernehmung ausgeschlossen werden kann; I S 4 bringt dafür – nicht abschließend, aber die Regelfälle betreffend – Beispiele. Bestimmte Tatsachen für die Gefahr einer nicht unwesentlichen Beeinträchtigung müssen vorliegen, vage Verdachtsmomente genügen nicht; im Gegensatz zu § 138 a I ist aber kein dringender Verdacht erforderlich (**aM** Matt/Dierlamm/Schmidt StV **09**, 717; dort auch krit zu den einzelnen Ausschlussgründen). Die Entscheidung liegt im pflichtgemäßen Ermessen des Richters, wobei eine Abwägung zwischen dem Anspruch des Zeugen auf seinen gewählten Beistand und dem öffentlichen Interesse an der Effizienz des Strafprozesses vorzunehmen ist (vgl BVerfG **38**, 105, 118). Ein Fall des I S 4 Nr 2 ist gegeben, wenn der Beistand auch einen im betreffenden Verfahren Beschuldigten, uU auch dann, wenn er mehrere Zeugen vertritt (BR-Drucks 178/09 S 25). I S 3, 4 geht als speziellere Regelung § 164 und § 177 GVG vor.

2) Beigeordneter Zeugenbeistand (II): 8

A. **Die Beiordnung eines Beistands** für einen schutzbedürftigen Zeugen, der keinen anwaltlichen Beistand hat, auf das Kostenrisiko des Staates wird in Ausnahmefällen von II erlaubt. Die Regelung ist nicht auf minderjährige Zeugen beschränkt, sondern umfasst vom Schutzzweck her auch die „ungeschickten, ängstlichen oder aus anderen Gründen in ihrer Aussagefähigkeit und -bereitschaft behinderten und gehemmten Zeugen" (BVerfGE **38**, 105, 117) sowie die – insbesondere wegen zu befürchtender Repressalien – gefährdeten Zeugen. Anwendbar ist die Vorschrift bei richterlichen Vernehmungen in und außerhalb einer Hauptverhandlung, ebenso bei staatsanwaltschaftlichen (§ 161 a I S 2) und polizeilichen (§ 163 III S 1) Vernehmungen. 9

B. **Voraussetzung** für die Bestellung eines Zeugenbeistands ist, dass der Zeuge seine Befugnisse bei der Vernehmung nicht selbst wahrnehmen kann, etwa seine Rechte aus §§ 52 ff, 238 II, 242; §§ 171 b I S 2, II, 174 I S 1 GVG. Dies wird regelmäßig bei kindlichen und jugendlichen Opferzeugen oder dann nahe liegen, wenn sich der Zeuge einer tatsächlich und rechtlich schwierigen Situation gegenübersieht und daher die Gefahr besteht, dass er seine prozessualen Rechte bei der Vernehmung nicht sachgerecht ausüben kann. Im Einzelfall kann allerdings die Anwesenheit einer Vertrauensperson (§ 406 f II) Defizite des Zeugen ausgleichen. Die im Gesetz vorausgesetzte Beeinträchtigung des Zeugen muss ersichtlich, dh ohne weitere Beweiserhebung objektiv erkennbar sein. Im Gegensatz zur früheren Regelung (vor dem 2. OpferRRG) bedarf es der Zustimmung der StA nicht mehr; es wird auch nicht mehr nach den den Gegenstand der Vernehmung betreffenden Straftatbeständen unterschieden. 10

Die Bestellung eines Zeugenbeistands ist in zweifacher Weise **subsidiär.** Sie ist ausgeschlossen, wenn der Zeuge bereits einen anwaltlichen Beistand hat, etwa nach §§ 397 II S 2 iVm 378, 397 a, 406 f I oder 406 g; das Gleiche gilt für einen von ihm zugezogenen Rechtsbeistand (oben 1 ff). Ferner ist vor der Bestellung eines Beistands zu prüfen, ob ersichtlich ist, dass den schutzwürdigen Interessen des Zeugen auf andere Weise Rechnung getragen werden kann. Hier ist insbesondere an Hinweise oder Belehrungen durch den Vernehmenden und an Maßnahmen nach §§ 168 c III, V, 168 e, 224 I S 2, 247, 247 a sowie nach §§ 171 b ff GVG zu denken. Nicht zu prüfen ist, ob dem Zeugen auf Grund seiner finanziellen Situation (ersichtlich) zumutbar ist, selbst einen Beistand zu bestellen (LR-Ignor/Bertheau 11; **aM** Seitz JR **98**, 310). Dies verbietet nicht nur das Interesse an Verfahrensbeschleunigung, sondern auch die Schutzrichtung der Bestimmung, insbesondere im Hinblick auf kindliche Opferzeugen sowie eingeschüchterte und gefährdete Zeugen, ferner das gemäß § 244 II von Amts wegen zu beachtende Interesse, den Aufklärungsbeitrag gerade der zuletzt genannten Auskunftspersonen zu fördern (BT-Drucks 13/7165 S 8). Schließlich würde die Prüfung der (ersichtlichen) finanziellen Leistungsfähigkeit der abgestuften Regelung in §§ 397 a, 406 g und § 68 b widersprechen. 11

C. **Nach pflichtgemäßem Ermessen** kann dem Zeugen bei Vorliegen der genannten Voraussetzungen ein RA beigeordnet werden. Ein Antrag des Zeugen ist insoweit nicht erforderlich; stellt er jedoch auch auf Nachfrage (prozessuale Fürsorgepflicht) keinen Antrag, wird ihm ein Beistand nur zu bestellen sein, wenn ihn das bei ihm vorliegende Defizit (oben 9) schon an einer Antragstellung hindert (Seitz JR **98**, 311; krit Weigend, Gutachten zum 62. DJT, C 125 Fn 423). Die Beiordnung beschränkt sich auf die Dauer der Vernehmung, dh auf alle Vorgänge, die mit ihr in enger Verbindung stehen oder sich aus ihr entwickeln (Griesbaum NStZ **98**, 439). Sie umfasst ein vorheriges Beratungsgespräch mit dem Zeugen (LG Dortmund NStZ **07**, 240; Rieß StraFo **99**, 7 Fn 109) und endet grundsätzlich mit seiner Entlassung; sie erstreckt sich also nicht auf die Einlegung einer Beschwerde gegen die Anordnung der Beugehaft (KG NStZ-RR **09**, 327). Bei einer wiederholten, nicht nur unterbrochenen Vernehmung bedarf es einer erneuten Entschei- 12 dung. Die Rechtsstellung des Beistands leitet sich aus der des Zeugen ab. Er hat keine eigenen Rechte als Verfahrensbeteiligter und nicht mehr Befugnisse als der Zeuge selbst (Hamburg NJW **02**, 1590; Schlüchter/Greff Kriminalistik **98**, 535); ein Akteneinsichtsrecht über § 475 hinaus hat er nicht (Düsseldorf NJW **02**, 2806; **aM** KK-Senge 9, der ihm ein begrenztes Akteneinsichtsrecht gewähren will; vgl ferner Jung GA **98**, 327).

13 D. **Zuständig** für die Beiordnung ist das mit der Vernehmung befasste Gericht, bei staatsanwaltschaftlicher oder polizeilicher Vernehmung die StA (§§ 161 a I S 2, 163 III S 2). Für die Auswahl gilt § 142 I entspr. (II S 2). Eine rückwirkende Bestellung (nach Durchführung der Vernehmung) ist – wie bei § 141 (dort 8) – ausgeschlossen (KG NStZ-RR **08**, 248).

14 **3) Unanfechtbar** ist die **gerichtliche Entscheidung** über den Ausschluss eines gewählten Beistands nach I S 3 (krit Burhoff StRR **09**, 367; Matt/Dierlamm/Schmidt StV **09**, 718), ebenfalls sind alle gerichtlichen Entscheidungen im Zusammenhang mit der Beiordnung nach II S 1 (also Anordnung und Ablehnung) unanfechtbar (so schon früher die hM, vgl KG NStZ-RR **08**, 248; Bremen NStZ **08**, 648; Celle NStZ-RR **00**, 336; Hamm NStZ **00**, 220; Hamburg NStZ-RR **00**, 335). Die Entscheidung ist daher – soweit Revisibilität nach § 336 S 1 überhaupt in Betracht kommt – gemäß § 336 S 2 insgesamt revisionsgerichtlicher Kontrolle entzogen (erg 3 zu § 336 und LR-Hanack 6, 7 zu § 336 zu – hier möglichen – Entscheidungen vor Erlass des Eröffnungsbeschlusses).

15 Hat **die StA** die Entscheidungen getroffen, so kann der Zeuge dagegen gemäß § 161 I S 2, III S 1, 2 Antrag auf gerichtliche Entscheidung stellen, über die das nach § 162 zuständige Gericht entscheidet. Dessen Entscheidung ist wiederum unanfechtbar.

16 Nach III S 2 sind die Entscheidungen nach I S 3 und II S 1 **aktenkundig** zu machen, wobei nicht nur die Entscheidung als solche, sondern auch ihre Gründe festzuhalten sind (III S 2); nur wenn dies den Untersuchungszweck gefährden könnte, was insbesondere bei den Ausschlussgründen nach I S 4 Nr 1 und 3 der Fall sein kann, ist davon abzusehen.

Vernehmung zur Sache

69 **I [1] Der Zeuge ist zu veranlassen, das, was ihm von dem Gegenstand seiner Vernehmung bekannt ist, im Zusammenhang anzugeben. [2] Vor seiner Vernehmung ist dem Zeugen der Gegenstand der Untersuchung und die Person des Beschuldigten, sofern ein solcher vorhanden ist, zu bezeichnen.**

II Zur Aufklärung und zur Vervollständigung der Aussage sowie zur Erforschung des Grundes, auf dem das Wissen des Zeugen beruht, sind nötigenfalls weitere Fragen zu stellen.

III Die Vorschrift des § 136 a gilt für die Vernehmung des Zeugen entsprechend.

1 **1)** Für alle **richterlichen Vernehmungen** von Zeugen in und außerhalb der Hauptverhandlung, auch durch den beauftragten und ersuchten Richter (BGH NJW **53**, 231; RG **74**, 35), gilt § 69, nicht aber für konsularische und ausländische Vernehmungen (BGH MDR **71**, 897 [D]; **81**, 632 [H]). Die entspr Anwendung der Vorschrift auf Vernehmungen durch die StA bestimmt § 161 a I S 2. Ihre Grundregeln sind auch bei polizeilichen Vernehmungen zu beachten; denn sie bezeichnen die zweckmäßigste Art der Vernehmung von Zeugen (Schünemann Meyer-Goßner-FS 389).

2 **2)** Mit der **Unterrichtung über den Untersuchungsgegenstand** und die Person des Beschuldigten (I S 2) beginnt die Vernehmung. Sie kann entfallen, wenn der Zeuge bereits im Bilde ist (LR-Ignor/Bertheau 3).

3) Die **Vernehmung zur Sache** besteht aus der Entgegennahme von Erklä- 3
rungen des Zeugen, und zwar zunächst in Berichtsform, danach auf weitere Befragung. Diese Teilung in Bericht und Verhör ist zwingend (BGH 3, 281).

A. **Mündlich** ist der Zeuge zu vernehmen (Ausnahme: § 186 GVG; dort 1). 4
Unzulässig ist die bloße Entgegennahme oder Verlesung schriftlicher Erklärungen (RG **37**, 330), die mündliche Bezugnahme auf eigene oder von anderen hergestellte schriftliche Äußerungen (RG **65**, 273) oder die Bestätigung der Richtigkeit eines Polizeiberichts (Hamburg HESt **1**, 57). Bei wiederholter Vernehmung darf dem Zeugen nicht lediglich die Niederschrift über die frühere Aussage vorgelesen und seine Erklärung entgegengenommen werden, dass sie richtig ist (BGH NJW **53**, 35 = JZ **53**, 121 mit Anm Lay; BGH StV **81**, 269; RG **74**, 35; erg unten 11). Die Einholung schriftlicher Erklärungen des Zeugen zu Beweisfragen ist aber im Vorverfahren und im Freibeweis (7, 9 zu § 244) nicht ausgeschlossen (vgl RiStBV 67).

B. Zum **Bericht** (I S 1) ist der Zeuge zu veranlassen, auch bei wiederholter 5
Vernehmung (RG **62**, 147). Er hat einen Anspruch darauf, seine Aussage unbeeinflusst von Fragen und Vorhalten im Zusammenhang zu machen (BVerfGE **38**, 105, 117 = NJW **75**, 103, 104; RG **74**, 35; Humborg JR **66**, 449; Peters 361). Es muss auch erkennbar sein, was er aus lebendiger Erinnerung weiß und was er erst nach Nachhilfe durch das Gericht bekundet (BGH **3**, 281, 284). Wenn ihm eine zusammenhängende Aussage wegen Befangenheit, mangelnder Intelligenz oder Altersschwäche unmöglich ist, genügt aber der Versuch, den Zeugen zu einem solchen Bericht zu veranlassen (BGH MDR **66**, 25 [D]; LR-Ignor/Bertheau 7). Auch sonst darf der Zeuge durch Vorhalte und lenkende Hinweise in seinem Bericht unterbrochen werden (BGH aaO). Weitschweifigkeiten, Nebensächlichkeiten und offenbare Unwahrheiten muss der Richter nicht ohne Widerspruch hinnehmen (SK-Rogall 17; zw LR-Ignor/Bertheau 7; **aM** Prüfer DRiZ **75**, 334). In Punktesachen kann der Zeuge abschnittsweise vernommen werden (BGH aaO).

C. Durch das **Verhör** (II) wird der Bericht vervollständigt und überprüft. Durch 6
Fragen werden Unklarheiten und Widersprüche behoben, Lücken in der Aussage geschlossen und geklärt, was der Zeuge auf Grund eigener Wahrnehmung weiß, was ihm andere erzählt haben und was nur Schlussfolgerungen sind (vgl dazu Kassebohm NJW **09**, 200).

Für die Prüfung der Glaubwürdigkeit und die Auffrischung des Gedächtnisses 7
des Zeugen sind **Vorhalte** von wesentlicher Bedeutung. Vorgehalten werden können Beweisgegenstände, frühere eigene Aussagen und Angaben anderer Auskunftspersonen, sonstige Beweisergebnisse, eigenes Wissen des Vernehmenden und offenkundige Tatsachen. Wegen der Vorhalte aus Urkunden vgl 28 zu § 249. Erg 10 zu § 253.

D. **Vernehmungshilfen:** Ihre Verwendung ist zulässig, uU sogar geboten. Der 8
Zeuge ist berechtigt und verpflichtet, sich bei der Vernehmung schriftlicher Unterlagen zu bedienen, um seine Erinnerung aufzufrischen (BGH **1**, 5, 8), soweit ihm dies zumutbar ist (eingehend dazu Krehl NStZ **91**, 417). Zeugen, die über in amtlicher Eigenschaft gemachte Wahrnehmungen aussagen sollen, insbesondere Richter, Staatsanwälte, Polizeibeamte, haben darüber hinaus eine Vorbereitungspflicht (Sch/Sch-Lenckner 3 zu § 163 StGB mwN). Erinnern sie sich nicht an die Einzelheiten des Falles, so müssen sie die ihnen bei ihrer Behörde zugänglichen Akten einsehen, um sich die Einzelheiten ins Gedächtnis zurückzurufen (BGH aaO; Grohmann/Schulz DAR **80**, 78; Krause Polizei **81**, 119; Kube/Leineweber 27; **aM** Nöldeke NJW **79**, 1644; Krehl aaO). Das Gericht muss den Zeugen bei dem Bemühen um wahrheitsgemäße Aussagen unterstützen (RG **35**, 5, 7). Unterlagen in den Akten, auch Protokolle über frühere Vernehmungen, müssen ihm vorgehalten (Geerds Blau-FS 77 ff), vorgelesen oder zur Einsicht vorgelegt werden (BGH aaO; Nöldeke aaO). Werden Vernehmungsbeamte als Zeugen vernommen, so dürfen sie auch Einsicht in die von ihnen aufgenommenen Protokolle (BGH **3**,

281, 283; **14**, 339, 340; ANM 281; Hanack Schmidt-Leichner-FS 93) und die eigenen dienstlichen Erklärungen nehmen (einschr Schünemann DRiZ **79**, 106: nur Vorhalte).

9 Die Verwendung von **Lichtbildern, Skizzen und Zeichnungen** als Vernehmungshilfen ist zulässig (BGH **18**, 51, 53), und zwar sowohl im Wege des Vorhalts als auch durch Besichtigung. Die Augenscheinsgegenstände werden dabei nicht als Beweismittel benutzt (ANM 223; 7 zu § 86). Tonbänder dürfen abgespielt werden (BGH **14**, 339).

10 E. **Unzulässige Vernehmungsmethoden** (III) sind verboten. Einzelheiten regelt § 136 a.

11 **4) Protokoll:** In das nach § 168 a I herzustellende Protokoll muss zunächst die eigene zusammenhängende Darstellung des Zeugen aufgenommen werden. Mindestens muss vermerkt werden, dass ihm zu einer solchen Darstellung Gelegenheit gegeben worden ist. Sagt der Zeuge das Gleiche aus wie bei einer früheren Vernehmung, so dürfen ihm alsdann die früheren Protokolle vorgelesen und in der Niederschrift darf auf sie Bezug genommen werden (BGH NJW **53**, 35 = JZ **53**, 121 mit Anm Lay; RG **74**, 35).

12 **5) Revision:** Eine unzweckmäßige Gestaltung der Vernehmung kann nicht gerügt werden (BGH MDR **66**, 25 [D]; Bay DAR **89**, 368 [B]).

13 **I S 1** ist zwingendes, unverzichtbares Recht (SK-Rogall 42); seine Verletzung kann die Revision begründen (BGH NJW **53**, 35; 231; StV **81**, 269). Ist sie im Vorverfahren eingetreten und die Niederschrift nach § 251 verlesen worden, so kommt es nur darauf an, ob das Urteil auf dem Fehler beruht (BGH aaO; MDR **81**, 632 [H]). Bei einem Verstoß gegen I S 1 in der Hauptverhandlung ist die Revision aber nur begründet, wenn zugleich gegen § 244 II verstoßen worden ist (BGH MDR **51**, 658 [D]; Düsseldorf NStZ **97**, 122; LR-Ignor/Bertheau 16; **aM** AK-Lemke 9; KK-Senge 8).

14 **I S 2** ist eine nicht revisible Ordnungsvorschrift (BGH 1 StR 293/78 vom 26. 9. 1978; KK-Senge 9; **aM** LR-Ignor/Bertheau 17; SK-Rogall 43; Roxin/Schünemann § 26, 61).

15 Das Unterlassen der Befragung nach **II** kann die Revision schon deshalb nicht begründen, weil es idR nicht nachweisbar ist (82 zu § 244).

16 Wegen **III** vgl die Erläuterungen zu § 136 a.

Weigerung der Zeugen

70 **I [1] Wird das Zeugnis oder die Eidesleistung ohne gesetzlichen Grund verweigert, so werden dem Zeugen die durch die Weigerung verursachten Kosten auferlegt. [2] Zugleich wird gegen ihn ein Ordnungsgeld und für den Fall, dass dieses nicht beigetrieben werden kann, Ordnungshaft festgesetzt.**

II Auch kann zur Erzwingung des Zeugnisses die Haft angeordnet werden, jedoch nicht über die Zeit der Beendigung des Verfahrens in dem Rechtszug, auch nicht über die Zeit von sechs Monaten hinaus.

III Die Befugnis zu diesen Maßregeln steht auch dem Richter im Vorverfahren sowie dem beauftragten und ersuchten Richter zu.

IV Sind die Maßregeln erschöpft, so können sie in demselben oder in einem anderen Verfahren, das dieselbe Tat zum Gegenstand hat, nicht wiederholt werden.

1 **1) Allgemeines:** Für alle richterlichen Vernehmungen, auch im Vorverfahren, gilt die Vorschrift. Bei Vernehmungen der StA ist sie nur teilw anwendbar (§ 161 a II). Sie ergänzt § 51. Jedoch hängt ihre Anwendung nicht davon ab, dass zuvor Maßregeln nach § 51 getroffen worden sind. Auch eine Anrechnung der Ordnungsmittel nach dieser Vorschrift auf das Ordnungsgeld nach § 70 findet nicht

statt. Die Vorschrift betrifft nicht die Angaben zur Person nach § 68 I S 1 (KG JR **77**, 295; Hamburg NStZ **02**, 386 mwN; **aM** Düsseldorf OLGSt Nr 1; LG Stuttgart Justiz **89**, 203); insoweit gilt § 111 OWiG (Göhler 10 zu § 59). Zur Berücksichtigung der Weigerung des Zeugen bei der Beweiswürdigung vgl 19 zu § 261.

2) Voraussetzungen der Maßnahmen: 2

A. **Schuldfähigkeit des Zeugen.** Gegen Kinder dürfen Ordnungsmittel nach I S 1 und Beugehaft nach II nicht angeordnet werden (vgl 15 zu § 51). Grundlose Aussageverweigerung des Kindes darf auch nicht zum Anlass von Maßnahmen gegen die Eltern genommen werden (LR-Ignor/Bertheau 8). 3

Ein **Rechtsirrtum des Zeugen** berührt nicht die Schuld (LR-Ignor/Bertheau 8; **aM** wohl BGH **28**, 240, 259), sondern ist nach den Grundsätzen des Verbotsirrtums (§ 17 StGB) zu behandeln; nach dem gerichtlichen Hinweis auf die Grundlosigkeit der Weigerung (unten 17) ist er vermeidbar (LR-Ignor/Bertheau 8). 4

B. **Zeugnisverweigerung ohne gesetzlichen Grund:** § 70 dient nicht der Erzwingung wahrheitsgemäßer Aussagen, sondern der Erfüllung der Zeugnis- und Eidespflicht als solcher (BGHR Zeugnispflicht 1). Die Aussage ist aber auch verweigert, wenn der Zeuge nur einzelne Fragen nicht beantwortet (BGH **9**, 362; Celle NJW **58**, 72) und wenn er fehlende Erinnerung vortäuscht (BGH **9**, 362, 364; LR-Ignor/Bertheau 3, 5; **aM** Welp, Zwangsbefugnisse für die Staatsanwaltschaft, 1976, 32), nicht aber, wenn seine Aussage offenbar unwahr oder lückenhaft ist (BGH aaO; RG **73**, 31; Koblenz VRS **49**, 188; Krehl NStZ **91**, 417; Peters 348). 5

Ohne gesetzlichen Grund verweigert der Zeuge die Aussage, wenn ihm kein Weigerungsrecht nach §§ 52ff zusteht. Morddrohungen und andere Gefahren für Leib und Leben des Zeugen oder anderer Personen (Geiseln) können ein Weigerungsrecht nach § 34 StGB begründen (LR-Ignor/Bertheau 7; vgl BGH NStZ **84**, 31; Klein StV **06**, 340; Krey Meyer-GedSchr 258). Auch ein Verstoß gegen § 169 S 2 GVG und durch § 168a II S 1 nicht gedeckte Tonbandaufnahmen von der Aussage berechtigen den Zeugen zum Schweigen (SK-Rogall 13). BVerfGE **64**, 108 = JZ **83**, 795 mit abl Anm Fezer sieht auch im Bestehen eines nach § 53 Nr 5 nicht berechtigten, sich aber aus Art 5 I GG ergebenden Zeugnisverweigerungsrechts einen gesetzlichen Grund (erg 27 zu § 53). 6

C. **Verweigerung der Eidesleistung** oder der Bekräftigung nach § 65 ohne gesetzlichen Grund liegt vor, wenn die Vereidigung weder verboten ist (§ 60) noch ein Weigerungsrecht (§ 61) besteht. Auch die Weigerung, die Eidesleistung bei einer erneuten Aussage zu wiederholen oder die Versicherung nach § 67 abzugeben, geschieht dann ohne gesetzlichen Grund. 7

3) Die **Auferlegung der Kosten** (I S 1) ist für jeden einzelnen Fall zwingend vorgeschrieben; dem Gericht steht insoweit kein Ermessen zu. Das Wiederholungsverbot (IV) bezieht sich nicht auf die Kosten (KK-Senge 12; LR-Ignor/Bertheau 9). Für die Entscheidung nach § 467 I hat § 70 keine Bedeutung (2 zu § 467). Sind die Kosten dem Zeugen nicht auferlegt worden, so werden sie nach § 21 GKG auch von dem Angeklagten nicht erhoben. 8

4) Zulässige Maßnahmen: 9

A. **Ordnungsgeld** (I S 2) von 5–1000 € (Art 6 I **EGStGB**) muss der Richter festsetzen, wenn die Voraussetzungen des I vorliegen (LG Mainz NJW **88**, 1744). Die nachträgliche Erfüllung der Zeugenpflichten ist ohne Bedeutung und führt nicht zur Aufhebung. Für die Bemessung sind die Bedeutung der Straftat, der Grund des Ungehorsams und die wirtschaftlichen Verhältnisse des Zeugen maßgebend (LG Hamburg NStZ **08**, 588, 589; LG Mainz aaO). Zahlungserleichterungen lässt Art 7 **EGStGB** zu. 10

11 B. **Ordnungshaft** (I S 2) von 1–42 Tagen (Art 6 II S 1 **EGStGB**) darf nur für den Fall verhängt werden, dass das Ordnungsgeld nicht beigetrieben werden kann. Es muss aber sofort ersatzweise festgesetzt werden, auch wenn zugleich Beugehaft nach II angeordnet wird (LR-Ignor/Bertheau 13). Wegen der nachträglichen Festsetzung vgl Art 8 I **EGStGB.**

12 C. **Beugehaft** (II) darf entgegen dem Gesetzeswortlaut auch bei Eidesverweigerung angeordnet werden (Eisenberg BR 1182), immer aber nur – wie sich aus I S 2 ergibt (oben 10) – gleichzeitig mit oder nach der Festsetzung von Ordnungsgeld (BVerfG NJW **88**, 897, 900 mwN; Nehm Odersky-FS 443; **aM** AG Bonn JR **94**, 171 mit zust Anm Derksen; einschr Koblenz StV **96**, 474 mit abl Anm Gatzweiler: sofortige Beugehaft, falls Ordnungsgeld ersichtlich wirkungslos wäre); dessen Vollstreckung braucht aber nicht abgewartet zu werden (vgl BVerfGE **76**, 363, 391 ff = NJW **88**, 897, 900).

13 Die Anordnung der Beugehaft, die auch gegen den als Zeugen benannten Verteidiger zulässig ist (Bamberg StV **84**, 499), steht im **Ermessen des Gerichts** (BGH NJW **66**, 211; ANM 787 mwN), das die Aufklärungspflicht nach § 244 II (BGH StV **83**, 495) und den Verhältnismäßigkeitsgrundsatz zu beachten hat (BGH **51**, 140, 143; vgl auch BGH StraFo **08**, 423, 424/425). Sie muss nach den Umständen des Falles unerlässlich sein (BGH NStZ **10**, 44) und darf zur Bedeutung der Strafsache und der Aussage oder ihrer Beeidigung nicht außer Verhältnis stehen; sie bedarf sorgfältiger Begründung (BVerfG NJW **00**, 3775; **07**, 1865, 1868). Von einer Prognose, ob der Zeuge durch die Haft überhaupt „gebeugt" werden kann, darf die Anordnung aber nicht abhängig gemacht werden (Nehm aaO 446 ff). Nach Ansicht des BVerfG muss auch die Bedeutung der Pressefreiheit berücksichtigt werden (BVerfGE **15**, 223 = NJW **63**, 147; krit EbSchmidt Nachtr 3).

14 Die **Dauer** der Beugehaft ist auf 6 Monate begrenzt; ihre Bemessung steht im richterlichen Ermessen, wobei die Bedeutung der Aussage für den Ausgang des Verfahrens zu berücksichtigen ist (BVerfG NJW **06**, 40, 41; BGH NStZ-RR **05**, 316). Der Angeklagte hat keinen Anspruch auf Ausschöpfung bis zur höchstzulässigen Dauer (BGH DAR **70**, 124 [M]). Es empfiehlt sich, bei der Anordnung mit dem Wortlaut von II die Höchstdauer festzusetzen (KK-Senge 7; **aM** SK-Rogall 27; Nehm aaO 444 mwN).

15 **Aufzuheben** ist die Haft, wenn sich die Weigerung nachträglich als berechtigt erweist, ein Weigerungsrecht nachträglich entsteht (Verlöbnis, Heirat), der Zeuge nachträglich seiner Aussage- oder Eidespflicht nachkommt (wobei idR bereits die ernstliche Erklärung, nunmehr aussagen zu wollen, zur Beendigung der Beugehaft führen muss, vgl Sommermeyer NStZ **92**, 222; zw Nehm aaO 445; **aM** SK-Rogall 29), das Zeugnis für die Sachentscheidung nicht mehr erforderlich ist (Auffinden anderer Beweismittel), die Vereidigung des Zeugen nachträglich unzulässig wird (zB nach § 60 Nr 2), die Dauer der Beugehaft unverhältnismäßig wird oder ihre Höchstdauer erschöpft ist oder wenn das Verfahren in dem Rechtszug auf irgendeine Weise (vgl KK-Senge 9) beendet ist.

16 D. Die **Wiederholung der Maßregeln** (IV) ist unzulässig, wenn sie erschöpft sind. Ordnungsgeld darf immer nur einmal festgesetzt werden, auch wenn die 1. Anordnung von der StA stammt, auch wenn der zulässige Höchstbetrag unterschritten war (Köln NJW **07**, 3512 L = NStZ-RR **07**, 242 mwN). Beugehaft darf dagegen mehrmals, insgesamt aber nicht für länger als 6 Monate angeordnet werden (Köln aaO). Das Wiederholungsverbot bezieht sich auf dasselbe und jedes andere Verfahren, das dieselbe Tat iS des § 264 zum Gegenstand hat, gleichgültig, gegen wen es sich richtet (KK-Senge 14; LR-Ignor/Bertheau 22).

17 **5) Anordnungsverfahren:** Die Entscheidung ergeht erst, nachdem der Zeuge auf die Grundlosigkeit der Weigerung und deren Folgen hingewiesen worden ist (BGH **28**, 240, 259; Düsseldorf NStZ-RR **96**, 169). Das Gericht (22 zu § 51) trifft sie durch Beschluss, in der Hauptverhandlung auf Antrag oder nach Anhörung der StA und der sonstigen Beteiligten (§ 33 I), im Fall des III bei Abwesenheit der StA

ohne deren Anhörung (vgl 24 zu § 51). Der ersuchte Richter ist ohne besondere Weisung des ersuchenden Gerichts zur Anordnung nicht verpflichtet (LR-Ignor/Bertheau 25). Entscheidet er selbst, so ist das nur vorläufig (Karlsruhe Justiz **79**, 68); er muss das ersuchende Gericht benachrichtigen, und das entscheidet endgültig. Bei Vernehmungen nach §§ 162, 169 wird er Beugehaft nur im Einvernehmen mit der StA anordnen (KK-Senge 10). Nach Abschluss der Hauptverhandlung sind Anordnungen nach I oder II nicht mehr zulässig (Bamberg StV **84**, 499, 500).

Die **Abänderung** des Beschlusses kommt weder bei nachträglicher Erfüllung der Zeugenpflicht noch bei nachträglicher Entschuldigung in Betracht (Nehm Odersky-FS 443; vgl aber Dahs NStZ **83**, 184: Einstellung entspr § 153 oder § 47 II OWiG). Nur wenn sich herausstellt, dass die Weigerung berechtigt war, hebt das Gericht den Beschluss von Amts wegen auf (Kurth NStZ **83**, 328). 18

6) Die **Vollstreckung** der Ordnungsmittel obliegt nach § 36 II S 1 der StA (Wendisch JR **78**, 447). Nach § 31 III **RPflG** ist der Rechtspfleger zuständig. Bei unbilliger Härte kann die Vollstreckung der Ersatzordnungshaft unterbleiben (Art 8 II **EGStGB**). Die Vollstreckung der Beugehaft ist Sache des Gerichts (14 zu § 36). Ersatzhaft ist vor der Beugehaft (dazu BVerfG NJW **00**, 273) zu vollstrecken. Wegen der Einzelheiten vgl § 88 StrVollstrO, wegen des Vollzugs §§ 171 ff StVollzG. Die Kosten der Vollstreckung treffen den Zeugen. 19

7) Beschwerde nach § 304 I, II können die StA und der betroffene Zeuge einlegen, der Angeklagte nur, wenn dem Zeugen die Kosten nicht auferlegt worden sind (erg 28 zu § 51). Über Beschwerden gegen Beschlüsse des ersuchten Richters entscheidet das ersuchende Gericht, gleichgültig, ob er auf Weisung dieses Gerichts oder aus eigenem Ermessen gehandelt hat (Karlsruhe Justiz **79**, 68). Anordnungen der OLGe und der Ermittlungsrichter des BGH und des OLG sind nur beschränkt anfechtbar (13, 19 zu § 304). Für Beschwerden gegen Beschlüsse des erkennenden Gerichts gelten dieselben Einschränkungen wie bei Haftbeschwerden (vgl 21 zu § 114; BGH **51**, 140, 144; Koblenz JBlRP **08**, 295, 296). Weitere Beschwerde (5 zu § 310) ist bei Anordnung von Beugehaft zulässig (KG StraFo **08**, 199 mwN; Frankfurt NStZ-RR **00**, 26; Hamburg StraFo **09**, 464). 20

8) Revision: Der Angeklagte wird von der Verhängung von Ordnungsmitteln und Beugehaft nicht betroffen und kann daher weder deren Anordnung noch ihr Unterlassen mit der Revision rügen (BGH NJW **66**, 211; DAR **70**, 124 [M]). Nur mit der Aufklärungsrüge kann geltend gemacht werden, dass das Gericht die Möglichkeiten des § 70 nicht ausgeschöpft hat (BGH NStZ **99**, 46, 47 = JR **99**, 427 mit abl Anm Hecker). Sind gegen den Zeugen Maßnahmen nach § 70 angewendet worden, obwohl die Weigerung berechtigt war, und sagt er darauf aus, kann die Revision auf Verletzung der §§ 69 III, 136 a gestützt werden (Koblenz OLGSt S 2), von der StA auch, wenn die Aussage für den Angeklagten günstig war. 21

9) Abgeordnete und Exterritoriale: Ordnungshaft und Beugehaft dürfen gegen Abgeordnete festgesetzt, aber ohne Genehmigung des Parlaments nicht vollstreckt werden (vgl Anl 6 Abschn A Nr 14 Buchst c, d BT-GeschO). Gegen von der deutschen Gerichtsbarkeit befreite Zeugen ist § 70 nicht anwendbar (3 zu § 18 GVG). Vgl auch 31 zu § 51. 22

Entschädigung von Zeugen

71 **Der Zeuge wird nach dem Justizvergütungs- und -entschädigungsgesetz entschädigt.**

1) Vom Gericht oder der StA geladene Zeugen werden nach dem JVEG aus der Staatskasse entschädigt. Bei polizeilicher Vernehmung wird die Entschädigung regelmäßig auf Grund landesrechtlicher Bestimmungen ebenfalls nach dem 1

JVEG erfolgen (vgl § 11 V MEPolG). Für Vernehmungen durch die Finanzbehörde gilt § 405 **AO.** Vgl auch § 220.

2 **2) Entschädigung wird nach dem JVEG gewährt** als Fahrtkostenersatz (§ 5), für Aufwand (§ 6: Tage- und Übernachtungsgeld), für sonstige Aufwendungen (§ 7: zB notwendige Vertretungen und notwendige Begleitpersonen, Ablichtungen und Überlassung elektronisch gespeicherter Dateien), für Zeitversäumnis (§ 20), für Nachteile bei der Haushaltsführung (§ 21) sowie für Verdienstausfall (§ 22). Einzelheiten sind den Erläuterungen bei Hartmann (Teil V) zu entnehmen.

3 **3) Vorschuss** wird geladenen Zeugen auf – binnen 3 Monaten zu stellenden (§ 2 I S 1 JVEG – Antrag nach § 3 JVEG gewährt, wenn sie mittellos sind oder ihnen die Verauslagung aus eigenen Mitteln nicht zugemutet werden kann. Bei richterlicher Ladung ist auch die Sorge für das Erscheinen richterliche Aufgabe, also auch die Gewährung des Vorschusses (vgl 4 vor § 212). Die Anfechtung richtet sich nach § 4 JVEG; erg 12 zu § 23 EGGVG.

7. Abschnitt. Sachverständige und Augenschein RiStBV 69–72

Vorbemerkungen

1 **1)** Der **Sachverständige** ist neben dem Zeugen das zweite persönliche Beweismittel der StPO (Einl 49). Er wird vom Gericht bestellt oder auf Antrag eines Prozessbevollmächtigten vernommen, um über Tatsachen oder Erfahrungssätze Auskunft zu geben oder einen bestimmten Sachverhalt zu beurteilen. Begrifflich gehört zum Sachverständigen, dass er auf einem bestimmten Wissensgebiet eine, dem Richter idR fehlende, Sachkunde hat, die nicht unbedingt wissenschaftlich zu sein braucht; auch Kaufleute und Handwerker, die auf ihrem Fachgebiet sachkundig sind, können Sachverständige sein (LR-Krause 2; Arbab-Zadeh NJW **70**, 1217).

2 **2) Nur natürliche Personen** können zu Sachverständigen bestellt werden (ANM 207). Zwar können auch Gutachten von Behörden eingeholt werden (§§ 83 III, 91 I, 92 I S 2, 256 I Nr. 1 a, II). Das gilt aber für private Organisationen nicht entspr (Jessnitzer/Ulrich 89). Daher können Meinungsforschungsinstitute, Technische Überwachungsvereine und andere Vereine und Gesellschaften des Privatrechts nicht Sachverständige sein.

3 **3)** Die **Aufgaben des Sachverständigen** sind unterschiedlicher Art. Immer handelt es sich aber darum, dass er Sachkunde übermittelt oder anwendet oder beides tut (BGH NJW **51**, 771; Hamm NJW **54**, 1820; ANM 209). Dabei besteht die Sachkunde in der Beherrschung allgemeiner Erfahrungssätze.

4 A. In **bloßen Verrichtungen** kann die Tätigkeit des Sachverständigen bestehen (LR-Krause 7; ANM 210), zB in der Vornahme körperlicher Eingriffe am oder im Körper des Beschuldigten oder Zeugen (Blutprobenentnahme nach §§ 81 a I S 2, 81 c II; Anfertigung von Röntgenaufnahmen).

5 B. **Tatsachenbekundungen** sind Gegenstand der Vernehmung des Sachverständigen, wenn er nur dazu bestellt war, auf Grund seiner besonderen Sachkunde bestimmte Wahrnehmungen zu machen (KK-Senge 2; LR-Krause 9; ANM 210), zB einen Augenschein einzunehmen, die Alkoholkonzentration einer Blutprobe festzustellen, Leichenteile auf Giftspuren zu untersuchen oder Feststellungen bei einer Röntgenaufnahme zu treffen (ANM 210; Gössel DRiZ **80**, 364).

6 C. Die **Vermittlung von Erfahrungswissen** ohne Schlussfolgerungen auf einen bestimmten Sachverhalt kann Aufgabe des Sachverständigen sein (LR-Krause 8; ANM 211), zB der Bericht über Forschungsergebnisse und technisches Wissen, die Erläuterung von Fachausdrücken, Handelsbräuchen, Buchführungsgrundsätzen, der Wirkungsweise von Medikamenten oder des Ablaufs technischer Vorgän-

ge (Gössel DRiZ **80**, 363). Hierzu gehört auch die Erstattung von Gutachten über ausländisches Recht oder über inländisches Gewohnheitsrecht (KK-Senge 1; LR-Krause 2; Jessnitzer/Ulrich 5; erg 1, 7 zu § 244). Darüber hinaus darf sich der Richter von dem Sachverständigen keine Rechtskenntnisse vermitteln lassen (**aM** LR-Krause 12; erg 49 zu § 244).

D. Die **Gutachtenerstattung** ist der wichtigste Fall der Sachverständigentätigkeit. Der Sachverständige hat dann die Aufgabe, sein Erfahrungswissen bei der Begutachtung eines bestimmten Sachverhalts anzuwenden, den das Gericht ihm mitteilt, der nach § 80 ermittelt wird oder den der Sachverständige selbst auf Grund seiner besonderen Sachkunde feststellt (LR-Krause 10; Jessnitzer StV **82**, 177). Die Tatsachen, die er seinem Gutachten zugrunde legt, werden als Anknüpfungstatsachen bezeichnet, Tatsachen, die er auf Grund seiner Sachkunde ermittelt, als Befundtatsachen (10 zu § 79), Tatsachen, die er feststellt, ohne dass dazu besondere Sachkunde erforderlich ist, als Zusatztatsachen (11 zu § 79). Bei der Erstattung des Gutachtens muss der Sachverständige die Anknüpfungstatsachen und die angewendeten allgemeinen Erfahrungssätze mitteilen und die Schlussfolgerungen darlegen, die ihn zu seinem Ergebnis geführt haben (Jessnitzer/Ulrich 6). 7

4) Rechtliche Stellung: Der Sachverständige ist ein Beweismittel wie jedes andere. Ihn als „Richtergehilfen" zu bezeichnen (BGH **3**, 27, 28; **7**, 238, 239; **8**, 113; **9**, 292, 293; **11**, 211, 213; **13**, 1, 4; KK-Senge 1; Schlüchter 5262), ist ebenso richtig wie nichts sagend (LR-Krause 3; **aM** Fezer 12/10: irreführend und überflüssig; Peters 342: unrichtig und gefährlich; vgl auch Kaufmann JZ **85**, 1065: Bezeichnung wird wahrem Rollenverhältnis nicht gerecht; ausführlich dazu Tondorf/Waider StV **97**, 493). Da er dem Richter bei der Wahrheitsfindung helfen soll, ist der Sachverständige dessen Gehilfe; das ist der Zeuge aber auch (Gössel DRiZ **80**, 365; Peters aaO). Sofern sich seine Aufgabe auf die Bekundung von Tatsachen beschränkt (oben 5), unterscheidet sich die Stellung des Sachverständigen von der des sachverständigen Zeugen nur durch den behördlichen Auftrag (3 zu § 85). Im Übrigen hat er dem Gericht die Sachkunde zu vermitteln, deren es für die Entscheidung bedarf (zur Problematik der Unverständlichkeit eines Gutachtens für den Richter wegen des dafür erforderlichen Maßes an Vorbildung Erb ZStW **121**, 882). „Berater" des Gerichts bei der Entscheidung wird er dadurch nicht (Peters H. Kaufmann-GedSchr 917; **aM** Cabanis NJW **78**, 2329 und Heinitz-FS 639: neutrale Beraterstellung). 8

5) Abgrenzung von anderen Beweismitteln: Wegen der Unterscheidung des Sachverständigen vom Zeugen vgl 2 zu § 85, vom Dolmetscher 2 zu § 185 GVG. Augenschein unter Hinzuziehung von Sachverständigen ist (zusammengesetzter oder gemischter) Augenschein, kein Sachverständigenbeweis (5 zu § 86). 9

6) Der **Augenscheinsbeweis** ist ein sachlicher Beweis (Einl 49) unter Benutzung von Augenscheinsgegenständen. Wegen der Einzelheiten vgl die Erläuterungen zu § 86. 10

Anwendung der Zeugenvorschriften

72 Auf Sachverständige ist der sechste Abschnitt über Zeugen entsprechend anzuwenden, soweit nicht in den nachfolgenden Paragraphen abweichende Vorschriften getroffen sind.

1) Entsprechend anzuwenden sind nur die §§ 48 ff, nicht die an anderer Stelle (§§ 243 II, 247, 247 a) stehenden Zeugenvorschriften (LR-Krause 2; **aM** für § 247 S 3: KK-Senge 1). Ausgeschlossen ist die Anwendung der §§ 51 I, 70 I und II durch § 77, des § 58 I durch § 80, des § 71 durch § 84. Entspr gelten daher nur die §§ 48–50, 51 II, III, 52–53 a (vgl § 76 I), §§ 55–56, 57 (BGH VRS **22**, 144, 147; 5 StR 17/97 vom 7. 7. 1997; bei Sachverständigen, die häufig vor Gericht 1 auftreten, ist die Belehrung überflüssig, vgl RG **56**, 66; **aM** SK-Rogall 10), §§ 58 II, §§ 59–65, 67, 68 (LR-Krause 18ff), §§ 68a, 69, 70 III und IV.

2 **2)** Für **Angehörige des öffentlichen Dienstes,** die als Sachverständige vernommen werden, gilt anstelle des § 54 die ähnliche Regelung des § 76 II iVm § 67 BBG (5 zu § 54) oder 37 III BeamtStG (7 zu § 54), für Soldaten iVm § 14 I SG (13 zu § 54). Vgl auch 4 zu § 76.

Auswahl **RiStBV 70**

73 I [1]**Die Auswahl der zuzuziehenden Sachverständigen und die Bestimmung ihrer Anzahl erfolgt durch den Richter.** [2]**Er soll mit diesen eine Absprache treffen, innerhalb welcher Frist die Gutachten erstattet werden können.**

II **Sind für gewisse Arten von Gutachten Sachverständige öffentlich bestellt, so sollen andere Personen nur dann gewählt werden, wenn besondere Umstände es erfordern.**

1 **1) Zuständig** für die Bestellung von Sachverständigen ist **im Ermittlungsverfahren die StA** (vgl § 161a I S 2), auch die Polizei. Nach RiStBV 70 I gibt die StA – wenn es sich nicht um „Routinegutachten“ handelt und Gefährdung des Untersuchungszwecks oder Verfahrensverzögerung nicht entgegenstehen – dem Verteidiger Gelegenheit, vor Auswahl eines Sachverständigen Stellung zu nehmen. Dierlamm (Müller-FS 117) hält diese Regelung für unzureichend und die vorherige Anhörung nach Art 103 I GG für zwingend erforderlich; er meint (zu weitgehend), die unterbliebene vorherige Anhörung müsse zu einem Beweisverwertungsverbot führen.

1a **I S 1 bezieht sich nur auf das gerichtliche Verfahren** (LR-Krause 2; Gössel DRiZ **80**, 366; Jessnitzer/Ulrich 108, 109; Karpinski NJW **68**, 1173; Lürken NJW **68**, 1161; Tröndle JZ **69**, 375; **aM** Duttge NStZ **03**, 376 mwN; Dierlamm aaO; Dippel Müller-FS 133). Der Ermittlungsrichter muss, wenn ihm die Auswahl nicht überlassen worden ist, den Sachverständigen hören, dessen Vernehmung die StA beantragt (LR-Krause 3). Das erkennende Gericht kann einen anderen Sachverständigen bestellen, ist dazu aber nicht verpflichtet (BGH **44**, 26, 32 = StV **99**, 463 mit krit Anm Zieschang; Jessnitzer/Ulrich 144; Leineweber MDR **80**, 9; **aM** Frenken DAR **56**, 291; Lürken aaO). Ist ein Sachverständiger nach § 223 zu vernehmen, so kann die Auswahl dem ersuchten oder beauftragten Richter aufgegeben werden (KK-Senge 1; Dahs/Dahs 282; **aM** SK-Rogall 10).

2 **Hilfskräfte** (Laboranten, Techniker usw) darf der bestellte Sachverständige ohne weiteres heranziehen (Kube/Leineweber 68; Hanack NJW **61**, 2044). Er kann sich auch eines anderen Sachverständigen als Hilfskraft bedienen und dessen Befunde nach eigener Prüfung in sein Gutachten übernehmen (BGH **22**, 268, 273 = JR **69**, 426 mit Anm Peters), sofern seine eigene Beurteilung und Verantwortung für den gesamten Inhalt des Gutachtens dadurch nicht in Frage gestellt werden (Frankfurt MDR **83**, 849 = ZSW **83**, 241 mit Anm Müller; Schleswig SchlHA **74**, 181 [E/J]; Bleutge NJW **85**, 1185; vgl auch LG Duisburg JR **09**, 343 mit abl Anm Eisenberg); der Vermerk „inhaltlich einverstanden“ genügt nicht (Nürnberg StraFo **07**, 328).

3 Solche Hilfskräfte sind aber keine **„Hilfssachverständigen“** (LR-Krause 7; **aM** BGH aaO; Schleswig aaO); denn Sachverständige darf der vom Gericht bestellte Sachverständige nicht seinerseits ernennen (BVerwGE **69**, 70 = NJW **84**, 2645; Friederichs NJW **73**, 2259; JZ **74**, 257; **aM** Hamm NJW **73**, 1427 für den Fall, dass bei einem erbbiologischen Gutachten mehrere Personen von mehreren Sachverständigen untersucht werden müssen). Daher darf er auch eine Sachverständigengruppe nur zusammenstellen, wenn er die volle Prüfung und Verantwortung für alle Einzelergebnisse übernehmen kann (LR-Krause 8; Kube/Leineweber 69).

Für ein Sachgebiet, das er nicht selbst beherrscht, darf er niemals Untersachverständige heranziehen, sondern muss ihre Bestellung durch das Gericht anregen.

2) Die **Auswahl** bezieht sich auf das Fachgebiet und die persönliche Eignung 4
des Sachverständigen (vgl dazu Detter NStZ **98**, 57 ff).

A. Das **Fachgebiet** muss der Richter, der den Sachverständigen benötigt, selbst 5
bestimmen (BGH **34**, 355, 357). Die Heranziehung eines „Auswahlsachverständigen", der hierüber Auskunft geben soll, ist unzulässig (Koblenz VRS **36**, 17). Andererseits müssen nicht von vornherein Vertreter aller in Frage kommenden Fachrichtungen bestellt werden (LR-Krause 9; Rudolph Justiz **69**, 27). Zum Sachverständigen in Wirtschaftsstrafverfahren vgl Krekeler wistra **89**, 52.

Bei der **Blutalkoholbestimmung** ist idR jeder als Sachverständiger geeignet, 6
der auf diesem Fachgebiet besondere Erfahrungen hat (Hamm VRS **36**, 290; 434; KK-Senge 5; Jessnitzer/Ulrich 115; **aM** Martin BA **70**, 95: nur Ärzte). Nur bei besonderer Schwierigkeit (Nachtrunk, nicht abgeschlossene Resorption, zusätzliche Medikamenteneinnahme) muss ein medizinischer Sachverständiger herangezogen werden (BGH VRS **34**, 211; Frankfurt NJW **61**, 283; Hentrich BA **61**, 20).

Zur **Beurteilung der Glaubwürdigkeit** von Zeugen wird idR ein Psychologe 7
herangezogen werden müssen (BGH **23**, 8, 14; MDR **80**, 274 [H]; ANM 704 mwN in Fn 102; vgl auch BGH **14**, 21, 23; NStZ **82**, 42: Psychiater oder Psychologe). Ein Pädagoge ist immer ungeeignet (BGH **2**, 163, 166; **7**, 82, 85), ein Psychologe dann, wenn eine geistige Erkrankung vorliegt (BGH **23**, 8, 12 = JR **70**, 151 mit Anm Peters; BGH DAR **80**, 209 [Sp]). Die Aufklärungspflicht kann es gebieten, einen anderen Sachverständigen auszuwählen, wenn nur die Begutachtung durch einen bestimmten Sachverständigen verweigert wird (KG NJW **97**, 69 mit Anm Düring/Eisenberg StV **97**, 456).

Die **Schuldfähigkeit des Angeklagten** kann ein Psychologe nur ausnahms- 8
weise beurteilen; idR muss ein Psychiater oder Neurologe herangezogen werden (Hamm JMBlNW **64**, 117; Karlsruhe Justiz **74**, 94; Koblenz VRS **49**, 433; AK-Wassermann 7; KK-Senge 5; LR-Krause 12; Rauch NStZ **84**, 497 gegen Wolff NStZ **83**, 537; **aM** BGH **34**, 355 = NStZ **88**, 85 mit Anm Meyer; NJW **59**, 2315 mit Anm Bresser; BGH DAR **77**, 176 [Sp]; StV **84**, 495: bei nicht krankhaften Zuständen nach dem Ermessen des Gerichts auch ein Psychologe; krit zur Auswahlpraxis der Gerichte Schmitt Geerds-FS 550 ff). Ein Facharzt für Psychiatrie oder Neurologie braucht er aber nicht zu sein; erforderlich ist nur eine hinreichende Erfahrung auf diesen Gebieten, die idR auch Gefängnis- und Gerichtsärzte haben (BGH **23**, 311 = JR **71**, 116 mit Anm Peters; BGH VRS **34**, 344). Bei Hirngeschädigten muss ein auf diesem Gebiet besonders erfahrener Facharzt herangezogen werden (BGH NJW **69**, 1578; NStZ **87**, 16 [Pf/M]; StV **88**, 52).

B. Die **Person des Sachverständigen** muss Gewähr dafür bieten, dass er ge- 9
eignet ist, zur Verfügung steht und kein Ablehnungsgrund nach § 74 vorliegt. Die Wirtschaftsreferenten der StA und Kriminalpolizei erfüllen diese Voraussetzungen auch in den dort anhängigen Strafverfahren, wenn sie das Gutachten eigenverantwortlich und frei von jeder Beeinflussung erstatten können (BGH **28**, 381, 384; NStZ **84**, 215; StV **86**, 465; SK-Rogall 34; Lemme wistra **02**, 286; G. Schäfer Dünnebier-FS 557; vgl auch Zweibrücken NJW **79**, 1995). Für ausländische Beschuldigte muss kein Sachverständiger bestellt werden, der ihrem Kulturkreis angehört und ihre Sprache spricht (BGH MDR **73**, 16 [D]).

Der Richter muss den Sachverständigen **selbst bestimmen;** er darf diese Be- 10
fugnis nicht auf Privatpersonen übertragen (München NJW **68**, 202; Dippel 82 ff; Franzki DRiZ **76**, 100; Laufs NJW **76**, 1124). Daher darf es einem Klinik- oder Institutsleiter nicht überlassen werden, ob er selbst oder einer seiner Mitarbeiter das Gutachten erstattet (LR-Krause 25; Jessnitzer/Ulrich 108; **aM** BGH NStZ **93**, 31 [K]). Für die Zuziehung geeigneter Sachverständiger enthält der Besondere Teil der RiStBV Hinweise. Der Richter kann auch Berufsorganisationen oder Behör-

den um Vorschläge bitten (vgl RiStBV 70 II). Wegen der Sachverständigenverzeichnisse vgl RiStBV 70 III.

11 3) Die **Bestimmung der Zahl** der benötigten Sachverständigen steht im Ermessen des Gerichts (Düsseldorf wistra **94**, 78). Es wird sich idR mit einem Sachverständigen begnügen; nach §§ 214 III, 220 geladene Sachverständige muss es aber unter den Voraussetzungen des § 245 II hören. Maßgebend ist im Übrigen die Aufklärungspflicht nach § 244 II. Erg 1 zu § 83.

12 4) **Fristabsprache** (I S 2): Die Bestimmung ist eine Sollvorschrift. Ihre Nichtbeachtung hat keine Rechtsfolgen; der Richter darf von ihr aber nur bei Vorliegen wichtiger Gründe abweichen. IdR wird kein Grund bestehen, die Absprache zu unterlassen, sofern der Sachverständige nicht wegen seiner zügigen Arbeitsweise bekannt ist. Die Absprache, die möglichst mündlich oder fernmündlich getroffen und dann aktenkundig gemacht werden sollte, soll auch dazu dienen, das genaue Thema und den Umfang des zu erstellenden Gutachtens mit dem Sachverständigen zu erörtern. Dabei wird sich häufig Gelegenheit geben, das Thema des Gutachtens wesentlich genauer zu begrenzen und zu erläutern, als das bei schriftlicher Auftragserteilung möglich ist, und auch zu erörtern, welche Unterlagen der Sachverständige als Anknüpfungstatsachen benötigt.

13 Eine **angemessene Frist** ist Gegenstand der Absprache. Die Heranziehung eines anderen Sachverständigen wird zu erwägen sein, wenn der Sachverständige nur bereit ist, eine Frist zu akzeptieren, die nach Auffassung des Richters bei Abwägung der beiderseitigen Interessen und Möglichkeiten eindeutig unangemessen ist. Kann auf ihn aber nicht verzichtet werden, so sind Maßnahmen nach § 77 II anzuordnen (dort 6).

14 Die **nachträgliche Änderung** der Frist ist während ihres Laufes zulässig. Eine Verlängerung ist entspr § 224 II ZPO davon abhängig zu machen, dass erhebliche Gründe glaubhaft gemacht sind, die sie rechtfertigen.

15 Auch der **Staatsanwalt** soll mit dem Sachverständigen eine Fristabsprache treffen (I S 2 iVm § 161 a I S 2). Dabei kann in geeigneten Fällen eine kürzere Frist abgesprochen werden für die Lieferung eines kurz gefassten Gutachtens oder die mündliche Erstattung eines solchen Gutachtens, das für die Zwecke der StA ausreicht. Ist eine ausführliche Fassung nötig, so kann hierfür eine zusätzliche Ablieferungsfrist vereinbart werden.

16 5) **Öffentlich bestellte Sachverständige** (II) sind die auf Grund öffentlichrechtlicher Vorschriften des Staats- oder Kommunalrechts für bestimmte Sachgebiete auf bestimmte Zeit bestellten Sachverständigen (Jessnitzer/42 ff). Das können Einzelpersonen, aber auch Behörden sein. Für die Bestellung gelten teils bundesrechtliche (zB § 36 I S 1 GewO), teils landesrechtliche Bestimmungen (vgl allg Bleutge DRiZ **77**, 170). Zu den öffentl bestellten Sachverständigen gehören die Gerichtsärzte, auch die bayerischen Landgerichtsärzte, die Ärzte der staatlichen Untersuchungsämter und die Leiter der rechtsmedizinischen Universitätsinstitute. Die öffentliche Bestellung ist ein Anzeichen für die persönliche und fachliche Eignung des Sachverständigen (Jessnitzer/Ulrich 114).

17 **Besondere Umstände,** die die Bestellung anderer Personen rechtfertigen, sind zB die Verhinderung des öffentl bestellten Sachverständigen und die Notwendigkeit, einen Sachverständigen mit noch größerer Sachkunde heranzuziehen.

18 6) Eine **Beschwerde** gegen die Auswahl des Sachverständigen durch die StA gibt es nicht (Schleswig StV **00**, 542 mit abl Anm Wagner), gegen die durch das Gericht ist sie, soweit sie nicht schon nach § 305 S 1 ausgeschlossen ist (Düsseldorf MDR **86**, 256), auch im Übrigen nicht zulässig (Celle NJW **66**, 1881; Hamburg MDR **94**, 83; LR-Krause 36). Die Belange des Beschuldigten sind durch das Ablehnungsrecht nach § 74 gewahrt. Seine Bedenken gegen die Auswahl durch die Polizei kann der Beschuldigte nur bei der StA geltend machen (3 zu § 163).

7) Revision: Die Ungeeignetheit des Sachverständigen kann nur gerügt werden, wenn das Urteil insoweit zu Zweifeln Anlass gibt; die Revision kann dann die Aufklärungsrüge (§ 244 II) erheben. Die Sachrüge kann nur begründet sein, wenn sich die fehlende Sachkunde des Sachverständigen aus dem Urteil selbst ergibt (BGH NStZ **94**, 228 [K]), sie also zB zu Feststellungen geführt hat, die gegen Denkgesetze oder Erfahrungssätze verstoßen (Dahs/Dahs 282). 19

Ablehnung

74 I [1] **Ein Sachverständiger kann aus denselben Gründen, die zur Ablehnung eines Richters berechtigen, abgelehnt werden.** [2] **Ein Ablehnungsgrund kann jedoch nicht daraus entnommen werden, dass der Sachverständige als Zeuge vernommen worden ist.**

II [1] **Das Ablehnungsrecht steht der Staatsanwaltschaft, dem Privatkläger und dem Beschuldigten zu.** [2] **Die ernannten Sachverständigen sind den zur Ablehnung Berechtigten namhaft zu machen, wenn nicht besondere Umstände entgegenstehen.**

III **Der Ablehnungsgrund ist glaubhaft zu machen; der Eid ist als Mittel der Glaubhaftmachung ausgeschlossen.**

1) Anwendungsbereich: Die Ersetzbarkeit des Sachverständigen ist der gesetzgeberische Grund für die Zulässigkeit (LR-Krause 1; **aM** Gössel DRiZ **80**, 370), aber keine Voraussetzung für die Ablehnung wegen Befangenheit (krit zur Ablehnungsmöglichkeit überhaupt Erb ZStW **121**, 885) § 74 ist daher auch anwendbar, wenn der Sachverständige nicht auswechselbar ist, weil er allein die Befundtatsachen wahrgenommen (vgl unten 19) oder weil außer ihm niemand die erforderliche Sachkunde hat (Hanack JR **66**, 427). Ablehnungsgrund ist nur die Befangenheit; Mangel an Sachkunde führt nur zur Anhörung eines weiteren Sachverständigen (BGH NStZ-RR **09**, 3 [[C]; Jessnitzer/Ulrich 166, 230). Eine Anzeige des Sachverständigen entspr § 30 ist gesetzlich nicht vorgesehen (KK-Senge 1), wird aber idR nach § 76 I S 2 zur Entbindung führen. Abgelehnt werden können auch die nach §§ 214 III, 220 geladenen Sachverständigen (Hamm VRS **26**, 365), nicht aber eine Behörde, deren Gutachten nach § 256 I Nr 1 a verlesen wird (Gössel DRiZ **80**, 375; Jessnitzer/Ulrich 151; **aM** Seyler GA **89**, 566). Erscheint aber ein Behördenvertreter vor Gericht, um das Gutachten zu vertreten, zu erläutern oder zu vertiefen, so ist seine Ablehnung zulässig (KK-Senge 1; LR-Krause 3; Dästner MDR **79**, 545; Gössel aaO; **aM** Ahlf MDR **78**, 981; Kube/Leineweber 88 ff; Leineweber MDR **80**, 7). Dient die Ablehnung nur verfahrensfremden Zwecken, so ist sie entspr § 26 a I Nr 3 unzulässig. 1

2) Ablehnungsgründe: 2

A. Die **Ausschließungsgründe** des § 22 Nrn 1–4 sind hier nur Ablehnungsgründe (vgl § 24 I); denn eine gesetzliche Ausschließung des Sachverständigen bestimmt nur § 87 II S 3. Es sind jedoch zwingende Ablehnungsgründe (BGH **18**, 214; KK-Senge 2; LR-Krause 4; Gössel DRiZ **80**, 370; **aM** Krause Maurach-FS 549). Das gilt insbesondere für den Fall, dass der Sachverständige der Verletzte ist oder in nahem Verhältnis zu Beschuldigten oder Verletzten steht (§ 22 Nrn 1–3) oder dass er als Verteidiger, Anwalt des Verletzten oder StA in derselben Sache (12 zu § 22) tätig war, als StA in einer Amtsstellung, die der Verfolgung des Beschuldigten diente. Diese Einschränkung gilt auch für Polizeibeamte (BGH **18**, 214, 216); sie können nur abgelehnt werden, wenn sie, auch als Angehörige des BKA (BGH aaO), an den Ermittlungen teilgenommen haben (BGH MDR **58** 785; dazu im einzelnen Wiegmann StV **96**, 571 ff). Beamte der Verfassungsschutzämter erfüllen diese Voraussetzungen nicht (BGH **18**, 214 = GA **64**, 46 mit Anm Schäfer; BGH NJW **64**, 1681; Wiegmann aaO; **aM** Nix Kriminalistik **94**, 85), auch nicht Angehörige einer mit Ermittlungsaufgaben nicht betrauten und organisatorisch von 3 der Ermittlungsbehörde getrennten Dienststelle der Polizei (LR-Krause 8; Deitigsmann Kriminalistik **59**, 190; Kohlhaas NJW **62**, 1331), insbesondere Beamte der kriminalwissenschaftlichen, technischen und chemischen Untersuchungsämter der Polizei (BGH **18**, 214, 216; MDR **58**, 785; RG **35**, 319; KG VRS **25**, 272, 274; LR-Krause 8; Kube/Leineweber 101 ff), auch deren Schriftsachverständige (Frankfurt OLGSt S 7; Pfanne JR **68**, 378). Der Ausschließungsgrund des § 22 Nr 5 wird durch I S 2 ersetzt, gilt aber auch dann nicht, wenn der Sachverständige in der Sache schon früher (Vorverfahren, 1. Rechtszug) tätig war (RG **33**, 198). Die sinngemäße Anwendung des § 23 kommt nicht in Betracht (KK-Senge 3; **aM** LR-Krause 10).

4 B. **Sonstige Ablehnungsgründe** liegen vor, wenn vom Standpunkt des Ablehnenden aus, nicht von dem des Gerichts (BGH **8**, 226, 233; DAR **80**, 206 [Sp]), verständigerweise ein Misstrauen gegen die Unparteilichkeit des Sachverständigen gerechtfertigt erscheint (BGH **8**, 144, 145; StV **81**, 55; **90**, 389 mit Anm Driest; Geppert v Lübtow-FG 790). Es müssen immer vernünftige Gründe vorgebracht werden, die jedem unbeteiligten Dritten einleuchten (BGH **21**, 334, 341; NJW **69**, 2291; DAR **79**, 191 [Sp]; **80**, 206 [Sp]). Das Gericht muss die Ablehnungsgründe in ihrer Gesamtheit würdigen (BGH **8**, 226, 235). Gleichgültig ist, ob der Sachverständige sich befangen fühlt (BGH MDR **52**, 409 [D]).

5 Die **Mitwirkung am Vorverfahren** im Auftrag der StA oder Polizei ist allein kein Ablehnungsgrund (BGH **18**, 214, 217; NStZ **08**, 50), auch nicht, wenn erst das Gutachten die Einleitung des Strafverfahrens veranlasst (BGH aaO; Jessnitzer/Ulrich 169), sogar dann nicht, wenn der Sachverständige selbst die Strafanzeige gegen den Beschuldigten erstattet hat (KG LRE **1**, 120; **4**, 311, 313; Düsseldorf LRE **2**, 158; **aM** Jessnitzer/Ulrich aaO). Die bei der Tataufklärung beteiligten Wirtschaftsreferenten der StA sind zwar Mitarbeiter der Strafverfolgungsbehörden; wenn sie ihr Gutachten ersichtlich eigenverantwortlich erstatten (9 zu § 73), ist aber ihre Ablehnung gleichwohl nicht begründet (Zweibrücken NJW **79**, 1995; Gössel DRiZ **80**, 371; LR-Krause 7, 14; SK-Rogall 24; Pelz 617; Lemme wistra **02**, 281; **aM** Schlüchter 528 Fn 443; Dose NJW **78**, 354; Wiegmann StV **96**, 574). Auch die Teilnahme des Sachverständigen an Vernehmungen und die Befragung des Beschuldigten nach § 80 II ist kein Ablehnungsgrund (KK-Senge 5).

6 **Aus anderen Gründen** (vgl dazu Eisenberg NStZ **06**, 372, der Fehler im Vorgehen, Eigenbelange und Kompetenzüberschreitungen unterscheidet) kann zB die Ablehnung berechtigt sein, wenn der Sachverständige schon ein Privatgutachten für den Verletzten (BGH **20**, 245), insbesondere für den Nebenkläger (Hamm VRS **26**, 365; **aM** Brammsen ZStW **119**, 93), oder für eine am Verfahrensausgang interessierte Versicherungsgesellschaft erstattet hat (BGH NStZ **02**, 215), wenn er den Beschuldigten ohne dessen Einwilligung vor Studenten exploriert (BGH MDR **80**, 456 [H]) oder bei ihm unberechtigt körperliche Eingriffe vorgenommen hat (BGH **8**, 144; StV **90**, 389), wenn er das Tatopfer ärztlich oder als Therapeut behandelt (BGH MDR **72**, 925 [D]; StV **96**, 130) oder wenn er durch mündliche oder schriftliche Äußerungen den Eindruck der Voreingenommenheit hervorgerufen hat (BGH **41**, 206, 211; StV **81**, 55), etwa durch Fangfragen an einen Entlastungszeugen (Hamburg StV **87**, 142), oder wenn er unprofessionell und einseitig vorgegangen ist (BGH NJW **91**, 2357) oder wenn er, um Angaben zu erlangen, bewusst verschweigt, dass er für die Justizbehörden tätig wird (BGH NStZ **97**, 349).

7 **Kein Ablehnungsgrund** liegt darin, dass der Sachverständige Polizeibeamter ist (RG **17**, 415, 425; Ahlf MDR **78**, 981), sofern er nicht vorwiegend sicherheitspolizeiliche Aufgaben wahrnimmt (BGH **18**, 214, 217; NJW **64**, 1861), dass er schon in einem früheren Strafverfahren gegen den Beschuldigten tätig war (BGH **8**, 226, 235; MDR **72**, 18 [D]), dass er Beamter des durch die Tat geschädigten Staates ist (BGH NStE Nr 2), dass er in seinem schriftlichen Gutachten die Beweisaufnahme

zum Nachteil des Beschuldigten gewürdigt (BGH MDR **74**, 367 [D]; **aM** – auch zu den beiden folgenden Fällen – Eisenberg BR 1551 a), von Opfer und Tat gesprochen (Kube/Leineweber 111) oder auf das Schrifttum zur Schuldfrage hingewiesen (RG HRR **40**, 54), dass er für den Beschuldigten schon ein Privatgutachten erstattet (E. Müller BA **75**, 156; Jessnitzer/Ulrich 169; vgl aber Frankfurt VRS **51**, 212; Koblenz VRS **71**, 200: Gutachten vereidigter Sachverständiger für Straßenverkehrsunfälle) oder dass er Ergebnisse seiner Untersuchungen vorab in einer Fachzeitschrift veröffentlicht (Düsseldorf JMBlNW **87**, 101) oder sich sonst wissenschaftlich geäußert hat (BGH **41**, 206, 211; Düsseldorf wistra **94**, 78).

Insbesondere kann der Beschuldigte **aus eigenem Verhalten** während des Verfahrens oder mit Bezug darauf keinen Ablehnungsgrund herleiten (BGH MDR **72**, 18 [D]; 7 zu § 24), auch nicht, wenn der Sachverständige gegen ihn Strafantrag wegen Beleidigung gestellt hat; anderenfalls hätte er es in der Hand, den Sachverständigen auszuschalten (München NJW **71**, 384; LR-Krause 14). 8

3) Ablehnungsberechtigt sind außer den in II S 1 bezeichneten Prozessbeteiligten die Verfalls- und Einziehungsbeteiligten (1 zu § 433), gesetzlichen Vertreter und Erziehungsberechtigten (§ 67 **JGG**), Privatkläger (1 zu § 385) und Nebenkläger (§ 397 I S 3), nicht aber Verletzte, die nach § 172 II auf gerichtliche Entscheidung antragen (RG **52**, 291; LR-Krause 17; **aM** KMR-Neubeck 16), und Antragsteller im Adhäsionsverfahren nach §§ 403 ff. Der Verteidiger ist nur im Namen des Beschuldigten ablehnungsberechtigt (Hamm NJW **51**, 731). 9

4) Die **Namhaftmachung** (II S 2) muss unmittelbar nach Ernennung des Sachverständigen erfolgen. Nur besondere Umstände befreien von dieser Pflicht. In Betracht kommen Gefahr im Verzug (drohender Beweismittelverlust) und Beschleunigungsgesichtspunkte (Dringlichkeit der Vernehmung). Polizei und StA sind zur Namhaftmachung nicht verpflichtet (LR-Krause 19). 10

5) Der **Ablehnungsantrag,** der in der Hauptverhandlung gestellt und dort wiederholt werden muss, wenn er schon früher gestellt war (RG **58**, 301; **68**, 327, 328; Hamm VRS **39**, 217; ANM 105: es gelten die Grundsätze des Beweisantragsrechts), bedarf keiner besonderen Form. Er kann darin gesehen werden, dass Bedenken gegen die Ladung des Sachverständigen erhoben werden (Schleswig SchlHA **49**, 87). 11

Der Antrag kann **erst gestellt werden,** wenn die Sache gerichtlich anhängig und der Sachverständige ernannt ist (BGH VRS **29**, 26). Die von der StA und Polizei im Vorverfahren herangezogenen Sachverständigen können daher nur abgelehnt werden, wenn das Gericht sie vernehmen will (Düsseldorf MDR **84**, 71; Kube/Leineweber 98; **aM** grundsätzlich Eisenberg NStZ **06**, 373). Aus § 83 II ergibt sich, dass der Antrag noch nach Erstattung des Gutachtens gestellt werden kann, das gilt auch, wenn der Antragsteller sich mit dem Gutachten zunächst zufriedengeben wollte (SK-Rogall 55; **aM** Stuttgart NJW **57**, 1646). Wie bei Beweisanträgen (33 zu § 244) ist der Schluss der Beweisaufnahme der letztmögliche Zeitpunkt für die Antragstellung; nach Beginn der Urteilsverkündung braucht das Gericht Anträge nicht mehr entgegenzunehmen. 12

Inhaltlich muss der Antrag die Tatsachen, auf die die Ablehnung gestützt wird, angeben und glaubhaft machen (III). Nicht geltend gemachte Tatsachen dürfen nicht berücksichtigt werden. Zur Glaubhaftmachung (dazu allg 5 ff zu § 26; 6 ff zu § 45) kann sich der Antragsteller entspr § 26 III S 3 auf das uneidliche Zeugnis des Abgelehnten berufen (BGH 5 StR 585/63 vom 28. 1. 1964; LR-Krause 25). Die sichere Überzeugung von der Richtigkeit der Ablehnungsgründe braucht der Richter nicht zu gewinnen (10 zu § 45). 13

Die **Wiederholung** eines vor der Hauptverhandlung gestellten Ablehnungsantrags ist zulässig, auch mit derselben Begründung (RG **47**, 239; LR-Krause 27), selbst wenn er zurückgewiesen worden und die Beschwerde erfolglos war (Oldenburg JZ **60**, 291 mit Anm Peters). Dagegen ist die Wiederholung eines in der 14

Hauptverhandlung bereits gestellten und abgelehnten Antrags rechtsmissbräuchlich und unzulässig (KK-Senge 9). In dem Unterlassen der Wiederholung eines vor der Hauptverhandlung gestellten und nicht beschiedenen Antrags kann ein Verzicht auf die Ablehnung liegen (RG **58**, 301), sofern nicht der Vorsitzende zugesagt hatte, dass über den Antrag in der Hauptverhandlung entschieden werde (vgl 5 zu § 219).

15 Die **Zurücknahme** des Antrags ist jederzeit möglich, auch wenn das Gericht die Ablehnung schon für begründet erklärt hatte (KK-Senge 9). Der Sachverständige kann dann vernommen werden, selbst wenn ein zwingender Ablehnungsgrund (oben 3) geltend gemacht worden war.

16 **6)** Die **Entscheidung,** die nicht unmittelbar nach Antragstellung ergehen muss, trifft das mit der Sache befasste Gericht nach Anhörung der Prozessbeteiligten (§ 33), nach Eröffnung des Hauptverfahrens das erkennende Gericht, in der Hauptverhandlung unter Mitwirkung der Schöffen (BGH wistra **97**, 147; RG **47**, 239). Der ersuchte oder beauftragte Richter entscheidet nicht selbst, sondern führt die Entscheidung des auftraggebenden Gerichts herbei (KK-Senge 12), ist dadurch aber an der Vernehmung des abgelehnten Sachverständigen nicht gehindert.

17 Die Entscheidung ergeht durch **Beschluss;** die vorherige Anhörung des Sachverständigen ist nicht vorgeschrieben (RG **25**, 362; Frankfurt NJW **65**, 314; LR-Krause 30), kann aber angebracht sein (BGH NStZ **08**, 50). Gibt er eine Erklärung ab, so muss sie dem Antragsteller bekanntgegeben werden (KK-Senge 13; Jessnitzer/Ulrich 177). Eine nur stillschweigende Entscheidung, etwa durch Vernehmung des abgelehnten oder eines anderen Sachverständigen, ist nicht zulässig (Hamm NJW **66**, 1880; LR-Krause 31). Der (stattgebende oder zurückweisende) Beschluss muss nach § 34 mit Gründen versehen werden, die so ausführlich sein müssen, dass alle Prozessbeteiligten ihr weiteres Verhalten danach einrichten können und das Revisionsgericht prüfen kann, ob das Tatgericht die anzuwendenden Rechtsbegriffe verkannt hat (BGH MDR **78**, 459 [H]).

18 In **Rechtskraft** erwächst der Beschluss nicht. Das Gericht kann ihn jederzeit von Amts wegen oder auf Gegenvorstellungen aufheben oder ändern (LR-Krause 33).

19 **7)** Der **mit Erfolg abgelehnte Sachverständige** darf nicht weiter vernommen, ein schon erstattetes Gutachten nicht verwertet werden (BGH NJW **05**, 445, 447; Eisenberg BR 1560; krit Erb ZStW **121**, 914). Das Gutachten darf der Sachverständige weder als sachverständiger Zeuge erstatten (BGH **20**, 222, 224 = JR **66**, 424 mit Anm Hanack), noch darf es von einem anderen Sachverständigen an seiner Stelle vorgetragen werden (Celle NJW **64**, 462). Der abgelehnte Sachverständige darf aber als Zeuge über Tatsachen gehört werden, die Gegenstand seiner Wahrnehmung gewesen sind, und zwar nicht nur über Zufallsbeobachtungen und Zusatztatsachen (Geppert DAR **80**, 321 und v Lübtow-FG 790; zu den Begriffen vgl 11, 12 zu § 79), sondern als sachverständiger Zeuge (§ 85) auch über die bei der Vorbereitung seines Gutachtens ermittelten Befundtatsachen (BGH NStZ **02**, 44; 215; Fezer JR **90**, 397 mwN; Gössel DRiZ **80**, 372; Jessnitzer/Ulrich 184; **aM** LR-Krause 36; Eisenberg BR 1561; Geppert aaO; Hanack JR **66**, 425; vgl auch Mayer Mezger-FS 466; Schmidhäuser ZZP Bd. **72**, 388: nur über unwiederholbare Wahrnehmungen; zum Begriff Befundtatsachen vgl 10 zu § 79). Daran kann ein anderer Sachverständiger anknüpfen.

20 **8) Beschwerde:** Die Verweisung in I S 1 bezieht sich nur auf die Ablehnungsgründe, nicht auf das Verfahren; § 28 gilt daher nicht (Koblenz VRS **71**, 200). Mit der einfachen Beschwerde nach § 304 I (RG **47**, 239; Hamburg NJW **67**, 2274) sind alle auf den Antrag ergehenden Entscheidungen anfechtbar, auch der Beschluss, der die Ablehnung für begründet erklärt (Celle NJW **66**, 415; Frankfurt VRS **51**, 212). Beschwerdeberechtigt sind alle Antragsberechtigten (oben 9), nicht aber der abgelehnte Sachverständige (Braunschweig OLGSt S 1; Frankfurt NJW **65**, 314; Oldenburg JZ **60**, 291). Ablehnende und stattgebende Entschei-

dungen des erkennenden Gerichts (6 zu § 28; 2 zu § 305) sind nach § 305 S 1 unanfechtbar (KG JR 59, 350; Celle NJW **66**, 415; Düsseldorf NJW **67**, 692; Hamburg NJW **67**, 2271; Zweibrücken MDR **68**, 781; LR Krause 39). Das Beschwerdegericht entscheidet nicht nur über Rechtsfragen; es kann sein eigenes Ermessen an die Stelle des Ermessens des 1. Richters setzen (KK-Senge 16).

9) Revision: Die Ablehnung eines Befangenheitsantrags vor der Hauptverhandlung ist kein Revisionsgrund, wenn der Antrag nicht wiederholt worden ist (BGH NStZ-RR **02**, 110; oben 11). Sonst kann die Revision darauf gestützt werden, dass der Antrag nicht beschieden (Hamm NJW **66**, 1880), dass er nicht ausreichend begründet (BGH MDR **78**, 459 [H]; RG **47**, 239, 241), sofern die Gründe nicht offensichtlich sind (Hamburg VRS **56**, 457), dass dem Antrag zu Unrecht stattgegeben (ist ein anderer Sachverständiger gehört worden, so beruht das Urteil darauf idR nicht) oder dass er zu Unrecht zurückgewiesen worden ist. Die Rüge ist nach allgemeinem Revisionsrecht zu beurteilen (BGH **8**, 226, 232; StV **81**, 55; **90**, 389). Mit der Revision müssen der Ablehnungsantrag und der ihn zurückweisende Gerichtsbeschluss mitgeteilt werden (BGH DAR **79**, 191 [Sp]; VRS **35**, 428; Düsseldorf JMBlNW **87**, 102). Die Wiedergabe einzelner Wendungen des Sachverständigengutachtens genügt nicht, wenn sie, wie regelmäßig, nur aus dem Zusammenhang heraus beurteilt werden können (BGH NStZ **88**, 210 [M]). Neue Tatsachen oder Beweismittel können nicht nachgeschoben werden. Das Revisionsgericht ist an die Tatsachen gebunden, die der Tatrichter seiner Entscheidung zugrunde gelegt hat; es darf sie nicht durch eigene Ermittlungen ergänzen (BGH NStZ **94**, 388; **99**, 632; **08**, 50; NStZ-RR **02**, 66 [B]; Koblenz VRS **71**, 200). Zu prüfen ist nur, ob der Tatrichter über Rechtsfragen geirrt hat (BGH **8**, 226, 233; NStE Nr 2). Die Frage, ob Besorgnis der Befangenheit bestanden hat, wird – anders als bei der Richterablehnung (vgl 27 zu § 338) – als Rechtsfrage behandelt (BGH NStZ **08**, 229 mwN). 21

Auf **Verletzung des II S 2** kann die Revision zwar gestützt werden; das Urteil beruht aber idR auf dem Verstoß nicht (Köln JMBlNW **62**, 202). 22

Gutachterpflicht

75 **I Der zum Sachverständigen Ernannte hat der Ernennung Folge zu leisten, wenn er zur Erstattung von Gutachten der erforderten Art öffentlich bestellt ist oder wenn er die Wissenschaft, die Kunst oder das Gewerbe, deren Kenntnis Voraussetzung der Begutachtung ist, öffentlich zum Erwerb ausübt oder wenn er zu ihrer Ausübung öffentlich bestellt oder ermächtigt ist.**

II Zur Erstattung des Gutachtens ist auch der verpflichtet, welcher sich hierzu vor Gericht bereiterklärt hat.

1) Die **Sachverständigenpflicht** (I), eine der Zeugenpflicht (5 ff vor § 48) entspr staatsbürgerliche Pflicht, besteht auch im Fall der unmittelbaren Ladung nach §§ 214 III, 220 I und im Vorverfahren schon gegenüber der StA, nicht gegenüber der Polizei. Der Bestellung zum Sachverständigen muss aber, von der Bereiterklärung (unten 2) abgesehen, nur folgen, wer zur Gutachtenerstattung der betreffenden Art öffentl bestellt ist (16 zu § 73) oder wer die Wissenschaft, die Kunst oder das Gewerbe öffentl zum Erwerb ausübt. Darunter fällt jede Art von Erwerbstätigkeit in Industrie, Handel, Gewerbe oder in einem freien Beruf, die gegenüber einem zahlenmäßig unbestimmten Personenkreis in der Absicht ausgeübt wird, eine laufende Einnahmequelle zu erschließen. Ferner ist zur Begutachtung verpflichtet, wer, auch wenn er den Beruf noch nicht oder nicht mehr ausübt, zur Ausübung der Wissenschaft, der Kunst oder des Gewerbes öffentl bestellt (zB als Universitätsprofessor) oder ermächtigt ist (zB als Lehrbeauftragter oder als approbierter Arzt). Eine Grenze findet die Sachverständigenpflicht an der Zumut- 1 barkeit (starke berufliche Inanspruchnahme, Notwendigkeit eines Erholungsurlaubs und dgl). Wegen der Gutachtenpflicht von Behörden vgl 4 zu § 83.

2 **2) Bereiterklärung** (II): Gemeint ist die in einer bestimmten Strafsache abgegebene Erklärung; das allgemeine Angebot, Gutachten zu erstatten, genügt nicht (SK-Rogall 24 mwN). Der Bereiterklärung gegenüber dem Gericht steht nach § 161 a I S 2 die gegenüber der StA gleich. Die Bereitschaft kann schriftlich oder mündlich, auch stillschweigend durch widerspruchslose Annahme des Gutachtenauftrags, Erscheinen vor Gericht, Beginn der Gutachtertätigkeit, erklärt werden. Sie ist unwiderruflich, wenn sie unaufgefordert erklärt wird, aber erst nachdem das Gericht oder ein Prozessbeteiligter durch Ladung nach §§ 214 III, 220 I von ihr Gebrauch gemacht hat (vgl dazu auch SK-Rogall 25).

3 **3) Inhaltlich** erstreckt sich die Sachverständigenpflicht auf die mit dem Gutachten verbundenen Vorarbeiten (Aktenstudium, Erledigung von Forschungsarbeiten, Vornahme von Untersuchungen) und auf das Erscheinen vor Gericht. Das gilt auch bei unmittelbarer Ladung nach §§ 214 III, 220 I. Auf Verlangen des Gerichts muss der Sachverständige sein Gutachten schriftlich vorbereiten. Er muss es persönlich erstatten; Ersatzpersonen darf er nicht stellen (Köln VRS **58**, 73).

Gutachtenverweigerungsrecht

76 **I** [1] **Dieselben Gründe, die einen Zeugen berechtigen, das Zeugnis zu verweigern, berechtigen einen Sachverständigen zur Verweigerung des Gutachtens.** [2] **Auch aus anderen Gründen kann ein Sachverständiger von der Verpflichtung zur Erstattung des Gutachtens entbunden werden.**

II [1] **Für die Vernehmung von Richtern, Beamten und anderen Personen des öffentlichen Dienstes als Sachverständige gelten die besonderen beamtenrechtlichen Vorschriften.** [2] **Für die Mitglieder der Bundes- oder einer Landesregierung gelten die für sie maßgebenden besonderen Vorschriften.**

1 **1) Verweigerung des Gutachtens** (I S 1): Der nach § 75 zur Gutachtenerstattung verpflichtete Sachverständige kann das Gutachten aus den Gründen der §§ 52, 53 und 53 a verweigern. An die Stelle des § 54 tritt II. Nach § 72 ist § 55 entspr anwendbar (LR-Krause 1; **aM** SK-Rogall 7: direkt anwendbar). Die Belehrungspflichten nach §§ 52 III S 1, 55 II und die Pflicht zur Glaubhaftmachung nach § 56 gelten entspr (§ 72).

2 Der **ärztliche Sachverständige** hat wegen der Befundtatsachen (10 zu § 79) kein Schweigerecht (wegen der Zusatztatsachen vgl 20 zu § 53), gleichgültig, ob der Angeklagte oder Zeuge die Untersuchung freiwillig geschehen lässt oder nicht (BGHZ **40**, 294 = NJW **64**, 449; KK-Senge 3; Krauß ZStW **97**, 81, 110; einschr Kühne JZ **81**, 652; erg 20 zu § 53).

3 **2) Entbindung von der Gutachterpflicht** (I S 2): Das Gericht kann den Sachverständigen von Amts wegen oder auf Antrag durch Beschluss entbinden, auch wenn kein Weigerungsrecht besteht, zB bei Unzumutbarkeit oder besonderer Härte (1 zu § 75), etwa wegen hohen Alters oder beruflicher Überlastung (Bleutge DRiZ **77**, 172; Schwung ZSW **82**, 147), aber auch wegen Ungeeignetheit, wegen (nicht geltend gemachter) Befangenheit oder wegen der Unmöglichkeit, das Gutachten in angemessener Zeit zu erlangen. Im Fall der §§ 214 III, 220 I ist ein Antrag des Sachverständigen oder des Prozessbeteiligten, der ihn geladen hat, erforderlich (KMR-Neubeck 3; **aM** Müller 466). Ist der vom Gericht geladene Sachverständige in der Hauptverhandlung bereits erschienen, so tritt I S 2 hinter § 245 I zurück (LR-Krause 6; wohl auch BGH StraFo **03**, 198; **aM** KK-Senge 4: I S 2 geht vor). Nach Erstattung des Gutachtens gilt § 83 I (BGH aaO).

4 **3)** Für **Angehörige des öffentlichen Dienstes** gelten die Grundsätze zu § 54 entspr. Wegen der Versagung der Genehmigung vgl § 68 BBG, § 37 IV S 3

BeamtStG, § 14 II S 3 SG (6, 7, 13 zu § 54). Bei einem Beamten kann das Auftreten als Sachverständiger auch nach § 99 BBG als Nebentätigkeit genehmigungsbedürftig sein.

Wegen der Sondervorschriften für **Regierungsmitglieder** vgl 30 zu § 54. 5

4) Beschwerde: Die Entbindung nach I S 2 können die Prozessbeteiligten, 6 nicht der dadurch nicht beschwerte Sachverständige (Müller 468), nach §§ 304 I, 305 anfechten (LR-Krause 8). Gegen die Ablehnung eines Entbindungsantrags kann der Antragsteller nach § 304 I, der Sachverständige als Antragsteller nach § 304 II Beschwerde einlegen (Jessnitzer/Ulrich 126); nur für die Prozessbeteiligten gilt die Schranke des § 305 S 1. Weitere Beschwerde ist ausgeschlossen (§ 310). Das Beschwerdegericht prüft die Ermessensausübung in vollem Umfang nach (LR-Krause 8; SK-Rogall 28; **aM** Schwung ZSW **82**, 147).

5) Mit der **Revision** kann, aber nur als Verstoß gegen § 244 II, gerügt werden, 7 dass dem Sachverständigen aus Rechtsirrtum ein Weigerungsrecht nach I S 1 zuerkannt oder dass er rechtsfehlerhaft nach I S 2 entbunden oder nicht entbunden worden ist (LR-Krause 9). Ein Verstoß gegen die in II bezeichneten Vorschriften berührt den Rechtskreis des Angeklagten nicht (vgl 32 zu § 54). Erg 6 zu § 81f.

Ungehorsamsfolgen

77 I [1]**Im Falle des Nichterscheinens oder der Weigerung eines zur Erstattung des Gutachtens verpflichteten Sachverständigen wird diesem auferlegt, die dadurch verursachten Kosten zu ersetzen.** [2]**Zugleich wird gegen ihn ein Ordnungsgeld festgesetzt.** [3]**Im Falle wiederholten Ungehorsams kann neben der Auferlegung der Kosten das Ordnungsgeld noch einmal festgesetzt werden.**

II [1]**Weigert sich ein zur Erstattung des Gutachtens verpflichteter Sachverständiger, nach § 73 Abs. 1 Satz 2 eine angemessene Frist abzusprechen, oder versäumt er die abgesprochene Frist, so kann gegen ihn ein Ordnungsgeld festgesetzt werden.** [2]**Der Festsetzung des Ordnungsgeldes muss eine Androhung unter Setzung einer Nachfrist vorausgehen.** [3]**Im Falle wiederholter Fristversäumnis kann das Ordnungsgeld noch einmal festgesetzt werden.**

1) Zur Erstattung des Gutachtens verpflichtet sind gerichtlich bestellte 1 oder nach §§ 214 III, 220 I unmittelbar geladene Sachverständige, die der Ernennung nach § 75 folgen müssen und nicht nach § 76 zur Verweigerung des Gutachtens berechtigt sind. Die Folgen ihres Ungehorsams regelt § 77 abweichend von §§ 51, 70. Die Zwangsbefugnisse stehen auch der StA zu (§ 161a II), nicht aber der Polizei. Zur entspr Anwendung des § 77 auf Dolmetscher vgl 7 zu § 185 GVG.

2) Ungehorsamsfälle: 2

A. **Nichterscheinen** (I S 1 erste Altern): Wie bei § 51 (dort 2) setzt der Unge- 3 horsam ordnungsmäßige Ladung voraus. Anders als beim Zeugen befreit aber das Weigerungsrecht (nach § 76 I S 1) vom Erscheinen. Zum Begriff Nichterscheinen vgl 3ff zu § 51. Bei rechtzeitiger genügender Entschuldigung unterbleiben Ordnungsmittel entspr § 51 II S 1, 2 (dort 6ff).

B. **Gutachtenverweigerung** (I S 1 zweite Altern): Dazu gehört die Weigerung, 4 einzelne Fragen zu beantworten (näher dazu Müller 448a), die notwendigen Vorbereitungsarbeiten zu erledigen, sich der Leitung des Gerichts (§ 78) zu unterwerfen und den Eid nach § 79 zu leisten (LR-Krause 6). Als Weigerung ist bei fehlender Fristabrede auch die Nichtablieferung des schriftlichen Gutachtens trotz Mahnung nach angemessener Frist anzusehen. Die Weigerung kann entschuldigt sein, wenn unüberwindliche Hinderungsgründe bestehen. Zur Weigerung berechtigt nicht, dass das Gutachten für Zwecke des Gerichts auf Tonband aufgenommen

(Praml MDR **77**, 14) oder dem Antrag auf Ausschließung der Öffentlichkeit nicht stattgegeben wird (LR-Krause 7; **aM** Herbst NJW **69**, 548).

5 C. **Weigerung der Fristabsprache** (II S 1 erste Altern): Das Beharren auf einer unangemessen langen Frist steht der völligen Verweigerung der Fristabsprache gleich (LR-Krause 8; SK-Rogall 23; erg 11 zu § 73). Da die Festsetzung des Ordnungsgeldes Vorwerfbarkeit voraussetzt, muss die Unangemessenheit so deutlich sein, dass sie auch der Sachverständige bei pflichtgemäßer Abwägung erkennen konnte und musste (Rieß NJW **75**, 84).

6 D. **Versäumung der abgesprochenen Frist** (II S 1 zweite Altern): Ungehorsamsfolgen treten nur bei schuldhafter Säumnis ein. Krankheit, unvorhersehbare Arbeitsüberlastung oder berufliche Abordnung sind Entschuldigungsgründe, nicht aber die Nichtanzeige der Arbeitsüberlastung (Celle NJW **72**, 1524).

7 **3) Ungehorsamsfolgen:**

8 A. Die **Auferlegung der Kosten** ist in den Fällen des I, nicht in denen des II, für jeden einzelnen Ungehorsamsfall ohne Rücksicht auf deren Zahl zwingend vorgeschrieben (LR-Krause 12). Wegen Art und Höhe der Kosten vgl 14 zu § 51.

9 B. **Ordnungsgeld:** Die Höhe regelt Art 6 **EGStGB.** Im Fall des I gelten 16, 17 zu § 51 entspr. In demselben Verfahren darf die Festsetzung von Ordnungsgeld nach I S 3 nur einmal wiederholt werden (vgl 19 zu § 51), auch wenn die Hauptverhandlung nach §§ 228, 229 von neuem durchgeführt werden muss. Die ersatzweise Festsetzung von Ordnungshaft lässt I, anders als § 51 I S 1, nicht zu.

10 Im **Fall II** ist die Festsetzung von Ordnungsgeld nicht zwingend vorgeschrieben; bei Gutachtenverweigerung, nicht bei Verweigerung der Fristabsprache (KK-Senge 4), ist sie erst nach Androhung unter Setzung einer Nachfrist zulässig (II S 2). Dabei braucht die beabsichtigte Bemessung des Ordnungsgeldes nicht vorher mitgeteilt zu werden. Die Frist muss so bemessen werden, dass dem Sachverständigen die Erstellung des Gutachtens möglich ist (LR-Krause 10). Bei Fristversäumung kann zugleich mit der Festsetzung des Ordnungsgeldes eine 2. Nachfrist gesetzt und erneut Ordnungsgeld angedroht werden. Wird es festgesetzt, so sind die Zwangsmittel erschöpft. IdR wird es sich empfehlen, schon den nach der 1. Ordnungsgeldfestsetzung noch ungehorsamen Sachverständigen nach § 76 I S 2 zu entbinden (SK-Rogall 26).

11 **4) Verfahren, Vollstreckung und Anfechtung:** Vgl 21–23, 25–30 zu § 51. In den Fällen des II muss der Sachverständige vor der Beschlussfassung gehört werden (KMR-Neubeck 11). § 51 II S 2 gilt entsprechend (§ 72).

Leitung

78 **Der Richter hat, soweit ihm dies erforderlich erscheint, die Tätigkeit der Sachverständigen zu leiten.**

1 **1) Tätigkeit des Sachverständigen** iS des § 78 ist nur die Vorbereitung des Gutachtens (KK-Senge 2; LR-Krause 2; **aM** EbSchmidt Nachtr 10); denn dass die Vernehmung von dem Richter geleitet wird, folgt schon aus § 238 I.

2 **2)** Die **Leitung der Sachverständigentätigkeit,** die keiner besonderen Form bedarf, ist eine wichtige, oft vernachlässigte (vgl Dippel 107; Sarstedt NJW **68**, 180) Aufgabe des Richters, im Vorverfahren der StA oder Polizei, die den Sachverständigen zugezogen hat.

3 Sie erfordert eine klare und eindeutige **Auftragsbeschreibung** (LR-Krause 4; Krauß ZStW **85**, 322), insbesondere die unmissverständliche Formulierung der von dem Sachverständigen zu beantwortenden Beweisfragen (Tröndle JZ **69**, 376). Der Überschreitung des Gutachtenauftrags muss entgegengewirkt werden.

4 Die **Anknüpfungstatsachen** (11 zu § 79), von denen er in seinem Gutachten ausgehen soll, sind dem Sachverständigen möglichst schon bei Auftragserteilung

Die **Anknüpfungstatsachen** (11 zu § 79), von denen er in seinem Gutachten ausgehen soll, sind dem Sachverständigen möglichst schon bei Auftragserteilung mitzuteilen, sofern er sie nicht selbst, als Befundtatsachen (10 zu § 79), ermitteln soll (BGH StV **95**, 113; Jessnitzer/Ulrich 221). Dazu muss ihm ein Sachbericht, oft sogar das gesamte Aktenmaterial zugänglich gemacht werden (3 zu § 80). Wird er erst während oder nach Schluss der Beweisaufnahme bestellt, so können ihm die Anknüpfungstatsachen außerhalb der Hauptverhandlung bekanntgegeben werden (BGH **2**, 25, 29).

Auch **Belehrungen** des Sachverständigen können notwendig sein, zB über verfahrensrechtliche Vorschriften, insbesondere über das Fehlen der Befugnis, Auskunftspersonen zu vernehmen (2 zu § 80), oder über die sachliche Rechtslage, zB über die rechtlichen Voraussetzungen der §§ 20, 21 StGB (LR-Krause 5 ff), oder über das Verbot, zulässiges Verteidigungsverhalten des Beschuldigten zu seinem Nachteil zu verwerten (BGH 1 StR 512/02 vom 16. 1. 2003). 5

Die **fachliche Durchführung der Untersuchungen** ist dagegen allein Sache des Sachverständigen; er hat hinsichtlich der Informationsbeschaffung und der Methodenwahl weitgehend freie Hand. Das Gericht darf ihm somit keine Weisungen darüber erteilen, auf welchem Weg er das Gutachten zu erarbeiten hat (BGH DAR **78**, 155 [Sp]; Kube/Leineweber 61; zu weitgehend aber BGH NJW **70**, 1242) und welche Untersuchungsmethoden er anwenden soll (BGH NStZ **92**, 27 [K]; **97**, 610). Es darf zB nicht darüber befinden, ob und unter welchen Bedingungen sich der Sachverständige die Überzeugung von der Verhandlungsunfähigkeit des Angeklagten verschaffen darf. Die Anwesenheit seines Verteidigers bei der Untersuchung kann der Beschuldigte nicht verlangen (BGH StV **03**, 537 mit krit Anm Barton; BGH NStZ **08,** 229; SK-Rogall 5). 6

3) Die **Revision** kann ein Verstoß gegen § 78 nicht begründen. Revisionsgrund kann nur die infolge der Nichtbeachtung der Vorschrift entstandene Verletzung der §§ 136 a, 252, 261 oder der §§ 20, 21 StGB sein (KK-Senge 5; LR-Krause 11). 7

Sachverständigeneid

79 **I Der Sachverständige kann nach dem Ermessen des Gerichts vereidigt werden.**

II Der Eid ist nach Erstattung des Gutachtens zu leisten; er geht dahin, dass der Sachverständige das Gutachten unparteiisch und nach bestem Wissen und Gewissen erstattet habe.

III Ist der Sachverständige für die Erstattung von Gutachten der betreffenden Art im Allgemeinen vereidigt, so genügt die Berufung auf den geleisteten Eid.

1) Im Ermessen des Gerichts (I) steht die Vereidigung, auch bei ausschlaggebender Bedeutung des Gutachtens (BGH bei Herlan MDR **55**, 651; SK-Rogall 7). Nur besondere Umstände führen zur Vereidigung (BGH **21**, 227), etwa wenn Sachkunde und Gewissenhaftigkeit des Sachverständigen zweifelhaft sind oder wenn seinem Gutachten ohne Prüfungsmöglichkeit blindlings gefolgt werden muss. 1

Die Nichtvereidigung bedarf keiner ausdrücklichen **Entscheidung,** da sie die Regel ist (vgl BGH **21**, 227). In der Praxis ist die Vorabentscheidung des Vorsitzenden (9 zu § 59) üblich. Wegen der Vereidigung der Behördenvertreter vgl 5 zu § 83. 2

2) Auf einen **Antrag** der StA, des Angeklagten oder des Verteidigers kommt es jetzt – im Gegensatz zur früheren Rechtslage – nicht mehr an; das Gericht entscheidet wie in § 59 I nach seinem Ermessen; §§ 60, 61 gelten aber auch hier (1 zu § 72). 3

4 **3)** Als **Nacheid** (II) ist der Eid zu leisten. Die Form regelt II iVm § 64; auch § 65 gilt, ebenso § 67 (KK-Senge 5). Mehrere Sachverständige müssen einzeln vereidigt werden. Die Vereidigung ist im Protokoll mit den Worten: „Der Sachverständige leistete den Sachverständigeneid", zu beurkunden (§ 273 I).

5 **4)** Die **Berufung auf die allgemeine Vereidigung** (III) ersetzt den Eid; der Sachverständige kann ihn daher verweigern (KMR-Neubeck 8; LR-Krause 15; SK-Rogall 17; Jessnitzer/Ulrich 412; **aM** KK-Senge 6; EbSchmidt 11). Wie im Fall des § 67 (dort 7) und des § 189 GVG (dort 2) muss sich der Sachverständige selbst auf den Eid berufen, wenn auch nur durch Bejahung der Frage des Richters, ob er das tun wolle. Die Berufung auf den Diensteid des Beamten, zu dessen Dienstpflichten die Erstattung von Gutachten der betreffenden Art gehört, reicht aus (RG **42**, 369; **43**, 158; **45**, 373, 375), nicht aber die Berufung auf die allgemeine Vereidigung als Dolmetscher (BGH NJW **65**, 643).

6 Die **Feststellung der allgemeinen Vereidigung,** die nicht gerichtskundig ist, erfolgt im Freibeweis (7, 9 zu § 244). Die Erklärung des Sachverständigen kann ausreichen. Bleiben Zweifel, so ist er zu vereidigen.

7 Im **Protokoll** muss die Berufung auf die allgemeine Vereidigung beurkundet werden (§ 273 I), nicht die Feststellung, dass die Vereidigung stattgefunden hat.

8 Ihrem **Umfang** nach erstreckt sich die allgemeine Vereidigung (zB nach § 36 GewO) auf Gutachten auf einem bestimmten Fachgebiet (Jessnitzer/Ulrich 410), bei örtlicher Beschränkung auf die vor Gerichten des betreffenden Bezirks abgegebenen Gutachten (RG **43**, 158; **45**, 373). War der Eid an das Amt eines gerichtlichen Sachverständigen geknüpft, so verliert er mit dessen Niederlegung seine Wirkung (Jessnitzer/Ulrich 411).

9 **5)** Der **Eid erstreckt sich** auf das Gutachten, nicht auf die Personal- und Generalfragen nach § 68 (Schleswig SchlHA **86**, 103 [E/L]; LR-Krause 16). Insoweit kann der Sachverständige aber, ggf unter Verbindung beider Eidesformeln (LR-Krause 16), besonders vereidigt werden. Im Übrigen ist zu unterscheiden:

10 A. **Befundtatsachen,** dh Anknüpfungstatsachen für das Gutachten, die der Sachverständige auf Grund seiner Sachkunde selbst festgestellt hat, vermittelt er dem Gericht als Teil des Gutachtens (BGH **9**, 292; **13**, 1; **18**, 107; **20**, 164; NStZ **88**, 20 [Pf/M]; Hamm StV **84**, 457 mwN). Sie werden daher von dem Eid umfasst (Jessnitzer/Ulrich 413). Solche Tatsachen sind insbesondere Wahrnehmungen bei der Leichenöffnung (BGH VRS **32**, 433) oder am lebenden Körper (BGH **18**, 107; Bremen VRS **54**, 65, 67), bei der Besichtigung des Tatorts (RG HRR **32**, 213) oder der Unfallstelle (BGH VRS **10**, 287; Hamm VRS **29**, 202), Feststellungen bei der Auswertung früherer Gutachten (BGH MDR **77**, 108 [H]) oder Krankengeschichten (BGH **9**, 292; BGHR § 59 S 1 Sachverständigenfrage 1, 2; Celle GA **61**, 245), bei der Untersuchung von Lebensmitteln oder Kraftfahrzeugen (BGH VRS **65**, 140) oder bei der Einsicht in Handelsbücher und Buchungsunterlagen (BGH NJW **51**, 771), nicht aber Schriftproben (KG StV **93**, 628; Hamm StV **84**, 457), Fahrtschreiberdiagramme (Düsseldorf VRS **39**, 277) und Wahrnehmungen des Sachverständigen vor seiner Bestellung (unten 12).

11 B. **Zusatztatsachen,** dh das Gutachten vorbereitende Anknüpfungstatsachen, zu deren Ermittlung und Wahrnehmung keine besondere Sachkunde erforderlich war und die daher auch das Gericht hätte feststellen können (BGH **13**, 1; 250; **18**, 107; **20**, 164, 166), sind nicht Inhalt des Gutachtens; der Sachverständige muss über sie als Zeuge aussagen (BGH aaO; **22**, 268, 271; NStZ **85**, 135). In Betracht kommen vor allem das Tatgeschehen betreffende Tatsachen, die der Sachverständige bei der Vorbereitung des Gutachtens von dem zu Begutachtenden oder von Auskunftspersonen unaufgefordert (vgl BGH NJW **88**, 1223, 1224: Geständnis des Angeklagten) oder auf Befragen oder die er durch Augenschein erfahren hat (BGH NStZ **93**, 245).

C. **Zufallsbeobachtungen** stehen in keinem unmittelbaren Zusammenhang mit dem Gutachten und werden daher von dem Eid ebenfalls nicht umfasst. Das gilt insbesondere für Wahrnehmungen und für das eigene Verhalten des Sachverständigen vor der Bestellung, für die zufällige Beobachtung der Tat und für besondere Wahrnehmungen während der Sachverständigentätigkeit, zB dass dem Angeklagten ein Kassiber zugesteckt wird (LR-Krause 17). 12

6) Revision: Fehler bei der Ermessensausübung nach I können die Revision nicht begründen (vgl BGH **21**, 227). Wenn der Sachverständige auch als Zeuge vernommen und vereidigt worden ist, deckt der Zeugeneid immer auch das Sachverständigengutachten (BGH GA **76**, 78; Hamm NJW **69**, 567). Wurde der Sachverständige fehlerhaft nicht zugleich als Zeuge vernommen (oben 11), beruht das Urteil darauf nur dann nicht, wenn ausgeschlossen werden kann, dass er als Zeuge seine Aussage geändert hätte (BGH NStZ **85**, 135; **86**, 323; **93**, 246). Im Fall des III kann die Revision auf das Fehlen einer allgemeinen Vereidigung gestützt werden. Sind Gericht und Sachverständiger davon ausgegangen, dass die Berufung auf den Eid zulässig war, so wird das Urteil aber auf dem Verstoß idR nicht beruhen (LR-Krause 24; erg 9 zu § 67; 3 zu § 189 GVG). 13

Vorbereitung des Gutachtens

80 [I] **Dem Sachverständigen kann auf sein Verlangen zur Vorbereitung des Gutachtens durch Vernehmung von Zeugen oder des Beschuldigten weitere Aufklärung verschafft werden.**

[II] **Zu demselben Zweck kann ihm gestattet werden, die Akten einzusehen, der Vernehmung von Zeugen oder des Beschuldigten beizuwohnen und an sie unmittelbar Fragen zu stellen.**

1) Verschaffung weiterer Aufklärung: Die Anknüpfungstatsachen (11 zu § 79) müssen dem Sachverständigen, soweit möglich, bereits bei der Erteilung des Auftrags mitgeteilt werden (4 zu § 78). Zu den Pflichten des Sachverständigen gehört es, sie kritisch zu würdigen; denn häufig kann nur er auf Grund seiner besonderen Sachkunde beurteilen, ob sie richtig und vollständig sind. Hält er eine Vervollständigung für nötig, so ist er verpflichtet, sich an seinen Auftraggeber (Gericht, StA, Polizei) zu wenden und die nach seiner Auffassung mögliche und erforderliche weitere Sachaufklärung zur Gewinnung einer zuverlässigen Tatsachengrundlage für sein Gutachten zu beantragen. Für das Gericht folgt die Pflicht, ihm auf Verlangen weitere Aufklärung zu verschaffen, idR schon aus der Sachaufklärungspflicht nach § 244 II (BGH JR **62**, 111). Nur wenn sie nicht entgegensteht, kann das Gericht auf einer Gutachtenerstattung ohne völlige Aufklärung oder sogar unter Unterstellung eines bestimmten Sachverhalts bestehen. 1

2) Durch **Vernehmung von Auskunftspersonen** (Beschuldigte, Zeugen) soll dem Sachverständigen in 1. Hinsicht weitere Aufklärung verschafft werden (I). Gemeint sind Vernehmungen durch das Gericht, die StA oder die Polizei. Der Sachverständige selbst ist zu solchen Vernehmungen nicht befugt (BGH JR **62**, 111; Rudolph Justiz **69**, 31; Weigend JZ **90**, 49; **aM** Fincke ZStW **86**, 669; ausführlich dazu SK-Rogall 12ff; Dippel 131ff und Müller-FS 140). Zwar sind ihm informatorische Befragungen nicht verwehrt, sofern sie nur dem Zweck dienen, allgemein die Beweiserheblichkeit des Wissens der Auskunftsperson festzustellen und ggf ihre Vernehmung zu beantragen (BGH **9**, 292, 296; Heinitz Engisch-FS 699; einschr Nagler StV **06**, 521). Sonst darf der Sachverständige nur der richterlichen Vernehmung beiwohnen und an Zeugen oder Beschuldigte Fragen stellen (II); dabei darf ihm aber nicht die ganze Befragung überlassen werden (LR-Krause 5). Das Vernehmungsverbot gilt auch für Explorationen durch psychologische Sachverständige; sie sind zu eigenen Ermittlungen ebenso wenig befugt wie andere Sachverständige (vgl BGH MDR **66**, 383 [D]; LR-Krause 8; SK-Rogall 2

16ff; **aM** Cabanis NJW **78**, 2331; Fincke ZStW **86**, 664). Vernehmungen, die der Sachverständige unter Verstoß gegen diese Grundsätze vornimmt, sind verfahrensrechtlich, vor allem im Hinblick auf § 251 II Nr 1, wertlos (BGH **13**, 1, 4; LR-Krause 7); erforderlichenfalls muss das Gericht sie wiederholen.

3 **3)** Die **Akteneinsicht** (II) wird dem Sachverständigen nicht nur auf sein Verlangen (I) gestattet, sondern idR schon bei der Auftragserteilung (oben 1). Dem Verlangen des Sachverständigen auf Akteneinsicht muss aber nicht stets und nicht immer umfassend entsprochen werden (LR-Krause 3). Entscheidend ist das Ermessen der Stelle, die die Tätigkeit des Sachverständigen zu leiten hat (§ 78). Routinemäßig dürfen die Akten dem Sachverständigen nicht überlassen werden (SK-Rogall 10 zu § 78; Dippel Müller-FS 138). Wegen der Akteneinsicht des Schriftsachverständigen vgl 1 zu § 93.

4 **4) Sonstige Beweiserhebungen** zur Vorbereitung des Gutachtens schließt II nicht aus, so insbesondere die Herbeiziehung von Urkunden und Akten und die Vorlegung von Augenscheinsobjekten (Karlsruhe Justiz **63**, 36). Die Besichtigung von Örtlichkeiten, die Einholung von Auskünften und die Heranziehung von Krankengeschichten und anderen Unterlagen ist dem Sachverständigen ohne Mitwirkung des Gerichts gestattet. Nimmt er eine Ortsbesichtigung vor, so braucht er Beschuldigte und Verteidiger nicht zu benachrichtigen (BGH VRS **35**, 428).

5 **5) In der Hauptverhandlung** braucht der Sachverständige nicht ständig anwesend zu sein (BGH DAR **83**, 205 [Sp]; MDR **53**, 723 [D]). Er entscheidet, sofern das Gericht ihm hierüber keine Weisungen erteilt, selbst darüber, ob das Gutachten seine ständige Anwesenheit erfordert (BGH DAR **77**, 175 [Sp]; **85**, 195 (Sp); NStZ **81**, 297 [Pf]). Das Gericht kann dem Sachverständigen, da § 58 I auf ihn nicht entspr anwendbar ist, die Anwesenheit bei der Beweisaufnahme gestatten. Bisweilen ist das sogar nach § 244 II geboten (BGH **19**, 367). Dem Gericht obliegt die Prüfung, ob während der Abwesenheit des Sachverständigen Einzelheiten erörtert worden sind, die sein Gutachten beeinflussen können, und ob er daher über diese Verhandlungsergebnisse zu unterrichten ist (BGH **2**, 25, 27/28; DAR **85**, 195 [Sp]). Zur Frage, ob die dauernde Anwesenheit des Sachverständigen die Verteidigung beschränken kann, vgl Loos H. Kaufmann-GedSchr 961. Ob der Sachverständige unmittelbar Fragen an Zeugen oder Beschuldigte stellen darf, steht im Ermessen des Gerichts (BGH NJW **69**, 437).

6 **6) Revisionsgrund** ist der Verstoß gegen I nur, wenn zugleich eine Verletzung der Sachaufklärungspflicht vorliegt oder wenn er dazu geführt hat, dass der Sachverständige von unrichtigen Erwägungen ausgegangen ist (LR-Krause 13). Auf eine Verletzung des II, der nur eine Ordnungsvorschrift ist (KK-Senge 6; LR-Krause 13), kann die Revision nicht gestützt werden (**aM** SK-Rogall 22).

Zuziehung im Vorverfahren

80a Ist damit zu rechnen, dass die Unterbringung des Beschuldigten in einem psychiatrischen Krankenhaus, einer Entziehungsanstalt oder in der Sicherungsverwahrung angeordnet werden wird, so soll schon im Vorverfahren einem Sachverständigen Gelegenheit zur Vorbereitung des in der Hauptverhandlung zu erstattenden Gutachtens gegeben werden.

1 **1) Für das Vorverfahren** (Einl 60) gegen einen schuld- und verhandlungsfähigen Beschuldigten gilt die Vorschrift. Im Sicherungsverfahren nach §§ 413ff gilt § 414 III, in der Hauptverhandlung § 246a.

2 **2)** Die **Vorbereitung des Gutachtens** soll dem Sachverständigen ermöglicht werden. Davon darf nur abgesehen werden, wenn der Zustand des Beschuldigten und seine Gemeingefährlichkeit offensichtlich sind. IdR ist ein Psychiater zum Sachverständigen zu bestellen (Müller-Dietz NStZ **83**, 204 mwN; vgl auch BGH

MDR **76**, 17 [D]). Sein Gutachten muss sich auf den psychischen und körperlichen Zustand des Beschuldigten und auf die Behandlungsaussichten erstrecken.

3) Bei Weigerung des Beschuldigten, sich untersuchen zu lassen, ist er vor das Gericht oder die StA zu laden, notfalls nach § 133 II vorzuführen, und unter Beteiligung des Sachverständigen (§ 80) zu vernehmen (LR-Krause 4). In Betracht kommt auch eine Anordnung nach § 81 a, auch eine Unterbringung nach § 81 (BGH NJW **72**, 348). 3

4) Anfechtung: Nicht die Zuziehung des Sachverständigen, sondern erst die Anordnung nach § 81 oder 81 a ist mit der Beschwerde anfechtbar (LR-Krause 5). 4

Die **Revision** kann nicht auf den Verstoß gegen § 80 a, sondern nur auf Verletzung des § 246 a gestützt werden (BGH NStZ **84**, 134; SK-Rogall 10). 5

Unterbringung zur Beobachtung **RiStBV 61, 62**

81

I Zur Vorbereitung eines Gutachtens über den psychischen Zustand des Beschuldigten kann das Gericht nach Anhörung eines Sachverständigen und des Verteidigers anordnen, dass der Beschuldigte in ein öffentliches psychiatrisches Krankenhaus gebracht und dort beobachtet wird.

II 1 Das Gericht trifft die Anordnung nach Absatz 1 nur, wenn der Beschuldigte der Tat dringend verdächtig ist. 2 Das Gericht darf diese Anordnung nicht treffen, wenn sie zu der Bedeutung der Sache und der zu erwartenden Strafe oder Maßregel der Besserung und Sicherung außer Verhältnis steht.

III Im vorbereitenden Verfahren entscheidet das Gericht, das für die Eröffnung des Hauptverfahrens zuständig wäre.

IV 1 Gegen den Beschluss ist sofortige Beschwerde zulässig. 2 Sie hat aufschiebende Wirkung.

V Die Unterbringung in einem psychiatrischen Krankenhaus nach Absatz 1 darf die Dauer von insgesamt sechs Wochen nicht überschreiten.

1) Anwendungsbereich: Die Unterbringung zur Beobachtung ist schon im Vorverfahren (Einl 60) zulässig, auch im Sicherungsverfahren nach §§ 413 ff, nicht aber im Privatklageverfahren (unten 7). Rechtskraft und Vollzug (§ 67 II StGB) der neben der Maßregel nach § 63 StGB verhängten Freiheitsstrafe hindern die Unterbringung nicht, solange noch über die Maßregel zu entscheiden ist; die Unterbringung muss dann auf die Strafzeit angerechnet werden (Celle NJW **61**, 981; krit Pohlmann Rpfleger **61**, 354). Nach Rechtskraft des Urteils ist die Unterbringung ausgeschlossen. Sie darf weder für Zwecke der Strafvollstreckung noch zur Vorbereitung der Entscheidungen nach §§ 57, 57 a, 67 d IV, 67 g StGB angeordnet werden (Düsseldorf StV **85**, 377; Hamm NJW **74**, 914). Bei der Beweisaufnahme im Wiederaufnahmeverfahren nach § 369 ist sie wieder zulässig (dort 1). 1

2) Ohne Unterbringungsanordnung nach § 81 und auch ohne die zeitliche Grenze des V (RG **34**, 306; Stuttgart NJW **61**, 2077) ist die Beobachtung des Beschuldigten zulässig, solange gegen ihn ein Unterbringungsbefehl nach § 126 a in einem psychiatrischen Krankenhaus (nicht in einer Entziehungsanstalt) vollzogen wird (KK-Senge 2; LR-Krause 5; **aM** Hamburg MDR **72**, 1048; KMR-Bosch 5; ders StV **02**, 634) oder solange er sich in einer JVA in UHaft oder Strafhaft befindet und dort in der psychiatrischen Abteilung beobachtet werden kann (BGH NStZ **95**, 219 [K]). Die Anordnung, dass er in eine solche Abteilung oder in eine andere JVA mit einer solchen Abteilung zu verlegen ist, reicht dann aus (Celle NStZ **91**, 598 mit abl Anm Wohlers NStZ **92**, 347; Karlsruhe Justiz **72**, 18; Stuttgart NJW **73**, 1426; SK-Rogall 34; **aM** Duttge NStZ **03**, 377; zw Pollähne R & P **02**, 235 Fn 38). Bei UHaft trifft sie der nach § 126 zuständige Haftrichter, bei Strafhaft der Vorstand der JVA. Für Beobachtungen außerhalb der JVA gilt das 2 nicht (Stuttgart aaO). Muss hingegen die Unterbringung angeordnet werden, ist diese grundsätzlich vorrangig vor U-Haft zu vollstrecken (§ 116b S 2, dort 4).

3 3) **In Form eines Beweisantrags** (17ff zu § 244) kann die Anstaltsunterbringung von den Prozessbeteiligten nicht beantragt werden. Da der Antrag sich nicht auf den Umfang der Beweisaufnahme, sondern nur auf die Art und Weise der Begutachtung durch den Sachverständigen bezieht, handelt es sich um eine bloße Beweisanregung (26 zu § 244), über die das Gericht im Rahmen der Sachaufklärungspflicht (§ 244 II) entscheidet (HK-Lemke 5; LR-Krause 7; SK-Rogall 61; ANM 100; **aM** BGH JR **55**, 472; OGH **2**, 207; Koblenz VRS **48**, 182, 184; KK-Senge 3). Die Anstaltsbeobachtung ist auch kein überlegenes Forschungsmittel iS § 244 IV S 2 Hs 2 (dort 76).

4 **4) Voraussetzungen der Unterbringung:**

5 A. Zur **Vorbereitung des Gutachtens** über den psychischen Zustand des Beschuldigten kann die Unterbringung angeordnet werden (I), in 1. Hinsicht zur Prüfung der Schuldfähigkeit nach §§ 20, 21 StGB, nicht der Glaubwürdigkeit (BGH JR **55**, 472; Celle StV **87**, 518; Roxin/Schünemann § 33, 3; Schlüchter 274), auch nicht zur Rekonstruktion (Trinkversuch) einer vorübergehenden Bewusstseinsstörung infolge Alkohol- oder Medikamentengenusses (BGH MDR **66**, 383 [D]; KK-Senge 1). Ein jetzt geistig Gesunder kann aber untergebracht werden, damit aus seinem Zustand Rückschlüsse auf den psychischen Zustand zur Tatzeit gezogen werden können (LR-Krause 8). Steht die Schuldunfähigkeit fest, so ist die Unterbringung zur Prüfung der Gemeingefährlichkeit iS der §§ 63, 66 StGB zulässig (LR-Krause 9; Arzt JZ **69**, 439). Schließlich darf durch die Unterbringung auch die gegenwärtige oder frühere (zB bei Ablegung eines Geständnisses) Verhandlungsfähigkeit geklärt werden (KMR-Bosch 9; LR-Krause 10; **aM** Schroeder JZ **85**, 1030). Einen weiteren Unterbringungszweck sieht § 73 **JGG** vor.

6 B. **Dringenden Tatverdacht** (II S 1) setzt die Unterbringung voraus. Das ist wie bei § 112 I S 1 zu beurteilen (dort 5ff) und grundsätzlich nach Aktenlage zu entscheiden. Eine Beweiserhebung ist zwar zulässig, aber nicht in der Weise, dass probeweise eine Hauptverhandlung durchgeführt und ggf ausgesetzt wird (SK-Rogall 11; **aM** Düsseldorf JMBlNW **58**, 213; erg 18 zu § 81a). Besteht der dringende Verdacht des äußeren Tatgeschehens, so ist eine Vernehmung des Beschuldigten zur inneren Tatseite idR nicht erforderlich (SK-Rogall aaO).

7 C. Der **Verhältnismäßigkeitsgrundsatz** (II S 2) steht der Anordnung entgegen, wenn die Unterbringung für den Beschuldigten schwerer wiegt als die Strafe oder Maßregel, die er für die Straftat zu erwarten hat (LR-Krause 14). Unzulässig ist die Unterbringung im Privatklageverfahren (Hamburg JR **55**, 394) und in Bagatellstrafsachen (Karlsruhe Justiz **97**, 141; LG Zweibrücken StV **97**, 347; StraFo **03**, 89; vgl auch Bamberg MDR **84**, 602: Beleidigungen querulatorischer Art). Im Bußgeldverfahren ist sie gesetzlich ausgeschlossen (§ 46 III S 1 OWiG).

8 Die Unterbringung darf auch sonst nur angeordnet werden, wenn sie **unerlässlich** ist (BVerfGE **17**, 108, 117 = NJW **63**, 2368, 2370; BVerfG StV **95**, 617; **01**, 657), wenn also der psychische Zustand des Beschuldigten anders nicht beurteilt werden kann (Karlsruhe NJW **73**, 573). Sie ist unzulässig, wenn die Ergebnisse einer früheren Untersuchung ausreichen (Stuttgart StV **04**, 582; LG Berlin NJW **60**, 2250 mit Anm Sauer), ferner, wenn der Sachverständige durch ambulante Untersuchungen – außerhalb eines psychiatrischen Krankenhauses – ein genügend sicheres Bild gewinnen kann (Düsseldorf StV **93**, 571; Frankfurt NJW **67**, 689; StV **86**, 51), dann ist auch eine zwangsweise Vorführung nicht zulässig (SK-Rogall 19; **aM** Bamberg MDR **84**, 602). Wäre die Anordnung hingegen zulässig, kann der Beschuldigte notfalls zu ambulanten Untersuchungen vorgeführt werden (KG JR **65**, 69; Celle NStZ **91**, 598; Oldenburg NJW **71**, 1098; **aM** SK-Rogall aaO); wenn sie trotzdem an seinem Widerstand scheitern, ist die Unterbringung zulässig (Nürnberg OLGSt S 11). Von ihr muss schließlich abgesehen werden, wenn im

Hinblick auf die Weigerung des Angeklagten zur Mitwirkung brauchbare Ergebnisse nicht zu erwarten sind (Düsseldorf StV **05**, 490; Oldenburg StV **08**, 128; LG Hagen StraFo **08**, 157), oder wenn feststeht, dass die Beobachtungszeit von 6 Wochen ohnehin nicht ausreicht, oder wenn der Beschuldigte sich freiwillig in einer Privatklinik, deren Ärzte als Sachverständige geeignet sind, untersuchen lässt.

5) Anhörungspflichten: 9

A. Die **Anhörung eines Sachverständigen** (I) ist stets erforderlich. Er muss Psychiater oder Neurologe (Frankfurt NJW **67**, 689) und sollte der Arzt sein, der die Beobachtung durchführen soll. 10

Er muss sich einen **persönlichen Eindruck** von dem Beschuldigten verschaffen, bevor er sich zur Notwendigkeit der Unterbringung äußert (Stuttgart StV **04**, 582 mwN; LG Zweibrücken VRS **106**, 385). Die Ansicht, in seltenen Ausnahmefällen, die sich aus der Stellungnahme des Sachverständigen ergeben müssen, könne das Aktenstudium ausreichen (Düsseldorf StV **93**, 571; Hamburg MDR **64**, 434; Karlsruhe MDR **84**, 72; StV **84**, 369; Koblenz OLGSt S 23; vgl auch Jena R&P **08**, 58), begegnet Bedenken. Der persönliche Eindruck wird niemals ersetzbar sein (KG JR **65**, 69; Celle NStZ **91**, 599; Düsseldorf StV **98**, 638; Stuttgart aaO; Eisenberg BR 1699). Notfalls ist der Beschuldigte zu einer Vernehmung durch das nach III zuständige Gericht (Koblenz 1 Ws 370/09 vom 5. 8. 2009; **aM** LG Gera StV **95**, 631; LG Koblenz 1 AR 1/09 vom 12. 6. 2009 [StA, § 163 a III, oder ER, § 162 I]) vorzuladen, ggf auch vorzuführen (§ 133; LG Aschaffenburg StV **04**, 583; LR-Krause 18; krit KMR-Bosch 24), und dort in Anwesenheit des Sachverständigen zu hören (§ 80; vgl Celle NStZ **89**, 242; Düsseldorf StV **93**, 571; Jena aaO). 11

Wenn der Sachverständige sich nicht ausnahmsweise mündlich in Anwesenheit aller Verfahrensbeteiligten äußert, muss er seine **Stellungnahme** schriftlich abgeben (Stuttgart StV **04**, 582). Er muss sich zur Notwendigkeit (Frankfurt StV **86**, 51; Hamm NJW **57**, 1290) und zur voraussichtlich erforderlichen Dauer der Beobachtung äußern (Karlsruhe NJW **73**, 573). Eine telefonische Äußerung gegenüber dem Gericht ist wertlos (KG JR **64**, 231; Karlsruhe MDR **84**, 72; Stuttgart aaO). 12

Eine **Bindung des Gerichts** an die Stellungnahme des Sachverständigen besteht nicht. Will es von ihr abweichen, so wird es aber idR einen weiteren Sachverständigen hören müssen (Hamm NJW **57**, 1290; LR-Krause 20). 13

B. Der **Verteidiger,** dessen Mitwirkung nach § 140 I Nr 6 notwendig ist (dort 18), muss angehört werden; ist neben dem Wahlverteidiger ein Pflichtverteidiger bestellt, sind beide zu hören (München StV **08**, 127). Auf das Einverständnis der Verteidigung kommt es nicht an. Die Anhörung darf erst nach Vorliegen der Stellungnahme des Sachverständigen erfolgen, die dem Verteidiger zur Kenntnis gebracht werden muss (KG JR **64**, 231; Karlsruhe NJW **72**, 1584; MDR **84**, 72; LG Aschaffenburg StV **04**, 583). Dem Beschuldigten selbst braucht keine Gelegenheit zur Stellungnahme gegeben zu werden (LG Koblenz 1 AR 1/09 vom 12. 6. 2009; AnwK-Walther 4; KK-Senge 7; EbSchmidt 13; **aM** HK-Lemke 17; KMR-Bosch 27; LR-Krause 23; SK-Rogall 30), auch nicht seinem gesetzlichen Vertreter (**aM** LR-Krause 23). 14

C. Die **Staatsanwaltschaft** ist nach § 33 II zu hören. 15

6) Unterbringung in einem psychiatrischen Krankenhaus: 16

A. Die **Dauer der Unterbringung** darf insgesamt 6 Wochen nicht überschreiten (V), auch nicht mit Einverständnis des Beschuldigten (KK-Senge 6) und bei gleichzeitiger Anordnung der Unterbringung nach § 73 **JGG** (Brunner/Dölling 4 zu § 73 **JGG**). In dem Anordnungsbeschluss muss die Höchstdauer bezeichnet werden (Stuttgart NJW **61**, 2077). Zweckmäßigerweise wird der Wortlaut des V benutzt und angeordnet, dass die Unterbringung die Dauer von 6 Wochen nicht überschreiten darf (LR-Krause 26). Steht fest, dass eine kürzere Zeit ausreicht, so ist die Unterbringung aber von vornherein auf diese Zeit zu beschränken (Oldenburg NJW **61**, 981); bis 6 Wochen kann sie später immer noch verlängert werden. 17

Nach Erreichung des Beobachtungszwecks muss der Sachverständige den Beschuldigten sofort entlassen; darüber sollte er belehrt werden (RiStBV 62 I).

18 B. Die **Wiederholung der Unterbringung** auf Grund einer neuen richterlichen Anordnung (die frühere ist auch dann verbraucht, wenn die 6-Wochenfrist nicht ausgeschöpft worden ist) ist zulässig; nur „insgesamt" darf nach V die Unterbringung nicht länger als 6 Wochen dauern (LR-Krause 28).

19 C. Die **Auswahl des Krankenhauses** trifft das Gericht in dem Anordnungsbeschluss (Frankfurt NJW **67**, 689; Stuttgart NJW **61**, 2077; LR-Krause 29). Es muss sich um ein öffentliches psychiatrisches Krankenhaus handeln; Träger muss der Staat, eine Gemeinde, ein Gemeindeverband oder ein anderer Hoheitsträger sein (Frankfurt aaO). Nicht erforderlich sind die namentliche Bezeichnung des Arztes, der den Beschuldigten beobachten soll (Nürnberg OLGSt S 10; KK-Senge 6), und die Regelung der Art der Unterbringung (Hamm NJW **53**, 1237; LR-Krause 29).

20 D. **Zulässige Maßnahmen:** Der Beschuldigte darf nur festgehalten und beobachtet werden (vgl Kühne NJW **71**, 227: kein Eindringen in die Intimsphäre). Körperliche Untersuchungen, Blutprobenentnahmen und andere Eingriffe sind ohne sein Einverständnis nur bei besonderer Anordnung nach § 81 a, die ggf mit der Anordnung nach § 81 verbunden wird, zulässig (BGH **8**, 144 = JR **56**, 68 mit Anm EbSchmidt; BGH NJW **68**, 2297 = JZ **69**, 437 mit Anm Arzt). Das gilt auch für ungefährliche Maßnahmen, die auch sonst im Rahmen der Beobachtung ohne besondere Einwilligung vorgenommen zu werden pflegen (**aM** Schleswig NStZ **82**, 81: EKG und Blutdruckmessung; Peters JR **69**, 233), und für eine Heilbehandlung (LR-Krause 31; Arzt JZ **69**, 440). Der Sachverständige darf den Beschuldigten über dessen Zustand befragen, Antworten aber nicht erzwingen (BGH NJW **68**, 2297). Weigert sich der Untergebrachte, an einer Exploration mitzuwirken, so muss die Unterbringung aufgehoben werden, wenn die Beobachtung allein keine Erfolgsaussicht bietet (Celle StV **85**, 224; **91**, 248; Duttge NStZ **03**, 377). Zur Überwachung des Schriftverkehrs ist, falls überhaupt erforderlich, der Richter befugt, nicht der Krankenhausarzt (BGH NJW **61**, 2069; KK-Senge 8; LR-Krause 32; **aM** Koch NJW **69**, 176). Bei Beschuldigten, die sich vor der Unterbringung auf freiem Fuß befunden hatten, ist die Überwachung unzulässig (LR-Krause 32).

21 E. Die **Anrechnung im Urteil** bestimmt § 51 I S 1 StGB (vgl BGH **4**, 325). Wird nur auf Freiheits- oder Geldstrafe erkannt, so ist ein besonderer Ausspruch im Urteil nicht erforderlich (BGH **24**, 29; NJW **72**, 730), sofern nicht beide Strafen nebeneinander verhängt werden (BGH aaO; Bay NJW **72**, 1632).

22 **7) Unterbringungsbeschluss:**

23 Ihn erlässt das Gericht, das für die Eröffnung des Hauptverfahrens **zuständig** wäre (III), bei Zuständigkeitswahl nach § 24 I Nrn 2, 3 GVG das Gericht, bei dem die StA die Anklageerhebung beabsichtigt; es kann die Entscheidung aber entspr § 209 dem AG übertragen (LR-Krause 35). Nach Anklageerhebung entscheidet das mit der Sache befasste Gericht.

24 Der Beschluss muss nach § 34 **mit Gründen versehen** werden, die ergeben müssen, welche Zweifel an der Schuld- oder Verhandlungsfähigkeit des Beschuldigten bestehen und warum sie nur durch Beobachtung nach § 81 geklärt werden können (Frankfurt StV **86**, 51; Köln JMBlNW **60**, 44; LR-Krause 36).

25 **Ändern** sich nachträglich die der Entscheidung zugrunde liegenden tatsächlichen oder rechtlichen Voraussetzungen, so darf der rechtskräftige Beschluss nicht abgeändert, aber ein neuer erlassen werden (KMR-Bosch 34), der angefochten werden kann, auch wenn gegen den früheren keine Beschwerde eingelegt worden war (Düsseldorf JMBlNW **61**, 45; Hamm JMBlNW **76**, 21; LR-Krause 37).

26 **Bekanntgegeben** wird der Beschluss in der Hauptverhandlung durch Verkündung, sonst schriftlich durch Zustellung (§ 35 II) an den Verteidiger (§ 145 a I), an

den Beschuldigten nur, wenn die Vollmacht für den Wahlverteidiger nicht bei den Akten ist (Hamm JMBlNW **56**, 168; LR-Krause 38).

27 Die **Vollstreckung** des Beschlusses obliegt der StA (§ 36 II S 1). Auch hierbei ist der Verhältnismäßigkeitsgrundsatz zu beachten (RiStBV 61 I). Der auf freiem Fuß befindliche Beschuldigte wird zu dem mit der Anstalt verabredeten Zeitpunkt zum Erscheinen geladen, erforderlichenfalls mit Vorführungsandrohung (vgl RiStBV 61 II). Den Vorführungsbefehl erlässt die StA; er kann nach § 23 **EGGVG** angefochten werden (Koblenz JVBl **61**, 237; KK-Senge 10; SK-Rogall 48; Altenhain JZ **65**, 758; **aM** Hamm NJW **66**, 684).

28 **8) Sofortige Beschwerde** (§ 311) ist zulässig gegen den die Unterbringung anordnenden Beschluss (IV S 1), entgegen § 305 S 1 auch gegen den des erkennenden Gerichts (KG JR **65**, 69; Karlsruhe Justiz **97**, 141; Stuttgart NJW **61**, 2077; SK-Rogall 57). Der Verteidiger kann sie gegen den Willen des Beschuldigten einlegen; § 297 gilt nicht (KK-Senge 11). Die Rechtsmittelfrist beginnt daher für den Verteidiger erst, wenn ihm der Beschluss zugestellt worden ist (KMR-Bosch 38). Das Rechtsmittel kann auf die Auswahl der Anstalt beschränkt werden (LR-Krause 40; **aM** Celle NJW **66**, 1881; Düsseldorf JMBlNW **61**, 45; Stuttgart NJW **61**, 2077; KK-Senge 11). Es hat entgegen § 307 I aufschiebende Wirkung (IV S 2). Weitere Beschwerde ist ausgeschlossen (Hamm MDR **84**, 602; Schleswig SchlHA **86**, 107 [E/L]; LR-Krause 40; SK-Rogall 59; erg 6 zu 310).

29 Die **Prüfung des Beschwerdegerichts** erstreckt sich auf die Zweckmäßigkeit der Anordnung (Hamburg MDR **72**, 1048; Hamm MDR **50**, 373; Köln MDR **51**, 373; Schleswig MDR **59**, 415; LR-Krause 42; **aM** Hamm NJW **53**, 1237; Schlüchter 283.4). Es darf aber bei der Frage, ob Zweifel an der Schuldfähigkeit des Beschuldigten bestehen, nicht sein Ermessen an die Stelle des tatrichterlichen Ermessens setzen; den Umfang der Beweisaufnahme bestimmt der Tatrichter.

30 Die **Zurückverweisung** der Sache an den 1. Richter ist bei erheblichen Verfahrensmängeln zulässig und geboten (Hamm JMBlNW **52**, 195; Karlsruhe NJW **72**, 1584; **73**, 573; LG Zweibrücken NJW **97**, 70), aber nicht stets beim Fehlen der nach § 34 erforderlichen Begründung (Koblenz OLGSt S 21; Oldenburg NJW **61**, 981; Schleswig SchlHA **59**, 82; **aM** Oldenburg NJW **71**, 1098; SK-Rogall 55; erg 7 zu § 309).

31 Der die **Unterbringung ablehnende Beschluss** ist sowohl für den Beschuldigten (Nürnberg MDR **66**, 347) als auch für die StA (Braunschweig NJW **55**, 1492; Stuttgart Justiz **72**, 231; LG Köln MDR **96**, 409) mit einfacher Beschwerde nach § 304 I anfechtbar (LR-Krause 44; SK-Rogall 58; **aM** Celle NdsRpfl **62**, 141; Karlsruhe Justiz **72**, 18).

32 **9) Revision:** Die Rüge der Rechtswidrigkeit der Unterbringung ist, da nach IV S 1 sofortige Beschwerde zulässig ist, nach § 336 S 2 ausgeschlossen. Die Ablehnung der Unterbringung kann nur mit der Aufklärungsrüge (§ 244 II) beanstandet werden, zB wenn sogar der Sachverständige eine Beurteilung für so unsicher hält, dass er die Unterbringung angeregt hat (RG JW **37**, 3101 mit Anm Schafheutle), nicht aber, weil der Sachverständige den Rahmen für die Unterbringung nicht voll ausgeschöpft hat (BGH MDR **74**, 725 [D], LR-Krause 47).

33 **10) Immunität:** Bei Abgeordneten ist die Unterbringung nur mit Genehmigung des Parlaments zulässig (RiStBV 191–192 a).

Körperliche Untersuchung des Beschuldigten

81a **I** [1]**Eine körperliche Untersuchung des Beschuldigten darf zur Feststellung von Tatsachen angeordnet werden, die für das Verfahren von Bedeutung sind.** [2]**Zu diesem Zweck sind Entnahmen von Blutproben und andere körperliche Eingriffe, die von einem Arzt nach den Regeln der ärzt-**

lichen Kunst zu Untersuchungszwecken vorgenommen werden, ohne Einwilligung des Beschuldigten zulässig, wenn kein Nachteil für seine Gesundheit zu befürchten ist.

II Die Anordnung steht dem Richter, bei Gefährdung des Untersuchungserfolges durch Verzögerung auch der Staatsanwaltschaft und ihren Ermittlungspersonen (§ 152 des Gerichtsverfassungsgesetzes) zu.

III Dem Beschuldigten entnommene Blutproben oder sonstige Körperzellen dürfen nur für Zwecke des der Entnahme zugrundeliegenden oder eines anderen anhängigen Strafverfahrens verwendet werden; sie sind unverzüglich zu vernichten, sobald sie hierfür nicht mehr erforderlich sind.

1 **1)** Die **zwangsweise körperliche Untersuchung des Beschuldigten** gestattet die Vorschrift. Er muss hinnehmen, dass sein Körper zum Augenscheinsobjekt gemacht wird (Eser ZStW **86**, Beih 146). Im Schrifttum werden dagegen verfassungsrechtlichen Bedenken geltend gemacht (neuerdings Eisenhardt, Das nemo tenetur-Prinzip: Grenze körperlicher Untersuchungen beim Beschuldigten, 2007, S 212 [zugl Diss Frankfurt a. M. 2006]: „Das nemo tenetur-Prinzip verbietet die Verletzung der körperlichen Integrität gegen den Willen des Beschuldigten zum Zwecke der Informationserlangung im Strafverfahren"; Naucke Hamm-FS 497). Das BVerfG ist bisher nicht dieser Auffassung (BVerfGE **47**, 239, 248 = NJW **78**, 1149), fordert aber eine verfassungskonforme Auslegung in der Weise, dass der Verhältnismäßigkeitsgrundsatz (Einl 20) besonders beachtet wird (BVerfGE **16**, 194, 202 = NJW **63**, 1597; BVerfGE **17**, 108, 117 = NJW **63**, 2368, 2370; BVerfGE **27**, 211 = NJW **70**, 505).

2 Der Begriff **Beschuldigter** (Einl 76 ff) bedeutet nicht, dass bereits ein Ermittlungsverfahren anhängig sein muss; mit der Anordnung nach § 81 a kann es eingeleitet werden, sofern bereits hinreichende Anhaltspunkte iS § 152 II (dort 4) für eine Straftat vorliegen, nicht, um sie erst aufzuspüren (Krause/Nehring 2). Beschuldigte iS § 81 a sind auch der Angeschuldigte und Angeklagte (§ 157) sowie der Verurteilte, der zur Vorbereitung einer Prognoseentscheidung nach §§ 57 I, 67 d II S 1 StGB untersucht werden soll (KK-Senge 2; LR-Krause 6; **aM** Hamm NJW **74**, 914; SK-Rogall 9; Geerds Jura **88**, 2).

3 **2)** Die **Einwilligung des Beschuldigten** macht die Anordnung nach § 81 a entbehrlich (Celle NJW **08**, 3079; StV **09**, 518; Dresden StV **09**, 571; Hamburg NJW **08**, 2597, 2599; Hamm NJW **09**, 242) und gestattet auch nach I S 2 unzulässige körperliche Eingriffe, sofern sie nicht, insbesondere wegen besonderer Gefährlichkeit, gegen die guten Sitten verstoßen (Löffler NJW **51**, 822). Schwerwiegende Eingriffe dürfen trotz der Einwilligung nur auf richterliche Anordnung vorgenommen werden.

4 **Ausdrücklich und eindeutig** und aus freiem Entschluss muss der Beschuldigte, der nicht unbedingt geschäftsfähig, aber genügend verstandesreif sein muss, die Einwilligung erklären (Burhoff StRR **09**, 204). Sie liegt nicht schon in der Hinnahme des Eingriffs (Bamberg NJW **09**, 2146; vgl 3 zu § 81 c). Erforderlich ist auch, dass der Beschuldigte die Sachlage und sein Weigerungsrecht kennt (BGH NJW **64**, 1177; Hamm 2 Ss 117/09 vom 28. 4. 2009; Kohlhaas DAR **73**, 13; Peters JR **69**, 233; Rogall 192). IdR muss er darüber belehrt werden (Karlsruhe StV **05**, 376 mit Anm Dallmeyer; Maase DAR **66**, 44; Messmer DAR **66**, 153; Brocke/Herb StraFo **09**, 47; einschr LG Saarbrücken NStZ-RR **09**, 55). Auch über Bedeutung, Gefährlichkeit und Nachwirkungen erheblicher Eingriffe muss er aufgeklärt werden (Kohlhaas NJW **68**, 2277); erforderlichenfalls ist ihm eine Überlegungsfrist einzuräumen (BGH VRS **29**, 203).

5 Die Einwilligung kann **widerrufen** werden; was bis dahin ermittelt worden ist, bleibt verwertbar.

6 **3) Zweck der Untersuchung** (I S 1) darf nur die Feststellung verfahrenserheblicher Tatsachen sein, für deren Vorliegen bereits bestimmte Anhaltspunkte

bestehen. Das sind in 1. Hinsicht Tatsachen, die, wenn auch nur mittelbar, die Straftat, die Täterschaft und Schuld des Beschuldigten beweisen oder die Rechtsfolgenentscheidung beeinflussen können. Tatsachen dieser Art können die Beschaffenheit des Körpers des Beschuldigten und seiner Bestandteile, zB des Blutes und des Magensaftes, und das Vorhandensein von Fremdkörpern sein (BGH **5**, 332, 336; Ebert Tenckhoff-FS ZIS **10**, 250; EbSchmidt NJW **62**, 664; Krumdiek StRR **09**, 130: „künstliche DNA"), auch sein psychischer Zustand (KK-Senge 5).

Verfahrenserheblich iS I S 1 sind auch die **Verhandlungsfähigkeit** des Beschuldigten (BVerfGE **27**, 211, 219 = NJW **70**, 505, 506; Bay **56**, 187 = JR **57**, 110 mit Anm EbSchmidt; Celle NJW **71**, 256; Düsseldorf JZ **88**, 984; Schleswig NStZ **82**, 91) und seine Reisefähigkeit (LR-Krause 17). 7

4) Einfache körperliche Untersuchungen (I S 1): 8

A. Sie **dienen dem Zweck,** die vom Willen des Beschuldigten unabhängige Beschaffenheit seines Körpers oder einzelner Körperteile, auch das Vorhandensein von Fremdkörpern in den natürlichen Körperöffnungen, oder den psychischen Zustand des Beschuldigten und die Arbeitsweise des Gehirns, auch die körperbedingten psychischen Funktionen, durch sinnliche Wahrnehmung ohne körperliche Eingriffe festzustellen (vgl dazu EGMR NJW **06**, 3117, 3124). Dieser Zweck, nicht die Art ihrer Vornahme, unterscheidet die Untersuchung von der körperlichen Durchsuchung nach § 102 (dort 9), bei der nach Gegenständen gesucht wird, die in oder unter der Kleidung, auch auf der Körperoberfläche und in den natürlichen Körperöffnungen, versteckt sind (LR-Krause 19; Fezer 6/11; **aM** AK-Wassermann 2: Unterscheidungsmerkmal ist das Mittel der Durchsuchung; vgl auch LG Trier NJW **87**, 722, das die Verletzungsgefahr als Abgrenzungsmerkmal verwendet). Die bloße Beobachtung des Geisteszustandes fällt unter § 81, nicht unter § 81 a (Bamberg MDR **84**, 602; LG Hagen StraFo **08**, 157). 9

Der Beschuldigte muss körperliche Untersuchungen **dulden.** Er ist auch verpflichtet, sich für die Untersuchung zu entkleiden (vgl LG Düsseldorf NJW **73**, 1931) und die erforderliche Körperhaltung einzunehmen (LR-Krause 22; Geppert DAR **80**, 318). 10

B. Zu einer **aktiven Beteiligung** an der Untersuchung kann er aber nicht gezwungen werden (BGH **34**, 39, 46; Düsseldorf JZ **88**, 984; Fezer 6/11; Schlüchter 179.1; Neumann Wolff-FS 373, 389 will statt auf den Unterschied zwischen aktiver und passiver Mitwirkung auf die „Intensität des Eingriffs, insbesondere nach dem Grad der subjektiven Belastung des Betroffenen" abstellen; ähnlich Verrel [Einl 29 a] 235, aber mit [S 253] „Unterscheidung nach dem Zugriffsgegenstand in Kombination mit einem begrenzten Zugriffsmethodenverbot"; erg Einl 29 a, 80). Er braucht keine Fragen zu beantworten (Hamm NJW **74**, 713; Dahs/Wimmer NJW **60**, 2218; EbSchmidt NJW **62**, 664), muss sich keinen Prüfungen unterziehen (BGH VRS **39**, 184; Bay NJW **63**, 772; Schleswig VRS **30**, 344; Geppert Spendel-FS 659: Alkoholtest; Hamm aaO: Hirnleistungstest) und muss weder zum Zweck eines Trinkversuchs Alkohol trinken (BGH VRS **29**, 203; Hamm VRS **34**, 287, 289) noch Kontrastmittel für Röntgenuntersuchungen einnehmen oder bei einem Belastungs-EKG mitwirken (Schleswig NStZ **82**, 81), sich nicht zur Feststellung des Drehnachnystagmus herumdrehen (Klinkhammer/Stürmann DAR **68**, 44), die Knie nicht beugen, die Arme nicht ausstrecken und keine Gehproben vornehmen (Hamm NJW **67**, 1524; Dahs/Wimmer NJW **60**, 2220; Rogall 56). 11

Die **freiwillige Mitwirkung** bei der Untersuchung erfordert eine besondere Belehrung durch das Strafverfolgungsorgan, das die Untersuchung angeordnet hat (Maase DAR **66**, 44; Messmer DAR **66**, 153), über die Freiwilligkeit (**aM** Krause/Nehring 5), sofern es sich nicht um eine Mitwirkung handelt, die der Arzt üblicherweise von seinen Patienten zu fordern berechtigt ist (Hamm NJW **68**, 1202; Köln NJW **62**, 692; EbSchmidt NJW **62**, 664). Auch Tests bei der Blutprobenentnahme können ohne besondere Belehrung verlangt werden (Hamm aaO; BA **80**, 12

171; LR-Krause 26; Kleinknecht NJW **64**, 2187; Siebler Polizei **09**, 236; **aM** Maase aaO).

13 **5) Blutprobenentnahmen** (I S 2) sind körperliche Eingriffe, gelten aber, auch bei zwangsweiser Vornahme, als absolut ungefährlich (Köln NStZ **86**, 234; Krause/Nehring 4; vgl aber Rittner BA **81**, 161). Die Anordnung ist idR mit einem umfassenden Untersuchungsauftrag iS des I S 1 verbunden, zB bei Trunkenheit im Verkehr als Anordnung einer körperlichen Untersuchung mit Entnahme und Untersuchung einer Blutprobe zur Feststellung des Blutalkoholgehalts zur Tatzeit, ggf auch der Schuldfähigkeit (Janiszewski 129, 339ff; vgl auch Arbab-Zadeh NJW **84**, 2615, der zwangsweise Blutprobenentnahmen wegen der Möglichkeit, zuverlässige Atemalkohol-Analysegeräte zu benutzen, für unzulässig hält; vgl aber zur Atemalkoholanalyse im Strafprozess Nürnberg DAR **10**, 217, 218; Janker DAR **09**, 1; Laschewski NZV **09**, 1). Die Länder haben hierzu bundeseinheitliche Richtlinien zur Feststellung von Alkohol-, Medikamenten- und Drogeneinfluss bei Straftaten und OWien erlassen (abgedruckt bei Burmann/Heß/Jahnke/Janker, Straßenverkehrsrecht 21. Aufl, 40 zu § 316 StGB). Die dort vorgeschriebene vorherige Abnahme eines Alkoholtests bei Verdacht der Trunkenheit im Straßenverkehr ist rechtlich keine Voraussetzung der Blutprobenentnahme (Köln NStZ **86**, 234). Zu Blutprobenentnahmen zum Zweck eines AIDS-Tests vgl Mayer JR **90**, 358.

14 **6) Andere körperliche Eingriffe** (I S 2):

15 A. Der **Unterschied zur einfachen Untersuchung** liegt nicht in der Zufügung von Schmerzen oder in der Benutzung von ärztlichen Instrumenten oder Apparaten, sondern in der Beibringung von Verletzungen des Körpers, mögen sie auch ganz geringfügig sein. Ein körperlicher Eingriff liegt insbesondere vor, wenn natürliche Körperbestandteile, wie Körperzellen, Blut, Liquor, Samen, Harn, Speichel (insbesondere zur späteren molekulargenetischen Untersuchung, vgl LG Offenburg StV **03**, 153) entnommen oder wenn dem Körper Stoffe zugeführt werden oder sonst in das haut- und muskelumschlossene Innere des Körpers eingegriffen wird. Die Untersuchung der natürlichen Körperöffnungen (Mund, After, Scheide) ist kein Eingriff, sondern eine einfache Untersuchung (KK-Senge 6; **aM** SK-Rogall 25; oben 9), ebenso die Ultraschalluntersuchung.

16 B. **Nach den Regeln der ärztlichen Kunst** muss der Eingriff vorgenommen werden (BGH **8**, 144, 148; Bay NJW **57**, 272, 274; Celle MDR **56**, 695). Bestehen solche Regeln nicht, wie bei neuartigen Untersuchungsmethoden, so ist der Eingriff unzulässig (KK-Senge 6; LR-Krause 30). Der Beschuldigte braucht sich nicht für Experimente zur Verfügung zu stellen. Die Anwendung von Hypnose und Narkose und andere Veränderungen des seelischen Zustands sind immer unzulässig. Auf die Zumutbarkeit des Eingriffs kommt es daneben nicht an (LR-Krause 30).

17 C. **Gesundheitliche Nachteile** müssen mit an Sicherheit grenzender Wahrscheinlichkeit ausgeschlossen sein. Maßgebend ist nicht allein die Art des Eingriffs, sondern der Gesundheitszustand des Beschuldigten (LR-Krause 31; Kohlhaas NJW **68**, 2277). Ein Nachteil iS I S 2 liegt nur bei Eintritt einer erheblich über die Untersuchungsdauer hinauswirkenden Beeinträchtigung des körperlichen Wohlbefindens vor (LR-Krause 31), nicht schon bei Schmerzen und anderen vorübergehenden Unannehmlichkeiten (Löffler NJW **51**, 821), auch nicht bei Angstzuständen und seelischen Belastungen (LR-Krause 31; **aM** KMR-Bosch 24; erg 19 zu § 81c). Ggf ist die Frage des gesundheitlichen Nachteils vorweg durch einen Sachverständigen zu prüfen (BGH **8**, 144, 148; Bresser NJW **61**, 251), dessen Gutachten den Richter aber nicht bindet (Löffler aaO).

18 D. Der **Verhältnismäßigkeitsgrundsatz** (oben 1) erfordert die aktenmäßige, nicht vom Ergebnis einer probeweise angesetzten Hauptverhandlung abhängig zu machende (**aM** BVerfGE **17**, 108, 119 = NJW **63**, 2368, 2370) Prüfung, ob die Stärke des Tatverdachts die Maßnahme rechtfertigt (BVerfGE **16**, 194, 202 =

NJW **63**, 1597; BVerfGE **17**, 108, 117 = NJW **63**, 2368, 2370). Je schwerer die Maßnahme wiegt, desto größere Anforderungen sind an den Tatverdacht zu stellen. Die Maßnahme darf auch nur angeordnet werden, wenn sie unerlässlich ist und in angemessenem Verhältnis zur Schwere der Tat steht (BVerfG NJW **04**, 3697; Bay NJW **57**, 272, 274; **64**, 459; Hamm NJW **60**, 1400). Zunächst muss versucht werden, mit einer einfachen Untersuchung auszukommen (Hamm NJW **71**, 1903).

E. **Nur durch einen Arzt** dürfen die Blutprobenentnahme und andere körperliche Eingriffe vorgenommen werden. Es muss sich um einen Mediziner handeln, der als Arzt approbiert oder zur vorübergehenden Ausübung des Arztberufs berechtigt ist (§ 2 II–IV BÄO). Zahnärzte gehören dazu nicht. Besonders gefährliche Eingriffe müssen von einem Facharzt vorgenommen werden (KK-Senge 7). Der Mediziner, der noch nicht approbierter Arzt ist, der Pfleger und die Krankenschwester dürfen einen Eingriff nur mit Einverständnis des Beschuldigten (oben 3 ff) oder unter Anleitung, Aufsicht und Verantwortung eines Arztes vornehmen (Bay NJW **65**, 1088; JR **66**, 186 mit Anm Kohlhaas; Köln NJW **66**, 416). 19

7) Zulässige Untersuchungen und Eingriffe sind Computer-Tomographie (dazu Ostertag/Sternsdorff NJW **77**, 1482; Stöppler/Vogelsang NJW **78**, 577), Elektroencephalographie (Hirnstromuntersuchung), Elektrokardiographie (EKG zur Prüfung der Herztätigkeit), Magenausheburg (LR-Krause 51; **aM** Renzikowski Amelung-FS 685), Röntgenaufnahmen und -durchleuchtungen (Karlsruhe StV **05**, 376; Schleswig NStZ **82**, 81; LR-Krause 59; vgl auch Zink/Lippert MedR **85**, 155: Röntgenuntersuchungen der Hand zur Altersbestimmung), Szintigraphie (Kuhlmann NJW **76**, 351; vgl auch Ostertag/Sternsdorff aaO). 20

Unzulässig wegen ihrer Gefährlichkeit sind Angiografie (LR-Krause 38; Kuhlmann aaO), Harnentnahme mittels Katheters (Kohlhaas NJW **68**, 2277; Volk StP § 10 Rn 23; im Erg auch Renzikowski aaO [Art 6 **MRK**]; **aM** KMR-Bosch 10; Kuhlmann Kriminalistik **80**, 374) und wegen der Unzumutbarkeit der Begleitumstände und des zweifelhaften diagnostischen Werts die zwangsweise ohnehin nicht durchführbare Phallographie (Düsseldorf NJW **73**, 2255; Eisenberg BR 1639; Peters ZStW **88**, 1029; **aM** LG Hannover NJW **77**, 1110; Binder NJW **72**, 231; vgl auch Jessnitzer NJW **77**, 2128: zulässig bei Einwilligung des Beschuldigten und nur zu Prognosezwecken). 21

Allenfalls **zur Aufklärung schwerer Straftaten** zulässig sind die Entnahme der Gehirn- und Rückenmarkflüssigkeit (BVerfGE **16**, 194 = NJW **63**, 1597; Hamm NJW **71**, 1904; Bresser NJW **61**, 250; **aM** HK-Lemke 17; Schlüchter 174: immer unzulässig) und die Hirnkammerluftfüllung (Pneumencephalographie) zur Ermöglichung einer Röntgenaufnahme des Gehirns (BVerfGE **17**, 108, 115 = NJW **63**, 2368; BGH **23**, 176, 186; Celle MDR **56**, 695; Hamm NJW **75**, 2256; LR-Krause 57; Bresser aaO; Kuhlmann NJW **76**, 350; **aM** Grömig NJW **54**, 300; Ostertag/Sternsdorff NJW **77**, 1485: immer unzulässig). Nur unter strenger Beachtung des Verhältnismäßigkeitsgrundsatzes ist die Exkorporation, dh die zwangsweise Verabreichung von Brech- und Abführmitteln zulässig (EGMR NJW **06**, 3117, dazu Gaede HRRS **06**, 241; Keller Kriminalistik **07**, 673, Schuhr NJW **06**, 3538; Schumann StV **06**, 661; KG JR **01**, 162 mit abl Anm Hackethal; StV **02**, 122 mit abl Anm Zaczyk; Bremen NStZ-RR **00**, 270; **aM** Frankfurt NJW **97**, 1647 mit Anm Weßlau StV **97**, 341; zust Dallmeyer StV **97**, 606; Eidam [3 zu § 110 c] 123 ff; im Erg auch Renzikowski Amelung-FS 685; abl Grüner JuS **99**, 122; Schaefer NJW **97**, 2437; zur Anwendung des § 81 a in diesem Fall Benfer JR **98**, 53 und Rogall NStZ **98**, 66; zutr Binder/Seemann NStZ **02**, 234: jedenfalls unzulässig bei Kleindealern, wie jetzt auch der EGMR aaO festgestellt hat; zum Problem aus rechtsmedizinischer Sicht Birkholz u. a. Kriminalistik **97**, 277; vgl auch BVerfG NStZ **00**, 381 L mit abl Anm Rixen = StV **00**, 1 mit abl Anm Naucke: grundsätzlich verfassungsrechtlich unbedenklich; dazu auch Amelung/ 22

Wirth StV **02**, 167; eingehend Hackethal, Der Einsatz von Vomitivmitteln zur Beweissicherung im Strafverfahren, 2004, zugl Diss Berlin).

23 Die **Veränderung der Bart- oder Haartracht** ist kein Eingriff nach § 81a (Heghmanns/Scheffler-Murmann III 296; HK-GS/Neuhaus 8; Kohlhaas DRiZ **72**, 316; Schlüchter 185; **aM** Rüping 262; vgl auch BVerfGE **47**, 239, 246 = NJW **78**, 1149, das ihn für verfassungsmäßig zulässig hält; Fezer 6/19; Grünwald JZ **81**, 423 und Odenthal NStZ **85**, 434 halten den „Eingriff" für unzulässig), sondern dient der Vorbereitung einer körperlichen Untersuchung (LR-Krause 47 verlangt insoweit eine gesonderte richterliche Anordnung) oder einer erkennungsdienstlichen Behandlung (10 zu § 81b). Keine körperliche Untersuchung ist auch die Identifizierungsgegenüberstellung (9 zu § 58).

24 **8)** Die **vorübergehende Unterbringung zur Vorbereitung** der Untersuchung oder des Eingriffs lässt § 81a auf Grund besonderer richterlicher Anordnung zu (BayVerfGH NJW **82**, 1583; Bay NJW **57**, 272, 273 = JR **57**, 110 mit abl Anm EbSchmidt; Celle NJW **71**, 256; Frankfurt MDR **79**, 694; Schleswig NStZ **82**, 81; AK-Wassermann 7; LR-Krause 34; Kleinknecht NJW **64**, 2181; **aM** SK-Rogall 112; EbSchmidt NJW **62**, 664; Baumann EbSchmidt-FS 539; Krey ZStW **101**, 858; Schlüchter 179.4; offen gelassen von BVerfG NJW **04**, 3697), auch zur Klärung der Verhandlungsfähigkeit (Celle aaO; Seetzen DRiZ **74**, 260). Sie wird aber nicht länger als 4–5 Tage andauern dürfen (LR-Krause 34; vgl aber Bay **56**, 180 = JR **57**, 110 mit abl Anm EbSchmidt: 14 Tage).

25 **9) Anordnung der Maßnahme** (II):

25a A. Grundsätzlich ist der **Richter** zuständig; diesem ist die Entscheidung bei schweren Eingriffen immer vorbehalten (BVerfGE **16**, 194 = NJW **63**, 1597; Genzel NJW **69**, 1562). Ansonsten verfügen StA und – nachrangig (Jena DAR **09**, 283; Köln NStZ **09**, 406 [„subsidiär"]; Schleswig StV **10**, 13; Rabe von Kühlewein NStZ **10**, 168; vgl aber Brandenburg OLGSt § 81a Nr 7; Hamm StV **09**, 462, 463; Karlsruhe 1 Ss 151/07 vom 29. 5. 2008; Ebert Tenckhoff-FS ZIS **10**, 255; Fickenscher/Dingelstadt NStZ **09**, 128) – ihre Ermittlungspersonen (nur) bei Gefahr im Verzug über eine eigene Anordnungskompetenz (vgl auch 6 zu § 98). Die Strafverfolgungsbehörden müssen regelmäßig versuchen, eine – ggf mündliche (Bamberg NJW **09**, 2146, 2147; Hamm – 3. StS – NJW **09**, 242; Schleswig aaO; Fickenscher/Dingelstadt aaO 125; abl LG Braunschweig NdsRpfl **08**, 84; LG Hamburg NZV **08**, 213 mit insoweit abl Anm Laschewski; LG Limburg NStZ-RR **09**, 384; krit Hamm – 4. StS – StraFo **09**, 509; Wiesneth DRiZ **10**, 51) – Anordnung des zuständigen Richters zu erlangen, bevor sie selbst eine Anordnung treffen (Hamm 2 Ss 117/09 vom 28. 4. 2009; Stuttgart NStZ **08**, 238; LG Itzehoe NJW **08**, 2601 L = NStZ-RR **08**, 249); die Gefährdung des Untersuchungserfolgs muss mit Tatsachen begründet werden, die auf den Einzelfall bezogen und in den Ermittlungsakten zu dokumentieren sind, sofern die Dringlichkeit nicht evident ist (vgl zu allem BVerfG NJW **07**, 1345 = JR **07**, 516 mit zust Anm Rabe von Kühlwein, der aber zutr die für die Praxis entstehenden Schwierigkeiten darlegt = NZV **07**, 581 mit zust Anm Laschewski; dazu auch Janker/Knape Polizei **08**, 277; BVerfG NJW **08**, 3053 mit Anm Leichthammer DAR **08**, 692; zur Dokumentation in den Akten auch Karlsruhe StV **05**, 376; **09**, 516; LG Flensburg StV **08**, 459; 459, 460).

25b Bei **Blutentnahmen** zur Feststellung von Trunkenheitsdelikten im Straßenverkehr wird Gefahr im Verzug nicht schon allein wegen des körpereigenen Abbaus vorliegen (Brandenburg OLGSt Nr 9 [2,05‰]; Celle NJW **09**, 3524 [2,66‰]; Dresden NJW **09**, 2149, 2150 mit zust Anm Pohlmann/Primaczenko JR **10**, 88; Hamburg NJW **08**, 2597, 2598 [2,58‰]; Jena DAR **09**, 283, 284 [2,15‰]; Karlsruhe StV **09**, 516 [2,38‰]; Nürnberg DAR **10**, 217 [2‰]; Schleswig StV **10**, 13; Stuttgart NStZ **08**, 238, 239; LG Cottbus bei Burhoff StRR **09**, 25; LG Flensburg StV **08**, 459; Dencker DAR **09**, 258; ebenso Heß/Burmann NJW **08**, 812 jedenfalls bei zeitl geringfügigen Verzögerungen; **aM** LG Braunschweig NdsRpfl **08**, 84;

LG Hamburg NZV **08**, 213 mit insoweit zust Anm Laschewski, das auch eine Dokumentation für „bloße Förmelei" hält [dagegen zutr Prittwitz StV **08**, 490; s dazu auch BVerfG 2 BvR 1346/07 vom 31. 10. 2007]; Brocke/Herb NStZ **09**, 673; König/Seitz DAR **08**, 368; **09**, 367; Laschewski NZV **07**, 583; **08**, 638; vgl auch Janker/Knape Polizei **08**, 280 und zusammenf Burhoff StRR **09**, 204), auch nicht ohne weiteres beim Verdacht auf Drogenkonsum (Hamburg aaO; Oldenburg NJW **09**, 3591, 3592; Stuttgart NStZ **08**, 238), sondern nur bei unklarem oder komplexem Ermittlungsbild (BVerfG 2 BvR 2307/07 vom 21. 1. 2008, Hamburg aaO: relative Fahruntüchtigkeit, Nachtrunk [zu Letzterem bei 2‰ Atemalkohol anders Frankfurt DAR **10**, 145, 146]; Hamm NJW **09**, 242 mit Anm Zopfs, Bamberg NJW **09**, 2146, 2147, Köln 83 Ss 100/09 vom 15. 1. 2010 und LG Limburg NStZ-RR **09**, 384: grenzwertnaher Atemalkohol [gegen eine Relevanz von Schwellenwerten Fickenscher/Dingelstadt NStZ **09**, 127]; Köln NStZ **09**, 406, LG Berlin DAR **08**, 534 mit Anm Miller und Krumm ZRP **09**, 72: geringe Alkoholisierung, geringe Drogenwirkung; LG Itzehoe NJW **08**, 2601 L = NStZ-RR **08**, 249: Medikamentenbeeinflussung) sowie bei drohendem Beweisverlust infolge einer auf die Tagzeit beschränkten Erreichbarkeit des Bereitschaftsrichters (Bamberg DAR **10**, 97 mit Anm Wirsching; Hamm StV **09**, 462, 463; StraFo **09**, 509; Köln bei Küppers StRR **10**, 148; LGe Flensburg StV **08**, 459, 460, Heidelberg 1 Qs 41/08 vom 19. 6. 2008, Limburg aaO, Zweibrücken VRS **116**, 448; ebenso bei dessen Unerreichbarkeit KG NStZ-RR **09**, 243; **aM** Frankfurt aaO 145; Fickenscher/Dingelstadt aaO 128) oder dessen Weigerung, trotz vollständiger Information (mündlich) zu entscheiden (Hamm 2 Ss 117/09 vom 28. 4. 2009; Brocke/Herb StraFo **09**, 50; str); erg 2, 18 zu § 105. Einen sich abzeichnenden zeitlichen Spielraum (Anfahrt-, Wartezeit) muss die Ermittlungsperson für den Versuch nutzen, über einen erreichbaren StA (Hamm NJW **09**, 242, 243; Bamberg und Schleswig aaO; Brocke/Herb NStZ **09**, 674; **aM** Janker/Knape aaO 282: „Umweg"), sonst unmittelbar (§§ 163 II S 2, 165; vgl 26 zu § 163), eine richterliche Anordnung zu erreichen (Celle NJW **09**, 3524; StV **09**, 518; Nürnberg DAR **10**, 217; Stuttgart aaO; LGe Berlin und Cottbus aaO; LG Osnabrück StraFo **09**, 17; VG Berlin NJW **09**, 245; Nold NZV **10**, 104; **aM** Ebert Tenckhoff-FS ZIS **10**, 254). Wenn sich der Beschuldigte, dessen Identität geklärt ist, in der Zeit bis zum Erlass der richterlichen Anordnung zu entfernen versucht, tritt Gefahr im Verzug ein (Bamberg aaO; Hamm 2 Ss 117/09 vom 28. 4. 2009; Dencker DAR **09**, 258 [uU schon bei drohender Flucht]; Ebert aaO; Mosbacher JuS **09**, 125; **aM** Celle StV **10**, 14 L; Karlsruhe und Nürnberg aaO; Burhoff StRR **08**, 228; vgl unten 29 sowie LR-Krause 74, Ternig ZfS **08**, 552); der den Eingriff anordnende Beamte braucht dann keine richterliche Entscheidung mehr herbeizuführen (Brocke/Herb StraFo **09**, 48, 50, NStZ **09**, 673; Dencker aaO 259, 263; Mosbacher aaO; Siebler Polizei **09**, 233; insoweit **aM** Hamm aaO, StV **09**, 459, 461, Fickenscher/Dingelstadt aaO 126, aber es fehlt in II an einer Geltungsbegrenzung wie zB in §§ 100b I S 3, 163d II S 3, 163f III S 2; wie hier KG 3 Ws [B] 543/09 vom 30. 12. 2009 für den Fall unvorhergesehener Verzögerungen nach Eilanordnung). Aus der abstrakten Möglichkeit eines Fluchtversuchs kann aber nicht generell auf das Vorliegen von Gefahr im Verzug geschlossen werden (Prittwitz aaO 491; **aM** Götz NStZ **08**, 239).

Zuständig ist im Vorverfahren der Ermittlungsrichter (§§ 162 I, 169); wird gleichzeitig eine Anordnung nach § 81 getroffen, so gilt insges die Zuständigkeitsregelung des § 81 III (Karlsruhe Justiz **72**, 18). Nach Anklageerhebung entscheidet das jeweils mit der Sache befasste Gericht (§ 162 III; BGH NStZ **10**, 157), in der Hauptverhandlung unter Mitwirkung der Schöffen. Der Beschuldigte braucht vor der Anordnung nur unter den Voraussetzungen des § 33 III gehört zu werden, und auch dies gem § 33 IV S 1 nicht bei Gefahr im Verzug (LR-Krause 67; KK-Senge 8). **25c**

B. Erforderlich ist eine **ausdrückliche Anordnung.** Der Richter erlässt sie idR in Beschlussform, StA und Polizei auch mündlich (erg oben 25a). Dazu kann die Aufforderung an den Beschuldigten genügen, mit zur Wache zu kommen (Neustadt MDR **62**, 593), es sei denn, dass er vorher den Alkoholtest verweigert hat, so **26** dass unklar bleibt, ob dieser oder eine Blutprobenentnahme erzwungen werden soll (Bay **63**, 15 = NJW **63**, 772).

27 C. **Inhaltlich** muss die Anordnung den Eingriff und die durch ihn festzustellenden Tatsachen bezeichnen, bei schweren Eingriffen auch ihre Notwendigkeit und Unerlässlichkeit. Dem Arzt darf die Art des Eingriffs nicht überlassen werden (Bay **56**, 180 = NJW **57**, 272, 274; Düsseldorf StV **05**, 490; Hamm StraFo **04**, 92 mit zust Anm Münchhalffen; Jena StV **07**, 24); nur die technische Ausführung bestimmt er beim Fehlen einer entspr Weisung selbst (Eisenberg BR 1643). Er kann auch ohne besondere Anordnung eine 2. Blutprobe entnehmen (Eisenberg aaO; LR-Krause 69; Park 715; **aM** SK-Rogall 104; offenbar auch LG Berlin NZV **09**, 203). Die Anordnung kann vorbehaltlich der erforderlichen Einwilligung des Beschuldigten ergehen (BGH VRS **29**, 203; **aM** Rogall aaO); deren Verweigerung macht sie dann unzulässig (Hamm NJW **74**, 713).

28 **10)** Die **Vollziehung** der richterlichen Anordnung ist nach § 36 II S 1 Sache der StA (BayVerfGHE **21** II 178 = NJW **69**, 229; Hamm NJW **74**, 713; Wendisch JR **78**, 447). Der Beschuldigte wird zur Untersuchung oder zur Vornahme des Eingriffs vor den Arzt geladen (Kleinknecht NJW **64**, 2183). Erscheint er nicht, so darf die StA (KMR-Bosch 32; LR-Krause 70; **aM** LG Berlin MDR **58**, 861: richterlicher Vorführungsbefehl), auch formlos (LR-Krause 70; **aM** BayVerfGH aaO; AG München MDR **71**, 596), eine Vorführungsverfügung erlassen, die von der Polizei vollstreckt wird. Auf die Strafe wird die Zeit der zwangsweisen Vorführung nicht nach § 51 I S 1 StGB angerechnet (LG Oldenburg Rpfleger **70**, 175 mit abl Anm Pohlmann; Waldschmidt NJW **79**, 1920; **aM** LG Osnabrück NJW **73**, 2256; MünchKommStGB-Franke 5 zu § 51 StGB), wohl aber die Zeit der vorübergehenden Unterbringung (KK-Senge 9; oben 24).

29 **11) Zwangsweise durchsetzbar** sind auch die Anordnungen der StA und ihrer Ermittlungspersonen (Bay **63**, 213 = JR **64**, 149 mit Anm Dünnebier; Koblenz VRS **54**, 357; Köln NStZ **86**, 234; Schleswig VRS **30**, 345). Insbes bei Anordnung einer Blutprobenentnahme, deren Verweigerung keine Fluchtgefahr begründet (Stuttgart Justiz **71**, 29; LR-Krause 74; Kleinknecht NJW **64**, 2186; **aM** Schlüchter 261.1), darf der Beschuldigte, auch wenn die Voraussetzungen des § 127 II nicht vorliegen (Bay aaO; **63**, 15 = NJW **63**, 772), vorübergehend festgenommen werden (Bremen NJW **66**, 743; Köln NStZ **86**, 234, 236; Saarbrücken NJW **59**, 1191; Kleinknecht NJW **64**, 2182; Peters 328; Waldschmidt NJW **79**, 1920; **aM** Benfer NJW **80**, 1611; Geerds GA **65**, 321; SchlHA **54**, 60), bis zum Eintreffen des für den Abtransport bestellten Kfz festgehalten (Koblenz DAR **73**, 219), zwangsweise dem nächsten geeigneten und erreichbaren Arzt oder Krankenhaus zugeführt (Bay **63**, 213 = NJW **64**, 459; Bay **84**, 3 = VRS **66**, 275; KG NJW **79**, 1669; Dresden NJW **01**, 3643, dazu krit Benfer NJW **02**, 2688) oder zu einem Polizeirevier gebracht und dort festgehalten werden, bis der Arzt erscheint (Hamburg MDR **65**, 152; Köln NJW **66**, 417; VRS **48**, 25; **71**, 183; Neustadt MDR **62**, 593; LG Berlin NZV **09**, 203, 204; Waldschmidt aaO; **aM** Geerds aaO), notfalls auch eingeschlossen werden (Hamburg aaO; VRS **38**, 440). Zur Blutprobenentnahme darf er festgehalten oder festgeschnallt werden (Hamm DAR **62**, 132; Koblenz VRS **54**, 357). Beruhigungsspritzen sind jedoch nur mit seinem Einverständnis zulässig (vgl Geppert DAR **80**, 318; Kohlhaas DAR **73**, 12). Die körperl Durchsuchung und Wohnungsdurchsuchung zum Zweck der Ergreifung müssen stets besonders angeordnet werden (Düsseldorf VRS **41**, 429; LG Hamburg NStZ-RR **04**, 213).

30 **12) Anfechtung:** Gegen richterliche Anordnungen (zu den bereits vollzogenen Anordnungen vgl 17 ff vor § 296) ist Beschwerde nach § 304 I zulässig, gegen die des erkennenden Gerichts nur, wenn der Inhalt der Anordnung einem der in § 305 S 2 bezeichneten Zwangseingriffe gleichkommt (Jena StV **07**, 24; Koblenz NStZ **94**, 355; KK-Senge 13; **aM** Bay **56**, 180 = NJW **57**, 272; Amelung 21 ff: immer zulässig; Frankfurt NJW **57**, 839; Hamm NJW **59**, 447: immer unzulässig),

also zu einer Freiheitsentziehung (Celle NJW **71**, 256; Schleswig NStZ **82**, 81) oder zu einem körperlichen Eingriff führt, wobei es auf die Erheblichkeit des Eingriffs nicht ankommt (hM, vgl Bremen StV **10**, 122; Hamburg NStZ-RR **98**, 337 mwN), aber nicht bei einer psychiatrischen Untersuchung (Nürnberg NStZ-RR **98**, 242; Zweibrücken MDR **90**, 75). Das Beschwerdegericht prüft Rechtmäßigkeit und Zweckmäßigkeit der Anordnung (LG Göttingen MDR **52**, 629), darf aber dem Tatrichter eine für notwendig gehaltene Sachaufklärung nicht verwehren.

Anordnungen der StA und Polizei werden, da sie nur bei Gefahr im Verzug zulässig sind (II), sofort vollzogen. Für ihre Überprüfung gilt § 98 II S 2 entspr (dort 23). Auch wenn sie erledigt sind, kann idR ihre Rechtmäßigkeit, auch das Vorliegen von Gefahr im Verzug, überprüft und ggf ihre Rechtswidrigkeit festgestellt werden (18a vor § 296; BVerfG NJW **07**, 1345 mit Anm Rabe von Kühlwein JR **07**, 517). Eine fehlende Dokumentation (oben 25a, b) darf nicht durch eine nachträgliche Stellungnahme der Ermittlungsbehörden ersetzt werden (vgl BVerfG NJW **08**, 3053, 3054; Brocke/Herb StraFo **09**, 52). 31

13) Verwertbarkeit: Verstöße gegen § 81a machen die Untersuchungsergebnisse idR nicht unverwertbar (BGH **24**, 125, 128; Stuttgart NStZ **08**, 238; Jäger GA **08**, 487; Rogall ZStW **91**, 37); bei ihrer Gewichtung ist der hypothetisch rechtmäßige Ermittlungsverlauf zu berücksichtigen (BGH aaO 130; KG NJW **09**, 3527; Bamberg NJW **09**, 2146, 2148; Brandenburg OLGSt Nr 9; Dresden BA **09**, 213; Frankfurt DAR **10**, 145, 146; Hamburg NJW **08**, 2597, 2599; Hamm 2 Ss 117/09 vom 28. 4. 2009; Jena DAR **09**, 283, 284; Karlsruhe 1 Ss 151/07 vom 29. 5. 2008; StV **09**, 516, 517; Köln NStZ **09**, 406, 408; vgl Einl 57c; 21 zu § 94). Kein Verwertungsverbot greift insbesondere bei fehlender Anordnungszuständigkeit ein (KK-Senge 14), etwa bei unzutreffender Bejahung von Gefahr im Verzug (BVerfG NJW **08**, 3053 mit Anm Leichthammer DAR **08**, 692 und Laschewski NZV **08**, 637; KG aaO; NStZ-RR **09**, 243; 3 Ws [B] 543/09 vom 30. 12. 2009; Bamberg aaO; Brandenburg OLGSt § 81a Nr 7, 9; Dresden, Frankfurt und Hamburg, jew aaO; Hamm aaO sowie NStZ-RR **09**, 185; Jena und Stuttgart aaO; Karlsruhe jew aaO und StV **05**, 376 mwN und krit Anm Dallmeyer; Köln aaO 407; LG Berlin DAR **08**, 534 mit Anm Miller; LG Braunschweig NdsRpfl **08**, 84; LG Heidelberg NZV **08**, 638; LG Itzehoe NJW **08**, 2601 L = NStZ-RR **08**, 249; LG Zweibrücken VRS **116**, 448; VG Berlin NJW **09**, 245; Janker/Knape Polizei **08**, 283; **aM** Dencker 92; Jahn C 74; Prittwitz StV **08**, 492; vgl noch Nds OVG BA **08**, 416; NJW **10**, 629 zu § 3 StVG); anders verhält es sich nur bei bewusster Umgehung des Richtervorbehalts sowie bei willkürlicher Annahme von Gefahr im Verzug (Celle NJW **09**, 3524; StV **09**, 518; **10**, 14 L; Dresden NJW **09**, 2149 mit zust Anm Pohlmann/Primaczenko JR **10**, 88; Karlsruhe StV **09**, 516; vgl auch Fromm NZV **09**, 514), was auch bei genereller Negierung des Richtervorbehalts in der polizeilichen Praxis zu bejahen ist (Hamm StV **09**, 459; Nürnberg DAR **10**, 217; Oldenburg NJW **09**, 3591; StV **10**, 14 L = NdsRpfl **10**, 63; Schleswig StV **10**, 13; LG Cottbus bei Burhoff StRR **09**, 25; Dencker DAR **09**, 260; krit Brocke/Herb NStZ **09**, 676; zusammenf Burhoff StRR **09**, 204; erg 18 zu § 105 zur Frage eines Verwertungsverbots wegen Nichteinrichtung eines richterlichen Eildienstes). Ein Verwertungsverbot folgt ferner nicht aus der unterlassenen Dokumentation der Gefährdung des Untersuchungserfolgs (Bamberg DAR **10**, 97; Brandenburg OLGSt Nr 9; Dresden BA **09**, 213; Hamm aaO 462; Karlsruhe aaO; LG Berlin NZV **09**, 203; LG Itzehoe aaO; LG Flensburg StV **08**, 459, 460; Dencker aaO 259; **aM** Prittwitz aaO 494; vgl auch BVerfG NJW **08**, 3053, 3054: Dokumentationsmangel als Abwägungsposten; oben 25a, b) oder eines mündlich erlassenen Beschlusses (Brocke/Herb StraFo **09**, 51), auch nicht aus dem Übergehen des Vorrangs der StA durch die Polizei (Celle VRS **118**, 204; Frankfurt aaO). 32

Die Untersuchungsergebnisse sind **ferner verwertbar** bei fehlender Belehrung über die Freiwilligkeit der Mitwirkung (Bay DAR **66**, 262 [R]; Hamm NJW **67**, 1524; KK-Senge 14; ANM 491; **aM** KMR-Bosch 53; Rogall 229), bei Nichtbe- 32a achtung des Verhältnismäßigkeitsgrundsatzes (LR-Krause 94; ANM 500; Kleinknecht NJW **64**, 2186; **aM** KMR-Bosch 52; Dencker 27, 93) und bei Eingriffsvornahme durch einen Nichtarzt (BGH **24**, 125; SK-Rogall 89, 90; Fezer 6/11 und JuS **78**, 612; Müssig GA **99**, 132; Wohlers Fezer-FS 328; hM).

33 Zur **Unverwertbarkeit** führt es, wenn ein körperlicher Eingriff ohne Anordnung und auch ohne Einwilligung vorgenommen worden ist (Bay DAR **66**, 261 [R]) oder wenn zur Gewinnung des Untersuchungsergebnisses Methoden angewendet worden sind, die gegen die Grundsätze eines an Gerechtigkeit und Billigkeit orientierten Verfahrens verstoßen (BGH **24**, 125, 131), zB wenn der Polizeibeamte bewusst vorgetäuscht hat, dass die Blutprobe von einem Arzt entnommen wird (Hamm NJW **65**, 1089; ANM 502; Kohlhaas JR **66**, 187), oder wenn er unerlaubten Zwang angewendet hat (Bay BA **71**, 67). Erlaubt ist aber die Sicherstellung und Benutzung einer zu anderen Zwecken entnommenen Blutprobe, wenn diese auf Grund einer Anordnung nach § 81 a hätte entnommen werden dürfen (Celle NStZ **89**, 385 = OLGSt Nr 3 mit abl Anm Wendisch; Frankfurt NStZ-RR **99**, 246; Zweibrücken NJW **94**, 810 mit abl Anm Weiler NStZ **95**, 98; SK-Rogall 95; **aM** Hauf NStZ **93**, 64; Mayer JZ **89**, 908; Weiler MDR **94**, 1163; Wohlers NStZ **90**, 245; Fezer-FS 327; differenzierend Beulke ZStW **103**, 675 ff; vgl auch Schröder [Einl 57 aE] 136 ff; erg 6 zu § 97). § 136 a ist nicht anwendbar (BGH **24**, 125, 129; Eisenberg BR 1655; krit Naucke Hamm-FS 507).

34 **14)** Die **Revision** kann darauf gestützt werden, dass das Untersuchungsergebnis im Urteil berücksichtigt worden ist, obwohl es unverwertbar war (LR-Krause 101), nach der jüngeren Rspr einiger OLGe bei einem Verstoß gegen II aber nur bei rechtzeitigem, dh bis zum Zeitpunkt des § 257 in der 1. Tatsacheninstanz – nicht schon im Ermittlungsverfahren – erhobenem (spezifiziertem, so Hamm StV **09**, 462; NStZ-RR **10**, 148; 3 Ss 7/09 vom 26. 2. 2009; Burhoff StRR **09**, 209) Widerspruch (Celle StV **09**, 518; Hamburg NJW **08**, 2597; Hamm NJW **09**, 242 mit Anm Zopfs; 2 Ss 117/09 vom 28. 4. 2009; 3 Ss 359/09 vom 13. 10. 2009; zw [25 zu § 136]; **aM** zB Prittwitz StV **08**, 492; vgl auch SK-Rogall 120: Widerspruch jedenfalls anzuraten). Zum notwendigen Rügevorbringen Celle aaO; NJW **08**, 3079; Dresden StV **09**, 571; Hamburg aaO; Hamm jew aaO; StV **09**, 459, 460; Karlsruhe StV **09**, 516; Oldenburg StV **10**, 14 L = NdsRpfl **10**, 63; Burhoff StRR **09**, 209; Graalmann-Scheerer Rieß-FS 161; krit Dencker DAR **09**, 261.

35 **15) Immunität:** Die Untersuchung, auch die Entnahme einer Blutprobe, kann bei einem Abgeordneten ohne Genehmigung des Parlaments angeordnet werden (Bremen NJW **66**, 743; Oldenburg NJW **66**, 1764; KK-Senge 11; RiStBV 191 III Buchst h). Die Verbringung zum Arzt ist keine freiheitsentziehende Maßnahme iS RiStBV 192, 192 a II Buchst c.

35a Gegen **Exterritoriale** (§§ 18 ff GVG) sind Maßnahmen nach § 81 a unzulässig (LR-Krause 104), idR auch gegen ausländische Konsuln (Rdschr des AA vom 19. 9. 2008 [GMBl 1154] unter VII B I 2), nicht aber gegen solche Beschuldigte, für die das NTS und die deutsche Gerichtsbarkeit gilt. Die Entnahme einer Blutprobe bei Mitgliedern der Stationierungsstreitkräfte ist schon vor der Zurücknahme des Verzichts (Art 19 III NTS-ZA) zulässig.

36 **16)** Das **Verbot,** die entnommenen Blutproben oder sonstigen Körperzellen (zB Harn, Liquor, Samen) für andere Zwecke als für ein anhängiges Strafverfahren zu verwenden, enthält III.

37 Ferner stellt er das **Gebot** auf, das entnommene Material unverzüglich zu vernichten, sobald es für dieses oder ein anderes Strafverfahren nicht mehr benötigt wird. Damit wird eine § 101 VIII ähnliche Regelung getroffen, allerdings darauf verzichtet, die Vernichtung aktenkundig zu machen; gleichwohl sollte die Tatsache, dass die Körperzellen vernichtet wurden, schriftlich festgehalten werden (Senge NJW **97**, 2410).

Die **Vernichtung** bezieht sich auf das gesamte entnommene Material, gleichgültig, ob es für die Untersuchung benötigt wurde, auch für wissenschaftliche Forschungszwecke darf es nicht weiterverwendet werden (krit zum umfassenden Vernichtungsgebot und einschr hinsichtlich Spurenmaterials Rath/Brinkmann NJW **99**, 2699). Die Vernichtung betrifft nur das verwendete Material, nicht die Ergebnisse der Untersuchung; diese werden Bestandteil der Akten (Hilger NStZ **97**, 372). Sie können auch für die DNA-Identitätsfeststellungsdatei beim BKA verwendet werden (9 zu § 81 g). 38

Aufbewahrt wird das Material idR bis zur Urteilsrechtskraft dieses oder des „anderen Strafverfahrens" iSd III (LG Berlin NJW **06**, 2713; LR-Krause 82), auch noch länger aber, falls die Wiederaufnahme des Verfahrens oder die Wiedereinsetzung in den vorigen Stand nach Versäumung einer Frist beantragt oder sicher zu erwarten ist (Senge aaO; Laschewski NZV **09**, 4; Nr 6.1 der oben 13 zitierten Richtlinien; vgl auch 27 zu § 101). Geht das Strafverfahren in ein Bußgeldverfahren über, bleibt nach § 46 IV S 1, 2 OWiG eine Blutprobe verwendbar, sonstige Körperzellen nur dann, wenn deren Entnahme als nur geringfügiger Eingriff zulässig gewesen wäre, was zB bei dem für eine DNA-Analyse benötigten Material idR der Fall sein wird; hingegen ist nach § 46 IV S 3 OWiG im OWi-Verfahren die Verwertung einer im Straf- oder Bußgeldverfahren entnommenen Blutprobe oder sonstigen Körperzelle zur Durchführung einer molekulargenetischen Untersuchung (§ 81 e) ausgeschlossen (LG Osnabrück StraFo **07**, 382). 39

Erkennungsdienstliche Behandlung

81b Soweit es für die Zwecke der Durchführung des Strafverfahrens oder für die Zwecke des Erkennungsdienstes notwendig ist, dürfen Lichtbilder und Fingerabdrücke des Beschuldigten auch gegen seinen Willen aufgenommen und Messungen und ähnliche Maßnahmen an ihm vorgenommen werden.

1) Strafprozessrecht und materielles Polizeirecht enthält die – verfassungsrechtlich unbedenkliche (BVerfGE **47**, 239, 252 = NJW **78**, 1149, 1150; BGH **34**, 39, 44; NStZ **83**, 84) – Vorschrift (vgl *de lege ferenda* Frister Amelung-FS 609). 1

Soweit sie **Identifizierungsmaßnahmen** gegen den Willen des Beschuldigten für Zwecke der Strafverfolgung zulässt, handelt es sich um Strafprozessrecht. Maßnahmen nach § 81 b dienen solchen Zwecken, wenn sie Schuld oder Unschuld des Beschuldigten in einem gegen ihn anhängigen Strafverfahren beweisen sollen, insbesondere, wenn seine Identifizierung notwendig ist, weil seine Person unbekannt ist oder von Zeugen wiedererkannt werden soll, oder wenn Fingerabdrücke mit Tatortspuren verglichen werden sollen. Darunter fällt aber auch die Herstellung von Lichtbildaufnahmen zur Erleichterung der etwa erforderlich werdenden Fahndung nach dem nicht in Haft genommenen Beschuldigten. Die gewonnenen Unterlagen werden Bestandteil der Strafakten (OVG Hamburg MDR **77**, 80; Dreier JZ **87**, 1010; **aM** Fuß Wacke-FS 320), können aber auch sogleich oder später zu den polizeilichen Unterlagensammlungen genommen werden (§ 481). 2

Soweit § 81 b **Maßnahmen für erkennungsdienstliche Zwecke** gestattet, handelt es sich um in die StPO aufgenommenes materielles Polizeirecht (BVerwGE **11**, 181 = NJW **61**, 571; Naumburg NStZ-RR **06**, 179 mwN; OVG Schleswig NVwZ-RR **07**, 817; VG Freiburg NJW **80**, 901 mit abl Anm Benfer; LR-Krause 3; Paeffgen JZ **91**, 443; **aM** SK-Rogall 10; Baumanns Polizei **08**, 82; Eisenberg/Singelnstein GA **06**, 170; Fuß Wacke-FS 317; Schweckendieck ZRP **89**, 125; vgl aber BT-Drucks 14/8007 S 28: Gefahrenabwehraufgabe). Unter Berücksichtigung der Rspr des BVerfG zu § 81 g (dort 2) wird aber hierin eine mit der Strafverfolgung eng verwandte „Strafverfolgungsvorsorge" gesehen, für die der Bund nach Art 74 Nr 1 GG die Gesetzgebungskompetenz hat (BVerwG NJW **06**, 1225 = JZ **06**, 727 mit Anm Eisenberg/Puschke; Bock ZIS **07**, 129, 130; Schenke 3

JZ **06**, 708). Solche Maßnahmen dienen nicht der Überführung des Beschuldigten in einem bestimmten Strafverfahren, sondern der vorsorglichen Bereitstellung von sächlichen Hilfsmitteln für die Erforschung und Aufklärung von Straftaten (BVerwGE **66**, 192 = NJW **83**, 772; BVerwGE **66**, 202 = NJW **83**, 1338); sie sind rein vorbeugender und sichernder Natur (Düsseldorf NJW **59**, 1790; OVG Münster NJW **72**, 2147). Die gewonnenen Unterlagen gelangen nicht in Ermittlungsakten, sondern werden in örtliche und zentrale polizeiliche Materialsammlungen aufgenommen (LR-Krause 7) und liefern die Grundlage für Observationen und für die Ermittlung unbekannter oder künftiger Straftäter (OVG Hamburg MDR **77**, 80). Sie dürfen nur sachgemäß und für dienstliche Zwecke verwendet werden (BVerwGE **26**, 169 = NJW **67**, 1192).

4 Vorschriften der landesrechtlichen Polizeigesetze, die **erkennungsdienstliche Maßnahmen über § 81 b hinaus** zulassen, sind im Hinblick auf Art 72 I GG allenfalls rechtsgültig, soweit nicht § 81 b (2. Altern) aus Anlass eines Strafverfahrens gegen einen „Beschuldigten" (unten 7) zur Vornahme präventiv-polizeilicher Maßnahmen ermächtigt (VGH Mannheim NVwZ-RR **04**, 572; OVG Münster NJW **83**, 1340 L = DÖV **83**, 603; NJW **99**, 2689 [Anordnung gemäß § 14 I Nr 2 PolGNW gegen Strafunmündigen; Nds OVG NVwZ **10**, 69; ebenso VG Minden 11 K 578/08 vom 30. 6. 2008]; LR-Krause 5; Baumanns Polizei **08**, 83; vgl auch Frister Amelung-FS 606; Fugmann NJW **81**, 2227; ferner LG Itzehoe NStZ-RR **08**, 260 zur erkennungsdienstlichen Behandlung eines einstweilig Untergebrachten nach dem nds Maßregelvollzugsgesetz). Nach Bundesrecht sind erkennungsdienstliche Maßnahmen auch nach § 15 II Nr 7 AsylVfG, §§ 49, 89 AufenthG, § 20 e BKAG, § 24 BPolG, § 6 III S 2 PassG und § 86 StVollzG zulässig. Vgl ferner §§ 163 b I S 3, II S 2 Hs 2.

5 2) **Gegen Beschuldigte** sind die Maßnahmen zulässig.

6 A. Für **Maßnahmen im Strafverfahren** (1. Altern) bedeutet das: Gegen Verdächtige, die noch nicht die Beschuldigteneigenschaft erlangt haben (Einl 76 ff), dürfen Maßnahmen zur Identitätsfeststellung nur nach § 163 b I S 2, 3 angeordnet werden. § 81 b ist erst anwendbar, wenn der Verdächtige Beschuldigter geworden ist, dann aber auch im Hauptverfahren (Anfertigung von Lichtbildern zur Vorlage an am Erscheinen verhinderte Zeugen) und bis zur Beendigung der Beschuldigteneigenschaft durch Urteil oder Verfahrenseinstellung nach §§ 153 ff, 170 II, 206 a. Im Vollstreckungsverfahren (§§ 449 ff) bleibt § 81 b anwendbar (LR-Krause 8; **aM** SK-Rogall 27); denn nach § 102 ist sogar die Durchsuchung zum Zweck der Ergreifung zulässig (dort 12). Da Kinder nicht Beschuldigte sein können (§ 19 StGB), gilt § 81 b 1. Altern für sie nicht (Apel/Eisenhardt StV **06**, 491); Maßnahmen gegen sie sind nur nach § 163 b II zulässig.

7 B. Soweit **erkennungsdienstliche Maßnahmen nach Polizeirecht** (2. Altern) vorgenommen werden sollen, besagt der Begriff Beschuldigter nur, dass die Anordnung nicht an beliebige Tatsachen anknüpfen oder zu einem beliebigen Zeitpunkt ergehen darf, sondern dass sie durch ein gegen den Betroffenen als Beschuldigten geführtes Strafverfahren veranlasst sein und das Ergebnis dieses Verfahrens auch die gesetzlich geforderte Notwendigkeit der erkennungsdienstlichen Behandlung begründen muss (BVerwGE **66**, 192, 196 = NJW **83**, 772; BVerwGE **66**, 202 = NJW **83**, 1338). Der Begriff Beschuldigter erfasst insoweit auch Schuldunfähige (vgl §§ 413 ff; KK-Senge 2; **aM** LR-Krause 9), nicht dagegen Kinder (Einl 76; Bottke Geerds-FS 279; Eisenberg StV **89**, 556; Frehsee ZStW **100**, 303; Streng Gössel-FS 505; **aM** VG Freiburg NJW **80**, 901 mit abl Anm Benfer; Verrel NStZ **01**, 286). Die Maßnahme ist auch nicht zulässig, wenn das Ermittlungsverfahren im Zeitpunkt ihrer Anordnung bereits nach §§ 153 ff oder § 170 II eingestellt oder der Beschuldigte rechtskräftig verurteilt oder freigesprochen worden ist (VG Minden 11 K 1153/08 vom 30. 6. 2008; LR-Krause 9; SK-Rogall 29; **aM** KK-Senge 2; Fugmann NJW **81**, 2227). Der spätere Wegfall der Beschuldigteneigenschaft ist demgegenüber unerheblich (BVerwGE **66**, 192 = NJW **83**, 772;

BVerwG NJW **06**, 1225, 1226; Nds OVG 11 LC 372/06 vom 28. 6. 2007; VGH Mannheim NJW **08**, 3082; Kramer JR **94**, 227).

3) Zulässige Maßnahmen sind außer den in § 81 b bezeichneten nur solche, die, ohne dass es einer körperlichen Untersuchung iS § 81 a I bedarf, der Feststellung der körperlichen Beschaffenheit dienen (BGH **34**, 39, 44/45; Kramer JR **94**, 225). Die Maßnahmen können den ganzen Körper oder einzelne Körperteile betreffen. ZB können Abdrücke und Aufnahme von den Händen (vgl § 24 III Nr 1 BPolG, § 86 I StVollzG), von einzelnen Fingern, von den Füßen oder Teilen davon gemacht werden. Besondere Körpermerkmale, auch Tätowierungen oder Piercings, können durch Beschreibung, Fotografie und Maßangabe festgehalten werden. Eine „ähnliche" Maßnahme ist die Anfertigung eines Videofilms, der außer dem Beschuldigten mehrere andere Personen zeigt, zur Vorführung vor Zeugen, die den Beschuldigten identifizieren sollen (Görling Kriminalistik **85**, 58; Schmidt Kriminalistik **85**, 239). Auch für eine Gegenüberstellung (Odenthal NStZ **01**, 581) oder von der Gegenüberstellung selbst dürfen Video-Aufnahmen angefertigt werden (BVerfG NStZ **83**, 84; LG Berlin NStZ **89**, 488; Odenthal NStZ **85**, 434). Nicht unter § 81 b fallen personenbezogene Hinweise über bestimmte aus früheren Verhaltensweisen des Betroffenen gewonnene Erkenntnisse (BVerwG JZ **91**, 471) oder Registrierungen des jew. Ausdrucks des Beschuldigten, zB Messungen der Atem- und Pulsbewegungen, um die innere Erregung zu ermitteln (BGH **34**, 39, 45; Peters 330), auch nicht die Überprüfung auf „künstliche DNA" (Krumdiek StRR **09**, 130; erg 1 zu § 161). Ein mit Zustimmung des Beschuldigten auf Tonband aufgezeichnetes Gespräch kann später ohne Rücksicht auf dessen Einverständnis für einen Stimmenvergleich durch einen Sachverständigen verwertet werden (BGH StV **85**, 397; vgl auch Kleinknecht NJW **66**, 1541; Schneider GA **97**, 371), eine heimliche Bild- oder Tonaufnahme aber nur unter den Voraussetzungen der §§ 100f, 100h I S 1 Nr 1, sonst ist die Verwertung unzulässig (BGH **34**, 39 = JR **87**, 212 mit Anm Meyer; Wolfslast NStZ **87**, 103; dazu auch Bottke Jura **87**, 356; Küpper JZ **90**, 421; Schneider aaO). Mit Zwang darf eine Sprechprobe nicht durchgesetzt werden (BGH **34**, 39, 45 = JR **87**, 212 mit Anm Meyer). 8

Die Maßnahmen sind schon **unmittelbar nach der Tat,** sogar noch am Tatort, zulässig. Der Beschuldigte darf zB fotografiert werden, wie er gerade bei einer Demonstration von Polizeibeamten festgenommen wird (Köln MDR **76**, 67; KK-Senge 3). Das Fotografieren eines Demonstrationszuges zu dem Zweck, die unbekannten Täter früherer Straftaten zu entdecken, fällt dagegen nicht unter § 81 b (vgl BGH NJW **75**, 2075; JZ **78**, 762; SK-Rogall 46; **aM** Bergfelder Kriminalistik **76**, 413; vgl auch Paeffgen JZ **78**, 741); auch hierfür gilt jetzt § 100h I S 1 Nr 1 (Wälter/Stienkemeier Kriminalistik **94**, 93). Die Videoüberwachung im Straßenverkehr fällt nicht unter die Vorschrift (Düsseldorf NJW **10**, 1216, 1217; Stuttgart NJW **10**, 1219, 1220; Arzt/Eier NZV **10**, 117; Roggan NJW **10**, 1043; vgl aber Krumm NZV **09**, 621; Niehaus DAR **09**, 636; erg 1 zu § 100h, 1 zu § 163b). 9

Zur **Vorbereitung der Identifizierungsmaßnahmen** kann die Veränderung des äußeren Erscheinungsbildes des Beschuldigten angeordnet und zwangsweise durchgeführt werden (BGH NStZ **93**, 47; Geerds Jura **86**, 9), zB das Entfernen und Aufsetzen einer Perücke, Entfernen von Schminke (Odenthal NStZ **85**, 434), Veränderung der Haar- und Barttracht (SK-Rogall 33; BVerfGE **47**, 239 = NJW **78**, 1149 hält insoweit § 81 a für einschlägig; erg 23 zu § 81 a; vgl auch Rieder Kriminalistik **77**, 111). 10

Wird ein unbekannter Toter aufgefunden, so können **Maßnahmen an der Leiche** vorgenommen werden (1 zu § 88). 11

4) Soweit notwendig, dürfen die Maßnahmen vorgenommen werden. Im Strafverfahren ergeben sich die Notwendigkeit und ihre Grenzen aus der Sachaufklärungspflicht (§ 244 II). Erkennungsdienstliche Maßnahmen zu präventivpolizeilichen Zwecken kommen in 1. Hinsicht gegen gewerbs- oder gewohnheits- 12 mäßig handelnde und sonstige Rückfalltäter in Betracht (LR-Krause 10; Krause/Nehring 3; vgl Nds OVG NdsVBl **07**, 42: gewerbsmäßige Verstöße gegen AuslG). Bei anderen Beschuldigten kommt es darauf an, ob an ihnen wegen der Art und Schwere ihrer Straftaten ein besonderes kriminalistisches Interesse besteht. Maßgebend ist, ob auch unter Berücksichtigung des Zeitablaufs Anhaltspunkte dafür vorliegen, dass der Beschuldigte in ähnlicher oder anderer Weise erneut straffällig werden könnte, und ob die erkennungsdienstlichen Unterlagen zur Förderung der dann zu führenden Ermittlungen geeignet erscheinen (BVerwGE **66**, 192 = NJW **83**, 772; BVerwGE **66**, 202 = NJW **83**, 1338; BVerwG NJW **06**, 1225, 1226; VGH Mannheim NJW **08**, 3082; VG Düsseldorf StraFo **09**, 146; Riegel DÖV **78**, 17; enger – nur vergleichbare Taten – VG Braunschweig NVwZ-RR **08**, 30, 31; StV **08**, 631, 632; eingehend zur Prognose Petersen-Thrö/Ornatowski SächsVBl **08**, 30 ff). Das kann auch der Fall sein, wenn der Beschuldigte erstmals in Erscheinung getreten ist (Nds OVG 11 ME 309/07 vom 24. 10. 2007; Baumanns Polizei **08**, 85; Riegel aaO); eine schematische Betrachtung verbietet sich jedoch (OVG Münster StraFo **08**, 503; anders wohl VG Braunschweig jew aaO für Körperverletzungs-, BtM- oder Sexualdelikte einschließlich § 184 b IV StGB). Bei offensichtlichem Fehlen der Wiederholungsgefahr ist die Maßnahme unzulässig (OVG Berlin JR **71**, 392). Dass der Strafrichter die Strafe zur Bewährung ausgesetzt oder die StA das Ermittlungsverfahren mangels öffentlichen Interesses eingestellt hat, räumt diese Gefahr aber nicht aus (BVerwGE und VGH Mannheim, jew aaO), ebenso wenig eine Einstellung nach § 170 II bei fortbestehendem erheblichem Tatverdacht (VG Osnabrück 6 B 58/08 vom 24. 6. 2008; vgl auch BVerfG NJW **02**, 3231). Im Übrigen gilt der Verhältnismäßigkeitsgrundsatz (vgl § 163 b II S 2); in Bagatellsachen ist § 81 b nicht anwendbar (AG Kiel StraFo **06**, 70; KMR-Bosch 17).

12a Die **Eignung** erkennungsdienstlicher Maßnahmen ist – auch ihrem Umfang nach (VGH Mannheim NVwZ-RR **04**, 572; SK-Rogall 43; Petersen-Thrö/Ornatowski SächsVBl **08**, 33) – auf die Aufklärung solcher Straftaten zu beziehen, für die Wiederholungsgefahr prognostiziert wird (VG Leipzig StV **09**, 124); sie ist nach VGH Mannheim NJW **08**, 3082 in Fällen des § 184 b IV StGB nicht nur wegen der Möglichkeit zu bejahen, Fingerabdrücke am PC abzugleichen oder den Erwerb sonstiger Datenträger aufzuklären, sondern nach dem Schutzzweck dieses Delikts („Risikodelikt") auch wegen der Gefahr der Begehung von Taten nach §§ 176, 176 a StGB (jedenfalls bei pädosexueller Disposition des Beschuldigten). Soweit älteres Material für Zwecke des Erkennungsdienstes nicht mehr geeignet ist, können neue Maßnahmen vorgenommen werden (OVG Münster NdsVBl **08**, 174: neue Fingerabdrücke nach 5 Jahren; Nds OVG NdsVBl **07**, 42: neue Lichtbilder nach fast 6 Jahren; Qualitätsmangel; 11 LC 372/06 vom 28. 6. 2007: neue Lichtbilder und neue Fingerabdrücke nach 9 Jahren).

13 5) **Zuständig** für die Anordnung sind im Ermittlungsverfahren die StA und die Beamten des Polizeidienstes, auch wenn sie nicht Ermittlungspersonen der StA sind (SK-Rogall 64; Fuß Wacke-FS 305; Schenke VerwA **60**, 333), nach Anklageerhebung das mit der Sache befasste Gericht (LR-Krause 22). Für Maßnahmen zu erkennungsdienstlichen Zwecken ist demgegenüber die Kriminalpolizei zuständig (Düsseldorf NJW **59**, 1790; VGH Mannheim NVwZ-RR **04**, 572; OVG Münster NJW **72**, 2147; Schenke JZ **06**, 709; **aM** SK-Rogall 65; Eisenberg/Puschke JZ **06**, 731), deren Beamte innerhalb ihrer eigenen Zuständigkeit, nicht als Ermittlungspersonen der StA, tätig werden (Düsseldorf aaO; **69**, 51); zur Zuständigkeit des ZKA und der Zollfahndungsämter vgl §§ 4 I S 2, 25 I ZFdG. Vor präventiver Anordnung ist der Betroffene nach § 28 VwVfG anzuhören (VG Düsseldorf StraFo **09**, 146).

14 **Die Durchführung** der Maßnahmen obliegt in jedem Fall der Polizei (Geerds Jura **86**, 9).

15 6) **Unmittelbarer Zwang** ist, auch bei Maßnahmen für erkennungsdienstliche Zwecke, ohne vorherige Androhung zulässig (Naumburg NStZ-RR **06**, 178, 180 mwN; KK-Senge 6; Dörschuck Kriminalistik **96**, 732; **aM** KMR-Bosch 19). Die Rechtsgrundlage hierfür ist § 81b selbst (Fezer 6/27). Ein bestimmtes Verfahren ist nicht vorgeschrieben (LR-Krause 24; Fuß Wacke-FS 316; **aM** Petersen-Thrö/Ornatowski SächsVBl **08**, 34, Vahle Polizei **87**, 242, die bei erkennungsdienstlichen Maßnahmen die Bestimmungen des Polizeirechts anwenden wollen). Der Beschuldigte darf – falls erforderlich (vgl LG Kiel StV **06**, 125) – zwangsweise zur Polizeibehörde gebracht und dort bis zur Erledigung der Maßnahmen festgehalten werden (Stuttgart StV **88**, 424; LR-Krause 25; Oehm MDR **86**, 99); darin liegt keine Freiheitsentziehung iS Art 104 II S 1 GG (SK-Rogall 36) und keine vorläufige Festnahme iS § 127 II (KG GA **79**, 225). Zur Ermöglichung der Anfertigung v. Lichtbildern und der Durchführung anderer Maßnahmen darf der Beschuldigte v. Polizeibeamten festgehalten werden. Zur Vornahme von Handflächenabdrücken dürfen Arme und Finger mit Gewalt gestreckt werden (BGH **34**, 39, 45). Notfalls sind die Fesselung und die Anwendung von Polizeigriffen erlaubt. Die Durchsuchung von Räumen zwecks Ergreifens des Beschuldigten ist nach § 102 nur zulässig, wenn Maßnahmen für Zwecke eines bestimmten Strafverfahrens durchgeführt werden sollen; sonst gilt Polizeirecht (Oehm aaO), dh es muss ein amtsgerichtlicher Durchsuchungsbefehl beschafft werden (Naumburg aaO). Im Einzelfall kann die Anforderung eines Lichtbildes bei den Personalausweis- oder Passbehörden (28 zu § 163) der zwangsweisen Durchsetzung einer Anordnung nach § 81b unter Verhältnismäßigkeitsgesichtspunkten vorgehen (vgl LG Rostock StV **08**, 627, 629).

7) Aufbewahrung und Speicherung von Unterlagen: 16

A. **Aufbewahrt** werden die zum Zweck der Durchführung eines Strafverfahrens gewonnenen Unterlagen in den Strafakten (oben 2), und zwar so lange wie diese (vgl nunmehr auch § 483; dazu SK-Rogall 57). Ihre Entfernung oder Vernichtung kann der Beschuldigte nicht verlangen (LR-Krause 26; **aM** SK-Wolter 32 zu § 163c). 17

B. Hinsichtlich der **erkennungsdienstlichen Unterlagen** (oben 3) ergibt sich die weitere Aufbewahrung (und Nutzung) nunmehr aus § 481 (vgl dort sowie VGH Kassel NJW **05**, 2727); die frühere verwaltungsgerichtliche Rspr muss – wie SK-Rogall 58 zutr dargelegt hat – als überholt angesehen werden (übereinstimmend LR-Krause 27). 18

Die Verwendung digitalisierten Materials für Zwecke künftiger Strafverfahren richtet sich somit nach § 484 IV (dort 5; VGH Kassel aaO). Für die **Speicherung von Daten** gelten die §§ 483ff, zu ihrer Löschung s § 489 (vgl SK-Rogall 62 sowie zur Beurteilung nach Art 8 MRK EGMR – Große Kammer – EuGRZ **09**, 299, 308, 311). §§ 7ff BKAG regeln die Datenerhebung, -verarbeitung und -verwendung durch die Kriminalpolizei des Bundes (vgl Schreiber NJW **97**, 2141; zur „Trefferquote" Frister Amelung-FS 603). Für den grenzüberschreitenden automatisierten Datenaustausch von Fingerabdruckdaten in der EU sieht Art 9 Ratsbeschluss Prüm (ABl EU L 210 S 1) iVm § 1 AusführungsG zum Prümer Vertrag und zum Ratsbeschluss Prüm (BGBl I 2006 S 1458; 2009 S 2507) den Zugriff auf anonymisierte Indexdatenbanken im sog Hit-/no-hit-Verfahren vor (BT-Drucks 16/12585 S 7, 8, auch zum weiteren Verfahren im Trefferfall; zum Wirkbetrieb vgl BT-Drucks 16/14150 S 2). 19

8) Rechtsbehelfe: 20

A. Im **Strafverfahren** getroffene Anordnungen des Gerichts sind nach § 304 I mit der Beschwerde anfechtbar; zur Anfechtung nach erfolgter Durchführung der Maßnahme vgl 17ff vor § 296. Gegen Maßnahmen der StA und der Polizei kann nach hM entspr § 98 II das Gericht angerufen werden (Braunschweig NStZ **91**, 551; Oldenburg NStZ **90**, 504 mit Anm Katholnigg; Koblenz StV **02**, 127; Krach JR **03**, 140; krit Amelung BGH-FG 924; erg 23 zu § 98; 10 zu § 23 EGGVG). 21

B. Die **Anordnung von Maßnahmen für erkennungsdienstliche Zwecke** kann nur im Verwaltungsrechtsweg angefochten werden (BGH **28**, 206, 209; AG München NStZ **99**, 528; **aM** SK-Rogall 69; Bock ZIS **07**, 132; Kramer JR **94**, 22

225: § 23 EGGVG; wieder **aM** Eisenberg/Puschke JZ **06**, 732; Krach JR **03**, 140: § 98 II entspr; vgl dazu auch Baumanns Polizei **08**, 86; Frister Amelung-FS 614; Schenke JZ **06**, 711). Wenn nicht nach § 80 II S 1 Nr 4 VwGO die sofortige Vollziehung angeordnet wird, hat der Widerspruch nach § 68 VwGO aufschiebende Wirkung (BVerwGE **66**, 202 = NJW **83**, 1338). Die Anfechtungsklage nach § 42 VwGO ist schon gegen die Aufforderung zulässig, sich zum Zweck der erkennungsdienstlichen Behandlung bei der Polizei einzufinden (BVerwGE **66**, 192 = NJW **83**, 772; OVG Hamburg MDR **77**, 80). Das der polizeil. Prognose zugrunde liegende Wahrscheinlichkeitsurteil (oben 12) wird nur auf Vertretbarkeit geprüft (VGH Mannheim NJW **87**, 2762; **08**, 3082; insoweit auch LR-Krause 11 aE).

23 Die **Ablehnung des Antrags auf Vernichtung der Unterlagen** ist ebenfalls ein Verwaltungsakt, der nur vor dem Verwaltungsgericht angefochten werden kann (BVerfGE **16**, 89, 94 = NJW **63**, 1819; BGH NJW **75**, 2075, 2076; BVerwGE **11**, 181 = NJW **61**, 571; BVerwGE **26**, 169 = NJW **67**, 1192; OVG Hamburg MDR **77**, 80; allgM). Zulässig ist die Verpflichtungsklage nach § 42 VwGO (VGH Kassel NJW **05**, 2727; LR-Krause 36; Fuß Wacke-FS 321; str). Maßgebend für die Beurteilung der Rechtmäßigkeit der Aufbewahrung ist der Zeitpunkt der Entscheidung des Verwaltungsgerichts (VGH Mannheim NJW **73**, 1663; OVG Münster NJW **72**, 2147). Falls sich die Unterlagen allerdings nicht mehr bei der Polizei, sondern in den Ermittlungsakten der StA befinden, ist der Rechtsweg nach § 23 **EGGVG** gegeben (OVG Koblenz NStE Nr 16 zu § 23 EGGVG), ebenso, wenn sich die Aufbewahrung der Unterlagen nach Strafverfahrensrecht richtet (vgl § 484 IV; SK-Rogall 70; Baumanns Polizei **08**, 88 Fn 84).

Untersuchung anderer Personen

81c **I Andere Personen als Beschuldigte dürfen, wenn sie als Zeugen in Betracht kommen, ohne ihre Einwilligung nur untersucht werden, soweit zur Erforschung der Wahrheit festgestellt werden muss, ob sich an ihrem Körper eine bestimmte Spur oder Folge einer Straftat befindet.**

II [1] Bei anderen Personen als Beschuldigten sind Untersuchungen zur Feststellung der Abstammung und die Entnahme von Blutproben ohne Einwilligung des zu Untersuchenden zulässig, wenn kein Nachteil für seine Gesundheit zu befürchten und die Maßnahme zur Erforschung der Wahrheit unerlässlich ist. [2] Die Untersuchungen und die Entnahme von Blutproben dürfen stets nur von einem Arzt vorgenommen werden.

III [1] Untersuchungen oder Entnahmen von Blutproben können aus den gleichen Gründen wie das Zeugnis verweigert werden. [2] Haben Minderjährige wegen mangelnder Verstandesreife oder haben Minderjährige oder Betreute wegen einer psychischen Krankheit oder einer geistigen oder seelischen Behinderung von der Bedeutung ihres Weigerungsrechts keine genügende Vorstellung, so entscheidet der gesetzliche Vertreter; § 52 Abs. 2 Satz 2 und Abs. 3 gilt entsprechend. [3] Ist der gesetzliche Vertreter von der Entscheidung ausgeschlossen (§ 52 Abs. 2 Satz 2) oder aus sonstigen Gründen an einer rechtzeitigen Entscheidung gehindert und erscheint die sofortige Untersuchung oder Entnahme von Blutproben zur Beweissicherung erforderlich, so sind diese Maßnahmen nur auf besondere Anordnung des Gerichts und, wenn dieses nicht rechtzeitig erreichbar ist, der Staatsanwaltschaft zulässig. [4] Der die Maßnahmen anordnende Beschluss ist unanfechtbar. [5] Die nach Satz 3 erhobenen Beweise dürfen im weiteren Verfahren nur mit Einwilligung des hierzu befugten gesetzlichen Vertreters verwertet werden.

IV Maßnahmen nach den Absätzen 1 und 2 sind unzulässig, wenn sie dem Betroffenen bei Würdigung aller Umstände nicht zugemutet werden können.

V [1] Die Anordnung steht dem Gericht, bei Gefährdung des Untersuchungserfolges durch Verzögerung auch der Staatsanwaltschaft und ihren Ermitt-

lungspersonen (§ 152 des Gerichtsverfassungsgesetzes) zu; Absatz 3 Satz 3 bleibt unberührt. [2]§ 81a Abs. 3 gilt entsprechend.

VI [1]**Bei Weigerung des Betroffenen gilt die Vorschrift des § 70 entsprechend. [2]Unmittelbarer Zwang darf nur auf besondere Anordnung des Richters angewandt werden. [3]Die Anordnung setzt voraus, dass der Betroffene trotz Festsetzung eines Ordnungsgeldes bei der Weigerung beharrt oder dass Gefahr im Verzuge ist.**

1) Die **Untersuchung von Zeugen ohne deren Einwilligung** gestattet die Vorschrift; eine entspr Regelung enthält § 372a ZPO (allg Dünnebier JZ **52**, 427). Die Duldungspflicht ist durch den Gesetzesvorbehalt in Art 2 II S 3 GG gedeckt (BVerfGE **5**, 13 = NJW **56**, 986). 1

2) Die **Einwilligung des Betroffenen** hebt, sofern sie nicht sittenwidrig ist (3 zu § 81a), die Beschränkungen des § 81c auf. Körperliche Eingriffe außer Blutprobenentnahmen müssen aber stets von einem Arzt vorgenommen werden. Bei schwereren Eingriffen macht die Einwilligung des Betroffenen die Anordnung der nach V zuständigen Personen nicht entbehrlich (LR-Krause 4; weitergehend KMR-Bosch 3: immer erforderlich; **aM** SK-Rogall: nicht erforderlich). 2

Einwilligung ist nur die freiwillige, ernstliche und in Kenntnis der Sachlage und des Weigerungsrechts erteilte ausdrückliche Zustimmung (BGH NJW **64**, 1177; Amelung StV **85**, 257; Peters JR **69**, 233; erg 4 zu § 81a). Im freiwilligen Erscheinen bei dem Sachverständigen und in der Hinnahme der Untersuchung oder des Eingriffs liegt noch keine Einwilligung (vgl Janetzke NJW **58**, 534). Der Betroffene muss genügend Verstandesreife oder -kraft haben, um Sinn und Tragweite seiner Erklärung zu verstehen (BGHZ **29**, 33 = NJW **59**, 811); andernfalls muss sein gesetzlicher Vertreter entscheiden (RG **64**, 160, 162). 3

Der Betroffene muss darüber **belehrt** werden, welche Maßnahme vorgenommen werden soll und dass sie ohne seine Einwilligung nicht zulässig ist (KMR-Bosch 5; LR-Krause 5; Hanack JZ **71**, 128; Kett-Straub ZStW **117**, 367; **aM** BGH **13**, 394, 398). Wenn er nach § 52 I zur Zeugnisverweigerung berechtigt ist, muss er auch nach III S 2 Hs 2 iVm § 52 III S 1 belehrt werden (BGH **13**, 394, 399; **20**, 234; ANM 491; Schlüchter 203.3). Die Belehrung hat die Strafverfolgungsbehörde zu erteilen, nicht der Sachverständige (unten 24). 4

Bis zum Schluss der Untersuchung ist die Einwilligung **widerrufbar;** was bis dahin ermittelt worden ist, bleibt aber verwertbar, auch wenn der ordnungsgemäß belehrte Betroffene ein Zeugnisverweigerungsrecht nach § 52 hat (KK-Senge 8; KMR-Bosch 30; LR-Krause 6; SK-Rogall 16; **aM** Krause/Nehring 13). 5

3) Eine **abschließende Regelung** enthält § 81c. 6

Daher darf der Betroffene ohne seine Einwilligung (oben 2ff) nicht auf seinen psychischen Zustand, zB auf seine Vernehmungsfähigkeit (LG Frankfurt aM StraFo **09**, 18), Merkfähigkeit oder Sehtüchtigkeit (Hamm VRS **21**, 62; LR-Krause 11), insbesondere nicht auf seine **Glaubwürdigkeit** untersucht werden (BGH **13**, 394, 398; **14**, 21, 23; MDR **79**, 988 [H]; NStZ **82**, 432; **09**, 346, 347; Fezer 6/30). Auch hier ist eine Belehrung darüber erforderlich, dass die Untersuchung ohne die Einwilligung nicht vorgenommen werden kann (ANM 491; Fezer JuS **78**, 766; JZ **96**, 606; Heinitz Engisch-FS 700; Welp JR **96**, 77; **aM** BGH **13**, 394, 398; KK-Senge 11; Toepel 379), jedenfalls dann, wenn der Zeuge ein ihm zustehendes Zeugnisverweigerungsrecht geltend gemacht hat (BGH **36**, 217 = JZ **90**, 47 mit Anm Weigend). Da Fragen an den Zeugen, die seine allgemeine Glaubwürdigkeit betreffen, seine Aussagewilligkeit hinsichtlich der dem Angeklagten vorgeworfenen Tat nicht voraussetzen, liegt in der Ausübung des Zeugnisverweigerungsrechts nach § 52 nicht ohne weiteres die Erklärung, dass der Zeuge die Glaubwürdigkeitsprüfung ablehnt (BGH MDR **79**, 988 [H]). 7

Bei **Verweigerung** dieser Prüfung dürfen Erkenntnisse über den psychischen Zustand oder die Glaubwürdigkeit in der Weise gewonnen werden, dass der Zeuge 8 richterlich vernommen wird, ein Sachverständiger ihn dabei unmittelbar befragt (§ 80 II) und sich anschließend gutachtlich äußert (BGH **23**, 1 = JR **70**, 67 mit abl Anm Peters; BGH MDR **79**, 888 [H]; NStZ **82**, 432; **09**, 346, 347; Kett-Straub ZStW **117**, 372; Meier JZ **91**, 643; **aM** Hamm JZ **57**, 186 L = JMBlNW **57**, 45; Eisenberg BR 1868; zw Blau StV **91**, 407). Ob das eine ausreichende Beurteilungsgrundlage für die Glaubwürdigkeit und Zeugentüchtigkeit bietet, muss das Gericht mit der gebotenen Vorsicht entscheiden (vgl BGH StV **91**, 405 mit krit Anm Blau; Fezer 6/30; Kett-Straub aaO; Schlüchter 203.2; LR-Krause 10). Erg 59b zu § 244.

9 **4) Untersuchung auf Spuren und Tatfolgen** (I):

10 A. Die **Duldungspflicht** trifft nur Personen, die als Zeugen in Betracht kommen (Zeugengrundsatz), wobei ausreicht, dass sie nichts beobachtet haben (schlafende und bewusstlose Tatopfer) und dies bekunden können (KK-Senge 1). Entgegen dem Wortlaut von I dürfen aber auch Tatopfer untersucht werden, die, wie Säuglinge, Kleinkinder und schwer Geistesgestörte, unfähig sind, überhaupt etwas auszusagen (Fezer 6/29; Kleinknecht Kriminalistik **67**, 462; Kohlhaas JR **74**, 90; Krause JZ **76**, 124; Meier JZ **91**, 642; **aM** Seidel, Kriminalistik **67**, 303). Es gilt der Grundsatz, dass jede tatunverdächtige Person, bei der Spuren oder Tatfolgen zu vermuten sind, ohne ihre Einwilligung untersucht werden darf (Dünnebier GA **53**, 65).

11 B. **Zweck der Untersuchung** muss die Feststellung von Spuren oder Tatfolgen am Körper sein (Spurengrundsatz).

12 **Spuren** sind unmittelbar durch die Tat verursachte Veränderungen am Körper, die Rückschlüsse auf den Täter oder die Tatausführung ermöglichen (Stichwunde, Einschusskanal, Blutspuren, Spermienreste, Hautreste unter den Fingernägeln uä).

13 **Tatfolgen** sind durch die Tat eingetretene Veränderungen am Körper des Opfers, die solche Hinweise nicht zulassen (Hautabschürfungen, Zahnlücken, Krankheitszustand). Spuren und Tatfolgen brauchen weder dauerhaft zu sein noch zum gesetzlichen Tatbestand der Straftat zu gehören; es genügt, dass sie für die Strafzumessung von Bedeutung sein können (LR-Krause 15).

14 **Ohne genügenden Anlass** darf die Untersuchung nicht stattfinden. Schon vorher müssen bestimmte Vorstellungen und Anhaltspunkte über die Spuren und Tatfolgen bestehen, um deren Auffindung es geht (LR-Krause 16). Reihenuntersuchungen nach Spurenträgern sind unzulässig (KK-Senge 1; Dünnebier GA **53**, 65; Krause JZ **76**, 124).

15 C. **Notwendig** muss die Untersuchung sein. Jedoch kommt sie nicht nur als letztes Mittel in Betracht (Eisenberg BR 1664). Vielmehr ist sie auch zulässig, wenn die bereits bekannten Beweismittel die Aufklärung des Sachverhalts nicht mit ausreichender Sicherheit ermöglichen (LR-Krause 17) oder nicht ausgeschlossen werden kann, dass die vorhandenen Beweise wieder wegfallen, der Täter zB sein Geständnis widerruft (Fezer JuS **78**, 765 Fn 1).

16 D. **Art und Umfang der Untersuchung** bestimmt I dahin, dass sie am Körper des Betroffenen stattfinden darf. Körperliche Eingriffe sind verboten (Roxin/Schünemann § 33, 27). Das schließt aber Untersuchungen der natürlichen Körperöffnungen, deren Inneres ohne ärztliche Hilfe sichtbar gemacht werden kann, nicht aus (LR-Krause 19). Scheidenabstriche und das gewaltsame Öffnen des Mundes zur Besichtigung der Zähne sind zulässig (SK-Rogall 19; Krause/Nehring 2), nicht dagegen Magenauspumpen, Untersuchungen unter Narkose (BGH NJW **70**, 1242; MDR **91**, 297 [H]) sowie Röntgenaufnahmen und -durchleuchtungen (allgM). Die Pflicht, die Untersuchung zu dulden, umfasst die Pflicht, sich zu ihr einzufinden, sich zu entkleiden und die jeweils erforderliche Körperhaltung einzunehmen; sonst besteht keine Pflicht zur aktiven Mitwirkung (KK-Senge 6).

E. Der **Grundsatz der Zumutbarkeit** (IV) bedeutet nur eine Hervorhebung des Verhältnismäßigkeitsgrundsatzes (Einl 20ff). Von Bedeutung sind die persönlichen Verhältnisse der Beteiligten und die Art und Folgen der Untersuchungen (eingehend SK-Rogall 72ff). Das bei der Bedeutung der Strafsache bestehende Aufklärungsinteresse und das Persönlichkeitsrecht des Betroffenen müssen gegeneinander abgewogen werden (BGH MDR **56**, 527 [D]). Vielfach wird die Zumutbarkeit davon abhängen, dass die Untersuchung von einem Arzt vorgenommen wird (KK-Senge 7; Krause/Nehring 9); für eine schamverletzende Untersuchung gilt § 81 d. Blutentnahme zum Zweck der Feststellung der AIDS-Infizierung wird idR zumutbar sein (LR-Krause 28; **aM** Mayer JR **90**, 363). Zur Herstellung eines „gentechnischen Fingerabdrucks" vgl § 81 e und eingehend dazu BerlVerfGH NJW **06**, 1416; vgl ferner LG Mannheim NStZ-RR **04**, 301 und dazu krit Schiemann NStZ **07**, 686. 17

5) **Blutprobenentnahmen und Abstammungsuntersuchungen** (II) darf nur ein Arzt vornehmen. Die Anordnung von Abstammungsuntersuchungen verpflichtet zur Duldung von Blutprobenentnahmen (Jessnitzer/Ulrich 294), Lichtbildaufnahmen, Messungen und Fingerabdrücken (LR-Krause 23; Krause/Nehring 4), nicht aber Speichelproben (CSK-Rogall 31 [nur freiwillig]; Satzger JZ **01**, 645; **aM** Busch NJW **01**, 1336). Anders als bei I gilt nicht der Zeugen- und Spurengrundsatz, sondern der Aufklärungsgrundsatz; ob der Betroffene als Zeuge in Betracht kommt, ist gleichgültig (LR-Krause 24). 18

Es darf aber kein **Nachteil für seine Gesundheit** zu befürchten sein. Bei der Natur der zugelassenen Eingriffe und Untersuchungen sind solche Nachteile kaum vorstellbar. Insbesondere ist bei der Blutprobenentnahme ein psychischer Schaden infolge einer „Spritzenphobie" praktisch ausgeschlossen (Gerchow BA **76**, 392; Händel BA **76**, 389 gegen Koblenz NJW **76**, 379). 19

Die **Unerlässlichkeit** der Maßnahme ist an der Aufklärungspflicht (§ 244 II) zu bemessen (Saarbrücken FamRZ **59**, 35). Dass zuvor alle anderen Beweismöglichkeiten versagt haben, wird nicht vorausgesetzt (KK-Senge 5; LR-Krause 26). Die Anordnung eines erbbiologischen Gutachtens ist aber erst zulässig, wenn die Abstammung durch eine Blutgruppenbestimmung nicht geklärt werden konnte. 20

Die **Zumutbarkeit** des Eingriffs und der Untersuchung (IV) ist auch hier durch Abwägung des Aufklärungsinteresses mit den Interessen des Betroffenen zu beurteilen (oben 17). Dass ihm wirtschaftliche Nachteile drohen, hindert die Anordnung nicht (KMR-Bosch 20; LR-Krause 30). Der Rechtsgedanke des § 55 begründet keine Unzumutbarkeit, da die Berufung auf diese Bestimmung nur dazu führen würde, dass der Betroffene tatverdächtig und nunmehr nach § 81 a untersucht wird (**aM** SK-Rogall 43ff; Krause JZ **76**, 124). 21

6) **Untersuchungsverweigerungsrecht** (III): 22

A. **Umfang:** Die Bestimmung knüpft an § 52 an. Ein Weigerungsrecht nach §§ 53, 53a besteht nicht (LR-Krause 38; SK-Rogall 42; **aM** EbSchmidt Nachtr 11; unklar BT-Drucks 16/5846 S 26), auch nicht nach § 55 (KK-Senge 10; Rüping 270; **aM** Braunschweig NJW **54**, 1052; Saarbrücken FamRZ **59**, 35; Krause/Nehring 5; Gössel 231; Krause JZ **76**, 124). Der Betroffene kann nach § 52 I das Zeugnis oder nach III S 1 die Untersuchung oder beides verweigern. Der Einnahme des richterlichen Augenscheins an seiner Person darf er sich nicht widersetzen (Hamm MDR **74**, 1036). Wie bei § 52 (dort 11ff) besteht das Untersuchungsverweigerungsrecht auch, wenn sich das Verfahren gegen mehrere Beschuldigte richtet und der Betroffene nur Angehöriger eines von ihnen ist, auch bei Verfahrenstrennung. Falls der Angehörige eines Beschuldigten zugleich Mitbeschuldigter ist, muss er zwar die körperliche Untersuchung nach § 81 a dulden, nicht aber die Verwertung des gewonnenen Befundes gegen den Mitbeschuldigten (so Mitsch Lenckner-FS 735). 23

24 B. **Belehrungspflicht:** § 52 III gilt entspr für alle Fälle des Weigerungsrechts nach III S 1, obwohl diese Regelung in III S 2 Hs 2 eingeordnet ist. Zu belehren ist der Betroffene selbst (BGH **14**, 21, 24), auch wenn er schon über sein Zeugnisverweigerungsrecht nach § 52 belehrt worden ist (BGH **13**, 394, 399; StV **88**, 419; **93**, 563; **96**, 196; NStZ **96**, 275 mit Anm Dölling NStZ **97**, 77; ANM 491; Fezer JuS **78**, 766), sogar wenn er schon nach Belehrung als Zeuge ausgesagt hat. Zur Belehrung ist, und zwar vor der Durchführung der (mit oder ohne förmliche Anordnung) beabsichtigten Maßnahme, verpflichtet, wer sie angeordnet hat (Jessnitzer/Ulrich 295). Der Richter kann die StA bei der Übergabe der Anordnung nach § 36 II S 1 ersuchen, für die Belehrung vor der Untersuchung zu sorgen. Der Sachverständige ist zur Belehrung nicht befugt (BGH StV **93**, 563; SK-Rogall 61; Weigend JZ **90**, 48). Das Unterlassen der Belehrung wird dadurch geheilt, dass das Untersuchungsergebnis nicht berücksichtigt wird oder dass der Betroffene nach nachgeholter Belehrung seiner Verwertung zustimmt (BGH **12**, 235, 242 [GSSt]). Auch der spätere Verzicht des Zeugen auf sein Zeugnisverweigerungsrecht nach § 52 I heilt den Verstoß (BGH **20**, 234). Die bloße Beobachtung des Zeugen in der Hauptverhandlung zur Gutachtenerstattung ist keine die Belehrungspflicht auslösende Untersuchung (BGH StV **95**, 622).

25 C. **Widerruft** der Betroffene den Verzicht auf das Weigerungsrecht noch vor Abschluss der Untersuchung, so ist deren Fortsetzung unzulässig. Das bis dahin erlangte Untersuchungsergebnis ist aber verwertbar, wenn der Betroffene von einem Richter belehrt worden war (BGH **12**, 235, 242 [GSSt]; NStZ **97**, 296 mit krit Anm Eisenberg/Kopatsch; **aM** EbSchmidt JR **59**, 369; erg 6 zu § 252). Widerrufbar ist auch die Untersuchungsverweigerung (vgl 22 zu § 52).

26 D. **Betroffene ohne ausreichende Verstandesreife** (III S 2): Die Regelung entspricht im Wesentlichen der des § 52 II (dort 17 ff). Die Belehrung des Betroffenen entfällt aber, wenn ihm offensichtlich keine genügende Vorstellung von der Bedeutung des Weigerungsrechts vermittelt werden kann (BGH **40**, 336; SK-Rogall 59; **aM** Eisenberg StV **95**, 625; Welp JR **96**, 78). Die Duldungspflicht des Betroffenen geht auch weiter als seine Aussagepflicht (dazu 19 zu § 52). Denn da Maßnahmen nach § 81 c auch an Personen vorgenommen werden können, die nicht aussagefähig sind, entscheidet im Fall des § 81 c der gesetzliche Vertreter endgültig über die Weigerung oder den Verzicht auf sie. Auf die Bereitschaft des Betroffenen kommt es nicht an (BGH aaO; **aM** Kett-Straub ZStW **117**, 372).

27 E. **Beweissicherungsverfahren** (III S 3–5): Ist der gesetzliche Vertreter von der Entscheidung ausgeschlossen (III S 2 Hs 2 iVm § 52 II S 2) oder sonst verhindert, so ist eine zur Beweissicherung erforderliche sofortige Untersuchung oder Blutprobenentnahme zulässig. Sie wird vom Gericht angeordnet, von der StA nur, wenn dieses trotz entspr Kontaktierungsversuche nicht erreichbar und ein Zuwarten wegen des drohenden Beweismittelverlusts oder der Unzumutbarkeit für das Opfer nicht möglich ist. Die Anordnung ersetzt die Zustimmung des gesetzlichen Vertreters (vgl LG Verden NStZ-RR **06**, 246). Die Untersuchungsergebnisse dürfen aber nur verwertet werden, wenn der gesetzliche Vertreter, dh der dazu bestellte Ergänzungspfleger oder der wieder erreichbar gewordene gesetzliche Vertreter, nachträglich sein Einverständnis erklärt. Die Einwilligung braucht der Richter oder StA nicht selbst einzuholen (LR-Krause 49).

28 **7) Zuständigkeit für die Anordnung** (V S 1): Hs 1 entspricht § 81 a II (dort 25 ff); zum Spezialfall des Hs 2 iVm III S 3 vgl oben 27. Eine vorherige Anhörung des Betroffenen oder seines gesetzlichen Vertreters ist nicht erforderlich (KK-Senge 19; LR-Krause 53; **aM** KMR-Bosch 34).

29 **8)** Die **Vollstreckung** der richterlichen Anordnung ist Sache der StA (§ 36 II S 1). Sie vollstreckt auch ihre eigene Anordnung, die Polizei die ihre. Mit der Vollstreckung ist die Aufgabe verbunden, die noch ausstehende Erklärung über das Weigerungsrecht (III) einzuholen oder ihre Einholung zu veranlassen und

sicherzustellen, dass die Maßnahme unterbleibt, wenn der Betroffene die Untersuchung mit Recht verweigert oder der gesetzliche Vertreter widerspricht (KK-Senge 20).

9) Ein **Verwertungsverbot** hinsichtlich des entnommenen Materials für andere Zwecke als für ein anhängiges Strafverfahren enthält V S 2, indem er auf die Regelung in § 81 a III verweist (dort 36). 29a

Ebenso wie für entnommene Körperzellen des Beschuldigten gilt auch hier die **Vernichtungsregelung** (vgl 37 ff zu § 81 a). 29b

10) Zwang (VI): Nach S 1 gilt § 70 entspr. Ordnungsgeld und -haft darf aber nur der Richter festsetzen; § 161 a II ist nicht entspr anwendbar (Achenbach NJW **77**, 1271; Roxin/Schünemann § 33, 31; Wendisch JR **78**, 447). Das Nichterscheinen zur Untersuchung ist idR als Weigerung anzusehen (SK-Rogall 94). Gegen den gesetzlichen Vertreter dürfen die Ordnungsmittel des § 70 I nicht festgesetzt werden (dort 3). Beugehaft nach § 70 II darf auch gegen den Betroffenen nicht verhängt werden, sondern wird durch den unmittelbaren Zwang nach VI S 2 ersetzt (Achenbach aaO). Dieser Zwang darf bei Gefahr im Verzug ohne weiteres, sonst erst angewendet werden, wenn der Betroffene trotz Festsetzung der Ordnungsmittel auf seiner Weigerung beharrt (VI S 3). 30

11) Beschwerde nach § 304 II ist gegen richterliche Anordnungen, auch des erkennenden Gerichts (§ 305 S 2), zulässig; zur Anfechtung, wenn die Maßnahme bereits vorgenommen worden ist, vgl 17 ff vor § 296. Der Gerichtsbeschluss nach III S 3 ist unanfechtbar (S 4); nur gegen die Ablehnung der beweissichernden Anordnung hat die StA die einfache Beschwerde nach § 304 I. Anordnungen der StA und der Polizei sind nicht nach § 23 **EGGVG** anfechtbar, wohl aber kann der Betroffene entspr § 98 II Antrag auf gerichtliche Entscheidung stellen (hM, vgl LR-Krause 63, SK-Rogall 101, jew mwN; **aM** AnwK-Walther 25); das wird wegen der nach Art 19 IV GG gebotenen engen Auslegung des III S 4 auch für die besondere Anordnung der StA nach III S 3 zu gelten haben. 31

12) Revision: Das Fehlen der Voraussetzungen des I und II, die ausschließlich dem Schutz des Betroffenen dienen, kann die Revision des Angeklagten nicht begründen (BGH MDR **53**, 148 [D]; Krause/Nehring 14; ANM 503). Das Gleiche gilt, wenn die Belehrung über die Freiwilligkeit der Duldung einer Untersuchung oder eines Eingriffs (oben 4) unterlassen worden ist (LR-Krause 65; ANM 491). Beim Fehlen der Belehrung nach III S 2 Hs 2 iVm § 52 III S 1 gelten die Grundsätze zu § 52 (dort 34) entspr. Ist der gesetzliche Vertreter nicht belehrt worden, darf das auf der Untersuchung beruhende Gutachten nur verwertet werden, wenn feststeht, dass der gesetzliche Vertreter in Kenntnis des Rechts, die Untersuchung zu verweigern, in diese eingewilligt hat (BGH **40**, 336; abl Eisenberg StV **95**, 625). Wegen der Rechtsfolgen einer irrigen Belehrung vgl 35 zu § 52. Zum notwendigen Rügevorbringen Graalmann-Scheerer Rieß-FS 162. 32

Körperliche Untersuchung einer Person **RiStBV 220 I**

81d **I [1] Kann die körperliche Untersuchung das Schamgefühl verletzen, so wird sie von einer Person gleichen Geschlechts oder von einer Ärztin oder einem Arzt vorgenommen. [2] Bei berechtigtem Interesse soll dem Wunsch, die Untersuchung einer Person oder einem Arzt bestimmten Geschlechts zu übertragen, entsprochen werden. [3] Auf Verlangen der betroffenen Person soll eine Person des Vertrauens zugelassen werden. [4] Die betroffene Person ist auf die Regelungen der Sätze 2 und 3 hinzuweisen.**

II Diese Vorschrift gilt auch dann, wenn die betroffene Person in die Untersuchung einwilligt.

1 **1)** Für **körperliche Untersuchungen jeder Art** gilt § 81 d, auch für Durchsuchungen nach §§ 102, 103 (LR-Krause 2; Krause/Nehring 1; **aM** EbSchmidt Nachtr 4 zu § 81 a). Es besteht der allgemeine Grundsatz, dass körperliche Untersuchungen und Durchsuchungen nicht von Angehörigen des anderen Geschlechts durchgeführt werden sollen. Gleichgültig ist, ob es sich um freiwillige oder unfreiwillige Untersuchungen handelt (II). Für körperliche Untersuchungen, die medizinische Kenntnisse verlangen, hat § 81 d keine Bedeutung; dann muss ein Arzt als Sachverständiger hinzugezogen werden.

2 **2) Eine Altersgrenze** besteht nach Änderung der Vorschrift durch das OpferRRG nicht mehr; die Vorschrift gilt also auch für Kinder, ausgenommen Kleinkinder unter 6 Jahren (SK-Rogall 7; ähnlich KK-Senge 2).

3 **3)** Das **Schamgefühl,** darüber hinaus die allgemeinen Regeln der Schicklichkeit und des Anstands, müssen gewahrt werden. Maßgebend sind objektive Gesichtspunkte (Krause/Nehring 1). Das völlige Entkleiden vor einer Person des anderen Geschlechts, die keine Ärztin oder kein Arzt ist, und die Untersuchung der Geschlechtsorgane durch diese Person verletzen das Schamgefühl unter allen Umständen (LR-Krause 4).

4 **4)** Die **Übertragung der Untersuchung** auf eine Person gleichen Geschlechts oder eine Ärztin oder einen Arzt, auch wenn medizinische Kenntnisse nicht erforderlich sind, schreibt I S 1 zwingend vor. Davon kann auch nicht abgesehen werden, wenn sonst die Gefahr besteht, dass Tatspuren oder Beweismittel verloren gehen (SK-Rogall 8). I S 1 gilt auch für Augenscheinseinnahmen durch das Gericht. Die untersuchende Person wird als Augenscheinsgehilfe (4 zu § 86) herangezogen und über ihre Wahrnehmungen als Zeuge vernommen (LR-Krause 6). Nach I S 2 besteht ein grundsätzliches Wahlrecht hinsichtlich des Geschlechts der Untersuchenden; damit soll individuellen Befindlichkeiten der Betroffenen Rechnung getragen werden.

5 **5) Eine Person des Vertrauens** (in erster Linie wird dies ein Angehöriger sein) soll auf Verlangen der betroffenen Person zugelassen werden. Die verlangte Heranziehung darf aus triftigen Gründen (Verzögerung, zu erwartende Störung) abgelehnt oder abgebrochen werden (LR-Krause 7; Neuhaus StV **04**, 621).

6 **6)** Eine besondere **Hinweispflicht** auf die Regelungen in I S 2 und 3 ist durch das OpferRRG vorgeschrieben worden. Dies ist sachdienlich, weil der zu untersuchenden Person die dort bezeichneten Möglichkeiten idR unbekannt sein werden und damit einer – uU erneuten (etwa nach vorhergegangenem sexuellen Missbrauch) – Verletzung des Schamgefühls vorgebeugt wird.

7 **7)** Die **Revision** kann auf einen Verstoß gegen § 81 d nicht gestützt werden (SK-Rogall 14 mwN; Gössel JZ **84**, 363). Betrifft er den Zeugen, so ist nur dessen Rechtskreis berührt; betrifft er den Angeklagten, so ist das Untersuchungsergebnis gleichwohl verwertbar (Rudolphi MDR **70**, 97; **aM** Neuhaus StV **04**, 621; vgl auch Gössel Bockelmann-FS 816).

DNA-Analyse

81e **I [1] An dem durch Maßnahmen nach § 81 a Abs. 1 erlangten Material dürfen auch molekulargenetische Untersuchungen durchgeführt werden, soweit sie zur Feststellung der Abstammung oder der Tatsache, ob aufgefundenes Spurenmaterial von dem Beschuldigten oder dem Verletzten stammt, erforderlich sind; hierbei darf auch das Geschlecht der Person bestimmt werden. [2] Untersuchungen nach Satz 1 sind auch zulässig für entsprechende Feststellungen an dem durch Maßnahmen nach § 81 c erlangten Material. [3] Feststellungen über andere als die in Satz 1 bezeichneten Tatsachen dürfen nicht erfolgen; hierauf gerichtete Untersuchungen sind unzulässig.**

II [1]**Nach Absatz 1 zulässige Untersuchungen dürfen auch an aufgefundenem, sichergestelltem oder beschlagnahmtem Spurenmaterial durchgeführt werden.** [2]**Absatz 1 Satz 3 und § 81 a Abs. 3 erster Halbsatz gelten entsprechend.**

1) DNA-Analyse: Die Technik der DNA (= Desoxyribonukleinsäure)-Analyse dient zur Identifizierung bzw dem Ausschluss von Spurenverursachern (Definitionen der in diesem Zusammenhang wesentlichen Fachausdrücke finden sich in Kriminalistik **97**, 56). Zu ihrer Durchführung (dazu eingehend SK-Rogall 62 ff zu § 81 a; Foldenauer, Genanalyse im Strafverfahren, 1995; Rath/Brinkmann NJW **99**, 2697; Schneider/Fimmers/Schneider/Brinkmann NStZ **07**, 447) wird vorhandenes Körpermaterial des Beschuldigten und/oder eines sonstigen Spurenlegers (zB Blut; Haar, Harn, Speichel) gentechnisch untersucht und verglichen. Während zunächst der „genetische Fingerabdruck" (DNA-Fingerprinting) erstellt wurde, bei dem die Untersuchung anhand hochvariabler sog „Multi-Locus-Systeme" erfolgte, wird heute weithin die Methode der Polymerase-Kettenreaktion (PCR) angewendet, die auf der Vermehrung von genetischem Material basiert (vgl BT-Drucks 13/667 S 5; zu den Methoden im Einzelnen vgl Kimmich/Spyra/Steinke NStZ **90**, 318; Neuhaus StraFo **05**, 148 und Schlüchter-GS 539; SK-Rogall 66 zu § 81 a; Wiegand/Kleiber/Brinkmann Kriminalistik **96**, 720). Die Entnahme von Körperzellen zu diesem Zweck und die Untersuchung des entnommenen Materials, soweit sie sich auf die nichtkodierenden (persönlichkeitsneutralen) Bereiche der DNA beschränkte, sowie die Verwertung der Ergebnisse zu Beweiszwecken wurden von der Rspr und der hM im Schrifttum schon früher für zulässig gehalten (BVerfG NStZ **96**, 45; NStZ **96**, 606 mit Anm Benfer NStZ **97**, 397; NJW **96**, 1587; BGH **37**, 157; Lührs MDR **92**, 929; Sternberg-Lieben NJW **87**, 1242; Steinke NJW **87**, 2914; MDR **89**, 407; **aM** Gössel Meyer-GedSchr 145; Keller NJW **89**, 2289; Oberlies StV **90**, 469; Rademacher StV **90**, 548; ZRP **90**, 380; NJW **91**, 735; Vogt StV **93**, 175; vgl ferner Burr, Das DNA-Profil im Strafverfahren unter Berücksichtigung der Rechtsentwicklung in den USA, Diss Bonn 1995). Die DNA-Analyse hat nunmehr hier eine gesetzliche Regelung erfahren; deren Notwendigkeit, die mit der „in weiten Teilen der Bevölkerung anzutreffenden, mit der Gentechnik ganz allgemein verbundenen Ängste und Befürchtungen vor übermäßigen, den Kern der Persönlichkeit berührenden Eingriffen" begründet wurde (BT-Drucks 13/667 S 1), und ihre praktische Brauchbarkeit werden allerdings teilw bestritten (Brinkmann Kriminalistik **96**, 597; Harbort Kriminalistik **94**, 350; Huber Kriminalistik **97**, 733). Eine gesetzliche Regelung wurde aber auch zur Sicherung einer sachgerechten Verwendung des Untersuchungsmaterials für erforderlich erachtet. 1

2) Ein **bedeutsames Beweismittel** ist die DNA-Analyse (LG Berlin NJW **89**, 787; LG Darmstadt NJW **89**, 2338; LG Heilbronn NJW **90**, 784, 2344 = JR **91**, 29 mit abl Anm Gössel; vgl auch Germann Kriminalistik **97**, 673 „zu Nutzen, Risiken und Nebenwirkungen" sowie zu sog Trugspuren BT-Drucks 16/13 072); umstritten ist aber noch, ob den gewonnenen Ergebnissen ein absolut sicherer Beweiswert zukommt (vgl BGH **37**, 157 mwN); soweit nur eine PCR-Analyse vorliegt, kann die Verurteilung darauf allein jedenfalls nicht gestützt werden (BGH **38**, 320 = JR **93**, 123 mit Anm von Hippel = JZ **93**, 102 mit Anm Keller = StV **92**, 455 mit Anm Vogt StV **93**, 175; Kimmich/Spyra/Steinke NStZ **93**, 25). Das ursprüngliche Postulat, der Richter müsse sich bewusst sein, dass die DNA-Analyse lediglich eine statistische Aussage enthalte, die eine Würdigung aller Beweisumstände nicht überflüssig mache (BGH NStZ **94**, 554), ist jedoch der inzwischen erreichten Standardisierung der molekulargenetischen Untersuchung anzupassen: Jedenfalls bei einem Seltenheitswert im Millionenbereich kann das Ergebnis der DNA-Analyse für die Überzeugung dahin, dass die am Tatort gesicherte DNA-Spur vom Angeklagten herrührt, ausreichen (BGH NStZ **09**, 285 mit zust Anm Baur/Fimmers/Schneider StV **10**, 175; vgl zum Beweiswert einer mito- 2 chondrialen DNA-Analyse, ggf in Kombination mit dem Ergebnis der Analyse von Kern-DNA BGH NJW **09**, 2834). Mögliche Fehlerquellen bei DNA-Analysen sind freilich zu beachten (Neuhaus Schlüchter-GS 535 und StraFo **06**, 393); so muss die Berechnungsgrundlage den von der Rspr aufgestellten Anforderungen entsprechen (vgl BGH **38**, 320, 322 ff). Unabhängig davon ist die Frage zu beurteilen, ob zwischen der DNA-Spur und der Tat ein Zusammenhang besteht (BGH NStZ **09**, 285). Einem Beweisantrag auf Durchführung einer Gen-Analyse zum Beweis, dass der Beschuldigte nicht der Täter sein könne, wird idR stattzugeben sein (BGH NJW **90**, 2328), und die Aufklärungspflicht wird beim Vorhandensein von Spurenmaterial die Gen-Analyse gebieten (BGH NStZ **91**, 399). Auch zur Identifizierung von Hundehaaren kann ein genomanalytisches Gutachten geeignet sein (BGH NStZ **93**, 395).

3 3) **Voraussetzungen:**

4 A. **Nur zur Feststellung bestimmter Tatsachen** in einem anhängigen (Ermittlungs-)Verfahren (LG Mainz NStZ **01**, 499) ist die DNA-Analyse zulässig; Feststellungen über andere als die in I S 1 bezeichneten sind nicht erlaubt. Schon darauf gerichtete Untersuchungen sind unzulässig (I S 3), sie dürfen daher nicht angeordnet werden, wenn und solange kein für einen DNA-Vergleich geeignetes Spurenmaterial vorhanden ist (vgl LG Saarbrücken StV **01**, 265 L), es sei denn, der Betroffene erklärt sich damit einverstanden (Hilger NStZ **97**, 372 Fn 30; **aM** LR-Krause 24). Eine vorherige Auswertung der aufgefundenen Spurenträger ist freilich nicht erforderlich (LG Ravensburg NStZ-RR **10**, 18; enger LG Offenburg StV **03**, 153). Gesetzlich klargestellt ist jetzt, dass die Untersuchung, ob die Spur von einem Mann oder einer Frau stammt, zulässig ist (I S 1 Hs 2), nach wie vor aber nicht die Untersuchung, ob sie von einem Europäer, Afrikaner oder Asiaten herrührt (vgl auch Graalmann-Scheerer ZRP **02**, 73; Rackow ZRP **02**, 236; Kriminalistik **03**, 478) oder die Untersuchung auf äußere Körpermerkmale des Spurenlegers (vgl dazu SK-Rogall 9). Der Verstoß gegen I S 3 führt zu einem Beweisverwertungsverbot (Graalmann-Scheerer Rieß-FS 163; **aM** Senge NJW **97**, 2411). Sofern bei der Untersuchung unvermeidbar Informationen über schutzbedürftige Persönlichkeitsmerkmale anfallen, dürfen sie nicht weitergegeben oder in das Verfahren eingeführt werden (str, vgl Volk NStZ **02**, 564). Die zulässig zu erhebenden Tatsachen sind:

5 a) **An dem vom Beschuldigten** nach § 81 a I entnommenen Material dürfen die Untersuchungen nur zur Feststellung der Abstammung oder der Tatsache, ob aufgefundenes Spurenmaterial von ihm oder vom Verletzten stammt, durchgeführt werden (I S 1), nach BGH [ER] 1 BGs 96/2007 vom 21. 3. 2007 auch an Körperzellen, die ohne Eingriff nach § 81 a I auf rechtmäßige Weise – hier: Zigarettenreste aufgrund einer Maßnahme nach § 163 f – in den Verfügungsbereich der Strafverfolgungsbehörden gelangt sind (zw, da § 81 e nicht an heimliche Ermittlungsmaßnahmen anknüpft). Dabei wird im Gegensatz zur früher vorherrschenden Meinung (oben 1) auf eine Unterscheidung zwischen „kodierenden" und „nichtkodierenden" Merkmalen verzichtet (krit dazu Wächtler StV **90**, 371); eine solche Unterscheidung berücksichtigt nach Meinung des Gesetzgebers nicht ausreichend die neueren wissenschaftlichen Erkenntnisse (zust Vath, Der genetische Fingerabdruck zur Identitätsfeststellung in künftigen Strafverfahren, 2003, zugl Diss Berlin, S 33), zumal die Spurengutachten bereits jetzt Informationen über kodierende und nicht-kodierende Anteile enthielten, und I S 3 im Übrigen einen ausreichenden Schutz dahin gewähre, dass die Untersuchung nicht auf die Erforschung von Erbanlagen, Charaktereigenschaften, Krankheiten, Krankheitsanlagen usw ausgedehnt werden würden, falls so etwas überhaupt durchführbar sei (vgl BT-Drucks 13/667 S 6, 9, 11; Senge NJW **97**, 2411). Die molekulargenetische Untersuchung von in Biobanken mit Zustimmung des Beschuldigten gesammelten Körperflüssigkeiten oder Gewebeproben ist unzulässig (KK-Senge 8; vgl auch Eisenberg BR 1684).

b) **An dem von Dritten** nach § 81 c erlangten Material ist die DNA-Analyse unter denselben Voraussetzungen zulässig (I S 2). Hier geht es idR um die Frage, von wem beim Beschuldigten oder beim Tatopfer oder am Tatort vorgefundenes Spurenmaterial herstammt (vgl LG Frankenthal NStZ-RR **00**, 146; LG Mannheim NStZ-RR **04**, 301), also um die Feststellung, ob die vorgefundenen DNA-Spuren von einer Person, die nicht Beschuldigter ist, stammen können oder ob diese als Spurenverursacher auszuschließen ist (BerlVerfGH NJW **06**, 1416 mwN; erg 17 zu § 81 h). Für die Zulässigkeit des Eingriffs gelten die in § 81 c III, IV und VI vorgesehenen Einschränkungen, insbesondere sind also Zeugnis- und Untersuchungsverweigerungsrechte zu beachten (erg 22 ff zu § 81 c). 6

B. Eine **Subsidiaritätsklausel,** wie zB in §§ 98 a I S 2, 100 c I Nr 4, 110 a I S 2, enthält § 81 e nicht (SK-Rogall 9). Sie wäre hier unzweckmäßig, weil es sachgerecht sein kann, die Untersuchung frühzeitig vorzunehmen, um zB einen Beschuldigten als Täter ausschließen zu können. Auch eine bestimmte erhöhte Verdachtsstufe („hinreichend" oder „dringend" verdächtig) wird nicht verlangt (zust SK-Rogall 6; Harbort Kriminalistik **94**, 351; Senge NJW **97**, 2411). 7

4) Die **Verwendung** des untersuchten Materials ist nur in dem der Untersuchung zugrundeliegenden oder einem sonst anhängigen Strafverfahren gestattet. Es darf nur so lange aufbewahrt werden, wie es dafür benötigt wird und ist anschließend zu vernichten (vgl 36 ff zu § 81 a; 29 a, b zu § 81 c). 8

5) Auch an **aufgefundenem, sichergestelltem oder beschlagnahmtem Spurenmaterial,** ebenso wie an den dem Beschuldigten, dem Verletzten oder einem Dritten nach §§ 81 a, 81 c entnommenen Körperzellen, dürfen die zulässigen Untersuchungen (oben 3 ff) durchgeführt werden, wie II ausdrücklich klarstellt. Gerade dieses ist das Material, das idR mit dem dem Beschuldigten entnommenen verglichen werden soll. Aber auch ohne dass schon ein Beschuldigter ermittelt worden ist, kann die Untersuchung notwendig sein, um später die DNA-Analyse durchführen zu können (Rogall Schroeder-FS 701), ferner bei drohendem Verderben des Materials durch Zeitablauf. 9

Auch dieses Material darf **nur für Zwecke eines anhängigen Strafverfahrens** verwendet werden (II S 2 mit § 81 a III erster Halbsatz); die Vernichtungsregelung des § 81 a III gilt für dieses Material im Gegensatz zu dem entnommenen Spurenmaterial aber nicht (Schulz/Händel/Soiné 17; SK-Rogall 17). 10

Anordnung und Durchführung

81f **I [1]Untersuchungen nach § 81 e Abs. 1 dürfen ohne schriftliche Einwilligung der betroffenen Person nur durch das Gericht, bei Gefahr im Verzug auch durch die Staatsanwaltschaft und ihre Ermittlungspersonen (§ 152 des Gerichtsverfassungsgesetzes) angeordnet werden. [2]Die einwilligende Person ist darüber zu belehren, für welchen Zweck die zu erhebenden Daten verwendet werden.**

II [1]Mit der Untersuchung nach § 81 e sind in der schriftlichen Anordnung Sachverständige zu beauftragen, die öffentlich bestellt oder nach dem Verpflichtungsgesetz verpflichtet oder Amtsträger sind, die der ermittlungsführenden Behörde nicht angehören oder einer Organisationseinheit dieser Behörde angehören, die von der ermittlungsführenden Dienststelle organisatorisch und sachlich getrennt ist. [2]Diese haben durch technische und organisatorische Maßnahmen zu gewährleisten, dass unzulässige molekulargenetische Untersuchungen und unbefugte Kenntnisnahme Dritter ausgeschlossen sind. [3]Dem Sachverständigen ist das Untersuchungsmaterial ohne Mitteilung des Namens, der Anschrift und des Geburtstages und -monats des Betroffenen zu übergeben. [4]Ist der Sachverständige eine nichtöffentliche Stelle, gilt § 38 des Bundesdatenschutzgesetzes mit der Maßgabe, dass die Aufsichtsbehörde die Aus-

führung der Vorschriften über den Datenschutz auch überwacht, wenn ihr keine hinreichenden Anhaltspunkte für eine Verletzung dieser Vorschriften vorliegen und der Sachverständige die personenbezogenen Daten nicht in Dateien automatisiert verarbeitet.

1 **1) Anordnung:** Durch das „Gesetz zur Novellierung der forensischen DNA-Analyse vom 12. 8. 2005 (BGBl I 2360) sind die Voraussetzungen für die Anordnung einer DNA-Analyse vereinfacht worden: Nach I bedarf es keiner Anordnung des Gerichts (oder der StA und ihrer Ermittlungspersonen) mehr, wenn die betroffene Person schriftlich ihre Einwilligung erteilt hat (Eisenberg BR 1687; **aM** Senge NJW **05**, 3029). Dabei war es schon bisher unstrittig, dass eine Einwilligung in die Entnahme einer Körperzelle eine gerichtliche Anordnung erübrigt; das wird nun auch für den bisher strittigen Fall der Untersuchung der entnommenen Körperzelle klargestellt.

1a Liegt keine schriftliche Einwilligung des Betroffenen vor, kann nunmehr die Untersuchungsanordnung bei **Gefahr im Verzug** auch durch die StA und – nachrangig – ihre Ermittlungspersonen erfolgen (I S 2; erg 6 zu § 98); das galt bisher über § 81 a II bzw § 81 e V S 1 nur für die Entnahme und nicht für die Untersuchung der Körperzelle. Dies kann relevant werden, wenn ohne das Ergebnis der DNA-Analyse der für die Anordnung der UHaft erforderliche Tatverdacht (noch) nicht gegeben ist (BTDrucks 15/5674 S 8; krit dazu Senge NJW **05**, 3030).

1b Die nach I S 2 aF verlangte richterliche Anordnung auch für die Untersuchung von **Spurenmaterial** (§ 81 e II) ist gestrichen worden; sie war nicht sinnvoll (Senge NJW **05**, 3029), zumal der Spurenverursacher erst durch eine vergleichende Untersuchung, für die wiederum I gilt, festgestellt werden kann. Für die molekulargenetische Untersuchung des Spurenmaterials ist daher eine Anordnung der StA oder der Beamten des Polizeidienstes ausreichend (LG Potsdam NJW **06**, 1224).

2 **2) Einwilligung**: Sie ist nur wirksam, wenn sie schriftlich erteilt worden ist (I S 1). Ihr muss eine Belehrung darüber vorangegangen sein, für welchen Zweck die zu erhebenden Daten verwendet werden (I S 2). Dass die Einwilligung freiwillig abgegeben werden muss und bei ihr kein unzulässiger Druck etwa durch das Versprechen der Gewährung von Vergünstigungen ausgesprochen werden darf, ist selbstverständlich. Eine über den Hinweis auf die Untersuchungszwecke des § 81 e I hinausgehende qualifizierte Belehrung (so Senge NJW **05**, 3029 im Blick auf § 81 g V S 2 Nr 1; früher schon LG Düsseldorf NJW **03**, 1883, 1884) fordert das Gesetz nicht (SK-Rogall 15). Zum Widerruf der Einwilligung 17 zu § 81 g.

3 **3) Durchführung:** Die Anordnung muss schriftlich ergehen (II S 1) und den Vorwurf, die Gründe für einen Anfangsverdacht und den Zweck der DNA-Untersuchung knapp umreißen (LG Ravensburg NStZ-RR **10**, 18). Örtlich zuständig ist der Richter desjenigen AG, in dessen Bezirk die StA (bzw deren Zweigstelle) ihren Sitz hat (§ 162 I S 1; anders, aber überholt, HK-GS/Neuhaus 2; KK-Senge 8; LR-Krause 6; erg 15 zu § 81 g). Zur Zuständigkeit des Richters im Übrigen vgl 25 zu § 81 a, zum Umfang der richterlichen Prüfung vgl 14 zu § 162 (dazu auch Senge NJW **97**, 2412). In der Anordnung ist weiter der Sachverständige (nicht nur das Institut; **aM** Huber Kriminalistik **97**, 736) zu bezeichnen (KK-Senge 6; Graalmann-Scheerer ZRP **02**, 74); wer als Sachverständiger in Betracht kommt, regelt II S 1. Welche Methode der Sachverständige bei der Untersuchung anwendet, bleibt ihm überlassen. Die Entnahme der Körperzelle kann auf Grund der Anordnung erzwungen werden (29 zu § 81 a; LG Hamburg NStZ-RR **04**, 213).

4 **4) Sachverständiger:** II enthält für die Beauftragung des Sachverständigen und für die von ihm durchzuführende Untersuchung ins einzelne gehende Regelungen, die den Datenschutz gewährleisten sollen. So wird eine funktionelle Trennung von Strafverfolgung und DNA-Analyse vorgeschrieben; nur für organisatorisch selbstständige Forschungsabteilungen des BKA oder eines LKA wird eine Ausnahme gemacht (II S 1).

Der Sachverständige hat **besondere Vorkehrungen** in der ihm geeignet erscheinenden Weise zu treffen, um unzulässige DNA-Analysen auszuschließen und die Ergebnisse vor unbefugter Kenntnisnahme durch Dritte zu schützen (II S 2). 5

Dem **Geheimhaltungsschutz** dient es, dass dem Sachverständigen das Untersuchungsmaterial in anonymisierter Form übergeben wird (II S 3; abl dazu unter Hinweis auf mögliche Fehlerquellen bei der Codierung und Decodierung sowie auf das sonst gegebene Akteneinsichtsrecht des Sachverständigen Brinkmann Kriminalistik **96**, 598; Harbort Kriminalistik **94**, 351 hält dies für Erschwernisse, „die das Verfahren unnötig komplizieren und bürokratisieren"; Huber Kriminalistik **97**, 736 weist auf praktische Schwierigkeiten hin). Stellt sich später heraus, dass dem Sachverständigen nach § 76 ein Gutachtenverweigerungsrecht zustand, von dem er Gebrauch macht, kann das Gutachten von einem anderen Sachverständigen vertreten werden (Cramer NStZ **98**, 498; **aM** LR-Krause 39). 6

Die **datenschutzrechtliche Kontrolle** wird in II S 4 gegenüber § 38 BDSG dahin ausgeweitet, dass zum einen auch anlassunabhängige Kontrollen erlaubt werden und zum anderen die Datenschutzbehörden auch tätig werden dürfen, wenn der Sachverständige die Daten nicht in Dateien automatisiert, sondern nur in Akten verarbeitet (Senge NJW **97**, 2412). 7

5) Beschwerde: Der Betroffene hat gegen die Anordnung nach § 304 I, andere haben nach § 304 II das Beschwerderecht, auch bei Anordnung durch das erkennende Gericht (§ 305; vgl Bremen StV **10**, 122). Die StA kann sich gegen die Ablehnung der beantragten Anordnung beschweren. Die Bestimmung des Sachverständigen ist nicht isoliert anfechtbar (LR-Krause 35; Graalmann-Scheerer Kriminalistik **00**, 331; **aM** HK-Lemke 8; KK-Senge 6, 11 für die StA bei Abweichung von deren Vorschlag). 8

6) Revision: Die Ergebnisse einer ohne Anordnung des Richters vorgenommenen Untersuchung von Spurenmaterial des Beschuldigten sind unverwertbar. Die gleichwohl vorgenommene Verwertung als Beweismittel kann daher die Revision begründen; „jedenfalls" bei einer nach Belehrung freiwillig, wenn auch ohne schriftliche Einwilligung abgegebenen Speichelprobe verlangt BGH NStZ **10**, 157 aber einen Verwertungswiderspruch (erg 25 zu § 136). Verwertbar sind hingegen die Ergebnisse einer nicht-angeordneten Untersuchung von Körperzellen des Verletzten oder eines Dritten, da die Vorschriften insoweit ausschließlich dessen Schutz dienen (SK-Rogall 28; Graalmann-Scherer Kriminalistik **00**, 332; erg 32 zu § 81 c; dort auch zu den Folgen des Fehlens einer Belehrung). Auf Verstöße gegen II wird die Revision idR nicht gestützt werden können (BGH NStZ **99**, 209 L; Graalmann-Scheerer Rieß-FS 164). Wird mit der Aufklärungsrüge in der Revision beanstandet, dass keine DNA-Analyse vorgenommen worden sei, muss dargelegt werden, dass das dafür erforderliche Zellmaterial zur Verfügung stand (BGHR StPO § 344 II S 2 Aufklärungsrüge 5); das vom Sachverständigen anzuwendende Untersuchungsverfahren muss nicht bezeichnet werden (BGH NStZ-RR **02**, 145). Zum notwendigen Rügevorbringen im einzelnen Graalmann-Scheerer Rieß-FS 153 ff sowie BGH NStZ **10**, 157 (Widerspruch). 9

DNA-Identitätsfeststellung **RiStBV 16 a**

81g **I [1]Ist der Beschuldigte einer Straftat von erheblicher Bedeutung oder einer Straftat gegen die sexuelle Selbstbestimmung verdächtig, dürfen ihm zur Identitätsfeststellung in künftigen Strafverfahren Körperzellen entnommen und zur Feststellung des DNA-Identifizierungsmusters sowie des Geschlechts molekulargenetisch untersucht werden, wenn wegen der Art oder Ausführung der Tat, der Persönlichkeit des Beschuldigten oder sonstiger Erkenntnisse Grund zu der Annahme besteht, dass gegen ihn künftig Strafverfahren wegen einer Straftat von erheblicher Bedeutung zu führen sind. [2]Die**

wiederholte Begehung sonstiger Straftaten kann im Unrechtsgehalt einer Straftat von erheblicher Bedeutung gleichstehen.

II [1]Die entnommenen Körperzellen dürfen nur für die in Absatz 1 genannte molekulargenetische Untersuchung verwendet werden; sie sind unverzüglich zu vernichten, sobald sie hierfür nicht mehr erforderlich sind. [2]Bei der Untersuchung dürfen andere Feststellungen als diejenigen, die zur Ermittlung des DNA-Identifizierungsmusters sowie des Geschlechts erforderlich sind, nicht getroffen werden; hierauf gerichtete Untersuchungen sind unzulässig.

III [1]Die Entnahme der Körperzellen darf ohne schriftliche Einwilligung des Beschuldigten nur durch das Gericht, bei Gefahr im Verzug auch durch die Staatsanwaltschaft und ihre Ermittlungspersonen (§ 152 des Gerichtsverfassungsgesetzes) angeordnet werden. [2]Die molekulargenetische Untersuchung der Körperzellen darf ohne schriftliche Einwilligung des Beschuldigten nur durch das Gericht angeordnet werden. [3]Die einwilligende Person ist darüber zu belehren, für welchen Zweck die zu erhebenden Daten verwendet werden. [4]§ 81f Abs. 2 gilt entsprechend. [5]In der schriftlichen Begründung des Gerichts sind einzelfallbezogen darzulegen

1. die für die Beurteilung der Erheblichkeit der Straftat bestimmenden Tatsachen,
2. die Erkenntnisse, auf Grund derer Grund zu der Annahme besteht, dass gegen den Beschuldigten künftig Strafverfahren zu führen sein werden, sowie
3. die Abwägung der jeweils maßgeblichen Umstände.

IV Die Absätze 1 bis 3 gelten entsprechend, wenn die betroffene Person wegen der Tat rechtskräftig verurteilt oder nur wegen

1. erwiesener oder nicht auszuschließender Schuldunfähigkeit,
2. auf Geisteskrankheit beruhender Verhandlungsunfähigkeit oder
3. fehlender oder nicht auszuschließender fehlender Verantwortlichkeit (§ 3 des Jugendgerichtsgesetzes)

nicht verurteilt worden ist und die entsprechende Eintragung im Bundeszentralregister oder Erziehungsregister noch nicht getilgt ist.

V [1]Die erhobenen Daten dürfen beim Bundeskriminalamt gespeichert und nach Maßgabe des Bundeskriminalamtgesetzes verwendet werden. [2]Das Gleiche gilt

1. unter den in Absatz 1 genannten Voraussetzungen für die nach § 81e Abs. 1 erhobenen Daten eines Beschuldigten sowie
2. für die nach § 81e Abs. 2 erhobenen Daten.

[3]Die Daten dürfen nur für Zwecke eines Strafverfahrens, der Gefahrenabwehr und der internationalen Rechtshilfe hierfür übermittelt werden. [4]Im Fall des Satzes 2 Nr. 1 ist der Beschuldigte unverzüglich von der Speicherung zu benachrichtigen und darauf hinzuweisen, dass er die gerichtliche Entscheidung beantragen kann.

1 1) Für eine **DNA-Analyse-Datei,** die beim BKA auf der Grundlage des § 8 VI BKAG eingerichtet worden ist, hat die durch das DNA-Identitätsfeststellungsgesetz vom 7. 9. 1998 (BGBl I 2646) eingefügte Vorschrift die gesetzliche Grundlage geschaffen (Eingriff in das Recht auf informationelle Selbstbestimmung); die neben § 81g geltenden Vorschriften des DNA-IFG sind nunmehr teilw durch Ges vom 12. 8. 2005 (BGBl I 2360) als IV und V in die Vorschrift eingefügt, das DNA-IFG ist aufgehoben worden.

2 **2) Molekulargenetische Untersuchungen** in einem anhängigen Strafverfahren werden nach §§ 81e, 81f durchgeführt; § 81g erlaubt sie zur Identitätsfeststellung in künftigen Strafverfahren (dazu Krause Rieß-FS 266). Damit handelt es sich

um erkennungsdienstliche Zwecke, so dass die Vorschrift ebenso wie teilw § 81b (dort 3) an sich einen Fremdkörper in der StPO darstellt (str, vgl SK-Rogall 1 mwN; Bosch StV **08**, 574, Schewe JR **06**, 187; Volk StP § 10 Rn 30; *de lege ferenda* Frister Amelung-FS 609). Das BVerfG (BVerfGE **103**, 21 = NStZ **01**, 328 mit zust Anm Senge; BVerfG NStZ **08**, 226; krit, aber letztlich dem BVerfG zust Vath [5 zu § 81e] S 26ff) sieht im Anschluss an Rogall darin „genuines Strafprozessrecht", weil es auf Zwecke der (künftigen) Strafverfolgung, nicht auf Zwecke der Gefahrenabwehr ausgerichtet sei (Eisenberg/Singelnstein GA **06**, 169). Die Sammlung der Ergebnisse molekulargenetischer Untersuchungen erweitert die durch die DNA-Analyse geschaffenen Möglichkeiten, da ein Abgleich gespeicherter DNA-Identifizierungsmuster mit vorgelegten Mustern zu einer schnellen Täteridentifizierung führen kann. Mit der Schaffung dieser Datei wurde einer schon länger erhobenen Forderung genügt, wobei vor allem auf die Erfolge der in Großbritannien errichteten *National DNA Database* – verwiesen wurde (Kube/Schmitter Kriminalistik **98**, 417; Schneider/Rittner ZRP **98**, 66). Rackow behandelt zusammenfassend „Das DNA-IFG und seine Probleme" (2001, zugl Diss Göttingen); eingehend ferner Brodersen/Anslinger/Rolf, DNA-Analyse und Strafverfahren, 2003.

3) Die **Entnahme und die Untersuchung** von Körperzellen regelt die Vorschrift, und zwar in I bis III im laufenden Strafverfahren und in IV und V nach rechtskräftiger Verurteilung (sowie in den dieser gleichgestellten Fällen fehlender Schuld-, Verhandlungs- oder Verantwortungsfähigkeit; vgl zur Systematik LG Hamburg StV **08**, 571 mit krit Anm Bosch: kein Anwendungsvorrang des IV 1. Alt auch bei fehlender Vereitelungs- oder Fluchtgefahr). Die Entnahme wird idR durch einen Arzt nach den Regeln der ärztlichen Kunst (vgl § 81a I) vorgenommen werden müssen (SK-Rogall 13). Diese erfolgt in Form einer Speichelprobe. Ist der Beschuldigte zur Mitwirkung dazu nicht bereit, muss eine Blutprobe entnommen werden (Köln StraFo **01**, 104; Graalmann-Scheerer Kriminalistik **00**, 329; König Kriminalistik **99**, 325; Satzger JZ **01**, 645). 3

4) Nur zur **Identitätsfeststellung** ist die Anordnung der Entnahme der Körperzellen und der molekulargenetischen Untersuchung zulässig, wobei sich diese auf die Feststellungen, die zur Ermittlung des DNA-Identifizierungsmusters erforderlich sind, beschränken muss (II S 2). Andere Untersuchungen sind unzulässig, so dass etwa die Erstellung eines „Persönlichkeitsprofils" untersagt ist (BT-Drucks 13/10791 S 5). Die Verwendungsregelung entspricht § 81e I S 3. 4

Die Maßnahmen sind nur beim **Beschuldigten** zulässig, wobei ein Anfangsverdacht iS des § 152 II genügt (LG Hamburg StV **08**, 571; **aM** Eisenberg BR 1689). Damit sind sie zwar auch bei (möglicherweise) Schuldunfähigen (LR-Krause 11) und (möglicherweise nach § 3 JGG nicht-verantwortlichen) Jugendlichen, nicht jedoch bei Kindern erlaubt (vgl 7 zu § 81b), auch nicht bei rechtskräftig Freigesprochenen (Oldenburg NStZ **08**, 711; Ausnahmen in IV, dazu unten 10; vgl auch 7 zu § 81b). 5

5) Voraussetzungen: 6

A. Nur bei **drei Gruppen von Straftaten** wird die molekulargenetische Untersuchung für zulässig erklärt (krit dazu und für Gleichstellung mit der Fingerabdruckabnahme nach § 81b König Kriminalistik **04**, 262 mwN in Fn 31; vgl auch den Gesetzentwurf BR-Drucks 99/05; gegen eine Gleichstellung und für einen exakten Straftatenkatalog hingegen Pfeiffer/Höynck/Görgen ZRP **04**, 113; vgl auch Rogall Schroeder-FS 706; Schewe JR **06**, 186, 188): 7

Zunächst bei einer **Straftat von erheblicher Bedeutung**. Dazu zählen alle Verbrechen, aber auch schwerwiegende Vergehen (etwa §§ 224, 243, 253 StGB), bei denen der Täter Körperzellen absondern könnte, also zB nicht bei Verbrechen nach § 154 StGB oder Vergehen nach §§ 263, 266 StGB (LG Aachen StraFo **09**, 18; Krause Rieß-FS 284; **aM** LG Freiburg NJW **01**, 3720; vgl auch Vath [5 zu 7a

§ 81 e] S 54: nur bei „delikttypisch geeignetem Spurenmaterial"), wohl aber bei schwerwiegenden Straftaten nach dem BtMG (Hamburg StV **08**, 571 mit Anm Bosch; Köln StV **06**, 517; LG Bautzen NJW **00**, 1207; LG Waldshut-Tiengen StV **01**, 10; Fluck Kriminalistik **00**, 479; **aM** LG Frankenthal NStZ-RR **01**, 19; StV **00**, 609 mit zust Anm Rittershaus; LG Rostock StraFo **99**, 204 mit zust Anm Marberth-Kubicki; Endriss/Kinzig NStZ **01**, 300; Kauffmann/Ureta StV **00**, 105), dem AufenthG (Schleswig SchlHA **04**, 235 [D/D]), dem WaffG (BVerfG 2 BvR 2391/07 vom 16. 1. 2008), auch bei Hehlerei, soweit ausnahmsweise bei der Tatbegehung mit DNA-Spuren zu rechnen ist (Celle StraFo **10**, 67; Köln StraFo **04**, 317), und bei Bedrohung unter Vorzeigen einer Schreckschusswaffe (**aM** LG Nürnberg-Fürth StraFo **09**, 509). Den Grundsatz der Verhältnismäßigkeit hat der Gesetzgeber bereits bei Schaffung der Vorschrift durch die Beschränkung auf Straftaten von erheblicher Bedeutung berücksichtigt (Jena NStZ **99**, 634; Fluck aaO 481; **aM** Neubacher/Walther StV **01**, 587; wohl auch LG Aachen aaO: bei Urkundenfälschung reicht § 81 b). Die Straftat muss somit mindestens dem Bereich der mittleren Kriminalität zuzurechnen sein, den Rechtsfrieden empfindlich stören und geeignet sein, das Gefühl der Rechtssicherheit der Bevölkerung erheblich zu beeinträchtigen (BVerfGE **103**, 21, 34 = NJW **01**, 879, 880; LG Mannheim StV **01**, 266; Krause Rieß-FS 271; Senge NJW **99**, 254; erg 5 zu § 98 a). Auch der Verdacht des strafbaren Versuchs, der Teilnahme sowie der im Rausch begangenen Tat (§ 323 a StGB) können genügen (Eisenberg Meyer-Goßner-FS 295). Nicht erforderlich ist, dass der Beschuldigte bei der Anlasstat Körperzellen abgesondert hat, dies ist allein bei der prognostizierten Tat von Bedeutung (Celle aaO; LG Leipzig StraFo **07**, 464; Markwardt/Brodersen NJW **00**, 695; unrichtig LG Berlin NJW **00**, 752).

7b Auch bei einer **Straftat gegen die sexuelle Selbstbestimmung** (§§ 174 bis 184 g StGB) ist die Untersuchung zulässig. Im Gegensatz zu den zuvor aufgeführten Fällen ist es hier nicht erforderlich, dass die Anlassstraftat von erheblicher Bedeutung ist (dazu krit Duttge/Hörnle/Renzikowski NJW **04**, 1071). Das trägt dem Gesichtspunkt Rechnung, dass zB bei exhibitionistischen Straftätern mit einer Wahrscheinlichkeit von 1–2% mit der späteren Begehung eines sexuellen oder sonstigen Gewaltdelikts zu rechnen ist. An dem Erfordernis der Negativprognose (unten 8) wird aber auch hier festgehalten, so dass bei weiterhin höchstens zu erwartenden exhibitionistischen Handlungen die Untersuchung nach wie vor unzulässig ist (LG Bremen StraFo **07**, 58). Fraglich bleibt freilich, wie es dem Gericht gelingen soll, Anhaltspunkte für das eine oder das andere zu gewinnen. Als Anlasstat kommt auch eine Verurteilung nach § 184 b IV S 2 StGB wegen Speicherung der Schriften auf einem PC in Betracht (AG Bremen NStZ-RR **08**, 346; **aM** LG Traunstein StV **07**, 521; vgl auch 12 a zu § 81 b).

7c Schließlich ist die Untersuchung **auch bei sonstigen Straftaten,** also solchen, die weder von erheblicher Bedeutung sind noch gegen die sexuelle Selbstbestimmung verstoßen, zulässig, wenn sie **wiederholt begangen** wurden (I S 2). Es ist im Einzelfall abzuwägen, ob die Gesamtschau für die wiederholte Begehung sonstiger Straftaten einen gleichen Unrechtsgehalt wie bei einer Straftat von erhebl. Bedeutung ergibt (BVerfG NStZ-RR **07**, 378; StV **09**, 1; StraFo **09**, 276; HRRS **09**, 135 L; 2 BvR 400/09 vom 10. 3. 2009; LG Würzburg StraFo **10**, 22). Der Gesetzgeber erwähnt hier als Beispiel wiederholten Hausfriedensbruch in Fällen des sog Stalking (BT-Drucks 15/5674 S 11). Es ist nicht erforderlich, dass die betroffene Person wegen der Begehung dieser Straftaten bereits verurteilt ist, es genügt vielmehr der begründete – allerdings schwer zu verifizierende – Verdacht, dass sie wiederholt solche Straftaten begangen hat (BT-Drucks aaO).

8 B. Die **Gefahr neuer, einschlägiger Straftaten** muss bestehen („Wiederholungsgefahr"), was nach den Erkenntnissen bei der vorliegenden Straftat zu beurteilen ist (Köln NStZ-RR **02**, 306). Weil I aber von „künftigen Straf*verfahren*" und nicht von „künftigen Straf*taten*" spricht, wird man die Maßnahmen wohl auch

dann zulassen müssen, wenn es um den Nachweis an einer bereits begangenen, aber noch nicht aufgeklärten Tat geht (dazu eingehend SK-Rogall 29ff; **aM** KMR-Bosch 15). Das Gesetz verweist zur Prognose 1. auf die Art oder Ausführung der Tat (Tatschwere, kriminelle Energie, Nachtatverhalten), 2. die Persönlichkeit des Beschuldigten (kriminelle Karriere, Vorstrafen, soziales Umfeld, psychiatrische Erkrankungen) und 3. auf sonstige Erkenntnisse (kriminalistisch und kriminologisch anerkannte Erfahrungsgrundsätze); vgl im Einzelnen SK-Rogall 39ff; Markwardt/Brodersen NJW **00**, 694). Diese „Negativprognose" entspricht der Regelung in § 8 VI Nr 1 BKAG (**aM** LR-Krause 27); sie darf nicht mit der „positiven Sozialprognose" in § 56 StGB verwechselt werden (Celle NJW **06**, 3155). Die Strafaussetzung zur Bewährung steht daher der Anordnung nach § 81 g nicht entgegen (BVerfGE **103**, 21 = NStZ **01**, 328; BVerfG StV **09**, 1; Jena StV **01**, 5 mit abl Anm Schneider; Karlsruhe StraFo **01**, 308; SK-Rogall 45; Eisenberg Meyer-Goßner-FS 296ff; Krause Rieß-FS 278; krit Bosch StV **08**, 574), erzeugt aber idR einen erhöhten Begründungsbedarf (BVerfG jew aaO; StraFo **09**, 276; HRRS **09**, 135 L; ebenso LG Berlin StraFo **09**, 203 zur Strafrestaussetzung). Eine entspr Anwendung der §§ 63, 64, 66 StGB (so Senge NJW **99**, 255; zust Neubacher/Walther StV **01**, 587 unter „Akzentuierung analog § 62 StGB") ist hier verfehlt (LG Duisburg StraFo **99**, 202; Fluck aaO; Markwardt/Brodersen aaO; vgl auch Endriss/Kinzig NStZ **01**, 301). Die Wiederholungsgefahr kann bei einer einmaligen Beziehungstat zu verneinen sein (Oldenburg StV **09**, 8).

C. Das Vorliegen **nach § 81 e erhobener** DNA-Identifizierungsmuster schließt eine Anordnung nach § 81 g aus, da die so gewonnenen Ergebnisse auch zur Identitätsfeststellung verwertet werden können (KK-Senge 11; erg 38 zu § 81 a), ebenso ist eine (erneute) Anordnung bei bereits früher nach § 81 g gewonnenem DNA-Identifizierungsmuster ausgeschlossen (Bremen NStZ **06**, 653). **9**

6) Auch bei bereits rechtskräftig Verurteilten bzw wegen (zumindest nicht ausschließbarer) Schuldunfähigkeit, auf Geisteskrankheit beruhender Verhandlungsunfähigkeit (vgl § 413) oder (zumindest nicht ausschließbarer) fehlender Verantwortlichkeit (§ 3 JGG) Nichtverurteilten können bei noch nicht erfolgter Tilgung im BZR oder im Erziehungsregister nach IV (= früher § 2 I DNA-IFG, vgl oben 1) unter denselben Voraussetzungen molekulargenetische Untersuchungen durchgeführt werden (vgl aber LG Stuttgart NStZ **01**, 336: kein unzulässiger „Vorratsbeschluss"). Urteile aus anderen EU-Staaten oder eine nach § 54 **BZRG** eingetragene sonstige ausländische Verurteilung genügen (**aM** AG Aachen StraFo **08**, 239; für die EU vgl aber Art 3 Rahmenbeschluss 2008/675/JI vom 24. 7. 2008, Abl EU L 220 S 32 und dazu BT-Drucks 16/13673 S 9; s noch OVG Hamburg NJW **09**, 1367). Auch schon sehr lange zurückliegende Straftaten (längste Tilgungsfrist nach § 46 I Nr 3 **BZRG:** 15 Jahre, aber keine Berücksichtigung tilgungsreifer Eintragungen, vgl BVerfG 2 BvR 400/09 vom 10. 3. 2009 zu § 63 IV **BZRG**; LG Aachen StV **04**, 9; HK-GS/Neuhaus 3) können somit jetzt noch Maßnahmen nach § 81 g begründen (vgl auch Wollweber NJW **01**, 2305). Hierbei wird aber die Voraussetzung der Gefahr neuer erheblicher Straftaten (oben 8; BVerfG NJW **01**, 2320 spricht von der „Wahrscheinlichkeit" der Begehung künftiger Straftaten, dazu krit Rackow Kriminalistik **01**, 700) besonders sorgfältig zu prüfen sein. **10**

Für die Annahme einer **Wiederholungsgefahr** bedarf es positiver, auf den Einzelfall bezogener Gründe; dabei kommt es auf die Rückfallgeschwindigkeit, den Zeitablauf, das Verhalten des Verurteilten, seine Lebensumstände und seine Persönlichkeit an (BVerfGE **103**, 21 = NStZ **01**, 328; BVerfG StV **03**, 1; LG Freiburg StraFo **01**, 169; 205). Insoweit gilt das Freibeweisverfahren und das Gebot zureichender Sachaufklärung (vgl BVerfGE **70**, 297, 309). Eine Negativprognose ist zB verneint worden bei einer mehr als 8, 9 oder 10 oder gar 21(!) Jahre zurückliegenden Tat bei anschließender – im Wesentlichen – strafloser Führung (BVerfG NJW **01**, 2320; LG Aurich StV **00**, 609; LG Bremen StV **00**, 303; LG Freiburg **10a**

StraFo **01**, 314; LG Hannover StV **00**, 590; LG Karlsruhe StV **03**, 609; LG Nürnberg-Fürth StraFo **09**, 509; LG Traunstein StV **01**, 391; AG Stade StV **00**, 304), bei einer viele Jahre zurückliegenden einmaligen Beziehungstat (LG Hannover StV **00**, 302; LG Heilbronn StV **01**, 8 L; LG Nürnberg-Fürth StV **00**, 71), selbst wenn es sich um einen Mord handelte (LG Berlin StV **03**, 610), oder nach einer erfolgreichen Therapie (LG Bückeburg StV **01**, 8 L). Auch in Fällen eines längeren Straf- oder Maßregelvollzugs ist die Anordnung zulässig, denn Straftaten von erheblicher Bedeutung können auch während des Vollzugs bei einer zZ der Anordnung der Maßnahme nicht vorhersehbaren Vollzugsunterbrechung begangen werden (BVerfG aaO). Die Strafaussetzung zur Bewährung steht auch hier der Anordnung grundsätzlich nicht entgegen (**aM** Eisenberg Meyer-Goßner-FS 300 mwN). Bei Jugendlichen ist eine besonders sorgfältige Abwägung der für die erforderliche Negativprognose erheblichen Umstände geboten (BVerfG NJW **08**, 281).

11 **7) Speicherung und Verwendung** (V):

12 A. **Beim BKA** werden die gewonnenen DNA-Identifizierungsmuster gespeichert; ein Richtervorbehalt besteht hier nicht (LG Hamburg NJW **01**, 2563; LG Offenburg NStZ **06**, 514; Rackow ZRP **02**, 236; JR **02**, 365; Wollweber NJW **02**, 1771). V S 1 erlaubt als Spezialregelung im Vergleich zu § 484 diese Einrichtung, die das BKA gemeinsam mit den LKAn als Verbunddatei führt. Zur Verwendung der gespeicherten Daten wird auf das BKAG verwiesen. Daraus sind somit die näheren Regelungen über die Verarbeitung und Nutzung, aber auch die Datenschutzkontrolle, Schadensersatz, Berichtigung und Löschung sowie die Verantwortungsregelungen zu entnehmen (dazu im Einzelnen Busch NJW **02**, 1754; Eisenberg/Singelnstein GA **06**, 173). Mangels einer anderen Regelung wird auch § 8 III, VI S 2 BKAG anzuwenden sein, wonach eine Speicherung, Veränderung und Nutzung der Daten unzulässig ist, wenn der Beschuldigte rechtskräftig freigesprochen bzw die Eröffnung des Hauptverfahrens unanfechtbar abgelehnt oder das Verfahren endgültig eingestellt worden ist, soweit sich aus den Gründen der Entscheidung ergibt, dass der Betroffene die Tat nicht oder nicht rechtswidrig begangen hat (Busch aaO 1757; weiterg Eisenberg BR 1691; vgl auch AG Tiergarten StV **08**, 349; s demgegenüber § 494 II S 2). Für die Sperrung der Daten gilt § 33 II Nr 2 BKAG, für ihre Löschung gelten §§ 32, 34 I S 1 Nr 8 BKAG (dazu Bremen NStZ **06**, 653; Finger Kriminalistik **06**, 699); Löschungsfristen bestehen nicht (krit dazu Seibel/Gross StraFo **99**, 118; erg unten 13). §§ 483 ff finden im Übrigen Anwendung (BeckOK-Ritzert 18; Senge NStZ **01**, 331; **aM** SK-Rogall 78). Für den grenzüberschreitenden automatisierten Abruf oder Abgleich von DNA-Identifizierungsmustern in der EU ergänzt § 3 AusführungsG zum Prümer Vertrag und zum Ratsbeschluss Prüm (BGBl I 2006 S 1458; 2009 S 2507) das BKAG; der Zugriff erfolgt auf anonymisierte Indexdatenbanken im sog Hit-/no-hit-Verfahren (BT-Drucks 16/12 585 S 7, 8, auch zum weiteren Verfahren im Trefferfall; zum Wirkbetrieb vgl BT-Drucks 16/14 150 S 2).

12a B. **Verwendungsbeschränkung:** V S 3 entspricht der schon bisher geltenden Regelung in § 3 S 4 DNA-IFG. Sie gilt auch für die Umwidmungsfälle (unten 12b). Sie ist deswegen von Bedeutung, weil hier die nach S 1 anwendbaren §§ 10, 14 BKAG eingeschränkt werden. Eine Übermittlung setzt daher stets voraus, dass sie nach dem BKAG zulässig ist, aber auch einem der in S 3 genannten Zwecke dient (BT-Drucks 15/5674 S 13); § 11 IV S 2 Nr 3 BKAG sieht für die StA einen Abruf im automatisierten Verfahren vor (4 zu § 488).

12b C. **Umwidmungsfälle:** V S 2 und S 4 befassen sich mit den sog Umwidmungsfällen. S 2 Nr. 1 stellt klar, dass die im laufenden Ermittlungsverfahren nach § 81 e I erhobenen Daten eines Beschuldigten unter den Voraussetzungen des I in der DNA-Analyse-Datei gespeichert und verwendet werden dürfen; dasselbe gilt nach S 2 Nr 2 für nach § 81 e II untersuchtes Spurenmaterial. Dass die Spur aus einer Straftat von erheblicher Bedeutung stammen muss (so früher das DNA-IFG), ist nicht mehr erforderlich. Der Beschuldigte ist im Fall des S 2 Nr 1 unverzüglich durch den „Verbundteilnehmer“ (vgl § 11 II S 1 BKAG), also die tätig gewordene Polizeibehörde, nicht etwa stets durch das BKA (LR-Krause 70, Störzer Kriminalistik **06**, 184 gegen Senge NJW **05**, 3031) von der Speicherung zu benachrichtigen und auf die Möglichkeit des Antrags auf gerichtliche Entscheidung (entspr § 98 II S 2) hinzuweisen. Dadurch erhält der Beschuldigte die Befugnis, die Speicherung auf ihre Rechtmäßigkeit hin überprüfen zu lassen.

8) Vernichtung: Die entnommenen Körperzellen sind nach der – zweckgebundenen (II S 2) – Untersuchung unverzüglich zu vernichten (II S 1); das bezieht sich auf das gesamte entnommene Material und entspricht insoweit § 81a III (vgl dort 37, 38). Die gewonnenen DNA-Identitätsmuster können grundsätzlich beliebig lange aufbewahrt werden (**aM** Bergmann/Hornung StV **07**, 168), auch noch nach dem Tod des Beschuldigten, um mittels möglicherweise später aufgefundener Spuren Unschuldige entlasten zu können. Vor diesem Hintergrund dürfte sich das deutsche System, gemäß § 32 III, IX BKAG bei der Einzellfallbearbeitung und nach abgestuften, in der Errichtungsanordnung (§ 34 I S 1 Nr 8 BKAG) festgesetzten Aussonderungsprüffristen zu prüfen, ob gespeicherte personenbezogene Daten zu berichtigen oder – etwa wegen Wegfalls des Tatverdachts (oben 12) – zu löschen sind (§ 32 I, II S 1 BKAG; vgl dazu näher SK-Rogall 87ff), in dem vom EGMR zugebilligten Beurteilungsspielraum für Eingriffe in Art 8 MRK halten (EGMR – Große Kammer – EuGRZ **09**, 299, 311). 13

9) Verfahren (III): 14

A. **Zuständigkeit:** Es ist zwischen der Anordnung für die Entnahme von Körperzellen und der Anordnung für die Untersuchung der entnommenen Körperzellen zu unterscheiden. Die Anordnung für die Entnahme erfolgt nach III S 1 durch den Richter, bei Gefahr im Verzug auch durch die StA und – nachrangig (vgl 6 zu § 98) – ihre Ermittlungspersonen, wobei es einer Bestätigung durch den Richter (wie zB in § 98b I S 2) nicht bedarf. Die Untersuchung des entnommenen Materials muss nach III S 2 – auf Antrag der StA, nicht der Polizei (Graalmann-Scheerer Kriminalistik **00**, 331), die idR die Strafakten mit vorzulegen hat (Fluck NJW **01**, 2294), – immer der Richter anordnen; insofern sind Eilentscheidungen im Gegensatz zur Entnahme weder denkbar noch geboten. Erg aber zu beiden Fällen unten 17 (keine Anordnung bei Einwilligung). Einer vorherigen Anhörung des Beschuldigten bedarf es nicht (Senge NJW **97**, 2411; **aM** Graalmann-Scheerer aaO; Krause Rieß-FS 285; Volk NStZ **99**, 170). Sachlich zuständig ist der Ermittlungsrichter (§ 162), auch für Anordnungen nach IV (BGH StV **99**, 302), bei Jugendlichen aber der Jugendrichter (Eisenberg NStZ **03**, 131 und Meyer-Goßner-FS 302; erg 13 zu § 162). Örtlich zuständig ist der Richter desjenigen AG, in dessen Bezirk die StA ihren Sitz hat (§ 162 I S 1; BGH **45**, 376, StV **99**, 302 und der daran anknüpfende – zuletzt in der 50. Aufl nachgewiesene – Zuständigkeitsstreit sind durch die Neufassung des § 162 I überholt [übersehen von Oldenburg NStZ **08**, 711]). Nach Erhebung der Anklage ist das erkennende Gericht zuständig (§ 162 III S 1; früher str, vgl Voraufl); es entscheidet stets (auch in der Hauptverhandlung) durch Beschluss (BGH NStZ-RR **02**, 67 [B]; erg unten 22); eine Kosten- und Auslagenentscheidung ergeht nicht (LG Offenburg NStZ-RR **03**, 32). Der Ermittlungsrichter ist wieder nach Rechtskraft (§ 162 III S 3; vgl Celle NStZ-RR **01**, 145, Düsseldorf NStZ **04**, 349: Umdeutung noch unerledigter Beschwerde der StA in Antrag nach IV [früher § 2 DNA-IFG]; vgl auch BGH NStZ-RR **07**, 179; 2 ARs 467/08 vom 29. 10. 2008 [ber mit Beschl vom 17. 12. 2008]; Saarbrücken NStZ-RR **04**, 112) und auch dann zuständig, wenn ein verurteilter Jugendlicher inzwischen erwachsen ist (LG Essen StV **00**, 365 L). 15

B. **Verteidigung** ist die Wahrnehmung der rechtlichen Interessen des Betroffenen eines DNA-Identitätsfeststellungsverfahrens (BVerfG NStZ **08**, 226). Die Be- 16 stellung eines Verteidigers kann im Blick auf den Anspruch des Betroffenen auf ein rechtsstaatliches Verfahren notwendig sein (erg 32 ff zu § 140); hierüber ist von Fall zu Fall zu entscheiden (BVerfGE **103**, 21 = NStZ **01**, 328; LG Karlsruhe StV **01**, 390).

17 C. **Notwendigkeit einer Entscheidung:** Einer gerichtlichen Entscheidung über die Entnahme und die Untersuchung der Körperzellen bedarf es nicht, wenn der Beschuldigte sein Einverständnis erklärt hat. Voraussetzung ist allerdings, dass er zuvor umfassend belehrt worden ist, insbesondere auch darüber, dass die Daten in die DNA-Analyse-Datei aufgenommen werden (III S 3; Graalmann-Scheerer JR **99**, 454; Markwardt/Brodersen NJW **00**, 693; Sprenger/Fischer NJW **99**, 1833; Wollweber NJW **01**, 2305; erg 2 zu § 81 f). Dass die Einwilligung in die Entnahme eine Anordnung entbehrlich macht, war unstrittig; für die Untersuchung wurde aber unzutr trotz Einverständniserklärung teilw eine gerichtliche Anordnung gefordert. Die Beauftragung des Sachverständigen erfolgt in diesem Falle durch die StA oder die Polizei (Sprenger/Fischer aaO; vgl auch KK-Senge 14). Die formgebundene Einwilligung als Eingriffsvoraussetzung kann – anders als die formlose Einwilligung bei § 81 a (dort 3 ff) – grundsätzlich nicht widerrufen werden (LG Saarbrücken StV **01**, 265 L; **aM** Bergmann/Hornung StV **07**, 167; erg unten 23).

18 D. Hinsichtlich des **Sachverständigen,** der die Untersuchung vornimmt, gilt nach III S 4 § 81 f II entspr (vgl dort 4 ff). Zum technischen Ablauf der Untersuchung vgl Kube/Schmitter Kriminalistik **98**, 415.

19 E. **Inhalt der Entscheidung:** Das Gesetz schreibt – in Anbetracht der stRspr des BVerfG (NStZ-RR **00**, 110; NJW **01**, 882; 2320) überflüssigerweise – in III S 5 im Einzelnen die Beschlussbegründung vor. Danach sind einzelfallbezogen (also nicht etwa nur unter Angabe des Gesetzeswortlauts) die Tatsachen für die Erheblichkeit nach I (oben 7 a ff), die Erkenntnisse für die Negativprognose (oben 8) und die hieraus vom Gericht vorzunehmende Abwägung darzulegen (vgl Celle NStZ-RR **10**, 149, 150). Dies gilt nach IV auch für die nachträgliche Anordnung der Untersuchung (oben 10). Auch die Art der Entnahme ist zu bezeichnen (Graalmann-Scheerer JR **99**, 453; erg oben 3). Der die Untersuchung anordnende Beschluss berechtigt gleichzeitig zur – soweit notwendig – zwangsweisen Durchsetzung (Jena NStZ **99**, 634, 635; Fluck NJW **01**, 2295; im Strafvollzug nach § 94 I StVollzG: Radtke/Britz ZfStrVo **01**, 134; erg unten 21). Die Anordnung kommt nicht in Betracht, wenn fraglich ist, ob der Verurteilte jemals für die Untersuchung zur Verfügung stehen wird; eine „Vorratshaltung" von richterlichen Beschlüssen ist rechtlich unzulässig (BGH NStZ **00**, 212; wistra **02**, 475).

20 Die **Kosten** der Körperzellenentnahme und -untersuchung sind keine Verfahrenskosten und können deshalb nicht auf Beschuldigte oder Verurteilte überbürdet werden, sondern sind vom Staat zu tragen.

21 **10)** Die **Fahndung** nach dem Verurteilten sah § 2 III DNA-IFG vor, indem er die Ausschreibung zur Aufenthaltsermittlung nach § 131 a (ggf auch durch eine Öffentlichkeitsfahndung nach dessen III) gestattete (vgl SK-Rogall 76). Diese Befugnis ergibt sich nun unmittelbar aus IV, weil dadurch klargestellt ist, dass die Vorschriften des strafrechtlichen Ermittlungsverfahrens auch auf die dort behandelten Fälle Anwendung finden; diese Personen stehen somit einem Beschuldigten gleich, soweit es um die Anordnung und Durchführung einer DNA-Analyse einschließlich der hierfür ggf notwendigen weiteren Maßnahmen geht (BT-Drucks 15/5674 S 12). Die Durchsuchung einer Wohnung zum Zwecke der Auffindung des Beschuldigten bedarf daher stets eines richterlichen Beschlusses nach §§ 102, 103 (Graalmann-Scheerer ZRP **02**, 75; LG Frankfurt aM StV **03**, 610, das die Durchsuchung mangels Rechtsgrundlage für unzulässig hielt, ist damit überholt).

22 **11)** Zur **Beschwerde** gegen die Anordnung der Entnahme vgl 30 zu § 81 a, gegen die Anordnung der Untersuchung vgl 8 zu § 81 f. § 305 S 1 steht nicht entge-

gen (Köln NStZ-RR **02**, 306). Auch wenn die Anordnung in den Urteilstenor aufgenommen wird, handelt es sich richtigerweise um einen (grds mit der Beschwerde anfechtbaren) Beschluss (BGH NStZ RR **02**, 67 [B]; 4 StR 235/09 vom 9. 7. 2009). Für die nachträgliche Überprüfung der Vollstreckung einer richterlich angeordneten Entnahme von Körperzellen gilt § 98 II 2 entspr (Karlsruhe NJW **02**, 3117).

Zur **Revision** vgl 32ff zu § 81a, 9 zu § 81f. Fehler können nicht für das anhängige, sondern nur für künftige Strafverfahren von Bedeutung sein. Dabei wird die unrichtige Beurteilung der Voraussetzungen der Maßnahme (oben 7ff) idR die Revision nicht begründen können (vgl BGH **41**, 30, 34 zur Nachprüfung der Anordnung einer Telefonüberwachung; LR-Krause 84; Graalmann-Scheerer Rieß-FS 167). Schwerwiegende Verstöße bei der Anordnung können aber zu einem Verwertungsverbot führen und damit die Revision begründen (vgl dazu im Einzelnen SK-Rogall 94ff; Eisenberg Meyer-Goßner-FS 304; Graalmann-Scheerer JR **99**, 455 und Kriminalistik **00**, 334). Die Einwilligung (oben 17) kann nur mit Wirkung für die Zukunft widerrufen werden, stellt eine bereits erfolgte Datenverarbeitung jedoch nicht in Frage (Finger Kriminalistik **06**, 698); die erzwungene Einwilligung führt aber zu einem Verwertungsverbot (Busch StV **00**, 662). 23

Molekulargenetische Reihenuntersuchung

81h **I Begründen bestimmte Tatsachen den Verdacht, dass ein Verbrechen gegen das Leben, die körperliche Unversehrtheit, die persönliche Freiheit oder die sexuelle Selbstbestimmung begangen worden ist, dürfen Personen, die bestimmte, auf den Täter vermutlich zutreffende Prüfungsmerkmale erfüllen, mit ihrer schriftlichen Einwilligung**

1. Körperzellen entnommen,
2. diese zur Feststellung des DNA-Identifizierungsmusters und des Geschlechts molekulargenetisch untersucht und
3. die festgestellten DNA-Identifizierungsmuster mit den DNA-Identifizierungsmustern von Spurenmaterial automatisiert abgeglichen werden,

soweit dies zur Feststellung erforderlich ist, ob das Spurenmaterial von diesen Personen stammt, und die Maßnahme insbesondere im Hinblick auf die Anzahl der von ihr betroffenen Personen nicht außer Verhältnis zur Schwere der Tat steht.

II [1]Eine Maßnahme nach Absatz 1 bedarf der gerichtlichen Anordnung. [2]Diese ergeht schriftlich. [3]Sie muss die betroffenen Personen anhand bestimmter Prüfungsmerkmale bezeichnen und ist zu begründen. [4]Einer vorherigen Anhörung der betroffenen Personen bedarf es nicht. [5]Die Entscheidung, mit der die Maßnahme angeordnet wird, ist nicht anfechtbar.

III [1]Für die Durchführung der Maßnahme gelten § 81f Abs. 2 und § 81g Abs. 2 entsprechend. [2]Soweit die Aufzeichnungen über die durch die Maßnahme festgestellten DNA-Identifizierungsmuster zur Aufklärung des Verbrechens nicht mehr erforderlich sind, sind sie unverzüglich zu löschen. [3]Die Löschung ist zu dokumentieren.

IV [1]Die betroffenen Personen sind schriftlich darüber zu belehren, dass die Maßnahme nur mit ihrer Einwilligung durchgeführt werden darf. [2]Hierbei sind sie auch darauf hinzuweisen, dass

1. die entnommenen Körperzellen ausschließlich für die Untersuchung nach Absatz 1 verwendet und unverzüglich vernichtet werden, sobald sie hierfür nicht mehr erforderlich sind, und
2. die festgestellten DNA-Identifizierungsmuster nicht zur Identitätsfeststellung in künftigen Strafverfahren beim Bundeskriminalamt gespeichert werden.

1 **1) Reihengentest:** Die früher gesetzlich nicht erfasste Reihenuntersuchung („Massenscreening"; dazu eingehend Hombert, Der freiwillige genetische Massentest, 2003, zugl Diss Göttingen), deren Zulässigkeit umstritten war und teilw selbst bei Einverständnis der betroffenen Person für unzulässig gehalten wurde (Satzger JZ **01**, 639; Kerner/Trüg Weber-FS 473; dagegen Fahl 208), ist nunmehr hier geregelt worden, indem die notwendigen Voraussetzungen (I), die Anordnung (II) und die Durchführung der Maßnahme (III) bestimmt sowie Belehrungs- und Mitteilungspflichten (IV) festgelegt werden (sehr krit und abl SK-Rogall 3, 4; Giesen Hamm-FS 107; verfassungsrechtliche Bedenken bei KMR-Bosch 6). Die Maßnahme setzt die Einwilligung der betroffenen Person voraus; nicht geregelt ist, wie zu verfahren ist, wenn die Einwilligung versagt wird (dazu unten 16). Der Reihengentest dient der Feststellung, ob aufgefundenes Spurenmaterial (zB Haar, Blut, Speichel) von einer der zur Teilnahme am Reihengentest aufgeforderten und freiwillig mitwirkenden Personen stammt (vgl LG Frankenthal NStZ-RR **00**, 146; LG Mannheim NStZ-RR **04**, 301).

2 **2) Voraussetzungen** (I):

3 A. **Nur bei Verbrechen** und nur bei solchen der in I bezeichneten Art ist die Durchführung eines Reihengentests zulässig, also insbesondere bei Mord und Totschlag und sonstigen Verbrechen mit Todesfolge, schwerer Körperverletzung, erpresserischem Menschenraub und Geiselnahme, schwerem sexuellen Missbrauch von Kindern und sexueller Nötigung. Versuch der Tat genügt. Insoweit muss ein Anfangsverdacht (4 zu § 152) vorliegen (SK-Rogall 10).

4 B. **Bestimmte Prüfungsmerkmale** müssen erfüllt sein, dh der Personenkreis, bei dem die Maßnahme durchgeführt werden soll, muss deutlich umgrenzt sein (also zB nach Geschlecht, Alter, Wohnort, Halter eines bestimmten Fahrzeugtyps usw), was aber nicht ausschließt, dass Tausende von Personen davon betroffen sein können; es ist hingegen nicht erforderlich, dass die betroffenen Personen bei der Anordnung bereits namentlich feststehen, so dass bei der Auswahl einer konkreten Person über die Prüfmerkmale hinaus Umstände (zB ein Alibi), die eine Verbindung zur Straftat ausschließen, berücksichtigt werden können (BT-Drucks 15/5674 S 13). Gewissheit, dass der Täter sich unter den betroffenen Personen befindet, setzt das Gesetz nicht voraus („vermutlich"; LG Dortmund NStZ **08**, 175: Isotopenanalyse).

5 C. **Erforderlich und verhältnismäßig** muss die Maßnahme sein. Es sind hierfür die Schwere der Tat und die Anzahl der betroffenen Personen in Verhältnis zu setzen (vgl zB LG Dortmund NStZ **08**, 175: Untersuchung von 284 Frauen zur Ermittlung der Mutter eines vorsätzlich getöteten Neugeborenen). Da bis auf eine Person (den Täter der Straftat) alle Betroffenen mit der Straftat nichts zu tun haben, gegen sie also kein konkreter Tatverdacht besteht, ist es selbstverständlich, dass ein Reihengentest eine außergewöhnliche und nur selten anzuordnende Maßnahme sein kann; sie kommt damit grundsätzlich nur in Betracht, falls alle anderen Ermittlungsmaßnahmen erfolglos geblieben sind (*ultima ratio*; LR-Krause 16; Saliger/Ademi JuS **08**, 195; vgl auch KK-Senge 4: fehlende Erfolgsaussicht; **aM** Heghmanns/Scheffler-Murmann III 381). Wenn der Reihentest bei mehr als ca 10 000 Personen durchgeführt werden müsste, wird er sich (übrigens auch wegen der erheblichen mit der Maßnahme verbundenen Kosten; dazu Hombert [oben 1] S 185: in einem Fall 4,5 Millionen DM) idR verbieten (vgl auch LR-Krause 22; abw KMR-Bosch 11).

6 D. **Einwilligung** des Betroffenen wird für die Durchführung der Maßnahme vorausgesetzt. Damit die Einwilligung rechtswirksam ist, muss ihr eine **Belehrung** vorausgehen, dass die Maßnahme nur mit Einwilligung vorgenommen werden darf (IV S 1); die Belehrung muss außerdem über den Verwendungszweck der entnommenen Körperzellen sowie das Gebot der unverzüglichen Vernichtung und der Unzulässigkeit der Speicherung aufklären (IV S 2 Nr 1 und 2). Jeder psychi-

sche Druck, die Maßnahme zu dulden (wie von den Kritikern der Maßnahme – oben 1 – befürchtet), soll dadurch vermieden werden. Insoweit wird vielfach – über den Wortlaut hinaus – ein Hinweis auf die Verdachtsneutralität der Weigerung (unten 16) für geboten erachtet (vgl Saliger/Ademi JuS **08**, 197; LR-Krause 14, 34; vgl auch SK-Rogall 33). Der weiteren Sicherung der Freiwilligkeit an der Reihenuntersuchung dient es, dass sowohl die Belehrung als auch die Einwilligungserklärung **schriftlich** vorliegen müssen.

3) Durchzuführende Maßnahmen (I Nr 1–3): Zunächst wird eine Körperzelle entnommen, was idR durch eine Speichelprobe geschieht. Dann wird die entnommene Probe untersucht und mit dem vorhandenen Spurenmaterial abgeglichen; vgl im Einzelnen unten 12. 7

4) Anordnung (II): 8

A. **Form:** Wegen des Ausnahmecharakters der Maßnahme (oben 5) besteht ein absoluter Richtervorbehalt (Rogall Schroeder-FS 711 hält ihn wegen der Einwilligung für überflüssig). Die Maßnahme muss durch den Richter schriftlich angeordnet werden. Sie ist zu begründen und die Prüfungsmerkmale (oben 4) sind in ihr genau zu bezeichnen, damit über den Umfang der durchzuführenden Reihenuntersuchung keine Zweifel bestehen. Auch bei einer zuvor erklärten Einwilligung betroffener Personen bedarf es – anders als nach §§ 81f, 81g (vgl dort) – stets der richterlichen Anordnung, was sachentsprechend ist, da sich die Anordnung hier nicht gegen eine Einzelperson, sondern gegen eine Personenmehrheit richtet. 9

B. Einer **vorherigen Anhörung** der betroffenen Personen vor Anordnung der Untersuchung bedarf es nicht (Schulz/Händel/Soiné 11). Die erforderliche schriftliche Belehrung (oben 6) wird erst vor Durchführung der Maßnahme erteilt; dann wird auch die erforderliche Einwilligung eingeholt. 10

C. **Zuständigkeit:** Für die Anordnung der Maßnahme ist der Ermittlungsrichter (§ 162) zuständig und zwar der Ermittlungsrichter, in dessen Bezirk die StA ihren Sitz hat (§ 162 I S 1; anders, aber überholt, HK-GS/Neuhaus 4; KK-Senge 6; LR-Krause 23). Eine Eilzuständigkeit der StA und ihrer Ermittlungspersonen gibt es nicht (oben 9). 11

5) Durchführung (III): Die Untersuchung der entnommenen Körperzellen richtet sich nach § 81f II (Bestimmung des Sachverständigen; Übergabe des Materials). Sodann erfolgt der Abgleich mit dem Spurenmaterial; hierfür gilt die Verwendungsregelung des § 81g II. Dadurch wird gewährleistet, dass unzulässige – über die Ermittlung des DNA-Identifizierungsmusters und des Geschlechts hinausgehende – Untersuchungen und unbefugte Kenntnisnahme Dritter ausgeschlossen und datenschutzrechtliche Belange berücksichtigt sind (BT-Drucks 15/5674 S 14). 12

Die nach III S 2 vorgeschriebene **Löschung** der festgestellten DNA-Identifizierungsmuster wird idR erfolgen, wenn der Reihentest zur Feststellung des Spurenverursachers geführt hat, sonst – bei Erfolglosigkeit – spätestens mit Eintritt der Verjährung des Verbrechens (BT-Drucks aaO; AnwK-Walther 17; **aM** SK-Rogall 30, Saliger/Ademi JuS **08**, 198: idR unverzügliche Löschung). Die in III S 3 vorgeschriebene Dokumentation der Löschung kann auf schriftlichem oder elektronischem Weg erfolgen. 13

6) Anfechtung: Die Anordnung der Reihenuntersuchung ist nach II S 5 durch die Betroffenen nicht anfechtbar, auch die konkret ihnen gegenüber durchgeführte Untersuchung können sie nicht anfechten, weil sie wegen ihrer hierzu schriftlich erteilten Einwilligung nicht beschwert sind. Die Ablehnung des von ihr gestellten Antrags auf Durchführung einer Reihengenuntersuchung ist von der StA mit der einfachen Beschwerde (§ 304) anfechtbar (Ausnahme: § 304 V), nicht jedoch – mangels Beschwer – durch die hierfür in Betracht kommenden Personen. 14

15 **Revision:** Anordnungsmängel führen bei freiwilliger Mitwirkung des Betroffenen nicht zu einem Verwertungsverbot (KK-Senge 11; einschr LR-Krause 36). Mängel der gesetzlich (I, IV) vorgeschriebenen Einwilligung führen zur Unverwertbarkeit des DNA-Identifizierungsmusters; sie begründen, wenn das Urteil auf dessen Verwertung beruht, die Revision (Saliger/Ademi JuS **08**, 197; ähnlich HK-GS/Neuhaus 6; LR-Krause 37; SK-Rogall 35; **aM** KMR-Bosch 21).

16 **7) Versagte Einwilligung:** Wird die Einwilligung versagt, ist Zwang zur Teilnahme am angeordneten Reihengentest ausgeschlossen. Die Verweigerung einer Speichelprobe darf nicht als ein die Täterschaft begründendes oder bestärkendes Indiz gewertet werden (BVerfG NJW **96**, 1587; LG Mannheim NStZ-RR **04**, 301; LG Regensburg StraFo **03**, 131 mit Anm Lammer; **aM** KMR-Bosch 19; erg Einl 29a). Zwangsweise darf eine DNA-Analyse nach §§ 81a, 81e, 81f nur dann angeordnet werden, wenn weitere verdachtsbegründende Kriterien angeführt werden können und sich der Kreis der Verdächtigen durch die Abgabe einer Vielzahl freiwilliger Speichelproben verdichtet hat (BGH **49**, 56, 60 = NStZ **04**, 392; ähnl BVerfG NJW **96**, 3071 [unterschiedliche Angaben zum Alibi]; Kerner/Trüg Weber-FS 469; Saliger/Ademi JuS **08**, 198 mit Differenzierung zwischen geschlossenen und nicht geschlossenen Fällen; abl Geppert Schroeder-FS 684; krit Giesen Hamm-FS 116).

17 Auch auf **§ 81c II S 1** iVm § 81e I S 2 kann eine Anordnung gestützt werden (abl LR-Krause 2; Graalmann-Scheerer NStZ **04**, 298; Saliger/Ademi JuS **08**, 199), allerdings nicht gegen sämtliche verbleibenden Merkmalsträger (oben 4), sondern nur gegen konkret beweisgeeignete Personen, bei denen Anhaltspunkte dafür bestehen, dass ihre Inanspruchnahme zu einem Beweiserfolg führen kann (SK-Rogall 7; ders Schroeder-FS 715 [„Mini-Reihengentests"]; AnwK-Walther 23; ähnl Beulke StP 242b: überschaubarer Personenkreis; vgl auch LG Frankenthal NStZ-RR **00**, 146; LG Mannheim NStZ-RR **04**, 301; erg 6 zu § 81e).

Gutachten im Vorverfahren

82 **Im Vorverfahren hängt es von der Anordnung des Richters ab, ob die Sachverständigen ihr Gutachten schriftlich oder mündlich zu erstatten haben.**

1 **1)** Das **Vorverfahren** (Einl 60ff) ist ein schriftliches Verfahren, in dem die Beweisergebnisse zu den Akten gebracht werden (vgl § 168b I). Daher werden die Sachverständigen von den Strafverfolgungsbehörden, die sie bestellt haben, und vom Ermittlungsrichter (§§ 162, 169) idR ersucht, das Gutachten schriftlich zu erstatten; nur in einfachen Fällen wird es mündlich entgegengenommen (Gössel DRiZ **80**, 368).

2 **2) Bei mündlicher Gutachtenerstattung** muss der Sachverständige das Gutachten mündlich vortragen oder dem StA oder Richter übergeben, damit dieser es verliest oder verlesen lässt. Darüber muss ein Protokoll aufgenommen werden (§§ 168, 168a, 168b), in dem auf das überreichte schriftliche Gutachten Bezug genommen werden kann. Einen Anspruch darauf, ein in der Hauptverhandlung nur mündlich erstelltes Gutachten den Verfahrensbeteiligten stets auch schriftlich vorzulegen, haben diese nicht (BGH NJW **10**, 544; KK-Senge 3; **aM** LR-Krause 5; Deckers/Heusel StV **09**, 7).

3 **3) Nach Anklageerhebung** kann das Gericht zur Vorbereitung der Entscheidung nach § 202 oder der Hauptverhandlung die schriftliche Gutachtenerstattung anordnen (BGH GA **63**, 18; SK-Rogall 3). In der Hauptverhandlung muss das Gutachten mündlich erstattet werden; Ausnahmen gelten im Freibeweis (9 zu § 244) und nach §§ 251 I, II, 256.

Neue Begutachtung

83 **I Der Richter kann eine neue Begutachtung durch dieselben oder durch andere Sachverständige anordnen, wenn er das Gutachten für ungenügend erachtet.**

II Der Richter kann die Begutachtung durch einen anderen Sachverständigen anordnen, wenn ein Sachverständiger nach Erstattung des Gutachtens mit Erfolg abgelehnt ist.

III In wichtigeren Fällen kann das Gutachten einer Fachbehörde eingeholt werden.

1) Neue Begutachtung (I): Die Bedeutung der Vorschrift ist gering, da schon § 73 I die Heranziehung mehrerer Sachverständiger zulässt (I schränkt das nicht ein) und der Umfang der Sachaufklärungspflicht durch § 244 II festgelegt ist (BGH StraFo **03**, 198). Im Vorverfahren sind StA und Polizei befugt, ein weiteres Gutachten einzuholen. Der Richter kann das in jedem Verfahrensabschnitt tun, auch wenn die Voraussetzungen von I nicht vorliegen (Bay **55**, 262 = NJW **56**, 1001). Dabei wird er idR einen anderen Sachverständigen beauftragen; I lässt aber auch die neue Begutachtung durch denselben Sachverständigen zu. 1

Ungenügend iS I ist ein Gutachten, das keine genügende Sachkunde vermittelt; ob es das Gericht überzeugt, ist nicht entscheidend (KK-Senge 2; eingehend dazu SK-Rogall 8 ff). Ein neues Gutachten ist daher nur erforderlich, wenn die Voraussetzungen des § 244 IV S 2 Hs 2 vorliegen, insbesondere, wenn die Sachkunde oder Eignung des Sachverständigen zweifelhaft ist, Bedenken gegen die Richtigkeit der dem Gutachten zugrunde liegenden Tatsachenfeststellungen bestehen oder das Gutachten unklar oder widersprüchlich ist (Duttge NStZ **03**, 376). Zur Einholung eines neuen Gutachtens zwingt das aber nicht, zB wenn der Richter nunmehr meint, dass die Zuziehung eines Sachverständigen von vornherein überflüssig war (Bay aaO; LR-Krause 5). 2

2) Ein **erfolgreich abgelehnter Sachverständiger** (II) muss idR durch einen anderen ersetzt werden, da sein Gutachten nicht verwertbar ist (19 zu § 74). Ausnahmsweise ist ein neues Gutachten entbehrlich, zB wenn das Gericht nunmehr erkennt, dass es eigene Sachkunde hat, dass die Beweisfrage nicht erheblich ist, dass es sich um eine von ihm selbst zu beantwortende Rechtsfrage handelt (Bay aaO; LR-Krause 8) oder dass ein verwertbares Gutachten zu der Beweisfrage nicht zu erwarten ist (Kube/Leineweber 75). 3

3) Fachbehörde (III): Die Vorschrift begründet nicht die Pflicht von Behörden, Gutachten zu erstatten, sondern setzt sie voraus. Sie besteht, wenn die Behörde (wegen der in Betracht kommenden Behörden vgl Jessnitzer/Ulrich 71 ff) in ihrer Funktion und Einrichtung dazu berufen ist, ausschließlich oder neben anderen Aufgaben im gerichtlichen Verfahren mitzuwirken (Kube/Leineweber 75; Leineweber MDR **80**, 7). Das kann sich aus dem Gesetz ergeben, zB aus § 2 VII BKAG (erkennungsdienstliche und kriminaltechnische Gutachten). Wo besondere Vorschriften fehlen, gilt die Pflicht zu gegenseitiger Amtshilfe nach Art 35 GG (Jessnitzer/Ulrich 71, 127). Das Behördengutachten kann nach § 256 I Nr 1 a verlesen werden. 4

Die Pflicht zur Gutachtenerstattung schließt die **weitere Pflicht** ein, das Gutachten in der Hauptverhandlung durch einen Bediensteten der Behörde vertreten zu lassen (Kube/Leineweber 80 ff; für kollegiale Fachbehörden vgl 28 zu § 256). Dieser Bedienstete hat dort alle Rechte und Pflichten eines Sachverständigen (**aM** Kube/Leinewerber 84 ff; Leineweber aaO). Er übernimmt die Verantwortung für das Gutachten, kann nach § 74 abgelehnt (dort 1) und nach § 79 vereidigt werden (**aM** Jessnitzer/Ulrich 88; Kube/Leineweber 87; Rogall Gössel-FS 524). 5

Auch **unabhängig von den Voraussetzungen von I, II** können Behördengutachten eingeholt werden, selbst wenn noch kein anderer Sachverständiger ge- 6 hört worden ist (LR-Krause 9). Ob ein „wichtigerer" Fall iS III vorliegt (dazu Seyler GA **89**, 549), entscheidet das Gericht (KK-Senge 4; LR-Krause 11). Die Zulässigkeit der Befragung der Behörde ist auf solche Fälle nicht beschränkt.

Entschädigung von Sachverständigen

84 **Der Sachverständige erhält eine Vergütung nach dem Justizvergütungs- und -entschädigungsgesetz.**

1 1) **Sachverständigenentschädigung** erhält, wer als Sachverständiger vernommen oder sonst tätig geworden ist. Dass er in der Ladung nicht als Sachverständiger bezeichnet worden ist, steht nicht entgegen. Sachverständige Zeugen werden als Zeugen entschädigt (SK-Rogall 2). Bei Vernehmung als Sachverständiger und Zeuge wird die Sachverständigenentschädigung gewährt.

2 2) Die **Höhe der Entschädigung** regelt das JVEG (erg 2 zu § 71). Einzelheiten bei Hartmann (Teil V).

Sachverständige Zeugen

85 **Soweit zum Beweis vergangener Tatsachen oder Zustände, zu deren Wahrnehmung eine besondere Sachkunde erforderlich war, sachkundige Personen zu vernehmen sind, gelten die Vorschriften über den Zeugenbeweis.**

1 1) Der **sachverständige Zeuge** unterscheidet sich von anderen Zeugen dadurch, dass er Wahrnehmungen auf Grund besonderer Sachkunde gemacht hat. Sonstige Unterscheidungsmerkmale bestehen nicht. Er wird wie jeder andere Zeuge vereidigt und entschädigt; wegen Befangenheit kann er nicht abgelehnt werden.

2 2) Die **Unterscheidung vom Sachverständigen** macht keine Schwierigkeit, wenn Sachkunde zu vermitteln ist; das kann nur der Sachverständige (6, 7 vor § 72). Die Tätigkeit der beiden Beweismittel überschneidet sich aber bei der Aussage über Wahrnehmungen. Das ist nicht nur Aufgabe des Zeugen (1 vor § 48), sondern kann auch die des Sachverständigen sein (5 vor § 72). Entgegen dem missverständlichen Wortlaut des § 85 sagen Zeugen nicht nur über die Wahrnehmung vergangener Tatsachen oder Zustände, sondern auch über gegenwärtige aus (SK-Rogall 5). Denn der Verletzte wird zB nicht deshalb zum Sachverständigen, weil er Auskunft darüber gibt, dass er gegenwärtig noch unter den körperlichen Tatfolgen leidet. Auch andere Abgrenzungsmerkmale haben sich als untauglich erwiesen (LR-Krause 4 ff; ANM 214 ff; Gössel DRiZ **80**, 364 ff; Schlüchter 481).

3 **Maßgebend für die Abgrenzung** kann daher neben der Sachkunde nur der Anlass der Wahrnehmungen sein. Der Zeuge sagt über Wahrnehmungen aus, die er mit besonderer Sachkunde ohne behördlichen Auftrag (als sachverständiger Zeuge) oder ohne besondere Sachkunde mit behördlichem Auftrag (als Augenscheinsgehilfe; 4 zu § 86) gemacht hat. Sachverständiger ist, wer über Wahrnehmungen aussagt, die er im Auftrag des Gerichts, der StA oder Polizei auf Grund seiner Sachkunde gemacht hat (ANM 218; Roxin § 27 A II 2; **aM** Foth/Karcher NStZ **89**, 169). Wer im Auftrag anderer Prozessbeteiligter im Hinblick auf ein schon eingeleitetes oder den Umständen nach bevorstehendes Strafverfahren Feststellungen trifft, wie der Sachverständige, der die Gegenprobe nach § 42 I S 2 LMBG untersucht, wird nicht als Sachverständiger tätig (Toepel 271), muss aber vor Gericht über seine Wahrnehmungen als Sachverständiger vernommen werden (LR-Krause 11; ANM 218; **aM** BGH MDR **74**, 382; Gössel DRiZ **80**, 366; Toepel aaO).

4 3) Die **zusätzliche Vernehmung des Zeugen als Sachverständiger** ist nicht schon deshalb erforderlich, weil er sich gutachtlich äußert oder äußern sollte (BGH NJW **03**, 150, 151). Es kommt vielmehr darauf an, wo das Schwergewicht

der Vernehmung liegt. Stehen die Tatsachenbekundungen im Vordergrund, so wird der Zeuge durch die gutachtlichen Äußerungen nicht zum Sachverständigen (BGH NStZ **84**, 465; hM; entschieden **aM** SK-Rogall 19 ff). Das Gericht ist zu einem Hinweis, dass es die gutachtliche Äußerung des Zeugen zu verwerten beabsichtigt, nicht verpflichtet (BGH GA **76**, 79). Die Vernehmung des sachverständigen Zeugen zugleich als Sachverständigen ohne entspr Belehrung und Entscheidung nach § 79 wird idR die Revision nicht begründen (BGH DAR **97**, 181 [To]; einschr SK-Rogall 39).

4) Einzelfälle: Der Arzt, der dem Beschuldigten eine Blutprobe entnimmt (§ 81 a I S 2), ist Sachverständiger sowohl hinsichtlich des Eingriffs (4 vor § 72) als auch hinsichtlich der Wahrnehmungen, die er über den Zustand des Beschuldigten auf Grund seiner Sachkunde während des Eingriffs gemacht hat (LR-Krause 14; ANM 218; Geppert DAR **80**, 320; **aM** KG VRS **31**, 273; Hamburg NJW **63**, 408; Köln BA **66**, 609; AK-Lemke 6). Ist ein Arzt ohne den Auftrag einer Strafverfolgungsbehörde tätig geworden, so wird er als Zeuge vernommen, auch wenn seine Tätigkeit (zB die Obduktion einer Leiche) die Bestellung eines Sachverständigen erspart hat (Köln OLGSt § 261 S 96, 98; LR-Krause 14; ANM 219). Auch technische Sachverständige, die ihre Wahrnehmungen ohne behördlichen Auftrag gemacht haben, sind nur sachverständige Zeugen, gleichgültig, ob sie Berufssachverständige sind (ANM 219). Gerichtshelfer (§ 160 III S 2) werden idR als Zeugen vernommen (LR-Krause 16; **aM** Sontag NJW **76**, 1436; erg 26 zu § 160). 5

Richterlicher Augenschein

86 Findet die Einnahme eines richterlichen Augenscheins statt, so ist im Protokoll der vorgefundene Sachbestand festzustellen und darüber Auskunft zu geben, welche Spuren oder Merkmale, deren Vorhandensein nach der besonderen Beschaffenheit des Falles vermutet werden konnte, gefehlt haben.

1) Augenschein ist jede sinnliche Wahrnehmung durch Sehen, Hören, Riechen, Schmecken oder Fühlen (BGH **18**, 51, 53; ANM 221). Da jedoch richterliche Beweiserhebungen immer nur mittels solcher Wahrnehmungen möglich sind, muss der Begriff Augenscheinsbeweis eingeschränkt werden. Er umfasst alle Beweisaufnahmen, die nicht als Zeugen-, Sachverständigen- oder Urkundenbeweis gesetzlich besonders geregelt sind (LR-Krause 1; Dähn JZ **78**, 640; ANM 222; anders Wenskat, Der richterliche Augenschein im deutschen Strafprozess, 1988, S 43). 1

2) Richterlicher Augenschein kann der Feststellung unmittelbar beweiserheblicher Tatsachen, aber auch von Beweisanzeichen dienen (RG **47**, 235, 237; **65**, 304, 307; Bay **65**, 79 = JR **66**, 389). Er besteht darin, dass sich das Gericht mittels sinnlicher Wahrnehmungen einen Eindruck von der Existenz oder Beschaffenheit eines Menschen, eines Körpers oder einer Sache verschafft, dass es die Lage von Örtlichkeiten oder Gegenständen feststellt oder eine Verhaltensweise oder einen wiederholbaren Vorgang beobachtet (RG **47**, 100, 106; Hamm VRS **34**, 61; Koblenz VRS **45**, 48; ANM 222). Augenscheinseinnahmen außerhalb des Gerichtssaals kann es stets, auch in der Hauptverhandlung, durch einen beauftragten oder ersuchten Richter vornehmen lassen (RG **47**, 100, 104; erg 1 zu § 225). 2

Die **Unmittelbarkeit der Beweisaufnahme** ist für den Augenscheinsbeweis, anders als für den Zeugenbeweis (§ 250), nicht vorgeschrieben. Das Gericht kann daher, sofern nicht die Aufklärungspflicht (§ 244 II) entgegensteht, die Augenscheinseinnahme durch andere Beweismittel ersetzen, insbesondere Zeugen über ihre Wahrnehmungen vernehmen (RG **47**, 100, 106), statt einer Tatortbesichtigung Lichtbilder oder Skizzen in Augenschein nehmen (ANM 224) und das Abhören von Tonbandaufnahmen durch Verlesung der daraus hergestellten Niederschriften ersetzen (BGH **27**, 135 = JR **78**, 117 mit Anm Gollwitzer). 3

4 Es kann die Augenscheinseinnahme auch nichtrichterlichen Personen als **Augenscheinsgehilfen** übertragen (BGH **27**, 135, 136; RG **46**, 100, 106; Hamm VRS **34**, 61; ANM 225; eingehend dazu Rogall Meyer-GedSchr 391; krit Wenskat [oben 1] 242). Gelegentlich kann es aus tatsächlichen Gründen (Besichtigung eines Dachfirstes oder eines Gegenstandes unter Wasser) oder darf es nach gesetzlicher Vorschrift (§ 81 d) gar nicht anders verfahren. Für die Augenscheinsgehilfen gelten (vgl LR-Krause 7; ANM 227; **aM** Rogall aaO 401 ff: mittelbare Augenscheinseinnahme; Toepel 288) die Sachverständigenvorschriften über Auswahl (§ 73 I), Ablehnung wegen Befangenheit (§ 74) und Pflicht zum Tätigwerden (§ 75). Über ihre Wahrnehmungen werden sie als Zeugen vernommen (RG aaO; Frankfurt VRS **58**, 368; ANM 228; Jessnitzer StV **82**, 177; Rogall aaO 411).

5 Werden **Sachverständige** nach §§ 81 a, 81 c mit einer Augenscheinnahme beauftragt, so handelt es sich um Sachverständigenbeweis. Dagegen ist der Augenschein unter Hinzuziehung eines Sachverständigen, zB im Fall des § 87 I, richterlicher Augenschein (LR-Krause 6); er wird ungenau als zusammengesetzter oder gemischter Augenschein bezeichnet (vgl ANM 226; erg 9 vor § 72).

6 **3) Informatorische Besichtigungen** kennt die StPO nicht. Trotzdem darf der Richter Augenscheinsgegenstände in den Akten (Lichtbilder, Skizzen, Zeichnungen) und Örtlichkeiten (Tatort, Unfallstelle) informatorisch besichtigen, um sich auf die Hauptverhandlung vorzubereiten (BGH MDR **66**, 383 [D]). Auch das ganze Gericht darf solche Vorbesichtigungen vornehmen (vgl ANM 228 Fn 3). Aufgrund der dabei erworbenen Kenntnisse dürfen Angeklagten, Zeugen und Sachverständigen in der Hauptverhandlung Vorhalte gemacht werden. Urteilsgrundlage dürfen diese Kenntnisse aber nicht sein (BGH **2**, 1, 3; **3**, 187, 188; Düsseldorf VRS **73**, 210; Frankfurt StV **83**, 192; Köln VRS **44**, 211).

7 **4) Augenscheinsgegenstände** sind sachliche Beweismittel (Einl 49). In Betracht kommt alles sinnlich Wahrnehmbare, das der Richter zur Überzeugungsbildung für geeignet hält (BGH NJW **60**, 2156; LR-Krause 9). Dazu gehören Personen (Hamm MDR **74**, 1036), feste, flüssige, gasförmige Körper, Gebäude, Örtlichkeiten, Vorgänge (ANM 229). Besonders geregelt ist die Besichtigung des Körpers lebender Menschen (§§ 81 a, 81 c) und des Leichnams (§ 87 I).

8 Von den Augenscheinsgegenständen sind die **Vernehmungshilfen** zu unterscheiden (BGHR § 247 Abwesenheit 10). Solche Gegenstände werden nicht als Beweismittel, sondern bei der Sachvernehmung des Angeklagten und bei der Beweisaufnahme zur Erläuterung von Fragen und zur Veranschaulichung der Aussagen benutzt. Was sich aus ihnen ergibt, wird zum Inhalt der Einlassung des Angeklagten oder der Bekundungen der Beweispersonen (BGH **18**, 51, 53; VRS **36**, 189; RG **47**, 235; Bay **65**, 79). In die Sitzungsniederschrift wird die Verwendung der Vernehmungshilfen nicht aufgenommen (Hamm VRS **28**, 380; **42**, 369; **44**, 117).

9 **5) Einzelne Augenscheinsgegenstände:**

10 A. **Abbildungen, Lichtbilder, Filme und Videoaufnahmen** können ihren eigenen strafbaren Inhalt beweisen oder unmittelbar Beweis über andere Straftaten erbringen, wie die Aufnahmen automatischer Kameras in Banken (Celle NJW **65**, 1677, 1679) und bei der Verkehrsüberwachung (Hamm VRS **44**, 117; Stuttgart VRS **59**, 360, 363), Videoaufnahmen von Krawallen (ANM 230) und heimlich hergestellte Filmaufnahmen von der Begehung der Straftat (Schleswig NJW **80**, 352). Sie können aber auch der mittelbaren Beweisführung dienen, wie Aufnahmen von einer Gegenüberstellung (BVerfG NStZ **83**, 84) oder dem Geständnis des Angeklagten (BGH MDR **76**, 634), oder den Tat- oder Unfallort veranschaulichen. Ob der Hersteller über Aufnahmezeit oder -ort als Zeuge vernommen werden muss, beurteilt sich nach den Grundsätzen der freien Beweiswürdigung (RG **36**, 55, 57; Bay **65**, 79 = JR **66**, 389 mit Anm Koffka; Frankfurt VRS **64**, 287; Koblenz VRS **44**, 433; Stuttgart DAR **77**, 328). § 255 a regelt die Vorführung der Bild-Ton-Aufzeichnung einer Zeugenvernehmung in der Hauptverhandlung.

B. **Schallplatten und Tonbandaufnahmen** beweisen als Augenscheinsgegenstände nicht nur ihre äußere Beschaffenheit, sondern auch den Inhalt der auf ihnen festgehaltenen Gedankenäußerungen (BGH **14**, 339, 341; **27**, 135, 136 = JR **78**, 117 mit Anm Gollwitzer; KG NJW **80**, 952; Celle NJW **65**, 1677; Frankfurt NJW **67**, 1047; ANM 231 mwN in Fn 16; hM). Sie können ihren eigenen strafbaren Inhalt oder sonst die Tathandlung beweisen (Frankfurt aaO), aber auch, zB im Fall des § 100a, als Beweisanzeichen dienen. Durch das Abspielen eines Gesprächstonbands kann insbesondere bewiesen werden, wer sich an dem Gespräch beteiligt hat, unter welchen Umständen es zu der Äußerung gekommen ist, welche Methoden bei einer Vernehmung angewendet worden sind, ob der Sprechende der deutschen Sprache mächtig war, ob er Geschehnisse als selbst erlebt geschildert hat oder ob ihm Worte in den Mund gelegt worden sind (BGH **14**, 339). Der Beweiswert wird idR davon abhängen, dass der Angeklagte oder ein Zeuge die Beziehung des Tonbands zu dem Verfahrensgegenstand, ggf auch seine Echtheit, bestätigt (BGH aaO; KK-Senge 6; Fezer JuS **79**, 188). 11

C. **Skizzen und Zeichnungen** dürfen nur zum Beweis ihrer Existenz oder Herstellung in Augenschein genommen werden. Kommt es auf ihren gedanklichen Inhalt an, so verbietet § 250, die Vernehmung ihres Herstellers durch die Inaugenscheinnahme des in der Skizze oder Zeichnung festgehaltenen Ergebnisses seiner Wahrnehmungen zu ersetzen (BGH DAR **69**, 152 [M]; VRS **36**, 189; Bay **65**, 79 = JR **66**, 389 mit Anm Koffka; KK-Senge 6; ANM 233 mwN in Fn 32; **aM** BGH DAR **77**, 176 [Sp]; VRS **27**, 119; erg 2 zu § 250). IdR werden sie daher nur als Vernehmungshilfen (oben 8) benutzt werden können. Tatort- und Unfallskizzen, die für das Verfahren angefertigt worden sind, können aber Augenscheinsgegenstände sein, soweit sie Land- und Straßenkarten und amtliche Lagepläne enthalten. 12

D. **Urkunden** sind Gegenstände des Augenscheinsbeweises, wenn es auf ihre Beschaffenheit, nicht auf ihren Inhalt ankommt (7 zu § 249) oder wenn sie nicht verlesbar sind (3 zu § 249), wie meist die technischen Aufzeichnungen (vgl ANM 233; Jöstlein DRiZ **73**, 409), zB Fahrtschreiberdiagramme (Hamm VRS **51**, 45, 47; Stuttgart NJW **59**, 1379), Papierstreifen von Registrierkassen (RG **55**, 107) oder Kontrolluhren (RG **34**, 435; **64**, 97). 13

E. **Personen** werden meist von Sachverständigen in Augenschein genommen (vgl §§ 81a, 81c). Jedoch kann auch das Gericht, sofern § 81d nicht entgegensteht, Personen besichtigen, um Auffälligkeiten an ihrem Körper festzustellen (Hamm MDR **74**, 1036). Werden Angeklagte oder Zeugen in der Hauptverhandlung vernommen, so bedarf es dazu keiner besonderen Augenscheinseinnahme. „Nicht aufgesuchte" Wahrnehmungen können dem Urteil vielmehr ohne weiteres, auch ohne Beurkundung im Sitzungsprotokoll, zugrunde gelegt werden (BGH **5**, 354, 356; MDR **74**, 368 [D]; Jena VRS **114**, 447; ANM 236; krit Hanack JR **89**, 256). Etwas anderes gilt nur, wenn die zu besichtigende Person nicht zugleich vernommen werden kann, zB wenn der Angeklagte die Einlassung verweigert (Bremen MDR **70**, 165) oder der Zeuge die Aussage (Hamm aaO; **aM** BGH DAR **65**, 108; vgl auch Haas GA **97**, 368). 14

F. **Vorgänge und Experimente** können Gegenstand des Augenscheinsbeweises sein, wenn sie nicht Bestandteil eines Sachverständigengutachtens oder einer Zeugenaussage sind. In Betracht kommen Fahrversuche (BGH VRS **16**, 170, 173; **35**, 264, 266; Koblenz MDR **71**, 507), Bremsversuche, Schießversuche, die Rekonstruktion des Tatverlaufs (BGH NJW **61**, 1486; Köln NJW **55**, 843; Neustadt JR **59**, 71 mit Anm Sarstedt) und Experimente zur Prüfung der Glaubwürdigkeit von Zeugen (RG **40**, 48, 50; JW **27**, 2044; ANM 235). 15

6) Für die **Augenscheinseinnahme außerhalb der Hauptverhandlung** (§§ 162, 165, 202 S 1, 225), auch wenn sie in der Hauptverhandlung angeordnet worden ist (RG **20**, 149), enthält § 86 Bestimmungen über das nach § 249 I S 2 verlesbare (dort 12) Protokoll (§§ 168, 168a), für das Richter und Protokollführer 16 gemeinsam die Verantwortung übernehmen müssen, falls nicht der Richter von der Zuziehung eines Protokollführers abgesehen hat (SK-Rogall 6). Wegen der Anwesenheitsrechte vgl §§ 168d, 224. Der Richter muss sich bemühen, den vorgefundenen Sachbestand anschaulich zu schildern (LR-Krause 44). Er muss auch festhalten, welche Spuren oder Merkmale nicht vorgefunden worden sind, obwohl ihr Vorhandensein vermutet werden konnte. Die wörtliche Schilderung sollte nach Möglichkeit durch Lichtbilder, Skizzen oder Zeichnungen ergänzt werden, die in der Hauptverhandlung ohne Vernehmung ihres Herstellers als Beweismittel in Augenschein genommen werden können (RG **36**, 55). Zur Verlesbarkeit der Niederschrift von Erklärungen des Beschuldigten und anderer Personen anlässlich der Augenscheinseinnahme vgl 12 zu § 249.

17 **7)** Die **Augenscheinseinnahme in der Hauptverhandlung** findet im Sitzungssaal oder an dem Ort statt, wo sich der Augenscheinsgegenstand befindet. Sie ist Teil der Hauptverhandlung (BGH **3**, 187, 188); das ganze Gericht und alle Prozessbeteiligten müssen an ihr teilnehmen (BGH StV **89**, 187; ANM 239). In der Sitzungsniederschrift ist nur die Tatsache der Augenscheinseinnahme, nicht ihr Ergebnis zu beurkunden; § 86 gilt nicht (Zweibrücken VRS **83**, 349 mwN). Die Verwendung von Augenscheinsgegenständen als Vernehmungshilfen ist nicht protokollierungspflichtig (BGH NStZ-RR **05**, 66 [B]. Das Gericht ist nicht verpflichtet, das Ergebnis der Augenscheinseinnahme mit den Verfahrensbeteiligten zu erörtern (BGH NJW **10**, 1010; Zweibrücken aaO; **aM** Schlothauer StV **09**, 229). Zur Urteilsberatung am Tatort vgl 3 zu § 260.

18 **8) Nichtrichterliche Besichtigungen** sind keine Augenscheinseinnahmen ieS (Dähn JZ **78**, 640). Der StA oder Polizeibeamte, der die Besichtigung vorgenommen hat, muss daher als Zeuge vernommen werden (LR-Krause 49). Die Verlesung des von ihm über die Besichtigung hergestellten Vermerks ist unzulässig (ANM 223; 12 zu § 249).

Leichenschau; Leichenöffnung **RiStBV 33–38**

87 **I [1]Die Leichenschau wird von der Staatsanwaltschaft, auf Antrag der Staatsanwaltschaft auch vom Richter, unter Zuziehung eines Arztes vorgenommen. [2]Ein Arzt wird nicht zugezogen, wenn dies zur Aufklärung des Sachverhalts offensichtlich entbehrlich ist.**

II [1]Die Leichenöffnung wird von zwei Ärzten vorgenommen. [2]Einer der Ärzte muss Gerichtsarzt oder Leiter eines öffentlichen gerichtsmedizinischen oder pathologischen Instituts oder ein von diesem beauftragter Arzt des Instituts mit gerichtsmedizinischen Fachkenntnissen sein. [3]Dem Arzt, welcher den Verstorbenen in der dem Tod unmittelbar vorausgegangenen Krankheit behandelt hat, ist die Leichenöffnung nicht zu übertragen. [4]Er kann jedoch aufgefordert werden, der Leichenöffnung beizuwohnen, um aus der Krankheitsgeschichte Aufschlüsse zu geben. [5]Die Staatsanwaltschaft kann an der Leichenöffnung teilnehmen. [6]Auf ihren Antrag findet die Leichenöffnung im Beisein des Richters statt.

III Zur Besichtigung oder Öffnung einer schon beerdigten Leiche ist ihre Ausgrabung statthaft.

IV [1]Die Leichenöffnung und die Ausgrabung einer beerdigten Leiche werden vom Richter angeordnet; die Staatsanwaltschaft ist zu der Anordnung befugt, wenn der Untersuchungserfolg durch Verzögerung gefährdet würde. [2]Wird die Ausgrabung angeordnet, so ist zugleich die Benachrichtigung eines Angehörigen des Toten anzuordnen, wenn der Angehörige ohne besondere Schwierigkeiten ermittelt werden kann und der Untersuchungszweck durch die Benachrichtigung nicht gefährdet wird.

1 **1) Mit größter Beschleunigung** sind Leichenschau und -öffnung durchzuführen; denn die ärztlichen Feststellungen über die Todesursache können schon durch geringe Verzögerungen an Zuverlässigkeit verlieren (Maiwald NJW **78**, 565; RiStBV 36 I). Allg zu § 87 vgl Kimpel, Leichensachen und Leichenöffnung, 1986.

2 **2) Leichenschau** (I) ist die Besichtigung der äußeren Beschaffenheit einer Leiche.

3 A. **Erforderlich** ist die Leichenschau idR, wenn eine Straftat als Todesursache nicht von vornherein ausgeschlossen werden kann (RiStBV 33 I S 2). Sie sollte möglichst am Tat- oder Fundort der Leiche durchgeführt werden (RiStBV 33 I S 3). Die staatsanwaltschaftliche Leichenschau ist eine bloße nichtrichterliche Besichtigung (18 zu § 86), die richterliche ist die Einnahme richterlichen Augenscheins unter Zuziehung eines Sachverständigen (5 zu § 86); für sie gilt § 168 d.

4 B. Die **staatsanwaltschaftliche Leichenschau** ist die Regel. Eine richterliche Anordnung setzt sie nicht voraus. Bei Vorliegen besonderer Gründe (besondere Bedeutung der Sache, Notwendigkeit der Gewinnung einer nach § 249 I S 2 verlesbaren Niederschrift; RiStBV 33 III S 2) kann der StA bei dem nach § 162 I S 3 zuständigen Richter beantragen, dass dieser die Leichenschau vornimmt.

5 Der **Richter** muss dem Antrag entsprechen, wenn die Leichenschau rechtlich zulässig ist (LG Waldshut NJW **72**, 1147; KK-Senge 3; LR-Krause 10). Ohne Antrag darf der Richter eine Leichenschau nur vornehmen, wenn ihm nach § 159 I ein unaufgeklärter Todesfall gemeldet wird und zugleich die Voraussetzungen des § 165 vorliegen (LR-Krause 10; Maiwald NJW **78**, 561; H. A. Schmidt DRiZ **67**, 78).

6 C. **Zuziehung eines Arztes:** Der Arzt (auch mehrere können hinzugezogen werden) nimmt stets als Sachverständiger teil (LR-Krause 11; ANM 219; Jessnitzer/Ulrich 303). Gerichts- oder Amtsarzt braucht er nicht zu sein. Offensichtlich entbehrlich (I S 2) ist seine Zuziehung, wenn die Todesursache schon ermittelt ist und es auf eine sachverständige Besichtigung der Leiche daher nicht ankommt.

7 D. **Protokoll:** Bei der staatsanwaltschaftlichen Leichenschau ist nur ein Aktenvermerk erforderlich (§ 168 b I). Bei der richterlichen Leichenschau gelten die §§ 168, 168 a und für den Inhalt des Protokolls § 86. Das Protokoll muss nach § 168 a III S 3 auch von dem Arzt, dessen Äußerungen über den Befund der Leiche zu beurkunden sind, unterschrieben werden. In der Hauptverhandlung kann es nach § 249 I S 2 verlesen werden (dort 12).

8 **3) Leichenöffnung** (II):

9 A. **Erforderlich** ist die Leichenöffnung, wenn fremdes Verschulden am Tod in Betracht kommt und die Todesursache oder -zeit festgestellt werden muss (BVerfG NJW **94**, 783; LG Mainz NStZ-RR **02**, 43; Kuhlmann Kriminalistik **73**, 553; Maiwald NJW **78**, 561; RiStBV 33 II), also nicht in jedem Fall des § 159. Steht die Todesursache einwandfrei fest, so ist die Leichenöffnung entbehrlich (Koch NJW **65**, 528). Die Angehörigen sind vor der Leichenöffnung, wenn möglich, zu hören (Struckmann NJW **64**, 2244). Stellen sie die Leiche nicht freiwillig zur Verfügung, so muss sie nach § 94 – nach Anhörung des totensorgeberechtigten Angehörigen – beschlagnahmt werden (BVerfG NJW **94**, 783, 784; Janetzke DRiZ **57**, 233). Der wegen des Totensorgerechts der Angehörigen zu beachtende Verhältnismäßigkeitsgrundsatz spielt praktisch keine Rolle (KK-Senge 2; vgl auch LG Waldshut NJW **72**, 1147; Maiwald NJW **78**, 565).

10 Grundsätzlich ist eine **richterliche Anordnung** der Leichenöffnung erforderlich (IV S 1), die, außer im Fall des § 165, nur auf Antrag der StA ergehen darf. Zuständig ist der Richter, in dessen Bezirk sich die Leiche befindet (SK-Rogall 40; **aM** KMR-Neubeck 9: der Richter des Sektionsortes). Nur wenn der Untersuchungserfolg durch Verzögerung gefährdet würde, zB wegen des Zustands der

Leiche oder der Notwendigkeit sofortiger Aufklärung der Todesursache, genügt die Anordnung der StA, nicht aber die ihrer Ermittlungspersonen.

11 B. **Zwei Ärzte** müssen die Leichenöffnung vornehmen (S 1) und ununterbrochen anwesend sein. Einer von ihnen muss Gerichtsarzt (zum Begriff: OVG Berlin NJW **61**, 984; vgl auch § 42 I S 1 BWAGGVG: Amtsärzte der Gesundheitsämter für deren Bezirk) oder Leiter oder beauftragter Arzt eines der in S 2 bezeichneten Institute sein. Dazu gehören auch Universitätsinstitute, aber nicht die Abteilungen für Pathologie der öffentlichen Krankenanstalten. Ist ein Arzt nach S 2 nicht rechtzeitig erreichbar, so kann ein anderer mitwirken.

12 Der **behandelnde Arzt** ist von der Mitwirkung ausgeschlossen (S 3), sofern die Behandlung wegen der dem Tod unmittelbar vorausgegangenen Krankheit stattgefunden hat. Das ist in weitestem Sinn zu verstehen. Die Ursächlichkeit der Krankheit für den Tod braucht nicht festzustehen (LR-Krause 25). Der behandelnde Arzt kann aufgefordert werden, der Leichenöffnung beizuwohnen (S 4). Er ist dann sachverständiger Zeuge (§ 85). Das schließt nicht aus, ihn in der Hauptverhandlung auch als Sachverständigen zu vernehmen (LR-Krause 26; **aM** SK-Rogall 24).

13 C. Die **Teilnahmebefugnis der StA** sieht S 5 vor. Es steht in ihrem pflichtgemäßen Ermessen, ob sie die Leichenöffnung überwacht und leitet oder sie allein den Ärzten überlässt (LR-Krause 19). Der StA wird idR an der Leichenöffnung teilnehmen in Kapitalsachen, nach tödlichen Unfällen zur Rekonstruktion des Unfallgeschehens, bei Todesfällen durch Schusswaffengebrauch im Dienst, bei Todesfällen im Vollzug freiheitsentziehender Maßnahmen und im Verfahren, die ärztliche Behandlungsfehler zum Gegenstand haben (vgl RiStBV 33 IV). In anderen Fällen wird es im Allgemeinen ausreichen, dass er schon vor der Leichenöffnung die erforderlichen Anordnungen trifft. Nimmt er an ihr teil, so muss der StA während des ganzen Vorgangs anwesend sein und die Untersuchung leiten (§ 161 a I S 2 iVm § 78). Soweit ihm das als Laie möglich ist, muss er prüfen, ob die von den Sachverständigen festgestellten Befundtatsachen mit seinen Beobachtungen übereinstimmen. Er veranlasst beweissichernde Maßnahmen, zB die Beschlagnahme von Leichenteilen, die Entnahme von Körperflüssigkeiten oder -gewebe, wenn deren besondere Untersuchung geboten erscheint (RiStBV 35 I S 1). Er kann auch weitere Sachverständige hinzuziehen, zB einen Toxikologen oder Chemiker bei Verdacht der Vergiftung (§ 91; RiStBV 35 I S 2) oder einen Sachverständigen für Elektrotechnik bei Verdacht der Tötung durch Stromschlag (RiStBV 36 II S 2). Anschließend erteilt oder besorgt er die Bestattungsgenehmigung (§ 159 II).

14 D. Die **Mitwirkung des Richters,** die einen Antrag der StA voraussetzt (S 6), wird nur in Sachen von besonderer Bedeutung (politischer Mord und dgl) in Betracht kommen (LR-Krause 19), nicht nur zur Gewinnung eines nach § 249 I S 2 verlesbaren Protokolls. Der Richter muss dem Antrag stattgeben, wenn er zulässig ist. Erforderlichkeit und Zweckmäßigkeit hat er nicht zu prüfen. Nimmt der Richter neben dem StA an der Leichenöffnung teil, so leitet er die Untersuchung (LR-Krause 20). Sie ist jedoch nur insoweit eine richterliche Handlung, als es sich um die Einnahme des Augenscheins handelt (Dähn JZ **78**, 640).

15 E. **Anwesenheitsrechte:** § 168 d gilt auch bei Mitwirkung eines Richters nicht (KK-Senge 7; LR-Krause 28; zw LR-Erb 4 zu § 168 d); Beschuldigter und Verteidiger sind daher zur Anwesenheit nicht berechtigt. Ob einem von ihnen benannten Sachverständigen die Anwesenheit gestattet wird, steht im Ermessen des StA oder Richters. Die Anwesenheit der Kriminalbeamten, die die Ermittlungen führen, kann zweckmäßig, oft sogar notwendig sein (LR-Krause 28; Falter Kriminalistik **64**, 87).

16 F. **Protokoll:** Die Niederschrift der von den Sachverständigen festgestellten Befunde ist in jedem Fall erforderlich. Wirkt ein Richter mit, so gelten §§ 168, 168 a

und für den Protokollinhalt § 86. Es handelt sich um eine Niederschrift, die teils Augenscheins-, teils Vernehmungsprotokoll ist. Das Protokoll muss auch von den Ärzten unterschrieben werden (§ 168a III S 3). In der Hauptverhandlung kann es nach § 249 I S 2 verlesen werden, soweit es richterlichen Augenschein beurkundet (12 zu § 249). Die ärztlichen Befunde und ihre Begutachtung sind nur unter den Voraussetzungen der §§ 251, 253, 256 verlesbar (BGH NStZ-RR **01**, 262 [B]). Sonst müssen die Ärzte, nicht notwendig beide, als Sachverständige vernommen werden, auch wenn sie nur über ihre Wahrnehmungen bei der Obduktion aussagen sollen (BGH 2 StR 621/07 vom 2. 4. 2008; ANM 219; Dähn JZ **78**, 640).

4) Ausgrabung einer Leiche (III, IV): Zuständig für die Anordnung ist der nach § 162 zuständige oder der mit der Sache befasste Richter, der StA nur bei Gefahr der Verzögerung des Untersuchungserfolges (IV S 1). Bei der Ausgrabung sollte einer der Obduzenten (RiStBV 34 S 1), bei Verdacht der Vergiftung auch ein chemischer Sachverständiger anwesend sein (RiStBV 34 S 3). 17

Die **Benachrichtigung der Angehörigen** (IV S 2), die formlos erfolgen kann, setzt voraus, dass sie bekannt sind oder leicht ermittelt werden können. Besondere Maßnahmen, zB die Ausschreibung im Bundesfahndungsblatt, sind nicht erforderlich. Der Untersuchungszweck würde durch die Benachrichtigung gefährdet, wenn der Angehörige selbst tatverdächtig ist oder die Gefahr besteht, dass er andere Tatverdächtige unterrichten werde. Hat der StA zur Benachrichtigung eines Angehörigen keinen bestimmten Antrag gestellt, so kann der Richter häufig das Vorliegen einer solchen Ausnahme nicht sofort beurteilen. Dann kann er bei Gefahr im Verzug seine Anordnung mit dem Wortlaut des Wenn-Satzes in IV S 2 Hs 2 einschränken und das übrige dem StA überlassen. 18

5) Die **Revision** kann mit einem Verstoß gegen § 87 grundsätzlich nicht begründet werden. Nur die Mitwirkung des nach II S 3 ausgeschlossenen behandelnden Arztes macht die Obduktionsergebnisse unverwertbar (Eisenberg BR 1962; Toepel 249; **aM** KK-Senge 9; KMR-Neubeck 19; LR-Krause 34). 19

Identifizierung des Toten

88 I [1] **Vor der Leichenöffnung soll die Identität des Verstorbenen festgestellt werden.** [2] **Zu diesem Zweck können insbesondere Personen, die den Verstorbenen gekannt haben, befragt und Maßnahmen erkennungsdienstlicher Art durchgeführt werden.** [3] **Zur Feststellung der Identität und des Geschlechts sind die Entnahme von Körperzellen und deren molekulargenetische Untersuchung zulässig; für die molekulargenetische Untersuchung gilt § 81f Abs. 2 entsprechend.**

II **Ist ein Beschuldigter vorhanden, so soll ihm die Leiche zur Anerkennung vorgezeigt werden.**

1) Die **Identifizierung des Toten** (I S 1) soll, wenn möglich, vor der Leichenöffnung erfolgen, ist aber auch erforderlich, wenn eine Leichenöffnung nicht stattfindet. Die Befragung von Personen, die den Toten gekannt haben, als Zeugen ist das nächstliegende, aber nicht das einzige Mittel der Identifizierung. Zulässig sind alle anderen geeigneten und angemessenen Mittel, zB erkennungsdienstliche Maßnahmen (§ 81b) an der Leiche (dort 11), Röntgenaufnahmen zum Vergleich mit zu Lebzeiten gemachten Aufnahmen, Gebissabdrücke und dgl. Klargestellt ist durch I S 3, dass auch eine – nach Maßgabe des § 81f II durchzuführende – molekulargenetische Untersuchung zulässig ist (vgl dazu Rinio Kriminalistik **03**, 187; Rogall Schroeder-FS 697). 1

2) Vorzeigen der Leiche (II): Davon kann insbesondere abgewichen werden, wenn die Identität des Toten feststeht (BGH NStZ **81**, 94 [Pf]). Gegen § 136a verstößt die Befolgung des S 2 auch dann nicht, wenn der Anblick der Leiche 2 geeignet ist, die Willensentschließung und -betätigung des Beschuldigten zu beeinflussen (11 zu § 136a). Nur wenn mit dem Vorzeigen der Leiche nicht deren „Anerkennung", sondern die Ablegung eines Geständnisses erreicht werden soll, ist § 136a verletzt (BGH **15**, 187; weitergehend SK-Rogall 8).

3 **3)** Die **Revision** kann auf einen Verstoß gegen II nicht gestützt werden, wenn die Identität des Verstorbenen trotzdem nicht zweifelhaft geblieben ist.

Leichenöffnung

89 **Die Leichenöffnung muss sich, soweit der Zustand der Leiche dies gestattet, stets auf die Öffnung der Kopf-, Brust- und Bauchhöhle erstrecken.**

1 **1)** Die **Öffnung der drei Höhlen** ist stets erforderlich, auch wenn die Ärzte schon nach Öffnung der einen Höhle die Todesursache gefunden zu haben glauben. Wegen der Entnahme von Leichenteilen vgl RiStBV 35; Haehling von Lanzenauer Kriminalistik **93**, 379.

2 **2)** Die **Revision** kann auf einen Verstoß gegen § 89 nicht gestützt werden.

Kinderleichen

90 **Bei Öffnung der Leiche eines neugeborenen Kindes ist die Untersuchung insbesondere auch darauf zu richten, ob es nach oder während der Geburt gelebt hat und ob es reif oder wenigstens fähig gewesen ist, das Leben außerhalb des Mutterleibes fortzusetzen.**

1 **1)** Für die **Aufklärung von Tötungsdelikten** (§§ 211, 212, 222 StGB) ist die Vorschrift von Bedeutung, aber auch für die Aufklärung von Kunstfehlern bei geburtshilflicher Tätigkeit. Dabei ist die Untersuchung nicht „auch", sondern vor allem darauf zu richten, ob das Kind nach oder während der Geburt gelebt hat (LR-Krause 1), auch darauf, ob Anzeichen für eine Straftat nach § 218 StGB bestehen.

Vergiftung **RiStBV 35**

91 **I Liegt der Verdacht einer Vergiftung vor, so ist die Untersuchung der in der Leiche oder sonst gefundenen verdächtigen Stoffe durch einen Chemiker oder durch eine für solche Untersuchungen bestehende Fachbehörde vorzunehmen.**

II Es kann angeordnet werden, dass diese Untersuchung unter Mitwirkung oder Leitung eines Arztes stattzufinden hat.

1 **1) Für alle Fälle der Vergiftung** gilt § 91, nicht nur für die Tötungsdelikte nach §§ 211, 212, 222 StGB, sondern zB auch für Straftaten nach §§ 219, 324, 326 StGB (SK-Rogall 2).

2 **2)** Einer **Ergänzung der Leichenöffnung** nach § 87 II dient die chemische Untersuchung nach § 91. Der Richter oder StA, der die Leichenöffnung leitet, ordnet sie an. Er wählt auch den Chemiker, der auf dem Gebiet der Giftkunde besonders erfahren sein muss, oder die Fachbehörde aus.

3 **3)** Die **Mitwirkung eines Arztes** (II) ordnet ebenfalls der Richter oder StA an, der die Leichenöffnung leitet. Der Arzt braucht nicht der Obduzent und kein Gerichtsarzt zu sein. Ob er Zeuge oder Sachverständiger ist, hängt von der Art seiner Mitwirkung (Bericht über Wahrnehmungen oder gutachtliche Äußerungen) ab.

Gutachten bei Geld- oder Wertzeichenfälschung **RiStBV 215–219**

92 I [1]**Liegt der Verdacht einer Geld- oder Wertzeichenfälschung vor, so sind das Geld oder die Wertzeichen erforderlichenfalls der Behörde vorzulegen, von der echtes Geld oder echte Wertzeichen dieser Art in Umlauf gesetzt werden.** [2]**Das Gutachten dieser Behörde ist über die Unechtheit oder Verfälschung sowie darüber einzuholen, in welcher Art die Fälschung mutmaßlich begangen worden ist.**

II **Handelt es sich um Geld oder Wertzeichen eines fremden Währungsgebietes, so kann an Stelle des Gutachtens der Behörde des fremden Währungsgebietes das einer deutschen erfordert werden.**

1) **Geld- oder Wertzeichenfälschung:** Gemeint sind die Straftaten nach §§ 146 ff StGB, auch die Wertpapierfälschung nach § 151 StGB (**aM** SK-Rogall 5). Zur Verfolgung dieser Taten vgl RiStBV 215 ff. 1

2) Die **Vorlegungspflicht** (I) entfällt, wenn die Fälschung und die Art ihrer Begehung schon durch Augenschein festgestellt werden können (KK-Senge 1). Andernfalls muss das Gutachten der Behörde eingeholt werden, von der echtes Geld oder echte Wertzeichen dieser Art in Umlauf gesetzt werden. Wegen der zuständigen Behörden vgl RiStBV 216. 2

3) **Fremde Währungsgebiete** (II): Vgl § 152 StGB. 3

Schriftvergleichung

93 **Zur Ermittlung der Echtheit oder Unechtheit eines Schriftstücks sowie zur Ermittlung seines Urhebers kann eine Schriftvergleichung unter Zuziehung von Sachverständigen vorgenommen werden.**

1) **Unter Zuziehung von Sachverständigen,** dh in Form eines Sachverständigengutachtens, wird idR die Schriftvergleichung vorgenommen; das entbindet den Richter aber nicht von der Pflicht, die Schriftproben selbst in Augenschein zu nehmen (KG StV **93**, 628; **aM** ANM 235). Eigene Sachkunde wird der Richter nur selten haben (KG StraFo **09**, 154). Bei der Auswahl der Sachverständigen ist besondere Vorsicht geboten (LR-Krause 8). Die Bestellung mehrerer Sachverständiger und die Heranziehung eines Experten des BKA ist erforderlich, wenn das Gutachten ausschlaggebende Bedeutung hat (BGH **10**, 116, 119; Braunschweig NJW **53**, 1035; Celle NJW **74**, 616; Düsseldorf StV **86**, 375; **91**, 456). Akteneinsicht sollte der Sachverständige idR nicht erhalten; er sollte sein Gutachten nur auf die Schriftvergleichung stützen (Celle aaO; LR-Krause 9; **aM** Bach Kriminalistik **75**, 248; Händel Kriminalistik **76**, 494; Ockelmann Kriminalistik **76**, 21; Pfanne NJW **74**, 1439; einschr auch Celle StV **81**, 608 mit Anm Barton). 1

2) **Vergleichsschriften** brauchen weder Beschuldigte (BGH **34**, 39, 46) noch Zeugen anzufertigen (LR-Krause 7); notfalls müssen sie nach § 94 beschlagnahmt werden (BGHR StPO § 94 Beweismittel 1: auch ein im Wege der Briefkontrolle erlangter Gefangenenbrief). Durch Täuschung erlangte Schriftproben sind unverwertbar (KK-Senge 3; vgl auch BGH **34**, 39, 46). Bei der Beschaffung von Schriftproben müssen unbedingt die Richtlinien des BKA (abgedruckt bei LR-Krause 13 und bei Michel, Gerichtliche Schriftvergleichung, 1982, S 226) beachtet werden. Das Gutachten sollte sich auf Originalschriftstücke stützen (Braunschweig NJW **53**, 1035; Köln OLGSt § 244 II S 85; LG Berlin MDR **64**, 694), auf Ablichtungen nur, wenn keine Originale verfügbar sind (Celle StV **81**, 608; Düsseldorf StV **86**, 376; Köln StV **81**, 539; SK-Rogall 11; Philipp Kriminalistik **73**, 25; **aM** Hecker Kriminalistik **72**, 24). 2

3) Der **Beweiswert** des Gutachtens, das durch erfahrene Sachverständige erstellt ist und zu dem Schluss kommt, dass der Angeklagte mit Sicherheit der Urheber 3

der Schrift ist, ist so groß, dass es allein vollen Beweis erbringen kann (BGH NJW **82**, 2882 = JR **83**, 163 mit Anm Peters; SK-Rogall 22). Die Gefahr einer Fehlbeurteilung mahnt aber bei der Beweiswürdigung zu Vorsicht (BGH **10**, 116; Celle StV **81**, 608; Düsseldorf JR **87**, 258 mit Anm Breidling), insbesondere, wenn nur geringe Vergleichsmöglichkeiten bestehen (Celle NJW **74**, 616; StV **81**, 608), etwa nur ein kurzer Namenszug als Vergleichsschrift verfügbar ist (Köln StV **81**, 539), der aber andererseits für ein Gutachten ausreichen kann (Düsseldorf NStZ **90**, 506).

4 **4)** Die vom BKA herausgegebenen **Richtlinien** für die Beschaffung von Schriftproben für die Handschriftenvergleichung sind bei LR-Krause 13 abgedruckt.

8. Abschnitt. Beschlagnahme, Überwachung des Fernmeldeverkehrs, Rasterfahndung, Einsatz technischer Mittel, Einsatz Verdeckter Ermittler und Durchsuchung

Vorbemerkungen

1 **1) Zwangsmaßnahmen** zur Erlangung und Sicherung von Beweisen, zur Sicherstellung von Verfalls- und Einziehungsgegenständen, zur Ergreifung des Beschuldigten und, im Fall des § 111 a, zur Vorwegnahme der Urteilsfolgen fasst der 8. Abschnitt zusammen. Bei diesen Zwangsmaßnahmen handelt es sich um Eingriffe in Grundrechte, insbesondere um Beschränkungen des allgemeinen Freiheitsrechts (Art 2 I GG), des Post- und Fernmeldegeheimnisses (Art 10 I GG), der Unverletzlichkeit der Wohnung (Art 13 I GG) und des vom BVerfG erarbeiteten (BVerfGE **65**, 1; 1 zu § 163 d) Rechts auf informationelle Selbstbestimmung (vgl dazu Duttge, Der Begriff der Zwangsmaßnahme im Strafprozessrecht, 1995). Sie dürfen nur unter Wahrung des Verhältnismäßigkeitsgrundsatzes (Einl 20 ff) angeordnet und vorgenommen werden. Zum Zusammenhang zwischen Zwangsmaßnahmen und Vorfeldkriminalisierung vgl Weißer JZ **08**, 388, 392.

2 **2) Nicht nur in diesem Abschnitt,** sondern auch in anderen Abschnitten des Gesetzes sind Zwangsmaßnahmen vorgesehen, nämlich ferner in §§ 81, 81 a, 81 b, 81 c, 81 e, 81 g, 112, 126 a, 127, 127 b, 131 ff, 132, 132 a, 134, 163 b, 163 d, 163 e, 163 f und 164.

3 **3) Beschlagnahme** bedeutet die förmliche Sicherstellung eines Gegenstandes durch Überführung in amtlichen Gewahrsam oder auf andere Weise, aber auch die Anordnung dieser Sicherstellung. Anordnung und Vollzug der Beschlagnahme können zusammenfallen, wenn der Beamte, der sie anordnet, sie sogleich selbst vornimmt (8 zu § 98; 3 zu § 105). Die §§ 94 ff, 111 b ff regeln ausschließlich Beschlagnahmen für Zwecke des gerichtlichen Strafverfahrens. Für präventivpolizeiliche Zwecke gelten die entspr Bestimmungen der Polizei- und Ordnungsgesetze der Länder sowie § 47 BPolG. Weitere Beschlagnahmeregelungen enthalten §§ 132 III, 290, 443, 463 b I, II sowie §§ 7, 8 UZwGBw, § 2 II GÜV und §§ 3 I, 4 IV, V, 8 II, 10, 14 I VereinsG.

4 **4)** Die **Durchsuchung** dient der Auffindung von Gegenständen, die der Beschlagnahme unterliegen, sowie der Ergreifung des Beschuldigten. Auch insoweit enthalten die Vorschriften der StPO (§§ 102 ff, 111 b IV) nur Regelungen für Zwecke der Strafverfolgung. Durchsuchungen zu anderen Zwecken gestatten §§ 45, 46 BPolG, §§ 7, 8 UZwGBw, §§ 4 IV, V, 8 II, 10 II VereinsG und die Polizei- und Ordnungsgesetze der Länder.

5 **5)** Die **Überwachung der Telekommunikation** nach §§ 100 a, 100 b, 100 g, 100 i ist ein beschlagnahmeähnlicher Vorgang, der für bestimmte schwere Straftaten die Ermittlungsmöglichkeiten erweitert. Eine gleichartige Überwachung gestatten

§ 1 **G 10**, §§ 201 – 20n BKAG und §§ 23a – 23g ZFdG für Zwecke außerhalb des Strafverfahrens. §§ 23aff ZFdG (dazu Huber NJW **05**, 2260; Roggan NVwZ **07**, 1239; vgl auch BT-Drucks 16/9682 [Bericht nach § 23c VIII S 2 ZFdG]) sind an die Stelle der §§ 39ff AWG getreten, die das BVerfG (BVerfGE **110**, 33 = NJW **04**, 2213) für verfassungswidrig erklärt hatte (dazu eingehend Arnold StraFo **05**, 5 und Fehn Kriminalistik **04**, 252, 329). Vgl auch § 16b WpHG: „Quick-Freezing-Verfahren" (vgl BVerfG NJW **10**, 833, 838 zu dessen Geeignetheit für die allgemeine Straftataufklärung sowie BT-Drucks 16/5846 S 53 zur Frage, ob die Einführung eines solchen Instruments von Art 16 Cybercrime-Konvention [unten 9] gefordert wird). Zur Praxis vgl Albrecht/Dorsch/Krüpe, Rechtswirklichkeit und Effizienz der Überwachung der Telekommunikation nach den §§ 100a, 100b StPO und anderer verdeckter Ermittlungsmaßnahmen, 2003; Albrecht/Grafe/Kilchling, Rechtswirklichkeit der Auskunftserteilung über Telekommunikationsverbindungsdaten nach §§ 100g, 100h StPO, 2008 (= BT-Drucks 16/8434); Backes/Gusy, Wer kontrolliert die Telefonüberwachung?, 2003; Eckhardt, Effizienzanalyse der Telekommunikationsüberwachung nach § 100a StPO, 2009, zugl Diss Trier 2009, 89ff.

6) Neue Zwangsmaßnahmen sind durch das OrgKG in die StPO eingefügt worden: die Rasterfahndung (§ 98a), der Datenabgleich (§ 98c), der Einsatz technischer Mittel (§ 100c aF = §§ 100f, 100h), der Einsatz eines Verdeckten Ermittlers (§§ 110aff) und die Polizeiliche Beobachtung (§ 163e). Eine ausführliche Übersicht dazu findet sich bei Bernsmann StV **98**, 224ff; vgl auch Schroeder GA **05**, 73; Sieler, Die Effizienz der durch das „Gesetz zur Bekämpfung des illegalen Rauschgifthandels und anderer Erscheinungsformen der Organisierten Kriminalität" geregelten polizeilichen Ermittlungsmethoden bei der Bekämpfung der organisierten Kriminalität – eine Literaturanalyse, 2007, zugl Diss Freiburg. Zur Wohnraumüberwachung vgl 1 zu § 100c, zur Kumulation dort 2; 2 zu § 163f. Die Heimlichkeit von Ermittlungsmaßnahmen als Synonym mehrschichtiger Rechtsbeeinträchtigungen erörtert Heghmanns Eisenberg-FS 511. 6

7) Die **vorläufige Entziehung der Fahrerlaubnis** nach § 111a gehört im Grunde nicht in den 8. Abschnitt, sondern ist eine Vorwegnahme der Urteilsfolgen zur Sicherung der Allgemeinheit wie die Maßnahmen nach §§ 112a, 126a und 132a. 7

8) Über die **Vernichtung ermittelter Erkenntnisse** und das **Löschen von Daten** finden sich Regelungen in §§ 81a III, 81c V S 2, 98b III S 2, 100a IV S 3, 100i II S 2, 101 VIII, 163c III, 163d IV S 2 und § 494 II (vgl dazu Hilger NStZ **97**, 371). 8

9) Europäische Impulse: Der Lissabonner Vertrag hat die Kompetenzen der EU zur Regelung verfahrensrechtlicher Aspekte ausgeweitet (vgl BVerfGE **123**, 267 = NJW **09**, 2267, 2287; Böse ZIS **10**, 85; Mansdörfer HRRS **10**, 15; Meyer NStZ **09**, 662; erg Einl 206). Der Rahmenbeschluss 2003/577/JI des Rates vom 22. 7. 2003 über die Vollstreckung von Entscheidungen über die Sicherstellung von Vermögensgegenständen oder Beweismitteln in der Europäischen Union (ABl EU Nr L 196 S 45) ist mit Ges vom 6. 6. 2008 (BGBl I 995; Materialien: BT-Drucks 16/6563, 16/8222), der Rahmenbeschluss 2006/783/JI des Rates vom 6. 10. 2006 über die Anwendung des Grundsatzes der gegenseitigen Anerkennung auf Einziehungsentscheidungen (ABl EU L 328 S 59) und der Rahmenbeschluss 2008/675/JI des Rates vom 24. 7. 2008 zur Berücksichtigung der in anderen Mitgliedstaaten der Europäischen Union ergangenen Verurteilungen in einem neuen Strafverfahren (ABl EU L 220 S 32) sind mit Ges vom 2. 10. 2009 (BGBl I 3214; Materialien: BT-Drucks 16/12320, 16/13673) umgesetzt worden (vgl etwa §§ 58 III, 66, 88d, 89, 91, 94ff IRG). Zur Europäischen Beweisanordnung vgl Einl 207g, zum Prümer Vertrag 19 zu § 81b, 12 zu § 81g, zur Richtlinie 2006/24/EG vom 15. 3. 2006 (ABl EU Nr L 105 S 54; „Vorratsdatenspeiche- 9 rung") vgl 7 zu § 100g. Das Übereinkommen des Europarats vom 23. 11. 2001 über Computerkriminalität (Cybercrime-Konvention; BGBl 2008 II 1242 [Text]; in Kraft für Deutschland ab 1. 7. 2009, BGBl 2010 II 218 [Vorbehalte und Erklärungen]) enthält ua Vorgaben für strafprozessuale Maßnahmen zur Durchsuchung und Beschlagnahme von Beweismaterial und Regelungen über die Verbesserung der internationalen Zusammenarbeit einschl der Rechtshilfe (Denkschrift in BT-Drucks 16/7218 S 40; Keller Kriminalistik **09**, 495); der sich hieraus für die StPO ergebende Änderungsbedarf ist bereits im Ges vom 21. 12. 2007 berücksichtigt worden (BT-Drucks 16/5648 S 27). Das Übereinkommen sieht ua in dringenden Fällen Rechtshilfeersuchen „durch schnelle Kommunikationsmittel" vor (Art 25 III), die umgehende Sicherung von Daten im Vorgriff auf ein noch zu stellendes Rechtshilfeersuchen für mindestens 60 Tage (Art 29; die BRep hat den in Art 29 IV, 42 vorgesehenen Vorbehalt erklärt), die Rechtshilfe beim Zugriff auf gespeicherte Computerdaten sowie Verkehrs- und Inhaltsdaten in Echtzeit, die mittels eines Computersystems übermittelt werden (Art 31, 33, 34) und den grenzüberschreitenden Zugriff einer Vertragspartei auf öffentlich zugängliche Daten oder mit „rechtmäßige(r) und freiwillige(r) Zustimmung der Person ..., die rechtmäßig befugt ist, die Daten mittels dieses Computersystems an sie weiterzugeben", also zB des Geschäftsführers des im Inland durchsuchten Unternehmens (Art 32); vgl auch die Anforderungen an die nationalen Kontaktstellen in Art 35. Erg 8 a zu § 163.

Sicherstellung von Beweisgegenständen **RiStBV 73 a–75, 251**

94 **I Gegenstände, die als Beweismittel für die Untersuchung von Bedeutung sein können, sind in Verwahrung zu nehmen oder in anderer Weise sicherzustellen.**

II Befinden sich die Gegenstände in dem Gewahrsam einer Person und werden sie nicht freiwillig herausgegeben, so bedarf es der Beschlagnahme.

III Die Absätze 1 und 2 gelten auch für Führerscheine, die der Einziehung unterliegen.

1 **1)** Die **Sicherstellung von Gegenständen zu Beweiszwecken** und des Führerscheins zur Einziehung gestattet die Vorschrift. Die Sicherstellung von Gegenständen, die dem Verfall oder der Einziehung unterliegen, regeln die §§ 111 b ff. Während die Sicherstellung zu diesem Zweck nur in der Form der Beschlagnahme möglich ist (11 zu § 111 b), ist nach § 94 eine Beschlagnahme nur erforderlich, wenn der Gegenstand nicht freiwillig herausgegeben wird (II). Sonst genügt die formlose Sicherstellung (unten 12). Gleichgültig ist, ob sich der Beweisgegenstand im Eigentum oder Gewahrsam des Beschuldigten oder eines anderen befindet (BGH NStZ **81**, 94 [Pf]). Sicherstellungen im Wege der Sitzungspolizei erfasst die Vorschrift nicht (LG Ravensburg NStZ-RR **07**, 348).

2 Kommt ein **Beweisgegenstand zugleich als Verfalls- oder Einziehungsgegenstand** in Betracht, so ist die Beschlagnahme nach § 94 zwar ausreichend; wegen des nur nach § 111 c V eintretenden Veräußerungsverbots empfiehlt sich aber die gleichzeitige Beschlagnahme nach §§ 111 b I, 111 e (vgl LG Lübeck StraFo **03**, 417; zum Beginn der 6-Monats-Frist des § 111 b III s dort 8). Jeder nach § 94 beschlagnahmte Gegenstand steht für die Sicherung des Verfalls und der Einziehung zur Verfügung; umgekehrt kann jeder nach §§ 111 b ff beschlagnahmte Gegenstand zugleich als Beweismittel verwertet werden (**aM** SK-Rogall 28 vor § 111 b; Achenbach NJW **76**, 1070). Wegen des Akteneinsichtsrechts nach § 147 ist aber die Beschlagnahme nach § 94 erforderlich (LR-Schäfer 7; SK-Wohlers 3).

3 **2) Gegenstände als Beweismittel** (I):

4 A. **Gegenstände:** In Betracht kommen bewegliche Sachen jeder Art, auch Datenträger und Computerausdrucke (BVerfGE **113**, 29 = NJW **05**, 1917; BVerfG NStZ-RR **03**, 176) sowie digital gespeicherte Informationen (vgl BVerfG NJW **09**,

2431, 2434: unkörperliche Gegenstände; eingehend Böckenförde, Die Ermittlung im Netz, 2003, S 274ff; erg unten 16a), unbewegliche Sachen (Grundstücke, Grundstückteile), auch Leichen (9 zu § 87), Leichenteile (13 zu § 87) und Föten sowie abgetrennte Teile des Körpers des lebenden Menschen (auch Prothesen) und Körperinhalte, wenn sie vom Körper getrennt sind (Blut-, Urinproben). Sind Unterlagen – wie jetzt in immer mehr zunehmendem Maße – auch oder allein auf Bild- oder andere Datenträger gespeichert, können insbesondere die Datenträger selbst sowie die technischen Hilfsmittel, mit deren Hilfe sie lesbar gemacht werden, sichergestellt werden (vgl LG Trier NJW **04**, 869: Beschlagnahme beim Vertreiber einer serverunterstützten Software; ausführlich zur Beschlagnahmefähigkeit von Daten und E-Mails Spatscheck Hamm-FS 737ff; Kemper NStZ **05**, 538; erg unten 16a, 18a, 19a). Zur Beschlagnahme von Dateien zum Zweck des Abgleichs mit Dateien der Strafverfolgungsbehörden in deren EDV-Systemen (Rasterfahndung) vgl §§ 98aff.

B. **Beweismittel** iS von I sind alle beweglichen und unbeweglichen Sachen, die unmittelbar oder mittelbar für die Tat oder die Umstände ihrer Begehung Beweis erbringen (Düsseldorf JMBlNW **79**, 226). Das können die Tatbeute, die Tatwerkzeuge und die Tatträume sein, auch Beweismittelträger, von denen die Beweise nicht oder nur unter Schwierigkeiten getrennt werden können (Kleidungsstücke mit Blut- oder Spermaflecken; Vieh, das Beweisgegenstände verschluckt hat), und Gegenstände, auf deren Wiedererkennung es ankommt. 5

C. Die **potientielle Beweisbedeutung** des Gegenstandes ist erforderlich und ausreichend (BGH NStZ **81**, 94 [Pf] und bei H. W. Schmidt MDR **81**, 977 Fn 47; München NJW **78**, 601; vgl auch BVerfGE **77**, 1 = NJW **88**, 890, 894). Es muss die Möglichkeit bestehen, dass er zu Untersuchungszwecken verwendet werden kann (Bremen NJW **62**, 649; Düsseldorf JMBlNW **79**, 226; München NJW **78**, 601; vgl Rebmann Pfeiffer-FS für Bekennerschreiben von Terroristen); für welche Beweisführung er im Einzelnen in Betracht kommt, braucht noch nicht festzustehen (BGH NStZ **81**, 94 [Pf]). Da das Beweisergebnis ungewiss und die Entwicklung des Verfahrens nicht voraussehbar ist, kommt es auch nicht darauf an, ob der Gegenstand später Beweismittel wird und ob er dann beweiserheblich ist (BerlVerfGH JR **02**, 496, 499; BGH JZ **62**, 609 mit Anm Baumann; Düsseldorf StV **83**, 407). Bei potientieller Beweisbedeutung muss der Gegenstand sichergestellt werden (Achenbach NJW **76**, 1068); insoweit gilt das Legalitätsprinzip. 6

An der Beweisbedeutung fehlt es, wenn vorauszusehen ist, dass es zu keinem Gerichtsverfahren kommt (BGH **9**, 351, 355), insbesondere, wenn von vornherein ein nicht behebbares **Verfahrenshindernis** (Einl 144ff) erkennbar ist. Bloße Zweifel an der Behebbarkeit, zB der Nachholung des Strafantrags, sind aber bedeutungslos (LR-Schäfer 31). Nur die begründete Annahme, dass die Verfahrensvoraussetzungen nicht geschaffen werden können, hindert die Beschlagnahme (KK-Nack 10; SK-Wohlers 16; vgl LG Bochum HRRS **09**, 537 L: Verjährung). 7

D. **Für die Untersuchung** muss der Beweisgegenstand von Bedeutung sein. Zur Untersuchung gehören die Anordnung der UHaft und ihrer Fortdauer (Hamburg NJW **67**, 166), die Aufenthaltsermittlung (Bay **20**, 346) und die Sicherstellung von Urkunden wegen Aktenverlustes (Düsseldorf JMBlNW **79**, 226; W. Schmid Lange-FS 803 Fn 59). Dringende Gründe für die Annahme, dass es zum Hauptverfahren kommt, müssen nicht vorliegen; der Anfangsverdacht (4 zu § 152) reicht aus (Hamm MDR **81**, 70; LG Köln StV **83**, 275), auch gegen einen noch unbekannten Täter (Rogall GA **85**, 16). Eine Beschlagnahme zur Ausforschung ist aber unzulässig (LG Köln StV **83**, 56; SK-Wohlers 15; Wilhelm NJW **59**, 1716). Die Untersuchung kann mit der Beschlagnahme nach § 94 beginnen (Celle NJW **63**, 406; KK-Nack 8). 8

Sie **umfasst** das gesamte Strafverfahren, auch das Sicherungsverfahren nach §§ 413ff, das Einziehungsverfahren nach §§ 440ff (RG **44**, 279; Lüttger/Kaul GA **61**, 75) und das Privatklageverfahren (7 zu § 384). Dass bereits ein mit der 9

Revision angefochtenes Urteil vorliegt, steht der Beschlagnahme mit Rücksicht auf § 354 II nicht entgegen (Hamm JMBlNW **76**, 118). Nach Rechtskraft des Urteils gilt § 94 aber nicht für Zwecke der Strafvollstreckung einschließlich der bei Strafaussetzung zur Bewährung zu treffenden Entscheidungen (KG NJW **99**, 2979). Die Beschlagnahme kann erst im Wiederaufnahmeverfahren wieder angeordnet werden (LR-Schäfer 22), auch zu seiner Vorbereitung, nicht aber rein vorsorglich, wenn für eine Wiederaufnahme noch keine Anhaltspunkte bestehen (BGH 6 BJs 159/76 – StB 257/77 vom 23. 12. 1977).

10 3) **Führerscheine** (III): Vgl 15 zu § 111 a.

11 4) **Sicherstellung** ist der Oberbegriff für die Beschlagnahme und die sonstige Herstellung der staatlichen Gewalt über das Beweismittel.

12 A. **Formlos** kann die Sicherstellung erfolgen, wenn der Gewahrsamsinhaber nicht bekannt ist oder wenn er die Sache, ausdrücklich oder stillschweigend, freiwillig zur Verfügung stellt, gleichgültig aus welchen Gründen (vgl Lüttger MDR **61**, 814: Herausgabe auf Grund Dienstpflicht; SK-Wohlers 7: Abwendung einer sonst erfolgenden Durchsuchung und Beschlagnahme). Zur Freiwilligkeit gehört die Kenntnis, dass eine Pflicht zur Herausgabe nicht besteht; eine Belehrung darüber ist aber nicht erforderlich (Eisenberg BR 2330). Haben mehrere Personen Mitgewahrsam, so müssen alle einwilligen, sofern nicht einer allein verfügungsberechtigt ist (LR-Schäfer 36). Ist ein Minderjähriger Inhaber des Gewahrsams über einen Gegenstand, über den er nicht selbst verfügen darf, so ist die Zustimmung des gesetzlichen Vertreters erforderlich. Der Widerruf des Einverständnisses ist als Antrag nach § 98 II S 2 aufzufassen (SK-Wohlers 9; **aM** LR-Schäfer 38).

13 B. Die **Beschlagnahme** ist nötig, wenn der Gegenstand nicht freiwillig herausgegeben wird (II). Das ist auch der Fall, wenn die Herausgabe durch Androhung oder Anwendung von Zwang gemäß § 95 II bewirkt wird. Andererseits steht die freiwillige Herausgabe der Beschlagnahme nicht entgegen (BGH NJW **56**, 1805, 1806; LR-Schäfer 41; Misch DB **77**, 1970; **aM** Eisenberg BR 2330 Fn 11). Sie besteht darin, dass der Gegenstand in amtliche Verwahrung genommen oder sonst sichergestellt wird (I). Zulässig und uU nach dem Verhältnismäßigkeitsgrundsatz (unten 18) geboten ist die Beschränkung der Beschlagnahme auf einen Teil der Sache, sofern es sich nicht um einen einheitlichen, unteilbaren Gegenstand handelt, bei dem eine solche Beschränkung eine Zerstörung oder wesentliche Beschädigung erfordert, zB durch Herausschneiden oder Überkleben bestimmter Teile einer Urkunde. Wegen Form, Inhalt, Bekanntgabe und Durchführung der Beschlagnahme vgl 8–10, 24 zu § 98.

14 C. **Bewirkt** wird die Sicherstellung durch Inverwahrungnahme oder auf andere Weise (I). Dazu ist eine amtliche Handlung nötig, die in geeigneter Weise und erkennbar zum Ausdruck bringt, dass die Sache der amtlichen Obhut untersteht; stets muss durch Inbesitznahme oder sonstige Sicherstellung ein Herrschaftsverhältnis begründet werden (BGH **3**, 395, 400; **15**, 149; Hoffmann/Knierim NStZ **00**, 461).

15 Die **amtliche Verwahrung** ist die Überführung der Sache in den Besitz der Behörde oder einer beauftragten Stelle oder Person (Graulich wistra **09**, 299). Die Sachen sind idR der StA zu übergeben, die sie in den Akten, auf der Geschäftsstelle oder in einem besonderen Asservatenraum verwahrt.

16 Die **Sicherstellung in anderer Weise** ist nur bei förmlicher Beschlagnahme möglich. Sie ist notwendig, wenn Gegenstände nicht in Verwahrung genommen werden können (Grundstücke, Räume), und auch sonst zulässig, wenn der Zweck auch ohne Inverwahrungnahme erreicht werden kann (LR-Schäfer 49; vgl Weyand ZInsO **08**, 27: Geschäftsunterlagen des Schuldners beim Insolvenzverwalter). Maßnahmen der Sicherstellung sind bei Grundstücken und Räumen die Absperrung, die Versiegelung und das Verbot des Betretens, bei beweglichen Sachen Ver-

bote und Gebote (BGH **15**, 149), zB das Verbot an den unmittelbaren Besitzer, sie herauszugeben (RG **52**, 117), zu vernichten oder sonst über sie zu verfügen (BGH JZ **62**, 609 mit Anm Baumann; Hamburg MDR **61**, 689; Stuttgart MDR **51**, 692). Die Anfertigung von Fotokopien gegen Rückgabe des Originals der Urkunde ist ein Sicherstellungsersatz, keine Sicherstellung in sonstiger Weise (**aM** Koch wistra **83**, 63; Sieg wistra **84**, 172).

Die Beschlagnahme von gespeicherten **Daten** kann durch Übermittlung von dem Datenträger des Betroffenen in den Computer der StA ohne Beschlagnahme des Datenträgers erfolgen (Möhrenschlager wistra **91**, 329; Schäfer wistra **89**, 12; vgl auch Meier/Böhm wistra **92**, 169; ausführlich zu den hierzu auftauchenden Problemen Bär, Der Zugriff auf Computerdaten im Strafverfahren, 1992; Kemper NStZ **05**, 538; ZRP **07**, 107; Lemcke, Die Sicherstellung gem. § 94 StPO und deren Förderung durch die Inpflichtnahme Dritter als Mittel des Zugriffs auf elektronisch gespeicherte Daten, 1995; Meininghaus, Der Zugriff auf E-Mails im strafrechtlichen Ermittlungsverfahren, 2007, zugl Diss Passau, S 197 ff; Radtke Meyer-Goßner-FS 321: Aktive Mitwirkungspflichten und die „freiwillige" aktive Mitwirkung des Betroffenen bei dem Zugriff auf elektronisch gespeicherte Daten im Strafprozess). Soweit hierbei auf fremde Computerprogramme zurückgegriffen wird, ist dies urheberrechtlich zulässig (§ 45 UrhG; vgl Bär DRiZ **07**, 220). §§ 94 ff stellen eine hinreichende Ermächtigungsgrundlage für die Sicherstellung und Beschlagnahme von Datenträgern und den hierauf enthaltenen Daten dar (BVerfGE **113**, 29 = NJW **05**, 1917, 1919; BVerfG NJW **07**, 3343; vgl aber Böckenförde JZ **08**, 930; Hornung CR **08**, 303), auch soweit es um den Zugriff auf Inhalts- oder Verkehrsdaten (§ 3 Nr 30 TKG) außerhalb des Herrschaftsbereichs des Telekommunikationsdiensteanbieters nach Abschluss des Kommunikationsvorgangs geht (erg 11 zu § 100 g); §§ 94 ff ermächtigen iS einer einmaligen und punktuellen Datenerhebung auch zur Sicherstellung und Beschlagnahme von E-Mails, die auf dem Mailserver des Providers zwischen- oder endgespeichert sind (BVerfG NJW **09**, 2431, 2434 [krit AnwK-Löffelmann 12 zu § 100 a, Brodowski JR **09**, 406, Brunst CR **09**, 591, Gercke StV **09**, 625 und Krüger MMR **09**, 682; zust Keller Kriminalistik **09**, 491; Klein NJW **09**, 2996; vgl weiter Szebrowski K&R **09**, 563]; erg unten 19 a; 6 b zu § 100 a). Entspr gilt für den einmaligen und offenen Zugriff auf dort gespeicherte Verkehrsdaten (vgl LG Saarbrücken MMR **10**, 205 mit Anm Bär: Festplatte zu einem vom Beschuldigten angemieteten Webseed-Server) sowie für Bestands- und Nutzungsdaten bei Telemediendiensten (§§ 14 I, 15 I TMG; vgl BT-Drucks 16/5846 S 26; Heckmann 33 zu § 14 TMG, 63 zu § 15 TMG; erg 16 zu § 99, 8 zu § 100 g). 16a

D. Ein **Veräußerungsverbot** bewirkt die Beschlagnahme oder sonstige Sicherstellung nach § 94 nicht (München Rpfleger **80**, 238; KMR-Müller 11; SK-Wohlers 3; **aM** Bremen NJW **51**, 675). Jedoch gilt § 136 StGB. Die in amtliche Verwahrung genommenen Sachen stehen auch unter dem Schutz des § 133 StGB. 17

5) Verhältnismäßigkeitsgrundsatz: Die Beschlagnahme muss in angemessenem Verhältnis zur Schwere der Tat und zur Stärke des Tatverdachts stehen und für die Ermittlungen notwendig sein (BVerfGE **20**, 162, 186 = NJW **66**, 1603, 1607). Der Tatverdacht muss eine Tatsachengrundlage haben, aus der sich die Möglichkeit der Tatbegehung durch den Beschuldigten ergibt; eine bloße Vermutung reicht nicht aus (BVerfG NStZ-RR **04**, 143). Bei der Frage, ob die Anordnung erfolgen soll, fallen die Interessen des Verletzten und anderer Unbeteiligter mehr ins Gewicht als die des Beschuldigten (Ellbogen/Erfurth CR **08**, 638). Handelt es sich um Urkunden, so muss stets geprüft werden, ob die Anfertigung von Fotokopien genügt (BVerfG NJW **09**, 281; BGH MDR **90**, 105 [S]; Hamburg NJW **67**, 166; München NJW **78**, 601; Koch wistra **83**, 63; Krekeler wistra **83**, 45). Sind die Originalurkunden als Beweismittel unentbehrlich, so zwingt der Verhältnismäßigkeitsgrundsatz aber nicht dazu, dem Betroffenen kostenlos Fotokopien zu überlassen (so aber BGH MDR **88**, 358 [S]; LR-Schäfer 65). Ihm kann nur gestattet 18 werden, auf eigene Kosten Fotokopien anfertigen zu lassen (LG Aachen MDR **89**, 1014; KK-Nack 13). Wenn ein Auskunftsverlangen (1 a ff zu § 161) ausreicht, ist die Beschlagnahme unzulässig (Köln StV **83**, 275).

18a Bei der Durchsuchung, Sicherstellung und Beschlagnahme von **Datenträgern und der darauf vorhandenen Daten** setzt der Verhältnismäßigkeitsgrundsatz dem staatlichen Handeln wegen der besonderen Eingriffsintensität Grenzen (erg Michalke StraFo **08**, 291); der Zugriff auf überschießende, für das Verfahren bedeutungslose Informationen, insbesondere vertrauliche Daten Unbeteiligter, muss im Rahmen des Vertretbaren vermieden werden (BVerfGE **113**, 29 = NJW **05**, 1917, 1921 [zust Kutzner NJW **05**, 2652]; NJW **09**, 2431, 2436; **10**, 1297, 1298; vgl auch Badle NJW **08**, 1030; 10 aE zu § 110). Auch hier ist zu prüfen, ob die Anfertigung einer Kopie der verfahrensrelevanten Daten oder die Sicherstellung der betreffenden (ggf externen) Festplatte genügt (vgl BVerfG NJW **07**, 3343, 3344; LG Konstanz MMR **07**, 193; Beck/Kreißig NStZ **07**, 309; Michalke NJW **08**, 1492; abl Störing, Strafprozessuale Zugriffsmöglichkeiten auf E-Mail-Kommunikation, 2007, zugl Diss Bochum, S 106); bei im Einzelfall bestehendem Verdacht auf verborgene, verschleierte oder verschlüsselte Daten ist der Originaldatenträger sicherzustellen (vgl BVerfGE **113**, 29 = NJW **05**, 1917, 1921; Spatscheck Hamm-FS 737).

19 **Einzelfälle:** Der Verhältnismäßigkeitsgrundsatz kann die Beschlagnahme von Klientenakten einer iS des § 203 I Nr 4 StGB anerkannten Suchtkrankenberatungsstelle unzulässig machen, wenn noch kein konkreter Tatverdacht gegen bestimmte Beschuldigte besteht (BVerfGE **44**, 353 = NJW **77**, 1489; dazu Knapp NJW **77**, 2119; Knauth JuS **79**, 339; vgl auch LG München I StV **96**, 141). Von der Beschlagnahme einer ärztlichen Patientenkartei muss abgesehen werden, soweit andere Beweismittel vorhanden sind (LG Dortmund NJW **72**, 1533; eingehend hierzu Wasmuth NJW **89**, 2297), sonst aber – im Rahmen der Verhältnismäßigkeit ieS – nicht (BerlVerfGH JR **02**, 496, 500; erg 4 a zu § 97). Die Beschlagnahme eines Briefs des Beschuldigten zur Gewinnung des für ein Schriftgutachten notwendigen Vergleichsmaterials ist unverhältnismäßig, wenn sich bereits ein umfangreiches handschriftliches Originalschreiben dieses Beschuldigten bei den Akten befindet, ohne dass dem Brief überlegene Beweiseignung zukäme (BGH NStZ-RR **09**, 56). Im Falle einer Beschlagnahme von Mandatsunterlagen ist eine Störung des Rechts auf vertrauliche Kommunikation zwischen RA und Mandant besonders zu berücksichtigen (BVerfG NJW **09**, 281). Die Beschlagnahme von Schriften muss sich idR auf einige wenige Exemplare beschränken (KK-Nack 14; Löffler NJW **78**, 917; **aM** SK-Wohlers 42: idR 1 Exemplar), die von Filmen auf zwei Exemplare (Frankfurt NJW **73**, 2074; **aM** Seetzen NJW **76**, 449: 1 Exemplar). Vor einer Beschlagnahme der beim Insolvenzverwalter befindlichen Betriebsunterlagen des Schuldners ist zu prüfen, ob die Einsicht in die Gerichtsakte oder in die Geschäftsunterlagen sowie die Anfertigung bzw Überlassung von Kopien genügt (vgl LG Berlin ZInsO **08**, 865; LG Neubrandenburg NJW **10**, 691; LG Potsdam JR **08**, 260 mit zust Anm Menz = ZInsO **07**, 1162 mit Anm Brüsseler; Menz ZInsO **07**, 828; erg unten 20).

19a Beim Zugriff auf die beim Provider gespeicherten **E-Mails** (oben 16 a) sind auch deren Bedeutung für das Strafverfahren sowie der Grad des Auffindeverdachts zu bewerten. Im Einzelfall können die Geringfügigkeit der zu ermittelnden Straftat, eine geringe Beweisbedeutung der zu beschlagnahmenden E-Mails sowie die Vagheit des Auffindeverdachts der Maßnahme entgegenstehen. Bereits die Durchsuchungsanordnung muss Vorgaben zur Beschränkung des Beweismaterials etwa in zeitlicher oder inhaltlicher Hinsicht enthalten. Die für die Begrenzung des Zugriffs auf potenziell beweiserhebliche E-Mails zur Verfügung stehenden Möglichkeiten der materiellen Datenzuordnung müssen ausgeschöpft werden, bevor eine endgültige Beschlagnahme sämtlicher E-Mails erwogen wird (zB Sichtung und Trennung vor Ort oder – nach vorläufiger Sicherstellung – gemäß § 110, auch durch Auswertung der Struktur des Bestands, anhand bestimmter Sender- oder Empfängerangaben oder mit Hilfe geeigneter Suchprogramme; Erstellen einer Teilkopie). Bei einem E-Mail-Postfach ist eine unbeschränkte Beschlagnahme allenfalls ausnahmsweise bei konkreten Anhaltspunkten für eine potentielle Beweisbedeutung des gesamten E-Mail-Bestandes mit dem Grundsatz der Verhältnismäßigkeit vereinbar (BGH NJW **10**, 1297). Zum Schutz des Kernbereichs privater Lebensgestaltung hat der Zugriff zu unterbleiben, soweit im konkreten Fall tatsächliche Anhaltspunkte dafür sprechen, dass er geschützte Inhalte erfasst; ist es ausnahmsweise zu deren Erhebung gekommen, dürfen diese Informationen nicht gespeichert und verwertet werden, sondern sind unverzüglich zu löschen. Richterliche Anordnungen sind dem Betroffenen in jedem Fall vor Durchführung der Maßnahme bekannt zu geben (§ 35). Bei vorläufiger Sicherstellung oder Beschlagnahme durch StA oder Ermittlungspersonen umfasst die Belehrung nach § 98 II S 6 (soweit erforderlich) die Unterrichtung über die getroffene Maßnahme; sie ist so früh, wie es die wirksame Verfolgung des Ermittlungszwecks erlaubt, zu erteilen. Weitere Rechte des Betroffenen: Anwesenheit bei der Sichtung je nach Lage des Einzelfalls (erg 5 zu § 110), Auskunft nach §§ 147, 385 III, 406e, 475, 491, Rückgabe oder Löschung nicht benötigter kopierter E-Mails nach § 489 II; schwerwiegende Verstöße können ein Verwertungsverbot zur Folge haben (BVerfG NJW **09**, 2431, 2435 ff; Überblick auch bei Burhoff StRR **09**, 331).

6) **Beschlagnahmeverbote** bestimmt § 97. Sie können sich auch unmittelbar 20
aus dem GG, etwa aus Art 1 I, 2 I GG zum Schutz der Persönlichkeitssphäre ergeben (BVerfGE **34**, 238 = JZ **73**, 504 mit Anm Arzt; BVerfG NStZ-RR **04**, 83 [„besonderer Ausnahmefall"]; BGH **43**, 300, dazu Schwaben NStZ **02**, 295; ANM 514; Fezer JuS **79**, 37; vgl aber BVerfG und LG Hildesheim NdsRpfl **84**, 46: Beschlagnahme eines versiegelten Privattestaments zur Aufklärung einer Steuerstraftat, hierzu **aM** LG Arnsberg wistra **93**, 199 und Ost wistra **93**, 177), bei Tagebüchern aber nur, wenn eine Verwertbarkeit des gesamten Inhalts von vornherein ausgeschlossen werden kann (Einl 56a, 2 zu § 110). Das sog Bankgeheimnis steht einer Beschlagnahme nicht entgegen (LG Hamburg NJW **78**, 958; erg 4 zu § 161), ebenso wenig idR die Datenschutzbestimmungen; denn dem Schutz personenbezogener Daten wird auch Rechnung getragen, wenn sich die Urkunden bei den Gerichtsakten befinden (Wagner DRiZ **85**, 16; vgl auch LG Kassel wistra **99**, 315 zur Beschlagnahme von Pflegschaftsakten). Briefe UGefangener, die der Kontrolle unterliegen (vgl § 119 I S 2 Nr 2, S 7; § 20 II UVollzG NW; § 39 III S 3 UVollzG RP), können beschlagnahmt werden (BGH NJW **77**, 2175; MDR **81**, 977 Fn 46 [S]; KG JR **68**, 31; Celle NJW **74**, 805; München NJW **78**, 601), ebenso Sachen im Besitz des Insolvenzverwalters; §§ 148 I, 159 InsO stehen nicht entgegen (Weyand ZInsO **08**, 26; vgl auch LG Stuttgart Justiz **84**, 62). § 97 I S 3 InsO entzieht nur solche Unterlagen oder Aufzeichnungen der Beschlagnahme, die der Schuldner zur Erfüllung seiner Auskunftspflicht (§ 97 I S 1 InsO) erst hergestellt hat (LG Ulm NJW **07**, 2056 mit abl Anm Schork [= ZInsO **07**, 827 mit abl Anm Menz; abl auch Püschel DAV-FS 768]; Uhlenbruck NZI **02**, 405; Weyand aaO 25; vgl weiter Tetzlaff NZI **05**, 317; erg oben 19; Einl 57d). Verteidigungsunterlagen im Besitz des Beschuldigten sind grundsätzlich von der Beschlagnahme ausgeschlossen (Kalf Polizei **85**, 4, erg 37 zu § 97, 8 zu § 148), ebenso Mitschriften erkennender Richter (BGH NStZ **09**, 582 mit abl Anm Schroeder JR **10**, 136). Die nach § 8 I GwG gefertigten Aufzeichnungen dürfen nur nach Maßgabe der Verwendungsregelung in § 15 GwG beschlagnahmt werden (vgl LG Koblenz NJW **97**, 2613; die Entscheidung ist tw überholt; erg Herzog/Mülhausen/Johnigk, Geldwäschebekämpfung und Gewinnabschöpfung, 2006, § 52 Rn 65 ff). Nach §§ 4 II S 5, 7 II S 3 Autobahnmautgesetz ist die Beschlagnahme der Mautdaten unzulässig (erg 5 zu § 100g). Zur Beschlagnahme vertraul Gewerkschaftsunterlagen LG Berlin NJW **96**, 2520 und dazu BVerfG NJW **98**, 893.

Dass ein Gegenstand auf Grund einer **rechtsfehlerhaften Durchsuchung** er- 21
langt worden ist, steht der Beschlagnahme und Verwertung nur ausnahmsweise

entgegen (BVerfG wistra **07**, 417): Insbesondere die willkürliche Annahme von Gefahr im Verzug oder das Vorliegen eines besonders schwerwiegenden Fehlers können – müssen indes nicht in jedem Fall – ein Verwertungsverbot nach sich ziehen. Dieses ist also grundsätzlich nur dann Folge einer fehlerhaften Durchsuchung, wenn die zur Fehlerhaftigkeit der Ermittlungsmaßnahme führenden Verfahrensverstöße schwerwiegend waren oder bewusst oder willkürlich begangen wurden (BVerfG NJW **09**, 3225 [krit Dallmeyer HRRS **09**, 429; Schwabenbauer NJW **09**, 3207]; weiter von einem Regel-Ausnahme-Verhältnis ausgehend BVerfG NJW **99**, 273; **06**, 2684; StV **02**, 113; 2 BvR 2697/07 vom 18. 2. 2008; BGH **51**, 285 [zust Brüning HRRS **07**, 250; Roxin NStZ **07**, 616; teilw krit Mosbacher NJW **07**, 3686]; NStZ **04**, 449; NJW **07**, 2567 L = NStZ-RR **07**, 242; 3 StR 530/09 vom 19. 1. 2010; KG StV **85**, 404; Düsseldorf StraFo **09**, 280 mit Anm Kaps; Köln StV **10**, 14; **aM** Hüls ZIS **09**, 162, 165; Jäger GA **08**, 488; Jahn C 74; Müller/Trurnit StraFo **08**, 149; Münchhalffen Mehle-FS 445; Ransiek StV **02**, 565, JR **07**, 436: grundsätzlich Verwertungsverbot; ebenso unter systematischer Untersuchung der bei einer Durchsuchung möglichen Fehler auch Krekeler NStZ **93**, 263 ff; ähnlich Park 386 ff; vgl auch AG Hamburg-St. Georg StV **08**, 630; Harms StV **06**, 219; Schoreit NStZ **99**, 173). Nach BGH NJW **89**, 1741, 1744 soll es bei einer fehlenden Durchsuchungsanordnung darauf ankommen, ob sie rechtlich hätte erlassen werden dürfen (ebenso LG Aachen bei Schützeberg StRR **08**, 467; ähnlich auf die hypothetisch rechtmäßige Vorgehensweise abstellend BVerfG NStZ **04**, 216, 2 BvR 1681/07 vom 31. 8. 2007, HRRS **07**, Nr 961 für „formale Fehler" bei der Durchsuchung und BGH StV **08**, 121, 123 für einen Ersatzeingriff nach § 100 g; **aM** Beulke ZStW **103**, 673; Fezer StV **89**, 293 und Rieß-FS 104; Jahn aaO; Krekeler aaO; Mosbacher NJW **07**, 3687; Weiler Meurer-GS 418; Wohlers Fezer-FS 327). Das gilt aber nicht bei gröblicher Verkennung des Richtervorbehalts (BGH **51**, 285, 295; Düsseldorf aaO; Köln StV **10**, 14; Roxin NStZ **89**, 378; Meurer JR **90**, 392 [krit hierzu Weiler aaO 417]; einschränkend Schneider Miebach-SH 47 ff: nur bei Vorsatz; vgl aber AG Tiergarten StraFo **07**, 73 mit krit Anm Berg [krit auch Wohlers StV **08**, 437]: unerwarteter Eintritt von Gefahr im Verzug). Dem hypothetischen Ersatzeingriff kommt jedoch auch bei der Bewertung der Schwere des Verstoßes Bedeutung zu (BGH **51**, 285, 291; NStZ **04**, 449; NJW **07**, 2567 L = NStZ-RR **07**, 242; Hamm NStZ **07**, 355; München wistra **06**, 472; LG Mühlhausen wistra **07**, 195; Roxin NStZ **07**, 617). Amelung (NJW **91**, 2533) differenziert ausgehend von seiner Lehre über die „Informationsbeherrschungsrechte im Strafprozess" (vgl Einl 50): Verwertungsverbot nur bei Verstößen gegen §§ 102, 103, 108, 110 I, II, grundsätzlich nicht hingegen bei solchen gegen §§ 104, 105, 106 II, 107, 109; insoweit spricht er sich aber für eine „Beweislastumkehr" aus (Amelung/Mittag NStZ **05**, 614). BGH **51**, 285, 296 hat die Frage, ob das Verwertungsverbot einen Widerspruch in der Hauptverhandlung voraussetzt, offen gelassen (vgl 25 zu § 136, 11 zu § 110 b); es hat keine Auswirkung auf ein Geständnis, in dem der Angeklagte die durch die Durchsuchung gewonnenen Erkenntnisse einräumt (BGH 3 StR 413/07 vom 16. 10. 2007). Erg 18 zu § 105, 10 aE zu § 110.

22 **7)** Die **Rückgabe des Beweisgegenstandes** nach Beendigung der Beschlagnahme (29, 30 zu § 98) ist in § 111 k nur für den Fall der Herausgabe an den Verletzten geregelt. An den Beschuldigten werden die durch eine Straftat erlangten Sachen auch dann nicht herausgegeben, wenn die Voraussetzungen dieser Vorschrift nicht vorliegen (Düsseldorf NStZ **84**, 567 mit abl Anm Gropp; Hamm NStZ **86**, 376; LG Saarbrücken StraFo **09**, 510; BW-VGH NPA 779 Sicherstellung Blatt 22 mit zust Anm König). War der Gegenstand freiwillig herausgegeben worden, so darf er nur an denjenigen zurückgegeben werden, der ihn zur Verfügung gestellt hatte (Bremen MDR **60**, 603; LR-Schäfer 68 zu § 98). Bei förmlicher Beschlagnahme ist er an den letzten Gewahrsamsinhaber zurückzugeben (BGHZ **72**, 302 = NJW **79**, 425; Düsseldorf aaO; Frankfurt GA **72**, 212; LG Mainz MDR **83**, 954).

Nach der Rspr des BGH (NJW **05**, 988, Bestätigung von LG Hamburg NStZ **04**, 512, wo es allerdings um eine Wohnsitzverlegung ins Ausland ging) sind die Justizbehörden jedoch nicht verpflichtet, die Sache dem Berechtigten an dessen Wohnsitz zu bringen (ebenso Schäfer wistra **84**, 137; **aM** SK-Wohlers 60 zu § 98; Damrau NStZ **03**, 408; Kemper NJW **05**, 3679 nimmt für Beschuldigte – wie BGH – eine Holschuld, bei Verfahrensunbeteiligten hingegen idR eine Bringschuld an). Zu den Einzelheiten (Abholung oder Rückgabe; Rechtsweg bei Herausgabeverweigerung) vgl Hoffmann/Knierim NStZ **00**, 462; erg 15 zu § 23 EGGVG; s. ferner RiStBV 75, dessen III allerdings als gesetzwidrig anzusehen und daher nicht anzuwenden ist (Düsseldorf NStZ **90**, 202; LR-Schäfer 21 zu § 111k; anders LG Saarbrücken aaO). Zur Vernichtung beschlagnahmter Beweisunterlagen bei fehlender Rückgabemöglichkeit Dörn wistra **99**, 175.

8) Schadensersatzansprüche kann der Berechtigte geltend machen, wenn die Behörden die ihnen auf Grund des durch die Sicherstellung begründeten öffentlich-rechtlichen Verwahrungsverhältnisses (vgl LG Hamburg NStZ **04**, 512) obliegende Pflicht verletzen, die Sache pfleglich zu behandeln und vor Verschlechterung, Untergang und sonstiger Gefährdung zu bewahren (BGHZ **1**, 369 = NJW **51**, 800; Hamburg MDR **51**, 116; vgl auch RiStBV 74), uU auch bei Herausgabe an einen Nichtberechtigten (BGHZ **72**, 302, 306). Eine Entschädigung kann aber nicht verlangt werden, wenn Schäden an der beschlagnahmten Sache durch vorsätzliche Fremdeinwirkung (Vandalismus) entstehen (BGHZ **100**, 335 = StV **88**, 326 mit Anm Amelung). Schadensersatz- und Herausgabeansprüche sind nach § 40 II S 1 VwGO vor den Zivilgerichten zu verfolgen; der Rechtsweg nach § 23 **EGGVG** ist ausgeschlossen (Hamburg MDR **74**, 510; erg 15 zu § 23 EGGVG). Der Betroffene kann aber in diesem Verfahren die Vernichtung von Fotokopien durchsetzen, die die StA von den freigegebenen Schriftstücken angefertigt hat (Stuttgart NJW **77**, 2276). 23

9) Immunität: Bei tatunbeteiligten Abgeordneten ist die Beschlagnahme ohne Einschränkung zulässig, bei Tatverdächtigen nur, wenn die Einleitung eines Ermittlungsverfahrens genehmigt ist. Sind Abgeordnete nach Art 46 I GG nicht verfolgbar, so ist auch die Beschlagnahme unzulässig (RiStBV 191–192a). In den Räumen des Parlaments bedarf die Beschlagnahme der Genehmigung des Präsidenten (Art 40 II S 2 GG). 24

Herausgabepflicht

95 **I Wer einen Gegenstand der vorbezeichneten Art in seinem Gewahrsam hat, ist verpflichtet, ihn auf Erfordern vorzulegen und auszuliefern.**

II [1]Im Falle der Weigerung können gegen ihn die in § 70 bestimmten Ordnungs- und Zwangsmittel festgesetzt werden. [2]Das gilt nicht bei Personen, die zur Verweigerung des Zeugnisses berechtigt sind.

1) Das **Herausgabeverlangen** ist in allen Verfahrensarten und -abschnitten zulässig, in denen nach § 94 die Beschlagnahme angeordnet werden kann, auch im Privatklageverfahren. Eine vorherige Beschlagnahmeanordnung oder einen erfolglosen Beschlagnahmeversuch setzt es nicht voraus (LG Stuttgart NJW **92**, 2646). Es kommt aber vor allem in Betracht, wenn zwar feststeht, dass sich ein Beweismittel im Gewahrsam einer Person befindet, wenn es aber bei einer Durchsuchung nicht gefunden werden konnte und sein Verbleib unbekannt ist (LG Bonn NStZ **83**, 327; Roxin/Schünemann § 34, 10). Wird der Gegenstand nach I freiwillig herausgegeben, so kann er formlos sichergestellt werden (12 zu § 94); im Fall des II ist die förmliche Beschlagnahme notwendig (13 zu § 94). 1

Zuständig für das Verlangen sind der Richter, die StA und die Polizei auch, wenn Gefahr im Verzug nicht besteht (LG Gera und LG Halle NStZ **01**, 276; LG Koblenz wistra **02**, 359; LG Lübeck NJW **00**, 3148 mwN; Bittmann wistra **90**, 2

327 ff; Klinger wistra **91**, 17; Schäfer wistra **83**, 102; Heghmanns/Scheffler-Lehmann III 70; **aM** LG Bonn NStZ **83**, 327 mit abl Anm Kurth; LG Düsseldorf wistra **93**, 199; LG Stuttgart NJW **92**, 2646; Braczyk wistra **93**, 57; Reiß StV **88**, 35; Eisenberg BR 2373). Mit dem Verlangen kann für den Fall der Weigerung die Anwendung von Ordnungs- und Zwangsmitteln (II) angedroht (zur Anordnung aber unten 9) sowie auf die Möglichkeit der Durchsuchung und Beschlagnahme hingewiesen werden (dazu Bittmann NStZ **01**, 231).

3 **2)** Die **Vorlegungs- und Herausgabepflicht** (I) bezieht sich auf bewegliche Sachen, die als Beweismittel für die Untersuchung von Bedeutung sein können (§ 94 I) und auf Führerscheine, die der Einziehung unterliegen (§ 94 III), nicht auf Verfalls- und Einziehungsgegenstände nach § 111 b (KK-Nack 1). Behördlich verwahrte Sachen werden nicht nach I, sondern mit einem Amtshilfeersuchen herausverlangt (1 zu § 96; LR-Schäfer 17; **aM** SK-Wohlers 10).

4 Der **Gewahrsamsinhaber** (auch der Insolvenzverwalter, LG Saarbrücken ZInsO **10,** 431 mit insoweit zust Anm Weyand; SK-Wohlers 10) ist zur Herausgabe verpflichtet. Gleichgültig ist, ob er den Gewahrsam rechtmäßig innehat und ob der Eigentümer der Herausgabe zustimmt. Den Eigentümer, der nicht Gewahrsamsinhaber ist, trifft keine Mitwirkungspflicht.

5 Der **Beschuldigte** braucht zu seiner Überführung nichts beizutragen und ist daher nicht herausgabepflichtig (SK-Wohlers 12, 18; krit dazu Radtke Meyer-Goßner-FS 331). Unabhängig von § 95 kann ihm aber Gelegenheit gegeben werden, Gegenstände vorzulegen, um eine Durchsuchung abzuwenden (LR-Schäfer 14). § 95 gilt auch nicht für den Einziehungsbeteiligten hinsichtlich des Einziehungsgegenstandes und für den Einziehungsinteressenten unter den Voraussetzungen des § 432 II.

6 **Zeugnisverweigerungsberechtigte** (§§ 52 ff) dürfen, soweit der Gegenstand nicht ohnehin nach § 97 beschlagnahmefrei ist (SK-Wohlers 7), zur Herausgabe aufgefordert werden (Celle NJW **63**, 406). Der gegen sie bestehende Anspruch auf Herausgabe ist aber nicht durchsetzbar, weil II die Anordnung von Ordnungs- und Zwangsmitteln gegen sie untersagt. Darüber müssen sie belehrt werden (6 zu § 97).

7 Für den **Privatkläger** gelten diese Einschränkungen nicht (LG Altona JW **25**, 2822; KK-Nack 2).

8 Kann ein Kaufmann Unterlagen nur in Form einer **Wiedergabe auf einem Bildträger** oder auf anderen Datenträgern vorlegen, so muss er nach § 261 HGB auf seine Kosten Hilfsmittel zur Lesbarmachung zur Verfügung stellen und, soweit erforderlich, die Unterlagen ausdrucken oder Reproduktionen beibringen, die ohne Hilfsmittel lesbar sind (vgl Bremen NJW **76**, 685; Oldenburg CR **88**, 679; einschr SK-Wohlers 29). Das gilt insbesondere bei dem Verlangen an ein Kreditinstitut auf Herausgabe von Kontounterlagen. Von diesen Mehrkosten abgesehen steht ihm hierfür im Übrigen nach § 23 II JVEG ein Entschädigungsanspruch zu (Koblenz wistra **06**, 73; LG Koblenz NStZ **06**, 241; Schleswig SchlHA **91**, 170).

9 **3) Ordnungs- und Zwangsmittel** (II S 1) dürfen vom Gericht, nicht von der StA (Bittmann wistra **90**, 335; Klinger wistra **91**, 17; Kurth NStZ **83**, 328), angewendet werden, wenn der Gewahrsam des Betroffenen feststeht, er von seinem Gewahrsam Kenntnis hat und sich unberechtigt weigert, den Gegenstand herauszugeben. Anders als nach § 70, auf den II S 1 verweist, ist auch die Festsetzung von Ordnungsgeld und -haft nicht zwingend vorgeschrieben. Wegen der Ordnungsmittel vgl im Einzelnen 9 ff, 16 ff zu § 70 und Art 6 ff **EGStGB,** wegen der Beugehaft 12 ff zu § 70. Ordnungsmittel bleiben bestehen, auch wenn der Betroffene die Sache nachträglich herausgibt; Beugehaft muss dagegen sofort beendet werden, wenn die Behörde auf irgendeine Weise in den Besitz des Gegenstandes gelangt oder wenn er untergegangen ist.

10 Gegen **Zeugnisverweigerungsberechtigte** (II S 2) ist kein Zwang zulässig. Das gilt im Fall des § 52 ohne Beschränkung auf Schriftstücke (KK-Nack 5; SK-

Wohlers 33); greift § 97 nicht ein, kann nach § 94 verfahren werden (erg oben 6). In den Fällen des § 53 erfasst das Herausgabeverweigerungsrecht die Gegenstände, die aus der beruflichen Tätigkeit des Zeugnisverweigerungsberechtigten erlangt oder entstanden sind (Schmitt [1 zu § 53] S 141); nach Entbindung von der Verschwiegenheitspflicht (§ 53 II S 1) ist II S 1 anwendbar (SK-Wohlers 34). Für Personen, die nach § 55 zur Auskunftsverweigerung berechtigt sind, gilt II S 2 entspr (KK-Nack 6; Rogall 157 verneint sogar die Herausgabepflicht), nicht aber für Privatkläger (zw LG Altona JW **25**, 2822).

4) Ein **Verwertungsverbot** besteht für Beweisgegenstände, die dadurch erlangt worden sind, dass trotz befugter Weigerung des Beschuldigten oder des Zeugnisverweigerungsberechtigten Zwang nach II angewendet (LRSchäfer 37; SK-Wohlers 39; ANM 505; Grünwald JZ **66**, 498; Rogall 228 ff; **aM** KMR-Müller 22 vor § 94: nur wenn auch die Beschlagnahme unzulässig gewesen wäre) oder dass die Belehrung des Zeugnisverweigerungsberechtigten (oben 6) unterlassen worden ist (ANM 493). Die Anwendung von unzulässigem Zwang trotz berechtigter Weigerung nach § 55 begründet kein Verwertungsverbot zugunsten des Beschuldigten, da sein Rechtskreis dadurch nicht verletzt ist (**aM** SK-Wohlers 39), es sei denn, der Gewahrsamsinhaber wird später selbst Beschuldigter (LR-Schäfer 16; erg 17 zu § 55). 11

5) Anfechtung: Gegen richterliche Anordnungen ist Beschwerde nach § 304 zulässig. Gegen nichtrichterliche Herausgabeverlangen ist der Antrag auf gerichtliche Entscheidung entspr § 98 II S 2 statthaft (LG Halle NStZ **01**, 276, 277; LR-Schäfer 32; Bittmann wistra **90**, 331; tw wird erg auch § 161 a III angeführt, LG Gera NStZ **01**, 276; Kurth NStZ **83**, 328). 12

6) Immunität: Vgl RiStBV 191 III Buchst d. Die Vollstreckung von Ordnungs- und Beugehaft ist ohne Genehmigung des Parlaments nicht zulässig (22 zu § 70). 13

Schriftstücke in Ämtern

96 [1] **Die Vorlegung oder Auslieferung von Akten oder anderen in amtlicher Verwahrung befindlichen Schriftstücken durch Behörden und öffentliche Beamte darf nicht gefordert werden, wenn deren oberste Dienstbehörde erklärt, dass das Bekanntwerden des Inhalts dieser Akten oder Schriftstücke dem Wohl des Bundes oder eines deutschen Landes Nachteile bereiten würde.** [2] **Satz 1 gilt entsprechend für Akten und sonstige Schriftstücke, die sich im Gewahrsam eines Mitglieds des Bundestages oder eines Landtages beziehungsweise eines Angestellten einer Fraktion des Bundestages oder eines Landtages befinden, wenn die für die Erteilung einer Aussagegenehmigung zuständige Stelle eine solche Erklärung abgegeben hat.**

1) Eine **Einschränkung der Amtshilfepflicht** (Art 35 I GG) der Behörden gegenüber den Strafverfolgungsorganen über die gesetzlich besonders geregelten Fälle (3 ff zu § 161) hinaus bestimmt die Vorschrift (Taschke, Die behördliche Zurückhaltung von Beweismitteln im Strafprozess, 1989, S 70). Sie ist jedoch nicht nur als eine Ergänzung des § 54 anzusehen (so aber Peters 443; Welp Gallas-FS 423), sondern steht im Zusammenhang mit §§ 94, 95 (Stratenwerth JZ **59**, 693). Einem Ersuchen um Herausgabe von Akten und anderen Schriftstücken muss daher entsprochen werden, es sei denn, die Voraussetzungen des § 96 seien gegeben (unklar Hamm RPfleger **09**, 150). 1

Wird die Herausgabe von Behördenakten auch nach Gegenvorstellungen ohne Abgabe einer Sperrerklärung der obersten Dienstbehörde oder offensichtlich willkürlich oder rechtsmissbräuchlich (KG NStZ **89**, 541) verweigert, so ist ihre **Beschlagnahme** zulässig (BGH **38**, 237 = NStZ **92**, 394 mit Anm Amelung 2

NStZ **93**, 48 und Anm Taschke NStZ **93**, 94 = JZ **93**, 365 mit Anm Hilgendorf; Jena NJW **01**, 1290 mit insoweit zust Anm Hohmann wistra **01**, 196; vgl auch Arloth NStZ **93**, 468; Fezer JZ **96**, 606; KG aaO; LG Darmstadt NStZ **89**, 86; LG Oldenburg wistra **90**, 76; LG Potsdam wistra **07**, 193; LG Wuppertal NJW **92**, 770; SK-Wohlers 22, 23 zu § 94; Taschke [oben 1] 281; offengelassen in BGH **33**, 70, 72; vgl auch LG Bonn NStZ **90**, 555; LG Trier NStZ-RR **00**, 248 betr Jugendgerichtshilfe). Die Gegenmeinung (LR-Schäfer 8 ff; wN KG aaO) verneint dies, weil zwischen Justiz- und anderen Behörden kein Über- und Unterordnungsverhältnis bestehe; darum geht es hier aber nicht, sondern um die Lösung einer konkreten Konfliktlage durch eine Rechtsnorm (BGH **38**, 237; Kramer NJW **84**, 1504; Janoschek, Strafprozessuale Durchsuchung und Beschlagnahme bei juristischen Personen des öffentlichen Rechts, Diss Trier 1990, S 94; Jansen [1 a zu § 161] 100). Eine zulässige Sperrerklärung (7 ff) steht der Beschlagnahme entgegen (Fezer 7/9; Roxin/Schünemann § 34, 21).

3 **2) In amtlicher Verwahrung befindliche Schriftstücke:** Der Begriff ist weit auszulegen. Er umfasst auch private Unterlagen, die wegen ihres Inhalts in amtliche Verwahrung genommen worden sind (BeckOK-Ritzert 2), nicht aber bei Behörden hinterlegte Privaturkunden, wie Testamente (KMR-Müller 3; Janoschek [oben 2] 118; **aM** KK-Nack 5; LR-Schäfer 39; SK-Wohlers 15). Unter die Vorschrift fallen auch Ermittlungsakten der StA in anderer Sache (Frankfurt NJW **82**, 1408; KMR-Müller 3; vgl auch München NStZ **05**, 706. 707) und polizeiliche Vorgänge, die in anderen Sachen entstanden sind (VGH Kassel StV **86**, 52 mit abl Anm Taschke), uU auch Bestandteile der in der anhängigen Sache entstandenen Akten (Hamm NJW **84**, 880; LR-Schäfer 2, 41, 99; LR-Erb 66 zu § 163; KK-Pfeiffer/Hannich Einl 72; **aM** Hamburg StV **84**, 11; Keller StV **84**, 524 ff; Taschke StV **86**, 55; Uhlig StV **86**, 118; SK-Wohlers 11; vgl aber auch BGH **18**, 369: keine Sperre für behördliche Gutachten, die bereits zu den Strafakten gelangt sind). Für Gegenstände anderer Art gilt § 96 entspr (KK-Nack 6; vgl Karlsruhe NStZ-RR **08**, 315: bei Observation gefertigter Videofilm [dort auch zur Hinzuziehung eines Augenscheinsgehilfen, erg 4 zu § 86]).

4 Die **vorübergehende Herausgabe** der Akten oder Schriftstücke an private Stellen hebt den amtlichen Gewahrsam nicht auf. Gestohlene Behördenakten dürfen für das Diebstahlsverfahren beschlagnahmt werden; für andere Verfahren unterliegt ihre Verwertung wieder der Schranke des § 96.

5 **3) Durch Behörden und öffentliche Beamte:** Zum Begriff Behörde vgl 12 zu § 256. Beamte iS des § 96 sind nur solche, die für sich allein eine Behörde bilden (KK-Nack 3).

6 Für **gesetzgebende Körperschaften** gilt S 1 entspr, wie jetzt durch den durch Ges vom 4. 11. 1994 (BGBl I 3346, 3349) eingefügten S 2 klargestellt ist (so aber schon früher allgM, vgl BGH **20**, 189). Damit steht auch fest, dass die Vorschrift für andere Verwaltungsorgane, wie Gemeinderäte, Kreistage und Stadtverordnetenversammlungen nicht anwendbar ist.

7 **4)** Die **Sperrerklärung** darf nur mit der Gefahr von Nachteilen für das Wohl des Bundes oder eines deutschen Landes begründet werden (zur Abwägung vgl VGH Kassel StV **86**, 52 mit Anm Taschke). Zu den von § 96 erfassten öffentlichen Belangen kann nach BVerfG NJW **84**, 2271, 2275 auch das Steuergeheimnis nach § 30 **AO** gehören. Entgegenstehende öffentliche Interessen anderer Art (15 zu § 153 c) genügen nicht, auch nicht die Gefährdung einzelner Bürger (Arloth NStZ **92**, 96; Franzheim JR **82**, 436 mwN; **aM** SK-Wohlers 26). Verfassungsschutzakten sind nicht allgemein geheimhaltungsbedürftig (BVerfG NJW **87**, 202). Zur Unzulässigkeit der Aktenversendung bei Beeinträchtigung der Intimsphäre eines Bürgers vgl BVerfGE **27**, 344 = NJW **70**, 555 mit Anm Becker NJW **70**, 1075. Überlassung der Akten nur an das Gericht ohne Akteneinsicht des Betroffenen (sog „in camera"-Verfahren) ist ausgeschlossen (BGH NStZ **00**, 265;

grds auch Laue ZStW **120**, 269; vgl auch BVerfG NJW **04**, 2443; **06**, 1048; NStZ **07**, 274). Die Erklärung wird durch die Behörde herbeigeführt, die die Akten oder Schriftstücke verwahrt, nicht durch Gericht oder StA (LG Darmstadt NStZ **89**, 87).

Zuständig für die Sperrerklärung ist nur die oberste Dienstbehörde, idR also der zuständige Fachminister als oberste Fachaufsichtsbehörde, für Gemeinden der Innenminister (also nicht der Leiter des dem Innenminister zugeordneten Kriminalpolizeiamtes, BGH NJW **89**, 3294), für Parlamente der Präsident (BGH **20**, 189). Der Minister braucht die Erklärung nicht selbst abzugeben, sondern kann das dem Beamten überlassen, der berechtigt ist, das Ministerium nach außen zu vertreten (BGH **35**, 82, 86; Stuttgart Justiz **86**, 304). 8

Die Erklärung muss eine **Begründung** enthalten, die dem Gericht die Gründe der Sperre verständlich macht und es in die Lage versetzt, auf die Bereitstellung des Beweismittels zu drängen (BGH **29**, 109, 112; NStZ **00**, 265, 266; BVerwG NJW **84**, 2233, 2235; **87**, 202, 203 mit Anm Arloth NStZ **87**, 520; vgl auch BVerfGE **57**, 250, 290 = NJW **81**, 1719, 1725; BVerwGE **66**, 39, 44 = NJW **83**, 638 mwN). Das Fehlen einer solchen Begründung oder eine offensichtlich fehlerhafte bzw sich in formelhafte Wendungen erschöpfende Begründung verpflichtet das Gericht zu Gegenvorstellungen (BGH **32**, 115, 125ff [GSSt]; **33**, 178, 180; **36**, 159, 161), zB wenn die Weigerung auf einer nach Überzeugung des Gerichts unrichtigen tatsächlichen Grundlage oder auf falscher Rechtsanwendung beruht (BGH NStZ **89**, 282; weitergehend Hilgendorf JZ **93**, 369 und Renzikowski JZ **99**, 612: uneingeschränkt gerichtlich überprüfbar; vgl auch SK-Wohlers 34, der unter Einbeziehung der Rspr des EGMR für eine uneingeschränkte Überprüfung durch das VG eintritt). In einem Fall der Beschränkung der Aussagegenehmigung für den Angeklagten (Einl 80) hat BGH NJW **07**, 3010, 3012 das Gericht für verpflichtet gehalten, die oberste Justizbehörde zu einer Gegenvorstellung bei der obersten Innenbehörde und ggf zur Einholung eines Kabinettsbeschlusses zu veranlassen, falls die „Sperrung" eine ordnungsgemäße Durchführung des Strafverfahrens gefährdet (vgl auch BGH StB 51/09 vom 23. 12. 2009; einschr SK-Wohlers 18). 9

Sonst ist die Erklärung **für das Gericht bindend;** sie schließt jede weitere Erörterung aus (BGH **20**, 189; **33**, 178; LG Potsdam wistra **07**, 193), auch ein nachfolgendes Ersuchen um Übersendung von Akten (BGH [ER] I ARs 3/2008 vom 20. 2. 2009). Der Beweisgegenstand steht für die Sachaufklärung nicht zur Verfügung (6 zu § 223); Beweisanträge sind nach § 244 III S 2 wegen Unerreichbarkeit des Beweismittels abzulehnen (66 zu § 244). Das Gericht muss die hierdurch bedingte Einschränkung seiner Erkenntnismöglichkeiten sowie die Beschneidung der Verteidigungsrechte des Angeklagten aber bei der Beweiswürdigung berücksichtigen; es ist allerdings nicht gezwungen, die unter Beweis gestellte Tatsache als wahr zu unterstellen, ggf ist jedoch der Zweifelssatz anzuwenden (BGH **49**, 112, 121ff mit zust Anm Müller JZ **04**, 926 und krit Anm Mosbacher JR **04**, 523; vgl auch Detter StV **06**, 548; Nehm Widmaier-FS 371; erg 3 zu § 250 und 12 zu § 261; krit zur Beweiswürdigungslösung auch im Hinblick auf Art 6 I S 1 **MRK** SK-Wohlers 45ff, Gaede StraFo **04**, 195; vgl auch Renzikowski Mehle-FS 543 zu Art 6 III Buchst d **MRK**). Die Einstellung des Verfahrens kommt nur in außergewöhnlichen Fällen in Betracht (BGH aaO 127; NJW **07**, 3010 mit Anm Niehaus NStZ **08**, 355 und Wohlers JR **08**, 127; dazu auch Laue ZStW **120**, 248, 267; erg Einl 148; vgl auch BGH StraFo **08**, 423, 424/425). 10

Geht die **Sperrerklärung erst nach Eingang der Akten** ein, so sind die Akten der Behörde unverwertet zurückzugeben (SK-Wohlers 41; ANM 505; **aM** Hamburg StV **84**, 11, das eine Sperrerklärung dann für unzulässig hält). Die Beweiserhebung ist unzulässig (49 zu § 244). Das aus den Akten bereits erworbene Wissen darf nicht verwertet werden. Nur wenn der Akteninhalt bereits in der Hauptverhandlung zum Beweis herangezogen war, ist die nachträgliche Sperre ohne Bedeutung. 11

12 5) **Entsprechende Anwendung auf Auskunftsverlangen:** Soweit nicht § 110b III eingreift, gilt § 96 entspr, wenn Auskunft über Namen und Anschrift behördlich geheimgehaltener Zeugen verlangt wird (BGH **29**, 390, 393; **30**, 34; **32**, 32, 37; 115, 123 [GSSt]; **33**, 178; StV **81**, 110; 111; NStZ **88**, 563 mit Anm Naucke; Celle NStZ **83**, 570; Frankfurt NStZ **83**, 231; Hamburg StV **84**, 11; Hamm NStZ **85**, 566; NStE Nr 8; Detter StV **06**, 545; krit Herdegen NStZ **84**, 100). Das ist sachgerecht, soweit es um die Zuständigkeit für die Erklärung der Auskunftsverweigerung geht (vgl BVerfGE **57**, 250, 289 = NJW **81**, 1719, 1725; BGH **29**, 390, 393 wendet allerdings § 96 insoweit nicht entspr an). Denn auch die Versagung der Aussagegenehmigung für behördliche Zeugen muss nach § 68 III BBG (6 zu § 54) und entspr Bestimmungen in Landesbeamtengesetzen (zB § 51 II LBG LSA, § 58 I S 2 ThürBG) grundsätzlich von der obersten Dienstbehörde erklärt werden. Zuständig ist, soweit es von der Polizei geheimgehaltene Zeugen betrifft, der Innen-, nicht der Justizminister (BGH **41**, 36 mit Anm Gössel NStZ **96**, 287). Im Fall des § 96 muss er beachten, dass alle Behörden verpflichtet sind, dazu beizutragen, dass dem Gericht möglichst gute Beweismittel zur Verfügung stehen (BVerfGE **57**, 250, 283 = NJW **81**, 1719, 1723; vgl auch Lisken NJW **91**, 1658; Kreysel MDR **96**, 991; erg Einl 148a). Die Sperrerklärung muss daher auf Ausnahmefälle beschränkt bleiben (BGH **35**, 82, 85; Hamburg StV **93**, 402). Sie kann ggf allein die audiovisuelle Vernehmung einer Gewährsperson iVm deren optischer und akustischer Verfremdung zulassen (BGH **51**, 232 = JR **07**, 428 mit zust Anm Güntge; krit Renzikowski Mehle-FS 539; erg 17 zu § 68); dies kann aus Fairnessgründen geboten sein (BVerfG NJW **10**, 925, 926). Bei der Entscheidung besteht ein Beurteilungsspielraum (Hamm NStZ **85**, 566; **aM** Stuttgart Justiz **86**, 304, 306 = MDR **86**, 690). Zur Pflicht des Gerichts, auf die Erteilung der Auskunft hinzuwirken, vgl 66 zu § 244, zu Gegenvorstellungen vgl BGH StV **90**, 291 und oben 9.

12a Die entspr Anwendung des § 96 bezieht sich auch auf die **Weigerungsgründe** (BGH **29**, 390, 393; **30**, 34; **35**, 82, 85; NStZ **87**, 518; StV **81**, 110; 111; **88**, 45; Hamburg NJW **82**, 297; StV **84**, 11, 12; Hamm NStZ **85**, 566; Stuttgart NStZ **85**, 136 mit Anm Hilger; LR-Schäfer 44; Arloth NStZ **85**, 281; **93**, 467; Hilger NStZ **84**, 146; J. Meyer JR **83**, 478; vgl auch BGH **32**, 32, 35; 115, 123ff [GSSt]; Rebmann NStZ **82**, 316). Eine **aM** will die gegenüber § 96 weitergehenden Gründe des § 68 I BBG und des § 37 IV S 1 BeamtStG (6, 7 zu § 54) anwenden (vgl VGH München NJW **80**, 198; Herdegen NStZ **84**, 100; Krüger Polizei **83**, 79; Ostendorf DRiZ **81**, 6). Dass eine Versagung der Erlaubnis nur in Betracht kommt, wenn die Auskunft den V-Mann in Leibes- oder Lebensgefahr bringt, nicht aber schon wegen der Notwendigkeit seines weiteren Einsatzes (so BGH **33**, 83, 90ff = JZ **85**, 494 mit Anm Fezer = NStZ **85**, 278 mit Anm Arloth = StV **85**, 45 mit Anm Taschke StV **85**, 269; dagegen Stuttgart NJW **91**, 1071 mit Anm Arloth NStZ **92**, 96; vgl auch Hamm NStZ **90**, 44 mit Anm Schäfer), ist im Hinblick auf die Interpretation des § 96 durch den Gesetzgeber in § 110b III S 3 nicht mehr haltbar (BGH StraFo **07**, 25; vgl auch Arloth NStZ **93**, 468; Siegismund JR **94**, 252; Soiné NStZ **07**, 249ff [nachrichtendienstlicher Quellenschutz]; einschr Zaczyk StV **93**, 496: nur wenn Maßnahmen nach § 68 nicht ausreichen; noch weiter einschr Lesch StV **95**, 546: keine Sperrung durch Exekutive erlaubt; dagegen aber Fezer JZ **96**, 610). Die Sperrung eines Zeugen kann auch damit begründet werden, dass das Vertrauen in Zusagen der Strafverfolgungsbehörden insgesamt erschüttert würde, wenn die Vertraulichkeitszusage gegenüber dem Zeugen nicht eingehalten würde (BVerfG NJW **10**, 925, 927).

13 Das Gericht bleibt verpflichtet, sich aus den Akten ergebende **Anhaltspunkte für eine mögliche Beweiserhebung** zu beachten (BGH NStZ **93**, 248; 4 StR 502/07 vom 7. 2. 2008 [Rn 21]). Bezeichnet ein Beweisantrag eine bestimmte Person, so ist deren Vernehmung nicht schon deshalb unzulässig, weil sie mit einer gesperrten Person identisch sein kann; allerdings muss das Gericht dann in eigener Verantwortung prüfen, ob von der Vernehmung des Zeugen wegen Gefahr für Leib oder Leben abzusehen ist (BGH **39**, 141 = JZ **93**, 1012 mit zust Anm Beulke/Satzger = JR **94**, 250 mit zust Anm Siegismund; zum Verhältnis von § 96 zu § 4

ZSHG vgl Hilger Gössel-FS 609; s auch Eisenberg Fezer-FS 204). Kennt das Gericht aus sonstigen Erkenntnisquellen die Identität des Zeugen, steht seiner Vernehmung die Sperrerklärung nicht entgegen (BGH NStZ **03**, 610).

6) **Anfechtung:** Die Sperrerklärung kann der davon betroffene Prozessbeteiligte, nicht aber Gericht oder StA (KK-Nack 32; Lüderssen Klug-FS 535; **aM** SK-Wohlers 54; Ellbogen NStZ **07**, 313: Klagebefugnis der StA; dazu aber BGH NJW **07**, 3010, 3012: höchst problematisch), nach § 23 **EGGVG** anfechten, wenn oberste Dienstbehörde der Justizminister ist (OVG Münster NJW **77**, 1790; Peters 444; **aM** KK-Nack 34: nur nach § 42 VwGO), in allen anderen Fällen nur vor dem Verwaltungsgericht, wie nun sowohl der BGH (**44**, 107 mit Anm Katholnigg NStZ **99**, 40) als auch das BVerwG (BVerwGE **69**, 192 = NJW **84**, 2233; BVerwG NJW **87**, 202 mit Anm Arloth NStZ **87**, 520; DVBl **06**, 851; vgl auch BVerfG 2 BvR 197/07 vom 29. 3. 2007; VGH Mannheim NJW **91**, 2097; KG StV **96**, 531; VG Stuttgart bei Kotz/Rahlf NStZ-RR **07**, 262) übereinstimmend entschieden haben; damit ist die frühere Rspr der OLGe, die auch hier den Rechtsweg nach § 23 **EGGVG** für gegeben hielt (zuletzt Hamm NStZ **98**, 316 mwN) überholt. Die Aussetzung des Verfahrens bis zur Entscheidung über Gegenvorstellungen oder Klage kann im Einzelfall in Betracht kommen (BGH NJW **07**, 3010, 3012 mit krit Anm Niehaus NStZ **08**, 355); zum Anspruch hierauf vgl 29 zu § 54 sowie BGH StraFo **07**, 25; NStZ-RR **09**, 4 (C). 14

7) Die **Revision** kann nicht darauf gestützt werden, dass ein gesperrtes Beweismittel verwertet worden ist; das berührt insbesondere den Rechtskreis des Angeklagten nicht (LR-Schäfer 114; ANM 505; Grünwald JZ **66**, 498; im Erg auch SK-Wohlers 59; **aM** EbSchmidt 5; Schlüchter 306.1). Hat das Gericht versäumt, auf die Vorlegung von Behördenakten hinzuwirken, so kann das die Aufklärungsrüge (§ 244 II) begründen. 15

Beschlagnahmefreie Gegenstände **RiStBV 73 a**

97 **I Der Beschlagnahme unterliegen nicht**

1. **schriftliche Mitteilungen zwischen dem Beschuldigten und den Personen, die nach § 52 oder § 53 Abs. 1 Satz 1 Nr. 1 bis 3 b das Zeugnis verweigern dürfen;**
2. **Aufzeichnungen, welche die in § 53 Abs. 1 Satz 1 Nr. 1 bis 3 b Genannten über die ihnen vom Beschuldigten anvertrauten Mitteilungen oder über andere Umstände gemacht haben, auf die sich das Zeugnisverweigerungsrecht erstreckt;**
3. **andere Gegenstände einschließlich der ärztlichen Untersuchungsbefunde, auf die sich das Zeugnisverweigerungsrecht der in § 53 Abs. 1 Satz 1 Nr. 1 bis 3 b Genannten erstreckt.**

II [1] Diese Beschränkungen gelten nur, wenn die Gegenstände im Gewahrsam der zur Verweigerung des Zeugnisses Berechtigten sind, es sei denn, es handelt sich um eine elektronische Gesundheitskarte im Sinne des § 291 a des Fünften Buches Sozialgesetzbuch. [2] Der Beschlagnahme unterliegen auch nicht Gegenstände, auf die sich das Zeugnisverweigerungsrecht der Ärzte, Zahnärzte, Psychologischen Psychotherapeuten, Kinder- und Jugendlichenpsychotherapeuten, Apotheker und Hebammen erstreckt, wenn sie im Gewahrsam einer Krankenanstalt oder eines Dienstleisters, der für die Genannten personenbezogene Daten erhebt, verarbeitet oder nutzt, sind, sowie Gegenstände, auf die sich das Zeugnisverweigerungsrecht der in § 53 Abs. 1 Satz 1 Nr. 3 a und 3 b genannten Personen erstreckt, wenn sie im Gewahrsam der in dieser Vorschrift bezeichneten Beratungsstelle sind. [3] Die Beschränkungen der Beschlagnahme gelten nicht, wenn bestimmte Tatsachen den Ver-

dacht begründen, dass die zeugnisverweigerungsberechtigte Person an der Tat oder an einer Begünstigung, Strafvereitelung oder Hehlerei beteiligt ist, oder wenn es sich um Gegenstände handelt, die durch eine Straftat hervorgebracht oder zur Begehung einer Straftat gebraucht oder bestimmt sind oder die aus einer Straftat herrühren.

III Die Absätze 1 und 2 sind entsprechend anzuwenden, soweit die Hilfspersonen (§ 53 a) der in § 53 Abs. 1 Satz 1 Nr. 1 bis 3 b Genannten das Zeugnis verweigern dürfen.

IV [1] Soweit das Zeugnisverweigerungsrecht der in § 53 Abs. 1 Satz 1 Nr. 4 genannten Personen reicht, ist die Beschlagnahme von Gegenständen unzulässig. [2] Dieser Beschlagnahmeschutz erstreckt sich auch auf Gegenstände, die von den in § 53 Abs. 1 Satz 1 Nr. 4 genannten Personen ihren Hilfspersonen (§ 53 a) anvertraut sind. [3] Satz 1 gilt entsprechend, soweit die Hilfspersonen (§ 53 a) der in § 53 Abs. 1 Satz 1 Nr. 4 genannten Personen das Zeugnis verweigern dürften.

V [1] Soweit das Zeugnisverweigerungsrecht der in § 53 Abs. 1 Satz 1 Nr. 5 genannten Personen reicht, ist die Beschlagnahme von Schriftstücken, Ton-, Bild- und Datenträgern, Abbildungen und anderen Darstellungen, die sich im Gewahrsam dieser Personen oder der Redaktion, des Verlages, der Druckerei oder der Rundfunkanstalt befinden, unzulässig. [2] Absatz 2 Satz 3 und § 160 a Abs. 4 Satz 2 gelten entsprechend; die Beschlagnahme ist jedoch auch in diesen Fällen nur zulässig, wenn sie unter Berücksichtigung der Grundrechte aus Artikel 5 Abs. 1 Satz 2 des Grundgesetzes nicht außer Verhältnis zur Bedeutung der Sache steht und die Erforschung des Sachverhaltes oder die Ermittlung des Aufenthaltsortes des Täters auf andere Weise aussichtslos oder wesentlich erschwert wäre.

Übersicht

1 **1)** Das **Beschlagnahmeverbot** des § 97 knüpft an die Zeugnisverweigerungsrechte nach §§ 52, 53, 53 a an; es soll ihre Umgehung verhindern (BVerfGE **20**, 162, 188 = NJW **66**, 1603, 1607; BVerfGE **32**, 373, 385 = NJW **72**, 1123, 1125; BGH **38**, 144, 146; **53**, 257, 260; Frankfurt StV **82**, 64, 65; Amelung DNotZ **84**, 198; ANM 506; Bringewat NJW **74**, 1742; Fezer JuS **78**, 767; Michalowski ZStW **109**, 542). Dieser Gesetzeszweck, der schon bei der Beschlagnahmeanordnung zu berücksichtigen ist (KK-Nack 2), macht auch die Anordnung und Durchführung der Durchsuchung unzulässig, wenn die gesuchten Sachen unter § 97 fallen (7 zu § 103; 2 zu § 110), und hindert auch die einstweilige Beschlagnahme nach § 108 I (dort 4). Soweit § 97 die Beweiserhebung im Verhältnis zu Berufsgeheimnisträgern regelt, kommt der Bestimmung gegenüber § 160 a der Vorrang zu (§ 160 a V; erg unten 50).

2 Die **entsprechende Anwendung** der Vorschrift auf Personen, denen das Gesetz kein Zeugnisverweigerungsrecht einräumt, kommt nicht in Betracht (LR-Schäfer 11; vgl für Insolvenzverwalter: LG Potsdam JR **08**, 260 mit zust Anm Menz = ZInsO **07**, 1162 mit Anm Brüsseler; LG Saarbrücken ZInsO **10,** 431 mit

insoweit zust Anm Weyand; ders ZInsO **08**, 25; erg 3 zu § 53; für Verkehrsunfallakten des Arbeitgebers: LG Hamburg MDR **84**, 867; der Schadensversicherer: BVerfG ZfS **82**, 13; Geppert DAR **81**, 301; **aM** Celle JR **82**, 475 mit abl Anm Rengier). Beschlagnahmeverbote können sich allerdings unmittelbar aus dem GG ergeben (erg 20 zu § 94).

2) Nur für Beweismittel besteht das Verbot der Beschlagnahme, dh der 3
zwangsweisen Überführung der Sache in amtliche Verwahrung oder ihre Sicherstellung in anderer Weise (15 ff zu § 94), nicht aber für Verfalls- und Einziehungsgegenstände (vgl zu deren Beschlagnahme aber § 160 a).

3) Auf **selbst beschuldigte Zeugnisverweigerungsberechtigte** ist § 97 nicht 4
anwendbar (Krekeler NStZ **87**, 201; Wasmuth NJW **89**, 2302; Weyand wistra **90**, 5; **aM** Bandisch NJW **87**, 2204). Das folgt aus dem Wortlaut sowie daraus, dass die Beschlagnahme bei ihnen idR sogar bei Teilnahmeverdacht zulässig ist. Die Beschlagnahme der an sich durch § 97 geschützten Beweismittel ist bei dem Beschuldigten daher auch statthaft, wenn er Rechtsanwalt (BVerwG NJW **01**, 1663; LG Berlin NStZ **93**, 146; erg 15 a zu § 102), Verteidiger (BVerfG NJW **08**, 2422; BGH **53**, 257, 260 [einschr Kühne HRRS **09**, 548]; Frankfurt NJW **05**, 1727, 1730; Krekeler NJW **77**, 1418), Steuerberater (Quermann wistra **88**, 254; **aM** Bauwens wistra **88**, 100), Abgeordneter (BVerfGE **108**, 251 = NJW **03**, 3401, 3402; klarstellend Rogall Miebach-SH 38 Fn 8) oder Mitarbeiter von Presse oder Rundfunk ist (BVerfGE **20**, 162, 218 = NJW **66**, 1603, 1608; Kunert MDR **75**, 889; Roxin/Schünemann § 34, 23; erg unten 45 aE). Das aus der Beschlagnahme im Verfahren gegen den beschuldigten Verteidiger erlangte Wissen ist nur in dem gegen diesen gerichteten Prozess verwertbar; im Verfahren gegen den Mandanten ist seine Verwertung dagegen durch § 97 I ausgeschlossen (BGH aaO 2691 im Fall der Verwertung eines Zufallsfundes [beleidigender Brief], der in einem gegen den Verteidiger gerichteten Verfahren wegen versuchter Strafvereitelung gemacht wurde; insoweit zust Barton JZ **10**, 103, der aber für die zugrunde liegende Durchsuchung einen qualifizierten Verdacht iS von unten 38 fordert; vgl auch Beulke Lüderssen-FS 707, 710; Krekeler NStZ **87**, 201; LR-Schäfer 10 zu § 108).

Für einen **Arzt** kann nichts anderes gelten (BerlVerfGH JR **02**, 496; **aM** Köhler 4a
ZStW **107**, 36; Michalowski ZStW **109**, 542). Ist er Beschuldigter, dürfen die sich auf die ihm vorgeworfene Tat beziehenden Krankenunterlagen beschlagnahmt werden (BVerfG NJW **00**, 3557; BGH **38**, 144, 146 mwN = StV **92**, 106 mit abl Anm Frommel; krit auch Lorenz MDR **92**, 313; Celle NJW **62**, 693; **63**, 406, 407; LG Hildesheim NStZ **82**, 394). Die Unterlagen dürfen aber nur gegen ihn, nicht gegen die Patienten verwertet werden (vgl SK-Wohlers 14; Weyand wistra **90**, 8; zum Patientendatenschutz vgl auch das Informationspapier des Landesbeauftragten für den Datenschutz Rheinland-Pfalz in NJW **91**, 2337). Dies stellt § 108 II jetzt ausdrücklich für den Fall eines Strafverfahrens gegen eine Patientin nach § 218 StGB klar (für eine weitergehende Regelung *de lege ferenda* Wolter Rudolphi-Symp 62).

4) Die **freiwillige Herausgabe** der Sache durch den Zeugnisverweigerungsbe- 5
rechtigten enthält einen Verzicht auf das Beschlagnahme- und Verwertungsverbot (BGH **18**, 227, 230). Die Sicherstellung ist dann zulässig, auch wenn der Gewahrsamsinhaber mit der Einwilligung gegen § 203 StGB verstößt (LR-Schäfer 55; **aM** SK-Wohlers 23; Beulke 210; Welp Gallas-FS 409; vgl auch Gutman BB **10**, 171; Michalke NJW **08**, 1492; erg 6 zu § 53).

Das Herausgabeverlangen muss aber mit einer **Belehrung** darüber verbunden 6
werden, dass die Sache nicht zwangsweise, sondern nur mit dieser Einwilligung in amtliche Verwahrung genommen werden darf (ANM 492; Fezer JuS **78**, 767; Herdegen GA **63**, 144; Wohlers NStZ **90**, 246; erg 6 zu § 95). Der Belehrung bedarf es nur dann nicht, wenn die Sache ohne Aufforderung („spontan freiwillig") zur Verfügung gestellt wird (Krause/Nehring 13; **aM** KK-Nack 3; LR-Schäfer 58;

SK-Wohlers 34; Herdegen aaO). Der Verstoß gegen die Belehrungspflicht macht das Beweismittel unverwertbar, wenn der Gewahrsamsinhaber die Rechtslage nicht gekannt hat, wird aber durch auf Grund nachträglicher Belehrung abgegebene Einverständniserklärung des Berechtigten geheilt (Fezer JuS **78**, 768 Fn 34). Verwertbar ist ein Beweismittel auch, wenn es auf anderer Grundlage, zB nach § 81 a, hätte erlangt werden können (vgl 33 zu § 81 a aE sowie Karlsruhe StV **05**, 376, 377 mit abl Anm Dallmeyer).

7 Der **Widerruf** der Einwilligung ist zulässig und zwingt zur Rückgabe, hindert aber, wenn die Sache bereits als Beweismittel ausgewertet worden ist, nicht die Beweiserhebung über die Ergebnisse dieser Auswertung (KK-Nack 3; vgl auch LR Schäfer 64).

8 Die **Verwertbarkeit** der Sache ist auf das Verfahren beschränkt, in dem sie herausgegeben worden ist; weitere Beschränkungen kann der Betroffene bei der Herausgabe nicht bestimmen (Herdegen GA **63**, 146).

9 **5) Voraussetzungen der Beschlagnahmefreiheit:**

10 A. **Im Verfahren gegen einen Beschuldigten** (Einl 76 ff), der nicht der Zeugnisverweigerungsberechtigte selbst ist (oben 4), gilt die Beschlagnahmefreiheit; daher muss ggf zunächst die Identität des Beschuldigten geklärt werden (LG Trier StraFo **07**, 371). Ist ein Verdächtiger vorhanden, so ist § 97 zu seinen Gunsten auch anwendbar, wenn das Verfahren noch gegen „Unbekannt" geführt wird (RG **50**, 241). Ein Ermittlungsverfahren braucht aber noch nicht einmal eingeleitet zu sein; in der Beschlagnahme kann der 1. Verfolgungsakt liegen (Celle NJW **63**, 406, 407; Einl 76). Eine allgemeine Freistellung von der Beschlagnahme, entspr dem allgemeinen Zeugnisverweigerungsrecht nach § 53, besteht nach – verfassungsrechtlich unbedenklicher (BVerfG NStZ-RR **04**, 83; NJW **09**, 281) – hM nicht (offengelassen von BGH NStZ **97**, 562 und **43**, 300; **aM** Beulke Lüderssen-FS 705; Schäfer Hanack-FS 95; vgl auch Frankfurt NJW **02**, 1135 [kein Beschlagnahmeverbot bei berufsfremder Tätigkeit] sowie Wessing DAV-FS 927 mwN zur Beschlagnahme von beim Unternehmensanwalt befindlichen Unterlagen in Verfahren gegen Mitarbeiter). Auch bei I Nr 3 wird nur das Vertrauensverhältnis zu dem Beschuldigten geschützt (LG Dresden NJW **07**, 2709; Taschke Hamm-FS 760; Wessing Mehle-FS 675 mwN; **aM** Theuner [1 zu § 53] 375); ein Beschlagnahmeverbot besteht jedoch dann, wenn ein Zeuge bis zur Abtrennung des dieselbe Tat betreffenden Verfahrens Mitbeschuldigter war (BGH **43**, 300 = NStZ **98**, 471 mit Anm Rudolphi; München NStZ **06**, 300 = JR **07**, 336 mit zust Anm Satzger; weiterg SK-Wohlers 11; Schäfer Hamm-FS 640 für Verteidigungsunterlagen). Gegenstände, die der Zeugnisverweigerungsberechtigte von anderen Personen erlangt hat, können beschlagnahmt werden (Celle NJW **65**, 362; LG Fulda NJW **90**, 2946; LG Hamburg NJW **90**, 780; Welp JZ **74**, 423; **aM** Köln NStZ **91**, 452; AK-Amelung 15 und DNotZ **84**, 207; eingehend Huber-Lotterschmid [46 zu § 53] S 101 ff, die aber für eine Einbeziehung der – beschuldigten – Organe von juristischen Personen in deren Vertrauensverhältnis zu dem Zeugnisverweigerungsberechtigten eintritt).

11 B. Im **Gewahrsam des Zeugnisverweigerungsberechtigten** muss der Gegenstand sein (II S 1; für Ausweitung auf im Gewahrsam des Beschuldigten befindliche RA-Korrespondenz Kapp/Roth ZRP **03**, 404; vgl auch Theuner [1 zu § 53] 364: verfassungsunmittelbares Beweisverbot für Krankenunterlagen). Die Beschränkung in S 1 aE beruht auf der Erweiterung der Krankenversichertenkarte zu einer elektronischen Gesundheitskarte (vgl dazu Hornung, Die digitale Identität, 2005, S 207 ff). Die Wiedererlangung des Gewahrsams, zB infolge Rückgabe der Sache durch den Beschuldigten, genügt. Gewahrsam bedeutet das tatsächliche Herrschaftsverhältnis, die Verfügungsmacht über das Beweismittel (LR-Schäfer 28). Er besteht auch an Sachen in Schließfächern, selbst wenn sie nur gemeinsam mit dem Vermieter geöffnet werden können, und an Sachen, die der Berechtigte bei ebenfalls zum Schweigen verpflichteten Dritten, zB bei einem Finanzamt, einer

Buchprüfungsgesellschaft, einer Ärztekammer, aufbewahren lässt (Celle MDR **52**, 376 mit Anm Maassen; LR-Schäfer 32; Kohlhaas NJW **64**, 1165). Sachen, die sich auf dem Postweg befinden, können beschlagnahmt werden (LR-Schäfer 28; Welp Gallas-FS 419; **aM** SK-Wohlers 20); vgl aber wegen der Verteidigerpost unten 36.

Hat der Zeugnisverweigerungsberechtigte nur **Mitgewahrsam** an der Sache, so gilt § 97 ebenfalls (BGH **19**, 374; LG Stuttgart wistra **90**, 282; Schmidt wistra **91**, 248 mwN in Fn 38; Höser MDR **82**, 535; Schuhmann wistra **95**, 52; **aM** Schmitt [1 zu § 53] 85, 155), jedoch nicht, wenn der Beschuldigte Mitgewahrsamsinhaber ist (BGH aaO; KG JR **67**, 192; LG Aachen MDR **81**, 603; Birmanns MDR **81**, 102; einschr Schmidt aaO: „primäre Dispositionsbefugnis" entscheidend; **aM** Schmitt aaO; Schuhmann aaO: Beschlagnahmeverbot; ebenso Theuner [1 zu § 53] 362 für Ärzte). Kontounterlagen über ein RA-Anderkonto dürfen nicht beim RA, wohl aber bei dem das Konto führenden Kreditinstitut beschlagnahmt werden (BVerfG wistra **90**, 97; LG Chemnitz wistra **01**, 399; LG Würzburg wistra **90**, 118; **aM** AG Münster StV **98**, 181; Kretschmer wistra **09**, 181; Stahl wistra **90**, 94). 12

Endet der Gewahrsam des Weigerungsberechtigten durch freiwillige Aufgabe oder durch Tod, so wird § 97 unanwendbar (**aM** Schmitt [1 zu § 53] 87). Das gilt im Fall des § 52 auch, wenn der Nachfolger im Gewahrsam selbst weigerungsberechtigt ist. Im Fall des § 53 bleibt die Beschlagnahmefreiheit dagegen bei einem Weigerungsberechtigten derselben Kategorie (Verteidiger, Arzt usw) bestehen, zB wenn der behandelnde Arzt einen Spezialisten hinzuzieht, dem er den geschützten Gegenstand vorübergehend überlässt, insbesondere aber, wenn der Weigerungsberechtigte Amt oder Praxis aufgibt und die geschützten Unterlagen insgesamt auf seinen Nachfolger übergehen (BVerfGE **32**, 373, 381 ff = NJW **72**, 1123). Bei unfreiwilliger Besitzaufgabe endet der Schutz des § 97 ebenfalls (BGH 3 StR 432/76 vom 15. 12. 1976; KK-Nack 8; SK-Wohlers 22; **aM** Beulke 210 und Lüderssen-FS 715; Löffler/Achenbach 110 zu § 23 LPG; Theuner [1 zu § 53] 369); die Sache kann daher beim Dieb oder Finder beschlagnahmt werden (LR-Schäfer 33). Wenn ein Gegenstand in einem anderen Verfahren beschlagnahmt wird, darf er dagegen als Beweismittel wegen der Tat, derentwegen das Zeugnisverweigerungsrecht besteht, ohne Einwilligung des Berechtigten nicht als Beweismittel verwertet werden. 13

Eine Sonderregelung für Angehörige der Heilberufe enthält II S 2. Bei ihnen steht auch der Gewahrsam einer Krankenanstalt (oder deren Dienstleister) der Beschlagnahme entgegen, gleichgültig, ob sie die Sache durch den Zeugnisverweigerungsberechtigten oder von außen her, zB durch Übertragung von einer anderen Krankenanstalt, erlangt hat. Der Begriff Krankenanstalt ist weit auszulegen; er umfasst auch Genesungsheime und Pflegeanstalten unter ärztlicher Leitung sowie Krankenreviere der Bundeswehr, der Polizei oder einer JVA, aber nicht Ärztekammern und ärztliche Verrechnungsstellen. Eine Tätigkeit des Zeugnisverweigerungsberechtigten in der Anstalt zZ der Entstehung des Beweisgegenstandes oder der Beschlagnahme wird nicht vorausgesetzt. 14

Eine entspr Regelung enthält II S 2 für **Beratungsstellen nach § 219 II StGB;** das Beschlagnahmeverbot besteht auch, wenn die Sache in ihren Räumen auf Veranlassung eines dazu befugten Mitglieds der Stelle aufbewahrt wird. 15

Bei **Presse- und Rundfunkmitarbeitern** lässt V S 1 den Gewahrsam der Redaktion usw genügen. Die Sache muss in deren Räumen (zum Begriff: Löffler/Achenbach 113 zu § 23 LPG) oder Fahrzeugen auf Veranlassung eines dazu befugten Mitarbeiters aufbewahrt werden. 16

6) Ausschluss der Beschlagnahmefreiheit: 17

A. Der **Verdacht der Beteiligung** an der Tat (II S 3) sowie der Begünstigung, Strafvereitelung oder Hehlerei (nicht aber der Geldwäsche) lässt das Beschlagnahmeverbot entfallen (Ausnahme aber V S 2 2. Hs; einschr Theuner [1 zu § 53] 373: nur bei kollusivem Zusammenwirken von Arzt und Patient). Dabei wird, außer bei 18

Abgeordneten (unten 44), nicht vorausgesetzt, dass gegen den Zeugnisverweigerungsberechtigten schon ein Ermittlungsverfahren eingeleitet worden ist (BGH NJW **73**, 2035; BT-Drucks 16/6979 S 42) oder dass seiner Einleitung keine rechtlichen Hindernisse entgegenstehen.

19 Der Begriff **Tatbeteiligung** ist in weitestem Sinn zu verstehen; maßgebend ist der Tatbegriff des § 264 (BGH **18**, 227, 229). Strafbar braucht die Teilnahme nicht zu sein; es genügt die rechtswidrige Tat iS des § 11 II Nr 5 StGB (SK-Wohlers 38). Die Strafvereitelung zählt daher auch, wenn sie nach § 258 VI StGB straflos bleibt (BGH **25**, 168; Krekeler NJW **77**, 1418). Notwendige Teilnahme, Nebentäterschaft und Teilnahme an der in einem anderen Verfahren verfolgten Tat reichen aber nicht aus (BGH aaO).

20 Nur nach sorgfältiger, sich auf **bestimmte Tatsachen** (9 zu § 100 a) stützender Prüfung darf der Verstrickungsverdacht angenommen werden; bloße Vermutungen genügen nicht (vgl LG Kiel SchlHA **55**, 368, Beulke Lüderssen-FS 709, jew zu II S 3 aF). Die Regelung entspricht § 160 a IV S 1. Je schwerwiegender sich die Beschlagnahme auf den Betroffenen auswirkt, desto stärker muss der Verdacht konkretisiert sein (vgl dazu Schmidt, Die Ausnahme vom Beschlagnahmeverbot gemäß § 97 Abs 2 S 3 1. Hs StPO, 1989, S 54 ff; erg unten 38). Der Verdacht der Beteiligung muss bereits bei der Anordnung der Beschlagnahme bestehen (LG Koblenz StV **85**, 8; LG Köln NJW **60**, 1874; SK-Wohlers 37); wegen des Verwertungsverbots vgl unten 46–48.

21 B. **Deliktsgegenstände** (II S 3), dh Tatwerkzeuge und durch die Tat hervorgebrachte oder erlangte Gegenstände, können unbeschränkt beschlagnahmt werden (Beulke Lüderssen-FS 712).

22 **Tatwerkzeuge** sind auch die zur Tatvorbereitung benutzten Gegenstände (Hamburg MDR **81**, 603; Beulke aaO; Freund NJW **76**, 2002; **aM** Amelung DNotZ **84**, 210; diff SK-Wohlers 42: spezifische Beziehung zur konkreten Tat). In Betracht kommen etwa ein zwischen Kaufleuten über den beabsichtigten Betrug geführter Schriftwechsel (Mayer SchlHA **55**, 350; einschr Haffke NJW **75**, 811), die zur Begehung einer Wirtschafts- oder Steuerstraftat benutzten (echten oder verfälschten) Buchungsunterlagen (Hamburg aaO; LG Aachen NJW **85**, 338; MDR **81**, 603; Freund aaO; Schäfer wistra **85**, 12; einschr Stuttgart NJW **76**, 2030; Gehre NJW **77**, 710; Schmidt wistra **91**, 251; vgl auch Stypmann wistra **82**, 13) und Retenturkunden eines Notars (LR-Schäfer 44; **aM** LG Köln NJW **81**, 1746; Amelung DNotZ **84**, 210).

23 **Durch die Tat hervorgebracht** sein oder aus ihr herrühren können auch Gegenstände ohne Vermögenswert (LG Frankfurt aM NJW **59**, 543: unterdrückte Urkunden; BGH NJW **96**, 532 und Rebmann Pfeiffer-FS 236: „Bekennerbrief") und Sachen, bei deren Erwerb nur bestimmte Umstände gegen das Gesetz verstoßen haben, zB unter Preisverstoß gekaufte Sachen.

24 C. Die **Entbindung von der Schweigepflicht** (§ 53 II S 1) durch den Beschuldigten verpflichtet zur Herausgabe nach § 95 (dort 10) und lässt auch das Beschlagnahmeverbot bei dem Gewahrsamsinhaber, der sonst nach § 53 I S 1 Nrn 2 bis 3 b das Zeugnis verweigern dürfte, ebenso bei den Berufshelfern (§ 53 a II), entfallen (BGH **38**, 144, 145; Hamburg NJW **62**, 689; Nürnberg NJW **58**, 272 mit abl Anm Kaufmann; KMR-Müller 23; SK-Wohlers 27; Beulke Lüderssen-FS 713; Roxin/Schünemann § 34, 19; Theuner [1 zu § 53] 371; **aM** EbSchmidt Nachtr 11; Bringewat NJW **74**, 1742; Göppinger NJW **58**, 241; Gülzow NJW **81**, 267; Matt Widmaier-FS 856, 860, 866). Ob der Beschuldigte den Inhalt der Beweisgegenstände im Einzelnen kennt, ist gleichgültig (Hamburg aaO; SK-Wohlers 31 mwN). Die Beschlagnahmefreiheit gilt daher auch für Krankengeschichten (Hamburg aaO; Nürnberg aaO; **aM** Göppinger aaO) und Anwaltshandakten. Zur Entbindung vgl im Übrigen 45 ff zu § 53.

25 Mit dem **Widerruf der Entbindungserklärung** entsteht ein neues Beschlagnahmeverbot, das aber nicht zurückwirkt (Hamburg aaO; Nürnberg aaO).

D. Das **Einverständnis des Beschuldigten** mit der Beschlagnahme kann, da die Beschlagnahmeverbote nicht in seinem Interesse bestehen, die Beschlagnahmefreiheit nicht beseitigen (Fezer JuS **78**, 767 Fn 32). Etwas anderes gilt nur für den Fall, dass es zulässig wäre, den Zeugnisverweigerungsberechtigten von der Schweigepflicht zu entbinden (§§ 53 II S 1, 53a II); dann erlaubt auch das bloße Einverständnis des Beschuldigten die Beschlagnahme (KK-Nack 7). 26

7) Beschlagnahmefreie Gegenstände: 27

A. **Schriftliche Mitteilungen** (I Nr 1) sind alle Gedankenäußerungen, die ein Absender einem Empfänger zukommen lässt, damit er davon Kenntnis nimmt, insbesondere Briefe, Karten, Eintragungen in Bücher oder auf Karten, auch Mitteilungen durch Zeichnungen, Skizzen und (vgl § 11 III StGB) auf Bild- und Tonträgern, uU auch zur Lektüre für Dritte bestimmte Tagebücher. Ob der Weigerungsberechtigte sie im Original oder in Ablichtung im Gewahrsam hat, ist gleichgültig. Entstanden ist die Mitteilung bereits, wenn sie abgesetzt und zum Absenden bestimmt ist. Dabei ist ohne Bedeutung, ob sie der Absender selbst oder mit fremder Hilfe geschrieben oder von einem Beauftragten als seine Mitteilung hat fertigen lassen. Auch bei Nr 1 muss – wie bei Nr 2 – ein Zusammenhang mit dem Zeugnisverweigerungsrecht bestehen (Beulke Lüderssen-FS 700); bereits das Anbahnungsverhältnis ist geschützt (vgl BGH **33**, 148; München NStZ **06**, 300 = JR **07**, 336 mit zust Anm Satzger). 28

B. **Aufzeichnungen** (I Nr 2) sind auf Papier oder anderem Material festgehaltene mündliche Mitteilungen oder andere sinnliche Wahrnehmungen, die keine Mitteilungen an Dritte enthalten, zB Karteien, Krankenblätter, Handakten, notarielle Beurkundungen. Es muss sich um Wahrnehmungen des Zeugnisverweigerungsberechtigten handeln. Wer sie aufgezeichnet hat, ist gleichgültig (vgl Köln NStZ **91**, 452). Beschlagnahmefrei sind entspr § 11 III StGB auch Tonträger sowie Bild- und Datenträger (vgl BVerfG NStZ **02**, 377; Lemcke [16a zu § 94] S 146ff). 29

C. **Andere Gegenstände** (I Nr 3) sind etwa Fremdkörper, die der Arzt aus dem Körper des Beschuldigten entfernt hat (Nürnberg NJW **58**, 272), technische Untersuchungsbefunde, wie Röntgenaufnahmen (Kohlhaas NJW **72**, 1120), Kardiogramme, Fieberkurven (Celle MDR **65**, 225), anatomische Präparate, Blutbilder, Alkoholbefunde (Dallinger JZ **53**, 437), vom Beschuldigten in Auftrag gegebene Sachverständigengutachten (Starke Rudolphi-Symp 83ff) sowie Buchungs- und Geschäftsunterlagen (LG Berlin NJW **77**, 725; **90**, 1058; LG Dresden NJW **07**, 2709; LG Stade NStZ **87**, 38 mit Anm Birmanns; Schmidt wistra **91**, 247 mwN in Fn 20; Weinmann Dünnebier-FS 199; **aM** LG Braunschweig NJW **78**, 2108; Brenner BB **84**, 137; Stypmann wistra **82**, 13; erg unten 40). 30

D. **Schriftstücke** (V) sind schriftliche Mitteilungen iS des I Nr 1 (oben 28) und Aufzeichnungen iS des I Nr 2 (oben 29), aber auch sonstige schriftlich festgehaltene Gedankenäußerungen, auch auf Tonträgern, Fotografien und Filmen. Der Begriff umfasst ferner Manuskripte, nicht aber Druckschriften, insbesondere nicht Bücher (**aM** LR-Schäfer 126). 31

E. **Ton-, Bild- und Datenträger, Abbildungen und andere Darstellungen** (V): Die Begriffe stimmen mit denen des § 11 III StGB überein (vgl Fischer 33ff zu dieser Vorschrift). Datenträger (dort nicht aufgeführt) sind Geräte zur Speicherung von Informationen. Auch digitale Dateien werden von V erfasst (Böckenförde [4 zu § 94] S 363ff). 32

8) Personenkreis: 33

A. **Angehörige** (I Nr 1 iVm § 52 I): Bei den in § 52 I bezeichneten Personen sind nur schriftliche Mitteilungen (oben 28) beschlagnahmefrei, diese aber ohne Rücksicht auf ihren Inhalt und auf den Zeitpunkt der Herstellung. Irgendeine Beziehung zwischen der Mitteilung und der Tat braucht nicht zu bestehen; schriftliche Mitteilungen dürfen daher auch als Schriftproben nicht beschlagnahmt wer- 34 den. Das Ende des Angehörigenverhältnisses stellt die Beschlagnahmebefugnis wieder her, wenn dadurch auch das Zeugnisverweigerungsrecht entfällt (3 ff zu § 52). Aufzeichnungen, die keine schriftlichen Mitteilungen enthalten, können uneingeschränkt beschlagnahmt werden (BVerwG NJW **81**, 1852).

35 B. **Geistliche** (I Nrn 1–3 iVm § 53 I S 1 Nr 1): Zum Begriff vgl 12 zu § 53. Von der Beschlagnahme ausgenommen sind schriftliche Mitteilungen (oben 28) zwischen dem Geistlichen und dem Beschuldigten ohne Rücksicht darauf, ob sie sich auf die Tat beziehen (Krause/Nehring 2), ferner Aufzeichnungen (oben 29) über Tatsachen, die dem Geistlichen in dieser Eigenschaft anvertraut oder bekanntgeworden sind, und andere Gegenstände (oben 30), die ihm als Seelsorger übergeben worden sind.

36 C. **Verteidiger** (I Nrn 1–3 iVm § 53 I S 1 Nr 2): Zum Personenkreis vgl 13 zu § 53 (ferner Taschke Hamm-FS 761 ff zum Unternehmensanwalt als „Verteidiger" des Unternehmens). Beschlagnahmefrei sind schriftliche Mitteilungen (oben 28) zwischen Verteidiger und Beschuldigten, aber nur, soweit sie die Verteidigung betreffen (LG Bonn wistra **06**, 396) und ihr Inhalt von dem Zeugnisverweigerungsrecht erfasst wird, ferner Aufzeichnungen (oben 29) über Mitteilungen des Beschuldigten an den Verteidiger für Zwecke der Verteidigung und über andere Tatsachen, die dem Verteidiger in dieser Eigenschaft anvertraut oder bekanntgeworden sind, sowie die dem Verteidiger von dem Beschuldigten oder einem Dritten (Frankfurt NStZ **06**, 302; Koblenz StV **95**, 570 mwN) zu Zwecken der Verteidigung übergebenen Gegenstände (oben 30). Das Beschlagnahmeverbot gilt aber auch, soweit der Verteidiger zur Vorbereitung eines Wiederaufnahmeverfahrens als Zeugenbeistand für den Verurteilten tätig ist (BGH NStZ **01**, 604), jedoch nicht für Briefe, die nach Ende des Mandats an den vormaligen Verteidiger gerichtet werden (LG Tübingen NStZ **08**, 653).

37 Für die **Frage des Gewahrsams** wird II S 1 durch den später in Kraft getretenen § 148 ergänzt (Beulke 210 und Lüderssen-FS 714; Fezer JuS **78**, 769; Dahs Meyer-GedSchr 61; Rudolphi Schaffstein-FS 441; Welp Gallas-FS 417). Daher sind schriftliche Mitteilungen auch dann von der Beschlagnahme ausgeschlossen, wenn sie der inhaftierte oder auf freiem Fuß befindliche (LG Mainz NStZ **86**, 473; Kalf Polizei **85**, 4) Beschuldigte noch nicht abgesandt hat (Specht NJW **74**, 65; diff LG Tübingen NStZ **08**, 653 für in der Zelle eines Mitgefangenen aufgefundene Briefe), wenn sie sich noch auf dem Postweg befinden (BGH NJW **90**, 722; Welp JZ **72**, 428 und Gallas-FS 419) oder wenn sie bereits in den Besitz des Beschuldigten gelangt sind (BGH NJW **73**, 2035; **82**, 2508; LG München I NStZ **01**, 612; LG Stuttgart NStE Nr 12; Schmidt StV **89**, 421), wobei aber die Beschlagnahme nicht schon hindert, dass er Papiere einfach als Verteidigungsunterlagen bezeichnet oder mit solchen Unterlagen vermischt (KG NJW **75**, 354; LG Mainz und LG Tübingen aaO). Auch Unterlagen, die der Beschuldigte erkennbar zu seiner Verteidigung angefertigt hat, sind beschlagnahmefrei (BGH **44**, 46; zust Fezer JZ **07**, 667; München NStZ **06**, 300 = JR **07**, 336 mit zust Anm Satzger), zB auch lesbare Aufzeichnungen von Computerdaten (BVerfG NJW **02**, 1410). Wenn erfasste Daten nur teilw dem Beschlagnahmezugriff unterliegen, muss ggf eine Verwendungsbeschränkung vorgenommen werden (vgl BVerfGE **105**, 365 = NJW **02**, 2458).

38 Für die **Beschlagnahme bei dem teilnahmeverdächtigen Verteidiger** (vgl oben 18 ff) gelten keine Besonderheiten (vgl BGH **33**, 347, 351 ff = JR **87**, 75 mit krit Anm Rieß; BGH NJW **82**, 2508; einschr KK-Nack 39: nur „echte Beteiligung"; **aM** Schmidt [oben 20] 129; Specht NJW **74**, 65; Waldowski AnwBl **75**, 106; Welp GA **79**, 142 und NStZ **86**, 297: § 148 geht vor). Auch gegen den Verteidiger braucht noch kein Ermittlungsverfahren eingeleitet worden zu sein (KMR-Müller 14; vgl BT-Drucks 16/6979 S 42); noch weniger wird vorausgesetzt, dass der Verteidiger bereits nach §§ 138 a ff ausgeschlossen worden ist oder seine Rechte gemäß § 138 c III ruhen (vgl BGH NStZ **83**, 85; **aM** LR-Schäfer 96;

Beulke Lüderssen-FS 708; Fezer 4/69; Krekeler Koch-FG 176; Schäfer Hanack-FS 99). Es müssen jedoch gewichtige Anhaltspunkte für die Tatbeteiligung vorliegen (BGH NJW **73**, 2035 = JR **74**, 115 mit abl Anm Roxin – JZ **74**, 421 mit abl Anm Welp; 1 StR 375/00 vom 22. 11. 2000; dem BGH zust Wohlers JR **09**, 524 [aber kein qualifizierter Tatverdacht in Fällen des § 108 erforderlich; gegen eine solche Absenkung Barton JZ **10**, 104]; offen gelassen in BGH NStZ **01**, 604, 606; vgl auch BGH **53**, 257, 262; krit Leitner Widmaier-FS 331); erg 8 zu § 148.

Da das Beschlagnahmeverbot des § 97 weder Straftaten erleichtern noch ihre Verdunklung ermöglichen soll, sind bei dem Verteidiger hinterlegte **Überführungsstücke** auch dann nicht beschlagnahmefrei, wenn der Verteidiger ihren Inhalt nicht kennt (Haffke NJW **75**, 810; einschr SK-Wohlers 93). Missbraucht er seine Stellung, um Akten, Schriftstücke oder andere Gegenstände dem Zugriff der Strafverfolgungsbehörden zu entziehen, so ist § 97 ebenfalls nicht anwendbar (LG Kaiserslautern AnwBl **79**, 120; LG Köln BB **74**, 1548; Bringewat NJW **74**, 1740; **aM** Frankfurt StV **82**, 64; LR-Schäfer 99; Beulke 231; Gülzow NJW **81**, 265; Haffke NJW **75**, 808); denn solche Sachen sind ihm nicht zu Zwecken der Verteidigung, sondern zur Strafvereitelung übergeben worden und unterliegen daher keinem Geheimnisschutz (Roxin/Schünemann § 64, 20; Krause/Nehring 4; vgl auch LG Koblenz StV **85**, 8 und eing zum Ganzen LG Fulda NJW **00**, 1508). 39

D. **Rechtsanwälte, Notare, Steuerberater und ähnliche Berufe** (I Nrn 1–3 iVm § 53 I S 1 Nr 3): Zum Personenkreis vgl 15 zu § 53. Beschlagnahmefrei sind die gleichen Gegenstände wie beim Verteidiger (oben 36). Notarielle Urkunden können, da nicht geheimhaltungsbedürftig, beschlagnahmt werden (LG Darmstadt wistra **87**, 232; LG Freiburg wistra **98**, 35 mit Anm Schmedding; LG Stuttgart wistra **88**, 245; **aM** Amelung DNotZ **84**, 195, der nicht auf die Geheimhaltungs-, sondern auf die Beweisbedürftigkeit abstellt), nicht aber die Entwürfe zu ihrer Errichtung (LG Köln NJW **81**, 1746; KK-Nack 13). Unterlagen zu einem Notaranderkonto dürfen nicht beim Notar (LG Aachen NStZ-RR **99**, 216), wohl aber bei dem das Konto führenden Kreditinstitut beschlagnahmt werden (LG Aachen NJW **99**, 2381; vgl auch Frankfurt NJW **02**, 1135; weitergehend Rau wistra **06**, 410: grundsätzlich Beschlagnahmefreiheit). Streitig ist die Beschlagnahmefreiheit von Geschäftsunterlagen und Buchungsbelegen, die der Beschuldigte dem Steuerberater oder Wirtschaftsprüfer übergeben hat und die keine Deliktsgegenstände (oben 21) sind. Diese Personen haben an solchen Unterlagen Alleingewahrsam (KK-Nack 17; Höser MDR **82**, 535; Schmidt wistra **91**, 250; **aM** LG Aachen NJW **85**, 338; MDR **81**, 603; Birmanns MDR **81**, 102: Mitgewahrsam des Beschuldigten und daher keine Beschlagnahmefreiheit; vgl auch Schäfer wistra **85**, 15). Sollen sie lediglich die Buchführung erledigen, so dürfen die Unterlagen beschlagnahmt werden. Denn da das in §§ 1 II Nr 2, 6 Nr 3 StBerG bestimmte Buchführungsprivileg der steuerberatenden Berufe gegen Art 12 GG verstößt (BVerfGE **54**, 301 = NJW **81**, 33; BVerfGE **59**, 302 = NJW **82**, 1687), gehört diese Tätigkeit nicht zum Berufsbild der Steuerberater, und Buchungsbelege werden ihnen daher nicht auf Grund des besonderen Vertrauensverhältnisses übergeben, das der Grund für Zeugnisverweigerungsrecht und Beschlagnahmefreiheit ist (vgl LG Berlin NJW **77**, 725; LG München I NJW **89**, 536; LG Saarbrücken wistra **84**, 200; LG Stuttgart wistra **85**, 41; Brenner BB **84**, 137; Moosburger wistra **89**, 252; Stypmann wistra **82**, 13; **aM** LG Darmstadt NStZ **88**, 286; LG Koblenz StV **85**, 8; LG Stade NStZ **87**, 38 mit Anm Birmanns; LG Stuttgart wistra **88**, 40; Bauwens wistra **85**, 179; Göggerle BB **86**, 41; vgl auch Beulke Lüderssen-FS 702). Anders ist es, wenn sie auf Grund der Belege Jahresabschlüsse erstellen und Steuererklärungen vorbereiten oder abgeben sollen; dann besteht Beschlagnahmefreiheit, solange die Unterlagen für diese Zwecke von ihnen benötigt werden (LG Berlin aaO; LG Dresden NJW **07**, 2709; LG Hamburg wistra **05**, 394 mwN; LG Hildesheim wistra **88**, 327; LG Stuttgart aaO; KK-Nack 16; Schäfer wistra **85**, 12; **aM** LG Darmstadt aaO; LG München I wistra **85**, 41 mit Anm 40

Birner; Stuttgart wistra **85**, 41; SK-Wohlers 82; vgl auch Mössmer/Moosburger wistra **06**, 211: entspr Anwendung des § 104 II AO). Die gesetzliche Aufbewahrungspflicht nach § 257 HGB ist nicht zugunsten der Strafverfolgungsbehörden bestimmt und kann daher die Beschlagnahmefähigkeit nicht begründen (Kunert MDR **73**, 179; LG Dresden aaO; **aM** LG Stuttgart aaO; Stypmann aaO; Weinmann Dünnebier-FS 199, 210ff; vgl auch Knierim StV **09**, 330). Die dem Steuerberater zur Durchführung einer Außenprüfung in dessen Praxis ausgehändigten Unterlagen können beschlagnahmt werden (LG Essen wistra **10**, 78).

41 E. **Angehörige der Heilberufe** (I Nrn 1–3 iVm § 53 I S 1 Nr 3). Zum Personenkreis vgl 17 zu § 53. Beschlagnahmefrei sind schriftliche Mitteilungen (oben 28), Aufzeichnungen (oben 29) und Gegenstände (oben 30). Wegen des Gewahrsams vgl oben 14. In Betracht kommen vor allem ärztliche Karteikarten (LG Koblenz NJW **83**, 2100), Krankengeschichten und Krankenblätter. Sie sind aber nur beschlagnahmefrei, wenn sie in dem Verfahren gegen einen Beschuldigten von Bedeutung sind, der Patient des Arztes war oder ist (Celle NJW **63**, 406, 407; **65**, 362, 363). Der Beschlagnahme unterliegt aber ein anlässlich der Aufnahme in der JVA erstellter ärztlicher Untersuchungsbericht (LG Stuttgart MDR **94**, 715). Die Verwertbarkeit der Gutachten von in anderen Verfahren durchgeführten Zwangsuntersuchungen richtet sich allgemein danach, ob auch im Strafverfahren eine entspr ärztliche Untersuchung zulässig wäre (Cramer NStZ **96**, 214).

42 F. **Schwangerschaftsberater** (I Nr 3 iVm § 53 I S 1 Nr 3a) und **Berater in Fragen der Betäubungsmittelabhängigkeit** (I Nr 3 iVm § 53 I S 1 Nr 3b). Zum Personenkreis vgl 21 bzw 22 zu § 53. Beschlagnahmefrei sind die gleichen Gegenstände wie bei den Angehörigen der Heilberufe. Wegen des Gewahrsams vgl oben 15.

43 G. **Hilfspersonen** der in B-F Genannten (III iVm § 53 I S 1 Nrn 1–3 b, § 53a): Der Beschlagnahme entzogen sind nur Gegenstände, die im Gewahrsam der Hilfsperson stehen und wegen der Beziehung zu einer der in § 53 I S 1 Nrn 1–3 b bezeichneten Personen nicht beschlagnahmt werden dürfen (weitergehend Dahs Meyer-GedSchr 72; vgl auch Spatscheck Hamm-FS 742 zum EDV-Dienstleister). Die Beschlagnahmefreiheit setzt ferner die Entscheidung des Hauptberufsträgers voraus, dass die Hilfsperson nicht aussagt (§ 53a I S 2). Wird er von der Schweigepflicht entbunden, so ist die Beschlagnahme auch bei der Hilfsperson zulässig (§ 53a II). Bei Teilnahmeverdacht der Hilfsperson entfällt die Beschlagnahmefreiheit der in ihrem Gewahrsam stehenden Sachen auch dann, wenn sie bei dem Hauptberufsträger nicht beschlagnahmt werden dürfen (LR-Schäfer 139), erst recht, wenn der Berufshelfer selbst Beschuldigter ist (vgl Rogall Miebach-SH 40).

44 H. **Abgeordnete** und ihre Hilfspersonen (IV iVm § 53 I S 1 Nr 4, § 53a): Der Beschlagnahmeschutz geht für BT-Abgeordnete und ihre Mitarbeiter über Art 47 S 2 GG und dessen Auslegung durch BVerfGE **108**, 251 = NJW **03**, 3401 (dazu Rogall Miebach-SH 38) hinaus. Nach IV S 1 sind Gegenstände (oben 27ff) beschlagnahmefrei, soweit sie vom personellen, sachlichen und zeitlichen Schutzbereich des Zeugnisverweigerungsrechts des Mandatsträgers umfasst sind (23–24a zu § 53). Dessen Gewahrsam an dem Gegenstand wird nach der Neufassung durch das Ges vom 26. 6. 2009 nicht mehr vorausgesetzt (BT-Drucks 16/12314 S 3, 4; schon früher SK-Wohlers 52), so dass etwa Unterlagen, die ein Abgeordneter in dieser Eigenschaft anderen Personen anvertraut hat, auch dort geschützt sind (KK-Nack 27: Journalisten). Die Beschlagnahmefreiheit besteht auch, wenn der Abgeordnete teilnahmeverdächtig ist; II S 3 gilt nicht. Nur wenn er selbst als Beschuldigter verfolgt wird, ist die Beschlagnahme ohne Einschränkungen zulässig (LR-Schäfer 128; erg oben 4). Dieser Beschlagnahmeschutz gilt nach IV S 3 entspr für dessen Hilfspersonen iS des § 53a (dort 6). § 53a I S 2 ist auch insoweit zu beachten (näher oben 43); Teilnahmeverdacht gegen die Hilfsperson lässt die Beschlagnahmefreiheit nicht entfallen (vgl zur aF KK-Nack 30; Hebenstreit Schäfer-SH 33). IV S 2 bezieht – zT lediglich klarstellend – in den Beschlagnahmeschutz

alle Fälle ein, in denen der Gegenstand einer Hilfsperson anvertraut wurde; auf die von BVerfGE **108**, 251 = NJW **03**, 3401 für BT-Abgeordnete und deren Mitarbeiter aus Art 47 GG abgeleitete Einschränkung auf die Räumlichkeiten des BTag kommt es nach der Neufassung nicht mehr an. Unerheblich ist, ob der Mitarbeiter Beschuldigter oder Nichtbeschuldigter ist und ob er den Gegenstand vom Abgeordneten persönlich oder im Zusammenhang mit dessen Tätigkeit von einem Dritten erhalten hat. IV ist *lex specialis* zu § 6 S 2 EuAbgG, § 7 BPräsWahlG.

J. **Mitarbeiter von Presse und Rundfunk** (V iVm § 53 I S 1 Nr 5): Zum Personenkreis vgl 28 ff zu § 53. Beschlagnahmefrei sind Schriftstücke (oben 31), Tonträger ua sowie Datenträger (oben 32), soweit sie Aufschluss über Verfasser, Einsender oder sonstige Informanten (35 ff zu § 53; BVerfGE **117**, 244 = NJW **07**, 1117, 1118, 1120) und die von ihnen gemachten Mitteilungen bzw die selbst erarbeiteten Materialien und Wahrnehmungen geben und soweit sich das Zeugnisverweigerungsrecht erstreckt (38 ff zu § 53). Im Gegensatz zur früher hM erstreckt sich das Beschlagnahmeverbot also auch auf selbst recherchiertes Material, wie die uneingeschränkte Verweisung auf § 53 I S 1 Nr 5 ergibt. Wegen des Gewahrsams vgl oben 16. Bei Beteiligungsverdacht (oben 18) entfällt nach V S 2 iVm II S 3 auch hier die Beschlagnahmefreiheit, ebenso in den übrigen dort genannten Fällen (BVerfG NStZ **01**, 43; NJW **05**, 965; BGH NJW **96**, 532; erg oben 21 ff); bei Antrags- oder Ermächtigungsdelikten greift die Verstrickungsregelung aber erst ein, wenn die entspr Erklärung vorliegt (V S 2 iVm § 160 a IV S 2). Es genügt, dass nur ein einziger Mitarbeiter teilnahmeverdächtig ist (LR-Schäfer 137; Kunert MDR **75**, 890; **aM** Löffler/Achenbach 131 zu § 23 LPG). Auch bei Verstrickung in die Tat ist die Beschlagnahme nach V S 2 2. Hs aber unzulässig, wenn sie zum einen unter Berücksichtigung der Grundrechte aus Art 5 I S 2 GG außer Verhältnis zur Bedeutung der Sache stehen würde und zum andern ohne die Beschlagnahme die Erforschung des Sachverhalts oder die Ermittlung des Aufenthaltsorts des Täters auf andere Weise aussichtslos oder wesentlich erschwert wäre; das Gesetz hat hier somit dem Verhältnismäßigkeitsgrundsatz einen besonderen Stellenwert eingeräumt (vgl Kunert NStZ **02**, 173) und zusätzlich noch eine Subsidiaritätsklausel vorgesehen (vgl auch den nun obsolet gewordenen RiStBV 73 a). Damit soll der „Gefahr der Überbetonung des Strafverfolgungsinteresses bereits auf der Ebene des einfachen Verfahrensrechts wirksam begegnet" werden (BT-Drucks 14/5166 S 10). Somit sind auch bereits Durchsuchungen in diesem Umfang unzulässig (vgl auch BVerfG NJW **05**, 965: inhaltliche Abwägung zwischen der Schwere des Tatvorwurfs und der Beeinträchtigung der Pressefreiheit notwendig). Unberührt bleibt dadurch aber – verfassungsrechtlich unbedenklich (BVerfGE **117**, 244 = NJW **07**, 1117, 1119; dazu Brüning wistra **07**, 333, Jutzi NJ **07**, 218, Schmidt-De Caluwe NVwZ **07**, 640 und Starke AfP **07**, 91; BVerfG NJW **05**, 965) – die Anordnung einer Durchsuchung oder Beschlagnahme gegen einen Medienangehörigen selbst, der als Beschuldigter der Begehung einer Straftat verdächtig ist (LR-Schäfer 137; erg 5 a zu § 102; 1 zu Art 10 MRK). Für Zufallsfunde enthält § 108 III eine Sonderregelung (dort 10). 45

9) Verwertungsverbote: 46

A. **Angehörige:** Der Verstoß gegen das in § 97 I Nr 1 enthaltene Verbot der Beschlagnahme schriftlicher Mitteilungen zwischen dem Beschuldigten und seinen in § 52 I genannten Angehörigen hat ein Verwertungsverbot zur Folge (BGH **18**, 227; ANM 506; Dahs Meyer-GedSchr 75 ff; Schlüchter 308). 46a

War die **Beschlagnahme zulässig,** so ist der Beweisgegenstand nach der Rspr aber auch verwertbar, wenn später Umstände eintreten, die ihr entgegengestanden hätten, zB bei späterer Entstehung des Angehörigenverhältnisses oder bei Wegfall des Teilnahmeverdachts (BGH NStZ **83**, 85; zust KK-Nack 10; LR-Schäfer 147; **aM** Fezer 7/45; Herdegen GA **63**, 143; Schlüchter 308; Schmidt [oben 20] 71; einschr auch HK-Gercke 86; SK-Wohlers 46; Mitsch Lenckner-FS 737; vgl aber unten 50 und 15 zu § 160 a zu Fällen des § 53). 47

48 War andererseits die **Beschlagnahme unzulässig,** fallen die Gründe dafür aber nachträglich weg, so ist der Gegenstand ebenfalls verwertbar. Das gilt insbesondere für den Fall, dass der zunächst fehlende Teilnahmeverdacht noch nachträglich entsteht (BGH **25**, 168). Ergibt er sich allerdings erst aus den rechtswidrig beschlagnahmten Unterlagen, so bleibt die Beschlagnahme unzulässig (vgl BGH NStZ **01**, 604; LG Koblenz StV **85**, 8, 10; LG Saarbrücken NStZ **88**, 424; erg oben 20).

49 Ein zulässig beschlagnahmter Gegenstand ist im Übrigen nur in dem **Umfang** verwertbar, in dem die Beschlagnahmevoraussetzungen vorgelegen haben. Er darf insbesondere nicht zum Beweis für eine andere Tat (iS des § 264) verwertet werden, für deren Untersuchung er – etwa mangels Verstrickung des Angehörigen in diese Tat – nicht hätte beschlagnahmt werden dürfen, selbst wenn die mehreren Taten Gegenstand desselben Verfahrens sind (BGH **18**, 227; Herdegen GA **63**, 141; erg oben 13 aE); vgl im Einzelnen ANM 507/508.

50 B. **Berufsgeheimnisträger:** Wird gegen das an das Zeugnisverweigerungsrecht der Berufsgeheimnisträger (§ 53) anknüpfende Beschlagnahmeverbot verstoßen (§ 97 I Nrn 1–3), richtet sich die Verwertung der so erlangten Beweismittel nach § 160a I S 2, 5 (dort 4, 7), II S 3 (dort 11–13) oder III (dort 14). Der Vorrang, der § 97 nach § 160a V zukommt, steht dem nicht entgegen; denn § 97 trifft hinsichtlich der Verwertung von beschlagnahmefreien Gegenständen keine Regelung (BT-Drucks 16/5846 S 38).

51 **10)** Die **Revision** kann darauf gestützt werden, dass ein Beweisgegenstand bei der Beweiswürdigung verwertet worden ist, obwohl er einem Verwertungsverbot nach § 97 I Nr 1 iVm § 52 unterliegt (BGH **18**, 227; **25**, 168). Jedoch muss die Revisionsbegründung dartun, dass die Voraussetzungen des II S 3 nicht vorlagen, wenn diese Möglichkeit ernsthaft in Betracht zu ziehen ist (vgl BGH **37**, 245).

Anordnung der Beschlagnahme

98 **I 1 Beschlagnahmen dürfen nur durch das Gericht, bei Gefahr im Verzug auch durch die Staatsanwaltschaft und ihre Ermittlungspersonen (§ 152 des Gerichtsverfassungsgesetzes) angeordnet werden. 2 Die Beschlagnahme nach § 97 Abs. 5 Satz 2 in den Räumen einer Redaktion, eines Verlages, einer Druckerei oder einer Rundfunkanstalt darf nur durch das Gericht angeordnet werden.**

II 1 Der Beamte, der einen Gegenstand ohne gerichtliche Anordnung beschlagnahmt hat, soll binnen drei Tagen die gerichtliche Bestätigung beantragen, wenn bei der Beschlagnahme weder der davon Betroffene noch ein erwachsener Angehöriger anwesend war oder wenn der Betroffene und im Falle seiner Abwesenheit ein erwachsener Angehöriger des Betroffenen gegen die Beschlagnahme ausdrücklichen Widerspruch erhoben hat. 2 Der Betroffene kann jederzeit die gerichtliche Entscheidung beantragen. 3 Die Zuständigkeit des Gerichts bestimmt sich nach § 162. 4 Der Betroffene kann den Antrag auch bei dem Amtsgericht einreichen, in dessen Bezirk die Beschlagnahme stattgefunden hat; dieses leitet den Antrag dem zuständigen Gericht zu. 5 Der Betroffene ist über seine Rechte zu belehren.

III Ist nach erhobener öffentlicher Klage die Beschlagnahme durch die Staatsanwaltschaft oder eine ihrer Ermittlungspersonen erfolgt, so ist binnen drei Tagen dem Gericht von der Beschlagnahme Anzeige zu machen; die beschlagnahmten Gegenstände sind ihm zur Verfügung zu stellen.

IV 1 Wird eine Beschlagnahme in einem Dienstgebäude oder einer nicht allgemein zugänglichen Einrichtung oder Anlage der Bundeswehr erforderlich, so wird die vorgesetzte Dienststelle der Bundeswehr um ihre Durchführung ersucht. 2 Die ersuchende Stelle ist zur Mitwirkung berechtigt. 3 Des Ersuchens bedarf es nicht, wenn die Beschlagnahme in Räumen vorzunehmen ist, die ausschließlich von anderen Personen als Soldaten bewohnt werden.

1) Anordnung der Beschlagnahme (I): 1

A. **Erforderlich** ist die Anordnung, wenn der Gegenstand weder herrenlos ist noch freiwillig herausgegeben wird (12 ff zu § 94). Wird jemand nach § 127 vorläufig festgenommen, so gehen die Sachen, die er bei sich führt, zwar ohne weiteres in den staatlichen Gewahrsam über (LR-Schäfer 4). Einer Beschlagnahme zu Beweiszwecken bedarf es aber, wenn die dazu benötigten Sachen später zurückverlangt oder nicht freiwillig herausgegeben werden (enger SK-Wohlers 5). 2

B. **Zuständigkeit:** 3

a) Das **Gericht** ist in 1. Hinsicht, im Fall des I S 2, der aber nicht Beschlagnahmen bei selbst beschuldigten Journalisten (Achenbach NJW **76**, 1069 Fn 16; Kunert MDR **75**, 891) und von Druckwerken und Schriften außerhalb der dort bezeichneten Räume betrifft (KK-Nack 9 mwN), ausschließlich zuständig, und zwar im Vorverfahren das Ermittlungsgericht (§§ 162 I S 1, 169), in dessen Bezirk die antragstellende StA (Zweigstelle) ihren Sitz hat (erg 8 zu § 162). Der Ermittlungsrichter darf die Beschlagnahme, von dem Fall des § 165 abgesehen, nur auf Antrag der StA anordnen (LG Kaiserslautern NStZ **81**, 438), und er darf über diesen Antrag nicht hinausgehen. Nach Anklageerhebung entscheidet, auf Antrag oder von Amts wegen (Hamburg JR **85**, 300), das mit der Sache befasste Gericht (BGH NStZ **00**, 609; **01**, 604; Köln NJW **03**, 2546, 2547), nicht der Vorsitzende allein, das Berufungsgericht nach Vorlegung der Akten nach § 321 S 2, im Revisionsverfahren nur das Gericht, dessen Urteil angefochten ist (§ 162 III; vgl bereits RG **54**, 165; s auch Frankfurt NStZ-RR **05**, 144, 145). 4

Für die Beschlagnahme von **Briefen UGefangener** für das anhängige Verfahren stellt § 94 eine geeignete Rechtsgrundlage dar (BGH NStZ-RR **09**, 56); zuständig ist nicht der Vorsitzende allein, sondern nur das Gericht (Hamburg StV **10**, 233 L; LR-Schäfer 13; **aM** Koblenz OLGSt § 94 S 13). Die Beschlagnahme für ein anderes Strafverfahren ist nur zulässig, wenn das Gericht auch hierfür zuständig ist. Andernfalls darf der Vorsitzende den Brief aber entspr § 108 I einstweilen beschlagnahmen; er muss ihn dann an die zuständige StA weiterleiten (BGH **28**, 349; Düsseldorf NJW **93**, 3278; Hamburg NJW **67**, 166; Hamm NStZ **85**, 93; **aM** Birmanns NJW **67**, 1358; erg 3 zu § 108; 20 zu § 119). 5

b) Bei **Gefahr im Verzug** sind, außer im Fall des I S 2 (oben 4), auch die StA und – sollte auch diese nicht erreichbar sein (HK-Gercke 11; LR-Schäfer 31; Park 89, 456; Müller/Trurnit StraFo **08**, 147; **aM** und gegen eine Nachrangigkeit KK-Nack 11; Kuhlmann DRiZ **78**, 240) – ihre Ermittlungspersonen zuständig. Letztere müssen daher, wenn die Gefahr im Verzug das noch gestattet, vor der Inanspruchnahme der eigenen Eilkompetenz versuchen, eine Anordnung der StA herbeizuführen; ist nicht die StA, wohl aber das Ermittlungsgericht erreichbar, wendet sich die Polizei unmittelbar an dieses (§ 163 II S 2, § 165; vgl 26 zu § 163). Gefahr im Verzug besteht, wenn die richterliche (oder zumindest staatsanwaltschaftliche) Anordnung nicht eingeholt werden kann, ohne dass der Zweck der Maßnahme gefährdet wird (BVerfGE **51**, 97, 111 = NJW **79**, 1539, 1540; BVerfGE **103**, 142 = NJW **01**, 1121, 1123; BGH JZ **62**, 609 mit Anm Baumann; 2 ARs 452/07 vom 15. 5. 2008; 3 StR 530/09 vom 19. 1. 2010; KG NJW **72**, 169, 171). Die Strafverfolgungsbehörden dürfen mit einem Antrag an das Gericht nicht so lange zuwarten, bis die Gefahr des Beweismittelverlusts eingetreten ist (vgl BVerfGE **103** aaO; BGH **51**, 285, 288 mit zust Anm Brüning HRRS **07**, 254; AG Tiergarten wistra **07**, 199; Müller/Trurnit aaO 146). Eine solche Umgehung des Richtervorbehalts folgt aber weder aus dem Vorziehen anderer Ermittlungsmaßnahmen, zB einer Observation, noch aus einer die Aufmerksamkeit des Betroffenen erheischenden „Ungeschicklichkeit einer Polizeibeamtin" (BGH 3 StR 530/09 vom 19. 1. 2010). 6

Gefahr im Verzug ist nach der neuen – zu § 105 ergangenen, aber im Wesentlichen auch für andere gesetzliche Fälle der Gefahr im Verzug geltenden (Amelung NStZ **01**, 337, 342; Fezer Rieß-FS 107; Müller/Trurnit StraFo **08**, 146; Rabe von 7

Kühlewein GA **02**, 653) – Rspr des BVerfG ein **unbestimmter Rechtsbegriff;** das bedeutet, dass den Beamten insoweit kein Beurteilungsspielraum eingeräumt ist und dass die Gefahr im Verzug mit Tatsachen begründet werden muss, die auf den Einzelfall bezogen sind, fallunabhängige Vermutungen somit nicht ausreichen (BVerfG aaO; AG Essen StraFo **08**, 199; Amelung aaO 339; Gusy JZ **01**, 1035; Rabe von Kühlewein StraFo **01**, 194; GA **02**, 654; Park StraFo **01**, 159; StRR **08**, 244; vgl auch König Kriminalistik **03**, 513 mit Beispielen). Ein tatsächlicher oder rechtlicher Irrtum über das Vorliegen dieser Gefahr macht das Ergebnis der Anordnung noch nicht unverwertbar; anders liegt es nur, wenn der Richtervorbehalt bewusst oder willkürlich missachtet wird (BVerfGE **113**, 29 = NJW **05**, 1917; Koblenz NStZ **02**, 660; LG Osnabrück StV **91**, 152; LG Saarbrücken wistra **04**, 34; AG Offenbach NStZ **91**, 247; StV **93**, 406, bestätigt durch LG Darmstadt StV **93**, 573; AG Tiergarten StV **03**, 663; StraFo **07**, 465; Amelung aaO 341; Geppert DRiZ **92**, 414; Krehl JR **01**, 494; NStZ **03**, 463; Nelles StV **92**, 391; Schäfer Gollwitzer-Koll 246; **aM** Fezer Rieß-FS 102; Beichel/Kieninger NStZ **03**, 13; Klemke StraFo **04**, 15; Wohlers StV **08**, 439 mit umfassender Systematisierung der Rspr; vgl auch Park StRR **08**, 247). Die Zuständigkeit bei Gefahr im Verzug besteht auch nach Erhebung der öffentlichen Klage, solange der Teil des Urteils, auf den die Beschlagnahme noch Einfluss haben könnte, nicht rechtskräftig ist. Für diesen Fall gilt III.

8 C. **Form:** Die gerichtliche Anordnung ergeht, idR ohne vorherige Anhörung des Betroffenen (§ 33 IV S 1), in der Form eines Beschlusses, der schriftlich abzufassen, zu begründen (§ 34) und zu den Akten zu bringen ist. Das gilt auch, wenn er zunächst mündlich oder fernmündlich zur Vollstreckung (§ 36 II S 1) herausgegeben worden ist (krit SK-Wohlers 14). Die Anordnungen der StA und der Ermittlungspersonen können mündlich, telefonisch, per Telefax oder fernschriftlich getroffen, müssen aber aktenkundig gemacht werden (Karlsruhe Justiz **81**, 482). Wird eine Ermittlungsperson tätig und führt sie die Beschlagnahme selbst durch, so ist in deren Vornahme zugleich ihre Anordnung enthalten; sie bedarf keiner Erklärung oder Feststellung (vgl LG Frankfurt aM NJW **82**, 897; **aM** Achenbach NJW **82**, 2809; Sommermeyer JR **90**, 498). Eine Dokumentation der Anordnungsvoraussetzungen (3 zu § 105) wird idR nicht erforderlich sein (vgl BVerfG NJW **07**, 1345).

9 D. **Inhaltlich** müssen der den Gegenstand der Untersuchung bildende Sachverhalt und seine strafrechtliche Würdigung knapp beschrieben werden (LG Halle wistra **08**, 280). Weiter ist in der gerichtlichen Anordnung festzustellen, dass die zu beschlagnahmende Sache als Beweismittel benötigt wird (Achenbach NJW **76**, 1071); der konkrete Beweisgegenstand ist mit solcher Genauigkeit zu bezeichnen, dass Zweifel über den Umfang der Maßnahme nicht aufkommen können (Koblenz NStZ **07**, 285; LG Frankfurt/Oder StraFo **08**, 330; LG Stuttgart StV **86**, 471). Eine gewisse Unbestimmtheit lässt sich zwar nicht immer vermeiden (Schriftstücke, Inhalt von Behältnissen uä). Jedoch ist eine allgemeine Beschlagnahmeanordnung, etwa dass alle bei einer Durchsuchung gefundenen Beweismittel beschlagnahmt werden sollen, unwirksam (BVerfG NStZ **92**, 91; Düsseldorf StV **82**, 513; LG Koblenz NStZ-RR **09**, 105, 106; LG Lüneburg JZ **84**, 343; LG Oldenburg wistra **87**, 38); eine gattungsmäßige Umschreibung hat nur die Bedeutung einer Richtlinie für die Durchsuchung (BVerfG NStZ **02**, 212, 213; NJW **09**, 2431, 2438; LG Essen wistra **10**, 78; LG Mühlhausen wistra **07**, 195; erg unten 19). Welche Umstände Anlass zu der Annahme bieten, dass der zu beschlagnahmende Gegenstand demnächst als Beweismittel zu benutzen sein wird, braucht in dem Gerichtsbeschluss nicht dargelegt zu werden (**aM** Düsseldorf StV **83**, 407; LR-Schäfer 20; SK-Wohlers 20; vgl auch BVerfG 2 BvR 2697/07 vom 18. 2. 2008: nicht für jedes beschlagnahmte Schriftstück).

10 E. Die **Bekanntgabe** der Anordnung an den Betroffenen ist erforderlich (§ 33 II, § 35 II), darf aber bis unmittelbar vor Beginn der Beschlagnahme zurück-

gestellt werden; eine weitergehende Zurückstellung der Benachrichtigung wegen Gefährdung des Untersuchungszwecks sieht die StPO für diese offene Ermittlungsmaßnahme nicht vor (BGH NJW **10**, 1297, 1298; **aM** Voraufl, KK-Nack 21; entspr § 101 V).

F. Eine **Belehrung** des Betroffenen über sein Antragsrecht nach II S 2 schreibt II S 5 für den Fall vor, dass die StA oder ihre Ermittlungspersonen die Beschlagnahme anordnen. Dabei reicht aus, dass der Betr darüber belehrt wird, dass er sich nach II S 4 an das AG wenden kann, in dessen Bezirk die Beschlagnahme stattgefunden hat (vgl KMR-Müller 16, Rieß NJW **75**, 85 zu II aF). Die Belehrung obliegt der die Beschlagnahme durchführenden Behörde (KK-Nack 18) und sollte in das Beschlagnahmeverzeichnis nach § 109 aufgenommen werden (LR-Schäfer 40). 11

2) Bestätigung nichtrichterlicher Anordnungen (II S 1): 12

A. **Antragspflicht:** Dem Beamten (StA oder Ermittlungsperson), der die Anordnung getroffen hat, obliegt, sofern nicht bereits ein Antrag nach II S 2 vorliegt, die Herbeiführung der gerichtlichen Bestätigung unter den in II S 1 bezeichneten Voraussetzungen, auch bei Widerspruch vor Vollziehung der Beschlagnahme (LR-Schäfer 44; **aM** KMR-Müller 8, der Wiederholung verlangt). Die StA kann den Antrag auch sonst stellen (BGH NJW **56**, 1805). Die Ermittlungsperson leitet den Antrag dem Gericht idR über die StA zu. Wird eine bewegliche Sache zugleich nach § 111e I S 2 beschlagnahmt, so gilt der Wegfall des Bestätigungserfordernisses nach § 111e II S 2 auch für die Beschlagnahme nach §§ 94, 98 (KK-Nack 16; KMR-Müller 11; **aM** LR-Schäfer 45; SK-Wohlers 41; Achenbach NJW **76**, 1070). 13

B. Die **Frist** von 3 Tagen beginnt mit dem Ende der Durchführung der Beschlagnahme (KMR-Müller 12). Sie gilt nur für den Bestätigungsantrag, nicht für die richterliche Entscheidung (KG VRS **42**, 210). Die Wirksamkeit der Beschlagnahme hängt von der Einhaltung der Sollvorschrift des II S 1 nicht ab (KG aaO; LR-Schäfer 46). 14

C. **Begriffe: Betroffener** iS II S 1 ist jeder, in dessen Gewahrsam durch die Beschlagnahme eingegriffen wird oder dessen Eigentums- oder Besitzrechte dadurch berührt werden (LR-Schäfer 47). Der Begriff **Angehöriger** ist weit auszulegen; auf den Personenkreis des § 52 I ist er nicht beschränkt (Kamp Rudolphi-Symp 103). **Erwachsen** ist nicht nur der Volljährige (Krause/Nehring 8; **aM** LR-Schäfer 47), aber niemand, der jünger als 14 Jahre ist (Schleswig SchlHA **80**, 214; Hamm OLGSt § 37 Nr 1). In diesem Rahmen kommt es auf die körperliche Entwicklung und auf das äußere Erscheinungsbild an (BSozG MDR **77**, 82; VGH Mannheim MDR **78**, 519). 15

D. **Zuständig** für die Bestätigung ist bis zur Erhebung der öffentlichen Klage das AG, in dessen Bezirk die antragstellende StA (Zweigstelle) ihren Sitz hat; danach entscheidet das mit der Sache befasste Gericht (II S 3 iVm § 162 I S 1, III; vgl näher dort 17). Beim Zuständigkeitsstreit gilt § 14 (BGH NJW **76**, 153). 16

E. Die **Prüfung des Gerichts,** das dem Betroffenen vor der Entscheidung rechtliches Gehör zu gewähren hat (§ 33 III), gilt nicht der Frage, ob die Anordnung der StA oder der Ermittlungsperson zu Recht ergangen ist, sondern erstreckt sich nur darauf, ob die Beschlagnahme zZ der Prüfung gerechtfertigt ist (Glaser 225, 239, 333; Krekeler NJW **77**, 1420; Löffelmann StV **09**, 380; Schnarr NStZ **91**, 214 mwN; Rabe von Kühlewein GA **02**, 644; **aM** HK-Gercke 30; Amelung 30; vgl auch BGH StV **88**, 90 für den Fall der entspr Anwendung auf Durchsuchungsanordnungen). Der Prüfung unterliegt aber, ob Gefahr im Verzug vorlag (oben 6) und ob somit die Kompetenz der StA und ihrer Ermittlungspersonen für die Beschlagnahmeanordnung gegeben war (BVerfG NJW **02**, 1333 zur Durchsuchungsanordnung; Fezer Rieß-FS 109) und ob der Beamte Ermittlungsperson war. Zur Überprüfung einer erledigten Beschlagnahme vgl 18a vor § 296. Die Anordnung wird durch die Bestätigung für das weitere Verfahren ersetzt (vgl 17

BVerfG 2 BvR 1714/04 vom 26. 10. 2004). Die Entscheidung ist dem Betroffenen und den Prozessbeteiligten bekanntzumachen.

18 3) **Antrag auf gerichtliche Entscheidung** (II S 2):

19 A. **Gegen Beschlagnahmeanordnungen der StA und ihrer Ermittlungspersonen** (Düsseldorf wistra **97**, 77: auch formlose; vgl oben 8) ist der Antrag zulässig. Eine Beschwerde, auch gegen eine mit dem richterlichen Durchsuchungsbefehl verbundene allgemeine Beschlagnahmeanordnung (oben 9), ist in einen solchen Antrag umzudeuten (Koblenz NStZ **07**, 285; LG Bielefeld wistra **08**, 117; LG Essen wistra **10**, 78; LG Frankfurt/Oder StraFo **08**, 330; LG Lüneburg JZ **84**, 343; LG Mühlhausen wistra **07**, 195; LR-Schäfer 48; vgl auch BVerfG NJW **04**, 1517; 2 BvR 27/04 vom 14. 1. 2004; 2 BvR 174/05 vom 29. 6. 2009). Hat das Gericht bereits die Anordnung nach II S 1 bestätigt, so ist der Antrag als Gesuch um Aufhebung des Bestätigungsbeschlusses anzusehen.

20 **Antragsberechtigt** sind der Gewahrsamsinhaber, der Eigentümer und der Besitzer der beschlagnahmten Sache, auch wenn sie freiwillig herausgegeben worden ist (BVerfG NJW **07**, 3343 [erg 10 aE zu § 23 EGGVG]), der Betroffene, soweit das beschlagnahmte Beweismittel personenbezogene Daten enthält (BVerfG 2 BvR 237/06 vom 2. 4. 2006; vgl auch EGMR NJW **08**, 3409, 3411: beim RA beschlagnahmte Daten des Mandanten; weitergehend LR-Schäfer 49; SK-Wohlers 48: jeder, der unmittelbar in seinen Rechten verletzt ist).

21 Die **Zuständigkeit** ist die gleiche wie bei der Bestätigung nach II S 1 (oben 16). Ist das nach II S 3 zuständige Gericht nicht mit dem AG identisch, in dessen Bezirk die Beschlagnahme stattgefunden hat, kann der Betr den Antrag stets auch bei Letzterem stellen; dieses Gericht leitet ihn dem zuständigen Gericht zu (II S 4).

22 Der Umfang der richterlichen **Prüfung** ist ebenfalls der gleiche wie im Fall II S 1 (oben 17). In der Entscheidung sind die beschlagnahmten Gegenstände im Einzelnen genau zu bezeichnen (Düsseldorf wistra **97**, 77).

23 B. **II S 2 gilt entsprechend** für die gerichtliche Überprüfung von Maßnahmen anderer Art (vgl dazu Laser NStZ **01**, 120; Meyer HRRS-Fezer-FG 142; nach Amelung StV **01**, 133 und Böse Amelung-FS 571 auch für die Durchsetzung eines Löschungsbegehrens von rechtswidrig gespeicherten Daten, vgl aber 9 zu § 489), insbesondere der Durchsuchung (§§ 102 ff; vgl 16 zu § 105; 20 zu § 111; 10 zu § 23 EGGVG). Darüber hinaus ist die Vorschrift auch auf die nachträgliche gerichtliche Prüfung der Rechtmäßigkeit bereits durch Vollzug erledigter Eingriffsmaßnahmen der StA und ihrer Ermittlungspersonen anzuwenden (BGH **28**, 57; 160; 206; **37**, 79, 82 = JR **91**, 515 mit Anm Sommermeyer; **44**, 171; Amelung 50 ff und NJW **79**, 1687). Auch wenn es um die Feststellung der Rechtswidrigkeit der Art und Weise der Durchführung einer erledigten nichtrichterlichen oder richterlichen Maßnahme geht, ist nach neuerer Rspr nicht § 23 **EGGVG**, sondern § 98 II S 2 entspr anzuwenden (BGH **44**, 265; **45**, 183; erg 17 zu § 105). Die Erledigung der Maßnahme steht der Anfechtung, falls ein tiefgreifender Grundrechtseingriff zu besorgen ist, nicht entgegen (vgl 18 a vor § 296; **aM** Glaser 82, 335, der eine entspr Anwendung des § 98 II S 2 insgesamt ablehnt); zur Verwirkung vgl 6, 18 a aE vor § 296. Ein Verwertungsverbot ist nicht Gegenstand der Entscheidung (Burhoff StRR **07**, 149; **08**, 469; **aM** offenbar AG Essen StraFo **07**, 505; **08**, 466, 503; vgl auch 18 zu § 105, 26 zu § 101). Für die in § 101 IV S 1 genannten Betroffenen sieht § 101 VII S 2–4 als *lex specialis* einen eigenständigen (befristeten) Rechtsbehelf gegen die in § 101 I abschließend aufgezählten verdeckten Ermittlungsmaßnahmen sowie die Art und Weise ihres Vollzugs vor (25 ff zu § 101). Zur Frage vorbeugenden Rechtsschutzes Meyer HRRS-Fezer-FG 222; vgl auch 2 vor § 23 **EGGVG**.

23a C. **Kosten**: § 473 a (vgl dort, ferner BVerfG NJW **10**, 360 zur Rechtslage vor Inkrafttreten der Norm; unterbleibt der Kostenausspruch: 16 zu § 464).

4) Durchführung der Anordnung: Für richterliche Anordnungen gilt § 36 II S 1 (Wendisch JR **78**, 447); das Gericht kann seine Anordnung aber auch selbst vollstrecken, zB in der Hauptverhandlung. Gebunden an die richterliche Anordnung ist die StA nur nach Anklageerhebung (erg 8 zu § 105). Bei der Durchführung der Beschlagnahme darf unmittelbarer Zwang angewendet, insbesondere in Wohnungen und andere Räume eingedrungen werden (Heghmanns/Scheffler-Lehmann III 114; **aM** HK-Gercke 24). Gewalt darf sowohl gegen Personen, die sich widersetzen, als auch gegen Sachen angewendet werden (Aufbrechen von Türen und Verschlüssen, Zerstören von Umhüllungen und dgl). 24

5) Bei der **Bundeswehr** (IV) wird die Beschlagnahme durch deren Dienststellen, allein oder unter Mitwirkung der die Beschlagnahme anordnenden Behörde, durchgeführt. Abgesehen von dem Fall des IV S 3 gilt das auch, wenn nur eine Zivilperson betroffen ist. 25

Dienstgebäude iS IV S 1 sind Kasernen, Werkstätten uä, nicht aber Offizierswohnungen. Allgemein zugänglich sind nicht Kasernenhöfe, Übungsplätze, Schießstände und Lazarette (LR-Schäfer 27). Wehrmittel, wie Kriegsschiffe, Panzer oder Flugzeuge, sind keine Einrichtungen oder Anlagen iS IV S 1 (KMR-Müller 27). 26

Die **vorgesetzte Dienststelle** ist diejenige, der die dienstliche Gewalt über das Gebäude oder über die Einrichtung oder Anlage zusteht, in der sich die Sache befindet, idR also der Leiter der Anlage oder der Kommandeur der im Dienstgebäude untergebrachten Truppen (KMR-Müller 29; Kleinknecht JZ **57**, 407). 27

Ersuchende Stelle ist die StA oder Polizei (LR-Schäfer 26); sie ist zur Anwesenheit und zur Mitwirkung bei der Beschlagnahme berechtigt. 28

6) Beendigung: Die Beschlagnahme erlischt mit dem – rechtskräftigen (Düsseldorf NJW **95**, 2239 mit zust Anm v. Danwitz NStZ **99**, 262; Hamm VRS **77**, 286) – Abschluss des Verfahrens ohne weiteres (Karlsruhe Justiz **77**, 356; LR-Schäfer 56); eine förmliche Aufhebung der Anordnung ist überflüssig (Schäfer wistra **84**, 136). Die Herausgabe der Gegenstände ist Sache der StA (Celle NJW **73**, 863; Düsseldorf MDR **73**, 499; Hamm JMBlNW **61**, 94; Karlsruhe aaO; zum Verfahren vgl Schäfer aaO); § 111 k (dort 10) ist nicht entspr anzuwenden (LG Hildesheim NStZ **89**, 336 mit Anm Gropp und Schulze-Osterloh; LG Mannheim NStZ-RR **98**, 113). 29

Die **Aufhebung** der Anordnung ist dagegen erforderlich, wenn die Sache schon vor Verfahrensbeendigung nicht mehr zu Beweiszwecken gebraucht wird und eine Beschlagnahme nach §§ 111 b ff nicht in Betracht kommt (Düsseldorf NStZ **90**, 202; LG Saarbrücken StraFo **09**, 510: idR nicht bei Einstellung nach § 154 II in Bezug auf eine noch nicht rechtskräftig abgeurteilte andere Tat). Zuständig ist die StA, wenn sie selbst oder eine Ermittlungsperson die Sache beschlagnahmt hat (LR-Schäfer 61), auch bei gerichtlicher Bestätigung (Neustadt NJW **54**, 286), nicht aber bei richterlicher Beschlagnahme (KK-Nack 33; SK-Wohlers 55; **aM** LG Hildesheim NStZ **89**, 192; KMR-Müller 22), nach Anklageerhebung das Gericht, während des Revisionsverfahrens der letzte Tatrichter (LG Saarbrücken aaO). Ermittlungspersonen dürfen die Beschlagnahme nur beenden, wenn sie sie selbst angeordnet und die Sache noch nicht nach § 163 II S 1 der StA vorgelegt haben (BGH **5**, 156, 158; KK-Nack 33; **aM** AK-Amelung 31 zu § 94; SK-Wohlers 54). Das Gericht darf die Anordnung im Vorverfahren nur auf Antrag der StA aufheben; dem Antrag muss es aber stattgeben (KK-Nack 33). Die StA ordnet die Aufhebung durch Verfügung an, das Gericht durch Beschluss, in dem die Gegenstände und die Empfangsberechtigten (dazu 22 zu § 94) zu bezeichnen sind (Düsseldorf JMBlNW **82**, 258). Die Ausführung des Beschlusses ist Sache der StA (zur Frage einer Bringschuld vgl 22 zu § 94). Eine erneute Beschlagnahmeanordnung wird durch die Aufhebung nicht ausgeschlossen (Bremen MDR **60**, 425). 30

In Anlehnung an die neue Rspr des BVerfG (8 a zu § 105) darf eine richterliche Beschlagnahmeanordnung spätestens dann **nicht mehr vollzogen werden,** wenn 30a seit der Anordnung mehr als 6 Monate verstrichen sind und eine erneute richterliche Bestätigung nicht erfolgt ist (LG Köln StraFo **04**, 239; LG Neuruppin StV **97**, 506; vgl dazu Roxin StV **97**, 656).

31 **7) Beschwerde** nach § 304 ist zulässig gegen die richterliche Beschlagnahmeanordnung, die Bestätigung nach II S 1 und die Ablehnung des Antrags nach II S 2, auch bei entspr Anwendung der Vorschrift (oben 23). Auch Entscheidungen des erkennenden Gerichts sind anfechtbar (§ 305 S 2; Frankfurt StV **06**, 122). Beschwerdeberechtigt sind die StA, deren Antrag auf Erlass der Anordnung abgelehnt worden ist (vgl 6 zu § 305), auch der Angeklagte, dessen Beschlagnahmeantrag erfolglos war (**aM** Hamburg JR **85**, 300 mit abl Anm Meyer), und der letzte Gewahrsamsinhaber (Celle NJW **65**, 362), der nichtbesitzende Eigentümer nur, wenn sein Rückforderungsrecht beeinträchtigt ist. Beschwert ist auch der Inhaber einer Urkunde, die nicht beschlagnahmt, sondern abgelichtet zu den Akten genommen worden ist (BGHR § 304 II Betroffener 1; Hamburg NJW **67**, 166; München NJW **78**, 601). Eine bei Anklageerhebung noch nicht erledigte Beschwerde gegen die Beschlagnahmeanordnung ist in einen Antrag auf Aufhebung durch das erkennende Gericht umzudeuten, gegen dessen Entscheidung (Erst-)Beschwerde statthaft ist (Jena wistra **10**, 80). Gegen eine Aufhebung der Anordnung kann die StA Beschwerde einlegen. Zur Beschwerde gegen eine erledigte Beschlagnahmeanordnung vgl 17 ff vor § 296.

32 **8)** Die **Revision** kann auf Verstöße gegen § 98 nicht gestützt werden (vgl ANM 504; Grünwald JZ **66**, 497; Kleinknecht NJW **66**, 1538), es sei denn, StA oder Ermittlungspersonen haben willkürlich Gefahr im Verzug angenommen (oben 7). Die Entscheidung des Richters nach II S 2 hat für das Revisionsgericht wegen § 336 keine Bindungswirkung (Fezer FS-Rieß 106; **aM** Schlothauer StV **03**, 210), ebenso wenig eine Beschwerdeentscheidung (Schmidt NStZ **09**, 243).

Rasterfahndung

98a **I 1 Liegen zureichende tatsächliche Anhaltspunkte dafür vor, dass eine Straftat von erheblicher Bedeutung**

1. auf dem Gebiet des unerlaubten Betäubungsmittel- oder Waffenverkehrs, der Geld- oder Wertzeichenfälschung,
2. auf dem Gebiet des Staatsschutzes (§§ 74 a, 120 des Gerichtsverfassungsgesetzes),
3. auf dem Gebiet der gemeingefährlichen Straftaten,
4. gegen Leib oder Leben, die sexuelle Selbstbestimmung oder die persönliche Freiheit,
5. gewerbs- oder gewohnheitsmäßig oder
6. von einem Bandenmitglied oder in anderer Weise organisiert

begangen worden ist, so dürfen, unbeschadet §§ 94, 110, 161, personenbezogene Daten von Personen, die bestimmte, auf den Täter vermutlich zutreffende Prüfungsmerkmale erfüllen, mit anderen Daten maschinell abgeglichen werden, um Nichtverdächtige auszuschließen oder Personen festzustellen, die weitere für die Ermittlungen bedeutsame Prüfungsmerkmale erfüllen. 2 Die Maßnahme darf nur angeordnet werden, wenn die Erforschung des Sachverhalts oder die Ermittlung des Aufenthaltsortes des Täters auf andere Weise erheblich weniger erfolgversprechend oder wesentlich erschwert wäre.

II Zu dem in Absatz 1 bezeichneten Zweck hat die speichernde Stelle die für den Abgleich erforderlichen Daten aus den Datenbeständen auszusondern und den Strafverfolgungsbehörden zu übermitteln.

III 1 Soweit die zu übermittelnden Daten von anderen Daten nur mit unverhältnismäßigem Aufwand getrennt werden können, sind auf Anordnung auch die anderen Daten zu übermitteln. 2 Ihre Nutzung ist nicht zulässig.

IV **Auf Anforderung der Staatsanwaltschaft hat die speichernde Stelle die Stelle, die den Abgleich durchführt, zu unterstützen.**

V **§ 95 Abs. 2 gilt entsprechend.**

1) Einen **Grundrechtseingriff** gestattet die durch das OrgKG (zusammen mit §§ 98b, 98c) eingefügte Vorschrift; denn sie erlaubt einen Eingriff – wenn nicht schon in das allgemeine Persönlichkeitsrecht nach Art 2 I iVm Art 1 GG, so doch zumindest – in das vom BVerfG entwickelte Recht auf informationelle Selbstbestimmung (BVerfGE **65**, 1 = NJW **84**, 419; **115**, 320 = NJW **06**, 1939, 1941; Krey JR **92**, 312; erg 1 zu § 163d). Sie schafft damit für diese früher lediglich auf die allgemeinen Vorschriften der §§ 161 I, 163 I gestützte Fahndungsmaßnahme eine gesetzliche Grundlage. 1

Nach I S 1 ist die Rasterfahndung ein maschinell-automatisierter **Datenabgleich** zwischen bestimmten, auf den Täter vermutlich zutreffenden Prüfungsmerkmalen mit aus anderen Gründen von anderen Stellen gespeicherten Daten, der zweierlei Zwecken dienen soll: Dem Ausschluss Nichtverdächtiger (sog negative Rasterfahndung) und/oder der Feststellung weiterer für die Ermittlungen bedeutsamer Prüfungsmerkmale (sog positive Rasterfahndung). Eingehend hierzu Siebrecht, Rasterfahndung, 1997, zugl Diss Hannover 1995; Wittig JuS **97**, 968 ff; zum technischen Ablauf vgl KK-Nack 2, 15 ff; Rogall Schlüchter-GS 615. 2

2) Subsidiaritätsgrundsatz (I S 2): Der Datenabgleich ist nur zulässig, wenn die Ermittlungen auf andere Weise erheblich weniger Erfolg versprechend oder wesentlich erschwert wären. Damit wird der Ausnahmecharakter der Rasterfahndung betont. Die Klausel ist weiter gefasst als in § 100a I Nr 3: Statt „Aussichtslosigkeit" genügt hier „weniger Erfolg versprechend". Dass möglicherweise das Ermittlungsergebnis auch auf andere Art gewonnen werden könnte, steht somit der Rasterfahndung nur entgegen, wenn der andere Weg einen im Wesentlichen gleichartigen Erfolg verspricht (vgl auch Rieß Meyer-GedSchrift 384: „deutliches Aufklärungsdefizit bei Unterlassen der subsidiären Maßnahme"). Zum Begriff „wesentlich erschwert" gelten die Erläuterungen 13 zu § 100a entspr. Neben der Subsidiaritätsklausel ist auch der Verhältnismäßigkeitsgrundsatz zu beachten (vgl Einl 20, 21, 158; Schnabel DuD **07**, 429). 3

3) Straftatenkatalog: 4

A. Einen **generalisierenden Katalog** (Hilger NStZ **92**, 460) hat der Gesetzgeber hier aufgestellt statt die Zulässigkeit der Maßnahme wie zB in § 100a an den Verdacht der Verwirklichung eines bestimmten Straftatbestandes zu knüpfen; innerhalb des Katalogs ist die Anwendbarkeit auf Straftaten „von erheblicher Bedeutung" beschränkt (ebenso in §§ 81g I S 1, 100g I S 1 Nr 1, 100h I S 2, 100i I, 110a I S 1, 131 ff, 163e I S 1, 163f I S 1). Damit besteht eine gewisse Unbestimmtheit und Unsicherheit zur Frage der Anwendbarkeit der Vorschrift; denn wann von „erheblicher Bedeutung" gesprochen werden kann, lässt sich allgemein nur schwer bestimmen (Bottke Meyer-GedSchrift 43) und ob dieses Merkmal erfüllt ist, ergibt sich vielfach erst im Laufe der Ermittlungen (erg 7a zu § 81g). Bagatelldelikte scheiden jedenfalls aus; die Straftat muss mindestens dem mittleren Kriminalitätsbereich zuzurechnen sein, den Rechtsfrieden empfindlich stören und geeignet sein, das Gefühl der Rechtssicherheit der Bevölkerung erheblich zu beeinträchtigen (BVerfGE **112**, 304 = NJW **05**, 1338; Hilger NStZ **92**, 462 Fn 93; vgl auch KK-Nack 21 zu § 110a; Benfer MDR **94**, 12; Harnisch/Pohlmann HRRS **09**, 214; Möhrenschlager wistra **92**, 327; Rogall Schlüchter-GS 629). Daher wird idR bei Verbrechen die erhebliche Bedeutung zu bejahen sein, bei Vergehen nach Maßgabe der vorgenannten Kriterien nur, wenn die Strafrahmenobergrenze über 2 Jahren liegt (vgl dazu die Untersuchung von Rieß GA **04**, 623 ff, Schnabel DuD **07**, 428 [§ 184b IV StGB] sowie BVerfG NJW **09**, 2431, 2435: nicht mehr ohne Weiteres bei Höchstmaß unter 5 Jahren). 5

6 B. **Im Einzelnen** erfasst Nr 1 hauptsächlich die in § 100 a II Nr 1 Buchst e, Nr 6, 7, 9 und 11 aufgeführten Straftatbestände. Nr 2 verweist auf die Kataloge in §§ 74 a, 120 GVG, also insbesondere auf §§ 129, 129 a StGB. Nr 3 meint §§ 306–323 c StGB. Hier gewinnt die Einschränkung, dass es sich um Straftaten von erheblicher Bedeutung handeln muss, besonderes Gewicht, indem geringfügige – gar fahrlässige – Verstöße etwa gegen § 316 StGB eine Rasterfahndung nicht rechtfertigen könnten. Nr 4 erfasst §§ 174–184 g StGB sowie §§ 211–241 a StGB (vgl BGH **51**, 25; s auch Karlsruhe NJW **06**, 3656; Knierim StV **08**, 605). Nr 5 nimmt alle gewerbs- oder gewohnheitsmäßig begangenen Straftaten (vgl dazu Fischer 89 zu § 46 und 62 ff vor § 52 StGB) in den Katalog auf. Nr 6 bezieht in seiner 1. Alternative die Bandendelikte (zB §§ 244 I Nr 2, 244 a, 260 I Nr 2, 260 a, 284 III Nr 2 StGB) mit ein (§§ 30 I Nr 1, 30 a BtMG werden bereits durch Nr 1 erfasst); die 2. Alternative enthält einen Auffangtatbestand für alle die Fälle, die nicht unter Nr 1 bis 4 fallen und in denen auch nicht die Kriterien der Nr 5 und Nr 6 1. Alternative vorliegen, aber zureichende Anhaltspunkte dafür bestehen, dass hinter der Tat eine „Organisationsstruktur" steht (Hilger NStZ **92**, 460 Fn 51; vgl auch BGH **53**, 311, 320: komplexes und aufwändiges Täuschungssystem mit mehreren Beteiligten).

7 **4) Zureichende tatsächliche Anhaltspunkte** reichen zur Anwendung der Maßnahme aus. Ein bestimmter Grad des Tatverdachts wird nicht gefordert. Dementsprechend genügt das Vorliegen eines Anfangsverdachts (4 zu § 152) und eines Tatversuchs (Hilger NStZ **92**, 460; Rieß GA **04**, 638; **aM** HK-Gercke 15; SK-Wohlers 16); erfasst werden alle Formen von Täterschaft und Teilnahme (vgl 12 zu § 100 a).

8 **5)** Nur der **automatisierte Datenabgleich** (oben 2) findet in § 98 a seine Rechtsgrundlage; eine Fahndungsmaßnahme mit Handabgleich ist ein einfacher Ermittlungsvorgang nach §§ 161, 163 (LR-Schäfer 5; Hilger NStZ **92**, 460 Fn 54). Ziel des Abgleichs ist es, aus einer Vielzahl überwiegend tatunbeteiligter Personen diejenigen herauszufiltern, auf die bestimmte, charakteristische Merkmale zutreffen. Durch die Rasterfahndung werden einerseits die Personen ausgeschieden, auf die die Merkmale nicht passen oder die nicht auf den Täter passende Merkmale aufweisen, andererseits wird die Zahl der verdächtigen Personen durch das Herausfiltern derjenigen mit tätertypischen Merkmalen beschränkt. Der Anwendung des § 98 a bedarf es nicht, wenn Daten abgeglichen werden, die die Strafverfolgungsbehörden nach §§ 94, 110, 161, 163 erlangt haben (KK-Nack 4, 5; Hilger aaO Fn 60; Rogall Schlüchter-GS 628). Das auf hausinterne Datenabgleiche durch private Stellen (zB Kreditkartenunternehmen) gerichtete Auskunftsersuchen ist keine Rasterfahndung, weil es allein auf eine Suchabfrage in Dateien derselben Speicherstelle abzielt (BVerfG NJW **09**, 1405; Köln NStZ-RR **01**, 31; Stuttgart NStZ **01**, 158; AG Halle-Saalkreis DuD **07**, 464; **aM** Schnabel DuD **07**, 426; vgl auch dens CR **09**, 384; erg 2 zu § 161).

9 **6) Mitwirkungspflicht der speichernden Stelle** (II–IV): Die private oder öffentliche Stelle, die die benötigten Daten gespeichert hat, ist verpflichtet, sie aus ihren Datenbeständen auszufiltern und den Strafverfolgungsbehörden zu übermitteln (erg 3 zu § 98 b). Sie hat sich grundsätzlich auf die Übermittlung dieser Daten zu beschränken. Nur wenn die Trennung einen unverhältnismäßigen Aufwand erfordern würde, dürfen auch andere Daten übermittelt werden. Dies setzt aber eine besondere richterliche (bei Gefahr im Verzug auch staatsanwaltliche) Anordnung nach § 98 b I voraus; mit der Anordnung der Rasterfahndung selbst kann sie nur in einem Beschluss verbunden werden, wenn bereits vorab geklärt worden ist, dass eine Aussonderung der anderen Daten nur mit unverhältnismäßigem Aufwand möglich wäre. Eine Nutzung dieser an sich nicht benötigten Daten ist untersagt (III S 2). Bereits auf Anordnung der StA hat die speichernde Stelle die den Datenabgleich durchführende Stelle beim Abgleich zu unterstützen (IV). Für ihre

Mitwirkung kann die speichernde Stelle nach § 23 II-IV JVEG Entschädigung verlangen.

Durch die **entsprechende Anwendung des § 95 II** (vgl dazu 9 ff zu § 95) ist die zwangsweise Durchsetzung bei Weigerung der speichernden Stelle, ihren Verpflichtungen nach II–IV nachzukommen, sichergestellt (erg 4 zu § 98 b). Zum Verhalten gegenüber Zeugnisverweigerungsberechtigten vgl 6 zu § 95. 10

7) Ein **Verwertungsverbot** besteht nicht deshalb, weil die richterliche Bestätigung nach § 98 b I S 2 nicht erfolgt ist (vgl 1 zu § 100 b). Unverwertbar sind aber Erkenntnisse, die unter völliger Umgehung des § 98 a erlangt worden sind, oder wenn der Datenabgleich vorgenommen wurde, obwohl von vornherein keine Anhaltspunkte für das Vorliegen einer Katalogtat von erheblicher Bedeutung gegeben waren, oder wenn die Subsidiaritätsklausel (oben 3) missachtet worden ist (vgl auch Burhoff ErmV 1428). 11

8) Die **Revision** kann darauf gestützt werden, dass die Beweiswürdigung auf unverwertbaren Erkenntnissen (oben 11) beruht. Ob bei Anordnung des Datenabgleichs zureichende tatsächliche Anhaltspunkte für eine Katalogtat vorlagen, wird aber vom Revisionsgericht nicht nachgeprüft (vgl 39 zu § 100 a). 12

Anordnung und Ausführung

98b **I [1]Der Abgleich und die Übermittlung der Daten dürfen nur durch das Gericht, bei Gefahr im Verzug auch durch die Staatsanwaltschaft angeordnet werden. [2]Hat die Staatsanwaltschaft die Anordnung getroffen, so beantragt sie unverzüglich die gerichtliche Bestätigung. [3]Die Anordnung tritt außer Kraft, wenn sie nicht binnen drei Werktagen vom Gericht bestätigt wird. [4]Die Anordnung ergeht schriftlich. [5]Sie muss den zur Übermittlung Verpflichteten bezeichnen und ist auf die Daten und Prüfungsmerkmale zu beschränken, die für den Einzelfall benötigt werden. [6]Die Übermittlung von Daten, deren Verwendung besondere bundesgesetzliche oder entsprechende landesgesetzliche Verwendungsregelungen entgegenstehen, darf nicht angeordnet werden. [7]Die §§ 96, 97, 98 Abs. 1 Satz 2 gelten entsprechend.**

II Ordnungs- und Zwangsmittel (§ 95 Abs. 2) dürfen nur durch das Gericht, bei Gefahr im Verzug auch durch die Staatsanwaltschaft angeordnet werden; die Festsetzung von Haft bleibt dem Gericht vorbehalten.

III [1]Sind die Daten auf Datenträgern übermittelt worden, so sind diese nach Beendigung des Abgleichs unverzüglich zurückzugeben. [2]Personenbezogene Daten, die auf andere Datenträger übertragen wurden, sind unverzüglich zu löschen, sobald sie für das Strafverfahren nicht mehr benötigt werden.

IV Nach Beendigung einer Maßnahme nach § 98 a ist die Stelle zu unterrichten, die für die Kontrolle der Einhaltung der Vorschriften über den Datenschutz bei öffentlichen Stellen zuständig ist.

1) Zuständig ist wie bei § 111 II (dort 15) oder § 163 d (dort 14) grundsätzlich das Ermittlungsgericht (§§ 162, 169); es wird nur auf Antrag der StA tätig. Bei Gefahr im Verzug (6 zu § 98) darf die StA die Anordnung treffen, muss diese aber binnen 3 Werktagen richterlich bestätigen lassen; zur Fristberechnung vgl 1 zu § 100 b. Soweit sich die Daten in den in § 98 I S 2 genannten Räumen befinden, ist der Richter ausschließlich zuständig (I S 7; erg 4 zu § 98). 1

2) Form der Anordnung: Die Anordnung, auch die der StA, muss schriftlich (Einl 128) ergehen. Sie muss den Anordnenden erkennen lassen und die zur Übermittlung verpflichtete Stelle und die abzugleichenden Dateien bezeichnen. Inhaltlich ist sie auf die benötigten Daten und Prüfungsmerkmale (§ 98 a I S 1) zu beschränken (I S 5). Ferner sind die Tat (6 zu § 98 a) und der Anordnungszweck 2 anzugeben (KK-Nack 3). Im Fall des § 98a III ist die Anordnung entspr zu ergänzen (vgl 9 zu § 98a).

3 **3) Unzulässigkeit der Anordnung** (I S 6, 7): Regelungen, die der Anordnung entgegenstehen können, ergeben sich zB aus § 30 I **AO,** § 39 PostG, § 35 SGB I, §§ 67 ff SGB X, § 88 TKG (Steuer-, Fernmelde-, Post- und Sozialgeheimnis); die Übermittlung bestimmter Sozialdaten ist nach § 68 III SGB X zulässig (Karlsruhe NJW **06**, 3656). Nach § 96 gesperrte und nach § 97 beschlagnahmefreie Daten dürfen in den Datenabgleich nicht einbezogen werden.

4 **4) Ordnungs- und Zwangsmittel,** deren Anordnung nach § 98a V iVm § 95 II zulässig ist, werden grundsätzlich durch das Gericht, bei Gefahr im Verzug (6 zu § 98) auch durch den StA, verhängt. Ordnungshaft (12 ff zu § 70) darf nur der Richter anordnen. Zur Zuständigkeit des Gerichts gilt § 161a II S 2 entspr.

5 **5) Maßnahmen nach Durchführung des Datenabgleichs** (III, IV):

6 A. **Unverzüglich zurückzugeben** an die Stelle, die die Daten gespeichert hatte, sind die auf Datenträgern übermittelten Daten; die gesetzliche Regelung schließt freilich die Zurückhaltung der Datenträger bis zur Beendigung des Strafverfahrens nicht aus, wenn die Daten zur Beweisführung benötigt werden (KK-Nack 8). Auf andere Datenträger übertragene Daten (dazu Hilger NStZ **97**, 372: „Ausgangsdaten") sind unverzüglich (8 zu § 25) zu löschen, sobald sie nicht mehr benötigt werden (vgl 27 zu § 101). Die Entscheidung über die Vernichtung trifft im Ermittlungsverfahren die StA, danach das mit der Sache befasste Gericht (LR-Schäfer 23). Eine Dokumentation der Löschung ist anders als in § 101 VIII S 2 nicht vorgeschrieben, aber schon im Hinblick auf IV empfehlenswert (Hilger NStZ **92**, 461 Fn 71).

7 B. Eine **Benachrichtigung** der Personen, gegen die nach Auswertung der Daten weitere Ermittlungen geführt worden sind, sieht § 101 IV S 1 Nr 1 grundsätzlich – mit Hinweis auf die Möglichkeit nachträglichen Rechtsschutzes – vor (näher dort 4 ff, 15). Kennzeichnungs- und (weitere) Löschungspflichten ergeben sich aus § 101 III (dort 3) und VIII (dort 27).

8 Ferner sind die **zuständigen Datenschutzbehörden** über den durchgeführten Datenabgleich zu informieren (IV); diese haben aber nicht die Rechtmäßigkeit der Rasterfahndung, sondern nur die Einhaltung datenschutzrechtlicher Vorschriften zu prüfen (Hilger NStZ **92**, 461 Fn 74).

9 **6) Rechtsschutz:** Für die Betroffenen, gegen die nach Auswertung der Daten weitere Ermittlungen geführt wurden (vgl 7 zu § 101), steht als *lex specialis* der (befristete) Rechtsbehelf nach § 101 VII S 2–4 iVm IV S 1 Nr 1 gegen die richterliche oder nicht-richterliche Anordnung sowie die Art und Weise ihres Vollzugs zur Verfügung (25 ff zu § 101). Für danach nicht Antragsberechtigte gilt: Beschwerde (§ 304) ist gegen die richterliche Anordnung statthaft, ggf auch noch nach Erledigung der Maßnahme (vgl 17 ff vor § 296; LR-Schäfer 32). Gegen Eilentscheidungen der StA nach I S 1 ist der Antrag entspr § 98 II S 2 gegeben (dort 23), der allerdings nach richterlicher Bestätigung unzulässig, weil prozessual überholt (17 vor § 296), ist (vgl BGH [ER] NStZ **03**, 272). Die Art und Weise der Vollziehung kann entspr § 98 II S 2 beanstandet werden (Morré/Bruns BGH-FS 589).

10 **7) Verwertungsverbot:** Beantragt der StA wegen Zweckerreichung keine richterliche Bestätigung oder lehnt sie der Richter deswegen ab, steht dies einer Verwertung der gewonnenen Erkenntnisse zunächst nicht entgegen (Hilger NStZ **92**, 460 Fn 66). Zur Kontrolle im weiteren Verfahren vgl aber 11 zu § 98a und Hilger aaO.

11 Die Verwendung von **Zufallsfunden** ist in § 477 II S 2 (vgl dort 5 ff; s bereits Hilger NStZ **92**, 461 Fn 70), die Verwendung von Erkenntnissen aus dem Datenabgleich für präventive Zwecke in § 477 II S 3 (dort 10) näher geregelt.

8) Die **Revision** kann auf Verstöße gegen § 98b grundsätzlich nicht gestützt werden (vgl aber 12 zu § 98a). 12

Datenabgleich

98c [1] **Zur Aufklärung einer Straftat oder zur Ermittlung des Aufenthaltsortes einer Person, nach der für Zwecke eines Strafverfahrens gefahndet wird, dürfen personenbezogene Daten aus einem Strafverfahren mit anderen zur Strafverfolgung oder Strafvollstreckung oder zur Gefahrenabwehr gespeicherten Daten maschinell abgeglichen werden.** [2] **Entgegenstehende besondere bundesgesetzliche oder entsprechende landesgesetzliche Verwendungsregelungen bleiben unberührt.**

1) Keine Rasterfahndung wie in § 98a, sondern nur die – verfassungsrechtlich unbedenkliche (KMR-Jäger 4; **aM** Siebrecht StV **96**, 566 wegen fehlender verfahrensrechtlicher Schutzvorkehrungen; dagegen Rogall Schlüchter-GS 632 Fn 154) – Befugnis zum Abgleich bereits bei der Gefahrenabwehr (zB präventivpolizeiliche Fahndungsdateien, vgl KK-Nack 2; Krey JR **92**, 312; krit SK-Wohlers 4) oder bei der Strafverfolgung oder der Strafvollstreckung gewonnener mit personenbezogenen Daten aus einem Strafverfahren regelt die Vorschrift. Auch Daten aus Melderegistern, insbesondere der Einwohnermeldeämter, werden davon erfasst (Möhrenschlager wistra **92**, 328; vgl § 18 MRRG). 1

2) Zulässigkeit: Der Abgleich darf sowohl zur Aufklärung einer (beliebigen, also nicht nur der im Katalog des § 98a erwähnten) Straftat als auch zur Ermittlung des Aufenthaltsortes einer Person (Beschuldigter, Zeuge, Sachverständiger) erfolgen. Die Subsidiaritätsklausel des § 98a I S 2 (3 zu § 98a) gilt nicht. Einer schriftlichen Anordnung wie in § 98b I S 4, 5 bedarf es nicht. § 98c geht § 163d vor (Wittig JuS **97**, 966). 2

3) Unzulässig ist der Datenabgleich, ebenso wie die Rasterfahndung nach § 98b I S 6, wenn ihm bundes- oder landesgesetzliche Verwendungsregeln entgegenstehen (erg 3 zu § 98b). Auch strafprozessuale Schutzvorschriften (zB §§ 52ff, 96, 97, 136a, 148) können die Verwertung hindern (Hilger NStZ **92**, 461 Fn 79). 3

Postbeschlagnahme **RiStBV 77ff, 84**

99 [1] **Zulässig ist die Beschlagnahme der an den Beschuldigten gerichteten Postsendungen und Telegramme, die sich im Gewahrsam von Personen oder Unternehmen befinden, die geschäftsmäßig Post- oder Telekommunikationsdienste erbringen oder daran mitwirken.** [2] **Ebenso ist eine Beschlagnahme von Postsendungen und Telegrammen zulässig, bei denen aus vorliegenden Tatsachen zu schließen ist, dass sie von dem Beschuldigten herrühren oder für ihn bestimmt sind und dass ihr Inhalt für die Untersuchung Bedeutung hat.**

1) Einen **Eingriff in das Brief-, Post- und Fernmeldegeheimnis** (Art 10 GG) gestattet die Vorschrift und erlaubt den Erbringern von Post- bzw Telekommunikationsdiensten unter Durchbrechung des einfachgesetzlichen Postgeheimnisses (§ 39 PostG) oder Fernmeldegeheimnisses (§ 88 TKG) die Mitwirkung an der Beschlagnahme. Die Postbeschlagnahme nach § 99 ist nur zu dem Zweck zulässig, Beweisgegenstände (3ff zu § 94) zu gewinnen. Auf Verfalls- und Einziehungsgegenstände (§ 111b) bezieht sie sich nicht; die Beschlagnahme ist aber nicht deshalb unzulässig, weil der Beweisgegenstand auch dem Verfall oder der Einziehung unterliegt (KK-Nack 1). 1

Eine **freiwillige Herausgabe durch ein Postunternehmen** wäre als Verstoß gegen § 39 PostG unzulässig und strafbar gemäß § 206 II StGB (vgl auch Karlsruhe 2

NJW **73**, 208 = JR **73**, 379 mit Anm Meyer; Welp JuS **71**, 242). Das Gleiche gilt für andere Behörden, die Postsendungen auf Grund besonderer Ermächtigung im Gewahrsam haben (vgl – zu § 5 ZollVG aber überholt, § 12 ZollVG – BGH **23**, 329, 331; Karlsruhe aaO; Welp 184 und JuS **71**, 241). Ausnahmen gelten, wenn eine Anzeigepflicht nach § 138 StGB besteht (§ 39 III S 4 PostG; KK-Nack 3; Welp 163ff) oder die Voraussetzungen des rechtfertigenden Notstands nach § 34 StGB vorliegen (LK-Altvater 80ff zu § 206 StGB; **aM** SK-Wohlers 8; Welp 161ff).

3 Auch die **Einwilligung des Betroffenen** berechtigt zur Herausgabe (BGH **19**, 273, 278; Welp 71ff). Da Absender und Empfänger von Postsendungen gegeneinander nicht zur Wahrung des Postgeheimnisses verpflichtet sind, kann jeder von ihnen unabhängig von dem anderen in die Aushändigung einwilligen (BVerwG ArchPF **84**, 178; Bay **74**, 30 = JZ **74**, 393; Hamm MDR **88**, 605; AK-Amelung 10; SK-Wohlers 7; ANM 521 mwN; Welp 72 und Jura **81**, 481).

4 **2) Postbeschlagnahme:**

5 A. **Begriff:** Die Postbeschlagnahme ist die Weisung an ein Postunternehmen, die bereits vorliegenden und/oder die künftig zu erwartenden Postsendungen (§ 4 Nr 5 PostG) und Telegramme (Telefax vgl 6 zu § 100a) oder einzelne von ihnen auszusondern und auszuliefern (LR-Schäfer 17). Zur Beschlagnahme ieS kommt es erst, wenn der Richter oder StA nach Öffnung (10 zu § 100) entscheidet, dass die Sendung oder Nachricht für die Zwecke des Verfahrens zurückzuhalten ist (BGH [ER] StV **08**, 225, 226; Welp 151).

6 B. Nur **im Verfahren gegen einen bestimmten Beschuldigten** ist die Postbeschlagnahme zulässig. Die Person des Beschuldigten muss feststehen (LR-Schäfer 18); sein Name kann aber noch unbekannt sein (BGH [ER] 1 BGs 79/2008 vom 5. 5. 2008; KK-Nack 2). Ein Ermittlungsverfahren muss noch nicht eingeleitet sein; mit der Anordnung nach § 99 kann es eingeleitet werden (Welp 84). Die Postbeschlagnahme kann noch im Hauptverfahren angeordnet werden, zB zur Aufenthaltsermittlung, sowie nach Urteilsrechtskraft zu Zwecken der Strafvollstreckung gemäß § 457 III (zu Letzterem **aM** SK-Wohlers 11).

7 Im **selbstständigen Einziehungsverfahren** nach § 440 ist die Postbeschlagnahme unzulässig (BGH **23**, 329 = JR **71**, 161 mit Anm Meyer; Karlsruhe NJW **73**, 208 = JR **73**, 379 mit Anm Meyer; Rochu JW **32**, 2690; Schäfer JR **28**, 218), auch im Fall des § 444 III S 1. Ein vorher im subjektiven Verfahren durch Beschlagnahme gewonnenes Beweismittel bleibt aber verwertbar (KK-Nack 2).

8 C. **Bei Personen oder Unternehmen,** die geschäftsmäßig Post- oder Telekommunikationsdienste erbringen oder daran mitwirken, ist die Beschlagnahme zulässig. Die Pflicht zur Herausgabe der anvertrauten Sendungen ist für die Gewahrsamsinhaber von Postsendungen nicht eigens geregelt, § 95 ist entspr anzuwenden (erg 8 aE zu § 100). Zum geschäftsmäßigen Erbringen von Post- und Telekommunikationsdiensten vgl § 4 Nr 4 PostG und § 3 Nr 10 TKG. Um eine Postbeschlagnahme handelt es sich nicht bei der Beschlagnahme von Kundenunterlagen bei der Deutschen Postbank AG.

9 Nur **Sendungen im Gewahrsam der Postbeförderer** oder Anbieter von Telekommunikation oder deren Mitwirkenden als Verrichtungs- oder Erfüllungsgehilfen werden von der Beschlagnahme erfasst. Die Anordnung wirkt noch nicht, solange noch der Absender, und nicht mehr, sobald der Empfänger Gewahrsam hat. Nicht unter § 99 fallen zB Beschlagnahmen im Schalterraum der Post vor Aufgabe der Sendung; hierfür gelten die §§ 94, 98.

10 D. **An den Beschuldigten gerichtete Sendungen** (S 1) dürfen beschlagnahmt werden, auch wenn sie für einen anderen bestimmt sind. Das setzt voraus, dass der Name, mindestens der Deckname, und die Anschrift des Beschuldigten bekannt sind. Die Bedeutung der Sache als Beweismittel braucht nicht geprüft zu werden (**aM** SK-Wohlers 13); steht ihr Fehlen aber fest, so ist § 99 nicht anwendbar (KK-Nack 8).

E. **Vom Beschuldigten herrührende Sendungen** oder solche, die, obwohl nicht an ihn adressiert, für ihn bestimmt sind (S 2). Das muss aus Tatsachen geschlossen werden; bloße Vermutungen genügen nicht. Falls genügend andere Anhaltspunkte zur Identifizierung der Sendung vorliegen, schadet es nichts, dass Name und Anschrift des Beschuldigten noch nicht bekannt sind. Erfasst werden dürfen hier aber nur Sendungen, deren Inhalt für die Untersuchung von Bedeutung ist (dazu 8 zu § 94). Auch dafür reichen bloße Vermutungen nicht aus. Vielmehr müssen Tatsachen vorliegen, die es als möglich erscheinen lassen, dass der Gegenstand als Beweismittel in Betracht kommt (KK-Nack 8). 11

F. Der **Verhältnismäßigkeitsgrundsatz** (Einl 20) gebietet, dass die Postbeschlagnahme nur angeordnet wird, wenn ein nicht nur in geringem Maß konkretisierter Verdacht für eine nicht nur geringfügige Tat besteht (SK-Wohlers 16). Eine besondere Stärke des Tatverdachts wird aber nicht vorausgesetzt. Im Privatklageverfahren kommt die Anwendung des § 99 idR nicht in Betracht. Zur zeitlichen und sachlichen Beschränkung der Anordnung vgl 5 zu § 100. 12

G. **Ausgenommen** von der Beschlagnahme ist wegen § 148 (dort 2) die Verteidigerpost, es sei denn, gegen den Verteidiger besteht der Verdacht der Tatbeteiligung (KK-Nack 12; erg 38 zu § 97). Zur Zulässigkeit der Beschlagnahme von Abgeordneten- und Journalistenpost vgl Groß StV **96**, 565. 13

3) Auskunftsverlangen statt Beschlagnahme: In der Beschlagnahmebefugnis ist das geringere Recht enthalten, von einem Postunternehmen Auskunft über Postsendungen zu verlangen (LR-Schäfer 29; Kurth NStZ **83**, 541; Reinfeld ArchPF **78**, 208; Welp 124 ff; vgl ferner RiStBV 84 S 1), und zwar im selben Umfang und unter denselben Voraussetzungen (§ 100 I), unter denen die Postbeschlagnahme zulässig wäre. Daher kann über im Zeitpunkt des Auskunftsbegehrens bereits zugestellte Sendungen keine Auskunft verlangt werden (LG Hamburg StV **09**, 404; SK-Wohlers 19; **aM** KK-Nack 11; RiStBV 84 S 2 ist gesetzwidrig). Die Auskunft erstreckt sich idR nur auf die äußeren Merkmale der Sendung (Absender, Empfänger, Sendungsart) und die Daten des Postverkehrs. Ist dem Postunternehmen der Inhalt der Sendung auf rechtmäßige Weise bekanntgeworden, so darf aber auch hierüber Auskunft verlangt und erteilt werden. 14

Weitere Auskunftsrechte: Die allgemeine Befugnis zur Erhebung von Verkehrsdaten in § 100 g umfasst auch die Auskunft über bereits abgewickelte sowie zukünftige Telekommunikationsverbindungen (vgl dort 3, 29); die Überwachung und Aufzeichnung künftiger Telekommunikation (sog Inhaltsdaten) richtet sich jedoch nur nach § 100 a. Bestandsdaten der Kunden von Telekommunikationsunternehmen (§§ 3 Nr 3, 95 TKG) unterfallen nicht dem Post- und Fernmeldegeheimnis. Ein besonderes Verfahren (bei der automatisierten Onlineauskunft unter Einschaltung der Bundesnetzagentur) zur Ermittlung von Bestandsdaten (ua Rufnummer oder andere Anschlusskennung, Name und Anschrift des Inhabers) sehen §§ 111 ff TKG vor (dazu Graulich NVwZ **08**, 488; Hoeren JZ **08**, 671; Klesczewski JZ **97**, 719; vgl auch Bär DRiZ **07**, 219, Eckhardt CR **07**, 411 und Thommes StV **97**, 661; Wolff/Neumann NStZ **03**, 404 halten es – entgegen verbreiteter Übung – für unzulässig, Namen und Anschrift des Betroffenen nach §§ 89 VI, 90 aF TKG [nunmehr §§ 112, 113 TKG] zu erlangen). Danach richtet sich außerdem die Auskunft über die IMSI oder die IMEI (1 zu § 100 i), also die Karten- oder Gerätenummer eines Mobilfunkendgerätes (§ 111 I S 1 Nr 1, 5 TKG), und über die Bestandsdaten zu einer statischen IP- oder E-Mail-Adresse (§ 111 I S 1 Nr 1, S 3 TKG [iVm § 150 XII b S 2 TKG]; vgl BT-Drucks 16/5846 S 26; Bisges wistra **09**, 303; Brinkel/Lammers ZUM **08**, 18; **aM** Bizer DuD **07**, 602). Nach § 113 TKG ist auch Auskunft über die Tat-/Standorte bei Internetnutzung zu erteilen (BGHR § 13 a Anwendungsbereich 5; LG Köln 111 Qs 172/08 vom 25. 6. 2008). Zu den Kosten vgl Abschnitt 2 Anlage 3 zu § 23 I JVEG. 15

16 Für die **Erteilung einer Auskunft** über Bestandsdaten nach § 113 TKG iVm §§ 161 I S 1, 163 I (vgl BVerfG NJW **10**, 833, 849) dürfen die nach den Bestimmungen des TKG gespeicherten Verkehrsdaten verwendet werden. Damit ist auch die Auskunft insbesondere über Namen und Anschrift eines mittels dynamischer IP-Adresse und Uhrzeit individualisierten Anschlussinhabers im manuellen Auskunftsverfahren nach § 113 TKG zu erteilen, und zwar auch dann, wenn dies nur unter Rückgriff auf gespeicherte Verkehrsdaten möglich ist (LG Hamburg MMR **05**, 711; LG Köln 111 Qs 172/08 vom 25. 6. 2008; LG Stuttgart NJW **05**, 614; LG Würzburg NStZ-RR **06**, 46; Jansen [1 a zu § 161] 473; **aM** Karlsruhe [Z] MMR **09**, 412 mit abl Anm Sankol; LG Bonn DuD **04**, 628; Hoeren NJW **08**, 3100 [vgl auch dens JZ **08**, 671]; Kondziela MMR **09**, 297 mwN). Dies entspricht seit jeher dem Willen des Gesetzgebers (vgl insbesondere BT-Drucks 14/7008 S 7; 16/5846 S 26, 85, 95; 16/6979 S 46), auch wenn die dies klarstellende Regelung in § 113 b S 1 Hs 2 TKG vom BVerfG (aaO) für nichtig erklärt worden ist. Für Auskünfte über Zugangsdaten (ua PIN, PUK, Passwörter) verweist § 113 I S 2 TKG auf § 161 I S 1, § 163 I (erg 5 zu § 100 g). Eine Pflicht der Anbieter von Telemedien zur Auskunft über Bestandsdaten folgt aus §§ 161 I S 1, 163 I iVm § 14 II TMG (vgl BT-Drucks 16/3135 S 2; Hoeren NJW **07**, 805; Röwer, Erscheinungsformen und Zulässigkeit heimlicher Ermittlungen, 2007, zugl Diss Greifswald, S 151; erg 16 a zu § 94, 8 zu § 100 g). § 101 UrhG sieht einen unmittelbaren Auskunftsanspruch des Rechtsinhabers gegen den Access-Provider vor.

17 **4)** Ein **Verwertungsverbot** besteht, wenn das Beweismittel erlangt wurde, ohne dass die Voraussetzungen für eine Postbeschlagnahme vorlagen (BGH **23**, 329, 331; AK-Amelung 14 mwN; einschr KK-Nack 13); dies ist auf Revision des Betroffenen zu beachten (SK-Wohlers 22; vgl im Übrigen ANM 522). Anders kann es sich bei einem weder gezielten noch auch nur leichtfertigen Verstoß gegen die Art und Weise des Vollzugs der Postbeschlagnahme verhalten (BGH [ER] 1 BGs 79/2008 vom 5. 5. 2008).

Zuständigkeit

100 **I Zu der Beschlagnahme (§ 99) ist nur das Gericht, bei Gefahr im Verzug auch die Staatsanwaltschaft befugt.**

II Die von der Staatsanwaltschaft verfügte Beschlagnahme tritt, auch wenn sie eine Auslieferung noch nicht zur Folge gehabt hat, außer Kraft, wenn sie nicht binnen drei Werktagen gerichtlich bestätigt wird.

III 1 Die Öffnung der ausgelieferten Postsendungen steht dem Gericht zu. 2 Es kann diese Befugnis der Staatsanwaltschaft übertragen, soweit dies erforderlich ist, um den Untersuchungserfolg nicht durch Verzögerung zu gefährden. 3 Die Übertragung ist nicht anfechtbar; sie kann jederzeit widerrufen werden. 4 Solange eine Anordnung nach Satz 2 nicht ergangen ist, legt die Staatsanwaltschaft die ihr ausgelieferten Postsendungen sofort, und zwar verschlossene Postsendungen ungeöffnet, dem Gericht vor.

IV 1 Über eine von der Staatsanwaltschaft verfügte Beschlagnahme entscheidet das nach § 98 zuständige Gericht. 2 Über die Öffnung einer ausgelieferten Postsendung entscheidet das Gericht, das die Beschlagnahme angeordnet oder bestätigt hat.

V 1 Postsendungen, deren Öffnung nicht angeordnet worden ist, sind unverzüglich an den vorgesehenen Empfänger weiterzuleiten. 2 Dasselbe gilt, soweit nach der Öffnung die Zurückbehaltung nicht erforderlich ist.

VI Der Teil einer zurückbehaltenen Postsendung, dessen Vorenthaltung nicht mit Rücksicht auf die Untersuchung geboten erscheint, ist dem vorgesehenen Empfänger abschriftlich mitzuteilen.

1) Beschlagnahmeanordnung: 1

A. **Zuständig** für die Postbeschlagnahme ist in 1. Hinsicht das Gericht (§ 162; 4 zu § 98), die StA nur bei Gefahr im Verzug (6 zu § 98). Ermittlungspersonen dürfen nicht einmal mit dem Vollzug der Anordnung beauftragt werden (SK-Wohlers 5); sie dürfen lediglich außerhalb des Kernbereichs (Durchsicht aller Sendungen, unten 8; Sichtung des Inhalts aussortierter Sendungen, unten 10) unterstützend herangezogen werden (BGH [ER] StV **08**, 225: spurensichernde Öffnung). 2

B. Eine bestimmte **Form** ist nicht vorgeschrieben. Richterliche Anordnungen ergehen üblicherweise durch Beschluss, Anordnungen der StA auch mündlich, telefonisch, per Telefax oder durch Fernschreiber. Mündliche Anordnungen müssen aber schriftlich bestätigt werden. Eine vorherige Anhörung des Betroffenen kommt nicht in Betracht (§ 33 IV S 1). 3

C. **Inhaltlich** muss die Anordnung erkennen lassen, von wem sie stammt und dass sie in einem Ermittlungs- oder Strafverfahren gegen einen bestimmten Beschuldigten erlassen worden ist. Die sonstigen Zulässigkeitsvoraussetzungen des § 99 brauchen nicht dargelegt zu werden. Genau zu bezeichnen, und zwar mit ihren postamtlichen Bezeichnungen (RiStBV 77 III), sind aber die zu beschlagnahmenden Postsendungen (BGH NJW **56**, 1805, 1806; LR-Schäfer 8; Welp 157 ff); der Umfang der Beschlagnahme darf nicht zweifelhaft sein (vgl auch RiStBV 77). Bei Sendungen an den Beschuldigten müssen der volle Name und der Bestimmungsort, bei größeren Orten auch die genaue Anschrift angegeben werden (RiStBV 78 I S 2). Bei an den Beschuldigten gerichteten Sendungen bedarf es der Angabe des Ortes, an dem sie vermutlich aufgegeben werden, und des Absenders (vgl RiStBV 78 II S 1). Die wahrscheinlich als Empfänger in Betracht kommenden Personen sollten ebenfalls angegeben werden. 4

D. **Beschränkungen** sind in zeitl. Hinsicht möglich und idR geboten (vgl RiStBV 80 I S 1). Zulässig sind auch sachl. Beschränkungen („Fahndungsraster"), zB auf geschlossene Briefe, Postkarten oder Pakete und Päckchen (vgl RiStBV 77 II S 1). 5

E. Die **Bekanntgabe** der Anordnung an den Beschuldigten und sonstige Betroffene muss idR zunächst unterbleiben (erg unten 13). 6

2) Die **gerichtliche Bestätigung** der Beschlagnahmeanordnung der StA (II) ist innerhalb von 3 Werktagen nach ihrem Erlass erforderlich (SK-Wohlers 4; vgl 1 zu § 100b). Die Frist wird nach § 42 berechnet; § 43 II gilt (**aM** LR-Schäfer 20, weil dafür wegen der Bereitschaftsdienste keine Notwendigkeit bestehe; damit kann eine gesetzliche Regelung aber nicht außer Kraft gesetzt werden; vgl auch Schnarr NStZ **88**, 484). Die StA muss die Bestätigung unverzüglich bei dem nach IV S 1 iVm § 98 II S 3, 4 zuständigen Gericht beantragen, sofern sie ihre Anordnung nicht aufhebt. Trifft die richterliche Bestätigung nicht bis zum Fristablauf bei dem Postunternehmen ein, so erlischt die Beschlagnahmeanordnung der StA ohne weiteres, jedoch nicht rückwirkend; bereits ausgelieferte Sendungen bleiben beschlagnahmt (**aM** HK-Gercke 10). Bestätigt das Gericht die Anordnung nach Ablauf der Frist, so gilt das als neue richterliche Beschlagnahmeanordnung (LR-Schäfer 19). Die Prüfung des Gerichts hat denselben Umfang wie bei § 98 II (dort 17). 7

3) Die **Durchführung der Beschlagnahme** obliegt der StA. Sie leitet die Beschlagnahmeanordnung dem Postunternehmen zu, das die bezeichneten Sendungen aussondert und (ungeöffnet) abliefert. Die Strafverfolgungsbehörden dürfen nicht etwa die Räume der Post durchsuchen oder einen gesamten Postbestand vorläufig sicherstellen und die Postsendungen selbst – wenn auch nur äußerlich – durchsehen und aussondern (BGH [ER] StV **08**, 225; 1 BGs 79/2008 vom 5. 5. 2008). Die mündlich übermittelte Anordnung führt die Post in der Weise aus, dass sie die Sendungen aussondert und bis zum Eingang der schriftlichen Bestätigung zurückhält. Die Rechtmäßigkeit der Anordnung hat die Post in keinem Fall zu prüfen. Verweigert das Postunternehmen die Mitwirkung, ist nach § 70 (iVm 8

§§ 95 II, 161 a II entspr) zu verfahren (vgl BGH NJW **09**, 1828 mit zust Anm Bär NStZ **09**, 399).

9 **4) Maßnahmen nach Ablieferung der Postsendungen:**

10 A. **Öffnung der Sendungen (III):** Der Richtervorbehalt nach III S 1 wird durch die Übertragungsbefugnis nach III S 2 eingeschränkt. Der Richter, der die Postbeschlagnahme angeordnet oder bestätigt hat (IV S 2), kann die nach III S 4 vorgelegten Sendungen selbst öffnen oder die Öffnungsbefugnis auf den StA übertragen, wenn und soweit das wegen Gefahr im Verzug erforderlich ist, also in Fällen, in denen der Erfolg der Ermittlungen von einem sofortigen Eingriff der StA abhängt und damit zu rechnen ist, dass sich aus der beschlagnahmten Post Anhaltspunkte für die Art, den Umfang oder den Ort weiterer Ermittlungen ergeben (BT-Drucks 7/551 S 65). Die Übertragung kann jederzeit widerrufen werden (III S 3 Hs 2).

11 B. Die **Aushändigung von Sendungen** (V), deren Öffnung nicht angeordnet worden oder deren Zurückhaltung nach der Öffnung nicht erforderlich ist, an den vorgesehenen Empfänger (Adressaten) muss unverzüglich und ohne Rücksicht auf die dadurch eintretende Gefährdung des Untersuchungszwecks erfolgen (KK-Nack 8; **aM** LR-Schäfer 12 zu § 101 aF; SK-Wohlers 16; erg 19 zu § 101). Ungeöffnete Sendungen werden in den Postweg zurückgegeben, geöffnete Sendungen entweder verschlossen, mit einem Vermerk über die gerichtliche Öffnung versehen und dem Postunternehmen zur Beförderung zurückgegeben oder in neuer Umhüllung als Sendung der Strafverfolgungsbehörde zugestellt. Sie können aber dem Empfänger auch mittelbar ausgehändigt werden. Die Weiterleitung ordnet der Richter an, sofern er seine Befugnisse nicht nach III S 2 auf die StA übertragen hat.

12 C. Die **Mitteilung von Briefteilen** (VI), deren Vorenthalten durch die Rücksicht auf die Ermittlungen nicht geboten ist, an den Adressaten muss unabhängig davon erfolgen, ob nunmehr die Beschlagnahme bekannt und dadurch der Untersuchungszweck gefährdet wird (HK-Gercke 20; Welp 114; **aM** SK-Wohlers 17; Schoene NStZ **93**, 126; erg 19 zu § 101). Maßgebend ist nur, ob dieser Zweck durch die Bekanntgabe des Briefteils gefährdet wäre. Auf Briefteile ohne selbstständigen gedanklichen Inhalt (Anrede, Grußformel uä) bezieht sich VI nicht. Auch hier ist der Richter zuständig, wenn er die Sendung geöffnet hat (erg oben 10, 11).

13 D. Weitere **grundrechtssichernde Pflichten** ergeben sich aus § 101: Kennzeichnung (§ 101 III, dort 3), Benachrichtigung mit Hinweis auf die Möglichkeit nachträglichen Rechtsschutzes (§ 101 IV S 1 Nr 2, dort 4 ff, 15), Löschung (§ 101 VIII, dort 27).

14 **5) Aufzuheben** ist die richterliche Anordnung, wenn ihr Zweck bereits erreicht oder nicht mehr erreichbar ist. Wegen der Anordnung der StA vgl oben 7. Zuständig ist der Richter, die StA nur, wenn sie die Anordnung selbst getroffen hat und dem Gericht noch keine Sendungen vorgelegt worden sind. Die Bekanntgabe der Aufhebung an das Postunternehmen ist immer Sache der StA.

15 **6)** Für **Ersuchen um Auskunft** über Postsendungen (14 zu § 99) gilt § 100 entspr. Von der Gewährung rechtlichen Gehörs kann abgesehen werden, § 101 ist jedoch entspr anzuwenden. Eine richterliche Bestätigung (II) ist für Auskunftsersuchen der StA (Kurth NStZ **83**, 542; Welp 126) erforderlich. Das Postunternehmen erteilt die Auskunft schriftlich oder durch die Zeugenaussage ihrer Bediensteten (Kurth NStZ **83**, 541; Welp 129 ff).

16 **7) Zufallsfunde:** § 108 gilt entspr (nicht aber § 477 II S 2; vgl dort 5).

17 **8) Rechtsschutz:** Für Absender und Adressat der beschlagnahmten Postsendung (vgl 8 zu § 101) steht als *lex specialis* der (befristete) Rechtsbehelf nach § 101 VII S 2–4 iVm IV S 1 Nr 2 gegen die richterliche oder nicht-richterliche Anordnung sowie die Art und Weise ihres Vollzugs zur Verfügung (25 ff zu § 101). Für danach nicht Antragsberechtigte gilt: Gegen richterliche Anordnungen und Bestätigungen

ist die Beschwerde nach § 304 statthaft. Auch dem Postunternehmen als (nach der Postreform) privatem Mitwirkungspflichtigen wird nunmehr ein Beschwerderecht zuzugestehen sein. Zur nachträglichen Feststellung der Rechtswidrigkeit der Anordnung vgl 17 ff vor § 296. Gegen Eilentscheidungen der StA nach I ist der Antrag entspr § 98 II S 2 gegeben (dort 23), der allerdings nach richterlicher Bestätigung (II) unzulässig, weil prozessual überholt, ist (BGH [ER] NStZ **03**, 272 zu § 100 b I). Die Art und Weise der Vollziehung kann entspr § 98 II S 2 beanstandet werden (Morré/Bruns BGH-FS 590), soweit der Antragsteller hierdurch beschwert ist (BGH [ER] 1 BGs 519/07 vom 28. 11. 2007). Die Übertragung nach III S 2 ist unanfechtbar (III S 3 Hs 1).

9) Die **Revision** kann auf Verstöße gegen § 100 nicht gestützt werden **18**
(ANM 522), es sei denn, die StA hat willkürlich Gefahr im Verzug angenommen (KK-Nack 13 zu § 99; weitergehend SK-Wohlers 23; vgl 7 zu § 98).

Überwachung der Telekommunikation **RiStBV 85**

100a **I 1 Auch ohne Wissen der Betroffenen darf die Telekommunikation überwacht und aufgezeichnet werden, wenn**

1. bestimmte Tatsachen den Verdacht begründen, dass jemand als Täter oder Teilnehmer eine in Absatz 2 bezeichnete schwere Straftat begangen, in Fällen, in denen der Versuch strafbar ist, zu begehen versucht, oder durch eine Straftat vorbereitet hat,
2. die Tat auch im Einzelfall schwer wiegt und
3. die Erforschung des Sachverhalts oder die Ermittlung des Aufenthaltsortes des Beschuldigten auf andere Weise wesentlich erschwert oder aussichtslos wäre.

II Schwere Straftaten im Sinne des Absatzes 1 Nr. 1 sind:

1. aus dem Strafgesetzbuch:
a) Straftaten des Friedensverrats, des Hochverrats und der Gefährdung des demokratischen Rechtsstaates sowie des Landesverrats und der Gefährdung der äußeren Sicherheit nach den §§ 80 bis 82, 84 bis 86, 87 bis 89 a, 94 bis 100 a,
b) Abgeordnetenbestechung nach § 108 e,
c) Straftaten gegen die Landesverteidigung nach den §§ 109 d bis 109 h,
d) Straftaten gegen die öffentliche Ordnung nach den §§ 129 bis 130,
e) Geld- und Wertzeichenfälschung nach den §§ 146 und 151, jeweils auch in Verbindung mit § 152, sowie nach § 152 a Abs. 3 und § 152 b Abs. 1 bis 4,
f) Straftaten gegen die sexuelle Selbstbestimmung in den Fällen der §§ 176 a, 176 b, 177 Abs. 2 Nr. 2 und des § 179 Abs. 5 Nr. 2,
g) Verbreitung, Erwerb und Besitz kinder- und jugendpornographischer Schriften nach § 184 b Abs. 1 bis 3, § 184 c Abs. 3,
h) Mord und Totschlag nach den §§ 211 und 212,
i) Straftaten gegen die persönliche Freiheit nach den §§ 232 bis 233 a, 234, 234 a, 239 a und 239 b,
j) Bandendiebstahl nach § 244 Abs. 1 Nr. 2 und schwerer Bandendiebstahl nach § 244 a,
k) Straftaten des Raubes und der Erpressung nach den §§ 249 bis 255,
l) gewerbsmäßige Hehlerei, Bandenhehlerei und gewerbsmäßige Bandenhehlerei nach den §§ 260 und 260 a,
m) Geldwäsche und Verschleierung unrechtmäßig erlangter Vermögenswerte nach § 261 Abs. 1, 2 und 4,
n) Betrug und Computerbetrug unter den in § 263 Abs. 3 Satz 2 genannten Voraussetzungen und im Falle des § 263 Abs. 5, jeweils auch in Verbindung mit § 263 a Abs. 2,

o) Subventionsbetrug unter den in § 264 Abs. 2 Satz 2 genannten Voraussetzungen und im Falle des § 264 Abs. 3 in Verbindung mit § 263 Abs. 5,
p) Straftaten der Urkundenfälschung unter den in § 267 Abs. 3 Satz 2 genannten Voraussetzungen und im Fall des § 267 Abs. 4, jeweils auch in Verbindung mit § 268 Abs. 5 oder § 269 Abs. 3, sowie nach § 275 Abs. 2 und § 276 Abs. 2,
q) Bankrott unter den in § 283 a Satz 2 genannten Voraussetzungen,
r) Straftaten gegen den Wettbewerb nach § 298 und, unter den in § 300 Satz 2 genannten Voraussetzungen, nach § 299,
s) gemeingefährliche Straftaten in den Fällen der §§ 306 bis 306 c, 307 Abs. 1 bis 3, des § 308 Abs. 1 bis 3, des § 309 Abs. 1 bis 4, des § 310 Abs. 1, der §§ 313, 314, 315 Abs. 3, des § 315 b Abs. 3 sowie der §§ 316 a und 316 c,
t) Bestechlichkeit und Bestechung nach den §§ 332 und 334,

2. aus der Abgabenordnung:
   a) Steuerhinterziehung unter den in § 370 Abs. 3 Satz 2 Nr. 5 genannten Voraussetzungen,
   b) gewerbsmäßiger, gewaltsamer und bandenmäßiger Schmuggel nach § 373,
   c) Steuerhehlerei im Falle des § 374 Abs. 2,
3. aus dem Arzneimittelgesetz:
   Straftaten nach § 95 Abs. 1 Nr. 2 a unter den in § 95 Abs. 3 Satz 2 Nr. 2 Buchstabe b genannten Voraussetzungen,
4. aus dem Asylverfahrensgesetz:
   a) Verleitung zur missbräuchlichen Asylantragstellung nach § 84 Abs. 3,
   b) gewerbs- und bandenmäßige Verleitung zur missbräuchlichen Asylantragstellung nach § 84 a,
5. aus dem Aufenthaltsgesetz:
   a) Einschleusen von Ausländern nach § 96 Abs. 2,
   b) Einschleusen mit Todesfolge und gewerbs- und bandenmäßiges Einschleusen nach § 97,
6. aus dem Außenwirtschaftsgesetz:
   Straftaten nach § 34 Abs. 1 bis 6,
7. aus dem Betäubungsmittelgesetz:
   a) Straftaten nach einer in § 29 Abs. 3 Satz 2 Nr. 1 in Bezug genommenen Vorschrift unter den dort genannten Voraussetzungen,
   b) Straftaten nach den §§ 29 a, 30 Abs. 1 Nr. 1, 2 und 4 sowie den §§ 30 a und 30 b,
8. aus dem Grundstoffüberwachungsgesetz:
   Straftaten nach § 19 Abs. 1 unter den in § 19 Abs. 3 Satz 2 genannten Voraussetzungen,
9. aus dem Gesetz über die Kontrolle von Kriegswaffen:
   a) Straftaten nach § 19 Abs. 1 bis 3 und § 20 Abs. 1 und 2 sowie § 20 a Abs. 1 bis 3, jeweils auch in Verbindung mit § 21,
   b) Straftaten nach § 22 a Abs. 1 bis 3,
10. aus dem Völkerstrafgesetzbuch:
    a) Völkermord nach § 6,
    b) Verbrechen gegen die Menschlichkeit nach § 7,
    c) Kriegsverbrechen nach den §§ 8 bis 12,
11. aus dem Waffengesetz:
    a) Straftaten nach § 51 Abs. 1 bis 3,
    b) Straftaten nach § 52 Abs. 1 Nr. 1 und 2 Buchstabe c und d sowie Abs. 5 und 6.

III Die Anordnung darf sich nur gegen den Beschuldigten oder gegen Personen richten, von denen auf Grund bestimmter Tatsachen anzunehmen ist, dass sie für den Beschuldigten bestimmte oder von ihm herrührende Mittei-

lungen entgegennehmen oder weitergeben oder dass der Beschuldigte ihren Anschluss benutzt.

IV [1]**Liegen tatsächliche Anhaltspunkte für die Annahme vor, dass durch eine Maßnahme nach Absatz 1 allein Erkenntnisse aus dem Kernbereich privater Lebensgestaltung erlangt würden, ist die Maßnahme unzulässig.** [2]**Erkenntnisse aus dem Kernbereich privater Lebensgestaltung, die durch eine Maßnahme nach Absatz 1 erlangt wurden, dürfen nicht verwertet werden.** [3]**Aufzeichnungen hierüber sind unverzüglich zu löschen.** [4]**Die Tatsache ihrer Erlangung und Löschung ist aktenkundig zu machen.**

Übersicht

1) Einen **Eingriff in das Grundrecht des Post- und Fernmeldegeheimnisses** (Art 10 GG) erlaubt die Vorschrift (BGH **27**, 355, 357; **31**, 296, 298; vgl Singelnstein Eisenberg-FS 646). Der Schutz des Fernmeldegeheimnisses endet jedoch am Endgerät des Fernsprechteilnehmers (BGH **42**, 139, 154), es sei denn, an einem Endgerät wurde ein Abhörgerät angebracht und genutzt (BVerfGE **106**, 28, 37 = NJW **02**, 3619, 3621; **115**, 166, 186 = NJW **06**, 976, 979; Günther NStZ **05**, 488; ähnlich BVerfG NJW **09**, 2431, 2432 [zust Brodowski JR **09**, 405, Gercke StV **09**, 625, Klein NJW **09**, 2996 und Szebrowski K&R **09**, 563; abl Krüger MMR **09**, 681; krit Härting CR **09**, 583; vgl auch Keller Kriminalistik **09**, 493]: Schutz der beim Provider zwischen- und – nach Kenntnisnahme – endgespeicherten E-Mails wegen fortbestehender spezifischer Gefährdungslage; **aM** BGH NJW **09**, 1828). Art 10 GG schützt vor den spezifischen Risiken des der Kontroll- und Einwirkungsmöglichkeit des Teilnehmers entzogenen Übertragungsvorgangs (BVerfG jew aaO; Beulke/Meininghaus Widmaier-FS 64; Badura Amelung-FS 529), nicht das Vertrauen der Kommunikationspartner zueinander (BVerfGE **120**, 274 = NJW **08**, 822, 835). Es liegt kein rechtswidriger Eingriff vor, wenn auch nur einer der Teilnehmer am Fernmeldeverkehr damit einverstanden ist, dass ein Dritter mithört, gleichgültig, ob es sich um eine Privatperson oder einen Polizeibeamten handelt (BGH aaO; **39**, 335 mwN = NStZ **94**, 292 mit zust Anm Welp; zust auch Franke JR **00**, 469; Krey pE 91; abl hingegen Tietje MDR **94**, 1978 unter Hinweis auf eine Entscheidung des EGMR vom 23. 11. 1993 zu Art 8 I MRK; abl auch Dencker StV **94**, 675; Lisken NJW **94**, 2069; Neuhaus Rieß-FS 390; wie BGH aber auch Hamm NStZ **88**, 515 mit abl Anm Amelung = StV **88**, 374 mit abl Anm Krehl; ANM 521 mwN in Fn 681). Davon zu unterscheiden ist die Einwilligung in die Überwachung selbst; zugunsten der allgemeinen Befugnisse (§§ 161, 163) unanwendbar sind die §§ 100a, 100b nur, wenn alle Kommunikationspartner (nicht nur von ihr wissen, sondern auch) in sie einwilligen (BT-Drucks 16/5846 S 39; KMR-Bär 5). 1

Die Vorschrift enthält neben § 1 **G 10** eine **abschließende Regelung** (BGH **31**, 304, 306; **34**, 39, 50; HmbVerfG NJW **89**, 1081), von der zurückhaltend Gebrauch gemacht werden sollte (Kaiser NJW **69**, 20; Paeffgen Roxin-FS 1299; Rudolphi Schaffstein-FS 436; Zuck NJW **69**, 911). Eine erweiternde Auslegung kommt nicht in Betracht (BGH **26**, 298, 303; **31**, 296, 298). Insbesondere gestattet § 100a nicht das heimliche Abhören eines nichtöffentlichen Ge- 2 sprächs außerhalb des Fernmeldeverkehrs (BGH **34**, 39, 50 = JR **87**, 212 mit Anm Meyer; Bottke Jura **87**, 356; Krey ZStW **101**, 859; Küpper JZ **90**, 422) oder die Verwertung von „Raumgesprächen", deren Abhören durch das versehentliche Nichtauflegen des Hörers nach Abschluss des überwachten Telekommunikationsvorgangs ermöglicht wurde (BGH **31**, 296 mit Anm Amelung JR **84**, 256 und Geerds NStZ **83**, 518; dazu auch Gössel JZ **84**, 361; Küpper aaO). Verwertbar ist aber das gesamte während des Telefonats aufgrund zulässig angeordneter Überwachung aufgezeichnete Gespräch einschließlich der Hintergrundgeräusche und -gespräche; dasselbe gilt für Äußerungen des Betroffenen oder von sich mit ihm unterhaltenden Personen während der Herstellung der Telekommunikationsverbindung (BGH NStZ **08**, 473 [krit hierzu Prittwitz StV **09**, 437]; Düsseldorf NJW **95**, 975) sowie für Erkenntnisse aus einer Überwachung, wenn der Beschuldigte eine zuvor von ihm selbst hergestellte Telekommunikationsverbindung versehentlich nicht beendet hat (BGH NStZ **03**, 668 mit zust Anm Gercke JR **04**, 347 und abl Anm Weßlau StV **03**, 483 und Braum JZ **04**, 128; abl auch Fezer NStZ **03**, 625; Prittwitz aaO 440; Löffelmann AnwBl **06**, 600; krit Sankol MMR **07**, 692). Anders läge es bei einer von vornherein zielgerichtet ohne Willen des Betroffenen als „Abhöranlage" in Betrieb genommenen Telekommunikationsanlage; hierfür gilt § 100c oder § 100f (vgl BGH aaO). Die Verwertung der Ergebnisse der Telefonüberwachung richtet sich im anwaltsgerichtlichen Verfahren nach § 477 II S 2, § 116 S 2 BRAO (vgl zum früheren Rechtszustand BGH **26**, 298; krit Maiwald JuS **78**, 379), im Besteuerungsverfahren entgegen früherer Rspr (BFH NJW **01**, 2118) nach § 393 III S 2 **AO** (dazu Buse/Bohnert NJW **08**, 620; Wulf wistra **08**, 325ff; erg 14 zu § 406e). Im Bußgeldverfahren gilt § 100a nicht (§ 46 III S 1 OWiG).

3 Die **Überwachung nach § 1 G 10** (Anh A 11) macht die nach § 100a weder überflüssig, noch schließt sie sie aus (Welp DÖV **70**, 271). Das G 10 unterscheidet zwischen Beschränkungen in Einzelfällen nach §§ 3, 4 und strategischen Beschränkungen nach §§ 5ff (hierzu BVerwG NJW **08**, 2135). Es bestehen insoweit unterschiedliche Voraussetzungen für die Anordnung und differenzierte Regelungen für die Prüf-, Kennzeichnungs- und Löschungspflichten, die Übermittlung (vgl Sieber NJW **08**, 882) und Zweckbindung hinsichtlich der erhobenen personenbezogenen Daten sowie die Benachrichtigung des Betroffenen (zur Vereinbarkeit mit Art 8 **MRK** vgl dort 2).

4 **Präventiv-polizeiliche Telekommunikations-Überwachung** sehen beispielsweise § 201 BKAG, § 31 POGRP, § 34a ThürPAG vor (vgl im Einzelnen die Übersicht in BeckTKG-Komm/Bock 126 zu § 110; zu § 33a NdsSOG aF BVerfGE **113**, 348 = NJW **05**, 2603); dass auch unter Anwendung des § 100a in der Praxis vielfach solche Zwecke verfolgt werden, legt Kinzig StV **04**, 560 dar.

5 Ein Rechtshilfeersuchen auf Durchführung einer **Telekommunikationsüberwachung im Ausland** (zur Abgrenzung vgl § 4 I TKÜV) darf – auch wenn dort dafür erleichterte Voraussetzungen bestehen – nur gestellt werden, wenn der Verdacht einer Katalogtat nach § 100a gegeben ist (Schuster [36 zu § 251] S 246; vgl auch die Regelung grenzüberschreitender Überwachung in Art 20 EuRHÜbk; Brodowski JR **09**, 410). Der Rechtshilfeweg darf nicht durch die an eine im Inland ansässige Tochter eines ausländischen Providers gerichtete Anordnung der Herausgabe ausschließlich im Ausland stattfindender E-Mail-Kommunikation (dazu unten 6) umgangen werden (Gaede StV **09**, 102). Nach § 4 II TKÜV ist allerdings eine sog Auslandskopfüberwachung zulässig, die die Verbindungen von unbekannten Anschlüssen im Inland zu einem bestimmten Anschluss im Ausland (ausländische Rufnummer) erfasst (vgl näher die Darstellung in BVerfG MMR **09**, 606; gegen die Zulässigkeit der Auslandskopfüberwachung – wegen „partieller Überwachung eines ausländischen Anschlusses" – Reinel wistra **06**, 205; **aM** Tiedemann CR **05**, 858); vgl zur Entschädigungslosigkeit der Inpflichtnahme der Telekommunikationsanbieter BVerfG aaO; VG Berlin CR **08**, 165 mit Anm Schütze = K&R **08**, 192 mit Anm Eckhardt; dazu auch Berger CR **08**,

557; vgl auch BVerfG NJW **10**, 833, 850 zu den Kosten der Vorratsdatenspeicherung.

2) Telekommunikation ist der technische Vorgang des Aussendens, Übermittelns und Empfangens von Nachrichten jeglicher Art in der Form von Zeichen, Sprache, Bildern oder Tönen mittels technischer Einrichtungen oder Systeme, die als Nachrichten identifizierbare elektromagnetische oder optische Signale senden, übertragen, vermitteln, empfangen, steuern oder kontrollieren können (vgl § 3 Nr 22 und 23 TKG). Es werden hier also die mit dem Versenden und Empfangen von Nachrichten mittels Telekommunikationsanlagen in Zusammenhang stehenden Vorgänge erfasst (BGH NStZ **03**, 668; R. Hamm NJW **07**, 933; gegen eine rechtliche Gleichsetzung mit § 3 TKG aber zutr Fezer NStZ **03**, 625, Günther NStZ **05**, 490 und Weßlau StV **03**, 484; vgl auch BVerfG NJW **09**, 2431, 2432). Die Beschlagnahme von Telegrammen ist bereits nach § 99 zulässig; § 100a ist insoweit nicht anwendbar, gilt aber neben der Überwachung von festen Anschlüssen und des Mobilfunks (einschließlich SMS), wie sich eindeutig aus der Definition in § 3 Nr 22 und 23 TKG ergibt, auch für den Fernschreib- und Fernkopier-(Telefax-)Verkehr (Zöller GA **00**, 573; vgl auch Lührs wistra **95**, 20 sowie Eisenberg/Nischan zum strafprozessualen Zugriff auf digitale multimediale Videodienste JZ **97**, 74). BGH NJW **97**, 1934 (ER) – ebenso BGH NJW **03**, 2034 – hat den einmaligen Zugriff auf die Daten gestattet, die in den unter den überwachten Telefonanschlüssen erreichbaren Mailboxen gespeichert sind; dem stimmt Vassilaki JR **00**, 447 zu, während Palm/Roy NJW **97**, 1904 § 100a für unanwendbar und nur die Durchsuchung und Beschlagnahme für zulässig halten (ähnlich Löffelmann AnwBl **06**, 599; Paeffgen Roxin-FS 1315; vgl auch Deckers StraFo **02**, 111). 6

Auch die **Positionsmeldungen** nicht telefonierender Mobiltelefone zählte die Rspr zu den nach § 100a zu übermittelnden Daten (BGH [ER] NJW **01**, 1587); dem hat das BVerfG in einer Kammerentscheidung (NJW **07**, 351 mwN, abl dazu Nachbaur NJW **07**, 335; SK-Wolter 11) widersprochen und sich der Gegenansicht (Bernsmann/Jansen StV **99**, 590; Bernsmann NStZ **02**, 103; Demko NStZ **04**, 62; Günther NStZ **05**, 491; Koenig/Koch/Braun K&R **02**, 293; Löffelmann AnwBl **06**, 600) angeschlossen (erg 2 zu § 100i). Standortdaten in Echtzeit können jetzt aber nach § 100g I S 1 Nr 1, S 3 erhoben werden (dort 6). Auch im Übrigen werden Verkehrsdaten in Echtzeit nach § 100g erhoben (dort 3, 29); zum sog Phonetracker Mellinghoff in Jahn/Nack 26. 6a

Beim Zugriff auf **E-Mails** sind 3 Phasen zu unterscheiden (abl Störing [18a zu § 94] 177ff, 202; Valerius JR **07**, 275, 279; vgl auch Brodowski JR **09**, 402: 7 Phasen; KMR-Bär 27: 4 Phasen): Absenden der Nachricht bis zum Ankommen im Speicher des Providers, Ruhen der Nachricht auf dem Speicher, Abrufen der Nachricht durch den Empfänger. Für die 1. und 3. Phase gilt unstr § 100a; die rechtliche Behandlung der 2. war umstritten (vgl die Nachw in Voraufl 6). Das BVerfG hat mit Beschluss vom 16. 6. 2009 (NJW **09**, 2431) die auf dem Mailserver des Providers gespeicherten – ungelesenen, aber auch die gelesenen und dort archivierten – E-Mails dem Schutz des Art 10 GG unterstellt (oben 1) und die Sicherstellung und Beschlagnahme nach § 94 (dort 16a [mwN], 19a) zugelassen, so dass für diese offene Ermittlungsmaßnahme der Anfangsverdacht einer einfachen Straftat genügt (ebenso BGH NJW **10**, 1297). Klein hält in seiner dem BVerfG zust Besprechung (NJW **09**, 2996) die von ihm als *obiter dictum* bezeichnete Entscheidung des 1. StS des BGH zugunsten § 99 (NJW **09**, 1828 mit zust Anm Bär NStZ **09**, 398; krit Keller Kriminalistik **09**, 493) für überholt, weil das BVerfG für den Fall heimlicher Ermittlungen besonders hohe Anforderungen an die Bedeutung der zu verfolgenden Straftat und den für den Zugriff erforderlichen Grad des Tatverdachts gestellt habe (vgl BVerfG aaO 2434 [Tz 69, 75, 76]; **aM** Szebrowski K&R **09**, 564). Für den Zugriff auf beim Provider zwischen- oder endgespeicherte E-Mails im Zuge verdeckter Ermittlungen steht daher *de lege lata* nur mit § 100a eine geeignete – vom BVerfG nicht etwa als durch §§ 94ff verdrängt bewertete 6b (aaO 2434 [Tz 58]) – Eingriffsgrundlage zur Verfügung (so auch Brunst CR **09**, 592; Jahn JuS **09**, 1048; im Ergebnis auch BGH NJW **10**, 1297; zuvor schon LG Hamburg StV **09**, 70 [unter Hinweis auf die Einheitlichkeit des gesamten Übertragungsvorgangs] mit zust Anm Gaede StV **09**, 97, 99 und Störing MMR **08**, 187; vgl noch dens CR **09**, 477; Brodowski JR **09**, 408). Vgl zum Zugriff beim Empfänger nach Ende der Kommunikation 16a zu § 94 (zu weitergehenden Kommunikationsmöglichkeiten Günther NStZ **06**, 644). Im Rahmen einer Durchsuchung kann nach § 110 III (dort 6) auf beim Provider gespeicherte E-Mails zugegriffen werden.

7 **Internet:** Der (repressive) Zugriff auf die Telekommunikation innerhalb sog geschlossener Benutzergruppen wird von § 100a erfasst (Eckhardt [5 vor § 94] 16 mwN; Eisenberg BR 2483; KK-Nack 28; **aM** Voraufl; anders auch Schulz/Hoffmann CR **10**, 136: §§ 161, 163 für eine Übergangszeit; vgl auch Böckenförde JZ **08**, 936 sowie § 110 III und dort 6). Der Online-Zugriff auf allgemein – ohne besondere Zugangsberechtigung – zugängliche Datenbestände ist in aller Regel ohne besondere Ermächtigungsgrundlage zulässig (BVerfGE **120**, 274 = NJW **08**, 822, 836 mit Anm Bär MMR **08**, 326: „reine Internetaufklärung"; **120**, 351 = NJW **08**, 2099, 2100, 2103; LG Wuppertal NStZ **08**, 463, 464; BT-Drucks 16/5846 S 64; Zöller GA **00**, 575; zu den verschiedenen Fallgruppen näher Henrichs/Wilhelm Kriminalistik **10**, 33ff; Hornick StraFo **08**, 285; krit, auch unter Hinweis auf die Europäische Datenschutzrichtlinie, Petri DuD **08**, 447; vgl auch Art 32 Buchst a Cybercrime-Konvention [9 vor § 94]: offene Quellen).

7a Die **Internet-Telefonie** wird von § 100a erfasst (Löffelmann AnwBl **06**, 599; zur praktischen Umsetzung Buermeyer HRRS **07**, 160), auch die sog Quellen-TKÜ nebst den erforderlichen Begleitmaßnahmen (AG Bayreuth MMR **10**, 266 mit zust Anm Bär [Tenor bei Buermeyer/Bäcker HRRS **09**, 435]; AnwK-Löffelmann 18; BeckOK-Graf 31, 114; Beulke StP 253; Hornick StraFo **08**, 284; KK-Nack 27 [für eine Übergangszeit]; KMR-Bär 30; Knierim StV **09**, 209; **aM** LG Hamburg MMR **08**, 423 mit abl Anm Bär; AG Hamburg StV **09**, 636; HK-Gercke 9; SK-Wolter 29; Böckenförde JZ **08**, 934 Fn 96, 937; Henrichs Kriminalistik **08**, 438 [wegen der Begleitmaßnahmen; vgl aber BVerfGE **16**, 239; BGH **46**, 266]; Hoffmann-Riem JZ **08**, 1022; Hornung CR **08**, 300; Sankol CR **08**, 14, 17; Vogel/Brodowski StV **09**, 634; krit Michalke StraFo **08**, 291; vgl dazu auch BT-Drucks 16/8689 sowie Buermeyer RDV **08**, 10, 12), weil durch die nach § 100b II S 2 Nr 3 zu treffenden rechtlichen und technischen Vorgaben sichergestellt wird, dass sich die Überwachung ausschließlich auf Daten aus einem laufenden Telekommunikationsvorgang beschränkt (vgl BVerfGE **120**, 274 = NJW **08**, 822, 826; ähnlich § 201 II BKAG, § 15b II HSOG, § 34a II S 2, 3, § 34b V, VI ThürPAG; zw Brodowski JR **09**, 410). Die Kritik von Buermeyer/Bäcker aaO 438 hieran übersieht, dass die vom BVerfG (aaO) geforderten rechtlichen Vorgaben durch § 100b II S 2 Nr 3 und die hierauf gestützten konkretisierenden Begrenzungen in der Anordnung des ER erfüllt werden, und verkennt zudem, dass nach ausdrücklicher Entscheidung des Gesetzgebers der Netzbetreiber nicht mitwirken muss, unten 8, 7 zu § 100b (übereinstimmend AG Bayreuth aaO).

7b Eine **online-Durchsuchung** (Durchsicht oder Überwachung; zu den Begriffen Hornick StraFo **08**, 282) mittels E-Mail oder auf andere Weise durch Aufspielen einer *remote forensic software* (vgl auch MünchKommStGB-Graf 64 zu § 202a zu „Trojanern" und „Backdoor"-Programmen) ist unzulässig; sie findet insbesondere als eine heimliche Ermittlungsmaßnahme in § 102 keine Grundlage (BGH **51**, 211 = NJW **07**, 930 mit zust Anm Hamm; jedenfalls im Wesentlichen zust auch Bär MMR **07**, 177, 239, Cornelius JZ **07**, 798, Fezer NStZ **07**, 535, Harrendorf StraFo **07**, 149, Schaar/Landwehr K&R **07**, 202 und Valerius JR **07**, 277; Hornung CR **07**, 144; Jahn/Kudlich JR **07**, 57; HK-Gercke 15; **aM** BGH [ER] StV **07**, 60 mit abl Anm Beulke/Meininghaus; Graf DRiZ **99**, 285; MünchKommStGB-Graf 58 zu § 202a; Hofmann NStZ **05**, 121ff; vgl *de lege ferenda* unter Einschluss des verfassungsrechtlichen Rahmens Beukelmann StraFo **08**, 1; Beulke/Meininghaus Widmaier-FS 69; Buermeyer HRRS **07**, 329; RDV **08**, 8; Gercke CR **07**, 245; Heghmanns Eisenberg-FS 525; Hornung DuD **07**, 575; Jahn C 88; Kemper ZRP **07**, 105; Kutscha NJW **07**, 1169; Meininghaus [16 a zu § 94] S 190; Roßnagel DRiZ **07**, 229; Rux JZ **07**, 285 [Erwiderung Hornung JZ **07**, 828; Replik Rux JZ **07**, 831]; Schlegel GA **07**, 648; zum technischen Hintergrund Buermeyer HRRS **07**, 154; Fox DuD **07**, 827; Hansen/Pfitzmann DRiZ **07**, 225; Pohl DuD **07**, 684; aus polizeilicher Sicht von Denkowski Kriminalistik **07**, 177; Hunsicker Kriminalistik **07**, 187; vgl auch die Dokumentationen HRRS **07**, 200, 230, 258 und Fox DuD **07**, 840). Die (präventive) online-Durchsuchung nach § 5 II Nr 11 VerfassungsschutzG NW hat BVerfGE **120**, 274 (= NJW **08**, 822 mit Anm Bär MMR **08**, 325, Deiters/Albrecht ZJS **08**, 319 und Kutscha NJW **08**, 1042; dazu auch Böckenförde JZ **08**, 925; Eifert NVwZ **08**, 521; Gola/Klug NJW **08**, 2481; Heghmanns aaO 512, 523; Hirsch NJOZ **08**, 1907; Hoffmann-Riem JZ **08**, 1009; Hornick StraFo **08**, 283; Hornung CR **08**, 299; Petri DuD **08**, 443; zuvor schon Huber NVwZ **07**, 880; Sokol Hamm-FS 719) für verfassungswidrig erklärt. Eingriffe in das aus dem allgemeinen Persönlichkeitsrecht abgeleitete, lückenfüllende Grundrecht auf Gewährleistung der Vertraulichkeit und Integrität informationstechnischer Systeme können zwar auf verfassungsmäßiger gesetzlicher Grundlage sowohl zu präventiven Zwecken als auch zur Strafverfolgung gerechtfertigt sein. Das geprüfte Landesgesetz entsprach jedoch nicht dem rechtsstaatlichen Gebot der Normenklarheit und -bestimmtheit sowie dem Grundsatz der Verhältnismäßigkeit; auch fehlten geeignete Verfahrensvorkehrungen, wie insbesondere eine vorbeugende Kontrolle durch eine unabhängige Instanz (Richtervorbehalt) und Regelungen zum Schutz des Kernbereichs privater Lebensgestaltung (vgl dazu Baldus JZ **08**, 226; Leisner NJW **08**, 2902). Zur Abwehr bestimmter Gefahren ist die Maßnahme nunmehr befristet bis zum 31. 12. 2020 in § 20 k BKAG vorgesehen (dazu Roggan NJW **09**, 259); das Gleiche gilt – unbefristet – für das bayerische Polizei- und Verfassungsschutzrecht (Art 34 d BayPAG, Art 6 e BayVSG; zur Übermittlung und Verwertung mittels präventiver online-Durchsuchung erhobener Daten im Strafverfahren vgl 18 e zu § 161).

3) Die **Überwachung und Aufzeichnung** lässt I zu (auch gegenüber unvermeidbar betroffenen Dritten). Bei der Fernsprechüberwachung muss beides angeordnet werden (4 zu § 100 b). Die Überwachung des Fernschreibverkehrs besteht im Mitlesen; zu diesem Zweck darf er ohne besondere Anordnung auf Schriftträger übertragen werden. Eine Beschränkung der Aufnahmemöglichkeit auf Mitteilungen bestimmter Art, zB auf solche, die unmittelbar der Verbrechensaufklärung dienen oder den Verdacht einverständlichen Zusammenwirkens begründen, sieht § 100 a nicht vor; sie wäre auch nicht durchführbar (Rudolphi Schaffstein-FS 434; einschr Blei JA **69**, 133). Vorbehaltlich einer abweichenden Bestimmung der Art der Maßnahme nach § 100 b II S 2 Nr 3 hängt die Eingriffsbefugnis nicht von der Mitwirkung eines Telekommunikationsdienstleisters ab; vielmehr sind die Strafverfolgungsbehörden auch berechtigt, die Überwachung ausschließlich mit eigenen Mitteln durchzuführen (BT-Drucks 16/5846 S 47; Bär MMR **08**, 219; 426; Meininghaus [16 a zu § 94] S 116 mwN; krit Eckhardt CR **07**, 338; vgl auch 3 zu § 100 i), allerdings nicht durch Zugriff auf einen E-Mail-Server im Ausland ohne ordnungsgemäßes Rechtshilfeverfahren (LG Hamburg StV **09**, 70 mit Anm Störing MMR **08**, 188; zust Gaede StV **09**, 101, der auch vorläufige Sicherungsverfahren nach der Cybercrime-Konvention [9 vor § 94] erörtert, Brodowski JR **09**, 410, Gercke ZUM **09**, 535 und Sankol K&R **08**, 279; vgl auch Keller Kriminalistik **09**, 496 mit Hinweis auf Art 29 Cybercrime-Konvention). Für die Einrichtung von Fangschaltungen und Zählervergleichseinrichtungen (dazu BGH **35**, 32 = NStZ **88**, 142 mit Anm Dörig) findet sich die vom BVerfG vermisste (BVerfGE **85**, 386 = NJW **92**, 1875 = JZ **92**, 1015 mit Anm Gusy; vgl auch Schatzschneider NJW **93**, 2029) gesetzliche Eingriffsgrundlage nunmehr in § 101 TKG. Eine (stets offen zu legende) Überwachungsanordnung nach § 119 I S 2 Nr 2 rechtfertigt nicht die Aufzeichnung der Telekommunikation.

9 A. Der **Tatverdacht** (I Nr 1) muss weder hinreichend iS § 203 noch dringend iS des § 112 I S 1 (Hamm NStZ **03**, 279) sein, auch wenn die Überwachung zur Aufenthaltsermittlung angeordnet wird (AnwK-Löffelmann 8; **aM** LR-Schäfer 44; SK-Wolter 43; Rudolphi Schaffstein-FS 437; Schlüchter 349: mindestens die Voraussetzungen des § 127 II müssen vorliegen). Er darf aber nicht nur unerheblich sein (BGH **41**, 30, 33 = JR **96**, 212 mit Anm Küpper; Bay **82**, 40, 42; Joecks JA **83**, 59). Es müssen bestimmte Tatsachen (7 zu § 112) vorliegen, die unmittelbar oder als Beweisanzeichen den Verdacht einer Katalog- oder Vorbereitungstat begründen. Sie können der äußeren oder inneren Geschehenswelt angehören; auch kriminalistische Erfahrungen können berücksichtigt werden (**aM** Wolter aaO). Ein Beurteilungsspielraum muss dabei dem Anordnenden zugestanden werden (BGH aaO; **47**, 362, 365; **48**, 240, 248; Mosbacher Seebode-FS 229, 241; Schmidt NJ **08**, 392; **aM** Bernsmann NStZ **95**, 512; Satzger in Jahn/Nack 31; Störmer StV **95**, 653; Wolter aaO). Der Verdacht muss hinreichend konkret sein, dh über vage Anhaltspunkte und bloße Vermutungen hinausreichen (BVerfGE **113**, 348 = NJW **05**, 2603, 2610; BVerfG NJW **07**, 2749, 2751; Kinzig StV **04**, 563; krit Krause Hanack-FS 233). Auf Rechtswidrigkeit und Schuld braucht er sich nicht zu erstrecken (LR-Schäfer 42; BeckOK-Graf 37; **aM** KMR-Bär 21; Malek NJ **92**, 242; Wolter aaO); § 100 a ist auch im Sicherungsverfahren nach §§ 413 ff anwendbar.

10 B. Mit dem Erfordernis einer **schweren Straftat** (I Nr 1) folgt das Gesetz einem Stufenmodell: Es ordnet die Telekommunikationsüberwachung in ihrer Eingriffsintensität zwischen der Wohnraumüberwachung (§ 100 c I Nr 1: besonders schwere Straftat) und denjenigen verdeckten Ermittlungsmaßnahmen ein, die eine Straftat von erheblicher Bedeutung voraussetzen (5 zu § 98 a). Die Obergrenze des Regelstrafrahmens einer schweren Straftat beträgt idR mindestens 5 Jahre, in Einzelfällen jedoch – oberhalb jedenfalls von 1 Jahr (Bär MMR **08**, 216) – auch weniger, wenn das geschützte Rechtsgut nach Einschätzung des Gesetzgebers von besonderer Bedeutung ist oder ein besonderes öffentliches Interesse an der Strafverfolgung besteht (vgl BVerfGE **122**, 63 = MMR **09**, 36; BT-Drucks 16/5846 S 39, 41, 43, 92; krit Zöller StraFo **08**, 19). Im Einzelnen hat das Gesetz diese zunächst abstrakte Wertung in dem Katalog des II, dessen Neufassung im Wesentlichen auf dem Ges vom 21. 12. 2007 beruht, nachvollzogen (unten 15).

11 Auch im **konkreten Einzelfall**, nicht nur abstrakt, muss die Anlasstat schwer wiegen, wie I Nr 2 nun klarstellt. Anhaltspunkte sind zB die Folgen der Tat, die Schutzwürdigkeit des verletzten Rechtsguts und das Hinzutreten besonderer Umstände, wie etwa die faktische Verzahnung mit anderen Katalogstraftaten oder das Zusammenwirken des Beschuldigten mit anderen Straftätern (Knierim StV **08**, 603; vgl auch BGH **44**, 243, 250: kriminelle Intensität). Das Vorliegen eines minder schweren Falles muss, soweit überhaupt schon absehbar, der Bewertung der Tat als schwer, insbesondere im Blick auf deren Auswirkungen auf das Opfer, nicht entgegenstehen (vgl II Nr 1 Buchst f, § 176 a IV StGB; BT-Drucks 16/5846 S 40, 41); der Umstand, dass in einem Fall nach § 184 c III StGB (II Nr 1 Buchst g) als Täter ausschließlich Personen unter 18 Jahren in Betracht kommen, kann zur Verneinung der konkreten Tatschwere führen (BT-Drucks 16/9646 S 18; vgl auch Hörnle NJW **08**, 3523).

12 C. Die **Teilnahme an der Anlasstat** (§§ 25 ff StGB) steht der Täterschaft gleich, nicht aber Strafvereitelung und Begünstigung. Der strafbare Versuch der Tat, auch die Teilnahme am Versuch, wird wie die Vollendung behandelt. Vorbereitungshandlungen und die Teilnahme daran rechtfertigen die Überwachung nur, wenn sie ihrerseits als selbstständige – für sich gesehen nicht notwendig schwere – Straftaten oder nach § 30 StGB (BGH **32**, 10, 16; Schnarr NStZ **90**, 259) strafbar sind; die Anordnung nach § 100 a ergeht in dem Verfahren wegen dieser Tat.

13 D. **Subsidiaritätsgrundsatz** (I Nr 3; dazu allg Rieß Meyer-GedSchr 367; Zöller StraFo **08**, 19): Die Überwachung ist nur zulässig, wenn sie unentbehrlich ist, weil andernfalls die Erforschung des Sachverhalts (dazu Kinzig StV **04**, 563) oder die Ermittlung des Aufenthaltsorts des Beschuldigten wesentlich erschwert oder aussichtslos sein würde. Aussichtslos ist sie, wenn andere Aufklärungsmittel nicht vorhanden sind. Stehen sie zur Verfügung, so müssen die Erfolgsaussichten, die sie bieten, mit denen der Überwachung verglichen werden. Wenn diese entscheidend höher zu veranschlagen sind, ist die Überwachung zulässig (Rudolphi Schaffstein-FS 437; vgl auch SK-Wolter 46). Eine wesentliche Erschwerung liegt insbesondere vor, wenn die Benutzung anderer Aufklärungsmittel einen erheblich größeren Zeitaufwand erfordern und daher zu einer wesentlichen Verfahrensverzögerung führen würde (KK-Nack 35; vgl auch Rieß aaO 385). Größerer Arbeitsaufwand rechtfertigt die Maßnahme nur, wenn er so umfangreich wäre, dass die Strafverfolgungsinteressen eindeutig überwiegen. Dem Anordnenden kommt nach der Rspr auch insoweit ein Beurteilungsspielraum zu (oben 9). Der Kostenaufwand darf allerdings grundsätzlich keine Rolle spielen (KK-Nack 35; LR-Schäfer 43; Rudolphi aaO; Schlüchter 349; **aM** Franke/Wienroeder 56; Welp 67 Fn 106).

14 Soweit auch der **Einsatz eines anderen Eingriffs,** der einer gleichartigen Subsidiaritätsklausel unterliegt, in Betracht kommt (zB §§ 100f I, 100h II S 2 Nr 2, 110a I S 3), hat der Anordnende die Wahl (krit Bernsmann/Jansen StV **98**, 222). Der Gesetzgeber hat eine diese ausschließende Regelung, in welchem Verhältnis die einzelnen Eingriffsmöglichkeiten zueinander stehen, nicht getroffen. Etwas anderes folgt insbesondere nicht aus der abstrakten Bewertung der Eingriffsintensität der Telekommunikationsüberwachung (oben 10). Es lässt sich nicht behaupten, dass eine Telefonüberwachung grundsätzlich ein schwererer Eingriff wäre als etwa der Einsatz eines Verdeckten Ermittlers (vgl BGH **41**, 30, 36). Allerdings ist die akustische Wohnraumüberwachung (§ 100c, dort 8) bei generalisierender Betrachtung der intensivste Grundrechtseingriff. Der Anordnende wird im Übrigen darauf Bedacht nehmen müssen, welcher Eingriff den Betroffenen im konkreten Fall mutmaßlich am wenigsten stark belastet.

15 **4) Straftatenkatalog** (II): Die Auswahl der Katalogtaten (grundlegend Niehaus, Katalogtatensysteme als Beschränkungen strafprozessualer Eingriffsbefugnisse, 2000, zugl Diss Münster), die auch unter Berufung auf § 34 StGB nicht erweitert werden darf (HK-Gercke 18; Welp 61; **aM** Suppert, Studien zur Notwehr und „notwehrähnlichen Lage", 1973, S 243), bedeutet die Entscheidung des Gesetzgebers darüber, in welchen Fällen – auch in Abstimmung mit dem Katalog in § 100c II – eine schwere Straftat (oben 10, 11) und ein rechtstatsächliches Bedürfnis für die Telekommunikationsüberwachung vorliegen können (krit Bittmann DRiZ **07**, 116; Eckhardt CR **07**, 337; Nöding StraFo **07**, 457). Weitere Einschränkungen gebietet der Verhältnismäßigkeitsgrundsatz (LR-Schäfer 44; Maiwald JuS **78**, 382; Prittwitz StV **84**, 304; vgl auch Groß StV **96**, 564). Der Subsidiaritätsgrundsatz (oben 13) trägt ihm ebenfalls Rechnung. Auf den Verdacht der Geldwäsche kann die Überwachung nicht gestützt werden, wenn eine Verurteilung wegen Geldwäsche auf Grund der Vorrangklausel des § 261 IX S 2 StGB nicht zu erwarten und die der Geldwäsche zugrunde liegende Tat keine Katalogtat iSd § 100a ist (BGH **48**, 240 mit zust Anm Arloth NStZ **03**, 609; Meyer-Abich NStZ **01**, 465; Roßmüller/Scheinfeld wistra **04**, 52; **aM** KG NStZ **03**, 326; LG Hildesheim NStZ **03**, 327 mit zust Anm Mahnkopf; KK-Nack 33; krit auch Kudlich JR **03**, 453). Zur „bandenmäßigen Umsatz- und Verbrauchsteuerhinterziehung" in Nr 2a Wulf wistra **08**, 323, 327. BVerfGE **122**, 63 (= MMR **09**, 36, 39) hat in einer Eilentscheidung offen gelassen, ob die Maßnahme auch zur Verfolgung der durch das Ges vom 21. 12. 2007 neu in den Katalog aufgenommenen Straftaten gerechtfertigt ist; zur Maßgeblichkeit neuen Rechts für die Verwertung unten 29. Für den Kreis der Taten, auf die sich die Offenbarung des Kronzeugen beziehen muss, verweist § 46b I StGB auf den Deliktskatalog in II.

16 **5) Betroffene** (III): Die Anordnung darf sich nur gegen bestimmte Personen richten. Verwertbar ist aber nicht nur der Inhalt von Gesprächen dieser Personen, sondern auch der von Gesprächen, die unbeteiligte Personen – auch Angehörige iS des § 52 I – über deren Anschluss führen (BGH **29**, 23; KK-Nack 49, 65; Knierim StV **08**, 603; ANM 523; **aM** Knauth NJW **78**, 741; Prittwitz StV **84**, 308; Welp Jura **81**, 484; zu Berufsgeheimnisträgern vgl § 160a I S 5, II und dort 7, 9; zu Angehörigen s noch BVerfG NJW **10**, 287).

17 In 1. Hinsicht kommt der **Beschuldigte** als Betroffener in Betracht, also der Tatverdächtige, gegen den bereits ein Ermittlungsverfahren eingeleitet ist oder gegen den es mit der Anordnung nach § 100a eingeleitet wird (Einl 76ff). Seine Identität braucht noch nicht festzustehen (vgl § 100b II S 2 Nr 1; erg dort 4). Zur Ermittlung des Aufenthalts kann die Anordnung auch gegen Angeschuldigte und Angeklagte (vgl § 157) getroffen werden sowie gegen rechtskräftig Verurteilte (vgl näher 13 zu § 457). Die weitere Überwachung des Anschlusses des verhafteten Beschuldigten ist zulässig, wenn anzunehmen ist, dass ein Nachrichtenmittler (unten 19) von diesem Anschluss Gebrauch machen wird (BGH NJW **94**, 2904, 2907; NStZ-RR **03**, 290 [B]).

18 Auch gegen **Nichtverdächtige** lässt § 100a – verfassungsrechtlich unbedenklich (BVerfGE **30**, 1, 22 = NJW **71**, 275, 280; BGH **29**, 23, 25) – die Überwachung zu, selbst wenn sie nach § 52 zeugnisverweigerungsberechtigt sind (Beulke Jura **86**, 643; Meininghaus [16a zu § 94] S 104; Paeffgen Rieß-FS 426; Werle JZ **91**, 482; **aM** Duttge JZ **99**, 264; Schmitt [1 zu § 53] 80; einschr Köhler ZStW **107**, 43: nur bei Verdacht der „aktuellen Deliktsverstrickung"); für die Überwachung der in § 53 genannten Berufsgeheimnisträger gilt § 160a. Im Einzelfall kann allerdings § 100a IV eingreifen (vgl zum Verteidiger aber unten 21; s ferner Kühne StV **98**, 686 zur Rspr des EGMR). Der Eingriff in den Fernmeldeverkehr tatunverdächtiger Personen setzt die auf bestimmte Tatsachen gestützte Annahme der im Ges (unten 19, 20) beschriebenen Verbindung zum Beschuldigten (BVerfG NJW **07**, 2752 mit Anm Sankol MMR **07**, 502: vage Anhaltspunkte genügen nicht; LG Hamburg StV **09**, 236; erg oben 9) sowie hinreichend begründete Erfolgsaussichten voraus (vgl BVerfGE **113**, 348 = NJW **05**, 2603, 2610; LG Hamburg aaO); er muss so gering wie möglich gehalten werden. Dauerüberwachung kommt idR nicht in Betracht (Joecks JA **83**, 60).

19 Die Anordnung kann sich vor allem gegen die sog **Nachrichtenmittler** richten, also gegen Personen, von denen auf Grund bestimmter Tatsachen (oben 18) anzunehmen ist, dass sie Nachrichten, die an den Beschuldigten gerichtet oder von ihm unmittelbar oder mittelbar ausgegangen sind, entgegennehmen oder weiterleiten (BGH NJW **94**, 2904, 2907; zusammenfassend Sankol MMR **08**, 154). Dass sie gutgläubig sind, steht der Anordnung nicht entgegen (Joecks aaO; Kaiser NJW **69**, 19; Welp 76ff). Sie brauchen weder Art und Inhalt der Mitteilung noch ihre Bezogenheit auf die Tat zu kennen. Der Wortlaut („entgegennehmen") deckt auch die Überwachung des Anschlusses des Opfers einer Katalogtat, etwa einer Erpressung (KMR-Bär 38; LR-Schäfer 68; Mahnkopf/Döring NStZ **95**, 112; einschr Sankol aaO 156; **aM** SK-Wolter 51; Eisenberg BR 2491 Fn 128; offen gelassen von BVerfG aaO; vgl auch Nelles Stree/Wessels-FS 726, 732: bei Kidnapping Überwachung nach § 32 StGB).

20 Ferner ist die Überwachung von Personen zulässig, deren **Anschluss der Beschuldigte benutzt,** auch wenn sie hiervon keine Kenntnis haben (LR-Schäfer 66; Beulke Jura **86**, 643), zB Nachbarn, Freunde, Bekannte, Gastwirte, auch Wirtschaftsunternehmen (Bär MMR **08**, 217: „Hacker" nutzt Firmenanschluss; Rudolphi Schaffstein-FS 434 und ZRP **76**, 167), aber nicht Behörden (AK-Maiwald 11; **aM** Heghmanns/Scheffler-Murmann III 210), sofern sie der Überwachung nicht ausdrücklich zustimmen (SK-Wolter 52). Auch die Überwachung von Telefonzellen ist zulässig (Knauth NJW **77**, 1512; Maiwald JuS **78**, 383; krit Welp 78ff).

21 Der Telefonanschluss des **Verteidigers** darf im Hinblick auf § 148 nicht abgehört werden (BVerfG NJW **07**, 2749; BGH **33**, 347 = JR **87**, 75 mit Anm Rieß;

Beulke 211; Rudolphi Schaffstein-FS 440ff; Schäfer Hanack-FS 99; Welp 198, NStZ **86**, 285, JZ **72**, 428 und Gallas-FS 421; eingehend zur Gesamtproblematik Mörlein, Der Schutz des Vertrauensverhältnisses zwischen Verteidiger und Beschuldigtem im Rahmen des § 100a StPO, 1993: Überwachungsverbot sowohl für die Entgegennahme und Weitergabe vom Beschuldigten herrührender als auch für diesen bestimmter Mitteilungen); § 160a I kommt insoweit nur eine ergänzende Bedeutung zu (so auch KMR-Bär 45; Knierim StV **08**, 604). In welchem Verfahren – dem, in dem die Abhörung erfolgt oder in einem anderen – der Verteidiger beauftragt ist, spielt keine Rolle. Der Verdacht der Tatbeteiligung ändert daran – über § 160a IV S 1 hinausgehend (vgl dazu auch Beulke Fezer-FS 8; Jahn C 88 Fn 400; Knierim aaO S 605; Wolter GA **07**, 186 Fn 22) – nichts, solange der Verteidiger nicht nach § 138a I Nr 1 ausgeschlossen worden ist; denn so lange gilt § 148 (Beulke Jura **86**, 646 [jetzt offen gelassen in StP 155, 254]; AnwK-Löffelmann 12; LR-Schäfer 75; LR-Lüderssen/Jahn 14a zu § 148; Welp NStZ **86**, 297; **aM** KK-Nack 48; Puschke/Singelnstein NJW **08**, 117; Schlüchter 354; diff Roxin/Schünemann § 36, 8; vgl auch Meininghaus [16a zu § 94] S 106ff; SK-Wolter 56: doppelt absoluter Schutz). Die Überwachung eines Gesprächs darf nicht fortgesetzt werden, wenn feststeht, dass einer der Gesprächspartner der Verteidiger ist (LR-Schäfer 75; Welp 208 und JZ **72**, 428; vgl aber BT-Drucks 16/5846 S 35: § 160a I S 5); ist der Abbruch der Aufzeichnung aus technischen Gründen nicht möglich, muss jedenfalls jede inhaltliche Auswertung des Gesprächs unterbleiben (BGH StraFo **05**, 296). Soweit die erfasste Telekommunikation dem Kernbereich privater Lebensgestaltung zuzurechnen ist (vgl BVerfGE **109**, 279 = NJW **04**, 999, 1004 zum Gespräch mit dem Verteidiger), folgt dies sowie die Pflicht zur Löschung und Dokumentation nunmehr aus IV S 2–4 (unten 25ff; vgl auch Reiß StV **08**, 542; Wolter GA **07**, 188). Für Rechtsanwälte, die den Beschuldigten nicht verteidigen, greift ein über § 160a II hinausgehender Schutz nicht ein (vgl entspr zur Rechtslage vor dessen Inkrafttreten Beulke Jura **86**, 643; Schünemann NJW **78**, 406; **aM** Waldowski AnwBl **75**, 107; Zuck NJW **69**, 912). Sind sie einer Katalogtat verdächtig, so darf ihr Anschluss auf Grund einer Anordnung nach § 100a auch dann überwacht werden, wenn sie sich als Strafverteidiger betätigen (BVerfGE **30**, 1, 32ff = NJW **71**, 275; BGH **33**, 347, 348 = JR **87**, 75 mit Anm Rieß); dass dann auch Verteidigergespräche Gegenstand der Überwachung sind, verstößt nicht gegen § 148 (BGH aaO; **aM** LR-Schäfer 75). Gespräche, die mit der Katalogtat nichts zu tun haben, unterliegen dann aber einem Verwertungsverbot (Rieß JR **87**, 77; vgl insoweit auch den Rechtsgedanken des § 160a I S 5).

6) Schutz des Kernbereichs privater Lebensgestaltung (IV): 22

A. **Einfachgesetzliche Vorkehrungen** zum Schutz individueller Entfaltung im Kernbereich privater Lebensgestaltung hat das BVerfG auch für die Telekommunikation gefordert (BVerfGE **113**, 348 = NJW **05**, 2603, 2611 zu § 33a NdsSOG aF; krit Löffelmann ZStW **118**, 375ff), zugleich aber darauf hingewiesen, dass die Bürger zur höchstpersönlichen Kommunikation nicht in gleicher Weise auf Telekommunikation angewiesen sind wie auf eine Wohnung (vgl 13ff zu § 100c). Ob eine personenbezogene Kommunikation höchstpersönlichen Inhalts ist, hängt davon ab, in welcher Art und Intensität sie aus sich heraus die Sphäre anderer oder Belange der Gemeinschaft berührt. Nicht dem Kernbereich zuzuordnen sind Gesprächsinhalte, die in unmittelbarem Bezug zu konkreten strafbaren Handlungen stehen, wie etwa Angaben über die Planung bevorstehender oder Berichte über begangene Straftaten (BVerfG aaO; BVerfGE **109**, 279 = NJW **04**, 999, 1003). Die weitere Konkretisierung obliegt der Rechtsprechung nach Maßgabe der Besonderheiten des jeweiligen Falles (vertiefend Baldus JZ **08**, 219, 222ff; im Ansatz zu weitgehend Knierim StV **08**, 604). 23

B. **Erhebungsverbot** (IV S 1): Auf der Ebene der Antragstellung, Anordnung und Durchführung der Telekommunikationsüberwachung wirkt sich der Schutz des Kernbereichs weniger stark aus als dies bei der akustischen Wohnraumüberwa- 24 chung nach § 100c IV, V der Fall ist. Wenn die Voraussetzungen des § 100a I–III erfüllt sind, ist die Maßnahme grundsätzlich zulässig; sie darf nur dann nicht angeordnet werden, wenn die aufgrund der vorliegenden tatsächlichen Anhaltspunkte zu erstellende Prognose ergibt, dass von vornherein ausschließlich Erkenntnisse aus dem Kernbereich zu erwarten sind. Mit dieser Beschränkung hat der Gesetzgeber eine zum Kernbereichsschutz ausreichende und allein praxisgerechte Lösung gefunden (Bär MMR **08**, 217, BeckOK-Graf 51ff, jew unter Hinweis auf BT-Drucks 16/5846 S 43ff; noch weiter gehend Gusy Nds Verwaltungsblätter **06**, 69 zu § 33a NdsSOG aF: Verwertungsverbot genügt; **aM** und für Verfassungswidrigkeit Baum/Schantz ZRP **08**, 138; Hirsch NJOZ **08**, 1913; Puschke/Singelnstein NJW **08**, 114; Reiß StV **08**, 541; krit auch Bergemann DuD **07**, 583; Eisenberg BR 2492; Jahn C 86 Fn 392; Klaws StRR **08**, 9; Nöding StraFo **07**, 458; Roggan NVwZ **07**, 1239 [zu der Parallelvorschrift in § 23a IV a ZFdG]; Zöller StraFo **08**, 21; offen gelassen von BVerfGE **122**, 63 = MMR **09**, 36; vgl auch die verfassungskonforme Auslegung bei SK-Wolter 57 unter Aufgabe der in GA **07**, 196 vertretenen Verwertungsverbotslösung sowie BVerfGE **120**, 274 = NJW **08**, 822, 834 mit Anm Kutscha NJW **08**, 1044; Baldus JZ **08**, 226; Hoffmann-Riem JZ **08**, 1021; Poscher JZ **09**, 276; zT anders die Regelung in § 201 VI S 3, 4 BKAG [Richterband], §§ 3a, 5a G 10; Nachw zum Polizeirecht der Länder bei SK-Wolter Fn 161).

24a **Alleiniger Kernbereichsbezug** kann – je nach dem zu erwartenden Inhalt – bei der Kommunikation des Betroffenen mit Personen zu prognostizieren sein, zu denen er in einem besonderen, den Kernbereich betreffenden Vertrauensverhältnis steht, etwa mit engsten Familienangehörigen, Geistlichen, Telefonseelsorgern, Strafverteidigern oder im Einzelfall mit Ärzten (vgl BT-Drucks 16/5846 S 44; BVerfGE **109**, 279 = NJW **04**, 999, 1003; gegen die Einbeziehung der Kommunikation mit dem Verteidiger Rogall Fezer-FS 79, 81 [vgl zu dessen Auffassung noch 15 zu § 100c]). Der Umstand, dass sich insbesondere beim Abhören eines privaten Anschlusses kernbereichsrelevante Inhalte idR nicht ausschließen lassen, genügt nicht (vgl Rogall JZ **08**, 826); ein Mithören in Echtzeit ist nicht erforderlich (BT-Drucks 16/5846 aaO). Gesonderter vorausgehender Ermittlungen für die Prognoseerstellung bedarf es nicht.

25 C. **Verwertungsverbot** (IV S 2): Den wesentlichen Schutz kernbereichszugehöriger Kommunikation gewährleistet das Gesetz dadurch, dass jede Verwertung solcher Erkenntnisse ausgeschlossen ist, auch als Spurenansatz (Nöding StraFo **07**, 459; so bereits LG Ulm StV **06**, 8 mit zust Anm Roggan; Weißer GA **06**, 162; erg 17 zu § 100c).

26 Eine Pflicht zur **vorübergehenden Unterbrechung** der Überwachung und Aufzeichnung der Telekommunikation kann sich in besonderen Einzelfällen als Folge aus dem Verwertungsverbot ergeben. Nach dem Grundsatz der Verhältnismäßigkeit (Einl 20) ist dies zB der Fall, wenn ausnahmsweise in Echtzeit mitgehört (dazu oben 24) und dabei zweifelsfrei der kernbereichsrelevante Inhalt der Kommunikation erkannt wird, die Maßnahme also zur Erreichung ihres Zwecks ungeeignet ist (BT-Drucks 16/5846 S 45; HK-Gercke 32; SK-Wohlers 53 zu § 160; vgl auch § 201 VI S 2 BKAG: schon bei tatsächlichen Anhaltspunkten; erg oben 21).

27 D. Die Pflicht zur unverzüglichen **Löschung** (IV S 3) der nach IV S 2 unverwertbaren Erkenntnisse aus dem Kernbereich trifft nach den Materialien grundsätzlich die Person, die dazu am ehesten in der Lage ist, idR also die mit der Auswertung der Aufzeichnungen betraute Ermittlungsperson (BT-Drucks 16/5846 S 45). Diese wird sich aber in Zweifelsfällen an die StA wenden, die sich ohnehin im Einzelfall oder generell die Entscheidung über die Löschung vorbehalten kann. In diesen Fällen muss auch die Entscheidung der StA ohne schuldhaftes Zögern ergehen, damit die Löschung – wie stets erforderlich – unverzüglich erfolgt. Die mit der Löschungspflicht verbundenen technischen Probleme hat der Gesetzgeber bewusst in Kauf genommen (BT-Drucks 16/5846 S 81, 92).

E. **Dokumentation** (IV S 4): Um die Einhaltung der Löschungspflicht, vor allem aber, um die Erlangung von Rechtsschutz gegen den Eingriff in den Kernbereich zu sichern, müssen sowohl die Tatsache der Erfassung höchstpersönlicher Kommunikation (aber natürlich nicht diese selbst) als auch die Löschung entsprechender Aufzeichnungen in den Akten festgehalten werden. Eine bloße Sperrung wie in § 101 VIII S 3 sieht das Gesetz nicht vor. 28

7) Die **Verwertung der Erkenntnisse** (zusammenfassende Übersicht mit Kritik bei Neuhaus FS-Rieß 404 ff) bemisst sich im Falle einer Gesetzesänderung – mangels Übergangsbestimmungen – nach neuem Recht (erg 4 zu § 354 a, 7 a zu § 477; Einzelheiten erörtern aus Anlass des Inkrafttretens des Ges vom 21. 12. 2007 am 1. 1. 2008 Knierim StV **08**, 600, 603; **09**, 207 und Wulf wistra **08**, 327). Im Einzelnen gilt für die Verwertung Folgendes: 29

A. **In dem Verfahren gegen den Beschuldigten** und alle Tatbeteiligten (auch bei Begünstigung, Strafvereitelung und Hehlerei, vgl Wolter A. Kaufmann-GedSchr 767), auch wenn sie zZ der Anordnung noch unbekannt waren, können die Überwachungsergebnisse verwertet werden (BGH **53**, 64, 69). Dazu können die Überwachungsbeamten als Zeugen vernommen (vgl zum Vorhalt BGHR § 261 Inbegriff der Verhandlung 39; 28 zu § 261) oder die Ton- und Datenträger durch Abspielen in Augenschein genommen werden (LR-Schäfer 76; Schlüchter 351). Von dem Inhalt der Tonträger können auch Niederschriften hergestellt und verlesen werden (BGH **27**, 135 = JR **78**, 117 mit Anm Gollwitzer; BGH NStZ **85**, 466; erg 3 zu § 86; 7 zu § 249). Der Verlesung steht nicht entgegen, dass die Gespräche in den Niederschriften nicht immer in wörtlicher Rede wiedergegeben sind, wenn es nicht auf den genauen Wortlaut ankommt (BGH NStZ **09**, 280: Tatsache, dass der Angeklagte zu einem bestimmten Zeitpunkt von seiner Wohnung aus telefoniert hat; **aM** Roxin/Schünemann § 36, 10; vgl zur Abgrenzung BGHR § 261 Inbegriff der Verhandlung 39). Welchen Weg das Gericht wählt, richtet sich nach seinem an § 244 II ausgerichteten Ermessen (BGH NJW **92**, 58, 59; NStZ **08**, 230, 231; vgl auch BGHR § 244 II Tonband 1; erg 18 a, 19 aE zu § 147). 30

Zur Beantwortung der Frage, ob und inwieweit Erkenntnisse aus einer **im Ausland durchgeführten Telekommunikations-Überwachung** hier verwertet werden dürfen, ist auf die Grundsätze zur Verwertung ausländischer Vernehmungsniederschriften zurückzugreifen (34 ff zu § 251); teilw wird aber auch eine Verwertung nur für zulässig angesehen, wenn eine Katalogtat nach § 100 a vorliegt (vgl dazu Schuster NStZ **06**, 661; erg auch Einl 56 d). 31

B. **Änderung der rechtlichen Beurteilung:** War die Anordnung der Überwachung wegen einer bestimmten Katalogtat rechtmäßig, so steht es der Verwertung der Erkenntnisse nicht entgegen, dass eine andere Begehungsform dieser Tat vorliegt (Lehmann ArchPF **79**, 117) oder dass nach den weiteren Ermittlungen nur noch der Verdacht einer Nichtkatalogtat besteht (BGH 1 StR 365/73 vom 5. 3. 1974; KK-Nack 61; KMR-Bär 61; Rieß JR **79**, 168; **aM** SK-Wolter 185 vor § 151; Eisenberg BR 2501; Kretschmer StV **99**, 225; Prittwitz StV **84**, 302; Welp Jura **81**, 479), auch wenn schon die Anklage nur wegen einer solchen Tat erhoben wird (BGH 4 StR 418/78 vom 28. 2. 1979). Es genügt immer, dass im Zeitpunkt der Anordnung ein objektiver Bezug auf eine Katalogtat bestanden hat (BGH **28**, 122 = JR **79**, 165 mit Anm Rieß; BGH NJW **79**, 1370, 1371; BGHR Verwertungsverbot 4; **aM** Peters 452; Singelnstein ZStW **120**, 883 Fn 139; Wulf wistra **08**, 325). 32

War das der Fall, so dürfen Ermittlungsergebnisse auch für eine mit ihr in **Tateinheit** stehende Tat verwendet werden (Schlüchter 352.2; Welp Jura **81**, 477; Wolter A. Kaufmann-GedSchr 766), im Fall der §§ 129, 129 a StGB auch wegen der Taten, die die Mitglieder bei der Verfolgung der Ziele der Vereinigung abgesprochen oder begangen haben (BGH **28**, 122 = JR **79**, 165 mit Anm Rieß; 33

ANM 524 mwN in Fn 704; Küpper JZ **90**, 422; **aM** Prittwitz StV **84**, 302), selbst wenn Anklage nur wegen dieser Taten und nicht nach §§ 129, 129 a StGB erhoben wird (BGH aaO; 5 StR 25/85 vom 22. 10. 1985; Düsseldorf aaO; KK-Nack 63; **aM** Peters 452; Roxin/Schünemann § 36, 17). Scheidet die StA die Verfolgung wegen der Katalogtat nach § 154 a aus, so hindert das die Verwertung ebenfalls nicht (Hamm JMBlNW **78**, 32; **aM** Welp Jura **81**, 479; Wolter aaO 772).

34 C. Für **Zufallserkenntnisse** gilt § 477 II S 2 (dort 5 ff), für die Verwertung der erlangten Erkenntnisse zu Zwecken der Gefahrenabwehr § 477 II S 3 (dort 10).

35 **8) Ein Verwertungsverbot** besteht nicht deshalb, weil gegen die Zuständigkeitsbestimmung des § 100 b I (KK-Nack 55; Schlüchter 351; offengelassen in BGHZ **31**, 304, 308) oder sonstige Formvorschriften verstoßen worden ist (ANM 523); anders liegt es bei willkürlicher Annahme von Gefahr im Verzug (BT-Drucks 16/6979 S 43; vgl dazu auch 21 zu § 94, 7 zu § 98). Unverwertbar sind auch Erkenntnisse, die ohne richterliche oder staatsanwaltschaftliche Anordnung (Jäger StV **02**, 244; GA **08**, 497) unter völliger Umgehung des § 100 a erlangt worden sind (BGH **31**, 304 = NStZ **83**, 466 mit Anm J. Meyer: Aufzeichnung von Telefongesprächen zwischen V-Mann der Polizei und Beschuldigtem; BGH **35**, 32 = NStZ **88**, 142 mit Anm Dörig: ohne richterliche Anordnung eingerichtete Schaltung einer Zählervergleichseinrichtung) oder wenn die Anordnung unter bewusster Überschreitung der gesetzlichen Befugnisse getroffen worden ist (BGH **28**, 122, 124; **31**, 304, 309; NJW **79**, 1370, 1371), insbesondere wenn von vornherein kein Tatverdacht (Küpper JR **96**, 215) oder kein Verdacht einer Katalogtat bestanden hat (BGH **31**, 304, 309; **32**, 68, 70 = JR **84**, 514 mit Anm Schlüchter; Hamburg StV **02**, 590; ANM 523; Welp 210; oben 9). Allerdings ist die Auswechslung der im Überwachungsbeschluss unzutr angenommenen Katalogtat durch eine andere in den Grenzen der vom Ermittlungsrichter geprüften Verdachtslage möglich (BGH **48**, 240 mit krit Anm Arloth NStZ **03**, 609 und abl Anm Bernsmann/Sotelsek StV **04**, 113; krit auch Roßmüller/Scheinfeld wistra **04**, 52; dazu auch Franke GA **03**, 890 und Kudlich JR **03**, 457), nicht aber auch die des Beschuldigten und der Zielrichtung des Eingriffs (BVerfG NJW **07**, 2749, 2750). Ein Verwertungsverbot besteht ferner dann, wenn der Subsidiaritätsgrundsatz (oben 13) missachtet worden ist (BGH **41**, 30, 31; ANM 523), darüber hinaus auch für Bekundungen des Beschuldigten auf Vorhalt von unzulässig gewonnenen Erkenntnissen aus einer Telefonüberwachung (BGH **27**, 355, 357; **32**, 68, 70; **33**, 347, 353; vgl auch BGH **51**, 1, 8). Das Bestehen eines nach § 52 geschützten Angehörigenverhältnisses steht aber der Verwertung anders als im Fall des § 100 c (vgl dort 23) nicht entgegen (BGH NStZ **99**, 416; NStZ-RR **03**, 290 [B]; erg oben 16, 18; krit Weigend NJW **98** Heft 23 Beilage S 20); das Vertrauensverhältnis zu den in § 53 genannten Berufsgeheimnisträgern schützt grundsätzlich § 160 a (zum Verteidiger vgl aber oben 21 sowie nachfolgend 36). Zum Freibeweisverfahren 7, 9 zu § 244 sowie BGH StraFo **09**, 19.

36 **Ausdrücklich geregelt** wird ein Verwertungsverbot in IV S 2 (oben 25). Es erfasst auch den Fall, dass der Fernmeldeverkehr mit dem Verteidiger unter Verletzung des Kernbereichs überwacht worden ist (oben 21; vgl BGH **33**, 347, 352); die einschr Rspr, nach der eine Verwertung im Verfahren gegen einen Dritten zulässig sei (BGH StV **90**, 435 mit abl Anm Taschke), dürfte angesichts des absoluten Charakters dieses dem Kernbereichsschutz geschuldeten Verwertungsverbots (BVerfGE **109**, 279 = NJW **04**, 999, 1007) überholt sein (zust HK-Gercke 33).

37 Eine **Fortwirkung** des Verfahrensverstoßes (vgl 30 zu § 136 a) besteht zwar nicht allgemein. Hat aber der Beschuldigte einmal unter dem Eindruck eines unzulässigen Vorhalts ausgesagt, so dürfen auch spätere Aussagen nicht verwertet werden, die noch von dem Vorhalt beeinflusst sind (BGH **27**, 355, 358); ob das der Fall ist, hat der Tatrichter zu prüfen (BGH **35**, 32 = NStZ **88**, 142 mit Anm Dörig).

38 Eine **Fernwirkung** (zum Begriff Einl 57; 31 zu § 136 a) hat der Verstoß gegen § 100 a grundsätzlich nicht (BGH **32**, 68, 70; Schlüchter 352.3; **aM** Küpper JZ **90**,

423; Wolter A. Kaufmann-GedSchr 774; die abweichende Entscheidung BGH **29**, 244 betrifft nur die Telefonüberwachung nach § 1 **G 10**). BGH **51**, 1 hält hieran ausdrücklich fest und beschränkt demnach bei einer Kette von aufeinander beruhenden Telekommunikations-Überwachungsmaßnahmen die Prüfung der Verwertbarkeit auf die Überwachungsmaßnahme, der die Erkenntnisse unmittelbar entstammen. Anders verhält es sich in den Fällen des IV S 2 (oben 25; zust SK-Wolter 60).

9) Die **Revision** kann – nur mit einer Verfahrensrüge nach § 344 II S 2 (BGH StV **94**, 169) – darauf gestützt werden, dass die Beweiswürdigung auf unverwertbaren Erkenntnissen beruht (oben 25, 35 ff). Dabei wird aber der Tatverdacht und die Frage, ob der Subsidiaritätsgrundsatz gewahrt ist, nur daraufhin (freibeweislich, BGH StraFo **09**, 19) überprüft, ob die Anordnung (Verlängerung) der Telefonüberwachung vertretbar war, der Anordnende seinen Beurteilungsspielraum (oben 9, 13) also nicht überschritten hat (BGH **41**, 30 = JR **96**, 212 mit krit Anm Küpper = NStZ **95**, 510 mit abl Anm Bernsmann; abl auch LR-Schäfer 100; Fezer JZ **07**, 669; Neuhaus Rieß-FS 396; Paeffgen Roxin-FS 1302; Schlothauer StraFo **98**, 404; Störmer StV **95**, 653; ZStW **108**, 517; vgl aber auch BGH StV **98**, 247). Allein die mangelhafte Begründung des Abhörbeschlusses nach § 100 b führt nicht zur Unverwertbarkeit der Überwachungsergebnisse (BGH NJW **06**, 3654 L = NStZ-RR **06**, 370; NStZ **07**, 117; StV **08**, 63; **aM** Schmidt NJ **08**, 393; StraFo **09**, 452); die Revision ist jedoch begründet, wenn der erkennende Richter die in einem solchen Fall erforderliche Beiziehung der Akten zur gebotenen Prüfung der Überwachungsmaßnahme unterlassen hat (BGH **47**, 362 mit Anm Schlothauer StV **03**, 208; vgl auch Franke GA **03**, 888 sowie Nack Hilger-FG 349). Die Rspr verlangt aber, dass der Verwertung in der Hauptverhandlung widersprochen worden ist (BGH StV **01**, 545 mit abl Anm Ventzke und abl Anm Wollweber wistra **01**, 182; BGH StV **08**, 63 mit abl Anm Fezer HRRS **06**, 239; erg 13 zu § 100 d; 25 zu § 136); BGH **51**, 1 hält das Verwertungsverbot in bedenklicher Weise für den Angeklagten disponibel und hat sich zudem gegen die von BGH **47**, 362 verlangte Amtsprüfung ausgesprochen. Zum notwendigen Revisionsvorbringen (Angabe der Überwachungsbeschlüsse und der erhobenen Widersprüche mit den diese zurückweisenden Beschlüssen; grundsätzlich auch der Antragsschrift der StA) vgl BGH **47**, 362, 365; **48**, 240; NStZ **07**, 117; **08**, 230, 231; NStZ-RR **10**, 135 (bei Cirener), ferner (zur Verdachtslage und zu den übrigen Eingriffsvoraussetzungen) BVerfG 2 BvR 1042/07 vom 20. 6. 2007; BGH StV **08**, 63; 65. 39

Anordnung und Ausführung **RiStBV 85**

100b **I [1] Maßnahmen nach § 100 a dürfen nur auf Antrag der Staatsanwaltschaft durch das Gericht angeordnet werden. [2] Bei Gefahr im Verzug kann die Anordnung auch durch die Staatsanwaltschaft getroffen werden. [3] Soweit die Anordnung der Staatsanwaltschaft nicht binnen drei Werktagen von dem Gericht bestätigt wird, tritt sie außer Kraft. [4] Die Anordnung ist auf höchstens drei Monate zu befristen. [5] Eine Verlängerung um jeweils nicht mehr als drei Monate ist zulässig, soweit die Voraussetzungen der Anordnung unter Berücksichtigung der gewonnenen Ermittlungsergebnisse fortbestehen.**

II [1] Die Anordnung ergeht schriftlich. [2] In ihrer Entscheidungsformel sind anzugeben:

1. soweit möglich, der Name und die Anschrift des Betroffenen, gegen den sich die Maßnahme richtet,

2. die Rufnummer oder eine andere Kennung des zu überwachenden Anschlusses oder des Endgerätes, sofern sich nicht aus bestimmten Tatsachen ergibt, dass diese zugleich einem anderen Endgerät zugeordnet ist,

3. Art, Umfang und Dauer der Maßnahme unter Benennung des Endzeitpunktes.

III 1 Auf Grund der Anordnung hat jeder, der Telekommunikationsdienste erbringt oder daran mitwirkt, dem Gericht, der Staatsanwaltschaft und ihren im Polizeidienst tätigen Ermittlungspersonen (§ 152 des Gerichtsverfassungsgesetzes) die Maßnahmen nach § 100 a zu ermöglichen und die erforderlichen Auskünfte unverzüglich zu erteilen. 2 Ob und in welchem Umfang hierfür Vorkehrungen zu treffen sind, bestimmt sich nach dem Telekommunikationsgesetz und der Telekommunikations-Überwachungsverordnung. 3 § 95 Abs. 2 gilt entsprechend.

IV 1 Liegen die Voraussetzungen der Anordnung nicht mehr vor, so sind die auf Grund der Anordnung ergriffenen Maßnahmen unverzüglich zu beenden. 2 Nach Beendigung der Maßnahme ist das anordnende Gericht über deren Ergebnisse zu unterrichten.

V 1 Die Länder und der Generalbundesanwalt berichten dem Bundesamt für Justiz kalenderjährlich jeweils bis zum 30. Juni des dem Berichtsjahr folgenden Jahres über in ihrem Zuständigkeitsbereich angeordnete Maßnahmen nach § 100 a. 2 Das Bundesamt für Justiz erstellt eine Übersicht zu den im Berichtsjahr bundesweit angeordneten Maßnahmen und veröffentlicht diese im Internet.[1)]

VI In den Berichten nach Absatz 5 sind anzugeben:

1. die Anzahl der Verfahren, in denen Maßnahmen nach § 100 a Abs. 1 angeordnet worden sind;
2. die Anzahl der Überwachungsanordnungen nach § 100 a Abs. 1, unterschieden nach
   a) Erst- und Verlängerungsanordnungen sowie
   b) Festnetz-, Mobilfunk- und Internettelekommunikation;
3. die jeweils zugrunde liegende Anlassstraftat nach Maßgabe der Unterteilung in § 100 a Abs. 2.

1 **1) Zuständig** ist, wie nach § 100 bei der Postbeschlagnahme, in 1. Hinsicht das Gericht (I S 1), im Ermittlungsverfahren der Ermittlungsrichter (§§ 162 I S 1, 169), danach das mit der Sache befasste Gericht (§ 162 III; 4 zu § 98; erg 29 zu § 101); erforderlich ist stets ein Antrag der StA (§§ 163 II S 2, 165 gelten nicht), in den Fällen des § 399 I **AO** der FinB, sofern diese die Sache nicht an die StA abgibt (§ 386 IV **AO**; vgl Nr 18 I Nr 1 AStBV [St] 2010; Buse/Bohnert NJW **08**, 619). Der Richter hat die Eingriffsvoraussetzungen eigenständig zu prüfen (BGH NJW **10**, 1297, 1298). Nur bei Gefahr im Verzug (6 zu § 98) kann die StA die Maßnahme selbst anordnen (I S 2); diese Eilanordnung tritt nach I S 3 außer Kraft, wenn sie nicht binnen 3 Werktagen richterlich bestätigt wird. Die Frist beginnt mit der Anordnung, nicht erst mit deren Eingang bei dem Telekommunikationsdienstleister (Schnarr NStZ **88**, 483); es gelten aber §§ 42, 43 II (ausführlich zur Fristberechnung Günther Kriminalistik **06**, 683). Auch bei Außerkrafttreten bleiben die rechtmäßig erlangten Erkenntnisse verwertbar (AnwK-Löffelmann 1; KMR-Bär 4; Schnarr NStZ **91**, 214; **aM** HK-Gercke 3; SK-Wolter 5; 6 zu § 100 d; Knierim StV **08**, 602). Im Auslieferungsverfahren ist das OLG zuständig (Hamm wistra **99**, 37; **00**, 278).

2 **2) Dauer der Maßnahme** (I S 4, 5): Die Maßnahme dauert so lange, bis die Ermittlungen ohne sie weitergeführt werden können oder der Aufenthalt des Beschuldigten ermittelt ist oder die Erfolgsaussichten entfallen (unten 9). Die Höchstdauer beträgt 3 Monate, kann aber in der Anordnung verkürzt werden. Sie kann vom Gericht mehrmals verlängert werden, immer aber nur um (höchstens) weitere 3 Monate. Ob die Anordnungsvoraussetzungen fortbestehen, ist unter Einschluss der zwischenzeitlich gewonnenen Ermittlungsergebnisse – nicht nur aus

[1)] Amtlicher Hinweis: Die Internetadresse des Bundesamtes für Justiz lautet: www.bundesjustizamt.de

der Telekommunikationsüberwachung – zu beurteilen; dies setzt eine entspr Information des Gerichts durch die Strafverfolgungsbehörden voraus. Wird die Frist nicht verlängert, so tritt die Anordnung ohne weiteres außer Kraft. Die Frist beginnt mit dem Erlass der Anordnung, nicht erst mit dem Vollzug der Abhörmaßnahme (BGH **44**, 243, zust Asbrock StV **99**, 187, Fezer JZ **99**, 526, Wolters JR **99**, 524, abl Starkgraff NStZ **99**, 470); dies gilt auch für deren Verlängerung (BT-Drucks 16/5846 S 46, auch zu „vorsorglichen" Verlängerungsanordnungen). Erg unten 15.

3) Form der Anordnung (II S 1): Die Anordnung, auch die der StA, muss schriftlich ergehen (dazu Einl 128, 139). Sie muss erkennen lassen, wer sie erlassen hat; mindestens die Beifügung des Handzeichens ist erforderlich. Der Beschuldigte und die sonst Betroffenen werden vor Erlass der Anordnung nicht gehört (§ 33 IV S 1). Die StA hat die tatsächlichen Grundlagen für die Annahme von Gefahr im Verzug zeitnah zu dokumentieren (BGH StV **08**, 63, 64; erg 3 zu § 105). 3

4) Inhaltlich sind in der Entscheidungsformel der Anordnung „soweit möglich" Name und Anschrift des Betroffenen iS des § 100a III anzugeben (II S 2 Nr 1); mit der zitierten Einschränkung stellt das Gesetz nunmehr klar, dass die Maßnahme auch gegen Personen angeordnet werden kann, deren (wahre) Identität noch nicht bekannt ist. Im Entscheidungssatz muss ferner die Rufnummer oder eine andere Kennung des Anschlusses oder des Endgerätes bezeichnet werden (II S 2 Nr 2; zu anderen Kennungen, zB Kartennummer [IMSI], IP-Adresse, elektronisches Postfach vgl 1 zu § 100 i; Bär MMR **08**, 217; Eckhardt CR **07**, 338). Die Angabe der Gerätenummer des zu überwachenden Mobiltelefons (IMEI) genügt grundsätzlich; sie ist nur dann unzulässig, wenn bestimmte Tatsachen (9 zu § 100a) belegen, dass die Gerätekennung zugleich auch einem anderen Endgerät zugeordnet ist. Ob hierfür – über die bloß hypothetische Möglichkeit hinausgehende – gesicherte Erkenntnisse (zB die mehrfache Einbuchung in das Mobilfunknetz [vgl aber SK-Wolter 11: tatsächliche Anhaltspunkte genügen]) bestehen, ist vor Antragstellung durch eine Anfrage bei den Telekommunikationsdienstleistern (§§ 161 StPO, 113 TKG; 15 zu § 99) zu klären. Die Angabe von Art, Umfang und Dauer der Maßnahme einschließlich ihres Endzeitpunktes (oben 2) in der Formel (II S 2 Nr 3) umfasst etwa die Art des technischen Zugriffs (erg 7, 8 zu § 100a). Bei der Fernsprechüberwachung ist auch anzugeben, ob und in welchem Umfang die Gespräche aufzuzeichnen, welche von mehreren Anschlüssen zu überwachen sind und ob das durchgehend oder nur zu bestimmten Tageszeiten geschehen soll. Geht es um die Überwachung des Fernschreibverkehrs, so braucht die Aufnahme auf Schriftträger oder die Herstellung von Abschriften nicht besonders angeordnet zu werden (8 zu § 100a). Die Dauer der Maßnahmen ist auch dann zu bestimmen, wenn die Höchstdauer nach I S 4, 5 festgesetzt wird (LR-Schäfer 9; vgl aber unten 9). Da die Anordnung idR an das Telekommunikationsunternehmen übermittelt wird (III; § 12 TKÜV), hat der Gesetzgeber anders als in § 100d II S 2 Nr 2 aus Gründen der Verhältnismäßigkeit und des Datenschutzes davon abgesehen festzulegen, dass auch der Tatvorwurf in der Formel anzugeben ist (BT-Drucks 16/5846 S 46). 4

In den gemäß § 34 erforderlichen **Gründen** sind die Katalogtat (vgl BT-Drucks aaO S 48), ihre Schwere im Einzelfall, der Grund der Überwachung (Erforschung des Sachverhalts oder Aufenthaltsermittlung) und ihre Unentbehrlichkeit darzulegen (Kinzig StV **04**, 562). Da Art 19 IV GG auch die Nachprüfung der Grundlagen einer angefochtenen Entscheidung garantiert (BVerfGE **103**, 142 = NJW **01**, 1121, 1124), bedarf es auch nach der Neufassung des § 100b durch das Ges vom 21. 12. 2007 (BGBl I 3198) zumindest einer knappen Darlegung der den Tatverdacht begründenden Tatsachen und der Beweislage, auch durch konkrete Bezugnahme auf Aktenteile (vgl jew zur aF BGH **47**, 362, StV **08**, 63, 64; enger wohl BGH **33**, 217, 223: keine entspr Anwendung des § 114 II Nr 4; dagegen Krause Hanack-FS 241), im Falle einer Anordnung gegen Dritte auch der in § 100a III 5 vorausgesetzten Tatsachen. Die zum Abhören befugten Personen werden nicht bezeichnet.

6 Auch wenn ein **Mobilfunkteilnehmer** in Fällen des Roamings auf Netze mehrerer Mobilfunkbetreiber Zugriff nehmen kann, bedarf es nur *einer* Überwachungsanordnung, wobei aber die Ermittlungsbehörden nach deren Eingang umgehend über Roaming-Vereinbarungen in Kenntnis zu setzen sind (BGH [ER] NStZ **03**, 272); auch gegenüber den Roaming-Partnern gilt § 12 TKÜV (unten 7).

7 **5) Durchführung** (III): Zuständig ist nach § 36 II die StA (Wendisch JR **78**, 447). Wenn die Überwachung nicht ausschließlich mit eigenen Mitteln der Strafverfolgungsbehörden durchgeführt werden soll (8 zu § 100 a), teilt sie die Anordnung in Ausfertigung oder beglaubigter Abschrift mit Unterschrift und Dienststempel dem Telekommunikationsdienstleister mit. Ausreichend ist die Übermittlung einer Kopie der Anordnung auf gesichertem elektronischem Weg oder vorab per Fax; in dem zuletzt genannten Fall muss aber dem Verpflichteten binnen einer Woche nach Übermittlung der Faxkopie das Original oder eine beglaubigte Abschrift vorgelegt werden (vgl im Einzelnen § 12 II TKÜV; zur Fristberechnung Günther Kriminalistik **06**, 686, 690). In Eilfällen genügt ein mündliches Ersuchen, auch unmittelbar an die betroffene Niederlassung; die schriftlichen Unterlagen können ihr dann nachträglich zugeleitet werden (SK-Wolter 18; **aM** BeckTKG-Komm/Bock 28 zu § 110). Die StA benachrichtigt ferner die Polizei, von der die Abhörstelle eingerichtet wird (Räume des Verpflichteten sollten nicht benutzt werden) und die auch die erforderlichen Geräte bereitstellen muss, soweit sie nicht zur Verfügung stehen (Mösch Kriminalistik **75**, 337).

8 Zur **Mitwirkung** verpflichtet sind auch solche Telekommunikationsdiensteanbieter, die ihre Dienste nicht geschäftsmäßig iS des § 3 Nr 10 TKG erbringen oder daran mitwirken (III S 1 iVm § 110 I S 6 TKG; vgl BT-Drucks 16/5846 S 47: Umsetzung von Art 17 iVm 16 Cybercrime-Konvention); es genügen also Telekommunikationsdienste (§ 3 Nr 24 TKG), die lediglich innerhalb eines geschlossenen Systems anfallen, zB zwischen ausschließlich für den Eigenbedarf betriebenen behörden- oder unternehmensinternen Nebenstellen, Intranets oder Corporate Networks (KK-Nack 12; einschr Heun CR **08**, 82; zw Eckhardt CR **07**, 339). Der Verpflichtete hat die Durchführung der Überwachungsmaßnahme, insbesondere durch Ausleitung einer Kopie der digitalisierten Telekommunikationssignale an die Strafverfolgungsbehörden, zu ermöglichen und unverzüglich die erforderlichen Auskünfte zu erteilen. Hingegen ist die Pflicht, zur Umsetzung von Überwachungsmaßnahmen auf eigene Kosten technische Einrichtungen vorzuhalten und organisatorische Vorkehrungen zu treffen (dazu Vassilaki JR **00**, 448 ff), nach Maßgabe des III S 2 iVm § 110 TKG und der TKÜV auf öffentliche Anbieter beschränkt; bestimmte Gruppen sind auch hiervon ausgenommen (§ 3 II TKÜV). Technische Einzelheiten hat die Bundesnetzagentur auf der Grundlage der §§ 110 III TKG, 11 TKÜV in der TR-TKÜV festgelegt (zu deren Inkrafttreten vgl BVerfG NJW **10**, 833, 847). Das Vorliegen der rechtlichen Voraussetzungen des § 100 a hat der Betreiber nicht zu prüfen; er unterliegt den Ordnungs- und Zwangsmitteln des § 95 II (dort 9 und 10), der Verschwiegenheitspflicht nach § 15 TKÜV und einem strafbewehrten Mitteilungsverbot (§§ 17 I, 18 **G 10**). Das Abhören und Mitlesen, also das Kenntnisnehmen vom Inhalt der Mitteilungen, ist nur dem Richter, der StA und ihren Ermittlungspersonen, auch deren Vorgesetzten (Joecks JA **83**, 60), gestattet.

9 **6) Beendigung der Maßnahmen** (IV): Das Fortbestehen der Voraussetzungen des § 100 a muss ständig überwacht werden. Nach ihrem Wegfall ist die Maßnahme unverzüglich, dh ohne vermeidbare Verzögerung, zu beenden (S 1), zB wenn der Tatverdacht entkräftet oder die Maßnahme nicht mehr unentbehrlich oder nicht mehr aussichtsreich ist. Die endgültige Entscheidung über die Beendigung der Überwachung trifft idR die StA, der Richter nur, wenn Überwachungszweck die Aufenthaltsermittlung in einem gerichtlich anhängigen Verfahren ist (KMR-Bär

22; vgl aber LR-Schäfer 35, der hieraus zu Unrecht schließt, dem Richter solle im Ermittlungsverfahren die Verantwortung für die Rechtmäßigkeit der Anordnung genommen werden; **aM** auch HK-Gercke 15). S 1 schließt die Pflicht zur Unterrichtung des Telekommunikationsanbieters ein. Die Ergebnisse der beendeten Maßnahme sind dem Gericht (oben 1) mitzuteilen (S 2); anders als in § 100d IV S 1 ist eine Unterrichtung über den Verlauf der Überwachung nicht vorgesehen. Eine Wiederholung der Maßnahme ist zulässig, wenn die Voraussetzungen des § 100a erneut gegeben sind.

7) Grundrechtssichernde Regelungen enthält § 101: Kennzeichnung (§ 101 III, dort 3), Benachrichtigung mit Hinweis auf die Möglichkeit nachträglichen Rechtsschutzes (§ 101 IV S 1 Nr 2, dort 4 ff, 15), Löschung (§ 101 VIII, dort 27). 10

8) Berichte über Telekommunikationsüberwachungsmaßnahmen nach § 100a schreibt V für jedes Kalenderjahr vor (vgl den Berichtsbogen bei Eckhardt [5 vor § 94] 323). Die Länder und der GBA übermitteln die in ihrem jeweiligen Zuständigkeitsbereich nach Maßgabe des VI erhobenen statistischen Angaben dem Bundesamt für Justiz, das eine bundesweite Übersicht erstellt und diese im Internet veröffentlicht. 11

Die nach VI im Einzelnen **anzugebenden Daten** werden idR den Anordnungs- oder Verlängerungsbeschlüssen zu entnehmen sein. Die Mitteilung der Anzahl der überwachten Telekommunikationsvorgänge ist nicht vorgesehen. 12

9) Kosten, die dem nach III Verpflichteten nach § 23 I iVm Anlage 3 JVEG von der Justiz zu erstatten sind (vgl auch § 20 **G 10**), werden von dem verurteilten Angeklagten nach Nr 9005 KVGKG erhoben (Celle NdsRpfl **92**, 202; Mümmler JurBüro **89**, 1720; erg 24 aE zu Art 6 MRK); die in der durch das TK-Entschädigungs-Neuordnungsgesetz vom 29. 4. 2009 (BGBl I 994) eingefügten Anlage 3 vorgesehene Entschädigung von Sach- und Personalkosten schließt alle mit der Erledigung des Ersuchens der Strafverfolgungsbehörde verbundenen Tätigkeiten des Telekommunikationsunternehmens sowie etwa anfallende sonstige Aufwendungen ein. Die Entschädigungspflicht ist durch § 112 V S 3 TKG nicht ausgeschlossen, da sich der für das automatisierte Auskunftsverfahren vorgesehene unentgeltliche Auskunftsanspruch ausschließlich gegen die Bundesnetzagentur und nicht gegen die Anbieter richtet (LG Halle NStZ-RR **02**, 286). 13

10) Rechtsschutz: Für die Beteiligten der überwachten Telekommunikation (vgl 9 zu § 101) steht als *lex specialis* der (befristete) Rechtsbehelf nach § 101 VII S 2–4 iVm IV S 1 Nr 3 gegen die richterliche oder nicht-richterliche Anordnung sowie die Art und Weise ihres Vollzugs zur Verfügung (25 ff zu § 101). Für danach nicht Antragsberechtigte gilt: Beschwerde (§ 304) gegen die richterliche Anordnung ist statthaft. Nach Durchführung der Maßnahme kann mit der Beschwerde ggf die Feststellung ihrer Rechtswidrigkeit beantragt werden (vgl 18a vor § 296 sowie 40a zu § 147 zum Erfordernis, die Entscheidung hierüber wegen zunächst versagter Akteneinsicht aufzuschieben). Die Beschwerde ist auch gegen Anordnungen des OLG im 1. Rechtszug sowie der ER des BGH und der OLGe statthaft (13, 19 zu § 304). Der Telekommunikationsdienstleister ist beschwert, soweit die Maßnahme im Einzelfall seine Rechte oder schutzwürdigen Interessen unmittelbar beeinträchtigt (Frankfurt NJW **07**, 3292; LG Bielefeld MMR **04**, 702 mwN und zust Anm Bär; LG Bremen StV **99**, 307; vgl aber auch BGH [ER] CR **98**, 738). Gegen Eilentscheidungen der StA nach I S 2 ist der Antrag entspr § 98 II S 2 gegeben (dort 23), der allerdings nach richterlicher Bestätigung unzulässig, weil prozessual überholt (17 vor § 296), ist (BGH [ER] NStZ **03**, 272). Die Art und Weise der Vollziehung der Telekommunikationsüberwachung kann entspr § 98 II S 2 beanstandet werden (Morré/Bruns BGH-FS 591; vgl auch SK-Wolter 36). 14

11) Zur **Revision** bei Verstößen gegen § 100b vgl 39 zu § 100a. BGH **44**, 243 = JZ **99**, 425 mit Anm Fezer = StV **99**, 185 mit Anm Asbrock = JR **99**, 521 mit 15

Anm Wolters stellt bei Fristüberschreitung (oben 2) auf den Einzelfall ab; dies lehnen Fezer, Asbrock und Wolters mit beachtlichen Gründen ab (ebenso Knierim StV **08**, 602). Eine ungenügende Fassung der Anordnung durch den Richter oder den StA begründet für sich allein kein Verwertungsverbot; entscheidend ist, ob die tatsächlichen Voraussetzungen der Maßnahme im Anordnungszeitpunkt gegeben waren (BGH StV **08**, 63, 64; näher 35 zu § 100a). Unschädlich ist auch das Fehlen der Befristung (I S 4), wenn die Überwachung die zeitliche Obergrenze nicht überschritten hat (BGH **53**, 294, 300).

Wohnraumüberwachung

100c **I Auch ohne Wissen der Betroffenen darf das in einer Wohnung nichtöffentlich gesprochene Wort mit technischen Mitteln abgehört und aufgezeichnet werden, wenn**

1. bestimmte Tatsachen den Verdacht begründen, dass jemand als Täter oder Teilnehmer eine in Absatz 2 bezeichnete besonders schwere Straftat begangen oder in Fällen, in denen der Versuch strafbar ist, zu begehen versucht hat,
2. die Tat auch im Einzelfall besonders schwer wiegt,
3. auf Grund tatsächlicher Anhaltspunkte anzunehmen ist, dass durch die Überwachung Äußerungen des Beschuldigten erfasst werden, die für die Erforschung des Sachverhalts oder die Ermittlung des Aufenthaltsortes eines Mitbeschuldigten von Bedeutung sind, und
4. die Erforschung des Sachverhalts oder die Ermittlung des Aufenthaltsortes eines Mitbeschuldigten auf andere Weise unverhältnismäßig erschwert oder aussichtslos wäre.

II Besonders schwere Straftaten im Sinne des Absatzes 1 Nr. 1 sind:

1. aus dem Strafgesetzbuch:
   a) Straftaten des Friedensverrats, des Hochverrats und der Gefährdung des demokratischen Rechtsstaates sowie des Landesverrats und der Gefährdung der äußeren Sicherheit nach den §§ 80, 81, 82, 89a, nach den §§ 94, 95 Abs. 3 und § 96 Abs. 1, jeweils auch in Verbindung mit § 97b, sowie nach den §§ 97a, 98 Abs. 1 Satz 2, § 99 Abs. 2 und den §§ 100, 100a Abs. 4,
   b) Bildung krimineller Vereinigungen nach § 129 Abs. 1 in Verbindung mit Abs. 4 Halbsatz 2 und Bildung terroristischer Vereinigungen nach § 129a Abs. 1, 2, 4, 5 Satz 1 Alternative 1, jeweils auch in Verbindung mit § 129b Abs. 1,
   c) Geld- und Wertzeichenfälschung nach den §§ 146 und 151, jeweils auch in Verbindung mit § 152, sowie nach § 152a Abs. 3 und § 152b Abs. 1 bis 4,
   d) Straftaten gegen die sexuelle Selbstbestimmung in den Fällen des § 176a Abs. 2 Nr. 2 oder Abs. 3, § 177 Abs. 2 Nr. 2 oder § 179 Abs. 5 Nr. 2,
   e) Verbreitung, Erwerb und Besitz kinderpornografischer Schriften in den Fällen des § 184b Abs. 3,
   f) Mord und Totschlag nach den §§ 211, 212,
   g) Straftaten gegen die persönliche Freiheit in den Fällen der §§ 234, 234a Abs. 1, 2, §§ 239a, 239b und Menschenhandel zum Zweck der sexuellen Ausbeutung und zum Zweck der Ausbeutung der Arbeitskraft nach § 232 Abs. 3, Abs. 4 oder Abs. 5, § 233 Abs. 3, jeweils soweit es sich um Verbrechen handelt,
   h) Bandendiebstahl nach § 244 Abs. 1 Nr. 2 und schwerer Bandendiebstahl nach § 244a,
   i) schwerer Raub und Raub mit Todesfolge nach § 250 Abs. 1 oder Abs. 2, § 251,

j) räuberische Erpressung nach § 255 und besonders schwerer Fall einer Erpressung nach § 253 unter den in § 253 Abs. 4 Satz 2 genannten Voraussetzungen,
k) gewerbsmäßige Hehlerei, Bandenhehlerei und gewerbsmäßige Bandenhehlerei nach den §§ 260, 260 a,
l) besonders schwerer Fall der Geldwäsche, Verschleierung unrechtmäßig erlangter Vermögenswerte nach § 261 unter den in § 261 Abs. 4 Satz 2 genannten Voraussetzungen,
m) besonders schwerer Fall der Bestechlichkeit und Bestechung nach § 335 Abs. 1 unter den in § 335 Abs. 2 Nr. 1 bis 3 genannten Voraussetzungen,

2. aus dem Asylverfahrensgesetz:
   a) Verleitung zur missbräuchlichen Asylantragstellung nach § 84 Abs. 3,
   b) gewerbs- und bandenmäßige Verleitung zur missbräuchlichen Asylantragstellung nach § 84 a Abs. 1,
3. aus dem Aufenthaltsgesetz:
   a) Einschleusen von Ausländern nach § 96 Abs. 2,
   b) Einschleusen mit Todesfolge oder gewerbs- und bandenmäßiges Einschleusen nach § 97,
4. aus dem Betäubungsmittelgesetz:
   a) besonders schwerer Fall einer Straftat nach § 29 Abs. 1 Satz 1 Nr. 1, 5, 6, 10, 11 oder 13, Abs. 3 unter der in § 29 Abs. 3 Satz 2 Nr. 1 genannten Voraussetzung,
   b) eine Straftat nach den §§ 29 a, 30 Abs. 1 Nr. 1, 2, 4, § 30 a,
5. aus dem Gesetz über die Kontrolle von Kriegswaffen:
   a) eine Straftat nach § 19 Abs. 2 oder § 20 Abs. 1, jeweils auch in Verbindung mit § 21,
   b) besonders schwerer Fall einer Straftat nach § 22 a Abs. 1 in Verbindung mit Abs. 2,
6. aus dem Völkerstrafgesetzbuch:
   a) Völkermord nach § 6,
   b) Verbrechen gegen die Menschlichkeit nach § 7,
   c) Kriegsverbrechen nach den §§ 8 bis 12,
7. aus dem Waffengesetz:
   a) besonders schwerer Fall einer Straftat nach § 51 Abs. 1 in Verbindung mit Abs. 2,
   b) besonders schwerer Fall einer Straftat nach § 52 Abs. 1 Nr. 1 in Verbindung mit Abs. 5.

III [1] Die Maßnahme darf sich nur gegen den Beschuldigten richten und nur in Wohnungen des Beschuldigten durchgeführt werden. [2] In Wohnungen anderer Personen ist die Maßnahme nur zulässig, wenn auf Grund bestimmter Tatsachen anzunehmen ist, dass

1. der in der Anordnung nach § 100 d Abs. 2 bezeichnete Beschuldigte sich dort aufhält und
2. die Maßnahme in Wohnungen des Beschuldigten allein nicht zur Erforschung des Sachverhalts oder zur Ermittlung des Aufenthaltsortes eines Mitbeschuldigten führen wird.

[3] Die Maßnahme darf auch durchgeführt werden, wenn andere Personen unvermeidbar betroffen werden.

IV [1] Die Maßnahme darf nur angeordnet werden, soweit auf Grund tatsächlicher Anhaltspunkte, insbesondere zu der Art der zu überwachenden Räumlichkeiten und dem Verhältnis der zu überwachenden Personen zueinander, anzunehmen ist, dass durch die Überwachung Äußerungen, die dem Kernbereich privater Lebensgestaltung zuzurechnen sind, nicht erfasst werden. [2] Gespräche in Betriebs- oder Geschäftsräumen sind in der Regel nicht dem

Kernbereich privater Lebensgestaltung zuzurechnen. [3]Das Gleiche gilt für Gespräche über begangene Straftaten und Äußerungen, mittels derer Straftaten begangen werden.

V [1]Das Abhören und Aufzeichnen ist unverzüglich zu unterbrechen, soweit sich während der Überwachung Anhaltspunkte dafür ergeben, dass Äußerungen, die dem Kernbereich privater Lebensgestaltung zuzurechnen sind, erfasst werden. [2]Aufzeichnungen über solche Äußerungen sind unverzüglich zu löschen. [3]Erkenntnisse über solche Äußerungen dürfen nicht verwertet werden. [4]Die Tatsache der Erfassung der Daten und ihrer Löschung ist zu dokumentieren. [5]Ist eine Maßnahme nach Satz 1 unterbrochen worden, so darf sie unter den in Absatz 4 genannten Voraussetzungen fortgeführt werden. [6]Im Zweifel ist über die Unterbrechung oder Fortführung der Maßnahme unverzüglich eine Entscheidung des Gerichts herbeizuführen; § 100 d Abs. 4 gilt entsprechend.

VI [1]In den Fällen des § 53 ist eine Maßnahme nach Absatz 1 unzulässig; ergibt sich während oder nach Durchführung der Maßnahme, dass ein Fall des § 53 vorliegt, gilt Absatz 5 Satz 2 bis 4 entsprechend. [2]In den Fällen der §§ 52 und 53 a dürfen aus einer Maßnahme nach Absatz 1 gewonnene Erkenntnisse nur verwertet werden, wenn dies unter Berücksichtigung der Bedeutung des zugrunde liegenden Vertrauensverhältnisses nicht außer Verhältnis zum Interesse an der Erforschung des Sachverhalts oder der Ermittlung des Aufenthaltsortes eines Beschuldigten steht. [3]§ 160 a Abs. 4 gilt entsprechend.

VII [1]Soweit ein Verwertungsverbot nach Absatz 5 in Betracht kommt, hat die Staatsanwaltschaft unverzüglich eine Entscheidung des anordnenden Gerichts über die Verwertbarkeit der erlangten Erkenntnisse herbeizuführen. [2]Soweit das Gericht eine Verwertbarkeit verneint, ist dies für das weitere Verfahren bindend.

1 **1) Entstehungsgeschichte:** Das BVerfG hatte mit Urteil vom 3. 3. 2004 – 1 BvR 2378/98, 1 BvR 1084/99 (BVerfGE **109**, 279 = NJW **04**, 999; vgl dazu Denninger ZRP **04**, 101; Haas NJW **04**, 3082; Ruthig GA **04**, 587; ferner die Beiträge in der Lisken-GS von Denninger, Kutscha/Roggan, Weßlau, Bergemann, Hirsch und Leutheusser-Schnarrenberger; eingehende Darstellung bei LR-Schäfer 1* ff) die Vorschriften über die akustische Wohnraumüberwachung in ihrer ursprünglichen Fassung teilweise für verfassungswidrig erklärt, nämlich insoweit, als sie den unantastbaren Kern privater Lebensgestaltung verletzten. Das BVerfG hatte jedoch gestattet, die beanstandeten Normen unter Berücksichtigung des Schutzes der Menschenwürde und des Grundsatzes der Verhältnismäßigkeit zunächst weiterhin anzuwenden; es hatte dem Gesetzgeber allerdings aufgegeben, bis spätestens 30. 6. 2005 einen verfassungsgemäßen Rechtszustand herzustellen. Den Vorgaben des BVerfG folgend sind mit dem Ges vom 24. 6. 2005 (BGBl I 1841) die §§ 100 c ff umgestaltet und durch das Ges vom 21. 12. 2007 (BGBl I 3198) erneut geändert worden. Mit den neuen §§ 100 c und 100 d sind umfangreiche und komplizierte Bestimmungen geschaffen worden; ob die Regelungen überhaupt noch praktisch handhabbar sind, wird sich zeigen müssen. Es bleibt die Frage, ob es nicht ein rechtsstaatlicher Gewinn gewesen wäre, den Schutz der Wohnung nicht anzutasten und auf diese Ermittlungsmaßnahme ganz zu verzichten (zust SK-Wolter 11); denn selbst wenn die Überwachung wegen Eingriffs in den Kernbereich privater Lebensgestaltung abgebrochen wird (V S 1), hat zunächst ein Angehöriger der Strafverfolgungsbehörde diesbezügliche Äußerungen zur Kenntnis genommen (krit auch Roxin Böttcher-FS 168). Der Verlust an Rechtssicherheit würde sich jedenfalls in Grenzen halten (anders BT-Drucks 15/4533: „unverzichtbar"); denn die akustische Wohnraumüberwachung wird in der Praxis nur sehr selten angeordnet (7 Anordnungen in 2005, 3 in 2006, 10 in 2007, 9 in 2008). Vgl ferner zur rechtsstaatlichen Kontrolle, zur praktischen Anwendung, zum großen Aufwand und demgegenüber

geringfügigen Erfolg hinsichtlich der Überführung eines Beschuldigten Meyer-Wieck NJW **05**, 2037 und Kriminalistik **05**, 648; Helgerth Nehm-FS 301; rechtsvergleichend Kress, Der ‚Große Lauschangriff' als Mittel internationaler Verbrechensbekämpfung, 2009, zugl Diss Berlin 2008, S 143 ff.

2) Das Abhören und Aufzeichnen des nichtöffentlich gesprochenen Wortes in einer Wohnung (der sog große Lauschangriff) ist in § 100c geregelt. Um das Abhören von Wohnungen zu ermöglichen, wurde Art 13 GG durch Ges vom 26. 3. 1998 (BGBl I 610) durch Einfügung der Abs. 3 bis 6 geändert. Verfahrensrechtlich wird die Maßnahme in §§ 100d, 101 durch einen verstärkten Richtervorbehalt, detaillierte datenschutzrechtliche Regelungen, Benachrichtigungspflichten und die Ermöglichung nachträglichen Rechtsschutzes für alle davon Betroffenen abgesichert. Eine zeitliche und räumliche „Rundumüberwachung" – gar über einen längeren Zeitraum – ist unzulässig (BVerfGE **109**, 279 = NJW **04**, 999, 1004); deren Vorliegen hat BGH NJW **09**, 3448, 3458 bei einer Kombination der Wohnraumüberwachung mit §§ 99, 100a, 163f verneint, weil die vorhandenen verfahrensrechtlichen Sicherungen (Richtervorbehalt, Eingriffsschwellen, Subsidiaritätsklauseln) und die Verhältnismäßigkeit jeder einzelnen Ermittlungsmaßnahme (in ihrer Wechselwirkung mit den anderen) gewahrt sowie die für Beantragung und Anordnung zuständigen Stellen (StA und ER) über alle Maßnahmen informiert waren (vgl zu diesen Kriterien auch BVerfGE **112**, 304, 319 ff = NJW **05**, 1338; erg 2 zu § 163f). Optische Ermittlungsmaßnahmen innerhalb einer Wohnung sind ebenfalls absolut verboten (Eisenberg NStZ **02**, 638; anders nach Polizeirecht, vgl zB § 20h I Nr 2 BKAG, § 17 II PolGNW). 2

Nichtöffentlich sind alle innerhalb des Schutzbereichs des Art 13 GG geführten Unterredungen, die für niemand anders als den Gesprächspartner bestimmt sind, zB auch die in einem nicht allgemein zugänglichen Geschäftsraum geführte Unterhaltung (KK-Nack 6; Hilger NStZ **92**, 462 Fn 95). Der Begriff deckt sich mit dem in § 201 I S 1 Nr 1 StGB verwendeten Tatbestandsmerkmal (vgl zur Auslegung im Einzelnen Fischer 3 zu § 201 StGB). Geschützt ist jeder nicht allgemein zugängliche feststehende, fahrende oder schwimmende Raum, der zur Stätte des Aufenthalts oder Wirkens von Menschen gemacht wird (Papier in Maunz-Dürig 10 zu Art 13; erg 2 zu § 100f). Öffentlich gesprochene Worte dürfen nach §§ 161, 163 aufgezeichnet werden (Hilger aaO Fn 96). 3

3) Voraussetzungen: Die folgenden Voraussetzungen müssen erfüllt sein, damit die Maßnahme angeordnet werden darf. Das Einverständnis des Wohnungsinhabers mit dem Abhören genügt hier – anders als bei § 100h (dort 1 aE) – nicht, weil auch die Menschenwürde anderer Personen, die sich in der Wohnung aufhalten, geschützt werden muss (BT-Drucks 15/4533 S 26; vgl erg 1 aE zu § 100a). 4

A. Einen **umfangreichen Straftatenkatalog** hat der Gesetzgeber in Erfüllung der sich aus Art 13 III GG iVm der Rspr des BVerfG ergebenden Anforderungen (nur solche Straftatbestände, die eine Höchststrafe von mehr als 5 Jahren vorsehen) aufgestellt, bei dem diese Maßnahme zulässig ist, wobei bestimmte Tatsachen einen entspr Verdacht begründen müssen. Als Tatsachenbasis für den Verdacht müssen aber konkrete und in gewissem Umfang verdichtete Umstände vorhanden sein (BVerfGE **109**, 279 = NJW **04**, 999, 1012; vgl auch Krause Hanack-FS 233; erg 22 zu § 112). Der Versuch der besonders schweren Straftat reicht aus, nicht jedoch die Vorbereitung (§ 30 StGB) einer Anlasstat (Löffelmann ZIS **06**, 87). Die Teilnahme an der (ggf versuchten) Katalogtat nach §§ 25 ff StGB steht der Täterschaft gleich, nicht aber Strafvereitelung und Begünstigung, 5

Auch im **konkreten Einzelfall**, nicht nur abstrakt, muss die Tat besonders schwer wiegen, wie I Nr 2 nun klarstellt (Fehn Kriminalistik **08**, 254 bezweifelt zu Unrecht dessen Bestimmtheit). Anhaltspunkte sind zB die Folgen der Tat, die Schutzwürdigkeit des verletzten Rechtsguts und das Hinzutreten besonderer Um- 6 stände, wie etwa die faktische Verzahnung mit anderen Katalogstraftaten oder das Zusammenwirken des Beschuldigten mit anderen Straftätern.

7 B. **Weitere Voraussetzung** der Maßnahme ist, dass durch sie Äußerungen des Beschuldigten erfasst werden, die für die Erforschung des Sachverhalts oder die Ermittlung des Aufenthaltsortes eines Mitbeschuldigten von Bedeutung sind, wofür tatsächliche Anhaltspunkte – also nicht nur Vermutungen – gegeben sein müssen (I Nr 3). Das bedeutet, dass der Beschuldigte sich idR aktuell in der zu überwachenden Räumlichkeit aufhalten und an den zu überwachenden Gesprächen teilnehmen muss. Mit dem Abhören notwendigerweise verbundene Maßnahmen sind gestattet (erg 4 zu § 100 f), auch das heimliche Betreten der Wohnung zur Anbringung eines technischen Mittels (BT-Drucks 13/8651 S 13; Brodag Kriminalistik **99**, 746; Meyer/Hetzer NJW **98**, 1026; Schlegel GA **07**, 653; **aM** Heger JR **98**, 165).

8 C. **Subsidiaritätsklausel:** Durch I Nr 4 wird festgelegt, dass die Wohnraumüberwachung nur zulässig ist, wenn die Erreichung der dort bezeichneten Zwecke auf andere Weise „unverhältnismäßig erschwert oder aussichtslos" wäre. Indem hier das Erschwerniserfordernis mit dem Begriff der Unverhältnismäßigkeit verbunden wird, ist klargestellt, dass es sich um die *ultima ratio* der Strafverfolgung handelt. Die Wohnraumüberwachung soll demnach nur dort zum Einsatz gelangen, wo andere Ermittlungsmaßnahmen versagen; sie tritt als schwerste Maßnahme gegenüber allen anderen heimlichen Ermittlungsmaßnahmen zurück (BT-Drucks 16/5846 S 40, 42; erg 14 zu § 100 a).

9 **4) Betroffene:**

10 A. **Ohne Wissen** des Betroffenen wird die Maßnahme angeordnet. Damit ist der unauffällige, heimliche Charakter dieser Beobachtungen angesprochen. Dass der Betroffene die ohne sein Einverständnis vorgenommene Observation bemerkt hat, macht die Anordnung nach § 100 d weder unzulässig noch überflüssig („Auch" in I; Hilger NStZ **92**, 461 Fn 87; Löffelmann ZIS **06**, 88).

11 B. Der **Beschuldigte** ist idR der Betroffene. Grundsätzlich darf die Überwachung nur in seiner Wohnung durchgeführt werden. Er ist die „Zielperson", wobei es aber auch darum gehen kann, Erkenntnisse über andere Personen zu gewinnen; diese Erkenntnisse dürfen verwertet werden (BT-Drucks 15/4533 S 13). So ist insbesondere auch die Wohnraumüberwachung zur Ermittlung des Aufenthaltsorts eines Mitbeschuldigten (vgl I Nr 4) verfassungsrechtlich unbedenklich (BVerfGE **109**, 279 = NJW **04**, 999, 1012).

12 C. **Wohnungen anderer Personen** (das sind alle außer dem Beschuldigten) dürfen nach III S 2 nur unter den dort bestimmten Voraussetzungen abgehört werden. Hier ist neben I Nr 4 in III S 2 Nr 2 eine weitere Subsidiaritätsklausel zu beachten (dazu eingehend BVerfGE **109**, 279 = NJW **04**, 999, 1013). Dass andere Personen als der Beschuldigte durch die Maßnahmen betroffen werden, lässt sich nicht vermeiden und steht hier – ebenso wie in § 100 f III – der Durchführung der Wohnraumüberwachung nicht entgegen (III S 3).

13 **5) Schutz des Kernbereichs privater Lebensgestaltung:**

14 A. Das BVerfG (BVerfGE **109**, 279 = NJW **04**, 999) hatte erklärt, dass die akustische Überwachung von Wohnraum zu Zwecken der Strafverfolgung nicht in den **absolut geschützten Kernbereich** privater Lebensgestaltung eingreifen und eine Abwägung nach Maßgabe des Verhältnismäßigkeitsgrundsatzes zwischen der Unverletzlichkeit der Wohnung mit dem Strafverfolgungsinteresse insoweit nicht stattfinden dürfe. Dieser Vorgabe wird IV gerecht (BVerfG NJW **07**, 2753 mit zust Anm Geis CR **07**, 501 und Sankol MMR **07**, 574; **aM** Wolter Küper-FS 719), indem er davon ausgeht, dass die Wohnraumüberwachung von vornherein nur angeordnet werden darf, soweit (statt wenn; vgl zu „Mischsituationen" Rogall Fezer-FS 81 mwN) auf Grund tatsächlicher Anhaltspunkte mit einem solchen

Eingriff nicht zu rechnen ist (negative Kernbereichsprognose, dazu Löffelmann ZIS **06**, 90; Schäuble ZRP **07**, 211; vgl zu den in S 1 genannten Kriterien auch BGH **53**, 294, 302). Bei der Überwachung von Privatwohnungen besteht grundsätzlich die gegenteilige Vermutung (Düsseldorf NStZ **09**, 54), während – wie IV S 2 klarstellt – Gespräche in Betriebs- oder Geschäftsräumen idR nicht darunter fallen. Im Ergebnis läuft die gesetzliche Regelung damit darauf hinaus, dass aus Privatwohnungen im Allgemeinen nur noch sehr eingeschränkt abgehört werden darf (Büddefeld Kriminalistik **05**, 205), was den Vorgaben des BVerfG entspricht und zu begrüßen ist (sehr restriktiv Roxin Böttcher-FS 170 ff: nur bei mutmaßlich konspirativen Treffen; dagegen Rogall aaO 76; erg unten 16). Aber auch Äußerungen in Betriebs- und Geschäftsräumen können dem Kernbereich unterfallen, wenn dafür tatsächliche Anhaltspunkte gegeben sind.

Was zum **Kernbereich** gehört, ist in der StPO nicht definiert und auch nicht allgemein zu sagen; es richtet sich immer nach dem Einzelfall (BVerfG NJW **07**, 2753, 2755 [Anm Sankol MMR **07**, 575]; Lindemann JR **06**, 191; eingehend Baldus JZ **08**, 219, 222 ff; Warntjen, Heimliche Zwangsmaßnahmen und der Kernbereich privater Lebensgestaltung, 2007, zugl Diss Göttingen 2006, S 73 ff; vgl auch Ignor NJW **07**, 3404, Reiß StV **08**, 545, v Westphalen AnwBl **08**, 803 zur Kommunikation mit RAen sowie die Legaldefinition in § 5 VII ThürPAG), wobei Ausgangspunkt stets die Gefährdung der Menschenwürde betroffener Personen ist (BT-Drucks 15/4533 S 14). Der Begriff wird durch die Rspr – insbesondere des BVerfG (vgl noch NJW **08**, 1137, 1138; 2 BvR 219/08 vom 26. 6. 2008 [Tz 17 ff]), aber auch des BGH (**50**, 206) – ausgefüllt (krit Rogall Fezer-FS 73 ff, der ihn auf Sachverhalte beschränkt, die in keiner Beziehung zu einer Straftat stehen). Ein solcher Eingriff liegt zB vor, wenn sich jemand in seinen Privaträumen allein oder ausschließlich mit Personen aufhält, zu denen er in einem besonderen, den Kernbereich betreffenden Vertrauensverhältnis steht (also Familienangehörige oder sonstige engste Vertraute, zB nichteheliche Lebenspartner [Kretschmer JR **08**, 55], Seelsorger, Strafverteidiger oder – im Einzelfall – Ärzte) und es keine konkreten Anhaltspunkte gibt, dass die zu erwartenden Gespräche nach ihrem Inhalt einen unmittelbaren Bezug zu Straftaten aufweisen (BVerfGE **109**, 279 = NJW **04**, 999, 1003; BVerfG NJW **07**, 2753, 2756; gegen die Einbeziehung der Kommunikation mit dem Verteidiger Rogall aaO 79; vgl auch BVerfG NJW **10**, 287: keine Privilegierung von Gesprächen eines Angehörigen mit Dritten). Es darf nicht etwa in den Kernbereich eingegriffen werden, um erst festzustellen, ob die Informationserhebung diesen Bereich betrifft (Düsseldorf NStZ **09**, 54); vielmehr ist von einer Wohnraumüberwachung abzusehen, wenn es wahrscheinlich ist, dass dadurch absolut geschützte Gespräche erfasst werden würden (vgl Weßlau Lisken-GS 54). Anders ausgedrückt: Nach subjektiver Einschätzung des Gerichts muss auf Grund tatsächlicher Anhaltspunkte eine gewisse Wahrscheinlichkeit dafür bestehen, dass es nicht zu einem Eingriff in den Kernbereich kommen wird (Löffelmann NJW **05**, 2033). Für diese Prognose kommt dem anordnenden Gericht (1 zu § 100 d) ein Beurteilungsspielraum zu (BGH NJW **09**, 3448, 3456). 15

Eine **Einschränkung** dieser Regelungen enthält aber IV S 3, indem er Gespräche über begangene Straftaten und Äußerungen über geplante Straftaten für den Regelfall (wie aus den Worten „das Gleiche gilt" folgt) aus dem Kernbereich herausnimmt. Unterhalten sich zB Eheleute über einen begangenen oder geplanten Mord, darf abgehört werden (BGH **53**, 294, 303 [krit Zuck JR **10**, 20]; Löffelmann NJW **05**, 2034; **aM** Roxin Böttcher-FS 171), nicht aber bei zwischen diesen im Rahmen eines Privatgesprächs begangenen Beleidigungen (BT-Drucks aaO; zur vor Anordnung der Maßnahme zu erstellenden Prognose oben 15 und Düsseldorf NStZ **09**, 54). Selbstgespräche – auch wenn sie sich mit begangenen Straftaten befassen – dürfen nicht abgehört und verwertet werden (BGH **50**, 206; zust Ellbogen NStZ **06**, 180; Kolz NJW **05**, 3248; Lindemann/Reichling StV **05**, 650; Lindemann JR **06**, 195; im Ergebnis auch Jäger GA **08**, 491; Roxin aaO 166, 173; krit Löffelmann ZIS **06**, 92; Rogall Fezer-FS 63 ff; Wolter Küper-FS 714), wohl 16 aber Gespräche über terroristische Anschläge und Versicherungsbetrug, auch wenn in diese Gebete und die Themen Heirat und Familie eingebettet werden (BGH NJW **09**, 3448, 3456).

16a Die **automatische Aufzeichnung** der Gespräche ist in den Fällen des IV S 2 und 3 sowie sonst bei negativer Kernbereichsprognose zulässig (Löffelmann ZIS **06**, 93; krit HK-Gercke 26). Auch Gespräche in einer Privatwohnung (oben 14) dürfen automatisch aufgezeichnet werden, soweit keine Gefahr der Erfassung kernbereichsrelevanter Äußerungen besteht (BVerfG NJW **07**, 2753, 2757; VerfGHRP MMR **07**, 578, 581 zu § 29 IV S 2 POGRP); andernfalls muss stattdessen „mitgehört" werden (sog „Echtzeitüberwachung"; vgl hierzu noch BVerfGE **109**, 279 = NJW **04**, 999, 1005, Löffelmann aaO und – enger – Rauschenberger Kriminalistik **05**, 656; anders die Regelung in § 20h V S 3, 4 BKAG, § 15 V S 10 HSOG, § 18 IV S 4 PolGNW [Richterband]).

17 B. Die **Folgerungen aus einem Eingriff** in den Kernbereich regelt V. Soweit sich während einer Wohnraumüberwachung Anhaltspunkte dafür ergeben, dass dem Kernbereich zuzuordnende Äußerungen erfasst werden, muss das Abhören und Aufzeichnen unverzüglich unterbrochen werden (V S 1); Aufzeichnungen über solche Äußerungen müssen nach V S 2 unverzüglich gelöscht werden, vgl aber unten 20; zu praktischen Schwierigkeiten zum Abbruch vgl Büddefeld Kriminalistik **05**, 205, zu einer Teillöschung vgl LG Frankfurt aM StV **05**, 79 mit Anm Gusy. Es ist unzulässig, das Abhören zunächst einmal bis zu der nach VII zu treffenden Entscheidung weiterlaufen zu lassen. Jede Verwertung kernbereichsrelevanter Gesprächsteile ist ausgeschlossen (und zwar nicht nur im Verfahren selbst, sondern auch, soweit sie als „Spurenansätze" in Betracht kommen, BVerfGE **109**, 279 = NJW **04**, 999, 1007; SK-Wolter 71; Rogall JZ **08**, 827 Fn 200). V S 3 normiert allerdings kein umfassendes Verwertungsverbot für alle aus der Wohnraumüberwachung gewonnenen Erkenntnisse, sondern nur für diejenigen, die durch eine Kernbereichsverletzung erzielt wurden („solche"; vgl BGH NJW **09**, 3448, 3456). Davon zu unterscheiden ist der Fall, dass schon das anordnende Gericht – unter klar erkennbarer und damit rechtsfehlerhafter Überschreitung seines Beurteilungsspielraums (oben 15 aE) – gegen das Beweiserhebungsverbot des IV S 1 verstoßen hat; dann sind sämtliche Erkenntnisse, die während des Bestehens des Erhebungsverbots erlangt wurden, (auch als Spurenansatz) unverwertbar (BVerfG aaO; BGH aaO; SK-Wolter 73). Zur Unverwertbarkeit sämtlicher Erkenntnisse aus der Wohnraumüberwachung soll nach BGH aaO auch ein den Kernbereichsschutz von vornherein außer Acht lassender Maßnahmevollzug führen.

18 **Zu dokumentieren** sind sowohl die Tatsache der Erfassung der dem Kernbereich zuzurechnenden Äußerungen (aber natürlich nicht diese selbst) sowie die Vernichtung entsprechender Aufzeichnungen (V S 4); idR wird dies durch einen Aktenvermerk geschehen.

19 Eine **Fortführung** des Abhörens und Aufzeichnens ist nicht ausgeschlossen, wenn tatsächliche Anhaltspunkte dafür vorliegen, dass die Gefahr eines Eingriffs in den Kernbereich nicht mehr besteht (V S 5). Hier ist vor allem an den Fall zu denken, dass bestimmte Personen die zu überwachenden Räume verlassen oder betreten oder sich die Gespräche von der Wohnung in Betriebs- oder Geschäftsräume verlagern oder dass der Kernbereich möglicherweise nur vorgetäuscht wird (vgl Löffelmann NJW **05**, 2034; Meyer-Wieck NJW **05**, 2038).

20 C. **Richterliche Entscheidung:** Wie die Wohnraumüberwachung gemäß § 100d I stets einer richterlichen Anordnung durch das in § 74a IV GVG bezeichnete Gericht bedarf, ist dieses Gericht – bzw nach V S 6 Halbs 2 iVm § 100d IV S. 3 der Vorsitzende allein – grundsätzlich auch für die Anordnung der Unterbrechung oder Fortführung der Maßnahme zuständig (V S 6). Zwar wird sich das für die während einer laufenden Überwachung nach V S 1 zu treffende Entscheidung nur selten durchführen lassen. Jedoch ist in diesem Fall anschließend nicht nur – wie sich aus § 100d IV S 1 ergibt – das Gericht über den Verlauf und die Ergeb-

nisse der Überwachung zu unterrichten. Vielmehr verlangt VII, dass die StA unverzüglich – natürlich noch vor Löschung der Aufzeichnung – eine Entscheidung des Gerichts über die Verwertbarkeit der erlangten Erkenntnisse herbeiführt (eingehend Böse Amelung-FS 572); bei der Prüfung, ob ein Verwertungsverbot nach V in Betracht kommt, steht ihr freilich ein Beurteilungsspielraum zu (BVerfG NJW **07**, 2753, 2757 mit Anm Geis CR **07**, 501; enger Poscher JZ **09**, 276 Fn 74). Die Verneinung der Verwertbarkeit durch das Gericht ist nicht nur für die StA, sondern für das gesamte weitere Verfahren bindend (Löffelmann NJW **05**, 2036; ZIS **06**, 98). Die StA kann allerdings gegen die Entscheidung des Gerichts Beschwerde (§ 304) einlegen, über die nach § 120 IV GVG das OLG entscheidet (Nack Nehm-FS 322).

Nach der Gesetzesbegründung soll sogar die **Einrichtung eines gerichtlichen Bereitschaftsdienstes** zu erwägen sein (BT-Drucks 15/4533 S 15; vgl aber KMR-Bär 34, der im Hinblick auf V S 6 2. Hs iVm § 100d IV S 3 mit Recht dessen praktische Notwendigkeit bezweifelt). Insoweit müsste eine Regelung getroffen werden, wonach der Vorsitzende des Gerichts bzw in genau festgelegter Reihenfolge bei seiner Verhinderung als seine Vertreter die Beisitzer der Kammer zur Entscheidung berufen sind. Richter des Landgerichts, die nicht der nach § 74a IV GVG zuständigen Kammer angehören, dürften auch für den Bereitschaftsdienst nicht in Frage kommen (anders wohl die Gesetzesbegründung). 21

6) Zeugnisverweigerungsberechtigte Personen (VI): 22

A. Hinsichtlich der **in § 53 I bezeichneten Zeugnisverweigerungsberechtigten** besteht für vom Berufsgeheimnis geschützte Gespräche ein Überwachungsverbot, das anders als § 160a nicht zwischen den einzelnen Berufsgruppen unterscheidet (erg oben 15). Folge dieses Beweiserhebungsverbotes (Kühne StV **98**, 686; Löffelmann ZIS **06**, 94) ist wie beim Eingriff in den Kernbereich privater Lebensgestaltung, dass – falls sich erst nachträglich herausstellt, dass ein Fall des § 53 vorliegt – Aufzeichnungen unverzüglich zu löschen sind (vgl aber § 100d V Nr 2 S 1) und nicht verwertet werden dürfen sowie die Tatsache ihrer Erfassung und Löschung zu dokumentieren ist. Vgl aber zu Einschränkungen beim Schutz der Berufsgeheimnisträger Löffelmann aaO und NJW **05**, 2035. 22a

B. Bei den **nach § 52 und § 53a genannten** Zeugnisverweigerungsberechtigten gilt hingegen nur ein Beweisverwertungsverbot; für eine isolierte Anwendung des § 52 StPO ist daneben kein Raum (BGH NJW **09**, 3448, 3457; vgl dazu auch Duttge JZ **99**, 263; Momsen ZRP **98**, 461; Morré/Bruns BGH-FS 593; Weißer GA **06**, 148 fordert ein absolutes Verwertungsverbot für Erkenntnisse aus abgehörten Gesprächen mit Angehörigen). Das Verwertungsverbot gilt aber nicht absolut, sondern ist dahin eingeschränkt, dass der Einbruch in das Vertrauensverhältnis gegenüber dem Erforschungs- oder Ermittlungsinteresse unverhältnismäßig wäre (krit SK-Wolter 79, 82). Kernbereichsrelevante Gespräche unterliegen nicht der Abwägung; VI S 2 setzt vielmehr eine nach IV zulässige Abhörmaßnahme voraus (BVerfG NJW **07**, 2753, 2756). 23

C. Für **beide in A und B genannten Gruppen** verweist VI S 3 auf die Verstrickungsregelung in § 160a IV (dort 15), wobei aber auch hier hinsichtlich der Verteidiger eine Ausnahme zu machen ist (21 zu § 100a; **aM** Beulke Fezer-FS 9; vgl aber auch KK-Nack 36; SK-Wolter 85; Dittrich NStZ **98**, 338). In den Fällen des VI S 2 (oben 23) ist für den Verstrickungsverdacht allein auf den Zeitpunkt der Verwertung abzustellen (vgl BGH NJW **09**, 3448, 3457). 24

7) Verwertungsverbot: Von den in V S 3 (vgl näher oben 17), VI S 1 und 2 (oben 22a, 23) ausdrücklich angeordneten Verwertungsverboten abgesehen sind auch solche Erkenntnisse unverwertbar, die unter völliger Umgehung des § 100c erlangt worden sind (vgl auch BGH **34**, 39), wenn zB die Anordnung unter bewusster Überschreitung der gesetzlichen Befugnisse getroffen worden ist (BGH **42**, 372 mit krit Anm Scholz NStZ **97**, 196 und zust Anm Wollweber NStZ **97**, 351; 25

Stuttgart StV **96**, 655), wenn kein Verdacht einer Katalogtat bestand oder wenn gegen den Subsidiaritätsgrundsatz (oben 8) verstoßen worden ist (im Einzelnen dazu Nack Nehm-FS 317; erg 35 ff zu § 100 a). Ist die Anordnung gegen einen von mehreren später Angeklagten versehentlich nicht ergangen, so ist im Rahmen der Abwägung zu berücksichtigen, dass sie jederzeit auch gegen ihn hätte erwirkt werden können (BGH NJW **09**, 3448, 3455).

26 Vgl im Übrigen die **Verwendungsregelungen** in § 100 d V.

27 **8) Die Revision** kann wie bei § 100 a (dort 39) darauf gestützt werden, dass die Beweiswürdigung auf unverwertbaren Erkenntnissen beruht. Die Anwendung der Widerspruchslösung ist in der Entscheidung BGH **50**, 206, 215 (oben 16) offen geblieben.

28 **9) Aus Maßnahmen zur Eigensicherung** folgen weitere rechtliche Möglichkeiten der Verwendung durch Wohnungsabhören erlangter Informationen.

29 Zu Zwecken der Strafverfolgung erlaubt **Art 13 V GG** die Verwertung der Erkenntnisse, die bei einem Einsatz technischer Mittel ausschließlich zum Schutze der bei einem Einsatz in Wohnungen tätigen Personen erzielt worden sind; allerdings muss zuvor die Rechtmäßigkeit der Maßnahme richterlich festgestellt worden sein.

30 **§ 16 BKAG** erlaubt die elektronische Überwachung von Wohnungen, wenn dies zur Abwehr von Gefahren für Leib, Leben oder Freiheit eines Verdeckten Ermittlers nach § 20 g II Nr 5, IV S 4 BKAG oder einer im Rahmen strafprozessualer Ermittlungen (§ 4 BKAG) vom BKA beauftragten Person erforderlich ist; für die Verwendung der dabei gewonnenen Erkenntnisse verweist § 16 III S 3 BKAG auf die StPO (§§ 100 d V Nr 3, 161 III; vgl BT-Drucks 16/5846 S 76). Zur Eigensicherung werden sogar Bildaufzeichnungen innerhalb einer Wohnung erlaubt; die Ergebnisse einer optischen Überwachung sind jedoch im Strafverfahren nicht verwertbar, da sich sonst ein Widerspruch zu § 100 c ergeben würde (LR-Erb 69 zu § 161). Erg 19 zu § 161. Die Verwendung personenbezogener Daten, die durch Maßnahmen zur Eigensicherung in Wohnungen erlangt wurden, regeln ferner die §§ 22 a III Nr 2, 32 a III Nr 2 ZFdG (dazu Roggan NVwZ **07**, 1241), § 9 II S 8–13, III BVerfSchG (zum Kernbereichsschutz vgl Baldus JZ **08**, 225; Knierim StV **09**, 208 [Auslandsfälle]; jetzt auch § 16 I a BKAG).

Verfahren bei der Wohnraumüberwachung

100d **I** [1] **Maßnahmen nach § 100 c dürfen nur auf Antrag der Staatsanwaltschaft durch die in § 74 a Abs. 4 des Gerichtsverfassungsgesetzes genannte Kammer des Landgerichts angeordnet werden, in dessen Bezirk die Staatsanwaltschaft ihren Sitz hat.** [2] **Bei Gefahr im Verzug kann diese Anordnung auch durch den Vorsitzenden getroffen werden.** [3] **Dessen Anordnung tritt außer Kraft, wenn sie nicht binnen drei Werktagen von der Strafkammer bestätigt wird.** [4] **Die Anordnung ist auf höchstens einen Monat zu befristen.** [5] **Eine Verlängerung um jeweils nicht mehr als einen Monat ist zulässig, soweit die Voraussetzungen unter Berücksichtigung der gewonnenen Ermittlungsergebnisse fortbestehen.** [6] **Ist die Dauer der Anordnung auf insgesamt sechs Monate verlängert worden, so entscheidet über weitere Verlängerungen das Oberlandesgericht.**

II [1] **Die Anordnung ergeht schriftlich.** [2] **In der Anordnung sind anzugeben:**

1. **soweit möglich, der Name und die Anschrift des Beschuldigten, gegen den sich die Maßnahme richtet,**
2. **der Tatvorwurf, auf Grund dessen die Maßnahme angeordnet wird,**
3. **die zu überwachende Wohnung oder die zu überwachenden Wohnräume,**
4. **Art, Umfang und Dauer der Maßnahme,**
5. **die Art der durch die Maßnahme zu erhebenden Informationen und ihre Bedeutung für das Verfahren.**

III [1]In der Begründung der Anordnung oder Verlängerung sind deren Voraussetzungen und die wesentlichen Abwägungsgesichtspunkte darzulegen. [2]Insbesondere sind einzelfallbezogen anzugeben:

1. die bestimmten Tatsachen, die den Verdacht begründen,
2. die wesentlichen Erwägungen zur Erforderlichkeit und Verhältnismäßigkeit der Maßnahme,
3. die tatsächlichen Anhaltspunkte im Sinne des § 100c Abs. 4 Satz 1.

IV [1]Das anordnende Gericht ist über den Verlauf und die Ergebnisse der Maßnahme zu unterrichten. [2]Liegen die Voraussetzungen der Anordnung nicht mehr vor, so hat das Gericht den Abbruch der Maßnahme anzuordnen, sofern der Abbruch nicht bereits durch die Staatsanwaltschaft veranlasst wurde. [3]Die Anordnung des Abbruchs der Maßnahme kann auch durch den Vorsitzenden erfolgen.

V Personenbezogene Daten aus einer akustischen Wohnraumüberwachung dürfen für andere Zwecke nach folgenden Maßgaben verwendet werden:

1. Die durch eine Maßnahme nach § 100c erlangten verwertbaren personenbezogenen Daten dürfen in anderen Strafverfahren ohne Einwilligung der insoweit überwachten Personen nur zur Aufklärung einer Straftat, auf Grund derer die Maßnahme nach § 100c angeordnet werden könnte, oder zur Ermittlung des Aufenthalts der einer solchen Straftat beschuldigten Person verwendet werden.
2. Die Verwendung der durch eine Maßnahme nach § 100c erlangten personenbezogenen Daten, auch solcher nach § 100c Abs. 6 Satz 1 Halbsatz 2, zu Zwecken der Gefahrenabwehr ist nur zur Abwehr einer im Einzelfall bestehenden Lebensgefahr oder einer dringenden Gefahr für Leib oder Freiheit einer Person oder Gegenstände von bedeutendem Wert, die der Versorgung der Bevölkerung dienen, von kulturell herausragendem Wert oder in § 305 des Strafgesetzbuches genannt sind, zulässig. Die durch eine Maßnahme nach § 100c erlangten und verwertbaren personenbezogenen Daten dürfen auch zur Abwehr einer im Einzelfall bestehenden dringenden Gefahr für sonstige bedeutende Vermögenswerte verwendet werden. Sind die Daten zur Abwehr der Gefahr oder für eine vorgerichtliche oder gerichtliche Überprüfung der zur Gefahrenabwehr getroffenen Maßnahmen nicht mehr erforderlich, so sind Aufzeichnungen über diese Daten von der für die Gefahrenabwehr zuständigen Stelle unverzüglich zu löschen. Die Löschung ist aktenkundig zu machen. Soweit die Löschung lediglich für eine etwaige vorgerichtliche oder gerichtliche Überprüfung zurückgestellt ist, dürfen die Daten nur für diesen Zweck verwendet werden; für eine Verwendung zu anderen Zwecken sind sie zu sperren.
3. Sind verwertbare personenbezogene Daten durch eine entsprechende polizeirechtliche Maßnahme erlangt worden, dürfen sie in einem Strafverfahren ohne Einwilligung der insoweit überwachten Personen nur zur Aufklärung einer Straftat, auf Grund derer die Maßnahme nach § 100c angeordnet werden könnte, oder zur Ermittlung des Aufenthalts der einer solchen Straftat beschuldigten Person verwendet werden.

1) Zuständigkeit: Maßnahmen nach § 100c bedürfen eines Antrags der StA und dürfen nur durch die allein hierfür einzurichtende Kammer des Landgerichts nach § 74a IV GVG (vgl dort 7), in dessen Bezirk die StA ihren Sitz hat, angeordnet werden. Die Kammer entscheidet an Stelle des Ermittlungsrichters, auch im Fall des § 169. Bei Gefahr im Verzug darf allerdings der Vorsitzende allein entscheiden, wobei seine Anordnung der Bestätigung durch die Kammer bedarf; erfolgt binnen 3 Werktagen keine Bestätigung, tritt die Anordnung außer Kraft, bleibt aber für die Vergangenheit wirksam (BVerfGE **109**, 279 = NJW **04**, 999, 1015). Die Kammer bleibt auch für die weiteren Entscheidungen, insbesondere 1 auch für den Abbruch der Maßnahme (IV), zuständig (I S 1; § 101 VII S 1; Ausnahme in I S 6). Sie entscheidet während des Ermittlungsverfahrens ggf auch über die Verwertbarkeit der gewonnenen Erkenntnisse (§ 100c V, VII) und über die Rechtmäßigkeit der Anordnung sowie ihres Vollzugs (§ 101 VII S 2; zur Zuständigkeit nach Anklageerhebung § 101 VII S 4); auf andere mitbeantragte oder mitangeordnete Maßnahmen (zB nach §§ 100a, 100f) darf sie ihre Zuständigkeit aber nicht ausdehnen (vgl Hamburg NStZ **08**, 478, 480; LG Bremen StV **98**, 525; erg unten 12).

2 **2) Befristung** (I S 4–6): Die Maßnahme darf immer nur für einen Monat angeordnet werden (krit Krause Hanack-FS 240). Die Frist beginnt schon mit der richterlichen Anordnung, nicht erst mit dem Beginn der Überwachungsmaßnahme (BVerfGE **109**, 279 = NJW **04**, 999, 1015). Die Verlängerung ist auch möglich, wenn sich der Verdacht nunmehr auf eine andere Katalogtat bezieht (BVerfG aaO). Wenn fünfmal um jeweils einen Monat verlängert worden ist, muss über weitere (jeweils einmonatliche) Verlängerungen das OLG (§ 120 IV S 2 GVG) entscheiden; der Gesetzgeber hielt hier eine zusätzliche Kontrolle durch das OLG wegen des intensiven Grundrechtseingriffs für erforderlich (vgl BT-Drucks 15/4533 S 28). Bei jeder Verlängerung ist insbesondere auch eine erneute Erfolgsprognose (III Nr 2) notwendig.

3 **3) Form und Inhalt der Anordnung** (II und III): Die Anordnung bedarf stets der Schriftform. Das Gesetz schreibt sowohl für den Entscheidungssatz selbst (II) als auch für dessen Begründung (III) genau zu beachtende Angaben vor, wobei die Begründung bei jeder Verlängerung (oben 2) wiederum den Vorgaben des III entsprechen muss; jedoch muss es – falls sich keine Änderungen ergeben haben – hier als ausreichend erachtet werden, auf die vorhergehende Begründung Bezug zu nehmen (eingehend SK-Wolter 15 ff).

4 **4) Unterrichtung des Gerichts** (IV S 1): Entspr den Vorgaben des BVerfG (BVerfGE **109**, 279 = NJW **04**, 999) schreibt das Gesetz eine – früher nicht bestehende – Unterrichtungspflicht für die Strafverfolgungsbehörden vor. Wie intensiv die Unterrichtung sein muss, richtet sich nach den Umständen des Einzelfalls; sie muss aber jedenfalls Angaben über Erfolg und Misserfolg der Maßnahme, ggf Bedenken gegen deren Fortsetzung oder gegen die nach II Nr 4 angeordnete Art, den Umfang und die Dauer der Maßnahme umfassen. Das Gericht kann auch von sich aus derartige Informationen anfordern, es muss die Unterrichtung nicht abwarten (BT-Drucks 15/4533 S 17).

5 **5) Abbruch der Überwachung** (IV S 2, 3): Bei Wegfall der Anordnungsvoraussetzungen muss der Abbruch der Maßnahmen schon durch die StA, sonst aber durch das Gericht oder – im Interesse des schnelleren Rechtsschutzes für den Betroffenen – durch den Vorsitzenden allein erfolgen; die Entscheidung des Vorsitzenden bedarf anders als bei der Anordnung der Maßnahme nach I keiner Bestätigung durch die Kammer. Vom hier geregelten Abbruch ist die Unterbrechung der Maßnahme nach § 100c V S 1 wegen einer bereits eingetretenen Kernbereichsgefährdung zu unterscheiden: Nach der Unterbrechung kann die Maßnahme unter den dort genannten Voraussetzungen (vgl 19 zu § 100c) fortgeführt werden; ist die Maßnahme hingegen nach IV S 2, 3 abgebrochen worden, ist ein neuer Anordnungsbeschluss erforderlich.

6 **6) Weiterverwendung** (V): Die Weiterverwendung (Umwidmung) der durch die Überwachung gewonnenen personenbezogenen Daten zu anderen Zwecken als jenen, für die sie im Ausgangsverfahren erhoben wurden, stellt einen eigenständigen Grundrechtseingriff dar (BVerfGE **109**, 279, 375 = NJW **04**, 999, 1018; **120**, 351 = NJW **08**, 2099, 2102). Daher verweist V mit dem Wort „verwertbar" in Nr 1–3 mit Ausnahme von Nr 2 S 1 als Voraussetzung der zweckumwidmenden Verwendung der Daten auf die strafprozessualen Erhebungs- und Verwertungsver-

bote nach § 100c IV-VI (BGH NJW **09**, 3448, 3451, 3457: auch für Nr 3); sachbezogene Informationen – zB über die Wohnungseinrichtung – dürfen uneingeschränkt verwendet werden (KMR-Bär 18; **aM** SK-Wolter 32). Darüber hinaus enthält V aber weitere ins Einzelne gehende Regelungen, die insoweit den allgemeinen Bestimmungen in § 161 II (dort 18b) und § 477 II (dort 12) vorgehen; soweit diesen der Gedanke des hypothetischen Ersatzeingriffs zugrunde liegt (Nr 1 und 3), dürfen Erkenntnisse auch zum Nachweis von mit der Katalogtat in Zusammenhang stehenden Nichtkatalogtaten verwertet werden (BGH aaO 3451; entspr 32, 33 zu § 100a):

Nr 1 stellt klar, dass allein das Vorliegen einer Katalogtat nach § 100c II (abgesehen von der Verwendung zur Aufenthaltsermittlung der einer solchen Straftat beschuldigten Person) zur Weiterverwendung der gewonnenen Erkenntnisse in anderen Strafverfahren nicht ausreicht; vielmehr müssen diese – wie sich aus der Formulierung „zur Aufklärung einer Straftat" ergibt – eine konkretisierte Verdachtslage begründen und die Subsidiaritätsklausel des § 100c I Nr 3 entspr beachten (BT-Drucks 15/4533 S 18). Mit Einwilligung der überwachten Personen können die Erkenntnisse auch in anderen Strafverfahren, die keine Anlasstat nach § 100c II zum Gegenstand haben, weiterverwendet werden. Die gesetzlichen Einschränkungen gelten auch für eine Weiterverwendung als Spurenansatz (BT-Drucks aaO; BVerfGE **109**, 279 = NJW **04**, 999, 1019; vertiefend Glaser/Gedeon GA **07**, 435; Rogall JZ **08**, 827; SK-Wolter 35); ein Verstoß gegen diese Begrenzung hat allerdings keine Fernwirkung zur Folge (AnwK-Löffelmann 4; Jahn C 96; **aM** Singelnstein ZStW **120**, 890; Weßlau Lisken-GS 56; vgl dazu auch SK-Wolter 37). 7

Nr 2 enthält eine genaue Regelung (krit dazu Löffelmann NJW **05**, 2036) für die Verwendung der gewonnenen Erkenntnisse zu Zwecken der Gefahrenabwehr. Zunächst wird klargestellt, dass für die Weiterverwendung zu präventiven Zwecken eine (konkrete) Lebensgefahr oder eine dringende Gefahr für die hier im Einzelnen benannten Rechtsgüter besteht. Nur die Umwidmung der erlangten Daten zur Abwehr der entspr Gefahr für sonstige bedeutende Vermögenswerte hängt von der Verwertbarkeit im Ausgangsverfahren ab. Im Übrigen wird eine Löschungs- und Sperrregelung entspr § 101 VIII (dort 27) getroffen. Informationen, die zur Abwehr der bezeichneten Gefahren notwendig sind, werden vom Kernbereich nicht umfasst (BT-Drucks 15/5486 S 18; ebenso für Gespräche VerfGHRP MMR **07**, 578, 580; für den Regelfall auch Baldus JZ **08**, 226; **aM** HK-Gercke 14 und Wolter Küper-FS 714: insoweit nur Verwendung zur Abwehr dringender Lebensgefahren). 8

Nr 3 betrifft den zu Nr 2 umgekehrten Fall, nämlich die Verwendung durch präventiv angeordnete akustische Wohnraumüberwachung erlangter Erkenntnisse im Strafverfahren, und enthält insofern eine Nr 2 vergleichbare Regelung; die Bestimmung in Nr 3 hat Vorrang vor § 161 II (dort 18b). Die Voraussetzungen des hypothetischen Ersatzeingriffs müssen im Zeitpunkt der Verwertung der Daten im Strafverfahren erfüllt sein; allein maßgeblich ist, ob die Daten nunmehr zur Klärung des Verdachts einer Katalogtat iS des § 100c I, II verwendet werden sollen (BGH NJW **09**, 3448, 3450). So hat der BGH nach § 29 I POGRP (dazu VerfGHRP MMR **07**, 578) erlangte Erkenntnisse für verwertbar erklärt (aaO 3449; StraFo **05**, 507; **06**, 377); auch früher hatte er schon keine Bedenken gegen die Verwertung von Erkenntnissen aus einem präventiv-polizeilichen Lauscheingriff nach § 25b I POGRP zur Anordnung einer Durchsuchung und Beschlagnahme erhoben (NStZ **95**, 601 mit abl Anm Welp = StV **96**, 185 mit krit Anm Köhler; abl auch Staechelin ZRP **96**, 430 sowie Wolter BGH-FG 990; vgl noch Sandkuhl Hamm-FS 626; Schnarr StraFo **98**, 219, 223). § 29 IX S 3 Nr 1 POGRP enthält die erforderliche (SK-Wolter 65; Singelnstein ZStW **120**, 862: Zweckbindungsgrundsatz) Gestattung der Zweckumwandlung. Die Weiterverwendung der Daten im Strafverfahren setzt nur grundsätzlich voraus, dass sie im Ausgangsverfahren polizeirechtlich rechtmäßig erhoben wurden (vgl aber KK-Nack 19; SK-Wolter 69; 32 zu § 100c; Singelnstein ZStW **120**, 889); bei rechts- 9 widriger Datenerhebung ist hierüber anhand der von der Rechtsprechung für sog relative Verwertungsverbote vertretenen Abwägungslehre zu entscheiden (BGH NJW **09**, 3448, 3453 [jedenfalls außerhalb von Fällen bewusster Umgehung des Ges ist die Unverwertbarkeit die Ausnahme; krit Gusy HRRS **09**, 491]; Einl 55 a, 57 d). Unverwertbar sind (polizeirechtlich zulässige) Bildaufzeichnungen in Wohnungen (Wolter Roxin-FS 1167; Küper-FS 713; vgl unten 9 a; 2, 30 zu § 100 c); allgemein zur Abgrenzung von präventiven und repressiven polizeilichen Maßnahmen Hefendehl StV **01**, 705; Schnarr aaO 219. Zur Fernwirkung oben 7.

9a **§ 20 v V S 1 Nr 3 BKAG** ermächtigt das BKA, zur Verfolgung von Straftaten (soweit erforderlich) auch die durch den Einsatz technischer Mittel in oder aus Wohnungen nach § 20 h BKAG erhobenen personenbezogenen Daten an Strafverfolgungsbehörden zu übermitteln, jedoch nur dann, „wenn ein Auskunftsverlangen nach der Strafprozessordnung zulässig wäre" (vgl 1 a zu § 161, 1 a zu § 163). Diese Einschränkung soll den Gleichlauf mit der jeweiligen strafprozessualen Erhebungsbefugnis gewährleisten und bewirkt gemäß § 160 IV, dass nach § 100 d V Nr 3 die Daten sowohl zu Beweiszwecken als auch als Spurenansatz nur nach dem Maßstab des § 100 c übermittelt und verwendet werden dürfen (hypothetischer Ersatzeingriff; vgl aber Knierim StV **09**, 211). Aufgrund optischer Wohnraumüberwachung erlangte personenbezogene Daten scheiden aus. Ferner darf das BKA die Daten aus Gründen der Verhältnismäßigkeit nur zur Verfolgung von Straftaten mit einer Strafobergrenze von mindestens 5 Jahren übermitteln. Zu Übermittlungsadressaten und Zweckbindung vgl 18 e aE zu § 161.

9b Bei **Änderung der Rechtslage** ist – mangels Übergangsbestimmungen – auf den Zeitpunkt der Verwendung der Informationen (bzw der Revisionsentscheidung, 4 zu § 354 a) abzustellen (BGH NJW **09**, 3448, 3450 zum Ges vom 21. 12. 2007; vgl Einl 203).

10 **7)** Weitere **grundrechtssichernde Pflichten** ergeben sich aus § 101: Kennzeichnung (§ 101 III, dort 3), Benachrichtigung mit Hinweis auf die Möglichkeit nachträglichen Rechtsschutzes (§ 101 IV S 1 Nr 4, dort 4 ff, 15), Löschung (§ 101 VIII, dort 27).

11 Zur **getrennten Aktenführung** vgl § 101 II (dort 2).

12 **8) Rechtsschutz:** Für die in § 101 IV S 1 Nr 4 (dort 10) genannten, von der Wohnraumüberwachung Betroffenen steht als *lex specialis* der (befristete) Rechtsbehelf nach § 101 VII S 2–4 gegen die Anordnung sowie die Art und Weise ihres Vollzugs zur Verfügung (25 ff zu § 101). Für danach nicht Antragsberechtigte gilt: Beschwerde (§ 304) gegen die richterl Anordnung ist statthaft (erg 20 zu § 100 c); zuständig ist ein besonderer Senat des Landeshauptstadt-OLG (6 zu § 120 GVG). Die StA ist nicht beschwert, wenn ihr Antrag mit der nach ihrer Auffassung zutr Begründung abgelehnt wird, es liege ein Fall des § 100 a vor (Hamburg NStZ **08**, 478 mit Anm Vogel/Brodowski StV **09**, 632 [Quellen-TKÜ; dazu 7 a zu § 100 a]). Nach Durchführung der Maßnahme kann mit der Beschwerde die Feststellung ihrer Rechtswidrigkeit beantragt werden (vgl 18 a vor § 296 sowie 40 a zu § 147 zum Erfordernis, die Entscheidung hierüber wegen zunächst versagter Akteneinsicht aufzuschieben). Das gilt auch für die Eilentscheidung des Vorsitzenden nach I S 2; dieser Rechtsbehelf ist allerdings nach Bestätigung durch die Strafkammer unzulässig, weil prozessual überholt (17 vor § 296; vgl BGH [ER] NStZ **03**, 272 zu § 100 b). Die Art und Weise der Vollziehung kann entspr § 98 II S 2 beanstandet werden (Morré/Bruns BGH-FS 594), soweit diese nicht bereits nach II und III in der richterl Anordnung geregelt ist (insoweit Beschwerde, vgl Löffelmann ZIS **06**, 97 und 17 zu § 105).

13 **9) Revision:** Die Ausführungen 39 zu § 100 a und 11 zu § 110 b gelten entspr. Wurde trotz Bestehens eines Beweiserhebungs- oder Beweisverwertungsverbotes abgehört und aufgezeichnet, sind die gewonnenen Ergebnisse unverwertbar. Eines Widerspruchs des Betroffenen gegen die Verwertung bedarf es nicht (vgl 25 zu

§ 136; 12 zu § 252; **aM** AnwK-Löffelmann 8 aE sowie 17 zu § 100c für nicht von § 100c V S 3 erfasste Fälle). Mitangeklagte können sich auf das nur zugunsten eines anderen Angeklagten bestehende Verwertungsverbot berufen, wenn die Aussage zu ihren Ungunsten verwertet worden ist (SK-Wolter 93 zu § 100c; erg Einl 57b, 34 zu § 52; **aM** KK-Nack 42: nur der betroffene Angeklagte selbst).

Berichtspflicht

100e **I [1] Für die nach § 100c angeordneten Maßnahmen gilt § 100b Abs. 5 entsprechend. [2] Vor der Veröffentlichung im Internet berichtet die Bundesregierung dem Deutschen Bundestag über die im jeweils vorangegangenen Kalenderjahr nach § 100c angeordneten Maßnahmen.**

II In den Berichten nach Absatz 1 sind anzugeben:

1. **die Anzahl der Verfahren, in denen Maßnahmen nach § 100c Abs. 1 angeordnet worden sind;**
2. **die jeweils zugrunde liegende Anlassstraftat nach Maßgabe der Unterteilung in § 100c Abs. 2;**
3. **ob das Verfahren einen Bezug zur Verfolgung organisierter Kriminalität aufweist;**
4. **die Anzahl der überwachten Objekte je Verfahren nach Privatwohnungen und sonstigen Wohnungen sowie nach Wohnungen des Beschuldigten und Wohnungen dritter Personen;**
5. **die Anzahl der überwachten Personen je Verfahren nach Beschuldigten und nichtbeschuldigten Personen;**
6. **die Dauer der einzelnen Überwachung nach Dauer der Anordnung, Dauer der Verlängerung und Abhördauer;**
7. **wie häufig eine Maßnahme nach § 100c Abs. 5, § 100d Abs. 4 unterbrochen oder abgebrochen worden ist;**
8. **ob eine Benachrichtigung der Betroffenen (§ 101 Abs. 4 bis 6) erfolgt ist oder aus welchen Gründen von einer Benachrichtigung abgesehen worden ist;**
9. **ob die Überwachung Ergebnisse erbracht hat, die für das Verfahren relevant sind oder voraussichtlich relevant sein werden;**
10. **ob die Überwachung Ergebnisse erbracht hat, die für andere Strafverfahren relevant sind oder voraussichtlich relevant sein werden;**
11. **wenn die Überwachung keine relevanten Ergebnisse erbracht hat: die Gründe hierfür, differenziert nach technischen Gründen und sonstigen Gründen;**
12. **die Kosten der Maßnahme, differenziert nach Kosten für Übersetzungsdienste und sonstigen Kosten.**

1) **Berichte** über Abhörmaßnahmen in Wohnungen nach § 100c schreibt die Bestimmung in Ausführung der in Art 13 VI GG vorgegebenen Regelung für jedes Kalenderjahr durch Bezugnahme auf die entspr Vorschrift für die Telekommunikationsüberwachung (§ 100b V, dort 11) vor. 1

2) Der **Inhalt** des Berichts ist in II im Einzelnen vorgeschrieben worden. Die Mitteilung, wie oft und aus welchen Gründen die beantragte Maßnahme nicht durchgeführt worden ist, ist nicht vorgesehen, kann aber sinnvoll sein (KK-Nack 3). 2

3) **Die Landesjustizverwaltungen** unterrichten gemäß Art 13 VI S 3 GG ein parlamentarisches Kontrollgremium, die Bundesregierung unterrichtet ihrerseits auf Grund der vom Bundesamt für Justiz erstellten bundesweiten Übersicht jährlich (Art 13 VI S 1 GG) den BTag. Dieser Bericht hat, wie I S 2 ausdrücklich klarstellt, vor der Veröffentlichung der Übersicht im Internet (§ 100b V S 2) zu erfolgen. Damit ist eine parlamentarische Kontrolle für die den Art 13 GG einschränkenden Maßnahmen gegeben, wie sie ähnlich nach §§ 14ff **G 10** für die Überwachung 3

und Aufzeichnung der Telekommunikation durch Nachrichtendienste besteht. Die Kontrolle wird nach Art 13 IV S 2 GG durch ein vom BTag gewähltes Gremium ausgeübt.

Abhören außerhalb von Wohnungen

100f **I Auch ohne Wissen der Betroffenen darf außerhalb von Wohnungen das nichtöffentlich gesprochene Wort mit technischen Mitteln abgehört und aufgezeichnet werden, wenn bestimmte Tatsachen den Verdacht begründen, dass jemand als Täter oder Teilnehmer eine in § 100 a Abs. 2 bezeichnete, auch im Einzelfall schwerwiegende Straftat begangen oder in Fällen, in denen der Versuch strafbar ist, zu begehen versucht hat, und die Erforschung des Sachverhalts oder die Ermittlung des Aufenthaltsortes eines Beschuldigten auf andere Weise aussichtslos oder wesentlich erschwert wäre.**

II [1] Die Maßnahme darf sich nur gegen einen Beschuldigten richten. [2] Gegen andere Personen darf die Maßnahme nur angeordnet werden, wenn auf Grund bestimmter Tatsachen anzunehmen ist, dass sie mit einem Beschuldigten in Verbindung stehen oder eine solche Verbindung hergestellt wird, die Maßnahme zur Erforschung des Sachverhalts oder zur Ermittlung des Aufenthaltsortes eines Beschuldigten führen wird und dies auf andere Weise aussichtslos oder wesentlich erschwert wäre.

III Die Maßnahme darf auch durchgeführt werden, wenn Dritte unvermeidbar betroffen werden.

IV § 100 b Abs. 1, 4 Satz 1 und § 100 d Abs. 2 gelten entsprechend.

1 **1)** Die Vorschrift regelt **das Abhören außerhalb von Wohnungen** im Anschluss an die Bestimmungen über das Abhören aus Wohnungen (§§ 100 c–100 e). Ohne Wissen der Betroffenen wird die Maßnahme angeordnet. Damit ist (genauso wie bei § 100 c, dort 10) der unauffällige, heimliche Charakter dieser Beobachtungen angesprochen (BGH **53**, 294, 301). Dass der Betroffene die ohne sein Einverständnis vorgenommene Maßnahme bemerkt hat, macht deren Anordnung weder unzulässig noch überflüssig („Auch" in I; Hilger NStZ **92**, 461 Fn 87; erg 1 aE zu § 100 a zur Einwilligung in die Überwachung). Im Einzelnen gilt Folgendes:

2 A. **Der Telefonüberwachung nach § 100 a vergleichbar** ist dieser Eingriff, er muss deshalb eine der im dortigen Straftatenkatalog enthaltene Straftat (15 zu § 100 a) betreffen; insoweit ist die früher unzulässige Maßnahme (vgl BGH **34**, 39, 50) durch das OrgKG erlaubt worden (abl Köhler ZStW **107**, 39). Der Eingriff ist aber nur zur Erforschung des Sachverhalts oder zur Ermittlung des Aufenthaltsortes des Täters zulässig. Er ist unter den hier aufgestellten Voraussetzungen nur außerhalb einer Wohnung, dh des Schutzbereichs des Art 13 GG gestattet, somit nur außerhalb aller Räume, die der „allgemeinen Zugänglichkeit durch eine räumliche Abschottung entzogen und zur Stätte privaten Lebens und Wirkens gemacht sind" (Jarass/Pieroth 4 zu Art 13); dazu gehören auch nicht allgemein zugängliche Büro- und Geschäftsräume (BGH **42**, 372 mit krit Anm Scholz NStZ **97**, 196 und zust Anm Wollweber NStZ **97**, 351; Stuttgart StV **96**, 655; einschr Krey VE 388 ff für Geschäftsräume iS des § 104 II), Krankenzimmer (BGH **50**, 206 mit zust Anm Ellbogen NStZ **06**, 180 und Kolz NJW **05**, 3248: jedenfalls, wenn sie nicht dauerhaft überwacht werden) sowie der Vorgarten eines Wohnhauses (BGH [ER] NJW **97**, 2189), nicht aber ein Pkw (BGH [ER] NJW **97**, 2189 mit zust Anm Heger JR **98**, 163; LG Stendal NStZ **94**, 556 mit zust Anm Mahnkopf/Döring), der Haftraum einer JVA (BVerfG NJW **96**, 2643; **aM** Mitsch NJW **08**, 2299) oder der Besuchsraum einer UHaft-Vollzugsanstalt (BGH **53**, 294, 300 [insoweit zust Engländer JZ **09**, 1180; Hauck NStZ **10**, 18]; **44**, 138 mit zust Anm Roxin NStZ **99**, 150 und krit Anm Duttge JZ **99**, 261; abl auch Bernsmann Schwind-FS 515; Paeffgen Seebode-FS 255 für die Zeit des Gesprächs mit dem Verteidiger

[dazu unten 12]; zw BVerfG NJW **06**, 2974 für den Besuchsraum einer JVA). Die akustische Überwachung in der U-Haft ist daher grundsätzlich zulässig (BGH **53**, 294, 299; vgl auch Schneider NStZ **01**, 15. Überwachung von Gesprächen der Gefangenen untereinander nach II zulässig).

B. Zum Begriff **„nichtöffentlich"** vgl 3 zu § 100 c. 3

C. Als **technische Mittel** kommen hier vor allem sog Wanzen, versteckte Mikrophone und Aufzeichnungsgeräte in Betracht (vgl Eisenberg BR 2522). Mithören ohne technische Mittel, also das zufällige oder auch arrangierte Belauschen eines Gesprächs, ist zulässig (Hilger NStZ **92**, 462 Fn 97). Das Wort „abhören" weist auf die Heimlichkeit der Maßnahme hin, die mit technischen Mitteln bewirkt wird. Die mit der Anbringung des Mittels notwendig verbundene Beeinträchtigung des Betroffenen durch typischerweise mit dem Abhören verbundene Vorbereitungs- und Begleitmaßnahmen (auch unter Mitwirkung von durch die Strafverfolgungsbehörden beigezogenen Personen, zB Stromableser, Schornsteinfeger usw, die hierzu aber nicht gezwungen werden dürfen, vgl Eschelbach Schäfer-SH 23) ist durch die Vorschrift gedeckt (Gropp JZ **98**, 505), ferner auch noch – falls im konkreten Fall kein milderes Mittel in Betracht kommt – die heimliche Wegnahme eines Pkw zum Einbau der Einrichtung in einer Werkstatt (BGH **46**, 266, 274 mit abl Anm Kühne JZ **01**, 1148 und Bernsmann StV **01**, 385, zust aber Steinmetz NStZ **01**, 344 für den Einbau eines „GPS"-Empfängers [2 zu § 100 h]; AG Hamburg StV **09**, 636, 637; AG Kaufbeuren StV **98**, 534 mit abl Anm Steinhögl; Heghmanns/Scheffler-Murmann III 251; Krey Kohlmann-FS 637; Janker NJW **98**, 269; Schneider NStZ **99**, 388 „sachnotwendig und typisch", ebenso für den Ausbau der Einrichtung; **aM** BGH [ER] NJW **97**, 2189 mit zust Anm Heger JR **98**, 163 und abl Anm Schairer/Krombacher Kriminalistik **98**, 119; LG Freiburg NStZ **96**, 508; SK-Wolter 7; Gropp aaO). 4

D. **Bestimmte Tatsachen** müssen den Verdacht einer der in § 100 a II bezeichneten schweren Straftaten begründen. Zu dem danach erforderlichen Verdachtsgrad vgl 9 zu § 100 a. 5

Die **Teilnahme an der Anlasstat** (§§ 25 ff StGB) steht der Täterschaft gleich, nicht aber Strafvereitelung und Begünstigung. Der strafbare Versuch der Tat, auch die Teilnahme am Versuch, wird wie die Vollendung behandelt. Strafbare Vorbereitungshandlungen und die Teilnahme daran genügen nicht (vgl BT-Drucks 16/5846 S 98; 16/6979 S 44; SK-Wolter 10). 6

Auch im **konkreten Einzelfall**, nicht nur abstrakt, muss die Anlasstat schwer wiegen, wie I nun klarstellt (vgl 11 zu § 100 a). 7

E. **Subsidiaritätsklausel:** I aE verlangt wie § 100 a I Nr 3, dass die Ermittlung auf andere Weise aussichtslos oder wesentlich erschwert wäre; auch damit wird deutlich gemacht, dass dieser Eingriff ebenso schwer wiegt wie eine Telefonüberwachung (erg 13 zu § 100 a). 8

2) Betroffene: 9

A. Regelmäßig ist der **Beschuldigte** die Zielperson des Eingriffs (II S 1). 10

B. Entgegen der Formulierung in II S 1 („nur gegen einen Beschuldigten") lässt II S 2 aber auch gegen **andere Personen** (Nichtbeschuldigte) die Maßnahme zu. Da hierbei uU sogar nichtverdächtige Personen einer Überwachung ausgesetzt sind, müssen jedoch erschwerte Voraussetzungen gegeben sein: Das Abhören und Aufzeichnen des nichtöffentlich gesprochenen Wortes kommt nur in Betracht, wenn anzunehmen ist, dass die Maßnahme zur Erforschung des Sachverhalts oder zur Ermittlung des Aufenthaltsortes führen wird (Erfolgsprognose, vgl 18 zu § 100 a) und dies auf andere Weise aussichtslos oder wesentlich erschwert wäre (vgl 13 zu § 100 a). In diesem Fall muss ferner noch auf Grund bestimmter Tatsachen (vgl 9 zu § 100 a) anzunehmen sein, dass der Nichtbeschuldigte mit einem Beschuldigten Verbindung hat oder eine solche herstellen will, es sich also um eine sog Kontaktperson handelt (vgl auch 8 zu § 163 e). Nur insoweit müssen aber „bestimmte Tat- 11 sachen", dh konkrete Anhaltspunkte, gegeben sein; darauf, dass die Maßnahme zu Aufklärungserfolgen führen wird sowie auf die Subsidiaritätsklausel (II S 2 aE) bezieht sich diese Voraussetzung nicht (zu Ersterem **aM** KK-Nack 8 zu § 100f; Hilger NStZ **92**, 463; vgl demggü. aber BT-Drucks 12/989 S 40, wo eine solche Verbindung nicht hergestellt wird, auch die Fassung der Vorschrift spricht dagegen).

12 **Zeugnisverweigerungsberechtigte:** Gegen Strafverteidiger darf die Überwachungsmaßnahme wegen § 148 I nicht angeordnet werden (Krey VE 347; erg 21 zu § 100a); für die Überwachung der in § 53 genannten (nicht beschuldigten) anderen Berufsgeheimnisträger gilt § 160a. Gegenüber Angehörigen iS des § 52 sieht das Ges keine Einschränkung vor (Bedenken hinsichtlich Ehepartner bei Zuck JR **10**, 18 Fn 9 mN).

13 C. Dass **Dritte** von der Maßnahme betroffen werden, lässt sich nicht ausschließen, so zB der Gesprächspartner der Zielperson. Dies steht nach III der Anordnung der Maßnahme nicht entgegen; andernfalls wäre die Vorschrift weithin sinnentleert (BGH **44**, 138, 141: auch wenn die Gesprächspartner Angehörige iSd § 52 sind; zust Schneider NStZ **01**, 14; abl Duttge JZ **99**, 263). Richtet sich die Maßnahme gegen den Beschuldigten, werden dadurch aber zugleich Kontaktpersonen betroffen, gilt II S 2 nicht; die Kontaktpersonen sind dann Dritte iSd III (Hilger NStZ **92**, 463).

14 3) Die **Zuständigkeit** für die Anordnung der Maßnahme regelt IV durch die Verweisung auf § 100b I S 1–3: Zuständig ist danach in 1. Hinsicht das Gericht (§ 100b I S 1), im Ermittlungsverfahren also der Ermittlungsrichter (§§ 162 I S 1, 169); erforderlich ist stets ein Antrag der StA (§§ 163 II S 2, 165 gelten nicht). Lediglich bei Gefahr im Verzug (6 zu § 98) besteht für die StA eine Eilkompetenz (§ 100b I S 2); durch das Ges vom 21. 12. 2007 (BGBl I 3198) ist die Eilzuständigkeit der Ermittlungspersonen der StA entfallen. Durch die Verweisung in IV auf § 100b I S 3 ist klargestellt, dass die Eilanordnung der StA außer Kraft tritt, wenn sie nicht binnen 3 Werktagen richterlich bestätigt wird (erg 1 zu § 100b).

15 Hinsichtlich der **Dauer der Anordnung** und ihrer Verlängerung verweist IV auf § 100b I S 4, 5. Die Erläuterungen in 2 zu § 100b gelten entspr.

16 **Form und Inhalt:** Insoweit verweist IV auf den sachnäheren § 100d II (nicht auch auf § 100d III; vgl erg 3 zu § 100d). Es ist also ua genau zu bezeichnen, ob nur abgehört oder ob auch aufgezeichnet werden soll, in welchem Umfang und wann abgehört werden soll usw; welches techn Gerät benutzt werden soll, unterliegt hingegen der Entscheidung von StA bzw Polizei (vgl Hilger NStZ **92**, 463 Fn 120).

17 Zur **getrennten Aktenführung** vgl § 101 II (dort 2).

18 **4) Beendigung der Maßnahme:** Durch die Verweisung in IV auf § 100b IV S 1 stellt das Gesetz sicher, dass die Maßnahme unverzüglich beendet wird, wenn die Anordnungsvoraussetzungen nicht mehr gegeben sind (erg 9 zu § 100b). Eine Pflicht zur Unterrichtung des anordnenden Gerichts über die Beendigung und die Ergebnisse der Maßnahme sieht das Gesetz nicht vor.

19 **Grundrechtssichernde Regelungen** enthält § 101: Kennzeichnung (§ 101 III, dort 3), Benachrichtigung mit Hinweis auf die Möglichkeit nachträglichen Rechtsschutzes (§ 101 IV S 1 Nr 5, dort 4ff, 15), Löschung (§ 101 VIII, dort 27). Bestimmungen zum Schutz des Kernbereichs privater Lebensgestaltung (22 zu § 100a; 13 zu § 100c) sieht das Gesetz nicht vor, obwohl der Gesetzgeber – ebenso wie schon BGH **44**, 138, 142 und nunmehr auch EGMR (Große Kammer) NJW **10**, 213, 214 – die mit der Telekommunikationsüberwachung vergleichbare Eingriffstiefe der Maßnahme hervorgehoben hat (BT-Drucks 16/5846 S 49; krit Bergemann DuD **07**, 583; Reiß StV **08**, 542; Zöller StraFo **08**, 21; ebenso bereits Hirsch Lisken-GS 97; vgl auch Baldus JZ **08**, 225; Poscher JZ **09**, 272; unmittelbar gegen das Fehlen einer entspr Regelung in der nF gerichtete Verfassungsbeschwerden sind unzulässig, BVerfGE **122**, 63 = MMR **09**, 36). In entspr Ausnahmefällen wird daher eine Analogie zu § 100a IV zu erwägen, jedenfalls aber ein verfassungsunmittelbares

Verwertungsverbot anzunehmen sein (Einl 56; vgl KMR-Bär 23; Puschke/Singelnstein NJW **08**, 115; Rogall Fezer-FS 84; Wolter GA **07**, 197 [vgl auch dens SK 30 ff]; weitergehend Warntjen [15 zu § 100 c] S 153; abl Löffelmann ZStW **118**, 375 [vgl aber dens in AnwK 10], Zuck JR **10**, 18; s auch BVerfG NJW **09**, 2431, 2436 zu § 94). BGH **53**, 294, 301 hat im Fall einer heimlichen Überwachung von Ehegattengesprächen in der U-Haft die Frage einer analogen Anwendung des § 100 a IV oder des § 100 c IV, V offen gelassen: Sowohl der Umstand, dass die Überwachung des Einzelbesuchsraums der U-Haftanstalt keinen geschützten Privatraum betraf als auch die Erwartung, der Beschuldigte werde mit seiner Ehefrau über die Tat sprechen, führten (ex ante) zu einer negativen Kernbereichsprognose (zum Verstoß gegen den Grundsatz des fairen Verfahrens Einl 19; vgl noch BGH **44**, 138, 142: § 100 c VI S 2 [§ 100 d III S 3 aF] entspr wegen der besonderen Situation des U-Gefangenen; ähnlich KK-Nack 12: „in Einzelfällen"; krit Hauck NStZ **10**, 18).

5) Verwertungsverbot: Für die Verwertbarkeit der gewonnenen personenbe- **20**
zogenen Informationen im Ausgangsverfahren gelten die zur Telekommunikationsüberwachung entwickelten Grundsätze entspr (29 ff zu § 100 a; erg oben 19). Missachtete der Einsatz eines Personenschutzsenders den Subsidiaritätsgrundsatz, muss jegliche Verwertung der hierdurch erlangten Beweisergebnisse unterbleiben (LG Stuttgart StV **05**, 599). BGH NStZ **03**, 668 (mit zust Anm Gercke JR **04**, 347 und abl Anm Weßlau StV **03**, 483 und Braum JZ **04**, 128; abl auch Fezer NStZ **03**, 625) verneint jedoch ein Verwertungsverbot, wenn die Aufzeichnung des gesprochenen Wortes auf eine Eilanordnung (der mithörenden Ermittlungspersonen) hätte gestützt werden können und die Abwägung im konkreten Fall ergibt, dass die Persönlichkeitsinteressen des Betroffenen gegenüber dem staatlichen Interesse an der Verfolgung einer (nach der nF: auch im Einzelfall schweren) Katalogtat nach § 100 a II zurücktreten (zw, zumal die Möglichkeit einer Eilanordnung der Ermittlungspersonen nicht mehr besteht, oben 14; erg Einl 57 c).

Für **Zufallserkenntnisse** gilt § 477 II S 2 (dort 5 ff), für die Verwertung der er- **21**
langten Erkenntnisse zu Zwecken der Gefahrenabwehr § 477 II S 3 (dort 10).

6) Rechtsschutz: Für die Zielperson sowie die erheblich mitbetroffenen **22**
Personen (vgl 11 zu § 101) steht als *lex specialis* der (befristete) Rechtsbehelf nach § 101 VII S 2–4 iVm IV S 1 Nr 5 gegen die richterliche oder nicht-richterliche Anordnung sowie die Art und Weise ihres Vollzugs zur Verfügung (25 ff zu § 101). Für danach nicht Antragsberechtigte gilt: Gegen die richterliche Anordnung oder Bestätigung kann Beschwerde nach § 304 erhoben werden, ggf auch noch nach Erledigung der Maßnahme (vgl 17 ff vor § 296). Gegen Eilentscheidungen der StA nach IV iVm § 100 b I S 2 ist der Antrag entspr § 98 II S 2 gegeben (dort 23), der allerdings nach richterl. Bestätigung unzulässig, weil prozessual überholt (17 vor § 296), ist (vgl BGH [ER] NStZ **03**, 272). Die Art und Weise der Vollziehung der Abhörmaßnahme kann entspr § 98 II S 2 beanstandet werden (LR-Schäfer 48, 49 zu § 100 d; Morré/Bruns BGH-FS 591).

7) Revision: Die Revision kann wie bei § 100 a (dort 39) darauf gestützt wer- **23**
den, dass die Beweiswürdigung auf unverwertbaren Erkenntnissen beruht.

Allgemeine Erhebungsbefugnis für Verkehrsdaten **RiStB 85**

100g

I [1] Begründen bestimmte Tatsachen den Verdacht, dass jemand als Täter oder Teilnehmer

1. **eine Straftat von auch im Einzelfall erheblicher Bedeutung, insbesondere eine in § 100 a Abs. 2 bezeichnete Straftat, begangen hat, in Fällen, in denen der Versuch strafbar ist, zu begehen versucht hat oder durch eine Straftat vorbereitet hat oder**
2. **eine Straftat mittels Telekommunikation begangen hat,**

so dürfen auch ohne Wissen des Betroffenen Verkehrsdaten (§ 96 Abs. 1, *§ 113 a*[1] des Telekommunikationsgesetzes) erhoben werden, soweit dies für die Erforschung des Sachverhalts oder die Ermittlung des Aufenthaltsortes des Beschuldigten erforderlich ist. ²Im Falle des Satzes 1 Nr. 2 ist die Maßnahme nur zulässig, wenn die Erforschung des Sachverhalts oder die Ermittlung des Aufenthaltsortes des Beschuldigten auf andere Weise aussichtslos wäre und die Erhebung der Daten in einem angemessenen Verhältnis zur Bedeutung der Sache steht. ³Die Erhebung von Standortdaten in Echtzeit ist nur im Falle des Satzes 1 Nr. 1 zulässig.

II ¹§ 100 a Abs. 3 und § 100 b Abs. 1 bis 4 Satz 1 gelten entsprechend. ²Abweichend von § 100 b Abs. 2 Satz 2 Nr. 2 genügt im Falle einer Straftat von erheblicher Bedeutung eine räumlich und zeitlich hinreichend bestimmte Bezeichnung der Telekommunikation, wenn die Erforschung des Sachverhalts oder die Ermittlung des Aufenthaltsortes des Beschuldigten auf andere Weise aussichtslos oder wesentlich erschwert wäre.

III Erfolgt die Erhebung von Verkehrsdaten nicht beim Telekommunikationsdiensteanbieter, bestimmt sie sich nach Abschluss des Kommunikationsvorgangs nach den allgemeinen Vorschriften.

IV Über Maßnahmen nach Absatz 1 ist entsprechend § 100 b Abs. 5 jährlich eine Übersicht zu erstellen, in der anzugeben sind:

1. **die Anzahl der Verfahren, in denen Maßnahmen nach Absatz 1 durchgeführt worden sind;**
2. **die Anzahl der Anordnungen von Maßnahmen nach Absatz 1, unterschieden nach Erst- und Verlängerungsanordnungen;**
3. **die jeweils zugrunde liegende Anlassstraftat, unterschieden nach Absatz 1 Satz 1 Nr. 1 und 2;**
4. **die Anzahl der zurückliegenden Monate, für die Verkehrsdaten nach Absatz 1 abgefragt wurden, bemessen ab dem Zeitpunkt der Anordnung;**
5. **die Anzahl der Maßnahmen, die ergebnislos geblieben sind, weil die abgefragten Daten ganz oder teilweise nicht verfügbar waren.**

Übersicht

1 **1) Bedeutung der Vorschrift:**

2 A. Eine allgemeine **Befugnis zur Erhebung von Telekommunikations-Verkehrsdaten** enthält die Bestimmung. In ihrer Ausgestaltung durch das Ges vom 21. 12. 2007 (BGBl I 3198; vgl Graulich NVwZ **08**, 485) fasst sie unter Erweiterungen die §§ 100 g, 100 h aF zusammen, die ihrerseits an die Stelle des – bis zum 31. 12. 2001 geltenden – § 12 FAG traten (vgl zu § 12 FAG BVerfGE **107**, 299 = NJW **03**, 1787; zust Gusy NStZ **03**, 399; krit Hilger GA **03**, 493; Kugelmann NJW **03**, 1777; BGH NJW **93**, 1212; StV **98**, 173; NStZ **01**, 107; Klesczewski

[1] § 100 g I S 1 verstößt, soweit danach Verkehrsdaten nach § 113 a TKG erhoben werden dürfen, gegen Art 10 I GG und ist insoweit nichtig (BVerfG NJW **10**, 833; erg unten 7).

NStZ **93**, 446 und StV **93**, 382; Paeffgen Roxin-FS 1302). Durch die Neufassung wurde die Regelung den Vorschriften der §§ 100a, 100b weiter angeglichen. Sie trägt den Vorgaben des Übereinkommens des Europarats über Computerkriminalität (sog Cybercrime-Konvention [9 vor § 94]; dazu Korn HRRS **09**, 117; Gercke CR **04**, 782; Bär 490ff) Rechnung (zur sog Vorratsdatenspeicherung unten 7). Zum Vollstreckungsverfahren vgl 14 zu § 457, zum OWi-Verfahren vgl § 46 III S 1 OWiG. Den Einfluss der Beweisführung mittels Verkehrsdaten auf die Struktur des Strafverfahrens erörtert Velten in der FS für Fezer S 87ff.

B. Auch die Erhebung von Verkehrsdaten in **Echtzeit** erlaubt die Vorschrift (mit Einschränkungen bei den Standortdaten, unten 6; krit Brinkel/Lammers ZUM **08**, 20); unverändert umfasst sie den Anspruch auf Auskunft gegenüber Telekommunikationsdiensteanbietern über vergangene oder zukünftig anfallende Verbindungsdaten (dazu unten 29). Statt Verkehrsdaten über den Diensteanbieter zu erheben, können die Strafverfolgungsbehörden sie selbst mit technischen Mitteln in Echtzeit erheben oder aufzeichnen (Hoeren JZ **08**, 668 Fn 3, 671; vgl auch Art 20 I Buchst a Cybercrime-Konvention; erg unten 11 aE). Die Maßnahme dient damit – wie zuvor schon § 12 FAG – der Beschaffung von Beweismitteln für tatbestandsmäßiges Verhalten, der Bestimmung des Standorts eines Beschuldigten zur Tatzeit und der Abklärung, ob und bezüglich welcher Personen eine Telekommunikationsüberwachung nach § 100a Erfolg versprechend erscheint, ferner auch der Bekämpfung der Datennetzkriminalität. Es geht in § 100g also nicht um den Inhalt der Ferngespräche (dazu dient § 100a; Welp GA **02**, 552), sondern um Feststellung technischer Daten (Anschlussstelle, Zeit und Ort des Gesprächs usw). Die näheren Umstände des Fernmeldevorgangs unterfallen, soweit sie überhaupt auf Kommunikationsinhalte beziehbar sind, dem Fernmeldegeheimnis (Art 10 I GG; BVerfG NJW **07**, 351; 2749; 3055; **10**, 833, 835; vgl auch Korn HRRS **09**, 112, 121); ihrer Ermittlung kann Art 5 I S 2 GG entgegenstehen (Dresden NJW **07**, 3511: Schutz des Vertrauensverhältnisses zwischen Presse und Informanten). 3

C. Der Begriff der **Verkehrsdaten** ist in § 3 Nr 30 TKG legaldefiniert (Daten, die bei der Erbringung eines Telekommunikationsdienstes erhoben, verarbeitet oder genutzt werden). Welche dieser Daten nach § 100g erhoben werden dürfen, bestimmt I S 1 durch den Verweis auf den abschließenden Katalog in § 96 I TKG (vgl dazu BeckTKG-Komm/Robert 3 zu § 96; Korn HRRS **09**, 119; eingehend zur engeren Aufzählung in § 100g III aF Wohlers/Demko StV **03**, 242; Zöller Hilger-FG 295); erfasst werden auch Daten über erfolglose Verbindungsversuche (§ 88 I S 2 TKG; vgl Demko NStZ **04**, 59). Der Verweisung auf § 96 I TKG liegt der allgemeine Gedanke zugrunde, dass Verkehrsdaten, die der Diensteanbieter für seine Zwecke erheben darf, unter den gesetzlichen Voraussetzungen auch von den Strafverfolgungsbehörden erhoben werden dürfen (erg unten 30). 4

Einzelheiten: Mit der in § 96 I Nr 1 TKG genannten Nummer oder Kennung der beteiligten Anschlüsse oder der Endeinrichtung werden insbesondere auch die IMEI-Nummern (elektronische Gerätekennung von Mobiltelefonen, die im Rahmen der Telekommunikation übertragen wird) sowie die (sog dynamischen) IP-Adressen von Computern erfasst, die Zugang zum Internet haben (Zweibrücken [Z] CR **09**, 31, 32; insoweit zutr auch LG Frankenthal [Z] K&R **08**, 467 mit abl Anm Sankol = MMR **08**, 687 mit insoweit zust Anm Ernst/Spoenle; Bär DRiZ **07**, 219; MMR **08**, 219; BeckTKG-Komm/Robert 3 zu § 96; krit Zöller GA **07**, 406). Die Auskunft über Bestandsdaten, insbesondere Name und Anschrift eines mittels dynamischer IP-Adresse und Uhrzeit individualisierten Anschlussinhabers, ist im manuellen Auskunftsverfahren nach § 113 TKG zu erteilen (erg 16 zu § 99). Die in § 96 I Nr 1 TKG bezeichneten personenbezogenen Berechtigungskennungen (zB PIN) können bereits nach § 113 I S 2 TKG iVm §§ 161 I S 1, 163 I erfragt werden (16 zu § 99). Die Einbeziehung der in § 96 I Nr 5 TKG genannten sonstigen zum Aufbau und zur Aufrechterhaltung der Telekommunika- 5 tion sowie zur Entgeltabrechnung notwendigen Verkehrsdaten gestaltet die Erhebungsbefugnis in § 100g technikoffen aus und ist zB zur Feststellung betrügerisch manipulierter Abrechnungen notwendig. Ob auch die bei Einsatz eines elektron Mauterfassungssystems gewonnenen Daten Verkehrsdaten sind, ist zweifelhaft, denn „Telekommunikation" (§ 3 Nr 30 TKG) ist an sich die Übermittlung von Nachrichten zwischen Menschen, nicht der automatische Datenaustausch zwischen Maschinen; da die Daten nach § 4 II S 4, 5 und § 7 II S 2, 3 Autobahnmautgesetz (BGBl I 2004, 3122) jedoch ausschließlich für Zwecke dieses Gesetzes genutzt werden dürfen, sind sie jedenfalls im Strafverfahren nicht verwertbar (LG Magdeburg NJW **06**, 1073; Göres NJW **04**, 195; Niehaus NZV **04**, 502; Pfab NZV **05**, 506; Röwer [16 zu § 99] 255 ff; **aM** AG Gummersbach NJW **04**, 240; krit LR-Erb 26 a, Henrichs Kriminalistik **07**, 3; vgl auch AG Friedberg NStZ **06**, 517: Verwertung bei Diebstahl des Lkw mit Einverständnis des Eigentümers zulässig).

6 Die **Standortdaten** eines Mobiltelefons sind Verkehrsdaten (§ 96 I Nr 1 TKG); damit kann uU der Aufenthaltsort eines Beschuldigten in der Vergangenheit (zB zur Tatzeit) ermittelt werden. Seit der Änderung des § 100g durch das Ges vom 21. 12. 2007 (BGBl I 3198) können auch die Positionsmeldungen nicht telefonierender Mobilfunkgeräte („stand-by") erhoben werden. Insbesondere zur Ermöglichung oder Erleichterung von Observationsmaßnahmen können die Standortdaten eines eingeschalteten (wenn auch nicht genutzten) Mobiltelefons auch in Echtzeit erhoben werden; I S 3 beschränkt eine solche ständige Ortung und die damit verbundene Möglichkeit, ein aktuelles Bewegungsbild des Betroffenen zu erstellen, allerdings aus Gründen der Verhältnismäßigkeit auf die Fälle des I S 1 Nr 1 (Straftat von auch im Einzelfall erheblicher Bedeutung). Die Neuregelung kann nach Auffassung des Gesetzgebers die in ihrer rechtlichen Zulässigkeit umstrittene Übersendung „stiller SMS" entbehrlich machen (BT-Drucks 16/5846 S 51; krit hierzu Röwer [16 zu § 99] S 333; erg 4 zu § 100i; 6a zu § 100a; vgl auch KMR-Bär 32 zu E-Mail-Bestätigungsdiensten).

7 D. **Vorratsdatenspeicherung:** Die Richtlinie 2006/24/EG vom 15. 3. 2006 (ABl EU Nr L 105 S 54) sieht die Speicherung von in Art 5 näher bezeichneten Verkehrsdaten auf Vorrat, dh für einen Zeitraum von mindestens 6 Monaten und höchstens 2 Jahren (Art 6) durch die Anbieter öffentlich zugänglicher elektronischer Kommunikationsdienste oder Betreiber eines öffentlichen Kommunikationsnetzes vor (Vogel Nehm-FS 81; Westphal EuZW **06**, 555). Eine auf die unzutreffende Heranziehung des Art 95 EG (jetzt: Art 114 AEUV) als Rechtsgrundlage für die Richtlinie gestützte Nichtigkeitsklage hat der EuGH abgewiesen (NJW **09**, 1801; krit dazu Ambos JZ **09**, 468; Braum ZRP **09**, 174; Kindt MMR **09**, 663; Klesczewski HRRS **09**, 250; Simitis NJW **09**, 1782; vgl aber das Vorabentscheidungsersuchen des VG Wiesbaden K&R **09**, 354 mit krit Anm Schnabel und Härting BB **09**, 744; krit auch Kindt aaO 666). Die Richtlinie war bis zum 15. 9. 2007 in nationales Recht umzusetzen (Art 15; zur Umsetzung in der EU Forgó/Jlussi/Klügel/Krügel DuD **08**, 680). Die zu diesem Zweck erlassenen §§ 113a, 113b TKG hat das BVerfG mit Urteil vom 2. 3. 2010 wegen Verstoßes gegen Art 10 GG für nichtig erklärt, ebenso § 100g I S 1, soweit danach Verkehrsdaten nach § 113a TKG, also Vorratsdaten, erhoben werden dürfen (NJW **10**, 833; dazu Eckhardt/Schütze (R **10**, 225; Heun (R **10**, 247; Roßnagel NJW **10**, 1238; zur vorangegangenen Diskussion vgl die Nachw in Voraufl Rn 9); die aufgrund der dieser Entscheidung vorangegangenen einstweiligen Anordnungen vom 11. 3. 2008 (BVerfGE **121**, 1 = NStZ **08**, 290) und 28. 10. 2008 (BVerfGE **122**, 120 = StV **09**, 2 L; vgl Voraufl Rn 9a, 9b) vom Diensteanbieter gespeicherten Vorratsdaten müssen gelöscht und dürfen nicht an die ersuchenden Stellen übermittelt werden (erg unten 30). Der Zugriff auf vergangene Verbindungsdaten (vgl oben 3) kommt daher – jedenfalls bis zu einer Neuregelung der Vorratsdatenspeicherung – nur noch in Betracht, soweit der Diensteanbieter retrograde Daten nach §§ 96 ff TKG gespeichert hat. Hierbei tritt die Speicherung zu Abrechnungszwecken wegen der ver-

breiteten Nutzung von *flatrates* zunehmend in den Hintergrund (vgl zur Speicherung nach § 100 TKG zwecks Störungs- oder Missbrauchsabwehr LG Darmstadt CR **07**, 574, LG Köln MMR **08**, 197 und AG Bonn MMR **08**, 203 [7 Tage])

E. Einen Auskunftsanspruch im Hinblick auf **Nutzungsdaten** enthält § 100g – im Unterschied etwa zu § 20m II BKAG, § 8a II S 1 Nr 5 BVerfSchG – nicht. Der Begriff der Nutzungsdaten ist in § 15 TMG definiert; dessen Anwendungsbereich ergibt sich aus § 1 TMG (elektronische Informations- und Kommunikationsdienste, die nicht ausschließlich vom TKG erfasst oder Rundfunk sind). Im Verhältnis zum Nutzer ist die Berechtigung des Diensteanbieters zur Auskunft über Bestands- und Nutzungsdaten in §§ 14 II, 15 V S 4 TMG geregelt (vgl BT-Drucks 16/3078 S 16, 16/3135 S 2; 16/10121 S 39; zur Erhebung entspr Bestandsdaten durch Strafverfolgungsbehörden vgl 16a zu § 94, 16 zu § 99); von der datenschutzrechtlichen Öffnungsklausel in § 15 V S 4 TMG für Nutzungsdaten hat die StPO keinen Gebrauch gemacht (vgl aber Henrichs/Wilhelm Kriminalistik **10**, 34, 36). Das gilt aber nicht für Telemediendienste, die überwiegend in der Übertragung von Signalen über Telekommunikationsnetze bestehen und damit insbesondere für Internet-Access-Provider (§ 11 III TMG; BT-Drucks 16/5846 S 87; Heckmann 62 zu § 15 TMG; KMR-Bär 34; Rössel ITRB **07**, 160); die (verdeckte) Datenerhebung bemisst sich insoweit nach §§ 111ff TKG (Bestandsdaten), § 100g (Verkehrsdaten iS des I S 1) oder § 100a (Inhaltsdaten); erg 16a zu § 94 zur (offenen) Beschlagnahme. 8–10

2) Nach Abschluss des Kommunikationsvorgangs sind die Strafverfolgungsbehörden nicht auf die Auskunft durch den Diensteanbieter nach § 100g beschränkt. Vielmehr kommt auch die Erhebung von Verkehrsdaten, die sich nicht mehr im Herrschaftsbereich des Telekommunikationsdiensteanbieters befinden, nach den allgemeinen Vorschriften in Betracht; dies stellt III klar (erg 16a zu § 94). Insbesondere dürfen unter den Voraussetzungen der §§ 94ff Gegenstände beim Betroffenen sichergestellt werden, die Aufschluss über Verkehrsdaten geben können, zB Datenträger wie etwa die SIM-Karte, Verbindungsnachweise in Papierform, abgerufene E-Mail im Postfach des Empfängers. Der zwangsweise Zugriff auf derartige, beim Betroffenen gespeicherte Daten setzt keine Straftat von erheblicher Bedeutung iS des § 100g voraus (BVerfGE **115**, 166 [= NStZ **06**, 641 mit zust Anm Günther; abl Brüning ZIS **06**, 241; Gercke StV **06**, 454]; BVerfG NJW **07**, 3343, 3344; BGH NStZ **06**, 650, 652; Beulke StP 253; Hirsch NJOZ **08**, 1913; anders zuvor BVerfG NStZ **05**, 337 mit krit Anm Hauschild; krit auch Günther NStZ **05**, 485; zust aber Huber NVwZ **07**, 883; eingehend Weyand StV **05**, 520). Jedoch ist auf die erhöhte Schutzwürdigkeit der bei dem Betroffenen gespeicherten Verbindungsdaten Rücksicht zu nehmen (BVerfGE **115**, 166 = NJW **06**, 976, 982). Dasselbe gilt für angekommene Fax-Nachrichten, Aufzeichnungen auf einem Anrufbeantworter und ähnliches (Löffelmann AnwBl **06**, 600; Spatscheck Hamm-FS 749), nach LG Konstanz MMR **07**, 193 mit abl Anm Störing auch für Anonymisierungsserver im Blick auf dort vermutete Logdaten (anders LG Frankfurt aM StraFo **04**, 53; insoweit zust Bär MMR **04**, 343). Der Zugriff auf die näheren Umstände der laufenden Kommunikation mit eigenen technischen Mitteln der Strafverfolgungsbehörden (oben 3) unterfällt aber § 100g. 11

3) Bei den **materiellen Voraussetzungen** der Verkehrsdatenerhebung unterscheidet I zwischen zwei Kategorien von Straftaten: 12

A. Eine **Straftat von erheblicher Bedeutung** ist Gegenstand der Untersuchung (I S 1 Nr 1). Die Verweisung auf den Katalog in § 100a II ist nicht abschließend („insbesondere“; krit Puschke/Singelnstein NJW **08**, 114 Fn 12; Brinkel/Lammers ZUM **08**, 20; Wohlers/Demko StV **03**, 245). Bei Bagatelldelikten scheidet die Anwendung der Maßnahme allerdings aus; es muss sich mindestens um eine Straftat der mittleren Kriminalität handeln (vgl 5 zu § 98a). Auch im konkreten Einzelfall, nicht nur abstrakt, muss die Anlasstat von erheblicher Bedeutung 13 sein, wie der Wortlaut des I nunmehr klarstellt (vgl BVerfGE **107**, 299, 322 = NJW **03**, 1787, 1791; LG Dresden AfP **07**, 159; LG Hildesheim NdsRpfl **08**, 148 [bei § 242 StGB idR zu verneinen]; erg 11 zu § 100 a).

14 **Bestimmte Tatsachen** müssen den Verdacht einer der in I S 1 Nr 1 bezeichneten Straftaten begründen. Zu dem danach erforderlichen Verdachtsgrad vgl 9 zu § 100 a sowie LG Dresden AfP **07**, 159; Rauschenberger Kriminalistik **09**, 274; Welp GA **02**, 537.

15 Die **Teilnahme an der Anlasstat** (§§ 25 ff StGB) steht der Täterschaft gleich, nicht aber Strafvereitelung und Begünstigung. Der strafbare Versuch der Tat, auch die Teilnahme am Versuch, wird wie die Vollendung behandelt. Vorbereitungshandlungen und die Teilnahme daran rechtfertigen die Verkehrsdatenerhebung nur, wenn sie ihrerseits als selbstständige – für sich gesehen nicht notwendig iS des I S 1 Nr 1 erhebliche – Straftaten oder nach § 30 StGB (vgl BGH **32**, 10, 16 zu § 100 a; Schnarr NStZ **90**, 259) strafbar sind; die Anordnung nach § 100 g ergeht in dem Verfahren wegen dieser Tat.

16 **Ermittlungsziele:** Verkehrsdaten (einschließlich der Standortdaten eingeschalteter Mobiltelefone) dürfen nur dann und nur insoweit erhoben werden, als dies zur Erforschung des Sachverhalts oder zur Ermittlung des Aufenthaltsortes des Beschuldigten erforderlich ist. Im Rahmen des dem Anordnenden zukommenden Beurteilungsspielraums (vgl BGH **41**, 30 zu § 100 a; erg dort 39) darf auch der mit alternativen Ermittlungsansätzen verbundene Aufwand berücksichtigt werden (BT-Drucks 16/5846 S 33). Reicht allerdings eine Fangschaltung zur Aufklärung aus, geht ihre Einrichtung der Verkehrsdatenerhebung vor (vgl Hilger GA **02**, 229; Zöller GA **07**, 395). Eine darüber hinausgehende Subsidiaritätsklausel enthält das Gesetz für die Variante einer Straftat von erheblicher Bedeutung (I S 1 Nr 1) nicht. Es gilt allerdings erg der Verhältnismäßigkeitsgrundsatz (Einl 20).

17 B. Zu den **mittels Telekommunikation** begangenen Straftaten (I S 1 Nr 2) zählen die mittels Telefon, Fax, Internet oder E-Mail ausgeführten Taten (Wohlers/Demko StV **03**, 245), zB beleidigende oder bedrohende Anrufe, Ausspähen von Daten (§ 202 a StGB). Hier muss die Verkehrsdatenerhebung grundsätzlich auch bei minder schweren Straftaten zugelassen werden, weil diese ohne Erkenntnisse über die Nummer des Anschlusses idR nicht aufklärbar sind (BVerfG NJW **06**, 3197 mit zust Anm Bär MMR **07**, 232; krit Eisenberg BR 2473; Welp GA **02**, 541; einschr AG Offenburg MMR **07**, 809 mit Anm Bär = K&R **07**, 538 mit Anm Sankol = CR **07**, 676 mit Anm Heidrich in Fällen der §§ 106, 108 UrhG [zur Abgrenzung zu § 113 TKG oben 5, 15 und 16 zu § 99]). Bei Handydiebstählen ist die Bestimmung nicht anwendbar (LG Hildesheim NdsRpfl **08**, 148).

18 Nur unter **engeren Voraussetzungen** als in I S 1 Nr 1 lässt das Ges die Maßnahme in dieser Fallgruppe zu, ursprünglich, um auch insoweit den Zugriff auf Vorratsdaten ohne Verstoß gegen den Verhältnismäßigkeitsgrundsatz eröffnen zu können (BT-Drucks 16/5846 S 52; vgl aber oben 7): Der auf bestimmte Tatsachen gestützte Verdacht einer als Täter oder Teilnehmer iS der §§ 25 ff StGB begangenen Tat (oben 14, 15) muss sich auf ein vollendetes Delikt beziehen. Außerdem verlangt die strenge Subsidiaritätsklausel in I S 2, dass über die in I S 1 (oben 16) vorausgesetzte Erforderlichkeit hinaus die Erforschung des Sachverhalts oder die Ermittlung des Aufenthaltsortes des Beschuldigten ohne die Erhebung der Verkehrsdaten aussichtslos wäre (13 zu § 100 a). Es ist anhand der konkreten Umstände des Einzelfalls zu prüfen, ob andere Ermittlungsmaßnahmen in Betracht kommen oder ob die Verkehrsdatenerhebung das einzige zielführende und zugleich verhältnismäßige Mittel ist. So kann es sich insbesondere in Fällen des sog Stalking verhalten (telefonische Bedrohung). Durch die weitere Voraussetzung, dass die Erhebung der (konkret abgefragten) Verkehrsdaten in einem angemessenen Verhältnis zur Bedeutung der Sache steht, wird der Bereich der leichteren Kriminalität auch dann ausgenommen, wenn die Tat anders nicht aufklärbar ist (BT-Drucks 16/5846 S 52: einzelne geringfügige Beleidigungen; LG Bamberg MMR

09, 777 mit Anm Schmidt: Betrugsschaden von 19,99 €; vgl aber Bär MMR **08**, 219).

All dies gilt **nicht**, wenn die mittels Telekommunikation begangene Straftat die Erheblichkeitsschwelle in I S 1 Nr 1 überschreitet; dann gelten die oben unter 13 ff aufgeführten Voraussetzungen (BT-Drucks 16/5846 S 52). 19

4) Betroffene: Auskunft darf nur über die Verkehrsdaten des Beschuldigten oder der Personen verlangt werden, von denen auf Grund bestimmter Tatsachen anzunehmen ist, dass sie für den Beschuldigten bestimmte oder von ihm herrührende Mitteilungen entgegennehmen oder weitergeben oder dass der Beschuldigte ihren Anschluss benutzt (II S 1 iVm § 100 a III; erg 16 ff zu § 100 a), nicht aber von „einfachen" Zeugen (BGH 5 StR 385/09 vom 24. 11. 2009); die bloße Vermutung, dass von den Tätern einer Straftat mittels Mobiltelefon kommuniziert worden sein könnte, genügt nicht (LG Magdeburg StV **06**, 125). Bei „Hacker-Angriffen", in denen sich der Täter unerlaubt unter Ausnutzung von Computernetzwerken einwählt, sind deren Betreiber als Zielpersonen anzusehen (BR-Drucks 702/01; Hoeren wistra **05**, 3). 20

Der Schutz von (nicht beschuldigten) **Berufsgeheimnisträgern** richtet sich nach § 160 a; fraglich ist aber, ob § 160 a IV S 1 nicht entspr der Rspr zu § 100 a (dort 21) als auf den Strafverteidiger unanwendbar angesehen werden muss (so zu § 100 h II S 2 aF Welp GA **02**, 550; offen gelassen von BVerfG NJW **06**, 3197, 3199; abl KMR-Bär 16). Vor einer Echtzeitüberwachung (oben 3, 6) dürfte der Verteidiger schon nach § 148 geschützt sein. 21

Mit der **Zielwahlsuche** sollen unbekannte Anschlussnummern ermittelt werden, von denen Telekommunikationsverbindungen zu einem Anschluss des Beschuldigten oder des Nachrichtenmittlers iS des II S 1 iVm § 100 a III hergestellt worden sind (= eingehender Telekommunikationsverkehr). Es geht darum, unbekannte Täter zu identifizieren (Wohlers/Demko StV **03**, 247). Dieses nach der Änderung des § 100 g durch das Ges vom 21. 12. 2007 (BGBl I 3198) nicht mehr ausdrücklich geregelte Mittel kann, soweit erforderlich, nach dem Willen des Gesetzgebers weiterhin nach I durchgeführt werden (vgl BT-Drucks 16/5846 S 54 [Zielwahlsuche wegen der Einführung der – für nichtig erklärten – Vorratsdatenspeicherung idR entbehrlich]; **aM** Zöller GA **07**, 398). Der damit in den Fällen des I S 1 Nr 1 einhergehende Verzicht auf die frühere Subsidiaritätsklausel ist freilich verfassungsrechtlich bedenklich (vgl BVerfGE **107**, 299, 328 = NJW **03**, 1787, 1793), weil diese Klausel darauf beruhte, dass im Rahmen der Ermittlung der herauszugebenden Verkehrsdaten auch viele – sogar überwiegend – Telekommunikationsverbindungen Unverdächtiger einbezogen und – wie bei einer Rasterfahndung nach § 98 a – abgeglichen werden müssen (krit dazu Welp GA **02**, 545, Weßlau ZStW **113**, 690, Wohlers/Demko aaO; vgl auch Eisenberg BR 2474). 22

5) Anordnung: 23

A. Für die **Zuständigkeit** verweist II S 1 auf § 100 b I S 1–3. Der Regelzuständigkeit des (Ermittlungs-)Gerichts steht also die – binnen 3 Werktagen richterlich zu bestätigende – Eilanordnung der StA gegenüber (vgl im Einzelnen 1 zu § 100 b). Die Betroffenen und der Auskunftsverpflichtete werden vor der Anordnung nicht gehört (§ 33 IV S 1). Zu den Kosten vgl 13 zu § 100 b. 24

B. **Form und Inhalt** der Anordnung folgen ebenfalls den Regeln für die Telekommunikationsüberwachung (II S 1 iVm § 100 b II; vgl dort 3 ff); es kann angeordnet werden, dass die Auskunft auf elektronischen Datenträgern zu erteilen ist (BGH [ER] NStZ **05**, 278). Die Anordnung setzt eine richterliche Einzelfallprüfung voraus, die sich auf die Eingriffsvoraussetzungen und die Angemessenheit des Eingriffs im konkreten Einzelfall beziehen muss (LG Rostock StraFo **08**, 377 mit Anm Buckow; Gusy NStZ **03**, 403 im Anschluss an BVerfG NStZ **03**, 441). 25

Bei Straftaten von erheblicher Bedeutung bedarf es zwar auch einer schriftlichen Anordnung über Art, Umfang und Dauer der Maßnahmen, nicht aber der An- 26 gabe der Rufnummer oder einer anderen Kennung des Anschlusses, sondern nur einer räumlich und zeitlich hinreichend bestimmten Bezeichnung der Telekommunikation (II S 2; die Angabe von Namen und Anschrift steht ohnehin unter dem Vorbehalt des Möglichen, II S 1 iVm § 100 b II S 2 Nr 1); dabei hängen die Anforderungen an die Bestimmtheit von der Schwere der Straftat und der Anzahl der möglicherweise betroffenen unbeteiligten Dritten ab (BT-Drucks 14/7258 S 4). Eine solche Anordnung ist nur zulässig, wenn andernfalls die Erforschung des Sachverhalts oder die Ermittlung des Aufenthaltsortes des Beschuldigten aussichtslos oder wesentlich erschwert wäre (Subsidiaritätsklausel; vgl 13 zu § 100 a). Hiermit werden die Fälle erfasst, in denen Erkenntnisse zu Namen und Anschrift oder zum Aufenthaltsort des Betroffenen (KK-Nack 5; **aM** KMR-Bär 24) gerade erst ermittelt werden sollen.

27 Damit wird von II S 2 auch die sog **Funkzellenabfrage** gedeckt, mit der die Auskunft über Daten solcher Mobilfunktelefonate angeordnet wird, die von einem unbekannten Täter oder dessen Nachrichtenmittler während eines konkreten Zeitraums aus einer bestimmten Funkzelle geführt wurden. Der auch für diesen Fall geltende Verweis in II S 1 auf § 100 a III schließt es aus, die Funkzellenabfrage allein zur Ermittlung von (nicht als Nachrichtenmittler in Betracht kommenden) Zeugen einzusetzen; Erkenntnisse hierzu sind indes verwertbar, wenn sich die Anordnung gegen den – ggf noch unbekannten – Beschuldigten oder dessen Nachrichtenmittler richtete (BT-Drucks 16/5846 S 55). Zu den Anordnungsvoraussetzungen im Einzelfall vgl LG Stade StV **05**, 434 mit zust Anm Rentzel-Rothe/Wesemann; LG Rostock StraFo **08**, 377 mit Anm Buckow; LG Rottweil StV **05**, 438 mit abl Anm Beichel-Benedetti; Bär 179 mwN; Rauschenberger Kriminalistik **09**, 273 mit krit Erwiderung Götz Kriminalistik **09**, 403.

28 C. Eine **Befristung** ist nötig, soweit auch zukünftige Verkehrsdaten (in Echtzeit oder durch Auskunft, oben 3, unten 29) erhoben werden sollen; die Maßnahme darf höchstens 3 Monate dauern, allerdings jeweils um 3 Monate verlängert werden, soweit die in § 100 g bezeichneten Voraussetzungen fortbestehen (II S 1 iVm § 100 b I S 4 und 5; erg dort 2; zur Gefahr einer dadurch möglichen „Dauerobservation" Wohlers/Demko StV **03**, 244).

29 **6)** Zur **Mitwirkung** verpflichtet sind nach dem Verweis in II S 1 auf § 100 b III auch solche Telekommunikationsdiensteanbieter, die ihre Dienste nicht geschäftsmäßig iS des § 3 Nr 10 TKG erbringen oder daran mitwirken (vgl im Einzelnen 8 zu § 100 b; das strafbewehrte Mitteilungsverbot nach §§ 17 I, 18 **G 10** gilt insoweit allerdings nicht). Der Diensteanbieter – auch Online-Dienste, Mailbox-Betreiber, Access-Provider – hat an einer Ausleitung der Verkehrsdaten in Echtzeit („live") an die Strafverfolgungsbehörden mitzuwirken. Er hat ferner über nach §§ 96 ff TKG (oben 7) gespeicherte Verkehrsdaten, die Telekommunikationsvorgänge in der Vergangenheit betreffen, Auskunft zu erteilen. Auch ist er weiterhin zur Auskunft über zukünftig anfallende Verkehrsdaten verpflichtet (vgl Welp GA **02**, 554). Für den Zugriff auf künftige Verkehrsdaten ergeben sich damit zwei Varianten: die Erhebung in Echtzeit oder die gebündelte Auskunft über die nach dem Zeitpunkt der Anordnung anfallenden Daten in bestimmten Zeitabständen (Zöller GA **07**, 397). Eine derartige Auskunftsverpflichtung geht auf Grund des in § 88 III TKG enthaltenen allgemeinen Vorbehalts zugunsten anderer gesetzlicher Vorschriften sowie der in § 96 I S 2 TKG anerkannten Zweckänderung (vgl BT-Drucks 16/2581 S 27) bis zur Übermittlung der geforderten Informationen den Löschungspflichten nach dem TKG vor. Sie ist unverzüglich zu erfüllen (II S 1, § 100 b III). Einzelheiten, insbesondere zum Übermittlungsverfahren und zum Datenformat, sollen in der TKÜV geregelt werden (vgl § 110 II Nr 1 a TKG, § 1 Nr 8 TKÜV; technische Einzelheiten dazu in der TR-TKÜV der Bundesnetzagentur; vgl 8 zu § 100 b).

30 Der Auskunftsanspruch ist auf solche Daten **beschränkt**, die seitens der Diensteanbieter auf Grund bestehender Regelungen zulässigerweise erhoben und gespeichert werden (LG Frankfurt aM MMR **04**, 344 mit zust Anm Bär S 340; LG Konstanz MMR **07**, 193; Hoeren wistra **05**, 4; Schaar, Datenschutz im Internet,

2002, Rn 826; Welp GA **02**, 556; Wohlers/Demko StV **03**, 242; **aM** Eckhardt DuD **02**, 201; Seitz, Strafverfolgungsmaßnahmen im Internet, 2004, S 170ff; unklar BT-Drucks 16/5846 S 54; vgl auch BVerfG NJW **07**, 3055, 3056). Davon zu unterscheiden ist die Frage der Verwertbarkeit rechtswidrig gespeicherter und an die Strafverfolgungsbehörden übermittelter Daten; dies wird jedenfalls nach der von der Rspr vertretenen Abwägungslehre (Einl 55a) idR zu bejahen sein (Bär 157 mwN; vgl auch Marberth-Kubicki, Computer- und Internetstrafrecht, 2. Aufl 2010, Rn 629ff sowie zur Verwertung der bis zum Urt des BVerfG vom 2. 3. 2010 [oben 7] von den Strafverfolgungsbehörden erhobenen Vorratsdaten den in BT-Drucks 17/1482 S 5 mitgeteilten Erlass des Nds JM vom 3. 3. 2010).

7) Beendigung (II S 1, § 100b IV S 1): Die Maßnahme ist bei Wegfall der Anordnungsvoraussetzungen unverzüglich zu beenden (9 zu § 100b). Der Telekommunikationsdiensteanbieter ist aufzufordern, keine weiteren Verkehrsdaten mehr zu übermitteln. Eine Unterrichtung des Gerichts ist nicht erforderlich. 31

8) Grundrechtssichernde Regelungen enthält § 101: Kennzeichnung (§ 101 III, dort 3), Benachrichtigung mit Hinweis auf die Möglichkeit nachträgl Rechtsschutzes (§ 101 IV S 1 Nr 6, dort 4ff, 15), Löschung (§ 101 VIII, dort 27). 32

9) Berichte schreibt IV in Anlehnung an § 100b V, VI vor (dort 11). Nach Art 10 der Richtlinie 2006/24/EG (oben 7) haben die Mitgliedstaaten ihrerseits der Kommission jährlich über die Vorratsdatenspeicherung zu berichten. 33

10) Verwertung: In rechtmäßiger Weise erlangte Erkenntnisse sind im Ausgangsverfahren – als Spurenansatz und zu Beweiszwecken – verwertbar (vgl BGH NStZ **93**, 192; **98**, 92), auch hinsichtlich einer anderen Begehungsform der zunächst angenommenen Anlasstat (I S 1 Nr 1, 2) oder sonstiger Straftatbestände und anderer Tatbeteiligter, soweit es sich noch um dieselbe Tat im prozessualen Sinn handelt (vgl BT-Drucks 16/5846 S 66). Zu Verwertung und Verwertungsverbot gelten im Einzelnen die Grundsätze zu § 100a entspr (dort 29ff, 35ff). Die Einführung der Verkehrsdaten in die Hauptverhandlung kann durch Urkundsbeweis, aber auch durch die Vernehmung eines Zeugen oder Sachverständigen erfolgen, der die zutreffende Erfassung und Wiedergabe der Daten bestätigt und damit auch den Inhalt der Listen zum Gegenstand seiner Aussage macht (vgl BGH NStZ-RR **00**, 37 [K]); ein Sachverständiger kann auch zu den aus den Verkehrsdaten zu ziehenden Schlüssen, etwa zum Standort eines Handys, Stellung nehmen. 34

Die Verwendung von **Zufallsfunden** in anderen Strafverfahren ist in § 477 II S 2 näher geregelt (vgl dort 5ff); das gilt auch für auf § 100g I S 1 Nr 2 gestützte Maßnahmen (vgl BT-Drucks 16/5846 S 58; SK-Weßlau 23 zu § 477; im Erg ebenso, aber ungenau Puschke/Singelnstein NJW **08**, 117 Fn 50; **aM** KK-Nack 13). Die Verwendung von Erkenntnissen aus der Verkehrsdatenerhebung für präventive Zwecke richtet sich nach § 477 II S 3 (dort 10); der umgekehrte Fall der repressiven Verwertung präventiv erlangter Daten ist in § 161 II geregelt (dort 18bff; vgl auch das Verwendungsverbot in § 5 Zugangserschwerungsgesetz). 35

11) Anfechtung: Es gelten die Ausführungen 14, 15 zu § 100b hinsichtlich des Antrags der Beteiligten der betroffenen Telekommunikation (§ 101 VII S 2 iVm IV S 1 Nr 6 als *lex specialis*), der allgemeinen Rechtsbehelfe und der Revision entspr (vgl auch Gusy NStZ **03**, 403). Zur Verwirkung vgl BVerfG NStZ **09**, 166; erg 6, 18a aE vor § 296. 36

Einsatz weiterer technischer Mittel

100h **I** [1] **Auch ohne Wissen der Betroffenen dürfen außerhalb von Wohnungen**

1. **Bildaufnahmen hergestellt werden,**
2. **sonstige besondere für Observationszwecke bestimmte technische Mittel verwendet werden,**

wenn die Erforschung des Sachverhalts oder die Ermittlung des Aufenthaltsortes eines Beschuldigten auf andere Weise weniger erfolgversprechend oder erschwert wäre. [2]Eine Maßnahme nach Satz 1 Nr. 2 ist nur zulässig, wenn Gegenstand der Untersuchung eine Straftat von erheblicher Bedeutung ist.

II [1]Die Maßnahmen dürfen sich nur gegen einen Beschuldigten richten. [2]Gegen andere Personen sind

1. **Maßnahmen nach Absatz 1 Nr. 1 nur zulässig, wenn die Erforschung des Sachverhalts oder die Ermittlung des Aufenthaltsortes eines Beschuldigten auf andere Weise erheblich weniger erfolgversprechend oder wesentlich erschwert wäre,**
2. **Maßnahmen nach Absatz 1 Nr. 2 nur zulässig, wenn auf Grund bestimmter Tatsachen anzunehmen ist, dass sie mit einem Beschuldigten in Verbindung stehen oder eine solche Verbindung hergestellt wird, die Maßnahme zur Erforschung des Sachverhalts oder zur Ermittlung des Aufenthaltsortes eines Beschuldigten führen wird und dies auf andere Weise aussichtslos oder wesentlich erschwert wäre.**

III Die Maßnahmen dürfen auch durchgeführt werden, wenn Dritte unvermeidbar mitbetroffen werden.

1 **1) Herstellung von Bildaufnahmen** (I S 1 Nr 1): Gemeint ist die Herstellung zu Zwecken der Observation, wie sich aus dem Zusammenhang mit I S 1 Nr 2 („sonstige für Observationszwecke bestimmte") ergibt (Düsseldorf NJW **10**, 1216, 1217; AG Eilenburg DAR **09**, 657; AG Grimma DAR **09**, 659; NZV **10**, 100; HK-GS/Hartmann 3; KMR-Bär 4; Heghmanns/Scheffler-Murmann III 270; Arzt/Eier NZV **10**, 117; **aM** Bamberg NJW **10**, 100, 101 mit zutr abl Anm Grunert DAR **10**, 28; 3 Ss OWi 206/10 vom 25. 2. 2010; Brandenburg NJW **10**, 1471, 1472; Dresden DAR **10**, 210; Jena NJW **10**, 1093 [abl hierzu Roggan NJW **10**, 1042]; Koblenz 1 SsBs 23/10 vom 4. 3. 2010; Stuttgart NJW **10**, 1219, 1220; AG Meißen NStZ-RR **10**, 154 L; AG Schweinfurt DAR **09**, 660 [vgl zum Hintergrund dieser Entscheidungen BVerfG NJW **09**, 3293; hierzu – zT krit – Bull NJW **09**, 3279; Krumm NZV **09**, 620; Niehaus DAR **09**, 632; erg 9 zu § 81 b, 1 zu § 163 b]); daher fällt die Fertigung von Lichtbildern am Tatort zur Beweissicherung und Auswertung (Spurensicherung) nicht unter die Vorschrift (Hilger NStZ **92**, 462; SK-Wolter 4). Die Herstellung von Lichtbildern, Video- und Filmaufnahmen (vgl Bamberg aaO), auch Satellitenbildern, ist hinsichtlich der verfolgten Straftat an keine Voraussetzungen geknüpft, also im Gegensatz zu I S 1 Nr 2 beim (Anfangs-)Verdacht jeder Straftat zulässig (Hamm 1 Ss OWi 960/09 vom 22. 12. 2009; zur Frage eines Grundrechtseingriffs vgl zB Arzt/Eier NZV **10**, 114, 118 mwN, auch aus der Rspr des BVerfG [bejahend]; von Hippel/Weiß JR **92**, 322 [verneinend]; krit Wolter StV **89**, 369). Einschränkungen können sich nur aus dem Verhältnismäßigkeitsgrundsatz ergeben. Ebenso wie im Fall des § 100 f (dort 2) kommt die Anwendung aber nur für Observationen außerhalb des Schutzbereichs des Art 13 GG in Betracht (Eisenberg NStZ **02**, 638; Wälter/Stienkemeier Kriminalistik **94**, 93; vgl auch OVG Hamburg Kriminalistik **07**, 369). Eine zeitliche Begrenzung sieht die Vorschrift nicht vor; die Observation darf daher auch längerfristig sein (BGH **44**, 13 = JZ **98**, 794 mit Anm Rogall; vgl auch Satzger JA **98**, 539), dabei gilt aber nunmehr § 163 f (dort 2). Kein Anwendungsfall der Vorschrift liegt vor, wenn der Wohnungsinhaber mit dem Einsatz technischer Mittel zur Überwachung der Wohnung einverstanden ist, zB bei Installierung einer „Diebesfalle" (dazu Vogt Kriminalistik **94**, 385).

2 **2) Verwendung sonstiger technischer Mittel** (I S 1 Nr 2): Als solche sind Mittel anzusehen, die weder das Aufzeichnen von Bild (dafür gilt I S 1 Nr 1) noch von Wort (das regelt § 100 f) betreffen. Zu denken ist hier an Alarmkoffer, Bewegungsmelder, Nachtsichtgeräte und Peilsender (Hilger NStZ **92**, 461 Fn 89), nach KMR-Bär 6 auch der Einsatz von E-Mail-Bestätigungsdiensten zur Ermittlung des Aufenthalts einer Person. Die Auffassung, dass Markierungssysteme und präparierte

Gegenstände, wenn sie mit technischem Gerät lokalisiert werden, schon nach §§ 161, 163 eingesetzt werden können (so KK-Nack 7), trifft nicht zu (Eisenberg BR 2514). Auch der Einsatz des „Global Positioning Systems" (ein satellitengestütztes Ortungssystem, durch das Bewegungen und Standzeiten eines Fahrzeugs verfolgt werden; dazu im Einzelnen Bernsmann StV **01**, 382; Deckers StraFo **02**, 116) ist durch die Vorschrift gedeckt (Düsseldorf NStZ **98**, 268 = JR **99**, 255 mit zust Anm Theisen, bestätigt durch BGH **46**, 266 und BVerfGE **112**, 304 = NJW **05**, 1338; **aM** Comes StV **98**, 569; krit auch Gusy StV **98**, 526; Kühne JZ **01**, 1148; Roggan, FG für Dr. Burkhard Hirsch [2006] S 159; abl ferner Bernsmann aaO, der zudem die „weltraumrechtliche Dimension des Problems" erörtert; erg 4 aE zu § 100f; vgl noch Oldenburg [ZS] NJW **08**, 3508), nicht aber die Installation eines Trojaners zum Zweck einer online-Durchsuchung (BGH **51**, 211, 218 = NJW **07**, 930, 932 mit zust Anm Hamm; zust auch Cornelius JZ **07**, 798; KMR-Bär 10). Gebräuchliche Observationsmittel, wie etwa Sprechfunkgeräte, unterfallen nicht der Vorschrift; ihr Einsatz ist bereits nach §§ 161, 163 gerechtfertigt (Hilger aaO). Bei längerfristiger Observation gilt § 163f (dort 2).

Der Einsatz der gegenüber I S 1 Nr 1 **schwerwiegenderen Mittel** iS der Nr 2 ist nur zulässig, wenn es um eine Straftat von erhebl Bedeutung geht (I S 2). Diese – anders als in § 98a I nicht durch einen generalisierenden Katalog näher umschriebene – Voraussetzung genügt den rechtsstaatl Bestimmtheitsanforderungen (BVerfGE **112**, 304 = NJW **05**, 1338; vgl auch 5 zu § 98a und den Hinweis auf die entspr Formulierung in den Polizeigesetzen der Länder in BT-Drucks 12/989 S 39, zB in §§ 16, 17 PolGNW). Bei Bagatelldelikten scheidet die Anwendung dieser Mittel somit aus; es muss sich mindestens um Straftaten der mittleren Kriminalität handeln. Auf die Hervorhebung einer „auch im Einzelfall" erhebl Bedeutung hat das Gesetz hier, anders als etwa in §§ 100g I S 1 Nr 1, 100i I, verzichtet. 3

3) Subsidiaritätsklausel: Die Maßnahmen nach I unterliegen dem Subsidiaritätsgrundsatz. Erforderl ist, dass das Ermittlungsergebnis auf andere Weise weniger Erfolg versprechend oder erschwert zu erreichen wäre. Zum ersten Begriff vgl 13 zu § 100a; mit der Beschränkung auf die bloße Erschwernis (vgl demgegenüber §§ 98a I S 2, 100a I Nr 3: wesentl erschwert) läuft diese Einschränkung weithin leer (vgl Rieß Meyer-GedSchrift 385), denn wenn der Einsatz der bezeichneten Mittel Erfolg versprechender ist, wird er idR auch leichter als die Benutzung anderer Mittel sein. 4

4) Betroffene: 5

A. **Ohne Wissen** des Betroffenen werden die Maßnahmen angeordnet. Damit ist der unauffällige, heimliche Charakter dieser Beobachtungen (genauso wie bei § 100f, dort 1) angesprochen. Zur Aufnahme von Lichtbildern in Kenntnis aber gegen den Willen des Beschuldigten vgl 8 zu § 81b. 6

B. Entgegen der Formulierung in II S 1 („nur gegen den Beschuldigten") lässt II S 2 aber auch gegen **andere Personen** (Nichtbeschuldigte) die Maßnahmen zu. Da hierbei uU sogar nichtverdächtige Personen einer Observation ausgesetzt sind, müssen jedoch erschwerte und unterschiedliche Voraussetzungen gegeben sein: Soweit es um die weniger belastenden (oben 1) Bildaufnahmen geht (I S 1 Nr 1), genügt es, dass die Erforschung des Sachverhalts oder die Ermittlung des Täters sonst erheblich weniger Erfolg versprechend wäre oder wesentlich erschwert würde (vgl 3 zu § 98a). Der Einsatz besonderer technischer Mittel (I S 1 Nr 2) kommt hingegen nur in Betracht, wenn anzunehmen ist, dass die Maßnahme zur Erforschung des Sachverhalts oder zur Ermittlung des Aufenthaltsortes führen wird (Erfolgsprognose, vgl 18 zu § 100a) und dies auf andere Weise aussichtslos oder wesentlich erschwert wäre (vgl 13 zu § 100a). In diesem Fall muss ferner noch auf Grund bestimmter Tatsachen (9 zu § 100a) anzunehmen sein, dass der Nichtbeschuldigte mit dem Beschuldigten Verbindung hat oder eine solche herstellen will, es sich also um eine sog Kontaktperson handelt (vgl auch 8 zu § 163e). Nur insoweit müssen aber „bestimmte Tatsachen", dh konkrete Anhaltspunkte, gegeben sein; darauf, dass die 7

Maßnahme zu Aufklärungserfolgen führen wird sowie auf die Subsidiaritätsklausel (II S 2 Nr 2 aE) bezieht sich diese Voraussetzung nicht (str, vgl 11 aE zu § 100 f).

8 C. Gegen **Strafverteidiger** dürfen die Maßnahmen nach I wegen § 148 I nicht angeordnet werden (Krey VE 347; erg 21 zu § 100 a); für die Überwachung der in § 53 genannten (nicht beschuldigten) anderen Berufsgeheimnisträger gilt § 160 a (**aM** KMR-Bär 17).

9 D. Dass **Dritte** von den Maßnahmen betroffen werden, lässt sich nicht ausschließen, so zB Straßenpassanten bei einer Bildaufzeichnung. Dies steht nach III der Anordnung der Maßnahme nicht entgegen; andernfalls wäre die Vorschrift weithin sinnentleert (vgl 13 zu § 100 f). Richten sich die Maßnahmen gegen den Beschuldigten, werden dadurch aber zugleich Kontaktpersonen betroffen, gilt II S 2 nicht; die Kontaktpersonen sind dann Dritte iSd III (Hilger NStZ **92**, 463).

10 **5) Zuständigkeit:** Maßnahmen nach I werden durch die StA oder die Beamten des Polizeidienstes angeordnet (KK-Nack 14; Hilger NStZ **92**, 463 Fn 117; **aM** Eisenberg BR 2517: nur Ermittlungspersonen iS des § 152 GVG und auch diese nur bei Unerreichbarkeit der StA); vgl auch zur Annexkompetenz des OLG in Auslieferungsverfahren Hamm NStZ **00**, 666; **09**, 347.

11 Zur **getrennten Aktenführung** im Falle des I S 1 Nr 2 vgl § 101 II (dort 2).

6) Grundrechtssichernde Regelungen enthält § 101: Kennzeichnung (§ 101 III, dort 3), Benachrichtigung mit Hinweis auf die Möglichkeit nachträglichen Rechtsschutzes (§ 101 IV S 1 Nr 7, dort 4 ff, 15), Löschung (§ 101 VIII, dort 27).

12 **7) Verwertungsverbot:** Erkenntnisse aus Maßnahmen nach I sind im Ausgangsverfahren grundsätzlich unbeschränkt verwertbar (vgl Hilger NStZ **92**, 463 Fn 117). Mit dem Einsatz technischer Mittel zur Observation wird typischerweise nicht in den Kernbereich privater Lebensgestaltung eingegriffen (BVerfGE **112**, 304 = NJW **05**, 1338, 1340; **120**, 274 = NJW **08**, 822, 833; KMR-Bär 3, 17; anders AnwK-Löffelmann 12; SK-Wolter 20; Warntjen [15 zu § 100 c] S 159).

13 Die Verwertung von **Zufallsfunden** aufgrund von Bildaufnahmen nach I S 1 Nr 1 richtet sich nach § 108 entspr (vgl 5 zu § 477). Die Verwendung von Zufallserkenntnissen aus Maßnahmen nach I S 1 Nr 2 (sonstige technische Mittel) ist in § 477 II S 2 (vgl dort 5 ff), die Verwendung von Erkenntnissen aus dem Einsatz dieser Mittel für präventive Zwecke in § 477 II S 3 (dort 10) näher geregelt.

14 **8) Rechtsschutz:** Für die Zielperson sowie die erheblich mitbetroffenen Personen (vgl 11 zu § 101) steht als *lex specialis* der (befristete) Rechtsbehelf nach § 101 VII S 2–4 iVm IV S 1 Nr 7 gegen die Anordnung sowie die Art und Weise ihres Vollzugs zur Verfügung (25 ff zu § 101). Für danach nicht Antragsberechtigte gilt: Gegen die Maßnahmen der StA und der Polizei kann entspr § 98 II S 2 das Gericht angerufen werden (krit Amelung BGH-FG 924), auch soweit die Art und Weise des Vollzugs beanstandet wird (BT-Drucks 16/5846 S 62; LR-Schäfer 52 zu § 100 d [aF] für Anordnungen nach I S 1 Nr 2; **aM** AnwK-Löffelmann 11; erg 23 zu § 98; 10 zu § 23 EGGVG), ggf auch noch nach Erledigung der Maßnahmen (vgl 17 ff vor § 296).

15 **9) Revision:** Die Revision kann wie bei § 100 a (dort 39) darauf gestützt werden, dass die Beweiswürdigung auf unverwertbaren Erkenntnissen beruht (vgl auch zur Widerspruchsobliegenheit und zum erforderlichen Vortrag Bamberg 3 Ss OWi 206/10 vom 25. 2. 2010).

„IMSI-Catcher"

100i **I Begründen bestimmte Tatsachen den Verdacht, dass jemand als Täter oder Teilnehmer eine Straftat von auch im Einzelfall erheblicher Bedeutung, insbesondere eine in § 100 a Abs. 2 bezeichnete Straftat, begangen hat, in Fällen, in denen der Versuch strafbar ist, zu begehen ver-**

sucht hat oder durch eine Straftat vorbereitet hat, so dürfen durch technische Mittel

1. die Gerätenummer eines Mobilfunkendgerätes und die Kartennummer der darin verwendeten Karte sowie
2. der Standort eines Mobilfunkendgerätes

ermittelt werden, soweit dies für die Erforschung des Sachverhalts oder die Ermittlung des Aufenthaltsortes des Beschuldigten erforderlich ist.

II 1 **Personenbezogene Daten Dritter dürfen anlässlich solcher Maßnahmen nur erhoben werden, wenn dies aus technischen Gründen zur Erreichung des Zwecks nach Absatz 1 unvermeidbar ist.** 2 **Über den Datenabgleich zur Ermittlung der gesuchten Geräte- und Kartennummer hinaus dürfen sie nicht verwendet werden und sind nach Beendigung der Maßnahme unverzüglich zu löschen.**

III 1 **§ 100a Abs. 3 und § 100b Abs. 1 Satz 1 bis 3, Abs. 2 Satz 1 und Abs. 4 Satz 1 gelten entsprechend.** 2 **Die Anordnung ist auf höchstens sechs Monate zu befristen.** 3 **Eine Verlängerung um jeweils nicht mehr als sechs weitere Monate ist zulässig, soweit die in Absatz 1 bezeichneten Voraussetzungen fortbestehen.**

1) Zweck der Vorschrift: Während sich im Telefon-Festnetz aus dem Standort 1
die Rufnummer des verwendeten Anschlusses ableiten lässt, kann über den Aufenthaltsort eines Mobilfunkteilnehmers nicht mehr auf dessen Anschlusskennung geschlossen werden. In seiner ursprünglichen Fassung schuf § 100i deshalb die Voraussetzungen für die Erhebung der gemäß § 100b II S 2 erforderlichen „andere(n) Kennung" eines Mobilfunkendgerätes („Handy") zur Vorbereitung von Telekommunikationsüberwachungen nach § 100a oder zu Standortermittlungen zwecks Festnahme oder Ergreifung eines Täters. Mit dem Erfordernis einer Straftat von erheblicher Bedeutung hat das Ges vom 21. 12. 2007 (BGBl I 3198) die Eingriffsschwelle vereinheitlicht und zum Teil abgesenkt. Nunmehr ist es auch zulässig, den „IMSI-Catcher" zur Unterstützung von Observationsmaßnahmen nach §§ 100h I S 1 Nr 2, 163f I, etwa zur Herstellung eines Bewegungsprofils (erg 2 zu § 163f), oder zur Vorbereitung einer Verkehrsdatenerhebung (§ 100g) einzusetzen. Die nunmehr in § 100b II S 2 Nr 2 genannte „andere Kennung" wird in Anlehnung an § 9 IV BVerfSchG in I Nr 1 mit den Worten „Gerätenummer eines Mobilfunkendgerätes" und „Kartennummer der darin verwendeten Karte" umschrieben. Damit sind die für die Verkehrsabwicklung in den Mobilfunknetzen gebräuchlichen Kennungen IMEI (International Mobile Equipment Identity = Gerätenummer) und IMSI (International Mobile Subscriber Identity = Kartennummer) gemeint. Die IMSI ist weltweit nur einmal vergeben; sie ist nur den Netzbetreibern bekannt. Durch den Einsatz einer Messtechnik (GA 090/GA 900, sog „IMSI-Catcher"; zu den technischen Abläufen Gercke StraFo **03**, 78, Harnisch/Pohlmann HRRS **09**, 202) können sowohl die IMSI als auch die IMEI eines aktiv geschalteten Mobilfunkanschlusses ermittelt werden. Dies ist etwa von Bedeutung, wenn die Rufnummer nicht bekannt ist, weil der Betroffene sich ein Mobiltelefon von einem Unbekannten geliehen, die Chipkarte getauscht oder eine Karte unter falschen Personalien gekauft hat; nur durch diese Ermittlung des genutzten Handys wird es dann möglich, Telekommunikationsüberwachungen zu schalten (Zöller Hilger-FG 302). Ebenso lassen sich hierdurch die notwendigen Informationen zur Ermittlung des Standortes eines gesuchten Täters gewinnen (erg unten 11; vgl zum Ganzen BVerfG NJW **07**, 351; Hilger GA **02**, 557).

Nicht in den Schutzbereich des Art 10 I GG fällt die Erhebung der Daten, 2
auf die nach § 100i zugegriffen werden darf, nach Ansicht des BVerfG (aaO). Zur Begründung verweist das BVerfG (S 353 mwN; zur Gegenansicht Nw auf S 354) darauf, dass die Feststellung der Geräte- oder Kartennummer unabhängig von einem tatsächlich stattfindenden oder zumindest versuchten Kommunikationsvorgang zwischen Menschen sei; beim Einsatz des „IMSI-Catchers" kommunizierten

ausschließlich technische Geräte miteinander. Dagegen wird eingewendet, dass nicht das Telefon, sondern dessen Nutzer empfangs- und kommunikationsbereit sei (Korn HRRS **09**, 113; Nachbaur NJW **07**, 337); zur Verfassungsmäßigkeit des § 100 i vgl Harnisch/Pohlmann HRRS **09**, 210 ff.

3 Soweit „IMSI-Catcher" das **Mithören** laufender Mobilfunkgespräche in Echtzeit ermöglichen sollen (Fox DuD **02**, 214; Harnisch/Pohlmann HRRS **09**, 204; Ronellenfitsch DuD **07**, 569; **08**, 114), wird die Nutzung dieser Funktion durch § 100 i nicht gedeckt (BVerfG NJW **07**, 351, 356); dies bedarf zusätzlich einer Anordnung nach §§ 100 a, 100 b (Günther, Protokoll der 74. Sitzung des Rechtsausschusses des Deutschen BTags vom 19. 9. 2007, S 10; KMR-Bär 6).

4 Die heimliche Ortung mittels **„stiller SMS"** (sog Stealth-ping-Verfahren) kann auf § 100 i allein nicht gestützt werden (Eisenberg/Singelnstein NStZ **05**, 63; Roggan [2 zu § 100 h] S 159; Röwer [16 zu § 99] S 220 ff; vgl aber 6 zu § 100 g).

5 2) Die **materiellen Voraussetzungen** für den Einsatz des „IMSI-Catchers" enthält I:

6 A. Eine **Straftat von erheblicher Bedeutung** muss Gegenstand der Untersuchung sein. Die Verweisung auf den Katalog in § 100 a II ist nicht abschließend („insbesondere"; krit Puschke/Singelnstein NJW **08**, 114 Fn 12). Bei Bagatelldelikten scheidet die Anwendung dieses Mittels allerdings aus; es muss sich mindestens um eine Straftat der mittleren Kriminalität handeln (vgl 5 zu § 98 a). Auch im konkreten Einzelfall, nicht nur abstrakt, muss die Anlasstat von erheblicher Bedeutung sein, wie der Wortlaut des I klarstellt (vgl 7 zu § 100 f).

7 **Bestimmte Tatsachen** müssen den Verdacht einer der in I bezeichneten Straftaten begründen. Zu dem danach erforderlichen Verdachtsgrad vgl 9 zu § 100 a.

8 Die **Teilnahme an der Anlasstat** (§§ 25 ff StGB) steht der Täterschaft gleich, nicht aber Strafvereitelung und Begünstigung. Der strafbare Versuch der Tat, auch die Teilnahme am Versuch, wird wie die Vollendung behandelt. Vorbereitungshandlungen und die Teilnahme daran rechtfertigen die Überwachung nur, wenn sie ihrerseits als selbstständige – für sich gesehen nicht notwendig iS des I erhebliche – Straftaten oder nach § 30 StGB (vgl BGH **32**, 10, 16 zu § 100 a; Schnarr NStZ **90**, 259) strafbar sind; die Anordnung nach § 100 i ergeht in dem Verfahren wegen dieser Tat.

9 B. Die mit dem Einsatz des „IMSI-Catchers" zu verfolgenden **Ermittlungsziele** sind die Erforschung des Sachverhalts oder die Ermittlung des Aufenthaltsortes des Beschuldigten. Nur soweit die Kenntnis der Geräte- und Kartennummer oder des Standorts des Mobiltelefons hierfür erforderlich ist, ist der Eingriff zulässig. Die Aufenthaltsermittlung umfasst die früher im Gesetz ausdrücklich genannten Ziele der vorläufigen Festnahme nach § 127 II oder der Ergreifung des Täters auf Grund eines Haftbefehls (§ 114) oder eines Unterbringungsbefehls (§ 126 a). Eine darüber hinausgehende Subsidiaritätsklausel enthält das Gesetz nicht.

10 Auch **zur Eigensicherung** der zur vorläufigen Festnahme oder Ergreifung eingesetzten Beamten des Polizeidienstes ist die Maßnahme zulässig; denn der IMSI-Catcher-Einsatz im Rahmen einer Eigensicherung dient dazu, den aktuellen Aufenthaltsort des Beschuldigten zu ermitteln (oben 9; BT-Drucks 16/5846 S 56; KMR-Bär 10).

11 **Kumulation:** Das Gesetz lässt nunmehr auch die Ermittlung der Geräte- und Kartennummer (I Nr 1) zu, um damit die technischen Voraussetzungen für die genaue Standortbestimmung des Mobiltelefons (I Nr 2) zu schaffen; dieses gestufte Vorgehen dient insgesamt der Ermittlung des Aufenthaltsorts des Beschuldigten (KMR-Bär 11; Harnisch/Pohlmann HRRS **09**, 207; **aM** BeckOK-Hegmann 5). Die frühere Begrenzung des Zwecks der Erhebung von IMSI und IMEI auf die Überwachung nach § 100 a ist entfallen (vgl BVerfG NJW **07**, 351, 352).

12 **3) Betroffene:**

13 A. **Zielpersonen** der Maßnahme sind die in § 100 a III genannten Personen: der Beschuldigte und die dort bezeichneten Kontaktpersonen, insbesondere die

Nachrichtenmittler (III S 1); wegen der Einzelheiten – auch des Schutzes des Verteidigers und anderer Berufsgeheimnisträger – vgl 16–21 zu § 100a sowie § 160a.

B. **Dritte** (II): Funktionsbedingt lässt sich nicht ausschließen, dass durch den Einsatz der Messtechnik auch personenbezogene Daten Dritter erhoben werden. Dies wird, soweit es aus technischen Gründen zur Erreichung des Zwecks nach I unvermeidbar ist, – verfassungsrechtlich unbedenklich (BVerfG NJW **07**, 351) – gestattet. II S 2 schließt durch das Verbot der Zweckänderung jegliche weitere Verwendung aus, die über die Ermittlung der gesuchten Kennungen (oben 1) hinausgeht, statuiert also insoweit ein Verwendungsverbot (vgl Einl 57d). Auch Zufallsfunde dürfen daher weder als Spurenansatz noch zu Beweiszwecken verwendet werden (LR-Schäfer 14; SK-Wolter 33, 44; Harnisch/Pohlmann HRRS **09**, 209; Rogall JZ **08**, 827). Die Bestimmung geht der allgemeinen Regelung in § 477 II vor (§ 477 II S 4). Im Übrigen fordert II S 2, solche Daten nach Beendigung der Maßnahme unverzüglich zu löschen. Verwendungsver- und Löschungsgebot sind auch dann (für die nach II S 1 erlangten Daten) strikt zu beachten, wenn zeitgleich Maßnahmen nach §§ 100a, 100g angeordnet wurden (vgl BVerfG aaO S 356). 14

4) Anordnung: 15

A. **Zuständig** für die Anordnung ist grundsätzlich – nur auf Antrag der StA – der Richter, lediglich bei Gefahr im Verzug auch die StA (nicht deren Ermittlungspersonen), deren Anordnung aber außer Kraft tritt, wenn sie nicht binnen 3 Werktagen richterlich bestätigt wird (III S 1 iVm § 100b I S 1–3, erg dort 1). Besonders im Fall des I Nr 2 kann ein rasches Handeln der StA notwendig sein. Der Einsatz des IMSI-Catchers erfolgt durch die Strafverfolgungsbehörde, Unterstützung durch die Telekommunikationsdienste ist idR nicht erforderlich (Hilger GA **02**, 559; unten 19). 16

B. **Form:** Die Anordnung muss in jedem Fall schriftlich ergehen (III S 1 iVm § 100b II S 1, erg dort 3); sie ist gemäß § 34 zu begründen. 17

C. **Dauer:** Grundsätzlich soll die Maßnahme nicht mehr als 6 Monate andauern; soweit die Voraussetzungen (oben 5ff) aber fortbestehen, darf um jeweils nicht mehr als 6 Monate verlängert werden (III S 2 und 3). Die für die Telekommunikationsüberwachung selbst in § 100b I S 4 und 5 gesetzten Fristen sind damit jeweils verdoppelt (erg 2 zu § 100b). 18

5) Mitwirkungspflichten: Soweit es um die Vorbereitung einer Maßnahme nach § 100a oder § 100g geht, ergeben sich die daraus folgenden Mitwirkungspflichten der Telekommunikationsdienste aus § 100b III (vgl dort 8), § 100g II S 1 (KMR-Bär 17). Soweit die Maßnahme der Ermittlung des Standortes des Mobilfunkendgerätes dient, sind die Telekommunikationsdienstleister zur Mitteilung der Geräte- (IMEI) und Kartennummer (IMSI) aufgrund der allgemeinen Befugnisnormen (§§ 94ff, 161, 163) iVm den Auskunftspflichten nach §§ 111ff TKG verpflichtet (BT-Drucks 16/5846 S 56; 15 zu § 99; vgl aber auch oben 11). Zur Vorbereitung des IMSI-Catcher-Einsatzes erforderliche Standortdaten können nach § 100g (dort 6) erhoben werden. 19

6) Beendigung der Maßnahme (III S 1 iVm § 100b IV S 1): Nach Wegfall der Voraussetzungen des § 100i ist der IMSI-Catcher-Einsatz unverzüglich, dh ohne vermeidbare Verzögerung, zu beenden, zB wenn der Tatverdacht entkräftet oder die Maßnahme nicht mehr erforderlich ist. Die endgültige Entscheidung über die Beendigung der Maßnahme trifft idR die StA, der Richter nur, wenn Überwachungszweck die Aufenthaltsermittlung in einem gerichtlich anhängigen Verfahren ist (str, vgl 9 zu 100b). Eine Wiederholung der Maßnahme ist zulässig, wenn die Voraussetzungen des § 100i erneut gegeben sind. 20

7) Grundrechtssichernde Regelungen enthält § 101: Kennzeichnung (§ 101 III, dort 3), Benachrichtigung mit Hinweis auf die Möglichkeit nachträglichen Rechtsschutzes (§ 101 IV S 1 Nr 8, dort 4ff, 15), Löschung (§ 101 VIII, dort 27). 21

22 **8) Anfechtung:** Es gelten die Ausführungen in 14 zu § 100b hinsichtlich des Antrags der Zielperson (§ 101 VII S 2 iVm IV S 1 Nr 8 als *lex specialis*) sowie der allgemeinen Rechtsbehelfe entspr.

Grundrechtssichernde Verfahrensregelungen

101 **I Für Maßnahmen nach den §§ 98a, 99, 100a, 100c bis 100i, 110a, 163d bis 163f gelten, soweit nichts anderes bestimmt ist, die nachstehenden Regelungen.**

II [1]Entscheidungen und sonstige Unterlagen über Maßnahmen nach den §§ 100c, 100f, 100h Abs. 1 Nr. 2 und § 110a werden bei der Staatsanwaltschaft verwahrt. [2]Zu den Akten sind sie erst zu nehmen, wenn die Voraussetzungen für eine Benachrichtigung nach Absatz 5 erfüllt sind.

III [1]Personenbezogene Daten, die durch Maßnahmen nach Absatz 1 erhoben wurden, sind entsprechend zu kennzeichnen. [2]Nach einer Übermittlung an eine andere Stelle ist die Kennzeichnung durch diese aufrechtzuerhalten.

IV [1]Von den in Absatz 1 genannten Maßnahmen sind im Falle

1. **des § 98a die betroffenen Personen, gegen die nach Auswertung der Daten weitere Ermittlungen geführt wurden,**
2. **des § 99 der Absender und der Adressat der Postsendung,**
3. **des § 100a die Beteiligten der überwachten Telekommunikation,**
4. **des § 100c**
   a) **der Beschuldigte, gegen den sich die Maßnahme richtete,**
   b) **sonstige überwachte Personen,**
   c) **Personen, die die überwachte Wohnung zur Zeit der Durchführung der Maßnahme innehatten oder bewohnten,**
5. **des § 100f die Zielperson sowie die erheblich mitbetroffenen Personen,**
6. **des § 100g die Beteiligten der betroffenen Telekommunikation,**
7. **des § 100h Abs. 1 die Zielperson sowie die erheblich mitbetroffenen Personen,**
8. **des § 100i die Zielperson,**
9. **des § 110a**
   a) **die Zielperson,**
   b) **die erheblich mitbetroffenen Personen,**
   c) **die Personen, deren nicht allgemein zugängliche Wohnung der Verdeckte Ermittler betreten hat,**
10. **des § 163d die betroffenen Personen, gegen die nach Auswertung der Daten weitere Ermittlungen geführt wurden,**
11. **des § 163e die Zielperson und die Person, deren personenbezogene Daten gemeldet worden sind,**
12. **des § 163f die Zielperson sowie die erheblich mitbetroffenen Personen**

zu benachrichtigen. [2]Dabei ist auf die Möglichkeit nachträglichen Rechtsschutzes nach Absatz 7 und die dafür vorgesehene Frist hinzuweisen. [3]Die Benachrichtigung unterbleibt, wenn ihr überwiegende schutzwürdige Belange einer betroffenen Person entgegenstehen. [4]Zudem kann die Benachrichtigung einer in Satz 1 Nr. 2, 3 und 6 bezeichneten Person, gegen die sich die Maßnahme nicht gerichtet hat, unterbleiben, wenn diese von der Maßnahme nur unerheblich betroffen wurde und anzunehmen ist, dass sie kein Interesse an einer Benachrichtigung hat. [5]Nachforschungen zur Feststellung der Identität einer in Satz 1 bezeichneten Person sind nur vorzunehmen, wenn dies unter Berücksichtigung der Eingriffsintensität der Maßnahme gegenüber dieser Person, des Aufwands für die Feststellung ihrer Identität sowie der daraus für diese oder andere Personen folgenden Beeinträchtigungen geboten ist.

V [1]Die Benachrichtigung erfolgt, sobald dies ohne Gefährdung des Untersuchungszwecks, des Lebens, der körperlichen Unversehrtheit und der persönlichen Freiheit einer Person und von bedeutenden Vermögenswerten, im Fall des § 110 a auch der Möglichkeit der weiteren Verwendung des Verdeckten Ermittlers möglich ist. [2]Wird die Benachrichtigung nach Satz 1 zurückgestellt, sind die Gründe aktenkundig zu machen.

VI [1]Erfolgt die nach Absatz 5 zurückgestellte Benachrichtigung nicht binnen zwölf Monaten nach Beendigung der Maßnahme, bedürfen weitere Zurückstellungen der gerichtlichen Zustimmung. [2]Das Gericht bestimmt die Dauer weiterer Zurückstellungen. [3]Es kann dem endgültigen Absehen von der Benachrichtigung zustimmen, wenn die Voraussetzungen für eine Benachrichtigung mit an Sicherheit grenzender Wahrscheinlichkeit auch in Zukunft nicht eintreten werden. [4]Sind mehrere Maßnahmen in einem engen zeitlichen Zusammenhang durchgeführt worden, so beginnt die in Satz 1 genannte Frist mit der Beendigung der letzten Maßnahme. [5]Im Fall des § 100 c beträgt die in Satz 1 genannte Frist sechs Monate.

VII [1]Gerichtliche Entscheidungen nach Absatz 6 trifft das für die Anordnung der Maßnahme zuständige Gericht, im Übrigen das Gericht am Sitz der zuständigen Staatsanwaltschaft. [2]Die in Absatz 4 Satz 1 genannten Personen können bei dem nach Satz 1 zuständigen Gericht auch nach Beendigung der Maßnahme bis zu zwei Wochen nach ihrer Benachrichtigung die Überprüfung der Rechtmäßigkeit der Maßnahme sowie der Art und Weise ihres Vollzugs beantragen. [3]Gegen die Entscheidung ist die sofortige Beschwerde statthaft. [4]Ist die öffentliche Klage erhoben und der Angeklagte benachrichtigt worden, entscheidet über den Antrag das mit der Sache befasste Gericht in der das Verfahren abschließenden Entscheidung.

VIII [1]Sind die durch die Maßnahme erlangten personenbezogenen Daten zur Strafverfolgung und für eine etwaige gerichtliche Überprüfung der Maßnahme nicht mehr erforderlich, so sind sie unverzüglich zu löschen. [2]Die Löschung ist aktenkundig zu machen. [3]Soweit die Löschung lediglich für eine etwaige gerichtliche Überprüfung der Maßnahme zurückgestellt ist, dürfen die Daten ohne Einwilligung der Betroffenen nur zu diesem Zweck verwendet werden; sie sind entsprechend zu sperren.

1) Anwendungsbereich: Nach I erfassen die nachfolgenden Verfahrensvorschriften die in der Bestimmung abschließend genannten speziellen verdeckten Ermittlungsmaßnahmen, soweit nicht bereichsspezifisch etwas anderes geregelt ist (zB in §§ 98 b III, 100 a IV S 3, 4, 100 i II S 2). Nicht einbezogen ist die früher ebenfalls in § 101 I (aF) erwähnte DNA-Analyse nach § 81 e; nicht anwendbar ist die Bestimmung im Fall des § 110 III (BVerfGE **122**, 63 = MMR **09**, 36). Für die Behandlung im Zeitpunkt des Inkrafttretens der Neuregelung am 1. 1. 2008 anhängiger Verfahren gelten die allgemeinen Grundsätze (Einl 203; vgl BGH NJW **09**, 3177: VII für mangels Benachrichtigung noch nicht abgeschlossenes prozessuales Geschehen). 1

2) Getrennte Aktenführung (II): Die Unterlagen, die Maßnahmen nach § 100 c (akustische Wohnraumüberwachung), § 100 f (Abhören außerhalb von Wohnungen), § 100 h I S 1 Nr 2 (Einsatz bestimmter technischer Observationsmittel) und § 110 a (Einsatz Verdeckter Ermittler) betreffen, werden zunächst nicht zu den Akten genommen, sondern bei der StA in einem gesonderten Vorgang oder in den Handakten verwahrt (vgl § 68 IV S 3, 4, dort 19). Im Fall des § 110 a gehören hierzu auch Aktenvermerke des Verdeckten Ermittlers oder sonstige auf dessen Angaben beruhende Informationen (Hilger NStZ **92**, 525 Fn 163; vgl auch RiStBV Anl D II.2.7). Die Unterlagen sind in die (Haupt-)Akten zu übernehmen, sobald ein Grund für die Zurückstellung der Benachrichtigung nach V nicht oder nicht mehr besteht (II S 2); erst dann erstrecken sich auf sie das Einsichtsrecht nach § 147 und die Vorle- 2 gungspflicht nach § 199 II S 2. Wird von der Benachrichtigung endgültig abgesehen (VI S 3, unten 24), verbleibt es bei der gesonderten Aufbewahrung (krit bereits Meertens ZRP **92**, 207; Strate ZRP **90**, 145; vgl auch Hilger NStZ **97**, 373). Sollen weitere Maßnahmen beim Ermittlungsgericht beantragt werden und liegen die Voraussetzungen für eine Benachrichtigung nach V noch nicht vor, muss die getrennte Aktenführung – jedenfalls soweit dies zur Begründung der Maßnahme erforderlich ist – aufgehoben werden; der ER kann darüber hinaus die vollständige Vorlage der bisherigen Erkenntnisse verlangen (BGH **42**, 103, 106), ihre Zurückhaltung gegenüber den anderen Verfahrensbeteiligten würde deren rechtliches Gehör verletzen (vgl 7 zu § 96; KMR-Bär 9; KK-Nack 6 ff). Erg unten 29.

3 3) **Kennzeichnung** (III): Sowohl für die datenerhebenden als auch die datenempfangenden Behörden besteht zur Sicherung der Zweckbindung eine Pflicht zur Kennzeichnung der personenbezogenen Daten (§ 3 I BDSG), die aus den in I genannten speziellen verdeckten Ermittlungsmaßnahmen stammen (vgl auch BVerfGE **100**, 313 = NJW **00**, 55, 57, 67; **109**, 279 = NJW **04**, 999, 1019 und zum Personenbezug im Zusammenhang mit E-Mail- und IP-Adressen AG München RDV **09**, 76 mit Anm Klug = K&R **08**, 767 mit Anm Eckhardt; Härting CR **08**, 743; Köcher MMR **07**, 800; Meyerdierks MMR **09**, 8; Pahlen-Brandt K&R **08**, 288; Schnabel K&R **09**, 360). Die Erkennbarkeit der Herkunft der Daten ist etwa erforderlich, soweit § 477 II die Verwendung der aus bestimmten verdeckten Maßnahmen erlangten Daten beschränkt (dort 5 ff, 10). Soweit die Herkunft nicht ohnehin bereits aus den Daten oder Unterlagen hervorgeht (Sonderhefte), genügen einfache Kennzeichnungsvermerke wie zB Stempelaufdrucke (krit Bittmann DRiZ **07**, 118).

4 4) **Benachrichtigung** (IV-VII S 1):

5 A. **Zuständig** für die Benachrichtigung ist die StA, nicht das Gericht (BGH **36**, 305, 310 zu § 100 a). Post- und Telekommunikationsunternehmen dürfen von sich aus die Beteiligten nicht benachrichtigen (§§ 17 I, 18 **G 10**; § 15 TKÜV). Förmliche Zustellung ist nicht zwingend erforderlich (KMR-Bär 22); rechtsfehlerhaftes Unterlassen der Benachrichtigung kann nach VII S 2 gerügt werden (unten 25), führt aber nicht zu einem Verwertungsverbot (KK-Nack 30 [idR]; vgl auch Wesemann StraFo **09**, 507 sowie BVerfG NJW **10**, 833, 848 zur verfassungsrechtlichen Unbedenklichkeit der IV-VII, soweit es nicht um Vorratsdaten geht).

6 B. Die **Betroffenen** sind von den Maßnahmen iS des I zu benachrichtigen (IV S 1), auch wenn diese erfolglos geblieben waren (vgl Welp 114). Ob die gewonnenen Erkenntnisse verwertet worden sind, ist gleichgültig (BGH **36**, 305, 312). Die Benachrichtigungspflicht dient der Gewährleistung effektiven Schutzes der jeweils betroffenen Grundrechte; den Betroffenen wird nachträglich rechtliches Gehör iS des Art 103 I GG gewährt, um ihnen die Möglichkeit zu eröffnen, sich gegen den Eingriff zur Wehr zu setzen (BVerfGE **109**, 279 = NJW **04**, 999, 1016; **118**, 168 = NJW **07**, 2464, 2472; BGH **36**, 305, 311; StB 28/09 vom 22. 9. 2009). Zur Vermeidung in der Praxis aufgetretener Unsicherheiten führt IV S 1 die zu benachrichtigenden Personen maßnahmespezifisch auf; die Unterrichtung nur eines der Betroffenen, zB des Beschuldigten, genügt nicht. Zu benachrichtigen sind

7 von der **Raster- oder Netzfahndung** (§§ 98 a, 163 d) diejenigen (durch die Einbeziehung ihrer personenbezogenen Daten in die Datenverarbeitungsmaßnahmen) Betroffenen, gegen die nach Auswertung der Daten – dadurch veranlasst – weitere Ermittlungen geführt worden sind (Nr 1, 10), nicht aber diejenigen, gegen die sich ein Tatverdacht nicht ergeben hat (vgl LR-Erb 78 zu § 163 d);

8 bei der **Postbeschlagnahme** (§ 99) Absender und Adressat der beschlagnahmten Postsendung (Nr 2). Das Gesetz schreibt damit, wie in dem Begriff „Adressat" statt „Empfänger" zum Ausdruck kommt, eine Unterrichtung nur im Falle der Beschlagnahme ieS vor (BT-Drucks 16/5846 S 58; vgl 5 zu § 99);

von **Maßnahmen nach § 100 a und § 100 g** die an der erfassten Telekommunikation Beteiligten (Nr 3, 6), da in deren Grundrechte eingegriffen wurde (1, 8 zu § 100a; 3 zu § 100g), nicht aber Post- oder Telekommunikationsunternehmen (LR-Schäfer 4) sowie Personen, deren Standortdaten im Stand-by-Betrieb nach § 100g (dort 6) erhoben (vgl BVerfG NJW **07**, 351, 353; BT-Drucks 16/5846 S 58, 59; HK-Gercke 6; **aM** Puschke/Singelnstein NJW **08**, 116 Fn 43; krit auch Nöding StraFo **07**, 462) oder die von einer Zielwahlsuche (22 zu § 100g) erfasst, aber den Strafverfolgungsbehörden mangels Herstellung einer Verbindung zu dem überwachten Anschluss nicht namhaft gemacht wurden (vgl BVerfGE **107**, 299 = NJW **03**, 1787, 1792; **120**, 378 = NJW **08**, 1505, 1506 mit Anm Roßnagel NJW **08**, 2548). Die Bedeutung des uU großen Kreises der Beteiligten für die Benachrichtigungspflicht wird durch die Ausschlussgründe in IV S 3–5 relativiert (unten 16–18). Regelmäßig werden der Inhaber des überwachten Anschlusses und der Beschuldigte zu unterrichten sein; anders verhält es sich jedoch zB, wenn der Inhaber den Anschluss einer anderen Person überlassen hat. War der Beschuldigte an der nach § 100a überwachten Telekommunikation nicht beteiligt, wurde etwa der Anschluss eines Nachrichtenmittlers überwacht, mit dem der Beschuldigte in der fraglichen Zeit nicht telefoniert hat, erhält auch er keine Nachricht. Das Akteneinsichtsrecht bleibt hiervon unberührt; 9

bei der **akustischen Wohnraumüberwachung** (§ 100c) die in Nr 4a bis c aufgeführten Betroffenen. In Buchst c ist der Inhaber der überwachten Wohnung gesondert benannt, um etwa den Mieter zu erfassen, der die Wohnung während des Laufs der Überwachung nicht selbst bewohnt, ohne aber seine Rechte aufgegeben zu haben. Diese werden durch die heimliche Installation der Überwachungstechnik betroffen; 10

bei den **Maßnahmen nach §§ 100f, 100h und 163f** (akustische Überwachung außerhalb von Wohnungen, Einsatz besonderer technischer Mittel, längerfristige Observation) derjenige, der durch die jeweilige Maßnahme überwacht werden soll (Zielperson iS § 100f II, § 100h II, § 163f I S 1, 3), und die erheblich mitbetroffenen Personen (Nr 5, 7, 12); mit dieser Formulierung werden im Blick auf die Streubreite der Überwachung Personen ausgeklammert, deren Grundrechte nur geringfügig, zB bei § 100f durch die Erfassung weniger Worte („im Vorübergehen") beeinträchtigt wurden. Bei nicht unerheblichen Grundrechtseingriffen (Abhören umfangreicherer Kommunikationsbeiträge, insbesondere von zeitweiligen Gesprächspartnern der Zielperson; erheblicher Eingriff in das Recht am eigenen Bild) muss informiert werden (weiterg SK-Wolter 19); 11

vom Einsatz des **„IMSI-Catchers"** (§ 100i) nur die Zielpersonen (§ 100i III S 1 iVm § 100a III, oben 11), nicht aber im Blick auf § 100i II nur geringfügig mitbetroffene Dritte (Nr 8; vgl BVerfG NJW **07**, 351, 356; BVerfGE **120**, 378 = NJW **08**, 1505, 1506 mit Anm Roßnagel NJW **08**, 2548); 12

bei dem Einsatz eines **Verdeckten Ermittlers** (§ 110a) nach Nr 9 nicht nur, wie bisher, die Inhaber nicht allgemein zugänglicher Wohnungen, die dieser betreten hat (§ 110b II S 1 Nr 2), sondern auch die Zielperson (§ 110b II S 1 Nr 1; dort 3) sowie erheblich mitbetroffene Personen (oben 11; erg 7 zu § 110a). Um dieser Pflicht genügen zu können, muss der Verdeckte Ermittler daher über das Betreten fremder Wohnungen unter seiner Legende sowie seine wesentlichen Kontakte genaue Aufzeichnungen führen; 13

als Zielpersonen der **Polizeilichen Beobachtung** (§ 163e) diejenigen, gegen die sich die Maßnahme richtete (Beschuldigte oder Kontaktpersonen iS des § 163e I S 2, 3), in den Fällen der Ausschreibung eines Fahrzeugs oder Containers (§ 163e II) der eingetragene Halter oder Nutzer; zu unterrichten sind ferner die in § 163e III genannten Begleiter, wenn deren personenbezogene Daten gemeldet worden sind (Nr 11). 14

Eine **vergleichbare Pflicht** zur Benachrichtigung über präventive verdeckte Maßnahmen nach §§ 20g bis 20n BKAG trifft die StA, wenn wegen des zugrunde liegenden Sachverhaltes ein strafrechtliches Ermittlungsverfahren geführt wird, 14a gemäß § 20 w II S 2 BKAG. Der dortige Hinweis auf das Strafverfahrensrecht geht freilich jedenfalls im Falle der online-Durchsuchung (§ 20 k BKAG) ins Leere, weil eine solche Maßnahme in der StPO nicht vorgesehen ist (zur Übermittlung auf diese Weise gewonnener Erkenntnisse 18 e zu § 161). Um der verfassungsrechtlich gebotenen Mitteilungspflicht zu genügen, wird die StA sich an der mit § 101 IV S 1 Nr 5, 7, 11, 12 im Wesentlichen übereinstimmenden Vorschrift des § 20 w I S 1 Nr 6 BKAG (Zielperson sowie mitbetroffene Personen) orientieren. Vgl auch § 28 V S 2 BPolG, Art 34 VI S 2, 6, 34 d VII S 3 BayPAG.

15 C. **Inhaltlich** umfasst die Benachrichtigung zunächst den in IV S 2 vorgeschriebenen Hinweis auf die Möglichkeit des nachträglichen Rechtsschutzes nach VII und die einzuhaltende Frist von 2 Wochen. Des Weiteren sind die Betroffenen von den in I abschließend aufgezählten Maßnahmen, und zwar von Anordnung und Durchführung (SK-Wolter 12), zu benachrichtigen. Offenzulegen sind somit auch der Umfang der jeweiligen Maßnahme (BVerfG NJW **07**, 2753, 2757 zu § 100 d VIII aF; BGH **36**, 305, 311) und iS einer rein formalen Information das Verfahren, in dem sie erhoben wurde (BGH StB 28/09 vom 22. 9. 2009). Im Einzelnen ist zB Nachricht zu geben von dem Entnehmen der beschlagnahmten Postsendung aus dem ordnungsmäßigen Beförderungsgang sowie ihrer Öffnung und Zurückhaltung (§ 99), der Überwachung der Telekommunikation, deren Aufzeichnung, dem Mitlesen des Fernschreibverkehrs und der Herstellung von Unterlagen darüber (§ 100 a) sowie dem Abhören und Aufzeichnen des gesprochenen Wortes (§§ 100 c, f), ferner, soweit möglich, bei welcher speichernden Stelle die zur Rasterfahndung genutzten Daten ausgesondert, welche Prüfungsmerkmale „gerastert" wurden und welche Stelle im Besitz der Daten war oder ist (KK-Nack 11).

16 D. Das **Unterbleiben** der Benachrichtigung sieht IV S 3–5 vor allem vor, um eine Vertiefung des Grundrechtseingriffs zu vermeiden, aber auch aus verfahrensökonomischen Gründen (vgl auch Bittmann DRiZ **07**, 118, 120). Nach S 3 schließen überwiegende schutzwürdige Interessen des einen Betroffenen die Benachrichtigung des anderen von der verdeckten Maßnahme Betroffenen (zwingend) aus. So kann der Beschuldigte ein berechtigtes Interesse daran haben, dass ein von einer Überwachungsmaßnahme betroffener tatunbeteiligter Geschäftspartner nichts von den gegen ihn gerichteten Ermittlungen erfährt (Zöller StraFo **08**, 24), vor allem, wenn die Überwachung keine verwertbaren Ergebnisse erbracht hat. Nachrichtenmittlern, sonstigen Kontaktpersonen (oben 14) sowie den Inhabern nach § 100 c überwachter Räume kann ebenfalls an der Vermeidung geschäftsschädigender Konsequenzen einer Mitteilung gelegen sein. Zu entscheiden ist nach einer Abwägung der widerstreitenden Belange im Einzelfall.

17 **Nach Ermessen** unterbleiben kann nach IV S 4 die Benachrichtigung derjenigen von der Postbeschlagnahme, der Telekommunikationsüberwachung oder der Verkehrsdatenerhebung Betroffenen, gegen die sich die Maßnahme nicht gerichtet hat, vorausgesetzt, dass nur ein unerheblicher Eingriff in deren Grundrecht aus Art 10 GG vorliegt und anzunehmen ist, dass sie kein Interesse an einer Unterrichtung haben (krit SK-Wolter 25). Ein solcher Betroffener darf also nicht als Zielperson (Beschuldigter, Anschlussinhaber iS des § 100 a III, auch iVm § 100 g II S 1), sondern infolge der Streubreite der Maßnahmen nur zufällig und vergleichsweise geringfügig erfasst worden sein (zB das abgehörte Telefongespräch betraf die Besorgung von Alltagsgeschäften). Im Einzelfall kann die Subsumtion Schwierigkeiten aufwerfen; dann kann es effizienter sein zu informieren. Dem trägt die Fassung der Bestimmung als Ermessensvorschrift Rechnung.

18 Ist die **Identität** einer nach IV S 1 zu benachrichtigenden Person nicht bekannt, sind Nachforschungen zu deren Feststellung nur nach Maßgabe einer Abwägung durchzuführen (IV S 5). Hierfür ist zum einen die Intensität des Eingriffs gegenüber dem unbekannten Betroffenen bedeutsam und zum anderen, welchen Aufwand die Feststellung seiner Identität fordert und welche weiteren Beeinträchtigungen hiermit verbunden sein können (vgl BVerfGE **109**, 297 = NJW **04**, 999,

1016 zu § 100c). Eine Identitätsfeststellung ist nicht erforderlich, wenn die Daten nach §§ 100a IV 3, 100c V S 2 zu löschen sind (KMR-Bär 26; **aM** SK-Wolter 26). Sind danach Nachforschungen nicht geboten, haben diese (ebenso wie die Benachrichtigung) zu unterbleiben.

E. Gründe für die **Zurückstellung einer Benachrichtigung** enthält V. Erst nach Wegfall der Gefährdung des Untersuchungserfolgs wird die Benachrichtigung veranlasst. Sie kommt so lange nicht in Betracht, wie noch erwartet werden kann, dass mit Hilfe der in I genannten Maßnahmen Beweismittel aufgefunden oder beweiserhebliche Mitteilungen aufgefangen werden können. Da die Postbeschlagnahme durch die Aushändigung von eröffneten Sendungen nach § 100 V S 2 und durch Mitteilungen nach § 100 VI bekannt wird, ist damit die Benachrichtigung nach I zu verbinden (SK-Wolter 29). Weitere allgemeine Zurückstellungsgründe sind die Gefährdung des Lebens, der körperlichen Unversehrtheit und der persönlichen Freiheit einer Person sowie von bedeutsamen Vermögenswerten. Die Benachrichtigung vom Einsatz eines Verdeckten Ermittlers wird darüber hinaus zurückgestellt, solange dies die Möglichkeit seiner weiteren Verwendung gefährdet (vgl auch § 110b III; SK-Wolter 32 hält diesen Zurückstellungsgrund für verfassungswidrig). Nach V S 2 sind die Gründe der Zurückstellung (nicht nur die Tatsache als solche) aktenkundig zu machen; der Vermerk kann, soweit zulässig, nach II verwahrt werden (KK-Nack 23). Selbstverständlich gestattet V weder die Darstellung eines unwahren Sachverhalts in den Ermittlungsakten noch die aktive Täuschung des Beschuldigten über die wahren Hintergründe seiner Festnahme (BGH NStZ **10**, 294). 19

Den Antrag auf Zustimmung zum **Absehen von der Benachrichtigung** nach VI S 3 kann die StA schon unmittelbar nach Beendigung der Maßnahme anstelle der erstmaligen Zurückstellung der Benachrichtigung stellen, wenn ein dahin gehender Ausnahmefall vorliegt (unten 24). 20

F. Eine **gerichtliche Kontrolle** der Zurückstellung der Benachrichtigung (oben 19) sieht VI vor (vgl BVerfGE **109**, 279 = NJW **04**, 999, 1016). Eine über 12 Monate hinausgehende Zurückstellung bedarf der, ggf wiederholten, gerichtlichen Zustimmung (S 1); bei der akustischen Wohnraumüberwachung beträgt die Frist 6 Monate (S 5). Die nach den allgemeinen Regelungen der §§ 42ff zu berechnende Frist beginnt mit der Beendigung der Maßnahme. Werden mehrere in I genannte verdeckte Maßnahmen in einem engen zeitlichen Zusammenhang durchgeführt, beginnt die anzurechnende Zurückstellungsdauer mit der Beendigung der letzten Maßnahme (S 4); das gilt auch im Fall der akustischen Wohnraumüberwachung. Ein solcher Zusammenhang besteht jedenfalls dann, wenn die Maßnahmen sich zeitlich überschneiden, aber auch, wenn sie aufeinander aufbauen (zB: Kette von aufeinander beruhenden Telekommunikations-Überwachungsmaßnahmen), solange die nach dem Gesetz maßgebliche zeitliche Nähe gewahrt ist (vgl Joecks 6: wenige Tage oder Wochen). 21

Zuständig ist nach VII S 1 Hs 1 – auch wenn die StA oder ihre Ermittlungspersonen eine Eilkompetenz in Anspruch genommen haben – das für die Anordnung der Maßnahme oder die Zustimmung hierzu zuständige Gericht, idR also das Ermittlungsgericht am Sitz der StA (§ 162 I S 1), im Fall des § 100c die in § 74a IV GVG bestimmte Kammer des LG. Hs 2 weist die Entscheidung dem Gericht am Sitz der zuständigen StA auch dann zu, wenn die Maßnahme nicht (§ 100h) oder im konkreten Fall nicht (§ 110b, dort 2ff) unter Richtervorbehalt steht. Damit wird eine an § 162 I angelehnte Auffangzuständigkeit begründet (BT-Drucks 16/6979 S 44). Dies, die Anknüpfung an die Zuständigkeit der StA und auch die Regelung in VII S 4 sprechen dafür, dass das Gesetz hier unter „Gericht“ stets den Ermittlungsrichter versteht und nicht – wie sonst (17 zu § 162) – nach Anklageerhebung das Hauptsachegericht (AnwK-Löffelmann 9; **aM** KMR-Bär 33). 22

Das Gericht **prüft**, ob die in V (nicht nur in dem Aktenvermerk nach V S 2) genannten Zurückstellungsgründe vorliegen. Verweigert es die Zustimmung, sind 23 die Betroffenen zu benachrichtigen, es sei denn, die StA führt im Beschwerdeweg eine gegenteilige Entscheidung herbei (BT-Drucks 16/5846 S 61). Erteilt es die Zustimmung, bestimmt es zugleich die Dauer der weiteren Zurückstellung nach seinem Ermessen; bei seiner Prognose, wann im konkreten Einzelfall voraussichtlich eine Benachrichtigung wird erfolgen können, wird es idR die Frist von 1 weiteren Jahr nicht überschreiten. Nach Fristablauf sind, wenn die Gründe des V fortbestehen, weitere Zurückstellungen jeweils mit erneuter gerichtlicher Zustimmung möglich. Bei der akustischen Wohnraumüberwachung gelten für die weiteren Zurückstellungen anders als früher keine engeren Grenzen.

24 Dem endgültigen **Absehen von der Benachrichtigung** kann das Gericht auf Antrag der StA bei allen in I genannten Maßnahmen zustimmen, sobald absehbar ist, dass die Voraussetzungen für eine Benachrichtigung auch in Zukunft nicht eintreten werden (VI S 3; enger § 12 I S 5 **G 10**). Diese Entscheidung ist an keine Frist, auch nicht die des VI S 1, gebunden, so dass sie ausnahmsweise schon unmittelbar nach Beendigung der Maßnahme ergehen kann (vgl BT-Drucks 16/6979 S 44; KMR-Bär 32; **aM** Henrichs Kriminalistik **08**, 172; Puschke/Singelnstein NJW **08**, 116).

25 **5) Rechtsschutz**: Für die in IV S 1 genannten Personen (oben 6 ff) sieht VII S 2–4 den Antrag auf Überprüfung der Rechtmäßigkeit der – richterlich oder nichtrichterlich angeordneten – heimlichen Ermittlungsmaßnahmen (iS des I) sowie der Art und Weise ihres Vollzugs vor (krit zur Neuregelung Löffelmann ZIS **09**, 495). Der Antrag ist allerdings durch die Ausschlussfrist (so BT-Drucks 16/5846 S 62) von 2 Wochen in VII S 2 befristet (krit Klaws StRR **08**, 10; Singelnstein NStZ **09**, 483 mit dem Hinweis auf die fehlende Möglichkeit der Wiedereinsetzung; dazu anders HK-GS/Hartmann 15; Knierim StV **08**, 601). Die Frist beginnt mit der Benachrichtigung, auch dann, wenn der Betroffene schon vorher auf anderem Wege Kenntnis von der Maßnahme erlangt hat (Wesemann StraFo **09**, 506); ein verfristeter Antrag ist unzulässig (anders Singelnstein aaO 484 für den Fall, dass die erhobenen Daten noch nicht gelöscht sind). Andererseits setzt der Rechtsbehelf eine solche – allein fristauslösende – Benachrichtigung nicht notwendig voraus (Böse Amelung-FS 575 Fn 54; deren Unterlassen kann vielmehr beanstandet werden [so auch KK-Nack 30; Singelnstein NStZ **09**, 482; **aM** offenbar Wesemann aaO 507]). Wie aus VII S 2 („auch") folgt, kann der Antrag schon vor Beendigung (Erledigung) der Maßnahme gestellt – und verbeschieden – werden (BGH [ER] 1 BGs 79/2008 vom 5. 5. 2008; HK-Gercke 16; SK-Wolter 39; **aM** Glaser 53, 335 [gegen nicht-beendete Maßnahmen § 23 **EGGVG**]; Singelnstein NStZ **09**, 482 [§ 98 II S 2 entspr, § 304]).

25a Für die gerichtliche **Zuständigkeit** ist zu unterscheiden: Vor Erhebung der öffentlichen Klage und auch danach, soweit noch keine Benachrichtigung des Angeklagten erfolgt ist (SK-Wolter 40; vgl BVerfGE **109**, 279 = NJW **04**, 999, 1017), ist das in VII S 1 bezeichnete Gericht, regelmäßig also das Anordnungsgericht, zuständig (näher oben 22; Glaser 53; vgl auch HK-GS/Hartmann 13). Ist die öffentliche Klage hingegen – nicht notwendig gegen alle ursprünglich Beschuldigten – erhoben und die Benachrichtigung des Angeklagten erfolgt, ist VII S 4 zu beachten (vertiefend und krit zum Folgenden Burghardt HRRS **09**, 572 ff). Die Prüfung der Frage, ob die darin angeordnete Zuständigkeitskonzentration beim erkennenden Gericht eingreift, hat sich nach der Rspr des BGH daran zu orientieren, ob bei Fortdauer der Zuständigkeit des „Ermittlungsrichters" die Gefahr besteht, dass von dem Anordnungs- und Beschwerdegericht einerseits und dem erkennenden bzw Rechtsmittelgericht andererseits divergierende Entscheidungen zur Frage der Rechtmäßigkeit der beanstandeten Maßnahme getroffen werden (BGH NStZ **09**, 399, 400; **10**, 225). Das ist stets der Fall, wenn sich bei formaler Betrachtung das Rechtsschutzbegehren – des Angeklagten oder einer anderen von der Maßnahme betroffenen Person (BGH **53**, 1, 5; krit KK-Nack 37) – gegen eine heimliche Ermittlungsmaßnahme richtet, die in dem zur Anklage führenden Verfahren angeordnet worden ist; das Hauptsachegericht ist ferner auch dann zuständig, wenn sich nach Verfahrenstrennung ein nicht angeklagter Mitbeschuldigter gegen eine im ursprünglich gemeinsam geführten Ermittlungsverfahren angeordnete Maßnahme wendet (BGH NStZ **10**, 225; vgl zur Abgrenzung BGH NStZ **09**, 399 [von vornherein getrennt geführte Verfahren ohne verfahrensübergreifende Erkenntnisse]). Auf dieses Gericht geht die Zuständigkeit für einen zuvor angebrachten, noch nicht erledigten Antrag oder eine noch nicht erledigte Beschwerde über, und zwar auch dann, wenn der Rechtsbehelf von einem Drittbetroffenen angebracht worden ist (BGH **53**, 1, 5; Eisenberg BR 2499; **aM** SK-Wolter 43; vgl auch 19 zu § 162). Das Hauptsachegericht entscheidet „in oder neben dem Urteil" (BGH NJW **09**, 3177, 3178; stärker die Einheitlichkeit der Entscheidung betonend noch BGH **53**, 1, 4; Burghardt aaO 571; **aM** Singelnstein NStZ **09**, 484: stets Beschluss) und – jedenfalls bei nicht angeklagten Antragstellern – nicht notwendigerweise zeitgleich mit der das Strafverfahren beendenden Entscheidung (BGH NStZ **10**, 225, 226 [Nachholung nach Urteilserlass]).

Kosten: § 473 a (vgl dort) im Fall einer „gesonderten Entscheidung" (VII S 2); ergeht der Ausspruch in der das Verfahren abschließenden Entscheidung (VII S 4; näher oben 25 a), gelten die allgemeinen Kostenregelungen der §§ 464 ff (BT-Drucks 16/12 098 S 40). **25b**

Rechtsmittel (VII S 3): Entscheidet das (Anordnungs-)Gericht (zu dessen Zuständigkeit oben 25 a), ist hiergegen die sofortige Beschwerde statthaft (§ 311); das gilt auch für Entscheidungen des OLG im 1. Rechtszug sowie der ER des BGH und der OLGe (13, 19 zu § 304). Gegen die Entscheidung des Hauptsachegerichts (VII S 4) ist ebenfalls die – durch § 305 S 1 nicht ausgeschlossene – sofortige Beschwerde nach VII S 3 statthaft (BGH NJW **09**, 3177; HK-GS/Hartmann 14; Burghardt HRRS **09**, 574; Singelnstein NStZ **09**, 486; **aM** Böse Amelung-FS 576; Löffelmann StV **09**, 380, 383; Meyer JR **09**, 323; Voraufl; vgl auch Knierim StV **08**, 606); zuständig ist stets das nach §§ 73 I, 74 a III, 74 b S 2, 74 c II, 121 I Nr 2, 135 II GVG jeweils zur Entscheidung berufene Beschwerdegericht (BGH aaO). **25c**

Akteneinsicht: Die Verfahrensbeteiligten können sich auf ihr jeweiliges Einsichtsrecht (vgl 1 vor § 474) auch dann berufen, wenn die Einsicht (nur) der Vorbereitung und Durchführung des Verfahrens nach VII S 2 dienen soll. Für sonstige Antragsteller (zB Nachrichtenmittler, Drittbetroffene) folgt das Einsichtsrecht aus § 475 (BGH StV **10**, 169; StB 28/09 vom 22. 9. 2009; KMR-Bär 37; **aM** Singelnstein NStZ **09**, 485: Art 103 I GG), soweit dies für die konkrete Rechtsverfolgung unerlässlich ist. Für die insoweit relevanten Aktenteile sind die Versagungsgründe der §§ 475 I S 2, 477 II S 1 verfassungskonform (Art 103 I GG) auszulegen (BGH jew aaO): Dem RA des Antragstellers müssen die angefochtene Entscheidung sowie die Aktenteile und Beweismittel, auf die diese sich stützt, zur Verfügung gestellt werden; wird die Art und Weise des Vollzugs beanstandet, ist Einsicht in die die Durchführung der Maßnahme betreffenden Unterlagen zu gewähren. Dem Antragsteller sind auch die ihn betreffenden Erkenntnisse (§ 475 III S 1) sowie etwaige (zusammenfassende) Verschriftungen zugänglich zu machen; Letztere brauchen jedoch nicht eigens erstellt zu werden. Einem darüber hinausgehenden Anspruch des Drittbetroffenen auf umfassende Einsicht in die Akten steht das insoweit stets vorrangige Interesse der von der Akteneinsicht betroffenen Personen entgegen. Betrifft der Antrag nach VII S 2 eine beendete Maßnahme und kann dem Antragsteller im Blick auf das öffentliche Interesse, weiter effektiv und ggf im Verborgenen zu ermitteln (§ 477 II S 1), zunächst keine Akteneinsicht gewährt werden, so ist das Verfahren nach VII S 2 auszusetzen, bis die zunächst verwehrte Einsicht ohne Gefährdung des Untersuchungszwecks gewährt werden kann (vgl dazu auch BVerfG NStZ-RR **08**, 16 zum Beschwerdeverfahren; krit Park StV **09**, 282; Rau StraFo **08**, 9 Fn 8, 14; erg 40 a zu § 147). Zuständig zur Entscheidung über Anträge auf Akteneinsicht ist während des Ermittlungsverfahrens allein die StA, **25d**

nach Anklageerhebung bis zum rechtskräftigen Abschluss der Vorsitzende des erkennenden Gerichts (§ 478 I S 1, dort 1).

26 **Keine Bindungswirkung** für die vom erkennenden Gericht zu treffende Entscheidung in der Hauptsache hat der von dem in VII S 1 bezeichneten (Anordnungs-)Gericht erlassene Beschluss über die Rechtmäßigkeit der Anordnung und der Art und Weise des Vollzugs (BT-Drucks 16/5846 S 62; Burghardt HRRS **09**, 574; Schmidt StraFo **09**, 450 Fn 34; **aM** Böse Amelung-FS 576); er trifft auch keine Aussage über die Verwertbarkeit der erlangten Erkenntnisse (BGH **53**, 1, 4; NJW **09**, 3177, 3178; vgl aber auch 20 zu § 100c) und unterliegt als solcher nicht der revisionsgerichtlichen Beurteilung (§ 336 S 2). Umgekehrt setzt ein Verwertungsverbot einen Antrag nach VII S 2 nicht voraus (Wesemann StraFo **09**, 507; vgl auch 18 zu § 105).

26a Als **abschließende Sonderregelung** verdrängt VII S 2 für die antragsberechtigten Betroffenen (IV S 1) die Beschwerde sowie den von der Rspr entwickelten Rechtsschutz entspr § 98 II (dort 23) gegen die in I benannten heimlichen Ermittlungsmaßnahmen (BGH [ER] 1 BGs 79/2008 vom 5. 5. 2008; ebenso BGH **53**, 1 mit abl Bespr Burghardt HRRS **09**, 569, Löffelmann StV **09**, 379 und Meyer JR **09**, 318 „jedenfalls für bereits beendete Maßnahmen"; Böse Amelung-FS 575; in die gleiche Richtung bereits Löffelmann ZStW **118**, 368 sowie Graßmann [3 zu § 304] S 100, wo ein Vorrang des § 100 d X aF erwogen wurde; **aM** [Auffangtatbestand] BT-Drucks 16/5846 S 62; Eisenberg BR 2499, 2535; HK-GS/Hartmann 13, 15 aE; KMR-Bär 34; Meyer HRRS-Fezer-FG 148; Nöding StraFo **07**, 463 Fn 86; Puschke/Singelnstein NJW **08**, 116; Wesemann StraFo **09**, 506; Zöller StraFo **08**, 23; ebenso Löffelmann ZIS **06**, 97 zu § 100 d X aF; noch anders Singelnstein NStZ **09**, 482, 486 [bei nachträglichem Rechtsschutz VII S 2–4 vor § 98 II entspr und parallel zur Beschwerde]; krit Glaser/Gedeon GA **07**, 434; Meyer/Rettenmaier NJW **09**, 1240). Der Rechtsschutz der nicht in IV S 1 genannten Personen richtet sich nach den allgemeinen Vorschriften (Glaser 15, 51 Fn 159; HK-GS/Hartmann 13; vgl näher Meyer JR **09**, 323).

27 6) **Löschung und Sperrung der Daten** (VIII): Die durch die speziellen verdeckten Ermittlungsmaßnahmen des I erlangten personenbezogenen Daten müssen unverzüglich (8 zu § 25) gelöscht werden, wenn sie zweifelsfrei weder zu Zwecken der Strafverfolgung noch für eine etwaige gerichtliche Überprüfung (weiterhin) erforderlich sind (vgl Hilger NStZ **97**, 373; Schnarr MDR **87**, 1 zu §§ 100 a, b; krit unter Hinweis auf Art 103 I GG Velten Fezer-FS 107, 109). Verwertbare Zufallsfunde (5 ff zu § 477) werden nicht gelöscht (BGH **53**, 64, 68; Knierim StV **08**, 601). Auch soweit die Daten eine Relevanz für die Gefahrenabwehr (§ 100 d V Nr 2, § 477 II S 3 Nr 1) haben, können sie wegen der Erforderlichkeit zur Strafverfolgung aufbewahrt werden, weil „solche konkreten Gefahrsituationen stets bereits begangene Straftaten umfassen oder sich in ihnen realisieren können" (so BT-Drucks 15/4533 S 29 zu § 100 d V aF, dem VIII nachgebildet ist, BT-Drucks 16/5846 S 63; KMR-Bär 39; **aM** SK-Wolter 47). Auch beweiserhebliches Material muss vernichtet werden, wenn sein Inhalt inzwischen durch andere Beweismittel bestätigt worden ist; andernfalls muss es für die Hauptverhandlung aufbewahrt werden. Dieses Material wird auch nach Urteilsrechtskraft nicht vernichtet, damit es ggf für ein Wiederaufnahmeverfahren zur Verfügung steht (vgl AK-Maiwald 9 zu § 100 b; LR-Schäfer 38 zu § 100 b; Hilger aaO; **aM** Schnarr ZRP **90**, 297). Soweit die Daten lediglich aus Gründen des Rechtsschutzes aufgehoben werden, ordnet VIII S 3 ausdrücklich eine Beschränkung der Verwendung auf diesen Zweck und eine dem entspr Sperrung an (vgl § 3 IV S 2 Nr 4 BDSG). Eine weitergehende Verwendung ist nur mit Einwilligung der Betroffenen zulässig; diese Eigenschaft dürfte hier nach der Legaldefinition des § 3 I BDSG zu bestimmen sein. Nach Ablauf der Frist für den Rechtsbehelf in VII S 2 (oben 25) wird regelmäßig davon ausgegangen werden können, dass die Daten für eine gerichtliche Nachprüfung nicht mehr benötigt werden (vgl BT-Drucks 16/5846 S 62 und SK-

Wolter 46, aber auch AnwK-Löffelmann 12, der auf andere Arten des Rechtsschutzes hinweist [oben 26 a aE]).

Die **Entscheidung über die Löschung** trifft grundsätzlich die StA, während 28 der Anhängigkeit der Sache das mit ihr befasste Gericht (Schnarr MDR **87**, 1, 4 zu §§ 100 a, b). Die jeweils aktenbearbeitende Stelle hat, soweit die personenbezogenen Daten in der Strafakte enthalten sind, fortlaufend zu kontrollieren, ob die Voraussetzungen für die Vernichtung dieser Informationen gegeben sind (BT-Drucks 16/5846 S 63). Insbesondere nach Rechtskraft hat eine dahingehende Überprüfung stattzufinden (oben 27). Soweit die Daten im Einzelfall in Dateien nach § 484 gespeichert sind, finden hierfür die Löschungsprüffristen des § 489 IV Anwendung. Die Vernichtung kann auch die Polizei vornehmen; eine Aufsicht der StA ist nicht mehr vorgesehen (BT-Drucks 15/4533 S 17; 16/5846 S 63; krit SK-Wolter 46). Bei der Telekommunikationsüberwachung müssen nicht nur die Tonbänder gelöscht, sondern auch die Niederschriften über die Tonbandaufzeichnung vernichtet werden (Koblenz StV **94**, 284 mit insoweit zust Anm Globig; vgl auch Thommes StV **97**, 659 zu organisatorischen Schwierigkeiten hinsichtlich einer vollständigen Vernichtung des insoweit angefallenen Materials). Eine Pflicht des Verteidigers zur Mitwirkung besteht nicht (Köln StV **09**, 686 L). In der aktenmäßigen Dokumentation der Löschung (VIII S 2) sind Art und Umfang der gelöschten Daten, ihr Inhalt allenfalls in allgemeiner Form anzugeben.

6) Wird **während, aber außerhalb der Hauptverhandlung** eine Telefon- 29 überwachung durchgeführt, so verpflichtet der Grundsatz des fairen Verfahrens (Einl 19) das Gericht, dem Angeklagten und seinem Verteidiger Gelegenheit zur Kenntnisnahme von deren Ergebnis zu geben (BGH **36**, 305). Die Offenbarung geheim zu haltender Tatsachen nur gegenüber dem Strafgericht und nicht auch gegenüber dem Angeklagten verstößt gegen Art 103 I GG; sind berechtigte Geheimhaltungsinteressen der Exekutive anzuerkennen, führt dies dazu, dass die Informationen auf keine Weise zu Lasten des Angekl. wirken dürfen (BVerfGE **109**, 279 = NJW **04**, 999, 1017; BVerfG NStZ-RR **08**, 16; vgl auch BGH NStZ **00**, 265).

Durchsuchung beim Verdächtigen — RiStBV 73 a

102 **Bei dem, welcher als Täter oder Teilnehmer einer Straftat oder der Begünstigung, Strafvereitelung oder Hehlerei verdächtig ist, kann eine Durchsuchung der Wohnung und anderer Räume sowie seiner Person und der ihm gehörenden Sachen sowohl zum Zweck seiner Ergreifung als auch dann vorgenommen werden, wenn zu vermuten ist, dass die Durchsuchung zur Auffindung von Beweismitteln führen werde.**

1) Eine **Einschränkung der Grundrechte** nach Art 2, 13 GG gestatten die 1 §§ 102 ff. Sie gelten von der Einleitung des Ermittlungsverfahrens ab bis zur Urteilsrechtskraft. Dabei muss der Verdächtige die Durchsuchung in weiterem Maß dulden als der Unverdächtige (§ 103).

Voraussetzung jeder Durchsuchung ist die Wahrscheinlichkeit, dass eine be- 2 stimmte Straftat bereits begangen, nicht nur straflos vorbereitet worden ist; hierfür müssen zureichende tatsächliche Anhaltspunkte vorliegen (BVerfG NJW **91**, 690; StV **94**, 353 mit Anm Streck und Anm Otto StV **94**, 409 sowie BVerfG NJW **95**, 2839 zur Durchsuchung bei mehreren Betriebsstätten einer Bank; BGH NStZ-RR **09**, 142; BerlVerfGH JR **00**, 317 mit Anm Jahn; Düsseldorf MDR **91**, 78; LG Zweibrücken NJW **90**, 2760; vgl auch Krekeler/Schütz wistra **95**, 296; BVerfG NJW **05**, 1707; **07**, 2749 und LG Berlin NStZ **04**, 103 zur Durchsuchung einer RA-Kanzlei wegen des Verdachts der Geldwäsche; dazu BVerfGE **110**, 226 = NJW **04**, 1305 [vgl 2 vor § 137]; BVerfG NJW **08**, 3629 L = NStZ-RR **08**, 176 [Arztpraxis]). Vage Anhaltspunkte oder bloße Vermutungen genügen nicht (BVerfG NJW **04**, 3171, 3172; StV **09**, 452 [§ 106 UrhG durch Links in einem vom Beschuldigten betriebenen Internetforum]; LG Aachen MMR **08**, 764

[§ 184 b StGB; zust Gercke ZUM **09**, 534]; LG Itzehoe NStZ-RR **08**, 170; LG Wuppertal StV **08**, 629), eine genaue Tatkonkretisierung ist andererseits nicht erforderlich (BVerfG 2 BvR 1800/07 vom 28. 9. 2008). Vor einer Durchsuchung in Steuerstrafsachen sind ggf Vorermittlungen im Besteuerungsverfahren durchzuführen (BVerfG NJW **06**, 2974; wistra **06**, 377 mit Anm Wiese wistra **06**, 417; LG Hildesheim wistra **07**, 399 mit Anm Matthes wistra **08**, 10; eingehend Kemper wistra **07**, 249, der Bankermittlungen idR für untauglich hält). Bei Durchsuchungen nach § 102 genügt es, anders als nach § 103 (dort 5, 6), dass auf Grund kriminalistischer Erfahrung die begründete Aussicht besteht, dass der Zweck der Durchsuchung erreicht werden kann (BVerfG NJW **03**, 2669, 2670; Dresden StraFo **08**, 118). Zur bloßen Ausforschung darf die Maßnahme nicht benutzt werden (LG Offenburg StV **97**, 626; Schürmann/Große Kriminalistik **94**, 735). Auf eine nach EU- oder Verfassungsrecht nicht anwendbare Strafnorm kann der Anfangsverdacht nicht gestützt werden (BVerfG 2 BvR 174/05 vom 29. 6. 2009 zu § 284 StGB).

3 **2)** Der **Verdächtige** muss die Durchsuchung dulden. Er braucht noch nicht Beschuldigter (Einl 76 ff) zu sein; der Tatverdacht gegen ihn muss nicht einmal so weit konkretisiert sein, dass die Beschuldigteneigenschaft schon begründet werden kann (Köln VRS **27**, 103; EbSchmidt 8; Bruns Schmidt-Leichner-FS 5; **aM** LR-Schäfer 12; Geerds Dünnebier-FS 174; vgl auch Göres/Kleinert NJW **08**, 1358). Daher sind auch Durchsuchungen von und bei Personen zulässig, die (vgl Einl 79) zunächst informatorisch als Zeugen zu hören sind (Rogall NJW **78**, 2535). Zum Beschuldigten wird der Verdächtige, wenn die Maßnahme dazu dient, für seine Überführung geeignete Beweismittel zu gewinnen (BGH **51**, 367, 371; zust Roxin JR **08**, 17; BGH NStZ **97**, 398 mit Anm Rogall).

4 **Strafunmündige** können keine „Verdächtigen" sein; Durchsuchungen können daher nur nach § 103 zulässig sein (Bamberg NStZ **89**, 40 mit Anm Wasmuth; KK-Nack 1; LR-Schäfer 8; **aM** KMR-Müller 4), ebenso in Verfahren gegen „Unbekannt" (LG Trier StraFo **07**, 371). Ist das Vorliegen von Rechtfertigungs-, Entschuldigungs- oder persönlichen Strafausschließungsgründen offensichtlich, so ist die Durchsuchung unstatthaft. Verfahrenshindernisse stehen ihr nur entgegen, wenn sie nicht behebbar sind (vgl 7 zu § 94).

5 **3) Teilnehmer** nach §§ 25 ff StGB, nicht die sog notwendigen Teilnehmer (zum Begriff: Fischer 7 vor § 25 StGB), stehen den Tatverdächtigen gleich. Bei jedem von ihnen, auch wenn er nicht in strafbarer Weise mitgewirkt hat (KMR-Müller 4), sowie bei den der Begünstigung, Strafvereitelung oder Hehlerei Verdächtigen ist die Durchsuchung zu dem Zweck zulässig, die Beteiligung irgendeines Angehörigen dieses Personenkreises aufzuklären (LR-Schäfer 7).

5a In Verfahren gegen **Medienangehörige** sind Durchsuchungen unzulässig, wenn sie ausschließlich oder vorwiegend dem Zweck dienen, die Person eines Informanten zu ermitteln (vgl BVerfGE **20**, 162, 192, 217 = NJW **66**, 1603, 1608, 1614; **117**, 244 = NJW **07**, 1117, 1120). Die bloße Veröffentlichung eines Dienstgeheimnisses reicht nicht aus, um den Verdacht einer (sukzessiven) Beihilfe des Journalisten zu § 353 b StGB zu begründen; in einem solchen Fall sind vielmehr tatsächliche Anhaltspunkte für eine vom Geheimnisträger bezweckte Veröffentlichung des Geheimnisses erforderlich (BVerfGE **117** aaO; dazu Schmidt-De Caluwe NVwZ **07**, 640, Starke AfP **07**, 91; zu weitergehenden Einschränkungen Brüning wistra **07**, 334; Gaede AfP **07**, 413; vgl auch EGMR NJW **08**, 3412 mit Anm Schork S 3417; erg 1 zu Art 10 MRK).

6 **4) Durchsuchungsgegenstände:**

7 A. **Wohnungen und Räume** iS § 102 sind Räumlichkeiten, die der Verdächtige tatsächlich innehat, gleichgültig, ob er sie befugt oder unbefugt nutzt, ob er Allein- oder Mitinhaber ist (BGH NStZ **86**, 84) und ob ihm das Hausrecht zusteht (Stoffers wistra **09**, 380; **aM** Nelles StV **91**, 489). Dazu gehören auch Arbeits-, Betriebs- und Geschäftsräume (BVerfG NJW **03**, 2669) sowie Räume, die nur

vorübergehend benutzt oder mitbenutzt werden (Geschäft, Hotelzimmer; nicht aber Wohnungen anderer Bewohner einer Wohngemeinschaft, LG Heilbronn StV **05**, 380), sowie (vgl § 104 I) das befriedete Besitztum (Hofräume, Hausgärten ua). Auch Räume in einem Dienstgebäude kommen in Betracht (Bay NJW **93**, 744; vgl § 105 III).

Von der Raumdurchsuchung ist die bloße **Nachschau** zu unterscheiden, bei der es nicht um die Auffindung einer sich verbergenden Person, sondern darum geht, den Betroffenen, dessen Anwesenheit in der Wohnung bekannt ist, festzunehmen und zu diesem Zweck die Wohnung gegen seinen Willen zu betreten (Kaiser NJW **80**, 876; vgl auch BVerwGE **47**, 31 = NJW **75**, 130). 8

B. **Personen:** Das Durchsuchen der Person besteht im Suchen nach Sachen oder Spuren in oder unter der Kleidung, auch auf der Körperoberfläche und in natürlichen Körperöffnungen, die ohne Eingriff mit medizinischen Hilfsmitteln einzusehen sind (zB in der Mundhöhle: Celle NdsRpfl **97**, 162), nicht aber das Suchen nach im Körperinnern befindlichen Gegenständen (9 zu § 81 a). § 81 d ist zu beachten (dort 1). 9

C. **Sachen** sind Kleidungsstücke, die der Verdächtige bei sich führt, ohne sie zu tragen, und seine sonstige bewegliche Habe, gleichgültig, ob sie sich in seinem Umkreis, zB in Gepäckstücken, im Kofferraum, in der Hand eines Begleiters, oder anderswo befindet. Nur für Sachen, die bei Nichtverdächtigen abgestellt sind, gilt § 103. „Ihm gehörend" bedeutet nicht das Eigentum, sondern umfasst den Besitz, Gewahrsam und Mitgewahrsam (BGH wistra **07**, 28). 10

D. **EDV-Anlagen:** Grundsätzlich ist auch die Inbetriebnahme solcher Anlagen zulässig, um an bisher noch nicht aufgefundene Beweismittel zu gelangen, wobei aber die in § 102 genannten Durchsuchungsobjekte zu beachten sind (näher dazu Bär [16 a zu § 94] S 179 ff; Valerius JR **07**, 278). Die Durchsicht externer Speichermedien regelt § 110 III. Zur Unverwertbarkeit von ohne richterliche Anordnung durchsuchten Dateien vgl LG Bremen StV **06**, 571 mit Anm Stege. Zur Unzulässigkeit von Online-Durchsuchungen 7 a zu § 100 a. 10a

5) Durchsuchungszwecke: 11

A. **Ergreifen des Verdächtigen:** Ergreifen iS § 102 ist jede Festnahme zur Durchführung einer gesetzlich zugelassenen Zwangsmaßnahme, zB nach §§ 112, 126 a, 127, 134, 230 II, 236, 329 IV S 1, auch nach § 81 (dort 27), § 81 a (dort 28) und, für Zwecke der Strafverfolgung, nach § 81 b (dort 15) und § 457 II oder wenn der Betroffene zur Durchführung von Identifizierungsmaßnahmen gesucht wird (§§ 163 a, 163 b). Unter den Begriff Ergreifung fällt auch die Festnahme des Verurteilten (Düsseldorf NJW **81**, 2133; Frankfurt NJW **64**, 785; LR-Schäfer 19; erg 6 zu § 105) zur Einlieferung in Widerrufshaft nach § 453 c (dort 13), in Strafhaft nach § 457 (dort 11) oder in den Maßregelvollzug (§ 463 I). 12

B. **Auffinden von Beweismitteln:** Zu den Beweismitteln (4 ff zu § 94) gehören auch die nur in § 103 erwähnten Spuren (KK-Nack 4; SK-Wohlers 21) und Personen, die zu Beweiszwecken in Augenschein genommen werden sollen (Schleswig SchlHA **85**, 116 [E/L]), nicht aber Personen, die nur als Zeugen gesucht werden (KMR-Müller 10). Bei der Durchsuchung von Sachen kommt es auf deren Eigenschaft als Beweismittel nicht an; sie können auch durchsucht werden, um Anhaltspunkte für Beweismittel zu gewinnen (LR-Schäfer 22). 13

C. Wenn **Verfalls- und Einziehungsgegenstände** (zB ein Führerschein, vgl 15 zu § 111 a) zum Zweck der Beschlagnahme gesucht werden, sind nach § 111 b IV die §§ 102 ff anzuwenden (Gramse NZV **02**, 349). Wird der Gegenstand gleichzeitig als Beweismittel gesucht, so genügt das Vorliegen der Voraussetzungen des § 94 (dort 2). 14

6) Der **Verhältnismäßigkeitsgrundsatz** (Einl 20) muss bei Durchsuchungen besonders beachtet werden (BVerfGE **20**, 162, 187 = NJW **66**, 1603, 1607; BVerf- 15

GE **42**, 212, 220 = NJW **76**, 1735; BVerfGE **59**, 95; Jahn NStZ **07**, 259; Walther StV **91**, 16). Die Durchsuchung scheidet aus, wenn andere, weniger einschneidende – den Ermittlungszweck nicht gefährdende (Kemper wistra **07**, 252) – Maßnahmen verfügbar sind (BVerfG NJW **05**, 1640; NStZ-RR **06**, 110; StraFo **06**, 240), etwa die Vernehmung von Zeugen (BVerfG NJW **09**, 281 [subjektiver Betrugstatbestand]; StraFo **05**, 377 [Wahllichtbildvorlage oder Gegenüberstellung]; LG Bremen StraFo **09**, 416 [„Hausbefragung"]), die Verwertung aussagekräftiger Urkunden (BVerfG 2 BvR 2486/06 vom 11. 7. 2008) oder die Einholung behördlicher Auskünfte (Dresden StraFo **07**, 329 [persönliche und wirtschaftliche Verhältnisse des Angeklagten]); vgl auch BVerfG MMR **09**, 459, 460: Feststellung der Verantwortlichkeit für (Hyper-)Links.

15a Sie muss in einem **angemessenen** Verhältnis zur Schwere der (konkreten) Straftat und zur Stärke des Tatverdachts stehen (EGMR NJW **06**, 1495; BVerfG ZfS **07**, 655 und NStZ **08**, 103 [OWi]; Hamburg StV **08**, 12; LG Frankfurt aM NStZ-RR **07**, 201; LG Itzehoe SchlHA **09**, 62 [OWi]; LG Kaiserslautern StV **07**, 71). Hierbei sind auch die Bedeutung des potentiellen Beweismittels für das Strafverfahren sowie der Grad des auf verfahrenserhebliche Informationen bezogenen Auffindeverdachts zu berücksichtigen (BVerfGE **115**, 166, 197 = NJW **06**, 976, 982; BVerfG NJW **07**, 1804; 2 BvR 1800/07 vom 28. 9. 2008 [Mandatsunterlagen in Privatwohnung]); die Auffindewahrscheinlichkeit ist insbesondere bei länger zurückliegenden Ereignissen sorgfältig zu prüfen (BVerfG 2 BvR 1873/04 vom 15. 12. 2004; 2 BvR 1467/04 vom 25. 1. 2005; NJW **07**, 2749, 2752; LG Koblenz NStZ-RR **09**, 105, 106; StV **09**, 179 L; LG Oldenburg StraFo **08**, 425). Auch politische Parteien müssen sich Durchsuchungen gefallen lassen (BVerfG wistra **84**, 221). Bei der Durchsuchung einer RA-Kanzlei ist besonders sorgfältig abzuwägen (BVerfG NJW **07**, 1443; **08**, 2422; **09**, 2518; vgl auch EGMR NJW **93**, 718; **08**, 3409 mit Anm Schork S 3416): Die Maßnahme ist unverhältnismäßig, wenn es nur um eine geringfügige Strafe (BVerfG NJW **08**, 1937) oder OWi (BVerfG NJW **06**, 3411) geht; eine Aufforderung zur freiwilligen Herausgabe von Unterlagen ist aber idR bei § 102 nicht erforderlich (BVerfG 2 BvR 1800/07 vom 28. 9. 2008; vgl aber LG Berlin NStZ **04**, 103; erg 1 a zu § 103; 14 zu § 160). Bei Berufsgeheimnisträgern ist auch die Gefährdung empfindlicher Daten Dritter zu berücksichtigen (BVerfG NJW **08**, 3629 L = NStZ-RR **08**, 176 [Arztpraxis]), bei Anwälten darüber hinaus der im Interesse der Allgemeinheit an einer wirksamen und geordneten Rechtspflege liegende Schutz der Vertrauensbeziehung zum Mandanten (BVerfG NJW **08**, 1937; **09**, 281; 2518). Vgl noch Beck/Kreißig NStZ **07**, 309 und Gercke ZUM **09**, 536 zu Verletzungen des UrhG.

16 Die Durchsuchung von **Presseunternehmen** kann unverhältnismäßig sein, wenn sie schwer in den Betrieb eingreift, um einen wenig wahrscheinlichen Tatbestand aufzuklären (BVerfGE **20**, 162, 204 = NJW **66**, 1603, 1611; vgl auch LG Bremen NStZ-RR **00**, 174). Der Durchsuchung eines Presseunternehmens, dessen Angehörige in den Verdacht der Bestechung geraten sind, steht das Interesse am Schutz der Informanten nicht entgegen (BVerfG AfP **76**, 123).

17 **7) Zufallsfunde:** Überraschend aufgefundene Beweismittel werden nach § 108 I sichergestellt, wenn sie für eine andere strafrechtliche Untersuchung von Bedeutung sind. Angetroffene Personen, bei denen Identifizierungsmaßnahmen nach § 163 b erforderlich erscheinen, können zu diesem Zweck festgehalten werden. Wird jemand aufgefunden, bei dem Anhaltspunkte dafür bestehen, dass sich an seinem Körper Spuren befinden, so werden die erforderlichen Maßnahmen nach § 81 c veranlasst.

18 **8) Immunität:** Bei Abgeordneten ist die Durchsuchung im selben Maße zulässig wie die Beschlagnahme (vgl 24 zu § 94). Im Bundestagsgebäude ist die vorherige Zustimmung des Präsidenten erforderlich (Art 40 II S 2 GG); entspr Vorschriften enthalten die Länderverfassungen (vgl Elf NStZ **94**, 375).

Durchsuchung bei anderen Personen

103 **I [1] Bei anderen Personen sind Durchsuchungen nur zur Ergreifung des Beschuldigten oder zur Verfolgung von Spuren einer Straftat oder zur Beschlagnahme bestimmter Gegenstände und nur dann zulässig, wenn Tatsachen vorliegen, aus denen zu schließen ist, dass die gesuchte Person, Spur oder Sache sich in den zu durchsuchenden Räumen befindet. [2] Zum Zwecke der Ergreifung eines Beschuldigten, der dringend verdächtig ist, eine Straftat nach § 89 a des Strafgesetzbuchs oder nach § 129 a, auch in Verbindung mit § 129 b Abs. 1, des Strafgesetzbuches oder eine der in dieser Vorschrift bezeichneten Straftaten begangen zu haben, ist eine Durchsuchung von Wohnungen und anderen Räumen auch zulässig, wenn diese sich in einem Gebäude befinden, von dem auf Grund von Tatsachen anzunehmen ist, dass sich der Beschuldigte in ihm aufhält.**

II Die Beschränkungen des Absatzes 1 Satz 1 gelten nicht für Räume, in denen der Beschuldigte ergriffen worden ist oder die er während der Verfolgung betreten hat.

1) Andere Personen (I S 1) sind solche, die nicht tat- oder teilnahmeverdächtig 1
sind (vgl zu einem iS des § 10 TMG privilegierten Host-Provider LG Saarbrücken MMR **10**, 205 mit zust Anm Bär) oder die wegen Vorliegens von Schuld- oder Strafausschließungsgründen nicht verfolgt werden können, ferner juristische Personen (zB Banken, vgl KK-Nack 1), uU auch Rechtsanwälte (LG Saarbrücken NStZ-RR **02**, 267). Die Büros verdächtiger Organe juristischer Personen können sowohl nach § 102 als auch nach § 103 durchsucht werden (BVerfG NJW **03**, 2669, 2670; BGH wistra **97**, 107; **aM** SK-Wohlers 12 zu § 102, 4 zu § 103 mwN). Kommt lediglich ein strafunmündiges Kind als Täter in Betracht, ist die Durchsuchung unzulässig (Eisenberg StV **89**, 556; Frehsee ZStW **100**, 304; Park 103; Streng Gössel-FS 505; **aM** Bamberg NStZ **89**, 40 mit abl Anm Wasmuth; Schoene DRiZ **99**, 323, dagegen Walter DRiZ **99**, 325; zw Schürmann/Große Kriminalistik **94**, 737); denn Voraussetzung des § 103 ist, dass überhaupt ein Strafverfahren gegen eine bestimmte Person durchgeführt werden kann. Anders ist es, wenn zugleich ein Tatverdacht gegen strafmündige Tatbeteiligte besteht, was schon im Hinblick auf § 171 StGB (Verletzung der Fürsorge- oder Erziehungspflicht) nahe liegen kann. Die Duldungspflicht des Unverdächtigen ist geringer als die des Verdächtigten (unten 5, 6). Eine Durchsuchung nach § 103 ist aber nicht deshalb rechtswidrig, weil sie auch nach § 102 zulässig gewesen wäre (BGH **28**, 57, 60; **aM** Krekeler NStZ **93**, 266).

Sie stellt erhöhte Anforderungen an die Prüfung des **Verhältnismäßigkeits-** 1a
grundsatzes (15 zu § 102; BVerfG NJW **07**, 1804; vgl zum Insolvenzverwalter LG Berlin ZInsO **08**, 865; LG Neubrandenburg NJW **10**, 691; LG Potsdam JR **08**, 260 mit zust Anm Menz = ZInsO **07**, 1162 mit insoweit zust Anm Brüsseler; Menz ZInsO **07**, 828; Weyand ZInsO **08**, 27; zu eng aber LG Saarbrücken ZInsO **10**, 431 mit insoweit abl Anm Weyand: auch bei kooperationsunwilligem Verwalter soll § 95 vorrangig sein [allgemein dazu noch Menz jew aaO]; erg 19 aE zu § 94); dieser wird idR erfordern, dass der Betroffene zunächst zur freiwilligen Herausgabe des Beweisgegenstandes aufgefordert wird (LG Kaiserslautern NStZ **81**, 438; LG Mühlhausen wistra **07**, 195; vgl auch BVerfG wistra **08**, 463; LG Köln NJW **81**, 1746; LR-Schäfer 8 hält die Durchsuchung ohne diese Aufforderung sogar für rechtswidrig). Dient die Maßnahme dem Auffinden von Gegenständen, die keinen unmittelbaren Bezug zum Ermittlungsverfahren aufweisen, bedarf es besonderer Gründe, aus denen sich die Bedeutung der gesuchten Gegenstände für das Verfahren und die Rechtfertigung für den Eingriff ergeben (BVerfG NJW **09**, 2518: steuerrechtliche Konzeption und Beratung strukturell ähnlicher Fonds durch RA).

Auch Dienstgebäude und -räume von **Behörden** dürfen durchsucht werden (vgl 2
§ 105 III S 3), aber nur zur Ergreifung des Beschuldigten und zur Auffindung von

Beweismitteln, die die Behörde nicht verwahrt. Die Pflicht zur Herausgabe von Akten und Unterlagen darf nicht nach § 103 erzwungen werden (vgl 2 zu § 96).

3 **2) Durchsuchungsgegenstände** können die Wohnung und andere Räume des Unverdächtigen (7 zu § 102) sowie seine Person (9 zu § 102) und die ihm gehörenden Sachen sein (10 zu § 102), auch eine EDV-Anlage (10a zu § 102); denn § 103 verwendet den Begriff Durchsuchung im selben Sinn wie § 102 (KK-Nack 3). Auch eine körperliche Durchsuchung des Unverdächtigen ist zulässig (LR-Schäfer 15); denn § 81c lässt sogar die einschneidendere körperliche Untersuchung zu. Zur Durchsuchung von Gebäuden vgl unten 9ff.

4 **3) Durchsuchungszwecke:**

5 A. **Ergreifung des Beschuldigten:** Der Tatverdacht muss so weit konkretisiert sein, dass gegen den Verdächtigen, dessen Identität aber noch nicht festzustehen braucht, Maßnahmen ergriffen worden sind, die ihn zum Beschuldigten (Einl 76ff) machen (Nelles StV **91**, 488); die Anordnung der Durchsuchung kann die 1. Maßnahme dieser Art sein (Einl 76). Wie im Fall des § 102 (dort 12) steht dem Beschuldigten der rechtskräftig Verurteilte gleich. Anders als dort (2) ist die Durchsuchung aber nur zulässig, wenn aus auf Grund Zeugenbekundungen oder früheren Beobachtungen über die Lebensgewohnheiten des Beschuldigten (KG JR **72**, 297, 300) festgestellten Tatsachen auf seine Anwesenheit in dem zu durchsuchenden Raum geschlossen werden kann (LG Saarbrücken NStZ-RR **02**, 267; Krause NJW **74**, 304; vgl auch Düsseldorf StraFo **08**, 238: Durchsuchungserfolg muss wahrscheinlich sein).

6 B. **Auffinden von Spuren und Beweismitteln:** Vgl 13 zu § 102. Aufgrund bestimmter bewiesener Tatsachen, nicht nur, wie im Fall des § 102 (dort 2), aufgrund kriminalistischer Erfahrung (BVerfG NJW **07**, 1804; BGHR Gegenstände 3; Celle StV **82**, 561, 562; LG Frankfurt aM StV **02**, 70; SK-Wohlers 15), muss die Annahme gerechtfertigt sein, dass die Durchsuchung zur Auffindung der gesuchten Spur oder des bestimmten (vgl BGH NStZ **00**, 154; **02**, 215) Beweismittels führen werde. Fehlende Beweisbedeutung der gesuchten Daten macht die Durchsuchung unzulässig (BGH StraFo **09**, 241).

7 Das **Zeugnisverweigerungsrecht** des Angehörigen, bei dem nach § 103 durchsucht werden soll, steht der Anordnung und Durchführung der Maßnahme nicht entgegen (Creifelds GA **60**, 70). In den Fällen des § 53 ist § 160a zu beachten. Durchsuchungen dürfen nicht zu dem Zweck vorgenommen werden, Gegenstände aufzuspüren, die nach § 97 (§ 160a V) von der Beschlagnahme ausgenommen sind (KG JR **83**, 382; LG Fulda NJW **00**, 1508; LG Köln NJW **81**, 1746; LG Ulm NJW **07**, 2056; Groß StV **96**, 563; Haffke NJW **74**, 1984; Jarass NJW **81**, 197; erg 1 zu § 97).

8 C. **Verfalls- und Einziehungsgegenstände:** Vgl 14 zu § 102.

9 **4) Gebäudedurchsuchungen** (I S 2):

10 A. **Bei dringendem Tatverdacht** nach § 89a, § 129a StGB (einschr Rudolphi JA **79**, 3: nicht schon bei Verdacht der Werbung oder einer geringfügigen Unterstützung) oder einer der in dieser Vorschrift bezeichneten Straftaten, auch iVm § 129b Abs 1 StGB, kann die Durchsuchung eines bestimmten Gebäudes angeordnet werden, zweier Gebäude nicht schon deshalb, weil anzunehmen ist, dass der Verdächtige sich in einem von ihnen aufhält (KK-Nack 10). Zum dringenden Tatverdacht vgl 7 zu § 112.

11 Die Durchsuchung **setzt ferner voraus,** dass auf Grund polizeilicher Ermittlungen, Beobachtungen anderer Zeugen oder Hinweisen aus der Bevölkerung festgestellte Tatsachen die Annahme begründen, dass sich der Beschuldigte irgendwo in dem Gebäude aufhält (Vogel NJW **78**, 1226); bloße Vermutungen genügen nicht. Der Annahme des Aufenthalts „in dem Gebäude" steht nicht entgegen, dass die größere Wahrscheinlichkeit dafür spricht, dass sich der Beschuldigte dort in

einer bestimmten Wohnung oder Raumeinheit befindet. In diesem Fall werden diese Räume nach Möglichkeit vorrangig durchsucht.

B. **Gebäude** ist eine räumlich abgegrenzte, selbststandige bauliche Einheit (Benfer Polizei **79**, 197). Um ein einzeln stehendes Haus oder um ein Gebäude mit nur einem Aufgang braucht es sich nicht zu handeln (KMR-Müller 11; LR-Schäfer 22; Kurth NJW **79**, 1383; **aM** Riegel BayVBl **78**, 597). Maßgebend ist vielmehr die bauliche Geschlossenheit. Mehrere Gebäude werden aber auch dann nicht zu einer Einheit zusammengeschlossen, wenn sie teilw baulich miteinander verbunden sind oder gemeinsame Anlagen (Keller, Tiefgaragen) haben (KK-Nack 9; Kurth aaO). 12

Auf einen **Teil des Gebäudes** kann die Durchsuchung beschränkt werden, wenn der andere Teil, zB eine oder einige bestimmte Wohnungen, eindeutig als Aufenthaltsort des Beschuldigten ausscheidet. Das ist aber nicht der Fall, wenn sich nicht ausschließen lässt, dass der gesuchte Beschuldigte noch während der Durchsuchung unter Nötigung in andere Räume des Gebäudes gelangen kann. 13

C. **Durchsuchungszweck** darf nur die Ergreifung des Beschuldigten sein, nicht die Auffindung von Spuren und Beweismitteln. Um einen „Terroristen" braucht es sich nicht zu handeln (LR-Schäfer 18; **aM** Benfer Polizei **79**, 196). Der Gesuchte muss nur dringend verdächtig sein, eine Tat nach § 89 a, § 129 a StGB oder eine der in dieser Vorschrift bezeichneten Taten begangen zu haben. Dass er bereits identifiziert ist, wird nicht vorausgesetzt (Kurth NJW **79**, 1384 Fn 113). Bei der Durchsuchung ist die Beschränkung auf die Ergreifung des Beschuldigten zu beachten. Behältnisse, in denen sich wegen ihrer geringen Größe niemand verbergen kann, dürfen nur durchsucht werden, wenn auf Grund bestimmter Tatsachen der Verdacht besteht, dass sich dort Unterlagen befinden, die die Ergreifung des Beschuldigten ermöglichen (Vogel NJW **78**, 1226). 14

5) **Raumdurchsuchung bei Ergreifung oder Verfolgung des Beschuldigten** (II): Wird der Beschuldigte, auch der aus der Strafhaft entflohene Verurteilte (Bay **20**, 152), durch Strafverfolgungsorgane oder nach § 127 I durch Privatpersonen in einer Wohnung oder Raumeinheit ergriffen oder betritt er solche Räume während seiner Verfolgung, ohne dass es gelingt, ihn dort zu ergreifen, so ist die Durchsuchung dieser Räume ohne die Einschränkungen des I S 1 zulässig. Es brauchen keine weiteren Tatsachen vorzuliegen, die die Ergreifung wahrscheinlich machen. Die Durchsuchung ist dann auch nicht nur zu den in I S 1 bezeichneten Zwecken, sondern auch mit dem Ziel zulässig, Personen aufzufinden, die als Zeugen in Betracht kommen. Denn infolge der Beziehung, die der Beschuldigte in den Fällen des II zu den Räumen von sich aus hergestellt hat, liegt kraft gesetzlicher Vermutung die Annahme nahe, dass irgendein denkbarer Durchsuchungszweck erreicht werden kann. Die Anordnung der Durchsuchung (§ 105 I) wird im Fall des II nicht überflüssig, die Gebäudedurchsuchung (I S 2) nicht erleichtert. 15

6) **Immunität:** Vgl RiStBV 191 III Buchst d. Diese Regelung gilt auch, wenn ein Mittäter des Abgeordneten verfolgt wird; der Abgeordnete ist dann als Nichtverdächtiger zu behandeln. Vgl auch 18 zu § 102. 16

Nächtliche Haussuchung

104 **[I] Zur Nachtzeit dürfen die Wohnung, die Geschäftsräume und das befriedete Besitztum nur bei Verfolgung auf frischer Tat oder bei Gefahr im Verzug oder dann durchsucht werden, wenn es sich um die Wiederergreifung eines entwichenen Gefangenen handelt.**

[II] Diese Beschränkung gilt nicht für Räume, die zur Nachtzeit jedermann zugänglich oder die der Polizei als Herbergen oder Versammlungsorte bestrafter Personen, als Niederlagen von Sachen, die mittels Straftaten erlangt sind, oder als Schlupfwinkel des Glücksspiels, des unerlaubten Betäubungsmittel- und Waffenhandels oder der Prostitution bekannt sind.

III Die Nachtzeit umfasst in dem Zeitraum vom ersten April bis dreißigsten September die Stunden von neun Uhr abends bis vier Uhr morgens und in dem Zeitraum vom ersten Oktober bis einunddreißigsten März die Stunden von neun Uhr abends bis sechs Uhr morgens.

1 **1)** Eine **Einschränkung der §§ 102, 103** enthält die auch im Fall des § 111b geltende (vgl § 111b IV) Vorschrift, jedoch nur für Raumdurchsuchungen. Personen und ihre Sachen können auch zur Nachtzeit durchsucht werden, wenn damit keine Haussuchung verbunden ist. Schon die Durchsuchungsanordnung (§ 105) kann mit der Maßgabe ergehen, dass die Durchsuchung, zB wegen Gefahr im Verzug, zur Nacht vollzogen werden darf (vgl BGH MDR **64**, 71). Sonst entscheidet der die Anordnung vollziehende Beamte, ob die Voraussetzungen des § 104 vorliegen. Bei Einwilligung des Betroffenen gelten die Beschränkungen des I nicht.

2 **2) Durchsuchungsvoraussetzungen** (I):

3 A. **Verfolgung auf frischer Tat:** Vgl 6 zu § 127. Der Täter braucht nicht bei der Tat betroffen worden zu sein, und die Verfolgung muss auch nicht unmittelbar der Tat nachfolgen oder auf Sicht oder Gehör stattfinden (LR-Schäfer 5). Es genügt, dass sie unmittelbar nach Tatentdeckung aufgenommen wird (zw Eisenberg Rolinski-FS 172). Auf Ergreifung des Täters braucht sie nicht abzuzielen; sie kann auch Maßnahmen zur Tataufklärung oder die Sicherstellung der Beute oder anderer Beweismittel bezwecken.

4 B. **Gefahr im Verzug** besteht, wenn die Aufschiebung der Durchsuchung bei Tagesbeginn ihren Erfolg wahrscheinlich gefährden würde (vgl 6 zu § 98). Zu den Folgen irrtümlicher Annahme der Gefahr vgl 7 zu § 98; 16 zu § 105.

5 C. **Wiederergreifung eines Gefangenen:** Der Begriff Gefangener stimmt mit dem in § 120 I, IV StGB verwendeten überein, betrifft also nicht nur den Gefangenen ieS, sondern jeden auf Grund behördlicher Anordnung in einer Anstalt Verwahrten (vgl im Einzelnen AK-Amelung 8). Die Durchsuchung zur Nachtzeit ist auch zulässig, wenn nicht nach dem Gefangenen selbst, sondern nach Anhaltspunkten für seinen Verbleib gesucht wird (KMR-Müller 6).

6 **3) Ausnahmen** (II): Bestimmte Räume sind von den Beschränkungen des I befreit.

7 Dazu gehören **zur Nachtzeit für jedermann zugängliche Räume,** auch wenn der Zugang nur gegen Entgelt gewährt wird, zB Herbergen, Schankwirtschaften, Gasthäuser, Bahnhofshallen, Wartesäle, Kinos, Bars. Eine vorzeitige Schließung zu dem Zweck, die Durchsuchung zu hindern, ist unbeachtlich. Die dem Wirt oder sonstigen Inhaber als Wohnung oder zu anderen privaten Zwecken dienenden Räume fallen unter I, wenn sie von den Räumen, deren Durchsuchung nach II zulässig ist, deutlich abgetrennt sind (LR-Schäfer 13; vgl aber KK-Nack 4; SK-Wohlers 14, die Wohnungen allgemein von II ausnehmen wollen).

8 Der Polizei **als Herbergen oder Versammlungsorte bestrafter Personen bekannte Räume** sind zB Lokale von Ringvereinen und Hehlerkneipen (krit Eisenberg Rolinski-FS 171).

9 **Schlupfwinkel des Glücksspiels** usw sind geheime Spielclubs, Bordelle, Absteigequartiere und Gaststätten, in denen vorwiegend Rauschgiftsüchtige verkehren. Der Polizei sind solche Räume iS von II bekannt geworden, wenn sie schon einmal zu den bezeichneten Zwecken in Erscheinung getreten sind und keine Anhaltspunkte für eine Änderung des Verwendungszwecks bestehen (LR-Schäfer 14).

10 **4) Nachtzeit** (III): Eine vor 9 Uhr abends begonnene Durchsuchung darf fortgesetzt werden, auch wenn die Voraussetzungen des I oder II nicht vorliegen (BVerfGE **44**, 353, 369 = NJW **77**, 1489). Durchsuchungen sollten allerdings so frühzeitig beginnen, dass sie bis zur Nachtzeit beendet werden können (BVerfG aaO).

Anordnung und Ausführung von Durchsuchungen

105 **I 1 Durchsuchungen dürfen nur durch den Richter, bei Gefahr im Verzug auch durch die Staatsanwaltschaft und ihre Ermittlungspersonen (§ 152 des Gerichtsverfassungsgesetzes) angeordnet werden. 2 Durchsuchungen nach § 103 Abs. 1 Satz 2 ordnet der Richter an; die Staatsanwaltschaft ist hierzu befugt, wenn Gefahr im Verzug ist.**

II 1 Wenn eine Durchsuchung der Wohnung, der Geschäftsräume oder des befriedeten Besitztums ohne Beisein des Richters oder des Staatsanwalts stattfindet, so sind, wenn möglich, ein Gemeindebeamter oder zwei Mitglieder der Gemeinde, in deren Bezirk die Durchsuchung erfolgt, zuzuziehen. 2 Die als Gemeindemitglieder zugezogenen Personen dürfen nicht Polizeibeamte oder Ermittlungspersonen der Staatsanwaltschaft sein.

III 1 Wird eine Durchsuchung in einem Dienstgebäude oder einer nicht allgemein zugänglichen Einrichtung oder Anlage der Bundeswehr erforderlich, so wird die vorgesetzte Dienststelle der Bundeswehr um ihre Durchführung ersucht. 2 Die ersuchende Stelle ist zur Mitwirkung berechtigt. 3 Des Ersuchens bedarf es nicht, wenn die Durchsuchung von Räumen vorzunehmen ist, die ausschließlich von anderen Personen als Soldaten bewohnt werden.

1) Eine **Durchsuchungsanordnung** ist notwendig, wenn der Betroffene sich der Maßnahme nicht freiwillig unterwirft; die stillschweigende Duldung genügt dazu nicht (Köln StV **10**, 14, 15; SK-Rudolphi 3). Liegen die Voraussetzungen der §§ 102 ff nicht vor, muss über die Freiwilligkeit belehrt werden (Hamburg StV **08**, 12; LG Stuttgart NStE Nr 2; vgl auch BGH **34**, 397, 400; erg 21 zu § 94). Auch die vorläufige Sicherstellung zum Zwecke der Durchsicht (§ 110) von zuvor nach Polizeirecht sichergestellten Gegenständen wird nach § 105 angeordnet (BGH NStZ **08**, 643; vgl auch BVerfG 2 BvR 1036/08 vom 18. 3. 2009; Graulich wistra **09**, 301). 1

A. **Zuständig** (I) ist der Richter, der die Eingriffsvoraussetzungen eigenverantwortlich zu prüfen hat (BVerfGE **103**, 142, 151 = NJW **01**, 1121, 1122; BVerfG wistra **08**, 339; Düsseldorf MDR **91**, 78). Eine Zuständigkeit der StA und – sollte auch diese nicht erreichbar sein (BVerfG NJW **05**, 1637, 1638; BGH 3 StR 530/09 vom 19. 1. 2010; Köln StV **10**, 14; Jahn NStZ **07**, 260) – ihrer Ermittlungspersonen (im Fall des § 103 I S 2 nur der StA) besteht nur bei Gefahr im Verzug (6 zu § 98), die auch während der Vollstreckung der richterlichen Anordnung eintreten kann (vgl 5 zu § 108; Düsseldorf StraFo **08**, 238 zu einem Fall nach § 103); die richterliche Anordnung ist die Regel, so dass grundsätzlich (Ausnahme: die dadurch bedingte zeitliche Verzögerung könnte zu einem Beweismittelverlust führen, vgl BGH 2 ARs 452/07 vom 15. 5. 2008; Bay **02**, 145 = JR **03**, 300 mit krit Anm Krehl; Köln aaO; Spaniol Eser-FS 487) versucht werden muss, eine richterliche Anordnung zu erhalten (BVerfGE **103**, 142 = NJW **01**, 1121; zust zur Rspr des BVerfG Amelung NStZ **01**, 337; Asbrock StV **01**, 322; Gusy JZ **01**, 1034; Krehl JR **01**, 492; Möllers NJW **01**, 1397; Park StraFo **01**, 159; Rabe von Kühlewein StraFo **01**, 193; Weiler Meurer-GS 411; abl Schaefer NJW **01**, 1396; zusammenfassend Jahn NStZ **07**, 259), auch durch Ausnutzung der bis zur Durchführung der Maßnahme verstreichenden Zeit (Köln aaO). Es muss daher zumindest der Versuch einer telefonischen Kontaktaufnahme mit dem Gericht unternommen werden (BbgVerfG NJW **03**, 2305; LG Berlin StV **08**, 244; AG Essen StraFo **08**, 199; Park StRR **08**, 245). Die Gerichte müssen dafür einen Bereitschaftsdienst (§ 22 c GVG; vgl dort) einrichten (BVerfGE **103**, 142), und zwar tagsüber sowohl innerhalb als auch außerhalb der üblichen Dienstzeiten (BVerfG NJW **07**, 1444; **06**, 3267 L = StraFo **06**, 368), wünschenswerter Weise auch zur Nachtzeit (iSd § 104 III), jedoch ist letzteres nur notwendig, wenn hierfür ein praktischer Bedarf besteht, der über den Ausnahmefall hinausgeht (BVerfG NJW **04**, 1442; **05**, 1637, 1638; unter Hinweis auf § 81 a II bejaht von Hamm – 3. StS – NJW **09**, 3109 mit zust Anm Brüning 2

ZJS **10**, 129 und Fromm NZV **09**, 514 sowie abl Anm Rabe von Kühlewein NStZ **10**, 167; krit dazu Hamm – 4. StS – StraFo **09**, 509 [jedenfalls kein Bedarf wegen § 81a; ebenso Köln bei Küppers StRR **10**, 148; 83 Ss 100/09 vom 15. 1. 2010; LG Limburg NStZ-RR **09**, 384]; vgl auch Bittmann wistra **01**, 451; Fickenscher/Dingelstadt NJW **09**, 3473; Krehl wistra **02**, 294; erg unten 18). Der von StA oder Polizei erreichte Bereitschaftsrichter darf sein Tätigwerden nicht – etwa unter Hinweis auf fehlende Aktenkenntnis – verweigern (Beichel/Kieninger NStZ **03**, 10; Fickenscher/Dingelstadt NJW **09**, 3475); ihm muss der Sachverhalt allerdings plausibel geschildert werden (VerfGBbg aaO). Verweigert der Richter gleichwohl eine Entscheidung, ist aber Gefahr im Verzug zu bejahen (BGH NStZ **06**, 114; Brocke/Herb NStZ **09**, 674 [zu § 81a II]; Burhoff StraFo **05**, 156; Höfling JR **03**, 410; Hofmann NStZ **03**, 230 gegen Beichel/Kieninger aaO; **aM** auch LG Berlin 522a–2/09 vom 30. 11. 2009 und Mosbacher JuS **10**, 131 [zu § 81a II]; Krehl NStZ **03**, 463, gegen ihn zutr Schulz NStZ **03**, 635; vgl auch Jahn NStZ **07**, 260, Spaniol Eser-FS 487 sowie 25b zu § 81a). Ausschließlich zuständig ist hingegen entspr § 98 I S 2 der Richter für die Anordnung der Durchsuchung von Pressebetrieben und Rundfunkanstalten nach Gegenständen, die nur nach § 97 V S 2 beschlagnahmt werden dürfen (BGH NJW **99**, 2051). Die richterliche Bestätigung der Durchsuchungsanordnung der StA und ihrer Ermittlungspersonen sieht § 105 nicht vor.

3 B. Eine bestimmte **Form** ist nicht vorgeschrieben; die Anordnung kann daher mündlich, telefonisch oder per Telefax ergehen, auch stillschweigend, wenn sie (bei Gefahr im Verzug) der anordnende Beamte sogleich selbst ausführt (vgl BGH NStZ **86**, 84: Fortführung einer zunächst einverständlich durchgeführten Durchsuchung nach Widerruf des Einverständnisses; **aM** Park StRR **08**, 246). Die richterliche Durchsuchungsanordnung sollte stets schriftlich abgefasst werden (BVerfGE **103**, 142 = NJW **01**, 1121; Einmahl NJW **01**, 1393; Kuhn StraFo **04**, 94; Rabe von Kühlewein GA **02**, 648; Spaniol Eser-FS 481; vgl auch Eisenberg Rolinski-FS 167). In Eilfällen – insbesondere wenn keine Möglichkeit der Übermittlung der Entscheidung durch Telefax oder E-Mail besteht – darf der Richter aber auch mündlich entscheiden (BGH **51**, 285, 295; NStZ **05**, 392 = JR **05**, 385 mit zust Anm Mittag; LG Mühlhausen wistra **07**, 195; Klemke StraFo **04**, 14; Seifert DRiZ **04**, 141; **aM** SK-Wohlers 29; Harms DRiZ **04**, 25; StV **06**, 215; Höfling JR **03**, 408; vgl dazu auch BVerfG 2 BvR 2267/06 vom 23. 7. 2007: verfassungsrechtlich unbedenklich); jedoch muss die Anordnung dann in den Ermittlungsakten dokumentiert werden (BGH NStZ **05**, 392; Park StraFo **01**, 160; Schmidt StraFo **09**, 449), auch die ihren mündlichen Erlass rechtfertigende – nicht ohnehin offensichtliche – Eilbedürftigkeit (BVerfG aaO; LG Tübingen NStZ **08**, 589). Eine solche Dokumentationspflicht besteht auch bei einer nichtrichterlich angeordneten Durchsuchung: Der handelnde Beamte muss vor oder jedenfalls unmittelbar nach der Durchsuchung seine für den Eingriff bedeutsamen Erkenntnisse und Annahmen in den Akten festhalten, auch zur Gefahr eines Beweismittelverlusts, um die Voraussetzung für eine richterliche Nachprüfung des Tatbestandsmerkmals „Gefahr im Verzug" zu schaffen (BVerfGE **103**, 142 = NJW **01**, 1121, 1124; BVerfG StV **04**, 633; NJW **06**, 3267 L = StraFo **06**, 368; unten 16). Die Durchsuchung mehrerer Räume oder Gebäude kann in einem einzigen Beschluss angeordnet werden, auch wenn sie die Ergreifung mehrerer Verdächtiger bezweckt (Kurth NJW **79**, 1384; **aM** Rengier NStZ **81**, 374).

4 Von der **vorherigen Anhörung** des Betroffenen ist nach § 33 IV abzusehen (vgl BVerfGE **49**, 329, 342 = NJW **79**, 154, 155; **51**, 97, 111 = NJW **79**, 1539, 1540; **aM** LR-Schäfer 31; erg 25b und 40a zu § 147), ebenso von einer vorherigen Ankündigung der Durchsuchung (Niehaus NZV **03**, 164); der Anordnungsbeschluss ist dem Beschuldigten aber – idR mit vollständiger Begründung – bekanntzumachen (BGHR Zustellung 1; BGH NStZ **03**, 273). Er dient auch dazu, die Durchführung der Maßnahme messbar und kontrollierbar zu gestalten (BVerfGE **103**, 142, 151 = NJW **01**, 1121, 1122).

C. **Inhaltlich** muss die Anordnung die Straftat bezeichnen, deren Begehung Anlass zur Durchsuchung gibt (BVerfG NStZ **02**, 212; StV **02**, 406; LG Koblenz wistra **04**, 438; LG Krefeld wistra **93**, 316, NJW **94**, 2036). Insbesondere bei der Durchsuchung von Wohnungen, aber auch von Geschäftsräumen (LG Bielefeld NStZ **99**, 581; wistra **08**, 117), sind außerdem tatsächliche Angaben über den Inhalt des Tatvorwurfs erforderlich, sofern sie nach dem Ermittlungsergebnis ohne weiteres möglich sind und den Zwecken der Strafverfolgung nicht zuwiderlaufen (BVerfGE **20**, 162, 227 = NJW **66**, 1603, 1615; **42**, 212, 220 = NJW **76**, 1735; **44**, 353, 371 = NJW **77**, 1489; **56**, 247 = NJW **81**, 971; BVerfG StV **90**, 483; **99**, 519 mit zust Anm Neander; **02**, 345 mit zust Anm Wehnert/Mosiek; NStZ **92**, 91; NJW **94**, 3281; **99**, 2176; **04**, 1517; **09**, 2516 [Umsatzsteuerkarusell]; ZInsO **02**, 424 [Unterlassen]; BbgVerfG NStZ-RR **98**, 366; Dresden StraFo **08**, 118; LG Chemnitz wistra **99**, 154; LG Nürnberg-Fürth StV **99**, 521 mit zust Anm Wehnert; vgl auch Burkhard wistra **00**, 118 und Matthes wistra **08**, 11 zur Anordnung im Steuerstrafverfahren). Es sind also, wenn auch knappe, doch aussagekräftige Tatsachenangaben erforderlich (BVerfG NStZ-RR **05**, 203; NJW **07**, 1443; **08**, 1937; BGH NStZ **00**, 427; **04**, 275); bei einer Vielzahl von Taten genügt die Angabe zusammenfassender kennzeichnender Merkmale (BGH NStZ **07**, 213). Ferner müssen stets Zweck und Ziel (Ergreifung des Beschuldigten oder Auffinden von Beweismitteln oder Spuren) und das Ausmaß der Durchsuchung (BVerfGE **20**, 162, 227 = NJW **66**, 1603, 1615; BVerfG StV **03**, 203; 205), insbesondere die „anderen Räume" iSd § 102 (BVerfG NStZ **92**, 91) genau bezeichnet und mindestens annäherungsweise, ggf in der Form beispielhafter Angaben, die Art und der vorgestellte Inhalt derjenigen Beweismittel angegeben werden, denen die Durchsuchung gilt (BVerfGE **42**, 212, 221 = NJW **76**, 1735; **44**, 353, 371 = NJW **77**, 1489; **56**, 247 = NJW **81**, 971; **96**, 44, 51 = NJW **97**, 2165 = JR **97**, 382 mit Anm Cirener und Anm Roxin StV **97**, 654; BVerfG NStZ **05**, 203; wistra **08**, 339; Dresden aaO; LG Hildesheim StraFo **07**, 114; vgl auch Parigger Friebertshäuser-FG 179 mit Beispielen). Schlagwortartige Bezeichnung, Wiedergabe des Wortlauts des § 102 oder allgemeine Angaben über die Beweismittel genügen nicht (BVerfG NStZ **00**, 601 mit zust Anm Park; LG Wiesbaden NJW **79**, 175); die Verwendung allgemein gehaltener Formulare ist bedenklich (BVerfG NJW **05**, 275), in jedem Fall muss die Vornahme einer Einzelfallprüfung erkennbar sein (vgl BVerfG NStZ **82**, 37, 38; BGH **42**, 103, 105; ebenso BVerfG NJW **09**, 2516, 2517 zum „Einrücken" des Antrags). Die gesuchten Beweismittel müssen (ggf in Form beispielhafter Angaben) so weit konkretisiert werden, dass keine Zweifel über die zu suchenden Gegenstände entstehen können (BVerfG NJW **03**, 2669; BGH NStZ **02**, 215; erg 19a zu § 94); dies kann im Einzelfall einen Mangel der Tatkonkretisierung ausgleichen (BVerfG 2 BvR 2486/06 vom 11. 7. 2008). 5

Weitere Anforderungen: Die wesentlichen Verdachtsmomente sind darzulegen, also in aller Regel auch die Indiztatsachen, auf die der Verdacht gestützt wird (BGH NStZ-RR **09**, 142; enger aus verfassungsrechtlicher Sicht BVerfG NStZ **04**, 160; NJW **07**, 2749; NVwZ **07**, 1047 [OWi]: nur, wenn andernfalls die erforderliche Begrenzung der richterlichen Durchsuchungsgestattung nicht gewährleistet ist; vgl aber auch BVerfG NJW **09**, 2516), soweit nicht hierdurch der Untersuchungszweck gefährdet würde (BGH NJW **00**, 84, 85 [ER]; NStZ-RR **02**, 164 [S]). Einen erhöhten Verdachtsgrad, wie sie die akustische Wohnraumüberwachung nach Art 13 III GG voraussetzt (vgl BVerfGE **109**, 279 = NJW **04**, 999), verlangt die Wohnungsdurchsuchung gemäß Art 13 II GG nicht (BVerfG NJW **04**, 3171; BGH NStZ-RR **09**, 142). Die Einhaltung des Verhältnismäßigkeitsgrundsatzes (15 zu § 102; 1a zu § 103) muss der Richter prüfen (BVerfGE **96**, 44, 51 = NJW **97**, 2165; BVerfG wistra **08**, 339) und je nach Lage des Einzelfalls näher darlegen (BVerfG NJW **03**, 2669; NVwZ **07**, 1047, 1049 [OWi]; 2 BvR 1866/03 vom 4. 3. 2008 [OWi]; LR-Schäfer 43; weitergehend Baur wistra **83**, 100). Im Fall des § 103 bedarf es neben der Angabe der nach dem Ges erforderlichen Tatsachenbasis (LG Chemnitz StraFo **09**, 280; erg 5, 6 zu § 103) eines Hinweises auf die 5a angenommene Verbindung zwischen dem Unverdächtigen und dem Beschuldigten (BVerfG NJW **07**, 1804; Michalke NJW **08**, 1491). Dass ein ungenügender Durchsuchungsbeschluss „problemlos nachgebessert" werden könnte, heilt einen Mangel der Begründung nicht (BVerfG StV **00**, 465; **05**, 643 mit zust Anm Putzke/Scheinfeld; LG Berlin wistra **04**, 319; LG Freiburg StraFo **06**, 167 und 168), wohl kann aber ein neuer Durchsuchungsantrag gestellt werden (Heghmanns NStZ **04**, 102 gegen LG Berlin ebenda). Vgl zu den Mindestanforderungen an Durchsuchungsbeschlüsse Schoreit NStZ **99**, 173, Park StRR **07**, 50, zur Heilung im Beschwerdeverfahren unten 15a und zur Folge eines Mangels für die Rechtmäßigkeit der Beschlagnahme unten 18.

6 D. **Stillschweigende Anordnungen** zur Durchsuchung zwecks Ergreifung des Beschuldigten enthalten Haftbefehle nach §§ 112, 453c, Unterbringungsbefehle nach § 126a und Vorführungsbefehle nach §§ 134, 230 II, 236, 329 IV S 1 (KK-Nack 6; LR-Schäfer 10; Fezer 7/69; Kaiser NJW **64**, 759; **80**, 875; Roxin/Schünemann § 35, 8; **aM** KMR-Müller 1; SK-Wohlers 9; Rabe von Kühlewein GA **02**, 651; vgl auch BVerfGE **16**, 239). Auch rechtskräftige Strafurteile und Strafbefehle gestatten auf Grund des Haftbefehls zu ihrer Vollstreckung (§§ 457 II, 463 I) ohne weiteres die Ergreifungsdurchsuchung (Düsseldorf NJW **81**, 2133; Frankfurt NJW **64**, 785; Kaiser aaO), auch zur Vollstreckung von Ersatzfreiheitsstrafen (Kaiser NJW **80**, 875). Das gilt aber nur für Räume des Beschuldigten oder Verurteilten, die aber auch (entgegen § 104) zur Nachtzeit betreten werden dürfen (Gottschalk NStZ **02**, 568); wird er in Räumen Dritter gesucht, so muss eine besondere Anordnung getroffen werden (Celle StV **82**, 561; LR-Schäfer 10; Krause NJW **74**, 303; **aM** Kaiser aaO). Die stillschweigende Anordnung der Durchsuchung der Wohnung des Verurteilten, nicht der eines Dritten, zur Ingewahrsamnahme des auf Grund eines Fahrverbots nach § 44 StGB herauszugebenden Führerscheins enthält das Urteil oder der Strafbefehl, in dem das Fahrverbot ausgesprochen ist (**aM** SK-Wohlers 9; erg 1 zu § 463b).

7 E. Die **Verbindung mit einer Beschlagnahmeanordnung** ist zulässig und geboten, um Probleme mit der Beschlagnahme aufgefundener Beweismittel zu vermeiden (Kemper wistra **06**, 171); die zu beschlagnahmenden Gegenstände müssen aber genau bezeichnet werden (vgl näher 9 zu § 98, auch zu einer allgemeinen Beschlagnahmeanordnung).

8 F. Für die **Durchführung** einer richterlichen Anordnung gilt § 36 II S 1 (Rengier NStZ **81**, 375; Wendisch JR **78**, 447). Sonst sorgt der Anordnende selbst für die Ausführung. Auch der Richter kann seine Anordnung selbst durchführen. Von der richterlichen Durchsuchungsgestattung im Ermittlungsverfahren muss die StA keinen Gebrauch machen (Amelung/Schall JuS **75**, 572; Benfer NJW **81**, 1245); erst recht kann sie, nicht aber die von ihr mit der Durchführung beauftragte Polizei, ihre Vollziehung aufschieben. Dagegen sind richterliche Anordnungen im Zwischen- (§ 202) und im Hauptverfahren bindend (KK-Nack 8; Benfer aaO). Die Durchsuchung ist stets auf das erforderliche Maß zu begrenzen (BVerfG NJW **07**, 1444; hierzu Burgmer Kriminalistik **07**, 528); Hinweise zum Verhalten des Betroffenen und seines Anwalts gibt Michalke NJW **08**, 1490.

8a **Unzulässig** wird die Vollstreckung spätestens nach Ablauf eines halben Jahres (BVerfGE **96**, 44 = NJW **97**, 2165 = JR **97**, 386 mit Anm Cirener; so auch schon zuvor Cassardt NJW **96**, 554; vgl auch LG Berlin StV **99**, 520; Dauster StraFo **98**, 408; Kropp ZRP **01**, 405; Rabe von Kühlewein GA **02**, 650); Roxin (StV **97**, 654) hält zutr eine vom Richter im Einzelfall festzusetzende Frist für sachgerechter (vgl auch LG Zweibrücken NJW **03**, 156: Überschreitung der 6-Monats-Frist um 2 Tage unschädlich). Nach Maßgabe der vom BVerfG (aaO und ZInsO **02**, 424, 425) aufgestellten objektiven Merkmale (Art des Tatverdachts, Schwierigkeit der Ermittlungen, Dauerhaftigkeit der tatsächlichen Grundlagen) kann der Durchsuchungsbeschluss schon früher seine rechtfertigende Wirkung verlieren (LG Braunschweig StraFo **07**, 288); dem erneuten Erlass der Anordnung steht das nicht entgegen (LG Aachen bei Schützeberg StRR **08**, 467). Die Vollziehung wird auch unzulässig, wenn sich die Ermittlungslage geändert hat (LG Osnabrück NStZ **87**, 522 mit Anm Kronisch; Krekeler NStZ **93**, 266, vgl auch BVerfG 2 BvR 2428/04 vom 27. 6. 2005 [Tz 28]; LG Leipzig StraFo **08**, 294).

Dokumentation; Sachverständige: Eine fotografische Dokumentation des Zustands der durchsuchten Wohnung ist idR nur gestattet, wenn die Bilder als Beweismittel oder zur Spurensicherung in Betracht kommen (Celle StV **85**, 137; LG Hamburg StV **04**, 368; Kemper wistra **08**, 98 Fn 33). Zu der Durchsuchung können Sachverständige hinzugezogen werden (vgl LG Stuttgart wistra **97**, 279 zur Zuziehung von Beamten der Steuerfahndung; BVerfG 2 BvR 1681/07 vom 31. 8. 2007, HRRS **07**, Nr 961, Badle NJW **08**, 1030 und Mahnkopf/Funk NStZ **01**, 519 zur Zuziehung im Zusammenhang mit ärztlichem Abrechnungsbetrug). Die Zuziehung sachkundiger Angestellter des Unternehmens, auf dessen Strafanzeige die Durchsuchung angeordnet wurde, erscheint aber unzulässig (Hamm NStZ **86**, 326; Brüning StV **08**, 103; Schlegel HRRS **08**, 26). **8b**

Für **Durchsuchungen im Bereich der Bundeswehr** trifft III eine dem § 98 IV entspr Regelung (vgl dort 25 ff). **9**

2) Durchsuchungszeugen (II) müssen, aber nicht vor Beginn der Durchsuchungshandlung (BGH NJW **63**, 1461), zugezogen werden, wenn bei Raumdurchsuchungen kein Richter oder StA, dem der Amtsanwalt oder der Vertreter der Finanzbehörde nach § 399 I **AO** gleichsteht (LG Koblenz wistra **04**, 438, 440; Weyand wistra **08**, 215), anwesend ist. Die Inhaber der nach § 103 durchsuchten Räume können nicht zugleich Zeugen sein (Celle StV **85**, 137). Zur Hinzuziehung eines Betriebsprüfers bei einer Durchsuchungsmaßnahme der Steuerfahndung vgl Bremen wistra **99**, 74. II ist keine Ordnungsvorschrift; die Zuziehung ist vielmehr eine wesentliche Förmlichkeit der Durchsuchung (BGH **51**, 211; Bay **79**, 183 = JR **81**, 28 mit Anm Thiele; Hamm NStZ **86**, 326, 327; Karlsruhe NStZ **91**, 50 mwN; Krekeler Koch-FG 174; Küper NJW **71**, 1681; JZ **80**, 633). **10**

Allerdings muss die Zuziehung **möglich** sein; unmöglich ist sie auch, wenn der eintretende Zeitverlust den Erfolg der Durchsuchung vereiteln würde (BGH NStZ **86**, 84; RG **55**, 161, 165; Küper NJW **71**, 1681). Die Entscheidung darüber trifft der Beamte nach pflichtgemäßem Ermessen (Bay aaO; Karlsruhe aaO; Schleswig aaO; Stuttgart aaO; KK-Nack 14; Küper aaO; **aM** SK-Wohlers 57: unbestimmter Rechtsbegriff; Fezer 7/72: Gefahrenprognose). Der gewissenhaft handelnde Beamte handelt auch dann rechtmäßig, wenn er sich in der Beurteilung der Verhältnisse irrt (Bay aaO; Celle StV **85**, 137; LG München I StraFo **09**, 146 mit Anm Dominok; dazu eingehend Küper aaO). Nur der bewusste Verstoß gegen II gibt dem Betroffenen das Recht zur Notwehr (RG **55**, 161; Born JR **83**, 52) und zum Widerstand. Die Verwertbarkeit der Durchsuchungsergebnisse hängt aber von der Einhaltung des II nicht ab (KG NJW **72**, 169, 170; Stuttgart NJW **71**, 629; ANM 504 mwN). **11**

Der **Verzicht des Betroffenen** auf die Beachtung des II ist zulässig (BGH NJW **63**, 1461; Celle aaO; Stuttgart MDR **84**, 249; Eisenberg BR 2441; KMR-Müller 15; Stoffers wistra **09**, 382; **aM** KK-Nack 14; Fezer 8/129). Zwar sollen durch die Zeugenzuziehung nicht nur die Betroffenen vor Übergriffen der Beamten geschützt werden; sie dient auch dem Schutz der Beamten vor unberechtigten Vorwürfen des Betroffenen wegen der Art und Weise der Durchsuchung (BGH aaO; Bay **79**, 183 = JR **81**, 28 mit Anm Thiele; Celle aaO). Trotzdem kann dem Wunsch des Betroffenen, von der Zuziehung Dritter abzusehen, um Aufsehen zu vermeiden, entsprochen werden (Michalke NJW **08**, 1491; vgl aber SK-Wohlers 54; Born JR **83**, 52; Roxin/Schünemann § 35, 10: nur wenn auch der Beamte verzichtet; Rengier NStZ **81**, 374 rät zur Zurückhaltung). **12**

3) Unmittelbarer Zwang: Die Anordnung berechtigt dazu, die Durchsuchung mit Zwangsmaßnahmen durchzusetzen (Stuttgart MDR **84**, 249), zB die Wohnung gewaltsam zu öffnen, die zu durchsuchenden Gebäude durch Abschließen oder **13**

Aufstellen von Wachen zu sichern, Türen, Schränke und Verschläge aufzubrechen, Flüssigkeiten abzulassen, Gruben zu entleeren, Grundstücke aufzugraben usw, nicht aber dazu, den Betroffenen präventiv in Gewahrsam zu nehmen, um das Beiseiteschaffen von Beweismitteln oder Vermögenswerten zu verhindern (LG Frankfurt aM NJW **08**, 2201). Bei der Personendurchsuchung darf körperlicher Zwang angewendet werden; falls geboten, darf der Betroffene auch kurzfristig festgenommen und auf der Polizeiwache durchsucht werden (LR-Schäfer 61; Baumann EbSchmidt-FS 537; Hoffmann Polizei **69**, 13; krit Eisenberg Rolinski-FS 174). Telefonsperren bzw kontrollierende Überwachung von Ferngesprächen (nicht im Verhältnis zum Verteidiger), „Stubenarrest", Platzverweise und Zutrittsverbote sind als Maßnahmen unmittelbaren Zwangs zulässig, soweit sie zur Erreichung des Durchsuchungszwecks konkret erforderlich sind; anderweitige Störungen (insbesondere solche durch Dritte) werden nach § 164 abgewehrt (dort 1, 2; Karlsruhe StraFo **97**, 13, 15; LR-Schäfer 62; SK-Wohlers 68; 19 zu § 106; **aM** Rengier NStZ **81**, 375: stets § 164; so wohl auch Michalke NJW **08**, 1492). Bei allen Zwangsmaßnahmen ist der Verhältnismäßigkeitsgrundsatz (Einl 20) zu beachten (vgl LG München I StraFo **09**, 146 mit Anm Dominok).

14 **4) Beendigung:** Die Anordnung berechtigt zu einer einmaligen, einheitlichen Durchsuchung, die, wenn auch mit Pausen (Ehlers BB **78**, 1515; Rengier NStZ **81**, 377), in einem Zuge durchgeführt wird. Mit der Beendigung der Durchsuchung durch ausdrückliche Erklärung oder schlüssiges Verhalten der Durchsuchungsbeamten ist die Anordnung verbraucht (BVerfG StV **04**, 633, 634); sie braucht nicht ausdrücklich aufgehoben zu werden. Eine weitere Durchsuchung erfordert daher eine erneute Anordnung (Fezer StV **89**, 292; Meurer JR **90**, 391; Roxin NStZ **89**, 378). Die Anordnung, bei dem Beschuldigten in einem Zeitraum von 3 Monaten regelmäßig Durchsuchungen durchzuführen, ist unzulässig (LG Hamburg wistra **04**, 36 mit krit Anm Webel).

15 **5) Anfechtung:** Die richterliche Durchsuchungsanordnung und ihre Ablehnung können mit der Beschwerde nach § 304 angefochten werden, auch die des erkennenden Gerichts; § 305 S 2 gilt entspr (Peters JR **73**, 342; erg 7 zu § 305). Erforderlich ist eine unmittelbare Beschwer; der Beschuldigte kann zB nicht die Anordnung der Durchsuchung seiner Bank anfechten (LG Köln StV **83**, 275; anders bei der Beschlagnahme seiner Kontounterlagen, vgl KG NJW **99**, 2979). Die Durchsicht von Papieren nach § 110 gehört noch zur Durchsuchung (Stoffers wistra **09**, 383); solange sie nicht – durch Rückgabe oder den Antrag auf richterliche Beschlagnahme (BGH NStZ **02**, 215; 2 zu § 110) – beendet ist, kann Beschwerde gegen die Anordnung eingelegt werden (BGH NJW **73**, 2035; **95**, 3397; StV **88**, 90; NStZ-RR **10**, 67 [C/Z]; KG NJW **75**, 354; Karlsruhe NStZ **95**, 48; LG Bielefeld wistra **08**, 117; LG Frankfurt aM NStZ **97**, 564; Haffke NJW **74**, 1983). Nach Beendigung der Durchsuchung kann mit der Beschwerde die Feststellung ihrer Rechtswidrigkeit beantragt werden (vgl 18a vor § 296 sowie 40a zu § 147 zum Erfordernis, die Entscheidung hierüber wegen zunächst versagter Akteneinsicht aufzuschieben); längeres Zuwarten kann zur Verwirkung führen (vgl BVerfG NStZ **09**, 166; erg 6, 18a aE vor § 296). Zusammenfassend zu den Rechtsschutzmöglichkeiten aus Sicht der Verteidigung Park StRR **08**, 4.

15a Einschränkungen der **Prüfungskompetenz** des Beschwerdegerichts (§§ 308 II, 309 II) ergeben sich aus der Funktion des Richtervorbehalts. Um der Funktion einer vorbeugenden Kontrolle der Durchsuchung durch eine unabhängige und neutrale Instanz (vgl BVerfGE **103**, 142, 155 = NJW **01**, 1121, 1122) gerecht zu werden, darf das Beschwerdegericht seine Entscheidung nicht auf Gründe stützen, die dem Ermittlungsrichter nicht bekannt waren. Prüfungsmaßstab bleibt im Beschwerdeverfahren die Sach- und Rechtslage zur Zeit des Erlasses des Durchsuchungsbeschlusses (Jahn NStZ **07**, 261; vgl auch LG Leipzig StraFo **08**, 294). Nach Erledigung durch Vollzug können daher Mängel bei der Umschreibung des Tatvorwurfs und der Beweismittel nicht im Beschwerdeverfahren geheilt werden

(BVerfG NJW **04**, 3171), dürfen zur Begründung der Beschwerdeentscheidung auch keine Erkenntnisse herangezogen werden, die erst durch die Durchsuchung gewonnen wurden (BVerfG WM **05**, 480), kann der konkrete Bezug der beim Dritten gesuchten Beweismittel zum Verfahrensgegenstand (1a zu § 103) nicht nachgeschoben werden (BVerfG NJW **09**, 2518, 2520). Das schließt es nicht aus, eine andere rechtliche Beurteilung an die damals vorliegenden tatsächlichen Erkenntnisse zu knüpfen (BVerfG WM **05**, 480, 481; 2 BvR 2428/04 vom 27. 6. 2005 [Tz 27]; vgl aber auch BVerfG NJW **07**, 1443), oder die Begründung des Beschlusses des AG in den Grenzen zu ergänzen, die die Funktion der präventiven Kontrolle wahren; hat der Ermittlungsrichter die Voraussetzungen eigenständig geprüft (oben 2), kann das Beschwerdegericht die Konkretisierung der den Anfangsverdacht belegenden Umstände nachholen (BGH NStZ-RR **09**, 142; krit Schmidt StraFo **09**, 451; vgl auch Hüls ZIS **09**, 166).

Gegen **Durchsuchungsanordnungen der StA und ihrer Ermittlungspersonen** ist entspr § 98 II S 2 der Antrag auf gerichtliche Entscheidung zulässig (BGH **26**, 206, 209; NJW **78**, 1013 mit Anm Amelung; BGH StV **88**, 90; KG NJW **72**, 169 = JR **72**, 297 mit Anm Peters; Karlsruhe NJW **78**, 1595; NStZ **91**, 50; **95**, 48; Stuttgart NJW **77**, 2276; Meyer Schäfer-FS 127), auch noch nach Abschluss der Durchsuchung zur Feststellung der Rechtswidrigkeit der Anordnung (vgl 23 zu § 98; 10 zu § 23 EGGVG) bzw bei Unzulässigkeit ihres Vollzugs (oben 8a; Cassardt NJW **96**, 558). Auslegung und Anwendung des Begriffs „Gefahr im Verzug" und damit der Kompetenz der StA und ihrer Ermittlungspersonen zur Durchsuchungsanordnung unterliegen einer unbeschränkten gerichtlichen Kontrolle (BVerfGE **103**, 142 = NJW **01**, 1121; BVerfG NJW **02**, 1333; **03**, 2303); eine fehlende Dokumentation (oben 3) darf nicht durch eine nachträgliche Stellungnahme der StA ersetzt werden (vgl BVerfG 2 BvR 1346/07 vom 31. 10. 2007; NJW **08**, 3053, 3054; anders LG Berlin StV **08**, 244). Verneint der Richter, dass Gefahr im Verzug vorlag, hebt er die Durchsuchungsanordnung auf, was bei noch nicht (vollständig) vollzogener Durchsuchung zu deren Abbruch, bei vollzogener zur Feststellung der Rechtswidrigkeit (18a vor § 296) der Durchsuchung führt (Fezer Rieß-FS 96ff), nicht unbedingt aber zu einem Verwertungsverbot (vgl 21 zu § 94; **aM** offenbar AG Essen StraFo **07**, 505 [erg dazu 23 aE zu § 98]). 16

Auch wenn die **Art und Weise der abgeschlossenen Durchsuchung** beanstandet wird, zB die Zuziehung von Sachverständigen (BVerfG 2 BvR 1681/07 vom 31. 8. 2007, HRRS **07**, Nr 961), lässt die Rspr nunmehr (entgegen der früher vertretenen Ansicht, die § 23 **EGGVG** anwendete, vgl BGH **28**, 206; **37**, 79, 82) den Antrag nach § 98 II S 2 in entspr Anwendung zu (dort 23), wobei es gleichgültig ist, ob die Durchsuchung nichtrichterlich (BGH **44**, 265 = JR **99**, 433 mit Anm Radtke; vgl auch Bachmann NJW **99**, 2414; Fezer NStZ **99**, 151) oder richterlich angeordnet war (BGH **45**, 183; NJW **00**, 84; NStZ-RR **10**, 67 [C/Z]). Ob dies auch gilt, wenn die Art und Weise des Vollzugs bereits im richterlichen Durchsuchungsbeschluss geregelt ist, hat der BGH offen gelassen; Katholnigg NStZ **00**, 156 hat sich dafür ausgesprochen, während Amelung JR **00**, 481, Eisele StV **99**, 300, Fezer aaO und Meyer HRRS-Fezer-FG 141 zutr die Beschwerde geben wollen. Entscheidungen des ER des BGH oder des erstinstanzlich zuständigen OLG über Einwendungen gegen die Art und Weise einer Durchsuchung sind nicht mit Beschwerde anfechtbar (BGH **44**, 265, 275; NJW **00**, 84). 17

6) Zur **Verwertbarkeit** der bei einer fehlerhaften Durchsuchung gefundenen Beweismittel vgl oben 11, 21 zu § 94 und 7 zu § 98. Diese hat das erkennende Gericht auch dann zu prüfen, wenn der Angeklagte die Rechtsschutzmöglichkeit entspr § 98 II S 2 (dort 23; oben 16) nicht genutzt hat (BGH NStZ **09**, 648). Unterbleibt die Einrichtung eines nächtlichen richterlichen Bereitschaftsdienstes, soll dies nach Hamm – 3. StS – NJW **09**, 3109 (mit zust Anm Brüning ZJS **10**, 129 und Fromm NZV **09**, 514 sowie abl Anm Rabe von Kühlewein NStZ **10**, 167; ebenso ders StS in NStZ-RR **10**, 148 zu § 81a II) wegen einer vom OLG angenommenen 18 groben Fehlbeurteilung der verfassungsrechtlichen Anforderungen (oben 2) ein Verbot der Verwertung von Beweismitteln zur Folge haben, die bei einer auf Gefahr im Verzug gestützten Durchsuchung sichergestellt wurden (abl Hamm – 4. StS [mit Zustimmung 1., 2., 5. StS] – StraFo **09**, 509, Köln 83 Ss 100/09 vom 15. 1. 2010, bei Küppers StRR **10**, 148 und Brocke/Herb NStZ **09**, 676, jew zu § 81 a II; offengelassen von BGH 3 StR 530/09 vom 19. 1. 2010). Eine unzureichende Dokumentation (oben 3) der Anordnung führt nicht ohne weiteres zu einem Verwertungsverbot (BGH NStZ **05**, 392 = JR **05**, 385 mit zust Anm Mittag; NJW **07**, 2567 L = NStZ-RR **07**, 242; Brüning HRRS **07**, 254; vgl hierzu BVerfG NJW **08**, 3053, 3054 mit krit Anm Leichthammer DAR **08**, 694 und zust Anm Laschewski NZV **08**, 637: verfassungsrechtlich unbedenklich; **aM** Müller/Trurnit StraFo **08**, 149: idR Willkür; erg oben 16). Gaede (JZ **08**, 424; vgl auch Löffelmann JR **09**, 12) tritt für die Anwendung der Vollstreckungslösung (9 a zu Art 6 MRK) in den Fällen ein, in denen die Rechtswidrigkeit der Durchsuchung nicht zu einem Verwertungsverbot führt (vgl aber BGH **52**, 110, 118; 9 b aE zu Art 6 MRK).

Zuziehung des Inhabers

106 I [1] **Der Inhaber der zu durchsuchenden Räume oder Gegenstände darf der Durchsuchung beiwohnen.** [2] **Ist er abwesend, so ist, wenn möglich, sein Vertreter oder ein erwachsener Angehöriger, Hausgenosse oder Nachbar zuzuziehen.**

II [1] **Dem Inhaber oder der in dessen Abwesenheit zugezogenen Person ist in den Fällen des § 103 Abs. 1 der Zweck der Durchsuchung vor deren Beginn bekanntzumachen.** [2] **Diese Vorschrift gilt nicht für die Inhaber der in § 104 Abs. 2 bezeichneten Räume.**

1 **1)** Eine **Ordnungsvorschrift** ist § 106; aus ihrer Verletzung können keine Rechtsfolgen hergeleitet werden (BGH NStZ **83**, 375; **aM** AG Bremen StV **08**, 589; LR-Schäfer 15; Rengier NStZ **81**, 373; Sommermeyer JR **90**, 499; NStZ **91**, 264; abl auch Jahn C 43 Fn 152), was aber nichts daran ändert, dass die Vorschrift bei einer Durchsuchung zwingend beachtet werden muss (BGH **51**, 211 [zust Anm in 7 a zu § 100 a]). § 106 ist auch bei Durchsuchungen zum Zweck der Beschlagnahme von Verfalls- und Einziehungsgegenständen anwendbar (§ 111 b IV), gilt aber bei Durchsuchungen nach § 84 I S 1 StVollzG nicht entspr (Frankfurt MDR **80**, 80; Stuttgart Justiz **84**, 368).

2 **2)** Ein **Anwesenheitsrecht** (I S 1) haben die Inhaber der zu durchsuchenden Räume, bei mehreren Inhabern jeder von ihnen (LR-Schäfer 2), und die Inhaber der Gegenstände, auch wenn sie die Beschuldigten sind (BGH **51**, 211), vorausgesetzt, dass sie sich am Durchsuchungsort oder in dessen Nähe aufhalten. Der Durchsuchungsbeamte ist nicht verpflichtet, auf ihr Erscheinen zu warten oder sie herbeiholen zu lassen (LR-Schäfer 3), sollte das aber tun, wenn dadurch keine erhebliche Verzögerung eintritt. Erscheint ein Anwesenheitsberechtigter verspätet, so wird die Durchsuchung fortgesetzt, nicht wiederholt. Der Inhaber der Räume oder Gegenstände kann auf die Anwesenheit verzichten (Rengier NStZ **81**, 374) oder einen anderen mit der Wahrnehmung seiner Rechte beauftragen (Stoffers wistra **09**, 382, Taschke StV **07**, 498 zum Unternehmensanwalt), dessen Erscheinen aber ebenfalls nicht abgewartet werden muss (Michalke NJW **08**, 1490). Störungen sind mit unmittelbarem Zwang oder nach § 164 abzustellen (zur Abgrenzung 13 zu § 105; dort auch zur Zulässigkeit von „Stubenarrest" und Telefonsperre); das Anwesenheitsrecht ist dann verwirkt (RG **33**, 251; erg unten 4).

3 **Beschuldigte,** die nicht zugleich Inhaber der Räume oder Gegenstände sind, und Verteidiger haben keinen Anspruch auf Anwesenheit bei der Durchsuchung (Stuttgart NStZ **84**, 574; Dahs 348), insbesondere nicht UGefangene bei der Durchsuchung ihrer Zellen (Frankfurt GA **79**, 429; Karlsruhe StV **86**, 10; Schles-

wig SchlHA **98**, 172 [L/S]; Stuttgart NStZ **84**, 574; **aM** AG Mannheim StV **85**, 276; Eisenberg Rolinski-FS 169). Gestattet der Inhaber ihre Anwesenheit, so dürfen sie aber nur unter den Voraussetzungen des § 164 entfernt werden (SK-Wohlers 20; Rengier NStZ **81**, 375; Stoffers wistra **09**, 382; enger Eisenberg BR 2437: nur in seltenen Ausnahmefällen).

3) Die **Zuziehung Dritter** (I S 2), und zwar in der gesetzlichen Reihenfolge (KK-Nack 2), ist bei Abwesenheit des Inhabers, nicht nach dessen Entfernung wegen Störung (LR-Schäfer 5; Eisenberg BR 2438; **aM** SK-Wohlers 24), erforderlich, sofern sie möglich (11 zu § 105) und für den Zugezogenen ungefährlich ist (vgl auch Karlsruhe NStZ **91**, 50 zur Zuziehung ausländischer Ermittler). Zum Begriff „erwachsener Angehöriger" vgl 10 zu § 37, 15 zu § 98. Vertreter iS I S 2 ist, wer den Inhaber auf Grund besonderer Vollmacht, kraft allgemeinen Auftrags (Hausverwalter) oder üblicherweise (Ehefrau) vertritt. Ist der Inhaber zugleich der Beschuldigte, so kann ihn sein Verteidiger vertreten (KK-Nack 2; KMR-Müller 2; LR-Schäfer 6). Verzichtet der anwesende Vertreter auf die Teilnahme an der Durchsuchung, so wird kein weiterer Vertreter zugezogen. Stört er die Durchsuchungshandlung, so wird er entfernt und, wenn möglich, durch einen anderen ersetzt. 4

4) **Bekanntmachung** (II): Vor der Durchsuchung nach § 103 I ist den in II S 1 bezeichneten Personen deren Zweck bekanntzugeben, sofern die Durchsuchung nicht unter den Voraussetzungen des § 103 II oder § 104 II stattfindet. Wenn dadurch der Untersuchungserfolg nicht gefährdet wird, sollte der Durchsuchungszweck auch im Fall des § 102 dem Verdächtigen bekanntgegeben werden (vgl auch Karlsruhe NStZ-RR **97**, 37, 38; LR-Schäfer 14 und Rengier NStZ **81**, 373 halten das für verfassungsrechtlich geboten). 5

Mitteilung; Verzeichnis

107 [1]**Dem von der Durchsuchung Betroffenen ist nach deren Beendigung auf Verlangen eine schriftliche Mitteilung zu machen, die den Grund der Durchsuchung (§§ 102, 103) sowie im Falle des § 102 die Straftat bezeichnen muss.** [2]**Auch ist ihm auf Verlangen ein Verzeichnis der in Verwahrung oder in Beschlag genommenen Gegenstände, falls aber nichts Verdächtiges gefunden wird, eine Bescheinigung hierüber zu geben.**

1) Eine **Ordnungsvorschrift** ist § 107; ihre Verletzung hat keine Rechtsfolgen (Stuttgart StV **93**, 235; Neuhaus Herzberg-FS 878 zu § 107 S 2; **aM** LR-Schäfer 1). Bei Durchsuchungen zum Zweck der Beschlagnahme von Verfalls- und Einziehungsgegenständen gilt die Vorschrift nach § 111 b IV entspr. 1

2) Eine **Durchsuchungsbescheinigung** (S 1) ist dem Betroffenen, also dem (verdächtigen oder unverdächtigen) Inhaber der Räume oder des Gewahrsams an den Sachen, auf Verlangen nach der Durchsuchung zu erteilen. Dabei genügt die abstrakte Angabe des Durchsuchungszwecks (Ergreifung; Auffinden von Beweisgegenständen), auch im Fall des § 103 (KK-Nack 3; **aM** KMR-Müller 6; SK-Wohlers 6; Park 202). Angaben über die Gründe, aus denen die Durchsuchung Erfolg versprach, werden nicht gemacht (KMR-Müller 7). Im Fall des § 102 kann der Betroffene auch eine schriftliche Mitteilung über die Straftat verlangen, die Anlass zu der Durchsuchung gegeben hat; tatsächliche Einzelheiten brauchen aber nicht angegeben zu werden (KK-Nack 3; KMR-Müller 2; **aM** HK-Gercke 3). Zur Verwendung von Formularen vgl Michalke NJW **08**, 1493. 2

3) Ein **Beschlagnahmeverzeichnis oder eine Negativbescheinigung** (S 2) kann der Betroffene verlangen (LG Stade wistra **02**, 319: auch von lediglich kopierten Unterlagen). Dazu genügt, dass die formlos sichergestellten oder beschlagnahmten Gegenstände nach Art und Zahl aufgeführt werden (Kemper wistra **08**, 97; 3

Krekeler wistra **83**, 46); eine nähere Beschreibung ist überflüssig. Auch Schriftstücke werden nicht inhaltlich, sondern nur so gekennzeichnet, dass sie identifizierbar sind (Karlsruhe StraFo **97**, 13, 15; Michalke NJW **08**, 1493; Stoffers wistra **09**, 383).

4 **4) Zuständig** sind der Durchsuchungsbeamte und die Behörde, die die Durchsuchung angeordnet hat. Die schriftlichen Mitteilungen sind grundsätzlich an Ort und Stelle auszufertigen (Stuttgart wistra **93**, 120); falls dies nicht möglich ist, sind sie von der Behörde, die die Anordnung vollstreckt hat, alsbald auszufertigen und auszuhändigen (Kemper wistra **08**, 97). Wird das Verlangen erst später gestellt, so entspricht ihm die Behörde, die das Verfahren in diesem Zeitpunkt bearbeitet (Schleswig SchlHA **03**, 187 [D/D]).

5 **5) Anfechtung:** Gegen die Weigerung, die Bescheinigung nach S 1 oder das Verzeichnis oder die Negativbescheinigung nach S 2 zu erteilen, kann nach § 23 II **EGGVG** auf gerichtliche Entscheidung angetragen werden (Bamberg JurBüro **93**, 543; Karlsruhe NStZ **95**, 48 mwN; LG Gießen wistra **00**, 76; Krekeler wistra **83**, 46; **aM** KK-Nack 5, der die Durchsuchung erst nach Erfüllung des § 107 für abgeschlossen hält und daher § 98 II S 2 entspr anwenden will; zust LG Stade wistra **02**, 319; im Ergebnis ebenso SK-Wohlers 9; abl Karlsruhe aaO). Sind aber alle beschlagnahmten Unterlagen mit einer einzigen, in einem Gerichtsbeschluss bezeichneten Ausnahme zurückgegeben worden, so fehlt es für diesen Antrag am Rechtsschutzbedürfnis (Stuttgart NJW **77**, 2276).

Zufallsfunde

108 **I [1] Werden bei Gelegenheit einer Durchsuchung Gegenstände gefunden, die zwar in keiner Beziehung zu der Untersuchung stehen, aber auf die Verübung einer anderen Straftat hindeuten, so sind sie einstweilen in Beschlag zu nehmen. [2] Der Staatsanwaltschaft ist hiervon Kenntnis zu geben. [3] Satz 1 findet keine Anwendung, soweit eine Durchsuchung nach § 103 Abs. 1 Satz 2 stattfindet.**

II Werden bei einem Arzt Gegenstände im Sinne von Absatz 1 Satz 1 gefunden, die den Schwangerschaftsabbruch einer Patientin betreffen, ist ihre Verwertung zu Beweiszwecken in einem Strafverfahren gegen die Patientin wegen einer Straftat nach § 218 des Strafgesetzbuches unzulässig.

III Werden bei einer in § 53 Abs. 1 Satz 1 Nr. 5 genannten Person Gegenstände im Sinne von Absatz 1 Satz 1 gefunden, auf die sich das Zeugnisverweigerungsrecht der genannten Person erstreckt, ist die Verwertung des Gegenstandes zu Beweiszwecken in einem Strafverfahren nur insoweit zulässig, als Gegenstand dieses Strafverfahrens eine Straftat ist, die im Höchstmaß mit mindestens fünf Jahren Freiheitsstrafe bedroht ist und bei der es sich nicht um eine Straftat nach § 353 b des Strafgesetzbuches handelt.

1 1) Die **einstweilige Beschlagnahme** von Zufallsfunden gestattet I der Vorschrift (Labe, Zufallsfund und Restitutionsprinzip im Strafverfahren, 1990, S 258, hält sie für verfassungswidrig; dagegen zutr Welp GA **92**, 285). Dadurch soll der StA die Prüfung ermöglicht werden, ob ein neues Ermittlungsverfahren gegen den von der Durchsuchung Betroffenen oder einen Dritten einzuleiten und der Gegenstand in diesem zu beschlagnahmen oder ob die Beschlagnahme in einem bereits anhängigen Verfahren geboten ist, das die Durchsuchenden nicht oder nicht näher kennen. Die Verwertung von Zufallsfunden kann nicht durch einen auf die Sicherstellung bestimmter Unterlagen beschränkten Durchsuchungsbeschluss ausgeschlossen werden (C. Hentschel NStZ **00**, 274 gegen LG Freiburg NStZ **99**, 582); unzulässig ist es aber, gezielt nach „Zufalls"funden zu suchen (BGH [ER] CR **99**, 292, 293; LG Baden-Baden wistra **90**, 118; LG Berlin StV **87**, 97; SK-Wohlers 4; Ehlers BB **78**, 1514). Noch weniger darf eine Durchsuchung als bloßer Vorwand dafür benutzt werden, systematisch nach Gegenständen zu suchen, auf die sich

die Durchsuchungsanordnung nicht bezieht (Karlsruhe StV **86**, 10; LG Berlin NStZ **04**, 571; LG Bonn NJW **81**, 292; LG Bremen StV **84**, 505; Krekeler NJW **77**, 1423; Welp JZ **72**, 289).

2) Gegenstände (I S 1) können einstweilig beschlagnahmt werden, wenn sie auf die Begehung einer anderen Tat hindeuten, die bisher unbekannt war oder derentwegen ein anderes Verfahren anhängig ist. Ausreichend ist der ungewisse Verdacht der Tat und die nahe liegende Möglichkeit, dass die Gegenstände zu ihrem Beweis geeignet sind, auch wenn nicht sie selbst, sondern nur die Umstände verdächtig sind, unter denen sie gefunden werden (LR-Schäfer 8). 2

Entsprechend anwendbar ist § 108, wenn der Richter bei der Briefkontrolle eines UGefangenen Beweismittel für ein anderes Strafverfahren findet (5 zu § 98; 20 zu § 119; vgl auch LG Tübingen NStZ **08**, 653, 655). Für Gegenstände, die in demselben oder in einem anderen Verfahren (KK-Nack 15 zu § 111 b) für verfallen erklärt oder eingezogen werden können, bestimmt § 111 b IV die Anwendung des § 108. 3

Ein **Beschlagnahmeverbot** nach § 97 für den vorgefundenen Gegenstand hindert auch seine einstweilige Beschlagnahme (BGH **53**, 257, 262 mit zust Anm Gössel NStZ **10**, 288; Beulke Lüderssen-FS 707; Brüning NStZ **06**, 256; Krekeler NJW **77**, 1423; NStZ **87**, 199; Rudolphi Schaffstein-FS 450; erg 1, 4, 4 a zu § 97). Bei Durchsuchungen in einem Steuerstrafverfahren (dazu Schmechel, Zufallsfunde bei Durchsuchungen im Steuerstrafverfahren, 2004, zugl Diss Hannover) steht das Steuergeheimnis der Beschlagnahme nicht entgegen, wenn die Voraussetzungen des § 30 IV oder V **AO** vorliegen (Bilsdorfer wistra **84**, 10; ohne diese Einschränkung BeckOK-Hegmann 3; vgl auch Bandemer wistra **88**, 136). 4

3) Bei **Gebäudedurchsuchungen** (I S 3), die nach § 103 I S 2 nur der Ergreifung des Beschuldigten dienen, gilt I S 1 nicht. Das schließt aber nicht aus, dass bei Gefahr im Verzug (6 zu § 98) der StA oder – nachrangig – der nach § 98 I S 1 dazu befugte Polizeibeamte auch bei Gebäudedurchsuchungen Gegenstände nach § 94 beschlagnahmt, die als Beweismittel für irgendeine Straftat von Bedeutung sind (Kurth NJW **79**, 1384; Vogel NJW **78**, 1226; vgl aber unten 9). Zur Mitteilung an die StA vom Auffinden und der Beschlagnahme der Zufallsfunde sind die Polizeibeamten nicht nach I S 2, der sich nur auf die einstweilige Beschlagnahme bezieht, sondern nach § 163 verpflichtet (LR-Schäfer 17; **aM** Vogel aaO). 5

4) Zuständig für die einstweilige Beschlagnahme ist jeder Richter, StA oder Polizeibeamte, der die Durchsuchung vornimmt, der Richter auch, wenn die Voraussetzungen des § 165 nicht vorliegen, der StA auch, wenn die Beschlagnahme nach § 98 I S 2 dem Richter vorbehalten ist (LR-Schäfer 11; KMR-Müller 2; SK-Wohlers 13; **aM** KK-Nack 3), Polizeibeamte auch, wenn sie nicht Ermittlungspersonen der StA und daher zur Beschlagnahme nicht nach § 98 I S 1 befugt sind. Gefahr im Verzug wird nach § 108 gesetzlich vermutet (BGH **19**, 374, 376). 6

5) Weiteres Verfahren: Die StA muss von der einstweiligen Beschlagnahme unterrichtet (I S 2) und der beschlagnahmte Gegenstand muss ihr zur Verfügung gestellt werden. Gibt sie ihn nicht frei, so muss sie seine Beschlagnahme nach §§ 94, 98 herbeiführen. Da Gefahr im Verzug nicht mehr besteht, ordnet die Beschlagnahme der Richter der neuen Sache an (KK-Nack 5). Die „Bestätigung" des für die Sache, in der die Durchsuchung stattgefunden hat, zuständigen Richters ist wertlos (BGH **19**, 374, 376). Die einstweilige Beschlagnahme muss aufgehoben und die Sache muss freigegeben werden, wenn die StA es unterlässt, in angemessener Frist ein neues Verfahren einzuleiten und die endgültige Beschlagnahme zu beantragen (BGH aaO; **28**, 349; **29**, 13, 15; AG Dippoldiswalde bei Stephan StRR **08**, 348). 7

6) Anfechtung: Gegen Maßnahmen nach § 108 I kann entspr § 98 II S 2 die richterliche Entscheidung beantragt werden, gegen die, ausgenommen in den Fäl- 8 len des § 304 IV und V (BGH **28**, 349), Beschwerde zulässig ist, sofern nicht inzwischen die Beschlagnahme nach § 94 angeordnet worden ist; dann muss sich die Beschwerde gegen den Beschlagnahmebeschluss richten (KK-Nack 10).

9 7) **Verwertungsverbot** (II): Um das Vertrauensverhältnis zwischen Arzt und Patientin nicht zu beeinträchtigen, verbietet II (dazu Schäfer Hanack-FS 101) die Verwertung von Zufallsfunden aus einem Strafverfahren gegen einen Arzt für ein Strafverfahren gegen eine Patientin nach § 218 StGB (erg 4a zu § 97; 12 zu § 477). Ebenso wie in § 477 II S 2 (dort 5–7) beschränkt das Gesetz das Verbot auf die (unmittelbare) Verwertung zu Beweiszwecken (SK-Wohlers 18; **aM** Jahn C 96 [Frühwirkung, s Einl 57e]; zw Singelnstein ZStW **120**, 869).

10 8) Bei einem **Medienmitarbeiter** einstweilig beschlagnahmte Zufallsfunde (I S 1), die dem Zeugnisverweigerungsrecht nach § 53 I S 1 Nr 5 unterfallen (vgl zu dessen Reichweite 25ff zu § 53), dürfen nach III zu Beweiszwecken (oben 9 aE) nicht verwertet werden, wenn sie sich nicht auf eine Straftat beziehen, die im Höchstmaß mindestens 5 Jahre Freiheitsstrafe androht. Ausgeschlossen ist zudem ihre beweismäßige Verwertung in Strafverfahren wegen einer Straftat nach § 353b StGB. III bezweckt, den Informantenschutz und damit die Pressefreiheit zu stärken (erg 12 zu § 477). Die Gegenstände müssen bei einem Medienmitarbeiter gefunden werden, der – wie die Anknüpfung an das Zeugnisverweigerungsrecht nach § 53 I S 1 Nr 5 ergibt – in Bezug auf die Straftat, auf die der Gegenstand hindeutet, Zeuge ist.

11 §§ 94ff bleiben unberührt (BT-Drucks 16/6979 S 44); ist der Gegenstand allerdings nach § 97 V beschlagnahmefrei, darf er weder vorläufig nach I S 1 noch endgültig nach § 94 in Beschlag genommen werden. Soweit das Beschlagnahmeverbot etwa nach § 97 V S 2 nicht eingreift, kann der Gegenstand nach § 94 beschlagnahmt werden; seine Verwertung zu Beweiszwecken wird durch III eingeschränkt.

Kennzeichnung beschlagnahmter Gegenstände

109 **Die in Verwahrung oder in Beschlag genommenen Gegenstände sind genau zu verzeichnen und zur Verhütung von Verwechslungen durch amtliche Siegel oder in sonst geeigneter Weise kenntlich zu machen.**

1 1) **Verzeichnis und Kenntlichmachung** sind in allen Fällen des § 94 (auch ohne vorherige Durchsuchung) und des § 111b (vgl § 111b IV) erforderlich, auch bei vorläufiger Beschlagnahme nach § 108 oder vorläufiger Sicherstellung zum Zweck der Durchsicht (Graulich wistra **09**, 302). Einzelheiten regelt § 9 der Aktenordnung (eingehend Kemper wistra **08**, 96, auch zu Fällen der Datensicherung; vgl auch Michalke NJW **08**, 1493). Der Betroffene selbst kann Identifizierungsmerkmale anbringen (5 zu § 110; Krause/Nehring 5).

2 2) Eine **Ordnungsvorschrift** ist § 109. Ihre Verletzung hat auf die Rechtswirksamkeit der Beschlagnahme keinen Einfluss (KMR-Müller 2; LR-Schäfer 4; **aM** Klug, Presseschutz im Strafprozess, 1965, S 91ff).

Durchsicht von Papieren

110 **I Die Durchsicht der Papiere des von der Durchsuchung Betroffenen steht der Staatsanwaltschaft und auf deren Anordnung ihren Ermittlungspersonen (§ 152 des Gerichtsverfassungsgesetzes) zu.**

II 1 Im Übrigen sind Beamte zur Durchsicht der aufgefundenen Papiere nur dann befugt, wenn der Inhaber die Durchsicht genehmigt. 2 Andernfalls haben sie die Papiere, deren Durchsicht sie für geboten erachten, in einem Umschlag, der in Gegenwart des Inhabers mit dem Amtssiegel zu verschließen ist, an die Staatsanwaltschaft abzuliefern.

III [1]Die Durchsicht eines elektronischen Speichermediums bei dem von der Durchsuchung Betroffenen darf auch auf hiervon räumlich getrennte Speichermedien, soweit auf sie von dem Speichermedium aus zugegriffen werden kann, erstreckt werden, wenn andernfalls der Verlust der gesuchten Daten zu besorgen ist. [2]Daten, die für die Untersuchung von Bedeutung sein können, dürfen gesichert werden; § 98 Abs. 2 gilt entsprechend.

1) Für **Papiere** im Gewahrsam des Betroffenen (Eigentum wird nicht vorausge- 1
setzt), die bei einer Durchsuchung gefunden worden sind, gilt die Vorschrift; sie ist aber nach hM entspr auf Papiere anzuwenden, die bei anderer Gelegenheit in den Gewahrsam der Strafverfolgungsbehörden gelangt sind (Park wistra **00**, 454 mwN). Der Begriff Papiere ist weit auszulegen. Dazu gehört alles, was wegen seines Gedankeninhalts Bedeutung hat und auf Papier geschrieben ist, insbesondere alles private und geschäftliche Schriftgut, wie Briefe, Tagebücher, Inventuraufstellungen, Bilanzen, Buchungsunterlagen, Werk- und Lagezeichnungen oder -skizzen. Druckwerke (8 zu § 7) sind keine Papiere, wohl aber Druckfahnen einer Tageszeitung, deren Inhalt idR aus Gründen der Aktualität bis zur Ausgabe geheim gehalten wird (LR-Schäfer 4). Als Papiere iS des § 110 sind auch Unterlagen anzusehen, bei denen statt Papier ein anderes Material oder System verwendet worden ist, somit auch alle elektronischen Datenträger und Datenspeicher (BVerfGE **113**, 29 = NJW **05**, 1917, 1921; BGH CR **99**, 292 [ER] mit Anm Bär; NStZ **03**, 670; JR **07**, 78 [ER]; Schlegel HRRS **08**, 25; krit Artkämper StRR **07**, 13; vgl aber Rux JZ **07**, 290: Analogie; erg BT-Drucks 16/5846 S 63; Michalke StraFo **08**, 291; unten 6), zB Disketten und die zum Lesen und Verarbeiten von Disketten notwendigen Zentral-Computereinheiten (BGH StV **88**, 90; vgl auch LG Köln NStZ **95**, 54 mit Anm Klaas: EDV-Anlage) sowie Notebooks (BVerfG NJW **02**, 1410). Auch Farbbänder einer Schreibmaschine gelten als Papiere (LG Berlin StV **87**, 97). Ausgenommen sind die zur Vorlage bei Behörden bestimmten Urkunden, wie Personalausweise und Führerscheine (SK-Wohlers 11; Schlüchter 329), die im Handel erhältlichen Bücher (KK-Nack 3) und alle Werke der schönen Künste.

2) Die **Durchsicht** ist das Mittel, die als Beweisgegenstände in Betracht kom- 2
menden Papiere inhaltlich darauf zu prüfen, ob die richterliche Beschlagnahme zu beantragen oder die Rückgabe notwendig ist (Frankfurt NStZ-RR **97**, 74; Jena NJW **01**, 1290 mit abl Anm Hohmann wistra **01**, 196). Nach § 97 beschlagnahmefreie Papiere sind sofort herauszugeben, und zwar ungelesen, wenn die Voraussetzungen der Vorschrift offensichtlich vorliegen, sonst nach Durchsicht (RG **47**, 195, 197; Welp JZ **72**, 425; erg 7 zu § 148). Falls ein verfassungsrechtliches Verwertungsverbot in Betracht kommt (vgl Einl 56 ff), ist größtmögliche Zurückhaltung zu wahren (BVerfGE **80**, 367, 375 = NJW **90**, 563, 564; BVerfG 2 BvR 518/07 vom 17. 11. 2007; Geppert JR **88**, 474, weitergehend Wolter StV **90**, 177: Ermittlungsrichter einschalten; für eine von Verfassungs wegen gebotene richterliche Zuständigkeit – zumindest *de lege ferenda* – auch Amelung NJW **88**, 1006; **90**, 1759; Küpper JZ **90**, 420; Störmer NStZ **90**, 398; dazu ganz im Gegensatz steht die durch das 1. JuMoG erfolgte Ausdehnung der Befugnis auch auf Ermittlungspersonen der StA; krit dazu im Hinblick auf das Geheimhaltungsinteresse des Betroffenen Knauer/Wolf NJW **04**, 2937 und Sommer StraFo **04**, 296). Die Durchsicht der Papiere muss nicht innerhalb von 6 Monaten (BVerfG NJW **02**, 1410), aber in angemessener Zeit beendet sein (LG Mühlhausen StraFo **03**, 237; SK-Wohlers 24; Artkämper StRR **07**, 14; erg unten 10). Zum Rückgabeort vgl 22 zu § 94; die dortigen Grundsätze gelten hier entspr (Graulich wistra **09**, 302).

Zuständig ist in 1. Hinsicht der StA (I); im Steuerstrafverfahren – auch in Ver- 3
fahren, die sowohl eine Steuerstraftat als auch andere Straftatbestände zum Gegenstand haben (Mildeberger/Riveiro StraFo **04**, 45) – gilt auch § 404 S 2 **AO.** Das 1. JuMoG hat die Möglichkeit eröffnet, dass die StA ihre Ermittlungspersonen mit der Durchsicht beauftragen kann. Dies dient der Verfahrensbeschleunigung und

schien dem Gesetzgeber auch deswegen erforderlich, weil für die Sichtung umfangreicher Datenbestände in Computern (vgl oben 1) die Polizei vielfach besser ausgerüstet ist und über auf solche Aufgaben spezialisierte Beamte verfügt. Die StA behält wegen der Notwendigkeit der Anordnung die Sachleitungsbefugnis (§ 161 I S 2); die physische Anwesenheit eines StA ist aber nicht erforderlich, vielmehr kann die Anordnung auch fernmündlich und vorab erfolgen (BR-Drucks 378/03 S 55). Der StA darf auch Dolmetscher und Sachverständige heranziehen (LG München I MDR **67**, 687; SK-Wohlers 13; Mahnkopf/Funk NStZ **01**, 524; erg 8 aE zu § 105), die Entscheidung über die Durchsicht (LG Kiel NJW **06**, 3224 = JR **07**, 81 mit zust Anm Wehnert) oder die Auswahl der zu beschlagnahmenden Dateien (Brüning StV **08**, 103) aber nicht ihnen allein überlassen. Der Richter ist zuständig, wenn er die Durchsuchung vornimmt oder leitet (KK-Nack 1) und bei nach Anklageerhebung angeordneter Durchsuchung (Jena NJW **01**, 1290).

4 **Andere Beamte** (II S 1) dürfen die Papiere nur mit Genehmigung des Inhabers durchsehen; die des Vertreters nach § 106 I S 2 reicht nicht aus. Die Genehmigung kann beschränkt, zB für bestimmte Beamte oder bestimmte Papiere (KK-Nack 5), erteilt und widerrufen werden. II S 2 erlaubt nur, von den vorgefundenen Papieren diejenigen nach äußeren Merkmalen (zB Aufbewahrungsplatz, Ordnerbeschriftung, Betreffangabe im Schreiben) auszusondern, bei denen eine inhaltliche Prüfung durch den StA geboten erscheint (Mildeberger/Riveiro StraFo **04**, 46). Eine inhaltliche „Grobsichtung“ ist unzulässig (Celle StV **85**, 137, 139; LR-Schäfer 11; SK-Wohlers 17; Eisenberg BR 2452; Rengier NStZ **81**, 376; Welp JZ **72**, 424 Fn 18; **aM** Krause/Nehring 5; Haffke NJW **74**, 1983; Kalf Polizei **85**, 6; anders auch KK-Nack 7 für die Sichtung von EDV-Daten). In der Praxis führt dies zu einer möglicherweise zu weit ausgedehnten Mitnahme von Papieren oder zu dem Zwang, die Durchsicht der Papiere zu genehmigen (Dauster StraFo **99**, 186, dort auch zu einer „antizipierten Beschlagnahmeanordnung“).

5 Die Papiere müssen so verpackt werden, dass der Umschlag, das Paket oder Behältnis, in dem sie vom Durchsuchungsort zur StA befördert werden, **versiegelt** werden kann (II S 2). Die Versiegelung ist in Gegenwart des anwesenden Gewahrsamsinhabers oder seines Vertreters (§ 106 I S 2) vorzunehmen; er kann das eigene Siegel beidrücken (zw SK-Wohlers 19). Der Verteidiger, der nicht Vertreter des Betroffenen ist, hat kein Teilnahmerecht (Jena NJW **01**, 1290). Zur Teilnahme an der Entsiegelung und Durchsicht ist der Inhaber im Gegensatz zur früheren Rechtslage nach Änderung der Vorschrift durch das 1. JuMoG nicht mehr aufzufordern (**aM** SK-Wohlers 25). Knauer/Wolf (NJW **04**, 2937) halten das für ein Redaktionsversehen und schließen aus § 106 I, dass der Inhaber nach wie vor Gelegenheit haben muss, bei der Durchsicht anwesend zu sein; das BVerfG (BVerfGE **113**, 29 = NJW **05**, 1917, 1922 [elektronischer Datenbestand einer Kanzlei]; BVerfG NJW **09**, 2431, 2437 [E-Mails]) hält die Hinzuziehung des Inhabers im Einzelfall zur Sicherung der Verhältnismäßigkeit des Eingriffs für geboten.

6 **3)** Auf **räumlich getrennte Speichermedien** im Inland, zB den Speicherplatz auf einem Server im Intra- oder Internet (und damit außerhalb des Durchsuchungsobjekts), darf die Durchsicht des Computers bei dem von der Durchsuchung Betroffenen erstreckt werden (III S 1), um festzustellen, ob dort potentiell beweisrelevante Daten gespeichert sind (vgl Art 19 II Cybercrime-Konvention [9 vor § 94]: anderes Computersystem im Hoheitsgebiet). Voraussetzung ist einmal, dass ohne eine solche Durchsicht der Verlust beweiserheblicher Daten zu befürchten ist, etwa weil noch vor einer körperlichen Sicherstellung des externen Speichermediums die Löschung der Daten zu erwarten ist (zust Burhoff ErmV 579 g). Zum anderen muss der externe Speicherplatz von dem durchsuchten Zugangsgerät (PC) aus zugänglich sein, auch mittels vorgefundener Passwörter (Schlegel HRRS **08**, 28; **aM** Burhoff ErmV 579 d; vgl auch Obenhaus NJW **10**, 653). Auf diese Weise ist auch der Zugriff auf beim Provider zum Abruf gespeicherte E-Mails zulässig (SK-Wohlers 10; Knierim StV **09**, 211; Schlegel aaO; Szebrowski

K&R **09**, 564; **aM** Brodowski JR **09**, 408). Nicht zulässig ist nach III der heimliche Online-Zugriff auf zugangsgeschützte Datenbestände oder eine heimliche Online-Durchsuchung (zutr Bär MMR **08**, 221 unter Hinweis auf BT Drucks 16/5846 S 64; 16/6979 S 45; Beulke/Meininghaus Widmaier-FS 72; erg unten 8; 7 ff zu § 100 a); vgl zum sog *Cloud Computing* Obenhaus aaO 651.

Ergibt die Durchsicht, dass sich **potentiell beweiserhebliche Daten** auf dem 7
externen Speichermedium befinden, dürfen diese gesichert, also gespeichert werden (III S 2 Hs 1; vgl aber Böckenförde JZ **08**, 930). Nicht zur Durchsicht befugte Beamte unterliegen den oben 4, 5 genannten Beschränkungen (Schlegel HRRS **08**, 27).

Auf offen zugängliche Daten im **Ausland** darf zugegriffen werden, im Anwen- 7a
dungsbereich der Cybercrime-Konvention nach Art 32 Buchst a, ansonsten nach internationalem Gewohnheitsrecht (Gercke StraFo **09**, 272). Nicht frei zugängliche Daten im Ausland dürfen nach Art 32 Buchst b Cybercrime-Konvention mit Zustimmung des Verfügungsberechtigten gesichert werden (vgl 9 aE vor § 94); ansonsten ist nach Bär (372 ff mwN; DRiZ **07**, 221; zust Burhoff ErmV 579 i) eine vorläufige Sicherung zugangsgeschützter Datenbestände im Ausland zulässig, damit anschließend mit dem betroffenen Staat deren weitere Verwendung abgeklärt werden kann (dezidiert dagegen Gaede StV **09**, 101, der auf das Rechtshilfeverfahren und – soweit anwendbar – auf vorläufige Sicherungsverfahren nach Art 23, 25, 29 ff Cybercrime-Konvention [9 vor § 94] verweist; abl auch Gercke aaO 273, Meininghaus [16 a zu § 94] S 181 und Sankol K&R **08**, 281: Territorialitätsgrundsatz; vgl dazu auch Bär MMR **08**, 221 sowie zum Rechtshilfeverfahren noch Obenhaus NJW **10**, 654; Einl 56 d aE).

Ist ein **Dritter** Inhaber des nach III S 1 durchgesehenen externen Speicherme- 8
diums und sind darauf gespeicherte Daten nach III S 2 Hs 1 gesichert worden, ordnet III S 2 Hs 2 zur Wahrung der Rechte des Dritten die entspr Anwendung des § 98 II an. Das bedeutet: Der die Durchsicht durchführende Beamte soll unter den Voraussetzungen des § 98 II S 1 (dort 12 ff) binnen 3 Tagen die gerichtliche Bestätigung der Sicherung der auf dem externen Speicherplatz vorgefundenen Daten beantragen. Der Dritte erhält (spätestens, vgl unten 11) im Rahmen des ihm nach § 33 III – auch bei Sitz im Ausland (Obenhaus NJW **10**, 653) – zu gewährenden rechtlichen Gehörs Kenntnis von der Maßnahme, die somit auch ihm gegenüber nicht den Charakter einer offenen Durchsuchung verliert (vgl BVerfGE **122**, 63 = MMR **09**, 36 mit Anm Bär S 35; BT-Drucks 16/6979 S 45; Brodowski JR **09**, 408; Knierim StV **09**, 212; anders, aber nicht überzeugend Puschke/Singelnstein NJW **08**, 115: verfassungsgerichtliche Anforderungen an heimliche Ermittlungsmaßnahmen nicht beachtet; erg 1 zu § 101). Wird die Sicherstellung vom gemäß § 98 II S 3–5 zuständigen Gericht nicht bestätigt, ist der zuvor bestehende Zustand durch Löschung der Daten, notfalls durch Vernichtung des Datenträgers wiederherzustellen.

4) Anfechtung: 9

A. Die **Mitnahme zur Durchsicht** ist noch keine Beschlagnahme (BGH 10
NStZ **03**, 670; **08**, 643: vorläufige Sicherstellung; Jena NJW **01**, 1290 mwN; eingehend Graulich wistra **09**, 299), sondern dient dazu, mögliche Beschlagnahmegegenstände aus dem bei der Durchsuchung vorgefundenen Material auszusondern. § 98 II S 2 ist daher nicht unmittelbar anwendbar. Die Durchsicht ist aber noch Teil der Durchsuchung (vgl 15 zu § 105; differenzierend Park 247 ff und wistra **00**, 457), deshalb ist entspr § 98 II S 2 der Antrag eines Antragsberechtigten (BGH [ER] CR **99**, 292 mit Anm Bär; 20 zu § 98) auf richterliche Entscheidung zulässig (BVerfG NJW **02**, 1410; NStZ-RR **02**, 144; Graulich aaO 301). So kann etwa – neben dem Wegfall der Durchsuchungsvoraussetzungen (BVerfG 2 BvR 1036/08 vom 18. 3. 2009) – eine unangemessen lange Dauer des Verfahrens nach § 110 (vgl LG Frankfurt aM NStZ **97**, 564 und dazu Hoffmann/Wißmann NStZ **98**, 443; LG Limburg StraFo **06**, 198; AG Karlsruhe StraFo **07**, 152) oder das Überschreiten

der Zielvorgabe in dem nur bestimmte Datensätze betreffenden Durchsuchungsbeschluss (BVerfG aaO) beanstandet, auch die Herausgabe einer Kopie der Daten zur Fortsetzung der beruflichen Tätigkeit des Betroffenen erstrebt (BVerfG 2 BvQ 8/10 vom 18. 2. 2010) werden. Schwerwiegende Verstöße gegen I oder II können ein Verwertungsverbot zur Folge haben (SK-Wohlers 30; Park aaO); das gilt insbesondere bei der fehlerhaften Durchsuchung und Beschlagnahme von Datenträgern (BVerfGE **113**, 29 = NJW **05**, 1917; vgl dazu auch Kutzner NJW **05**, 2652; Spatscheck Hamm-FS 738, 741).

11 B. Der **Inhaber des externen Speichermediums** kann nach III S 2 Hs 2 jederzeit entspr § 98 II S 2 Antrag auf gerichtliche Entscheidung stellen (vgl 18 ff zu § 98); hierüber ist er entspr § 98 II S 6 zu belehren. Nach der Systematik des III bezieht sich dies allerdings nur auf den Fall, dass Daten bei der Durchsicht gesichert wurden.

Verdeckte Ermittler, Einsatzvoraussetzungen **RiStBV Anl D II**

110a

I [1] Verdeckte Ermittler dürfen zur Aufklärung von Straftaten eingesetzt werden, wenn zureichende tatsächliche Anhaltspunkte dafür vorliegen, dass eine Straftat von erheblicher Bedeutung

1. auf dem Gebiet des unerlaubten Betäubungsmittel- oder Waffenverkehrs, der Geld- oder Wertzeichenfälschung,
2. auf dem Gebiet des Staatsschutzes (§§ 74 a, 120 des Gerichtsverfassungsgesetzes),
3. gewerbs- oder gewohnheitsmäßig oder
4. von einem Bandenmitglied oder in anderer Weise organisiert

begangen worden ist. [2] Zur Aufklärung von Verbrechen dürfen Verdeckte Ermittler auch eingesetzt werden, soweit auf Grund bestimmter Tatsachen die Gefahr der Wiederholung besteht. [3] Der Einsatz ist nur zulässig, soweit die Aufklärung auf andere Weise aussichtslos oder wesentlich erschwert wäre. [4] Zur Aufklärung von Verbrechen dürfen Verdeckte Ermittler außerdem eingesetzt werden, wenn die besondere Bedeutung der Tat den Einsatz gebietet und andere Maßnahmen aussichtslos wären.

II [1] Verdeckte Ermittler sind Beamte des Polizeidienstes, die unter einer ihnen verliehenen, auf Dauer angelegten, veränderten Identität (Legende) ermitteln. [2] Sie dürfen unter der Legende am Rechtsverkehr teilnehmen.

III Soweit es für den Aufbau oder die Aufrechterhaltung der Legende unerlässlich ist, dürfen entsprechende Urkunden hergestellt, verändert und gebraucht werden.

1 **1) Verdeckter Ermittler:**

2 A. **Begriff:** Unter die Regelungen der §§ 110 a ff fallen nur Beamte des Polizeidienstes, die unter einer Legende (dazu unten 6 ff) ermitteln. Wesentlich für die Bewertung als Verdeckter Ermittler ist, dass der Ermittlungsauftrag über einzelne wenige, konkret bestimmte Ermittlungshandlungen hinausgeht, dass eine unbestimmte Vielzahl von Personen über die wahre Identität des verdeckt operierenden Polizeibeamten getäuscht werden muss und dass wegen der Art und des Umfanges des Auftrages von vornherein abzusehen ist, dass die Identität des Beamten in künftigen Strafverfahren auf Dauer geheimgehalten werden muss (BGH **41**, 64, 65 = NStZ **95**, 516 mit Anm Krey/Jaeger = StV **95**, 281 mit Anm Weßlau StV **95**, 506 = JZ **96**, 259 mit Anm Rogall = JR **96**, 515 mit Anm Beulke/Rogat). Beschränkt sich die Tätigkeit des Beamten auf eine Einzelaktion, ist er auch dann nicht als Verdeckter Ermittler anzusehen, wenn er innerdienstlich an den Ermittlungen beteiligt war (BGH NStZ **96**, 450 mit krit Anm Rogall; krit auch Hilger Hanack-FS 209 ff) oder wenn er eine Wohnung unter falscher Identität betreten hat (BGH NStZ **97**, 448 mit Anm Hilger = JR **98**, 209 mit Anm Nitz

= JZ **97**, 1128 mit Anm Frister sowie Anm Wollweber StV **97**, 507 und Anm Roxin StV **98**, 43). Die Praxis stuft nach Schneider NStZ **04**, 360 den Beamten als Verdeckten Ermittler ein (mit der Folge der nach § 110b I, II erforderlichen Zustimmungen), wenn er mehr als 3 Außenbeziehungen mit Beschuldigten gehabt hat.

a) Nur **Beamte** iSd §§ 3, 33ff BeamtStG (§§ 4, 60ff BBG) dürfen als Verdeckte Ermittler eingesetzt werden (BGH NStZ **07**, 713). Dadurch soll „die notwendige straffe Führung und wirksame, auch disziplinarrechtliche, Dienstaufsicht" gewährleistet werden (BT-Drucks 12/989 S 42). Zu den Beamten im Polizeidienst zählen auch sonstige Träger von Polizeiaufgaben, soweit sie im Beamtenverhältnis stehen; vgl dazu 13, 14 zu § 163. 3

b) **Keine Verdeckten Ermittler** sind Polizeibeamte, die nur gelegentlich – ohne Legende (wenn auch unter Falschnamen) – verdeckt auftreten, zB Scheinaufkäufer (BGH **41**, 64; NStZ **96**, 450 mit krit Anm Rogall; **97**, 294; Beulke/Rogat JR **96**, 517; vgl dazu Krey, Rechtsprobleme des Einsatzes qualifizierter Scheinaufkäufer im Strafverfahrensrecht, Schriftenreihe ZKA, 1994; KUP Bd 31, 2001; Schmidt Kriminalistik **00**, 162); ihr Einsatz ist auch außerhalb einer Katalogtat nach I zulässig (Krey VE 5; Schneider NStZ **04**, 362 will hingegen bei den unter einer Legende und nicht nur unter einem Decknamen auftretenden Scheinaufkäufern die §§ 110a ff anwenden). 4

Sog **V-Leute** („freie Mitarbeiter" der Polizei, vgl Franke/Wienroeder 47ff; Krey VE 13), zu denen auch ausländische Polizeibeamte zählen (BGH NStZ **07**, 713), fallen nicht unter die §§ 110a ff; vgl dazu 34a zu § 163 und RiStBV Anl D I. Für diesen Personenkreis schien dem Gesetzgeber eine gesetzliche Regelung nicht erforderlich, da sie den allgemeinen Bestimmungen (§§ 161, 163) unterliegen (krit dazu SK-Rudolphi 14; Bernsmann/Jansen StV **98**, 230; Fezer JZ **95**, 972; Hund StV **93**, 380; Lagodny StV **96**, 172; eingehend hierzu Duttge JZ **96**, 556ff, der ebenfalls eine gesetzliche Regelung für notwendig hält und einen ausformulierten Gesetzesvorschlag vorlegt; Eschelbach StV **00**, 390; Hetzer Kriminalistik **01**, 690; Kintzi DRiZ **03**, 142; Rogall NStZ **00**, 493; entschieden gegen eine gesetzliche Regelung aber Hilger Hanack-FS 213; vgl noch EGMR HRRS **08**, 292, 294). Die Beschränkungen nach §§ 110a, 110b gelten für sie auch nicht entspr (BGH **41**, 42 = NStZ **95**, 513 mit insoweit zust Anm Lilie/Rudolph; BGH StV **95**, 398; **aM** Nitz JR **98**, 211), sie haben aber auch nicht die Befugnisse nach § 110c (BVerfG StV **00**, 233; BGH **41**, 42; Kintzi aaO 144; Roxin StV **98**, 44; **aM** Krey Schriftenreihe ZKA S 55; Krey/Jaeger NStZ **95**, 518). Im Übrigen ist ihre Heranziehung als Informanten, Zeugen usw jedoch nicht unzulässig (vgl dazu BGH **40**, 211, 216; Beulke/Satzger JZ **93**, 1013; Hilger NStZ **92**, 523 Fn 128; einschr SK-Rudolphi 3; **aM** Weiler, Grundlagen und Grenzen des polizeilichen Einsatzes von Vertrauenspersonen im Strafverfahren, 2001, S 241ff); sie können nach § 5 ZSHG „Tarnpapiere" erhalten (Hilger Gössel-FS 611). Ihre gemeinsame Führung durch Nachrichtendienste und Polizei ist unzulässig (Soiné NStZ **07**, 250), ebenso der Einsatz sog under-cover-agents, also von Polizeibeamten, die langfristig ohne konkreten Ermittlungsauftrag in die kriminelle Szene eingeschleust werden und sich dort frei und unkontrolliert bewegen, uU auch strafbar machen dürfen (Krey VE 12; erg 3, 4 zu § 110c). Der Zweck, Drogen sicherzustellen, steht einer Strafbarkeit des V-Manns wegen Handeltreibens entgegen (BGH NStZ **08**, 41; NJW **07**, 3010, 3013, auch zu Delikten des V-Mann-Führers). Vgl zum Ganzen auch Kreuzer Schreiber-FS 225. 4a

c) **Gesetzliche Beschränkungen** hinsichtlich des bis dahin nur durch Verwaltungsvorschriften geregelten, gewohnheitsrechtlich für zulässig erachteten Einsatzes Verdeckter Ermittler enthalten die durch das OrgKG eingefügten §§ 110a ff (erg RiStBV Anl D II). Der Einsatz Verdeckter Ermittler ist verfassungsrechtlich zulässig und zur Bekämpfung besonders gefährlicher und schwer aufklärbarer Kriminalität notwendig (BVerfG NJW **85**, 1767 = StV **85**, 177 mit Anm Lüderssen; 5

NJW **92**, 168; BGH **32**, 115, 121 ff [GSSt]; Lorenz JZ **92**, 1000; Möhrenschlager wistra **92**, 330; Rebmann NJW **85**, 1; vgl aber Herzog NStZ **85**, 153); mit ihm soll insbesondere das Eindringen „in das Innere der kriminellen Organisationen" erreicht werden (BT-Drucks 12/989 S 41). Die strengen Einsatzvoraussetzungen (unten 9 ff und § 110 b) setzen dem wegen des engen Kontaktes zu Straftätern und dem Tätigwerden im strafrechtlich relevanten Milieu nicht unbedenklichen und gefährlichen Handeln des Verdeckten Ermittlers mit Recht enge Grenzen (**aM** Krey/Haubrich JR **92**, 315: zu eng; Krüger Kriminalistik **92**, 597 sieht darin persönliche Sicherheitsrisiken für den Verdeckten Ermittler). Gegen einen Strafverteidiger darf im Hinblick auf § 148 ein Verdeckter Ermittler nicht eingesetzt werden (erg 21 zu § 100 a; 12 zu § 100 f); zu anderen Berufsgeheimnisträgern vgl § 160 a.

6 B. **Legende:**

7 a) **Begriff:** Legende ist die auf Dauer, dh für einen unbestimmten, nicht nur vorübergehenden (BGH **41**, 64: bestimmter Mindestzeitraum nicht erforderlich), aber auch nicht auf unabsehbare Zeit geplanten Zeitraum (Krey VE 3; krit zu diesem Merkmal Hund StV **93**, 380) angelegte, veränderte Identität eines Beamten des Polizeidienstes (II S 1); der wahre Name und Beruf, die richtige Anschrift, sonstige familiäre und persönliche Umstände werden durch erfundene Angaben ersetzt (Hilger NStZ **92**, 523 Fn 141; Schneider NStZ **04**, 362), um dem Verdeckten Ermittler heimliche Beobachtungen zu ermöglichen. Unter der Legende darf der Verdeckte Ermittler am Rechtsverkehr teilnehmen (II S 2), dh alle Rechtshandlungen vornehmen, klagen und verklagt werden, sich darunter in öffentliche Bücher und Register eintragen lassen usw (LR-Schäfer 22). Ob und inwieweit Dritten, die dadurch einen Schaden erleiden, ein zivilrechtlicher Ersatzanspruch zusteht (zB nach § 839 BGB iVm Art 34 GG oder ein Aufopferungsanspruch), ist noch ungeklärt (KK-Nack 12, der im Blick auf die Bestimmung des richtigen Anspruchsgegners für eine Unterrichtungspflicht nach § 101 IV S 1 Nr 9 b eintritt). Zur Aufrechterhaltung der Legende auch nach Beendigung des Einsatzes und zum Gebrauch im Strafverfahren vgl § 110 b III.

8 b) **Aufbau:** III enthält eine Ermächtigung zur Herstellung, Veränderung und zum Gebrauchmachen der für den Aufbau und die Aufrechterhaltung der Legende erforderlichen Urkunden (sog „Tarnpapiere", zB Personalausweis, Pass, Führerschein usw). Veränderungen in öffentlichen Büchern und Registern sind jedoch nicht zulässig (Hilger NStZ **92**, 523 Fn 143). Der Aufbau der Legende ist eine polizei-taktische Angelegenheit, die ihrerseits nicht den Zustimmungserfordernissen des § 110 b I, II unterliegt (Hilger aaO). § 5 ZSHG findet keine Anwendung (Hilger Gössel-FS 611; anders bei V-Leuten, oben 4 a).

9 **2) Einsatzvoraussetzungen:**

10 A. **Straftatenkatalog:** Er entspricht demjenigen des § 98 a I S 1 (dort 6) mit Ausnahme der dortigen Nr. 3 und 4, die durch die Generalklausel des I S 2 (unten 11) erfasst werden. Die Straftat muss von erheblicher Bedeutung sein (vgl dazu 5 zu § 98 a; Soiné NStZ **03**, 225 verlangt [in seiner Untersuchung über den Einsatz Verdeckter Ermittler als Instrument zur Bekämpfung von Kinderpornographie im Internet] eine Straferwartung von mindestens 1 Jahr Freiheitsstrafe). Zur weiteren Voraussetzung des Vorliegens zureichender tatsächlicher Anhaltspunkte einer Straftat vgl 7 zu § 98 a.

11 B. **Aufklärung von Verbrechen:** Die Fassung der Vorschrift ist wenig klar, was darauf zurückzuführen sein mag, dass nach dem ursprünglichen Gesetzesentwurf (BT-Drucks 12/989 S 12) lediglich auf den Katalog des § 98 a I verwiesen werden sollte und erst am Schluss der parlamentarischen Beratungen die jetzige Fassung beschlossen wurde (BT-Drucks 12/2720 S 46).

12 a) Bei **Wiederholungsgefahr** ist bei Verbrechen, unabhängig davon, ob sie vom Katalog des I S 1 erfasst werden oder nicht, der Einsatz Verdeckter Ermittler

zulässig (I S 2; Rieß NJ **92**, 496). Zum Begriff Wiederholungsgefahr vgl 11 zu § 112a. Auch hier muss die Wiederholungsgefahr durch bestimmte Tatsachen belegt sein (vgl dazu 14 zu § 112a).

b) **Im Übrigen** ist der Einsatz Verdeckter Ermittler bei Verbrechen ohne Wiederholungsgefahr, die nicht unter den Katalog fallen, bei besonderer Bedeutung der Tat und Aussichtslosigkeit anderer Ermittlungsmaßnahmen zulässig (I S 4; BGH **52**, 11, 14; Rieß aaO). Ein sachlicher Unterschied zwischen dem hier verwendeten Merkmal „besondere Bedeutung der Tat" und dem Merkmal „von erheblicher Bedeutung" (oben 10) ist nicht erkennbar (LR-Schäfer 34; **aM** Heghmanns/Scheffler-Murmann III 420). Zur Aussichtslosigkeit vgl 13 zu § 100a. 13

C. **Mehrere Aufträge** kann ein Verdeckter Ermittler gleichzeitig erfüllen, auch zugleich nach § 110a sowohl zur Aufklärung von Straftaten als auch nach den Polizeigesetzen zu deren Verhinderung tätig werden, soweit jeweils die gesetzlichen Voraussetzungen gegeben sind und ein Tätigwerden in beiden Funktionen durchführbar ist (sog Gemengelage, vgl KK-Nack 14 mwN). Erkenntnisse aus präventiver Tätigkeit dürfen unter den Voraussetzungen des § 161 II (dort 18b ff) auch im Strafverfahren verwertet werden. 14

D. **Subsidiaritätsklausel** (I S 3): Soweit die Straftat unter den Katalog fällt oder der Einsatz bei einem Verbrechen nur wegen Wiederholungsgefahr erlaubt ist (oben 10 und 12), hängt die Zulässigkeit des Tätigwerdens eines Verdeckten Ermittlers davon ab, dass die Aufklärung auf andere Weise aussichtslos oder wesentlich erschwert wäre. Dies entspricht den Voraussetzungen einer Telefonüberwachung nach § 100a (dort 13). Zum Verhältnis zu anderen Maßnahmen mit gleichartigen Subsidiaritätsklauseln vgl 14 zu § 100a. 15

3) Verwertung der Erkenntnisse: Zur Frage eines Verwertungsverbots und zur Revision vgl 11, 13 zu § 110b; im Übrigen gelten die Erläuterungen 35 ff zu § 100a entspr. Zur Bewertung der Mitwirkung eines Verdeckten Ermittlers im Rahmen der Strafzumessung vgl BGH NStZ **92**, 488; **95**, 506; JR **96**, 515, 517 mit Anm Beulke/Rogat; sein rechtsstaatswidriger Einsatz führt nicht zur Anwendung der Vollstreckungslösung (iS von 9a zu Art 6 MRK, vgl BGH 3 StR 266/08 vom 22. 7. 2008). 16

Zustimmung des StA und des Richters, Geheimhaltung

110b **I** [1]**Der Einsatz eines Verdeckten Ermittlers ist erst nach Zustimmung der Staatsanwaltschaft zulässig.** [2]**Besteht Gefahr im Verzug und kann die Entscheidung der Staatsanwaltschaft nicht rechtzeitig eingeholt werden, so ist sie unverzüglich herbeizuführen; die Maßnahme ist zu beenden, wenn nicht die Staatsanwaltschaft binnen drei Werktagen zustimmt.** [3]**Die Zustimmung ist schriftlich zu erteilen und zu befristen.** [4]**Eine Verlängerung ist zulässig, solange die Voraussetzungen für den Einsatz fortbestehen.**

II [1]**Einsätze,**

1. **die sich gegen einen bestimmten Beschuldigten richten oder**
2. **bei denen der Verdeckte Ermittler eine Wohnung betritt, die nicht allgemein zugänglich ist,**

bedürfen der Zustimmung des Gerichts. [2]**Bei Gefahr im Verzug genügt die Zustimmung der Staatsanwaltschaft.** [3]**Kann die Entscheidung der Staatsanwaltschaft nicht rechtzeitig eingeholt werden, so ist sie unverzüglich herbeizuführen.** [4]**Die Maßnahme ist zu beenden, wenn nicht das Gericht binnen drei Werktagen zustimmt.** [5]**Absatz 1 Satz 3 und 4 gilt entsprechend.**

III [1]**Die Identität des Verdeckten Ermittlers kann auch nach Beendigung des Einsatzes geheimgehalten werden.** [2]**Die Staatsanwaltschaft und das Gericht,**

die für die Entscheidung über die Zustimmung zu dem Einsatz zuständig sind, können verlangen, dass die Identität ihnen gegenüber offenbart wird. [3]Im Übrigen ist in einem Strafverfahren die Geheimhaltung der Identität nach Maßgabe des § 96 zulässig, insbesondere dann, wenn Anlass zu der Besorgnis besteht, dass die Offenbarung Leben, Leib oder Freiheit des Verdeckten Ermittlers oder einer anderen Person oder die Möglichkeit der weiteren Verwendung des Verdeckten Ermittlers gefährden würde.

1 **1) Zustimmung der StA:** Gegen den Willen der Polizei kann die StA den Einsatz eines Verdeckten Ermittlers nicht anordnen, jedoch ist stets (auch im Fall des II) ihre Zustimmung erforderlich; allerdings kann bei Gefahr im Verzug (6 zu § 98) die Zustimmung der StA nachträglich herbeigeführt werden, wenn sie von der Polizei nicht rechtzeitig eingeholt werden kann. Die Frist für die nachträgliche Zustimmung beginnt mit der Anordnung des Einsatzes, nicht erst mit dem Tätigwerden des Verdeckten Ermittlers (LR-Schäfer 8). Die Beendigung im Falle der Nichterteilung der Zustimmung durch die StA binnen 3 Werktagen (I S 2 aE) schließt einen späteren Einsatz mit Zustimmung der StA nicht aus. Die StA wird nicht zustimmen, wenn sie den Einsatz für rechtlich unstatthaft oder unzweckmäßig hält (Rogall JZ **96**, 263). Die Auswahl, welche Person als Verdeckter Ermittler eingesetzt wird, obliegt der Polizeibehörde; die StA kann und soll hierfür nicht die Verantwortung übernehmen (Hilger NStZ **92**, 524 Fn 145; **aM** Rogall aaO). StA und Richter können aber die Benennung der Person des Verdeckten Ermittlers von der Polizei verlangen (III S 2, unten 10).

2 **2) Zustimmung des Richters:**

3 A. Der **Ermittlungsrichter** (§§ 162, 169) muss seine Zustimmung erteilen, wenn der Einsatz des Verdeckten Ermittlers (zur Begriffsbestimmung 2ff zu § 110a, also nicht bei einer Einzelaktion eines unter einem Decknamen auftretenden Polizeibeamten, BGH NStZ **96**, 450 mit krit Anm Rogall) gegen einen bestimmten Beschuldigten erfolgen (II S 1 Nr 1; BGH StV **99**, 523) oder der Verdeckte Ermittler befugt sein soll, eine nicht allgemein zugängliche Wohnung zu betreten (II S 1 Nr 2; vgl dazu Eisenberg NJW **93**, 1035). Die Einschaltung des Richters bedeutet nicht, dass die StA ausgeschlossen, ihre Zustimmung zum Einsatz des Verdeckten Ermittlers also entbehrlich wäre; dies würde der Stellung der StA im Ermittlungsverfahren widersprechen (vgl Einl 87), es ergibt sich im Übrigen auch aus II S 3 (ebenso Hilger NStZ **92**, 524). Die erteilte Zustimmung im Fall des II S 1 Nr 1 deckt nicht den Einsatz nach II S 1 Nr 2 und umgekehrt; erforderlichenfalls ist eine nur auf die eine Alternative beschränkte Zustimmung zu ergänzen (Hilger aaO Fn 149). Dasselbe gilt, wenn sich der Einsatz gegen einen anderen bestimmten Beschuldigten als zunächst angenommen richten soll. Der Beschuldigte muss nicht namentlich bekannt, aber identifizierbar sein.

4 B. **Nicht allgemein zugängliche Wohnung:** Zum Begriff Wohnung vgl 2 zu § 100f. Mit dem Zusatz „nicht allgemein zugänglich" wird klargestellt, dass eine richterliche Zustimmung zum Betreten solcher Teile einer Wohnung nicht erforderlich ist, die der Wohnungsinhaber dem Publikumsverkehr zugänglich gemacht hat, also zB die Teile eines Geschäftes, Kaufhauses oder Restaurants, die für das Publikum bestimmt sind (Hilger NStZ **92**, 524 Fn 148). Im Gegensatz zu II S 1 Nr 1 braucht die Wohnung nicht bestimmt bezeichnet zu werden; hier wird nur eine allgemeine Zustimmung erteilt (SK-Rudolphi 6; Schneider NStZ **04**, 364). Da sich beim Einsatz eines Verdeckten Ermittlers sehr häufig die Notwendigkeit des Betretens einer fremden Wohnung ergeben wird, würde das Erfordernis der Bezeichnung einer bestimmten Wohnung seinen Einsatz weithin entwerten und auch oftmals gar nicht erfüllbar sein. Andererseits führt dies dazu, dass idR eine richterliche Zustimmung nach II S 1 Nr 2 eingeholt werden wird (Krauß StV **89**, 324; Krüger Kriminalistik **92**, 596); denn ein Verdeckter Ermittler, der unter seiner Legende keine fremden Wohnungen betreten darf, hat kaum einen Einsatzwert

(vgl auch Schneider aaO 367). Was nach der Gesetzesfassung die Ausnahme zu sein scheint, wird damit in Wahrheit zur Regel (Zaczyk StV **93**, 494; **aM** Krey Miyazawa-FS 600 und Kohlmann-FS 639). Die richterliche Zustimmung erlaubt aber nur das offene Betreten der fremden Wohnung; heimliches oder gewaltsames Eindringen ist auch dem mit richterlicher Zustimmung tätigen Verdeckten Ermittler untersagt (Krauß aaO).

C. Bei **Gefahr im Verzug** (6 zu § 98) genügt zunächst auch in den Fällen des II S 1 die Zustimmung des StA (II S 2). Lässt sich auch diese nicht rechtzeitig einholen, darf der Einsatz auch ohne sie – notfalls durch den Verdeckten Ermittler selbst (Hilger NStZ **92**, 524 Fn 146) – angeordnet werden; jedoch muss die Zustimmung der StA unverzüglich (8 zu § 25), die des Richters binnen 3 Werktagen erfolgen (II S 3, 4). Die Ausführungen oben 1 gelten entspr. Der Richter kann allerdings die Zustimmung nur verweigern, wenn er die Maßnahme im Prüfungszeitpunkt nicht für rechtmäßig hält; über ihre Zweckmäßigkeit hat er nicht zu befinden (Rogall JZ **96**, 264). 5

3) Form: Aus der Anordnung des Einsatzes eines Verdeckten Ermittlers durch die Polizei und der Zustimmung der StA und des Gerichts müssen sich die Anordnungsgrundlage (§ 110a I S 1 oder S 2 oder S 4) und der Umfang des Einsatzes (allgemein, gegen bestimmte Person, Betreten von Wohnungen) ergeben. Im Fall des II S 1 Nr 1 sind die Personalien des Beschuldigten – soweit bekannt – zu bezeichnen. Die Begründung der Anordnung muss erkennen lassen, dass eine Abwägung auf der Grundlage sämtlicher im Einzelfall relevanter Erkenntnisse stattgefunden hat (BGH **42**, 103 = NStZ **97**, 249 mit Anm Bernsmann und Anm Weßlau StV **96**, 578). Die Frist für den Einsatz (unten 7) ist anzugeben. Die schriftlich erteilte Zustimmung der StA und des Richters ist der Polizei mitzuteilen. Die Unterlagen werden zunächst in den Handakten der StA verwahrt (§ 101 II, dort 2). 6

4) Frist: Der Einsatz des Verdeckten Ermittlers ist nicht unbefristet zulässig. Die Fristbestimmung (I S 3; II S 5) ist aber praktisch bedeutungslos, weil bei Fortbestehen der Voraussetzungen des § 110a jederzeit eine Verlängerung der gesetzten Frist zulässig und eine Höchstfrist nicht vorgesehen ist. Wird die Zustimmung zur Verlängerung nicht erteilt, verliert die Anordnung von diesem Zeitpunkt ab ihre Wirksamkeit; bis dahin gewonnene Erkenntnisse bleiben verwertbar (Rogall JZ **96**, 264). 7

5) Geheimhaltung der Identität (III): Nicht nur während seines Einsatzes, sondern auch noch danach kann die (wahre) Identität des Verdeckten Ermittlers geheimgehalten werden (III S 1; Lesch StV **95**, 543). § 96 ist entspr anzuwenden; III S 3 interpretiert diese Vorschrift dahin, wann im Strafverfahren die Geheimhaltung der Identität in Betracht kommt (BGH **42**, 175, 178 = NStZ **96**, 608 mit zust Anm Geerds; Möhrenschlager wistra **92**, 331; einschr Janssen StV **95**, 276; erg 12a zu § 96). Die Regelung in III S 3 hat auch Bedeutung für Sperrentscheidungen hinsichtlich anderer gefährdeter oder weiter zu verwendender Auskunftspersonen, zB von V-Leuten (Hilger NStZ **92**, 524 Fn 154). Zuständig für die Abgabe einer Sperrerklärung ist der Innenminister (BGH **41**, 36 mit Anm Gössel NStZ **96**, 287). Die Gründe für die Geheimhaltung sind dem Gericht mitzuteilen, damit es ggf auf die Beseitigung etwaiger Vernehmungshindernisse hinwirken, vor allem aber auch überprüfen kann, ob die Sperre willkürlich oder offensichtlich rechtsfehlerhaft ist (Hilger aaO). In solchen Fällen muss das Gericht auf Offenlegung der Identität drängen. Bei Geheimhaltung sagt der Verdeckte Ermittler als Zeuge unter seiner Legende aus, falls er nicht nach § 96 weitergehend gesperrt wird (Krey Kohlmann-FS 643; **aM** Lesch StV **95**, 544: § 96 sei wegen der in §§ 68 III, 110b III getroffenen Regelung – entgegen dem Wortlaut und den Vorstellungen des Gesetzgebers – hier unanwendbar, der Verdeckte Ermittler müsse dem Gericht wenigstens unter seiner Legende präsentiert werden; erg 17 zu § 68). § 110b III geht § 10 ZSHG nach dessen III vor (dazu BGH **50**, 318, 324 = JR **06**, 343 mit Anm Eisenberg/Reuther; Hilger Gössel-FS 612). 8

9 Wird die **Identität nicht geheimgehalten,** so ergibt sich für den dann zur Aussage verpflichteten Verdeckten Ermittler ein Schutz aus § 68 (vgl 15, 16 zu § 68).

10 Dem **StA und dem Richter,** die für die Entscheidung über die Zustimmung zum Einsatz des Verdeckten Ermittlers (oben 1 ff) zuständig sind, ist auf Verlangen die Identität des Verdeckten Ermittlers stets zu offenbaren (III S 2; Gössel NStZ **96**, 288; krit Benfer MDR **94**, 13; Janssen StV **95**, 275 sieht darin einen Verstoß gegen den Grundsatz der Waffengleichheit, da der Verteidigung diese Information vorenthalten wird). Das gilt auch schon vor dessen Einsatz, wodurch sie die Möglichkeit haben, dem Einsatz eines bestimmten Polizeibeamten als Verdeckten Ermittlers ihre Zustimmung nach I oder II zu verweigern (vgl BGH **42**, 103, 105).

10a **6) Grundrechtssichernde Regelungen** enthält § 101: Kennzeichnung (§ 101 III, dort 3), Benachrichtigung mit Hinweis auf die Möglichkeit nachträglichen Rechtsschutzes (§ 101 IV S 1 Nr 9, dort 4 ff, 15), Löschung (§ 101 VIII, dort 27). Die Forderung nach kernbereichsschützenden Regelungen für den Fall, dass der Verdeckte Ermittler eine Wohnung betritt (Warntjen [15 zu § 100 c] S 168; weitergehend Baldus JZ **08**, 225; Poscher JZ **09**, 272), hat der Gesetzgeber nicht aufgegriffen (vgl auch 19 zu § 100 f).

11 **7) Verwertungsverbot:** Ist ein Verdeckter Ermittler ohne die vorherige oder nachträgliche nach I, II erforderliche Zustimmung von StA oder Richter eingesetzt worden, sind die durch ihn gewonnenen Erkenntnisse im Strafverfahren nicht verwertbar, denn ohne die erforderliche Zustimmung ist der Einsatz nicht zulässig (I S 1; KK-Nack 13; Maul StraFo **97**, 40; Nitz JR **98**, 213; offengelassen von BGH **44**, 243, 249; StV **95**, 398; **aM** Jähnke Odersky-FS 427 ff, der zwar zutr die gesetzlichen Ungereimtheiten aufzeigt, dem Richtervorbehalt aber damit jede Bedeutung nimmt; gegen Jähnke auch Fezer JZ **99**, 527; Roxin StV **98**, 45; Weiler Meurer-GS 400; Wollweber StV **97**, 510; vgl auch Zaczyk StV **93**, 497; erg 35 ff zu § 100 a); allerdings muss nach abzulehnender (vgl 13 zu § 100 d; 25 zu § 136) Ansicht des BGH (StV **96**, 529 L; NStZ-RR **01**, 260 [B]) der Verwertung der Aussage in der Hauptverhandlung widersprochen worden sein. Im Übrigen besteht ein Verwertungsverbot nur, wenn die Entscheidung über den Einsatz des Verdeckten Ermittlers bei einer ex-ante-Betrachtung willkürlich oder unvertretbar war (BGH **42**, 103, 107 = NStZ **97**, 249 mit krit Anm Bernsmann und abl Anm Weßlau StV **96**, 578; abl auch Schlothauer StraFo **98**, 404). Von vornherein fehlender Verdacht einer Katalogtat führt allerdings zur Unverwertbarkeit (AG Koblenz StV **95**, 518). Das Fehlen der nachträglichen richterlichen Zustimmung macht die erteilte Zustimmung der StA – wie sich aus II S 4 ergibt – nicht unwirksam, sondern entzieht lediglich ihrer Fortdauer die rechtliche Grundlage (BGH **41**, 64 = NStZ **95**, 516 mit Anm Krey/Jaeger = JZ **96**, 259 mit Anm Rogall = JR **96**, 515 mit Anm Beulke/Rogat; Jähnke Odersky-FS 434; Weßlau StV **95**, 506). Dass die Zustimmung nur mündlich statt schriftlich (I S 3) erteilt wurde, steht der Verwertung nicht entgegen (BGH StV **95**, 398 mit Anm Sieg StV **96**, 3; Beulke/Rogat JR **96**, 520). Der Irrtum über das Vorliegen von Gefahr im Verzug sowie darüber, dass die Einholung der Entscheidung der StA nach I S 2, II S 3 nicht rechtzeitig möglich gewesen sei, hindert die Verwertung nicht (erg 7 zu § 98). Die bei einem unzulässigen Einsatz erlangten anderen Beweismittel (zB Tatspuren, Fingerabdrücke usw) dürfen idR verwertet werden (Zaczyk aaO; vgl auch BGH aaO). War die Maßnahme gegen einen Beschuldigten rechtmäßig, so sind die in unmittelbarem Zusammenhang damit gewonnenen Erkenntnisse gegen einen weiteren Beschuldigten verwertbar, wenn auch bei ihm die Voraussetzungen für eine richterliche Zustimmung vorlagen (BGH NStZ **97**, 294; **aM** Schneider NStZ **04**, 364). Vgl auch die Beispielsfälle bei Burhoff ErmV 1776 ff. Unerheblich sind Fehler bei der (nicht erforderlichen, oben 3) Zustimmung des Richters zum Einsatz von V-Leuten (BGH NStZ **07**, 713).

11a Die Verwendung von **Zufallsfunden** ist in § 477 II S 2 (vgl dort 5 ff), die Verwendung von Erkenntnissen aus dem Einsatz des Verdeckten Ermittlers für präventive Zwecke in § 477 II S 3 (dort 10) naher geregelt.

12 **8) Rechtsschutz:** Für die in § 101 IV S 1 Nr 9 (dort 13) genannten, vom Einsatz eines Verdeckten Ermittlers Betroffenen steht als *lex specialis* der (befristete) Rechtsbehelf nach § 101 VII S 2–4 gegen die Maßnahme sowie die Art und Weise ihres Vollzugs zur Verfügung (25 ff zu § 101). Für danach nicht Antragsberechtigte gilt: Beschwerde (§ 304) ist gegen die richterliche Entscheidung über die Zustimmung statthaft (vgl BGH **42**, 103, 104), ggf auch noch nach Erledigung der Maßnahme (vgl 17 ff vor § 296). Hinsichtlich der Zustimmung der StA nach I S 1 und 2, II S 2 gilt § 98 II S 2 entspr (dort 23). Danach kann auch die (nicht im richterlichen Beschluss geregelte) Art und Weise der Vollziehung beanstandet werden (Morré/Bruns BGH-FS 597).

13 **9) Revision:** Das Vorliegen eines Verwertungsverbotes (oben 11) begründet die Revision. Die Revisionsbegründung muss aber – soweit dem Revisionsführer dies nach Aktenlage möglich ist – das der richterlichen Anordnung vorausgegangene Verhalten von Polizei und StA darlegen (BGH NStZ **97**, 294; vgl auch BGH 1 StR 392/08 vom 23. 10. 2008: Vorlage des im Antrag der StA und im Beschluss des ER in Bezug genommenen polizeilichen Vermerks nebst Anlagen).

Befugnisse des Verdeckten Ermittlers

110c [1] **Verdeckte Ermittler dürfen unter Verwendung ihrer Legende eine Wohnung mit dem Einverständnis des Berechtigten betreten.** [2] **Das Einverständnis darf nicht durch ein über die Nutzung der Legende hinausgehendes Vortäuschen eines Zutrittsrechts herbeigeführt werden.** [3] **Im Übrigen richten sich die Befugnisse des Verdeckten Ermittlers nach diesem Gesetz und anderen Rechtsvorschriften.**

1 **1) Betreten einer Wohnung:** Nur das offene Betreten einer fremden Wohnung, dh in Kenntnis des Wohnungsinhabers, ist dem Verdeckten Ermittler unter Verwendung seiner Legende (§ 110 a II), also unter Täuschung über seine wahre Identität (Krüger ZRP **93**, 125; Weil ZRP **92**, 244), mit Einverständnis des Berechtigten gestattet. Darin liegt dann kein Hausfriedensbruch nach § 123 StGB. § 110 c S 1 stellt dies mit Rücksicht auf Art 13 GG noch einmal klar (Frister StV **93**, 151 hält die Vorschrift aber für verfassungswidrig; ebenso Nitz JR **98**, 213; Roxin StV **98**, 43; Schneider NStZ **04**, 365; **aM** Hilger NStZ **97**, 448 und Hanack-FS 217: kein hoheitlicher Grundrechtseingriff; zust KMR-Bockemühl 3; dagegen Felsch StV **98**, 285; eingehend zur Problematik LR-Schäfer 11 ff); an sich ergibt es sich bereits aus § 110 a II S 2. Allerdings untersagt § 110 c S 2 dem Verdeckten Ermittler, das Einverständnis des Berechtigten durch ein über die bloße Benutzung der Legende hinausgehendes Vortäuschen eines Zutrittsrechts herbeizuführen; der Verdeckte Ermittler darf sich daher zB nicht als Beamter oder Angehöriger einer staatlichen Einrichtung („Gasmann") ausgeben, um das Einverständnis des Berechtigten zum Betreten der Wohnung zu erhalten (KK-Nack 2; Hilger NStZ **92**, 525 Fn 160; Krey VE 236; krit dazu Felsch aaO). Er darf die Wohnung auch nur dann betreten, wenn es sein Einsatz erfordert (Hilger aaO). Heimliches Betreten der Wohnung ist auch dem Verdeckten Ermittler untersagt (4 zu § 110 b).

2 Ob einem **verdeckt ermittelnden Polizeibeamten,** zB einem Scheinaufkäufer, der den Regelungen der §§ 110 a ff nicht unterfällt und für den § 110 c deshalb nicht gilt (4 zu § 110 a), mit richterlicher Zustimmung das Betreten einer Wohnung entspr §§ 110 b II S 1 Nr 2, 110 c gestattet werden kann (so Maul StraFo **97**, 39; offengelassen von BGH NStZ **97**, 448 mit Anm Hilger), erscheint sehr fraglich (abl Frister JZ **97**, 1132; Roxin StV **98**, 44; zw auch Wollweber StV **97**, 509).

3 **2) Sonstige Befugnisse:** Als Beamter des Polizeidienstes hat der Verdeckte Ermittler die sich aus der StPO (zB §§ 102, 103, 127 II unter den dort jeweils bezeichneten Voraussetzungen), den Polizeigesetzen (vgl zB § 20g IV BKAG, § 20 III PolGNW) oder aus sonstigen Gesetzen (zB § 4 II BtMG) ergebenden Befugnisse. Von diesen Befugnissen darf er aber nur „offen", also nicht unter seiner Legende, Gebrauch machen (Krey VE 279). Durch § 110c S 3 soll zudem klargestellt werden, dass der Verdeckte Ermittler auch im Rahmen seiner strafverfolgenden Tätigkeit Maßnahmen im Rahmen der Prävention ergreifen darf (BT-Drucks 12/2720 S 47). Er muss aber bei seiner Tätigkeit auch § 136a beachten, soweit er nicht „legendenbedingte" Täuschungen vornimmt (Krey VE 221 ff; Lagodny StV **96**, 172; Rogall NStZ **08**, 111); von den Belehrungspflichten nach §§ 136 I, 163 III, 163a IV ist er hingegen selbstverständlich befreit (KK-Nack 16; Lagodny aaO; **aM** Hilger Hanack-FS 213 ff mwN), so dass für Angaben, die der Beschuldigte oder Zeuge von sich aus ohne Belehrung macht, ebenso wie für sonstige Wahrnehmungen und aufgefundene Beweismittel kein Verwertungsverbot besteht (BGH **40**, 211, 218 mit zust Anm Schlüchter/Radbruch NStZ **95**, 354; BGH [GrS] **42**, 139, 146; BGH **52**, 11, 14, 22 [idR auch nicht nach Ausübung des Schweigerechts]; Engländer JZ **09**, 1179; SK-Rudolphi 13; **aM** Müssig GA **04**, 87). Anders verhält es sich, wenn der Verdeckte Ermittler dem Beschuldigten, der von seinem Schweigerecht Gebrauch gemacht hat, unter Ausnutzung des geschaffenen Vertrauens in gezielten, vernehmungsähnlichen Befragungen selbstbelastende Angaben entlockt (BGH **52**, 11 = NJW **07**, 3138 mit Anm Meyer-Mews = JR **08**, 160 mit Anm Renzikowski = NStZ **07**, 714 mit krit Anm Rogall NStZ **08**, 110 = JZ **08**, 258 mit krit Anm Duttge und zust Anm Engländer ZIS **08**, 163, auch zur Fortwirkung des Verwertungsverbots; krit auch Mitsch NJW **08**, 2299; Roxin Miebach-SH 41; zust Jäger GA **08**, 488 und I. Roxin DAV-FS 1084; BGH NStZ **09**, 343 mit Anm Bauer StV **10**, 120; vgl aber EGMR – Große Kammer – NJW **10,** 213 [kein Verstoß gegen *nemo tenetur* bei freiwilligen Äußerungen des nicht inhaftierten Verdächtigen gegenüber dem Informanten]; vgl auch Gaede JR **09,** 496 ff; Hauck NStZ **10**, 20 ff; Eidam, Die strafprozessuale Selbstbelastungsfreiheit am Beginn des 21. Jahrhunderts, 2007, zugl Diss Frankfurt a. M. 2006, S 106 ff; erg 4a zu § 136a). Setzt der Verdeckte Ermittler besondere technische Mittel ein, unterliegt er den Voraussetzungen und Grenzen der §§ 100c, 100f und 100h (vgl Hilgendorf-Schmidt wistra **89**, 211).

4 **Straftaten** darf er grundsätzlich nicht begehen (vgl Eisenberg NJW **93**, 1039; Gropp ZStW **105**, 425; Krey Kohlmann-FS 639; Lesch StV **93**, 94; Ostendorf JZ **91**, 69; Nitz, Einsatzbedingte Straftaten Verdeckter Ermittler, Diss Hannover 1997; RiStBV Anl D II 2.2), auch nicht sog milieubedingte, wie etwa Zuhälterei (KK-Nack 6). Aus dem Auftrag, als Verdeckter Ermittler tätig zu werden, kann sich allerdings ergeben, dass manche Straftatbestände schon tatbestandlich nicht erfüllt werden (S Rogall Schlüchter-FG 71; Schwarzburg NStZ **95**, 470), zB Teilnahme am Glücksspiel (Hund NStZ **93**, 572) oder §§ 258, 258a StGB (Krey VE 91, 431 ff). Möglich ist allerdings auch, dass die Tat nach §§ 32, 34 StGB gerechtfertigt oder nach § 35 StGB entschuldigt ist (Hilger NStZ **92**, 525 Fn 161; Krey VE 555 ff; Schwarzburg aaO 472; Soiné NStZ **03**, 228). Überschreitet der Verdeckte Ermittler seine Befugnisse, begeht er insbesondere schwerwiegende Gesetzesverstöße, kann dies zur Unverwertbarkeit der dabei gewonnenen Erkenntnisse führen (vgl Hilger aaO 525 Fn 161 mwN; zur Tatprovokation Einl 148a, 34a zu § 163). In einem solchen Fall ist eine Mitteilung gemäß §§ 49 IV BeamtStG, 115 IV BBG (MiStra 29 I S 1 Nr 1) an den zuständigen Dienstvorgesetzten zu erwägen.

110d, 110e (aufgehoben)

Kontrollstellen

111 **I [1] Begründen bestimmte Tatsachen den Verdacht, dass eine Straftat nach § 89 a des Strafgesetzbuchs oder nach § 129 a, auch in Verbindung mit § 129 b Abs. 1, des Strafgesetzbuches, eine der in dieser Vorschrift bezeichneten Straftaten oder eine Straftat nach § 250 Abs. 1 Nr. 1 des Strafgesetzbuches begangen worden ist, so können auf öffentlichen Straßen und Plätzen und an anderen öffentlich zugänglichen Orten Kontrollstellen eingerichtet werden, wenn Tatsachen die Annahme rechtfertigen, dass diese Maßnahme zur Ergreifung des Täters oder zur Sicherstellung von Beweismitteln führen kann, die der Aufklärung der Straftat dienen können. [2] An einer Kontrollstelle ist jedermann verpflichtet, seine Identität feststellen und sich sowie mitgeführte Sachen durchsuchen zu lassen.**

II Die Anordnung, eine Kontrollstelle einzurichten, trifft der Richter; die Staatsanwaltschaft und ihre Ermittlungspersonen (§ 152 des Gerichtsverfassungsgesetzes) sind hierzu befugt, wenn Gefahr im Verzug ist.

III Für die Durchsuchung und die Feststellung der Identität nach Absatz 1 gelten § 106 Abs. 2 Satz 1, § 107 Satz 2 erster Halbsatz, die §§ 108, 109, 110 Abs. 1 und 2 sowie die §§ 163 b und 163 c entsprechend.

1) Kontrollstellen mit besonderen Befugnissen können nach § 111 einge- 1
richtet werden. Die Vorschrift, die Strafprozessrecht, nicht Polizeirecht enthält (Lemke Anm zu BGH EzSt Nr 1; Kurth NJW **79**, 1381 Fn 79; Riegel NJW **79**, 147; Kriminalistik **79**, 127; **aM** Ehardt/Kunze StV **81**, 64; Steinke NJW **78**, 1962), regelt die Einrichtung von Kontrollstellen zum Zweck der Fahndung nach Straftätern und der Erlangung von Beweismaterial für begangene Straftaten abschließend (LR-Schäfer 3; SK-Rudolphi 1; Achenbach JA **81**, 666; Roxin/Schünemann § 35, 22; **aM** Kurth NJW **79**, 1381; Riegel aaO; Steinke aaO). Polizeiliche Kontrollstellen ähnlicher Art dürfen nicht errichtet werden. Das schließt bloße Sichtkontrollen und Kontrollstellen zum Zweck der Gefahrenabwehr und der vorbeugenden Verbrechensbekämpfung (vgl § 9 I Nr 4 MEPolG) nicht aus. Strafprozessuale und polizeiliche Kontrollen können auch zusammenfallen (Kurth NJW **79**, 1382 Fn 93; Riegel ZRP **78**, 16). Gesetzlich zugelassene Kontrollen zu anderen Zwecken (vgl § 23 BPolG; § 12 I, II GüKG; § 36 V StVO; § 10 ZollVG) dürfen nicht zur Fahndung nach Straftätern benutzt werden (Hamm VRS **51**, 226; Kurth NJW **79**, 1381).

2) Einrichtung der Kontrollstellen (I S 1): 2

A. Nur **bestimmte schwere Straftaten** rechtfertigen die Einrichtung von 3
Kontrollstellen; sie wird daher idR nicht unverhältnismäßig sein (Kurth NJW **79**, 1382; vgl aber KK-Nack 3; LR-Schäfer 15, SK-Rudolphi 5; Sangenstedt StV **85**, 117). Der (strafbare) Versuch dieser Taten genügt, nicht aber eine nach § 30 StGB strafbare Vorbereitungshandlung (KMR-Müller 1; **aM** LR-Schäfer 8; vgl Schnarr NStZ **90**, 259). Da nach § 255 StGB der Täter gleich einem Räuber bestraft wird, steht dem schweren Raub nach § 250 I Nr 1 StGB (aF; eine Anpassung an § 250 nF ist noch nicht erfolgt; vgl dazu Mitsch ZStW **111**, 100) die räuberische Erpressung unter Führung von Schusswaffen gleich (KK-Nack 4; LR-Schäfer 8; Achenbach JA **81**, 655; **aM** SK-Rudolphi 4; Gintzel Polizei **79**, 2; Kurth NJW **79**, 1382). Von welchen Tätern die Straftaten begangen worden sind, ist gleichgültig; § 111 dient nicht nur der Fahndung nach Terroristen (LR-Schäfer 2; Achenbach JA **81**, 664 Fn 39; Kurth NJW **79**, 1381 Fn 85; **aM** Benfer Polizei **78**, 282; **79**, 196).

Bestimmte Tatsachen (vgl 9 zu § 100 a; 7 zu § 112) müssen den Verdacht sol- 4
cher Straftaten gegen bekannte oder noch unbekannte Täter begründen. Dringend iS des § 112 I S 1 muss der Tatverdacht nicht sein (LR-Schäfer 10; **aM** Sangenstedt StV **85**, 124: besonders starke Anhaltspunkte); bloße Vermutungen genügen aber

nicht. Der Verdacht muss auf Grund des vorliegenden Tatsachenmaterials bereits in genügendem Maß konkretisiert sein (Kuhlmann DRiZ **78**, 239).

5 B. **Erfolgserwartung:** Die Aussicht auf Ergreifung, dh Festnahme, der Täter, auch der Teilnehmer (Schroeder JZ **85**, 1032; **aM** KMR-Müller 3; SK-Rudolphi 6), einer bestimmten Straftat oder auf Auffindung (Schroeder JZ **85**, 1029) und Sicherstellung von Beweismitteln iS des § 94 (dort 4, 5) am konkreten Ort und zur konkreten Zeit setzt die Einrichtung der Kontrollstelle voraus (Kurth NJW **79**, 1382; Sangenstedt StV **85**, 123ff; Vogel NJW **78**, 1227). Ist die Sicherstellung von Beweismitteln der einzige Fahndungszweck, so kommt dem Verhältnismäßigkeitsgrundsatz besondere Bedeutung zu (KK-Nack 5; SK-Rudolphi 6; Kurth aaO; **aM** Sangenstedt aaO). Die Erfolgserwartung muss nicht schon auf Grund bestimmter Tatsachen gerechtfertigt sein (Kurth aaO; **aM** LR-Schäfer 11). Es genügt eine gewisse Wahrscheinlichkeit, insbesondere die aus kriminalistischer Erfahrung gewonnene Erkenntnis typischer Geschehensabläufe (Achenbach JA **81**, 664; Kuhlmann DRiZ **78**, 239; **aM** KMR-Müller 4).

6 Die Erfolgserwartung besteht idR nur, wenn die Kontrollstelle in **räumlicher Nähe** des Tatorts eingerichtet wird (LR-Schäfer 12; **aM** KK-Nack 8; Kurth aaO). Anders ist es, wenn schon Hinweise auf bestimmte Fluchtziele vorliegen (Kuhlmann aaO) oder wenn nach zur Festnahme ausgeschriebenen Gewaltverbrechern längere Zeit nach der Tat gefahndet wird.

7 In solchen Fällen ist auch ein **zeitlicher Zusammenhang** der Anordnung nach § 111 mit der Straftat nicht erforderlich. Auf die Zeit während oder unmittelbar nach der Tat ist die Einrichtung der Kontrollstellen aber auch sonst nicht beschränkt (KK-Nack 4, 8; LR-Schäfer 13; **aM** Benfer Polizei **78**, 283). Im Strafvollstreckungsverfahren darf sie jedoch nicht angeordnet werden (SK-Rudolphi 8).

8 C. **Ort der Kontrollstelle:** In 1. Hinsicht kommen die dem öffentlichen Verkehr gewidmeten öffentlichen Straßen und Plätze in Betracht. Zulässig sind aber auch Kontrollstellen auf tatsächlich öffentlichen Wegen, die ohne Rücksicht auf die privatrechtlichen Verhältnisse einem unbestimmten Personenkreis zur Benutzung freigegeben sind. Andere öffentlich zugängliche Orte sind diejenigen, zu denen grundsätzlich jedermann Zugang hat, auch wenn er nach Zweck oder Zeit beschränkt ist, zB Bahnhöfe, Flugplätze, Sportplätze, öffentliche Gebäude, nicht aber private Geschäftsräume, wie Kaufhäuser und Gaststätten. Auch bewegliche Orte (Eisenbahnzüge, Flugzeuge) fallen nicht unter den Begriff (KK-Nack 7). Orte, an denen Kontrollstellen nicht eingerichtet werden dürfen, können mit Einwilligung des Verfügungsberechtigten für die technische Durchführung der Kontrollmaßnahmen verwendet werden, zB zur Abstellung von Polizei-, Sanitäts- oder Passantenfahrzeugen oder zur Einrichtung v. Vernehmungs- und Nachrichtenstellen.

9 **3) Befugnisse an den Kontrollstellen** (I S 2, III):

10 A. **Jedermann** ist verpflichtet, seine Identität feststellen und sich sowie mitgeführte Sachen durchsuchen zu lassen. Unverdächtige müssen das in gleichem Maße dulden wie tatverdächtige Personen (LR-Schäfer 25; **aM** Sangenstedt StV **85**, 117, der § 111 verfassungskonform dahin auslegen will, dass die Vorschrift außer dem Anhalterecht keine erweiterten Eingriffsbefugnisse enthält). Da sich die Befugnisse der Polizei bereits aus I S 2 ergeben, ist eine besondere Anordnung dazu nicht erforderlich. Jedoch muss an der Kontrollstelle allgemein durch Lautsprecherdurchsagen, Stelltafeln, Plakate oder durch Einzelhinweise der Grund der Maßnahmen bekanntgegeben werden.

11 B. **Identitätsfeststellung:** Eine Mitwirkungspflicht der an der Kontrollstelle angehaltenen Personen besteht nach dem entspr anwendbaren § 163b nicht; sie müssen lediglich ihre Personalien angeben (§ 111 OWiG). Ausweispapiere müssen sie nur vorzeigen, wenn sie dazu durch andere Gesetze verpflichtet sind. Wenn das zur Identitätsfeststellung notwendig erscheint, ist es zulässig, die angehaltene Person festzuhalten, sie und die von ihr mitgeführten Sachen zu durchsuchen sowie

erkennungsdienstliche Maßnahmen (§ 81b) durchzuführen (§ 163b I S 2, 3). Die Beachtung des Verhältnismäßigkeitsgrundsatzes (§ 163b II S 2 Hs 1) bedeutet nur, dass Maßnahmen nach I S 2 unzulässig sind, wenn ein Zusammenhang mit den gesuchten Tätern oder Beweismitteln offensichtlich fehlt, zB bei Kindern (Frehsee ZStW **100**, 307; Riegel BayVBl **78**, 596). § 163b II S 2 Hs 2 (Erfordernis der Einwilligung von Nichtverdächtigen) ist nicht entspr anwendbar; denn er setzt eine Unterscheidung zwischen Verdächtigen und Unverdächtigen voraus, die in § 111 gerade aufgegeben worden ist (Riegel NJW **79**, 148; BayVBl **78**, 595; Schlüchter 338; Suden/Weitemeier Polizei **80**, 338; **aM** KK-Nack 14; KMR-Müller 8; LR-Schäfer 29; SK-Rudolphi 23; Achenbach JA **81**, 665; Kurth NJW **79**, 1382; Roxin/Schünemann § 35, 21; Sangenstedt StV **85**, 117; Vogel NJW **78**, 1227 Fn 162). Zur Befugnis, die festgestellten Daten in EDV-Anlagen zu speichern und zu verarbeiten (Netzfahndung) vgl § 163d.

C. **Durchsuchung:** Alle an der Kontrollstelle angehaltenen Personen, bei denen ein Zusammenhang mit den gesuchten Tätern nicht von vornherein auszuschließen ist (SK-Rudolphi 25; Riegel BayVBl **78**, 596), dürfen nach Beweismitteln durchsucht werden, ohne dass bestimmte Tatsachen deren Auffinden wahrscheinlich machen oder auch nur vermuten lassen (Kurth NJW **79**, 1383). Die Durchsuchung zur Identifizierung ist bereits nach III iVm § 163b I S 3 zulässig (oben 11). Der Umfang der Durchsuchung wird durch den Verhältnismäßigkeitsgrundsatz und das konkrete Fahndungsziel begrenzt (Kurth aaO). Durchsucht werden können auch die Transportmittel, insbesondere die Kraftfahrzeuge. Vorgefundene Beweismittel, die nicht freiwillig herausgegeben werden, sind nach §§ 94, 98 zu beschlagnahmen. **12**

Nach III **gelten entsprechend** die Vorschriften des § 106 II S 1 über die Unterrichtungspflicht (vgl auch oben 10), des § 107 S 2 Hs 1 über die Bestätigung der Sicherstellung, des § 108 mit Ausnahme von I S 3 über die einstweilige Beschlagnahme von Zufallsfunden (erg 12 zu § 477), des § 109 über die Registrierung und Kennzeichnung der Beschlagnahmegegenstände und des § 110 I, II über die Durchsicht der Papiere; die Ausweispapiere darf die Polizei selbst durchsehen. **13**

4) Anordnung der Maßnahme (II): **14**

A. **Zuständig** ist grundsätzlich das Ermittlungsgericht (§§ 162, 169). Es wird nur auf Antrag der StA tätig. Bei Gefahr im Verzug (6 zu § 98) können die StA und – nachrangig (LR-Schäfer 17) – ihre Ermittlungspersonen (§ 152 GVG) die Anordnung treffen. Eine richterliche Bestätigung der bei Gefahr im Verzug getroffenen Maßnahme ist nicht erforderlich (HK-Gercke 8; KK-Nack 17; KMR-Müller 12; **aM** SK-Rudolphi 18, Sangenstedt StV **85**, 126, die §§ 100 II, 100b I S 3 entspr anwenden wollen). **15**

B. **Inhaltlich** kann die Anordnung des Gerichts und der StA sich darauf beschränken, dass innerhalb eines bestimmten Bezirks, der genau zu bezeichnen ist, also nicht für das gesamte Gebiet der BRep (BGH **35**, 363 = NStZ **89**, 81 mit Anm Achenbach = EzSt Nr 1 mit Anm Lemke), oder im bestimmten Umkreis einer Anlage (zB mit dem Radius von 10 km) Kontrollstellen einzurichten sind. Weder deren genaue Zahl noch ihr Ort müssen bestimmt werden; das kann der Polizei überlassen werden (KK-Nack 11b; LR-Schäfer 20; Kurth NJW **79**, 1383; Riegel ZRP **78**, 16; **aM** SK-Rudolphi 14; Kühne 542; Kuhlmann DRiZ **78**, 239; Sangenstedt StV **85**, 125). Die Anordnung braucht auch über Beginn und Dauer der Kontrollen nichts zu bestimmen (LR-Schäfer 21; Kurth aaO; **aM** Achenbach JA **81**, 665). Im Einzelfall kann es aber angezeigt sein, eine bestimmte Höchstdauer vorzusehen oder anzuordnen, dass nur zu bestimmten Tageszeiten kontrolliert werden darf (Kurth aaO Fn 109). **16**

C. **Form:** Die richterliche Anordnung ergeht durch schriftlich abzufassenden Beschluss, der in Eilfällen vorab mündlich oder fernmündlich zur Vollstreckung **17**

(§ 36 II) herausgegeben werden kann. Anordnungen der StA und ihrer Ermittlungspersonen, nicht der Richter (KK-Nack 11 b; **aM** SK-Rudolphi 13), können mündlich getroffen, müssen aber immer aktenkundig gemacht werden.

18 D. **Vollstreckung:** Für richterliche Anordnungen gilt § 36 II; die StA beauftragt die Polizei. Sonst sorgt der Anordnende selbst für die Vollstreckung. Die Polizei stellt in jedem Fall die für die Kontrollstellen erforderlichen Beamten und die sachlichen Hilfsmittel, insbesondere die Absperrungen und die Kraftfahrzeuge.

19 E. **Aufhebung:** Das weitere Vorliegen der Voraussetzungen des § 111 muss der Richter oder StA, der die Anordnung getroffen hat, ständig überwachen. Fallen sie weg, so muss die Anordnung sofort aufgehoben werden (Lemke Anm zu BGH EzSt Nr 1). Die Polizei, die zu regelmäßigen Berichten über die weiteren Erfolgsaussichten veranlasst werden kann, hat den Vollzug der Anordnung sofort zu beendigen, wenn die Voraussetzungen des I nicht mehr bestehen. Davon muss der Richter oder StA, der die Anordnung getroffen hat, unverzüglich benachrichtigt werden.

20 **5) Beschwerde** nach § 304 I kann die StA einlegen, wenn das Gericht ihrem Antrag, eine Anordnung nach § 111 zu treffen, nicht stattgibt oder die Anordnung aufhebt. Gegen die Anordnung der Einrichtung der Kontrollstelle ist kein Rechtsmittel zulässig (BGH NJW **89**, 1170), erst gegen die in Vollzug der Anordnung ergangene Maßnahme (BGH **35**, 363 = NStZ **89**, 81 mit Anm Achenbach = EzSt Nr 1 mit Anm Lemke). Über den Rechtsbehelf hat entspr § 98 II S 2 der für die Anordnung zuständige Richter zu entscheiden (BGH aaO). Für die Anfechtung einzelner Kontrollmaßnahmen (Festhalten, Durchsuchung, erkennungsdienstliche Behandlung) gelten im Übrigen die allgemeinen Grundsätze (23 zu § 98; 16 zu § 105; 17, 18 vor § 296; 10 zu § 23 EGGVG; 7 ff zu § 28 EGGVG). Ein rechtlich geschütztes Interesse besteht so lange, wie die Ermächtigung zur Errichtung von Kontrollstellen noch Bestand hat, oder wenn angefallene Daten nach § 163 d gespeichert worden sind (BGH NStZ **89**, 189; NJW **89**, 2636), nach neuerer Rspr (vgl 18 a vor § 296) aber auch noch nach Beendigung der Anordnung, falls ein tiefgreifender Grundrechtseingriff zu besorgen ist (BGH **36**, 30 und 242 sind insoweit überholt).

Vorläufige Entziehung der Fahrerlaubnis

111a **I [1] Sind dringende Gründe für die Annahme vorhanden, dass die Fahrerlaubnis entzogen werden wird (§ 69 des Strafgesetzbuches), so kann der Richter dem Beschuldigten durch Beschluss die Fahrerlaubnis vorläufig entziehen. [2] Von der vorläufigen Entziehung können bestimmte Arten von Kraftfahrzeugen ausgenommen werden, wenn besondere Umstände die Annahme rechtfertigen, dass der Zweck der Maßnahme dadurch nicht gefährdet wird.**

II Die vorläufige Entziehung der Fahrerlaubnis ist aufzuheben, wenn ihr Grund weggefallen ist oder wenn das Gericht im Urteil die Fahrerlaubnis nicht entzieht.

III [1] Die vorläufige Entziehung der Fahrerlaubnis wirkt zugleich als Anordnung oder Bestätigung der Beschlagnahme des von einer deutschen Behörde ausgestellten Führerscheins. [2] Dies gilt auch, wenn der Führerschein von einer Behörde eines Mitgliedstaates der Europäischen Union oder eines anderen Vertragsstaates des Abkommens über den Europäischen Wirtschaftsraum ausgestellt worden ist, sofern der Inhaber seinen ordentlichen Wohnsitz im Inland hat.

IV Ist ein Führerschein beschlagnahmt, weil er nach § 69 Abs. 3 Satz 2 des Strafgesetzbuches eingezogen werden kann, und bedarf es einer richterlichen Entscheidung über die Beschlagnahme, so tritt an deren Stelle die Entscheidung über die vorläufige Entziehung der Fahrerlaubnis.

V [1]**Ein Führerschein, der in Verwahrung genommen, sichergestellt oder beschlagnahmt ist, weil er nach § 69 Abs. 3 Satz 2 des Strafgesetzbuches eingezogen werden kann, ist dem Beschuldigten zurückzugeben, wenn der Richter die vorläufige Entziehung der Fahrerlaubnis wegen Fehlens der in Absatz 1 bezeichneten Voraussetzungen ablehnt, wenn er sie aufhebt oder wenn das Gericht im Urteil die Fahrerlaubnis nicht entzieht.** [2]**Wird jedoch im Urteil ein Fahrverbot nach § 44 des Strafgesetzbuches verhängt, so kann die Rückgabe des Führerscheins aufgeschoben werden, wenn der Beschuldigte nicht widerspricht.**

VI [1]**In anderen als in Absatz 3 Satz 2 genannten ausländischen Führerscheinen ist die vorläufige Entziehung der Fahrerlaubnis zu vermerken.** [2]**Bis zur Eintragung dieses Vermerkes kann der Führerschein beschlagnahmt werden (§ 94 Abs. 3, § 98).**

1) Eine **vorbeugende Maßnahme,** ähnlich wie die Maßnahmen nach §§ 112a, 126a, 132a, ist die vorläufige Entziehung der Fahrerlaubnis. Sie ermöglicht es, die Allgemeinheit vor den Gefahren durch ungeeignete Kraftfahrer schon vor dem Urteil zu schützen (München NJW **80**, 1860). Das verstößt nicht gegen das GG (BVerfG NStZ **82**, 78); der Verhältnismäßigkeitsgrundsatz ist aber zu beachten (BVerfG NJW **01**, 357; NZV **05**, 537). § 111a sichert aber nur die Entziehung der Fahrerlaubnis nach § 69 StGB, nicht die isolierte Sperre nach § 69a I S 3 StGB (Hamm VRS **51**, 43; LR-Schäfer 8; Hentschel 859; **aM** LG München I DAR **56**, 249; KMR-Müller 7; Engel DAR **84**, 108), auch nicht das Fahrverbot nach § 44 StGB (vgl V S 2). Die Anrechnung der vorläufigen Entziehung auf das Fahrverbot regelt § 51 I, V StGB (§ 25 VI StVG), auf die endgültige Entziehung § 69a V S 2 StGB. Unterbleibt die endgültige Entziehung, besteht grundsätzlich ein Entschädigungsanspruch (§ 2 II Nr 5 **StrEG**). Ein Verfahren, in dem die Maßnahme nach § 111a angeordnet worden ist, muss mit besonderer Beschleunigung geführt werden; eine vollständige Übertragung der für Haftsachen entwickelten Grundsätze kommt aber nicht in Betracht (Hamm NZV **02**, 380; NJW **07**, 3299 L = NZV **07**, 639; Köln NZV **91**, 243; **aM** LG Frankfurt aM StV **03**, 69; vgl unten 10). Die richterliche Anordnung nach I, IV sowie die polizeiliche Beschlagnahme des Führerscheins nach § 94 III werden in das Verkehrszentralregister eingetragen (§§ 28 III Nrn 2, 9 StVG, 59 I Nr 4 FeV). 1

2) Voraussetzung der Maßnahme (I S 1) ist das Vorliegen von dringenden Gründen (vgl §§ 111b III S 1, 3, 126a I, 132a I S 1) für die Annahme, dass die Maßregel nach § 69 StGB angeordnet wird. Das erfordert dringenden Tatverdacht (vgl §§ 112 I S 1, 112a I S 1; LG Ansbach StraFo **09**, 331) iS des § 69 I S 1 StGB und einen hohen Grad von Wahrscheinlichkeit, dass das Gericht den Beschuldigten für ungeeignet zum Führen von Kraftfahrzeugen halten und ihm daher die Fahrerlaubnis entziehen werde (Düsseldorf DAR **92**, 187; LG Zweibrücken NZV **08**, 259; Janiszewski 752ff). In den Fällen des § 69 II StGB bedarf das keiner Prüfung, falls sich nicht wichtige Gegengründe aufdrängen (Schleswig SchlHA **08**, 231 [D/D]; Hentschel DAR **80**, 171; **88**, 90); die erfolgreiche Teilnahme an einem „Aufbauseminar" nach § 2b II oder § 4 VIII StVG (früher „Nachschulung" genannt, dazu eingehend Himmelreich DAR **97**, 465; Hentschel 636ff, 795; Larsen StraFo **97**, 298) wird idR kein solcher Grund sein (vgl aber 22b zu § 153a). 2

3) Eine **Kann-Bestimmung** ist I S 1. IdR wird der Richter die Anordnung in Ausübung pflichtgemäßen Ermessens treffen müssen (Jena VRS **115**, 353; Karlsruhe VRS **59**, 432; **68**, 360; Gollner GA **75**, 134). Bei freiwilliger Herausgabe des Führerscheins ist sie entbehrlich (LR-Schäfer 15; Michel DAR **97**, 394 mwN; **aM** KK-Nack 4). Zulässig ist sie bis zur Rechtskraft des Urteils (Karlsruhe DAR **54**, 302; Koblenz VRS **68**, 118; Stuttgart VRS **5**, 356). Dass die StA sie erst längere Zeit nach der Tatbegehung beantragt, steht nicht entgegen (BVerfG NJW **05**, 1767; Dresden OLG-NL **97**, 71; Düsseldorf NStZ-RR **02**, 314; Hamm NZV **02**, 3

380; Zweibrücken BA **09**, 284; Hentschel NJW **95**, 636; **aM** LG Bonn NZV **10**, 214; LG Hagen NZV **94**, 334 mit abl Anm Molketin; LG Kiel bei Himmelreich/Halm NStZ **09**, 377 [schon nach 4 Monaten]; LG Trier VRS **63**, 210; vgl auch Kropp NStZ **97**, 471 und ZRP **01**, 405: bei Durchschnittsfällen idR nicht mehr nach 6 Monaten). Hat der 1. Richter die Fahrerlaubnis nach § 69 StGB entzogen, aber keine Anordnung nach § 111a getroffen, so kann das Berufungsgericht sie nicht nur zugleich mit dem Urteil (Hamburg VRS **44**, 187; Koblenz VRS **65**, 34; **67**, 254; **71**, 39; **73**, 292; Zweibrücken NJW **81**, 775) oder nach dessen Erlass (Koblenz BA **85**, 180; **aM** Oldenburg NZV **92**, 124), sondern schon vorher nachholen, auch bei unveränderter Sach- und Rechtslage (Dresden aaO; Frankfurt NJW **81**, 1680; Hamm bei Janiszewski NStZ **84**, 115; BA **07**, 378; Koblenz VRS **65**, 448; Oldenburg NdsRpfl **10**, 36 [Aufgabe von OLGSt S 5, 15]; **aM** Saarbrücken VRS **46**, 137). War der Angeklagte im 1. Rechtszug freigesprochen worden, so kann das Berufungsgericht die Anordnung nur treffen, wenn es ihn verurteilt und die Fahrerlaubnis entzieht (Karlsruhe VRS **68**, 300). Nur bei Vorliegen neuer Tatsachen oder Beweismittel ist die Anordnung nach Einspruch gegen einen Strafbefehl zulässig, in dem die Fahrerlaubnisentziehung nach § 69 StGB ausdrücklich abgelehnt worden war (LG Stuttgart Justiz **85**, 364). Das Gleiche gilt, wenn Berufung gegen ein Urteil eingelegt ist, in dem die Maßnahme nach § 69 StGB nicht angeordnet worden war (LG Zweibrücken NStZ-RR **98**, 249 mwN; **aM** Koblenz VRS **73**, 290: auch bei eindeutiger Unrichtigkeit der Entscheidung; erg unten 13).

4 **4) Ausnahmen für bestimmte Kraftfahrzeuge** (I S 2): Anders als die endgültige Entziehung, die nicht teilbar ist (§ 69 I StGB), sondern nur dadurch gemildert werden kann, dass die Sperre für die Neuerteilung der Fahrerlaubnis sachlich beschränkt wird (§ 69a II StGB), kann die vorläufige Entziehung (auf Antrag oder von Amts wegen) mit einer Ausnahme versehen werden (LG Frankenthal DAR **99**, 374; Gübner/Krumm NJW **07**, 2804). Ihre Voraussetzungen entsprechen denen des § 69a II StGB (dazu Fischer 28ff zu § 69a StGB). Die Einschränkung der Maßnahme ist nur für bestimmte Arten von Kfzen zulässig (vgl § 6 I S 2 FEV), nicht für bestimmte Zeiten, Orte und Gebiete oder für Kfze bestimmter Eigentümer oder Halter (LR-Schäfer 28). Bei charakterlichen Mängeln (Trunkenheitsfahrt; schwerwiegender Verstoß gegen § 142 StGB) wird der Täter idR ungeeignet zum Führen aller Arten von Kfzen sein; Ausnahmen gelten nur unter besonderen Umständen (Hamm NJW **71**, 1618; Karlsruhe VRS **55**, 122; Koblenz VRS **65**, 34; Orlich NJW **77**, 1179). Trotz der Beschränkung nach I S 2, die in dem Beschluss nach § 111a ausgesprochen und eingehend begründet werden muss, wird der Führerschein in amtliche Verwahrung genommen. Die Verwaltungsbehörde muss aber alsbald einen Ersatzführerschein für die bestehen gebliebene Fahrerlaubnis ausstellen (Dahs NJW **66**, 239; Janiszewski 753).

5 **5) Anordnung der Maßnahme:**

6 A. Durch **Gerichtsbeschluss** (I S 1), der in knapper Weise zu begründen ist (§ 34), muss die Anordnung getroffen werden. Das Fehlen der Begründung ist unschädlich, wenn die Anordnung zugleich mit dem Berufungsurteil ergeht (Koblenz VRS **71**, 39, 40; **73**, 292). Im Ermittlungsverfahren ist ein Antrag der StA erforderlich (LG Gera MDR **96**, 731); sonst ist die StA nach § 33 II zu hören, der Beschuldigte nach § 33 III. Es genügt, dass die Polizei ihm Gelegenheit gibt, sich zu den Tatsachen zu äußern, die nach I S 1 erheblich sind (Hentschel DAR **80**, 170; **88**, 91; Koch DAR **68**, 178; **aM** LR-Schäfer 54). § 33 IV S 1 ist nicht anwendbar, weil in Eilfällen die Beschlagnahme des Führerscheins möglich ist (Hentschel DAR **88**, 90). Der Beschluss wird der StA nach § 36 II S 1 zugeleitet und dem Beschuldigten bekanntgemacht. Obwohl nach § 35 II die formlose Mitteilung genügt, empfiehlt sich wegen der Rechtsfolgen nach § 21 I Nr 1 StVG (unten 8) die förmliche Zustellung (LR-Schäfer 61; Hentschel DAR **88**, 91). Von Amts

wegen zu beachtende Mitteilungspflichten bestehen nach der MiStra 45 I Nr 1, III, IV iVm §§ 12 ff **EGGVG** (vgl dort).

7 B. **Zuständig** ist nach § 162 I S 1 im Vorverfahren das AG, in dessen Bezirk die antragstellende StA (Zweigstelle) ihren Sitz hat (8 zu § 162; vgl SK-Rogall 22), im Fall der Beschlagnahme des Führerscheins iVm § 98 II S 3. Nach Anklageerhebung ist gemäß § 162 III S 1 das jeweils mit der Sache befasste Gericht zuständig (Köln NZV **91**, 243), das Berufungsgericht nach der Aktenvorlegung nach § 321 S 2 (Düsseldorf NZV **92**, 202), im Revisionsverfahren der letzte Tatrichter, nicht das Revisionsgericht (§ 162 III S 2). In der Hauptverhandlung wirken die Schöffen mit (Karlsruhe VRS **68**, 360). Erg unten 15.

8 C. Die **Anordnung wirkt** zugleich als Beschlagnahme des inländischen Führerscheins (III). Sie bewirkt ferner ein durch § 21 I Nr. 1 StVG strafbewehrtes Fahrverbot, über das der Beschuldigte bei der Beschlusszustellung belehrt werden sollte. Diese Wirkung tritt erst mit der Bekanntgabe an den Beschuldigten ein (BGHZ **38**, 86 = NJW **62**, 2104; KG VRS **42**, 210; Köln VRS **52**, 271). Die Fahrerlaubnis erlischt nicht. Die Verwaltungsbehörde darf daher keine neue Fahrerlaubnis erteilen und die bestehende auch nicht beschränken (von Bubnoff JZ **68**, 321).

9 **6) Aufhebung der Maßnahme (II):**

10 A. Der **Wegfall der Gründe** für die Anordnung zwingt, in der Berufungsinstanz schon vor Urteilserlass (Hamburg NJW **63**, 1215), zur Aufhebung der Maßnahme. StA und Gericht müssen daher laufend darauf achten, ob die Gründe fortbestehen; deren Wegfall kann auch mit einer Gegenvorstellung geltend gemacht werden (vgl Holzinger StRR **08**, 210). Der Zeitablauf seit der Tat kann dazu führen, dass die Feststellung des Eignungsmangels in der Hauptverhandlung nicht mehr wahrscheinlich ist (Bay NJW **71**, 206; KG VRS **60**, 109, 111; Düsseldorf NZV **99**, 389, 390; StraFo **00**, 56; Koblenz NZI **08**, 47; LG Saarbrücken ZfS **07**, 470). Ist der Eignungsmangel nicht entfallen, so kann doch eine besonders lange Verfahrensdauer bei groben Verstößen gegen das Beschleunigungsgebot und erheblichen Verzögerungen die Aufhebung der Maßnahme erfordern (Düsseldorf jew aaO; Hamm NJW **07**, 3299 L = NZV **07**, 639; Köln NZV **91**, 243; Nürnberg StV **06**, 685; Tepperwien NStZ **09**, 3). Vgl hierzu noch Gübner/Krumm NJW **07**, 2804 und Himmelreich/Halm NStZ **07**, 392.

11 Der bloße Zeitablauf während des **Berufungsverfahrens** rechtfertigt die Aufhebung nicht (München DAR **75**, 132; **77**, 49; Hentschel DAR **76**, 9; **88**, 91); denn das Berufungsgericht ist nicht gehindert, die gleiche Sperre wie das 1. Gericht anzuordnen, auch wenn sie ohne Berufungseinlegung schon ihr Ende gefunden hätte (23 zu § 331). Die Aufhebung ist daher nur geboten, wenn eine endgültige Entziehung wegen des Zeitablaufs unwahrscheinlich wird (KG NJW **60**, 2112; VRS **35**, 292; Koblenz BA **85**, 180; VRS **69**, 130). Mit einer gewissen Verlängerung der tatsächlichen Sperre als Folge der Berufungseinlegung muss der Angeklagte rechnen (Düsseldorf VRS **79**, 23; NZV **99**, 389; Koblenz VRS **68**, 41).

12 Während des **Revisionsverfahrens** ist die vorläufige Entziehung nach der jetzt hM nicht deshalb aufzuheben, weil die Verfahrensdauer die Dauer der Sperre übersteigt (KG VRS **53**, 278; Düsseldorf VRS **64**, 262; Frankfurt NStZ-RR **98**, 76; Hamburg NJW **81**, 2590; Hamm VRS **69**, 220; Karlsruhe VRS **53**, 435; Koblenz VRS **71**, 40; NZV **08**, 367; München NJW **80**, 1860; Schleswig SchlHA **84**, 99 [E/L]; Stuttgart VRS **63**, 363; LR-Schäfer 41). Die Gegenmeinung (Köln VRS **57**, 126; SK-Rogall 42; Hentschel 872 mwN; Janiszewski NStZ **81**, 471 mwN) übersieht, dass allein der Ablauf der Sperre dem Angeklagten keinen Rechtsanspruch auf Teilnahme am Kraftfahrzeugverkehr gibt, sondern nur die Verwaltungsbehörde berechtigt ist, ihn hierzu wieder zuzulassen, wenn keine Hinderungsgründe vorliegen (Hamburg aaO; Koblenz aaO, Stuttgart aaO).

13 B. Die **Nichtentziehung der Fahrerlaubnis** im Urteil zwingt zur Aufhebung der vorläufigen Entziehung, und zwar durch besonderen Beschluss. Bei Verfahrensbeendigung durch Beschluss (§§ 206a, 206b) wird die Aufhebung im selben Beschluss verfügt. Gemeint sind nichtrechtskräftige Urteile und Beschlüsse; denn bei Rechtskraft entfällt die vorläufige Maßnahme ohne weiteres (BVerfG NJW **95**, 124). Die Rechtsmitteleinlegung darf die Aufhebung der Anordnung nicht verzögern; § 120 II gilt entspr. Vor der Entscheidung über das Rechtsmittel darf die vorläufige Entziehung nur dann erneut angeordnet werden, wenn neue Tatsachen oder Beweismittel bekanntgeworden sind, die voraussichtlich zur endgültigen Fahrerlaubnisentziehung führen (BVerfG aaO; Karlsruhe NJW **60**, 2113; hM; erg oben 3 aE; **aM** SK-Rogall 39). Nach Urteilsaufhebung durch das Revisionsgericht und Zurückverweisung nach § 354 II ist die Anordnung nach I stets zulässig, wenn ihre Voraussetzungen vorliegen (KK-Nack 9).

14 C. **Zuständig** für die Aufhebung ist bis zur Erhebung der öffentlichen Klage das Gericht, das die Anordnung getroffen hat, danach das jeweils mit der Sache befasste Gericht (Braunschweig DAR **95**, 498; Düsseldorf VRS **72**, 370; oben 7); § 120 III S 1 gilt nicht entspr (AG Münster MDR **72**, 166; SK-Rogall 36; Hentschel 864; D. Meyer DAR **86**, 47; **aM** LG Bückeburg NdsRpfl **87**, 200; KK-Nack 7; Wittschier NJW **85**, 1324). Die Zuständigkeit des Berufungsgerichts beginnt mit der Aktenvorlage nach § 321 S 2 (Celle NJW **61**, 1417; Karlsruhe MDR **74**, 159; Schleswig SchlHA **08**, 231 [D/D]; LG Zweibrücken NZV **92**, 499 mwN). Das Revisionsgericht ist zuständig, wenn es die im angefochtenen Urteil angeordnete Entziehung endgültig beseitigt (Bay **93**, 44 = NZV **93**, 240) oder entspr § 126 III verfährt (Habetha NZV **08**, 605 mwN); sonst bleibt der letzte Tatrichter zuständig (BGH NJW **78**, 384; Celle NJW **77**, 160; Düsseldorf VRS **64**, 262; Frankfurt NJW **73**, 1335; Koblenz NZV **08**, 367; Stuttgart VRS **74**, 185, 188; Zweibrücken VRS **69**, 293; SK-Rogall 43; **aM** Bremen VRS **46**, 43; Koblenz MDR **78**, 337; **86**, 871; Hentschel 842; Mollenkott BA **85**, 74).

15 **7) Führerscheinbeschlagnahme** (III, IV): Polizei und StA dürfen nicht die Fahrerlaubnis vorläufig entziehen, aber bei Gefahr im Verzug (§ 98 I S 1) den Führerschein beschlagnahmen (§ 94 III), sofern die Voraussetzungen von I vorliegen (Stuttgart NJW **69**, 760). Gefahr im Verzug bedeutet hier, dass zu besorgen ist, der Kraftfahrer werde ohne die Abnahme des Führerscheins weitere Trunkenheitsfahrten unternehmen oder sonst Verkehrsvorschriften in schwerwiegender Weise verletzen (BGH **22**, 385; Hentschel 892ff mwN). Unter diesen Voraussetzungen ist die Beschlagnahme geboten (Folge: § 21 II Nr 2 StVG), auch die eines entgegen § 4 II S 2 FEV nicht mitgeführten Führerscheins in der Wohnung des Beschuldigten (Gramse NZV **02**, 345). Auf dessen Antrag nach § 98 II S 2 entscheidet das nach § 98 II S 3 zuständige Gericht nicht über die Zulässigkeit der Beschlagnahme, sondern ordnet die vorläufige Entziehung der Fahrerlaubnis an oder lehnt sie ab (IV; vgl Jena BA **07**, 182).

16 Eine Beschlagnahme des Führerscheins zur unmittelbaren **Gefahrenabwehr** durch die Polizei nach den Polizei- und Ordnungsgesetzen der Länder kann – außer wenn der Polizeibeamte keine Ermittlungsperson (§ 152 GVG) ist – neben § 94 III nur noch in Ausnahmefällen (zB Schwächeanfall eines Fahrers) erfolgen (Trupp NZV **04**, 389; dazu Meyer-Goßner NZV **04**, 565), wobei jedoch die Gefahr idR nur durch Wegnahme des Zündschlüssels oder durch Sicherstellung des Kfz wird beseitigt werden können (BGH VersR **56**, 219; vgl auch BGH NJW **62**, 2104); dann ist aber sofort nach Wegfall der akuten Gefahr der Führerschein zurückzugeben (Dahs NJW **68**, 633).

16a Nach III S 2 werden **Inhaber von Fahrerlaubnissen aus EU- und EWR-Staaten,** die ihren ordentlichen Wohnsitz im Inland haben, Inhabern deutscher Fahrerlaubnisse gleichgestellt; ihr Führerschein wird wie ein deutscher Führerschein in Verwahrung genommen.

8) Die Rückgabe des Führerscheins (V) ist vorgeschrieben, wenn der Richter die vorläufige Entziehung der Fahrerlaubnis ablehnt oder aufhebt oder wenn die Fahrerlaubnis im Urteil nicht entzogen wird. Zuständig ist bis zur Erhebung der Anklage die StA, danach das mit der Sache befasste Gericht (oben 7), nach Rechtskraft die Vollstreckungsbehörde. Da die Rückgabe keine Vollstreckung ist, gilt § 36 II S 1 nicht. Ist im Urteil zwar keine Anordnung nach § 69 StGB getroffen, aber ein Fahrverbot nach § 44 StGB verhängt worden, so kann die Rückgabe aufgeschoben werden, wenn der Beschuldigte nicht widerspricht (V S 2). Die Zeit nach dem Urteil wird dann unverkürzt auf das Fahrverbot angerechnet (§ 450 II). 17

9) Ausländische Führerscheine (VI), die nicht III S 2 unterfallen (dazu oben 16a), können nach § 69b I StGB mit der Wirkung eines Fahrverbots im Gebiet der BRep entzogen werden. Auch die vorläufige Entziehung ist zulässig (VI S 1; eingehend dazu Ludovisy DAR **97**, 80). Sie wird dadurch vollzogen, dass sie im Führerschein, der zu diesem Zweck beschlagnahmt werden darf (VI S 2), vermerkt wird (§ 69b II S 2 StGB), auch bei Personen, für die das NTS gilt (Art 9 VIb NTS-ZA). Nach der Eintragung des Vermerks ist der Führerschein unverzüglich zurückzugeben. Ist die Anbringung eines Vermerks auf dem Führerschein technisch nicht möglich, ist er notfalls auf einem gesonderten Blatt zu erstellen und dies mit dem Führerschein zu verbinden (vgl Meyer MDR **92**, 442). 18

10) Beschwerde (§ 304) ist auch gegen den Beschluss des erkennenden Gerichts zulässig (§ 305 S 2). Beschwerdeberechtigt ist außer dem Beschuldigten die StA, wenn ihr Antrag auf Anordnung der Fahrerlaubnisentziehung abgelehnt worden ist (LG Zweibrücken NStZ-RR **98**, 249; erg 6 zu § 305). Weitere Beschwerde ist nach § 310 II ausgeschlossen. Gegen eine Anordnung des OLG als Gericht des 1. Rechtszugs ist Beschwerde zulässig, da § 304 IV S 2 Nr 1 (Beschlagnahme) gilt. Eine noch nicht verbeschiedene Beschwerde gegen eine Anordnung des Ermittlungsrichters ist nach Anklageerhebung in einen Aufhebungsantrag umzudeuten (KG VRS **117**, 165; Celle StraFo **01**, 134; Düsseldorf VRS **99**, 203; LG Arnsberg BA **10**, 35). Ebenso behandelt das Berufungsgericht eine unerledigte Beschwerde nach Aktenvorlage gemäß § 321 S 2; seine Entscheidung ist daher mit der Beschwerde anfechtbar (Celle NStE Nr 4; Düsseldorf VRS **72**, 370 mwN; Stuttgart – 4. StS – VRS **102**, 381; Hentschel 846; **aM** Stuttgart – 6. StS – NStZ **90**, 141; KMR-Plöd 2 zu § 310). Bis zum Erlass des Berufungsurteils darf die Frage der Geeignetheit zum Führen eines Kraftfahrzeugs nur bei neu bekannt gewordenen Tatsachen anders als im erstinstanzlichen Urteil gewertet werden (Schleswig SchlHA **08**, 231 [D/D]; Stuttgart VRS **101**, 41). Eine Vorabentscheidung über die Rechtmäßigkeit der Maßregel nach § 69 StGB kann mit der Beschwerde grundsätzlich nicht erreicht werden (Brandenburg NStZ-RR **96**, 170; Düsseldorf VRS **80**, 214; NZV **95**, 459; Hamm MDR **96**, 954; Köln VRS **93**, 348; **105**, 343; Schleswig aaO; Cierniak NZV **99**, 324; **aM** KG VRS **100**, 443; NJ **06**, 421; Düsseldorf VRS **98**, 190; Frankfurt NStZ-RR **96**, 205; Jena VRS **115**, 353; Karlsruhe NZV **99**, 345; DAR **04**, 408; Koblenz VRS **93**, 343; NZV **08**, 47; Schleswig NZV **95**, 238 mit abl Anm Schwarzer; Zweibrücken BA **09**, 284; Habetha NZV **08**, 607; eingehend zur Problematik Schmid BA **96**, 357), es sei denn, die gesetzlichen Voraussetzungen für eine Maßregelanordnung sind überhaupt nicht gegeben (BVerfG NStZ-RR **02**, 377; Jena BA **07**, 182; vgl auch SK-Rogall 57 ff). Die Aussetzung der Anordnung nach § 307 II kommt nicht in Betracht (vgl Köln ZfS **84**, 29 mit Anm Dencker und Meyer; Köln ZfS **86**, 124; Hentschel DAR **88**, 92). Zur Gegenvorstellung vgl Holzinger StRR **08**, 210. 19

11) Immunität: Die Beschlagnahme des Führerscheins (§ 94 III) und die Anordnung nach § 111a setzen die Aufhebung der Immunität voraus, auch wenn der Abgeordnete auf frischer Tat betroffen wurde (LR-Schäfer 100; **aM** LR-Beulke 28 20 zu § 152 a). Ist das Ermittlungsverfahren allerdings genehmigt, wie dies allgemein bei Abgeordneten des BTags der Fall ist (RiStBV 192 a II S 2), so sind die Maßnahmen jedoch ohne weiteres zulässig. Die StA teilt sie auf dem Dienstweg dem Parlamentspräsidenten mit. Die Polizei ist berechtigt, den Abgeordneten zu fragen, ob er den Führerschein freiwillig in amtliche Verwahrung geben will (Cloppenburg MDR **61**, 826). Über diplomatische und konsularische Vorrechte vgl 11 zu § 18 GVG.

Sicherstellung für Verfall, Einziehung und Gewinnabschöpfung

111b **I [1] Gegenstände können durch Beschlagnahme nach § 111 c sichergestellt werden, wenn Gründe für die Annahme vorhanden sind, dass die Voraussetzungen für ihren Verfall oder ihre Einziehung vorliegen. [2] § 94 Abs. 3 bleibt unberührt.**

II Sind Gründe für die Annahme vorhanden, dass die Voraussetzungen des Verfalls von Wertersatz oder der Einziehung von Wertersatz vorliegen, kann zu deren Sicherung nach § 111 d der dingliche Arrest angeordnet werden.

III [1] Liegen dringende Gründe nicht vor, so hebt das Gericht die Anordnung der in Absatz 1 Satz 1 und Absatz 2 genannten Maßnahmen spätestens nach sechs Monaten auf. [2] Begründen bestimmte Tatsachen den Tatverdacht und reicht die in Satz 1 bezeichnete Frist wegen der besonderen Schwierigkeit oder des besonderen Umfangs der Ermittlungen oder wegen eines anderen wichtigen Grundes nicht aus, so kann das Gericht auf Antrag der Staatsanwaltschaft die Maßnahme verlängern, wenn die genannten Gründe ihre Fortdauer rechtfertigen. [3] Ohne Vorliegen dringender Gründe darf die Maßnahme über zwölf Monate hinaus nicht aufrechterhalten werden.

IV Die §§ 102 bis 110 gelten entsprechend.

V Die Absätze 1 bis 4 gelten entsprechend, soweit der Verfall nur deshalb nicht angeordnet werden kann, weil die Voraussetzungen des § 73 Abs. 1 Satz 2 des Strafgesetzbuches vorliegen.

1 **1)** Die **Sicherstellung von Verfalls- und Einziehungsgegenständen** regeln die §§ 111 b ff abweichend von der Sicherstellung von Beweisgegenständen nach § 94. Eine Ausnahme gilt für Führerscheine (I S 2 iVm § 94 III), weil es dort auf die Eigentumsverhältnisse nicht ankommt. Die Sicherstellung nach § 111 b ist in allen Verfahrensarten, auch im Privatklageverfahren, im Sicherungsverfahren (§§ 413 ff) und im selbstständigen Verfahren nach §§ 440, 442 (BGH NStZ **03**, 422; Stuttgart wistra **07**, 276, 278; 22 zu § 440; 19 zu § 111 i) zulässig. Zur praktischen Durchführung der Vermögensabschöpfung nach §§ 111 b ff eingehend (auch zur Abschöpfung im Ausland) Schmid/Winter NStZ **02**, 14; ferner die Beiträge von Brunner, Thode, Michalke und Nelles in Nelles, Money, money, money …, 2004. Zur Frage, wie zu verfahren ist, wenn ein Gegenstand sowohl zu Beweiszwecken als auch zur Sicherung des Verfalls oder der Einziehung sichergestellt werden soll, vgl 2 zu § 94. Die Vorschriften über die Durchsuchung (§§ 102–110) gelten nach IV auch im Anwendungsbereich der §§ 111 b ff; Einschränkungen der Durchsuchungsvoraussetzungen bestehen nicht (Eberbach NStZ **85**, 296 für § 103). § 111 b ist auch bei Straftaten von Kindern anwendbar (Verrel NStZ **01**, 286). Die Möglichkeiten eines Vorgehens nach §§ 111 b ff und §§ 324 ff AO bestehen grundsätzlich nebeneinander (vgl Zweibrücken StraFo **09**, 462; LG Düsseldorf 4 Qs 86/08 vom 31. 7. 2008; LG Halle wistra **09**, 39; LG Hamburg NStZ-RR **04**, 215 und wistra **04**, 116 mit Anm Webel; ders wistra **04**, 249; LG Berlin NStZ **91**, 437 mit krit Anm Meurer; KMR-Mayer 37; Lohse AnwBl **06**, 605; ebenso Nr 69 a–69 c AStBV [St] 2010; einschr LG Mannheim StraFo **07**, 115; LG Saarbrücken wistra **08**, 240 und NStZ-RR **08**, 284 mit zust Anm Reichling StraFo **08**, 425; Kunz BB **06**, 1200; Theile StV **09**, 164; **aM** Weyand wistra **08**, 215;

Gegenüberstellung der beiden Maßnahmen bei Jope StRR **08**, 330; erg 4 und 15 zu § 111 d). Zu einer auf das Polizeirecht gestützten präventiven Gewinnabschöpfung vgl NdsOVG NdsRpfl **09**, 363; VG Braunschweig 5 B 332/06 vom 18. 1. 2007; Hüls/Reichling StraFo **09**, 199; Hunsicker Kriminalistik **06**, 615; **10**, 38; StV **10**, 212 mwN; Thiée StV **09**, 102; **10**, 215 sowie die Hinweise in Nds MBl **07**, 1515. Sicherstellungsmaßnahmen im Rahmen der internat Rechtshilfe sehen die §§ 58 III, 88 d I S 1, 89, 94 ff IRG vor (vgl 9 vor § 94; SK-Rogall 30 ff vor § 111 b).

2) Das **Bruttogewinnprinzip** gilt seit der Änderung des § 73 StGB durch das Ges vom 28. 2. 1992 (BGBl I 372); im Gegensatz zur früheren Regelung kann nicht nur ein Vermögensvorteil, sondern die Gesamtheit des Erlangten sichergestellt werden (vgl BGH **52**, 227, 248 zur Frage einer Differenzierung zwischen Verpflichtungs- und Erfüllungsgeschäft). Die Gegenstände werden nach § 111 c beschlagnahmt (I S 1); bei voraussichtlicher Anordnung des Verfalls oder der Einziehung von Wertersatz nach §§ 73 a, 74 c StGB kann der dingliche Arrest nach § 111 d angeordnet werden (II). Auf Probleme der „Übersicherung" und des „Wertverlustes" durch vorläufige Maßnahmen weist Park StraFo **02**, 76 hin (vgl auch zum Umfang der Sicherungsmaßnahmen bei Gesamtschuld Barreto da Rosa NJW **09**, 1703 mwN; Kriminalistik **09**, 279). 2

3) Voraussetzungen für die Sicherstellung: 3

A. Dem **Verfall oder der Einziehung** muss der Gegenstand – darunter fallen alle beweglichen und unbeweglichen Sachen sowie alle Rechte – unterliegen. Die Voraussetzungen der Verfallserklärung ergeben sich aus §§ 73, 73 d StGB, die der Einziehung aus §§ 74, 74 d I S 1 StGB und anderen Vorschriften des StGB und des Nebenstrafrechts, die die Einziehung vorschreiben oder zulassen. Verfall und Sicherstellung richten sich in den Fällen des § 73 III StGB gegen den Drittbegünstigten, zB ein Unternehmen (vgl BVerfG NJW **05**, 3630; BGH **52**, 227, 247). Der Einziehung stehen die Unbrauchbarmachung nach § 74 d I S 2 StGB (KK-Nack 2) und die Vernichtung nach § 43 KUG gleich. 4

B. Der **Schadloshaltung des Verletzten** (V) dienende Gegenstände dürfen nicht für verfallen erklärt werden (§ 73 I S 2 StGB). Dabei kommt es nur auf das Bestehen eines Entschädigungsanspruchs des Verletzten an; ob er voraussichtlich geltend gemacht wird, ist gleichgültig (BGH NStZ **84**, 409; **01**, 257; NStZ-RR **06**, 138; **07**, 110; SK-Rogall 36; Fischer 18 zu § 73 StGB; **aM** Achenbach Blau-FS 20; Kiethe/Hohmann NStZ **03**, 510); Ausnahmen macht die Rspr nur bei Verzicht oder Verjährung (BGH **52**, 227, 244; NStZ-RR **04**, 54; NStZ **06**, 621). Hiervon abgesehen steht § 73 I S 2 StGB der Verfallserklärung immer dann entgegen, wenn es sich um eine Tat handelt, bei der es notwendigerweise einen individuellen Verletzten gibt, wie insbesondere bei den Eigentums- und Vermögensdelikten (LG Berlin NJW **96**, 2944; Fischer aaO). In diesen Fällen lässt V die Sicherstellung nach I und II gleichwohl zu (Achenbach NStZ **01**, 401; Nitzsche, Gewinnabschöpfung durch die Rückgewinnungshilfe, Göttingen 2009, zugl Diss Gießen 2007). Die Vorschriften können so angewendet werden, als wenn es die Ausnahmeregelung des § 73 I S 2 StGB nicht gäbe (Theile StV **09**, 163). Dadurch wird den Strafverfolgungsbehörden die vor allem im Ermittlungsverfahren schwierige Prüfung erspart, ob diese Regelung im Einzelfall anwendbar ist (vgl dazu München NStZ **04**, 443; dagegen Odenthal Dahs-FS 423). Die Sicherstellung kann aber auch angeordnet werden, wenn von vornherein nur die Sicherung der Interessen möglicher Verletzter in Betracht kommt (vgl auch Saarbrücken ZInsO **09**, 1704: Arrest zugunsten der Insolvenzgläubiger in Fällen der Einziehungsbefugnis des Verwalters nach §§ 92, 93 InsO). 5

Ob diese **Rückgewinnungshilfe** im Einzelfall geboten erscheint, steht jedoch im Ermessen der Beschlagnahmebehörde (Bach JR **08**, 230; Greier ZInsO **07**, 956; Lohse AnwBl **06**, 605; Malitz NStZ **02**, 339; **aM** Webel wistra **04**, 253 „in aller Regel zwingend zu beantragen"), die sie aber anordnen wird, wenn ohne sie 6 die Gefahr besteht, dass das Opfer der Straftat seine Ersatz- und Ausgleichsansprüche nicht mehr durchsetzen kann (Frankfurt NStZ-RR **05**, 111; Achenbach NStZ **01**, 403; krit Schubert ZRP **08**, 56 und Schünemann Hamm-FS 695; erg 4 vor § 141 GVG), idR auch bei durch Betrug verursachten Massenschäden (vgl BT-Drucks 16/700 S 8; BGH **52**, 227, 250). Wegen des dinglichen Arrests vgl 4 zu § 111 d. Gestohlenes Geld kann auch dann beim Täter sichergestellt werden, wenn es mit anderem Geld vermischt worden ist. Auf die Identität der Scheine oder Münzen kommt es nicht an (**aM** KMR-Mayer 15); denn § 73 II S 2 StGB lässt sogar die Beschlagnahme von Ersatzgegenständen zu. Zur Sicherung des Verletzten dürfen solche Gegenstände aber nur beschlagnahmt werden, wenn sie im Wesentlichen mit dem entwendeten Geld erworben worden sind. Während eines laufenden Insolvenzverfahrens sind nach § 89 InsO Vollstreckungsmaßnahmen im Rahmen der Rückgewinnungshilfe unzulässig (LG Saarbrücken NStZ-RR **04**, 274; Pelz 611; Moldenhauer/Mommsen wistra **01**, 456); haben die Verletzten vor Insolvenzeröffnung nicht wirksam vollstreckt, kann die zu ihren Gunsten vorgenommene Arrestierung von in die Masse fallenden Vermögenswerten nach Eröffnung nicht aufrechterhalten bleiben (Frankfurt ZIP **09**, 1582; LG Köln ZIP **06**, 1059; v. Gleichenstein ZIP **08**, 1158; Greier ZInsO **07**, 957; Hees ZIP **04**, 299; vgl auch 15 a zu § 111 d). Zur Rückgewinnungshilfe für Opfer von Marken- und Produktpiraterie Hansen/Wolff-Rojczyk GRUR **07**, 468; Hees GRUR **02**, 1037.

7 Der **Beschlagnahme- oder Arrestbeschluss** kann dahinstehen lassen, ob der Verfall (von Wertersatz) nach §§ 73, 73 a StGB zu sichern ist oder ob es sich um eine Sicherstellung nach V handelt (Frankfurt NStZ-RR **05**, 111, 113; Stuttgart NJW **08**, 1605, 1607; LR-Schäfer 5; **aM** KK-Nack 20, SK-Rogall 40, Marel StV **04**, 415, die nur eine wahlweise Begründung zulassen wollen). Zu den Auswirkungen der Rückgewinnungshilfe auf den zivilrechtlichen Arrestantrag (vgl 2 ff zu § 111 g) und damit den zivilprozessualen Arrestgrund vgl KG [Z] wistra **10**, 116 und Bamberg [Z] 8 W 84/09 vom 8. 10. 2009 [Sicherungsbedürfnis jew bejaht]; eing und diff Köper NJW **04**, 2485.

8 C. **Gründe für die Annahme,** dass die Voraussetzungen für den Verfall (§§ 73, 73 d StGB) oder die Einziehung (§ 74 StGB) vorliegen, rechtfertigen die Sicherstellung. Liegen dringende Gründe (vgl 2 zu § 111 a; erg Celle NStZ-RR **08**, 203; Saarbrücken ZInsO **09**, 1704) dafür vor, kann die Beschlagnahme – unter Beachtung des Verhältnismäßigkeitsgrundsatzes (BVerfG StraFo **05**, 338; 2 BvR 583/06 vom 7. 7. 2006; Wehnert/Mosiek StV **05**, 571) – zeitlich unbeschränkt aufrechterhalten werden (Köln StV **04**, 121 mit Anm Mosiek; StV **04**, 413 mit Anm Marel). Beim Fehlen dringender Gründe ist zu unterscheiden (III): Die Anordnung der Maßnahme setzt lediglich einen Anfangsverdacht iS des § 152 II und eine gewisse Wahrscheinlichkeit dafür voraus, dass der zu beschlagnahmende Gegenstand dem Verfall oder der Einziehung unterliegt (BGH NStZ **08**, 419; Celle aaO; Zweibrücken NStZ **03**, 446; Lohse AnwBl **06**, 604; Schmidt 559, 721); der Verdacht braucht sich, da Verfall und Einziehung auch im Verfahren nach den §§ 431 ff, 440, 442 zulässig sind, noch nicht gegen einen bestimmten Beschuldigten zu richten (Achenbach NJW **76**, 1068). Ändert sich der Verdachtsgrad nicht, hat das Gericht die Maßnahme spätestens (vgl Hamburg StV **09**, 122: Verschärfung der Anforderungen nach 2 Monaten) nach 6 Monaten wieder aufzuheben; maßgeblich für die Fristberechnung ist der Anordnungszeitpunkt (BGH aaO: vorangegangene Sicherstellung nach § 94 I ist unerheblich; Celle aaO; München NJW **08**, 389, 391). Begründen bestimmte Tatsachen den Tatverdacht (9 zu § 100 a) und erweist sich die Frist aus einem der in III S 2 genannten wichtigen Gründe (vgl dazu auch 17 ff zu § 121) als zu kurz, kann der Richter auf Antrag der StA die Beschlagnahme oder den Arrest um weitere sechs Monate – ggf auch in mehreren Prüfungsintervallen – verlängern (krit Greeve NJW **07**, 15; Kempf/Schilling StraFo **06**, 185). Spätestens mit Erreichen der Höchstdauer von zwölf Monaten ist die Maßnahme aufzuheben (Schmidt 598, 765), es sei denn, der Verdacht hat sich bis dahin zu einem dringenden Verdacht verdichtet (Meyer/Hetzer NJW **98**, 1023; Alvermann/Talaska wistra **08**, 239). III S 3 hindert aber nicht, auf eine Beschwerde gegen den Aufhebungsbeschluss dessen Vollziehung nach § 307 II auszusetzen (BGH wistra **09**, 364).

Dasselbe gilt für die Annahme, dass die Voraussetzungen des Verfalls von Wertersatz (§§ 73a, 73d II StGB; dazu Celle und Zweibrücken aaO; ferner Karlsruhe NJW **08**, 162; krit zur Verdachtsschwelle Kempf Müller-FS 331) oder der Einziehung von Wertersatz (§ 74c StGB) vorliegen, wobei statt Beschlagnahme der dingliche Arrest nach § 111d angeordnet wird (Stuttgart wistra **07**, 276). Im Fall des § 74 II Nr 1 StGB muss zwar nicht mit Sicherheit feststehen, aber mit hoher Wahrscheinlichkeit anzunehmen sein, dass der Beteiligte Eigentümer des Beschlagnahmegegenstandes ist. Jedenfalls ist der Verhältnismäßigkeitsgrundsatz zu beachten (Jena StV **05**, 90; LG Bochum wistra **08**, 237 mit Anm Alvermann/Talaska). 9

Zu dem Fall, dass **Verfahrensvoraussetzungen** fehlen, aber noch geschaffen werden können, vgl 7 zu § 94; anders als dort müssen aber bei § 111b bestimmte tatsächliche Anhaltspunkte dafür vorliegen, dass der fehlende Strafantrag nachgeholt, das behördliche Strafverlangen noch gestellt wird usw. 10

4) **Beschlagnahme:** Die Sicherstellung von Verfalls- und Einziehungsgegenständen darf, anders als die von Beweisgegenständen, nur durch förmliche Beschlagnahme erfolgen (1 zu § 111c). Die Bewirkung der Beschlagnahme regelt § 111c, die Zuständigkeit für die Anordnung § 111e, die Durchführung § 111f; Sonderbestimmungen für Schriften und Gegenstände iS des § 74d StGB enthalten §§ 111m, 111n. Die Beschlagnahme ist vom Beginn des Ermittlungsverfahrens ab bis zur Rechtskraft des Urteils zulässig, auch noch nach Rechtskraft des Vorbehaltsurteils nach § 74b II StGB (LK-Schmidt 14 zu § 74b StGB). Zur Beendigung der Beschlagnahme vgl 18 zu § 111e. 11

Eine **allgemeine Beschlagnahme** kommt für Druckerzeugnisse in Betracht (§§ 111m, 111n), aber auch sonst, wenn es um die Sicherstellung einer abgegrenzten Gattung von Sachen zum Zweck der späteren Einziehung oder des späteren Verfalls geht. Dann muss die Gattung in dem Anordnungsbeschluss so genau bezeichnet werden, dass die Vollstreckungsorgane die Grenze des Zugriffs feststellen können. Die Anordnung ist im ganzen Geltungsbereich der StPO vollstreckbar (§ 160 GVG), wenn sich nicht aus ihr selbst eine örtliche Beschränkung ergibt (KMR-Müller 8 vor § 94). 12

Die Beschlagnahme wird durch § 111b **nicht zwingend vorgeschrieben,** sondern setzt ein Sicherstellungsbedürfnis voraus (BVerfG StraFo **05**, 338; LG Kiel wistra **98**, 363 mit Anm Wulf). Ist es vorhanden, so ist die Beschlagnahme aber idR geboten (SK-Rogall 20; Lohse AnwBl **06**, 604; Schroeder JZ **83**, 1033; **aM** Achenbach NJW **76**, 1072), anders kann es bei zu erwartendem Insolvenzverfahren liegen (Greier ZInsO **07**, 954ff). Da für das selbstständige Verfahren nach §§ 440, 442 der Legalitätsgrundsatz nicht gilt (BGH **7**, 356, 357; **20**, 253, 258), ist dort von der Sicherstellung abzusehen, wenn die Durchführung des Verfahrens zweifelhaft erscheint. 13

Verhältnismäßigkeitsgrundsatz: Liegen die Voraussetzungen des § 73c I StGB vor, so muss (S 1) oder kann (S 2) von der Sicherstellung abgesehen werden (vgl Stuttgart wistra **07**, 276, 278; LG Hildesheim StraFo **08**, 200, 201 mit Anm Lesch; KK-Nack 11; Bach StV **06**, 446). Für Einziehungsgegenstände enthält § 74b I StGB eine Ausformung des Verhältnismäßigkeitsgrundsatzes. Unter den Voraussetzungen dieser Vorschriften ist auch die Sicherstellung nach § 111b unzulässig (vgl BGH wistra **07**, 431; LG Lüneburg NJW **78**, 117). Eine entspr Anwendung des § 74b II StGB in der Weise, dass die Beschlagnahme vorbehalten bleibt, kommt nicht in Betracht (**aM** LG München II MDR **69**, 1028 mit Anm Göhler). Vgl noch BGH aaO: Herausgabe der Kopie von Datenbeständen eines beschlagnahmten Notebooks; erg 9, 15 zu § 111d. 14

15 Die **Verderblichkeit oder Pflegebedürftigkeit** eines Gegenstandes steht seiner Sicherstellung nicht entgegen (vgl § 111 l). Jedoch sind auch hier die Härtevorschrift des § 73 c StGB und der Grundsatz der Verhältnismäßigkeit nach § 74 b StGB sowie die Ausscheidungsmöglichkeiten nach §§ 430, 442 zu beachten.

16 Die durch die Maßnahme nach §§ 111 b ff entstehenden Auslagen der Staatskasse gehören zu den **Kosten des Verfahrens** (§ 464 a I), auch soweit sie dem Schutz des Verletzten dienen (vgl Düsseldorf StV **03**, 550 zur Eintragung einer Sicherungshypothek; Schubert ZRP **08**, 57); zum Gegenstandswert vgl Hamm wistra **08**, 160 (dinglicher Arrest).

17 **5) Immunität:** Die Grundsätze 24 zu § 94 gelten entspr.

Beschlagnahme

111c **I Die Beschlagnahme einer beweglichen Sache wird in den Fällen des § 111 b dadurch bewirkt, dass die Sache in Gewahrsam genommen oder die Beschlagnahme durch Siegel oder in anderer Weise kenntlich gemacht wird.**

II [1] Die Beschlagnahme eines Grundstückes oder eines Rechtes, das den Vorschriften über die Zwangsvollstreckung in das unbewegliche Vermögen unterliegt, wird dadurch bewirkt, dass ein Vermerk über die Beschlagnahme in das Grundbuch eingetragen wird. [2] Die Vorschriften des Gesetzes über die Zwangsversteigerung und die Zwangsverwaltung über den Umfang der Beschlagnahme bei der Zwangsversteigerung gelten entsprechend.

III [1] Die Beschlagnahme einer Forderung oder eines anderen Vermögensrechtes, das nicht den Vorschriften über die Zwangsvollstreckung in das unbewegliche Vermögen unterliegt, wird durch Pfändung bewirkt. [2] Die Vorschriften der Zivilprozessordnung über die Zwangsvollstreckung in Forderungen und andere Vermögensrechte sind insoweit sinngemäß anzuwenden. [3] Mit der Beschlagnahme ist die Aufforderung zur Abgabe der in § 840 Abs. 1 der Zivilprozessordnung bezeichneten Erklärungen zu verbinden.

IV [1] Die Beschlagnahme von Schiffen, Schiffsbauwerken und Luftfahrzeugen wird nach Absatz 1 bewirkt. [2] Bei solchen Schiffen, Schiffsbauwerken und Luftfahrzeugen, die im Schiffsregister, Schiffsbauregister oder Register für Pfandrechte an Luftfahrzeugen eingetragen sind, ist die Beschlagnahme im Register einzutragen. [3] Nicht eingetragene, aber eintragungsfähige Schiffsbauwerke oder Luftfahrzeuge können zu diesem Zweck zur Eintragung angemeldet werden; die Vorschriften, die bei der Anmeldung durch eine Person, die auf Grund eines vollstreckbaren Titels eine Eintragung in das Register verlangen kann, anzuwenden sind, gelten hierbei entsprechend.

V Die Beschlagnahme eines Gegenstandes nach den Absätzen 1 bis 4 hat die Wirkung eines Veräußerungsverbotes im Sinne des § 136 des Bürgerlichen Gesetzbuches; das Verbot umfasst auch andere Verfügungen als Veräußerungen.

VI [1] Eine beschlagnahmte bewegliche Sache kann dem Betroffenen

1. gegen sofortige Erlegung des Wertes zurückgegeben oder
2. unter dem Vorbehalt jederzeitigen Widerrufs zur vorläufigen weiteren Benutzung bis zum Abschluss des Verfahrens überlassen

werden. [2] Der nach Satz 1 Nr. 1 erlegte Betrag tritt an die Stelle der Sache. [3] Die Maßnahme nach Satz 1 Nr. 2 kann davon abhängig gemacht werden, dass der Betroffene Sicherheit leistet oder bestimmte Auflagen erfüllt.

1 **1) Nur durch Beschlagnahme** können – bestimmte (LG Dresden StV **04**, 531) – Verfalls- und Einziehungsgegenstände sichergestellt werden. Eine formlose Sicherstellung, die § 94 I für Beweismittel zulässt (dort 12), wäre wirkungslos

(Düsseldorf wistra **00**, 160; LG Flensburg StV **04**, 644 mit zust Anm Jung; Achenbach NJW **82**, 2809). Wegen der Gegenstände, die zugleich der Beweissicherung und der Sicherung des Verfalls oder der Einziehung dienen, vgl 2 zu § 94.

2) Bewirkung der Beschlagnahme: 2

A. **Bewegliche Sachen** (I): 3

Grundsätzlich nimmt sie die beschlagnahmende Behörde (§ 111f I) in **Gewahrsam** (Brandenburg 13 U 114/04 vom 23. 2. 2005 [Schließfach]). Schriftstücke und sonstige kleinere Gegenstände werden zu den Akten genommen oder mit ihnen verbunden, andere Sachen als Asservate bei der Polizei oder der StA verwahrt. In Betracht kommt ferner die Aufbewahrung durch eine andere Behörde im Wege der Amtshilfe, auch gegen Bezahlung einer Verwahrungs- oder Pflegegebühr, oder durch eine Privatperson oder -firma, die die Sache nur an die Behörde herausgeben darf. Bei Verwahrung durch andere Stellen empfiehlt sich, die Sache als beschlagnahmt kenntlich zu machen. 4

Die **Kenntlichmachung durch Siegel oder in anderer Weise** ist eine symbolische Besitzergreifung mit der Folge des Veräußerungsverbots (V) und des strafrechtlichen Schutzes nach § 136 StGB. Sie kommt in Betracht, wenn die Verwahrung bei der Behörde wegen Art oder Größe der Sache unmöglich oder aus anderen Gründen nicht angebracht ist, zB wenn sie besonders schwierig (gefährliche Stoffe) oder kostspielig (Warenlager) wäre. Die Belassung von Geld, Kostbarkeiten und Wertpapieren ist entspr § 808 II S 1 ZPO unzulässig. Die Beschlagnahme ist nur wirksam, wenn sie kenntlich gemacht wird. Zu diesem Zweck muss ein Dienstsiegel mit der Sache fest verbunden werden, idR durch Aufkleben der Siegelmarke (RG **61**, 101) oder durch Anbringung einer mit dem Siegel versehenen Plombe (Frankfurt MDR **73**, 1033). Auf andere Weise kann die Kenntlichmachung insbesondere durch Anbringung einer schriftlichen Pfandanzeige in der unmittelbaren Nähe des Beschlagnahmegegenstandes erfolgen (LR-Schäfer 4). Es gelten die Grundsätze zu § 808 ZPO (Spieker StraFo **02**, 44). 5

Eine **kombinierte Methode** ist in der Weise möglich, dass ein Teil der Sache, etwa einer komplizierten Maschine oder Anlage, in Gewahrsam genommen, die dadurch unbrauchbar gemachte Sache aber an Ort und Stelle belassen und nur als beschlagnahmt kenntlich gemacht wird (LR-Schäfer 3). 6

B. **Grundstücke und grundstücksgleiche Rechte** (II): Die Beschlagnahme wird durch Eintragung eines Vermerks in das Grundbuch bewirkt; die Durchführung regelt § 111f II S 1 (dort 3). Grundstücksgleiche Rechte sind nach § 864 I ZPO das Erbbaurecht, das Wohnungseigentum, das Bergwerkseigentum, landesrechtliche Jagd- und Fischereigerechtigkeiten, Kohleabbaugerechtigkeiten uä (vgl LR-Schäfer 5). Den Umfang der Beschlagnahme bestimmen die nach II S 2 entspr anzuwendenden §§ 20 II, 21 ZVG (Spieker StraFo **02**, 45). 7

C. Bei **Forderungen und anderen Vermögensrechten** (III) wird die Beschlagnahme durch Pfändung bewirkt; der Verweis auf die ZPO bezieht sich nur auf den Vorgang der Pfändung als solchen (BGH NJW **07**, 3350, 3352) und damit auf die §§ 829–834, 846ff, 857–859. Die Mitwirkung des Gerichtsvollziehers (§ 829 II S 2 ZPO) entfällt; an seine Stelle tritt die StA (§ 111f I). Mit der Pfändung ist nach III S 3 die Aufforderung zur Drittschuldnererklärung nach § 840 I ZPO zu verbinden; sie wird von der StA erlassen (4 zu § 111f). Eine Überweisung der Forderung nach § 835 ZPO kommt nicht in Betracht (KMR-Mayer 14). Auch § 853 ZPO ist entspr anzuwenden; allerdings bedarf die Hinterlegung der Zustimmung des zuständigen Gerichts (Düsseldorf NStZ **92**, 203). Zu den Besonderheiten bei der Pfändung von Wertpapieren vgl Rönnau/Hohn wistra **02**, 447, 450. 8

D. **Schiffe, Schiffsbauwerke und Luftfahrzeuge** (IV) werden wie bewegliche Sachen (oben 3ff) beschlagnahmt. Sind Schiffsbauwerke oder Luftfahrzeuge im Schiffsbauregister oder im Register für Pfandrechte an Luftfahrzeugen nicht 9 eingetragen, obwohl sie eintragungsfähig sind, so können sie nach IV S 3 Hs 1 zur Eintragung der Beschlagnahme angemeldet werden; die Vorschrift erweitert § 66 SchRegO dahin, dass die Anmeldung auch den Zweck verfolgen darf, den Beschlagnahmevermerk einzutragen. Luftfahrzeuge können nach § 1 des Ges über Rechte an Luftfahrzeugen vom 26. 2. 1959 (BGBl I 57) mit einem Registerpfandrecht belastet werden, das in dem Register für Pfandrechte an Luftfahrzeugen eingetragen wird. IV S 3 sieht vor, dass dort auch die Beschlagnahme eingetragen werden kann. Bei im Register eingetragenen Schiffen, Schiffsbauwerken und Luftfahrzeugen wird die Beschlagnahme wie bei beweglichen Sachen bewirkt und nach IV S 2 im Register eingetragen. Wegen des Eintragungsersuchens vgl § 111f II.

10 **3) Veräußerungsverbot** (V): Die Beschlagnahme nach I–IV hat die Wirkung eines relativen (BGH NJW **07**, 3350; Frankfurt ZIP **09**, 1582; BT-Drucks 16/700 S 17; **aM** Kiethe/Groeschke/Hohmann ZIP **03**, 189) Veräußerungsverbots zugunsten des Staates nach § 136 BGB. Verfügungen, auch im Wege der Zwangsvollstreckung oder Arrestvollziehung (vgl § 135 I S 2 BGB), sind unwirksam, wenn sie den Rechtsübergang des Beschlagnahmegegenstandes auf den Staat nach §§ 73e I, 74e I StGB vereiteln würden (Düsseldorf NJW **95**, 2239 mit zust Anm v Danwitz NStZ **99**, 262; Ströber/Guckenbiehl Rpfleger **99**, 117 zum Verzicht auf die Rückgabe). Das Verbot umfasst auch andere Verfügungen, die zu einer Wertminderung führen könnten (V Hs 2). Nach §§ 135 II, 136 BGB gelten die Vorschriften zugunsten derjenigen entspr, die Rechte von einem Nichtberechtigten herleiten (§§ 892, 932ff, 1032, 1138, 1155, 1207 BGB). Das bedeutet, dass sich der gute Glaube auf das Nichtbestehen des Veräußerungsverbots beziehen muss (BGH NStZ **85**, 262).

11 Das Veräußerungsverbot **entsteht** mit dem Vollzug der Beschlagnahme, im Fall des I also mit der Inverwahrungnahme oder Kenntlichmachung, im Fall des II mit der Grundbucheintragung, im Fall des III mit der Zustellung des Pfändungsbeschlusses, im Fall des IV mit der Sicherstellung nach I; die Registereintragung nach IV S 2, 3 ist keine Voraussetzung für das Veräußerungsverbot. Durch § 111g III wird das Veräußerungsverbot unter bestimmten Voraussetzungen zugunsten des Verletzten erweitert.

12 Für gemeingefährliche Gegenstände, die der **Einziehung aus Sicherungsgründen** unterliegen, besteht wegen ihrer Verkehrsunfähigkeit ein absolutes Veräußerungsverbot nach § 134 BGB (Bremen NJW **51**, 675; LR-Schäfer 16). Zum strafrechtlichen Schutz der Sicherstellung nach § 111b I vgl § 136 StGB.

12a Bei einer **Kollision von Insolvenz- und strafprozessualer Beschlagnahme** gehen die insolvenzrechtlichen Normen als Spezialgesetze den strafrechtlichen Regelungen vor, so dass beschlagnahmte Vermögenswerte zugunsten der Masse freizugeben sind (LG Neubrandenburg ZInsO **00**, 676; Greier ZInsO **07**, 956; Malitz NStZ **02**, 341). Die Beschlagnahme nach I–IV ist nicht insolvenzfest (§ 80 II S 1 InsO; BGH NJW **07**, 3350; KG StraFo **08**, 511; Frankfurt ZIP **09**, 1582; LG Köln ZIP **06**, 1059; LG Düsseldorf NZI **01**, 488; anders LR-Schäfer 50d zu § 111b).

13 **4) Rückgabe beschlagnahmter beweglicher Sachen** (VI):

14 A. **Gegen Erlegung des Wertes** (S 1 Nr 1): Der Betroffene, der auch der Beschuldigte sein kann, muss einen Betrag in Geld oder geldwerten Papieren in Höhe des feststehenden oder vereinbarten Wertes der Sache der Behörde übergeben, die die Anordnung nach VI trifft, und zwar Zug um Zug gegen Rückgabe der Sache (Rönnau/Hohn wistra **02**, 449). Der Geldbetrag wird anstelle der Sache Beschlagnahmegegenstand (VI S 2). Die Sache selbst ist nicht mehr beschlagnahmt; für sie entfallen das Veräußerungsverbot nach V und die Anwendbarkeit des § 136 StGB. In Betracht kommt die Anwendung des S 1 Nr 1 vor allem bei verderblichen Sachen zur Abwendung einer Notveräußerung nach § 111l (dort 1).

B. Bei der **Überlassung zur Benutzung** (S 1 Nr 2) bleibt die Sache beschlagnahmt, das Veräußerungsverbot (V) und der Schutz des § 136 StGB bleiben bestehen. Nach VI S 3 kann die Überlassung von Sicherheiten und der Erfüllung von Auflagen abhängig gemacht werden. Die Sicherheitsleistung wird idR dem Wert der Sache entsprechen, kann aber auch geringer bemessen werden. Zulässige Auflagen sind insbesondere Verfügungsverbote, Beseitigung von Einrichtungen oder Kennzeichnungen und die Unbrauchbarmachung. Sicherheitsleistung und Auflagen können verbunden werden. Je geringer die Sicherheitsleistung ist, desto stärker muss die Sicherung der Beschlagnahme durch Auflagen sein. 15

C. **Zugleich als Beweisgegenstände** beschlagnahmte Sachen dürfen nicht nach VI S 1 Nr 1 zurückgegeben werden, nach Nr 2 allenfalls, wenn der zu sichernde Beweiswert dadurch nicht gefährdet wird (LR-Schäfer 17). 16

Dinglicher Arrest

111d **I [1] Wegen des Verfalls oder der Einziehung von Wertersatz, wegen einer Geldstrafe oder der voraussichtlich entstehenden Kosten des Strafverfahrens kann der dingliche Arrest angeordnet werden. [2] Wegen einer Geldstrafe und der voraussichtlich entstehenden Kosten darf der Arrest erst angeordnet werden, wenn gegen den Beschuldigten ein auf Strafe lautendes Urteil ergangen ist. [3] Zur Sicherung der Vollstreckungskosten sowie geringfügiger Beträge ergeht kein Arrest.**

II Die §§ 917 und 920 Abs. 1 sowie die §§ 923, 928, 930 bis 932 und 934 Abs. 1 der Zivilprozessordnung gelten sinngemäß.

III Ist der Arrest wegen einer Geldstrafe oder der voraussichtlich entstehenden Kosten angeordnet worden, so ist eine Vollziehungsmaßnahme auf Antrag des Beschuldigten aufzuheben, soweit der Beschuldigte den Pfandgegenstand zur Aufbringung der Kosten seiner Verteidigung, seines Unterhalts oder des Unterhalts seiner Familie benötigt.

1) Eine **abschließende Regelung** der Sicherung von Zahlungsansprüchen der Staatskasse gegen den Beschuldigten oder einen Dritten (§§ 73 III, 73a StGB; BGH NStZ-RR **06**, 266; Schleswig SchlHA **07**, 278 [D/D]; krit in Fällen des sog Unternehmensverfalls Hofmann wistra **08**, 402) enthält die Vorschrift. Wegen anderer Geldforderungen ist ein Arrestverfahren nicht zulässig, auch nicht nach §§ 916ff ZPO. Neben dem dinglichen Arrest nach § 111d (dazu Bach, Die Anordnung des strafprozessualen dinglichen Arrestes, 2006, zugl Diss Leipzig 2005) ist der Arrest nach den Vorschriften der ZPO auch sonst ausgeschlossen. Nach Eröffnung des Insolvenzverfahrens ist die Anordnung des Arrestes wegen § 89 I InsO unzulässig (KG NJW **05**, 3734; vgl auch v. Gleichenstein ZIP **08**, 1153; erg unten 15a und 6 zu § 111b), nicht aber bei Insolvenz einer Gesellschaft bürgerlichen Rechts oder oHG der Arrest in das Vermögen des Gesellschafters (LG Saarbrücken StraFo **09**, 243 [bestätigt durch Saarbrücken ZInsO **09**, 1704]). 1

2) Arrestforderungen (I): 2

A. **Verfall oder Einziehung von Wertersatz** (S 1) nach §§ 73a, 73d II, 74c StGB: Der Arrest ist schon im Ermittlungsverfahren und noch nach Urteilsrechtskraft zulässig, wenn eine nachträgliche Anordnung nach § 76 StGB in Betracht kommt. Er setzt voraus, dass der (einfache) Verdacht einer Straftat besteht und Gründe für die Annahme vorhanden sind, dass in dem Urteil der Verfall oder die Einziehung von Wertersatz angeordnet wird (erg 8, 9, 13 zu § 111b). 3

Der dingliche Arrest darf auch zur **Sicherung des Anspruchs des Verletzten** iS des § 73 I S 2 StGB (vgl 5ff zu § 111b) – auch gegen einen Dritten iS des § 73 III StGB (Karlsruhe NJW **08**, 162; LG Hildesheim wistra **07**, 274; StraFo **08**, 200 mit abl Anm Lesch) – angeordnet werden, wenn ohne diesen Anspruch eine Verfallserklärung zulässig wäre (LG Berlin NStZ **91**, 437 mit Anm Meurer und Anm Dörn 4 wistra **90**, 181; LG Kiel SchlHA **99**, 131; Achenbach Blau-FS 17). Im Rahmen seiner Ermessensentscheidung wird das Gericht (die StA) die Belange des Opferschutzes, aber auch die tatsächlichen und rechtlichen Möglichkeiten des Verletzten, seine Rechte selbst durchzusetzen, die Schwere des Eingriffs in das Eigentumsgrundrecht des Betroffenen (insbesondere nach Höhe und voraussichtlicher Dauer des Arrests), den Verdachtsgrad, die Schadenshöhe und den die Strafverfolgungsbehörden treffenden Kosten- und sonstigen Aufwand zu berücksichtigen haben (BVerfG StraFo **05**, 338, 339; Karlsruhe aaO; Saarbrücken ZInsO **09**, 1704; AG Hamburg StraFo **06**, 198; Bach JR **08**, 232; Greier ZInsO **07**, 956; Hellerbrand wistra **03**, 204; Lohse AnwBl **06**, 605; Malitz NStZ **02**, 339; Pananis NStZ **08**, 579; vgl auch KK-Nack 18 zu § 111b; im Zusammenhang mit § 324 AO Celle StV **09**, 120 [zust Theile StV **09**, 162ff, der ungeachtet § 111d II auf den Steuerfiskus § 920 II ZPO analog anwenden will]; Oldenburg StV **08**, 241; LG Berlin wistra **06**, 358, 359; LG Halle wistra **09**, 39; LG Saarbrücken NStZ-RR **08**, 284 mit zust Anm Reichling StraFo **08**, 425; gegen die Berücksichtigung der rechtlichen Möglichkeiten des Verletzten LG Hildesheim StraFo **08**, 200). Zur Sicherung eines dem einen Tatbeteiligten gegen den anderen erwachsenen (Ausgleich)Anspruchs kommt die Anordnung eines dinglichen Arrests nicht in Betracht (Karlsruhe NJW **05**, 1815; vgl auch Barreto da Rosa NJW **09**, 1706).

5 B. **Geldstrafe** (S 2): Der Arrest trägt hier dem kriminalpolitischen Interesse an der Vollstreckung von Geldstrafen (§§ 459ff) Rechnung (vgl LR-Schäfer 9). Vorausgesetzt wird, dass bereits ein auf Geldstrafe lautendes Urteil ergangen ist; der Strafbefehl steht dem Urteil nicht gleich (KK-Nack 5). Die Sicherung richtet sich nach der Höhe der erkannten Strafe (LR-Schäfer 10). Wegen geringfügiger Geldstrafen darf der Arrest nicht angeordnet werden (unten 7).

6 C. **Verfahrenskosten** (S 2): Der Arrest ist zulässig, wenn schon ein Urteil vorliegt, in dem dem Angeklagten ganz oder teilw die Verfahrenskosten iS des § 464a I S 1 (Gebühren und Auslagen der Staatskasse) auferlegt worden sind (vgl Frankfurt StV **05**, 541). Der Ausdruck „ein auf Strafe lautendes Urteil" ist aus dem früheren § 10 JBeitrO übernommen und wie dort als strafrechtliches Erkenntnis iS des § 465 I zu verstehen. Der Arrest sichert über die zZ des Urteilserlasses angefallenen Verfahrenskosten hinaus auch die weiteren Kosten, die durch schon eingelegte oder zu erwartende Rechtsmittel voraussichtlich entstehen werden, nicht aber die Vollstreckungskosten (I S 3). Er wirkt über die Rechtskraft hinaus, ist aber aufzuheben, sobald ein vollstreckbarer Kostenansatz bei der Gerichtskasse vorliegt (Frankfurt NStZ-RR **96**, 255; Stuttgart NStZ **05**, 401). Die Höhe der von dem Rechtsmittelgericht voraussichtlich verhängten Strafe darf geschätzt werden (LR-Schäfer 11). Zu berücksichtigen sind auch die Kosten des Arrestverfahrens (vgl Oldenburg StV **06**, 29).

7 D. **Geringfügige Beträge** dürfen nach I S 3 nicht durch Arrest gesichert werden. Die Vorschrift dient nicht dem Schutz des Beschuldigten; auf seine Vermögensverhältnisse kommt es daher nicht an. Geringfügig ist ein Betrag vielmehr, wenn der Verwaltungsaufwand, den die Erwirkung und Vollziehung des Arrests erfordern würde, in keinem angemessenen Verhältnis zur Bedeutung der Sache stünde (LR-Schäfer 14). Geringfügigkeit wird idR anzunehmen sein, wenn die zu sichernde Forderung 125 € nicht übersteigt (Übersicht über die in der Lit vorgeschlagenen Werte – idR zwischen 100 und 200 € – bei Bach JR **08**, 233 Fn 43, der selbst allerdings 5000 € für richtig hält).

8 **3) Arrestgrund:** II schreibt die entspr Anwendung des § 917 ZPO vor. Danach setzt der Arrest die Besorgnis voraus, dass ohne seine Anordnung die künftige Vollstreckung vereitelt oder wesentlich erschwert werden würde (§ 917 I; Odenthal Dahs-FS 418). Diese Gefahr besteht vor allem, wenn zu erwarten ist, dass die Arrestforderung von einem Täter, der sich schon durch die Straftat einen rechts-

widrigen Vermögensvorteil verschafft hat, nicht mehr beigetrieben werden kann (KG [Z] wistra **10**, 116; Düsseldorf Rpfleger **91**, 216; Frankfurt NStZ-RR **05**, 111; Stuttgart wistra **07**, 276, 279; NJW **08**, 1605, 1607; LG Berlin wistra **06**, 358, 359; LG Halle wistra **09**, 39; Bittmann/Kühn wistra **02**, 248; Hellerbrand wistra **03**, 203; enger Oldenburg StV **08**, 241; StraFo **09**, 283; Zweibrücken StraFo **09**, 462; LG Hamburg NStZ-RR **04**, 215; LG Oldenburg StV **08**, 513; Alvermann/Talaska wistra **08**, 239; LR-Schäfer 17; Theile StV **09**, 163; vgl auch Hamburg StV **09**, 122, 124: betrügerische oder listige Vorgehensweise), wobei das Gericht zu umfangreichen und zeitaufwändigen Wertermittlungen vor Erlass der Arrestanordnung nicht verpflichtet ist (Köln NJW **04**, 2397; krit Wehnert/Mosiek StV **05**, 573). Die Gefahr besteht aber auch dann, wenn der Täter seine Vermögensverhältnisse verschleiert, Vermögenswerte versteckt oder verschleudert (Hellerbrand aaO), oder mit dem Erlangten langlebige Vermögensgegenstände für einen Dritten erwirbt (LG Hildesheim StraFo **08**, 200, 202); sie ist bei fehlender Gegenseitigkeit ohne weiteres gegeben, wenn die zu sichernde Geldforderung im Ausland vollstreckt werden müsste (§ 917 II ZPO), gleichgültig, ob das überhaupt zulässig wäre. Ein Arrestgrund ist daher zB gegeben, wenn die Besorgnis besteht, der Beschuldigte werde sein Vermögen ins Ausland verbringen (Hamburg aaO; LG Düsseldorf 4 Qs 86/08 vom 31. 7. 2008). Schlechte Vermögensverhältnisse allein sind hingegen kein Arrestgrund (Frankfurt StV **94**, 234; LG Kiel wistra **01**, 319).

4) Arrestanordnung (II): Der Arrest wird auf Antrag der StA, nach Erhebung der öffentlichen Klage auch von Amts wegen, von dem nach § 111 e I S 1 zuständigen Strafrichter angeordnet. Die Anordnung unterliegt dem Verhältnismäßigkeitsgrundsatz (BVerfG StV **04**, 409; Köln NJW **04**, 2397; Stuttgart wistra **07**, 276, 279); besonders sorgfältige Prüfung ist erforderlich, wenn dadurch nahezu das gesamte Vermögen der Verfügungsbefugnis des Betroffenen entzogen wird (BVerfG NStZ **06**, 639; LG Halle wistra **09**, 39, 40; vgl Taschke StV **07**, 498 zu möglichen Folgen für ein Unternehmen). Die Zuständigkeit richtet sich nicht nach den Vorschriften der ZPO, sondern nach der StPO (BGH wistra **05**, 35). Das Gericht entscheidet durch Beschluss, der nach § 34 mit Gründen zu versehen ist. Wenn die StA bei Gefahr im Verzug selbst zu der Anordnung befugt ist (§ 111 e I S 1), legt sie deren Notwendigkeit in den Akten nieder. Die vorherige Anhörung des Betroffenen unterbleibt (§ 33 IV S 1; BVerfG NJW **06**, 1048; erg 25 b zu § 147). 9

Inhaltlich muss die Arrestanordnung den zu sichernden Anspruch unter genauer Bezifferung des Geldbetrages sowie den Arrestgrund (oben 8) angeben (§ 920 I ZPO). Eine Glaubhaftmachung ist nicht erforderlich, jedoch sind konkrete Anhaltspunkte für Arrestanspruch und -grund vorzulegen (Hellerbrand wistra **03**, 202; krit zur Praxis Kempf Müller-FS 334, 339). Außerdem ist der Geldbetrag festzusetzen, durch dessen Hinterlegung die Vollziehung des Arrests gehemmt und der Schuldner zu dem Antrag auf Aufhebung des Arrests berechtigt wird (§ 923 ZPO); die Angabe dieser Lösungssumme kann aber nachgeholt werden (LR-Schäfer 28). 10

Bekanntgemacht wird die Arrestanordnung nach ihrer – nicht gemäß § 929 II ZPO befristeten (Schleswig SchlHA **06**, 321) – Vollziehung dem Beschuldigten oder dem Dritten, gegen den sie sich richtet. Weitere Mitteilungspflichten bestimmt § 111 e III, IV. 11

5) Vollziehung des Arrests (II, § 928 ZPO): 12

In das **bewegliche Vermögen** wird der Arrest durch Pfändung bewirkt (§ 930 I ZPO), wobei §§ 811, 850 ff ZPO zu beachten sind (krit zum Pfändungsschutz Kempf Müller-FS 336). Dadurch entsteht für den Staat ein Pfandrecht (Schleswig SchlHA **08**, 231, 232 [D/D]; AG Saarbrücken wistra **00**, 194). Gepfändetes Geld wird hinterlegt (§ 930 II ZPO). Auch Schiffe und Schiffsbauwerke werden gepfändet (§ 931 ZPO), ebenso Luftfahrzeuge (12 zu § 111 f). Der Anspruch auf Herausgabe einer freigewordenen Sicherheit unterliegt ebenfalls der Pfändung (5 zu § 123; Frankfurt NJW **05**, 1727, 1728, 1733, 1735 mit krit Anm 12a

Herzog/Hoch/Warius StV **07**, 542: schon vor deren Freigabe; vgl dazu auch BGHZ **95**, 109, 115 = NJW **85**, 2820, 2821; Frankfurt und München StV **00**, 509 mit Anm Sättele; eingehend Schlothauer DAV-FS 1039, der – S 1047 – im Blick auf § 116 IV Nr 3 eine Pfändung vor Freiwerden als *ultima ratio* einstuft). Befinden sich die Pfändungsobjekte bereits im Besitz der StA, ist nicht der Herausgabeanspruch des Beschuldigten entspr § 847 I ZPO, sondern es sind die Gegenstände selbst zu pfänden (Frankfurt NStZ-RR **96**, 255, 256; **05**, 144 = NJW **05**, 1961 L).

13 **In Grundstücke und grundstücksgleiche Rechte** (7 zu § 111 c) wird die Arrestvollziehung durch Eintragung einer Sicherungshypothek in das Grundbuch für die zu sichernde Geldforderung bewirkt (§ 932 I ZPO).

14 Die **Zuständigkeit** für die Arrestvollziehung ist in § 111 f III geregelt (dort 6).

15 **6) Aufhebung der Arrestanordnung:** Der Arrest ist grundsätzlich bis zum rechtskräftigen Abschluss des Verfahrens wirksam, in dem er ergeht (BGH **29**, 13, 15). Er muss auch dann nach Eintritt der Rechtskraft aufgehoben werden, wenn das Urteil auf Verfall oder Einziehung des Wertersatzes oder – vorbehaltlich einer Verlängerung nach § 111 i – auf Geldstrafe lautet; die Annahme, der Arrest werde in diesen Fällen regelmäßig erst mit Einleitung (München wistra **04**, 479; KK-Nack 14 zu § 111 e) oder Beendigung (Schmidt 767) der Vollstreckung nach §§ 459, 459 g II gegenstandslos, trifft nicht zu (LR-Schäfer 23 a zu § 111 e; Leuger wistra **06**, 239: unmittelbare mit Rechtskraft bewirkte Wandlung des Arrest- in ein Vollstreckungspfandrecht [zust HK-Gercke 18]; erg 6 zu den Verfahrenskosten). Die Anordnung muss unverzüglich aufgehoben werden, wenn die Voraussetzungen des § 111 b II oder des § 111 d II entfallen oder der weitere Fortbestand des Arrests unverhältnismäßig ist (BVerfG StraFo **05**, 338, 340; Düsseldorf NStZ-RR **02**, 173; Frankfurt NStZ-RR **96**, 255; StV **08**, 624; Köln StV **04**, 413 mit Anm Marel; Saarbrücken ZInsO **09**, 1704; LG Bochum wistra **08**, 237 mit Anm Alvermann/Talaska; LG Halle wistra **07**, 120; LG Landshut wistra **03**, 199; Rönnau StV **03**, 583: Maßnahme darf nur für einen angemessenen Zeitraum aufrechterhalten werden). § 945 ZPO ist nicht entspr anwendbar (LR-Schäfer 43; **aM** Borggräfe/Schütt StraFo **06**, 139; krit Kempf Müller-FS 336).

15a Die **Insolvenzeröffnung** führt nur insoweit nicht zur Aufhebung des gegen den Schuldner angeordneten Arrests, als dieser vor Eröffnung vollzogen worden ist und der Staat ein auch nach § 88 InsO wirksames Absonderungsrecht erlangt hat (§ 80 II S 2 InsO; KG NJW **05**, 3734; StraFo **08**, 511; Frankfurt ZIP **09**, 1582; Köln ZIP **04**, 2013; LG Saarbrücken StraFo **09**, 243 [bestätigt durch Saarbrücken ZInsO **09**, 1704]; Greier ZInsO **07**, 955; Hees ZIP **04**, 299; erg 6 zu § 111 b).

16 **7) Aufhebung der Arrestvollziehung:**

17 A. Die **Hinterlegung der Lösungssumme** (oben 10) führt nach § 934 I ZPO zur Aufhebung der Arrestvollziehung, nicht des Arrests selbst (Stuttgart wistra **07**, 276, 279; AG Hanau NJW **74**, 1662). Dem stehen die Beibringung einer selbstschuldnerischen Bankbürgschaft (KK-Nack 9) und die Hinterlegung von Wertpapieren (LR-Schäfer 28) gleich.

18 B. Die **Notlage des Beschuldigten** (III) zwingt zur Aufhebung der Vollziehung des Arrests, der nur wegen einer Geldstrafe oder wegen der Verfahrenskosten angeordnet war (krit Kempf/Schilling StraFo **06**, 188). Bei mehreren Vollziehungsmaßnahmen kann das Gericht bestimmen, welche von ihnen aufgehoben oder eingeschränkt wird (LR-Schäfer 36). Es ist auch zulässig, die Maßnahme schrittweise unter Berücksichtigung des Anfallens der nach III bevorzugten Leistungen einzuschränken, und zwar entweder von vornherein auf den 1. Antrag hin oder auf wiederholte Anträge des Beschuldigten. Ist von vornherein ersichtlich, dass die Voraussetzungen des III vorliegen, so darf der Arrest nicht angeordnet werden.

19 **Kosten der Verteidigung** iS III sind die Gebühren und Auslagen des Verteidigers, auch die nach § 3 a RVG vereinbarten Gebühren (vgl Bach StraFo **05**, 486 zu

§ 4 RVG aF), und die Aufwendungen für Reisen zum Verteidiger oder Gericht. Der Beschuldigte braucht sich nicht auf die Höchstbeträge verweisen zu lassen, die bei der Festsetzung der notwendigen Auslagen nach § 464a gelten (LR-Schäfer 37; **aM** AG Hanau NJW **74**, 1662). Übermäßig hohe Verteidigungskosten werden jedoch nicht anerkannt (KK-Nack 13; Bach aaO).

Kosten des Unterhalts sind die notwendigen Kosten. Dem Beschuldigten muss das belassen werden, was er auch bei einer Vollstreckung des Urteils nicht herausgeben müsste, insbesondere die pfändungsfreien Beträge nach §§ 850ff ZPO (LR-Schäfer 38). 20

Die Aufhebung nach III setzt einen **Antrag** des Beschuldigten voraus (KK-Nack 14), in dem die Voraussetzungen der Vorschrift darzulegen und glaubhaft zu machen (5ff zu § 26; 6 zu § 45) sind (Karlsruhe StraFo **02**, 84; Stuttgart Justiz **02**, 21). 21

Zuständig ist das Gericht, das den Arrest angeordnet, zu bestätigen oder bestätigt hat (§ 111e I S 1, II S 1), das Berufungsgericht nach der Aktenvorlage nach § 321 S 2 (Stuttgart NStZ-RR **03**, 142; erg 19 zu § 111a), statt des Revisionsgerichts der letzte Tatrichter, nicht das Beschwerdegericht bei einer Beschwerde gegen die Anordnung des Arrestes (Düsseldorf MDR **91**, 893). Die Geschäfte sind nach §§ 20 Nr 15, 22 Nr 2 **RPflG** dem Rechtspfleger übertragen. Vor der Entscheidung ist die StA zu hören (§ 33 II). 22

Anordnungskompetenz

111e **I** [1] **Zu der Anordnung der Beschlagnahme (§ 111c) und des Arrestes (§ 111d) ist nur das Gericht, bei Gefahr im Verzuge auch die Staatsanwaltschaft befugt.** [2] **Zur Anordnung der Beschlagnahme einer beweglichen Sache (§ 111c Abs. 1) sind bei Gefahr im Verzuge auch die Ermittlungspersonen der Staatsanwaltschaft (§ 152 des Gerichtsverfassungsgesetzes) befugt.**

II [1] **Hat die Staatsanwaltschaft die Beschlagnahme oder den Arrest angeordnet, so beantragt sie innerhalb einer Woche die gerichtliche Bestätigung der Anordnung.** [2] **Dies gilt nicht, wenn die Beschlagnahme einer beweglichen Sache angeordnet ist.** [3] **Der Betroffene kann in allen Fällen jederzeit die Entscheidung des Gerichts beantragen.**

III **Der Vollzug der Beschlagnahme und des Arrestes ist dem durch die Tat Verletzten, soweit er bekannt ist oder im Verlauf des Verfahrens bekannt wird, unverzüglich durch die Staatsanwaltschaft mitzuteilen.**

IV [1] **Die Mitteilung kann durch einmalige Bekanntmachung im elektronischen Bundesanzeiger erfolgen, wenn eine Mitteilung gegenüber jedem einzelnen Verletzten mit unverhältnismäßigem Aufwand verbunden wäre oder wenn zu vermuten ist, dass noch unbekannten Verletzten aus der Tat Ansprüche erwachsen sind.** [2] **Zusätzlich kann die Mitteilung auch in anderer geeigneter Weise veröffentlicht werden.** [3] **Personendaten dürfen nur veröffentlicht werden, soweit ihre Angabe unerlässlich ist, um den Verletzten zur Durchsetzung ihrer Ansprüche den Zugriff auf die gesicherten Vermögenswerte zu ermöglichen.** [4] **Nach Beendigung der Sicherungsmaßnahmen veranlasst die Staatsanwaltschaft die Löschung der im elektronischen Bundesanzeiger vorgenommenen Veröffentlichung.**

1) Beschlagnahmeanordnung: 1

A. **Zuständig** ist grundsätzlich der Richter (I S 1). Wegen der gerichtlichen Zuständigkeit im Einzelnen vgl 4 zu § 98, ferner SK-Rogall 6. 2

Bei **Gefahr im Verzug** ist auch die StA zur Beschlagnahme befugt, sofern es sich nicht um periodische Druckwerke handelt (§ 111n I). Ist die StA nicht er- 3 reichbar, sieht I S 2 eine Eilzuständigkeit ihrer Ermittlungspersonen – beschränkt auf die Beschlagnahme beweglicher Sachen – vor (vgl zu allem 6 zu § 98).

4 B. **Form; Inhalt; Bekanntmachung:** Vgl 8 ff zu § 98 und für die Beschlagnahme von Druckwerken ergänzend § 111 m III. Anders als bei der Beweismittelbeschlagnahme nach §§ 94, 98 müssen Ermittlungspersonen, die die Beschlagnahme anordnen und selbst ausführen, mit Rücksicht auf die Rechtsfolgen nach § 111 c V dem Betroffenen erklären und aktenkundig machen, dass die Sache nach §§ 111 b ff beschlagnahmt wird (Achenbach NJW **82**, 2809); es besteht also wie bei der nichtrichterlichen Durchsuchungsanordnung (3 zu § 105) für den Beamten eine Dokumentationspflicht (Jung StV **04**, 646). Nur wenn der Sicherungszweck auf der Hand liegt, ist eine entspr Feststellung entbehrlich (BGH NStZ **85**, 262; Frankfurt NStZ-RR **96**, 301; noch weitergehend LG Frankfurt aM NJW **82**, 897). Eine Belehrung über das Verfügungsverbot nach § 111 c V schreibt das Gesetz nicht vor (**aM** Achenbach aaO; vgl auch SK-Rogall 13: vielfach zweckmäßig).

5 **2) Arrestanordnung:** Die Zuständigkeit des Gerichts und der StA ist die gleiche wie bei der Beschlagnahme (oben 2, 3). Ermittlungspersonen der StA sind zur Arrestanordnung nicht befugt. Wegen Form, Inhalt und Bekanntmachung der Anordnung vgl 9 ff zu § 111 d.

6 **3) Richterliche Bestätigung** (II): Anders als nach § 98 II S 1 bedarf die Beschlagnahme- und Arrestanordnung der StA, nicht erst ihr Vollzug (LR-Schäfer 13), nach §§ 111 c II, III, 111 d auch dann der richterlichen Bestätigung, wenn der Betroffene keinen Widerspruch erhoben hat, jedoch niemals, auch nicht bei Widerspruch des Betroffenen, bei der Beschlagnahme von beweglichen Sachen (§ 111 c I, IV S 1). Da Ermittlungspersonen der StA nur zur Beschlagnahme von beweglichen Sachen befugt sind (oben 3), brauchen ihre Anordnungen niemals richterlich bestätigt zu werden (II S 2).

7 **Innerhalb einer Woche** muss die StA den Antrag auf richterliche Bestätigung stellen. Die Frist beginnt nicht, wie nach § 98 II S 1, mit dem Ende der Durchführung der Beschlagnahme (14 zu § 98), sondern an dem Tag, an dem die Anordnung erlassen worden ist (Hellerbrand wistra **03**, 204); sie wird nach § 43 berechnet. Jedoch handelt es sich nur um eine Sollvorschrift; die Fristüberschreitung macht die Beschlagnahme nicht unwirksam (KK-Nack 6; erg 14 zu § 98). Die richterliche Bestätigung braucht nicht innerhalb der Frist zu erfolgen.

8 Das **Antragsrecht des Betroffenen** (zum Begriff vgl 15 zu § 98), der entspr § 98 II S 6 über seine Rechte belehrt werden muss (LR-Schäfer 9; Achenbach NJW **82**, 2809), setzt die Einhaltung einer Frist nicht voraus. Eine Beschwerde gegen die nichtrichterliche Anordnung ist als Antrag auf gerichtliche Entscheidung zu behandeln.

9 Die **Zuständigkeit** für die Bestätigung entspricht der des § 98 II S 3–5 (dort 16, 21).

10 Zur **Prüfung des Gerichts** vgl 17 zu § 98 sowie BVerfG NJW **05**, 3630: Darlegung der Prüfung der Voraussetzungen des Eingriffs und die umfassende Abwägung zur Feststellung seiner Angemessenheit mit auf den Einzelfall bezogenen Ausführungen.

11 **4)** Die **Mitteilung an den Verletzten** (III), die formlos erfolgen kann, soll ihm die Sicherung und Durchsetzung seiner Schadensersatzansprüche ermöglichen. Sie umfasst daher nicht den Arrest zur Sicherung von Geldstrafe und Verfahrenskosten, auch nicht das nach Maßgabe des § 111 g III zu seinen Gunsten entstehende Veräußerungsverbot und das Antragsrecht nach § 111 h I S 1. Mitzuteilen ist der – ggf auch erfolglose – Vollzug der Beschlagnahme und des Arrests. Der Verletzte muss bekannt sein oder werden. Nach unbekannten Verletzten braucht nicht gesucht zu werden.

12 Die Mitteilung muss **unverzüglich** erfolgen (zu ihrem genauen Inhalt vgl auch Schmid/Winter NStZ **02**, 13; KK-Nack 10 empfiehlt, ggf auf den Stand des Zu-

lassungsverfahrens nach § 111 g II hinzuweisen [ähnlich Bach JR **08**, 232 Fn 41]). Verstöße gegen die Mitteilungspflicht haben keinen Einfluss auf die Wirksamkeit der getroffenen Maßnahmen, können aber auch wegen der Regelungen in § 111 i II–VIII Amtshaftungsansprüche auslösen.

Die **Bekanntgabe** ist Sache der StA, auch nach Erhebung der öffentlichen Klage. 13

5) Im **elektronischen Bundesanzeiger** (IV S 1) kann die StA die Mitteilung (einmal) veröffentlichen, zum einen anstelle individueller Bekanntgabe nach III zur Verringerung des Verwaltungsaufwands bei einer Vielzahl bekannter Geschädigter. Zum anderen soll auf diese Weise auch den bislang unbekannten Verletzten die Möglichkeit gegeben werden, ihre Rechte nach §§ 111 b V, 111 g II, III, 111 h I wahrzunehmen und sich über den Zugriff des Staates zu unterrichten, um ihr eigenes Vorgehen danach ausrichten zu können. 14

Ermessen eröffnet IV S 1 der StA: Sind die Verletzten unbekannt, kann von der Mitteilung insbesondere abgesehen werden, wenn sie keinen Erfolg verspricht oder ihre Kosten in keinem vernünftigen Verhältnis zum Wert der beschlagnahmten Sachen stehen würden (LR-Schäfer 8). Bei einer überschaubaren Anzahl bekannter Geschädigter gebieten deren Interessen regelmäßig, nach III zu verfahren (BT-Drucks 16/700 S 12); anders aber, wenn ein solches Vorgehen wegen der Vielzahl der Verletzten oder aus anderen Gründen besonders fehleranfällig ist (vgl oben 12). 15

Weitere Veröffentlichungen kann die StA zusätzlich veranlassen (IV S 2), etwa in der regionalen oder überregionalen Presse oder durch Aushang an Schwarzen Brettern von Gemeinden oder Behörden, auch durch Plakate. Sie kann ferner in Pressemitteilungen über vollzogene Sicherungsmaßnahmen auf die Veröffentlichungen im elektronischen BAnz hinweisen. 16

Datenschutz: Personendaten (vgl § 5 I Nr 1 **BZRG**) dürfen zum Schutz des Rechts auf informationelle Selbstbestimmung nur veröffentlicht werden, wenn und soweit dies für den Zugriff der Verletzten gemäß §§ 111 g, 111 h auf die gesicherten Gegenstände unabweisbar notwendig ist (IV S 3). Für die Löschung der von ihr veranlassten Veröffentlichungen im elektronischen BAnz hat die StA Sorge zu tragen (IV S 4). Dies setzt voraus, dass die in der jeweiligen Veröffentlichung aufgeführten Maßnahmen vollständig beendet sind; eine Pflicht zur Berichtigung bei teilweiser Aufhebung der Maßnahmen besteht nicht (BT-Drucks 16/700 S 12). 17

6) Die **Beendigung der Beschlagnahme** tritt ohne weiteres ein, wenn das Urteil rechtskräftig wird, durch das der Gegenstand für verfallen erklärt oder eingezogen oder wenn eine solche Maßnahme nicht angeordnet und keine Anordnung nach § 111 i getroffen wird (Stuttgart NStZ **05**, 401; Malitz NStZ **03**, 61). Von diesem Zeitpunkt an kommt eine Anordnung nach § 111 g II S 1 nicht mehr in Betracht (Düsseldorf NStZ **97**, 301). Anträge auf Aufhebung von Sicherungsmaßnahmen und gegen sie eingelegte Beschwerden werden gegenstandslos. In Fällen nachträglicher Durchbrechung der Rechtskraft lebt die Maßnahme nach § 47 III S 1 wieder auf (AnwK-Lohse 12 zu § 111 b; erg 3, 4 zu § 47). 18

Auf Antrag oder von Amts wegen muss die Anordnung förmlich **aufgehoben** werden, wenn im Laufe des Verfahrens die Voraussetzungen des § 111 b I entfallen. Das ist immer der Fall, wenn der Angeklagte freigesprochen oder unter Nichtanordnung der Maßnahmen nach §§ 73, 74 StGB verurteilt wird. Ergeben sich Anhaltspunkte dafür, dass die Voraussetzungen des § 73 I S 2 StGB vorliegen, so wird die dann auch auf Grund des § 111 b V gerechtfertigte Beschlagnahmeanordnung nicht aufgehoben, sondern ihre Begründung geändert (KK-Nack 16); im weiteren Verfahren ist § 111 i zu beachten. Zur Zuständigkeit, Ausführung und Bindungswirkung vgl 30 zu § 98. Wegen der Rückgabe der beschlagnahmten Gegenstände vgl 22 zu § 94 und § 111 k. 19

20 **7) Rechtsmittel:** Vgl 31, 32 zu § 98; betrifft die Beschwerdeentscheidung die Anordnung des dinglichen Arrests über einen Betrag von mehr als 20 000 €, ist die weitere Beschwerde statthaft (§ 310 I Nr 3, dort 9). Mit Anklageerhebung ist eine noch nicht erledigte Beschwerde in einen Antrag an das erstinstanzliche Gericht umzudeuten, gegen dessen Entscheidung (Erst-)Beschwerde statthaft ist (Frankfurt StV **08**, 624; Jena wistra **10**, 80; Stuttgart NStZ-RR **03**, 142).

Vollstreckungskompetenz

111f I [1] **Die Durchführung der Beschlagnahme (§ 111 c) obliegt der Staatsanwaltschaft, bei beweglichen Sachen (§ 111 c Abs. 1) auch deren Ermittlungspersonen. [2] § 98 Abs. 4 gilt entsprechend.**

II [1] **Die erforderlichen Eintragungen in das Grundbuch sowie in die in § 111 c Abs. 4 genannten Register werden auf Ersuchen der Staatsanwaltschaft oder des Gerichts bewirkt, welches die Beschlagnahme angeordnet hat. [2] Entsprechendes gilt für die in § 111 c Abs. 4 erwähnten Anmeldungen.**

III [1] **Soweit ein Arrest nach den Vorschriften über die Pfändung in bewegliche Sachen zu vollziehen ist, kann dies durch die in § 2 der Justizbeitreibungsordnung bezeichnete Behörde, den Gerichtsvollzieher, die Staatsanwaltschaft oder durch deren Ermittlungspersonen (§ 152 des Gerichtsverfassungsgesetzes) bewirkt werden. [2] Absatz 2 gilt entsprechend. [3] Für die Anordnung der Pfändung eines eingetragenen Schiffes oder Schiffsbauwerkes sowie für die Pfändung einer Forderung aufgrund des Arrestes gemäß § 111 d ist die Staatsanwaltschaft oder auf deren Antrag das Gericht, das den Arrest angeordnet hat, zuständig.**

IV **Für die Zustellung gilt § 37 Abs. 1 mit der Maßgabe, dass auch die Ermittlungspersonen der Staatsanwaltschaft (§ 152 des Gerichtsverfassungsgesetzes) mit der Ausführung beauftragt werden können.**

V **Gegen Maßnahmen, die in Vollziehung der Beschlagnahme oder des Arrestes getroffen werden, kann der Betroffene jederzeit die Entscheidung des Gerichts beantragen.**

1 **1) Durchführung der Beschlagnahme:**

2 A. **Bewegliche Sachen** (I): Die StA führt die Beschlagnahmeanordnung des Gerichts und ihre eigenen Anordnungen (§ 111 e I S 1) durch und bedient sich dazu ihrer Ermittlungspersonen oder anderer Polizeibeamter; die Durchführung ist dem Rechtspfleger übertragen (§ 31 I Nr 2 **RPflG**). Ermittlungspersonen, die nach § 111 e I S 2 die Beschlagnahme beweglicher Sachen angeordnet haben, sind auch befugt, sie durchzuführen; auch sie können andere Polizeibeamte heranziehen. Bei Beschlagnahmen in Dienstgebäuden und auf Anlagen der Bundeswehr gilt § 98 IV entspr (dort 25 ff).

3 B. **Grundstücke und grundstücksgleiche Rechte** (II): Die Grundbucheintragungen können sowohl von der StA, auch vor der richterlichen Bestätigung ihrer Anordnung, als auch von dem Gericht veranlasst werden, das die Beschlagnahme angeordnet oder bestätigt hat. Die dabei zu erledigenden Geschäfte sind in beiden Fällen dem Rechtspfleger übertragen (§§ 22 Nr 1, 31 I Nr 1 **RPflG**).

4 C. **Forderungen und andere Vermögensrechte:** Zuständig ist die StA (I S 1). Sie erlässt das Zahlungsverbot an den Drittschuldner (vgl Celle NdsRpfl **97**, 163) und das Verfügungsverbot an den Schuldner nach § 829 I ZPO sowie die Aufforderung nach § 840 I ZPO. Die Geschäfte sind dem Rechtspfleger übertragen (§ 31 I Nr 2 **RPflG**).

5 D. **Schiffe; Schiffsbauwerke; Luftfahrzeuge:** Für die Durchführung der Beschlagnahme gilt I, für die Registereintragungen (§ 111 c IV S 2) und die Register-

anmeldungen (§ 111c IV S 3) gilt II. Die Geschäfte sind für Gericht und StA auf den Rechtspfleger übertragen (§§ 22 Nr 1, 31 I Nr 1 **RPflG**).

2) Vollziehung des Arrests (III): 6

A. **Bewegliche Sachen** (S 1): 7

Soll durch den Arrest die Vollstreckung der **Geldstrafe oder der Nebenfolgen** gesichert werden, so ist nach §§ 1 I Nr 1, 2 I JBeitrO die Vollstreckungsbehörde, also die StA nach §§ 451 I, 459, 459g II iVm 459, zuständig (LG Bonn wistra **01**, 119 mit Anm Brettschneider; ders NStZ **00**, 180). Sie erteilt dem Vollziehungsbeamten nach § 6 JBeitrO den Pfändungsauftrag; die Geschäfte sind nach § 31 I Nr 2 **RPflG** dem Rechtspfleger übertragen. Die StA hat außerdem die Möglichkeit, die Vollziehung des Arrestes selbst oder durch ihre Ermittlungspersonen, also durch die zuständigen Polizeibeamten (6 zu § 152 GVG), zu bewirken. Unabhängig davon kann sie sich auch an den Gerichtsvollzieher wenden. 8

Ist der Arrest zur Sicherung der **Verfahrenskosten** angeordnet worden, so ist nach §§ 1 I Nr 4, 2 I S 1 JBeitrO die Gerichtskasse zuständig, für Kostenansprüche, die beim BGH entstehen, das Bundesamt für Justiz (§ 2 II JBeitrO). Bezieht sich der Arrest sowohl auf Geldstrafe oder Nebenfolgen als auch auf Kosten, so obliegt der StA die gesamte Vollziehung (§ 1 IV JBeitrO). 9

B. **Grundstücke und grundstücksgleiche Rechte** (S 2): Die Zuständigkeit für den Antrag auf Eintragung einer Sicherungshypothek richtet sich nach II S 1 (oben 3). Zuständig ist daher der Rechtspfleger der StA oder des Gerichts, das den Arrest angeordnet oder bestätigt hat (§§ 22 Nr 1, 31 I Nr 1 **RPflG**; LR-Schäfer 8; tw abw Huber Rpfleger **02**, 289 [Richter]). 10

C. **Schiffe und Schiffsbauwerke** (S 3): Sind sie im Schiffs- oder Schiffsbauregister eingetragen (vgl § 111c IV S 2), so ist für die Anordnung der Pfändung die StA zuständig, die auch das Eintragungsersuchen nach § 931 III Hs 2, VI S 1 ZPO iVm § 111d II stellt. Von ihrer originären Vollstreckungskompetenz wird die StA regelmäßig Gebrauch machen, um eine schnelle Sicherung zu erreichen; in Einzelfällen kann sie es jedoch für geboten halten, eine Entscheidung des Gerichts herbeizuführen. Dann ordnet das Gericht, das den Arrest erlassen oder bestätigt hat, die Pfändung an und stellt das Eintragungsersuchen nach § 931 III Hs 2, VI S 1 ZPO. Bei nicht eingetragenen Schiffen und Schiffsbauwerken wird der Arrest wie bei beweglichen Sachen nach S 1 vollzogen (oben 7–9). Nach III S 2, II S 2 iVm § 111c IV S 3 etwa erforderliche Eintragungen beantragt die StA; das Gericht ist ebenfalls zuständig, wenn es den Arrest angeordnet oder bestätigt hat. Die Geschäfte des Richters und des StA sind dem Rechtspfleger übertragen (§§ 20 Nr 16, 22 Nr 2, 31 I Nr 2 **RPflG**). 11

D. **Luftfahrzeuge** werden als bewegliche Sachen gepfändet (oben 7–9). Die erforderlichen Eintragungen und Anmeldungen (III S 2 iVm II, § 111c IV, § 99 II Ges über Rechte an Luftfahrzeugen) beantragt der Rechtspfleger der StA oder des Gerichts, das den Arrest angeordnet oder bestätigt hat (§§ 22 Nr 1, 31 I Nr 1 **RPflG**). 12

E. **Forderungen und andere Vermögensrechte** (S 3): Zuständig ist die StA; sie kann sich, statt selbst das Recht zu pfänden, an das Gericht wenden, das den Arrest erlassen oder bestätigt hat (oben 11). Die Geschäfte sind nach §§ 22 Nr 2, 31 I Nr 2 **RPflG** dem Rechtspfleger übertragen. 13

3) Zustellung (IV): Die StA kann die bei der Beschlagnahme oder beim Arrestvollzug erforderlichen Zustellungen sowohl im Partei- als auch im Amtsbetrieb (§§ 166ff, 191ff ZPO) sowie durch ihre Ermittlungspersonen vornehmen; der Vorbehalt in § 168 II ZPO gilt nicht. 14

4) Anfechtung: V stellt klar, dass alle Einwendungen gegen Maßnahmen in Vollziehung der Beschlagnahme oder des Arrests im strafprozessualen Rechtsweg erledigt werden (Greeve NJW **07**, 15); dieser Rechtsbehelf ist auch gegen gericht- 15 liche Vollziehungsakte statthaft (**aM** Düsseldorf wistra **09**, 207, Hamm NStZ **08**, 586: § 304; vgl aber neben dem Wortlaut auch BT-Drucks 16/700 S 13 [ua Vorbefassung des ER]). Zuständig ist der Ermittlungsrichter, nach Erhebung der öffentlichen Klage das mit der Hauptsache befasste Gericht, nach Rechtskraft das Gericht des ersten Rechtszugs (BT-Drucks aaO; BeckOK-Huber 12). Dort sind Anträge auf gerichtliche Entscheidung seit der Anfügung von V durch das Ges vom 24. 10. 2006 (BGBl I 2350) auch dann zu stellen, wenn es sich der Sache nach um zwangsvollstreckungsrechtliche Rechtsbehelfe (zB §§ 766, 771–776 ZPO) handelt (Düsseldorf aaO; Hamburg NJW **08**, 1830 [Drittbetroffener einer Arrestpfändung]; Fette PStR **07**, 8; vgl auch Nr 69c VIII AStBV [St] 2010); anwendbar sind auch in diesen Fällen der Amtsermittlungsgrundsatz und das Freibeweisverfahren (Hamburg StraFo **08**, 426; Bosch NStZ **06**, 710). Über Einwendungen gegen Maßnahmen des nach §§ 22, 31 I **RPflG** tätig gewordenen Rechtspflegers entscheidet ebenfalls der für die Anordnung der Beschlagnahme oder des Arrests zuständige Richter (vgl den Verweis in §§ 11 I, 31 VI S 1 **RPflG** auf die allgemeinen Vorschriften sowie BT-Drucks aaO und 15/1508 S 35; Keller Kriminalistik **08**, 326). Die Entscheidung des Gerichts nach V kann mit der Beschwerde angefochten werden (erg 9 zu § 310). Soweit eine in Vollziehung des Arrests getroffene Maßnahme für unzulässig erklärt wird, hat dies die Wirkung der §§ 775 Nr 1, 776 S 1 ZPO (Bosch aaO 709). Zum Rechtsmittel gegen die Aufrechterhaltung der Sicherstellung nach § 111i III vgl dort 22.

Vorrangige Befriedigung von Ansprüchen des Verletzten

111g **I Die Beschlagnahme eines Gegenstandes nach § 111c und die Vollziehung des Arrestes nach § 111d wirken nicht gegen eine Verfügung des Verletzten, die auf Grund eines aus der Straftat erwachsenen Anspruches im Wege der Zwangsvollstreckung oder der Arrestvollziehung erfolgt.**

II 1 Die Zwangsvollstreckung oder Arrestvollziehung nach Absatz 1 bedarf der Zulassung durch das Gericht, das für die Anordnung der Beschlagnahme (§ 111c) oder des Arrestes (§ 111d) zuständig ist. 2 Die Entscheidung ergeht durch Beschluss, der von der Staatsanwaltschaft, dem Beschuldigten und dem Verletzten mit sofortiger Beschwerde angefochten werden kann. 3 Die Zulassung ist zu versagen, wenn der Verletzte nicht glaubhaft macht, dass der Anspruch aus der Straftat erwachsen ist. 4 § 294 der Zivilprozessordnung ist anzuwenden.

III 1 Das Veräußerungsverbot nach § 111c Abs. 5 gilt vom Zeitpunkt der Beschlagnahme an auch zugunsten von Verletzten, die während der Dauer der Beschlagnahme in den beschlagnahmten Gegenstand die Zwangsvollstreckung betreiben oder den Arrest vollziehen. 2 Die Eintragung des Veräußerungsverbotes im Grundbuch zugunsten des Staates gilt für die Anwendung des § 892 Abs. 1 Satz 2 des Bürgerlichen Gesetzbuches auch als Eintragung zugunsten solcher Verletzter, die während der Dauer der Beschlagnahme als Begünstigte aus dem Veräußerungsverbot in das Grundbuch eingetragen werden. 3 Der Nachweis, dass der Anspruch aus der Straftat erwachsen ist, kann gegenüber dem Grundbuchamt durch Vorlage des Zulassungsbeschlusses geführt werden. 4 Die Sätze 2 und 3 gelten sinngemäß für das Veräußerungsverbot bei den in § 111c Abs. 4 genannten Schiffen, Schiffsbauwerken und Luftfahrzeugen. 5 Die Wirksamkeit des Veräußerungsverbotes zugunsten des Verletzten wird durch die Aufhebung der Beschlagnahme nicht berührt. 6 Die Sätze 1 und 5 gelten entsprechend für die Wirkung des Pfandrechts, das durch die Vollziehung eines Arrestes (§ 111d) in das bewegliche Vermögen entstanden ist.

IV Unterliegt der Gegenstand, der beschlagnahmt oder aufgrund des Arrestes gepfändet worden ist, aus anderen als den in § 73 Abs. 1 Satz 2 des Strafgesetzbuches bezeichneten Gründen nicht dem Verfall oder ist die Zulassung zu Unrecht erfolgt, so ist der Verletzte Dritten zum Ersatz des Schadens verpflichtet, der ihnen dadurch entsteht, dass das Veräußerungsverbot nach Absatz 3 zu seinen Gunsten gilt.

V [1]Die Absätze 1 bis 4 gelten entsprechend, wenn der Verfall eines Gegenstandes angeordnet, die Anordnung aber noch nicht rechtskräftig ist. [2]Sie gelten nicht, wenn der Gegenstand der Einziehung unterliegt.

1) Anwendungsbereich: Die Vorschrift beruht auf dem Grundgedanken des § 73 I S 2 StGB, dass dem Verletzten im Strafverfahren die Befriedigung der ihm aus der Tat erwachsenen Ansprüche weitgehend ermöglicht werden soll. Durch die vorläufigen Maßnahmen nach §§ 111 b ff soll die Durchsetzung dieser Ansprüche nicht gefährdet werden (Karlsruhe MDR **84**, 336). Daher werden das – nicht insolvenzfeste (12 a zu § 111 c; vgl weiter v. Gleichenstein ZIP **08**, 1157, 1160; Greier ZInsO **07**, 957 Fn 28, 958; Hees ZIP **04**, 299, 301; Schmidt 539) – Veräußerungsverbot nach § 111 c V und das durch Vollziehung des Arrests nach § 111 d in das bewegliche Vermögen erlangte Pfändungspfandrecht nicht nur eingeschränkt (I), sondern unter bestimmten Voraussetzungen sogar zugunsten des Verletzten aufgegeben (III). Jedoch besteht der Vorrang des Verletzten nicht, wenn es sich um die Beschlagnahme oder Pfändung von Einziehungsgegenständen handelt (V S 2). Andererseits setzt er sich auch gegenüber dem Veräußerungsverbot des § 73 e II StGB durch (V S 1). Dieses Verbot entfaltet Wirksamkeit in der Zeit zwischen der gerichtlichen Anordnung des Verfalls eines Gegenstandes und deren Rechtskraft; mit ihr geht der Gegenstand in das Eigentum des Staates über (§ 73 e I S 1 StGB). BGH NJW **07**, 3352, 3354 (ber S CXII) erwägt eine analoge Anwendung des V, wenn das Gericht die Auszahlung eines nach § 111 c III beschlagnahmten Guthabens anordnet (vgl aber auch Oldenburg NStZ-RR **08**, 116: keine analoge Anwendung von II auf vom Beschuldigten freiwillig bereitgestellte, nicht durch Hoheitsakt in die Verfügungsgewalt des Staates gelangte Vermögenswerte). Die Rechte des Verletzten nach Vollzug des Arrests gemäß § 111 d in unbewegliches Vermögen sowie eingetragene Schiffe, Schiffsbauwerke oder Luftfahrzeuge regelt § 111 h. 1

2) Zugriff des Verletzten auf den beschlagnahmten oder gepfändeten Gegenstand (I, II): Den Verfügungen des Verletzten im Wege der Zwangsvollstreckung oder Arrestvollziehung wegen eines aus der Straftat (iSd § 264, vgl Hamm wistra **02**, 398; zu vor dem 1. 1. 2007 verjährte Taten s Stuttgart Justiz **10**, 178) erwachsenen Anspruchs stehen die Beschlagnahme nach § 111 c und die Vollziehung des dinglichen Arrests in bewegliches Vermögen nach § 111 d iVm § 930 ZPO nicht entgegen (Malitz NStZ **02**, 340). Verletzter ist, wessen Anspruch unmittelbar auf Grund der Tat, nicht erst durch nachträgliche Absprachen, entstanden ist (Sch/Sch-Eser 25 zu § 73 StGB). Dazu gehört auch der Versicherer des Geschädigten (Hamm wistra **08**, 38; Schleswig NStZ **94**, 99; **aM** Karlsruhe MDR **84**, 336; wie hier BT-Drucks 16/700 S 16 zu § 111 i II S 4 Nr 2), nicht aber der Verwalter in dem Insolvenzverfahren über das Vermögen des Geschädigten (Frankfurt NStZ-RR **06**, 342 mit zust Anm Hansen/Greier NStZ **07**, 587; NStZ **07**, 168, 169; Greier ZInsO **07**, 960; HK-Gercke 3; SK-Rogall 11; **aM** Celle NJW **07**, 3795 mit zust Anm Schork wistra **08**, 198; LG Hildesheim NJW **09**, 3799, 3801), auch nicht der nach § 426 BGB ausgleichsberechtigte Tatbeteiligte (4 aE zu § 111 d). Der Zugriff des Verletzten auf den beschlagnahmten oder gepfändeten Gegenstand setzt voraus, dass er gegen den Täter – bzw einen von diesem verschiedenen Arrestschuldner (Hamm aaO) – einen mindestens vorläufig vollstreckbaren Titel (Urteil, einstweilige Verfügung, dinglicher Arrest) erwirkt hat (Düsseldorf MDR **92**, 986; Hamm NStZ **99**, 583: auch Kostenfestsetzungsbeschluss). 2

3 Die Vollstreckungsmaßnahmen des Verletzten bedürfen ferner der **Zulassung durch das Gericht,** das für die Anordnung der Beschlagnahme oder des Arrests zuständig wäre (II S 1; dazu Köln NJW **03**, 2546, 2547; Dittke wistra **91**, 209). Das Gericht prüft auf Antrag des Verletzten, ob der titulierte Anspruch aus derjenigen Tat erwachsen ist, die Anlass für die Anordnung gewesen ist (Celle NJW **07**, 3795; zur Beschlagnahme von Bankguthaben insoweit Hamm NStZ **99**, 583), ob also der Antragsteller zu dem privilegierten Personenkreis gehört (BVerfG 2 BvR 2231/07 vom 17. 11. 2007). Das muss der Verletzte nach II S 3 darlegen und glaubhaft machen (Schleswig SchlHA **07**, 282 [D/D]; vgl 5 ff zu § 26; 6 zu § 45), es sei denn, dass sich bereits aus dem zivilgerichtlichen Titel der aus der Straftat erwachsene Anspruch ergibt (Frankfurt NStZ-RR **96**, 301). § 294 ZPO ist anwendbar (II S 4); der Verletzte kann sich daher aller Beweismittel bedienen, und er kann auch mit einer eigenen eidesstattlichen Versicherung zugelassen werden. Eine Beweisaufnahme, die nicht sofort erfolgen kann, ist nach § 294 II ZPO ausgeschlossen (KK-Nack 4; LR-Schäfer 9).

4 Das Gericht entscheidet durch **Beschluss** ohne mündliche Verhandlung nach Anhörung des StA, des Beschuldigten und des Verletzten. Der Beschluss wird den nach II S 2 Beschwerdeberechtigten zugestellt; er kann, soweit er nicht vom OLG oder vom ER des BGH erlassen ist (§ 304 IV S 2, V), mit der sofortigen Beschwerde angefochten werden, die Versagung der Zulassung mangels Beschwer aber nicht von StA (Schleswig SchlHA **08**, 231 [D/D]; **aM** KMR-Mayer 16) oder Beschuldigtem. Anhörungs- und beschwerdeberechtigt ist uU auch der Drittbegünstigte (Celle NJW **07**, 3795; Jena wistra **05**, 77 mit zust Anm Scharf/Kropp).

5 Der Beschluss lässt die **Zwangsvollstreckung** (Arrestvollziehung) in den beschlagnahmten oder gepfändeten Gegenstand zu. Der Verletzte kann auch schon vor der Zulassung wirksame Vollstreckungs- oder Vollziehungsmaßnahmen in das Vermögen des Schuldners unternehmen (Frankfurt ZIP **09**, 1582; Rönnau 441); ein Antrag auf Zulassung ist zur Wahrung der Vollziehungsfrist (§ 929 II ZPO) nicht erforderlich (BGH NJW **00**, 2027). Das Verhältnis konkurrierender Zwangsvollstreckungsmaßnahmen verletzter Gläubiger richtet sich allein nach dem in § 804 III ZPO verankerten vollstreckungsrechtlichen Prioritätsprinzip (BGH NJW **00**, 2027, 2028; **aM** Frohn Rpfleger **01**, 12); streitig ist, ob sich die Rangfolge nach den Zeitpunkten richtet, zu denen die Pfändungspfandrechte entstanden sind (so Schleswig SchlHA **08**, 231, 232 [D/D]; Stuttgart Justiz **01**, 34; Hansen/Wolff-Rojczyk GRUR **07**, 474; Malitz NStZ **02**, 340) oder danach, wer zuerst sowohl die Zulassung erwirkt als auch vollstreckt bzw vollzogen hat (so Hees/Albeck ZIP **00**, 878; zur Hinterlegung vgl Schmidt 1186, 1187). Ist der Gegenstand auch nach § 94 beschlagnahmt, so wird die Zwangsvollstreckung nur mit der Maßgabe zugelassen, dass die Sache bis zur Aufhebung dieser Beschlagnahme im behördlichen Gewahrsam bleibt. Eine förmliche Aufhebung der Beschlagnahme nach § 111 c oder der aufgrund des Arrests nach § 111 d ausgebrachten Pfändung ist nicht erforderlich.

6 **3) Veräußerungsverbot zugunsten des Verletzten** (III): Das Veräußerungsverbot zugunsten des Staates nach § 111 c V wird durch III S 1 zugunsten des Verletzten erweitert, der während der Dauer der Beschlagnahme in den beschlagnahmten Gegenstand die Zwangsvollstreckung betreibt oder den Arrest vollzieht. Die für den Staat entstandene Schutzposition wird ihm gleichsam abgetreten (BGH NJW **00**, 2027). Das relative (BGH NJW **07**, 3350) Veräußerungsverbot wirkt zugunsten des nach II zugelassenen Verletzten auf den Zeitpunkt zurück, in dem es zugunsten des Staates entstanden ist (11 zu § 111 c). Verfügungen über den beschlagnahmten Gegenstand sind auch zugunsten des Verletzten unwirksam (Hamm wistra **02**, 398, 399).

7 Die **Aufhebung der Beschlagnahme** vor der Verwertung des Gegenstandes im Wege der Zwangsvollstreckung durch den Verletzten berührt die Rechtsstellung, die er zwischenzeitlich erworben hat, nicht (III S 5), auch wenn die Be-

schlagnahme nicht rechtmäßig gewesen ist. Den notwendigen Ausgleich gegenüber den Interessen Dritter schafft die Entschädigungspflicht nach IV (unten 10). Der Grund der Aufhebung ist unerheblich (LR-Schäfer 16; vgl Hees ZIP **04**, 301 zu § 80 II S 1 InsO).

Bei **Grundstücken** wirkt das Verfügungsverbot nach § 111c II S 1, V zugunsten des Verletzten unter den Voraussetzungen des III S 1 auf den Zeitpunkt der Eintragung des Vermerks über die Beschlagnahme zurück. Andererseits schützt § 892 I S 2 BGB den gutgläubigen Erwerber für den Fall, dass Verfügungsbeschränkungen aus dem Grundbuch nicht ersichtlich sind. Daher bestimmt III S 2, dass die Eintragung des Veräußerungsverbots für die Anwendung des § 892 I S 2 BGB auch als Eintragung zugunsten solcher Verletzter gilt, die während der Dauer der Beschlagnahme als Begünstigte aus dem Veräußerungsverbot in das Grundbuch eingetragen werden. Diese Regelung gilt nach III S 4 für das Veräußerungsverbot bei Schiffen, Schiffsbauwerken und Luftfahrzeugen entspr. 8

Die **Pfändung** beweglichen Vermögens aufgrund des Arrests nach § 111d bewirkt neben dem im Wortlaut erwähnten Pfandrecht die Beschlagnahme (Verstrickung) des betroffenen Gegenstands. Letztere begründet ein Veräußerungsverbot nach §§ 135, 136 BGB zugunsten des Staates (Frankfurt ZIP **09**, 1582). Dieses wirkt nach III S 6 von seinem Entstehungszeitpunkt an auch zugunsten des Verletzten, der während der Dauer der Maßnahme in den gepfändeten Gegenstand (zB ein Konto) vollstreckt (vgl Bamberg [Z] 8 W 84/09 vom 8. 10. 2009; Schleswig SchlHA **08**, 231, 232 [D/D]; erg oben 6; insolvenzrechtliche Fragestellungen erörtert v. Gleichenstein ZIP **08**, 1158, 1160). Die nachträgliche Aufhebung der (nicht nichtigen) Pfändung ändert daran nichts (oben 7). 9

4) Entschädigungspflicht des Verletzten (IV): Unter den in der Vorschrift bezeichneten Voraussetzungen muss der Verletzte den Nachteil ausgleichen, der einem Dritten entstanden ist. Die Regelung entspricht der des § 945 ZPO. Kommt es nicht zu einem außergerichtlichen Ausgleich, so muss der Dritte seine Ansprüche auf dem Zivilrechtsweg verfolgen. 10

Rangänderung zugunsten des Verletzten

111h **I [1]Betreibt der Verletzte wegen eines aus der Straftat erwachsenen Anspruches die Zwangsvollstreckung oder vollzieht er einen Arrest in ein Grundstück, in welches ein Arrest nach § 111d vollzogen ist, so kann er verlangen, dass die durch den Vollzug dieses Arrestes begründete Sicherungshypothek hinter seinem Recht im Rang zurücktritt. [2]Der dem vortretenden Recht eingeräumte Rang geht nicht dadurch verloren, dass der Arrest aufgehoben wird. [3]Die Zustimmung des Eigentümers zur Rangänderung ist nicht erforderlich. [4]Im Übrigen ist § 880 des Bürgerlichen Gesetzbuches sinngemäß anzuwenden.**

II [1]Die Rangänderung bedarf der Zulassung durch den Richter, der für den Arrest (§ 111d) zuständig ist. [2]§ 111g Abs. 2 Satz 2 bis 4 und Abs. 3 Satz 3 ist entsprechend anzuwenden.

III Ist die Zulassung zu Unrecht erfolgt, so ist der Verletzte Dritten zum Ersatz des Schadens verpflichtet, der ihnen durch die Rangänderung entsteht.

IV Die Absätze 1 bis 3 gelten entsprechend, wenn der Arrest nach § 111d in ein Schiff, Schiffsbauwerk oder Luftfahrzeug im Sinne des § 111c Abs. 4 Satz 2 vollzogen ist.

1) Rangänderung (I): In Grundstücke (oder grundstücksgleiche Rechte, vgl Bach JR **04**, 232) wird der dingliche Arrest nach § 111d durch Eintragung einer Sicherungshypothek für die Forderung vollzogen (13 zu § 111d). Betreibt der Verletzte – oder der Versicherer, auf den die Forderung nach § 86 VVG übergegangen ist (LG Ulm NStZ-RR **99**, 369) – später wegen eines aus der Straftat erwachsenen 1

Anspruchs die Zwangsvollstreckung oder vollzieht er einen Arrest in das Grundstück, so ermöglicht ihm § 111 h, der den nur für Beschlagnahmen und die Arrestvollziehung in bewegliches Vermögen geltenden § 111 g ergänzt, den Zugriff ohne Rücksicht auf diese Sicherungshypothek. Er kann eine Rangänderung nach § 880 BGB (im Umfang seines Rechts an etwaigen Zwischenrechten vorbei) verlangen, die aber, anders als nach dieser Vorschrift, der Zustimmung des Eigentümers nicht bedarf und bestehen bleibt, wenn der Arrest nach § 111 d später aufgehoben wird. Der Antrag kann nur bis zur Rechtskraft des Urteils bzw bis zum Ablauf der Verlängerungsfrist nach § 111 i gestellt werden; die Entscheidung kann dann aber auch noch nach Fristablauf erfolgen (Köln NJW **03**, 2546, 2549).

2 2) Die **Zulassung durch den Richter** (II), der für den Arrest zuständig wäre (9 zu § 111 d), ist für die Rangänderung erforderlich. II S 2 bestimmt die entspr Anwendung von Vorschriften für die Zulassung der Zwangsvollstreckung oder Arrestvollziehung in § 111 g; zur zwischenzeitlichen Insolvenz des Betroffenen vgl v. Gleichenstein ZIP **08**, 1160; Hees ZIP **04**, 300, 302.

3 3) **Schadensersatzpflicht** (III): Die Vorschrift entspricht § 111 g IV (dort 10).

4 4) In **eingetragene Schiffe,** Schiffsbauwerke oder Luftfahrzeuge (IV) wird der Arrest gemäß § 111 d zwar nach den Vorschriften über die Pfändung beweglicher Sachen vollzogen (12 a zu § 111 d). Die Änderung des Ranges des hierdurch erlangten Arrestpfandrechts bestimmt sich aber nicht nach § 111 g, sondern nach den entspr anwendbaren I–III. § 26 Ges über Rechte an Luftfahrzeugen und § 26 Ges über Rechte an eingetragenen Schiffen und Schiffsbauwerken sehen eine Rangänderung wie in § 880 BGB vor.

Verlängerung von Beschlagnahme oder Arrest; Auffangrechtserwerb

111i **I Das Gericht kann anordnen, dass die Beschlagnahme nach § 111 c oder der Arrest nach § 111 d für die Dauer von höchstens drei Monaten aufrechterhalten wird, soweit das Verfahren nach den §§ 430 und 442 Abs. 1 auf die anderen Rechtsfolgen beschränkt worden ist und die sofortige Aufhebung gegenüber dem Verletzten unbillig wäre.**

II 1 Hat das Gericht lediglich deshalb nicht auf Verfall erkannt, weil Ansprüche eines Verletzten im Sinne des § 73 Abs. 1 Satz 2 des Strafgesetzbuchs entgegenstehen, kann es dies im Urteil feststellen. 2 In diesem Fall hat es das Erlangte zu bezeichnen. 3 Liegen insoweit die Voraussetzungen des § 73 a des Strafgesetzbuchs vor, stellt es im Urteil den Geldbetrag fest, der dem Wert des Erlangten entspricht. 4 Soweit

1. der Verletzte bereits im Wege der Zwangsvollstreckung oder der Arrestvollziehung verfügt hat,
2. der Verletzte nachweislich aus Vermögen befriedigt wurde, das nicht beschlagnahmt oder im Wege der Arrestvollziehung gepfändet worden ist, oder
3. dem Verletzten die erlangte Sache nach § 111 k herausgegeben worden ist,

ist dies im Rahmen der nach den Sätzen 2 und 3 zu treffenden Feststellungen in Abzug zu bringen.

III 1 Soweit das Gericht nach Absatz 2 verfährt, hält es die Beschlagnahme (§ 111 c) des im Sinne des Absatzes 2 Satz 2 und 4 Erlangten sowie den dinglichen Arrest (§ 111 d) bis zur Höhe des nach Absatz 2 Satz 3 und 4 festgestellten Betrages durch Beschluss für drei Jahre aufrecht. 2 Die Frist beginnt mit Rechtskraft des Urteils. 3 Sichergestellte Vermögenswerte soll es bezeichnen. 4 § 917 der Zivilprozessordnung ist nicht anzuwenden. 5 Soweit der Verletzte innerhalb der Frist nachweislich aus Vermögen befriedigt wird, das nicht beschlagnahmt oder im Wege der Arrestvollziehung gepfändet worden

ist, hebt das Gericht die Beschlagnahme (§ 111 c) oder den dinglichen Arrest (§ 111 d) auf Antrag des Betroffenen auf.

IV [1]Die Anordnung nach Absatz 3 sowie der Eintritt der Rechtskraft sind dem durch die Tat Verletzten unverzüglich durch das Gericht mitzuteilen. [2]Die Mitteilung ist zu verbinden mit dem Hinweis auf die in Absatz 5 genannten Folgen und auf die Möglichkeit, Ansprüche im Wege der Zwangsvollstreckung oder Arrestvollziehung durchzusetzen. [3]§ 111 e Abs. 4 Satz 1 bis 3 gilt entsprechend.

V [1]Mit Ablauf der in Absatz 3 genannten Frist erwirbt der Staat die nach Absatz 2 bezeichneten Vermögenswerte entsprechend § 73 e Abs. 1 des Strafgesetzbuchs sowie einen Zahlungsanspruch in Höhe des nach Absatz 2 festgestellten Betrages, soweit nicht

1. **der Verletzte zwischenzeitlich wegen seiner Ansprüche im Wege der Zwangsvollstreckung oder der Arrestvollziehung verfügt hat,**
2. **der Verletzte nachweislich aus Vermögen befriedigt worden ist, das nicht beschlagnahmt oder im Wege der Arrestvollziehung gepfändet worden war,**
3. **zwischenzeitlich Sachen nach § 111 k an den Verletzten herausgegeben oder hinterlegt worden sind oder**
4. **Sachen nach § 111 k an den Verletzten herauszugeben gewesen wären und dieser die Herausgabe vor Ablauf der in Absatz 3 genannten Frist beantragt hat.**

[2]Zugleich kann der Staat das durch die Vollziehung des dinglichen Arrestes begründete Pfandrecht nach den Vorschriften des Achten Buches der Zivilprozessordnung verwerten. [3]Der Erlös sowie hinterlegtes Geld fallen dem Staat zu. [4]Mit der Verwertung erlischt der nach Satz 1 entstandene Zahlungsanspruch auch insoweit, als der Verwertungserlös hinter der Höhe des Anspruchs zurückbleibt.

VI [1]Das Gericht des ersten Rechtszugs stellt den Eintritt und den Umfang des staatlichen Rechtserwerbs nach Absatz 5 Satz 1 durch Beschluss fest. [2]§ 111 l Abs. 4 gilt entsprechend. [3]Der Beschluss kann mit der sofortigen Beschwerde angefochten werden. [4]Nach Rechtskraft des Beschlusses veranlasst das Gericht die Löschung der im elektronischen Bundesanzeiger nach Absatz 4 vorgenommenen Veröffentlichungen.

VII [1]Soweit der Verurteilte oder der von der Beschlagnahme oder dem dinglichen Arrest Betroffene die hierdurch gesicherten Ansprüche des Verletzten nach Ablauf der in Absatz 3 genannten Frist befriedigt, kann er bis zur Höhe des dem Staat zugeflossenen Verwertungserlöses Ausgleich verlangen. [2]Der Ausgleich ist ausgeschlossen,

1. **soweit der Zahlungsanspruch des Staates nach Absatz 5 Satz 1 unter Anrechnung des vom Staat vereinnahmten Erlöses entgegensteht oder**
2. **wenn seit dem Ablauf der in Absatz 3 genannten Frist drei Jahre verstrichen sind.**

VIII In den Fällen des § 76 a Abs. 1 oder 3 des Strafgesetzbuchs sind die Absätze 2 bis 7 auf das Verfahren nach den §§ 440 und 441 in Verbindung mit § 442 Abs. 1 entsprechend anzuwenden.

1) Zweck der Vorschrift: Die Anordnung der Beschlagnahme oder des dinglichen Arrests ist grundsätzlich aufzuheben, wenn die Voraussetzungen des § 111 b I oder II entfallen. Maßnahmen zur Vollstreckung der Beschlagnahmeanordnung sind rückgängig zu machen; der gesicherte Gegenstand muss grundsätzlich an den letzten Gewahrsamsinhaber zurückgegeben werden (22 zu § 94). An den Verletzten darf er nur unter den Voraussetzungen des § 111 k herausgegeben werden. Wenn die Empfangszuständigkeit des Verletzten bestritten ist, hat dieser die Möglichkeit, einen entspr zivilrechtlichen Titel zu erwirken. Mit der Aufhebung des 1 dinglichen Arrests entfallen alle Vollziehungsmaßnahmen (KK-Nack 14 zu § 111 d; Schmidt 766, 1040); ein Zugriff des Verletzten (§ 111 g) käme zu spät. § 111 i will es dem Verletzten, dem aus der Tat ein Anspruch iS des § 73 I S 2 StGB erwachsen ist, ermöglichen, sich auch noch nach Verfahrensbeschränkung oder Urteilserlass einen Titel zu beschaffen oder aus diesem zu vollstrecken (sehr krit aus praktischer Sicht Bohne/Boxleitner NStZ **07**, 552; Mosbacher/Claus wistra **08**, 1; Pananis NStZ **08**, 579; vgl auch Keller Kriminalistik **08**, 325, 327). Die Vorschrift erfasst nach wie vor den in der aF ausdrücklich genannten Fall, dass ein beschlagnahmter Gegenstand auch dann für die Vollstreckung durch den Verletzten zur Verfügung stehen soll, wenn nicht auf (den durch Arrest zu sichernden) Verfall des Wertersatzes erkannt worden ist. Zur Insolvenz des Verurteilten oder des sonst von den Sicherungsmaßnahmen Betroffenen vgl unten 16, 6 zu § 111 b, 12 a zu § 111 c, 15 a zu § 111 d; Greier ZInsO **07**, 959.

2 2) **Fälle der Verfahrensbeschränkung** (I):

3 A. **Voraussetzung** für die Aufrechterhaltung der Beschlagnahme oder des Arrests ist, dass der Verfall (in all seinen Erscheinungsformen) nicht ausgesprochen werden kann, weil das Verfahren nach den §§ 430, 442 auf die anderen Rechtsfolgen beschränkt worden ist. Ferner muss die sofortige Aufhebung der Sicherungsmaßnahme dem Verletzten gegenüber unbillig sein. Das ist sie, wenn der Verletzte in der Vergangenheit das ihm Mögliche und Zumutbare getan hat, um sich wenigstens einen vorläufig vollstreckbaren Titel zu verschaffen (Frankfurt NStZ-RR **03**, 49; Schleswig SchlHA **03**, 187 [D/D]). Bei unbekannten Verletzten liegt idR Unbilligkeit vor, es sei denn, es ist mit einer Vollstreckung innerhalb der Höchstfrist nicht zu rechnen (vgl BGH NStZ **84**, 409; BGHR StGB § 73 Anspruch 2; KMR-Mayer 4; SK-Rogall 7 mwN).

4 B. **Höchstens 3 Monate** darf die Verlängerung dauern (KG StV **04**, 529). Bei Bemessung der Dauer sind das Entschädigungsinteresse des Verletzten und vor allem die bisherigen Möglichkeiten, selbst zur Sicherung seiner Ansprüche zu gelangen, gegen die wirtschaftlichen Interessen des Beschuldigten abzuwägen. Eine Verlängerung der ursprünglich kürzer bemessenen Frist auf 3 Monate ist zulässig. Die Frist beginnt mit der Anordnung nach I (Stuttgart Justiz **02**, 65; LR-Schäfer 4), nicht schon mit einem vor Urteilserlass ergangenen Beschränkungsbeschluss (SK-Rogall 12; **aM** KK-Nack 10). Nach fruchtlosem Ablauf der Frist sind aufrechterhaltene Sicherungsmaßnahmen aufzuheben (Hamm wistra **08**, 38; LG Berlin wistra **04**, 280: auch wenn über zwischenzeitlich gestellte Anträge nach § 111 g II auf Zulassung der rechtzeitig vollzogenen Arrestpfändung noch nicht entschieden ist); eine nach § 111 c beschlagnahmte Sache ist nach § 983 BGB zu behandeln (BGH NStZ **84**, 409, 410; BGHR StGB § 73 Tatbeute 1; vgl RiStBV 75 IV). Über die Verteilung eines auf Grund der Pfändung vom Drittschuldner hinterlegten Betrages entscheiden die Zivilgerichte (LG Berlin aaO).

5 C. **Verfahren:** Die Aufrechterhaltung der Maßnahme wird idR, aber nicht notwendig, auf Antrag des Verletzten (KK-Nack 7) und nach Anhörung von StA und Angeklagtem (§ 33 I) durch besonderen, nach § 35 I S 1 oder II S 2 bekannt zu machenden Beschluss angeordnet. Zuständig ist der Richter, der in diesem Zeitpunkt für die Anordnung der Beschlagnahme nach § 111 c oder des Arrests nach § 111 d zuständig wäre (Schmidt 1211; 2 zu § 111 e).

6 3) Dem **Verfall stehen Ansprüche Verletzter entgegen** (II–VII):

7 A. **Voraussetzung** für die Rückgewinnungshilfe und den Auffangrechtserwerb des Staates nach Urteilserlass ist, dass ein wirtschaftlich messbarer Vorteil (etwas) nachweislich aus der Tat erlangt worden ist (vgl BGH 3 StR 17/10 vom 9. 2. 2010 zu mehreren Beteiligten) und die Anordnung des Verfalls, des Verfalls von Wertersatz oder des erweiterten Verfalls allein an entgegenstehenden Ansprüchen eines Verletzten (2 zu § 111 g) gemäß §§ 73 I S 2, 73 d I S 3 StGB scheitert.

B. Nach **pflichtgemäßem Ermessen** entscheidet das Gericht, ob es die für das weitere Verfahren erforderlichen Feststellungen nach II trifft (BGH 4 StR 443/09 vom 10. 11. 2009; 4 StR 599/09 vom 23. 2. 2010). Hiervon wird es nur in Ausnahmefällen absehen (BGH 2 StR 195/09 vom 17. 6. 2009; KMR-Mayer 10; SK-Rogall 20; Hansen/Wolff-Rojczyk GRUR **07**, 475: idR Ermessensreduktion auf Null; **aM** Mosbacher/Claus wistra **08**, 2), etwa wenn es die Verpflichtung zur Schadenswiedergutmachung zum Gegenstand einer Bewährungsauflage (§ 56 b II S 1 Nr 1 StGB) macht (BT-Drucks 16/700 S 16). Nicht zulässig ist es, die Feststellungen auf einen Teil der erlangten Gegenstände zu beschränken oder Abschläge der Höhe nach vorzunehmen; zulässig (und ggf geboten) ist aber die Prüfung der Härtevorschrift des § 73 c StGB (BGH wistra **09**, 241; **aM** KMR-Mayer 10). Sieht das Gericht von Feststellungen nach II ab, hat es zu prüfen, ob unter Anwendung der §§ 430, 442 nach I zu verfahren ist. 8

C. In der **Urteilsformel** (BGH 3 StR 402/08 vom 16. 12. 2008; 2 StR 524/09 vom 17. 2. 2010; auch im Strafbefehl, 11 zu § 409) stellt das Gericht fest, dass Ansprüche Verletzter einer Verfallsanordnung (einschließlich Verfall von Wertersatz oder erweitertem Verfall) entgegenstehen; einer näheren Spezifizierung der Ersatzansprüche bedarf es nicht (vgl BGH NStZ **06**, 621, 622). Die einzelnen an sich dem Verfall unterliegenden Gegenstände hat es hierbei zu bezeichnen (II S 2); an deren Stelle tritt in den Fällen der §§ 73 a, 73 d II StGB der Betrag, der dem Wertersatzverfall entspricht (II S 3; vgl zu dieser Differenzierung bei Sicherstellung eines Teils der Beute BGH wistra **09**, 241 sowie zur Fassung des Tenors BGH 4 StR 340/09 vom 20. 10. 2009). Abzusetzen sind die Vermögenswerte, die der Verletzte im Wege der Zwangsvollstreckung oder Arrestvollziehung, (nachweislich; vgl dazu SK-Rogall 25) durch Erfüllungshandlungen oder durch Herausgabe nach § 111 k (vgl BGH 4 StR 599/09 vom 23. 2. 2010) erlangt oder gesichert hat (II S 4). Keine Befriedigung iS des II S 4 Nr 2 erlangt der Verletzte durch Leistungen seiner Versicherung (vgl BGH 4 StR 443/09 vom 10. 11. 2009); in diesem Fall kann der Versicherer auf die sichergestellten Vermögenswerte zugreifen (§ 86 VVG). Anders liegt es bei Leistungen Dritter, die nicht zu einem gesetzlichen Forderungsübergang, sondern zu einem Erlöschen der Opferansprüche führen. Die Feststellung nach II führt noch nicht den Rechtserwerb des Staates herbei, sondern stellt eine materiell-rechtliche Grundentscheidung für eine aufschiebend bedingte Verfallsanordnung zu Gunsten des Staates dar (BGH NJW **08**, 1093 mit zust Anm Pananis NStZ **08**, 579; StV **08**, 226); zur (Not-)Veräußerung vgl § 111 l I S 2 (dort 3). 9

D. Durch **Beschluss** muss das Gericht, wenn es im Urteil Feststellungen nach II trifft, die Sicherungsmaßnahmen für die Dauer von drei Jahren aufrechterhalten (III S 1); die Frist läuft ab Rechtskraft des Urteils (III S 2). Ein Arrestgrund muss hierfür nicht mehr festgestellt werden (III S 4); ggf ist die Frage, ob bessere Rechte Dritter der Annahme von Eigentum des Angeklagten entgegenstehen, im Freibeweisverfahren nach dem Amtsermittlungsgrundsatz zu klären (Düsseldorf wistra **09**, 207). Der Beschluss wird regelmäßig zusammen mit dem Urteil verkündet und schützt den Verletzten vor nachfolgenden Verfügungen des Angeklagten über die sichergestellten Vermögenswerte. Im Einzelnen hält das Gericht die Beschlagnahme der Gegenstände nach § 111 c aufrecht, soweit es diese in die Urteilsformel nach II S 2 und 4 aufgenommen hat. Den dinglichen Arrest (§ 111 d) hält es nur zur Sicherung des Anspruchs des Verletzten aufrecht; die Höhe der Arrestforderung entspricht dem nach II S 3 und 4 festgestellten Geldbetrag. Danach ist ggf auch die Lösungssumme neu zu bestimmen. Bleibt der Wert der aufgrund des Arrests gesicherten Vermögenswerte hinter dem Betrag der Arrestforderung zurück, können bis zur Rechtskraft des Urteils weitere Pfändungen ausgebracht werden (BT-Drucks 16/700 S 16). Bis dahin kann die noch fehlende Beschlagnahme nach II S 2 bezeichneter Gegenstände nachgeholt werden. 10

Durch Beschlagnahme oder aufgrund Arrests **sichergestellte Vermögenswerte** soll das Gericht in dem Beschluss bezeichnen (III S 3). Dies dient der In- 11 formation der Verletzten über ihre Vollstreckungsmöglichkeiten (IV). Dem Betroffenen wird vor Augen geführt, hinsichtlich welcher Vermögensbestandteile ihm ein Rechtsverlust droht; soweit es sich nicht um die Übernahme von Urteilsfeststellungen handelt (II S 2), kann er Fehlern und Irrtümern im Beschwerdeweg entgegentreten (erg unten 22). Ferner mag die Aufzählung dem nach VI zuständigen Gericht als Arbeitsgrundlage dienen (vgl BT-Drucks 16/700 S 16, 18).

12 **Aufzuheben** hat das Gericht die aufrechterhaltenen Sicherungsmaßnahmen auf Antrag des Betroffenen, wenn und soweit der Verletzte innerhalb der Dreijahresfrist (genauer: ab Urteilsverkündung bis zum Fristablauf; zust SK-Rogall 34) nachweislich aus „freiem" Vermögen Befriedigung erlangt (III S 5). Das gilt für Leistungen des Verurteilten, aber auch Dritter, soweit kein gesetzlicher Forderungsübergang eintritt (oben 9).

13 E. Qualifizierte **Mitteilungspflichten des Gerichts** (IV): Die Verletzten sind unverzüglich über die Aufrechterhaltung der Sicherungsmaßnahmen nach III zu informieren (S 1). Hierbei sind sie auf den Auffangrechtserwerb des Staates nach V sowie die Gelegenheit hinzuweisen, zuvor auf die gesicherten Vermögenswerte zur (Sicherung und) Durchsetzung ihrer Ansprüche im Wege der Zwangsvollstreckung oder Arrestvollziehung zuzugreifen (S 2). Auch der Eintritt der Rechtskraft des Urteils – und damit der Beginn der Dreijahresfrist – ist den Verletzten mitzuteilen. Aus der Information des Verletzten sollte sich die der Verurteilung bzw dem erweiterten Verfall zugrunde liegende Tat ergeben, da hiervon die Privilegierung seiner Ansprüche abhängt (vgl §§ 111 g, 111 h; KK-Nack 19). Nach S 3 kann sich das Gericht zur Erfüllung seiner Mitteilungspflichten des elektronischen BAnz bedienen (14–17 zu § 111 e); zur Löschung vgl VI S 4.

14 F. Der **Auffangrechtserwerb des Staates** tritt mit Ablauf der in III bestimmten Dreijahresfrist kraft Gesetzes ein, soweit kein Ausschlusstatbestand entgegensteht (V S 1). Der Staat wird Eigentümer der Sachen sowie Inhaber der Forderungen und Rechte, die von der (aufrechterhaltenen) Beschlagnahme nach § 111 c erfasst worden sind (oben 10). Unter „dem von der Anordnung Betroffenen" iS des entspr anwendbaren § 73 e I S 2 StGB ist regelmäßig der Verletzte zu verstehen, der Verurteilte hingegen nur, wenn er Eigentümer oder Rechtsinhaber geworden ist. Entspr § 73 e I S 2 StGB bleiben Rechte Dritter an dem Gegenstand bestehen, es sei denn, sie sind erst nach der Beschlagnahme begründet worden und geeignet, den Rechtsübergang auf den Staat zu vereiteln (§ 111 c V iVm § 136 BGB).

15 Einen **Zahlungsanspruch** erwirbt der Staat, soweit Ansprüche des Verletzten im Wege des (aufrechterhaltenen) dinglichen Arrests (§ 111 d) gesichert worden sind (oben 10). Der Anspruch entsteht – vorbehaltlich einer Saldierung (unten 16) – in Höhe des in der Urteilsformel festgestellten Betrags (oben 9). Mit Anspruchsentstehung, dh mit Ablauf der Dreijahresfrist (V S 2: „Zugleich"; vgl aber unten 17 zu VI), verwandelt sich – unter Beibehaltung seines Rangs – das Arrest- in ein Vollstreckungspfandrecht (KMR-Mayer 17); der Staat ist berechtigt, die Verwertung nach den Vorschriften der ZPO zu betreiben: §§ 814 ff für bewegliche Sachen; §§ 835 ff, 857 für Forderungen und andere Rechte; bei Immobilien Antrag auf Eintragung einer (Zwangs-)Sicherungshypothek nach § 866 zum Grundbuchamt, § 867 I (aus dieser kann nach § 867 III die Zwangsversteigerung, §§ 15 ff ZVG, betrieben werden); vergleichbar liegt es bei eingetragenen Schiffen, Schiffsbauwerken und Luftfahrzeugen (§ 870 a ZPO, § 99 I Ges über Rechte an Luftfahrzeugen). Der bei der Verwertung erzielte Erlös sowie hinterlegtes Geld (§ 930 II ZPO) gehen in das Eigentum des Staates über (V S 3) und tilgen den Zahlungsanspruch auch insoweit, als ihr Betrag hinter dessen Höhe zurückbleibt (V S 4; dazu aber unten 18 zu VII). Da die Verwertung nicht zugunsten des Verletzten erfolgt, erlöschen dessen Ansprüche gegen den Verurteilten nicht (vgl zum Schutz des Verurteilten vor doppelter Inanspruchnahme unten 18).

Ausgeschlossen ist der Rechtserwerb des Staates, soweit – nach Urteilsverkündung – der Verletzte auf das gesicherte Vermögen zugegriffen hat oder der Betroffene nachweist, dass der Geschädigte aus „freiem" Vermögen befriedigt worden ist, im Falle der Beschlagnahme einer beweglichen Sache auch, soweit diese nach § 111 k, also an den Verletzten, herausgegeben worden ist (V S 1 Nr 1–3; vgl oben 9, ferner v. Gleichenstein ZIP **08**, 1159, nach dem Nr 1 mit Insolvenzeröffnung erfüllt ist; zw). Dem steht es nach Nr 3 gleich, wenn die Sache bei Ablauf der Dreijahresfrist hinterlegt ist. Wenn die Voraussetzungen des § 111 k erfüllt sind, steht bereits ein vor Ablauf der Dreijahresfrist gestellter Herausgabeantrag des Geschädigten dem Eigentumserwerb des Staates entgegen (V S 1 Nr 4). Daran ändert der Umstand, dass die Entscheidung erst nach Fristablauf ergeht, nichts; wird der (berechtigte) Herausgabeantrag fälschlich abgelehnt, kann der Verletzte sich hiergegen beschweren (13 zu § 111 k) oder die rechtzeitige Wahrung seiner Rechte im Verfahren nach VI S 2 und 3 geltend machen. 16

G. **Eintritt und Umfang des staatlichen Auffangrechtserwerbs** stellt das Gericht des ersten Rechtszugs nach Ablauf der in III S 1 bestimmten Dreijahresfrist durch (deklaratorischen; BGH NJW **08**, 1093, 1094) Beschluss nach VI S 1 fest. Hierbei ist von den Feststellungen in der Urteilsformel (II S 2–4) auszugehen. Außerdem kann sich das Gericht auf die im Beschluss nach III S 3 bezeichneten Gegenstände beziehen. Soweit Ausschlusstatbestände erfüllt sind (oben 16), hat es die entsprechenden Gegenstände oder Geldbeträge abzusetzen. Der Zahlungsanspruch muss in der noch verbleibenden Höhe genau angegeben werden. Vor Erlass sind die Betroffenen (der Verurteilte, der Verletzte und weitere im Einzelfall durch den festzustellenden Rechtserwerb beschwerte Personen) zu hören (VI S 2; der Verweis bezieht sich auf § 111 l IV S 1). Diese sowie die StA können nach VI S 3 sofortige Beschwerde einlegen; deren Gegenstand ist Eintritt und Umfang des Rechtserwerbs nach V (vgl KK-Nack 24). Mit der Bestandskraft des Beschlusses erlangt der Staat einen rechtskräftigen Vollstreckungstitel. Obwohl dieser als Grundlage der nachfolgenden Verwertung dienen soll (BT-Drucks 16/700 S 18), kommt ihm wegen des gesetzlichen Verwertungsrechts in V S 2, 3 und der Erledigungswirkung nach V S 4 wohl vornehmlich dann praktische Bedeutung zu, wenn im Zeitpunkt des Ablaufs der Dreijahresfrist kein Arrestpfandrecht besteht (anders wohl KMR-Mayer 18: Staat kann von seinen Rechten erst nach Rechtskraft Gebrauch machen). Hat das Gericht die nach IV gebotenen Mitteilungen im elektronischen BAnz veröffentlicht (oben 13), hat es die Eintragungen nach Eintritt der Rechtskraft zu löschen (VI S 4). Zuvor besteht auch hier keine Pflicht zur Berichtigung bei nur teilweiser Aufhebung der aufrechterhaltenen Maßnahmen (vgl III S 5 und 17 zu § 111 e). 17

H. Einen **Ausgleichsanspruch** gegen den Staat sieht VII vor. Er entsteht (S 1), wenn der Verurteilte oder der von den Sicherungsmaßnahmen sonst Betroffene die gesicherten Ansprüche des Verletzten (II S 1) befriedigt, und zwar nach Ablauf der in III S 1 bestimmten Dreijahresfrist (vorher greifen die Ausschlusstatbestände des V S 1 ein, oben 16). Die Vorschrift bezweckt, eine doppelte Inanspruchnahme des Betroffenen zu vermeiden. Die Höhe des Anspruchs ist auf den dem Staat zugeflossenen Verwertungserlös beschränkt; dies bezieht sich nach dem Wortlaut auf den in V S 3 erwähnten Erlös einschließlich des hinterlegten Geldes. Nach der Gesetzesbegründung ist auf das dem Staat nach V tatsächlich zugefallene Vermögen abzustellen (BT-Drucks 16/700 S 18). Die Einbeziehung des Werts der entspr § 73 e StGB übergegangenen (zuvor beschlagnahmten) Vermögenswerte dürfte dem Zweck der Vorschrift eher entsprechen (**aM** HK-Gercke 17). Ein Ausgleich kommt nach S 2 Nr 1 insoweit nicht in Betracht, als der tatsächlich vom Staat vereinnahmte Erlös (V S 3) hinter dem Zahlungsanspruch zurückbleibt, also in Höhe der Differenz iS des V S 4. Außerdem ist der Ausgleichsanspruch nach Ablauf weiterer drei Jahre nach dem Ende der in III S 1 bestimmten Frist ausgeschlossen (S 2 Nr 2); danach ist auch für einen „analogen Ausgleichsanspruch" (Bohne/ 18

Boxleitner NStZ **07**, 555 Fn 45) kein Raum (BT-Drucks 16/700 S 18). Ein direkter Anspruch des Verletzten gegen den Staat ist nicht vorgesehen (vgl demgegenüber für Fälle der Vollstreckungshilfe § 56a IRG).

19 **4)** Auch in den Fällen des **objektiven Verfallsverfahrens** nach § 76a I oder III StGB – also vor allem bei Unerreichbarkeit des Beschuldigten, aber auch in Fällen der Opportunitätseinstellung (BT-Drucks 16/700 S 15; vgl auch BGH NStZ **03**, 422; Bach JR **08**, 231) – sind die Vorschriften über den Auffangrechtserwerb nach II bis VII entspr anwendbar (VIII). Ein Verstoß gegen die Unschuldsvermutung liegt hierin nicht (BT-Drucks aaO S 19). Die StA richtet ihren Antrag nach § 442 I iVm § 440 I unmittelbar auf die Entscheidungen nach II und III. Zwar können die Feststellungen nach II durch Urteil ergehen (§ 441 III); regelmäßig werden die erforderlichen Anordnungen aber einheitlich durch Beschluss getroffen (§ 441 II).

20 **5) Altfälle:** II–VIII sind auf im Zeitpunkt des Inkrafttretens des Ges vom 24. 10. 2006 (BGBl I 2350) am 1. 1. 2007 beendete Taten nicht anwendbar; dies gilt nach § 2 V iVm III StGB für den materiell-rechtlichen Regelungsgehalt der Abs 2 und 5, wegen des untrennbaren Zusammenhangs aber auch für die Verlängerung der Rückgewinnungshilfe nach III iVm II (BGH NJW **08**, 1093 mit zust Anm Pananis NStZ **08**, 579; NJW **08**, 2131; NStZ **09**, 275, 279; StV **08**, 226; NStZ-RR **09**, 56; 113 L; 3 StR 219/09 vom 2. 7. 2009; zu Letzterem **aM** Mosbacher/Claus wistra **08**, 4; vgl auch BT-Drucks 16/700 S 20; BGH NStZ **06**, 621; Greier ZInsO **07**, 959).

21 **6)** Die **Auslagen der Staatskasse,** die durch den Verlängerungsbeschluss entstehen, gehören nur bis zur Rechtskraft zu den Kosten des Verfahrens. Denn es handelt sich nicht um Kosten der Vollstreckung, die allein nach der Rechtskraft noch vom Kostenausspruch des Urteils erfasst werden (§ 464a I S 2).

22 **7) Rechtsmittel:** Die Feststellungen nach II kann der Betroffene mit dem Urteil anfechten (Berufung, Revision), ggf auch im Wege der Teilanfechtung (AnwK-Lohse 16; vgl auch zur Beschwer BGH 3 StR 17/10 vom 9. 2. 2010); die StA kann allein das Fehlen der Feststellungen angreifen (BGH 2 StR 195/09 vom 17. 6. 2009). Die Revision ist auch dann das statthafte Rechtsmittel, wenn das LG die Entscheidung nach II nicht – wie zutr (oben 9) – in der Urteilsformel, sondern im Anschluss an die Urteilsverkündung durch Beschluss getroffen hat; allein die falsche Bezeichnung führt freilich nicht zur Aufhebung (2 StR 524/09 vom 17. 2. 2010). Der Angeklagte ist auch dann beschwert, wenn statt der Feststellungen nach II der Verfall angeordnet wird (BGH 4 StR 443/09 vom 10. 11. 2009). Beschwerde nach § 304 gegen den Beschluss nach I oder III kann einlegen, wer zum Herausgabeverlangen berechtigt ist (Düsseldorf wistra **09**, 207). Gegen die Ablehnung der Aufrechterhaltung der Beschlagnahme haben die StA und der Verletzte das Beschwerderecht. In den Fällen des III ist aber die Bindung an die Vorgaben des Urteils zu beachten. In diesem Rahmen kann der Betroffene etwa in Irrtumsfällen eine Korrektur im Beschwerdeweg herbeiführen (so auch BT-Drucks 16/700 S 16) oder sonstige Rechtsverstöße rügen (Bamberg [Z] 8 W 84/09 vom 8. 10. 2009; SK-Rogall 32: Rechtsgedanke des § 305a I S 2; gegen eine Anfechtbarkeit des Beschlusses nach III aber KK-Nack 18). Gegen den Beschluss nach VI ist sofortige Beschwerde statthaft (oben 17). Nach Ansicht des OLG Düsseldorf (aaO 208) gelten nach Rechtskraft des Strafurteils für das Vorgehen „eines Drittbetroffenen gegen eine Anordnung gemäß § 111i II, III" auch §§ 459g I, 6 I Nr 1 JBeitrO, 769, 771 ZPO.

Herausgabe sichergestellter Sachen an den Verletzten — RiStBV 75

111k [1] **Wird eine bewegliche Sache, die nach § 94 beschlagnahmt oder sonst sichergestellt oder nach § 111c Abs. 1 beschlagnahmt worden ist, für Zwecke des Strafverfahrens nicht mehr benötigt, so soll sie dem Verletzten, dem sie durch die Straftat entzogen worden ist, herausgegeben**

werden, wenn er bekannt ist und Ansprüche Dritter nicht entgegenstehen. [2]§ 111f Abs. 5 ist anzuwenden. [3]Die Staatsanwaltschaft kann die Entscheidung des Gerichts herbeiführen, wenn das Recht des Verletzten nicht offen kundig ist.

1) Allgemeines: Grundsätzlich wird ein nach § 94 II oder §§ 111b I S 1, 111c I beschlagnahmter oder nach § 94 I sonst sichergestellter Gegenstand an den letzten Gewahrsamsinhaber herausgegeben, wenn er für Zwecke des Strafverfahrens nicht mehr benötigt wird (22 zu § 94). Davon macht § 111k eine Ausnahme für den Fall, dass es sich um die dem Verletzten durch die Straftat entzogene Sache handelt (diff SK-Rogall 1). Der Staat darf sich an der Aufrechterhaltung dieses rechtswidrigen Zustands nicht dadurch beteiligen, dass er die Sache dem Rechtsbrecher zurückgibt (vgl KG JR **88**, 390; Düsseldorf MDR **84**, 424; Hamm NStZ **86**, 376). Wie die einstweilige Verfügung des Zivilrichters schafft die Entscheidung nach § 111k aber nur eine vorläufige Besitzstandsregelung (BGH NJW **07**, 3352; Bay **17**, 118; **23**, 19). Wer die Sache für sich beansprucht, muss seine Rechte notfalls im Zivilrechtsweg verfolgen (Nürnberg HESt **2**, 84). 1

§ 111k ist eine **Sollvorschrift.** Sofern der Besitz der Sache nicht allg verboten ist, wie der Besitz von Waffen, Sprengstoff oder Betäubungsmitteln ohne die erforderliche Genehmigung, ist die Vorschrift aber zu beachten (LR-Schäfer 4; vgl für natürliche Personen Art 9 III des Rahmenbeschlusses des Rates vom 15. 3. 2001 über die Stellung des Opfers im Strafverfahren, ABl EG Nr L 82 S 1). 2

2) Beschlagnahmte oder sonst sichergestellte bewegliche Sachen, die sich noch in amtlichem Gewahrsam befinden (KMR-Mayer 5), erfasst § 111k. Das gilt auch, wenn das Gericht die Beschlagnahme nach § 111i aufrechterhalten hat. Wenn die Sache in anderer Weise sichergestellt worden ist (16 zu § 94), ist die Vorschrift nicht, auch nicht entspr, anwendbar (BeckOK-Huber 3; **aM** HK-GS/Hartmann 4; erst recht nicht, wenn der Beschuldigte Gelder freiwillig zur Entschädigung der Opfer bereitstellt, Oldenburg NStZ-RR **08**, 116). Sie gilt auch nicht, wenn beschlagnahmtes Geld wegen Ungewissheit über die Person des Berechtigten bereits hinterlegt (Stuttgart NStZ **87**, 243) oder eine Forderung gemäß § 111c III beschlagnahmt worden ist (BGH NJW **07**, 3352, auch zum Schutz des Schuldners im Falle einer gerichtlichen Auszahlungsanordnung). Ferner muss es sich um eine Sache handeln, an der die Behörde die Verfügungsgewalt von dem Beschuldigten oder einem anderen, auf den die Sache von ihm durch eine Straftat (Hehlerei, Begünstigung, Unterschlagung uä) übergegangen ist, erhalten oder erzwungen hat (RG **19**, 98; Frankfurt GA **72**, 212; KMR-Mayer 6; Malitz NStZ **03**, 63 Fn 30; Schmidt 1223; **aM** Celle 2 Ws 282/01 vom 21. 12. 2001; Hamm NStZ-RR **09**, 376; KK-Nack 4; SK-Rogall 9). Hat ein Dritter sie herausgegeben und beanspruchen sie sowohl dieser als auch der Verletzte, ist dem Dritten (**aM** Frankfurt GA **72**, 212; LR-Schäfer 19: dem Verletzten) eine Frist zur zivilrechtlichen Geltendmachung seiner Ansprüche zu setzen, nach deren fruchtlosem Ablauf die Sache an den Verletzten herauszugeben ist (Stuttgart NStZ **89**, 39; LG Berlin NStZ **99**, 636; Löffler NJW **91**, 1708, der aber bei möglicher Hinterlegung diese für vorzugswürdig hält). 3

3) Voraussetzungen: 4

A. Nur an den **bekannten Verletzten** oder seine Erben darf die Sache herausgegeben werden. Verletzt iS des § 111k ist jeder, dem der Besitz an der Sache durch die Straftat unmittelbar entzogen worden ist (Malitz NStZ **03**, 63). Der Eigentümer, der nicht zugleich unmittelbarer Besitzer war, ist nicht Verletzter in diesem Sinne (LG Berlin 511 Qs 24/07 vom 27. 4. 2007; KMR-Mayer 8; LR-Schäfer 8; **aM** Hamm NStZ-RR **09**, 376), auch nicht der Insolvenzverwalter (LG Mannheim NStZ-RR **98**, 113: Inbesitznahme gemäß § 117 I KO = § 148 I InsO). Ist der Verletzte nicht bekannt, so wird nicht versucht, ihn zu ermitteln, sondern nach § 983 BGB verfahren, wenn die Voraussetzungen des § 111k zwei- 5 felsfrei vorliegen (vgl RiStBV 75 IV; Löffler NJW **91**, 1709); sonst kommt die weitere eigene Verwahrung, Hinterlegung oder die Vernichtung der beschlagnahmten Sachen in Betracht (vgl dazu Cremers wistra **00**, 130 und Dörr wistra **99**, 175).

6 B. **Durch die Straftat entzogen** muss die Sache dem Verletzten sein, und zwar durch die Tat, die Gegenstand des Strafverfahrens ist (LR-Schäfer 7; SK-Wohlers 58 zu § 98; BeckOK-Huber 6; **aM** Celle 2 Ws 282/01 vom 21. 12. 2001; Düsseldorf NStZ **84**, 567 mit abl Anm Gropp; KMR-Mayer 8). Gleichgültig ist, ob es zu einer Verurteilung gerade wegen dieser Tat gekommen ist (KG JR **88**, 390). Schuldhafte Tatbegehung wird nicht vorausgesetzt (§ 11 I Nr 5 StGB); daher ist § 111k anwendbar, wenn der Täter wegen Irrtums nach §§ 16, 17 StGB oder wegen Schuldunfähigkeit nach § 20 StGB freigesprochen worden ist. Die Tat muss aber erwiesen sein (Nürnberg HESt **2**, 84; LG Mainz MDR **83**, 954). Liegt schon ein Urteil vor, so sind dessen Feststellungen maßgebend (Nürnberg aaO; LG Mainz aaO; KK-Nack 4). Sonst muss das Vorliegen einer Straftat auf Grund des Ermittlungsergebnisses aus den Akten festgestellt werden. Beweise werden nicht erhoben (KG JR **88**, 390; Nürnberg aaO).

7 Entzogen sind nur Sachen, die **unmittelbar durch die Straftat** in den Besitz des Täters gelangt sind (vgl BGH 4 StR 306/07 vom 2. 10. 2007 und Köln StV **05**, 541 zu sichergestelltem Bargeld), auch bei freiwilligem Gewahrsamsverlust, wie bei Unterschlagung und Betrug. Als entzogen gelten auch der Pfandschein über die Sache (LR-Schäfer 11) und der Erlös aus der Notveräußerung nach § 111l I S 3, nicht aber Sachen, die an die Stelle der entzogenen Sache getreten sind, wie umgewechseltes Geld und andere Ersatzsachen (SK-Rogall 15; LR-Schäfer 11; **aM** Schleswig NStZ **94**, 99; KK-Nack 4), auch nicht das durch Verarbeiten gewonnene Erzeugnis oder das nach Vermischung mit dem gestohlenen Geld entstandene Miteigentum (LG Mainz MDR **83**, 954; **aM** LR-Schäfer 11). In einem solchen Fall ist dem Verletzten aber unter Fristsetzung Gelegenheit zu geben, eine die Rückgabe an den Beschuldigten verhindernde Entscheidung eines Zivilgerichts herbeizuführen (LG Mainz aaO; Malitz NStZ **03**, 64).

8 C. **Ansprüche Dritter** dürfen der Herausgabe nicht entgegenstehen. Die Ansprüche brauchen nicht festzustehen; es genügt, dass die Rechtslage zweifelhaft ist (Hamm NStZ-RR **09**, 376; Koblenz MDR **84**, 774). Dritter ist auch der Beschuldigte, wenn er behauptet, Ansprüche unabhängig von der Straftat zu haben (LR-Schäfer 13; Hohendorf NStZ **86**, 499). Der Anspruch (§ 194 I BGB) wird meist Ausfluss eines dinglichen Rechts sein (zB Eigentum), kann aber auch aus einem Schuldverhältnis entstehen, das ein Besitzrecht begründet. Ist der Anspruch dem zuständigen Strafverfolgungsorgan bekannt (Nachforschungen werden nicht angestellt) oder wird er ihm gegenüber ausdrücklich erhoben, so wird die Sache weder an den früheren Gewahrsamsinhaber noch an den Verletzten herausgegeben. Vielmehr wird dem Dritten eine Frist zur gerichtlichen Geltendmachung seines Anspruchs, zB durch einstweilige Verfügung, gesetzt (Malitz NStZ **03**, 64); verstreicht sie ohne Erfolg, so wird die Sache an den Verletzten herausgegeben (Schleswig NStZ **94**, 99, 100; Lohse AnwBl **06**, 608; **aM** Koblenz MDR **84**, 774; Hohendorf aaO). Zur Rangfolge der Empfänger vgl auch Gropp NStZ **89**, 337 und Löffler NJW **91**, 1708. In strittigen Einzelfällen kommt auch eine Hinterlegung der Sache in Betracht, wenn die Voraussetzungen hierfür erfüllt sind (§ 372 BGB, § 5 HinterlO bzw landesrechtliche Nachfolgevorschriften, zB § 6 HintG NW; vgl BT-Drucks 16/700 S 17 zu § 111i V S 1 Nr 3, S 19). Zur Freigabe an den Insolvenzverwalter vgl auch Malitz NStZ **03**, 66.

9 D. Sobald die Sache für das Strafverfahren **entbehrlich** ist, ist sie herauszugeben. Ob dies der Fall ist (dazu 29, 30 zu § 98, 18, 19 zu § 111e), entscheidet die StA, nach Erhebung der öffentlichen Klage bis zur Rechtskraft das mit der Hauptsache befasste Gericht.

4) Zuständig für die Herausgabeentscheidung ist im Ermittlungsverfahren die StA (BT-Drucks 16/700 S 16, 19; LG Berlin NStZ **94**, 400; LG Hamburg MDR **95**, 625; LG Kaiserslautern wistra **95**, 241; LG Kiel SchlHA **99**, 132; Hohendorf NStZ **86**, 498; Jahn/Moericke DRiZ **04**, 324; **aM** LG Berlin NStZ **99**, 636; Julius DRiZ **84**, 192: Gericht; differenzierend Malitz NStZ **03**, 65), nach Erhebung der öffentlichen Klage das mit der Hauptsache befasste Gericht (BGH 4 StR 306/07 vom 2. 10. 2007; Schmidt 1230). Während des Revisionsverfahrens entscheidet der letzte Tatrichter. Nach Rechtskraft des Urteils ist wieder die StA zuständig (Stuttgart wistra **02**, 38; AnwK-Lohse 6; SK-Rogall 24; **aM** KMR-Mayer 13; LR-Schäfer 22; Löffler NJW **91**, 1710: entspr § 462a III S 1 das Gericht des 1. Rechtszugs; noch anders KK-Nack 8; Julius aaO: Gericht der letzten Tatsacheninstanz; vgl auch BT-Drucks 16/700 S 16, 17, 19). Der Strafrichter trifft eine Entscheidung, die ihm in Vertretung des Zivilrichters anvertraut ist (Hamm JMBlNW **61**, 94). 10

Bei **Zweifeln** an dem Bestehen von Rechten des Verletzten kann die StA das Gericht – für dieses bindend (LG Berlin 511 Qs 24/07 vom 27. 4. 2007) – anrufen (S 3); hierfür ist es unerheblich, wer die Beschlagnahme angeordnet hat. Zuständig ist im Ermittlungsverfahren und nach Rechtskraft der ER (§ 162 I S 1, III S 3; SK-Rogall 34, 30; erg oben 10). Für einen solchen Antrag ist aber nur Raum, wenn das – aus tatsächlichen oder rechtlichen Gründen – zweifelhafte Recht zu einer Herausgabe an den Verletzten berechtigt. Verbleiben Zweifel, ob die Anlasstat überhaupt begangen worden ist, wird der Antragsteller auf den Zivilrechtsweg verwiesen (vgl Hamm NStZ **86**, 376). S 3 gilt auch nicht im Falle der Ungewissheit über das Recht eines Dritten (BT-Drucks 16/700 S 19; erg oben 8). 11

5) Die **Entscheidung** ergeht nach Aktenlage; Beweise werden nicht erhoben. Das Gericht entscheidet durch **Beschluss**; die StA, andere betroffene Verfahrensbeteiligte, der Verletzte und derjenige, der Ansprüche erhebt, sind vorher zu hören. Die Gegenstände und der Empfangsberechtigte sind genau zu bezeichnen. Die Entscheidung wird formlos bekannt gemacht. Das Gericht kann die Herausgabe selbst veranlassen oder der StA überlassen. Vor der Herausgabe ist der Anspruch des Verletzten noch nicht erfüllt (BGH 4 StR 306/07 vom 2. 10. 2007). 12

6) Anfechtung: Gegen die Entscheidung der StA über die Herausgabe an den Verletzten kann der Betroffene gerichtliche Entscheidung beantragen (S 2 iVm § 111f V). Antragsberechtigt sind im Umfang ihrer Beschwer der Beschuldigte, der Verletzte, der letzte Gewahrsamsinhaber und der Dritte, der Ansprüche erhebt (erg 15 zu § 111f). Die Entscheidungen des Gerichts, auch des erkennenden Gerichts (§ 305 S 2) und des OLG im 1. Rechtszug (§ 304 IV S 2 Nr 1), über die Herausgabe sowie nach S 2 oder S 3 unterliegen der Beschwerde nach § 304 I, II. Beschwerdeberechtigt sind die StA und jeder, der ein Recht oder einen Anspruch an der Sache behauptet (Braunschweig OLGSt § 111 S 1; Löffler NJW **91**, 1711). 13

Notveräußerung **RiStBV 76**

111l I [1]**Vermögenswerte, die nach § 111c beschlagnahmt oder aufgrund eines Arrestes (§ 111d) gepfändet worden sind, dürfen vor der Rechtskraft des Urteils veräußert werden, wenn ihr Verderb oder eine wesentliche Minderung ihres Wertes droht oder ihre Aufbewahrung, Pflege oder Erhaltung mit unverhältnismäßigen Kosten oder Schwierigkeiten verbunden ist.** [2]**In den Fällen des § 111i Abs. 2 können Vermögenswerte, die aufgrund eines Arrestes (§ 111d) gepfändet worden sind, nach Rechtskraft des Urteils veräußert werden, wenn dies zweckmäßig erscheint.** [3]**Der Erlös tritt an deren Stelle.**

II [1]**Im vorbereitenden Verfahren und nach Rechtskraft des Urteils wird die Notveräußerung durch die Staatsanwaltschaft angeordnet.** [2]**Ihren Ermitt-**

lungspersonen (§ 152 des Gerichtsverfassungsgesetzes) steht diese Befugnis zu, wenn der Gegenstand zu verderben droht, bevor die Entscheidung der Staatsanwaltschaft herbeigeführt werden kann.

III [1] Nach Erhebung der öffentlichen Klage trifft die Anordnung das mit der Hauptsache befasste Gericht. [2] Der Staatsanwaltschaft steht diese Befugnis zu, wenn der Gegenstand zu verderben droht, bevor die Entscheidung des Gerichts herbeigeführt werden kann; Absatz 2 Satz 2 gilt entsprechend.

IV [1] Der Beschuldigte, der Eigentümer und andere, denen Rechte an der Sache zustehen, sollen vor der Anordnung gehört werden. [2] Die Anordnung sowie Zeit und Ort der Veräußerung sind ihnen, soweit dies ausführbar erscheint, mitzuteilen.

V [1] Die Notveräußerung wird nach den Vorschriften der Zivilprozessordnung über die Verwertung einer gepfändeten Sache durchgeführt. [2] An die Stelle des Vollstreckungsgerichts (§ 764 der Zivilprozessordnung) tritt in den Fällen der Absätze 2 und 3 Satz 2 die Staatsanwaltschaft, in den Fällen des Absatzes 3 Satz 1 das mit der Hauptsache befasste Gericht. [3] Die nach § 825 der Zivilprozessordnung zulässige Verwertung kann von Amts wegen oder auf Antrag der in Absatz 4 genannten Personen, im Falle des Absatzes 3 Satz 1 auch auf Antrag der Staatsanwaltschaft, gleichzeitig mit der Notveräußerung oder nachträglich angeordnet werden. [4] Wenn dies zweckmäßig erscheint, kann die Notveräußerung auf andere Weise und durch eine andere Person als den Gerichtsvollzieher erfolgen.

VI [1] Gegen Anordnungen der Staatsanwaltschaft oder ihrer Ermittlungspersonen kann der Betroffene gerichtliche Entscheidung durch das nach § 162 zuständige Gericht beantragen. [2] Die §§ 297 bis 300, 302, 306 bis 309, 311 a und 473 a gelten entsprechend. [3] Das Gericht, in dringenden Fällen der Vorsitzende, kann die Aussetzung der Veräußerung anordnen.

1 **1) Vermögenswerte** (I S 1), die bis zur Urteilsrechtskraft der Notveräußerung unterliegen, sind die nach § 111 c beschlagnahmten und die auf Grund eines Arrests nach § 111 d gepfändeten beweglichen und unbeweglichen Sachen, Forderungen und anderen Vermögensrechte, zB Aktiendepots. Wo sie aufbewahrt werden, ist gleichgültig. Nach § 111 c VI S 1 Nr 1 zurückgegebene Sachen werden nicht notveräußert, nach § 111 c VI S 1 Nr 2 überlassene Sachen erst nach Widerruf der Überlassung (LR-Schäfer 3). Von der Notveräußerung ausgenommen sind auch Sachen, die wegen ihrer Beschaffenheit unbrauchbar gemacht, vernichtet oder aus dem Verkehr gezogen werden müssen, insbesondere aber Sachen, die nur nach § 94 als Beweismittel sichergestellt sind. Ist ihre weitere Verwahrung nicht möglich, so muss ihre Beweisaussage durch Fotografieren, Augenscheinseinnahme, Besichtigung durch Zeugen oder Sachverständige für das Verfahren gesichert werden; danach sind sie freizugeben (Achenbach NJW **76**, 1070 Fn 31; Lampe NJW **75**, 197; vgl auch RiStBV 76). Auf Gegenstände, die sowohl nach § 94 als auch nach § 111 c beschlagnahmt sind, ist § 111 l dagegen anwendbar.

2 **2) Veräußerungsgründe** (I S 1): Verderb bedeutet eine Veränderung der Substanz, die mit der Aufhebung des Sachwerts verbunden ist. Die wesentliche Minderung des Wertes kann auch wegen der besonderen Marktentwicklung drohen (KMR-Mayer 4; vgl BT-Drucks 16/700 S 19: sichergestellte Aktiendepots). Die Unverhältnismäßigkeit der Kosten für Aufbewahrung, Pflege oder Erhaltung des Vermögenswertes beurteilt sich nach dem Verkehrswert (vgl Hamm VRS **98**, 133). Gerechtfertigt ist die Notveräußerung, wenn ein wirtschaftlich denkender Eigentümer den Gegenstand veräußern würde (vgl auch Koblenz MDR **85**, 516). Unverhältnismäßig große Schwierigkeiten bei der Aufbewahrung, Pflege oder Erhaltung sind nicht an dem vorhandenen Personal zu messen, sondern an dem Kostenaufwand, der bei einem Auftrag zur Aufbewahrung oder Pflege an einen Fachmann entstehen würde.

3) Nach Rechtskraft des Urteils ist bei den Voraussetzungen für die Notveräußerung von Vermögenswerten, die der Rückgewinnungshilfe nach § 111 i II (dort 7–9) unterliegen, zu unterscheiden (I S 2): Bei Gegenständen, die nach § 111 c beschlagnahmt sind, müssen die Veräußerungsgründe des I S 1 (oben 2) vorliegen (BT-Drucks 16/700 S 19). Gegenstände, die in Vollziehung des dinglichen Arrests (§ 111 d) gepfändet sind, können allein aufgrund von Zweckmäßigkeitserwägungen veräußert werden: Nach pflichtgemäßem Ermessen ist eine möglichst effektive Verwertung der aus dem allgemeinen Vermögen sichergestellten Gegenstände anzustreben. Die Schutzbedürftigkeit des Verurteilten tritt mit Eintritt der Rechtskraft iVm dem Beschluss nach § 111 i III zurück, das Interesse des Verletzten ist auf Zahlung eines Geldbetrags gerichtet, der dem Wert des aus der Straftat Erlangten entspricht. 3

4) Wirkung (I S 3): Der Erlös tritt an die Stelle des veräußerten Vermögenswertes. Liegen die Voraussetzungen der §§ 73 oder 74 StGB vor, so ist daher im Urteil auf Verfall oder Einziehung des Erlöses zu erkennen (BGH **8**, 46, 53). Fallen dagegen die Beschlagnahmevoraussetzungen weg, so wird der bisherige Eigentümer nicht Eigentümer des Erlöses, sondern erlangt nur einen Anspruch auf dessen Auszahlung (RG **56**, 322; **66**, 85). 4

5) Verfahren (II–IV): 5

A. **Zuständigkeit: Im Vorverfahren und nach Rechtskraft** ist nur die StA zuständig (II S 1); die Anordnung ist nach § 31 I Nr 2, VI **RPflG** dem Rechtspfleger übertragen. Eine Anordnung des StA ist aber wirksam. Er wird sie uU sogar treffen müssen, wenn der Rechtspfleger nicht rechtzeitig tätig werden kann. Die Ermittlungspersonen der StA haben nur eine Notzuständigkeit für den Fall, dass der Verderb der Sache droht, bevor die Entscheidung der StA herbeigeführt werden kann (II S 2). Dem steht der Fall gleich, dass eine schnell eintretende wesentliche Wertminderung unabwendbar erscheint. 6

Nach Erhebung der öffentlichen Klage ist das mit der Hauptsache befasste Gericht zuständig (III S 1). Die Anordnung ist ebenfalls dem Rechtspfleger übertragen (§ 22 Nr 2 **RPflG**); eine richterliche Anordnung ist aber wirksam (§ 8 I **RPflG**). Wegen der gerichtlichen Zuständigkeiten im Einzelnen vgl 4 zu § 98. Bei Eilbedürftigkeit der Anordnung ist die StA zuständig (III S 2 Hs 1), wenn auch sie nicht zu erreichen ist, deren Ermittlungspersonen (III S 2 Hs 2). 7

B. **Anhörung der Beteiligten** (IV S 1): Die Vorschrift gilt unabhängig davon, welche Stelle (II, III) die Anordnung treffen will, wird aber bei Eilverfügungen der StA und ihrer Ermittlungspersonen idR nicht durchführbar sein. Die Anhörung soll den Beteiligten ermöglichen, Bedenken zu erheben oder Abwendungsvorschläge zu machen. Der Betroffene ist auch auf die Möglichkeit des § 111 c VI hinzuweisen. Auf die Wirksamkeit der Notveräußerung ist die Nichtbeachtung der Sollvorschrift des IV S 1 ohne Einfluss (KMR-Mayer 11). 8

C. **Mitteilungspflicht** (IV S 2): Die Bekanntmachungspflicht nach § 35 II wird dahin erweitert, dass auch Eigentümer und andere Berechtigte zu unterrichten sind, sofern das möglich ist. Das soll ihnen ermöglichen, die notveräußerte Sache selbst zu erwerben oder geeignete Käufer auf die Notveräußerung aufmerksam zu machen. 9

6) Durchführung (V): Das Verfahren richtet sich nach §§ 814–825 ZPO; an die Stelle des Vollstreckungsgerichts tritt nach V S 2 in den Fällen des II, III S 2 die StA, im Fall des III S 1 das Gericht. In beiden Fällen ist die Durchführung auf den Rechtspfleger übertragen (§§ 22 Nr 2, 31 I Nr 2, VI **RPflG**). Die Versteigerung durch eine andere Person als den Gerichtsvollzieher oder die Verwertung durch den Gerichtsvollzieher in anderer Weise als durch Zwangsvollstreckung (§ 825 ZPO) kann auf Antrag oder von Amts wegen auch noch nachträglich angeordnet werden (V S 3). Nach pflichtgemäßem Ermessen kann der Rechtspfleger stattdes- 10 sen insbesondere den freihändigen Verkauf durch gewerbliche Verwerter anordnen, wenn dies aus sachlichen Gründen zweckmäßig erscheint (V S 4).

11 **7) Antrag auf gerichtliche Entscheidung** (VI): Der Antrag ist zulässig gegen die staatsanwaltschaftliche Anordnung der Notveräußerung (II S 1, III S 2 Hs 1) und gegen Anordnungen zu ihrer Durchführung (V). Über Einwendungen gegen Anordnungen des Rechtspflegers kann auf gerichtliche Entscheidung angetragen werden (§ 31 VI S 1 **RPflG**). Dieser Antrag ist auch zulässig gegen Anordnungen der Ermittlungspersonen nach II S 2, III S 2 Hs 2. Er muss aber zunächst der StA vorgelegt werden, die die Anordnungen und Maßnahmen der Ermittlungspersonen aufheben und ändern kann. Nur wenn sie sich die Anordnung zu Eigen macht, legt sie den Antrag dem Gericht vor, falls dieser nicht inzwischen prozessual überholt ist (vgl 17 vor § 296).

12 **Antragsberechtigt** ist der Eigentümer und jeder andere, dem ein Recht an der Sache zusteht (VI S 1), auch der letzte Gewahrsamsinhaber (LR-Schäfer 18 a; SK-Rogall 35). Die §§ 297 bis 300 gelten entspr (VI S 2). Der Antrag ist bei der anordnenden Stelle anzubringen (VI S 2 iVm § 306 I).

13 **Zuständig** für die Entscheidung ist nach VI S 1, § 162 I S 1, III im Vorverfahren und nach Rechtskraft das Ermittlungsgericht, in dessen Bezirk die StA (ihre Zweigstelle) ihren Sitz hat, nach Erhebung der öffentlichen Klage das mit der Hauptsache befasste Gericht. Während des Revisionsverfahrens entscheidet der letzte Tatrichter.

14 Die **Aussetzung** der Notveräußerung durch das Gericht, in Eilfällen durch den Vorsitzenden, sieht VI S 3 vor.

15 Wegen der **Kosten** verweist VI S 2 auf § 473 a, auch wenn das mit der Hauptsache befasste Gericht angerufen wird (KK-Nack 11).

16 **8) Beschwerde:** Gegen die Entscheidung des Ermittlungsrichters über die Anordnungen der StA und ihrer Ermittlungspersonen nach VI S 1 ist Beschwerde zulässig (vgl BT-Drucks 16/12 098 S 21). Die gerichtliche Anordnung nach III S 1 ist nicht mit der Beschwerde nach § 304, sondern nur mit der (sofortigen) Erinnerung nach §§ 11 II, 28 **RPflG** anfechtbar (Celle StV **92**, 459 mwN; Köln NJW **04**, 2994; KMR-Mayer 17; **aM** SK-Rogall 46 ff). Das Gleiche gilt für die weiteren Entscheidungen des Gerichts nach V S 2 Hs 2, S 3, 4.

Beschlagnahme von Schriften und Herstellungsmitteln **RiStBV 251, 252**

111m

I Die Beschlagnahme eines Druckwerks, einer sonstigen Schrift oder eines Gegenstandes im Sinne des § 74 d des Strafgesetzbuches darf nach § 111 b Abs. 1 nicht angeordnet werden, wenn ihre nachteiligen Folgen, insbesondere die Gefährdung des öffentlichen Interesses an unverzögerter Verbreitung offenbar außer Verhältnis zu der Bedeutung der Sache stehen.

II 1 Ausscheidbare Teile der Schrift, die nichts Strafbares enthalten, sind von der Beschlagnahme auszuschließen. 2 Die Beschlagnahme kann in der Anordnung weiter beschränkt werden.

III In der Anordnung der Beschlagnahme sind die Stellen der Schrift, die zur Beschlagnahme Anlass geben, zu bezeichnen.

IV Die Beschlagnahme kann dadurch abgewendet werden, dass der Betroffene den Teil der Schrift, der zur Beschlagnahme Anlass gibt, von der Vervielfältigung oder der Verbreitung ausschließt.

1 **1) Beschränkungen der Beschlagnahme** zur Sicherung der Einziehung nach § 74 d StGB von Druckwerken (8 zu § 7) und sonstigen Schriften (vgl § 11 III StGB) und der Unbrauchbarmachung (4 zu § 111 b) von Gegenständen iS des § 74 d I S 2 StGB bestimmen die §§ 111 m, 111 n mit Rücksicht auf die durch

Art 5 I S 2 GG gewährleistete Freiheit der Presse. Die Beschlagnahme zu Beweiszwecken richtet sich nach §§ 94ff und unterliegt keinen besonderen Einschränkungen (vgl aber 18ff zu § 94). Die §§ 111m, 111n gelten auch nicht für die nur zu Beweiszwecken zulässige Postbeschlagnahme nach § 99 (KK-Nack 1) und für die Beschlagnahme von Druckwerken zur Sicherung der Schadloshaltung des Verletzten nach § 111b V. Eine Pressebeschlagnahme zur Sicherung des Verfalls (§§ 73ff StGB) kommt praktisch nicht in Betracht; unzulässig ist die entspr Anwendung der §§ 111m, 111n aber nicht (KK-Nack 3; **aM** SK-Rogall 3; 1 zu § 111n).

2) Die **Landespressegesetze** sind unwirksam, soweit sie Vorschriften über die Beschlagnahme von Druckschriften enthalten; denn hierbei handelt es sich um Verfahrensrecht iS des Art 74 Nr 1 GG (so auch die hM, vgl Achenbach NStZ **00**, 124 Fn 1, der selbst aber einschr dem Bundesgesetzgeber die Kompetenz zur Abschaffung des landespresserechtlichen Verbreitungs- und Nichtabdrucksverbots bestreitet; Löffler/Bullinger Einl 74 hält demgegenüber die §§ 111m, n für nicht gültig, während Groß NStZ **99**, 334 von der Weitergeltung der Landespressegesetze ohne Einschränkungen ausgeht). Insbesondere haben die Vorschriften der Landespressegesetze, die für die Dauer der Beschlagnahme die Verbreitung und den Wiederabdruck verbieten, ihre Geltung verloren (KG JR **84**, 249, 250; KK-Nack 4 zu § 111b). Das ist nur auf Grund der Bestimmungen strafbar, auf denen die Beschlagnahme beruht (Groß aaO 336). 2

3) Beschlagnahmebeschränkungen: 3

A. **Verhältnismäßigkeitsgrundsatz** (I): Vgl zunächst Einl 20. Die nachteiligen Folgen der Beschlagnahme müssen gegen die Bedeutung der Sache abgewogen werden. Im Zweifel ist die Beschlagnahme zulässig. Sie ist nur ausgeschlossen, wenn das Missverhältnis nach der Lebenserfahrung, für jeden Sachkundigen erkennbar und ohne Beweiserhebung, offensichtlich ist (SK-Rogall 10 mwN). Ein krasses Missverhältnis braucht nicht vorzuliegen (KK-Nack 5; Löffler/Achenbach 112 zu § 13 LPG). 4

Nachteilige Folge ist in 1. Hinsicht die Gefährdung des öffentlichen Interesses an unverzögerter Verbreitung eines Druckwerks, sofern es aktuelle Themen behandelt (LR-Schäfer 12). Das Interesse bezieht sich auf den Gesamtinhalt der Druckschrift, nicht nur auf den die Beschlagnahme auslösenden Teil (Löffler/Achenbach 98 zu § 13 LPG). Gleichgültig ist, ob die Unterrichtung der Öffentlichkeit durch andere Quellen gewährleistet (KK-Nack 5; Löffler/Achenbach 100 zu § 13 LPG) und ob das Informationsinteresse „legitim“ ist oder nur auf Neugier beruht (SK-Rogall 11). Andere nachteilige Folgen sind die wirtschaftlichen Nachteile der Pressebeschlagnahme für Herausgeber und Verleger, aber auch für die mittelbar davon betroffenen Drucker, Händler, Inserenten und Abonnenten (Löffler/Achenbach 101 zu § 13 LPG) 5

Bei der **Bedeutung der Sache** kommt es auf das Gewicht der Straftat an, derentwegen das Ermittlungsverfahren eingeleitet worden ist. Bei schwerwiegenden Taten, zB Hoch- und Landesverrat sowie Aufforderung zur Begehung von Straftaten, ist die Beschlagnahme idR trotz ihrer schwerwiegenden Folgen zulässig (LR-Schäfer 15). Straftaten gegen Einzelpersonen, wie Beleidigung, rechtfertigen dagegen die Beschlagnahme der ganzen Auflage einer Druckschrift idR nicht (Löffler NJW **59**, 418; vgl auch BVerfG 1 BvR 519/08 vom 9. 7. 2008). 6

B. **Ausscheidbare Teile** (II S 1): Die Beschlagnahme muss auf diejenigen Teile der Druckschrift beschränkt werden, deren Inhalt strafbar ist, sofern sich der andere Teil, wie insbesondere bei Loseblattsammlungen und Zeitungsbeilagen, ohne Mitwirkung des Betroffenen technisch abtrennen oder ausscheiden lässt, wobei auch Werkzeuge verwendet werden dürfen. Ob der nach der Trennung verbleibende Teil noch ein in sich geschlossenes selbstständiges Druckwerk bildet, ist gleichgültig (Löffler/Achenbach 32 zu § 14 LPG). Die Trennung darf aber nicht zur Entwertung der ganzen Druckschrift führen (SK-Rogall 14; Löffler/Achenbach aaO). In 7 der Beschlagnahmeanordnung müssen die ausgeschiedenen Teile genau bezeichnet werden.

8 C. **Nach richterlichem Ermessen** (II S 2) sind Beschränkungen anzuordnen, die den mit der Maßnahme verfolgten Zweck unter größtmöglicher Schonung des Betroffenen zulassen (LR-Schäfer 19), zB die Beschränkung der Beschlagnahme auf einen Teil der Auflage oder auf bestimmte Formen der Verbreitung (Straßenverkauf). Bei bestimmten Personen kann von der Beschlagnahme auch ganz oder teilw abgesehen, insbesondere können dem Verleger Archivexemplare belassen werden (KK-Nack 6; Löffler/Achenbach 29 zu § 14 LPG).

9 **4) Beschlagnahmeanordnung** (III): In Ergänzung des § 111 e bestimmt die Vorschrift, dass die Stellen der Schrift, deren Inhalt Anlass zu der Beschlagnahme gibt, bezeichnet werden müssen. Dabei genügt der allgemeine Hinweis auf das Vorhandensein solcher Stellen nicht; sie müssen inhaltlich wiedergegeben werden (LR-Schäfer 21). Die Fundstelle muss nach Band, Heft, Seite, Spalte usw angegeben werden (Löffler/Achenbach 45 zu § 14 LPG). Die Rechtsvorschriften, auf denen die Beschlagnahmeanordnung beruht, müssen ebenfalls angegeben werden. Ein Verstoß gegen III ist aber auf die Wirksamkeit der Beschlagnahme ohne Einfluss (KK-Nack 8; LR-Schäfer 22).

10 **5) Abwendung der Beschlagnahme** (IV): IdR wird zunächst die allgemeine Beschlagnahme der Schrift angeordnet (12 zu § 111 b). Die Abwendung der Beschlagnahmeanordnung oder ihrer Vollziehung setzt dann voraus, dass der Betroffene, dh derjenige, der durch die Beschlagnahme einen Rechtsverlust erlitten hat oder befürchten muss, sie durch einen entspr Antrag, in dem die zur Abwendung geeigneten Maßnahmen dargelegt werden, geltend macht (SK-Rogall 17; nach Löffler/Achenbach 38 zu § 14 LPG, LR-Schäfer 24 ist ein Antrag nicht erforderlich). Unverzüglich braucht der Antrag nicht gestellt zu werden. Über ihn entscheidet die für die Beschlagnahme zuständige Behörde. In welcher Weise der Betroffene die beanstandeten Teile entfernt (Herausschneiden, Schwärzen, Überkleben), bleibt ihm überlassen (Löffler/Achenbach 34 zu § 14 LPG). Macht die Maßnahme des Betroffenen die Beschlagnahmeanordnung oder ihre Vollziehung entbehrlich, so wird die Anordnung aufgehoben.

Anordnung u. Aufhebung d. Beschlagnahme v. Druckwerken RiStBV 251, 252

111n **I [1]Die Beschlagnahme eines periodischen Druckwerks oder eines ihm gleichstehenden Gegenstandes im Sinne des § 74 d des Strafgesetzbuches darf nur durch den Richter angeordnet werden. [2]Die Beschlagnahme eines anderen Druckwerks oder eines sonstigen Gegenstandes im Sinne des § 74 d des Strafgesetzbuches kann bei Gefahr im Verzug auch durch die Staatsanwaltschaft angeordnet werden. [3]Die Anordnung der Staatsanwaltschaft tritt außer Kraft, wenn sie nicht binnen drei Tagen von dem Richter bestätigt wird.**

II [1]Die Beschlagnahme ist aufzuheben, wenn nicht binnen zwei Monaten die öffentliche Klage erhoben oder die selbstständige Einziehung beantragt ist. [2]Reicht die in Satz 1 bezeichnete Frist wegen des besonderen Umfanges der Ermittlungen nicht aus, so kann das Gericht auf Antrag der Staatsanwaltschaft die Frist um weitere zwei Monate verlängern. [3]Der Antrag kann einmal wiederholt werden.

III Solange weder die öffentliche Klage erhoben noch die selbstständige Einziehung beantragt worden ist, ist die Beschlagnahme aufzuheben, wenn die Staatsanwaltschaft es beantragt.

1 **1) Zuständigkeit für die Beschlagnahmeanordnung** (I):

2 A. Für **periodische Druckwerke** und die ihnen dienenden, nicht „gleichgestellten" (vgl KK-Nack 2), Gegenstände iS des § 74d StGB schafft I S 1 eine

besondere Beschlagnahmezuständigkeit. Periodische Druckwerke sind nach der Legaldefinition der Landespresse- oder Landesmediengesetze Zeitungen, Zeitschriften und andere Druckwerke jeder Art (auch Familien- und Vereinszeitungen, Kurszettel, Preislisten, Wetterberichte uä), die in ständiger, wenn auch unregelmäßiger Folge und im Abstand von nicht mehr als 6 Monaten erscheinen. Dazu gehören auch Plakate, nicht aber Flugblätter und Druckwerke, deren einzelnen Exemplaren Abgeschlossenheit (Fortsetzungslieferungen von Loseblatt- und Entscheidungssammlungen) und Gleichartigkeit (Taschenbuchreihen) fehlt. Die „ewige Wiederkehr" des Druckwerks muss nicht beabsichtigt sein; die Erscheinungsdauer darf aber nicht, wie bei Messe- oder Wahlkampfzeitungen, von vornherein begrenzt sein. Die allgemeine Beschlagnahme (12 zu § 111b) zur Sicherung der Einziehung der Druckschrift und der Einziehung und Unbrauchbarmachung der für ihre Herstellung benutzten Gegenstände (§ 74d I S 2 StGB), auch die Beschlagnahme zur Sicherung des Verfalls (vgl 1 aE zu § 111m), darf nur der Richter anordnen. Zur Zuständigkeit vgl 4 zu § 98. Die Zuständigkeit für die Beschlagnahme zu Beweiszwecken richtet sich nach § 98 I. Hält die Polizei die Beschlagnahme für geboten, so wendet sie sich an die StA (3, 4 zu § 163), im äußersten Notfall unmittelbar an das AG (§ 163 II S 2).

B. **Andere Druckwerke** und die ihrer Herstellung dienenden Gegenstände iS des § 74d StGB dürfen nach I S 2 bei Gefahr im Verzug (6 zu § 98) auch von der StA beschlagnahmt werden; die Ermittlungspersonen sind für Beschlagnahmen, die nicht Beweiszwecken dienen, niemals zuständig. Die Beschlagnahmeanordnung der StA muss schriftlich erlassen und nach § 111m III begründet werden. 3

Sie bedarf der **richterlichen Bestätigung** binnen 3 Tagen seit ihrem Erlass (KK-Nack 4); zur Fristberechnung vgl 7 zu § 100 (anders KMR-Mayer 3: § 43 II unanwendbar). Zuständig ist der Ermittlungsrichter (§ 162 I S 1), nach Erhebung der öffentlichen Klage das mit der Sache befasste Gericht (§ 162 III, dort 17). Die Bestätigung muss von der StA, kann aber auch von dem Betroffenen beantragt werden. Sie muss innerhalb der Frist der StA, aber nicht dem Betroffenen bekanntgegeben werden. Das Gericht prüft nur, ob die Beschlagnahme zZ der Bestätigung gerechtfertigt ist (17 zu § 98). Wird die Beschlagnahmeanordnung der StA innerhalb der Frist nicht bestätigt, so tritt sie ohne weiteres außer Kraft (I S 3); das Gericht braucht sie nicht aufzuheben. Eine zwar rechtzeitig beantragte aber verspätete Bestätigung gilt als richterliche Beschlagnahme; wird die Bestätigung jedoch erst nach Ablauf von 2 Monaten (II S 1) beantragt, ist die Beschlagnahme aufzuheben (AG Weinheim NStZ **96**, 203 mit insoweit zust Anm Wilhelm). 4

2) Umfang der Beschlagnahme: Die Anordnung erfasst alle beschlagnahmefähigen Einzelstücke derselben Auflage, aber keine Neuauflagen, auch nicht bei unverändertem Abdruck (Groß NStZ **99**, 338; Löffler/Achenbach 27 zu § 13 LPG). Bei den sog Kopfblättern besteht nur dann Identität mit der Mutterzeitung, wenn beide Blätter am selben Ort hergestellt sind und inhaltlich völlig übereinstimmen (LR-Schäfer 16). Räumlich umfasst die Anordnung alle in der BRep befindlichen Exemplare (§ 160 GVG), sofern der Beschluss keine Beschränkungen enthält (Löffler/Achenbach 29 zu § 13 LPG; Wagner MDR **61**, 93). Entsprechendes gilt für Beschlagnahmeanordnungen der StA (§ 143 GVG). 5

3) Vollstreckt wird die Anordnung nach § 36 II S 1 stets von der StA (LR-Schäfer 17; Wendisch JR **78**, 447); das Richtermonopol des I S 1 gilt nur für die Beschlagnahmeanordnung (Groß AfP **76**, 18). Die StA bedient sich bei der Vollstreckung ihrer Ermittlungspersonen oder anderer Polizeibeamter. Zur Bewirkung der Beschlagnahme vgl 2ff zu § 111c. 6

4) Aufhebung der Beschlagnahmeanordnung: 7

A. **Ablauf der Frist für die Anklageerhebung** (II): Zur Prozessbeschleunigung und um die Presse davor zu schützen, dass die StA das Verfahren hinaus- 8 zögert, wenn sie das Ziel, die Verbreitung der Druckschrift zu verhindern, durch die Beschlagnahme erreicht hat, verlangt II die Anklageerhebung binnen 2 Monaten. Die Anklage muss wegen des Sachverhalts, der zu der Beschlagnahme geführt hat, wenn auch unter abweichender rechtlicher Beurteilung, erhoben werden (LR-Schäfer 21). Ihr steht der Einziehungsantrag nach § 440 gleich.

9 Die **Frist** wird nach § 43 berechnet (**aM** KMR-Mayer 4 [zu § 43 II]) und beginnt am Tag der Anordnung der Beschlagnahme (KK-Nack 5). Maßgebend für die Fristeinhaltung ist der Eingang der Anklage bei Gericht (Löffler/Achenbach 8 zu § 16 LPG). Sachliche Unzuständigkeit schadet nicht (§ 209; SK-Rogall 15; LR-Schäfer 21; **aM** KK-Nack 6). Erklärt das Gericht sich hingegen für örtlich unzuständig oder nimmt die StA die Anklage nach § 156 zurück, so ist die Beschlagnahme aufzuheben, sofern die StA nicht noch während des Fristenlaufs wegen desselben tatsächlichen Vorgangs eine neue Anklage erhebt (KMR-Mayer 4).

10 Die **Verlängerung der Frist** (II S 3) um (bis zu) 2 Monate ist auf Antrag der StA, nicht von Amts wegen, möglich, wenn sie wegen des Umfangs der Ermittlungen nicht ausreicht, nicht aus anderen Gründen, auch nicht wegen zeitlich aufwändiger Ermittlungen (KMR-Mayer 5; **aM** KK-Nack 8) oder rechtlicher Schwierigkeiten (Löffler/Achenbach 20 zu § 16 LPG). Der Antrag muss vor Fristablauf eingehen (KK-Nack 7); andernfalls wird er nicht berücksichtigt, auch wenn die Aufhebung der Beschlagnahme noch nicht beschlossen ist (LR-Schäfer 23; **aM** LG Freiburg NJW **01**, 313). Der Verlängerungsantrag kann einmal wiederholt werden (II S 3). Die Verlängerung kann jeweils auch nach Ablauf der zu verlängernden Frist beschlossen werden, sie beginnt jedoch stets an dem Tag, der dem Tag folgt, an dem die vorherige Frist abgelaufen ist.

11 Nach Fristablauf **endet die Beschlagnahme** nicht von selbst; das Gericht muss die Anordnung aufheben. Dazu zwingt auch eine nur geringfügige Fristüberschreitung; dass die Anklage schon vorliegt, bevor der Beschluss erlassen wird, ist ohne Bedeutung (KK-Nack 10).

12 **Zuständig** für die Fristverlängerung und Aufhebung ist im Vorverfahren das für die Beschlagnahme zuständige AG, auch wenn die Beschlagnahmeanordnung von dem Beschwerdegericht stammt, nach verspäteter Anklageerhebung das mit der Sache befasste Gericht.

13 Eine **erneute Beschlagnahme** durch dasselbe oder ein anderes Gericht ist zulässig, aber nur auf Grund von Tatsachen, die der früheren Anordnung nicht zugrunde gelegt waren (KK-Nack 11; LR-Schäfer 26; Löffler/Achenbach 24 zu § 16 LPG).

14 B. Auf **Antrag der StA** (III) muss die Beschlagnahmeanordnung aufgehoben werden, wenn Anklage noch nicht erhoben ist. Das entspricht der Regelung des § 120 III S 1. In entspr Anwendung des § 120 III S 2 ist die StA berechtigt, die beschlagnahmten Gegenstände alsbald freizugeben. Nach Anklageerhebung ist das Gericht an Anträge der StA nicht mehr gebunden, auch wenn sie schon früher gestellt waren (LR-Schäfer 27).

15 **5) Anfechtung:** Gegen die gerichtliche Beschlagnahmeanordnung, die Bestätigung nach I S 3, die Entscheidung über den Verlängerungsantrag nach II und die Aufhebung der Beschlagnahmeanordnung ist Beschwerde nach § 304 zulässig; zur Erledigung der Anordnung vgl 17 ff vor § 296. Gegen Eilentscheidungen der StA und gegen die Art und Weise der Vollziehung ist der Antrag entspr § 98 II S 2 gegeben (dort 23; HK-Gercke 11; HK-GS/Hartmann 14; **aM** BeckOK-Huber 10: wegen I S 3 nicht angreifbar; vgl auch SK-Rogall 22).

Dinglicher Arrest bei erwarteter Vermögensstrafe

111o *(gegenstandslos).*

Vermögensbeschlagnahme

111p *(gegenstandslos).*

Nachdem das BVerfG mit Urteil vom 20. 3. 2002 (BVerfGE **105**, 135 = NJW **02**, 1779) entschieden hat, dass die Vermögensstrafe nach § 43a StGB verfassungswidrig ist, ist für die §§ 111o, 111p kein Anwendungsbereich mehr gegeben.

9. Abschnitt. Verhaftung und vorläufige Festnahme RiStBV 46–59

Vorbemerkungen

1) Die **UHaft** nach §§ 112ff, §§ 72, 72a **JGG,** dh die Inhaftierung eines noch nicht (oder noch nicht rechtskräftig) verurteilten Beschuldigten, lässt sich mit der Unschuldsvermutung des Art 6 II **MRK** nicht ohne weiteres vereinbaren (vgl Hassemer StV **84**, 40: UHaft ist Freiheitsberaubung gegenüber einem Unschuldigen; ausführlich dazu SK-Paeffgen 21ff). Dennoch besteht kein Streit darüber, dass sie zulässig ist; Art 5 I S 2 Buchst c **MRK** sieht UHaft wegen Fluchtgefahr ausdrücklich vor. 1

Jedoch darf sie nur **in streng begrenzten Ausnahmefällen** angeordnet werden; stets muss zwischen dem Freiheitsanspruch des noch als unschuldig geltenden Beschuldigten und dem Erfordernis abgewogen werden, ihn im Interesse einer wirksamen Strafverfolgung vorläufig in Haft zu nehmen (BVerfGE **19**, 342, 347 = NJW **66**, 243, 244; BVerfGE **20**, 45, 49 = NJW **66**, 1259; BVerfGE **53**, 152, 158 = NJW **80**, 1448; Broß DAV-FS 964; Gehrlein Boujong-FS 753). UHaft darf nur angeordnet und aufrechterhalten werden, wenn überwiegende Interessen des Gemeinwohls, zu denen auch die unabweisbaren Bedürfnisse einer wirksamen Verbrechensbekämpfung gehören, das zwingend gebieten (BVerfGE **35**, 185, 190 = NJW **73**, 1363, 1364; BVerfGE **53**, 152, 158 = NJW **80**, 1448). Unverständlich ist aber, warum uneingeschränkt an der UHaft, die keine antizipierte Strafhaft ist (BVerfG StV **08**, 25), festgehalten wird, statt sie zumindest teilw durch die elektronische Fußfessel zu ersetzen (vgl Schünemann GA **08**, 332). 2

Die UHaft wird von dem Beschuldigten als **Sonderopfer für die Allgemeinheit** verlangt (BGHZ **60**, 302 = NJW **73**, 1322; Dreher MDR **70**, 968; Seebode 136ff; **aM** Paeffgen 211ff für den Fall nicht pflichtwidrig angeordneter UHaft; vgl auch Hassemer StV **84**, 40; Wolter ZStW **93**, 494), für das er nach § 2 I StrEG, der seiner Rechtsnatur nach ein Aufopferungsanspruch ist (1 vor § 1 StrEG), entschädigt wird, wenn er aus dem Verfahren ohne Verurteilung hervorgeht. Ob und wie bei Verurteilung nach rechtswidrig angeordneter UHaft eine Entschädigung zu gewähren ist, erörtern Park/Schlothauer Widmaier-FS 404ff. 3

Zweck der UHaft ist ausschließlich die Durchsetzung des Anspruchs der staatlichen Gemeinschaft auf vollständige Aufklärung der Tat und rasche Bestrafung des Täters (BVerfGE **19**, 342, 348 = NJW **66**, 243, 244; BVerfGE **20**, 45, 49 = NJW **66**, 1259; Frankfurt NJW **67**, 166). Die UHaft soll die Durchführung eines geordneten Strafverfahrens gewährleisten und die spätere Vollstreckung eines auf Freiheitsstrafe oder freiheitsentziehende Sicherungsmaßregeln lautenden Urteils sicherstellen (BVerfGE **32**, 87, 93; BGH NJW **87**, 2525; Celle NJW **65**, 926; Frankfurt MDR **79**, 75; Hassemer StV **84**, 40; erg 3 zu § 123). Ist sie zu einem dieser Zwecke nicht mehr nötig, ist es unverhältnismäßig und daher grundsätzlich unzulässig, sie anzuordnen, aufrechtzuerhalten und zu vollziehen (Broß StraFo **09**, 12). Sie darf nicht zu anderen Zwecken missbraucht werden (sog „apokryphe Haftgründe", vgl Paeffgen NJW **90**, 537; Schlothauer/Weider 633ff; krit aber zu der von Verteidigerseite aufgestellten Behauptung, diese würden in der Praxis vielfach verwendet, Lemme wistra **04**, 288 für das Wirtschaftsstrafrecht; dazu ferner Theile wistra **05**, 327), insbesondere nicht dazu, um das Aussageverhalten der Be- 4 schuldigten zu beeinflussen, ihn etwa zu veranlassen, von seiner Aussagefreiheit (7 zu § 136) keinen Gebrauch zu machen (BGH aaO) und ein Geständnis zu erzielen. Im Privatklageverfahren darf UHaft nicht angeordnet werden (5 zu § 384).

5 **2) Besondere Arten von UHaft** sind die Hauptverhandlungshaft nach § 127b, die Sicherungshaft nach § 453c, die Vollstreckungshaft nach § 457 II und die Ungehorsamshaft nach §§ 230 II, 236, 329 IV S 1. Da für die Ungehorsamshaft eine Verfahrensregelung fehlt, gelten die §§ 112ff entspr, insbesondere §§ 112 I S 2, 114–120, jedoch nicht §§ 121, 122.

6 Bei schuldunfähigen oder vermindert schuldfähigen Beschuldigten, deren Unterbringung nach §§ 63, 64 StGB zu erwarten ist, wird die UHaft durch die **einstweilige Unterbringung** nach § 126a ersetzt. Sie ist eine vorbeugende Maßnahme, die die Vollziehung von Sicherungsmaßregeln vorwegnimmt (1 zu § 126a). Die Sicherungshaft nach § 112a ist keine UHaft, sondern ebenfalls eine Vorbeugungsmaßnahme, durch die die Begehung weiterer Straftaten durch den Beschuldigten verhindert werden soll.

7 Als **Organisationshaft** wird der Zeitraum bezeichnet, der zwischen Beendigung der UHaft und Aufnahme in den Maßregelvollzug verstreicht. Diesen gesetzlich nicht vorgesehenen Freiheitsentzug sieht das BVerfG zwar als eine „Regelwidrigkeit" an, hat ihn jedoch nicht für rechts- und verfassungswidrig erklärt, sondern nur gefordert, dass er dem Verurteilten nicht zum Nachteil gereichen darf (BVerfG NStZ **98**, 77 mit Anm Lemke; mit Recht krit dazu Paeffgen Fezer-FS 43ff sowie Trennhaus StV **99**, 511 unter Mitteilung der Rspr der OLGe zu dieser Haftform; ausführlich – unter Würdigung der verfassungsgerichtlichen Rspr – Bartmeier NStZ **06**, 544; vgl auch Morgenstern StV **07**, 441). Die Organisationshaft darf nur so lange aufrechterhalten werden, wie die Vollstreckungsbehörde unter Berücksichtigung des Beschleunigungsgebotes benötigt, um einen Platz in einer Maßregelvollzugsanstalt zu finden (BVerfG NJW **06**, 427: nicht 3 Monate; Celle StV **03**, 32). Danach, aber auch schon dann, wenn kein Platz zur Verfügung steht und die VollstrB nur auf das Freiwerden eines Platzes im Maßregelvollzug wartet, ist die Organisationshaft unzulässig und der Verurteilte zu entlassen (Brandenburg NStZ **00**, 500 mit Anm Rautenberg; **00**, 504; Celle aaO; Hamm StraFo **04**, 105; vgl auch AG Bergheim StraFo **01**, 218).

8 Im **Auslieferungsverfahren** kann ein Haftbefehl zur Sicherung der Auslieferung (§ 15 IRG), der Durchlieferung (§ 45 IRG) und der Rücklieferung eines Verfolgten (§ 68 II, III IRG) erlassen werden.

9 In Umsetzung des Rahmenbeschlusses 2002/584/JI des EU-Rates vom 13. 6. 2002 (ABl L 190 vom 18. 7. 2002) ist das **Europäische Haftbefehlsgesetz** (EuHbG) vom 20. 7. 2006 (BGBl I 1721) ergangen, nachdem ein zuvor erlassenes EuHbG vom BVerfG (BVerfGE **113**, 273 = NJW **05**, 2289) für nichtig erklärt worden war. Die gesetzliche Regelung für den EuHb findet sich in §§ 78ff IRG; danach ist an der Zweistufigkeit des Auslieferungsverfahrens festgehalten worden: Die Bewilligung ist Voraussetzung der Auslieferung. Zulässige Ersuchen eines EU-Mitgliedsstaates um Aus-/Durchlieferung dürfen nur abgelehnt werden, soweit im Einzelfall Bewilligungshindernisse nach § 83b IRG bestehen (vgl zu den Einzelheiten Böhm NJW **06**, 2592; Hackner/Schomburg/Lagodny/Gleß NStZ **06**, 663).

10 **3)** Durch **richterlichen Haftbefehl** wird die UHaft angeordnet, wenn die (abschließenden) Voraussetzungen der §§ 112–113 vorliegen. Länger als 6 Monate darf er vor Urteilserlass nur auf besondere Anordnung des OLG oder BGH vollzogen werden (§§ 121, 122).

11 **Mehrere Haftbefehle in derselben Sache** dürfen nicht erlassen werden (BGH **38**, 54). Tritt zu den Tatvorwürfen des 1. Haftbefehls der dringende Verdacht weiterer Straftaten hinzu, so ist der Haftbefehl zu erweitern oder durch einen neuen zu ersetzen (18 zu § 114). Ein neuer Haftbefehl muss auch erlassen werden, wenn mehrere Sachen, in denen Haftbefehle bestehen, miteinander verbunden

werden (Karlsruhe NJW **74**, 510; unrichtig LG Berlin StV **08**, 588 mit zutr Anm Schlothauer StV **09**, 364).

Werden **mehrere Haftbefehle in verschiedenen Sachen** erlassen, so kann nur einer von ihnen vollzogen werden. Eine „Doppelhaft" ist ausgeschlossen (KK-Graf 16; Münchhalffen/Gatzweiler 95; Peters 424; **aM** Schleswig Rpfleger **66**, 109 mit krit Anm Pohlmann; SK-Paeffgen 35). Zusätzliche Überwachungsmaßnahmen sind zulässig. 12

Wegen des nicht vollzogenen Haftbefehls wird **Überhaft** vermerkt; der Haftbefehl wird erst vollzogen, wenn die UHaft in der anderen Sache beendet wird. Erst dann sind die §§ 115, 115a anzuwenden (12 zu § 115). Entsprechendes gilt, wenn Überhaft notiert ist, weil der Beschuldigte sich noch in anderer Sache in Strafhaft befindet. Zur Haftbeschwerde bei Überhaft vgl 8 zu § 117, zur Dauer der Überhaft 6 zu § 120, 2 zu § 121. 13

4) Die **Unterbrechung der UHaft** zum Zweck der Vollstreckung einer Freiheitsstrafe oder einer freiheitsentziehenden Maßregel der Besserung und Sicherung ist nach § 116b S 2 zulässig, auch zur Vollstreckung von Erzwingungshaft (KG Rpfleger **95**, 269; Hamm StraFo **99**, 174), und gerichtlich anzuordnen, wenn nicht der Zweck der UHaft deren Vollstreckung erfordert (5, 6 zu § 116b). Nur unter dieser Voraussetzung ist auch die Unterbrechung der Strafhaft zum Zweck der Vollziehung der in anderer Sache angeordneten UHaft zulässig. Zur Anfechtbarkeit der Entscheidung vgl § 119a. 14

Voraussetzungen der UHaft; Haftgründe RiStBV 46, 47

112 **I [1] Die Untersuchungshaft darf gegen den Beschuldigten angeordnet werden, wenn er der Tat dringend verdächtig ist und ein Haftgrund besteht. [2] Sie darf nicht angeordnet werden, wenn sie zu der Bedeutung der Sache und der zu erwartenden Strafe oder Maßregel der Besserung und Sicherung außer Verhältnis steht.**

II Ein Haftgrund besteht, wenn auf Grund bestimmter Tatsachen

1. festgestellt wird, dass der Beschuldigte flüchtig ist oder sich verborgen hält,
2. bei Würdigung der Umstände des Einzelfalles die Gefahr besteht, dass der Beschuldigte sich dem Strafverfahren entziehen werde (Fluchtgefahr), oder
3. das Verhalten des Beschuldigten den dringenden Verdacht begründet, er werde
   a) Beweismittel vernichten, verändern, beiseite schaffen, unterdrücken oder fälschen oder
   b) auf Mitbeschuldigte, Zeugen oder Sachverständige in unlauterer Weise einwirken oder
   c) andere zu solchem Verhalten veranlassen,

und wenn deshalb die Gefahr droht, dass die Ermittlung der Wahrheit erschwert werde (Verdunkelungsgefahr).

III Gegen den Beschuldigten, der einer Straftat nach § 6 Abs. 1 Nr. 1 des Völkerstrafgesetzbuches oder § 129a Abs. 1 oder Abs. 2, auch in Verbindung mit § 129b Abs. 1, oder nach den §§ 211, 212, 226, 306b oder 306c des Strafgesetzbuches oder, soweit durch die Tat Leib oder Leben eines anderen gefährdet worden ist, nach § 308 Abs. 1 bis 3 des Strafgesetzbuches dringend verdächtig ist, darf die Untersuchungshaft auch angeordnet werden, wenn ein Haftgrund nach Absatz 2 nicht besteht.

1) Die **Ermächtigung zum Erlass eines Haftbefehls,** von der nach pflichtgemäßem Ermessen Gebrauch zu machen ist (BVerfGE **19**, 342, 349 = NJW **66**, 243, 244), enthält die Vorschrift. Obwohl der Richter zur Anordnung der UHaft nicht gezwungen ist, wird er einen Haftbefehl, dessen Voraussetzungen nach § 112 vorliegen, idR auch erlassen (KK-Graf 54); das braucht er nicht weiter zu begrün- 1 den (Geppert GA **79**, 300). Zum Verhältnis zwischen § 112 und § 329 IV vgl dort 45.

2 **Bis zur Rechtskraft des Urteils** kann die UHaft nach § 112 angeordnet werden, auch nach Urteilserlass zur Sicherung der Vollstreckung (Hamm NJW **54**, 403; Schneidewin NJW **54**, 298; Schroeder JZ **85**, 1031; **aM** Wolf NJW **54**, 60; erg 4 vor § 112), auch wenn Schuld- und Strafausspruch schon rechtskräftig sind oder die Strafe sogar schon verbüßt ist, jedoch über den Maßregelausspruch noch nicht rechtskräftig entschieden ist (LR-Hilger 57 ff). Nach Urteilsrechtskraft sind lediglich die Sicherungshaft nach § 453 c und die UHaft nach Anordnung der Wiederaufnahme (15 zu § 370) zulässig.

3 **Haftunfähigkeit** des Beschuldigten schließt den Erlass des Haftbefehls nicht aus, sondern hindert nur seinen Vollzug (Düsseldorf JZ **84**, 248; Frankfurt NJW **68**, 2302; Nürnberg OLGSt § 116 Nr 1; **aM** Neuhaus StraFo **00**, 14); insoweit gilt § 455 entspr (KG NStZ **90**, 142; eingehend dazu Neuhaus DAV-FS 1010). Während der Krankheit kann Anlass für eine Haftverschonung nach § 116 bestehen (vgl dazu Gatzweiler StV **96**, 283). Wird der Beschuldigte nach der Tat geisteskrank, so kommt nur die Anwendung des § 126 a in Betracht.

4 **2) Voraussetzungen des Haftbefehls** sind dringender Tatverdacht und, abgesehen von dem Fall des III, das Vorliegen eines Haftgrundes, wobei §§ 112, 112 a eine abschließende Regelung der Haftgründe enthalten (Karlsruhe StV **10**, 30). Ferner darf die UHaft nicht unverhältnismäßig sein.

5 A. **Dringender Tatverdacht** (I S 1) besteht, wenn die Wahrscheinlichkeit groß ist, dass der Beschuldigte Täter oder Teilnehmer (§§ 25 ff StGB) einer Straftat ist. Dabei muss es sich um eine rechtswidrig und schuldhaft begangene Tat oder, wenn er strafbar ist, um den Versuch einer solchen Tat handeln. Die Wahrscheinlichkeit, dass Rechtfertigungs-, Schuld- oder Strafausschließungsgründe vorliegen, beseitigt den dringenden Tatverdacht (Schlothauer StV **96**, 393). Das Gleiche gilt für (jedenfalls zZ, vgl Dresden StV **01**, 519 mit Anm Hübel) nicht behebbare Verfahrenshindernisse (München StV **98**, 270); wegen des Strafantrags vgl § 130. Beweisverwertungsverbote sind zu beachten (BGH **36**, 396, 398; **38**, 276, 278). Bei Rechtsfragen darf der Richter sich mit „dringendem Verdacht" nicht begnügen. Er muss sie lösen, wenn es auf sie ankommt (Lüttger GA **57**, 211). Die Prognose, dass eine Verurteilung wahrscheinlich ist, verlangt der dringende Tatverdacht nicht (BGH NStZ **81**, 94 [Pf]; **aM** Köln JMBlNW **68**, 235; SK-Paeffgen 9 b; Parigger NStZ **86**, 211); es genügt die Möglichkeit der Verurteilung (dazu Deckers StV **01**, 116).

6 Dem Grade nach ist dieser Verdacht **stärker als der hinreichende,** von dessen Vorliegen nach § 203 die Eröffnung des Hauptverfahrens abhängt. Jedoch setzt die Annahme des dringenden Tatverdachts nicht voraus, dass auch der hinreichende feststeht. Denn die Prüfung des hinreichenden Verdachts erfolgt stets auf der Grundlage des abgeschlossenen Ermittlungsergebnisses, die des dringenden Verdachts dagegen auf Grund des gegenwärtigen Standes der Ermittlungen (BGH NStZ **81**, 94 [Pf]; Celle StV **86**, 392), der sich ändern kann. Nur im Zeitpunkt der Anklageerhebung muss der dringende Tatverdacht stets stärker sein als der hinreichende (Frankfurt StV **95**, 593; KK-Graf 6).

7 Nur **aus bestimmten Tatsachen,** nicht aus bloßen Vermutungen, darf der dringende Tatverdacht hergeleitet werden (LG Frankfurt a. M. StV **09**, 477). Maßgebend ist im Ermittlungsverfahren das sich aus den Akten ergebende Ermittlungsergebnis, nach einer Hauptverhandlung das Ergebnis der Beweisaufnahme (Frankfurt StV **00**, 374, 375; Koblenz StV **94**, 316), nach Erlass eines noch nicht rechtskräftigen Urteils der darin festgestellte Sachverhalt (zu dessen gleichwohl zulässiger Überprüfung vgl Brandenburg StraFo **00**, 318). Akten und Erkenntnisse des Ministeriums für Staatssicherheit der ehemaligen DDR sind grundsätzlich nicht geeignet, als solche den dringenden Tatverdacht zu belegen (BGH **38**, 276 = NStZ **92**, 449 mit Anm Baumann = NJ **92**, 320 mit Anm Klinghardt = JZ **92**, 976

mit Anm Schroeder; vgl dazu auch LG Berlin NStZ **93**, 99; Klinghardt NJ **92**, 185; Marschollek NJ **92**, 539; Paeffgen NStZ **93**, 530).

B. Der **Verhältnismäßigkeitsgrundsatz** (I S 2) muss gewahrt sein (vgl auch § 120 I S 1). Jedoch ist dieser Grundsatz keine Haftvoraussetzung, sondern die Unverhältnismäßigkeit ein Haftausschließungsgrund (Kleinknecht JZ **65**, 114; Seetzen NJW **73**, 2001; **aM** SK-Paeffgen 10). Sie hindert den Erlass eines Haftbefehls nur, wenn sie feststeht; der Grundsatz *in dubio pro reo* gilt nicht (Düsseldorf NStZ **93**, 554; KK-Graf 46; Hengsberger JZ **66**, 210). **8**

Der **Eingriff ist nur zulässig,** wenn und soweit die vollständige Aufklärung der Tat oder die rasche Durchführung des Verfahrens einschließlich der Urteilsvollstreckung nicht anders gesichert werden kann (BVerfGE **20**, 144, 147 = NJW **66**, 1703; 2 vor § 112). So ist ggf zu prüfen, ob ein Suchvermerk im BZR ausreicht oder eine Erledigung der Sache im Strafbefehlsverfahren möglich ist (Rostock StV **06**, 311). **9**

UHaft darf daher nicht angeordnet werden, wenn der Beschuldigte **freiwillige Beschränkungen** (Ablieferung der Personalpapiere, freiwilliges Sich-Unterziehen einer Anstaltsbehandlung; vgl auch § 71 II **JGG**), auf sich nimmt, die die Haftgründe ausräumen (Frankfurt JR **51**, 92; KK-Graf 52). Es kann auch unzulässig sein, einen Beschuldigten in Haft zu nehmen, wenn die Anklage erst nach mehr als 10 Jahren erhoben worden ist (Stuttgart NJW **74**, 284). Die UHaft darf niemals eher und nicht länger vollzogen werden, als notwendig ist. **10**

Abzuwägen für die Beurteilung der Verhältnismäßigkeit sind die Schwere des Eingriffs in die Lebenssphäre des Beschuldigten, wobei auch sein Gesundheitszustand zu berücksichtigen ist, gegen die Bedeutung der Strafsache und die Rechtsfolgenerwartung (unten 23 ff). Nur wenn die Unverhältnismäßigkeit unter beiden Gesichtspunkten besteht, hindert sie den Erlass des Haftbefehls (Hamm StraFo **98**, 283; vgl auch BerlVerfGH NJW **01**, 3181: Haftbefehl gegen [stillende] Mutter eines Neugeborenen). Für die Bedeutung der Sache sind wichtig die abstrakte Rechtsfolgenandrohung, die Art des verletzten Rechtsguts, der konkrete Geschehensablauf (Gelegenheits- oder Serientat, sozialschädliche Wirkungen) sowie tatbezogene Umstände aus der Person des Beschuldigten (Intensität des kriminellen Verhaltens, in Entstehung begriffener oder schon bestehender verbrecherischer Hang). Auch das öffentliche Interesse an der Verfolgung der Tat, insbesondere, wenn sie zu einer Gruppe von Straftaten gehört, die (wie etwa die Betäubungsmitteltaten), besonders wirksam bekämpft werden müssen, kann unter dem Gesichtspunkt der Verteidigung der Rechtsordnung berücksichtigt werden (**aM** SK-Paeffgen 16). Dagegen kann die Erregung der Öffentlichkeit die Bedeutung der Tat nicht nachträglich erhöhen (Baumann JZ **62**, 652; Kleinknecht MDR **65**, 781; Philipp DRiZ **65**, 83). Unter dem Gesichtspunkt der Rechtsfolgenerwartung besteht, wie sich aus § 113 ergibt, Unverhältnismäßigkeit nicht allein deshalb, weil nur eine kurzfristige oder keine zu vollstreckende Freiheitsstrafe oder eine Geldstrafe zu erwarten ist (Paeffgen 199; Seetzen NJW **73**, 2001; **aM** Wolter ZStW **93**, 469; vgl auch LG Hamburg StV **87**, 399; allerdings darf die Dauer der UHaft idR die voraussichtliche Ersatzfreiheitsstrafe nicht überschreiten (Frankfurt StV **93**, 594). **11**

Eine **schwere und unheilbare Krankheit,** die mit Sicherheit vor Abschluss des Verfahrens zum Tode des Beschuldigten führen wird, soll nach Ansicht des BerlVerfGH (NJW **93**, 515: Fall Honecker; ähnlich NJW **94**, 436) wegen der Menschenwürdegarantie der Haftanordnung entgegenstehen. Abgesehen davon, dass es schon fraglich erscheint, ob ein Landesverfassungsgericht hier in ein Strafverfahren, in dem Bundesprozessrecht angewendet wird, überhaupt eingreifen durfte (vgl Bartlsperger DVBl **93**, 346; Berkemann NVwZ **93**, 409; Koppernock/Staechelin StV **93**, 433; Meurer JR **93**, 90; Pestalozza NVwZ **93**, 344; Starck JZ **93**, 232) und eine genaue Prognose sowohl über den Fortgang einer Erkrankung als auch über die Dauer eines Prozesses ohnehin unmöglich ist (vgl Paeffgen **11a**

NJ **93**, 154), erscheint die Schaffung eines solchen Haftaufhebungsgrundes verfehlt (vgl auch Ranft 1108ff): Auch angesichts seines nahen Todes verstößt es nicht gegen die Menschenwürde, wenn sich ein Beschuldigter für ihm vorgeworfene Straftaten verantworten muss (Meurer aaO; Schoreit NJW **93**, 883; Starck aaO; **aM** Paeffgen aaO und SK 8ff Anh zu § 206a; zw von Münch JZ **04**, 184). Auf Entscheidungen des BVerfG hat sich der BerlVerfGH zu Unrecht berufen (Bartlsperger aaO; Meurer aaO; Schoreit aaO; Starck aaO; Wilke NJW **93**, 888; **aM** Koppernock/Staechelin aaO). An Stelle eines „Haftaufhebungsgrundes von Verfassungs wegen" kann daher auch in einem solchen Fall nur eine Abwägung im Einzelfall zwischen dem Grundrechtseingriff und der Bedeutung der staatlichen Strafgewalt vor dem Hintergrund der Schwere der zur Last gelegten Tat erfolgen (Bartlsperger aaO S 344; Berkemann aaO 417; Schoreit aaO S 886; Wassermann NJW **93**, 1568; vgl auch Nürnberg StV **06**, 314 mit abl Anm Gatzweiler: § 455 II entspr). Ist der Beschuldigte aber verhandlungsunfähig oder lässt die Durchführung des Strafverfahrens für ihn irreparable Gesundheitsschäden oder den Tod befürchten, ist selbstverständlich auch die Anordnung oder Aufrechterhaltung der UHaft ausgeschlossen (Bartlsperger aaO S 337; Meuer aaO S 93; vgl auch Düsseldorf NStZ **93**, 554).

12 C. Der **Haftgrund der Flucht** (II Nr 1) besteht, wenn der Beschuldigte flüchtig ist oder sich verborgen hält. Beides kann zusammentreffen.

13 **Flüchtig** ist, wer vor Tatbeginn (Frankfurt NJW **74**, 1835; Koblenz NStZ **85**, 88; KK-Graf 12; **aM** Karlsruhe NJW **72**, 2098 = JR **73**, 75 mit abl Anm Kohlhaas; LR-Hilger 29; Paeffgen NStZ **89**, 417; alle für den Fall der Fahnenflucht; Sommermeyer NJ **92**, 336; vgl auch LG Verden StV **86**, 256), während oder nach der Tat seine Wohnung aufgibt, ohne eine neue zu beziehen, oder sich in das Ausland mit der Wirkung absetzt, dass er für Ermittlungsbehörden und Gerichte unerreichbar und ihrem Zugriff auch wegen der zu erwartenden Strafvollstreckung (Schroeder JZ **85**, 1031) entzogen ist (Braunschweig NJW **64**, 1485; Düsseldorf NJW **86**, 2204, 2205). Dem steht es gleich, wenn der deutsche Beschuldigte aus dem Ausland nicht mehr zurückkehren will (hM; vgl Frankfurt NJW **74**, 1835; **aM** SK-Paeffgen 22a). Dagegen ist der Ausländer nicht flüchtig, der sich in sein Heimatland zurückbegibt, ohne dass das mit seiner Straftat im Zusammenhang steht (Brandenburg StV **96**, 381; Bremen NStZ-RR **97**, 334; Frankfurt StV **94**, 581; Naumburg wistra **97**, 80; Saarbrücken wistra **91**, 358 mit krit Anm Weyand; Paeffgen NStZ **90**, 431; erg unten 17). Dass der Beschuldigte trotz seiner Flucht postalisch erreichbar ist, spielt keine Rolle (Düsseldorf aaO; LG Verden StV **86**, 256), wohl aber, dass er seinem Verteidiger eine Ladungsermächtigung nach § 145a II erteilt hat (Dresden StV **07**, 587); bei einem Nichtsesshaften ist aber zu klären, ob er über eine konkret bezeichnete Anlaufstelle zu erreichen ist (LG Zweibrücken NJW **04**, 1679). Die Verhinderung des Strafverfahrens muss der Beschuldigte nicht beabsichtigen; es genügt, dass er sie erkennt und in Kauf nimmt (Koblenz NStZ **85**, 88; LG Hamburg StV **87**, 399; unten 18).

14 **Verborgen** hält sich, wer unangemeldet, unter falschem Namen oder an einem unbekannten Ort lebt, um sich dem Verfahren dauernd oder auf längere Zeit zu entziehen. Wer sich nur verbirgt, um die Herausgabe des Kindes an den anderen Elternteil zu verhindern (Schleswig MDR **80**, 1042), oder um sich ausländerpolizeilichen Maßnahmen zu entziehen (LG Hamburg aaO), ist nicht flüchtig.

15 Die Flucht muss **auf Grund bestimmter Tatsachen** feststehen. Da jedoch sichere Feststellungen über die Flucht idR erst möglich sind, wenn der Beschuldigte ergriffen worden ist, muss es ausreichen, dass nach den Umständen des Falles Flucht oder Verbergen näher liegt als eine andere Erklärung für die Unerreichbarkeit des Beschuldigten (KK-Graf 13, LR-Hilger 30; **aM** KMR-Wankel 4; Koch NJW **68**, 1711).

16 Bei **Ergreifung des Beschuldigten** auf Grund des nach II Nr 1 erlassenen Haftbefehls entfällt der Haftgrund der Flucht. IdR wird die vorherige Flucht aber die Aufrechterhaltung des Haftbefehls wegen Fluchtgefahr nach II Nr 2 rechtfertigen und erforderlich machen.

17 D. **Fluchtgefahr** (II Nr 2) besteht, wenn die Würdigung der Umstände des Falles es wahrscheinlicher macht, dass sich der Beschuldigte dem Strafverfahren entziehen, als dass er sich ihm zur Verfügung halten werde (Köln StV **94**, 582; **95**, 475; **97**, 642; Kühne 418). Das ist aus der Sicht des anhängigen Verfahrens ohne Rücksicht darauf zu entscheiden, ob sich der Beschuldigte in anderer Sache in Strafhaft oder sonst in behördlicher Verwahrung befindet (Hamm NStZ **04**, 221 mwN; Köln NStZ **91**, 605 mwN und abl Anm Möller, deren Hinweise auf die Entscheidungsbefugnis des Anstaltsleiters nach dem StVollzG aber nicht überzeugen; gegen Möller auch Paeffgen NStZ **92**, 482).

17a Dass jemand seinen **Wohnsitz im Ausland** hat – sei es als Deutscher, sei es als Ausländer –, begründet für sich allein keine Fluchtgefahr (Dresden StV **05**, 224 [Polen], Köln StV **05**, 393 [Deutscher in Belgien oder den Niederlanden] und **06**, 25 [Schweiz]). Ein Ausländer, der sich ohne Fluchtwillen in sein Heimatland zurückbegeben hatte, ist daher nur fluchtverdächtig, wenn er erklärt, er werde sich dem Verfahren nicht stellen (Celle StraFo **09**, 204; Karlsruhe StV **05**, 33; Köln NStZ **03**, 219; NStZ-RR **06**, 22; Stuttgart NStZ **98**, 427 mit abl Anm Lagodny; abl auch Paeffgen NStZ **04**, 78, Schlothauer/Weider 494: keine Fluchtgefahr; wiederum **aM** Grau NStZ **07**, 10: Fluchtgefahr auch bei schlicht passivem Verhalten). Zusammenfassend zum Haftbefehl gegen im Ausland wohnende Beschuldigte Böhm NStZ **01**, 633, 636, Dahs/Riedel StV **03**, 416, Hilger StV **05**, 36, zu ausgewiesenen Beschuldigten Heidig/Langner StraFo **02**, 156).

18 Das **Sich-Entziehen** ist ein Verhalten, das den Erfolg hat, dass der Fortgang des Strafverfahrens dauernd oder wenigstens vorübergehend (Hamm NJW **66**, 2075) durch Aufhebung der Bereitschaft des Beschuldigten verhindert wird, für Ladungen und Vollstreckungsmaßnahmen zur Verfügung zu stehen (BGH **23**, 380, 384; KG JR **74**, 165; Düsseldorf NJW **86**, 2204, 2205; NStE Nr 6; Parigger NStZ **86**, 211; erg 4 zu § 124). Gleichgültig ist, ob der Beschuldigte diesen Erfolg beabsichtigt, erkannt oder nur in Kauf genommen hat (BGH aaO; Düsseldorf aaO; Koblenz NStZ **85**, 88). Bloßer Ungehorsam gegenüber Vorladungen und bloße Untätigkeit genügen nicht (BGH aaO; Koblenz StV **92**, 424; LG Verden StV **86**, 256). Für Ausländer gilt dasselbe wie bei Fluchtgefahr (Hamm StV **05**, 35 mit abl Anm Hilger; oben 17 a). Auch Selbstmordgefahr rechtfertigt die Anordnung der UHaft nicht (Oldenburg NJW **61**, 1984; Paeffgen NStZ **95**, 21; Seetzen DRiZ **74**, 261; **aM** Bremen JZ **56**, 375 mit abl Anm Bader; Hamburg JR **95**, 72 mit abl Anm Paeffgen). Wer sich aber bewusst in einen Zustand länger dauernder Verhandlungsunfähigkeit versetzt (zB durch Drogenmissbrauch oder Nichteinnahme von Tabletten), entzieht sich dem Verfahren (KG JR **74**, 165 mit Anm Kohlhaas; Oldenburg StV **90**, 165 mit zust Anm Wendisch und krit Anm Oswald StV **90**, 500; **aM** Kühne 417; Paeffgen NStZ **90**, 431).

19 Die **Beurteilung der Fluchtgefahr** erfordert die Berücksichtigung aller Umstände des Falles, insbesondere der Art der dem Beschuldigten vorgeworfenen Tat, der Persönlichkeit des Beschuldigten, seiner Lebensverhältnisse, seines Vorlebens und seines Verhaltens vor und nach der Tat (Köln StV **95**, 475). Berücksichtigt werden kann auch, dass gegen den Beschuldigten der dringende Verdacht weiterer Taten besteht, insbesondere dass gegen ihn noch weitere Verfahren anhängig sind (Düsseldorf MDR **93**, 371). Die für und gegen eine Flucht sprechenden Umstände müssen gegeneinander abgewogen werden.

20 **Fluchtgefahr begründen idR** auffälliger Wohnungs- oder Arbeitsplatzwechsel, Verwendung falscher Namen oder Papiere, Flucht in einem früheren Verfahren oder Verfahrensabschnitt und Zugehörigkeit zu einer Terroristenbande. Für Fluchtgefahr sprechen auch die charakterliche Labilität des Beschuldigten, seine Neigung zu Glücksspiel oder Drogenmissbrauch, das Fehlen fester familiärer oder beruflicher Bindungen, leicht lösbare Wohnungsverhältnisse und das Fehlen einer

festen Wohnung oder eines festen Aufenthalts. Auch Beziehungen zum Ausland, insbesondere dort befindliches Vermögen (einschr Saarbrücken StV **02**, 489), und gute Sprachkenntnisse können die Fluchtgefahr begründen (LR-Hilger 36; Böhm NStZ **01**, 635).

20a **Für EU-Ausländer** gilt, dass *nur* der Wohnsitz in einem anderen Unionsstaat Fluchtgefahr nicht begründen kann; denn darin läge ein Verstoß gegen das europarechtliche Diskriminierungsverbot (vgl Bleckmann StV **95**, 552; Gercke StV **04**, 675; Püschel StraFo **09**, 136; Strate DAV-FS 1048).

21 **Gegen die Fluchtgefahr sprechen** idR starke familiäre oder berufliche Bindungen (Hamm StV **03**, 509), hohes Alter sowie schlechter und daher fluchthindernder Gesundheitszustand des Beschuldigten. Fester Wohnsitz schließt die Fluchtgefahr nicht immer aus (vgl Düsseldorf JMBlNW **92**, 251).

22 Die Fluchtgefahr darf nur aus **bestimmten Tatsachen** hergeleitet werden. Bloße Mutmaßungen und Befürchtungen genügen nicht. Die Tatsachen brauchen aber nicht zur vollen Überzeugung des Gerichts festzustehen; es genügt derselbe Wahrscheinlichkeitsgrad wie (vgl oben 5) beim dringenden Tatverdacht (Bremen NJW **55**, 1891; **62**, 649; LR-Hilger 32; Dreves DRiZ **65**, 111; Franzheim GA **66**, 47; **aM** Dahs NJW **59**, 509; **65**, 890; Krekeler wistra **82**, 8, die vollen Beweis verlangen). Zu den Tatsachen gehören auch innere Tatsachen (Braunschweig JZ **65**, 619 mit Anm Neidhard), zB die Neigung des Beschuldigten, bestimmte Straftaten zu begehen, auch Erfahrungstatsachen, insbesondere der Erfahrungssatz, dass ein Beschuldigter umso eher versucht, sich dem Strafverfahren zu entziehen, je höher die Strafe ist, die ihm bevorsteht (KG NJW **65**, 1390; Schwenn StV **84**, 133 spricht den Gerichten solche Erfahrungen ab und hält das für bloße Vermutungen).

23 Bei der **Straferwartung** kommt es auf den tatsächlich zu erwartenden Freiheitsentzug an. Dabei ist vom Erwartungshorizont des Beschuldigten und des Haftrichters auszugehen (Hamm StV **01**, 115 mit insoweit zust Anm Deckers). Zu prüfen ist daher, ob die UHaft nach § 51 I StGB angerechnet wird und ob der Beschuldigte mit Strafaussetzung zur Bewährung nach § 56 StGB oder mit der Aussetzung des Strafrests nach § 57 StGB rechnen kann (KG aaO; StV **86**, 107; Frankfurt StV **83**, 337; Hamm StV **85**, 114). Die schematische Annahme, dass bei einer Straferwartung in bestimmter Höhe, etwa 1 Jahr Freiheitsstrafe, Fluchtgefahr besteht, ist unzulässig (Celle NJW **50**, 240; LG Oldenburg StV **83**, 248; Dahs NJW **59**, 511; Wendisch NStZ **83**, 479). Wird im Urteil Strafaussetzung zur Bewährung bewilligt, kann nicht zugleich Haftfortdauer wegen Fluchtgefahr angeordnet werden (**aM** München StV **07**, 459 mit abl Anm König); das Berufungsgericht kann aber die UHaft anordnen, wenn es eine Berufung der StA, die sich gegen die Strafaussetzung wendet, für aussichtsreich erachtet (vgl auch KK-Schultheis 7 zu § 120).

24 Im Allgemeinen kann auch die **Straferwartung allein** die Fluchtgefahr nicht begründen; sie ist nur Ausgangspunkt für die Erwägung, ob der in ihr liegende Anreiz zur Flucht auch unter Berücksichtigung aller sonstigen Umstände so erheblich ist, dass die Annahme gerechtfertigt ist, der Beschuldigte werde ihm wahrscheinlich nachgeben und flüchtig werden (KG NJW **65**, 1390; Bremen StV **95**, 85; Hamburg StV **02**, 490 mit abl Anm J. Meyer; Hamm StV **99**, 216 mit zust Anm Hohmann; Karlsruhe StV **10**, 31; StraFo **10**, 25; **aM** Naujok StraFo **00**, 79). Je größer die Straferwartung ist, desto weniger Gewicht ist aber auf weitere Umstände zu legen (Karlsruhe NJW **78**, 333). Auch ein möglicher Bewährungswiderruf kann zur Beurteilung der Fluchtgefahr herangezogen werden (KG StV **96**, 383 mit abl Anm Wattenberg). Zur Wiederinvollzugsetzung eines Haftbefehls vgl 28 zu § 116; dasselbe gilt, wenn ein früherer Haftbefehl sogar aufgehoben worden war (Dresden StV **09,** 477).

25 Bei einer **besonders hohen Straferwartung** braucht daher nur geprüft zu werden, ob Umstände vorhanden sind, die die hieraus herzuleitende Fluchtgefahr ausräumen können (KG aaO; Braunschweig JZ **65**, 619 mit zust Anm Neidhard;

Düsseldorf StV **82**, 585; Frankfurt NJW **65**, 1342; Hamm NStZ **08**, 649; Karlsruhe aaO; KK-Graf 19; **aM** SK-Paeffgen 25; Dahs AnwBl **83**, 418 und Dünnebier-FS 234; Krekeler wistra **83**, 44; Münchhalffen Rieß-FS 351; Schwenn StV **84**, 132). Das bedeutet aber nicht, dass bei schweren Straftaten die Anforderungen für die Annahme der Fluchtgefahr herabgemindert sind (Köln StV **93**, 371; **95**, 419; StraFo **97**, 279 mit zust Anm Hiebl; **aM** Hamburg NJW **61**, 1881 mit abl Anm Dahs; Kleinknecht MDR **65**, 783). Eingehend zur Problematik mit neuem, erwägenswerten Lösungsansatz – „Fluchtprognose durch Strafprognose" – Fröhlich NStZ **99**, 331 ff.

E. Der **Haftgrund der Verdunkelungsgefahr** (II Nr 3; sehr krit dazu Weigend Müller-FS 744, 749: „unverhältnismäßiges Instrument, das tendenziell Art 2 II S 2 GG als auch die Unschuldsvermutung verletzt") besteht, wenn das Verhalten des Beschuldigten den dringenden Verdacht (oben 5) begründet, dass durch bestimmte Handlungen auf sachliche oder persönliche Beweismittel eingewirkt und dadurch die Ermittlung der Wahrheit erschwert werden wird (vgl Köln StV **97**, 27; München NStZ **96**, 403). Der Haftgrund bezieht sich nur auf die Taten, die dem Haftbefehl zugrunde liegen (Karlsruhe StV **01**, 686). Zur Sicherung der Zurückgewinnungshilfe (5, 6 zu § 111 b) dient der Haftgrund nicht (Gärtner NStZ **05**, 544). 26

a) **Mit großer Wahrscheinlichkeit** müssen Verdunkelungshandlungen für den Fall zu erwarten sein, dass der Beschuldigte nicht in Haft genommen wird (Bremen NJW **55**, 1891; Celle NJW **63**, 1264; Köln NJW **59**, 544). Die bloße Möglichkeit, dass solche Handlungen vorgenommen werden, genügt nicht (Hamm StV **85**, 114; StraFo **04**, 134; Köln NJW **61**, 1880; StV **92**, 383; München StV **95**, 86). 27

Bestimmte Tatsachen, die nicht zur vollen Überzeugung des Gerichts festzustehen brauchen (oben 22), müssen die Verdunkelungsgefahr begründen, und zwar Tatsachen aus dem Verhalten, den Beziehungen und den Lebensumständen des Beschuldigten (Hamm aaO; KK-Graf 25, 27; Dahs NJW **65**, 889; Kleinknecht MDR **65**, 782). Daher rechtfertigt die UHaft nicht, dass die Ermittlungen noch nicht abgeschlossen sind (LG Hannover NJW **52**, 951; KK-Graf 28; Dahs NJW **59**, 508; **65**, 890), dass Mittäter noch flüchtig (Schmidt-Leichner NJW **59**, 844) oder wichtige Zeugen noch nicht aufgefunden oder vernommen worden sind (Schleswig SchlHA **54**, 25; Dahs NJW **65**, 890), dass das Opfer der Tat noch nicht gefunden worden ist (Dahs aaO) oder der Beschuldigte das Versteck der Beute nicht preisgibt (Frankfurt StV **09**, 652). 28

Das Verhalten des Beschuldigten muss **prozessordnungswidrig** und anstößig sein (Dahs aaO). Daher lässt sich aus der Verweigerung der Einlassung oder dem Bestreiten der Tat keine Verdunkelungsgefahr herleiten (Frankfurt NJW **60**, 351 mit Anm Sauer; Hamm StV **85**, 114; Münchhalffen Rieß-FS 348 mwN), auch nicht aus dem Widerruf des Geständnisses (vgl KG JR **56**, 192; Dahs NJW **65**, 890), aus der Weigerung, die Mittäter zu nennen (LG Verden StV **82**, 374) oder eine Blutprobe zur Alkoholbestimmung entnehmen zu lassen (Dahs aaO; Kleinknecht NJW **64**, 2186). Auch das Einwirken auf Beweispersonen, das nicht iS des II Nr 3 Buchst b unlauter ist (unten 33), begründet keine Verdunkelungsgefahr (KG StraFo **09**, 21). Andererseits setzt der Haftgrund nicht voraus, dass der Beschuldigte in dem anhängigen oder in einem früheren Verfahren bereits Verdunkelungshandlungen vorbereitet, versucht oder begangen (Köln NJW **61**, 1880) und damit den dringenden Verdacht begründet hat, dass er das auch in Zukunft tun werde (KK-Graf 29, 31). 29

Es genügt, dass andere **Beweisanzeichen** für die Verdunkelungsgefahr vorhanden sind, zB die frühere Verurteilung des Beschuldigten wegen Meineids oder Vortäuschung einer Straftat (Dahs NJW **65**, 892) oder wegen anderer Delikte, die ihrer Natur nach auf Irreführung angelegt sind (KK-Graf 31; Philipp DRiZ **65**, 84 ff; **aM** Dahs Dünnebier-FS 234 ff). Auch wenn solche Vorverurteilungen nicht 30 festgestellt sind, kann der Umstand, dass die ganze Lebensführung des Beschuldigten auf Drohung, Täuschung und Gewalt abgestellt ist, die Verdunkelungsgefahr begründen (Köln JMBlNW **63**, 252; Dahs NJW **65**, 893). Sie kann sich auch aus den Umständen der verfolgten Tat ergeben (Koblenz OLGSt S 37; KK-Graf 29; Dreves DRiZ **65**, 111; **aM** Köln StV **86**, 539 L; StraFo **97**, 28; SK-Paeffgen 32 a; Dahs NJW **65**, 892; Weigend Müller-FS 744), zB wenn der Beschuldigte wegen Landesverrats nach §§ 94 ff StGB oder geheimdienstlicher Agententätigkeit nach § 99 StGB, wegen gewerbsmäßiger Hehlerei nach § 260 StGB oder wegen Zuhälterei nach § 181 a StGB verfolgt wird, insbesondere auch, wenn er Angehöriger einer kriminellen oder terroristischen Vereinigung iS der §§ 129, 129 a StGB ist oder zu dem Kreis der Wirtschaftskriminellen gehört, deren Taten nach Planung und Ausführung die Verdunkelung vor und nach ihrer Begehung voraussetzen (Koblenz OLGSt S 37; Böhm NStZ **01**, 634; Philipp DRiZ **65**, 85; **aM** Dahs Dünnebier-FS 236; Krekeler wistra **82**, 8; Münchhalffen Rieß-FS 356). Auch insoweit genügt aber natürlich allein die Feststellung, dass der Beschuldigte einer solchen Straftat dringend verdächtig ist, zur Annahme der Verdunkelungsgefahr nicht; sie erfordert vielmehr eine Würdigung der konkreten Umstände der Tat (Frankfurt NStZ **97**, 200 mit Anm Otto; Hamm StV **02**, 205).

31 b) Die **Erschwerung der Wahrheitsermittlung** durch eine der in II Nr 3 Buchst a–c abschließend aufgeführten Handlungen muss wahrscheinlich sein. Welche dieser Verdunkelungshandlungen zu erwarten ist, braucht aber nicht eindeutig festgestellt zu werden (KK-Graf 32; Kleinknecht MDR **65**, 782).

32 Bei der **Beweismittelvernichtung** (Buchst a) kommt es nicht darauf an, ob der Beschuldigte „unlauter" handelt (**aM** Nix StV **92**, 446). Gleichgültig ist auch, ob er berechtigt ist, über das Beweismittel zu verfügen. Beiseiteschaffen iS der Vorschrift ist jede Handlung, durch die bewirkt wird, dass das Beweismittel den Strafverfolgungsbehörden nicht mehr jederzeit und unverändert zur Verfügung steht; das kann auch durch Veräußerung geschehen (KK-Graf 33). Die Veränderung des Beweismittels kann auch durch Unbrauchbarmachung erfolgen. Fälschen ist jede Veränderung eines echten Beweismittels mit dem Erfolg, dass es seinen ursprünglichen Beweiswert verliert, aber auch die Herstellung eines neuen Beweismittels, das den Eindruck erweckt, es sei vor seiner Anfertigung entstanden (Zweibrücken StV **92**, 476 mwN; **aM** Dahs NJW **59**, 507).

33 Das **Einwirken auf Beweispersonen** (Buchst b) ist nur von Bedeutung, wenn es in unlauterer Weise (durch unlautere Mittel oder zu unlauteren Zwecken) geschieht (Saarbrücken StV **02**, 499). Es setzt eine unmittelbare oder mittelbare psychische Beeinflussung voraus, durch die die Beweislage zuungunsten der Wahrheit geändert werden soll (Nix StV **92**, 447), insbesondere dadurch, dass durch Täuschung (KK-Graf 34) oder Bedrohung (Düsseldorf NStE Nr 12) der Mitbeschuldigte oder Zeuge zur Falschaussage oder der Sachverständige zu einem falschen Gutachten veranlasst wird. Ob die Beweisperson schon am Verfahren beteiligt ist, spielt keine Rolle; es genügt, dass der Beschuldigte mit ihrem Eintritt rechnet. Nicht unlauter ist das Suchen nach Entlastungszeugen und Besprechungen mit ihnen zur Feststellung ihres Wissens (Köln NJW **59**, 544), sofern sie dabei nicht unter Druck gesetzt werden und ihnen keine falsche Erinnerung suggeriert wird (Dahs NJW **65**, 890). Auch das Ersuchen an den Zeugen, von seinem Zeugnisverweigerungsrecht Gebrauch zu machen, ist nicht unlauter (Bremen MDR **51**, 55 mit Anm Dallinger; Köln aaO; Dahs aaO; krit Hengsberger JZ **66**, 211), sofern es nicht unter Ausnutzung eines Autoritätsverhältnisses oder sonst in unerlaubter Weise geschieht (Karlsruhe StraFo **00**, 423). Zum Anbieten von Geld gegen Rücknahme der Strafanzeige Deckers/Lederer StV **09**, 140.

34 Die **Veranlassung eines anderen** (Buchst c), Verdunkelungsmaßnahmen zu begehen, steht den eigenen Handlungen des Beschuldigten gleich. Der Beschuldigte muss dabei vorsätzlich handeln; ob der andere weiß, welchem Ziel seine Handlungen dienen, ist ohne Bedeutung (KK-Graf 36).

Hinzu kommen muss stets die **konkrete Gefahr der Verdunkelung** in dem anhängigen Verfahren; die Absicht allein genügt nicht. Wenn die Verdunkelungshandlungen nicht geeignet sind, die Ermittlung der Wahrheit zu erschweren, darf UHaft nicht angeordnet werden. Der Haftgrund liegt daher nicht vor, wenn der Sachverhalt schon in vollem Umfang aufgeklärt und die Beweise so gesichert sind, dass der Beschuldigte die Wahrheitsermittlung nicht behindern kann (Fezer 5/9; Kleinknecht JZ **65**, 116). Das ist etwa der Fall, wenn ein gesichertes Geständnis (Düsseldorf StV **84**, 339; Stuttgart StV **05**, 225), richterlich protokollierte Aussagen unbeeinflussbarer Zeugen oder Mitbeschuldigter (Karlsruhe NJW **93**, 1148; LG Hamburg StV **00**, 373 mit zust Anm Jes Meyer; LG Oldenburg StV **83**, 248), Fingerabdrücke oder sichergestellte Tatwerkzeuge vorhanden sind. Auch die bloße Fortwirkung früherer Verdunkelungshandlungen genügt nicht (Oldenburg StV **05**, 394). Der Abschluss der Ermittlungen und die Erhebung der öffentlichen Klage räumen die Verdunkelungsgefahr jedoch nicht ohne weiteres aus (Frankfurt StV **94**, 583; **aM** Krekeler wistra **82**, 10). Ein nur auf Verdunkelungsgefahr gestützter Haftbefehl muss aber idR nach Abschluss des Verfahrens im letzten Tatsachenrechtszug aufgehoben werden (Celle NJW **63**, 1264; NStE Nr 10; Naumburg StV **95**, 259 L). 35

3) Bei bestimmten **Straftaten der Schwerkriminalität** lässt III die Anordnung der UHaft auch zu, wenn kein Haftgrund nach II vorliegt. Das gilt auch für den Versuch (BGH **28**, 355), für die Teilnahme nach §§ 25 ff StGB und für den Versuch der Teilnahme nach § 30 StGB, nicht aber für § 323 a StGB mit einer Katalogtat als Rauschtat (KK-Graf 39; Dünnebier NJW **66**, 231). Auch in den Fällen der §§ 213 und 216 StGB ist III nicht anwendbar (Düsseldorf NJW **65**, 2118; Köln StV **89**, 486; **96**, 382; Schlothauer/Weider 617 mwN; **aM** Hamm NJW **82**, 2786; Waldschmidt NJW **65**, 1576). 36

Die Vorschrift enthält einen offensichtlichen **Verstoß gegen den Verhältnismäßigkeitsgrundsatz.** Denn dieser Grundsatz verbietet es, gegen einen Tatverdächtigen, bei dem weder Flucht- noch Verdunkelungs- oder Wiederholungsgefahr vorliegt, nur wegen der Schwere der Straftat einen Haftbefehl zu erlassen. Das BVerfG legt III daher verfassungskonform dahin aus, dass der Erlass eines Haftbefehls nur zulässig ist, wenn Umstände vorliegen, die die Gefahr begründen, dass ohne Festnahme des Beschuldigten die alsbaldige Aufklärung und Ahndung der Tat gefährdet sein könnte; ausreichen kann schon die zwar nicht mit bestimmten Tatsachen belegbare, aber nach den Umständen des Falles doch nicht auszuschließende Flucht- oder Verdunkelungsgefahr oder die ernstliche Befürchtung, dass der Täter weitere Taten ähnlicher Art begehen werde (BVerfGE **19**, 342, 350 = NJW **66**, 243, 244; BVerfG NJW **66**, 772; krit LR-Hilger 53; SK-Paeffgen 43 ff; Dahs NJW **66**, 761; Deckers AnwBl **83**, 420; Fezer 5/14; Freund GA **95**, 20; Weigend Müller-FS 751; vgl auch Roxin/Schünemann § 30, 10: mehr Umdeutung als Auslegung des Gesetzes; dagegen Krey 1/37; JZ **78**, 367). 37

Die Vorschrift begründet bei dieser **Auslegung** weder eine Vermutung der Haftgründe (**aM** Düsseldorf MDR **83**, 152; offenbar auch Bremen StV **83**, 288), noch findet eine „Umkehr der Beweislast" statt (**aM** LR-Hilger 53; Deckers aaO). Vielmehr wird der Richter lediglich von den strengen Anforderungen des II befreit, um die Gefahr auszuschließen, dass sich gerade besonders gefährliche Täter der Bestrafung entziehen (BVerfG aaO). Dem Richter wird die Feststellung erlassen, dass bestimmte Tatsachen Flucht- oder Verdunkelungsgefahr begründen. Ausreichend, aber auch erforderlich ist die Feststellung, dass eine verhältnismäßig geringe oder entfernte Gefahr dieser Art besteht (Düsseldorf StraFo **00**, 67; Köln NJW **96**, 1686) oder dass sie jedenfalls nicht auszuschließen ist (Hamm NJW **66**, 2075; JZ **76**, 610, 612); das muss in dem Haftbefehl begründet werden (15 zu § 114). Sonst ist der Erlass eines Haftbefehls nach § 112 III abzulehnen (BGH StB 51/09 vom 23. 12. 2009). 38

39 III ist **keine Sondervorschrift** und schließt daher nicht aus, den Haftbefehl auf einen der Haftgründe des II (oder auf § 112 a) zu stützen, wenn er vorliegt (Hamm NJW **65**, 2117; Oldenburg NJW **65**, 1613; SK-Paeffgen 44; **aM** Düsseldorf NJW **65**, 2118). Das ist sogar empfehlenswert und idR auch möglich; denn wenn der Beschuldigte einer Straftat von der Schwere der in III bezeichneten Delikte dringend verdächtig ist, wird wegen der hohen Straferwartung meist auch Fluchtgefahr iS von II Nr 2 vorliegen.

Haftgrund der Wiederholungsgefahr

112a **I [1]Ein Haftgrund besteht auch, wenn der Beschuldigte dringend verdächtig ist,**

1. eine Straftat nach den §§ 174, 174 a, 176 bis 179 oder nach § 238 Abs. 2 und 3 des Strafgesetzbuches oder

2. wiederholt oder fortgesetzt eine die Rechtsordnung schwerwiegend beeinträchtigende Straftat nach § 89 a, nach § 125 a, nach den §§ 224 bis 227, nach den §§ 243, 244, 249 bis 255, 260, nach § 263, nach den §§ 306 bis 306 c oder § 316 a des Strafgesetzbuches oder nach § 29 Abs. 1 Nr. 1, 4, 10 oder Abs. 3, § 29 a Abs. 1, § 30 Abs. 1, § 30 a Abs. 1 des Betäubungsmittelgesetzes

begangen zu haben, und bestimmte Tatsachen die Gefahr begründen, dass er vor rechtskräftiger Aburteilung weitere erhebliche Straftaten gleicher Art begehen oder die Straftat fortsetzen werde, die Haft zur Abwendung der drohenden Gefahr erforderlich und in den Fällen der Nummer 2 eine Freiheitsstrafe von mehr als einem Jahr zu erwarten ist. [2]In die Beurteilung des dringenden Verdachts einer Tatbegehung im Sinne des Satzes 1 Nummer 2 sind auch solche Taten einzubeziehen, die Gegenstand anderer, auch rechtskräftig abgeschlossener, Verfahren sind oder waren.

II Absatz 1 findet keine Anwendung, wenn die Voraussetzungen für den Erlass eines Haftbefehls nach § 112 vorliegen und die Voraussetzungen für die Aussetzung des Vollzugs des Haftbefehls nach § 116 Abs. 1, 2 nicht gegeben sind.

1 **1)** Die **vorbeugende Maßnahme der Sicherungshaft** zum Schutz der Allgemeinheit vor weiteren erheblichen Straftaten besonders gefährlicher Täter erlaubt die Vorschrift; sie ist präventiv-polizeilicher Natur. Mit dem GG ist sie vereinbar (BVerfGE **19**, 342, 349 ff = NJW **66**, 243, 244; BVerfGE **35**, 185 = NJW **73**, 1363; sehr krit Roxin/Schünemann § 30, 12). Den Haftgrund der Wiederholungsgefahr sieht Art 5 I S 2 Buchst c **MRK** ausdrücklich vor; die Ansicht, § 112 a verstoße gleichwohl gegen die Unschuldsvermutung nach Art 6 II **MRK** (SK-Paeffgen 5; Wolter ZStW **93**, 485), kann daher nicht richtig sein (vgl Baumann JZ **69**, 136; Dreher MDR **70**, 967; EbSchmidt JR **70**, 208). Wegen des Zusammenhangs mit dem Strafverfahren war es sachgerecht, die Sicherungshaft, obwohl sie keine Untersuchungshaft iS des § 112, sondern vorbeugende Verwahrung ist, als strafprozessualen Eingriff in der StPO und nicht in den Polizeigesetzen der Länder zu regeln (KK-Graf 5; Fezer 5/17; **aM** Anagnostopoulos, Haftgründe der Tatschwere und der Wiederholungsgefahr [§§ 112 Abs. 3, 112 a StPO], 1984, S 104 ff, 126 ff; Baumann JZ **69**, 134; Paeffgen 156; Seebode 74 ff; Weigend Müller-FS 741). Die Höchstdauer der Sicherungshaft beträgt 1 Jahr (§ 122 a). Zur Zulässigkeit der Sicherungshaft bei Jugendlichen vgl von Nerée StV **93**, 212 sowie Hamm JMBlNW **96**, 66; StV **02**, 432, bei Heranwachsenden KG StV **09**, 83.

2 **2) Voraussetzung der Sicherungshaft** (I):

3 **Dringender Verdacht** iS des § 112 I S 1 (dort 5) muss bestehen hinsichtlich einer der in S 1 Nrn 1 und 2 abschließend bezeichneten Straftaten (Anlasstaten), die schuldhaft begangen sein muss. Ausreichend ist der dringende Verdacht des

Versuchs der Tat oder der Teilnahme an ihr (§§ 25 ff StGB), auch der des Versuchs der Beteiligung nach § 30 StGB.

Die Vorschrift **gilt auch,** wenn nur der dringende Verdacht besteht, dass die Tat im Vollrausch (§ 323 a StGB) begangen worden ist (Frankfurt NJW **65**, 1728; Hamm NJW **74**, 1667; KK-Graf 15; Hengsberger JZ **66**, 211; **aM** Krey ZStW **101**, 856; Paeffgen 162; einschr LR-Hilger 25). 4

Ferner setzt die Sicherungshaft **Wiederholungsgefahr** sowie die Notwendigkeit der Haft zur Abwendung der Gefahr voraus, in den Fällen der Nr 2 auch die Erwartung einer Freiheitsstrafe von mehr als 1 Jahr. Die früher in Nr 2 enthaltene Voraussetzung einer einschlägigen Vorstrafe ist durch das Verbrechensbekämpfungsgesetz gestrichen worden (krit dazu Bandisch StV **94**, 157; Neumann StV **94**, 275). 5

A. **Anlasstaten nach Nr 1** sind zunächst Straftaten gegen die sexuelle Selbstbestimmung. Sie brauchen weder wiederholt noch fortgesetzt (dazu unten 7) begangen worden zu sein. Schon die einmalige Verfehlung kann, jedenfalls bei erwachsenen Tätern, auf schwere Persönlichkeitsmängel hindeuten, die weitere Taten ähnlicher Art befürchten lassen (Diemer-Nicolaus NJW **72**, 1694; Hellmer NJW **65**, 1728); allerdings bedarf es hierfür bestimmter Tatsachen (Bremen StraFo **08**, 73 mit Anm Behm). Die Vorschrift bezweckt, einen besonders schutzwürdigen Kreis der Bevölkerung vor mit hoher Wahrscheinlichkeit drohenden schweren Straftaten zu bewahren (BVerfGE **19**, 342, 350 = NJW **66**, 243, 244). Neu aufgenommen wurde hier durch Ges vom 22. 3. 2007 (BGBl I 354) aber auch die sog Deeskalationshaft bei Straftaten nach § 238 II, III StGB (qualifiziertes Stalkingdelikt), die dem Opferschutz dienen soll (dazu Mitsch NJW **07**, 1241; Peters NStZ **09**, 242; krit Krüger NJ **08**, 150; nach Knauer/Reinbacher StV **08**, 377 nur mit verfassungskonformer Auslegung unter den Voraussetzungen des I Nr 2 anwendbar). 6

B. **Anlasstaten nach Nr 2:** Der Katalog enthält Straftaten, die erfahrungsgemäß besonders häufig von Serientätern begangen werden. § 125 a StGB ist erst durch Ges vom 9. 6. 1989 (BGBl I 1059) in ihm aufgenommen worden (krit dazu Hassemer StV **89**, 78; Krauß StV **89**, 315). Körperverletzung (§ 223 StGB) und Diebstahl (§ 242 StGB) gehören dazu nicht (LG Berlin StV **09**, 652). Eine fortgesetzte Handlung wird nach der Umgestaltung dieses Rechtsinstituts durch den BGH GrS (vgl dazu 14 zu § 260) bei den hier aufgezählten Straftaten höchstens noch im Fall des § 125 a sowie möglicherweise bei bestimmten Verstößen gegen das BtMG in Betracht kommen. Bei Straftaten nach § 243 StGB muss kein Regelbeispiel erfüllt sein. Betrugstaten sind nur dann Anlasstaten, wenn sie in ihrem Schweregrad (Art der Tatausführung oder Umfang des Schadens) etwa dem besonders schweren Fall des Diebstahls nach § 243 StGB entsprechen (Stuttgart Justiz **73**, 254). 7

Die Anlasstat nach Nr 2 rechtfertigt die Sicherungshaft nur unter folgenden Voraussetzungen: Die Tat muss **wiederholt oder fortgesetzt** begangen worden sein, dh mindestens zweimal durch rechtlich selbstständige Handlungen (§ 53 StGB), wobei geringfügige Abweichungen in der rechtlichen Beurteilung ohne Bedeutung sind (LR-Hilger 27: die Qualifikation ist dem Grunddelikt gleichzustellen; vgl auch Koblenz JBlRP **02**, 318) oder durch eine fortgesetzte Handlung, die sich aus entspr Einzelhandlungen zusammensetzt (Frankfurt StV **84**, 159). Dabei stellt I S 2 nun (zu der früher umstrittenen Frage, vgl Voraufl) klar, dass auch Straftaten, die Gegenstand eines weiteren Ermittlungsverfahrens bei demselben oder einem anderen Gericht sind oder die in anderen Verfahren bereits rechtskräftig abgeurteilt wurden, berücksichtigt werden dürfen. 8

Eine **schwerwiegende Beeinträchtigung der Rechtsordnung** muss durch die Anlasstat eingetreten sein. Art und Ausmaß des Schadens müssen bei jeder einzelnen Tat erheblich sein (BVerfGE **35**, 185, 192 = NJW **73**, 1363, 1365; Jena StV **09**, 251). Die Taten müssen nicht nur im Unrechtsgehalt (Frankfurt StV **00**, 9

209; **10**,31; 141 L) und im Schweregrad (LG Bonn StV **88**, 439; KK-Graf 14; vgl auch LR-Hilger 31 ff) überdurchschnittlich, sondern auch geeignet sein, in weiten Kreisen das Gefühl der Geborgenheit im Recht zu beeinträchtigen (ähnlich Schlüchter MDR **73**, 98).

10 Bei der **Straferwartung von mehr als 1 Jahr Freiheitsstrafe,** die nur in den Fällen des I Nr 2 gefordert wird, kommt es nicht darauf an, ob eine Strafaussetzung nach § 56 StGB ausgeschlossen ist; bei Serientätern wird sie es idR sein. Liegt schon ein noch nicht rechtskräftiges Urteil vor, so ist die erkannte Strafe maßgebend, sofern nicht die StA zuungunsten des Angeklagten Berufung eingelegt hat. Bei zu erwartender Jugendstrafe kommt es darauf an, ob auch ohne Einbeziehung von Vorerkenntnissen nach § 31 II JGG eine Jugendstrafe von mehr als 1 Jahr zu erwarten ist (LG Kiel StV **02**, 433); dasselbe gilt für die Einbeziehung von Nichtkatalogtaten in die Einheitsjugendstrafe (Braunschweig StraFo **08**, 330).

11 C. Der Begriff **Wiederholungsgefahr** ist in I als Gefahr der Begehung weiterer erheblicher Straftaten gleicher Art oder Fortsetzung der Straftat definiert.

12 **Erheblich** iS der Vorschrift sind Taten, die mindestens dem Bereich der mittleren Kriminalität angehören (KK-Graf 17).

13 Um **gleichartige Taten** handelt es sich, wenn das bisherige und das künftig zu befürchtende Verhalten des Täters im Erscheinungsbild übereinstimmen. Eine völlige Übereinstimmung der verletzten Strafgesetze mit der Anlasstat wird nicht verlangt; es genügt die rechtsethische und psychologische Vergleichbarkeit (BezG Meiningen NStE Nr 2; krit SK-Paeffgen 17). Das vergangene und das zukünftige Verhalten des Täters müssen aber insgesamt als eine in sich gleichartige Serie erscheinen. IdR sind diejenigen Gruppen von Straftaten gleichartig, die in dem Katalog des I Nr 1 (vgl LG Krefeld NJW **72**, 2238) und in dem der Nr 2 jeweils nach dem Wort „nach" aufgeführt sind (KMR-Wankel 6, 9).

14 Die Wiederholungsgefahr muss durch **bestimmte Tatsachen** begründet werden, die eine so starke innere Neigung des Beschuldigten zu einschlägigen Taten erkennen lassen, dass die Besorgnis begründet ist, er werde die Serie gleichartiger Taten noch vor einer Verurteilung wegen der Anlasstat fortsetzen (KK-Graf 18; Kleinknecht JZ **65**, 117). Zu berücksichtigen sind insbesondere die Vorstrafen des Beschuldigten, die Abstände zwischen ihnen (Jena StraFo **09**, 21; Oldenburg StV **10**, 140), die äußeren Umstände, in denen er sich bei Begehung der Taten befunden hat, seine Persönlichkeitsstruktur und sein soziales Umfeld (Bremen NStZ-RR **01**, 220). Vorverurteilungen zu jugendgerichtlichen Zuchtmitteln bleiben außer Betracht (Oldenburg StV **10**, 139).

15 Eine **einschlägige Vorstrafe** ist entgegen früherer gesetzlicher Regelung nicht mehr erforderlich; liegen keine einschlägigen oder ähnlichen Straftaten vor, muss aber besonders sorgfältig geprüft werden, ob bestimmte Tatsachen die Gefahr der Wiederholung weiterer erheblicher Straftaten gleicher Art begründen (Dresden StV **06**, 534; Hohmann StraFo **99**, 213).

16 D. **Erforderlich** muss die Sicherungshaft sein. Können die von dem Beschuldigten ausgehenden Gefahren durch andere Maßnahmen – Anstaltsbehandlung eines Sittlichkeitsverbrechers, Drogentherapie eines Rauschgiftsüchtigen (Frankfurt StV **92**, 425), Heimunterbringung des sittlich gefährdeten Kindes – abgewendet werden, so ist sie unzulässig. Im Übrigen gilt § 116 III.

17 **3) Subsidiarität der Sicherungshaft** (II): Zunächst müssen stets die Voraussetzungen des § 112 geprüft werden. Liegen sie vor und kommt eine Haftverschonung nach § 116 I, II nicht in Betracht, so wird der Haftbefehl auch dann nach § 112 erlassen, wenn Wiederholungsgefahr besteht; auf § 112a darf er nicht gestützt werden. Liegt aber ein Haftgrund nach § 112 nicht vor oder müsste der Vollzug des nach dieser Vorschrift erlassenen Haftbefehls nach § 116 ausgesetzt werden, so wird der Haftgrund der Wiederholungsgefahr und, falls er gegeben ist, auch die Anwendung des § 116 III geprüft. II schließt auch aus, den auf § 112 gestützten Haftbefehl hilfsweise auf den Haftgrund der Wiederholungsgefahr zu stützen; denn auch dann handelt es sich um eine Anwendung dieses Haftgrundes (LG Bonn StV **88**, 439; Seebode StV **98**, 386). Ein Aktenvermerk, dass beim Wegfall der Haftvoraussetzungen nach § 112 oder vor einer Haftverschonung nach § 116 I, II eine Prüfung nach § 112a geboten erscheint, ist zwar nicht unzulässig, aber idR auch nicht angebracht (LR-Hilger 51).

Einschränkung der UHaft

113 I **Ist die Tat nur mit Freiheitsstrafe bis zu sechs Monaten oder mit Geldstrafe bis zu einhundertachtzig Tagessätzen bedroht, so darf die Untersuchungshaft wegen Verdunkelungsgefahr nicht angeordnet werden.**

II **In diesen Fällen darf die Untersuchungshaft wegen Fluchtgefahr nur angeordnet werden, wenn der Beschuldigte**

1. **sich dem Verfahren bereits einmal entzogen hatte oder Anstalten zur Flucht getroffen hat,**
2. **im Geltungsbereich dieses Gesetzes keinen festen Wohnsitz oder Aufenthalt hat oder**
3. **sich über seine Person nicht ausweisen kann.**

1) Eine **Einschränkung der UHaft** bei Straftaten mit geringer Strafandrohung bestimmt die Vorschrift. Ihr ist zu entnehmen, dass UHaft auch angeordnet werden darf, wenn nur eine Geldstrafe zu erwarten ist (Düsseldorf NJW **97**, 2965). Der Verhältnismäßigkeitsgrundsatz (§ 112 I S 2) wird aber häufig dem Erlass eines Haftbefehls entgegenstehen (Wagner NJW **78**, 2002). 1

Freiheitsstrafe iS von I ist auch der Strafarrest nach § 9 WStG, nicht aber der Jugendarrest nach § 16 JGG (LR-Hilger 3). Gleichgültig ist, ob neben der Strafe weitere Rechtsfolgen (Einziehung uä) angedroht sind (KK-Graf 3). 2

2) Wegen **Verdunkelungsgefahr** darf die UHaft niemals angeordnet werden (I), wegen **Flucht** (§ 112 II Nr 1) ohne Beschränkungen. 3

Anordnung wegen **Fluchtgefahr** nur, wenn außer den Voraussetzungen des § 112 II Nr 2 auch die des II vorliegen (LR-Hilger 7), und zwar: 4

A. **Besondere Fluchtgefahr** (Nr 1): Auf welche Weise sich der Beschuldigte dem Verfahren entzogen hat (Flucht, Verborgenhalten), spielt keine Rolle. Fluchtanstalten sind alle Tätigkeiten, die ihre Erklärung vernünftigerweise darin finden, dass der Beschuldigte sich dem Verfahren entziehen will (Vermögensveräußerung, Passantrag, Anmietung einer geheimgehaltenen Wohnung und dgl). 5

B. **Wohnungslosigkeit** (Nr 2): Wegen der Begriffe Wohnung und Aufenthalt vgl 1, 3 zu § 8. Eine feste Wohnung muss der tatsächlichen Niederlassung entsprechen, nicht nur der polizeilichen Anmeldung, und für eine gewisse Dauer berechnet sein. Der feste Aufenthalt ist der Ort, an dem der Beschuldigte wenigstens für eine bestimmte Zeit erreichbar ist (erg 2 zu § 127a). 6

C. **Ausweislosigkeit** (Nr 3): Gleichgültig ist, aus welchen Gründen sich der Beschuldigte nicht ausweisen kann. Dem Ausweislosen steht gleich, wer sich nicht ausweisen will oder wer falsche Personalien angibt (KK-Graf 6). Ist der Beschuldigte von Person bekannt, so ist Nr 3 nicht anwendbar. 7

3) Mit besonderer Beschleunigung ist die Strafsache zu behandeln, wenn ein Haftbefehl nach § 113 ergangen ist. IdR wird die öffentliche Klage durch Strafbefehl oder in dem Verfahren nach §§ 417ff zu erheben sein. Ist eine Geldstrafe zu erwarten, so darf die UHaft nur ausnahmsweise die voraussichtliche Ersatzfreiheitsstrafe (§ 43 StGB) übersteigen (Seetzen NJW **73**, 2003; Wagner NJW **78**, 2005). 8

Haftbefehl

114 **I Die Untersuchungshaft wird durch schriftlichen Haftbefehl des Richters angeordnet.**

II In dem Haftbefehl sind anzuführen

1. der Beschuldigte,
2. die Tat, deren er dringend verdächtig ist, Zeit und Ort ihrer Begehung, die gesetzlichen Merkmale der Straftat und die anzuwendenden Strafvorschriften,
3. der Haftgrund sowie
4. die Tatsachen, aus denen sich der dringende Tatverdacht und der Haftgrund ergibt, soweit nicht dadurch die Staatssicherheit gefährdet wird.

III Wenn die Anwendung des § 112 Abs. 1 Satz 2 naheliegt oder der Beschuldigte sich auf diese Vorschrift beruft, sind die Gründe dafür anzugeben, dass sie nicht angewandt wurde.

1 **1)** Der **Erlass des Haftbefehls** (I) ist dem Richter vorbehalten (Art 104 II S 1, III S 2 GG). Zur Zuständigkeit vgl §§ 125, 128, zum Verfahren unten 19.

2 Der Haftbefehl muss **schriftlich** erlassen werden. Dabei kann ein vervielfältigtes Schriftstück verwendet werden, wenn zahlreiche Beschuldigte gleichartiger Straftaten verdächtig sind (BVerfG NJW **82**, 29). Der Haftbefehl, der dem Beschuldigten verkündet wird (3 zu § 114a), braucht nicht schon vollständig abgefasst zu sein; das muss aber alsbald nachgeholt werden. In der Hauptverhandlung oder in einem anderen Gerichtstermin ist der Schriftform genügt, wenn der Haftbefehl vollständig (vgl dazu Oldenburg StraFo **06**, 282) in das Protokoll aufgenommen wird. Weil der Angeklagte ohnehin eine Abschrift erhalten muss (§ 114a II), empfiehlt sich aber auch hier die Abfassung eines Haftbefehls unter Verwendung des amtlichen Vordrucks, der unterzeichnet und dem Protokoll als Anlage beigefügt wird (Celle StraFo **98**, 171; Creifelds NJW **65**, 946).

3 **2) Inhalt des Haftbefehls** (II):

4 A. Der **Begründungszwang** nach II, der entspr für Haftbefehle nach §§ 230 II, 236, 329 IV S 1 und § 453c (dort II S 2) gilt, ist eine Sonderregelung gegenüber § 34. Er dient der Selbstkontrolle des Gerichts sowie der Unterrichtung des Beschuldigten und soll die Prüfung durch das Beschwerdegericht ermöglichen (Hamm NStZ-RR **02**, 335; Karlsruhe NStZ **86**, 134; vgl dazu Volk, Haftbefehle und ihre Begründungen: Gesetzliche Anforderungen und praktische Umsetzung, 1995). Den inhaltlichen Anforderungen des II muss der Haftbefehl, unabhängig von den Anforderungen, die der ersuchte Staat stellt, auch dann entsprechen, wenn er die Grundlage für ein Einlieferungsersuchen bilden soll (Karlsruhe aaO; vgl auch RiVASt 94). Im Einzelnen sind außer der in II nicht erwähnten, aber unerlässlichen ausdrücklichen Anordnung der UHaft folgende Angaben erforderlich:

5 B. Der **Beschuldigte** (Nr 1) muss so genau bezeichnet werden, dass bei der Vollstreckung des Haftbefehls eine Verwechslung ausgeschlossen ist. Ausreichend ist idR die Angabe des Vor- und Familiennamens, ggf auch des Alias-Namens, des Geburtstags und -orts, des Berufs und der letzten Wohnung; bei Ausländern empfiehlt sich die Angabe der Staatsangehörigkeit (KK-Graf 5). Anders als bei der Ausschreibung zur Festnahme (§ 131 IV) ist eine Personenbeschreibung entbehrlich, sofern sie nicht ausnahmsweise für die Identitätsfeststellung notwendig ist (KMR-Wankel 2; Creifelds NJW **65**, 946). Dann ist auch die Bezugnahme auf ein bei den Akten befindliches Lichtbild zulässig (Senge NStZ **97**, 348).

6 C. **Bezeichnung der Tat und der Strafvorschriften** (Nrn 2, 4):

7 a) Die **Tat** muss aus sich heraus verständlich beschrieben werden (Stuttgart MDR **80**, 518). Dabei ist das Tatgeschehen nach Ort und Zeit, Art der Durch-

führung, Person des Verletzten und den sonstigen Umständen so genau zu bezeichnen, dass ein bestimmter Lebensvorgang erkennbar ist, dem der Beschuldigte den gegen ihn erhobenen Tatvorwurf entnehmen kann (Brandenburg OLGSt Nr 1; StV **97**, 140; Düsseldorf StV **96**, 440 mit Anm Weider; Hamm StraFo **00**, 30; Karlsruhe StV **02**, 147; Köln StV **99**, 156; LG Bochum StV **96**, 551). Eine knappe Darstellung reicht aus, bei gleichartigen Taten auch eine zusammenfassende Darstellung. Jedoch muss stets für jedes gesetzliche Tatbestandsmerkmal erkennbar sein, durch welchen Teil des Tatgeschehens es erfüllt ist. Anzuführen ist auch der Teil des Tatgeschehens, aus dem sich bestimmte Teilnahmeformen und Straferschwerungen oder der Versuch ergeben. Stehen Tatort oder -zeit noch nicht fest, so genügen ungefähre Angaben, bei der Tatzeit mindestens die des Jahres, also nicht die Angabe: „in nicht rechtsverjährter Zeit", auf Grund deren die Tatidentität, die Zuständigkeit und die Verjährungsfrage geprüft werden können.

Unzulässig ist die **Bezugnahme** auf eine bei den Akten befindliche, dem Haftbefehl aber nicht als Anlage beigefügte Urkunde (Stuttgart NJW **82**, 1296) oder auf das gleichzeitig erlassene Urteil (Celle StraFo **98**, 171; Jena StV **07**, 588; Karlsruhe NJW **74**, 510; Stuttgart Justiz **85**, 31; 217; **97**, 62). 8

b) Ist der Beschuldigte **mehrerer Taten** dringend verdächtig, so braucht sich der Haftbefehl nicht auf alle zu erstrecken (LR-Hilger 10 mwN; **aM** Hamm NJW **71**, 1325; Kleinknecht JZ **65**, 117). Es kann sogar zweckmäßig sein, ihn auf Fälle zu beschränken, die seinen Erlass ohne jeden Zweifel rechtfertigen. Auch kann es im Interesse der Ermittlungen geboten sein, bestimmte Tatvorwürfe zunächst nicht in den Haftbefehl aufzunehmen (Düsseldorf MDR **84**, 774). Nach Anklageerhebung liegen derartige Gründe nicht mehr vor; auch bedarf es dann zur Erweiterung des Haftbefehls keines Antrags der StA (10 zu § 125). Der Haftbefehl ist daher spätestens bei der Eröffnung des Hauptverfahrens den Tatvorwürfen der Anklageschrift anzupassen (vgl 4 zu § 122). 9

c) **Strafvorschriften:** Vgl 11 ff zu 200. Nicht jede anzuwendende Strafvorschrift ist anzuführen. Jedoch muss ggf die Art der Teilnahme, das Konkurrenzverhältnis und, wenn die Strafvorschrift mehrere Begehungsarten kennt, die Begehungsweise gekennzeichnet werden. Auf etwa zu erwartende Sicherungsmaßregeln (§§ 61 ff StGB) wird hingewiesen, wenn das für die Frage der Verhältnismäßigkeit (§ 112 I S 2) von Bedeutung ist (KK-Graf 7; Creifelds NJW **65**, 947). 10

d) Der **dringende Tatverdacht** muss mit der Schilderung der Tatsachen begründet werden, aus denen er sich ergibt (Nr 4). Dazu ist eine kurze Darstellung der Verdachtsgründe erforderlich, die die Ermittlungen zutage gefördert haben. Handelt es sich um Indizien, so sind auch sie mitzuteilen (Creifelds NJW **65**, 948). Die Angabe der Beweismittel ist gesetzlich nicht vorgeschrieben. Wenn aber der dringende Tatverdacht daraus hergeleitet wird, dass bestimmte Beweismittel in starkem Maße auf die Täterschaft oder Beteiligung des Beschuldigten hinweisen, sind diese Beweismittel zu bezeichnen (Düsseldorf VRS **86**, 446; Creifelds aaO; Kleinknecht JZ **65**, 118). Auch sonst sollten, damit der Beschuldigte seine Verteidigung danach einrichten kann, die Beweismittel idR so weit angeführt werden, wie es ohne Gefährdung der Ermittlungen möglich ist (Düsseldorf MDR **81**, 774; Hamburg MDR **92**, 693; Kleinknecht MDR **65**, 783; weitergehend Kempf Rieß-FS 219 mwN: stets anzugeben). Ihr Beweiswert braucht aber nicht erörtert zu werden (Düsseldorf StV **88**, 534 mit abl Anm Rudolphi; StV **91**, 521 mit abl Anm Schlothauer; abl auch Paeffgen NStZ **92**, 482; vgl auch Kempf aaO 221: Beweiswürdigung erforderlich). 11

Soweit die **Staatssicherheit** gefährdet würde, kann von der Begründung des dringenden Tatverdachts abgesehen werden (dazu Creifelds NJW **65**, 949); das muss in dem Haftbefehl zum Ausdruck kommen (KK-Graf 15). Dem Beschuldigten muss die Begründung aber auch insoweit mündlich eröffnet werden, wenn er nach §§ 115, 115 III gehört wird (KK-Graf 15: SK-Paeffgen 10). Die (nach Mei- 12 nung von Vogt NStZ **82**, 21 überflüssige) Ausnahme hat zwar besonders in Staatsschutzsachen Bedeutung, ist aber auf sie nicht beschränkt.

13 D. Der **Haftgrund** (Nrn 3, 4) als die prozessuale Grundlage des Haftbefehls ist ebenfalls zu bezeichnen. Dabei genügt die Kurzbezeichnung (Fluchtgefahr, Verdunkelungsgefahr, Wiederholungsgefahr). Im Fall des § 113 II muss angegeben werden, welcher der dort genannten Gründe vorliegt.

14 **Mehrere Haftgründe** brauchen nicht unbedingt nebeneinander verwendet zu werden (KK-Graf 10; LR-Hilger 13; Oppe NJW **66**, 93; **aM** SK-Paeffgen 8; Hengsberger JZ **66**, 212). Beim Zusammentreffen von Flucht- und Verdunkelungsgefahr müssen aber beide Haftgründe genannt werden, damit der Beschuldigte die Aussichten für die Aufhebung des Haftbefehls (§ 120) oder die Aussetzung seines Vollzugs (§ 116) beurteilen und sein Prozessverhalten danach einrichten kann (vgl auch BGH **34**, 34, 36).

15 Zu **begründen** (Nr 4) ist jeder verwendete Haftgrund unter Angabe der bestimmten Tatsachen, aus denen er sich ergibt (15, 22 zu § 112). Von der Ausnahme zugunsten der Staatssicherheit abgesehen, ist es nicht zulässig, nur einen Teil dieser Tatsachen anzuführen. Der Beschuldigte soll nicht durch Teilangaben zu überflüssigen und verfahrensverzögernden Anträgen und Beschwerden veranlasst werden. Im Fall des § 112 III ist anzugeben, mit welchen Erwägungen der unbenannte Haftgrund ausgefüllt wird (Oppe NJW **66**, 93). Denn II befreit nicht von dem Begründungszwang nach § 34 (KK-Graf 13; Kleinknecht MDR **65**, 783; **aM** Creifelds NJW **65**, 950).

16 Zum Wegfall der Begründungspflicht wegen **Gefährdung der Staatssicherheit** vgl oben 12.

17 **3)** Zum **Verhältnismäßigkeitsgrundsatz** (III) braucht in dem Haftbefehl nur Stellung genommen zu werden, wenn seine Anwendung naheliegt oder wenn der Beschuldigte sich auf ihn beruft. Macht er nach Erlass des Haftbefehls zu Unrecht einen Verstoß gegen § 112 I S 2 geltend, so braucht der Haftbefehl nicht ergänzt zu werden; das Vorbringen wird in dem die Haftfortdauer anordnenden Beschluss erörtert.

18 **4)** Die **Änderung des Haftbefehls** ist notwendig, wenn im Laufe des Verfahrens der dringende Tatverdacht wegen einiger der in dem Haftbefehl angeführten Taten oder wenn einer von mehreren Haftgründen entfällt. Sie kommt auch in Betracht, wenn neue Taten oder weitere Tathandlungen bekannt werden oder wenn ein zusätzlicher Haftgrund entsteht. Die Änderung kann von Amts wegen erfolgen, aber auch von der StA oder dem Beschuldigten beantragt werden. Im Ermittlungsverfahren setzt die Einbeziehung weiterer Taten stets einen entspr Antrag der StA voraus (8 zu § 125). Der Haftbefehl kann durch einen ergänzenden Beschluss abgeändert werden (Hamm NJW **60**, 587). Sind die Änderungen wesentlich, so ist aber die Aufhebung des alten und der Erlass eines neuen Haftbefehls vorzuziehen; denn auch der Beschluss, durch den der Haftbefehl ergänzt wird, ist wie ein neuer Haftbefehl zu behandeln (Hamburg NStZ-RR **03**, 346; Stuttgart NStZ **06**, 588). Zur vorherigen Anhörung des Beschuldigten vgl § 33 III, zur Bekanntmachung des Änderungsbeschlusses 5 zu § 114 a, zur richterlichen Vernehmung 12 zu § 115, zur Entscheidung des Beschwerdegerichts 11 zu § 117.

19 **5) Verfahren:** Der Haftbefehl wird im Ermittlungsverfahren grundsätzlich nur auf Antrag der StA erlassen (§§ 125, 128). Eine Ausnahme gilt nach § 125 I bei Unerreichbarkeit der StA und bei Gefahr im Verzug (dort 9). Nach Erhebung der Klage kann das Gericht den Haftbefehl auch von Amts wegen erlassen, muss aber die StA vorher hören (10 zu § 125). Die vorherige Anhörung des Beschuldigten wird idR nach § 33 IV entfallen, jedoch nicht, wenn der Haftbefehl in der Hauptverhandlung erlassen wird. Die Bekanntmachung regelt § 114 a I. Erlass und Vollzug eines Haftbefehls können von Amts wegen zu beachtende Mitteilungspflichten

begründen, zB nach der MiStra 15 I Nr 1, 19 I S 1 Nr 1, 23 I Nr 1, 24 I Nr 1, 26 I Nr 1, 32 Nr 3, 34 II S 1 Nr 2, 36 II Nr 1, 41; vgl hierzu auch §§ 12 ff **EGGVG.** Die Ablehnung eines Antrags der StA auf Erlass eines Haftbefehls erfordert einen mit Gründen versehenen (§ 34) Beschluss.

20 **6)** Die **Vollstreckung des Haftbefehls** ist Sache der StA (§ 36 II S 1), die sich dazu ihrer Ermittlungspersonen (§ 152 GVG) oder der Polizei (§ 161) bedient; zur Vollstreckung gegen einen Jugendlichen vgl § 72 III **JGG**. Der Haftbefehl erlaubt die Durchsuchung der Wohnung des Beschuldigten zwecks Ergreifung, ohne dass es dafür einer besonderen Anordnung bedarf (11 zu § 457; **aM** SK-Paeffgen 15), nicht aber die dritter Personen (6 zu § 105). Zum Vollzug des Haftbefehls vgl § 119, bei Soldaten der Bundeswehr RiStBV 50. Zur Überhaft und zur Frage, ob 2 Haftbefehle gleichzeitig vollzogen werden können, vgl 12 ff vor § 112. Ein Vollstreckungshindernis besteht während der Schutzfrist des freien Geleits (§ 295 I; Art 12 EuRHÜbk; Einl 216).

20a **Vollzogen** wird die UHaft wird in einer JVA (vgl dazu im einzelnen Schlothauer/Weider 974 ff). Männer und Frauen sind getrennt unterzubringen (KG NStZ **03**, 50; dort auch zur Unterbringung von Transsexuellen). Über Unterbringung in einer Krankenanstalt vgl RiStBV 58, 59. Zum Vollzug der einstweiligen Unterbringung nach § 126 a eingehend Pollähne R & P **03**, 64 ff. Eine Alternative zur Überbelegung der Anstalten wäre die Einführung des elektronisch überwachten Hausarrestes (so zutr Neuhaus StV **99**, 342; Seebode StV **99**, 327).

21 **7) Rechtsmittel:** Der Beschuldigte kann Beschwerde nach § 304 I und weitere Beschwerde nach § 310 I (dort 8) einlegen, wenn Haftbefehl erlassen oder ein bereits erlassener Haftbefehl aufrechterhalten wurde (zur Haftbeschwerde des Beschuldigten vgl 8 ff zu § 117), die StA, wenn ihr Antrag auf Erlass oder Erweiterung eines Haftbefehls abgelehnt worden ist. Das gilt auch für Entscheidungen des erkennenden Gerichts (vgl BGH StV **91**, 525 mit Anm Weider; erg 6 zu § 305), wobei aber die Überprüfungsmöglichkeiten während noch laufender Hauptverhandlung für das Beschwerdegericht mangels voller Kenntnis von deren bisherigen Ergebnissen eingeschränkt sind (BGH StV **04**, 143; Frankfurt StV **95**, 593; Hamm wistra **06**, 278; Karlsruhe StV **97**, 312; Stuttgart Justiz **03**, 457; Welp Richter II-FS 586), ebenso, wenn die schriftlichen Urteilsgründe noch nicht vorliegen (Hamm NStZ **08**, 649). Das Tatgericht muss aber darlegen, dass nach dem Ergebnis der Beweisaufnahme weiterhin dringender Tatverdacht besteht (Jena StV **10**, 34 L); andernfalls ist der die Haftfortdauer anordnende Beschluss – nicht der Haftbefehl – aufzuheben und die Sache zurückzuverweisen (Jena StV **05**, 559 mit zust Anm Deckers/Lederer StV **09**, 139). Der Nebenkläger ist nicht beschwerdeberechtigt (BGH NStZ-RR **03**, 368 mwN; Frankfurt StV **95**, 594 L; Hamm NStZ-RR **08**, 219; 1 zu § 118 a; 1 zu § 400).

22 Tauchen nach Verkündung des erstinstanzlichen Urteils **neue Beweismittel** auf, ist das für die nachfolgenden Haftentscheidungen zwar im Berufungs-, nicht jedoch im Revisionsverfahren (wegen der dort eingeschränkten Überprüfung auf Rechtsfehler) von Bedeutung (BGH StV **04**, 142).

23 **8)** Die **Immunität** des Abgeordneten steht seiner Verhaftung nicht entgegen, wenn er bei Begehung der Tat oder im Laufe des folgenden Tages festgenommen wird (Art 46 II GG). Sonst ist eine Genehmigung des Parlaments erforderlich; die allgemeine Genehmigung des BTags zur Durchführung von Ermittlungsverfahren gegen Abgeordnete umfasst nach Anl 6 Abschn A Nr 7 Buchst a BT-GeschO nicht zugleich die Genehmigung zur Verhaftung (vgl auch RiStBV 192 a II Buchst c).

Aushändigung des Haftbefehls

114a **[1]Dem Beschuldigten ist bei der Verhaftung eine Abschrift des Haftbefehls auszuhändigen; beherrscht er die deutsche Sprache nicht hinreichend, erhält er zudem eine Übersetzung in einer für ihn verständlichen Sprache. [2]Ist die Aushändigung einer Abschrift und einer etwaigen Übersetzung nicht möglich, ist ihm unverzüglich in einer für ihn verständlichen Sprache mitzuteilen, welches die Gründe für die Verhaftung sind und welche Beschuldigungen gegen ihn erhoben werden. [3]In diesem Fall ist die Aushändigung der Abschrift des Haftbefehls sowie einer etwaigen Übersetzung unverzüglich nachzuholen.**

1 **1) Bekanntmachung des Haftbefehls**: Dass dem Beschuldigten der Haftbefehl bekanntzugeben ist, folgt aus § 35 und wird deshalb hier im Gegensatz zur früheren Fassung der Vorschrift nicht mehr ausdrücklich gesagt. § 114 a bildet eine Ausnahme von dem Grundsatz, dass gerichtliche Entscheidungen dem Betroffenen vor ihrer Vollstreckung bekanntgegeben werden.

2 Erst **bei der Verhaftung** wird dem Beschuldigten der Haftbefehl bekanntgemacht, dh bei seiner Ergreifung auf Grund des vorher erlassenen Haftbefehls oder unmittelbar nach dessen Erlass, wenn der Beschuldigte vorläufig festgenommen worden war (§ 128). Ergeht der Haftbefehl in Anwesenheit des Beschuldigten in der Hauptverhandlung oder in einem anderen Gerichtstermin, so fallen Erlass und Bekanntmachung zusammen.

3 Die **Bekanntmachung** des in der Hauptverhandlung oder in einem anderen gerichtlichen Termin in Anwesenheit des Beschuldigten erlassenen Haftbefehls erfolgt durch Verkündung (§ 35 I S 1). Sonst wird der Haftbefehl dem Beschuldigten formlos (§ 35 II S 1), zweckmäßigerweise durch die nach § 114 a erforderliche Übergabe einer beglaubigten Abschrift, bekanntgemacht; er kann aber auch in einem Gerichtstermin, etwa nach § 115, verkündet werden (Hamburg NStZ-RR **03**, 346).

4 **2)** Eine **Abschrift des Haftbefehls** ist dem Beschuldigten in beglaubigter Form, einem Ausländer mit einer Übersetzung in eine ihm verständliche Sprache (Art 5 II **MRK;** RiStBV 181 II) unverzüglich nach der Verhaftung und unabhängig von der Form der Bekanntmachung auszuhändigen. Wenn das nicht möglich ist, muss die Aushändigung auf dem schnellsten Wege nachgeholt werden (S 3). Das Gleiche gilt für Beschlüsse, mit denen der Haftbefehl geändert oder ergänzt wird (18 zu § 114). Ein Verzicht des Beschuldigten auf die Aushändigung ist wirksam, sollte ihm aber nicht nahegelegt werden (LR-Hilger 5).

5 **3)** Die **vorläufige Mitteilung** (S 2) der Straftat, deren er verdächtig ist und des Haftgrundes, soll dem Beschuldigten, wenn die Übergabe einer Haftbefehlsabschrift nicht möglich (zB wegen Gegenwehr des Beschuldigten oder weil keine Abschrift vorhanden oder eine Übersetzung in eine dem Beschuldigten verständliche Sprache nicht möglich ist) oder ausnahmsweise wegen der besonderen Umstände bei der Verhaftung (zB bei Anwesenheit Unbeteiligter) unzweckmäßig ist, wenigstens erkennbar machen, weshalb gegen ihn ein Haftbefehl ergangen ist. Die Bekanntgabe des vollständigen Haftbefehls ist dann unverzüglich, dh ohne vermeidbare Verzögerung, nachzuholen (S 3), und zwar spätestens bis zu der richterlichen Vernehmung nach §§ 115, 115 a.

6 **4) Nicht nur für Verhaftungen nach §§ 112 ff** gilt die Vorschrift, sondern auch für solche nach § 230 II, 236, 329 IV S 1 und § 412 S 1. Sie ist auch auf bei vorläufigen Festnahmen nach §§ 127, 127 b und beim Festhalten nach §§ 163 b, 163 c entspr anzuwenden (vgl § 127 IV, 127 b I S 2, 163 c I S 3). Für die Sicherungshaft gelten die §§ 114 ff entspr (§ 453 c II S 2). Für Ordnungshaft nach §§ 177, 178 GVG und Beugehaft (zB § 70) gilt die Vorschrift nicht (krit Michalke NJW **10**, 19).

Belehrungspflicht

114b I 1 **Der verhaftete Beschuldigte ist unverzüglich und schriftlich in einer für ihn verständlichen Sprache über seine Rechte zu belehren. 2 Ist eine schriftliche Belehrung erkennbar nicht ausreichend, hat zudem eine mündliche Belehrung zu erfolgen. 3 Entsprechend ist zu verfahren, wenn eine schriftliche Belehrung nicht möglich ist; sie soll jedoch nachgeholt werden, sofern dies in zumutbarer Weise möglich ist. 4 Der Beschuldigte soll schriftlich bestätigen, dass er belehrt wurde; falls er sich weigert, ist dies zu dokumentieren.**

II 1 **In der Belehrung nach Absatz 1 ist der Beschuldigte darauf hinzuweisen, dass er**

1. **unverzüglich, spätestens am Tag nach der Ergreifung, dem Gericht vorzuführen ist, das ihn zu vernehmen und über seine weitere Inhaftierung zu entscheiden hat,**
2. **das Recht hat, sich zur Beschuldigung zu äußern oder nicht zur Sache auszusagen,**
3. **zu seiner Entlastung einzelne Beweiserhebungen beantragen kann,**
4. **jederzeit, auch schon vor seiner Vernehmung, einen von ihm zu wählenden Verteidiger befragen kann,**
5. **das Recht hat, die Untersuchung durch einen Arzt oder eine Ärztin seiner Wahl zu verlangen und**
6. **einen Angehörigen oder eine Person seines Vertrauens benachrichtigen kann, soweit der Zweck der Untersuchung dadurch nicht gefährdet wird.**

2 **Ein Beschuldigter, der der deutschen Sprache nicht hinreichend mächtig ist, ist darauf hinzuweisen, dass er im Verfahren die unentgeltliche Hinzuziehung eines Dolmetschers verlangen kann. 3 Ein ausländischer Staatsangehöriger ist darüber zu belehren, dass er die Unterrichtung der konsularischen Vertretung seines Heimatstaates verlangen und dieser Mitteilungen zukommen lassen kann.**

1) Belehrungspflicht: Unverzüglich – dh ohne schuldhaftes Zögern – ist der Beschuldigte schriftlich und in einer ihm verständlichen Sprache über seine vielfältigen Rechte nach II zu belehren (I S 1); idR wird dies durch Aushändigung eines Merkblatts erfolgen. Erforderlichenfalls wird zusätzlich eine mündliche Belehrung vorgenommen (I S 2), so zB wenn der Beschuldigte ausschließlich eine „exotische" Sprache beherrscht oder Analphabet ist oder die schriftliche Belehrung nicht richtig verstanden hat. Entspr § 114a S 3 (dort 5) ist eine zunächst nicht mögliche schriftliche Belehrung nachzuholen, wenn dies in zumutbarer Weise möglich ist (I S 3). 1

Eine **schriftliche Bestätigung** über die erfolgte Belehrung soll der Beschuldigte abgeben (I S 4), also einen entspr Vermerk unterschreiben. Falls er sich weigert, was in der Praxis durchaus gelegentlich vorkommen wird, ist dies in den Akten zu dokumentieren. 2

2) Belehrungsinhalt: 6 verschiedene für alle Beschuldigten geltende Belehrungen sieht II S 1 vor, 2 nur für ausländische Beschuldigte regeln II S 2 und 3. Diese Belehrungen sind zwingend vorzunehmen. Die Belehrungen sind teilw auch in anderen Bestimmungen vorgeschrieben (II S 1 Nr 2–4, 6, S 3), teilw sind sie neu (II S 1, S 2). Im Einzelnen: 3

A. **II S 1 Nr 1:** Nach einer Festnahme ist für Beschuldigte von besonderem Interesse, wann ihre Festnahme von dem zuständigen Richter überprüft wird und wann sie Gelegenheit haben werden, ihm gegenüber Angaben zu machen. Daher schreibt Nr 1 nunmehr ausdrücklich eine Belehrung über die in §§ 115, 115a bestimmte Vorführung vor den Richter vor. 4

5 B. **II S 1 Nr 2–4**: Hier wird die auch nach § 136 I S 2, 3 und § 163a III S 2,4 vor Beginn der ersten richterlichen bzw staatsanwaltschaftlichen oder polizeilichen Vernehmung bestehende Belehrungspflicht für die Fälle der Verhaftung (6 zu § 114a) vorgeschrieben; die anderen Belehrungspflichten bleiben davon unberührt. Soweit Nr 4 die Belehrung über die Verteidigerwahl enthält, begründet dies – ebenso wie die Belehrung über die ärztliche Untersuchung nach Nr 5 -, worauf die Gesetzesbegründung ausdrücklich hinweist (BR-Drucks 829/08 S 20), keine Kostenübernahmepflicht des Staates.

6 C. **II S 1 Nr 5**: Die Belehrung über den Zugang zu einem Arzt oder einer Ärztin seiner Wahl entspricht einer Forderung des Europäischen Ausschusses zur Verhütung von Folter oder unmenschlicher oder erniedrigender Behandlung oder Strafe (CPT). Das Wahlrecht bezieht sich auch darauf, von einem Arzt *oder* einer Ärztin untersucht zu werden. Eine Kostenübernahmepflicht des Staates wird auch hier – wie bei Nr 4 – dadurch nicht begründet.

7 D. **II S 1 Nr 6**: Hier wird auf die Belehrungspflicht über das Benachrichtigungsrecht nach § 114c I (dort 1) verwiesen. Gegen die Einschränkung „soweit nicht …" Paeffgen GA **09**, 454.

8 E. **II S 2**: Nach Art 6 III e **MRK** haben Beschuldigte, die die Verhandlungssprache des Gerichts nicht verstehen, ein Recht auf unentgeltliche Zuziehung eines Dolmetschers (23ff zu Art 6 MRK). Da Beschuldigte gerade von diesem Recht oftmals nichts wissen werden – insbesondere, dass die Zuziehung für sie unentgeltlich erfolgt –, ist diese Belehrung besonders wichtig. Die Belehrung muss klarmachen, dass die Hinzuziehung nur für verfahrensbezogene Gespräche, etwa für Vernehmungen oder für Informationsgespräche mit dem Verteidiger, verlangt werden kann.

9 F. **II S 3:** Die **Benachrichtigung des Konsulats** des Heimatstaates eines Ausländers von der Verhaftung ist nach Art 36 I Buchst b WÜK (vgl § 19 GVG) und RiVASt 135 vorgeschrieben. Der Ausländer ist danach zu belehren, dass er die (unverzügliche) Benachrichtigung seiner konsularischen Vertretung von der Festnahme verlangen darf. Dies gilt auch für Ausländer, die ihren Lebensmittelpunkt in der BRD haben (BGH **52**, 48; Kreß GA **07**, 301; Weigend StV **08**, 40 Fn 15; **aM** Hillgruber JZ **02**, 95: teleologische Reduktion), nicht jedoch bei solchen, die zugleich die deutsche Staatsangehörigkeit besitzen (Hillgruber aaO; Kreß aaO). Eine Verletzung dieser Benachrichtigungspflicht – die unabhängig davon gegeben ist, ob der Betroffene die Hilfe seines Staates in Anspruch nehmen will (BGH **52**, 110) – stellt nach der Rspr des BVerfG einen revisiblen Verfahrensverstoß dar (NJW **07**, 499 mit Berücksichtigung der Entscheidung des IGH EuGRZ **01**, 287 unter Aufhebung von BGH NStZ-RR **03**, 375 und StV **03**, 57 mit abl Anm A. Paulus; vgl auch Burchard JZ **07**, 891; Kreß GA **04**, 707), führt aber nicht zu einem Beweisverwertungsverbot (BGH **52**, 110; Esser JR **08**, 274; **aM** Paulus/Müller StV **09**, 499; Strate HRRS **08**, 76) und berührt den Rechtskreis eines Mitbeschuldigten nicht; ob das Urteil auf diesem Verstoß beruht (§ 337), ist nach allgemeinen Grundsätzen im Einzelfall zu klären (BVerfG aaO; BGH **52**, 48; Esser aaO 277; Weigend StV **08**, 43), wird aber idR zu verneinen sein (Kreß GA **07**, 307). Eine Kompensation wie bei rechtsstaatswidriger Verfahrensverzögerung (9 zu Art 6 MRK) kommt nicht in Betracht (BGH **52**, 110 gegen BGH **52**, 48; Esser aaO 277; Kraatz JR **08**, 194; Paulus/Müller aaO 500; **aM** Schomburg/Schuster NStZ **08**, 593, 597). Zu den Folgen des Verstoßes ausführlich auch Kreß aaO und Walter JR **07**, 99. Die Belehrungs- und Benachrichtigungspflicht gilt auch für die Polizei bei vorläufiger Festnahme (§ 127 IV). BGH **52**, 38 wendet die Widerspruchslösung (25 zu § 136) auch auf die zu spät erteilte Belehrung über das Recht auf konsularischen Beistand an; zu Recht abl Esser aaO 278; Gaede HRRS **07**, 405; Paulus/Müller aaO 498; v. Schlieffen DAV-FS 811; Strate aaO 87 Fn 83; Weigend aaO; zw und einschr auch BGH **52**, 110; BGH **52**, 48 hält einen fehlenden Widerspruch jedenfalls dann für entbehrlich, wenn der Verstoß auch im weiteren Verfahrensgang nicht geheilt wurde.

3) Das Gesetz sieht nicht vor, dass **Verstöße** gegen die vorgeschriebenen Belehrungspflichten unmittelbare Folgen haben (krit Tsambikakis ZIS **09**, 507). Ein Beweisverwertungsverbot für vom Beschuldigten nach unvollständiger oder unrichtiger Belehrung gemachte Angaben ist nicht anzunehmen, da der Beschuldigte bei seiner verantwortlichen Vernehmung gemäß § 136 I (erneut) zu belehren ist und erst die hierbei begangenen Verstöße ein Beweisverwertungsverbot nach sich ziehen (erg 7 ff zu § 136 und oben 9). 10

Benachrichtigung von Angehörigen

114c **I Einem verhafteten Beschuldigten ist unverzüglich Gelegenheit zu geben, einen Angehörigen oder eine Person seines Vertrauens zu benachrichtigen, sofern der Zweck der Untersuchung dadurch nicht gefährdet wird.**

II 1 **Wird gegen einen verhafteten Beschuldigten nach der Vorführung vor das Gericht Haft vollzogen, hat das Gericht die unverzügliche Benachrichtigung eines seiner Angehörigen oder einer Person seines Vertrauens anzuordnen.** 2 **Die gleiche Pflicht besteht bei jeder weiteren Entscheidung über die Fortdauer der Haft.**

1) Benachrichtigungsrecht des Verhafteten (I): Einen Angehörigen oder eine Person seines Vertrauens darf der Beschuldigte von der Verhaftung, nicht von weiteren Haftentscheidungen, durch den sog Zugangsbrief benachrichtigen. Die Benachrichtigung nach II wird dadurch nicht entbehrlich. Wenn der Zweck der Untersuchung gefährdet wird, darf zwar nicht der Zugangsbrief untersagt, aber die Art und Weise der Mitteilung bestimmt und der Empfängerkreis begrenzt werden (KK-Graf 9 zu § 114b). Dem Verhafteten ist für die Benachrichtigung auf Verlangen Briefpapier und, wenn er mittellos ist, das Porto zur Verfügung zu stellen, auch Verständigung durch Telefax oder E-Mail kommt in Betracht (Michalke NJW **10**, 19). Zum Begriff „Verhaftung" 6 zu § 114a. 1

Der Begriff Angehöriger ist nicht in dem engen Sinn des § 52 I und des § 11 I Nr 1 StGB zu verstehen; auch entfernte Verwandte sowie Adoptiv- und Pflegeeltern fallen unter den Begriff. Vertrauenspersonen sind insbesondere Freunde, Vereinskameraden, Geschäftspartner, Berufskollegen, Geistliche, bei Ausländern auch der Konsul. Der Wahlverteidiger ist stets eine Vertrauensperson, der Pflichtverteidiger nur, wenn ihn der Beschuldigte selbst benannt hat (BVerfGE **16**, 119, 123 = NJW **63**, 1820; vgl auch BVerfGE **38**, 32 = MDR **75**, 30). Den Empfänger bestimmt der Richter; an die Vorschläge des Beschuldigten ist er nicht gebunden (**aM** Tsambikakis ZIS **09**, 508), sollte ihm aber möglichst Rechnung tragen (LR-Hilger 22 zu § 114b). 2

2) Benachrichtigungspflicht (II) besteht schon auf Grund des Art 104 IV GG. Sie soll die Allgemeinheit davor schützen, dass Staatsbürger ohne Kenntnis unabhängiger Dritter aus der Öffentlichkeit verschwinden; daneben dienst sie aber auch dem Schutz des Beschuldigten (LR-Hilger 1 zu § 114b). 3

Empfänger der Benachrichtigung muss ein Angehöriger oder eine Vertrauensperson des Beschuldigten (dazu oben 2) sein. Der Richter ist in der Entscheidung frei, ob ein Angehöriger oder eine Vertrauensperson benachrichtigt wird, selbst wenn der Beschuldigte eine Vertrauensperson benennt. Ist dem Gericht, auch nach Befragen des Verhafteten, weder ein Verwandter noch eine Vertrauensperson bekannt, so unterbleibt die Benachrichtigung; Nachforschungen brauchen nicht angestellt zu werden (Eckels NJW **59**, 1908; Wagner JZ **63**, 690; **aM** SK-Paeffgen 4 zu § 114b mwN). 4

Eine bestimmte **Form** ist für die Benachrichtigung nicht vorgeschrieben. Es genügt ein einfacher Brief; auch eine mündliche oder telefonische Benachrichtigung ist zulässig. Die Benachrichtigung muss aber unverzüglich vorgenommen werden (dazu BVerfGE **38**, 32 = MDR **75**, 30). 5

6 Die Pflicht zur Benachrichtigung gilt **ohne Ausnahme,** auch bei Verzicht oder Widerspruch des Beschuldigten (LG Frankfurt a. M. NJW **59**, 61 mit abl Anm Händel NJW **59**, 544; KK-Graf 5 zu § 114b; **aM** Eckels NJW **59**, 1908; Erdsiek NJW **59**, 232; Gehrlein Boujong-FS 773; Händel Krebs-FG 149; Lorenzen SchlHA **59**, 163; Odersky MDR **58**, 832; Wagner JZ **63**, 290). Die in I enthaltene Einschränkung (Gefährdung des Untersuchungszwecks) gilt für II nicht (Loesdau MDR **62**, 774). Auch überwiegende Interessen des Beschuldigten oder des Staates entbinden nicht von der Benachrichtigungspflicht. Im Schrifttum werden aber Ausnahmen für den Fall zugelassen, dass die Benachrichtigung zu einem übermäßigen Eingriff in die grundrechtlich geschützte Sphäre des Beschuldigten (KK-Graf 5 zu § 114b) oder zu einer schwerwiegenden Gefahr für Angehörige des Beschuldigten oder dritte Personen oder für die Sicherheit des Staates führen kann (LR-Hilger 14 ff zu § 114b; enger SK-Paeffgen 4b zu § 114b: nur in extremen notstandsartigen Fällen).

7 **Weitere Entscheidungen** (II S 2) sind solche, durch die nach §§ 207 IV, 268b die Fortdauer der UHaft angeordnet, nach §§ 115 IV, 117, 118 I, 118a IV, 122 (dort 16) der Haftbefehl aufrechterhalten oder eine (weitere) Haftbeschwerde verworfen wird (BVerfGE **16**, 119 = NJW **63**, 1820; vgl auch BbgVerfG NStZ-RR **00**, 185). Bei Beendigung der UHaft ist eine Benachrichtigung nicht erforderlich (KK-Graf 3 zu § 114b mwN).

8 **Der Richter** ist für die Benachrichtigung verantwortlich. Er allein hat das Recht, den Empfänger auszuwählen. Zuständig ist im Fall der Verhaftung der Richter, dem der Beschuldigte nach §§ 115, 115a, 128 vorgeführt wird, sonst der Richter, der die Entscheidung über die Haft trifft, bei Kollegialgerichten der Vorsitzende (10 zu § 126). Eine Benachrichtigung, die bereits die Polizei oder StA vorgenommen hat, braucht nicht wiederholt zu werden (Maunz/Dürig 43 zu Art 104 GG; Kohlhaas NJW **51**, 262; **aM** SK-Paeffgen 7 zu § 114b). Jedoch entbindet die Benachrichtigung durch den Verhafteten nach I nicht von der Benachrichtungspflicht nach II (LR-Hilger 30 zu § 114b).

9 **3) Beschwerde** nach § 304 I, auch gegen die Entscheidung des erkennenden Gerichts, können StA und Beschuldigter gegen die Unterlassung der Benachrichtigung nach II einlegen, der Beschuldigte auch dann, wenn er selbst eine Benachrichtigung nach I nach außen gegeben oder sein Verteidiger Kenntnis erlangt hat (LR-Hilger 34 zu § 114b). Weitere Beschwerde ist nach § 310 II ausgeschlossen (KK-Graf 11, **aM** SK-Paeffgen 10, je zu § 114b). Kein Beschwerderecht haben die Angehörigen und die Vertrauenspersonen des Beschuldigten (KK-Graf aaO; Wagner JZ **63**, 692).

Der Vollzugsanstalt mitzuteilende Tatsachen

114d **I [1]Das Gericht übermittelt der für den Beschuldigten zuständigen Vollzugsanstalt mit dem Aufnahmeersuchen eine Abschrift des Haftbefehls. [2]Darüber hinaus teilt es ihr mit**

1. die das Verfahren führende Staatsanwaltschaft und das nach § 126 zuständige Gericht,
2. die Personen, die nach § 114c benachrichtigt worden sind,
3. Entscheidungen und sonstige Maßnahmen nach § 119 Abs. 1 und 2,
4. weitere im Verfahren ergehende Entscheidungen, soweit dies für die Erfüllung der Aufgaben der Vollzugsanstalt erforderlich ist,
5. Hauptverhandlungstermine und sich aus ihnen ergebende Erkenntnisse, die für die Erfüllung der Aufgaben der Vollzugsanstalt erforderlich sind,
6. den Zeitpunkt der Rechtskraft des Urteils sowie
7. andere Daten zur Person des Beschuldigten, die für die Erfüllung der Aufgaben der Vollzugsanstalt erforderlich sind, insbesondere solche über seine Persönlichkeit und weitere relevante Strafverfahren.

[3]**Die Sätze 1 und 2 gelten bei Änderungen der mitgeteilten Tatsachen entsprechend.** [4]**Mitteilungen unterbleiben, soweit die Tatsachen der Vollzugsanstalt bereits anderweitig bekannt geworden sind.**

II [1]**Die Staatsanwaltschaft unterstützt das Gericht bei der Erfüllung seiner Aufgaben nach Absatz 1 und teilt der Vollzugsanstalt von Amts wegen insbesondere Daten nach Absatz 1 Satz 2 Nr. 7 sowie von ihr getroffene Entscheidungen und sonstige Maßnahmen nach § 119 Abs. 1 und 2 mit.** [2]**Zudem übermittelt die Staatsanwaltschaft der Vollzugsanstalt eine Ausfertigung der Anklageschrift und teilt dem nach § 126 Abs. 1 zuständigen Gericht die Anklageerhebung mit.**

1) Die Vorschrift regelt die **gegenüber der Vollzugsanstalt bestehenden Mitteilungspflichten**, und zwar in I die Pflichten des Gerichts, in II die der StA. Dazu werden teilw in der bisher bundeseinheitlich geltenden UVollzO enthaltene Bestimmungen übernommen, soweit diese „das gerichtliche Verfahren" betreffen; hierzu werden Informationspflichten gerechnet, die unmittelbar Ausfluss der gerichtlichen Entscheidungen (insbesondere über Erlass des Haftbefehls und die Anordnung von Beschränkungen) sind; der sonstige – überwiegende – Inhalt der UVollzO, der die Aufgaben und Befugnisse der Vollzugsanstalt betrifft, ist nach Änderung des Art 74 I Nr 1 GG (Ges vom 28. 8. 2006; BGBl I 2863) nunmehr ausschließlich in Landesgesetzen zu regeln. 1

2) Mit dem **Aufnahmeersuchen** ist eine **Abschrift des Haftbefehls** zu übermitteln (I S 1). Der Inhalt des Aufnahmeersuchens ist im Gesetz nicht näher bestimmt. Es wird dafür auf die bisherige Regelung in Nr 15 II UVollzO zurückzugreifen sein, wonach das Aufnahmeersuchen die Personalangaben des Beschuldigten enthalten muss. Anders als nach Nr 15 II UVollzO erscheinen aber Angaben über die dem Beschuldigten vorgeworfene Tat und den Haftgrund nicht erforderlich, weil sich dies aus dem mit zu übermittelnden Haftbefehl ergibt. Weitere erforderliche Mitteilungen ergeben sich jetzt aus I S 2: 2

So ist nach **I S 2 Nr 1** der Vollzugsanstalt die zuständige StA und das nach § 126 zuständige Gericht anzugeben; dies ist schon deshalb erforderlich, damit die Vollzugsanstalt den ihr nach § 114e obliegenden Mitteilungspflichten nachkommen kann. 3

I S 2 Nr 2 übernimmt eine schon bisher in Nr 15 II S 2 UVollzO enthaltene Regelung. Sie betrifft sowohl die vom Beschuldigten selbst nach § 114c I als auch die nach § 114 II vorgenommene Benachrichtigung. Damit erfährt die Vollzugsanstalt, wen sie – insbesondere in Notfällen – benachrichtigen kann. 4

I S 2 Nr 3 legt fest, dass die Vollzugsanstalt Kenntnis von den nach § 119 I, II vom Gericht oder von der StA angeordneten Beschränkungen erhält. Soweit das Gericht die von ihm getroffenen Anordnungen (ganz oder teilw) selbst ausführt, ist die Vollzugsanstalt auch über die insoweit getroffenen Entscheidungen und (faktischen) Maßnahmen zu informieren (BR-Drucks 829/08 S 23). 5

I S 2 Nr 4 erstreckt die Mitteilungspflicht auf sonstige im Verfahren ergehende gerichtliche Entscheidungen, deren Kenntnis für die Vollzugsanstalt zur Erfüllung ihrer Aufgaben erforderlich sind. Eine weiter gehende Regelung enthält insoweit I S 2 Nr 7. 6

I S 2 Nr 5 übernimmt die Regelung aus Nr 7 II. Die Mitteilung des Hauptverhandlungstermins ist schon deshalb wichtig, weil die Vollzugsanstalt die Vorführung des Beschuldigten zum Termin einplanen muss. Die Gesetzesbegründung (aaO S 24) weist aber auch zutr darauf hin, dass das Ergebnis der Hauptverhandlung Auswirkungen auf das Verhalten des Beschuldigten haben kann (depressive oder aggressive Verstimmungen). 7

I S 2 Nr 6 bestimmt – wie Nr 7 II UVollzO –, dass der Eintritt der Rechtskraft des Urteils mitgeteilt werden muss. Dies hat unverzüglich zu geschehen, weil mit 8

Eintritt der Rechtskraft nach hM die UHaft ohne weiteres in Strafhaft übergeht (15 zu § 120).

9 **I S 2 Nr 7** verallgemeinert eine bisher in Nr 7 I UVollzO enthaltene Regelung. Danach waren schon bisher „unverzüglich alle für die Persönlichkeit des Gefangenen und dessen Behandlung und Verwahrung bedeutsamen Umstände" mitzuteilen. Nr. 7 I UVollzO führte im einzelnen „Überhaft, Vorstrafen und weitere schwebenden Strafverfahren" auf, erwähnte aber auch Umstände, „die auf besonderen Fluchtverdacht, auf die Gefahr gewalttätigen Verhaltens, des Selbstmords oder der Selbstbeschädigung, auf gleichgeschlechtliche Neigungen oder auf seelische oder geistige Abartigkeit" sowie ansteckende Krankheiten" hindeuten. Dies alles ist nun durch die Generalklausel in Nr 7 erfasst, die aber auch Raum für weitere Informationen verschiedenster Art gibt, zB dem Gefangenen drohende Racheakte oder Erpressungsversuche (BR-Drucks aaO S 24). Die Kenntnis der Daten muss nicht *conditio sine qua non* für die Aufgabenerfüllung sein; es genügt, wenn die Aufgabenerfüllung durch die Datenübermittlung nicht nur unwesentlich gefördert wird (BR-Drucks aaO).

10 Alle diese Mitteilungen sind **auch bei Änderungen** erforderlich, es sei denn, die Vollzugsanstalt hat schon auf sonstigem Wege – insbesondere nach II – davon erfahren (I S 3 und 4).

11 **2) Pflichten der StA** regelt II. Die StA ist danach befugt, der Vollzugsanstalt ohne Einschaltung des Gerichts direkt Informationen iSd I S 2 Nr 7 zu übermitteln. Es geht hier insbesondere um die Ausführung von beschränkenden Anordnungen, die nach § 119 II S 2 vom Gericht auf die StA übertragen worden sind. Hat die StA ihrerseits die Ausführung ganz oder teilw auf ihre Ermittlungspersonen delegiert, ist die Vollzugsanstalt auch über die von diesen getroffenen Maßnahmen von der StA in Kenntnis zu setzen. Dasselbe gilt für von der StA nach § 119 I S 4 selbst angeordnete Beschränkungen.

12 Dass die StA der Vollzugsanstalt eine **Ausfertigung der Anklageschrift** übermittelt, regelte schon bisher Nr 7 II UVollzO. Dies wird in II S 2 nun auch hisichtlich des Ermittlungsrichters vorgeschrieben; das ist sinnvoll, denn mit Anklageerhebung geht die Zuständigkeit vom Ermittlungsrichter nach § 126 II S 1 auf das mit der Sache befasste Gericht über, was Auswirkungen auf unerledigte Beschwerden und Haftentscheidungen hat (erg 7, 8 zu § 126).

Übermittlung von Erkenntnissen durch die Vollzugsanstalt

114e [1]**Die Vollzugsanstalt übermittelt dem Gericht und der Staatsanwaltschaft von Amts wegen beim Vollzug der Untersuchungshaft erlangte Erkenntnisse, soweit diese aus Sicht der Vollzugsanstalt für die Erfüllung der Aufgaben der Empfänger von Bedeutung sind und diesen nicht bereits anderweitig bekannt geworden sind.** [2]**Sonstige Befugnisse der Vollzugsanstalt, dem Gericht und der Staatsanwaltschaft Erkenntnisse mitzuteilen, bleiben unberührt.**

1 **1)** Während § 114d Mitteilungspflichten von Gericht und StA an die Vollzugsanstalt regelt, ist hier umgekehrt **die Mitteilung** von Erkenntnissen durch die Vollzugsanstalt **an Gericht und StA** bestimmt. Die vorgeschriebene Übermittlung an Gericht *und* StA soll sicherstellen, dass die Information an der Stelle ankommt, wo sie benötigt wird. Der Begriff „Erkenntnisse" umfasst die bisher in Nr 8 UVollzO bezeichneten „bedeutsamen Maßnahmen, Wahrnehmungen und anderen wichtigen Umstände, die den Gefangenen betreffen". Die Mitteilungspflicht beschränkt sich aber auf „aus Sicht der Vollzugsanstalt" bedeutsame und nur auf dem Gericht und der StA bisher nicht bekannte Erkenntnisse (krit Paeffgen GA **09**, 454; Tsambikakis ZIS **09**, 509). Andere Mitteilungspflichten – etwa nach Landesgesetzen – bleiben unberührt (vgl zB § 3 UVollzG RP).

Vorführung vor den zuständigen Richter

115 **I Wird der Beschuldigte auf Grund des Haftbefehls ergriffen, so ist er unverzüglich dem zuständigen Gericht vorzuführen.**

II Das Gericht hat den Beschuldigten unverzüglich nach der Vorführung, spätestens am nächsten Tage, über den Gegenstand der Beschuldigung zu vernehmen.

III 1 Bei der Vernehmung ist der Beschuldigte auf die ihn belastenden Umstände und sein Recht hinzuweisen, sich zur Beschuldigung zu äußern oder nicht zur Sache auszusagen. 2 Ihm ist Gelegenheit zu geben, die Verdachts- und Haftgründe zu entkräften und die Tatsachen geltend zu machen, die zu seinen Gunsten sprechen.

IV 1 Wird die Haft aufrechterhalten, so ist der Beschuldigte über das Recht der Beschwerde und die anderen Rechtsbehelfe (§ 117 Abs. 1, 2, § 118 Abs. 1, 2, § 119 Abs. 5, § 119a Abs. 1) zu belehren. 2 § 304 Abs. 4 und 5 bleibt unberührt.

1) Die **Vorführung vor das zuständige Gericht** (I), dh vor den Richter, der den Haftbefehl erlassen hat (vgl § 126 I), hilfsweise vor den Richter des nächsten AG (§ 115a I), nicht aber vor einen ersuchten Richter (Stuttgart NStZ **06**, 588), wohl aber vor einem beauftragten Richter (Köln NStZ **08**, 175 L; vgl unten 9), ist zwingend vorgeschrieben; ein Verzicht des Beschuldigten ist unwirksam. I gilt für alle richterlichen Haftbefehle vor oder nach Anklageerhebung, auch bei Haftbefehlserweiterung (unten 12) und auch für die nach §§ 230 II, 236, 329 IV S 1; seine entspr Anwendung auf den Sicherungshaftbefehl bestimmt § 453c II S 2. Vorzuführen ist nach I der auf Grund des Haftbefehls ergriffene Beschuldigte. Die Vorführung des vor Erlass des Haftbefehls festgenommenen Beschuldigten regeln §§ 128, 129. 1

Ergreifung iS von I ist die Festnahme des Beschuldigten zum Zweck des Vollzugs des Haftbefehls. Wird der Beschuldigte auf Grund desselben Haftbefehls erneut ergriffen, zB nachdem er geflüchtet war, so gilt I nicht. Dagegen ist die Vorschrift anzuwenden, wenn der Haftbefehl aufgehoben und dann später wiederhergestellt worden oder wenn eine Anordnung nach § 116 IV ergangen ist. 2

Vorführung bedeutet nicht die persönliche Gegenüberstellung mit dem Richter, sondern das Unterstellen des Beschuldigten unter dessen unmittelbare Verfügungsgewalt (LR-Hilger 5; **aM** Rüping Hirsch-FS 970; erg 4 zu § 135). Schon das Verbringen in das Gerichtsgebäude und die Einlieferung in das Gerichtsgefängnis ist daher Vorführung. IdR wird der Beschuldigte zunächst in die UHaftanstalt eingeliefert und der StA (vgl Koch NStZ **95**, 71) und der Richter davon benachrichtigt. Zur Vorführung gehört die Vorlage der Unterlagen, die der vorführende Beamte über die Sache besitzt. Darüber hinaus ist die StA zur Herbeischaffung der Akten verpflichtet (Schramm/Bernsmann StV **06**, 442; deren Ansicht, bei fehlender Aktenvorlage sei der Haftbefehl aufzuheben, dürfte aber zu weit gehen). Eine symbolische Vorführung findet statt, wenn der Beschuldigte wegen Krankheit nicht rechtzeitig vorgeführt werden kann (vgl RiStBV 51). 3

Unverzüglich ist der Beschuldigte vorzuführen, dh ohne jede vermeidbare Verzögerung (vgl 8 zu § 25); insbesondere darf die Vorführung nicht zugunsten weiterer polizeilicher Ermittlungen zurückgestellt werden (vgl BGH NStZ **90**, 195 mwN; dazu Fezer JR **91**, 85; Nelles StV **92**, 388). 4

Am Tage nach der Ergreifung darf er nur vorgeführt werden, wenn eine frühere Vorführung nicht möglich ist. Spätestens an diesem Tage muss die Vorführung aber stattfinden, auch wenn er ein Sonnabend, Sonn- oder Feiertag ist. Die Frist kann nicht verlängert werden; auf ihre Einhaltung kann der Beschuldigte nicht wirksam verzichten. Ihre Überschreitung zwingt nicht zur Aufhebung des Haftbefehls und Freilassung des Beschuldigten (SK-Paeffgen 7; **aM** LR-Hilger 9; Sommermeyer NJ **92**, 340). Erg 6 zu § 128. 5

6 **2) Vernehmung** (II, III):

7 Dem Gericht muss den Vorgeführten unverzüglich (oben 4) nach der Vorführung, **spätestens am nächsten Tag** (oben 5) vernehmen (II). Die Vernehmung entfällt selbstverständlich, wenn der Beschuldigte vernehmungsunfähig ist, muss aber unverzüglich nachgeholt werden, wenn er wieder vernommen werden kann. Wenn er wegen Erkrankung nicht vorgeführt werden konnte, muss der Richter ihn im Krankenhaus aufsuchen oder den „nächsten" Richter (§ 115 a) um die unverzügliche Vernehmung ersuchen. Zur Frage, ob von der Vernehmung abgesehen werden darf, wenn der Richter den dringenden Tatverdacht von vornherein verneint, vgl Lüderssen Pfeiffer-FS 249 ff.

8 Den **Ablauf der Vernehmung** bestimmt III. Handelt es sich um die 1. Vernehmung in der Sache, so gilt zusätzlich § 136 (LR-Hilger 18). Der Beschuldigte ist dann auch darüber zu belehren, dass er jederzeit einen Wahlverteidiger befragen kann (LR-Gleß 46 zu § 136). Zieht er darauf einen Verteidiger hinzu, so ist die Vernehmung innerhalb der zeitlichen Grenze des II zurückzustellen, um dem Verteidiger die Anwesenheit zu ermöglichen (BbgVerfG NJW **03**, 2009; VerfGHRP StV **06**, 315 mit zust Anm Kühne/Haufs-Brusberg und NJW **06**, 3341). Bei der Vernehmung ist der Beschuldigte auf die ihn belastenden Umstände hinzuweisen (III S 1). Die Tatsachen, die den dringenden Tatverdacht und die Haftgründe begründen, müssen ihm mitgeteilt werden; die Vorschrift hat im Gegensatz zu früher (vgl KG StV **93**, 370; **94**, 318 und 319, jeweils mit zust Anm Schlothauer; vgl auch BVerfG NJW **94**, 573 = StV **94**, 1 mit Anm Lammer; BVerfG StV **94**, 465) an Bedeutung verloren, weil das Akteneinsichtsrecht des Verteidigers nach der Rspr des EGMR in Haftsachen nicht mehr beschränkt werden darf (25 zu § 147; Kempf Rieß-FS 223). Im Übrigen hat der Beschuldigte, dem dadurch rechtliches Gehör gewährt wird (BVerfG NStZ **94**, 551), Gelegenheit, die Verdachts- und Haftgründe zu entkräften und die ihn entlastenden Tatsachen vorzutragen (III S 2). Stellt er Beweisanträge, so gilt § 166 (dazu ANM 338 ff).

9 Für die **Form der Vernehmung** gelten §§ 168, 168 a. Hat ein Kollegialgericht den Haftbefehl erlassen, so kann es den Beschuldigten in voller Besetzung vernehmen; die Übertragung der Vernehmung auf ein Mitglied des Spruchkörpers als beauftragten Richter ist aber zulässig (**aM** KMR-Wankel 12) und üblich. Das Anwesenheitsrecht der StA und des Verteidigers folgt aus § 168 c (BGH NStZ **89**, 282 mit Anm Hilger).

10 Der Richter **entscheidet** nach der Vernehmung, ob der Haftbefehl aufrechterhalten, nach § 120 I aufzuheben (dazu Lüderssen Pfeiffer-FS 239) oder außer Vollzug zu setzen (§ 116) ist.

11 War der StA bei der Vernehmung nicht zugegen, obwohl er benachrichtigt worden war, so gilt § 33 II nicht. Eine **Verletzung der** für die Vernehmung geltenden **Formvorschriften** (§§ 168, 168 a) lässt, soweit sie nicht die Gewährung rechtlichen Gehörs betrifft, die Wirksamkeit der Haftentscheidung unberührt (Düsseldorf VRS **85**, 430). Fehlt es aber an der ordnungsgemäßen Verkündung nach § 115 darf der Haftbefehl in einem Haftfortdauerbeschluss nach §§ 121, 122 nicht berücksichtigt werden (BVerfG StV **01**, 691 mit Anm Hagmann).

12 **3) Entsprechende Anwendung auf den bereits inhaftierten Beschuldigten:** Wird ein bestehender Haftbefehl geändert, erweitert oder durch einen anderen Haftbefehl ausgewechselt (vgl 18 zu § 114), so ist die richterliche Vernehmung nach III ebenfalls erforderlich (BVerfG StV **01**, 691, 692 mwN). Wird ein Haftbefehl erlassen, auf Grund dessen nur Überhaft (13 vor § 112) vermerkt wird, so ist § 115 erst anwendbar, wenn die Überhaft vollstreckt wird (LR-Hilger 27).

13 **4) Rechtsbehelfsbelehrung** (IV). Der nicht auf freien Fuß gesetzte Beschuldigte, nicht auch sein gesetzlicher Vertreter, muss über das **Beschwerderecht** nach § 304 I, IV S 2 Nr 1, V (8 zu § 117) belehrt werden, nicht über die Möglichkeit der weiteren Beschwerde nach § 310 I. Dass der Ausschluss der Beschwerde gegen Entscheidungen des OLG und des ER beim BGH auch hier gilt, stellt IV S 2 klar.

Die Belehrungspflicht betrifft nicht nur die Anordnung der UHaft, sondern erstreckt sich auch auf das Recht der Beschwerde gegen gerichtliche Entscheidungen nach § 119 I, II.

Ferner ist der Beschuldigte über das **Antragsrecht** nach §§ 117 I, 118 I, II, 119 14
V, 119a I zu belehren, also über den Antrag auf Haftprüfung (§ 117 I), den Antrag auf mündliche Verhandlung (§ 118 I, II), den Antrag nach § 119 V bei Unstatthaftigkeit der Beschwerde und den Antrag nach § 119a I gegen behördliche Entscheidungen und Maßnahmen im UHaftvollzug.

Wird nach **vorläufiger Festnahme** ein Haftbefehl erlassen, ist IV über § 128 II 15
S 3 anwendbar, ebenso nach § 115a III S 2, wenn der „nächste" Richter den Haftbefehl aufrechterhält.

Vorführung vor den Richter des nächsten Amtsgerichts

115a **I Kann der Beschuldigte nicht spätestens am Tag nach der Ergreifung dem zuständigen Gericht vorgeführt werden, so ist er unverzüglich, spätestens am Tage nach der Ergreifung, dem nächsten Amtsgericht vorzuführen.**

II 1 Das Gericht hat den Beschuldigten unverzüglich nach der Vorführung, spätestens am nächsten Tage, zu vernehmen. 2 Bei der Vernehmung wird, soweit möglich, § 115 Abs. 3 angewandt. 3 Ergibt sich bei der Vernehmung, dass der Haftbefehl aufgehoben, seine Aufhebung durch die Staatsanwaltschaft beantragt (§ 120 Abs. 3) oder der Ergriffene nicht die in dem Haftbefehl bezeichnete Person ist, so ist der Ergriffene freizulassen. 4 Erhebt dieser sonst gegen den Haftbefehl oder dessen Vollzug Einwendungen, die nicht offensichtlich unbegründet sind, oder hat das Gericht Bedenken gegen die Aufrechterhaltung der Haft, so teilt es diese dem zuständigen Gericht und der zuständigen Staatsanwaltschaft unverzüglich und auf dem nach den Umständen angezeigten schnellsten Wege mit; das zuständige Gericht prüft unverzüglich, ob der Haftbefehl aufzuheben oder außer Vollzug zu setzen ist.

III 1 Wird der Beschuldigte nicht freigelassen, so ist er auf sein Verlangen dem zuständigen Gericht zur Vernehmung nach § 115 vorzuführen. 2 Der Beschuldigte ist auf dieses Recht hinzuweisen und gemäß § 115 Abs. 4 zu belehren.

1) Die **Vorführung vor das nächste AG** (I) ist notwendig, wenn die vor das 1
zuständige AG nach § 115 (wegen großer Entfernung, Erkrankung des Beschuldigten uä) nicht rechtzeitig möglich ist. Das Einverständnis des Beschuldigten mit der Überschreitung der Frist des § 115 II ist wirkungslos. Für die Anwendung des I kommt es darauf an, ob die Frist des § 115 II unter den üblichen Umständen eingehalten werden kann; nur wenn dies auch unter Ausnutzung der zur Verfügung stehenden technischen und personellen Möglichkeiten ausgeschlossen ist, erfolgt die Vorführung nach § 115a (Koch NStZ **95**, 71 gegen Fischer NStZ **94**, 321; vgl auch Kropp NJ **00**, 238; Waldschmidt NJW **65**, 1577).

Nächstes AG ist idR dasjenige, in dessen Bezirk der Beschuldigte ergriffen 2
worden ist, uU das verkehrsmäßig am schnellsten erreichbare. Sind die Strafsachen für mehrere AG-Bezirke allgemein einem AG übertragen (4 zu § 58 GVG), so ist dieses Gericht zuständig (**aM** SK-Paeffgen 2). Wenn die rechtzeitige Vorführung anders nicht möglich ist, wird der Beschuldigte dem nächsten AG ohne Rücksicht darauf vorgeführt, ob es für Haftsachen zuständig ist (LR-Hilger 1).

Die Vorführung hat **unverzüglich** (8 zu § 25) zu erfolgen, spätestens am Tage 3
nach der Ergreifung; die Fristüberschreitung führt nicht zur Freilassung (5 zu § 115), kann aber wegen § 136a (dort 20) die Unverwertbarkeit der Vernehmung zur Folge haben (vgl BGH StV **95**, 283).

4 **2)** Die **Vernehmung** (II) muss unverzüglich nach der Vorführung (4 zu § 115), spätestens am nächsten Tage, stattfinden (S 1). Sie richtet sich, soweit möglich, nach § 115 III (S 2). Wegen der Anwesenheitsrechte nach § 168c gelten keine Besonderheiten. Der Hinweis auf die Aussagefreiheit und die weiteren Hinweise nach § 136 I S 2–4 sind immer möglich, die Sachvernehmung nur, soweit der Richter dazu ohne Aktenkenntnis imstande ist.

5 Die **Entscheidungsbefugnis** des Richters ist beschränkt; er ist nur berechtigt, den Ergriffenen mit der Begründung freizulassen, dass er nicht die in dem Haftbefehl bezeichnete Person ist oder dass der Haftbefehl nicht mehr besteht (nicht, dass er fehlerhaft ist) oder die Aufhebung des Haftbefehls durch die StA nach § 120 III beantragt ist. Auch wenn der Richter den Haftbefehl für offensichtlich unbegründet hält, darf er ihn nicht nach § 120 aufheben. Der Gesetzgeber ist bei Änderung der Vorschrift durch Ges vom 29. 7. 2009 (BGBl I 2274, 2275) der entgegenstehenden Ansicht nicht gefolgt (Diehm StraFo **07**, 231 wegen Art 5 III MRK; Heinrich StV **95**, 660, der entgegen II S 3 und 4 eine umfassende Entscheidungskompetenz des Richters bejaht; wie Heinrich auch Ziegert StV **97**, 439; dagegen zutr Nibbeling ZRP **98**, 342 und Schmitz NStZ **98**, 170, die aber beide eine Gesetzesänderung fordern). Der Richter darf auch nicht den Vollzug des Haftbefehls nach § 116 aussetzen (LR-Hilger 8; Schmitz aaO; **aM** Enzian NJW **73**, 838; Maier NStZ **89**, 59; Schröder NJW **81**, 1425; Seetzen NJW **72**, 1889; Sommermeyer NJ **92**, 340; Zieschang, FS 600 Jahre Würzburger Juristenfakultät, 2002, S 679, der § 115a dahin verfassungskonform auslegen will; offengelassen von BGH **42**, 343, 348 = JR **97**, 471 mit Anm Seebode); er kann lediglich bei Haftunfähigkeit vom Vollzug des Haftbefehls absehen (LG Frankfurt aM StV **85**, 464; das ist nicht „inkonsequent und widersprüchlich", wie Zieschang aaO S 677 meint, denn der Haftbefehl als solcher wird hierdurch nicht angetastet). Im Übrigen nimmt er nur die Einlassung des Beschuldigten entgegen. Der weitere Verfahrensgang stellt sich dann wie folgt dar:

6 Hält der Richter die Einwendungen des Beschuldigten nicht für offensichtlich unbegründet oder hat er sonst Bedenken gegen die Aufrechterhaltung des Haftbefehls, so **unterrichtet** er davon das zuständige Gericht und die zuständige StA (S 4) unverzüglich (BGH **42**, 343, 346 = JR **97**, 471 mit Anm Seebode) und auf dem schnellstmöglichen Wege, idR telefonisch oder durch Telefax oder per e-mail (Schlothauer/Weider 348); gerade diese schnellen, modernen Verständigungsmöglichkeiten lassen im übrigen die Diskussion um die eigene Entscheidungsbefugnis des nächsten Richters als weithin überholt erscheinen (**aM** KMR-Wankel 4a ff: Regelung ist verfassungswidrig und verstößt gegen MRK). Nur wenn das zuständige Gericht oder die zuständige StA auch auf diesem Wege am Tage der Vorführung nicht erreichbar sind (zB am Wochenende) und die Aufrechterhaltung des Haftbefehls schlechthin unvertretbar wäre (zB Sachverhalt erfüllt keinen Straftatbestand), kann der Haftbefehl in entspr Anwendung des § 116 außer Vollzug gesetzt werden (Schröder StV **05**, 241). Andernfalls hat das zuständige Gericht unverzüglich zu prüfen, ob der Haftbefehl aufzuheben oder außer Vollzug zu setzen ist. Entscheidet der vom „nächsten" Richter aber erreichte zuständige Richter, nach Anhörung der StA (§ 33 II), dass der Haftbefehl aufgehoben oder sein Vollzug ausgesetzt wird, so wird er die Anordnung idR durch den „nächsten" Richter ausführen lassen.

7 **Beschwerdeberechtigt** ist dann die für den Haftrichter nach § 115 zuständige StA; die Entscheidung trifft das dem zuständigen AG übergeordnete LG (KG JR **76**, 253). Wenn jedoch der „nächste" Richter selbstständig über den Haftbefehl verfügt hat, ist das ihm übergeordnete LG zuständig (KG aaO; LG Frankfurt aM StV **85**, 464). § 159 GVG ist nicht entspr anzuwenden (KG aaO; **aM** Seetzen NJW **72**, 189).

8 **3)** Die **Vorführung vor das zuständige Gericht** zur Vernehmung kann der Beschuldigte, nicht die StA (AG Bremerhaven MDR **67**, 855), ohne weitere Begründung verlangen, wenn er nicht freigelassen wird (III S 1). Auf dieses Recht

muss er hingewiesen werden (III S 2). Die Vorführung, für die das Gesetz keine Frist bestimmt, muss unverzüglich (8 zu § 25) stattfinden; ggf ist ein Einzeltransport anzuordnen (Koch NStZ **95**, 73; Schmitz NStZ **98**, 171). Eine Vernehmung durch das Rechtshilfegericht (§ 157 GVG) ersetzt die Vernehmung nach III nicht (Köln JMBlNW **68**, 129). Neben dem Antrag nach III S 1 ist die Haftbeschwerde wegen § 117 II S 1 unzulässig (Hamburg NStZ-RR **02**, 381).

Aussetzung des Vollzugs **RiStBV 54, 57**

116 **I 1 Der Richter setzt den Vollzug eines Haftbefehls, der lediglich wegen Fluchtgefahr gerechtfertigt ist, aus, wenn weniger einschneidende Maßnahmen die Erwartung hinreichend begründen, dass der Zweck der Untersuchungshaft auch durch sie erreicht werden kann. 2 In Betracht kommen namentlich**

1. die Anweisung, sich zu bestimmten Zeiten bei dem Richter, der Strafverfolgungsbehörde oder einer von ihnen bestimmten Dienststelle zu melden,
2. die Anweisung, den Wohn- oder Aufenthaltsort oder einen bestimmten Bereich nicht ohne Erlaubnis des Richters oder der Strafverfolgungsbehörde zu verlassen,
3. die Anweisung, die Wohnung nur unter Aufsicht einer bestimmten Person zu verlassen,
4. die Leistung einer angemessenen Sicherheit durch den Beschuldigten oder einen anderen.

II 1 Der Richter kann auch den Vollzug eines Haftbefehls, der wegen Verdunkelungsgefahr gerechtfertigt ist, aussetzen, wenn weniger einschneidende Maßnahmen die Erwartung hinreichend begründen, dass sie die Verdunkelungsgefahr erheblich vermindern werden. 2 In Betracht kommt namentlich die Anweisung, mit Mitbeschuldigten, Zeugen oder Sachverständigen keine Verbindung aufzunehmen.

III Der Richter kann den Vollzug eines Haftbefehls, der nach § 112 a erlassen worden ist, aussetzen, wenn die Erwartung hinreichend begründet ist, dass der Beschuldigte bestimmte Anweisungen befolgen und dass dadurch der Zweck der Haft erreicht wird.

IV Der Richter ordnet in den Fällen der Absätze 1 bis 3 den Vollzug des Haftbefehls an, wenn

1. der Beschuldigte den ihm auferlegten Pflichten oder Beschränkungen gröblich zuwiderhandelt,
2. der Beschuldigte Anstalten zur Flucht trifft, auf ordnungsgemäße Ladung ohne genügende Entschuldigung ausbleibt oder sich auf andere Weise zeigt, dass das in ihn gesetzte Vertrauen nicht gerechtfertigt war, oder
3. neu hervorgetretene Umstände die Verhaftung erforderlich machen.

1) Eine **besondere Ausprägung des Verhältnismäßigkeitsgrundsatzes** ist 1
die Vorschrift (BVerfGE **19**, 342, 347 ff = NJW **66**, 243, 244), die für das Jugendstrafverfahren durch § 72 I **JGG** ersetzt wird. Wenn der Zweck der UHaft, auch der nach §§ 230 II, 236, 329 IV S 1 (KG GA **72**, 127; Neuhaus StV **99**, 341), durch weniger einschneidende Maßnahmen erreicht werden kann, muss der Vollzug des Haftbefehls ausgesetzt werden, ggf schon bei seinem Erlass. Auch der Dauer solcher, notwendigerweise die Freiheitsrechte des Beschuldigten beschränkenden Maßnahmen sind aber Grenzen gesetzt. Der Haftbefehl muss daher aufgehoben werden, wenn seine Aufrechterhaltung trotz Aussetzung seiner Vollziehung nicht mehr verhältnismäßig ist (BVerfGE **53**, 152 = NJW **80**, 1448; BGH **39**, 233, 236; Bremen StV **94**, 666; Düsseldorf StraFo **03**, 378; erg 5 zu § 120). Bei vermeidbaren Verfahrensverzögerungen ist eine erneute Inhaftierung des Angeklagten vor Urteilserlass nicht mehr zulässig (Köln StV **88**, 345). Ob die Voraussetzungen

des § 116 vorliegen, ist bei jeder Haftentscheidung zu prüfen. Aus der Vorschrift folgt die Zulässigkeit der Beschränkung eines Haftbefehls dahin, dass er einem Ersuchen um Auslieferungshaft an einen bestimmten Staat nicht zugrunde gelegt werden darf (Volckart StV **83**, 436).

2 Die **befristete Aussetzung** des Vollzugs eines Haftbefehls ist nicht statthaft; denn die Frage, ob der Zweck der UHaft durch weniger einschneidende Maßnahmen erreicht werden kann, lässt sich nur einheitlich beantworten (Schleswig SchlHA **71**, 69; **aM** LR-Hilger 9; Neuhaus StraFo **00**, 15; NStZ **02**, 559; Paeffgen 171 Fn 34). § 116 darf insbesondere nicht zur Umgehung des Verbots, Urlaub aus der UHaft zu bewilligen (vgl UVollzO 41 III), benutzt werden (Schleswig aaO). Unzulässig ist daher eine kurzfristige Vollzugsaussetzung zu dem Zweck, dem Beschuldigten geschäftliche Besprechungen (**aM** LR-Hilger 9) oder die Teilnahme an einer Beerdigung (Stuttgart MDR **80**, 423) oder einen stationären Krankenhausaufenthalt zu ermöglichen (Zweibrücken MDR **79**, 517; vgl aber auch § 23 UVollzG RP). Die von dem LG Köln (StV **82**, 374; **84**, 342) für zulässig gehaltene Beurlaubung zu dem Zweck, dem Gefangenen in Begleitung und unter Aufsicht von Mitarbeitern staatlich anerkannter Suchtberatungsstellen ein Vorstellungsgespräch zur Vorbereitung einer Drogentherapie zu ermöglichen, ist in Wahrheit eine zugelassene Ausführung mit besonderem Überwachungspersonal.

3 **2) Vollzugsaussetzung bei Fluchtgefahr** (I):

4 A. **Zwingend vorgeschrieben** ist die Aussetzung beim Vorliegen der Voraussetzungen des I. Trifft Fluchtgefahr mit anderen Haftgründen zusammen, so müssen auch die hierfür in II und III bestimmten Voraussetzungen erfüllt sein. Auch bei Flucht ist § 116 uU anwendbar (LR-Hilger 2; Neuhaus StV **99**, 341). Die Erwartung, dass der Zweck der Haft auch durch andere Maßnahmen erreicht werden kann, muss hinreichend begründet sein. Das ist der Fall, wenn mit großer Wahrscheinlichkeit anzunehmen ist, dass der Beschuldigte sich dem Verfahren nicht entziehen werde (vgl dazu Karlsruhe StraFo **97**, 91).

5 B. Nur bei **Anordnung weniger einschneidender Maßnahmen** lässt I die Vollzugsaussetzung zu. Sie können geringfügig sein; der völlige Verzicht auf sie wäre aber gesetzwidrig; denn wenn sie nicht erforderlich sind, muss der Haftbefehl aufgehoben werden. Die Maßnahmen müssen ihrer Art nach als Ersatzmittel für die UHaft geeignet und auf die Persönlichkeit des Beschuldigten sowie auf seine Verhältnisse abgestimmt sein. Sie dürfen keinen Sühnecharakter haben (Kleinknecht MDR **65**, 784) und an den Beschuldigten keine unzumutbaren Anforderungen stellen (Saarbrücken NJW **78**, 2460, 2462), insbesondere ihm keine Beschränkungen auferlegen oder Weisungen erteilen, die durch den gegebenen Haftgrund nicht gerechtfertigt sind (Celle StV **88**, 207; Oldenburg OLGSt S 17). Ein Arbeitszwang darf ebenso wenig bestimmt werden wie in der UHaft (vgl Paeffgen NStZ **00**, 135). In uneinschränkbare Grundrechte darf nicht eingegriffen werden). Daher ist zB die Weisung an den Beschuldigten unzulässig, zu seiner von ihm getrennt lebenden Ehefrau zurückzukehren, wenn weder er noch sie damit einverstanden ist (vgl Heinitz JR **65**, 265). Dass mit einer Maßnahme zugleich eine Berufsbeschränkung verbunden ist, macht sie nicht unwirksam; die Anordnung eines vorläufigen Berufsverbots ist aber nur nach § 132a zulässig (Hamm StraFo **02**, 178). Vgl auch die Zusammenstellung bei Neuhaus StV **99**, 342ff.

6 C. **Gesetzliche Beispiele** für weniger einschneidende Maßnahmen (S 2):

7 a) **Meldepflicht** (Nr 1): In Betracht kommt nicht nur die Pflicht zur regelmäßigen Meldung, dh zur persönlichen Vorstellung, bei Gericht, bei der StA oder, was die Regel ist, bei der Polizei, sondern auch bei anderen Dienststellen, zB beim Landratsamt oder, wenn der Beschuldigte Soldat ist, bei dem Disziplinarvorgesetzten. Die Meldung bei einer privaten Stelle, zB beim Arbeitgeber, ist keine Maßnahme nach Nr 1, sondern eine sonstige Maßnahme. Sie kann nur in Erwägung gezogen werden, wenn die Privatstelle einverstanden, zuverlässig und vertrauens-

würdig ist. Der Richter bestimmt die Meldezeit und die Behörde in dem Haftverschonungsbeschluss. Zeitweise Aussetzung der Meldeauflage ist zulässig (Hamm StraFo **98**, 423). Die Verständigung der Behörde kann der Richter der StA überlassen.

b) **Aufenthaltsbeschränkungen** (Nr. 2): Da die Anweisung, einen bestimmten Ort nicht ohne Erlaubnis zu verlassen, kaum kontrollierbar ist, kommt die Vollzugsaussetzung unter einer solchen Beschränkung nur bei vertrauenswürdigen Beschuldigten in Betracht (LR-Hilger 20: Entlassung auf Ehrenwort). Die Überwachung durch die Polizei (vgl Kleinknecht JZ **65**, 118) führt idR zu einer unzumutbaren Bloßstellung des Beschuldigten (EbSchmidt Nachtr 7). Hat das Gericht es der StA oder der Polizei überlassen, Ausnahmegenehmigungen zu erteilen, so ist gegen ihre Versagung nicht der Rechtsweg nach §§ 23 ff **EGGVG,** sondern die Anrufung des Gerichts zulässig. 8

c) Die **Weisung, die Wohnung nur unter Aufsicht zu verlassen** (Nr 3), kommt bei Jugendlichen in Betracht, deren Eltern oder sonstige Erziehungsberechtigte vertrauenswürdig und zur Übernahme der Aufsicht bereit sind. Ständige Begleitung verlangt die Aufsicht nicht; es kann genügen, dass die Aufsichtsperson den Beschuldigten auf dem Weg zur Schule oder zur Arbeitsstelle und zurück begleitet. Eine weitreichende neue Anwendungsmöglichkeit für diese Weisung eröffnet aber auch der im Einverständnis mit dem Beschuldigten vorgenommene Einsatz elektronischer Überwachungsmittel („Fußfessel"; vgl dazu eingehend Neuhaus StV **99**, 345 ff; Püschel StraFo **09**, 140). 9

d) Die **Sicherheitsleistung** (Nr 4) – in Art 5 III S 3 MRK ausdrücklich erwähnt – verstößt nicht gegen Art 3 I GG, obwohl sie in 1. Hinsicht den wohlhabenderen Beschuldigten zur Entlassung aus der UHaft verhilft (Bamberg MDR **58**, 788; KK-Graf 18; Amendt, Die Verfassungsmäßigkeit der strafprozessualen Sicherheitsleistungsvorschriften [§§ 116, 116 a; 127 a; 132 StPO], 1986, S 41 ff, 142). Einzelheiten der Sicherheitsleistung regelt § 116 a. Das Gericht darf die Aussetzung des Vollzugs gegen Sicherheitsleistung ohne Antrag (LR-Hilger 3, 4 zu § 116 a), sogar ohne Einverständniserklärung des Beschuldigten anordnen (vgl Art 5 III S 3 **MRK**). IdR wird aber ein Angebot des Beschuldigten vorliegen, das ihm der Richter nahelegen kann. Die Sicherheitsleistung dient nicht nur der Sicherung der Durchführung des Strafverfahrens, sondern auch der des Antritts der Strafe (vgl § 124 I). Eine Aufrechnung mit der Geldstrafe oder den Verfahrenskosten ist nicht zulässig (Frankfurt StV **00**, 509; LG München II StV **98**, 554 mit zust Anm Eckstein; zust auch Paeffgen NStZ **00**, 135); dafür gilt § 127 a I Nr 2 (vgl LG München I mit zust Anm Eckstein). Zur Problematik der Abtretung des Rückzahlungsanspruchs an den Geldgeber oder Verteidiger vgl Püschel StraFo **09**, 138. 10

D. **Sonstige Maßnahmen:** Außer den in I S 2 bezeichneten kommen alle Maßnahmen in Betracht, die geeignet sind, als Ersatz für den Vollzug des Haftbefehls zu dienen. Dazu gehört etwa die Sperre eines Sparbuchs oder Bankkontos, die Abgabe des Führerscheins (KK-Graf 12) oder die Anweisung an den Beschuldigten, eine bestimmte Wohnung zu nehmen oder sich einer Wohngruppe zur Drogentherapie anzuschließen (Hamm StV **84**, 123 mit Anm Budde). 11

In der Praxis wird vor allem die Weisung erteilt, die **Personalpapiere** zu den Akten zu geben; denn der Erlass des Haftbefehls berechtigt nicht zugleich zu deren Beschlagnahme (**aM** LG Offenburg NStZ **99**, 530 mit abl Anm Wohlers StV **00**, 32; abl auch Paeffgen NStZ **01**, 74). Die Abgabe des Reisepasses darf auch von Ausländern verlangt werden (Saarbrücken NJW **78**, 2460; Pawlik NJW **78**, 1730; **aM** AG Frankfurt NJW **77**, 1601), denen dann aber wegen der Ausweispflicht nach § 3 AufenthG darüber eine Bescheinigung ausgestellt werden muss. Inländern wird idR zur Auflage gemacht, auch den Personalausweis zu den Akten zu geben (Stuttgart Justiz **71**, 330; Fuhrmann JR **64**, 455; vgl aber Oske JR **64**, 454, der das für unzulässig hält); auch ihnen muss mit Rücksicht auf die Ausweispflicht nach § 1 I S 2 PersAuswG hierüber eine Bescheinigung erteilt werden (Stuttgart aaO). 12

13 E. Die **Verbindung mehrerer Weisungen und Auflagen** ist zulässig und oft zweckmäßig. Häufig ermöglicht erst sie die Aussetzung des Vollzugs des Haftbefehls. In Betracht kommt vor allem die Verbindung der Aufenthaltsbeschränkung mit der Anweisung, die Personalpapiere abzugeben.

14 **3) Vollzugsaussetzung bei Verdunkelungsgefahr** (II): Auch wenn dieser Haftgrund vorliegt, können weniger einschneidende Maßnahmen (oben 5) die Erwartung begründen, dass die Gefahr erheblich vermindert wird. Restlos beseitigt braucht sie nicht zu sein (EbSchmidt Nachtr 12). II ist zwar nur als Kann-Vorschrift ausgestaltet; jedoch erfordert der Verhältnismäßigkeitsgrundsatz die Aussetzung des Vollzugs, wenn er entbehrlich ist (vgl unten 17).

15 Als Beispiel der hierzu geeigneten Maßnahmen nennt S 2 das **Verbot der Verbindungsaufnahme zu Beweispersonen.** Es umfasst die Verbindungsaufnahme durch Briefe und durch Mittelspersonen (KK-Graf 21) und gilt auch für die Verbindung mit Personen, die noch nicht Mitbeschuldigte, Zeugen oder Sachverständige sind, es aber voraussichtlich sein werden. Die darin liegende Einschränkung der Verteidigungsmöglichkeiten ist dadurch gerechtfertigt, dass der Beschuldigte sich schon früher dem Verdacht ausgesetzt hat, die Sachaufklärung zu behindern (Hengsberger JZ **66**, 213; krit Dahs NJW **65**, 83; Schorn NJW **65**, 843: mit Art 6 III Buchst b, c **MRK** schwer vereinbar). Die Verbindung mit einem in der Hausgemeinschaft lebenden Angehörigen darf dem Beschuldigten nicht untersagt werden (Hamburg Rpfleger **66**, 374; M. Amelung StraFo **97**, 15; Kleinknecht MDR **65**, 784). Hat er keinen Verteidiger, so kann ihm der Richter trotz des Verbots die Aufnahme bestimmter Verbindungen zwecks Suche nach Verteidigungsmaterial gestatten (KK-Graf 21).

16 Die **Sicherheitsleistung** ist keine gesetzlich vorgesehene (vgl § 124 I) und idR auch keine geeignete Maßnahme zur Herabminderung der Verdunkelungsgefahr (KG JR **90**, 34; Frankfurt NJW **78**, 838; Tiedemann NJW **77**, 1977; **aM** Hamm StraFo **01**, 397; Köln StraFo **97**, 93; LR-Hilger 18; Hohlweck NStZ **98**, 600; Jungfer Meyer-GedSchr 227; Püschel StraFo **09**, 138; Paeffgen 171 und NStZ **92**, 482 hält die Sicherheitsleistung zwar für geeignet, aber im Hinblick auf den eindeutigen Gesetzeswortlaut nicht für zulässig).

17 **4)** Die **Vollzugsaussetzung bei Wiederholungsgefahr** (III) wird nur in besonderen Ausnahmefällen zu verantworten sein. In den Fällen des § 112a I Nr 1 kommt vor allem die Auflage an den Beschuldigten in Betracht, sich in ärztliche Behandlung oder in eine Krankenanstalt zu begeben, in den Fällen des § 112a I Nr 2 die Weisung, einen bestimmten Aufenthalt zu nehmen und nicht zu verlassen. Zulässig ist auch die Weisung, mit bestimmten Personen nicht zu verkehren, und die Unterstellung unter die Aufsicht einer bestimmten Person, etwa unter die eines Bewährungshelfers. Vgl auch § 71 II S 2 **JGG.** Die Sicherheitsleistung ist bei III ebenso unzulässig wie bei Verdunkelungsgefahr (**aM** KK-Graf 19).

18 **5)** Die **Vollzugsaussetzung im Fall des § 112 III** sieht § 116 nicht vor. Der Verhältnismäßigkeitsgrundsatz verlangt aber auch hier die Haftverschonung unter bestimmten Auflagen, wenn dadurch erreicht werden kann, dass der Beschuldigte sich dem Verfahren nicht entzieht und auch keine Verdunkelungsmaßnahmen trifft (BVerfGE **19**, 342 = NJW **66**, 243; BVerfG NJW **66**, 772). Daher kann der Vollzug nach den Grundsätzen zu I und II ausgesetzt werden (Frankfurt StV **00**, 374; Köln NJW **96**, 1686; Oldenburg StraFo **08**, 27).

19 **6) Verfahren:** Der Vollzug des Haftbefehls wird von Amts wegen oder auf Antrag der StA oder des Beschuldigten ausgesetzt.

20 Die Aussetzung erfolgt durch **Beschluss** des nach § 126 zuständigen Richters. Das kann schon zugleich mit dem Erlass des Haftbefehls geschehen. Die StA ist nach § 33 II zu hören, wenn sie nicht selbst den Antrag gestellt hat. Der Beschluss muss mit Gründen versehen (§ 34) und den Beteiligten formlos bekanntgegeben werden (§ 35 II S 2). Die dem Beschuldigten auferlegten Pflichten und Beschrän-

kungen müssen in dem Beschluss so genau umschrieben sein, dass er weiß, wie er sich zu verhalten hat, und dass Zuwiderhandlungen gegen sie, die zum Widerruf der Haftverschonung zwingen (IV), eindeutig festgestellt werden können (Kleinknecht MDR **65**, 784).

Die nachträgliche **Änderung der Maßnahme,** auch ihre Verschärfung (zB die Erhöhung der Sicherheitsleistung), ist zulässig; nach § 126 II S 2 kann der Vorsitzende allein sie anordnen. 21

7) Die **Anordnung des Vollzugs des Haftbefehls** (IV) ist nur zulässig, wenn die Voraussetzungen der Nrn 1–3 vorliegen (KG StraFo **97**, 27; Düsseldorf StV **88**, 207); dann ist sie aber zwingend geboten, im Fall der Nr 3 ohne zeitliches Zuwarten (Stuttgart NStZ **82**, 217 L = OLGSt S 29; **aM** SK-Paeffgen 25), es sei denn, ein milderes Mittel der Verfahrenssicherung – vor allem eine Verschärfung der Auflagen – genügt (BVerfG NJW **06**, 1787 L = StV **06**, 139; StV **08**, 25, 27). Wird der außer Vollzug gesetzte Haftbefehl aufgehoben und durch einen neuen ersetzt, so liegt darin sachlich eine Anordnung nach IV, die nur unter den dort bezeichneten Voraussetzungen zulässig ist (BVerfG StraFo **07**, 19; Dresden StraFo **09**, 521, 522; Düsseldorf StV **93**, 480; Karlsruhe wistra **05**, 316; Köln StV 08, 258; Stuttgart aaO). 22

A. **Gröbliches Zuwiderhandeln gegen Pflichten oder Beschränkungen** (Nr 1) erfordert kein absichtliches Handeln. Entscheidend ist vielmehr, ob durch das Zuwiderhandeln der Haftgrund wieder so verstärkt worden ist, dass der Haftbefehl vollzogen werden muss (Frankfurt StV **95**, 476). Bloße Nachlässigkeiten und Versehen genügen dazu nicht (KK-Graf 28). 23

B. **Entfallen der Vertrauensgrundlage** (Nr 2): 24

Wenn der Beschuldigte Anstalten zur **Flucht** trifft oder entspr Handlungen Dritter kennt und billigt (KMR-Wankel 9), wird ohne weiteres der Vollzug des wegen Fluchtgefahr ergangenen Haftbefehls angeordnet. War Fluchtgefahr bisher nicht angenommen worden, so wird der Vollzug nur angeordnet, wenn nunmehr die Voraussetzungen des § 112 II Nr 2 vorliegen; der Haftgrund der Fluchtgefahr muss dann in den Haftbefehl aufgenommen werden (18 zu § 114). Entgegen dem zu engen Wortlaut der Nr 2 wird der Vollzug selbstverständlich auch dann angeordnet, wenn der Beschuldigte bereits geflohen ist. 25

Der Widerrufsgrund des **Ausbleibens** gilt nur, wenn der Beschuldigte zu einem gerichtlichen Termin oder zu einer Vernehmung bei der StA (nicht bei der Polizei) ordnungsgemäß, auch über einen Zustellungsbevollmächtigten (§ 116a III), geladen war (vgl dazu 2 zu § 51; 2ff zu § 216) und entgegen seiner Verpflichtung nach §§ 133, 163a III, 230 II oder 236 ohne genügende Entschuldigung (dazu 18ff zu § 329) ausgeblieben ist. 26

Die Generalklausel des **nicht gerechtfertigten Vertrauens** gilt immer, aber auch nur dann (BVerfG StraFo **05**, 502), wenn sich nachträglich auf Grund alter oder neu bekannt gewordener Tatsachen herausstellt, dass die Annahme, der Beschuldigte werde Pflichten und Beschränkungen erfüllen und sich dem Verfahren stellen, ein Irrtum war. 27

C. Die **neu hervorgetretenen Umstände** (Nr 3) können die Fluchtgefahr wesentlich erhöhende neue Taten oder aber auch Umstände sein, die bei Würdigung des Wesens der Aussetzung zu ihrer Versagung geführt hätten (Düsseldorf StraFo **02**, 142; Frankfurt StV **98**, 31; Karlsruhe wistra **05**, 316; Koblenz StraFo **99**, 322; München NJW **78**, 771), so insbesondere die Verurteilung zu einer weit höheren Strafe als bei Aussetzung erwartet (vgl BGH NStZ **05**, 279, 280; Düsseldorf StV **00**, 211 mit Anm Hagmann; Hamm StV **03**, 512); umgekehrt scheidet die Wiederinvollzugsetzung aus, wenn sich die Straferwartung durch das Urteil nur realisiert hat (Frankfurt StV **04**, 493; Oldenburg StraFo **08**, 468). Die Schwelle für eine Widerrufsentscheidung ist demnach sehr hoch anzusetzen; maßgeblich ist, ob die Vertrauensgrundlage der Aussetzungsentscheidung infolge neu 28 hervorgetretener Umstände entfallen ist (eingehend dazu BVerfG NJW **06**, 1787 L = StV **06**, 139 unter Aufhebung von BGH NStZ **06**, 297; BVerfG StraFo **07**, 19; StV **08**, 25; Stuttgart StraFo **09**, 104 mit Anm Schlothauer). Wiederinvollzugsetzungsgründe sind etwa die Verstärkung des bisherigen oder das Hinzutreten eines weiteren Haftgrundes. Dass der dringende Tatverdacht durch weitere Ermittlungen bestätigt worden ist, rechtfertigt aber für sich allein den Widerruf der Haftverschonung nicht (BVerfG aaO; München aaO), auch nicht das Einwirken auf einen Zeugen, wenn es für das vorliegende Verfahren bedeutungslos ist (Düsseldorf StV **84**, 339; **aM** Hamm wistra **98**, 364). Neu hervorgetretene Umstände können sich nicht auf den (dringenden) Tatverdacht beziehen, denn dieser ist bereits Grundvoraussetzung für Erlass und Außervollzugsetzung des Haftbefehls (BVerfG StV **08**, 25). Bloße Nachlässigkeiten oder Versehen reichen als Widerrufsgrund nicht aus (KG StV **02**, 607).

29 D. **Verfahren:** Die Anordnung des Vollzugs erfolgt auf Antrag der StA oder von Amts wegen durch mit Gründen versehenen (§ 34) Beschluss des nach § 126 zuständigen Richters, der auch dann zuständig ist, wenn die Anordnung nach I–III von dem Beschwerdegericht oder im Verfahren nach § 122 von dem OLG getroffen worden ist (dort 19). Zur Aufhebung der Maßnahmen, die der Aussetzung des Haftvollzugs gedient haben, vgl § 123 I Nr 2 (dort 3 ff). Wird der Beschuldigte auf Grund der Anordnung festgenommen, so ist er erneut nach §§ 115, 115 a dem Richter vorzuführen; die Benachrichtigung nach § 114 c ist erforderlich.

30 E. Die **vorläufige Festnahme** durch StA oder Polizei (§ 127 II) ist zulässig, wenn neue tatsächliche Umstände, insbesondere Anstalten zur Flucht, erkennbar sind, die zur Anordnung des Vollzugs nach IV zwingen, und wenn Gefahr im Verzug (19 zu § 127) besteht. Der Versuch des Beschuldigten, die Grenze zu überschreiten, berechtigt zur vorläufigen Festnahme nur, wenn eine entgegenstehende Anordnung nach I Nr 2 besteht oder die Fluchtabsicht offensichtlich ist.

31 8) **Beschwerde:** Gegen die Aussetzung des Vollzugs kann die StA Beschwerde nach § 304 I einlegen; das Beschwerdegericht hat dann die gesamten Voraussetzungen des Haftbefehls zu prüfen (Stuttgart NJW **82**, 1296). Der Nebenkläger hat kein Beschwerderecht (1 zu § 400). Ist ein Antrag auf Haftverschonung abgelehnt oder nach IV der Vollzug des Haftbefehls angeordnet worden, so ist der Beschuldigte beschwerdeberechtigt (vgl 8 ff zu § 117). Er kann Beschwerde auch einlegen, wenn er die Weisungen und Beschränkungen für übermäßig belastend hält. Zur Beschwerde gegen den Beschluss des OLG vgl 13 zu § 304, gegen Verfügungen der Ermittlungsrichter des BGH und der OLGe 19 zu § 304 und zur weiteren Beschwerde 7 zu § 310.

Art der Sicherheit; Zustellungsvollmacht

116a **I Die Sicherheit ist durch Hinterlegung in barem Geld, in Wertpapieren, durch Pfandbestellung oder durch Bürgschaft geeigneter Personen zu leisten. 2 Davon abweichende Regelungen in einer auf Grund des Gesetzes über den Zahlungsverkehr mit Gerichten und Justizbehörden erlassenen Rechtsverordnung bleiben unberührt.**

II Der Richter setzt Höhe und Art der Sicherheit nach freiem Ermessen fest.

III Der Beschuldigte, der die Aussetzung des Vollzugs des Haftbefehls gegen Sicherheitsleistung beantragt und nicht im Geltungsbereich dieses Gesetzes wohnt, ist verpflichtet, eine im Bezirk des zuständigen Gerichts wohnende Person zum Empfang von Zustellungen zu bevollmächtigten.

1 **1) Art und Höhe der Sicherheitsleistung** (I, II): Die Sicherheit nach § 116 I Nr 4 kann nur auf eine der in I bezeichneten Arten geleistet werden (vgl aber BGH **42**, 343, 353 = JR **97**, 471, 473 mit abl Anm Seebode: nur Ordnungsvor-

schrift). Art und Höhe der Sicherheit setzt der Haftrichter (§ 126) fest; nach Erhebung der öffentlichen Klage ist der Vorsitzende allein zuständig (§ 126 II S 3). Die Sicherheit ist so zu bemessen, dass sie nach Art und Höhe auf den Beschuldigten einen psychischen Zwang ausübt, sich dem Verfahren zu stellen (Schleswig OLGSt Nr 2).

Für die **Hinterlegung von Geld oder Wertpapieren** gilt in 1. Hinsicht die Hinterlegungsordnung vom 10. 3. 1937 (RGBl I 285; BGBl III 300–15), letztes ÄndG vom 23. 11. 2007 (BGBl I 2614, 2616). Einer ausdrücklichen Annahme durch die StA bedarf es nicht (Hamm NJW **91**, 2717). Die Hinterlegung ist aber auch bei einem Treuhänder möglich. Trifft der Richter keine anderslautende Anordnung, so können für die Hinterlegung Vermögenswerte dritter Personen verwendet werden (Hamm JMBlNW **91**, 58). 2

Die **Pfandbestellung** iS von I schließt die Sicherungsübereignung und -abtretung sowie die Bestellung von Grundschulden ein. 3

Bürgschaft iS der Vorschrift ist nicht die Bürgschaft nach § 765 BGB, sondern die Leistung einer Sicherheit durch einen anderen als den Beschuldigten (Karlsruhe StraFo **00**, 394), und zwar entweder durch aufschiebend bedingtes selbstschuldnerisches Zahlungsversprechen oder, was die Regel ist, durch Hinterlegung von Geld oder Wertpapieren im eigenen Namen (LR-Hilger 5 ff). Die Bürgschaft, die auch von einer Bank (Rixen NStZ **99**, 329: nicht aber von einer Kommune) geleistet werden kann (dazu Münchhalffen/Gatzweiler 318; M. Amelung StraFo **97**, 301), bedarf nicht der Schriftform; idR wird sie aber schriftlich erklärt. Hält das Gericht diese Form der Sicherheitsleistung für ausreichend (Bedenken dagegen äußert Retemeyer, Sicherheitsleistung durch Bankbürgschaft, 1995, S 87 ff), so muss das in dem Haftverschonungsbeschluss ausdrücklich angesprochen werden (Düsseldorf NStZ **90**, 97; Rpfleger **86**, 275). 4

Die Möglichkeit, **unbar Sicherheit zu leisten,** kann gemäß I S 2 durch eine nach dem ZahlVGJG vom 22. 12. 2006 (BGBl I 3416) erlassene RechtsVO der Landesregierungen bzw des BMJ eröffnet werden. Die zu erlassende RechtsVO regelt die Einzelheiten, in welcher Weise unbare Zahlungen zu leisten sind (zB durch EC-Karte oder Kreditkarte). Solange am Ort des Gerichts oder der Justizbehörde ein Kreditinstitut aufgrund besonderer Ermächtigung kostenlos Zahlungsmittel für das Gericht oder die Justizbehörde gegen Quittung annimmt („Outsourcing"), steht diese Zahlungsmöglichkeit der Barzahlung gleich (§ 2 ZahlVGJG; vgl auch § 224 AO). 4a

2) Zustellungsbevollmächtigter (III): Der nicht in der BRep wohnende Beschuldigte kann die Aussetzung des Vollzugs des Haftbefehls gegen Sicherheitsleistung nach § 116 I Nr 4 nur erreichen, wenn er eine im Bezirk des zuständigen Gerichts (Büttner DRiZ **07**, 188; **aM** Düsseldorf VRS **71**, 369; LR-Hilger 15; SK Paeffgen 6: auch außerhalb des Gerichtsbezirks; erg 7 zu § 127 a) wohnende bestimmte Person (dazu LG Baden-Baden NStZ-RR **00**, 372) zum Zustellungsbevollmächtigten bestellt. Dabei kommt es nicht auf den Wohnsitz (1 zu § 8) des Beschuldigten an; III gilt auch, wenn er sich für längere Zeit nicht in der BRep aufhält. Die Auswahl des Bevollmächtigten ist dem Beschuldigten überlassen; sie ist aber nur wirksam, wenn der Bevollmächtigte einverstanden ist, was der Beschuldigte nachweisen muss (Köln VRS **99**, 431 mwN). Ist bei Stellung des Haftverschonungsantrags noch kein Bevollmächtigter bestellt oder der Nachweis seines Einverständnisses noch nicht erbracht worden, so kann der Richter den Antrag ablehnen oder ihm mit der Auflage stattgeben, dass die Bestellung oder der Nachweis nachgeholt wird; er kann dem Beschuldigten aber auch Gelegenheit geben, das Versäumte vor der Entscheidung nachzuholen. 5

Das **Vollmachtsverhältnis** wirkt für die Dauer der Aussetzung des Haftbefehlsvollzugs (vgl § 123 I) und kann nicht widerrufen werden (Düsseldorf VRS **71**, 369). Der Austausch des Zustellungsbevollmächtigten ist nur mit Zustimmung des Richters möglich. 6

7 Der Bevollmächtigte tritt **für alle Zustellungen** an die Stelle des Beschuldigten (BGH **10**, 62; RG **77**, 212, 214; Düsseldorf aaO; Koblenz NStZ-RR **04**, 373); die Beschränkung des § 145a II S 1 gilt nicht (Greßmann NStZ **91**, 218). Die Vollmacht schließt die Ermächtigung ein, Mitteilungen für den Beschuldigten in Empfang zu nehmen, die nicht förmlich zugestellt werden (erg 4 ff zu § 145a). Das zugestellte Schriftstück oder eine Abschrift davon hat der Bevollmächtigte unverzüglich an den Beschuldigten weiterzuleiten, wobei er die Zeitpunkte des Eingangs und der Weiterleitung vermerken sollte (Greßmann aaO; vgl dort auch zur Wiedereinsetzung bei Fristversäumnis durch den Beschuldigten).

Vollstreckung von Untersuchungshaft und anderer freiheitsentziehender Maßnahmen

116b [1]**Die Vollstreckung der Untersuchungshaft geht der Vollstreckung der Auslieferungshaft, der vorläufigen Auslieferungshaft, der Abschiebungshaft und der Zurückweisungshaft vor.** [2]**Die Vollstreckung anderer freiheitsentziehender Maßnahmen geht der Vollstreckung von Untersuchungshaft vor, es sei denn, das Gericht trifft eine abweichende Entscheidung, weil der Zweck der Untersuchungshaft dies erfordert.**

1 **1) Vorrangregelung:** Welche Art der Freiheitsentziehung neben angeordneter UHaft den Vorrang hat, war früher nur unvollkommen in § 122 I StVollzG und Nr 92 I bzw V UVollzO geregelt. Nunmehr ist durch das Ges vom 29. 7. 2009 (BGBl I 2274, 2275) eine eindeutige Regelung getroffen worden: Nach S 1 geht die UHaft zwingend der Vollstreckung von Auslieferungshaft, vorläufiger Auslieferungshaft, Abschiebungshaft und Zurückweisungshaft vor. Die Vollstreckung anderer freiheitsentziehender Maßnahmen – insbesondere die Strafvollstreckung – geht nach S 2 grundsätzlich der Vollstreckung von UHaft vor, jedoch kann das Gericht eine abweichende Entscheidung treffen, falls dies der Zweck der UHaft erfordert. Damit soll erreicht werden, dass die UHaft nur vollstreckt wird, wenn dies unabdingbar ist. § 116b ist gegenüber der Möglichkeit des Aufschubs oder der Unterbrechung der Vollstreckung einer Freiheitsstrafe nach § 455a *lex specialis* (BR-Drucks 829/09 S 30).

2 **UHaft** iS von § 116b ist nicht nur die Haft aufgrund eines Haftbefehls nach §§ 112, 112a, sondern auch die nach §§ 230 II, 236, 329 IV, 412 S 1 angeordnete Haft.

3 **2) Zur Sicherstellung der innerstaatlichen Strafverfolgung** ist UHaft immer vorrangig vor Auslieferungshaft und vorläufiger Auslieferungshaft (§§ 15, 16 IRG), Abschiebungshaft (§ 62 AufenthG, auch iVm § 57 III AufenthG) und Zurückweisungshaft (§ 15 V AufenthG) zu vollstrecken.

4 **3) Andere freiheitsentziehende Maßnahmen:** Solche grundsätzlich vor UHaft zu vollstreckende Maßnahmen sind: **Nach dem StGB** Freiheitsstrafe (§ 38), Ersatzfreiheitsstrafe (§ 43), Unterbringung in einem psychiatrischen Krankenhaus (§ 63), in einer Entziehungsanstalt (§ 64) und in der Sicherungsverwahrung (§ 66), **nach dem JGG** Jugendarrest (§ 16) und Jugendstrafe (§ 17), **nach der StPO** Ordnungshaft (zB §§ 51 I S 2, 70 I S 2, vgl auch §§ 177, 178 GVG), Erzwingungshaft (zB § 70 II; vgl auch § 96 OWiG), Unterbringung zur Beobachtung (§ 81), einstweilige Unterbringung (§ 126a), Unterbringung bei zu erwartender Sicherungsverwahrung (§ 275a V), Sicherungshaft (§ 453c), **nach der ZPO** Erzwingungshaft (§ 901), Sicherungshaft (§ 918), schließlich Haft aufgrund einer Anordnung nach § 4 des Überstellungsausführungsgesetzes.

5 **4) Ausnahmen** vom Grundsatz des S 2 sind nur zulässig, wenn die Abwehr der die Anordnung der UHaft begründenden Gefahren (insbesondere Verdunkelungsgefahr, § 112 II Nr 3) „im organisatorischen Rahmen einer offener als eine UHaftanstalt/-abteilung organisierten Anstalt auch bei erheblicher Anstrengung mit an-

gemessenen Mitteln nicht zu gewährleisten ist" (BR-Drucks 829/08 S 30). Statt der Vollstreckung von UHaft ist aber zu prüfen, ob nicht die Verlegung in eine andere Anstalt oder Abteilung ausreicht.

Erforderlich ist für die Umkehr der Vollstreckungsreihenfolge eine **Entscheidung des Gerichts**. Die Zuständigkeit ergibt sich aus § 126 I. Die nach S 2 ergehende Ausnahmeentscheidung ist nach §§ 119 V, 119 a anfechtbar. 6

5) Die **Regelungen des § 119 I-V** gelten nach § 119 VI auch bei der Vollstreckung anderer freiheitsentziehender Maßnahmen (vgl 40, 41 zu § 119). 7

Haftprüfung **RiStBV 54 II**

117 **I Solange der Beschuldigte in Untersuchungshaft ist, kann er jederzeit die gerichtliche Prüfung beantragen, ob der Haftbefehl aufzuheben oder dessen Vollzug nach § 116 auszusetzen ist (Haftprüfung).**

II 1 Neben dem Antrag auf Haftprüfung ist die Beschwerde unzulässig. 2 Das Recht der Beschwerde gegen die Entscheidung, die auf den Antrag ergeht, wird dadurch nicht berührt.

III Der Richter kann einzelne Ermittlungen anordnen, die für die künftige Entscheidung über die Aufrechterhaltung der Untersuchungshaft von Bedeutung sind, und nach Durchführung dieser Ermittlungen eine neue Prüfung vornehmen.

1) Rechtsbehelfe gegen den Haftbefehl sind der Antrag auf Haftprüfung nach I und die Beschwerde nach § 304 I. 1

A. Die **Haftprüfung auf Antrag** (I) des Beschuldigten (wegen der Haftprüfung von Amts wegen vgl unten 23) verpflichtet den nach § 126 I zuständigen Richter zu der Prüfung, ob der Haftbefehl nach § 120 aufzuheben oder sein Vollzug nach § 116 auszusetzen ist. Zwar haben StA und Gericht stets von Amts wegen zu prüfen, ob die Fortdauer der UHaft gerechtfertigt ist (2 zu § 120). Wenn das der Fall ist, wird das Ergebnis der Prüfung aber nicht aktenkundig gemacht. Demgegenüber ist das Verfahren nach I eine förmliche Haftprüfung, die zu einer ausdrücklichen Entscheidung führt. 2

Sie findet auf **Antrag des Beschuldigten,** der darüber nach § 115 IV belehrt worden ist, bei jeder Art von UHaft, auch der nach § 230 II (Stuttgart MDR **90**, 75), §§ 236, 329 IV S 1, statt (KK-Graf 2). Zum Antragsrecht vgl 1 zu § 118b, zur Antragsrücknahme 2 zu § 118b. StA und Nebenkläger sind nicht antragsberechtigt. Ein in der Hauptverhandlung gestellter Antrag muss nicht sofort behandelt werden (BGH NStZ **06**, 463; erg 5 zu § 238). 3

Antragsvoraussetzung ist, dass der Haftbefehl vollzogen wird, über dessen Aufrechterhaltung oder Außervollzugsetzung entschieden werden soll (Bremen NJW **51**, 45; KK-Graf 2). Ist Überhaft vermerkt (13 vor § 112), insbesondere die UHaft zur Strafvollstreckung unterbrochen (§ 116b S 2; 14 vor § 112), so ist die Haftprüfung nach I daher unzulässig (Hamburg MDR **74**, 861; Stuttgart Justiz **77**, 103; **89**, 437), sofern nicht das Ende der Strafhaft nahe bevorsteht (Hamburg aaO; Stuttgart aaO); der Antrag kann aber in eine Haftbeschwerde umgedeutet werden (Hohmann NJW **90**, 1649). 4

Eine besondere **Form** ist für den Antrag nicht vorgeschrieben. Er kann, etwa bei der richterlichen Vernehmung nach § 115 a II, mündlich, sonst schriftlich (Einl 128) oder zu Protokoll des UrkB der Geschäftsstelle (Einl 131 ff) des zuständigen Gerichts erklärt werden; § 299 I ist anwendbar (§ 118b). 5

Die **Entscheidung** ergeht nach mündlicher Verhandlung, wenn der Beschuldigte das beantragt oder das Gericht es für geboten hält (§ 118 I, III, IV), sonst nach Aktenlage, wobei dem Haftrichter nicht verwehrt ist, vor der Entscheidung einzelne Beweise zu erheben, wenn das ohne wesentlichen Zeitverlust möglich 6 ist (KK-Graf 10; Kleinknecht MDR **65**, 785). Vor der Entscheidung ist die StA nach § 33 II zu hören, der Beschuldigte nur unter den Voraussetzungen des § 33 III (dazu LR-Hilger 23); die Voraussetzungen des § 33 IV liegen nicht mehr vor. Der Haftrichter kann den Haftbefehl aufrechterhalten, nach § 120 aufheben oder seinen Vollzug nach § 116 aussetzen. Er kann ihn auch inhaltlich ändern, insbesondere einzelne Taten ausscheiden und den Haftgrund ändern (erg 18 zu § 114). Weitere Taten darf er im Ermittlungsverfahren nur auf Antrag der StA einbeziehen (8 zu § 125).

7 Die Entscheidung ergeht durch **Beschluss,** der nach § 34 mit Gründen zu versehen (Bezugnahmen auf den Haftbefehl und auf frühere Haftentscheidungen sind zulässig), dem Beschuldigten und der StA formlos bekanntzugeben (§ 35 II S 2) und mit der Beschwerde und weiteren Beschwerde anfechtbar ist. Ein Nichtabhilfebeschluss ersetzt die Entscheidung nach I nicht (Celle StV **89**, 253; Schleswig OLGSt Nr 2).

8 B. Die **Beschwerde** nach §§ 304 I ist gegen den Haftbefehl, auch wenn er noch nicht vollstreckt (Hamm NStZ-RR **01**, 254) oder nach § 116 oder bei Überhaft (13 vor § 112) nicht vollzogen wird, gegen seine Änderung und jede die Haftfortdauer anordnende Entscheidung zulässig, auch gegen Entscheidungen des OLG (§ 304 IV S 2 Nr 1) und des ER des BGH und des OLG (§ 304 V). Anfechtbar ist immer nur die zuletzt ergangene – den Bestand des Haftbefehls betreffende (Hamburg StV **94**, 323) – Haftentscheidung (Düsseldorf MDR **69**, 779; VRS **82**, 352; Schleswig SchlHA **86**, 106 [E/L]), auch des erkennenden Gerichts (§ 305 S 1). Weitere Beschwerde ist nach § 310 I zulässig. Wird nach Ausschöpfung aller zulässigen Rechtsmittel erneut Beschwerde eingelegt, so ist sie in einen Haftprüfungsantrag nach I umzudeuten (Karlsruhe Justiz **76**, 83), bei Nichtvollzug des Haftbefehls in einen Antrag auf Aufhebung (Karlsruhe Justiz **89**, 437).

9 **Beschwerdeberechtigt** sind der Beschuldigte und sein gesetzlicher Vertreter sowie der Verteidiger, auch die StA zu seinen Gunsten (erg 21 zu § 114).

10 **Beschwerdeziel** kann die Aufhebung des Haftbefehls nach § 120 oder die Aussetzung seines Vollzugs nach § 116 sein, aber auch die Ausscheidung einzelner Tatvorwürfe oder einzelner Haftgründe (KK-Graf 19 zu § 115; Nürnberg MDR **64**, 943 für den Fall, dass ein Haftgrund durch besonderen Beschluss nachgeschoben worden ist; vgl auch BGH **34**, 34). Gegen die Unterbrechung der UHaft zur Strafvollstreckung oder die Ablehnung der Unterbrechung (§ 116b S 2; 14 vor § 112) hat der Beschuldigte die Rechte aus § 119 V, 119a.

11 Die **Entscheidung** ergeht idR nach Aktenlage (zur Entscheidung des Berufungs- oder Revisionsgerichts vgl 21 zu § 114); nach § 118 II kann aber auf Antrag des Beschuldigten oder von Amts wegen auch nach mündlicher Verhandlung entschieden werden. Bei Fehlerhaftigkeit des Haftbefehls entscheidet das Beschwerdegericht in der Sache selbst (§ 309 II); es darf zB einen nicht aus sich heraus verständlichen Haftbefehl durch einen ordnungsgemäßen ersetzen (Stuttgart NJW **82**, 1296; Justiz **85**, 31), auch den Tatvorwurf und die Haftgründe auswechseln (Stuttgart Justiz **82**, 217). Das Beschwerdegericht kann auch den alten Haftbefehl aufheben und einen neuen erlassen (Dresden StV **06**, 700 mit abl Anm Bosbach); wird der (rechtsfehlerhafte) Haftbefehl nicht vollzogen, kann es diese Entscheidung aber auch dem nach §§ 125, 126 zuständigen Gericht überlassen (Düsseldorf StV **96**, 440 mit abl Anm Weider; Hamm StV **00**, 154; Karlsruhe StV **02**, 147). Der Beschwerdebeschluss ist nach § 34 mit Gründen zu versehen und nach § 35 II S 2 formlos bekanntzumachen.

12 C. **Übergang der Zuständigkeit nach Beschwerdeeinlegung**: Nach Erhebung der öffentlichen Klage – gleichgültig, zu welchem Gericht (Naumburg NStZ-RR **97**, 307; krit Paeffgen NStZ **99**, 75 Fn 9) – ist insoweit (LG Mannheim NStZ **06**, 592) eine noch nicht erledigte Beschwerde gegen die Haftentscheidung des AG in einen Antrag auf Haftprüfung nach I durch das jetzt mit der Sache befasste Gericht umzudeuten (Düsseldorf VRS **83**, 195; **86**, 349; Frankfurt NJW **85**,

1233 mwN; Karlsruhe StV **94**, 664; Schleswig SchlHA **81**, 95 [E/L]; Stuttgart Justiz **04**, 166; **aM** Rostek StV **02**, 225). Erst gegen dessen Entscheidung ist Beschwerde zulässig. Das Gleiche gilt für den Fall, dass vor der Entscheidung über die weitere Beschwerde Anklage erhoben wird (Frankfurt StV **10**, 33 mwN), auch wenn über die Beschwerde zuvor bereits entschieden worden ist (Düsseldorf wistra **99**, 318; Hamm wistra **96**, 321; Schleswig SchlHA **97**, 153 [L/S]; KK-Schultheis 8 zu § 126). Nach Eingang der Akten bei dem Berufungsgericht nach § 321 S 2 wird die Beschwerde gegen eine Haftentscheidung des 1. Richters als Antrag auf Haftprüfung nach I durch das Berufungsgericht behandelt (Hamm NJW **74**, 1574; Karlsruhe Justiz **86**, 144; Schleswig SchlHA **83**, 110 [E/L]); auch hierbei ist es unbeachtlich, ob das LG schon vorher eine Beschwerdeentscheidung getroffen hatte (Düsseldorf StV **93**, 482). Eine nach dem Zuständigkeitsübergang zu Unrecht erlassene Beschwerdeentscheidung ist als Haftprüfungsentscheidung anzusehen und als solche anfechtbar (Frankfurt NJW **73**, 478). Diese Grundsätze gelten auch, wenn der Vollzug des Haftbefehls nach § 116 ausgesetzt ist oder wenn der Haftbefehl nicht vollzogen wird, weil sich der Beschuldigte in anderer Sache in Strafhaft befindet (Frankfurt NStZ-RR **96**, 302; Stuttgart Justiz **77**, 103).

Gegenstandslos werden noch nicht beschiedene Haftbeschwerden bei Erlass der Entscheidung des OLG nach § 122 (dort 18) und nach Eintritt der Urteilsrechtskraft (Düsseldorf StV **88**, 110; Hamburg MDR **77**, 69). 13

D. **Vorrang vor der Haftbeschwerde** (II S 1) hat der in zulässiger Weise gestellte (Hamburg MDR **74**, 861) Antrag auf Haftprüfung nach I, wenn er nicht nur für den Fall gestellt ist, dass die Haftbeschwerde erfolglos bleibt (Oldenburg MDR **86**, 163; **aM** Zweibrücken JurBüro **82**, 1857; Saarbrücken wistra **96**, 80 mit krit Anm Mertes hält jedenfalls die weitere Beschwerde für unzulässig, weil mit Verwerfung der Beschwerde die Bedingung eingetreten sei). Die gleichzeitig oder vor oder nach dem Haftprüfungsantrag eingelegte Beschwerde, auch die weitere Beschwerde nach § 310 I (Düsseldorf MDR **69**, 779; Hamburg MDR **84**, 72; Schleswig SchlHA **86**, 104 [E/L]), ist daher unzulässig, wenn mit ihr die Aufhebung des Haftbefehls nach § 120 oder die Aussetzung seiner Vollziehung nach § 116 erstrebt wird (Karlsruhe NStE Nr 5). Das gilt auch, wenn beide Rechtsbehelfe von verschiedenen Berechtigten (1 zu § 118b) stammen (KK-Graf 7). Ob die Beschwerde gegen den Haftbefehl oder eine andere, die Haftfortdauer (zB nach §§ 207 IV, 268b) anordnende Entscheidung eingelegt ist, macht keinen Unterschied. Bei der Unzulässigkeit der Beschwerde bleibt es auch, wenn der Haftprüfungsantrag später zurückgenommen wird (Karlsruhe aaO; Schleswig SchlHA **88**, 109 [L/G]; Stuttgart Justiz **05**, 334); dann kann aber eine neue Haftbeschwerde eingelegt werden (str, vgl Stuttgart aaO). Eine unter Nichtbeachtung des II S 1 erlassene Beschwerdeentscheidung ist wirksam, wird aber auf weitere Beschwerde aufgehoben (Schleswig aaO; **aM** Stuttgart NStZ **94**, 401: Kein Rechtsschutzbedürfnis). Ist über den Haftprüfungsantrag vor dem Eingang der weiteren Beschwerde entschieden worden, so kann Beschwerde nur gegen diese Entscheidung eingelegt werden (Düsseldorf NStE Nr 1 und 2; Hamburg MDR **84**, 72; krit Paeffgen NStZ **90**, 432). Die im Haftprüfungsverfahren ergangene Entscheidung kann ohne Beschränkungen mit der Beschwerde angefochten werden (II S 2). Zum Übergang der Zuständigkeit nach Anklageerhebung oben 12, 13. 14

2) Ermittlungen zur Vorbereitung künftiger Entscheidungen (III): Die Vorschrift lässt nicht Ermittlungen zur Vorbereitung der Entscheidung über den Haftprüfungsantrag nach I zu, sondern die Anordnung ergänzender Ermittlungen für eine künftige Entscheidung. Das setzt voraus, dass der Haftrichter in dem Verfahren nach I zwar die Haftfortdauer angeordnet, den Vollzug des Haftbefehls also nicht nach § 116 ausgesetzt hat (Kleinknecht MDR **65**, 786), aber der Meinung ist, bei weiterer Aufklärung sei eine dem Beschuldigten günstigere Entscheidung zu erwarten. Die einzelnen Beweiserhebungen, die sich auch darauf beziehen können, ob Verschonungsauflagen nach § 116 in Betracht kommen, müssen 15 genau bezeichnet werden; sie werden von der StA ausgeführt, die sich dazu ihrer Ermittlungspersonen (§ 152 GVG) oder der Polizei (§ 161) bedienen kann (KK-Graf 12; **aM** SK-Paeffgen 11: nur gerichtliche Beweiserhebungen durch beauftragte und ersuchte Richter). Sie kann die Beweisanordnung mit der Beschwerde anfechten; bleibt sie bestehen, so ist die StA aber an sie gebunden (KK-Graf 12).

16 Nach Erledigung der Ermittlungen müssen die Akten dem Richter erneut vorgelegt werden; er kann von Amts wegen eine **neue Haftprüfung** durchführen, wenn nunmehr begründete Aussicht auf eine Entscheidung nach § 120 oder nach § 116 besteht (Kleinknecht MDR **65**, 786). Jedoch darf der Richter die UHaft nicht schon vor der erneuten Prüfung zeitlich begrenzen (KK-Graf 13).

17 Auch das **Beschwerdegericht** kann III anwenden, da sein Verfahren der Sache nach ebenfalls eine Haftprüfung iS von I ist (Hamburg wistra **02**, 275 mwN). Es kann die Beweisanordnung im Hinblick auf eine künftige Haftprüfung durch den Haftrichter treffen (Hamburg aaO) oder sie mit der Anordnung erneuter Aktenvorlage zur eigenen Nachprüfung der Beschwerdeentscheidung verbinden. Das Gleiche gilt für das OLG im Verfahren nach § 122.

18 **3) Verteidigerbestellung**: Für die Dauer der UHaft ist dem Beschuldigten, der noch keinen Verteidiger hat, nach § 140 I Nr 4 von Beginn der Inhaftierung an ein Pflichtverteidiger zu bestellen; die früher in § 117 IV enthaltenen Einschränkungen (Antragserfordernis; Dauer der UHaft bereits 3 Monate) sind durch das Ges vom 29. 7. 2009 (BGBl I 2274, 2275) gestrichen worden.

Mündliche Verhandlung

118 **I Bei der Haftprüfung wird auf Antrag des Beschuldigten oder nach dem Ermessen des Gerichts von Amts wegen nach mündlicher Verhandlung entschieden.**

II Ist gegen den Haftbefehl Beschwerde eingelegt, so kann auch im Beschwerdeverfahren auf Antrag des Beschuldigten oder von Amts wegen nach mündlicher Verhandlung entschieden werden.

III Ist die Untersuchungshaft nach mündlicher Verhandlung aufrechterhalten worden, so hat der Beschuldigte einen Anspruch auf eine weitere mündliche Verhandlung nur, wenn die Untersuchungshaft mindestens drei Monate und seit der letzten mündlichen Verhandlung mindestens zwei Monate gedauert hat.

IV Ein Anspruch auf mündliche Verhandlung besteht nicht, solange die Hauptverhandlung andauert oder wenn ein Urteil ergangen ist, das auf eine Freiheitsstrafe oder eine freiheitsentziehende Maßregel der Besserung und Sicherung erkennt.

V Die mündliche Verhandlung ist unverzüglich durchzuführen; sie darf ohne Zustimmung des Beschuldigten nicht über zwei Wochen nach dem Eingang des Antrags anberaumt werden.

1 **1)** Nach **mündlicher Verhandlung** (I–IV) kann sowohl im Haftprüfungsverfahren nach § 117 I oder V als auch (als Ausnahme von § 309 I) im Haftbeschwerdeverfahren (8 ff zu § 117) auf Antrag oder nach dem Ermessen des Gerichts von Amts wegen entschieden werden (I, II). Bei der Haftprüfung muss dem Antrag des Beschuldigten oder eines anderen Antragsberechtigten (1 zu § 118 b), der nicht derselbe zu sein braucht, der den Antrag nach § 117 I gestellt hat, stattgegeben werden, im Beschwerdeverfahren nicht (Celle NdsRpfl **65**, 255). Die StA kann eine mündliche Verhandlung nur anregen.

2 Eine **weitere mündliche Verhandlung** (III) kann der Beschuldigte oder ein anderer Antragsberechtigter (1 zu § 118 b) im Haftprüfungsverfahren nicht verlangen, wenn die UHaft bereits einmal nach (auf Antrag oder von Amts wegen durch-

geführter, vgl Köln NStZ **07**, 608) mündlicher Verhandlung, auch im Beschwerdeverfahren, aufrechterhalten worden ist und danach nicht mindestens 3 Monate und seit der Letzten mündlichen Verhandlung nicht mindestens 2 Monate gedauert hat. Das Gericht ist aber nicht gehindert, auch in diesem Fall nach mündlicher Verhandlung zu entscheiden, wenn das geboten erscheint (Schröder NStZ **98**, 69). Die Frist wird unter Berücksichtigung aller in der Sache erlittenen UHaft berechnet; ununterbrochen braucht sie nicht vollzogen worden zu sein. War der Haftbefehl aber zwischenzeitlich aufgehoben oder außer Vollzug gesetzt worden, so ist III nicht anwendbar, wenn ein neuer Haftbefehl oder eine Anordnung nach § 116 IV erlassen worden ist und der Beschuldigte sich seitdem 3 Monate in UHaft befindet (KK-Graf 3). III ist aber auch anzuwenden, wenn im Haftprüfungstermin ein abgeänderter Haftbefehl verkündet wurde; unerheblich ist, ob der Antrag formal beschieden oder nach Erörterung zurückgenommen wurde (Köln aaO).

Im Haftprüfungsverfahren besteht **kein Anspruch auf mündliche Verhandlung** (IV) solange die Hauptverhandlung (im 1. Rechtszug oder in der Berufungsinstanz) andauert, auch wenn der Antrag schon vor ihrem Beginn gestellt worden war. Wird die Hauptverhandlung nach § 229 II unterbrochen, so dauert sie nicht iS von IV an (KK-Graf 4; SK-Paeffgen 5; **aM** Celle NStZ-RR **96**, 171, das darauf abstellt, in welcher zeitlichen Nähe zum letzten Hauptverhandlungstermin der Antrag auf mündliche Verhandlung gestellt worden und wie sein Inhalt gestaltet ist). Ein Anspruch auf mündliche Haftprüfung besteht ferner nicht, wenn ein auf Freiheitsentzug (Freiheits- oder Jugendstrafe, Straf- oder Jugendarrest, Sicherungsmaßregeln nach §§ 63, 64 StGB) lautendes Urteil ergangen ist. Rechtskräftig braucht es nicht zu sein. 3

2) Unverzüglich (V), dh ohne vermeidbare Verzögerung (8 zu § 25), muss die mündliche Verhandlung durchgeführt werden. Länger als 2 Wochen darf sie grundsätzlich nicht hinausgezögert werden. Die Frist beginnt mit dem Eingang des Antrags bei dem zuständigen Gericht; jedoch ist § 299 anwendbar (LR-Hilger 16; **aM** KK-Graf 6). Für die Berechnung der Frist gilt § 43. Mit Zustimmung des Beschuldigten oder des sonstigen Antragsberechtigten (1 zu § 118b), der den Antrag auf mündliche Verhandlung gestellt hat, kann die Verhandlung hinausgeschoben werden, zB wenn vorher noch einzelne Ermittlungen durchgeführt werden sollen. Die Zustimmung muss sich auch auf die Dauer der Verzögerung beziehen. Erklärt sie der Verteidiger, so braucht der Beschuldigte nicht ebenfalls zuzustimmen (KK-Graf 6; **aM** LR-Hilger 19). Dass der Richter die Frist ohne Zustimmung überschreitet, zwingt nicht zur Entlassung des Beschuldigten aus der UHaft (Hamm NStZ-RR **06**, 17; Köln StV **09**, 653 mit abl Anm Kühne; krit auch Paeffgen NStZ **10**, 206 Fn 31). Das Unterlassen der beantragten Haftprüfung kann mit Beschwerde angefochten werden (Braunschweig StV **05**, 39; Köln aaO; erg 3 zu § 304). 4

Art der Durchführung

118a **I Von Ort und Zeit der mündlichen Verhandlung sind die Staatsanwaltschaft sowie der Beschuldigte und der Verteidiger zu benachrichtigen.**

II 1 Der Beschuldigte ist zu der Verhandlung vorzuführen, es sei denn, dass er auf die Anwesenheit in der Verhandlung verzichtet hat oder dass der Vorführung weite Entfernung oder Krankheit des Beschuldigten oder andere nicht zu beseitigende Hindernisse entgegenstehen. 2 Wird der Beschuldigte zur mündlichen Verhandlung nicht vorgeführt, so muss ein Verteidiger seine Rechte in der Verhandlung wahrnehmen. 3 In diesem Falle ist ihm für die mündliche Verhandlung ein Verteidiger zu bestellen, wenn er noch keinen Verteidiger hat. 4 Die §§ 142, 143 und 145 gelten entsprechend.

III 1 In der mündlichen Verhandlung sind die anwesenden Beteiligten zu hören. 2 Art und Umfang der Beweisaufnahme bestimmt das Gericht. 3 Über die

Verhandlung ist eine Niederschrift aufzunehmen; die §§ 271 bis 273 gelten entsprechend.

IV [1]**Die Entscheidung ist am Schluss der mündlichen Verhandlung zu verkünden.** [2]**Ist dies nicht möglich, so ist die Entscheidung spätestens binnen einer Woche zu erlassen.**

1 **1)** Die **Benachrichtigung** (I) von Ort und Zeit der mündlichen Verhandlung erfolgt formlos, notfalls telefonisch (Hamm Rpfleger **49**, 518). Sie wird vom Vorsitzenden angeordnet und von der Geschäftsstelle ausgeführt. Benachrichtigt werden die StA, der Beschuldigte und der Verteidiger, der Antragsteller (1 zu § 118b), bei jugendlichen Beschuldigten auch die Erziehungsberechtigten und die gesetzlichen Vertreter (§ 67 II **JGG**), nicht jedoch Mitbeschuldigte (Karlsruhe StV **96**, 302 mit Anm Rieß = JR **96**, 434 mit Anm Theisen; von Dellingshausen Stree/Wessels-FS 700; vgl auch BGH **42**, 391 = NStZ **97**, 351 mit Anm Rieß; **aM** Schulz StraFo **97**, 296). Der Nebenkläger wird nicht benachrichtigt, da er im Haftprüfungsverfahren – ebenso wie im Haftbeschwerdeverfahren (Hamm NStZ-RR **08**, 219 – nicht mitwirken kann (KK-Graf 1; **aM** SK-Paeffgen 2).

2 **2)** Die **Vorführung des Beschuldigten** (II) aus der UHaft ist die Regel. Unterbleiben darf sie nur bei Verzicht des Beschuldigten oder bei nicht zu beseitigenden Hindernissen (S 1). Der Verzicht ist widerruflich (KK-Graf 2). Bei Nichtvorführung des Beschuldigten muss für ihn aber ein Verteidiger auftreten (S 2). Hat er keinen Verteidiger oder ist der Verteidiger verhindert, so muss ihm, unter Beschränkung auf die mündliche Verhandlung (LR-Hilger 18 ff), ein Pflichtverteidiger bestellt werden (S 3). Hierfür gelten § 142 (Zuständigkeit des Vorsitzenden; Auswahl), § 143 (Zurücknahme bei Auftreten eines Wahlverteidigers) und § 145 (Folgen bei Ausbleiben des Verteidigers) entspr (S 4).

3 **3)** Die **mündliche Verhandlung** (III), die nicht öffentl ist, muss der Haftrichter selbst durchführen; ein Rechtshilfeersuchen an das AG des Haftorts ist unzulässig (KG JR **64**, 267; München MDR **58**, 181). Die Verhandlung dient in 1. Hinsicht der Anhörung der Beteiligten (S 1). Die Anwesenheit der StA ist nicht erforderlich, die des Verteidigers nur, wenn der Beschuldigte nicht vorgeführt worden ist (oben 2); vgl auch § 34 III Nr 5 **EGGVG** für die Haftprüfung während einer Kontaktsperre.

4 Nach dem Ermessen des Gerichts werden **Beweise** im Freibeweis (7, 9 zu § 244) erhoben (BGH **28**, 116, 118). Da das Gericht Art und Umfang der Beweisaufnahme bestimmt (S 2), sind Beweisanträge der Beteiligten nur Anregungen, für die § 244 III–VI nicht gilt, die insbesondere auch nicht förmlich beschieden werden müssen (krit Welp Richter II-FS 582). Der Beschuldigte kann zwar Zeugen laden oder stellen; ihre Vernehmung steht aber im Ermessen des Gerichts (LR-Hilger 9). Erg 3 zu § 166.

5 Für das **Protokoll** über die mündliche Verhandlung gelten die §§ 271–273 entspr, nicht aber § 274 (S 3).

6 **4)** Die **Entscheidung** (IV) ergeht durch mit Gründen versehenen (§ 34) Beschluss, durch den der Haftbefehl ggf geändert oder neu gefasst wird (vgl 18 zu § 114; 6 zu § 117). Grundsätzlich ist er am Schluss der Verhandlung zu verkünden (S 1). Sein Erlass kann aber bis zu 1 Woche hinausgeschoben werden; dann erhalten die Beteiligten formlos eine Beschlussausfertigung (§ 35 II S 2).

7 **5) Beschwerde:** Vgl 8 ff zu § 117. Hat die mündliche Verhandlung entgegen II S 2 ohne Verteidiger stattgefunden, so entscheidet das Beschwerdegericht nicht selbst, sondern verweist die Sache zurück (8 zu § 309), es sei denn, das Beschwerdegericht entscheidet nach § 118 II nach mündlicher Verhandlung (LR-Hilger 33). Die Beschwerde gegen die Ablehnung einer Beweiserhebung (oben 4) ist unzulässig (LG Zweibrücken VRS **113**, 236).

Antragsberechtigte

118b **Für den Antrag auf Haftprüfung (§ 117 Abs. 1) und den Antrag auf mündliche Verhandlung gelten die §§ 297 bis 300 und 302 Abs. 2 entsprechend.**

1) Antragsberechtigt nach §§ 117 I, 118 I, II sind neben dem Beschuldigten der Verteidiger, jedoch nicht gegen dessen Willen (§ 297), und der gesetzliche Vertreter (§ 298), dieser auch gegen den Willen des Beschuldigten (erg 2 zu § 298). Auch der Erziehungsberechtigte kann den Antrag stellen (§ 67 I **JGG**). 1

2) Entsprechend anwendbar für die Anträge nach §§ 117 I, 118 I, II sind ferner §§ 299 und 300 sowie für die Zurücknahme des Antrags durch den Verteidiger § 302 II. 2

Beschränkungen in der Untersuchungshaft

119 **I [1]Soweit dies zur Abwehr einer Flucht-, Verdunkelungs- oder Wiederholungsgefahr (§§ 112, 112 a) erforderlich ist, können einem inhaftierten Beschuldigten Beschränkungen auferlegt werden. [2]Insbesondere kann angeordnet werden, dass**

1. der Empfang von Besuchen und die Telekommunikation der Erlaubnis bedürfen,
2. Besuche, Telekommunikation sowie der Schrift- und Paketverkehr zu überwachen sind,
3. die Übergabe von Gegenständen bei Besuchen der Erlaubnis bedarf,
4. der Beschuldigte von einzelnen oder allen anderen Inhaftierten getrennt wird,
5. die gemeinsame Unterbringung und der gemeinsame Aufenthalt mit anderen Inhaftierten eingeschränkt oder ausgeschlossen werden.

[3]Die Anordnungen trifft das Gericht. [4]Kann dessen Anordnung nicht rechtzeitig herbeigeführt werden, kann die Staatsanwaltschaft oder die Vollzugsanstalt eine vorläufige Anordnung treffen. [5]Die Anordnung ist dem Gericht binnen drei Werktagen zur Genehmigung vorzulegen, es sei denn, sie hat sich zwischenzeitlich erledigt. [6]Der Beschuldigte ist über Anordnungen in Kenntnis zu setzen. [7]Die Anordnung nach Satz 2 Nr. 2 schließt die Ermächtigung ein, Besuche und Telekommunikation abzubrechen sowie Schreiben und Pakete anzuhalten.

II [1]Die Ausführung der Anordnungen obliegt der anordnenden Stelle. [2]Das Gericht kann die Ausführung von Anordnungen widerruflich auf die Staatsanwaltschaft übertragen, die sich bei der Ausführung der Hilfe durch ihre Ermittlungspersonen und die Vollzugsanstalt bedienen kann. [3]Die Übertragung ist unanfechtbar.

III [1]Ist die Überwachung der Telekommunikation nach Absatz 1 Satz 2 Nr. 2 angeordnet, ist die beabsichtigte Überwachung den Gesprächspartnern des Beschuldigten unmittelbar nach Herstellung der Verbindung mitzuteilen. [2]Die Mitteilung kann durch den Beschuldigten selbst erfolgen. [3]Der Beschuldigte ist rechtzeitig vor Beginn der Telekommunikation über die Mitteilungspflicht zu unterrichten.

IV [1]Die §§ 148, 148 a bleiben unberührt. [2]Sie gelten entsprechend für den Verkehr des Beschuldigten mit

1. der für ihn zuständigen Bewährungshilfe,
2. der für ihn zuständigen Führungsaufsichtsstelle,
3. der für ihn zuständigen Gerichtshilfe,
4. den Volksvertretungen des Bundes und der Länder,

5. dem Bundesverfassungsgericht und dem für ihn zuständigen Landesverfassungsgericht,
6. dem für ihn zuständigen Bürgerbeauftragten eines Landes,
7. dem Bundesbeauftragten für den Datenschutz und die Informationsfreiheit, den für die Kontrolle der Einhaltung der Vorschriften über den Datenschutz in den Ländern zuständigen Stellen der Länder und den Aufsichtsbehörden nach § 38 des Bundesdatenschutzgesetzes,
8. dem Europäischen Parlament,
9. dem Europäischen Gerichtshof für Menschenrechte,
10. dem Europäischen Gerichtshof,
11. dem Europäischen Datenschutzbeauftragten,
12. dem Europäischen Bürgerbeauftragten,
13. dem Europäischen Ausschuss zur Verhütung von Folter und unmenschlicher oder erniedrigender Behandlung oder Strafe,
14. der Europäischen Kommission gegen Rassismus und Intoleranz,
15. dem Menschenrechtsausschuss der Vereinten Nationen,
16. den Ausschüssen der Vereinten Nationen für die Beseitigung der Rassendiskriminierung und für die Beseitigung der Diskriminierung der Frau,
17. dem Ausschuss der Vereinten Nationen gegen Folter, dem zugehörigen Unterausschuss zur Verhütung von Folter und den entsprechenden Nationalen Präventionsmechanismen,
18. den in § 53 Abs. 1 Satz 1 Nr. 1 und 4 genannten Personen in Bezug auf die dort bezeichneten Inhalte,
19. soweit das Gericht nichts anderes anordnet,
a) den Beiräten bei den Justizvollzugsanstalten und
b) der konsularischen Vertretung seines Heimatstaates.

3 Die Maßnahmen, die erforderlich sind, um das Vorliegen der Voraussetzungen nach den Sätzen 1 und 2 festzustellen, trifft die nach Absatz 2 zuständige Stelle.

V 1 Gegen nach dieser Vorschrift ergangene Entscheidungen oder sonstige Maßnahmen kann gerichtliche Entscheidung beantragt werden, soweit nicht das Rechtsmittel der Beschwerde statthaft ist. 2 Der Antrag hat keine aufschiebende Wirkung. 3 Das Gericht kann jedoch vorläufige Anordnungen treffen.

VI 1 Die Absätze 1 bis 5 gelten auch, wenn gegen einen Beschuldigten, gegen den Untersuchungshaft angeordnet ist, eine andere freiheitsentziehende Maßnahme vollstreckt wird (§ 116 b). 2 Die Zuständigkeit des Gerichts bestimmt sich auch in diesem Fall nach § 126.

Übersicht

1 **1) Beschränkungen für inhaftierte Beschuldigte:**

2 A. **Geltungsbereich:** Seit 1. 9 2006 ist nach Änderung des Art 74 I Nr 1 GG (Ges vom 28. 8. 2006, BGBl I 2863) das Recht des UHaft*vollzugs* ausschließlich Sache der Länder (vgl dazu Seebode HRRS **08**, 236). Der Bundesgesetzgeber kann daher nur noch solche Maßnahmen regeln, die den Zweck der UHaft (Abwehr von Flucht, Verdunkelungs- und Wiederholungsgefahren) betreffen (**aM** Celle StV **10**, 194: Alleinzuständigkeit der Länder, § 119 findet keine Anwendung; eingehend zur

Abgrenzungsproblematik König NStZ **10**, 185). Das hatte eine tiefgreifende Änderung des § 119 zur Folge, der früher auch Fragen der Ordnung in der Vollzugsanstalt regelte (§ 119 IV und V aF). Dabei kann es jetzt allerdings durchaus Überschneidungen geben (vgl Paeffgen StV **09**, 46; Seebode aaO 239; Tsambikakis ZIS **09**, 503), so etwa bei der Fesselung des Gefangenen, die sowohl zur Abwehr von Fluchtgefahr als auch zur Sicherheit in der Anstalt erforderlich sein kann. Der UHaftvollzug war bisher nicht gesetzlich geregelt; vielmehr galt die einheitlich von den Ländern erlassene UHaftvollzugsordnung (UVollzO). Diese muss nun in den Ländern durch UHaftvollzugsgesetze abgelöst werden (dazu Marhöfer Mehle-FS 373). Deren Erlass ist dringlich; um hier eine Gesetzeslücke wegen Herausnahme der die Ordnung in der Vollzugsanstalt betreffenden Regelungen aus § 119 zu vermeiden, bestimmt § 13 EGStPO, dass § 119 aF neben § 119 nF bis längstens 31. 12. 2011 fortbesteht. Inzwischen haben jedoch schon einige Bundesländer (zB Berlin und Rheinland-Pfalz) entspr Gesetze erlassen (so hat zB Niedersachsen in §§ 133–169 NJVollzG Regelungen über den UHaftvollzug getroffen (vgl dazu im Einzelnen KK-Schultheis 1 a, 90 a, 96 a, 104 sowie Winzer/Hupka DRiZ **08**, 146; krit Paeffgen StV **09**, 48; vgl auch zum Entwurf eines UHaftvollzuggesetzes NRW und den gemeinsam erarbeiteten Entwurf von 12 Bundesländern krit Piel/Püschel/Tsambikakis/Wallau ZRP **09**, 33). Solange ein Bundesland noch kein UHaftvollzugsgesetz erlassen hat, sind auch eine Reihe von Rechtsvorschriften des StVollzG, das insoweit als Landesrecht weiter gilt, entspr anzuwenden, soweit nicht die Verschiedenartigkeit der Haftzwecke dem entgegensteht. Die bis zum Inkrafttreten landesgesetzlicher gesetzlicher Regelungen fortgeltende UVollzO ist zum einen Teil eine Sammlung allgemeiner Verwaltungsanordnungen für die Leiter der Vollzugsanstalten, zum anderen Teil Gestaltung des Modellvollzugs nach § 119 I–V aF. In diesem Teil ist sie nur ein nichtbindender (BVerfGE **15**, 288, 293 = NJW **63**, 755; BVerfGE **34**, 369, 379 = NJW **73**, 1451, 1452) Vorschlag an den Richter (Düsseldorf MDR **87**, 341; Karlsruhe Justiz **83**, 57). Da die UVollzO das Verhältnis zwischen der Anstalt und dem Verhafteten regelte, konnte dieser ihre Aushändigung verlangen (Bremen NJW **56**, 922); dasselbe gilt jetzt hinsichtlich der landesrechtlichen UHaftvollzugsgesetze (vgl zB § 7 I S 3 UVollzG RP).

§ 119 gilt nicht nur für die UHaft aufgrund eines nach §§ 112, 112 a erlassenen Haftbefehls, sondern auch für die Hauptverhandlungshaft nach § 127 b sowie für die nach §§ 230 II, 236, 275 a V S 4, 329 IV, 412 S 1, 453 c II S 2 angeordnete Haft und für die vorläufige Unterbringung nach § 126 a II S 1. 3

Zum Zweck der UHaft **gehört auch**, dass ein Gefangener, der entwichen ist oder sich sonst ohne Erlaubnis außerhalb der Anstalt aufhält, durch die JVA oder auf ihre Veranlassung hin festgenommen und in die Anstalt zurückgebracht wird, solange die Fahndung und Verfolgung in unmittelbarem Zusammenhang mit der Haft steht. Dieses Festnahmerecht ist bei Flucht eines Strafgefangenen ausdrücklich gesetzlich eingeräumt (§ 87 StVollzG). 4

Für die Zulässigkeit der über die bloße Freiheitsentziehung hinausgehenden Beschränkungen im Vollzug der UHaft ist hauptsächlich der im Haftbefehl angewendete Haftgrund maßgebend. Es kann jedoch auch auf die im speziellen Fall nicht herangezogenen Haftgründe zurückgegriffen werden (Stuttgart MDR **73**, 335; Nehm NStZ **97**, 307; **aM** König NStZ **10**, 187). Insbesondere ist eine Maßnahme zur Vermeidung von Verdunkelungsgefahr auch zulässig, wenn der Haftbefehl nur auf Fluchtgefahr gestützt ist (Hamm StV **98**, 35 mit eingehender abl Anm Paeffgen); das ist „verfassungsrechtlich nicht zu beanstanden" (BVerfG 2 BvR 485/73 vom 29. 10. 1973). Denn was das Gesetz in Form der Haftgründe als nicht tolerierbar bezeichnet, muss der Richter nicht nur bei der Haftentscheidung, sondern auch bei seinen Einzelentscheidungen nach I S 2 beachten. Davon geht nun auch die Gesetzesbegründung aus (Karlsruhe StV **10**, 198). Daher ist auch der Haftbefehl zu berücksichtigen, für den nur Überhaft (13 vor § 112) vorgemerkt ist. 5

Zur Abwehr einer realen Gefahr für den Zweck der UHaft muss die Beschränkung erforderlich sein (BVerfGE 35, 5, 10 = NJW 73, 1363; Rostock 6

StV **10**, 197). Bloße Belästigungen rechtfertigen Freiheitsbeschränkungen noch nicht (BVerfGE **15**, 288, 295 = NJW **63**, 755). Bei jugendlichen und heranwachsenden UGefangenen kommt als weiterer Zweck die erzieherische Einwirkung nach § 93 II, 110 II JGG hinzu (Stuttgart NJW **74**, 759; LG Offenburg NStZ **07**, 229; Brunner/Dölling 6 ff zu § 93 JGG; Schneider NJW **74**, 1207). Allgemeine Eingriffsbefugnisse – zB §§ 81 a, 81 b, 94 ff, aber auch § 100 f (BGH NJW **98**, 3284 = JZ **99**, 259 mit Anm Duttge) – bleiben unberührt.

7 B. Jede Beschränkung muss **in jedem Einzelfall** auf ihre konkrete Erforderlichkeit geprüft und gemäß § 34 begründet werden; 119 sieht keine allgemein anzuordnenden Beschränkungen vor (König NStZ **10**, 187). Diese auf den Einzelfall bezogene Prüfung ist schon wegen des vielfach mit jeder Beschränkung einhergehenden Grundrechtseinschränkung geboten. Der Katalog des I S 2 ist nicht abschließend; er enthält nur die häufig in Betracht kommenden Beschränkungen. In jedem Fall gebietet das Grundrecht der allg Handlungsfreiheit und der Grundsatz der Verhältnismäßigkeit, der den Vollzug der UHaft in besonderem Maß beherrschen muss, eine Abwägung aller Umstände des Einzelfalls (BVerfGE **35**, 5, 9 = NJW **73**, 1363; BGH **44**, 138, 143; Einl 20). Zu den Beschränkungen des I S 2 im einzelnen:

8 a) Für **Besuch und Telekommunikation** kann – und wird idR – angeordnet werden, dass sie der Erlaubnis bedürfen (Nr 1).

9 aa) **Besuche:** Eine generelle Besuchssperre ist grundsätzlich unzulässig (Düsseldorf StV **94**, 324; Hamm StV **97**, 260), die Ablehnung der Besuchserlaubnis für Familienangehörige nur unter besonders strengen Voraussetzungen zulässig (Hamm StV **96**, 325). Besuchserlaubnisse werden aber zumeist nur als Einzelerlaubnisse für den jeweiligen Besuch bewilligt (Düsseldorf OLGSt Nr 6). Wird dem Antragsteller die Besuchserlaubnis erteilt, so wird zugleich die Dauer des Besuchs bestimmt.

10 Zur Ermöglichung von **Besuchen von Ehegatten und Kindern** müssen die zuständigen Behörden die erforderlichen und zumutbaren Anstrengungen unternehmen (Nürnberg OLGSt Nr 30). Eine großzügigere Besuchsregelung als bei anderen UGefangenen ist hier geboten (BVerfG NJW **93**, 3059; NStZ **94**, 604 mit Anm Rotthaus; Düsseldorf StV **96**, 323 mit Anm Nibbeling; StraFo **00**, 67; BVerfG StraFo **06**, 490: auch bei Kleinkindern). Das gilt auch, wenn beide Teile in UHaft sind, aber der Haftgrund der Verdunkelungsgefahr bei ihnen nicht besteht (Bremen StV **95**, 645; Düsseldorf NStZ **89**, 549; Frankfurt MDR **79**, 1042; Stuttgart StV **03**, 628; Paeffgen NStZ **90**, 532), uU aber auch sogar bei Verdunkelungsgefahr (Bremen StV **98**, 33; Hamburg StV **98**, 34; LG Göttingen NStZ-RR **04**, 28). Es stehen jedoch grundsätzlich nur die allgemeinen Besuchstage zur Verfügung. Nur in besonders gelagerten Ausnahmefällen kann es geboten und für die JVA zumutbar sein, für solche Besuche Gelegenheit zu anderer Zeit zu schaffen (BVerfGE **42**, 95 = NJW **76**, 1311). Die Gewährung eines Intimkontaktes mit dem Ehegatten kann idR nicht verlangt werden (Jena NStZ **95**, 256 = JZ **96**, 157 mit krit Anm Seebode; abl auch Paeffgen NStZ **96**, 73).

11 Für **Besuche von anderen UGefangenen** gilt Nr 1 einschließlich der Notwendigkeit der Überwachung ebenfalls (Hamburg NJW **65**, 364; Koblenz NStZ **91**, 207; **aM** Stuttgart OLGSt S 70).

12 Für **Verteidigerbesuche** gilt § 148 (erg unten 31). Das Verteidigungsverhältnis muss durch Vollmacht und Angabe der Strafsache, in der der Verteidiger tätig ist, ausgewiesen sein (11 zu § 148). Um Einzelfallentscheidungen handelt es sich bei dem Schriftwechsel zwischen einem UGefangenen und einem RA in Zivilsachen, notariellen Angelegenheiten und Testamentssachen. Erg 3 zu § 148.

13 bb) **Telekommunikation**: Das Begehren des UGefangenen, Telefonate mit Personen außerhalb der JVA zu führen oder von solchen zu empfangen, wird idR dem Zweck der UHaft widerstreiten (Düsseldorf StV **89**, 254; StraFo **98**, 285; Karlsruhe StraFo **02**, 28; Schleswig SchlHA **92**, 144 [L/T]; LG Mainz wistra **95**, 77; krit Paeffgen NStZ **89**, 421). Telefongespräche mit Familienangehörigen, insbesondere im

Ausland, können daher nicht für dauernd (Düsseldorf NStZ **95**, 152; Schleswig SchlHA **97**, 152 [L/S]), sondern nur im Einzelfall bei besonders berechtigtem Interesse gestattet werden (Düsseldorf OLGSt Nr 28; Frankfurt StV **92**, 281 mwN; Hamm NStZ-RR **96**, 303; Stuttgart StV **95**, 260; **aM** Düsseldorf StraFo **01**, 287: einmal monatlich; Rostock StraFo **01**, 286: einmal wöchentlich; AG Cottbus StV **04**, 494: zweiwöchentlich).

b) **Überwachung von Besuchen, Telekommunikation sowie von Schrift- und Paketverkehr** (Nr 2): 14

aa) Soweit **Besuche** nach Nr 1 gestattet worden sind, können sie nach Nr 2 überwacht werden. Die Überwachungsmaßnahmen richten sich nach dem Risiko für den Zweck der UHaft. Flucht und Verdunkelungsgefahr müssen unterbunden werden (BVerfGE **42**, 95, 100, 101 = NJW **76**, 1311; BGH NStE Nr 13; dazu krit Paeffgen NStZ **90**, 531). Fehlt ein solches Risiko überhaupt, kann (Hamm StV **97**, 259: muss) der Haftrichter für den genehmigten Besuch gestatten, dass er ohne Überwachung stattfindet (Frankfurt StV **83**, 465; Hamm MDR **97**, 283 mwN; NStZ-RR **09**, 124, anders aber bei konkreten Anhaltspunkten für eine Gefährdung des Haftzwecks, Düsseldorf NStZ-RR **03**, 126), so vor allem bei Besuchen von Familienangehörigen (BVerfG NStZ **94**, 52; **96**, 614; Karlsruhe StraFo **06**, 377; Köln StV **95**, 259; vgl auch Kruis/Cassardt NStZ **95**, 522), aber auch bei Besuchen, die einem therapeutischen Gespräch (Frankfurt StV **83**, 289: Drogenberater) oder der Vorbereitung eines Sachverständigengutachtens dienen (Frankfurt StV **06**, 701). Zur Überwachung der Besuche bei ausländischen UGefangenen durch Dolmetscher vgl Schleswig SchlHA **95**, 4 [L/T] und Korte StV **83**, 43; zur Pflicht des Gerichts, die Hinzuziehung von Dolmetschern anzuordnen und sie aus der Staatskasse zu entschädigen, vgl Frankfurt StV **86**, 24; **84**, 427 mit Anm Korte; München StV **96**, 491 mit Anm Degenhard; erg 24 zu Art 6 MRK. 15

Zulässig ist die vorherige **Durchsuchung** des Besuchers und der etwa von ihm mitgeführten Behältnisse nach Waffen, zu übermittelnden Nachrichten oder fluchterleichternden Gegenständen, falls es eine bestehende Fluchtgefahr erfordert (BGH NJW **73**, 1656), auch wenn es sich um Verteidiger handelt (BVerfGE **38**, 26). Die Anordnung, dass der Besuch nur in einem durch Trennscheiben gesicherten Raum stattfinden darf, ist grundsätzlich zulässig (Celle NStZ **81**, 196; Zweibrücken StraFo **04**, 380), insbesondere bei früheren Versuchen des Besuchers, Gegenstände unerlaubt zu übergeben (LG Frankfurt aM NStZ **81**, 496), jedoch nicht bei ganz geringfügigen Verstößen (Stuttgart StV **04**, 493). 16

bb) Wenn die Zustimmung zur **Telekommunikation** erteilt wird, wird idR auch die Überwachung des Gesprächs angeordnet werden (**aM** König NStZ **10**, 189); das Gespräch ist dann vollständig mitzuhören, anders kann es aber uU bei Gesprächen mit Familienangehörigen gehandhabt werden (KG StV **08**, 32). I S 7 stellt ausdrücklich klar, dass die Überwachung die Befugnis einschließt, Besuche und Telekommunikation abzubrechen, wenn dies der Zweck der UHaft erfordert. 17

cc) **Briefverkehr und Paketempfang** sind grundsätzlich erlaubt. Die Überwachung ist nur bei Gefährdung der Haftzwecke anzuordnen (anders noch Stuttgart Justiz **99**, 114 mwN). Bloße Überwachungslästigkeiten müssen hingenommen werden (BVerfGE **34**, 370, 381 = NJW **73**, 1451 und Zweibrücken StV **98**, 32 mit krit Anm Seebode StV **98**, 385 für Paketempfang; Veit MDR **73**, 279; oben 11). Bücher und Zeitschriften über die JVA zu bestellen, kann zur Erleichterung der Kontrolle dem UGefangenen aufgegeben werden. Bisher wurde die Beschränkung der Zahl der Briefe bei Schriftwechsel in Fremdsprachen (BVerfG NJW **04**, 1095, 1096: aber nicht pauschal auf etwa einen Brief pro Woche; eingehend dazu Kropp JR **03**, 53) und in extremen Fällen (KG JR **68**, 309; StV **85**, 66; Stuttgart MDR **73**, 335; Hamburg MDR **74**, 248) sowie die Weisung, den Schriftverkehr in deutscher Sprache zu führen, wenn Absender und Empfänger sie beherrschen (Düsseldorf NStZ **94**, 559; Hamm NStZ-RR **09**, 293, 294), als zulässig angesehen; hieran dürfte sich auch nach der Neufassung des § 119 nichts geändert haben, 18 da die Gesetzesbegründung ausdrücklich betont, dass eine inhaltliche Veränderung der möglichen Maßnahmen hiermit nicht beabsichtigt sei (BR-Dr 829/08 S 13); im Übrigen muss der mit der Übersetzung verbundene Arbeits- und Kostenaufwand aber hingenommen werden (BVerfG aaO; KG StraFo **04**, 168; Brandenburg OLGSt Nr 24; Celle StraFo **09**, 515). Grundsätzlich darf die Briefkontrolle – insbesondere beim Haftgrund der Fluchtgefahr – auf Stichproben beschränkt werden (BVerfG aaO); eine Beschränkung des Postverkehrs wegen Überlastung des Richters ist dann ausgeschlossen (KG NStZ **92**, 558; Zweibrücken StV **82**, 530). Bei Briefen des UGefangenen an nahe Angehörige sind uU andere Maßstäbe als sonst anzulegen (Brandenburg StV **95**, 420; Düsseldorf NStZ **98**, 319; Koblenz NStE Nr 8). Zur Überwachung von Paketen vgl Düsseldorf JMBlNW **00**, 56 und § 41 UVollzG RP.

19 Die von der Rspr entwickelten **Grundsätze für das Anhalten von Schreiben** gelten, soweit sie durch den Zweck der UHaft gerechtfertigt sind. I S 7 stellt diese Befugnis ausdrücklich fest. Grund, einen Brief anzuhalten, ist nicht schon der Versuch der Umgehung der Briefkontrolle (Düsseldorf NStZ **91**, 360; Zweibrücken StV **92**, 236). Briefe dürfen grundsätzlich nicht wegen unsachlicher Äußerungen über das anhängige Strafverfahren oder beleidigender Angriffe gegen die mit dem Verfahren befassten Personen angehalten werden (BVerfGE **42**, 234, 237 = NJW **76**, 1629; **57**, 170 = NJW **81**, 1943; BVerfG StV **91**, 306; JR **95**, 379 mit abl Anm Kiesel; NStZ **96**, 509; Düsseldorf StV **96**, 410; München StV **95**, 140; LG Flensburg StV **88**, 210; zusammenfassend zur Rspr des BVerfG Berndt NStZ **96**, 118, 157 ff; Gehrlein Boujong-FS 765; Kruis/Cassardt NStZ **95**, 574; generell gegen die Zulässigkeit des Anhaltens solcher Schreiben mit beachtlichen Gründen Paeffgen NStZ **89**, 420 f). Ein Brief kann aber beanstandet und angehalten werden, wenn er für den Eingeweihten nicht verständliche Passagen enthält und daraus auf eine reale Gefahr zu schließen ist, dass darin verdeckte, den Zweck der UHaft gefährdende Mitteilungen enthalten sind (vgl Hamburg MDR **73**, 243), nicht aber schon dann, wenn der Beschuldigte sich in seiner Strafsache an den gerichtlich bestellten Sachverständigen wendet (Schleswig StV **01**, 465) oder wenn er eine Belohnung für Hinweise zur Aufklärung der ihm vorgeworfenen Straftat auslobt (Hamm wistra **99**, 78). Beanstandete Briefe und Pakete werden an den Absender zurückgeleitet, soweit dies ohne Gefährdung des Zwecks der UHaft möglich ist, sonst werden sie zur Habe des Gefangenen genommen.

20 Hat ein Brief Beweisbedeutung iS des § 94 für das laufende Verfahren, so **beschlagnahmt** ihn der Richter **als Beweismittel** (vgl BGH NJW **61**, 2069; **aM** Lammer Hilger-FG 345: Verwertung zu Beweiszwecken im Strafverfahren unzulässig). Bezieht sich die Beweisbedeutung auf ein anderes Verfahren, so stellt er den Brief bei fehlender eigener Zuständigkeit (§ 98) einstweilen sicher und leitet ihn (oder wenigstens eine Fotokopie) der StA oder im gerichtlichen Verfahren dem zuständigen Richter zu (5 zu § 98). Soweit dafür nicht auf die Rechtfertigungsgründe des III zurückgegriffen werden kann, ist § 108 sinngemäß entspr anwendbar (Celle NJW **74**, 805).

21 c) Die **Übergabe von Gegenständen** bei Besuchen bedarf der Erlaubnis (Nr 3). IdR auszuschließen sind Toilettenartikel, Getränke, Lebensmittel und sonstige Gegenstände, in denen Drogen enthalten sein könnten; denn es kann im Vollzug nicht ausgeschlossen werden, dass die eingeschmuggelten Drogen auch an andere Gefangene gelangen. Auch im Übrigen kann es notwendig sein, die Übergabe von Gegenständen zu unterbinden, die zur Flucht, zur Vornahme von Verdunkelungshandlungen oder zur Begehung weiterer Straftaten genutzt werden können.

22 d) **Trennung und Verbot gemeinsamer Unterbringung** (Nr 4 und 5): Hier geht es nicht um die in § 119 II aF behandelte Frage der Unterbringung von Ugefangenen in einer Zelle; das hat nichts mit dem Zweck der UHaft, sondern mit der Ordnung in der Vollzugsanstalt zu tun und ist daher nunmehr in den Landes-UHaftvollzugsgesetzen zu regeln (vgl zB § 50 UVollzG RP). Hier wird vielmehr

die Befugnis eingeräumt, zur Sicherung der Haftzwecke – vornehmlich zur Abwendung der Verdunkelungsgefahr – die Trennung von einzelnen oder allen anderen Gefangenen abzuordnen oder die gemeinsame Unterbringung mit anderen Gefangenen einzuschränken oder auszuschließen. Auch hier geht es um Einzelfallentscheidungen; die in Nr 22 UVollzO enthaltene Regel, dass Gefangene von allen anderen Gefangenen getrennt zu halten sind, die als Beschuldigte oder Zeugen mit demselben Verfahren in Verbindung stehen, ist als bei Fluchtgefahr nicht unbedingt erforderlich und daher zu weitgehend nicht übernommen worden. Bei Fluchtgefahr kommt die Anordnung aber zB in Betracht, wenn die Gefahr besteht, dass ein Beschuldigter versuchen könnte, mit anderen Gefangenen zusammen ein Entweichen aus dem Vollzug vorzubereiten (BR-Dr 629/08 S 34). Ungleichheit gegenüber anderen UGefangenen auf Grund sachlich vertretbarer Erwägungen ist nicht willkürlich (BVerfGE **35**, 311 = NJW **74**, 26); daher kann zB dem einen die Teilnahme an allen Gemeinschaftsveranstaltungen gestattet werden, dem anderen nur die Teilnahme an solchen, die durch Aufsichtspersonal überwacht werden.

C. **Sonstige Beschränkungen**: Es können noch andere Maßnahmen als die in I S 2 aufgeführten angeordnet werden. Hier ist etwa an die Fesselung des Beschuldigten zu denken, um eine Flucht – zB bei der Fahrt zu Gerichtsterminen – zu verhindern. Dabei muss der Fesselungsgrund aber in konkreten Tatsachen bestehen (Oldenburg NJW **75**, 2219), die Fesselung muss notwendig sein (Koblenz StV **89**, 209; Hoffmann/Wißmann StV **01**, 706); für noch nicht überschaubare künftige Ereignisse darf sie nicht angeordnet werden (LG Koblenz StV **83**, 467; LG Stuttgart Justiz **90**, 338). Auch sonstige Beschränkungen sind zulässig, wenn der Zweck der UHaft es erfordert: So kann die Einbringung bestimmter Gegenstände untersagt werden, wenn der Verdacht besteht, dass sie zur Vorbereitung eines Entweichens aus der JVA – etwa durch Kontaktaufnahme mit anderen Personen, um deren Unterstützung zu gewinnen – benutzt werden können. Soweit früher der Zeitungsbezug oder die Einbringung von Rundfunk- und Fernsehgeräten untersagt oder eingeschränkt worden ist (vgl Voraufl 27 ff zu § 119), ging es aber zumeist um die Aufrechterhaltung der Ordnung in der Vollzugsanstalt; dies fällt nun in den Regelungsbereich der UHaftvollzugsgesetze der Länder. Es kann aber auch die Benutzung eines Flachbildschirm-Fernsehgerätes, das Datenverarbeitungs-, übermittlungs- und speicherfähigkeiten aufweist, dem Zweck der UHaft zuwiderlaufen, weil die gespeicherten oder übertragenen Daten in der Anstalt mit zumutbarem zeitlichem Aufwand nicht hinreichend kontrolliert werden können (Hamm NStZ **09**, 578). Mit der Benutzung eines eigenen Rundfunk- oder Fernsehgeräts, die grundsätzlich gestattet ist (Düsseldorf StV **91**, 221), kann die Gefahr unkontrollierten Kontakts mit der Außenwelt und zugleich innerhalb der Anstalt verbunden sein. Zur Vermeidung von Funkvereinbarungen über Befreiungsaktionen und anderer krimineller Aktionen kann im Einzelfall ihre Verwendung in der Zelle untersagt werden. 23

Den durch I eröffneten Möglichkeiten des Eingriffs in Grundrechte des Gefangenen sind jedoch **enge Grenzen gesetzt**; so ist etwa nur bei konkreter Gefährdung des Zwecks der UHaft unter Beachtung des Verhältnismäßigkeitsgrundsatzes eine körperliche Durchsuchung des Intimbereichs mit Inspektion von üblicherweise bedeckten Körperöffnungen bei Aufnahme in die UHaft zulässig (BVerfG StV **09**, 253). Die Abgabe einer Urinprobe kann ohne konkreten Anlass nicht verlangt werden (LG Koblenz StraFO **08**, 119; LG Traunstein StV **04**, 144), sonst schon (BVerfG NStZ **08**, 292; zust KK-Schultheis 17; Oldenburg StV **07**, 88 mit krit Anm Pollähne; krit auch Paeffgen NStZ **08**, 140). 24

2) Zuständigkeit: Die nach I gebotenen Anordnungen trifft das zuständige Gericht (I S 3), also nach § 126 I der Haftrichter, nach Anklageerhebung das in § 126 II bestimmte Gericht. Schriftform ist nicht vorgeschrieben, aber wegen des Begründungserfordernisses und wegen der Anfechtbarkeit geboten. Eine fernmündlich eingeholte und gegebene Anordnung wird nachträglich schriftlich getrof- 25 fen und mitgeteilt. § 33 II gilt nicht, weil es sich um dem Vollzug angehörende Entscheidungen handelt; jedoch ist die Beteiligung des StA häufig nach der Natur der Sache geboten.

26 Der Erlass einer **Eilanordnung durch die StA oder die JVA** ist zulässig, wenn eine Entscheidung des Gerichts nicht rechtzeitig herbeigeführt werden kann (I S 4). In Verschärfung der früheren Regelung (§ 119 VI S 2 aF) muss jetzt die vorläufige Anordnung binnen 3 Werktagen dem Gericht zur Genehmigung vorgelegt werden (I S 5). Die Vorlegung ist aber nicht erforderlich, wenn sich die Anordnung erledigt hat, was insbesondere bei einer einzelnen Überwachungsmaßnahme der Fall sein kann. Dem betroffenen Beschuldigten bleibt es aber unbenommen, die Rechtmäßigkeit der Anordnung durch einen Antrag nach V überprüfen zu lassen; dasselbe gilt für eine erledigte Entscheidung des Gerichts.

27 **Mitteilungspflichten:** Dem Beschuldigten sind die nach I vom Gericht oder von der StA bzw der JVA getroffenen Anordnungen mitzuteilen, wie I S 6 nun ausdrücklich vorschreibt, wie sich aber auch aus § 35 II ergibt. Im Fall der angeordneten Überwachung einer Telekommunikation (I S 2 Nr 2) bestimmt III, dass die beabsichtigte Überwachung auch den Gesprächspartnern (eines Telefongesprächs, aber auch einer Mail oder einer SMS, vgl Bittmann NStZ **10**, 16) unmittelbar nach Herstellung der Verbindung – also bei Beginn des Telefonats – mitzuteilen ist. Darüber hinaus ist bestimmt, dass auch der Beschuldigte rechtzeitig vor Beginn der Telekommunikation über diese Mitteilungspflicht zu unterrichten ist und er selbst die Mitteilung über die Telekommunikationsüberwachung an die Gesprächspartner übernehmen kann. Dazu, ob er dies tun will, ist er zweckmäßigerweise bei Bekanntgabe der Telekommunikationsüberwachung an ihn zu befragen.

28 **3) Ausführung der Anordnungen** (II): Grundsätzlich obliegt die Ausführung der nach I getroffenen Anordnungen der anordnenden Stelle, also dem Gericht oder der StA (S 1). Hiervon macht aber S 2 die praktisch höchst bedeutsame Ausnahme, dass das Gericht – das sonst übermäßig belastet wäre – die Ausführungen von Anordnungen widerruflich auf die StA übertragen kann, wonach diese – ebenfalls um Überlastungen vorzubeugen, ihrerseits sich bei der Ausführung der Hilfe ihrer Ermittlungspersonen (§ 152 GVG) oder der Vollzugsanstalt bedienen kann. Da die StA das Ermittlungsverfahren betreibt, wird sie auch vielfach sachgerechter als das Gericht entscheiden können, ob etwa ein Brief anzuhalten oder zu beschlagnahmen ist. Der Einfachheit halber und nach dem Gegenstand der Anordnung ist es oftmals auch angebracht, dass die JVA die Ausführung von Anordnungen (zB Besuchs- oder Telekommunikationsüberwachung) übernimmt, wobei dies aber stets einer Delegation durch die StA bedarf.

29 Damit ist auch die früher umstrittene Frage, ob die **Briefkontrolle** nur vom Richter oder mit Einverständnis des UGefangenen vom StA vorgenommen werden darf, entschieden (abl Paeffgen GA **09**, 457); des Einverständnisses des StA bedarf es – wie hier schon früher angenommen (vgl Voraufl) dazu nicht. Die Überprüfung der Pakete wird idR der StA und von dieser der JVA übertragen werden. Im Übrigen kann der Besitz solcher Sachen untersagt werden, die nach ihrer bestimmungsgemäßen Verwendung eine Gefahr für die Haftzwecke darstellen (zur Rspr des BVerfG vgl insoweit Kruis/Cassardt NStZ **95**, 524). Die Benutzung eines Laptops ist zu gestatten, wenn es zur ordnungsgemäßen Verteidigung erforderlich ist (Koblenz StV **95**, 86; LG Mannheim StraFo **08**, 469; ebenso Hamm NStZ **97**, 566 mit Anm Böttger, falls das Diskettenlaufwerk ausgebaut wird; vgl auch Stuttgart NStZ-RR **03**, 347 und Staechelin StV **99**, 610; anders noch Hamm StV **97**, 199 mit abl Anm Nibbeling, abl auch Paeffgen NStZ **98**, 73).

30 Zutreffend ordnet S 3 die **Unanfechtbarkeit** der nach S 2 erfolgten Übertragungen an. Da nach V eine umfassende Anfechtungsmöglichkeit gegen die Anordnung selbst gegeben ist (unten 36, 37), ist eine gesonderte Anfechtungsmöglichkeit hinsichtlich der Übertragung nicht erforderlich.

4) Überwachungsfreiheit (IV): Für Verteidiger gelten Beschränkungen nach I nicht, soweit sie den durch § 148 I garantierten freien Verkehr mit dem Gefangenen einschränken würden Ausnahmen sind nur nach §§ 148 II, 148a zulässig. Dem Verteidiger werden in S 2 eine Reihe von Institutionen gleichgestellt. Die Regelung entspricht teilw schon in der UVollzO enthaltenen Bestimmungen (Nr 1–4), teilw wurden entspr Regelungen aus dem StVollzG einbezogen (Nr 7–9, 13, im Übrigen wurden sie neu aufgenommen (Nr 5, 6, 10–12, 14–17, 19a). Die Überwachungsfreiheit nach Nr 18 (Geistliche und Abgeordnete) entspricht der Regelung in § 160a. Nr 19b betrifft den Kontakt mit konsularischen Vertretungen nach Art 36 I a WÜK (dazu 9 zu § 114b). Die Einschränkungen nach § 148 II gelten auch hinsichtlich der in S 2 aufgeführten Institutionen. 31

Eine Überwachung darf von § 148 II abgesehen aber **in den Fällen der Nr 19** angeordnet werden, soweit das Gericht dies für geboten hält. Für die Anordnung ist ausnahmslos das Gericht zuständig; II S 2 findet hier keine Anwendung. 32

Demgegenüber sind **die Voraussetzungen** für einen unüberwachten Verkehr von der nach II zuständigen Stelle (Gericht oder StA) zu prüfen (S 3), also zB, ob es sich bei einem Schreiben an den Beschuldigten im Fall der Nr 18 um einen unter das Zeugnisverweigerungsrecht fallenden Inhalt iSd § 53 I Nr 1 oder 4 handelt (BR-Dr 829/08 S 41). 33

Nach den §§ 31ff **EGGVG** kann der **Kontakt** zwischen dem Verteidiger und dem UGefangenen **vorübergehend gesperrt** werden, wenn dieser im Verdacht terroristischer Gewalttaten steht. 34

5) Anfechtung (V): 35

A. **Beschwerde** (§ 304) gegen richterliche Entscheidungen können der Beschuldigte und die StA einlegen. Das gilt nicht, wenn das im 1. Rechtszug zuständige OLG entschieden hat (§ 304 IV S 2 Nr 1, dort 11; **aM** SK-Paeffgen 79; vgl aber unten 37). Der Anstaltsleiter hat hier – anders § 119a III – kein Beschwerderecht. Er kann allenfalls nach fruchtlosen Gegenvorstellungen beim Richter versuchen, die StA zur Beschwerde zu veranlassen. Ein Beschwerderecht hat auch derjenige, dessen Antrag auf Kommunikation mit dem UGefangenen (ganz oder teilw) abgelehnt worden ist, zB auf Besuchserlaubnis (BGH **27**, 175 = JR **78**, 83 mit abl Anm Peters; LR-Hilger 156; **aM** Bremen MDR **76**, 686; Karstendiek DRiZ **80**, 106), oder bei Überwachung des Schriftverkehrs (vgl auch Hamm MDR **69**, 161; Nürnberg MDR **80**, 165). Über eine noch nicht beschiedene Beschwerde entscheidet nach Anklageerhebung zum LG gemäß § 126 II S 3 der Vorsitzende der StrK (KG NStZ-RR **96**, 365). Die Beschwerde wird idR gegenstandslos nach Entlassung aus der UHaft und nach Urteilsrechtskraft (Karlsruhe NStZ **84**, 183; erg oben 26). Ausnahmen gelten für Briefbeanstandungen (BGHR § 304 II Betroffener 1; München StV **95**, 140 mwN) nach Überführung des UGefangenen in Strafhaft. Zum Verbot der Schlechterstellung 5 vor § 304, zum Rechtsschutz gegen erledigte Anordnungen oben 26 und 17ff vor § 296. 36

B. **Antrag auf gerichtliche Entscheidung:** Gegen Entscheidungen der Amts- und Landgerichte ist die Beschwerde (oben 36) gegeben – auch dann, wenn es sich um Entscheidungen des erkennenden Gerichts iSd § 305 handelt (dort 7), so dass insoweit der Antrag auf gerichtliche Entscheidung ausscheidet. Er ist aber zulässig, wenn ein OLG oder der ER des BGH Anordnungen nach I getroffen hat, und vor allem gegen von der StA nach II S 2 angeordnete Maßnahmen. 37

Die **inhaltliche Prüfung** beim Antrag auf gerichtliche Entscheidung unterscheidet sich nicht von der auf Beschwerde. Es kann nicht nur die Zulässigkeit der Anordnung von Anfang an, sondern auch ihre Fortdauer beanstandet werden. 38

Der Antrag hat **keine aufschiebende Wirkung**; das Gericht kann aber vorläufige Anordnungen treffen (S 2 und 3). Das entspricht der Regelung des § 307 bei der Beschwerde. 39

40 **6)** Für die **Vollstreckung anderer freiheitsentziehender Maßnahmen** gelten I bis V ebenfalls (VI). Die Regelung bezieht sich auf § 116b, in dem nun das Verhältnis von UHaft zu anderen freiheitsentziehenden Maßnahmen geregelt ist (grundsätzliche Subsidiarität der UHaft). Auch dann, wenn UHaft nicht vollzogen wird, kann es sich zur Sicherstellung ihres Zweckes als notwendig erweisen, etwa im Strafvollzugsrecht nicht vorgesehene Beschränkungen anzuordnen. Hier ist dann auch der Rechtsweg nach V eröffnet; die gerichtliche Zuständigkeit richtet sich nach § 126.

41 Die Vorschrift ist auch anzuwenden, wenn **mehrere Haftbefehle** erlassen worden sind. Das kann die Notwendigkeit begründen, Beschränkungen anzuordnen, die wegen des tatsächlich vollzogenen Haftbefehls nicht erforderlich wären (erg 11 vor § 112).

Antrag auf gerichtliche Entscheidung

119a I [1] **Gegen eine behördliche Entscheidung oder Maßnahme im Untersuchungshaftvollzug kann gerichtliche Entscheidung beantragt werden.** [2] **Eine gerichtliche Entscheidung kann zudem beantragt werden, wenn eine im Untersuchungshaftvollzug beantragte behördliche Entscheidung nicht innerhalb von drei Wochen ergangen ist.**

II [1] **Der Antrag auf gerichtliche Entscheidung hat keine aufschiebende Wirkung.** [2] **Das Gericht kann jedoch vorläufige Anordnungen treffen.**

III **Gegen die Entscheidung des Gerichts kann auch die für die vollzugliche Entscheidung oder Maßnahme zuständige Stelle Beschwerde erheben.**

1 **1) Geltungsbereich**: Da durch die Föderalismusreform (1 zu § 119) die Gesetzgebungszuständigkeit für den UHaftvollzug auf die Länder übergegangen ist, musste hier ein Rechtsweg gegen Entscheidungen und Maßnahmen geschaffen werden, die aus Zwecken der Sicherheit und Ordnung in der Vollzugsanstalt – idR von dieser selbst – getroffen werden. Bisher war hierfür nur der Rechtsweg nach §§ 23 I S 2, 25 I **EGGVG** mit der Zuständigkeit des OLG gegeben, was – wie die Gesetzesbegründung zurecht bemerkt (BR-Dr 829/08 S 44) – „in keinem angemessenen Verhältnis zu der Bedeutung der Sache steht".

2 Nunmehr ist auch hier die **Zuständigkeit des Haftrichters** nach § 126 gegeben, wie sich aus § 126 I S 1 ergibt („Maßnahmen, die sich auf die UHaft beziehen"). Wenn Haftgericht und Vollzugsanstalt in unterschiedlichen Bundesländern liegen, was wohl nur ausnahmsweise der Fall sein wird, muss damit der Haftrichter über Entscheidungen einer Behörde eines anderen Bundeslandes mit möglicherweise anderem Vollzugsrecht befinden; das schien dem Gesetzgeber aber zutr vertretbar und sachgerechter, als die Zuständigkeit des Haftrichters an den Sitz der Vollzugsanstalt zu binden (BR-Dr 829/08 S 45).

3 § 119a **gilt nicht nur** für die UHaft aufgrund eines nach den §§ 112, 112a erlassenen Haftbefehls, sondern wie § 119 (dort 3) auch für die nach anderen Vorschriften angeordnete Haft.

4 **2)** Die in Betracht kommenden **behördlichen Entscheidungen oder Maßnahmen** werden regelmäßig von der Vollzugsanstalt angeordnet worden sein. In erster Linie wird es hierbei um Disziplinarmaßnahmen gegen den Gefangenen (vgl Voraufl 30 zu § 119), aber auch um sonstige Beschränkungen gehen, etwa seine Fesselung, wenn – wie in § 119 V S 1 Nr 1 aF – die Gefahr besteht, dass er Gewalt gegen Personen oder Sachen anwendet (vgl Voraufl 41 zu § 119), oder Einschränkungen bei Zeitungsbezug, Rundfunk- und Fernsehnutzung oder Einbringung von Gegenständen (vgl Voraufl 27ff zu § 119); auch Zwangsmaßnahmen auf dem Gebiet der Gesundheitsfürsorge (Voraufl 42ff zu § 119) gehören hierher. Inwiefern solche Maßnahmen im Einzelnen zulässig sind, ist nicht mehr hier, sondern in den Erläuterungswerken zu den UHaftvollzuggesetzen der Länder zu erörtern.

3) Zum Antrag auf gerichtliche Entscheidung gelten die Ausführungen zu § 119 V (dort 38) entspr. Ebenso wie in § 119 hat der Antrag keine aufschiebende Wirkung, jedoch können vorläufige Anordnungen getroffen werden (vgl 39 zu § 119). II gilt sowohl für Anträge nach I S 1 als auch solche nach I S 2 (dazu unten 6). 5

4) Bei Untätigkeit der Behörde kann ebenfalls der Antrag auf gerichtliche Entscheidung gestellt werden (I S 2). Das ist notwendig, weil der Betroffene erst dann den Antrag nach I S 1 stellen kann, wenn die Vollzugsanstalt über einen von ihm gestellten Antrag entschieden hat. Die Frist ist in einer der UHaft angemessenen Weise auf 3 Wochen festgesetzt und damit zutr erheblich kürzer als im Strafvollzug (§ 113 I StVollzG: 3 Monate). Die Gesetzesbegründung weist darauf hin (BR-Dr 829/08 S 46), dass – wie bei einem Antrag nach I S 1 – auch hier ein Rechtsschutzbedürfnis bestehen muss; soweit dort angeführt wird, dies sei zB zu verneinen, „wenn von der zuständigen Stelle über einen identischen Antrag entschieden wurde und sich die Sachlage seitdem nicht verändert hat", kann dem allerdings nicht zugestimmt werden: In einem solchen Fall ist der Antrag nicht unzulässig, vielmehr kann er unter Bezugnahme auf die frühere Entscheidung als unbegründet zurückgewiesen werden. 6

5) Anfechtung: Gegen die gerichtliche Entscheidung ist das Rechtsmittel der Beschwerde nach §§ 304ff gegeben. III stellt klar, dass das Beschwerderecht nicht nur für den durch die gerichtliche Entscheidung beschwerten Betroffenen, sondern auch für die für die vollzügliche Entscheidung oder Maßnahme zuständige Stelle – also idR die Vollzugsanstalt – gegeben ist. 7

Falls sich die behördliche Entscheidung noch vor dem Antrag auf gerichtliche Entscheidung oder vor der Entscheidung über diesen Antrag **erledigt** hat, gelten die Regeln über die Anfechtung erledigter Maßnahmen (17ff vor § 296) entspr. Es muss dann also auch nach Aufhebung der behördlichen Entscheidung oder Maßnahme noch ein konkretes Interesse an der Feststellung der Rechtswidrigkeit bestehen (vgl Frankfurt NStZ-RR **04**, 184; Schleswig SchlHA **95**, 4 [L/T]). 8

Befindet sich der Beschuldigte inzwischen im **Strafvollzug,** so entscheidet über einen Antrag auf gerichtliche Entscheidung gegen einen VerwA die StVollstrK (§§ 109ff StVollzG; §§ 78a, 78b GVG). 9

Aufhebung des Haftbefehls **RiStBV 54 I, 55**

120 **I [1]Der Haftbefehl ist aufzuheben, sobald die Voraussetzungen der Untersuchungshaft nicht mehr vorliegen oder sich ergibt, dass die weitere Untersuchungshaft zu der Bedeutung der Sache und der zu erwartenden Strafe oder Maßregel der Besserung und Sicherung außer Verhältnis stehen würde. [2]Er ist namentlich aufzuheben, wenn der Beschuldigte freigesprochen oder die Eröffnung des Hauptverfahrens abgelehnt oder das Verfahren nicht bloß vorläufig eingestellt wird.**

II Durch die Einlegung eines Rechtsmittels darf die Freilassung des Beschuldigten nicht aufgehalten werden.

III [1]Der Haftbefehl ist auch aufzuheben, wenn die Staatsanwaltschaft es vor Erhebung der öffentlichen Klage beantragt. [2]Gleichzeitig mit dem Antrag kann die Staatsanwaltschaft die Freilassung des Beschuldigten anordnen.

1) Aufhebung des Haftbefehls (I): 1

A. **Wegfall der Haftvoraussetzungen** (S 1): Bei jeder Art von UHaft, auch nach §§ 230 II, 236, 329 IV S 1, ist das Vorliegen der Haftvoraussetzungen stets von Amts wegen zu prüfen (BGH MDR **71**, 547 [D]; RiStBV 54 I). Aber nur bei der Haftprüfung nach §§ 117, 122, beim Erlass des Eröffnungsbeschlusses (§ 207 IV) und beim Urteilserlass (§ 268b) muss das Ergebnis der Prüfung auch 2 dann begründet werden, wenn das Gericht die Haftfortdauer für gerechtfertigt hält. Der Wegfall der Haftvoraussetzungen zwingt den Haftrichter (§ 126) zur sofortigen Aufhebung des Haftbefehls. Wenn zwar die in dem Haftbefehl bezeichneten Haftvoraussetzungen weggefallen, jedoch andere vorhanden sind, wird der Haftbefehl aber nicht aufgehoben, sondern umgestellt oder durch einen neuen ersetzt (KK-Schultheis 3; erg 18 zu § 114). Ist der Haftbefehl wegen Verdunkelungsgefahr ergangen, so muss berücksichtigt werden, dass sie nach der vollständigen Aufklärung der Tat meist entfällt; nach Erlass des Urteils im letzten Tatsachenrechtszug wird der Haftbefehl daher idR aufzuheben sein (Celle NJW **63**, 1264). Der Erlass eines weiteren Haftbefehls ist kein Aufhebungsgrund, die Verbüßung von Strafhaft in anderer Sache nur in Ausnahmefällen (LR-Hilger 9; **aM** Schumann JR **67**, 340). Die UHaft darf aber nicht aufrechterhalten werden, um vermutete weitere Straftaten aufzuklären, die selbst nicht Gegenstand des Haftbefehls sind (Oldenburg StV **09**, 258).

3 B. **Fehlen der Verhältnismäßigkeit** (S 1): Unverhältnismäßig ist die UHaft, deren weiterer Vollzug zur Bedeutung der Sache und den zu erwartenden Rechtsfolgen außer Verhältnis stehen würde, auch – unabhängig von § 121 – wegen Verletzung des Beschleunigungsgrundsatzes (Brandenburg StV **07**, 363; 589; Dresden StV **07**, 93; Düsseldorf NStZ-RR **01**, 255; Hamm StV **07**, 363; Koblenz StV **07**, 91; Köln StV **06**, 143; Oldenburg NJW **06**, 2646; Schleswig StV **05**, 140; LG Cottbus StV **05**, 141). UHaft-Verfahren sind von Beginn an mit der größtmöglichen Beschleunigung zu betreiben (BVerfG DRiZ **08**, 60); sie haben grundsätzl. Vorrang vor der Erledigung anderer Strafverfahren (Hamm StV **06**, 481 mit Nw aus der Rspr des BVerfG; erg 8 und 25 aE zu § 121) und erfordern eine straffe Terminsplanung (vgl BVerfG StV **08**, 198: mehr als 1 Verhandlungstag pro Woche; Düsseldorf StV **07**, 92: idR mind. 2 Verhandlungstage pro Woche; Naumburg StV **08**, 589). Selbst bei schwersten Tatvorwürfen (6facher Mord) kann die Verletzung des Beschleunigungsgebots die Aufhebung des Haftbefehls erfordern (BVerfG NJW **06**, 672; StV **07**, 644; Hamm StV **06**, 191; dazu Jahn NJW **06**, 652; Schmidt NStZ **06**, 313). An den zügigen Fortgang des Verfahrens sind umso strengere Anforderungen zu stellen, je länger die UHaft schon andauert (BVerfG NJW **06**, 677; StV **07**, 644, 646 mwN; **08**, 421, 422; Naumburg StV **09**, 143; Broß DAV-FS 965; Jahn aaO). Das BVerfG beanstandet es, wenn die notwendigen Verfahrenshandlungen nicht unverzügl. vorgenommen werden, so dass sich in Wochen zu bemessende Verzögerungen ergeben (BVerfG NJW **06**, 1336; ähnlich EGMR StV **06**, 474 mit Anm Pauly: Verletzung des Art 5 III MRK; dort 11). Ein aufgehobener Haftbefehl kann nur unter denselben Voraussetzungen (28 zu § 116) wie ein außer Vollzug gesetzter Haftbefehl neu erlassen werden (Hamm StV **08**, 29 mit Anm Marquardt/Petri). Zusammenfassend zur Rspr des BVerfG zum Beschleunigungsgebot in Haftsachen Pieroth/Hartmann StV **08**, 276.

4 Bei der **Abwägung** (dazu Dresden StV **04**, 495), der nur die Tatvorwürfe zugrunde gelegt werden dürfen, derentwegen der Haftbefehl erlassen worden ist (Hamm StV **98**, 553), ist davon auszugehen, dass die UHaft nach § 51 I S 1 StGB angerechnet wird, ebenso nach § 51 III S 2 StGB die im Ausland vollzogene Auslieferungshaft (München NJW **82**, 1241; Stuttgart StV **94**, 588 mit Anm Deckers). Die Erwartung einer Strafaussetzung zur Bewährung nach § 56 StGB muss berücksichtigt werden, auch die einer späteren Aussetzung des Strafrests nach § 57 StGB (BVerfG StV **08**, 421, 422 mwN; Hamm NStZ-RR **04**, 152; **09**, 124; Nürnberg StV **09**, 534; LG Köln StraFo **98**, 351 mit zust Anm Münchhalffen). Zur Aufrechterhaltung des Haftbefehls gegen einen im 1. Rechtszug zu einer Bewährungsstrafe verurteilten Angeklagten vgl 23 zu § 112. Wird die Strafe demnächst durch UHaft verbüßt sein, so muss der Haftbefehl deswegen nicht unbedingt aufgehoben werden (KG NStZ-RR 08, 157; StV **88**, 208 mit abl Anm Schlothauer; Düsseldorf StV **94**, 86 mit abl Anm Seebode; Hamm MDR **93**, 673; Stuttgart Justiz **90**, 26; krit Paeffgen NStZ **89**, 418; **95**, 73), anders aber, wenn die UHaft die zu erwarten-

den Rechtsfolgen bereits übersteigt (Stuttgart Justiz **97**, 62, 63; Schlothauer StV **88**, 208; **aM** Frankfurt StV **88**, 392 mit krit Anm Jehle). In diesem Fall sowie auch sonst bei schwerwiegender Verletzung des Beschleunigungsgebotes ist der Haftbefehl aufzuheben (KG StraFo **10**, 26; Celle StraFo **09**, 515; Oldenburg StV **08**, 200).

Der Haftbefehl muss wegen Unverhältnismäßigkeit auch bei **Aussetzung des Vollzugs** nach § 116 aufgehoben werden (BVerfGE **53**, 152, 158 ff = NJW **80**, 1448; BVerfG NStZ **95**, 295; NJW **06**, 668; BGH **39**, 233, 236; KG StV **85**, 67; **91**, 473; Hamburg JR **83**, 259 mit Anm Rieß; Köln StV **05**, 396; Naumburg StV **09**, 143; Stuttgart NStZ-RR **03**, 29; LG Gera StV **97**, 141; LG Leipzig StV **05**, 141). Denn auch die Beschränkungen, denen der Beschuldigte durch die Auflagen und Weisungen nach § 116 ausgesetzt ist, dürfen nicht länger andauern, als es nach den Umständen des Falles erforderlich ist (vgl 1 zu § 116). 5

Entsprechendes gilt, wenn auf Grund des Haftbefehls nur **Überhaft** (13 vor § 112) vermerkt ist; die Strafsache ist dann grundsätzlich ebenso beschleunigt zu bearbeiten wie jede andere Haftsache (BVerfG StV **03**, 30; KG StraFo **07**, 27; StV **09**, 483; Bremen StV **89**, 539 mwN; **05**, 445; Karlsruhe StV **02**, 317; Stuttgart StV **90**, 213; NStZ-RR **03**, 285; Paeffgen NStZ **89**, 423). Dieser Konsequenz kann sich das Gericht auch nicht dadurch entziehen, dass es von dem Erlass eines „Überhaft-Haftbefehls" absieht (BVerfG StV **06**, 251). 6

Nach Urteilserlass kann die Aufhebung des Haftbefehls geboten sein, wenn sich das Rechtsmittelverfahren ungebührlich verzögert (KG StV **07**, 644; vgl 8 zu § 121; 9 c zu Art 6 MRK). Zum Wiederwirksamwerden des Haftbefehls nach Wiedereinsetzung in den vorigen Stand vgl § 47 III. 7

C. Bei **Freispruch, Nichteröffnung oder endgültiger Verfahrenseinstellung** (S 2), nicht bei Unzuständigkeitserklärung nach § 16 (SK-Rudolphi 6 zu § 16), wird gesetzlich vermutet, dass die Haftvoraussetzungen (bei Freispruch insbesondere der dringende Tatverdacht) weggefallen sind oder die Verhältnismäßigkeit nicht mehr gewahrt ist (Düsseldorf MDR **74**, 686; Hamm NJW **54**, 86; Karlsruhe NStZ **81**, 192; LG Mannheim StV **85**, 287). Auf Richtigkeit und Rechtskraft der Entscheidung kommt es nicht an; I S 2 gilt auch bei einem offensichtlich fehlerhaften Freispruch (Düsseldorf aaO; Roxin/Schünemann § 30, 51; Schlüchter 235). Daher muss der Haftbefehl stets aufgehoben werden (ebenso ein Außervollzugsetzungsbeschluss, vgl § 123 I Nr 1; Düsseldorf NStZ **99**, 585), bei Urteilserlass durch besonderen Beschluss, bei Verfahrenseinstellung nach § 206 a in diesem Beschluss; endgültige Verfahrenseinstellung ist auch die nach § 154 b IV S 1 (Saarbrücken StV **88**, 110 L). Der Fall des § 170 II S 1 ist nach III zu behandeln (LR-Hilger 22). 8

Mit der Aufhebung des Haftbefehls ordnet das Gericht zugleich die **Freilassung** des Beschuldigten an, wenn keine Überhaft vermerkt ist (RiStBV 55 I), und veranlasst die Entlassung. Bei Aufhebung in der Hauptverhandlung darf der Angeklagte nicht zwangsweise in die JVA zurückgebracht werden (LG Berlin NStZ **02**, 497; LR-Hilger 27; Stahl StraFo **01**, 261). Ihm wird zweckmäßigerweise eröffnet, dass er sich zwar frei bewegen könne, dass es sich aber empfiehlt, in die Anstalt zurückzukehren, um die Entlassungsförmlichkeiten zu erledigen (RiStBV 55 II S 2). 9

Ist gegen das Urteil oder gegen den Beschluss Berufung oder Beschwerde eingelegt worden, so darf schon vor der Rechtsmittelentscheidung ein **neuer Haftbefehl** auf Grund neuer Tatsachen oder Beweise erlassen werden, die geeignet sind, die gesetzliche Vermutung des I S 2 zu widerlegen (KG StV **86**, 539; JR **89**, 344; Hamm NStZ **81**, 34; Karlsruhe NStZ **81**, 192 mwN). Das gilt aber nicht, wenn das freisprechende Urteil mit der Revision angefochten ist; denn in diesem Stadium des Verfahrens können neue Tatsachen oder Beweise nicht mehr berücksichtigt werden (Düsseldorf aaO; **aM** KK-Schultheis 20; KMR-Wankel 5 a für den Fall einer offensichtlich begründeten Revision). 10

11 Wird das freisprechende oder das Verfahren einstellende **Urteil vom Revisionsgericht aufgehoben** und die Sache nach § 354 II an den Tatrichter zurückverwiesen, so wird die gesetzliche Vermutung, dass keine Haftgründe mehr vorliegen, wieder entkräftet, auch wenn der Aufhebungsgrund nur ein Verfahrensfehler ist (**aM** Wendisch StV **85**, 377). Der Tatrichter kann dann auch bei gleicher Beweislage einen neuen Haftbefehl erlassen (Frankfurt StV **85**, 375 mit krit Anm Wendisch; Hamm NStZ **81**, 34; Karlsruhe NJW **70**, 439; Köln StV **96**, 389; Schlüchter 235; **aM** LR-Hilger 37; Paeffgen NStZ **89**, 423; Schlothauer/Weider 1085). Bei der Beurteilung des dringenden Tatverdachts sind aber auch die Gründe des Revisionsurteils zu berücksichtigen (Hamm aaO; Karlsruhe aaO).

12 **2)** Ein **Rechtsmittel** (II) gegen den Beschluss, durch den der Haftbefehl aufgehoben worden ist (Beschwerde der StA nach § 304 I, weitere Beschwerde nach § 310 I), hat keine die Freilassung aufschiebende Wirkung. Sie kann auch nicht durch eine Anordnung nach § 307 II herbeigeführt werden; die Vorschrift wird durch II ausgeschlossen. War der Haftbefehl nur außer Vollzug gesetzt worden, so gilt II aber nicht; die Anwendung des § 307 II ist zulässig (KK-Schultheis 19).

13 **3) Auf Antrag der StA** (III), der keiner Begründung bedarf, muss der Haftrichter, auch das Beschwerdegericht und das OLG oder der BGH im Verfahren nach §§ 121, 122, im Ermittlungsverfahren den Haftbefehl aufheben. An den Antrag, ihn außer Vollzug zu setzen, ist das Gericht nicht gebunden (Düsseldorf StV **01**, 462 mit abl Anm Schlothauer; AG Stuttgart NStZ **02**, 391; KMR-Wankel 7; LR-Hilger 40; **aM** BGH [ER] NJW **00**, 967 mit unzutr (vgl Meyer-Goßner Hamm-FS 450) „erst-recht-Schluss"; zust aber Nehm Meyer-Goßner-FS 291 und Rinio NStZ **00**, 547). Da die Bindungswirkung des III S 1 nur im Ermittlungsverfahren besteht, braucht der Richter einem zugleich mit der Anklageerhebung gestellten Aufhebungsantrag nicht stattzugeben (teilw **aM** LR-Hilger 42).

14 Die **Freilassung des Beschuldigten** kann der StA zugleich mit der Antragstellung anordnen (S 2). Ein Ermessen ist ihm entgegen dem Wortlaut des Gesetzes nicht eingeräumt; die Aufhebung des Haftbefehls durch das Gericht darf er nicht abwarten (LR-Hilger 46). Die Anordnung soll idR schriftlich erfolgen (vgl im einzelnen zur Entlassung die Landesgesetze, zB § 10 UVollzG RP zum kurzfristigen freiwilligen Verbleib und zur Entlassungsbeihilfe).

15 **4)** Mit der **Rechtskraft des Urteils** geht die UHaft ohne weiteres in Strafhaft oder in den Vollzug der Sicherungsmaßregel über (BGH **38**, 63; NStZ **93**, 31 [K]; Hamm NStZ **08**, 582; Nürnberg JZ **50**, 141 mit zust Anm Kleinknecht); auf die Einleitung der Vollstreckung kommt es nicht an, es tritt sog Zwischenhaft ein. Nach **aM** (Braunschweig NJW **66**, 116; SK-Paeffgen 14 ff und Fezer-FS 35 ff; Schlothauer/Weider 929; Seebode 97 ff, 105 ff; ders StV **88**, 119; vgl ferner Celle NStZ **85**, 188; Düsseldorf NStZ **81**, 366; StV **88**, 110;Bringewat StVollstr 9 zu § 450) besteht dann Vollstreckungshaft, während derer der Verurteilte wie ein Strafgefangener zu behandeln ist; nach wieder **aM** ist die Zwischenhaft bis zur Einleitung der Vollstreckung Fortsetzung der UHaft (eingehend Linke JR **01**, 358); Lammer (DAV-FS 1003) hält die Zwischenhaft wegen Fehlens einer gesetzlichen Grundlage überhaupt für unzulässig.

16 Der **Haftbefehl** wird gegenstandslos (BVerfGE **9**, 160 = NJW **59**, 431; Düsseldorf Rpfleger **84**, 73; Hamm StraFo **02**, 100 mit insoweit abl Anm Nobis; Stuttgart Justiz **84**, 213). Gegenstandslos wird auch eine noch nicht beschiedene Haftbeschwerde (13 zu § 117). Ist in dem rechtskräftigen Urteil aber auf eine Bewährungsstrafe oder nicht auf Freiheitsentzug erkannt, so muss der Haftbefehl aufgehoben werden.

Fortdauer der UHaft über sechs Monate RiStBV 56

121 **I Solange kein Urteil ergangen ist, das auf Freiheitsstrafe oder eine freiheitsentziehende Maßregel der Besserung und Sicherung erkennt, darf der Vollzug der Untersuchungshaft wegen derselben Tat über sechs Monate hinaus nur aufrechterhalten werden, wenn die besondere Schwierigkeit oder der besondere Umfang der Ermittlungen oder ein anderer wichtiger Grund das Urteil noch nicht zulassen und die Fortdauer der Haft rechtfertigen.**

II In den Fällen des Absatzes 1 ist der Haftbefehl nach Ablauf der sechs Monate aufzuheben, wenn nicht der Vollzug des Haftbefehls nach § 116 ausgesetzt wird oder das Oberlandesgericht die Fortdauer der Untersuchungshaft anordnet.

III 1 Werden die Akten dem Oberlandesgericht vor Ablauf der in Absatz 2 bezeichneten Frist vorgelegt, so ruht der Fristenlauf bis zu dessen Entscheidung. 2 Hat die Hauptverhandlung begonnen, bevor die Frist abgelaufen ist, so ruht der Fristenlauf auch bis zur Verkündung des Urteils. 3 Wird die Hauptverhandlung ausgesetzt und werden die Akten unverzüglich nach der Aussetzung dem Oberlandesgericht vorgelegt, so ruht der Fristenlauf ebenfalls bis zu dessen Entscheidung.

IV 1 In den Sachen, in denen eine Strafkammer nach § 74 a des Gerichtsverfassungsgesetzes zuständig ist, entscheidet das nach § 120 des Gerichtsverfassungsgesetzes zuständige Oberlandesgericht. 2 In den Sachen, in denen ein Oberlandesgericht nach § 120 des Gerichtsverfassungsgesetzes zuständig ist, tritt an dessen Stelle der Bundesgerichtshof.

Einen **Anspruch auf beschleunigte Aburteilung** hat der in UHaft (und einstweiliger Unterbringung) befindliche Beschuldigte nach Art 5 III S 2 **MRK** (dort 10 ff) und auf Grund des aus Art 2 II S 2 GG herzuleitenden verfassungsmäßigen Grundsatzes der Verhältnismäßigkeit (BVerfGE **20**, 45, 50 = NJW **66**, 1259; BVerfGE **20**, 144, 146 = NJW **66**, 1703; BVerfGE **36**, 264, 270 = NJW **74**, 307; BVerfGE **53**, 152, 158 ff = NJW **80**, 1448). I setzt die zulässige Gesamtdauer der UHaft bis zum Urteil, auch bei Unterbrechung des Vollzugs (LR-Hilger 10), wegen derselben Straftat (unten 11) auf 6 Monate fest. Die Vorschrift ist eng auszulegen; die Strafverfolgungsbehörden und Strafgerichte müssen alle möglichen und zumutbaren Maßnahmen ergreifen, um die notwendigen Ermittlungen mit der gebotenen Schnelligkeit abzuschließen und eine gerichtliche Entscheidung über die einem Beschuldigten vorgeworfenen Taten herbeizuführen (BVerfG StV **07**, 369). Nur ausnahmsweise und nur auf Anordnung des OLG dürfen die 6 Monate überschritten werden (II; vgl dazu Rieß StraFo **99**, 397 ff), eine UHaft von mehr als 1 Jahr bis zum Beginn der Hauptverhandlung kann nur in ganz besonderen Ausnahmefällen gerechtfertigt sein (BVerfG StV **06**, 72, 78; **08**, 198, 199; 421, 422). Bereits bei Erlass des Haftbefehls ist zu beachten, ob die Frist eingehalten werden kann (Düsseldorf StV **88**, 390). Der Freiheitsanspruch des Beschuldigten ist den vom Standpunkt der Strafverfolgung aus erforderlichen und zweckmäßigen Freiheitsbeschränkungen ständig als Korrektiv entgegenzuhalten; sein Gewicht vergrößert sich regelmäßig gegenüber dem Strafverfolgungsinteresse mit zunehmender Dauer der UHaft; an einen zügigen Fortgang des Verfahrens sind daher um so strengere Anforderungen zu stellen, je länger die UHaft bereits andauert (BVerfG StV **07**, 369). Das Beschleunigungsgebot verliert seine Bedeutung auch nicht durch den Erlass des Urteils 1. Instanz; es gilt für das gesamte Strafverfahren (BVerfG StV **09**, 479 mit zust Anm Hagmann StV **09**, 592; Naumburg StV **09**, 482). 1

Eine **absolute Höchstgrenze** für die Dauer von UHaft sieht weder die StPO noch die MRK vor (EGMR EuGRZ **93**, 384; dafür aber Gropp JZ **91**, 808). Der EGMR (NJW **01**, 2694) verlangt jedoch für eine zwei Jahre übersteigende UHaft 1a

„sehr zwingende Gründe" und „besondere Sorgfalt beim Betreiben des Verfahrens" (vgl auch Ambos NStZ **03**, 15); eine UHaft von nahezu 6 Jahren hält er trotz Schwierigkeiten des Verfahrens für unzulässig (NJW **03**, 1439); das BVerfG beanstandet auch bei sehr großer Schwere des Tatvorwurfs (mehrfacher Mord) eine 8 Jahre lange UHaft (NJW **05**, 3485). § 122 a bestimmt für den Vollzug des auf Wiederholungsgefahr (§ 112 a) gestützten Haftbefehls eine Höchstdauer.

2 Die zeitliche Begrenzung der UHaft nach **I gilt nicht,** wenn der Haftbefehl nach § 230 II (dort 10), § 236 oder § 329 IV S 1 (dort 45) ergangen ist, auch nicht bei Überhaft (13 vor § 112) – bei der aber das Beschleunigungsgebot zu beachten ist (KG StV **03**, 627; Bremen StV **00**, 35; Brandenburg StV **99**, 161; Düsseldorf NJW **91**, 2302; Oldenburg StraFo **98**, 137; erg 6 zu § 120) –, in den Fällen der §§ 71 II S 1, 72 IV **JGG** (Celle NJW **65**, 2069) und des § 26 IRG. § 121 ist aber entspr bei einstweiliger Unterbringung nach § 126 a anzuwenden (dort 10 a). Vgl zur Beachtung des Beschleunigungsgebots auch die instruktiven Richtlinien und Hinweise des GStA Celle für die Bearbeitung von Haftsachen StV **97**, 166. Zusammenfassend „Oberlandesgerichtliche Kontrolle langer UHaft" KUP Bd. 23, 1998.

3 **2) Begrenzung der UHaft auf 6 Monate** (I):

4 A. **Fristberechnung:** Die Frist beginnt nicht schon mit der vorläufigen Festnahme nach § 127, sondern erst mit Erlass des Haftbefehls nach § 128 II S 2 (Braunschweig NJW **66**, 116). War schon vorher ein Haftbefehl erlassen worden, so ist der Tag der Festnahme maßgebend. Der Tag, an dem die UHaft beginnt, wird immer mitgerechnet (Hilger 13; **aM** KK-Schultheis 6: § 43 anwendbar). Für die Fristberechnung werden aber nur die Zeiten berücksichtigt, in denen die UHaft tatsächlich vollzogen worden ist.

5 **Unterbrechungen,** zB nach § 116 oder zur Strafverbüßung, zählen nicht mit (Hamm JMBlNRW **82**, 33; Karlsruhe Justiz **76**, 263; Zweibrücken MDR **78**, 245, auch nicht die Unterbringung zur Beobachtung nach § 81, wenn für ihre Dauer die UHaft ausdrücklich ausgesetzt worden ist (KMR-Wankel 3; **aM** KG NStZ **97**, 148 trotz des Unterschieds zwischen ausgesetzter UHaft und Unterbringung; vgl auch Dresden NStZ-RR **02**, 60).

6 Mitgerechnet wird die **einstweilige Unterbringung** nach § 126 a, wenn sie durch UHaft ersetzt werden musste, weil die zunächst angenommenen Voraussetzungen der Vorschrift zweifelhaft geworden sind, und wenn sich die UHaft unmittelbar an die Unterbringung anschließt (hM, vgl nur Düsseldorf MDR **94**, 192; NStZ **87**, 475 mit zust Anm Schlüchter; Nürnberg StV **97**, 537 L; Paeffgen NStZ **89**, 518; **03**, 82; **aM** aber nicht überzeugend und – wie Düsseldorf NJW **08**, 867 zutr feststellt – durch § 126 a II S 2 überholt München NStZ-RR **03**, 366; Schleswig NStZ **02**, 220 L mit zust Anm Döllel), nicht aber, wenn der Beschuldigte zwischenzeitlich auf freien Fuß gesetzt (Koblenz MDR **75**, 422; **aM** Celle NStZ **91**, 248; krit auch Sack NJW **75**, 2240), nach dem PsychKG NW untergebracht (Düsseldorf StV **96**, 553 mit Anm Varvatou/Schlothauer; Koblenz NStZ-RR **98**, 21) oder gegen ihn eine Freiheitsstrafe vollstreckt worden war (Düsseldorf MDR **86**, 956; **aM** Starke StV **88**, 223: Anrechnung ohne Rücksicht auf Unterbrechung).

6a Entsprechendes gilt für die Unterbringung in einem **Erziehungsheim,** die nach § 72 IV S 2 **JGG** nachträglich durch UHaft ersetzt worden ist, wenn die Unterbringung nach § 72 IV S 1 **JGG** angeordnet worden war (Dresden JR **94**, 377 mit abl Anm Brunner; Karlsruhe NStZ **97**, 452), nicht aber bei unmittelbar vorhergehender Unterbringung nach § 71 II **JGG** (KG JR **90**, 216; Dresden aaO; **aM** Paeffgen NStZ **94**, 424; **96**, 74).

7 Nicht eingerechnet wird eine im Ausland erlittene **Auslieferungshaft** (Hamm NJW **66**, 314; Schleswig SchlHA **09**, 241 [D/D]; Nürnberg GA **66**, 90). Ebenso zählt nur die deutsche UHaft, nicht die bei den Behörden des Entsendestaats, wenn das Verfahren nach dem NATO-Truppenstatut auf die deutsche Justiz über-

gegangen ist (KK-Graf 14 vor § 112). Mitgerechnet wird aber der Gewahrsam, den die Behörden des Entsendestaats an einem Mitglied der Truppe auf Grund eines Haftbefehls der BRep nach Art V Buchst c NTS iVm Art 22 III des NTS-ZA vollzogen haben (Hamm NStZ **81**, 272 L; JMBlNRW **74**, 166; Koblenz NJW **74**, 2193; **aM** Frankfurt NJW **73**, 2218; Marenbach NJW **74**, 396), sofern es sich dabei nicht nur um eine in der Form der „restriction" verhängte Ausgangssperre handelt (Zweibrücken NJW **75**, 2150; Schwenk JZ **76**, 582).

8 B. **Bis zu einem auf Freiheitsentziehung lautenden Urteil** (Freiheitsstrafe mit oder ohne Bewährung oder freiheitsentziehende Sicherungsmaßregeln) gelten die Beschränkungen der UHaft (Düsseldorf MDR **92**, 1173). Eine versehentlich unterbliebene Haftprüfung wird nach Urteilserlass nicht nachgeholt (KG JR **67**, 266; Köln JMBlNRW **77**, 140; vgl auch Düsseldorf NJW **91**, 2656: Keine Entscheidung trotz Aufhebung des Haftfortdauerbeschlusses durch das BVerfG). Jedoch kann unabhängig von I ein erheblicher Verstoß gegen das Beschleunigungsgebot durch eine vom Angeklagten nicht zu vertretende Verzögerung des Verfahrens auch nach Erlass des tatrichterlichen Urteils den Grundsatz der Verhältnismäßigkeit verletzen und daher ebenfalls der Fortdauer der UHaft entgegenstehen (BVerfG NStZ **05**, 456 mit Anm Krehl StV **05**, 561; Bamberg StV **94**, 141; Düsseldorf StraFo **98**, 350; NStZ-RR **00**, 250; Frankfurt StV **06**, 648; Koblenz StV **04**, 329; Naumburg StV **07**, 253; **08**, 201; Oldenburg StV **08**, 201; Saarbrücken StV **07**, 365; Paeffgen NStZ **93**, 578; **06**, 143 Fn 22). Zur Beachtung des für Haftsachen geltenden Beschleunigungsgebots im Berufungsverfahren vgl Frankfurt StV **06**, 195; **07**, 249.

9 Der Wegfall der Haftbeschränkung nach dem Urteilserlass ist **endgültig,** auch wenn das Urteil auf ein Rechtsmittel durch ein dem I nicht entsprechendes Urteil (zB auf Geldstrafe) ersetzt wird oder wenn das Rechtsmittelgericht die Sache nach §§ 328 II, 354 II, 355 zurückverweist (Hamm NJW **65**, 1818; Karlsruhe Justiz **86**, 144; JZ **65**, 587; Schleswig SchlHA **83**, 110 [E/L]; LR-Hilger 24).

10 Ist der Haftbefehl wegen mehrerer Taten erlassen worden und ergeht das auf Freiheitentziehung lautende Urteil nach **Teilabtrennung** nur wegen eines Teils dieser Taten, so ist das Verfahren nach den §§ 121, 122 durchzuführen, wenn die Haft nur wegen der nicht abgeurteilten Taten weiter vollzogen wird (Koblenz StV **98**, 557; vgl auch München NStZ **86**, 423 zur Zusammenrechnung der Haftzeiten in diesem Fall). Betrifft aber der Vollzug des Haftbefehls auch die bereits abgeurteilten Taten, so entfällt die Haftprüfung, die dann keinen Sinn hätte (Koblenz NStZ **82**, 343 mit abl Anm Dünnebier; Hamm NStZ-RR **02**, 382; KK-Schultheis 5 a; **aM** Frankfurt NJW **66**, 2423; Stuttgart StV **95**, 201; LR-Hilger 22; Paeffgen NStZ **89**, 518; Schlüchter 239.1; vgl auch Oldenburg MDR **74**, 60). Die durch Anrechnung auf eine rechtskräftig erkannte Strafe vollständig verbrauchte UHaft ist nicht mit der wegen einer anderen Tat weiterhin vollzogenen UHaft zusammenzurechnen (Karlsruhe MDR **94**, 191; Saarbrücken NStZ **04**, 644; **aM** Paeffgen NStZ **95**, 75).

11 C. Nur **wegen derselben Tat** ist die Dauer der UHaft bis zum Urteil auf 6 Monate begrenzt. Der Begriff Tat muss weit ausgelegt werden. Mit dem des § 264 (dort 2) stimmt er nach jetzt nahezu allgM (vgl Düsseldorf StV **04**, 496 mwN) nicht überein. Maßgebend ist auch nicht, dass es sich um UHaft wegen Taten handelt, die Gegenstand desselben Verfahrens sind (dazu eingehend Düsseldorf aaO mwN). Ob die mehreren Verfahren bereits verbunden sind oder ob sie verbunden werden können, spielt ebenfalls keine Rolle (Celle NStZ **87**, 571; Oldenburg NJW **67**, 2371; Starke StV **88**, 226 ff; **aM** Braunschweig NJW **67**, 363; AK-Krause 6).

12 Zur **Tat iS des I** gehören vielmehr alle Taten des Beschuldigten von dem Zeitpunkt an, in dem sie bekannt geworden sind und daher in den Haftbefehl hätten aufgenommen werden können (Düsseldorf aaO mwN; Hamm StraFo **98**, 242; Stuttgart NStZ-RR **99**, 318; StV **08**, 85; Zweibrücken NStZ-RR **98**, 182;

sog „erweiterter Tatbegriff", vgl Summa NStZ **02**, 69); die „Reservehaltung" von Tatvorwürfen, die den Erlass eines weiteren oder die Erweiterung des bestehenden Haftbefehls rechtfertigen, ist nicht zuzulassen (Dresden NJW **10**, 952; Frankfurt NJW **90**, 2144; Naumburg StraFo **09**, 148; Hellmann 250; Fahl NStZ **97**, 98; JR **97**, 177; ZIS **09**, 452; vgl auch Hamm StV **95**, 200).

13 Das bedeutet: Wird UHaft vollzogen, so darf sie nicht auf Grund eines weiteren Haftbefehls, der bereits **bei Erlass des 1. Haftbefehls bekannt gewesene Tatvorwürfe** zum Gegenstand hat, über 6 Monate hinaus fortdauern (Celle NJW **66**, 1574). Das gilt auch dann, wenn Teile der Tat erst im Laufe der Ermittlungen bekannt werden. Gleichgültig ist, ob der weitere Haftbefehl in demselben oder in einem anderen Verfahren (auch dem einer anderen StA) erlassen worden ist (Schleswig SchlHA **97**, 152 [L/S]; einschr Köln NStZ-RR **98**, 181, dem zust Lange NStZ **98**, 606: „neue Maßstäbe"; Jena StV **99**, 329 mit abl Anm Schlothauer). Für die Prüfung sind nur die Taten von Bedeutung, die im Haftbefehl genannt sind oder hinsichtlich derer jedenfalls ein dringender Tatverdacht besteht (Karlsruhe NJW **04**, 3725).

14 Werden erst **im Laufe des Ermittlungsverfahrens neue Taten bekannt,** so kann die UHaft ohne Rücksicht auf ihre bisherige Dauer auf Grund eines wegen dieser Taten erlassenen Haftbefehls oder auf Grund einer Erweiterung des 1. Haftbefehls bis zur Grenze des I vollzogen werden; die Frist beginnt von dem Zeitpunkt an zu laufen, in dem der Tatverdacht so dringend geworden ist, dass der 2. Haftbefehl hätte erlassen bzw der 1. Haftbefehl hätte ergänzt werden können (Düsseldorf StV **04**, 496; **96**, 553 mit krit Anm Varvatou/Schlothauer; Zweibrücken StV **00**, 629; Fahl NStZ **97**, 98; JR **97**, 177; Koblenz StV **10**, 119 L mwN).

15 Entsprechendes gilt, wenn der Beschuldigte während des Vollzugs des 1. Haftbefehls, bei einer Unterbrechung des Vollzugs oder nach Aufhebung des Haftbefehls **neue Straftaten begeht.** Auch dann kann der Vollzug des wegen der neuen Taten erlassenen Haftbefehls, hier aber ohne Rücksicht auf den Zeitpunkt seines Erlasses, erneut die 6-Monatsgrenze des I ausschöpfen (Köln NStZ-RR **01**, 123 mwN; Naumburg NStZ **05**, 585; Oldenburg NJW **67**, 2371 = JZ **68**, 341 mit abl Anm Kleinknecht; SK-Paeffgen NStZ **89**, 514; **90**, 535; Summa NStZ **02**, 70; **aM** Celle NStZ **89**, 243; krit auch Hilger Gollwitzer-Koll 65). In beiden Fällen ist es ohne Bedeutung, ob die Verfahren später zur gemeinsamen Verhandlung verbunden werden oder nicht (KG JR **67**, 231).

16 D. **Unmöglichkeit des Urteilserlasses innerhalb der 6-Monats-Frist:**

17 a) Die **besondere Schwierigkeit oder der besondere Umfang der Ermittlungen** führen nur dann zur Aufrechterhaltung der UHaft, wenn dadurch ihre Fortdauer gerechtfertigt, dh im Hinblick auf Art 2 II S 2 GG nicht unverhältnismäßig ist (BVerfG NJW **91**, 2821; NStZ **91**, 397; StV **98**, 557). Sie ist auf Grund eines Vergleichs mit einem durchschnittlichen Ermittlungsverfahren zu beurteilen (KK-Schultheis 14; Kleinknecht MDR **65**, 788) und kann zB darin liegen, dass eine Vielzahl von Straftaten aufzuklären sind, dass zahlreiche in- oder ausländische Zeugen vernommen (vgl Hamm JZ **65**, 545) oder zeitraubende Gutachten eingeholt werden müssen, dass sich das Verfahren gegen mehrere Mittäter richtet oder dass der Beschuldigte von seiner Aussagefreiheit nach § 136 I S 2 Gebrauch macht und dadurch die Ermittlungen erschwert (zu letzterem **aM** Knauer StraFo **07**, 313). Sein sonstiges Prozessverhalten (Missbrauch des Beschwerderechts uä) begründet nicht die besondere Schwierigkeit der Ermittlungen.

18 b) **Andere wichtige Gründe:** Diese Ausnahmevorschrift ist, wie schon der Gesetzeswortlaut deutlich macht, eng auszulegen (BVerfGE **20**, 45, 50 = NJW **66**, 1259; BVerfGE **36**, 264, 271 = JZ **74**, 582 mit Anm Kleinknecht; BVerfGE **53**, 152, 159 = NJW **80**, 1448, 1449; zusammenfassend zur Rspr des BVerfG Jahn NStZ **07**, 257). Die wichtigen Gründe müssen in ihrem Gewicht den beiden besonders genannten Gründen gleichstehen, brauchen ihnen aber der Art nach nicht zu ähneln (Temming/Lange NStZ **98**, 63; Kleinknecht JZ **74**, 586).

Entscheidend ist, ob die Strafverfolgungsbehörden und Gerichte alle zumutbaren Maßnahmen getroffen haben, um die Ermittlungen so schnell wie möglich abzuschließen und ein Urteil herbeizuführen (BVerfG aaO; Hamm NJW **68**, 1203, 1204; Köln StV **99**, 40; Schleswig SchlHA **84**, 101 [E/L]). Dabei sind umso strengere Anforderungen zu stellen, je länger die UHaft dauert (BVerfG NStZ **00**, 153; KG StV **83**, 111; **85**, 116; Düsseldorf NJW **96**, 2587; Frankfurt StV **82**, 584; München StV **89**, 351). Die Anforderungen an die Zügigkeit der Bearbeitung von Haftsachen sind daher bei der 1. Haftprüfung nach § 122 I weniger streng als bei den späteren Prüfungen nach § 122 IV (KG aaO; Karlsruhe aaO). Sind Verfahrensverzögerungen der Sphäre des Staates zuzurechnen, kommt es auf ein „Verschulden" nicht an (BVerfG StV **06**, 703). UHaft von mehr als 1 Jahr bis zum Urteil ist nur ganz ausnahmsweise gerechtfertigt (BVerfG aaO; Köln MDR **92**, 1070 mwN). 19

Auf eine **Abwägung** zwischen den Interessen der verletzten Rechtsgemeinschaft an der Verfahrenssicherung und dem Beschleunigungsanspruch des inhaftierten Beschuldigten kommt es dabei, anders als bei der Beurteilung der Verhältnismäßigkeit nach Art 2 II S 2 GG (vgl BVerfGE **20**, 45, 50 = NJW **66**, 1259), im Einzelfall nicht an (LR-Hilger 6; zu Reformbestrebungen Kintzi DRiZ **04**, 348). Daher ist die Schwere der dem Beschuldigten vorgeworfenen Tat und die im Raum stehende Straferwartung ohne jede Bedeutung (BVerfG StV **07**, 369; Düsseldorf MDR **92**, 796; Jena StraFo **04**, 318); für Kapitalverbrechen gelten keine Ausnahmen. 20

Ein **wichtiger Grund liegt vor,** wenn das Verfahren durch Umstände verzögert wird, denen die Strafverfolgungsbehörden durch geeignete Maßnahmen nicht haben entgegenwirken können (vgl Bamberg NJW **96**, 1222). Dazu gehören insbesondere die Erkrankung des die Sache allein bearbeitenden StA (Hamm NJW **72**, 550), die Verhinderung unentbehrlicher Verfahrensbeteiligter oder Beweispersonen infolge Erkrankung oder Unabkömmlichkeit (BVerfGE **36**, 264, 274 = JZ **74**, 582 mit Anm Kleinknecht; Düsseldorf NJW **93**, 1149 Nr 18; NStE Nr 39; vgl auch Seebald NJW **75**, 28), häufiger Verteidigerwechsel mit Akteneinsichtsgesuchen (Hamm StV **96**, 497), die Notwendigkeit, die Ermittlungen wegen des Wohles von sexuellem Missbrauch betroffenen Kindern behutsam zu führen (Bamberg NJW **95**, 1689; grundsätzlich zust Meinen NStZ **97**, 110), die von dem Beschuldigten auf Grund seiner besonderen Verteidigungskonzeption (Düsseldorf MDR **87**, 1048) oder durch Missbrauch des Beschwerderechts verschuldete Verfahrensverzögerung (Schleswig SchlHA 95, 4 [L/T]; LR-Hilger 28, 34 ff) und die Notwendigkeit, die Hauptverhandlung auszusetzen, etwa weil Beweisanträgen des Verteidigers stattgegeben werden muss oder weil der Verteidiger sich weigert, die (notwendige) Verteidigung zu führen (KG JR **81**, 86; vgl aber auch Köln MDR **91**, 662: Notfalls Beiordnung eines Pflichtverteidigers). Ein wichtiger Grund kann auch die kurzfristige, weder voraussehbare noch vermeidbare Überlastung der StA oder des Gerichts sein (Braunschweig NJW **67**, 1290; Düsseldorf NJW **93**, 1149 Nr 19; Frankfurt StV **83**, 379; Koblenz OLGSt S 115; Köln NJW **73**, 912). Ein gewisser Beurteilungsspielraum hinsichtlich der Notwendigkeit einzelner Ermittlungen zur Feststellung des hinreichenden Tatverdachts sollte der StA eingeräumt werden (Hoffmann NStZ **02**, 566). 21

c) **Kein wichtiger Grund** ist die Überlastung infolge Häufung anhängiger Sachen oder unzulänglicher Besetzung des Spruchkörpers, die schon länger andauert und durch die Besetzung freier Richterstellen (Bartsch NJW **73**, 1303 und Bondzio NJW **73**, 1468 gegen Hamm NJW **73**, 720) oder durch Ausschöpfung aller gerichtsorganisatorischen Mittel und Möglichkeiten, insbesondere durch Geschäftsverteilungsmaßnahmen der StA oder des Präsidiums des Gerichts, notfalls unter Heranziehung von Zivilrichtern (KG StV **85**, 116; **92**, 523; Düsseldorf StV **90**, 168; NJW **93**, 1088; Frankfurt MDR **93**, 787; NJW **96**, 1485; Schleswig StV **85**, 115; vgl auch BVerfGE **36**, 264, 273 = JZ **74**, 582 mit Anm Kleinknecht; BVerfG 22

NJW **91**, 689; **92**, 2280; **03**, 2895; NStZ **91**, 397; **94**, 93), hätten beseitigt werden können (BGH **38**, 43 = StV **91**, 475 mit Anm Weider; Celle StV **95**, 425; **02**, 150; Düsseldorf NJW **91**, 2303; 3046; **91**, 169; StraFo **96**, 185; Frankfurt StV **90**, 310; Hamburg StV **89**, 489; Jena NStZ-RR **97**, 364; Köln MDR **93**, 787; München StV **89**, 351; Nürnberg StraFo **08**, 469; vgl auch BVerfG DRiZ **08**, 60), auch nicht die zeitweise Abwesenheit des Vorsitzenden (BVerfG NJW **94**, 2081), der Wechsel oder Urlaub des Vorsitzenden (Düsseldorf JMBlNW **94**, 272; Koblenz NStZ **97**, 252 mit zust Anm Hilger), des StA oder des Berichterstatters (BVerfG NStZ **94**, 93; Schleswig SchlHA **96**, 93 [L/T]) oder die Überlastung des Schwurgerichts mit nicht zum Katalog des § 74 II GVG gehörenden Haftsachen (Hamm NStZ **83**, 519).

23 Ein wichtiger Grund liegt auch nicht vor, wenn der **Verzögerung des Verfahrens** nicht von vornherein durch Anlegung von Zweitakten begegnet (BVerfG StV **99**, 162; Düsseldorf StV **01**, 695; Frankfurt StV **83**, 380; **86**, 22; Hamburg StV **83**, 289; Köln NJW **73**, 1009, 1010; Stuttgart StV **83**, 70; NStE Nr 29; vgl auch RiStBV 12 II) oder bei Erkrankung des Pflichtverteidigers nicht rechtzeitig ein anderer Verteidiger bestellt wird (Köln StraFo **09**, 384) oder eine mögliche Verfahrenstrennung unterbleibt (KG StraFo **09**, 514).

24 Ebenso fehlt es an einem wichtigen Grund, wenn die **StA oder auch die Kriminalpolizei** (BVerfG StV **92**, 121; NStZ **94**, 553; Schleswig SchlHA **95**, 5 [L/T]) die Akten ohne vernünftigen Grund monatelang nicht (Bamberg StV **92**, 426; Bremen StV **92**, 426; Düsseldorf StV **90**, 503; Frankfurt StV **95**, 141; Hamm StraFo **04**, 318; Koblenz NJW **90**, 1375; Köln StV **92**, 524; NStZ-RR **09**, 87; Schleswig StV **92**, 525) oder nur zögerlich (Hamm StV **00**, 90) bearbeitet, insbesondere, wenn die StA die Anklage mit wochen- oder monatelanger Verzögerung (KG StV **83**, 111; **93**, 203; Bremen StV **92**, 181 und 182 mit Anm Schlothauer; Celle StV **85**, 331; Frankfurt StV **92**, 124; Jena StraFo **98**, 103; Köln NJW **73**, 1009) oder bei einem unzuständigen Gericht erhebt (BVerfG StV **92**, 522; KG aaO; Frankfurt aaO; Schleswig StraFo **07**, 288), wenn die UHaft nur zwecks Ermittlung und Aufklärung weiterer, nicht den Haftbefehl betreffende Taten aufrechterhalten wird (BVerfG NJW **92**, 1749 mwN und 1750; NStZ **02**, 100; Frankfurt NStZ-RR **96**, 268) oder die StA – ggf in Zusammenarbeit mit der Ausländerbehörde – nicht dafür Sorge trägt, dass ein wichtiger Zeuge zur Verfügung steht (KG NJW **97**, 878), oder wenn die StA nicht um die zügige Erstattung eines Sachverständigengutachtens besorgt ist (SächsVerfGH StraFo **04**, 54; Düsseldorf NStZ-RR **10**, 19 L; Hamm NStZ-RR **01**, 60; Jena StraFo **97**, 318; **04**, 318).

25 Dasselbe gilt, wenn das **Gericht** im Ermittlungsverfahren die richterliche Vernehmung eines Zeugen wochenlang aufschiebt (Hamm NJW **04**, 2540), wenn es die Eröffnung des Hauptverfahrens ohne stichhaltigen Grund mehrere Monate hinauszögert (KG StV **94**, 90; Bamberg StV **91**, 169; Bremen StV **92**, 480; Düsseldorf StV **92**, 21; Frankfurt StV **92**, 426; Hamburg StV **85**, 198; Hamm StV **00**, 90; Jena StraFo **02**, 274; Koblenz StraFo **03**, 92; München StraFo **07**, 465; Schleswig SchlHA **95**, 5 [L/T]; Zweibrücken StV **02**, 152) oder die Hauptverhandlung erst 6 Monate oder noch später nach Erlass des Eröffnungsbeschlusses durchführt (Düsseldorf StV **82**, 531; **92**, 586; Frankfurt StV **82**, 584; erg 6 zu § 213), wenn das Verfahren durch unsorgfältige Terminvorbereitung (Düsseldorf StV **91**, 222; Frankfurt StV **85**, 198; Hamburg StraFo **07**, 26; Hamm StV **92**, 385; Koblenz StV **03**, 519) oder dadurch verzögert wird, dass der Geschäftsverteilungsplan geändert (BVerfG NJW **99**, 2802; Bremen StV **94**, 326) oder trotz bekannter Überlastung des zuständigen Spruchkörpers nicht geändert wird (BVerfG StV **97**, 535 mit Anm Herrmann), dass der Richter mehrere Monate dauernde kommissarische Vernehmungen anordnet (Koblenz MDR **68**, 603), ein zeitaufwändiges Rechtshilfeersuchen nicht unverzüglich stellt (Frankfurt NStZ **92**, 145 mit Anm Schwalbe; Karlsruhe NJW **91**, 3106), erforderliche Beiakten nicht unverzüglich beschafft (Koblenz MDR **74**, 60), unnötigerweise weitere Anklagen (Bamberg StV **91**, 29; Oldenburg StraFo **06**, 410) oder ein schriftliches Gutachten (Düsseldorf NJW **96**, 2588; Köln

NJW **73**, 1009) abwartet oder wegen Überlastung des Wahlverteidigers (Hamm StV **02**, 151) oder des Sachverständigen die Hauptverhandlung um mehrere Monate hinausschiebt (Bremen StV **97**, 143, Düsseldorf StV **92**, 384; Zweibrücken NStZ **94**, 202), wenn sich das Gericht verzögerlich (Frankfurt StV **94**, 328) oder zu Unrecht für unzuständig erklärt (BVerfG NJW **00**, 1401; KG StV **06**, 253; Düsseldorf StV **92**, 425; Hamm StV **90**, 168; vgl dazu auch Braunschweig NdsRpfl **99**, 20 „Kompetenzkonflikt"; Hamburg StV **99**, 163 und Schleswig StraFo **07**, 288 „unzulässige Verweisung"; vgl aber auch Jena StV **07**, 647 mit abl Anm Paeffgen: nur beachtlich, wenn die Verneinung der Zuständigkeit auf einem groben Fehler des Gerichts beruht und dadurch erhebliche vermeidbare Verzögerungen entstehen) oder wenn die Hauptverhandlung ohne sachlich zwingenden Grund ausgesetzt wird (Bremen StV **86**, 540; Frankfurt StV **81**, 25; NStZ **88**, 239; Hamm NStZ-RR **02**, 348; Karlsruhe StV **00**, 91), insbesondere, wenn sie wenigstens gegen die erschienenen Mitangeklagten hätte durchgeführt werden können (Düsseldorf OLGSt S 73), uU auch, wenn die Aussetzung wegen begründeter Richterablehnungen erfolgt (BVerfG StV **91**, 565). Auch die Erledigung von Strafsachen, die keine Haftsachen sind, ist kein hinreichender Grund für die Verzögerung der Hauptverhandlung; Haftsachen haben Vorrang (Düsseldorf StV **88**, 390; Hamm NStZ-RR **01**, 61; Köln NJW **73**, 912; vgl auch die Zusammenstellungen bei Schlothauer/Weider 885 und Temming/Lange NStZ **98**, 62 ff); das gilt auch für die Jugendgerichte (Köln NJW **97**, 2252).

d) **Gerechtfertigt** ist die Fortdauer der UHaft nach bisher hM in der Rspr trotz verzögerter Sachbehandlung, wenn in dem amtlichen Verschulden keine groben Fehler oder Säumnisse liegen (Düsseldorf wistra **97**, 35; Frankfurt StV **88**, 439 mit abl Anm Prittwitz: Versehentliches Übergehen eines Akteneinsichtsgesuchs des Verteidigers; abl hierzu auch Schlothauer StV **92**, 183), wenn sie durch spätere besonders beschleunigte Bearbeitung ausgeglichen worden ist und daher nicht mehr ins Gewicht fällt (Düsseldorf StV **89**, 113; Jena NStZ **97**, 452 mwN; Stuttgart Justiz **01**, 196; **aM** Burhoff StraFo **00**, 118; Paeffgen NJW **90**, 537: „apokrypher Haftverlängerungsgrund"; Seebode StV **89**, 121) oder wenn auch bei zügiger Sachbehandlung der Erlass eines Urteils jedenfalls in der Frist des I nicht hätte erreicht werden können. Diese Rspr wird aber nicht mehr aufrechtzuerhalten sein, nachdem das BVerfG (NJW **06**, 672) hiergegen „erhebliche Bedenken" erhoben hat (so auch Hamm StV **06**, 191, 195); vgl dazu KK-Schultheis 22 a. 26

3) Die **Anordnung der Haftfortdauer** (II) über 6 Monate hinaus darf nur das OLG in dem Verfahren nach § 122 treffen. Zu diesem Verfahren kommt es aber nur, wenn nicht schon der Haftrichter bei Ablauf der 6-Monatsfrist den Haftbefehl aufhebt oder seinen Vollzug nach § 116 aussetzt. Dabei kann er die Aufhebung des Haftbefehls sowohl darauf stützen, dass die Voraussetzungen des § 120 I vorliegen, als auch darauf, dass die des I nicht vorliegen (Braunschweig NJW **66**, 790; Stuttgart NJW **67**, 66; Hengsberger JZ **66**, 214; Klein HRRS **06**, 71; Kleinknecht MDR **65**, 787). Allerdings ist er bei der Haftentlassung aus den Gründen des I auf die Zustimmung der StA angewiesen, die ihn nach § 122 I zwingen kann, die Akten dem OLG vorzulegen (dort 5). Die Ansicht, auch die Haftentlassung aus den Gründen des I sei dem OLG vorbehalten (KK-Schultheis 2 zu § 122; Schnarr MDR **90**, 90), trifft nur für den Fall zu, dass das OLG bereits einmal die Haftfortdauer angeordnet hat und nunmehr das Vorliegen der Voraussetzungen des I nach § 122 IV S 1 erneut geprüft werden muss (23 zu § 122); **aM** – auch insoweit Haftrichter befugt – Klein aaO). 27

Kein Grund, den Haftbefehl aufzuheben, ist die **verspätete Vorlage der Akten** bei dem OLG nach § 122 I; die Überschreitung der Frist des I ist unschädlich (BGH MDR **88**, 357 [S]; Hamm NStZ-RR **03**, 143; NJW **07**, 3220, 3221 mwN; Karlsruhe StV **00**, 513; **aM** Schlothauer/Weider 853; Sommermeyer NJ **92**, 341), verpflichtet jedoch dazu, an die Prüfung der materiellen Voraussetzungen der Haftfortdauer erhöhte Anforderungen zu stellen (Hamm aaO; Karlsruhe aaO). 28

29 **4) Ruhen des Fristenlaufs** (III):

30 Es tritt bis zur Entscheidung des OLG nur ein, wenn ihm nach § 122 I vor Ablauf der 6-Monats-Frist des I die **Akten vorgelegt werden** (S 1). Maßgebend für die Vorlage ist nicht der Tag, an dem sie verfügt wird, sondern der Tag, an dem die Akten beim OLG eingehen (KK-Schultheis 28; LR-Hilger 18; **aM** Frankfurt NJW **65**, 1730). Dabei muss es sich aber um die Originalakten oder um einen Haftband handeln, der die Prüfung nach I ermöglicht (Frankfurt NJW **66**, 2076).

31 Die Frist ruht auch **für die Dauer der Hauptverhandlung,** nach dem Wortlaut des III S 2 allerdings nur, wenn mit ihr schon vor Fristablauf begonnen worden ist; die Rspr (zust LR-Hilger 19) schließt aber aus Sinn und Zweck der §§ 121, 122, dass die Prüfungskompetenz des OLG in jedem Falle – auch bei Aufhebung des OLG-Haftfortdauerbeschlusses durch das BVerfG und Zurückverweisung der Sache – mit Beginn der Hauptverhandlung endet (KG StV **07**, 593 mit abl Anm Krehl, ihm zust Paeffgen NStZ **09**, 140; Dresden NStZ **04**, 644 mit abl Anm Wilhelm; Düsseldorf NStZ **92**, 402 mwN und zust Anm Keller NStZ **92**, 604).

32 Wird sie **ausgesetzt,** so läuft die Frist von der Aussetzung an weiter (BGH NStZ **86**, 422; einschr Rostock NStZ-RR **09**, 20 L). Die Frist ruht aber bis zur Entscheidung des OLG, wenn ihm die Akten unverzüglich, dh ohne vermeidbare Verzögerung, vorgelegt werden (S 3).

33 **5) In Staatsschutzsachen** (IV) entscheidet das nach § 120 GVG zuständige OLG über die Haftfortdauer, wenn die Sache zur Zuständigkeit der StaatsschutzStrK gehört, der BGH, wenn das OLG im 1. Rechtszug zuständig ist. Für die Zuständigkeitsfrage kommt es nicht darauf an, ob der Haftbefehl auf den Verdacht einer der in § 74 a I GVG bezeichneten Taten gestützt ist, sondern darauf, ob das Verfahren eine solche Straftat zum Gegenstand hat (BGH **28**, 355). Vgl auch § 122 VII.

Haftprüfung durch das OLG **RiStBV 57**

122 **I In den Fällen des § 121 legt das zuständige Gericht die Akten durch Vermittlung der Staatsanwaltschaft dem Oberlandesgericht zur Entscheidung vor, wenn es die Fortdauer der Untersuchungshaft für erforderlich hält oder die Staatsanwaltschaft es beantragt.**

II 1 Vor der Entscheidung sind der Beschuldigte und der Verteidiger zu hören. 2 Das Oberlandesgericht kann über die Fortdauer der Untersuchungshaft nach mündlicher Verhandlung entscheiden; geschieht dies, so gilt § 118 a entsprechend.

III 1 Ordnet das Oberlandesgericht die Fortdauer der Untersuchungshaft an, so gilt § 114 Abs. 2 Nr. 4 entsprechend. 2 Für die weitere Haftprüfung (§ 117 Abs. 1) ist das Oberlandesgericht zuständig, bis ein Urteil ergeht, das auf Freiheitsstrafe oder eine freiheitsentziehende Maßregel der Besserung und Sicherung erkennt. 3 Es kann die Haftprüfung dem Gericht, das nach den allgemeinen Vorschriften dafür zuständig ist, für die Zeit von jeweils höchstens drei Monaten übertragen. 4 In den Fällen des § 118 Abs. 1 entscheidet das Oberlandesgericht über einen Antrag auf mündliche Verhandlung nach seinem Ermessen.

IV 1 Die Prüfung der Voraussetzungen nach § 121 Abs. 1 ist auch im weiteren Verfahren dem Oberlandesgericht vorbehalten. 2 Die Prüfung muss jeweils spätestens nach drei Monaten wiederholt werden.

V Das Oberlandesgericht kann den Vollzug des Haftbefehls nach § 116 aussetzen.

VI Sind in derselben Sache mehrere Beschuldigte in Untersuchungshaft, so kann das Oberlandesgericht über die Fortdauer der Untersuchungshaft auch

solcher Beschuldigter entscheiden, für die es nach § 121 und den vorstehenden Vorschriften noch nicht zuständig wäre.

VII **Ist der Bundesgerichtshof zur Entscheidung zuständig, so tritt dieser an die Stelle des Oberlandesgerichts.**

1) Auf **Aktenvorlage** (I) des Haftrichters muss das OLG, im Übrigen kann es, wenn ihm die Akten aus einem sonstigen Grund vorliegen (Düsseldorf StV **91**, 222 mwN), über die Haftfortdauer nach § 121 I entscheiden. 1

Die Vorlage **setzt voraus,** dass sich der Beschuldigte zZ in UHaft befindet, findet also nicht statt, wenn er entwichen ist (Hamm JMBlNW **69**, 48), wenn die UHaft zur Strafvollstreckung unterbrochen (Hamm JMBlNW **82**, 33) oder wenn ihr Vollzug nach § 116 ausgesetzt ist (Hamm NJW **65**, 1730; Köln JMBlNW **86**, 22; Schleswig NJW **65**, 2119; Karlsruhe Justiz **78**, 475 lässt genügen, dass der erneute Vollzug des Haftbefehls unmittelbar bevorsteht; Schleswig SchlHA **83**, 110 [E/L] hält es für ausreichend, dass der erneute Vollzug auf Haftbeschwerde der StA in Betracht kommt), sofern sich der Beschuldigte nicht trotzdem, weil er die Sicherheitsleistung nicht erbracht hat, noch in UHaft befindet (Düsseldorf JMBlNW **85**, 286). 2

Zuständig für die Vorlage ist der nach § 126 zuständige Haftrichter, bei Übertragung der Zuständigkeit nach § 126 I S 3 der neue Haftrichter (dort 3). Die Ansicht, dass auch das Beschwerdegericht zuständig sein könne (LR-Hilger 6), erscheint deshalb bedenklich, weil der Haftrichter, wenn kurz vor Ablauf der Frist des § 121 I Haftbeschwerde eingelegt wird, die Akten nicht dem Beschwerdegericht, sondern nach I dem OLG vorzulegen hat. Der Fall, dass das Revisionsgericht mit der Sache befasst ist (LR-Hilger 7 ff), hat keine praktische Bedeutung. 3

Zur **Vorbereitung der Vorlage** der Akten (ein Haftband genügt, wenn er dem OLG die Prüfung ermöglicht) hat der Haftrichter den Haftbefehl nach Eröffnung des Hauptverfahrens dem gegenwärtigen Sach- und Verfahrensstand anzupassen; im Ermittlungsverfahren darf er ihn nur auf Antrag der StA auf neue Tatvorwürfe erstrecken, die die Ermittlungen ergeben haben (9 zu § 114). 4

Der **Antrag der StA** verpflichtet den Haftrichter zur Vorlage, auch wenn er die Voraussetzungen des § 121 I nicht für gegeben hält. Eine Stellungnahme zum Vorliegen dieser Voraussetzungen erübrigt sich. Mit Eingang des Antrags der StA verliert der Haftrichter die Befugnis, den Haftbefehl aufzuheben oder seinen Vollzug auszusetzen (Karlsruhe Justiz **71**, 331; Kleinknecht JZ **65**, 119). 5

Von Amts wegen, auch entgegen der Stellungnahme der StA, legt der Haftrichter dem OLG die Akten vor, wenn er die Voraussetzungen der §§ 112, 112a weiterhin für gegeben und die Haftfortdauer nach § 121 I für gerechtfertigt hält (27 zu § 121). Die Vorlage erfolgt über die StA beim LG und den GStA beim OLG, unmittelbar an das OLG nur, wenn sonst die Frist des § 121 I nicht eingehalten werden kann. Nach Vorlegung der Akten kann der Haftrichter den Haftbefehl idR nicht mehr aufheben oder außer Vollzug setzen (Schnarr MDR **90**, 92 f; **aM** Köln JMBlNW **86**, 22; SK-Paeffgen 3). 6

Die Vorlage muss so **rechtzeitig** erfolgen, dass die Akten noch vor Ablauf der Frist des § 121 I beim OLG vorliegen (KK-Schultheis 28 zu § 121; Kleinknecht JZ **65**, 119). Nur dann ruht der Fristenlauf bis zur Entscheidung des OLG (30 zu § 121). 7

2) Verfahren des OLG (II): 8

Beschuldigter *und* Verteidiger müssen vor der Entscheidung **rechtliches Gehör** erhalten (S 1). Die Anhörung veranlasst das OLG, nicht der vorlegende Richter (LR-Hilger 22 hält das aber für zulässig), auch nicht die StA. Die Stellungnahme des GStA braucht dem Beschuldigten und dem Verteidiger nur mitgeteilt zu werden, wenn neue Tatsachen oder Beweismittel geltend gemacht sind, die das OLG der Entscheidung zugrunde legen will. In der Praxis (insbesondere des 3. StS des BGH) ist es vielfach üblich, dem Beschuldigten und dem Verteidiger die Stellung- 9 nahme des GStA oder GBA zu übersenden und in der Entscheidung ggf darauf Bezug zu nehmen. Mit der Aufforderung zur Erklärung muss eine Äußerungsfrist bestimmt werden, die idR auf wenige Tage bemessen wird, aber auf Antrag verlängert werden kann. Beginnt vor Ablauf der Frist die Hauptverhandlung vor dem Tatrichter, so entfällt die Entscheidung nach § 122 (BGH MDR **88**, 357 [S]).

10 Eine **mündliche Verhandlung** vor dem OLG ist nicht zwingend vorgeschrieben (S 2). IdR wird nach Aktenlage entschieden. Ob ausnahmsweise eine mündliche Erörterung angezeigt erscheint, beurteilt das OLG nach pflichtgemäßem Ermessen; an Anträge der StA, des Beschuldigten oder des Verteidigers ist es nicht gebunden. Findet eine Verhandlung statt, so gilt § 118 a entspr.

11 Sind **Ermittlungen** zu der Frage erforderlich, weshalb das Urteil noch nicht erlassen werden kann, so nimmt das OLG sie wegen der Eilbedürftigkeit der Entscheidung selbst im Freibeweis (7, 9, zu § 244) vor, insbesondere durch Einholung von Stellungnahmen der Justizverwaltung oder der Richter oder StA, die mit der Sache befasst sind oder waren.

12 3) **Entscheidung des OLG** (III S 1, V):

13 A. **Prüfungsumfang:** Das OLG hat zunächst das Fortbestehen der UHaft (oben 2) und ihrer allgemeinen Voraussetzungen (dringender Tatverdacht, Haftgrund, Verhältnismäßigkeit) festzustellen (Celle NJW **69**, 245; Hamm NJW **65**, 1730; Schnarr MDR **90**, 90 mwN), auch das Vorliegen eines formgültigen Haftbefehls (wobei str ist, ob bei unzureichendem Haftbefehl dieser aufzuheben – so Celle StV **05**, 513 und Oldenburg NStZ **05**, 342 – oder die Sache an das zuständige Gericht zurückzugeben ist – so Stuttgart Justiz **02**, 248) und dessen ordnungsgemäße Eröffnung (Stuttgart NStZ **06**, 588) sowie die Subsidiarität nach § 72 I **JGG** (Zweibrücken StV **01**, 182, 183; **02**, 433). Erst wenn aus allgemeinen Gründen weder die Aufhebung noch die Außervollzugsetzung (unten 15) des Haftbefehls in Betracht kommt, wird geprüft, ob die Fortdauer der UHaft nach § 121 I gerechtfertigt ist.

13a Das OLG muss **eine doppelte Prüfung** vornehmen: Zum einen müssen Feststellungen darüber getroffen werden, ob die besondere Schwierigkeit oder der besondere Umfang der Ermittlungen oder andere wichtige Gründe ein Urteil bislang noch nicht zugelassen haben (17 ff zu § 121). Falls derartige Gründe vorliegen, ist in einem zweiten Schritt festzustellen, ob diese Gründe die Fortdauer der UHaft rechtfertigen. Stellt sich heraus, dass über einen Zeitraum von mehreren Wochen oder gar Monaten hinweg keine verfahrensfördernden Ermittlungshandlungen stattgefunden haben, kann eine Fortdauer der UHaft nicht angeordnet werden (BVerfG StV **07**, 369 mwN). Je nach dem Ergebnis der Prüfung ordnet das OLG dann entweder die Haftfortdauer an oder hebt den Haftbefehl auf (Schnarr aaO 91; LR-Hilger 28 hält es für zulässig, die Aufhebung dem Haftrichter zu überlassen). Eine Haftverschonung wegen Fehlens der Voraussetzungen des § 121 I ist unzulässig (unten 15). Für eine Erweiterung des Haftbefehls um zusätzliche Tatvorwürfe, die sich aus den Akten ergeben, fehlt dem OLG die Zuständigkeit (Celle aaO mwN); es darf den Haftbefehl daher nicht dem Ermittlungsergebnis entspr ergänzen oder ihn erneuern (2 zu § 125).

14 B. Der **Zeitpunkt der Entscheidung** braucht nicht genau mit dem Ende der Frist des § 121 I übereinzustimmen. Das OLG kann vielmehr die Haftfortdauer schon vorher anordnen (Düsseldorf OLGSt § 121 Nr 4; Hamm MDR **70**, 437). Auch die Aufhebung des Haftbefehls aus den Gründen des § 121 I ist mit sofortiger Wirkung schon einige Tage vor Ablauf der Frist zulässig (KG StV **06**, 254, 255), nicht aber schon Wochen vorher (Celle NStZ **88**, 517; LR-Hilger 29 ff; **aM** Hamburg NJW **68**, 1535 = JR **69**, 69 mit abl Anm Meyer; KK-Schultheis 27 zu § 121).

15 C. **Aussetzung des Vollzugs des Haftbefehls** (V): Das OLG darf die Haftverschonung nicht wegen Fehlens der Voraussetzungen des § 121 I anordnen; denn

wenn die UHaft nicht über 6 Monate fortdauern darf, wäre es sinnlos, den Beschuldigten unter Auflagen zu entlassen, deren Nichteinhaltung nicht zum erneuten Vollzug des Haftbefehls führen darf (Braunschweig NJW **67**, 1290). Die Außervollzugsetzung des Haftbefehls kommt daher nur aus den Gründen des § 116 in Betracht. Das OLG sollte sie erst anordnen, wenn es festgestellt hat, dass an sich die Haftfortdauer nach § 121 I gerechtfertigt ist (Hamm wistra **01**, 35). Ohne diese Feststellung besteht die Gefahr, dass der Haftrichter, wenn er nach § 116 IV den Vollzug wieder anordnet (unten 19), bei der dann sofort erforderlichen Aktenvorlage nach I (Hamburg MDR **69**, 72; KK-Schultheis 26 zu § 121) die Frist des § 121 I nicht einhalten kann. Hat das OLG dagegen die Voraussetzungen des § 121 I bejaht, so findet, wenn der Tatrichter den Haftbefehl nach § 116 IV wieder in Vollzug setzt (unten 19), die nächste Haftprüfung vor dem OLG erst 3 Monate später statt.

D. Durch **Beschluss,** der zu begründen ist, entscheidet das OLG. Ordnet es die Haftfortdauer an, so gilt § 114 II Nr 4 entspr (III S 1). Der Beschluss muss daher die Tatsachen anführen, aus denen sich der dringende Tatverdacht und der Haftgrund ergeben, und er muss Ausführungen zur Frage der Verhältnismäßigkeit enthalten; insoweit ist aber eine Bezugnahme auf den Haftbefehl oder auf die Anklageschrift zulässig, auch auf die dem Beschuldigten und Verteidiger bekanntgegebene Stellungnahme des GStA oder GBA (oben 9). Ferner muss der Beschluss im Fall der Anordnung der Haftfortdauer das Vorliegen der Gründe des § 121 I feststellen (vgl BVerfG NJW **00**, 1401; **02**, 207; NStZ-RR **99**, 12). Es sind aktuelle Ausführungen zu dem weiteren Vorliegen der Voraussetzungen der UHaft, zur Abwägung zwischen dem Freiheitsgrundrecht des Beschuldigten und dem Strafverfolgungsinteresse der Allgemeinheit sowie zur Frage der Verhältnismäßigkeit geboten (BVerfG StV **07**, 369); die Bezugnahme auf frühere Beschlüsse reicht idR nicht aus (SächsVerfGH StraFo **03**, 238). Der Beschluss wird dem Beschuldigten und dem Verteidiger nach § 35 II S 2 formlos bekanntgemacht; § 145a gilt. Die StA erfährt seinen Inhalt bei der Rücksendung der Akten. Die unverzügliche Benachrichtigung der Angehörigen des Beschuldigten, der keinen Verteidiger hat, nach § 114c muss das OLG veranlassen (BVerfGE **38**, 32 = MDR **75**, 30). 16

Ein **Rechtsmittel** gegen die Entscheidung des OLG ist ausgeschlossen (§ 304 IV S 2 Hs 1); zur Zulässigkeit der Verfassungsbeschwerde (Einl 230) vgl BVerfG NJW **00**, 1401; Bleckmann NJW **95**, 2192. 17

E. Eine **Haftbeschwerde** des Beschuldigten wird durch die Entscheidung des OLG gegenstandslos; sie ist für erledigt zu erklären; dasselbe gilt für einen Haftprüfungsantrag (Düsseldorf VRS **82**, 193; Schnarr MDR **90**, 94). 18

F. **Änderung der Entscheidung:** Das OLG darf seine Entscheidung nicht ändern, insbesondere wenn es den Haftbefehl wegen Fehlens der Voraussetzungen des § 121 I aufgehoben hat. Eine einmal nach dieser Vorschrift für unzulässig befundene UHaft darf, obwohl das verfassungsrechtlich zulässig wäre (BVerfGE **21**, 189 = MDR **67**, 463), nicht erneut vollzogen werden; die Aufhebung des Haftbefehls ist endgültig (Celle StV **02**, 556; Düsseldorf StV **93**, 376; **96**, 493; München StV **96**, 676 mwN; Paeffgen NStZ **89**, 519; **95**, 74; KK-Schultheis 31; Temming/Lange NStZ **98**, 65). Selbstverständlich ist auch dem Haftrichter eine Abänderung der auf § 121 I gestützten OLG-Entscheidung vor dem Urteilserlass (Schleswig SchlHA **83**, 110 [E/L]) untersagt. Das gilt auch, wenn der Haftbefehl wegen Verdunkelungsgefahr ergangen war und der Beschuldigte weiterhin in unlauterer Weise auf Zeugen einwirkt (Zweibrücken NJW **96**, 3222) oder wenn sich die Verfahrenslage wesentlich geändert hat und die Durchführung des Verfahrens ohne erneute Verhaftung des Beschuldigten gefährdet erscheint (Stuttgart NJW **75**, 1572; **aM** Celle NJW **73**, 1988; Frankfurt StV **85**, 196 mit abl Anm Wendisch; Hamburg StV **87**, 256; vgl auch Düsseldorf MDR **83**, 600 und KK-Schultheis 31 zu § 121, die dann eine unverzügliche Vorlage für erforderlich halten, damit das 19

OLG den Erlass des neuen Haftbefehls genehmigt). Auch nach Beginn der Hauptverhandlung kann nichts anderes gelten (**aM** Hamburg StV **94**, 142 mit abl Anm Schlothauer = JR **95**, 72 mit abl Anm Paeffgen; erg aber unten 20). Der Haftrichter ist lediglich befugt, den Vollzug des von dem OLG nach § 116 ausgesetzten Haftbefehls unter den Voraussetzungen des § 116 IV wieder anzuordnen (Schnarr MDR **90**, 94 mwN; vgl auch Mehling NJW **65**, 2360).

20 Dem Erlass eines **Haftbefehls nach § 230 II** steht die Entscheidung des OLG niemals entgegen (KG StV **83**, 111, 112; Paeffgen aaO).

20a Mit **Erlass des Urteils** entfällt die Sperrwirkung einer Haftaufhebungsentscheidung nach § 121; dann kann erneut Haftbefehl ergehen (Düsseldorf StV **94**, 147; Schlothauer StV **94**, 147).

21 **4)** Die **weitere Haftprüfung nach § 117 I** (III S 2–4) obliegt dem OLG so lange, bis ein auf Freiheitsstrafe oder freiheitsentziehende Sicherungsmaßregeln lautendes Urteil ergeht (S 2). Einen Anspruch auf mündliche Haftprüfung vor dem OLG hat der Beschuldigte aber nicht (S 4).

22 Das OLG kann die Haftprüfung dem nach den allgemeinen Vorschriften zuständigen Haftrichter für die Dauer von höchstens 3 Monaten **übertragen** (S 3). Der Haftrichter hat sich dann mit den Haftvoraussetzungen nach § 121 I nicht zu befassen (IV S 1); denn die Übertragung bezieht sich nur auf die Haftprüfung, die nach § 117 I auf Antrag des Beschuldigten vorzunehmen ist (LR-Hilger 49; Pusinelli NJW **66**, 96). Der Haftrichter ist aber befugt, den Haftbefehl von Amts wegen aufzuheben, wenn er die Voraussetzungen des § 120 I für gegeben hält; er kann auch seinen Vollzug nach § 116 aussetzen.

23 **5)** Die **weitere Haftprüfung nach § 121 I** (IV) ist dem OLG vorbehalten (erg aber oben 22). Sie findet aber nicht von Amts wegen statt, sondern erst, wenn der Haftrichter die Akten wieder vorlegt (LR-Hilger 56; Pusinelli NJW **66**, 96; **aM** SK-Paeffgen 13, der das OLG für verpflichtet hält, die Akten anzufordern). Das OLG bestimmt, wann innerhalb der 3-Monatsgrenze das zu geschehen hat. Setzt es keine Frist fest, so gilt die 3-Monatsfrist des IV S 2; sie beginnt mit dem Erlass des Beschlusses bei der vorangegangenen Haftprüfung. Der Fristenlauf ruht entspr § 121 III S 2 während der Dauer der Hauptverhandlung (Düsseldorf NStZ **92**, 402; VRS **89**, 207). Wird die UHaft während des Fristenlaufs unterbrochen, so verlängert sich die Frist des IV S 1 ohne weiteres (Zweibrücken MDR **78**, 245). Das Verfahren richtet sich nach den Vorschriften, die für die 1. Prüfung anzuwenden sind (Zweibrücken aaO).

24 **6)** Bei **mehreren Beschuldigten** (VI) kann das OLG über die Haftfortdauer einheitlich entscheiden, auch wenn die 6-Monatsgrenze des § 121 I noch nicht bei allen erreicht und daher insoweit keine Vorlage nach I erfolgt ist. Dadurch soll ermöglicht werden, dass im weiteren Verfahren einheitliche Haftprüfungsfristen entstehen. Da die Grenze des 121 I auch in dem Verfahren nach VI zu beachten ist, darf das OLG bei einem Beschuldigten, der noch nicht 6 Monate in Haft ist, nur die Haftfortdauer anordnen. Die Aufhebung des Haftbefehls nach § 121 I ist unzulässig (LR-Hilger 44; **aM** Hamburg NJW **68**, 1535; KK-Schultheis 14 hält die Entscheidung überhaupt nur für zulässig, wenn schon beurteilt werden kann, ob die Voraussetzungen des § 121 I bei Fristablauf vorliegen).

25 **7)** Der **BGH** (VII) entscheidet über die Haftfortdauer, wenn für die Sache nach § 120 GVG ein OLG im 1. Rechtszug zuständig ist (vgl § 121 IV S 2).

Höchstdauer der UHaft wegen Wiederholungsgefahr

122a **In den Fällen des § 121 Abs. 1 darf der Vollzug der Haft nicht länger als ein Jahr aufrechterhalten werden, wenn sie auf den Haftgrund des § 112a gestützt ist.**

1) Sicherungshaft wegen Wiederholungsgefahr (§ 122a) darf wegen derselben Tat (11 ff zu § 121) abweichend von §§ 121 I, 122 IV S 2 nicht länger als 1 Jahr fortdauern. Der Haftbefehl muss nach Eintritt der Höchstgrenze aufgehoben werden; die Aussetzung des Vollzugs genügt nicht (15 zu § 122). Maßnahmen nach § 71 **JGG** bleiben aber zulässig. Von der Aufhebung des Haftbefehls kann nur abgesehen werden, wenn er auf einen anderen Haftgrund umgestellt wird. Ist der Haftbefehl unzulässigerweise (17 zu § 112a) auch auf einen Haftgrund nach § 112 gestützt, so findet § 122a keine Anwendung (KK-Schultheis 2). Die Höchstgrenze des § 122a führt dazu, dass das OLG (oder der BGH) schon bei der 2. Haftprüfung nach §§ 121, 122 den Entlassungszeitpunkt bestimmen muss. 1

2) Bei der **Berechnung der Höchstdauer** kommt es nur auf den Vollzug des auf Wiederholungsgefahr gestützten Haftbefehls an; war der Vollzug unterbrochen, so werden alle Haftzeiten zusammengerechnet. Hat der Beschuldigte nach Erlass des Haftbefehls eine neue Straftat begangen und ist deswegen erneut ein auf § 112a gestützter Haftbefehl erlassen worden, so werden die Haftzeiten nicht zusammengezählt (LR-Hilger 11). § 121 III ist anwendbar (Frankfurt NStE Nr 1; Knauth DRiZ **78**, 337 für § 121 III S 2). 2

Aufhebung der Ersatzmaßnahmen — RiStBV 57 II

123 **I Eine Maßnahme, die der Aussetzung des Haftvollzugs dient (§ 116), ist aufzuheben, wenn**

1. der Haftbefehl aufgehoben wird oder

2. die Untersuchungshaft oder die erkannte Freiheitsstrafe oder freiheitsentziehende Maßregel der Besserung und Sicherung vollzogen wird.

II Unter denselben Voraussetzungen wird eine noch nicht verfallene Sicherheit frei.

III Wer für den Beschuldigten Sicherheit geleistet hat, kann deren Freigabe dadurch erlangen, dass er entweder binnen einer vom Gericht zu bestimmenden Frist die Gestellung des Beschuldigten bewirkt oder die Tatsachen, die den Verdacht einer vom Beschuldigten beabsichtigten Flucht begründen, so rechtzeitig mitteilt, dass der Beschuldigte verhaftet werden kann.

1) Die **Aufhebung der Maßnahmen nach § 116** (I) hat das nach § 126 zuständige Gericht bei Vorliegen der gesetzlichen Voraussetzungen von Amts wegen oder auf Antrag der StA oder des Beschuldigten zu beschließen; die Maßnahmen entfallen nicht von selbst. I bestimmt folgende Aufhebungsgründe: 1

A. **Aufhebung des Haftbefehls** (Nr 1): Die Maßnahmen nach § 116 I–III können nicht bestehen bleiben, wenn der Haftbefehl aufgehoben wird, dessen Außervollzugsetzung sie ermöglichen sollten. Eine Ausnahme gilt für den Fall der Rechtskraft eines auf Freiheitsstrafe ohne Strafaussetzung zur Bewährung lautenden Urteils. Die Aufhebung des Haftbefehls ist dann überflüssig (3 zu § 120). Erfolgt sie gleichwohl, so gilt für die Maßnahmen nach § 116 nicht I Nr 1, sondern Nr 2 (Hamburg MDR **77**, 949; Karlsruhe MDR **80**, 598; **aM** Frankfurt NJW **79**, 665, das aber die Aufhebung des Haftbefehls für unzulässig hält). Eine Sicherheitsleistung wird nicht dadurch frei, dass der außer Vollzug gesetzte Haftbefehl aus prozessualen Gründen hätte aufgehoben werden müssen, tatsächlich aber weiterhin in Kraft war (Frankfurt NStZ-RR **01**, 381; **aM** LG Lüneburg StV **87**, 111). 2

B. **Vollzug** (Nr 2) der UHaft oder der erkannten Freiheitsstrafe oder freiheitsentziehenden Sicherungsmaßregel: Der Vorschrift ist zu entnehmen, dass die Urteilsrechtskraft allein nicht zur Aufhebung der Maßnahmen nach § 116 führt. Das folgt ohne weiteres daraus, dass auch diese Maßnahmen, nicht nur der Haftbefehl (4 vor § 112), der Sicherung der Vollstreckung eines auf Freiheitsstrafe oder frei- 3 heitsentziehende Sicherungsmaßregeln (dazu LR-Hilger 11 ff) lautenden Urteils dienen (Bremen NJW **63**, 1024; Hamburg MDR **77**, 949; Karlsruhe MDR **80**, 598; Stuttgart Justiz **84**, 213).

4 Die Maßnahmen werden erst mit **Beginn des Vollzuges,** nicht bereits mit der Anordnung nach § 116 IV (**aM** Jena wistra **09**, 324) oder mit der Verhaftung des Angeklagten oder Verurteilten aufgehoben (Frankfurt NStZ-RR **03**, 143, 144); maßgebend ist die Einlieferung in die zuständige Anstalt. Die Maßnahmen sind aber schon bei Urteilsrechtskraft aufzuheben, wenn sie zur Sicherung der Vollstreckung nicht erforderlich erscheinen (Bremen aaO) oder wenn die StA ihre Aufhebung beantragt (Hamburg aaO).

5 **2)** Eine **Sicherheit** nach §§ 116 I S 2 Nr 4, 116a, die noch nicht nach § 124 I verfallen ist (Hamm NStZ-RR **96**, 270), wird bei Eintritt der Voraussetzungen des I ohne weiteres frei; jedoch ist zur Aufhebung der hinterlegten Sicherheit ein feststellender Gerichtsbeschluss erforderlich (Frankfurt NJW **83**, 295; Stuttgart MDR **84**, 164). Erst durch ihn erlangt der Hinterleger einen Herausgabeanspruch gegen die Hinterlegungsstelle nach der HinterlO (LG Berlin NStZ **02**, 278). Wer Hinterleger ist und ob seinem Herausgabeanspruch Rechte Dritter entgegenstehen, hat nicht das Gericht, sondern die Hinterlegungsstelle zu prüfen (Celle NdsRpfl **87**, 136). Der Anspruch kann in Vollziehung eines dinglichen Arrests nach § 111 d gepfändet werden (dort 12 a). Wird die Sicherheit erst mit der Rechtskraft des Urteils frei, so kann in sie vollstreckt werden, ohne dass zuvor ein dinglicher Arrest ausgebracht worden ist.

6 **3) Freigabe der Sicherheit eines Dritten** (III): Gemeint ist, wer nach § 116 a I für den Beschuldigten eine Bürgschaft geleistet hat (dort 4), nicht wer dem Beschuldigten oder einem Bürgen die Mittel zur Verfügung gestellt hat, mit denen sie selbst die Sicherheit geleistet haben (Stuttgart Justiz **88**, 373). Zur Abtretbarkeit des Rückzahlungsanspruchs des Eigenhinterlegers vgl München StV **00**, 509 mit abl Anm Sättele und AG Hamburg StV **00**, 512 mit abl Anm Schlothauer, zur Abtretung des Auskehrungsanspruchs an den Kautionsgeber vgl LG Gießen StraFo **06**, 324; eingehend hierzu Schlothauer DAV-FS 1039.

7 Die Sicherheit des Bürgen wird frei, wenn er den Beschuldigten innerhalb einer vom Gericht zu bestimmenden Frist, aber auch unabhängig von einer solchen Fristbestimmung (Hamm NJW **72**, 783), zur **Gestellung** veranlasst. Darunter ist nur die psychische Einwirkung auf den Beschuldigten zu verstehen, sich zu stellen; der Bürge darf den Beschuldigten nicht etwa zwangsweise oder mit polizeilicher Hilfe zur UHaft bringen (KK-Schultheis 9).

8 Der Bürge kann die Freigabe der Sicherheit ferner durch eine an das Gericht, die StA oder Polizei gerichtete **Fluchtanzeige** erreichen, die er so rechtzeitig erstattet hat, dass bei unverzüglichem Vorgehen der zuständigen Behörden der Aussetzungsbeschluss aufgehoben und die Verhaftung vollzogen werden kann (Düsseldorf NStZ **85**, 38; Koblenz JBlRP **04**, 199). War sie rechtzeitig, so wird die Sicherheit auch dann frei, wenn dem Beschuldigten dennoch die Flucht gelingt (Düsseldorf aaO).

9 Der Bürge kann in beiden Fällen die Freigabe der Sicherheit auch dann verlangen, wenn sie schon **nach § 124 I verfallen** war (Hamm NJW **72**, 783; LR-Hilger 19).

10 Auch im Fall des III ist ein feststellender **Gerichtsbeschluss** (oben 5) erforderlich, der einen Antrag des Bürgen voraussetzt (EbSchmidt Nachtr 10, 13 ff).

11 **4) Beschwerde** nach § 304 I steht der StA zu, wenn das Gericht eine Maßnahme aufhebt oder die Freigabe der Sicherheit feststellt (Celle NStZ-RR **99**, 178), gegen eine ablehnende Entscheidung auch dem Beschuldigten und ggf dem Bürgen. Weitere Beschwerde (§ 310 I) ist ausgeschlossen (HK-Lemke 10; zw LR-Hilger 30; **aM** SK-Paeffgen 13).

Verfall der Sicherheit

124 **I Eine noch nicht frei gewordene Sicherheit verfällt der Staatskasse, wenn der Beschuldigte sich der Untersuchung oder dem Antritt der erkannten Freiheitsstrafe oder freiheitsentziehenden Maßregel der Besserung und Sicherung entzieht.**

II 1 Vor der Entscheidung sind der Beschuldigte sowie derjenige, welcher für den Beschuldigten Sicherheit geleistet hat, zu einer Erklärung aufzufordern. 2 Gegen die Entscheidung steht ihnen nur die sofortige Beschwerde zu. 3 Vor der Entscheidung über die Beschwerde ist ihnen und der Staatsanwaltschaft Gelegenheit zur mündlichen Begründung ihrer Anträge sowie zur Erörterung über durchgeführte Ermittlungen zu geben.

III Die den Verfall aussprechende Entscheidung hat gegen denjenigen, welcher für den Beschuldigten Sicherheit geleistet hat, die Wirkungen eines von dem Zivilrichter erlassenen, für vorläufig vollstreckbar erklärten Endurteils und nach Ablauf der Beschwerdefrist die Wirkungen eines rechtskräftigen Zivilendurteils.

1) Verfall der Sicherheit (I): Eine nicht schon nach § 123 II freigewordene Sicherheit verfällt – verfassungsrechtlich unbedenklich (BVerfG NStZ **91**, 142) – der Staatskasse unter den Voraussetzungen des I ohne weiteres. Jedoch ergibt sich aus II, dass eine Gerichtsentscheidung getroffen werden muss, die aber nur feststellende Bedeutung hat (Hamburg Rpfleger **62**, 220; Karlsruhe NStZ **92**, 204). Der Verfall tritt ein, wenn der Beschuldigte sich der Untersuchung oder dem Strafantritt entzieht. Er ist endgültig; dass der Beschuldigte sich später stellt oder verhaftet wird, ist ohne Bedeutung). 1

Die **Untersuchung** beginnt mit der Einleitung des Ermittlungsverfahrens und dauert bis zur Beendigung des Verfahrens durch Einstellung nach §§ 153 ff, 170 II, 206 a, 206 b, Nichteröffnung des Hauptverfahrens (§ 204) oder Rechtskraft des Urteils. Sie umfasst alle etwa notwendig werdenden verfahrensrechtlichen Maßnahmen, auch die Vollziehung der Entscheidung nach § 116 IV (Braunschweig NJW **64**, 1485; Karlsruhe MDR **85**, 694). 2

Dem **Strafantritt** kann sich nur der zu einer Freiheitsstrafe, auch Jugendstrafe (§ 17 JGG) und Strafarrest (§ 9 WStG), oder einer freiheitsentziehenden Sicherungsmaßregel nach §§ 63, 64, 66 StGB Verurteilte entziehen; Jugendarrest (§ 16 JGG) zählt dazu nicht (KMR-Wankel 3; **aM** LR-Hilger 10), auch nicht die Ersatzfreiheitsstrafe (LR-Hilger 11). 3

Das **Sich-Entziehen** besteht in einem Verhalten, das, wenn auch nur vorübergehend, den Erfolg hat, dass möglicherweise notwendig werdende verfahrensrechtliche Maßnahmen gegen den Beschuldigten nicht mehr jederzeit ungehindert durchgeführt werden können (Düsseldorf StV **87**, 110; Frankfurt NJW **77**, 1975, 1976 mit Anm Tiedemann; NJW **78**, 838; NStZ-RR **01**, 381; Karlsruhe NStZ **92**, 204; vgl auch BGH **23**, 380, 384). Dabei genügt, dass der Beschuldigte diesen Erfolg bewusst in Kauf nimmt, absichtlich braucht er nicht zu handeln (Bamberg OLGSt Nr 5; Braunschweig NJW **64**, 1485; Düsseldorf aaO; krit dazu Paeffgen NStZ **89**, 529; **90**, 535); auch Schuldfähigkeit braucht dann nicht gegeben zu sein (BVerfG NStZ **91**, 142; München NStZ **90**, 249; zw Paeffgen NStZ **91**, 425). Gleichgültig ist, ob der Beschuldigte während der Zeit seiner Unauffindbarkeit oder Abwesenheit in der Sache selbst „benötigt" wird; es reicht aus, dass infolge seines Verhaltens neue Verfolgungsmaßnahmen eingeleitet werden (Braunschweig aaO; Hamm NStZ-RR **96**, 270; Karlsruhe aaO). Die bloße Vorbereitung, zB zur Flucht, führt nicht zum Verfall der Sicherheit (Frankfurt NJW **77**, 1975, 1976 mit Anm Tiedemann; KK-Schultheis 3), auch nicht der bloße Ungehorsam, insbesondere nicht der gegen die Auflagen nach § 116 (Düsseldorf NStZ **90**, 98 mwN), auch nicht die Nichtbefolgung der Ladung zum Strafantritt (Düsseldorf NStZ **96**, 404; Frankfurt NStZ-RR **03**, 143). 4

5 Der Beschuldigte entzieht sich der Untersuchung oder Vollstreckung **nur dadurch,** dass er sich von seiner Wohnung ohne Hinterlassung einer Anschrift entfernt (Hamm NJW **96**, 736: auch wenn ihm als Ausländer die Ausweisung droht), dass er sich ins Ausland absetzt (Braunschweig NJW **64**, 1485), dass er sonst flüchtig wird oder sich verborgen hält oder dass er, obwohl er an sich zur Verfügung steht, die Vollstreckungsbehörden durch Täuschung davon abhält, Vollstreckungsmaßnahmen einzuleiten oder durchzuführen (Düsseldorf NJW **78**, 1932 L = GA **79**, 111); die bloße Vorbereitung oder der bloße Versuch, sich ins Ausland zu begeben, reicht nicht aus (Frankfurt NStZ-RR **03**, 143). Der Erfolg des Sich-Entziehens entfällt aber nicht deshalb, weil das Verfahren, etwa nach § 231 II, ohne den Beschuldigten fortgesetzt werden kann (Celle aaO). Gleichgültig ist, ob die Verfolgungsbehörde das Erforderliche getan hat, um die Flucht des Beschuldigten zu verhindern (Hamburg MDR **80**, 74). Bei Selbstmord verfällt die Sicherheit nicht (KK-Schultheis 4; vgl 18 zu § 112); vgl im Übrigen zum Tod des Beschuldigten BGH **45**, 108, 116.

6 **2) Verfahren** (II S 1): Zuständig ist das Gericht des § 126, nach Rechtskraft der zuletzt mit der Sache befasst gewesene Tatrichter (Düsseldorf Rpfleger **84**, 73), auch im Fall des § 329 I (Stuttgart Justiz **84**, 213).

7 Die durch II S 1 vorgeschriebene **Aufforderung zur Erklärung** ist an den Beschuldigten und den Dritten zu richten, der für ihn die Sicherheit geleistet hat, aber nur, wenn dieser gegenüber der Hinterlegungsstelle im eigenen Namen als Hinterleger aufgetreten ist (Düsseldorf NStZ **90**, 97; Hamburg Rpfleger **62**, 220; Karlsruhe NStE Nr 6; StraFo **00**, 394). Sie wird nach § 35 II S 1 zugestellt, ggf dem Zustellungsbevollmächtigten (vgl § 116a III) oder, wenn der Aufenthalt des Beschuldigten nicht bekannt ist, öffentl nach § 40 (Hamburg NJW **62**, 2363), und mit einer Fristsetzung verbunden. Die Abtretung der Forderung auf Rückzahlung der Sicherheit an einen anderen ist unbeachtlich (Karlsruhe aaO; Paeffgen NStZ **90**, 432). Die StA ist an dem Verfahren durch Antragstellung, sonst nach § 33 II beteiligt.

8 Das Gericht entscheidet ohne mündliche Verhandlung durch **Beschluss,** der zu begründen (§ 34) und nach § 35 II S 1 zuzustellen ist. Eine Abänderung des unanfechtbar gewordenen Beschlusses ist unzulässig (Stuttgart MDR **82**, 341).

9 **3)** Die **sofortige Beschwerde** (II S 2, 3) steht dem Beschuldigten und dem Bürgen zu, der für ihn die Sicherheit geleistet hat (dazu oben 7), nicht einem Dritten, der lediglich hinter der von einer Bank zu leistenden Bürgschaft steht (Stuttgart Justiz **88**, 373), auch nicht der Dritte, der im Namen des Beschuldigten einen Geldbetrag hinterlegt hat (Düsseldorf Rpfleger **86**, 275; Koblenz JBlRP **04**, 199). Bei Fristversäumnis muss sich auch der Beschuldigte das Verschulden des Verteidigers anrechnen lassen (19 zu § 44). Die StA ist zwar in II S 2 nicht aufgeführt. Das bedeutet aber nicht, dass sie zur Anfechtung nicht berechtigt ist oder nur die einfache Beschwerde erheben kann; auch ihr steht die sofortige Beschwerde zu (Stuttgart Justiz **84**, 213; KK-Schultheis 11). War die Aufforderung nach II S 1, die eine Entscheidungsvoraussetzung ist, unterblieben, so entscheidet das Beschwerdegericht nicht nach § 309 II selbst, sondern verweist die Sache zurück (Celle NStZ-RR **99**, 178; Düsseldorf NStZ **96**, 404; Hamm MDR **95**, 1161; **aM** Frankfurt NStZ-RR **97**, 272 L; KMR-Wankel 10).

10 Eine **mündliche Verhandlung** zur Erörterung der gestellten Anträge und der etwa vom Gericht im Freibeweis (7, 9 zu § 244) geführten Ermittlungen findet vor der Entscheidung über die sofortige Beschwerde statt (II S 3), sofern sie in zulässiger Weise eingelegt ist (Neustadt JZ **52**, 663 mit abl Anm Niethammer; LR-Hilger 42) und der Beschwerdeführer auf sie nicht verzichtet hat (Düsseldorf OLGSt Nr 1; NStE Nr 3); weitergehend sehen die OLGe teilw von einer mündlichen Verhandlung auch ab, wenn die Entscheidung des Senats dadurch nicht beeinflusst werden kann (Hamm NJW **96**, 736; NStZ-RR **96**, 271; Stuttgart MDR **87**, 867; dagegen Paeffgen NStZ **97**, 118). Die Verhandlung ist nicht öffentl. Das Erschei-

nen der Beteiligten kann nicht erzwungen werden; nur wenn der Beschuldigte nicht auf freiem Fuß ist, kann er (**aM** LR-Hilger 45: muss er) zum Termin vorgeführt werden. Wenn das ausreichend erscheint, können die mündlichen Erklärungen des Beschuldigten durch einen beauftragten oder ersuchten Richter entgegengenommen werden (vgl 22, 23 zu § 454). Im Übrigen steht die Gestaltung des Verfahrens, das gesetzlich nicht geregelt ist, weitgehend im Ermessen des Gerichts. §§ 114ff ZPO (Prozesskostenhilfe) gelten entspr (Düsseldorf NStZ **96**, 404).

Weitere Beschwerde ist ausgeschlossen (Stuttgart Justiz **63**, 63; KK-Schultheis 11
13 mwN; **aM** SK-Paeffgen 13).

Auch nach **Wechsel der Zuständigkeit** für die Haftentscheidungen durch An- 12
klageerhebung oder Berufungsvorlage nach § 321 S 2 bleibt die Zuständigkeit des Beschwerdegerichts bestehen (Hamm NStE Nr 7; erg 7 zu § 126).

4) Die **Wirkungen eines Zivilurteils** (III) hat der Beschluss, mit dem die Si- 13
cherheit für verfallen erklärt wird. Ein Zivilprozess ist daher ausgeschlossen, jedoch nicht eine Amtshaftungsklage nach § 839 BGB, die darauf gestützt ist, dass die Sicherheit durch Verschulden eines Beamten verfallen sei). Für die Beziehungen zwischen dem Beschuldigten und dem Dritten, der für ihn die Sicherheit geleistet hat, gilt III nicht (KK-Schultheis 14).

Mit dem Verfall **geht die Sicherheit auf das Land über,** dessen Gericht zZ 14
des Verfalls die Sachherrschaft über das Verfahren hat (LR-Hilger 24). Der Fiskus wird Eigentümer der zur Sicherheit geleisteten Gegenstände und Gläubiger verpfändeter Forderungen; eine Bürgschaft (§ 116a I) wird fällig (KK-Schultheis 7).

Zuständigkeit für Haftbefehl

125 **I Vor Erhebung der öffentlichen Klage erlässt der Richter bei dem Amtsgericht, in dessen Bezirk ein Gerichtsstand begründet ist oder der Beschuldigte sich aufhält, auf Antrag der Staatsanwaltschaft oder, wenn ein Staatsanwalt nicht erreichbar und Gefahr im Verzug ist, von Amts wegen den Haftbefehl.**

II 1 Nach Erhebung der öffentlichen Klage erlässt den Haftbefehl das Gericht, das mit der Sache befasst ist, und, wenn Revision eingelegt ist, das Gericht, dessen Urteil angefochten ist. 2 In dringenden Fällen kann auch der Vorsitzende den Haftbefehl erlassen.

1) Haftbefehlserlass vor Erhebung der Klage (I): Die Vorschrift enthält eine 1
besondere Zuständigkeitsregelung, die von der des § 162 I S 1 abweicht. „Unbeschadet" der hier getroffenen Regelung kann die StA aber nach § 162 I S 2 den Antrag neben einem anderen Antrag (vgl 10 zu § 162) auch bei dem nach § 162 I S 1 zuständigen Gericht stellen; insoweit bestehen die Zuständigkeitsvorschriften – wie sich nun eindeutig aus § 162 I S 2 ergibt – nebeneinander (**aM** LG Zweibrücken NStZ-RR **04**, 304 – aufrechterhalten StraFo **09**, 243 L – beim Zusammentreffen mit § 145 GVG: § 125 I *lex specialis*; dagegen zutr Steinmetz SchlHA **05**, 147).

A. **Sachlich zuständig** für den Erlass des Haftbefehls und die Ablehnung eines 2
darauf gerichteten Antrags der StA ist das AG, und zwar der nach dem Geschäftsverteilungsplan zuständige Ermittlungsrichter, in Staatsschutzsachen der Ermittlungsrichter des OLG oder des BGH (§ 169), in Jugendsachen der Jugendrichter (§ 34 I **JGG;** vgl auch BVerfG NStZ **05**, 643 und Reichenbach NStZ **05**, 617 zur Zulässigkeit der Bestellung eines „Jugendermittlungsrichters", LG Berlin NStZ **06**, 525 zur Zuständigkeit eines Ermittlungsrichters auch als Jugendrichter). Findet eine Hauptverhandlung vor dem LG oder OLG statt, so darf dieses Gericht wegen einer nicht zur Anklage stehenden, etwa erst in der Verhandlung begangenen Tat keinen Haftbefehl erlassen (Hamm NJW **49**, 191); anders ist es, wenn die Verhandlung vor dem Strafrichter stattfindet. Auch die Erstreckung des Haftbefehls auf weitere Straftaten ist

dem AG vorbehalten; das OLG darf sie nicht etwa in dem Verfahren nach § 122 vornehmen (Hamm NJW **71**, 1325; MDR **75**, 950; Koblenz NStZ-RR **08**, 92 L = JBlRP **07**, 411; **aM** Kaiser NJW **66**, 436; Schnarr MDR **90**, 93; erg 13 zu § 122). Das Beschwerdegericht kann den Haftbefehl erlassen, wenn es von der StA angerufen worden ist, weil das AG einen entspr Antrag abgelehnt hat. Es darf aber nicht einen auf § 230 II gestützten Haftbefehl nach §§ 112, 112a aufrechterhalten (25 zu § 230).

3 B. **Örtlich zuständig** ist das AG, in dessen Bezirk ein Gerichtsstand begründet ist oder der Beschuldigte sich aufhält.

4 Ein **Gerichtsstand** (§§ 7–13a, 15) ist in dem AG-Bezirk begründet, wenn das AG selbst für die Sache zuständig ist, aber auch bei sachlicher Zuständigkeit eines Gerichts höherer Ordnung, das in dem AG-Bezirk liegt.

5 **Aufenthaltsort** iS des I ist der Ort, an dem sich der Beschuldigte zZ des Erlasses des Haftbefehls befindet (Hamm GA **68**, 343), auch wenn er nur auf der Durchreise ist, auch der Ort, an dem er sich in anderer Sache in Haft befindet. Wird der Beschuldigte nicht dem nach § 128 I S 1 zuständigen Richter vorgeführt, so ist auch der Ort der Vorführung vor das unzuständige Gericht Aufenthaltsort iS des I (Celle NdsRpfl **56**, 39; KK-Schultheis 2; **aM** KMR-Wankel 3; LR-Hilger 7).

6 **2) Nach Anklageerhebung** (II) ist für den Erlass des Haftbefehls das mit der Sache befasste Tatgericht zuständig (S 1), dh das Gericht, bei dem die Anklage erhoben ist, das Berufungsgericht erst nach Vorlegung der Akten nach § 321 S 1, im Revisionsverfahren nicht das Revisionsgericht, sondern der letzte Tatrichter.

7 In **dringenden Fällen** kann der Vorsitzende den Haftbefehl erlassen (S 2). Dringend ist der Fall, wenn das Zusammentreten des Kollegiums nicht abgewartet werden kann, ohne dass die rechtzeitige Verhaftung in Frage gestellt wird. Das beurteilt der Vorsitzende nach pflichtgemäßem Ermessen. Seine Entscheidung bedarf keiner Bestätigung durch das Kollegialgericht. Dessen Entscheidung kann aber von der StA und dem Angeklagten herbeigeführt werden. Die Ablehnung eines Haftbefehlsantrags darf, da sie niemals dringend ist, nur das Kollegialgericht aussprechen.

8 **3) Mitwirkung der StA:** Vor Erhebung der öffentlichen Klage ist grundsätzlich ein Antrag der StA erforderlich, da sie für das Ermittlungsverfahren verantwortlich ist und die UHaft nach § 120 III jederzeit beenden kann (erg 9 zu § 128). Das gilt auch für die Erweiterung eines Haftbefehls um weitere Tatvorwürfe (Schnarr MDR **90**, 89; erg 18 zu § 114). Der Antrag einer unzuständigen StA genügt (Loh MDR **70**, 812).

9 Nur bei **Unerreichbarkeit der StA und Gefahr im Verzug** erlässt das Gericht den Haftbefehl von Amts wegen. Zur Unerreichbarkeit vgl 10 zu § 128. Gefahr im Verzug besteht, wenn ohne sofortigen Erlass des Haftbefehls die Gefahr besteht, dass die Verhaftung des Beschuldigten nicht mehr möglich sein wird.

10 **Nach Erhebung der öffentlichen Klage** kann das Gericht einen Haftbefehl von Amts wegen erlassen, muss die StA aber vorher hören (§ 33 I, II).

Zuständigkeit für weitere Entscheidungen **RiStBV 54 II**

126 **I [1] Vor Erhebung der öffentlichen Klage ist für die weiteren gerichtlichen Entscheidungen und Maßnahmen, die sich auf die Untersuchungshaft, die Aussetzung ihres Vollzugs (§ 116), ihre Vollstreckung (§ 116b) sowie auf Anträge nach § 119a beziehen, das Gericht zuständig, das den Haftbefehl erlassen hat. [2] Hat das Beschwerdegericht den Haftbefehl erlassen, so ist das Gericht zuständig, das die vorangegangene Entscheidung getroffen hat. [3] Wird das vorbereitende Verfahren an einem anderen Ort geführt oder die Untersuchungshaft an einem anderen Ort vollzogen, so kann das Gericht seine Zuständigkeit auf Antrag der Staatsanwaltschaft auf das für diesen Ort zuständige Amtsgericht übertragen. [4] Ist der Ort in mehrere Gerichtsbezirke**

geteilt, so bestimmt die Landesregierung durch Rechtsverordnung das zuständige Amtsgericht. [5]Die Landesregierung kann diese Ermächtigung auf die Landesjustizverwaltung übertragen.

II [1]Nach Erhebung der öffentlichen Klage ist das Gericht zuständig, das mit der Sache befasst ist. [2]Während des Revisionsverfahrens ist das Gericht zuständig, dessen Urteil angefochten ist. [3]Einzelne Maßnahmen, insbesondere nach § 119, ordnet der Vorsitzende an. [4]In dringenden Fällen kann er auch den Haftbefehl aufheben oder den Vollzug aussetzen (§ 116), wenn die Staatsanwaltschaft zustimmt; andernfalls ist unverzüglich die Entscheidung des Gerichts herbeizuführen.

III Das Revisionsgericht kann den Haftbefehl aufheben, wenn es das angefochtene Urteil aufhebt und sich bei dieser Entscheidung ohne weiteres ergibt, dass die Voraussetzungen des § 120 Abs. 1 vorliegen.

IV Die §§ 121 und 122 bleiben unberührt.

1) Für die **weiteren Entscheidungen und Maßnahmen,** die sich auf die UHaft beziehen, auch auf die Haft nach §§ 230 II, 236, regelt die Vorschrift die gerichtliche Zuständigkeit. Im Wesentlichen handelt es sich um Entscheidungen nach §§ 116, 116b, 117, 118, 118a, 123, 124 und um Maßnahmen und Entscheidungen nach §§ 119 und 119a. 1

2) Vor Erhebung der Klage (I) besteht die Zuständigkeit nach § 125 I fort (S 1), wobei aber der Geschäftsverteilungsplan des Gerichts die Zuständigkeit eines anderen Richters bestimmen kann (Schramm/Bernsmann StV **06**, 442). Wenn das Beschwerdegericht den Haftbefehl erlassen hat, ist der 1. Richter zuständig (S 2). 2

Die **Übertragung der Zuständigkeit** auf ein anderes Gericht sieht S 3 für den Fall vor, dass das Ermittlungsverfahren, zB infolge Abgabe der Sache an eine andere StA, an einem anderen Ort geführt oder die UHaft an einem anderen Ort vollzogen wird (krit Weider StV **10**, 107). Eine weitergehende Regelung trifft § 72 VI **JGG** für das Jugendstrafverfahren. Die Übertragung, zu der auch der Ermittlungsrichter nach § 169 befugt ist (LR-Hilger 10), setzt einen entspr Antrag der StA voraus, der bis zum Erlass des Übertragungsbeschlusses zurückgenommen werden kann. Das Gericht, dem die Sache übertragen wird, kann die Übernahme nicht ablehnen, weil es sie für unzweckmäßig hält (Hamburg NJW **66**, 606), wird aber nicht zuständig, wenn sie auf einem Irrtum beruht. Wenn später erneut die Voraussetzungen des S 3 gegeben sind, kann es die Sache seinerseits auf Antrag der StA auf ein anderes Gericht weiter- oder auf das 1. Gericht zurückübertragen. Mit dem Erlass des Übertragungsbeschlusses wird die Zuständigkeit des neuen Haftrichters begründet (Celle OLGSt S 1; KK-Schultheis 3) und werden das ihm übergeordnete LG und OLG für Entscheidungen über Beschwerden und weitere Beschwerden zuständig (BGH **14**, 180, 185; Celle aaO; Hamburg NJW **66**, 606; Koblenz JBlRP **05**, 140; **aM** KG JR **85**, 256). Das gilt auch für vor Erlass des Beschlusses eingelegte Beschwerden (Hamburg aaO). Der Vorlagebeschluss nach § 122 I ist ebenfalls an das OLG zu richten, das dem neuen Haftrichter übergeordnet ist (Köln JMBlNW **66**, 288; LR-Hilger 5 zu § 122; erg 3 zu § 122). 3

Der **Ermittlungsrichter des BGH** kann, nachdem der GBA die Sache nach § 142a IV GVG an die LandesStA abgegeben hat, die Zuständigkeit für die weiteren Haftentscheidungen entspr I S 3 auf das AG des Ermittlungs- oder Haftorts übertragen (BGH NJW **73**, 475). Auf Antrag der StA kann das AG auch ohne eine solche Übertragung die weiteren Haftentscheidungen übernehmen (BGH aaO). 4

3) Nach Erhebung der öffentlichen Klage (II–IV): 5

A. Grundsätzlich ist das **mit der Sache befasste Gericht** zuständig (II S 1), auch ein an sich unzuständiges Gericht, bei dem Anklage erhoben worden ist (Düsseldorf MDR **81**, 691; LG Lüneburg StV **87**, 111; 4 zu § 170). Bei Zurückverweisung der Sache durch das Revisionsgericht ist mit dem Erlass dieser Ent- 6 scheidung nur noch das Gericht zuständig, an das zurückverwiesen worden ist (II S 2; BGH NJW **96**, 2665), auch wenn ihm die Akten noch nicht zugeleitet worden sind (Schleswig SchlHA **86**, 104 [E/L]; Zweibrücken StV **88**, 70 L); eine noch nicht erledigte Haftbeschwerde ist dann in einen Haftprüfungsantrag umzudeuten (KG NStZ **00**, 444). Das Berufungsgericht wird zuständig, wenn ihm die Akten nach § 321 S 2 vorgelegt werden.

7 Auf **noch unerledigte Beschwerden** ergeht keine Entscheidung des Beschwerdegerichts; vielmehr hat das jetzt zuständige Gericht eine Entscheidung zu treffen (vgl zur Haftprüfung 12 zu § 117; anders nach Hamm NStE Nr 7 zu § 124 beim Verfall einer Sicherheit), im Fall des II S 3 der Vorsitzende (KG NStZ-RR **96**, 365; **aM** Karlsruhe NStZ **84**, 183).

8 Ist eine Haftentscheidung **in der Hauptverhandlung** zu treffen, so wirken die Schöffen mit (Düsseldorf StV **84**, 159; Koblenz StV **10**, 36; 37; Köln NStZ **98**, 419 mit abl Anm Foth und zust Anm Siegert; unzutr Jena StV **99**, 101: „verfassungswidrig"); das gilt auch für Entscheidungen, die getroffen werden, während die Hauptverhandlung unterbrochen ist (; Dehn NStZ **97**, 608; Linkenheil, Laienbeteiligung in der Strafjustiz, 2003, S 235; Sowada NStZ **01**, 174; ders ausführlich und überzeugend StV **10**, 37; die hier bisher im Anschluss an Hamm StV **98**, 388 vertretene Einschränkung wird aufgegeben). Die Gegenmeinung, nach der stets außerhalb der Hauptverhandlung ohne Schöffen entschieden werden muss (Hamburg StV **98**, 143 mit abl Anm Schlothauer = JR **98**, 169 mit teilw zust Anm Katholnigg, zust auch Bertram NJW **98**, 2934, abl hingegen Kunisch StV **98**, 687; Paeffgen NStZ **00**, 134 Fn 26 [vom BVerfG NStZ **98**, 418 als verfassungsrechtlich unbedenklich erachtet, dazu abl Paeffgen aaO; Sowada aaO]; wie Hamburg aber auch Köln NStZ **09**, 589 mit Anm Krüger; Naumburg NStZ-RR **01**, 347) wird der gesetzlichen Regelung in § 30 GVG nicht gerecht (erg 2, 3 zu § 30 GVG). Katholnigg (JR **98**, 36 und 172) will zwischen eilbedürftigen (ohne Schöffen) und nicht eilbedürftigen (mit Schöffen) Haftentscheidungen differenzieren. Sind die Schöffen tatsächlich einmal nicht rechtzeitig zu erreichen, hilft § 126 II S 4. Das OLG als Gericht 1. Instanz entscheidet allerdings immer in der für die Hauptverhandlung vorgesehenen Besetzung (vgl § 122 II S 2 GVG), also ggf mit 5 Richtern (BGH **43**, 91 = JR **98**, 33 mit abl Anm Katholnigg; abl auch Foth NStZ **98**, 262; zust aber Sowada NStZ **01**, 173).

9 **Nach Einlegung der Revision** entscheidet grundsätzlich der letzte Tatrichter (II S 2; erg oben 6). Nur wenn es das angefochtene Urteil aufhebt (Teilaufhebung genügt) und sich ohne weiteres, dh ohne weitere Ermittlungen, ergibt, dass der Haftbefehl nach § 120 I S 1 nicht länger aufrechterhalten werden kann, ist das Revisionsgericht befugt, ihn zugleich mit dem Erlass des Revisionsurteils aufzuheben; verpflichtet ist es dazu nur im Fall des § 120 I S 2. Eine vorherige Aufhebung kommt nur in Betracht, wenn ein Verfahrenshindernis besteht, das zur Einstellung des Verfahrens führt (BGH **41**, 16; NStZ **97**, 145). Eine Befugnis zur Außervollzugsetzung des Haftbefehls (§ 116) hat das Revisionsgericht nicht (I S 1 mit II S 2).

10 B. Die **Zuständigkeit des Vorsitzenden** (II S 3) beschränkt sich grundsätzlich auf die Anordnung (und Ablehnung) einzelner Maßnahmen, insbesondere nach § 119. In Betracht kommen außer den Entscheidungen, die sich auf den Vollzug der UHaft beziehen, die Benachrichtigung nach § 114c II (dort 3ff), die Festsetzung oder Anordnung einer Sicherheitsleistung nach § 116a (dort 1) und die Ausschreibung zur Festnahme oder zur Aufenthaltsermittlung (§§ 131ff). Entscheidet anstelle des funktionell ausschließlich zuständigen Vorsitzenden das Kollegialgericht, so ist das hier – wo das Gesetz eine Zuständigkeit des Gerichts ausdrücklich nur ausnahmsweise nach II S 3 anerkennt – zwar nicht „unschädlich" (Frankfurt StV **88**, 536 mwN; München StV **95**, 140; Veit MDR **73**, 279; **aM** Düsseldorf NJW **68**, 1343; Hamburg NJW **65**, 2362; KMR-Wankel 14). Die Entscheidung wird aber bestandskräftig, wenn sie nicht angefochten wird; wenn Beschwerde eingelegt wird, verweist das Beschwerdegericht die Sache nicht an den 1. Richter

zurück, sondern entscheidet unter Aufhebung des angefochtenen Beschlusses nach § 309 II in der Sache selbst (Bay **04**, 118 = StV **06**, 6; Düsseldorf MDR **85**, 603; JMBlNW **96**, 138; KK-Schultheis 13; vgl auch München aaO; **aM** Frankfurt aaO; Karlsruhe NJW **74**, 110; Koblenz NJW **81**, 1570; erg 6 zu § 309).

Anfechtbar ist die Entscheidung des Vorsitzenden nur mit der Beschwerde nach § 304; die Anrufung des Kollegialgerichts gegen seine Maßnahmen ist nicht zulässig; eine Umdeutung der Beschwerde in einen Antrag nach § 238 II kommt daher nicht in Betracht (BVerfG 2 BvR 1198/08 vom 26. 8. 2008). 11

In **dringenden Fällen** (7 zu § 125) kann der Vorsitzende auch den Haftbefehl aufheben oder seinen Vollzug nach § 116 aussetzen, aber nur mit Zustimmung der StA (II S 4); andernfalls muss er unverzüglich das Gericht entscheiden lassen. Allgemein zur Herbeiführung der Entscheidung des Kollegialgerichts vgl 7 zu § 125. 12

Einstweilige Unterbringung **RiStBV 59**

126a **I Sind dringende Gründe für die Annahme vorhanden, dass jemand eine rechtswidrige Tat im Zustand der Schuldunfähigkeit oder verminderten Schuldfähigkeit (§§ 20, 21 des Strafgesetzbuches) begangen hat und dass seine Unterbringung in einem psychiatrischen Krankenhaus oder einer Entziehungsanstalt angeordnet werden wird, so kann das Gericht durch Unterbringungsbefehl die einstweilige Unterbringung in einer dieser Anstalten anordnen, wenn die öffentliche Sicherheit es erfordert.**

II 1 Für die einstweilige Unterbringung gelten die §§ 114 bis 115a, 116 Abs. 3 und 4, §§ 117 bis 119a, 123, 125 und 126 entsprechend. 2 Die §§ 121, 122 gelten entsprechend mit der Maßgabe, dass das Oberlandesgericht prüft, ob die Voraussetzungen der einstweiligen Unterbringung weiterhin vorliegen.

III 1 Der Unterbringungsbefehl ist aufzuheben, wenn die Voraussetzungen der einstweiligen Unterbringung nicht mehr vorliegen oder wenn das Gericht im Urteil die Unterbringung in einem psychiatrischen Krankenhaus oder einer Entziehungsanstalt nicht anordnet. 2 Durch die Einlegung eines Rechtsmittels darf die Freilassung nicht aufgehalten werden. 3 § 120 Abs. 3 gilt entsprechend.

IV Hat der Untergebrachte einen gesetzlichen Vertreter oder einen Bevollmächtigten im Sinne des § 1906 Abs. 5 des Bürgerlichen Gesetzbuches, so sind Entscheidungen nach Absatz 1 bis 3 auch diesem bekannt zu geben.

1) Dem **Schutz der Allgemeinheit** vor gemeingefährlichen Rechtsbrechern dient die Vorschrift (eingehend dazu Pollähne R&P **02**, 229ff). Sie soll nicht, wie § 112, die Verfahrenssicherung, sondern die Vorwegnahme der Unterbringung nach §§ 63, 64 StGB ermöglichen (Frankfurt NStZ **85**, 284). Ähnliche vorbeugende Maßnahmen lassen §§ 111a, 112a, 132a zu. Die einstweilige Unterbringung kann auch gegen Jugendliche und Heranwachsende angeordnet werden (Jena NStZ-RR **07**, 217). 1

Die **UHaft** gegen vermindert Schuldfähige (§ 21 StGB) wird durch § 126a auch dann nicht ausgeschlossen, wenn mit der Unterbringung nach §§ 63, 64 StGB zu rechnen ist. Die einstweilige Unterbringung ist aber idR die angemessenere Maßnahme, weil sie die Möglichkeit der ärztlichen Behandlung bietet (KG JR **89**, 476), die ohne richterliche Genehmigung zulässig ist (Baumann NJW **80**, 1879; Koch NJW **69**, 177). Da UHaft und einstweilige Unterbringung nicht gleichzeitig vollzogen werden können, darf wegen derselben Tat immer nur eine dieser Maßnahmen angeordnet werden. 2

2) Voraussetzungen der einstweiligen Unterbringung (I): 3

A. **Dringende Gründe** (dazu 2 zu § 111a) müssen die Annahme rechtfertigen, dass der Beschuldigte eine rechtswidrige Tat (§ 11 I Nr 5 StGB) im Zustand der Schuldunfähigkeit (§ 20 StGB) oder der verminderten Schuldfähigkeit (§ 21 StGB) 4 begangen hat und dass das Gericht in dem Urteil seine Unterbringung in einem psychiatrischen Krankenhaus (§ 63 StGB) oder in einer Entziehungsanstalt (§ 64 StGB) anordnen wird. Ob die Voraussetzungen des § 20 StGB oder nur die des § 21 StGB vorliegen, braucht noch nicht festzustehen.

5 B. Die **öffentliche Sicherheit** muss die einstweilige Unterbringung des Beschuldigten erfordern, und zwar zZ des Erlasses des Unterbringungsbefehls. Das ist der Fall, wenn die Wahrscheinlichkeit dafür spricht, der Beschuldigte werde weitere rechtswidrige Taten von solcher Schwere begehen, dass der Schutz der Allgemeinheit die einstweilige Unterbringung gebietet. Daran fehlt es, wenn weniger einschneidende Maßnahmen auf anderer Rechtsgrundlage genügen. Die bereits vollzogene Unterbringung nach einem landesrechtlichen Unterbringungsgesetz steht aber nicht entgegen (Düsseldorf OLGSt Nr 2; **aM** EbSchmidt Nachtr 10). Der Grundsatz der Verhältnismäßigkeit (Einl 20, 21) ist zu beachten (Starke, Die einstweilige Unterbringung in einem psychiatrischen Krankenhaus nach der StPO, 1991, S 76 ff, 127 f).

6 **3)** Durch einen **Unterbringungsbefehl** wird die einstweilige Unterbringung von dem nach § 125 zuständigen Gericht (II S 1) angeordnet.

7 Für seinen **notwendigen Inhalt** gilt § 114 entspr (II S 1). Anstelle der schuldhaften Tat (§ 114 II Nr 2) ist die rechtswidrige Tat zu bezeichnen, anstelle des dringenden Tatverdachts (§ 114 II Nr 4) die dringenden Gründe für die Annahme der rechtswidrigen Tat. Ein Haftgrund (§ 114 II Nr 3) entfällt; statt dessen sind die Tatsachen anzugeben, die die Annahme rechtfertigen, dass die öffentliche Sicherheit die einstweilige Unterbringung erfordert. Auch § 114 III ist – entspr dem nunmehr in II S 1 in Bezug genommenen § 116 III – anzuwenden (LR-Hilger 12 und 13 a). Die Art der Anstalt (psychiatrisches Krankenhaus oder Entziehungsanstalt) muss bezeichnet werden. Stehen nach dem Einweisungsplan mehrere Anstalten zur Verfügung, so wählt der Richter eine von ihnen aus.

8 Für die **Bekanntmachung** des Unterbringungsbefehls gilt § 114 a entspr (II S 1), für die Belehrung § 114 b, für die Benachrichtigung der Angehörigen § 114 c. Hat der Beschuldigte einen gesetzlichen Vertreter oder einen Bevollmächtigten iSd § 1906 V BGB, so sind der Unterbringungsbefehl und Entscheidungen über ihn nach II und III auch ihm bekanntzugeben (IV); die Existenz eines Bevollmächtigten kann über das von der Bundesnotarkammer geführte Vorsorgeregister abgefragt werden. Zu den Mitteilungspflichten vgl 19 zu § 114.

9 Der **Vollzug** des Unterbringungsbefehls wird auf Grund des richterlichen Aufnahmeersuchens (2 zu § 114 d) von der StA veranlasst (§ 36 II S 1). In Betracht kommt nur der Vollzug in einer öffentlichen Kranken- oder Entziehungsanstalt. Der Vollzug in einer Haftanstalt ist unzulässig, auch wenn sie über eine psychiatrisch-neurologische Abteilung verfügt (KK-Schultheis 6; SK-Paeffgen 9; Pollähne R&P **03**, 58; str). In einer JVA ist auch sonst die Unterbringung nur für höchstens 24 Stunden und nur dann zulässig, wenn eine sofortige Überführung in ein öffentliches psychiatrisches Krankenhaus oder in eine öffentliche Entziehungsanstalt nicht möglich ist (vgl UVollzO 89 II S 1); kurzzeitige Ausnahmen zur Sicherung der Hauptverhandlung sind aber zulässig, falls auch ein Einzeltransport nicht durchführbar ist (vgl im Einzelnen Hamm StV **05**, 446; NStZ **06**, 29). Im Übrigen gelten die Vorschriften über den Vollzug der Unterbringung nach §§ 63, 64 StGB entspr (vgl UVollzO 90 II), wobei aber der Schutz der Allgemeinheit vor einem gemeingefährlichen Täter im Vordergrund steht (Frankfurt NStZ **85**, 284). Entspr anwendbar sind nach II S 1 auch §§ 119, 119 a. Der schriftliche und mündliche Verkehr des Betroffenen mit der Außenwelt wird von der Anstalt kontrolliert. Die sonstigen Beschränkungen werden nach dem Zweck der Unterbringung ausgerichtet. Darüber hinaus darf durch entspr Ausgestaltung des Vollzuges auch einer etwa bestehenden Verdunkelungsgefahr begegnet werden. Eingehend zu Fragen des Vollzugs der einstweiligen Unterbringung Pollähne aaO 64 ff, speziell zur „Zwangsbehandlung" S 71 ff.

4) Für das **weitere Verfahren** gelten die in II S 1 bezeichneten Vorschriften entspr, insbesondere §§ 115, 115 a. Die früher str Frage, ob §§ 116, 116 a anwendbar sind, ist nunmehr dahin gesetzlich geklärt, dass § 116 III und IV mit § 123 Anwendung finden; wobei die entspr Anwendung des § 116 III naturgemäß vom Vorliegen der Voraussetzungen des dort in Bezug genommenen § 112 a unabhängig ist (BT-Drucks 16/5137 S 11). Als Weisungen kommen neben den in § 116 I genannten auch in Betracht, sich einer medikamentösen oder psychotherapeutischen Behandlung oder einer Entziehungskur zu unterziehen, keine alkoholischen Getränke oder andere berauschende Mittel zu sich nehmen und sich Alkohol- und Suchtmittelkontrollen zu unterwerfen, die mit körperlichen Eingriffen verbunden sind (Schöch Volk-FS 710). § 116 I und II gelten nicht, weil diese der Flucht- oder Verdunkelungsgefahr begegnen sollen, es bei der einstweiligen Unterbringung aber anders als bei der UHaft nicht um die Verfahrenssicherung, sondern um den Schutz der Allgemeinheit geht (oben 1). Die Fortdauer der einstweiligen Unterbringung wird entspr §§ 117–118 b geprüft (Düsseldorf MDR **95**, 950). Für die gerichtliche Zuständigkeit gilt § 126. 10

Das Ges vom 16. 7. 2007 (BGBl I 1327) hat nunmehr auch eine **Haftprüfung durch das OLG** entspr §§ 121, 122 eingeführt (II S 2); damit ist eine bisherige verfahrensrechtliche Schlechterstellung des vorläufig Untergebrachten gegenüber dem Gefangenen in der UHaft beseitigt worden. Es wird nach 6 Monaten geprüft, ob die Voraussetzungen des I weiterhin vorliegen; in die Berechnung der Frist ist zuvor vollzogene UHaft einzubeziehen (Düsseldorf NJW **08**, 867). Hier ist somit ein anderer Prüfungsmaßstab als in § 121 I anzulegen; die Prüfung erstreckt sich nicht darauf, ob die besondere Schwierigkeit oder der besondere Umfang der Ermittlungen oder ein anderer wichtiger Grund das Urteil noch nicht zulassen (Celle StraFo **07**, 372; Hamm NJW **07**, 3220; Köln NJW **07**, 3590; Schneider NStZ **08**, 72; eingehend und krit zur gesetzlichen Regelung Pollähne/Ernst StV **09**, 705). Bei der Prüfung ist zu beachten, dass § 126 a dem Schutz der Allgemeinheit vor gefährlichen Straftätern dient; daher kann die vom Beschuldigten ausgehende Gefahr für höchste Rechtsgüter dazu führen, dass die Fortdauer der Unterbringung trotz vermeidbarer Verfahrensverzögerungen angeordnet werden muss (Bremen NStZ **08**, 650). Neben der hier allein anzustellenden Prüfung der fortdauernden Voraussetzung des I sind aber auch die Einhaltung des Verhältnismäßigkeitsgrundsatzes und das Beschleunigungsgebot zu beachten (Bremen aaO; Celle aaO; Hamm aaO; Karlsruhe StraFo **10**, 113; Köln aaO; Koblenz StraFo **06**, 326; **07**, 200). 10a

Die **Aufhebung des Unterbringungsbefehls** ist zwingend vorgeschrieben, wenn die Voraussetzungen des III S 1 vorliegen. Durch eine Rechtsmitteleinlegung darf (wie im Fall des § 120 II) die Freilassung nicht aufgehalten werden (III S 2). § 120 III gilt entspr (III S 3). Auch der Verhältnismäßigkeitsgrundsatz kann die Aufhebung gebieten (oben 5). 11

Zulässig ist die **Umwandlung des Unterbringungsbefehls** in einen Haftbefehl, wenn sich herausstellt, dass nicht die Voraussetzungen des § 126 a, sondern die der §§ 112, 112 a vorliegen; im umgekehrten Fall gilt dasselbe (KG JR **89**, 476; **aM** Bohnert JR **01**, 403: Haftbefehl und Unterbringungsbefehl bestehen nebeneinander). Vor der Entscheidung müssen StA und Beschuldigter gehört werden. Die Umwandlung kann auch das Beschwerdegericht vornehmen, gleichgültig, wer das Rechtsmittel eingelegt hat (Bremen JZ **51**, 465 L; KK-Schultheis 9). 12

Mit dem **Eintritt der Rechtskraft** des Urteils, das die Unterbringung anordnet, endet die einstweilige Unterbringung und beginnt der Vollzug der Sicherungsmaßnahme, auch wenn die Vollstreckung des Urteils noch nicht eingeleitet worden ist (Hamm OLGSt § 67 e StGB S 3; erg 15 zu § 120). 13

5) Anfechtung: Gegen den Unterbringungsbefehl und die Ablehnung seines Erlasses ist nach § 304 I Beschwerde, auch gegen Entscheidungen des OLG (§ 304 IV S 2 Nr 1) und des Ermittlungsrichters des BGH oder OLG (§ 304 V), und nach § 310 I weitere Beschwerde zulässig. Mit der Beschwerde kann auch 14 geltend gemacht werden, dass statt eines Unterbringungsbefehls ein Haftbefehl hätte erlassen werden müssen (KMR-Wankel 6). Anfechtbar ist auch die Umwandlung des Unterbringungsbefehls in einen Haftbefehl und die umgekehrte Entscheidung (KK-Schultheis 10). Wegen der Rechtsbehelfe gegen Maßnahmen der Vollzugsanstalt vgl 4 zu § 119 a.

15 **6)** Für die **Immunität** gelten die gleichen Beschränkungen wie beim Erlass eines Haftbefehls (vgl 23 zu § 114).

Vorläufige Festnahme

127 **I [1] Wird jemand auf frischer Tat betroffen oder verfolgt, so ist, wenn er der Flucht verdächtig ist oder seine Identität nicht sofort festgestellt werden kann, jedermann befugt, ihn auch ohne richterliche Anordnung vorläufig festzunehmen. [2] Die Feststellung der Identität einer Person durch die Staatsanwaltschaft oder die Beamten des Polizeidienstes bestimmt sich nach § 163 b Abs. 1.**

II Die Staatsanwaltschaft und die Beamten des Polizeidienstes sind bei Gefahr im Verzug auch dann zur vorläufigen Festnahme befugt, wenn die Voraussetzungen eines Haftbefehls oder eines Unterbringungsbefehls vorliegen.

III [1] Ist eine Straftat nur auf Antrag verfolgbar, so ist die vorläufige Festnahme auch dann zulässig, wenn ein Antrag noch nicht gestellt ist. [2] Dies gilt entsprechend, wenn eine Straftat nur mit Ermächtigung oder auf Strafverlangen verfolgbar ist.

IV Für die vorläufige Festnahme durch die Staatsanwaltschaft und die Beamten des Polizeidienstes gelten die §§ 114 a bis 114 c entsprechend.

1 **1)** Die **vorläufige** Festnahme geht dem Erlass eines Haftbefehls idR voraus. § 127 lässt sie in 2 Fällen zu: Wird jemand auf frischer Tat betroffen oder verfolgt, so ist jedermann, Polizeibeamte und Privatpersonen, zur Festnahme berechtigt (I S 1). Die Vorschrift überträgt dem Bürger eine öffentliche Aufgabe (KK-Schultheis 6; Roxin/Schünemann § 31, 4; vgl auch Arzt Kleinknecht-FS 3: „Hilferuf des Staates"); eine Rechtspflicht zur vorläufigen Festnahme begründet sie nicht (KK-Schultheis 6; Zipf IV 25 252). Bei Gefahr im Verzug sind die StA und die Beamten des Polizeidienstes zur vorläufigen Festnahme befugt, wenn die Voraussetzungen eines Haft- oder Unterbringungsbefehls vorliegen (II). Weitere Fälle der vorläufigen Festnahme regeln § 127 b (zur Anordnung der Hauptverhandlungshaft) und (im Gerichtssaal) § 183 S 2 GVG. Die Verschonung von der vorläufigen Festnahme sieht § 127 a vor. Das Verfahren nach der Festnahme richtet sich nach §§ 128, 129.

2 **2) Vorläufige Festnahme auf frischer Tat** (I):

3 A. **Tat** iS des I S 1 ist eine Straftat, die zum Erlass eines Haftbefehls (§ 112) oder Unterbringungsbefehls (§ 126 a) berechtigen würde. Der Versuch genügt, wenn er strafbar ist (BGH NJW **81**, 745; Hamm NJW **77**, 590), nicht aber eine straflose Vorbereitungshandlung; auch nicht die Begehung einer OWi (§ 46 III S 1 OWiG).

3a **Strafunmündige Kinder** (§ 19 StGB) dürfen nicht festgenommen werden, auch nicht zu dem Zweck, die Feststellung ihrer Personalien oder diejenigen ihrer Aufsichtspflichtigen zu ermöglichen (KK-Schultheis 8; Bülte ZStW **121**, 386; Eisenberg StV **89**, 556; Frehsee ZStW **100**, 303; **aM** KG JR **71**, 30; Verrel NStZ **01**, 286; erg 4 zu § 163 b). Dem wird unter Hinweis darauf widersprochen, dass § 127 ja nur das Betreffen auf frischer Tat verlange, die vorläufige Festnahme zudem erzieherisch sinnvoll und ein Nichteinschreiten gegenüber einem *in flagranti* erwischten Kind dem allgemeinen Rechtsbewusstsein abträglich wäre (Bottke Geerds-FS 278 Fn 58; Krause Geerds-FS 495; Streng Gössel-FS 503). Diesen an sich zutr Erwägungen steht jedoch entgegen, dass § 127 die Begehung einer Straftat voraussetzt (unten 4) und Zweck der Festnahme nur ist, den Täter der Strafverfolgung zuzuführen (unten 8); Abhilfe kann daher nur der Gesetzgeber schaffen, soll es nicht nur bei den außerstrafrechtlichen (Erziehungs- und Fürsorge-)Maßnahmen verbleiben.

B. Nur wenn **wirklich eine Straftat begangen** worden ist, ist die Festnahme nach I S 1 zulässig (KG VRS **45**, 35; Hamm NJW **72**, 1826; **77**, 590; Kramer 60; Rüping 244; Schlüchter 255 und JR **87**, 309; Schumann JuS **79**, 559). Nicht erkennbare Rechtfertigungs- und Schuldausschließungsgründe lassen das Festnahmerecht unberührt (Stuttgart OLGSt Nr 3). Dringender Tatverdacht oder ein anderer hoher Verdachtsgrad genügt aber nicht (Bülte ZStW **121**, 386; **aM** BGH – 6. ZS – NJW **81**, 745; Bay **86**, 52 = MDR **86**, 956; OLGSt S 11; Hamm NStZ **98**, 370; Stuttgart aaO; Zweibrücken NJW **81**, 2016; LR-Hilger 9 ff mwN zum Streitstand; Kargl NStZ **00**, 8 ff mit Einschränkung auf „festnahmegeeignete Delikte" unter Beachtung der „Restriktionen staatlicher Gewaltausübung"; offengelassen bei BGH VRS **44**, 437). Denn der Eingriff in die Freiheitsrechte eines anderen nach I S 1 darf dem Bürger nur gestattet werden, wenn er sicher ist, dass der andere alle Merkmale einer Straftat verwirklicht hat; andernfalls muss er die Festnahme oder Identifizierung den staatlichen Behörden überlassen. Es geht nicht an, einem Unschuldigen das Recht der Notwehr (unten 17) gegen freiheitsbeschränkende Angriffe von Privatpersonen zu nehmen. Bei Verkehrsstraftaten werden die Voraussetzungen des I nur selten vorliegen (BGH VRS **44**, 437). Insbesondere die Feststellung der Fahruntüchtigkeit eines Kraftfahrers ist einer Privatperson nur möglich, wenn schwere Ausfallerscheinungen offensichtlich sind (BGH aaO; Zweibrücken NJW **81**, 2016; vgl dazu auch Marxen Stree/Wessels-FS 705, der den Begriff der „frischen Tat" in materiell-rechtlicher Hinsicht näher zu bestimmen versucht). 4

C. **Auf frischer Tat betroffen** ist, wer bei der Begehung einer rechtswidrigen Tat oder unmittelbar danach am Tatort oder in dessen unmittelbarer Nähe gestellt wird (Bülte ZStW **121**, 401). 5

Verfolgung auf frischer Tat liegt vor, wenn sich der Täter bereits vom Tatort entfernt hat, sichere Anhaltspunkte (zB Tatspuren) aber auf ihn als Täter hinweisen und seine Verfolgung zum Zweck seiner Ergreifung aufgenommen wird (Hamburg GA **64**, 341; vgl auch 3 zu § 104). Unmittelbar an die Tatentdeckung braucht sich die Verfolgung nicht anzuschließen; der Verfolgende, der nicht der Entdecker der Tat zu sein braucht, kann sich zunächst Hilfskräfte oder -mittel beschaffen. Auf Sicht oder Gehör braucht der Täter nicht verfolgt zu werden; eine Rast ist unschädlich (RG **58**, 226). Die Dauer der Verfolgung ist nicht begrenzt; sie kann bis zur Ergreifung des Täters fortgesetzt werden. 6

D. **Zur Festnahme berechtigt** ist jedermann, nicht nur der durch die Straftat Verletzte. Volljährigkeit ist nicht erforderlich. Die Festnahmeberechtigung nach I S 1 setzt voraus, dass keine Polizeibeamten zugegen sind, und endet daher mit deren Eintreffen (Bülte ZStW **121**, 413). Gegen den Willen der Polizei dürfen Privatpersonen nicht tätig werden. Das Festnahmerecht nach I S 1 haben auch die Beamten der StA und der Polizei, auch außerhalb ihres Amtsbezirks (Kramer NJW **93**, 111), jedoch nicht zum Zweck der Identitätsfeststellung (Benfer MDR **93**, 828; **aM** Kramer aaO); insoweit gelten § 163 b I (vgl I S 2) und (obwohl I S 2 die Vorschrift nicht erwähnt) § 163 c (LR-Hilger 25 Fn 87). 7

E. Der **Zweck der Festnahme** darf nur darin bestehen, den Täter der Strafverfolgung zuzuführen. Wer diese Absicht nicht hat, besitzt zwar uU ein Festnahmerecht nach § 229 BGB (Bay **90**, 113 = JR **91**, 518 mit Anm Laubenthal; Düsseldorf NStZ **91**, 599 mit krit Anm Paeffgen NStZ **92**, 532), ist aber zur vorläufigen Festnahme nach § 127 nicht berechtigt (Lampe GA **78**, 7; **aM** wohl AG Grevenbroich NJW **02**, 1060). I S 1 erlaubt daher nicht die Festnahme zu dem Zweck, weitere Straftaten zu verhindern (BGH VRS **40**, 104, 106) oder den Täter wegen seines Fehlverhaltens zur Rede zu stellen (Hamm VRS **4**, 446; **9**, 215, 218). Auch die Blutalkoholuntersuchung ist kein zulässiger Festnahmezweck (vgl aber 29 zu § 81 a). 8

9 F. **Festnahmegründe** sind Fluchtverdacht und die Unmöglichkeit der sofortigen Identitätsfeststellung.

10 Für den **Fluchtverdacht** genügt, dass nach den erkennbaren Umständen des Falles unter Berücksichtigung allgemeiner Erfahrungen vernünftigerweise die Annahme gerechtfertigt ist, der Betroffene werde sich der Verantwortung durch die Flucht entziehen, wenn er nicht alsbald festgenommen wird (BGH VRS **38**, 115; **40**, 104; NStZ **92**, 27 [K]; Bay **02**, 105 = NStZ-RR **02**, 336). Die strengeren Voraussetzungen der Fluchtgefahr nach § 112 II Nr 2 (dort 17 ff) brauchen nicht vorzuliegen (LR-Hilger 21; Kramer 61 Fn 135; Schlüchter 250; **aM** Naucke NJW **68**, 1225; Rüping 243).

11 Zur **Feststellung der Identität** ist die Festnahme zulässig, wenn der Betroffene, weil er Angaben zur Person verweigert oder sich nicht ausweisen kann, nicht ohne Vernehmung oder Nachforschungen identifiziert werden kann, die Feststellung an Ort und Stelle aber nicht möglich ist. Fluchtverdacht muss nicht bestehen. Dass der Name des Betroffenen bekannt ist, macht die Festnahme idR unzulässig (RG **67**, 351, 353; Köln VRS **75**, 104, 106), aber nicht in jedem Fall (Hamburg MDR **64**, 778). Das Kennzeichen eines Kraftwagens ermöglicht meist keine genügende Feststellung der Identität seines Führers (KG VRS **16**, 112; Oldenburg VRS **32**, 274; Schleswig NJW **53**, 275; Krüger NZV **03**, 220). Etwas anderes gilt idR für Fahrzeuge öffentlicher Verkehrsbetriebe (LR-Hilger 24; **aM** Hamm VRS **9**, 215). Die Identifizierung durch einen Dritten reicht selbst dann nicht aus, wenn er sich genügend ausweisen kann (RG **72**, 300; KK-Schultheis 17). Die Feststellung der Identität durch Polizeibeamte bestimmt sich demgegenüber ausschließlich nach § 163 b I (I S 2, vgl dazu die Erl zu §§ 163 b, 163 c).

12 G. Die **Festnahme** ist ein Realakt ohne Anordnung und bedarf weder einer bestimmten Form noch einer näheren Begründung (Koblenz VRS **54**, 357, 359). Jedoch muss dem Betroffenen erkennbar gemacht werden, dass es sich um eine vorläufige Festnahme handelt und welche Tat dazu Anlass gibt (Bay **60**, 66 = NJW **60**, 1583; Bay **64**, 34 = VRS **27**, 189; Oldenburg NJW **66**, 1764). Die Befugnis zur Festnahme, die auch während der Nachtzeit besteht (RG **40**, 65), schließt das Recht ein, den Betroffenen festzuhalten, ihn vorübergehend in der Privatwohnung zu verwahren, um von dort telefonisch die Polizei herbeizurufen (KG JR **71**, 30), und ihn zur nächsten Polizeiwache zu bringen (BGH VRS **38**, 115; Bay **64**, 34 = VRS **27**, 189). Die Durchsuchung bei dem Verdächtigen (§ 102) wird durch die Ermächtigung des I S 1 aber nicht gedeckt.

13 Die **Anwendung von Zwang,** die vorher nicht angekündigt zu werden braucht (Bay **59**, 38, 41 = DÖV **60**, 130; Bay **60**, 66 = NJW **60**, 1583), ist auch Privatpersonen gestattet (Karlsruhe NJW **74**, 806; Stuttgart NJW **84**, 1694). Erlaubt ist zB das Anhalten des Fahrzeugs, dessen Führer auf frischer Tat betroffen worden ist, durch Bereiten von Fahrthindernissen (RG **34**, 443, 446; KG VRS **17**, 358; Hamm VRS **9**, 215, 217; **16**, 136; Oldenburg VRS **32**, 274; Schleswig NJW **53**, 275) oder durch Wegnahme des Zündschlüssels (Saarbrücken NJW **59**, 1190).

14 Bei der Festnahme des Betroffenen ist auch die **Anwendung körperlicher Gewalt** mit der Gefahr oder Folge körperlicher Verletzungen zulässig (Karlsruhe NJW **74**, 806), insbesondere das feste Zupacken, auch wenn es Schmerzen verursacht (Bay **86**, 52, 55; Stuttgart NJW **84**, 1694; **aM** Arzt Kleinknecht-FS 11: nur durch § 32 StGB gedeckt), falls erforderlich auch das Anspringen, zu Fall bringen und am Boden fixieren (BGH **45**, 378 = NStZ **00**, 603 mit Anm Kargl/Kirsch) sowie das Anlegen von Fesseln, wenn es im Verhältnis zur Bedeutung der Sache nicht unangemessen ist (einschr Hoffmann/Wißmann StV **01**, 707). Freiheitsberaubung, Nötigung und Körperverletzung sind durch I S 1 gerechtfertigt (BGH aaO; vgl aber Arzt Kleinknecht-FS 10 ff, der die Körperverletzung ausnimmt), nicht aber eine ernsthafte Beschädigung der Gesundheit (BGH NStZ-RR **07**, 303).

15 Daher können zwar das Drohen mit einer **Schusswaffe** und die Abgabe von Warnschüssen gerechtfertigt sein, nicht aber das gezielte Schießen auf den fliehenden Täter zum Zweck der Festnahme (BGH NJW **81**, 745; BGHR StGB § 32 I Putativnotwehr 1; Fezer 5/32), auch nicht das Schießen mit einer Gaspistole aus geringer Entfernung (KG VRS **19**, 114) oder ein lebensgefährliches Würgen (BGH **45**, 378). Das gilt ausnahmslos, auch wenn der Betroffene eine schwerwiegende Straftat begangen hat (AK-Krause 14; Arzt Kleinknecht-FS 12; Bülte ZStW **121**, 408; Peters 438; Roxin/Schünemann § 31, 10; **aM** BGH MDR **79**, 985 [H]; KK-Schultheis 28; LR-Hilger 29; offen gelassen von BGH NStZ-RR **98**, 50; vgl auch BGH NJW **99**, 2533 = JR **00**, 297 mit zust Anm Ingelfinger: Schusswaffengebrauch nach § 54 I Nr 2b PolG BW gedeckt, jedoch nicht „gezielte Schüsse auf zentrale Bereiche des Menschen").

16 I S 1 enthält auch keinen Rechtfertigungsgrund für eine **Gefährdung des Straßenverkehrs** (Celle MDR **58**, 443; Hamm VRS **23**, 452; Oldenburg VRS **32**, 274). Im Übrigen gilt auch für Eingriffe von Privatpersonen das Übermaßverbot (Bay **59**, 38, 41 = DÖV **60**, 130; Celle aaO; Oldenburg aaO; LR-Hilger 19; Naucke SchlHA **66**, 101; einschr KK-Schultheis 19; Schlüchter 252: nur bei offensichtlichem Missverhältnis; **aM** Arzt Kleinknecht-FS 8: Verhältnismäßigkeitsgrundsatz gilt nicht).

17 **Notwehr** (§ 32 StGB) gegen gerechtfertigte Maßnahmen des Festnehmenden darf der Betroffene nicht üben (RG **72**, 300). Dagegen ist der Festnehmende zur Notwehr berechtigt, wenn der Betroffene sich gegen eine rechtmäßige Maßnahme zur Wehr setzt (BGH **45**, 378 = NStZ **00**, 603 mit Anm Kargl/Kirsch; Hamm NJW **72**, 1826; Arzt Kleinknecht-FS 10).

18 **3)** Die **Festnahme bei Gefahr im Verzug** (II) ist der StA und den Beamten des Polizeidienstes, die nicht Ermittlungspersonen der StA zu sein brauchen, gestattet, wenn die Voraussetzungen der §§ 112, 112a, 126a vorliegen. Für das Steuerstrafverfahren sehen §§ 399 I, 402 I, 404 S 1 **AO** ein Festnahmerecht der Finanzbehörden und -beamten vor. Vgl ferner §§ 12, 14ff BGSG.

19 **Gefahr im Verzug** (vgl 6 zu § 98) besteht, wenn die Festnahme infolge der Verzögerung gefährdet wäre, die durch das Erwirken eines richterlichen Haft- oder Unterbringungsbefehls eintreten würde. Das beurteilt der Beamte auf Grund pflichtgemäßer Prüfung der Umstände des Falles, soweit sie ihm zZ seines Einschreitens erkennbar sind (BGH **3**, 241, 243). Hat der Richter den Erlass eines Haftbefehls bereits abgelehnt, so schließt das die vorläufige Festnahme nach II wegen derselben Straftat aus, es sei denn, die früheren Ablehnungsgründe sind durch neue Umstände ausgeräumt (LG Frankfurt a. M. NStZ **08**, 591).

20 Zur **Durchführung** der vorläufigen Festnahme vgl oben 12ff. Die Grenzen der Festnahmemittel werden für Polizeibeamte nach hM durch das Polizeirecht, insbesondere die Landesgesetze über die Anwendung unmittelbaren Zwangs bestimmt (Bay **88**, 72 = NStZ **88**, 519 mit Anm Molketin NStZ **89**, 188; Karlsruhe NJW **74**, 806, 807; Koblenz VRS **54**, 357; **aM** Borchert JA **82**, 346, der mit Rücksicht auf § 6 **EGStPO** nur das UZwG des Bundes für anwendbar hält; Schmidt/Schöne NStZ **94**, 218 leiten die Befugnis zum Zwangsmitteleinsatz direkt aus II her; ausführlich zur Problematik unter Ablehnung der hM SK-Paeffgen 28ff). Die Wohnung des Verdächtigen darf durchsucht werden, wenn konkrete Anhaltspunkte dafür bestehen, dass er dort aufzufinden ist (Kaiser NJW **80**, 876).

21 **4)** Das **Fehlen des Strafantrags** (III), der Ermächtigung oder des Strafverlangens hindert die vorläufige Festnahme ebenso wenig wie den Erlass eines Haftbefehls (§ 130). Nur wenn die Beseitigung des vorläufigen Prozesshindernisses, zB wegen Ablaufs der Antragsfrist, wegen Verzichts auf die Antragstellung oder wegen Zurücknahme des Antrags, rechtlich nicht möglich oder wenn unwahrscheinlich ist, dass der Antrag gestellt wird, muss die vorläufige Festnahme unterbleiben (Geerds GA **82**, 238ff). Für I hat das praktisch keine Bedeutung (vgl LR-Hilger 49).

22 Wegen eines **Privatklagedelikts** darf ein Haftbefehl erst erlassen werden, wenn die **StA** nach §§ 376, 377 die Verfolgung übernommen hat (5 zu § 384). Gleichwohl ist die vorläufige Festnahme nach I nicht nur zur Identifizierung, sondern auch wegen Fluchtverdachts zulässig (KK-Schultheis 47; Geerds GA **82**, 239, 248 ff; **aM** SK-Paeffgen 35; Hilger Fezer-FS 581). Der Beschuldigte ist dann aber in dem Verfahren nach § 128 auf freien Fuß zu setzen, wenn die StA nicht sofort erklärt, dass sie die Verfolgung übernimmt. Entsprechendes gilt für die vorläufige Festnahme durch Polizeibeamte nach II (KK-Schultheis aaO; Geerds aaO, 249).

22a **5) Pflichten für StA und Polizei**: Durch IV ist bestimmt, dass ebenso wie bei einer Verhaftung (§ 114) die Pflicht zur Information des Beschuldigten über den Grund der vorläufigen Festnahme (§ 114 a) erfolgen und er entspr § 114 b belehrt werden muss sowie gemäß § 114 c Benachrichtigungen vorgenommen werden müssen. Damit werden auch bei einer vorläufigen Festnahme die Verteidigungsrechte des Beschuldigten gewahrt (dazu eingehend Weider StV **10**, 102).

23 **6) Anfechtung:** Wenn der Betroffene die Festnahme selbst beanstanden will, gilt § 128; danach hat der Richter nur über die Fortdauer der Freiheitsentziehung zu entscheiden (dort 12). Über die Rechtmäßigkeit einer beendeten vorläufigen Festnahme nach II entscheidet entspr § 98 II der mit der Sache befasste Richter (BGH **44**, 171 mwN); die abweichende Meinung, die § 23 EGGVG anwenden wollte, ist durch die neuere Rspr überholt. Dasselbe wird nun (entgegen früherer Auffassung: BVerwG **47**, 255 = NJW **75**, 893; Brandenburg OLG-NL **95**, 190) auch gelten müssen, wenn es um die Art und Weise des Vollzugs der Festnahme geht (vgl 23 zu § 98; 17 zu § 105; 10 zu § 23 EGGVG).

24 **7) Immunität:** Die vorläufige Festnahme steht der Verhaftung iS des Art 46 II GG gleich (Maunz/Dürig 50 zu Art 46 GG; KK-Schultheis 46). Sie ist daher ohne Genehmigung des Parlaments nur zulässig, wenn der Abgeordnete auf frischer Tat betroffen wird, nach Verfolgung auf frischer Tat nur, wenn die Festnahme im Laufe des Tages nach der Tat gelingt. Die vorläufige Festnahme zur Identitätsfeststellung ist ohne Einschränkung zulässig (**aM** LR-Hilger 4; RG **59**, 113).

25 **8)** Die Geltung des § 127 I S 1 zur **Festnahme von Piraterieverdächtigen** auf Hoher See bejaht Esser ZIS **09**, 771, verneint aber für Soldaten der Marine die Anwendung des § 127 II.

Freilassung gegen Sicherheit **RiStBV 60**

127a **I Hat der Beschuldigte im Geltungsbereich dieses Gesetzes keinen festen Wohnsitz oder Aufenthalt und liegen die Voraussetzungen eines Haftbefehls nur wegen Fluchtgefahr vor, so kann davon abgesehen werden, seine Festnahme anzuordnen oder aufrechtzuerhalten, wenn**

1. **nicht damit zu rechnen ist, dass wegen der Tat eine Freiheitsstrafe verhängt oder eine freiheitsentziehende Maßregel der Besserung und Sicherung angeordnet wird und**
2. **der Beschuldigte eine angemessene Sicherheit für die zu erwartende Geldstrafe und die Kosten des Verfahrens leistet.**

II § 116 a Abs. 1 und 3 gilt entsprechend.

1 **1)** Eine **Ergänzung des § 127 II** enthält die (ihrerseits durch § 132 ergänzte) Vorschrift. Unter den Voraussetzungen des I kann der Beschuldigte ohne Mitwirkung eines Richters von den in § 127 II bezeichneten Polizeibeamten, auch wenn sie nicht Ermittlungspersonen der StA sind, von der vorläufigen Festnahme gegen Sicherheitsleistung verschont, aber auch von dem Richter, dem er nach § 128 vorgeführt worden ist, entlassen werden (LR-Hilger 11). Dadurch sollen vor allem durchreisende Ausländer, die in der BRep eine geringfügige Straftat begangen haben, die Möglichkeit erhalten, die Festnahme abzuwenden.

2) Für **Beschuldigte ohne festen Wohnsitz** oder ohne festen Aufenthalt in der BRep gilt I, nach seinem Sinn aber nur für Ausländer, nicht für nicht sesshafte Bürger der BRep (LR-Hilger 3; **aM** KK-Schultheis 2). Zu den Begriffen Wohnsitz und gewöhnlicher Aufenthalt vgl 1, 3 zu § 8. Fester Wohnsitz und fester Aufenthalt (vgl § 113 II Nr 2) setzen die Niederlassung oder das Verbleiben für eine längere Zeit voraus, als sie für Besuch, Erholung oder vorübergehende berufliche Zwecke aufgewendet zu werden pflegt (erg 6 zu § 113). 2

3) Voraussetzungen für die Freilassung: 3

A. Nur der **Haftgrund der Fluchtgefahr** (§ 112 II Nr 2) darf vorliegen. Besteht nur oder auch Verdunkelungsgefahr (§ 112 II Nr 3), so ist I unanwendbar, ebenso, wenn nur die Voraussetzungen des § 126a vorliegen. 4

B. Ferner dürfen **keine Freiheitsstrafe** und keine freiheitsentziehende Sicherungsmaßregel zu erwarten sein (I Nr 1), auch kein Jugendarrest nach § 16 JGG. Dass neben der zu erwartenden Geldstrafe andere Maßnahmen, zB Fahrverbot, Entziehung der Fahrerlaubnis, Verfall oder Einziehung, zu erwarten sind, hindert die Freilassung nicht (LR-Hilger 6). 5

C. Eine **angemessene Sicherheit** muss der Beschuldigte leisten (I Nr 2). Der Polizeibeamte oder Richter bemisst sie unter Zugrundelegung der Strafzumessungspraxis der Gerichte (KK-Schultheis 5) so, dass sie voraussichtlich die Geldstrafe und die Kosten des Verfahrens (§ 464a I) deckt; andere Maßnahmen (oben 5) dürfen nicht berücksichtigt werden (LR-Hilger 6, 8). Für die Art der Sicherheitsleistung gilt § 116a I entspr (II). Die Sicherheit kann auch durch Dritte geleistet werden, zB durch Konsulate, Kraftfahrverbände, Banken, Versicherungsgesellschaften. Die Sicherheit und die dazu gehörenden Belege werden von der Behörde, der der anordnende Beamte angehört, an die StA weitergegeben, die dafür sorgt, dass die Sicherheit bei der Strafvollstreckung wie eine gepfändete Sache behandelt wird. 6

D. Einen **Zustellungsbevollmächtigten** (II) muss der Beschuldigte entspr § 116a III bestellen (dort 5ff). Der Bevollmächtigte, der im Bezirk des zuständigen Gerichts wohnen (KMR-Wankel 8; Geppert GA **79**, 295; **aM** gegen den Wortlaut des § 116a III: Düsseldorf JMBlNW **86**, 249; LR-Hilger 10; SK-Paeffgen 6; Dünnebier NJW **68**, 1754), handlungsfähig (Einl 98) und mit dem Auftrag einverstanden sein muss (Düsseldorf aaO; Zweibrücken VRS **53**, 280), kann ein RA, ein Verwandter oder Bekannter des Beschuldigten sein, aber auch ein Spediteur, ein Vertreter eines Automobilklubs, auch ein Beamter der Strafverfolgungsbehörde, sogar der Beamte, der den Beschuldigten gestellt hat und die Anordnung trifft (Geppert GA **79**, 295 Fn 51; **aM** KK-Schultheis 6: nicht sachgerecht), nicht aber eine Behörde oder eine exterritoriale Person (Botschafts- oder Konsulatsangehöriger). 7

Die **Zustellungsvollmacht** muss schriftlich erteilt und zu den Akten genommen werden, ebenso, wenn das möglich ist, die Einverständniserklärung des Bevollmächtigten (Karlsruhe StV **07**, 571). Es genügt aber, dass sie festgestellt und aktenkundig gemacht ist (Zweibrücken aaO). Notfalls kann der Beamte daher das Einverständnis telefonisch einholen und das in den Akten vermerken. § 145a I gilt entspr (Bay **88**, 134 = JR **90**, 36 mit zust Anm Wendisch). 8

4) Weiteres Verfahren: Hat der Beschuldigte die Sicherheit hinterlegt und einen Zustellungsbevollmächtigten mit dessen Einverständnis bestellt, so wird die vorläufige Festnahme (§ 127 II) nicht angeordnet oder nicht aufrechterhalten. Der Beschuldigte kann das Gebiet der BRep verlassen. Der Strafbefehl oder, falls eine Hauptverhandlung stattfindet, die Ladung, wird dem Zustellungsbevollmächtigten zugestellt (vgl § 145a II S 2). Die Sicherheit wird als Vorschuss auf die in dem Strafbefehl oder Urteil festgesetzte Geldstrafe und die Verfahrenskosten behandelt; §§ 123 II, III und 124 sind nicht anzuwenden. Eine in Bargeld geleistete Sicherheit wird also einfach auf die Geldstrafe und die Kosten verrechnet. Ein sie über- 9 steigender Betrag wird erstattet. Ist die Sicherheit in Form einer Bürgschaft geleistet worden, so wird der Anspruch gegen den Bürgen geltend gemacht.

Vorläufige Festnahme und Hauptverhandlungshaft

127b I **[1]Die Staatsanwaltschaft und die Beamten des Polizeidienstes sind zur vorläufigen Festnahme eines auf frischer Tat Betroffenen oder Verfolgten auch dann befugt, wenn**

1. **eine unverzügliche Entscheidung im beschleunigten Verfahren wahrscheinlich ist und**
2. **auf Grund bestimmter Tatsachen zu befürchten ist, dass der Festgenommene der Hauptverhandlung fernbleiben wird. [2]Die §§ 114a bis 114c gelten entsprechend.**

II **[1]Ein Haftbefehl (§ 128 Abs. 2 Satz 2) darf aus den Gründen des Absatzes 1 gegen den der Tat dringend Verdächtigen nur ergehen, wenn die Durchführung der Hauptverhandlung binnen einer Woche nach der Festnahme zu erwarten ist. [2]Der Haftbefehl ist auf höchstens eine Woche ab dem Tage der Festnahme zu befristen.**

III **Über den Erlass des Haftbefehls soll der für die Durchführung des beschleunigten Verfahrens zuständige Richter entscheiden.**

1 **1) Zweck der Regelung:** Die 1997 neu in die StPO eingefügte Vorschrift soll – wie bereits das Verbrechensbekämpfungsgesetz vom 28. 10. 1994 (BGBl I 3186) – StA und AG zu einer stärkeren Nutzung des beschleunigten Verfahrens (§§ 417ff) veranlassen, indem sie die Möglichkeit schafft, Täter vorläufig festzunehmen, auch wenn die Voraussetzungen des § 127 I oder II nicht vorliegen, und einen (zeitlich befristeten) Haftbefehl zu erlassen, auch wenn dies nach §§ 112ff nicht möglich wäre. Sie zielt damit auf „reisende Straftäter", Wohnungslose, Ausländer (Scheffler NJW **94**, 2192), also insgesamt auf Personen, bei denen entweder aus sozialen Gründen oder aus Gründen, die in ihrer Persönlichkeit liegen, zu befürchten ist, dass sie einer beschleunigt anberaumten Hauptverhandlung fernbleiben würden (Wächtler StV **94**, 160). Daher kann sozusagen „vorsorglich" die (befristete) Haft angeordnet werden (Neumann StV **94**, 276; Wächtler aaO).

2 Wie schon gegen das gesamte beschleunigte Verfahren (vgl 3ff vor § 417) bestehen auch gegen diese Neuregelung rechtliche **Bedenken** (Meyer-Goßner ZRP **00**, 348; Stintzing/Hecker NStZ **97**, 569ff; abl auch SK-Paeffgen 8ff; Hartenbach ZRP **97**, 227; Herzog StV **97**, 215; Volk StP § 33, 12; zur verfassungsrechtlichen Problematik Grasberger GA **98**, 530; der Regelung zust aber Fülber, Die Hauptverhandlungshaft, 2000, zugl Diss Bochum): Da das beschleunigte Verfahren nur in Fällen der kleineren und mittleren Kriminalität anwendbar ist (höchstmögliche Freiheitsstrafe nach § 419 II: 1 Jahr), wird hiermit gerade in leichteren Fällen die Möglichkeit einer Verhaftung eröffnet, die in schwerer wiegenden Fällen nicht gegeben ist (vgl auch Asbrock StV **97**, 43; Scheffler aaO). Im Übrigen war eine Verhaftung bisher nach § 230 II nur bei erfolgtem Fernbleiben von der Hauptverhandlung zulässig und dies auch nur dann, wenn der Erlass eines Vorführungsbefehls nicht genügte (19 zu § 230); nunmehr ist die einschneidende Maßnahme der Verhaftung bereits auf den bloßen Verdacht hin, der Beschuldigte könne der Hauptverhandlung fernbleiben, möglich (Neumann aaO). Giring (Haft und Festnahme gemäß § 127b StPO im Spannungsfeld von Effektivität und Rechtsstaatlichkeit, 2005, zugl Diss Saarbrücken 2002/2003) fordert zu Recht die „umgehende und ersatzlose Streichung" der Vorschrift (S 424); ebenso Wenske NStZ **09**, 63, 67, der „10 Jahre Hauptverhandlungshaft" untersucht hat und zu dem Ergebnis gelangt, dass die „rechtspraktische Bedeutung" es nicht rechtfertige, an einer „de facto leer laufenden, aber tiefe Grundrechtseingriffe legitimierenden Vorschrift festzuhalten".

Schließlich ist sehr zu **bezweifeln, ob** die Hauptverhandlungshaft **überhaupt sinnvoll** ist (so auch Stintzing/Hecker aaO; Volk StP § 10, 69): Der Richter erhält dadurch zwar etwas mehr Zeit für die Ansetzung der Hauptverhandlung im beschleunigten Verfahren, erkauft dies aber mit der Notwendigkeit einer weiteren Anhörung des Beschuldigten in derselben Woche (nach III sollen Haftrichter und Richter der Hauptverhandlung identisch sein); bei Antrag auf Haftprüfung oder Haftbeschwerde ergeben sich aufwändige Zwischenverfahren (1 ff zu § 117). Da die Anordnung der Hauptverhandlungshaft in der Praxis ohnehin nur funktionieren kann, wenn hierfür jeweils ein StA und ein Richter bereitstehen (dazu unten 9), erscheint es sinnvoller, das beschleunigte Verfahren – bei dem der Sachverhalt einfach oder (dh idR aber *und*) die Beweislage klar sein müssen (16 zu § 417) – sogleich nach Vorführung des Beschuldigten (§ 418 II S 1) durchzuführen und hiermit nicht einige Tage zu warten. 3

2) Vorläufige Festnahme: 4

A. **Tat** iSd I ist jede Straftat (nicht eine OWi) eines Heranwachsenden oder Erwachsenen, nicht eines Jugendlichen (wegen § 79 **JGG:** beschleunigtes Verfahren gegen Jugendliche unzulässig) oder eines Kindes (3 a zu § 127), für die keine höhere Strafe als Geldstrafe oder Freiheitsstrafe bis zu 1 Jahr zu erwarten ist; auch die Anordnung einer Maßregel der Besserung und Sicherung mit Ausnahme der Entziehung der Fahrerlaubnis darf nicht in Betracht kommen (vgl § 419 I). Versuch der Straftat genügt (3 zu § 127). 5

B. **Auf frischer Tat betroffen oder verfolgt** muss die Person sein. Hierzu gelten die Ausführungen 5 und 6 zu § 127 entspr. 6

C. **Zur Festnahme berechtigt** sind anders als in § 127 nur StA und Beamte des Polizeidienstes, die nicht Ermittlungspersonen der StA zu sein brauchen. Allerdings ist es möglich, gegen einen nach § 127 I oder II vorläufig Festgenommenen unter den Voraussetzungen von I Nr 1 und 2 einen Haftbefehl nach II zu erlassen. 7

D. **Festnahmegründe** sind die in I Nr 1 und 2 aufgeführten, die kumulativ vorliegen müssen: 8

a) Die unverzügliche **Entscheidung im beschleunigten Verfahren** (§§ 417 ff) muss **wahrscheinlich** sein; unverzüglich ist in Verbindung mit II dahin auszulegen, dass die Hauptverhandlung binnen einer Woche stattfindet. Unverzügliche Entscheidung im Normalverfahren genügt auch dann nicht, wenn in diesem auf die Einhaltung aller Fristen (§§ 201 I, 217, 218) verzichtet wird. Ob eine unverzügliche Entscheidung im beschleunigten Verfahren wahrscheinlich ist, wird für StA und Polizei aber nur dann abzusehen sein, wenn zur Durchführung dieses Verfahrens ein Richter bereitsteht; denn ob der normalerweise zuständige Richter am AG bereit und in der Lage sein wird, innerhalb einer Woche ein beschleunigtes Verfahren durchzuführen, ist für StA und Polizei nicht absehbar, da diesen ja die Belastung des Richters nicht bekannt ist, falls sie sich nicht mit dem jeweils zuständigen Richter absprechen wollen und können (Keller/Schairer Polizei **97**, 312). IdR wird das Verfahren daher nur in Großstädten praktikabel sein (vgl auch Hellmann NJW **97**, 2149). 9

b) **Befürchtung des Fernbleibens** in der Hauptverhandlung bedeutet, dass die Möglichkeit des Ausbleibens ernsthaft in Betracht kommen muss (Hellmann NJW **97**, 2147; **aM** SK-Paeffgen 21: hohe Wahrscheinlichkeit erforderlich). Das Gesetz verlangt insoweit „bestimmte Tatsachen". Diese festzustellen, wird regelmäßig schwierig sein (ebenso LR-Hilger 14). Zu denken ist in 1. Linie daran, dass der Betroffene schon früher einer Hauptverhandlung ferngeblieben ist oder dass ihm mangels festen Wohnsitzes eine Ladung nicht zugestellt werden kann, wobei auch die Anwendung der §§ 127 a, 132 ausgeschlossen sein muss. 10

E. Zur **Festnahme** gelten die Ausführungen 12 ff zu § 127 mit der Maßgabe entspr, dass die auf Privatpersonen bezüglichen Erörterungen entfallen (oben 7). Da I eine vorläufige Bewertung durch die StA und die Polizei hinsichtlich der 11 unverzüglichen Entscheidung im beschleunigten Verfahren und der Befürchtung des Fernbleibens voraussetzt und gestattet, darf sich der Betroffene gegen die vorläufige Festnahme auch dann nicht zur Wehr setzen, wenn er hinsichtlich der unverzüglichen Durchführung der Hauptverhandlung berechtigte Bedenken hat oder bereit ist, zum Hauptverhandlungstermin zu erscheinen. Auch hierin zeigt sich aber die Fragwürdigkeit der Vorschrift.

12 F. **Fehlen des Strafantrages:** Zwar enthält § 127b insoweit keine ausdrückliche Regelung; da es sich hierbei aber um einen weiteren Anwendungsfall einer vorläufigen Festnahme handelt und die Interessenlage gleich ist, kann § 127 III entspr angewendet werden (vgl 21 zu § 127; erg aber unten 19).

12a G. Die Bestimmungen über die **Informations-, Belehrungs- und Benachrichtigungspflichten** nach §§ 114a–114c gelten auch hier (I S 2).

13 **3) Erlass eines Haftbefehls:**

14 A. **Vorführung vor den Richter:** Es gilt § 128 mit der Besonderheit, dass der Festgenommene nicht dem sonst für vorläufige Festnahmen zuständigen Haftrichter, sondern nach III dem Richter vorgeführt werden soll, der für die Hauptverhandlung zuständig sein wird (zur Praktikabilität dieser Bestimmung vgl oben 3). Nur „in begründeten Ausnahmefällen" (BT-Drucks 13/2576 S 3) soll hiervon unter Berücksichtigung der örtlichen Gegebenheiten abgesehen werden dürfen.

15 B. Für die **Vernehmung durch den Richter** ist über § 128 I S 2 auch hier § 115 III anzuwenden (vgl 7 zu § 128; 6ff zu § 115).

16 C. **Freizulasssen** ist der Beschuldigte, wenn die Durchführung der Hauptverhandlung nicht binnen einer Woche nach der Festnahme zu erwarten ist (II S 1); hierüber sollten sich StA und Polizei mit dem Richter allerdings schon vorher verständigt haben (oben 9). Darüber hinaus muss die Freilassung aber auch dann erfolgen, wenn selbst eine nur wenige Tage dauernde Haft unverhältnismäßig wäre (§ 112 I S 2 gilt auch hier), weil zB nur eine geringfügige Geldstrafe zu erwarten ist (**aM** Keller Kriminalistik **98**, 679). Schließlich muss nicht nur hinreichender (2 zu § 203), sondern dringender Tatverdacht (5 zu § 112) bestehen (LR-Hilger 8; Hellmann NJW **97**, 2146, der im Übrigen [S 2148] die Hauptverhandlungshaft auch dann für unzulässig hält, wenn durch eine Vorführung die Anwesenheit des Beschuldigten in der Hauptverhandlung sichergestellt werden kann).

17 D. **Haftbefehl:**

18 a) **Binnen einer Woche** muss die Durchführung der Hauptverhandlung zu erwarten sein; deshalb ist der Haftbefehl auf höchstens eine Woche ab dem Tage der Festnahme – nicht dem des Haftbefehlerlasses – zu befristen. Für die Berechnung der Frist gilt § 43 I (**aM** SK-Paeffgen 18: Einbeziehung des fristauslösenden Tages); § 43 II ist nicht anwendbar, so dass bei Festnahme an einem Sonntag die Frist auch am nächsten Sonntag abläuft. Lässt sich der Tag der Hauptverhandlung wie idR schon bei Haftbefehlserlass bestimmen, ist der Haftbefehl bis dahin zu begrenzen. Wird die Hauptverhandlung über die im Haftbefehl bestimmte Zeit durch Unterbrechung ausgedehnt oder muss sie ausgesetzt werden (§ 228 I), ist der Angeklagte freizulassen. Der Haftbefehl wird damit gegenstandslos; einer Aufhebung bedarf es nicht (**aM** LR-Hilger 15: deklaratorische Aufhebung). Wird der Angeklagte rechtskräftig zu einer Freiheitsstrafe ohne Bewährung verurteilt, kann sogleich die Strafvollstreckung eingeleitet werden (§§ 449ff); ein „automatischer" Übergang von Hauptverhandlungs- in Strafhaft, wie bei der UHaft (vgl 15 zu § 120), erfolgt hier aber nicht.

19 b) Die **Anordnung der Haft** setzt weder Flucht- noch Verdunkelungs- noch Wiederholungsgefahr, sondern nur die Befürchtung des Fernbleibens in der Hauptverhandlung (oben 10) voraus (Hellmann NJW **97**, 2147); §§ 112, 112a, 113 gelten insoweit nicht. Dagegen sind §§ 114ff anwendbar. Auch die Außervoll-

zugsetzung des Haftbefehls soll nach dem Willen des Gesetzgebers (vgl BT-Drucks 13/2576 S 3) zulässig sein, obwohl § 116 einen wegen Fluchtgefahr (§ 116 I), Verdunkelungsgefahr (§ 116 II) oder Wiederholungsgefahr (§ 116 III) erlassenen Haftbefehl voraussetzt; entspr § 116 ist die Außervollzugsetzung eines nach II erlassenen Haftbefehls demnach möglich, wenn durch geeignete Maßnahmen das Erscheinen des Beschuldigten in der – auch dann binnen einer Woche durchzuführenden – Hauptverhandlung sichergestellt werden kann. Eine Wiederinvollzugsetzung des Haftbefehls bei Nichterscheinen des Beschuldigten in der Hauptverhandlung kann aber nur dann erfolgen, wenn die im Haftbefehl bestimmte Frist noch nicht abgelaufen und die erneute Ansetzung der Hauptverhandlung in der Frist möglich ist. Falls eine Freiheitsstrafe von mindestens 6 Monaten zu erwarten ist, muss dem unverteidigten Beschuldigten sogleich ein Verteidiger beigeordnet werden (§ 418 IV). Bei Fehlen des Strafantrags gilt § 130 entspr (vgl dort und oben 12); die nach jener Bestimmung zu setzende Frist muss aber noch mindestens einen Tag geringer als die nach I S 2 bestimmte sein, da mit der Hauptverhandlung ohne Vorliegen eines Strafantrages sinnvollerweise nicht begonnen werden kann.

4) **Anfechtung:** 20

A. Zur Überprüfung der **vorläufigen Festnahme** nach I vgl 23 zu § 127. 21

B. Gegen den **Haftbefehl** sind die gleichen Rechtsbehelfe gegeben wie bei Anordnung der UHaft nach §§ 112 ff, also Antrag auf Haftprüfung und Haftbeschwerde (vgl §§ 117 ff). Hierüber ist der Beschuldigte zu belehren (§ 115 IV). Wird Haftbeschwerde eingelegt, ist wegen der Wochenfrist nach II S 2 die Anlegung von Doppelakten unumgänglich (2 zu § 160). Zur Anfechtung, falls der Haftbefehl vor der Entscheidung des LG wegen Fristablaufs gegenstandslos geworden ist, vgl 17 ff vor § 296; KK-Schultheis 21. 22

Weiteres Verfahren **RiStBV 51**

128 I [1] **Der Festgenommene ist, sofern er nicht wieder in Freiheit gesetzt wird, unverzüglich, spätestens am Tage nach der Festnahme, dem Richter bei dem Amtsgericht, in dessen Bezirk er festgenommen worden ist, vorzuführen.** [2] **Der Richter vernimmt den Vorgeführten gemäß § 115 Abs. 3.**

II [1] **Hält der Richter die Festnahme nicht für gerechtfertigt oder ihre Gründe für beseitigt, so ordnet er die Freilassung an.** [2] **Andernfalls erlässt er auf Antrag der Staatsanwaltschaft oder, wenn ein Staatsanwalt nicht erreichbar ist, von Amts wegen einen Haftbefehl oder einen Unterbringungsbefehl.** [3] **§ 115 Abs. 4 gilt entsprechend.**

1) Das **Verfahren nach der vorläufigen Festnahme** nach § 127 I, II (nicht zur Feststellung der Identität nach § 127 I S 2) regelt § 128 für den Fall, dass die öffentliche Klage noch nicht erhoben worden ist. Die Vorschrift wird durch § 129 ergänzt. In beiden Vorschriften wird vorausgesetzt, dass noch kein Haftbefehl erlassen ist oder dass sein Erlass der Polizei bei der Festnahme nach § 127 II unbekannt war (LR-Hilger 4); andernfalls gelten die §§ 115, 115 a. Zur Benachrichtigung seines Konsulats bei Festnahme eines Ausländers vgl 14 zu § 163 c, 9 zu § 114 b. 1

2) **Freizulassen** ist der vorläufig Festgenommene, wenn er nicht innerhalb der Frist des I S 1 dem Richter vorgeführt werden kann oder wenn sich schon vorher ergibt, dass die Festnahmegründe nicht oder nicht mehr bestehen. Die Frist des I S 1 darf dann nicht abgewartet werden (vgl Frankfurt SJZ **50**, 53). Die Anordnung der Freilassung steht vor der Vorführung nur der StA oder Polizei zu, nicht etwa dem Richter nach telefonischer Unterrichtung über den Fall; er ist erst zuständig, nachdem ihm der Festgenommene vorgeführt worden ist (KK-Schultheis 2). Selbst dann kann aber die StA noch die Freilassung anordnen, solange kein Haft- oder Unterbringungsbefehl erlassen worden ist (KK-Schultheis 10). 2

3 3) **Vorführung vor den Richter** (I):

4 A. Die **Vorführung** ist erforderlich, wenn der Festgenommene weder freigelassen noch nach § 127a mit der Festnahme verschont wird. IdR führt die Polizei den Festgenommenen vor, nachdem sie ihn vernommen hat (§ 163a IV), ausnahmsweise eine Privatperson nach § 127 I S 1. Sie braucht den Festgenommenen nicht unmittelbar zu einem Richter zu bringen, sondern kann ihn auch bei dem nächsten Polizeirevier abliefern, dessen Beamte ihn dann entweder freilassen oder dem Richter vorführen. Wird der Festgenommene zunächst einer JVA zugeführt, so sorgt deren Leiter für die Vorführung vor den Richter (vgl UVollzO 86).

5 Die Vorführung erfolgt nach I S 1 vor das **AG des Festnahmeortes.** Die Vorführung vor das nach § 125 I zuständige Gericht wird dadurch aber nicht ausgeschlossen (Celle JZ **56**, 125). In Staatsschutzsachen nach § 120 I, II GVG ist der Festgenommene nach Möglichkeit dem Ermittlungsrichter nach § 169 vorzuführen. Jugendliche und Heranwachsende können dem zuständigen Jugendrichter vorgeführt werden (§ 34 I **JGG**). Ist der Festgenommene erkrankt, so muss er mindestens symbolisch, dh durch Vorlegung der Akten, vorgeführt werden (RiStBV 51).

6 **Unverzüglich** (8 zu § 25) muss die Vorführung erfolgen, spätestens am Tage nach der Festnahme, dh mit Ablauf dieses Tages, auch wenn er ein Sonnabend, Sonn- oder Feiertag ist. Diese Frist des I S 1, die mit der des Art 104 III S 1 GG übereinstimmt, ist die äußerste Frist (BGH NStE Nr 3); sie darf nicht zur Regel gemacht (LG Hamburg StraFo **09**, 283; Dvorak StV **83**, 514) und somit – weil der Grundsatz des Art 104 II S 2 GG zu beachten ist – nur ausgenutzt werden, wenn eine frühere Vorführung aus sachlichen Gründen nicht möglich ist (BVerfG 2 BvR 2520/07 vom 4. 9. 2009). Landesverfassungen können nicht wirksam kürzere Fristen bestimmen (Koblenz OLGSt Nr 1; **aM** SK-Paeffgen 5). Die Dauer einer anderweitigen Freiheitsentziehung ohne richterliche Entscheidung ist nach Art 104 II GG in die Vorführungsfrist einzurechnen (BGH **34**, 365 = NStZ **88**, 233 mit Anm R. Hamm). Die Ermittlungsbehörde ist – anders als bei § 115 (dort 4) – nicht gehindert, vor der (fristgerechten) Vorführung notwendige Ermittlungen vorzunehmen (BGH NStZ **90**, 195 = JR **91**, 84 mit Anm Fezer; KK-Schultheis 5; krit Deckers NJW **91**, 1155; Nelles StV **92**, 389; Paeffgen NStZ **92**, 533; Rüping Hirsch-FS 970).

7 B. Die **richterliche Vernehmung** (II S 2) richtet sich nach § 115 III (dort 6ff). Sie ist entbehrlich, wenn schon der Festnahmebericht das Fehlen von Haftgründen ergibt oder wenn ein Antrag der StA nach § 120 III S 1 vorliegt. Sonst muss sie frühzeitig vorbereitet werden, da StA und Verteidiger nach § 168c I, V vom Termin benachrichtigt werden müssen (9 zu § 115). Die Vernehmung muss so rechtzeitig stattfinden, dass die Entscheidung spätestens am Tage nach der Festnahme erfolgen kann (unten 13).

8 4) **Entscheidung des Gerichts** (II):

9 A. **Beteiligung der StA:** Wie im Fall des § 125 I ist grundsätzlich die StA zu beteiligen (Kaiser NJW **69**, 1097); denn nach II S 2 hängt der Erlass eines Haftbefehls idR von einem Antrag der StA ab (Naumburg StraFo **07**, 240, 241: nicht ausreichend durch die Polizei „im Auftrag der StA"). Der Richter muss die StA aber nach § 33 II auch anhören, wenn er den Festgenommenen freilassen will. Sie muss daher von jeder Vorführung unterrichtet werden. Das besorgt zweckmäßigerweise schon die Polizei durch Aktenvorlage, fernschriftlich oder telefonisch. Liegen dem StA die Akten nicht vor, so kann er die Polizeibehörde beauftragen, seinen Antrag in den Akten zu vermerken, die dem AG vorzulegen sind. Ist erkennbar, dass das Ermittlungsverfahren schon von einer StA betrieben wird, so ist möglichst diese StA zu beteiligen, sonst die für den Bezirk der Festnahme zuständige StA. In Staatsschutzsachen wird die für die Sache zuständige StA beteiligt (§§ 74a, 120, 142a GVG).

Bei **Nichterreichbarkeit der StA** – worüber ein Aktenvermerk zu fertigen ist (Naumburg aaO) – ist der Richter berechtigt und verpflichtet, von Amts wegen einen Haft- oder Unterbringungsbefehl zu erlassen, wenn die Voraussetzungen dafür gegeben sind. Unerreichbar ist die StA, wenn sie nicht rechtzeitig vor Ablauf der Vorführungsfrist, auch nicht telefonisch oder durch Fernschreiben, gehört werden kann (LR-Hilger 16; erg 3 zu § 165), aber auch, wenn sie infolge ungenügender Unterrichtung nicht in der Lage ist, zu der Frage der Verhaftung oder einstweiligen Unterbringung Stellung zu nehmen (KK-Schultheis 12). 10

Ist der StA erreichbar, so steht die **fehlende Antragstellung** dem Erlass eines Haft- oder Unterbringungsbefehls entgegen. Wird er gleichwohl erlassen, so ist er zwar nicht unwirksam; die StA kann aber nach § 120 III S 1 seine Aufhebung verlangen. Wenn das Gericht einen Antrag der StA auf Erlass eines Haft- oder Unterbringungsbeschlusses ablehnt, muss es einen mit Gründen versehenen (§ 34) Beschluss erlassen, den die StA mit der Beschwerde nach § 304 I anfechten kann. 11

B. **Entscheidungsmöglichkeiten:** Der Richter hat die Rechtmäßigkeit der vorläufigen Festnahme nicht zu prüfen; er entscheidet nur über die Fortdauer der Freiheitsentziehung. Er kann den Festgenommenen freilassen, nach § 127 a mit der Festnahme verschonen (dort 1) oder einen Haft- oder Unterbringungsbefehl erlassen (§§ 112 ff, 126 a); den Vollzug des Haftbefehls kann er zugleich nach § 116 aussetzen. Nach II S 3 gilt wegen der Rechtsbehelfsbelehrung § 115 IV entspr (dort 12). 12

C. Über den **spätesten Zeitpunkt der Entscheidung** bestimmt § 128 nichts. Im Fall des § 129 Hs 2 ist spätestens am Tage nach der Festnahme zu entscheiden. Das muss auch für § 128 gelten, da in beiden Fällen insoweit nur eine einheitliche Regelung denkbar ist (KK-Schultheis 7; LR-Hilger 11; Rüping Hirsch-FS 970; **aM** KMR-Wankel 4; zw Frankfurt NJW **00**, 2037, dazu zu Recht abl Gubitz NStZ **01**, 253, Paeffgen NStZ **01**, 81 und Schaefer NJW **00**, 1996). Ist die vollständige schriftliche Abfassung des Haft- oder Unterbringungsbefehls nicht rechtzeitig möglich, so reicht es aus, dass dem Betroffenen sein wesentlicher Inhalt zunächst mündlich bekanntgemacht wird. Die vollständige Abfassung und Übergabe des Haftbefehls an ihn (§ 114 a), bei Unterbringungsbefehl auch an den gesetzlichen Vertreter oder Bevollmächtigten (§ 126 a IV), kann dann nachgeholt werden. Nicht aufschiebbar ist aber die Benachrichtigung nach § 114 c. 13

Vorführung nach der Klageerhebung

129 **Ist gegen den Festgenommenen bereits die öffentliche Klage erhoben, so ist er entweder sofort oder auf Verfügung des Richters, dem er zunächst vorgeführt worden ist, dem zuständigen Gericht vorzuführen; dieses hat spätestens am Tage nach der Festnahme über Freilassung, Verhaftung oder einstweilige Unterbringung des Festgenommenen zu entscheiden.**

1) Das **Verfahren nach der vorläufigen Festnahme** durch Beamte der StA oder der Polizei nach § 127 II regelt § 129 für den Fall, dass bereits die öffentliche Klage erhoben ist (vgl erg 1 zu § 128). Wird der Festgenommene nicht freigelassen (2 zu § 128), so ist er sofort, dh unmittelbar durch den Festnehmenden, dem mit der Strafsache befassten Gericht vorzuführen, sofern das innerhalb der auch für § 129 geltenden Frist des § 128 I S 1 möglich ist (KK-Schultheis 2). Andernfalls ist er dem AG des Festnahmebezirks (§ 128 I S 1) oder dem nach § 125 I zuständigen AG (5 zu § 128) vorzuführen; die Wahl trifft nicht der Festgenommene, sondern der vorführende Beamte nach pflichtgemäßem Ermessen. Der Richter, dem der Festgenommene zunächst vorgeführt worden ist, kann seine Vorführung vor das mit der Sache befasste Gericht verfügen, wenn er entgegen der vorführenden Behörde der Ansicht ist, dass sie noch innerhalb der Frist des § 128 II S 1 bewerkstelligt werden kann. 1

2 **2) Entscheidung des Gerichts:** Spätestens am Tage nach der Festnahme, dh mit Ablauf dieses Tages (6 zu § 128), hat das Gericht über die Aufrechterhaltung der Freiheitsentziehung zu entscheiden (Hs 2).

3 Wird der Festgenommene rechtzeitig dem **mit der Sache befassten Gericht** vorgeführt, so entscheidet es, in dringenden Fällen der Vorsitzende allein (§§ 125 II S 2, 126a II S 1), innerhalb der Frist des Hs 2 über die Freilassung, Verhaftung oder einstweilige Unterbringung des Festgenommenen, nachdem es ihn vernommen hat. Die StA kann den Festgenommenen, anders als im Fall des § 128 (dort 2), nach der Vorführung nicht mehr auf freien Fuß setzen und auch nicht die Aufhebung des Haftbefehls erzwingen.

4 Wird der Festgenommene zunächst einem **anderen als dem mit der Sache befassten Gericht** vorgeführt, so ist auch dieses Gericht befugt, ihn freizulassen, wenn es, nachdem es ihn vernommen hat, die Voraussetzungen für den Erlass eines Haft- oder Unterbringungsbefehls nicht für gegeben erachtet. Hält es sie für gegeben, so darf es gleichwohl keinen Haft- oder Unterbringungsbefehl erlassen, sondern ist darauf beschränkt, den Schwebezustand der vorläufigen Festnahme aufrechtzuerhalten und dessen förmlichen Übergang in die UHaft oder einstweilige Unterbringung dem mit der Sache befassten Gericht zu überlassen, auch wenn die Entscheidung dieses Gerichts nicht innerhalb der Frist des Hs 2 herbeigeführt werden kann (LR-Hilger 6; **aM** KK-Schultheis 4; Schlüchter 261.5).

Haftbefehl bei Antragsdelikten **RiStBV 7**

130 [1] **Wird wegen Verdachts einer Straftat, die nur auf Antrag verfolgbar ist, ein Haftbefehl erlassen, bevor der Antrag gestellt ist, so ist der Antragsberechtigte, von mehreren wenigstens einer, sofort von dem Erlass des Haftbefehls in Kenntnis zu setzen und davon zu unterrichten, dass der Haftbefehl aufgehoben werden wird, wenn der Antrag nicht innerhalb einer vom Richter zu bestimmenden Frist, die eine Woche nicht überschreiten soll, gestellt wird.** [2] **Wird innerhalb der Frist Strafantrag nicht gestellt, so ist der Haftbefehl aufzuheben.** [3] **Dies gilt entsprechend, wenn eine Straftat nur mit Ermächtigung oder auf Strafverlangen verfolgbar ist.** [4] **§ 120 Abs. 3 ist anzuwenden.**

1 **1) Haftbefehl ohne Strafantrag:** Die vorläufige Festnahme wegen eines Antragsdelikts ist nach § 127 III schon vor Stellung des Strafantrags zulässig. Folgerichtig darf nach § 130 auch ein Haftbefehl erlassen werden, zunächst aber nur, um dem Antragsberechtigten Gelegenheit zu geben, die Prozessvoraussetzungen des Strafantrags zu schaffen. Beide Maßnahmen beruhen auf der Erwartung, dass das zunächst bestehende Verfahrenshindernis alsbald beseitigt wird. Steht von vornherein fest, dass kein Strafantrag gestellt werden kann (21 zu § 127) oder ist unwahrscheinlich, dass er gestellt wird, so ist ein Haftbefehl daher unzulässig (KK-Schultheis 2; Geerds GA **82**, 249 ff). Die Regelung des § 130 ist vor allem für den Fall gedacht, dass gegen den vorläufig festgenommenen Beschuldigten ein Haftbefehl erlassen und alsbald vollzogen wird. Sie gilt aber auch, wenn der Vollzug des Haftbefehls nach § 116 ausgesetzt worden ist, und in den (seltenen) Fällen, in denen zunächst der Haftbefehl wegen des Antragsdelikts erlassen und der Beschuldigte erst dann zur Festnahme gesucht wird (KK-Schultheis 1). Denn wenn und solange der Strafantrag fehlt, muss nicht nur die Freiheitsentziehung auf Grund eines Haftbefehls auf das mögliche Mindestmaß beschränkt werden. S 3 dehnt die Regelung des § 130 (entspr § 127 III S 2) auf den Fall aus, dass eine Tat nur mit Ermächtigung oder auf Strafverlangen verfolgt wird.

2 **2) Unterrichtung des Antragsberechtigten** (S 1): Der Antragsberechtigte muss unmittelbar nach Erlass des Haftbefehls davon unterrichtet werden, dass ein Haftbefehl ergangen ist und dass er aufgehoben wird, wenn der Strafantrag nicht innerhalb einer gleichzeitig bestimmten Frist (unten 4) gestellt wird. Die Benach-

richtigung muss die Angaben enthalten, die der Antragsteller benötigt, um entscheiden zu können, ob er einen Strafantrag stellen will. Im Wesentlichen handelt es sich dabei um die Angaben nach § 114 II Nrn 1, 2; die Angabe des Haftgrundes (§ 114 II Nr 3) ist idR entbehrlich. Die Unterrichtung ordnet (ebenso wie die Benachrichtigung nach § 114c II) der Richter an, der den Haftbefehl erlassen hat; die Geschäftsstelle des Gerichts führt die Anordnung aus. Als Adressaten für den Strafantrag bezeichnet sich das Gericht idR selbst, weil dadurch die sofortige Aufhebung des Haftbefehls gewährleistet wird, wenn der Antrag nicht gestellt wird. Es kann sich empfehlen, dem Berechtigten anheimzustellen, den Strafantrag bei einer für ihn leicht erreichbaren zur Entgegennahme befugten Stelle (§ 158 II) anzubringen und das Gericht hiervon durch Eilbrief oder per Telefax zu benachrichtigen.

Sind **mehrere Antragsberechtigte** vorhanden, so muss nach S 1 wenigstens einer unterrichtet werden. Grundsätzlich sind aber alle Antragsberechtigten zu unterrichten, die bekannt und sofort erreichbar sind (Geerds GA **82**, 240). Werden nur einzelne Antragsberechtigte oder nur einer von ihnen verständigt, so entspricht es dem Sinn der Regelung, nach Möglichkeit den durch die Straftat am stärksten Betroffenen oder denjenigen zu unterrichten, von dem der Antrag am ehesten zu erwarten ist. 3

3) Die **Fristbestimmung** (S 1) erfolgt in der Unterrichtungsverfügung. Die vom Gesetz vorgeschlagene Wochenfrist kann überschritten werden, wenn das geboten erscheint (zB bei Abwesenheit oder Erkrankung des Antragsberechtigten), insbesondere, wenn eine Behörde über die Ermächtigung oder das Strafverlangen zu entscheiden hat (KK-Schultheis 10). Da der Haftbefehl nicht von selbst entfällt, wenn der Strafantrag nicht rechtzeitig gestellt wird, kann die Frist auch nach ihrem Ablauf verlängert werden (LR-Hilger 4). 4

4) Die **Aufhebung des Haftbefehls** (S 2) erfolgt, wenn innerhalb der gesetzten Frist kein Strafantrag gestellt wird. Liegt ein Antrag vor, so ist gleichgültig, ob der Antragsberechtigte, der nach S 1 benachrichtigt worden ist, oder ein anderer Berechtigter ihn gestellt hat. Ist der Strafantrag zwar verspätet gestellt, der Haftbefehl bei seinem Eingang aber noch nicht aufgehoben worden, so bleibt der Haftbefehl bestehen; war er schon aufgehoben, so ist ein neuer zu erlassen. Die Aufhebungsgründe des § 120 bleiben unberührt; S 4 bestimmt das überflüssigerweise für § 120 III. Der Haftbefehl muss insbesondere aufgehoben werden, wenn alle Antragsberechtigten ihre Strafanträge zurücknehmen. 5

5) Bei **Zusammentreffen mit einem Offizialdelikt** sollte der Haftbefehl nicht auf das Antragsdelikt gestützt werden, solange der Strafantrag nicht gestellt ist (KK-Schultheis 9). Wird der Haftbefehl wegen beiden Taten erlassen, so ist nach § 130 zu verfahren. Dabei ist zu unterscheiden: Liegt das Schwergewicht bei dem Antragsdelikt, muss der Haftbefehl also aufgehoben werden, wenn kein Strafantrag gestellt wird, so muss der Antragsberechtigte entspr unterrichtet werden. Andernfalls wird in die Mitteilung nach S 1 nur aufgenommen, dass die Tat, soweit ihre Verfolgung von einem Strafantrag abhängig ist, aus dem Haftbefehl ausgeschieden werden muss, wenn kein Antrag gestellt wird. 6

9a. Abschnitt. Weitere Maßnahmen zur Sicherstellung der Strafverfolgung und Strafvollstreckung RiStBV 39–43

Vorbemerkungen

1) Keine abschließende Regelung der Maßnahmen zur Sicherstellung der Strafverfolgung und Strafvollstreckung (zu letzterem vgl auch §§ 456a II S 3, 457 III) enthält dieser Abschnitt, sondern nur „weitere" neben sonstigen Verfolgungsmaßnahmen, die auf die Generalermittlungsklauseln der §§ 161 I S 1, 163 I S 2 oder auf spezielle Eingriffsbefugnisse nach §§ 94ff gestützt werden. 1

2 Die in § 131 aF und RiStBV 39–43 nur unvollständig geregelte **Fahndung** nach Beschuldigten und die Ermittlung von Zeugen sind durch das StVÄG 1999 in den §§ 131–131 c umfassend normiert worden, wobei sich Pesonen- und Sachfahndung allerdings auch überschneiden können (Hilger Rieß-FS 172). Den früheren Begriff „Steckbrief" verwendet die StPO nicht mehr, da er „die heutigen differenzierten Fahndungsmethoden nicht mehr adäquat kennzeichnet" (BT-Drucks 14/1484 S 19). Die Nutzung von Dateien für Fahndungszwecke richtet sich nach §§ 483, 485, 486ff.

3 **2)** Die Fahndung unter **Einschaltung öffentlicher Kommunikationsmittel** (RiStBV 40 II iVm Anl B), deren Zulässigkeit früher umstritten war, ist durch §§ 131 III, 131 b geregelt worden. Zur Beachtung des Art 6 **MRK** vgl dort 13.

4 Auch die früher fragliche Zulässigkeit der Fahndung über **Internet** (dazu Pätzel NJW **97**, 3131ff; Soiné NStZ **97**, 166ff, 321ff) ist damit zu bejahen (erg 2 zu § 131 c).

5 **3)** Für die **internationale Fahndung** gelten erg die hierfür erlassenen Richtlinien (RiVASt 85; RiStBV 43). Vgl hierzu ferner Einl 215ff, 8a zu § 163.

6 **4) § 132** steht mit den §§ 131–131 c in keinem unmittelbaren Zusammenhang. Er ergänzt die Regelungen in §§ 116a III und 127a hinsichtlich der Beschuldigten, die im Geltungsbereich der StPO keinen festen Wohnsitz oder Aufenthaltsort haben.

Ausschreibung zur Festnahme RiStBV 39–42

131 **I Auf Grund eines Haftbefehls oder eines Unterbringungsbefehls können der Richter oder die Staatsanwaltschaft und, wenn Gefahr im Verzug ist, ihre Ermittlungspersonen (§ 152 des Gerichtsverfassungsgesetzes) die Ausschreibung zur Festnahme veranlassen.**

II 1 Liegen die Voraussetzungen eines Haftbefehls oder Unterbringungsbefehls vor, dessen Erlass nicht ohne Gefährdung des Fahndungserfolges abgewartet werden kann, so können die Staatsanwaltschaft und ihre Ermittlungspersonen (§ 152 des Gerichtsverfassungsgesetzes) Maßnahmen nach Absatz 1 veranlassen, wenn dies zur vorläufigen Festnahme erforderlich ist. 2 Die Entscheidung über den Erlass des Haft- oder Unterbringungsbefehls ist unverzüglich, spätestens binnen einer Woche herbeizuführen.

III 1 Bei einer Straftat von erheblicher Bedeutung können in den Fällen der Absätze 1 und 2 der Richter und die Staatsanwaltschaft auch Öffentlichkeitsfahndungen veranlassen, wenn andere Formen der Aufenthaltsermittlung erheblich weniger Erfolg versprechend oder wesentlich erschwert wären. 2 Unter den gleichen Voraussetzungen steht diese Befugnis bei Gefahr im Verzug und wenn der Richter oder die Staatsanwaltschaft nicht rechtzeitig erreichbar ist auch den Ermittlungspersonen der Staatsanwaltschaft (§ 152 des Gerichtsverfassungsgesetzes) zu. 3 In den Fällen des Satzes 2 ist die Entscheidung der Staatsanwaltschaft unverzüglich herbeizuführen. 4 Die Anordnung tritt außer Kraft, wenn diese Bestätigung nicht binnen 24 Stunden erfolgt.

IV 1 Der Beschuldigte ist möglichst genau zu bezeichnen und soweit erforderlich zu beschreiben; eine Abbildung darf beigefügt werden. 2 Die Tat, derer er verdächtig ist, Ort und Zeit ihrer Begehung sowie Umstände, die für die Ergreifung von Bedeutung sein können, können angegeben werden.

V Die §§ 115 und 115a gelten entsprechend.

1 **1) Bedeutung der Vorschrift:** § 131 regelt die Ausschreibung des Beschuldigten zur Festnahme. Auch die internationale Fahndung kann auf die Vorschrift gestützt werden (Celle NdsRpfl **09**, 431 [SIS]). Die Ausschreibung ist zulässig, wenn ein Haftbefehl (§ 114) oder ein Unterbringungsbefehl (§ 126a) vorliegt (I) oder

wenn die Voraussetzungen dafür gegeben sind, dessen Erlass aber ohne Gefährdung des Fahndungserfolgs nicht abgewartet werden kann (II). Letzteres kommt in Betracht, wenn ein Haftrichter nicht oder nicht rechtzeitig erreicht werden kann, die Ausschreibung aber zur vorläufigen Festnahme erforderlich ist (vgl Soiné Kriminalistik **01**, 174).

2) Eine Öffentlichkeitsfahndung – dh eine Fahndung, die sich über behördeninterne Maßnahmen hinaus an die gesamte Bevölkerung oder aber auch an einen beschränkten Personenkreis richtet (LR-Hilger 17) – wird bei Straftaten erheblicher Bedeutung (vgl 5 zu § 98 a) durch III gestattet, wenn die Voraussetzungen des I oder II gegeben sind. Der Gesetzgeber hat auf einen Deliktskatalog wie in §§ 98 a I, 100 a II, 100 c II, 110 a I verzichtet, aber damit doch klargestellt, dass diese zu einer öffentlichen Bloßstellung des Verfolgten führende Ausschreibung bei geringfügigen Straftaten untersagt ist (worunter aber zB ein Computerbetrug nach § 263 a StGB nicht fällt, LG Saarbrücken wistra **04**, 279). 2

Die Zulässigkeit der Öffentlichkeitsfahndung ist ferner an die **Subsidiaritätsklausel** gebunden, wonach andere Formen der Aufenthaltsermittlung erheblich weniger Erfolg versprechend oder wesentlich erschwert sein müssen (III S 1 aE), wenn also zB eine Ausschreibung zur Aufenthaltsermittlung (§ 131 a) oder örtliche Nachforschungen nicht genügen. Daneben ist angesichts der Eingriffsintensität und Breitenwirkung einer Öffentlichkeitsfahndung der Verhältnismäßigkeitsgrundsatz zu beachten (Soiné Kriminalistik **01**, 175). 3

3) Anordnungskompetenz: Die Anordnung darf vom Richter (§ 162 bzw gemäß § 126 II S 3 vom Vorsitzenden allein) oder vom StA erlassen werden. Bei Gefahr im Verzug besteht in allen Fällen des § 131 eine Eilzuständigkeit der Ermittlungsperson der StA (dazu krit Ranft StV **02**, 41; vgl aber BVerfG NVwZ **09**, 1034, 1035 zu § 50 VII S 1 AufenthG); im Fall des III aber nur unter der weiteren Voraussetzung, dass der Richter oder die StA nicht rechtzeitig erreichbar sind. Erfolgt die Ausschreibung nach II, so ist die Entscheidung über den Erlass des Haft- oder Unterbringungsbefehls binnen einer Woche ab der Anordnung der Ausschreibung (vgl BGH **44**, 13) herbeizuführen. Wird der Haft- oder Unterbringungsbefehl fristgemäß erlassen, gilt dann I; wird der Erlass abgelehnt, ist die Ausschreibung unverzüglich zu beenden (Hilger NStZ **00**, 562). Hatte die Ermittlungsperson der StA die Ausschreibung nach III angeordnet, bleibt diese nur in Kraft, wenn sie binnen 24 Stunden vom StA bestätigt wird (III S 3 und 4; krit dazu Brodersen NJW **00**, 2538; Ranft aaO). Maßnahmen, die von der Ermittlungsperson der StA zum Zwecke der Fahndung angeordnet wurden, bedürfen keine nachträglichen Bestätigung durch die StA (Brodersen aaO). 4

4) Inhaltlich (IV) sind die Anforderungen an die Ausschreibung geringer als nach §§ 114 II, 126 a II S 1 an den Haft- oder Unterbringungsbefehl (**aM** LR-Hilger 27). Es ist nur eine möglichst genaue Bezeichnung und Beschreibung erforderlich, um die Gefahr von Verwechslungen auszuschließen; eine Ablichtung, soweit vorhanden, kann beigefügt werden, sonst kommt die Beifügung eines erstellten „Phantombilds" in Betracht, auch einer Video- oder Filmsequenz (SK-Paeffgen 8). Die Angabe der Tat nach Ort und Zeit sowie von Umständen, die für die Ergreifung von Bedeutung sein können, ist möglich, aber nicht vorgeschrieben. Der Angabe des Haftgrundes bedarf es nicht. 5

5) Nach der Ergreifung des Beschuldigten auf Grund der Ausschreibung gelten im Fall des I die §§ 115, 115 a unmittelbar; für den Fall des II bestimmt V ihre entspr Anwendung. Bedeutung hat das nur für den Fall, dass der fehlende Haft- oder Unterbringungsbefehl noch nicht beschafft worden ist. Dann wird trotzdem so verfahren, als sei der Verfolgte auf Grund eines richterlichen Haft- oder Unterbringungsbefehls ergriffen worden. Das Verfahren nach §§ 128, 129 ist daher ausgeschlossen; es gelten nur die §§ 115, 115 a (LR-Hilger 29; SK-Paeffgen 10). 6

7 **6) Anfechtung:** Gegen Anordnungen der StA und ihrer Ermittlungspersonen ist der Antrag entspr § 98 II S 2 gegeben (Celle NdsRpfl **09**, 431 = StV **10**, 63 L; LR-Hilger 30; **aM** SK-Paeffgen 14: § 23 **EGGVG**), gegen richterliche Anordnungen die Beschwerde nach § 304 I. Zur Prüfung der Rechtmäßigkeit der Anordnung nach deren Beendigung vgl 17 ff vor § 296. Zu den Folgen bei Verstößen gegen die Voraussetzungen der §§ 131 ff vgl Hilger Rieß-FS 173 ff, der uU ein Verwertungsverbot hinsichtlich der gewonnenen Ergebnisse bejahen will.

Ausschreibung zur Aufenthaltsermittlung **RiStBV 41 IV, 42**

131a **I Die Ausschreibung zur Aufenthaltsermittlung eines Beschuldigten oder eines Zeugen darf angeordnet werden, wenn sein Aufenthalt nicht bekannt ist.**

II Absatz 1 gilt auch für Ausschreibungen des Beschuldigten, soweit sie zur Sicherstellung eines Führerscheins, zur erkennungsdienstlichen Behandlung, zur Anfertigung einer DNA-Analyse oder zur Feststellung seiner Identität erforderlich sind.

III Auf Grund einer Ausschreibung zur Aufenthaltsermittlung eines Beschuldigten oder Zeugen darf bei einer Straftat von erheblicher Bedeutung auch eine Öffentlichkeitsfahndung angeordnet werden, wenn der Beschuldigte der Begehung der Straftat dringend verdächtig ist und die Aufenthaltsermittlung auf andere Weise erheblich weniger Erfolg versprechend oder wesentlich erschwert wäre.

IV [1] § 131 Abs. 4 gilt entsprechend. [2] Bei der Aufenthaltsermittlung eines Zeugen ist erkennbar zu machen, dass die gesuchte Person nicht Beschuldigter ist. [3] Die Öffentlichkeitsfahndung nach einem Zeugen unterbleibt, wenn überwiegende schutzwürdige Interessen des Zeugen entgegenstehen. [4] Abbildungen des Zeugen dürfen nur erfolgen, soweit die Aufenthaltsermittlung auf andere Weise aussichtslos oder wesentlich erschwert wäre.

V Ausschreibungen nach den Absätzen 1 und 2 dürfen in allen Fahndungshilfsmitteln der Strafverfolgungsbehörden vorgenommen werden.

1 **1) Bedeutung der Vorschrift:** Beschuldigte und Zeugen können nach § 131 a zur Aufenthaltsermittlung ausgeschrieben werden, wenn ihr Aufenthalt unbekannt ist (I); darüber hinaus ist die Ausschreibung des Beschuldigten nach II auch zur Sicherstellung seines Führerscheins (vgl 15 zu § 111 a; §§ 94 III, 111 b I S 2, 463 b), zur erkennungsdienstlichen Behandlung (§ 81 b), zur Anfertigung einer DNA-Analyse (§§ 81 c, 81 g; erg 21 zu § 81 g) oder zur Identitätsfeststellung (§ 163 b) zulässig. Der Verhältnismäßigkeitsgrundsatz ist zu beachten; die Ausschreibung hat zu unterbleiben, wenn mildere Maßnahmen – zB Nachfrage bei Meldebehörden (vgl auch BGH NStZ **10**, 230: Amtshilfeersuchen an Meldebehörde) oder sonstige Erkundigungen – ausreichen (Hilger NStZ **00**, 563). I ist auch im OWi-Verfahren anwendbar (Soiné Kriminalistik **01**, 176).

2 **2)** Eine **Öffentlichkeitsfahndung** (III) wird – wie in § 131 III (dort 2) – zugelassen, wenn der Beschuldigte einer Straftat von erheblicher Bedeutung (vgl 2 zu § 131) verdächtig ist; sie ist aber nur zulässig, wenn die Aufenthaltsermittlung auf andere Weise erheblich weniger Erfolg versprechend oder wesentlich erschwert wäre. Diese Subsidiaritätsklausel ist bei der Ausschreibung eines Zeugen von besonderer Bedeutung, da dieser durch die öffentliche Ausschreibung uU Nachteile (Verwechslung mit Beschuldigtem, Nähe zur Straftat) erleiden kann (vgl auch IV S 2–4; Ranft StV **02**, 43: verfassungsrechtlich bedenklich). Die Vorschrift gilt auch für die Fahndung im Internet (KMR-Wankel 4; Brodersen NJW **00**, 2538).

3 **3) Anordnungskompetenz:** Ausschreibungen nach I und II dürfen durch den Richter (§ 162 bzw nach § 126 II S 3 durch den Vorsitzenden) und die StA, bei

Gefahr im Verzug auch durch deren Ermittlungspersonen erfolgen (§ 131c I S 2). Für den sensiblen Bereich der Öffentlichkeitsfahndung (III) ist die Anordnung dem Richter vorbehalten, bei Gefahr im Verzug besteht aber eine Eilkompetenz der StA und ihrer Ermittlungspersonen (§ 131c I S 1; dazu krit Ranft StV **02**, 42). Das Vorliegen von Gefahr im Verzug (= Gefährdung des Fahndungserfolgs ohne die unverzügliche Anordnung) dürfte hier aber selten anzunehmen sein (SK-Paeffgen 10). Zum Außerkrafttreten von Anordnungen der Ermittlungspersonen der StA vgl § 131c II. Für die gerichtliche Überprüfung einer von der StA nach I angeordneten Aufenthaltsermittlung ist entspr § 98 II der Richter am AG zuständig (Brandenburg NStZ **07**, 54).

Inhaltlich (IV) gilt für die Ausschreibung des Beschuldigten dasselbe wie in 4
§ 131 (dort 5). Von besonderer Wichtigkeit ist aber bei der Ausschreibung eines Zeugen, dass seine Zeugenstellung deutlich erkennbar gemacht wird. Wegen der dem Zeugen durch eine Verwechslung mit der Eigenschaft als Beschuldigter drohenden Gefahren enthält IV S 3 und 4 weitere Einschränkungen hinsichtlich der Ausschreibung selbst und der Beifügung von Abbildungen des Zeugen (krit dazu Hilger NStZ **00**, 563).

Fahndungshilfsmittel: V stellt für die Fälle des I und II klar, dass die Aus- 5
schreibung in allen Fahndungshilfsmitteln der Strafverfolgungsbehörden (vgl dazu den – nicht abschließenden – Katalog in RiStBV 40 I) vorgenommen werden darf; eine Beschränkung hierauf enthält V nicht (LR-Hilger 11; vgl auch SK-Paeffgen 5; Brodersen NJW **00**, 2537). Zur Öffentlichkeitsfahndung (III) vgl RiStBV Anl B.

Veröffentlichung von Abbildungen

131b I **Die Veröffentlichung von Abbildungen eines Beschuldigten, der einer Straftat von erheblicher Bedeutung verdächtig ist, ist auch zulässig, wenn die Aufklärung einer Straftat, insbesondere die Feststellung der Identität eines unbekannten Täters auf andere Weise erheblich weniger Erfolg versprechend oder wesentlich erschwert wäre.**

II [1]**Die Veröffentlichung von Abbildungen eines Zeugen und Hinweise auf das der Veröffentlichung zugrunde liegende Strafverfahren sind auch zulässig, wenn die Aufklärung einer Straftat von erheblicher Bedeutung, insbesondere die Feststellung der Identität des Zeugen, auf andere Weise aussichtslos oder wesentlich erschwert wäre.** [2]**Die Veröffentlichung muss erkennbar machen, dass die abgebildete Person nicht Beschuldigter ist.**

III **§ 131 Abs. 4 Satz 1 erster Halbsatz und Satz 2 gilt entsprechend.**

1) Bedeutung der Vorschrift: Über die Befugnis zur Veröffentlichung der 1
Abbildung in § 131 IV S 1 zwecks Festnahme des Beschuldigten hinaus lässt § 131b die Veröffentlichung von Abbildungen zur Aufklärungsfahndung hinsichtlich des Beschuldigten (I) und zur Identitätsfahndung bezüglich Beschuldigter und Zeugen (I, II) zu. Wie in § 131 (dort 5) kommt jede Art einer Ablichtung in Betracht (Hilger NStZ **00**, 563), also auch die Veröffentlichung eines „Phantombildes" eines unbekannten Täters (KK-Schultheis 3; SK-Paeffgen 3; **aM** fehlerhaft gegen den Wortlaut von I AG Torgau NStZ-RR **03**, 112).

2) Voraussetzungen: Die Fahndung nach dem Beschuldigten ist nur bei dem 2
Verdacht der Begehung einer (bestimmten) Straftat von erheblicher Bedeutung (2 zu § 131; LG Bonn NStZ **05**, 528: nicht bei einer OWi) und nur dann zulässig, wenn die Aufklärung der Straftat oder die Feststellung der Identität eines unbekannten Täters auf andere Weise erheblich weniger Erfolg versprechend oder wesentlich erschwert wäre (Subsidiaritätsklausel). Für die Veröffentlichung von Abbildungen eines Zeugen gilt dasselbe, aber mit einer teilw strengeren Subsidiaritätsklausel: Die Fahndung auf andere Weise muss danach aussichtslos (oder wesentlich erschwert) sein (II S 1 aE).

3 **3) Anordnungskompetenz:** Diese Fahndungsart bedarf nach § 131 c I der Anordnung durch den Richter, nur bei Gefahr im Verzug dürfen sie auch die StA und ihre Ermittlungspersonen anordnen. Zum Außerkrafttreten der Anordnung vgl § 131 c II und die Erl dort.

4 **4) Inhaltlich** gilt dasselbe wie in § 131 IV (dort 5). Auch hier ist es besonders wichtig, dass klar erkennbar ist, ob die Person als der Verdächtiger oder als Zeuge gesucht wird (II S 2).

Anordnung und Bestätigung von Fahndungsmaßnahmen

131c **I [1]Fahndungen nach § 131 a Abs. 3 und § 131 b dürfen nur durch den Richter, bei Gefahr im Verzug auch durch die Staatsanwaltschaft und ihre Ermittlungspersonen (§ 152 des Gerichtsverfassungsgesetzes) angeordnet werden. [2]Fahndungen nach § 131 a Abs. 1 und 2 bedürfen der Anordnung durch die Staatsanwaltschaft; bei Gefahr im Verzug dürfen sie auch durch ihre Ermittlungspersonen (§ 152 des Gerichtsverfassungsgesetzes) angeordnet werden.**

II [1]In Fällen andauernder Veröffentlichung in elektronischen Medien sowie bei wiederholter Veröffentlichung im Fernsehen oder in periodischen Druckwerken tritt die Anordnung der Staatsanwaltschaft und ihrer Ermittlungspersonen (§ 152 des Gerichtsverfassungsgesetzes) nach Absatz 1 Satz 1 außer Kraft, wenn sie nicht binnen einer Woche von dem Richter bestätigt wird. [2]Im Übrigen treten Fahndungsanordnungen der Ermittlungspersonen der Staatsanwaltschaft (§ 152 des Gerichtsverfassungsgesetzes) außer Kraft, wenn sie nicht binnen einer Woche von der Staatsanwaltschaft bestätigt werden.

1 1) Die **Anordnungskompetenz** für Maßnahmen nach § 131 ist dort für die einzelnen Möglichkeiten nach I, II und III geregelt (vgl 4 zu § 131), für Anordnungen nach §§ 131 a und 131 b hier (I; vgl dazu 3 zu § 131 a; 3 zu § 131 b).

2 **2) Außerkrafttreten der Anordnungen** (II): Auch II bezieht sich nur auf Maßnahmen nach §§ 131 a und 131 b (Brodersen NJW **00**, 2538). Da auch nichtöffentliche Ausschreibungen einen nicht unerheblichen Eingriff in Rechte der Betroffenen darstellen, ist ein automatisches Außerkrafttreten für die nach §§ 131 a I, II und 131 b durch die Ermittlungsperson der StA getroffenen Anordnungen bestimmt (II S 2), falls nicht binnen einer Woche nach Anordnung der Maßnahme (vgl BGH **44**, 13) die Bestätigung durch die StA erfolgt. Dasselbe gilt für einmalige Veröffentlichungen nach §§ 131 a III und 131 b (Soiné Kriminalistik **01**, 175). Soweit es sich aber um andauernde Veröffentlichungen in elektronischen Medien (zB im Internet) sowie wiederholte Veröffentlichungen im Fernsehen oder in periodischen Druckwerken handelt, muss die wegen Gefahr im Verzug durch die StA oder ihre Ermittlungspersonen getroffene Anordnung nach I S 1 binnen einer Woche durch den zuständigen Richter (§ 162 bzw § 126 II S 3) bestätigt werden; sonst tritt sie außer Kraft. Mit dem Außerkrafttreten müssen die getroffenen Maßnahmen beendet werden (Hilger NStZ **00**, 563).

Sicherheitsleistung und Zustellungsbevollmächtigung **RiStBV 60**

132 **I [1]Hat der Beschuldigte, der einer Straftat dringend verdächtig ist, im Geltungsbereich dieses Gesetzes keinen festen Wohnsitz oder Aufenthalt, liegen aber die Voraussetzungen eines Haftbefehls nicht vor, so kann, um die Durchführung des Strafverfahrens sicherzustellen, angeordnet werden, dass der Beschuldigte**

1. **eine angemessene Sicherheit für die zu erwartende Geldstrafe und die Kosten des Verfahrens leistet und**
2. **eine im Bezirk des zuständigen Gerichts wohnende Person zum Empfang von Zustellungen bevollmächtigt.**

[2]§ 116 a Abs. 1 gilt entsprechend.

II Die Anordnung dürfen nur der Richter, bei Gefahr im Verzuge auch die Staatsanwaltschaft und ihre Ermittlungspersonen (§ 152 des Gerichtsverfassungsgesetzes) treffen.

III [1]Befolgt der Beschuldigte die Anordnung nicht, so können Beförderungsmittel und andere Sachen, die der Beschuldigte mit sich führt und die ihm gehören, beschlagnahmt werden. [2]Die §§ 94 und 98 gelten entsprechend.

1) Zweck der Vorschrift ist es, die Durchführung des Strafverfahrens, einschließlich der Vollstreckung, gegen in der BRep nicht ansässige Beschuldigte sicherzustellen (LG Magdeburg NStZ **07**, 544). Sie ergänzt den § 127a, regelt aber im Unterschied zu dieser Vorschrift den Fall, dass gegen den Beschuldigten kein Haftbefehl erlassen werden kann. In Betracht kommen insbesondere Verfahren gegen durchreisende ausländische Kraftfahrer (vgl Geppert GA **79**, 281), solange sie sich noch im Inland befinden (SK-Paeffgen 2; Jakoby StV **93**, 448; **aM** LG Hamburg NStZ **06**, 719; KK-Schultheis 1; Müllenbach NStZ **01**, 637; aber dass der Beschuldigte anwesend sein muss, ergibt sich schon aus III, vgl unten 13ff). Eine durch Art 6 EGV verbotene, versteckte Diskriminierung auf Grund der Staatsangehörigkeit liegt darin nicht (LG Erfurt NStZ-RR **96**, 180). 1

2) Anordnung der Sicherheitsleistung (I): 2

A. Die **Anordnung setzt voraus,** dass der Beschuldigte einer Straftat dringend verdächtig ist (dazu 5ff zu § 112). Ferner müssen folgende Voraussetzungen erfüllt sein: 3

Der Beschuldigte darf in der BRep **keinen festen Wohnsitz** oder Aufenthalt haben (dazu 2 zu § 127a). 4

Es dürfen die sonstigen **Voraussetzungen eines Haftbefehls nicht vorliegen,** es besteht also entweder kein Haftgrund nach § 112 II oder der Verhältnismäßigkeitsgrundsatz (§ 112 I S 2) steht dem Erlass des Haftbefehls entgegen. 5

Schließlich muss eine **Geldstrafe als Hauptstrafe** zu erwarten sein (vgl I S 1 Nr 1). Eine daneben zu erwartende Freiheitsstrafe oder freiheitsentziehende Sicherungsmaßregel schließt die Anwendung des § 132 aus (Dünnebier NJW **68**, 1753). Dass neben der Geldstrafe andere Maßnahmen, zB Fahrverbot, Entziehung der Fahrerlaubnis, Verfall oder Einziehung, zu erwarten sind, steht der Anordnung aber nicht entgegen (5 zu § 127a). 6

B. **Inhaltlich** besteht die Anordnung aus 2 Teilen: 7

Es wird eine angemessene **Sicherheit** festgesetzt, die so hoch ist, dass sie die zu erwartende Geldstrafe und die Verfahrenskosten deckt (I S 1 Nr 1). Für die Art der Sicherheitsleistung gilt § 116a I entspr (I S 2). Wegen der Einzelheiten vgl 6 zu § 127a. 8

Ferner wird angeordnet, dass der Beschuldigte einen **Zustellungsbevollmächtigten** zu bestellen hat (dazu 5ff zu § 116a; 7, 8 zu § 127a). 9

C. Im **pflichtgemäßen Ermessen** der Strafverfolgungsbehörden steht die Anordnung; sie wird aber idR zu treffen sein, wenn die Voraussetzungen des I vorliegen; einer Begründung bedarf die Ermessensausübung nicht (Geppert GA **79**, 299ff). 10

Der **Verhältnismäßigkeitsgrundsatz** kann der Anordnung entgegenstehen, insbesondere wenn die Einstellung nach § 153 naheliegt. Kommt die Einstellung nach § 153a in Betracht, so ist es zweckmäßig, den Beschuldigten vorweg zu befragen, ob er mit dieser Sachbehandlung und mit der Verrechnung der Sicherheit oder des beschlagnahmten Vermögenswerts auf die Auflage einverstanden ist (KK-Schultheis 5; krit SK-Paeffgen 4; Geppert GA **79**, 287). 11

3) Die **Anordnungsbefugnis** (II) ist die gleiche wie bei der Beschlagnahme (3ff zu § 98), die im Fall des III ohnehin zu beachten ist. Zuständig ist der Richter bei dem AG, in dessen Bezirk die Handlung vorzunehmen ist (§ 162 I); aber auch das AG des § 125 I ist zuständig (Dünnebier NJW **68**, 1754). Das Gericht, das die Anordnung selten treffen wird, weil idR Gefahr im Verzug (6 zu § 98) vorliegt (vgl 12 aber LG Frankfurt a. M. StraFo **09**, 22), entscheidet durch Beschluss nach Anhörung der StA und des Beschuldigten (§ 33 II, III). Ermittlungspersonen der StA (§ 152 GVG), die meist nicht rechtzeitig zu erreichen sein wird, können die Anordnung auch mündlich treffen; dann ist aber eine schriftliche Bestätigung geboten. Gegen ihre Anordnung ist entspr § 98 II S 2 der Antrag auf gerichtliche Entscheidung zulässig (vgl 23 zu § 98; LR-Hilger 13 mwN; **aM** SK-Paeffgen 7: § 23 EGGVG), die nach § 304 I mit der Beschwerde angefochten werden kann. Polizeibeamten, die keine Ermittlungspersonen der StA sind, dürfen, anders als im Fall des § 127 a (dort 1), die Anordnung nicht treffen.

13 **4) Beschlagnahme** (III): Kommt der Beschuldigte der Anordnung nach, leistet er also die Sicherheit und bestellt er einen Zustellungsbevollmächtigten, so darf er das Gebiet der BRep verlassen. Das Strafverfahren wird fortgesetzt, wobei idR durch Strafbefehl oder nach § 232 entschieden wird. Erg 9 zu § 127 a.

14 A. **Leistet der Beschuldigte die Sicherheit nicht,** so können Beförderungsmittel und andere Sachen (auch Bargeld), die er bei sich führt und die ihm allein gehören, beschlagnahmt werden; wirtschaftliches Eigentum reicht nicht aus (**aM** KMR-Wankel 5). Die beschlagnahmten Gegenstände treten an die Stelle der Sicherheitsleistung und dürfen den Wert der angeordneten Sicherheit nicht wesentlich überschreiten. Sachen, die nach den §§ 111 b, 111 c beschlagnahmt werden, sind dabei nicht zu berücksichtigen. Beweismittel können dagegen zugleich nach III als Ersatz für nicht geleistete Sicherheit beschlagnahmt werden.

15 Auch die **Weigerung, einen Zustellungsbevollmächtigten zu bestellen,** kann zu einer Beschlagnahme führen. Dadurch soll der Beschuldigte, gegen den kein unmittelbarer Zwang angewendet werden darf, zur Erfüllung der Anordnung veranlasst werden.

16 Wird ein Gegenstand für **beide Zwecke** beschlagnahmt, so ist das kenntlich zu machen, weil die Beschlagnahmen zu verschiedenen Zeitpunkten enden können.

17 Die **Beendigung der Beschlagnahme** kann der Beschuldigte dadurch erreichen, dass er die geforderte Sicherheit nachträglich leistet (Geppert GA **79**, 297), dass er den Zustellungsbevollmächtigten nachträglich bestellt oder dass er bei Rechtskraft des Urteils Strafe und Kosten bezahlt. Die Beschlagnahme endet ferner, wenn der Beschuldigte freigesprochen oder das Verfahren eingestellt wird. Bei rechtskräftiger Verurteilung wird wegen der Geldstrafe und der Verfahrenskosten in die beschlagnahmten Gegenstände vollstreckt; sie werden wie gepfändete Sachen verwertet.

18 Für die **Anordnung der Beschlagnahme** gelten nach III S 2 die §§ 94, 98 entspr. Die formlose Sicherstellung (12 zu § 94) kommt nicht in Betracht. Für das Verfahren ist vor allem § 98 II von Bedeutung.

19 B. Das **Suchen nach Beschlagnahmegegenständen** ist durch die Beschlagnahmebefugnis nach III gedeckt (Geppert GA **79**, 297). Insbesondere, wenn auf das Fahrzeug oder die Ladung zurückgegriffen werden kann (zB bei Fernlastfahrern oder Fahrern von Wohnwagengespannen) und der Beschuldigte behauptet, kein Geld und keine sonstigen beschlagnahmefähigen Sachen bei sich zu führen, ist eine Durchsuchung des Fahrzeugs und der mitgeführten Sachen einschließlich der Ladung sowie der Personen unter Beachtung des Verhältnismäßigkeitsgrundsatzes zulässig. Auch die für die Weiterfahrt nicht unbedingt benötigten Kleidungsstücke und Gepäckteile können beschlagnahmt werden.

9 b. Abschnitt. Vorläufiges Berufsverbot

132a **I [1] Sind dringende Gründe für die Annahme vorhanden, dass ein Berufsverbot angeordnet werden wird (§ 70 des Strafgesetzbuches), so kann der Richter dem Beschuldigten durch Beschluss die Ausübung des Berufs, Berufszweiges, Gewerbes oder Gewerbezweiges vorläufig verbieten. [2] § 70 Abs. 3 des Strafgesetzbuches gilt entsprechend.**

II **Das vorläufige Berufsverbot ist aufzuheben, wenn sein Grund weggefallen ist oder wenn das Gericht im Urteil das Berufsverbot nicht anordnet.**

1) Einen **Vorgriff auf das Urteil,** in dem nach § 70 StGB im gewöhnlichen Strafverfahren oder nach § 71 StGB im Sicherungsverfahren nach §§ 413 ff ein Berufsverbot angeordnet wird, erlaubt die Vorschrift. Entsprechende Regelungen enthalten die §§ 111 a, 126 a. Da der Beschuldigte nach §§ 2 II Nr 6, 4 I Nr 2 **StrEG** einen Entschädigungsanspruch gegen die Staatskasse hat, wenn im Urteil die Sicherungsmaßregel nach § 70 StGB nicht oder nur für einen kürzeren Zeitraum angeordnet wird, als das vorläufige Berufsverbot bestanden hat, müssen Strafverfahren, in denen eine Anordnung nach § 132 a getroffen worden ist, mit ähnlicher Beschleunigung wie Haftsachen durchgeführt werden (Bremen StV **97**, 9). Auf das endgültige Berufsverbot wird die Zeit eines vorläufigen Berufsverbots nur angerechnet, soweit sie nach Verkündung des letzten tatrichterlichen Urteils verstrichen ist (§ 70 IV S 2 StGB). 1

2) **Voraussetzung der Maßnahme** (I S 1) sind dringende Gründe für die Annahme, dass im Urteil ein Berufsverbot nach § 70 StGB angeordnet wird. Das verlangt einen dringenden Tatverdacht (5 zu § 112) für die in § 70 I S 1 StGB vorausgesetzte rechtswidrige Tat und einen hohen Grad von Wahrscheinlichkeit, dass das Gericht die Voraussetzungen des § 70 I S 1 StGB bejahen und es für erforderlich halten wird, ein Berufsverbot anzuordnen, weil die Gesamtwürdigung des Täters und der Tat die Gefahr der Begehung weiterer Straftaten der in § 70 I S 1 StGB bezeichneten Art ergibt (Frankfurt NStZ-RR **03**, 113 mwN). 2

3) Eine **Kann-Bestimmung** ist I S 1. Gleichwohl ist die Anordnung nach § 132 a idR zu treffen, wenn die Voraussetzungen dafür vorliegen. Die zusätzliche Feststellung, dass die sofortige Unterbindung weiterer Berufsausübung zur Abwehr konkreter Gefahren für wichtige Gemeinschaftsgüter in der Zeit bis zur Rechtskraft des Urteils erforderlich ist, wird nicht vorausgesetzt (BGH **28**, 84, 86; **aM** unter Übernahme der von BVerfGE **44**, 105 = NJW **77**, 892; BVerfGE **48**, 292 = NJW **78**, 1479 zu § 150 I BRAO aufgestellten Grundsätze: Düsseldorf NStZ **84**, 379; Karlsruhe StV **85**, 49 für RAe; KMR-Wankel 2; SK-Paeffgen 7; vgl auch LR-Gleß 8: Prüfung, ob überwiegende Interessen die Sofortmaßnahme erforderlich machen). Die Anordnung kann unterbleiben (aber nicht mit aufschiebender Wirkung getroffen werden), wenn das erkennende Gericht das Wirksamwerden des Berufsverbots nach § 456 c I aufschieben könnte. Gesichtspunkte, die es dem erkennenden Gericht gestatten, von der Anordnung der Sicherungsmaßregel abzusehen, obwohl die Voraussetzungen des § 70 StGB vorliegen, können schon bei der Entscheidung nach § 132 a berücksichtigt werden. 3

Nicht zu berücksichtigen ist, dass der Beschuldigte auch in einem berufs- oder ehrengerichtlichen Verfahren aus seinem Berufsstand ausgeschlossen (BGH **28**, 84; NJW **75**, 1712; M.J. Schmidt ZRP **75**, 79) oder dass gegen ihn in einem solchen Verfahren ein Berufsverbot verhängt werden kann, dass der Beschuldigte bereits seinen Beruf gewechselt hat oder nicht mehr berufstätig ist (BGH bei Herlan MDR **54**, 529), dass er sich zZ der Anordnung in UHaft befindet (BGH **28**, 84) oder dass die Verwaltungsbehörde schon ein Berufsverbot verhängt oder das Ruhen der Approbation des beschuldigten Arztes angeordnet hat (BGH NJW **75**, 2249; Naser/Zrenner NJW **82**, 2103; krit LK-Hanack 79 zu § 70 StGB; Weber/Droste NJW **90**, 2291). 4

Der **Verhältnismäßigkeitsgrundsatz** (vgl § 62 StGB) ist strikt zu beachten (Hamm StraFo **02**, 178; Karlsruhe StV **02**, 147). Daher ist ggf das vorläufige Berufsverbot auf bestimmte Tätigkeiten im Rahmen des Berufs oder der Gewerbeausübung zu beschränken (vgl BGH bei Herlan MDR **54**, 529: Verbot, weibliche Lehrlinge auszubilden; vgl aber auch BGH MDR **58**, 783). 5

4) Für die **Anordnung der Maßnahme** ist nur der Richter zuständig, im Ermittlungsverfahren der Richter beim Amtsgericht (§ 162), in Staatsschutzsachen 6 auch der Ermittlungsrichter nach § 169. Örtlich zuständig ist jedes Amtsgericht, in dessen Bezirk ein Gerichtsstand nach §§ 7 ff begründet ist (LR-Gleß 11). Nach Anklageerhebung ist das Gericht zuständig, bei dem die Sache anhängig ist, das Berufungsgericht erst nach Vorlegung der Akten nach § 321 S 2, anstelle des Revisionsgerichts, das ein die Anordnung der Maßregel nach § 70 StGB ablehnendes Urteil aufhebt und die Sache zurückverweist, der Tatrichter (4 zu § 98; 7 zu § 111 a).

7 Das Gericht entscheidet durch **Beschluss,** der mit Gründen zu versehen ist (§ 34), auf Grund der Aktenlage. Ermittlungen stellt es nicht an; rechtfertigt der Akteninhalt die Anordnung nicht, so ist der darauf gerichtete Antrag der StA abzulehnen. Die vorherige Anhörung des Beschuldigten ist – außer im Fall des § 33 IV S 1 – erforderlich (Frankfurt StV **01**, 496; LR-Gleß 14).

8 **Bekanntgemacht** wird der Beschluss der StA formlos (§ 35 II S 2). Dem Beschuldigten ist er im Hinblick auf die Strafvorschrift des § 145 c StGB, auf die hingewiesen werden sollte, durch förmliche Zustellung bekanntzumachen (KK-Schultheis 8). Mit der Bekanntgabe an den Beschuldigten tritt das vorläufige Berufsverbot in Kraft.

9 **Inhaltlich** muss der Beschluss den Beruf oder Berufszweig, das Gewerbe oder den Gewerbezweig, dessen Ausübung dem Beschuldigten verboten wird, genau bezeichnen. Nicht genügend bestimmte Anordnungen sind unwirksam (vgl BGH GA **60**, 183; **67**, 153; MDR **79**, 455 [H]; Karlsruhe NStZ **95**, 446: Untersagung jeder selbstständigen Berufstätigkeit; BGH MDR **56**, 143 [D]: Verbot der Ausübung des Kaufmannsgewerbes; BGH MDR **58**, 139 [D]: Verbot, als Manager zu arbeiten; BGH MDR **56**, 144 [D]: Verbot, sich als Erfinder zu betätigen). Wirksam ist dagegen das Verbot der Ausübung jeden Handelsgewerbes (BGH NJW **58**, 1404 L; **65**, 1388) und des Vertreterberufs im weitesten Sinne (Celle NJW **65**, 265).

10 Die **Wirkung der Anordnung** besteht darin, dass der Beschuldigte die ihm verbotene Tätigkeit nicht mehr ausüben darf, nach I S 2 iVm § 70 III StGB auch nicht für einen anderen oder durch eine weisungsabhängige Person; andernfalls macht er sich nach § 145 c StGB strafbar.

11 **5) Aufhebung der Maßnahme** (II): Während des ganzen Verfahrens ist von Amts wegen zu prüfen, ob der Grund für das vorläufige Berufsverbot noch besteht; ist er weggefallen, so muss die Anordnung nach § 132 a unverzüglich aufgehoben werden. Die Nichtanordnung des Berufsverbots im Urteil zwingt zur Aufhebung durch das erkennende Gericht, auch wenn das Urteil noch nicht rechtskräftig ist. Eine erneute Anordnung nach § 132 a ist dann vor der Entscheidung des Rechtsmittelgerichts nur zulässig, wenn neue Tatsachen oder Beweismittel vorliegen, die die Anordnung einer Sicherungsmaßregel nach § 70 StGB wahrscheinlich machen (KK-Schultheis 13; differenzierend LR-Gleß 22: jedenfalls in der Berufungsinstanz zulässig; vgl auch 13 zu § 111 a).

12 Der bloße **Zeitablauf** ist kein Aufhebungsgrund, sofern es nicht wegen der ungewöhnlich langen Dauer des Verfahrens nicht mehr genügend wahrscheinlich ist, dass das Gericht die Anordnung nach § 70 StGB noch für erforderlich halten wird. Entsprechendes gilt für den Zeitablauf während des Berufungsverfahrens (LR-Gleß 20) und des Revisionsverfahrens (KK-Schultheis 12; **aM** LR-Gleß 21, SK-Paeffgen 16, die den letzten Tatrichter für verpflichtet halten, die Anordnung nach § 132 a von Amts wegen aufzuheben, wenn während des Revisionsverfahrens die Zeit des vorläufigen Berufsverbots verstrichen ist).

13 **Zuständig** für die Aufhebung ist im Ermittlungsverfahren das AG, das die Anordnung getroffen hat; an den Aufhebungsantrag der StA ist es nicht gebunden. Nach Anklageerhebung entscheidet das mit der Sache befasste Gericht, das Berufungsgericht erst, nachdem ihn die Akten nach § 321 S 2 vorgelegt worden sind. Das Revisionsgericht hebt die Anordnung selbst auf, wenn es das in dem Urteil angeordnete Berufsverbot endgültig beseitigt oder das Verfahren einstellt (BGH NStZ-RR **04**, 54). Hebt es das Urteil auf und verweist es die Sache zurück, so hat der Tatrichter, nicht das Revisionsgericht, das vorläufige Berufsverbot aufzuheben,

wenn eine erneute Anordnung der Sicherungsmaßregel nach § 70 StGB nicht mehr wahrscheinlich ist.

14 **6) Beschwerde** nach § 304 I (ohne aufschiebende Wirkung, § 307 I) ist zulässig gegen den Beschluss, mit dem das vorläufige Berufsverbot angeordnet oder aufgehoben oder seine Anordnung oder Aufhebung abgelehnt worden ist. Anfechtbar sind auch Entscheidungen des erkennenden Gerichts (§ 305 S 2), nicht aber des OLG (§ 304 IV S 2) und der Ermittlungsrichter des BGH und der OLGe (§ 304 V). Weitere Beschwerde ist ausgeschlossen (§ 310 II).

15 **7) Immunität:** Obwohl es sich um keine freiheitsbeschränkende Maßnahme handelt, kann das vorläufige Berufsverbot gegen Abgeordnete auf Grund der vom BTag erteilten allgemeinen Genehmigung nicht angeordnet werden (LR-Gleß 27; RiStBV 192a II Buchst e S 1).

16 **8) Mitteilungspflichten:** Gegen Angehörige bestimmter Berufe sind von Amts wegen Pflichten zur Mitteilung der Anordnung oder Aufhebung eines vorläufigen Berufsverbots zu beachten, zB MiStra 23 I Nr 2, 24 I Nr 2, 26 I Nr 2; erg §§ 12ff **EGGVG.**

10. Abschnitt. Vernehmung des Beschuldigten

Ladung **RiStBV 44**

133 **I Der Beschuldigte ist zur Vernehmung schriftlich zu laden.**

II Die Ladung kann unter der Androhung geschehen, dass im Falle des Ausbleibens seine Vorführung erfolgen werde.

1 **1) Für richterliche Vernehmungen** des Beschuldigten (3 zu § 136) im Vorverfahren (auch nach § 173 III) und im Zwischenverfahren nach § 202 (Schleswig SchlHA **58**, 290) gilt die Vorschrift. Die Ladung zur Hauptverhandlung und zu Vernehmungen nach § 233 II S 1 regelt § 216. Für Vernehmungen durch die StA ist § 133 entspr anwendbar (§ 163a III S 2). Ein Vorführungsrecht der Polizei besteht nur unter den Voraussetzungen der §§ 127, 163a, 163b (BGH NJW **62**, 1020; Bay **56**, 170; **62**, 177 = JR **63**, 67 mit Anm Dünnebier; Hust NJW **69**, 21).

2 **2) Ladung** (I). Eine Ladungsfrist besteht nicht.

3 Die Ladung muss regelmäßig **schriftlich** erfolgen, und zwar durch Brief, nicht durch Postkarte (vgl RiStB V 44 I S 3). Die Ladung per Telefax steht der schriftlichen gleich. Zustellung ist nicht vorgeschrieben, aber wegen des erforderlichen Nachweises (unten 7) zweckmäßig. Eine Vernehmung ohne schriftliche Ladung schließt I nicht aus; sie kann daher auch auf Grund mündlicher oder telefonischer Ladung oder ohne Ladung (unaufgefordertes Erscheinen) stattfinden. Wenn der Beschuldigte der Ladung nicht folgt, ist dann aber eine Vorführung ausgeschlossen. Zur Ladung von UGefangenen unten 5a.

4 **Inhaltlich** muss die Ladung den Vernehmungsort, der nicht die Gerichtsstelle zu sein braucht, und den Vernehmungstermin angeben und erkennen lassen, dass eine Beschuldigtenvernehmung stattfinden soll (vgl RiStBV 44 I S 1). Der Gegenstand der Beschuldigung muss kurz bezeichnet werden, soweit es mit dem Zweck der Untersuchung vereinbar ist (LR-Gleß 3 mwN; vgl RiStBV 44 I S 2). Ein Hinweis auf die Aussagefreiheit nach § 136 I S 2 ist nicht unzulässig (Düsseldorf JZ **74**, 137; EbSchmidt JZ **68**, 357), aber überflüssig.

5 **3) Zum Erscheinen verpflichtet** ist der schriftlich, nach Vernehmungsunterbrechung auch der mündlich geladene Beschuldigte, auch wenn er sich nicht zur Sache äußern will (LG Aachen JMBlNW **70**, 57; LG Krefeld MDR **68**, 68) und auch, wenn er dies schon ausdrücklich angekündigt hat (LG Hannover NJW **67**,

791; LG Nürnberg-Fürth NJW **67**, 2126; SK-Rogall 9; Roxin/Schünemann § 31, 25).

5a **Gefangene in UHaft** werden zur richterlichen Beschuldigtenvernehmung schriftlich geladen. Die Androhung nach § 133 II oder § 216 I unterbleibt. Der Richter erlässt einen Vorführungsbefehl. Dieser ist Bestandteil der Ladung und nicht von der StA zu vollstrecken (§ 36 II). Er bedarf keiner bestimmten Form, kann also auch auf richterliche Anordnung von der Geschäftsstelle weitergeleitet werden, und zwar an den Leiter der JVA, wenn ihre Beamten vorzuführen haben. Besteht ein Vorführungsdienst in der Justiz oder obliegt die Vorführung nach den Abmachungen der Polizei, so geht die Vorführungsanordnung an diese Stelle und nachrichtlich an den Leiter der JVA. Die Vorführungsbeamten und die Bediensteten der JVA haben nach den für sie geltenden Bestimmungen erforderlichenfalls unmittelbaren Zwang anzuwenden. Das gilt für die Ladung zu einer richterlichen Zeugenvernehmung und für jegliche Ladung durch die StA entspr.

6 **4)** Die **Androhung der Vorführung** (II) steht im Ermessen des Gerichts (LG Mönchengladbach JZ **70**, 192) und kommt nur in Betracht, wenn sie auch wahrgemacht werden soll (vgl RiStBV 44 II). Ist mit dem Erscheinen des Beschuldigten sicher zu rechnen, so kann sie entfallen. Der Verhältnismäßigkeitsgrundsatz (Einl 20) steht der Androhung nicht entgegen (KK-Diemer 13–14; SK-Rogall 12; EbSchmidt JZ **68**, 360). Bei mündlicher Ladung zur Fortsetzung der Vernehmung wirkt die Androhung fort; sie kann dann auch ausgesprochen werden, wenn sie in der schriftlichen Ladung nicht enthalten war.

7 **5)** Der **Erlass des Vorführungsbefehls** ist ebenfalls Ermessenssache (BayVerfGH MDR **63**, 739). Er setzt die Androhung der Vorführung in einer schriftlichen Ladung, deren Zugang nachgewiesen ist (nur im Fall der Vernehmungsunterbrechung genügt die mündliche Ladung), und das unentschuldigte Ausbleiben des Beschuldigten voraus, dem das Erscheinen im selbstverschuldetem Zustand der Verhandlungsunfähigkeit gleichsteht (Kaiser NJW **68**, 188). Eine genügende Entschuldigung muss nicht vorliegen; das Gericht hat alle ihm bekannten Hinderungsgründe zu berücksichtigen (KK-Diemer 12). Der Verhältnismäßigkeitsgrundsatz steht der Vorführung niemals entgegen (LR-Gleß 14; EbSchmidt JZ **68**, 360); zulässig ist sie auch bei geringfügigem Schuldvorwurf (LG Krefeld MDR **68**, 68; vgl aber Zweibrücken NStZ **81**, 534 für ein ausländisches Rechtshilfeersuchen wegen einer OWi) und auch, wenn der Beschuldigte angekündigt hat, dass er nicht aussagen werde (LG Nürnberg-Fürth NJW **67**, 2126 mit Anm Sauer NJW **68**, 167; KK-Diemer 13–14; LR-Gleß 14; SK-Rogall aaO; EbSchmidt JZ **68**, 357 ff; **aM** LG Hannover NJW **67**, 691; LG Köln NJW **67**, 1873).

8 Wegen **Form, Inhalt und Bekanntgabe** des Vorführungsbefehls vgl 2 ff zu § 134.

9 **6) Beschwerde** nach § 304 I gegen die Ladung ist zulässig, wenn sie eine Vorführungsandrohung enthält (LG Hannover aaO; KMR-Lesch 10; Fezer 3/43; **aM** KK-Diemer 15; SK-Rogall 16; Gössel GA **76**, 62; EbSchmidt JZ **68**, 362: anfechtbar ist schon die Ladung; unklar LR-Gleß 18 mit Fn 45). Der StA steht die Beschwerde zu, wenn das AG die Vorführung ablehnt (LG Aachen JMBlNW **70**, 57; LG Köln NJW **67**, 1873); das Beschwerdegericht darf die Vorführung aber nicht selbst anordnen (LG Mönchengladbach JZ **70**, 192). Weitere Beschwerde ist nach § 310 II ausgeschlossen (Köln MDR **52**, 378).

Vorführung

134 **I Die sofortige Vorführung des Beschuldigten kann verfügt werden, wenn Gründe vorliegen, die den Erlass eines Haftbefehls rechtfertigen würden.**

II In dem Vorführungsbefehl ist der Beschuldigte genau zu bezeichnen und die ihm zur Last gelegte Straftat sowie der Grund der Vorführung anzugeben.

1) Die **sofortige Vorführung** (I), dh die Vorführung ohne vorangegangene Ladung und Androhung (LR-Gleß 1), ist unter den Voraussetzungen der §§ 112, 112a, auch des § 126a (KK-Diemer 1, LR-Gleß 4; SK-Rogall 3), zulässig. Dadurch soll dem Richter ein Mittelweg zwischen sofortiger Verhaftung und Ladung zur Vernehmung eröffnet werden. Er kommt etwa in Betracht im Fall des § 165 (EbSchmidt JZ **68**, 354) oder wenn die StA den Erlass eines Haftbefehls beantragt oder sich gegen seine Aufhebung beschwert hat (LR-Gleß 3). 1

2) Den **Vorführungsbefehl** (II) darf nur der nach §§ 125, 126, 162, 165, 169 zuständige Richter erlassen (RG **56**, 234). Eine vorherige Anhörung unterbleibt (§ 33 IV). Schriftform ist erforderlich. 2

A. **Inhalt:** Der Beschuldigte muss so genau bezeichnet werden, dass Verwechslungen ausgeschlossen sind. Die gesetzliche Bezeichnung der ihm vorgeworfenen Straftat, nicht der tatsächliche Vorgang (SK-Rogall 11), und der Grund der Vorführung sowie Vorführungsort und -zeit sind anzugeben. Der Haftgrund ist ebenso zu bezeichnen wie in einem Haftbefehl (13 zu § 114). Jedoch müssen die Tatsachen nicht angegeben werden, aus denen sich dringender Tatverdacht und Haftgrund ergeben. Im Fall des § 133 müssen die Ladung, das Ausbleiben und das Fehlen ausreichender Entschuldigungsgründe dargetan werden. 3

B. Die **Bekanntmachung** des Vorführungsbefehls an den Beschuldigten ist Voraussetzung für seine Vollstreckung (BGH NStZ **81**, 22), erfolgt aber erst unmittelbar vor deren Beginn. Auf Verlangen (LR-Gleß 7) ist der Vorführungsbefehl dem Beschuldigten vorzuzeigen. Einen Anspruch auf Aushändigung einer Abschrift hat er nicht (LR-Gleß 7). Wird der Vorführungsbefehl in einem Eilfall telefonisch oder durch Fernschreiben veranlasst, so gilt § 114a entspr (Stuttgart Justiz **82**, 339). 4

C. Die **Vollstreckung** erfolgt nach § 36 II S 1 (Wendisch JR **78**, 447). Wegen der UGefangenen vgl 5a zu § 133, wegen der Strafgefangenen § 36 II S 2 **StVollzG.** Der Vorführungsbefehl berechtigt die Polizei zum Betreten der Wohnung des Beschuldigten, nicht eines Dritten, zum Zweck seiner Ergreifung (KMR-Lesch 7; LR-Gleß 8; SK-Rogall 13; Kaiser NJW **64**, 759; erg 6 zu § 105) und zur Festnahme des Beschuldigten (RG **12**, 162). Unmittelbarer Zwang darf auch sonst angewendet werden (BGH NStZ **81**, 22: Aufbrechen der Wohnungstür; Kaiser NJW **65**, 1217: Anlegung von Fesseln). 5

D. Die **Wirksamkeit** des Vorführungsbefehls endet mit dem Abschluss der Vernehmung (KK-Diemer 8; LR-Gleß 10; SK-Rogall 14; **aM** Enzian NJW **57**, 451; Lampe MDR **74**, 535: schon mit deren Beginn). Bis dahin darf der Beschuldigte festgehalten werden. Nach der Vernehmung ist er zu entlassen, wenn kein Haftbefehl erlassen wird. Für eine neue Ladung ist ein neuer Vorführungsbefehl erforderlich (Enzian aaO; **aM** Rasehorn DRiZ **56**, 269). 6

3) Beschwerde nach § 304 I ist gegen den Vorführungsbefehl zulässig. Da sie keine aufschiebende Wirkung hat (§ 307 I), ist sie aber regelmäßig überholt, bevor sie dem Beschwerdegericht zugeht; zur Anfechtung in diesem Fall vgl 17 ff vor § 296. 7

4) Abgeordnete: Die zwangsweise Vorführung, nicht schon ihre Androhung, bedarf der Genehmigung des BTages (Anl 6 Abschn A Nr 14 Buchst k BT-GeschO). 8

Unverzügliche Vorführung und Vernehmung

135 [1]**Der Beschuldigte ist unverzüglich dem Richter vorzuführen und von diesem zu vernehmen.** [2]**Er darf auf Grund des Vorführungsbefehls nicht länger festgehalten werden als bis zum Ende des Tages, der dem Beginn der Vorführung folgt.**

1 **1)** Der **Geltungsbereich der Vorschrift** erstreckt sich auf Vorführungen nach §§ 133, 134 I; in den Fällen der §§ 51 I S 3, 163a III S 2, 161a II S 1 gilt sie entspr. Die §§ 115, 115a sind nicht anzuwenden; § 135 geht vor (LR-Gleß 1). Hinter §§ 230, 236, 329 IV tritt die Vorschrift zurück.

2 **2) Beschleunigungsgebot** (S 1): Der Vorführungsbefehl berechtigt nur zur Freiheitsbeschränkung nach Art 104 I S 1 GG, nicht zur Freiheitsentziehung iS Art 104 II–IV GG (KK-Diemer 2; LR-Gleß 2; SK-Rogall 2; Lampe MDR **74**, 536; **aM** Baumann EbSchmidt-FS 541; Moritz NJW **77**, 796).

3 Der Beschuldigte muss daher, was schon bei der Wahl des Vorführungszeitpunkts zu berücksichtigen ist, **unverzüglich** vernommen werden. Das erfordert ein Handeln ohne jede nach den Umständen vermeidbare Säumnis (LR-Gleß 3). Gerechtfertigt sind nur Verzögerungen, deren Gründe in rechtlichen oder tatsächlichen Hindernissen liegen.

4 **Vorführung** bedeutet nicht die persönliche Gegenüberstellung mit dem Richter, sondern das Unterstellen des Beschuldigten unter dessen unmittelbare Verfügungsgewalt (vgl 3 zu § 115). Schon das Verbringen in das Gerichtsgebäude und die Einlieferung in das Gerichtsgefängnis ist daher Vorführung (LR-Gleß 4). Die Ergreifung des Beschuldigten mehrere Stunden vor dieser Vorführung verbietet I nicht. Er darf schon am Vorabend festgenommen werden, wenn nur das verhindert, dass er sich der Vorführung entzieht (BayVerfGHE 3 II 63).

5 Die **Vernehmung** muss unmittelbar nach der Vorführung stattfinden, sofern nicht Gründe in der Person des Richters (Erkrankung, unaufschiebbare Dienstgeschäfte) oder des Beschuldigten (Ermüdung durch den Transport) oder in der Gerichtsorganisation entgegenstehen (Lampe MDR **74**, 537). Der Richter muss die möglichen und zumutbaren organisatorischen Maßnahmen zur Einhaltung des I treffen. Auch die Verhinderung des teilnahmeberechtigten StA oder Verteidigers kann ein Hindernisgrund sein (SK-Rogall 5).

6 **3)** Die **zeitliche Grenze für das Festhalten** des Beschuldigten ist nach S 2 das Ende des nächsten Tages, auch wenn einer der beiden Tage ein Sonnabend, Sonntag oder Feiertag ist (LR-Gleß 7), gerechnet vom Beginn der Vorführung, dh der Ergreifung. Ein längeres Festhalten des Beschuldigten ist unzulässig, auch wenn die Vernehmung noch nicht möglich war.

7 Über die **Art des Festhaltens** entscheidet das Gericht (Kaiser NJW **65**, 1216). Zulässig ist die Bewachung oder Einschließung im Vernehmungsraum, uU aber auch die Aufnahme in eine Arrestzelle oder in das Gerichtsgefängnis. Die für UGefangene geltenden Erleichterungen (§ 119) müssen gewahrt werden.

Erste richterliche Vernehmung **RiStBV 45**

136 **I [1]Bei Beginn der ersten Vernehmung ist dem Beschuldigten zu eröffnen, welche Tat ihm zur Last gelegt wird und welche Strafvorschriften in Betracht kommen. [2]Er ist darauf hinzuweisen, dass es ihm nach dem Gesetz freistehe, sich zu der Beschuldigung zu äußern oder nicht zur Sache auszusagen und jederzeit, auch schon vor seiner Vernehmung, einen von ihm zu wählenden Verteidiger zu befragen. [3]Er ist ferner darüber zu belehren, dass er zu seiner Entlastung einzelne Beweiserhebungen beantragen kann. [4]In geeigneten Fällen soll der Beschuldigte auch darauf, dass er sich schriftlich äußern kann, sowie auf die Möglichkeit eines Täter-Opfer-Ausgleichs hingewiesen werden.**

II Die Vernehmung soll dem Beschuldigten Gelegenheit geben, die gegen ihn vorliegenden Verdachtsgründe zu beseitigen und die zu seinen Gunsten sprechenden Tatsachen geltend zu machen.

III Bei der ersten Vernehmung des Beschuldigten ist zugleich auf die Ermittlung seiner persönlichen Verhältnisse Bedacht zu nehmen.

1) **Erste Vernehmung** iS von I S 1, III ist die Erste richterliche Vernehmung vor und außerhalb der Hauptverhandlung. Die Belehrungen nach I müssen trotz vorangegangener Vernehmung durch StA oder Polizei, nicht aber bei erneuter richterlicher Vernehmung (KMR-Lesch 4; **aM** SK-Rogall 3), wiederholt werden. II enthält allgemeine Anweisungen für jede richterliche Vernehmung. Die Vernehmung durch den Haftrichter regeln §§ 115 III, 115a II S 2; in der Hauptverhandlung gilt § 243 II–IV. Wegen Vernehmungen durch StA und Polizei vgl § 163a III S 2, IV S 2. 1

Sachverständige haben keine Vernehmungsbefugnis (2 zu § 80); § 136 hat daher für sie keine Bedeutung (BGH NJW **68**, 2297 = JR **69**, 231 mit zust Anm Peters; NStZ **97**, 296 mit Anm Eisenberg/Kopatsch; KK-Diemer 3; SK-Rogall 15; Fincke ZStW **86**, 656; Rogall 194ff; **aM** LG Oldenburg StV **94**, 646; LR-Gleß 3; Arzt JZ **69**, 438; Hanack JZ **71**, 169; Rieß JA **80**, 296; Roxin/Schünemann § 25, 12; Weigend JZ **90**, 49; BGH NStZ **88**, 142 mit Anm Dörig hat zu dieser Frage nicht Stellung genommen, sondern erwähnt nur eine dort erfolgte ordnungsgemäße Belehrung durch den Sachverständigen; vgl auch Spöhr NZV **93**, 334); zu erwägen ist allerdings, ob eine Belehrungspflicht angenommen werden sollte, wenn der Sachverständige Zusatztatsachen (11 zu § 79) erhebt (vgl Schmidt-Recla NJW **98**, 800). Für die Gerichtshelfer (§ 160 III) gilt die Vorschrift entspr (25 zu § 160), nicht aber für die Bewährungshelfer, die nach § 56d StGB erst nach der Verurteilung tätig werden (**aM** Schipholt NStZ **93**, 470). 2

2) Die **Vernehmung des Beschuldigten** regelt § 136. Zum Begriff der Vernehmung 4 zu § 136a; zum Begriff Beschuldigter und zur Abgrenzung vom Tatverdächtigen vgl Einl 76ff. Zur Vernehmung Jugendlicher vgl Eisenberg NStZ **99**, 281ff. Der Richter ist an die Entscheidung der StA gebunden, dass der zu Vernehmende als Beschuldigter zu behandeln ist. Er darf ihn auch dann nicht als Zeugen vernehmen, wenn er Tatverdacht nicht für gegeben hält (Nehm Meyer-Goßner-FS 286). Hält er umgekehrt einen Zeugen für tatverdächtig, darf er die Zeugenvernehmung nicht fortführen; erforderlichenfalls hat er ihn sogleich als Beschuldigten zu vernehmen (AK-Schöch 6 zu § 162; LR-Gleß 9, von Gerlach NJW **69**, 779; Montenbruck ZStW **89**, 889; **aM** LR-Erb 34 zu § 162; Lenckner Peters-FS 341; Nehm aaO 283). Will ihn die StA gleichwohl nur als Zeugen vernehmen lassen, steht ihm die Äußerungsfreiheit nach §§ 136, 163a zu; Maßregeln nach § 70 sind dann unzulässig (BGH NStZ **97**, 398 mit Anm Rogall). Für Kinder gilt, da sie keine Beschuldigten sein können (Einl 76), § 136 nicht (vgl Frehsee ZStW **100**, 298ff). 3

3) Der **Gang der Vernehmung** ergibt sich aus der nachstehenden Reihenfolge. 4

A. Die **Vernehmung zur Person** steht am Beginn jeder Vernehmung. Sie dient der Feststellung der Identität des Beschuldigten. Die darüber hinausgehende Ermittlung seiner persönlichen Verhältnisse (unten 16) gehört zur Sachvernehmung (erg 12 zu § 243). Obwohl sich das verfahrensrechtlich nicht erzwingen lässt, ist der Beschuldigte nach § 111 OWiG zu Angaben über seine Person verpflichtet (BGH **21**, 334; 364; **25**, 13, 17; Bay **69**, 79 = NJW **69**, 2057; Stuttgart MDR **87**, 521; **aM** Dingeldey JA **84**, 411; Rüping JR **74**, 137; Seebode MDR **70**, 185), auch wenn das auf eine Selbstbelastung hinausläuft (KK-Diemer 7; KMR-Lesch 8; **aM** LR-Gleß 17; SK-Rogall 71 vor § 133), sofern die Angaben nicht ausnahmsweise (Beruf, Staatsangehörigkeit) auch für die Schuldfrage von Bedeutung sind (Bay **80**, 79; 111). Anzugeben sind Vor-, Familien- und Geburtsnamen, Ort und Tag der Geburt, Familienstand, Beruf, Wohnort, Wohnung und Staatsangehörigkeit (vgl RiStBV 13 I S 1). Nach der Religion wird im Hinblick auf Art 140 GG iVm Art 136 III S 1 WeimRV nur gefragt, wenn der Sachverhalt dazu Anlass gibt (RiStBV 13 V). Das Gleiche gilt für Fragen nach Abstammung und politischer Gesinnung. Über Vorstrafen vgl unten 16. 5

B. Die **Eröffnung des Tatvorwurfs** (I S 1) erfolgt nach der Feststellung der Identität und vor der Belehrung nach I S 2 (LR-Gleß 20; SK-Rogall 27; 6

EbSchmidt JZ **68**, 356). Schlagwortartige Angaben (Diebstahl, Raub, Betrug) genügen nicht. Der Sachverhalt muss dem Beschuldigten so weit bekanntgegeben werden, dass er sich verteidigen kann (Fincke ZStW **95**, 959 ff), aber nicht so weit, dass die wirksame Verbrechensbekämpfung Schaden leidet (Eser ZStW **86**, Beih 151). Die Strafvorschriften werden zu Beginn der Vernehmung angegeben. Wenn danach neue rechtliche Gesichtspunkte auftreten, ist auch auf diese hinzuweisen (LR-Gleß 26; SK-Rogall 30; **aM** KK-Diemer 9). Bei der Vernehmung über mehrere Taten kann die Vernehmung zunächst auf eine von ihnen beschränkt werden. Dass sich das Ermittlungsergebnis ändert, zwingt zu keiner neuen Vernehmung (Schäfer wistra **87**, 165).

7 C. **Belehrung über die Aussagefreiheit** (I S 2): Durch die Belehrung soll gegenüber dem Beschuldigten eindeutig klargestellt werden, dass es ihm freisteht, nicht auszusagen, obwohl ihn ein Richter, StA oder Polizeibeamter in amtlicher Eigenschaft befragt (BGH GrS **42**, 139, 147; zust Franke JR **00**, 470; Popp NStZ **98**, 95; **aM** Roxin NStZ **95**, 466; **97**, 18: Schutz vor staatlich veranlasster irrtumsbedingter Selbstbelastung). Das Belehrungsgebot stellt klar, dass niemand verpflichtet ist, gegen sich selbst auszusagen (BGH **14**, 358, 364; allg dazu: Dingeldey JA **84**, 407; Günther GA **78**, 193; Haas GA **95**, 230; Rogall 67 ff, 104 ff; vgl auch BVerfGE **56**, 37, 49 = NJW **81**, 1541; erg Einl 29 a). Der Beschuldigte braucht nicht Zeuge gegen sich selbst zu sein (BGH **25**, 325, 331). Es steht ihm frei, sich zu der Beschuldigung zu äußern oder, was aber nicht immer die zweckmäßigste Art der Verteidigung ist (BGH aaO), nicht zur Sache auszusagen (vgl EGMR NJW **02**, 499: „Kernstück des von Art 6 MRK garantierten fairen Verfahrens“). Der Beschuldigte hat die Aussagefreiheit, die auch die Tatbeteiligung anderer umfasst, so dass die Belehrung nach § 52 III S 1 sinnlos ist (Bay **77**, 129 = NJW **78**, 387). I S 2 begründet die Aussagefreiheit nicht, sondern setzt sie voraus (Fezer 3/10 und JuS **78**, 106; Rogall 104 ff; zur sytematischen Bedeutung der Aussagefreiheit Pawlik GA **98**, 379 ff).

8 Der **Hinweis nach I S 2** ist vor jeder ersten richterlichen Vernehmung (zum Begriff 4 zu § 136 a) zu erteilen, auch wenn er schon bei früheren Vernehmungen durch StA oder Polizei erfolgt war (Eisenberg BR 563) uU auch dann, wenn die erste Belehrung schon Jahre zurücklag (BGH **47**, 172; **aM** Geppert Otto-FS 916), und unabhängig davon, ob der Beschuldigte seine Rechte kennt oder nicht (BGH aaO). Der Hinweis ist von dem Vernehmenden, der damit keinen Dritten beauftragen darf (LR-Gleß 32), an den Beschuldigten selbst zu richten, nicht an den gesetzlichen Vertreter oder den Erziehungsberechtigten. Für den Hinweis sollten die Worte des Gesetzes benutzt werden; eine andere Fassung ist unschädlich, wenn sie dem Beschuldigten Klarheit über die Aussagefreiheit verschafft (BGH NJW **66**, 1718; Meyer JR **67**, 308; str). Die Aussageverweigerung des Beschuldigten muss der Vernehmende nicht einfach hinnehmen. Er muss sich zwar jeder Beeinträchtigung der Willensentschließung des Beschuldigten enthalten (Günther JR **78**, 92), darf ihm aber, wenn dazu Anlass besteht, die Nachteile eines Verteidigungsverzichts vor Augen führen (SK-Rogall 34). Die richterliche Fürsorgepflicht (Einl 155 ff) kann sogar zur unverhüllten Empfehlung zwingen, zur Sache auszusagen (Kleinknecht JZ **65**, 156; Peters 207). Der Beschuldigte kann seine Bereitschaft zur Äußerung von vornherein auf bestimmte Fragenkomplexe beschränken (Rogall 45). Er kann sie jederzeit zurücknehmen (Eser ZStW **79**, 576); auch die Beantwortung einzelner Fragen kann er ablehnen (BGH **5**, 332, 334). Die Vernehmung kann auch trotz anfänglicher Aussageverweigerung fortgesetzt werden, aber nur, solange nicht mit verbotenen Mitteln auf die Willensfreiheit des zu Vernehmenden und die Durchsetzbarkeit seines Aussageverweigerungsrechts eingewirkt wird (BGH NJW **09**, 3589). Zur Berücksichtigung des Schweigens des Beschuldigten bei der Beweiswürdigung vgl 15 ff zu § 261.

9 Das versehentliche Unterlassen des Hinweises nach I S 2 kann durch erneute Vernehmung mit nachgeholter **„qualifizierter“ Belehrung geheilt** werden. Das

bedeutet, dass die neue Belehrung den Hinweis auf die Unverwertbarkeit der früheren Aussage enthalten muss (BGH **53**, 112; Hamm StV **10**, 5; München StraFo **09**, 206; so früher auch schon LG Bamberg NStZ-RR **06**, 311 L; LG Bad Kreuznach StV **94**, 293; Geppert Meyer-GedSchr 93; Neuhaus NStZ **97**, 315 mwN). Das Unterlassen einer „qualifizierten Belehrung" macht die neue Aussage allerdings nicht schlechthin unverwertbar; vielmehr ist im Einzelfall abzuwägen, wobei neben dem in die Abwägung einzubeziehenden Gewicht des Verfahrensverstoßes einerseits und des Sachaufklärungsinteresses andererseits (dazu BGH NJW **09**, 3589 mit abl Anm Meyer-Mews) maßgeblich darauf abzustellen ist, ob der Betreffende nach erfolgter Beschuldigtenbelehrung davon ausgegangen ist, von seinen früheren Angaben nicht mehr abrücken zu können (BGH **53**, 112; StV **07**, 450, 452; noch weiter einschr Hamm aaO; **aM** mit beachtlichen Erwägungen Roxin JR **08**, 18 und HRRS **09**, 186: Verwertungsverbot; ebenso Gless/Wennekers JR **09**, 383; Kasiske ZIS **09**, 322; Neuhaus StV **10**, 51; vgl auch in diesem Sinn BGH **52**, 11, 23; erg unten 20 und 30 zu § 136 a).

D. Der **Hinweis auf das Recht zur Verteidigerkonsultation** (I S 2) ist zu- 10
gleich mit der Belehrung über die Aussagefreiheit zu erteilen; denn gerade die Frage, ob der Beschuldigte aussagen oder schweigen will, kann die Beratung mit einem Verteidiger erfordern (Neuhaus StV **10**, 45 verlangt eine Ausweitung der Belehrungspflicht auf die unter den Voraussetzungen des § 140 bestehende Möglichkeit der Bestellung eines Pflichtverteidigers, ebenso Weider StV **10**, 103, der darüber hinaus auch einen Hinweis auf den anwaltlichen Notdienst fordert). Das Recht auf Verteidigerkonsultation steht selbstständig neben dem Schweigerecht (Beulke NStZ **96**, 258). Wird dem Beschuldigten das Recht auf Zugang zu einem Verteidiger verweigert, liegt ein Verstoß gegen Art 6 I, III c **MRK** vor (EGMR EuGRZ **96**, 587, 592; dazu Kühne EuGRZ **97**, 571; EGMR NJW **09**, 3707). Erklärt der Beschuldigte, dass er erst mit einem Verteidiger sprechen wolle, so muss die beabsichtigte Vernehmung aufgeschoben und die weitere Entscheidung des Beschuldigten, ob er sich zur Sache einlassen will, abgewartet werden (BGH **38**, 372 = JR **93**, 332 mit Anm Rieß = JZ **93**, 425 mit Anm Roxin; Strate/Ventzke StV **86**, 30; vgl auch BGH NJW **92**, 2903, 2904); der Beschuldigte darf nicht zu weiteren Angaben gedrängt werden (BGH NStZ **04**, 450; NJW **06**, 1008). Ihm ist vielmehr Gelegenheit zu geben, sich telefonisch mit dem Verteidiger in Verbindung zu setzen. Eine Fortsetzung der Vernehmung ohne Verteidiger ist nur zulässig, wenn der Beschuldigte damit nach erneutem Hinweis auf sein Recht der Verteidigerkonsultation ausdrücklich einverstanden ist und wenn dem ernsthafte Bemühungen vorausgegangen waren, dem Beschuldigten bei der Herstellung des Kontaktes zu einem Verteidiger zu helfen (BGH **42**, 15 mit zust Anm Müller StV **96**, 358; auch R. Hamm NJW **96**, 2185 stimmt dem BGH zu, möchte aber zu weitgehend vom Vernehmungsbeamten sogar den Rat zur Verteidigerkonsultation verlangen; dagegen auch Roxin JZ **02**, 899). BGH **42**, 170 (ebenso BGH NStZ **97**, 251, 252 mit abl Anm Wollweber NStZ **98**, 311) gestattet demgegenüber aber eine Fortsetzung der Vernehmung bereits dann, wenn Bemühungen um einen Verteidiger „wegen der mitternächtlichen Stunde" erfolglos erscheinen; die Entscheidung wird mit Recht im Schrifttum abgelehnt (Herrmann NStZ **97**, 209; Roxin JZ **97**, 343; Schwaben NStZ **02**, 290; Ventzke StV **96**, 524; Wolter Roxin-FS 1148). Im Übrigen gibt es jetzt fast überall „Strafverteidigernotdienste" (vgl Kutschera StraFo **01**, 262; Klein StV **07**, 282); äußert der Beschuldigte aber keinen Wunsch auf Zuziehung eines Verteidigers, braucht er auch auf den anwaltlichen Notdienst nicht hingewiesen zu werden (BGH **47**, 233 = JZ **02**, 897 mit Anm Roxin; BGH NStZ **06**, 114; **aM** Beulke/Barisch StV **06**, 570; eingehend dazu Geppert Otto-FS 913). Glaubt der Beschuldigte wegen Mittellosigkeit keinen Verteidiger zuziehen zu können, darf er im Fall notwendiger Verteidigung nicht in diesem Irrtum belassen werden (BGH NStZ **06**, 236 und NStZ-RR **06**, 181, die in diesem Unterlassen aber bei erheblicher Schwere des Schuldvorwurfs keinen

revisiblen Rechtsfehler sehen, dagegen zutr Beulke/Barisch aaO). Hat sich bereits ein Verteidiger – auch ohne Wissen des Beschuldigten – zur Übernahme der Verteidigung bereit erklärt, darf die Vernehmung ohne ihn nicht fortgesetzt werden (BGH NStZ **97**, 502; **08**, 643; Hiebl StraFo **98**, 412). Der Hinweis entfällt, wenn der Beschuldigte für dieses (nicht für ein anderes) Verfahren bereits einen Wahl- oder Pflichtverteidiger hat (KK-Diemer 14; **aM** LR-Gleß 40; SK-Rogall 36: nur, wenn er auch sein Recht kennt, sich mit dem Verteidiger zu beraten). Bei einem Verstoß gegen die Belehrungspflicht wird bei erneuter Vernehmung auch hier – wie bei Verstoß gegen die Belehrung über die Aussagefreiheit (oben 9) – eine „qualifizierte Belehrung" verlangt werden müssen (Neuhaus StV **10**, 46). Wegen der Anwendung des I S 2 bei Vernehmungen nach § 115 vgl dort 8.

11 E. Der **Hinweis auf das Beweisantragsrecht** (I S 3) steht im Zusammenhang mit §§ 163 a II, 166 I. Um ein Antragsrecht ieS handelt es sich nicht (ANM 335 ff). Der Hinweis erfolgt im Anschluss an die Belehrung über die Aussagefreiheit, kann aber im Lauf der Vernehmung nachgeholt werden. Er ist auch erforderlich, wenn der Beschuldigte erklärt, dass er sich zur Sache nicht äußern wolle; denn Beweisanträge kann er trotzdem stellen.

12 F. **Schriftliche Äußerung zur Sache** (I S 4): Da der Beschuldigte sich zur Sache nicht zu äußern braucht, ist er auch berechtigt, mündliche Angaben abzulehnen und sich schriftlich zu erklären. Darüber ist er vor Beginn der Vernehmung, nicht schon in der Ladung (KK-Diemer 16; LR-Gleß 52; **aM** SK-Rogall 40), zu belehren, sofern es sich um einen für schriftliche Äußerungen geeigneten Fall handelt. Geeignet sind Fälle, in denen der Beschuldigte voraussichtlich bereit und hinreichend fähig ist, eine sachgerechte schriftliche Äußerung abzugeben. Die Belehrung entfällt, wenn die Vernehmung die Gewinnung einer nach § 254 verlesbaren Niederschrift bezweckt oder der Beschuldigte ersichtlich so ungewandt ist, dass ihm eine schriftliche Äußerung nicht zugetraut werden kann. Der Hinweis kann vor allem angebracht sein, wenn die Einlassung sehr umfangreich ist, wenn die Auswertung umfangreicher Unterlagen erforderlich ist oder wenn der Beschuldigte erklärt, er wolle sich vor der Vernehmung mit einem Verteidiger beraten. Eine Ergänzung der mündlichen Aussage durch eine schriftliche Äußerung steht dem Beschuldigten immer frei.

12a G. **Möglichkeit eines Täter-Opfer-Ausgleichs** (I S 4): Auch hierauf soll der Beschuldigte in geeigneten Fällen, dh, wenn ein solcher TOA in Betracht kommt, hingewiesen werden. Ungeeignet ist der Hinweis demnach, wenn der Beschuldigte nicht geständig ist oder anzunehmen ist, dass der Geschädigte dem TOA nicht zustimmen wird (LR-Gleß 53; SK-Rogall 40). Die Vorschrift tritt neben die Vorschrift des § 155 a, in der StA und Gericht eine entspr Prüfungspflicht auferlegt ist. Über § 163 a III S 2, IV S 2 gilt die Hinweispflicht auch für Vernehmungen durch die StA und die Polizei (Beispiel für die Formulierung eines solchen Hinweises bei Bosch Otto-FS 847).

13 H. Die **Mitteilung der Verdachtsgründe** (II) ist bei jeder Vernehmung erforderlich, weil dem Beschuldigten Gelegenheit gegeben werden soll, sie zu beseitigen. Das setzt voraus, dass er sie kennt. Die Erklärung des Beschuldigten, er wolle nicht aussagen, macht die Mitteilung nicht überflüssig; vielleicht entschließt er sich zur Aussage, nachdem er erfahren hat, was ihm vorgeworfen wird. Die Mitteilung der Verdachtsgründe unterbleibt in dem Umfang, in dem sie dem Beschuldigten im Interesse der Sachaufklärung verheimlicht werden müssen. Die Strafverfolgungsbehörden sind nicht etwa mit Rücksicht auf II gezwungen, vor der Vernehmung alles bekanntzugeben, was sie über den Fall wissen (**aM** LR-Gleß 56; Lesch ZStW **111**, 642).

14 **4)** Durch die **Vernehmung zur Sache** wird dem Beschuldigten rechtliches Gehör gewährt (BGH **25**, 325, 332). Er hat Gelegenheit, die Verdachtsgründe zu beseitigen und Entlastungstatsachen geltend zu machen (II). Diese Richtlinie prägt

die Art der Vernehmung; in ihrem Rahmen ist die Vernehmung aber auf Ermittlung der Wahrheit und Beweissicherung ausgerichtet (Bay **77**, 126; Eser ZStW **79**, 620; **aM** LR-Gleß 57); denn die Angaben des Beschuldigten können als Beweis herangezogen werden (2 zu § 244).

Eine Vernehmung iS des § 136 liegt nur vor, wenn er sich selbst, nicht durch seinen Verteidiger (Bay **82**, 156 = VRS **64**, 134), **mündlich** äußert (LR-Gleß 58; SK-Rogall 12; vgl auch BGHR StGB § 78 c I Nr 1 Bekanntgabe 1). Die Verlesung von Niederschriften ist keine solche Äußerung (BGH **3**, 368). Um eine Vernehmung handelt es sich auch nicht, wenn der Richter Niederschriften über Vernehmungen durch Polizei oder StA verliest und der Beschuldigte nur ihre Richtigkeit bestätigt (BGH **7**, 73; MDR **74**, 725 [D]; NStZ **87**, 85). Nur zur Vereinfachung der Protokollierung ist es zulässig, nach der Äußerung des Beschuldigten die frühere Vernehmungsniederschrift zu verlesen und in das Protokoll nur aufzunehmen, dass der Beschuldigte sie als Bestandteil seiner Erklärung vor dem Richter betrachtet wissen wolle (BGH **6**, 279, 281; NJW **52**, 1027). Empfehlenswert ist auch dieses Verfahren nicht (vgl BGH **7**, 73; Fezer JZ **89**, 348). 15

Bei der ersten Vernehmung sollen die **persönlichen Verhältnisse** des Beschuldigten ermittelt werden (III), sofern das bisher nicht geschehen ist. Dazu gehören Vorleben, Werdegang, berufliche Ausbildung und Tätigkeit, familiäre und wirtschaftliche Verhältnisse und sonstige Umstände, die für die Beurteilung der Tat und für die Rechtsfolgenfrage von Bedeutung sein können (vgl auch RiStBV 13 I S 3, 4; erg 12, 29 zu § 243). Vorstrafen werden nur erörtert, wenn sie für die Sache von Bedeutung sind (KK-Diemer 22; vgl RiStBV aaO; erg 27 zu § 243). Allgemein gilt der Vorbehalt, dass die persönlichen Verhältnisse nur ermittelt werden, soweit das nach der Schwere des Vorwurfs und nach dem Grad des Verdachts kein unangemessenes Eindringen in die Privatsphäre des Beschuldigten bedeutet (Einl 20, 21). 16

Die **Art der Vernehmung** regelt das Gesetz nicht. Insbesondere ist nicht vorgeschrieben, dass der Beschuldigte, wie der Zeuge nach § 69 I S 1, Gelegenheit zur zusammenhängenden Äußerung haben muss (**aM** offenbar BGH **13**, 358, 361). Zwar wird es oft (weitergehend LR-Gleß 62: idR) zweckmäßig sein, ihn erst zu befragen, nachdem er sich so geäußert hat (OGH **3**, 141). Die Vernehmung kann aber auch von vornherein in Form von Fragen und Antworten erfolgen (Köln MDR **56**, 694; KK-Diemer 19; Hammerstein Middendorff-FS 112; **aM** Schleswig SchlHA **73**, 186 [E/J]; SK-Rogall 21; Wegemer NStZ **81**, 247; erg 22 zu § 243). 17

Eine **Wahrheitspflicht** hat der Beschuldigte nicht (BGH **3**, 149, 152; KK-Diemer 20; Rieß JA **80**, 296; Wessels JuS **66**, 173; **aM** Henkel 177; Peters 207). Er hat aber auch kein Recht zur Lüge (BGH NStZ **05**, 517; LR-Gleß 63; Keller JR **86**, 30; **aM** Fezer Stree/Wessels-FS 678, soweit sich der Beschuldigte nicht durch Lüge strafbar macht). Es ist daher zulässig, ihn zur Wahrheit zu ermahnen (**aM** Fezer aaO 683; einschr auch Ransiek StV **94**, 345), ihn, wenn er die Unwahrheit sagt, in Widersprüche zu verwickeln und auf die strafmildernde Wirkung eines Geständnisses hinzuweisen (BGH **1**, 387). 18

Zum **Recht auf Anwesenheit** bei der Vernehmung vgl § 168 c; zum **Protokoll** §§ 168, 168 a. Bei einer in Deutschland erfolgenden Vernehmung kann ausländischen Ermittlungsbeamten die Teilnahme gewährt und ihnen gestattet werden, unmittelbar Fragen an den Beschuldigten zu stellen (BGH NStZ **07**, 344 = JR **07**, 260 mit zust Anm Lagodny). 19

5) Verwertungsverbot: Der Verstoß gegen I S 2 begründet – ebenso wie der gegen § 243 V S 1 (39 zu § 243) – grundsätzlich ein Verwertungsverbot. Auch der BGH (**38**, 214 = JR **92**, 381 mit Anm Fezer = JZ **92**, 918 mit Anm Roxin = NStZ **92**, 294 mit Anm Bohlander; zust auch Kiehl NJW **93**, 501) hat sich für den Fall des unterbliebenen Hinweises auf das Schweigerecht dieser seit langem in der Literatur nahezu einhellig vertretenen Ansicht (Nw bei BGH aaO 218/219; vgl 20 ferner Ransiek, Die Rechte des Beschuldigten in der Polizeivernehmung, 1990, S 88; rechtsvergleichend Salditt GA **92**, 51 zur Entscheidung des Supreme Court der USA im Fall „Miranda“) angeschlossen und auf erneute Vorlegung der Rechtsfrage durch das OLG Celle (StV **91**, 249 mit Anm Amelung StV **91**, 454) seine frühere entgegenstehende Rspr (BGH **31**, 395 = JR **84**, 340 mit abl Anm Fezer = JZ **83**, 717 mit abl Anm Grünwald = NStZ **83**, 565 mit abl Anm Meyer) aufgegeben. Das Verwertungsverbot besteht jedoch nicht, wenn feststeht, dass der Beschuldigte sein Recht zu schweigen ohne Belehrung gekannt hat (BGH **38**, 214, 224; Mitsch NStZ **08**, 49; **aM** Wohlers JR **02**, 295), oder wenn der verteidigte Angeklagte in der Hauptverhandlung ausdrücklich der Verwertung zugestimmt oder ihr nicht widersprochen hat (dazu näher unten 25). Ob diese Grundsätze uneingeschränkt auch im OWi-Verfahren gelten, ist str (bejahend Brüssow StraFo **98**, 294; Hecker NJW **97**, 1833; verneinend Göhler NStZ **94**, 72). Lässt sich nicht klären, ob die Belehrung erfolgt ist oder nicht, und hat der Beschuldigte seine Aussagefreiheit nicht gekannt, so ist die Aussage ebenfalls nicht verwertbar (BGH JR **07**, 125 mit zust Anm Wohlers; LR-Gleß 78; **aM** BGH **38**, 214, 224; StV **99**, 354 mit abl Anm Wollweber; dagegen zutr auch Hauf MDR **93**, 195; Roxin JZ **92**, 923; vgl auch BezG Meiningen DAR **92**, 393 mit Anm Beck; dem BGH zust aber Bauer wistra **93**, 99). BGH **39**, 349 = JZ **94**, 686 mit Anm Fezer (dazu auch Kiehl NJW **94**, 1267) wendet die in BGH **38**, 214 aufgestellten Grundsätze entspr auf den Fall an, dass der Beschuldigte die Belehrung infolge seines geistig-seelischen Zustandes nicht verstanden hat. Ein Verwertungsverbot besteht nach der Rspr aber nicht, wenn der Beschuldigte ohne Zutun des Vernehmungsbeamten vor der beabsichtigten Belehrung spontan eine Äußerung abgegeben hat (BGH NJW **90**, 461 = StV **90**, 194 mit krit Anm Fezer; mit Recht krit auch Artkämper Kriminalistik **96**, 396; vgl ferner Haas GA **95**, 230). Das Verwertungsverbot gilt nicht im Verfahren gegen einen Dritten, in dem der fehlerhaft nicht Belehrte ausschließlich Zeuge ist (Bay **93**, 207 = NJW **94**, 1296; dagegen Dencker StV **95**, 232). Dass ein Mitbeschuldigter nicht belehrt worden ist, hindert die Verwertung gegen einen anderen Beschuldigten nicht (BGH NStZ **94**, 595, 596; wistra **00**, 311, 313; **aM** LR-Gleß 90; Brüssow StraFo **98**, 298; Dencker aaO; R. Hamm NJW **96**, 2189; erg Einl 57b). Ob das Verwertungsverbot auch bei ausländischen Beschuldigtenvernehmungen ohne Belehrung gilt, hat der BGH zunächst offen gelassen (BGH NJW **94**, 3364 mit Anm Wohlers NStZ **95**, 43 und Anm Britz NStZ **95**, 607 = JR **95**, 251 mit Anm Hauser) dann aber verneint (BGH NStZ-RR **02**, 67 [B]; grundsätzlich für Verwertbarkeit auch Keller Fezer-FS 227). Zur Verwertbarkeit von Angaben des Beschuldigten ohne Belehrung, die unter der Geltung der StPO-DDR stattgefunden haben, vgl BGH **38**, 263; abl Kiehl NJW **93**, 503; zu Vernehmungen ohne Belehrung, die vor der Entscheidung BGH **38**, 214 erfolgt sind, vgl Celle NJW **93**, 545; NZV **93**, 42; zust Kiehl aaO; Roxin JZ **97**, 346.

21 Ein Verwertungsverbot besteht auch, wenn der Beschuldigte über das **Recht der Verteidigerkonsultation** nicht oder nur unzureichend (AG Neumünster StV **01**, 498 mit Anm Gübner) belehrt worden ist (BGH **47**, 172; Hamm NStZ-RR **06**, 47; Geppert Otto-FS 926; noch offen gelassen von BGH NStZ **97**, 609 mit insoweit abl Anm Kaufmann und abl Anm Wollweber StV **99**, 355) oder wenn ihm nach Belehrung über dieses Recht trotz einer entspr Bitte eine Rücksprache mit seinem Verteidiger verweigert und er zur Sache vernommen worden ist (BGH **38**, 372 = JR **93**, 332 mit Anm Rieß = JZ **93**, 425 mit Anm Roxin; vgl auch Ransiek StV **94**, 343). Verstöße gegen I S 3, 4, II, III begründen kein Verwertungsverbot in Bezug auf die gemachten Angaben.

21a Der **Verstoß gegen die Benachrichtigungspflicht nach Art 36 I Buchst b S 3 WÜK** (vgl 1 zu § 19 GVG) steht dem Verstoß gegen die Belehrung über die Aussagefreiheit oder über die Verteidigerkonsultation nicht gleich und begründet daher kein Verwertungsverbot (BGH **52**, 110; erg 9 zu § 114b).

22 Ob das Verwertungsverbot auch eine **Fernwirkung** entfalten und damit zur Unverwertbarkeit eines durch die Aussage gewonnenen weiteren Ermittlungser-

gebnisses führen kann, ist fraglich (bejaht von Oldenburg NStZ **95**, 412; erg 31 zu § 136 a).

Das Vorliegen der Voraussetzungen eines Verwertungsverbots ist im **Freibeweisverfahren** vom Gericht festzustellen (BGH NStZ **97**, 609; **aM** Kaufmann NStZ **98**, 474). 23

6) Revision: Ein revisibler Verstoß ist gegeben bei – nicht geheiltem (oben 9) – Unterlassen der nach I S 2 erforderlichen Belehrungen über die Aussagefreiheit (oben 20) oder über die Möglichkeit der Verteidigerkonsultation (Kaufmann NStZ **98**, 474; Wollweber StV **99**, 355; oben 21); auch die Verweigerung der Rücksprache mit einem Verteidiger (oben 21) kann die Revision begründen (BGH **38**, 372 = JZ **93**, 425 mit Anm Roxin). 24

Nach der vom BGH vertretenen **Widerspruchslösung** muss der verteidigte Angeklagte der Verwertung der Aussage aber rechtzeitig widersprochen haben (BGH **38**, 214; **42**, 15, 22 mit zust Anm Müller StV **96**, 358); dem verteidigten Angeklagten steht ein solcher gleich, der vom Gericht über die Möglichkeit des Widerspruchs unterrichtet worden ist. Der Widerspruch ist bis zu dem in § 257 genannten Zeitpunkt zulässig (dagegen Vorschlag Leipold StraFo **01**, 303: bis zum letzten Wort des Angeklagten); er kann bis zum Ende der Beweisaufnahme zurückgenommen werden (BGH **42**, 15, 23). Widerspruch vor der Hauptverhandlung genügt nicht (BGH NStZ **97**, 502; **aM** Mosbacher Widmaier-FS 343; Schlothauer Lüderssen-FS 769 und StV **06**, 397); ein in einer später ausgesetzten Hauptverhandlung erhobener Widerspruch wirkt aber fort und muss daher nicht wiederholt werden (Stuttgart StV **01**, 388). Der Widerspruch muss eindeutig erklärt werden (vgl BGH NStZ **04**, 389: bezogen auf einen oder mehrere Vernehmungsbeamte); er ist als wesentliche Förmlichkeit gemäß § 273 zu protokollieren (v. Schlieffen DAV-FS 803 Fn 15). Wurde gegen die Verwertung kein Widerspruch erhoben, kann er auch im Berufungsverfahren (Stuttgart NStZ **97**, 405) oder nach Zurückverweisung der Sache durch das Revisionsgericht nicht mehr geltend gemacht werden (BGH **50**, 272 = JZ **06**, 473 mit abl Anm Fezer = StV **06**, 396 mit abl Anm Schlothauer; Bay **96**, 112 = NJW **97**, 404; Celle StV **97**, 68; Oldenburg StV **96**, 416; krit Fezer StV **97**, 59; abl Burhoff StraFo **03**, 271; Hartwig JR **98**, 359). Dieses Erfordernis eines Widerspruchs, das die Rspr allerdings schon früher (vom Schrifttum unbeanstandet) bei fehlerhaften kommissarischen (§ 224) und ermittlungsrichterlichen (§ 168 c V) Vernehmungen verlangt hat (dazu Meyer-Goßner/Appl StraFo **98**, 258), wird in der Literatur heftig kritisiert (Dahs StraFo **98**, 253; Brüssow StraFo **98**, 298; Fahl 171; Feigen Rudolphi-Symp 163; Fezer StV **97**, 58; Grüner, Über den Missbrauch von Mitwirkungsrechten und die Mitwirkungspflichten des Verteidigers im Strafprozess, 2000, S 167 ff; Grünwald BewR 150; Herdegen NStZ **00**, 4; Kiehl NJW **94**, 1267; Kindhäuser NStZ **87**, 530; Tolksdorf Graßhof-FS 255; Velten Grünwald-FS 753; Ventzke StV **97**, 543; vgl auch Maul/Eschelbach StraFo **96**, 66; Meyer-Mews StraFo **09**, 141; Roxin JZ **97**, 346 und Hanack-FS 21; Tepperwien Widmaier-FS 591; zusammenfassend und ebenfalls strikt abl Heinrich ZStW **112**, 398 ff), hat aber auch Zustimmung erfahren (LR-Gössel Einl I 33; Ignor Rieß-FS 185; Krey 2/1137; Matt GA **06**, 326; Mosbacher JR **07**, 389 und Widmaier-FS 350; Meyer-Goßner/Appl aaO; R. Hamm NJW **96**, 2187; Verrel [Einl 29 a] 126; Widmaier NStZ **92**, 521; Wohlers NStZ **95**, 46); es darf freilich nicht ohne weiteres auf andere Fälle als die Verletzung von Belehrungs- und Benachrichtigungspflichten ausgeweitet werden (vgl 34 zu § 81 a; 33 zu § 136 a; 12 zu § 252). Das bei rechtzeitigem Widerspruch eintretende Verwertungsverbot wirkt grundsätzlich auch gegenüber Mitbeschuldigten (LR-Gleß 90); der Widerspruch des vom Verstoß nicht betroffenen Mitbeschuldigten ist hingegen unbeachtlich (vgl im Einzelnen Schwaben [Einl 57 b] S. 138 ff). 25

Zum **Erlass eines Zwischenbescheids** über die Begründetheit des Widerspruchs ist das Gericht nicht verpflichtet (BVerfG 2 BvR 2025/97 vom 18. 3. 26

2009; BGH NStZ **07**, 719; **aM** v. Schlieffen DAV-FS 812: Entscheidung vor Fortsetzung der Beweisaufnahme erforderlich), daran freilich auch nicht gehindert.

27 Auf dem Verstoß gegen die Belehrungspflichten kann das **Urteil beruhen,** wenn in der Hauptverhandlung nach § 254 ein Geständnis oder nach § 251 die Aussage eines Mitbeschuldigten verlesen oder hierüber ein Zeuge gehört worden ist. Das Beruhen ist ausgeschlossen, wenn die Aussage im Urteil nicht verwertet worden ist oder wenn feststeht, dass der Beschuldigte seine Aussagefreiheit oder das Recht der Verteidigerkonsultation zweifelsfrei auch ohne die Belehrung gekannt (BGH **47**, 172, 173 = JR **02**, 290 mit abl Anm Wohlers) oder der Verwertung der Angaben zugestimmt oder ihr nach Belehrung nicht widersprochen hat.

28 Die **Revisionsbegründung** muss darlegen, dass eine Belehrung unterblieben ist und dass der Verwertung nicht zugestimmt bzw ihr (ggf nach Belehrung) widersprochen worden ist (BGH **38**, 214, 226/227); außerdem sind der Inhalt der angeblich zu Unrecht verwerteten Aussage und die Umstände, aus denen sich die Verwertung sowie die Rechtzeitigkeit des Widerspruchs ergeben, anzuführen (BGH NJW **93**, 2125, 2127; NStZ **97**, 614 mit Anm Müller-Dietz). Zum notwendigen Revisionsvorbringen hinsichtlich der Verweigerung der Zuziehung eines Verteidigers BGH NStZ **99**, 154; **10**, 97.

Verbotene Vernehmungsmethoden

136a **I [1] Die Freiheit der Willensentschließung und der Willensbetätigung des Beschuldigten darf nicht beeinträchtigt werden durch Misshandlung, durch Ermüdung, durch körperlichen Eingriff, durch Verabreichung von Mitteln, durch Quälerei, durch Täuschung oder durch Hypnose. [2] Zwang darf nur angewandt werden, soweit das Strafverfahrensrecht dies zulässt. [3] Die Drohung mit einer nach seinen Vorschriften unzulässigen Maßnahme und das Versprechen eines gesetzlich nicht vorgesehenen Vorteils sind verboten.**

II Maßnahmen, die das Erinnerungsvermögen oder die Einsichtsfähigkeit des Beschuldigten beeinträchtigen, sind nicht gestattet.

III [1] Das Verbot der Absätze 1 und 2 gilt ohne Rücksicht auf die Einwilligung des Beschuldigten. [2] Aussagen, die unter Verletzung dieses Verbots zustande gekommen sind, dürfen auch dann nicht verwertet werden, wenn der Beschuldigte der Verwertung zustimmt.

Übersicht

1 **1) Allgemeines:** Die Vorschrift enthält eine Ausprägung des Art 1 I GG (Peters 337), nach Krack NStZ **02**, 120 dient sie daneben auch der Wahrheitsfindung und dem Schutz „vor der massiven Beeinträchtigung der Vernehmungsatmosphäre". Der Beschuldigte ist Beteiligter, nicht Gegenstand des Verfahrens (BGH **5**, 332); den Anspruch auf Achtung seiner Menschenwürde verliert er nicht, weil er einer Straftat verdächtig ist (BGH **14**, 358, 364; Kleinknecht NJW **64**, 2185; Nüse JR **66**, 284). Daher ist jede Beeinträchtigung seiner Willensentschließung und -betätigung durch Zwang, Täuschung, Drohung und ähnliche Mittel verbo-

ten. § 136a gilt auch für Zeugen (§ 69 III) und Sachverständige (§ 72) und für Vernehmungen durch StA und Polizei (§§ 161a I S 2, 163a III S 2, IV S 2, V). Der Vorschrift ist der allgemeine Grundsatz zu entnehmen, dass die Wahrheit im Strafverfahren nicht um jeden Preis, sondern nur auf „justizförmige" Weise, dh in einem rechtsstaatlich geordneten Verfahren, erforscht werden darf (BVerfG NJW **84**, 428; BGH **14**, 358, 365; **31**, 304, 309; Köln NJW **79**, 1216, 1217).

2) Adressaten der Vorschrift sind in 1. Hinsicht die mit der Strafverfolgung beauftragten Staatsorgane (BGH **17**, 14, 19; Oldenburg NJW **53**, 1237). Sie dürfen die nach I, II verbotenen Vernehmungsmethoden weder selbst anwenden noch durch andere anwenden lassen (SK-Rogall 7). Sie dürfen den Beschuldigten nicht mit einem anderen Untersuchungsgefangenen, der ihn aushorchen soll, in eine Zelle sperren (EGMR StV **03**, 257 mit Anm Gaede, dazu auch Esser JR **04**, 98; BGH **34**, 362 = NStZ **89**, 33 mit Anm Wagner = JR **88**, 426 mit Anm Seebode = JZ **87**, 936 mit Anm Fezer = StV **87**, 283 mit Anm Grünwald StV **87**, 470; BGH **44**, 129 = NStZ **99**, 147 mit im Wesentlichen zust Anm Roxin = JR **99**, 346 mit krit Anm Hanack); anders aber, wenn der Beschuldigte sich freiwillig einem Mitgefangenen offenbart (BGH NJW **89**, 844; Schneider NStZ **01**, 8 ff; krit Lesch GA **00**, 355 ff). § 136a gilt ferner für Sachverständige (BGH **11**, 211; NJW **68**, 2297; VRS **29**, 203; LR-Gleß 8; Fezer 3/28; Geppert DAR **80**, 319 mwN; **aM** SK-Rogall 8; Fincke ZStW **86**, 658; Rüping 104) und Augenscheinsgehilfen (LR-Gleß 8; EbSchmidt NJW **62**, 665). 2

Eine **Drittwirkung** hat die Vorschrift grundsätzlich nicht (BGH **27**, 355, 357; KK-Diemer 3). Sie hat keine Bedeutung für den Verteidiger (BGH **14**, 189, 192 = JR **61**, 70 mit Anm EbSchmidt; Nürnberg OLGSt § 302 S 15), für den eigenmächtig handelnden Dolmetscher (BGH 2 StR 712/77 vom 21. 4. 1978) und für Privatpersonen, die Straftaten ohne amtlichen Auftrag erforschen (Oldenburg NJW **53**, 1237; LG Zweibrücken NJW **04**, 85 [heimliche Videoaufzeichnungen]; Dencker 98 ff; Roxin/Schünemann § 24, 65; **aM** Gössel 192; Rogall ZStW **91**, 41; ausführlich dazu Bockemühl 120 ff; Mende, Grenzen privater Ermittlungen durch den Verletzten einer Straftat, 2001, zugl Diss Berlin; vgl auch Frank, Zur Verwertbarkeit rechtswidriger Tonbandaufnahmen Privater, 1996 und Wölfl, Heimliche Tonaufnahmen Privater im Strafverfahren, StraFo **99**, 74). Eine Ausnahme ist mit Keller Grünwald-FS 267 ff bei Privatisierung von Polizeifunktionen zu machen. Im Übrigen ist nur unverwertbar, was Privatpersonen unter besonders krassem Verstoß gegen die Menschenwürde (Folter, Marter, Einkerkerung) zutage gefördert haben (Celle NJW **85**, 640; Hamburg NJW **05**, 2326, 2329 zu ausländischen Verhörspersonen; Bockemühl 227; Kleinknecht NJW **66**, 1543; Nüse JR **66**, 285; Otto GA **70**, 305; **aM** KK-Senge 52 vor § 48; Rüping 496; vgl auch SK-Rogall 10 ff; Eisenberg BR 395 ff; 630 ff; Grünwald BewR 162; vgl ferner Trüg/Habetha NStZ **08**, 488: entscheidende Frage, ob sich der Staat die Verletzung von Rechtsnormen durch Private zu Nutzen machen darf). Die Strafverfolgungsbehörden dürfen unzulässige Einwirkungen Dritter, auch von Behörden fremder Staaten (Schroeder ROW **69**, 199), aber auch sonst nicht ausnutzen, um von dem Beschuldigten Erklärungen zu erlangen (KK-Diemer 4; LR-Gleß 13). 3

Das wird auch im **Fall der sog „Liechtensteiner Steueraffäre"** angenommen, in der sich Mitarbeiter des Bundesnachrichtendienstes heimlich kopierte Kontendaten der Liechtensteiner Treuhand AG gegen Zahlung eines Geldbetrages in Millionenhöhe verschafft hatten, um dadurch umfangreiche Steuerhinterziehungen aufzuklären (dazu Bruns StraFo **08**, 189; Heine HRRS **09**, 540; Jahn Stöckel-FS 259; Kelnhofer/Krug StV **08**, 660; Kölbel NStZ **08**, 241; Ostendorf ZIS **10**, 305; Pitsch [Einl 50] S 338 ff; Schünemann NJW **08**, 305; Sieber NJW **08**, 886; Spatscheck Volk-FS 785; Trüg/Habetha NJW **08**, 890; NStZ **08**, 489). Eingehend über „Private Beweisbeschaffung im Strafprozess" Godenzi, 2008 (zugl Diss Zürich), die der erwägenswerten Ansicht ist (S. 333), dass die rechtswidrige private Beweisbeschaffung als solche die Verwertungsverbotsfolge nicht auslösen kann, 3a sondern diese nur eintritt, wenn der Staat das bereits präsente Beweismittel durch eigene zielgerichtete Ermittlungs- und Beweiserhebungsmaßnahmen nur rechtswidrig hätte beschaffen können (vgl auch Godenzi GA **08**, 499 ff).

4 **3)** Nur auf **Vernehmungen** bezieht sich § 136 a. Eine Vernehmung liegt vor, wenn der Vernehmende dem Beschuldigten in amtlicher Funktion gegenübertritt und in dieser Eigenschaft von ihm Auskunft verlangt (BGH GrS **42**, 139, 145 mwN); einen „funktionalen Vernehmungsbegriff" in dem Sinne, dass hierzu alle Äußerungen des Beschuldigten gehören, welche ein Strafverfolgungsorgan direkt oder indirekt herbeigeführt hat, lehnt die Rspr ab (BGH aaO; unrichtig auch Gusy StV **95**, 450: „jede Anhörung des Bürgers gegen seinen Willen aus strafprozessualen Gründen", dagegen zutr Widmaier StV **95**, 621). Daraus folgt, dass Äußerungen des Beschuldigten vor Begründung der Beschuldigteneigenschaft (Einl 76) oder außerhalb von Vernehmungen (BGH **34**, 365, 369 = NStZ **88**, 233 mit Anm Hamm: überwachtes Privatgespräch; BGH **52**, 11 mit eingehender Anm Rogall NStZ **08**, 110: Verdeckter Ermittler, erg 3 zu § 110 c), auch bei Tests zur Glaubwürdigkeitsuntersuchung durch § 136 a ebenso wenig geschützt werden wie prozessuale Willenserklärungen (LR-Gleß 17; dazu Einl 110); etwas anderes kann nur gelten, wenn Belehrungspflichten nach § 136 I S 2, 163 a II S 2 gezielt umgangen wurden (BGH NJW **09**, 3589 mit Anm Meyer-Mews). Keine Vernehmung ist auch das Telefongespräch eines Polizeibeamten mit einer Partnervermittlung, die ihre Telefonnummer öffentl zwecks Kundenwerbung angegeben hat, auch wenn der Beamte seine amtliche Eigenschaft verschweigt (Wieczorek Kriminalistik **86**, 170; **aM** LG Stuttgart NStZ **85**, 568 mit Anm Hilger). § 136 a erfasst auch nicht den Fall, dass ein Beschuldigter über einen nach § 100 a überwachten Anschluss selbstbelastende Telefongespräche führt (BGH **33**, 217 = StV **86**, 185 mit abl Anm Kühl; SK-Rogall 19).

4a Die Frage, wie eine sog **„Hörfalle"** zu beurteilen ist, dh, ob ein von einer Privatperson auf Veranlassung der Ermittlungsbehörden mit dem Tatverdächtigen zwecks Erlangung von Angaben zum Untersuchungsgegenstand ohne Aufdeckung der Ermittlungsabsicht geführtes belauschtes Gespräch verwertbar ist, ist heftig umstritten (vgl aus der Diskussion im Schrifttum Achenbach/Perschke StV **94**, 577; Ackemann [14 zu § 58] S 51 ff; Bockemühl 77; Dencker StV **94**, 680; Duttge JZ **96**, 556; Fezer NStZ **96**, 289; Kahlo Wolff-FS 153; Lagodny StV **96**, 167; Neuhaus Kriminalistik **95**, 787; Rothfuß StraFo **98**, 289; Roxin NStZ **95**, 465; **97**, 18; Schlüchter/Radbruch NStZ **95**, 354; Schneider JR **96**, 405; Seitz NStZ **95**, 519; Sternberg-Lieben Jura **95**, 299; Weiler GA **96**, 101). Der GrS des BGH (BGH **42**, 139, krit dazu Bernsmann StV **97**, 116, Derksen JR **97**, 167 und Rieß NStZ **96**, 505; abl auch Meurer Roxin-FS 1281; Roxin NStZ **97**, 18; im Wesentlichen zust aber König Kriminalistik **97**, 179; Pawlik GA **98**, 385: „es gibt keine allgemeine Vertraulichkeitsvermutung"; Popp NStZ **98**, 95; Verrel NStZ **97**, 415; ders [Einl 29 a] 171, der aber weiterführend [S 280] mehr auf das Täuschungsverbot abstellt; vgl ferner Weßlau ZStW **110**, 1; Wolter BGH-FG 977) hat die Frage dahin entschieden, dass der Inhalt des Gesprächs im Zeugenbeweis jedenfalls dann verwertet werden darf, wenn es um die Aufklärung einer Straftat von erheblicher Bedeutung geht und die Erforschung des Sachverhalts unter Einsatz anderer Ermittlungsmethoden erheblich weniger Erfolg versprechend oder wesentlich erschwert gewesen wäre; wann eine Straftat von erheblicher Bedeutung vorliege, lasse sich aus der – nicht abschließenden – Aufzählung in §§ 98 a, 100 c, 110 a entnehmen. Dies wurde im Vorlegungsfall (schwerer Raub) bejaht (BGH 5 StR 680/94 vom 22. 8. 1996). Ergänzend zu dieser Rspr wird aber daran festzuhalten sein, dass ein Verwertungsverbot auch dann angenommen werden muss, wenn ein solches Gespräch nach erklärter Verweigerung, Angaben zur Sache zu machen, mittels einer Täuschung durch die Ermittlungsbeamten herbeigeführt wird (vgl EGMR StV **03**, 257 mit Anm Gaede und dazu ferner Esser JR **04**, 98; BGH **39**, 335, 348; **40**, 66, 72; vgl auch Beulke StV **90**, 184; Eisenberg BR 638; Odenthal NStZ **95**, 580; Popp

NStZ **98**, 95; Schlüchter StP 64; Schneider GA **97**, 371; erg 2 aE zu Art 8 MRK). Zu diesem Ergebnis gelangt nun auch BGH **52**, 11 = NJW **07**, 3138 mit Anm Duttge JZ **08**, 261, Engländer ZIS **08**, 163, Renzikowski JR **08**, 164 und Rogall NStZ **08**, 110 bei drängender Befragung durch einen Verdeckten Ermittler, nachdem sich der Beschuldigte bereits auf sein Schweigerecht berufen hatte; für eine weitergehende Geltung auf alle Fälle verdeckter Befragungen Engländer aaO 166, Renzikowski aaO 165 und Roxin Miebach-SH 43, 45.

Auf den Einsatz (Scheingeschäfte) von **agents provocateurs und V-Leuten** 4b ist § 136 a nicht anwendbar (BGH GA **75**, 333; Frankfurt NJW **76**, 985, 986; SK-Rogall 19; ANM 482; Körner StV **82**, 384; Küper GA **74**, 321; Schünemann StV **85**, 430; **aM** LR-Gleß 4; Lüderssen Peters-FS 367; vgl auch Maul/Fischer NStZ **92**, 7 ff); anders liegt es beim Verdeckten Ermittler (vgl 3 zu § 110 c). Auch für § 81 a hat die Vorschrift keine Bedeutung (BGH **24**, 125, 129).

4) Willensentschließung und -betätigung dürfen nicht beeinträchtigt werden. 5 § 136 a verlangt aber nicht die Rücksichtnahme auf jeden Zustand einer körperlichen oder seelischen Beeinträchtigung, der sich auf Entschließungen des Beschuldigten nachteilig auswirkt (Bay **78**, 153 = JR **80**, 432 mit Anm Hanack; SK-Rogall 25; EbSchmidt NJW **62**, 666). Vernehmungen sind daher nur untersagt, wenn der Beschuldigte nicht mehr frei über seine Aussage, ihren Umfang und ihren Inhalt zu entscheiden vermag (KK-Diemer 8). Erb (Otto-FS 863, 874) formuliert dazu: „§ 136 a ist nur bei solchen Beeinträchtigungen der Willensfreiheit anzuwenden, die durch aktive Einwirkungen oder garantiepflichtwidriges Unterlassen der Strafverfolgungsorgane bedingt sind".

5) Verbotene Mittel (I): Die Aufzählung ist nicht abschließend; I enthält nur 6 Beispiele unzulässiger Beeinträchtigungen (BGH **5**, 332, 334; LR-Gleß 20; Degener GA **92**, 464). Verboten sind alle Methoden, mit denen derselbe Zweck verfolgt wird wie mit den in I ausdrücklich genannten Mitteln (Bay aaO; Erbs NJW **51**, 387; Kohlhaas JR **60**, 247).

A. **Misshandlung** ist jede erhebliche Beeinträchtigung der körperlichen Unver- 7 sehrtheit oder des körperlichen Wohlbefindens (vgl § 223 StGB), zB das Beibringen von Verletzungen, Fußtritte, Schläge, grelle Beleuchtung bei Vernehmungen, Lärmverursachung, ständiges Stören im Schlaf, Hungern- und Frierenlassen (LR-Gleß 22).

B. **Ermüdung** (allg H. W. Schmidt MDR **62**, 358) hindert die Vernehmung 8 nur in Extremfällen, zB bei Dauerverhören oder nach 30 Stunden ohne Schlaf (BGH **13**, 60; vgl auch BGH NStZ **84**, 15 [Pf/M]: 24 Stunden Schlaflosigkeit unschädlich). Ermüdende Vernehmungen sind zulässig und oft unvermeidbar (BGH **38**, 291; NStZ **99**, 630). Auch sachlich gerechtfertigte nächtliche Vernehmungen schließt § 136 a nicht aus (BGH **1**, 376 = JZ **52**, 86 mit Anm Bader). Verboten ist nur das Beeinträchtigen der Willensfreiheit durch Vernehmungen bis zur Erschöpfung der Willenskraft oder unter Ausnutzung eines solchen Zustands (BGH **12**, 332; **13**, 60; **38**, 291, 293; BGHR § 136 a I Ermüdung 2). Dabei kommt es auf den objektiven Zustand der Ermüdung an; ob der Vernehmende ihn herbeigeführt oder überhaupt erkannt hat, ist gleichgültig (BGH **1**, 376, 379; **12**, 332; Frankfurt VRS **36**, 366; **aM** SK-Rogall 33). In der Hauptverhandlung ist nur die Verhandlungsfähigkeit des Beschuldigten von Bedeutung (**aM** BGH **12**, 332, der für den Fall einer nächtlichen Hauptverhandlung einen Verstoß gegen § 136 a erörtert; LR-Gleß 27; SK-Rogall 36).

C. **Körperliche Eingriffe** sind Maßnahmen, die sich unmittelbar auf den Kör- 9 per des Beschuldigten auswirken. Untersagt sind auch schmerzfreie und folgenlose Eingriffe. Meist werden Eingriffe schon als Misshandlung, Verabreichung von Mitteln oder Quälerei verboten sein.

D. **Verabreichung von Mitteln** ist jede Einführung von festen, flüssigen oder 10 gasförmigen Stoffen in den Körper. In welcher Form das geschieht (Einatmen,

Einspritzen, Einführen in Körperöffnungen, Beimischen in Speisen und Getränke), ist gleichgültig (Erbs NJW **51**, 387). In Betracht kommen betäubende, hemmungslösende, einschläfernde und Weckmittel (BGH **11**, 211: Pervitin), insbesondere Rauschgifte und Alkohol. Hemmungslösende Mittel werden bei der Narkoanalyse verabreicht (sog Wahrheitsserum); sie ist daher ausnahmslos verboten (Hamm DRZ **50**, 212; Less DRZ **50**, 322; Niese ZStW **63**, 199; Radbruch Sauer-FS 123; EbSchmidt/Schneider SJZ **49**, 449; Schönke DRZ **50**, 145; **aM** Sauer JR **49**, 500; Schaumann Pfenninger-FS 139; Siegert DRiZ **53**, 99). Die Verabreichung von Mitteln, die nur der Stärkung oder Erfrischung dienen (Traubenzucker, Schokolade) und von Kaffee, Tee, Zigaretten und anderen Tabakwaren ist ebenso wenig untersagt (BGH **5**, 290) wie die Weigerung, sie dem Beschuldigten zu geben. Wie bei der Ermüdung (oben 8) ist unerheblich, ob die Mittel von dem Vernehmenden verabreicht oder von dem Beschuldigten vor oder während der Vernehmung selbst eingenommen worden sind und ob der Vernehmende die dadurch eingetretenen Folgen erkannt hat (Frankfurt VRS **36**, 366; LG Mannheim NJW **77**, 346; LG Marburg MDR **93**, 565; LR-Gleß 32; Eisenberg BR 643 ff; **aM** Celle VRS **41**, 206; SK-Rogall 40). Beschuldigte unter Alkoholeinwirkung können vernommen werden, solange sie verhandlungsfähig sind und ihre Willensfreiheit nicht ernsthaft beeinträchtigt ist (BGH MDR **70**, 14 [D]: trotz 2‰ Blutalkohol; Köln StV **89**, 520: nicht mehr bei 4‰ **aM** Kramer Kriminalistik **91**, 309: Kein Fall des § 136 a; vgl auch Brüssow StraFo **98**, 297); zur Vernehmung einer unter Entzugserscheinungen leidenden Person vgl Hamm StV **99**, 360.

11 E. **Quälerei** ist das Zufügen länger andauernder oder sich wiederholender körperlicher oder seelischer Schmerzen oder Leiden, zB durch entwürdigende Behandlung (fortwährende Beschimpfungen und dgl), Dunkelhaft, Erzeugung von Angst und Hoffnungslosigkeit. Das Hinführen zur Leiche des Opfers kann unter besonderen Umständen Quälerei sein (BGH **15**, 187; AK-Maiwald 5; LR-Gleß 38; 2 zu § 88). Lichtbilder der Opfer dürfen dem Beschuldigten gezeigt werden (BGH 5 StR 19/79 vom 27. 7. 1979).

12 F. Die **Täuschung** des Beschuldigten bei der Vernehmung berührt zwar weder dessen Menschenwürde (Otto GA **70**, 290; Renzikowski JR **08**, 166) noch die Freiheit seiner Willensentschließung, ist aber eines Rechtsstaates unwürdig. Daher ist sie verboten. Der Begriff ist jedoch zu weit gefasst und muss einschr ausgelegt werden (BGH GrS **42**, 139, 149 mwN; Baumann GA **59**, 34; Otto GA **70**, 294; **aM** Eisenberg BR 655).

13 **Unbeabsichtigte Irreführungen** fallen darunter nicht (BGH **31**, 395, 400; **35**, 328, 329 = JR **90**, 164 mit Anm Bloy; NStZ **90**, 195; **05**, 517; Oldenburg NJW **67**, 1096; **aM** LR-Gleß 49, 50; Bremen NJW **67**, 2022; JZ **55**, 680; Düsseldorf NJW **60**, 210; Hamm NJW **60**, 1967; Grünwald NJW **60**, 1942; differenzierend Puppe GA **78**, 295; ausführlich zum Streitstand mwN Achenbach StV **89**, 516), auch nicht fahrlässige Fehlinformationen (BGH NStZ **04**, 631). Das gilt aber nur für tatsächliche Fragen. Falsche Rechtserklärungen des Vernehmenden stehen Täuschungen stets gleich (Bremen aaO; LR-Gleß 50; Knauth NJW **78**, 744; Rüping 106; **aM** SK-Rogall 48; wohl auch BGH StV **89**, 515 mit abl Anm Achenbach).

14 **Gegenstand der Täuschung** können Rechtsfragen sein, zB dass der Beschuldigte als Zeuge vernommen werden soll, dass er zur Aussage verpflichtet sei (Bay **78**, 153 = NJW **79**, 2625; Oldenburg NJW **67**, 1096), dass er die Wahrheit sagen müsse oder dass sein Schweigen als Schuldbeweis gewertet werden könne (Wessel JuS **66**, 171). Es kann sich auch um tatsächliche Umstände handeln, zB dass eine erdrückende Beweiskette vorliege (BGH **35**, 328 = JR **90**, 164 mit Anm Bloy = JZ **89**, 347 mit Anm Fezer; Frankfurt StV **98**, 119), dass der Mittäter schon gestanden habe (vgl auch LG Freiburg StV **04**, 647: bewusst erzeugte Fehlvorstellung) oder anderes Beweismittel gefunden worden sei, aber auch um Absichten des Vernehmenden, zB dass er aus der Aussage keine nachteiligen Folgen ziehen werde

(BGH MDR **54**, 17 [D]). Täuschung ist auch die Befragung zur Schuldfrage unter dem Vorwand der Vernehmung zur Person (Hamburg MDR **76**, 601), nicht aber das Vorspiegeln einer freundlichen Gesinnung (BGH NJW **53**, 1114; LR-Gleß 40).

Kriminalistische List (allg Puppe GA **78**, 289; Dahle Kriminalistik **90**, 431) verbietet § 136a nicht (Kleinknecht JZ **53**, 534; krit LR-Gleß 39; SK-Rogall 45; Degener GA **92**, 464; abl Lesch ZStW **111**, 644). Sie darf aber nur darin bestehen, dass Fangfragen gestellt und doppeldeutige Erklärungen (insoweit **aM** Erb Otto-FS 876) abgegeben werden. Falsche Angaben über Rechtsfragen und bewusstes Vorspiegeln oder Entstellen von Tatsachen sind immer untersagt (BGH **37**, 48; NStZ **97**, 251; Köln MDR **72**, 965; Kleinknecht aaO). Das gilt auch für geringfügige Verdrehungen der Wahrheit (Beulke StV **90**, 182). 15

Das **Verschweigen von Rechten und Tatsachen** ist keine Täuschung (BGH **39**, 335, 348; NStZ **97**, 251). Wird eine gesetzlich vorgeschriebene Belehrung (§§ 136 I S 2, 163a III S 2, IV S 2, 243 V S 1) unterlassen, so beurteilen sich die Rechtsfolgen nach diesen Vorschriften (KK-Diemer 21). Auf die Verwertbarkeit von Angaben, die der Beschuldigte außerhalb der Vernehmung macht, braucht er nicht hingewiesen zu werden (BGH DAR **77**, 177 [Sp]; LG Verden MDR **75**, 950). Auch was der Vernehmende vom Sachverhalt weiß, braucht er dem Beschuldigten nicht zu offenbaren (Bremen NJW **67**, 2022; VRS **36**, 182; Köln MDR **72**, 965; Laux SchlHA **51**, 39). 16

Der **Irrtum des Beschuldigten** über die Kenntnis des Richters von den Tatsachen und das Vorliegen von Beweisen muss nicht berichtigt (Köln aaO; LR-Gleß 46; Erbs NJW **51**, 388), darf aber nicht durch zusätzliche Erklärungen ausgeweitet und vertieft werden (BGH MDR **86**, 978 [H]; KK-Diemer 22; SK-Rogall 50; vgl auch BGH StV **88**, 419 mit Anm Günther, der zutr der Ansicht ist, der BGH habe eine Vertiefung des Irrtums zu Unrecht verneint). Beseitigt werden muss dagegen ein erkennbarer Irrtum des Beschuldigten über seine Aussagefreiheit (LR-Gleß 47; EbSchmidt JR **61**, 71). 17

Heimliche Tonbandaufnahmen bei der Vernehmung sind grundsätzlich unzulässig. Die Vernehmung ist nichtöffentlich iS des § 201 StGB (Frankfurt NJW **77**, 1547 = JR **78**, 168 mit Anm Arzt) und darf daher nicht ohne Einwilligung des Beschuldigten aufgenommen werden, auch wenn er weiß, dass seine Äußerungen in einer Niederschrift festgehalten werden (ANM 517; EbSchmidt JZ **56**, 208). 18

G. **Hypnose** ist die Einwirkung auf einen anderen, durch die unter Ausschaltung des bewussten Willens eine Einengung des Bewusstseins auf die von dem Hypnotisierenden gewünschte Vorstellungsrichtung erreicht wird; § 136a verbietet sie ausnahmslos (KK-Diemer 28; LR-Gleß 53; Erbs NJW **51**, 388; Schönke DRZ **49**, 204; **aM** SK-Rogall 59; Less DRZ **50**, 322; Peters 337: Lösung von posthypnotischen Hemmungen), auch wenn sie zur Auffrischung des Gedächtnisses von Zeugen mit deren Einwilligung angewendet werden soll (Erbs aaO; **aM** Fuchs Kriminalistik **83**, 6, eingehend Artkämper Kriminalistik **09**, 417). 19

H. **Zwang** ist zB in §§ 51, 70, 77, 112ff, 134, 163a III zugelassen, darf aber nur für die dort vorgesehenen Zwecke angewendet werden. Darüber hinaus ist er verboten. Maßgebend sind aber die objektiven Umstände (zB Festnahme ohne Festnahmegrund, LG Bremen StV **95**, 515); dass der Beschuldigte irrig glaubt, er befinde sich in einer Zwangslage, ist ohne Bedeutung. Insbesondere sind unangenehme Fragen nicht untersagt (LG Bremen MDR **52**, 122). Ein Verwertungsverbot besteht im Übrigen nur, wenn der Zwang gezielt als Mittel zur Herbeiführung einer Aussage angewandt worden ist, also darauf gerichtet war, ob überhaupt oder wie ausgesagt werden sollte (BGH NJW **95**, 2933, 2936 = StV **96**, 73 mit abl Anm Fezer; abl auch Bung StV **08**, 495; Paeffgen NStZ **97**, 119). Kein unzulässiger Zwang liegt in der Vernehmung eines vorläufig Festgenommenen vor Vorführung nach § 128 I S 1 (BGH NStZ **90**, 195 = JR **91**, 84 mit Anm Fezer; krit Nelles StV **92**, 390). 20

21 J. Die **Drohung mit einer verfahrensrechtlich unzulässigen Maßnahme** besteht im Inaussichtstellen einer Maßnahme, auf deren Anordnung der Vernehmende Einfluss zu haben behauptet (Achenbach StV **89**, 515; Grünwald NJW **60**, 1941), zB die Festnahme wegen Verdunkelungsgefahr (BGH MDR **71**, 18 [D]; Volk NJW **96**, 882) oder die Einleitung einer Entziehungskur (LG Mannheim NJW **77**, 346). Warnungen, Belehrungen und Hinweise sind keine Drohungen, wohl aber die Androhung der grundlosen Invollzugsetzung des Haftbefehls, falls kein Geständnis abgelegt werde (BGH StV **04**, 636 mit Anm Eidam StV **05**, 201), oder die sachlich nicht gerechtfertigte Bloßstellung homosexueller Neigungen des Beschuldigten (Naumburg StV **04**, 529). Auch in der Anwendung der „Sanktionsschere" (19 zu § 257 c) liegt ein Verstoß gegen § 136 a (BGH NJW **08**, 170).

22 Mit **zulässigen Maßnahmen** darf gedroht werden, sofern der Vernehmende zugleich zum Ausdruck bringt, dass er seine Entschließung nur von sachlichen Notwendigkeiten abhängig machen werde. Zulässig ist daher die Androhung der (gerechtfertigten) vorläufigen Festnahme (BGH GA **55**, 246; MDR **53**, 723 [D]; **56**, 527 [D]), der Abschiebung ins Ausland (BGH MDR **79**, 637 [H]), eines Strafverfahrens nach § 164 StGB oder, bei einem offenbar falsch aussagenden Zeugen, nach §§ 153 ff StGB (BGH MDR **56**, 527 [D]). Verboten sind auch nicht Vorhaltungen, die vernünftigerweise das Prozessverhalten des Beschuldigten nicht beeinflussen (BGH **1**, 387 = JZ **52**, 87 mit Anm Bader; BGH **14**, 189, 191 = JR **61**, 70 mit Anm EbSchmidt).

23 K. Das **Versprechen von gesetzlich nicht vorgesehenen Vorteilen,** dh die Abgabe einer bindenden Zusage, auf deren Einhaltung der Empfänger vertrauen kann (BGH **14**, 189, 191; Hamm NJW **68**, 954; StV **84**, 456; **aM** LR-Gleß 58; Grünwald NJW **60**, 1941: Inaussichtstellen des Vorteils genügt), für eine Aussage oder ihren besonderen Inhalt (BVerfG NJW **84**, 428) ist stets verboten, sofern es sich nicht um einen Bagatell„vorteil" handelt (BGH **5**, 290: Raucherlaubnis). Versprechen von Vorteilen, die dem Beschuldigten erst nach der Vernehmung zugute kommen sollen, sind dagegen zulässig, wenn sie nur Hinweise darauf enthalten, welche Änderungen der Verfahrenslage durch die Aussage eintreten werden. Die Haftentlassung bei Ablegung eines Geständnisses darf zugesagt werden, wenn die Haft nur wegen Verdunkelungsgefahr begründet ist (BGH MDR **52**, 532 [D]; **aM** LG Aachen NJW **78**, 2256), nicht aber bei Fluchtgefahr (BGH **20**, 268 = JZ **66**, 197 mit Anm Bader; vgl auch AG Hannover StV **86**, 523). Statthaft ist auch die Zusage der Einstellung nach § 154 (BGH NStZ **87**, 217 [Pf/M]; vgl aber Hamm StV **84**, 456; krit Volk NJW **96**, 879) und der Vergünstigung nach § 31 BtMG (BGH NStZ **87**, 217 [Pf/M]), die Erklärung, der Beschuldigte werde, wenn er gestehe, nicht ins Ausland abgeschoben (BGH MDR **79**, 637 [H]), und der Hinweis auf die nach einem Geständnis eintretenden Strafmilderungsmöglichkeiten (BGH **1**, 387; **14**, 189; **20**, 268; Schmidt-Hieber NJW **82**, 1021; vgl auch BGH NJW **90**, 1921), nicht aber für den Fall eines Geständnisses die Inaussichtstellung einer schuldunangemessen niedrigen Strafe (BGH StraFo **03**, 97 mit Anm Salditt) oder einer unzutreffenden günstigeren rechtlichen Bewertung der Tat (BGH NStZ **07**, 655) und das Versprechen des Vernehmenden, dass im Fall des Geständnisses von einer namentlichen Anzeige abgesehen werde (BGH MDR **54**, 17 [D]). Unzulässig ist auch die Zusage der Straffreiheit oder sonstiger Vergünstigungen gegenüber dem „Kronzeugen" (LR-Gleß 61; Füllkrug Kriminalistik **85**, 410; MDR **89**, 121). Die Zusage der Übernahme der einem aussagebereiten Zeugen durch einen anwaltlichen Beistand entstehenden Kosten enthält nicht das Versprechen von Vorteilen iS I (BVerfG NJW **84**, 428).

24 L. Die **Anwendung des Polygraphen** (Lügendetektor; dazu im Einzelnen Eisenberg BR 693 ff) wurde früher in entspr Anwendung von I als unzulässig angesehen; sie sollte auch durch Einwilligung des Beschuldigten, der damit seine Unschuld beweisen wollte, nicht in Betracht kommen (vgl Beulke StP 141). Nach der

Grundsatzentscheidung des BGH (mit ausführlichen Nw zur bisherigen Rspr und Literatur) **44**, 308 = JR **99**, 379 mit Anm Amelung verstößt die freiwillige Mitwirkung des Beschuldigten hingegen nicht gegen Verfassungsgrundsätze oder § 136a; die polygraphische Untersuchung mittels des Kontrollfragentests und – jedenfalls im Zeitpunkt der Hauptverhandlung – des Tatwissentests führe jedoch zu einem völlig ungeeigneten Beweismittel (§ 244 III S 2); denn es sei nicht möglich, eine gemessene körperliche Reaktion auf eine bestimmte Ursache zurückzuführen. Nach dieser Entscheidung schien die Debatte um das „polygraphische Gutachten" in der Strafgerichtsbarkeit erledigt (Artkämper NJ **99**, 154). Weitere und neuere Untersuchungen sprechen sich aber für die Anwendung zur Entlastung des Beschuldigten (Meyer-Mews NJW **00**, 916), für die Anwendung im Ermittlungsverfahren (Fabian/Stadler Kriminalistik **00**, 607) oder für eine völlige Neubewertung aus (eingehend Putzke/Scheinfeld/Klein/Undeutsch ZStW **121**, 607 [Kurzfassung Putzke/Scheinfeld StraFo **10**, 58]; zu möglichen Auswirkungen neurowissenschaftlicher Erkenntnisse Stübinger ZIS **08**, 538). Vgl zur gesamten Problematik auch Kargl/Kirsch JuS **00**, 537; Karow [26 zu § 244] S 93 ff; Landau Schäfer-SH 42; Schüssler, Polygraphie im deutschen Strafverfahren, 2002, zugl Diss Halle-Wittenberg, ders JR **03**, 188. Vgl ferner Jaworski NStZ **08**, 195 zur Anwendung des Polygraphen in Polen zwecks Ausschließung Unschuldiger aus dem Kreis der Verdächtigen.

6) Erinnerungsvermögen und Einsichtsfähigkeit (II) des Beschuldigten dürfen nicht beeinträchtigt werden. Das Erinnerungsvermögen ist die Fähigkeit, vergangene Tatsachen mittels Denkarbeit zu vergegenwärtigen, Einsichtsvermögen die Fähigkeit des Beschuldigten, die inhaltliche und wertmäßige Bedeutung seiner Aussage zu erkennen, sich seiner Verantwortung bewusst zu bleiben (Erbs NJW **51**, 389). Neben den Verboten des I hat II wenig praktische Bedeutung. Insbesondere verbietet er nicht Fang- und Suggestivfragen (Schlüchter 97; erg 9 zu § 163a). 25

7) Die **Einwilligung des Beschuldigten** (III S 1), auch die des gesetzlichen Vertreters und des Verteidigers, ist unbeachtlich. Das betrifft vor allem die Anwendung des Lügendetektors, der Narkoanalyse und der Hypnose. 26

8) Ein **Verwertungsverbot** (III S 2) ist die Folge des Verstoßes gegen I, II (vgl allg ANM 481 ff). Es besteht bei belastenden und entlastenden (KK-Diemer 37; LR-Gleß 71; Peters 337; **aM** Dencker 73 ff; Roxin/Schäfer/Widmaier StV **06**, 655: nur bei belastenden Aussagen), falschen und richtigen Aussagen (BGH **5**, 290; Baumann GA **59**, 41; **aM** Erbs NJW **51**, 389) und, im Gegensatz zu anderen Verboten dieser Art, auch bei nachträglicher Einwilligung des Beschuldigten in die Benutzung seiner Aussage (vgl aber auch BGH NStZ **08**, 706, wo offen gelassen ist, ob auf den Schutz des III S 2 verzichtet werden kann, falls anders eine effektive Verteidigung verwehrt ist; für uneingeschränkte Verwertbarkeit entlastender Aussagen hingegen Roxin StV **09**, 113). Nur weil diese weitergehende Rechtsfolge bestimmt werden sollte, erwähnt III S 2 entgegen der sonstigen Technik des Gesetzes das Verwertungsverbot ausdrücklich (Fezer JuS **78**, 105; Grünwald JZ **83**, 719; Hanack JZ **71**, 169). Das Verbot erstreckt sich auch auf die Verwertung von durch Folter im Ausland erlangte Beweise (Ambos StV **09**, 151). 27

Einen **ursächlichen Zusammenhang** zwischen Verstoß und Aussage setzt das Verbot voraus. Daran fehlt es zB, wenn der Beschuldigte ausgesagt hat, obwohl er die Täuschung erkannt hatte (Meyer JR **66**, 311; Rieß JA **80**, 301; vgl auch BGH **22**, 170, 175). Erwiesen muss der Ursachenzusammenhang nicht sein; es genügt, dass er nicht auszuschließen ist (BGH **5**, 290; **13**, 60; **34**, 365, 369; LG Mannheim NJW **77**, 346; LR-Gleß 70; Herdegen NStZ **90**, 518; Meyer NStZ **83**, 567; **aM** BGH **31**, 395, 400; SK-Rogall 84). Bezieht er sich nur auf einen abtrennbaren Teil der Aussage, so besteht auch das Verwertungsverbot nur in diesem Umfang. 28

29 Die **unmittelbare und die mittelbare Verwertung** der Aussage ist verboten (Rogall JZ **96**, 950), auch die strafmildernde Beachtung eines unverwertbaren Geständnisses (**aM** Wesemann/Müller StraFo **98**, 113). Unzulässig sind die Verlesung der Niederschrift über die Vernehmung (EbSchmidt 22), das Abspielen von Tonbandaufnahmen von der Vernehmung (ANM 481), Vorhalte aus der Vernehmung (BGH MDR **73**, 371 [D]; Schroth ZStW **87**, 103), die Anhörung der Vernehmungsperson (Rogall MDR **77**, 979; Spendel NJW **66**, 1107) oder eines bei der Vernehmung anwesenden Dritten als Zeugen (Baumann GA **59**, 43; Heinitz JR **64**, 443) und die Verwertung des durch verbotene Mittel erlangten Gutachtens (BGH **11**, 211).

30 Eine **Fortwirkung** hat der Verstoß gegen § 136a grundsätzlich nicht (**aM** für durch Drohung und Quälerei erzielte Aussagen: BGH **15**, 187; **17**, 364; Seebode Otto-FS 1004 bei Folter; zw BGH **22**, 129, 134). Der Beschuldigte kann daher erneut vernommen, und die neue Aussage kann verwertet werden (BGH **1**, 376, 379; **22**, 129, 134; **27**, 355, 359; **37**, 48; Hamburg MDR **76**, 601; Otto GA **70**, 293), auch wenn die jetzige Aussagebereitschaft ohne die unzulässige Vernehmung nicht entstanden wäre (Peters 338). Dabei kam es nach bisheriger Rspr nur darauf an, dass der Beschuldigte sich bei der 2. Aussage seiner Entscheidungsmöglichkeit bewusst war (BGH **37**, 48, 53; NStZ **88**, 419); ebenso wie bei § 136 (dort 9) ist mit der neueren Rspr des BGH aber zu verlangen, dass der Beschuldigte auch hier „qualifiziert" dahin belehrt wird, dass die vorangegangenen Angaben nicht verwertet werden dürfen (Neuhaus NStZ **97**, 315 mwN; ebenso LG Frankfurt a. M. StV **03**, 325, zust Weigend StV **03**, 438; Kasiske ZIS **09**, 321; Roxin HRRS **09**, 186; offen gelassen von BGH **53**, 112, 115). IdR ist von fehlender Fortwirkung auszugehen, wenn die unverwertbare Aussage schon länger zurückliegt und die Beeinträchtigung der Willensfreiheit nicht allzu schwerwiegend war (**aM** Neuhaus aaO); für eine Fortwirkung kann es aber sprechen, wenn die frühere Aussage nur pauschal bestätigt oder auf sie lediglich Bezug genommen worden ist (BGH NJW **95**, 2047; erg 9 zu § 136). Wer mit der Revision behauptet, der Verstoß habe fortgewirkt, muss das in der Revisionsbegründung näher darlegen (BGH NStZ **81**, 298 [Pf]; **88**, 419, 420; **aM** Neuhaus aaO; Seebode aaO 1002; Weigend aaO).

31 Eine **Fernwirkung** in der Weise, dass auch die bei der Aussage bekanntgewordenen Beweismittel nicht benutzt werden dürfen, besteht nach der Rspr grundsätzlich nicht (BGHSt **34**, 362; Hamburg MDR **76**, 601; Stuttgart NJW **73**, 1941; ebenso ANM 486 mwN in Fn 437; Ranft Spendel-FS 735); die Frage ist aber äußerst streitig (vgl dazu eingehend Eisenberg BR 714ff; SK-Rogall 90ff; erg Einl 57). Beulke (ZStW **103**, 669) spricht sich für eine Fernwirkung aus, will aber entspr der amerikanischen *hypothetical clean path doctrine* eine Verwertung des Beweismittels zulassen, das im konkreten Fall sowieso auch „auf sauberem Weg" hätte gefunden werden können. Reinecke (Die Fernwirkung von Beweisverwertungsverboten, 1990, S 247) ist der Ansicht, dass die Verletzung eines bestehenden Verwertungsverbots grundsätzlich die Unverwertbarkeit der daraus resultierenden Beweisprodukte nach sich ziehen muss (ähnlich Müssig GA **99**, 137). Herrschend ist die Abwägungslehre, die zwischen der Schwere der begangenen Rechtsverletzung einerseits und der Bedeutung des Tatvorwurfs andererseits entscheidet (LR-Gleß 75, 76; abl dazu Seebode aaO 1009; Weigend aaO).

32 **9)** Der **Beweis des Verfahrensverstoßes** muss von Amts wegen geführt werden (BGH MDR **51**, 658 [D]). Dabei gilt Freibeweis (BGH **16**, 164, 166 = JR **62**, 108 mit Anm EbSchmidt; BGH NJW **94**, 2904, 2905; SK-Rogall 83; ANM 124 mwN; **aM** SK-Gleß 77; Eisenberg BR 707; Fezer JZ **89**, 349; Peters 339; zum Freibeweis vgl 7, 9 zu § 244). Der Grundsatz *in dubio pro reo* gilt nicht; ist der Verstoß nicht erwiesen, so ist die Aussage verwertbar (BGH aaO; NStZ **08**, 643; SK-Rogall 83; Kleinknecht NJW **66**, 1544; **aM** LR-Gleß 78; Fezer 3/67; Peters 339; vgl auch Montenbruck 163ff, der Glaubhaftmachung ausreichen lassen will; Weß-

lau Amelung-FS 687 meint, das „Gebot wirksamen Grundrechtsschutzes" stehe der Auffassung, dass Zweifel sich zugunsten des Verwertungsverbots auswirken, entgegen). Wegen des Ursachenzusammenhangs vgl aber oben 28.

10) Revision: Nur auf eine zulässige Verfahrensrüge (BGH **1**, 376; DAR **77**, 33
179 [Sp]) wird der Verstoß berücksichtigt (BGH wistra **88**, 70; StV **94**, 62); ein Verfahrenshindernis begründet er nicht (LG Frankfurt aM StV **03**, 327; Saliger ZStW **116**, 64; anders Weigend StV **03**, 436: nur dann nicht, wenn die Folgen des Verstoßes in vollem Umfang revisibel sind und dadurch die Verfahrensfairness wiederherstellbar ist; Gau, Die rechtswidrige Beweiserhebung nach § 136a StPO als Verfahrenshindernis [2006, zugl Diss Bochum]: bei Beweiserhebung durch Folter; vgl dagegen Einl 55; vgl auch BVerfG NJW **05**, 656). Die Revision muss idR den vollständigen Inhalt der Sitzungsniederschriften (BGH NStZ-RR **03**, 144), ferner die den Verstoß gegen § 136a enthaltenden Tatsachen und diejenigen Tatsachen mitteilen, aus denen sich die Möglichkeit eines Ursachenzusammenhangs mit der Aussage ergibt (BVerfG NStZ **02**, 487), ggf auch darlegen, wieso der Verstoß fortgewirkt hat (BGH NStZ **81**, 298 [Pf]; NJW **95**, 2047; StV **94**, 62; **96**, 360; NStZ **01**, 551). Geht es um eine im Ermittlungsverfahren gewonnene Aussage, ist doppelter Tatsachenvortrag erforderlich, nämlich hinsichtlich ihrer Entstehung und ihrer Verwertung (BVerfG aaO). Dass der Verwertung der Aussage in der Hauptverhandlung widersprochen worden ist, ist – anders als bei § 136 (dort 25) – nicht erforderlich (BGH 1 StR 458/95 vom 22. 8. 1995; zw BGH StV **96**, 360 mit abl Anm Fezer StV **97**, 57). Das Revisionsgericht stellt den Verfahrensverstoß im Freibeweis (7, 9 zu § 244) fest (BGH **14**, 189, 191; **16**, 164, 166 = JR **62**, 108 mit Anm EbSchmidt; BGH wistra **88**, 70; Frankfurt VRS **36**, 366). Auch hier gilt der Grundsatz *in dubio pro reo* nicht (BGH **16**, 164, 167; VRS **29**, 204; BGH bei Herlan MDR **55**, 652; **aM** LR-Gleß 80; Sarstedt/Hamm 962). Der Angeklagte kann auch die unzulässige Herbeiführung der Aussagen von Zeugen und Sachverständigen (Grünwald JZ **66**, 490; Rogall JZ **96**, 950) und des Geständnisses von Mitangeklagten rügen (BGH MDR **71**, 18 [D]). Ist der Beschwerdeführer der Ansicht, das Gericht sei zu Unrecht von einem Verwertungsverbot ausgegangen, muss er die Verletzung der Aufklärungspflicht (§§ 244 II, 245) rügen; ggf muss dabei dargelegt werden, dass ein Verstoß gegen § 136a nicht fortgewirkt hat (BGH NJW **95**, 2047; erg oben 30).

11. Abschnitt. Verteidigung RiStBV 106–108

Vorbemerkungen

1) Aufgabe und Rechtsstellung des Verteidigers: Der Verteidiger, gleich- 1
gültig, ob der Beschuldigte ihn gewählt hat (§§ 137, 138) oder ob er vom Gericht bestellt worden ist (§§ 140–142), hat einen gesetzlichen Auftrag zu erfüllen, der nicht nur im Interesse des Beschuldigten, sondern auch in dem einer am Rechtsstaatsgedanken ausgerichteten Strafrechtspflege liegt (BGH **29**, 99, 106; krit LR-Lüderssen/Jahn 33 ff unter Hervorhebung des Vertragsprinzips; erg 1 zu § 140). Nach hM ist er ein selbstständiges, dem Gericht und der StA gleichgeordnetes Organ der Rechtspflege (BVerfGE **38**, 105, 119 = NJW **75**, 103; BVerfGE **53**, 207, 214 = NJW **80**, 1677; BGH **9**, 20, 22; **15**, 326; Augstein NStZ **81**, 52; Beulke 163 ff, 200; JR **94**, 117; Krey 1/218; Roxin Hanack-FS 8 ff; Rüping 118; Satzger Widmaier-FS 554; Vehling StV **92**, 89; eingehend zum RA als Strafverteidiger HbFAStrR-Köllner 1. Teil 12 ff; erg Einl 82) in dem Sinne, dass er Teilhaber, nicht Gegner einer funktionsfähigen Strafrechtspflege ist (Dahs 11; ähnlich Hassemer ZRP **80**, 331; Schlüchter 101). Auch ihn trifft daher die Pflicht, dafür zu sorgen, dass „das Verfahren sachdienlich und in prozessual geordneten Bahnen durchgeführt wird" (BGH **38**, 111, 115; **aM** Bernsmann StraFo **99**, 226 ff; Eisenberg NJW **91**, 1257; vgl auch Maatz und Widmaier NStZ **92**, 513 ff sowie Basdorf

StV **97**, 488, Müller Dahs-FS 3 und Senge NStZ **02**, 227), so dass er auch den Angeklagten in der Hauptverhandlung nicht „nach Belieben schalten und walten lassen darf" (BGH aaO). Dem entspricht auch die Rspr des EGMR, der ausgeführt hat (NJW **04**, 3317; **06**, 2901), dass „der besondere Status von RAen als Mittler zwischen der Öffentlichkeit und den Gerichten es rechtfertigt, von ihnen zu erwarten, dass sie zu einer ordentlich funktionierenden Justiz beitragen und dadurch das Vertrauen der Öffentlichkeit in die Justiz aufrechterhalten". Eine allgemeine Hinweispflicht zur Einhaltung der Rechtmäßigkeit des Verfahrens obliegt dem Verteidiger aber nicht (BGH NStZ **08**, 300). Eine Mitwirkungspflicht an einem justizförmigen Verfahren trifft den Verteidiger nur insoweit, als er keine Verfahrensobstruktion betreiben, also insbesondere die ihm eingeräumten Rechte nicht missbräuchlich ausnutzen darf (Dornach NStZ **95**, 61; Meyer-Goßner BGH-FS 629; vgl auch BGH NStZ **05**, 341 und StraFo **06**, 497: nicht veranlasste Aufblähung des Verfahrens durch die Verteidigung; erg Einl 111). Der Verteidiger ist unabhängig, handelt also unter eigener Verantwortung (BGH **13**, 337, 343; Hammerstein NStZ **90**, 264) und untersteht nicht der Kontrolle des Gerichts (BVerfGE **34**, 293, 302 = NJW **73**, 696; Dahs 15), ist aber auch an Weisungen des Beschuldigten nicht gebunden (BGH aaO). Er ist nicht Vertreter, sondern Beistand des Beschuldigten (BGH **9**, 356; **12**, 367, 369; Celle NStZ **88**, 426; Düsseldorf StV **84**, 327; Hamm MDR **67**, 856; Dahs 13; Fezer 4/5; Roxin Hanack-FS 8 ff; krit LR-Lüderssen/Jahn 109; Spendel Kohlmann-FS 686). Seine Aufgabe besteht darin, die Rechte des Beschuldigten allseitig zu wahren, zur Beachtung aller ihm günstigen rechtlichen und tatsächlichen Umstände beizutragen und auf strenge Justizförmigkeit des Verfahrens hinzuwirken (BGH **12**, 367, 369; **15**, 326, 327; NJW **64**, 2402, 2403; Hamm MDR **77**, 1038; München NJW **76**, 252, 253; Dahs 3; Gössel ZStW **94**, 30; Welp ZStW **90**, 814). Dabei ist er nicht zur Unparteilichkeit, sondern zur Einseitigkeit zugunsten des Beschuldigten gegenüber den Strafverfolgungsbehörden und dem Gericht verpflichtet (Barton Müller-FS 31; Krekeler NStZ **89**, 146; Liemersdorf MDR **89**, 204; Peters 213; Seelmann NJW **79**, 1130). Eine neuartige Ansicht vertritt Wolf (Das System des Rechts der Strafverteidigung, 2000), der sowohl die Organtheorie als auch die Auffassung der „Parteigebundenheit" des Verteidigers für unhaltbar erachtet und den Verteidiger als Inhaber eigener, von der Zustimmung des Beschuldigten unabhängiger Rechte, im Übrigen aber strikt als Vertreter des Beschuldigten ansieht (dazu eingehend und abl Beulke StV **07**, 261). Wieder anders sieht SK-Wohlers 29 den Verteidiger als „Prozesssubjektsgehilfen" des Beschuldigten an.

2 **2) Rechte und Pflichten des Verteidigers:** Die StPO enthält nur wenige Vorschriften über die Rechte des Verteidigers (vgl etwa §§ 147, 148, 163 a III S 2, 239, 240 II, 249 II S 2, 251 I Nr 1, II Nr 3, 297). Sie ergeben sich im Übrigen aus seiner gesetzlichen Aufgabe. Der Verteidiger ist zu allen Handlungen berechtigt, die dem Schutz und der Verteidigung des Beschuldigten dienen; ihre Grenzen findet seine Tätigkeit an den Vorschriften des StGB (BGH NJW **02**, 2115 = JR **03**, 72 mit Anm Stegbauer), insbesondere des § 185 StGB (dazu Beulke Müller-FS 45), des § 258 StGB (vgl dazu Dessecker GA **05**, 142; Schnarr Schäfer-SH 64; Wassmann, Strafverteidigung und Strafvereitelung, Diss Hamburg 1982) und des § 261 StGB. Zu letzterer Vorschrift hat BVerfGE **110**, 226 = NJW **04**, 1305 die Streitfrage nach ihrem Anwendungsbereich [vgl BGH **47**, 68; eingehend dazu SK-Wohlers 151 ff] nun dahin entschieden, dass § 261 II Nr 1 StGB auf einen Strafverteidiger nur dann anwendbar ist, wenn er im Zeitpunkt der Annahme des Honorars sicher weiß, dass das Geld aus einer Katalogtat stammt. Das BVerfG hat betont, dass die Strafverfolgungsbehörden und Gerichte auf die besondere Stellung des Strafverteidigers schon ab dem Ermittlungsverfahren angemessen Rücksicht nehmen müssen (vgl auch BVerfG NStZ **05**, 443; Leitner Widmaier-FS 337; Matt JR **04**, 326 will hieraus allgemein einen erhöhten Verdachtsgrad für strafprozessuale Eingriffsmaßnahmen gegen Strafverteidiger herleiten, sehr krit hingegen Fischer

NStZ **04**, 473); auf diese verfassungsrechtliche Privilegierung kann sich der Verteidiger aber nicht berufen, wenn er „aus seiner Rolle als Organ der Rechtspflege heraustritt" (Frankfurt NJW **05**, 1727) oder sich sonst „verteidigungsfremd" verhält (BGH NJW **06**, 2421; zust Beulke Amelung-FS 561; krit dazu Bohm NJW **06**, 2371; Jahn JZ **06**, 1134). Allgemein sind die Grundsätze für das anwaltliche Standesrecht zu beachten (vgl auch R. Hamm NJW **93**, 289, der 6 Verteidigungsgrundrechte aufstellt, für die er ausnahmslose Geltung beansprucht; vgl auch die Übersicht bei Beulke Roxin-FS 1182). Der Verteidiger ist berechtigt, eigene Ermittlungen zu führen (Bockemühl 42; Fezer 4/21; Rückel Peters-FG 265), insbesondere Zeugen, Mitbeschuldigte und Sachverständige vor und außerhalb der Hauptverhandlung zu befragen (BGH AnwBl **81**, 115; Frankfurt NStZ **81**, 144; Köln NJW **75**, 459; Kempf StraFo **03**, 79; Leipold StraFo **98**, 79; Parigger StraFo **03**, 262). Andererseits darf er die Rechtspflege nicht dadurch behindern, dass er die Wahrheitsforschung erschwert (BGH **9**, 20, 22; StV **99**, 153 mit abl Anm Lüderssen StV **99**, 537, zust aber Beulke Roxin-FS 1185), Beweisquellen trübt oder verfälscht (BGH **46**, 53, 55, 57; NJW **09**, 2690, 2693 = JZ **10**, 99 mit Anm Barton; Beulke/Witzigmann StV **09**, 395), die Flucht oder Verdunkelungsmaßnahmen des Angeklagten fördert (dazu krit Krekeler NStZ **89**, 149) oder ihn vor einer bevorstehenden Verhaftung oder vor anderen Zwangsmaßnahmen warnt (BGH **29**, 99, 103). Der Verteidiger darf sich immer nur der prozessual und standesrechtlich erlaubten Mittel bedienen (dazu Fezer 4/38 ff; Ignor Schlüchter-FG 39; Liemersdorf MDR **89**, 204 ff; Mehle Koch-FG 179; Meyer-Goßner BGH-FS 637). Ein Recht zur Lüge hat er nicht (Beulke StV **90**, 182; Bottke ZStW **96**, 726; Dahs StraFo **00**, 181; Krekeler NStZ **89**, 147 und Friebertshäuser-FG 59; Pfeiffer DRiZ **84**, 341; Roxin Hanack-FS 12; Roxin/Schünemann § 19, 14; Salditt StV **99**, 64 und AnwBl **99**, 134; Widmaier BGH-FG 1047; **aM** Paulus NStZ **92**, 305; dagegen Haas NStZ **93**, 173); er ist aber trotz eines ihm gegenüber vom Beschuldigten abgelegten Geständnisses nicht gehindert, Freispruch zu beantragen (BGH **29**, 99, 107; Hammerstein NStZ **97**, 12). Eine Pflicht des Verteidigers, an der Rekonstruktion verloren gegangener Akten mitzuwirken, bejaht Rösmann NStZ **83**, 446, während Waldowski NStZ **84**, 448 sie zutr nur bei Verlust in dessen Einflussbereich annimmt; gänzlich abl hingegen Jahn/Lips StraFo **04**, 229. Zur rechtlichen Bewertung des Verteidigerhandelns vgl Beulke, Die Strafbarkeit des Verteidigers, 1989, mit tabellarischer Übersicht über zulässiges und unzulässiges Verhalten. Zur Wahrheitspflicht des (Revisions-)Verteidigers Knauer Widmaier-FS 291.

Die **Verletzung seiner Rechtspflichten** kann im Verfahren gegen den verteidigten Beschuldigten nicht geahndet werden; das Gericht darf auch nicht etwa gar von einer Verurteilung des Angeklagten absehen, weil die Verteidigung ihre Rechte missbraucht (verfehlt daher LG Wiesbaden NJW **95**, 409 = StV **95**, 239 mit abl Anm Asbrock; abl auch Beulke Amelung-FS 551; Malmendier NJW **97**, 235; Kempf Friebertshäuser-FG 83). Das Gericht hat die Gestaltung der Verteidigung – auch im Hinblick auf etwaige Sprachschwierigkeiten des Beschuldigten – nicht zu überwachen (BGH 1 StR 341/07 vom 15. 8. 2007; krit dazu Gaede HRRS **07**, 413; erg Einl 99; 41 zu § 338); es ist aber ermächtigt, den Verteidiger beim Vorliegen bestimmter Voraussetzungen von dem Verfahren auszuschließen (§§ 138 a ff). Von der Teilnahme an einer Sitzung kann er ausgeschlossen werden, wenn er sich weigert, die vorgeschriebene Robe zu tragen (11 zu § 176 GVG). Die Ungehorsamsfolgen des § 177 GVG treffen ihn nicht (dort 3); Ordnungsmittel nach § 178 GVG sind unzulässig. 3

3) Beginn und Beendigung der Verteidigerstellung: Wird die Verteidigung entgeltlich übernommen, was bei einem RA stets der Fall ist, so entsteht ein Geschäftsbesorgungsvertrag iS des § 675 BGB (BGH NJW **64**, 2402; Hamburg NJW **83**, 464; Hamm NJW **78**, 177; Kaiser NJW **82**, 1367; Schnarr NStZ **86**, 488), bei unentgeltlicher Übernahme (zB im Fall des § 138 II) ein Auftragsverhältnis nach § 662 BGB (Weiß NJW **83**, 90). Zur Begründung der Verteidigerstellung 4 genügt nicht die Wahl durch den Beschuldigten, auch nicht die Ausstellung einer Vollmachtsurkunde; vielmehr ist erforderlich, dass der gewählte Verteidiger gegenüber dem Beschuldigten die Wahl annimmt (§ 151 BGB; vgl Stuttgart Justiz **01**, 194). Nach außen kommt das üblicherweise dadurch zum Ausdruck, dass er sich im Verfahren durch ausdrückliche Erklärung oder durch schlüssiges Verhalten als Verteidiger des Beschuldigten meldet (vgl BVerfGE **43**, 79, 94 = NJW **77**, 99, 100). Eine Voraussetzung für die Begründung der Verteidigerstellung ist das aber nicht (Schnarr aaO; Weiß aaO).

5 Das Verteidigerverhältnis erstreckt sich auf alle in dem Verfahren gegen den Beschuldigten erhobenen Vorwürfe (BGH **27**, 148, 150) und, wenn es nicht auf bestimmte Prozesshandlungen (zB auf die Akteneinsicht) oder Verfahrensabschnitte (zB auf das Revisionsverfahren) beschränkt ist, auf das **gesamte Verfahren** bis zu dessen rechtskräftigem Abschluss, darüber hinaus auf Nachtragsentscheidungen, auf das Verfahren nach § 8 **StrEG** (dort 4), auf das Vollstreckungsverfahren (Hamm NJW **55**, 1201; Schleswig SchlHA **92**, 12), auf Strafvollzugsangelegenheiten (Hamm NJW **80**, 1404; München NJW **78**, 654), auf das Gnadenverfahren und auf die Wiederaufnahme des Verfahrens bis zum Wiederaufnahmebeschluss nach § 370 II (2 zu § 364 a), nicht aber auf das Kostenfestsetzungsverfahren nach § 464 b (dort 2) und das Verfahren nach § 10 **StrEG** (dort 3).

6 Die **Beendigung** des Verteidigerverhältnisses kann von dem Beschuldigten jederzeit durch Kündigung herbeigeführt werden. Der Verteidiger kann das Mandat niederlegen (BGH MDR **78**, 461 [H]), aus standesrechtlichen Gründen aber nicht zur Unzeit, insbesondere nicht kurz vor der Hauptverhandlung mit dem Ziel, seine Bestellung als Pflichtverteidiger unter Zeitdruck zu erreichen (Isele 766; erg 7 zu § 142). Wird der Verteidiger zum Pflichtverteidiger bestellt, so endet damit die Wahlverteidigung (7 zu § 142).

7 Mit dem **Tod des Beschuldigten,** dem die Todeserklärung gleichsteht, erlischt nach § 672 S 1 BGB das Verteidigungsverhältnis im Zweifel nicht (Celle NJW **02**, 3720 mwN; Frankfurt NStZ-RR **02**, 246; Schleswig SchlHA **07**, 293 [D/D]; SK-Wohlers 12 zu § 137; die früher vertretene Gegenmeinung – vgl Düsseldorf NJW **93**, 546 mwN, so aber auch jetzt noch Hamburg NStZ **04**, 280; StraFo **08**, 90; München NJW **03**, 1133 – ist durch BGH **45**, 108 überholt; erg 14 und 22 zu § 464, 2 zu § 464 b). Dasselbe gilt im Fall der Pflichtverteidigung (KG StraFo **08**, 90; Karlsruhe NStZ-RR **03**, 286).

8 **4) Vollmacht:**

9 A. Eine besondere **Form** ist für die Beauftragung des Wahlverteidigers nicht vorgeschrieben (Hamm AnwBl **81**, 31; LG Hagen StV **83**, 145; Kaiser NJW **82**, 1367; Weiß NJW **83**, 89). Der Verteidiger muss die, missverständlich so bezeichnete (vgl Weiß aaO), „Verteidigervollmacht" demgemäß nicht unbedingt schriftlich beibringen; die Wirksamkeit der Verteidigerbestellung hängt von der Vorlage einer Vollmachtsurkunde nicht ab (Bay DAR **86**, 249 [R]; LG Bremen StV **82**, 515; LG Cottbus StraFo **02**, 233; LG Schwerin NJW **06**, 1448; Schnarr NStZ **86**, 490). Für den Nachweis des Verteidigerverhältnisses genügt die Anzeige des Beschuldigten oder des Verteidigers (oben 4), insbesondere auch das gemeinsame Auftreten in der Hauptverhandlung (BGH NStZ-RR **98**, 18; vgl aber 9 zu § 145 a). Die Vermutung spricht für die Bevollmächtigung des RA, der sich als Verteidiger meldet und eine Prozesshandlung für den Beschuldigten vornimmt (Bay **80**, 69 = MDR **81**, 161; DAR **86**, 249 [R]; LG Bremen aaO; LG Hagen StV **83**, 145; Kaiser NJW **82**, 1368; Weiß NJW **83**, 90). Wenn im Einzelfall Zweifel an der Bevollmächtigung bestehen, kann aber die Vorlage einer Vollmachtsurkunde verlangt werden (Hamm AnwBl **81**, 31; München StV **08**, 127, 128; LG Hagen aaO). Die Aufnahme einer Abtretungserklärung in die Formularprozessvollmacht ist wegen Verstoßes gegen § 305 c BGB unwirksam (LG Konstanz Rpfleger **08**, 596 mit zust Anm Lissner).

10 B. **Vertretungsvollmacht:** Der Verteidiger ist grundsätzlich nicht befugt, den Beschuldigten in dessen Abwesenheit in der Hauptverhandlung zu vertreten. Er

kann dazu aber durch besondere Vollmacht ermächtigt werden; wegen der Einzelheiten vgl 2, 3 zu § 234. Vgl auch §§ 329 I, 350 II, 387 I, 411 II S 1.

C. **Untervollmacht:** Der Wahlverteidiger kann, im Gegensatz zum Pflichtverteidiger (15 zu § 142), einen unterbevollmächtigten Verteidiger auswählen und bevollmächtigen, wenn ihn der Beschuldigte hierzu ermächtigt hat; die Ermächtigung wird idR formularmäßig rechtsgültig (vgl § 305 c BGB) in der Vollmachtsurkunde erteilt (BGH StraFo **06**, 454). Auch ohne eine besondere Ermächtigung ist der Wahlverteidiger berechtigt, zur Einlegung befristeter Rechtsmittel, die er nicht selbst vornehmen kann oder will, einen Unterbevollmächtigten zu bestellen (KG JR **81**, 168). Die Untervollmacht braucht, wie die Hauptvollmacht (oben 9), nicht unbedingt schriftlich nachgewiesen zu werden (Düsseldorf StraFo **98**, 227; Hamm NJW **63**, 1793; Köln VRS **60**, 441). Der Unterbevollmächtigte wird zusätzlicher Verteidiger, wenn er neben dem bevollmächtigten Wahlverteidiger auftritt, nicht aber, wenn er nur an dessen Stelle tätig wird (5 zu § 137). Eine etwaige Beschränkung auf den Verhinderungsfall gilt nur im Innenverhältnis (M. J. Schmid MDR **79**, 805). Die Untervollmacht erlischt, wenn dem Hauptbevollmächtigten das Mandat entzogen wird oder wenn es aus anderen Gründen endet (BGH MDR **78**, 111 [H]). 11

5) Sonstige Bevollmächtigte: Außer durch einen Verteidiger kann sich der Beschuldigte bei der Abgabe von Willenserklärungen außerhalb der Hauptverhandlung oder ihr gleichstehender Termine durch sonstige Bevollmächtigte in der Erklärung, aber auch im Willen vertreten lassen, sofern gesetzlich nichts anderes bestimmt ist. Solche Bevollmächtigten können insbesondere für den Beschuldigten Anträge stellen und Rechtsmittel einlegen (Bay **64**, 85 = JR **64**, 427 mit Anm Dünnebier; Bay **75**, 104 = NJW **76**, 156, 157; Hamburg MDR **69**, 598; erg Einl 134; 7 zu § 297). Sie müssen verhandlungsfähig, brauchen aber nicht geschäftsfähig nach bürgerlichem Recht zu sein (Bay aaO; **aM** W. Schmid SchlHA **81**, 109). Die Vollmacht, die schriftlich, mündlich oder durch schlüssige Handlung erteilt werden kann (RG **66**, 209, 212), muss bei der Vornahme der Prozesshandlung bestehen, kann aber später nachgewiesen werden (Bremen NJW **54**, 46). 12

Wahl eines Verteidigers

137 I [1]**Der Beschuldigte kann sich in jeder Lage des Verfahrens des Beistandes eines Verteidigers bedienen.** [2]**Die Zahl der gewählten Verteidiger darf drei nicht übersteigen.**

II [1]**Hat der Beschuldigte einen gesetzlichen Vertreter, so kann auch dieser selbständig einen Verteidiger wählen.** [2]**Absatz 1 Satz 2 gilt entsprechend.**

1) Verteidigerwahl durch den Beschuldigten (I): 1

A. Das **Recht, sich des Beistands eines Verteidigers zu bedienen** (I S 1), ist dem Angeklagten verfassungsrechtlich verbürgt (BVerfGE **39**, 156, 163 = NJW **75**, 1013; BVerfGE **39**, 238, 243 = NJW **75**, 1015; BVerfGE **66**, 313, 319 = NJW **84**, 2403; zum landesverfassungsrechtlichen Eilrechtsschutz Rixen NJ **01**, 237). Es handelt sich um einen Ausdruck des Rechts auf faires Verfahren (BVerfGE **68**, 237, 255 = NJW **85**, 727, 729; BVerfG NJW **84**, 862; erg Einl 19, 82). Bei nicht notwendiger Verteidigung wird dieses Recht durch § 228 II eingeschränkt (Düsseldorf GA **79**, 226); denn einen Anspruch darauf, dass das Gericht unter allen Umständen mit der Verhandlung innehalten muss, wenn der Wahlverteidiger verhindert ist, hat der Angeklagte nicht (BVerfG NJW **84**, 862; BGH NStZ **81**, 231; erg 10 zu § 228; 43 zu § 265). Liegt kein Fall des § 140 vor, kann sich der Angeklagte auch selbst verteidigen (Eser Widmaier-FS 153). 2

§ 137 gilt **in jeder Lage des Verfahrens,** auch im Ermittlungsverfahren (vgl §§ 136 I S 2, 163 a III S 2, IV S 2; erg 10 zu § 136) und nach Rechtskraft des Urteils im Strafvollstreckungs-, Gnaden- und Wiederaufnahmeverfahren. Zum 3

Privatklageverfahren vgl § 387 I. Über die Befugnisse des Verteidigers sagt § 137 nichts. Vgl zur Stellung des Verteidigers Einl 82 ff; 1 ff vor § 137.

4 B. Die **Beschränkung der Zahl der Wahlverteidiger** (I S 2), die mit dem GG vereinbar ist (BVerfGE **39**, 156 = NJW **75**, 1013), soll verhindern, dass das Verfahren durch die Mitwirkung einer Vielzahl von Verteidigern verschleppt oder vereitelt wird (BGH **27**, 124, 128). Der Beschuldigte darf aber immer 3 Verteidiger haben; scheidet einer aus, so kann er durch einen anderen ersetzt werden. Zur Kostenerstattung vgl 13 zu § 464 a.

5 Bei der **Berechnung** zählen mit der Unterbevollmächtigte, wenn er neben dem Hauptbevollmächtigten, nicht nur an dessen Stelle, tätig wird (BGH MDR **78**, 111 [H]; KK-Laufhütte 14 vor § 137; Kaiser NJW **82**, 1368; Schmuck PVR **02**, 354; ohne diese Einschränkung: KG NJW **77**, 912 mit abl Anm Sieg NJW **77**, 1975; M.J. Schmid MDR **79**, 804; vgl auch München NJW **76**, 252, 254), und der nach § 138 II zugelassene Verteidiger (BGH MDR **80**, 273 [H]), nicht aber der zusätzlich bestellte (1 a zu § 141) Pflichtverteidiger (BGH aaO; Bay StV **87**, 97; KK-Laufhütte 6; **aM** LR-Lüderssen/Jahn 81).

6 Bei einer **Anwaltssozietät** (vgl auch 8 zu § 146) sind deren Mitglieder Verteidiger (BVerfGE **43**, 79, 91 = NJW **77**, 99; Weiß NJW **83**, 90); ihre Zahl darf daher 3 nicht überschreiten (Düsseldorf JZ **76**, 491; KK-Laufhütte 3). Dass die Vollmacht nicht (durch Streichung des Namens oder auf andere Weise) auf höchstens 3 Mitglieder der Sozietät beschränkt ist, beweist allein nicht, dass sie alle den Auftrag übernommen haben (vgl BVerfG aaO; BGH **27**, 124, 127; Karlsruhe VRS **105**, 348; Hamm MDR **80**, 513; Stuttgart Justiz **84**, 429; Schmuck aaO). Es dürfen aber nicht mehr als 3 RAe die Wahl durch ausdrückliche Erklärung oder schlüssiges Verhalten annehmen (Hamm aaO).

7 Die **Zurückweisung** des unter Verstoß gegen § 137 I S 2 gewählten Verteidigers schreibt § 146 a I vor; die Prozesshandlungen des zurückgewiesenen Verteidigers sind wirksam (§ 146 a II).

8 **2) Verteidigerwahl durch gesetzliche Vertreter** (II):

9 A. Ein **selbstständiges Recht** (II S 1) auf Wahl eines Verteidigers für den Beschuldigten hat der gesetzliche Vertreter (19 zu § 52); vom Willen des Beschuldigten ist er unabhängig. Das gleiche Recht hat im Jugendstrafverfahren der Erziehungsberechtigte (§ 67 III **JGG**). Auch der Beschuldigte kann selbstständig einen Verteidiger wählen, sich aber ohne den gesetzlichen Vertreter nicht zur Honorarzahlung verpflichten (Schleswig NJW **81**, 1681); das gilt auch für einen Betreuten, für den ein Einwilligungsvorbehalt nach § 1903 I BGB besteht (Koblenz StraFo **06**, 242). Der von dem gesetzlichen Vertreter aus eigenem Recht beauftragte Verteidiger steht in demselben Vertrauensverhältnis zu dem Beschuldigten wie der Verteidiger, den er selbst gewählt hat.

10 B. **Beschränkung der Zahl der Verteidiger** (II S 2): Bei der Verteidigerwahl gilt I S 2 entspr. Bei wörtlicher Auslegung würde das bedeuten, dass der gesetzliche Vertreter wie der Beschuldigte 3 Verteidiger wählen darf, insgesamt also 6 Verteidiger von ihnen beauftragt werden dürfen. Das entspricht nicht dem Zweck der zahlenmäßigen Beschränkung der Wahlverteidiger. II S 2 ist daher dahin auszulegen, dass „von der Seite des Beschuldigten", zu der auch der gesetzliche Vertreter (und der Erziehungsberechtigte nach § 67 III **JGG**) gehört, insgesamt nur 3 Verteidiger gewählt werden dürfen (KK-Laufhütte 5; Fahl 234; **aM** KMR-Hiebl 44 mwN; LR-Lüderssen 77; Herrmann ZStW **89**, 755). Dabei tritt aber das Wahlrecht des gesetzlichen Vertreters und des Erziehungsberechtigten hinter dem Recht des Beschuldigten zurück, wenigstens einen Anwalt seines Vertrauens selbst zu wählen; ggf muss einer der anderen Verteidiger zurückgewiesen werden.

11 **3) Sockelverteidigung:** Hierunter wird die Koordinierung des Verteidigungsverhaltens mehrerer in der gleichen Sache Beschuldigter durch Zusammenarbeit zwischen den Verteidigern verstanden, insbesondere durch Kontaktaufnahme, In-

formationsaustausch und Absprachen. Die Sockelverteidigung ist nicht grundsätzlich unzulässig; § 146 steht ihr nicht entgegen (LG Frankfurt a. M. NStZ-RR **08**, 205). Sie ist vielmehr insbesondere ratsam, wenn die Interessenlage der mehreren Beschuldigten weithin identisch ist, ihre Verteidigungsmöglichkeiten sich überwiegend gleichen und die Koordination der tatsächlichen und rechtlichen Durchdringung des Falles und des Handelns im Prozess geeignet ist, die Verteidigungschancen deutlich zu erhöhen (KG StraFo **03**, 147; vgl auch Beulke JR **03**, 348). Zu den Grenzen und zu den bei der Sockelverteidigung auftretenden Problemen eingehend Müller StV **01**, 649 mwN.

4) Revision: Auf der Mitwirkung von mehr als 3 Verteidigern kann das Urteil nicht beruhen (BGH 4 StR 7/98 vom 26. 2. 1998; **aM** Neuhaus StV **02**, 44). Vgl im Übrigen 9 zu § 146 a. 12

Wahlverteidiger **RiStBV 106**

138 **I Zu Verteidigern können Rechtsanwälte sowie die Rechtslehrer an deutschen Hochschulen im Sinne des Hochschulrahmengesetzes mit Befähigung zum Richteramt gewählt werden.**

II 1 Andere Personen können nur mit Genehmigung des Gerichts gewählt werden. 2 Gehört die gewählte Person im Fall der notwendigen Verteidigung nicht zu den Personen, die zu Verteidigern bestellt werden dürfen, kann sie zudem nur in Gemeinschaft mit einer solchen als Wahlverteidiger zugelassen werden.

III Können sich Zeugen, Privatkläger, Nebenkläger, Nebenklagebefugte und Verletzte eines Rechtsanwalts als Beistand bedienen oder sich durch einen solchen vertreten lassen, können sie nach Maßgabe der Absätze 1 und 2 Satz 1 auch die übrigen dort genannten Personen wählen.

1) Zugelassene Verteidiger (I): 1

A. **Rechtsanwälte** können zu Verteidigern gewählt werden. Sie dürfen die Verteidigung vor jedem Gericht führen; nur die beim BGH zugelassenen RAe unterliegen Beschränkungen (§ 172 I BRAO). Ist gegen einen RA ein Berufs- oder Vertretungsverbot (§ 132 a, § 70 StGB, §§ 114 I Nr 4, 150, 161 a BRAO) verhängt worden, so weist ihn das Gericht entspr § 146 a I zurück (KK-Laufhütte 4); die Wirksamkeit von Prozesshandlungen eines solchen RA richtet sich nach § 146 a II (vgl auch Celle NStZ **89**, 41 mit Anm Feuerich NStZ **89**, 338). 2

Der **Fachanwalt für Strafrecht** ist durch § 1 S 2 der Fachanwaltsordnung vom 11. 3. 1997 (abgedruckt in der Beilage zu NJW Heft 19/1997) eingeführt worden; er muss über nachzuweisende besondere Kenntnisse im Strafrecht verfügen. 2a

Ein **Syndikusanwalt** kann zum Verteidiger gewählt werden, so weit er außerhalb seines Dienstverhältnisses (dh seines Hauptberufs) handelt, unterliegt jedoch den Einschränkungen nach § 46 BRAO (dazu im einzelnen Kramer AnwBl **01**, 140). Ein ständiger anwaltlicher Berater darf nach hM auch in Wirtschafts- und Steuerstrafverfahren Verteidiger sein (**aM** Birkenstock wistra **02**, 47). Zum Anwaltsprivileg des Syndikusanwalts im Wirtschaftsstrafverfahren Brüssow DAV-FS 91 (bei dem dort besprochenen „Urteil des EuGH vom 19. 6. 2008" handelt es sich allerdings nur um einen im Rahmen eines Planspiels erstellten Entwurf; vgl Huff in FAZ vom 10. 8. 2009). 2b

Ein **Unternehmensanwalt** kann als „Unternehmensverteidiger" tätig werden, indem er in Strafverfahren im Bereich des Wirtschaftsstrafrechts die Interessen des Unternehmens unabhängig von oder neben den Interessen verdächtiger oder beschuldigter Mitarbeiter vertritt (vgl dazu Taschke Hamm-FS 752 und Volk-FS 801; Wessing Mehle-FS 665). 2c

Ein Rechtsanwalt eines anderen EU-Mitgliedstaats, eines anderen Vertragsstaates des Abkommens über den Europäischen Wirtschaftsraum und der 3

Schweiz darf nach den Vorschriften des EuRAG in Deutschland tätig werden. Danach werden die „niedergelassenen europäischen RAe" nach §§ 2ff, die den deutschen RAen gleichgestellt sind, von den nur vorübergehend in Deutschland tätigen „dienstleistenden europäischen RAen" nach §§ 25ff unterschieden, die nur im Einvernehmen mit einem RA handeln dürfen („Einvernehmensanwalt"); dazu im einzelnen Werner StraFo **01**, 221; eingehend LR-Lüderssen/Jahn 3aff. Zur Übernahme der Kosten der Dolmetschertätigkeit für einen „Einvernehmensanwalt" vgl KG NStZ **02**, 52. Erg 20 zu § 37; 5 zu § 148.

4 B. **Rechtslehrer an Hochschulen** sind alle hauptberuflichen (auch die entpflichteten) Professoren, Honorarprofessoren und Privatdozenten, die an einer Universität der BRep (also nicht an einer privaten Hochschule) oder einer gleichrangigen wissenschaftlichen Hochschule dem juristischen Fachbereich angehören und rechtswissenschaftliche (nicht unbedingt strafrechtliche) Vorlesungen halten oder halten dürfen (vgl BVerwG NJW **70**, 2314). Hierzu gehören auch die Fachhochschullehrer, wie I durch den Hinweis auf das Hochschulrahmengesetz klarstellt. Keine Rechtslehrer iS von I sind aber die Lehrbeauftragten und wissenschaftlichen Assistenten, selbst wenn sie einen Lehrauftrag haben (KG JZ **56**, 288 mit abl Anm Peters; vgl auch BVerwG NJW **70**, 2314; LR-Lüderssen/Jahn 9; **aM** KMR-Hiebl 20; Deumeland StraFo **99**, 350). Sie können nur nach II zugelassen werden. Wechselt der Hochschullehrer nach Übernahme des Mandats an eine ausländische Universität, so bleibt er Wahlverteidiger (Koblenz NStZ **81**, 403; **aM** Bergmann MDR **82**, 97, der die Entscheidung aber dahin missverstanden hat, dass auch die Annahme neuer Mandate zulässig ist), nicht aber, wenn er die Stellung als Rechtslehrer wegen Mängel der Amtsführung verliert (Koblenz aaO; H. Müller aaO). Die Vergütung richtet sich nach derjenigen der RAe (SK-Wohlers 21).

5 C. **Angehörige steuerberatender Berufe** (Steuerberater, Steuerbevollmächtigte, Wirtschaftsprüfer und vereidigte Buchprüfer) können im Ermittlungsverfahren wegen Steuerstraftaten nach § 369 **AO** abweichend von I zu Verteidigern gewählt werden, soweit die Finanzbehörde das Verfahren nach § 386 II **AO** selbstständig durchführt; im Übrigen können sie die Verteidigung nur in Gemeinschaft mit einem RA oder Hochschullehrer führen (§ 392 I **AO).**

6 D. Eine **Selbstbestellung** ist unzulässig. Ein Beschuldigter, der RA oder Rechtslehrer an einer Hochschule ist, darf sich nicht selbst zum Verteidiger wählen (vgl BVerfGE **53**, 207 = NJW **80**, 1677; BVerfG NJW **98**, 2205). Er kann auch nicht nach II als sein eigener Verteidiger oder Mitverteidiger zugelassen werden (Karlsruhe Justiz **97**, 378). Vgl auch 14 zu § 464a.

7 **2) Andere Personen** (II):

8 A. Nur **natürliche Personen** können außer RAen und Rechtslehrern mit Genehmigung des Gerichts zu Verteidigern gewählt werden (Bay **52**, 267 = NJW **53**, 354; AG Kaiserslautern AnwBl **69**, 254 mit zust Anm Chemnitz; vgl auch BVerfGE **43**, 79, 91 = NJW **77**, 99). Sie müssen geschäftsfähig sein (Seibert JZ **51**, 440). In Betracht kommen insbesondere ausländische Rechtsanwälte (Brangsch NJW **81**, 1180; vgl aber Stuttgart NStZ-RR **09**, 113: nicht, wenn er lediglich im Ausland weitere Aufklärungen tätigen soll; erg auch oben 3), Rechtsbeistände, die nach § 209 BRAO Mitglied der RAK sind (BGH **32**, 326, 329), ein Assessor (BVerfG NJW **03**, 882), Angehörige der steuerberatenden Berufe im Steuerstrafverfahren (§ 392 II **AO**), auch Familienangehörige, Freunde und Bekannte, nicht jedoch Mitangeklagte (Bay **53**, 15 = NJW **53**, 755).

9 **Art 1 §§ 1, 8 RBerG,** der der Übernahme der Verteidigung entgegenstehen konnte, ist durch Art 20 Nr 1 RDG aufgehoben worden. Das RDG regelt nach § 1 I S 1 nur die Befugnis zur Erbringung außergerichtlicher Rechtsdienstleistungen und lässt nach § 1 II Regelungen in anderen Gesetzen über die Befugnis, Rechtsdienstleistungen zu erbringen – damit auch § 138 – unberührt.

B. Die **Genehmigung des Gerichts** ist Voraussetzung für die Entstehung eines wirksamen Verteidigungsverhältnisses (Karlsruhe NJW **88**, 2549 = JR **87**, 387 mit Anm Hammerstein; vgl aber Hilla NJW **88**, 2525). Eine Vollmacht berechtigt vorher allenfalls zur Vertretung (12 vor § 137). 10

Die Genehmigung wird nur für den Einzelfall und nur auf **Antrag** erteilt, der auch stillschweigend gestellt werden kann (KK-Laufhütte 9), zB durch Einlegung eines Rechtsmittels (RG **55**, 213). 11

Über die Genehmigung entscheidet das Gericht nach Anhörung der StA (§ 33 II) durch **Beschluss,** der nach § 34 mit Gründen versehen werden muss, wenn der Antrag abgelehnt wird. In der Entgegennahme von Verfahrenshandlungen, Gewährung von Akteneinsicht, Ladung zur Verhandlung uä kann die stillschweigende Erteilung der Genehmigung liegen (BGHR § 138 III Zulassung 1; Düsseldorf VRS **99**, 370; Kaiser NJW **82**, 1369), aber es muss feststehen, dass sich das Gericht hierbei des Erfordernisses einer Genehmigung unter Abwägung der Interessen des Angeklagten gegen die Bedürfnisse der Rechtspflege bewusst war (Bay **91**, 1 = VRS **81**, 28). 12

Die Entscheidung über den Genehmigungsantrag trifft das Gericht nach **pflichtgemäßem Ermessen** (Koblenz NStZ-RR **08**, 179). Es hat das Interesse des Beschuldigten an der Zulassung einer Person seines Vertrauens als Verteidiger gegen die Bedürfnisse der Rechtspflege abzuwägen (Bay **54**, 53 = NJW **54**, 1212; Düsseldorf NStZ **99**, 586). Die Genehmigung darf nicht auf besondere Ausnahmefälle beschränkt werden (Bay **78**, 27 = VRS **55**, 190; Hamm NStZ **07**, 238 mwN). Sie muss vielmehr erteilt werden, wenn der Gewählte genügend sachkundig und vertrauenswürdig erscheint und auch sonst keine Bedenken gegen sein Auftreten als Verteidiger bestehen (BVerfG NJW **06**, 1503: Orientierung am Maßstab des § 43a BRAO; Bay aaO; Zweibrücken NZV **93**, 493). Insbesondere zugelassenen Rechtsbeiständen, die das Vertrauen des Beschuldigten genießen, muss die Genehmigung erteilt werden (Düsseldorf OLGSt Nr 3). Verwandtschaftliche und freundschaftliche Beziehungen des Gewählten zu dem Beschuldigten und ein Interesse dieser Person am Ausgang des Verfahrens allein stellen seine Fähigkeit, die Verteidigung sachgerecht zu führen, nicht von vornherein in Frage (Hamm MDR **78**, 509). Abgelegte juristische Staatsexamina sind nicht unbedingt erforderlich (Hamm aaO; str). 13

Die **Genehmigung erstreckt sich,** wenn sie nicht entspr dem Antrag auf einzelne Verfahrenshandlungen oder -abschnitte beschränkt wird, auf das ganze Verfahren (Düsseldorf OLGSt Nr 3; SK-Wohlers 41). 14

Eine **nachträgliche Genehmigung,** die so lange erteilt werden kann, wie das Gericht mit der Sache befasst und der Verfahrensabschnitt, für den die Prozesshandlung bestimmt ist, noch nicht abgeschlossen ist, wirkt, rechtzeitige Antragstellung vorausgesetzt (Schleswig SchlHA **86**, 104 [E/L]), auf eine vorher vorgenommene Prozesshandlung zurück mit der Folge, dass sie als von Anfang an formgerecht zu behandeln ist (RG **55**, 213; Bay **78**, 27, 28 = VRS **55**, 190; Hamburg JZ **55**, 218; Hamm MDR **51**, 503). Die Versagung der Genehmigung macht die zuvor erklärte Prozesshandlung unzulässig (RG **62**, 250). 15

Zuständig für die Entscheidung ist das mit der Sache befasste Gericht, nicht der Vorsitzende allein. Mit dieser Maßgabe ist im Ermittlungsverfahren § 141 IV entspr anwendbar. Der Ermittlungsrichter ist zuständig, wenn die Zulassung auf die Mitwirkung bei einer Untersuchungshandlung nach § 162 beschränkt ist (BGHR § 138 II Zulassung 1). Das Rechtsmittelgericht ist zuständig, wenn ihm die Akten nach §§ 321 S 2, 347 II vorgelegt worden sind (8 zu § 347). Die Versagung der Genehmigung durch das untere Gericht bindet das Rechtsmittelgericht nicht, auch wenn eine dagegen eingelegte Beschwerde erfolglos war (Bay **78**, 27 = VRS **55**, 190). 16

Die **Zurücknahme der Genehmigung** ist zulässig, wenn sich herausstellt, dass die Genehmigung rechtsfehlerhaft war (Bay **53**, 15 = NJW **53**, 755), oder wenn die Genehmigungsvoraussetzungen nachträglich entfallen. Zuständig für die Zu- 17 rücknahme ist das Gericht, das in diesem Zeitpunkt für die Erteilung der Genehmigung zuständig wäre (KK-Laufhütte 11). Liegen die Voraussetzungen der §§ 138 a, 138 b vor, ist nach §§ 138 c, 138 d zu verfahren, nicht die Bestellung zurückzunehmen (3 zu § 138 a; KK-Laufhütte 11).

18 C. Bei **notwendiger Verteidigung** nach §§ 140, 231 IV dürfen Personen, die nicht nach I zum Verteidiger gewählt oder nach § 142 II bestellt werden dürfen, nur gemeinschaftlich mit einem solchen Verteidiger zugelassen werden (Bay **91**, 1 = VRS **81**, 28; KG JR **88**, 391 mit Anm Hammerstein).

19 Auch sonst sind ihre **Rechte eingeschränkt.** Zwar dürfen sie die Akten einsehen, in und außerhalb der Hauptverhandlung Ausführungen tatsächlicher oder rechtlicher Art machen und in der Hauptverhandlung den Angeklagten sowie Zeugen und Sachverständige befragen. Sie dürfen Erklärungen abgeben und Anträge, insbesondere Beweisanträge, stellen. Bei widersprüchlichen Erklärungen ist jedoch die des RA oder Hochschullehrers maßgebend. Diese Verteidiger sind auch berechtigt, Erklärungen des nach II zugelassenen Verteidigers zu widersprechen und dessen Anträge zurückzunehmen, allerdings nur bis zu dem Zeitpunkt, in dem die Erklärung nach allgemeinen Verfahrensgrundsätzen widerrufen und der Antrag zurückgenommen werden kann.

20 Auch **Rechtsmittel** können diese nach II zugelassenen Verteidiger nur gemeinsam mit dem RA oder Hochschullehrer einlegen. Bei mündlichen Erklärungen genügt die Abgabe einer gemeinsamen Erklärung. Wenn Schriftlichkeit erforderlich ist, muss der RA oder Hochschullehrer aber entweder die Erklärung mitunterzeichnen oder innerhalb der Rechtsmittelfrist gegenüber dem Gericht eine eigene Erklärung abgeben, aus der hervorgeht, dass er einverstanden ist (KG NJW **74**, 916; Hamburg BB **81**, 658 = NJW **81**, 934 L). Das gilt auch für den Fall, dass die Verteidigung nur nach § 140 II notwendig ist (KG JR **83**, 83). Verlangt das Gesetz, wie in § 345 II, die Unterzeichnung der Rechtsmittelerklärung, so ist die Erklärung des nach II zugelassenen Verteidigers nur wirksam, wenn der mitverteidigende RA oder Hochschullehrer die Schrift ebenfalls und ohne Zusätze, mit denen er seine Verantwortung ausschließt oder einschränkt, formgerecht unterschreibt (BGH **32**, 326; KG aaO). Das gilt auch für Erklärungen eines Rechtsbeistands, der Mitglied der RAK ist (BGH aaO). Bei der Urteilsverkündung genügt die Anwesenheit des nach II zugelassenen Verteidigers (Bremen VRS **65**, 36).

20a **3) Anwaltlicher Beistand (III):** Das Recht der hier angeführten Zeugen und Verletzten, sich eines anwaltlichen Beistands zu bedienen, ergibt sich aus den §§ 68 b (Zeugen), 378 (Privatkläger), 397 (Nebenkläger), 406 g (Nebenklagebefugte) und 406 f (Verletzte), Auch diese können alle in I genannten Personen wählen, andere nach III iVm II S 1 nur mit Genehmigung des Gerichts. Für die Genehmigung gelten die Ausführungen oben 10–17 entspr.

21 **4) Beschwerde:**

22 Gegen den Beschluss, der einen Verteidiger oder einen anwaltlichen Beistand mit der Begründung zurückweist, er könne **nicht nach I gewählt** werden, ist Beschwerde nach § 304 zulässig; beschwerdeberechtigt sind auch der Verteidiger (BGH **8**, 194; Hamburg MDR **69**, 598) und der Beistand. Entscheidungen der OLGe und der Ermittlungsrichter sind nach §§ 304 II S 2, V unanfechtbar.

23 Gegen die Versagung oder Zurücknahme der **Genehmigung nach II,** auch durch das erkennende Gericht (§ 305 S 1 steht nicht entgegen), können der Beschuldigte und der zum Verteidiger oder Beistand Gewählte Beschwerde einlegen (Bay **53**, 15 = NJW **53**, 755; Bay **54**, 53 = NJW **54**, 1212; Düsseldorf NStZ **88**, 91; KK-Laufhütte 17). Gegen die Erteilung der Genehmigung nach II steht der StA die Beschwerde zu. Das Beschwerdegericht prüft die Entscheidung nur auf Ermessensfehler (Düsseldorf NStZ **88**, 91, 92; **99**, 586; Hamm NStZ **07**, 238; Koblenz NStZ **08**, 179).

Ausschließung des Verteidigers

138a **I Ein Verteidiger ist von der Mitwirkung in einem Verfahren auszuschließen, wenn er dringend oder in einem die Eröffnung des Hauptverfahrens rechtfertigenden Grade verdächtig ist, dass er**

1. an der Tat, die den Gegenstand der Untersuchung bildet, beteiligt ist,
2. den Verkehr mit dem nicht auf freiem Fuß befindlichen Beschuldigten dazu missbraucht, Straftaten zu begehen oder die Sicherheit einer Vollzugsanstalt erheblich zu gefährden, oder
3. eine Handlung begangen hat, die für den Fall der Verurteilung des Beschuldigten Begünstigung, Strafvereitelung oder Hehlerei wäre.

II Von der Mitwirkung in einem Verfahren, das eine Straftat nach § 129 a, auch in Verbindung mit § 129 b Abs. 1, des Strafgesetzbuches zum Gegenstand hat, ist ein Verteidiger auch auszuschließen, wenn bestimmte Tatsachen den Verdacht begründen, dass er eine der in Absatz 1 Nr. 1 und 2 bezeichneten Handlungen begangen hat oder begeht.

III 1 Die Ausschließung ist aufzuheben,

1. sobald ihre Voraussetzungen nicht mehr vorliegen, jedoch nicht allein deshalb, weil der Beschuldigte auf freien Fuß gesetzt worden ist,
2. wenn der Verteidiger in einem wegen des Sachverhalts, der zur Ausschließung geführt hat, eröffneten Hauptverfahren freigesprochen oder wenn in einem Urteil des Ehren- oder Berufsgerichts eine schuldhafte Verletzung der Berufspflichten im Hinblick auf diesen Sachverhalt nicht festgestellt wird,
3. wenn nicht spätestens ein Jahr nach der Ausschließung wegen des Sachverhalts, der zur Ausschließung geführt hat, das Hauptverfahren im Strafverfahren oder im ehren- oder berufsgerichtlichen Verfahren eröffnet oder ein Strafbefehl erlassen worden ist.

2 Eine Ausschließung, die nach Nummer 3 aufzuheben ist, kann befristet, längstens jedoch insgesamt für die Dauer eines weiteren Jahres, aufrechterhalten werden, wenn die besondere Schwierigkeit oder der besondere Umfang der Sache oder ein anderer wichtiger Grund die Entscheidung über die Eröffnung des Hauptverfahrens noch nicht zulässt.

IV 1 Solange ein Verteidiger ausgeschlossen ist, kann er den Beschuldigten auch in anderen gesetzlich geordneten Verfahren nicht verteidigen. 2 In sonstigen Angelegenheiten darf er den Beschuldigten, der sich nicht auf freiem Fuß befindet, nicht aufsuchen.

V 1 Andere Beschuldigte kann ein Verteidiger, solange er ausgeschlossen ist, in demselben Verfahren nicht verteidigen, in anderen Verfahren dann nicht, wenn diese eine Straftat nach § 129 a, auch in Verbindung mit § 129 b Abs. 1, des Strafgesetzbuches zum Gegenstand haben und die Ausschließung in einem Verfahren erfolgt ist, das ebenfalls eine solche Straftat zum Gegenstand hat. 2 Absatz 4 gilt entsprechend.

1) Eine **abschließende Regelung** der strafprozessualen Ausschließungsgründe, die zwingend (BGH **37**, 395, 396) und mit dem GG vereinbar ist (BVerfG NJW **75**, 2341; Stuttgart AnwBl **75**, 213), enthalten die §§ 138 a, 138 b (Fahl 325; Rieß NStZ **81**, 328; Remagen-Kemmerling, Der Ausschluss des Strafverteidigers in Theorie und Praxis, 1992). Andere Verfehlungen des Verteidigers, auch wenn sie grob standeswidrig oder sogar strafbar sind (Beleidigung, Bedrohung des Gerichts uä), rechtfertigen die Ausschließung nicht, ebenso wenig seine Vernehmung als Zeuge (18 vor § 48). 1

Die Ausschließungsgründe gelten **in jeder Lage des Verfahrens,** auch nach Rechtskraft des Urteils (vgl § 138 c III S 2) im Vollstreckungs-, Strafvollzugs-, Gnaden- und Wiederaufnahmeverfahren, sowie entspr im Bußgeldverfahren (BGH wistra **92**, 228) und im anwaltsgerichtlichen Verfahren (BGH **37**, 395). 2

3 Ausgeschlossen werden können **alle Verteidiger** (§ 138 I), auch die mit Zustimmung des Beschuldigten unterbevollmächtigten Verteidiger (Rieß NStZ **81**, 331), und die nach § 392 I **AO** zu Verteidigern gewählten Angehörigen steuerberatender Berufe (Karlsruhe NJW **75**, 943), ferner die nach § 138 II zugelassenen Verteidiger. Insbesondere unterfallen § 138a aber auch die nach § 141 bestellten Verteidiger (BGH **42**, 94 = NStZ **97**, 46 mit krit Anm Weigend; AK-Stern 9 mwN); die früher im Anschluss an BVerfGE **39**, 238, 244 = NJW **75**, 1015 vertretene Ansicht, die §§ 138a ff seien auf Pflichtverteidiger nicht anwendbar (zB Koblenz NJW **78**, 2521 = AnwBl **78**, 321 mit abl Anm Krekeler = JR **79**, 36 mit abl Anm Rieß) ist durch das StVÄG 1987, das eine weitgehende Gleichstellung der verfahrensrechtlichen Stellung von Pflicht- und Wahlverteidigern brachte (Düsseldorf NStZ **88**, 519 = JR **89**, 250 mit Anm Rogall; Parigger Koch-FG 204; **aM** Weigend NStZ **97**, 48) überholt (**aM** Beulke StP 169). §§ 138a ff enthalten daher gegenüber § 143 die speziellere Regelung (Düsseldorf aaO; LR-Lüderssen/Jahn 3 ff; Dencker NJW **79**, 2176; Seier Hirsch-FS 988; offen gelassen von BGH **42**, 94, 97).

3a Wird nach Eröffnung des Hauptverfahrens ein **mitangeklagter RA als Verteidiger** gewählt, ist er durch Beschluss des erkennenden Gerichts zurückzuweisen; §§ 138a ff sind nicht anwendbar (BGH StV **96**, 469; **aM** Stuttgart Justiz **87**, 80, 81); Celle NJW **01**, 3564 wendet diesen Grundsatz auch auf den in demselben Ermittlungsverfahren mitbeschuldigten RA an; dagegen Hamm NStZ-RR **08**, 252.

4 **2) Ausschließungsgründe** (I, II):

5 A. **Das Tatgeschehen** muss als Straftat zu qualifizieren (**aM** Milzer MDR **90**, 587: Strafbarkeit des Beschuldigten nicht zu prüfen) und die Tatbeteiligung dem Verteidiger vorwerfbar sein (BGH NStZ **86**, 37 mit Anm Hammerstein). Sie kann in der Form der Mittäterschaft, der mittelbaren Täterschaft oder der Teilnahme (Anstiftung, Beihilfe) bestehen (§§ 25–27 StGB). Eine darüber hinausgehende Beteiligung iS des § 60 Nr 2 (dort 12) reicht nicht aus (Zweibrücken wistra **95**, 319 mwN; Parigger Koch-FG 205; Rotsch/Sahan ZIS **07**, 149; Ulsenheimer GA **75**, 112; **aM** Schlüchter 125 Fn 392; vgl auch BGH MDR **77**, 984 [H]). Beteiligt iS von I Nr 1 ist der Verteidiger aber auch, wenn er der Haupttäter und der Beschuldigte der Teilnehmer ist (Fezer 4/47). Bei Beteiligung an einem nur auf Antrag zu verfolgenden Delikt wird nicht vorausgesetzt, dass auch gegen den Verteidiger Strafantrag gestellt ist (Hamburg NStZ **83**, 426); es genügt, dass die Tat im anwaltsgerichtlichen Verfahren geahndet werden kann (BGH NJW **84**, 316; wistra **00**, 311, 314). Zur Ausschließung kann bei Dauerdelikten auch eine Beteiligung nach Anklageerhebung führen (Stuttgart AnwBl **75**, 213). Zum erforderlichen Verdachtsgrad vgl unten 12 ff.

6 B. **Missbrauch des ungehinderten Verkehrs mit dem Beschuldigten** (I Nr 2): Dieser Ausschließungsgrund gilt nur, wenn der Beschuldigte nicht auf freiem Fuß (dazu 13 zu § 35) ist. Ob der Missbrauch (zum Begriff vgl Kröpil JR **97**, 316) des freien schriftlichen oder mündlichen Verkehrs mit dem Beschuldigten (§ 148 I) zu einem der in I Nr 2 bezeichneten verfahrensfremden Zwecke mit oder ohne Wissen des Mandanten geschehen ist, spielt keine Rolle.

7 Beim Missbrauch zur **Begehung von Straftaten** muss sich der Verdacht (unten 12 ff) darauf beziehen, dass eine Straftat in der Form der Täterschaft oder Teilnahme vorwerfbar begangen oder dass jedenfalls mit ihrer Begehung begonnen worden ist (KK-Laufhütte 10 mit zutr Hinweis auf den Wortlaut von II; **aM** LR-Lüderssen/Jahn 95). Der Verdacht, dass der Verteidiger erst künftig Straftaten begehen werde, reicht nicht aus. Bei Antragsdelikten setzt die Ausschließung voraus, dass mit der Stellung eines Strafantrags gerechnet werden kann; andernfalls ist die Ausschließung nicht verhältnismäßig (KK-Laufhütte 10). Auf die sofortige Verfolgbarkeit im Zeitpunkt der Ausschließung kommt es aber nicht an (KMR-Müller 10; **aM** LR-Lüderssen/Jahn 97).

Die **Sicherheit einer Vollzugsanstalt** ist gefährdet, wenn konkrete Gefahren für Personen und Sachen (Gebäude und Einrichtungen) in der Anstalt oder einem wesentlichen Teil der Anstalt (LR-Lüderssen/Jahn 101) oder für den durch den Freiheitsentzug begründeten Gewahrsam drohen, zB durch Einbringung von Waffen, Sprengstoff oder Ausbruchsmaterial (KK-Laufhütte 12). Eine Störung der Sicherheit braucht noch nicht eingetreten zu sein; es genügt die nahe liegende Möglichkeit, dass sie eintreten wird (Parigger Koch-FG 206). Es muss aber der dringende Verdacht (unten 12 ff) begründet sein, dass die Handlung, die hierzu führen wird, bereits begonnen hat. Störungen, die nach Art, Wirkung oder Dauer nicht erheblich ins Gewicht fallen, rechtfertigen die Ausschließung nicht. 8

C. **Begünstigung, Strafvereitelung, Hehlerei** (I Nr 3): Vgl §§ 257–260 StGB. Dieses strafbare Verhalten muss sich, wie die Tatbeteiligung nach I Nr 1, auf die Tat beziehen, die iS des § 264 Gegenstand des Verfahrens ist. 9

Ob eine Verurteilung des Beschuldigten wegen der **Haupttat** wahrscheinlich ist, braucht das Gericht nicht zu prüfen. Es unterstellt, dass er alle Tatbestandsmerkmale erfüllt hat und dass seiner Verurteilung keine Prozesshindernisse entgegenstehen, und prüft nur, ob der Verteidiger, wenn diese Unterstellung zutrifft, einer Straftat nach §§ 257 ff StGB verdächtig ist (Braunschweig StV **84**, 500; Bremen NJW **81**, 2711). Zum Verdachtsgrad vgl unten 12 ff. 10

Versuchte Strafvereitelung nach § 258 StGB genügt für die Ausschließung (BGH 2 ARs 88/79 vom 4. 5. 1979; KG NStZ **83**, 556 mit Anm Mehle; Koblenz JBlRP **10**, 21; Köln NJW **75**, 459; Beulke NStZ **83**, 504; vgl auch Düsseldorf JZ **86**, 408, das mit Recht die verspätete Stellung eines Beweisantrags nicht für strafbar hält, Krekeler NStZ **89**, 152), nicht aber die (straflose) erfolglose Anstiftung eines Zeugen zur Falschaussage (Bremen NJW **81**, 2711; Frankfurt StV **92**, 360; **aM** Beulke NStZ **82**, 331) oder die Anwendung prozessual zulässiger Mittel (Düsseldorf NJW **91**, 996), anders möglicherweise beim Einsatz prozessual unzulässiger Mittel (Malmendier NJW **97**, 232). Allerdings kann bereits in der Benennung eines Zeugen, auf den der Verteidiger zuvor mit dem Ziel eingewirkt hat, ihn zu einer Falschaussage zu veranlassen, der Versuch der Strafvereitelung liegen (BGH NJW **83**, 2712 = JR **84**, 299 mit Anm Bottke = NStZ **83**, 503 mit Anm Beulke; **aM** BGH **31**, 10 = NStZ **82**, 329 mit abl Anm Beulke; Rudolphi Kleinknecht-FS 387). Das setzt aber voraus, dass der Zeuge die Falschaussage zugesichert und der Verteidiger mit seiner Benennung alles getan hat, was seiner Meinung nach ohne weiteres in die Vollendung des Tatbestandes des § 258 StGB einmünden würde (KG StV **84**, 336). 11

D. **Verdacht:** Die Ausschließung setzt voraus, dass der Verteidiger einer der in Nrn 1–3 bezeichneten Taten entweder dringend oder in einem die Eröffnung des Hauptverfahrens rechtfertigenden Grade verdächtig ist. Das bedeutet aber nicht, dass beide Verdachtsgrade wahlweise zur Verfügung stehen. 12

Gemeint ist Folgendes: Der **dringende Verdacht** genügt immer. Er liegt vor, wenn der Ausschließungsgrund mit großer Wahrscheinlichkeit gegeben ist (vgl 6 zu § 112); dabei ist eine Gesamtwürdigung aller Umstände erforderlich (BGH NJW **84**, 316; Hamburg NStZ **83**, 426). 13

Der **hinreichende Verdacht** verlangt nur eine geringere Wahrscheinlichkeit für das Bestehen des Ausschließungsgrundes (vgl 2 zu § 203). Er genügt nur, wenn dem Verteidiger strafbares Verhalten vorgeworfen wird, setzt aber nicht voraus, dass wegen dieses Vorwurfs gegen ihn ein Ermittlungsverfahren eingeleitet und bis zur Anklagereife gediehen ist (BGH **36**, 133 gegen die frühere Rspr = JR **90**, 77 mit insoweit zust Anm Fezer = NStZ **90**, 91 mit abl Anm Mehle = StV **93**, 227 mit abl Anm Scholderer; BGH StV **96**, 470; Fezer JZ **96**, 614; Frye wistra **05**, 87). 14

E. In **Verfahren wegen Straftaten nach § 129 a StGB,** auch iVm § 129 b Abs 1 StGB, (II) ist für die Ausschließungsgründe nach I Nrn 1 und 2 weder dringender noch hinreichender Tatverdacht erforderlich. Es genügt, wie bei § 100 a (dort 9), der auf bestimmte Tatsachen gestützte Verdacht für das rechtlich zu miss- 15 billigende Verteidigerverhalten (KG NJW **78**, 1538; Rieß NStZ **81**, 332; Seelmann NJW **79**, 1129). Daher ist nicht erforderlich, dass in dem Strafverfahren ein Haftbefehl auf § 129 a StGB gestützt ist. Wenn das Verfahren aber (nach Teilrechtskraft, Teileinstellung, Beschränkung der Verfolgung nach § 154 a) nicht mehr wegen der Tat nach § 129 a StGB anhängig ist, kommt die Anwendung des II nicht in Betracht (KK-Laufhütte 16).

16 **3)** Die **Aufhebung der Ausschließung** (III) ist zwingend vorgeschrieben, wenn die Voraussetzungen des III Nr 1 oder 2 vorliegen. Im Fall der Nr 3 gilt die Einschränkung des III S 2. Vgl auch 3 zu § 138 b.

17 A. **Wegfall der Ausschließungsvoraussetzungen** (III S 1 Nr 1): Eine Änderung der tatsächlichen Grundlagen der Ausschließungsentscheidung, die den Ausschließungsgrund entfallen lässt, zwingt zu ihrer Aufhebung. Dass die Tatsachengrundlage abweichend beurteilt wird, ist kein Aufhebungsgrund. Im Fall des I Nr 2 führt die Entlassung des Beschuldigten aus dem Gewahrsam allein nicht zur Aufhebung. Das gilt erst recht, wenn der Beschuldigte aus dem Gewahrsam entwichen ist oder sich sonst ohne Erlaubnis außerhalb der Gewahrsamsanstalt aufhält.

18 B. **Freispruch des Verteidigers** (III S 1 Nr 2): Schon der in der Vorschrift bezeichnete günstige Ausgang des Straf-, Ehren- oder Berufsgerichtsverfahrens zwingt zur Aufhebung; auf die Rechtskraft der Entscheidung kommt es nicht an (Stuttgart Justiz **87**, 80; KK-Laufhütte 19). Wird die Eröffnung des Hauptverfahrens abgelehnt oder das Verfahren endgültig eingestellt, so kommt nur die Aufhebung nach III S 1 Nr 1 in Betracht; dann muss die Rechtskraft der Entscheidung abgewartet werden (KMR-Müller 18).

19 C. **Verzögerung des Verfahrens gegen den Verteidiger** (III S 1 Nr 3): Die Jahresfrist beginnt mit dem Wirksamwerden der Ausschließung (unten 22) und endet mit dem Erlass (5 ff vor § 33) des Eröffnungsbeschlusses oder Strafbefehls. Ausnahmsweise kann die Ausschließung nach III S 2 unter den dort bestimmten Voraussetzungen für ein Jahr verlängert werden; die Voraussetzungen hierfür knüpfen an die für die UHaft-Verlängerung nach § 121 an.

20 D. **Verfahren:** Die Aufhebung tritt, auch im Fall des III S 1 Nr 3, nicht kraft Gesetzes ein, sondern erfolgt durch Beschluss des in diesem Zeitpunkt nach I zuständigen Gerichts (Karlsruhe Justiz **81**, 446). Sie kann sowohl von dem ausgeschlossenen Verteidiger oder dem Beschuldigten als auch, entspr § 138 c II S 1, 2, von der StA oder dem Gericht beantragt werden. Der Antrag der StA und der Vorlegungsbeschluss des Gerichts sind zu begründen (9 zu § 138 c). Die Beteiligung der RAK richtet sich nach § 138 c II S 3, 4. Der BGH und das OLG entscheiden idR schriftlich, können aber entspr § 138 d I auch eine mündliche Verhandlung anberaumen. Die Entscheidung ist unanfechtbar (13 zu § 138 d).

21 **4) Wirkung der Ausschließung:**

22 A. **Von jeder Tätigkeit** in dem Strafverfahren bis zu dessen vollständiger Beendigung, also auch im Vollstreckungs-, Vollzugs-, Gnaden- und Wiederaufnahmeverfahren, ist der Verteidiger ausgeschlossen. Er darf nicht Verteidiger sein, nicht auf Grund einer Untervollmacht (11 vor § 137) auftreten und den Angeklagten auch nicht auf Grund einer besonderen Vollmacht bei einer bestimmten Prozesshandlung, zB bei der Rechtsmitteleinlegung, vertreten (Karlsruhe Justiz **81**, 446).

23 **Wirksam** wird der Ausschluss nicht schon mit der Zustellung des Ausschließungsbeschlusses (LR-Lüderssen/Jahn 146; **aM** KMR-Müller 21), sondern erst mit seiner Rechtskraft (15 zu § 138 d). Vorher kann aber angeordnet werden, dass die Rechte des Verteidigers aus den §§ 147, 148 ruhen (§ 138 c III).

24 **Prozesshandlungen** des ausgeschlossenen Verteidigers sind unwirksam, ohne dass das besonders festgestellt werden muss (KK-Laufhütte 5). Der Verteidiger, der sich an die Ausschließung nicht hält, wird förmlich zurückgewiesen (unten 28).

B. Das **Verbot der Verteidigung in anderen gerichtlichen Verfahren** (IV) soll verhindern, dass die Ausschließung umgangen wird. Es tritt mit dem Wirksamwerden der Ausschließung (oben 23) kraft Gesetzes ein. Andere gesetzlich geordnete Verfahren iS des IV sind Bußgeld-, Ehren- und Berufsgerichtsverfahren sowie sonstige rechtlich geregelte Disziplinarverfahren, auch das DNA-Identitätsfeststellungsverfahren nach § 81 g (BVerfG NStZ **08**, 226). IV S 1 gilt auch, wenn die Ausschließung auf I Nr 2 beruht, der Beschuldigte aber nicht mehr in Haft ist, zB deshalb, weil er aus dem Gewahrsam entwichen ist oder sich sonst ohne Erlaubnis außerhalb der Anstalt befindet (vgl oben 8). 25

In sonstigen Angelegenheiten (IV S 2), zB in Zivil- und Verwaltungsgerichtsprozessen, darf der ausgeschlossene Verteidiger für den Beschuldigten tätig sein; er darf ihn aber nicht aufsuchen, wenn er sich in einer JVA befindet. 26

C. Die **Unzulässigkeit der Verteidigung anderer Beschuldigter** (V) folgt schon aus § 146; das Verbot wird in V nur vorsorglich aufgestellt. In anderen Verfahren darf der ausgeschlossene Verteidiger einen Mitbeschuldigten grundsätzlich verteidigen, wenn nicht andere Hinderungsgründe entgegenstehen. Davon gilt eine Ausnahme für den Fall, dass beide Verfahren eine Straftat nach § 129 a, auch iVm § 129 b Abs 1 StGB zum Gegenstand haben; um dieselbe terroristische Vereinigung braucht es sich dabei nicht zu handeln. Dann ist der Verteidiger, auch wenn sein Mandant nicht nach § 129 a StGB angeklagt ist, als Verteidiger auch in dem anderen Verfahren ausgeschlossen. Die entspr Anwendung von IV, die V S 2 bestimmt, bedeutet, dass der Verteidiger die Mitbeschuldigten, von deren Verteidigung er nach V S 1 ausgeschlossen ist, auch in anderen Verfahren nicht verteidigen darf. 27

D. **Zurückweisung des Verteidigers:** Die Unzulässigkeit der Verteidigung nach IV, V tritt kraft Gesetzes ein und führt, wenn sie von dem ausgeschlossenen Verteidiger nicht beachtet wird, zur Zurückweisung wie im Fall des § 146 a (KK-Laufhütte 28; Dahs NJW **76**, 2149). Im Ermittlungsverfahren weist die StA den Verteidiger zurück (**aM** Dahs aaO: das nach § 138 c I zuständige Gericht). Prozesshandlungen des ausgeschlossenen Verteidigers sind ohne weiteres unwirksam. 28

Ausschließung in Staatsschutzsachen

138b [1] **Von der Mitwirkung in einem Verfahren, das eine der in § 74 a Abs. 1 Nr. 3 und § 120 Abs. 1 Nr. 3 des Gerichtsverfassungsgesetzes genannten Straftaten oder die Nichterfüllung der Pflichten nach § 138 des Strafgesetzbuches hinsichtlich der Straftaten des Landesverrates oder einer Gefährdung der äußeren Sicherheit nach den §§ 94 bis 96, 97 a und 100 des Strafgesetzbuches zum Gegenstand hat, ist ein Verteidiger auch dann auszuschließen, wenn auf Grund bestimmter Tatsachen die Annahme begründet ist, dass seine Mitwirkung eine Gefahr für die Sicherheit der Bundesrepublik Deutschland herbeiführen würde.** [2] **§ 138 a Abs. 3 Satz 1 Nr. 1 gilt entsprechend.**

1) Einen **zusätzlichen Ausschließungsgrund in Staatsschutzsachen** nach §§ 74 a I Nr 3, 120 I Nrn 3, 7 GVG bestimmt die Vorschrift. Auch sie gilt in jeder Lage des Verfahrens und nach Urteilsrechtskraft (2 zu § 138 a). 1

Die Ausschließung setzt den auf bestimmte Tatsachen gestützten Verdacht (Pagigger Koch-FG 209; 15 zu § 138 a) voraus, dass die Mitwirkung des Verteidigers eine **Gefahr für die Sicherheit der BRep** herbeiführen werde. Wie in § 92 III Nr 2 StGB kommt eine Gefährdung sowohl der äußeren als auch der inneren Sicherheit der BRep in Betracht. Sie betrifft die Fähigkeit, sich nach innen oder außen gegen Störungen zur Wehr zu setzen (KK-Laufhütte 2). Die Ausschließung ist nur zulässig, wenn die nahe liegende Möglichkeit eines Schadenseintritts besteht. Das ist unter Abwägung aller Umstände des Falles zu beurteilen; die politische Gesinnung des Verteidigers allein besagt nichts (KK-Laufhütte 3). 2

3 **2)** Die **Aufhebung der Ausschließung** (S 2 iVm § 138a III S 1 Nr 1) ist zwingend vorgeschrieben, wenn sich zur Überzeugung des Gerichts ergibt, dass die Tatsachengrundlage des Beschlusses nachträglich wegfällt (LR-Lüderssen/Jahn 8; 17 zu § 138a).

Verfahren **RiStBV 138 III**

138c **I [1]Die Entscheidungen nach den §§ 138a und 138b trifft das Oberlandesgericht. [2]Werden im vorbereitenden Verfahren die Ermittlungen vom Generalbundesanwalt geführt oder ist das Verfahren vor dem Bundesgerichtshof anhängig, so entscheidet der Bundesgerichtshof. [3]Ist das Verfahren vor einem Senat eines Oberlandesgerichtes oder des Bundesgerichtshofes anhängig, so entscheidet ein anderer Senat.**

II [1]Das nach Absatz 1 zuständige Gericht entscheidet nach Erhebung der öffentlichen Klage bis zum rechtskräftigen Abschluss des Verfahrens auf Vorlage des Gerichts, bei dem das Verfahren anhängig ist, sonst auf Antrag der Staatsanwaltschaft. [2]Die Vorlage erfolgt auf Antrag der Staatsanwaltschaft oder von Amts wegen durch Vermittlung der Staatsanwaltschaft. [3]Soll ein Verteidiger ausgeschlossen werden, der Mitglied einer Rechtsanwaltskammer ist, so ist eine Abschrift des Antrages der Staatsanwaltschaft nach Satz 1 oder die Vorlage des Gerichts dem Vorstand der zuständigen Rechtsanwaltskammer mitzuteilen. [4]Dieser kann sich im Verfahren äußern.

III [1]Das Gericht, bei dem das Verfahren anhängig ist, kann anordnen, dass die Rechte des Verteidigers aus den §§ 147 und 148 bis zur Entscheidung des nach Absatz 1 zuständigen Gerichts über die Ausschließung ruhen; es kann das Ruhen dieser Rechte auch für die in § 138a Abs. 4 und 5 bezeichneten Fälle anordnen. [2]Vor Erhebung der öffentlichen Klage und nach rechtskräftigem Abschluss des Verfahrens trifft die Anordnung nach Satz 1 das Gericht, das über die Ausschließung des Verteidigers zu entscheiden hat. [3]Die Anordnung ergeht durch unanfechtbaren Beschluss. [4]Für die Dauer der Anordnung hat das Gericht zur Wahrnehmung der Rechte aus den §§ 147 und 148 einen anderen Verteidiger zu bestellen. [5]§ 142 gilt entsprechend.

IV [1]Legt das Gericht, bei dem das Verfahren anhängig ist, gemäß Absatz 2 während der Hauptverhandlung vor, so hat es zugleich mit der Vorlage die Hauptverhandlung bis zur Entscheidung durch das nach Absatz 1 zuständige Gericht zu unterbrechen oder auszusetzen. [2]Die Hauptverhandlung kann bis zu dreißig Tagen unterbrochen werden.

V [1]Scheidet der Verteidiger aus eigenem Entschluss oder auf Veranlassung des Beschuldigten von der Mitwirkung in einem Verfahren aus, nachdem gemäß Absatz 2 der Antrag auf Ausschließung gegen ihn gestellt oder die Sache dem zur Entscheidung zuständigen Gericht vorgelegt worden ist, so kann dieses Gericht das Ausschließungsverfahren weiterführen mit dem Ziel der Feststellung, ob die Mitwirkung des ausgeschiedenen Verteidigers in dem Verfahren zulässig ist. [2]Die Feststellung der Unzulässigkeit steht im Sinne der §§ 138a, 138b, 138d der Ausschließung gleich.

VI [1]Ist der Verteidiger von der Mitwirkung in dem Verfahren ausgeschlossen worden, so können ihm die durch die Aussetzung verursachten Kosten auferlegt werden. [2]Die Entscheidung hierüber trifft das Gericht, bei dem das Verfahren anhängig ist.

1 **1) Zuständigkeit** (I): Die Ausschließung des Verteidigers berührt in 1. Hinsicht das Strafprozessrecht, nicht das anwaltliche Berufsrecht (vgl BVerfGE **16**, 214, 217 = NJW **63**, 1771; BVerfGE **34**, 293, 306 = NJW **73**, 696; BGH **15**, 326, 331; zur Struktur des Verfahrens Fezer Meyer-GedSchr 81, der eine Parallele zum Zwischenverfahren nach §§ 201 ff zieht). Daher entscheidet über sie ein Strafgericht,

jedoch nicht das Gericht, das für das Strafverfahren zuständig oder bei dem es anhängig ist, sondern das OLG (I S 1). In bestimmten Fällen (I S 2) entscheidet der BGH; dazu gehören aber nicht solche Fälle betreffende Strafvollzugssachen (BGH **38**, 52). Im Fall des I S 3 ist ein anderer Senat zuständig.

Örtlich zuständig ist im Ermittlungsverfahren das dem Gericht, das für das Hauptverfahren zuständig wird, übergeordnete OLG, bei Vorlegung durch den Tatrichter das diesem übergeordnete OLG und nach Urteilsrechtskraft das OLG, in dessen Bezirk die den Antrag stellende StA ihren Sitz hat, im Verfahren zur Vorbereitung der Wiederaufnahme das dem Wiederaufnahmegericht (1 zu § 367) übergeordnete OLG. 2

Das OLG entscheidet in der **Besetzung** mit 3 Richtern (§ 122 I GVG), der BGH mit 5 Richtern (§ 139 I GVG). 3

2) Ein **Vorlegungsverfahren** (II S 1, 2) setzt die Ausschließung voraus; BGH und OLG entscheiden nicht von Amts wegen. 4

A. **Vor Rechtshängigkeit und nach Urteilsrechtskraft:** Ist das Verfahren bei Gericht noch nicht oder nicht mehr anhängig, so entscheidet das nach **I** zuständige Gericht auf Antrag der StA, im Fall des § 386 II **AO** der Finanzbehörde (Karlsruhe NJW **75**, 943). Zur Begründung des Antrags vgl unten 9. Im Vollstreckungsverfahren stellt die für dieses Verfahren zuständige StA den Antrag, bei der Vorbereitung eines Wiederaufnahmeverfahrens die StA bei dem Gericht, das nach § 367, § 140a GVG über den Wiederaufnahmeantrag zu befinden hat. Die StA beim LG legt die Akten der StA beim OLG vor, die sie mit ihrer Stellungnahme an das OLG weiterleitet; sie kann den Antrag zurücknehmen (§ 145 GVG). 5

B. Im **gerichtlichen Verfahren** erlässt das mit der Sache befasste Gericht auf Antrag der StA oder von Amts wegen einen Vorlegungsbeschluss, den es durch Vermittlung der StA an das nach I zuständige Gericht weiterleitet. Der Beschluss kann zurückgenommen werden, solange noch nicht über die Ausschließung entschieden worden ist, wenn er auf Antrag der StA ergangen ist, aber nur mit deren Zustimmung. 6

a) **Auf Antrag der StA** (II S 1, 2): Hält die das Verfahren in dem betreffenden Verfahrensabschnitt betreibende StA die Ausschließung für notwendig, so stellt sie bei dem mit der Sache befassten Gericht unter Darlegung der Ausschließungsgründe (unten 9) den Antrag auf Vorlegung der Sache. Das Gericht ist nicht berechtigt, den Antrag zu prüfen und abzulehnen; es ist zum Erlass eines Vorlegungsbeschlusses und zur Vorlegung der Akten an das OLG verpflichtet, auch wenn es das aus sachlichen Gründen nicht für geboten hält (Düsseldorf StraFo **97**, 333 mwN; Karlsruhe NStZ **83**, 281 mit zust Anm Bohnert). Den Vorlegungsbeschluss braucht es daher nicht zu begründen; die Bezugnahme auf den Antrag der StA genügt (Frye NStZ **05**, 50 gegen Jena ebenda). Jedoch wird das Gericht idR zu diesem Antrag in dem Beschluss Stellung nehmen. 7

b) **Von Amts wegen** (S 2) erlässt das Gericht, wenn es die Ausschließung für geboten hält, einen mit Gründen versehenen (unten 9) Vorlegungsbeschluss. In der Hauptverhandlung entscheidet das Gericht in der durch §§ 30 I, 76 S 1, 122 GVG, außerhalb der Hauptverhandlung, auch wenn sie nur unterbrochen ist, in der dafür durch §§ 30 II, 76 S 2, 122 I GVG vorgeschriebenen Besetzung (KK-Laufhütte 8; KMR-Müller 6; **aM** Dünnebier NJW **76**, 3, der einen Vorlegungsbeschluss während der Unterbrechung für unzulässig hält). 8

C. **Erforderliche Begründung:** In dem Antrag der StA und dem von Amts wegen erlassenen Vorlegungsbeschluss müssen – entspr § 172 (dort 26ff) – dem OLG die Tatsachen mitgeteilt werden, aus denen sich im Fall ihres Nachweises das die Ausschließung des Verteidigers rechtfertigende Verhalten ergeben soll; außerdem sind die Beweismittel anzugeben (Brandenburg StV **08**, 66; Düsseldorf VRS **82**, 35 mwN; wistra **97**, 359; StraFo **98**, 119; 304; Hamm NStZ-RR **99**, 50 mwN; Jena NStZ **05**, 49; NJW **09**, 1894; Karlsruhe NJW **75**, 943 = JR **76**, 205 9 mit Anm Rieß; Rieß NStZ **81**, 332). Fehlt es an einer solchen Darlegung, die durch Bezugnahme auf andere Schriftstücke nicht ersetzt werden kann (KG NJW **06**, 1537; Hamm aaO), so kann der Ausschließungsantrag vom OLG zur Nachbesserung zurückgegeben (Fezer Meyer-GedSchr 87) oder als unzulässig abgelehnt werden (1 zu § 138 d); denn es ist nicht Aufgabe des OLG, von sich aus nach den Grundlagen für eine etwaige Ausschließung zu forschen (Düsseldorf wistra **97**, 239).

10 D. **Mitteilung an die Beteiligten:** II S 3 schreibt die Mitteilung einer Abschrift des Ausschließungsantrags der StA oder der Vorlage, dh des Vorlegungsbeschlusses des Gerichts, nur an den Vorstand der RAK für den Fall vor, dass der Verteidiger Mitglied einer RAK ist. Dass dem Verteidiger selbst und dem Beschuldigten der Antrag oder Beschluss ebenfalls bekanntzugeben ist, versteht sich von selbst. Die Mitteilungen ordnet nicht die StA oder der Tatrichter, sondern das nach I zuständige Gericht an (LR-Lüderssen/Jahn 16; **aM** KMR-Müller 7 für den Vorlegungsbeschluss). Sie werden regelmäßig mit der Ladung oder Terminsnachricht verbunden (3 zu § 138 d). Zu dem mitgeteilten Antrag bzw Beschluss können sich der Vorstand der RAK und der Verteidiger **äußern.**

11 **3) Vorläufige Maßnahmen des Gerichts** (III):

12 A. Das **Ruhen der Verteidigerrechte** aus den §§ 147, 148 (S 1–3), wenn der Beschuldigte auf freiem Fuß ist, nur der Rechte aus § 147, kann das Gericht anordnen, wenn es das für erforderlich hält. Zulässig ist die Anordnung nur, wenn zu befürchten ist, dass der Verteidiger andernfalls die zu seiner Ausschließung zwingenden unerlaubten Tätigkeiten fortsetzen werde (Stuttgart AnwBl **75**, 170; 243; KK-Laufhütte 19). In die Anordnung können nach III S 1 Hs 2 auch die Verfahren einbezogen werden, auf die sich die Ausschließung nach § 138 a IV, V erstreckt. Zuständig ist vor Erhebung der öffentlichen Klage und nach rechtskräftigem Verfahrensabschluss das nach I für die Ausschließung zuständige OLG oder der BGH (III S 2), während des gerichtlichen Verfahrens das Tatgericht, bei dem es anhängig ist (III S 1). Vor der Anordnung ist die StA zu hören, wenn sie nicht selbst den Antrag gestellt hat (§ 33 II). Der Verteidiger und der Beschuldigte werden nach § 33 III gehört, sofern nicht § 33 IV eingreift. Der Beschluss, der nicht begründet zu werden braucht (**aM** KK-Laufhütte 19; LR-Lüderssen/Jahn 30), ist unanfechtbar (III S 3). Er hat zur Folge, dass dem Verteidiger Akteneinsicht und der Zugang zu dem in UHaft befindlichen Angeklagten verwehrt wird. Briefe des Verteidigers werden dem Angeklagten nicht ausgehändigt, Briefe des Angeklagten an den Verteidiger nicht befördert, sondern zurückgegeben.

13 B. Die **Bestellung eines Pflichtverteidigers** (III S 4, 5) ist für die Dauer der Anordnung, also bis zur Rechtskraft der Entscheidung über die Ausschließung, zwingend vorgeschrieben, auch wenn die Verteidigung nicht notwendig ist oder der Beschuldigte noch andere Verteidiger hat (Lampe MDR **75**, 530). Sie erfolgt nicht in dem Gerichtsbeschluss; vielmehr ist es Aufgabe des Vorsitzenden, den Verteidiger unverzüglich zu bestellen (Dünnebier NJW **76**, 6). Der „andere" Verteidiger kann auch ein dem Beschuldigten bereits bestellter Pflichtverteidiger sein (Stuttgart AnwBl **75**, 170). Seine Aufgabe beschränkt sich auf die Wahrnehmung der ruhenden Verteidigerrechte. Dabei muss er mit dem in seinen sonstigen Verteidigerfunktionen nicht beschränkten Verteidiger zusammenwirken, bei dieser Tätigkeit aber darauf bedacht sein, dass er dem Ausschließungsgrund keinen Vorschub leistet. Der Sinn seiner Einschaltung besteht vor allem darin, mit dem Beschuldigten das, was zur ordnungsmäßigen Verteidigung notwendig ist, auf schriftlichem oder mündlichem Weg zu erörtern; er ist Mittelsmann und Informant (KMR-Müller 13; weitergehend KK-Laufhütte 18: Recht auf Vornahme von Prozesshandlungen; krit Dünnebier NJW **76**, 6). Die Ansicht, dass dem Beschuldigten in den Fällen des § 140 I, II und auch sonst, wenn das geboten erscheint, ein neuer Verteidiger zu bestellen ist, der nicht nur beschränkte Aufgaben hat (AK-Stern 21;

LR-Lüderssen/Jahn 35), hat im Gesetz keine Stütze (vgl Oellerich StV **81**, 434). Vielmehr folgt aus § 140 I Nr 8, dass ein Pflichtverteidiger mit unbeschränktem Aufgabenbereich erst nach rechtskräftigem Ausschluss des Wahlverteidigers zu bestellen ist.

4) Unterbrechung oder Aussetzung der Hauptverhandlung (IV): Hat das Gericht einen Vorlegungsbeschluss nach II S 2 während der Hauptverhandlung erlassen, so darf es sie nicht fortsetzen, auch wenn der Beschuldigte noch andere Verteidiger hat (LR-Lüderssen/Jahn 20). Es muss zugleich mit der Vorlage, dh mit Erlass des Vorlegungsbeschlusses, die Hauptverhandlung nicht nur bis zur Entscheidung durch das nach I zuständige Gericht, sondern bis zu deren Rechtskraft (**aM** KMR-Müller 16) unterbrechen oder aussetzen. Die Unterbrechung darf höchstens 30 Tage dauern. Wird während dieser Zeit die Ausschließung des Verteidigers rechtskräftig abgelehnt, so kann die Hauptverhandlung fortgesetzt werden. Wird der Verteidiger rechtskräftig ausgeschlossen, so ist die Fortsetzung nur möglich, wenn die Verteidigung durch schon vorher tätige Mitverteidiger oder durch den Eintritt eines neuen Verteidigers, der sich kurzfristig einarbeiten kann, sichergestellt ist (KK-Laufhütte 22). Andernfalls muss die Verhandlung ausgesetzt und später neu begonnen werden. 14

5) Das **Feststellungsverfahren** (V) soll dem Verteidiger die Möglichkeit nehmen, durch Niederlegung des Mandats die Einstellung des Ausschließungsverfahrens zu erreichen, dann aber erneut die Verteidigung des Beschuldigten zu übernehmen. Es soll auch verhindern, dass die Ausschließungsfolgen des § 138 a IV, V umgangen werden (BGH NStZ **94**, 23 [K]). Daher ist das Gericht befugt, das Ausschließungsverfahren auch dann weiterzuführen, wenn der Verteidiger erst ausscheidet, nachdem die StA vor Anklageerhebung oder nach Urteilsrechtskraft den Antrag nach II S 1 gestellt oder im gerichtlichen Verfahren das Gericht die Sache dem nach I zuständigen Gericht vorgelegt, nicht jedoch, wenn der Verteidiger schon vorher das Mandat niedergelegt hat (Düsseldorf NStZ **94**, 450). Vorgelegt ist die Sache nicht erst mit dem Eingang der Akten bei diesem Gericht, sondern schon mit der Verkündung des Vorlegungsbeschlusses in der Hauptverhandlung oder, bei Vorlegung außerhalb der Hauptverhandlung, mit dem Ausgang des Beschlusses aus dem Geschäftsbereich des vorlegenden Gerichts (9 vor § 33). Dementsprechend ist auch der Antrag der StA bereits gestellt, wenn er den Geschäftsbereich der StA verlassen hat (KK-Laufhütte 26). 15

Die **Entscheidung,** ob das Verfahren nach V weiterzuführen ist, trifft das nach I zuständige Gericht nach Anhörung der StA, des Verteidigers und des Beschuldigten nach pflichtgemäßem Ermessen. Die Weiterführung kommt nur in Betracht, wenn Anhaltspunkte dafür vorliegen, dass der Verteidiger in dem Verfahren, in dem er ausgeschlossen werden soll, erneut tätig werden will, oder wenn nach den Umständen und nach der Persönlichkeit des Verteidigers und des Beschuldigten Konflikte zu erwarten sind, denen durch die Verteidigungsverbote nach § 138 a IV, V begegnet werden muss (Rieß NStZ **81**, 332; nur den zuletzt genannten Gesichtspunkt berücksichtigen Koblenz JR **80**, 477 mit Anm Rieß; vgl auch BGH NJW **92**, 3048; Düsseldorf NJW **95**, 739: Einstellung, falls der Verteidiger ausgeschieden und ein Bedürfnis für seine weitere Ausschließung entfallen ist; Hamm NStZ-RR **08**, 252, 253 aE: Einstellung, wenn Zulassung des Verteidigers als RA widerrufen). 16

Ein **Gerichtsbeschluss,** der die Weiterführung des Verfahrens ausdrücklich bestimmt, ist gesetzlich nicht vorgeschrieben, aber empfehlenswert (KK-Laufhütte 28). Er bedarf keiner Begründung und kann wieder aufgehoben werden, wenn der Anlass zur Weiterführung entfallen ist. Ist die Sache entscheidungsreif, so wird die Feststellung getroffen, dass die Mitwirkung des Verteidigers in dem Verfahren zulässig oder dass sie unzulässig ist. Die Feststellung der Unzulässigkeit steht iS der §§ 138 a, 138 b, 138 d der Ausschließung gleich (V S 2). 17

18 **6) Kosten** (VI): Die dem § 145 IV angeglichene Regelung gilt nur für das Ausschließungsverfahren, nicht für das Feststellungsverfahren nach V (KK-Laufhütte 33). Die Belastung des ausgeschlossenen Verteidigers mit den Kosten setzt voraus, dass er die Ausschließung verschuldet hat (was im Fall des § 138b nicht der Fall sein muss), dass die Hauptverhandlung ausgesetzt, nicht nur unterbrochen worden ist und dass es unbillig wäre, die Staatskasse oder den Angeklagten mit den Kosten zu belasten. Die Entscheidung trifft nicht das nach I zuständige Gericht, sondern der Tatrichter, bei dem das Verfahren anhängig ist (VI S 2). Eine Entscheidung darüber, wer die Kosten und die notwendigen Auslagen des Verteidigers zu tragen hat, die in dem Zwischenverfahren über die Ausschließung oder deren Aufhebung entstehen, ergeht in diesem Verfahren (10 zu § 138 d).

19 **7) Beschwerde** ist nach § 304 I, II zulässig gegen die Ablehnung des Antrags der StA auf Erlass eines Vorlegungsbeschlusses (Karlsruhe NStZ **83**, 281 mit Anm Bohnert) und gegen die Kostenentscheidung nach VI, die die StA und der Verteidiger mit der Beschränkung des § 304 III anfechten können, der Angeklagte nur, wenn dem Verteidiger Kosten nicht auferlegt worden sind.

Mündliche Verhandlung; Rechtsmittel

138d **I Über die Ausschließung des Verteidigers wird nach mündlicher Verhandlung entschieden.**

II 1 Der Verteidiger ist zu dem Termin der mündlichen Verhandlung zu laden. 2 Die Ladungsfrist beträgt eine Woche; sie kann auf drei Tage verkürzt werden. 3 Die Staatsanwaltschaft, der Beschuldigte und in den Fällen des § 138 c Abs. 2 Satz 3 der Vorstand der Rechtsanwaltskammer sind von dem Termin zur mündlichen Verhandlung zu benachrichtigen.

III Die mündliche Verhandlung kann ohne den Verteidiger durchgeführt werden, wenn er ordnungsgemäß geladen und in der Ladung darauf hingewiesen worden ist, dass in seiner Abwesenheit verhandelt werden kann.

IV 1 In der mündlichen Verhandlung sind die anwesenden Beteiligten zu hören. 2 Den Umfang der Beweisaufnahme bestimmt das Gericht nach pflichtgemäßem Ermessen. 3 Über die Verhandlung ist eine Niederschrift aufzunehmen; die §§ 271 bis 273 gelten entsprechend.

V 1 Die Entscheidung ist am Schluss der mündlichen Verhandlung zu verkünden. 2 Ist dies nicht möglich, so ist die Entscheidung spätestens binnen einer Woche zu erlassen.

VI 1 Gegen die Entscheidung, durch die ein Verteidiger aus den in § 138 a genannten Gründen ausgeschlossen wird oder die einen Fall des § 138 b betrifft, ist sofortige Beschwerde zulässig. 2 Dem Vorstand der Rechtsanwaltskammer steht ein Beschwerderecht nicht zu. 3 Eine die Ausschließung des Verteidigers nach § 138 a ablehnende Entscheidung ist nicht anfechtbar.

1 **1)** In **mündlicher Verhandlung** (I) wird über die Ausschließung entschieden. Kommt eine Entscheidung zuungunsten des Verteidigers von vornherein nicht in Betracht, so ist eine solche Verhandlung aber entbehrlich. Das ist der Fall, wenn der Ausschließungsantrag der StA oder der gerichtliche Vorlegungsbeschluss unzulässig ist, weil das Gericht unzuständig ist (BGH **38**, 52) oder weil die erforderliche Begründung (9 zu § 138 c) fehlt (Bamberg AnwBl **80**, 33 mit Anm Demmer; Düsseldorf NStZ **83**, 185; Hamm NStZ-RR **99**, 50; Karlsruhe NJW **75**, 943 = JR **76**, 205 mit krit Anm Rieß; Karlsruhe NStZ **83**, 281, 282; LR-Lüderssen/Jahn 3; Frye wistra **05**, 90; **aM** Fezer Meyer-GedSchr 91), aber auch, wenn schon der Beschluss oder der Antrag ergibt, dass eine Ausschließung aus Rechtsgründen nicht zulässig ist (KG NJW **06**, 1537; StraFo **08**, 242; Bremen NJW **81**, 2711 = JR **81**, 474 mit zust Anm Müller-Dietz; Düsseldorf NJW **91**, 996 mwN; Frankfurt StV **05**, 204; Stuttgart NJW **87**, 2883).

Die mündliche Verhandlung ist keine Hauptverhandlung vor dem erkennenden Gericht iS des § 169 GVG; sie ist daher **nicht öffentlich** (BGH NStZ **81**, 95 [Pf]; Stuttgart NJW **75**, 1669; Lampe MDR **75**, 529; Rieß NStZ **81**, 331; erg 1 zu § 169 GVG). 2

2) Ladung (II): Der Verteidiger muss unter Einhaltung der Ladungsfrist des II S 2 und mit dem Hinweis nach III förmlich geladen werden. Erscheint er in der Verhandlung, so sind Ladungsmängel und die Nichteinhaltung der Ladungsfrist unschädlich, wenn er sie nicht rügt. Die StA, der Beschuldigte und in den Fällen des § 138 c II S 3 der Vorstand der RAK werden nur formlos benachrichtigt (II S 3). Spätestens mit der Ladung oder Terminsbenachrichtigung ist den Beteiligten der Ausschließungsantrag der StA oder der Vorlegungsbeschluss des Gerichts zur Kenntnis zu bringen (10 zu § 138 c). 3

3) In der **Verhandlung** (III, IV) sind die anwesenden Beteiligten zu hören (IV S 1). Sie kann ohne Mitwirkung der StA, in Abwesenheit des Beschuldigten und des Vorstands der RAK, unter den Voraussetzungen des III auch ohne den Verteidiger stattfinden, der ausgeschlossen werden soll, nicht aber, wenn er nachweist, dass ihm das Erscheinen unmöglich ist (vgl LR-Lüderssen/Jahn 2). 4

Eine **Vertretung des Verteidigers** durch einen anderen RA ist ausgeschlossen. Auch in Anwesenheit des betroffenen Verteidigers darf ein anderer RA nicht als dessen „Verteidiger" an der Verhandlung mitwirken; § 137 ist nicht anwendbar (KG AnwBl **81**, 116 mit abl Anm H. Schmidt; **aM** offenbar BGH AnwBl **79**, 44; Dünnebier NJW **76**, 3 will § 137 I entspr anwenden). Der Verteidiger kann aber in der Verhandlung im Beistand eines RA erscheinen, der wie der Zeugenbeistand (11 vor § 48) kein Verfahrensbeteiligter ist und kein Antragsrecht hat (KG aaO; KK-Laufhütte 6). 5

Den **Umfang der Beweisaufnahme** bestimmt das Gericht nach pflichtgemäßem Ermessen (IV S 2). Die Aufklärungspflicht beschränkt sich auf den in dem Ausschließungsantrag der StA oder dem Vorlegungsbeschluss bezeichneten Sachverhalt; es ist nicht Aufgabe des Gerichts, ihn durch zusätzliche Ermittlungen zu erweitern (BGH NJW **91**, 2780, 2781; Karlsruhe NJW **75**, 943; Fezer JR **90**, 80, jedoch weitergehend in Meyer-GedSchr 89; erg 9 zu § 138 c). 6

Die Beweise werden im **Freibeweisverfahren** (7, 9 zu § 244) erhoben (BGH **28**, 116; NStZ **81**, 95 [Pf]; **83**, 503; ANM 125; Rieß NStZ **81**, 332; Ulsenheimer GA **75**, 111; **aM** LR-Lüderssen/Jahn 8; Dünnebier NJW **76**, 3; Bottke JR **84**, 301). 7

Für das **Verhandlungsprotokoll** gelten die §§ 271–273 sinngemäß (IV S 3); die Ergebnisse der Vernehmung werden entspr § 273 II nicht beurkundet (**aM** Dünnebier NJW **76**, 4). 8

4) Die **Entscheidung** (V) ergeht durch Beschluss, der mit Gründen zu versehen (§ 34) und möglichst am Schluss der Verhandlung zu verkünden, spätestens binnen 1 Woche (§ 43) zu erlassen ist. Wird der Verteidiger ausgeschlossen, so sind er und der Beschuldigte bei der Bekanntgabe der Entscheidung nach § 35 a über die zulässigen Rechtsmittel (VI S 1) zu belehren. Andernfalls wird nicht der Antrag der StA verworfen, sondern die Ausschließung abgelehnt (Fezer Meyer-GedSchr 86; Frye wistra **05**, 90). 9

Der Beschluss schließt ein Zwischenverfahren ab und ist daher mit einer **Kostenentscheidung** zu versehen (6 zu § 464). Wird der Verteidiger ausgeschlossen, so trägt er entspr § 465 I die Kosten (Köln OLGSt § 258 StGB Nr 1 S 5; **aM** Rieß JR **80**, 480; NStZ **81**, 332). Wird die Ausschließung abgelehnt, so sind der Staatskasse entspr § 467 I die Kosten und die notwendigen Auslagen des Verteidigers aufzuerlegen (BGH NJW **91**, 2917; Bremen NJW **81**, 2711; Karlsruhe NJW **75**, 943, 946; Koblenz JR **80**, 477 mit zust Anm Rieß; Rieß NStZ **81**, 332 mwN). Die Kosten für die Hinzuziehung eines anderen RA (oben 5) werden ihm nicht erstattet (10 zu § 464 a). 10

11 **5) Anfechtung** (VI):

12 A. **Sofortige Beschwerde** (VI S 1) gegen den Ausschließungsbeschluss des OLG (nicht des BGH) steht dem Verteidiger, dem Beschuldigten, für den der ausgeschlossene Verteidiger das Rechtsmittel einlegen kann (KK-Laufhütte 14; **aM** KMR-Müller 7; vgl auch BGH **26**, 291, 295), und der StA zu. Der Vorstand der RAK hat kein Beschwerderecht (VI S 2). Im Fall des § 138 b kann die StA sofortige Beschwerde auch einlegen, wenn das OLG die Ausschließung abgelehnt hat. Über das Rechtsmittel entscheidet der BGH (§§ 135 II, 139 II GVG) ohne mündliche Verhandlung.

13 Einstellung des Verfahrens ist wie bei § 138 c (dort 16) möglich (BGH NJW **92**, 3048). **Nicht anfechtbar** ist der Beschluss des OLG, durch den die Ausschließung des Verteidigers nach § 138 a abgelehnt worden ist (VI S 3; BGH NStZ-RR **02**, 258 [B]). Auch der Beschluss, mit dem es das OLG ablehnt, die Ausschließung wieder aufzuheben, kann nicht angefochten werden (BGH **32**, 231).

14 B. Eine **Revisionsrüge** ist nach § 336 S 2 ausgeschlossen.

15 **6)** Mit der **Rechtskraft** des Beschlusses wird die Ausschließung wirksam (23 zu § 138 a); dem Beschuldigten muss nunmehr ein Pflichtverteidiger bestellt werden (§ 140 I Nr 8). Die Rechtskraft ist aber nur beschränkt. Der Aufhebung der Ausschließung steht sie nicht entgegen (§§ 138 a III, 138 b S 2). Auch eine Wiederholung des Ausschließungsverfahrens ist zulässig, wenn neue Tatsachen oder Beweise vorliegen (Düsseldorf StraFo **98**, 305; Fezer Meyer-GedSchr 91). Dabei können die im 1. Ausschließungsverfahren bekannt gewesenen Tatsachen unterstützend herangezogen werden (KK-Laufhütte 18).

Referendare

139 Der als Verteidiger gewählte Rechtsanwalt kann mit Zustimmung dessen, der ihn gewählt hat, die Verteidigung einem Rechtskundigen, der die erste Prüfung für den Justizdienst bestanden hat und darin seit mindestens einem Jahr und drei Monaten beschäftigt ist, übertragen.

1 **1)** Die **Übertragung der Verteidigung auf einen Referendar,** der die 1. Staatsprüfung bestanden hat und sich seit mindestens 1 Jahr und 3 Monaten im Vorbereitungsdienst befindet, ist nur dem RA als Wahlverteidiger gestattet, nicht dem Hochschullehrer, auch nicht dem Pflichtverteidiger (BGH NJW **58**, 1308; **67**, 165; **75**, 2351, 2352; Stuttgart NJW **55**, 1291). Sie darf nicht den Zweck verfolgen, dem Referendar die Verteidigung in eigener Sache zu ermöglichen (Karlsruhe MDR **71**, 320).

2 Die Übertragung erfolgt durch Untervollmacht (erg 11 vor § 137) und bedarf nicht der Genehmigung des Gerichts, aber der **Zustimmung des Angeklagten,** die schon in der allgemeinen Vollmachtsurkunde erteilt werden kann (erg 11 zu § 145). Hat den Verteidiger der gesetzliche Vertreter gewählt (§ 137 II), so muss dieser zustimmen (LR-Lüderssen/Jahn 11), bei Wahl durch den Erziehungsberechtigten (§ 67 III JGG) ist dessen Zustimmung erforderlich.

3 Die **Übertragung der Verteidigung auf einen Assessor,** der nicht als Vertreter nach § 53 BRAO bestellt ist (vgl 17 zu § 142), oder auf andere Rechtskundige, die nicht mehr im Justizdienst sind, lässt § 139 nicht zu (BGH **26**, 319; Bay **91**, 1 = NJW **91**, 2434).

4 Im **Privatklageverfahren** gilt die Vorschrift auch für den Anwalt des Privatklägers (§ 387 II).

5 **2)** Schon **vor Eröffnung des Hauptverfahrens** ist die Übertragung zulässig. Der früher überwiegend vertretenen Gegenansicht (BGH NJW **73**, 64 = AnwBl **73**, 50 mit abl Anm Wessel; Dünnebier JR **73**, 367) ist durch die Neufassung der

Vorschrift der Boden entzogen (Meyer-Goßner NJW **87**, 1162; krit Dünnebier Pfeiffer-FS 266).

6 **3)** Alle **Verteidigerrechte** hat der Referendar, dem die Verteidigung übertragen ist. Er darf insbesondere anstelle des RA in der Hauptverhandlung auftreten (Oldenburg DAR **05**, 701). Seine Prozesshandlungen sind ohne weiteres wirksam. Auch Zustellungen können an ihn vorgenommen werden (§ 145 a I), aber nur über die Kanzlei des RA, nicht an seine Privatadresse. Der RA ist zur Überwachung der Verteidigertätigkeit des Referendars verpflichtet.

7 **4) Unabhängig von § 139** kann sich der Verteidiger eines Referendars zu seiner Unterstützung bedienen, auch schon in einem früheren Ausbildungsstadium. Das gilt auch für die Hauptverhandlung, an der der RA selbst verantwortlich teilnimmt. Will der Referendar neben ihm mit eigenen Fragen und Erklärungen auftreten, so ist die Zustimmung des Gerichts (entspr § 138 II) erforderlich, obgleich der Verteidiger die Verantwortung für die Ausführungen des Referendars trägt. Erg 18 zu § 142.

Notwendige Verteidigung

140 **I Die Mitwirkung eines Verteidigers ist notwendig, wenn**

1. die Hauptverhandlung im ersten Rechtszug vor dem Oberlandesgericht oder dem Landgericht stattfindet;
2. dem Beschuldigten ein Verbrechen zur Last gelegt wird;
3. das Verfahren zu einem Berufsverbot führen kann;
4. gegen einen Beschuldigten Untersuchungshaft nach den §§ 112, 112 a oder einstweilige Unterbringung nach § 126 a oder § 275 a Abs. 5 vollstreckt wird;
5. der Beschuldigte sich mindestens drei Monate auf Grund richterlicher Anordnung oder mit richterlicher Genehmigung in einer Anstalt befunden hat und nicht mindestens zwei Wochen vor Beginn der Hauptverhandlung entlassen wird;
6. zur Vorbereitung eines Gutachtens über den psychischen Zustand des Beschuldigten seine Unterbringung nach § 81 in Frage kommt;
7. ein Sicherungsverfahren durchgeführt wird;
8. der bisherige Verteidiger durch eine Entscheidung von der Mitwirkung in dem Verfahren ausgeschlossen ist.

II [1]In anderen Fällen bestellt der Vorsitzende auf Antrag oder von Amts wegen einen Verteidiger, wenn wegen der Schwere der Tat oder wegen der Schwierigkeit der Sach- oder Rechtslage die Mitwirkung eines Verteidigers geboten erscheint oder wenn ersichtlich ist, dass sich der Beschuldigte nicht selbst verteidigen kann, namentlich, weil dem Verletzten nach den §§ 397 a und 406 g Abs. 3 und 4 ein Rechtsanwalt beigeordnet worden ist. [2]Dem Antrag eines hör- oder sprachbehinderten Beschuldigten ist zu entsprechen.

III [1]Die Bestellung eines Verteidigers nach Absatz 1 Nr. 5 kann aufgehoben werden, wenn der Beschuldigte mindestens zwei Wochen vor Beginn der Hauptverhandlung aus der Anstalt entlassen wird. [2]Die Bestellung des Verteidigers nach Absatz 1 Nr. 4 bleibt unter den in Absatz 1 Nr. 5 bezeichneten Voraussetzungen für das weitere Verfahren wirksam, wenn nicht ein anderer Verteidiger bestellt wird.

1 **1)** Eine **Konkretisierung des Rechtsstaatsprinzips** (Einl 19) enthält die Vorschrift (BVerfGE **46**, 202, 210 = NJW **78**, 151; BVerfGE **63**, 380, 390 = NJW **83**, 1599; BVerfG NJW **86**, 767, 771). Mit dem Institut der notwendigen Verteidigung und mit der Bestellung eines Verteidigers ohne Rücksicht auf die Einkommens- und Vermögensverhältnisse des Angeklagten sichert der Gesetzgeber das Interesse,

das der Rechtsstaat an einem prozessordnungsgemäßen Strafverfahren und zu diesem Zweck nicht zuletzt an einer wirksamen Verteidigung des Beschuldigten hat (BVerfGE **39**, 238, 241; **65**, 171, 174 = NJW **84**, 113; BVerfGE **68**, 237, 254; BGH **3**, 395, 398). § 140 gilt auch im Privatklageverfahren (BVerfGE **63**, 380 = NJW **83**, 1599). Für das Jugendstrafverfahren wird die Vorschrift durch § 68 **JGG** ergänzt.

2 Die Notwendigkeit der Verteidigung nach § 140 besteht auch bei einem **Rechtskundigen,** selbst wenn er zu den nach § 138 I zu Verteidigern wählbaren Personen gehört (BGH MDR **54**, 564), da sie sich als Beschuldigte nicht selbst zum Verteidiger bestellen können (6 zu § 138).

3 Die **Bestellung eines Pflichtverteidigers** (dazu auch §§ 141, 142) schreibt I für die dort bezeichneten Fälle zwingend vor. Für Verfahren vor dem AG und vor dem LG im Berufungsrechtszug wird diese Regelung durch die Generalklausel des II ergänzt. Sie ermöglicht die Pflichtverteidigerbestellung, wenn sie unter Abwägung der Besonderheiten des Einzelfalls erforderlich erscheint. Den Sonderfall einer auf das Strafbefehlsverfahren beschränkten Verteidigerbestellung regelt § 408 b, eine auf das beschleunigte Verfahren beschränkte Verteidigerbestellung enthält § 418 IV, im Vollstreckungsverfahren ist sie in § 463 III S 5 vorgesehen.

4 **Von Amts wegen** muss der für die Bestellung zuständige Vorsitzende (§ 141 IV) den Verteidiger bestellen, auch im Fall des II S 1. Ein Antrag des Beschuldigten oder der StA ist (anders als nach II S 2 und § 350 III) nicht erforderlich (krit mit Änderungsvorschlägen unter Berücksichtigung des Selbstbestimmungsrechts des Beschuldigten Herrmann StV **96**, 396 ff; dagegen Schellenberg StV **96**, 641). Die Prüfung von Amts wegen wird zweckmäßigerweise aktenkundig gemacht.

5 **2) Umfang:** Ist die Mitwirkung eines Verteidigers nach I notwendig, so ist sie es für das gesamte Verfahren (Düsseldorf MDR **84**, 669), einschließlich des Verfahrens vor dem beauftragten oder ersuchten Richter (BGH NJW **52**, 1426) und des Adhäsionsverfahrens (Hamburg wistra **06**, 37, 39; Schleswig NStZ **98**, 101; **aM** Bamberg NStZ-RR **09**, 114 L; Celle StV **08,** 370 mwN; Jena Rpfleger **08**, 529; München StV **04**, 38; Stuttgart Justiz **09**, 201; Zweibrücken JBlRP **06**, 163; offen gelassen von BGH NJW **01**, 2486), auch wenn sich in einem späteren Verfahrensabschnitt – etwa im Berufungsverfahren (Stuttgart StV **01**, 329) – herausstellt, dass die Voraussetzungen nicht mehr vorliegen (RG **70**, 317, 320). Sind mehrere Sachen wegen des persönlichen Zusammenhangs nach § 2 ff verbunden, so ist nach § 5 die Verteidigung insgesamt notwendig, wenn sie es wegen einer der Sachen ist (BGH NJW **56**, 1766, 1767 aE; erg 1 zu § 5). Bei Mitangeklagten sind die Voraussetzungen des § 140 dagegen bei jedem von ihnen zu prüfen.

6 Die Bestellung nach II **kann beschränkt werden,** zB auf den 1. Rechtszug (RG **62**, 22; KMR-Müller 7 zu § 141; **aM** SK-Wohlers 31; Wasserburg GA **82**, 312), was eine neue Bestellung im Berufungsrechtszug aber nicht hindert, oder auf die Revisionsbegründung (Hamm MDR **76**, 1038; Koblenz wistra **83**, 122; unten 29).

7 **Bis zur Urteilsrechtskraft** gilt die tatrichterliche Bestellung eines Verteidigers nach I oder II (unten 33).

8 Sie erstreckt sich daher, wenn sie nicht beschränkt wird, auch auf Einlegung und Begründung der Revision (BGH wistra **88**, 233) und auf das **Revisionsverfahren** (Hamburg NJW **66**, 2323; Wasserburg GA **82**, 309). Selbst wenn nur ein Fall des II vorliegt, darf der Angeklagte auch während dieses Verfahrens (auch nach Einlegung und Begründung der Revision) nicht ohne Verteidiger gelassen werden (KG StV **90**, 298; Hamm NJW **70**, 440; StV **84**, 66; Stuttgart MDR **79**, 780). Daher muss ein anderer Verteidiger bestellt werden, wenn der bisherige Wahl- oder Pflichtverteidiger wegfällt und die Voraussetzungen des I oder II vorliegen. Die Bestellung eines Pflichtverteidigers darf in solchen Fällen (in anderen Fällen gilt II; vgl unten 29) nicht mit der Begründung abgelehnt werden, der Angeklagte könne

das Rechtsmittel zu Protokoll der Geschäftsstelle begründen (Düsseldorf StV **86**, 113; Hamburg NJW **66**, 2323; Hamm StV **84**, 66; Karlsruhe NJW **69**, 2028). Lehnt der Pflichtverteidiger die Begründung der vom Angeklagten eingelegten Revision aber wegen Aussichtslosigkeit ab, so hat der Angeklagte keinen Anspruch auf Beiordnung eines anderen Verteidigers (Stuttgart NJW **79**, 1373 L).

Auf die Mitwirkung an der **Revisionsverhandlung** erstreckt sich die Beiordnung nicht (BGH **19**, 258 = NJW **64**, 1035 mit abl Anm Seydel; BGH NJW **84**, 2480, 2481 aE; Hamm StV **84**, 66). Für sie bestellt der Vorsitzende des Revisionsgerichts dem Angeklagten einen Verteidiger, wenn dazu Anlass besteht (Oldenburg StV **92**, 558 L; 7 ff zu § 350). 9

3) Notwendige Verteidigung nach dem Katalog des I: Vgl auch § 231 a IV, § 34 III Nr 1 **EGGVG.** 10

A. Findet die **Hauptverhandlung vor dem OLG oder LG im 1. Rechtszug** (Nr 1) statt, so ist die Verteidigung auch dann notwendig, wenn ein AG sachlich zuständig ist. 11

B. **Vorwurf des Verbrechens** (Nr 2): Die Verteidigung ist notwendig, wenn die Tat schon in der zugelassenen Anklage als Verbrechen (§ 12 I StGB) beurteilt worden ist oder wenn wegen eines Verbrechens Nachtragsanklage nach § 266 erhoben wird, aber auch, wenn in der Hauptverhandlung auf die Möglichkeit dieser Beurteilung nach § 265 I hingewiesen wird (KG StV **85**, 184; Düsseldorf MDR **84**, 689). Liegen diese Voraussetzungen nicht vor und ist der Angeklagte wegen eines Vergehens verurteilt worden, so hat der Tatrichter nicht deshalb gegen Nr 2 verstoßen, weil das Revisionsgericht die Bewertung der Tat in der Anklage als bloßes Vergehen bedenklich findet (Burgard NStZ **00**, 244; unrichtig daher Bremen StV **84**, 13). War die Verteidigung nach Nr 2 notwendig, so bleibt sie es, selbst wenn der Angeklagte nur wegen eines Vergehens verurteilt wird (Düsseldorf aaO; Oldenburg StV **95**, 345), auch im Berufungsrechtszug, es sei denn, der Schuldspruch ist rechtskräftig und die Verurteilung wegen eines Verbrechens daher ausgeschlossen (Bay **93**, 173 = NZV **94**, 204; LR-Lüderssen/Jahn 25). Nr 2 gilt auch im vereinfachten Jugendverfahren nach §§ 76 ff **JGG** (Düsseldorf NStZ **99**, 211). 12

C. **Mögliche Anordnung des Berufsverbots** (Nr 3): Notwendig ist die Verteidigung, wenn eine solche Anordnung mit einiger Wahrscheinlichkeit zu erwarten ist (vgl BGH **4**, 320; RG **70**, 317). Nr 3 setzt daher voraus, dass § 70 StGB in der Anklageschrift aufgeführt ist (RG aaO; **68**, 397) oder dass auf die Vorschrift nach § 265 II hingewiesen wird oder dass in der Hauptverhandlung sonst Umstände auftreten, die dem Gericht Anlass geben, sich mit der Maßregelfrage zu befassen (Celle NJW **64**, 877 L), zB wenn der StA die Anordnung beantragt. Wird die Hauptverhandlung nach diesem Antrag unterbrochen und steht zu Beginn des zur Urteilsverkündung anberaumten Termins schon fest, dass das Berufsverbot nicht angeordnet wird, so braucht aber in diesem Termin kein Verteidiger mitzuwirken (BGH MDR **57**, 141 [D]). 13

D. **UHaft:** Ab Beginn der UHaft und für deren Dauer (§§ 112 ff) oder der einstweiligen Unterbringung (§ 126 a) oder der Haft zur Sicherung der vorbehaltenen oder nachträglichen Sicherungsverwahrung nach § 275 a V ist dem Beschuldigten unverzüglich (§ 141 III S 4) ein Verteidiger zu bestellen. Die frühere Regelung nach § 117 IV, wonach ein Verteidiger erst zu bestellen war, wenn der Vollzug der UHaft 3 Monate gedauert hatte, ist durch das Ges vom 29. 7. 2009 (BGBl I 2274) aufgehoben worden. Nur wenn UHaft vollstreckt wird, ist ein Verteidiger zu bestellen; wird ein Haftbefehl sogleich mit der Verkündung nach § 116 außer Vollzug gesetzt, ist die Vorschrift nicht anwendbar, ebenso nicht für Haft nach §§ 127 b, 230 II, 329 IV, 453 c I, auch nicht für Straf- oder Auslieferungshaft (krit Wohlers StV **10**, 152; vgl aber § 140 I Nr 5). Nach Beendigung vollzogener UHaft gilt III S 2 (unten 37). 14

15 E. **Behinderung der Verteidigung infolge Anstaltsunterbringung** (Nr 5). Die Freiheitsentziehung auf Grund richterlicher Anordnung oder mit richterlicher Genehmigung muss vor der Hauptverhandlung ununterbrochen 3 Monate gedauert haben (Hamburg MDR **73**, 336; KMR-Müller 14; **aM** Bremen StV **84**, 13; Düsseldorf JMBlNW **70**, 237; LR-Lüderssen/Jahn 36; Oellerich StV **81**, 436: Gesamtdauer ist maßgebend; vermittelnd LG Frankfurt a. M. NStZ **91**, 600: Umstände des Einzelfalls entscheidend). Die Frist, deren Ablauf bei der Verteidigerbestellung nicht abgewartet werden muss (Nürnberg StV **87**, 191), zählt erst von dem Zeitpunkt an, in dem der Verwahrte Beschuldigter (Einl 76) geworden ist (LG Osnabrück StraFo **05**, 27). Ist sie erst nach der Haupt- oder Berufungsverhandlung, wenn auch vor Ablauf der Revisionsbegründungsfrist, abgelaufen, so braucht nach Nr 5 kein Verteidiger bestellt zu werden (Düsseldorf MDR **88**, 695; Oldenburg NStZ **84**, 523 = JR **85**, 256 mit Anm Dahs; KK-Laufhütte 13; **aM** Karlsruhe NJW **69**, 2028); jedoch kommt die Anwendung des II in Betracht (unten 32).

16 Zu der **Anstaltsunterbringung iS Nr 5** gehören insbesondere Straf- und UHaft (dazu nun aber Nr 4), auch im Ausland (Koblenz NStZ **84**, 522), Strafarrest, Auslieferungshaft und die Unterbringung nach §§ 63, 64, 66 StGB, nach den Unterbringungsgesetzen der Länder oder mit vormundschaftsgerichtlicher Genehmigung nach §§ 1631 b, 1800 BGB (vgl Celle NJW **65**, 2069). Auch Freigänger (§ 11 I Nr 1 StVollzG) befinden sich in einer Anstalt iS der Nr 5 (KG JR **80**, 348). Bei stationärer Behandlung in einer Drogentherapie-Einrichtung nach § 35 BtMG ist Nr 5 entspr anzuwenden (LG Gießen StV **91**, 204 mwN und zust Anm Nix), ebenso bei die persönliche Freiheit erheblich einschränkendem Aufenthalt in einem Erziehungsheim (LG Braunschweig StV **86**, 472) oder in einer stationären Alkohol-Entziehungsbehandlung (LG München I StV **99**, 421; LG Traunstein StV **95**, 126).

17 Ist der Angeklagte spätestens **2 Wochen vor der Hauptverhandlung** entlassen worden, so besteht keine notwendige Verteidigung nach Nr 5; eine bereits angeordnete Verteidigerbestellung kann dann zurückgenommen werden (unten 36). Zur Rechtslage, wenn schon nach I Nr 4 ein Verteidiger bestellt war, vgl unten 37. Zur Bestellung bei Einstellung des Verfahrens nach § 154 II vgl LG Hildesheim NStZ-RR **03**, 115. Im Strafbefehlsverfahren gilt Nr 5 erst nach Einlegung des Einspruchs (LG Münster MDR **80**, 335; vgl aber auch § 408 b).

18 F. **Unterbringung nach § 81** (Nr 6): Die Vorschrift gilt schon, wenn über einen ernst gemeinten Antrag auf Unterbringung zur Beobachtung zu entscheiden ist (RG **67**, 259), auch wenn er keinen Erfolg hat. Die Verteidigung bleibt für das weitere Verfahren notwendig, auch wenn es nicht zur Anstaltsunterbringung kommt (BGH NJW **52**, 797; RG aaO).

19 G. Im **Sicherungsverfahren nach §§ 413 ff** (Nr 7) ist die Verteidigung immer notwendig, auch wenn es vor dem AG mit dem Ziel der Unterbringung nach § 64 StGB oder der Entziehung der Fahrerlaubnis nach § 69 StGB durchgeführt wird; in den anderen Fällen ist nach § 24 I Nr 2 GVG das AG nicht zuständig. Erg 9 zu § 413.

20 H. **Ausschließung des Wahlverteidigers** (Nr 8): Die Notwendigkeit der Mitwirkung eines Verteidigers nach der Rechtskraft des Beschlusses, mit dem der bisherige Verteidiger nach §§ 138 a ff ausgeschlossen worden ist (15 zu § 138 d), besteht unabhängig davon, ob die Verteidigung sonst notwendig gewesen wäre. Ist nur einer von mehreren Wahlverteidigern ausgeschlossen worden, so gilt Nr 8 nicht.

21 **4) Notwendige Verteidigung nach der Generalklausel des II:**

22 A. Für **Vergehenssachen vor dem AG und dem Berufungsgericht** gilt die Vorschrift. Im Gegensatz zu den Fällen des I entscheidet der Vorsitzende über die Verteidigerbestellung nach pflichtgemäßem Ermessen (BGH NJW **63**, 1114;

Bay **94**, 169, 170 = VRS **88**, 287, 288; KG StV **83**, 186; **aM** LR-Lüderssen/Jahn 47); er hat einen Beurteilungsspielraum (vgl aber S 2: „ist zu entsprechen"), dem allerdings durch den Rechtsbegriff der Schwere der Tat Grenzen gesetzt sind (Celle StV **88**, 379; Hamm NStZ **82**, 298; Köln NJW **72**, 1432; Stuttgart NStZ **81**, 490; Zweibrücken NStZ **86**, 135). Ob die Verteidigung nach II notwendig ist, richtet sich idR nach dem Gewicht des ganzen Verfahrens, nicht nur nach der Bedeutung des Verfahrensteils, für den der Verteidiger fehlt (KG StV **83**, 186; **aM** Hamm AnwBl **81**, 199; vgl auch unten 30). Eine dem II entspr Regelung enthalten §§ 434 II, 442, 444 I für den Verfalls- und Einziehungsbeteiligten sowie die JP und PV, deren Verfahrensbeteiligung angeordnet ist.

Zur Anwendung des II bei Verkehrsdelikten und in der neueren Rspr vgl Molketin AnwBl **91**, 615, **98**, 175 sowie StraFo **05**, 52; **08**, 365; zur Anwendung in **Jugendstrafsachen** (§ 68 Nr 1 **JGG**) vgl Brandenburg NStZ-RR **02**, 184; Hamm NJW **04**, 1338 einerseits, Hamm StV **05**, 57 mit zust Anm Theiß andererseits; Saarbrücken StV **07**, 9; LG Bremen NJW **03**, 3646; AG Saalfeld NStZ **95**, 150 mit krit Anm Bärens NStZ **96**, 52, insbesondere bei Verhängung einer Jugendstrafe ohne Bewährung (Celle StV **06**, 686; Schleswig StV **09**, 86 mit Anm Gubitz) oder einer Einheitsjugendstrafe (KG StV **98**, 325), bei Nichtmitwirkung der Jugendgerichtshilfe (LG Bremen StraFo **04**, 56), bei mehreren, sämtlich sonst verteidigten Angeklagten (Hamm StV **09**, 85), bei ausländischen Jugendlichen (LG Hamburg StV **98**, 327 mit abl Anm Sättele; dazu zusammenfassend Beulke Böhm-FS 647 ff sowie Spahn StraFo **04**, 82 ff). Ob schon bei drohender Jugendstrafe stets ein Verteidiger zu bestellen ist, ist str (dazu Gau StraFo **07**, 315; vgl auch Hamm StV **09**, 85, 86; Dölling NStZ **09**, 199; Schmitz-Justen DAV-FS 819). 22a

B. Die **Schwere der Tat** beurteilt sich vor allem nach der zu erwartenden Rechtsfolgenentscheidung (BGH **6**, 199; KG StV **85**, 448; Celle wistra **86**, 233 mit Anm Molketin; Frankfurt StV **83**, 497; Hamburg NStZ **84**, 281; Koblenz VRS **69**, 293; Köln StV **86**, 238; Stuttgart NStZ **81**, 490; Zweibrücken NStZ **86**, 135 mit Anm Molketin; vgl aber auch Herzig NJW **80**, 164; Oellerich StV **81**, 437: stets bei dem Vorwurf der fahrlässigen Tötung), auch in Jugendsachen (Düsseldorf OLGSt Nr 13; Hamm NStZ **82**, 298; Oldenburg VRS **78**, 292; weitergehend LG Gera StraFo **98**, 342). Nicht schon jede zu erwartende Freiheitsstrafe, aber eine Straferwartung von 1 Jahr Freiheitsstrafe sollte idR Anlass zur Beiordnung eines Verteidigers geben (Bay NStZ **90**, 142; KG StV **82**, 412; **85**, 448; Düsseldorf NStZ **95**, 147; Frankfurt StV **95**, 628; Hamm NStZ-RR **01**, 107; Karlsruhe StV **92**, 23; München wistra **92**, 237; NJW **06**, 789; Nürnberg StV **87**, 191; LG Gera StraFo **99**, 308; vgl auch KK-Laufhütte 21 mwN); das gilt auch bei einem angeklagten RA (Hamm StraFo **04**, 170; erg 6 zu § 138). II wird bei weitem zu eng ausgelegt, wenn eine Straferwartung von 2 Jahren verlangt wird (so aber Celle StV **85**, 184; Frankfurt StV **83**, 497; **81**, 370; vgl auch Zweibrücken NStZ **87**, 89 mit Anm Molkentin). Dass mehr als 2 Jahre Freiheitsstrafe ohne Mitwirkung eines Verteidigers nicht verhängt werden dürfen, ist unstreitig (Bay NStZ **90**, 250 mwN; Stuttgart NStZ **81**, 490); daher ist nach der Änderung der §§ 24, 25 GVG durch das RpflEntlG beim SchG nunmehr stets ein Verteidiger zu bestellen (Hamm StV **99**, 641; Weider StV **95**, 220; vgl 3 zu § 25 GVG; für Ausweitung auch auf das JugSchG Gubitz StV **09**, 88). Die Grenze für die Straferwartung gilt auch, wenn sie nur wegen einer erforderlichen Einheitsjugendstrafe (Hamm NStZ-RR **97**, 78; NJW **04**, 1338; Köln StV **91**, 151) oder einer Gesamtstrafenbildung erreicht wird (KG StV **85**, 448; Hamm NStZ **82**, 298; Jena StraFo **05**, 200; Stuttgart NStZ **81**, 490; StV **02**, 237 L). Zu beachten ist, dass es sich um keine starren Grenzen handelt (KG aaO; Celle MDR **85**, 164; StV **86**, 184; Düsseldorf OLGSt Nr 13; Zweibrücken NStZ **86**, 135 mit Anm Molketin). In einfachen Fällen kann zB auch bei einer Strafmaßberufung gegen ein Urteil, das auf Freiheitsstrafe von mehr als 1 Jahr lautet, die Mitwirkung eines Verteidigers entbehrlich erscheinen (vgl auch Koblenz VRS **69**, 293). 23

24 Auch die **Verteidigungsfähigkeit** des Angeklagten ist zu berücksichtigen (KG StV **85**, 448; Hamburg NStZ **84**, 281; Karlsruhe NStZ **91**, 504; Köln StraFo **03**, 420; Stuttgart NStZ **81**, 490 = AnwBl **82**, 32 mit Anm Molketin; Zweibrücken NStZ **86**, 135 mit Anm Molketin).

25 Ferner sind **sonstige schwerwiegende Nachteile** zu berücksichtigen, die der Angeklagte infolge der Verurteilung zu gewärtigen hat (KG StV **83**, 186; Düsseldorf StraFo **99**, 24; Molketin AnwBl **81**, 217; wistra **86**, 97; einschr Hamburg NStZ **84**, 281: nur wenn sie mit Bestimmtheit zu erwarten sind), zB die drohende Entlassung aus dem Beamtenverhältnis (KG aaO), die Unterbringung nach § 64 StGB (Bremen NZV **96**, 250; Karlsruhe VRS **84**, 38), die Entziehung der Fahrerlaubnis bei einem Berufskraftfahrer (H. W. Schmidt aaO) oder die dem Ausländer nach §§ 53, 54 AufenthG drohende Ausweisung (Bay StV **93**, 180; Karlsruhe StraFo **02**, 193; LG Heilbronn NStZ-RR **02**, 269; Staudinger StV **02**, 330) oder drohender Bewährungswiderruf (Bay **95**, 56 = NJW **95**, 2738; Brandenburg NJW **05**, 521; Düsseldorf VRS **89**, 367; StraFo **98**, 341; Frankfurt StV **95**, 628; Hamm StraFo **97**, 142; **98**, 164; VRS **100**, 307; Karlsruhe NStZ **91**, 505; Köln StV **93**, 402; einschr Naumburg OLGSt Nr 19; Oldenburg NStZ-RR **05**, 318 L).

26 C. **Schwierigkeit der Sach- oder Rechtslage:**

26a Eine **schwierige Sachlage** besteht nicht stets bei längerer Dauer der Hauptverhandlung oder bei schwieriger Beweislage (Hamm StV **85**, 447 L), zB weil ein Indizienbeweis zu führen ist (Koblenz GA **79**, 276 L), kann aber vorliegen, wenn die Schuldfähigkeit des Angeklagten zu beurteilen ist (Zweibrücken JBlRP **09**, 114; vgl auch KG StV **90**, 298; Lehmann StV **03**, 356), wenn in einem länger dauernden Verfahren zahlreiche Zeugen zu vernehmen sind (Stuttgart StV **87**, 8), wenn Vorgänge der Betriebsführung, Buchhaltung und Bilanzierung zu überprüfen sind (LG Hildesheim wistra **89**, 320), wenn es notwendig ist, schwierige Beweise zur inneren Tatseite zu erheben (LG Hamburg StV **85**, 453), die Glaubwürdigkeit eines kindlichen Zeugen mit sachverständiger Hilfe zu beurteilen (Koblenz MDR **76**, 776) oder schwierige Indizienbeweise mit Hilfe von Sachverständigen zu führen (Hamm StV **84**, 66; LG Braunschweig NZV **03**, 49). Bei Berufung der StA gegen ein freisprechendes oder einstellendes Urteil wird idR (Ausnahme vgl zB Karlsruhe DAR **05**, 573) ein Verteidiger beizuordnen sein (Bremen NJW **57**, 151; Düsseldorf wistra **90**, 323; StV **99**, 415; Frankfurt StV **90**, 12; Hamburg StV **93**, 66 L; vgl auch EGMR EuGRZ **92**, 472), ebenso bei sonstiger unterschiedlicher Beurteilung der Sach- oder Rechtslage (Bay NStZ **90**, 142; Frankfurt StV **92**, 220 mit Anm Temming) oder der Rechtsfolgenerwartung (Düsseldorf StV **88**, 290; Karlsruhe NStZ-RR **02**, 336; Köln StraFo **98**, 382; StV **04**, 587; einschr Dresden NStZ-RR **05**, 318).

27 Für die Anwendung des II kann es auch eine Rolle spielen, dass nach § 147 I, VII nur der Verteidiger umfassende **Akteneinsicht** hat (Koblenz NStZ-RR **00**, 176 mwN). Die Sache ist daher für den Angeklagten schwierig, wenn ein wichtiger Zeuge seine Aussage in wesentlichen Punkten wiederholt geändert hat und ihm das vorzuhalten ist (Zweibrücken StV **86**, 240), wenn sich in den Akten ein Sachverständigengutachten über die Schuldfähigkeit des Angeklagten befindet, mit dem er sich auseinandersetzen muss (Köln VRS **78**, 118; Schleswig SchlHA **97**, 153 [L/S]), oder ein Sachverständigengutachten als entscheidendes Beweismittel gegen den Angeklagten (Hamm StraFo **02**, 397; LG Bochum StV **87**, 383) oder wenn es sonst zur sachdienlichen Verteidigung gehört, dass einem Verteidiger der Akteninhalt bekannt ist (BGH JR **55**, 189; Celle NStZ **09**, 175; Düsseldorf VRS **83**, 193; Frankfurt NStZ-RR **09**, 207; Hamm NStZ-RR **01**, 107; Jena StV **04**, 585; StraFo **06**, 71; Karlsruhe StV **87**, 518; Köln StV **86**, 238).

27a Eine **schwierige Rechtslage** ist dann gegeben, wenn bei Anwendung des materiellen oder des formellen Rechts auf den konkreten Sachverhalt bislang nicht ausgetragene Rechtsfragen entschieden werden müssen (Stuttgart StV **02**, 298), aber zB auch, wenn fraglich ist, ob ein Beweisergebnis einem Verwertungsverbot unterliegt (Bremen NStZ-RR **09**, 353 L = DAR **09**, 710; LG Schweinfurt StV **08**, 462) oder wenn die Subsumtion unter die anzuwendende Vorschrift des materiellen Rechts Schwierigkeiten bereiten wird (KG NJW **08**, 3449; Brandenburg NJW **09**, 1287).

Bei **Anklageerhebung vor dem erweiterten Schöffengericht** wird – falls nicht nur wegen der Vielzahl von Angeklagten ein 2. Richter zugezogen wird (AG Berlin-Tiergarten MDR **93**, 72) – idR davon auszugehen sein, dass die Sachlage schwierig ist; hier ist aber schon wegen der Schwere der Tat ein Verteidiger notwendig (oben 23). Auch bei einer Berufungsverhandlung vor der WirtschaftsStrK wird idR II anzuwenden sein (Düsseldorf OLGSt Nr 10; Molketin wistra **86**, 99; 235). **28**

Eine Verteidigerbestellung für die **Revisionsbegründung** kann, auch wenn sonst die Voraussetzungen des § 140 nicht vorliegen, verlangt werden, wenn sie besondere Schwierigkeiten macht (KG NStZ **07**, 663; Karlsruhe StraFo **06**, 497; Koblenz StraFo **07**, 117), sonst nicht (Hamm NStZ **82**, 345 mit abl Anm Dahs; Koblenz wistra **83**, 122; Schleswig SchlHA **95**, 6 [L/T]; **aM** Saarbrücken StraFo **09**, 518; Balbier Müller-FS 15), auch nicht zum Aufspüren bisher nicht erkannter Verfahrensfehler (Köln VRS **78**, 119; Oldenburg JR **85**, 256 mit abl Anm Dahs; Schleswig SchlHA **91**, 124 [L/T]; **aM** Dahs NStZ **82**, 345; Ziegler DAV-FS 933). Für den Angeklagten besteht stets die Möglichkeit der Revisionsbegründung zu Protokoll der Geschäftsstelle (§ 345 II). **29**

Dasselbe wird für die Begründung einer **Annahmeberufung** (§§ 313, 317) zu gelten haben (vgl Rieß AnwBl **93**, 56). **29a**

D. **Unfähigkeit der Selbstverteidigung:** Die Verteidigungsfähigkeit des Angeklagten richtet sich nach seinen geistigen Fähigkeiten, seinem Gesundheitszustand und den sonstigen Umständen des Falles (KG StV **85**, 449; Hamburg NStZ **84**, 281). Eine Bestellung kommt zB in Betracht bei jugendlichem Alter (Celle StV **91**, 151) oder wenn der Beschuldigte unter Betreuung steht (Hamm NJW **03**, 3286), woran nichts ändert, wenn er einen RA als Betreuer hat (Nürnberg StraFo **07**, 418). II ist schon anwendbar, wenn an der Fähigkeit zur Selbstverteidigung erhebliche Zweifel bestehen (Frankfurt StV **84**, 370), zB wenn der Angeklagte seelisch abartig (Hamm StV **84**, 66) oder Analphabet ist (Celle StV **83**, 187; **94**, 8 L; VRS **78**, 286; LG Schweinfurt StraFo **09**, 105; vgl auch LG Hildesheim StraFo **08**, 75: Legastheniker) oder wenn sein Prozessverhalten unverständlich und für ihn nachteilig ist (Zweibrücken NStZ **86**, 135) oder er die prozessuale Situation verkennt (Celle StV **97**, 624 L: § 358 I). **30**

Wenn der Angeklagte als **Ausländer** Verständigungsschwierigkeiten hat, ist die Anwendung des II zu prüfen (Bay StV **90**, 103; KG StV **85**, 448; Celle NStZ **87**, 521; Karlsruhe NStZ **87**, 522; Koblenz MDR **94**, 1137; Köln wistra **89**, 157 mit Anm Molketin; München StV **86**, 422; Schleswig StV **90**, 12; Zweibrücken StV **88**, 379; vgl auch BVerfGE **64**, 135, 150 = NJW **83**, 2762, 2764); ihm wird dann regelmäßig, aber nicht ausnahmslos (BGH **46**, 178; Düsseldorf NJW **89**, 677; Hamm NStZ **90**, 143; StV **95**, 64; Köln NJW **91**, 2223; Stuttgart Justiz **94**, 245; Basdorf Meyer-GedSchr 30; Hilger NStZ **90**, 405; **aM** Zweibrücken StV **88**, 379; LG Freiburg StV **90**, 458; LG Köln StV **90**, 59), ein Verteidiger beizuordnen sein. Das gilt jedenfalls dann, wenn der Fall in tatsächlicher oder rechtlicher Hinsicht Schwierigkeiten von Gewicht aufweist, die unter Heranziehung eines Dolmetschers nicht ohne weiteres ausräumbar erscheinen (Frankfurt StV **97**, 573; StraFo **08**, 205; Molketin StraFo **03**, 421), so insbesondere, wenn die Anwendung der §§ 20, 21 StGB in Frage kommt und dazu Gutachten einzuholen sind (Hamm JMBlNW **96**, 236), oder wenn ihm entgegen Art 6 III a **MRK** die Anklageschrift nicht in übersetzter Form übermittelt worden ist (Karlsruhe StV **02**, 299) oder er einer Einreisebewilligung bedarf (Stuttgart NStZ-RR **04**, 338). **30a**

Den Fall, dass dem **Verletzten ein RA beigeordnet** worden ist, hebt das Gesetz besonders hervor. Es geht davon aus, dass die Fähigkeit des Beschuldigten, sich **31** selbst zu verteidigen, erheblich beeinträchtigt sein kann, wenn er sich einem verfahrensbeteiligten Verletzten gegenübersieht, der sich des fachkundigen Rats eines RA bedient. Das muss zwar nicht immer so sein; jedoch wird idR die Beiordnung eines Verteidigers geboten sein (Hamm NStZ-RR **97**, 78; StV **99**, 11). II erwähnt nur den Fall, dass der RA dem Verletzten nach §§ 397 a, 406 g III, IV vom Gericht beigeordnet worden ist. Ebenso kann es sich aber auch verhalten, wenn der Verletzte sich auf eigene Kosten eines RA als Beistands bedient. Auch dann wird dem Angeklagten idR ein Pflichtverteidiger beizuordnen sein (Hamm StraFo **04**, 242; Köln NStZ **89**, 542; Saarbrücken NStZ **06**, 718; Zweibrücken NStZ-RR **02**, 112; StraFo **05**, 28).

31a **„Taube und stumme** (vorübergehend auch blinde) **Beschuldigte"** erhielten früher nach I Nr 4 aF einen Verteidger; die Vorschrift wurde durch Ges vom 17. 5. 1988 aufgehoben (vgl dazu R. Hamm NJW **88**, 1820; Werner NStZ **88**, 346). Es gilt jetzt II S 2; Schwerhörigkeit, die mit einem Hörgerät auszugleichen ist, oder geringfügige Sprechbehinderungen („Stottern") fallen nicht hierunter. Zur Verständigung mit hör- und sprachbehinderten Personen vgl § 186 GVG, mit Blinden § 191 a GVG.

32 E. **Über den Wortlaut des II hinaus** ist die Bestellung eines Verteidigers auf Antrag stets erforderlich, wenn die Ablehnung der Beiordnung aus anderen Gründen den Anspruch des Angeklagten auf ein faires Verfahren (Einl 19) verletzen würde (BVerfGE **56**, 185 = NJW **81**, 1034; BVerfGE **63**, 380, 391 = NJW **83**, 1599). Vgl dazu 8 zu § 350 und 25 zu Art 6 MRK). Dass der Privatkläger anwaltlich vertreten ist, gibt dem Angeklagten keinen Anspruch auf Beiordnung eines Pflichtverteidigers (BVerfGE **63**, 380 = NJW **83**, 1599). Zum Nebenkläger vgl oben 31.

33 F. **Entsprechende Anwendung von II im Vollstreckungsverfahren:** Die Rechtswirkung der Verteidigerbestellung endet grundsätzlich mit der Rechtskraft des Urteils (BGH NJW **52**, 797; Celle NStZ **85**, 519; Düsseldorf AnwBl **82**, 259; Hamburg StV **81**, 349; Hamm NStZ **83**, 189; Saarbrücken NJW **73**, 1010, 1012; **aM** Hartmann-Hilter StV **88**, 312; Peters 218; ausführlich Litwinski/Bublies 146 ff); sie gilt nur für Nachtragsentscheidungen, zB nach § 460 (Bamberg StV **85**, 140), § 57 JGG (Karlsruhe Justiz **98**, 292) und für das Wiederaufnahmeverfahren fort (2 zu § 364 a). Im Vollstreckungsverfahren sieht § 463 III S 5 eine Verteidigerbestellung vor zur Vorbereitung der Entscheidung über die Erledigungserklärung der Unterbringung in der Sicherungsverwahrung nach 10-jährigem Vollzug (§ 67 d III StGB) und – bei Ablehnung der Erledigung – für die nachfolgenden Entscheidungen nach § 67 d II StGB (Aussetzung der weiteren Vollstreckung zur Bewährung). Im Übrigen muss in entspr Anwendung von II ein Verteidiger bestellt werden, wenn die Schwere der Tat oder die Schwierigkeit der Sach- oder Rechtslage oder die Unfähigkeit des Verurteilten, seine Rechte sachgemäß wahrzunehmen, das gebietet (BVerfG NJW **02**, 2773; Düsseldorf NStE Nr 35; Hamm StraFo **00**, 32; **02**, 29; Schleswig NStZ-RR **08**, 253 L; Dahs/Feigen NStZ **84**, 66; Oellerich StV **81**, 440; Schwenn StV **81**, 203). Es ist insoweit allerdings nicht auf die Schwere oder die Schwierigkeit im Erkenntnisverfahren, sondern auf die Schwere des Vollstreckungsfalles für den Verurteilten oder auf besondere Schwierigkeiten der Sach- oder Rechtslage im Vollstreckungsverfahren abzustellen (KG StraFo **02**, 244; **06**, 342; StV **07**, 94; 96; NStZ-RR **06**, 211; Hamm NStZ-RR **08**, 219; Schleswig SchlHA **02**, 150 [D/D]; **09**, 242 [D/D]; LG Heilbronn StV **02**, 329).

33a Die **Verteidigerbestellung ist insbesondere zulässig** im Verfahren mit dem Ziel des Widerrufs der Strafaussetzung nach § 56 f StGB (Bamberg NStZ **85**, 39 mit abl Anm Pöpperl; Schütz NStZ **85**, 347) oder nach § 57 V StGB (Celle NStZ-RR **08**, 80), über die bedingte Entlassung aus der Strafhaft nach § 57 StGB (Hamm NStZ-RR **99**, 319; StV **02**, 320; Schleswig SchlHA **85**, 130 [E/L]; Rotthaus NStZ **00**, 350), § 57 a StGB (hier nach BVerfG NJW **92**, 2947, 2954 sogar idR geboten; zust Rotthaus NStZ **93**, 220; **00**, 350; noch weitergehend Jena NStZ-RR **03**, 284 L: von Verfassungs wegen geboten; Karlsruhe Justiz **94**, 66: unverzichtbar), über die Aussetzung der Vollstreckung einer Maßregel nach §§ 67 c I, 67 d II, III (oben 33), 67 e StGB (BVerfG NJW **86**, 767, 771; Düsseldorf StV **96**, 221; NStZ **89**, 92; AnwBl **89**, 676 mwN; Hamm StV **01**, 20; Jena StV **97**, 540; Karlsruhe StV **97**, 314; Köln NStZ **05**, 466; Stuttgart StV **93**, 378), über die Erledigterklärung der Unterbringung nach § 64 StGB (Karlsruhe NStZ **06**, 416) und über den Widerruf der Aussetzung nach § 67 g StGB (Bremen NStZ **86**, 379; Celle StV **87**, 400 L; Koblenz StV **83**, 93 L); bei Überprüfung der weiteren Vollstreckung der Unterbringung nach § 63 StGB ist die Beiordnung eines Verteidigers idR notwendig (Brandenburg NStZ-RR **97**, 96 L; Braunschweig StV **01**, 21; erg 13 zu Art 5 MRK). Auch bei § 456 a kommt eine Beiordnung in Betracht (Oldenburg StraFo **10**, 115). Die Beiordnung muss rechtzeitig erfolgen (Zweibrücken NStZ-RR **06**, 355: vor Gutachtenerstattung); sie gilt idR für das ganze Vollstreckungsverfahren, nicht nur für den jeweiligen Vollstreckungsabschnitt (Stuttgart NJW **00**, 3367; **aM** Frankfurt NStZ-RR **03**, 252 mwN; München StraFo **09**, 527), kann aber auch auf einzelne Abschnitte beschränkt werden (Zweibrücken StraFo **08**, 40). Auch im Zurückstellungsverfahren nach §§ 35, 36 BtMG kann die Bestellung eines Verteidigers geboten sein (Jena StraFo **09**, 83).

Keine analoge Anwendung findet II im **Strafvollzugsverfahren** (Bremen NStZ **84**, 91; vgl aber Litwinski/Bublies 165 ff; Müller-Dietz in Jung/Müller-Dietz 116 ff sowie Karlsruhe NStZ-RR **02**, 29 zum vollzugsrechtlichen Disziplinarverfahren). **33b**

G. **Zurücknahme der Bestellung:** Durch die Bestellung nach II wird für den Angeklagten ein Recht auf Verteidigung begründet. Der Vorsitzende darf die Bestellung daher nicht allein deshalb zurücknehmen, weil er seine Ansicht über die Schwierigkeit der Sach- oder Rechtslage geändert hat (BGH **7**, 69). Nur wenn sich die Umstände wesentlich verändert haben, ist eine Zurücknahme der Bestellung zulässig (BGH aaO; Düsseldorf StV **95**, 117; Köln NJW **06**, 76; Schleswig SchlHA **96**, 93 [L/T]; Stuttgart StV **85**, 140; Hilgendorf NStZ **96**, 3). **34**

5) Besonderheiten bei der Verteidigerbestellung nach I Nr 5 (III). **35**

A. Die **Bestellung kann aufgehoben werden** (S 1), wenn der Beschuldigte mindestens 2 Wochen vor der Hauptverhandlung aus der Verwahrung entlassen wird und die Verteidigung nicht aus einem anderen Grund notwendig ist. Das gilt entspr für den Fall, dass die Hauptverhandlung verlegt oder ausgesetzt und der Beschuldigte rechtzeitig vor dem neuen Termin auf freien Fuß gesetzt wird, ebenso nach Erlass eines erstinstanzlichen Urteils und Aufhebung des Haftbefehls vor der Berufungsverhandlung (Düsseldorf StV **95**, 117). Das Gericht muss aber stets prüfen, ob die Beiordnung des Verteidigers aufrechtzuerhalten ist, weil die auf der Freiheitsentziehung beruhende Behinderung trotz der Freilassung nachwirkt, das wird idR der Fall sein (Bremen StraFo **02**, 231; Celle StV **92**, 151; Düsseldorf VRS **98**, 198; Frankfurt StV **83**, 497; **90**, 487; **97**, 573, 574; Oellerich StV **81**, 436; Hamburg StV **94**, 176: auch bei Flucht des Beschuldigten). Wird die Bestellung aufgehoben, so muss dem Angeklagten genügend Zeit bleiben, sich vor der Hauptverhandlung um einen Wahlverteidiger zu bemühen (Koblenz OLGSt Nr 9). **36**

B. **Weitergelten der Bestellung im Vorverfahren** (S 2). Dem in UHaft befindlichen Beschuldigten wird schon im Vorverfahren nach I Nr 4 ein Verteidiger beigeordnet. Sofern kein anderer Verteidiger bestellt wird, was zB angezeigt sein kann, wenn die Anklage in einem anderen Gerichtsbezirk erhoben wird (KK-Laufhütte 16; **aM** Eisenberg NJW **91**, 1262), bleibt diese Bestellung für das weitere Verfahren wirksam. **37**

6) Anfechtung: Wegen der Beschwerde vgl 9 ff zu § 141, wegen der Revision 11 zu § 141; 41 zu § 338. **38**

Bestellung des Verteidigers

141 **I In den Fällen des § 140 Abs. 1 Nr. 1 bis 3, 5 bis 8 und Abs. 2 wird dem Angeschuldigten, der noch keinen Verteidiger hat, ein Verteidiger bestellt, sobald er gemäß § 201 zur Erklärung über die Anklageschrift aufgefordert worden ist.**

II Ergibt sich erst später, dass ein Verteidiger notwendig ist, so wird er sofort bestellt.

III 1 Der Verteidiger kann auch schon während des Vorverfahrens bestellt werden. 2 Die Staatsanwaltschaft beantragt dies, wenn nach ihrer Auffassung in dem gerichtlichen Verfahren die Mitwirkung eines Verteidigers nach § 140 Abs. 1 oder 2 notwendig sein wird. 3 Nach dem Abschluss der Ermittlungen (§ 169 a) ist er auf Antrag der Staatsanwaltschaft zu bestellen. 4 Im Fall des § 140 Abs. 1 Nr. 4 wird der Verteidiger unverzüglich nach Beginn der Vollstreckung bestellt.

IV Über die Bestellung entscheidet der Vorsitzende des Gerichts, das für das Hauptverfahren zuständig oder bei dem das Verfahren anhängig ist; im Fall des § 140 Abs. 1 Nr. 4 entscheidet das nach § 126 oder § 275 a Abs. 5 zuständige Gericht.

1 **1)** Dem **Angeschuldigten, der noch keinen Verteidiger hat,** wird in den Fällen des § 140 I (außer für § 140 I Nr 4; dafür gilt III S 4) und § 140 II ein Pflichtverteidiger bestellt (zusammenfassend Mehle NJW **07**, 969); dabei spielt die Frage, ob der Angeklagte genügend Mittel für die Bezahlung eines Wahlverteidigers hat, keine Rolle (EGMR EuGRZ **92**, 542). Einen Beschuldigten, der lediglich über bemakelte Vermögenswerte verfügt, stellt BGH **47**, 68, 75 einem mittellosen Beschuldigten gleich (**aM** Nestler StV **01**, 642; zw).

1a Die **Beiordnung eines Verteidigers (auch mehrerer) neben einem Wahlverteidiger** ist gesetzlich nicht vorgesehen, aber zulässig (BGH **15**, 306, 309; NJW **73**, 1985; KG JR **80**, 436; Fahl 359; vgl auch BVerfGE **39**, 238, 246 = NJW **75**, 1015, 1017; BVerfGE **66**, 313, 331 = NJW **84**, 2403; Welp ZStW **90**, 122; **aM** Fezer 4/42f; Römer ZRP **77**, 92; Rudolph Schmidt-Leichner-FS 168; krit auch Bockemühl StV **04**, 63). Sie ist, uU auch neben mehreren Wahlverteidigern (Hamm NJW **75**, 1238), geboten, wenn anders der zügige Fortgang des Verfahrens und vor allem der Hauptverhandlung nicht gesichert werden kann (Koblenz NStZ **82**, 43; Rpfleger **88**, 116), zB wenn zu befürchten ist oder schon feststeht, dass der Wahlverteidiger in der Hauptverhandlung nicht ständig anwesend sein wird oder sonst die zur reibungslosen Durchführung des Hauptverfahrens erforderlichen Maßnahmen nicht treffen kann oder will (BGH **15**, 306, 309; NJW **73**, 1985; Frankfurt NJW **72**, 2055; StV **87**, 379; **94**, 288; Hamm NJW **75**, 1238; Stuttgart NJW **79**, 559 = JR **79**, 170 mit Anm Pelchen), insbesondere, wenn er schon früher mehrmals die Verteidigung niedergelegt hat (Düsseldorf NStZ **86**, 137), oder wenn in einem Großverfahren wegen des Umfangs und der Schwierigkeit der Sache sowie der langen Verfahrensdauer ein unabweisbares Bedürfnis für die Mitwirkung mehrerer Verteidiger besteht (Hamm NJW **78**, 1986; Karlsruhe NJW **78**, 1172; Rostock StraFo **02**, 230) oder sonstige Gründe der prozessualen Fürsorge (Einl 155 ff) sie gebieten (Düsseldorf JurBüro **86**, 887: Mittellosigkeit des Angeklagten), nicht aber, weil in einer 4-Tages-Sache dem Ausfall des Wahlverteidigers vorgebeugt werden soll (Frankfurt StV **86**, 144), weil der Wahlverteidiger aus terminlichen Gründen verhindert ist, eine Hauptverhandlung wahrzunehmen (Celle StV **88**, 100; Düsseldorf StraFo **99**, 414; Köln StraFo **98**, 267), oder weil die beantragte Beiordnung des Wahlverteidigers abgelehnt worden ist, der von auswärts kommt (Frankfurt StV **83**, 234), oder weil der Wahlverteidiger in der Hauptverhandlung nicht vorschriftsmäßig gekleidet ist (Zweibrücken NStZ **88**, 144). Die Bestellung eines weiteren Pflichtverteidigers oder eines Pflichtverteidigers neben einem Wahlverteidiger kann auch sonst in besonders schwierigen und umfangreichen Sachen geboten sein (Frankfurt StV **93**, 348; Karlsruhe StraFo **09**, 517). Sie kommt auch in anderen Fällen in Betracht, wenn es zur Sicherung des weiteren Verfahrens erforderlich ist (Düsseldorf NJW **10**, 391; Hamburg StV **00**, 409 mit Anm Sieg; StraFo **00**, 383; Karlsruhe StV **01**, 557 mit abl Anm Braum; LG Koblenz NStZ **95**, 250 mit krit Anm Wasserburg). Erfolgt sie gegen den Willen des Angeklagten und des Wahlverteidigers („Zwangsverteidiger"), kann sie zwar zum Wegfall der Einheitlichkeit der Verteidigung führen (Rudolph DRiZ **75**, 210; Welp ZStW **90**, 122; 823 ff; vgl auch Römer ZRP **77**, 92); das muss aber im Interesse einer wirkungsvollen staatlichen Strafrechtspflege in Kauf genommen werden (**aM** Neumann NJW **91**, 264). Die Befugnisse des „aufgezwungenen" Verteidigers sind nicht in irgendeiner Weise eingeschränkt (**aM** SK-Wohlers 44 vor § 137 mwN). Vor Urteilsrechtskraft darf die Beiordnung des Pflichtverteidigers nur zurückgenommen werden, wenn sie gegen den Willen des Angeklagten erfolgt ist (Jena StV **95**, 346 L; M. Amelung NStZ **81**, 341; **aM** Koblenz wistra **84**, 82) oder wenn der Anlass hierfür weggefallen ist (Düsseldorf StV **90**, 348).

2) Ein Verteidiger wird dem Angeklagten bestellt. Das schließt nicht aus, mehrere Verteidiger beizuordnen (§ 137 I S 2 gilt nicht), wenn dafür wegen des Umfangs oder der Schwierigkeit des Verfahrens ein unabweisbares Bedürfnis besteht, insbesondere wenn sonst die Durchführung eines Großverfahrens nicht sichergestellt werden kann (Celle StV **88**, 379; Frankfurt NJW **80**, 1703; Karlsruhe wistra **93**, 279 mwN), nicht aber zu dem Zweck, die Vertretung der Verteidiger untereinander zu ermöglichen (Frankfurt StV **95**, 68 und 68/69). Unzulässig ist die Beiordnung zweier Verteidiger mit der Maßgabe, dass nur eine Verteidigervergütung gezahlt wird (Frankfurt NJW **80**, 1703). Die Beiordnung des 2. Verteidigers darf vor Urteilsrechtskraft nicht zurückgenommen werden, wenn keine wesentliche Änderung des Verfahrens eintritt (Frankfurt StV **84**, 502). **2**

3) Zeitpunkt der Bestellung (I): Schon bei Anklagezustellung (§ 201 I) muss der Verteidiger bestellt werden. Er soll den Angeschuldigten schon beraten, welche Erklärungen nach § 201 abzugeben sind. Damit das erreicht wird und dem Verteidiger ebenfalls die Erklärungsfrist voll zur Verfügung steht, müssen nicht Verteidigerbestellung und Zustellung der Anklageschrift verbunden werden. Empfehlenswerter ist vielmehr, dem Angeschuldigten zunächst nur die Anklageschrift mit der durch § 142 I S 2 vorgeschriebenen Aufforderung zuzustellen, innerhalb einer bestimmten Frist einen RA seines Vertrauens zu bezeichnen, und den Pflichtverteidiger erst nach Ablauf der Frist, aber noch innerhalb der Erklärungsfrist nach § 201 I zu bestellen (Oellerich StV **81**, 441; **aM** LR-Lüderssen/Jahn 19; Eisenberg NJW **91**, 1261; erg 10 zu § 142). **3**

Für einen **in UHaft befindlichen Beschuldigten** muss die Bestellung unverzüglich nach Beginn der Vollstreckung erfolgen (III S 4; erg unten 5 ff sowie 14 zu § 140). Die Bestellung muss also nicht sofort, sondern nur ohne schuldhaftes Zögern, dh ohne sachlich nicht begründete Verzögerung vorgenommen werden. Das ist notwendig, weil ein vom Beschuldigten gewünschter (§ 142 I) oder bei fehlendem Wunsch vom Gericht vorgesehener Verteidiger möglicherweise nicht sogleich erreichbar ist oder der Beschuldigte eine Bedenkzeit braucht; es wird deshalb eine Wartefrist von 1 Woche oder – zu weitgehend – gar von 2 Wochen empfohlen (eingehend zur Verteidigerwahl und -bestellung Wohlers StV **10**, 154). Einem nach § 127 vorläufig Festgenommenen ist aber noch kein Verteidiger zu bestellen (Bittmann NStZ **10**, 15; Wohlers StV **10**, 152; **aM** Deckers StraFo **09**, 444). **3a**

4) Die **spätere Bestellung** (II) ist erforderlich, wenn sich die Notwendigkeit der Verteidigung erst später ergibt, zB wenn Nachtragsanklage wegen eines Verbrechens erhoben (BGH **9**, 243), die Tat erst in der Hauptverhandlung als Verbrechen beurteilt wird (12 zu § 140) oder sich die Schwere der Tat oder die Schwierigkeit der Sach- und Rechtslage (§ 140 II) erst dort zeigt; die Hauptverhandlung muss dann nach Beiordnung des Verteidigers in ihren wesentlichen Teilen wieder- **4**

holt werden (BGH aaO). Sonst wirkt die Ablehnung für das gesamte Verfahren (Stuttgart NStZ-RR **04**, 211). Zur Bestellung eines Verteidigers zwecks Begründung der Revision vgl 29 zu § 140 und 4 zu § 143 aE sowie Koblenz NStZ-RR **08**, 80 (Entscheidung über Beiordnungsantrag).

5 **5) Schon während des Vorverfahrens** (III) kann der Verteidiger bestellt werden, aber nur auf Antrag der StA (**aM** LG Bremen StV **99**, 532 L; LR-Lüderssen/Jahn 24; Beckemper NStZ **99**, 226; Stalinski StV **08**, 500). Der Antrag des Beschuldigten ist nur eine Anregung an die StA, ihrerseits den Antrag zu stellen; die Ablehnung der Antragstellung durch die StA ist nicht anfechtbar (Karlsruhe NStZ **98**, 315 mwN; Oldenburg StV **93**, 511 mit Anm Köster; auch Beckemper aaO, aber nur wegen des von ihr bejahten Antragsrechts des Beschuldigten; **aM** Klemke StV **02**, 414; **03**, 413; Weider StV **87**, 317). Sonderregelungen enthalten III S 4 sowie die §§ 118 a II S 3, 138 c III S 4, 408 b S 2, 418 IV. Ein Anlass zu möglichst frühzeitiger Mitwirkung eines Verteidigers kann zB darin liegen, dass der Beschuldigte von der Anwesenheit bei einer zur Beweissicherung durchgeführten ermittlungsrichterlichen Vernehmung des „zentralen Belastungszeugen" ausgeschlossen wird (BGH **46**, 93; StV **08**, 58; dazu Endriss Rieß-FS 72; Fezer JZ **01**, 363; Hamm Lüderssen-FS 723; Kunert NStZ **01**, 217; Schlothauer StV **01**, 127; vgl auch Weider aaO) oder dass er zu wichtigen Gutachten Stellung zu nehmen hat, die nach § 147 nur der Verteidiger einsehen kann. Der Umstand allein, dass im späteren gerichtlichen Verfahren die Verteidigung notwendig sein wird, zwingt weder für einzelne Untersuchungshandlungen noch für das ganze Vorverfahren zur Beiordnung eines Verteidigers (BGH **29**, 1, 5; **47**, 233 = JZ **02**, 897 mit insoweit abl Anm Roxin; BGH NStZ **04**, 390; offen gelassen von BGH **47**, 172 = JR **02**, 290 mit abl Anm Wohlers; **aM** Eisenberg NJW **91**, 1262; Hamm Lüderssen-FS 725; Sowada NStZ **05**, 5; Teuter StV **05**, 233; hinsichtlich sprachunkundiger Ausländer Staudinger StV **02**, 332; vgl auch Franke GA **02**, 573); jedoch wird in diesen Fällen idR der Antrag nach III von der StA zu stellen sein (vgl Oldenburg NJW **09**, 3044). Auch Art 6 III c) MRK zwingt nicht stets bei notwendiger Verteidigung zur Verteidigerbestellung, allerdings ist sie danach unter den Voraussetzungen des § 140 II *und* möglicherweise mangelnder Kompensation der fehlenden Verteidigung im Hauptverfahren erforderlich (Wohlers Rudolphi-FS 732). Der Antrag der StA kann nicht mehr abgelehnt oder zurückgenommen werden, wenn er nach Abschluss der Ermittlungen (§ 169 a) gestellt oder wiederholt wird (III S 3; LG Braunschweig StraFo **07**, 290; LG Stuttgart StV **08**, 132 L); der Antrag wird aber gegenstandslos, wenn der Beschuldigte nach § 137 einen Verteidiger gewählt hat (Jena NJW **09**, 1430).

6 **6) Zuständig** (IV) für die Entscheidung über die Verteidigerbestellung ist (auch in der Hauptverhandlung) grundsätzlich (anders aber nach IV 2. Hs, unten 6 a) der Vorsitzende des für das Hauptverfahren zuständigen Gerichts oder des Gerichts, bei dem die Sache anhängig ist, des letzten Tatgerichts auch für die Beiordnung eines Verteidigers für die Revisionsbegründung (Hamm NJW **63**, 1513) oder sonst für das Revisionsverfahren (BGH DAR **98**, 175 [To]; BGHR Bestellung 3; Stuttgart StV **00**, 413 L; vgl aber 9 zu § 350; BGH NStZ **97**, 48: zusätzliche Bestellung eines Pflichtverteidigers durch den Vorsitzenden des Revisionsgerichts „wegen Besonderheiten im Ablauf des Revisionsverfahrens"; zw). Der Vorsitzende entscheidet auch (durch Beschluss, der nach § 34 mit Gründen zu versehen und nach § 35 bekanntzumachen ist) über die Ablehnung eines Antrags auf Verteidigerbestellung (Frankfurt NStZ-RR **07**, 244; Hamm NJW **73**, 818; Karlsruhe NJW **74**, 110; Zweibrücken StV **82**, 128; VRS **50**, 437) und über die Zurücknahme der Bestellung (1 zu § 143). Dass an seiner Stelle das Kollegialgericht entschieden hat, ist hier (anders 10 zu § 126) unschädlich (BVerwG NJW **69**, 2029; BGH NStZ **04**, 632; Bay **04**, 118 = StV **06**, 6; Nürnberg OLGSt § 350 Nr 1; **aM** Düsseldorf JMBlNW **98**, 22; Karlsruhe aaO).

Befindet sich der **Beschuldigte in UHaft**, entscheidet das nach § 126 zuständige (im Fall des § 275 a das dort bezeichnete) Gericht (IV 2 Hs; erg 14 zu § 140). **6a**

Die Bestellung erfolgt durch **ausdrückliche Verfügung**. Allerdings kann die Aufforderung, für den Angeklagten als Verteidiger tätig zu werden, als Bestellung durch schlüssiges Verhalten gewertet werden (Hamburg NJW **98**, 621), ebenso die gesetzlich gebotene Inanspruchnahme eines Verteidigers, der nicht Wahlverteidiger ist (Düsseldorf NStZ **84**, 43; Hamm Rpfleger **98**, 440; Koblenz StraFo **97**, 256; Saarbrücken NJW **07**, 309), oder das widerspruchslose Mitwirkenlassen im Verfahren (Jena NJW **07**, 1476). **7**

Eine **rückwirkende Bestellung** ist nach der weit überwiegenden Rspr der OLGe schlechthin unzulässig und unwirksam (BGH NStZ-RR **09**, 348; Hamm NStZ-RR **09**, 113), und zwar auch dann, wenn der Antrag rechtzeitig gestellt, aber versehentlich nicht über ihn entschieden worden ist (KG StraFo **06**, 200; StV **07**, 343; 372, 373 mwN; Bamberg NJW **07**, 3796); zur Begründung wird ausgeführt, dass bei den §§ 140 ff „immer nur die Sicherung einer ordnungsgemäßen Verteidigung im Vordergrund steht" und die Vorschriften nicht „in eine Sozialregelung für mittellose Beschuldigte" verkehrt werden dürften (KG StV **07**, 372, 374). Demgegenüber wird in der Rspr vieler LGe eine rückwirkende Bestellung für zulässig und geboten erachtet, wenn trotz Vorliegens der Voraussetzungen der §§ 140, 141 über den Antrag auf Pflichtverteidigerbestellung nicht entschieden (vgl die in StV **05**, 82 ff, StV **07**, 344 ff und StraFo **09**, 106 mitgeteilten Entscheidungen sowie eingehend LG Stuttgart Justiz **09**, 14) oder wenn der Antrag ohne Begründung abgelehnt wurde (LG Potsdam StraFo **04**, 381). Wohlers (StV **07**, 377 ff) leitet dieses Ergebnis aus Art 6 III Buchst b MRK her. Dem könnte deshalb zuzustimmen sein, weil die vom KG (aaO) empfohlene Verhaltensweise – kein Tätigwerden des Verteidigers vor Bescheidung über den Antrag auf Bestellung – bei einem im Interesse des Beschuldigten notwendig erscheinenden sofortigen Handelns des Verteidigers (zB zwecks Aufhebung oder Außervollzugsetzung eines Haftbefehls) wenig praktikabel erscheint (zust LG Stuttgart aaO). Die Problematik entfällt aber, wenn von einer stillschweigenden Beiordnung (oben 7) ausgegangen werden kann (BGH StraFo **06**, 455; NStZ-RR **09**, 348; Jena aaO; Oldenburg StV **04**, 587; LG Koblenz NJW **04**, 962). **8**

7) Beschwerde: Die Beiordnung des Verteidigers kann der Angeklagte idR mangels Beschwer nicht anfechten (Celle NStZ **88**, 39; StV **88**, 100; Düsseldorf MDR **86**, 604; München AnwBl **80**, 466). Er hat aber gegen die Bestellung eines Pflichtverteidigers neben einem Wahlverteidiger (oben 1) die Beschwerde nach § 304 (Düsseldorf StraFo **99**, 276; 414; Frankfurt StV **89**, 384; **94**, 288; StV **01**, 610; Köln StV **89**, 242; Zweibrücken NStZ **88**, 144; anders aber nach Düsseldorf VRS **100**, 130 bei Bestellung eines zweiten Pflichtverteidigers), ebenso gegen die Ablehnung eines darauf gerichteten Antrags (München NJW **81**, 2208), nicht aber gegen die Ablehnung der Beiordnung eines zweiten Pflichtverteidigers (Celle NStZ **98**, 637; **aM** Frankfurt NStZ-RR **07**, 244); der Wahlverteidiger hat kein Beschwerderecht (Düsseldorf AnwBl **88**, 178; NStZ **86**, 138; StraFo **00**, 414). Die StA kann stets die gesetzwidrige Beiordnung eines Verteidigers rügen (Celle NStZ **09**, 56; entgegen LG Essen NJW **91**, 856 auch noch nach längerer Mitwirkung des Verteidigers im Verfahren). Das Beschwerdegericht prüft nur, ob der Vorsitzende die Grenzen seines Beurteilungsspielraums eingehalten und im Übrigen die Person des Pflichtverteidigers ermessensfehlerfrei ausgewählt hat (Düsseldorf StV **04**, 62 mwN; Frankfurt aaO). **9**

Gegen die **Ablehnung der Bestellung** durch den Vorsitzenden steht dem Angeklagten die Beschwerde nach § 304 I zu (Köln MDR **90**, 462); der nicht beigeordnete RA hat kein eigenes Beschwerderecht (Düsseldorf aaO; Hamburg NJW **78**, 1172; Koblenz wistra **86**, 118; Schleswig SchlHA **92**, 166 [L/T]); **95**, 7 [L/T]). Der Ablehnung steht die Nichtbescheidung über einen Beiordnungsantrag gleich (LG Magdeburg NStZ-RR **09**, 87). **10**

10a **Streitig ist**, ob der Angeklagte auch Beschwerde gegen Entscheidungen des Vorsitzenden des erkennenden Gerichts (6 zu § 28; 2 zu § 305) einlegen kann: Eine Mindermeinung hält das Rechtsmittel dann nach § 305 S 1 für unzulässig (Hamburg NStZ **85**, 88; Naumburg NStZ-RR **96**, 41; Ellersiek 125; Schlüchter 656). Nach **aM** ist die Beschwerde jedenfalls gegen Entscheidungen in der Hauptverhandlung ausgeschlossen; dann soll nach § 238 II nur der Antrag auf gerichtliche Entscheidung zulässig sein, die ebenfalls nicht mit der Beschwerde anfechtbar ist (Hamburg JR **86**, 257 mit abl Anm Wagner; Hamm NJW **73**, 818; Karlsruhe MDR **79**, 780; NStZ **88**, 287; Koblenz NStZ-RR **96**, 206; Köln NStE Nr 6; StraFo **95**, 25 mit abl Anm Münchhalffen; Zweibrücken VRS **50**, 437; NStZ **87**, 477; Stuttgart MDR **90**, 174: jedenfalls, wenn die Beiordnung nur für die Dauer der Hauptverhandlung erfolgen sollte; Erker 129). Nach zutr **hM** handelt es sich dagegen um keine iS des § 305 S 1 der Urteilsfällung vorausgehende Entscheidung; sie ist stets nach § 304 I anfechtbar (KG StV **86**, 239; Celle NStZ **85**, 519 mit abl Anm Paulus; Düsseldorf NStZ **86**, 138; StraFo **99**, 124; Frankfurt StV **97**, 573; Hamm NStZ **90**, 143; Koblenz wistra **83**, 122; Köln StV **89**, 241; NStZ **91**, 248 mwN und Anm Wasserburg; München NJW **81**, 2208; Nürnberg StV **87**, 191; Schleswig SchlHA **89**, 105 [L/G]; Stuttgart NStZ-RR **96**, 207; StV **98**, 123; erg 5 zu § 305). Ein Antrag nach § 238 II ist ausgeschlossen (BGH **39**, 310, 312 mwN; Jena NStZ-RR **04**, 306 L).

10b Eine **nicht erledigte Beschwerde** ist nach Aktenvorlage gemäß § 321 S 2 in einen erneuten Antrag auf Verteidigerbestellung umzudeuten (Stuttgart NJW **08**, 246 L = NStZ-RR **08**, 21; vgl 12 zu § 117). Entscheidungen des Vorsitzenden des StS eines OLG sind nach § 304 IV S 2 unanfechtbar. Nach rechtskräftigem Abschluss des Verfahrens ist die Beschwerde allgemein unzulässig (Düsseldorf wistra **92**, 320; **aM** Schleswig SchlHA **87**, 109 [L]; **93**, 226 [L/T]; erg 17 vor § 296).

11 **8) Revision:** Entscheidungen über die Bestellung des Verteidigers unterliegen nach § 336 S 1 der Prüfung des Revisionsgerichts auf Rechtsfehler (BGH **39**, 310, 313; NStZ **92**, 292 mwN; **09**, 465). BGH **47**, 172, 180 stellt bezüglich III S 2 darauf ab, ob ein schwerwiegender Rechtsverstoß vorliegt und der Beschuldigte in der gegebenen Situation in besonderem Maße des Schutzes bedurfte (abl Sowada NStZ **05**, 6).

Auswahl **RiStBV 107**

142

I [1] Vor der Bestellung eines Verteidigers soll dem Beschuldigten Gelegenheit gegeben werden, innerhalb einer zu bestimmenden Frist einen Verteidiger seiner Wahl zu bezeichnen. [2] Der Vorsitzende bestellt diesen, wenn dem kein wichtiger Grund entgegensteht.

II In den Fällen des § 140 Abs. 1 Nr. 2 und 5 sowie des § 140 Abs. 2 können auch Rechtskundige, welche die vorgeschriebene erste Prüfung für den Justizdienst bestanden haben und darin seit mindestens einem Jahr und drei Monaten beschäftigt sind, für den ersten Rechtszug als Verteidiger bestellt werden, jedoch nicht bei dem Gericht, dessen Richter sie zur Ausbildung überwiesen sind.

1 **1) Auswahl des Verteidigers durch das Gericht** (I S 1):

2 A. **Zuständig** ist der Vorsitzende (§ 141 IV). Auch das Beschwerdegericht kann einen bestimmten Verteidiger bestellen, wenn sich das Rechtsmittel dagegen richtet, dass der Vorsitzende dessen Beiordnung abgelehnt hat (KG StV **85**, 448; Düsseldorf StV **86**, 239; Karlsruhe NJW **78**, 1064). In anderen Fällen hat es die Auswahl dem Vorsitzenden zu überlassen.

3 B. **Allgemeine Auswahlgrundsätze** enthält das Gesetz nicht (krit und mit Vorschlag *de lege ferenda* Thielmann StraFo **06**, 358; HRRS **09**, 452). Nach I S 2 ist

jedoch der vom Beschuldigten bezeichnete Verteidiger zu bestellen, wenn kein wichtiger Grund entgegensteht (Düsseldorf StV **95**, 573). Dadurch wird das dem Vorsitzenden grundsätzlich zustehende Ermessen (BVerfGE **39**, 238 = NJW **75**, 1015) stark eingeschränkt (weitergehend Barton StV **92**, 407: Konkretisierung eines unbestimmten Rechtsbegriffs). Ein Rechtsanwalt, der keine Gewähr für eine sachgerechte und ordnungsgemäße Verteidigung des Angeklagten bietet, kann aber nicht zum Pflichtverteidiger bestellt werden (KG JR **87**, 524; Hilgendorf NStZ **96**, 3). Ist zu befürchten, dass ein RA nicht in dieser Richtung wirken, sondern verfahrensfremde Zwecke verfolgen wird, so darf er nicht bestellt werden (KG JR **78**, 346); allein die Bereitschaft zu „konfliktfreudiger Verteidigung" genügt dafür aber nicht (Köln StraFo **06**, 328; **07**, 28). Dass der RA mit dem Beschuldigten verwandt oder dessen Vormund ist, steht grundsätzlich der Beiordnung nicht entgegen (Düsseldorf NJW **90**, 528). Das Verbot der Mehrfachverteidigung nach § 146 ist zu beachten (dort 6). Die Beiordnung ist auch unzulässig, wenn zwar die Voraussetzungen des § 146 nicht vorliegen, aber gleichwohl ein Interessenwiderstreit besteht (BGH StV **92**, 406 mit Anm Barton; Koblenz NJW **80**, 1058); davon darf bei einer Anwaltssozietät aber nicht ohne weiteres ausgegangen werden (Rostock StV **03**, 373).

Die **Bestellung eines Hochschullehrers** (4 zu § 138) ist zulässig, aber nur mit 4
seinem Einverständnis (KK-Laufhütte 3; **aM** KMR-Müller 3). Fachanwalt für Strafrecht muss der Verteidiger nicht sein (BGH DAR **08**, 247 [Te]; zust Gaede HRRS **07**, 413).

C. **Die frühere gesetzliche Einschränkung**, dass der Verteidiger möglichst 5
aus der Zahl der örtlichen RAe ausgewählt werden sollte, ist durch das 2.OpferRRG gestrichen worden. Die Gerichtsnähe des Verteidigers ist somit keine wesentliche Voraussetzung für eine sachdienliche Verteidigung mehr. Im Fall der UHaft ist die Ortsnähe zur JVA besonders wichtig (Oldenburg NStZ-RR **04**, 115; Stuttgart NJW **70**, 1466). Daher steht I der Beiordnung eines auswärtigen RA nicht entgegen, wenn der Beschuldigte am Ort des Kanzleisitzes inhaftiert ist (München StV **84**, 67). Der Gesichtspunkt der Gerichtsnähe tritt zurück, wenn ein RA in praktischer Reichweite zur Verfügung steht, der die Sprache des beschuldigten Ausländers beherrscht. Zur Beiordnung eines auswärtigen RA, der das besondere Vertrauen des Beschuldigten genießt, vgl unten 12.

Eine Beiordnung unter **Beschränkung auf die Vergütung eines ortsansäs-** 6
sigen RA ist unzulässig (Celle AnwBl **81**, 196; Düsseldorf VRS **116**, 273; Frankfurt StV **89**, 241; Hamm NJW **68**, 854; Saarbrücken AnwBl **82**, 214; StV **83**, 362; Zweibrücken AnwBl **79**, 440), sofern sich der RA damit nicht ausdrücklich einverstanden erklärt hat (Hamm JurBüro **79**, 1668; Koblenz MDR **79**, 427 L; LG Duisburg MDR **90**, 76; weitergehend LG Frankfurt aM StV **87**, 158 mit abl Anm Kiehl, auch bei Nichtanfechtung des Beiordnungsbeschlusses); das Einverständnis kann – allerdings nur mit Wirkung für die Zukunft (Zweibrücken NStZ-RR **97**, 287) – lediglich zur Sicherung einer wirksamen Verteidigung, nicht zum Schutz der wirtschaftlichen Interessen des RA, zurückgenommen werden (Nürnberg NStZ **97**, 358; Karlsruhe Justiz **86**, 51). Eine Beschwerde des Anwalts nach Urteilsrechtskraft ist unzulässig (LG Frankfurt aM aaO).

D. Der **bisherige Wahlverteidiger** kann als Pflichtverteidiger beigeordnet wer- 7
den, wenn er das Mandat niedergelegt hat. Sein Antrag, ihn zum Pflichtverteidiger zu bestellen, enthält die Erklärung, die Wahlverteidigung solle mit der Beiordnung enden (BGH StV **81**, 12; Düsseldorf NStZ **86**, 137, StV **86**, 143; Frankfurt StV **83**, 408; Köln NStZ **91**, 248 mit Anm Wasserburg; München wistra **92**, 237). Mit der Beiordnung erlischt seine Vollmacht (BGH NStZ **91**, 94; **aM** Schnarr NStZ **86**, 488; **96**, 217). Die Bestellung des bisherigen Wahlverteidigers kann insbesondere dann sachgemäß sein, wenn er schon längere Zeit für den Beschuldigten tätig war und dessen Vertrauen genießt (Frankfurt StV **85**, 315), sie ist aber auch dann zulässig, wenn der Beschuldigte ihm aus unzutreffenden Gründen das Mandat

entzogen hat (BGH **39**, 310); ob die Gründe zutreffend sind, muss das Gericht ggf aufklären (BGH NStZ **00**, 326). Die Beiordnung des Wahlverteidigers kommt jedoch idR nicht in Betracht, wenn er zuvor einen Kollegen aus seiner Stellung als Pflichtverteidiger verdrängt hat (2 zu § 143); dann ist nach Niederlegung der Wahlverteidigung der frühere Pflichtverteidiger wieder beizuordnen (BGH StraFo **08**, 505; KG JR **74**, 433 mit abl Anm Lantzke; KG StV **87**, 428; Koblenz MDR **86**, 604; Zweibrücken NStZ **82**, 298; **aM** LG Düsseldorf StV **85**, 453 für den Fall, dass der Angeklagte bei Beiordnung des Pflichtverteidigers keinen RA seines Vertrauens benennen konnte; Münchhalffen StraFo **97**, 235; Fahl 230; vgl auch SächsVerfGH StraFo **04**, 54; LG Gera StraFo **00**, 196).

8 **2) Auswahlrecht des Beschuldigten** (I S 1, 2):

9 A. Einen **Rechtsanspruch auf Beiordnung des gewünschten RA** hat der Beschuldigte nicht (BVerfG StV **06**, 451 mit Anm Hilger). Auch der RA kann nicht verlangen, in einer bestimmten Sache zum Verteidiger bestellt zu werden (BVerfGE **39**, 238, 242 = NJW **75**, 1015; Köln NStZ **82**, 129). Da jedoch ein Vertrauensverhältnis zwischen Verteidiger und Beschuldigtem eine wesentliche Voraussetzung für die sachdienliche Verteidigung ist, muss dem Beschuldigten ein RA seines Vertrauens beigeordnet werden, wenn nicht wichtige Gründe entgegenstehen; das ergibt sich aus dem grundgesetzlich geschützten (Einl 19) Anspruch auf ein faires Verfahren (BVerfGE **39**, 238, 243 = NJW **75**, 1015; **68**, 237, 256 = NJW **85**, 727, 729; BGH **48**, 170 = NStZ **03**, 378 mit Anm Berz/Saal; BGH NJW **88**, 3273; **01**, 237). S 1 und 2 tragen dieser verfassungsrechtlichen Lage Rechnung.

9a Das **Beschleunigungsgebot** (Einl 160) kann dem Wunsch des Beschuldigten, durch einen bestimmten RA verteidigt zu werden, entgegenstehen, so zB bei Verhinderung eines Verteidigers, wenn sich mehrere Mitangeklagte in UHaft befinden (BVerfG StV **06**, 451; 2 BvR 1146/08 vom 24. 7. 2008; BGH NStZ **07**, 163; Celle NStZ **08**, 583; Jena NStZ-RR **09**, 114 L; Köln StV **06**, 463) oder bei Verhinderung eines von 3 Verteidigern des Angeklagten (BVerfG StraFo **07**, 152, 155). Durch die Verhinderung eines Verteidigers darf jedenfalls in Haftsachen nicht eine mehrmonatige Verfahrensverzögerung eintreten (BGH JR **07**, 209 mit zust Anm Eidam; Hamm StV **06**, 481). Stets sind der Wunsch des Angeklagten nach einem Verteidiger seines Vertrauens und das Gebot der möglichst kurzen Dauer der UHaft sorgfältig miteinander abzuwägen (BGH SrraFo **09**, 519; Hamburg NJW **06**, 2792; Hamm NJW **06**, 2788; Naumburg NStZ-RR **09**, 114; vgl auch BGH NJW **06**, 3077, 3078; StV **09**, 4; Broß DAV-FS 972). Hilger (StV **06**, 451) schlägt zur Lösung des Problems ua frühzeitige Terminsabsprache mit den Verteidigern, frühzeitige Terminierung der Hauptverhandlungstage, ggf Aufhebung der Termine von Nichthaftsachen und den Einsatz besonderer Sitzungstage vor. Dem Beschleunigungsgebot kann in Haftsachen auch dadurch entsprochen werden, dass als Verteidiger nur der RA beigeordnet wird, der zusichern kann, an sämtlichen Hauptverhandlungstagen teilzunehmen (BGH NStZ-RR **07**, 149 L). Eine Übersicht und Analyse über die einschlägige Rspr zum Spannungsfeld zwischen Verteidigerwahl und Beschleunigungsgebot gibt Rahlf Widmaier-FS 447; er schlägt vor, dass bei einem nur *einen* Angeklagten betreffenden Verfahren dieser befragt werden solle, ob er dem Beschleunigungsgrundsatz oder der freien Verteidigerwahl den Vorzug geben wolle (ähnlich Leipold DAV-FS 639; Schlothauer StV **09**, 579); bei *mehreren* Angeklagten müsse – wie es die Rspr tue – eine Abwägung durch das Gericht erfolgen.

10 B. **Gelegenheit zur Bezeichnung eines RA** (S 1) soll dem Beschuldigten gegeben werden. Das gilt auch bei der Bestellung eines weiteren Verteidigers (1a zu § 141; KG StV **93**, 628; **10**, 63; Düsseldorf NStZ **98**, 55; Frankfurt StV **09**, 402; Stuttgart StV **90**, 55). Der Vorsitzende teilt dem Beschuldigten unmissverständlich mit, dass er einen Verteidiger benennen kann (KG wistra **06**, 74; Frankfurt NStZ-RR **96**, 271; Hamm StV **87**, 478) und setzt ihm dafür eine angemessene

Frist (Düsseldorf StV **90**, 536; **04**, 62 mit krit Anm Bockemühl; vgl LG Berlin StV **09**, 14: 3 Tage zu kurz). Für den Regelfall der Pflichtverteidigerbestellung (§ 141 I) wird die Aufforderung zur Benennung eines RA zweckmäßigerweise mit der Zustellung der Anklageschrift (§ 201 I) verbunden. Dabei ist die Frist für die Benennung des Verteidigers kürzer zu bemessen als die zur Erklärung über die Anklage (3 zu § 141). In Eilfällen findet die Anhörung telefonisch statt (Bay StV **88**, 97). Lässt der Beschuldigte die ihm gesetzte Frist verstreichen, so kann der Vorsitzende, sofern der Beschuldigte nicht schon früher zum Ausdruck gebracht hat, durch welchen Verteidiger er verteidigt werden möchte (LG Hagen StV **87**, 432), davon ausgehen, dass er keinen Verteidiger bezeichnen will oder kann. Der Vorsitzende ordnet ihm dann – wenn auch nach Fristablauf kein Vorschlag des Beschuldigten eingegangen ist (LG Braunschweig StraFo **09**, 520) – nach den Grundsätzen zu I (oben 3 ff) einen Verteidiger bei. Dasselbe gilt, wenn der Beschuldigte ausdrücklich auf die Benennung eines Verteidigers verzichtet; dann kann der Vorsitzende auch einen vom StA benannten Verteidiger bestellen (BGH NStZ **08**, 231; krit Gaede HRRS **07**, 413). Die Aufforderung nach I S 1 ist entbehrlich, wenn der Beschuldigte schon früher den Wunsch nach Beiordnung eines bestimmten Verteidigers geäußert hat (Bay StV **88**, 97). Sie unterbleibt auch, wenn eine Verfahrenslage vorliegt, in der die sofortige Bestellung eines Pflichtverteidigers notwendig erscheint (BGH JR **98**, 251 mit Anm Rogat; Düsseldorf StV **01**, 606 mit Anm Staechelin), oder wenn erkennbar ist, dass der Beschuldigte keinen Vorschlag machen wird. Einer erneuten Anhörung bei Ablehnung der Bestellung des gewünschten Verteidigers aus wichtigem Grund (unten 13) bedarf es nicht (**aM** Hamm StV **94**, 8 L); das schließt aber nicht aus, einen anderen vom Beschuldigten gewünschten Verteidiger zu bestellen.

C. Die **Bestellung des vom Beschuldigten bezeichneten Verteidigers** (S 2) setzt nun nicht mehr voraus, dass der Beschuldigte bei seinem Vorschlag einen ortsansässigen RA bezeichnet hat. **11**

Vielmehr hat, wenn Gerichtsort und Sitz des RA nicht allzu weit (Bay **04**, 118 = StV **06**, 6: 300 km; Zweibrücken StV **02**, 238: noch nicht bei 238 km) voneinander entfernt sind, die **Rücksicht auf das Vertrauensverhältnis** – insbesondere bei einem schweren Schuldvorwurf (Jena NJW **09**, 1430) – stets den Vorrang vor der Ortsnähe (so schon BGH **43**, 153; Düsseldorf StV **90**, 254 mit Anm Deckers; Koblenz NStZ **89**, 386 mwN; Rostock StraFo **08**, 206; Stuttgart StraFo **06**, 112), auch bei der Beiordnung eines zweiten Verteidigers zur Sicherung der Hauptverhandlung, vgl 1 a zu § 141 (BVerfG NJW **01**, 3695, 3696 mwN). Das Gleiche gilt, wenn auch sonst durch die Beiordnung eines auswärtigen RA die Kosten nicht oder nur unwesentlich erhöht werden (Schleswig StV **87**, 478). So ist in aller Regel der Anwalt des Vertrauens beizuordnen (Hamm StraFo **02**, 397, 398; LG München I StV **08**, 347). Will der Beschuldigte erreichen, dass ihm ein auswärtiger RA als Pflichtverteidiger beigeordnet wird, sollte er aber, sofern das nicht auf der Hand liegt (Verteidigung in früheren Verfahren, langjähriger Wahlverteidiger, zuvor Wahlverteidiger in diesem Verfahren, vgl Bay **04**, 118 = StV **06**, 6; Koblenz StV **95**, 118; LG Zweibrücken StraFo **06**, 203), darlegen, wieso ihn mit diesem Verteidiger ein besonderes Vertrauensverhältnis verbindet (Frankfurt StV **85**, 449; Rostock StraFo **02**, 85). Trotz sehr großer Entfernung des Sitzes des RA vom Gerichtsort ist aber dem Vertrauensverhältnis dann der Vorrang zu geben, wenn der Beschuldigte ebenfalls nicht dort, sondern in der Nähe des RA wohnt (München StV **93**, 180). **12**

Ausgeschlossen ist die Bestellung des von dem Beschuldigten gewünschten RA, wenn dem ein **wichtiger Grund entgegensteht** (EGMR EuGRZ **92**, 542: zulässige Einschränkung). In Betracht kommt zB das Verbot der Mehrfachverteidigung nach § 146 (dort 3), die Weigerung des RA, die Verteidigung zu übernehmen, oder das Fehlen der für die Verteidigung erforderlichen Spezialkenntnisse (Schleswig StV **87**, 478, 479; Meyer-Goßner NJW **87**, 1162). Auch die dem Ge- **13** richt bekannte Unfähigkeit des RA, einen Angeklagten sachgerecht zu verteidigen, steht seiner Bestellung entgegen (oben 3). Die für die Abberufung eines bestellten Verteidigers entwickelten Grundsätze (3, 4 zu § 143) gelten entspr (Köln NStZ **91**, 248 mit Anm Wasserburg). Ein wichtiger Grund iS I S 2 liegt aber nicht allein schon in einem objektiv unzweckmäßigen oder Prozessordnungswidrigen Verhalten des Verteidigers, vielmehr muss es sich um ein Fehlverhalten von besonderem Gewicht handeln und Wiederholungsgefahr bestehen (KG StV **93**, 236 mwN); auch eine einmalige Verhinderung beim vorgesehenen Hauptverhandlungstermin reicht idR nicht aus (Frankfurt NStE Nr 9), ebenso wenig, dass der Verteidiger früher einen Mitangeklagten verteidigt hat (BGH NStZ **98**, 263), wobei aber im Einzelfall etwas anderes gelten kann (dazu eingehend BGH **48**, 170 = NStZ **03**, 378 mit zust Anm Berz/Saal).

14 **3)** Die **Wirkung der Beiordnung** besteht in der Begründung einer öffentlichrechtlichen Pflicht des Verteidigers, bei der ordnungsgemäßen Durchführung des Strafverfahrens und insbesondere in der Hauptverhandlung durch sachdienliche Verteidigung des Angeklagten mitzuwirken (Frankfurt NJW **72**, 1964; München Rpfleger **82**, 486; vgl auch BVerfG AnwBl **87**, 194). Der RA ist zur Übernahme der Pflichtverteidigung verpflichtet; nur aus wichtigem Grund kann er nach §§ 48 II, 49 BRAO Befreiung verlangen (dazu LR-Lüderssen/Jahn 30 ff).

15 Die Bestellung ist **auf die Person beschränkt.** Unterbevollmächtigung (11 vor § 137) ist nicht zulässig (BGH NStZ **83**, 208 [Pf/M]; 354 [Pf/M]; **95**, 356 mit insoweit zust Anm Ehrlicher; **96**, 21 [K]; StV **81**, 393; **82**, 213; KG JR **81**, 86; Hamburg NStZ **83**, 88 L; **aM** LR-Lüderssen/Jahn 35). Auch der Sozius des beigeordneten RA darf die Verteidigung nicht führen (BGH StV **81**, 12; Bay **80**, 97 = NJW **81**, 1629; StV **83**, 55 L). Bei vorübergehender Verhinderung wird die Vertretung mit Zustimmung des Vorsitzenden für zulässig gehalten (KG NStZ-RR **05**, 327 mwN; Dahs 151); richtiger erscheint es, den Vertreter vorübergehend beizuordnen.

16 Einem **Referendar** darf die Verteidigung nicht übertragen werden (1 zu § 139). Der Vorsitzende kann aber gestatten, dass der dem Pflichtverteidiger zugeteilte Referendar unter dessen Aufsicht (weitergehend Stuttgart NJW **55**, 1291: auch an seiner Stelle) zu Ausbildungszwecken in der Hauptverhandlung wie ein Verteidiger auftritt; die Erlaubnis kann jederzeit widerrufen werden (BGH NJW **58**, 1308).

17 Der nach § 53 BRAO amtlich oder vom Verteidiger selbst bestellte **allgemeine Vertreter,** auch ein Referendar, darf anstelle des beigeordneten RA die Verteidigung führen (BGH NStZ **92**, 248; Bay **80**, 97 = NJW **81**, 1629; StV **89**, 469; Düsseldorf NJW **94**, 1296; Frankfurt NJW **80**, 1703; StV **88**, 195; NStZ **88**, 239; Schleswig SchlHA **91**, 165 [L/T]), aber nur im Rahmen der diesem zustehenden Befugnisse (Karlsruhe NStZ-RR **02**, 80). Erscheint der Vertreter nicht geeignet, so muss der Vorsitzende notfalls die gesamte Beiordnung zurücknehmen (BGH aaO).

18 **4)** Die **Bestellung eines Referendars** ist nach II nur in den Fällen des § 140 I Nrn 2 und 5 und des § 140 II für den 1. Rechtszug, also nur vor dem AG zulässig. Beim LG und OLG darf der Referendar als bestellter Verteidiger nicht auftreten, auch nicht nur bei einer Ortsbesichtigung (BGH StV **89**, 465). Beigeordnet werden darf nur ein Referendar, der die 1. Staatsprüfung bestanden hat und sich mindestens seit 1 Jahr und 3 Monaten im Vorbereitungsdienst befindet. Wer aus dem Vorbereitungsdienst ausgeschieden ist, darf nicht zum Verteidiger bestellt werden (BGH **20**, 95, 96). Bei der Abteilung des AG, der der Richter angehört, dem er zur Ausbildung zugewiesen ist, darf der Referendar nicht verteidigen. Auf das ganze Gericht bezieht sich das Verbot nicht (KK-Laufhütte 6).

19 **5) Beschwerde** kann der Angeklagte, nicht der nicht beigeordnete RA im eigenen Namen (Koblenz GA **86**, 422; Schleswig SchlHA **84**, 107 [E/L]), gegen die Auswahl des Pflichtverteidigers einlegen (Frankfurt NJW **72**, 2055; Karlsruhe NJW **78**, 1064; München AnwBl **80**, 466; LG Cottbus StraFo **03**, 11; Ostendorf

StV **86**, 311). Das gilt auch, wenn der Vorsitzende des erkennenden Gerichts die Auswahl getroffen hat (10 zu § 141). Ist die Bestellung erfolgt, ohne dass dem Beschuldigten – obschon notwendig (oben 10) – zuvor Gelegenheit gegeben wurde, einen RA zu bezeichnen, ist die Bestellung aufzuheben und der nunmehr bezeichnete RA beizuordnen (Naumburg StV **05**, 120 L; Stuttgart StV **07**, 288 L).

6) Die **Revision** kann eine Verletzung des § 142 I auch rügen, ohne beim Tatgericht einen Antrag auf Aussetzung der Hauptverhandlung gestellt zu haben (BGH NJW **92**, 850). Das Urteil kann auf einer Verletzung des I S 1 oder 2 aber nur beruhen, wenn der gegen den Wunsch des Angeklagten ohne wichtigen Grund bestellte Verteidiger nicht bereit oder nicht in der Lage war, den Angeklagten zu verteidigen (BGH aaO; StV **92**, 406 mit krit Anm Barton; NStZ **87**, 217 [PF/M]; Köln NJW **06**, 389; **aM** SK-Wohlers 34), es sei denn, die Bestellung eines anderen als des vom Angeklagten bezeichneten Verteidigers kam, weil dieser zeitgerecht dessen Beiordnung beantragt hatte (BGH NJW **01**, 237 mit Anm Lüderssen NStZ **01**, 606) oder wegen der besonderen Umstände des Falles nicht in Betracht (BGH **43**, 153; NStZ **98**, 311). Es kann aber auch die Revision begründen, wenn ein RA trotz der konkreten Gefahr einer Interessenkollision (vgl 1 zu § 146) zum Verteidiger bestellt wurde (BGH NStZ **06**, 404). 20

Zurücknahme der Bestellung

143 **Die Bestellung ist zurückzunehmen, wenn demnächst ein anderer Verteidiger gewählt wird und dieser die Wahl annimmt.**

1) Die Zurücknahme gehört wie die Bestellung (6 zu § 141), die Auswahl (2 zu § 142) und der Widerruf (unten 3 ff) in die Zuständigkeit des Vorsitzenden, nicht des Gerichts (Koblenz OLGSt S 5). Sie kann noch in der Hauptverhandlung verfügt werden, aber nicht zur Unzeit (BGH **3**, 327). Die Zurücknahme ist zu begründen (§ 34) und nach § 35 bekanntzumachen. 1

2) Die **Beauftragung eines Wahlverteidigers,** der die Wahl angenommen hat, beendet die Pflichtverteidigung nicht ohne weiteres (Hamm JMBlNW **59**, 197), zwingt aber zur Zurücknahme der Beiordnung (Karlsruhe StV **10**, 179 L). Eine Ausnahme gilt nur, wenn ein unabweisbares Bedürfnis dafür besteht, den Pflichtverteidiger neben dem Wahlverteidiger tätig bleiben zu lassen (1 zu § 141), zB wenn zu befürchten ist, dass der Wahlverteidiger das Mandat alsbald wegen Mittellosigkeit des Angeklagten wieder niederlegen werde (KG StV **10**, 63; Düsseldorf StV **97**, 576 mit abl Anm Barton; Stuttgart NStZ-RR **96**, 207; Zweibrücken NStZ **82**, 298; LG Mainz Rpfleger **87**, 477; **aM** LR-Lüderssen/Jahn 6), oder wenn die Beauftragung des Wahlverteidigers nur geschieht, um die Entbindung des bisherigen Pflichtverteidigers zu erzwingen und zu erreichen, dass der Wahlverteidiger an dessen Stelle Pflichtverteidiger wird (Düsseldorf VRS **99**, 57; Köln NJW **06**, 389; erg 7 zu § 142). 2

3) Der **Widerruf der Bestellung aus wichtigem Grund** ist gesetzlich nicht vorgesehen, nach ganz hM aber – über § 138 a hinaus (Kett-Straub NStZ **06**, 363) – zulässig, wenn Umstände vorliegen, die den Zweck der Pflichtverteidigung, dem Beschuldigten einen geeigneten Beistand zu sichern und den ordnungsgemäßen Verfahrensablauf zu gewährleisten, ernsthaft gefährden (BVerfGE **39**, 238, 244 = NJW **75**, 1015; KG JR **82**, 349; Stuttgart MDR **79**, 780; **aM** Weigend NStZ **97**, 48; vgl auch Seier Hirsch-FS 977, der personenbezogene, verhaltensbedingte und verfahrensbedingte Gründe sowie das gestörte Vertrauensverhältnis zwischen Beschuldigtem und Verteidiger als Widerrufsgründe auflistet und unterscheidet, dazu Fahl 340; Kett-Straub aaO). Hierher gehören Krankheit oder sonstige Verhinderung des Verteidigers (Karlsruhe Justiz **80**, 338), nicht aber unvorschriftsmäßige Kleidung (BGH NStZ **88**, 510) oder die Weigerung, auf Einhaltung der Ladungsfrist zu verzichten (KG StV **08**, 68 mit Anm Dallmeyer), jedoch auch sein un- 3 berechtigtes Verlangen nach Beiordnung eines 2. Pflichtverteidigers (Frankfurt NJW **72**, 1964).

4 **Grobe Pflichtverletzungen** berechtigen zum Widerruf (Frankfurt StV **85**, 225; 450 mit abl Anm Sieg; **aM** Müller JR **96**, 125; Münchhalffen StraFo **97**, 236), nicht aber jedes unzweckmäßige oder prozessordnungswidrige Verhalten (KG JR **82**, 349; Nürnberg StV **95**, 287 mit zust Anm Barton; LG Bremen StV **89**, 475; Hilgendorf NStZ **96**, 4; Hamburg NStZ **98**, 586 mit zust Anm Kudlich verlangt zudem zutr vor dem Widerruf eine Abmahnung; zust Fahl 346, krit aber Seier Hirsch-FS 989); denn das Gericht ist nicht verpflichtet, den bestellten Verteidiger daraufhin zu überwachen, ob er seine Verteidigungstätigkeit ordnungsgemäß erfüllt (BGH NStZ **96**, 21 [K]; StraFo **06**, 454; NStZ-RR **09**, 35 [C]; KG aaO; Nürnberg aaO; Stuttgart MDR **79**, 780). Nur wenn klar erkennbar ist, dass der Verteidiger unfähig oder unwillig ist, den Angeklagten sachgemäß zu verteidigen, kann es die Fürsorgepflicht (Einl 162) gebieten, ihn abzulösen (KG NJW **08**, 3652; Köln StraFo **07**, 157; Kett-Straub NStZ **06**, 364; vgl auch BVerfG StV **98**, 356 mit abl Anm Lüderssen und KG StV **09**, 572 mit krit Anm Weigend, der vorschlägt, den Angeklagten entscheiden zu lassen, ob er weiter von diesem Verteidiger vertreten werden will, der Vors sei dann darauf beschränkt, einen weiteren Verteidiger zu bestellen). Auch die ernsthafte und definitive Weigerung des Verteidigers, den Angeklagten zu verteidigen, kann als grobe Pflichtverletzung zum Widerruf führen (Frankfurt NStZ-RR **97**, 77; Schleswig SchlHA **02**, 152 [D/D]), nicht aber, dass der Verteidiger sich weigert, eine vom Angeklagten eingelegte, offensichtlich aussichtslose Revision zu begründen (Bremen AnwBl **64**, 288; Düsseldorf StV **84**, 327; Stuttgart MDR **79**, 780), da der Verteidiger berechtigt ist, seine Mitwirkung an der Begründung einer solchen Revision zu verweigern (BGH DAR **86**, 202 [Sp]; Dahs 891, 905; vgl auch EGMR NJW **08**, 2317, 2319), anders wiederum, wenn sie nicht augenscheinlich aussichtslos ist (Karlsruhe StV **05**, 77 L) oder wenn er sie nur aus Zeitgründen verweigert (Stuttgart StV **02**, 473).

5 Dagegen ist die – ordnungsgemäß unter Beachtung des § 142 I erfolgte (BGH NStZ-RR **05**, 240) – Beiordnung aufzuheben, wenn das **Vertrauensverhältnis** zwischen Angeklagtem und Verteidiger endgültig und nachhaltig erschüttert und deshalb zu besorgen ist, dass die Verteidigung objektiv nicht (mehr) sachgerecht geführt werden kann (BVerfG NJW **01**, 3695, 3697; BGH **39**, 310, 314/315; NStZ **04**, 632; Hamm NJW **06**, 2502; Kett-Straub NStZ **06**, 364; **aM** Hilgendorf NStZ **96**, 5: nur bei Unzumutbarkeit weiterer Verteidigung). Das ist vom Standpunkt eines vernünftigen und verständigen Beschuldigten aus zu beurteilen (Düsseldorf StV **93**, 6; Hamm StV **82**, 510); die ernsthafte Störung des Vertrauensverhältnisses muss der Angeklagte oder der Verteidiger substantiiert darlegen (BGH JR **96**, 124 mit zust Anm Müller; StV **97**, 565; KG StV **87**, 428; StV **90**, 347; Karlsruhe NStZ **88**, 239, dazu Molketin NStZ **89**, 87; Münchhalffen StraFo **97**, 235; **aM** SK-Wohlers 16; Seier Hirsch-FS 992: Abberufung muss die Regel sein).

5a Eine **Auswechslung des Verteidigers** ist jedenfalls dann zulässig, wenn der Angeklagte und beide Verteidiger damit einverstanden sind, dadurch keine Verfahrensverzögerung eintritt und keine Mehrkosten entstehen (Braunschweig StraFo **08**, 428; Düsseldorf StraFo **07**, 156; Frankfurt StV **08**, 128; Hamm NStZ-RR **09**, 264 L). Das gilt insbesondere bei einem Wechsel zwischen 1. und 2. Instanz (KG NStZ **93**, 201; Bamberg NJW **06**, 1536; Frankfurt NJW **05**, 377; Hamburg StraFo **98**, 307 mit Anm Moore; einschr unter Hinweis auf die Gebührenregelung nach Nr 4100 VVRVG aber Köln NStZ **06**, 514; StraFO **08**, 348). Sie kommt auch in Betracht, wenn bei der unverzüglichen Bestellung eines Verteidigers nach § 141 III S 4 (dort 3a) die Interessen des Beschuldigten nicht ausreichend berücksichtigt worden sind (Wohlers StV **10**, 157).

5b **Pauschale, nicht näher belegte Vorwürfe** des Angeklagten gegen den Verteidiger rechtfertigen die Entpflichtung nicht (BGH StraFo **08**, 243; Bamberg StV **84**, 234; Düsseldorf AnwBl **87**, 495; Hamburg NStZ **85**, 518; Koblenz

OLGSt S 3; Köln StV **94**, 234 mit abl Anm Münchhalffen; Schleswig SchlHA **90**, 117 [L/G]). Unüberbrückbare Auffassungsgegensätze ideologischer oder politischer Art sind kein Aufhebungsgrund (Karlsruhe NJW **78**, 1172; vgl aber Hamm NJW **75**, 1238). Der Angeklagte kann den Widerruf der Bestellung auch nicht dadurch erreichen, dass er den Verteidiger beschimpft oder bedroht (BGH NStZ **98**, 267; StraFo **08**, 243; Schleswig SchlHA **82**, 122 [E/L]; Hilgendorf NStZ **96**, 4) oder tätlich angreift (KG AnwBl **78**, 241; **aM** Hilgendorf aaO); hat dieser aber deswegen Strafanzeige erstattet, ist dem Entpflichtungsantrag idR stattzugeben (BGH **39**, 310; dazu Fahl 355).

Die **Ausschließungsgründe der §§ 138 a, 138 b** führen zum Ausschließungs- 6
verfahren nach den §§ 138 c, 138 d (3 zu § 138 a).

4) Beschwerde: Gegen die Zurücknahme und den Widerruf sowie dessen Ab- 7
lehnung (KG StV **10**, 63; Oldenburg StraFo **06**, 378; **aM** Düsseldorf StV **97**, 576 mit abl Anm Barton, soweit es sich um den oben 2 aE erwähnten Ausnahmefall handelt) kann der Angeklagte Beschwerde nach § 304 I einlegen (Düsseldorf StraFo **98**, 228), auch noch nach Urteilsrechtskraft (Koblenz MDR **83**, 252; **aM** LR-Lüderssen/Jahn 16; Hilgendorf NStZ **96**, 6), auch wenn der Vorsitzende des erkennenden Gerichts sie verfügt hat (10 zu § 141). Der Pflichtverteidiger hat kein eigenes Beschwerderecht (Bamberg MDR **90**, 460; Hamburg NJW **98**, 621 mwN; Hamm NJW **06**, 2712; Schleswig SchlHA **87**, 117 [L]; **aM** Hilgendorf aaO; vgl auch Düsseldorf NStZ **86**, 138; Köln NStZ **82**, 129: bei Willkür); seine Rechte aus Art 12 GG werden durch die Abberufung nicht beeinträchtigt (BVerfG StV **98**, 356 mit abl Anm Lüderssen). Auch der Wahlverteidiger ist nicht beschwerdeberechtigt (Hamm aaO; Koblenz StV **81**, 530). Erg 9 zu § 141.

5) Die **Revision** kann auf die Zurücknahme oder den Widerruf nicht gestützt 8
werden, wenn dem Angeklagten ein anderer Pflichtverteidiger bestellt worden ist (20 zu § 142). Die Verfügung des Vorsitzenden, mit der die Aufhebung der Beiordnung des Pflichtverteidigers abgelehnt wird, unterliegt gemäß § 336 S 1 unmittelbar der Überprüfung durch das Revisionsgericht; die Statthaftigkeit der Rüge hängt nicht davon ab, dass der Angeklagte zuvor eine Entscheidung des Gerichts herbeigeführt hat (BGH **39**, 310, 311; NStZ **95**, 296; BGHR § 141 Bestellung 5). In der Revisionsbegründung müssen die abgegebenen Erklärungen von Angeklagtem und Verteidiger sowie die dienstlichen Äußerungen der Richter wie bei der Zurückweisung eines Ablehnungsgesuchs (29 zu § 338) vorgetragen werden (BGH NStZ **04**, 632).

144 (weggefallen)

Ausbleiben des Verteidigers

145

I [1]Wenn in einem Falle, in dem die Verteidigung notwendig ist, der Verteidiger in der Hauptverhandlung ausbleibt, sich unzeitig entfernt oder sich weigert, die Verteidigung zu führen, so hat der Vorsitzende dem Angeklagten sogleich einen anderen Verteidiger zu bestellen. [2]Das Gericht kann jedoch auch eine Aussetzung der Verhandlung beschließen.

II Wird der notwendige Verteidiger gemäß § 141 Abs. 2 erst im Laufe der Hauptverhandlung bestellt, so kann das Gericht eine Aussetzung der Verhandlung beschließen.

III Erklärt der neu bestellte Verteidiger, dass ihm die zur Vorbereitung der Verteidigung erforderliche Zeit nicht verbleiben würde, so ist die Verhandlung zu unterbrechen oder auszusetzen.

IV Wird durch die Schuld des Verteidigers eine Aussetzung erforderlich, so sind ihm die hierdurch verursachten Kosten aufzuerlegen.

1 **1) Bestellung eines Pflichtverteidigers** (I S 1):

2 A. Eine **Ergänzung der §§ 140 I, II, 231 a IV** enthält die Vorschrift. Sie regelt den Fall, dass bei notwendiger Verteidigung zwar ein Verteidiger gewählt oder bestellt worden ist, dass er aber die Verteidigung in der Hauptverhandlung nicht führt.

3 Der Vorsitzende hat dem Angeklagten dann sogleich, dh ohne weitere Verhandlung in der Sache (RG **44**, 16), nicht unbedingt ohne Unterbrechung der Verhandlung, einen **anderen Verteidiger zu bestellen;** das kann auch der bisherige Wahlverteidiger sein, auch wenn er das Mandat niedergelegt oder der Angeklagte ihm das Mandat entzogen hatte (BGH NStZ **92**, 292; Stuttgart NJW **79**, 559 = JR **79**, 170 mit Anm Pelchen; vgl aber unten 9). Dem I S 1 ist der Grundsatz zu entnehmen, dass bei notwendiger Verteidigung der Verteidiger zu den Personen gehört, deren ununterbrochene Anwesenheit in der Hauptverhandlung erforderlich ist, dass aber nicht stets derselbe Verteidiger anwesend sein muss (vgl 10 zu § 226). Daher kann mit dem neu bestellten Pflichtverteidiger die Verhandlung grundsätzlich ohne Wiederholung einzelner Teile weitergeführt werden (BGH **13**, 337, 340; NStZ **81**, 231; **aM** Fezer 11/55: Wiederholung; SK-Wohlers 15: nur im Ausnahmefall; vgl aber auch unten 11 ff).

4 Ein **Pflichtverteidiger wird nicht bestellt,** wenn der Angeklagte sofort einen anderen Verteidiger wählt (KK-Laufhütte 6) oder wenn die Verhandlung nach I S 2 oder nach § 265 IV (unten 12) ausgesetzt wird. Wegen des Ausbleibens des Wahlverteidigers bei nicht notwendiger Verteidigung vgl § 228 II.

5 B. **Ausbleiben in der Hauptverhandlung:** Gemeint ist das Ausbleiben trotz ordnungsgemäßer Ladung (RG **53**, 264) und ohne Befreiung nach § 231 c. Der Grund des Ausbleibens ist gleichgültig. Mangelnde Verhandlungsfähigkeit des Verteidigers steht seiner Abwesenheit gleich (LR-Lüderssen/Jahn 14; erg 3 zu § 51; 14 zu § 329). Das verspätete Erscheinen fällt nicht unter die Vorschrift (Bamberg StraFo **03**, 419). I gilt auch nicht, wenn von mehreren Verteidigern wenigstens einer erscheint.

6 C. **Sichentfernen zur Unzeit** ist das Weggehen während der Hauptverhandlung oder das Ausbleiben nach einer Unterbrechung, wenn Prozesshandlungen vorgenommen werden, die wesentliche Vorgänge der Hauptverhandlung (dazu 36 ff zu § 338) darstellen (Koblenz NStZ **82**, 43; Köln NJW **05**, 3588). Zulässig ist das Sichentfernen, wenn es nach § 231 c genehmigt ist oder wenn sich der Verteidiger mit Zustimmung des Angeklagten von einem Unterbevollmächtigten (11 vor § 137) vertreten lässt. Ein „prozessuales Notwehrrecht" des Verteidigers, das ihn zum Verlassen des Sitzungssaals berechtigt, gibt es nicht (Köln aaO; **aM** Zwiehoff JR **06**, 505).

7 D. Die **Weigerung, die Verteidigung zu führen,** braucht nicht ausdrücklich erklärt zu werden. Es genügt, dass der Verteidiger untätig bleibt, obwohl ein Tätigwerden nach den Umständen geboten wäre (BGH StV **93**, 566; Karlsruhe StV **03**, 152). Dauernde Ungebühr reicht nicht aus (LR-Lüderssen/Jahn 18; vgl aber Hamm NJW **54**, 1053).

8 **2) Unterbrechung oder Aussetzung der Verhandlung:**

9 A. **Anstelle der Pflichtverteidigerbestellung** (I S 2) kann das Gericht eine Unterbrechung verlängern (Schleswig SchlHA **96**, 94 [L/T]) oder die Verhandlung aussetzen. Letzteres ist idR geboten, wenn der Verteidiger nur kurzfristig ausfällt, zB wegen Erkrankung, und dem Angeklagten ein Verteidigerwechsel erspart werden soll. Kommt eine Aussetzung nicht in Betracht, hat sich das Gericht um einen mit dem Pflichtverteidiger abgestimmten Termin zur Fortsetzung der Hauptverhandlung ernsthaft zu bemühen (BGH NJW **92**, 849).

10 B. Bei **Bestellung des Verteidigers erst im Lauf der Hauptverhandlung** (II) nach § 141 II kann das Gericht die Aussetzung von Amts wegen beschließen. Dazu besteht Anlass, wenn die Hauptverhandlung nicht, was unerlässlich ist (4 zu

§ 141), in Anwesenheit des neu bestellten Verteidigers in ihren wesentlichen Teilen wiederholt werden oder wenn der Verteidiger sich während der laufenden Verhandlung nicht genügend vorbereiten kann.

C. **Auf Verlangen des neu bestellten Verteidigers** (III) muss die Verhandlung unterbrochen oder ausgesetzt werden (BGH NStZ **00**, 212 mit Anm Hammerstein NStZ **00**, 327 = StV **00**, 402 mit Anm Stern). Der Verteidiger muss selbst beurteilen, ob er für die Erfüllung seiner Aufgabe hinreichend vorbereitet ist; das Gericht prüft dies grundsätzlich nicht nach (BGH JR **98**, 251 mit Anm Rogat). Verneint er dies, muss er die Erklärung dahin abgeben, ihm verbleibe nicht die zur Vorbereitung der Verteidigung erforderliche Zeit. Das kann er aber nur bei Übernahme der Verteidigung geltend machen; er kann die Unterbrechung oder Aussetzung nicht etwa zu einem beliebigen späteren Zeitpunkt erzwingen (BGH **13**, 337, 339; NJW **73**, 1985). 11

Ob die Verhandlung ausgesetzt werden muss oder ob eine Unterbrechung genügt, entscheidet das Gericht nach **pflichtgemäßem Ermessen** (BGH **13**, 337, 343; Eisenberg NJW **91**, 1263; **aM** LR-Lüderssen/Jahn 26; SK-Wohlers 19: Wahlrecht des Verteidigers). Die Unterbrechung kommt nur in Betracht, wenn der durch § 229 begrenzte Zeitraum für die Vorbereitung der Verteidigung ausreicht und sich der Verteidiger über den Verlauf und die wesentlichen Ergebnisse der bisherigen Verhandlung zuverlässig unterrichten kann (BGH **13**, 337, 344). Dann hat aber die Unterbrechung den Vorrang vor der Aussetzung (KK-Laufhütte 10; vgl BGH NJW **73**, 1985). 12

Unabhängig von dem Verlangen des Verteidigers kann die **Aussetzung nach § 265 IV** geboten sein (BGH NJW **65**, 2164 mit Anm Schmidt-Leichner; BGH NJW **73**, 1985 = JR **74**, 247 mit Anm Peters; BGH NStZ **81**, 231; **09**, 650). 13

Der **Angeklagte selbst** kann auf Grund des III weder eine Unterbrechung noch eine Aussetzung erzwingen (BGH NJW **63**, 1114; **73**, 1985). 14

III gilt entsprechend, wenn kein Pflichtverteidiger bestellt zu werden braucht, weil der Angeklagte sogleich einen anderen Verteidiger wählt (Karlsruhe StV **91**, 199). 15

3) Auferlegung der Kosten (IV): 16

A. Nur **bei Aussetzung der Verhandlung** nach I S 2 oder III gilt die Vorschrift, nicht bei Aufhebung des Hauptverhandlungstermins (Nürnberg AnwBl **71**, 25) oder bei bloßer Unterbrechung nach § 229 (Celle MDR **79**, 864). IV ist ferner nur bei notwendiger Verteidigung nach §§ 140 I, II, 231 a IV anwendbar (Hamm NJW **63**, 1416), dann aber sowohl auf den Pflichtverteidiger als auch auf den Wahlverteidiger (Bay **52**, 156 = NJW **52**, 1066; München MDR **79**, 779); die Kosten können jedoch nicht dem ausgebliebenen Wahlverteidiger auferlegt werden, wenn der Pflichtverteidiger erscheint (Köln StV **97**, 122). Die Aussetzung muss aus einem der Gründe des I S 1 erfolgt sein. 17

Auf **andere Fälle** kann IV nicht entspr angewendet werden (KG NStZ-RR **00**, 189; Frankfurt JR **50**, 570: verspäteter Beweisantrag; Hamm NStZ **83**, 186: Aussetzung wegen unzulänglicher Führung der Verteidigung; Köln StV **01**, 389: Entpflichtung wegen pflichtwidrigen Verhaltens; Nürnberg StV **98**, 584: Unmöglichkeit des Verteidigergesprächs mit dem Angeklagten wegen Erkrankung; Jena StV **03**, 432: verspäteter Aussetzungsantrag; **aM** Frankfurt NJW **77**, 913: Entpflichtung des Verteidigers wegen prozessordnungswidrigen Verhaltens; Hamburg NStZ **82**, 171 = AnwBl **82**, 161 mit abl Anm Chemnitz: schuldhafte Herbeiführung der Verhandlungsfähigkeit des Angeklagten; vgl auch Bamberg StV **89**, 470; unrichtig LG Berlin NStZ **03**, 280: verspätete Aktenrückgabe; vgl auch BVerfG NJW **09**, 1582 sowie eingehend Fahl 48 ff). 18

B. Durch die **Schuld des Verteidigers** muss die Aussetzung erforderlich geworden sein; er muss sich prozessordnungswidrig und pflichtwidrig verhalten haben (Hamm NJW **63**, 1416; Koblenz NStZ **82**, 43). 19

20 Das setzt zunächst voraus, dass er Kenntnis nicht nur von dem Termin hatte (Hamm JMBlNW **78**, 57), sondern insbesondere die **Notwendigkeit der Verteidigung kannte.** Der Pflichtverteidiger hat diese Kenntnis stets; der Wahlverteidiger kann sie in den Fällen des § 140 I ohne weiteres aus Anklageschrift oder Eröffnungsbeschluss gewinnen. Im Fall des § 140 II bedarf es idR einer Feststellung des Vorsitzenden darüber, dass die Verteidigung notwendig ist (Hamm NJW **74**, 328; StraFo **97**, 79; München MDR **79**, 779; LG Berlin StV **95**, 295; vgl auch Bay **52**, 156 = NJW **52**, 1066). Erforderlich ist eine entspr Erklärung in der Hauptverhandlung oder eine richterliche Entschließung, die aktenkundig gemacht und dem Verteidiger bekanntgegeben werden muss (LG Bielefeld StV **04**, 32 L). Nur wenn die Voraussetzungen des § 140 II offensichtlich vorliegen (zB bei Verhandlung über die Berufung des zu 3 Jahren Freiheitsstrafe verurteilten Angeklagten), handelt der Verteidiger auch ohne eine solche Feststellung schuldhaft (vgl Saarbrücken JBl Saar **62**, 14).

21 **Im Einzelnen** ist ein Verschulden des Verteidigers an der Aussetzung angenommen worden, wenn er ausgeblieben ist, weil er den Termin vergessen hatte (Düsseldorf JMBlNW **82**, 235), weil er ohne Rückfrage beim Gericht von einer Terminsabsetzung ausgegangen ist (Düsseldorf VRS **77**, 363) oder weil er die Vorbereitungszeit für zu kurz hielt (Düsseldorf AnwBl **81**, 201), wenn er das Mandat unmittelbar vor der Hauptverhandlung niedergelegt hat, weil der Mandant seiner Zahlungspflicht nicht nachgekommen ist (Düsseldorf AnwBl **72**, 63; JurBüro **97**, 372; Koblenz MDR **75**, 773; Saarbrücken JBl Saar **62**, 14), oder wenn er es in der Hauptverhandlung ohne Angabe von Gründen (Saarbrücken StV **89**, 5) oder wegen Spannungen mit dem Gericht niederlegt (Hamm NJW **67**, 897), wenn er einem Referendar – nicht hingegen einem anderen RA seiner Sozietät (so aber LG Duisburg StV **05**, 600 mit abl Anm Jahn/Kett-Straub) – Untervollmacht erteilt und selbst ausgeblieben ist, ohne sich rechtzeitig der Zustimmung des Angeklagten zu vergewissern (KG JR **72**, 206; zu weitgehend hingegen LG Berlin NStZ **00**, 51; vgl hierzu BGH StraFo **06**, 454), wenn er sich aus der Hauptverhandlung entfernt hat, weil der Angeklagte sich abfällig über ihn geäußert hat (Köln MDR **77**, 598 mit abl Anm Terhorst), weil seinem Aussetzungsantrag nach § 222a II nicht stattgegeben worden ist (Frankfurt StV **81**, 289; vgl aber RAK Frankfurt StV **81**, 210) oder weil der Vorsitzende uniformierte Polizeibeamte zu seinem Schutz hinzugezogen hat (Schleswig MDR **77**, 775). Verspätetes Erscheinen ist nicht stets schuldhaft (Düsseldorf StV **84**, 372: Vertrauen auf Zuwarten des Gerichts). Die rechtzeitige Anzeige der Verhinderung (notfalls durch Telefon oder Telefax) ist erforderlich (Jena OLG-NL **95**, 48 L: auch bei kurzfristiger Pflichtverteidigerbestellung); erfolgt sie, schließt sie das Verschulden aus (Frankfurt StV **87**, 8; Hamm StV **95**, 514). Zur Überprüfung der Verhandlungsfähigkeit des Verteidigers, der sich, angeblich aus Krankheitsgründen, zur Unzeit entfernt hat, kann eine amtsärztliche Untersuchung angeordnet werden (Hamburg NStZ **82**, 172).

22 C. **Verfahren:** Die Entscheidung nach IV wird sofort getroffen; sie wird nicht bis zur Kostenentscheidung nach den §§ 464ff aufgeschoben (erg 23 zu § 51; 2 zu § 467). Zuständig ist das Gericht, nicht der Vorsitzende allein (Hamm StV **95**, 514). Wurde die Hauptverhandlung zunächst nur unterbrochen, kann aber ohne die Schöffen über die Aussetzung und die Kostenfrage entschieden werden (BVerfG NJW **09**, 1582; Stuttgart VRS **116**, 116).

23 Ist der Verteidiger anwesend, so erhält er vorher **rechtliches Gehör;** der ausgebliebene Verteidiger kann es sich nachträglich durch Beschwerde nach § 304 II verschaffen. Im Ergebnis gilt § 51 II S 3 entspr; der ausgebliebene Verteidiger hat die Möglichkeit, sich nachträglich zu entschuldigen (Düsseldorf StV **84**, 8; erg 24 zu § 51).

24 D. **Kostentragungspflicht:** IV begründet einen Schadensersatzanspruch der Staatskasse (Stuttgart NStZ **82**, 130). Seine Höhe wird nicht in dem Beschluss nach IV, sondern erst in dem Verfahren nach § 464b festgesetzt (vgl 14 zu § 51).

Zu erstatten sind die durch die ausgesetzte Verhandlung entstandenen Kosten (§ 464a I) in dem Umfang, in dem der Angeklagte sie nach § 465 I S 1 bei Verurteilung oder die Staatskasse nach § 467 I bei Freispruch zu tragen hätte (Karlsruhe NJW **80**, 951). Dabei ist der wirkliche Verfahrensablauf entscheidend, nicht hypothetische Überlegungen über einen anderen Verlauf der Hauptverhandlung (Karlsruhe aaO).

4) Für die **Anfechtung** der Verteidigerbestellung gelten 9 zu § 141, 19 zu § 142. Die Entscheidungen über Unterbrechung oder Aussetzung sind nach § 305 S 1 der Anfechtung entzogen (LR-Lüderssen/Jahn 39; **aM** SK-Wohlers 21). Der Beschluss nach IV ist mit der einfachen Beschwerde nach § 304 II anfechtbar; die Wertgrenze des § 304 III gilt. 25

5) Revision: Wird ohne Verteidiger weiterverhandelt, begründet das nach § 338 Nr 5 die Revision (BGH NJW **93**, 340; StV **93**, 566; AK-Stern 34; erg 41 zu § 338), bei Verstoß gegen III gilt § 337, idR wird das Urteil darauf beruhen (vgl aber BGH NStZ **00**, 212 mit Anm Hammerstein NStZ **00**, 327). Krankheitsbedingte Abwesenheit des Verteidigers begründet idR nicht die Revision, wenn für den Angeklagten ein anderer verteidigungsbereiter Verteidiger auftritt (BGH NStZ-RR **00**, 289 [K]). 26

Zustellungsvollmacht

RiStBV 108, 154

145a **I Der gewählte Verteidiger, dessen Vollmacht sich bei den Akten befindet, sowie der bestellte Verteidiger gelten als ermächtigt, Zustellungen und sonstige Mitteilungen für den Beschuldigten in Empfang zu nehmen.**

II [1] Eine Ladung des Beschuldigten darf an den Verteidiger nur zugestellt werden, wenn er in einer bei den Akten befindlichen Vollmacht ausdrücklich zur Empfangnahme von Ladungen ermächtigt ist. [2] § 116a Abs. 3 bleibt unberührt.

III [1] Wird eine Entscheidung dem Verteidiger nach Absatz 1 zugestellt, so wird der Beschuldigte hiervon unterrichtet; zugleich erhält er formlos eine Abschrift der Entscheidung. [2] Wird eine Entscheidung dem Beschuldigten zugestellt, so wird der Verteidiger hiervon zugleich unterrichtet, auch wenn eine schriftliche Vollmacht bei den Akten nicht vorliegt; dabei erhält er formlos eine Abschrift der Entscheidung.

1) Zustellung an den Verteidiger (I): 1

A. Eine **gesetzliche Zustellungsvollmacht,** die auch gegen den Willen des Beschuldigten gilt (Bay **69**, 110 = VRS **38**, 194), begründet die Vorschrift, um das Zustellungswesen zu vereinfachen; es ist daher auch nicht möglich, die Verteidigervollmacht dahin einzuschränken, dass sie sich nicht auf Zustellungen erstrecken soll (Dresden NStZ-RR **05**, 244; Jena NJW **01**, 3204; Köln NJW **04**, 3196; **aM** Hamm NJW **91**, 1317). Die gesetzliche Zustellungsvollmacht dauert so lange fort, bis ihr Widerruf aktenkundig geworden ist. Hat der Beschuldigte mehrere Verteidiger, so gilt I für jeden von ihnen; die Wirksamkeit der Zustellung wird aber weder dadurch berührt, dass nur an einen von ihnen zugestellt wurde (BVerfG NJW **01**, 2532), noch dadurch, dass die anderen von der Zustellung nicht unterrichtet worden sind (BVerfG NJW **02**, 1640; BGH NJW **77**, 640; erg unten 14). Zur Zustellung an RAe vgl 19, 29 zu § 37. 2

B. Neben der gesetzlichen gibt es die **rechtsgeschäftliche Zustellungsvollmacht** (BGH NStZ **97**, 293; Rostock VRS **107**, 442; Stuttgart Justiz **03**, 300; Schnarr NStZ **97**, 15 ff), die nicht auf die nach § 137 I S 2 3 zulässigen Wahlverteidiger beschränkt ist und die – anders als die gesetzliche Zustellungsvollmacht (unten 9) – auch später (zB durch unterschriebenen Empfangsnachweis oder durch anwalt- 2a schaftliche Versicherung) nachgewiesen werden kann (BGH aaO; 3 StR 450/07 vom 15. 1. 2008; Bay **04**, 1 = NJW **04**, 1263; DAR **03**, 380 mit Anm Metzger). Zur „außergerichtlichen Vollmacht" im OWi-Verfahren (sog „Verjährungsfalle") vgl Düsseldorf JR **08**, 522 mit Anm Fahl; Karlsruhe NStZ **09**, 295 mit Anm Fahl ZIS **09**, 380; Göhler 44 a zu § 51 OWiG.

3 C. Ein **wirksames Verteidigungsverhältnis** setzt I voraus: er gilt also nicht beim Fehlen der nach § 138 II erforderlichen Genehmigung und nach Zurückweisung des Verteidigers nach § 146 a. Ist eine Sozietät von mehr als 3 RAen bevollmächtigt, so darf an sie nicht zugestellt werden, wenn unter Verstoß gegen § 137 I S 2 alle das Mandat angenommen haben (Bay **76**, 1 = NJW **76**, 861; Hamm JMBlNW **82**, 58; MDR **80**, 513; erg 6 zu § 137); eine gleichwohl erfolgte Zustellung ist aber wirksam (§ 146 a II; KMR-Müller 6).

4 I gilt für **jede Art von Zustellungen,** also nicht nur für die Zustellung von gerichtlichen Entscheidungen, auch im Fall des § 232 IV, sondern zB auch für die Zustellung der Anklageschrift nach § 201 I.

5 Die gesetzliche Zustellungsvollmacht ermächtigt auch zum Empfang **sonstiger Mitteilungen** in Strafsachen für den Beschuldigten, selbst wenn sie nicht förmlich zugestellt zu werden brauchen (BGH **26**, 379, 381; Bay **74**, 66 = VRS **47**, 301: Hinweis nach § 72 I S 2 OWiG; Kleinknecht JZ **65**, 155). Das gilt auch für Mitteilungen der StA (BGH EzSt § 33 a Nr. 1; NStZ **81**, 95 [Pf]: Anträge nach § 349 III S 1, IV). Wenn eine Mitteilung nur an den Verteidiger zu richten ist (zB nach § 222 a I S 2), liegt kein Fall des I vor.

6 Die Vorschrift ermächtigt im Übrigen zwar zu Zustellungen an den Verteidiger, begründet aber **keine Rechtspflicht,** Zustellungen für den Beschuldigten an ihn zu bewirken. Zustellungen an den Beschuldigten sind wirksam und setzen die Rechtsmittelfristen in Lauf (BVerfG NJW **01**, 2532; BGH **18**, 352, 354; Bay **88**, 162 = VRS **76**, 307; Düsseldorf NStZ **89**, 88; Frankfurt StV **86**, 288; Karlsruhe VRS **105**, 348; Köln VRS **101**, 373), auch wenn der Verteidiger zuvor gebeten hat, Zustellungen nur an ihn zu bewirken (Stuttgart NStZ-RR **09**, 254 L); vgl aber auch RiStBV 154 I für die Urteilszustellung. Wird sowohl dem Verteidiger als auch dem Beschuldigten zugestellt, so gilt § 37 II.

7 D. **Aktenkundigkeit der Verteidigerstellung:** Die Bestellung des Pflichtverteidigers ergibt sich stets aus den Akten.

8 Bei Wahlverteidigung genügt grundsätzlich nicht das Bestehen einer schriftlich oder mündlich erteilten Vollmacht; vielmehr muss sich die **Vollmachtsurkunde in den Akten** befinden (vgl aber Rostock NStZ-RR **03**, 336 und Stuttgart Justiz **03**, 300: anders bei einer rechtsgeschäftlichen Zustellungsvollmacht, s oben 2). Eine Blankovollmacht genügt selbst dann nicht, wenn sich der Verteidiger in einem begleitenden Schriftsatz selbst als Vollmachtsnehmer bezeichnet (Stuttgart NStZ-RR **01**, 24). Ausreichend ist aber die Einreichung einer unbeglaubigten Abschrift oder Ablichtung (Bay DAR **83**, 252 [R]). Wird die Vollmachtsurkunde erst nach der Anordnung der Zustellung vorgelegt, so ist die Zustellung an den Verteidiger wirksam, wenn die Urkunde sich bei deren Ausführung in den Akten befindet (Hamm OLGSt S 15), nicht aber, wenn sie dorthin erst nach der Zustellung gelangt (Düsseldorf VRS **93**, 169; Schleswig StV **90**, 12 mwN).

9 Da das Gesetz eine schriftliche Bevollmächtigung nicht verlangt (9 vor § 137), ist I auch anwendbar, wenn die **Vollmacht in der Hauptverhandlung** mündlich erteilt und das im Sitzungsprotokoll beurkundet worden ist (Bay **75**, 150 = VRS **50**, 292; DAR **85**, 244 [R]; Celle NJW **84**, 444; Düsseldorf VRS **68**, 461). Ist das nicht geschehen, reicht allein das aus der Sitzungsniederschrift ersichtliche Auftreten des Verteidigers in Anwesenheit des Angeklagten nicht aus (BGH **41**, 303, 304 mwN; NStZ-RR **09**, 144; Bay **92**, 157 = VRS **84**, 447; Karlsruhe NStZ-RR **96**, 237).

10 Die **Untervollmacht** des Wahlverteidigers (11 vor § 137) enthält für den bevollmächtigten RA eine Zustellungsvollmacht nach I (Koblenz VRS **64**, 275). Der

allgemeine Vertreter des RA (§ 53 BRAO) kann Zustellungen für den Beschuldigten ohne Untervollmacht entgegennehmen. Der Pflichtverteidiger darf keine Untervollmacht erteilen (15 zu § 142).

Die Zustellungsvollmacht nach I besteht **nach Beendigung des Mandats** 11
fort, bis die Anzeige des Beschuldigten oder des Verteidigers über das Erlöschen des Verteidigerverhältnisses zu den Akten gelangt ist (Bay **69**, 110 = VRS **38**, 194; Koblenz VRS **71**, 203); allerdings ist bei Stellung eines Wiederaufnahmeantrags durch einen neuen Verteidiger idR davon auszugehen, dass nunmehr nur noch dieser zur weiteren Verteidigung berechtigt sein soll (Düsseldorf NStZ **93**, 403). Übernimmt der Verteidiger nach Niederlegung des Mandats erneut die Verteidigung, gilt I nur, wenn eine neue Vollmacht zu den Akten gegeben wird (Hamm NStZ-RR **09**, 144; Stuttgart NStZ-RR **02**, 369). Beim Pflichtverteidiger endet die Zustellungsvollmacht mit der Aufhebung der Beiordnung; erfolgt diese nicht, gilt die Zustellungsvollmacht daher auch noch im Wiederaufnahmeverfahren (Düsseldorf MDR **94**, 936).

2) Eine **Ladung des Beschuldigten** (II) darf dem Verteidiger nur auf Grund 12
einer ausdrücklichen Vollmacht, die in der allgemeinen Vollmachtsurkunde enthalten sein (einschr Düsseldorf StV **90**, 536; Köln StV **93**, 402) oder sich sonst aus den Akten ergeben kann (Celle NdsRpfl **94**, 314), zugestellt werden; die allgemeine Vollmacht zur Entgegennahme von „Zustellungen aller Art" genügt nicht (Karlsruhe MDR **80**, 687; Köln NStZ-RR **98**, 240). Eine besondere Vollmacht zur Entgegennahme von Ladungen kann auch dem Pflichtverteidiger erteilt werden (Düsseldorf StV **82**, 127), aber nur vom Beschuldigten selbst, nicht durch das Gericht (Köln NStZ-RR **99**, 334). Wird der Wahlverteidiger zum Pflichtverteidiger bestellt, so ist eine erneute ausdrückliche Bevollmächtigung erforderlich (Düsseldorf aaO). Ohne die ausdrücklich erklärte Vollmacht ist die Zustellung der Ladung an den Verteidiger wirkungslos (Bay NJW **04**, 532). Liegt die Vollmacht aber vor, so gilt sie auch für das Berufungsverfahren, obgleich hier die Säumnisfolgen der §§ 329, 330 eintreten können (3 zu § 323). Die Mitteilung von Ort und Zeit eines Termins, zu dem der Beschuldigte nicht zu erscheinen braucht (zB nach §§ 224 I, 350 I S 1), ist keine Ladung iS des III; sie kann, auch wenn sie formlos ergeht, an die Adresse des Verteidigers gerichtet werden. § 116a III wird durch II S 1 nicht berührt (II S 2).

3) Benachrichtigung von der Zustellung (III): Die Vorschrift ist Ausdruck 13
der prozessualen Fürsorgepflicht des Gerichts (Einl 155 ff). Sie soll sicherstellen, dass der Beschuldigte bei Zustellung an den Verteidiger und der Verteidiger bei Zustellung an den Beschuldigten unverzüglich von der zugestellten Entscheidung Kenntnis erlangen (Stuttgart VRS **67**, 39). Bei der Zustellung von Anträgen und Mitteilungen, die keine Entscheidungen sind, gilt III nicht (BGH EzSt § 33a Nr 1; NStZ **81**, 95 [Pf], StraFo **03**, 172). Der Verteidiger erhält nach III S 2 formlos eine Abschrift der Entscheidung, auch wenn seine Vollmacht nicht bei den Akten, das Verteidigungsverhältnis aber auf andere Weise bekanntgeworden ist.

III ist nur eine **Ordnungsvorschrift** (BGH NJW **77**, 640; dazu BVerfG 14
NJW **02**, 1640: verfassungsrechtlich unbedenklich). Unterbleibt die Benachrichtigung, so ist die Zustellung gleichwohl wirksam; für den Fristenablauf ist nur die Zustellung, nicht die Benachrichtigung nach III maßgebend (BGH aaO; EzSt § 341 Nr 2; Bay **92**, 79 = NJW **93**, 150; Düsseldorf VRS **64**, 269; Frankfurt NJW **82**, 1297; Hamburg NJW **65**, 1614; Stuttgart VRS **67**, 39; vgl auch BVerfG NJW **78**, 1575). Das gilt insbesondere, wenn dem Verteidiger zugestellt worden und die Benachrichtigung des Angeklagten nicht möglich ist, weil sein Aufenthalt nicht festgestellt werden kann (BGH NStZ **91**, 28 [M/K]; Hamburg MDR **71**, 775). Jedoch ist das Fehlen der Benachrichtigung idR ein Wiedereinsetzungsgrund nach § 44 (dort 17; vgl dazu auch Martin GA **95**, 128); uU kann es sogar die Revision begründen (vgl Frankfurt NStZ **90**, 556; Stuttgart aaO). Für die Ladung des

Beschuldigten gilt III nicht, auch nicht für Mitteilungen der StA (BGH NStZ **81**, 95 [Pf]).

15 **4)** Ein **RA als Vertreter des Privat- oder Nebenklägers** ist nach §§ 378 S 2, 379 I S 2 iVm § 378 S 2 zustellungsbevollmächtigt. Für Ladungen gilt II entspr (7 zu § 378).

Verbot der Mehrfachverteidigung

146 **[1]Ein Verteidiger kann nicht gleichzeitig mehrere derselben Tat Beschuldigte verteidigen. [2]In einem Verfahren kann er auch nicht gleichzeitig mehrere verschiedener Taten Beschuldigte verteidigen.**

1 **1)** Das **Verbot der Mehrfachverteidigung** soll den Beschuldigten, auch gegen seinen Willen, davor schützen, dass der Verteidiger in einen Interessenwiderstreit gerät und dadurch seine Beistandsfunktion, die es auch im öffentlichen Interesse zu bewahren gilt, beeinträchtigt wird (BVerfGE **45**, 354, 358 = NJW **77**, 1767). Das Verbot der Mehrfachverteidigung besteht bei Tatidentität (S 1) und bei Verfahrensidentität (S 2); die sukzessive Mehrfachverteidigung ist nicht mehr verboten (BGH NStZ **94**, 500; NStZ-RR **02**, 12). § 146 kann auch nicht entspr auf den Fall angewendet werden, dass ein Verteidiger, Bevollmächtigter oder sonstiger Beistand durch die Wahrnehmung von Interessen Dritter in einen Interessenwiderstreit gerät; nach dem Willen des Gesetzgebers (vgl BT-Drucks 10/1313 S 22) muss der Verteidiger einen solchen Konflikt (schon wegen § 356 StGB) selbst lösen (BGH NStZ **92**, 292; Düsseldorf NStZ **91**, 352 mwN). Die Vorschrift ist auch nicht auf den Fall entspr anwendbar, dass der Bewährungshelfer als Bevollmächtigter sofortige Beschwerde einlegt (Bringewat MDR **88**, 617 gegen Düsseldorf NStZ **87**, 340).

2 **2) Allgemeine Grundsätze:**

3 A. Die mehrfache **Verteidigung** untersagt § 146. Für den angeklagten RA, der einen an derselben Tat beteiligten Mitangeklagten verteidigt, gelten die §§ 138a ff (Stuttgart Justiz **87**, 80).

4 Verteidigung iS des § 146 ist bereits die **Anbahnung eines Mandats** (KG StV **85**, 405 mit abl Anm Hassemer; München NJW **83**, 1688; **aM** Düsseldorf StV **84**, 106; KK-Laufhütte 3; Beulke 126; Kratzsch JA **83**, 675; vgl auch BVerfG NJW **76**, 231; BGH **28**, 67).

5 § 146 **verbietet** aber **nicht,** dass sich die Verteidiger mehrerer derselben Tat Beschuldigter untereinander und ihr Vorgehen miteinander besprechen (Düsseldorf NJW **02**, 3267 = JR **03**, 346 mit zust Anm Beulke).

6 B. **Verteidiger** iS § 146 ist nicht nur der Wahlverteidiger, sondern auch der Pflichtverteidiger; er darf nicht bestellt werden, wenn er bereits Verteidiger eines Mitbeschuldigten ist (BGH **26**, 335; **27**, 22; 3 zu § 142).

7 Es macht keinen Unterschied, ob der Verteidiger die Verteidigung als Hauptverteidiger oder nur als **Unterbevollmächtigter oder allgemeiner Vertreter** nach § 53 BRAO führt (BGH **27**, 154, 158). Auf den Umfang der Tätigkeit kommt es dabei nicht an; § 146 gilt auch, wenn sich die Tätigkeit des Unterbevollmächtigten auf die Erledigung bestimmter Aufgaben beschränkt, zB auf Kontaktgespräche mit dem Beschuldigten (BVerfG NJW **76**, 231; München NJW **76**, 252), auf die Vertretung im Haftprüfungstermin (BGH NStZ **84**, 15 [Pf/M]; Hamburg MDR **77**, 776) oder auf Besuche in der UHaft (**aM** LG Bremen StV **85**, 143).

8 Auch die **Mitglieder einer Anwaltssozietät** (vgl auch 6 zu § 137) dürfen nicht mehrere Beschuldigte verteidigen (Karlsruhe NJW **76**, 248; MDR **77**, 69; Köln NStZ **83**, 560). Das gilt aber nur, wenn sich alle Sozietätsanwälte als Verteidiger bestellt haben (BGH NStZ **83**, 228; Karlsruhe aaO). Eine nachträgliche Beschränkung auf jeweils einen Beschuldigten schließt die Anwendung des § 146 aus (Celle StV **89**, 471). Es ist zulässig, dass von den in der Sozietät zusammenge-

schlossenen RAen auf Grund entspr Einzelvollmachten jeder einen anderen Mitbeschuldigten verteidigt (BVerfGE **43**, 79 = NJW **77**, 99; BVerfGE **45**, 272, 295 ff = NJW **77**, 1629; Karlsruhe NStZ **99**, 212 mit abl Anm Stark). Dabei ist unschädlich, dass in der Vollmachtsurkunde keiner der darin genannten RAe durch Streichung seines Namens oder in anderer Weise ausgeschlossen ist; maßgebend ist, dass sich die Anwälte jeweils als Verteidiger nur eines Mitbeschuldigten bestellen (BVerfGE aaO; BGH **27**, 124, 127; Frankfurt NStZ **83**, 472; LG Regensburg NJW **05**, 2245). Ob wegen der Gefahr eines Interessenkonflikts darin aber ein Verstoß gegen § 43 a IV BRAO, § 3 I, II BerufsO liegt, ist str (bejahend Eylmann StraFo **98**, 145, verneinend Kleine-Cosack StraFo **98**, 149; vgl auch Lüderssen StV **98**, 357). Eine Pflichtverteidigerbestellung kommt aber bei einer Anwaltssozietät idR nicht in Betracht (Frankfurt NStZ-RR **99**, 333; LG Frankfurt aM StV **98**, 358; Stuttgart OLGSt Nr 5 zu § 142; vgl aber auch Hamm StV **04**, 641: nur bei konkreten Umständen für die Annahme eines Interessenkonflikts); die gleichwohl erfolgte Bestellung führt jedoch nur bei konkret erkennbarem Interessenwiderstreit zur Zurücknahme der Bestellung (Frankfurt StV **99**, 199; Stuttgart StV **00**, 656).

C. **Unwiderleglich vermutet** wird der Interessenwiderstreit bei Mehrfachver- **9**
teidigung (Düsseldorf JMBlNW **84**, 234; Karlsruhe MDR **77**, 777). Denn die Gefahr, dass es bei der gleichzeitigen Verteidigung mehrerer Beschuldigter durch einen RA zum Interessenwiderstreit kommt, lässt sich in keinem Fall ausschließen (vgl BVerfGE **39**, 156, 164 = NJW **75**, 1013, 1014). Auch die verdeckte Interessenkollision, die weder der Verteidiger noch einer der Beschuldigten aufdecken kann oder will und die dem Gericht daher nicht erkennbar wird, soll von vornherein verhindert werden. Ob tatsächlich ein Interessenwiderstreit besteht, hat das Gericht daher nicht zu prüfen (BGH **27**, 22, 24; 148, 151; Düsseldorf NStZ **88**, 289; Frankfurt NJW **80**, 898; Hamm NJW **80**, 1059; Karlsruhe NJW **76**, 249; München NJW **80**, 1477; Beulke NStZ **85**, 293; Dünnebier NJW **76**, 7; Günther JZ **81**, 818; **aM** Frankfurt NStZ **83**, 472 mit abl Anm Paulus).

D. **In allen Verfahrensabschnitten** gilt das Verbot, also schon im Ermittlungs- **10**
verfahren (vgl § 146 a I S 2), sofern die Beschuldigteneigenschaft (Einl 76) bereits begründet ist (Karlsruhe MDR **86**, 605), und noch im Vollstreckungsverfahren (Düsseldorf NStZ **85**, 521; München NJW **80**, 1477; Schleswig SchlHA **85**, 131 [E/L]; Dünnebier Pfeiffer-FS 282). § 146 ist im Privatklageverfahren (Karlsruhe Justiz **78**, 114; vgl auch BVerfG AnwBl **77**, 223 mit krit Anm Krämer) und im Bußgeldverfahren anzuwenden (Bay NJW **77**, 820; Karlsruhe NJW **77**, 161; Koblenz NJW **78**, 2608; Köln NStZ **83**, 560; Stuttgart MDR **77**, 686; vgl auch BVerfGE **45**, 272 = NJW **77**, 1629). Zur Bedeutung des § 146 im Steuerstrafverfahren vgl Streck MDR **78**, 893.

Die Vorschrift gilt auch für die **Vertretung mehrerer Strafgefangener** in den **11**
Verfahren nach den §§ 23 ff **EGGVG** und §§ 109 ff **StVollzG** (München NStZ **85**, 383), nicht aber allgemein in Strafvollzugssachen (Nestler-Tremel NStZ **86**, 534; **aM** Celle StV **86**, 108 mit abl Anm Nestler-Tremel/Prittwitz; vgl auch BVerfG NJW **86**, 1161).

Im **Auslieferungsverfahren** (vgl §§ 2 ff IRG) ist § 146 nicht anwendbar; denn **12**
dieses Verfahren ist Teil des Strafverfahrens des fremden Staates, der um die Auslieferung ersucht (vgl Rebmann NStZ **81**, 45). Wenn dagegen mehrere Beschuldigte wegen derselben Tat in die BRep eingeliefert werden sollen, gilt § 146 auch für die Verteidigung in dem Einlieferungsverfahren, das bereits zum Strafverfahren in der BRep gehört.

3) Verbot der Mehrfachverteidigung bei Tatidentität (S 1): Mehrere der- **13**
selben Tat Beschuldigte darf der Verteidiger nicht gleichzeitig (unten 18 ff) verteidigen. § 146 erfasst jedoch, obwohl auch das mit dem GG vereinbar wäre (BVerfGE **45**, 354 = NJW **77**, 1767), nicht den Fall, dass den Beschuldigten in verschiedenen Verfahren (unten 16) verschiedene verfahrensrechtlich unabhängige

Straffälle zur Last gelegt werden (Bay NJW **77**, 820; Celle VRS **67**, 347; Stuttgart GA **79**, 395; NStZ **85**, 326).

14 Maßgebend dafür, ob dieselbe Tat iS des S 1 vorliegt, ist vielmehr der **strafprozessuale Tatbegriff** des § 264 (dort 2). Eine Ausnahme kann auch nicht für den Fall gemacht werden, dass zwar keine verfahrensrechtliche Tatidentität besteht, die Taten aber in engem Sachzusammenhang stehen, wie zB bei Begünstigung, Hehlerei und Strafvereitelung (Schleswig SchlHA **93**, 226).

15 Zur Frage der Anwendung des § 146 in **Verfahren nach § 129 a StGB** vgl BGH **27**, 148; KG NStZ **81**, 75; Düsseldorf AnwBl **81**, 22; Frankfurt StV **96**, 84; Nestler-Tremel NStZ **86**, 534; Rebmann NStZ **81**, 44.

16 Für die Anwendung des S 1 macht es, verfassungsrechtlich unbedenklich (BVerfG NJW **76**, 231; **82**, 1803), keinen Unterschied, ob auch **Verfahrensidentität** besteht. Bei Tatidentität ist die Mehrfachverteidigung vielmehr auch verboten, wenn gegen die mehreren Beschuldigten getrennte Verfahren geführt werden und der Verteidiger in jedem dieser Verfahren einen von ihnen verteidigen will (BGH **26**, 291, 296; **27**, 148, 150; 154, 155; Bremen NStZ **85**, 89; Düsseldorf NJW **75**, 2220; Hamm NStZ **84**, 425; Koblenz MDR **77**, 335; München NJW **76**, 252; Beulke 126 ff und NStZ **85**, 289). Auch in diesem Fall ist nicht zu prüfen, ob ein Interessenwiderstreit tatsächlich vorliegt (BGH **26**, 367, 370, Frankfurt NJW **80**, 898; Koblenz aaO; vgl auch LG Hamburg MDR **90**, 652).

17 **4) Verbot der Mehrfachverteidigung bei Verfahrensidentität** (S 2): Auf Tatidentität (oben 13 ff) kommt es nicht an, wenn die Verfahren gegen die mehreren Beschuldigten verbunden worden sind. Ihre gleichzeitige (unten 18 ff) Verteidigung ist dann immer unzulässig, auch schon im Ermittlungsverfahren. Wenn nicht zugleich Tatidentität vorliegt und die Mehrfachverteidigung daher nicht auch nach S 1 verboten ist, beginnt die Unzulässigkeit der Verteidigung nach S 2 mit der Verfahrensverbindung und endet von selbst, wenn die Verfahren wieder getrennt werden. Eine Verbindung nach § 237, die keine Verfahrensidentität schafft (BGH **36**, 348), genügt nicht (Stuttgart NStZ **85**, 326; **aM** KK-Laufhütte 8; Beulke NStZ **85**, 289).

18 **5)** Nur die **gleichzeitige Verteidigung** mehrerer Beschuldigter verstößt gegen § 146. Die sukzessive Mehrfachverteidigung, dh die Übernahme oder Fortführung der Verteidigung des Beschuldigten, nachdem die des Mitbeschuldigten erledigt ist, verbietet die Vorschrift nicht (oben 1). Nicht mehr gleichzeitig iS des § 146 ist die Verteidigung nur dann, wenn der Verteidiger rechtlich nicht in der Lage ist, für seinen früheren Mandanten weiterhin als Verteidiger tätig zu werden (Jena NJW **08**, 311; Karlsruhe NStZ **88**, 567). Nach rechtskräftigem Abschluss des Verfahrens gegen den früher verteidigten Beschuldigten darf ein anderer Tatteilnehmer verteidigt werden (BGH NStZ **94**, 500; LG Dessau-Roßlau StraFo **08**, 74), es sei denn, der Verteidiger ist auch noch im Strafvollstreckungs- oder Strafvollzugsverfahren für den früher verteidigten Beschuldigten tätig (vgl auch LR-Lüderssen/Jahn 23, 24).

19 Gleichzeitig ist die Verteidigung daher nur dann nicht, wenn die Verteidigerbeziehung zu dem früheren Mandanten **rechtlich beendet** ist, sei es, dass er verstorben ist, sei es, dass er dem Verteidiger das Mandat entzogen oder dieser es niedergelegt hat. Wenn der Verteidiger dem Gericht diese Beendigung nicht schon früher angezeigt hat, muss er bei Übernahme oder Fortführung der Verteidigung des anderen Beschuldigten erklären, dass er den früher verteidigten Beschuldigten nicht mehr verteidigt.

20 Fehlt es an der rechtlichen Beendigung der früheren Verteidigertätigkeit, so gilt § 146 **ohne Rücksicht auf den Umfang der früheren Tätigkeit** des Verteidigers (BGH **28**, 67). Eine Unterscheidung zwischen Verteidigung auf materiellem oder formellem Gebiet kennt die Vorschrift nicht; die spätere Verteidigung ist bei Fehlen der rechtlichen Beendigung der früheren auch dann unzulässig, wenn die frühere sich auf unwesentliche Prozesshandlungen beschränkt hat (Düsseldorf NStZ **83**, 471: Sachstandsanfrage; **aM** Frankfurt NStZ **83**, 472 mit abl Anm Pau-

lus, das sogar die Berufungseinlegung für unschädlich hält). § 146 gilt aber nicht, wenn der Verteidiger für den früheren Mandanten überhaupt nicht tätig geworden ist (Karlsruhe MDR **77**, 777; Rebmann NStZ **81**, 45).

6) Unzulässigkeit der gegen § 146 verstoßenden Verteidigung: 21
Ist der Verteidiger von den mehreren Beschuldigten **gleichzeitig beauftragt** 22 worden, so sind sämtliche Verteidigungen unzulässig (Celle StV **86**, 108; Düsseldorf NStZ **84**, 235; Hamm NJW **80**, 1059; Koblenz MDR **80**, 514; VRS **65**, 372; Köln NStZ **83**, 560). Beim Fehlen sonstiger Anhaltspunkte ist für die Auftragserteilung das Datum der Vollmachtsurkunde maßgebend (Düsseldorf JMBlNW **86**, 34; Hamm aaO; Koblenz NJW **78**, 2609). Lassen sich die Daten der Verteidigungsübernahme nicht feststellen, so sind beide Verteidigungen unzulässig (Koblenz MDR **80**, 514; VRS **65**, 372).

Bei **nicht gleichzeitiger Beauftragung** ist grundsätzlich nur die Verteidigung 23 unzulässig, durch deren Übernahme der Verteidiger gegen das Verbot des § 146 verstoßen hat, also die später übernommene (BGH **26**, 291, 297; **27**, 148, 150; Bremen NStZ **85**, 89; Hamm NStZ **84**, 425; Koblenz VRS **65**, 372; Schleswig SchlHA **85**, 131 [E/L]; Stuttgart NStZ **85**, 326, 327; **aM** Hamm NStZ **83**, 378; **85**, 327 mit abl Anm Bottke; Beulke 126; Dünnebier NJW **76**, 7, die beide Verteidigungen für unzulässig halten). Die zuerst übernommene Verteidigung bleibt zulässig und darf fortgeführt werden. Eine Ausnahme soll nach Düsseldorf NStZ **83**, 88 gelten, wenn nicht auszuschließen ist, dass die Übernahme der späteren Verteidigung die Führung der zuerst übernommenen beeinflusst hat.

Die Unzulässigkeit der Verteidigung **schließt aus,** dass der Verteidiger die Inte- 24 ressen des Beschuldigten in dem Strafverfahren in anderer Weise (als Unterbevollmächtigter, Beauftragter) wahrnehmen darf (BGH **26**, 335, 337; 367, 373; Bay **76**, 153 = MDR **77**, 336; **aM** M.J. Schmid MDR **79**, 805); lediglich eine interne Mitarbeit bei einem anderen Verteidiger ist möglich (BGH NStZ **91**, 398).

7) Die **Zurückweisung** des Verteidigers, dessen Tätigkeit gegen § 146 verstößt, 25 regelt § 146 a.

Zurückweisung des Verteidigers

146a I [1]**Ist jemand als Verteidiger gewählt worden, obwohl die Voraussetzungen des § 137 Abs. 1 Satz 2 oder des § 146 vorliegen, so ist er als Verteidiger zurückzuweisen, sobald dies erkennbar wird; Gleiches gilt, wenn die Voraussetzungen des § 146 nach der Wahl eintreten.** [2]**Zeigen in den Fällen des § 137 Abs. 1 Satz 2 mehrere Verteidiger gleichzeitig ihre Wahl an und wird dadurch die Höchstzahl der wählbaren Verteidiger überschritten, so sind sie alle zurückzuweisen.** [3]**Über die Zurückweisung entscheidet das Gericht, bei dem das Verfahren anhängig ist oder das für das Hauptverfahren zuständig wäre.**

II **Handlungen, die ein Verteidiger vor der Zurückweisung vorgenommen hat, sind nicht deshalb unwirksam, weil die Voraussetzungen des § 137 Abs. 1 Satz 2 oder des § 146 vorlagen.**

1) Zurückweisung des Verteidigers (I): Die Folgen des Verstoßes gegen 1 §§ 137 I S 2, 146 treten nicht kraft Gesetzes ein; die Verteidigung wird nicht ohne weiteres unwirksam. § 146 a bestimmt vielmehr, dass der Verteidiger ausdrücklich zurückgewiesen werden muss, sobald erkennbar ist, dass die Verteidigung unzulässig ist. Erst wenn der Zurückweisungsbeschluss unanfechtbar ist, verliert er seine Verteidigerbefugnisse. Bei der Zurückweisung hat das Gericht keinen Ermessensspielraum; beim Vorliegen der gesetzlichen Voraussetzungen muss es sie anordnen (vgl BGH **26**, 291; NJW **77**, 156; H.W. Schmidt MDR **77**, 530).

Diese Grundsätze gelten nach S 1 Hs 2 auch wenn im **Fall des § 146 S 2** die 2 Voraussetzungen des § 146 erst dadurch eintreten, dass Verfahren gegen mehrere

Beschuldigte verbunden werden, die denselben Verteidiger gewählt haben. Der Zurückweisung, die beide Verteidigungen betrifft, kann der Verteidiger dann allerdings dadurch entgegen, dass er die Verteidigerbeziehung zu einem der Beschuldigten beendet (19 zu § 146).

3 Der **Pflichtverteidiger** wird nicht zurückgewiesen. Stellt sich heraus, dass seine Tätigkeit gegen § 146 verstößt, so wird seine Beiordnung aufgehoben und ein anderer Pflichtverteidiger bestellt (vgl BT-Drucks 10/1313 S 23).

4 **Als Verteidiger zurückzuweisen** ist im Fall des § 137 I S 2 derjenige, der zum Verteidiger gewählt wird, obwohl bereits 3 Verteidiger tätig sind (KG NJW **77**, 912). Maßgebend ist grundsätzlich das Datum der Vollmachtsurkunde. Wenn mehrere Verteidiger gleichzeitig ihre Wahl anzeigen und dadurch die Höchstzahl der wählbaren Verteidiger überschritten wird, müssen alle zurückgewiesen werden (S 2). Das Gericht darf nicht etwa einen von ihnen als Verteidiger zulassen und nur die anderen zurückweisen; denn es muss dem Angeklagten überlassen bleiben, von wem er verteidigt werden will. Im Fall des § 146 ist der Verteidiger zurückzuweisen, dessen Verteidigung nach den Grundsätzen 21 ff zu § 146 unzulässig ist.

5 Durch mit Gründen zu versehenen (§ 34) **Beschluss,** vor dessen Erlass die StA nach § 33 II und der betroffene Verteidiger nach § 33 III zu hören sind (vgl Bay StV **88**, 97), wird über die Zurückweisung entschieden; den Beteiligten sollte aber zuvor Gelegenheit gegeben werden, die Verteidigungsverhältnisse so zu gestalten, dass eine Zurückweisung entbehrlich ist (Zweibrücken StraFo **09**, 516). Zuständig ist das Gericht, nicht der Vorsitzende allein, bei dem das Verfahren anhängig ist, das Rechtsmittelgericht erst nach Vorlage der Akten nach §§ 321 S 2, 347 II. Im Vorverfahren entscheidet das Gericht, das für das Hauptverfahren zuständig wäre, bei Zuständigkeitswahl nach § 24 I Nrn 2, 3 GVG das Gericht, bei dem die StA die Anklageerhebung beabsichtigt; es kann die Entscheidung entspr § 209 dem AG übertragen (23 zu § 81). Tritt der Verteidiger gegenüber der StA auf, so führt sie die Entscheidung des danach zuständigen Gerichts herbei (Dünnebier Pfeiffer-FS 282).

6 **2) Wirksamkeit der Prozesshandlungen** (II): Die Zurückweisung des Verteidigers wirkt nur für die Zukunft. Prozesshandlungen des Verteidigers vor der Zurückweisung bleiben (trotz Nichtigkeit des Mandatsvertrages, vgl Wasmuth NStZ **89**, 349 ff) wirksam. Daher kann der Fall eintreten, dass sich für die Revisionsbegründung eine Vielzahl von Verteidigern bestellt (krit dazu Foth NStZ **87**, 441). Das Revisionsgericht ist dann verpflichtet, sich mit jeder Revisionsbegründungsschrift auseinanderzusetzen; nur in der Hauptverhandlung über die Revision braucht es nicht mehr als 3 Verteidiger zuzulassen.

6a Ob dem Verteidiger für die vor seiner Zurückweisung vorgenommene Tätigkeit ein **Honoraranspruch** zusteht, ist str (verneinend GStA Zweibrücken NStZ-RR **04**, 191, bejahend LR-Lüderssen/Jahn 14 mwN).

7 **3) Anfechtung:**

8 Der StA steht gegen den Beschluss, mit dem ihr Antrag auf Zurückweisung eines Verteidigers abgelehnt wird, die **Beschwerde** nach § 304 I zu (16 vor § 296). Das gleiche Rechtsmittel hat im Fall der Zurückweisung jeder davon betroffene Beschuldigte und der zurückgewiesene Verteidiger im eigenen Namen (BGH **26**, 291; Köln NStZ **82**, 129; München NJW **76**, 863), aber auch namens und im Auftrag des Beschuldigten (BGH aaO; **27**, 148; Stuttgart Justiz **84**, 430; H. W. Schmidt MDR **77**, 529): § 305 S 1 steht nicht entgegen (Karlsruhe AnwBl **89**, 54; aM Hamm NStZ **87**, 476). Der Zurückweisungsbeschluss des OLG ist nach § 304 IV S 2 unanfechtbar (BGH NJW **77**, 156).

9 Die **Revision** kann auf das Unterlassen der Zurückweisung nach § 146a mit Erfolg nur gestützt werden, wenn die Verteidigung der mehreren Angeklagten der Aufgabe der Verteidigung im Einzelfall tatsächlich widerstritten hat und der Beschwerdeführer die Tatsachen darlegt, aus denen sich das ergibt (BGH **27**, 22 = JR **77**, 211 mit Anm Meyer; BGH **27**, 154, 159; NStZ **81**, 190; **86**, 513, 514; vgl

auch Koblenz NJW **80**, 1058; **aM** Dünnebier Pfeiffer-FS 278: maßgebend ist allein der Verstoß gegen § 146; erg 41 zu § 338). Ob dem Tatrichter der Verstoß gegen § 146 bekannt war, ist gleichgültig (Koblenz aaO; **aM** BGH **27**, 22, 24 = JR **77**, 211 mit insoweit abl Anm Meyer; erg 9 zu § 337). Dass der Verteidiger eines Mitangeklagten nach § 146 hätte zurückgewiesen werden müssen, kann nicht gerügt werden (BGH NStZ **85**, 205 [Pf/M]; Bremen NStZ **85**, 89). Ist ein Verteidiger zurückgewiesen worden, ohne dass die Voraussetzungen des § 146 vorgelegen haben, so begründet das die Revision nicht, wenn der Angeklagte anderweit ordnungsgemäß verteidigt war (BGH **27**, 154, 159).

Akteneinsicht **RiStBV 160, 213**

147 **I Der Verteidiger ist befugt, die Akten, die dem Gericht vorliegen oder diesem im Falle der Erhebung der Anklage vorzulegen wären, einzusehen sowie amtlich verwahrte Beweisstücke zu besichtigen.**

II 1 Ist der Abschluss der Ermittlungen noch nicht in den Akten vermerkt, kann dem Verteidiger die Einsicht in die Akten oder einzelne Aktenteile sowie die Besichtigung von amtlich verwahrten Beweisgegenständen versagt werden, soweit dies den Untersuchungszweck gefährden kann. 2 Liegen die Voraussetzungen von Satz 1 vor und befindet sich der Beschuldigte in Untersuchungshaft oder ist diese im Fall der vorläufigen Festnahme beantragt, sind dem Verteidiger die für die Beurteilung der Rechtmäßigkeit der Freiheitsentziehung wesentlichen Informationen in geeigneter Weise zugänglich zu machen; in der Regel ist insoweit Akteneinsicht zu gewähren.

III Die Einsicht in die Niederschriften über die Vernehmung des Beschuldigten und über solche richterlichen Untersuchungshandlungen, bei denen dem Verteidiger die Anwesenheit gestattet worden ist oder hätte gestattet werden müssen, sowie in die Gutachten von Sachverständigen darf dem Verteidiger in keiner Lage des Verfahrens versagt werden.

IV 1 Auf Antrag sollen dem Verteidiger, soweit nicht wichtige Gründe entgegenstehen, die Akten mit Ausnahme der Beweisstücke zur Einsichtnahme in seine Geschäftsräume oder in seine Wohnung mitgegeben werden. 2 Die Entscheidung ist nicht anfechtbar.

V 1 Über die Gewährung der Akteneinsicht entscheidet im vorbereitenden Verfahren und nach rechtskräftigem Abschluss des Verfahrens die Staatsanwaltschaft, im Übrigen der Vorsitzende des mit der Sache befassten Gerichts. 2 Versagt die Staatsanwaltschaft die Akteneinsicht, nachdem sie den Abschluss der Ermittlungen in den Akten vermerkt hat, versagt sie die Einsicht nach Absatz 3 oder befindet sich der Beschuldigte nicht auf freiem Fuß, so kann gerichtliche Entscheidung durch das nach § 162 zuständige Gericht beantragt werden. 3 Die §§ 297 bis 300, 302, 306 bis 309, 311 a und 473 a gelten entsprechend. 4 Diese Entscheidungen werden nicht mit Gründen versehen, soweit durch deren Offenlegung der Untersuchungszweck gefährdet werden könnte.

VI 1 Ist der Grund für die Versagung der Akteneinsicht nicht vorher entfallen, so hebt die Staatsanwaltschaft die Anordnung spätestens mit dem Abschluss der Ermittlungen auf. 2 Dem Verteidiger ist Mitteilung zu machen, sobald das Recht zur Akteneinsicht wieder uneingeschränkt besteht.

VII 1 Dem Beschuldigten, der keinen Verteidiger hat, sind auf seinen Antrag Auskünfte und Abschriften aus den Akten zu erteilen, soweit dies zu einer angemessenen Verteidigung erforderlich ist, der Untersuchungszweck, auch in einem anderen Strafverfahren, nicht gefährdet werden kann und nicht überwiegende schutzwürdige Interessen Dritter entgegenstehen. 2 Absatz 2 Satz 2 erster Halbsatz, Absatz 5 und § 477 Abs. 5 gelten entsprechend.

Übersicht

1 **1) Allgemeine Grundsätze:**

2 A. **Zur Akteneinsicht berechtigt** ist der Verteidiger (§ 147), der Prozessbevollmächtigte des Privatklägers (§ 385 III), des Nebenklägers (§ 406 e), des Einziehungs- oder Verfallsbeteiligten (§§ 434 I S 2, 442 I) sowie der bußgeldbeteiligten JP oder PV (§ 444 II S 2). Ferner hat das Akteneinsichtsrecht der Bevollmächtigte des Verletzten (§ 406 e) und (ohne gesetzliche Regelung) des Antragstellers in den Verfahren nach den §§ 23 ff **EGGVG,** 109 ff **StVollzG.** Zur Akteneinsicht durch Sachverständige vgl § 80 II. Im Anwendungsbereich des § 147 sind datenschutzrechtliche Auskunftsansprüche ausgeschlossen (Polenz NJW **09**, 1924).

3 Einen generellen **Anspruch auf Akteneinsicht** hat der Beschuldigte selbst unverändert nicht (BT-Drucks 16/11 644 S 34; vgl den auf II S 2 1. Hs beschränkten Verweis in VII S 2 und zur früheren Rechtslage BVerfGE **53**, 207, 214 = NJW **80**, 1677; KG JR **65**, 69; Düsseldorf JZ **86**, 508; **aM** Böse StraFo **99**, 293; Frohn GA **84**, 564; vgl auch LG Düsseldorf StraFo **08**, 505), auch wenn er RA oder Richter ist (LG Mainz NJW **99**, 1271; Bode MDR **81**, 287; Klussmann NJW **73**, 1965; erg unten 9, 19); anders aber nach § 185 **StVollzG** (BVerfG StraFo **02**, 207) und ausnahmsweise im Bußgeldverfahren (LG Hamburg NZV **93**, 495).

4 Der – unverteidigte (BGH 1 StR 697/08 vom 5. 2. 2009) – **Beschuldigte selbst** hat jedoch auf seinen Antrag hin einen Anspruch auf Auskünfte und Abschriften aus den Akten, wenn er sich ansonsten nicht angemessen verteidigen könnte; diesen Anspruch hat er allerdings nur, soweit der Untersuchungszweck, auch in Bezug auf andere Strafverfahren, nicht gefährdet werden kann und nicht überwiegende schutzwürdige Interessen Dritter entgegenstehen (VII S 1; vgl auch schon LG Ravensburg NStZ **96**, 100). Zur Gefährdung des Untersuchungszwecks vgl unten 25; bei schutzwürdigen Interessen Dritter ist insbesondere an die Wahrung der Intimsphäre Dritter sowie an den Schutz gefährdeter Zeugen und von Geschäfts- und Betriebsgeheimnissen zu denken. Die Akten dürfen dem Beschuldigten grundsätzlich nicht überlassen werden (Karlsruhe VRS **118**, 211, 214; weitergehend Dedy StraFo **01**, 153). Kann er sich ohne vollständige Aktenkenntnis nicht hinreichend verteidigen, so ist ihm ein Pflichtverteidiger beizuordnen (27 zu § 140); ist das wegen des geringfügigen Vorwurfs untunlich, muss die Akteneinsicht gewährt werden (EGMR NStZ **98**, 429 mit zust Anm Deumeland; zu den Auswirkungen dieser Entscheidung auf das Akteneinsichtsrecht des Beschuldigten allgemein Böse aaO und Haass NStZ **99**, 442 sowie Kühne JZ **03**, 672; Frankfurt

NStZ-RR **01**, 374; LG Stralsund NStZ-RR **06**, 143). Der Zugang zu den für die Beurteilung der Rechtmäßigkeit der U-Haft wesentlichen Informationen darf nicht beschränkt werden (VII S 2 iVm II S 2, 1. Hs; näher dazu unten 25a; idR wird hier aber ein Verteidiger bestellt sein, §§ 140 I Nr 4, 141 III S 4). Wegen der datenschutzrechtlich begründeten Zweckbindung einer Auskunfterteilung wird in VII S 2 § 477 V für entspr anwendbar erklärt (dort 15); für den Verteidiger erschien dem Gesetzgeber eine solche Regelung wegen dessen Stellung als Organ der Rechtspflege überflüssig. Zum Rechtsschutz unten 39.

Die **Akteneinsicht an Nichtverfahrensbeteiligte** (bisher nur in RStBV 185 erörtert) regeln nun §§ 474 ff (eingefügt durch das StVÄG 1999) umfassend (vgl dort). Die Übermittlung personenbezogener Daten (aus Dateien oder Akten) von Amts wegen an öffentliche Stellen des Bundes oder eines Landes für andere Zwecke als die des Verfahrens, für die die Daten erhoben worden sind, ist, soweit keine bereichsspezifischen Normen bestehen, in den §§ 12 ff **EGGVG** (iVm der MiStra) geregelt; ein solcher Fall liegt auch vor, wenn eine nicht am Verfahren beteiligte öffentliche Stelle eine Mitteilung von Amts wegen anregt. 5

B. Die **Erteilung von Abschriften und Ablichtungen** aus den Akten ist ein Unterfall der Akteneinsicht (Hamm NJW **85**, 2040; Köln NJW **85**, 336, 337). Der Verteidiger hat allerdings keinen Anspruch darauf, dass ihm Abschriften oder Ablichtungen ausgehändigt werden (BGH MDR **73**, 371 [D]; Bay **53**, 28 = JR **53**, 465; KG Rpfleger **83**, 325; Hamburg NJW **63**, 1024); zur Erteilung einer Abschrift der Sitzungsniederschrift vgl aber 6 aE zu § 35. 6

Der Verteidiger kann sich jedoch, wenn nicht besondere Gründe entgegenstehen, Abschriften oder Ablichtungen **selbst anfertigen** oder auf seine Kosten anfertigen lassen (Bay aaO; Bode MDR **81**, 287), auch in Verschlusssachen (vgl näher BGH **18**, 369, 371 ff, auch zu Auflagen; Hamburg aaO), grundsätzlich aber nur durch sein eigenes Büropersonal (LR-Lüderssen/Jahn 100; vgl auch § 19 BORA). Entsprechendes gilt für die Aufnahme von Tonaufzeichnungen auf ein eigenes Tonband und grundsätzlich auch für Videoaufzeichnungen (Schleswig NJW **80**, 352, 353); im Einzelfall ist dem Verteidiger jedoch auf Antrag nach Übersendung einer Leerkassette, CD-ROM usw eine Kopie zu überlassen (Bay **90**, 128, 131 = NJW **91**, 1070; Koblenz NStZ-RR **00**, 311; AG Cottbus bei Burhoff StRR **09**, 146 [Messfilm]; AG Bad Liebenwerda StraFo **09**, 384 [Messfoto]; vgl auch AG Peine bei Burhoff StRR **08**, 390: kein Anspruch auf Umformatierung). Dabei muss er dafür sorgen, dass Missbrauch ausgeschlossen ist. Seinen an der Bearbeitung der Sache beteiligten juristischen Mitarbeitern darf er den Aktenauszug überlassen. Er darf ihn auch einem Dolmetscher oder einem von ihm herangezogenen Sachverständigen, soweit erforderlich, zur Verfügung stellen (Detter Salger-FS 234, 238; Erb ZStW **121**, 898). Der Presse dagegen darf er den Inhalt der Akten höchstens zur Wahrung des berechtigten Interesses des Beschuldigten mitteilen, ihr aber keine Abschriften überlassen (SK-Wohlers 84; Dahs 280). Die Einsicht in Niederschriften überwachter Telefonate darf nicht von der Erklärung abhängig gemacht werden, der Verteidiger werde keine Ablichtungen fertigen bzw diese nach Beendigung des Verfahrens vernichten (Köln StV **09**, 686 L). 7

2) Akteneinsichtsrecht des Verteidigers (I): 8

A. Der **Verteidiger** darf die Akten einsehen, sobald er gewählt (4 vor § 137) oder bestellt (§ 141) ist, der zur Verfahrenssicherung bestellte weitere Pflichtverteidiger (1 a zu § 141) unabhängig vom „Erstverteidiger" (Köln ZfS **10**, 106 = StV **10**, 179 L: kein Verweis auf von Letzterem gefertigte Kopien). Dass er als Zeuge benannt ist, steht nicht entgegen (Celle NdsRpfl **60**, 259). Die Akteneinsicht ist einem RA auch zur Prüfung, ob er das Mandat übernehmen will (Anbahnungsfall), zu gestatten (Danckert StV **86**, 171; zw HK-Julius 9); er muss dann aber die Aufforderung des Beschuldigten, die Vertretung zu übernehmen, vorweisen (KMR-Müller 1). Der Wahlverteidiger, der seine Bevollmächtigung nur bei Zweifeln durch Vorlage einer schriftlichen Vollmachtsurkunde nachweisen muss (LG 9

Chemnitz StraFo **09**, 207; erg 9 vor § 137), kann mit der Akteneinsicht einen Unterbevollmächtigten beauftragen oder sie ggf einem juristischen Mitarbeiter oder Sachverständigen übertragen (Brandenburg NJW **96**, 67 = JR **96**, 169 mit insoweit zust Anm Krack = StraFo **96**, 21 mit zust Anm Hiebl), ggf auch den Beschuldigten hinzuziehen (Köln StV **99**, 12; vgl auch unten 19). Das Akteneinsichtsrecht endet mit dem Erlöschen der Vollmacht, dem Widerruf der Bestellung (§ 143), der Zurückweisung nach § 146 a, der Anordnung des Ruhens der Rechte aus §§ 147, 148 nach § 138 c III S 1 und der Rechtskraft des Beschlusses über die Ausschließung nach §§ 138 a ff.

10 B. **Im gesamten Verfahren** kann der Verteidiger die Akten einsehen, im Vorverfahren mit der Beschränkungsmöglichkeit nach II (unten 24 ff). Während der Hauptverhandlung kann die Einsicht nicht verlangt werden (**aM** LR-Lüderssen/Jahn 100), sofern der Verteidiger nicht erst in ihrem Verlauf gewählt oder bestellt worden ist (Stuttgart NJW **79**, 559, 560) oder zuvor keine ausreichende Akteneinsicht erhalten hat (Hamm NJW **04**, 381; erg unten 15). Auch bei Einleitung von Vorermittlungen (4 a zu § 152) wird ein Akteneinsichtsrecht zu bejahen sein (BGH NStZ-RR **09**, 145; Krause Strauda-FS 358; LR-Lüderssen/Jahn 120: entspr Anwendung; **aM** Senge Hamm-FS 712: erst im Ermittlungsverfahren).

11 **Nach rechtskräftigem Abschluss des Verfahrens** muss Akteneinsicht gewährt werden, wenn sie der Vorbereitung von Prozesshandlungen, insbesondere von Anträgen im Vollstreckungsverfahren oder von Wiederaufnahmeanträgen nach §§ 359 ff dient; § 147 gilt aber nicht, wenn der frühere Beschuldigte Akteneinsicht für Zwecke begehrt, die mit seiner Verteidigung in der Strafsache nicht mehr zusammenhängen (Schäfer MDR **84**, 454 gegen Hamm NJW **84**, 880).

12 Die Akteneinsicht muss **ausreichend und in zumutbarer** Weise gewährt werden (Hamm NJW **72**, 1096, 1097; Köln VRS **23**, 295), uU mehrfach, wenn der Akteninhalt umfangreicher geworden ist (Hamburg JR **66**, 274; Hamm VRS **49**, 113). Die Dauer der Überlassung der Akten und Unterlagen richtet sich nach den Umständen des Einzelfalls (BGH JR **06**, 297 mit zust Anm Cirener/Sander, dort auch zu den standesrechtlichen Folgen verzögerter Aktenrückgabe durch den RA; zu den strafrechtlichen Folgen – § 258 StGB – Erb JR **06**, 526).

13 C. Die **Akten,** die dem Gericht vorliegen (BGH NStZ **09**, 399, 400; Saarbrücken NStZ **05**, 344) oder bei Anklageerhebung vorzulegen wären, darf der Verteidiger einsehen (BGH StV **88**, 193, 194; Frankfurt NStZ **03**, 566), also nicht die Handakten der StA (Kleinknecht Dreher-FS 721) und andere innerdienstliche Vorgänge, zB vom Vorsitzenden nicht unterschriebene „Nebenprotokolle", die nur technische Hilfsmittel sind (BGH 3 StR 449/450/81 vom 8. 10. 1981; Karlsruhe NStZ **82**, 299), Senatsakten des Revisionsgerichts (BGH NStZ **01**, 551; **07**, 538; StraFo **05**, 28; 1 StR 697/08 vom 5. 2. 2009), Entwürfe von Urkunden, die erst nach Fertigstellung Bestandteile der Akten werden (BGH **29**, 394), und vom Gericht in der Hauptverhandlung angefertigte Notizen (BGH StV **10**, 228, 229; nicht aber Notizen von Richtern aus einer anderen Hauptverhandlung, wenn sie ohne Anspruch auf Vertraulichkeit weitergegeben werden, **aM** Hamm NStZ **05**, 226 = SraFo **04**, 419 mit abl Anm Fischer) oder hergestellte Tonbandaufnahmen, die nur als Gedächtnisstütze verwendet werden sollen (BGH 2 StR 280/67 vom 20. 2. 1969; Praml MDR **77**, 16; erg unten 18 a, 11 zu § 169 GVG). Auch auf nach § 119 I S 2 Nr 2, S 7 angehaltene und zur Habe des Angeklagten genommene Schreiben bezieht sich das Akteneinsichtsrecht nicht (vgl BGH MDR **88**, 357 ff [S]).

14 Im Übrigen gilt der **Grundsatz der Aktenvollständigkeit.** Schriftstücke, Ton- oder Bildaufnahmen, Videoaufzeichnungen (Bay **90**, 128 = NJW **91**, 1070; Stuttgart NJW **03**, 767; erg 12 zu § 58 a), aus denen sich schuldspruch- oder rechtsfolgenrelevante Umstände ergeben können, dürfen den Akten nicht ferngehalten werden (BGH StV **10**, 228, 229; LG Itzehoe StV **91**, 555), insbesondere auch nicht die UHaft betreffende Unterlagen (BGH **37**, 204 mit Anm Foth StV **91**,

337). Was für das Verfahren geschaffen worden ist, darf der Akteneinsicht nicht entzogen werden (BGH aaO; Koblenz NJW **81**, 1570); andernfalls wäre der Anspruch auf rechtliches Gehör verletzt (BVerfGE **18**, 405 = NJW **65**, 1171). Eine Ausnahme gilt nur für nach § 96 gesperrte Akten oder Aktenteile (Celle StV **82**, 264; Hamm NJW **84**, 880; erg 3 zu § 96), nicht aber für Verschlusssachen (LR-Lüderssen/Jahn 64; zu dem hierbei zu beachtenden Verfahren RiStBV 213; erg unten 21, 29).

Demnach muss Einsicht in **alle Akten** gewährt werden, die dem Gericht nach § 199 II S 2 vorzulegen sind, dh in alle vom 1. Zugriff der Polizei (§ 163) an gesammelten be- und entlastenden Schriftstücke einschließlich etwaiger Bild- (Karlsruhe AnwBl **81**, 18; Schleswig NJW **80**, 352, 353) und Tonaufnahmen (Köllner StraFo **95**, 50; Marxen NJW **77**, 2188; Schäfer NStZ **84**, 205) nebst hiervon gefertigter Verschriftungen (BGH StV **10**, 228, 229), Fahndungsnachweise (Hamburg NStZ **92**, 50), auch in die Strafregisterauszüge (BVerfGE **62**, 338 = NJW **83**, 1046; Frankfurt NJW **60**, 1731; **aM** LG Hildesheim NStZ **83**, 88 mit abl Anm K.-H. Schmid), ferner in die nach Anklageerhebung entstandenen Aktenteile und in die vom Gericht herbeigezogenen oder von der StA nachgereichten Beiakten (BGH **30**, 131, 138; KG JR **65**, 69; Karlsruhe AnwBl **81**, 18; NStZ **82**, 299; Koblenz NJW **81**, 1570; Schleswig StV **89**, 95), nicht aber Akten, deren Beiziehung nur angeordnet worden ist, die aber tatsächlich nicht beigezogen wurden (BGH **49**, 317 = NStZ **05**, 569 mit Anm Pananis = JR **05**, 114 mit Anm Vogel); das Ergebnis während der Hauptverhandlung durchgeführter verfahrensbezogener Ermittlungen ist ebenso mitzuteilen (BGH **36**, 305; erg 29 zu § 101 und 16 aE zu Art 6 MRK; vgl aber zu einem Sonderfall „befremdlichen" Verteidigerverhaltens BGH 1 StR 432/07 vom 25. 9. 2007) wie die Tatsache, dass ohne Veranlassung des Gerichts verfahrenserhebliche Urkunden, Ermittlungsberichte oder andere Beweismittel zu den Akten gelangt sind (BGH StV **01**, 4; **05**, 652). Speziell zur Akteneinsicht im Steuerstrafverfahren Burkhard StV **00**, 526; Müller-Jacobsen/Peters wistra **09**, 458. **15**

Auch in die **Akten anderer Behörden** (Marberth-Kubicki StraFo **03**, 369; Rieß Peters-FG 121 Fn 39; **aM** Schäfer NStZ **84**, 206: Beweisstücke) ist Einsicht zu gewähren, es sei denn, sie sind nur zur vertraulichen Behandlung übersandt worden (**aM** BGH **42**, 71 = NStZ **97**, 43 mit Anm Gillmeister: Vertraulichkeitsbitte ist unbeachtlich); das schließt aber ihre Verwertung durch das Gericht in der Hauptverhandlung nach Gewährung rechtlichen Gehörs nicht aus (BGH aaO), denn dafür wäre eine Sperre nach § 96 erforderlich. § 147 II ist aber *lex specialis* gegenüber den allgemeinen Herausgabe- und Beschlagnahmegrundsätzen nach § 96 (BGH **49**, 317 = NStZ **05**, 569 mit Anm Pananis = JR **05**, 114 mit Anm Vogel); das gilt auch für von der ermittelnden StA abgetrennte Verfahren hinsichtlich der Akten des Ausgangsverfahrens (BGH **50**, 224; vgl zu beiden Entscheidungen Senge Strauda-FS 463, ferner Tsambikakis Richter II FS 533). Das Einsichtsrecht bezieht sich grundsätzlich nur auf das gegen den jeweils Beschuldigten geführte Verfahren, nicht hingegen auf Aktenbestandteile anderer Verfahren, selbst wenn die Verfahren zeitweise gemeinsam geführt und später getrennt wurden (BGH **52**, 58, 62: insoweit fremde Akten; *in concreto* aber wegen Art 6 I **MRK** Einsicht in die demselben Spruchkörper vorliegenden Akten der Parallelverfahren wegen „untrennbar verwobenen Gesamtkomplexes"; weiterg Müller-Jacobsen/Peters wistra **09**, 462; offen gelassen in BGH 4 StR 599/09 vom 23. 2. 2010). **16**

Teil der Akten sind auch **Beweismittelordner,** die nur Ablichtungen von sichergestellten Urkunden enthalten (vgl Köln NJW **85**, 336, 337; Schäfer NStZ **84**, 205) und die vorläufigen Aufzeichnungen der Protokolle nach § 168 a II (vgl Kurth NJW **78**, 2484). **17**

Auch polizeiliche **Spurenakten,** soweit sie bei der Verfolgung einer bestimmten Tat gegen einen bestimmten – bekannten oder unbekannten – Täter angefallen sind, gehören zu den Akten, falls ihr Inhalt für die Feststellung der dem Beschuldigten vorgeworfenen Tat und für etwaige gegen ihn zu verhängende Rechtsfolgen **18** von (bei großzügigster Auslegung, BGH NStZ **83**, 228) irgendeiner Bedeutung sein kann (BVerfGE **63**, 45 = NStZ **83**, 273 mit abl Anm Peters; BGH **30**, 131 = StV **81**, 500 mit abl Anm Dünnebier; Hamm NStZ **84**, 423 mit Anm Meyer-Goßner; Fezer JZ **96**, 614; Odersky Rebmann-FS 350; **aM** alle Spurenakten ohne Rücksicht auf Zahl, Umfang und Bezug zum Beschuldigten AK-Stern 20; Bender/Nack ZRP **83**, 1; Kleinknecht Dreher-FS 722; Peters 231; Wasserburg NJW **80**, 2440 und NStZ **81**, 211; Welp Peters-FG 310; krit auch Velten Fezer-FS 108; ausführlich zum Problem Beulke Dünnebier-FS 285; Meyer-Goßner NStZ **82**, 353; erg unten 40; 24 zu § 163; 2 zu § 199).

18a Von der StA erstellte **Computerausdrucke** sind zu den Akten zu nehmen und werden deren Bestandteil. Dateien (§§ 483 ff) sind interne Hilfs- und Arbeitsmittel der Strafverfolgungsbehörden (oben 13) und unterliegen grundsätzlich nicht der Einsicht (Hilger Rieß-FS 179; Meier/Böhm wistra **92**, 170), allerdings können Ausdrucke von Dateien den Akten beigefügt und damit zu Aktenbestandteilen werden (vgl Fetzer DRiZ **90**, 489; StV **91**, 142; Schäfer wistra **89**, 8); zur Dateieinsicht § 487 II. In Form von Computerdateien gespeicherte Kurzübersetzungen und inhaltliche Zusammenfassungen abgehörter Telefonate sind als Auswertungen gewonnenen Beweismaterials selbst potentielle Beweismittel und unterliegen der Akteneinsicht (BGH StV **10**, 228 mit Anm Stuckenberg; vgl auch Wesemann DAV-FS 893).

18b Ein Anspruch auf Vorlage sämtlicher **Arbeitsunterlagen eines Sachverständigen,** die zur Vorbereitung seines Gutachtens gedient haben, besteht nicht; das Gericht kann allerdings im Rahmen seiner Aufklärungspflicht gehalten sein, auf deren Offenlegung zu dringen (BGH StV **95**, 565; weitergehend Lehmann GA **05**, 639: grundsätzlich Recht auf Teilhabe; vgl auch AG Kleve bei Burhoff StRR **09**, 107 [Bedienungsanleitung eines Messgeräts im Bußgeldverfahren]; vgl auch 4 zu § 246 a). Zum Recht auf Akteneinsicht in die im psychiatrischen Krankenhaus geführten Krankenunterlagen bei Unterbringung im Maßregelvollzug vgl BVerfG NJW **06**, 1116 mit krit Anm Klatt JZ **07**, 95 und zust Anm Peter StV **07**, 421 sowie nachfolgend Karlsruhe StV **08**, 309.

19 D. **Besichtigung amtlich verwahrter Beweisstücke:** Das Besichtigungsrecht ist kein Teil des Akteneinsichtsrechts, sondern ergänzt es (Rieß Peters-FG 120; vgl auch Schäfer NStZ **84**, 203). Beweisstücke sind in den Akten oder anderswo aufbewahrte Gegenstände, die nach den §§ 94 ff durch Beschlagnahme oder durch Sicherstellung in anderer Weise in amtlichen Gewahrsam gelangt sind, ferner die nach §§ 111 b ff sichergestellten Gegenstände, soweit sie zugleich als Beweismittel dienen können, auch wenn sie nicht in dieser Eigenschaft sichergestellt worden sind (2 zu § 94). In Betracht kommen Urkunden und Urkundensammlungen (Köln NJW **85**, 336, 337; einschr Rieß aaO 122: nur wenn ihre Beschaffenheit beweiserheblich ist) sowie Augenscheinsgegenstände und Gegenstände, die Grundlage für einen Sachverständigenbeweis sein oder für Vorhalte bei Zeugen- oder Beschuldigtenvernehmungen verwendet werden können (Rieß aaO), nicht aber beigezogene Gerichtsakten in ihrer Gesamtheit (KG JR **92**, 123) oder Akten anderer Behörden (oben 16). Der Verteidiger darf die Beweisstücke an ihrem Verwahrungsort besichtigen; dazu ist ihm aber rechtzeitig vor der Hauptverhandlung (KG StV **89**, 9; Schlag Koch-FG 238) und ohne Rücksicht darauf Gelegenheit zu geben, ob sie in ihr möglicherweise einem Verwertungsverbot unterliegen (Rieß aaO Fn 44; **aM** Schäfer NStZ **84**, 203). Sind sie auf andere Weise als durch amtliche Verwahrung sichergestellt (16 zu § 94), so muss dafür Sorge getragen werden, dass dem Verteidiger die Besichtigung ermöglicht wird, notfalls durch Umwandlung der Sicherstellung in eine amtliche Verwahrung (Rieß aaO 123). Bei der Besichtigung darf der Verteidiger Aufzeichnungen machen, Lichtbilder herstellen und Sachverständige hinzuziehen (Rieß aaO 124; eingehend zu letzterem Schlag Koch-FG 234 ff). Die „Besichtigung" von Tonbandaufnahmen und Videoaufzeichnungen (dazu Kintzi DRiZ **96**, 188) erfolgt in der Weise, dass der Verteidiger sie sich in der Geschäftsstelle vorspielen, ggf auch eine Kopie fertigen lässt (Frankfurt StV **01**, 611; LG Bonn StV **95**, 632 mit zust Anm Köllner StraFo **96**, 26; oben 7); sind sie für den Verteidiger ohne Erklärungen des Angeklagten und/oder eines Dolmetschers unverständlich, ist deren Anwesenheit beim Abhören zu gestatten (Frankfurt aaO; Köln StV **95**, 12; vgl auch LG Düsseldorf StraFo **08**, 505; Wesemann DAV-FS 901). Einen Anspruch auf Übersetzung in fremder Sprache geführter Telefongespräche, die gemäß §§ 100 a, 100 b aufgezeichnet wurden, gibt die Vorschrift nicht (BGH NStZ **08**, 230; Koblenz NStZ **95**, 611; **aM** Wesemann aaO 895).

E. Zur **Weitergabe der durch die Akteneinsicht erlangten Kenntnisse an den Beschuldigten** ist der Verteidiger berechtigt und idR auch verpflichtet (BGH **29**, 99, 102 = JR **81**, 73 mit Anm Müller-Dietz; Frankfurt NStZ **81**, 144; Bode MR **81**, 287; Dahs 275 ff; Fezer 4/29; Krekeler wistra **83**, 47; Welp Peters-FG 316). Im gleichen Umfang, wie er ihn über den Akteninhalt mündlich unterrichten darf, ist er prozessual auch berechtigt, dem Beschuldigten Abschriften oder Ablichtungen des Akteninhalts auszuhändigen (BGH aaO; GA **68**, 307; Krekeler aaO; Lüttger aaO; vgl auch § 19 II BORA); auch die Aushändigung einer vollständigen Aktenkopie ist grundsätzlich zulässig (Welp aaO). 20

Das gilt, abgesehen von dem Sonderfall der Verschlusssachen (BGH **18**, 369, 371 ff), aber nicht, wenn durch die Aushändigung eine **Gefährdung des Untersuchungszwecks** eintreten würde (BGH **29**, 99, 103; KK-Laufhütte 14; Beulke 90; Liemersdorf MDR **89**, 207; **aM** Dahs 275; Dedy StraFo **01**, 152; Krekeler aaO; Mehle NStZ **83**, 557; Tondorf StV **83**, 257; Welp Peters-FG 316 ff) oder wenn zu befürchten ist, dass die Ablichtungen oder Abschriften zu verfahrensfremden Zwecken, zB für eine Straftat oder private Veröffentlichung, missbraucht werden (BGH aaO; B. Mehle Mehle-FS 409; Welp aaO). Der Untersuchungszweck ist zB gefährdet, wenn der Beschuldigte aus einem Aktenauszug erfährt, dass eine Durchsuchung seiner Wohnung bevorsteht oder dass die StA einen Haftbefehl gegen ihn beantragt hat (BGH aaO; **aM** Donath/B. Mehle NJW **09**, 1399; Schlothauer/Weider 378 mwN). Dagegen reicht die nur selten auszuschließende Möglichkeit, dass sich der Beschuldigte zur Verdunkelung der Sache, etwa zum Aufbau eines falschen Alibis, entschließen könnte, nicht aus (BGH aaO). 21

Das Informationsrecht besteht aber nicht in **Angelegenheiten, die nicht mehr im Rahmen der Verteidigung** liegen (vgl BGH **52**, 58, 65), zB wenn es sich um Einzelheiten handelt, die ausschließlich die Mitbeschuldigten oder persönliche Kontroversen zwischen Justizangehörigen betreffen (Lüttger NJW **51**, 746). 22

Zur **Rückforderung der dem Beschuldigten überlassenen Aktenauszüge** ist der Verteidiger nicht verpflichtet (Bode MDR **81**, 287); dennoch sollte er dem Mandanten stets aufgeben, die Auszüge und Abschriften nach Erledigung der Strafsache zurückzugeben, und ihn, am besten schriftlich, davor warnen, die Unterlagen Dritten zu zeigen (vgl auch Dahs 275; § 353 d StGB). Nach BAG NJW **09**, 1897, 1898 darf der Beschuldigte die Auszüge nur dann seinem Arbeitgeber weitergeben, wenn dieser selbst ein Einsichtsrecht nach § 475 hat und die StA einer Weitergabe zustimmt. 23

3) Beschränkung des Akteneinsichtsrechts des Verteidigers (II, III, VI): 24

Wenn der Abschluss der Ermittlungen noch nicht nach § 169 a in den Akten vermerkt ist, kann dem Verteidiger die Akteneinsicht nach II S 1 – grundsätzlich verfassungsrechtlich unbedenklich (BVerfG wistra **04**, 179; BGH NStZ-RR **04**, 321; abl Kempf StraFo **04**, 300; vgl aber unten 25 a) – ganz oder teilweise verweigert werden, soweit sie den **Untersuchungszweck gefährden** würde. Die Gefährdung dürfte auch aus einem anderen Strafverfahren ableitbar sein (vgl BT-Drucks 16/11 644 S 34, 16/13 097 S 19 und VII S 1, §§ 406 e II S 2, 477 II S 1; ferner Senge Strauda-FS 464); dann ist aber die Möglichkeit teilweiser Akteneinsicht besonders sorgfältig zu prüfen. Eine konkrete Gefahr wird bei alledem nicht vorausgesetzt (Pfeiffer Odersky-FS 459; **aM** Burkhard wistra **96**, 173; Eisenberg NJW **91**, 1260; Groh DRiZ **85**, 52: Vorliegen konkreter Anhaltspunkte, die objektiv geeignet erscheinen, den Untersuchungszweck zu gefährden); andererseits 25 genügt für die Beschränkung nicht nur eine vage und entfernte Möglichkeit der Gefährdung (Schlothauer StV **01**, 195; weitergehend Kempf StraFo **04**, 300). Wenn aber zB bestimmte Untersuchungshandlungen vorbereitet werden, die nur durch Überraschung erfolgreich sein können (vgl § 33 IV), kann die Akteneinsicht immer versagt werden (vgl dazu eingehend Walischewski StV **01**, 243; erg unten 25b). Die Beschränkung muss wieder aufgehoben werden, wenn ihr Grund entfallen ist. Selbstverständlich gestattet II S 1 weder die Darstellung eines unwahren Sachverhalts in den Ermittlungsakten noch die aktive Täuschung des Beschuldigten über die wahren Hintergründe seiner Festnahme (BGH NStZ **10**, 294).

25a Befindet sich der **Beschuldigte in UHaft** (BVerfG NStZ-RR **98**, 108, Hamm NStZ-RR **01**, 254, München NStZ **09**, 109 mit krit Anm Wohlers StV **09**, 539: nicht bei noch nicht vollzogenem Haftbefehl; ebenso Heghmanns/Scheffler-Dallmeyer II 355 mwN; vgl aber Köln StV **98**, 269 zum Haftbefehl gegen einen im Ausland ansässigen Beschuldigten) oder ist diese im Fall des § 127 II beantragt, hat der Verteidiger ein nicht beschränkbares Recht auf Zugang zu den für die Beurteilung der Rechtmäßigkeit der Freiheitsentziehung wesentlichen – ggf auch entlastenden – Informationen (II S 2, 1. Hs; vgl Deckers StraFo **09**, 444; Michalke NJW **10**, 18), auch für das Verfahren vor dem nächsten AG (§ 115a; vgl Bittmann NStZ **10**, 15; weiterg Deckers aaO 443; Weider StV **10**, 105). Die durch Ges vom 29. 7. 2009 (BGBl I 2274) eingefügte Unterausnahme dient der Umsetzung der st Rspr des EGMR (NJW **02**, 2013 ff [= StV **01**, 201 ff mit Anm Kempf; zust Kieschke/Osterwald NJW **02**, 2003; Ambos NStZ **03**, 14; Kühne/Esser StV **02**, 391; Marberth-Kubicki StraFo **03**, 367]; StV **08**, 475 mit zust Anm Hagmann und Pauly, bestätigt durch Große Kammer EuGRZ **09**, 566, 578; bei Herrmann StRR **09**, 433). Der EGMR hat – frühere Standards (vgl BVerfG NJW **94**, 573; BGH NJW **96**, 734) verschärfend – jeweils eine Verletzung des Art 5 IV MRK darin gesehen, dass dem Verteidiger des inhaftierten Beschuldigten keine hinreichende Akteneinsicht gewährt wurde (vgl dazu auch Köln NStZ **02**, 659; Dallmeyer aaO II 427; Lange NStZ **03**, 348). Auf welche Weise die erforderlichen Informationen erteilt werden, hat der Gesetzgeber „dem Einzelfall überlassen" (BT-Drucks 16/11 644 S 34). Allerdings hat er die praktische Anwendung der Vorschrift durch eine Konkretisierung der wenig aussagekräftigen Formulierung „in geeigneter Weise" erleichtert; nach dem 2. Hs des II S 2 ist idR (weiterg Herrmann StRR **10**, 8; Weider aaO) im vorgenannten Umfang („insoweit") Akteneinsicht zu gewähren (BT-Drucks 16/13 097 S 19). Hierbei ist auch zu beachten, dass der EGMR die mündliche Information und die – auch schriftliche – Zusammenfassung der Tatsachen durch den Richter oder StA nicht hat ausreichen lassen; eine Schilderung des Sachverhalts nach dem Verständnis der Ermittlungsbehörden mache es dem Betroffenen faktisch unmöglich, die Zuverlässigkeit dieser Darstellung wirksam anzufechten. Bei der Entscheidung über die Haftanordnung bzw deren Rechtmäßigkeit darf das Gericht nicht solche Teile der Akten zur Grundlage seiner Entscheidung machen, die dem Verteidiger zuvor vorenthalten worden sind (BT-Drucks 16/11 644 S 34; vgl noch EGMR NStZ **09**, 164 mit zust Anm Strafner). Ggf muss der Haftbefehl aufgehoben werden (BVerfG NStZ **94**, 551; Brandenburg OLGSt Nr 1 zu § 114; LG Magdeburg StraFo **04**, 167; Kühne/Esser aaO; sehr krit Bohnert GA **95**, 468; vgl aber Hamm wistra **08**, 195, 197: entlastende Umstände gleichwohl verwertbar). Dies dürfte aber unverändert nicht für die Prüfung der besonderen Haftvoraussetzungen des § 121 I gelten (vgl Hamm – 3. StS – wistra **08**, 195, 198; **aM** Hamm – 2. StS – StV **02**, 318 mit zust Anm Deckers; Marberth-Kubicki aaO) und erst dann in Betracht kommen, wenn sich der Beschuldigte erfolglos um Rechtsschutz bemüht hat (Hamm – 3. StS – aaO [„jedenfalls" für die Prüfung des § 121 I]; **aM** Schlothauer StV **01**, 196), wobei es anstelle des förmlichen Rechtsbehelfs nach V S 2 genügen kann, dass er die verweigerte Einsicht inzidenter gerügt hat (vgl auch EGMR StV **08**, 475, 481 mit zust Anm Hagmann, bestätigt durch Große Kammer EuGRZ **09**, 566, 576).

Dieselben Grundsätze müssen nach Art 103 I GG gelten, wenn gegen den Beschuldigten der **dingliche Arrest** (§§ 111b II, V, 111d) angeordnet worden ist (BVerfG NJW **04**, 2443; **06**, 1048 mit zust Anm Borggräfe/Schütt StraFo **06**, 133; LG Kiel NStZ **07**, 424; LG Ravensburg NStZ-RR **07**, 114), auch bei einer Durchsuchung (BVerfG NStZ **07**, 274; LG Neubrandenburg NStZ **08**, 655; **aM** LG Saarbrücken NStZ-RR **06**, 80, dagegen Börner NStZ **07**, 682), nicht aber bei einer bloßen Beschlagnahme nach § 94 (LG Berlin NStZ **06**, 472); eingehend Park StV **09**, 276. 25b

Ausgenommen von der Beschränkung nach II sind die in III bezeichneten Niederschriften und Gutachten. Sachverständigengutachten iS III sind nicht die in den Akten befindlichen Übersetzungen fremdsprachiger Urkunden (Hamburg StV **86**, 422; **aM** Welp StV **86**, 450). Bei den Beschuldigtenvernehmungen kommt es nicht darauf an, ob sie von der Polizei, der StA oder einem Richter durchgeführt worden sind. Die Beschränkung gilt insbesondere nicht für polizeiliche Vernehmungen, auf die bei richterlichen Vernehmungen Bezug genommen worden ist (Hamm NStZ **87**, 572). III gilt entspr für schriftliche Äußerungen des Beschuldigten nach §§ 136 I S 4, 163a I S 2, IV S 2 und auch für Vernehmungen, bei denen der nunmehr Beschuldigte noch als Zeuge vernommen worden war (Hamm StV **95**, 571 mit zust Anm Mehle/Hiebl). Für Niederschriften über richterliche Untersuchungshandlungen, bei denen dem Verteidiger (zu Recht oder zu Unrecht) die Anwesenheit gestattet worden ist, gilt III auch dann, wenn sie nicht die Vernehmung des Beschuldigten, zu dem das Verteidigerverhältnis besteht, zum Gegenstand haben, sondern die von Mitbeschuldigten, Zeugen oder Sachverständigen oder einen richterlichen Augenschein. Diese Ausnahmen werden zweckmäßigerweise in der Versagungsanordnung durch Aufzählung klargestellt. Eine Ausnahme von III bestimmt § 34 III Nr 2 S 3 **EGGVG.** 26

Spätestens bei der **Anbringung des Vermerks nach § 169a** muss die Beschränkung aufgehoben werden (VI). Das dadurch erlangte volle Einsichtsrecht des Verteidigers darf später nicht mehr eingeschränkt werden (BGH NStZ **98**, 97), auch nicht bei Wiederaufnahme der Ermittlungen. Von der Aufhebung der Beschränkung ist der Verteidiger unverzüglich zu unterrichten (VI S 2). War bereits ein Antrag auf Akteneinsicht abgelehnt worden, so muss ihm nunmehr entsprochen werden; erst danach darf Anklage erhoben werden (Meyer-Goßner NStZ **82**, 357). 27

4) Mitgabe der Akten in die Geschäftsräume oder Wohnung (IV): Die Akteneinsicht wird grundsätzlich in den Diensträumen der StA oder des Gerichts gewährt. Der Verteidiger hat keinen Rechtsanspruch auf Aktenaushändigung zur Mitnahme in sein Büro oder seine Wohnung (BGH DRiZ **90**, 455; NStZ **85**, 13 [Pf/M]; **94**, 227 [K]; NStZ-RR **08**, 48 L; Koblenz VRS **70**, 282, 284). Wenn keine wichtigen Gründe (unten 29) entgegenstehen, sollte einem Antrag auf Mitgabe der Akten jedoch stattgegeben werden (Rieß Peters FS 127 hält dann sogar einen Rechtsanspruch für gegeben). Ist die Mitgabe nach S 1 geboten, so schließt das nicht die Pflicht des Gerichts ein, dem Verteidiger die Akten zuzusenden (KG NZV **02**, 334; Frankfurt NStZ **81**, 191; Stuttgart NJW **79**, 559, 560; vgl aber Eisenberg NJW **91**, 1259). Werden die Akten dem Verteidiger auf seinen Antrag hin übersandt (also nicht nur an ihn ausgehändigt, vgl LG Detmold NJW **95**, 2801; AG Göttingen NdsRpfl **96**, 61), so wird hierfür nach Nr 9003 KVGKG – verfassungsrechtlich unbedenklich (BVerfG NJW **95**, 3177; **96**, 2222) – sogleich (Koblenz NStZ-RR **96**, 96) eine Gebühr von 12 € erhoben; es haftet der Verteidiger (LG Frankenthal NJW **95**, 2801; MDR **96**, 104: auch der Pflichtverteidiger), nicht der Beschuldigte (LG Göttingen StV **96**, 166; LG Koblenz NJW **96**, 1223; StraFo **01**, 147; Schäpe DAR **96**, 336; **aM** AG Beckum StraFo **96**, 29 mit zust Anm Brüssow; AG Leverkusen und AG Oldenburg AnwBl **96**, 295; AG Tecklenburg StV **96**, 167; vgl auch OVG Koblenz NJW **07**, 2426; Enders JurBüro **97**, 393; Kotz NStZ **97**, 24ff; D. Meyer JurBüro **96**, 231 sowie zur umsatzsteuerrechtlichen Konsequenz Bamberg StraFo **09**, 350). Ein Anspruch auf unfreie Rücksendung der Akten bzw auf Erstat- 28 tung der Portoauslagen für die Rücksendung besteht nicht (Hamm NJW **06**, 1076 mwN; Celle StraFo **06**, 475; Schäpe DAR **06**, 296).

29 Ein **wichtiger Grund,** der der Mitgabe entgegensteht, kann zB darin liegen, dass die Akten als Verschlusssache gekennzeichnet sind (Heghmanns/Scheffler-Dallmeyer II 336; vgl RiStBV 213 IV und KG StV **97**, 624: keine gesetzliche Grundlage für die Verpflichtung eines Verteidigers zur Geheimhaltung in Verschlusssachen; ebenso Zieger StV **95**, 107), dass die Gefahr der Einsichtnahme oder Beeinträchtigung durch Dritte besteht oder dass die Akten für die beschleunigte Durchführung des Verfahrens benötigt werden. Vorläufige Tonbandaufzeichnungen nach § 168 a II werden idR von der Mitgabe auszuschließen sein (Kurth NJW **78**, 2484), ebenso behördliche Beiakten vertraulicher Art (Personalakten uä). Aus Gründen des Datenschutzes wird die Mitgabe idR hingegen nicht verweigert werden können (vgl Groß/Fünfsinn NStZ **92**, 107).

30 **Beweisstücke** (oben 19) dürfen niemals aus dem amtlichen Gewahrsam entlassen werden (BGH NStZ **81**, 95 [Pf]; KK-Laufhütte 10; teilw **aM** LR-Lüderssen/Jahn 115; krit Schlag Koch-FG 232). Das gilt auch für Beweisstücke mit Urkundenqualität (Rieß Peters-FG 125 ff; **aM** Krekeler wistra **83**, 47). Wenn das technisch möglich ist, muss dem Verteidiger aber Gelegenheit gegeben werden, von Urkunden und Urkundensammlungen Ablichtungen herzustellen. Einen Anspruch darauf, dass das Gericht ihm Ablichtungen zur Verfügung stellt, hat er nicht (**aM** Krekeler aaO; Rieß aaO S 122 ff). Die Übersendung der Beweisstücke an das AG des Kanzleisitzes des Verteidigers, damit dieser Einsicht nehmen kann, ist nicht unzulässig (LG Heilbronn StV **88**, 293 L).

31 Die Akten werden dem Verteidiger nach I nur zu **treuen Händen** zugänglich gemacht. Er darf sie selbst einsehen, aber weder dem Beschuldigten noch dritten Personen überlassen (§ 19 BORA) oder ihnen Einsicht gewähren (vgl aber einschr Dahs 277), sie auch nicht einem Sachverständigen zur Erstattung eines Gutachtens zur Verfügung stellen (Isele 753). In all diesen Fällen muss er Ablichtungen oder Abschriften aus den Akten fertigen lassen.

32 Der **Ausschluss der Anfechtbarkeit** (IV S 2) bezieht sich nicht auf die Dienstaufsichtsbeschwerde gegen die Ablehnung des Antrags nach IV S 1 durch die StA. Richterliche Entscheidungen bedürfen wegen ihrer Unanfechtbarkeit keiner Begründung (Karlsruhe Justiz **79**, 341).

33 **5) Zuständigkeit** (V S 1):

34 A. **Im vorbereitenden Verfahren** – auch nach Einstellung des Ermittlungsverfahrens – entscheidet die StA (die FinB in Fällen des § 386 II **AO**) über die Akteneinsicht. Die Polizei darf keine Akteneinsicht gewähren; die Entscheidung trifft immer die StA (Welp Peters-FG 324). Das gilt auch für Unfall- und Tatortskizzen oder -aufnahmen, die bei der Beschuldigtenvernehmung verwendet worden sind (**aM** Kleinknecht Kriminalistik **65**, 454). Das Gericht ist im Ermittlungsverfahren niemals zuständig, auch wenn sich die Akten bei ihm zur Vornahme einer richterlichen Handlung befinden (Hamm NStZ **82**, 348; Stuttgart Justiz **70**, 113; Park StV **09**, 284; Pfeiffer Odersky-FS 461; **aM** Welp aaO).

35 B. Vom **Eingang der Anklage bei Gericht** an bis zum rechtskräftigen Abschluss des Verfahrens, auch in der Hauptverhandlung (§ 238 II gilt nicht), ist der Vorsitzende des jeweils mit der Sache befassten Gerichts zuständig. Er entscheidet in richterlicher Unabhängigkeit.

36 C. **Nach rechtskräftigem Abschluss des Verfahrens** ist wiederum die StA zuständig.

37 D. Einen **Bescheid** mit kurzer Begr erfordert die Versagung der Akteneinsicht (Burkhard wistra **96**, 173). Hiervon kann sowohl in der Entscheidung der StA als auch der des nach V S 2 iVm § 162 angerufenen Gerichts (unten 39) abgesehen werden, wenn durch Offenlegung der Gründe der Untersuchungszweck gefährdet werden könnte (V S 4). Zum Übergehen eines Antrags vgl Karlsruhe VRS **118**, 211.

6) Anfechtung: 38

A. **Entscheidungen der StA** sind nur in 3 Fällen anfechtbar (V S 2), nämlich 1., wenn die Versagung (LG Landau StV **01**, 613 mit abl Anm Schlothauer: wegen Gefährdung des Untersuchungszwecks, nicht aus anderen Gründen; abl auch Hagmann StV **08**, 483 Fn 6) erfolgt, nachdem bereits der Abschluss der Ermittlungen (§ 169a) in den Akten vermerkt worden ist (II S 1, oben 24); 2., wenn die Versagung die in III bezeichneten Niederschriften und Gutachten betrifft (oben 26), und 3., wenn sich der Beschuldigte nicht auf freiem Fuß befindet (oben 25a), also vor allem bei UHaft oder einstweiliger Unterbringung nach § 126a, aber auch bei Strafhaft in anderer Sache (LG München I StV **06**, 11; Tsambikakis Richter II-FS 531; unrichtig LG Mannheim StV **01**, 613 mit abl Anm Schlothauer) oder bei Auslieferungshaft im Ausland (LG Regensburg StV **04**, 369). In diesen Fällen wird – ebenso wie in §§ 406e IV S 2, 478 III – der Antrag auf gerichtl Entscheidung zugelassen; das gilt nach VII S 2 auch für die Versagung der Erteilung von Auskünften und Abschriften an den nicht-verteidigten Beschuldigten. Die gerichtl Zuständigkeit folgt aus § 162 (ggf iVm § 169 I); das Verfahren und die Kostenentscheidung bestimmen sich nach den in V S 3 in Bezug genommenen Vorschriften. Mit der gerichtlichen Entscheidung wird bei begründetem Antrag entweder die verlangte Akteneinsicht direkt gewährt oder, wenn dies nicht möglich ist, die StA hierzu angewiesen (Hamm wistra **08**, 195, 198; Schlothauer StV **01**, 194, 195). Nach Rechtskraft (oben 36) sowie im Fall der Einstellung nach § 170 II sind die Entscheidungen der StA wiederum nach V S 2 anfechtbar (Hamm NJW **03**, 768; Schlothauer aaO 193). Die Gewährung von Akteneinsicht an den Beschuldigten soll der Verletzte nach Stuttgart NJW **06**, 2565 entspr V S 2 anfechten können (zw; dazu auch B. Mehle Mehle-FS 398). 39

Im Übrigen ist nur die Dienstaufsichtsbeschwerde (22 vor § 296) gegeben (LG Neubrandenburg NStZ **08**, 655; im Wesentlichen auch BGH NStZ-RR **09**, 145 [idR nicht anfechtbar]; **aM** SK-Wohlers 112: V S 2 entspr; ebenso Saarbrücken NStZ-RR **08**, 48 L; HK-Julius 26). Auch der Antrag nach §§ 23ff **EGGVG** ist nicht zulässig, denn aus V S 2 folgt nun, dass in den übrigen Fällen ein Rechtsbehelf nicht gegeben sein soll (Frankfurt NStZ-RR **05**, 376; vgl auch Hamm wistra **03**, 317). Eine Ausnahme besteht nur zur Erzwingung der Einsicht in die den Ermittlungsakten nicht beigefügten Spurenakten (BVerfGE **63**, 45 = NJW **83**, 1043; Hamm NStZ **84**, 423 mit Anm Meyer-Goßner; **aM** KK-Laufhütte 26); hier bleibt der Antrag nach § 23 **EGGVG** zulässig. Dasselbe gilt für den nach rechtskräftigem Abschluss des Verfahrens für den durch die Gewährung von Akteneinsicht Beschwerten. Eine Ausweitung der Anfechtungsmöglichkeit für einen außergewöhnlich gelagerten Sonderfall erwägt BGH **49**, 317 = NStZ **05**, 569 mit Anm Pananis = JR **05**, 114 mit Anm Vogel (dazu ferner Senge Strauda-FS 465). Erg 3 aE zu § 491. 40

Ist das Gericht nach V S 1 an die Entscheidung der StA zur Versagung der Akteneinsicht **gebunden,** muss es ggf die Entscheidung über eine Beschwerde gegen eine beendete Maßnahme aufschieben (BVerfG NStZ **07**, 274; NStZ-RR **08**, 16; krit Park StV **09**, 279; Rau StraFo **08**, 14; weiter gehend Börner NStZ **07**, 682: § 147 V S 2 entspr). 40a

B. **Richterliche Entscheidungen,** auch des OLG im 1. Rechtszug, über die Akteneinsicht nach § 147 können nach § 304 I, IV S 2 Nr 4 mit der Beschwerde angefochten werden (Hamburg NJW **63**, 1024; Hamm NJW **68**, 169; Karlsruhe Justiz **84**, 108). Das gilt auch für Entscheidungen des Ermittlungsrichters nach V S 2 (vgl BT-Drucks 16/12098 S 21) sowie des erkennenden Gerichts; § 305 S 1 steht nicht entgegen (Brandenburg NJW **96**, 67 mwN = JR **96**, 169 mit insoweit abl Anm Krack = StraFo **96**, 21 mit zust Anm Hiebl; Stuttgart NJW **96**, 1908; Grunst 300; **aM** Frankfurt NStZ-RR **01**, 374; StV **04**, 362 mit abl Anm Lüderssen; Hamm NStZ **05**, 226 = StraFo **04**, 419 mit abl Anm Fischer; Koblenz StV **03**, 608; Naumburg NStZ-RR **10**, 151 L; offen gelassen von Frankfurt NStZ **96**, 238 für die lfd Hauptverhandlung). Eine Ausnahme von der Anfechtbarkeit bestimmt IV S 2 (o 32). 41

42 C. Die **Revision** kann auf die Verweigerung der Akteneinsicht nicht gestützt werden (vgl Hamm NJW **72**, 1096), wegen IV S 2 iVm § 336 S 2 auch nicht auf die Art der Ausgestaltung des Rechts auf Akteneinsicht (BGH NStZ **00**, 46; NStZ-RR **08**, 48 L). Nur wenn deswegen in der Hauptverhandlung ein Antrag auf Unterbrechung oder Aussetzung gestellt und durch Gerichtsbeschluss abgelehnt worden ist, kann der Revisionsgrund des § 338 Nr 8 geltend gemacht werden (vgl BGH NStZ **85**, 87; StV **88**, 193; KG StV **82**, 10; VRS **83**, 428; Hamm VRS **49**, 113); zum notwendigen Revisionsvorbringen vgl BGH NStZ-RR **04**, 50 L; Bay NJW **92**, 2242; Rpfleger **94**, 178; Hamm NJW **04**, 381; StraFo **05**, 468; NStZ-RR **07**, 209 L sowie zu einem Fall verfahrensfremder Akten (oben 16) BGH 4 StR 599/09 vom 23. 2. 2010.

43 **7) Verjährungsunterbrechung:** In der Gewährung der Akteneinsicht kann zugleich die Bekanntgabe einer Verfahrenseinleitung iS des § 78c I S 1 Nr 1 StGB liegen (vgl BGH NStZ **02**, 429; **08**, 214; StV **09**, 696, 697).

Verkehr mit dem Verteidiger

148 **I Dem Beschuldigten ist, auch wenn er sich nicht auf freiem Fuß befindet, schriftlicher und mündlicher Verkehr mit dem Verteidiger gestattet.**

II [1] Ist ein nicht auf freiem Fuß befindlicher Beschuldigter einer Tat nach § 129a, auch in Verbindung mit § 129b Abs. 1, des Strafgesetzbuches dringend verdächtig, soll das Gericht anordnen, dass im Verkehr mit Verteidigern Schriftstücke und andere Gegenstände zurückzuweisen sind, sofern sich der Absender nicht damit einverstanden erklärt, dass sie zunächst dem nach § 148a zuständigen Gericht vorgelegt werden. [2] Besteht kein Haftbefehl wegen einer Straftat nach § 129a, auch in Verbindung mit § 129b Abs. 1, des Strafgesetzbuches, trifft die Entscheidung das Gericht, das für den Erlass eines Haftbefehls zuständig wäre. [3] Ist der schriftliche Verkehr nach Satz 1 zu überwachen, sind für Gespräche mit Verteidigern Vorrichtungen vorzusehen, die die Übergabe von Schriftstücken und anderen Gegenständen ausschließen.

1 **1)** Den **Grundsatz der freien Verteidigung** stellt I auf.

2 A. Ein **ungehinderter Verkehr** zwischen Verteidiger und Beschuldigten gehört zu den unabdingbaren Voraussetzungen einer solchen Verteidigung (vgl BVerfG NJW **07**, 2749, 2750; Schäfer Hanack-FS 77; Welp GA **77**, 132, NStZ **86**, 295 und Gallas-FS 417 ff). Der Verkehr zwischen Verteidiger und Beschuldigten ist daher von jeder Behinderung und Erschwerung freigestellt (BGH **27**, 260, 262; NJW **73**, 2035, 2036). Unüberwachter mündlicher und schriftlicher Verkehr ist gewährleistet, gleichviel, ob der Beschuldigte inhaftiert oder auf freiem Fuß ist (BGH **33**, 347, 349; LG Mainz NStZ **86**, 473; Schmidt StV **89**, 421; erg Einl 56a). Die Telefonüberwachung nach § 100a ist unzulässig (dort 21), und bei einem nicht auf freiem Fuß befindlichen Beschuldigten bestehen grundsätzlich (Ausnahmeregelungen enthalten II und §§ 31 ff **EGGVG**) die Beschränkungsmöglichkeiten nach § 119 nicht (§ 119 IV S 1; vgl auch § 22 UVollzG NW sowie bereits Saarbrücken NJW **78**, 1446). Der Verteidiger hat ein eigenes Recht auf ungehinderten Verkehr mit seinem inhaftierten Mandanten (BGH **33**, 347, 349; NJW **73**, 1656; KG JR **77**, 213; Frankfurt NJW **77**, 2177; NStZ **82**, 134; vgl auch § 138c II S 1); ein Anspruch auf Durchführung einer gemeinsamen Besprechung zweier inhaftierter Mitangeschuldigter oder eines Mitangeschuldigten mit dem Verteidiger des anderen besteht aber nicht (Schleswig SchlHA **02**, 152 [D/D]). Der unbeschränkte Verkehr ist dem Verteidiger nur zum Zweck der Verteidigung gestattet (BVerfGE **46**, 1, 12 = NJW **77**, 2157; **49**, 24, 48 = NJW **78**, 2235; BGH **26**, 304, 307; NJW **73**, 2035, 2036; erg unten 8, 15) und nur in diesem Umfang nicht unbefugt iS des § 115 I Nr 1 OWiG (BVerfG StV **10**, 144). Dem

Verteidiger als Organ der Rechtspflege wird grundsätzlich vertraut, dass er die ihm zu diesem Zweck eingeräumten Rechte nicht missbraucht (BGH **27**, 260, 265; Hamburg NJW **79**, 1724; Saarbrücken NJW **78**, 1446, 1448). Rundfunkaufnahmen dürfen den vertraulichen Austausch am Rande der Verhandlung nicht beeinträchtigen (BVerfG NJW **08**, 977, 980 mit Hinweis auf § 176 GVG).

Als **Zeuge** muss der frühere Beschuldigte nach rechtskräftigem Abschluss seines Verfahrens (bis dahin schützen I sowie § 55, Beulke Fezer-FS 4, 10) in einem neuen Strafverfahren gegen seinen früheren Verteidiger, soweit nicht auch jetzt noch § 55 eingreift, aussagen (13 zu § 53); der Umstand, dass die Vernehmung die Frage zum Gegenstand hat, ob sich der Anwalt durch die Art der früheren Strafverteidigung strafbar gemacht hat (insbes nach § 258 StGB), führt nicht zu einem auf I gestützten Recht zur umfassenden Auskunftsverweigerung über die Interna der früheren Verteidiger-Mandanten-Beziehung; das gibt schon der Wortlaut nicht her (so im Erg auch Koblenz NStZ-RR **08**, 283, bestätigt durch BVerfG 2 BvR 112/08 vom 28. 1. 2008; **aM** Beulke Fezer-FS 10 ff [„Fernwirkung"]; Bosbach NStZ **09**, 180 ff; eingehend ders [2 zu § 53] S 195 ff [§ 68 a I; s aber dort 5]; Schäfer Hanack-FS 102; Wessing Mehle-FS 682; vgl auch R. Hamm NJW **93**, 295, der eine „gesetzliche Vorsorge" fordert; vgl noch BGH **53**, 257, 261 mit Bespr Ruhmannseder NJW **09**, 2648; 49 zu § 244). 2a

B. Nur der **Verteidiger** im Strafverfahren hat die Rechte aus I, nicht der Beistand nach § 149, auch nicht der Verteidiger in einem Disziplinarverfahren (LG Koblenz MDR **81**, 72; vgl auch Taschke Hamm-FS 762 und Wessing Mehle-FS 678 zum Unternehmensanwalt als „Verteidiger" des Unternehmens). Ein RA oder Notar, der sich außerhalb eines Strafverfahrens mit einem Gefangenen in Verbindung setzen will, unterliegt den üblichen Beschränkungen (Bremen NJW **63**, 1465 mit abl Anm Tiedemann NJW **63**, 1841; Hamm NJW **71**, 1852; Nürnberg JR **71**, 120 mit abl Anm Sebode; Saarbrücken JBl Saar **61**, 47; Welp GA **77**, 132; **aM** HK-Julius 8; Seebode MDR **71**, 98; zur Überwachung eines solchen Besuchs vgl früher UVollzO 36 IV S 2 [idR nicht]; § 35 IV UVollzG Berl, § 23 II HmbUVollzG [keine Überwachung]; ohne spezielle Regelung §§ 19, 22 UVollzG NW, § 35 UVollzG RP). Erg unten 22. 3

Die Bevorrechtigung nach I setzt ein bereits durch gerichtliche Beiordnung oder durch Annahme des Verteidigungsauftrags (4 vor § 137) **bestehendes Verteidigungsverhältnis** voraus (Hamm NJW **71**, 1852; LG Tübingen NStZ **08**, 653; weitergehend AG Koblenz StV **06**, 650 mit zust Anm Wilhelm: auch noch nach Kündigung des Mandats). Wer mit einem Beschuldigten ohne jeden Auftrag in Verbindung treten will, um über ein Mandat zu verhandeln (Anbiederungs- oder Angebotsfall), darf sich nicht als Verteidiger und seine Post nicht als Verteidigerpost bezeichnen. Ein Verteidigungsverhältnis besteht auch nicht in dem sog Anbahnungsfall, in dem der Beschuldigte oder einer seiner Angehörigen den RA zu einem Besuch auffordert, um die Übernahme der Verteidigung zu besprechen (KG JR **79**, 40; StV **85**, 405 mit abl Anm Hassemer [Beschuldigter]; Hamm 3 Ws 504/09 vom 29. 12. 2009 [Angehöriger]; LG Mannheim AnwBl **76**, 357 [Beschlagnahme des Aufforderungsschreibens des Beschuldigten]; KK-Laufhütte 5; Beulke 237 Fn 133 a; **aM** Düsseldorf StV **84**, 106 [Beschuldigter]; Danckert StV **86**, 171; Fezer StV **93**, 255; Grube JR **09**, 363; Hanack JR **86**, 36; vgl auch LG Darmstadt StV **03**, 628). Denn dem Missbrauch wäre Tür und Tor geöffnet, wenn die JVA verpflichtet wäre, für jeden Gefangenen eine Vielzahl von „Anbahnungsgesprächen" unbeaufsichtigt zuzulassen; insbesondere könnte so ständig das Verbot des § 146 umgangen werden (gegen diese Argumentation HK-Julius 7 unter Hinweis auf § 146 a). Wenn ein Missbrauch im Einzelfall auszuschließen ist, kann der Richter dem RA aber ein unbewachtes Gespräch mit dem Beschuldigten gestatten (KG StV **91**, 307; 524; weitergehend Schmitz NJW **09**, 40; Wohlers StV **10**, 154). 4

C. Den **Verkehr mit dem nicht auf freiem Fuß befindlichen Beschuldigten** regelt I. Wo der Beschuldigte verwahrt wird (JVA, Entziehungsanstalt, psychi- 5 atrisches Krankenhaus), spielt keine Rolle. In UHaft braucht er sich nicht zu befinden; I gilt auch für den Verkehr mit Strafgefangenen, sofern und solange eine Verteidigungstätigkeit ausgeübt wird (SK-Wohlers 5). In Betracht kommt die Verteidigung eines Strafgefangenen in einem neuen Strafverfahren (Celle NStZ **03**, 686), in einer Strafvollstreckungssache (KG JR **77**, 213), in einer Gnadensache und in einem Wiederaufnahmeverfahren (Hamm NJW **80**, 1404), aber auch im Zusammenhang mit einem Antrag auf gerichtliche Entscheidung nach § 23 **EGGVG** (Bremen NJW **63**, 1465) oder § 109 **StVollzG** (Hamm aaO; München NJW **78**, 654). Einem dienstleistenden europäischen RA eines anderen EG-Mitgliedstaates (3 zu § 138) ist nach § 30 EuRAG der Verkehr nur in Begleitung eines Einvernehmensanwalts erlaubt. Das Gericht kann Ausnahmen gestatten, wenn eine Gefährdung der Sicherheit nicht zu besorgen ist; §§ 138a bis d, 146, 146a, 148 gelten für den Einvernehmensanwalt entspr. Auch ein ausländischer Verteidiger in einem ausländischen Strafverfahren hat grundsätzlich das Recht auf unüberwachten Umgang mit dem Gefangenen (Celle aaO).

6 D. Der **Schriftverkehr** des Beschuldigten mit dem Verteidiger darf in seinem Umfang nicht beschränkt und, von der Ausnahmeregelung des II abgesehen, inhaltlich nicht überwacht werden (vgl auch §§ 37 II, 39 IV UVollzG RP; § 29 II S 1 **StVollzG;** BVerfG StV **01**, 212 mit abl Anm Marberth-Kubicki StV **01**, 433 erlaubt aber die Erstreckung einer Postsperre nach § 99 I InsO auf die Verteidigerpost). Der Beschuldigte darf der JVA seine Schreiben an den Verteidiger verschlossen zur Beförderung übergeben; die als Verteidigerpost bezeichneten Schreiben des Verteidigers werden ihm ungeöffnet ausgehändigt. Pakete werden überprüft (§ 41 UVollzG RP), nicht aber die einliegenden Briefe, wenn sie als Verteidigerpost gekennzeichnet sind.

7 Die **Briefkontrolle** darf sich, wenn die Voraussetzungen des II nicht vorliegen, nur darauf beziehen, ob es sich nach den äußeren Merkmalen wirklich um einen Schriftwechsel mit dem Verteidiger handelt (Düsseldorf NJW **83**, 186; Krey 1/258); eine Öffnung der Sendung ist aber auch zu diesem Zweck nicht zulässig (Bremen StV **06**, 650; einschr LG Tübingen NStZ **08**, 653: Durchsicht bei gewichtigen Anhaltspunkten für Missbrauch von Seiten des Beschuldigten). Auch aus Sicherheitsgründen ist die Öffnung der Verteidigerpost zur Feststellung der Absenderidentität und zur Überprüfung auf unzulässige Einlagen nicht statthaft, auch nicht im Beisein des Gefangenen (Frankfurt StV **05**, 226; Karlsruhe NStZ **87**, 188; Koblenz NStZ **86**, 332; Stuttgart NStZ **83**, 384; NJW **92**, 61; **aM** Koblenz StV **82**, 427 mit abl Anm Dünnebier). Für den Fall, dass der Beschuldigte sich in U-Haft befindet, stellt § 119 IV S 3 klar, dass die nach § 119 II zuständige Stelle prüfen muss, ob die Voraussetzungen für einen unüberwachten Verkehr erfüllt sind (vgl dort 31–33; praxisrelevante Fallkonstellationen bei Grube JR **09**, 366). Soweit nicht auf diese Regelung verwiesen wird (§§ 126a II S 1, 275a V S 4, 453c II S 2), gilt: Mit dieser Prüfung kann die JVA beauftragt werden; die Anordnung, dass jeder Brief erst dem Richter vorgelegt werden muss, ist idR überflüssig (Düsseldorf aaO hält sie sogar für unzulässig).

8 Einer **Beschlagnahme** der Schriftstücke, die vom Verteidiger herrühren und sich beim Beschuldigten befinden, steht I grundsätzlich entgegen (37 zu § 97). Nur wenn gewichtige Anhaltspunkte dafür vorliegen, dass der Verteidiger sich an der dem Beschuldigten zur Last gelegten Tat beteiligt hat, hindert § 148 die Beschlagnahme der Verteidigerpost nicht, die als Beweismittel für das Verfahren gegen den Beschuldigten, für ein Strafverfahren gegen den Verteidiger oder für das Ausschließungsverfahren nach den §§ 138a ff von Bedeutung sein kann (erg 38 zu § 97). Erst recht – und schon bei Vorliegen eines bloßen Anfangsverdachts – darf ein Brief des Verteidigers beschlagnahmt und in einem gegen ihn eingeleiteten Verfahren (erg 4 zu § 97) verwertet werden, der auf eine Straftat hindeutet, die der Verteidiger – unabhängig von der seinem Mandanten zur Last gelegten Tat – bei Gelegenheit der Verteidigung begangen hat (BGH **53**, 257 mit krit Anm Barton JZ **10**, 103, Kühne HRRS **09**, 548 und Wohlers JR **09**, 523 [dem BGH zust Gössel NStZ **10**, 288; Ruhmannseder NJW **09**, 2648]: beim inhaftierten Mandanten in einem Verfahren

gegen den Verteidiger wegen versuchter Strafvereitelung als Zufallsfund beschlagnahmter Verteidigerbrief enthält Beleidigungen des Vorsitzenden Richters).

E. **Unüberwachte Besuche** seines Mandanten in der Haftanstalt sind dem Verteidiger grundsätzlich ohne Einschränkung in Bezug auf Zeit (Dauer) und Häufigkeit gestattet. 9

Der Verteidiger ist aber an die **anstaltsüblichen Besuchszeiten** gebunden, wenn sie im Rahmen des Zumutbaren den organisatorischen Möglichkeiten der JVA entsprechen (KG JR **77**, 213; Hamm NStZ **85**, 432; Karlsruhe NStZ **97**, 407 mit abl Anm Schriever NStZ **98**, 159; abl auch Paeffgen NStZ **99**, 76 Fn 12, 13; vgl auch früher UVollzO 36 VII). Die Festsetzung solcher Besuchszeiten verstößt nur dann gegen I, wenn sie den Verkehr mit dem Verteidiger nicht mehr regelt, sondern nur wesentlich erschwert (KG aaO; Stuttgart NStZ **98**, 212). 10

Der Verteidiger muss das **Verteidigungsverhältnis nachweisen** (KG JR **77**, 213, 214); zur Zuständigkeit nach § 119 IV S 3 oben 7. Das geschieht idR durch Vorlage der Vollmacht des Gefangenen oder der Bestellungsanordnung des Gerichts (abl Meyer-Lohkamp/Venn StraFo **09**, 269). Eine besondere Sprecherlaubnis darf die JVA nur verlangen, wenn an dem Verteidigerverhältnis Zweifel bestehen, insbesondere, wenn nicht sicher ist, ob ein Fall des § 137 I S 2, II S 2 oder des § 146 vorliegt (**aM** LR-Lüderssen/Jahn 12). Sonst darf die JVA die Vorlage eines Dauersprechscheins nur auf besondere Anweisung des Richters oder StA fordern (Frankfurt NStZ **82**, 134; **aM** LG Würzburg NJW **72**, 1824 mit abl Anm Seebode). 11

Durchsuchungen des Verteidigers sind unzulässig, weil sie den freien Verkehr mit dem Mandanten einschränken und den Beschuldigten möglicherweise in seiner Verteidigung beeinträchtigen (Callies StV **02**, 676). Aus Sicherheitsgründen, insbesondere bei erhöhter Fluchtgefahr, dürfen der Haftrichter (vgl § 119 I S 3, 4 mit Eilkompetenz der StA oder JVA) oder die nach Landesuntersuchungshaftvollzugsrecht zuständige Stelle (vgl zB §§ 149 I S 2 NJVollzG, 4 UVollzG NW), bei Strafhaft des Mandanten (abgesehen von dem Fall des § 119 VI) der Leiter der JVA, den Besuch des Verteidigers aber davon abhängig machen, dass er sich und die mitgeführten Behältnisse nach Waffen und anderen gefährlichen Gegenständen durchsuchen lässt (BVerfGE **38**, 26, 30 = MDR **75**, 29; BGH NJW **73**, 1656; **04**, 457 [ER]; KG NJW **71**, 476 mit abl Anm Schmidt-Leichner; Hamm NJW **80**, 1404, 1405; KK-Laufhütte 3; Beulke 196; einschr Saarbrücken NJW **78**, 1446; Hanack JR **71**, 273; vgl auch § 26 S 2 iVm § 24 III **StVollzG**; § 22 II S 1 UVollzG NW). Von dem Inhalt der Verteidigerakten darf bei einer solchen Durchsuchung keine Kenntnis genommen werden (BGH aaO; § 149 I S 3 Hs 1 NJVollzG, § 22 II S 2 UVollzG NW; § 34 S 3 UVollzG RP). 12

Das Besuchsrecht des Verteidigers schließt weder die **Mitnahme einer Schreibkraft** noch die eines Dolmetschers nach seiner Wahl ein (LG Köln NStZ **83**, 237). Erlaubt ist das Mitführen eines Notebooks (BGH NJW **04**, 457) oder eines Diktiergeräts (Frankfurt AnwBl **80**, 307). Auch die Urkunden und Gegenstände, die er für die Unterredung mit seinem Mandanten benötigt, darf der Verteidiger unüberwacht in die JVA einbringen (BGH NJW **73**, 1656, 1657; Hamm NJW **80**, 1404). 13

Für das Gespräch können der Beschuldigte und der Verteidiger die **Zurverfügungstellung eines Raumes** verlangen, in dem Gespräche mit gewöhnlicher Lautstärke geführt werden können, ohne dass unter normalen Bedingungen ein Mithören möglich ist (Hamm StV **85**, 241; Krey 1/252). Der Verteidigerbesuch darf weder akustisch noch optisch überwacht werden (vgl auch § 35 IV UVollzG RP; § 27 III **StVollzG**). 14

Die **Übergabe von Verteidigungsunterlagen** ist dem Verteidiger gestattet. Er darf dem Beschuldigten Schriftstücke und sonstige Gegenstände, die unmittelbar der Vorbereitung oder Durchführung der Verteidigung dienen, also unmittelbar das Strafverfahren betreffen, ohne Kontrolle und ohne besondere Erlaubnis übergeben (BVerfG StV **10**, 144 mit krit Anm Weider; BGH **26**, 304; Dresden 15

NStZ **98**, 535; Fezer 4/59; Welp GA **77**, 141; vgl auch § 35 V S 2 Nr 1 UVollzG RP; §§ 149 I S 3 Hs 2 NJVollzG, 22 II S 3 UVollzG NW; § 27 IV S 2 **StVollzG**; Piel/Püschel/Tsambikakis/Wallau ZRP **09**, 36 zur Übergabe von Datenträgern mit Audiodateien abgehörter Telefongespräche). Dabei darf er aber die richterliche Briefkontrolle nicht umgehen; Schreiben Dritter, die an den Beschuldigten gerichtet sind, darf er ihm ohne besondere Erlaubnis selbst dann nicht übergeben, wenn sie der Verteidigung dienen (BGH **26**, 304, 308); das gilt auch für Schriftsätze aus anderen Verfahren (BVerfG aaO; **aM** Grube JR **09**, 364; LR-Lüderssen/Jahn 17).

16 F. Auch der **Fernsprechverkehr** und der Verkehr durch andere Telekommunikationsmittel unterfällt dem Überwachungsverbot (Schäfer Hanack-FS 82). In UVollzGen der Länder ist mit näheren Maßgaben und Vorbehalten ein Anspruch des UGefangenen auf unüberwachte Telefongespräche mit seinem Verteidiger – grundsätzlich auf eigene Kosten – vorgesehen (vgl zB § 40 S 2 iVm § 34 S 1 Nr 1 UVollzG RP; § 22 I Buchst b UVollzG NW, § 149 I NJVollzG und zum Verbot des Mithörens bereits BGH **33**, 347, 350; Waldowski AnwBl **75**, 106; Welp NStZ **86**, 295; vgl auch § 32 S 2 **StVollzG**). Spricht der Gefangene von einem Geschäftszimmer der JVA aus, so kann er aber nicht verlangen, während des Gesprächs allein gelassen zu werden (BGH [ER] NStZ **99**, 471 mit abl Anm Lüderssen StV **99**, 490).

17 2) Die **besondere Überwachung nach II** soll verhindern, dass der einer Straftat nach § 129 a StGB (dringend) verdächtige Gefangene sich aus der JVA heraus weiterhin für die terroristische Vereinigung betätigt und so zu deren Fortbestand beiträgt (BGH NStZ **84**, 177). Nicht erfasst ist der Fall, dass ein rechtskräftig nach § 129 a StGB Verurteilter ausschließlich aufgrund dieser Verurteilung zu überwachen ist (bisher § 29 I S 2, 3 **StVollzG**); dies fällt gemäß Art 74 I Nr 1 GG fortan in die Gesetzgebungskompetenz der Länder (zB Art 32 I S 2, 3 BayStVollzG; vgl Fn 1 zu Anh 10). Die Regelung des II ist als Ausnahme von dem Grundsatz der freien Verteidigung in I abschließend (§ 119 IV S 1) und darf auf ähnliche Fallgestaltungen nicht entspr angewendet werden (BGH **30**, 38, 41; krit zu II und § 148 a Gohl Rebmann-FS 199); jedoch darf die Anordnung eines Trennscheibeneinsatzes (unten 22) auf (die Nachfolgeregelungen zu) § 4 II S 2 StVollzG (zB Art 6 II S 2 BayStVollzG) gestützt werden, um der konkreten, anderweitig nicht ausschließbaren Gefahr zu begegnen, dass ein Gefangener seinen Verteidiger zur Freipressung als Geisel nimmt (vgl BGH **49**, 61; krit dazu Beulke/Swoboda NStZ **05**, 67). Erg unten 22.

18 A. **Voraussetzung** der besonderen Überwachung des Beschuldigten ist, dass gegen ihn der dringende Tatverdacht einer Straftat nach § 129 a, auch iVm § 129 b StGB besteht, nicht aber, dass er sich deswegen in UHaft befindet oder auch nur ein Haftbefehl ergangen ist. Die Haftform ist vielmehr gleichgültig: Die Überwachung ist insbesondere auch bei UHaft in anderer Sache, bei Unterbrechung der UHaft zur Strafvollstreckung (§§ 116 b, 119 VI) und bei Strafhaft zulässig (Celle NJW **80**, 1118; Stuttgart Justiz **96**, 25).

19 B. Für die Überwachung nach II ist eine **gerichtliche Anordnung** stets erforderlich, dh auch dann, wenn bereits ein auf § 129 a, auch iVm § 129 b I StGB gestützter Haftbefehl erlassen worden ist (die in BGH **36**, 205 insoweit gemachte Ausnahme vom Erfordernis eines gesonderten, richterlichen Ausspruchs ist seit dem 1. 1. 2010 [Ges vom 29. 7. 2009, BGBl I 2274] überholt). Auch wenn in der Mehrzahl der Fälle die Überwachung geboten ist, lässt der Gesetzestext („soll") Ausnahmen zu, etwa wenn der Beschuldigte mit den Ermittlungsbehörden kooperiert oder seine Betätigung für die terroristische Vereinigung aufgegeben hat. Für die Bestimmung des Anordnungsgerichts nimmt II S 1 auf § 126 Bezug; ist in dem neuen Ermittlungsverfahren wegen § 129 a StGB noch kein Haftbefehl ergangen, verweist II S 2 auf das für dessen Erlass zuständige Gericht (§§ 125, 162 I S 2,

169 I). Zumeist wird die Anordnung im Zusammenhang mit dem Haftbefehlserlass getroffen werden.

C. **Überwachung des Schriftverkehrs** (II S 1): Sendungen eines Verteidigers an den Gefangenen oder des Gefangenen an einen Verteidiger werden aufgrund der gerichtlichen Anordnung zurückgewiesen, wenn sich der Absender nicht damit einverstanden erklärt, dass sie zunächst dem Überwachungsrichter (§ 148 a) vorgelegt werden. Die Weitergabe an den Adressaten ist nur über dessen Kontrolle möglich. Das Einverständnis kann allgemein oder bei der Vorlegung der einzelnen Sendung erklärt werden. IdR werden Verteidiger und Beschuldigter von dem Haftrichter aufzufordern sein, die Erklärung abzugeben. Liegt die Erklärung vor, so wird die Sendung unmittelbar an den Überwachungsrichter weitergeleitet (2 zu § 148 a; vgl zB § 22 III UVollzG NW). Die Formulierung „im Verkehr mit Verteidigern" erfasst alle Fälle des schriftlichen Verkehrs zwischen Verteidiger und Beschuldigten, also auch den früher gesondert geregelten Fall des Verkehrs des Inhaftierten mit einem Verteidiger in einem anderen gesetzlich geordneten Verfahren, dh in jedem Verfahren, in dem es einen Beschuldigten und einen Verteidiger gibt (erg 25 zu § 138 a). 20

D. **Trennvorrichtungen beim Verteidigerbesuch** (II S 3): Die Regelung, die rechtsgültig ist (KG JR **79**, 519; Hamm NJW **80**, 1404), zwingt zur Ausstattung der Sprechzellen mit Trennscheiben, durch die die Übergabe von Gegenständen ausgeschlossen wird (vgl dazu KG aaO). Andere Vorrichtungen kommen praktisch nicht in Betracht. Eine zusätzliche optische Überwachung ist unzulässig (KMR-Müller 12; LR-Lüderssen/Jahn 43). 21

3) Entsprechende Anwendung der §§ 148, 148 a: Die Einschränkungen nach § 119 I entfalten auch keine Wirkung im schriftlichen und mündlichen Verkehr des Gefangenen mit den in § 119 IV S 2 Nr 1–19 (vgl dort 31–33) aufgezählten Personen und Institutionen. 22

4) Anfechtung: 23

Gegen einzelne Maßnahmen der StA, ihrer Ermittlungspersonen oder der JVA, die in die Rechte nach I eingreifen, können der Gefangene und der Verteidiger die **Entscheidung des Haftrichters** herbeiführen (§§ 119 V, VI, 119 a, 126). Allgemeine Anordnungen der JVA können nur mit einem Antrag auf gerichtliche Entscheidung nach § 23 **EGGVG** angefochten werden (BGH **29**, 135: Durchsuchung der Besucher; KG aaO: Besuchssperre; Frankfurt StV **05**, 226: Kontrolle der Verteidigerpost in Anwendung eines ministeriellen Erlasses; Hamm NStZ **85**, 432: Festsetzung von Besuchszeiten; Grube JR **09**, 365; **aM** KK-Laufhütte 3, 18; erg 18 zu § 23 EGGVG), im Strafvollzug nach § 109 **StVollzG.** Hat der Haftrichter, auch das AG oder LG als erkennendes Gericht (§ 126 II), die Maßnahme selbst angeordnet, so ist Beschwerde nach § 304 I zulässig (7 zu § 305); der Antrag nach § 119 V S 1 ist aber gegen nicht beschwerdefähige (§§ 304 IV S 2, V; dort 13, 19) Entscheidungen des OLG oder des Ermittlungsrichters des BGH statthaft. Der Verteidiger kann die Rechtsbehelfe im eigenen Namen einlegen (vgl BGH **29**, 135, 137; NJW **73**, 1656, 1657; KG JR **77**, 213). 24

Das gegen die **Überwachungsanordnung** nach II an sich statthafte Rechtsmittel der Beschwerde ist in den Fällen des § 304 IV, V ausgeschlossen. Wird die Art der Ausgestaltung der Sprechzellen beanstandet, so ist nur der Antrag nach § 23 **EGGVG** zulässig (KG JR **79**, 519; **aM** KK-Laufhütte 18 sowie 3 zu § 148 a: Haftrichter). 25

Durchführung der Überwachung

148a **I [1]Für die Durchführung von Überwachungsmaßnahmen nach § 148 Abs. 2 ist der Richter bei dem Amtsgericht zuständig, in dessen Bezirk die Vollzugsanstalt liegt. [2]Ist eine Anzeige nach § 138 des**

Strafgesetzbuches zu erstatten, so sind Schriftstücke oder andere Gegenstände, aus denen sich die Verpflichtung zur Anzeige ergibt, vorläufig in Verwahrung zu nehmen; die Vorschriften über die Beschlagnahme bleiben unberührt.

II [1]**Der Richter, der mit Überwachungsmaßnahmen betraut ist, darf mit dem Gegenstand der Untersuchung weder befasst sein noch befasst werden.** [2]**Der Richter hat über Kenntnisse, die er bei der Überwachung erlangt, Verschwiegenheit zu bewahren; § 138 des Strafgesetzbuches bleibt unberührt.**

1 **1) Zuständiger Überwachungsrichter** (I S 1): Für die Kontrollmaßnahmen nach § 148 II ist (nur, § 119 IV S 1 und 2 Nr 1–19) das AG zuständig, in dessen Bezirk die Vollzugsanstalt liegt, und zwar der Richter, der vom Präsidium bei der Geschäftsverteilung mit dieser Aufgabe betraut worden ist (§ 21 e I S 1 GVG).

2 **2)** Die **Überwachungsmaßnahmen** nach § 148 II S 1, 2 bestehen in der Kontrolle der dem Richter von der JVA (vgl zB § 22 III UVollzG NW), dem Verteidiger oder dem Beschuldigten vorgelegten Schriftstücke und anderen Gegenstände. Der Überwachungsrichter kann ihre Weiterbeförderung an den Verteidiger oder die JVA zur Aushändigung an den Beschuldigten anordnen oder durch mit Gründen versehenen Beschluss ablehnen (dann gibt er sie dem Absender zurück); er kann auch Strafanzeige nach § 138 StGB erstatten (unten 5). Weitere Entscheidungsmöglichkeiten hat er nicht.

3 Die **Beförderungserlaubnis wird versagt,** wenn sich der Schriftverkehr auf die Förderung einer terroristischen Vereinigung bezieht. Aber auch Schriftstücke und Gegenstände, die keine solche Zweckbestimmung haben, jedoch sonst für verteidigungsfremde Zwecke bestimmt sind, können von der Beförderung ausgeschlossen werden (Bay **79**, 65, 69 = MDR **79**, 862; Hamburg NJW **79**, 1724; LG Baden-Baden NStZ **82**, 81; KK-Laufhütte 8; **aM** KG JR **79**, 216; LG Köln NJW **79**, 1173 L; Beulke 196; Fezer 4/66; Welp GA **77**, 142); denn es muss nicht geduldet werden, dass der Verteidiger unter den Augen des Gerichts seine Rechte missbraucht. Was den Verteidigungszwecken dient, bestimmt aber in 1. Hinsicht der Verteidiger selbst (LG Stuttgart StV **85**, 67); die Beförderung darf nur in klaren Missbrauchsfällen verweigert werden (LR-Lüderssen/Jahn 6 mwN). Von der Beförderung ausgeschlossen sind auch Gegenstände, die die Sicherheit der Anstalt beeinträchtigen (Stuttgart NStZ **83**, 384). Die zurückgehaltene Sendung wird an den Absender zurückgeleitet (vgl aber auch unten 5).

4 Vor der Entscheidung wird die **StA nicht gehört; §** 33 II gilt nicht, da von dem Inhalt der Sendung außer dem Überwachungsrichter niemand Kenntnis nehmen darf (Bay **79**, 65 = MDR **79**, 862).

5 **3)** Zur **Erstattung einer Strafanzeige** (I S 2) ist der Überwachungsrichter verpflichtet, wenn er aus dem Schriftverkehr von dem Vorhaben oder der Ausführung einer der in § 138 I, II StGB bezeichneten Straftaten erfährt. Bei der Anzeigeerstattung darf er die bei der Überwachung erlangten Kenntnisse an die StA weitergeben (II S 2 Hs 2). Die Schriftstücke und sonstigen Gegenstände, die den Verdacht begründen, muss er vorläufig in Verwahrung nehmen, bis über ihre Beschlagnahme nach §§ 94, 98 entschieden wird, wobei aber § 97 hier nicht gilt (BGH NStZ **90**, 93: Redaktionsversehen). Erst wenn sie beschlagnahmt worden sind, gibt er sie an die StA weiter. Erfolgt in angemessener Frist keine Beschlagnahme, so werden die Schriftstücke und Gegenstände dem Adressaten ausgehändigt, wenn sie nicht aus anderen Gründen von der Beförderung auszuschließen sind (KMR-Müller 3). Die Beschlagnahme kann ggf auch in einem wegen § 129 a StGB bereits anhängigen Ermittlungsverfahren erfolgen (BGH StV **90**, 146 mit abl Anm Nestler-Tremel; **aM** auch HK-Julius 1).

6 **4) Ausschluss des Überwachungsrichters** (II S 1): Der mit Überwachungsmaßnahmen nach § 148 II S 1, 2 betraute Richter darf mit der Sache sonst weder befasst sein noch befasst werden.

Betraut mit den Überwachungsmaßnahmen ist der Richter beim AG nicht schon deshalb, weil er für sie nach dem Geschäftsverteilungsplan zuständig ist, sondern erst, wenn es zur Prüfung eines vorgelegten Schriftstücks oder anderen Gegenstandes gekommen ist. 7

Als Überwachungsrichter ausgeschlossen ist der Haftrichter, solange er nach § 126 I S 1 für die weiteren richterlichen Entscheidungen und Maßnahmen zuständig ist (KK-Laufhütte 5). Ausgeschlossen ist nicht der Richter, der früher einmal mit der Sache befasst war, es aber jetzt nicht mehr ist, zB der früher tätig gewesene Haftrichter, wenn nach Erhebung der Anklage die Zuständigkeit für Haftentscheidungen nach § 126 II S 1, § 120 I Nr 6 GVG auf das OLG übergegangen ist. Auch wer als Ermittlungsrichter eine inzwischen abgeschlossene Untersuchungshandlung vorgenommen hat, ist nicht ausgeschlossen, selbst wenn die Möglichkeit besteht, dass weitere Anträge bei ihm gestellt werden. 8

Von der Mitwirkung in der Strafsache ausgeschlossen ist der Überwachungsrichter. Der Ausschluss erstreckt sich auf alle wegen derselben Tat iS des § 264, auch gegen andere Tatbeteiligte, zu treffenden Entscheidungen, nicht nur auf die Mitwirkung in der Hauptverhandlung (LR-Lüderssen/Jahn 15, 16). II S 1 ergänzt insoweit den § 23, geht aber in der Ausschlusswirkung weiter; denn der Tätigkeit als Überwachungsrichter steht auch eine spätere Mitwirkung am Verfahren als StA oder Verteidiger entgegen (LR-Lüderssen/Jahn 16; **aM** KMR-Müller 8 für die Mitwirkung als Verteidiger). Der Ausschluss gilt nur für den Überwachungsrichter selbst, nicht für die Beschwerderichter (BGH MDR **82**, 282 [H]; KG NJW **79**, 771; KK-Laufhütte 12; offengelassen bei BGH **29**, 196, 199; **aM** SK-Wohlers 18; erg unten 12). Für das Verfahren gelten die §§ 22, 24, 28 entspr. 9

5) Die **Verschwiegenheitspflicht des Überwachungsrichters** (II S 2) besteht gegenüber jedermann, auch gegenüber dem mit der Sache befassten Gericht und der StA, sofern nicht die Voraussetzungen des § 138 StGB vorliegen (oben 5). Zur Zeugnisverweigerung ist der Richter nicht nur berechtigt, sondern verpflichtet (Welp GA **77**, 134 Fn 31). Die Pflicht zur Verschwiegenheit bezieht sich aber nur auf den Inhalt der Schriftstücke und Gegenstände, nicht auf Zeit, Art und sonstige Umstände des technischen Vorgangs der Vorlegung (KK-Laufhütte 10; **aM** SK-Wohlers 14), auch nicht auf die Zahl der Gegenstände. 10

Der Verschwiegenheitspflicht unterliegen auch die **Gehilfen des Richters,** zB die Geschäftsstellenbeamten und Schreibkräfte (KK-Laufhütte 10), auch die von dem Richter herangezogenen Sachverständigen (Stuttgart NStZ **83**, 384), Dolmetscher (deren Zuziehung als geringerer Eingriff gegenüber einer Sperre jeglichen Schriftverkehrs eines Ausländers anzusehen und daher zulässig ist, vgl LG Baden-Baden NStZ **82**, 82; LG Köln StV **88**, 536; **aM** Kreitner NStZ **89**, 5) und sonstigen Hilfspersonen (Stuttgart Justiz **83**, 240). 11

6) Anfechtung: Gegen die Maßnahmen des Richters beim AG bei der Durchführung der Überwachung können der Beschuldigte und der Verteidiger Beschwerde nach § 304 I einlegen, über die das LG entscheidet (BGH **29**, 196; Bay **90**, 1), ohne dass die StA gehört wird (Bay aaO; oben 4). Die Mitwirkung eines nach II S 1 ausgeschlossenen Richters in der Strafsache ist ein zwingender Aufhebungsgrund nach § 338 Nr 2. Der Verwertung von unter Verletzung der Schweigepflicht offenbarten Kenntnissen als Urteilsgrundlage kann mit der Revision nach § 337 gerügt werden. 12

Beistände

149 I [1]**Der Ehegatte oder Lebenspartner eines Angeklagten ist in der Hauptverhandlung als Beistand zuzulassen und auf sein Verlangen zu hören.** [2]**Zeit und Ort der Hauptverhandlung sollen ihm rechtzeitig mitgeteilt werden.**

[II] **Dasselbe gilt von dem gesetzlichen Vertreter eines Angeklagten.**

[III] **Im Vorverfahren unterliegt die Zulassung solcher Beistände dem richterlichen Ermessen.**

1 **1)** Die **Zulassung** des Ehegatten, des Lebenspartners (vgl § 1 LPartG) oder des gesetzlichen Vertreters als Beistand (vgl dazu Kaum 44 ff) kann nur auf dessen Antrag, nicht von Amts wegen (RG **41**, 348) und nicht auf Antrag des Beschuldigten erfolgen (Düsseldorf NJW **79**, 938). Dessen Zustimmung ist nicht erforderlich (RG **38**, 106; KK-Laufhütte 1; vgl auch LR-Lüderssen/Jahn 4, die jedoch eine Ausnahme hinsichtlich des Ehegatten oder Lebenspartners machen). Auch der Berufsbetreuer ist – in seinem Aufgabenkreis (dazu eingehend Elzer BtPrax **00**, 139) – gesetzlicher Vertreter iS des II (KG FamRZ **05**, 1776 L; LR-Lüderssen/Jahn 1; **aM** BGH NStZ **08**, 524 [s aber §§ 1896 II S 2, 1902 BGB]).

2 **Im Vorverfahren entscheidet** über den Zulassungsantrag, entspr § 141 IV Hs 1, der Vorsitzende des für das Hauptverfahren zuständigen Gerichts (vgl LR-Lüderssen/Jahn 13), und zwar nach pflichtgemäßem Ermessen (III). Für die Hauptverhandlung, auch für vorweggenommene Beweiserhebungen nach §§ 223, 225 (EbSchmidt 7), besteht ein Rechtsanspruch auf die Zulassung (Köln VRS **79**, 53), auch wenn der Antragsteller ein Mitangeklagter (LR-Lüderssen/Jahn 15) oder wenn er als Zeuge geladen und erschienen ist (BGH **4**, 205). Für die Entscheidung ist der Vorsitzende des Gerichts zuständig. Sie muss sofort nach Antragstellung (BGH aaO) und ausdrücklich getroffen werden.

3 **2) Rechtsstellung:** Der Beistand kann zugleich Zeuge sein (BGH **4**, 205; ANM 186; erg 23 vor § 48); dann muss er aber der Hauptverhandlung zeitweise fernbleiben (§§ 58 I, 243 II–IV; vgl aber 4 zu § 58). Er kann auch neben einem Verteidiger und in Anwesenheit des Angeklagten auftreten, hat aber keinen Anspruch auf Bewilligung von Prozesskostenhilfe und Beiordnung eines RA (BGH MDR **78**, 626 [H]). Allerdings kann er, wie der Zeuge, einen RA als Beistand hinzuziehen (BGH aaO; erg 11 vor § 48). Sein Recht erschöpft sich aber auch dann in der Beratung des Angeklagten und in der Stellungnahme zur Sache; prozessuale Rechte des Angeklagten kann er, anders als der Beistand im Jugendstrafverfahren nach § 69 **JGG,** nicht wahrnehmen (BGH **47**, 62, 66; erg 30 zu § 244), auch keine Rechtsmittel einlegen (Düsseldorf NJW **97**, 2533; vgl aber § 298 I). Der Vorsitzende kann ihn aus den Gründen des § 247 zeitweise von der Verhandlung ausschließen (BGH aaO). Zum Fragerecht vgl 3 zu § 240. Das dem Verteidiger in § 148 I gewährte Recht auf ungehinderten Verkehr mit dem Beschuldigten hat der Beistand nicht; der Grundsatz des fairen Verfahrens (Einl 19) kann aber eine Überwachung aller Gespräche verbieten (BGH **44**, 82).

4 **3)** Die **Benachrichtigung von der Hauptverhandlung** (I S 2) soll so rechtzeitig erfolgen, dass der Beistand in ihr erscheinen kann (BGH **47**, 62, 64). Eine förmliche Ladung ist nicht vorgeschrieben.

5 **4) Anfechtung:** Antragsteller und Beschuldigter können gegen die Ablehnung und den Widerruf der Zulassung Beschwerde nach § 304 I einlegen, StA und Beschuldigter auch gegen die Zulassung; § 305 S 1 steht nicht entgegen. Die Ablehnung des Zulassungsantrags und die verspätete Zulassung können nach § 337 die Revision begründen, wenn das Urteil darauf beruht (BGH **4**, 205; LR-Lüderssen/Jahn 21). Das Gleiche gilt für eine zu weitgehende Einschränkung der Beistandsrechte (BGH **44**, 82) und für das Unterlassen der Benachrichtigung nach I S 2 (offen gelassen von BGH aaO, dort wN).

150 (weggefallen)

Zweites Buch. Verfahren im ersten Rechtszug

1. Abschnitt. Öffentliche Klage

Anklageprinzip

151 **Die Eröffnung einer gerichtlichen Untersuchung ist durch die Erhebung einer Klage bedingt.**

1) Akkusationsprinzip (Anklagegrundsatz): Nur auf Anklage kann es zur gerichtlichen Untersuchung kommen. 1

2) Die **gerichtliche Untersuchung** tritt nicht automatisch mit der Erhebung der Klage ein. Sie entsteht erst durch förmlichen Eröffnungsbeschluss (§ 203; vgl auch § 156). Erst dieser macht die Strafsache rechtshängig (Einl 63; 1 zu § 156). 2

Offizial- und Legalitätsprinzip

152 **I Zur Erhebung der öffentlichen Klage ist die Staatsanwaltschaft berufen.**

II Sie ist, soweit nicht gesetzlich ein anderes bestimmt ist, verpflichtet, wegen aller verfolgbaren Straftaten einzuschreiten, sofern zureichende tatsächliche Anhaltspunkte vorliegen.

1) Das **Offizialprinzip** (I) bedeutet, dass die Strafverfolgung grundsätzlich dem Staat (für die Rechtsgemeinschaft) obliegt, nicht dem einzelnen Bürger. Ausnahme: Privatklageverfahren (§§ 374 ff). Von dem Anklagemonopol der StA bestehen auch im Offizialverfahren noch Ausnahmen, in denen es zur gerichtlichen Untersuchung ohne Mitwirkung der StA kommen kann: Strafbefehlsantrag der FinB in Steuerstrafverfahren (§ 400 **AO;** Einl 11 ff). Vgl auch Einl 37, 38; §§ 155 II, 160 I, 163. Aus I ergibt sich nicht die Pflicht der StA zur Auskunft, ob eine beabsichtigte Handlung strafbar ist (Hamburg NJW **65**, 776 = JR **65**, 189 mit Anm Kohlhaas). 1

2) Das **Legalitätsprinzip** (II) bedeutet Verfolgungszwang, und zwar gegen jeden Verdächtigen (BVerfG NStZ **82**, 430 mit krit Anm Kuhlmann NStZ **83**, 130: Aktualisierung des Willkürverbots), und, wenn die Voraussetzungen dafür bestehen, Anklagezwang (BGH **15**, 155; Geerds SchlHA **62**, 181). Es ist für die StA das notwendige Korrelat zu ihrem Anklagemonopol (I). Mit ihm sollen die Grundsätze der Gleichheit vor dem Gesetz (Art 3 I GG) und der Gerechtigkeit im Rahmen des Möglichen verwirklicht werden (Eckl ZRP **73**, 139). II wird durch § 170 I ergänzt. Die Erhebung der öffentlichen Klage gehört ebenfalls zur Erfüllung des Legalitätsprinzips, wie sich aus den §§ 172 ff ergibt. Die weitere Beteiligung der StA am gerichtlichen Verfahren nach der Klageerhebung ist eine prozessuale Aufgabe eigener Art, nicht mehr Teil des Legalitätsprinzips (Strate StV **85**, 338; str). Dieses beeinflusst das weitere Prozessverhalten der StA nur noch mittelbar (Kleinknecht Bruns-FS 180; **aM** Geppert GA **79**, 300; vgl auch LR-Beulke 17). Über die Entwicklung des Legalitätsprinzips vgl Hanack Gallas-FS 339; Jung, Straffreiheit für den Kronzeugen?, 1974, S 44 ff; Kerner, Strafverfolgungspflicht als Last? Zum Erledigungsverhalten der deutschen Staatsanwaltschaft, Miyazawa-FS 571 ff. Die Frage, ob das Strafverfahren trotz mancher Durchbrechungen, vor allem in den §§ 153 ff, (noch) vom Legalitätsprinzip beherrscht ist, wird von Döhring (Diss Passau 1999) bejaht. 2

3 A. Es **berechtigt und verpflichtet** (vgl auch § 163), mangels gegenteiliger gesetzlicher Bestimmungen (zB § 393 II **AO**), wegen verfolgbarer (vgl Einl 145; § 376) Straftaten bei zureichenden Anhaltspunkten einzuschreiten. Dazu gehört auch, dass die StA verpflichtet ist, von ihren Zwangsbefugnissen Gebrauch zu machen (Schroeder JZ **85**, 1033). In diesem Sinn ist II auch eine Kompetenznorm. Der Verfolgungszwang und die dazu gehörende Kompetenz besteht bei Steuerstraftaten auch für die FinB (§§ 385, 386, 399 II **AO**). Über Bindung an höchstrichterliche Rspr vgl 11 vor § 141 GVG.

4 B. Der **Anfangsverdacht** muss schon in konkreten Tatsachen bestehen (Hamburg GA **84**, 289, 290; Geerds GA **65**, 327; Lüttger GA **57**, 193; Walder ZStW **95**, 867 ff). Die Frage, ob zureichende tatsächliche Anhaltspunkte vorliegen, ist keine Ermessensentscheidung (vgl unten 9), wenngleich ein gewisser Beurteilungsspielraum besteht (BGH NJW **70**, 1543; NStZ **88**, 510; München NStZ **85**, 549; Sailer NJW **77**, 1138; vgl auch BVerfG NJW **84**, 1451; **aM** Störmer ZStW **108**, 516; eingehend hierzu Eisenberg/Conen NJW **98**, 2241). Bei ihrer Beurteilung können auch offenkundige Tatsachen des Zeitgeschehens eine Rolle spielen (Willms JZ **57**, 465). Der Anfangsverdacht muss es nach den kriminalistischen Erfahrungen als möglich erscheinen lassen, dass eine verfolgbare Straftat vorliegt (Bruns H. Kaufmann-GedSchrift 866; Freund GA **95**, 13; Hund ZRP **91**, 464; Kuhlmann NStZ **83**, 130; Senge Hamm-FS 701). Dazu genügen auch entfernte Indizien (vgl 25 zu § 261). Bloße Vermutungen rechtfertigen es nicht, jemandem eine Tat zur Last zu legen (vgl auch LR-Beulke 22). Sie können zu besonderer Achtsamkeit und zu Beobachtungen veranlassen; jedoch ergibt sich die Grundlage für dieses der Strafverfolgung vorgelagerte Verhalten nicht aus der StPO (eingehend dazu Groß Dahs-FS 249). Auch auf Strafanzeigen hin, die noch keinen konkreten Anfangsverdacht begründen, kommt die Einleitung eines Ermittlungsverfahrens nicht in Betracht (Bay **85**, 71, 75; Dahs NJW **85**, 1114). Der Anfangsverdacht braucht aber weder dringend (vgl §§ 111 a, 112) noch hinreichend (vgl § 203) zu sein (Bay aaO; Karlsruhe Justiz **03**, 270; München NStZ **85**, 549); de facto braucht er auch das Maß noch nicht zu erreichen, das für schwerwiegende Eingriffe, zB nach §§ 80–81 c, 94, 99, 100 a, notwendig ist (BVerfGE **17**, 117, 118; Einl 20, 21). Ob Tatsachen, die einem Beweisverwertungsverbot (Einl 50 ff) unterliegen, zur Begründung eines Anfangsverdachts herangezogen, mithin zur Grundlage weiterer Ermittlungen gemacht werden dürfen, ist str; nach hM ist dies nicht generell zu bejahen oder zu verneinen, sondern zwischen der Schwere einerseits des das Beweisverbot begründenden Rechtsverstoßes andererseits der aufzuklärenden Tat abzuwägen (vgl LR-Beulke 26, 27; für generelle Unverwertbarkeit aber – auch schon bei Zweifeln über die Verwertbarkeit – Hengstenberg [Einl 57 e] S 132, 146). Die missbräuchliche Ausnutzung des den Ermittlungsbehörden zustehenden Beurteilungsspielraums kann einen (in der Revision auf Verfahrensrüge zu beachtenden) Verstoß gegen den Grundsatz des fairen Verfahrens (Einl 19) begründen (BGH JR **05**, 300 mit Anm Lesch).

4a C. **Votermittlungen** zur Klärung, ob auf Grund vorliegender tatsächlicher Anhaltspunkte die Einleitung eines Ermittlungsverfahrens veranlasst ist, sind zulässig (Lange DRiZ **02**, 264; Senge Hamm-FS 706 mwN) und in der Praxis häufig zu beobachten; sie werden gelegentlich nur unter einem AR- (allgemeines Register) statt unter einem Js-Aktenzeichen geführt (dagegen Schaefer Müller-FS 633). Davon zu unterscheiden sind die Vorfeldermittlungen, die erst dazu dienen, solche Anhaltspunkte zu gewinnen (Rieß Otto-FS 964); sie sind in strafprozessualer Hinsicht unzulässig, weil insoweit keinerlei Anfangsverdacht besteht (LR-Beulke 22; SK-Weßlau 21; vgl auch RiStBV Anl E Nr 6). Zu den hierzu auftauchenden Fragen vgl Weßlau, Vorfeldermittlungen, 1989, zugl Diss Hamburg 1988, ferner mit dem Vorschlag einer gesetzlichen Regelung Lange, Vorermittlungen – Die Behandlung des staatsanwaltschaftlichen Vorermittlungsverfahrens unter besonderer Berücksichtigung von Abgeordneten, Politikern und Prominenten, 1999, zugl Diss

Göttingen, Artzt, Die verfahrensrechtliche Bedeutung polizeilicher Vorfeldermittlungen, 2000, zugl Diss Tübingen 1999, und Haas, Vorermittlungen und Anfangsverdacht, 2003. Der im Vorermittlungsstadium Betroffene hat nicht die Stellung eines Beschuldigten, Zwangs- und Eingriffsmaßnahmen, dürfen nicht vorgenommen werden (Krause Strauda-FS 357 ff; Lange aaO 268 ff). Ob und inwieweit im Zuge von Vorfeldermittlungen der Sicherheitsbehörden gewonnene Erkenntnisse im Strafverfahren als Beweismittel verwertet werden dürfen, ist noch ungeklärt (vgl Weßlau Hilger-FG 72).

D. Eine **rechtliche Prüfung** kommt zu der Prüfung des Sachverhalts hinzu. **4b**
Die StA muss zur Vermeidung von Staatshaftung (BGHZ **20**, 178 = NJW **56**, 1028; BGH NStZ **88**, 510) prüfen, ob der angezeigte oder sonst bekanntgewordene Sachverhalt überhaupt unter ein Strafgesetz fällt und von ihr zu verfolgen ist (vgl dazu die „Richtlinien für die Prüfung eines Anfangsverdachts wegen einer Straftat" des GStA Brandenburg, JMBl **98**, 106). Der Anfangsverdacht kann daher zu verneinen sein, wenn ohne Zweifel ein Rechtfertigungsgrund vorlag, zB ein Fall der Nothilfe nach § 32 StGB bei Tötung eines Luftpiraten zur Rettung einer unter Todesdrohung als Geisel festgehaltenen Stewardeß (Geerds ArchKrim **151**, 52; Wittschier in Jung/Müller-Dietz 42). Zur Notwehr des Polizeibeamten vgl Schwabe JZ **74**, 634 mwN; zum Einsatz von Lockspitzeln und verdeckt ermittelnden Polizeibeamten in diesem Zusammenhang vgl BGH StV **89**, 518. Ob Tatsachen, die unter Verstoß gegen ein Beweisverwertungsverbot (vgl Einl 55 ff) erlangt worden sind, zur Bejahung eines Anfangsverdachts verwertet werden dürfen, ist sehr str (vgl dazu LR-Beulke 26); es wird insoweit mit der wohl hM eine Abwägung zwischen dem Gewicht des Verfahrensverstoßes mit der Schwere der aufzuklärenden Straftat vorzunehmen sein (AK-Schöch 11). Fest steht aber, dass unzulässig gewonnene Erkenntnisse als Beweismittel schon für das Ermittlungsverfahren ausscheiden; dem Beschuldigten dürfen sie weder vorgehalten noch darf darauf die Anwendung strafprozessualer Maßnahmen gestützt werden (BGH **27**, 355; LR-Beulke 27; erg 35 zu § 100a).

E. **Ermittlungsverfahren gegen Unbekannt:** Richtet sich der Anfangsver- **5**
dacht noch nicht gegen eine bestimmte Person, so wird das Ermittlungsverfahren zunächst gegen Unbekannt geführt (LR-Beulke 23). Dass es ein Ermittlungsverfahren gibt, in dem ein Beschuldigter noch nicht vorhanden ist, zeigt zB § 69 I S 2. Ist eine oder sind mehrere bestimmte Personen zureichend verdächtig, so wird das Ermittlungsverfahren gegen sie geführt. Sie müssen daher zu Beschuldigten gemacht (Einl 76) und bei der StA ins Js-Register eingetragen werden; nicht angängig ist es aber, das Verfahren ohne nähere Konkretisierung nur „gegen die Verantwortlichen einer Firma" zu führen (Dahs Böttcher-FS 33). Aus dem Beschuldigtenverhältnis, das sich aus den Akten ergeben muss (weil das Ermittlungsverfahren ein schriftliches Verfahren ist), kann nur die StA förmlich wieder entlassen (§ 170 II), selbst wenn sich schon frühzeitig, vielleicht sogar noch im ersten Zugriff der Polizei (§ 163), ergeben hat, dass in Wirklichkeit kein zureichender Verdacht gegen die Person (mehr) besteht.

F. **Güter- und Pflichtenabwägung:** Das Übermaßverbot (Einl 20, 21) kann **6**
die StA nicht vom Einschreiten abhalten, um dem Beschuldigten vermeintlich unverhältnismäßig schweren Nachteil zu ersparen (BGH bei Steffen DRiZ **72**, 154). Jedoch kann das erkennbare Einschreiten zeitweise aufgeschoben werden, zB aus kriminaltaktischen Gründen, etwa um die Hintermänner, Drahtzieher oder sonstigen wichtigen Beteiligten ausfindig machen zu können, oder auch, wenn es bei Abwägung aller Umstände zum Schutz besonders gewichtiger Rechtsgüter gerechtfertigt und erforderlich ist, zB um eine akute schwere Gefahr von Geiseln abzuwehren (vgl Krause/Nehring 82). Bei Geiselnahme kann erforderlichenfalls Vorsprung versprochen und sogar erleichtert werden. Ein solches Versprechen ist rechtlich nicht bindend (§ 134 BGB; §§ 258, 258a StGB).

7 **3)** Das sog **Opportunitätsprinzip,** die Ausnahme vom Verfolgungszwang trotz an sich bestehender Verfolgungsvoraussetzungen (Hassemer StASchlH-FS 529; Weigend ZStW **109**, 103), ist – zumindest im Wesentlichen – nur die negative Seite des Legalitätsprinzips, weil die Nichtverfolgung von konkreten Wertungs- und Beurteilungskriterien abhängig gemacht ist (zB „Schuld gering", „öffentliches Interesse", § 153; „nicht beträchtlich ins Gewicht fällt", § 154 I Nr 1, auch § 153c II). Wenn die Nichtverfolgung von der Anwendung solcher unbestimmten Rechtsbegriffe abhängig ist, handelt es sich nicht um Ermessensentscheidungen iS eines echten Wahlrechts zwischen Verfolgung oder Nichtverfolgung – trotz des Ausdrucks „Ermessen" in § 467 IV –, sondern um Rechtsanwendung (KK-Schoreit 25); wesentlich ist jedoch, dass dabei ein weiter Beurteilungsspielraum (Steffen DRiZ **72**, 154), eine größere Bandbreite der Entscheidungsmöglichkeiten (Redeker DÖV **71**, 762) besteht und aus diesem Grund abweichende Entscheidungen möglich sind (Opportunitätsprinzip ieS; vgl auch 1 zu § 170; 5 ff vor § 141 GVG).

8 Ganz **ausnahmsweise** steht die Verfolgung im echten – pflichtgemäß auszuübenden – Ermessen (zB § 153c I S 1 Nr 1, 2; § 45 I S 1 **JGG;** § 47 I OWiG für OWien; Opportunitätsprinzip iwS).

9 Über die verfassungsrechtlichen **Grenzen** des Opportunitätsprinzips vgl Faller Maunz-FG 69; krit zur terminologischen Unterscheidung Schroeder Peters-FS 411 ff. Eingehend (und bejahend) Döhring, Ist das Strafverfahren vom Legalitätsprinzip beherrscht?, 1999, zugl Diss Passau 1999.

10 **4) Behebbare Verfahrenshindernisse** versucht die StA zu beseitigen, wenn es im öffentlichen Interesse liegt (LR-Beulke 30). Dieser Versuch kann zur Verfolgungspflicht gehören (vgl auch Einl 145, 150 ff), zB bei Immunität (Karlsruhe Justiz **62**, 82; vgl. 9 zu § 152a).

11 **5) Von neuem gilt das Legalitätsprinzip (II),** wenn nach Anklageerhebung und nach einer rechtskräftigen Abschlussentscheidung des Gerichts neue Strafverfolgung zulässig wird (zB 5 zu § 211; 39 zu § 153; 1 zu § 362; Kleinknecht Bruns-FS 475 ff). Jedoch kann von der neuen Strafverfolgung nach einer Bestimmung des Opportunitätsprinzips abgesehen werden.

Immunität der Abgeordneten **RiStBV 191–192 b**

152a

Landesgesetzliche Vorschriften über die Voraussetzungen, unter denen gegen Mitglieder eines Organs der Gesetzgebung eine Strafverfolgung eingeleitet oder fortgesetzt werden kann, sind auch für die anderen Länder der Bundesrepublik Deutschland und den Bund wirksam.

1 **1) Abgeordnete:** § 152a verleiht den Landesregelungen denselben Geltungsbereich, wie er dem Art 46 GG zugunsten der BTags-Abg zukommt (vgl Bockelmann, Die Unverfolgbarkeit der Abgeordneten nach deutschem Immunitätsrecht, 1951). Zur Aufhebung der Immunität eines Abgeordneten nun grundlegend BVerfGE **104**, 310 = NJW **02**, 1111.

Art 46 GG lautet:

I 1 Ein Abgeordneter darf zu keiner Zeit wegen seiner Abstimmung oder wegen einer Äußerung, die er im Bundestage oder in einem seiner Ausschüsse getan hat, gerichtlich oder dienstlich verfolgt oder sonst außerhalb des Bundestages zur Verantwortung gezogen werden. 2 Dies gilt nicht für verleumderische Beleidigungen.

II Wegen einer mit Strafe bedrohten Handlung darf ein Abgeordneter nur mit Genehmigung des Bundestages zur Verantwortung gezogen oder verhaftet werden, es sei denn, dass er bei Begehung der Tat oder im Laufe des folgenden Tages festgenommen wird.

III Die Genehmigung des Bundestages ist ferner bei jeder anderen Beschränkung der persönlichen Freiheit eines Abgeordneten oder zur Einleitung eines Verfahrens gegen einen Abgeordneten gemäß Artikel 18 erforderlich.

IV Jedes Strafverfahren und jedes Verfahren gemäß Artikel 18 gegen einen Abgeordneten, jede Haft und jede sonstige Beschränkung seiner persönlichen Freiheit sind auf Verlangen des Bundestages auszusetzen.

2) Ein **Verfahrenshindernis** – Einl 145 – (mit Verfassungsrang) ist die Immunität. Mit dieser ist nicht die Indemnität (= materielle Immunität) gemeint („darf zu keiner Zeit zur Verantwortung gezogen werden", Art 46 I GG), sondern nur die formelle (oder prozessuale) Immunität („darf nur mit Genehmigung zur Verantwortung gezogen werden", Art 46 II, III GG). Das Verfahrenshindernis beginnt idR mit der Annahme der Wahl beim Wahlleiter (vgl §§ 45, 48 I BWG); es entfällt durch die Genehmigung der Strafverfolgung oder das Ende des Mandats (BGH NStZ **92**, 94). Vgl aber Art 49 GG. 2

Denn die Immunität **schützt das Parlament.** Dieses entscheidet über die Genehmigung völlig frei; der Abg hat nicht einmal den Anspruch auf rechtliches Gehör; ein von ihm selbst gestellter Antrag ist unbeachtlich (Anl 6 zur BT-GeschO Abschn A Nr 3; unten 4). Soweit ein Abg ohne Genehmigung des Parlaments verfolgt werden darf (vgl Art 46 II Hs 2 GG; Uhlitz DVBl **62**, 123), kann das Parlament nach den einschlägigen Bestimmungen das Verfahrenshindernis schaffen, indem es die Aussetzung des Verfahrens verlangt (Art 46 IV GG). 3

3) Einzelheiten: RiStBV 191 ff; Grundsätze in Immunitätsangelegenheiten (Anl 6 zur BT-GeschO), die vom BT-Ausschuss für Wahlprüfung, Immunität und Geschäftsordnung aufgestellt worden sind und jeweils bei Beginn einer Wahlperiode beschlossen werden (vgl § 107 II BT-GeschO). Die Durchführung von Ermittlungsverfahren gegen BTags-Abg, sofern es sich nicht um Beleidigungen politischen Charakters handelt, ist allgemein genehmigt (vgl BGBl 1980 I 1264); die Genehmigung umfasst aber nicht die Erhebung der öffentlichen Klage (vgl RistBV 192 a II). Bußgeldverfahren fallen nicht unter Art 46 II GG (Düsseldorf NJW **89**, 2207; **aM** Brocker GA **02**, 48; vgl RiStBV 298). 4

A. Ist die **Ablehnung oder Einstellung eines Verfahrens** (§§ 170 II, 153 I) gegen einen Abg ohne weitere Beweiserhebung zur Sache möglich, dann zieht die StA den Abg nicht zur Verantwortung (iS des Art 46 II GG), wenn sie eine solche Verfügung trifft (**aM** Brocker GA **02**, 46). Anders im Fall des § 153 a I, wenn ein Ermittlungsverfahren durchzuführen ist (7 zu § 153 a). Zur Klärung der Frage, ob es sich um eine querulatorische, vexatorische, absolut unernste oder absolut unbegründete Anzeige handelt, können gewisse Ermittlungen über die Persönlichkeit des Anzeigenden vorgenommen werden. 5

B. Die **Mitteilung der Anschuldigung** oder des Verdachts an den Abg mit dem Anheimstellen, sich zu äußern, ist der StA ohne Aufhebung der Immunität zur Vorbereitung einer Entscheidung darüber gestattet, ob ein Ersuchen auf Entscheidung über die Genehmigung zur Strafverfolgung gestellt werden soll. Einer Beschuldigtenvernehmung aber und anderen Ermittlungen gegen den Abg steht dessen Immunität entgegen. Die Polizei gibt dem Abg die Gelegenheit zur Stellungnahme nur im unmittelbaren Anschluss an die Tat an Ort und Stelle, überlässt dies aber sonst der StA. Ein polizeilicher Aktenvermerk über Äußerungen des Abg ersetzt in aller Regel nicht die Mitteilung des Verdachts an ihn durch die StA. 6

C. **Verhaftung iS des Art 46 II GG** sind nur die UHaft (§§ 112 ff) und die vorläufige Festnahme (§§ 127 II, 127 b I), die zum Haftbefehl führen soll. Die nach Art 46 II Hs 2 GG erlaubte Festnahme „bei Begehung der Tat" bedeutet wie in § 127 (dort 5) „auf frischer Tat betroffen" (LR-Beulke 25). Durchsuchung zur Ergreifung nach § 102 ist nur im Rahmen des Art 46 II GG (oder der entspr landesverfassungsrechtlichen Bestimmung) zulässig (18 zu § 102). Führt sie zur Festnahme, so wird zugleich der Weg für weitere Durchsuchung nach § 102 frei (unter Beachtung des § 97 IV). Die Verhaftung zur Vollstreckung bedarf der besonderen Genehmigung (Anl 6 zur BT-GeschO Abschn A Nr 7 Buchst b, 8). Eine erneute Verhaftung nach vorheriger Freilassung und Verstreichen des der Tat fol- 7 genden Tages bedarf wieder der Genehmigung (Anl 6 zur BT-GeschO Abschn A Nr 6 II). Stets umschließt die Genehmigung zur Verhaftung die Genehmigung zur zwangsweisen Vorführung, nicht umgekehrt. Über die Verbringung zur Blutentnahme nach § 81a vgl dort 35. Maßnahmen nach §§ 111a, 132a sind nur mit Genehmigung des Parlaments zulässig (SK-Weßlau 11).

8 D. **Gegen Tatbeteiligte** (einschl Hehler und Begünstiger), die selbst nicht Immunität genießen, darf ein Strafverfahren eingeleitet und durchgeführt werden. Der Abg darf als Zeuge vernommen werden, wobei die §§ 53 I S 1 Nr 4, 53a, 55 zu beachten sind. Es darf bei ihm auch nach den §§ 103, 104 unter Beachtung des § 97 IV durchsucht werden.

9 E. Die **Entscheidung des Parlaments** führt die StA oder das Gericht herbei (auf dem Dienstweg; RiStBV 192); der Privatkläger wendet sich unter Nachweis der Privatklageerhebung unmittelbar an das Parlament.

10 **4)** Die sog **mitgebrachten Strafverfahren:** Der Immunitätsausschuss des BTags hat folgenden Grundsatz aufgestellt: Bei Übernahme des Abg-Mandats anhängige Strafverfahren sowie jede Haft, Vollstreckung einer Freiheitsstrafe oder sonstige Beschränkung der persönlichen Freiheit sind von Amts wegen auszusetzen, da alle diese Maßnahmen gegen einen Abg der Genehmigung des Parlaments bedürfen (Anl 6 zur BT-GeschO Abschn A Nr 16; vgl Brocker GA **02**, 50ff).

11 **5) Inhalt und Umfang** der Genehmigung des Parlaments ergeben sich aus dessen Verhandlungen iVm dem von der StA gestellten Antrag (vgl dazu KMR-Plöd 18ff). Das Gericht hat seiner Entscheidung dem von der Genehmigung erfassten Vorgang so zugrunde zu legen, wie er sich nach dem Ergebnis der Hauptverhandlung darstellt. An die rechtliche Beurteilung, die die StA bei ihrem Antrag an das Parlament vertreten hat, ist es nicht gebunden (BGH **15**, 274).

12 **6) Mitglieder des Europäischen Parlaments:** Ihre Immunität bestimmt sich nach Art 9, 10 des Protokolls über die Vorrechte und Befreiungen der EG (BGBl 1965 II 1453, 1482; dazu eingehend Kreicker GA **04**, 643). Mitglieder, die zugleich BTags-Abg sind, verlieren im Geltungsbereich des EuAbgG ihre Immunität nur, soweit das Europäische Parlament und der BTag die Immunität aufheben (§ 5 II EuAbgG). Zur Aufhebung der Immunität vgl RiStBV 192b.

13 **7)** Ein **Verwertungsverbot** für unter Verstoß gegen die Immunität erlangte Beweismittel wird idR nicht anzunehmen sein (LR-Beulke 52; **aM** Brocker GA **02**, 52), nach BGH NStZ **92**, 94 jedenfalls dann nicht, wenn das Abg-Mandat inzwischen beendet ist.

14 **8)** Die **Übermittlung** der das Verfahren abschließenden Entscheidung an den Präsidenten der Körperschaft, der der Abg angehört, regelt § 8 **EGStPO** (s dort). Für die Mitteilung schreibt RiStBV 192 V die Einhaltung des Dienstwegs vor.

Einstellung wegen Geringfügigkeit **RiStBV 93, 211**

153 **I [1]Hat das Verfahren ein Vergehen zum Gegenstand, so kann die Staatsanwaltschaft mit Zustimmung des für die Eröffnung des Hauptverfahrens zuständigen Gerichts von der Verfolgung absehen, wenn die Schuld des Täters als gering anzusehen wäre und kein öffentliches Interesse an der Verfolgung besteht. [2]Der Zustimmung des Gerichtes bedarf es nicht bei einem Vergehen, das nicht mit einer im Mindestmaß erhöhten Strafe bedroht ist und bei dem die durch die Tat verursachten Folgen gering sind.**

II [1]Ist die Klage bereits erhoben, so kann das Gericht in jeder Lage des Verfahrens unter den Voraussetzungen des Absatzes 1 mit Zustimmung der Staatsanwaltschaft und des Angeschuldigten das Verfahren einstellen. [2]Der Zustimmung des Angeschuldigten bedarf es nicht, wenn die Hauptverhand-

lung aus den in § 205 angeführten Gründen nicht durchgeführt werden kann oder in den Fällen des § 231 Abs. 2 und der §§ 232 und 233 in seiner Abwesenheit durchgeführt wird. [3]Die Entscheidung ergeht durch Beschluss. [4]Der Beschluss ist nicht anfechtbar.

Übersicht

1) Opportunitätsprinzip bei Vergehen (9 zu § 152): Die Vorschrift gilt nicht für Verbrechen, sondern nur, wenn das Verfahren ein Vergehen (§ 12 II StGB) zum Gegenstand hat. Das ist auch der Fall, wenn die Tat zunächst als Verbrechen geprüft worden, dieser rechtliche Gesichtspunkt aber dann wieder entfallen ist (BGH NJW **02**, 2401). Das gilt sowohl bei der Anwendung des I als auch im Fall des II (im Ergebnis ebenso LR-Beulke 10). Im Prinzip setzen das Absehen von der Verfolgung und die Einstellung des Verfahrens Übereinstimmung zwischen StA und Gericht voraus. Der Zustimmung des Nebenklägers bedarf es nicht, weil er kein Mitverfügungsrecht über das Legalitätsprinzip hat. Das Absehen von der Verfolgung oder der öffentlichen Klage durch die StA bedarf nicht der Zustimmung des Gerichts bei Vergehen mit einer im Mindestmaß nicht erhöhten Strafe, wenn die durch die Tat verursachten Folgen gering sind (unten 14 ff). Teileinstellung wegen einer von mehreren Taten (§ 264) ist zulässig. Wird das Verfahren rechtsirrig wegen eines Teils der Tat oder bei Tateinheit wegen einer der mehreren Gesetzesverletzungen eingestellt, so handelt es sich in Wahrheit um Anwendung des § 154 a (KG VRS **67**, 123; LR-Beulke 8). Im Privatklageverfahren verdrängt § 383 II als Spezialvorschrift die §§ 153, 153 a. 1

2) Geringe Schuld (I S 1): 2

A. **Als gering anzusehende Schuld:** Ist die Tat nicht strafbar oder nicht verfolgbar (vgl §§ 152 II, 170 II S 1), so scheidet eine Anwendung des § 153 von vornherein aus, ebenso bei fehlender Schuld des Beschuldigten (verfehlt daher Stuttgart NStZ **02**, 448 L = Justiz **02**, 232: Einstellung trotz durch Sachverständigengutachten nachgewiesener Schuldunfähigkeit, was zu fehlerhaften Folgerungen sowohl hinsichtlich fehlender Zustimmung des Beschuldigten als auch zur Beschwerdeeinlegung führt). Jedoch setzt die Anwendung des § 153 nicht voraus, dass die Schuld nachgewiesen ist. Es genügt vielmehr, dass für sie eine gewisse Wahrscheinlichkeit besteht, jedenfalls die Unwahrscheinlichkeit eines Freispruchs, falls das Verfahren durchgeführt würde. Das Gesetz verlangt eine nur hypothetische Schuldbeurteilung (BVerfGE **82**, 106 = NJW **90**, 2741). Es muss also mit Wahrscheinlichkeit anzunehmen sein, dass die Schuld des Täters als gering anzusehen wäre. Die Strafsache braucht nicht weiter aufgeklärt zu werden, als es für diese Prognose notwendig ist (LR-Beulke 35 ff), falls nicht das öffentliche Interesse an der Strafverfolgung (unten 7, 8) die Durchführung des Verfahrens gebietet. Auch 3 wenn zu erwarten ist, dass sich eine dem Beschuldigten günstigere Erledigungsart als die Einstellung nach § 153 ergeben könnte, zB Einstellung nach § 170 II, ist diese zusätzliche Klärung nicht geboten (LR-Beulke 36; Ranft 1148; **aM** Vogler ZStW **89**, 785; Wagner Eckert-GS 941; erg Einl 8, 20 ff).

4 B. **Maß der Schuld:** Die Schuld ist gering, wenn sie bei Vergleich mit Vergehen gleicher Art nicht unerheblich unter dem Durchschnitt liegt (LR-Beulke 24; Eckl JR **75**, 99; Hobe Leferenz-FS 633 ff; M-K. Meyer GA **97**, 409/410; krit Boxdorfer NJW **76**, 317). Ein absolutes Mindestmaß kann nicht bestimmt werden. Jedoch muss eine Strafe im untersten Bereich des in Betracht kommenden Strafrahmens angemessen sein (Rieß NStZ **81**, 8). Die Art der Tatausführung, verschuldete Auswirkungen der Tat, das Maß der Pflichtwidrigkeit und andere die Größe der Schuld des Täters betreffende Gesichtspunkte (§ 46 II StGB) sind zu berücksichtigen (Boxdorfer aaO; Hobe aaO). Das Verschulden kann auch durch eine schon bei der Tat in Gang befindliche Rechtsentwicklung verringert werden (Cramer Maurach-FS 495), weil durch eine solche Entwicklung „die Gesinnung, die aus der Tat spricht, und der bei der Tat aufgewandte Wille" (§ 46 II StGB) an Vorwerfbarkeit verlieren können, ferner durch die (nach Cramer wistra **99**, 290: auch nur zu erwartende) überlange Verfahrensdauer (BGH NJW **90**, 1000; **95**, 737), im Verkehrsstrafrecht durch Verzicht auf die Fahrerlaubnis (Eisele NZV **99**, 232).

5 C. **Zusammentreffen von Offizial- und Privatklagedelikt:** Die StA kann zwar auf den Privatklageweg verweisen, wenn hinsichtlich des Offizialdelikts die Voraussetzungen des § 170 II vorliegen (4 zu § 171). Sie darf aber nicht wegen des Offizialdelikts das Verfahren nach § 153 einstellen und wegen der damit zusammentreffenden Straftat auf den Privatklageweg verweisen (KK-Schoreit 13; Kuhlmann MDR **74**, 897; 10 zu § 376).

6 D. **Zusammentreffen von Straftat und OWi:** Wenn die Schuld für die Straftat gering ist und kein öffentliches Interesse an ihrer Verfolgung besteht, kann die Einstellung auf sie beschränkt werden. Dann wird „eine Strafe nicht verhängt" (§ 21 II OWiG). Wenn die StA das Verfahren dann nicht auch wegen der OWi mangels hinreichenden Tatverdachts oder mangels Verfolgungsinteresses einstellt, sondern die Verfolgung der OWi für erforderlich hält (§ 43 I OWiG), gibt sie die Sache insoweit an die VerwB ab (BGH **41**, 385, 390 mwN; **aM** Bohnert GA **00**, 116); anders im Fall des § 153 a (dort 35).

7 **3) Kein öffentliches Verfolgungsinteresse** (I S 1): Trotz geringer Schuld kann das öffentliche Interesse anzunehmen sein (**aM** M-K. Meyer GA **97**, 404), und zwar aus Gründen der Spezial- und der Generalprävention (LR-Beulke 31; Boxdorfer NJW **76**, 317; Hanack Gallas-FS 339 ff; Hobe Leferenz-FS 637 ff, 640; Naucke Maurach-FS 197 ff; Wagner GA **72**, 43) oder auch wegen des Interesses der Allgemeinheit an der konkreten Straftat, zB zur Klärung des kriminogenen Hintergrundes (KK-Schoreit 25; einschr LR-Beulke 29 Fn 82) oder zur Verhinderung weiteren Schadens für den Verletzten oder uU (vgl Beulke/Fahl NStZ **01**, 429) wegen der Stellung des Verletzten im öffentlichen Leben; ferner wegen außergewöhnlicher Tatfolgen, auch soweit sie dem Täter nicht als verschuldet zuzurechnen sind (BGH **10**, 259). Durch Zeitablauf zwischen der Tat und ihrer Entdeckung kann das öffentliche Interesse verringert werden (BGH NStZ **97**, 543). Zur Berücksichtigung völlig unangemessener Verzögerung des Verfahrens vgl 9 zu Art 6 MRK.

8 Das Justizinteresse an der Herbeiführung einer gerichtlichen Entscheidung **aus reinen Rechtsgründen,** zB über die Gültigkeit einer Vorschrift, genügt im Allgemeinen nicht; anders, wenn die Größe der Schuld davon abhängt oder die Entscheidung geboten erscheint, um zu verhindern, dass sich Ungesetzlichkeiten im Sozialleben einbürgern (Boxdorfer NJW **76**, 317; einschr Hobe Leferenz-FS 643). Ist die Tat bereits disziplinar geahndet, so kann dies den Ausschlag für die Verneinung des öffentlichen Interesses an der Strafverfolgung geben (Einl 179).

9 **4) Absehen von der Verfolgung durch die StA** (I): Die Polizei ist nicht befugt, in eigener Zuständigkeit von der Verfolgung nach § 153 I abzusehen. Sie muss nach ihrem Zugriff die Akten stets der StA vorlegen (§ 163 II S 1), die allein für die Abschlussverfügung zuständig ist. Jedoch darf die Polizei ihre aus eigener Initiative begonnenen Ermittlungen (nach der erforderlichen Beweissicherung) abbrechen, wenn sie der Meinung ist, die StA werde das Verfahren nach § 153 I einstellen (LR-Beulke 40; Geppert GA **79**, 287 Fn 16). Die StA kann, falls sie es für geboten hält, weitere Ermittlungen durchführen oder veranlassen (§ 161). Über Fühlungnahme der StA mit anderen Behörden vgl RiStBV 93 I S 1, II. Wenn die FinB das Ermittlungsverfahren führt (Einl 12), kann sie es (anstatt der StA) einstellen (§§ 399 I, 398 **AO**). Gegenvorstellungen und Dienstaufsichtsbeschwerde des Verletzten sind zulässig (erg 22 ff vor § 296).

10 **5) Zustimmung des Gerichts** (I S 1): Die Ausnahme vom Legalitätsprinzip soll grundsätzlich vom Gericht mitverantwortet werden (vgl aber unten 14 ff), zumal dem Verletzten bei Einstellung des Verfahrens durch die StA nach I (wie in anderen Fällen des Opportunitätsprinzips) das Klageerzwingungsverfahren nicht offensteht (§ 172 II S 3). Die Einstellung ist aber nicht erzwingbar (LR-Beulke 68; Aulinger JR **02**, 302). Ist in einer Steuerstrafsache das AG Zustimmungsgericht, so gilt im Ermittlungsverfahren § 391 I S 2 **AO.** Die Zustimmung des Gerichts ändert nichts daran, dass die Abschlussverfügung eine solche der StA ist. Das Fehlen dieser Zustimmung macht die Einstellung nicht unwirksam (Einl 104; vgl § 44 III Nr 4 VwVfG für VerwAe; **aM** Wagner ZStW **109**, 589). Hält sich das von der StA angegangene Gericht nicht für zuständig, so erlässt es einen Unzuständigkeitsbeschluss, der mit Beschwerde anfechtbar ist (§ 304; LG Itzehoe StV **93**, 537 mit Anm Ostendorf).

11 Die Erteilung oder Versagung der Zustimmung des Gerichts ist **keine Entscheidung,** sondern nur eine Prozesserklärung; daher bedarf es nicht des rechtlichen Gehörs (§ 33 II). Die Erklärung ist auch nicht mit der Beschwerde anfechtbar (BGH **38**, 381, 382; LG Ellwangen JZ **80**, 365; LR-Beulke 46; **aM** Gössel 95; Wagner ZStW **109**, 587; vgl auch unten 33).

12 Will der StA im Verfahren gegen einen **Jugendlichen** von der Verfolgung absehen, weil die Voraussetzungen des § 153 I vorliegen, so bedarf es dazu nach § 45 I **JGG** nicht der Zustimmung des Richters. § 153 wird somit durch §§ 45, 47 **JGG** verdrängt (hM, vgl LR-Beulke 14; SK-Weßlau 11). Die richterliche Zustimmung ist auch entbehrlich bei einem Heranwachsenden, wenn die StA Jugendstrafrecht für anwendbar hält (§ 109 II iVm § 45 I **JGG**).

13 Die Zustimmung des **Beschuldigten** ist bei der Anwendung des I nicht erforderlich, nicht einmal seine Anhörung, falls die Schuldfrage (oben 2) ohne sie zu beurteilen ist (LR-Beulke 41 mwN).

14 **6) Bei geringfügigen Vergehen ohne gerichtliche Zustimmung** (I S 2):

15 A. **Nicht mit einer im Mindestmaß erhöhten Strafe** darf die Straftat bedroht sein. Daher bedarf zB eine Einstellung bei § 244 StGB der richterlichen Zustimmung. Da § 243 StGB nur eine Strafzumessungsregel enthält, handelt es sich in diesen Fällen nicht um ein Vergehen mit einer im Mindestmaß erhöhten Strafdrohung; I S 2 ist hier also anwendbar (KK-Schoreit 41; LR-Beulke 50). Hinzu kommt, dass in § 243 II StGB selbst die Strafzumessungsregel für den Fall aufgehoben wird, dass die gestohlene Sache geringwertig ist.

16 B. **Geringe Folgen der Tat:** Das RpflEntlG hat die Voraussetzung, dass es sich um ein Vermögensvergehen handeln müsse, gestrichen. Daher kann der StA nunmehr bei geringen Tatfolgen auch in sonstigen Bagatellfällen, zB bei §§ 229, 240 I, III, 267 I, II, § 21 StVG von der Verfolgung ohne richterliche Zustimmung absehen (krit dazu Schlüchter-RpflEntlG 18). Gleichwohl wird der Anwendungsbereich der Vorschrift weiterhin im Wesentlichen bei den als Antragsdelikte ausgestalteten Bagatellfällen des Diebstahls und der Unterschlagung (§ 248 a StGB),

der Hehlerei (§ 259 II StGB), des Betrugs (§ 263 IV StGB), des Erschleichens von Leistungen (§ 265 a III StGB) und der Untreue (§ 266 II StGB) liegen (vgl Böttcher/Mayer NStZ **93**, 154: Gedankliche Verknüpfung mit § 248 a StGB und den dazu entwickelten Maßstäben soll erhalten bleiben). In all diesen Fällen setzt die Anwendung des § 153 voraus, dass wirksam Strafantrag gestellt ist. Darüber hinaus ist I S 2 auch anwendbar bei anderen Vermögens- und Eigentumsdelikten, bei denen Fälle mit ähnlich geringem Unrechtsgehalt vorkommen, zB unbefugter Gebrauch eines Fahrzeugs (§ 248 b StGB), Entziehung elektrischer Energie (§ 248 c StGB).

17 Ob die durch die Tat verursachten **Folgen gering** sind, richtet sich bei Vermögensdelikten vornehmlich nach dem entstandenen Schaden; die Wertgrenze dürfte etwa bei 50 € liegen, unabhängig von den jeweiligen Währungsverhältnissen ausgedrückt, etwa bei dem Netto-Tagesverdienst eines durchschnittlichen Arbeiters. Das Affektionsinteresse wird nicht berücksichtigt (zB großer Erinnerungswert eines objektiv geringwertigen Gegenstandes; vgl Fischer 3 zu § 248 a StGB). Jedoch kann dieses bei der Frage des öffentlichen Interesses eine Rolle spielen (zB bei Gegenständen im Museum oder von Museumswert). Bei der Beurteilung des öffentlichen Interesses darf die kriminologische Erkenntnis nicht vernachlässigt werden, dass viele Schwerkriminelle mit kleinen Delikten beginnen (Schlüchter aaO). Das Merkmal „geringe Tatfolgen" lässt sich bei abstrakten Gefährdungsdelikten und ohne Erfolg im Versuch steckengebliebenen Taten nur schwer ausfüllen (Rieß AnwBl **93**, 55 Fn 76); hierbei könnte eine nur geringe (auch seelische) Auswirkung der Tat auf das Opfer einen Maßstab liefern (so Schlüchter aaO; vgl im Übrigen zum Begriff „geringe Tatfolgen" Siegismund/Wickern wistra **93**, 83).

18 C. **Grenzfälle:** Gelangt die StA zu der noch vertretbaren Auffassung, die Mitwirkung des Gerichts sei nicht erforderlich, so braucht sie sich nicht an das Gericht zu wenden. Es ist ihr aber unbenommen, das Gericht in einem Grenzfall einzuschalten. Hält dieses seine Mitwirkung nicht für notwendig, so beschließt es, die Sache mit dieser Begründung ohne Stellungnahme zur Zustimmungsfrage zurückzugeben (KMR-Plöd 23; **aM** LR-Beulke 54, der das Gericht zur Entscheidung für verpflichtet hält). Verweigert das Gericht die Zustimmung aus sachlichen Gründen, so kann die StA neu um die Zustimmung nachsuchen, wenn sich die Sachlage ändert, von der das Gericht ausgegangen war (LR-Beulke 54). Hat das Gericht ein öffentliches Interesse an der Strafverfolgung angenommen, so kann die StA noch prüfen, ob § 153 a anzuwenden ist.

19 Kommt die StA bei einer **neuerlichen Überprüfung** ihrer zunächst vertretenen Auffassung zu dem Ergebnis, dass es der richterlichen Mitwirkung nicht bedarf, so ist durch die vorangegangene Zustimmungsverweigerung des Gerichts kein rechtliches Hindernis eingetreten, von I S 2 Gebrauch zu machen (**aM** LR-Beulke 47).

20 D. **Steuerstraftaten** (Zollstraftaten): Nach § 398 **AO** kann die StA oder nach § 399 I **AO** die FinB bei einigen Steuer-(Zoll-)straftaten, bei denen nur eine geringwertige Verkürzung der fiskalischen Einnahmen eingetreten ist oder der Täter nur geringwertige Vorteile erlangt hat, ebenfalls ohne Zustimmung des Gerichts von der Verfolgung unter den Voraussetzungen des § 153 I S 1 absehen. Die Einschränkungen nach § 398 **AO** haben gegenüber § 153 I S 1 keine Bedeutung mehr (Siegismund/Wickern wistra **93**, 84; im Einzelnen str, vgl einerseits Malms wistra **94**, 338, andererseits Weber-Blank wistra **95**, 134). Auch ein Absehen von der Verfolgung mit Auflagen ist ohne Zustimmung des Gerichts nun möglich (§ 153 a I S 6).

20a E. Bei **Betäubungsmittelstraftaten** lässt § 31 a BtMG unter den Voraussetzungen des § 153 I S 1 das Absehen von der Verfolgung ohne Zustimmung des Gerichts zu, wenn bei einem Vergehen nach § 29 Abs 1, 2 oder 4 BtMG der Täter die Betäubungsmittel lediglich zum Eigenverbrauch in geringer Menge anbaut, herstellt, einführt, ausführt, durchführt, erwirbt, sich in sonstiger Weise verschafft oder besitzt (vgl dazu zB die Richtlinien des Leitenden OStA beim LG Hamburg vom 10. 11. 1992, StV **93**, 279, und den GemRdErl des MJ und des MI Niedersachsens vom 24. 11. 1994, NdsRpfl **94**, 351 mit Änd vom 17. 11. 1995, NdsRpfl **95**, 382, sowie AV JMBW vom 3. 8. 1995, Justiz **95**, 366; zur Sanktionspraxis Aulinger NStZ **99**, 111). Nach BVerfGE **90**, 145 = NJW **94**, 1577 ist in diesen Fällen grundsätzlich von der Verfolgung abzusehen (krit dazu Nelles/Velten NStZ **94**, 366). Für die gerichtliche Einstellung nach § 31a II BtMG gilt hingegen dasselbe wie in § 153 II (unten 21 ff).

7) Einstellung durch Gerichtsbeschluss (II): Nach Erhebung der öffentlichen Klage (§ 170 I) geht die Zuständigkeit zur Einstellung auf das Gericht über, zunächst auf das Eröffnungsgericht, im Hauptverfahren auf das erkennende Gericht des 1. Rechtszugs und nach Einlegung eines Rechtsmittels auf das Rechtsmittelgericht (vgl unten 25). 21

A. **Prüfung des Gerichts:** Die Möglichkeit der Einstellung bedeutet die Pflicht, darauf zu achten, ob sie sich im Lauf des Verfahrens abzeichnet (unten 25; Einl 20, 21). Diese Verpflichtung des Gerichts besteht unabhängig von der Initiative oder Auffassung der Verfahrensbeteiligten (unten 23). 22

B. **Anregung eines Verfahrensbeteiligten:** StA und Angeschuldigter haben lediglich ein Zustimmungsrecht und durch Versagung der Zustimmung ein Verhinderungsrecht, aber nicht das Recht, die Einstellung im gerichtlichen Verfahren mit der Folge zu beantragen, dass das Gericht einen förmlichen Beschluss erlassen müsste. Alle Verfahrensbeteiligten haben aber die Befugnis, die Einstellung anzuregen. In einer solchen Anregung des StA oder des Angeschuldigten liegt zugleich die Zustimmung (unten 26, 27). Hat der Angeschuldigte einen gesetzlichen Vertreter, so bedarf es dennoch nur der Zustimmung des Angeschuldigten selbst. 23

C. **Beschluss** (II S 3): Die Beschlussform ist für die gerichtliche Einstellung in allen Fällen vorgeschrieben, also auch für den Fall, dass mit ihr die Hauptverhandlung abgeschlossen wird. Wird in diesem Fall versehentlich die Form des Urteils gewählt, so wird dieses wie ein Beschluss behandelt (11 ff zu § 296). Die Begründung des Einstellungsbeschlusses ist nicht vorgeschrieben (anders in § 47 II S 3 **JGG**). Sie ist auch nicht nach § 34 erforderlich, kann jedoch geboten sein, um die Rechtskraftwirkung (unten 37) klarzustellen. Erfolgt die Einstellung erst nach dem letzten Wort des Angeklagten (§ 258 II, III), kann das Gericht die aus seiner Sicht feststehende (geringe) Schuld im Beschluss aussprechen (BVerfGE **82**, 106 = NJW **90**, 2741). 24

8) In jeder Lage des Verfahrens (II): Von der Erhebung der öffentlichen Klage an; doch nicht mehr nach deren zulässiger Zurücknahme (§ 156), weil diese wieder I anwendbar macht. II gilt bis zum rechtskräftigen Abschluss des Erkenntnisverfahrens, auch für das Revisionsgericht (2 zu § 353), selbst noch bei horizontaler Teilrechtskraft (LR-Beulke 61; Naucke StASchlH-FS 466), zB bei Rechtskraft des Schuldspruchs (vgl Gössel JR **82**, 273; Einl 185; zur vertikalen Teilrechtskraft 9 zu § 449). 25

9) Zustimmung der StA (II): Mit diesem Erfordernis wird ihrem Anklagemonopol (Einl 37) Rechnung getragen (BGHZ **64**, 347, 350 = NJW **75**, 1829). Sein Zweck besteht insbesondere darin, dass die Beurteilung des öffentlichen Interesses an der Strafverfolgung der Strafverfolgungsbehörde nicht entzogen wird (vgl aber Terbach, Einstellungserzwingungsverfahren, 1996, S 197 und NStZ **98**, 174, der aus Art 19 IV GG die Befugnis des Gerichts herleitet, bei rechtswidriger Verweigerung der Zustimmung diese zu substituieren und das Verfahren gleichwohl einzustellen). Im Übrigen liegt dem Erfordernis der Übereinstimmung zwischen Gericht und StA bei Beendigung des Verfahrens nach Opportunitätsgrundsätzen (oben 1) der Rechtsgedanke der gegenseitigen Kontrolle (oben 10) zugrunde. Stimmt die StA der Einstellung zu (zB in der Form einer Anregung; oben 23), und 26 kommt es nicht zu einem Einstellungsbeschluss, so kann sie in einem späteren Stadium des Verfahrens (zB nach weiterer Beweiserhebung) ihre Zustimmung versagen, auch in der Form der Zurücknahme der vorher erklärten, nicht zum Tragen gekommenen Zustimmungserklärung; sonst ist sie aber an ihre Erklärung gebunden (LG Neuruppin NJW **02**, 1967). Über die Verbindung mit einer Anregung zu den Nebenentscheidungen vgl unten 31. Nicht erforderlich ist die Zustimmung des Nebenklägers (BGH NStZ **99**, 312; 18 zu § 396) oder, wenn es sich um ein Steuerstrafverfahren handelt (Einl 11 ff), der FinB (LR-Beulke 76). Gegen die Verweigerung der Zustimmung der StA ist kein Rechtsmittel gegeben (SK-Weßlau 63).

27 **10) Zustimmung des Angeschuldigten** (II): Er hat, nachdem er einmal in den Status des Angeschuldigten versetzt oder gar schon die Hauptverhandlung gegen ihn im Gang ist, die Befugnis, die Durchführung zum Zweck einer ihm günstigen Entscheidung (Freispruch oder Einstellung wegen eines Verfahrenshindernisses) zu erzwingen, wobei er das Risiko der Verurteilung in Kauf nimmt. Eine bedingte Zustimmung (Einstellung ohne Kostentragungspflicht) ist unwirksam (**aM** Düsseldorf MDR **89**, 932; LG Neuruppin NJW **02**, 1967); die Erklärung ist bedingungsfeindlich (Schleswig SchlHA **83**, 111 [E/L]; KK-Schoreit 53; KMR-Plöd 29; **aM** LR-Beulke 70; unten 31). Die Zustimmung enthält kein Schuldeingeständnis (BVerfGE **82**, 106 = NJW **90**, 2741). Hat er zugestimmt und ist es nicht zur Einstellung gekommen, so kann er in einem fortgeschrittenen Stadium des Verfahrens seine Zustimmung zurücknehmen oder bei neuer Befragung versagen. Ist mit seiner Zustimmung Einstellungsbeschluss ergangen, so kann er seine Erklärung nicht mehr widerrufen (KG JR **78**, 524). Eine Ausnahme von dem Zustimmungserfordernis schafft II S 2, der auch dann gilt, wenn der anwesende Verteidiger des ausgebliebenen Angeklagten der Einstellung widerspricht (Düsseldorf MDR **92**, 1174); die Vorschrift entspr auch für den Fall anzuwenden, dass gegen den Angeklagten nach § 231 b I verhandelt wird und der Grund hierfür noch nicht entfallen ist, wenn der Einstellungsbeschluss erlassen werden soll, wäre zwar sachgerecht, erscheint aber in Anbetracht der Gesetzesfassung unzulässig (vgl LR-Beulke 73). Auch bei überlanger Verfahrensdauer (oben 4; 9 zu Art 6 MRK) bedarf es zur Einstellung der Zustimmung des Angeklagten (Frankfurt NStZ-RR **98**, 52).

28 **11) Entscheidungen über die Verfahrenskosten und Entschädigung:**

29 A. **Kosten und notwendige Auslagen:** Die Verfügung der StA, von der Verfolgung abzusehen (I), wird nicht mit einer Kostenentscheidung verbunden (§ 464 I). Dieser Verfügung kann nur unter den Voraussetzungen des § 467 a eine Kostenentscheidung des Gerichts folgen. Für den gerichtlichen Einstellungsbeschluss gilt § 464 I iVm § 467 I–IV (mit Ausnahme von III S 2 Nr 2). Zur Anwendung des § 467 IV vgl dort 19.

30 B. **Entschädigung:** Ist eine entschädigungsfähige Strafverfolgungsmaßnahme vollzogen worden (§ 2 **StrEG**), so ist mit dem gerichtlichen Einstellungsbeschluss eine förmliche Entscheidung über die Entschädigung zu verbinden (§ 8 **StrEG;** dort 1, 2). Im Fall der Einstellung des Ermittlungsverfahrens durch die StA ergeht eine gerichtliche Entscheidung nach Maßgabe des § 9 **StrEG.** Materiell-rechtlich gelten § 3 (dort 1) und § 5 II, III **StrEG.** Der Grundsatz des § 6 I Nr 1 **StrEG** ist bei der Entscheidung nach § 3 **StrEG** zu berücksichtigen.

31 C. **Einfluss der StA und des Angeschuldigten:** Der gerichtlichen Einstellung müssen beide zustimmen (Ausnahmen für den Angeklagten: II S 2). Bei der Befragung nach der Zustimmung können sie sich im gerichtlichen Verfahren auch zur Kosten- und Entschädigungsentscheidung äußern. Sie dürfen ihre Zustimmung aber nicht nur für den Fall erklären, dass eine bestimmte Nebenentscheidung ergeht (oben 27). Die Zustimmung ist auch gültig, wenn der Stellungnahme zur Auslagenentscheidung nicht entsprochen wird (KG JR **78**, 524; Hamm VRS **108**,

265, 266). Ein Zustimmungsmangel steht der Verwarnung mit Strafvorbehalt (§ 59 StGB) nicht entgegen (Horn NJW **80**, 106).

D. **Begründung:** Da die Nebenentscheidungen nicht anfechtbar sind (unten 36), bedürfen sie auch keiner Begründung (§ 34). 32

12) Beschwerde (II S 4): 33

A. **Hauptentscheidung:** Die gerichtliche Einstellung ist für StA und Angeschuldigten nicht anfechtbar, auch nicht für den Nebenkläger (§ 400 II S 2; vgl auch LG Mönchengladbach StV **87**, 335). Jedoch ist die Beschwerde (§ 304) für StA und Angeschuldigten (BGH NJW **02**, 2401 = JR **03**, 125 mit zust Anm Radtke: aber nicht für den Nebenkläger) zulässig, wenn eine prozessuale Voraussetzung fehlte, selbst wenn der Beschwerdeführer der Einstellung zunächst zugestimmt hatte (Hamm NStZ-RR **04**, 144 mwN). Das gilt zB, wenn das Verfahren ein Verbrechen zum Gegenstand hat (Hamm aaO; oben 1) oder wenn eine erforderliche Zustimmung nicht oder nicht wirksam erklärt worden ist (Köln NJW **52**, 1029; LR-Beulke 82). Fehlt die erforderliche Zustimmung des Angeschuldigten, so hat er das Beschwerderecht nach § 304 (Düsseldorf StraFo **99**, 277; Frankfurt NStZ-RR **98**, 52; Hamm VRS **108**, 75; Schleswig SchlHA **83**, 111 [E/L]). Zwar beschwert ihn die Einstellung als solche nicht (8 ff vor § 296), aber es ist sein verfahrensrechtliches Mitspracherecht verletzt (oben 27). Die gerichtliche Erteilung oder Versagung der Zustimmung zur Einstellung des Ermittlungsverfahrens ist als bloße Prozesserklärung nicht anfechtbar (oben 11). Der fehlerhaft eine Einstellung nach II aufhebende Beschluss des Beschwerdegerichts ist wirksam, steht einer erneuten Einstellung nach II aber nicht entgegen (BGH NJW **02**, 2401 = JR **03**, 125 mit zust Anm Radtke). 34

Lehnt das Gericht eine beantragte Einstellung ab, so haben die Beteiligten gegen diese Prozesserklärung nicht das Recht der Beschwerde (LR-Beulke 81; SK-Weßlau 62). 35

B. **Nebenentscheidungen** (oben 28 ff): Unanfechtbar ist die Kosten- und Auslagenentscheidung (17 zu § 464), nicht aber die Entscheidung über die Entschädigung (§ 8 III S 1 **StrEG**). 36

13) Beschränkter Strafklageverbrauch: Die Verfügung der StA nach I, die trotz richterlicher Zustimmung zurücknehmbar ist, verbraucht die Strafklage nicht (LR-Beulke 56 mwN, der aber einen „sachlich einleuchtenden Grund" verlangt; **aM** Radtke NStZ **99**, 483: § 153 a I S 5 entspr; erg Einl 182). Bei Einstellung durch das Gericht kann eine mit dem Vergehen zusammentreffende OWi noch nach § 21 II OWiG verfolgt werden (oben 6). Neue Verfolgung ist auch möglich, wenn sich herausstellt, dass ein Verbrechen vorliegt (Hamm GA **93**, 231; Radtke JR **03**, 129), wobei es unerheblich ist, ob sich der Verbrechensvorwurf auf neue Tatsachen oder nur auf eine andere rechtliche Bewertung stützt (Beulke JR **05**, 37 Fn 6 mwN, str). 37

Dass **neue Tatsachen und Beweismittel** dazu führen, die Schuld des Beschuldigten nicht mehr als gering anzusehen oder hierdurch ein öffentliches Strafverfolgungsinteresse begründet wird, genügt entgegen einer vielfach im Schrifttum vertretenen Meinung (vgl LR-Beulke 91) nach BGH NJW **04**, 375 mit abl Anm Heghmanns NStZ **04**, 633 = JZ **04**, 737 mit zust Anm Kühne nicht, um das Verfahren wieder aufzunehmen. Falls die neuen Tatsachen und Beweismittel allerdings eine andere (schärfere) rechtliche Beurteilung ermöglichen, muss dies die Wiederaufnahme rechtfertigen. Die Ansicht des BGH, nur bei Vorliegen eines Verbrechens sei die Wiederaufnahme zulässig, berücksichtigt nicht die – vom Gesetzgeber doch bewusst getroffene – unterschiedliche Regelung in § 153 einerseits und § 153 a I S 5 andererseits (zutr Beulke aaO; Heghmanns aaO; vgl dazu schon LR-Meyer-Goßner[23] 87). Wiederaufnahme bleibt aber möglich, wenn bei der Einstellung verkannt wurde, dass es sich um einen Teilakt einer Dauerstraftat oder einer Bewertungseinheit (vgl Einl 175, 175 a) gehandelt hat (von BGH aaO 38 offen gelassen). Entfällt der Strafklageverbrauch nach richterlichem Einstellungsbeschluss (II), so wird neue Anklage erhoben, wie sich aus § 47 III **JGG** ergibt. Die Existenz der Nova ist Prozessvoraussetzung für das neue Verfahren (7 zu § 211).

39 **14)** Die **Revision** kann nicht auf die Nichtanwendung des § 153 II gestützt werden (5 zu § 336). Jedoch kann das Revisionsgericht bei zulässiger Revision das Verfahren – mit Zustimmung der bei ihm bestehenden StA und des Angeklagten – selbst einstellen (2 zu § 353; oben 25).

40 **15) Nachträgliches objektives Verfahren:** Wenn die StA von der Erhebung der öffentlichen Klage abgesehen (I) oder das Gericht das Verfahren eingestellt (II) hat, kann die StA nachträglich das objektive Verfahren betreiben mit dem Ziel der Einziehung, des Verfalls oder der Unbrauchbarmachung (§ 76 a I, III StGB; §§ 440, 442 I). Dieses Verfahren kommt insbesondere in Betracht, wenn es sich um die Einziehung gefährlicher Gegenstände (§ 74 II Nr 2 StGB) oder um die Einziehung von Schriften mit strafbarem Inhalt und die Unbrauchbarmachung der Vervielfältigungsvorrichtungen handelt (§ 74 d I S 1, 2 StGB). Der Antrag nach § 440 ist aber auch zulässig, wenn die Einziehung Strafcharakter hat (§ 74 I, II Nr 1 StGB). Der Verfall kann das Ziel des objektiven Verfahrens namentlich dann sein, wenn ein anderer den Vermögensvorteil erlangt hat (§ 73 III StGB). Dagegen wird im Allgemeinen das objektive Verfahren nicht angebracht sein, wenn die Voraussetzung des § 73 I S 2 StGB vorliegt.

41 **16) Mitteilungspflichten,** die von Amts wegen zu beachten sind, können an die Einstellung anknüpfen, zB nach der MiStra 15 I Nr 4, II, III, 19 I S 1 Nr 4, II, III, 22 II Nr 4, III, IV, 42 I S 1 Nr 2, 43 Nr 3, 44 Nr 3; vgl aber § 14 II S 1, 4 **EGGVG** (dort 14, 16).

42 **17) Das (DDR-)Gesetz über die Schiedsstellen in den Gemeinden** vom 13. 9. 1990 (GBl 1527), nach dem statt der Einstellung nach § 153 bei Vergehen mit geringfügigen Folgen die Abgabe an eine Schiedsstelle zulässig ist, falls der Beschuldigte zustimmt und kein öffentliches Interesse an der Verfolgung besteht, galt nach dem EV (Anl I Kap III Sachgebiet A Abschn III Nr 14 b) in den Ländern des Beitrittsgebiets fort. Es ist inzwischen jedoch in Brandenburg idF der Bek vom 21. 11. 2000 (GVBl I 158), in Mecklenburg-Vorpommern idF des Ges vom 10. 7. 1998 (GVOBl 636) anzuwenden; in Sachsen wurde es durch das Schiedstellengesetz vom 27. 5. 1999 (GVBl 9/1999), in Sachsen-Anhalt durch das Schiedsstellen- und Schlichtungsgesetz vom 22. 6. 2001 (GVBl 214), geändert durch Ges vom 7. 12. 2001 (GVBl 540), in Thüringen durch das Schiedsstellengesetz vom 17. 5. 1996 (GVBl 61), geändert durch Art 25 des Ges vom 24. 10. 2001 (GVBl 265), ersetzt. In (Gesamt-)Berlin gilt statt dessen das Berliner Schiedsamtsgesetz vom 7. 4. 1994 (GVBl 109). Im Übrigen sind die das strafrechtliche Schlichtungsverfahren betreffenden §§ 40–45 des Gesetzes nunmehr durch Art 3 des Ges vom 20. 12. 1999 (BGBl I 2491, 2492) aufgehoben worden.

Einstellung nach Erfüllung von Auflagen **RiStBV 93, 93 a, 211**

153a

I [1] Mit Zustimmung des für die Eröffnung des Hauptverfahrens zuständigen Gerichts und des Beschuldigten kann die Staatsanwaltschaft bei einem Vergehen vorläufig von der Erhebung der öffentlichen Klage absehen und zugleich dem Beschuldigten Auflagen und Weisungen erteilen, wenn diese geeignet sind, das öffentliche Interesse an der Strafverfolgung zu beseitigen, und die Schwere der Schuld nicht entgegensteht. [2] Als Auflagen oder Weisungen kommen insbesondere in Betracht,

1. **zur Wiedergutmachung des durch die Tat verursachten Schadens eine bestimmte Leistung zu erbringen,**
2. **einen Geldbetrag zugunsten einer gemeinnützigen Einrichtung oder der Staatskasse zu zahlen,**

3. sonst gemeinnützige Leistungen zu erbringen,
4. Unterhaltspflichten in einer bestimmten Höhe nachzukommen,
5. sich ernsthaft zu bemühen, einen Ausgleich mit dem Verletzten zu erreichen (Täter-Opfer-Ausgleich) und dabei seine Tat ganz oder zum überwiegenden Teil wieder gut zu machen oder deren Wiedergutmachung zu erstreben, oder
6. an einem Aufbauseminar nach § 2b Abs. 2 Satz 2 oder § 4 Abs. 8 Satz 4 des Straßenverkehrsgesetzes teilzunehmen.

[3] Zur Erfüllung der Auflagen und Weisungen setzt die Staatsanwaltschaft dem Beschuldigten eine Frist, die in den Fällen des Satzes 2 Nr. 1 bis 3, 5 und 6 höchstens sechs Monate, in den Fällen des Satzes 2 Nr. 4 höchstens ein Jahr beträgt. [4] Die Staatsanwaltschaft kann Auflagen und Weisungen nachträglich aufheben und die Frist einmal für die Dauer von drei Monaten verlängern; mit Zustimmung des Beschuldigten kann sie auch Auflagen und Weisungen nachträglich auferlegen und ändern. [5] Erfüllt der Beschuldigte die Auflagen und Weisungen, so kann die Tat nicht mehr als Vergehen verfolgt werden. [6] Erfüllt der Beschuldigte die Auflagen und Weisungen nicht, so werden Leistungen, die er zu ihrer Erfüllung erbracht hat, nicht erstattet. [7] § 153 Abs. 1 Satz 2 gilt in den Fällen des Satzes 2 Nr. 1 bis 5 entsprechend.

II [1] Ist die Klage bereits erhoben, so kann das Gericht mit Zustimmung der Staatsanwaltschaft und des Angeschuldigten das Verfahren bis zum Ende der Hauptverhandlung, in der die tatsächlichen Feststellungen letztmals geprüft werden können, vorläufig einstellen und zugleich dem Angeschuldigten die in Absatz 1 Satz 1 und 2 bezeichneten Auflagen und Weisungen erteilen. [2] Absatz 1 Satz 3 bis 6 gilt entsprechend. [3] Die Entscheidung nach Satz 1 ergeht durch Beschluss. [4] Der Beschluss ist nicht anfechtbar. [5] Satz 4 gilt auch für eine Feststellung, dass gemäß Satz 1 erteilte Auflagen und Weisungen erfüllt worden sind.

III Während des Laufes der für die Erfüllung der Auflagen und Weisungen gesetzten Frist ruht die Verjährung.

Übersicht

1 **1)** Die **Zurückdrängung des Strafens im Bereich der kleineren Kriminalität** hatte mit der durch das EGStGB 1974 eingefügten Vorschrift des § 153a zu einem neuen Verfahren geführt (vgl Kausch, Der StA, ein Richter vor dem Richter?, 1980, S 225 ff mwN; allg zur Entwicklung und Bedeutung des § 153a vgl Beulke Dahs-FS 209; Bloy GA **80**, 175; Herrmann ZStW **96**, 467; Rieß ZRP **83**, 93 und Koch-FG 215). Die Praxis hat den Anwendungsbereich der Vorschrift im Laufe der Zeit immer mehr auch über den Bereich der kleineren in den der mittleren Kriminalität ausgedehnt. Dieser extensiven Auslegung der Vorschrift ist der Gesetzgeber gefolgt und hat durch das RpflEntlG die Voraussetzung, dass die Schuld gering sein müsse, dahin abgeändert, dass die Schwere der Schuld dem Absehen von der Erhebung der öffentlichen Klage nicht entgegenstehen dürfe (der Gesetzesänderung zust Lorenzen StASchlH-FS 550; krit Schlüchter-RpflEntlG 21; Werle JZ **91**, 795; entschieden abl Schoreit DRiZ **91**, 404).

1a Wegen der Besonderheiten dieser Verfahrensart sollte sie **aus dem Zusammenhang der §§ 153 ff herausgenommen** werden (Meyer-Goßner ZRP **82**, 242; Rieß Koch-FG 222; vgl auch Saliger GA **05**, 164), zumal das RpflEntlG die normative Bindung zu § 153 aufgelöst hat – hier: keine entgegenstehende Schwere der Schuld, dort: geringe Schuld, vgl Fezer ZStW **106**, 24 ff. Die Bedenken dagegen, dass die StA nach I Sanktionen verhängt (vgl dazu nur Horstmann, Zur Präzisierung und Kontrolle von Opportunitätseinstellungen, 2002, S 208 ff; LR-Meyer-Goßner[23] 111 ff) würden dadurch allerdings noch nicht beseitigt.

2 A. **Zweck des § 153 a:** Es handelt sich um ein zweckmäßiges vereinfachtes Erledigungsverfahren im Bereich der kleineren und mittleren Kriminalität mit Beschleunigungs- und Entlastungseffekt (LR-Beulke 3; Eckl JR **75**, 99; Weinmann DRiZ **76**, 278), um verurteilungslose Friedensstiftung in diesem Bereich ohne Verzicht auf Sanktionen, aber ohne Strafe und Vorbestraftsein. Es als eine Art Freikauf vom Verfolgungsrisiko anzusehen (Schmidhäuser JZ **73**, 529; Walter ZStW **95**, 57), geht zu weit (LR-Beulke 10, 15; Beulke/Fahl NStZ **01**, 427; krit aber Britz/Jung Meyer-Goßner-FS 307), auch wenn es dazu leider in der Praxis nicht selten missbraucht wird. Kriminalpolitisch ist das Verfahren eine Variante zur Strafaussetzung zur Bewährung, die allerdings rechtstechnisch ganz anders ausgestaltet ist. Die Unschuldsvermutung nach Art 6 II **MRK** ist bei einer Einstellung nach § 153a nicht widerlegt (BVerfG MDR **91**, 891; NStZ-RR **96**, 168; SächsVerfGH StraFo **09**, 108; Frankfurt NJW **96**, 3353, 3354; Fezer ZStW **106**, 33; krit Salditt Müller-FS 611: Verdacht bleibt bestehen). Ist zweifelhaft, ob überhaupt ein Straftatbestand erfüllt ist, muss die Rechtsfrage geklärt werden; die Anwendung des § 153a gegenüber einem möglicherweise Unschuldigen ist untersagt (zutr Beulke/Fahl aaO 427, R. Hamm NJW **01**, 1694 und Saliger GA **05**, 155 gegen LG Bonn NJW **01**, 1736).

3 B. **Einstellung des Verfahrens in zwei Etappen** (I, II): Nach § 153a wird das Verfahren, das nur ein Vergehen zum Gegenstand hat (1 zu § 153), zunächst vorläufig mit Anordnung von Auflagen und Weisungen und nach deren Erfüllung endgültig eingestellt. Während die endgültige Einstellung nach § 153 I, II voraussetzt, dass die Schuld des Täters als gering erscheint, ist nach § 153a I S 1 nur noch erforderlich, dass die Schwere der Schuld der vorläufigen Einstellung nicht entgegensteht (hierzu unten 7). Die vorläufige Einstellung ist nur zulässig, wenn die Voraussetzungen für die sofortige Einstellung nach § 153 lediglich deshalb nicht gegeben sind, weil ein öffentliches Interesse an der Strafverfolgung besteht. Dieses darf aber nur so stark sein, dass es durch die Anordnung von Auflagen und Weisungen und deren Erfüllung beseitigt werden kann (unten 6). Werden die Auflagen und Weisungen erfüllt, so tritt das Verfahrenshindernis des I S 5 ein (unten 43, 52). Sodann bedarf es nur noch einer förmlichen endgültigen Einstellung (unten 45, 53). Mit der vorläufigen Einstellung ist nur ein bedingtes Verfahrenshindernis verbunden (für die Fortsetzung desselben und die Einleitung eines anderen Verfahrens gegen denselben Beschuldigten wegen derselben Tat), das, falls es nicht durch Auf-

hebung der vorläufigen Einstellung endet, sich später entweder in ein endgültiges umwandelt oder durch Nichterfüllung auferlegter und übernommener Pflichten entfällt (unten 24, 25).

C. **Jugendstrafverfahren:** Das Verhältnis zwischen § 153a und §§ 45, 47, 109 II **JGG** ist zweifelhaft. Nach einer Ansicht wird § 153a durch diese Vorschriften verdrängt (Brunner/Dölling 3 zu § 45 JGG; Böhm Spendel-FS 783), nach anderer Ansicht bleibt § 153a anwendbar, wenn dies für den Jugendlichen günstiger ist (Eisenberg NStZ **91**, 450 gegen LG Aachen ebenda). Zutr erscheint es, die Anwendung des § 153a auf den Fall zu beschränken, dass der Beschuldigte nicht geständig ist, so dass eine Anordnung nach § 45 III **JGG** unzulässig ist (Nothacker JZ **82**, 62; vgl auch Bohnert NJW **80**, 1930 ff). 4

Wird gegen einen **Heranwachsenden** nicht materielles Jugendstrafrecht, sondern Erwachsenenstrafrecht angewandt, so kann aber ohne diese Beschränkung nach § 153a verfahren werden. 5

2) Zu beseitigendes öffentliches Interesse (I, II): Vgl Boxdorfer NJW **76**, 317; Hobe Leferenz-FS 640 ff; Metzger Stöckel-FS 287. Bei der Frage, ob das öffentliche Interesse an der Strafverfolgung besteht (und daher § 153 ausscheidet, dort 7, 8), sind etwaige von dem Beschuldigten vor der Einleitung des Verfahrens oder vor der Entscheidung erbrachte Leistungen von der in Nrn 1–5 bezeichneten Art zu berücksichtigen. Mit Rücksicht einerseits auf die besondere Problematik des § 153a und andererseits auf seinen kriminalpolitischen Grundgedanken ist es geboten, ihn möglichst einheitlich anzuwenden. Dabei ist stets die kriminologische Erfahrung zu berücksichtigen, dass am Anfang der schweren Kriminalität sehr häufig leichte Vergehen stehen. 6

3) Keine entgegenstehende Schwere der Schuld (I, II): In § 153 ist darauf abgestellt, dass die Schuld des Täters als gering anzusehen wäre (dort 3 ff). Bei § 153a kommen auch gewichtigere Fälle in Betracht; jedoch darf es sich höchstens um eine Schuld im mittleren Bereich handeln (weiter einschr Loos Remmers-FS 570, zust Scheinfeld Herzberg-FS 856: nur anwendbar, wenn im gerichtlichen Verfahren lediglich mit einer Geldstrafe zu rechnen wäre). Das Maß der Schuld muss mindestens auf Grund eines in dieser Frage durchgeführten Ermittlungsverfahrens als nicht zu schwer beurteilt werden können (Siegismund/Wickern wistra **93**, 86). Es muss insoweit hinreichender Tatverdacht bestehen (Scheinfeld aaO 845 mwN; weitergehend Düsseldorf VRS **68**, 263, 266); denn nur dann kann dem Beschuldigten die (freiwillige) Übernahme besonderer Pflichten zugemutet werden (erg oben 2 aE). Die Vorschrift wird insbesondere (aber nicht nur) gegen Ersttäter Anwendung finden (vgl Schlüchter-RpflEntlG 23). 7

Typische Anwendungsfälle sind nicht zu schwerwiegende Eigentums- und Vermögensdelikte, die keine Antragsdelikte mehr sind (vgl 16 zu § 153), leichte und mittelschwere Verkehrsstraftaten und die Verletzung der Unterhaltspflicht. Auch bei fahrlässiger Tötung kommt § 153a in besonders gelagerten Fällen in Betracht. Bei Wirtschafts- und Steuerstraftaten kann von der Verfolgung abgesehen werden, wenn der Schaden nicht zu erheblich ist und es sich um ein einmaliges Fehlverhalten handelt (vgl auch Böttcher/Mayer NStZ **93**, 154). 8

4) Zustimmung des Gerichts (I S 1): Bei geringfügigen Vergehen ist sie nicht notwendig (I S 7 iVm § 153 I S 2, dort 14). Das gilt auch für geringfügige Steuerstraftaten (20 zu § 153), jedoch nicht im Fall des I S 2 Nr 6 (I S 7). Das Fehlen der erforderlichen Zustimmung steht der Entstehung eines Verfahrenshindernisses bei Erfüllung der Auflage oder Weisung (unten 45) nicht entgegen (Stuttgart NStZ **07**, 540; Karl NStZ **95**, 535; **aM** Schroeder NStZ **96**, 319, der dann das Klageerzwingungsverfahren nach § 172 für zulässig erachtet. Erg 10 zu § 153). Eine kurze Begründung sollte nur bei Ablehnung der Zustimmung erfolgen, bei Zustimmung ist sie überflüssig (zutr R. Hamm NJW **01**, 1695 gegen LG Bonn NJW **01**, 1736). 9

10 **5) Zustimmung des Beschuldigten** (I S 1): Sie ist – anders als im Fall des § 153 I – für die vorläufige Einstellung des Ermittlungsverfahrens nach I deshalb erforderlich, weil der Beschuldigte bereit sein muss, die Auflagen und Weisungen zu akzeptieren und zu erfüllen (vgl auch unten 12). Er kann auch die Anregung zur Anwendung des § 153a geben (23 zu § 153). Über das Verfahren zur Herbeiführung der Zustimmung vgl unten 27. Die Zustimmung bezieht sich auch auf die Auflagen und Weisungen, zu deren Konkretisierung auch die Fristen gehören (LR-Beulke 41). Eine Zustimmung, die an Bedingungen geknüpft ist (Kostenfrage), ist unwirksam (LG Koblenz NJW **83**, 2458; erg 27 zu § 153). Die Zustimmung stellt kein Schuldeingeständnis dar und darf daher – bei Nichterfüllung der Auflagen – nicht als Beweis für die Täterschaft des Beschuldigten gewertet werden (Düsseldorf StV **08**, 13 mit Anm Waider).

11 **6) Wesen und Art der Auflagen und Weisungen:**

12 A. **Kein Strafcharakter:** Die Pflichten werden dem Beschuldigten auferlegt. Da er aber zustimmen muss (oben 10) und die Erfüllung auch dann noch unterlassen kann, wenn er der vorläufigen Einstellung zugestimmt hatte, handelt es sich nicht um strafähnliche Sanktionen (BGH **28**, 174, 176; Beulke Dahs-FS 215; Saliger GA **05**, 168). Es handelt sich um ein Beendigungsverfahren mit Selbstunterwerfung, wobei die Auflagen den Charakter besonderer nichtstrafrechtlicher Sanktionen haben (LR-Beulke 9; Rieß Koch-FG 218); denn sie sind Leistungen, die der Genugtuung für das begangene Unrecht dienen, wie sich aus § 56b III StGB und § 23 II JGG ergibt.

13 B. **Kompensation des öffentlichen Interesses** (oben 8): Die Eignungsprüfung lässt nur ein Abwägen von Umständen unter dem Generalnenner „öffentliches Interesse an der Strafverfolgung" zu. Die Wirkung der Einstellung des Strafverfahrens auf das subjektive Empfinden des Beschuldigten spielt dabei allenfalls nur eine mittelbare Rolle. Dagegen gehört es zum öffentlichen Interesse, die Resozialisierung des Täters, wenn möglich, mit den weniger einschneidenden Maßnahmen nach § 153a zu erreichen. Das öffentliche Interesse wird im Allgemeinen nicht kompensierbar sein bei erschwerenden Umständen, bei Vorstrafe oder nicht weit zurückliegender Behandlung nach § 153a wegen einer ähnlichen Tat (Eckl JR **75**, 100), wohl aber bei lange zurückliegender Tatzeit und überlanger Dauer des Strafverfahrens (vgl LG Frankfurt aM. NJW **97**, 1994). Vom öffentlichen Strafverfolgungsinteresse ist die der Einstellung grundsätzlich nicht entgegenstehende „öffentliche Interessiertheit" zu unterscheiden (Scheinfeld Herzberg-FS 866).

14 **7) Katalog der Auflagen und Weisungen** (I S 2): In Nrn 1–3 handelt es sich um Auflagen (vgl § 56b I StGB), in Nr 4–6 um Weisungen (vgl § 56c II Nr 5 StGB). Es können mehrere Pflichten in verschiedener Kombination auferlegt werden; im Gegensatz zur früheren Regelung ist der Katalog aber nicht mehr abschließend („insbesondere"), sondern lässt auch andere Auflagen und Weisungen zu (krit dazu aus verfassungsrechtlichen Gründen Britz/Jung Meyer-Goßner-FS 307; dagegen Beulke Dahs-FS 214), zB bei leichten und mittelschweren Gewalthandlungen die Weisung, an Beratungsstunden in einer sozialen Betreuungsstelle teilzunehmen (Beulke MSchrKrim **94**, 360; vgl auch Beulke/Theerkorn NStZ **95**, 474), oder der Verzicht auf sichergestellte oder beschlagnahmte Gegenstände (abl Britz/Jung aaO), vgl auch Schirrmacher (1999, zugl Diss Osnabrück 1997), der „neue Reaktionen auf umweltdeliktisches Verhalten" vorschlägt. Die nicht im Katalog genannten Auflagen und Weisungen bedürfen in jedem Fall der Zustimmung des Gerichts (BT-Drucks 14/1928 S 8). Die Auflagen und Weisungen müssen irgendeinen Zusammenhang mit der Straftat haben; Schranken ergeben sich aus verfassungsrechtlichen (zB nach Art. 1, 2, 4, 9 GG) und spezial-gesetzlichen (zB ausländer-, familien-, steuer- oder straßenverkehrsrechtlichen) Regelungen (vgl LR-Beulke 70ff und Dahs-FS 216ff mit vielen Beispielen für unzulässige Auflagen und Weisungen).

15 A. **Wiedergutmachung (Nr 1):** Die Wiedergutmachung „nach Kräften" aufzuerlegen (vgl § 56 b II Nr 1 StGB; 15 I Nr 1 JGG), ist nicht zulässig. Die Leistung muss so konkret bestimmt werden, dass nach Ablauf der Frist die Erfüllung oder Nichterfüllung und damit der Eintritt oder Nichteintritt des Verfahrenshindernisses (I S 5) klar auf der Hand liegt. Um weder bei dem Beschuldigten noch bei dem Verletzten den Eindruck entstehen zu lassen, der festgesetzte Wiedergutmachungsbetrag sei eine endgültige Fixierung des Schadens, empfiehlt sich der Zusatz, dem Verletzten werde nicht die Möglichkeit abgeschnitten, im Zivilrechtsweg den nach seiner Meinung entstandenen weitergehenden Schaden geltend zu machen. Die Wiedergutmachungsauflage sollte, falls dafür sachlicher Anlass besteht, regelmäßig gemacht werden (LR-Beulke 51). Dass der Beschuldigte trotz des hinreichenden Verdachts (oben 7) die strafrechtliche Schuld bestreitet, macht die Wiedergutmachungsauflage nicht unzulässig (unten 47; **aM** Dreher Welzel-FS 938); denn die Schadloshaltung des Verletzten ist auch sonst Verfahrensziel (zB § 111 b V, dort 5). Handelt es sich nicht nur um eine einmalige Leistung, so wird ein Erfüllungsplan (Leistungsplan) aufgestellt (vgl unten 20, 23).

16 a) **Vermögensschaden:** Es handelt sich um zivilrechtlichen Schadenersatz, bei dem sich die Verursachung nach der Adäquanztheorie richtet. Es kann sich auch um mittelbaren Schaden handeln, zB fahrlässige Tötung des Kindes – Nervenzusammenbruch der Mutter; Unfall-Krankenhausaufenthalt mit dort erlittener Infektion. Die Ursächlichkeit fehlt, soweit der Schaden auch ohne die Tat eingetreten wäre. Mitwirkendes Verschulden des Verletzten mindert die Pflicht zum Schadenersatz (§ 254 BGB). Die Auflage, die Gerichtskosten oder die notwendigen Auslagen des Nebenklägers zu übernehmen, ist unzulässig (Frankfurt MDR **80**, 515; vgl auch BGH **9**, 365). Wenn der Schaden nicht genau feststeht, darf er zwar geschätzt werden, aber die auferlegte Wiedergutmachung darf jedenfalls die Schadenersatzpflicht nicht übersteigen (Lackner/Kühl 3 a zu § 56 b StGB). Die Auflage ist aber auch bei Verjährung des Anspruchs möglich (Fischer 6 zu § 56 b StGB). Erhält der Verletzte Ersatz von einer Versicherung, so wird die Anordnung nach Nr 1 idR nicht angebracht sein, weil der Verletzte sonst doppelt entschädigt würde (KK-Schoreit 16).

17 b) **Immaterieller Schaden:** Bei Beleidigung kann eine (mündliche oder schriftliche) Ehrenerklärung gegenüber dem Verletzten auferlegt werden (LR-Beulke 54). In den Fällen, in denen bei Durchführung des Verfahrens die Anordnung der öffentlichen Bekanntmachung einer Erklärung zu erwarten wäre, kann auch die Pflicht zu solcher Bekanntmachung auferlegt werden (zB §§ 200, 165 StGB). Auch die Zahlung von Schmerzensgeld (§ 253 II BGB) kann zur Auflage gemacht werden (LR-Beulke 53; vgl auch LG Bremen NJW **71**, 153 bei Strafaussetzung); bei Persönlichkeitsverletzungen auch für immateriellen Schaden. § 254 BGB ist auch hier zu berücksichtigen.

18 B. **Geldzahlung (Nr 2):** Zugunsten einer gemeinnützigen Einrichtung: Die Einrichtung muss nicht steuerrechtlich als gemeinnützig anerkannt sein (LR-Beulke 55). Die Leistung an eine Einzelperson, zB an den Verletzten oder seine Angehörigen (über die Wiedergutmachung nach Nr 1) hinaus, kann nach Nr 2 nicht angeordnet werden (vgl LG Bremen NJW **71**, 153). Ein Rechtsverhältnis zwischen dem Beschuldigten und der Einrichtung entsteht nicht.

19 Von der Auflage der **Zahlung an die Staatskasse** kann eher Gebrauch gemacht werden als bei Bewährungsauflagen, weil die Geldzahlung hier als Sanktion an die Stelle einer Geldstrafe tritt. Dem Beschuldigten können zwar im Fall des I die Auslagen der Staatskasse nicht auferlegt werden (vgl auch unten 55); aber das Entstehen größerer Auslagen dieser Art kann ein Grund dafür sein, den Geldbetrag an die Staatskasse zahlen zu lassen (LR-Beulke 56). Für den Betrag besteht kein gesetzliches Höchstmaß (vgl aber Fünfsinn NStZ **87**, 97). Eine Grenze bildet die Unzumutbarkeit bei offensichtlichem Missverhältnis zur Tatschuld oder zu den wirtschaftlichen Verhältnissen des Beschuldigten.

20 Auch bei der Anwendung der Nr 2 ist, falls es sich nicht nur um eine einmalige Leistung handelt, ein **Tilgungsplan** (mit Raten und Fristen) angebracht. Über das Verfahren bei Zuweisung von Geldbeträgen im Strafverfahren zugunsten gemeinnütziger Einrichtungen haben die LJVen eine einheitliche Regelung getroffen, die am 1. 1. 1975 in Kraft getreten ist (vgl zB Justiz **74**, 35; BayJMBl **75**, 3, 26; **77**, 220; NdsRpfl **74**, 9; JMBlNW **74**, 109).

20a Ist gegen den Beschuldigten das **Insolvenzverfahren eröffnet**, darf die Einstellung nicht von der Zahlung einer Geldauflage an die Staatskasse abhängig gemacht werden, wenn der Beschuldigte durch die Erfüllung der Auflage seine Gläubiger benachteiligt; geleistete Zahlungen können dann uU durch den Insolvenzverwalter zurückverlangt werden (BGH NStZ **09**, 521 mit zust Anm Drees und abl Anm Ziemann JR **09**, 167; abl auch Beulke/Edlbauer Mehle-FS 63). Dadurch wird jedoch das Verfahrenshindernis nach I S 5 (unten 45) nicht beseitigt (Ziemann aaO 171).

21 C. **Sonstige gemeinnützige Leistungen (Nr 3):** Beispiele: Hilfsdienst in einem Krankenhaus, Pflegeheim, Altenheim oder im Umweltschutz nach einem Leistungsplan unter Berücksichtigung der Zumutbarkeit. Vgl dazu RiStBV 93 IV: Berücksichtigung von Einrichtungen der Opferhilfe, Straffälligen- und Bewährungshilfe usw.

22 D. **Unterhaltszahlungen (Nr 4):** Diese Weisung kommt insbesondere bei Verfahren nach § 170 StGB in Betracht, aber auch etwa bei Betrug oder falscher Aussage in einem Unterhaltsprozess. Regelmäßig wird eine Geldzahlung auferlegt werden; ausnahmsweise können aber auch Naturalleistungen in Betracht kommen (LR-Beulke 59; **aM** AK-Schöch 33). Es können mehrere Weisungen nach Nr 4 (gegenüber mehreren Berechtigten) zusammentreffen.

22a E. **Täter-Opfer-Ausgleich (Nr 5):** Neben der materiell-rechtlichen Regelung in § 46 a StGB wird nun in Nr 5 (iVm §§ 155 a, b, siehe dort) die verfahrensrechtliche Möglichkeit eröffnet, über einen Täter-Opfer-Ausgleich zur Verfahrenseinstellung zu gelangen (vgl dazu auch schon Rundverfügung des GStA SchlHA **91**, 153 = StV **92**, 42, ferner Erl des Thüringer JM JMBl 1994, 109 und Rautenberg NJ **94**, 300; für das Jugendstrafverfahren vgl Gemeinsamen RdErl JMBlNW **95**, 97). Wegen § 155 a I S 3 kann gegen den Willen des Verletzten die Weisung nach Nr 5 nicht erteilt werden (LR-Beulke 62); idR wird sie nur bei einem geständigen Beschuldigten in Betracht kommen (KK-Schoreit 22 e; erg 3 zu § 155 a). Im Gegensatz zu allen anderen Nrn fehlt es in Nr 5 dann an einem sicher feststellbaren Erfolg, das die Verfahrenseinstellung rechtfertigt, wenn schon das ernsthafte Bemühen um einen Ausgleich oder um Schadenswiedergutmachung genügen soll (SK-Weßlau 48). Hier ist eine Feststellung der StA (in den Akten) erforderlich, dass das vom Beschuldigten gezeigte Bemühen als ausreichend anzusehen ist (vgl Schöch Roxin-FS 1063); das wird nur in Betracht kommen, wenn dem Beschuldigten das Misslingen des Ausgleichs nicht anzulasten ist (vgl Tolmein ZRP **99**, 410).

22b F. **Aufbauseminar (Nr 6):** Die Teilnahme an einem solchen Seminar (früher „Nachschulung" genannt), die sowohl bei einer auf Probe erteilten Fahrerlaubnis (§ 2 b StVG) als auch im Rahmen des Punktsystems (§ 4 VIII StVG) vorgesehen ist, soll den besonderen Bedürfnissen des Straßenverkehrs Rechnung tragen. Aus § 69 II StGB folgt aber, dass allein die Teilnahme an einem Aufbauseminar in den dort genannten Fällen für eine Einstellung nicht ausreicht (BT-Drucks 13/6914 S 94), so dass Nr 6 praktisch nur in den Fällen anwendbar ist, in denen auch im Fall der Verurteilung ausnahmsweise vom Entzug der Fahrerlaubnis abgesehen worden wäre (LR-Beulke 66).

23 **8) Erfüllungsfrist** (I S 3): Eine Fristbestimmung ist nur wirksam, wenn der Beschuldigte der Einstellung zugestimmt hatte (Bay **83**, 69 = VRS **65**, 288). Aus der Bestimmung von Höchstfristen ergibt sich, dass die Leistungsfristen für die im Einzelfall auferlegten mehreren Auflagen und Weisungen unterschiedlich bemes-

sen werden können. IdR sollen sie unter dem Höchstmaß liegen und möglichst 3 Monate nicht übersteigen. Sind verschieden lange Fristen bestimmt, so ist für den Eintritt des endgültigen Verfahrenshindernisses (I S 5) die längste maßgebend, falls der Beschuldigte nicht schon vorher alle Pflichten erfüllt hat.

9) Widerruf und Verfallklausel: Erklärt der Beschuldigte, die übernommenen Pflichten nicht erfüllen zu wollen, oder ergibt sich der mangelnde Erfüllungswille aus seinem Verhalten, so kann die vorläufige Aussetzung wegen Entfallens ihrer Grundlage widerrufen werden, falls auch nachträgliche Änderungen (unten 39) nicht angebracht sind (Analogie zu § 56f I, II StGB). In geeigneten Fällen kann auch schon von vornherein klargestellt werden, unter welchen Voraussetzungen die vorläufige Einstellung entfällt (Verfallklausel; Analogie zu § 42 S 2 StGB). 24

Auf das **Verschulden der Nichterfüllung** der Auflagen und Weisungen kommt es nicht an (Düsseldorf MDR **76**, 423). Um nachträglich entstehende Umstände, die die Erfüllung unmöglich machen, durch Änderung der Pflichten oder Fristen berücksichtigen zu können, falls dies gerechtfertigt erscheint, empfiehlt es sich, dem Beschuldigten bei der vorläufigen Einstellung die alsbaldige Mitteilung solcher Umstände anzuraten. 25

10) Überwachung: Die Erfüllung der übernommenen Pflichten ist Aufgabe des Beschuldigten, daher nicht Vollstreckung (§ 36 II). Sie wird im Fall des I von der StA (BGH **38**, 381, 382), im Fall des II von dem Gericht überwacht, wobei den Geschäftsstellen im Verwaltungsweg die technische Mithilfe aufgetragen werden kann. Es empfiehlt sich, die besonderen Pflichten so auszugestalten, dass der Beschuldigte den Nachweis für die Erfüllung erbringen oder die begünstigte Stelle den Empfang der Leistung der überwachenden Stelle gegenüber bestätigen muss. 26

11) Vorbereitung der Entscheidung der StA: 27

A. **Zuständigkeit:** Da § 153a nur der Tatrichter anwenden darf (II S 1; unten 47; anders bei § 153, dort 25), fehlt auch der StA beim Revisionsgericht die Zuständigkeit. 28

B. **Vorklärung:** Zeichnet sich nach den durchgeführten Ermittlungen zur Schuldfrage (oben 7) die Möglichkeit einer Anwendung des I ab, so legt die Polizei die Sache der StA vor (9 zu § 153), falls dies noch nicht geschehen ist; die StA klärt die Höhe des Schadens und die Leistungsfähigkeit des Beschuldigten, zB durch Vernehmung des Verletzten und des Beschuldigten. Dann folgt die Konkretisierung der Auflagen und Weisungen (oben 14 ff). 29

C. **Befragung des Beschuldigten:** IdR wird eine Frist zur Erklärung des Einverständnisses mit den konkretisierten besonderen Pflichten gesetzt. Die Frist muss Raum lassen für die Befragung eines Verteidigers. Hat der Beschuldigte schon einen Verteidiger, so kann die Befragung an seine Adresse gerichtet werden (§ 145a). In geeigneten Fällen kann der Beschuldigte auch auf die (ihm ohnehin unbenommene) Möglichkeit eines Abänderungsvorschlags hingewiesen werden. Die StA darf es aber nicht zu einem unsachgemäßen Feilschen kommen lassen. Zunächst nicht richtig oder unvollständig erkennbare oder erkannte relevante Umstände können auch durch nachträgliche Änderung (I S 4) berücksichtigt werden. 30

D. **Befragung des Gerichts:** Wenn die Zustimmung des Gerichts erforderlich ist (oben 9), stellt die StA einen entspr Antrag mit Angabe der vorgesehenen Pflichten und Fristen. Das angegangene Gericht gibt die Sache (ohne Entscheidung über die Zustimmung) zurück, wenn nach seiner Auffassung ein anderes Gericht über die Eröffnung des Hauptverfahrens zu entscheiden hätte oder wenn es seine Zustimmung nicht für erforderlich hält (I S 7 iVm § 153 I S 2). Es kann noch kleinere Änderungen, insbesondere genauere Konkretisierung anregen (**aM** LR-Beulke 105: Vorschlag anderer Auflagen und Weisungen zulässig), entscheidet im Übrigen aber nur, ob es die Prozesserklärung der Zustimmung abgeben soll (10 zu § 153). 31

32 E. **Reihenfolge der Befragungen** (vgl oben 30, 31): Im Allgemeinen wird – schon aus praktischen Gründen – zunächst die Zustimmung des Gerichts eingeholt und dann erst der Beschuldigte befragt werden (LR-Beulke 108). Der umgekehrte Weg kann sich aber zB empfehlen, wenn erhebliche Zweifel bestehen, ob der Beschuldigte einer angemessenen Lösung iS des § 153 a zustimmen werde oder wenn seine Leistungsfähigkeiten und -möglichkeiten erst geprüft werden müssen (zB im Fall des I S 2 Nr 3), bevor das Gericht um Zustimmung zu einem konkreten Vorschlag angegangen werden kann.

33 **12) Entscheidung der StA** (I):

34 A. **Zusammentreffen mit einem Privatklagedelikt:** Eine auf das Offizialdelikt beschränkte Anwendung des § 153 a ist nicht zulässig (LR-Beulke 17; erg 5 zu § 153).

35 B. **Zusammentreffen mit einer OWi:** Obwohl die Anwendung des § 153 a keine Strafverhängung ist, kann nicht für das Vergehen § 153 a angewandt und die OWi geahndet werden (§§ 21, 43 OWiG; LR-Beulke 27; Göhler 27 zu § 21 OWiG); denn anders als im Fall des § 153 (dort 6) handelt es sich bei der Anwendung des § 153 a um eine Art Sachentscheidung mit strafrechtlicher Sanktion. Diese ist zwar nicht Strafe; dennoch kann sich die Kompensierung des öffentlichen Interesses an der Verfolgung durch die Auflagen und Weisungen (oben 8) nur auf die ganze Tat iSd § 264 beziehen (LG Berlin VRS **113**, 116). Das nach der Erfüllung der übernommenen Pflichten entstehende Verfahrenshindernis bezieht sich auch auf den rechtlichen Gesichtspunkt der OWi (Bay **83**, 69 = VRS **65**, 288; Frankfurt NJW **85**, 1850; Nürnberg NJW **77**, 1787; Oldenburg StV **02**, 240; unten 52).

36 C. **Mitteilung:** Die Verfügung wird entweder förmlich zugestellt (wobei § 145 a gilt) oder formlos mit der Bitte um Empfangsbekenntnis mitgeteilt. Eines förmlichen Nachweises des Zugangs bedarf es nicht, wenn sich auf andere Weise, zB aus dem Schriftwechsel, eindeutig ergibt, dass der Beschuldigte die übernommenen besonderen Pflichten genau kennt und auch von der vorläufigen Einstellung Kenntnis hat. Auch der Anzeigeerstatter erhält (formlos) Mitteilung von der Verfügung. Er kann gegen diese aber nur mit Gegenvorstellungen und Dienstaufsichtsbeschwerde (6, 9 vor § 296) vorgehen.

37 D. **Verfügung der FinB:** Soweit die FinB das Ermittlungsverfahren führen darf und führt und Strafbefehlsantrag stellen kann (§§ 399 I, 400 **AO**), darf sie nach I verfahren, ggf auch ohne Zustimmung des Gerichts (oben 9).

38 E. **Rechtsbehelfe:** Ist die Verfügung der StA ordnungsgemäß zustande gekommen, so kann auf Gegenvorstellungen oder Dienstaufsichtsbeschwerde des Verletzten (9 zu § 153) ohne Widerrufsgrund (oben 24) das vorläufige Absehen von der Anklage nicht rückgängig gemacht werden, weil der Beschuldigte auf die von ihm akzeptierte strafrechtliche Friedensregelung vertrauen darf. Anders ist es jedoch, wenn sich ergibt, dass es sich um ein Verbrechen handelt, weil dann das endgültige Verfahrenshindernis nicht entstehen kann (oben 3, unten 45). Ein weiterer Spielraum besteht hinsichtlich der einzelnen Auflagen und Weisungen. Das Klageerzwingungsverfahren ist ausgeschlossen (§ 172 II S 3; Karlsruhe Justiz **90**, 28).

39 **13) Nachträgliche Änderungen** (I S 4):

40 A. **Unterscheidung von neuer vorläufiger Einstellung:** Eine solche ist zulässig und kann in Ausnahmefällen angebracht sein. Änderungen sind zulässig, auch wenn die Frist bereits abgelaufen ist (LR-Beulke 85; Eckl JR **75**, 101), sofern die vorläufige Einstellung noch nicht widerrufen oder sonstwie entfallen ist (oben 24, 25, 38). Nach dem Eintritt eines dieser Ereignisse muss das Verfahren fortgesetzt werden, falls es nicht von neuem vorläufig eingestellt wird. Hierbei besteht kein Verschlechterungsverbot.

B. **Mitwirkung bei nachträglicher Änderung:** Die Aufhebung einer Auflage oder Weisung bedarf nicht der Zustimmung des Beschuldigten, wohl aber eine Änderung, selbst wenn sie in einer Erleichterung für den Beschuldigten besteht. Die gesetzten Fristen können aus wichtigem Grund nur einmal verlängert werden. Einen Anspruch auf nachträgliche Änderung hat der Beschuldigte nicht. 41

14) Keine Mitwirkung des Gerichts bei nachträglicher Änderung durch die StA: Der gerichtlichen Zustimmung bedarf es für die Änderungen auch dann nicht, wenn die vorläufige Einstellung vom Gericht durch Zustimmung gebilligt worden war (KK-Schoreit 38; **aM** LR-Beulke 83). Jedoch darf die StA bei nachträglichen Änderungen die Pflichten und Auflagen im Gesamtquantum nur so weit verändern, dass sie noch geeignet sind, das öffentliche Interesse an der Strafverfolgung zu beseitigen (oben 6). Dabei darf bei gleich bleibender Sachlage die vom Gericht mitverantwortete Bemessungsgrundlage nicht wesentlich geändert werden (Düsseldorf VRS **88**, 437; LR-Beulke 81; **aM** KK-Schoreit 38 ff). Eine nachträgliche wesentliche Verschlechterung der Leistungsfähigkeit des Beschuldigten kann eine wesentliche Erleichterung der Auflagen und Weisungen rechtfertigen. 42

15) Entstehung eines Verfahrenshindernisses (I S 5): 43

A. **Während des Schwebezustands** ist die Fortsetzung des Verfahrens unzulässig; sie steht daher der Erfüllung der erteilten Auflagen oder Weisungen durch den Beschuldigten zwecks endgültiger Verfahrenseinstellung nicht entgegen (Stuttgart wistra **07**, 276). Allerdings hindert die vorläufige Einstellung nicht das Fortbestehen eines Haftbefehls, der nach § 116 ausgesetzt ist, und die weitere Gültigkeit der angeordneten weniger einschneidenden Maßnahmen (vgl auch 1 zu § 205); häufig wird allerdings der Aufhebungsgrund der Unverhältnismäßigkeit bestehen. Das Gleiche gilt für die Aufrechterhaltung einer Beschlagnahme von Beweismitteln (§ 94). Entsteht dadurch Schaden, so ist durch geeignete Maßnahmen die Sicherstellung des Beweiswertes für ein etwa noch folgendes Strafverfahren anzustreben, so dass die Sachen selbst herausgegeben werden können. Dagegen muss eine vorläufige Maßnahme zur Sicherung einer bei späterer Durchführung des Verfahrens zu erwartenden Rechtsfolge aufgehoben werden (zB die vorläufige Entziehung der Fahrerlaubnis nach § 111 a oder die Sicherstellung nach § 111 b). 44

B. Ein **endgültiges Verfahrenshindernis – beschränkter Strafklageverbrauch –** (I S 5) entsteht, wenn und sobald der Beschuldigte die Pflichten voll, nicht nur teilw, erfüllt hat (Düsseldorf VRS **72**, 193; Frankfurt NJW **85**, 1850), ohne dass die vorläufige Einstellung vorher entfallen ist (oben 24, 25, 38). Hingegen entsteht kein Verfahrenshindernis, wenn der Beschuldigte eine Auflage erfüllt, die einen Mitbeschuldigten betrifft und nur durch ein Kanzleiversehen in seine Hand geraten ist (LR-Beulke 96; **aM** AG Grevenbroich JR **84**, 302 mit abl Anm Gössel), oder wenn versehentlich nur die Geschäftsstelle der StA die Verfahrenseinstellung angeboten hatte (Bay **99**, 60 = NJW **00**, 968). Das Prozesshindernis ergreift die gesamte Tat iS des § 264 (Karlsruhe Justiz **90**, 38), auch die davon umfassten OWien (Frankfurt aaO; oben 35), bezieht sich aber nach I S 5 nicht auf eine Strafverfolgung wegen derselben Tat unter dem rechtlichen Gesichtspunkt eines Verbrechens. Die endgültige Einstellung ist durch die StA ausdrücklich auszusprechen (KK-Schoreit 43). Sie ist nicht mit einer Entscheidung über Kosten und Auslagen oder Entschädigung für eine Strafverfolgungsmaßnahme verbunden; jedoch kommt § 9 **StrEG** in Betracht. Über die Verfolgbarkeit einer mit dem Vergehen zusammentreffenden OWi vgl oben 35, unten 52. 45

16) Durchführung des Strafverfahrens: Entfällt die vorläufige Einstellung (oben 24, 25, 38), so erhebt die StA die öffentliche Klage. Der hinreichende Tatverdacht ist ja bereits festgestellt (oben 7). Das Gericht ist dann nicht gehindert, nach II zu verfahren. Wird das Verfahren aber durchgeführt, so werden die in 46

Teilerfüllung der Auflagen und Weisungen erbrachten Leistungen – auch bei Freispruch (LR-Meyer-Goßner[23] 68) – nicht erstattet. Das Gericht kann sie bei Verurteilung jedoch, wie im Falle des § 56f III StGB, auf die Strafe anrechnen (KK-Schoreit 40; Hanack Gallas-FS 362; Krick NStZ **03**, 68), auch auf eine Freiheitsstrafe (wie § 26 III S 2 JGG zeigt: „auf Jugendstrafe anrechnen"). Nach Fristablauf erbrachte Leistungen sind zu erstatten (Kalomiris NStZ **98**, 500; **aM** LR-Beulke 89). Wurde versehentlich trotz rechtzeitiger und vollständiger Leistung ein Strafbefehl erlassen, ist das Verfahren nach Einspruch wegen Strafklageverbrauchs (oben 45) einzustellen; bei rechtskräftigem Strafbefehl ist Wiederaufnahme des Verfahrens (§ 359 Nr 5) zulässig (Kalomiris aaO).

47 **17) Vorläufige Einstellung des gerichtlichen Verfahrens** (II): Die materiellen Voraussetzungen sind in I genannt: Bestehendes, aber durch Auflagen und Weisungen zu beseitigendes öffentliches Interesse an der Strafverfolgung (oben 6, 11) und keine entgegenstehende Schwere der Schuld (oben 7). Förmliche Voraussetzungen sind: Erhobene öffentliche Klage, die Zustimmung der StA, die sich auch auf die Auflagen (LG Frankfurt aM NJW **85**, 2601 L; LR-Beulke 122) einschließlich des Empfängers des Geldbetrages im Fall des I S 2 Nr 2 (Düsseldorf VRS **88**, 437; **aM** LG Zweibrücken NJW **90**, 1247) beziehen muss, und deren Verweigerung nicht anfechtbar ist (Hamm NStZ **85**, 472: jedenfalls nicht nach § 23 **EGGVG**), und die Zustimmung des Angeschuldigten (oben 10). Die Befugnis nach II hat nicht das Revisionsgericht (oben 28), sondern nur der Tatrichter, und zwar von dem Zeitpunkt an, in dem das Verfahren durch die Klageerhebung bei Gericht anhängig wird. Nach Zurückverweisung der Sache (§ 354 II) entsteht die Einstellungsmöglichkeit nach II von neuem; für den Tatrichter in jeder Lage des Verfahrens (II), also auch, wenn das Urteil teilw rechtskräftig ist (LR-Beulke 121; **aM** Gössel JR **82**, 273; erg 25 zu § 153).

48 **18) Durchführung des gerichtlichen Einstellungsverfahrens** (II): Anlass zur Prüfung kann die Anregung eines Verfahrensbeteiligten oder die eigene Initiative des Gerichts sein (vgl 22, 23 zu § 153). Da die Anwendung des § 153a schon im Vorverfahren (I) und nach Anklageerhebung im Zwischenverfahren geprüft wird, rechtfertigt sich die vorläufige Einstellung nach II in der Hauptverhandlung nur, wenn sich die frühere Beurteilungsgrundlage nach dem Ergebnis der Hauptverhandlung entscheidend geändert hat (SK-Weßlau 73).

49 A. **Befragung der Beteiligten:** Im Zuge der etwa erforderlichen Vorklärung (oben 29) kann das Gericht die StA um Ermittlungen ersuchen, die sich dabei der Gerichtshilfe bedienen kann, soweit es sich um Klärung in deren speziellen Aufgabenbereich handelt (20 zu § 160). Nach der Konkretisierung der beabsichtigten Auflagen und Weisungen (oben 11, 14ff) durch das Gericht befragt der Vorsitzende den StA, ob er zustimme. Konkrete Anträge, die der StA mit seiner Zustimmungserklärung für die zu erteilenden Auflagen und Weisungen stellt, bedeuten eine Einschränkung der Zustimmung. Daher hat sie das Gericht, wenn es nach II verfahren will, bei deren Gestaltung als Mindestgrundlage zu berücksichtigen (Hamm JMBlNW **77**, 201). Ist der StA einverstanden, so wird der Angeschuldigte befragt (vgl oben 30). Vor dem Einstellungsbeschluss erhält der Nebenkläger das rechtliche Gehör (18 zu § 396); seine Zustimmung ist jedoch nicht erforderlich (BVerfG wistra **03**, 419). Fehlt die Zustimmung der StA oder des Angeschuldigten, so ist das Gericht nicht gehindert, nach § 59 StGB auf Verwarnung mit Strafvorbehalt zu erkennen (Horn NJW **80**, 106). Die Vorschrift darf jedoch nicht allein deshalb angewendet werden, weil der Richter über die Verweigerung der Zustimmung der StA verärgert ist (Düsseldorf NStZ **85**, 362 mit Anm Horn).

50 B. **Beschluss** (II S 3): Die Beschlussform gilt auch, wenn das Verfahren in der Hauptverhandlung vorläufig eingestellt wird (vgl 24 zu § 153). Eine Entscheidung über die Kosten und Auslagen und über eine etwaige Entschädigung für eine Strafverfolgungsmaßnahme ist erst mit dem Beschluss zu verbinden, mit dem das Ver-

fahren endgültig eingestellt wird (unten 55). Zur Erfüllungskontrolle vgl oben 26, auch 20.

19) Nachträgliche Änderung des Beschlusses (II S 2 iVm I S 4): Die nachträgliche Änderung bedarf der Zustimmung des Angeschuldigten (I S 4; vgl oben 41), nicht aber der des StA (vgl oben 42). Die nachträgliche Änderung ist von der ebenfalls zulässigen neuen Einstellung zu unterscheiden, die im gerichtlichen Verfahren aber nur in ganz besonderen Ausnahmefällen in Betracht kommt. Ihr müssen StA und Angeschuldigter in allen Punkten zustimmen. 51

20) Bedingtes und endgültiges Verfahrenshindernis (II S 2 iVm I S 5): Bis zur Erfüllung der Auflagen und Weisungen besteht noch kein endgültiges, sondern nur ein bedingtes Verfahrenshindernis. Bei Nichterfüllung wird das Verfahren fortgesetzt. Dies muss mindestens in der Ladung zum Ausdruck kommen. Jedoch empfiehlt es sich, dem vorangegangenen Beschluss (oben 50) einen förmlichen Wiederaufnahmebeschluss mit Begründung entgegenzusetzen (Stuttgart MDR **80**, 250). Endgültig entsteht das Verfahrenshindernis – ganz von selbst – mit der Erfüllung der Auflagen und Weisungen (Düsseldorf MDR **76**, 423), auch wenn die festgesetzte Frist noch nicht abgelaufen war (oben 45), aus Gründen des Vertrauensschutzes auch bei fehlender Zustimmung der StA (Karlsruhe NStZ **87**, 42; LG Hamburg NStE Nr 6). Waren die Auflagen teilw unzulässig, so führt auch die Erfüllung der zulässigen Auflagen zu keinem Prozesshindernis (Düsseldorf MDR **85**, 956; **aM** Frankfurt MDR **80**, 515, 516). Das Prozesshindernis bezieht sich nur auf die Verfolgung der Tat als Vergehen ohne Rücksicht auf die rechtliche Subsumtion in diesem Bereich (oben 45). Insofern ist hier der Strafklageverbrauch stärker als bei der Einstellung nach § 153 II (dort 37, 38), weil es sich um eine Verfahrensbeendigung mit Sanktionen handelt. Das Wirkungskriterium „nicht mehr als Vergehen" bedeutet nur eine Abgrenzung nach oben (zum Verbrechen hin). Im Übrigen gilt das Verfahrenshindernis für die ganze Tat, also auch für eine in ihr enthaltene OWi (oben 35) und auch dann, wenn sich nachträglich herausstellt, dass die Tat einen größeren Schuldumfang als ursprünglich angenommen aufweist oder wenn sich die vermeintliche Einzeltat als Teil einer Dauerstraftat oder gesetzlichen Handlungseinheit erweist (Düsseldorf NStZ-RR **97**, 123; vgl aber auch BGH NStZ **98**, 251 mit Anm Erb). Das Verfahrenshindernis geht als Spezialregelung dem § 21 II OWiG vor (vgl Frankfurt NJW **85**, 1850; Nürnberg MDR **77**, 599). Neue Strafverfolgung des Beschuldigten wegen derselben Tat ist zulässig, wenn sich der Verdacht eines Verbrechens ergibt. Neue Tatsachen oder Beweismittel sind dafür nicht erforderlich (LR-Beulke 99; unten 54; vgl auch Achenbach ZRP **77**, 89). 52

21) Endgültiger Einstellungsbeschluss: Dieser ist in § 467 V ausdrücklich vorgesehen und rechtlich geboten (Stuttgart MDR **80**, 250). Er findet seine Grundlage nicht in § 206a, sondern in der Sonderregelung des § 153a (Düsseldorf MDR **76**, 423; Frankfurt MDR **80**, 515; Zweibrücken MDR **86**, 165; LR-Beulke 101). Der Beschluss hat aber nur deklaratorische Bedeutung; er stellt das endgültige Verfahrenshindernis fest (Frankfurt aaO). Das gilt im Vergehensbereich sogar dann, wenn die Einstellungsvoraussetzungen durch die neuen Tatsachen oder Beweismittel nachträglich ganz und gar widerlegt erscheinen (Kleinknecht Bruns-FS 186). 53

Ist der **Verbrechensvorwurf lediglich übersehen** worden, obwohl er nach dem gesamten Akteninhalt begründet war, so ist die neue Strafverfolgung wegen des Verbrechens dennoch zulässig (Radtke [Einl 182] 351; **aM** Kleinknecht aaO). Für die möglich gewordene neue Strafverfolgung als Verbrechen gilt wiederum das Legalitätsprinzip (13 zu § 152). 54

Mit dem Beschluss wird die **Nebenentscheidung** verbunden, dass die Kosten des Verfahrens der Staatskasse zur Last fallen (§ 467 I). Die notwendigen Auslagen des Angeschuldigten dürfen grundsätzlich nicht der Staatskasse auferlegt werden 55

(§ 467 V), § 465 II muss aber auch hier gelten (LG Frankenthal bei Kotz NStZ-RR **04**, 291; **aM** Zweibrücken StV **04**, 30 mit krit Anm Duttge). Die notwendigen Auslagen des Nebenklägers hat idR der Angeschuldigte zu tragen (§ 472 II S 2). Eine Entscheidung ergeht ggf über die Entschädigung für eine Strafverfolgungsmaßnahme (vgl 1 zu § 3 **StrEG**).

56 **22) Verjährung** (III): Die Regelung ergänzt § 78b I StGB (in Anlehnung an § 79a Nr 2 Buchst b StGB, der die Vollstreckungsverjährung betrifft). Sie gilt gleichermaßen in den Fällen des I und des II. Das Ruhen der Verjährung beginnt mit dem (aktenmäßigen) Erlass der Einstellungsverfügung nach I oder des Beschlusses nach II (6, 7 vor § 33). Hatte der Beschuldigte seine Zustimmung nicht erteilt, so tritt die Rechtsfolge des III nicht ein (Bay **83**, 69 = VRS **65**, 288). Der Zustand des Ruhens endet mit dem Ende der vorläufigen Einstellung. Bei neuer vorläufiger Einstellung (oben 40) beginnt eine neue Spanne des Ruhens der Verjährung.

57 **23) Rechtsbehelfe:** Die vorläufige Einstellung nach II ist nicht anfechtbar (II S 4). Das gilt auch für den Nebenkläger (9 zu § 400). Dieser kann nur, falls er das rechtliche Gehör nicht erhalten hatte (oben 49), einen Antrag nach § 33a stellen (vgl auch Frankfurt NStZ-RR **08**, 327: Keine Beschwerde). Jedoch können die StA und der Angeschuldigte einfache Beschwerde (§ 304) einlegen, wenn sie nicht oder nicht wirksam (Hamm MDR **77**, 949) oder nicht hinsichtlich aller Auflagen und Weisungen in ihrer wesentlichen Ausgestaltung zugestimmt haben (Düsseldorf VRS **88**, 438 mwN; Karlsruhe NStZ **87**, 42; oben 47, 49; ferner 34, 35 zu § 153). Wie der Einstellungsbeschluss nach II ist auch die Ablehnung der Einstellung nicht anfechtbar (34, 35 zu § 153). Die endgültige Einstellung (oben 53) ist nicht anfechtbar (II S 4), Beschwerde nach § 304 I ist aber zulässig, wenn dem Einstellungsbeschluss unverzichtbare prozessuale Voraussetzungen fehlen, zB Zustimmung der StA oder des Beschuldigten (Karlsruhe Justiz **00**, 403) oder die angeordneten Maßnahmen jeder rechtlichen Grundlage entbehren (LG Koblenz NJW **83**, 2458; vgl hierzu im einzelnen K. Jostes, Leistungsstörungen und Fehlverhalten von Gericht und Staatsanwaltschaften bei der Einstellung von Strafverfahren gem. § 153a StPO, 2004, zugl Diss Gießen 2004). Die Feststellung, dass erteilte Auflagen und Weisungen erfüllt sind, ist – auch iVm einer endgültigen Verfahrenseinstellung – nicht anfechtbar (II S 5; LG Kiel NStZ-RR **98**, 343; SK-Weßlau 88) Die Anfechtung des Wiederaufnahmebeschlusses (oben 52) ist nach § 305 S 1 ausgeschlossen (Düsseldorf MDR **85**, 867; Stuttgart MDR **80**, 250). Wenn sich der Verdacht eines Verbrechens ergibt (oben 54), leitet die StA zu dessen Verfolgung ein neues Verfahren ein, ohne durch den Einstellungsbeschluss gehindert zu sein, weil für die Verfolgung der Tat als Verbrechen kein Verfahrenshindernis besteht. Die Revision kann nicht auf die unterlassene Anwendung des § 153a gestützt werden (vgl 39 zu § 153). § 359 ist nicht analog anwendbar (Frankfurt NJW **96**, 3353; LG Baden-Baden NStZ **04**, 513 [zu § 47 JGG]; **aM** Hellmann MDR **89**, 952; erg 5 vor § 359).

58 Unanfechtbar ist die **Entscheidung über die Kosten und Auslagen** (17 zu § 464), nicht aber die über die Entschädigung nach dem StrEG (§ 8 III S 1 **StrEG**).

59 **24) Nachträgliches objektives Verfahren** (§ 76a I, III StGB iVm §§ 440, 442): Hat die StA nach I vorläufig von der Erhebung der öffentlichen Klage abgesehen oder das Gericht nach II das Verfahren vorläufig eingestellt, so kann die StA dennoch ein objektives Verfahren betreiben (40 zu § 153). Sie braucht dafür nicht abzuwarten, bis das endgültige Verfahrenshindernis eingetreten ist. Sie wird allerdings bei der Ausübung des Ermessens berücksichtigen müssen, ob der Beschuldigte nach Sachlage darauf vertrauen darf, dass gegen ihn selbst keine strafähnliche Maßnahme mehr ergriffen wird, wenn er die übernommenen Pflichten erfüllt (2 vor § 430; 1 zu § 440).

60 **25) Eintragungen ins Zentralregister:** In das BZR werden die Entscheidungen nach § 153a nicht eingetragen.

26) Mitteilungspflichten, die von Amts wegen zu beachten sind, können an die endgültige (§ 20 I S 1 **EGGVG,** dort 1) Einstellung anknüpfen, zB nach der MiStra; vgl dazu 41 zu § 153. 61

Einstellung bei Absehen von Strafe

153b **I Liegen die Voraussetzungen vor, unter denen das Gericht von Strafe absehen könnte, so kann die Staatsanwaltschaft mit Zustimmung des Gerichts, das für die Hauptverhandlung zuständig wäre, von der Erhebung der öffentlichen Klage absehen.**

II Ist die Klage bereits erhoben, so kann das Gericht bis zum Beginn der Hauptverhandlung mit Zustimmung der Staatsanwaltschaft und des Angeschuldigten das Verfahren einstellen.

1) Von Strafe absehen kann das Gericht bei einigen Straftaten, zB in den Fällen der §§ 83a, 84 IV, V, 85 III, 86 IV, 86a III, 87 III, 89 III, 98 II, 99 III, 113 IV, 129 V, VI, 129a IV, V, 139 I, 157, 158 I, 174 IV, 182 IV, 218a IV S 2, 314a, 315 VI, 315b VI, 330b I StGB, § 20 II VereinsG, §§ 29 V, 31 BtMG. Auch in den Fällen der §§ 46a, 46b StGB kann § 153b angewendet werden (Bernsmann ZRP **94**, 332; Peglau wistra **09**, 412), ferner bei § 23 III StGB und § 60 StGB (Ranft 1174ff; Wagner GA **72**, 33, 50; **aM** Schroeder Peters-FS 411, 421), aber nicht, wenn an der Herbeiführung eines Schuldspruchs ein öffentliches Interesse besteht (Schroeder Fezer-FS 551, 552). § 153b gilt auch in den Fällen des § 199 StGB, wenn Straffreierklärung zu erwarten ist (LR-Beulke 3). 1

2) Im Ermittlungsverfahren trifft die StA die Entscheidung mit Zustimmung des Gerichts (10 zu § 153). Mit der Klausel „für die Hauptverhandlung zuständig" ist wie in den Fällen der §§ 153 I, 153a I das Gericht gemeint, das für die Eröffnung des Hauptverfahrens zuständig wäre. Die §§ 153 I, 153a I und 153b I schließen einander nicht aus (teilw **aM** LR-Beulke 7; Schroeder Fezer-FS 552); gegenüber § 153a I S 2 Nr 5 (TOA) ist § 153b (iVm § 46a StGB) idR vorrangig (LR-Beulke 8; **aM** SK-Weßlau 39). Das Absehen hat keine Rechtskraftwirkung (vgl 37 zu § 153). Die Anwendung von I stellt kein Verfahrenshindernis für die Erhebung einer Privatklage dar. Bleibt bei der Einstellung noch ein Verdacht für ein Privatklagedelikt, so besteht dennoch keine Pflicht der StA, auf die Möglichkeit der Privatklage hinzuweisen. Es ist nur zweckmäßig und üblich, dies zu tun. Über Kosten und Entschädigung vgl 28ff zu § 153. 2

3) Nach Klageerhebung (II): „Beginn der Hauptverhandlung": § 243 I S 1. Ist der Ausschlussgrund einmal eingetreten, so entfällt er im weiteren Verfahren nicht mehr. Auch der Angeschuldigte muss zustimmen (wie im Fall des § 153 II). Bei Nebenklage gilt § 396 III entspr (dort 18); der Nebenkläger erhalt das rechtliche Gehör vor der Einstellung nach II (§ 33 III). Für die Entscheidung über die Verfahrenskosten und die notwendigen Auslagen und über die Entschädigung des Angeklagten sowie für den Strafklageverbrauch des gerichtlichen Einstellungsbeschlusses gilt das Gleiche wie bei der Einstellung nach § 153 II (dort 28ff, 37f). Der Strafklageverbrauch des gerichtlichen Einstellungsbeschlusses betrifft auch die Privatklage. 3

4) Selbstständige Anordnung von Verfall und Einziehung: Nach der Einstellung des Verfahrens durch die StA nach I oder durch das Gericht nach II kann die StA das selbstständige Verfalls- oder Einziehungsverfahren beantragen (§§ 440, 441; § 76a I, III StGB; 40 zu § 153). 4

5) Jugendstrafrecht: § 153b bezieht sich im Jugendstrafrecht nur auf Jugendstrafe. Er ist daher nur anzuwenden, wenn diese Strafe in Betracht kommt (**aM** Eisenberg 13 zu § 45 JGG); dann auch, wenn der Beschuldigte ein Heranwachsen- 5 der ist, für den Jugendstrafrecht gilt. Bei den Möglichkeiten nach den §§ 45, 47, 109 II **JGG** braucht in diesen Fällen im Allgemeinen nicht auf § 153b zurückgegriffen zu werden (KK-Schoreit 13; LR-Beulke 6; vgl auch Bay NJW **61**, 2029; Bohnert NJW **80**, 1931).

6 **6) Beschwerde** (§ 304): Bei gesetzmäßigem Verfahren hat keiner die Beschwerde (BGH **10**, 88, 91). Nur bei fehlender Einverständniserklärung ist Beschwerde zulässig (KK-Schoreit 9). Erg 33ff zu § 153; § 400 II S 2.

Nichtverfolgung von Auslandstaten **RiStBV 94–97, 99**

153c **I 1 Die Staatsanwaltschaft kann von der Verfolgung von Straftaten absehen,**

1. die außerhalb des räumlichen Geltungsbereichs dieses Gesetzes begangen sind oder die ein Teilnehmer an einer außerhalb des räumlichen Geltungsbereichs dieses Gesetzes begangenen Handlung in diesem Bereich begangen hat,
2. die ein Ausländer im Inland auf einem ausländischen Schiff oder Luftfahrzeug begangen hat,
3. wenn in den Fällen der §§ 129 und 129a, jeweils auch in Verbindung mit § 129b Abs. 1, des Strafgesetzbuches die Vereinigung nicht oder nicht überwiegend im Inland besteht und die im Inland begangenen Beteiligungshandlungen von untergeordneter Bedeutung sind oder sich auf die bloße Mitgliedschaft beschränken.

2 Für Taten, die nach dem Völkerstrafgesetzbuch strafbar sind, gilt § 153f.

II Die Staatsanwaltschaft kann von der Verfolgung einer Tat absehen, wenn wegen der Tat im Ausland schon eine Strafe gegen den Beschuldigten vollstreckt worden ist und die im Inland zu erwartende Strafe nach Anrechnung der ausländischen nicht ins Gewicht fiele oder der Beschuldigte wegen der Tat im Ausland rechtskräftig freigesprochen worden ist.

III Die Staatsanwaltschaft kann auch von der Verfolgung von Straftaten absehen, die im räumlichen Geltungsbereich dieses Gesetzes durch eine außerhalb dieses Bereichs ausgeübte Tätigkeit begangen sind, wenn die Durchführung des Verfahrens die Gefahr eines schweren Nachteils für die Bundesrepublik Deutschland herbeiführen würde oder wenn der Verfolgung sonstige überwiegende öffentliche Interessen entgegenstehen.

IV Ist die Klage bereits erhoben, so kann die Staatsanwaltschaft in den Fällen des Absatzes 1 Nr. 1, 2 und des Absatzes 3 die Klage in jeder Lage des Verfahrens zurücknehmen und das Verfahren einstellen, wenn die Durchführung des Verfahrens die Gefahr eines schweren Nachteils für die Bundesrepublik Deutschland herbeiführen würde oder wenn der Verfolgung sonstige überwiegende öffentliche Interessen entgegenstehen.

V Hat das Verfahren Straftaten der in § 74a Abs. 1 Nr. 2 bis 6 und § 120 Abs. 1 Nr. 2 bis 7 des Gerichtsverfassungsgesetzes bezeichneten Art zum Gegenstand, so stehen diese Befugnisse dem Generalbundesanwalt zu.

1 **1)** Die **StA** allein entscheidet (ebenso wie im Fall des § 153d), und zwar unter Abwägung des öffentl. Interesses an der Verfolgung (7, 8 zu § 153) gegen widerstreitende Interessen, zB Rückwirkungen auf das Ansehen der BRep. Im Gegensatz zu §§ 153 I S 1, 153a I S 1–4, 153b I, 153e I bedarf es dabei keiner Mitwirkung des Gerichts, weil vielfach politische Gesichtspunkte zu berücksichtigen sind. Mit der Entscheidung wird die im Ausland begangene Straftat Gegenstand eines inländischen Ermittlungsverfahrens (BGH NJW **90**, 1428). Eine Rechtskraftwirkung hat die Entscheidung der StA, von der Verfolgung abzusehen, nicht (LG Gießen StV **84**, 327 gegen AG Gießen StV **84**, 238). Allg zu § 153c vgl Krauth/

Kurfess/Wulf JZ **68**, 732. § 153c gilt nach § 4 II NTSG mit den dort bezeichneten Maßgaben entspr.

2) Das **Absehen** ist zulässig, bevor das Ermittlungsverfahren gegen einen bestimmten Beschuldigten geführt wird (6 zu § 160) oder überhaupt Ermittlungen eingeleitet werden. Es ist gerechtfertigt, wenn ein öffentliches Interesse an der Strafverfolgung nicht oder nicht mehr besteht oder wenn diese zu unbilligen Härten führen würde (eingehend dazu Esser/Fischer JZ **10**, 217). Etwa zu erwartende Nebenstrafen und Nebenfolgen stehen nicht entgegen (Oehler JR **79**, 218). Wenn eine Anwendung des § 153c in Frage kommt, muss die Polizei beim 1. Zugriff der StA unverzüglich die Möglichkeit der Entscheidung geben (23 zu § 163); umgekehrt muss die StA die Polizei unverzüglich, ggf vorweg unterrichten, wenn die Absicht des Absehens besteht. 2

3) Tatort außerhalb der BRep (I S 1 Nr 1): Die Bestimmung, die auf ähnlichen Erwägungen beruht wie § 9 StGB, berücksichtigt insbesondere den Fall, dass der Täter oder der Teilnehmer einer anderen Rechtsordnung untersteht, andererseits nach dem StGB strafbar ist und dadurch in Konfliktsituationen geraten kann. Sowohl der Tätigkeitsort als auch der Erfolgsort müssen außerhalb des Bereiches liegen (2 ff zu § 7; § 9 StGB). Wenn nach zwischenstaatlichen Rechtsvereinbarungen bestimmte Taten, die außerhalb des Geltungsbereichs der StPO begangen sind, so zu behandeln sind wie im Geltungsbereich begangene, gilt Nr 1 nicht. Über solche Verpflichtungen vgl RiStBV 94 II. 3

Nr 1 gilt auch, wenn die Straftat an Bord eines **deutschen Schiffes oder Luftfahrzeugs** (§ 4 StGB) außerhalb des Geltungsbereichs der StPO begangen wird (Esser/Fischer JZ **10**, 218). 4

Zum Staatsgebiet der BRep gehören auch deren **maritime Eigengewässer** (die durch feste Bauten abgegrenzten Seehäfen und die vom Staatsgebiet umgebenen Meeresbuchten) sowie das dem Festland der BRep und ihren Eigengewässern vorgelagerte Küstenmeer in einer Breite von zwölf Seemeilen (Wille, Die Verfolgung strafbarer Handlungen an Bord von Schiffen und Luftfahrzeugen, 1974, S 7, 12, 13). In solchen Fällen kommt nur Nr 2 in Betracht. 5

4) Ausländertaten im Inland auf ausländischen Schiffen oder Luftfahrzeugen (I S 1 Nr 2): Da der ausländische Heimatstaat des Fahrzeugs idR die Tat seiner Staatsangehörigen verfolgen kann und wird, rechtfertigt sich das Opportunitätsprinzip. Angelegenheiten, die nur die innere Ordnung des Fahrzeugs berühren und den Ordnungsbereich der BRep nicht tangieren, geben grundsätzlich keinen Anlass zu Strafverfolgungsmaßnahmen. Ein Verzicht auf Strafverfolgung kommt in den Fällen der Nr 2 insbesondere in Betracht, wenn die Tat nicht gegen einen Staatsangehörigen der BRep oder einen ihrer Amtsträger (§ 11 I Nr 2 StGB) oder Interessen der BRep begangen ist, falls sie auch nicht den Frieden oder die gute Ordnung in den Küstengewässern der BRep gestört oder gefährdet hat. 6

A. **Ausländer:** Wer die Tat begangen hat, muss vor dem Absehen von der Strafverfolgung soweit ermittelt sein, dass wenigstens mit großer Wahrscheinlichkeit festgestellt werden kann, dass es ein Ausländer war, dh ein Nichtdeutscher, der auch ein Staatenloser sein kann (erg unten 12). 7

B. **Ausländische Schiffe oder Luftfahrzeuge:** Das sind diejenigen, die nicht zu den deutschen iS des § 4 StGB und des § 10 gehören (vgl zu § 10). 8

C. **Strafprozessuale Zwangsmaßnahmen im Inland an Bord eines ausländischen Schiffes:** Wenn die Straftat verfolgt wird, darf das völkerrechtlich gewährleistete Recht auf ungehinderte Durchfahrt durch die Küstengewässer (oben 5) durch strafprozessuale Maßnahmen grundsätzlich nicht gestört werden (näher Wille [oben 5] 78 ff mwN). Jedoch muss dieses Recht den berechtigten Interessen der BRep am Schutz seiner Bürger und an der Wahrung seiner Rechtsordnung weichen, falls der Verhältnismäßigkeitsgrundsatz nicht entgegensteht (Einl 20). 9

10 Das **Recht auf Nacheile** gestattet, das Schiff noch auf der hohen See zu verfolgen, wenn die Straftat in den Hoheitsgewässern der BRep begangen wurde. Dieser völkerrechtliche Grundsatz kommt in Art 23 des Übereinkommens über die Hohe See vom 29. 4. 1958 (BGBl 1972 II 1089; 1975 II 843) zum Ausdruck.

11 D. **Strafprozessuale Zwangsmaßnahmen im Inland an Bord eines ausländischen Luftfahrzeugs:** Völkerrechtliche Schranken für solche Maßnahmen bestehen nicht (Dahm, Völkerrecht, Bd 1, S 722). Ein Recht auf freie Überquerung fremden Luftraums kann nur vertraglich vereinbart werden. Einzelheiten ergeben sich aus dem Abkommen von Tokio vom 14. 9. 1963 (BGBl 1969 II 121; dazu Wille [oben 5] 155 ff).

11a E. **Kriminelle und terroristische Vereinigungen** im In- und Ausland brauchen unter den Voraussetzungen des I S 1 Nr 3 ebenfalls nicht verfolgt zu werden.

11b F. **VStGB:** Für Taten nach dem VStGB gilt nach I S 2 nicht § 153 c, sondern § 153 f (s dort). Vgl schon zur Unanwendbarkeit der Vorschrift bei dem (durch § 6 VStGB ersetzten) § 220 a StGB Eser Meyer-Goßner-FS 27. Weitere Einstellungsmöglichkeiten bestehen nach § 28 IStGHG im Fall der Überstellung des Beschuldigten an den IStGH (vgl Einl 207 b).

12 **5) Ausland** (II) ist jedes Gebiet außerhalb des Inlands (vgl oben 3). Die Auslandsbestrafung verbraucht die Strafklage im Geltungsbereich der StPO nicht (BVerfG StraFo **08**, 151; vgl aber Einl 177 ff). Die vollstreckte Auslandsstrafe ist jedoch auf die Inlandsstrafe anzurechnen (§ 51 III StGB). Die Rechtsfolgendifferenz muss relativ gering sein und darf das generelle Strafverfolgungsinteresse nicht erheblich beeinträchtigen (vgl 7 zu § 154). Einer zu erwartenden Bestrafung mit Strafaussetzung zur Bewährung kommt dabei weniger Gewicht zu als einer nicht ausgesetzten Strafe. Der rechtskräftige ausländische Freispruch ist grundsätzlich (vgl aber Einl 177 a) kein Verfahrenshindernis. Daher lässt Nr 3 auch nach ihm das Opportunitätsprinzip gelten.

13 **6) Distanztat** (III): Die Vorschrift ergänzt I S 1 Nr 1, knüpft an die Regelung des § 9 StGB an und gilt für Straftaten, bei denen der Tätigkeitsort außerhalb, der Erfolgsort – dh das betroffene Rechtsgut – innerhalb des Geltungsbereichs des Gesetzes liegen, und setzt die angegebene Interessenkollision voraus.

14 A. **Gefahr eines schweren Nachteils für die BRep:** Es genügt die Gefahr für eines der Bundesländer. Sie kann die äußere Sicherheit betreffen (vgl §§ 93 I, 94 I, 97 a StGB), aber auch die innere, oder sonst das Wohl, zB das wirtschaftliche Wohl, den inneren politischen Frieden, den Arbeitsfrieden.

15 B. **Sonstige entgegenstehende überwiegende öffentliche Interessen:** Die Gefahr des schweren Nachteils ist das Hauptbeispiel eines entgegenstehenden Interesses. Sie überwiegt grundsätzlich das Verfolgungsinteresse. Durch die Anführung des Beispiels ist zum Ausdruck gebracht, dass die sonstigen Interessen etwa von gleichem Rang sein müssen. Es soll eine Freilassungsaktion in einem anderen Machtbereich erreicht oder nicht gehindert werden. Das Besondere in II ist, dass nur das öffentliche Interesse berücksichtigt werden darf, das Interesse eines Beschuldigten oder Verletzten nur soweit, als es mit dem öffentlichen Interesse zusammenfällt. Die Interessenkollision zwischen dem öffentlichen Interesse an der Strafverfolgung (Spezial- und Generalprävention, Gleichbehandlung) und dem entgegenstehenden öffentlichen Interesse macht eine Abwägung notwendig. Das Opportunitätsprinzip gilt nur, wenn das entgegenstehende insgesamt das größere Gewicht hat.

16 **7) Nach Anklageerhebung** (IV): Über § 156 hinaus kann die StA die Klage in jeder Lage des Verfahrens (hierzu 25 zu § 153; 19 zu § 154) durch einseitige Erklärung zurücknehmen, das Verfahren dadurch in das Stadium des Ermittlungsverfahrens zurückversetzen und einstellen. Das mit der Sache befasste Gericht kann der StA eine entspr Anregung geben. Die Einstellung verbraucht nicht die Strafklage (9 zu § 170; 37 zu § 153), selbst wenn schon ein (horizontal) teilrechtskräftiges

Urteil vorlag (Einl 185). In allen Fällen, in denen die StA nach § 153 c verfährt, ist das Klageerzwingungsverfahren unzulässig (§ 172 II S 2 Hs 2).

A. Die **Voraussetzungen des III** (oben 13 ff) müssen bestehen, auch in den Fällen des I Nr 1 oder 2, in denen die StA vor Anklageerhebung freier gestellt ist. 17

B. **Ausgenommen** sind die Fälle des II (oben 12). Auch in den Fällen des I S 1 Nr 3 ist eine Klagerücknahme nur zulässig, soweit es § 156 gestattet; sie kommt in Betracht, wenn die StA nach Anklageerhebung feststellt, dass die zu erwartende Mehrstrafe nicht ins Gewicht fällt. 18

8) In Staatsschutzsachen (V; §§ 74 a, 120 GVG), ausgenommen Friedensverrat und Völkermord, stehen die Befugnisse nach I–III ausschließlich dem GBA zu, und zwar unabhängig von der Zuständigkeit für das Verfahren im staatsanwaltschaftlichen und gerichtlichen Bereich. Diese Zuständigkeitskonzentration beruht darauf, dass die §§ 153 d, 153 e mit § 153 c konkurrieren können, und soll die Gewähr geben, dass das Opportunitätsprinzip im Staatsschutzbereich gleichmäßig angewendet wird. Führt das Verfahren eine Landes-StA, so unterrichtet sie unverzüglich den GBA, wenn die Anwendung des § 153 c in Betracht kommen könnte. Der GBA kann sich auch selbst informieren; das Gericht kann der StA oder dem GBA eine Anregung geben, diesem notfalls auch von sich aus die Akten übersenden. Durch die Einschaltung des GBA bleibt die Anhängigkeit des Verfahrens im Land unberührt. Verfügt er das Absehen von der Strafverfolgung ggf iVm der Zurücknahme der Klage, so beendet er damit das im Land anhängige Verfahren (Müller/Wache Rebmann-FS 339). 19

9) Kosten, Auslagen und Entschädigung: Es gelten § 467 a (vgl Düsseldorf NStZ **96**, 245) und § 9 **StrEG.** 20

10) Nachträgliches objektives Verfahren (§ 76 a I, III StGB iVm §§ 440, 442): Den Antrag nach § 440 kann nur die StA stellen, die das Verfahren beendet hat; im Fall des V also der GBA (KK-Schoreit 20; **aM** LR-Beulke 34). 21

Nichtverfolgung von politischen Straftaten **RiStBV 98, 99**

153d [I] **Der Generalbundesanwalt kann von der Verfolgung von Straftaten der in § 74 a Abs. 1 Nr. 2 bis 6 und in § 120 Abs. 1 Nr. 2 bis 7 des Gerichtsverfassungsgesetzes bezeichneten Art absehen, wenn die Durchführung des Verfahrens die Gefahr eines schweren Nachteils für die Bundesrepublik Deutschland herbeiführen würde oder wenn der Verfolgung sonstige überwiegende öffentliche Interessen entgegenstehen.**

[II] **Ist die Klage bereits erhoben, so kann der Generalbundesanwalt unter den in Absatz 1 bezeichneten Voraussetzungen die Klage in jeder Lage des Verfahrens zurücknehmen und das Verfahren einstellen.**

1) Über das in § 153 c V gewährte Maß hinaus wird im Staatsschutz das Opportunitätsprinzip erweitert. § 153 d betrifft zwar dieselben Staatsschutzdelikte, die in § 153 c V genannt sind, und enthält auch die gleiche Zuständigkeitskonzentration beim GBA (21 zu § 153 c). Er enthält aber im Fall der Interessenkollision nicht die Einschränkung, dass der Tätigkeitsort außerhalb des Geltungsbereiches des Gesetzes liegt. § 153 d gilt also auch, wenn Tätigkeits- und Erfolgsort in diesem Bereich liegen. Zu § 153 d vgl Bernsmann JZ **88**, 544 ff; Krauth/Kurfess/Wulf JZ **68**, 734. Die Vorschrift kommt in der Praxis beim Austausch von Spionen sowie dann in Betracht, wenn ein früherer Spion inzwischen in seinem Land eine hohe öffentliche Stellung einnimmt (Müller/Wache Rebmann-FS 340). § 153 d gilt nach § 4 I, II NTSG unter den dort bezeichneten Maßgaben entspr. 1

2) Nachträgliches objektives Verfahren (§ 76 a I, III StGB iVm §§ 440, 442): 23 zu § 153 c. 2

Tätige Reue bei Staatsschutzdelikten **RiStBV 100**

153e **I [1] Hat das Verfahren Straftaten der in § 74a Abs. 1 Nr. 2 bis 4 und in § 120 Abs. 1 Nr. 2 bis 7 des Gerichtsverfassungsgesetzes bezeichneten Art zum Gegenstand, so kann der Generalbundesanwalt mit Zustimmung des nach § 120 des Gerichtsverfassungsgesetzes zuständigen Oberlandesgerichts von der Verfolgung einer solchen Tat absehen, wenn der Täter nach der Tat, bevor ihm deren Entdeckung bekanntgeworden ist, dazu beigetragen hat, eine Gefahr für den Bestand oder die Sicherheit der Bundesrepublik Deutschland oder die verfassungsmäßige Ordnung abzuwenden. [2] Dasselbe gilt, wenn der Täter einen solchen Beitrag dadurch geleistet hat, dass er nach der Tat sein mit ihr zusammenhängendes Wissen über Bestrebungen des Hochverrats, der Gefährdung des demokratischen Rechtsstaates oder des Landesverrats und der Gefährdung der äußeren Sicherheit einer Dienststelle offenbart hat.**

II Ist die Klage bereits erhoben, so kann das nach § 120 des Gerichtsverfassungsgesetzes zuständige Oberlandesgericht mit Zustimmung des Generalbundesanwalts das Verfahren unter den in Absatz 1 bezeichneten Voraussetzungen einstellen.

1 **1) Einstellung nach Beitrag zur Gefahrenabwendung:** § 153e gilt auch bei den entspr Straftaten gegen das NATO-Truppenstatut (Art 9 des 4. StÄG; dazu eingehend LR-Beulke 22). Zu § 153e vgl Bernsmann JZ **88**, 543; Krauth/Kurfess/Wulf JZ **68**, 735.

2 **2)** Die **Mitwirkung des Gerichts** ist in beiden Fällen zur Verfahrensbeendigung notwendig, weil hier nicht das politische Interesse mit Strafverfolgungsinteressen abgewogen wird, die Ausnahme vielmehr von den gesetzlich umschriebenen Voraussetzungen abhängt, die im Verhalten des Beschuldigten liegen.

3 **3)** Die **Zuständigkeit des GBA und des OLG** besteht nicht nur, wenn sie mit der Sache befasst sind, sondern auch, wenn das Verfahren von einer Landes-StA betrieben wird oder bei einem anderen Gericht anhängig ist. In diesem Fall wird, falls die Anwendung des § 153e in Betracht kommt, die Entscheidung auf Anregung der Landes-StA oder des mit der Sache befassten Gerichts in einem Zwischenverfahren getroffen (BGH **11**, 52; Kleinknecht JZ **57**, 409), das allerdings ggf zum Abschluss des Verfahrens führt. Die Zustimmung des OLG ist keine Entscheidung iS des § 33 III; aber auch vor einem Einstellungsbeschluss nach II braucht dem Beschuldigten nicht das rechtliche Gehör gewährt zu werden (LR-Beulke 16, 18; **aM** KMR-Plöd 12). Denn die Einstellung des Verfahrens ist eine justizinterne Angelegenheit; sie ist zudem keine Entscheidung zum Nachteil des Beschuldigten.

4 **4)** Die **dem Täter bekanntgewordene Entdeckung seiner Tat** bildet die maßgebliche zeitliche Zäsur zwischen dem 1. und dem 2. Fall. In jedem Fall muss der Beschuldigte einen Beitrag geleistet haben.

5 A. Der **Beitrag** setzt stets ein aktives Handeln voraus. Im 1. Fall genügt ein Wirken ohne Behörden, zB das Abhalten anderer von weiteren Gefährdungshandlungen. Im 1. Fall genügt auch, im 2. Fall genügt nur das Offenbaren bei einer Dienststelle.

6 B. Die **Gefahr,** zu deren Abwendung der Täter beiträgt, braucht nicht von ihm verursacht zu sein. Im Fall des S 2 ist nicht Voraussetzung, dass der Beschuldigte jegliches Wissen über Bestrebungen der angeführten Art offenbart; andererseits genügt es nicht, wenn er sein Wissen von der Tat selbst offenbart. Er muss vielmehr sein gesamtes wesentliches Wissen über derartige Bestrebungen offenbaren, das mit der Tat irgendwie zusammenhängt.

7 **5) Umfang der Einstellung:** Die Einstellung kann auf weniger schwere Straftaten ausgedehnt werden, für die § 153e an sich nicht gilt, die aber in Tateinheit

mit dem Staatsschutzdelikt stehen (BGH 6 BJs 588/59 vom 12. 1. 1961; KK-Schoreit 11). Andererseits ist ihre Einschränkung auf selbstständige, ja sogar auf unselbstständige Teilakte einer rechtlich oder tatsächlich einheitlichen Tat zulässig, wenn Trennbarkeit (1 ff zu § 318) besteht und die Voraussetzungen des § 153e nur für den Teil bestehen (KMR-Plöd 2 zu § 153d; **aM** SK-Weßlau 3 zu § 153d).

6) Der **Gerichtsbeschluss** (II) kann nach Erhebung der öffentlichen Klage in jeder Lage des Zwischen- und Hauptverfahrens (Einl 63, 64), auch noch in der Revisionsinstanz durch den BGH (LR-Beulke 21), ergehen. Er hat im Gegensatz zur Einstellungsverfügung des GBA als gerichtliche Sachentscheidung eine beschränkte materielle Rechtskraft (KK-Schoreit 15; vgl 37, 38 zu § 153). Kosten, Auslagen und Entschädigung: vgl 29, 30, 32 zu § 153. 8

7) Nachträgliches objektives Verfahren (§ 76a I, III StGB iVm §§ 440, 442): 23 zu § 153c. 9

Absehen von der Verfolgung einer nach VStGB strafbaren Tat **RiStBV 100**

153f **I [1]Die Staatsanwaltschaft kann von der Verfolgung einer Tat, die nach den §§ 6 bis 14 des Völkerstrafgesetzbuches strafbar ist, in den Fällen des § 153c Abs. 1 Nr. 1 und 2 absehen, wenn sich der Beschuldigte nicht im Inland aufhält und ein solcher Aufenthalt auch nicht zu erwarten ist. [2]Ist in den Fällen des § 153c Abs. 1 Nr. 1 der Beschuldigte Deutscher, so gilt dies jedoch nur dann, wenn die Tat vor einem internationalen Gerichtshof oder durch einen Staat, auf dessen Gebiet die Tat begangen oder dessen Angehöriger durch die Tat verletzt wurde, verfolgt wird.**

II [1]Die Staatsanwaltschaft kann insbesondere von der Verfolgung einer Tat, die nach den §§ 6 bis 14 des Völkerstrafgesetzbuches strafbar ist, in den Fällen des § 153c Abs. 1 Nr. 1 und 2 absehen, wenn

1. **kein Tatverdacht gegen einen Deutschen besteht,**
2. **die Tat nicht gegen einen Deutschen begangen wurde,**
3. **kein Tatverdächtiger sich im Inland aufhält und ein solcher Aufenthalt auch nicht zu erwarten ist und**
4. **die Tat vor einem internationalen Gerichtshof oder durch einen Staat, auf dessen Gebiet die Tat begangen wurde, dessen Angehöriger der Tat verdächtig ist oder dessen Angehöriger durch die Tat verletzt wurde, verfolgt wird.**

[2]Dasselbe gilt, wenn sich ein wegen einer im Ausland begangenen Tat beschuldigter Ausländer im Inland aufhält, aber die Voraussetzungen nach Satz 1 Nr. 2 und 4 erfüllt sind und die Überstellung an einen internationalen Gerichtshof oder die Auslieferung an den verfolgenden Staat zulässig und beabsichtigt ist.

III Ist in den Fällen des Absatzes 1 oder 2 die öffentliche Klage bereits erhoben, so kann die Staatsanwaltschaft die Klage in jeder Lage des Verfahrens zurücknehmen und das Verfahren einstellen.

1) Bedeutung der Vorschrift: Die Vorschrift flankiert das in § 1 VStGB verankerte Weltrechtsprinzip im Verfahrensrecht. Durch sie wird das sonst nach § 153c bei Auslandstaten bestehende Verfolgungsermessen der StA für Auslandstaten, die unter das VStGB fallen, eingeschränkt (Stuttgart NStZ **06**, 117 mit Anm Singelnstein/Stolle ZIS **06**, 118; vgl dazu auch die Verfügung des GBA JZ **05**, 311; krit hierzu Kreß ZIS **07**, 518 und – auch krit zur gesetzlichen Fassung der Vorschrift – Gierhake ZStW **120**, 375). Für Fälle mit Inlandsbezug gilt das Legalitätsprinzip (2 zu § 152), somit besteht insoweit grundsätzlich für die StA eine Verfolgungspflicht, während im Übrigen die StA unter den hier aufgestellten Voraussetzungen (dazu unten 2ff) von ihrer Verfolgungsmöglichkeit keinen Gebrauch 1 machen muss, sondern ausländischen oder internationalen Strafverfolgungsbehörden den Vortritt lassen kann. Damit soll auch eine „Überlastung der deutschen Ermittlungsressourcen durch Fälle, die keinen Bezug zu Deutschland aufweisen und bei denen die Aufnahme von Ermittlungen durch die deutschen Behörden auch keinen nennenswerten Aufklärungserfolg verspricht, vermieden werden" (BT-Drucks 14/8524 S 14); die Norm enthält damit auch eine Nichtverfolgungsermächtigung, weil es sinnlos wäre, ein Verfahren einzuleiten, um es dann unmittelbar nach dieser Norm wieder einzustellen (LR-Beulke 14). Dem Tatortstaat und dem Heimatstaat von Täter und Opfer sowie einem internationalen Gerichtshof, der bereit ist, den Fall an sich zu ziehen, soll der Vorrang zukommen (Werle/Jeßberger JZ **02**, 733). Daraus ergeben sich die abgestuften Einschränkungen der Verfolgungspflicht nach I und II (vgl Ambos NStZ **06**, 434). Dazu im Einzelnen:

2 2) **Voraussetzungen** für das Absehen von der Verfolgung:

3 A. **Allgemein** (für Ausländer und Deutsche) gilt (I S 1),

a) dass es sich um eine Tat, die nach §§ 6 bis 14 VStGB strafbar ist – also Völkermord (§ 6 = § 220 a StGB aF), Verbrechen gegen die Menschlichkeit (§ 7), Kriegsverbrechen (§§ 8–12) und sonstige (minder schwere) Straftaten (§ 13: Verletzung der Aufsichtspflicht; § 14: Unterlassen der Meldung einer Straftat) –, handeln muss,

b) dass diese Straftat entweder außerhalb des räumlichen Geltungsbereichs der StPO begangen wurde oder sie ein Teilnehmer an einer außerhalb des Geltungsbereichs begangenen Handlung in diesem Bereich begangen hat sowie

c) dass sich der Beschuldigte nicht im Inland aufhält und ein solcher Aufenthalt auch nicht zu erwarten ist.

4 Zum Begriff des **Tatorts außerhalb der BRep** vgl 3 zu § 153 c.

4a Ob der Begriff der **Tat** wie in § 264 oder anders zu bestimmen ist, ist str. Der GBA (JZ **05**, 312) hat ihn zu II Nr 4 dahin ausgelegt, dass er sich auf den Gesamtkomplex und nicht auf einen einzelnen Tatverdächtigen und seinen speziellen Tatbeitrag beziehe; das hat im Schrifttum Widerspruch erfahren (vgl Kreß ZIS **07**, 520 mwN).

5 **Aufenthalt im Inland** ist auch dann gegeben, wenn sich der Beschuldigte nur vorübergehend – freiwillig (zB auf der Durchreise) oder unfreiwillig – in der BRep aufhält. Eine Pflicht zur Strafverfolgung besteht auch immer dann, wenn physisch eine Verhaftung durch deutsche Behörden zumindest möglich ist (SK-Weßlau 9; weitergehend Basak KritV **07**, 356: StA muss Fakten beibringen, welche die Möglichkeit einer künftigen Einreise fernliegend erscheinen lassen).

6 B. **Für Deutsche** ist ein Absehen von der Verfolgung weiterhin nur dann gestattet, wenn die Tat bereits vor einem internationalen Gerichtshof oder durch einen Staat, auf dessen Gebiet die Tat begangen oder dessen Angehöriger durch die Tat verletzt wurde, verfolgt wird (I S 2). Der Widerspruch zu Art 17 IStGH-Statut, wonach der IStGH strafverfolgend erst tätig werden darf, wenn kein Staat, der Gerichtsbarkeit über die Sache hat, Ermittlungen durchführen oder aufnehmen will, ist dahin zu lösen, dass bereits das Stellen des Ersuchens an den IStGH, die Sache zu übernehmen, ausreicht (LR-Beulke Nachtr 24; Kirsch Strauda-FS 283). Eine anderweitige Strafverfolgung im Ausland genügt nicht. Ob die StA die Tat des Deutschen – wie sonst idR – selbst verfolgt oder die Aburteilung dem internationalen Gerichtshof oder dem Tatortstaat überlässt, richtet sich nach den Umständen des Einzelfalls. Übernimmt der IStGH nicht, kann die StA die Verfolgung jederzeit wieder aufnehmen (LR-Beulke aaO).

7 C. **Bei einem Ausländer** kann von der Verfolgung auch abgesehen werden, wenn er die Tat im Inland auf einem ausländischen Schiff oder Luftfahrzeug begangen hat (I S 1 iVm § 153 c I Nr 2). Vgl dazu 6 ff zu § 153 c. Ausländer ist jeder, der nicht Deutscher ist, also nicht die deutsche Staatsangehörigkeit besitzt oder sonst Deutscher iSd Art 116 GG ist (LR-Beulke 14 zu § 153 c). Für die Ausländer-

eigenschaft kommt es auf den Zeitpunkt der Anklageerhebung, nicht auf die Tatzeit an (LR-Beulke aaO).

3) Absehen von der Verfolgung (II): In den hier bezeichneten Fällen kann (nicht muss, vgl BT-Drucks 14/8892 S 6; KK-Schoreit 7: regelmäßig; **aM** LR-Beulke 42: idR Verfolgungspflicht) von der Verfolgung abgesehen werden. Die Verfolgung kann also auch in der BRep geschehen, zB wenn sich hier eine größere Opfergruppe befindet (BT-Drucks aaO). Ein „Durchermitteln" ist auch hier wie in § 153c (dort 2) nicht erforderlich, ebenso wenig die Zustimmung des Beschuldigten oder des Gerichts zum Absehen von der Verfolgung. Abgesehen werden kann, wenn die Tat keinen Bezug zu Deutschland aufweist (II S 1 Nr 1 und 2), sich kein Tatverdächtiger im Inland aufhält (II S 1 Nr 3) und – was bei einem Deutschen zwingende Voraussetzung ist (oben 6) – die Tat vor einem internationalen Gerichtshof oder durch den unmittelbar betroffenen und daher vorrangigen Staat verfolgt wird (II S 1 Nr 4). Diese Voraussetzungen müssen kumulativ gegeben sein (LR-Beulke Nachtr 26), sonst bleibt es bei der Verfolgung in der BRep, also wenn es zB nur am Inlandsbezug fehlt oder nur die Verfolgung im Ausland eingeleitet ist; im ersteren Fall verlangt das Legalitätsprinzip im Zusammenhang mit dem Weltrechtsgrundsatz ein Einschreiten der deutschen Behörden, im zweiten Fall sollen die deutschen Strafverfolgungsbehörden ebenfalls ermitteln, um das „fremde Verfahren nach Kräften zu unterstützen und auch für eine etwaige spätere Übernahme des Falls durch Deutschland gerüstet zu sein" (BT-Drucks 14/8524 S 38). 8

Bei **Ausländern** wird das Absehen von der Verfolgung unter den Voraussetzungen des II Nr 2 und 4 aber auch zugelassen, wenn er sich zwar im Inland aufhält, jedoch seine Überstellung an einen internationalen Gerichtshof (nach dem IStGHG) oder die Auslieferung an den verfolgenden Staat (nach dem IRG) zulässig und tatsächlich beabsichtigt ist (II S 2). Stuttgart NStZ **06**, 117 hält deswegen „erst recht" eine Einstellung für zulässig, wenn der Verdächtige einem unmittelbaren Zugriff des verfolgenden Staats unterliegt und damit ein Auslieferungsverfahren gar nicht erforderlich ist; dagegen berechtigte Bedenken von Ambos (NStZ **06**, 436 mwN in Fn 40), falls keine Verfolgung einer bestimmten Person wegen bestimmter Taten erfolgt. 9

4) Einstellung des Verfahrens (III). Über § 156 hinaus, somit auch nach Eröffnung des Hauptverfahrens, kann die öffentliche Klage zurückgenommen und sodann das Verfahren von der StA eingestellt werden. Es gilt dasselbe wie bei § 153c (vgl dort 16ff). Das Gericht selbst kann nicht einstellen, braucht aber der Einstellung auch nicht zuzustimmen. Das Klageerzwingungsverfahren nach § 172 II ist auch hier grundsätzlich unzulässig; überprüfbar ist nur, ob die Tatbestandsvoraussetzungen nach I oder II überhaupt vorliegen, nicht jedoch das vom GBA ausgeübte Ermessen (Stuttgart NStZ **06**, 117; zust Kreß ZIS **07**, 521; abl Ambos NStZ **06**, 437; Basak KritV **07**, 363; Singelnstein/Stolle ZIS **06**, 118; erg 3 zu § 172). 10

5) Zuständig ist der GBA (§ 120 I Nr 8 iVm § 142a I GVG). Die Zuständigkeit des OLG nach § 120 GVG ist auf alle Straftaten nach dem VStGB ausgedehnt worden, um damit auch eine konzentrierte Verfolgungszuständigkeit des GBA nach § 142a I GVG zu schaffen (Werle/Jeßberger JZ **02**, 733). 11

6) Kosten, Auslagen und Entschädigung: Vgl 20 zu § 153c. 12

Mehrfachtäter **RiStBV 5, 101**

154 **I Die Staatsanwaltschaft kann von der Verfolgung einer Tat absehen,**

1. wenn die Strafe oder die Maßregel der Besserung und Sicherung, zu der die Verfolgung führen kann, neben einer Strafe oder Maßregel der Besserung und Sicherung, die gegen den Beschuldigten wegen einer anderen Tat

rechtskräftig verhängt worden ist oder die er wegen einer anderen Tat zu erwarten hat, nicht beträchtlich ins Gewicht fällt oder

2. darüber hinaus, wenn ein Urteil wegen dieser Tat in angemessener Frist nicht zu erwarten ist und wenn eine Strafe oder Maßregel der Besserung und Sicherung, die gegen den Beschuldigten rechtskräftig verhängt worden ist oder die er wegen einer anderen Tat zu erwarten hat, zur Einwirkung auf den Täter und zur Verteidigung der Rechtsordnung ausreichend erscheint.

II Ist die öffentliche Klage bereits erhoben, so kann das Gericht auf Antrag der Staatsanwaltschaft das Verfahren in jeder Lage vorläufig einstellen.

III Ist das Verfahren mit Rücksicht auf eine wegen einer anderen Tat bereits rechtskräftig erkannten Strafe oder Maßregel der Besserung und Sicherung vorläufig eingestellt worden, so kann es, falls nicht inzwischen Verjährung eingetreten ist, wieder aufgenommen werden, wenn die rechtskräftig erkannte Strafe oder Maßregel der Besserung und Sicherung nachträglich wegfällt.

IV Ist das Verfahren mit Rücksicht auf eine wegen einer anderen Tat zu erwartende Strafe oder Maßregel der Besserung und Sicherung vorläufig eingestellt worden, so kann es, falls nicht inzwischen Verjährung eingetreten ist, binnen drei Monaten nach Rechtskraft des wegen der anderen Tat ergehenden Urteils wieder aufgenommen werden.

V Hat das Gericht das Verfahren vorläufig eingestellt, so bedarf es zur Wiederaufnahme eines Gerichtsbeschlusses.

1 **1) Verfahrensbeschleunigung durch Teilverzicht** auf Strafverfolgung bei mehreren Taten (§ 264) ist das Ziel des § 154, der durch § 154a ergänzt wird. Er ermöglicht insbesondere die Beschränkung oder Vermeidung von Großverfahren. Die materiell-rechtlichen Strafzwecke dürfen dabei in ihrem Kern nicht tangiert und nicht wesentlich beeinträchtigt werden; auch berechtigte Belange des Verletzten müssen berücksichtigt werden (Böttcher Volk-FS 61). Die Möglichkeit der Abtrennung einer der verbundenen Strafsachen (11 zu § 4) bleibt als weitere Möglichkeit voll erhalten (Kurth NJW **78**, 2482). § 154 gilt auch im JGG-Verfahren (Brunner/Dölling 3 zu § 45 JGG; Nothacker JZ **82**, 62; **aM** Bohnert NJW **80**, 1930). Ausländische Verfahren oder Verurteilungen rechtfertigen, wie sich aus dem Regelungszusammenhang mit §§ 153c, 154b II ergibt, die Anwendung der Vorschrift nicht (KK-Schoreit 7; LR-Beulke 10; **aM** LG Aachen NStZ **93**, 505; LG Bonn NJW **73**, 1566; LG Essen StV **92**, 223; Dauster NStZ **86**, 145), anders nur bei Urteilen aus anderen EU-Staaten (vgl Art 3 des Rahmenbeschlusses 2008/675/JI des EU-Rates vom 24. 7. 2008).

2 **2) Wegen einer anderen Tat rechtskräftig verurteilt:** Die Einstellung nach § 153a steht einem Urteil nicht gleich (Cramer wistra **99**, 291; **aM** Bandemer NStZ **88**, 297). Wenn die Einwirkung durch die Vollstreckung des bereits rechtskräftigen Urteils für die (Wieder-)Eingliederung des Verurteilten ausreicht, ist der Verzicht auf die Durchführung eines weiteren Verfahrens wegen einer anderen Tat und damit auf kumulierte Strafvollstreckung unter den näher bezeichneten Voraussetzungen vertretbar.

3 **3) Wegen einer anderen Tat zu erwarten:** Wenn die Durchführung des bzw der Verfahren wegen der mehreren Taten noch bevorsteht und die Rechtsfolgen, die wegen der minder bedeutenden Tat zu erwarten sind, in der Relation zu dem, was der Beschuldigte wegen der anderen Taten zu erwarten hat, nicht erheblich ins Gewicht fallen werden, ist der Verzicht auf die Strafverfolgung wegen der weniger bedeutenden Tat unter bestimmten Voraussetzungen ebenfalls vertretbar.

4 **4) Verbundene und getrennte Verfahren:** Die Anwendung des § 154 ist nicht davon abhängig, dass die Verfahren wegen der mehreren Taten auf Grund des persönlichen Zusammenhangs verbunden sind (vgl §§ 2–4). Sind sie verbunden, so

kann schon ihre Trennung ein Mittel dazu sein, ein Großverfahren sowie die gegenseitige Behinderung im Fortgang der mehreren Strafsachen zu vermeiden, um wenigstens in dem einen Teil rasch zu einem rechtskräftigen Urteil zu gelangen. Mit der Trennung der Verfahren ist aber noch kein partieller Verzicht auf Strafverfolgung verbunden. Diesen ermöglicht erst § 154. Die mehreren Taten zum Gegenstand getrennter Verfahren zu machen, kann auch angebracht sein, um frühzeitig die Grundlage für die Entscheidung über die vorläufige Einstellung wegen einer der mehreren Taten nach § 154 zu gewinnen (erg 4 zu § 163).

5 **5) Bei einer Vielzahl von Taten** kann auch im Hinblick auf die Rechtsfolgen der schwersten oder mehrerer schwererer Taten der Verzicht auf die Verfolgung mehrerer anderer minderschwerer Taten vertretbar sein. Dies kann sogar bei mehreren gleichgewichtigen Taten der Fall sein, wenn eine Gesamtstrafe zu bilden wäre (Sack NJW **76**, 606; unten 8).

6 **6) Ermittlungsverfahren** (I): Die StA soll in weitem Umfang und in einem möglichst frühen Verfahrensstadium von I Gebrauch machen und prüft die Möglichkeit vom Beginn der Ermittlungen an (RiStBV 101; 4 zu § 163). Sie bedarf nicht der Zustimmung des Gerichts, die nach § 153 I S I und § 153a I S 1 erforderlich ist. Wenn die StA wegen einer der mehreren Taten keine Anklage erhebt, ist das Gericht nicht mit ihr befasst; es kann diese Tat auch im gerichtlichen Verfahren wegen der anderen Tat nicht einbeziehen, weil es insoweit an der Prozessvoraussetzung der Anklageerhebung fehlt (Einl 148; 2 zu § 200). Der Verzicht auf die Strafverfolgung wegen der einen Tat ist auch nicht im Klageerzwingungsverfahren nachprüfbar (§ 172 II S 3). Der Ausdruck „vorläufig" (unten 15) wird in der Einstellungsverfügung nicht verwendet. Über den Bescheid an den Anzeigenden vgl RiStBV 101 II. Zu den von Amts wegen zu beachtenden Mitteilungspflichten vgl 41 zu § 153.

7 **7) Nicht beträchtlich ins Gewicht fällt** (I Nr 1): Die in I Nr 2 ausdrücklich vorgesehene Einstellungseinschränkung, dass die Einwirkung auf den Täter und die Verteidigung der Rechtsordnung nicht Schaden leiden dürfen, gilt nach dem Sinn der Regelung auch bei Anwendung des I Nr 1. In Vergleich zu setzen sind auf beiden Seiten die Strafen oder/und die Maßregeln der Besserung und Sicherung (KK-Schoreit 6). Darüber hinaus können und müssen aber auch die übrigen Maßnahmen (§ 11 I Nr 8 StGB) berücksichtigt werden (LR-Beulke 16). Auch die Verurteilung zu einer Verwarnung mit Strafvorbehalt kann genügen (LG Berlin NStZ **94**, 450). Ob das durch den Strafverfolgungsverzicht entfallende Rechtsfolgenquantum im Vergleich zu dem bereits rechtskräftig Festgesetzten oder zu dem in der anderen Sache zu Erwartenden beträchtlich ins Gewicht fällt, ist im Einzelfall unter Berücksichtigung aller Umstände zu beurteilen. Ein Prozentsatz lässt sich dafür nicht festlegen. Beträchtlich ins Gewicht fällt grundsätzlich der Wegfall einer zur Einwirkung auf den Täter erforderlichen Maßregel der Besserung und Sicherung. Ebenso scheidet die Anwendung des § 154 aus, wenn nur die Strafverfolgung wegen der mehreren Taten voraussichtlich zu einer Freiheitsstrafe führen würde. Jedenfalls ist § 154 nicht anzuwenden, soweit die wegen der nicht verfolgten Tat(en) zu erwartenden Rechtsfolgen nicht mehr deutlich hinter den wegen der anderen Tat(en) zu erwartenden (oder verhängten) Rechtsfolgen zurückbleiben (Kurth NJW **78**, 2482). Ein solches Zurückbleiben besteht aber noch bei einem Rechtsfolgenminus von etwas mehr als einem Viertel (Kurth aaO).

8 **8) Bei zu erwartender Gesamtstrafe** ist bei der Abwägung nur das Rechtsfolgenminus relevant, das durch den Wegfall der auszuscheidenden Tat entsteht (LR-Beulke 20). Daher ist § 154 ggf sogar anwendbar, wenn für die Tat, deren Ausscheidung erwogen wird, ein schwererer Strafrahmen besteht als für die andere Tat. Es darf aber auch hierbei nicht zur Gleichgewichtigkeit von ausgeschiedenen und verbleibenden Rechtsfolgen kommen (Kurth NJW **78**, 2482).

9 **9) Darüber hinaus** (I Nr 2), also auch, wenn das Rechtsfolgenminus beträchtlich ins Gewicht fällt, kann auf die Strafverfolgung wegen einer der mehreren Taten verzichtet werden, wenn es unangemessen lange dauern würde, bis ein Urteil in dieser Sache zu erwarten ist (Kurth NJW **78**, 2482). Wenn allerdings ein Urteil in angemessener Frist durch Verfahrenstrennung erreicht werden kann, ist dieser Weg vorzuziehen (LR-Beulke 23). Wie alle anderen materiellen Voraussetzungen der Anwendbarkeit des § 154 setzt auch die Unangemessenheit der Verfahrensdauer einen Vergleich mit der anderen Strafsache voraus. Dabei ist die mit dem zeitlichen Abstand der Urteile abnehmende Effizienz der Einwirkung auf den Mehrfachtäter wesentlich. Auch I Nr 2 gestattet keinen prinzipiellen Eingriff in das materielle Strafrecht und befreit namentlich nicht von der Berücksichtigung der Schuld (Kurth aaO).

10 Ist das **andere Verfahren bereits rechtskräftig abgeschlossen,** so ist die Dauer des Verfahrens wegen der anderen Tat schon dann unangemessen, wenn die aus ihm zu erwartende Aufstockung der strafrechtlichen Sanktionen und der Einwirkung auf den Mehrfachtäter nach Erledigung der ersten Strafsache an Effizienz unverhältnismäßig gering einzuschätzen ist.

11 **Sind beide Strafsachen erst durchzuführen,** so ist es ebenfalls wesentlich, wie weit bei getrennten Verfahren die beiden Urteile auseinanderliegen würden. Je geringer die zusätzliche Einwirkung auf den Mehrfachtäter durch das spätere Urteil einzuschätzen ist, desto eher ist der Verzicht auf dieses länger dauernde Verfahren vertretbar.

12 **10) Ausschließungsgründe für I Nr 2:** Die Verfahrenstrennung nach § 4 hat Vorrang (KK-Schoreit 12; LR-Beulke 23), auch wenn wegen des abgetrennten Verfahrensteils voraussichtlich eingestellt werden muss (Rieß NStZ **84**, 427 in Anm zu LG Kaiserslautern, das unter Urteil iS I Nr 2 zu Unrecht nur ein Sachurteil versteht). Ob auf die Strafverfolgung einer der mehreren Taten, mit der ein beträchtliches Weniger an Rechtsfolgen verbunden wäre, verzichtet werden kann, ist – wie das Absehen nach I Nr 1 – nach pflichtgemäßem Ermessen zu beurteilen; die Strafzwecke müssen durch die Verurteilung wegen der anderen Tat(en) erreichbar erscheinen (Kurth NJW **78**, 2482; oben 1, 9); sich hieraus ergebenden ungeschriebenen Ausschließungsgründen sind in I Nr 2 zwei absolute Grenzen für das Ermessen gesetzt.

13 Ist die **Einwirkung auf den Täter** durch die Summe der Rechtsfolgen erforderlich, um ihm zu seiner Wiedereingliederung zu verhelfen, so ist ein Teilverzicht hierauf und damit die Nichtverfolgung einer der mehreren Taten unzulässig. Das gilt zB, wenn durch den Verfolgungsverzicht eine Maßregel der Besserung und Sicherung ausscheiden würde, deren Vollstreckung geboten erscheint.

14 Die **Verteidigung der Rechtsordnung** darf durch den Teilverzicht ebenfalls nicht leiden. Daher scheidet eine Anwendung des I Nr 2 aus, wenn die Verfolgung wegen der Tat, deren Ausscheidung erwogen wird, notwendig ist, um künftigen ähnlichen Rechtsverletzungen durch andere vorzubeugen. Das Gleiche gilt, wenn durch die Nichtverfolgung der Tat die Bevölkerung in ihrem Vertrauen auf das Funktionieren der Rechtsordnung erschüttert würde (vgl BGH **24**, 63; Lange NJW **78**, 786: Raison des Rechts).

15 **11) Vorläufig** ist das Absehen nach I, weil die StA die Ermittlungen jederzeit wiederaufnehmen kann (9 zu § 170), wenn es ihr geboten erscheint, zB bei Unrichtigkeit ihrer Prognose über Ablauf und Ergebnis des anderen Verfahrens (erg aber unten 21 a). Die Ermittlungen brauchen nicht weiter ausgedehnt zu werden, als notwendig ist, um eine sachgerechte Entscheidung über die Einstellung treffen und das Verfahren ggf später ohne Beweisverlust wiederaufnehmen zu können (Kurth NJW **78**, 2483; Volk NJW **96**, 880; 15 zu § 160). Eine mit der Straftat tateinheitlich zusammentreffende Ordnungswidrigkeit kann trotz Einstellung des Verfahrens hinsichtlich der Straftat nach § 154 I von der VerwB weiter verfolgt werden (BGH **41**, 385; Göhler wistra **96**, 132; Kindhäuser JZ **97**, 102; **aM** Schmidt wistra **98**, 211; erg 6 zu § 153; 35 zu § 153 a).

12) Nach Erhebung der öffentlichen Klage (II), dh im Zwischenverfahren (BGH **36**, 361: auch wenn in derselben Sache bei einem anderen Gericht Anklage erhoben worden ist) und im Hauptverfahren (Einl 63, 64), kann das Gericht, auch das Revisionsgericht (2 zu § 353), das Verfahren einstellen, aber nur auf Antrag der StA, nicht von Amts wegen. Ein Antrag oder die Zustimmung des Nebenklägers ist nicht erforderlich, auch nicht, wenn nur er Berufung eingelegt hat (Celle NStZ **83**, 328; mit zust Anm von Stackelberg; erg 18 zu § 396). Der Angeschuldigte braucht zu der beabsichtigten Einstellung nicht angehört zu werden (BGH NStZ **95**, 18 [K]). Die Einstellung erfolgt durch Beschluss (BGH DAR **97**, 181 [To]), aus dem sich die eingestellte Tat konkret ergeben muss, da er sonst keine Sperrwirkung entfaltet (BGH 4 StR 210/08 vom 29. 7. 2008). Das Wort „vorläufig" sollte im Beschluss nicht enthalten sein (vgl unten 17, 18). Zu den von Amts wegen zu beachtenden Mitteilungspflichten vgl 41 zu § 153. 16

A. **Keine endgültige Einstellung mehr:** Das vorläufig eingestellte Verfahren ist einer endgültigen Einstellung nicht mehr zugänglich, nur der (weitgehenden) Wiederaufnahme (III–V; Bay **66**, 74 = MDR **66**, 1020; LR-Beulke 42; unten 21, 22). Die vorläufige Einstellung durch Gerichtsbeschluss ist endgültig gemeint und beendet die gerichtliche Anhängigkeit (BGH **30**, 197; Düsseldorf MDR **83**, 252; **88**, 164; Frankfurt NStZ **88**, 328 mit Anm Dörr/Taschke), auch iS des § 154e (dort 4ff), und hat sogar (anders als im Fall des § 205) beschränkte materielle Rechtskraft (BGH **10**, 88, 94; Einl 182). Der – wirksame (vgl BGH NStZ **01**, 656) – Einstellungsbeschluss schafft ein Verfahrenshindernis (BGH **30**, 197, 198; Bay **92**, 32 = NStZ **92**, 403; Düsseldorf StraFo **99**, 302), das in der Revisionsinstanz von Amts wegen zu beachten ist (BGH NStZ-RR **07**, 83; NStZ **07**, 476). Die StA kann die Anklage auch dann nicht mehr zurücknehmen, wenn der Beschluss vor Eröffnung des Hauptverfahrens ergangen ist (BGH **36**, 361, 363). Beweissicherungen (für den Fall der Verfahrensfortsetzung nach III, IV) sind trotz der Rechtskraft des Beschlusses zulässig (LR-Beulke 52 und JR **86**, 52; weitergehend Celle NStZ **85**, 218 mit abl Anm Schoreit, das sogar die Terminsanberaumung zwecks Verjährungsunterbrechung zulässt). Auch die Verfolgung als Ordnungswidrigkeit bleibt zulässig (Bay NZV **04**, 269; erg oben 15) 17

B. **Kosten- und Entschädigungsentscheidung:** Da es sich bei der gerichtlichen Einstellung trotz des missverständlichen Wortlauts des II in Wahrheit um eine endgültige (nur unter dem Vorbehalt einer Wiederaufnahme des Verfahrens stehende) Einstellung handelt (oben 17), ist sie mit einer Entscheidung über die Verfahrenskosten und die notwendigen Auslagen des Beschuldigten (6 zu § 464) zu versehen (BGH NJW **96**, 2518, 2519); ggf ist auch über die Entschädigung für Strafverfolgungsmaßnahmen (2 zu § 8 StrEG) zu befinden. Beim BGH werden idR bei einer dort erfolgenden Einstellung die notwendigen Auslagen des Angeklagten nach § 467 I, IV der Staatskasse auferlegt (vgl aber 19 zu § 467). 18

13) In jeder Lage des Verfahrens (vgl § 153 II) gilt § 154, also auch im Berufungsrechtszug (erg 11 zu § 302) und auch noch in der Revisionsinstanz (2 zu § 353), sogar bei (horizontaler) Teilrechtskraft (Köln NJW **52**, 1029), mit der noch keine Teilvollstreckbarkeit verbunden ist (Einl 185; 5 zu § 449). Es ist auch zulässig, in der Hauptverhandlung das Verfahren wegen einer Tat abzutrennen und auszusetzen, wenn die Sache wegen der anderen Tat entscheidungsreif ist (BGH MDR **75**, 25 [D]; 11 zu § 4). § 154 gilt nicht mehr im Vollstreckungsverfahren (Einl 65). Dagegen steht die Vollstreckung der wegen der anderen Tat erkannten Strafe der Einstellung nicht entgegen. Jedoch ist § 154 nach seinem Sinn nicht mehr anwendbar, wenn die neue Tat erst nach Abschluss des Vollstreckungsverfahrens wegen der anderen Tat begangen worden ist (LR-Beulke 15). 19

14) Beschwerde: Ist der Beschluss nach II ordnungsgemäß ergangen, so ist Beschwerde gegen ihn nicht zulässig (BGH **10**, 88; Celle NStZ **83**, 328 mit Anm von Stackelberg; Düsseldorf MDR **81**, 338; SK-Weßlau 50; **aM** Zweibrücken NJW **96**, 20

866; Schulz StraFo **06**, 444). Der Beschuldigte ist durch die Einstellung nicht beschwert (BGH NStZ-RR **08**, 183; Bamberg StV **81**, 402; Zweibrücken aaO; vgl auch Baukelmann JR **84**, 392; 8 ff vor § 296), selbst wenn das Verfahren wegen eines Prozesshindernisses (Einl 141 ff) hätte eingestellt werden müssen (Maatz MDR **86**, 884); anders ist es nur, wenn die Unschuld des Beschuldigten eindeutig feststand (BVerfG NJW **97**, 46; BGH NStZ-RR **07**, 21 L; vgl auch LG Arnsberg wistra **08**, 440). Auch die Kostenentscheidung ist nicht anfechtbar (Düsseldorf JurBüro **91**, 854). Der Beschuldigte kann sich auch nicht gegen die Ablehnung der vorläufigen Einstellung beschweren, weil § 154 nicht seinem Schutz dient. Auch eine Beschwerde der StA gegen die Ablehnung eines Einstellungsantrags ist unzulässig (KK-Schoreit 32; SK-Weßlau 54; **aM** KMR-Plöd 26). Wird das Verfahren gesetzwidrig, zB ohne Antrag der StA, eingestellt (Düsseldorf AnwBl **79**, 40), so kann sie sich beschweren (§ 304 I; LG Regensburg NJW **90**, 1742 = JR **90**, 255 mit Anm Hilger), nicht aber schon dann, wenn das Gericht rechtsfehlerhaft die Voraussetzungen des I bejaht hatte (Düsseldorf NStE Nr 6).

21 **15) Wiederaufnahme:**

21a A. **Im Falle des I:** Die StA kann das Verfahren jederzeit – bis zur Verjährung – wiederaufnehmen, auch konkludent durch Anklageerhebung (BGH NStZ-RR **07**, 20), sogar trotz einer entgegenstehenden „Zusage" (BGH **37**, 10 = JR **91**, 256 mit Anm Weigend und Anm Gatzweiler NStZ **91**, 46 sowie Anm Scheffler wistra **90**, 319). Für sie enthalten III, IV nur Richtlinien, jedoch keine Beschränkung, insbesondere keine Bindung an die Frist des IV (BGH **30**, 165; NJW **86**, 3217; NStZ **86**, 469; **aM** Mombert NStZ **84**, 535); zutr wird aber ein „sachlich einleuchtender Grund" verlangt (LR-Beulke 35; SK-Weßlau 29; vgl auch BGH **54**, 1, 7; NJW **84**, 2169; StraFo **08**, 423, 424). Bei Serienstraftaten, bei denen früher der Beschuldigte durch die Annahme einer fortgesetzten Handlung (vgl dazu 14 zu § 260) vor ständig neuer Strafverfolgung geschützt war (vgl Einl 175), wird eine erneute Verfolgung wegen bisher nicht angeklagter Taten aber nur als zulässig erachtet werden können, wenn die Voraussetzungen des IV vorliegen; etwas anderes würde kein faires Verfahren (Einl 19) darstellen (zust Ostendorf Eckert-GS 650; vgl auch BGHR StrEG § 8 Verfahrensabschluss 2; Arzt JZ **94**, 1001: Stückweise Anklage könnte Rechtsmissbrauch bedeuten; vgl ferner Erb GA **95**, 440: Interessante Verhandlungsmöglichkeit für Beschuldigten und StA).

22 B. **Im Fall des II:** Den Wiederaufnahmebeschluss (III, IV) muss das Gericht – dh der Spruchkörper (Koblenz StraFo **01**, 242) – erlassen, dessen Einstellungsbeschluss rückgängig gemacht werden soll (BGH GA **81**, 36; MDR **73**, 192 [D]; LG Heilbronn StV **86**, 52). Stillschweigende Wiederaufnahme, zB durch Anberaumung eines Termins zur Hauptverhandlung, genügt nicht (Bay **92**, 32 = NStZ **92**, 403; Düsseldorf StraFo **99**, 302; Schleswig SchlHA **90**, 117 [L/G]; **aM** Celle NStZ **85**, 218 mit abl Anm Schoreit). Die Wiederaufnahme kommt in Betracht, wenn der Angeklagte im Bezugsverfahren nicht oder nur geringfügig verurteilt wurde, nicht aber deshalb, weil er flüchtig ist (Hamm StraFo **08**, 382). Der Beschluss ist auch nach Ablauf der Frist des IV zulässig, wenn sich herausstellt, dass das eingestellte Verfahren kein Vergehen, sondern ein Verbrechen zum Gegenstand hat (BGH **54**, 1, 6; NStZ **86**, 36 mit Anm Rieß; NJW **09**, 2548, 2549; LR-Beulke 63; weitergehend KK-Schoreit 47, der schwerwiegende Gründe genügen lässt). Hat das AG eine Tat nach § 154 ausgeschieden und die Strafsache dann an das LG verwiesen (§ 270), so darf nicht das LG den Wiederaufnahmebeschluss erlassen; es kann nur bei dem AG die Wiederaufnahme und die Abgabe der Sache an sich anregen (BGH MDR **73**, 192 [D]). Im Berufungsverfahren ist die Wiederaufnahme nicht mehr zulässig (München wistra **08**, 319; Hamm JMBlNW **69**, 258). Der Zustimmung der StA bedarf die Wiederaufnahme durch das Gericht in keinem Fall (BGH **13**, 44; **30**, 197; Frankfurt NStZ **85**, 39); jedoch ist die Anhörung der StA und des Angeklagten vor der Entscheidung notwendig (§ 33 II, III).

In der **Revision** ist die Wiederaufnahme durch ein sachlich oder örtlich unzuständiges Gericht als Verfahrenshindernis von Amts wegen zu beachten (Befassungsverbot, vgl Einl 143, 150); hat nur ein nach dem Geschäftsverteilungsplan unzuständiger Spruchkörper entschieden, bedarf es einer Verfahrensrüge (BGH StV **05**, 532). **22a**

C. Die **Dreimonatsfrist** des IV ist eine Ausschlussfrist zugunsten des Angeklagten. Sie beginnt mit dem rechtskräftigen Abschluss des anderen Verfahrens, gleichviel, ob dieser in Verurteilung, Freispruch oder in Einstellung – durch Urteil (§ 260 III) oder Beschluss (§§ 153 II, 204, 206 a) – besteht (RG **73**, 308), nicht aber bei einer Einstellung nach § 170 II (Düsseldorf StraFo **08**, 75; str), anders aber bei einer Entscheidung des OLG nach § 174. Ist der Beschluss nach II im Hinblick auf mehrere noch nicht abgeschlossene Strafsachen ergangen, so beginnt die Frist, wenn das letzte der Verfahren rechtskräftig abgeschlossen ist. Das Verfahren kann auch schon vor dem rechtskräftigen Abschluss des anderen Verfahrens wiederaufgenommen werden (Celle NStZ **85**, 218). **23**

D. Will das Gericht dem **Wiederaufnahmeantrag der StA nicht stattgeben**, erlässt es einen mit Gründen versehenen (§ 34) Beschluss. Ist der Antrag erst im Schlussvortrag gestellt, kann das Gericht den Angeklagten auch (ohne Beschluss) insoweit freisprechen (BGH NStZ **84**, 468). **23a**

E. **Beschwerde** steht dem Angeschuldigten gegen den Wiederaufnahmebeschluss nicht zu (Düsseldorf JR **83**, 471 mit Anm Meyer-Goßner; Karlsruhe NJW **80**, 2367; München NJW **78**, 1449; LR-Beulke 77), und zwar im Eröffnungsverfahren analog § 210 I, im Hauptverfahren nach § 305 (Rieß NStZ **85**, 40). Auch die StA kann weder gegen den Wiederaufnahmebeschluss noch gegen die Ablehnung der Wiederaufnahme Beschwerde einlegen (Düsseldorf aaO; Frankfurt NStZ **85**, 39 mit abl Anm Rieß; Stuttgart MDR **84**, 73; KK-Schoreit 46; **aM** Oldenburg NStZ **07**, 167 mit abl Anm Meyer-Goßner NStZ **07**, 421; LR-Beulke 79: eingeschränkte Prüfungsbefugnis auf Ermessensmissbrauch). Etwas anderes ist nur dann (wie bei 24 zu § 154 a) anzunehmen, wenn hinsichtlich der „anderen Tat" Freispruch erfolgt ist (Bamberg NStZ-RR **97**, 44; Meyer-Goßner aaO), oder wenn die materiellen Voraussetzungen für die Wiederaufnahme nicht vorliegen (KG StraFo **09**, 286). **24**

16) Zur **Berücksichtigung** gem § 154 II **eingestellter Taten** bei der Beweiswürdigung oder der Strafzumessung gelten die Ausführungen in Rn 2 zu § 154 a entspr (vgl BGH NStZ **98**, 51 mwN; NStZ-RR **98**, 264 [K]; krit SK-Weßlau 57). Dabei ist eine Abtrennung mit dem Ziel der Einstellung nicht anders zu behandeln als die erfolgte Einstellung selbst (BGH NStZ **04**, 162). Ob dies auch bei Einstellung selbstständiger Taten nach § 154 I durch die StA anzunehmen ist, ist str (bejahend BGH NStZ **83**, 20; verneinend BGH **30**, 165; vgl dazu Sander StraFo **04**, 48). Jedenfalls steht die Einstellung nach I einer auf diese Tat bezogenen Beweisaufnahme und Verwertung deren Ergebnisses bei der Strafzumessung nicht entgegen, wenn auch die Anwendung des I in einem solchen Fall dann allerdings wenig sinnvoll ist (BGH StV **04**, 415). Die fehlende, aber gebotene Auseinandersetzung mit eingestellten Taten kann in der Revision nur mit einer Verfahrensrüge geltend gemacht werden (BGH NStZ-RR **01**, 174), aus der sich insbesondere ergeben muss, in welchem Verfahrensabschnitt die Einstellung erfolgte, um zu überprüfen, ob ein Vertrauenstatbestand (vgl 2 zu § 154 a) geschaffen worden ist (Hamm NStZ-RR **03**, 368). Zur Anrechnung von in dem nach § 154 eingestellten Verfahren erlittener UHaft auf eine in einem anderen Verfahren verhängte Strafe vgl BVerfG NStZ **99**, 125; 477; BGH **43**, 112; NStZ **99**, 24. **25**

17) Die **sachliche Zuständigkeit** kann sich auf Grund einer Einstellung nach II ändern, wenn dadurch das die bisherige Zuständigkeit begründende Delikt entfällt (erg 17 zu § 154 a; 2 zu § 209). Werden im Fall des § 32 **JGG** die nach Jugendstrafrecht zu beurteilenden Straftaten von der Verfolgung ausgenommen, steht damit die **26**

Zuständigkeit des Erwachsenengerichts fest und umgekehrt, weswegen der Teil nach § 154 behandelt werden sollte, bei dem nicht das Schwergewicht der Straftaten liegt; eine Erhaltung der Zuständigkeit des JugG trotz danach nur noch abzuurteilender Erwachsenenstraftaten kommt entgegen Drees NStZ **95**, 482 nicht in Betracht.

Beschränkung der Strafverfolgung **RiStBV 5, 101, 101 a**

154a **I [1]Fallen einzelne abtrennbare Teile einer Tat oder einzelne von mehreren Gesetzesverletzungen, die durch dieselbe Tat begangen worden sind,**

1. für die zu erwartende Strafe oder Maßregel der Besserung und Sicherung oder

2. neben einer Strafe oder Maßregel der Besserung und Sicherung, die gegen den Beschuldigten wegen einer anderen Tat rechtskräftig verhängt worden ist oder die er wegen einer anderen Tat zu erwarten hat,

nicht beträchtlich ins Gewicht, so kann die Verfolgung auf die übrigen Teile der Tat oder die übrigen Gesetzesverletzungen beschränkt werden. [2]§ 154 Abs. 1 Nr. 2 gilt entsprechend. [3]Die Beschränkung ist aktenkundig zu machen.

II Nach Einreichung der Anklageschrift kann das Gericht in jeder Lage des Verfahrens mit Zustimmung der Staatsanwaltschaft die Beschränkung vornehmen.

III [1]Das Gericht kann in jeder Lage des Verfahrens ausgeschiedene Teile einer Tat oder Gesetzesverletzungen in das Verfahren wieder einbeziehen. [2]Einem Antrag der Staatsanwaltschaft auf Einbeziehung ist zu entsprechen. [3]Werden ausgeschiedene Teile einer Tat wieder einbezogen, so ist § 265 Abs. 4 entsprechend anzuwenden.

1 **1)** Der **Vereinfachung und Beschleunigung des Verfahrens** bei einer Tat (§ 264) dient § 154a (BGH **32**, 84, 87). Bei § 154 handelt es sich um das Absehen von der Strafverfolgung einer (ganzen) Tat eines Mehrfachtäters. § 154a gestattet eine Beschränkung der sonst allgemein geltenden umfassenden Kognitionspflicht (10 zu § 264), wobei aber die gesamte Tat nach §§ 155, 264 Gegenstand der Urteilsfindung bleibt (BGHR Beschränkung 2), so dass verfahrensrechtlich nur ein Urteil möglich ist (BGH **29**, 341, 342). Wie im Fall des § 154 sind dem partiellen Strafverfolgungsverzicht Grenzen gesetzt, das eine Mal durch die Beträchtlichkeitsklausel (I S 1), das andere Mal durch das Gebot, dass trotz der Einschränkung die Einwirkung auf den Täter und die Verteidigung der Rechtsordnung noch hinreichend sein müssen (I S 2 iVm § 154 I Nr 2). Hinter den Interessen des Nebenklägers tritt § 154a zurück (§ 397 II). Im JGG-Verfahren gilt § 154a ebenso wie § 154 (dort 1).

2 **2)** Der **Berücksichtigung des ausgeschiedenen Verfahrensstoffes** bei der Strafzumessung steht die Beschränkung nicht entgegen, wenn das Gericht ihn prozessordnungsgemäß festgestellt und den Angeklagten zuvor auf diese Möglichkeit hingewiesen hat (BGH **30**, 147, 148; 197, 198; NJW **87**, 509; NStZ **81**, 100; **83**, 20; **84**, 20; **94**, 195; StV **00**, 656; **09**, 117; Sander StraFo **04**, 47; **aM** AK-Schöch 30; Beulke StP 340; Appl, Die strafschärfende Verwertung von nach §§ 154, 154a StPO eingestellten Nebendelikten und ausgeschiedenen Tatteilen bei der Strafzumessung, 1987, zugl Diss Gießen). Das Gleiche gilt für die Berücksichtigung bei der Beweiswürdigung (BGH **31**, 303 = JR **84**, 170 mit Anm Terhorst; BGH StV **88**, 191). Das Unterlassen des Hinweises muss mit der Verfahrensrüge in der Form des § 344 II S 2 gerügt werden (BGH NJW **87**, 509; NStZ **93**, 501; Rieß NStZ **87**, 134; Schimansky MDR **86**, 283; vgl auch BVerfG NStZ **95**, 76). Ein ausdrücklicher Hinweis ist entbehrlich, wenn der Angeklagte durch den Ablauf der Hauptverhandlung auf die beabsichtigte Heranziehung der ausgeschiedenen Tat-

teile aufmerksam geworden sein muss, ein Vertrauenstatbestand somit nicht geschaffen worden ist (BVerfG aaO; BGH NStZ **87**, 133; **04**, 277; NJW **96**, 2585; StraFo **01**, 236) oder wenn das Verteidigungsverhalten des Angeklagten durch die Heranziehung nicht beeinflusst werden kann (BGH NStZ **87**, 134 mit Anm Rieß; NStZ **92**, 225 [K]). Umgekehrt ist eine Berücksichtigung ausgeschlossen, wenn der Angeklagte nach dem Gang der Hauptverhandlung auf die Nichtwiedereinbeziehung vertrauen durfte (BGH NStZ **96**, 611; vgl auch BGH NStZ **99**, 416). Können und sollen die ausgeschiedenen Tatteile verwertet werden, ist ihre Darstellung in den Urteilsgründen erforderlich; Bezugnahme auf die Anklageschrift genügt nicht (BGH StV **95**, 520).

3) Ergänzende Regelungen: Beim Zusammentreffen von Straftat und OWi wird nur das StrafG angewandt (§ 21 I S 1 OWiG), der Bußgeldtatbestand also von der Strafverfolgung ausgenommen. Auf Nebenfolgen aus dem OWi-Recht kann aber neben der strafrechtlichen Sanktion erkannt werden (§ 21 I S 2 OWiG). 3

4) Die **Ausklammerung bestimmter strafrechtlicher Rechtsfolgen** ist in § 154a nicht vorgesehen. Insofern wird die Bestimmung für Einziehung, Verfall, Vernichtung und Unbrauchbarmachung durch die §§ 430, 442 ergänzt. Aber der Verzicht auf die Verfolgung einer bestimmten Rechtsverletzung nach § 154a kann mit der Wirkung verbunden sein, dass eine strafrechtliche Rechtsfolge ausscheidet (unten 6). 4

5) Abtrennbare Teile der Tat (I): Abtrennbar sind zB Teile einer falschen Zeugenaussage oder Teile einer Dauerstraftat (LR-Beulke 6; erg 6b zu § 264). Ein einzelnes Tatbestandsmerkmal dagegen ist kein abtrennbarer Teil der Tat (BGH MDR **80**, 985 [H]). Die Hauptbedeutung dieser Verfolgungsbeschränkung liegt darin, dass solche Tatteile aus der Verfolgung ausgeklammert werden können, die von vornherein aus tatsächlichen oder rechtlichen Gründen besondere Beweisschwierigkeiten bereiten würden, ferner darin, dass solche Teile ausgeschieden werden, die erst sehr spät, etwa erst in der Hauptverhandlung, bekannt werden (9 zu § 264). Bei einer sonstigen Tat ist ein Teil insbesondere dann abtrennbar, wenn er nur durch die Einheitlichkeit des Lebensvorgangs mit dem anderen verbunden ist (2 zu § 264). Die Abtrennung ändert nichts daran, dass mit der Erhebung der Anklage die ganze Tat anhängig wird; für den abgetrennten Teil handelt es sich allerdings um „latente" Anhängigkeit, die sich durch die jederzeit zulässige Wiedereinbeziehung des abgetrennten Tatteils (unten 24, 25) in eine „normale" verwandelt. 5

6) Einzelne von mehreren Gesetzesverletzungen (I): Ausscheidbar sind insbesondere einzelne von mehreren in Tateinheit zusammentreffenden Gesetzesverletzungen (§ 52 StGB); nach den konkreten Umständen des Falles kann dann uU sogar auch die Gesetzesverletzung ausgeschieden werden, die einen höheren Strafrahmen enthält (vgl auch Kurth NJW **78**, 2483). Ausscheidbar sind auch Straferhöhungstatbestände (18 zu § 265; 15 zu § 267). 6

Nur **bestimmte Teile oder Gesetzesverletzungen** können aus der Untersuchung ausgeschieden werden. Das ergibt sich daraus, dass Gegenstand der Untersuchung nach der Ausscheidung die übrigen Teile oder die übrigen Gesetzesverletzungen bleiben müssen (BGHR Beschränkung 2). Es ist grundsätzlich nicht zulässig, die Untersuchung auf bestimmte Teile oder Gesetzesverletzungen zu beschränken. Die sog Umgestaltung der Strafklage (8ff zu § 264) muss in dem verbleibenden Verfolgungsbereich möglich sein. Die Beschränkung wird in der Anklageschrift zum Ausdruck gebracht (14 zu § 200). Über die Mitteilung an den Anzeigenden vgl RiStBV 101a IV. 7

7) Verhältnis der beiden Ausscheidungsmöglichkeiten zueinander: Mit der Ausscheidung eines Tatteils braucht keine Ausscheidung einer Gesetzesverletzung verbunden zu sein. Anders ist es bei Ausscheidung einer Gesetzesverletzung. Wenn mit ihr nicht ein bestimmter Sachverhalt entfällt, führt sie nicht zu der 8 durch § 154 a bezweckten Verfahrensvereinfachung und hat dann keinen Sinn. Die Prüfung, ob eine Gesetzesverletzung und mit ihr ein bestimmter Sachverhalt ausgeschieden werden sollen, hat daher den Vorrang, weil damit zugleich ein Tatteil ausgeschieden wird, der nicht beschrieben zu werden braucht. Beide Ausscheidungsmöglichkeiten stehen aber nebeneinander zur Verfügung.

9 **8) Nicht beträchtlich ins Gewicht fallen** (I): Ob das durch die gewillkürte Reduzierung der Untersuchung entstehende Rechtsfolgenminus beträchtlich ins Gewicht fällt, richtet sich nach dem Einzelfall (7 zu § 154).

10 A. **I S 1 Nr 1:** Wenn das erwartete Rechtsfolgenminus bei Verurteilung wegen der Tat nicht beträchtlich ist, besteht für die Einschränkung der Strafverfolgung in diesem Punkt kein Hindernis. Wäre es beträchtlich, ist I S 1 Nr 1 unanwendbar.

11 B. **I S 1 Nr 2:** § 154 lässt bei einem Mehrfachtäter die Nichtverfolgung einer ganzen Tat zu, wenn das dadurch entstehende Rechtsfolgenminus nicht beträchtlich ist. Diesen Gedanken dehnt I S 1 Nr 2 auf den Fall aus, in dem die Verfolgung wegen einer von mehreren Taten lediglich beschränkt wird. In Fällen, in denen wegen einzelner Tatteile oder einzelner Gesetzesverletzungen ein Urteil in angemessener Frist nicht zu erwarten ist, kann daher die Verfolgung auf die übrigen Teile oder Gesetzesverletzungen beschränkt werden (Kurth NJW **78**, 2483).

12 Bei **Verbindung mehrerer Strafsachen** gegen denselben Beschuldigten ist die Verfolgungsreduzierung auch dann zulässig, wenn das zu erwartende Rechtsfolgenminus im Verhältnis zu der wegen der anderen Tat(en) zu erwartenden Strafen oder Maßregeln nicht beträchtlich ist. Entscheidend ist in diesem Fall die Relation zu dem Gesamtergebnis.

13 Bei **getrennten Strafverfahren** gegen denselben Beschuldigten wegen mehrerer Taten kann sich die Nichtbeträchtlichkeit auch aus dem Vergleich mit dem in den anderen Verfahren erwarteten Strafausspruch ergeben.

14 Auch **aus einer bereits rechtskräftigen Verurteilung** wegen einer anderen Tat kann abgeleitet werden, dass das durch die Anwendung des § 154 a entstehende Rechtsfolgenminus nicht beträchtlich ist. Eine frühere Verurteilung, die zurzeit der gegenwärtig untersuchten Tat bereits vollständig erledigt war, scheidet für den Vergleich jedoch aus (vgl dazu 2 zu § 154).

15 **9) Zur Vermeidung einer unangemessen langen Verfahrensdauer** (I S 2 iVm § 154 I Nr 2) ist die Ausscheidung eines Teils der Tat oder einer Gesetzesverletzung in gewissen Grenzen ebenfalls zulässig, wenn gerade wegen dieses Teils ein Urteil in angemessener Frist nicht zu erwarten ist (Kurth NJW **78**, 2483).

16 Die beiden **absoluten Ausschließungsgründe** (12 zu § 154) für diese Strafverfolgungsbeschränkung bestehen darin, dass die Einwirkung auf den Täter (13 zu § 154) und die Verteidigung der Rechtsordnung (14 zu § 154) keinen Schaden leiden dürfen.

17 **10)** Die **gerichtliche Zuständigkeit** kann sich infolge der Verfahrensbeschränkung ändern (erg 26 zu § 154; 2 zu § 209). Beschränkt etwa das OLG, bei dem ua wegen Vergehens gegen § 129 a StGB Anklage erhoben worden ist, die Untersuchung zugleich mit der Zulassung der Anklage auf Gesetzesverletzungen, die seine erstinstanzliche Zuständigkeit nicht begründen, so hat es das Hauptverfahren vor dem zuständigen Gericht niedriger Ordnung zu eröffnen (BGH **29**, 341 mit Anm Dünnebier NStZ **81**, 152; BGH **41**, 385, 392; Kurth NJW **78**, 2484; Sowada 706), das nach einer für notwendig gehaltenen Wiedereinbeziehung nach III die Sache aber nach §§ 225 a, 270 erneut vor das höhere Gericht bringen kann (BGH aaO; LR-Beulke 16; SK-Weßlau 15).

18 **11) Im Ermittlungsverfahren** soll die StA von der Kann-Vorschrift des I in weitem Umfang und in einem möglichst frühen Verfahrensstadium Gebrauch machen (RiStBV 101 a I; 6 zu § 154; 4 zu § 163). Das Aktenkundigmachen (I S 3)

der staatsanwaltschaftlichen Verfolgungsbeschränkung nach I bezweckt die Unterrichtung aller Ermittlungsorgane und des Verteidigers.

A. **Eine vorläufige Maßnahme** ist die Verfolgungsbeschränkung nach I durch 19
die StA. Denn sie kann sie bis zur Anklageerhebung jederzeit wieder aufheben (15 zu § 154).

B. **In der Anklageschrift** und im Strafbefehlsantrag weist die StA auf die von 20
ihr angeordnete Beschränkung hin (RiStBV 101 a III).

12) Das **Gericht** (II), das mit der Sache befasst ist, kann die Beschränkung nach 21
I nur auf Antrag oder mit Zustimmung der StA vornehmen. Diese soll bei der Abweichung von der Regel der umfassenden Beurteilung der Tat in gleicher Weise wie das Gericht beteiligt sein (vgl 26 zu § 153). Wenn die StA nicht von sich aus den Antrag gestellt oder die Zustimmung erklärt hat, kann das Gericht bei ihr anfragen, ob sie zustimmen würde.

A. **In jeder Lage des Verfahrens** (II), nicht nur im Eröffnungsbeschluss 22
(§ 207 II Nrn 2, 4), kann das Gericht die Beschränkung mit Zustimmung der StA vornehmen (25 zu § 153), ggf auch erst zugleich mit dem Urteil (BGH NStZ **96**, 324 [K]). Daraus ergibt sich, dass dieser Weg auch dann offensteht, wenn ein Antrag der StA auf Beschränkung im gerichtlichen Verfahren vorher abgelehnt worden ist. Nach einer Berufungsbeschränkung auf den Rechtsfolgenausspruch ist § 154 a aber ausgeschlossen (31 zu § 318). Der erforderliche Antrag oder die Zustimmung der StA ist im Revisionsverfahren Sache der StA bei dem Revisionsgericht. Die Beschränkung durch das Revisionsgericht kann eine Zurückverweisung der Sache im Schuldspruch überflüssig machen. Erg 3 zu § 354. Der abgetrennte Verfahrensteil scheidet vorbehaltlich III aus dem weiteren Verfahren aus (Düsseldorf MDR **88**, 769). Eine Kosten- und Auslagenentscheidung ergeht grundsätzlich nicht; sie kommt nur ausnahmsweise bei Beschränkung auf einzelne materiellrechtlich selbstständige Teile der Tat iSd § 264 (oben 1) in Betracht (BGHR Kostenentscheidung 1; LR-Beulke 27).

B. **Beschwerde** gegen die mit dem Eröffnungsbeschluss oder später vorgenom- 23
mene Beschränkung ist für den Angeklagten nicht zulässig, weil er nicht beschwert ist (20 zu § 154); gegen die Ablehnung eines Beschränkungsantrags kann er sich nicht beschweren, weil I nicht seinem Schutz dient (5 zu § 304). Für die StA ist die Beschwerde nach § 305 S 1 unzulässig (SK-Weßlau 43).

13) Die **Wiedereinbeziehung des Ausgeschiedenen** (III S 1) im gericht- 24
lichen Verfahren ist in jeder Lage des Verfahrens (oben 22) zulässig, weil die Beschränkungsvoraussetzungen jederzeit in der einen oder anderen Richtung sich verändern können. Das gilt auch, wenn die StA trotz Vorliegens *einer* Tat iSd § 264 fehlerhaft nach § 154 I (dort 1) statt nach § 154 a I eingestellt hatte (BGH **25**, 388; **49**, 359, 365 = JR **05**, 168 mit zust Anm Kudlich). Dass die StA wegen der Gesetzesverletzung keine Anklage erhoben hat, steht der Wiedereinbeziehung nicht entgegen, wenn sie in der Anklageschrift mitgeteilt und zugleich die Strafverfolgungsbeschränkung erklärt worden ist (BGH NStZ **85**, 515); anders ist es, wenn sie in der Anklageschrift nicht einmal erwähnt ist (BGH StV **81**, 397). Kann dem Angeklagten die Gesetzesverletzung, auf die die Verfolgung beschränkt worden ist, nicht nachgewiesen werden, so muss das Gericht, um seiner Pflicht nach § 264 zu genügen, auch ohne Antrag den ausgeschiedenen Teil wiedereinbeziehen (BGH **22**, 105; **29**, 315; **32**, 84 = JR **84**, 478 mit Anm Maiwald = NStZ **84**, 129 mit Anm Bruns; BGH NStZ **82**, 517; **85**, 515; **95**, 540; BGHR Beschränkung 3; Bay JR **90**, 382 mit Anm Geerds), kann aber den Freispruch bei gleicher Sach- und Rechtslage auch ohne förmliche Wiedereinbeziehung darauf erstrecken (BGH NJW **89**, 2481; StV **97**, 566; NStZ-RR **06**, 311 L; Celle NdsRpfl **90**, 315). Ob eine Verpflichtung zur Wiedereinbeziehung auch besteht, wenn in der Hauptverhandlung erkennbar wird, dass die ausgeschiedenen Gesetzesverletzungen von so erheblichem Gewicht sind, dass die Voraussetzungen des § 154 a nicht mehr vorlie-

gen (so LR-Beulke 35), hat BGH NStZ **02**, 489 offen gelassen. Im Eröffnungsverfahren ist für die Wiedereinbeziehung ein Beschluss notwendig (§ 207 II Nrn 2, 4). Sonst ist ein Beschluss ratsam (KK-Schoreit 22), aber – im Gegensatz zu § 154 V – nicht vorgeschrieben. Zumindest muss die Einbeziehung deutlich zum Ausdruck gebracht werden (BGH NJW **75**, 1749), zB durch entspr Hinweis nach § 265 I (BGH NStZ **94**, 495). Die Zustimmung der StA ist für die Wiedereinbeziehung nicht notwendig.

25 A. Einem **Antrag der StA** (III S 2) muss das Gericht entsprechen. Dem liegt der Gedanke zugrunde, dass eine vom Legalitätsprinzip abweichende Sacherledigung eine Ausnahme ist, bei der der Einfluss der StA nicht ausgeschaltet werden darf (oben 21). Zulässig ist auch ein bedingter Antrag, etwa für den Fall des Freispruchs oder des Unterschreitens einer bestimmten Strafhöhe (BGH **29**, 396).

26 B. Die **Aussetzung** des Verfahrens nach der Wiedereinbeziehung (III S 3 iVm § 265 IV) ist nicht obligatorisch, auch nicht, wenn der Angeklagte oder der StA den Antrag stellt (38 ff zu § 265).

27 **14) Revision:** Ist die Strafverfolgung infolge falscher Anwendung der Rechtsbegriffe des I zu Unrecht beschränkt worden, so kann die StA den Mangel als Verstoß gegen die Pflicht zu umfassender Aufklärung und rechtlicher Beurteilung der Tat rügen (§ 336 S 1; 10, 12 zu § 264), auch der Nebenkläger, wenn das Nebenklagedelikt betroffen ist (§ 397 II S 2). Hat der Tatrichter den Angeklagten freigesprochen, aber eine Wiedereinbeziehung der ausgeschiedenen Teile unterlassen und will die StA dies beanstanden, muss sie eine ordnungsgemäße Verfahrensrüge erheben (BGH NStZ **96**, 241; LR-Beulke 47; **aM** BGH NStZ **95**, 540, 541: Sachrüge genügt); das Revisionsgericht verweist die Sache (falls es die ausgeschiedenen Teile nicht gleich selbst wiedereinbezieht) zur Wiedereinbeziehung und neuen Verhandlung zurück (BGH NStZ-RR **01**, 263 [B]), uU kann es die die Freisprechung tragenden rechtsfehlerfreien Feststellungen aufrechterhalten (BGH **32**, 84 = NStZ **84**, 129 mit Anm Bruns; BGHR Beschränkung 3). Im Übrigen ist § 154 a auch im Revisionsrechtszug anwendbar (oben 22).

28 **15)** Der **Strafklageverbrauch** durch eine rechtskräftige gerichtliche Sachentscheidung erstreckt sich auch auf die ausgeschiedenen Teile der Tat und Rechtsverletzungen (KK-Schoreit 17; erg Einl 171). Das gilt bereits bei Rechtskraft des Schuldspruchs (Hamm JMBlNW **69**, 140). Eine Beschränkung auf einen Teilakt einer Bewertungseinheit (Einl 175) durch die StA verbraucht bei Verurteilung wegen dieses Teilakts die Strafklage insgesamt; anders hingegen bei Freispruch (**aM** LR-Beulke 43).

Auslieferung und Ausweisung

154b **I Von der Erhebung der öffentlichen Klage kann abgesehen werden, wenn der Beschuldigte wegen der Tat einer ausländischen Regierung ausgeliefert wird.**

II Dasselbe gilt, wenn er wegen einer anderen Tat einer ausländischen Regierung ausgeliefert oder an einen internationalen Strafgerichtshof überstellt wird und die Strafe oder die Maßregel der Besserung und Sicherung, zu der die inländische Verfolgung führen kann, neben der Strafe oder der Maßregel der Besserung und Sicherung, die gegen ihn im Ausland rechtskräftig verhängt worden ist oder die er im Ausland zu erwarten hat, nicht ins Gewicht fällt.

III Von der Erhebung der öffentlichen Klage kann auch abgesehen werden, wenn der Beschuldigte aus dem Geltungsbereich dieses Bundesgesetzes ausgewiesen wird.

IV 1 Ist in den Fällen der Absätze 1 bis 3 die öffentliche Klage bereits erhoben, so stellt das Gericht auf Antrag der Staatsanwaltschaft das Verfahren

vorläufig ein. [2] § 154 Abs. 3 bis 5 gilt mit der Maßgabe entsprechend, dass die Frist in Absatz 4 ein Jahr beträgt.

1) Der gleiche Grundgedanke ist in § 456a und § 17 StVollstrO enthalten. 1
In I ist dieselbe Tat gemeint, in II sind es zwei verschiedene Taten. Der Auslieferung oder der Überstellung nach §§ 2ff IStGHG vom 21. 6. 2002 (BGBl I 2144) an einen internationalen Strafgerichtshof (dazu Einl 207a, 207b; vgl auch KK-Schoreit 1) ist in III die Ausweisung (vgl §§ 53, 54 AufenthG) gleichgestellt. Dieser ist das amtliche Abschieben eines Beschuldigten in einen anderen Staat gleichzustellen, zB durch den Entsendestaat iS des NTS Ein Deutscher darf weder ausgeliefert noch ausgewiesen werden (Art 16 II GG).

2) Die **StA** kann von der Klage nach I–III absehen, und zwar ohne Zustim- 2
mung des Gerichts (vgl dazu die Hinweise des JM BW Justiz **96**, 500, des GStA SchlH SchlHA **94**, 85, die AV JM NdsRpfl **97**, 194 und das Rdschr JBlRP **01**, 212). Voraussetzung für I ist das Vorliegen einer bestandskräftigen Entscheidung des OLG über die Zulässigkeit der Auslieferung, nicht aber deren Vollziehung (Karlsruhe NJW **07**, 617). Die StA kann das Ermittlungsverfahren jederzeit wiederaufnehmen, wenn Grund dafür besteht und kein Verfahrenshindernis (zB Verjährung) entgegensteht (vgl 15 zu § 154).

3) Das **Gericht** muss dem Antrag der StA auf Einstellung stattgeben (IV; 3
Düsseldorf MDR **90**, 568), wenn der Beschuldigte tatsächlich ausgeliefert, überstellt oder ausgewiesen ist; dasselbe gilt, wenn die Auslieferung, Überstellung oder Ausweisung bestandskräftig angeordnet worden ist (Düsseldorf NStE Nr 1; LR-Beulke 4). Vorher kann die StA die Aussetzung des Strafverfahrens (§ 228; Grützner GA **54**, 383) und ggf einen Auslieferungshaftbefehl beantragen.

4) Die **Wiederaufnahme** nach IV S 2 ist zulässig, wenn die Voraussetzungen 4
der gerichtlichen Einstellung entfallen oder sich als fehlend erwiesen, insbesondere, wenn der Angeschuldigte wieder im Geltungsbereich der StPO ist und bei Berücksichtigung des Legalitätsprinzips und des § 153 I c Nr 3 noch ein Bedürfnis für die Strafverfolgung besteht. Die in IV S 2 bestimmte entspr Anwendung des § 154 III–V bezieht sich nur auf den Fall des II. Nur bei Absehen von Anklageerhebung mit Rücksicht auf eine im Ausland zu erwartende Strafe ist die Wiederaufnahme an eine Frist gebunden; da Strafnachrichten aus dem Ausland oft verspätet eingehen, verlängert IV S 2 die Frist des § 154 IV für diesen Fall auf 1 Jahr.

5) Kosten- und Entschädigungsentscheidung: Obwohl IV S 1 die gericht- 5
liche Entscheidung als vorläufig bezeichnet, handelt es sich hier wie bei § 154 (dort 17) in Wahrheit um eine endgültige Einstellung (Düsseldorf NStE Nr 1). Ebenso wie bei § 154 (dort 18) ist daher über Kosten und notwendige Auslagen (6 zu § 464) und Entschädigung für Strafverfolgungsmaßnahmen (2 zu § 8 StrEG) zu entscheiden (Düsseldorf MDR **90**, 568 mwN; vgl auch Hamburg MDR **81**, 604 mit Anm zur Megede; Hamburg MDR **85**, 604).

Ermessensfreiheit bei Nötigung oder Erpressung — RiStBV 102

154c **I Ist eine Nötigung oder Erpressung (§§ 240, 253 des Strafgesetzbuches) durch die Drohung begangen worden, eine Straftat zu offenbaren, so kann die Staatsanwaltschaft von der Verfolgung der Tat, deren Offenbarung angedroht worden ist, absehen, wenn nicht wegen der Schwere der Tat eine Sühne unerlässlich ist.**

II Zeigt das Opfer einer Nötigung oder Erpressung (§§ 240, 253 des Strafgesetzbuches) diese an (§ 158) und wird hierdurch bedingt ein vom Opfer begangenes Vergehen bekannt, so kann die Staatsanwaltschaft von der Verfolgung des Vergehens absehen, wenn nicht wegen der Schwere der Tat eine Sühne unerlässlich ist.

1 **1)** Für die **Begehung durch Drohung** genügt der Versuch (§ 240 III StGB). Für die Drohung reicht schon die Androhung einer Strafanzeige oder sonstigen Mitteilung (zB an Arbeitgeber, Ehegatten), aus der ein empfindliches Übel für den Täter erwächst oder entstehen würde. Zur Bedeutung des § 154c vgl Krause MSchrKrim **69**, 214 und Spendel-FS 547.

2 **2) Der Zwangslage eines Opfers einer Nötigung oder Erpressung** soll über I hinaus durch den mit Ges vom 11. 2. 2005 (BGBl I S 239) neu eingefügten II auch dann Rechnung getragen werden, wenn die Nötigung oder Erpressung nicht durch die Drohung der Offenbarung einer Straftat begangen worden ist. Damit sollen besonders die Fälle erfasst werden, in denen Frauen zur Ausübung der Prostitution genötigt werden („Menschenhandel" nach §§ 232ff StGB), aber zB wegen ihres illegalen Aufenthaltes in der BRep bei einer Strafanzeige auch ein gegen sie gerichtetes Strafverfahren gewärtigen müssen. Das Absehen von der Verfolgung setzt voraus, dass das vom Opfer begangene Vergehen erst durch die Anzeige bekannt geworden ist und dass – wie in I – eine Sühne wegen der Schwere der Tat nicht unerlässlich ist. Wann das der Fall ist, hängt von den Umständen des Einzelfalls ab.

3 **3) Kann-Bestimmung:** § 154c lässt eine Ausnahme vom Legalitätsprinzip zu, von der entgegen RiStBV 102 I nicht nur Gebrauch gemacht werden soll, wenn die Nötigung oder Erpressung strafwürdiger ist als die Tat des Genötigten oder Erpressten (LR-Beulke 8). Dem Täter, der genötigt oder erpresst worden ist oder werden sollte, soll die Aussage erleichtert werden. Ist die Nötigung oder Erpressung durch die Drohung begangen worden, eine OWi zu offenbaren, so berücksichtigt die VerwB den Rechtsgedanken des § 154c bei der Ausübung ihres pflichtgemäßen Ermessens nach § 47 OWiG. Zu den Mitteilungspflichten 41 zu § 153.

4 **4)** Dem **Gericht** gibt § 154c die Einstellungsmöglichkeit nicht. Ihm bleibt aber in geeigneten Fällen die Anwendung der §§ 153 II, 153a II. Die Anwendung des § 154c durch die StA ist auch nicht von richterlicher Zustimmung abhängig.

5 **5)** Die **Wiederaufnahme** des eingestellten Ermittlungsverfahrens ist zulässig, da die Strafklage nicht verbraucht ist; sie wird aber nur bei veränderter Sachlage ausnahmsweise in Betracht kommen (KK-Schoreit 5; LR-Beulke 12; anders Radtke [Einl 182] 255ff, 388: zulässig, wenn sich auf Grund neuer Tatsachen und Beweismittel ergibt, dass die Bestrafung der Tat des Genötigten unerlässlich ist). Gegen die Einstellung ist Dienstaufsichtsbeschwerde (22 vor § 296), aber nicht das Klageerzwingungsverfahren zulässig (§ 172 II S 3).

Entscheidung einer Vorfrage

154d **[1]Hängt die Erhebung der öffentlichen Klage wegen eines Vergehens von der Beurteilung einer Frage ab, die nach bürgerlichem Recht oder nach Verwaltungsrecht zu beurteilen ist, so kann die Staatsanwaltschaft zur Austragung der Frage im bürgerlichen Streitverfahren oder im Verwaltungsstreitverfahren eine Frist bestimmen. [2]Hiervon ist der Anzeigende zu benachrichtigen. [3]Nach fruchtlosem Ablauf der Frist kann die Staatsanwaltschaft das Verfahren einstellen.**

1 **1) Zweck der Bestimmung:** Die StA soll nicht durch Strafanzeige gezwungen werden, über komplizierte Vorgänge (zB Urheberrechtsverletzungen, vgl Letzgus Rebmann-FS 300), die in erster Linie zivil- oder verwaltungsrechtliche Bedeutung haben, schwierige Beweiserhebungen durchzuführen, wenn es dem Anzeigenden darauf ankommt, das Strafverfahren als Druckmittel auf einen Gegner oder zur Vorbereitung eines anderen Verfahrens zu benutzen. Rechtliche Schwierigkeiten reichen für die Anwendung nicht aus (vgl Groß GA **96**, 152; Haas MDR **90**, 684; weitergehend D. Meyer JurBüro **90**, 1403; vgl auch Brandenburg

OLGSt Nr 1). Den umgekehrten Fall (Aussetzung des Zivil- zugunsten des Strafverfahrens) regelt § 149 ZPO (dazu eingehend Schwind NStZ **06**, 598).

2) Nur für Vergehen (§ 12 II StGB) gilt § 154 d, nicht auch für Verbrechen. 2
Bei OWien wird im Hinblick auf § 47 OWiG die an sich zulässige sinngemäße Anwendung des § 154 d (§ 46 I, II OWiG) kaum praktische Bedeutung gewinnen.

3) Die **zivil- oder verwaltungsrechtliche Vorfrage** ist eine solche Frage ma- 3
teriell-rechtlicher Art, die bei Durchführung des Strafverfahrens zunächst von der StA entschieden werden müsste. Dabei muss es sich um eine präjudizielle Vorfrage handeln, nicht ausreichend ist die Aufklärung von Tatsachen, die auch für ein Strafverfahren von Bedeutung wären (Stuttgart NStZ-RR **03**, 145, 146 mwN). Für arbeits- und sozialgerichtliche Verfahren gilt § 154 d entspr (KK-Schoreit 4). Eine Vorfrage, über die nicht im Strafverfahren zu entscheiden wäre, scheidet hier aus. Das Gleiche gilt für Fragen, deren Klärung für die Entschließung der StA nicht entscheidend sein kann, wie zB die Frage eines zivilrechtlichen Anspruches auf Grund der Straftat. In geeigneten Fällen darf die StA ihre Entscheidung nach § 170 bis zum rechtskräftigen Abschluss des anderen Verfahrens zurückstellen (Kaiser NJW **63**, 1190; vgl § 262 II; § 396 **AO**). In Verfahren wegen Unterhaltspflichtverletzung (§ 170 StGB) kommt § 154 d in Betracht, wenn der Beschuldigte negative Abstammungsklage (§ 640 ZPO) erheben will (KK-Schoreit 2; Krause GA **69**, 99; **aM** SK-Weßlau 6: § 262 II entspr).

4) Anfechtbar ist die Fristsetzung nach S 1 nur mit der Dienstaufsichtsbe- 4
schwerde (KG JR **59**, 29). Das Klageerzwingungsverfahren nach § 172 ist nach allgM nicht schon gegen die Fristsetzung zulässig, sondern erst gegen die endgültige Einstellung nach S 3, wobei sich die Prüfung des OLG aber darauf beschränkt, ob die gesetzlichen Voraussetzungen der Vorschrift erfüllt sind (Brandenburg OLGSt Nr 1; LR-Beulke 20). Nach Stuttgart NStZ-RR **03**, 145 ist das Klageerzwingungsverfahren auch unzulässig, wenn die Voraussetzungen des § 154 d vorliegen und es geboten ist, die Klärung der Vorfrage in einem zivilrechtlichen Verfahren abzuwarten (erg 3 zu § 172).

5) Die endgültige Einstellung nach S 3 steht im Ermessen der StA (LR- 5
Beulke 16). Sie hindert die Ermittlungsbehörde aber nicht, die Strafverfolgung nach Abschluss des zwischen den Parteien geführten Zivilrechtsstreits wieder aufzunehmen, wenn sich daraus Anhaltspunkte für ein strafbares Verhalten des Beschuldigten ergeben (BGH NJW **08**, 2038, 2939).

Falsche Verdächtigung; Beleidigung **RiStBV 103**

154e

I Von der Erhebung der öffentlichen Klage wegen einer falschen Verdächtigung oder Beleidigung (§§ 164, 185 bis 188 des Strafgesetzbuches) soll abgesehen werden, solange wegen der angezeigten oder behaupteten Handlung ein Straf- oder Disziplinarverfahren anhängig ist.

II Ist die öffentliche Klage oder eine Privatklage bereits erhoben, so stellt das Gericht das Verfahren bis zum Abschluss des Straf- oder Disziplinarverfahrens wegen der angezeigten oder behaupteten Handlung ein.

III Bis zum Abschluss des Straf- oder Disziplinarverfahrens wegen der angezeigten oder behaupteten Handlung ruht die Verjährung der Verfolgung der falschen Verdächtigung oder Beleidigung.

1) Zweck der Bestimmung: Das wegen der angezeigten oder behaupteten 1
Handlung anhängige andere Verfahren soll den Vorrang haben, weil es sich mit dem der falschen Verdächtigung oder Beleidigung zugrunde liegenden Sachverhalt befasst und sein Ergebnis möglicherweise Einfluss auf die Entscheidung über die falsche Verdächtigung oder Beleidigung haben kann. Damit sollen zugleich widersprechende Entscheidungen über denselben Sachverhalt möglichst ausgeschlossen

werden (BGH **8**, 133, 135; **10**, 88, 89 zu § 164 VI StGB aF). § 154 e gilt auch, wenn der Vorwurf der falschen Verdächtigung nur alternativ erhoben wird (Karlsruhe JR **89**, 82).

2 **2) Anhängigkeit des anderen Verfahrens** (I): Das Strafverfahren beginnt mit der Einleitung des Ermittlungsverfahrens (BGH GA **79**, 223; 5 zu § 160) oder der Erhebung der Privatklage. Die Möglichkeit zur Privatklage genügt nicht (**aM** StA Mosbach NStE Nr 1; Milzer MDR **90**, 20); in solchen Fällen kommt Einstellung nach § 153 I oder § 170 II mit eventueller späterer Wiederaufnahme des Ermittlungsverfahrens (37 zu § 153; 9 zu § 170) in Betracht. Die Anhängigkeit entfällt mit der Einstellung nach § 170 II (BGH **10**, 88, 90) oder mit einer Einstellung nach dem Opportunitätsprinzip (zB §§ 153 I, 153 a I, 154 I). Wenn der Anzeigende als Verletzter den Antrag nach § 172 II stellen kann, dauert das Verfahrenshindernis längstens bis zum fruchtlosen Ablauf der Antragsfrist oder bis zur Verwerfung des Antrags fort (BGH GA **79**, 223); durch eine neue Anzeige wegen derselben Tat nach dem endgültigen Verfahrensabschluss lebt das Verfahrenshindernis nicht wieder auf (BGH aaO). Das gerichtliche Verfahren endet mit dessen rechtskräftigem Abschluss (vgl. II), auch durch einen Beschluss der in § 467 IV bezeichneten Art (dort 19), zB nach §§ 153 II, 153 a II, auch nach § 154 II (BGH **10**, 88, 90).

3 Nicht nur das **förmliche Disziplinarverfahren** ist in § 154 e gemeint (zB §§ 52 ff BDG), schon das Verfahren nach §§ 17 ff BDG genügt (Bay **61**, 80 = MDR **61**, 707; Bremen StV **91**, 252 mwN; SK-Weßlau 9).

4 **3) Vorübergehende Einstellung durch die StA** (I):

5 A. **Soll-Vorschrift:** Das Absehen von der Erhebung der öffentlichen Klage (vgl auch § 153 a I) bezieht sich nicht auf die Einleitung oder Fortführung des Ermittlungsverfahrens. Nach dem Sinn der Bestimmung (oben 1) soll das Nebeneinander zweier paralleler Ahndungsverfahren möglichst vermieden werden. Daher wird das Ermittlungsverfahren wegen der falschen Verdächtigung oder Beleidigung idR schon vor seinem Abschluss einzustellen sein. Aber die StA kann (zumindest) in außergewöhnlichen Fällen ihre Ermittlungen zu Ende führen, zB wegen drohenden Beweisverlustes. In derartigen Fällen ist die StA, da das Absehen von der öffentlichen Klage nur eine Soll-Vorschrift ist, nicht gehindert, ihre Ermittlungen durch Einstellungsverfügung oder auch die öffentliche Klage abzuschließen. Eine ausdrückliche Verfügung ist geboten, um die Verzögerung dem Verletzten und etwaigen sonstigen interessierten Personen zu erklären, bei voraussichtlich längerer Aussetzungsdauer auch, um das Ruhen der Verjährung (III) sicherzustellen.

6 B. Die **Entscheidungsbefugnis** (nach 4, 5) steht der StA zu. Die Polizei, die wegen der angezeigten oder behaupteten Handlung ermittelt (§ 163) gibt daher die Vorgänge an die StA, allerdings nach Sicherung gefährdeter Beweise, zB durch Vernehmungen oder durch Beschlagnahme von Beweismitteln (§§ 94, 98 I), und nach Sicherstellung gefährdeter Verfalls- oder Einziehungsgegenstände (§§ 111 b, 111 e I). Der Ermittlungsrichter ist nicht befugt, einen Antrag (§ 162) mit der Begründung zurückzuweisen, dieser sei nach I unzulässig.

7 C. **Verfügung:** Ist das Ermittlungsverfahren noch nicht abgeschlossen, so stellt die StA das Verfahren vorübergehend für die Dauer der Anhängigkeit des anderen Verfahrens ein. Aber auch wenn die Ermittlungen schon beendet sind, das Verfahren aber nicht eingestellt wird, ist die Formulierung „von der Erhebung der öffentlichen Klage" vorübergehend abzusehen im Allgemeinen nicht ratsam, weil für die endgültige Abschlussverfügung ja gerade das Ergebnis des anderen Verfahrens abgewartet werden soll (oben 1). Die Verfügung wird dem Anzeigenden mitgeteilt (RiStBV 103).

8 D. **Zusammentreffen mit anderen Straftaten:** Werden dem Beschuldigten in demselben Verfahren außer der falschen Verdächtigung oder Beleidigung noch andere Straftaten vorgeworfen und handelt es sich dabei um eine andere Tat

(§ 264), so wird das Verfahren wegen dieser fortgeführt, erforderlichenfalls nach Abtrennung. Handelt es sich bei den mehreren Vorwürfen um eine Tat, so gibt es nur eine einheitliche Fortführung des Verfahrens im Rahmen des I oder eine einheitliche vorübergehende Einstellung. Im Fall der Ausscheidung der falschen Verdächtigung oder der Beleidigung nach § 154a kann das Verfahren, auch das gerichtliche, fortgeführt werden, solange der ausgeschiedene Teil nicht wieder einbezogen wird (LR-Beulke 4).

4) Widerruf der Einstellung durch die StA: Die Einstellung durch die StA ist nicht obligatorisch. Daher handelt es sich nicht um ein Verfahrenshindernis für das Ermittlungsverfahren (einschließlich Abschlussverfügung), sondern nur um Richtlinien für die Verfahrensgestaltung (vgl 21a zu § 154). Die StA kann daher ihre Einstellungsverfügung widerrufen, zB wegen drohenden Beweisverlustes (KK-Schoreit 12). 9

5) Aussetzung des gerichtlichen Verfahrens (II): 10

A. **Beim Gericht des 1. Rechtszugs:** Nach Erhebung der Klage durch die StA oder den Privatkläger ist die Anhängigkeit des anderen Verfahrens ein vorübergehendes Verfahrenshindernis (BGH **8**, 151; **10**, 88, 89 zu § 164 VI StGB aF; Einl 151), das nach hM von Amts wegen zu beachten ist (Bremen StV **91**, 252 mwN). Es führt aber nur zu einem Beschluss mit Einstellung bis zum Abschluss des anderen Verfahrens, dh zur Aussetzung des gerichtlichen Verfahrens (BGH **8**, 133); § 260 III ist nicht anzuwenden (BGH GA **79**, 223, 224). Denn die Einstellung wegen des Verfahrenshindernisses würde zu einem nicht gebotenen Abschluss des gerichtlichen Verfahrens (samt Entscheidung über Kosten und Auslagen) führen und nach Wegfall des Verfahrenshindernisses die Erhebung einer neuen Anklage notwendig machen, obwohl die erhobene Klage zulässig war (oben 2). 11

Das **zeitweilige Verfahrenshindernis** des II ist auch noch in anderer Beziehung eingeschränkt: Es zieht nicht die Unzulässigkeit gerichtlicher Entscheidungen nach sich, die die Sachentscheidung nur vorbereiten (LR-Beulke 15). 12

B. **Beim Rechtsmittelgericht:** Auch das Berufungsgericht verfährt nach II, wenn dessen Voraussetzungen vorliegen. Das Revisionsgericht verweist die Sache nach § 354 II an den Tatrichter zurück, wenn II nicht beachtet worden ist (BGH **8**, 151 zu § 164 VI StGB aF; Karlsruhe JR **89**, 82). 13

6) Ruhen der Verjährung (III; Ergänzung des § 78b I S 1 StGB): Das Ruhen beginnt erst mit der förmlichen vorübergehenden Einstellung nach I oder II (LR-Beulke 21). Dabei kommt es auf den Zeitpunkt des aktenmäßigen Erlasses der Entscheidung an (6, 7 vor § 33). Das Ruhen dauert bis zum (aktenmäßigen) Erlass der das andere Verfahren abschließenden Entscheidung; falls diese anfechtbar ist, bis zu deren Rechtskraft. Ausnahme: Wenn die StA ihre Einstellungsverfügung widerruft (oben 9), wird deren verjährungshemmende Wirkung beendet. 14

7) Rechtsbehelfe: Gegen die vorübergehende Einstellung des Ermittlungsverfahrens oder ihre Unterlassung ist nur die Dienstaufsichtsbeschwerde zulässig (18 zu § 172). Die gerichtliche Entscheidung nach II ist nach § 304 anfechtbar, soweit nicht § 305 entgegensteht. Die Verletzung des II durch den Tatrichter ist Revisionsgrund nach § 337 (BGH **8**, 133; 151; beide zu § 164 VI StGB aF; oben 13). 15

Vorläufige Einstellung des Verfahrens

154f Steht der Eröffnung oder Durchführung des Hauptverfahrens für längere Zeit die Abwesenheit des Beschuldigten oder ein anderes in seiner Person liegendes Hindernis entgegen und ist die öffentliche Klage noch nicht erhoben, so kann die Staatsanwaltschaft das Verfahren vorläufig einstellen, nachdem sie den Sachverhalt so weit wie möglich aufgeklärt und die Beweise so weit wie nötig gesichert hat.

1 **1)** Wenn die **öffentliche Klage noch nicht erhoben** ist, gilt § 154f, danach ist § 205 anzuwenden. Wird die erhobene Klage wieder zurückgenommen (§ 156), gilt wieder § 154f.

2 **2)** Die Vorschrift ist **anwendbar**, wenn der Beschuldigte – zB wegen unbekannten Aufenthalts – nicht vernommen werden kann oder wenn er nach seiner Vernehmung (§ 163a) unbekannt verzogen ist, so dass ihm die Anklageschrift nach § 201 nicht mitgeteilt oder ein Strafbefehl nicht zugestellt (15ff zu § 409) werden kann; auch länger dauernde Verhandlungsunfähigkeit de Beschuldigten kann der Anklageerhebung entgegenstehen.

3 **3)** Wie § 205 ist die Bestimmung als **„Kann"-Vorschrift** ausgestaltet. Damit bleibt für die StA die Möglichkeit trotz Vorliegens der Voraussetzungen des § 154f die öffentliche Klage zu erheben, um etwa die Verjährung der Strafverfolgung nach § 78c I S 1 Nr 10 StGB durch einen gerichtliche Beschluss nach § 205 unterbrechen zu lassen (BR-Drucks 178/09 S 34).

4 **4) Vor einer vorläufigen Einstellung** ist der Sachverhalt so weit wie möglich aufzuklären; ferner sind – wie in § 205 (dort 6) – die Beweise zu sichern. Wird das Verfahren gegen mehrere Beschuldigte geführt und liegen nur hinsichtlich eines von ihnen die Einstellungsvoraussetzungen vor, ist sein Verfahren abzutrennen und vorläufig einzustellen, das Verfahren gegen die übrigen Beschuldigten aber weiter zu betreiben.

5 **5)** Der Gesetzgeber hat die zu § 205 bestehende Streifrage, ob die Vorschrift auch bei **nicht in der Person des Beschuldigten liegenden Hindernissen** entspr anzuwenden ist (vgl 8 zu § 205), nicht erörtert. Hier besteht – anders als bei § 205 – ein solches Bedürfnis aber nicht: Kann zB der einzige Belastungszeuge wegen unbekannten Aufenthalts nicht geladen werden, so hindert das die Erhebung der öffentlichen Klage nicht. Liegt auch kein ausreichendes Vernehmungssurrogat (Niederschrift, Videoaufzeichnung) vor, so muss das Gericht entspr § 205 das Verfahren vorläufig einstellen.

Umfang der Untersuchung

155 **I Die Untersuchung und Entscheidung erstreckt sich nur auf die in der Klage bezeichnete Tat und auf die durch die Klage beschuldigten Personen.**

II Innerhalb dieser Grenzen sind die Gerichte zu einer selbstständigen Tätigkeit berechtigt und verpflichtet; insbesondere sind sie bei Anwendung des Strafgesetzes an die gestellten Anträge nicht gebunden.

1 **1)** Das **Anklageprinzip** (1 zu § 152) wird hier ergänzt durch die Pflichten des Gerichts, die Anklage erschöpfend zu behandeln (unten 2), über sie aber auch nicht hinauszugehen (BGHR § 264 I Tatidentität 18), weder in sachlicher (vgl zu § 264, auch § 266) noch in persönlicher Beziehung. „Tat" bedeutet das Gleiche wie in § 264 (LR-Beulke 3; Oehler Schröder-FS 439, 443).

2 **2) Prinzip der materiellen Wahrheitserforschung** (II S 1; §§ 244 II, 384 III), Ermittlungsgrundsatz, Untersuchungsgrundsatz, auch als Instruktions- oder Inquisitionsprinzip bezeichnet: Für die StA und ihre Organe ergibt sich die Pflicht zur Wahrheitserforschung insbesondere aus den §§ 152 II, 160, 163 (vgl Einl 23, 37, 38), für die FinB im Steuerstrafverfahren aus denselben Vorschriften iVm §§ 385 I, 386, 399 **AO** (vgl Einl 11ff).

3 **3) Beweislast:** Der Beschuldigte hat nicht seine Unschuld zu beweisen (Einl 80). Eine Verurteilung setzt voraus, dass das Gericht (mit Hilfe der StA) nachweist, was zur Verurteilung erforderlich ist (§ 244 II). Über den Grundsatz *in dubio pro reo* vgl 26ff zu § 261; hierzu und zur Beweislast vgl Walter JZ **06**, 340.

4) Bei der Anwendung des Strafgesetzes (II S 2) ist das Gericht nicht an die Anträge der StA oder anderer Prozessbeteiligter gebunden. Bei der Anwendung des Prozessrechts ist die Regelung verschieden. Das Gericht ist insbesondere verpflichtet, über Anträge zu entscheiden (zB über Rechtsmittel, Beweisanträge). 4

Täter-Opfer-Ausgleich (TOA)

155a [1]**Die Staatsanwaltschaft und das Gericht sollen in jedem Stadium des Verfahrens die Möglichkeiten prüfen, einen Ausgleich zwischen Beschuldigtem und Verletztem zu erreichen.** [2]**In geeigneten Fällen sollen sie darauf hinwirken.** [3]**Gegen den ausdrücklichen Willen des Verletzten darf die Eignung nicht angenommen werden.**

1) Ausgleich: Durch diese prozessuale Vorschrift soll dem – zuvor nur in § 46a StGB geregelten – TOA ein breiterer Anwendungsbereich verschafft werden. Nicht erst in der Hauptverhandlung sondern schon – und vor allem (BGH **48**, 134) – im Ermittlungsverfahren ist von der StA und im Zwischen- und Hauptverfahren vom Gericht die Möglichkeit eines TOA zu prüfen. Halten StA oder Gericht die Vornahme eines TOA für geeignet, dh in Fällen, in denen § 46a StGB anwendbar wäre, sollen sie den Beschuldigten nach § 136 I S 4 darauf hinweisen (dort 12a; vgl aber unten 2) und auf den TOA hinwirken. Wie Letzteres im Einzelnen geschehen soll, hat der Gesetzgeber nicht geregelt, weil er für landesrechtliche Regelungen, die den jeweils landesspezifischen Gegebenheiten und entwickelten Konzepten (dazu Nw in KK-Schoreit 6) zur Durchführung des TOA Rechnung tragen, Raum lassen wollte (krit dazu Busch NJW **02**, 1326; Tolmein ZRP **99**, 409; vgl auch Finger ZRP **02**, 514). 1

Eine Grenze für die Ausgleichsbemühungen stellt der ausdrücklich erklärte entgegenstehende **Wille des Verletzten** dar (S 3); der Verletzte muss zwar nicht, sollte deshalb aber zuerst befragt werden, ob er mit einem TOA einverstanden ist, weil verneinendenfalls keine Bemühungen von StA und Gericht mehr entfaltet werden dürfen (SK-Weßlau 6; **aM** Busch NJW **02**, 1327). 2

2) Durchführung: Die Initiative zum TOA muss nicht von der StA oder dem Gericht, sondern kann auch von dem Beschuldigten selbst, seinem Verteidiger (dazu eingehend Detter Mehle-FS 157) oder vom Verletzten und dessen Vertreter ausgehen; für die eingeschalteten Rechtsanwälte entsteht für die Tätigkeit im Rahmen des TOA nach Nrn 4102 Ziff 4, 4103 VVRVG ein Gebührenanspruch. StA und Gericht können auf die Möglichkeit des TOA hinweisen; sie können in geeigneten Fällen (LR-Beulke 4: nur in Ausnahmefällen) unmittelbar selbst vermitteln (abl SK-Weßlau 9; Tolmein ZRP **99**, 410) oder die Ausgleichsstelle (§ 155b, dort 1a) einschalten. Die Eignung eines Verfahrens für den TOA und das Maß des von der Rspr verlangten „kommunikativen Prozesses" zwischen Täter und Opfer sind von der zugrunde liegenden Straftat, vom Umfang der beim Opfer eingetretenen Schädigungen und damit vom Grad seiner persönlichen Betroffenheit abhängig (BGH **48**, 134 = StraFo **03**, 248 mit krit Anm Götting = JR **03**, 423 mit krit Anm Kaspar). Der TOA ist nicht auf bestimmte Delikte beschränkt, kommt aber im Wesentlichen wohl nur bei Körperverletzungs- und Ehrdelikten, uU auch noch bei Freiheitsdelikten, Raub und Erpressung in Betracht (LR-Beulke 10). Regelmäßig wird ein Geständnis des Beschuldigten zu verlangen sein; bei einem die Tat explizit bestreitenden – nicht aber bei einem zur Sache schweigenden – Beschuldigten ist der TOA idR ausgeschlossen (BGH aaO; Schädler NStZ **05**, 368; vgl zu Ausnahmen aber BGH StV **08**, 464; vgl ferner Bemmann JR **03**, 229). Hinreichender Tatverdacht muss bestehen (vgl Loos Küper-FS 321). Die Bemühungen um einen TOA dürfen das Verfahren im Übrigen nicht unangemessen verzögern (Weimer NStZ **02**, 352); der Angeklagte hat keinen Anspruch auf Unterbrechung oder Aussetzung der Hauptverhandlung zur Durchführung eines TOA (BGH aaO). 3

4 **3) Folgen:** Liegt das Einverständnis des Verletzten (oben 2) vor, so erteilt die StA (falls sie nicht nach erfolgtem TOA nach § 153 b verfahren will, vgl dazu Heghmanns 742) oder das Gericht mit – soweit erforderlich (vgl § 153 a I S 1, 7, II S 1) – Zustimmung des anderen dem Beschuldigten die Weisung nach § 153 a I S 2 Nr 5. Die Ausgleichsstelle (§ 155 b) kann, muss aber nicht eingeschaltet werden (zum praktischen Ablauf Weber DRiZ **00**, 42). War der TOA erfolgreich, was idR von der Stellungnahme des Vermittlers abhängt (krit dazu Schöch Roxin-FS 1063), entsteht ein Verfahrenshindernis (dazu 14 und 43 ff zu § 153 a), scheitert er, nimmt das Strafverfahren seinen Fortgang, wobei das ernsthafte Bemühen des Beschuldigten noch im Urteil strafmildernd gewertet werden kann.

5 **4) Urteilsgründe:** Erfolgt der TOA erst in der Hauptverhandlung, müssen die wesentlichen Einzelheiten über den erfolgreichen oder den nicht erfolgreichen Ausgleich einschließlich der Frage der Zustimmung oder der Verweigerung des Tatopfers in den Urteilsgründen in dem Umfang dargelegt werden, dass sie die revisionsgerichtliche Prüfung (unten 6) ermöglichen; die Urteilsgründe müssen die „wertende Betrachtung" und die Ausübung tatrichterlichen Ermessens erkennen lassen, ob die Voraussetzungen des TOA angenommen und von der eröffneten Milderungsmöglichkeit nach §§ 46 a, 49 StGB Gebrauch gemacht worden ist (BGH **48**, 134; StV **08**, 463).

6 **5) Revision:** Auf eine Verletzung der Vorschrift (durchgeführter oder nichtdurchgeführter TOA) kann die Revision nicht gestützt werden (LR-Beulke 15; **aM** Weimer NStZ **02**, 350), wohl aber auf die unrichtige Annahme des Vorliegens der Voraussetzungen nach § 46 a StGB für einen TOA (BGH NJW **03**, 1466).

Ausgleichsstelle

155b **I [1]Die Staatsanwaltschaft und das Gericht können zum Zweck des Täter-Opfer-Ausgleichs oder der Schadenswiedergutmachung einer von ihnen mit der Durchführung beauftragten Stelle von Amts wegen oder auf deren Antrag die hierfür erforderlichen personenbezogenen Daten übermitteln. [2]Die Akten können der beauftragten Stelle zur Einsichtnahme auch übersandt werden, soweit die Erteilung von Auskünften einen unverhältnismäßigen Aufwand erfordern würde. [3]Eine nicht-öffentliche Stelle ist darauf hinzuweisen, dass sie die übermittelten Daten nur für Zwecke des Täter-Opfer-Ausgleichs oder der Schadenswiedergutmachung verwenden darf.**

II [1]Die beauftragte Stelle darf die nach Absatz 1 übermittelten personenbezogenen Daten nur verarbeiten und nutzen, soweit dies für die Durchführung des Täter-Opfer-Ausgleichs oder der Schadenswiedergutmachung erforderlich ist und schutzwürdige Interessen des Betroffenen nicht entgegenstehen. [2]Sie darf personenbezogene Daten nur erheben sowie die erhobenen Daten verarbeiten und nutzen, soweit der Betroffene eingewilligt hat und dies für die Durchführung des Täter-Opfer-Ausgleichs oder der Schadenswiedergutmachung erforderlich ist. [3]Nach Abschluss ihrer Tätigkeit berichtet sie in dem erforderlichen Umfang der Staatsanwaltschaft oder dem Gericht.

III Ist die beauftragte Stelle eine nicht-öffentliche Stelle, finden die Vorschriften des Dritten Abschnitts des Bundesdatenschutzgesetzes auch Anwendung, wenn die Daten nicht in oder aus Dateien verarbeitet werden.

IV [1]Die Unterlagen mit den in Absatz 2 Satz 1 und 2 bezeichneten personenbezogenen Daten sind von der beauftragten Stelle nach Ablauf eines Jahres seit Abschluss des Strafverfahrens zu vernichten. [2]Die Staatsanwaltschaft oder das Gericht teilt der beauftragten Stelle unverzüglich von Amts wegen den Zeitpunkt des Verfahrensabschlusses mit.

1) Regelungsgehalt: Die Vorschrift schafft „aus Gründen der Normenklarheit und zum Ausschluss zweckändernder Verwendungen eine bereichsspezifische gesetzliche Grundlage sowohl für die Übermittlung von personenbezogenen Daten an die Ausgleichsstelle als auch für die Erhebung solcher Daten durch die Ausgleichsstelle sowie deren Verarbeitung und Nutzung" (BT-Drucks 14/1928 S 6). 1

Ausgleichsstellen können auf TOA oder Konfliktschlichtung spezialisierte private Vereine oder Einrichtungen sein, aber auch Jugend- und Erwachsenengerichtshilfen, die sozialen Dienste des Strafvollzugs sowie Schiedsleute uä. 1a

2) Verfahren: 2

A. Die **Übermittlung** der erforderlichen Daten aus den Verfahrensakten durch StA und Gericht regelt I S 1. Die Übermittlung kann von Amts wegen oder auf Antrag der Ausgleichsstelle (Pfeiffer 1; **aM** KK-Schoreit 2) geschehen; einer Einwilligung des Betroffenen bedarf es nicht. Die Übermittlung ist bereits zur Abklärung der Frage, ob die Einleitung eines Ausgleichsverfahrens möglich erscheint, zulässig. Nur soweit die Erteilung der Auskünfte einen unverhältnismäßigen Aufwand erfordern würde, ist nach S 2 die Übersendung der Akten zulässig; das ist etwa bei komplizierten Sachverhalten mit einer Vielzahl von Personen oder bei komplexen und mehrbändigen Ermittlungsakten der Fall (Busch NJW **02**, 1326) oder wenn die Kenntnis des Akteninhalts für den TOA erforderlich ist (LR-Beulke 4). Öffentlichen Stellen sollten die Akten aber stets übersandt werden dürfen (Busch JR **03**, 94: teleologische Reduktion der Vorschrift). 3

B. Mit der **Zweckbindung** befasst sich II. Über die Zweckbindung (TOA oder Schadenswiedergutmachung) ist die nicht-öffentliche Ausgleichsstelle nach I S 3 zu informieren. Die Zweckbindung gilt auch für diejenigen personenbezogenen Daten, die erst im Rahmen der Durchführung des TOA von der beauftragten Stelle nach II S 2 erhoben werden. Nicht nur die Einwilligung des Verletzten (vgl 2 zu § 155 a) sondern diejenige jedes Betroffenen – also auch des Beschuldigten – ist zur Verarbeitung und Nutzung der erhobenen Daten erforderlich (vgl dazu Busch NJW **02**, 1327). Die Einwilligung ist idR schriftlich zu erteilen, mündliche Einwilligung genügt aber, wenn Daten lediglich bei dem Betroffenen selbst beschafft werden (Busch JR **03**, 96). Entspr § 136 I S 2 wird der staatlich beauftragte Kontaktvermittler den Beschuldigten auch belehren müssen (Schöch BGH-FG 1063). Zumindest über das Ergebnis des Verfahrens vor der Ausgleichsstelle – ggf aber auch über den Gang des Verfahrens – hat diese StA oder Gericht zu berichten (II S 3; SK-Weßlau 6). Die Berichtspflicht ist durch den Umfang der von Beschuldigtem und Verletzten erteilten Einwilligung begrenzt (LR-Beulke 13 ff). 4

C. **Datenschutz** (III): Für die Erhebung, Verarbeitung und Nutzung von Daten durch eine nicht-öffentliche Stelle gelten die Vorschriften der §§ 27 ff BDSG nach III – entgegen § 27 BDSG – auch dann, wenn die Daten bei der Ausgleichsstelle nicht in oder aus Dateien, sondern aktenmäßig verarbeitet werden, jedoch nur insoweit, als § 155 b keine speziellere Regelung trifft (SK-Weßlau 8; Busch NJW **02**, 1327). III schließt somit die Möglichkeit zur zweckändernden Verwendung nach § 28 BDSG aus (HK-Temming 5; Pfeiffer 5). 5

D. Die **Vernichtung der Unterlagen** bei der Ausgleichsstelle binnen Jahresfrist nach Abschluss des Verfahrens schreibt IV vor. IV S 2 stellt die Einhaltung der Frist sicher. 6

Klagerücknahme

156 **Die öffentliche Klage kann nach Eröffnung des Hauptverfahrens nicht zurückgenommen werden.**

1) Die **Rechtshängigkeit** entsteht mit der Eröffnung des gerichtlichen Verfahrens nach Anklageerhebung (13 zu § 207) oder mit dem Verfahrensereignis, das dieser Eröffnung bei den besonderen Verfahrensarten entspricht (Hamm VRS **58**, 1

363, 365). Mit ihr verliert die StA grundsätzlich (Ausnahmen unten 3 bis 5) die Dispositionsbefugnis über die Klage (BGH **29**, 224, 229); auch eine Änderung der in der Anklageschrift angegebenen Tatzeiten, durch die bisher von der Anklage nicht erfasste Straftaten in die Strafverfolgung einbezogen werden sollen, ist dann nicht mehr zulässig (BGH **46**, 130). Das ist eine Folge des Legalitätsprinzips (Roxin § 14 B III; zw LR-Beulke 1 Fn 1). Mit der Rechtshängigkeit entsteht auch ein Verfahrenshindernis für ein anderes Verfahren gegen denselben Beschuldigten wegen derselben Tat (13 zu § 207). Nach Erlass des Beschlusses über die Nichteröffnung des Hauptverfahrens ist die Zurücknahme der Anklage ebenfalls ausgeschlossen (Frankfurt JR **86**, 470 mit Anm Meyer-Goßner = StV **86**, 330 mit Anm Temming; LR-Beulke 7; Fahl 216 ff; Sowada 700; Weßlau JR **02**, 475).

2 **2)** Die **Zurücknahme** versetzt das Verfahren in den Stand des Ermittlungsverfahrens zurück (Karlsruhe Justiz **82**, 438). Das Legalitätsprinzip (§ 152 II) wird durch § 156 nicht berührt. Die Rücknahme kann darauf beruhen, dass die Klage nachträglich als unbegründet erscheint. In diesem Fall kann die StA das Verfahren nach der Rücknahme der Klage einstellen. Andernfalls muss sie die Klage neu erheben; hierfür gelten die Formvorschriften des § 200 (Karlsruhe aaO). Die Rücknahme kann aber auch den Zweck haben, das Verfahren nach den Opportunitätsbestimmungen der §§ 153 ff einzustellen oder die Strafsache vom unzuständigen Gericht an das zuständige (Bay NJW **73**, 2312), auch vor einen anderen Spruchkörper desselben Gerichts (BGH NStZ **84**, 132 mit Anm Hilger), zu bringen oder die Verbindung mehrerer zusammenhängender Sachen zu erreichen (3 ff zu § 2; 2 ff zu § 4). Über das Verbot, den Beschuldigten dem gesetzlichen Richter zu entziehen, vgl Art 101 I S 2 GG; 3 ff zu § 16 GVG.

3 **3) Strafbefehlsverfahren:** Der Antrag kann nicht mehr zurückgenommen werden, wenn der Strafbefehl rechtskräftig ist (§ 410 III). Bei rechtzeitigem Einspruch ist die Klage bis zum Beginn der Hauptverhandlung (zur Sache), danach noch bis zur Urteilsverkündung mit Zustimmung des Angeklagten zurücknehmbar (§ 411 III S 1). In der nach § 408 III S 2 anberaumten Hauptverhandlung kann die StA die Klage nur bis zum Beginn der Verhandlung zur Sache zurücknehmen (Düsseldorf MDR **84**, 70; 8 zu § 411).

4 Im **Steuerstrafverfahren** kann der von der FinB gestellte Antrag von dieser zurückgenommen werden, bis Hauptverhandlung nach § 408 II anberaumt oder Einspruch gegen den Strafbefehl erhoben wird (§§ 400, 406 I **AO**). Von diesem Zeitpunkt an geht die Rücknahmebefugnis auf die StA über.

5 **4) Sonderregelungen** enthalten die §§ 153 c IV, 153 d II, 153 f III, 411 III. Auch zu dem Zweck, das Verfahren nach § 153 I einzustellen, darf die StA die Klage zurücknehmen (LR-Beulke 8). Das Gleiche gilt, wenn das Verfahren nach § 153 a I eingestellt werden soll.

Angeschuldigter; Angeklagter

157 Im Sinne dieses Gesetzes ist

Angeschuldigter der Beschuldigte, gegen den die öffentliche Klage erhoben ist,

Angeklagter der Beschuldigte oder Angeschuldigte, gegen den die Eröffnung des Hauptverfahrens beschlossen ist.

1 **1)** Der **Begriff Beschuldigter** ist hier nicht definiert. Über ihn und seine Abgrenzung zum Verdächtigen vgl Einl 77.

2 **2) Mit der Erhebung der öffentlichen Klage** (Einl 60) wird der Beschuldigte zum Angeschuldigten.

3) Mit der Eröffnung des Hauptverfahrens, bei den besonderen Verfahrensarten mit dem ihr entspr Prozessereignis (Einl 64), wird der Beschuldigte zum Angeklagten. 3

4) Der **Oberbegriff** ist der des Beschuldigten. Zur Begründung und Beendigung der Beschuldigteneigenschaft vgl Einl 76, 81. Dieser Oberbegriff wird daher auch verwendet, wenn er für alle Verfahrensstadien gelten soll (vgl zB 2 zu § 102). 4

5) Als **Verurteilten** bezeichnet das Gesetz den Beschuldigten nach Rechtskraft eines verurteilenden Erkenntnisses (vgl §§ 449 ff). Die Regelungen über die Wiederaufnahme des Verfahrens sprechen zT vom Verurteilten (§§ 359, 364 a, 364 b I, 367 I S 2, 373 II), zT aber auch vom Angeklagten (§§ 362, 366 II, 367). 5

2. Abschnitt. Vorbereitung der öffentlichen Klage

Strafanzeige und -antrag **RiStBV 6, 8, 9**

158 I [1]**Die Anzeige einer Straftat und der Strafantrag können bei der Staatsanwaltschaft, den Behörden und Beamten des Polizeidienstes und den Amtsgerichten mündlich oder schriftlich angebracht werden.** [2]**Die mündliche Anzeige ist zu beurkunden.**

II **Bei Straftaten, deren Verfolgung nur auf Antrag eintritt, muss der Antrag bei einem Gericht oder der Staatsanwaltschaft schriftlich oder zu Protokoll, bei einer anderen Behörde schriftlich angebracht werden.**

III [1]**Zeigt ein im Inland wohnhafter Verletzter eine in einem anderen Mitgliedstaat der Europäischen Union begangene Straftat an, so übermittelt die Staatsanwaltschaft die Anzeige auf Antrag des Verletzten an die zuständige Strafverfolgungsbehörde des anderen Mitgliedstaats, wenn für die Tat das deutsche Strafrecht nicht gilt oder von der Verfolgung der Tat nach § 153 c Absatz 1 Satz 1 Nummer 1, auch in Verbindung mit § 153 f, abgesehen wird.** [2]**Von der Übermittlung kann abgesehen werden, wenn**

1. **die Tat und die für ihre Verfolgung wesentlichen Umstände der zuständigen ausländischen Behörde bereits bekannt sind oder**
2. **der Unrechtsgehalt der Tat gering ist und der verletzten Person die Anzeige im Ausland möglich gewesen wäre.**

1) Allgemeines: 1

A. Die **Strafanzeige** ist die Mitteilung eines Sachverhalts, der nach Meinung des Anzeigenden Anlass für eine Strafverfolgung bietet. Sie ist eine bloße Anregung des Verletzten oder einer anderen Person, es möge geprüft werden, ob Anlass zur Einleitung eines Ermittlungsverfahrens besteht (Bay **85**, 71, 73 = NJW **86**, 441, 442, Koblenz VRS **71**, 37; **aM** Walther Jung-FS 1045; dies JR **08**, 406: subjektiv-öffentl Recht). Sie verpflichtet zur Prüfung (§§ 152 II, 160 I, 163). Ein Anspruch auf Unterlassung einer Strafanzeige besteht grundsätzlich nicht (vgl unten 24). 2

Die Anzeige kann aber auch mit einem **Antrag auf Strafverfolgung** verbunden sein, der keine Prozessfähigkeit voraussetzt (Einl 98). Ein Nebenbeteiligter (Einl 73) ist der Anzeigende nicht (KK-Griesbaum 5; Röhl NJW **64**, 275); anders in den Fällen der §§ 172 (vgl § 175 S 1), 395 I Nr 6, 406 g, 469. 3

B. Der **Strafantrag** (II, §§ 77–77 d StGB) ist die ausdrückliche oder durch Auslegung zu ermittelnde Erklärung des nach dem Gesetz zum Strafantrag Befugten, dass er die Strafverfolgung wünsche (BGH NJW **51**, 368; MDR **74**, 13 [D]; Braunschweig OLGSt Nr 1; Düsseldorf MDR **86**, 165). Er ist eine Prozessvoraussetzung (Einl 141), deren Fehlen zu einem Bestrafungsverbot (Einl 143) führt; falls das Fehlen in der Tatsacheninstanz übersehen wurde, kann dies aber in der Revisionsinstanz nur auf eine erhobene Sachrüge berücksichtigt werden (Einl 150; anders 4 die hM). Die Tat (1 ff zu § 264) muss genügend gekennzeichnet sein (Schlichter GA **66**, 354), nicht der Täter (vgl unten 21). Das Fehlen des Strafantrags ist aber, wenn die Behebung des Mangels zu erwarten ist, kein absolutes Verbot des strafrechtlichen Vorgehens, wie sich aus §§ 127 III, 130 ergibt. Der Strafantrag kann mit einer Strafanzeige verbunden sein und umgekehrt (BGH NStE Nr 2); entscheidend ist nur, dass der Verfolgungswille unmissverständlich und schriftlich zum Ausdruck gebracht wird (BGH NStZ **95**, 353). Es kann zB in der Anzeige wegen Einbruchsdiebstahls oder eines Raubüberfalls in der Wohnung zugleich ein Strafantrag wegen Hausfriedensbruchs liegen (BGH GA **57**, 17; NStZ-RR **10**, 53). Eine Vermißtenmeldung enthält für sich allein aber noch keinen Strafantrag (BGH NStZ **90**, 25 [M]). Der Strafantrag kann auch gestellt werden, wenn das Verfahren – zu Recht oder zu Unrecht – schon im Gang ist. Er setzt nicht voraus, dass der Täter bekannt ist.

5 C. Die **Antragsfrist** (§ 77 b StGB) beginnt erst, wenn dem Antragsberechtigten Tat und Täter bekanntgeworden sind. Über das Ende der Frist vgl 1 zu § 43. Sind die Eltern antragsberechtigt (§ 77 III StGB), so beginnt die Frist für sie, sobald der Vater oder die Mutter die Kenntnis hat (BGH **22**, 103; **aM** Schönke-Schröder/Sternberg-Lieben 4 zu § 77 b StGB), anders als sonst in Fällen der Gesamtvertretung (RG **47**, 338). Im Fall des § 77 IV StGB wird die Frist für jeden einzelnen Berechtigten durch seine Kenntnis in Lauf gesetzt (§ 77 b III StGB). Die Frist wird nur durch rechtzeitigen Eingang bei einer deutschen Behörde gewahrt (Bay **72**, 78 = NJW **72**, 1631; Stuttgart OLGSt S 1). Der Strafantrag ist auch schon zulässig, wenn eine Tat unmittelbar bevorsteht und sich bereits so abzeichnet, dass man sie genügend konkretisieren kann (BGH **13**, 363; Düsseldorf NJW **87**, 2526 = JR **87**, 520 mit Anm Keller; **aM** Schroth NStZ **82**, 1). Der Strafantrag eines Minderjährigen ist nicht allein deshalb wirksam, weil der Minderjährige noch vor Ablauf der Antragsfrist volljährig geworden ist (BGH NJW **94**, 1165).

6 **2)** Eine **behördliche oder dienstliche Anzeigepflicht** besteht nicht allgemein. So besteht außerhalb des Bereichs, der den Amtsträgern der Strafverfolgung zugewiesen ist, keine allgemeine Pflicht, ihnen bekanntgewordene Straftaten anzuzeigen (BGH **43**, 82, 85 mit Anm Rudolphi NStZ **97**, 599; zust auch Walter NStZ **10**, 61 [Strafvollzugsbedienstete]; erg 9, 10 zu § 160; 9, 10 zu § 163). Das gilt auch für Sozialbehörden (SK-Wohlers 9). Sie besteht aber, wenn auch eine Privatperson anzeigepflichtig ist (vgl § 138 StGB, auch iVm § 148 a I S 2, §§ 37 II S 2 BeamtStG, 67 II S 2 BBG), oder auf Grund besonderer Bestimmungen (zB § 163 I; § 183 GVG; § 14 GwG; § 41 I OWiG; § 67 IV TKG; § 84 a I WiPrO; § 4 V WpHG), etwa auch aus dem Steuerrecht (§ 31 b S 2 **AO** [§ 261 StGB, § 1 II GwG; dazu Hetzer EuZW **08**, 564; Höll ZIS **10**, 316], § 116 AO [Steuerstraftat; dazu Bülte NStZ **09**, 57; Kelnhofer/Krug StV **08**, 665; Kölbel NStZ **08**, 243; Sieber NJW **08**, 882], § 4 V S 1 Nr 10 S 3 EStG [Korruptionsverdacht, dazu BFH NJW **08**, 3517; Höll aaO 311; Kretschmer StraFo **08**, 498; einschr Gatzweiler DAV-FS 486]); vgl auch § 12 a IV S 6, IV a ZollVG. Der Dienstvorgesetzte eines Soldaten (§ 40 WStG) gibt die Sache – unabhängig von der disziplinaren Prüfung – an die StA ab, wenn das Dienstvergehen eine Straftat ist und die Abgabe entweder zur Aufrechterhaltung der militärischen Ordnung oder wegen der Art der Tat oder der Schwere des Unrechts oder der Schuld geboten ist (§ 33 III WDO). Als besondere Bestimmungen genügen auch Dienstvorschriften (RG **53**, 108; **73**, 266; KMR-Plöd 14; offengelassen von BGH aaO 87). Eine andere Behörde ist zur Anzeige bei erheblichen Straftaten verpflichtet, falls die disziplinare Ahndung nicht ausreicht oder nicht in Betracht kommt und das öffentliche Interesse die Strafverfolgung erfordert (vgl RG **73**, 265; **74**, 180; **aM** Roxin/Schünemann § 39, 6), falls nicht eine andere Vorschrift entgegensteht, wie zB § 30 **AO**; die Verschwiegenheitspflicht gemäß §§ 37 I BeamtStG, 67 I BBG steht der Anzeige einer Korruptionsstraftat nach §§ 331–337 StGB nicht entgegen (§§ 37 II S 1 Nr 3 BeamtStG, 67 II S 1 Nr 3 BBG). Dieser Ermessensspielraum gilt auch für den Gemeindevor-

steher, der zugleich Polizeiorgan ist, wenn er seine Kenntnisse bei Verwaltungsgeschäften erlangt. Wer nur Polizeibeamter ist, muss polizeilich behandeln, was ihm dienstlich zur Kenntnis gelangt (BGH **4**, 167, 170; **38**, 388, 391)

Eine **Privatperson** trifft grundsätzlich keine Anzeigepflicht; Ausnahmen bestehen für die in § 138 StGB bezeichneten Taten (vgl aber § 139 StGB) sowie nach § 11 GwG für den Verdacht der Geldwäsche (oder Terrorismusfinanzierung). **6a**

3) Die **Adressaten** der Anzeige sind in I, des Strafantrags in II bezeichnet. Der Begriff der „anderen Behörde" in II ist iS der Behörde des Polizeidienstes nach I zu verstehen (RG **67**, 125, 128; Koblenz OLGSt S 1). Bei einer Tat, die ausschließlich eine Steuerstraftat darstellt, kann Adressat anstatt der StA auch die FinB sein (§§ 369, 386 I, II, 399 I **AO**). Soweit das Gericht als Adressat in Betracht kommt, sind in I nur die AGe genannt; der Strafantrag dagegen kann nach II „bei einem Gericht" angebracht werden, dh bei einem AG oder einem mit der Sache befassten Gericht, also auch bei dem LG, das die Untersuchung führt (KK-Griesbaum 39), oder beim Revisionsgericht zur Behebung des Verfahrenshindernisses. **7**

Die Zuständigkeit zur Entgegennahme enthält **auch eine Verpflichtung** hierzu (KMR-Plöd 17; Krause/Nehring 201). Das schließt aber nicht aus, dass dem Anzeigenden, der eine mündliche Anzeige erstattet, nahegelegt wird, sich an die für die Bearbeitung zuständige Stelle zu wenden, falls das ohne erheblichen Aufwand an Zeit und Mühe und ohne Gefahr der Fristversäumung möglich ist (vgl aber SK-Wohlers 16). Ein Strafantrag, der bei einer anderen Stelle angebracht ist, wird durch die Weiterleitung an eine zuständige Stelle wirksam, falls er vom Antragsteller unterschrieben ist und ihn die zuständige Stelle innerhalb der Antragsfrist erhält. Andere als die in I genannten Adressaten sind nicht zur Entgegennahme (allgM), wohl aber zur Weiterleitung einer entgegengenommenen Anzeige an das für die Sache zuständige Rechtspflegeorgan verpflichtet (LR-Erb 17a; SK-Wohlers 17; **aM** EbSchmidt 9; KK-Griesbaum 14; HK-Zöller 9; vgl auch AK-Schöch 11). **8**

4) Formvorschriften: **9**

A. **Anzeige** (I): Wird sie mündlich oder telefonisch angebracht, so wird sie in ihrem wesentlichen Inhalt beurkundet (KK-Griesbaum 17), wofür keine besondere Form vorgeschrieben ist (Koblenz VRS **71**, 37). Bei mündlichen Anzeigen empfiehlt es sich, das aufzunehmende Schriftstück unterzeichnen zu lassen. Bei der Aufnahme einer Anzeige gegen einen Angehörigen gilt § 163 III noch nicht, sondern erst bei einer Vernehmung des Anzeigenden. Jedoch wird sich die Belehrung nach § 52 III meist schon bei der Anzeige empfehlen. **10**

B. Der **Strafantrag** (II) ist schriftlich, auch durch Fernschreiben oder Telefax (Einl 128, 139, 139a), zu stellen (SK-Wohlers 52); bei der StA oder dem Gericht kann er auch zu Protokoll angebracht werden (Einl 132, 138; erg 6 zu § 374). Der Anschluss als Nebenkläger genügt den Formerfordernissen des II (BGH **33**, 114, 116). Die telefonische Antragstellung ist unwirksam (BGH NJW **71**, 903; erg Einl 140). Die Schriftform verlangt die Unterschrift des Antragstellers (KG NStZ **90**, 144; Hamm NJW **86**, 734; AK-Schöch 30, Buettner ZRP **08**, 124, 126; **aM** Düsseldorf NJW **82**, 2566; 5 Ss 198/08 vom 11. 11. 2008; Hamm MDR **90**, 847). Es genügt nicht, dass der Beamte über den Strafantrag und der darauf beruhenden Vernehmung einen Aktenvermerk anlegt (Bay NStZ **94**, 86), wohl aber, dass er den Strafantrag in Stenogramm oder auf Tonband auf Grund mündlicher Erklärung aufnimmt und später in Reinschrift überträgt (Bay **97**, 68 = JR **97**, 523 mit abl Anm Stree; abl auch SK-Wohlers 53). Es reicht auch aus, dass eine der StA oder der Polizeidienststelle vorgesetzte Behörde einen bei ihr eingegangenen Strafantrag in beglaubigter Abschrift weiterleitet (Bay NJW **57**, 919). Das Gleiche gilt, wenn eine Behörde den Antrag eines ihrer Beamten weiterleitet (RG **71**, 358) oder selbst Strafantrag stellt (RG **72**, 388). Sonst **11** muss grundsätzlich die Urschrift an das zuständige Rechtspflegeorgan gelangen (Koblenz OLGSt S 1, 3).

12 C. Die **Anzeige eines Handlungsunfähigen** (Einl 98) oder eine **anonyme Anzeige** (9 zu § 160) sind nicht gegenstandslos, falls sie Verdacht begründen. Hieran fehlt es idR bei der Anzeige eines offensichtlichen Querulanten (vgl BVerfGE **1**, 87 = NJW **52**, 177; LR-Erb 11). Soll die Anzeige zugleich Antrag des Verletzten nach § 171 sein, so muss der gesetzliche Vertreter handeln (1 zu § 171).

13 D. **Antragsunmündigkeit** (§ 77 III StGB) macht den Strafantrag wirkungslos. Ein solcher Antrag kann aber Anlass zur Verfolgung wegen eines anderen Delikts sein (oben 12). Wer das Antragsdelikt selbst begangen oder sich daran beteiligt hat, kann nicht für den antragsunmündigen Berechtigten Strafantrag stellen, wie sich aus § 181 BGB ergibt, der auch für das öffentliche Recht gilt (BGH **6**, 155, 157; KK-Griesbaum 35). Dies bestätigt auch § 77 II S 3 StGB. Zur Verhinderung des gesetzlichen Vertreters bei Stellung eines Strafantrags vgl Stuttgart NJW **71**, 2237; Sch/Sch-Stree/Sternberg-Lieben 21 ff zu § 77 StGB.

14 E. Die **Vertretung des Anzeigenden** ist zulässig, und zwar sowohl in der Erklärung (Vertreter = Bote) als auch im Willen (Einl 127). Die Vollmacht bedarf keiner bestimmten Form. Ihr Nachweis ist nur notwendig, wenn die Anzeige ein Antrag nach § 171 sein soll.

15 F. Die **Vertretung des Strafantragstellers** ist ebenfalls zulässig (erg 12 vor § 137; 6 zu § 374; Einl 127). Die Prokura nach § 49 I HGB umfasst die Befugnis, Strafanträge in Bezug auf Straftaten zu stellen, aufgrund derer Rechte des Unternehmens verletzt worden sind; anders liegt es aber, wenn dies eine Grundlagenentscheidung erfordert, bei der eine Vertretung des Unternehmensinhabers im Willen unzulässig ist (BGH NJW **10**, 92, 97 mit Anm Bittmann zu § 119 II BetrVG). Für den Lauf der Strafantragsfrist muss sich der Dienstvorgesetzte die Kenntnis seines ständigen Vertreters zurechnen lassen (BGH **44**, 209 = JR **99**, 516 mit zust Anm Lampe).

16 **5)** Auch eine **vertrauliche Anzeige** ist zulässig. Der Polizei darf nicht vorgeschrieben werden, die Entgegennahme von Anzeigen, die unter der Bedingung der Geheimhaltung des Anzeigeerstatters angeboten werden, mit dem Hinweis abzulehnen, seine Geheimhaltung könne nicht zugesichert werden (BGH MDR **52**, 659 [D]; Krüger Polizei **83**, 77). Im Allgemeinen bezwecken das Begehren und die Zusage der Vertraulichkeit lediglich, dass der Name dessen, der die Hinweise gibt, dem Betroffenen nicht bekanntgegeben werden soll, nicht aber, dass von den mitgeteilten Tatsachen als solchen bei den weiteren Ermittlungen kein Gebrauch zu machen sei (SK-Wohlers 23). Wenn andere Umstände auf den Mitteilenden als Zeugen hinlenken, darf er vernommen werden. Das Begehren, auch nicht als Zeuge in das Verfahren hineingezogen zu werden, darf nur für den Fall berücksichtigt werden, dass der Mitteilende als Zeuge entbehrlich ist und nicht andere Umstände auf ihn als Zeugen hinlenken (Geißer GA **85**, 247; **aM** Geerds Krause-FS 461: konkrete Beweissituation entscheidend).

17 Wenn jemand – zB durch eine für die Polizei tätige Vertrauensperson (Kohlhaas JR **57**, 41) – schon vor seiner Auskundschaftung um Geheimhaltung seines Namens bittet, kann die Behörde unter der bezeichneten Einschränkung **von vornherein vertrauliche Behandlung zusichern** (Krause/Nehring 237; Krüger Polizei **83**, 77; Wetterich Middendorff-FS 273), idR aber nur nach vorheriger Einwilligung der StA, der Herrin des Ermittlungsverfahrens (3 zu § 163). Die Preisgabe des Namens entgegen der Zusicherung ist höchstens dann zu rechtfertigen, wenn sie zum Schutz höherwertiger Rechtsgüter geboten ist oder starker Anhalt dafür besteht, dass die Auskunftsperson den Angezeigten bewusst wahrheitswidrig oder leichtfertig belastet hat (BVerwG DÖV **65**, 488; einschr Geerds aaO 457). Nach Zusicherung der Vertraulichkeit kann uU die Genehmigung zur Aussage über den Namen des Gewährsmannes versagt werden (vgl 12a zu § 96).

Soweit Vertraulichkeit zugesichert ist, wird die Anzeige, die den Anzeigenden erkennen lässt, nicht zu den Ermittlungsakten genommen (erg 9 zu § 160).

6) **Zurücknahme; Verzicht:** Die Erklärung der Zurücknahme (§ 77 d StGB) bedarf keiner bestimmten Form (RG **8**, 79; **55**, 23), muss aber dem mit der Sache befassten Strafrechtspflegeorgan zugehen (BGH **16**, 105); das ist vor Einschaltung der StA auch die Polizei (LR-Erb 36; ebenso BGH NJW **57**, 1368 für den Verzicht; **aM** SK-Wohlers 62). Die Ankündigung, der Antrag werde möglicherweise zurückgenommen, kann der Vermeidung unnötiger Ermittlungen dienen; sie ist keine Bedingung des Antrags. Die Rücknahme enthält zugleich einen Verzicht auf den Strafantrag. Dieser kann im Übrigen auch von vornherein erklärt werden (Einl 117). Die Zurücknahme kann auch unter der Bedingung einer bestimmten Kosten- und Auslagenentscheidung erklärt werden (Einl 118; 5, 6 zu § 470). 18

7) **Beschränkbar** ist der Strafantrag, und zwar auf einzelne Personen, aber auch sachlich und rechtlich auf einzelne abtrennbare Teile einer Tat oder einzelne von mehreren Gesetzesverletzungen, die durch eine und dieselbe Handlung begangen worden sind (Kriterien für die Beschränkbarkeit der Untersuchung in § 154 a). Ist eine Beschränkung nicht erkennbar, so bezieht sich der Antrag auf die ganze Tat iS des § 264 (BGH **33**, 114, 116) und auf alle in Betracht kommenden Täter und Teilnehmer sowie auf alle Antragsdelikte, die in der Tat zu sehen sind (RG **62**, 83, 89; KG JR **56**, 351). Eine Beschränkung der Anzeige als solcher (I) ist zwar zulässig, aber rechtlich ohne Bedeutung. 19

In tatsächlicher Hinsicht kann der Antrag zB auf bestimmte Äußerungen innerhalb eines beleidigenden Schriftstücks beschränkt werden. Im Übrigen bleibt es dabei, dass sich das Strafverfahren auf die ganze Tat (§ 264) bezieht. Bei Beleidigung durch eine Druckschrift bezieht sich der Strafantrag auf die gesamte Verteilungsaktion mit ihren Ausläufern, auch soweit sie zZ des Antrags noch nicht in Gang waren. Erst wenn spätere Verteilungshandlungen nicht mehr im natürlichen Zusammenhang mit den früheren stehen, sind sie eine neue Tat, deren Verfolgung von einem Strafantrag abhängig ist. 20

In persönlicher Hinsicht kann sich der Antragsberechtigte darauf beschränken, jeweils binnen drei Monaten gegen die ihm bekannt werdenden Täter und Beteiligten Strafantrag zu stellen (vgl oben 5). Das schließt aber nicht den allgemeinen Strafantrag aus, der zu einem Ermittlungsverfahren gegen Unbekannt führt. Wird in diesem Fall ein Täter ermittelt, dessen Bestrafung der Antragsteller nicht wünscht, so kann er den Antrag insoweit zurücknehmen. 21

In rechtlicher Hinsicht ist eine Beschränkung auf eine von mehreren rechtlich zusammentreffenden Gesetzesverletzungen (§ 52 StGB) zulässig (Frankfurt NJW **52**, 1388). 22

8) **Auslegungs- und ergänzungsfähig** ist der Strafantrag. Dabei können außerhalb des Wortlauts liegende Tatsachen mitberücksichtigt werden, sofern ihr Zusammenhang und ihre Bedeutung erkennbar sind (vgl RG **64**, 106; **75**, 257, 259; Düsseldorf VRS **71**, 28, 31). 23

9) Ein **Anspruch auf Unterlassung** einer Strafanzeige (§§ 823 II, 1004 BGB) besteht nicht (vgl auch BGH NJW **62**, 243, 245; **86**, 2502, 2503: keine Widerrufsklage). Anders ist es nur hinsichtlich missbräuchlicher Äußerungen, die in keinem inneren Zusammenhang mit der Ausführung oder Verteidigung von Rechten stehen, der die Anzeige dienen soll, oder wenn wissentlich unwahre oder leichtfertig unhaltbare Behauptungen aufgestellt werden (BVerfG 1 BvR 1404/04 vom 15. 12. 2008; LG Heidelberg AnwBl **77**, 23). 24

Wer im guten Glauben eine Strafanzeige erstattet hat, macht sich **nicht schadensersatzpflichtig,** auch wenn sich die Behauptung als unrichtig oder unaufklärbar erweist (BVerfGE **74**, 257 = NJW **87**, 1929 [dazu Müller-Dietz Tröndle-FS 567]; Ellbogen/Erfurth CR **08**, 638); vgl auch § 13 I GwG. 25

26 Ein **Recht zur Offenbarung** strafrechtlich geschützter Geheimnisse (zB §§ 203, 355 StGB, 17 UWG) gewährt § 158 nicht (LR-Erb 9b; Sieber NJW **08**, 884; zu anderen Befugnisnormen MünchKommStGB-Cierniak 84ff zu § 203), wohl aber muss die arbeitsvertragliche Rücksichtnahmepflicht uU zurückstehen (zur Kündigung eines Arbeitsverhältnisses wegen einer Strafanzeige BAG NJW **04**, 1547; **07**, 2204; Gach/Rützel BB **97**, 1959; vgl auch BVerfG NJW **01**, 3474, BVerwG NJW **01**, 3280 [§ 61 I S 3 BBG nF] und insgesamt zu Fragen des (externen) *whistleblowing* Berndt/Hoppler BB **05**, 2628; Bürkle DB **04**, 2158; Bussmann/Matschke wistra **08**, 94; Deiseroth/Derleder ZRP **08**, 248; Hauschka DB **06**, 1143; Hefendehl ZStW **119**, 839 Fn 133; ders Amelung-FS 617; Koch ZIS **08**, 502; Kölbel JZ **08**, 1134; Wessing DAV-FS 917; erg oben 6, 9 zu § 160 sowie 3a zu § 136a zur sog Liechtensteiner Steueraffäre.

27 **10)** Anzeige einer in einem **anderen Mitgliedstaat der EU** begangenen Straftat: III dient der Umsetzung von Art 11 II des Rahmenbeschlusses des Rates der EU vom 15. 3. 2001 über die Stellung des Opfers im Strafverfahren (ABl L 82 S 1). Die Vorschrift regelt die Übermittlung der Strafanzeige des Verletzten (2 vor § 406d) an die zuständige Strafverfolgungsbehörde eines anderen Mitgliedstaats der EU.

28 A. Eine **Pflicht zur Übermittlung** trifft die StA nur, wenn die Straftat ausschließlich in einem anderen Mitgliedstaat begangen worden ist, der anzeigende Verletzte im Inland wohnt, die Weiterleitung beantragt und die Tat aus bestimmten, im Ges bezeichneten Gründen hier nicht verfolgt wird. Der Fall, dass für die Tat deutsches Strafrecht nicht gilt, liegt zB vor, wenn ein in Deutschland wohnhafter Angehöriger eines anderen Mitgliedstaats dort Opfer einer auch nicht von §§ 5, 6 oder 7 II StGB erfassten Straftat geworden ist; die Alternative, dass die StA von der Verfolgung einer (auch) deutschem Strafanwendungsrecht unterfallenden Tat nach § 153c I S 1 Nr 1, ggf iVm § 153f, absieht, greift etwa ein, wenn ein Deutscher eine ausschließlich (3 zu § 153c) in einem anderen Mitgliedstaat begangene Straftat zu seinem Nachteil (vgl § 7 I StGB) hier anzeigt.

29 B. Nach Ermessen von der Übermittlung **absehen** kann die StA gemäß S 2 Nr 1, wenn sowohl die Begehung der Tat als solche als auch die vom Verletzten bei der Anzeigeerstattung mitgeteilten, für die Verfolgung wesentlichen Umstände wie Tatablauf und Beweismittel der zuständigen ausländischen Strafverfolgungsbehörde bereits bekannt sind. Nach S 2 Nr 2 kann bei leichten Straftaten von einer Abgabe abgesehen werden, wenn der Verletzte den Sachverhalt im anderen Staat hätte anzeigen, etwa der örtlichen Polizei in verständlicher Form hätte schildern können (vgl BT-Drucks 16/12098 S 23: Entwendung einfachen Modeschmucks im Wert von 20 €). Für schwerere Straftaten gilt diese Einschränkung nicht.

30 C. Auch in **anderen** als den von III erfassten Fällen mit Auslandsbezug kommt nach dem Grundgedanken der oben 27 genannten Richtlinie eine Einzelfallentscheidung der StA darüber in Betracht, ob – unter Beachtung der rechtshilferechtlichen Vorgaben der §§ 61a I, 92 I IRG – eine Übermittlung der Anzeige an die ausländische Strafverfolgungsbehörde angebracht ist (vgl die Aufzählung verschiedener Fallgestaltungen in BT-Drucks 16/12098 S 23).

Unnatürlicher Tod **RiStBV 33–38**

159 **I Sind Anhaltspunkte dafür vorhanden, dass jemand eines nicht natürlichen Todes gestorben ist, oder wird der Leichnam eines Unbekannten gefunden, so sind die Polizei- und Gemeindebehörden zur sofortigen Anzeige an die Staatsanwaltschaft oder an das Amtsgericht verpflichtet.**

II Zur Bestattung ist die schriftliche Genehmigung der Staatsanwaltschaft erforderlich.

1) Der **Beweissicherung** dient § 159 für den Fall, dass der Tod durch eine Straftat eines anderen herbeigeführt worden ist. Die „Leichensache" ist kein Ermittlungsverfahren iS des § 160 (BGH 49, 29; **aM** AnwK-Walther 1). 1

A. **Nicht natürlich** ist der durch Selbstmord, Unfall, durch eine rechtswidrige Tat (dh eine solche, die den Tatbestand eines Strafgesetzes verwirklicht, § 11 I Nr 5 StGB) oder sonst durch Einwirkung von außen herbeigeführte Tod. Der Tod nach Operation fällt nur unter § 159, wenn wenigstens entfernte konkrete Anhaltspunkte für einen Kunstfehler oder für sonstiges Verschulden des behandelnden Personals vorliegen (Maiwald NJW **78**, 563; weiterg SK-Wohlers 4). 2

B. **Unbekannt** ist ein Toter, der nicht sofort identifiziert werden kann. Stirbt eine nicht identifizierte Person nach längerer Behandlung im Krankenhaus, so wird ihr Leichnam nicht „gefunden" (**aM** AnwK-Walther 4); anders, wenn jemand unter den Augen anderer gestorben ist, aber eine sofortige Identifizierung nicht möglich ist (KK-Griesbaum 3; LR-Erb 4). Wird jemand in unzweifelhafter Nothilfe (§ 32 II StGB) zur Rettung einer unter Todesdrohung festgehaltenen Geisel oder sonst mit offensichtlichem Rechtfertigungsgrund erschossen, so bedarf es keines Ermittlungsverfahrens (**aM** SK-Wohlers 3; erg 4 zu § 152). 3

C. Die **Polizei** sorgt unverzüglich zur Sicherung der Ermittlungen dafür, dass die Leiche geborgen und bewacht oder sicher untergebracht wird. Bis zum Eintreffen des Arztes, der zur Leichenschau zugezogen wird, dürfen keine Veränderungen vorgenommen werden, die nicht aus Gründen der öffentlichen Sicherheit zwingend erforderlich sind. 4

2) Die **Anhaltspunkte** für den unnatürlichen Tod müssen konkret sein und wenigstens auf eine entfernte Möglichkeit einer Straftat hinweisen, zB Spuren, die auf Gewaltanwendung hindeuten. Sie können sich auch aus dem Ort der Auffindung ergeben, bei jüngeren Menschen sogar aus dem Fehlen von Anhaltspunkten für einen natürlichen Tod (LR-Erb 3). 5

3) Polizei- und Gemeindebehörden jeder Art sind verpflichtet, und zwar der Leiter oder ein nach der Geschäftsverteilung beauftragter Angehöriger der Behörde (LR-Erb 5). Wenn eine Meldung gemacht ist, entfällt die Pflicht der anderen Behörde. Der leitende Arzt eines gemeindlichen Krankenhauses ist als solcher nicht Behörde. Ist die Leitung eines solchen Krankenhauses zur Vertretung der Gemeinde berechtigt, so ist sie Behörde. Das gilt auch, wenn dabei die Anzeigepflicht einen Arzt trifft. Die Erfüllung der Anzeigepflicht ist in diesem Fall nicht unbefugt und fällt daher nicht unter § 203 I Nr 1 StGB (LR-Erb 5; **aM** Kleinewefers/Wilts NJW **64**, 428). 6

4) Adressat der „sofortigen Anzeige", die keine Strafanzeige, sondern eine Information darstellt (Einl 79), ist die StA oder, insbesondere, wenn diese nicht alsbald zu erreichen ist, das AG des Ortes, wo sich die Leiche befindet. Über die Zuständigkeit für die Sektionsanordnung vgl 7 ff zu § 162. Die Anzeige sollte möglichst an die StA gerichtet werden, da der Richter beim AG nur die Rolle eines NotStA spielt (§ 165). Wenn nicht Gefahr im Verzug ist, gibt er daher die Anzeige an die StA ab. Über die Identifizierung der Leiche vgl § 88 (dort 1). Zur Ermittlungspflicht der StA in Todesfällen vgl BVerfG EuGRZ **10**, 145, Maiwald NJW **78**, 561 ff. 7

5) Die **Überführung** der Leiche von der Unfallstelle an einen anderen Ort ist nicht von der Genehmigung der StA oder des Richters abhängig. Jedoch muss die Polizei zB Maßnahmen zur Identifizierung des Toten treffen (1 zu § 88), Lichtbilder von der Unfallstelle fertigen, bevor die Leiche weggebracht wird, oder die Einnahme eines Augenscheins durch den StA oder den Richter (§ 86) anregen. Zur Vermeidung einer wesentlichen Erschwerung der Leichenschau oder -öffnung, etwa durch Überführung zur Unzeit, kann die Leiche beschlagnahmt werden (4 zu § 94). 8

9 6) **Bestattungsschein** (II): Die schriftliche Genehmigung muss dem Standesbeamten auf schnellstem Weg zugeleitet werden. Wenn Eilbrief (ggf mit fernmündlicher Vorankündigung) im Einzelfall nicht genügen sollte, kann auch so verfahren werden (abl SK-Wohlers 12): Anruf des freigebenden StA bei der dem Standesamt nächstgelegenen Polizeibehörde, Bitte um Rückruf (zwecks Ausschluss von Missbrauch zur Beseitigung eines Beweismittels), Bitte und Ermächtigung, dem Standesamt die Genehmigung der StA schriftlich zu überbringen. Aus dem Bestattungsschein muss sich ergeben, ob auch die Feuerbestattung genehmigt wird (RiStBV 38).

Ermittlungsverfahren **RiStBV 1–109**

160 **I Sobald die Staatsanwaltschaft durch eine Anzeige oder auf anderem Wege von dem Verdacht einer Straftat Kenntnis erhält, hat sie zu ihrer Entschließung darüber, ob die öffentliche Klage zu erheben ist, den Sachverhalt zu erforschen.**

II Die Staatsanwaltschaft hat nicht nur die zur Belastung, sondern auch die zur Entlastung dienenden Umstände zu ermitteln und für die Erhebung der Beweise Sorge zu tragen, deren Verlust zu besorgen ist.

III 1 Die Ermittlungen der Staatsanwaltschaft sollen sich auch auf die Umstände erstrecken, die für die Bestimmung der Rechtsfolgen der Tat von Bedeutung sind. 2 Dazu kann sie sich der Gerichtshilfe bedienen.

IV Eine Maßnahme ist unzulässig, soweit besondere bundesgesetzliche oder entsprechende landesgesetzliche Verwendungsregelungen entgegenstehen.

1 1) Der **Verfolgungszwang nach I** ergibt sich bereits aus § 152 II. Über das Ermittlungsverfahren vgl Einl 60, 62. Die StA ist verantwortlich für die Rechtmäßigkeit und Ordnungsmäßigkeit, Gründlichkeit und Zuverlässigkeit des Ermittlungsverfahrens (BGH NJW **09**, 2612; EbSchmidt 3 vor § 158; Gössel GA **80**, 325; 3 ff zu § 163; 1 ff vor § 141 GVG) und nicht zuletzt für die Beachtung des Beschleunigungsgrundsatzes (BVerfGE **36**, 264, 272 = NJW **74**, 307; Einl 160), vor allem in Haftsachen.

2 Ein wesentliches Mittel zur Beschleunigung ist die gleichzeitige Vornahme mehrerer Ermittlungen, wozu Hilfs- und **Doppelakten** anzulegen sind (RiStBV 12 II, 54 III, 56 III).

3 In größeren Sachen werden erforderlichenfalls **mehrere Sachbearbeiter** (unter einheitlicher Leitung) zu beauftragen sein (BVerfGE **20**, 45, 50 = NJW **66**, 1259; Brete/Thomsen wistra **08**, 372; Krehl/Eidam NStZ **06**, 5), auch soweit die StA den Sachverhalt nicht selbst aufklärt, sondern andere Stellen damit beauftragt (RiStBV 3 II sowie Anlage A).

4 A. **An § 152 II** knüpft I auch insofern an, als der Verfolgungszwang nur bei zureichenden tatsächlichen Anhaltspunkten gilt, die den Verdacht einer Straftat begründen. Für den sog ersten Zugriff der Strafverfolgung setzt § 163 I die Polizei der StA gleich.

5 B. Die **Einleitung eines Ermittlungsverfahrens** wird notwendig mit der Erlangung der Kenntnis nach I, mit dem Entstehen des Anfangsverdachts (4 zu § 152; BFH DB **08**, 2174, 2175). Die Einleitung des Ermittlungsverfahrens unterbricht die Strafverfolgungsverjährung noch nicht (vgl § 78 c I Nr 1 StGB). Bereits zu diesem Zeitpunkt können Mitteilungspflichten von Amts wegen zu beachten sein, zB nach § 60 a I a KWG (auch iVm § 34 S 2 Zahlungsdiensteaufsichtsgesetz) sowie der MiStra 32 Nr 1, 34 II S 1 Nr 1, 41 I a, 42 I S 1 Nr 1, 43 Nr 1, 44 Nr 1, 51 I Nr 1; vgl ferner §§ 12 ff **EGGVG.** Zu Folgemitteilungen verpflichtet § 20 **EGGVG** (MiStra 7).

6 a) **Zum Beschuldigten** wird der Verdächtige gemacht durch eine Maßnahme, die erkennbar darauf abzielt, gegen ihn strafrechtlich vorzugehen (Einl 76). Richtet

sich der konkrete Verdacht aber noch nicht gegen eine bestimmte Person, dann ist es zunächst ein Verfahren gegen Unbekannt.

b) Bei **Steuerstraftaten** (vgl unten 13) muss die Einleitung eines Strafverfahrens (das Ermittlungsverfahren ist bereits Strafverfahren, Einl 59 ff) gegen eine bestimmte Person unverzüglich unter Angabe des Zeitpunkts durch Aktenvermerk über die erste strafrechtliche Maßnahme festgestellt werden (§ 397 I, II **AO**), gleichviel, ob sie von der FinB (vgl § 386 **AO**), der Polizei oder der StA (auch nach § 165) getroffen wird. Die Maßnahme kann auch in einer Einleitungsverfügung bestehen (vgl BFH DB **08**, 2174, 2175), etwa auf eine Anzeige hin. Der Vermerk ist nicht konstitutiv für die Einleitung, dient vielmehr nur der Beweissicherung für den Zeitpunkt des Beginns des Strafverfahrens. Diese Regelung erklärt sich daraus, dass das Steuerstrafverfahren meist aus dem Besteuerungsverfahren hervorgeht und mit der Einleitung des ersteren die Anwendbarkeit von Zwang nach § 328 AO unzulässig wird (§ 393 I S 2, 3 **AO**; vgl dazu BGH NJW **05**, 763). 7

Mit der Eröffnung (durch Mitteilung oder schlüssige Handlung) an den Beschuldigten (§ 397 III **AO**) erlischt dessen Befugnis, sich durch **Selbstanzeige** für leichtfertige, uU auch für vorsätzliche Steuerverkürzung Straf- oder Bußgeldfreiheit zu verschaffen (§§ 371, 378 III AO). Daher muss der Vermerk die Beschuldigten und die Tat möglichst vollständig und genau angeben; die Einleitung bezieht sich bei der Einkommensteuerhinterziehung auf die Steuererklärung insgesamt und nicht nur auf die Angaben zu einzelnen Einkunftsarten (BGH NStZ-RR **09**, 340, 341; **aM** Salditt Volk-FS 647). Wird die Untersuchung später auf weitere Taten (1 ff zu § 264) oder weitere Beschuldigte ausgedehnt, so ist ein entspr Nachtragsvermerk anzubringen. 8

C. **Durch eine Anzeige** iS von Strafanzeige oder Strafantrag (§ 158 I, II): Die Anzeige begründet die Erforschungspflicht, wenn sich aus ihr der Verdacht einer Straftat schlüssig ergibt. Fehlt es daran, sind aber Anhaltspunkte dafür vorhanden, dass möglicherweise nur der Sachverhalt ungenau oder lückenhaft angegeben ist, so muss geklärt werden, ob der Verdacht bei Heilung dieses Mangels schlüssig erscheint (vgl Einl 79). Bei schlüssiger Anzeige gilt dann § 170 I, II. Auch anonyme Anzeigen und Selbstanzeigen können den Verdacht begründen (Koblenz VRS **71**, 37; KK-Griesbaum 11), sind aber mit Vorsicht zu behandeln (RiStBV 8; 9 zu § 163; zu einer bedenklichen Aufforderung der Polizei zur anonymen Anzeigeerstattung per Internet vgl Backes/Lindemann, Staatlich organisierte Anonymität als Ermittlungsmethode bei Korruptions- und Wirtschaftsdelikten, 2006, sowie Backes StV **06**, 712, Hefendehl Amelung-FS 625, LR-Erb 12 e zu § 158; wN bei Koch ZIS **08**, 501 Fn 15; erg 6 zu § 158 zur Anzeige von Korruptionsstraftaten nach §§ 331 ff StGB durch Beamte). Die Einleitung eines Steuerstrafverfahrens aufgrund einer Selbstanzeige iS des § 371 AO ist grundsätzlich zulässig und geboten (BFH DB **08**, 2174, 2175 mwN und Anm Rolletschke wistra **09**, 166). Zu den „anderen Wegen" gehören zB die Erlangung der Kenntnis aus Akten oder Schriftstücken anderer Behörden oder aus Nachrichten von Presse oder Rundfunk, die mit bestimmten und nachprüfbaren Tatsachen belegt sind, sowie Mitteilungen nach § 183 GVG (vgl allgemein zum Anzeige-/Überwachungssystem Velten Fezer-FS 98). Zur Weiterleitung einer Anzeige innerhalb der EU § 158 III (dort 27 ff). 9

Das **außerdienstlich erlangte Wissen** soll den StA nach der Rspr zur Strafverfolgung verpflichten, falls es sich um Straftaten handelt, die nach Art oder Umfang „die Belange der Öffentlichkeit und der Volksgesamtheit in besonderem Maße berühren" (so BGH **12**, 277, 281 unter Bezugnahme auf RG **70**, 251; Karlsruhe JR **89**, 210 mit abl Anm Geerds; Köln NJW **81**, 1794; einschr – aber noch immer zu weitgehend – BGH **38**, 388 = NStZ **93**, 383 mit abl Anm Mitsch = JR **95**, 165 mit abl Anm Rudolphi; dazu auch Koblenz NStZ-RR **98**, 332). Dem kann nicht zugestimmt werden: Eine so unklare Differenzierung ist zu unbestimmt, um darauf prozessuale Verfolgungspflichten (und bei Nichtanzeige eine Strafbarkeit nach § 258 a StGB) zu gründen (Anterist, Anzeigepflicht und Privatsphäre des StA, 10

1968; Geerds Schröder-GedSchr 389ff; Krause GA **64**, 110 und JZ **84**, 548; **aM** aber BVerfG NJW **03**, 1030 = JZ **04**, 303 mit zutr abl Anm Seebode). Lediglich die beamtenrechtliche Treuepflicht (mit disziplinarrechtlichen Folgen bei ihrer Verletzung) kann den StA bei außerdienstlich erlangter Kenntnis schwerer Straftaten zum Einschreiten verpflichten (KK-Griesbaum 29 zu § 158; vgl auch Krey 1/418, der eine strafprozessuale Verfolgungspflicht nur bei Verbrechen bejaht [zust HK-Zöller 8 zu § 158, Artkämper Kriminalistik **01**, 433] und LR-Erb 29a, der hierzu auf den Straftatenkatalog des § 138 StGB verweist [im Ergebnis ähnlich AK-Schöch 11]).

11 D. **Ziel der Ermittlungen** ist die Entschließung der StA darüber, ob, wieweit und nach welcher Strafbestimmung die öffentliche Klage geboten erscheint oder ob das Verfahren einzustellen ist (§ 170 I, II). Weiter sind sie zunächst nicht auszudehnen (vgl BFH DB **08**, 2174, 2176; Hilger JR **85**, 94; RiStBV 5 I S 1). Dabei ist Konzentration auf das Wesentliche notwendig. Wenn und sobald zu erwarten ist, dass das Verfahren nicht eingestellt wird, erstrecken sich die Ermittlungen – wenn auch in zweiter Linie – auch auf die in III bezeichneten Umstände.

12 E. **Gegenüber dem Beschuldigten** hat die StA die Pflicht zur Prüfung, ob die Tat überhaupt strafbar ist, zur Aufklärung des Sachverhalts, zur beschleunigten Anklageerhebung oder Einstellung (Einl 160). Säumnis kann Schadenersatzpflicht erzeugen (BGHZ **20**, 178 = NJW **56**, 1028; BGH AnwBl **58**, 152). Jahn C 69 mwN sieht in I (und § 152 II) iS der von ihm vertretenen Beweisbefugnislehre eine Ermächtigung zur Verwertung der Beweise im Ermittlungsverfahren.

13 F. Bei **Steuerstraftaten** ist grundsätzlich die FinB Ermittlungsbehörde (§§ 386, 399 I **AO**). Die StA ist dadurch nicht von der Pflicht befreit, dafür zu sorgen, dass einem Verdacht nachgegangen wird; sie kann die Sache jedoch an die FinB abgeben. Die FinB darf das Ermittlungsverfahren nur dann führen, wenn ausschließlich der Verdacht einer Steuer- oder Zollstraftat besteht. Bei Tateinheit zwischen einer solchen Straftat und einer anderen Straftat führt die StA, mit der Einschränkung des § 386 II Nr 2 **AO,** das Ermittlungsverfahren auch dann, wenn die Strafe nach § 52 II StGB dem Steuerstrafgesetz zu entnehmen wäre. Die StA kann die FinB um die Durchführung der Ermittlungen jedoch auch dann nach § 161 ersuchen, wenn die Steuerstraftat mit einer allgemeinen Straftat tateinheitlich zusammentrifft (BGH **36**, 283 mit abl Anm Reiche wistra **90**, 90; zust aber Pütz wistra **90**, 212); Braunschweig wistra **98**, 71 bejaht dies auch für eine Tat iSd § 264 (zw; abl Bender wistra **98**, 93).

13a **Unterrichtungspflicht:** Ungeachtet ihrer eigenständigen Ermittlungskompetenz (§§ 386 I S 1, II, 399 I **AO**) hat die FinB die StA frühzeitig über alle bei der Steuerfahndung anhängigen Ermittlungsverfahren zu unterrichten, bei denen die Ausübung des Evokationsrechts (§ 386 IV S 2 **AO**; RiStBV 267) nicht fern liegt, etwa weil ein Haftbefehlsantrag in Betracht kommt, eine Erledigung im Strafbefehlsverfahren zweifelhaft oder die Beweislage schwierig ist (BGH NJW **09**, 2319 mit Anm Eisenberg wistra **09**, 477; Theile ZIS **09**, 446; vgl auch Nr 18, 132 AStBV [St] 2010); zur Pflicht der FinB zur Information der StA über nichtsteuerliche Straftaten vgl Randt in Franzen/Gast/Joecks 53 zu § 386 AO.

14 **2) Belastende und entlastende Umstände** (II) hat die StA gleichermaßen zu ermitteln (dazu Heghmanns GA **03**, 448: unverzichtbar für rechtsstaatliche Sachaufklärung im Vorverfahren; Kelker ZStW **118**, 389; vgl auch Eschelbach HRRS **08**, 193). Denn nur dies entspricht ihrer Stellung als ein zu Gerechtigkeit und Objektivität verpflichtetes Rechtspflege- und Justizorgan (BGH NStZ **08**, 231; Einl 37, 38; 1ff vor § 141 GVG) und gehört zum fairen Verfahren (Kelker StV **08**, 385; Kuhlmann DRiZ **76**, 11, 13; Einl 156). Diese Pflicht gilt auch für die Umstände nach III und § 43 **JGG,** und zwar auch für die Hauptverhandlung (BGH bei Steffen DRiZ **72**, 153, 154; vgl aber Jahn GA **04**, 284; ZStW **118**, 456). Wissen eines „Kronzeugen" über Katalogtaten iS des § 100a II iVm § 46b I

S 1 Nr 1 StGB ist vom Beginn des Ermittlungsverfahrens an entgegenzunehmen und nach dem Zweck der in § 46b III StGB angeordneten Präklusion (vgl Fischer 21 zu § 46b StGB; krit Salditt StV **09**, 377) so rechtzeitig einer Überprüfung zuzuführen, dass – soweit möglich (König NJW **09**, 2483) – die Ergebnisse in die Hauptverhandlung eingeführt werden können (vgl auch Peglau wistra **09**, 410). Die Suche nach entlastendem Material rechtfertigt idR nicht die Durchsuchung der Kanzlei eines beschuldigten RA; die Vorlage kann diesem überlassen werden (BVerfG NJW **08**, 1937; 2422; LG Nürnberg-Fürth StV **10**, 136, 139).

3) Die **Beweissicherung** (II) besteht in erster Linie in der Erhebung der Beweise, deren Verlust zu befürchten ist, gleichviel, ob es sich um persönliche Beweismittel (Einl 49) oder sachliche Beweismittel (Urkunden und andere Schriftstücke, § 249, und Augenscheinsobjekte, 4ff zu § 86) handelt. Ist ein Zeuge lebensgefährlich erkrankt, so besteht die Beweissicherung darin, dass eine verlesbare Äußerung durch richterliche Vernehmung (§§ 223, 251 II Nrn 1), notfalls wenigstens durch staatsanwaltschaftliche oder polizeiliche Vernehmung (§ 251 I Nr 2) veranlasst wird. Die sachlichen Beweismittel werden vor allem nach § 94 gesichert (KK-Griesbaum 25; **aM** Schroeder JZ **85**, 1030), erforderlichenfalls durch vorgeschaltete Durchsuchung (§§ 102–104). Der Verlust des Beweismittels droht stets und muss durch Untersuchung nach § 81a abgewendet werden, wenn der Grad der Trunkenheit des Beschuldigten festgestellt werden muss. 15

4) Verkehr mit ausländischen Behörden, Befreiungen, Rechtshilfe: RiStBV 24, 193–199; §§ 18–20 GVG. 16

5) Umstände, die für die Bestimmung der Rechtsfolgen der Tat von Bedeutung sind (III S 1; RiStBV 14–17): Die Rechtsfolgenumstände betreffen die Täterpersönlichkeit, bei schwereren Taten auch die Entwicklung der Persönlichkeit und die Umstände, die zur Tat geführt haben. Was erforderlich ist, ergibt sich insbesondere aus § 46 StGB, auch aus § 47 I StGB („Einwirkung auf den Täter") und § 56 I, II (Sozialprognose). Zu diesem Zweck bedarf es auch der Feststellung von Eintragungen im BZR (hierzu RiStBV 16; aber auch unten 21). Bei Jugendlichen gilt der weitergehende § 43 **JGG.** 17

Kommt eine Geldstrafe in Betracht und verweigert der Beschuldigte die Auskunft oder macht er nur allgemeine Angaben über seine wirtschaftlichen Verhältnisse (zB „geordnet") oder sind seine Angaben zweifelhaft, so führt bei Arbeitnehmern idR eine Befragung des Arbeitgebers zu der gewünschten Auskunft. Die Einholung einer Auskunft bei der FinB scheitert an deren Pflicht zur Wahrung des Steuergeheimnisses (5 zu § 161). Bei freiberuflich Tätigen spielt daher die Schätzung (§ 40 III StGB) eine besondere Rolle. Im Übrigen soll durch die Möglichkeit der Schätzung der Höhe des Tagessatzes gerade eine unvertretbare Belastung durch Ermittlungen der Beweisgrundlage vermieden werden. Aber eine gewisse Schätzgrundlage muss angestrebt werden. Bei Schülern, Studenten und Hausfrauen kommt die Feststellung in Betracht, welche Einkünfte die Beschuldigten bei zumutbarem Einsatz ihrer Arbeitskraft oder auf Grund von Unterhaltsansprüchen haben könnten. Ermittlungen bei Banken sind nicht unzulässig (4 zu § 161). 18

A. **Einordnung in die Gesamtermittlungen:** Nach III S 1 wird gezielt und systematisch idR erst dann ermittelt, wenn sich abzeichnet, dass es zu einer Verurteilung kommen wird. Diese Reihenfolge ergibt sich nicht nur aus der Natur der Sache, sondern auch aus der gebotenen Rücksicht auf den Persönlichkeitsschutz des Beschuldigten (vgl 29 zu § 243). 19

B. **Aufgabe der StA** (III S 1): Sie kann Vernehmungen durchführen, Sachverständige einschalten (vgl 1 zu § 73) oder auch einen Augenscheinsgehilfen (4 zu § 86). S 2 erwähnt ausdrücklich die Gerichtshilfe (dazu unten 23ff). Über die Aufklärung der tatsächlichen Grundlage für die Rechtsfolgenentscheidung durch die Polizei vgl 20, 21 zu § 163. Ergänzende Ermittlungsaufträge werden möglichst der 20

Gerichtshilfe erteilt, weil es sich um deren Spezialaufgabe handelt. Voraussetzung dafür ist, dass die beschleunigte Durchführung gewährleistet erscheint.

21 C. **Grenzen der Ermittlungen** setzen das Verwertungsverbot nach §§ 51, 63 IV, 66 **BZRG** (dazu 33 zu § 243; 14 zu § 261) und – insbesondere für das Eindringen in die Intim- und Privatsphäre des Beschuldigten – der Verhältnismäßigkeitsgrundsatz iVm der Bedeutung der Sache (Einl 20, 21).

22 D. **Nachholung:** Nehmen die Ermittlungen nach III S 1 und die Beschaffung des Auszugs aus dem Zentralregister und der Akten längere Zeit in Anspruch, so kann Anklage erhoben werden mit der Ankündigung, dass das noch Ausstehende nachgereicht wird (KK-Griesbaum 27). Stehen die früheren Strafakten nicht zur Verfügung, so genügt es – mindestens in aller Regel –, eine beglaubigte Urteilsabschrift zu beschaffen (vgl RiStBV 73).

23 **6) Gerichtshilfe** (III S 2; § 463 d): Ihre Einrichtung ist nach Art 294 EGStGB idR Sache der LJV. In manchen Gegenden gibt es aber auch Vereinigungen, die sich der Gerichtshilfe widmen. Die Jugendgerichtshilfe (dazu Eisenberg StV **98**, 304), die auch in Verfahren gegen Heranwachsende tätig wird (§ 107 **JGG**), ist Verfahrensbeteiligte (§§ 38 III, 50 III **JGG**), die Erwachsenengerichtshilfe nicht.

24 A. **Aufgaben der Gerichtshilfe:** Sie hat nicht zur Überführung oder zur Nichtüberführung beizutragen (BGH NStZ **08**, 709), sondern nur mitzuhelfen bei der Gewinnung der Tatsachengrundlage für die richtige Rechtsfolgenentscheidung sowie für künftige resozialisierende Behandlung. Dies schließt die Opferberichterstattung, auch mit Bezug auf Fragen der Verfahrensgestaltung, ein (Hölscher/Trück/Hering NStZ **08**, 673; vgl auch BGH aaO; RiStBV 15). Ihre Einschaltung durch StA oder Gericht liegt nahe, wenn der Einsatz der Mittel der Sozialarbeit für den genannten Zweck besondere Erkenntnisse verspricht und in angemessenem Verhältnis zur Bedeutung der Sache steht. Zur Bedeutung der Gerichtshilfe vgl Bruns, Strafzumessungsrecht, 2. Aufl (1974), S 186; Geiter/Schuldzinski/Walter BewHi **94**, 425; Rahn NJW **76**, 838; Schöch Leferenz-FS 127; Sonnen und Thier StASchlH-FS 431, 447; zur Jugendgerichtshilfe Schaffstein/Beulke § 34. Zum Einsatz der Gerichtshilfe im Ermittlungsverfahren vgl zB RV GStA SchlHA **95**, 184.

25 B. **Auftrag an die Gerichtshilfe:** In der Mehrzahl der Fälle bedarf es keiner über III S 1 hinausgehenden Konkretisierung des Auftrags. In besonders einfachen und besonders schwierigen Fällen besteht aber Anlass, das Maß der Ermittlungen der Gerichtshilfe zu konkretisieren, damit je nach Fall nicht übertrieben und nichts Notwendiges unterlassen wird (vgl auch 21). Da das Maß der notwendigen Ermittlungen oft nicht von Anfang an richtig abzuschätzen ist, kann ein Stufenplan angezeigt sein, bei dem der Auftrag zu weiteren Ermittlungen von dem Ausgang der Ermittlungen der ersten Stufe abhängig gemacht wird. Der Gerichtshelfer, der mit der Ausführung des Auftrags betraut ist, wird in aller Regel – vor oder nach anderen Ermittlungen – auch mit dem Beschuldigten Kontakt aufzunehmen haben. Bei Befragungen muss er den Beschuldigten nach § 136 I S 2 belehren, Zeugen nach §§ 52 III S 1, 55 II (LR-Erb 92, 94; Roxin/Schünemann § 25, 12; Bottke MSchrKrim **81**, 71; Schöch Leferenz-FS 137 mwN). Ein Recht auf Akteneinsicht (vgl dazu Groß/Fünfsinn NStZ **92**, 109) und auf Verkehr mit dem inhaftierten Beschuldigten ohne besondere Erlaubnis der StA hat er nicht (KMR-Plöd 14; **aM** Schöch aaO S 138; diff LR-Erb 92, 94 a).

26 C. **Einführung in die Hauptverhandlung:** Im Allgemeinen genügt es, die im Bericht festgehaltenen Tatsachen zum Gegenstand von Fragen an den Angeklagten und die Beweispersonen zu machen (16 zu § 200). Es ist rechtlich auch nicht unzulässig, den Bericht selbst zum Gegenstand des Vorhalts zu machen (Brunner NStZ **84**, 468; Rahn NJW **73**, 1358; Sontag NJW **76**, 1436; **aM** Rüping 201; erg 28 zu § 249). Die Verlesung des Berichts durch den anwesenden Vertreter der Gerichtshilfe ist stets zulässig (BGH NStZ **84**, 467 mit abl Anm Brunner; KMR-

Plöd 15; **aM** auch SK-Wohlers 68; Eisenberg NStZ **85**, 84), bei dessen Abwesenheit nur unter den Voraussetzungen des § 251 I (BGH NStZ **08**, 709; KK-Griesbaum 37; Eisenberg aaO; **aM** LR-Erb 101). Dagegen ist die Verlesung nach § 256 nicht zulässig, weil es sich um eine Äußerung eines einzelnen Gerichtshelfers oder auch um die Äußerung mehrerer Angehöriger der Gerichtshilfe handelt, nicht aber um eine solche einer öffentlichen Behörde (LR-Erb 101; ANM 299; Bottke MSchrKrim **81**, 73; Schöch Leferenz-FS 140; Sontag NJW **76**, 1437; im Ergebnis auch Eisenberg aaO, weil die Berichte Leumundszeugnisse sind; vgl auch 15 zu § 256). Wird die Vernehmung des Gerichtshelfers als Zeuge beantragt, so kann das Gericht dem Antrag, falls er nicht abgelehnt wird, dadurch entsprechen, dass es die Personen, von denen der Gerichtshelfer sein Wissen hat, vernimmt (47 zu § 244). Wenn der Informant das Zeugnis in der Hauptverhandlung befugt verweigert, sind die Auskünfte, die er dem Gerichtshelfer erteilt hat, nicht verwertbar (7 zu § 252). Die Anhörung des Gerichtshelfers als Sachverständigen ist rechtlich zulässig, wird aber selten in Betracht kommen (vgl BGH aaO; Eisenberg BR 1515 aE; LR-Erb 103 mwN; Schöch aaO 139; weitergehend Hölscher/Trück/Hering NStZ **08**, 676 für den bewertenden Teil des Berichts; **aM** Bottke aaO 74 Fn 61; Kühne 164 Fn 6: nur [sachverständiger] Zeuge). Diese Grundsätze gelten auch für die Jugendgerichtshilfe (oben 23).

D. **Kein Recht auf Anwesenheit** und Anhörung in der Hauptverhandlung hat der Gerichtshelfer nach der StPO (BGH NStZ **08**, 709; anders § 50 III **JGG;** Rahn NJW **76**, 838). 27

7) Datenschutz (IV): Die Vorschrift entspricht der Regelungssystematik datenschutzrechtlicher Bestimmungen bei der Kollision bereichsspezifischer Vorschriften, wonach grundsätzlich der bereichsspezifischen Regelung (über die Verwendung der Daten) in dem Gesetz, das die Erhebung der Daten regelt, der Vorrang vor der Regelung im „Empfängergesetz", also der StPO, eingeräumt wird (LR-Erb 34a, 39b; vgl auch 18e zu § 161). Damit ist ua der Schutz besonderer Amts- und Berufsgeheimnisse oder des Steuer- und Sozialgeheimnisses (§ 30 **AO**, § 35 SGB I, §§ 67ff SGB X; vgl 5, 6, 18e zu § 161) sichergestellt. Das Gebot, eine Maßnahme nach Wegfall ihrer Voraussetzungen oder nach Zweckerreichung unverzüglich zu beenden, ist nicht ausdrücklich ausgesprochen, weil es sich bereits aus den allgemeinen Grundsätzen über die Zulässigkeit von Ermittlungsmaßnahmen ergibt (Soiné Kriminalistik **01**, 245). 28

Schutz zeugnisverweigerungsberechtigter Berufsgeheimnisträger

160a I [1] **Eine Ermittlungsmaßnahme, die sich gegen eine in § 53 Abs. 1 Satz 1 Nr. 1, 2 oder Nr. 4 genannte Person richtet und voraussichtlich Erkenntnisse erbringen würde, über die diese Person das Zeugnis verweigern dürfte, ist unzulässig.** [2] **Dennoch erlangte Erkenntnisse dürfen nicht verwendet werden.** [3] **Aufzeichnungen hierüber sind unverzüglich zu löschen.** [4] **Die Tatsache ihrer Erlangung und der Löschung der Aufzeichnungen ist aktenkundig zu machen.** [5] **Die Sätze 2 bis 4 gelten entsprechend, wenn durch eine Ermittlungsmaßnahme, die sich nicht gegen eine in § 53 Abs. 1 Satz 1 Nr. 1, 2 oder Nr. 4 genannte Person richtet, von einer dort genannten Person Erkenntnisse erlangt werden, über die sie das Zeugnis verweigern dürfte.**

II [1] **Soweit durch eine Ermittlungsmaßnahme eine in § 53 Abs. 1 Satz 1 Nr. 3 bis 3b oder Nr. 5 genannte Person betroffen wäre und dadurch voraussichtlich Erkenntnisse erlangt würden, über die diese Person das Zeugnis verweigern dürfte, ist dies im Rahmen der Prüfung der Verhältnismäßigkeit besonders zu berücksichtigen; betrifft das Verfahren keine Straftat von erheblicher Bedeutung, ist in der Regel nicht von einem Überwiegen des Strafverfolgungsinteresses auszugehen.** [2] **Soweit geboten, ist die Maßnahme zu**

unterlassen oder, soweit dies nach der Art der Maßnahme möglich ist, zu beschränken. [3]Für die Verwertung von Erkenntnissen zu Beweiszwecken gilt Satz 1 entsprechend.

[III] Die Absätze 1 und 2 sind entsprechend anzuwenden, soweit die in § 53 a Genannten das Zeugnis verweigern dürften.

[IV] [1]Die Absätze 1 bis 3 sind nicht anzuwenden, wenn bestimmte Tatsachen den Verdacht begründen, dass die zeugnisverweigerungsberechtigte Person an der Tat oder an einer Begünstigung, Strafvereitelung oder Hehlerei beteiligt ist. [2]Ist die Tat nur auf Antrag oder nur mit Ermächtigung verfolgbar, ist Satz 1 in den Fällen des § 53 Abs. 1 Satz 1 Nr. 5 anzuwenden, sobald und soweit der Strafantrag gestellt oder die Ermächtigung erteilt ist.

[V] Die §§ 97 und 100 c Abs. 6 bleiben unberührt.

1 **1)** Bei **allen Ermittlungsmaßnahmen**, nicht nur bei verdeckten (§ 101 I), sind die von den Zeugnisverweigerungsrechten der Berufsgeheimnisträger (§§ 53, 53 a) geschützten Interessen zu berücksichtigen (Komplementärbestimmung). Zu diesem Zweck führt die durch Ges vom 21. 12. 2007 (BGBl I 3198) eingefügte Vorschrift ein abgestuftes System von Beweiserhebungs- und -verwertungsverboten ein. Sie gilt nicht in den Fällen des V sowie für die Vernehmung des Berufsgeheimnisträgers als Zeugen; das Recht zur Zeugnisverweigerung richtet sich unmittelbar nach § 53 (unklar Fahr DStR **08**, 378). § 160 a ist schon nach seinem Wortlaut auf selbst beschuldigte Zeugnisverweigerungsberechtigte nicht anwendbar (BGH **53**, 257, 262 mit insoweit zust Anm Barton JZ **10**, 103). Seine Schutzwirkung entfällt, wenn der Berufsgeheimnisträger (auch nach einer zunächst unzulässigen Beweiserhebung) wirksam von der Pflicht zur Verschwiegenheit entbunden wird (§ 53 II), nicht aber schon dann, wenn er die vom Zeugnisverweigerungsrecht geschützten Erkenntnisse freiwillig den Strafverfolgungsbehörden übermittelt (BT-Drucks 16/5846 S 37 zu § 160 a II [§ 53 b II des Ges-Entwurfs]; KMR-Plöd 2; dazu näher Glaser/Gedeon GA **07**, 425 ff). Eine unzureichende Umsetzung des Schutzes des Kernbereichs privater Lebensgestaltung (24 zu § 100 a, 13 zu § 100 c) vor heimlichen Ermittlungsmaßnahmen in I S 5 und II rügt Reiß StV **08**, 542. Zur Wirkungslosigkeit der Beschränkungen nach § 119 I gegenüber dem in I bezeichneten Personenkreis vgl § 119 IV S 1, 2 Nr 18. Eine verfassungswidrige Ungleichbehandlung im Verhältnis zu zeugnisverweigerungsberechtigten Angehörigen liegt nicht vor (BVerfG NJW **10**, 287).

2 **2) Geistliche, Verteidiger und Abgeordnete** (I):

3 A. Ein **Erhebungsverbot** (S 1) stellt die nach § 53 I S 1 Nr 1, 2 und 4 Zeugnisverweigerungsberechtigten von gegen sie gerichteten staatlichen Ermittlungsmaßnahmen gleich welcher Art frei (zum Personenkreis vgl 12, 13 und 23 zu § 53). Gegen Geistliche (in ihrer Eigenschaft als Seelsorger), Verteidiger und Abgeordnete dürfen sich keine Maßnahmen richten, die der Ermittlung von Umständen dienen, welche vom Zeugnisverweigerungsrecht der Genannten umfasst sind. Wegen dieser Anknüpfung hängt die Reichweite des Erhebungsverbots vom Umfang des Zeugnisverweigerungsrechts der genannten Zielpersonen ab; dieses ist auf die bei der Berufsausübung anvertrauten oder bekanntgewordenen Tatsachen begrenzt (vgl allgemein 7 ff und erg 12 [Seelsorger], 13 [Verteidiger], 24 [Abgeordneter] zu § 53). Der Schutz ist (anders als nach II) absolut ausgestaltet, hängt also nicht von Erwägungen zur Verhältnismäßigkeit im Einzelfall ab; auf die Ausübung des Zeugnisverweigerungsrechts kommt es nicht an. Die Telekommunikation mit dem Verteidiger wird durch § 148 und ggf auch durch § 100 a IV S 2–4 (21, 36 zu § 100 a; 21 zu § 100 g; 13 zu § 100 i) geschützt (KMR-Plöd 3; Beulke StP 155). Vom Erhebungsverbot nicht umfasst sind gegen andere Personen (Beschuldigte, Dritte) gerichtete Maßnahmen; diese bleiben auch dann zulässig, wenn nicht ausgeschlossen werden kann oder gar zu erwarten ist, dass möglicherweise auch die Kommunikation mit den vorgenannten Berufsgeheimnisträgern über vom Zeug-

nisverweigerungsrecht umfasste Inhalte betroffen sein wird (BT-Drucks 16/5846 S 35; dazu aber unten 7).

3a **Prognose:** Eine Maßnahme gegen die in I S 1 genannten Personen ist unzulässig, wenn eine Prognose („voraussichtlich") ergibt, dass Erkenntnisse aus dem nach § 53 geschützten Bereich zu erwarten sind. Die Prognose ist aufgrund der vorliegenden tatsächlichen Anhaltspunkte zu erstellen; gesonderter vorausgehender Ermittlungen bedarf es nicht. Der gesetzliche Maßstab setzt keine „zweifelsfreie" Erkenntnis voraus (**aM** KK-Griesbaum 6), räumt Gericht oder Strafverfolgungsbehörde aber einen Beurteilungsspielraum ein (krit und enger SK-Wolter 19 ff). Das Erhebungsverbot greift nicht ein, wenn konkrete Anhaltspunkte dafür bestehen, dass geschützte Inhalte mit Gegenständen verknüpft werden, die dem Ermittlungsziel unterfallen, um eine Überwachung zu verhindern (vgl BVerfGE **120**, 274 = NJW **08**, 822, 834 zum Kernbereichsschutz).

4 B. Für das Verständnis des (absoluten) **Verwendungsverbots** (Einl 57 d) in S 2 kommt dem Zweck des I, der Rechtsprechung des BVerfG zum Schutz des Kernbereichs privater Lebensgestaltung Rechnung zu tragen (BT-Drucks 16/5846 S 35 zu § 53 b I des Ges-Entwurfs; vgl dazu auch – krit – SK-Wolter 7 ff, 24), besondere Bedeutung zu. Demnach dürfen zunächst alle Erkenntnisse, die in dem Zeitraum des Bestehens des Erhebungsverbots (oben 3) gewonnen werden, insgesamt und ungeachtet ihres Inhalts nicht verwertet werden (vgl BVerfGE **109**, 279 = NJW **04**, 999, 1007; vgl aber unten 15). Mit dem Wort „dennoch" setzt das Gesetz aber nicht notwendig einen Verstoß gegen das Erhebungsverbot voraus. Trotz seines Bestehens erlangt sind auch Erkenntnisse aus Maßnahmen, bei denen sich die *ex ante* fehlerfreie negative Prognose über Bestand oder Reichweite des Zeugnisverweigerungsrechts erst im Nachhinein als unzutreffend erweist. Die Selbstständigkeit des Verwendungsverbots (in Grenzfällen) ergibt sich auch aus dem gebotenen Schutz des Kernbereichs privater Lebensgestaltung: Jedenfalls soweit dieser Bereich bei Geistlichen (in ihrer Eigenschaft als Seelsorger) und Verteidigern betroffen ist, kann das Eingreifen des Verwendungsverbots nicht von der vorangegangenen Verletzung des Erhebungsverbots abhängig gemacht werden (vgl BVerfGE **109**, 279 = NJW **04**, 999, 1004, 1007; s auch § 100 c IV, V; Baum/Schantz ZRP **08**, 139). Aus diesen verfassungsrechtlichen Vorgaben und dem Willen des Gesetzgebers, für die in I genannten Berufsgeheimnisträger eine einheitliche Regelung zu treffen (BT-Drucks aaO), folgt die Gleichstellung auch der Abgeordneten, und weiter, dass die Verwendung der erlangten Erkenntnisse nicht nur als Beweismittel, sondern auch, soweit sie als Spurenansätze in Betracht kommen, verboten ist (vgl 17 zu § 100 c; Glaser/Gedeon GA **07**, 429; Rogall JZ **08**, 827). Das Verwendungsverbot erfasst auch entlastende Erkenntnisse (BeckOK-Patzak 5; vgl auch SK-Wolter 25).

5 C. Unverzüglich zu **löschen** sind Aufzeichnungen über nach I S 2 unverwertbare Erkenntnisse (I S 3; erg 27 zu § 100 a zur Person des Verpflichteten)

6 D. **Dokumentation** (I S 4): Um die Einhaltung der Löschungspflicht, vor allem aber, um die spätere Nachvollziehbarkeit im Rahmen von Rechtsschutzbegehren Betroffener zu sichern, müssen sowohl die Tatsache der Erlangung unverwendbarer Erkenntnisse (aber natürlich nicht diese selbst) als auch die Löschung entsprechender Aufzeichnungen in den Akten festgehalten werden.

7 E. Für den Fall der **zufälligen Betroffenheit** eines Geistlichen (in seiner Eigenschaft als Seelsorger), eines Verteidigers oder Abgeordneten durch eine nicht gegen ihn gerichtete – und daher zulässige (oben 3 aE; **aM** Reiß StV **08**, 547) – Ermittlungsmaßnahme ordnet I S 5 die entspr Geltung des Verwendungsverbots sowie der Löschungs- und Dokumentationspflicht an (I S 2–4, oben 4–6). Erbringt also die gegen eine andere Person (Beschuldigter, Dritter) gerichtete Maßnahme Erkenntnisse, die von einem der genannten Berufsgeheimnisträger erlangt wurden und über die dieser das Zeugnis verweigern dürfte, greift auch insoweit das absolute Verwertungsverbot ein. Aus dem Verhältnismäßigkeitsprinzip (Einl 20) kann sich

darüber hinaus ausnahmsweise die Pflicht ergeben, eine solche Ermittlungsmaßnahme zu unterbrechen oder zu beschränken, wenn während des Vollzugs erkannt wird, dass Erkenntnisse über vom Zeugnisverweigerungsrecht des Geistlichen, Strafverteidigers oder Abgeordneten geschützte Inhalte erlangt werden (vgl SK-Wohlers 53 zu § 160; Wolter GA **07**, 194: Vorwirkung). Eine analoge Anwendung des § 100 c V, VII (erwogen von Glaser/Gedeon GA **07**, 424) kommt aber nicht in Betracht (vgl BT-Drucks 16/5846 S 36); zu § 148 vgl oben 3.

8 **3) Berufsgeheimnisträger iS des § 53 I S 1 Nr 3–3 b, 5** (II):

9 A. Ein **relatives Beweiserhebungsverbot** sieht II S 1 und 2 bei den von I nicht erfassten Berufsgeheimnisträgern, dh den Angehörigen der in § 53 I S 1 Nr 3–3 b und 5 (dort 15, 17, 21, 22, 28 ff) genannten Beratungs- und Heilberufe sowie der Medien vor (krit zu dieser Differenzierung, die inzwischen zB auch in § 119 IV S 1, 2 Nr 18, § 20 u BKAG, § 3 b G 10, § 5 III-V ThürPAG übernommen wurde und sich nach Rogall Fezer-FS 80 ausgehend von dem jew institutionellen Zweck der Kommunikationsbeziehung gut begründen lässt, zB Fahr DStR **08**, 378; Ignor NJW **07**, 3404; Leitner Widmaier-FS 333; Reiß StV **08**, 543 ff; Rüping DStR **07**, 1182, v Westphalen AnwBl **08**, 803; vgl auch – verfassungsrechtliche Einwände offen lassend – BVerfGE **122**, 63 = MMR **09**, 36), nicht aber bei Insolvenzverwaltern (3 zu § 53). Es greift ebenfalls nur im Rahmen der Reichweite des jeweiligen Zeugnisverweigerungsrechts ein (vgl allgemein 7 ff und erg 16 [RAe usw], 18–20 [Ärzte usw], 21 [Schwangerschaftsberater], 22 [Berater für Fragen der Betäubungsmittelabhängigkeit], 33 ff [Presse] zu § 53). Wie sich aus der gegenüber I S 1 abweichenden Fassung von II S 1 Hs 1 und auch aus der Wertung des § 101 IV ergibt, hängt die Betroffenheit des Berufsgeheimnisträgers nicht davon ab, dass sich die beabsichtigte Ermittlungsmaßnahme gegen ihn richtet (BVerfG aaO; offenbar **aM** Glaser/Gedeon GA **07**, 425, 427; vgl auch Jahn C 60: „Zufallsfund"). Es kommt vielmehr darauf an, ob die Prognose („voraussichtlich"; erg oben 3 a) ergibt, dass die Maßnahme dem Zeugnisverweigerungsrecht nach § 53 unterliegende Erkenntnisse erbringen würde. Der Umstand, dass mit solchen Inhalten zu rechnen ist, muss bei der stets erforderlichen Verhältnismäßigkeitsprüfung besonders beachtet werden; hieraus ergeben sich Bestand und Umfang des Beweiserhebungsverbots im Einzelfall (unten 10).

9a Das Gesetz hat hier somit dem **Verhältnismäßigkeitsgrundsatz** (Einl 20) einen besonderen Stellenwert eingeräumt. Abzuwägen ist das Interesse der Allgemeinheit, ggf auch des Opfers, an einer wirksamen Strafrechtspflege gegen das öffentliche Interesse an den von dem Berufsgeheimnisträger wahrgenommenen Aufgaben und das individuelle Interesse an der Geheimhaltung der ihm anvertrauten oder bekannt gewordenen Tatsachen. Wenn der Gegenstand des Verfahrens nicht zumindest eine Straftat von erheblicher Bedeutung (5 zu § 98 a) umfasst, ist die Annahme eines überwiegenden Strafverfolgungsinteresses regelmäßig ausgeschlossen (II S 1 Hs 2). In dem hiernach verbleibenden Rahmen kommt den (Recherche-)Interessen der Medien dann aber kein grundsätzlicher Vorrang zu (BVerfGE **107**, 299, 332 = NJW **03**, 1787, 1794).

10 Ist nach dem **Ergebnis der Abwägung** die in Aussicht genommene Ermittlungsmaßnahme nicht uneingeschränkt zulässig, greifen die in II S 2 bezeichneten Rechtsfolgen ein: Eine unverhältnismäßige Maßnahme hat zu unterbleiben. Ist die Verhältnismäßigkeit teilweise nicht gegeben, muss die Maßnahme entspr beschränkt werden; wenn dies nach ihrer Art nicht möglich ist, ist sie zu unterlassen.

11 B. II S 3 regelt die **Verwertung** von Erkenntnissen, die dem Zeugnisverweigerungsrecht der in II S 1 genannten Berufsgruppen unterliegen. Sie hängt von einer Prüfung der Verhältnismäßigkeit im Einzelfall ab (zu den Kriterien oben 9). Durch den Verweis auf II S 1 ergibt sich ein weitgehender Gleichlauf in der Beurteilung der Beweiserhebung und -verwertung. Ein Verwertungsverbot kann aber im Einzelfall auch unabhängig von einem Verstoß gegen das Erhebungsverbot (S 1) eingreifen. Zu dem oben 4 erörterten Fall, dass sich die *ex ante* fehlerfreie negative

Prognose über Bestand oder Reichweite des Zeugnisverweigerungsrechts im Nachhinein als unzutreffend erweist, kommt hier hinzu, dass die Prüfungen regelmäßig zu unterschiedlichen Zeitpunkten vorgenommen werden; in der Zwischenzeit kann die Sachlage erhebliche Änderungen erfahren haben: Erschien die Erhebung von Erkenntnissen, die dem Zeugnisverweigerungsrecht unterliegen, wegen der zunächst angenommenen schweren Straftat gerechtfertigt, so ist die spätere Verwertung der hierdurch erlangten Informationen idR gleichwohl unverhältnismäßig, wenn keine Straftat von erheblicher Bedeutung iS von II S 1 Hs 2 mehr inmitten steht. Umgekehrt können die Ergebnisse einer auf dem Verdacht einer weniger schweren Straftat beruhenden und daher unzulässigen Beweiserhebung gleichwohl verwertbar sein, wenn sich später herausstellt, dass es sich in Wahrheit um eine Straftat von erheblicher Bedeutung handelt (BT-Drucks 16/5846 S 37; HK-Zöller 11; **aM** Puschke/Singelnstein NJW **08**, 117; erg unten 15).

Nur **zu Beweiszwecken** verbietet II S 3 die Verwertung geschützter Erkenntnisse, wenn sich als Ergebnis der Abwägung (oben 11) die Unverhältnismäßigkeit einer solchen Nutzung ergibt (krit Wolter GA **07**, 186). Die Vorschrift untersagt anders als I S 2 und 5 (oben 4, 7) nicht die mittelbare Verwertung in der Weise, dass die erlangten Informationen zur Grundlage weiterer Ermittlungen gemacht werden (Glaser/Gedeon GA **07**, 429 zu § 53b II des Ges-Entwurfs; KK-Griesbaum 16 aE; abweichend Jahn C 96: Frühwirkung [Einl 57e] in einem neu eingeleiteten Verfahren; **aM** auch HK-Zöller 12). 12

C. Wäre ein **Arzt** (unmittelbar oder mittelbar, dazu oben 9) von der Ermittlungsmaßnahme betroffen, ist zu unterscheiden: Arztgespräche können im Einzelfall dem Kernbereich privater Lebensgestaltung zuzuordnen sein (BVerfGE **109**, 279 = NJW **04**, 999, 1004; weitergehend Reiß StV **08**, 543ff, 547 für alle in § 53 I S 1 Nr 3 genannten Heilberufe). Dessen Schutz darf nicht durch Abwägung mit den Strafverfolgungsinteressen nach Maßgabe des Verhältnismäßigkeitsgrundsatzes relativiert werden (BVerfGE **109**, 279 = NJW **04**, 999, 1002); folglich greift insoweit ein absolutes Erhebungs- und Verwendungsverbot ein, das auch Spurenansätze mit umfasst. Nur soweit der unantastbare Bereich des Höchstpersönlichen nicht betroffen ist, unterliegt die Erhebung und Verwertung von Informationen, die vom ärztlichen Zeugnisverweigerungsrecht erfasst werden, der Abwägung nach II (vgl BVerfGE **32**, 373 = NJW **72**, 1123; BVerfG MedR **06**, 586; **aM** offenbar BT-Drucks 16/5846 S 36 zu § 53b II des Ges-Entwurfs; KK-Griesbaum 15). Diese wird allerdings idR jedenfalls bei kernbereichsnahen, besonders sensiblen Informationen, die in einem Arzt-Patienten-Gespräch ausgetauscht werden, zu einem Überwiegen der schutzwürdigen Individualinteressen führen. 13

4) Auf **Hilfspersonen** erstreckt III den Schutz der in I und II enthaltenen Verbote nach dem Vorbild des § 97 III, IV S 3 (vgl dort 43). 14

5) Der **Verdacht der Beteiligung** sowie der Begünstigung, Strafvereitelung oder Hehlerei (nicht aber der Geldwäsche) lässt die in I bis III enthaltenen Erhebungs- und Verwertungsverbote entfallen (IV S 1; vgl für den Verteidiger: Beulke StP 152a, 154; krit Knierim StV **08**, 604; s aber oben 3 zur Telekommunikation). Nur nach sorgfältiger, sich auf bestimmte Tatsachen (9 zu § 100a) stützender Prüfung darf der Verstrickungsverdacht angenommen werden (erg 18–20 zu § 97; zur Gesetzesgenese Leitner Widmaier-FS 334). Voraussetzung ist aber nicht, dass gegen den Berufsgeheimnisträger ein Ermittlungsverfahren eingeleitet worden ist (BT-Drucks 16/6979 S 45; **aM** KMR-Plöd 13; vgl auch oben 1). Entsteht der Verdacht erst nach einer unzulässigen Beweiserhebung, entfällt die Schutzwirkung der Absätze 1 bis 3 und die erlangten Erkenntnisse können verwertet werden (BGH **18**, 227, **25**, 168, jew zu § 97). Wenn sich der Verdacht allerdings erst aus den unzulässig gewonnenen Ermittlungsergebnissen ergibt, entfällt die Unverwertbarkeit nach I S 2, 5 oder II S 3 nicht (vgl 48 zu § 97; **aM** BT-Drucks 16/5846 S 37 zu § 53b des Ges-Entwurfs, sogar für den Fall des absoluten Verwendungsverbots nach I S 2; 15

KK-Griesbaum 7, 16). Fällt der Verdacht nachträglich weg, folgt allein aus der Zulässigkeit der Erhebung der Beweise nicht schon deren Verwertbarkeit; denn die Verwertungsregelungen in I S 2, 5 sowie II S 3 sind selbständig im jeweils maßgeblichen Entscheidungszeitpunkt zu beurteilen (oben 4, 7, 11; Knierim aaO 604). Die die Verwertbarkeit in diesem Fall bejahende Rechtsprechung zu § 97 (BGH NStZ **83**, 85; zust KK-Nack 10, LR-Schäfer 147, jew zu § 97) kann daher mit der Folge der Anwendbarkeit der genannten Verwertungsverbote für § 160a nicht aufrechterhalten werden (so schon zu § 97 Fezer 7/45; Herdegen GA **63**, 143; Schlüchter 308: Schmidt [20 zu § 97] 71; vgl auch SK-Wohlers 44ff zu § 97; Mitsch Lenckner-FS 737).

16 Bei **Medienangehörigen** (§ 53 I S 1 Nr 5) greift die Verstrickungsregelung im Falle eines Antrags- oder Ermächtigungsdelikts erst ein, wenn die entspr Erklärung vorliegt (IV S 2). Der weitergehende besondere Schutz der Presse in § 97 V S 2 2. Hs ist hier nicht ausdrücklich in das Gesetz aufgenommen worden (erg 1 zu Art 10 MRK). Für bei einer Durchsuchung gemachte Zufallsfunde gilt § 108 III (dort 10).

17 **6)** Dem § 160a gehen die §§ 97, 100c VI als **Spezialvorschriften** vor (V); soweit diese indes keine besondere Bestimmung treffen, bleibt § 160a anwendbar (erg 50 zu § 97). Außerdem verweist § 100c VI S 3 zurück auf § 160a IV.

18 **7)** Die **Revision** kann darauf gestützt werden, dass Erkenntnisse bei der Beweiswürdigung verwertet worden sind, obwohl sie einem Verwertungsverbot nach I S 2, 5 oder II S 3 (auch iVm III) unterliegen. Jedoch muss die Revisionsbegründung dartun, dass die Voraussetzungen des IV nicht vorlagen, wenn diese Möglichkeit ernsthaft in Betracht zu ziehen ist (BGH **37**, 245 zu § 97; ebenso BGH **38**, 144, 146 zur Entbindung von der Schweigepflicht). Die unzutreffende Annahme eines Verwertungsverbots kann mit der Aufklärungsrüge beanstandet werden. Soweit ein Beurteilungsspielraum besteht (oben 3a, 9), ist die Nachprüfung auf den Maßstab der Vertretbarkeit beschränkt (vgl BGH **41**, 30; weitergehend KK-Griesbaum 22, 24, der dies auch auf die Verhältnismäßigkeitsprüfung nach II überträgt und bei Disponibilität einen Widerspruch fordert).

Erörterung des Verfahrensstands

160b **[1]Die Staatsanwaltschaft kann den Stand des Verfahrens mit den Verfahrensbeteiligten erörtern, soweit dies geeignet erscheint, das Verfahren zu fördern. [2]Der wesentliche Inhalt dieser Erörterung ist aktenkundig zu machen.**

1 **1) Zielsetzung** dieser Vorschrift ist es, die Gesprächsmöglichkeiten zwischen der StA und den Verfahrensbeteiligten zu fördern. Zwar sind solche Gespräche schon immer in der Praxis üblich gewesen; sie zu untersagen, wäre auch nicht sinnvoll und ein solches Verbot wäre auch praktisch nicht durchsetzbar. Es war daher richtig, ausdrücklich zu bestimmen, dass – entgegen im Schrifttum gegen solche Gespräche gelegentlich geäußerte Bedenken (Schünemann Rieß-FS 543; *Weigend* NStZ **99**, 59; dagegen schon Meyer-Goßner Gollwitzer-Koll 175) – die StA mit den Verfahrensbeteiligten Gespräche führen darf, die geeignet sind, das Verfahren zu fördern. Die StA „kann" solche Erörterungen vornehmen; es ist aber demnach nicht so, dass es solche Erörterungen geben „soll" oder gar geben „muss".

2 **2) „Verfahrensbeteiligte"** sind die Personen oder Stellen, die nach dem Gesetz eine Prozessrolle ausüben, dh durch eigene Willenserklärungen im prozessualen Sinn gestaltend als Prozesssubjekt mitwirken müssen oder dürfen (erg Einl 71ff). Dazu gehören im Ermittlungsverfahren der Beschuldigte und sein Verteidiger. Ein Beitritt als Nebenkläger wird nach § 396 I S 2 erst mit Erhebung der öffentlichen Klage wirksam; das schließt aber nicht aus, nebenklageberechtigte Personen auch hier schon als Verfahrensbeteiligte anzusehen. Gerade wenn zwischen StA und

Verteidigung über eine im Hauptverfahren vorzunehmende Verständigung verhandelt wird, kann es im Einzelfall angebracht sein, die nebenklageberechtigte Person – also das Tatopfer – an den Erörterungen zu beteiligen.

Verfahrensbeteiligte ist selbstverständlich auch die **Finanzbehörde** in Steuerstrafverfahren (vgl §§ 403, 407 I **AO**; zum Zusammenwirken von StA und Finanzbehörde vgl BGH NJW **09**, 2319). 3

Keine Verfahrensbeteiligten sind hingegen die nicht nebenklageberechtigten Verletzten (§ 406f); denn diesen stehen nicht prozessuale Gestaltungs-, sondern nur Informations- und Schutzrechte zu. Auch Zeugen und Sachverständige sind nicht verfahrensbeteiligt iSd § 160b, ebenso wenig Angehörige der Bewährungs- und Gerichtshilfe (N/Sch/W-Schlothauer 13). 4

3) Geeignet zur Verfahrensförderung müssen die Erörterungen sein. Das ist allerdings keine bedeutsame Einschränkung für die Gespräche: Da es in erster Linie um Beschränkungen bei der Strafverfolgung gehen wird, wird die Geeignetheit in aller Regel zu bejahen sein. Im Übrigen wird vielfach der Verteidiger das Gespräch mit der StA schon deshalb suchen, um die „Verhandlungsmasse" auszuloten. Die StA ist aber nicht verpflichtet, solche Gesprächsangebote aufzugreifen (oben 1). 5

A. **Gegenstand** der Erörterungen kann insbesondere sein, die Strafverfolgung nach § 154a I zu beschränken oder von der Verfolgung von Straftaten nach § 154 I abzusehen, wenn der Beschuldigte erklärt, dass er in der Hauptverhandlung hinsichtlich einer oder mehrerer bestimmter Straftaten ein Geständnis ablegen werde. Die Erörterungen können aber – wie bisher schon üblich – auch die Verfahrenserledigung durch Einstellung nach § 153a oder durch Strafbefehl (§§ 407ff) zum Gegenstand haben, einen Täter-Oper-Ausgleich bezwecken (§ 155a), und insbesondere aber auch der Vorbereitung einer Verständigung im Hauptverfahren (§ 257c) dienen. Erg 14 zu § 172. 6

B. Eine bestimmte **Form** ist für die Erörterungen nicht vorgeschrieben. Sie werden idR mündlich erfolgen, können aber auch telefonisch vorgenommen werden. Es müssen nicht alle Verfahrensbeteiligten gleichzeitig anwesend sein oder beteiligt werden. Auch hier gilt der Grundsatz der freien Gestaltung des Ermittlungsverfahrens (Einl 60). 7

4) Aktenkundig zu machen ist der wesentliche Inhalt des Gesprächs (S 2). Es ist also die Tatsache, dass und mit welchen Verfahrensbeteiligten Erörterungen stattgefunden haben und das Ergebnis dieser Erörterungen in den Akten zu vermerken. Dabei wird nicht jegliche – insbesondere telefonische – Kontaktaufnahme festzuhalten sein; ein Vermerk ist vielmehr nur dann erforderlich, wenn das Gespräch zu einem – positiven oder negativen – Ergebnis geführt hat (zust Bittmann wistra **09**, 414). Sind Vereinbarungen getroffen worden, hat also etwa die StA dem Beschuldigten bestimmte Verfahrensweisen (zB die Einstellung weiterer Verfahren nach § 154 I) zugesagt, ist dies besonders sorgfältig zu dokumentieren, um spätere Streitigkeiten über den genauen Inhalt der Abmachungen zu vermeiden. Gleiches gilt für Zusicherungen des Beschuldigten bzw seines Verteidigers hinsichtlich einer im Hauptverfahren vorgesehenen Verständigung. 8

5) Löst sich die StA oder ein Verfahrensbeteiligter später von einer verbindlich getroffenen Vereinbarung, so entfällt auch für den Gegner die Verpflichtung zu deren Einhaltung. Hat aber die StA oder der Verfahrensbeteiligte seinen Teil der Vereinbarung erfüllt, kann sich grundsätzlich der andere Teil nicht mehr ohne weiteres von der Vereinbarung lösen. Das bedeutet insbesondere: 9

Hat der Angeklagte in der Hauptverhandlung das der StA zugesagte Geständnis abgelegt, kann die StA ihre verpflichtend gegebene **Zusage einer Sachbehandlung nach § 154 I** oder der Beantragung einer bestimmten Mindest- oder Höchststrafe (Strafunter- oder Strafobergrenze nach § 257c III S 2) nicht mehr zurücknehmen. Legt der Angeklagte in der Hauptverhandlung allerdings das ver- 10 sprochene Geständnis nicht ab, so ist die StA nicht mehr an ihre gegebenen Zusagen gebunden.

11 Die **Zusage des Gerichts,** selbständige Verfahrensteile oder ein anderes bei ihm anhängiges Verfahren nach § 154 II einzustellen, hat BGH **52**, 165 (dazu Eisenberg NStZ **08**, 698, Fahl NStZ **09**, 613; Fezer JZ **08**, 1059) als zulässig und verbindlich angesehen, wenn das Gericht sich Erklärungen der StA, einen entspr Antrag zu stellen, zu eigen gemacht hat; das folge aus dem Gebot fairer Verfahrensgestaltung (Art 6 I S 1 MRK, Art 20 III GG). Hält sich das Gericht nicht an diese Zusage, so begründet dies nach Ansicht des BGH aber idR kein Verfahrenshindernis, sondern nur einen wesentlichen Strafmilderungsgrund (BGH aaO unter Hinweis auf BGH **37**, 10; zust Fahl aaO 614). Richtiger wäre es, eine trotz Zusage einer Antragstellung nach § 154 II durch die StA erhobene Anklage wegen Verstoßes gegen die Grundsätze des fairen Verfahrens (Einl 19) nicht zuzulassen und eine gleichwohl erfolgte Verurteilung wegen eines daraus resultierenden Verfahrenshindernisses (Befassungsverbot, vgl Einl 143, 143a) aufzuheben und das Verfahren einzustellen (vgl auch Eisenberg aaO 699 aE; Fezer aaO 1060; Lindemann JR **09**, 82; Sauer wistra **09**, 143; vgl ferner Graumann HRRS-Fezer-FG 53: Einstellung entspr § 154).

Ermittlungen

161 **I [1] Zu dem in § 160 Abs. 1 bis 3 bezeichneten Zweck ist die Staatsanwaltschaft befugt, von allen Behörden Auskunft zu verlangen und Ermittlungen jeder Art entweder selbst vorzunehmen oder durch die Behörden und Beamten des Polizeidienstes vornehmen zu lassen, soweit nicht andere gesetzliche Vorschriften ihre Befugnisse besonders regeln. [2] Die Behörden und Beamten des Polizeidienstes sind verpflichtet, dem Ersuchen oder Auftrag der Staatsanwaltschaft zu genügen, und in diesem Falle befugt, von allen Behörden Auskunft zu verlangen.**

II [1] Ist eine Maßnahme nach diesem Gesetz nur bei Verdacht bestimmter Straftaten zulässig, so dürfen die auf Grund einer entsprechenden Maßnahme nach anderen Gesetzen erlangten personenbezogenen Daten ohne Einwilligung der von der Maßnahme betroffenen Personen zu Beweiszwecken im Strafverfahren nur zur Aufklärung solcher Straftaten verwendet werden, zu deren Aufklärung eine solche Maßnahme nach diesem Gesetz hätte angeordnet werden dürfen. [2] § 100d Abs. 5 Nr. 3 bleibt unberührt.

III In oder aus einer Wohnung erlangte personenbezogene Daten aus einem Einsatz technischer Mittel zur Eigensicherung im Zuge nicht offener Ermittlungen auf polizeirechtlicher Grundlage dürfen unter Beachtung des Grundsatzes der Verhältnismäßigkeit zu Beweiszwecken nur verwendet werden (Artikel 13 Abs. 5 des Grundgesetzes), wenn das Amtsgericht (§ 162 Abs. 1), in dessen Bezirk die anordnende Stelle ihren Sitz hat, die Rechtmäßigkeit der Maßnahme festgestellt hat; bei Gefahr im Verzug ist die richterliche Entscheidung unverzüglich nachzuholen.

1 **1) Ermittlungsgeneralklausel:** § 161 ist durch das StVÄG 1999 dahin geändert worden, dass er eine – bis dahin fehlende – Ermittlungsgeneralklausel („StA ist befugt") enthält (Wollweber NJW **00**, 3623); die Vorschrift ist damit die gesetzliche Ermächtigungsgrundlage für Ermittlungen jeder Art, auch für solche mit einem Grundrechtseingriff verbundenen Ermittlungshandlungen, die weniger intensiv eingreifen (aber nur für solche, vgl Hilger Rieß-FS 181; Niehaus DAR **09**, 634) und deshalb nicht von einer speziellen Eingriffsermächtigung erfasst werden, wie zB die kurzfristige Observation (zur Abgrenzung 1 zu § 163f), Erkundigungen in der Nachbarschaft, der Einsatz von V-Leuten oder Scheinaufkäufern, auch einfache Fahndungsmaßnahmen (Hilger NStZ **00**, 564; Soiné Kriminalistik **01**, 246), die Überprüfung auf Anhaftungen „künstlicher DNA" (Krumdiek StRR **09**, 129,

131: Bestrahlen mit UV-Licht; erg 6 zu § 81 a) sowie uU finanzielle Gegenleistungen für „zeugenschaftliche Kooperation" (so Kölbel NStZ **08**, 243; erg 3 zu § 136 a); zur Internet-Aufklärung 7 zu § 100 a. I bildet daher auch die Rechtsgrundlage für die allgemeine Erhebung personenbezogener Daten (BVerfG NJW **09**, 1405), gilt aber nicht für Vorermittlungen (Diemer NStZ **05**, 668; Krause Strauda-FS 352; Senge Hamm-FS 710; Wölfl JuS **01**, 481; **aM** Keller/Griesbaum NStZ **90**, 417) oder die Gewährung von Akteneinsicht an Privatpersonen (BVerfG NJW **09**, 2876, 2877: §§ 475 ff als *leges speciales*).

Insbesondere die **behördliche Auskunft** kann unmittelbar eingeholt werden, 1a selbst wenn die geforderten Nachrichten erst noch durch (zumutbare) Materialsammlung oder Beobachtung dienstlicher Vorgänge gewonnen werden müssen; denn die Behörde muss möglichst gute Beweise zur Verfügung stellen (BGH **29**, 109, 112; vgl auch BVerfGE **57**, 250, 283 = NJW **81**, 1719, 1723). Die Behörden sind der StA gegenüber zur Auskunft rechtlich verpflichtet (Karlsruhe NJW **86**, 145; Erdsiek NJW **60**, 616; Kurth NStZ **83**, 543; Meyer JR **86**, 172; *de lege ferenda* für Zwangs- oder Ordnungsmittel bei Auskunftsverweigerung Jansen, Zulässigkeit und Grenzen des schriftlichen staatsanwaltlichen Erkenntnisgewinns am Beispiel des Bankauskunftsersuchens und der Provideranfrage, Köln 2010, zugl Diss Konstanz 2009, S 112), ebenso gegenüber der FinB in Steuerstrafsachen (§§ 386, 399 I **AO;** vgl 31 zu § 163); erst recht gegenüber dem Gericht (§§ 202, 244 II; BGH **30**, 34, 35; **36**, 328, 337; Rieß Hilger-FG 175 Fn 6; **aM** SK-Wohlers 19; zur Verwertung selbstbelastender Angaben im Verwaltungsverfahren Schlothauer Fezer-FS 267 ff). Für die Weitergabe von Daten an die StA gilt § 15 I iVm § 14 II Nr 7 BDSG. Zur umstr Frage der Zulässigkeit der Erhebung eines beim Passregister gespeicherten Lichtbildes eines Betroffenen durch die Bußgeldstelle einschr Stuttgart StraFo **03**, 16 mit abl Anm Steffen, Verwertung bejahend Bay **03**, 105 = NJW **04**, 241, Bamberg DAR **06**, 336 sowie Niehaus NZV **03**, 166; krit LR-Gössel Einl L 100; vgl auch 28 zu § 163. Wenn die in § 97 I Nrn 1–3 bezeichneten Unterlagen im Gewahrsam einer Behörde sind, darf die StA keine Auskunft daraus verlangen, falls die Beschlagnahme unzulässig wäre. Wenn nicht eine ausdrückliche gesetzliche Vorschrift die Auskunftspflicht einschränkt (unten 3–5), darf die Auskunft nicht verweigert werden, sofern nicht die oberste Dienstbehörde erklärt, dass das Bekanntwerden ihres Inhalts dem Wohl des Bundes oder eines deutschen Landes Nachteile bereiten würde; das gilt insbesondere für Auskünfte über Namen und Anschrift von Gewährsleuten (BGH **29**, 390, 393; NJW **81**, 1052; erg 12 zu § 96). Die auch nur teilw Verweigerung der Auskunft muss begründet werden (BGH **29**, 109, 112; vgl auch BVerfGE **57**, 250, 281 ff = NJW **81**, 1719, 1725). Zur Verwertung von Erkenntnissen von Informanten und V-Personen der Nachrichtendienste vgl Soiné NStZ **07**, 247. Auskunftsverlangen der StA an die ermittelnden Polizeibehörden sind in § 161 I S 1 nicht gemeint; insoweit gilt § 152 I GVG (Füllkrug ZRP **84**, 193; Geißer GA **83**, 392), wohl auch für im Rahmen der Strafverfolgungsvorsorge erhobene Daten (vgl BVerfGE **113**, 348 = NJW **05**, 2603, 2605; **aM** KK-Griesbaum 32 a). § 161 geht § 4 ZSHG nach dessen V vor (LR-Erb 26 b; einschr – aber unzutr – Hilger Gössel-FS 608). Einsicht in die Akten anderer Strafverfahren erhalten Gericht und StA nach § 474 I (dort 2).

Von anderen Stellen oder Personen kann ebenfalls Auskunft verlangt wer- 2 den (RiStBV 67). Dabei handelt es sich um eine formlose Art der Zeugenvernehmung (LG Frankfurt aM NJW **54**, 688 mit Anm Sichtermann). Bei Verweigerung kann die förmliche Vernehmung erzwungen (§§ 161 a, 51), uU auch die Herausgabe verlangt (§ 95) oder die Durchsuchung und Beschlagnahme angeordnet werden. Auf die in Betracht kommende Möglichkeit dieser Art kann ggf bei dem Auskunftsverlangen hingewiesen werden (*de lege ferenda* für Zwangs- oder Ordnungsmittel bei Auskunftsverweigerung Jansen [oben 1 a] 42). § 161 I ist eine ausreichende Rechtsgrundlage für ein Auskunftsersuchen der StA, das auf hausinterne Datenabgleiche durch private Stellen (zB Banken, Kreditkartenunternehmen) gerichtet ist und insoweit heimlich erfolgt (BVerfG NJW **09**, 1405, 1407 mit abl

Anm Schnabel CR **09**, 385; AG Halle-Saalkreis DuD **07**, 464; LR-Erb 28a Fn 159; **aM** Petri StV **07**, 266; Schnabel DuD **07**, 427).

3 **2) Post und Telekommunikation:** Von den Unternehmen dieses Wirtschaftssektors (einschließlich der Nachfolger der Deutschen Bundespost) kann keine „behördliche" Auskunft verlangt werden. Soweit das Post- und Fernmeldegeheimnis nach Art 10 GG, § 39 PostG, § 88 TKG berührt wird, gelten § 99 (dort 14) und § 100g. Bei der Deutschen Postbank AG befindliche Unterlagen fallen nicht unter das Postgeheimnis, sondern unter das Bank„geheimnis" (unten 4).

4 **3)** Ein **Bank„geheimnis"** steht dem Auskunftsverlangen nicht entgegen (LG Frankfurt aM NJW **54**, 688; LG Hamburg NJW **78**, 958; LG Hof NJW **68**, 65; KK-Griesbaum 8; ANM 476 mwN; Bilsdorfer DStR **84**, 498); vgl aber § 30a **AO.** Zur Auskunft verpflichtet sind aber nur öffentlich-rechtliche Kreditinstitute (KK-Griesbaum 8; Tiedemann NJW **72**, 665; zw Sichtermann, Bankgeheimnis und Bankauskunft, 1984, S 341; Bedenken auch bei LR-Erb 28). Privatbanken können zu Auskünften nicht gezwungen werden (LG Hof aaO; Müller NJW **63**, 836; Selmer, Steuerrecht und Bankgeheimnis, 1981, S 76; Sichtermann aaO S 340), sind aber ihren Kunden gegenüber berechtigt, die Auskunft zur Abwendung einer Beschlagnahme freiwillig zu erteilen (LR-Erb 28a; Kretschmer wistra **09**, 181; Müller NJW **63**, 836; **68**, 65; Probst NJW **76**, 214; **aM** Selmer aaO S 78; Sichtermann aaO 341; vgl eingehend und diff zum Bankauskunftsersuchen Jansen [oben 1a] 441). Unter Berufung auf das Bankgeheimnis darf Rechtshilfe in der EU im Rahmen des Protokolls vom 16. 10. 2001 zu dem Rechtshilfe-Übk vom 29. 5. 2000 (Einl 215b) nicht abgelehnt werden.

4a Die **Bundesanstalt für Finanzdienstleistungsaufsicht** erteilt allerdings im automatisierten Verfahren den Strafverfolgungsbehörden und Gerichten auf Ersuchen gemäß § 24c III S 1 Nr 2 KWG Auskünfte aus den bei den Kreditinstituten nach § 24c I S 1 KWG zu führenden Dateien, die die Kontonummern und den Namen des Inhabers und eines Verfügungsberechtigten (die sog Stammdaten) enthalten. Auf den Inhalt der Konten kann damit nicht zugegriffen werden (vgl dazu BVerfGE **118**, 168 = NJW **07**, 2464 mit Anm Neuling HRRS **07**, 382; Brender ZRP **09**, 198).

5 **4)** Das **Steuergeheimnis** (§ 30 **AO**) steht der Auskunftserteilung entgegen, sofern seine Offenbarung nicht gesetzlich zugelassen ist oder der Betroffene zustimmt (§ 30 IV Nrn 2, 3 **AO**). Den Amtsträgern (§ 30 I **AO**) und den ihnen nach § 30 III **AO** gleichgestellten Personen ist es untersagt, die in § 30 II **AO** bezeichneten Tatsachen unbefugt zu offenbaren; sie dürfen darüber weder als Zeuge aussagen noch amtliche Auskünfte geben oder Akten und andere Schriftstücke herausgeben. Ausnahmen bestimmt § 30 IV, V **AO** (vgl dazu Hamburg NStZ **96**, 43 mit Anm Hellmann NStZ **96**, 556; Hamm NStZ **09**, 162; Höll ZIS **10**, 310, 318; Schützeberg StRR **09**, 455). Ausführlich zum Steuergeheimnis im Strafverfahren Blesinger wistra **91**, 239, 294; **08**, 416; vgl auch Stahl/Demuth DStR **08**, 601; Lührs MDR **96**, 21.

6 **5)** Das **Sozialgeheimnis** (§ 35 SGB I) verbietet die Auskunft durch Behörden nach § 67 S 1 SGB X nur dann nicht, wenn der Betroffene einwilligt oder eine gesetzliche Offenbarungspflicht nach §§ 68–77 SGB X besteht (vgl dazu Kunkel StV **00**, 531; **02**, 333; Lührs MDR **96**, 21; Riekenbrauk StV **92**, 37). Aus § 35 III SGB I ergibt sich ein auch im Strafverfahren geltendes Zeugnisverweigerungsrecht und Beschlagnahmeverbot zugunsten der Sozialbehörde (LG Braunschweig CR **88**, 229). Dasselbe gilt nach § 61 I SGB VIII nunmehr auch für die Jugendgerichtshilfe, insbesondere sind nach § 76 SGB X in deren Akten enthaltene der ärztlichen Schweigepflicht unterliegende Daten geschützt (LG Hamburg NStZ **93**, 401 mit zust Anm Dölling; vgl auch Eisenberg NStZ **86**, 308; zur Beschlagnahme ärztlicher Abrechnungsunterlagen bei Krankenkassen vgl Seibert NStZ **87**, 398); im Übrigen ist die Jugendgerichtshilfe aber nach § 61 III SGB VIII zur Weitergabe

erhobener Daten an das JugG berechtigt und verpflichtet (Dölling BewHi **93**, 128). Im Rahmen der Amtshilfe (Art 35 I GG) müssen die Personalien des Betroffenen sowie Namen und Anschrift seines derzeitigen Arbeitgebers offenbart werden, soweit kein Grund zu der Annahme besteht, dass dadurch schutzwürdige Belange des Betroffenen beeinträchtigt werden (§ 68 I SGB X). Solche Belange stehen der Auskunftserteilung an die StA zur Aufklärung einer Straftat idR nicht entgegen (KG JR **85**, 25; vgl auch Köln VRS **64**, 198; LG Stuttgart NStZ **91**, 551). Ohne die Einschränkungen des § 68 müssen nach § 73 SGB X, aber nur auf richterliche Anordnung (Celle NJW **97**, 2964), personenbezogene Daten des Beschuldigten und anderer Personen (dazu Karlsruhe NJW **06**, 3656) zur Aufklärung eines Verbrechens iS § 12 I StGB offenbart werden, zur Aufklärung eines Vergehens iS § 12 II StGB nur, soweit sich das Auskunftsersuchen auf die in § 72 I S 1 SGB X bezeichneten Angaben und auf Angaben über erbrachte und demnächst zu erbringende Geldleistungen beschränkt (LG Frankfurt aM NJW **88**, 84). Darüber hinaus ermächtigt § 69 I Nr 1, 2 SGB X die Sozialbehörde zur Offenbarung personenbezogener Daten, soweit sie zur Erfüllung einer sozialgesetzlichen Aufgabe oder für die Durchführung eines damit zusammenhängenden gerichtlichen Verfahrens einschließlich eines Strafverfahrens erforderlich ist. Ohne Einschaltung des Gerichts kann die StA daher die Offenbarung personenbezogener Daten zur Aufklärung eines Arbeitsunfalles (LG Stuttgart NStZ **93**, 552; **aM** SK-Wohlers 40; Zeibig NStZ **99**, 339), eines Betruges durch Erschleichen von Sozialleistungen (Welke DÖV **10**, 175 [Abrechnungsbetrug im Pflegedienstbereich]), insbesondere aber einer Straftat nach § 170 StGB verlangen, die dazu geführt hat, dass die Sozialbehörde für den Unterhaltsverpflichteten einspringen musste (vgl im Einzelnen Hardtung NJW **92**, 211; Kerl NJW **84**, 2444; **aM** LG Hamburg NJW **84**, 1570). Nach § 78 I S 1 SGB X dürfen die Stellen, denen personenbezogene Daten, Betriebs- und Geschäftsgeheimnisse mitgeteilt worden sind, sie nur zu dem Zweck verwenden, zu dem sie ihnen befugt offenbart worden sind. In einem anderen Strafverfahren als dem, in dem die richterliche Anordnung ergangen ist, dürfen die Angaben daher nicht verwertet werden. Jedoch kann in dem anderen Verfahren eine besondere richterliche Anordnung getroffen werden, deren Inhalt sich darauf beschränken kann, dass die Verwertung der Daten auch in diesem Verfahren zulässig ist (ANM 475).

6) Der **Grundsatz der freien Gestaltung des Ermittlungsverfahrens** (vgl auch 47 zu § 163; krit SK-Wohlers 43) ergibt sich aus § 161. Alle zulässigen Maßnahmen sind zu ergreifen, die geeignet und erforderlich sind, zur Aufklärung der Straftat beizutragen (BVerfG NStZ **96**, 45). Die Heimlichkeit eines polizeilichen Vorgehens ist kein Umstand, der für sich allein schon die Unzulässigkeit der ergriffenen Maßnahmen begründet (BVerfG NJW **09**, 1405, 1407; BGH GrS **42**, 139, 150). Über die Anlegung von Karteien und Dateien s §§ 483 ff (vgl auch Walder ZStW **95**, 884), über Fahndung RiStBV 39 ff (erg unten 17), über die Beiziehung von Vorstrafakten RiStBV 73. Über Zusammenarbeit in Angelegenheiten des Verfassungsschutzes vgl Bundesverfassungsschutzgesetz vom 20. 12. 1990 (BGBl I 2970), letztes ÄndG vom 31. 7. 2009 (BGBl I 2499); RiStBV 205 I; Soiné ZRP **08**, 108; Welp DÖV **70**, 267. „Grundsätze über die Zusammenarbeit von StA und Polizei" enthält zB für Niedersachsen der Gemeinsame RdErl vom 16. 6. 1996 (NdsRpfl 262). 7

A. **Kriminaltaktische Gesichtspunkte:** Es ist möglich und oft zweckmäßig, erst einmal Ermittlungen durchzuführen, ohne dass der Beschuldigte davon erfährt, um zunächst zu klären, ob der Vorwurf sich nicht rasch erledigt (Heghmanns Eisenberg-FS 519; vgl auch 3 zu § 163 a), oder um dem Beschuldigten das Ergebnis schon bei seiner ersten Vernehmung vorhalten zu können. Der Aufschub der Vernehmung des Beschuldigten (§ 163 a I S 1) kann auch deshalb angebracht sein, weil überraschende Durchsuchung oder Festnahme anzustreben ist (vgl § 33 IV S 1). 8

9 B. **Übermaßverbot** (vgl 8 zu § 152): Es wirkt auf Art, Maß und Reihenfolge (19 zu § 160) der Ermittlungen und namentlich der Eingriffsmaßnahmen ein (Einl 20, 21).

10 **7)** Die **Ermittlungen** kann die StA selbst vornehmen (RiStBV 3 I) oder durch die Polizei vornehmen lassen (RiStBV 11), soweit nicht andere gesetzliche Vorschriften die Befugnis besonders regeln, bei Steuerstraftaten auch durch die FinB oder deren Hilfsorgane (§§ 402 I, 404 **AO;** vgl 13 zu § 160). Die eigenen Vernehmungen des StA sind entweder Ermittlungsvernehmungen, wenn die Auskunftsperson vorher noch nicht oder noch nicht vollständig oder nur mangelhaft vernommen worden ist, oder Bestätigungsvernehmungen, bei denen es hauptsächlich auf eine prüfende und abwägende Erörterung ankommt. Die StA kann auch um (uneidliche oder eidliche) Vernehmung im Ausland durch einen Konsularbeamten der BRep ersuchen (§ 15 KonsG). Zur Zulässigkeit der Mitwirkung sachverständiger Privatpersonen Brüning StV **08**, 100; erg 8 b zu § 105.

11 **8) Ersuchen und Aufträge der StA** (S 2; § 152 I GVG; erg 1, 3 zu § 163): Der Grundsatz des S 2 gilt nicht nur für das Ermittlungsverfahren, sondern für das gesamte Strafverfahren (Einl 43; 1 zu § 152). Die Polizei erhält damit auch die Befugnis, wie die StA von allen Behörden Auskunft zu verlangen (I S 2 aE). Die Anordnungen der StA richten sich an die Polizeibehörde, solange noch kein bestimmter Beamter mit der Bearbeitung in dem konkreten Fall befasst ist (Schulz/Händel/Soiné 38; 2 zu § 152 GVG). Zu der vielfach üblichen, allerdings von RiStBV 11 I missbilligten Praxis, die gesamten Akten nur „m. d. B. um Ermittlungen" zu übersenden, vgl Groß/Fünfsinn NStZ **92**, 108. Bei Gefahr im Verzug wendet sich die StA an einen einzelnen Beamten (zB am Tatort oder bei besonderer Eile). Dem Wunsch der StA, die Sache von einem bestimmten (besonders sachkundigen) Beamten bearbeiten zu lassen, trägt die Polizei iS der gebotenen engen Zusammenarbeit (3 zu § 163) Rechnung. Wenn einmal ein bestimmtes Dezernat oder ein bestimmter Beamter bei der Polizei mit der Sache befasst ist, kann die StA ihre Ersuchen unmittelbar dorthin richten. Der Leitungsbefugnis der StA (3 zu § 163) unterliegen nicht nur die Ermittlungshandlungen ieS, sondern alle Maßnahmen zur Förderung des Strafverfahrens, also auch zB Beschlagnahme, Durchsuchung, vorläufige Festnahme. Führt die FinB das Ermittlungsverfahren wegen einer Steuerstraftat (§ 386 **AO**), so tritt sie bei Anwendung des § 161 an die Stelle der StA (§ 399 I **AO**); sonst hat sie die Pflichten der Polizei (§§ 401 I, 404 **AO**). Über unmittelbaren Zwang zur Durchsetzung von Strafverfolgungsmaßnahmen vgl unten 14. Die Leitungsbefugnis schließt ein, dass die StA der Polizei im Detail dort freie Hand lässt, wo diese die bessere Sachkunde hat, häufig also auf dem Gebiet der Kriminaltechnik und Kriminaltaktik. Allerdings besitzt die Polizei heute auch insbesondere auf Grund ihrer umfangreichen Datensammlungen vielfach einen Informationsvorsprung, der es der StA erschwert, ihre Leitungsbefugnis auszuüben (vgl dazu ausführlich Lilie ZStW **106**, 625, ferner Heghmanns GA **03**, 434).

12 **9)** Das **Bundeskriminalamt** kann für alle StAen Ermittlungen durchführen, soweit es nach § 4 I BKAG zuständig oder ihm die Zuständigkeit nach § 4 II Nr 1 und 2 BKAG übertragen worden ist; der GBA kann seine Ermittlungen stets durch das BKA vornehmen lassen (erg RiStBV 30–32). Die Verpflichtung anderer Polizeibehörden zum 1. Zugriff bleibt unberührt, ebenso die Sachleitungsbefugnis der StA nach S 2 (§ 4 III S 2 BKAG); erg unten 13 aE. Das BKA hat auch ein eigenständiges und allgemeines Recht zur Datenerhebung (§ 7 II BKAG; dazu Paeffgen StV **02**, 339) und ist an der Antiterrordatei beteiligt (§ 1 I ATDG; Ruhmannseder StraFo **07**, 184; krit Zöller JZ **07**, 771; zum Zugriff des GBA vgl § 6 IV ATDG). Es unterrichtet die zuständige Strafverfolgungsbehörde nach § 10 I S 2 Nr 2 GwG über Erkenntnisse über Geldwäsche und Terrorismusfinanzierung.

10) Zu **präventivpolizeilichen Maßnahmen** – also zur Verhinderung oder 13
Verhütung (zur Auslegung dieses im BPolG, BKAG und ZFdG verwendeten Begriffes vgl Roggan NJW **09**, 257, Weber RDV **04**, 59) von Straftaten – darf die StA der Polizei keine Weisung erteilen (KK-Griesbaum 32; vgl auch RiStBV Anl A Abschn A II), zB nicht zum Gebrauch der Schusswaffe zum Zweck der Befreiung von Geiseln (Krey ZRP **71**, 224; Krey/Meyer ZRP **73**, 1; 17 zu § 163). IRd Abwehr von Gefahren des internationalen Terrorismus obliegt dem BKA auch die (originäre) Aufgabe, bestimmte, in § 129a I und II StGB bezeichnete terroristische Straftaten zu verhüten (§ 4a I BKAG); soweit allerdings wegen einer Zuwiderhandlung gegen dieses Vereinigungsverbot bereits ein Anfangsverdacht besteht, ist die Zuständigkeit der StA (des GBA) für die Strafverfolgung begründet (vgl KK-Schoreit 18a, 18c zu § 152; Merten NJW **92**, 355; grds auch Roggan NJW **09**, 258, 260; s noch LR-Erb 30 zu § 163; erg 6 zu § 152; 17 zu § 163).

11) Anwendung unmittelbaren Zwangs durch Polizeibeamte auf An- 14
ordnung des StA: RiStBV Anl A. Die Beurteilung der Zweck- und Verhältnismäßigkeit durch die StA ist für die Polizei bindend.

12) Kontakte mit Presse und Rundfunk: 15

A. **Information:** Die Unterrichtung findet eine Grenze in dem Ermittlungsge- 16
heimnis. Das bedeutet, dass die Aufklärung der Straftat nicht durch Unterrichtung der Publikationsorgane beeinträchtigt werden darf. Mit dieser Einschränkung hat die aktuelle Berichterstattung über schwere Straftaten oder solche, die die Öffentlichkeit besonders berühren, im Allgemeinen den Vorrang vor dem Persönlichkeitsschutz des Beschuldigten. Jedoch ist neben der Rücksicht auf den unantastbaren innersten Lebensbereich und der Unschuldsvermutung der Grundsatz der Verhältnismäßigkeit zu beachten. Danach ist eine Namensnennung, Abbildung oder sonstige Identifikation des Täters nicht immer zulässig (BVerfGE **35**, 202 = NJW **73**, 1226; **119**, 309 = NJW **08**, 977, 979; BVerfG NJW **00**, 1859; **09**, 3357 mit Bespr Jahn S 3344 [Zusf der bisherigen Rspr]; 1 BvR 1891/05 vom 9. 3. 2010 [zur Namensnennung S 12]; BGH NJW **00**, 1036; VI ZR 243/08 vom 9. 2. 2010; Hamburg AfP **08**, 95; Hamm NJW **00**, 1278; München ZUM **09**, 777 mit Anm v Becker; VG Saarlouis NJW **03**, 3431; DRiZ **08**, 356 L; Neuling StV **08**, 390; RiStBV 4a, 23; allgemein zu den Grenzen der Öffentlichkeitsarbeit vgl auch Lehr NStZ **09**, 409); das Schutzbedürfnis des Beschuldigten kann gemindert sein, wenn dieser von sich aus die Medienöffentlichkeit sucht (vgl BVerfG NJW **09**, 350, 352; 2117, 2119; KG NJW-RR **07**, 345). Diese Grundsätze hat auch die Polizei, soweit sie die Informationsbefugnis hat (krit KMR-Plöd 24), zu beachten; im Zweifel muss sie die Entscheidung der StA herbeiführen (vgl auch Krause/Nehring 180). Die Veröffentlichung des Lichtbilds des Verdächtigen in der Presse ist nur bei schwerwiegenden Straftaten zulässig (Hamm NStZ **82**, 82; noch enger Hamburg ZUM **10**, 62 bei einem Jugendlichen; zur Verdachtsberichterstattung ausführlich Hohmann NJW **09**, 881; Molle ZUM **10**, 331; vgl auch Fehn Kriminalistik **08**, 385); zur Gefahr einer Vorverurteilung eingehend Schaefer Müller-FS 623. Erg 1 zu § 475.

B. **Inanspruchnahme zur Fahndung:** RiStBV Anl B. Die Öffentlichkeit 17
kann außer nach §§ 131 ff auch durch Plakatanschläge und Aussetzung von Belohnung (nach den Bestimmungen der Länder und nach RiStBV 220) eingeschaltet werden.

13) Zur **Auskunft über den Fernmeldeverkehr** vgl 14 zu § 99. 18

14) Über den **Antrag auf gerichtliche Entscheidung** gegen Ermittlungs- 18a
maßnahmen nach I vgl 23 zu § 98; 9, 10 zu § 23 EGGVG.

15) Die Verwendung von Daten, die durch nicht strafprozessuale hoheitliche 18b
Maßnahmen erlangt wurden, regelt der durch Ges vom 21. 12. 2007 (BGBl I

3198) eingefügte II. Er führt zu einer Gleichbehandlung aller vom Verdacht bestimmter Straftaten abhängiger Ermittlungsmaßnahmen (das sind vor allem heimliche Maßnahmen, zB §§ 100 a, 100 c, anders nur §§ 99, 100 h I Nr 1; erg 5 zu § 477), lässt allerdings § 100 d V Nr 3 unberührt (II S 2); diese Bestimmung geht also § 161 II S 1 vor. Werden Daten aus vergleichbaren Maßnahmen nach anderen Gesetzen – insbesondere nach den Polizeigesetzen oder den Gesetzen über die Nachrichtendienste – in das Strafverfahren eingeführt, so dürfen sie nach II S 1 nur dann zu Beweiszwecken verwendet werden, wenn dies der Feststellung einer Straftat dient, aufgrund derer die Maßnahme auch nach der StPO hätte angeordnet werden dürfen (Gedanke des hypothetischen Ersatzeingriffs, vgl Einl 57 c; BT-Drucks 16/5846 S 64).

18c Diese **Voraussetzungen** müssen im Zeitpunkt der Verwertung der Daten im Strafverfahren erfüllt sein; allein maßgeblich ist, ob die Daten nunmehr zur Klärung des Verdachts einer Katalogtat (bestimmte Straftat iS des II S 1) verwendet werden sollen (BGH NJW **09**, 3448, 3450 zu § 100 d V Nr 3; enger Knierim StV **08**, 601; **09**, 207: Nachstellung der konkreten historischen Ermittlungssituation; vgl auch Singelnstein ZStW **120**, 880 ff). Erforderlich ist weiter, dass das andere Ges die in der strafprozessualen Verwendung liegende Zweckumwandlung gestattet (BGH aaO 3451; Singelnstein ZStW **120**, 862: Zweckbindungsgrundsatz). Die Weiterverwendung der Daten im Strafverfahren setzt nur grundsätzlich voraus, dass sie im Ausgangsverfahren zB polizeirechtlich rechtmäßig erhoben wurden (vgl aber KK-Griesbaum 40; Singelnstein ZStW **120**, 889; Wollweber NJW **00**, 3623); bei rechtswidriger Datenerhebung ist hierüber anhand der von der Rspr für sog relative Verwertungsverbote vertretenen Abwägungslehre zu entscheiden (BGH aaO 3453 [jedenfalls außerhalb von Fällen bewusster Umgehung des Ges ist die Unverwertbarkeit die Ausnahme]; Einl 55 a, 57 d).

18d Soll die Verwendung der Daten **nicht zu Beweiszwecken,** sondern zB als weiterer Ermittlungsansatz (Spurenansatz) oder zur Ermittlung des Aufenthaltsortes eines Beschuldigten erfolgen, gilt die Beschränkung des II S 1 hingegen nicht (vgl BT-Drucks 16/5846 S 64; LR-Erb 34 a aE zu § 160; SK-Wohlers 53; Puschke/Singelnstein NJW **08**, 117; **aM** Jahn C 96, der eine Frühwirkung [Einl 57 e] bejaht; HK-Zöller 32; krit zu der im Ges verwandten Begrifflichkeit Rogall JZ **08**, 828; vgl auch Glaser/Gedeon GA **07**, 435; Singelnstein ZStW **120**, 887). Die Daten können somit Anlass zur Gewinnung neuer Beweismittel sein. Das entspricht der Rspr des BVerfG in NJW **05**, 2766. Vgl auch 5 zu § 477. Mit Einwilligung der von der Maßnahme jeweils Betroffenen können die erlangten personenbezogenen Daten (§ 3 I BDSG) aber auch in Strafverfahren, die keine Katalogtat zum Gegenstand haben, zu Beweiszwecken weiterverwendet werden.

18e **§ 20 v V S 1 Nr 3 BKAG** ermächtigt das BKA, zur Verfolgung von Straftaten (soweit erforderlich) die nach §§ 20 a ff BKAG erhobenen personenbezogenen Daten an Strafverfolgungsbehörden zu übermitteln, jedoch nur dann, „wenn ein Auskunftsverlangen nach der Strafprozessordnung zulässig wäre" (vgl oben 1 a, 1 a zu § 163). Diese Einschränkung soll den Gleichlauf mit der jeweiligen strafprozessualen Erhebungsbefugnis gewährleisten, begrenzt aber die Übermittlung als Spurenansatz grundsätzlich nicht (oben 18 d; vgl aber Velten Fezer-FS 95). Erkenntnisse aus einem auf § 20 k BKAG gestützten verdeckten Eingriff in informationstechnische Systeme (präventive online-Durchsuchung, vgl 7 a zu § 100 a) können daher grundsätzlich als Ermittlungsansatz übermittelt werden, ohne dass dem etwa § 160 IV entgegenstünde (vgl allgemein LR-Erb 34 a aE zu § 160); der hypothetische Ersatzeingriff nach II schließt – mangels einer entspr Maßnahme in der StPO – nur die unmittelbare Verwertung der durch die online-Durchsuchung gewonnenen Erkenntnisse zu Beweiszwecken aus (vgl BT-Drucks 16/10 121 S 36; BeckOK-Graf 111 a zu § 100 a; KMR-Plöd 25 b; Deiters/Albrecht ZJS **08**, 324; anders wohl Singelnstein ZStW **120**, 885; s auch Art 34 d V S 2 BayPAG). Personenbezogene Daten aus Telekommunikationsüberwachung (§ 201 BKAG) – auch aus Quellen-TKÜ nach § 201 II (vgl 7 a zu § 100 a; **aM** Vogel/Brodowski

StV **09**, 634) – und online-Durchsuchung darf das BKA aber aus Gründen der Verhältnismäßigkeit nur zur Verfolgung von Straftaten mit einer Strafobergrenze von mindestens 5 Jahren übermitteln (zur Wohnraumüberwachung vgl 9a zu § 100d). Die Übermittlungsadressaten („sonstige öffentliche Stellen") dürften durch die Benennung des Übermittlungszwecks (Strafverfolgung) hinreichend bestimmt sein (vgl BVerfGE **110**, 33, 70 = NJW **04**, 2213, 2220; **118**, 168, 191 = NJW **07**, 2464, 2468). Die Zweckbindung des Empfängers ist in § 20v V S 6 BKAG geregelt.

16) III betrifft die **Verwendung personenbezogener Informationen,** die durch eine Wohnraumüberwachung aus einem Einsatz technischer Mittel (§ 100c) zur Eigensicherung (also nicht zur selbständigen Erkenntnisgewinnung) im Zuge nicht offener Ermittlungen auf polizeirechtlicher Grundlage erlangt wurden (zB zum Schutz Verdeckter Ermittler, vgl § 110a II). Die Vorschrift schränkt die Verwertung „zu Beweiszwecken" (so auch Albrecht StV **01**, 419; Brodersen NJW **00**, 2539; KMR-Plöd 26; **aM** LR-Erb 72 und SK-Wohlers 56: auch als Spurenansatz) ein, indem sie diese (materiell) dem Verhältnismäßigkeitsgrundsatz unterwirft und (formell) an die Feststellung der Rechtmäßigkeit der polizeilichen Maßnahme (so auch SK-Wohlers 55; weitergehend LR-Erb 75: auch der strafprozessualen Verwendung) durch das zuständige AG (§ 162 I) knüpft; diese Feststellung muss grundsätzlich vor der Verwendung erfolgen, bei Gefahr im Verzug muss sie unverzüglich nachgeholt werden. III, der die Verwertung nicht an einen Straftatenkatalog bindet (krit Eisenberg BR 2538; anders LR-Erb 71a: wie bei § 100d V Nr 1, 3), ist damit eine Ausführungsregelung zu Art 13 V GG (erg 30 zu § 100c). Zu sonstigen Verwendungsbeschränkungen für präventiv-polizeilich erhobene Daten (somit auch nicht bei einer Wohnraumüberwachung zur Eigensicherung gewonnene, vgl aber § 100d V Nr 3) erg oben 18bff. Den umgekehrten Fall (Verwendung strafprozessual erhobener Daten für präventiv-polizeiliche Zwecke) regeln §§ 477 II S 3, 481. 19

Die **richterliche Entscheidung** beschränkt sich auf eine Rechtmäßigkeitsprüfung, wozu aber die Prüfung der Verhältnismäßigkeit gehört (erg 14 zu § 162); ob die polizeirechtliche Maßnahme und die Art der Eigensicherung sachgerecht waren, ist nicht zu prüfen (LR-Erb 76). Die örtliche Zuständigkeit richtet sich nach dem Sitz der Polizeibehörde als „anordnende Stelle", die die zur Eigensicherung führende Maßnahme veranlasst hat (LR-Erb 77). Die Entscheidung des AG ist mit der Beschwerde nach § 304 anfechtbar. 20

Zeugen- und Sachverständigenvernehmung durch die StA **RiStBV 64–72**

161a I [1] **Zeugen und Sachverständige sind verpflichtet, auf Ladung vor der Staatsanwaltschaft zu erscheinen und zur Sache auszusagen oder ihr Gutachten zu erstatten.** [2] **Soweit nichts anderes bestimmt ist, gelten die Vorschriften des sechsten und siebenten Abschnitts des ersten Buches über Zeugen und Sachverständige entsprechend.** [3] **Die eidliche Vernehmung bleibt dem Richter vorbehalten.**

II [1] **Bei unberechtigtem Ausbleiben oder unberechtigter Weigerung eines Zeugen oder Sachverständigen steht die Befugnis zu den in den §§ 51, 70 und 77 vorgesehenen Maßregeln der Staatsanwaltschaft zu.** [2] **Jedoch bleibt die Festsetzung der Haft dem nach § 162 zuständigen Gericht vorbehalten.**

III [1] **Gegen Entscheidungen der Staatsanwaltschaft nach Absatz 2 Satz 1 kann gerichtliche Entscheidung durch das nach § 162 zuständige Gericht beantragt werden.** [2] **Gleiches gilt, wenn die Staatsanwaltschaft Entscheidungen im Sinne des § 68b getroffen hat.** [3] **Die §§ 297 bis 300, 302, 306 bis 309, 311a und 473a gelten jeweils entsprechend.** [4] **Gerichtliche Entscheidungen nach den Sätzen 1 und 2 sind unanfechtbar.**

IV Ersucht eine Staatsanwaltschaft eine andere Staatsanwaltschaft um die Vernehmung eines Zeugen oder Sachverständigen, so stehen die Befugnisse nach Absatz 2 Satz 1 auch der ersuchten Staatsanwaltschaft zu.

1 **1) Bedeutung:** § 161 a dient der Konzentration des Ermittlungsverfahrens in der Hand der StA (3 ff zu § 163), der Straffung und Beschleunigung des Ermittlungsverfahrens sowie der optimalen Aufklärung des Sachverhalts. Den Befugnissen der StA entspricht deren Pflicht, von ihren Rechten Gebrauch zu machen (LG Tübingen MDR **89**, 1015). Die Vorschrift gilt nunmehr, wie der wiederholte Verweis auf § 162 III belegt, auch im Hauptverfahren (BT-Drucks 16/12 098 S 24, 25; **aM** KMR-Plöd 1 und zur aF LR-Erb 7; erg 17 zu § 162).

2 **2) Zeugenvernehmung** (I; erg 1 zu § 68): Die Klausel „auf Ladung" bezieht sich nur auf die Pflicht zu erscheinen. Zur Aussage ist der Zeuge auch verpflichtet, wenn er vom StA zur Vernehmung aufgesucht wird (unten 17). Nach S 2 gelten die §§ 48–71, sofern nichts anderes bestimmt ist, entspr, dh soweit ihre Anwendung mit den Besonderheiten des Ermittlungsverfahrens vereinbar ist. § 57 gilt nur hinsichtlich der Ermahnung zur Wahrheit (**aM** HK-Zöller 5: ggf Hinweis auf §§ 145 d, 164, 257, 258 StGB). Alle Bestimmungen, die sich auf die Vereidigung beziehen (I S 3), sind nicht anwendbar. Für die Maßregelung enthalten II und III Sonderregelungen. Über die Einholung einer schriftlichen Aussage des Zeugen vgl RiStBV 67, einer behördlichen Auskunft RiStBV 68. Zur Protokollierung vgl § 168 b II. § 161 a I gilt nicht für informatorische Befragungen im Rahmen von Vorermittlungen (Senge Hamm-FS 711; 4 a zu § 152) oder für eine Vernehmung zur Sache allein durch Polizeibeamte in Anwesenheit des StA, der zur Vernehmung geladen hat (Hamburg StraFo **09**, 464).

3 A. Die **Ladung** (I S 2 iVm § 48) führt die StA selbst aus; § 38 gilt für sie nicht. Die Ladung muss die Strafsache, erforderlichenfalls mit kurzer Bezeichnung der Tat, erkennbar machen und zum Ausdruck bringen, dass der Adressat als Zeuge vernommen werden soll. Mit der formlosen Ladung kann der Hinweis auf die gesetzliche Pflicht nach S 1 verbunden werden. Verspricht diese Art der Ladung keinen Erfolg oder soll möglichst große Sicherheit dafür geschaffen werden, dass der Zeuge zu dem festgesetzten Termin erscheint, so wird er unter Hinweis auf die gesetzlichen Folgen seines Ausbleibens gegen Nachweis (§ 37) geladen. Die Androhung ist Aufforderung, bei Verhinderung Entschuldigungsgründe vorzubringen (§ 51 II S 1, 2; unten 16). Befindet sich der Zeuge in Straf- oder UHaft, so unterbleibt der Hinweis; der StA ordnet aber die Vorführung aus der JVA an (5 a zu § 133; § 36 II S 2 **StVollzG,** der auch für Vernehmungstermine der StA gilt; 17 zu § 163 a). Der Verteidiger hat bei der Vernehmung kein Anwesenheitsrecht und wird daher nicht von dem Vernehmungstermin benachrichtigt (KK-Griesbaum 6); anders bei der Vernehmung des Beschuldigten durch den StA (20 zu § 163 a).

4 B. **Inhalt des Hinweises:**

4a a) **Kostenfolge und Ordnungsgeld:** Mit dem Hinweis auf diese Folgen muss die Belehrung über die spätere Eventualfolge der Festsetzung einer Ersatzordnungshaft durch das Gericht (II S 2 iVm § 51 I S 2) nicht verbunden werden. Zur Geltung des § 51 für Kinder und strafrechtlich nicht verantwortliche Personen vgl 15 zu § 51.

5 b) **Zwangsweise Vorführung** (§ 51 I S 3 Hs 1): Der Hinweis auf diese Möglichkeit ist bei der Ladung zur gerichtlichen Zeugenvernehmung vorgeschrieben, ohne dass es darüber einer Entscheidung im Einzelfall bedarf. Denn diese Vernehmung muss grundsätzlich durchgesetzt werden. Das gilt nach dem Grundsatz der freien Gestaltung des Ermittlungsverfahrens (7 zu § 161) nicht für die Ladung eines Zeugen durch die StA. Diese kann oft auf die Vernehmung des widerstrebenden Zeugen verzichten und dafür von anderen Beweismitteln Gebrauch machen. Die StA kann sich in geeigneten Fällen auch mit einer schriftlichen Äußerung des Zeu-

gen begnügen (vgl 46d zu § 163). Vor allem kann sie das Widerstreben des Zeugen dazu veranlassen, die StA, in deren Bezirk er wohnt, oder auch den Ermittlungsrichter um die Vernehmung zu ersuchen (IV, § 162 I S 1, 3). Daher ist die Androhung der Vorführung im Hinblick auf die Besonderheiten des Ermittlungsverfahrens (oben 1) nicht obligatorisch, sondern der Entscheidung im Einzelfall vorbehalten.

3) Durchführung der Zeugenvernehmung (I): Die Vernehmung von Zeugen ist trotz der Wichtigkeit von Sachbeweisen und des damit häufig verbundenen Sachverständigenbeweises eine wichtige und mitunter sogar die einzige Beweismöglichkeit. Über Vernehmungstechnik und Protokollierung der Aussage vgl Geerds Vernehmungstechnik IX, XI [dazu ferner Adler/Hermanutz Kriminalistik **09**, 535; Heubrock Kriminalistik **10**, 75; Weihmann Kriminalistik **10**, 82], über die Vernehmung von Kindern, Jugendlichen und Heranwachsenden VII [dazu ferner Hermanutz/Adler Kriminalistik **09**, 623; Weihmann aaO]. 6

A. **Zur Person und Generalfragen** (§§ 68, 68a II): Grundsätzlich wird zwischen der Vernehmung hierzu und der Vernehmung zur Sache (§ 69) unterschieden. Das Zeugnisverweigerungsrecht (I S 2 iVm §§ 52–54) bezieht sich nur auf letztere. Die Generalfragen dienen hauptsächlich der Klärung, ob ein Zeugnisverweigerungsrecht nach § 52 I besteht (6c zu § 68a); ggf auch der Frage, ob die Mitwirkung des gesetzlichen Vertreters notwendig ist (§ 52 II). Wenn eine dieser Fragen oder beide zu bejahen sind, wird nach § 52 III belehrt (46b, 46d zu § 163 für die Polizei). Sagt der Zeuge nicht aus, so erübrigen sich weitere Generalfragen. 7

B. **Zur Sache** (§ 69; dort 3): Die Berichtsform besteht darin, dass der Zeuge in freier, ungezwungener, durch möglichst wenig Zwischenfragen unterbrochener Rede Auskunft gibt (5 zu § 69). Danach folgen die Erläuterungs- und Ergänzungsfragen. Unterstützende Fragen sind allerdings idR bei dem Bericht notwendig, um zu verhindern, dass der Zeuge von der Sache abschweift, sich verrennt oder sogar „festlügt" (5 zu § 69). Wesentlich ist dabei, dass immer gleich festgestellt wird, was der Zeuge selbst beobachtet hat oder nur vom Hörensagen weiß. Über die Verwendung von schriftlichen Unterlagen vgl 8 zu § 69. 8

C. **Art der Fragen:** Fragen und Antworten müssen konkrete Tatsachen zum Gegenstand haben (2 vor § 48). Persönliche Schlussfolgerungen und Urteile des Zeugen gehören zur Aussage nur, soweit sie sich von den Tatsachen nicht trennen lassen oder für die Persönlichkeit des Beschuldigten oder des Verletzten oder für die Glaubwürdigkeit eines Zeugen Bedeutung haben können. Die Vernehmungsmethoden des § 136a sind verboten (I S 2 iVm § 69 III). Unzulässig sind Suggestivfragen, mit denen eine Aussage in bestimmter Richtung nahegelegt wird, wenn sie auf eine Täuschung mit dem Risiko der Verursachung einer falschen Aussage hinauslaufen (erg 25 zu § 136a). Dagegen sind sie statthaft, wenn dieses Risiko ausgeschaltet wird, zur Prüfung, ob der Zeuge beeinflussbar und glaubwürdig ist (14, 15 zu § 241). 9

D. **RA als Beistand des Zeugen:** Vgl §§ 406f, 406g für Verletzte und § 68b für sonstige Zeugen. Dies gilt auch für Zeugenvernehmungen durch die StA (vgl I S 2; Granderath MDR **83**, 798; s auch unten 20b; 46c zu § 163). 10

4) Sachverständigengutachten (I; 7 vor § 72): Nach S 2 gelten die §§ 73–76, 78, 80 entspr. 11

A. **Auswahl:** Im Vorverfahren zieht die StA den Sachverständigen zu (zur Problematik Erb ZStW **121**, 892), im Stadium des § 163 auch die Polizei (1, 1a zu § 73). Die Erfüllung der Pflicht, ein Gutachten zu erstatten (§ 75 I, II), kann mit den Mitteln des II iVm § 77 erzwungen werden. Der StA gibt dem Verteidiger, falls vorhanden, zweckmäßigerweise (weiter gehend SK-Wohlers 40: grundsätzlich stets; Dierlamm Müller-FS: Rechtsanspruch, bei Verstoß grds Verwertungsverbot [dazu 1 zu § 73]) Gelegenheit, vor der Auswahl eines Sachverständigen Stellung zu nehmen, es sei denn, dass der Gegenstand der Untersuchung ein häufig wieder- 12 kehrender tatsächlich gleichartiger Sachverhalt (zB Blutalkoholgutachten) oder eine Gefährdung des Untersuchungszweckes (vgl § 147 II) oder eine Verzögerung des Verfahrens zu besorgen ist (RiStBV 70 I). Auch kann eine Fühlungnahme mit dem Vorsitzenden des künftigen erkennenden Gerichts, falls die Zuständigkeitsfrage schon beurteilt werden kann, zweckmäßig sein (BGH **44**, 26, 31), ggf auch ein Antrag auf Bestellung des Sachverständigen beim Ermittlungsgericht (BGH aaO 32; LR-Erb 26; **aM** SK-Wohlers aaO); vgl zu allem auch Erb ZStW **121**, 893, 912.

13 B. **Auftrag und Fristabsprache:** Der Auftrag muss genau umgrenzt sein (RiStBV 72). Die verfügbaren Anknüpfungstatsachen werden dem Sachverständigen mitgeteilt (1 zu § 80). Wenn geboten, wird ihm weitere Aufklärung nach § 80 verschafft, sei es auf sein Verlangen, sei es bei der Leitung der Tätigkeit des Sachverständigen (§ 78). Die Fristabsprache spielt sich in der für den Richter erläuterten Art und Weise ab (vgl 12 zu § 73) und ist aktenkundig zu machen.

14 C. **Schriftlich oder mündlich** (§ 82): Die StA wird sich häufig mit einem mündlichen Gutachten begnügen können. Bei der Vernehmung braucht dann nur das Ergebnis mit den Hauptargumenten festgehalten zu werden (§ 168b II). Das wird vielfach als Grundlage für die Abschlussverfügung nach § 170 I, II genügen. Bei beabsichtigter Klageerhebung kann die StA mit dem Sachverständigen schon bei seiner Vernehmung eine weitere Frist für die Nachreichung eines schriftlichen Gutachtens absprechen (enger LR-Erb 29). In der Zwischenzeit kann das Gericht idR auf Grund der Vernehmung des Sachverständigen das Hauptverfahren eröffnen und den Termin für die Hauptverhandlung bestimmen.

15 D. **Ladung und Vernehmung:** Die Sachverständigenvernehmung spielt in der Hauptverhandlung eine wesentlich größere Rolle als im Vorverfahren. Denn in diesem Stadium werden Sachverständige idR lediglich beauftragt, ihr Gutachten schriftlich zu den Akten zu geben. Soweit es dann noch einer Erörterung bedarf, wird häufig das Ergebnis in einem Vermerk niedergelegt werden können. Bei möglichen Verständigungsschwierigkeiten und Fehlerquellen ist die Vernehmung notwendig, auch wenn ein schriftliches Gutachten vorliegt. Über die Vernehmung und ihre Protokollierung vgl Geerds Vernehmungstechnik X, XI. Nach S 2 iVm § 72 gilt § 48 entspr (oben 3). Da zwangsweise Vorführung des Sachverständigen unzulässig ist (§ 77 I), scheidet ein Hinweis auf dieses Zwangsmittel (oben 5) von vornherein aus. Der Verteidiger hat kein Anwesenheitsrecht (vgl oben 3; KK-Griesbaum 6; **aM** SK-Wohlers 45; LR-Erb 34 mahnt unter Hinweis auf § 147 III zu Großzügigkeit).

16 **5) Unberechtigtes Ausbleiben des Zeugen** (II iVm § 51; vgl dort): Voraussetzung für die Maßnahmen ist der Hinweis in der Ladung (oben 3ff). Die StA trifft die gleichen Anordnungen wie der Richter. Nur die Ersatzordnungshaft muss er bei dem nach § 162 I S 1, III zuständigen Gericht beantragen (II S 2; vgl 8, 17 zu § 162 sowie BT-Drucks 16/12098 S 24, 25). Das ist erst notwendig, wenn das Ordnungsgeld nicht beigetrieben werden konnte. Die zwangsweise Vorführung braucht die StA auch dann nicht anzuordnen, wenn sie den Hinweis auf diese Möglichkeit gegeben hatte (Welp, Zwangsbefugnisse der StA, 1976, S 24). Die Kosten der Vorführung und des Vollzugs einer etwaigen Ersatzordnungshaft gehören zu den Kosten, mit denen der Zeuge belastet wird.

17 **6) Unberechtigte Zeugnisverweigerung** (II iVm § 70; vgl dort): Die Anordnungen nach § 70 I, II, IV sind unabhängig davon, wie der Zeuge geladen worden ist. Sie sind auch zulässig, wenn der Zeuge überhaupt nicht geladen, sondern vom StA zur Vernehmung aufgesucht worden ist (oben 2). Wenn sich der Zeuge noch informieren muss (8 zu § 69), muss ihm hierfür die erforderliche Zeit eingeräumt werden. Zeichnen sich ihre Voraussetzungen ab, so erhält der Zeuge unter Hinweis auf die drohenden Folgen das rechtliche Gehör. Die Festsetzung der Haft durch das nach § 162 I S 1, III zuständige Gericht (8, 17 zu § 162) erfolgt erst

nach dem Hinweis auf die Grundlosigkeit der Weigerung und deren Folge (17 zu § 70). Die Vollstreckung der Erzwingungshaft erfolgt durch die StA (LR-Erb 46); gegen deren Anordnungen über den weiteren Vollzug der Haft, insbesondere über das Bestehen von Vollstreckungshindernissen, kann entspr § 98 II S 2 die Entscheidung des Ermittlungsrichters beantragt werden (BGH **36**, 155; erg 14 zu § 36). Zu den Kosten gehören die Auslagen für die Ladung, für die Herbeischaffung anderer Beweismittel zu dem Termin (zB Ladung oder Vorführung von Gegenüberstellungspersonen, § 58 II) sowie die Kosten des Vollzugs einer etwaigen Ersatzordnungs- oder Erzwingungshaft (KK-Griesbaum 13).

7) Maßregelung des Sachverständigen (II iVm § 77): Der Hinweis in der Ladung (oben 15) ist Voraussetzung im Fall des Nichterscheinens (oben 3). Bei der Verweigerung des Gutachtens des erschienenen Sachverständigen werden der Hinweis und damit das rechtliche Gehör vor der Anordnung gegeben. Bei Verweigerung der Absprache einer angemessenen Frist oder der Einhaltung eines abgesprochenen Termins für das mündliche oder schriftliche Gutachten gilt II S 1 iVm § 77 II. 18

8) Antrag auf gerichtliche Entscheidung (III): 19

A. Zum **Antrag** gegen Entscheidungen der StA über die Ungehorsamsfolgen nach II S 1 befugt ist der betroffene Zeuge oder Sachverständige, aber auch der Beschuldigte, wenn er beschwert ist (28 zu § 51). Über den Antrag entscheidet das gemäß § 162 zuständige Gericht, im Ermittlungsverfahren also grundsätzlich das Ermittlungsgericht am Sitz der StA (bzw ihrer Zweigstelle; III S 1 iVm § 162 I S 1). In Fällen, in denen das Ermittlungsverfahren Straftaten zum Gegenstand hat, die nach § 120 GVG im ersten Rechtszug zur Zuständigkeit des OLG gehören oder in denen der GBA die Ermittlungen führt, gilt erg § 169 I (dort 2 a). 20

Auch die **Androhung** der Vorführung in der Zeugenladung ist eine Entscheidung (oben 5; BGH **39**, 96), nicht aber der bloße formularmäßige Hinweis auf die möglichen gesetzlichen Folgen eines unentschuldigten Ausbleibens (BGH NStZ **89**, 539; BGHR Rechtsmittel 2; **aM** SK-Wohlers 49; vgl auch Bittmann ZRP **09**, 214). In ihr liegt auch eine Beschwer für den Zeugen, weil er, falls er die Ladung nicht befolgt, mit der Anordnung der Vorführung und deren überraschender Ausführung rechnen muss (§ 33 IV). Da der nach Beginn der Vorführung gestellte Antrag keine aufschiebende Wirkung hat (III S 3 iVm § 307), ist er mit Beendigung der Vorführung (§ 135) prozessual überholt; zur Anfechtung in diesem Fall vgl 17 ff vor § 296 (**aM** KMR-Plöd 16: keine prozessuale Überholung). 20a

B. **Zeugenbeistand** (III S 2): Gegen belastende Entscheidungen der StA nach § 68 b I S 3, II S 1 (iVm §§ 161 a I S 2, 163 III S 2) kann – anders als bei gerichtlichen Maßnahmen (§ 68 b III S 1) – der betroffene Zeuge Antrag auf gerichtliche Entscheidung stellen (zur Zuständigkeit oben 20; erg 46 c, 51 zu § 163). 20b

C. **Beschwerdevorschriften** (III S 3): Der Antrag kann auch auf einen bestimmten Beschwerdepunkt beschränkt werden (KK-Griesbaum 23; 4 zu § 304). Aufschiebende Wirkung hat er nicht (vgl im Einzelnen § 307); ob die StA in den Fällen oben 20 b die Vernehmung fortsetzt oder die Entscheidung des Gerichts abwartet, obliegt daher ihrem pflichtgemäßen Ermessen (§ 307 II; BT-Drucks 16/12 098 S 26; krit Matt/Dierlamm/Schmidt StV **09**, 715). Wegen der Kosten gilt nunmehr § 473 a entspr (vgl dort). Außerdem gilt § 34 2. Alt. 21

D. **Nicht anfechtbar** (III S 4): Der Ausschluss der Beschwerde (verfassungsrechtliche Bedenken bei Matt/Dierlamm/Schmidt StV **09**, 715, 718) bezieht sich auf die Entscheidung des Gerichts (in den Fällen oben 20, 20 b) im Ganzen, also auch auf die Kosten des Antrags, und schließt daher nach § 464 III S 1 Hs 2 (iVm § 473 a S 3) auch die sofortige Beschwerde gegen die Kostenentscheidung aus (vgl LR-Erb 66). Gegen richterliche Haftanordnungen nach II S 2 ist die Beschwerde nach allgemeinen Grundsätzen zulässig (Erb aaO; vgl insoweit auch 28 zu § 51; 20 zu § 70; 13, 19 zu § 304). 22

23 **9) Ersuchen an eine andere StA** (IV): Es handelt sich um Amtshilfe (Art 35 GG; 1 vor § 156 GVG); § 162 und der darin enthaltene Grundsatz bleiben unberührt. Die Bedeutung des IV besteht nur darin, dass die ersuchte StA die bezeichneten Befugnisse erhält, obwohl sie das Ermittlungsverfahren nicht selbst führt. Von der Amtshilfe wird – wie allgemein – nur aus besonderen Gründen Gebrauch gemacht. Ein solcher Grund kann zB darin bestehen, dass die andere StA aus anderen Verfahren oder Vorgängen mit der Sache und den Zusammenhängen vertraut ist. Ist dies auch bei der Polizei der Fall, so kann das Ersuchen, falls zweckmäßig, zunächst an sie gerichtet werden, ggf mit dem Zusatz, es bei Nichtausführbarkeit an die für den Wohn- oder Aufenthaltsort des Zeugen zuständige StA zur Erledigung weiterzuleiten. Ob die Akten – ganz oder teilw – beigefügt werden müssen, richtet sich nach dem Einzelfall. Handelt es sich um Zeugenvernehmung, so kann die ersuchende StA darum bitten, von einer zwangsweisen Vorführung abzusehen (vgl oben 5). Um die Fristabsprache mit dem Sachverständigen kann die andere StA nicht ersucht werden (**aM** LR-Erb 63). In dem Ersuchen kann die andere StA aber gebeten werden, von Anordnungen, die im Ermessen der StA stehen (§ 77 I S 3, II), abzusehen.

Ermittlungsrichter **RiStBV 10**

162 **I [1] Erachtet die Staatsanwaltschaft die Vornahme einer richterlichen Untersuchungshandlung für erforderlich, so stellt sie ihre Anträge vor Erhebung der öffentlichen Klage bei dem Amtsgericht, in dessen Bezirk sie oder ihre den Antrag stellende Zweigstelle ihren Sitz hat. [2] Hält sie daneben den Erlass eines Haft- oder Unterbringungsbefehls für erforderlich, so kann sie, unbeschadet der §§ 125, 126 a, auch einen solchen Antrag bei dem in Satz 1 bezeichneten Gericht stellen. [3] Für gerichtliche Vernehmungen und Augenscheinnahmen ist das Amtsgericht zuständig, in dessen Bezirk diese Untersuchungshandlungen vorzunehmen sind, wenn die Staatsanwaltschaft dies zur Beschleunigung des Verfahrens oder zur Vermeidung von Belastungen Betroffener dort beantragt.**

II Das Gericht hat zu prüfen, ob die beantragte Handlung nach den Umständen des Falles gesetzlich zulässig ist.

III [1] Nach Erhebung der öffentlichen Klage ist das Gericht zuständig, das mit der Sache befasst ist. [2] Während des Revisionsverfahrens ist das Gericht zuständig, dessen Urteil angefochten ist. [3] Nach rechtskräftigem Abschluss des Verfahrens gelten die Absätze 1 und 2 entsprechend. [4] Nach einem Antrag auf Wiederaufnahme ist das für die Entscheidung im Wiederaufnahmeverfahren zuständige Gericht zuständig.

1 **1) Ermittlungshandlungen und Anordnungen von Zwangsmaßnahmen** kann die StA beantragen (I). Im 1. Fall handelt es sich um bloße Amtshilfe, im 2. funktionell um Akte der Rspr (Rieß NStZ **83**, 521; **91**, 513; differenzierend Rabe von Kühlewein GA **02**, 642: „häufig funktionelle Exekutivtätigkeit"; abl Brüning/ Wenske ZIS **08**, 342: Verstoß gegen den Grundsatz der Gewaltenteilung in Art 20 II S 2 GG; zur Gesetzesgenese Rieß Volk-FS 575). Ferner sind der Amtsanwalt im Rahmen seiner Zuständigkeit (§ 142 I Nr 3, II GVG) und in Steuerstrafsachen die FinB, falls sie das Ermittlungsverfahren selbstständig führt (§§ 386, 399 I **AO**), antragsbefugt. Zur Antragsbefugnis der Polizei vgl 26 zu § 163. Bei Gefahr im Verzug und Unerreichbarkeit des StA greift der Richter beim AG von Amts wegen ein (§ 165; vgl ferner § 166). Die Vorschrift gilt nach § 46 I, II OWiG sinngemäß auch im Bußgeldverfahren (BGH **52**, 222 mit Anm Harms NStZ **09**, 465), nicht aber im Rahmen sog Vorermittlungen (4 a zu § 152; vgl LR-Erb 12 c [Fn 52] vor § 158; Burhoff ErmV 2003 e; Wölfl JuS **01**, 481; **aM** LG Offenburg NStZ **93**, 506; Voraufl).

2 A. **Anlass** kann sein Beweissicherung, auch bessere Aufklärung, insbesondere im Hinblick auf die richterliche Vereidigung der Zeugen (§ 62).

3 B. Wo der **Antrag vermeidbar** ist, sollte die StA andere Mittel anwenden (Fuhrmann JR **65**, 253). Einen Antrag auf richterliche Vernehmung eines Zeugen zu stellen, ist idR nur noch dann erforderlich, wenn dieser vereidigt werden soll (§ 62) oder zur Beweissicherung eine verlesbare Vernehmungsniederschrift angestrebt wird (15 zu § 160). Die richterliche Vernehmung des Beschuldigten kann zur Erlangung eines zum Zweck der Beweisaufnahme verlesbaren Geständnisprotokolls (§ 254) beantragt werden. In anderen Fällen wird das Ersuchen an das AG bei Ausnutzung der §§ 161 a, 163 a III entbehrlich sein. Erg unten 15.

4 **2) Untersuchungshandlung** ist jede im Zusammenhang mit einem Strafverfahren vor Anklageerhebung anfallende zulässige (vgl II) Handlung zur Förderung des Verfahrens oder zur Sicherung oder Vorwegnahme einer im Straferkenntnis zu erwartenden Maßnahme, zB das Verlangen einer Auskunft nach § 161 I S 1 (vgl LG Bonn JZ **66**, 33 mit Anm Rupp), auch gegenüber einer Bank (LG Frankfurt aM NJW **54**, 688 mit Anm Sichtermann; Müller NJW **68**, 1996; erg 1 ff zu § 161). Es sind zu unterscheiden Anordnungen (zB §§ 81, 81 a, 81 c, 81 f, 81 h, 98, 105, 111 e, 114, 116, 120, 126 a II S 1, 132 a) und „Verhandlungen" mit Ausnahme von Niederschriften (§§ 168, 168 a).

5 Dabei darf der Richter beim AG Ermittlungshandlungen, die die **StA nicht beantragt hat,** nicht vornehmen; eine Ausnahme bestimmt § 165. Ist die Anordnung einer Zwangsmaßnahme beantragt, so darf der Richter nicht selbstständig ermitteln; fehlt es an den tatsächlichen Grundlagen, so ist der Antrag ohne weiteres abzulehnen (LG Stuttgart NStZ **83**, 520 mit Anm Rieß).

6 **Aus verfahrenspsychologischen Gründen,** die der prozessualen Fürsorgepflicht zuzurechnen sind (Einl 156), kann es angebracht sein, dass eine Untersuchungshandlung beim Ermittlungsrichter beantragt wird, obwohl sie die StA selbst vornehmen könnte, falls die Aufklärung der Sache dadurch nicht in schädlicher Weise verzögert wird. Dieser Fall kann zB eintreten bei der Einholung einer behördlichen Auskunft nach § 161 I S 1 (LG Bonn JZ **66**, 33 mit Anm Rupp) oder bei dem Verlangen der Herausgabe von Bankunterlagen (§ 95).

7 **3)** Im Ermittlungsverfahren ist **zuständig das sog Ermittlungsgericht** (I S 1), also der für diese Aufgabe (nach § 21 e GVG; unten 13) bestellte Richter beim AG (oder der besondere Ermittlungsrichter in den Fällen des § 169). Die Vornahme der Untersuchungshandlung besteht bei einer „Verhandlung" in deren Ansetzung und Durchführung, bei einer „Anordnung" in dem Erlass des Beschlusses und seiner Vollstreckung (§ 36 II). Über Zeugenladung vgl § 48.

8 A. **Grundsatz** (I S 1): Nach der Änderung der Vorschrift durch das Ges vom 21. 12. 2007 (BGBl I 3198) stellt die StA ihre Anträge auf gerichtliche Untersuchungshandlungen nunmehr grundsätzlich bei dem Amtsgericht, in dessen Bezirk sie ihren Sitz hat; wird der Antrag durch eine Zweigstelle – auch eine Außenstelle – der StA (3 zu § 141 GVG; HK-GS/Pflieger 5) gestellt, so ist er bei dem AG zu stellen, in dessen Bezirk die Zweig- oder Außenstelle ihren Sitz hat. Damit wird gegenüber der früheren Regelung, wonach die StA ihre Anträge bei dem AG zu stellen hatte, in dessen Bezirk die Handlung vorzunehmen war, eine praktisch sehr bedeutsame, vernünftige (Konzentration bei einem AG statt Antragstellung bei einer Vielzahl von Gerichten) und die ermittlungsgerichtliche Zuständigkeit erheblich vereinfachende Regelung getroffen. Schwierigkeiten, die mit der früheren differenzierten Zuständigkeitsregelung verbunden waren (s 50. Aufl 9 ff), sind damit behoben (vgl auch LR-Erb (c): in besonders gelagerten, eilbedürftigen Fällen Rückgriff auf § 21). Die Neuregelung gilt auch für die Erhebung von Verkehrsdaten nach § 100 g; die frühere Rechtsprechung (BGH NStZ-RR **02**, 369; wistra **02**, 473) ist überholt (HK-GS/Hartmann 12 zu § 100 g, 1 zu § 100 b; **aM** HK-GS/Pflieger 7). Im OWi-Verfahren ist auf den Sitz der Verfolgungsbehörde

(ihrer Zweigstelle) abzustellen (BGH **52**, 222 mit zust Anm Harms NStZ **09**, 465; **aM** LG Arnsberg wistra **09**, 368; vgl auch §§ 62, 68 I OWiG). Beauftragt der GStA nach § 145 GVG eine andere StA (als Behörde), richtet sich die Zuständigkeit nach deren Sitz (Düsseldorf JMBlNW **08**, 65 zu § 162 I S 2 aF; **aM** LG Zweibrücken NStZ-RR **04**, 304; StraFo **09**, 243 L).

9 B. **Ausnahmen:**

10 a) Der **Erlass eines Haft- oder Unterbringungsbefehls** kann nach §§ 125 I, 126 a II bei dem AG beantragt werden, in dem ein Gerichtsstand begründet ist, insbesondere also am Tatort (§ 7), am Wohnsitz oder gewöhnlichen Aufenthaltsort des Beschuldigten (§ 8) oder am Ergreifungsort (§ 9) sowie in den sonstigen Fällen örtlicher Zuständigkeit (§§ 10–13 a, 15), schließlich auch dort, wo sich der Beschuldigte gerade aufhält (5 zu § 125). Stattdessen kann sich die StA nach I S 2 auch an das Ermittlungsgericht ihres Sitzes wenden; diese weitere Wahlmöglichkeit besteht nach dem Wortlaut aber nur, wenn „daneben" mindestens eine weitere Untersuchungshandlung iS des I S 1 beantragt wird (HK-GS/Pflieger 6; HK-Zöller 6; Bezjak/Sommerfeld ZJJ **08**, 252; Wiesneth DRiZ **10**, 46; vgl BT-Drucks 16/5846 S 84 [„Kumulation"], 94; 16/6979 S 45; unklar KK-Griesbaum 10, 13). Ansonsten kann ein dauerhaftes Auseinanderfallen von Haft- und sonstigem Ermittlungsgericht nach § 126 I S 3 (dort 3) vermieden werden (Bittmann NStZ **10**, 16; vgl auch Weider StV **10**, 107).

11 b) **Gerichtliche Vernehmungen und Augenscheinnahmen**: Hierfür ist – anders als nach I S 1 – auch das AG zuständig, in dessen Bezirk diese Untersuchungshandlungen vorzunehmen sind (I S 3). Nach der gesetzlichen Regelung stellt die StA bei diesem AG den Antrag, wenn dies „zur Beschleunigung des Verfahrens oder zur Vermeidung von Belastungen Betroffener" angebracht ist. I S 3 ist insbesondere anzuwenden, wenn einem Zeugen nicht zugemutet werden kann, in den AG-Bezirk, in dem die StA ihren Sitz hat, anzureisen (vgl RiStBV 4 c, 19 a). Für das Ermittlungsgericht ist die Beurteilung der StA bis zur Grenze der Willkür bindend (LG Nürnberg-Fürth NStZ-RR **08**, 313; **aM** SK-Wohlers 22). Wohnt ein Zeuge im Rahmen von polizeilichen Zeugenschutzmaßnahmen an einem geheim gehaltenen Ort, ist das AG zuständig, in dessen Bezirk sich die Polizeidienststelle befindet, über die der Zeuge geladen werden kann (LG Karlsruhe NStZ **97**, 509). Bei einer Video-Vernehmung kommt es auf den Wohnort der zu vernehmenden Person und nicht etwa darauf an, wo sich das Video-Vernehmungszimmer befindet (München NStZ **04**, 642; AnwK-Walther 11; **aM** LG München II NStZ-RR **05**, 317; LR-Erb (b)).

12 c) **Sonderregelungen** enthalten zB § 81 III (Unterbringung des Beschuldigten zur Beobachtung), § 100 d I (Antrag auf Wohnraumüberwachung), § 141 IV (Bestellung eines Verteidigers), § 157 GVG sowie § 67 III S 1 IRG (dazu AG Eggenfelden NStZ-RR **09**, 280), nicht aber § 42 JGG (so LG Köln ZJJ **08**, 390; zur Problematik ausführlich Bezjak/Sommerfeld ZJJ **08**, 251).

13 E. **Geschäftsverteilung:** Der Ermittlungsrichter wird durch den Geschäftsverteilungsplan (§ 21 e I S 1 GVG) bestimmt. Zu den ihm zugewiesenen Untersuchungshandlungen im Ermittlungsverfahren gehören, sofern nichts anderes bestimmt ist, auch die Entscheidungen über die UHaft, soweit nicht der Jugendrichter zuständig ist (§§ 34, 107 JGG; vgl Eisenberg Meyer-Goßner-FS 294 mit Fn 11).

14 **4) Richterliche Prüfung** (II): Nur die Zulässigkeit der Untersuchungshandlung hat der Richter zu prüfen (dazu Nehm Meyer-Goßner-FS 284 ff; unten 15), trotz der Befugnisse der StA nach § 161 a nicht die Zweckmäßigkeit und Notwendigkeit (KG JR **65**, 268; Stuttgart MDR **83**, 955; LG Zweibrücken VRS **90**, 126; LR-Erb 37; Nelles, Kompetenzen und Ausnahmekompetenzen in der StPO, 1980, S 54 ff; vgl auch BVerfGE **31**, 43 = NJW **71**, 1308; BVerfG DRiZ **76**, 216; Prechtel, Das Verhältnis der StA zum Ermittlungsrichter, Diss München 1995). Bei Ver-

änderung der Lage darf der Richter so verfahren, wie es dem mutmaßlichen Willen der StA entspricht (Rieß NStZ **91**, 514; **aM** Geppert DRiZ **92**, 407). Bei Handlungen, die wegen des mit ihnen verbundenen Zwangseingriffs in verfassungsrechtlich geschützte Rechte dem Richter vorbehalten sind (zB §§ 102, 103, 105), ist das richterliche Ermessen hingegen nicht beschränkt (Düsseldorf NStZ **90**, 145; Erb aaO). Das Ersuchen um Vernehmung des Beschuldigten, der bisher nicht ausgesagt hat (2 zu § 163 a), ist grundsätzlich zulässig. Eine Ausnahme ist denkbar, wenn er offenbar wohl überlegt erklärt hat, er wolle auch beim Richter keine Aussage machen oder wenn dies nach den Umständen sicher anzunehmen ist (Düsseldorf NStZ **90**, 144). Ist der Vernehmungsantrag zulässig, so kann in Bagatellsachen doch die Vorführung (§ 133) unzulässig sein (Einl 20, 21). Die Berechtigung einer Zeugnisverweigerung ist zu prüfen und kann zur Ablehnung des Vernehmungsantrags führen (BGH **36**, 298, 300; Nehm Meyer-Goßner-FS 287).

Erforderlichkeit der Untersuchungshandlung: Da die StA die Möglichkeiten der §§ 161 a, 163 a III hat, wird sie den Antrag nach I nur stellen, wenn besondere Gründe es geboten erscheinen lassen, zB weil der Zeuge vereidigt werden soll. Dasselbe gilt für die FinB (oben 1). Jedoch darf der Ermittlungsrichter den Antrag nicht mit dem Hinweis auf die Möglichkeiten nach §§ 161 a, 163 a III ablehnen (LG Düsseldorf NStZ **85**, 377 mwN; LG Freiburg NStZ **93**, 146; LG Köln MDR **95**, 1252; LG Tübingen MDR **89**, 1015; SK-Wohlers 31; **aM** LG Köln NStZ **89**, 41). Über die Erforderlichkeit der richterlichen Untersuchungshandlung entscheidet allein die StA (LG Saarbrücken wistra **93**, 280; Geppert DRiZ **92**, 407; Rieß NStZ **91**, 516 mwN; Volk-FS 576; **aM** Brüning/Wenske ZIS **08**, 346: ER, der nur in Fällen drohenden Beweisnotstands tätig werden darf); nur bei offensichtlich willkürlichen oder erkennbar aus sachfremden Erwägungen gestellten Vernehmungsanträgen wird Unzulässigkeit des Antrags angenommen werden können (vgl Ebsen NStZ **07**, 501; Schellenberg NStZ **91**, 72). Im Übrigen prüft der Ermittlungsrichter grundsätzlich nur seine Zuständigkeit und die rechtliche Zulässigkeit der Untersuchungshandlung (Rieß NStZ **91**, 514; **aM** Brüning/Wenske aaO: auch Anfangsverdacht, Verjährung). Abzulehnen ist die beantragte Untersuchungshandlung aber, wenn die Maßnahme völlig ungeeignet oder ihr Zweck bereits erreicht ist (Boetticher/Landau BGH-FS 560; Nehm Meyer-Goßner-FS 289) oder sie offensichtlich unverhältnismäßig wäre (Einl 21, 22; Zweibrücken GA **81**, 418; LG Saarbrücken NStZ **89**, 132 mit Anm Weyand; LG Verden StV **86**, 427; vgl aber BayVerfGH MDR **63**, 739), oder wenn ein Antrag auf Vernehmung des Beschuldigten rechtsmissbräuchlich – nämlich offensichtlich ohne Notwendigkeit nur zwecks Verjährungsunterbrechung – gestellt ist (Geilen Schreiber-FS 89). 15

5) Es ist **keine Ausführung des Ersuchens** der StA, wenn der Richter dem Beschuldigten bei der Ladung mitteilt, er könne sich schriftlich äußern (§ 136 I S 2; vgl auch Hamm JMBlNW **74**, 53), oder in seinem Nichterscheinen werde die Erklärung gesehen, schweigen zu wollen. Der Vernehmungsbehelf des § 163 a I S 2 gilt nicht für den Richter, der um Vernehmung (mit Ladung und richterlichem Protokoll, §§ 133, 168, 168 a) ersucht worden ist (11 zu § 163 a). Gegen die Ablehnung hat die StA die Beschwerde nach § 304. 16

6) Nach Erhebung der öffentlichen Klage gilt III: Die Zuständigkeit des Ermittlungsrichters geht mit der Anklageerhebung auf das jeweils mit der Sache befasste Gericht über (S 1; früher schon BGH **27**, 253; Frankfurt StV **06**, 122). Die StA ist zwar weiterhin berechtigt und ggf verpflichtet, belastende und entlastende Spuren zu verfolgen (was zB § 98 III bestätigt), ohne die gerichtliche Untersuchung zu stören (RG **60**, 263; Stuttgart MDR **83**, 955; **aM** SK-Weßlau 7 zu § 151; Wohlers 222; erg Einl 87; 5 zu § 202), insbesondere, wenn das Gericht die Hauptverhandlung für weitere Ermittlungen ausgesetzt hat (1 ff zu § 228). Hält sie aber eine richterliche Untersuchungshandlung für geboten, wendet sie sich an das mit der Sache befasste Gericht (LG Coburg MDR **53**, 120 mit Anm Kleinknecht); gegen dessen Willen kann sie Untersuchungshandlungen nicht erzwingen (Stutt- 17 gart aaO). Während des Revisionsverfahrens ist der letzte Tatrichter zuständig (S 2), mit Erlass einer zurückverweisenden Entscheidung das Gericht, an das zurückverwiesen wird (vgl 6, 9 zu § 126). Nach Rechtskraft lebt die Zuständigkeit des Ermittlungsrichters wieder auf (S 3; BT-Drucks 16/11 644 S 35), nicht aber im Strafvollstreckungsverfahren (vgl zB § 457 III S 3; Düsseldorf NJW **81**, 2133). Mit Eingang eines Wiederaufnahmeantrags beim für das Wiederaufnahmeverfahren zuständigen Gericht geht die Entscheidungskompetenz auf dieses über (S 4; § 367 I S 1; § 140 a GVG).

18 **7) Beschwerde:** Wird gegen eine Entscheidung des Ermittlungsrichters Beschwerde eingelegt, so ist für diese das ihm übergeordnete Beschwerdegericht zuständig. Dorthin richtet die sachbearbeitende StA ihre Anträge und Stellungnahmen, ggf ohne Einschaltung der dem Beschwerdegericht zugeordneten örtlichen StA (KK-Griesbaum 20; Loh MDR **70**, 813); denn § 143 I GVG gilt hier nicht, weil es sich auch noch in der Beschwerdeinstanz um Amtshilfe für die das Verfahren führende StA handelt (vgl BVerfGE **31**, 43 = NJW **71**, 1308).

19 **Mit Erhebung der öffentlichen Klage** (oben 17) geht die Kontrolle auf das mit der Sache befasste Gericht über (Frankfurt StV **06**, 122). Die Beschwerde ist daher, wenn vorher nicht das dem Ermittlungsgericht übergeordnete Beschwerdegericht eine Entscheidung getroffen hat, umzudeuten in einen Antrag an das erstinstanzliche Gericht (Jena wistra **10**, 80; Karlsruhe Justiz **98**, 130; 31 zu § 98; 19 zu § 111 a; 20 zu § 111 e; 12 zu § 117; 7 zu § 126; 7 zu § 169; vgl auch BGH **53**, 1, 6; missverständlich Schmidt NStZ **09**, 246).

Aufgaben der Polizei **RiStBV 13–21, 43, 65–67, 70 V, 101, 101 a**

163 I [1] **Die Behörden und Beamten des Polizeidienstes haben Straftaten zu erforschen und alle keinen Aufschub gestattenden Anordnungen zu treffen, um die Verdunkelung der Sache zu verhüten.** [2] **Zu diesem Zweck sind sie befugt, alle Behörden um Auskunft zu ersuchen, bei Gefahr im Verzug auch, die Auskunft zu verlangen, sowie Ermittlungen jeder Art vorzunehmen, soweit nicht andere gesetzliche Vorschriften ihre Befugnisse besonders regeln.**

II [1] **Die Behörden und Beamten des Polizeidienstes übersenden ihre Verhandlungen ohne Verzug der Staatsanwaltschaft.** [2] **Erscheint die schleunige Vornahme richterlicher Untersuchungshandlungen erforderlich, so kann die Übersendung unmittelbar an das Amtsgericht erfolgen.**

III [1] **Bei der Vernehmung eines Zeugen durch Beamte des Polizeidienstes sind § 52 Absatz 3, § 55 Absatz 2, § 57 Satz 1 und die §§ 58, 58 a, 68 bis 69 entsprechend anzuwenden.** [2] **Über eine Gestattung nach § 68 Absatz 3 Satz 1 und über die Beiordnung eines Zeugenbeistands entscheidet die Staatsanwaltschaft; im Übrigen trifft die erforderlichen Entscheidungen die die Vernehmung leitende Person.** [3] **Bei Entscheidungen durch Beamte des Polizeidienstes nach § 68 b Absatz 1 Satz 3 gilt § 161 a Absatz 3 Satz 2 bis 4 entsprechend.** [4] **Für die Belehrung des Sachverständigen durch Beamte des Polizeidienstes gelten § 52 Absatz 3 und § 55 Absatz 2 entsprechend.** [5] **In den Fällen des § 81 c Absatz 3 Satz 1 und 2 gilt § 52 Absatz 3 auch bei Untersuchungen durch Beamte des Polizeidienstes sinngemäß.**

Übersicht

1) Erforschungspflicht (I): Im Rahmen des gesetzlichen Mandats wird die (Kriminal-)Polizei (erg unten 12) tätig, ohne Aufträge der StA (11 zu § 161) abzuwarten (Düsseldorf VRS **69**, 235, 237). In diesem Rahmen ist ihr gesetzlicher Auftrag gleich dem der StA (§§ 160 I, 161 I). Die Behörden und Beamten des Polizeidienstes sind auch bei ihren Ermittlungen nach § 163 „verlängerter Arm der StA" (BVerwGE **47**, 255, 263 = NJW **75**, 893; BGH NJW **03**, 3142). Sie haben nur eine „Durchgangszuständigkeit" (Ernesti NStZ **83**, 61; ZRP **86**, 59; Krey 3/202). Ungeachtet der organisatorischen Selbstständigkeit der Polizei bilden ihre Ermittlungen und die der StA stets eine Einheit, auch soweit sie ohne Auftrag der StA durchgeführt werden (BGH aaO; Geißer GA **83**, 388; Rüping ZStW **95**, 894; Ulrich ZRP **77**, 158). Für schwerwiegende Grundrechtseingriffe bedarf es einer speziellen Eingriffsermächtigung (vgl §§ 94 ff), im Übrigen enthält I S 2 – ebenso wie § 161 I – nunmehr (anders als vor dem StVÄG 1999, als es nur eine Organisationsnorm war) eine generelle Eingriffsbefugnis für Ermittlungen jeder Art (Hilger NStZ **00**, 563; Hefendehl StV **01**, 703; Soiné Kriminalistik **01**, 247). 1

Die Befugnis, von allen Behörden **Auskunft zu verlangen,** besteht für die Polizei neben dem Fall der Auftragserteilung durch die StA nach § 161 I S 2 gemäß § 163 I S 2 auch bei Gefahr im Verzug (dh bei Gefährdung des Ermittlungserfolgs); sonst hat sie nur ein Fragerecht („ersuchen"), für die Behörde besteht dann aber keine Verpflichtung zur Auskunftserteilung. Die Polizei ist im Rahmen ihrer Befugnisse wie die StA zum Einschreiten bei zureichenden tatsächlichen Anhaltspunkten für das Vorliegen einer Straftat verpflichtet (§ 152 II; vgl LR-Erb 17; Velten Fezer-FS 103); der Verstoß gegen das Legalitätsprinzip ist nach §§ 258, 258 a StGB, die Verfolgung eines Unschuldigen nach § 344 StGB strafbar. Mit Ausnahme von BKA, LKA und Bundespolizeidirektion haben weitere Polizeivollzugsbehörden nur unter den engen Voraussetzungen des § 11 II ATDG Zugriff auf die Antiterrordatei (vgl dazu Zöller JZ **07**, 768). 1a

Wenn das **Opportunitätsprinzip** ieS (echtes Wahlrecht, 7 zu § 152) gilt, ermittelt die Polizei nur beim Bestehen von Anhaltspunkten dafür, dass die StA ein öffentliches Interesse bejahen könnte (zB bei Privatklagedelikten; RiStBV 86, 87 I S 2; weitergehend LR-Erb 27). In den Fällen, in denen lediglich die StA darüber zu befinden hat, ob die Strafverfolgung durchzuführen ist (3 zu § 152), ermittelt die Polizei so weit, dass die StA ihre Entscheidung treffen kann (erg unten 4). 2

A. Die **Lenkung des Ermittlungsverfahrens** (Einl 41, 60 ff) ist Aufgabe der StA (§ 152 I, II, § 160), der Herrin des Verfahrens in diesem Stadium (BVerfG NJW **76**, 231; Krey 1/204; **aM** Knemeyer Krause-FS 471; dagegen Bindel DRiZ **94**, 166), im Steuerstrafverfahren auch der FinB (§§ 386, 399 I **AO**). Die (Kriminal-)Polizei ist Ermittlungsorgan der StA (§ 161; vgl auch § 152 GVG). Aus dem Verhältnis zwischen § 160 und § 163 folgt, dass die Polizei auf das StA-Ermittlungsverfahren hinarbeitet (zur Entscheidung nach § 170). Daher ist die StA grundsätzlich zur justizgemäßen Sachleitung der polizeilichen Ermittlungen verpflichtet (BGH **51**, 285, 295; NJW **09**, 2612; KK-Griesbaum 2; Bindel aaO; Roxin DRiZ **97**, 119; **aM** Knemeyer/Deubert NJW **92**, 3131; vgl auch Einl 41; 11 zu § 161). Sie hat die Rechtskontrolle (BGH **34**, 214, 216; Füllkrug ZRP **84**, 193; Roxin DRiZ **69**, 385; Rüping ZStW **95**, 909) und trägt die Grundverantwortung für die richtige Beschaffung und Zuverlässigkeit des im Justizverfahren benötigten Beweismaterials (Frank/Titz ZRP **08**, 127; Görgen DRiZ **76**, 296; Kuhlmann DRiZ **76**, 265; Rüping aaO; zur Entwicklung der gesetzlichen Aufgabenverteilung Rieß Volk-FS 560; *de lege ferenda* Rieß Schäfer-FS 195 ff; Gössel GA **80**, 325, 346 ff; 3

vgl auch Buckow StraFo **08**, 379 zur „Durchreichung" polizeilicher Beschlussentwürfe an den ER; Conen Eisenberg-FS 468 zu heimlichen Ermittlungsmaßnahmen). Daher dürfen Zeugen, außer in Eilfällen (vgl RiStBV Anl D Nr 5.2; gegen diese Ausnahme SK-Wohlers 25 zu § 158), Vertraulichkeitszusagen nur im Einverständnis mit der StA gemacht werden (vgl Füllkrug aaO; Geerds Krause-FS 464; Geißer GA **83**, 409; **85**, 261; J. Meyer ZStW **95**, 843ff; Rebmann NJW **85**, 5; erg 17 zu § 158). Das Gericht ist an diese Zusage nicht gebunden (BGH **35**, 82). Bei dieser Aufgabe gibt es grundsätzlich keinen staatsanwaltsfreien Raum (Geißer GA **83**, 385). Bei der Bestimmung des Maßes seiner Einschaltung muss der StA die Erkenntnis berücksichtigen, dass weitgehend im Ermittlungsverfahren die Weichen auf das richtige oder falsche Urteil hin gestellt werden (KK-Griesbaum 2).

4 Um der StA die Erfüllung ihrer Aufgaben zu ermöglichen, muss die Polizei in schwierigen Fällen **von vornherein im Kontakt mit dem StA** vorgehen, insbesondere bei Tötungsdelikten (BGH NJW **09**, 2612). Dieser kann vom Beginn der Ermittlungen an auch auf die Gestaltung der einzelnen Ermittlungshandlungen Einfluss nehmen, zB dahin wirken, dass ein Sachverständiger eingeschaltet wird, etwa zur Spurensicherung oder auch zur ersten Vernehmung des Beschuldigten. Allein die StA kann auf Grund ihrer forensischen Erfahrung in schwierigen Fällen beurteilen, was für das Strafverfahren notwendig ist. Ihre Sache ist es auch, frühzeitig den Stoff des Verfahrens nach den §§ 154, 154a zu beschränken, der Polizei allgemein oder im Einzelfall die erforderlichen Weisungen zu erteilen (RiStBV 3 II, 11, 101 I, 101a I) und den Status des zu Vernehmenden klarzustellen (BGH aaO).

5 Das gilt auch für die **Trennung oder Verbindung** zusammenhängender Strafsachen nach § 2 (BGH MDR **87**, 249). Aus diesen Gründen muss sie sich in schwierigen Sachen von Anfang an aktiv einschalten (Heimeshoff DRiZ **72**, 164). Daher hat sie auch die Befugnis, das Ermittlungsverfahren jederzeit an sich zu ziehen. Die Polizei wird dann nur noch nach § 161 S 2 tätig oder in einer stets bleibenden Notzuständigkeit für eilige Untersuchungshandlungen. Die StA darf auch an Ermittlungshandlungen der Polizei jederzeit teilnehmen, in einer Steuerstrafsache auch die FinB (§ 403 I S 1 **AO**); anders, wenn die Polizei in Ausführung einer richterlichen Anordnung nach Erhebung der Klage tätig wird, zB nach § 202 (vgl Einl 44). Das auf der Leitungsbefugnis beruhende einseitige Anwesenheitsrecht der StA im Ermittlungsverfahren ist kein Verstoß gegen den Grundsatz der sog Waffengleichheit zwischen StA und Beschuldigtem (Einl 88).

6 Dem **Verteidiger,** der um Auskunft ersucht, muss die Polizei das mitteilen, was sie dem Beschuldigten bei Beginn der Vernehmung über den Vorwurf sagen müsste (§ 163a IV S 1; Kleinknecht Kriminalistik **65**, 454). Die Akteneinsicht gewährt nur die StA (33 zu § 147), für Akteneinsicht und Auskünfte an Private vgl aber § 478 I S 3.

7 B. **Zuständigkeiten:** Die Behörden und Beamten des Polizeidienstes sind nebeneinander genannt. Die Polizeibehörden müssen alle Maßnahmen zur Erfüllung der Pflicht nach I treffen, insbesondere geeignete Beamte zur Verfügung stellen, einteilen, entspr ausrüsten und überwachen.

8 Über das Recht zur Nacheile (§ 167 GVG) hinaus besteht folgende Ermächtigung: Nach dem **Abkommen über die erweiterte Zuständigkeit der Polizei** der Länder bei der Strafverfolgung vom 8. 11. 1991 (abgedr zB in BWGABl **93**, 719) sind die Polizeivollzugsbeamten der vertragsschließenden Bundesländer ermächtigt, Amtshandlungen auch in anderen Bundesländern vorzunehmen, wenn einheitliche Ermittlungen, insbesondere wegen der räumlichen Ausdehnung der Tat oder der in der Person des Täters oder in der Tatausführung liegenden Umstände, notwendig erscheinen. Das gilt nicht nur bei Sammelverfahren (unten 19). Der einzelne Beamte muss andere relevante Erkenntnisse an den zuständigen Beamten weitergeben. Der dienstfreie und in Zivilkleidung befindliche Beamte wird nicht sachlich unzuständig (Celle NdsRpfl **64**, 258).

Über die Grenzen der BRep hinaus dürfen die Beamten der Polizeien des Bundes und der Länder nach Art 40 I des SDÜ (vgl Gleß NStZ **00**, 57 ff; Sommer StraFo **99**, 37) bei auslieferungsfähigen Straftaten die Observation eines Verdächtigen auf dem Hoheitsgebiet einer anderen Vertragspartei (Partnerstaaten zZ vgl Einl 216) grundsätzlich nur fortsetzen, wenn diese einem zuvor gestellten Rechtshilfeersuchen zugestimmt hat; bei bestimmten besonders schweren – in Art 40 VII aufgezählten – Straftaten darf nach Art 40 II eine Observation bei „besonderer Dringlichkeit der Angelegenheit" auch ohne vorherige Zustimmung über die Grenzen hinweg fortgesetzt werden. Nach Art 41 ist eine Nacheile gegenüber einer verfolgten oder aus der Haft entflohenen Person unter ähnlichen Voraussetzungen zulässig; die BRep hat in ihren Erklärungen zu Art 41 IX ihren Nachbarstaaten gestattet, das Recht der Nacheile ohne räumliche und zeitliche Begrenzung für alle auslieferungsfähigen Straftaten und unter Einräumung des Festhalterechts auszuüben (vgl dazu ferner Heinrich NStZ **96**, 365). Nach dem EU-RechtshilfeÜbk (vgl Einl 215 d) wird ua die Bildung gemeinsamer Ermittlungsgruppen (Art 13; vgl §§ 61 b, 93 IRG) und die grenzüberschreitende Überwachung der Telekommunikation (Art 18) ermöglicht werden. Die LJVen, das BMI und das BMJ haben Richtlinien über die internationale Fahndung nach Personen, insbesondere der Fahndung nach Personen im Schengener Informationssystem (SIS) und auf Grund eines Europäischen Haftbefehls vereinbart (zB für das Saarland in Kraft gesetzt am 1. 4. 2009, ABl des Saarlandes **09**, 563). Vgl auch RiStBV 43; Einl 40; 9 aE vor § 94. **8a**

Europol (vgl den Beschl des Rates 2009/371/JI vom 6. 4. 2009 zur Errichtung des Europäischen Polizeiamts, umgesetzt durch Art 1 des Ges vom 31. 7. 2009 zur Änderung des Europol-Ges [BGBl I 2504]; dazu Niemeier/Walter Kriminalistik **10**, 17) hat demgegenüber keine Exekutivbefugnisse in den Mitgliedstaaten der EU (vgl Tolmein StV **99**, 108 sowie zur Bedeutung des Vertrags von Lissabon BVerfG 2 BvE 2/08 ua vom 30. 6. 2009 [Tz 38, 41, 68]; erg Einl 40, 207 f). **8b**

C. **Voraussetzung für den sog ersten Zugriff** ist für die Polizei ebenso wie für die StA, dass zureichende tatsächliche Anhaltspunkte bestehen, die den Verdacht einer Straftat begründen (4 zu § 160). Eine im Gesetz nicht erwähnte, der Einleitung des Ermittlungsverfahrens vorgeordnete Phase ist das „Herumfragen", eine informatorische, formlose Befragung zur Gewinnung eines groben Bildes, ob wirklich der Verdacht einer Straftat besteht und wer als Beschuldigter oder als Zeuge in Betracht kommt (Geppert Oehler-FS 323; Kleinknecht Kriminalistik **65**, 451; Krause/Nehring 160; LR-Erb 12 c vor § 158; Einl 79; unten 46 b). **9**

Bei **außerdienstlich erlangter Kenntnis** von Verdachtsgründen gilt für den Polizeibeamten dasselbe wie für den StA (10 zu § 160). **10**

D. Ein **Auftrag,** der dem I in positiver oder negativer Richtung widerspricht, darf weder aus dem Polizeisektor noch von der StA erteilt werden; er dürfte nicht befolgt werden (vgl 3 ff zu § 146 GVG). **11**

E. Beim **Verdacht einer OWi** gilt § 53 OWiG. Wenn der Sachverhalt aufgeklärt wird, wobei das Opportunitätsprinzip gilt, legt die Polizei die bei ihr anfallenden Ermittlungsakten der VerwB vor (§ 53 I S 3 OWiG), weil sie für dieses Verfahren die Grundverantwortung trägt (vgl oben 3), sofern die StA nicht die Verfolgung übernommen hat (§§ 42, 63 OWiG). **12**

F. **Besondere Zuständigkeiten:** Das Bundeskriminalamt (§ 4 BKAG; RiStBV 30–32) nimmt bei bestimmten Straftaten (12 zu § 161) die Aufgaben nach § 163 wahr. Jedoch werden dadurch die anderen Polizeibehörden nicht ihrer Pflicht enthoben, zunächst zuzugreifen (vgl auch 2 zu § 143 GVG). **13**

Sonstige Träger von Polizeiaufgaben, für die in ihrem Zuständigkeitsbereich § 163 gilt: Die Bundespolizei (früher: Bundesgrenzschutz) nach dem durch das Ges vom 21. 6. 2005 (BGBl I 1818) geänderten, in BPolG umbenannten BGSG (dazu Schwabe NJW **98**, 3698; die sachliche und örtliche Zuständigkeit ist in der BPolZV näher geregelt), der nicht nur der Grenzschutz (§ 2) obliegt, son- **14**

dern die ua auch als Bahnpolizei (§ 3) tätig wird, zur Luftsicherheit (§ 4), zum Schutz von Bundesorganen (§ 5), zu Maßnahmen auf See (§ 6) und zur Unterstützung von anderen Bundesbehörden (§§ 9, 10, 11) eingesetzt werden kann, zur Verhinderung unerlaubter Einreise in das Bundesgebiet (§ 22) und zur Identitätsfeststellung einer Person (§ 23) tätig wird, aber auch die polizeilichen Aufgaben auf dem Gebiet der Strafverfolgung bei bestimmten „grenzbezogenen“ Taten wahrnimmt (§ 12); die Hauptzollämter und Zollfahndungsämter (auch das ZKA, § 16 ZFdG), soweit es sich um bestimmte Straftaten nach der AO (§§ 208 I S 1 Nr 1, 369, 404 **AO;** vgl Kramer wistra **90**, 169; Pütz wistra **90**, 212), dem AWG und dem MOG handelt (§ 37 II AWG, § 37 II MOG; BGH **36**, 283), ferner um international organisierte Geldwäsche (§§ 1 III c, 12b ZollVG); die Angehörigen der VerwB bei der Erforschung von Straftaten nach dem WiStG 1954 (§ 13 II iVm § 63 I S 1 OWiG); die Beauftragten der zuständigen Behörden in Eichsachen nach § 34 EichG idF vom 22. 2. 1985 (BGBl I 410; III 7141–6); die für die Ausführung des BBergG zuständigen Landesbehörden nach § 147 BBergG; die Beamten des Hydrographischen Instituts, die Polizeivollzugsbeamten des Bundes, die Beamten des Zollgrenzdienstes und der Wasser- und Schifffahrtsverwaltungen des Bundes bei Straftaten nach § 146 BBergG im Bereich des Festlandsockels (§ 148 II BBergG).

15 G. **Andere Verfahrensbeteiligte** als den StA, die nicht selbst vernommen werden oder sonst Gegenstand der Ermittlungshandlung sind, darf die Polizei zu ihrer Ermittlungshandlung zulassen, obgleich sie keinen Anspruch auf Anwesenheit haben (Kion NJW **66**, 1800), wenn es Ermittlungsgründe geboten erscheinen lassen.

16 Auch der **Verteidiger hat kein Recht auf Anwesenheit** bei den polizeilichen Vernehmungen (Krause/Nehring 227 ff; Krüger Kriminalistik **74**, 392; erg 16 aE zu Art 6 MRK). Das gilt – verfassungsrechtlich unbedenklich (BVerfG NJW **07**, 204) – auch bei der Vernehmung des Beschuldigten (LR-Erb 95, 95 a zu § 163 a mwN; Krause StV **84**, 173; **aM** SK-Wohlers 72 zu § 163 a; Beulke 48; Gössel ZStW **94**, 35; Matt/Dierlamm/Schmidt StV **09**, 715; Nelles StV **86**, 75); der 65. DJT – NJW **04**, 3244 unter II 2 – hat insofern aber zu Recht eine Änderung des Gesetzes gefordert (krit Senge Müller-FS 700). Dass nach geltender Rechtslage kein Anwesenheitsrecht besteht, bestätigt § 163 a III S 2 iVm § 168 c I, V, wonach der Verteidiger bei der Vernehmung des Beschuldigten durch die StA anwesend sein darf, während eine entspr Regelung für die polizeiliche Vernehmung fehlt. Jedoch kann die Polizei auch dem Verteidiger die Anwesenheit gestatten, wenn hierfür besondere Gründe vorliegen, weil sonst der Zwang zur Gleichbehandlung zu einer Übung führt, die das Gesetz durch Versagung eines Anwesenheitsrechts nicht einführen wollte (Kleinknecht Kriminalistik **65**, 454). Soweit dem Verteidiger die Anwesenheit gestattet wird, hat er ein Hinweis- und Fragerecht, weil die Beschränkung auf eine reine Zuhörerrolle nicht zumutbar und mit seiner Verteidigerfunktion nicht vereinbar wäre (LR-Erb 96 zu § 163 a). Zum Anwesenheitsrecht des Verletztenbeistands vgl § 406 f, zum Zeugenbeistand III S 1–3 und dazu unten 46 b, c, 51.

17 H. **Kollision zwischen Strafverfolgung und Präventivmaßnahmen:** Die StA ist nur Strafverfolgungsorgan (1 ff vor § 141 GVG), also für Präventivmaßnahmen nicht zuständig, soweit das Gesetz nichts anderes bestimmt (1 zu § 112 a). Zum Zusammentreffen von Strafverfolgung und Gefahrenabwehr vgl RiStBV Anl A Abschn B III; erg 6 zu § 152, 13 zu § 161; zu den „doppelfunktionalen Maßnahmen der Vollzugspolizei“ eingehend Ehrenberg/Frohne Kriminalistik **03**, 737. Im Hinblick auf die neu in die StPO eingefügten Zwangsmaßnahmen (§§ 98 a, 98 c, 100 c, 110 a ff, 163 b, 163 c, 163 d, 163 e, 163 f), die sich ähnlich oftmals auch in den Polizeigesetzen der Länder befinden und dort schon zuvor enthalten waren, wird aber bereits von einer „Verpolizeilichung“ des Strafprozessrechts gesprochen (Paeffgen Rudolphi-Symp 13).

I. Ein **schriftliches Verfahren** ist das Ermittlungsverfahren. Daher müssen alle Beweiserhebungen und alle relevanten Beobachtungen der Ermittlungsbeamten in irgendeiner Form aktenkundig gemacht werden (Einl 62). Das gilt auch für auffällige Verhaltensweisen von Auskunftspersonen und für andere konkrete Beobachtungen, die für die Glaubwürdigkeit Bedeutung haben können. Aktenkundig ist auch die Mitwirkung von V-Leuten oder Informanten zu machen (LG Berlin StV **86**, 96). Die mündlichen Vernehmungen von Zeugen und Beschuldigten werden grundsätzlich protokolliert (23 zu § 163 a), je nach Eignung nach Anhörung der gesamten Aussage oder in Teilen oder in einem Zug-um-Zug-Protokoll mit weitgehender wörtlicher Wiedergabe der Aussage. Zur Bild-Ton-Aufzeichnung einer polizeilichen Zeugenvernehmung vgl III S 1, unten 46 b und c, 2 zu § 58 a. **18**

K. Über **Sammelverfahren** vgl 9, 11 zu § 2; RiStBV 25–29. Die Zusammenfassung mehrerer Verfahren, die einzeln zu verschiedenen StAen gehören würden, zu einem Sammelverfahren ist idR Aufgabe der beteiligten StAen (3 zu § 143 GVG). Im Verfahrensstadium nach § 163 kann die Initiative hierzu auch von der Polizei ausgehen (erg RiStBV 28). **19**

2) Beginn der Erforschungspflicht: Diese entsteht für die Polizei wie für die StA, sobald sie Kenntnis von dem Verdacht erhält (5 zu § 160). Der Auftrag, die zur Verhütung der Verdunkelung erforderlichen Anordnungen zu treffen, bedeutet keine Beschränkung der Erforschungspflicht. Auch die Ermittlungen der Polizei dienen der Vorbereitung der staatsanwaltschaftlichen Entscheidung, mit der das Ermittlungsverfahren abzuschließen ist (11 zu § 160). Die Erforschungspflicht der Polizei ist nach dem Gesetz nicht anders beschränkt als die der StA (§ 160). Auch § 160 II gilt für die Polizei entspr. Ein Geständnis muss durch Kontrollvernehmungen und kontrollierende Sachbeweise auf Richtigkeit geprüft werden (Peters Kriminalistik **70**, 428). **20**

Die (grobe, sich in diesem Verfahrensstadium aufdrängende) Persönlichkeitserforschung und sonstige Klärung der **Tatsachengrundlage für die Rechtsfolgenentscheidung** (§ 160 III S 1) ist – unbeschadet der Pflicht nach II – ebenfalls Aufgabe der Polizei, jedoch nur so weit, wie sie unzweifelhaft notwendig und zulässig ist (Rössmann Kriminalistik **68**, 194; 20 zu § 160). **21**

3) Beweissicherung und Unterbrechung der Verfolgungsverjährung: Beide obliegen der Polizei ebenso wie der StA (§ 160 II; § 78 c I Nr 1 StGB). Die Bekanntgabe, dass ein Ermittlungsverfahren eingeleitet ist, muss eine schriftliche oder mündliche amtliche Mitteilung an den Beschuldigten sein. Sie kann auch mit anderen Mitteilungen verbunden werden, zB im Fall des § 163 a I S 2 iVm den erforderlichen Belehrungen (dort 4, 5). Bei der schriftlichen Mitteilung und bei der Anordnung der Vernehmung tritt die Unterbrechung bereits mit der Unterzeichnung ein (§ 78 c II StGB). **22**

4) Die **Vorlage der Verhandlungen** (II S 1), dh der entstandenen Ermittlungsvorgänge (Akten, sachliche Beweismittel, Verfalls- und Einziehungsgegenstände) an die zuständige StA muss ohne Verzug, dh nach der unaufschiebbaren Beweissicherung (oben 22), und nach den gebotenen Untersuchungshandlungen in sachgemäßer Berücksichtigung der in 3 genannten Grundsätze der engen Zusammenarbeit, geschehen. In Staatsschutzsachen, in denen im 1. Rechtszug das OLG zuständig ist (§ 120 I, II S 1 GVG), werden die Akten dem GBA vorgelegt (§ 142 a I GVG; RiStBV 202 IV). Die von der Polizei über den Straffall für den eigenen Gebrauch angelegten Kriminalakten darf der Beschuldigte nur mit Genehmigung der StA einsehen (Schoreit NJW **85**, 169 gegen VGH München NJW **84**, 2235, das den Rechtsweg vor den Verwaltungsgerichten für zulässig hält). **23**

Von allen verfolgten Spuren (oben 18) muss die StA Kenntnis erhalten, auch wenn sie von der Polizei nicht weiter verfolgt worden sind. Eine solche Spur kann sich später als wichtig erweisen oder bei Wiederaufnahme Bedeutung erlangen (Peters Kriminalistik **70**, 426). Daher hat die Polizei der StA sämtliche Spurenakten **24**

(zum Begriff vgl Wieczorek Kriminalistik **84**, 598) vorzulegen, die bei den Ermittlungen entstanden sind, allerdings nur, soweit sie irgendeinen Bezug zu Tat und Täter haben; sonst verbleiben sie als verfahrensfremde Vorgänge bei der Polizei, sind aber der StA auf Aufforderung hin vorzulegen (str, vgl dazu 18 zu § 147). Größere Gegenstände kann die Polizei unter Verständigung der StA in Verwahrung nehmen oder an geeigneten Orten aufbewahren. Wegen der Vorlegung gespeicherter Daten vgl Ernesti NStZ **83**, 62. Mit der Aktenübersendung endet die Erforschungspflicht der Polizei nicht (erg 16 aE zu Art 6 MRK); sie darf aber die Ermittlungen der StA nicht stören (vgl 17 zu § 162). Nach § 482 (MiStra 11) teilt die StA der Polizei ihr Aktenzeichen und den Ausgang des Verfahrens mit. Die Polizei darf nach § 481 personenbezogene Informationen aus Strafverfahren auch nach Maßgabe der Polizeigesetze verwenden.

25 **5) Jede Ermittlungssache** ist vorzulegen, gleichviel, ob sie auf Strafanzeige oder Strafantrag (§ 158) oder von Amts wegen (I) begonnen worden ist. Das gilt auch, wenn nach der Einleitung eines Ermittlungsverfahrens der Verdacht schlechthin entfällt oder der Verdächtige nicht ermittelt wird. Wenn es zweckmäßig ist, den Beschuldigten aus diesem Verhältnis alsbald zu entlassen, zB um ihn als Zeugen zur Verfügung zu haben oder ihn zu rehabilitieren, so werden die Akten der StA zur Teileinstellung zugeleitet (8 zu § 170). Der polizeiliche Vorgesetzte darf die nach seiner Meinung zu Unrecht von einem Polizeibeamten aufgenommene Sache, für die nach ihrer Art das Legalitätsprinzip gilt, nicht aus dem Geschäftsgang entfernen. Er kann nur etwaige Zweifel in einem Begleitbericht ausdrücken (BGH MDR **56**, 563). Bei Steuerstraftaten legt die Polizei ihre Akten unter den Voraussetzungen des § 386 II **AO** der FinB (KK-Griesbaum 25; vgl aber LR-Erb 90: nur fakultativ), in „gemischten" Fällen der StA vor.

26 **6) Auch unmittelbar an das AG** (II S 2) kann die Polizei die Akten leiten, wenn sie eine besonders eilige richterliche Untersuchungshandlung (4 ff zu § 162) für geboten hält. Einen Antrag auf eine bestimmte Untersuchungshandlung kann an sich nur der StA stellen; die Polizei kann aber eine Anregung geben. Der Richter wird dann unter den Voraussetzungen des § 165 tätig (Hamm NJW **09**, 242, 243; Rieß Volk-FS 579; erg 25 b zu § 81 a); dies gilt nicht in den Fällen der §§ 100 b I S 1 (dort 1), 100 f IV (dort 14) und 100 g II S 1 (dort 24). Die Spezialregelung des II S 2 und § 165 heben § 33 II für den Fall auf, dass die StA nicht rasch genug erreichbar ist (3 zu § 165). Kein Fall des II S 2, sondern der Normalfall des § 162 liegt vor, wenn die Polizei dem AG mit den Akten einen Antrag der StA übermittelt (LR-Erb 92). II S 2 gibt der Polizei nicht die Befugnis, eine Beschwerde zum LG einzulegen (18 zu § 162).

27 **7)** Die **Ermittlungsbefugnis der Polizei** umfasst die Erhebung aller zulässigen Beweise. Auf einzelnen Gebieten sind ihr dabei Schranken gesetzt, auf der anderen Seite hat sie Möglichkeiten, die praktisch nur ihr offen stehen. Vgl hierzu Perschke, Zur Zulässigkeit nicht spezialgesetzlich geregelter Ermittlungsmethoden im Strafverfahren, 1997 (zugleich Diss Osnabrück 1995).

28 A. **Allgemeine Ermittlungen:** Vernehmung des Beschuldigten (§ 163 a I, II, IV) und der Zeugen (III und dazu unten 46 a ff; 6 zu § 161 a); Herausgabeverlangen (§ 95 I; dort 2); Heranziehung eines Sachverständigen (III S 4, 5; 1 zu § 73) und die vorläufige Festnahme (§§ 127 II, 127 b I). Zu nennen ist ferner außer den Maßnahmen für das Strafverfahren nach § 81 b auch die Anfertigung von Lichtbildern vom Tatort, vom Auffindungsort und von Gegenständen, die bei der Tat eine Rolle gespielt haben (Hefendehl StV **01**, 704). Zulässig ist auch das Photographieren von Ansammlungen, wenn es naheliegt, dadurch bisher unbekannte oder gesuchte Täter früherer Straftaten ermitteln zu können (BGH NJW **75**, 2075 = JZ **76**, 31 mit Anm W. Schmidt). Ebenso wichtig ist es, dass von den Opfern der Tat Aufnahmen gemacht werden. Bei unbekannten Toten kann das Röntgen-Identifizierungsverfahren von Erfolg sein, das auf dem Vergleich von Röntgen-

aufnahmen einer Leiche mit solchen Aufnahmen beruht, die bei Lebzeiten der Person aufgenommen worden sind, um die es sich bei dem Opfer mutmaßlich handelt. Dabei können Auskünfte der Krankenversicherungen von Wert sein (vgl 5 zu § 161). Die Einholung behördlicher Auskunft ist zulässig (oben 1 a), unter den Voraussetzungen der §§ 2 b PersAuswG oder 22 PassG auch die Anforderung eines Lichtbildes aus dem Personalausweis- oder Passregister, bei Gefahr im Verzug auch im Wege des Online-Zugriffs, §§ 2 c II PersAuswG, 22 a II PassG (erg unten 51; 15 aE zu § 81 b), zur Zuordnung von Beweismitteln ferner die Anforderung der nach § 49 III-V, VII AufenthG erhobenen Daten eines Ausländers (§ 89 II AufenthG; erg 6 zu § 163 b). Für die Übermittlung personenbezogener Informationen aus Strafverfahren zwischen Behörden des Polizeidienstes und für eine entspr Akteneinsicht gelten die §§ 474 I, 478 I S 5 (vgl Stuttgart NStZ **08**, 359).

Für Bagatellstraftaten sehen Richtlinien der Länder ein **Vereinfachtes Ermittlungsverfahren** vor; vgl für Niedersachsen Gemeinsamen RdErl vom 5. 7. 1995 (NdsRpfl **95**, 266) und für Sachsen-Anhalt Gemeinsamen RdErl vom 27. 4. 1995 (MBl 1154). 28a

Aus verfahrenspsychologischen Gründen kann es angebracht sein, bei einer Untersuchungshandlung, die voraussichtlich besonderes öffentliches Aufsehen erregen wird, die StA oder den Ermittlungsrichter (oben 26) einzuschalten, wenn die Aufklärung der Sache dadurch nicht in schädlicher Weise verzögert wird (6 zu § 162). 29

B. **Notwehr und Nothilfe:** Neben ihren sonstigen Befugnissen stehen den Strafverfolgungsbeamten auch das Notwehr- und Nothilferecht nach den §§ 32, 35 StGB zu (Maurach/Zipf § 26 II B 4; Schultz MDR **80**, 816; so ausdrücklich zB Art 60 II BayPAG, § 35 PolGNW). § 34 StGB ist ebenfalls öffentlich-rechtliche Eingriffsnorm (BGH **27**, 260; KK-Griesbaum 12; Lange NJW **78**, 784; Schwabe NJW **77**, 1902; **aM** Amelung NJW **78**, 623; Lisken ZRP **90**, 19; LR-Erb 6 a), soweit die allgemeine Bestimmung nicht durch besondere Regelungen verdrängt wird (zB nach §§ 34 ff **EGGVG;** so allgemein auch Seelmann, Das Verhältnis von § 34 StGB zu anderen Rechtfertigungsgründen, 1978, S 72). 30

Die **Eingriffskompetenz** steht häufig nur den Ermittlungspersonen der StA (§ 152 GVG) zu. Vor allem die Beschlagnahme einer beweglichen Sache (§§ 98 I, 111 b I, 111 e I S 2), die Durchsuchung (§§ 105 I, 111 b IV), die körperliche Untersuchung des Beschuldigten (§ 81 a) oder von Zeugen (§ 81 c II) sowie die Anordnung einer Sicherheitsleistung (§ 132 II) dürfen – außer dem Richter und StA – nur die Ermittlungspersonen der StA anordnen; bei Steuerstraftaten auch die FinB und deren Hilfsorgane (§§ 399 I, II, 402, 404 **AO**; vgl Brete/Thomsen wistra **08**, 367). Die Durchführung dieser Maßnahmen dagegen kann auch Polizeibeamten ohne Ermittlungspersoneneigenschaft überlassen werden, gleichviel wer die (zulässige) Anordnung getroffen hat. 31

C. **Zwang** anzuwenden, gestattet I nicht (Einl 45, 46). Zwang zur Identitätsfeststellung kann nach den §§ 163 b, 163 c angewendet werden, auch nach § 127 I. Diese Regelungen lassen die polizeilichen Normen mit Ermächtigung zum Zwang unberührt (1 zu § 6 EGStPO; §§ 9, 10 MEPolG; Art. 13, 14 BayPAG; §§ 9, 10 PolGNW). 32

D. **Razzia:** Die §§ 163 b, 94, 95, 102, 103, 111 b ergeben eine Rechtsgrundlage (Brodag 377; vgl auch Schultz JR **66**, 207). Eine Razzia zur Straftataufklärung kann mit einer zur Gefahrenabwehr (§ 9 I Nr 3 MEPolG; Art 13 I Nr 2, 21 I Nr 3, 22 I Nr 4 BayPAG; § 12 I Nr 2, II Nr 4 PolGNW) kombiniert werden (oben 17; vgl aber Ernesti NStZ **83**, 61). Besteht zB der konkrete Verdacht (§ 152 II), dass in den Räumen einer Drogenberatungsstelle (§ 203 I Nr 4 StGB) mit Rauschgift gehandelt wird, so kann durch eine Razzia mit großem Polizeiaufgebot und vorübergehender Straßenabsperrung in jenen Räumen nach Rauschgifthändlern gefahndet werden (BVerfGE **44**, 357, 370 = NJW **77**, 1489). 33

34 E. **Fahndungsmaßnahmen:** RiStBV 39–43 und Anlage B. Von wesentlicher Bedeutung sind die in §§ 98a, b geregelte Rasterfahndung, die in § 100h erlaubte Herstellung von Bildaufnahmen, der Einsatz besonderer technischer Mittel zur Obversation und die Aufzeichnung des nichtöffentlich gesprochenen Wortes, der nach §§ 110aff zulässige Einsatz Verdeckter Ermittler, die Ausschreibung zur Festnahme oder Aufenthaltsermittlung, ggf mit Öffentlichkeitsfahndung nach §§ 131ff, sowie die polizeiliche Beobachtung nach § 163e und die längerfristige Observation nach § 163f.

34a Auch die Einschaltung von **Kontaktpersonen oder Lockspitzeln** mit dem Ziel, stärkere Beweise zu gewinnen, ist zulässig (**aM** Hefendehl StV **01**, 704), ebenso der Einsatz von V-Leuten (EGMR NJW **09**, 3565; HRRS **08**, 292; BVerfGE **57**, 250, 284 = NJW **81**, 1719, 1724; BVerfG NJW **87**, 1874; BGH **32**, 115, 121ff [GSSt]; ausführlicher Schrifttums-Nw bei Hetzer Kriminalistik **01**, 692 Fn 16); auch insoweit wird aber zunehmend die Schaffung einer gesetzlichen Ermächtigung gefordert (vgl Fezer JZ **95**, 972; Hetzer aaO; Lilie/Rudolph NStZ **95**, 515, je mwN), wie sie zT im Polizeirecht besteht (§§ 20g II Nr 4, 23 II Nr 3 BKAG, § 28 II Nr 3 BPolG; § 28 II Nr 4 POGRP). Die Polizeibehörde ist berechtigt, ihnen vor ihrem Einsatz zuzusichern, dass ihre Identität in dem zum Schutz vor Leibes- und Lebensgefahren erforderlichen Maße geheimgehalten wird (BGH **33**, 83, 91). Vgl allg zum Einsatz von V-Leuten RiStBV Anl D I; erg 4a zu § 110a. Die für die Strafverfolgungsbehörde tätig werdende Person darf nicht gegen § 136a verstoßen. Sie muss die Grundrechte achten und darf diese Schranken nur mit einem anerkannten Rechtfertigungsgrund übersteigen, weil ein Verstoß dem Staat zuzurechnen wäre (Krause/Nehring 245; Einl 18ff, 55; erg 9b aE zu Art 6 MRK), es sei denn, die Polizei konnte mit einem Fehlverhalten der V-Person nicht rechnen (vgl BGH **45**, 321, 336; **47**, 44, 48; enger Hilger NStZ **92**, 523 Fn 128).

34b Ein ***agent provocateur*** darf weiter jedenfalls dann eingeschaltet werden, wenn der bereits bestehende starke Verdacht schwerwiegenden strafbaren Verhaltens auf seine Richtigkeit getestet werden soll (BGH **32**, 345; NJW **80**, 1761; NStZ **81**, 104), nicht aber, um den Täter erst durch nachhaltige Einwirkung zur Tatbegehung oder zu einem „Quantensprung" zu bestimmen (BGH **45**, 321; **47**, 44; NJW **81**, 1626; krit Conen StRR **09**, 84, Gaede/Buermeyer HRRS **08**, 283ff [jew unter Hinweis auf EGMR NJW **09**, 3565; HRRS **08**, 292], auch zur „Beweislast"; Greco StraFo **10**, 52; vgl auch Bruns NStZ **83**, 49; Dencker Dünnebier-FS 447; Körner StV **82**, 382; Fischer/Maul NStZ **92**, 7; Sinn, Straffreistellung aufgrund von Drittverhalten, 2007, S 369; erg Einl 148a). Ein Verstoß gegen den Grundsatz des fairen Verfahrens liegt auch dann vor, wenn der Täter zunächst von sich aus an die V-Person herangetreten ist, sein späterer Versuch auszusteigen von dieser jedoch mit rechtsstaatswidrigen Mitteln vereitelt wird (BGH NStZ **09**, 405). In die Bestimmung des Zeitpunkts des Zugriffs dürfen präventive und polizeitaktische Erwägungen einfließen (BGH NStZ **08**, 685; bestätigt durch BVerfG 2 BvR 2076/07 vom 28. 11. 2007). Über die Mitwirkung der Polizei im Strafverfahren vgl erg Einl 39.

35 **8) Grenzen der Befugnisse:** Kein Zweifel besteht darüber, dass die Polizei eine Person zur Vernehmung (vgl III, § 163a) schriftlich oder mündlich vorladen kann, wenn Tatsachen die Annahme rechtfertigen, die Person werde sachdienliche Angaben zu der Tat machen können, die geklärt werden soll (über vorherige informatorische Befragung vgl Einl 79, unten 46b). Das Gleiche gilt, wenn gegen die Person erkennungsdienstliche Maßnahmen (§ 81b) durchzuführen sind. Nicht im ersteren, aber im letzteren Fall kann unmittelbarer Zwang angewendet werden, wenn der Betroffene der Ladung ohne hinreichenden Grund keine Folge leistet, auch unmittelbar nach der mündlichen Vorladung (erg 15 zu § 81b).

36 A. Der **Beschuldigte** ist nicht verpflichtet, zur Sache Aussagen zu machen (§ 163a III). Zur Person muss er im Rahmen des § 111 I OWiG aussagen (5 zu § 136).

B. Der **Zeuge** ist zwar zum Zeugnis verpflichtet (§§ 48 I, 161a I S 1). Jedoch gelten bei der Aussage zur Sache die gesetzlichen Weigerungsrechte (III). Aber der Zeuge kann nicht zum Erscheinen bei der Polizei und erst recht nicht zur Aussage bei dieser gezwungen werden. Jedoch hat die Polizei die Befugnis zur Identitätsfeststellung nach den Polizeigesetzen (vgl auch oben 32). Erscheint der Zeuge nicht oder sagt er nicht aus, so wendet sich die Polizei an die StA (§ 161a; Ausnahme II S 2), die den Zeugen dann vernimmt (Schulz/Händel/Soiné 16 vor § 48). Das gilt auch, wenn die Polizei den Zeugen im Auftrag der StA vernehmen soll (**aM** Prost NJW **76**, 214). 37

C. **Schutz der Wohnung:** Sucht der Polizeibeamte den Beschuldigten oder Zeugen in seiner Wohnung auf, so darf er sich, da er keine Zwangsbefugnis hat, nur so lange dort aufhalten, wie der Wohnungsinhaber damit einverstanden ist (Schleswig NJW **56**, 1570). In Betracht kommt aber ein Betreten aus polizeilichen Gründen nach den Landespolizeigesetzen (vgl § 19 MEPolG; Art 23 BayPAG; § 19 PolGNW); zum Betreten einer Wohnung durch einen Verdeckten Ermittler vgl § 110b III. 38

D. Der **Sachverständige,** der schon im polizeilichen Ermittlungsverfahren herangezogen werden darf (1 zu § 73), kann der Polizei gegenüber durch seine Stellung im öffentlichen Dienst oder durch allgemeine Vereinbarung oder durch Annahme eines Auftrags zur Begutachtung verpflichtet sein. Die Polizei kann diese Verpflichtung jedoch nicht mit Ordnungs- und Zwangsmitteln durchsetzen. Dies kann aber die StA (§ 161a II). Über Belehrungspflichten gegenüber dem Sachverständigen III S 4 (unten 46e). 39

E. **Ton- und Bildaufnahmen:** 40

a) **Als Ermittlungshandlungen:** Die heimliche Aufnahme durch Bildaufnahmen gestattet § 100h I S 1 Nr 1, die des nichtöffentlich gesprochenen Wortes erlauben § 100a, § 100c und § 100f unter den dort jeweils bezeichneten Voraussetzungen. Im Übrigen gilt: 41

I. **Erklärungen gegenüber der Strafverfolgungsbehörde:** Das wissentlich an die Adresse eines Strafverfolgungsorgans gerichtete Wort (bei schriftlichen, mündlichen oder telefonischen Hinweisen oder Anzeigen, bei einer Vernehmung, einer Augenscheinnahme, einem informatorischen Gespräch, unten 46b) gehört nicht der Privatsphäre oder gar der Intimsphäre an, die in Art 2 I iVm Art 1 I GG vor Einwirkung der öffentlichen Gewalt geschützt ist (BVerfGE **34**, 238 = NJW **73**, 891; Schleswig NJW **80**, 352) und auch in § 201 StGB (**aM** Frankfurt JR **78**, 168 mit zust Anm Arzt unter Ablehnung der historischen Interpretation; zum Meinungsstreit Arzt, Der strafrechtliche Schutz der Intimsphäre, 1970, 237). Auf jeden Fall ist die Aufnahme zulässig, wenn besondere Umstände sie rechtfertigen. Denn es ist nicht vorgeschrieben, wie die Äußerungen der Auskunftspersonen von den Vernehmungsbeamten festzuhalten sind. Keiner Einwilligung bedarf auch die Videoaufzeichnung nach III S 1, § 58a (dort 2 und 8). 42

II. **Privatgespräche:** Grundsätzlich unzulässig und unverwertbar ist die heimliche Aufnahme eines Privatgesprächs, das der Sprechende außerhalb der Strafverfolgungsmaßnahmen nichtöffentlich führt (§ 201 StGB). Zulässig ist sie aber in den Fällen der §§ 100a, 100c, 100f sowie bei Rechtfertigung nach §§ 32, 34 StGB. 43

b) **Protokollbedeutung:** Das aufgenommene Wort wird in einen Aktenvermerk oder ein Protokoll umgesetzt. Die Aufnahme ist dabei Hilfsmittel (oben 18). 44

c) **Verwertung als Beweismittel:** Die Ton- und Bildaufnahmen sind Augenscheinsobjekte (10, 11 zu § 86; 1 zu § 255a). Zum Vorhalt einer Tonaufnahme genügt idR die Fixierung in den Akten, notfalls mit Abspielen (BGH JZ **56**, 227; MDR **56**, 527 [D]; 9 zu § 69; 29 zu § 249). 45

46 d) **Heimliche Aufnahmen durch einen Dritten** dürfen, soweit sie nach §§ 100c, 100f gestattet sind, verwertet werden. Sonst kommt eine Verwertung höchstens dann in Betracht, wenn überwiegende Interessen der Allgemeinheit dies zwingend gebieten und demgegenüber das schutzwürdige Interesse des Sprechenden an der Nichtverwertung zurücktreten muss (BVerfGE **34**, 238 mit krit Anm Arzt JZ **73**, 506; BGH **19**, 325, 332; Bay NJW **90**, 197; Düsseldorf NJW **66**, 214); auch der EGMR schließt die Verwendung solcher Aufnahmen nicht grundsätzlich aus (NJW **89**, 654). Das ist insbesondere der Fall bei Beweisbeschaffung, wenn daran bei Güter- und Pflichtenabwägung ein überwiegendes Interesse besteht (Fischer 11 zu § 201 StGB; Arzt JZ **73**, 506, 508), zB bei Notwehr (BGH **14**, 358) oder notwehrähnlicher Lage (Celle NJW **65**, 1677; Frankfurt NJW **67**, 1047; erg Einl 56b).

46a **9) Polizeiliche Vernehmungen; Belehrungen** (III): Die Belehrungspflichten gelten nicht nur, wenn die Polizei aus eigener Initiative tätig wird, sondern auch dann, wenn sie auf Ersuchen der StA (§ 161) oder auch des Gerichts (Einl 44) handelt. Daneben gilt aber für die Polizei auch die prozessuale Fürsorgepflicht (Einl 161).

46b A. **Zeugen** (III S 1): Erst wenn es zur Vernehmung des Zeugen kommt, entsteht die Belehrungspflicht nach §§ 52 III, 55 II, 57 S 1 (dort 2), also noch nicht bei einer vorgeordneten allgemein gehaltenen, formlosen informatorischen Nachfrage, ob die Person überhaupt als Zeuge in Betracht kommt (Einl 79; 9 zu § 163). Im Fall des § 52 I ist ggf auch die Belehrung der in § 52 II genannten Personen notwendig; denn § 52 III enthält seinerseits die Bezugnahme auf diese Vorschrift. Auf das Auskunftsverweigerungsrecht muss bei gegebenem Anlass hingewiesen werden (14 zu § 55). Weiter gelten § 58 (Einzelvernehmung, Gegenüberstellung), § 58a (Videoaufzeichnung), § 68 (persönliche Verhältnisse und deren Schutz; früher schon BGH **33**, 83; erg 14 zu § 251), 68a und 69 (Form und Inhalt der Befragung; erg 6 zu § 161a, unten 46g), 68b (Wahl bzw Beiordnung eines Zeugenbeistands; erg unten 46c sowie 3, 9 zu § 68b).

46c **Zuständig** (III S 2) für die – ggf auch fernmündlich zu erteilende – Gestattung, Angaben zur Person nicht oder nur über eine frühere Identität zu machen (§ 68 III S 1), sowie für die Beiordnung eines Zeugenbeistands (68b II) ist die StA. Die übrigen Entscheidungen, die im Rahmen der in III S 1 in Bezug genommenen Vorschriften erforderlich werden, trifft der die polizeiliche Vernehmung leitende Beamte; das gilt damit auch für die Videoaufzeichnung der Aussage und den Ausschluss des Zeugenbeistands von der Vernehmung nach § 68b I S 3 (zum Rechtsschutz hiergegen vgl unten 51; zur Dokumentation der Ausschlussgründe 16 zu § 68b).

46d B. **Bei schriftlicher Vernehmung,** die im Ermittlungsverfahren genügen kann (vgl auch 2 zu § 161), muss der Zeuge in der Aufforderung zur Aussage ggf über ein Zeugnisverweigerungsrecht nach § 52 und bei nicht fern liegender Möglichkeit einer Selbstbelastung oder einer Belastung von Angehörigen auf das Auskunftsverweigerungsrecht nach § 55 hingewiesen werden.

46e C. Der **Sachverständige** (III S 4), der von der Polizei hinzugezogen wird (oben 39), ist ggf mündlich oder schriftlich (oben 46d) über sein Gutachtensverweigerungsrecht nach § 52 I, III zu belehren (1 zu § 76); ebenso falls Anhaltspunkte für die Angemessenheit einer solchen Belehrung bestehen, über sein Recht, die Auskunft über Tatsachen oder Schlussfolgerungen zu verweigern, wenn durch die Angabe eine Verfolgungsgefahr iS des § 55 I, II entstehen würde (1 zu § 76).

46f D. **Bei Untersuchung nach § 81c** ist in den Fällen des § 81c III S 1 und 2 die Belehrung des Angehörigen, ggf des gesetzlichen Vertreters, über das Untersuchungsverweigerungsrecht Aufgabe der Polizei (III S 5 iVm § 52 III), wenn eine Ermittlungsperson die Anordnung getroffen hat (§ 81c V). Denn die Polizei ist in diesem Fall der Auftraggeber für die Untersuchung (13 zu § 36; 24 zu § 81c). Der die Untersuchung Veranlassende muss den Betroffenen auch dann vor der Untersuchung belehren, wenn dieser sich freiwillig untersuchen lässt (4, 7 zu § 81 c).

E. **Vernehmungsmethoden:** Aus § 136 a – anwendbar über III S 1 iVm § 69 III – ergibt sich, dass zulässig ist, was nicht unter ein solches Verbot fällt, allerdings nur, sofern im Einzelfall nicht ein anderes Verbot eingreift (unten 47). Für die polizeiliche Vernehmung unter Verstoß gegen § 136 a I, II gilt auch das Verwertungsverbot nach § 136 a III S 2 (dort 27 ff). **46g**

10) Der **Grundsatz der freien Gestaltung** des Ermittlungsverfahrens (7 zu § 161) gilt auch für die Polizei, und zwar im Rahmen der Verfassung (Einl 20, 21), der Gesetze und anderer Vorschriften und unter Berücksichtigung dessen, was sich zwangsläufig aus der Natur der Sache ergibt (BVerfGE **103**, 142 = NJW **01**, 1121, 1123). Der Ablauf des Ermittlungsverfahrens kann nicht gesetzlich schematisiert werden, weil Spielraum für Taktik und richtigen Einsatz der Kriminaltechnik bleiben muss. **47**

11) Schlussvermerk: Einer zusammenfassenden Darstellung der Ermittlungen in Form eines Schlussberichts bedarf es nach der StPO nicht. In schwierigen, umfangreichen oder unübersichtlichen Fällen muss aber eine knappe Übersicht über die Ermittlungen in einem Schlussvermerk gegeben werden, zum einen zur Selbstkontrolle des Beamten und zur Erleichterung der Aufsicht des Vorgesetzten, zum anderen aus Ordnungsgründen, insbesondere in umfangreichen Sachen, bei zahlreichen Tatbeteiligten oder Beweispersonen. Dabei wird auf wichtige Einzelheiten und besondere Vorkommnisse hingewiesen (die jeweils unverzüglich in den Akten festzuhalten sind). Im Hinblick auf die §§ 111 b V, 111 e III, IV, 111 k kommt der Angabe der Verletzten und etwaiger Beschlagnahmemitteilungen an sie besondere Bedeutung zu. Auch wenn die Polizei einem förmlichen Beweisantrag des Beschuldigten nicht entsprochen hat, erscheint idR ein Hinweis hierauf geboten (15 zu § 163 a). **48**

Eine **rechtliche Würdigung unterbleibt** grundsätzlich, erst recht eine Stellungnahme zur Schuldfrage (Schulz/Händel/Soiné 28). Dagegen kann im Einzelfall ein Hinweis darauf sachgemäß sein, unter welchen rechtlichen Gesichtspunkten die Ermittlungen geführt worden sind und welche Zweifel sich dabei ergeben haben. **49**

12) Beschwerde gegen polizeiliche Maßnahmen im Ermittlungsverfahren ist zulässig, und zwar als Sachaufsichtsbeschwerde, soweit die eigentliche Sachbehandlung beanstandet wird, oder als Aufsichtsbeschwerde ieS, die lediglich das Verhalten des Beamten als solches beanstandet (vgl 22 vor § 296). Im ersteren Fall ist der StA – auch soweit der Polizeibeamte nicht als Ermittlungsperson (dazu 8 zu § 152 GVG) und ohne Auftrag der StA im ersten Zugriff tätig geworden ist (LR-Erb 95; SK-Wohlers 27; **aM** KK-Griesbaum 33) –, im letzteren der Dienstvorgesetzte für die Entscheidung zuständig. **50**

Über den **Antrag auf gerichtliche Entscheidung** gegen eine polizeiliche Maßnahme vgl 23 zu § 98; 9, 10 zu § 23 EGGVG. Der Rechtsschutz gegen die (auch schon vollzogene) Anforderung eines Lichtbildes bei den Pass- oder Personalausweisbehörden für die Zwecke eines konkreten Ermittlungsverfahrens gemäß § 2 b PersAuswG oder § 22 PassG richtet sich nach § 98 II S 2 entspr (LG Rostock StV **08**, 627). Für den Fall, dass die Polizei (vgl III S 2 Hs 2) den Zeugenbeistand von der Vernehmung ausschließt (III S 1 iVm § 68 b I S 3; oben 46 c), verweist III S 3 auf die in § 161 a III S 2–4 (dort 19 ff) geregelte Rechtsschutzmöglichkeit; über die Fortführung der Vernehmung nach erfolgtem Ausschluss entscheidet der Vernehmungsbeamte nach III S 3 iVm § 307 I, II (krit Matt/Dierlamm/Schmidt StV **09**, 718; vgl 21 zu § 161 a). Für den Rechtsschutz gegen die der StA in III S 2 Hs 1 vorbehaltene Entscheidung über die Beiordnung gilt § 161 a III S 2–4 unmittelbar. **51**

Beschuldigtenvernehmung im Ermittlungsverfahren **RiStBV 44, 45**

163a I [1]**Der Beschuldigte ist spätestens vor dem Abschluss der Ermittlungen zu vernehmen, es sei denn, dass das Verfahren zur Einstellung führt.** [2]**In einfachen Sachen genügt es, dass ihm Gelegenheit gegeben wird, sich schriftlich zu äußern.**

II **Beantragt der Beschuldigte zu seiner Entlastung die Aufnahme von Beweisen, so sind sie zu erheben, wenn sie von Bedeutung sind.**

III [1]**Der Beschuldigte ist verpflichtet, auf Ladung vor der Staatsanwaltschaft zu erscheinen.** [2]**Die §§ 133 bis 136 a und 168 c Abs. 1 und 5 gelten entsprechend.** [3]**Über die Rechtmäßigkeit der Vorführung entscheidet auf Antrag des Beschuldigten das nach § 162 zuständige Gericht.** [4]**Die §§ 297 bis 300, 302, 306 bis 309, 311 a und 473 a gelten entsprechend.** [5]**Die Entscheidung des Gerichts ist unanfechtbar.**

IV [1]**Bei der ersten Vernehmung des Beschuldigten durch Beamte des Polizeidienstes ist dem Beschuldigten zu eröffnen, welche Tat ihm zur Last gelegt wird.** [2]**Im Übrigen sind bei der Vernehmung des Beschuldigten durch Beamte des Polizeidienstes § 136 Abs. 1 Satz 2 bis 4, Abs. 2, 3 und § 136 a anzuwenden.**

1 **1)** Die **Vernehmung des Beschuldigten** (I S 1; § 136 II, III) im Ermittlungsverfahren ist obligatorisch. Sie dient sowohl seiner Information über das eingeleitete Verfahren als auch der Sachaufklärung (LR-Erb 27, 28; Rieß Geerds-FS 514); danach auftauchende neue Umstände, die sich aber im Rahmen derselben prozessualen Tat halten, verpflichten idR nicht zu ihrer Wiederholung (LR-Erb 36; **aM** Kempf DAV-FS 598). Der Betroffene muss spätestens mit dem Beginn dieser Vernehmung zum Beschuldigten gemacht werden (Einl 76, 77; 17 zu Art 6 MRK). Bei Nichtgewährung des rechtlichen Gehörs im Ermittlungsverfahren kann nach Anklageerhebung der Vorsitzende des Gerichts die Nachholung bei der StA anregen (weitergehend LR-Erb 118: Pflicht zur Rückgabe); im Übrigen wird der Mangel durch die Aufforderung zur Erklärung nach § 201 geheilt (AnwK-Walther 31; KMR-Plöd 25; Schäfer wistra **87**, 170; **aM** SK-Wohlers 11; Kempf aaO 599; Leitner Volk-FS 301; Wagner ZStW **109**, 577).

2 A. **Wer den Beschuldigten vernimmt,** ist Angelegenheit der Strafverfolgungsbehörden. IdR wird es die Polizei im Rahmen des ersten Zugriffs (§ 163) tun, in Steuerstrafsachen die Behörden und Beamten der Finanzverwaltung (3 zu § 163). Hat die StA das Ermittlungsverfahren eingeleitet, so vernimmt sie den Beschuldigten selbst oder ersucht die Polizei (§ 161 I S 1) oder bei besonderem Anlass eine andere StA (vgl § 161 a IV) oder ausnahmsweise den Ermittlungsrichter (§ 162 I; dort 3) um die Vernehmung. Ob diese früher oder später vorzunehmen ist, hängt vom Einzelfall ab (7, 8 zu § 161; 47 zu § 163; krit SK-Wohlers 10). Da der Beschuldigte kein Recht hat, das Vernehmungsorgan zu wählen, ist rechtlich dem Erfordernis des I genügt, wenn ihm die Gelegenheit zur Äußerung bei der Polizei gegeben wird (**aM** Wagner ZStW **109**, 577). Erklärt der Beschuldigte, nur auszusagen, wenn er eine Protokollabschrift erhält, so kann sie ihm gegeben werden, wenn Missbrauch nicht zu befürchten ist (Brodag 274, 878; unten 26).

3 B. **Ist die Sache einstellungsreif,** gleichviel auf Grund welcher Bestimmungen (§§ 170 II S 1, 153 I, 153b I, 153c I–III, 153d I, 153e I, 153f I oder wegen Verfahrenshindernisses, Einl 146), so bedarf es der Beschuldigtenvernehmung nicht mehr (8 zu § 161; erg 5 zu § 152a; **aM** SK-Wohlers 8; Wagner ZStW **109**, 574: nur bei § 170 II); anders im Fall des § 153a I (LR-Erb 32). Liegt nach Meinung der Polizei ein Einstellungsfall vor, gibt sie die Sache an die StA ab (§ 163 II S 1).

4 **2) Beschuldigtenvernehmung durch die Polizei** (IV): Die Bestimmung des § 136 I S 1 wird bei der polizeilichen Vernehmung (nicht bei einer informatori-

schen Befragung, vgl Einl 79) durch IV S 1 ersetzt (eingehend zur Belehrung und Vernehmung von Beschuldigten durch Polizeibeamte Adler/Hermanutz Kriminalistik **09**, 535; Artkämper Kriminalistik **07**, 517 ff; Weihmann Kriminalistik **10**, 82). Der vernehmende Polizeibeamte ist rechtlich nicht verpflichtet, dem Beschuldigten zu eröffnen, welche Strafvorschriften im Einzelnen in Betracht kommen, weil ihm eine präzise Angabe hierüber in manchen Fällen Schwierigkeiten bereiten kann (KK-Griesbaum 25). Das Gleiche gilt, wenn in Steuerstrafsachen ein Finanzbeamter vernimmt, der dem Polizeibeamten gleichsteht (3 zu § 163). Dass der Beschuldigte als solcher zu einem Vorwurf vernommen werden soll, muss ihm schon bei der Vorladung, falls eine solche nicht stattfindet, spätestens am Beginn der Vernehmung eröffnet werden. Die nähere Bezeichnung der Tat (IV S 1; 4 zu § 152) kann bis zum Beginn der Vernehmung zur Sache aufgeschoben werden. Von den Hinweispflichten nach IV S 2 iVm § 136 I S 2–4 wird die Polizei nur befreit, wenn die Hinweise schon vorher ein Polizeibeamter oder, wie hier bei sinnvoller Auslegung hinzugefügt werden muss, ein StA oder Richter gegeben hat.

Die Hinweise sind nicht nur förmliche Vorgänge, müssen vielmehr **echte Belehrungen** über die Bedeutung der Befugnisse sein, ggf mit Gespräch hierüber unter Beachtung der Entschließungsfreiheit des Beschuldigten (8 zu § 136). 5

A. **Hinweis auf die Aussagefreiheit** (§ 136 I S 2; 7 zu § 136): Die Belehrungspflicht ist nur für Vernehmungen eingeführt, gilt aber auch für Tests, an denen der Beschuldigte nicht mitzuwirken braucht (SK-Wohlers 55; **aM** KK-Griesbaum 27; vgl Einl 80; 12 zu § 81 a). Das Recht, keine Angaben zu machen, bezieht sich nicht auf die Personalien im Rahmen des § 111 OWiG (5 zu § 136; 36 zu § 163). Über die Würdigung des Schweigens vgl 15 ff zu § 261. 6

B. Der **Hinweis auf das Recht der Verteidigerkonsultation** (§ 136 I S 2, dort 10; vgl auch EGMR NJW **09**, 3707 und HRRS **10**, 179 L zu Art 6 III Buchst c, dort 20) muss auch nach der vorläufigen Festnahme oder Verhaftung gegeben werden, insoweit als Teil der in §§ 114 b, 127 IV vorgesehenen Belehrungen. IS des I ist es noch keine Vernehmung, wenn der Beschuldigte erklärt, er wolle vorher einen Verteidiger befragen. In diesem Fall muss der Versuch der Vernehmung zur Sache im Ermittlungsverfahren wiederholt werden. Dieser erübrigt sich jedoch, wenn der Beschuldigte endgültig erklärt, nicht aussagen zu wollen, oder wenn er oder sein Verteidiger eine schriftliche Äußerung abgibt, die erkennbar an die Stelle einer Einlassung bei der Vernehmung treten soll. 7

Über die **Anwesenheit des Verteidigers** bei polizeilicher Beschuldigtenvernehmung vgl 16 zu § 163. 7a

C. Der **Hinweis auf das Recht zu Entlastungsbeweisanträgen** (§ 136 I S 3; dort 11) soll dem Beschuldigten klarmachen, dass ihm auch in dieser Form Gelegenheit zur Entlastung bei der Vernehmung gegeben werden soll, selbst wenn er persönlich sonst zur Sache keine Angaben machen will. Zur Behandlung der Beweisanträge vgl unten 15. 8

D. Der **Hinweis auf die Möglichkeit der schriftlichen Äußerung** (§ 136 I S 4) soll in geeigneten Fällen gegeben werden (12 zu § 136). Dabei handelt es sich um den Hinweis auf ein Recht des Beschuldigten, der von Amts wegen nur zu geben ist, wenn er nach Art des Falls und der Persönlichkeit des Beschuldigten sinnvoll ist (Kleinknecht Kriminalistik **65**, 455). Um einen geeigneten Fall handelt es sich bei einer erforderlichen Stellungnahme zu umfangreichen Unterlagen oder vorliegender Fachliteratur (BGH wistra **99**, 66), idR aber nicht, wenn der Beschuldigte nach Verhaftung oder vorläufiger Festnahme erstmals polizeilich vernommen werden soll (vgl oben 7). 9

E. **Inhalt und Gestaltung des Protokolls:** Das Protokoll muss Inhalt und Gang der Vernehmung bis in die Kleinigkeiten hinein wiedergeben, und zwar möglichst in direkter Rede. Das Protokoll wird zweckmäßigerweise jeweils auf dem gleichen Stand gehalten wie die Vernehmung. 10

11 **3) Schriftliche Vernehmung des Beschuldigten** (I S 2): Das schriftliche Verfahren bei der Vernehmung im Vorverfahren kann in einfachen Sachen von dem Vernehmenden gewählt werden, jedoch nicht von dem um Vernehmung ersuchten Ermittlungsrichter (16 zu § 162).

12 A. Die **Hinweise** nach § 136 I S 1, 2 werden dann ebenfalls schriftlich gegeben. Für den Hinweis nach § 136 I S 4 ist in diesem Fall kein Raum.

13 B. **Aufklärungsgrundsatz:** Erklärt der Beschuldigte auf den Versuch der schriftlichen Vernehmung, keine Angaben machen zu wollen, oder gibt er in der ihm (zweckmäßigerweise) gesetzten Frist keine Antwort, so ist mit dem Eingang der Äußerung oder mit dem Fristablauf die Forderung des I S 1 zwar erfüllt, der Beschuldigte vernommen; aber der Aufklärungsgrundsatz kann im Einzelfall gebieten, noch eine mündliche Vernehmung zu versuchen, ggf nach § 161 a oder § 162.

14 C. **Verlesbare Urkunde:** Gibt der Beschuldigte – mit oder ohne Aufforderung – eine eigene schriftliche Äußerung ab, anstatt oder in Ergänzung einer protokollierten Aussage, so handelt es sich um eine in der Hauptverhandlung verlesbare Urkunde (13 zu § 249), auch wenn der Angeklagte in der Hauptverhandlung nicht zur Sache auszusagen bereit ist. Nicht verlesbar dagegen ist eine Erklärung, die der Verteidiger in seiner Formulierung für den Beschuldigten abgegeben hat (Celle NStZ **88**, 426; Jena VRS **109**, 24; erg 30 zu § 243).

15 **4) Beweisanträge** (II; oben 8): Die beantragten Beweise sind zu erheben, wenn sie von Bedeutung sind; § 244 III–V gilt nicht (ANM 336; Schreiber Baumann-FS 387). Die Beweiserheblichkeit beurteilt die StA nach pflichtgemäßem Ermessen (AnwK-Walther 15; KK-Griesbaum 8; KMR-Plöd 7); nach **aM** hat der Beschuldigte einen Beweiserhebungsanspruch und ist das Merkmal „von Bedeutung" als unbestimmter Rechtsbegriff aufzufassen (AK-Achenbach 8; LR-Erb 107, 112; Krekeler NStZ **91**, 367; Nelles StV **86**, 77; Toepel 302). Wird ein Beweisantrag während einer richterlichen Vernehmung im Ermittlungsverfahren (§§ 115 III, 162) oder in einer mündlichen Verhandlung nach § 118 a gestellt, so handelt es sich gegenüber dem Richter meist um Anregungen; die StA muss die Anträge nach II behandeln. In den Fällen des § 166 jedoch muss der Richter beim AG den beantragten Beweis selbst erheben. Die Zeit der Beweiserhebung steht im Ermessen der Strafverfolgungsbehörde (7 zu § 161; 47 zu § 163). Entspricht die Polizei einem Beweisantrag nicht, so empfiehlt es sich, im Schlussvermerk (48 zu § 163) bei der Vorlage der Akten an die StA hierauf hinzuweisen, weil eine endgültige Ablehnung Sache der StA ist (ANM 337; Nelles StV **86**, 76; 1 ff zu § 160).

16 Einem **Beweisermittlungsantrag** (25 zu § 244) ist ebenfalls nachzugehen, wenn er von Bedeutung ist (enger SK-Wohlers 87: nur Beweisanträge im formellen Sinn).

17 **5) Durchsetzung der Beschuldigtenvernehmung durch die StA** (III): Wie der Zeuge und der Sachverständige (§ 161 a), ist auch der Beschuldigte (vgl 4 a zu § 152; Einl 76 ff) verpflichtet, auf Ladung vor der StA zu erscheinen (S 1). Wenn der nicht auf freiem Fuß befindliche Beschuldigte nicht in der JVA aufgesucht (unten 18) und dort vernommen wird, ist mit seiner Ladung – wie beim Zeugen (3 zu § 161 a) – der an die JVA gerichtete Vorführungsbefehl zu verbinden (5 a zu § 133; § 36 II S 2 **StVollzG,** der auch für Vernehmungstermine bei der StA gilt; vgl auch 13 zu § 214). Die StA muss vor ihrer ersten Vernehmung dem Beschuldigten die in § 136 angeführten Hinweise geben, auch wenn dies die Polizei schon vorher getan hat (oben 6 ff). Nur das Erscheinen bei der StA, nicht bei der Polizei oder bei einer anderen Stelle, kann erzwungen werden (BGH **39**, 96 = JR **94**, 36 mit Anm Welp).

18 A. **Ladung des Beschuldigten zur staatsanwaltschaftlichen Vernehmung** (III S 2): Die Bezugnahme auf § 133 schließt die öffentliche Zustellung der Ladung an den Beschuldigten (§ 40 I) aus, steht aber dem Unterbleiben einer förmlichen Ladung nicht entgegen. Der Beschuldigte kann vom StA zur Vernehmung aufge-

sucht werden. Es genügt auch formlose Aufforderung, wenn davon ausgegangen werden kann, dass er erscheinen wird, zB telefonische oder durch einen Polizeibeamten übermittelte Aufforderung. Wenn aber Zweifel bestehen, ob der auf freiem Fuß befindliche Beschuldigte auf formlose Ladung erscheinen wird und sein Erscheinen wichtig ist, wird er zum Vernehmungstermin schriftlich durch Brief und mit der Androhung geladen, dass er im Fall des Ausbleibens zwangsweise vorgeführt werde (III S 2 iVm § 133; RiStBV 44 I S 1, 2). Die Androhung unterbleibt, wenn sie voraussichtlich nicht durchgeführt würde (RiStBV 44 II; unten 22).

B. **Vorführungsbefehl:** Er ist gegen den auf freiem Fuß befindlichen Beschuldigten (vgl oben 17) nur nach der Androhung der Vorführung in der Ladung zulässig (III S 2 iVm §§ 133 II, 134 II). Ohne diese Androhung kommt ein Vorführungsbefehl nur in Betracht, wenn die Voraussetzungen für einen Haftbefehl vorliegen (§ 134 I). Von diesem Fall abgesehen, handelt es sich um eine im Einzelfall zu treffende Entscheidung, ob die StA in der Ladung des Beschuldigten für den Fall unberechtigten Ausbleibens die Vorführung androhen will oder nicht (vgl 5, 16 zu § 161 a). Die Vorführung ist auch gegen den Beschuldigten, der Angaben zur Sache verweigert, zulässig, um ihn Zeugen gegenüberzustellen (BGH **39**, 96 = JR **94**, 36 mit abl Anm Welp). III gilt für jede StA, die einen Beschuldigten vernimmt, also auch für die ersuchte StA (§ 161 a IV). 19

C. **Verständigung des Verteidigers:** Wenn der Beschuldigte einen (gewählten oder bestellten) Verteidiger hat, ist ihm die Anwesenheit bei der Vernehmung des Beschuldigten durch die StA gestattet (III S 2 iVm § 168 c I; dort 1). Von dem Vernehmungstermin ist der Verteidiger auch vorher zu benachrichtigen, wenn dadurch nicht der Untersuchungserfolg gefährdet wird (III S 2 iVm § 168 c V S 1, 2; gegen die Ausnahme LR-Erb 56). Diese Benachrichtigung bedarf keiner bestimmten Form. Macht der Verteidiger geltend, an der Wahrnehmung des Termins verhindert zu sein, so kann der Termin verlegt werden, wenn dadurch nicht eine Gefährdung des Untersuchungserfolges oder eine schädliche Verzögerung des Verfahrens entsteht. Einen Anspruch auf Verlegung des Termins hat der Verteidiger nicht (III S 2 iVm § 168 c V S 3). 20

D. **Antrag des Beschuldigten auf gerichtliche Entscheidung** (III S 3–5): Über die Rechtmäßigkeit der Vorführung entscheidet auf Antrag des Beschuldigten das nach § 162 zuständige Gericht (vgl erg 20, 21 zu § 161 a und zur Unanfechtbarkeit 22 zu § 161 a). Zum Antrag auf nachträgliche Feststellung der Rechtswidrigkeit vgl 18 a vor § 296. 21

Da der Vorführungsbefehl nicht vor der Vollstreckung mitgeteilt wird, das Gesetz es vielmehr genügen lässt, dass die Vorführung angedroht wird und der Antrag auf gerichtliche Entscheidung keine aufschiebende Wirkung hat (III S 4, § 307), wird die Antragsbefugnis nur dann nicht ausgehöhlt, wenn er **bereits gegen die Androhung** in der Ladung zulässig ist (LR-Erb 67; Gössel GA **76**, 62). Denn eine Pflicht, den Vorführungsbefehl dem Beschuldigten – außer bei sofortiger Vorführung (§ 134 I) – vor der Vollstreckung (§ 36 II) mitzuteilen, besteht nicht; sie widerspräche dem Grundsatz, dass Entscheidungen, deren Vollstreckung durch vorherige Mitteilung gefährdet werden kann, nicht vor ihrer Vollstreckung mitgeteilt zu werden brauchen. Die Androhung in der Ladung ist eine Einzelfallentscheidung über die Vorführung (oben 18). Obwohl sie die StA nicht bindet, ist der Beschuldigte durch sie beschwert, wenn er ohne oder mit vielleicht nicht ausreichender Entschuldigung nicht zum Vernehmungstermin erscheint, da er dann jederzeit mit der Vorführung rechnen muss (20 a zu § 161 a; zur Problematik vgl Welp, Zwangsbefugnisse der StA, 1976, S 23, 28). 22

6) Niederschriften über Untersuchungshandlungen: 23

A. **StA:** § 168 b. 24

B. **Polizei:** § 168 b I, II gelten entspr (BGH NStZ **97**, 611). Wesentlich ist, dass die gesetzlich vorgeschriebenen Belehrungen vermerkt werden (vgl RiStBV 45). 25

Jedoch bedarf es der Mitwirkung eines Protokollführers nicht. Bei weniger wichtigen oder ergebnislosen Vernehmungen kann auch ein Aktenvermerk genügen. Die Notwendigkeit der Festhaltung in den Akten ergibt sich auch aus § 147 (Einl 62), ferner aus Gründen der Beweissicherung (§ 251 I; vgl auch 1 zu § 82). Wird eine Niederschrift aufgenommen, so wird nach § 168a III verfahren. Auch von den Möglichkeiten des § 168a II kann Gebrauch gemacht werden. Die Unterschrift des Vernommenen ist kein wesentliches Erfordernis der polizeilichen Niederschrift.

26 C. **Aushändigung einer Abschrift:** Das Gesetz gewährt nicht ausdrücklich einen Anspruch hierauf. Jedoch wird dem Beschuldigten im Interesse seiner Verteidigung auf sein ausdrückliches Verlangen und seine Kosten (**aM** KG Rpfleger **95**, 226) eine Abschrift auszuhändigen sein, wenn der Untersuchungszweck dadurch nicht gefährdet wird (Arzt JR **78**, 170, 171; weiterg LR-Erb 104). Auch bei polizeilicher oder richterlicher Vernehmung im Ermittlungsverfahren ist für die Entscheidung und Aushändigung stets die StA zuständig (3 zu § 163).

27 **7) Revision:** Auf einen Verstoß gegen I kann die Revision nicht gestützt werden (SK-Wohlers 12; erg oben 1); vgl im Übrigen 21 zu § 136.

Identitätsfeststellung

163b **I** [1]**Ist jemand einer Straftat verdächtig, so können die Staatsanwaltschaft und die Beamten des Polizeidienstes die zur Feststellung seiner Identität erforderlichen Maßnahmen treffen; § 163a Abs. 4 Satz 1 gilt entsprechend.** [2]**Der Verdächtige darf festgehalten werden, wenn die Identität sonst nicht oder nur unter erheblichen Schwierigkeiten festgestellt werden kann.** [3]**Unter den Voraussetzungen von Satz 2 sind auch die Durchsuchung der Person des Verdächtigen und der von ihm mitgeführten Sachen sowie die Durchführung erkennungsdienstlicher Maßnahmen zulässig.**

II [1]**Wenn und soweit dies zur Aufklärung einer Straftat geboten ist, kann auch die Identität einer Person festgestellt werden, die einer Straftat nicht verdächtig ist; § 69 Abs. 1 Satz 2 gilt entsprechend.** [2]**Maßnahmen der in Absatz 1 Satz 2 bezeichneten Art dürfen nicht getroffen werden, wenn sie zur Bedeutung der Sache außer Verhältnis stehen; Maßnahmen der in Absatz 1 Satz 3 bezeichneten Art dürfen nicht gegen den Willen der betroffenen Person getroffen werden.**

1 **1) Für Zwecke der Strafverfolgung** geben die §§ 163b, 163c eine Grundlage für die Identitätsfeststellung von Verdächtigen (I) und Unverdächtigen (II). Sie gelten im Bußgeldverfahren entspr (§ 46 I OWiG; vgl zur Videoüberwachung im Straßenverkehr Düsseldorf NJW **10**, 1216 mit krit Anm Krumm DAR **10**, 215, Koblenz 1 SsBs 23/10 vom 4. 3. 2010, AG Meißen NStZ-RR **10**, 154 L, die AG-Entscheidungen bei Deutscher StRR **09**, 477, 478, Arzt/Eier NZV **10**, 117 mN [die für eine Anwendung der §§ 46 I, II OWiG, 163 I S 2 eintreten] sowie Roggan NJW **10**, 1044; erg 1 zu § 100h; 9 zu § 81b). Auf polizeirechtliche Regelungen können Identitätsfeststellungen zu repressiven Zwecken nicht gestützt werden (LR-Erb 2, 9; 1 zu § 6 EGStPO; erg unten 10ff).

2 **2) In jedem Stadium des Strafverfahrens** kann es zur Anwendung des I kommen, jedoch nur gegen einen Tatverdächtigen (unten 4). Gegen den Unverdächtigen sind die Maßnahmen davon abhängig, dass sie zur Aufklärung einer Straftat erforderlich sind (II). Daraus ergibt sich die Einschränkung, dass II nicht mehr anwendbar ist, wenn es in dem Verfahren nicht mehr um die Aufklärung der Straftat geht.

3 **3) Belehrung:** Bei Beginn der ersten Maßnahme zum Zweck der Feststellung der Identität wird dem zu Prüfenden, wenn er zu den Verdächtigen (I) gehört, eröffnet, welcher Straftat er verdächtig ist (I S 1 Hs 2 iVm § 163a IV S 1); ein Verstoß hiergegen führt zur Unrechtmäßigkeit der Maßnahme iSd § 113 III StGB,

es sei denn, der Grund für die Identitätsfeststellung ist offensichtlich oder die Belehrung würde den Vollstreckungszweck gefährden (KG NJW **02**, 3789; zu Letzterem **aM** LR-Erb 17). Die in Betracht kommenden Strafvorschriften brauchen nicht bezeichnet zu werden. Der Unverdächtige (II) ist darüber zu unterrichten, welche Straftat durch seine Identifizierung aufgeklärt werden soll (II S 1 Hs 2 iVm § 69 I S 2). Die Belehrung braucht sich nicht auf den Namen des Beschuldigten zu erstrecken (**aM** Roxin/Schünemann § 31, 20) und kann unterbleiben, wenn der Grund der Maßnahme dem Betroffenen bekannt ist (Kurth NJW **79**, 1379). Bei Fehlen der erforderlichen Belehrung ist die Maßnahme idR rechtswidrig (KG StV **01**, 260 mwN). Erg 13 zu § 163c.

4) Maßnahmen gegen Tatverdächtige (I S 1): Der Betroffene braucht noch nicht die Stellung eines Beschuldigten (Einl 76ff) erlangt zu haben. Ein Verdacht besteht schon, wenn der Schluss auf die Begehung einer Straftat, auch des Versuchs, gerechtfertigt ist und Anhaltspunkte vorliegen, die die Täterschaft oder Teilnahme des Betroffenen als möglich erscheinen lassen (BVerfGE **92**, 191 = StV **96**, 143, 145; LG Amberg StV **90**, 541; KK-Griesbaum 9; LR-Erb 10; Kurth NJW **79**, 1378); dann ist gemäß § 163a IV S 1 zu belehren (Geppert Schroeder-FS 683). Tatverdächtig iS I S 1 können auch Schuldunfähige sein, nicht aber Strafunmündige (§ 19 StGB). Ein Kind, dem man sofort ansieht, dass es noch im Kindesalter steht, zählt daher nicht zu den Verdächtigen (LR-Erb 11a; Kurth NJW **79**, 1378 Fn 24; **aM** Riegel BayVBl **78**, 591; vgl dazu auch Verrel NStZ **01**, 285). Maßnahmen zu seiner Identifizierung können aber nach II geboten sein, sofern nicht nur das Kind tatverdächtig ist (Streng Gössel-FS 504; erg 1 zu § 103). 4

5) Erforderliche Maßnahmen (I S 1) gegen den Verdächtigen: Diese Generalklausel wird in S 2 und S 3 für schwerwiegendere Eingriffe ergänzt und eingeschränkt. In der Voraussetzung der Erforderlichkeit, die durch den Verhältnismäßigkeitsgrundsatz begrenzt wird (Einl 20ff), liegt zugleich das Erfordernis der Eignung der Maßnahme. 5

A. **Im Einzelnen:** Die Identität kann mit vielerlei Mitteln festgestellt werden. Im Wesentlichen ist hervorzuheben: Der Verdächtige wird angehalten, nach Belehrung (oben 3) nach seinen Personalien (vgl § 111 I OWiG) gefragt und aufgefordert, sich auszuweisen. Dabei kann der Beamte verlangen, dass ihm die mitgeführten Ausweispapiere ausgehändigt werden. Oft müssen auch Feststellungen aus den polizeilichen Unterlagen getroffen oder Erkundigungen bei anderen Stellen oder Personen eingezogen oder die Echtheit der Ausweispapiere geprüft werden (Kurth NJW **79**, 1379 Fn 38); die Kopie eines ausländischen Passes kann bei der Ausländerbehörde angefordert werden (§ 89 II AufenthG; Hamm ZfS **10**, 111). 6

B. **Festhalten** (I S 2) ist Freiheitsentziehung (Art 104 II GG; § 163c II; vgl dort 5; ebenso KMR-Plöd 9; **aM** Heghmanns/Scheffler-Jahn II 54), aber noch keine vorläufige Festnahme iS §§ 127 II, 127b I. Das Anhalten zwecks Befragung nach Namen und Anschrift und die Einsicht in die freiwillig ausgehändigten Ausweispapiere ist noch keine Freiheitsentziehung. Diese beginnt erst mit der Verhinderung der Person, sich zu entfernen, wozu schon die Aufforderung, sich nicht zu entfernen, genügt (KK-Griesbaum 16; Kurth NJW **79**, 1380). Das Verbringen zur polizeilichen Dienststelle ist gegenüber dem Festhalten am Ort der Überprüfung wiederum eine weitere Stufe in den Kontrollmaßnahmen (Riegel ZRP **78**, 16). 7

Zulässigkeitsvoraussetzung für die Festhaltung ist, dass die Identität sonst nicht oder nur unter erheblichen Schwierigkeiten festgestellt werden kann (BVerfG StV **92**, 210). Dies kann seine Ursache in der Schwierigkeit der Beschaffung zuverlässiger Unterlagen haben (zB bei einem Ausländer) oder in dem Klärungsbedürfnis bei wechselnden und widersprüchlichen Angaben des Kontrollierten oder anderer Auskunftspersonen (Hamburg StV **08**, 12, 13). 8

C. Die **Durchsuchung der Person und der mitgeführten Sachen** ist als Identifikationsmittel ebenfalls nur zulässig, wenn die Identität sonst nicht oder nur 9 unter erheblichen Schwierigkeiten festgestellt werden kann (Hamm NStZ-RR **09**, 271). Sie kann die erkennungsdienstliche Behandlung (unten 13) und das damit verbundene Festhalten der kontrollierten Person überflüssig machen.

10 a) Das **Durchsuchen der Person** besteht in dem Suchen in der Kleidung und auf der Körperoberfläche nach Gegenständen oder Zeichen, die zur Identifikation beitragen können (zB Ausweise oder sonstige Papiere, Leberflecke, Muttermale, Tätowierungen; erg 9 zu § 102). Die Durchsuchung kann auch auf Waffen, andere gefährliche Werkzeuge und Explosivstoffe erstreckt werden, wenn dies nach den Umständen zum Schutz des Polizeibeamten oder eines Dritten gegen eine Gefahr für Leib oder Leben erforderlich ist (Eigensicherung nach Polizeirecht, vgl Hamburg StV **08**, 12, 13; Heghmanns/Scheffler-Jahn II 57).

11 b) Zu den **mitgeführten Sachen** gehören zB eine Brieftasche, eine Aktentasche, ein Koffer. Auch ein Fahrzeug, in dem sich der Verdächtige befindet, kann dazu gehören (LR-Erb 40). Das ist jedoch nicht der Fall, wenn er von dem Inhaber des Fahrzeugs lediglich mitgenommen worden ist. In diesem Fall gilt für die Durchsuchung des Fahrzeugs § 103 oder das Polizeirecht (§ 18 I Nr 6 MEPolG; Art 22 I Nr 6 BayPAG; § 40 I Nr 6 PolGNW).

12 c) **Von Personen gleichen Geschlechts** wird nach dem Polizeirecht die Durchsuchung durchgeführt. Das gilt nicht, wenn ein Arzt durchsucht, aber auch sonst nicht, wenn die sofortige Durchsuchung zum Schutz gegen eine Gefahr für Leib oder Leben erforderlich ist (vgl § 17 III MEPolG; Art 21 III BayPAG; § 39 III PolGNW).

13 D. **Erkennungsdienstliche Maßnahmen** (I S 3; 8 zu § 81 b) gegen den Verdächtigen sind ebenfalls nur zulässig, wenn die Identität sonst nicht oder nur unter erheblichen Schwierigkeiten festgestellt werden kann (oben 8, 9). Diese Voraussetzung gilt aber nicht, wenn gegen den Verdächtigen schon ein Strafverfahren geführt wird und die erkennungsdienstlichen Maßnahmen zur Durchführung dieses Verfahrens notwendig werden, weil dann nach § 81 b (1. Altern) verfahren wird. Zur Durchführung der erkennungsdienstlichen Maßnahmen ist die Verbringung zu einer Polizeidienststelle mit den erforderlichen Einrichtungen notwendig.

14 **6) Maßnahmen gegen Unverdächtige** (II): Die Duldungspflicht des Unverdächtigen ist mit der des § 81 c verwandt und gehört iwS zur Zeugenpflicht (7 vor § 48).

15 A. **Zur Aufklärung einer Straftat geboten** (II S 1): Das ist der Fall, wenn im Zeitpunkt der beabsichtigten Identitätsfeststellung konkrete Anhaltspunkte dafür bestehen, dass die Person als Zeuge oder als Augenscheinsobjekt (14 zu § 86) benötigt wird. Hauptfall: Ein Unverdächtiger, der als Zeuge in Betracht kommt, will sich gerade vom Tatort entfernen.

16 B. Die **erforderlichen Maßnahmen** sind zulässig. Die Generalklausel des I S 1 gilt auch hier (erg oben 4, 5), jedoch mit stärkeren Einschränkungen.

17 C. Das **Festhalten** (II S 2 Hs 1; oben 7) ist nur zulässig, wenn die in I S 2 genannte Voraussetzung vorliegt und die Maßnahme zur Bedeutung der Sache nicht außer Verhältnis steht (Einl 20, 21). Es kommt also nicht auf die Bedeutung der zu erwartenden Aussage an, die idR ohnehin zum Kontrollzeitpunkt nicht beurteilt werden kann, sondern auf die Bedeutung der Strafsache im Ganzen. Daher darf zB ein Passant, der einen Verkehrsunfall ohne größere Folgen beobachtet hat, nicht nach II festgehalten werden (Kurth NJW **79**, 1379). Im Übrigen darf das Festhalten nicht eine Art Beugehaft sein, muss vielmehr auf die Durchführung von bestimmten Identifizierungsmaßnahmen abzielen. Wenn der (potenzielle) Zeuge entgegen § 111 OWiG seine Personalien nicht angibt, wird er insoweit zum Verdächtigen (BeckOK-Patzak 12; Göhler 141, 144 vor § 59 OWiG; KK-Griesbaum 6; Vogel NJW **78**, 1227 Fn 168; **aM** HK-Zöller 4; LR-Erb 20 a).

18 D. Die **Durchsuchung des Unverdächtigen und seiner Sachen** (II S 2 Hs 2; oben 11) ist nur zulässig, wenn und soweit sie zu seiner Identifizierung erfor-

derlich ist (oben 2, 5, 16), jedoch nicht gegen den Willen des Betroffenen (erg unten 19). Das Hindernis des entgegenstehenden Willens kann durch ein aufklärendes Gespräch mit erlaubten Mitteln (vgl § 136 a) behoben werden. Wenn es erst während der Durchsuchung entsteht oder hervortritt, muss die Durchsuchung beendet werden.

E. **Erkennungsdienstliche Behandlung des Nichtverdächtigen** (II S 2 Hs 2) darf, falls zu seiner Identifizierung erforderlich (oben 5, 16), wie die Durchsuchung nicht gegen seinen Willen durchgeführt werden. Nicht erforderlich ist die Einwilligung des Unverdächtigen (AnwK-Walther 20; HK-Zöller 13; KK-Griesbaum 31; KMR-Plöd 22; **aM** Achenbach JA **81**, 663; LR-Erb 37; SK-Wolter 53). Seine ablehnende Erklärung kann auch in schlüssigen Handlungen bestehen (Einl 126). Unmittelbarer Zwang zur Durchführung der erkennungsdienstlichen Maßnahmen (15 zu § 81 b) darf gegen den Unverdächtigen nicht angewendet werden. Denn Zwang wäre nur bei Weigerung zulässig; diese steht aber den Maßnahmen überhaupt entgegen (Brodag 835). 19

7) Entsteht der Verdacht einer Straftat während des Identifizierungsvorgangs (zB durch Angabe der geprüften Person oder durch eingehende Auskünfte), so entfallen die besonderen Zulässigkeitseinschränkungen des II; es gilt dann I. Das ist vor allem für die Durchsuchung und die erkennungsdienstlichen Maßnahmen von Bedeutung, weil diese dann auch gegen den Willen der Person und unter Anwendung von Zwang durchgeführt werden können (15 zu § 81 b). 20

8) Die **StA und die Beamten des Polizeidienstes** (I S I) sind befugt, die Maßnahmen durchzuführen, und zwar auch im Fall des II, der an I anknüpft. Eine richterliche Anordnung ist aus Praktikabilitätsgründen nicht vorgesehen (vgl auch LR-Erb 43). Wenn die StA die Anordnung trifft, beauftragt sie die Polizei mit der Ausführung (Einl 41, 43). Führt die FinB ein Ermittlungsverfahren wegen einer Steuer- oder Zollstraftat, so tritt sie an die Stelle der StA (Einl 12, 42). Die polizeilichen Befugnisse haben auch die sonstigen Träger der polizeilichen Strafverfolgungsaufgaben (13, 14 zu § 163). Sie können die allgemeine Polizei um Amtshilfe ersuchen (Art 35 GG; § 25 III MEPolG; Art 50 IV BayPAG; § 47 III PolGNW). Notwehr gegen rechtswidrige polizeiliche Maßnahmen ist eingeschränkt (Hamm NStZ-RR **09**, 271). 21

9) Zufallsfunde (§ 108): Werden bei der Durchsuchung der Person und der mitgeführten Sachen (I S 3, II S 2 Hs 2) Beweismittel gefunden, die für die Aufklärung der Strafsache von Bedeutung sind, so werden sie nach § 94 sichergestellt (Kurth NJW **79**, 1379 Fn 38). Wenn sie auf die Begehung einer anderen Straftat hindeuten, gleichviel, ob diese schon Gegenstand eines anderen Verfahrens ist oder nicht, werden sie einstweilen in Beschlag genommen und die StA hiervon verständigt (§ 108 I S 1, 2). Dafür spricht auch § 111 III. Hiernach gilt § 108 für die Zufallsfunde, die bei einer Durchsuchung an der Kontrollstelle auftauchen (KK-Griesbaum 21; **aM** HK-Zöller 9; SK-Wolter 8). Dieses Durchsuchen ist auch ein solches nach § 163 b. 22

Festhalten zur Identitätsfeststellung

163c [I] [1]**Eine von einer Maßnahme nach § 163 b betroffene Person darf in keinem Fall länger als zur Feststellung ihrer Identität unerlässlich festgehalten werden.** [2]**Die festgehaltene Person ist unverzüglich dem Richter bei dem Amtsgericht, in dessen Bezirk sie ergriffen worden ist, zum Zwecke der Entscheidung über Zulässigkeit und Fortdauer der Freiheitsentziehung vorzuführen, es sei denn, dass die Herbeiführung der richterlichen Entscheidung voraussichtlich längere Zeit in Anspruch nehmen würde, als zur Feststellung der Identität notwendig wäre.** [3]**Die §§ 114 a bis 114 c gelten entsprechend.**

[II] **Eine Freiheitsentziehung zum Zwecke der Feststellung der Identität darf die Dauer von insgesamt zwölf Stunden nicht überschreiten.**

[III] **Ist die Identität festgestellt, so sind in den Fällen des § 163 b Abs. 2 die im Zusammenhang mit der Feststellung angefallenen Unterlagen zu vernichten.**

1 **1) Nur soweit unerlässlich** (I S 1) darf die Festhaltung (7 zu § 163b) im Rahmen des II ausgedehnt werden. Unerlässlich bedeutet so viel wie unverzichtbar (14 zu § 231 a), enthält also das Gebot möglichster Beschleunigung. Sobald die Festhaltung für die Identitätsfeststellung nicht mehr erforderlich ist, muss der Festgehaltene auf freien Fuß gesetzt werden (BVerfG NStZ-RR **06**, 381).

2 **2)** Die **Vorführung vor den Richter** (I S 2; Art 104 II S 2 GG) ist von Amts wegen durchzuführen. Sie besteht in der persönlichen Verbringung des Festgehaltenen zum AG, oder in dem Vorführen im Polizeigebäude, wenn der Richter dorthin kommt.

3 **3) Unverzüglich** muss der Festgehaltene vorgeführt werden, gleichviel, ob er einen Antrag auf richterliche Entscheidung stellt oder nicht. Unverzüglich ist nicht gleichzusetzen mit „ohne schuldhaftes Zögern" (§ 121 BGB), sondern bedeutet, dass bei der Herbeiführung der richterlichen Entscheidung jede Verzögerung, die sich nicht sachlich oder rechtlich rechtfertigen lässt, vermieden werden muss (vgl BVerfG NVwZ **09**, 1033; BVerwG NJW **74**, 807, 810).

4 Da nach der neueren Rspr des BVerfG (BVerfGE **103**, 142; **105**, 239) stets **ein richterlicher Notdienst** (Bereitschaftsdienst) einzurichten ist (vgl auch § 22 c GVG), wird auch außerhalb der allgemeinen Dienststunden idR eine Vorführung möglich sein (vgl auch Rüping Hirsch-FS 971).

5 **4) Verzicht auf Vorführung** befreit an sich nicht von der Vorführungspflicht. Wenn der Festgehaltene jedoch erklärt, er wolle freiwillig im Dienstgebäude der Polizei so lange warten, bis die Identität festgestellt ist oder bis er wegen des Fristablaufs nach II ohnehin auf freien Fuß gesetzt werden muss, fehlt es an einer Freiheitsentziehung und braucht der Wartende nicht vorgeführt zu werden (KMR-Plöd 5; einschr KK-Griesbaum 4; LR-Erb 7). Denn Freiheitsentziehung ist das Ingewahrsamhalten gegen den Willen der Person, sofern sie sich nicht im Zustand der Willenlosigkeit befindet (vgl § 415 II FamFG).

6 **5)** Eine **Ausnahme von der Vorführungspflicht** sieht I S 2 Hs 2 für den Fall vor, dass bis zur Erlangung der richterlichen Entscheidung voraussichtlich längere Zeit vergeht als bis zur Feststellung der Identität. Das ist keine Einschränkung des Art 104 II S 2 GG, sondern eine verfassungskonforme Regelung für die Fälle, in denen eine Anrufung des Richters zu einer sachlich nicht mehr gebotenen Verlängerung der Festhaltung führen würde. Stellt sich während der Festhaltung heraus, dass die Freiheitsentziehung (im Rahmen des II) doch länger ausgedehnt werden muss, als zunächst angenommen, so ist im Zeitpunkt dieser Erkenntnis von neuem zu prüfen, ob nunmehr die richterliche Entscheidung noch vor der Entlassung des Festgehaltenen erreichbar ist.

7 **6) Gerichtliches Verfahren:** Die Vorführung zum AG ist Aufgabe der Polizeibehörde, weil ihre Maßnahme überprüft wird.

8 A. **Sachliche Zuständigkeit:** Das AG ist unabhängig davon zuständig, in welchem Verfahrensstadium die Entscheidung über die Festhaltung notwendig wird (2 zu § 163b).

9 B. **Funktionell zuständig** ist der Richter, dem die Geschäftsverteilung (§ 21 e GVG) die Entscheidung als Aufgabe zuweist. Das wird idR derselbe Richter sein, der über die Festhaltung zu entscheiden hat, wenn diese präventiv-polizeilichen Zwecken dient (§ 14 II MEPolG; Art 18 III BayPAG; § 36 II PolGNW). Fehlt es an einer Regelung im Geschäftsverteilungsplan, so gilt § 162 (vgl 7 zu § 162).

C. **Örtlich zuständig** (I S 2) ist das AG des Ergreifungsortes. Ergreifung ist nicht identisch mit dem Auffinden der zu kontrollierenden Person und auch nicht mit dem Beginn des Identifizierungsvorgangs. Der Begriff Ergreifung steht hier für den Entschluss zur Festhaltung (7 zu § 163b; oben 5). Dieser fällt mit dem Beginn der Festhaltung zusammen. Das Verbringen des Festgehaltenen zu einer Polizeidienststelle in einem anderen AGBezirk ändert die Zuständigkeit nicht (anders bei der gerichtlichen Überprüfung der präventiv-polizeilichen Festhaltung, bei der das AG zuständig ist, in dessen Bezirk die Person festgehalten wird; § 14 II S 1 MEPolG; Art 18 III S 1 BayPAG; § 36 II S 1 PolGNW). 10

D. **Am Verfahren beteiligt** sind der Festgehaltene, der das rechtliche Gehör erhält (Einl 23ff), und die Polizeibehörde. Diese muss dem Richter die Entscheidungsgrundlage unterbreiten. Soweit das nicht durch Unterlagen möglich ist, muss sie die Festhaltungsgründe darlegen. Von der Beteiligung der StA (§ 33 II) kann wegen des Beschleunigungsgebotes (oben 1) abgesehen werden, wenn ein StA nicht sofort erreichbar ist (Kurth NJW **79**, 1380; weitergehend KK-Griesbaum 11; LR-Erb 14; vgl auch 26 zu § 163). Der Verteidiger ist zur Anwesenheit berechtigt (LR-Erb 15; Krause StV **84**, 171; **aM** Kurth aaO Fn 68; Riegel BayVBl **78**, 593). 11

7) Die **richterliche Entscheidung** ergeht über Zulässigkeit und Fortdauer der Festhaltung (Art 104 II S 1 GG). Das bedeutet nicht, dass für die Vergangenheit festgestellt wird, ob das Festhalten zulässig war. Es wird nur die Zulässigkeit der gegenwärtigen Festhaltung als Voraussetzung für eine etwaige Fortdauer geprüft. Der Entscheidungstenor befasst sich nur mit der Frage der Fortdauer (LR-Erb 16). Der Richter ordnet entweder an, den Festgehaltenen alsbald auf freien Fuß zu setzen, oder er lässt die weitere Festhaltung für eine bestimmte Anzahl von Stunden oder bis zur Höchstdauer des II zu. Gegen die Fortdauer der Freiheitsentziehung kann der Betroffene sich beschweren (§ 304), idR auch noch nach Erledigung (KK-Griesbaum 13; erg 18a vor § 296 [BGH **36**, 242, 245ff ist insoweit überholt]), nicht aber die StA gegen die Freilassung (vgl LR-Erb 19a: kein Raum für eine „sinnvolle Sachentscheidung“). 12

8) Die **Mitteilungs-, Belehrungs- und Benachrichtigungspflichten** in den §§ 114a–114c (vgl dort) gelten nach I S 3 für den Fall des Festhaltens durch die Polizei zum Zweck der Identitätsfeststellung entsprechend, dh ggf der jeweiligen Sachlage gemäß modifiziert (zB Frist iS des § 114b II S 1 Nr 1 richtet sich nach II; Nichtverdächtigem kann keine gegen ihn erhobene Beschuldigung eröffnet werden; vgl im Einzelnen BT-Drucks 16/11644 S 35, 42, 46, ferner Bittmann NStZ **10**, 15: Nichtverdächtiger hat unbedingtes Recht, selbst nach § 114c I zu informieren). 13

Ein **Ausländer** ist nach I S 3 iVm § 114b II S 3 (in Befolgung von Art 36 I Buchst b WÜK) darüber zu belehren, dass er die Benachrichtigung seiner konsularischen Vertretung von der Festhaltung verlangen sowie selbst dieser Mitteilungen zukommen lassen kann (vgl näher 9 zu § 114b). Diese Pflicht gilt in erster Linie für die Polizei, nicht nur für den Richter (BVerfG NJW **07**, 499, 503; BGH **52**, 110, 112; Kreß GA **07**, 302; Walter JR **07**, 101). Belehrung und Benachrichtigung haben unverzüglich zu erfolgen (vgl dazu auch Weigend StV **08**, 40). 14

9) Insgesamt 12 Stunden (II) ist die Höchstdauer der Festhaltung (7 zu 163b). Dieser Zeitraum ist kürzer als bei präventiv-polizeilicher Festhaltung nach einigen Polizeigesetzen (§ 16 Nr 3 MEPolG; Art 20 Nr 3 BayPAG, § 17 I Nr 3 POGRP; anders § 42 II BPolG, § 38 II PolGNW). Die Frist beginnt auch, wenn der Betroffene seine zunächst bestehende Freiwilligkeit (oben 5) erkennbar aufgibt (Kurth NJW **79**, 1380). Der Ausdruck „insgesamt“ trägt dem Umstand Rechnung, dass der erste Teil der Festhaltung auf polizeilicher (7 zu § 163b) und ein weiterer Teil ggf auf richterlicher Entschließung (oben 12) beruht. Die Frist muss unbedingt eingehalten werden. Es müssen daher alle nötigen Vorkehrungen getroffen werden, 15 um sie nicht zu überschreiten; längeres Festhalten verstößt gegen Art 5 I c **MRK** (EGMR NJW **99**, 775; dazu Eiffler NJW **99**, 762).

16 **10) Behandlung der Unterlagen** (III): Sowohl bei der Aufbewahrung als auch hinsichtlich der Vernichtung ist der Unterschied zwischen einem Verdächtigen und einem Unverdächtigen wesentlich.

17 A. **Fall der Verdächtigenüberprüfung** (§ 163 b I): Die dabei gewonnenen Identifizierungsunterlagen werden zu den Strafakten genommen. Sie können zugleich in die polizeilichen Unterlagen aufgenommen werden (2 zu § 81 b; KK-Griesbaum 18; **aM** HK-Zöller 17; SK-Wolter 29). Der Verdächtige darf die Entfernung der Unterlagen aus dieser Sammlung und ihre Vernichtung unter den gleichen Voraussetzungen verlangen, als wenn sie nach § 81 b gewonnen worden wären (dort 16 ff). Die Entfernung und Vernichtung der bei den Strafakten abgelegten Unterlagen kann er nicht fordern (16 zu § 81 b).

18 B. **Fall der Unverdächtigenüberprüfung** (§ 163 b II): Zu den im Zusammenhang mit der Feststellung angefallenen Unterlagen gehören nicht die Ergebnisse der Identifizierung (zB Personalien; Achenbach JA **81**, 664; Vogel NJW **78**, 1227), auch nicht die gesondert aufzubewahrenden bei der Vorführung entstandenen richterlichen Akten (LR-Erb 28). Die übrigen, insbesondere durch die erkennungsdienstliche Behandlung angefallenen Unterlagen werden durch die Ermittlungsbehörde vernichtet, dürfen also nicht zu den polizeilichen Sammlungen genommen werden.

19 C. **Rechtsbehelfe:** Die Vernichtung der nach § 163 b I gewonnenen Unterlagen (oben 17) aus den polizeilichen Sammlungen kann der Betroffene verlangen, wenn die Notwendigkeit ihrer weiteren Verwahrung völlig entfallen ist (19 zu § 81 b). Wird sein Verlangen abgelehnt, so steht ihm die Klage zum VG offen (23 zu § 81 b). Verlangt der Betroffene von der StA, die bei den Ermittlungsakten befindlichen, nach § 163 b II gewonnenen Unterlagen (oben 18) zu vernichten, so betrifft diese Angelegenheit nicht das weitere Strafverfahren. Bei Ablehnung des Antrags ist § 23 **EGGVG** anwendbar (KK-Griesbaum 19; Merten/Merten ZRP **91**, 215; Ranft 808; vgl Stuttgart NJW **77**, 2276 für den Fall der Vernichtung von Ablichtungen inzwischen freigegebener Beweisgegenstände).

Netzfahndung

163d

I [1] **Begründen bestimmte Tatsachen den Verdacht, dass**

1. eine der in § 111 bezeichneten Straftaten
oder
2. eine der in § 100 a Abs. 2 Nr. 6 bis 9 und 11 bezeichneten Straftaten

begangen worden ist, so dürfen die anlässlich einer grenzpolizeilichen Kontrolle, im Falle der Nummer 1 auch die bei einer Personenkontrolle nach § 111 anfallenden Daten über die Identität von Personen sowie Umstände, die für die Aufklärung der Straftat oder für die Ergreifung des Täters von Bedeutung sein können, in einer Datei gespeichert werden, wenn Tatsachen die Annahme rechtfertigen, dass die Auswertung der Daten zur Ergreifung des Täters oder zur Aufklärung der Straftat führen kann und die Maßnahme nicht außer Verhältnis zur Bedeutung der Sache steht. [2] **Dies gilt auch, wenn im Falle des Satzes 1 Pässe und Personalausweise automatisch gelesen werden.** [3] **Die Übermittlung der Daten ist nur an Strafverfolgungsbehörden zulässig.**

II [1] **Maßnahmen der in Absatz 1 bezeichneten Art dürfen nur durch den Richter, bei Gefahr im Verzug auch durch die Staatsanwaltschaft und ihre Ermittlungspersonen (§ 152 des Gerichtsverfassungsgesetzes) angeordnet werden.** [2] **Hat die Staatsanwaltschaft oder eine ihrer Ermittlungspersonen die Anordnung getroffen, so beantragt die Staatsanwaltschaft unverzüglich die**

richterliche Bestätigung der Anordnung. [3]§ 100b Abs. 1 Satz 3 gilt entsprechend.

III [1]Die Anordnung ergeht schriftlich. [2]Sie muss die Personen, deren Daten gespeichert werden sollen, nach bestimmten Merkmalen oder Eigenschaften so genau bezeichnen, wie dies nach der zur Zeit der Anordnung vorhandenen Kenntnis von dem oder den Tatverdächtigen möglich ist. [3]Art und Dauer der Maßnahmen sind festzulegen. [4]Die Anordnung ist räumlich zu begrenzen und auf höchstens drei Monate zu befristen. [5]Eine einmalige Verlängerung um nicht mehr als drei weitere Monate ist zulässig, soweit die in Absatz 1 bezeichneten Voraussetzungen fortbestehen.

IV [1]Liegen die Voraussetzungen für den Erlass der Anordnung nicht mehr vor oder ist der Zweck der sich aus der Anordnung ergebenden Maßnahmen erreicht, so sind diese unverzüglich zu beenden. [2]Die durch die Maßnahmen erlangten personenbezogenen Daten sind unverzüglich zu löschen, sobald sie für das Strafverfahren nicht oder nicht mehr benötigt werden; eine Speicherung, die die Laufzeit der Maßnahmen (Absatz 3) um mehr als drei Monate überschreitet, ist unzulässig. [3]Über die Löschung ist die Staatsanwaltschaft zu unterrichten.

1) Eine **computergestützte Fahndungsmaßnahme** gestattet die Vorschrift (eingehend hierzu Göhring, Polizeiliche Kontrollstellen und Datenverarbeitung, 1992, S 9ff und Wittig JuS **97**, 961 ff; zur Entstehungsgeschichte der Vorschrift vgl KK-Schoreit 2; Rogall NStZ **86**, 385). Da hierbei Datenmassen verarbeitet werden müssen, von denen in weitem Umfang auch unbescholtene Bürger betroffen sind, gegen die keinerlei Tatverdacht besteht, war nach den Grundsätzen des Urteils des BVerfG zum Volkszählungsgesetz (BVerfGE **65**, 1 = NJW **84**, 419: Recht auf informationelle Selbstbestimmung; erg 2 vor § 12 EGGVG; vgl auch BVerfGE **120**, 378 = NJW **08**, 1505, 1506 mit Anm Roßnagel NJW **08**, 2548) die Schaffung ausdrücklicher gesetzlicher Grundlagen erforderlich. Der Gesetzgeber hat dem durch die Einfügung des § 163d für einen Teilbereich der computergestützten Fahndung, die sog Netzfahndung (LR-Erb 3 nennt sie „Kontrollfahndung"), Rechnung getragen. 1

Die **Vorschrift ermöglicht** die Errichtung von Kurzzeit-Dateien für die automatische Speicherung und Verarbeitung der Daten, die bei bestimmten Massenkontrollen (Personenkontrollen an der Grenze oder an Kontrollstellen nach § 111) anfallen, deren erschöpfende Auswertung an Ort und Stelle aber, auch durch Abfrage in den Fahndungsdateien des polizeilichen Informationssystems, nicht möglich ist. Durch die in § 163d vorgesehene Speicherung und spätere Auswertung der Daten in einer EDV-Anlage soll die Möglichkeit, Straftaten aufzuklären und Straftäter zu ergreifen, vergrößert werden. Bei Massenkontrollen anderer Art (zB nach § 36 V StVO, § 12 I, II GuKG und nach allgemeinem Polizeirecht) ist eine Datenspeicherung zum Zweck der Strafverfolgung ausgeschlossen; § 163d enthalt eine abschließende Regelung (LR-Erb 6). Die Einstellung des § 163d in die StPO bedeutet nicht, dass andere computergestützte Fahndungsmaßnahmen ausgeschlossen sind. Vielmehr sind die Rasterfahndung und die Polizeiliche Beobachtung ausdrücklich in §§ 98a, b und § 163e geregelt. 2

2) Datenspeicherung und Auswertung (I): 3

A. **Zulässige Maßnahmen** (I S 1) sind die zeitweilige Speicherung und die Auswertung von Daten über Personen mit bestimmten (mutmaßlich mit denen des Täters übereinstimmenden) Merkmalen oder Eigenschaften (unten 17) in einer Datei, dh in einem automatisierten Informationssystem (LR-Erb 34). Gespeichert und verarbeitet werden dürfen jedoch nur solche Daten, die bei einer Kontrollstelle nach § 111 oder bei einer grenzpolizeilichen Kontrolle nach §§ 2, 23 BPolG anfallen (KK-Schoreit 10; enger LR-Erb 21 ff), in Bayern nach den für die bayerische Grenzpolizei, in Bremen und Hamburg nach den dort für die Wasserschutz- 4 polizei geltenden Bestimmungen (vgl Schoreit aaO). Aus welchem Anlass die Personenkontrolle durchgeführt worden ist, spielt keine Rolle. Bei grenzpolizeilichen Kontrollen dürfen Daten zur Aufklärung jeder möglichen Katalogtat (unten 9) gespeichert werden, an Kontrollstellen nach § 111 nur zur Aufklärung der in dieser Vorschrift bezeichneten Taten (LR-Erb 10). Gleichgültig ist auch, in welcher Weise (Beobachtung bei Sichtkontrollen, Einsicht in die Personalpapiere oder automatisches Ablesen dieser Papiere) die Daten erhoben worden sind (LR-Erb 23).

5 Bei den **Daten,** die gespeichert und verarbeitet werden dürfen, handelt es sich in 1. Hinsicht um die persönlichen Identitätsmerkmale (Name, Geburtstag, Wohnort), die sich aus den Ausweispapieren ergeben (KK-Schoreit 12). Darüber hinaus können Umstände gespeichert und verarbeitet werden, die für die Aufklärung der Tat oder für die Ergreifung des Täters, auch des Teilnehmers (KK-Schoreit 13), von Bedeutung sein können (krit Kühl NJW **87**, 742; Riegel CR **86**, 143: „kaum mehr eingrenzbar"), zB Typ und Kennzeichen des benutzten Kraftwagens, Erkenntnisse über den Ort, die Art und Weise sowie die sonstigen Umstände der Identitätsfeststellung, auch die Ergebnisse von Durchsuchungen und erkennungsdienstlichen Behandlungen (LR-Erb 27; Rogall NStZ **86**, 390).

6 Die **Dateien,** in denen Speicherung und Verarbeitung stattzufinden haben, werden im Gesetz nicht näher gekennzeichnet. Die Ansicht, dass nur die StA berechtigt sei, die Dateien zu betreiben (vgl KK-Schoreit 14 ff, 21), erscheint unrichtig (LR-Erb 35); sie wird durch IV S 3 (der nach dieser Meinung überflüssig wäre) widerlegt (HK-Zöller 8; Wittig JuS **97**, 966 Fn 76). Die StA darf, wie stets im Strafverfahren, die Ermittlungen der Polizei übertragen oder überlassen. Auch bei der Speicherung und Auswertung der Daten nach I darf sie sich der Polizei bedienen, die hierfür (im Wege der Auftragsdatenverarbeitung nach § 11 BDSG) ihre örtlichen, landes- oder bundesweiten EDV-Systeme einsetzt (Rogall NStZ **86**, 390; vgl auch Baumann StV **86**, 497; Kühl NJW **87**, 740). Verfügt die StA über die erforderlichen technischen Voraussetzungen, so kann sie die Datenspeicherung auch selbst vornehmen.

7 Die **Auswertung der Daten** erfolgt durch Verarbeitung in einem automatischen Informationssystem oder auch mit herkömmlichen Mitteln (LR-Erb 39). In Betracht kommt insbesondere der Abgleich, dh die programmgesteuerte Durchführung von Suchläufen, mit anderen Dateien der Strafverfolgungsbehörden (KK-Schoreit 23; Rogall NStZ **86**, 389, 390; vgl § 98 c). Ein Datenabgleich mit anderen behördlichen oder privaten Dateien ist nur unter den Voraussetzungen der §§ 98 a, b zulässig; denn eine Ermächtigung zur Rasterfahndung enthält § 163 d I selbst nicht (vgl auch Rogall GA **85**, 1; NStZ **86**, 390). Begründen die ausgewerteten Daten einen Tatverdacht, so sind sie in die Ermittlungsvorgänge gegen den Beschuldigten aufzunehmen (unten 21).

8 B. **Voraussetzung der Maßnahmen** (I S 1) ist der Verdacht, dass ein noch nicht ermittelter Straftäter, von dem aber schon eine Beschreibung möglich ist, eine der in I S 1 bezeichneten Taten begangen hat.

9 Bestimmte Tatsachen (vgl 9 zu § 100 a; 22 zu § 112) müssen den **Verdacht** begründen, dass eine der in § 100 a II Nrn 6 bis 9 und 11 bezeichneten schwerwiegenden Straftaten nach dem BtMG, dem Grundstoffüberwachungsgesetz, dem KWKG oder dem WaffG oder (vgl § 111 I S 1) eine Straftat nach § 129 a (auch iVm § 129 b) StGB, eine der in dieser Vorschrift bezeichneten Straftaten, eine Straftat nach § 250 I Nr 1 StGB (aF, eine Anpassung an § 250 nF ist noch nicht erfolgt; vgl Mitsch ZStW **111**, 100) oder eine räuberische Erpressung unter Führung von Schusswaffen nach § 255 StGB (vgl 3 zu § 111) begangen worden ist. Teilnahme und Versuch genügen (LR-Erb 9; Rogall NStZ **86**, 388, 389; **aM** SK-Wolter 38), nicht aber die versuchte Beteiligung nach § 30 StGB, auch nicht eine Vorbereitungshandlung (Schnarr NStZ **90**, 260).

10 Ferner müssen die Maßnahmen in ihrer konkreten räumlichen und zeitlichen Gestaltung (unten 18) eine **Erfolgsaussicht** haben. Die Annahme muss gerecht-

fertigt sein, dass es gelingen könnte, durch Auswertung der gespeicherten Daten den Täter, auch den Teilnehmer (KK-Schoreit 8, 13; Rogall NStZ **86**, 389), zu ergreifen oder die Tat aufzuklären. Die Erfolgserwartung muss aber nicht schon auf Grund bestimmter Tatsachen bestehen (**aM** LR-Erb 16a). Es genügt eine gewisse Wahrscheinlichkeit, die sich auch auf Erfahrungswissen, insbesondere auf die kriminalistische Erfahrung, stützen kann (KMR-Plöd 6; erg 5 zu § 111).

Schließlich muss der **Verhältnismäßigkeitsgrundsatz** gewahrt sein. Abzuwä- **11** gen sind die Schwere der Tat und das Ausmaß der Belastung der Betroffenen durch die Maßnahme (Kühl NJW **87**, 742; Rogall NStZ **86**, 389), auch der Grad der Erfolgsaussicht und die Notwendigkeit der Netzfahndung (LR-Erb 19). Eine Subsidiaritätsklausel (wie § 100a I Nr 3) enthält § 163d nicht. Wenn die Maßnahmen erforderlich und nicht unverhältnismäßig sind, können sie angeordnet werden, auch wenn Ermittlungen auf andere Weise weder ausgeschlossen noch wesentlich erschwert sind (LR-Erb 8; Rogall aaO).

C. Auch bei **automatischer Ablesung** (I S 2) von Pässen und Personalauswei- **12** sen an den Kontrollstellen ist I anwendbar. Die Vorschrift enthält eine (überflüssige) Klarstellung, dass § 163d eine gesetzliche Ausnahme von dem grundsätzlichen Verbot der § 3a II PersAuswG, § 17 II PassG ist, wonach personenbezogene Daten, soweit gesetzlich nichts anderes bestimmt ist, beim automatischen Lesen des Passes oder Personalausweises nicht in Dateien gespeichert werden dürfen (vgl dazu auch VG Aachen DuD **09**, 192, 193).

D. **Zweckbestimmung der Datenverarbeitung** (I S 3): Die gespeicherten **13** Daten dürfen nur anderen Strafverfolgungsbehörden (StA einschließlich GBA, Polizei, auch Strafgerichte, vgl LR-Erb 37 mwN) übermittelt werden. Ein Datentransfer an andere Behörden, auch und insbesondere an die Nachrichtendienste, ist ausgeschlossen (Rogall NStZ **86**, 390; **aM** SK-Weßlau 32 zu § 477). Weitere Beschränkungen ergeben sich daraus, dass die gespeicherten Daten außer für das anhängige Strafverfahren nur für die Strafverfolgung auf Grund von Zufallsfunden benutzt werden dürfen (vgl § 477 II S 2). Auch ein beliebiger Datentransfer an andere Strafverfolgungsbehörden ist daher nicht statthaft (LR-Erb 38).

3) Zuständig (II) für die Anordnung der Maßnahme ist, wie nach § 111 II **14** (dort 15), grundsätzlich der Ermittlungsrichter (§§ 162, 169); er wird nur auf Antrag der StA tätig. Bei Gefahr im Verzug können die StA und, wenn kein StA erreichbar ist (LR-Erb 44), ihre Ermittlungspersonen (§ 152 GVG) die Anordnung treffen. Gefahr im Verzug liegt vor, wenn die richterliche Anordnung nicht eingeholt werden kann, ohne dass der mit der Datenspeicherung und -verarbeitung verfolgte Zweck gefährdet wird (vgl auch 6 zu § 98). Das wird insbesondere der Fall sein, wenn die Polizei unmittelbar nach kriminellen Anschlägen wegen Gefahr im Verzug Kontrollstellen nach § 111 errichtet hat, die unverzüglich durch die Netzfahndung nach § 163d ergänzt werden sollen.

Wird die Anordnung von der StA oder deren Ermittlungspersonen getroffen, so **15** muss die StA unverzüglich, dh ohne vermeidbare Verzögerung (8 zu § 25), die **richterliche Bestätigung** der Anordnung beantragen (II S 2). Bestätigt sie der Richter nicht binnen 3 Werktagen (dazu 7 zu § 100), so tritt sie ohne weiteres außer Kraft (II S 3 iVm § 100b I S 3), und zwar mit der Folge, dass die Maßnahmen unverzüglich zu beenden und die bis dahin gespeicherten Daten zu löschen oder zu vernichten sind. Hebt die StA die Anordnung vor Ablauf der 3-Tagesfrist auf oder sind nach deren Ablauf keine Daten mehr vorhanden, so entfällt die richterliche Kontrolle (KK-Schoreit 30; LR-Erb 48; Rogall aaO; **aM** SK-Wolter 59).

4) Die **Anordnung der Maßnahme** (III) muss schriftlich ergehen (III S 1); die **16** fernschriftliche Anordnung und die Anordnung per Telefax stehen gleich, nicht aber die telefonische (KK-Schoreit 32; **aM** Kühl NJW **87**, 743; Rogall NStZ **86**, 390).

17 **Inhaltlich** muss die Anordnung das Verfahren, in dem sie ergeht, und den Verfahrensgegenstand (HK-GS/Pflieger 5), ferner die Verdachtsmerkmale bezeichnen (III S 2). Der Personenkreis, der von der Maßnahme erfasst werden soll, muss nach bestimmten Merkmalen oder Eigenschaften so genau beschrieben werden, wie das nach den zZ der Anordnung vorhandenen Kenntnissen über den oder die Tatverdächtigen möglich ist (Kühl NJW **87**, 742; vgl aber auch LR-Erb 29, der entgegen der hM auch eindeutig nicht verdächtige Kontaktpersonen einbeziehen will). Werden neue Merkmale oder Eigenschaften bekannt, so ist ihre Beschreibung nachzuliefern (KK-Schoreit 34; Rogall aaO). Wenn eine hinreichend konkrete Beschreibung nicht möglich ist, muss die Anordnung unterbleiben (LR-Erb 28).

18 In der Anordnung müssen auch **Art und Dauer** (III S 3) der Maßnahmen festgelegt werden, ferner ihr Umfang und ihre räumliche Erstreckung. Es muss insbesondere bestimmt werden, bei welchen Kontroll- oder Grenzübergangsstellen die Daten zu erheben sind und welche Stelle sie zu speichern und auszuwerten hat (KK-Schoreit 34; zw LR-Erb 52).

19 Grundsätzlich müssen die Maßnahmen auf **höchstens 3 Monate** befristet werden (III S 4); eine einmalige Verlängerung um höchstens 3 Monate ist zulässig (III S 5), darüber hinaus auch dann nicht, wenn die 1. Anordnung auf weniger als 3 Monate befristet war (KK-Schoreit 36). Die zeitlichen Beschränkungen beziehen sich aber nur auf die Einspeicherung neuer Daten. Die bisher gespeicherten Daten dürfen in der Datei belassen und auch noch später ausgewertet und übermittelt werden, solange nicht nach IV S 2 ihre Löschung erforderlich ist.

20 **5) Beendigung; Löschung** (IV S 1–3): Fallen die Anordnungsvoraussetzungen nach I S 1 weg, ist die Frist des III S 4, 5 abgelaufen oder ist der mit der Anordnung verfolgte Zweck erreicht, so müssen die Maßnahmen unverzüglich, dh ohne vermeidbare Verzögerung (8 zu § 25), beendet werden (IV S 1). Einspeicherung, Auswertung und Übermittlung der Daten sind einzustellen.

21 Die **Löschung der Daten** ist aber erst erforderlich, wenn die durch die Maßnahmen erlangten Daten für das Strafverfahren nicht oder nicht mehr benötigt werden (IV S 2 Hs 1). Das ist insbesondere der Fall, wenn die Auswertung ergibt, dass tatverdächtige Personen nicht entdeckt worden sind (Rogall NStZ **86**, 391). Entsteht oder verstärkt sich der Tatverdacht gegen eine oder mehrere bestimmte Personen, so werden die Daten aus der Datei in die Ermittlungsakten übernommen (oben 7); auch dann sind sie, ggf die ganze Datei, zu löschen (Schnarr ZRP **90**, 296). Auf die in die Akten aufgenommenen Erkenntnisse bezieht sich das Löschungsgebot nicht (Hilger NStZ **97**, 372). Insgesamt darf die Speicherung die Laufzeit der Maßnahmen nicht um mehr als 3 Monate überschreiten (IV S 2 Hs 2); sie darf also niemals länger als 9 Monate aufrechterhalten werden.

22 Über die Löschung ist die **StA zu unterrichten** (IV S 3), wenn sie nicht selbst die Datei errichtet hat. IdR wird sie sich von der Polizei ein Löschungsprotokoll vorlegen lassen und es zu den Akten nehmen (Rogall NStZ **86**, 391).

23 **6)** Hinsichtlich der **Verwendung der Daten** gelten die Verwendungsregelungen in § 161 II und § 477 II und III (vgl dort).

24 **Zufallsfunde,** dh bei der Datenauswertung durch die speichernde Stelle gewonnene Erkenntnisse, die sich auf andere als die in dem anhängigen Verfahren verfolgten Straftaten beziehen, sind zu Beweiszwecken nur unter den einschränkenden Voraussetzungen des § 477 II S 2 (dort 5 ff) verwertbar, anders jedoch als Spurenansatz, insbesondere zur Ermittlung einer Person, die zum Zweck der Strafverfolgung oder -vollstreckung zur Fahndung oder Aufenthaltsfeststellung ausgeschrieben ist. Allerdings ist bei der Datenverarbeitung mit EDV-Anlagen mit echten Zufallsergebnissen idR nicht zu rechnen (vgl LR-Erb 72).

25 **7)** Die **Benachrichtigungspflicht** hinsichtlich der Maßnahmen nach I S 1 richtet sich nach § 101 I, IV Nr 10; danach sind nur die Personen, gegen die nach Auswertung der Daten weitere Ermittlungen geführt wurden, zu benachrichtigen.

Die Betroffenen, gegen die ein Tatverdacht nicht entstanden oder erhärtet worden ist, brauchen nicht benachrichtigt zu werden. Vgl. im Einzelnen 4 ff zu § 101.

8) Anfechtung: Für die Betroffenen, gegen die nach Auswertung der Daten weitere Ermittlungen geführt wurden (vgl 7 zu § 101), steht als *lex specialis* der (befristete) Rechtsbehelf nach § 101 VII S 2–4 iVm IV S 1 Nr 10 gegen die richterliche oder nicht-richterliche Anordnung sowie die Art und Weise ihres Vollzugs zur Verfügung (25 ff zu § 101). Für danach nicht Antragsberechtigte gilt: Beschwerde (§ 304 I) ist gegen die richterliche Anordnung (auch des Ermittlungsrichters des BGH oder OLG, § 304 V aE) statthaft; ist die Maßnahme bereits erledigt, kommt dabei die Feststellung der Rechtswidrigkeit in Betracht (vgl 17 ff vor § 296). Die Rechtswidrigkeit von Anordnungen der StA und ihrer Ermittlungspersonen ist nach hM – verfassungsrechtlich unbedenklich (BVerfG MDR **90**, 980) – entspr § 98 II S 2 geltend zu machen (BGHR Datenspeicherung 1; LR-Erb 84; Kühl NJW **87**, 743; Rogall NStZ **86**, 392; erg 23 zu § 98). 26

Polizeiliche Beobachtung

163e **I [1] Die Ausschreibung zur Beobachtung anlässlich von polizeilichen Kontrollen, die die Feststellung der Personalien zulassen, kann angeordnet werden, wenn zureichende tatsächliche Anhaltspunkte dafür vorliegen, dass eine Straftat von erheblicher Bedeutung begangen wurde. [2] Die Anordnung darf sich nur gegen den Beschuldigten richten und nur dann getroffen werden, wenn die Erforschung des Sachverhalts oder die Ermittlung des Aufenthaltsortes des Täters auf andere Weise erheblich weniger Erfolg versprechend oder wesentlich erschwert wäre. [3] Gegen andere Personen ist die Maßnahme zulässig, wenn auf Grund bestimmter Tatsachen anzunehmen ist, dass sie mit dem Täter in Verbindung stehen oder eine solche Verbindung hergestellt wird, dass die Maßnahme zur Erforschung des Sachverhalts oder zur Ermittlung des Aufenthaltsortes des Täters führen wird und dies auf andere Weise erheblich weniger Erfolg versprechend oder wesentlich erschwert wäre.**

II Das Kennzeichen eines Kraftfahrzeuges, die Identifizierungsnummer oder äußere Kennzeichnung eines Wasserfahrzeuges, Luftfahrzeuges oder eines Containers kann ausgeschrieben werden, wenn das Fahrzeug auf eine nach Absatz 1 ausgeschriebene Person zugelassen ist oder das Fahrzeug oder der Container von ihr oder einer bisher namentlich nicht bekannten Person genutzt wird, die einer Straftat von erheblicher Bedeutung verdächtig ist.

III Im Falle eines Antreffens können auch personenbezogene Daten eines Begleiters der ausgeschriebenen Person, des Führers eines nach Absatz 2 ausgeschriebenen Fahrzeuges oder des Nutzers eines nach Absatz 2 ausgeschriebenen Containers gemeldet werden.

IV [1] Die Ausschreibung zur polizeilichen Beobachtung darf nur durch das Gericht angeordnet werden. [2] Bei Gefahr im Verzug kann die Anordnung auch durch die Staatsanwaltschaft getroffen werden. [3] Hat die Staatsanwaltschaft die Anordnung getroffen, so beantragt sie unverzüglich die gerichtliche Bestätigung der Anordnung. [4] § 100 b Abs. 1 Satz 3 gilt entsprechend. [5] Die Anordnung ist auf höchstens ein Jahr zu befristen. [6] Eine Verlängerung um jeweils nicht mehr als drei Monate ist zulässig, soweit die Voraussetzungen der Anordnung fortbestehen.

1) Ausschreibung zur Beobachtung: Unter dem Begriff Polizeiliche Beobachtung wird die planmäßige, grundsätzlich heimliche Beobachtung einer Person (oder eines Objekts) zwecks Erstellung eines vollständigen Bewegungsbildes verstanden. Sie ist nicht mit der nicht geregelten, auf §§ 161 I, 163 I gestützten kurzfristigen oder der in § 163 f geregelten längerfristigen Observation einer Person 1 durch die Polizei zu verwechseln (Möhrenschlager wistra **92**, 328; Rieß NJ **92**, 497) und auch von der Herstellung von Bildaufnahmen nach § 100h I S 1 Nr 1 zu unterscheiden. Die Polizeiliche Beobachtung ist seit langem üblich; sie wurde aber vielfach als Eingriff in die durch Art 2 I GG garantierte Freiheit des Beobachteten bezeichnet; mit Rücksicht auf das vom BVerfG betonte Recht auf informationelle Selbstbestimmung (BVerfGE **65**, 1 = NJW **84**, 411; erg 2 vor § 12 EGGVG) wurde die Schaffung einer ausdrücklichen gesetzlichen Ermächtigungsgrundlage gefordert (vgl LR-Erb 1; zusammenfassend zur Problematik Bottke Meyer-GedSchr 37 ff). Das OrgKG hat mit § 163e eine entspr Eingriffsnorm geschaffen (vgl eingehend Krahl NStZ **98**, 339), die die Polizeiliche Beobachtung aber nicht schlechthin und uneingeschränkt zulässt, sondern sie an strenge Voraussetzungen knüpft und Beschränkungen unterwirft. Soweit Polizeiliche Beobachtungen auf polizeirechtlicher Grundlage durchgeführt werden (zB § 31 BPolG), dürfen dabei gewonnene Erkenntnisse nach Maßgabe des § 161 II (dort 18b ff) auch im Strafverfahren verwendet werden.

2 **2) Ziel** der Polizeilichen Beobachtung ist die von der betroffenen Person unbemerkte, unauffällige Ermittlung und Sammlung von Erkenntnissen, um sich ein „Bewegungsbild" von ihr zu verschaffen (Hilger NStZ **92**, 525). Darüber hinaus dient die Beobachtung dazu, Zusammenhänge und Querverbindungen zwischen dieser und anderen Personen zu erfassen (Hilgendorf-Schmidt wistra **89**, 210), um damit kriminelle Strukturen aufspüren und insbesondere die organisierte Kriminalität bekämpfen zu können. Ihre Praktikabilität für die Strafverfolgung ist allerdings zu bezweifeln (Krahl NStZ **98**, 341); die Vorschrift unterliegt auch sonst vielfältiger Kritik (vgl LR-Erb 5).

3 **3) Anordnung gegen einen Beschuldigten**

4 A. **Anlässlich von polizeilichen Kontrollen,** die die Feststellung der Personalien zulassen, kann die Ausschreibung zur Beobachtung angeordnet werden. Die Kontrollstellen werden nicht für die Polizeiliche Beobachtung errichtet, sondern bereits bestehende Kontrollstellen werden hierfür genutzt (Hilger NStZ **92**, 525 Fn 167). In Betracht kommen Kontrollstellen nach §§ 111, 163b, ferner solche nach den Polizeigesetzen der Länder und Grenzkontrollstellen. Zur Feststellung der Personalien gehören auch Erkenntnisse über sonstige Umstände wie Begleiter, Reiseweg, Transportmittel und mitgeführte Gegenstände (Hilger aaO). Alle diese Daten dürfen erfasst, der ausschreibenden Behörde gemeldet, von dieser ausgewertet, gespeichert und ggf an zur Erfassung solcher Daten errichtete Zentralbehörden weitergemeldet werden.

5 B. Es muss um eine **Straftat von erheblicher Bedeutung** gehen. Der Begriff deckt sich insoweit mit dem in §§ 98a I, 110a I verwendeten, allerdings ist er hier nicht durch einen Straftatenkatalog oder in sonstiger Weise eingeschränkt, so dass grundsätzlich wegen jeden Straftatbestandes, der diese Voraussetzung erfüllt (vgl dazu 5 zu § 98a), die Polizeiliche Beobachtung angeordnet werden darf. Einschränkungen ergeben sich nur aus der Notwendigkeit des Vorhandenseins eine polizeilichen Kontrollstelle (oben 4) sowie aus der Subsidiaritätsklausel (unten 7).

6 C. **Zureichende tatsächliche Anhaltspunkte** müssen für die bedeutsame Straftat bestehen. Das bedeutet, dass zumindest ein Anfangsverdacht (vgl auch II: Straftat … verdächtig) bestehen muss (Krahl NStZ **98**, 340); hinreichender oder dringender Tatverdacht ist nicht erforderlich, in diesem Verfahrensstadium auch kaum gegeben. Das Verfahren muss sich aber gegen einen bestimmten Beschuldigten richten.

7 D. Eine **Subsidiaritätsklausel** wie in § 98a I S 2 (Rasterfahndung) ist auch hier vorgesehen (I S 2 2. Hs). Zu den Merkmalen „erheblich weniger Erfolg versprechend" (Erfolgsprognose) und „wesentlich erschwert" (Verfahrensverzögerung) vgl 3 zu § 98a.

4) Anordnung gegen andere Personen: Auch hier müssen zureichende tat- 8
sächliche Anhaltspunkte dafür bestehen, dass durch eine bereits bekannte (so auch HK-Zöller 7; **aM** LR-Erb 22), als Täter verdächtigte Person eine Straftat von erheblicher Bedeutung begangen worden ist. Zusätzliche Voraussetzungen sind jedoch, dass auf Grund bestimmter Tatsachen (22 zu § 112) anzunehmen ist, die zu beobachtende Person (Kontaktperson) habe bereits eine Verbindung zum Täter oder wolle diese herstellen. Die Polizeiliche Beobachtung ist nur zur Erforschung des Sachverhalts oder zwecks Ermittlung des Aufenthaltsortes des Täters zulässig. Auch hier gilt die Subsidiaritätsklausel (oben 7).

5) Die **Ausschreibung eines Kfz-Kennzeichens,** das auf den Beschuldigten 9
(oben 3 ff) oder eine Kontaktperson (oben 8) zugelassen ist oder von diesen genutzt wird, regelt II. Entspr Möglichkeiten der Ausschreibung bestehen für Wasser- und Luftfahrzeuge sowie Container. Aber nicht nur Fahrzeuge oder Container einer nach I ausgeschriebenen Person, sondern darüber hinaus auch derartige Gegenstände einer namentlich bisher nicht bekannten Person, die einer Straftat von erheblicher Bedeutung (oben 5) verdächtig ist, dürfen danach ausgeschrieben werden; eine solche Ausschreibung kommt in Betracht, wenn außer dem Kfz-Kennzeichen, der Identifizierungsnummer oder der äußeren Kennzeichnung kein Ansatz für Ermittlungen gegeben ist (vgl Hilger NStZ **92**, 525 Fn 172). Andere Gegenstände als Fahrzeuge oder Container können, wenn sie keinen Personenbezug aufweisen, nach §§ 161 I S 1, 163 I S 2 ausgeschrieben werden (BT-Drucks 16/10816 S 9).

6) Weitere Personen: Auch der Begleiter einer nach I ausgeschriebenen Per- 10
son oder der Führer eines nach II ausgeschriebenen Fahrzeuges (Nutzer eines Containers) dürfen im Fall des Antreffens an der Kontrollstelle erfasst und der ausschreibenden Strafverfolgungsbehörde gemeldet werden. Damit wird die polizeiliche Erfassung in nicht unbedenklicher Weise (SK-Wolter 12; Krahl NStZ **98**, 341; Strate StV **89**, 410) auf Personen ausgedehnt, die möglicherweise in keinerlei Zusammenhang mit der angenommenen Straftat stehen.

Schließlich kann auch gegen einen unter **Führungsaufsicht** stehenden Verur- 11
teilten die Ausschreibung zur Polizeilichen Beobachtung nach § 463 a II angeordnet werden.

7) Verfahren: 12

A. **Zuständigkeit:** Grundsätzlich trifft der Ermittlungsrichter (§§ 162, 169) die 13
Anordnung. Lediglich bei Gefahr im Verzug (6 zu § 98) besteht eine Kompetenz der StA. Ermittlungspersonen der StA (§ 152 GVG) dürfen die Polizeiliche Beobachtung nicht anordnen; eine solche Zuständigkeitserweiterung hielt der Gesetzgeber nicht für erforderlich (BT-Drucks 12/2720 S 48; vgl aber zur unmittelbaren Aktenvorlage 26 zu § 163 [gegen ein „Übergehen" der StA KK-Schoreit 22, wie hier LR-Erb 38]). Die Anordnung der StA muss – wie in anderen Fällen der Eilkompetenz auch (vgl §§ 98 b I S 2, 100 b I S 3) – unverzüglich (8 zu § 25) richterlich bestätigt werden; sie tritt außer Kraft, wenn die Bestätigung nicht binnen 3 Werktagen erfolgt (IV S 1 iVm § 100 b I S 3; zur Fristberechnung vgl 1 zu § 100 b). Zwischenzeitlich erlangte Erkenntnisse dürfen grundsätzlich verwertet werden (Rieß NJ **92**, 497; vgl auch 11 zu § 98 b).

B. **Anordnung:** Der Richter oder StA wird sie idR (**aM** LR-Erb 42: stets) 14
schriftlich erteilen (vgl § 98 b I S 4), notfalls darf sie aber auch mündlich ergehen. In der Anordnung ist die auszuschreibende Person (I) so genau wie möglich zu bezeichnen (Hilger NStZ **92**, 525 Fn 173) bzw das Kfz-Kennzeichen, die Identifizierungsnummer oder äußere Kennzeichnung anzugeben. Es kann auch festgelegt werden, dass die Beobachtung nur an bestimmten Kontrollstellen oder nur zu bestimmten Zeiten stattfinden soll. Die richterliche Bestätigung bedarf der Schriftform.

15 C. **Geltungsdauer:** Unter kriminalistischen Gesichtspunkten erscheint eine zu kurze Beobachtungsphase idR wenig Erfolg versprechend (Hilgendorf-Schmidt wistra **89**, 210); eine zu lange andauernde Beobachtung kann unverhältnismäßig sein. IV S 5 schreibt daher eine Befristung der Anordnung auf höchstens 1 Jahr vor. Mehrmalige Verlängerung bei Fortbestehen der Anordnungsvoraussetzungen um jeweils nicht mehr als 3 weitere Monate ist zulässig (IV S 6; LR-Erb 40; SK-Wolter 27). Wird die Anordnung nicht verlängert, tritt sie ohne weiteres außer Kraft.

16 **8)** Eine **Benachrichtigung** der Zielperson der Maßnahme und der Personen, deren personenbezogene Daten gemeldet worden sind, sieht § 101 I, IV S 1 Nr 11 grundsätzlich vor (näher dort 4 ff). Kennzeichnungs- und Löschungspflichten ergeben sich aus § 101 III (dort 3) und VIII (dort 27).

17 **9) Anfechtung:** Es gelten die Ausführungen in 26 zu § 163 d hinsichtlich des Antrags der Zielperson sowie der Person, deren personenbezogene Daten gemeldet worden sind (§ 101 VII S 2 iVm IV S 1 Nr 11 als *lex specialis;* vgl 14, 25 ff zu § 101), und der allgemeinen Rechtsbehelfe entspr.

Längerfristige Observation

163f **I [1]Liegen zureichende tatsächliche Anhaltspunkte dafür vor, dass eine Straftat von erheblicher Bedeutung begangen worden ist, so darf eine planmäßig angelegte Beobachtung des Beschuldigten angeordnet werden, die**

1. durchgehend länger als 24 Stunden dauern oder
2. an mehr als zwei Tagen stattfinden

soll (längerfristige Observation). [2]Die Maßnahme darf nur angeordnet werden, wenn die Erforschung des Sachverhalts oder die Ermittlung des Aufenthaltsortes des Täters auf andere Weise erheblich weniger Erfolg versprechend oder wesentlich erschwert wäre. [3]Gegen andere Personen ist die Maßnahme zulässig, wenn auf Grund bestimmter Tatsachen anzunehmen ist, dass sie mit dem Täter in Verbindung stehen oder eine solche Verbindung hergestellt wird, dass die Maßnahme zur Erforschung des Sachverhalts oder zur Ermittlung des Aufenthaltsortes des Täters führen wird und dies auf andere Weise erheblich weniger Erfolg versprechend oder wesentlich erschwert wäre.

II Die Maßnahme darf auch durchgeführt werden, wenn Dritte unvermeidbar betroffen werden.

III [1]Die Maßnahme darf nur durch das Gericht, bei Gefahr im Verzug auch durch die Staatsanwaltschaft und ihre Ermittlungspersonen (§ 152 des Gerichtsverfassungsgesetzes) angeordnet werden. [2]Die Anordnung der Staatsanwaltschaft oder ihrer Ermittlungspersonen tritt außer Kraft, wenn sie nicht binnen drei Werktagen von dem Gericht bestätigt wird. [3]§ 100 b Abs. 1 Satz 4 und 5, Abs. 2 Satz 1 gilt entsprechend.

1 **1)** Die **längerfristige Observation** wird in I S 1 als eine über einen durchgehend länger als 24 Stunden dauernden Zeitraum oder eine zwar unterbrochene, aber an mehr als 2 Tagen (unabhängig von der jeweiligen Dauer) stattfindende planmäßige Beobachtung des Beschuldigten definiert. Für diese Maßnahme stellt § 163 f eine ins Einzelne gehende – den für den präventiv-polizeilichen Bereich in §§ 20 g II Nr 1, 23 II Nr 1 BKAG, § 28 II Nr 1 BPolG getroffenen Bestimmungen entspr – Regelung auf und unterscheidet damit die längerfristige zutr von der kurzfristigen Observation, die als weniger schwerwiegende Ermittlungsart nach §§ 161 I, 163 I ohne weitere Einschränkungen von StA und Polizei vorgenommen werden kann (vgl 1 zu § 161, 1 zu § 163; BVerfG StraFo **09**, 453; Hefendehl StV **01**, 704). Mit dieser gesetzlichen Regelung hat das StVÄG 1999 eine seit langem erhobene Forderung erfüllt und damit die bisherige Rspr sanktioniert (vgl BGH **44**, 13 = NStZ **98**,

629 mit Anm Amelung und Asbrock = JZ **98**, 794 mit Anm Rogall; vgl auch Hefendehl StV **00**, 275; BGH NStZ **92**, 44 mit Anm Rogall und Anm Schön NStZ **92**, 504 sowie Anm Gusy StV **91**, 499; Düsseldorf NStZ **98**, 268 = JR **99**, 255 mit Anm Theisen).

Eine längerfristige Observation **liegt nicht nur dann vor,** wenn diese von vornherein auf eine Überschreitung der in I S 1 Nr 1 und 2 genannten Fristen gerichtet ist, sondern auch, wenn sich während einer zunächst kurzfristig angelegten Beobachtung herausstellt, dass die Fristen überschritten werden müssen (vgl BVerfG StraFo **09**, 453: keine Rückwirkung auf den Zeitpunkt der ersten Beobachtung). Sobald sich die Notwendigkeit der Fristüberschreitung ergibt, ist die richterliche Anordnung nach III einzuholen. § 163f gilt aber nicht, wenn sich im Laufe eines Ermittlungsverfahrens in nicht vorhersehbarer Weise mehrfach die Notwendigkeit einer vorübergehenden und kurzfristigen Observation ergibt, auch nicht für eine erneute kurzfristige Beobachtung nach Zielerreichung der zuvor angeordneten längerfristigen Observation (Zäsur; vgl zum Ganzen BVerfG 2 BvR 1691/07 vom 2. 7. 2009; Hamburg StV **07**, 628). 1a

Soweit die längerfristige Observation **mit anderen schwerwiegenden Eingriffen verbunden** ist, zB mit dem Einsatz technischer Mittel nach § 100h I S 1, müssen zusätzlich die dafür erforderlichen Voraussetzungen gegeben sein (vgl Hamm NStZ **09**, 347; Demko NStZ **04**, 62); dabei ist aber besonders der Verhältnismäßigkeitsgrundsatz zu beachten (BGH **46**, 266; Steinmetz NStZ **01**, 344; krit zur „Totalüberwachung" Bernsmann StV **01**, 385; Deckers StraFo **02**, 117; Gercke Mehle-FS 219; vgl auch BVerfGE **112**, 304 = NJW **05**, 1338; 2 zu § 100c; anders Puschke, Die kumulative Anordnung von Informationsbeschaffungsmaßnahmen im Rahmen der Strafverfolgung, 2006 [zugl Diss Berlin 2005] S 79ff: Kumulation „qualifizierter" Maßnahmen als andersartiger, einer gesonderten Ermächtigungsgrundlage erfordernder Eingriff). 2

2) Voraussetzungen: 3

A. Nur bei **Straftaten erheblicher Bedeutung** ist die Maßnahme zulässig. Auf einen einschränkenden Deliktskatalog wie in §§ 98a I, 100a II, 100c II oder § 110a I hat der Gesetzgeber verzichtet. Diese Straftatenkataloge bilden zwar Anhaltspunkte, die längerfristige Observation ist aber auch beim Verdacht dazu geringfügigerer Straftaten, insbesondere der Eigentums- und Vermögenskriminalität, zulässig, nicht jedoch im Bagatell- oder dem nur wenig darüber liegenden Bereich (erg 5 zu § 98a); dies ist erforderlich, weil die längerfristige Observation bei der Bekämpfung der schwerwiegenden Kriminalität von praktisch großer Bedeutung ist (Hilger NStZ **00**, 564). Die Maßnahme richtet sich gegen den Beschuldigten (I S 1, 2) oder gegen eine sog Kontaktperson (I S 3), das ist vor allem eine Person mit engen persönlichen Verbindungen zu einem namentlich noch nicht bekannten oder sich verborgen haltenden Täter (Sohné Kriminalistik **01**, 248). 4

B. Die üblichen **Subsidiaritätsklauseln** (I S 2, 3), die praktisch wenig wirksam sind (SK-Wolter 7; Meyer-Goßner ZRP **00**, 348), enthält die Vorschrift; sie sind § 163e I S 2, 3 nachgebildet (vgl dort 7 und 8). Dass andere Personen durch die längerfristige Observation idR betroffen werden, lässt sich nicht vermeiden und wird daher von II gestattet. Begleiter des Beschuldigten dürfen entspr § 163e III gemeldet werden (vgl KK-Schoreit 22; KMR-Plöd 6). 5

3) Anordnung (III): Die längerfristige Observation bedurfte früher nur der Anordnung durch die StA, bei Gefahr im Verzug genügte die Anordnung durch die Ermittlungsperson der StA. Durch Ges vom 21. 12. 2007 (BGBl I 3198) wurde die grundsätzliche Zuständigkeit des Gerichts (§ 162), in Auslieferungssachen des OLG (§§ 14 I, 77 I IRG; vgl Hamm NStZ **09**, 347), begründet; die Anordnung durch die StA oder – nachrangig – durch ihre Ermittlungspersonen reicht nunmehr nur noch bei Gefahr im Verzug aus (vgl 6 zu § 98). Damit wird ua der Tatsache Rechnung getragen, dass es bei längerfristiger Observation vielfach zu einer Kumulie- 6 rung von Ermittlungsmaßnahmen kommt (oben 2). Soweit die längerfristige Observation ohne eine gerichtliche Anordnung vorgenommen worden ist, muss sie binnen 3 Werktagen gerichtlich bestätigt werden (III S 2); die Frist läuft mit dem Erlass der Anordnung, nicht erst mit dem Beginn der Observation (vgl BGH **44**, 243, 246; erg 2 zu § 100b).

7 Die **Dauer der Observation** ist auf höchstens drei Monate befristet; sie kann aber bei Fortbestehen der Voraussetzungen unter Berücksichtigung der gewonnenen Ermittlungsergebnisse entspr § 100b I S 5 verlängert werden (III S 3).

8 Die Anordnung hat **schriftlich** zu ergehen (III S 3 iVm § 100b II S 1); sie ist gemäß § 34 zu begründen.

8a Eine **Benachrichtigung** der Zielperson der Maßnahme und der erheblich mitbetroffenen Personen sieht § 101 I, IV S 1 Nr 12 grundsätzlich vor (näher dort 4ff). Kennzeichnungs- und Löschungspflichten ergeben sich aus § 101 III (dort 3) und VIII (dort 27).

9 **4) Anfechtung:** Es gelten die Ausführungen in 26 zu § 163d hinsichtlich des Antrags der Zielperson sowie der erheblich mitbetroffenen Personen (§ 101 VII S 2 iVm IV S 1 Nr 12 als *lex specialis*; vgl 11, 25ff zu § 101) und der allgemeinen Rechtsbehelfe entspr.

10 **5) Revision:** Eine Observation ohne die erforderliche Anordnung oder über die zulässige Dauer hinaus (oben 6 und 7, nicht der Verstoß gegen die Schriftform, oben 8) führt zu einem Verwertungsverbot hinsichtlich der dabei gewonnenen Erkenntnisse (einschr – Einzelfallabwägung – Hamburg StV **07**, 628 [insoweit von BVerfG 2 BvR 1691/07 vom 2. 7. 2009 nicht beanstandet]; vgl auch LR-Erb 19; Steinmetz NStZ **01**, 348; zur Fristüberschreitung erg 15 zu § 100b); werden sie doch im Urteil verwertet, begründet das die Revision. Ob die Anordnung notwendig war und den Subsidiaritätsgrundsatz beachtet hat (oben 4 und 5), unterliegt nur eingeschränkter revisionsrechtlicher Kontrolle auf Willkür (HK-Zöller 14; LR-Erb 23; **aM** SK-Wolter 22; erg 35ff zu § 100a; 15 zu § 110b).

11 **6) Zufallserkenntnisse:** Etwaige hinsichtlich anderer Straftaten erlangte Zufallserkenntnisse sind zu Beweiszwecken nur unter den einschränkenden Voraussetzungen des § 477 II S 2 verwertbar. Die Verwertbarkeit für polizeiliche Zwecke ergibt sich aus §§ 477 II S 3, 481.

Festhalten von Störern

164 **Bei Amtshandlungen an Ort und Stelle ist der Beamte, der sie leitet, befugt, Personen, die seine amtliche Tätigkeit vorsätzlich stören oder sich den von ihm innerhalb seiner Zuständigkeit getroffenen Anordnungen widersetzen, festnehmen und bis zur Beendigung seiner Amtsverrichtungen, jedoch nicht über den nächstfolgenden Tag hinaus, festhalten zu lassen.**

1 **1)** Das **amtliche Selbsthilferecht** (gegen diese Bezeichnung SK-Wolter 1) gilt bei zulässigen Amtshandlungen strafprozessualer Art (Bay **62**, 316) in allen Verfahrensstadien (Einl 58; EbSchmidt NJW **69**, 394) für alle im Strafprozess amtlich Handelnden (insbesondere Polizei, StA, Gericht) gegen Störung, dh strafprozessual rechtswidriges Verhalten (vgl Baufeld GA **04**, 178; Geerds Maurach-FS 517). Es genügt, dass die Störung unmittelbar bevorsteht (LG Frankfurt aM NJW **08**, 2201, 2202). Die Festnahme und Festhaltung kommt zB in Betracht bei Einnahme eines Augenscheins außerhalb der Diensträume des Beamten, bei Durchsuchung einer Wohnung (dazu Eisenberg Rolinski-FS 173) oder eines Geschäftsraumes, bei Durchsuchung einer Person, falls diese Amtshandlung von einem Dritten gestört wird. Das Festnahme- und Festhalterecht darf nur ausgeübt werden, wenn die Störung nicht mit weniger einschneidenden Maßnahmen behoben werden kann (zu Platzverweis, „Stubenarrest", Telefonsperre vgl LG Frankfurt aaO; LR-Erb 8; SK-Wohlers 21ff zu § 106; Rengier NStZ **81**, 375; erg 13 zu § 105), und nur so lange,

bis die Störung beseitigt ist (Celle MDR **55**, 692; Einl 20, 21), längstens bis zum Ende des nächsten Tages (Art 104 II S 3 GG), selbst wenn die Festnahme richterlich angeordnet worden ist. Es richtet sich gegen Dritte (zB Neugierige), auch gegen Personen, die zu der Amtshandlung zugelassen sind (15, 16 zu § 163; LR-Erb 5, 5 a). Ein bestehendes Anwesenheitsrecht geht für die Dauer der Festnahme unter (KK-Griesbaum 7). Für Richter gilt außerdem (SK-Wohlers 19 zu § 106; **aM** Pfeiffer 5; SK-Wolter 3: nur; vgl auch HK-Zöller 2) § 180 GVG. Das nach den Polizeigesetzen bestehende Recht der Polizei zur Platzverweisung zwecks Abwehr einer Gefahr bleibt unberührt (Art 16 BayPAG; § 34 PolGNW; 1 zu § 6 EGStPO); zur Ingewahrsamnahme nach § 32 I Nr 2 HSOG LG Frankfurt aaO.

2) Abgrenzung zum unmittelbaren Zwang: Wenn eine Person einen Ein- 2
griff rechtlich zu dulden hat (zB der Inhaber der zu durchsuchenden Räume, § 106 I S 1) und seine Durchführung stört, wird die Maßnahme mit unmittelbarem Zwang bewirkt (SK-Wolter 16; Einl 45; 13 zu § 105). Wenn sich der Betroffene zwar dem Eingriff selbst nicht widersetzt, aber andere zugleich stattfindende Amtshandlungen stört, kann es aus diesem Grund geboten sein, ihn zunächst in entspr Entfernung nach § 164 festzuhalten.

3) Abgrenzung zu den Abwehrmitteln des Hausrechts: Wenn die weni- 3
ger einschneidenden Mittel des Hausrechts genügen, sind sie schon nach dem Verhältnismäßigkeitsgrundsatz (Einl 20, 21) anzuwenden, bevor von dem Festnahme- und Festhalterecht nach § 164 Gebrauch gemacht wird. Die Klausel „an Ort und Stelle" bedeutet nur, dass es sich um eine Störung handeln muss, die am Ort der Amtshandlung vorgenommen wird oder sich unmittelbar störend dort auswirkt (SK-Wolter 8). Ein vor oder bei der Amtshandlung eintreffender Drohbrief oder eine ähnliche mittelbare Einwirkung ist kein Fall des § 164. Die Klausel bedeutet auch nicht, dass überall, wo der Beamte oder sein Behördenleiter das Hausrecht ausüben kann, § 164 ausscheidet (EbSchmidt NJW **69**, 394; vgl auch Hamburg VRS **28**, 196; **30**, 440; **aM** Geerds Maurach-FS 517; Schulz/Händel/Soiné 7). Denn es gibt Fälle, in denen diese Mittel nicht ausreichen oder nicht alsbald und vor allem nicht genügend wirksam gemacht werden können, in denen daher die Störung der Amtshandlung im dienstlichen Areal nur mit Hilfe des § 164 verhindert werden kann. Dabei ist auch an den Fall zu denken, dass das Dienstgebäude mehrere Zugänge hat, die wegen des sonstigen Dienstbetriebs nicht verschlossen, aber auch nicht so bewacht werden können, dass der Störer ferngehalten werden kann. Auch wenn der Störer von der Straße aus die ordnungsgemäße Durchführung der Amtshandlung im dienstlichen Areal mit Hilfe eines Megaphons oder durch sonstigen Lärm oder durch Werfen von Gegenständen verhindert, kommt die Anwendung des § 164 in Betracht.

4) Die **Anordnung** der Festnahme trifft der die Amtshandlung leitende Beamte 4
oder Richter. Der Beamte braucht – ebenso wie im Fall des § 127 – nicht Ermittlungsperson der StA (§ 152 II GVG) zu sein (KK-Griesbaum 10).

5) Vollzogen wird die Anordnung in einer den Störer möglichst wenig belas- 5
tenden Weise, die auch für den Vollzugsbeamten zumutbar ist, zB durch Absonderung in einem Raum des durchsuchten Hauses oder durch bewachte Absonderung in einem Kraftwagen. Bei länger andauernder Amtshandlung kommt auch die vorübergehende Verbringung in einen Arrestraum in Betracht, falls dies erforderlich und angemessen erscheint (LR-Erb 14; **aM** SK-Wolter 18). Während einer Unterbrechung der Amtshandlung (zB während der Nacht) muss der Störer idR freigelassen werden. Bei Wiederbeginn muss geprüft werden, ob die Fortsetzung der Festnahme geboten ist.

6) Rechtsbehelf: Gegen die Ausübung des Selbsthilferechts durch die Polizei 6
oder StA sieht die StPO keinen Rechtsbehelf vor. Daher gelten §§ 23, 28 I S 4 **EGGVG** (Amelung NJW **79**, 1688; LR-Erb 19; **aM** Roxin/Schünemann § 29,

15: § 98 II S 2 entspr). Die Beschwerde (§ 304) gegen die richterliche Anwendung des § 164 ist mit dem Ende der Festhaltung prozessual überholt; zur Anfechtung in diesem Fall vgl 17 ff vor § 296.

Notstaatsanwalt

165 Bei Gefahr im Verzug kann der Richter die erforderlichen Untersuchungshandlungen auch ohne Antrag vornehmen, wenn ein Staatsanwalt nicht erreichbar ist.

1 **1)** Der **Richter** wird nach § 165 vorübergehend (§ 167) für die StA tätig, falls die StA nicht rasch genug erreichbar ist (unten 3) und Gefahr im Verzug besteht (6 zu § 98), dh durch den Verzug die Aufklärung der Sache oder die Sicherung eines Beweismittels (§ 94) oder eines Verfalls- oder Einziehungsgegenstandes (§ 111 b) gefährdet wird. Dies gilt selbst dann, wenn die StA schon Ermittlungen eingeleitet hat. Der Richter darf jedoch dann nicht als Not-StA tätig werden, wenn ihm bekannt ist, dass die StA nicht handeln will (KK-Griesbaum 1; LR-Erb 8; differenzierend SK-Wohlers 13).

2 **2) Zuständig ist** jedes AG, in dessen Bezirk die Amtshandlung nötig wird; nach außen kommt es dabei auf den Geschäftsverteilungsplan nicht an (§ 22 d GVG). Eine Zuständigkeit des LG besteht hier nicht (Köln StV **04**, 417).

3 **3) Unerreichbarkeit des StA:** Vgl 10 zu § 128. Nicht erreichbar ist der StA auch, wenn er aus anderen Gründen die Untersuchungshandlung nicht rechtzeitig beantragen oder selbst vornehmen kann. Das kann auch darauf beruhen, dass er telefonisch nicht hinreichend informiert werden kann, sei es wegen der Schwierigkeit des Sachverhalts, der nur durch Augenschein richtig beurteilt werden kann, sei es aus Geheimhaltungsgründen oder wegen gestörter Telefonverbindung (KK-Griesbaum 3; Krauth/Kurfess/Wulf JZ **68**, 736; einschr SK-Wohlers 11).

4 **4) Richterlicher Art** sind die Untersuchungshandlungen ebenso wie im Fall des § 162. § 165 begründet die Pflicht für den Richter, ohne Antrag nach § 162 tätig zu werden, was auch im Fall des § 163 II S 2 auf Anregung der Polizei geschieht (dort 26, auch zu Ausnahmen). Daher gelten die §§ 168, 168 a, 168 c, 168 d, auch § 22 Nr 4 (dort 12; so auch KMR-Plöd 9; SK-Wohlers 17; **aM** RG **68**, 375, 377; LR-Erb 12; vgl noch BGH **9**. 233, 234).

5 **5)** Hat eine **unzuständige Behörde** die Untersuchungshandlung veranlasst, ist diese rechtswidrig, aber nicht unwirksam (LG Freiburg StV **01**, 268; **aM** LG Frankfurt aM NJW **68**, 118). Beschwerdebefugt sind StA und Beschuldigter (LG Freiburg aaO).

Beweisanträge

166 I Wird der Beschuldigte von dem Richter vernommen und beantragt er bei dieser Vernehmung zu seiner Entlastung einzelne Beweiserhebungen, so hat der Richter diese, soweit er sie für erheblich erachtet, vorzunehmen, wenn der Verlust der Beweise zu besorgen ist oder die Beweiserhebung die Freilassung des Beschuldigten begründen kann.

II Der Richter kann, wenn die Beweiserhebung in einem anderen Amtsbezirk vorzunehmen ist, den Richter des letzteren um ihre Vornahme ersuchen.

1 **1)** Eine **Notbeweisaufnahme** zugunsten des Beschuldigten durch den Richter sieht die Vorschrift vor; einer weitgehenden Verlagerung der Beweiserhebung im Vorverfahren von der StA auf den Richter dient sie aber nicht, wie der Zusammenhang mit § 165 ergibt (im Ergebnis ebenso LG Zweibrücken VRS **113**, 236; LR-Erb 3 a; SK-Wohlers 6; **aM** Schlothauer StV **95**, 158, der dem Beschuldigten

hiernach einen Anspruch auf richterliche Vernehmung zwecks Beantragung von Beweiserhebungen geben will). Unerheblich ist es hingegen, aus welchem Anlass der Beschuldigte vernommen wird; Hauptfälle sind §§ 126 I, 162, 165. Selbstverständlich ist die Vorschrift nur im Ermittlungsverfahren anwendbar (Hamm StraFo **02**, 100 mit insoweit abl – unzutr – Anm Nobis; LR-Erb 2).

2) **Zuständig** ist jeder den Beschuldigten vernehmende Richter in den Fällen der §§ 115 II, III, 115 a II, 126 a II, 128 I, 162, 165, auch im Fall des § 118 a I, II (Köln NStZ-RR **09**, 123; LG Zweibrücken VRS **113**, 236; LR-Erb 3; Schlothauer StV **95**, 161; **aM** ANM 338), nicht jedoch in dem des § 122 II S 2 oder im Beschwerdeverfahren nach § 118 II (Erb aaO; **aM** SK-Wohlers 5). 2

3) **Beweiserhebung:** Erheblich ist hinsichtlich der Freilassung des Beschuldigten alles, was zur Aufhebung oder Außervollzugsetzung des Haftbefehls führen kann (Schlothauer StV **95**, 159), soweit es sich um einzelne Beweiserhebungen handelt, die für sich allein oder iV mit dem Akteninhalt hierzu geeignet sind (Köln NStZ-RR **09**, 123; erg oben 1); alternativ kommt es darauf an, ob ein Beweismittel verloren zu gehen droht (weitergehend LR-Erb 6, Schlothauer aaO 160: Gefahr erheblicher Beweisverschlechterung). Die Leitungsbefugnis der StA darf durch die beantragten Beweiserhebungen nicht beeinträchtigt werden (SK-Wohlers 12). 3

4) Die **Aufhebung des Haftbefehls** ist Sache des Richters, der ihn erlassen hat (§§ 115 a II S 4, 126 I; vgl 5 zu § 115 a). § 166 selbst gibt kein Freilassungsrecht (KK-Griesbaum 7; ANM 340), wohl aber § 120 III S 2 für die zuständige StA (§ 167). Bei vorläufiger Festnahme ermöglichen die §§ 128 II, 129 die Freilassung. 4

5) **Beschwerde** gegen die Ablehnung einer beantragten Beweiserhebung kommt nach hM schon wegen § 167 nicht in Betracht (so im Ergebnis auch LG Berlin StV **04**, 10 mit abl Anm Wohlers; Eisenberg BR 561; LR-Erb 13; **aM** SK-Wohlers 20; Schlothauer StV **95**, 164). Bei angeblich drohendem Beweismittelverlust kann die abgelehnte Beweiserhebung bei der StA erneut beantragt werden (§ 163 a II), gegen die Haftentscheidung sind die Rechtsbehelfe nach § 117 I, II gegeben (LG Zweibrücken VRS **113**, 236). 5

Weitere Verfügung

167 **In den Fällen der §§ 165 und 166 gebührt der Staatsanwaltschaft die weitere Verfügung.**

1) Der **Richter** hat in den Fällen der §§ 165, 166 nur als Vertreter der StA gehandelt (vgl Schnarr NStZ **91**, 211 mwN; Einl 60 ff). 1

Protokoll

168 **[1]Über jede richterliche Untersuchungshandlung ist ein Protokoll aufzunehmen. [2]Für die Protokollführung ist ein Urkundsbeamter der Geschäftsstelle zuzuziehen; hiervon kann der Richter absehen, wenn er die Zuziehung eines Protokollführers nicht für erforderlich hält. [3]In dringenden Fällen kann der Richter eine von ihm zu vereidigende Person als Protokollführer zuziehen.**

1) Der **Begriff der richterlichen Untersuchungshandlung** (S 1) ist hier identisch mit dem Begriff Verhandlung (§ 168 a I). Zu ihm gehören – anders als im Fall des § 162 (dort 4) – nicht auch Beschlüsse nach Aktenlage und Anordnungen, die ohne Verhandlung getroffen werden. Anders als bei den staatsanwaltschaftlichen Untersuchungshandlungen (§ 168 b) genügt es nicht, dass das Ergebnis aktenkundig gemacht wird. Würde sich der Richter hierauf beschränken, so würde das Ergebnis der Verhandlung zwar nicht von der Verwertung ausgeschlossen, der Vermerk könnte aber nur wie eine Aktennotiz eines anderen Ermittlungsorgans über 1

ein Untersuchungsergebnis gewertet werden (vgl BGH **27**, 339). Für das Protokoll über die Hauptverhandlung gelten die §§ 271–274.

2 **2)** Die **Zuziehung eines UrkB** (S 2 Hs 1; 3 zu § 153 GVG) ist die Regel. Er braucht nicht demselben Gericht anzugehören (BGH NJW **86**, 390, 391). Wenn er mitwirkt, muss er während der ganzen Verhandlung, soweit er sie zu protokollieren hat (unten 3), anwesend sein. Jedoch kann er während der Untersuchungshandlung mit einem anderen ausgetauscht werden. Das Protokoll muss in diesem Fall erkennen lassen, wieweit es von dem einen und wieweit es von dem anderen aufgenommen worden ist, zumal jeder seinen Teil unterschreiben muss (§ 168 a IV S 1).

3 **3) Ohne Protokollführer** (S 2 Hs 2) kann der Richter das Protokoll fertigen, wenn ihm die Mitwirkung eines Protokollführers nicht erforderlich erscheint. Die Aufteilung des Protokolls in einen Teil mit und einen Teil ohne Protokollführer ist nicht ausgeschlossen. Soweit er das Protokoll allein fertigt, ist der Richter allein verantwortlich. Insofern besteht nur die Einschränkung des § 168 a IV S 4 für den Übertragungsgehilfen. Über die Erforderlichkeit der Zuziehung eines Protokollführers entscheidet der Richter nach seinem Ermessen (LR-Erb 20). Seine Entscheidung kann grundsätzlich auch nicht Gegenstand einer Maßnahme der Dienstaufsicht sein (BGH DRiZ **78**, 281). Die JV ist verpflichtet, nicht nur die notwendige technische Ausstattung, sondern auch weiterhin eine genügende Anzahl von Protokollführern zur Verfügung zu halten (Kurth NJW **78**, 2484).

4 **4) Eine andere Person als ein UrkB** (S 3): Wenn der Richter die Zuziehung eines Protokollführers für erforderlich hält, ihm aber ein UrkB seines oder eines anderen Gerichts nicht zur Verfügung steht, kann er in einem dringenden Fall eine andere Person für diese Aufgabe zuziehen, zB einen Gerichtsbediensteten, der nicht generell UrkB ist, aber diese Funktion wahrnehmen kann (1, 3 zu § 153 GVG); oder mit Einverständnis des Dienstherrn eine Person, die bei der StA tätig oder sonst Angehöriger des öffentlichen Dienstes ist (zB bei der Polizei oder im Gemeindedienst). Es kann aber auch auf eine Privatperson zurückgegriffen werden, wenn sie geeignet erscheint und auf Vergütung verzichtet, es sei denn, dass die JV die Vergütungsfrage im speziellen Fall oder allgemein vorher geregelt hat. Das gilt nicht für die Hauptverhandlung (BGH NStZ **81**, 31).

5 A. **Dringend ist der Fall,** wenn die Untersuchungshandlung bei ordnungsgemäßer Erledigung keinen Aufschub verträgt und dem Richter ein UrkB seines oder eines anderen Gerichts nicht zur Verfügung steht.

6 B. **Zu vereidigen** ist die andere Person für die Wahrnehmung der Protokollführerfunktion, weil sie nicht in der besonderen Verpflichtung des UrkB steht (1 zu § 153 GVG). Bei einem UrkB der StA fehlt dieser Grund. Daher braucht er für die Aufnahme des Protokolls über die richterliche Untersuchungshandlung nicht besonders vereidigt zu werden (**aM** KK-Griesbaum 6). Wenn die Vereidigung erforderlich ist, wird sie nicht durch allgemeine oder andersartige Vereidigung ersetzt. Die fehlende Vereidigung steht der Verlesung des Protokolls, nicht jedoch der Vernehmung des Richters als Zeuge über den Inhalt der Aussage entgegen (Düsseldorf StV **95**, 9 L).

7 C. **In jedem Einzelfall** einer richterlichen Untersuchungshandlung muss die jeweils zugezogene andere Person vereidigt werden. Eine allgemeine Vereidigung als Protokollführer gibt es nicht, selbst dann nicht, wenn dem Richter (zB von einer polizeilichen Dienststelle) bei Bedarf häufig eine bestimmte Person als Protokollführer zur Verfügung gestellt wird. Die Vereidigung bezieht sich immer nur auf den einzelnen Fall der Heranziehung, den der Richter als dringend beurteilt. Sie kann auch nicht durch einen Hinweis auf eine frühere Vereidigung ersetzt werden (BGH **27**, 339 = JR **78**, 525 mit Anm Meyer-Goßner).

D. **Ausnahmsweise** können mehrere Verhandlungen zusammen einen einzigen dringenden Heranziehungsfall ausmachen, zB wenn mehrere Zeugen vorgeladen oder mehrere vorläufig Festgenommene vorgeführt sind, die trotz des Fehlens des UrkB alsbald zu vernehmen sind (vgl BGH aaO). 8

E. **Aus jedem Protokoll** muss die Vereidigung der anderen Person als wesentliche Förmlichkeit ersichtlich sein (§ 168a I). Wenn die mehreren Verhandlungen zusammen einen einzigen dringenden Heranziehungsfall bilden (oben 8) und der Protokollführer nur einen Eid geleistet hat, wird die Vereidigung in jedem der mehreren Protokolle als geschehen vermerkt, weil sie sich auf jede der Untersuchungshandlungen bezogen hat. 9

5) Art der Protokollierung: Im Allgemeinen diktiert der Richter das Protokoll, das außerhalb der Hauptverhandlung aufgenommen wird (krit dazu Schünemann Meyer-Goßner-FS 390). Dabei kann er zunächst zuwarten, bis er über den Inhalt der Erklärungen der Auskunftsperson oder über das Ergebnis des Augenscheins gewisse Klarheit gewonnen hat. In geeigneten Fällen kann er die Formulierung auch mehr oder weniger dem Protokollführer überlassen. Ebenso kann er die Auskunftsperson bitten, gewisse Teile ihrer Aussage zu diktieren. Er selbst muss dabei aber stets auf Klarheit in den Formulierungen hinwirken. 10

6) Die **Verlesung einer Niederschrift** über eine frühere richterliche Vernehmung in der Hauptverhandlung ist unter den Voraussetzungen des § 251 I, II nur zulässig, wenn sie die wesentlichen Förmlichkeiten erfüllt (BGHR § 274 Beweiskraft 17; 32 zu § 251). Bei zu Unrecht unterlassener Vereidigung der anderen Person als Protokollführer (S 3) ist eine wesentliche Förmlichkeit der Aufnahme des Protokolls nicht erfüllt. Daher scheidet die Verlesung nach § 251 II aus (dort 32). Daran ändert es nichts, dass der Richter von der Zuziehung eines Protokollführers überhaupt hätte absehen können (LR-Erb 25). Die Niederschrift darf aber unter den Voraussetzungen des § 251 I verlesen werden (SK-Wohlers 16). 11

Art der Protokollierung RiStBV 5 b

168a **I [1]Das Protokoll muss Ort und Tag der Verhandlung sowie die Namen der mitwirkenden und beteiligten Personen angeben und ersehen lassen, ob die wesentlichen Förmlichkeiten des Verfahrens beachtet sind. [2]§ 68 Abs. 2, 3 bleibt unberührt.**

II [1]Der Inhalt des Protokolls kann in einer gebräuchlichen Kurzschrift, mit einer Kurzschriftmaschine, mit einem Tonaufnahmegerät oder durch verständliche Abkürzungen vorläufig aufgezeichnet werden. [2]Das Protokoll ist in diesem Fall unverzüglich nach Beendigung der Verhandlung herzustellen. [3]Die vorläufigen Aufzeichnungen sind zu den Akten zu nehmen oder, wenn sie sich nicht dazu eignen, bei der Geschäftsstelle mit den Akten aufzubewahren. [4]Tonaufzeichnungen können gelöscht werden, wenn das Verfahren rechtskräftig abgeschlossen oder sonst beendet ist.

III [1]Das Protokoll ist den bei der Verhandlung beteiligten Personen, soweit es sie betrifft, zur Genehmigung vorzulesen oder zur Durchsicht vorzulegen. [2]Die Genehmigung ist zu vermerken. [3]Das Protokoll ist von den Beteiligten zu unterschreiben oder es ist darin anzugeben, weshalb die Unterschrift unterblieben ist. [4]Ist der Inhalt des Protokolls nur vorläufig aufgezeichnet worden, so genügt es, wenn die Aufzeichnungen vorgelesen oder abgespielt werden. [5]In dem Protokoll ist zu vermerken, dass dies geschehen und die Genehmigung erteilt ist oder welche Einwendungen erhoben worden sind. [6]Das Vorlesen oder die Vorlage zur Durchsicht oder das Abspielen kann unterbleiben, wenn die beteiligten Personen, soweit es sie betrifft, nach der Aufzeichnung darauf verzichten; in dem Protokoll ist zu vermerken, dass der Verzicht ausgesprochen worden ist.

IV [1]**Das Protokoll ist von dem Richter sowie dem Protokollführer zu unterschreiben.** [2]**Ist der Inhalt des Protokolls ohne Zuziehung eines Protokollführers ganz oder teilweise mit einem Tonaufnahmegerät vorläufig aufgezeichnet worden, so unterschreiben der Richter und derjenige, der das Protokoll hergestellt hat.** [3]**Letzterer versieht seine Unterschrift mit dem Zusatz, dass er die Richtigkeit der Übertragung bestätigt.** [4]**Der Nachweis der Unrichtigkeit der Übertragung ist zulässig.**

1 **1)** Die **Namen der mitwirkenden und beteiligten Personen** (I) müssen neben dem Ort und dem Tag der Untersuchungshandlung angegeben werden. Die Mitwirkenden sind außer dem Richter die Verfahrensbeteiligten, die ein Anwesenheits- und Mitwirkungsrecht haben (§ 168c; § 67 **JGG**), der Dolmetscher und der Protokollführer, wenn und soweit sie mitwirken. Zur Nennung der Namen gehört auch – wie im Protokoll über die Hauptverhandlung (§ 272 Nr 2) – die Angabe der prozessualen Funktion, in der die Anwesenden mitwirken. Das Gleiche gilt für die sonstigen beteiligten Personen, zB für die zu vernehmende Auskunftsperson oder für den zugezogenen Sachverständigen. Zu Einschränkungen aus Gründen des Zeugenschutzes (I S 2) vgl 10 ff zu § 68.

2 **2)** Die **wesentlichen Förmlichkeiten** (I) sind die Fakten und Vorgänge, die für die Gesetzmäßigkeit des Protokolls von Bedeutung sind (vgl 6 zu § 273). Sind für die Protokollierung mehrere Gestaltungsmöglichkeiten zulässig, so muss die angewendete ersichtlich sein, zB die Zuziehung eines Protokollführers oder deren Unterlassung. Wesentlich sind ferner die Förmlichkeiten, die für die Verhandlung vorgeschrieben sind, zB bei Vernehmungen die erforderlichen Hinweise und Belehrungen, die Aufteilung der Vernehmung in eine solche zur Person und eine solche zur Sache (§§ 68, 69) sowie die Frage der Vereidigung.

3 **3)** Der **sachliche Inhalt** des Protokolls ist in § 168a nicht näher bezeichnet. Er ergibt sich aus der Art der Untersuchungshandlung. Bei einer Vernehmung sind zB deren Ergebnisse festzuhalten (§§ 68, 69, 136), bei Augenschein dessen Ergebnis (§ 86). Anlagen können zum Bestandteil des Protokolls gemacht werden, zB vom Zeugen übergebene Schriftstücke oder das schriftliche Gutachten, das der Sachverständige mündlich vorträgt. Beobachtungen, die nicht Teil der Vernehmung sind, werden in geeigneter Weise (zB einem Zusatz) festgehalten (vgl Einl 62).

4 **4) Vorläufige Aufzeichnung** (II): Der Protokollführer oder, wenn ein solcher nicht zugezogen wird, der Richter selbst kann vorläufige Aufzeichnungen über den Inhalt des Protokolls (einschließlich der Angaben nach I) machen. Hiervon soll möglichst weitgehend Gebrauch gemacht werden (RiStBV 5 a). Die Entscheidung hierüber trifft der Richter. Die vorläufigen Aufzeichnungen sind noch nicht das Protokoll, bilden aber dessen verbindliche Grundlage. Der Zustimmung der zu vernehmenden Person bedarf es für die vorläufige Aufzeichnung nicht, auch nicht bei Verwendung eines Tonbands (BGH **34**, 39, 52; Kurth NJW **78**, 2484 Fn 40; vgl auch Koblenz NStZ **88**, 42; **aM** Kühne StV **91**, 103) oder bei Anfertigung einer Bild-Ton-Aufnahme nach §§ 58a, 168e S 4 (vgl 8 zu § 58a; ein vollständiges Protokoll ist auch in diesem Fall erforderlich, erg 9 zu § 58a; LR-Erb 18b).

5 **Unverzüglich** nach der Beendigung der Verhandlung ist das Protokoll herzustellen (II S 2), dh ohne vermeidbare Verzögerung (8 zu § 25). Die vorläufigen Aufzeichnungen bleiben aufbewahrt (II S 3), weil der Nachweis der Unrichtigkeit der Übertragung zulässig ist (IV S 4). Das gilt auch für Tonbänder. Diese können jedoch bereits nach Beendigung des Verfahrens gelöscht und neu verwendet werden. Für Videobänder verweist § 58a II S 2 auf § 101 VIII.

6 **5)** Die **Protokollgenehmigung durch die Beteiligten** (III S 1) ist anzustreben. Nach der Klausel „soweit es sie betrifft" ist die Genehmigung nur von den Personen einzuholen, die protokollierte Erklärungen abgegeben haben oder

Gegenstand des Augenscheins waren. Zugleich ergibt sich aus ihr, dass die Beteiligten das Protokoll nur jeweils in dem Teil zu genehmigen brauchen, der sie betrifft. Eine darüber hinausgehende Protokollgenehmigung ist aber unschädlich.

Die **Verfahrensbeteiligten** können auf die Formulierungen während der Verhandlung Einfluss nehmen. Ihre Genehmigung ist nicht vorgeschrieben. Der Richter und der Protokollführer müssen die Niederschrift unterschreiben und dadurch die Gewähr für die Richtigkeit übernehmen. 7

6) Das **Genehmigungsverfahren** besteht bei dem bereits fertigen Protokoll darin, dass es dem Betroffenen vorgelesen oder zur Durchsicht vorgelegt wird (III S 1). Dabei braucht es von den Urkundspersonen noch nicht unterschrieben zu sein (IV S 1), zumal noch auf Einwendungen oder ohne solche im Genehmigungsverfahren Änderungen vorgenommen werden können. Soweit erst vorläufige Aufzeichnungen bestehen, werden sie vorgelesen oder abgespielt. Werden sie genehmigt, steht dies noch rein stilistischen Änderungen bei der endgültigen Fassung des Protokolls nicht entgegen. Nur der Inhalt muss erhalten bleiben. Der Schutz vor unzutreffender Veränderung ist durch die Aufbewahrung der Unterlagen (oben 5) und die Zulässigkeit des Nachweises der Unrichtigkeit der Übertragung (IV S 4) gewährleistet. Die Erteilung der Genehmigung oder ihre Verweigerung ist im Protokoll zu vermerken (III S 2, 4). Auch wenn das Protokoll von dem Beschuldigten weder genehmigt noch unterschrieben worden ist, bleibt es ein richterliches Protokoll und damit gemäß § 254 verwertbar (BGH NStZ-RR **05**, 258 [B], bestätigt durch BVerfG NStZ **06**, 46). 8

7) Einwendungen des Betroffenen gegen die Formulierungen werden, soweit sie berechtigt sind, berücksichtigt und führen noch bei der Bekanntgabe des bisher für das Protokoll Vorgesehenen zu einer Fassungsänderung. Wenn sie der Betroffene wegen Nichtberücksichtigung oder trotz Fassungskorrektur nicht fallen lässt, werden sie im Protokoll vermerkt. Trotzdem wird der Betroffene gefragt, ob er im Hinblick auf die festgehaltenen Einwendungen das Protokoll genehmige (obwohl III S 5 nur von einem Entweder-Oder ausgeht). 9

8) Der **Verzicht** auf die Mitteilung des Inhalts des Protokolls oder der vorläufigen Aufzeichnungen ist zulässig. Dieser Verzicht und die Genehmigung des Protokolls müssen nicht zusammentreffen. Der Verzicht wirkt nur so weit wie das Betroffensein. Ein darüber hinausgehender genereller Verzicht ist unschädlich, befreit insoweit aber nicht von der Mitteilungspflicht. 10

9) Unterschriften (IV S 1–3): Bei Zuziehung eines Protokollführers genügt es für die Verantwortung des Richters und damit für seine Unterschrift, dass er das Protokoll auf seine inhaltliche Richtigkeit und Vollständigkeit im Gesamtzusammenhang überprüft hat (Kurth NJW **78**, 2484). Der Mangel einer erforderlichen Unterschrift kann später durch Nachholung geheilt werden (LR-Erb 44; Einl 159), zB um die Verlesbarkeit nach § 251 II zu sichern (vgl 11 zu § 168). 11

10) Beweiskraft des Protokolls (IV S 4): Ganz allgemein hat das Protokoll nicht die Beweiskraft des § 274 (BGH **26**, 281; **32**, 25, 30). Daher kann die Unrichtigkeit des Protokolls eingewendet und der Einwand im Freibeweisverfahren geprüft werden (BGHR § 274 Beweiskraft 17; 7, 9 zu § 244; 4 zu § 274). Ein Verfahrensbeteiligter kann sich auch auf die vorläufigen Aufzeichnungen über die Verhandlung berufen und behaupten, diese seien bei der Protokollfertigung nicht richtig übertragen worden. Wenn diese Behauptung durch den Vergleich bestätigt wird, ist das Protokoll, soweit die Widersprüche reichen, entkräftet. Insoweit wird es dann durch die vorläufigen Aufzeichnungen ersetzt (Stuttgart NStZ **86**, 41; vgl hierzu Rieß NStZ **87**, 444; **aM** SK-Wohlers 29: Genehmigung durch die Urkundspersonen erforderlich). 12

Niederschriften der StA **RiStBV 5 a**

168b **I Das Ergebnis staatsanwaltschaftlicher Untersuchungshandlungen ist aktenkundig zu machen.**

II Über die Vernehmung des Beschuldigten, der Zeugen und Sachverständigen soll ein Protokoll nach den §§ 168 und 168 a aufgenommen werden, soweit dies ohne erhebliche Verzögerung der Ermittlungen geschehen kann.

1 **1) Aktenkundig zu machen** (I): Der Obersatz in I trägt dem Prinzip Rechnung, dass in den Akten alle wesentlichen Vorgänge festgehalten werden müssen, damit jedes weitere mit der Sache befasste Ermittlungsorgan, namentlich auch das Gericht, wenn es im Vorverfahren oder im gerichtlichen Verfahren tätig wird, sowie der Verteidiger (vgl § 147) die Entwicklung und das bisherige Ergebnis des Verfahrens erkennen können (Karlsruhe NStZ **91**, 50 L). Das Aktenkundigmachen kann bestehen in Aktenvermerken, in Beifügung von Fotos, Skizzen, Zeichnungen oder von eingeholten Auskünften; für sich gefertigte Notizen oder Aufzeichnungen des Polizeibeamten gehören nicht dazu (Düsseldorf StraFo **07**, 338). I gilt auch für Untersuchungshandlungen, die in Anordnungen bestehen (4 zu § 162), zB für die Anordnung einer Beschlagnahme nach den §§ 98 I, 111 c I S 1.

2 **2) Protokoll** (II): Die Einhaltung der Soll-Vorschrift, die auch bei polizeilichen Vernehmungen beachtet werden sollte (BGH NStZ **95**, 353), ist die Regel. Kleinere Verzögerungen müssen dabei in Kauf genommen werden. Das Abweichen von der Soll-Vorschrift und die Anwendung von I sind aber auch zulässig, soweit dies im Einzelfall aus begründetem Anlass, zB wegen völliger Bedeutungslosigkeit der Aussage, gerechtfertigt ist. Über den Einsatz technischer Hilfsmittel (§ 168 a II) entscheidet der StA. Er soll möglichst weitgehend von ihnen Gebrauch machen (RiStBV 5 a).

3 **3)** Über **Aushändigung einer Abschrift** des Protokolls vgl 32 zu § 163 a.

Anwesenheitsrechte

168c **I Bei der richterlichen Vernehmung des Beschuldigten ist der Staatsanwaltschaft und dem Verteidiger die Anwesenheit gestattet.**

II Bei der richterlichen Vernehmung eines Zeugen oder Sachverständigen ist der Staatsanwaltschaft, dem Beschuldigten und dem Verteidiger die Anwesenheit gestattet.

III 1 Der Richter kann einen Beschuldigten von der Anwesenheit bei der Verhandlung ausschließen, wenn dessen Anwesenheit den Untersuchungszweck gefährden würde. 2 Dies gilt namentlich dann, wenn zu befürchten ist, dass ein Zeuge in Gegenwart des Beschuldigten nicht die Wahrheit sagen werde.

IV Hat ein nicht in Freiheit befindlicher Beschuldigter einen Verteidiger, so steht ihm ein Anspruch auf Anwesenheit nur bei solchen Terminen zu, die an der Gerichtsstelle des Ortes abgehalten werden, wo er in Haft ist.

V 1 Von den Terminen sind die zur Anwesenheit Berechtigten vorher zu benachrichtigen. 2 Die Benachrichtigung unterbleibt, wenn sie den Untersuchungserfolg gefährden würde. 3 Auf die Verlegung eines Termins wegen Verhinderung haben die zur Anwesenheit Berechtigten keinen Anspruch.

1 **1) Richterliche Beschuldigtenvernehmung** (I): Für die Beschuldigtenvernehmung durch den StA ist ein Anwesenheitsrecht des Verteidigers vorgesehen (§ 163 a III S 2 iVm I), auch wenn nur eine Identifizierungsgegenüberstellung (9 zu § 58) stattfindet (Odenthal NStZ **85**, 435), nicht aber – verfassungsrechtlich unbedenklich (BVerfG NJW **07**, 204) – für die Vernehmung von Mitbeschuldigten (BGH **42**, 391 = NStZ **97**, 351 mit krit Anm Rieß = JR **98**, 165 mit zust Anm

Theisen = JZ **97**, 1016 mit abl Anm Fezer; BGH StV **02**, 584 mit abl Anm Wohlers; BGH NStZ **10**, 159; Düsseldorf NStZ-RR **03**, 238; LR-Erb 14; Senge Müller-FS 702; **aM** SK-Wohlers 11 ff; von Dellingshausen Stree/Wessels-FS 685; Endriss Rieß-FS 69; Schulz StraFo **97**, 294; Gless NStZ **10**, 99; Schwaben NStZ **02**, 291; offen gelassen von Karlsruhe StV **96**, 302 mit Anm Rieß; vgl zur Problematik auch LR-Lüderssen/Jahn Einl M 45). Der Verteidiger hat bei der Vernehmung durch den Richter oder den StA ein Fragerecht. Ungeeignete oder nicht zur Sache gehörende Fragen werden entspr § 241 II zurückgewiesen. Das Vernehmungsprotokoll des StA ist jedoch in der Verlesbarkeit in der Hauptverhandlung nicht dem richterlichen gleichgestellt (§§ 249, 251, 254).

2) Richterliche Zeugen- oder Sachverständigenvernehmung (II): Die angeführten Anwesenheitsrechte bestehen nicht bei der Vernehmung durch den StA (§ 161 a). Die unterschiedliche Regelung beruht vor allem auf dem Unterschied in der Verlesbarkeit der Niederschriften (oben 1) und der unterschiedlichen Behandlung der Strafbarkeit unrichtiger Aussagen (§§ 153, 154 StGB). Die anwesenden Verfahrensbeteiligten haben ein Fragerecht (Dahs 283; oben 1). Die Ausnahmevorschrift des § 241 a gilt (abgesehen von § 168 e S 4) nur für die Hauptverhandlung, aber ihrem Schutzzweck muss auch im Ermittlungsverfahren möglichst Rechnung getragen werden. Dass ein Anwesenheitsrecht nur bei einer Zeugen- oder Sachverständigenvernehmung besteht, ist verfassungsrechtlich unbedenklich (BVerfGE **96**, 68 = NJW **98**, 50). 2

3) Ausschließung des Beschuldigten (III): Die Klausel „wenn zu befürchten ist“, die der Beispielsfall des S 2 enthält, gilt auch im Fall des S 1. Die Gefährdung des Untersuchungszwecks nach S 1 ist zu befürchten, wenn nach den Umständen des Einzelfalls in nicht geringem Maß zu erwarten ist, der Beschuldigte werde das, was er bei der Vernehmung erfährt, möglicherweise für Verdunkelungsmaßnahmen verwerten (KK-Griesbaum 6; LR-Erb 15; Krause NJW **75**, 2283; **aM** SK-Wohlers 22). Gegen den Ausschließungsbeschluss ist Beschwerde zulässig (§ 304); sie wird jedoch nach dem Termin gegenstandslos (17 zu § 296; **aM** SK-Wohlers 23). Der Verstoß gegen III kann ein Verwertungsverbot nach sich ziehen (StK beim AG Bremerhaven StV **03**, 328 mit Anm Meyer-Lohkamp). 3

4) Nicht in Freiheit befindliche Beschuldigte (IV; 13 zu § 35): Eine entspr Regelung enthält § 224 II. Hat der Beschuldigte keinen Verteidiger, zeichnet sich aber ab, dass ihm ein solcher zu bestellen ist (§ 141 III), so wird dies vor der richterlichen Vernehmung des Zeugen oder Sachverständigen veranlasst (BGH **46**, 93; Schlothauer StV **01**, 127). Erklärt der Beschuldigte, der keinen Verteidiger hat, dass er auf Anwesenheit bei der Vernehmung verzichte, so kann diese auch ohne ihn an einem anderen Ort als dem Vollzugsort durchgeführt werden. Wird sein Antrag auf Vorführung abgelehnt, so kann er hiergegen Beschwerde einlegen (§ 304); diese wird nach der Vernehmung gegenstandslos (vgl 17 vor § 296). 4

5) Die **Benachrichtigung** (V) darf nicht schon dann unterbleiben, wenn sie zu einer Verzögerung des Verfahrens führen würde (KK-Griesbaum 17; Meyer-Goßner JR **77**, 258), sondern nur dann, wenn die Gefahr besteht, dass der Untersuchungserfolg vereitelt oder verschlechtert würde. Untersuchungserfolg iS des V ist die Gewinnung einer Aussage, die in einem späteren Verfahrensabschnitt verwertet werden kann (BGH **29**, 1 = JR **80**, 252 mit Anm Meyer-Goßner). Die Gefährdung beurteilt der vernehmende Richter, der darüber einen Aktenvermerk zu fertigen hat (BGH **31**, 140, 142 = JZ **83**, 354 mit Anm Fezer; **aM** Dölp NStZ **90**, 117), später das erkennende Gericht (BGH NStZ **90**, 136; unten 6), und zwar nach tatrichterlichem Ermessen (BGH NJW **03**, 3142; abl Wohlers GA **03**, 897). Die Gefährdung kann Folge einer zeitlichen Verzögerung sein, sich aber auch aus anderen Umständen ergeben, zB aus Anhaltspunkten dafür, dass der Zeuge mit Nachdruck zu einer Falschaussage angehalten (BGH **29**, 1, 3; **32**, 125, 129 [GSSt]; NJW **03**, 3142; LR-Erb 42 ff; **aM** SK-Wohlers 22; Grünwald 5

Dünnebier-FS 361; Krause StV **84**, 172; Nelles StV **86**, 75; Welp JZ **80**, 134; Zaczyk NStZ **87**, 536) oder unter Druck zur Ausübung seines Zeugnisverweigerungsrechts veranlasst werden soll (Bay **77**, 130 = JR **78**, 173 mit krit Anm Peters). Die Benachrichtigung des Verteidigers darf nicht schon aus Gründen unterlassen werden, die allein in der Person des Beschuldigten liegen (BGH **29**, 1, 4); auch eine mögliche Beeinträchtigung von weiteren Ermittlungshandlungen, deren Notwendigkeit sich aus dem Ergebnis der Vernehmung ergibt, vermag ein Unterbleiben der Benachrichtigung nicht zu rechtfertigen (BGH NStZ **99**, 417). Auch wenn einem Zeugen von den Strafverfolgungsbehörden Vertraulichkeit zugesichert worden ist, darf die Benachrichtigung nur unter den Voraussetzungen des V S 2 unterbleiben (BGH NJW **03**, 3142). V S 3 schließt nicht aus, dass einem begründeten Verlegungswunsch unter Berücksichtigung des Beschleunigungsgebotes und der Bedeutung der Vernehmung für das Verfahren und für die Verteidigung im Einzelfall Rechnung getragen wird. Das Unterlassen der Benachrichtigung hindert die Anwesenheit des Verteidigers nicht, der auf andere Weise von der Vernehmung Kenntnis bekommen hat (19 zu § 223). Der Verteidiger kann nicht verpflichtet werden, dem Beschuldigten eine bevorstehende richterliche Vernehmung zu verschweigen (LG Hamburg StraFo **03**, 131). Bestellt sich erst während einer bereits laufenden Vernehmung ein Verteidiger, kann es nur unter dem Gesichtspunkt des fairen Verfahrens, nicht wegen V S. 1 geboten sein, mit der Vernehmung innezuhalten (BGH StV **06**, 228 mit abl Anm Wohlers). Unterbleibt die Benachrichtigung, kann darin idR nicht eine konkludente Entscheidung des Ermittlungsrichters nach V S 2 gesehen werden (Schleswig StV **08**, 401).

6 **6) Verwertungsverbot bei Verstoß gegen V:** Wenn keine Anhaltspunkte für die Ausnahme nach V S 2 vorlagen, die Benachrichtigungspflicht also verletzt worden ist – wobei es keinen Unterschied macht, ob die erforderliche Benachrichtigung absichtlich, versehentlich oder unter Verkennung der gesetzlichen Voraussetzungen unterblieben ist (BGH NJW **03**, 3142, zust BVerfG StV **06**, 72, 77; BGH **51**, 150 = JR **07**, 300 mit zust Anm Eisele) und ob der vernommene Beschuldigte sein Aussageverweigerungsrecht gekannt hat (zw BGH NJW **09**, 1619; dagegen zutr Kudlich JR **09**, 303) – darf die Niederschrift ohne Einverständnis des Angeklagten und des Verteidigers nicht als richterliches Protokoll gemäß § 251 II in der Hauptverhandlung verlesen werden (32 zu § 251). Ausgeschlossen ist damit auch die Vernehmung des Ermittlungsrichters (BGH **26**, 332, 335; NStZ **86**, 207 [Pf/M]; KG StV **84**, 68); denn diese stünde der verbotenen Verlesung einer richterlichen Vernehmungsniederschrift gleich. Zulässig bleibt es aber, die Niederschrift nach Maßgabe des § 251 I als schriftliche Äußerung, auch als Niederschrift über eine „andere" Vernehmung zu verlesen (BGH NStZ **98**, 312 mit zust Anm Wönne; **aM** SK-Wohlers 45; Widmaier Friebertshäuser-FG 185, der wegen des Verstoßes jeden inhaltlichen Zugriff auf die Aussage verwehrt); demnach muss es auch erlaubt sein, aus der Niederschrift Vorhalte zu machen (BGH **34**, 231 = StV **87**, 233 mit abl Anm Fezer = JR **88**, 80 mit teilw abl Anm Hanack; **aM** BGH **31**, 140 = JZ **83**, 354 mit Anm Fezer; vgl auch 15 zu § 251). Wird der Mangel vor der Hauptverhandlung entdeckt, so kann zur Beweissicherung Wiederholung der Vernehmung geboten sein (Einl 159; 39 zu § 337). Dasselbe gilt für eine ohne Benachrichtigung des Verteidigers durchgeführte Beschuldigtenvernehmung (BGH NStZ **89**, 282 mit Anm Hilger; dort auch zu einem möglichen Verlust des Rechts, der Verwertung zu widersprechen). Der Verstoß gegen V S 1 führt nach BGH **53**, 191 (krit dazu Fezer NStZ **09**, 524, Gless NStZ **10**, 98; Kudlich JR **09**, 303, Weßlau StV **10**, 41) nicht zu einem Verwertungsverbot hinsichtlich eines Mitbeschuldigten (zw; erg Einl 57 b).

7 **7)** Für die **Zuziehung eines Dolmetschers** gilt § 185 GVG (dort 1, 4). War er notwendig und zugezogen, ist er aber nicht vereidigt worden, so ist die Verlesung des richterlichen Protokolls nach § 251 II nicht zulässig (dort 32), wohl aber nach Maßgabe des § 251 I (dort 15).

8) Rechtshilfevernehmung im Bereich einer fremden Rechtsordnung: 8
Hier stellt das Unterbleiben der Benachrichtigung keinen Rechtsfehler dar, soweit die fremde Rechtsordnung kein Anwesenheitsrecht einräumt. Soweit sie den in § 168 c genannten Beteiligten aber die Anwesenheit bei der Vernehmung erlaubt, muss das Rechtshilfeersuchen mit der Bitte verbunden werden, die ersuchende Behörde von dem Termin so rechtzeitig zu benachrichtigen, dass die Beteiligten von dem Zeitpunkt der Vernehmung verständigt werden und an ihr teilnehmen können (RiVASt 29 II S 2; BGH **42**, 86, 91 = JZ **97**, 45). Erg aber 34 – insbesondere 34 a – zu § 251.

9) Revision: Der Verwertung der Niederschrift muss in der Hauptverhandlung 9
widersprochen worden sein (BGH NJW **96**, 2239, 2241; NStZ-RR **02**, 110; erg 32 zu § 251 aE). Hat der Tatrichter die Vernehmungsniederschrift durch Verlesung nach § 251 II verwertet (oben 6), weil er unter Würdigung aller Umstände die Unterlassung der Benachrichtigung (oben 5) für gerechtfertigt hielt, so darf das Revisionsgericht bei entspr Verfahrensrüge nur prüfen, ob dem Tatrichter dabei ein Rechtsfehler, insbesondere eine Überschreitung der dem tatrichterlichen Ermessen gesetzten Schranken, unterlaufen ist (BGH **29**, 1, 3; **42**, 86, 91/92; NStZ **99**, 417; Krause StV **84**, 173; **aM** Wohlers GA **03**, 898). Hat der Tatrichter aber die Prüfung unterlassen, so darf das Revisionsgericht nicht prüfen, ob die Voraussetzungen von V S 2 vorlagen (BGH **31**, 140 = JZ **83**, 354 mit abl Anm Fezer; BGH NJW **03**, 3142; Krause aaO). Wenn das Gegenteil nicht nachgewiesen ist, muss davon ausgegangen werden, dass die Benachrichtigung unterblieben ist (Bay **53**, 62; Bremen OLGSt § 224 S 1; Frankfurt NJW **52**, 1068). Wurde die erforderliche Verteidigerbestellung (oben 4) unterlassen, soll dies nach BGH **46**, 93 (zust Schwaben NStZ **02**, 293; zw Franke GA **02**, 578) zwar kein Verwertungsverbot für die Aussage nach sich ziehen, jedoch dürfe eine Feststellung nur dann auf die Angaben des Vernehmungsrichters gestützt werden, wenn dessen Bekundungen durch andere wichtige Gesichtspunkte außerhalb der Aussage bestätigt würden. Demgegenüber nimmt die hM im Schrifttum zutr ein Verwertungsverbot an (Ambos NStZ **03**, 17; Endriss Rieß-FS 74; Fezer JZ **01**, 363 und Gössel-FS 627; Gleß NJW **01**, 3606; Gössel Meurer-GS 381; Ignor Rieß-FS 189; Klemke StV **03**, 415; Kunert NStZ **01**, 217; Sowada NStZ **05**, 6; Schlothauer StV **01**, 127; Schwenn StraFo **08**, 225; Widmaier Schäfer-SH 76; ebenso AG Hamburg StV **04**, 11 mit zust Anm Meyer-Lohkamp, bestätigt durch OLG Hamburg, vgl StV **04**, 370; vgl aber auch Düsseldorf NStZ-RR **03**, 238).

Teilnahme am richterlichen Augenschein

168d **I [1]Bei der Einnahme eines richterlichen Augenscheins ist der Staatsanwaltschaft, dem Beschuldigten und dem Verteidiger die Anwesenheit bei der Verhandlung gestattet. [2]§ 168 c Abs. 3 Satz 1, Abs. 4 und 5 gilt entsprechend.**

II [1]Werden bei der Einnahme eines richterlichen Augenscheins Sachverständige zugezogen, so kann der Beschuldigte beantragen, dass die von ihm für die Hauptverhandlung vorzuschlagenden Sachverständigen zu dem Termin geladen werden, und, wenn der Richter den Antrag ablehnt, sie selbst laden lassen. [2]Den vom Beschuldigten benannten Sachverständigen ist die Teilnahme am Augenschein und an den erforderlichen Untersuchungen insoweit gestattet, als dadurch die Tätigkeit der vom Richter bestellten Sachverständigen nicht behindert wird.

1) Wie bei der Vernehmung von Zeugen oder Sachverständigen 1
(§ 168 c) sind das Anwesenheitsrecht und die Benachrichtigung geregelt. § 168 d gilt nicht für den Fall, dass die Leichenöffnung auch im Beisein eines Richters stattfindet; denn § 87 enthält eine Sonderregelung über die Anwesenheit bei der

Leichenöffnung (**aM** SK-Wohlers 3). Bei der Einnahme eines Augenscheins durch den StA hat keiner der Verfahrensbeteiligten ein Anwesenheitsrecht. Es steht im Ermessen des StA, ob er einen Verfahrensbeteiligten oder einen Sachverständigen zuzieht, den der Beschuldigte in das Verfahren als Beweisperson einführen will.

2 **2) Richterlicher Augenschein unter Zuziehung eines Sachverständigen** (II): Wird der Beschuldigte von dem Termin benachrichtigt (I S 2 iVm § 168c V S 1), so muss ihm mitgeteilt werden, dass von dem Richter ein Sachverständiger zugezogen wird, da er sonst nicht von seinem Recht nach II Gebrauch machen kann. Er kann dies auch, wenn nur sein Verteidiger und nicht er selbst geladen wird. Der Richter kann den Antrag auf Ladung des vom Beschuldigten vorgeschlagenen Sachverständigen ablehnen, wenn durch die Mitwirkung dieses Sachverständigen die Tätigkeit des zum richterlichen Augenschein herangezogenen Sachverständigen behindert würde (II S 2). Selbst laden bedeutet unmittelbar laden lassen (§ 220 I, II). Auch der auf eine solche Ladung erscheinende Sachverständige kann bei gegebenem Anlass nach II S 2 von der Mitwirkung ausgeschlossen werden (vgl SK-Wohlers 12).

3 Die **Beschwerde** steht dem Beschuldigten zu, wenn der Richter einen von ihm benannten oder geladenen Sachverständigen von der Teilnahme am Augenschein ausschließt (SK-Wohlers 15); nach Durchführung der Augenscheinnahme ist sie gegenstandslos (LR-Erb 20; **aM** SK-Wohlers 15; erg 16 ff vor § 296).

Getrennte Durchführung der Zeugenvernehmung **RiStBV 19, 19 a**

168e

[1]Besteht die dringende Gefahr eines schwerwiegenden Nachteils für das Wohl des Zeugen, wenn er in Gegenwart der Anwesenheitsberechtigten vernommen wird, und kann sie nicht in anderer Weise abgewendet werden, so soll der Richter die Vernehmung von den Anwesenheitsberechtigten getrennt durchführen. [2]Die Vernehmung wird diesen zeitgleich in Bild und Ton übertragen. [3]Die Mitwirkungsbefugnisse der Anwesenheitsberechtigten bleiben im Übrigen unberührt. [4]Die §§ 58 a und 241 a finden entsprechende Anwendung. [5]Die Entscheidung nach Satz 1 ist unanfechtbar.

1 **1) Beschränkungen der Anwesenheitsrechte** der Beteiligten, zB nach §§ 168 c II, 406 g II S 1, sieht die Bestimmung für die Vernehmung besonders schutzbedürftiger Zeugen (1 zu § 58 a) durch den Ermittlungsrichter vor (in der Hauptverhandlung gilt § 247 a; zur kommissarischen Vernehmung vgl 20 zu § 223; bei polizeilichen und staatsanwaltschaftlichen Zeugenanhörungen fehlt es an einer „Parteiöffentlichkeit"). Durch die Anwesenheit etwa einer Vielzahl von Verfahrensbeteiligten können insbesondere kindliche Opferzeugen massiven psychischen Belastungen ausgesetzt werden, wodurch deren Vernehmung erheblich erschwert wird. Die Problematik kann sich in vergleichbarer Weise aber auch bei anderen Zeugen, die Opfer einer Sexualstraftat oder eines Gewaltdelikts geworden sind und bei psychisch geschädigten oder sonst kranken oder gebrechlichen Zeugen stellen. Im Interesse des Wohls besonders schutzbedürftiger Zeugen und der Wahrheitsfindung gestattet die Bestimmung daher, dass sich der Richter mit dem Zeugen während der Vernehmung in einem gesonderten Zimmer aufhält. Die übrigen Verfahrensbeteiligten können die Anhörung mit Hilfe einer Videosimultanübertragung zeitgleich in einem anderen Raum mitverfolgen. Die Bestimmung dient damit vornehmlich dem Zweck, eine sekundäre Traumatisierung schutzbedürftiger Zeugen durch Maßnahmen der Strafverfolgung zu vermeiden, auch belastenden Mehrfachvernehmungen durch eine umfassende richterliche Anhörung entgegenzuwirken (vgl 1 zu § 58 a). Der den Zeugen entlastende Effekt wird jedoch gering bleiben, wenn der vernehmende Richter ihn nicht in geeigneter Weise unterstützt und auf seine Bedürfnisse Rücksicht nimmt (vgl Busse/Volbert/Steller 205). Anzustreben ist eine tatnahe, von Suggestionen freie Schilderung des Erlebten (vgl die

Hinweise bei Zschockelt/Wegner NStZ **96**, 306 und bei Eisenberg BR 1318ff, 1413ff; für eine aufzuzeichnende richterliche Vernehmung gegen Ende des Ermittlungsverfahrens Weigend, Gutachten zum 62. DJT, C 61 Fn 204). Bei gefährdeten und gemäß §§ 96 analog, 110b III zu sperrenden Zeugen kann die vorgesehene Videosimultanübertragung dem Interesse an der Geheimhaltung ihrer Person zuwiderlaufen (vgl KK-Griesbaum 4; Schlüchter/Greff Kriminalistik **98**, 534), so dass die Anwendung der Vorschrift die besonderen Risiken und Gefahren einer Vernehmung insoweit nicht ausgleichen wird (für die Hauptverhandlung vgl 1 zu § 247a).

2) Nur in Ausnahmefällen wird wegen der Anlehnung des S 1 an Voraussetzungen des § 247 S 2 Anlass für eine Beschränkung der Anwesenheitsrechte bei einer ermittlungsrichterlichen Zeugenvernehmung sein. Erforderlich ist, dass die dringende Gefahr eines schwerwiegenden Nachteils für das Wohl des Zeugen besteht; das Gesetz kombiniert damit Kriterien des § 247 S 2, die dort für Zeugen aus unterschiedlichen Altersstufen gelten (vgl im Einzelnen 11 und 12 zu § 247). Die Ursache der Gefahr muss in einer Vernehmung in Gegenwart der Anwesenheitsberechtigten liegen, so dass überhaupt erst deren tatsächliches Erscheinen Anlass für Schutzmaßnahmen bietet. Der Begriff der Vernehmung ist in S 1 und 2 genauso wie in § 58a zu verstehen (dort 4). Die getrennte Durchführung der Vernehmung ist subsidiär gegenüber anderen Schutzmaßnahmen, etwa dem Ausschluss des Beschuldigten nach § 168c III (HK-Krehl 5; **aM** LR-Erb 13; vgl auch KK-Griesbaum 6) oder dem Unterlassen der Benachrichtigung gemäß § 168c V, aber auch zeugenschonenden Maßnahmen nach §§ 68 I S 2, II, III, 68a, 68b, 241a entspr (2 zu § 168c), 406f (RiStBV 19a I S 2), 406g; zur Bedeutung der Mitwirkungsbefugnisse des Angeklagten und seines Verteidigers im Falle einer Aufzeichnung nach § 58a I vgl § 255a II S 1 und dort 8. 2

3) Getrennte Durchführung der Zeugenvernehmung: 3

A. **Liegen die Voraussetzungen des S 1 vor,** wird der Ermittlungsrichter im Allgemeinen auf Grund seiner Fürsorgepflicht gehalten sein, die getrennte Vernehmung anzuordnen („soll“), es sei denn, der Zeuge legt hierauf keinen Wert; eines Antrags bedarf es nicht. Auch wenn es zur audiovisuellen Zeugenvernehmung kommt, kann der Beschuldigte gemäß § 168c III von der Anwesenheit bei der Übertragung der Vernehmung ausgeschlossen werden; dies kommt in Betracht, wenn zu befürchten ist, der Zeuge werde die Wahrheit nicht sagen, wenn der Beschuldigte seine Aussage am Bildschirm mitverfolgt (KK-Griesbaum 6; **aM** Janovsky Kriminalistik **99**, 453, 455). Auch §§ 168c V S 2, 406g II S 3 bleiben anwendbar. Um dem Verteidiger die Teilnahme zu ermöglichen, ist uU eine kurzfristige Terminsverlegung erforderlich (München StV **00**, 352). Hatten der Angeklagte und sein Verteidiger keine Gelegenheit zur Mitwirkung an der getrennten Zeugenvernehmung, kann eine nach S 4 erstellte Aufzeichnung nicht unter den erleichterten Voraussetzungen des § 255a II S 1 in die Hauptverhandlung eingeführt werden (vgl dort 8a). 4

B. Als **Folge seiner Anordnung** vernimmt der Richter den Zeugen – anders als nach § 247a – in Abwesenheit der übrigen Verfahrensbeteiligten getrennt, dh an einem – ggf kindgerecht ausgestatteten – Ort, der sich nicht notwendig in dem Gebäude befinden muss, in dem sich die anderen Beteiligten aufhalten; es kommt lediglich darauf an, dass die technischen Voraussetzungen (unten 6, 7) gegeben sind. Der Zeuge kann von einem Beistand, einem aussagepsychologischen Sachverständigen (LR-Erb 16, str) oder (als Verletzter) von einer Vertrauensperson nach § 406f II begleitet werden – letzteres, wenn der Richter ihr die Anwesenheit gestattet; allerdings kann eine solche Unterstützung bereits die Voraussetzungen der Bestimmung entfallen lassen (vgl oben 2). 5

C. **Zeitgleich in Bild und Ton** wird den (erschienenen) Anwesenheitsberechtigten die Vernehmung per Standleitung (Videodirektschaltung) übertragen (S 2). Die Videokamera sollte Richter und Zeugen gleichzeitig erfassen. 6

7 Die **Mitwirkungsbefugnisse der Beteiligten,** insbesondere das Fragerecht (BGH **46**, 93, 100), dürfen nach S 3 nicht mehr als durch die technischen Gegebenheiten bedingt in Mitleidenschaft gezogen werden; eine Tonübertragungsanlage in das Vernehmungszimmer dürfte ausreichen (vgl KK-Griesbaum 7). Die Vernehmung eines Zeugen unter 16 Jahren wird nach dem gemäß S 4 entspr anwendbaren § 241 a grundsätzlich vom Richter allein durchgeführt. Wird den Beteiligten die unmittelbare Befragung nach § 241 a II S 2 nicht gestattet, so genügt eine sog Ohrknopfverbindung zum Richter; andernfalls – und in den übrigen Fällen – bedarf es jedenfalls zeitweise darüber hinaus einer unmittelbaren Sprechverbindung zum Vernehmungszimmer (zum praktischen Vorgehen und zur technischen Umsetzung vgl Janovsky Kriminalistik **99**, 455).

8 D. Ein **Protokoll** der Vernehmung ist nach §§ 168, 168 a zu erstellen; eine Videoaufzeichnung (unten 9) kann hierfür Grundlage sein (vgl § 168 a II S 1). Ansonsten ist die Vernehmung mit einem Tonaufnahmegerät aufzuzeichnen oder durch einen Protokollführer, der sich nicht im Vernehmungszimmer aufhalten darf (Pfeiffer 3; **aM** LR-Erb 17; SK-Wohlers 18), aufzunehmen (KK-Griesbaum 8).

9 **4)** Für die **Aufzeichnung der Vernehmung** auf Bild-Ton-Träger gilt § 58 a entspr (S 4). Wenn die Voraussetzungen der getrennten Vernehmung nach S 1 vorliegen, sollte in der Regel aufgezeichnet werden, um dem Zeugen im Rahmen der §§ 58 a II S 1, 255 a Mehrfachvernehmungen zu ersparen (1 zu § 58 a); zur Bedeutung der Mitwirkungsbefugnisse des Beschuldigten und des Verteidigers s oben 4. Von § 58 a kann jedoch auch unabhängig von den Voraussetzungen des § 168 e Gebrauch gemacht werden (Rieß NJW **98**, 3241 Fn 31); zur Aufnahme der Aussage eines entspr § 96 oder nach § 110 b III zu sperrenden Zeugen vgl 7 zu § 58 a.

10 **5) Anfechtbarkeit:** Die Entscheidung des Ermittlungsrichters über die getrennte Durchführung der Vernehmung ist unanfechtbar und damit zugleich – soweit überhaupt Revisibilität nach § 336 S 1 in Betracht kommt – gemäß § 336 S 2 einer revisionsgerichtlichen Nachprüfung entzogen (erg 3 zu § 336; LR-Hanack 6, 7 zu § 336); das gilt nach dem Wortlaut und dem Zweck des S 5 auch für die Ablehnung eines Antrags auf Videovernehmung (LR-Erb 31; SK-Wohlers 23). Wegen der Rechtsbehelfe gegen die Entscheidung über die Videoaufzeichnung vgl 15 zu § 58 a; die Zulassung oder Nichtzulassung einer (mittelbaren) Frage im Rahmen des § 241 a unterliegt der Beschwerde, in der Regel aber nicht der Revision (3 zu § 336; LR-Hanack 6 zu § 336).

Ermittlungsrichter des OLG und des BGH **RiStBV 202, 203**

169

I [1]In Sachen, die nach § 120 des Gerichtsverfassungsgesetzes zur Zuständigkeit des Oberlandesgerichts im ersten Rechtszug gehören, können die im vorbereitenden Verfahren dem Richter beim Amtsgericht obliegenden Geschäfte auch durch Ermittlungsrichter dieses Oberlandesgerichts wahrgenommen werden. [2]Führt der Generalbundesanwalt die Ermittlungen, so sind an deren Stelle Ermittlungsrichter des Bundesgerichtshofes zuständig.

II Der für eine Sache zuständige Ermittlungsrichter des Oberlandesgerichts kann Untersuchungshandlungen auch dann anordnen, wenn sie nicht im Bezirk dieses Gerichts vorzunehmen sind.

1 **1) Ermittlungsrichter des OLG und des BGH** sind – jeweils neben dem allgemein zuständigen Ermittlungsrichter des AG (7 ff zu § 162; LR-Erb 7) – alternativ zuständig, soweit es sich um eine Strafsache nach § 120 I GVG oder um eine aus der Zuständigkeit der StA bei der Staatsschutzkammer des LG durch den GBA in Ausübung seines Evokationsrechts herausgenommene Strafsache nach § 74 a GVG handelt (§ 120 II GVG).

2) Der **Ermittlungsrichter des BGH** (I S 2; über die Institution Martin NJW **69**, 713 ff) ist zuständig, wenn und solange die staatsanwaltschaftliche Kompetenz des GBA besteht (§ 142a GVG), also im Fall der primären Zuständigkeit des GBA (dh in den Fällen des § 120 I GVG) bis zu einer etwaigen Abgabe an den GStA bei dem zuständigen OLG; in den Strafsachen nach § 74a GVG von der Übernahme durch ihn bis zu einer etwaigen Abgabe an die Landes-StA (BGH NJW **73**, 475); die Zuständigkeit als Haftrichter überträgt er entspr § 126 I S 3 (BGH aaO). 2

Darüber hinaus ist er (neben dem Ermittlungsrichter beim AG) auch zuständig zur Entscheidung über im vorbereitenden Verfahren **durch den GBA** ergangene Entscheidungen (§ 161a III S 1 iVm §§ 162, 169 I). 2a

3) Der **Ermittlungsrichter des OLG** (I S 1) ist nur zuständig, wenn und solange die StA beim OLG die staatsanwaltschaftliche Kompetenz hat. Seine Zuständigkeit im Ermittlungsverfahren, die neben derjenigen des Ermittlungsrichters beim AG besteht, ergibt sich aus § 161a III S 1 iVm §§ 162 I S 1, 169 I S 1. 3

4) Der **Ermittlungsrichter des AG** (§ 162) wird nach dem Sinn des § 169 nur eingeschaltet, wenn zur Ausführung des Ersuchens keine besondere Erfahrung in Staatsschutzsachen notwendig ist. Jedoch darf er ein an ihn gerichtetes Ersuchen nicht wegen Unzuständigkeit ablehnen, auch nicht ein notwendiges Eingreifen als NotStA (§ 165). Er ist ausschließlich zuständig in Staatsschutzsachen nach § 74a I GVG, solange sie nicht der GBA nach § 74a II GVG übernommen hat; er wird wieder allein zuständig, wenn der GBA die übernommene Sache an die für die Staatsschutzkammer zuständige StA zurückgibt (§ 142a IV GVG). 4

5) Der **für eine Sache zuständige Ermittlungsrichter des OLG** (II) ist derjenige, der nach der Geschäftsverteilung sachlich und örtlich zuständig ist. II erweitert seine Kompetenz im Vergleich zum Ermittlungsrichter des AG (7 ff zu § 162). II gilt insbesondere auch, wenn von vornherein feststeht, dass die Anordnung nur außerhalb des Bezirks durchzuführen ist. Soweit richterliche Ausführungshandlungen notwendig werden, kann ein Ermittlungsrichter außerhalb des Bezirks um Ausführung ersucht werden (§ 157 GVG), falls der Anordnende sie nicht selbst dort ausführen will (§ 166 GVG). Den Ermittlungsrichter des BGH erwähnt II nicht, weil sein Bezirk ohnehin das Bundesgebiet ist oder sein kann. 5

Ist die Zuständigkeit des Ermittlungsrichters des OLG oder des BGH aber **regional unter mehreren Richtern aufgeteilt,** so gilt II in beiden Fällen analog, wenn die Anordnung zwar im Bezirk ihres Gerichts, aber außerhalb ihres eigenen Zuständigkeitsbereichs durchzuführen ist. 6

6) Über **Beschwerden** gegen die in § 304 V bezeichneten Verfügungen und Beschlüsse des Ermittlungsrichters des AG oder des OLG in den Sachen, die zur Zuständigkeit des OLG im 1. Rechtszug gehören, entscheidet dieses Gericht (§ 120 III S 1 iVm § 73 I GVG). Ist aber in den in § 304 V bezeichneten Fällen eine Verfügung des Ermittlungsrichters des BGH angefochten, so entscheidet der BGH (§ 135 II GVG). Wenn der GBA die Sache inzwischen nach § 142a II, IV GVG abgegeben hat, entfällt sowohl die Zuständigkeit des Ermittlungsrichters des BGH als auch die Beschwerdezuständigkeit des BGH (BGH NJW **73**, 477). Das Gleiche gilt, wenn inzwischen Klage bei einem OLG (§ 120 GVG) erhoben worden ist (BGH **27**, 253). 7

Abschluss der Ermittlungen **RiStBV 109**

169a

Erwägt die Staatsanwaltschaft, die öffentliche Klage zu erheben, so vermerkt sie den Abschluss der Ermittlungen in den Akten.

1) Der **Abschluss der Ermittlungen** wird durch den Vermerk zu einer Zäsur für das Ermittlungsverfahren, sofern es nicht eingestellt wird. Er ist aber auch vor 1

Anwendung des § 153a I erforderlich (LR-Erb 3). Durch den Vermerk werden der Ermittlungsteil und der Entschließungsteil getrennt. Der Abschlussvermerk ist nicht Prozessvoraussetzung (Einl 141). Für ihn gilt auch nicht § 23 **EGGVG** (Bottke StV **86**, 123). Ein Recht des Beschuldigten auf ein Schlussgehör durch die StA ist damit nicht verbunden (dafür *de lege ferenda* Leitner Volk-FS 301).

2 **2) Bedeutung:** Für die Akteneinsicht des Verteidigers: § 147 II, V S 2, VI. Für die Verteidigerbestellung auf Antrag der StA: § 141 III S 3 (dort 5). Diese beiden Folgen des Abschlussvermerks bleiben auch bestehen, wenn weitere Ermittlungen vorgenommen werden müssen, die durch § 169a nicht ausgeschlossen sind (LR-Erb 4; **aM** Strauß NStZ **06**, 556, gegen ihn zutr Hildenstab NStZ **08**, 249). Richtet sich das Verfahren gegen mehrere Beschuldigte, so wird der Abschlussvermerk erst angebracht, wenn die Ermittlungen gegen alle diejenigen abgeschlossen sind, gegen die die StA Anklage zu erheben erwägt.

Abschluss des Ermittlungsverfahrens **RiStBV 87, 88, 90, 91, 211**

170 I **Bieten die Ermittlungen genügenden Anlass zur Erhebung der öffentlichen Klage, so erhebt die Staatsanwaltschaft sie durch Einreichung einer Anklageschrift bei dem zuständigen Gericht.**

II 1 **Andernfalls stellt die Staatsanwaltschaft das Verfahren ein.** 2 **Hiervon setzt sie den Beschuldigten in Kenntnis, wenn er als solcher vernommen worden ist oder ein Haftbefehl gegen ihn erlassen war; dasselbe gilt, wenn er um einen Bescheid gebeten hat oder wenn ein besonderes Interesse an der Bekanntgabe ersichtlich ist.**

1 **1) Genügender Anlass:** Er setzt voraus, dass ein Verfahrenshindernis nicht besteht (Einl 141), das Verfahren nicht nach einer Bestimmung des Opportunitätsprinzips (§§ 153ff) eingestellt wird (unten 5) und dass der Beschuldigte der Straftat hinreichend verdächtig ist (§ 203; Lüttger GA **57**, 193). Der unbestimmte Rechtsbegriff „hinreichender Tatverdacht" lässt einen nicht unerheblichen Beurteilungsspielraum (BVerfG NStZ **02**, 606; BGH NJW **70**, 1543; Fluck NJW **01**, 202; Sailer NJW **77**, 1138; **aM** Störmer ZStW **108**, 517; erg 4, 9 zu § 152), zumal es sich um eine Prognose handelt (27 zu § 261). Die Aufklärung von Widersprüchen zwischen den Angaben des Beschuldigten und den vorhandenen Beweisergebnissen darf der Hauptverhandlung überlassen werden (BGH aaO; Dresden StV **01**, 581 L). Es muss also nach dem gesamten Akteninhalt bei vorläufiger Tatbewertung (BGH **23**, 304, 306) die Verurteilung des Beschuldigten mit Wahrscheinlichkeit zu erwarten sein (BGH StV **01**, 579 mit Anm Thode; vgl auch Düsseldorf StV **08**, 511 bei „Aussage gegen Aussage", erg 11a zu § 261). Dabei gilt der Grundsatz *in dubio pro reo* nicht; er kann nur mittelbar eine Rolle spielen (Bamberg NStZ **91**, 252; krit dazu Weiland NStZ **91**, 574; 26ff zu § 261).

2 Es kommt auf die **eigene Prognose des StA** an, ob er selbst nach Sach- und Rechtslage wahrscheinlich am Ende einer Hauptverhandlung zum Antrag auf Verurteilung gelangen würde (SK-Wohlers 27; Roxin DRiZ **97**, 114; zum Problem der Bindung der StA an die ständige oder gefestigte höchstrichterliche Rspr vgl 11 vor § 141 GVG). Er kann jedoch eine der bisherigen Praxis widersprechende Auffassung durch Anklage zur Entscheidung stellen, auch bei zweifelhafter Aussicht.

3 **Besondere Arten** der Klage sind der Strafbefehlsantrag (§ 407), die mündliche Klageerhebung im beschleunigten Verfahren (§ 418 III S 2) und die mündliche Nachtragsanklage (§ 266 II S 1).

4 **2)** Die **Erhebung der öffentlichen Klage** ist Prozessvoraussetzung für die gerichtliche Untersuchung (§ 151; Einl 146). Mit ihr wird das Gericht mit der Sache befasst, auch wenn es nicht zuständig ist (Düsseldorf MDR **81**, 691). Die StA muss die Anklage zwar zum zuständigen Gericht erheben; aber das Gericht kann die Zuständigkeit anders beurteilen und die Sache an das nach seiner Auffassung sach-

lich zuständige Gericht bringen (§§ 209, 209a). Die Rechtshängigkeit tritt aber erst mit der Eröffnung der gerichtlichen Untersuchung ein (1 zu § 156).

3) Einstellung des Verfahrens (II S 1): 5

A. **Einstellungsgründe:** Das Fehlen eines genügenden Anlasses zur Erhebung der öffentlichen Klage (oben 1) kann sachliche oder rechtliche Gründe haben. Die Einstellung kann zB beruhen auf dem Fehlen hinreichenden Tatverdachts oder auf einem Verfahrenshindernis (oben 1). Weitere Einstellungsmöglichkeiten bestehen nach §§ 153ff. Der Einstellung nach II S 1 steht nicht entgegen, dass der Beschuldigte der Einstellung nach § 153a nicht zugestimmt hat (LG München I AnwBl **82**, 36). Die Einstellung ist ohne Verzögerung zu verfügen; sie darf nicht in der Schwebe gehalten werden (Hilger JR **85**, 93 mwN in Fn 20; Rieß Geerds-FS 506). Eine ausnahmsweise Einstellung wegen unangemessener Verfahrensverzögerungen erwägt Mansdörfer GA **10**, 153, 165. 6

B. **Verweisung auf den Privatklageweg** (RiStBV 87, 89 II): Bei Einstellung des Verfahrens wegen Verneinung des öffentlichen Interesses bei Privatklagedelikten (§ 376) wird ein Verfahrenshindernis für das Offizialverfahren (Miehe Grünwald-FS 383) festgestellt (Einstellungsverfügung mit der Begründung, dass kein öffentliches Interesse an der Strafverfolgung bestehe – RiStBV 89 II –, im Bescheid iVm der sog. Verweisung auf den Privatklageweg). Das Klageerzwingungsverfahren ist hier ebenso wenig zulässig wie bei Verneinung des hinreichenden Tatverdachts wegen des Privatklagedelikts (§ 172 II S 3). Die Einstellung mit Verweisung auf den Privatklageweg kann mit der Abgabe an die VerwB nach § 43 OWiG verbunden werden. 7

C. **Teileinstellung** bei verbundenen Strafsachen ist zulässig. Dabei handelt es sich um eine Trennung der mehreren Strafsachen, die vorher verbunden worden waren. Durch die Teileinstellung kann eine Tat (§ 264) oder ein Beschuldigter schon im Ermittlungsstadium aus dem Verfahren ausgeschieden werden (vgl v Heintschel-Heinegg JA **90**, 111ff). Dadurch kann der bisherige Beschuldigte Zeuge werden und zu frühzeitiger Rehabilitation oder ggf zu frühzeitiger Entschädigung (§ 9 **StrEG**) kommen. 8

D. **Strafklageverbrauch** tritt durch die Einstellung nach II S 1 nicht ein (Einl 168ff). Das Ermittlungsverfahren kann vielmehr jederzeit wiederaufgenommen werden, wenn Anlass dazu besteht (RG **67**, 315; Hamm VRS **58**, 33; Radtke NStZ **99**, 483; vgl auch Graalmann-Scheerer 49). Ein Vertrauensschutz auf den Bestand der Einstellungsverfügung besteht nicht (Loos JZ **78**, 594). 9

4) Die **Mitteilung an den Beschuldigten** (II S 2) ist vorgeschrieben, wenn er in der bezeichneten Weise in das Verfahren verstrickt war. Sie kann auch in anderen Fällen zweckmäßig sein (vgl dazu SK-Wohlers 53; **aM** Gillmeister StraFo **96**, 115: wegen der „Subjektstellung des Beschuldigten" stets erforderlich). Jede Vernehmung als Beschuldigter – gleichgültig, ob durch Gericht, StA oder Polizei, auch ohne Aufnahme eines Protokolls – löst die Belehrungspflicht aus; hat der Beschuldigte aber auf eine Vorladung oder ein behördliches Anschreiben gar nicht reagiert, wird idR eine Benachrichtigung von der Verfahrenseinstellung entbehrlich sein (von der Heide NStZ **08**, 677). Wenn sich die Unschuld des Beschuldigten ergeben hat oder jeglicher begründete Verdacht entfallen ist, wird ihm dies in der Einstellungsverfügung bescheinigt (RiStBV 88 S 2). Sonst braucht der Bescheid im Allgemeinen nicht mit Gründen versehen zu werden (RiStBV 88 S 1). Die StA ist zur Offenlegung ihrer Entscheidungsvorgänge bei der Abschlussverfügung nicht verpflichtet (Schroers Wolff-FS 478). Zur Belehrung über den Entschädigungsanspruch vgl § 9 I S 4 **StrEG.** 10

5) Eine **Behörde** oder Körperschaft des öffentlichen Rechts, die Strafanzeige erstattet hat oder die sonst am Ausgang des Verfahrens interessiert ist, soll der StA vor der Einstellung des Verfahrens anhören (RiStBV 90). Über die Anhörung 11 oberster Staatsorgane des Bundes und der Länder in Staatsschutzsachen vgl RiStBV 211 I, III Buchst a; über die Anhörung der FinB, falls die StA das Ermittlungsverfahren in Steuerstrafsachen selbst durchführt, vgl § 403 IV **AO.** Im Übrigen können von Amts wegen zu beachtende Mitteilungspflichten bestehen, zB nach der MiStra 15 III, 19 III, 32 Nr 7, 36 II Nr 4, 36a I c, 37 II Nr 3, 42 I S 1 Nr 2, 43 Nr 3, 44 Nr 3; vgl aber § 14 II S 1, 4 **EGGVG** (dort 14, 16).

12 **6)** In **Steuerstrafsachen** stellt die FinB das Verfahren ein (oben 5 ff), wenn sie das Ermittlungsverfahren anstelle der StA geführt hat (§§ 386, 399 **AO**). Hält sie die öffentliche Klage für gerechtfertigt und stellt sie keinen Antrag auf Erlass eines Strafbefehls (§ 400 **AO**), so gibt sie die Sache an die StA ab, in umfangreichen Sachen möglichst mit einem Vermerk über das Ermittlungsergebnis.

13 **7) Anfechtung:** Die Einstellung ist unter den Voraussetzungen des § 172 anfechtbar, sonst nicht, insbesondere nicht nach § 23 **EGGVG** (dort 9). Ein Anspruch auf Ersatz von Verteidigerkosten besteht grundsätzlich nicht (1 zu § 467 a). Eine „verspätete" Einstellung kann aber einen Amtshaftungsausspruch auslösen (v. Galen DAV-FS 491, die auch erwägt (S 501), ggf einen Entschädigunganspruch aufgrund Sonderopfer zu bejahen). Vernichtung der in Papierform geführten Akten und zur Löschung bei der StA gespeicherter personenbezogener Daten des Betroffenen vgl KG StraFo **09**, 337; erg Einl 64 und 9 zu § 489.

14 **8) Verständigung zwischen StA und Angeklagtem (Verteidiger):** Eine Verständigung zwischen StA und dem Angeklagten bzw für diesen mit dem Verteidiger ist nicht ausgeschlossen und uU sogar anzustreben (vgl dazu Schaefer AnwBl **98**, 263 zur RV des GStA bei dem OLG Frankfurt „Kooperation im Ermittlungsverfahren"). Die Probleme, die sich für die Gerichte im Rahmen einer Verständigung nach § 257 c ergeben können (dazu die Erl dort) bestehen hier nicht, weil die StA im Rahmen der §§ 153 ff bei der Entscheidung über Anklage oder Einstellung des Verfahrens einen weiten Ermessensspielraum besitzt. Vgl hierzu § 160 b und die Erl dort. Hier wird es vor allem um Beschränkungen des Anklagevorwurfs bei zugesagtem Geständnis durch Einstellungen nach § 154 I gehen (vgl Dahs 176 ff; Schmidt-Hieber 73 ff). An die dabei gemachten Zusagen ist die StA gebunden (Scheffler wistra **90**, 320; G. Schöch NJW **04**, 3464; **aM** Weigend JR **91**, 259; eingehend zur Problematik der Absprachen im Ermittlungsverfahren Landau DRiZ **95**, 132), ebenso an die Zusage, eine bestimmte Tat bei Rechtsmittelrücknahme in einem anderen Verfahren nicht zu verfolgen (BGH **37**, 10 = JR **91**, 256 mit krit Anm Weigend und Anm Gatzweiler NStZ **91**, 46). Eine verbindliche Festlegung der Strafe durch eine *vor* der Hauptverhandlung getroffene Vereinbarung ist selbstverständl unzulässig (BGH NStZ **97**, 501). Ebenso ist es ausgeschlossen, die Nichtverfolgung selbstständiger prozessualer Taten zuzusichern, die noch gar nicht bekannt, deshalb nicht bestimmbar sind und auch in ihrem Gewicht und Schuldgehalt nicht beurteilt werden können (BGH NStZ **00**, 495).

Bescheid an den Antragsteller **RiStBV 89, 91**

171 [1] **Gibt die Staatsanwaltschaft einem Antrag auf Erhebung der öffentlichen Klage keine Folge oder verfügt sie nach dem Abschluss der Ermittlungen die Einstellung des Verfahrens, so hat sie den Antragsteller unter Angabe der Gründe zu bescheiden.** [2] **In dem Bescheid ist der Antragsteller, der zugleich der Verletzte ist, über die Möglichkeit der Anfechtung und die dafür vorgesehene Frist (§ 172 Abs. 1) zu belehren.**

1 **1)** Der **Antrag auf Erhebung der öffentlichen Klage** ist eine Strafanzeige nach § 158 I mit dem erkennbaren Willen, die Strafverfolgung zu veranlassen. Er kann in einem Strafantrag, in einer Ermächtigung zur Strafverfolgung oder im Strafverlangen (§§ 77, 77 e StGB) enthalten sein. Der Bescheid ist dem Antragstel-

ler ohne Rücksicht darauf zu erteilen, ob er gleichzeitig Verletzter (S 2) und prozessfähig ist (vgl aber 7, 9 zu § 172). Er muss nur handlungsfähig sein (12 zu § 158). Keinen Bescheid erhalten aber idR uneinsichtige Querulanten (Kockel/Vossen-Kempkens NStZ **01**, 180). Erhebt die StA nur wegen eines Teils der Tat (§ 264) Anklage, so wird die Tat damit im Ganzen Gegenstand des gerichtlichen Verfahrens (vgl aber § 154a). Hinsichtlich des in der Anklage nicht enthaltenen Teils bedarf es daher keiner Einstellungsverfügung. Ergeht sie dennoch, so handelt es sich nicht um einen Fall der §§ 171, 172 (Karlsruhe NJW **77**, 62 mit Anm Ries NJW **77**, 860 = JR **77**, 215 mit Anm Meyer-Goßner; SK-Wohlers 5; erg 1, 37 zu § 172). Hat das Ermittlungsverfahren mehrere Taten iS des § 264 zum Gegenstand und wird das Verfahren wegen einer von ihnen eingestellt, so wird dem Antragsteller hierüber Bescheid gegeben.

2) Der **Bescheid** ist obligatorisch (Solbach NStZ **87**, 352), es sei denn, dass der Anzeigende bloß eine Anregung geben wollte und erkennbar auf Nachricht verzichtet hat oder ein Fall hartnäckiger und uneinsichtiger Querulanz vorliegt (SK-Wohlers 8; Fahl 176; Franzheim GA **78**, 142; Solbach DRiZ **79**, 183). Auch bei sog „Kettenanzeigen" (der ablehnend beschiedene Anzeigeerstatter erstattet Anzeige gegen den Sachbearbeiter wegen Rechtsbeugung usw) kann von weiteren Bescheiden wegen Rechtsmissbrauchs abgesehen werden (Fahl 179). 2

A. **Inhaltlich** ist er verschieden, je nachdem, ob Ermittlungen durchgeführt worden sind oder nicht. Im 1. Fall (vgl § 170 I, II) teilt die StA mit, dass sie das Verfahren eingestellt hat. Hat der Antrag von vornherein keinen konkreten Verdacht begründet (§ 160 I) und daher nicht zu Ermittlungen geführt, so erteilt die StA den Bescheid, dass sie dem Antrag auf Durchführung eines Verfahrens keine Folge gebe oder es ablehne, Ermittlungen durchzuführen (oder in Ermittlungen einzutreten). Die Begründung muss in einer dem Antragsteller verständlichen Weise die tatsächlichen und rechtlichen Gründe angeben, auf denen der Bescheid beruht (vgl dazu Hellebrand 296ff). Der Geschädigte muss erfahren, ob es sich um eine Teileinstellung oder um eine Einstellung in vollem Umfang handelt (BVerfG NStZ **02**, 370, 371). 3

B. Wenn ein **Privatklagevergehen** angezeigt ist und die StA das öffentliche Interesse an der Strafverfolgung (nach oder ohne Ermittlungen) verneint, so verbindet sie mit ihrer Einstellungsverfügung die Verweisung des Antragstellers, falls dieser zur Erhebung der Privatklage befugt ist, auf den Privatklageweg (7 zu § 170). Stellt die StA ihr Ermittlungsverfahren aus anderen Gründen ein, so unterlässt sie die Verweisung auf den Privatklageweg, obwohl dieser durch die Einstellung rechtlich nicht abgeschnitten wird (Solbach DRiZ **77**, 182). 4

3) Förmliche Mitteilung an den Antragsteller (S 1): Über die Mitteilung an den Beschuldigten vgl § 170 II. Der Antragsteller (oben 1) erhält die Einstellungsverfügung formlos, wenn er nicht Verletzter ist (9ff zu § 172), weil dann nur die nicht an bestimmte Fristen gebundenen Rechtsbehelfe der Gegenvorstellungen und Dienstaufsichtsbeschwerde zulässig sind (22ff vor § 296). Ist er aber Verletzter, so wird er über sein Recht zur förmlichen Einstellungsbeschwerde (S 2) belehrt. In diesem Fall ist die Einhaltung der Beschwerdefrist eine Zulässigkeitsvoraussetzung für einen etwaigen späteren Antrag zum OLG (34 zu § 172). Da es aber in verhältnismäßig wenigen Fällen später zu einem solchen Antrag durch den Verletzten kommt, enthält RiStBV 91 II eine flexible Regelung über die Form der Mitteilung. Die förmliche Zustellung der Einstellungsverfügung an den Verletzten ist gesetzlich nicht vorgeschrieben (Schleswig OLGSt § 172 Nr 11; AK-Moschüring 5; **aM** Celle NStZ **90**, 505 mit abl Anm Nöldeke NStZ **91**, 52; Wagner NStZ **91**, 201 schlägt die entspr Anwendung von § 41 II VwVfG vor), empfiehlt sich aber, wenn mit einem späteren Antrag zum OLG zu rechnen ist. Mit der Wahl der ebenfalls zulässigen brieflichen Mitteilung (iVm einem vorbereiteten Empfangsbekenntnis und der Bitte um Ausfüllung und Rücksendung) ist das Risiko verbun- 5 den, dass bei einem Antrag an das OLG eine Sachentscheidung deshalb getroffen werden muss, weil die Verspätung der förmlichen Einstellungsbeschwerde nicht nachgewiesen werden kann.

6 4) **Einstellungsbeschwerde** (§ 172 I S 1): Die Beschwerde ist nicht nur ein Rechtsbehelf zur Erlangung einer Entscheidung des GStA, sondern Vorschaltbeschwerde im Klageerzwingungsverfahren (6 zu § 172).

7 5) **Beschwerdebelehrung** (S 2): Sie ist auch dann notwendig, wenn mit einem späteren Antrag an das OLG nicht zu rechnen ist. Sie wird aber nur gegeben, wenn das Klageerzwingungsverfahren zulässig ist (6, 8 zu § 172), also nicht in den Fällen des § 172 II S 3 (vgl Nürnberg MDR **59**, 1030). Sie wird in konkreter Form erteilt und muss eindeutig sein. Über das Recht zur Erhebung der Dienstaufsichtsbeschwerde wird der Antragsteller nicht belehrt (KK-Schmid 12), auch nicht darüber, dass er uU Privatklage erheben kann (Solbach DRiZ **84**, 476).

8 A. Ihr **Gegenstand** ist nur die Vorschaltbeschwerde, nicht der Antrag an das Gericht nach § 172 II, über den erst mit dem Beschwerdebescheid belehrt wird. Zur Belehrung nach S 2 gehört auch der Hinweis, dass die Beschwerde an den GStA bei dem OLG zu richten ist und innerhalb der Frist bei der StA oder dem GStA eingelegt sein muss. Unterbleibt die Belehrung zu Unrecht oder ist sie in einem wesentlichen Punkt mangelhaft (14 zu § 35 a), so läuft die Beschwerdefrist nicht (§ 172 I S 2).

9 B. Die **Belehrung unterbleibt,** wenn die StA das Verfahren eingestellt hat, weil sie keinen in Betracht kommenden Täter ermitteln konnte (**aM** SK-Wohlers 15); denn in diesem Fall wäre das Klageerzwingungsverfahren (8 zu § 172) auf einen unmöglichen Erfolg gerichtet und daher unzulässig (34, 35 zu § 172).

Klageerzwingungsverfahren **RiStBV 105**

172 **I [1] Ist der Antragsteller zugleich der Verletzte, so steht ihm gegen den Bescheid nach § 171 binnen zwei Wochen nach der Bekanntmachung die Beschwerde an den vorgesetzten Beamten der Staatsanwaltschaft zu. [2] Durch die Einlegung der Beschwerde bei der Staatsanwaltschaft wird die Frist gewahrt. [3] Sie läuft nicht, wenn die Belehrung nach § 171 Satz 2 unterblieben ist.**

II [1] Gegen den ablehnenden Bescheid des vorgesetzten Beamten der Staatsanwaltschaft kann der Antragsteller binnen einem Monat nach der Bekanntmachung gerichtliche Entscheidung beantragen. [2] Hierüber und über die dafür vorgesehene Form ist er zu belehren; die Frist läuft nicht, wenn die Belehrung unterblieben ist. [3] Der Antrag ist nicht zulässig, wenn das Verfahren ausschließlich eine Straftat zum Gegenstand hat, die vom Verletzten im Wege der Privatklage verfolgt werden kann, oder wenn die Staatsanwaltschaft nach § 153 Abs. 1, § 153 a Abs. 1 Satz 1, 7 oder § 153 b Abs. 1 von der Verfolgung der Tat abgesehen hat; dasselbe gilt in den Fällen der §§ 153 c bis 154 Abs. 1 sowie der §§ 154 b und 154 c.

III [1] Der Antrag auf gerichtliche Entscheidung muss die Tatsachen, welche die Erhebung der öffentlichen Klage begründen sollen, und die Beweismittel angeben. [2] Er muss von einem Rechtsanwalt unterzeichnet sein; für die Prozesskostenhilfe gelten dieselben Vorschriften wie in bürgerlichen Rechtsstreitigkeiten. [3] Der Antrag ist bei dem für die Entscheidung zuständigen Gericht einzureichen.

IV [1] Zur Entscheidung über den Antrag ist das Oberlandesgericht zuständig. [2] § 120 des Gerichtsverfassungsgesetzes ist sinngemäß anzuwenden.

Übersicht

1) Das **Klageerzwingungsverfahren** sichert das Legalitätsprinzip auf Initiative des Verletzten, der die Strafverfolgung des Beschuldigten wünscht, aber wegen des Anklagemonopols der StA (Einl 37) selbst kein gerichtliches Strafverfahren gegen den Rechtsbrecher in Gang setzen darf. Das Anklagemonopol der StA wird dadurch nicht durchbrochen; der Antragsteller kann nur erreichen, dass die StA zur Anklage gezwungen wird (§ 175). Das Klageerzwingungsverfahren ist grundsätzlich nur bei einer Einstellung nach § 170 II zulässig (erg unten 3). Über § 172 hinaus gibt es keinen verfassungsrechtlich verbürgten Anspruch auf Strafverfolgung eines anderen (BVerfG NStZ **02**, 606). 1

A. **Privatklagevergehen:** Der Ausschluss des Klageerzwingungsverfahrens gilt stets, wenn es sich um eine Straftat von der Art handelt, derentwegen die StPO das Privatklageverfahren prinzipiell zulässt (§ 374). Unter dieser Voraussetzung ist das Klageerzwingungsverfahren auch dann unzulässig, wenn der Antragsteller die Verneinung des öffentlichen Interesses an der Strafverfolgung (§ 376) für rechtlich unzutr hält (KK-Schmid 39). Zulässig ist es hingegen, wenn die StA das Verfahren gegen einen Jugendlichen nach § 170 II eingestellt hat, nicht aber bei Einstellung nur wegen Fehlens der Verfolgungsgründe des § 80 I S 2 **JGG** (Stuttgart NStZ **89**, 136 mwN zum Streitstand und abl Anm Brunner). Betrifft die angezeigte Tat iS § 264 auch ein Offizialdelikt, so ist das Klageerzwingungsverfahren für beide Delikte zulässig, wenn der Antragsteller auch durch das Offizialdelikt verletzt ist (Frankfurt NStZ-RR **06**, 47; Koblenz VRS **63**, 359, 360; KK-Schmid 40 mwN); besteht aber hinsichtlich des Offizialdelikts kein hinreichender Tatverdacht, wird das Klageerzwingungsverfahren unzulässig (Stuttgart OLGSt Nr 29). 2

B. **Geltungsbereich des Opportunitätsgrundsatzes:** In den Fällen, in denen die StA nach einer der in II S 3 genannten Bestimmungen von der Verfolgung der Tat absieht (Düsseldorf wistra **93**, 200) oder die Anklage beschränkt, ist das Klageerzwingungsverfahren auch dann unzulässig, wenn sie ihre Entscheidung ohne gerichtliche Mitwirkung trifft. Dies ist der Fall bei der Anwendung der §§ 153 I S 2, 153a I S 7, 153c I–V, 153f I–III, 154b I–III, 154c. Das gilt im Grundsatz auch bei der Anwendung des § 45 **JGG;** denn das Klageerzwingungsverfahren gilt nur, wenn es sich um die Sicherung des Legalitätsprinzips handelt (Nürnberg MDR **65**, 845; oben 1). Der Ausschluss des Klageerzwingungsverfahrens nach II S 3 gilt nicht, wenn die StA in Überschreitung ihrer Befugnis das Verfahren trotz Verbrechensverdachts eingestellt hat (Hamm MDR **93**, 460; SK-Wohlers 38) oder wenn sonst der Anwendungsbereich der angewandten Einstellungsnorm überhaupt nicht gegeben ist (LR-Graalmann-Scheerer 22; erg 34 zu § 153). Im Fall des § 153a I ist – verfassungsrechtlich unbedenklich (BVerfG NJW **02**, 815) – das Klageerzwingungsverfahren bereits während des vorläufigen Absehens von der Erhebung der Klage nach **I** S 1, 7 ausgeschlossen; später besteht das Verfahrenshindernis des § 153a I S 5 (erg dort 52). Zu § 154d s dort 4. 3

4 **Zusammentreffen von Verbrechens- und Vergehensverdacht:** Hat die StA den hinreichenden Tatverdacht unter dem Gesichtspunkt eines Verbrechens verneint und das Ermittlungsverfahren wegen des Vergehens nach dem Opportunitätsprinzip eingestellt, so gilt zur Erzwingung der Anklage unter dem Gesichtspunkt des Verbrechens § 172 (Hamm MDR **97**, 285 mwN); anders aber, wenn die StA gar keine konkreten Anhaltspunkte für ein Verbrechen hatte und das Ermittlungsverfahren deshalb legitim nicht auf diesen rechtlichen Gesichtspunkt erstreckt hat. In diesem Fall müsste ggf erst ein Ermittlungsverfahren wegen des Verbrechensverdachts durchgeführt werden. Wird nach Beendigung des gerichtlichen Verfahrens nach einer Opportunitätsbestimmung neue Strafverfolgung gegen denselben Beschuldigten wegen derselben Tat zulässig, weil neue Tatsachen oder Beweismittel dem Einstellungsbeschluss die Grundlage entzogen haben, so gelten wiederum § 152 II (dort 11) und § 172 (Zweibrücken MDR **91**, 79).

5 **2) Dreistufigkeit:**

5a A. **Antrag** (1 zu § 171): Nur der Antragsteller ist legitimiert, das Klageerzwingungsverfahren zu betreiben, und zwar nur, wenn er zugleich Verletzter ist (vgl unten 9 ff). Antragsteller ist derjenige, der sich schon bei der StA mit dem Antrag nach § 171 eingeschaltet hat (Hamm JZ **62**, 171; Karlsruhe Justiz **92**, 187; Oldenburg MDR **87**, 431); dabei muss es sich bei Antragsdelikten um einen förmlichen Strafantrag (§ 158) gehandelt haben, so dass ein erst mit der Beschwerde nach I (Oldenburg aaO) oder dem Antrag nach II (Düsseldorf NStE Nr 32) gestellter Strafantrag nicht genügt. Das Antragsrecht ist ein persönliches Recht; es geht nicht auf die Angehörigen oder Erben des Verletzten über (Celle NStZ **88**, 568 = OLGSt Nr 24 mit Anm Rieß; Düsseldorf VRS **76**, 370 mwN; NJW **92**, 2370; **aM** Weber A. Kaufmann-GedSchr 781).

6 B. **Einstellungsbeschwerde** (I): Sie ist eine Vorschaltbeschwerde auf dem Weg zum OLG (Kleinknecht JZ **52**, 488, 490; Solbach DRiZ **77**, 181). Sie entfällt in Staatsschutzverfahren, in denen der GBA oder GStA zuständige StA ist (§§ 120 I, II, 142 a I, II GVG). Diese Beschwerde ist auch zulässig, wenn der Bescheid nach § 171 stillschweigend ergeht (Einl 123), die StA also endgültig untätig bleibt oder überhaupt die Einleitung eines Ermittlungsverfahrens ablehnt (Karlsruhe Justiz **05**, 253).

7 C. **Antrag an OLG** (II): Das Klageerzwingungsverfahren findet vor dem OLG statt. Es ist ein prozessual selbstständiges Verfahren (BVerfGE **42**, 172, 175 = NJW **76**, 1629). Der Antragsteller muss prozessfähig sein, weil der Antrag vermögensrechtliche Folgen haben kann (§§ 176, 177; Düsseldorf MDR **89**, 377 mwN; Stuttgart NJW **09**, 3524). Das ergibt sich auch daraus, dass der Antragsteller in dem OLG-Verfahren in einer tragenden Prozessrolle ist, die mit der des Privatklägers im Privatklageverfahren verglichen werden kann (§ 374 III). Ist der Antragsteller nicht prozessfähig, so muss für ihn der gesetzliche Vertreter tätig werden.

8 D. Das **Ziel der Beschwerde und des Antrags** ergibt sich aus III und aus den §§ 174, 175 (Erhebung der öffentlichen Klage). Das gilt auch, wenn die StA nach Auffassung des Antragstellers das Ermittlungsverfahren zu Unrecht wegen eines behebbaren Verfahrenshindernisses (12 zu § 152) eingestellt hat. In einem solchen Fall kann es zu einer Teilanordnung des OLG kommen (Karlsruhe MDR **63**, 523: Anweisung, die Aufhebung der Immunität zu betreiben). Nach Meinung von Bremen (OLGSt § 175 Nr 1) und Zweibrücken (GA **81**, 94) ist, wenn die Ermittlungen unzureichend sind oder wenn die StA die Einleitung eines Ermittlungsverfahrens von vornherein abgelehnt hat, auch die Anweisung des OLG zulässig, die Ermittlungen aufzunehmen oder fortzusetzen (vgl 2 zu § 175).

9 **3) Verletzter** ist, wer durch die behauptete Tat – ihre tatsächliche Begehung unterstellt – unmittelbar in einem Rechtsgut verletzt ist (Hamm NStZ **86**, 327; Karlsruhe Justiz **88**, 400; Koblenz NJW **85**, 1409; wistra **85**, 83; Köln NJW **72**, 1338; München NJW **85**, 2430; Peglau JA **99**, 55; 6 ff zu § 22; zum Verletztenbe-

griff bei modernen Rechtsguts- und Deliktsstrukturen Hefendehl GA **99**, 584; vgl auch Frisch JZ **74**, 7, der auf das Genugtuungsinteresse abstellt, und Haas GA **88**, 493, der bei Eigentums- und Vermogensdelikten „zivilrechtliche Wertungen" berücksichtigen will). Dabei wird nur das von der Strafrechtsordnung anerkannte Interesse berücksichtigt (Celle NdsRpfl **62**, 141).

Der Begriff des Verletzten wird hier **weit ausgelegt,** weil der Schutz des Legalitätsprinzips innerhalb des gesetzlichen Rahmens des § 172 umfassend sein soll. Keinesfalls reicht es jedoch aus, dass der Antragsteller durch die Tat lediglich wie jeder andere Staatsbürger betroffen ist, zB dadurch, dass der Beschuldigte pornographische Schriften verbreitet (Hamburg NJW **66**, 1933; MDR **72**, 342 zu § 184 StGB aF) oder ein Staatsschutzdelikt begeht (Düsseldorf JZ **87**, 836). Verletzt kann auch eine JP sein oder ein Personenverein (§ 374 III), eine Behörde oder sonstige Stelle, die Aufgaben der öffentlichen Verwaltung wahrnimmt (§ 194 III S 2 StGB), auch eine Behörde einer Kirche und anderen Religionsgesellschaft (§ 194 III S 3 StGB); ebenso eine Regierung (§§ 90b, 102ff StGB) oder ein Gesetzgebungsorgan (§§ 90b, 105ff StGB). 10

Beispiele: Verletzt sind die mittelbar durch eine Straftat nach § 130 I, II StGB verletzten Mitglieder eines Bevölkerungsteils (KK-Schmid 23; aber nicht die einer Religionsgemeinschaft: Stuttgart NJW **02**, 2893), die Person, die durch einen falschen Eid oder eine falsche uneidliche Zeugenaussage betroffen ist, zB dadurch, dass ihre Stellung im Prozess erschwert worden ist (Bremen NStZ **88**, 39; Düsseldorf JZ **89**, 404; OLGSt Nr 6; Koblenz VRS **79**, 437 mwN), oder dass bei abgeschlossenem Verfahren sich die Aussage zu ihrem Nachteil ausgewirkt hat (Düsseldorf NStZ **95**, 49; StraFo **01**, 165), aber nicht schon ein anderer Zeuge (Düsseldorf StraFo **00**, 21; Stuttgart Justiz **89**, 68), ebenso bei falscher eidesstattlicher Versicherung nach § 156 StGB (eingehend dazu Frankfurt NStZ-RR **02**, 174 mwN); ein Arrestbeklagter bei einer sein Vermögen gefährdenden falschen eidesstattlichen Versicherung (Bremen NJW **50**, 960); der Unterhaltsberechtigte und der Träger der Sozialhilfe oder ein anderer öffentlicher Versorgungsträger bei Verletzung der Unterhaltspflicht nach § 170 StGB (Hamm NStZ-RR **03**, 116 L); im Hinblick auf einen Prozessbetrug oder wegen eines hierzu erstellten unrichtigen Gesundheitszeugnisses nach § 278 StGB nicht derjenige, der seine Ansprüche abgetreten hat (Celle NJW **08**, 1463), nicht bei § 267 StGB derjenige, zu dessen Nachteil die gefälschte Urkunde im Rechtsverkehr gebraucht wird oder werden soll (Karlsruhe Justiz **03**, 271); der in Not Geratene bei § 323c StGB (Celle OLGSt Nr 25 mit Anm Rieß; nicht aber dessen Angehörige, Düsseldorf NJW **92**, 2370) und die nach § 395 nebenklageberechtigten Angehörigen des durch die Straftat Getöteten, zB der Ehegatte bei Tötung des anderen Ehegatten (Hamm MDR **52**, 247); ferner das Kind des getöteten Elternteils (KG JR **57**, 71; Celle NJW **54**, 1660); die Eltern des getöteten minderjährigen oder volljährigen Kindes (Frankfurt NJW **63**, 1368; Hamburg NJW **55**, 1770). Dagegen sind die Geschwister des Getöteten nicht ohne weiteres als Verletzte anzusehen (Koblenz MDR **77**, 950). Verletzter ist ferner der Dienstvorgesetzte, der ein Antragsrecht nach § 194 III S 1 StGB hat (BGH **9**, 266), und im Falle des Erschleichens von Prozesskostenhilfe im Klageerzwingungsverfahren die Staatskasse, nicht der Anzeigeerstatter (Düsseldorf MDR **88**, 77). 11

Nicht zu den Verletzten gehören die Tatbeteiligten (Hamburg NJW **80**, 848 mit Anm Bloy JR **80**, 480) oder die erfolglos zu einer Straftat Angestifteten (Düsseldorf MDR **90**, 568), hinsichtlich der Strafvereitelung das Opfer der Vortat (Frankfurt NStZ-RR **98**, 279; Schleswig SchlHA **96**, 94 [L/T]; Stuttgart Justiz **02**, 414), auch nicht die verkuppelte Person, selbst bei Ausbeutung (§§ 180a, 181a StGB; BGH GA **73**, 117; Hamm NJW **72**, 1874; dazu Frisch JZ **74**, 7); ferner die Ärztekammer bei unerlaubter Ausübung des ärztlichen Berufs (Stuttgart NJW **69**, 569); die Ausländerbehörde bei Verstößen gegen das Aufenthaltsgesetz (Karlsruhe NJW **87**, 1835); die Naturschutzbehörde bei Straftat gegen das NaturschutzG (Celle OLGSt S 54); ein Tierschutzverein oder der Eigentümer oder der Halter des 12

Tieres bei Tierquälerei (Celle NStZ **07**, 483 mit zust Anm Iburg; Hamm MDR **70**, 946; Koblenz JBlRP **02**, 311); der Dienstherr eines bestochenen Amtsträgers (Nürnberg NJW **97**, 1320) oder die durch eine Straftat nach §§ 331 ff StGB betroffenen Bürger (Koblenz wistra **85**, 83; JBlRP **02**, 281; zu § 339 StGB vgl Dresden NStZ-RR **98**, 338 und Karlsruhe NStZ-RR **01**, 112) oder der durch eine Straftat nach § 315 c StGB konkret Gefährdete (Stuttgart NJW **97**, 1320), es sei denn, ein tödlicher Unfall habe nahe gelegen (Brandenburg VRS **114**, 373; Celle NStZ-RR **04**, 369). Zu den Verletzten gehören auch nicht die mittelbar geschädigten späteren Erben (Düsseldorf wistra **94**, 155 mwN) oder der Abtretungsempfänger (Brandenburg NStZ-RR **09**, 245; erg oben 5 a). Grundsätzlich sind auch die einzelnen Aktionäre einer AG nicht Verletzte iSd § 172 (Braunschweig wistra **93**, 31; **aM** Zielinski wistra **93**, 6), ebenso nicht die Gesellschafter einer GmbH (Celle NJW **07**, 1223; Stuttgart NJW **01**, 840); zur Verletzteneigenschaft bei der Organuntreue eingehend Tiedemann Mehle-FS 625.

13 4) **Beschwerdeentscheidung** (I):

13a A. **Abhilfe durch die StA:** Die StA kann die Beschwerde durch Aufhebung ihres Bescheides nach § 171 gegenstandslos machen (RiStBV 105 II). Hilft die StA der Beschwerde nicht ab, so legt sie die Sache dem GStA vor (unten 14). Nimmt sie die Ermittlungen wieder auf und stellt sie das Verfahren dann erneut ein, so gelten wieder die §§ 171, 172, und zwar auch, wenn die Beschwerde verspätet war und daher als Dienstaufsichtsbeschwerde behandelt worden ist (vgl unten 16, 18).

14 B. Der **GStA** entscheidet, wenn oder soweit die StA nicht abhilft. Ist die Beschwerde bei ihm eingereicht worden und hat er um Bericht und Aktenvorlage ersucht, so prüft die StA nach Erhalt der Beschwerde die Frage der Abhilfe (oben 13 a; RiStBV 105 III). Wird die Beschwerde nicht gegenstandslos, so verwirft sie der GStA als unzulässig, wenn sie nicht fristgemäß, nicht vom Antragsteller, von einem nicht handlungsfähigen Antragsteller oder von einem Antragsteller, der nicht Verletzter ist, eingelegt worden ist, ferner in den Fällen des II S 3. Zugleich trifft er aber eine Sachentscheidung, da auch die unzulässige Beschwerde subsidiär eine Dienstaufsichtsbeschwerde darstellt, auf die ein Bescheid erteilt wird, es sei denn, dass der Beschwerdeführer nicht handlungsfähig ist (unten 18). Hebt der GStA den Bescheid der StA auf die zulässige förmliche Beschwerde oder im Dienstaufsichtswege auf, so gelten bei neuer Einstellung des Verfahrens durch die StA die §§ 171, 172 so, als wäre es die erste Einstellung.

15 5) Die **Beschwerdefrist** beginnt mit der Bekanntmachung des Bescheides (5 zu § 171; 1 zu § 43), falls richtige und vollständige Beschwerdebelehrung (I S 2) erteilt worden ist.

16 A. Die **Frist beginnt** unter dieser Voraussetzung (oben 15) – und nur dann – mit dem Zugehen der Zustellung oder der formlosen Mitteilung (5 zu § 171), nicht erst mit der tatsächlichen Kenntnisnahme (Stuttgart VRS **116**, 114; SK-Wohlers 46), Ausnahme 19 zu § 37. Bei wiederholter Einstellung nach Aufhebung der ersten Einstellungsverfügung und Wiedereintritt in das Ermittlungsverfahren ist das erste Beschwerdeverfahren überholt. Für die Zulässigkeit des Klageerzwingungsverfahrens kommt es dann nur darauf an, ob die formellen Voraussetzungen für die Beschwerde gegen die letzte Einstellungsverfügung erfüllt sind (Celle OLGSt Nr 26; Hamm NJW **57**, 1730; LR-Graalmann-Scheerer 130; **aM** Düsseldorf NStZ **89**, 193 mwN und abl Anm Rieß; vgl auch SK-Wohlers 48 und oben 13 a).

17 B. **Wiedereinsetzung in den vorigen Stand** kann analog §§ 44 ff gewährt werden (10 vor § 42). Nach der einen Ansicht ist hierfür anstatt des Gerichts der GStA zuständig (abweichend von § 46 I; Hamm NJW **73**, 1055; München NJW **77**, 2365; Oldenburg NJW **67**, 1814; Stuttgart Justiz **96**, 347), nach der anderen, zutr Meinung das OLG (KG JR **82**, 209; Hamm NStZ **90**, 450 mit abl Anm Schmid, dagegen Asper NStZ **91**, 146; LR-Graalmann-Scheerer 134; **aM** Celle MDR **80**, 335; **72**, 67 mit Anm Kleinknecht; Köln MDR **72**, 623; SK-

Wohlers 52: jedenfalls, wenn der GStA bereits sachlich entschieden hat und die Wiedereinsetzung iVm dem Antrag nach II, III begehrt wird). Bewilligt das OLG die Wiedereinsetzung, so entscheidet es sogleich über den Klageerzwingungsantrag, auch wenn der GStA die Beschwerde nur als Dienstaufsichtsbeschwerde behandelt hatte (Düsseldorf aaO; **aM** Stuttgart NStZ-RR **96**, 143). Unschädlich ist, dass der Klageerzwingungsantrag noch nicht gestellt, sondern erst angekündigt ist (Stuttgart Justiz **88**, 404; LR-Graalmann-Scheerer 136; SK-Wohlers aaO; **aM** Düsseldorf NJW **88**, 431 = OLGSt § 44 Nr 12 mit Anm Wendisch).

6) Die **Dienstaufsichtsbeschwerde,** die an keine Frist gebunden ist, ist neben der förmlichen Beschwerde zulässig. Über sie entscheidet der GStA beim OLG, wenn eine Entscheidung der StA angegriffen ist und diese der Beschwerde nicht abgeholfen hat (dazu im Einzelnen Thode DRiZ **07**, 57). Gegen den Beschwerdebescheid des GStA ist Dienstaufsichtsbeschwerde an den JM zulässig (1 zu § 147 GVG), gleichviel, ob der Antrag nach II gestellt wird oder nicht. Die Dienstaufsichtsbeschwerde steht jedem, der handlungsfähig ist, zu, ohne dass er prozessfähig zu sein braucht (Einl 98). Gegen jede staatsanwaltschaftliche Entscheidung sind auch Gegenvorstellungen zulässig (vgl 23 vor § 296); ebenso gegen eine Entscheidung, die der JM in Ausübung seiner Dienstaufsicht getroffen hat. 18

7) Bei ablehnendem Beschwerdebescheid nach I ist der Beschwerdeführer nach II S 1 über das Recht zum Antrag nach II sowie über die dafür vorgesehene Form (III) und Frist (II S 1) zu belehren; einer Belehrung über die Notwendigkeit, die antragsbegründenden Tatsachen und Beweismittel anzugeben (unten 27 ff), bedarf es aber nicht (Nürnberg NStZ-RR **98**, 143 mwN). Bei fehlender oder in wesentlichen Punkten unvollständiger Belehrung läuft die Frist nicht (vgl 8 zu § 171). Die Belehrung entfällt in den Fällen des II S 3. 19

Bei Verwerfung der Einstellungsbeschwerde aus formellen Gründen (7 zu § 174) richtet sich der Antrag auf gerichtliche Entscheidung nicht gegen die ablehnende Sachentscheidung, die im Dienstaufsichtsweg getroffen worden ist (oben 18). Das OLG prüft daher im Rahmen seiner Zulässigkeitsprüfung, ob die formellen Voraussetzungen, die zu dem ablehnenden Beschwerdebescheid geführt haben, zutreffen. Aus dieser Rechtsauffassung ergibt sich: Auch bei Verwerfung der förmlichen Einstellungsbeschwerde als unzulässig muss der Antragsteller über die Zulässigkeit des Antrags an das Gericht belehrt werden (Hamm NStZ **90**, 450 mit abl Anm Schmid; gegen ihn Asper NStZ **91**, 146; Stuttgart Justiz **96**, 347). 20

8) Prozesskostenhilfe (III S 2 Hs 2): 21

A. Den **Antrag** auf Bewilligung der Prozesskostenhilfe für das gerichtliche Verfahren kann der prozessfähige Antragsberechtigte stellen, bei mangelnder Prozessfähigkeit der gesetzliche Vertreter, und zwar schriftlich oder zu Protokoll der Geschäftsstelle des OLG, wobei Vertretung zulässig ist (12 ff vor § 137). Der Antrag muss vor Ablauf der Frist nach II S 1 gestellt werden (Bremen NJW **62**, 169; Hamm Rpfleger **61**, 81; Koblenz MDR **85**, 957; Stuttgart Justiz **83**, 342; **aM** Celle NdsRpfl **95**, 73; Düsseldorf JMBlNW **88**, 215: Antrag ist nicht fristgebunden; vgl auch BGH JZ **57**, 183). Innerhalb dieser Frist muss der Antragsteller die Erklärung über seine persönlichen und wirtschaftlichen Verhältnisse auf dem vorgeschriebenen Vordruck einreichen (Koblenz aaO; Stuttgart Justiz **84**, 368). Es gelten die §§ 114 ff ZPO (vgl dazu im einzelnen Kaster MDR **94**, 1073), jedoch nur so weit, wie sie die Voraussetzungen (Hamm NStZ-RR **00**, 244: „ausreichendes Maß an Tatverdacht") und Wirkungen der Prozesskostenhilfe (Stuttgart Justiz **83**, 342) sowie das Bewilligungsverfahren betreffen; die Beschwerde richtet sich nach der StPO (vgl 8, 17 zu § 379). Eine kurze Angabe des Sachverhalts und der wesentlichen Beweismittel ist notwendig (Celle NdsRpfl **87**, 37, 39; Düsseldorf VRS **83**, 272; Hamm NStZ-RR **98**, 279 mwN; Koblenz MDR **72**, 886; Schleswig SchlHA **93**, 227 [L/T]; vgl § 117 I S 2 ZPO). 21a

22 B. **Anhörungen:** Die StA ist vor der Entscheidung zu hören (§ 33 II). Der Beschuldigte muss rechtliches Gehör erhalten, bevor die Prozesskostenhilfe bewilligt wird, weil damit eine ihm nachteilige Vorentscheidung getroffen wird (BayVerfGH JR **62**, 316; Röhl NJW **64**, 275; 2 zu § 173; vgl auch § 118 ZPO).

23 C. **Beiordnung eines RA** (unten 32): Die Bewilligung der Prozesskostenhilfe umfasst außer den Kosten des Verfahrens (§ 464 a I S 1) die Beiordnung eines RA (Kaster MDR **94**, 1073; Müller NJW **55**, 1181). Behauptet der Verletzte, keinen RA zu finden, so kann ihm ohne Bewilligung der Prozesskostenhilfe ein solcher durch das OLG in entspr Anwendung des § 78 b ZPO beigeordnet werden (Bamberg NJW **07**, 2274; Koblenz NJW **82**, 61; Köln NStZ-RR **08**, 117 L; Saarbrücken NJW **64**, 1534; Stuttgart Justiz **01**, 222; KK-Schmid 55; KMR-Plöd 52; LR-Graalmann-Scheerer 160; Rieß NStZ **86**, 433; Roxin/Schünemann § 41, 13; **aM** Bremen NStZ **86**, 475; Celle NStZ **85**, 234 mit abl Anm Meyer-Goßner; Düsseldorf NStZ **85**, 571; VRS **97**, 42; Frankfurt NStZ **81**, 491; Hamm NStZ **95**, 562; NJW **03**, 3286). Das folgt aus der Gesetzeslogik, da das Gesetz bei Anwaltszwang auch sicherstellen muss, dass jeder Antragsteller einen RA bekommen kann (vgl auch SK-Wohlers 61). Der Rechtsschutz darf nicht am Fehlen eines postulationsfähigen Vertreters scheitern (BVerfG 2 BvR 17/90 vom 21. 6. 1990). Der Antragsteller muss aber glaubhaft machen, dass er trotz intensiver Suche keinen zur Vertretung bereiten RA gefunden hat; sonst ist sein Antrag unzulässig (Bamberg aaO; Hamm NJW **08**, 245; Köln aaO; Schleswig SchlHA **95**, 6 [L/T]; **96**, 94 [L/T]; Stuttgart Justiz **95**, 23). Die Entscheidung des OLG ist entgegen § 78 b II ZPO wegen § 304 IV S 2 unanfechtbar.

24 D. **Kostenbeitrag des Antragstellers:** Hat der Antragsteller aus seinem Einkommen oder Vermögen zu den Prozesskosten beizutragen, so setzt das Gericht zugleich mit der Bewilligung der Prozesskostenhilfe die zu zahlenden Monatsraten und aus dem Vermögen zu zahlende Beträge fest (§§ 115 I, II, 120 I ZPO).

25 **9)** Die **Antragsfrist** von einem Monat (II S 1) beginnt mit der Bekanntmachung der Beschwerdeentscheidung nach I (vgl 5 zu § 171; § 43), falls mit ihr eine ordnungsgemäße Belehrung nach II S 2 verbunden ist, und wird durch rechtzeitigen Eingang der Antragsschrift bei dem zuständigen OLG gewahrt (III S 2; 11 ff vor § 42; erg oben 16). Sie kann nicht verlängert werden (Düsseldorf NJW **87**, 2453; erg 5 vor § 42). Gegen ihre Versäumung ist Wiedereinsetzung zulässig (1, 3 zu § 44). Das Verschulden des RA, der den Antrag gestellt hat, ist dem Antragsteller zuzurechnen (19 zu § 44). Ist die Prozesskostenhilfe rechtzeitig beantragt (vgl oben 21) und wird nach der Entscheidung darüber der Antrag an das OLG unverzüglich, aber erst nach Ablauf der Monatsfrist gestellt, so wird Wiedereinsetzung gewährt (BVerfG NJW **93**, 720 mwN); dafür gilt aber nicht die Frist des § 45 I S 1, sondern die des § 172 II S 1 (Hamburg StraFo **07**, 157).

26 **10) Form des Antrags nach III:**

27 A. **Inhalt** (III S 1):

27a a) Notwendig ist eine aus sich heraus **verständliche Schilderung des Sachverhalts,** der bei Unterstellung des hinreichenden Tatverdachts die Erhebung der öffentlichen Klage in materieller und formeller Hinsicht rechtfertigen würde (vgl Celle NJW **08**, 2202; Stuttgart NStZ-RR **05**, 113). Die Sachdarstellung muss auch in groben Zügen den Gang des Ermittlungsverfahrens, den Inhalt der angegriffenen Bescheide und die Gründe für deren behauptete Unrichtigkeit mitteilen (KG NJW **69**, 108; JR **83**, 345; Düsseldorf NJW **89**, 3296; VRS **82**, 36; Koblenz wistra **85**, 83; NStZ-RR **07**, 317 L; Schleswig NStZ **89**, 286 mit Anm Wohlers NStZ **90**, 98; Stuttgart NStZ-RR **02**, 79; **03**, 331; Langer JR **89**, 96; zusammenfassend HbFAStrR-Plöd 7. Teil Kap 1 93 ff; **aM** Celle MDR **87**, 518; NStZ **89**, 43 = OLGSt Nr 25 mit Anm Rieß; LR-Graalmann-Scheerer 145 ff; Schulz-Arenstorff NJW **78**, 1302; einschr auch Bamberg NStZ **89**, 544 mit Anm Rieß). Diese Auslegung von III verstößt weder gegen das Willkürverbot noch gegen Art 19 IV GG (BVerfG NJW **79**, 364). Das OLG soll dadurch in die Lage versetzt werden, ohne Rückgriff auf die Ermittlungsakten (einschließlich Beiakten) und Eingaben eine Schlüssigkeitsprüfung vorzunehmen (Düsseldorf StV **83**, 498; VRS **82**, 352; Koblenz MDR **77**, 950; vgl auch BVerfG aaO). Die Anforderungen dürfen aber nicht überspannt werden: So ist eine wörtliche Wiedergabe der Bescheide nicht erforderlich, wenn sich deren Inhalt aus dem Klageerzwingungsantrag erschließt (BVerfG NStZ **07**, 272; NJW **93**, 382 mit zust Anm Stoffers NStZ **93**, 497), ebenso wenig bedarf es der Wiedergabe der kompletten Aussage des Geschädigten und aller Zeugen (BVerfG 2 BvR 967/07 vom 4. 9. 2008; SächsVerfGH NJW **04**, 2729) oder einer Auseinandersetzung mit den Argumenten eines Sachverständigengutachtens im Einzelnen (BVerfG NStZ **07**, 272). Ist bereits der Erlass eines Strafbefehls abgelehnt worden, müssen die tragenden Gründe der Entscheidung mitgeteilt werden (Frankfurt NStZ-RR **02**, 78). Auch die Darstellung eines über den Gegenstand des Klageerzwingungsverfahrens anhängigen oder anhängig gewesenen Zivil- oder Verwaltungsgerichtsverfahrens kann erforderlich sein (Stuttgart Justiz **04**, 128; erg 4 zu § 154 d).

b) Die **Wahrung der Frist des II** muss der Antragsschrift – verfassungsrechtlich unbedenklich (BVerfG NJW **88**, 1773: folgerichtig, jedenfalls aber gut vertretbar) – zu entnehmen sein (KG JR **89**, 260; Düsseldorf NStZ-RR **98**, 365; StraFo **00**, 22; Hamm NStZ **92**, 250 mit abl Anm Asper NStZ **92**, 555; NStZ-RR **97**, 309; Karlsruhe NStZ **82**, 520; Schleswig SchlHA **91**, 125 [L/T]; **aM** Celle NStZ **89**, 43; Frankfurt NStZ-RR **06**, 311; **07**, 209 L, wobei es aber bei offensichtlicher Fristwahrung der genauen Angabe eines Eingangsdatums nicht bedarf (BVerfG NJW **93**, 382 mit zust Anm Stoffers NStZ **93**, 497; BVerfG NStZ **04**, 215: Angabe des 2 Tage vor Fristablauf erfolgten Posteinwurfs genügt; BVerfG NStZ-RR **05**, 176: ausreichend, wenn zwischen Abfassung der Beschwerdeschrift und Eingang bei Gericht 5 Tage liegen; vgl auch Hamm VRS **109**, 351). 27b

c) **Verletzteneigenschaft und Antragsbefugnis** müssen, sofern sie nicht ohne weiteres ersichtlich sind, begründet werden (Düsseldorf AnwBl **86**, 156; OLGSt Nr 17; Stuttgart OLGSt Nr 23; Justiz **04**, 213; Rackow GA **01**, 485). Es genügt zB nicht die Angabe, der Antragsteller gehöre zu den Angehörigen des durch die Tat Getöteten, selbst nicht die Angabe, er sei dessen Bruder oder Schwester (Koblenz aaO; oben 9 ff). 27c

d) Bei **Antragsdelikten** muss dargelegt werden, dass der Antrag innerhalb der Frist des § 77 b StGB gestellt worden ist (Karlsruhe wistra **95**, 154 mwN). Dazu gehört ggf auch die Angabe des Zeitpunktes, in dem der Antragsteller von der Tat und der Person des Täters Kenntnis erlangt hat (Celle GA **62**, 152; Düsseldorf JMBlNW **83**, 30). 28

e) Beruht die Einstellung darauf, dass **Strafverfolgungsverjährung** eingetreten ist, so muss auch dargelegt werden, dass und aus welchem Grund trotzdem die Tat noch verfolgbar sein soll. Das Gleiche gilt, wenn die Verjährung nach dem Sachvortrag des Antragstellers normalerweise eingetreten sein müsste (Hamburg MDR **85**, 75; München NJW **73**, 2120). 29

f) Eine **Bezugnahme** auf die Akten, frühere Eingaben oder andere Schriftstücke ist weder zur Darlegung der Verletzteneigenschaft (Düsseldorf OLGSt Nr 6) noch zur Darstellung des Sachverhalts zulässig (Hamm VRS **107**, 197; Koblenz NJW **77**, 1461). Auch auf Anlagen zu dem Klageerzwingungsantrag darf nicht Bezug genommen werden, wenn erst durch die Kenntnisnahme vom Inhalt dieser Anlagen die erforderliche geschlossene Sachdarstellung (oben 27) erreicht wird (KG NStE Nr 28; Düsseldorf StV **83**, 498; Saarbrücken wistra **95**, 36; Schleswig SchlHA **88**, 109 [L/G]; **aM** Bamberg NStZ **90**, 202 zur Feststellung der Wahrung der Fristen). Das gilt auch, wenn Schriftstücke nicht als Anlagen beigefügt, sondern als Ablichtungen in die Antragsschrift aufgenommen worden sind und sich die eigene „Sachdarstellung" nur auf verbindende Sätze beschränkt (BerlVerfGH NJW **04**, 2728; 30

Celle NStZ **97**, 406; Koblenz OLGSt Nr 15). Allenfalls können Anlagen mit klarer Sachdarstellung zur Ergänzung des Antrags verwendet werden (Köln JR **54**, 390). Diese werden dadurch Teil der Antragsschrift unter der Voraussetzung, dass der RA ersichtlich die Verantwortung für sie übernimmt (Koblenz NJW **77**, 1461). Im Fall des § 211 (dort 5) muss die tatsächliche und rechtliche Begründung des nach § 204 ergangenen Beschlusses wiedergegeben werden (KG JR **83**, 345). Fremdsprachlichen Urkunden muss eine beglaubigte Übersetzung in die deutsche Sprache beigefügt werden (Stuttgart NStZ **07**, 664 L = Justiz **07**, 260).

31 g) Schließlich müssen die **Beweismittel** angeführt werden, mit denen nach Auffassung des Antragstellers der hinreichende Tatverdacht bewiesen wird (Celle NStZ **88**, 568). In dem Antrag können auch neue Tatsachen oder Beweismittel vorgebracht werden; ein vollständiger Austausch der Tatsachengrundlage zwischen Ermittlungsverfahren und Klageerzwingungsantrag ist aber nicht zulässig (Stuttgart Justiz **07**, 281).

32 B. Nur ein **RA** (III S 2), der bei einem Gericht im Geltungsbereich der StPO zugelassen ist (Hamburg NJW **62**, 1689), kann das Gericht für den verletzten Antragsteller anrufen, nicht eine andere Person, auch wenn sie als Verteidiger auftreten könnte (§ 138). Er muss innerhalb der Monatsfrist bevollmächtigt sein (Düsseldorf MDR **83**, 153); jedoch genügt der spätere Nachweis der rechtzeitig erteilten Vollmacht (vgl 9 zu § 137). Eine Befreiung vom Anwaltszwang ist ausgeschlossen (Koblenz NJW **82**, 61). Der Antrag nach II kann nicht zu Protokoll der Geschäftsstelle des OLG gestellt werden. Der RA ist für die Einhaltung der Form (oben 27 ff) selbst verantwortlich; Hinweise des OLG dazu kann er nicht verlangen (Nürnberg NStZ-RR **02**, 112).

33 C. Zur **Unterzeichnung** (III S 2) durch den RA vgl Einl 129. Sie setzt Mitprüfung und Übernahme der Verantwortung – für den gesamten Antrag einschließlich der Anlagen – voraus (Hamm NStZ-RR **01**, 300); ist deren Fehlen aus einem Zusatz, zB „keine Haftung für die Vorgehensweise" (Düsseldorf VRS **91**, 182), oder aus sonstigen Umständen, zB nur Stempel und Unterschrift auf dem vom Antragsteller selbst verfassten Schriftsatz (Düsseldorf NJW **90**, 1002), ersichtlich, so ist die Unterschrift unwirksam und der Antrag unzulässig (Düsseldorf NJW **89**, 3296; Frankfurt NStZ-RR **02**, 15; München NStZ **84**, 281; Schleswig SchlHA **08**, 234 [D/D]; vgl 14 zu § 345). Nach Ablauf der Frist des II S 1 kann der Mangel nicht mehr geheilt werden (München aaO).

34 **11) Unzulässig** ist der Antrag, wenn eine förmliche Voraussetzung fehlt, insbesondere, wenn die Fristen nach I (allgM, anders aber Deckenbrock/Dötsch StraFo **03**, 372 entspr §§ 68 ff VwGO bei Ausführungen der StA zur Sache im Ablehnungsbescheid) oder nach II oder die Form nach III nicht eingehalten worden sind, oder nur ein Antrag gestellt, aber nicht fristgerecht eine Begründung eingereicht wurde (Hamm DAR **03**, 87); eine formgerechte Wiederholung des Antrags ist dann ausgeschlossen (Düsseldorf NStZ-RR **00**, 146 L: auch bei Wiederholung der Strafanzeige). Ebenso ist der Antrag nicht zulässig, wenn der Beschuldigte nicht bezeichnet (Düsseldorf VRS **77**, 226; Hamburg MDR **93**, 1226; Hamm NStZ-RR **01**, 83 mwN; Stuttgart Justiz **98**, 176; **04**, 128) oder unbekannten Aufenthalts (Stuttgart NStZ-RR **99**, 277) ist oder gegen ihn wegen Unmöglichkeit (1 zu § 205) seiner Gestellung vor ein deutsches Gericht nicht verhandelt werden kann (Celle NStZ-RR **08**, 78; Stuttgart NStZ **03**, 682) oder wenn ein Beschuldigter fehlt (Düsseldorf VRS **83**, 431 und 434; Stuttgart NStZ-RR **03**, 331 mwN) oder er ohne weiteren Sachvortrag nicht identifiziert werden kann (Karlsruhe VRS **113**, 46), wenn der Antragsteller unter keinem rechtlichen Gesichtspunkt Verletzter (oben 9 ff) ist, wenn der Verletzte die Beschwerde nach I zurückgenommen hatte (Düsseldorf JMBlNW **90**, 178). Stuttgart NJW **02**, 2191 hält den Antrag wegen fehlenden Rechtsschutzbedürfnisses auch für unzulässig, wenn Antragsteller und Beschuldigter über den vermögensrechtlichen Verfahrensgegenstand im Zivilpro-

zess einen Vergleich mit Abgeltungsklausel geschlossen haben; eine Ausnahme gelte nur für unwirksame oder wegen arglistiger Täuschung angefochtene Vergleiche.

Unzulässig ist der Antrag ferner im Rahmen des **Opportunitätsprinzips** (oben 3); dies gilt auch dann, wenn die StA die Tat bei Bejahung des öffentlichen Interesses verfolgen kann, wie nach § 376, und zwar selbst dann, wenn sie zunächst das Verfahren betrieben, später aber eingestellt hat (KG JR **67**, 392 mit Anm Kohlhaas). Gegenstandslos wird der Antrag, wenn die Tat, derentwegen der Antragsteller die Erhebung der öffentlichen Klage anstrebt, inzwischen Gegenstand eines gerichtlichen Strafverfahrens geworden ist, sei es auf Anklage einer anderen StA, sei es durch Übergang von einem gerichtlichen Bußgeld- zu einem Strafverfahren nach § 81 OWiG. Das Gleiche gilt, wenn er vor der Entscheidung zurückgenommen wird (Einl 116). In diesen Fällen ergeht entspr Feststellungsbeschluss ohne Kostenentscheidung (§ 177). 35

Die **Wiederaufnahme der Ermittlungen** durch die StA auf Grund des Antragsvorbringens ist zulässig (Bamberg NStZ **89**, 543 mit zust Anm Rieß), erledigt den Antrag aber nicht (Bamberg aaO; SK-Wohlers 11; **aM** LR-Graalmann-Scheerer 116; erg 2 zu § 175). Wird jedoch Anklage erhoben, ist der Antrag gegenstandslos; der Antragsteller wird damit aber nicht so gestellt, als sei sein Antrag erfolgreich gewesen (**aM** München NStZ **86**, 376; erg 9 zu § 395). 36

12) Die **Wiederholung** des gesamten Klageerzwingungsverfahrens ist uU zulässig, wenn die StA das Ermittlungsverfahren nach der Verwerfung des Antrags auf gerichtliche Entscheidung wiederaufgenommen und dann erneut eingestellt (Nürnberg MDR **64**, 524; Zweibrücken MDR **87**, 341 L), aber nicht schon, wenn sie die Wiederaufnahme von Ermittlungen abgelehnt hat (Düsseldorf NStE Nr 26). Diese Wiederaufnahme ist ohne weiteres zulässig, wenn der Antrag vom OLG als unzulässig verworfen worden ist (Köln NStZ **03**, 682). Bei Verwerfung nach § 174 I jedoch kann die StA das Ermittlungsverfahren nur auf Grund neuer Tatsachen oder Beweismittel wiederaufnehmen (§ 174 II; Kleinknecht Bruns-FS 179, 189), sei es von Amts wegen, sei es auf erneute Vorstellungen des Antragstellers. Nur wenn der Antragsteller die Wiederaufnahme durch Nova veranlasst hat, kann er nach erneuter Einstellung des Ermittlungsverfahrens wiederholt von I und II Gebrauch machen, um nachprüfen zu lassen, ob die Nova genügen (Frankfurt NStZ-RR **03**, 268; Köln aaO; vgl auch 5 zu § 211). 37

13) Teilantrag: Für einen Teil der Tat (§ 264) ist der Antrag nicht zulässig (Frankfurt NStZ-RR **01**, 20 L; Karlsruhe NJW **77**, 62; Bliesener NJW **74**, 874; Meyer-Goßner JR **77**, 216; Solbach DRiZ **84**, 476; **aM** Hamm NJW **74**, 68, 69; MDR **65**, 765), ebenso wenig zur Einbeziehung eines bestimmten rechtlichen Gesichtspunktes (Karlsruhe aaO); denn die Prüfung im Eröffnungsverfahren (§ 203) und das weitere Verfahren beziehen sich auch auf den nach Meinung des Verletzten zu Unrecht nicht berücksichtigten Teil. 38

14) In **Staatsschutzsachen,** die zur Zuständigkeit des OLG im 1. Rechtszug gehören (§ 120 GVG), ist keine förmliche Einstellungsbeschwerde zulässig, wohl aber der Antrag auf gerichtliche Entscheidung an das örtlich zuständige OLG (Stuttgart NStZ **06**, 117), gleichviel, ob die Einstellungsverfügung vom GStA bei diesem OLG oder vom GBA (§ 142a GVG) erlassen worden ist. Eine Beschwerde gegen den Beschluss des OLG ist nicht zulässig (BGH MDR **92**, 549 [S]; NStZ **03**, 501; NStZ-RR **04**, 228 [B]). 39

Verfahren des Gerichts

173 **I Auf Verlangen des Gerichts hat ihm die Staatsanwaltschaft die bisher von ihr geführten Verhandlungen vorzulegen.**

II Das Gericht kann den Antrag unter Bestimmung einer Frist dem Beschuldigten zur Erklärung mitteilen.

III Das Gericht kann zur Vorbereitung seiner Entscheidung Ermittlungen anordnen und mit ihrer Vornahme einen beauftragten oder ersuchten Richter betrauen.

1 **1)** Das **Verfahren** des Gerichts steht in seinem pflichtgemäßen Ermessen (BVerfG NStZ **02**, 606). Der GStA ist stets vor der Entscheidung zu hören (§ 33 II). Er kann seine Entscheidung, gegen die sich der Antrag richtet, ändern, solange das OLG nicht entschieden hat.

2 **2)** Die **Beteiligung des Beschuldigten** (II) zu Beginn des gerichtlichen Verfahrens ist in der vorgesehenen Form Ermessensentscheidung. Seine Anhörung ist aber erforderlich, bevor dem Antrag stattgegeben wird, wie sich aus § 175 S 1 ergibt (BVerfGE **42**, 172 = NJW **76**, 1629). Ist das rechtliche Gehör zu Unrecht unterblieben, so kann der Mangel in dem auf die Anklage eingeleiteten gerichtlichen Verfahren nicht mehr geheilt werden (BVerfG aaO). Er muss vielmehr ggf nach § 33 a im gerichtlichen Klageerzwingungsverfahren selbst behoben werden. Entbehrlich ist die Beteiligung insbesondere, wenn der Antrag unzulässig ist.

3 **3) Lückenschließende Beweiserhebungen** (III) werden vom OLG veranlasst, wenn sie erwarten lassen, dass sich der hinreichende Tatverdacht ergibt (Düsseldorf VRS **77**, 226; vgl auch KG NStZ **90**, 355; Rackow GA **01**, 485 zur Klärung der Verletzteneigenschaft). Wie die Ermittlungen geführt werden können, legt III abschließend fest (erg aber 2 zu § 175). Zu dem Beweisergebnis muss der Antragsteller gehört werden, bevor es zu seinem Nachteil verwertet wird (§ 33 III; Einl 23 ff).

Verwerfungsbeschluss

174 **I Ergibt sich kein genügender Anlass zur Erhebung der öffentlichen Klage, so verwirft das Gericht den Antrag und setzt den Antragsteller, die Staatsanwaltschaft und den Beschuldigten von der Verwerfung in Kenntnis.**

II Ist der Antrag verworfen, so kann die öffentliche Klage nur auf Grund neuer Tatsachen oder Beweismittel erhoben werden.

1 **1) Nur bei Verwerfung des zulässigen Antrags** gilt § 174. Ergibt die vorgeordnete Zulässigkeitsprüfung (34, 35 zu § 172), dass der Antrag als unzulässig zu verwerfen ist, so erhalten der Antragsteller und der GStA den Beschluss, der Beschuldigte nur, wenn er beteiligt worden ist (§ 173 II). Der Verwerfung des Antrags als unzulässig kommt nicht die Wirkung des II zu (AK-Moschüring 13; LR-Graalmann-Scheerer 15; **aM** Hamm MDR **65**, 930; Stuttgart MDR **91**, 79 unter Verwechslung von Sperrwirkung und Antragsrecht, vgl LR-Meyer-Goßner[23] 14; unten 6).

2 **2) Kein genügender Anlass:** Dazu 1 ff zu § 170; auch hier ist also hinreichender Tatverdacht erforderlich (Rostock NStZ-RR **96**, 272). Der Antrag wird bei dessen Fehlen als unbegründet verworfen, verbunden mit der Kostenentscheidung nach § 177. Betrifft der Antrag eine Straftat, die von Amts wegen zu verfolgen ist, und ist er schlüssig begründet (§ 172 III S 1), stellt das OLG aber nur den hinreichenden Tatverdacht für ein Privatklagedelikt oder eine OWi fest, so wird der Antrag als unbegründet (nicht als unzulässig) verworfen (Celle NdsRpfl **63**, 258). Wenn sich dagegen schon aus der Begründung ergibt, dass kein strafrechtliches Offizialdelikt in Betracht kommt, ist der Antrag unzulässig (SK-Wohlers 8). Beruht die Antragsberechtigung nur auf einer Straftat oder Rechtsverletzung von mehreren, die in der Tat enthalten sind (1 ff zu § 264), so ist diese doch ganz und in jeder Beziehung Gegenstand der Prüfung (1, 37 zu § 172).

3) Eine **Einstellung des Verfahrens** in entspr Anwendung des § 153 II (mit Zustimmung des GStA) ist nicht zulässig (Hamburg VRS **38**, 442; KK-Schmid 4; LR-Graalmann-Scheerer 9; **aM** Braunschweig NJW **58**, 1361; Celle MDR **85**, 249; Hamm NJW **75**, 1984; Stuttgart MDR **82**, 954). Sie wäre systemwidrig (LR-Meyer-Goßner[23] 5) und nicht sachgerecht, nachdem StA und GStA von dieser Möglichkeit keinen Gebrauch gemacht hatten (LR-Graalmann-Scheerer 10). Die Geringfügigkeit berechtigt auch nicht zur Verwerfung des Antrags als unzulässig oder unbegründet (**aM** Köln NJW **91**, 764 mwN; SK-Wohlers 7). Auch § 153 a II darf das OLG nicht entspr anwenden (AK-Moschüring 8; **aM** Stuttgart NJW **97**, 3103). 3

4) Bekanntzumachen ist der Beschluss nach § 174 dem Antragsteller, der StA und dem Beschuldigten; diesem auch, wenn er von dem Ermittlungsverfahren oder dem Klageerzwingungsverfahren nichts weiß, weil er von der Schutzwirkung des II Kenntnis erhalten soll. Förmliche Zustellung ist nicht vorgeschrieben (§ 35 II). 4

5) Unanfechtbar ist der Beschluss nach § 174 (vgl Einl 115). Auch Gegenvorstellungen (23 vor § 296) sind durch II ausgeschlossen (Nürnberg MDR **66**, 351). Jedoch kann der Antrag auf gerichtliche Entscheidung uU wiederholt werden (36 zu § 172). 5

6) Wirkung (II): Bei Verwerfung aus sachlichen Gründen kann die StA die Klage nur auf Grund neuer Tatsachen und Beweismittel erheben (Einl 182). Dieser (beschränkte) Strafklageverbrauch tritt nur wegen der Offizialdelikte ein – insoweit aber gegen alle durch die Tat Verletzten (Koblenz NStZ-RR **98**, 339) –, nicht hinsichtlich der Privatklagedelikte, die durch die Entscheidung nicht berührt werden (Celle NdsRpfl **63**, 258; Gössel 103). „Neu": dem OLG bei seinem Beschluss nicht bekannt (3, 4 zu § 211; 30 zu § 359). Ein neues Beweismittel liegt auch dann vor, wenn ein bereits früher vernommener Zeuge entgegen seiner früheren Aussage andere, für die Entscheidung bedeutsame Angaben macht (Hamburg NJW **63**, 1121). Das neue Material muss erheblich sein (SK-Wohlers 13). Vgl zu § 211 und zu § 359 Nr 5. Macht der Verletzte bei der StA neue Tatsachen und Beweismittel geltend, so prüft die StA, ob das Vorbringen im Zusammenhang mit den früheren Ermittlungen einen durch tatsächliche Anhaltspunkte konkretisierten Verdacht begründet, der durch weitere Ermittlungen zum hinreichenden Verdacht werden kann (4 zu § 160). Über Wiederholung des Klageerzwingungsverfahrens vgl 37 zu § 172. 6

Wenn ein **Verfahrenshindernis** zur Verwerfung des Antrags führt, entsteht zwar kein Strafklageverbrauch (Einl 172); die Entscheidung steht aber einer neuen Strafverfolgung entgegen, wenn und solange ihr nicht durch Nova die Grundlage entzogen ist (vgl Einl 166; 1 zu § 211). 7

Anordnung der Klageerhebung

175 [1]**Erachtet das Gericht nach Anhörung des Beschuldigten den Antrag für begründet, so beschließt es die Erhebung der öffentlichen Klage.** [2]**Die Durchführung dieses Beschlusses liegt der Staatsanwaltschaft ob.**

1) Nach Anhörung des Beschuldigten: Für ihre Form gilt § 173 II. Die Anhörung ist notwendig, wenn das OLG erwägt, dem Antrag stattzugeben; sonst gilt die Kann-Vorschrift des § 173 II. Hat der Beschuldigte einen Verteidiger, so kann die Mitteilung mit dem Anheimgehen der Äußerung an diesen gerichtet werden (§ 145 a). Dem Antragsteller braucht die Stellungnahme des GStA nicht mitgeteilt zu werden, es sei denn, dass es nach § 33 III notwendig ist (BVerfGE **19**, 36; Einl 28, 29). 1

2) Anordnung der öffentlichen Klage: Der Beschluss des OLG muss das Wesentliche enthalten, das die StA in ihre Klage aufzunehmen hat (§ 200). Mit der 2

Anordnung, die Ermittlungen wieder aufzunehmen, kann das Klageerzwingungsverfahren nicht beendet werden, es sei denn, die StA habe rechtsirrtümlich bisher von der Durchführung von Ermittlungen abgesehen (KG NStZ **90**, 356 mit abl Anm Wohlers NStZ **91**, 300 = JZ **91**, 46 mit zust Anm Eisenberg; Braunschweig wistra **93**, 33; Brandenburg VRS **114**, 374; Hamm StV **02**, 128 mit Anm Lilie; Koblenz NStZ **95**, 50; Köln NStZ **03**, 682; München NJW **07**, 3734; Stuttgart Justiz **03**, 270; Zweibrücken NZV **01**, 387; LR-Graalmann-Scheerer 17; Rieß NStZ **86**, 437; **90**, 10; Stoffers NStZ **93**, 499; **aM** AK-Moschüring 4; KK-Schmid 3; SK-Wohlers 2; Kuhlmann NStZ **81**, 193). Die Wiederaufnahme der Ermittlungen durch die StA selbst erledigt das Klageerzwingungsverfahren idR nicht (Hamm NStZ-RR **99**, 148; **aM** Jena NStZ-RR **07**, 223).

3 **3) Auszuführen** hat die StA den Beschluss. Ihr obliegt auch die Auswahl des Gerichts nach den §§ 24ff GVG (Koblenz VRS **63**, 359, 361). Sie ist an den Beschluss in tatsächlicher und rechtlicher Hinsicht gebunden und kann das Verfahren nicht mehr nach §§ 153 I, 153a I einstellen. Jedoch sind das Gericht und die StA nach Klageerhebung nicht gehindert, § 153 II anzuwenden oder nach § 153a II zu verfahren. Zurücknehmen darf die StA die Klage nicht mehr, weil sie dadurch den Beschluss des OLG vereiteln würde, es sei denn, dass sie die Klage nur alsbald bei einem anderen zuständigen Gericht erheben will. Ist die Erhebung der Klage angeordnet, so stehen dem Strafbefehlsverfahren idR Bedenken entgegen.

4 **4) Nach Erhebung der Anklage** bindet der Inhalt des Beschlusses weder die StA noch das Gericht (Karlsruhe NJW **77**, 62), auch nicht das OLG, selbst wenn es nach § 210 II erneut mit der Sache befasst wird. Der Beschluss des OLG wird gegenstandslos, wenn die Tat, derentwegen Anklage erhoben werden soll, inzwischen Gegenstand eines gerichtlichen Strafverfahrens geworden ist (35 zu § 172).

Sicherheitsleistung

176 **I** [1] **Durch Beschluss des Gerichts kann dem Antragsteller vor der Entscheidung über den Antrag die Leistung einer Sicherheit für die Kosten auferlegt werden, die durch das Verfahren über den Antrag voraussichtlich der Staatskasse und dem Beschuldigten erwachsen.** [2] **Die Sicherheitsleistung ist durch Hinterlegung in barem Geld oder in Wertpapieren zu bewirken.** [3] **Davon abweichende Regelungen in einer auf Grund des Gesetzes über den Zahlungsverkehr mit Gerichten und Justizbehörden erlassene+n Rechtsverordnung bleiben unberührt.** [4] **Die Höhe der zu leistenden Sicherheit wird vom Gericht nach freiem Ermessen festgesetzt.** [5] **Es hat zugleich eine Frist zu bestimmen, binnen welcher die Sicherheit zu leisten ist.**

II Wird die Sicherheit in der bestimmten Frist nicht geleistet, so hat das Gericht den Antrag für zurückgenommen zu erklären.

1 **1) Durch besonderen Beschluss,** der einen zulässigen Antrag voraussetzt, kann vor der Entscheidung in der Sache Sicherheit verlangt werden, bei deren Nichtleistung der Antrag vom OLG für zurückgenommen erklärt wird (II). Dies gilt nicht, wenn dem Antragsteller Prozesskostenhilfe bewilligt ist (§ 122 I Nr 2 ZPO iVm § 172 III S 2 Hs 2).

2 **2) Für die Kosten des Klageerzwingungsverfahrens** kann Sicherheit verlangt werden, also zur Sicherung der Vollstreckung der Kostenentscheidung nach § 177. Solche Kosten können durch Untersuchungshandlungen nach § 173 III entstehen, zB durch Sachverständigengutachten.

3 **3)** Die **Art der Sicherheitsleistung** erfolgt nach I S 2 durch Hinterlegung in barem Geld oder in Wertpapieren oder nach I S 3 unbar (vgl dazu 4a zu § 116a).

Kosten

177 **Die durch das Verfahren über den Antrag veranlassten Kosten sind in den Fällen der §§ 174 und 176 Abs. 2 dem Antragsteller aufzuerlegen.**

1) Antrag ohne Erfolg: In den angegebenen Fällen ergeht die Kostenentscheidung, nicht bei Erledigung des Antrags infolge Wiederaufnahme der Ermittlungen durch die StA (Schleswig SchlHA **86**, 106 [E/L]; Koblenz NStZ **90**, 48; zw Rieß NStZ **90**, 9f), jedoch auch dann, wenn der Antrag zurückgenommen wird (Düsseldorf JZ **89**, 452; Koblenz OLGSt § 172 Nr 9; SK-Wohlers 2; Rieß NStZ **90**, 9; **aM** KG NStE Nr 1; Celle OLGSt Nr 3 mit abl Anm Rieß; München JurBüro **83**, 1209; Zweibrücken MDR **85**, 250; KK-Schmid 1). Wird der Antrag aus formellen Gründen als unzulässig verworfen, so werden dem Antragsteller ebenfalls keine Kosten auferlegt (Bremen MDR **84**, 164; Koblenz NJW **77**, 1461, 1462; NJW **85**, 1409; wistra **85**, 83). Das hat seinen Grund darin, dass in diesem Fall eine Gebühr nach dem KVGKG nicht anfällt und der Antragsteller seine notwendigen Auslagen ohnehin selbst zu tragen hat. Stirbt der Antragsteller vor der Entscheidung des OLG, so ist das Verfahren einzustellen (SK-Wohlers 7; **aM** Weber A. Kaufmann-GedSchr 781); eine Kostenentscheidung ergeht nicht (Düsseldorf GA **84**, 129). 1

2) Die veranlassten Kosten: Es handelt sich um die Gebühr nach Nr 3200 KVGKG, die Kosten etwaiger Ermittlungen (§ 173 III) und die notwendigen Auslagen des Beschuldigten im OLG-Verfahren (§ 464a II; Koblenz NStZ **90**, 48 mwN; Stoffers JurBüro **93**, 644); zur Frage, inwieweit Verteidigerkosten geltend gemacht werden können, vgl Rieß NStZ **90**, 8. 2

3) Antrag mit Erfolg: Es ergeht keine Entscheidung über die durch das Verfahren beim OLG veranlassten Kosten. Der Antragsteller kann sich aber als Nebenkläger dem gerichtlichen Verfahren anschließen (§ 395 I Nr 3). Seine notwendigen Auslagen fallen bei Verurteilung – und nur dann – idR dem Angeklagten zur Last (§ 472 I). Dazu gehören auch die durch den Antrag veranlassten Kosten; denn es kommt bei den notwendigen Auslagen des Nebenklägers nur auf deren Notwendigkeit für die Rechtsverfolgung, nicht auf den Zeitpunkt der Entstehung an (erg 8 zu § 472). Das gilt auch, wenn das Verfahren durch Strafbefehl erledigt wird (Rieß NStZ **90**, 9). Bei Anordnung der Wiederaufnahme der Ermittlungen durch das OLG (2 zu § 175) ergeht keine Kostenentscheidung (Stoffers JurBüro **93**, 645), auch nicht bei Wiederaufnahme der Ermittlungen durch die StA (Brandenburg NStZ-RR **05**, 45; Jena NStZ-RR **07**, 223). 3

3. Abschnitt. Gerichtliche Voruntersuchung

178–197 (weggefallen)

4. Abschnitt. Entscheidung über die Eröffnung des Hauptverfahrens

Vorbemerkungen

1) Im **Eröffnungsverfahren** (Zwischenverfahren) – Einl 63 – prüft das Gericht, welche Verfahren auf Grund der Anklage durchgeführt und welche zur Vermeidung unnötiger Hauptverfahren schon vorher beendet werden sollen („Filterfunktion" des Zwischenverfahrens, vgl Rieß Rolinkski-FS 239). Mit der Eröffnung des Hauptverfahrens, dh mit der Zulassung der Anklage (§ 207), wird der Verfahrensstoff bestimmt und die Rechtshängigkeit erzeugt (1 zu § 156). 1

198 (weggefallen)

Vorlegung der Anklageschrift

199 [I] **Das für die Hauptverhandlung zuständige Gericht entscheidet darüber, ob das Hauptverfahren zu eröffnen oder das Verfahren vorläufig einzustellen ist.**

[II] [1] **Die Anklageschrift enthält den Antrag, das Hauptverfahren zu eröffnen.** [2] **Mit ihr werden die Akten dem Gericht vorgelegt.**

1 1) Die **StA wendet sich** stets an das nach ihrer Beurteilung für das Hauptverfahren zuständige Gericht (§ 200 I S 2). Die Anklageschrift ist Voraussetzung für das weitere Verfahren (BGH **5**, 227; Einl 148).

2 2) **Mit den Akten** wird die Anklageschrift dem Gericht vorgelegt. Dazu gehören alle Vorgänge, die die Polizei nach § 163 II S 1 übersandt hat (dort 23, 24), sowie die bei der StA entstandenen Vorgänge mit Ausnahme der Handakten. Die StA hat insoweit kein Auswahlrecht, sie darf kein be- und entlastendes Material zurückhalten (BGH StraFo **09**, 338), braucht aber die für diesen Beschuldigten bedeutungslosen Vorgänge nicht vorzulegen (str, ausführlich dazu Meyer-Goßner NStZ **82**, 356; erg 18 zu § 147). Dementsprechend sind Beiakten nur beizufügen, wenn ihr Inhalt von Bedeutung für die Schuld- oder Rechtsfolgenfrage sein kann (BGH **30**, 131, 139 = StV **81**, 500 mit abl Anm Dünnebier; Frankfurt NJW **82**, 1408); unter den Voraussetzungen des § 96 kann allerdings die Herausgabe von Akten oder Aktenteilen verweigert werden (Frankfurt aaO; Geißer GA **83**, 400; Schäfer NStZ **90**, 46; **aM** SK-Rudolphi 4 zu § 96 und LR-Lüderssen/Jahn 57 ff zu § 147 je mwN; Taschke, Die behördliche Zurückhaltung von Beweismitteln im Strafprozess, 1989, S 249 f; vgl auch BVerfGE **63**, 45 = NStZ **83**, 273 mit Anm Peters = StV **83**, 177 mit Anm Amelung; SK-Paeffgen 5). Zur Dauer der Aufbewahrung von Spurenakten nach vorläufiger Einstellung des Ermittlungsverfahrens vgl Schnarr ZRP **96**, 128.

3 3) **Entscheidung:** Für beide angegebenen Entscheidungsmöglichkeiten gibt es mehrere Entscheidungsformen (1 ff zu § 204).

Inhalt der Anklageschrift **RiStBV 110–113, 280**

200 [I] [1] **Die Anklageschrift hat den Angeschuldigten, die Tat, die ihm zur Last gelegt wird, Zeit und Ort ihrer Begehung, die gesetzlichen Merkmale der Straftat und die anzuwendenden Strafvorschriften zu bezeichnen (Anklagesatz).** [2] **In ihr sind ferner die Beweismittel, das Gericht, vor dem die Hauptverhandlung stattfinden soll, und der Verteidiger anzugeben.** [3] **Bei der Benennung von Zeugen ist deren Wohn- oder Aufenthaltsort anzugeben, wobei es jedoch der Angabe der vollständigen Anschrift nicht bedarf.** [4] **In den Fällen des § 68 Abs. 1 Satz 2, Abs. 2 Satz 1 genügt die Angabe des Namens des Zeugen.** [5] **Wird ein Zeuge benannt, dessen Identität ganz oder teilweise nicht offenbart werden soll, so ist dies anzugeben; für die Geheimhaltung des Wohn- oder Aufenthaltsortes des Zeugen gilt dies entsprechend.**

[II] [1] **In der Anklageschrift wird auch das wesentliche Ergebnis der Ermittlungen dargestellt.** [2] **Davon kann abgesehen werden, wenn Anklage beim Strafrichter erhoben wird.**

1 1) **Funktion und Aufbau der Anklageschrift** (dazu Heghmanns 759 ff; Pfeiffer Bemmann-FS 582 ff):

2 A. **Bezeichnung des Verfahrensgegenstandes:** Die Anklageschrift unterrichtet den Angeschuldigten über den gegen ihn erhobenen Vorwurf (Informations-

funktion) und bezeichnet in persönlicher und sachlicher Hinsicht den Gegenstand, über den das Gericht im Eröffnungsverfahren zu entscheiden hat (Umgrenzungsfunktion; BGH **40**, 390, 392; Bay wistra **91**, 195; LR-Stuckenberg 3 ff; Schlüchter JR **90**, 12). Bei Zulassung der Anklage (§ 207) bezeichnet die Anklageschrift in persönlicher und sachlicher Hinsicht den Gegenstand des Hauptverfahrens (§§ 207, 243 III, 264). Eine weitere Anklageschrift kann nachgereicht werden, wenn die Verbindung beider Sachen nach § 4 beantragt wird. Bei der Abfassung muss der Eindruck vermieden werden, als handele es sich um ein endgültiges Untersuchungsergebnis.

B. **Adressat:** Die Anklageschrift wird adressiert an das AG – Strafrichter – im Fall des § 25 GVG und sonst an den Vorsitzenden des für die Entscheidung über die Eröffnung des Hauptverfahrens zuständigen Gerichts (§ 199); auch der Spruchkörper (zB WirtschaftsStrK, JugK) ist zu bezeichnen (RiStBV 110 III S 2). Hält die StA bei Anklage zum LG die Mitwirkung eines 3. Richters für geboten (§ 76 II GVG), ist dies anzuregen (RiStBV 113 III). **3**

C. **Inhalt:** Der Hauptteil der Anklageschrift ist der Anklagesatz (I S 1). Ihm folgt die Angabe der Beweismittel (I S 2) und der 2. Teil, zu dem das wesentliche Ergebnis der Ermittlungen gehört (II S 1). Am Ende enthält die Anklageschrift die Anträge der StA auf Eröffnung des Hauptverfahrens (§ 199 II S 1) und ggf auf Erlass oder Aufrechterhaltung eines Haft- oder Unterbringungsbefehls (§ 207 IV). Vor diesen Anträgen werden zweckmäßigerweise die Bestimmungen des GVG angegeben, aus denen sich die Zuständigkeit des angegangenen Gerichts ergibt. **4**

2) Der **sog Anklagesatz** (I S 1) ist der wesentliche Inhalt der Anklageschrift, was vor allem § 243 III zeigt (vgl auch §§ 114 II Nr 1, 2, 270 II, 383 I S 2). Zur Unzulässigkeit eines zu langen (weil Beweiswürdigung enthaltenden) Anklagesatzes vgl BGH NJW **87**, 1209 = JR **87**, 389 mit Anm Rieß = StV **88**, 282 mit Anm Danckert; erg 2 zu § 30 GVG. **5**

A. Die **Angaben zur Person** (§ 409 I S 1 Nr 1) enthalten die in RiStBV 110 II Buchst a bezeichneten Daten. Auch der Name des Verteidigers ist in geeigneter Weise anzugeben (RiStBV 110 II Buchst b). **6**

B. Die **Tat** im strafprozessualen Sinn (1 ff zu § 264) wird mit Zeit und Ort als historisches Ereignis in der Weise geschildert, dass die Identität des gemeinten geschichtlichen Vorgangs (BGH **5**, 227) klargestellt wird (BGH **16**, 47, 48; **29**, 124, 126). Die Tat muss sich von anderen gleichartigen strafbaren Handlungen desselben Täters unterscheiden lassen (BGHR Tat 3). Dabei muss die Schilderung umso konkreter sein, je größer die allgemeine Möglichkeit ist, dass der Angeschuldigte verwechselbare weitere Straftaten gleicher Art verübt hat (BGHR Tat 4 und 7). Unrichtigkeiten bei der Tatzeitangabe können unschädlich sein (Karlsruhe MDR **82**, 248; Köln VRS **107**, 312), uU auch das völlige Fehlen der Angaben (LR-Stuckenberg 19; Krause/Thon StV **85**, 253). Auf eine Verfolgungsbeschränkung nach § 154 a I wird in der Anklageschrift hingewiesen (RiStBV 101 a III). Kommt wahldeutige Verurteilung (27 zu § 260) in Betracht, so müssen sowohl bei gleichartiger (BGH **32**, 146) als auch bei ungleichartiger (Celle NJW **88**, 1225; dazu Kröpil NJW **88**, 1188) Wahlfeststellung beide Taten angeklagt werden, falls es sich um selbstständige Taten iS des § 264 handelt (Schröder NJW **85**, 780: 2 zu § 264). Anklage in Wahlfeststellung setzt aber voraus, dass die beiden Sachverhalte im Verhältnis exklusiver Alternativität stehen (Stuttgart NJW **96**, 2879). **7**

a) **Jedes gesetzliche Merkmal** des (äußeren und inneren) Tatbestandes wird mit dem entspr (äußeren oder inneren) Vorgang oder Zustand belegt. Die Darstellung der Tat wird gestrafft, da sie nur das Thema der Hauptverhandlung in tatsächlicher Hinsicht angeben soll. Einzelheiten des Tatgeschehens, die hierfür entbehrlich sind, werden in dem Anklagesatz nicht aufgenommen. Eine Anklageschrift, die hiergegen verstößt, darf das Gericht nicht zulassen (BGH JZ **87**, 316). Ob im Steuerstrafverfahren nur die Höhe oder auch die Berechnung der verkürzten **8**

Steuer angegeben werden muss, ist str (verneinend Bay **92**, 32 = NStZ **92**, 403, bejahend Düsseldorf NJW **89**, 2145 = JR **89**, 435 mit Anm Rieß; NStZ **91**, 99), vgl dazu – unter Darstellung der bisherigen Rspr – Karlsruhe wistra **94**, 319.

9 b) **Vielzahl von Handlungen oder Verletzten:** Bei einer Vielzahl von Handlungen gegenüber demselben Geschädigten müssen die einzelnen Taten deutlich voneinander abgegrenzt werden (BGH NStZ **97**, 331 [K]; NJW **10**, 308; Deckers NJW **96**, 3110; Ruppert MDR **94**, 976). Bei einer Serie von Straftaten muss daher zunächst versucht werden, die einzelnen Taten nach konkreten Tatbildern zu beschreiben (BGH NStZ **94**, 352), vgl zB bei Anklage wegen Betrugs BGH NStZ **06**, 649, wegen Bestechung BGHR § 200 I S 1 Tat 10, wegen Hehlerei Hamm wistra **01**, 236, wegen sexueller Handlungen gegenüber Kindern BGH NStZ **95**, 200; 245; **96**, 294; **99**, 208; 520; **05**, 282; StV **96**, 362; **98**, 469; Düsseldorf NStZ **96**, 298; Koblenz NJW **95**, 3066 (dazu auch Bamberg NJW **95**, 1167 mit Anm Schäpe NStZ **95**, 612), wegen Verstößen gegen das BtMG Düsseldorf JMBlNW **95**, 237, wegen Fahrens ohne Fahrerlaubnis Köln VRS **90**, 288; Zweibrücken MDR **96**, 956. Wenn das nicht möglich ist, die einzelnen Taten nach Tatbegehung oder Tatort also nicht individualisierbar sind, weil sie sich stets in derselben Weise am selben Ort abgespielt haben, muss eine zeitliche Eingrenzung vorgenommen werden (vgl Düsseldorf StraFo **96**, 151). Lassen sich auch insoweit keine genauen Feststellungen mehr treffen, ist nach dem Zweifelsgrundsatz von Mindestzahlen auszugehen (zB mindestens 10 Mal von Mai bis Juli 1994; unklar BGH **40**, 44 mit abl Anm Peters NStZ **94**, 591: Höchstzahl angeben). Ist eine Vielzahl von Personen verletzt oder getötet worden, so müssen die festgestellten Geschädigten aufgezählt oder so bezeichnet werden, dass die Tat insgesamt genügend konkretisiert ist; eine sonstige Generalklausel genügt nicht (vgl BGH **10**, 137; JZ **67**, 643; NStZ **84**, 229; Stuttgart Justiz **93**, 266). Jedoch kann der Mangel einer solchen Rahmenklage durch § 154a geheilt werden (Bauer JZ **67**, 625, 628; Bruns Grützner-GebGabe 473). Was die Tatzeit angeht, muss wenigstens der Zeitraum angegeben werden, über den sich die Tat insgesamt erstreckt hat (BGH MDR **72**, 752 [D]). Bei einer Vielzahl gleichartiger Vermögensdelikte will es der 1. StS des BGH genügen lassen, wenn über die Angabe der Zahl der Taten, des Gesamtschadens und des gesamten Tatzeitraums hinaus die gleichartigen Taten gruppiert bezeichnet werden und wenn die Einzelheiten im wesentlichen Ermittlungsergebnis detailliert (etwa tabellarisch) aufgelistet werden (BGH NJW **08**, 2131). Er hat bei den anderen Strafsenaten angefragt, ob dem zugestimmt werde (NStZ **09**, 703); da sich der 2. StS dagegen ausgesprochen hat (wistra **10**, 66 L), hat er die Frage dem GrS vorgelegt (1 StR 260/09 vom 24. 2. 2010). Zur Fassung der Anklage bei einem sog Organisationsdelikt vgl Oldenburg NStZ **06**, 467.

10 c) **Rechtsfolgenrelevante Tatsachen:** Zur Schilderung der Tat iS RiStBV 110 II Buchst c gehören an sich nicht die Merkmale und Umstände, die die Rechtsfolgen betreffen. Um den Angeschuldigten umfassend zu informieren, auf welche Rechtsfolgen er sich einstellen muss, werden in der Praxis aber auch solche Tatsachen mit aufgenommen, also zB die Darlegung der Voraussetzungen des § 21, in Betracht kommender Maßregeln der Besserung und Sicherung oder eines besonders schweren oder minder schweren Falls (LR-Stuckenberg 32; Reuther Eisenberg-FS 443; Rieß GA **07**, 379).

11 C. **Gesetzliche Merkmale** der Straftat sind die abstrakten Tatbestandsmerkmale der anzuwendenden materiell-rechtlichen Strafvorschriften. Ihre Angabe bezweckt, dem Beschuldigten aufzuzeigen, dass sich die Schilderung der vorgeworfenen Tat und die tatbezogenen gesetzlichen Strafbarkeitsvoraussetzungen decken. Bei der Angabe der gesetzlichen Merkmale sind auch die Bestimmungen zu berücksichtigen, die den nach der Auffassung der StA zu erwartenden Schuldspruch qualifizieren, zB Versuch, Teilnahmeform, Tateinheit, Tatmehrheit (Kaiser NJW **81**, 1028; Solbach MDR **78**, 900). Entspr der in der Praxis übl. Aufnahme der Tatsachen, die die in Betracht kommenden Rechtsfolgen betreffen (oben 10),

sind deren gesetzl. Merkmale hier zu bezeichnen, zB §§ 21 oder 61 ff oder 243 StGB (KK-Schneider 16).

D. **Anzuwendende Strafvorschriften:** Dazu gehören 2 Teile: 12

a) Die **rechtliche Bezeichnung** der Straftat, wie sie in der Urteilsformel zur Bezeichnung des Schuldspruchs nach § 260 IV S 1, 2 enthalten sein muss. Ob die Straftat ein Vergehen oder Verbrechen ist (§ 12 I, II StGB), muss nicht, sollte aber – zumindest bei Verbrechen – angegeben werden. Da der Anklagesatz – wie im Fall der späteren Verurteilung der Schuldspruch – den strafrechtlichen Vorwurf enthält, sollten für die rechtliche Bezeichnung der Tat die für den Schuldspruch geltenden Regeln angewendet werden (22 ff zu § 260). Hat ein Tatbestand mehrere Begehungsformen, so muss angegeben werden, welche Tatbestandsalternative gemeint ist (BGH NStZ **84**, 133; **85**, 464). 13

b) Die **gesetzliche Bezeichnung** wie beim Urteil (§ 260 V, dort 54) und beim Strafbefehl (§ 409 I S 1 Nr 4). Für die Anklageschrift ist die gesonderte Zusammenstellung der anzuwendenden Strafbestimmungen in einer Liste nicht vorgeschrieben, aber zu empfehlen. Vorschriften über bloße Straffolgen der tatbestandsmäßigen Handlung, Hinweise auf die gesetzliche Strafdrohung der Tat und andere Bestimmungen, die gleichermaßen für alle in Betracht kommenden Straftaten gelten, müssen in die Anklageschrift nicht aufgenommen werden (BGH **29**, 124, 126). Das gilt insbesondere für Nebenstrafen und -folgen nach §§ 44, 45 StGB und Maßnahmen nach §§ 73 ff StGB (vgl BGH **22**, 336, 338; **aM** KMR-Seidl 20). Rechtsfolgen, die außer der Tat besondere tatsächliche Umstände voraussetzen (vgl etwa §§ 63 ff, 125 a, 243 StGB), sind jedoch entspr § 265 II mit der Gesetzesbezeichnung anzuführen; auch auf § 57 a StGB ist hinzuweisen, falls die besondere Schuldschwere bejaht werden soll (vgl Kintzi DRiZ **93**, 343). Die Liste der anzuwendenden Strafvorschriften steht am besten am Ende des Anklagesatzes. Sie wird in die Verlesung des Anklagesatzes (§ 243 III S 1) miteinbezogen. Auf eine Ausscheidung einzelner Gesetzesverletzungen nach § 154 a I weist die StA in der Anklageschrift hin (RiStBV 101 a III Hs 2). 14

E. **Nebenbeteiligte** (Einl 73) sind mit identifizierenden Angaben zur Person anzuführen. Soweit ihre Beteiligung am gerichtlichen Verfahren von deren Anordnung abhängt, wird sie in der Anklageschrift beantragt. Ferner ist die tatsächliche und rechtliche Grundlage für die gegen sie in Betracht kommende Maßnahme darzulegen. Das gilt für den Einziehungsbeteiligten (§ 431 I S 1), den Verfallsbeteiligten (§ 442 II S 1) und die JP oder PV (§ 444; dort 4). Ihnen wird die Anklageschrift auch mitgeteilt (7 zu § 201; 4 zu § 432). 15

3) Beweismittel (I S 2 bis 5): Verzeichnet werden die wesentlichen persönlichen und sachlichen Beweismittel (Einl 49). Bei den Zeugen und Sachverständigen sind die Namen und Anschriften anzugeben, wie sich aus § 68 (dort 8) ergibt (KMR-Seidl 33; **aM** Schweckendieck NStZ **02**, 414), wobei es aber der Angabe der vollständigen Anschrift nicht bedarf (I S 3). Der StA gibt nur die Beweismittel an, deren Verwendung in der Hauptverhandlung er für notwendig hält (RiStBV 111 I). Soll nach seiner Auffassung ein Zeuge oder Sachverständiger nicht geladen, sondern anstelle seiner Vernehmung eine Niederschrift oder Erklärung verlesen werden (§§ 251 I, II, 256), so wird nur das Schriftstück unter den Urkunden als Beweismittel aufgeführt. Wenn der Vorsitzende (§ 214) nicht alle benannten oder noch andere Zeugen oder Sachverständige lädt, erhalten die Beteiligten durch die Mitteilung nach § 222 I Kenntnis hiervon. Der Gerichtshelfer wird – von besonderen Ausnahmefällen abgesehen – nicht als Zeuge und sein Bericht nicht als Urkunde angeführt (26 zu § 160). 16

Aus Gründen des **Zeugenschutzes** kann statt des Wohnortes nach § 68 I S 2, II S 1 eine ladungsfähige Anschrift angegeben werden ((I S 4; vgl 2, 10 zu § 68). Falls die Identität des Zeugen nach § 68 III ganz oder teilweise geheim gehalten werden soll (vgl 14 ff zu § 68), ist dies anzugeben (I S 5); Angeklagter und Gericht 16a werden dadurch schon mit der Anklage unterrichtet, dass auch Aussagen geschützter Zeugen in die Hauptverhandlung eingeführt werden sollen (Hilger NStZ **92**, 459).

17 **4)** Der **2. Teil der Anklageschrift** enthält das wesentliche Ergebnis der Ermittlungen (ieS, § 200 II) und die täterbezogenen Rechtsfolgentatsachen, und zwar in dieser Reihenfolge, die auch bei der Beweisaufnahme einzuhalten ist. Er ist bestimmt einerseits für den Angeklagten und seinen Verteidiger (vgl unten 21), andererseits für das über die Eröffnung des Hauptverfahrens entscheidende Gericht.

18 A. **Anzuführen sind** die Tatsachen samt Beweisgrundlage, aus denen sich der hinreichende Tatverdacht (1 zu § 170, § 203) ergibt. Dabei können Nebenumstände der Tat, ihre Vorgeschichte und Daten aus der Lebensgeschichte des Beschuldigten angeführt werden, soweit sie von Bedeutung sind. Bloß formelhafte Wendungen genügen nicht, wie zB: „Der Angeschuldigte leugnet zwar, wird aber durch die Beweismittel überführt werden."

19 Aufzunehmen sind ferner die **persönlichkeitsbezogenen Rechtsfolgenumstände** (RiStBV 110 II Buchst g; oben 10). Dazu gehören auch, falls Geldstrafe in Betracht kommt, die Grundlagen für die Bestimmung der Höhe des Tagessatzes (§ 40 II StGB); ferner die Tatsachen, die für die Anordnung einer Nebenstrafe, Maßregel oder Nebenfolge (die nach der Liste der Strafvorschriften [oben 14] in Betracht kommt) von Bedeutung sind; ebenso die verwertbaren Vorstrafen oder sonstigen Erkenntnisse aus dem Zentralregister und dem Erziehungsregister. Rechtliche Ausführungen gehören im Allgemeinen nicht in diesen Abschnitt. Sie sind aber angebracht, wenn es sich um Streitfragen von wesentlicher Bedeutung handelt (vgl auch LR-Stuckenberg 61).

20 Der **Bericht des Gerichtshelfers** (§ 160 III S 2) wird nicht in das wesentliche Ergebnis der Ermittlungen aufgenommen. Dass rechtsfolgenrelevante Umstände (auch) in diesem Bericht erwähnt sind, hindert aber nicht ihre Anführung im wesentlichen Ergebnis der Ermittlungen.

21 B. **Auch zur Vorbereitung des rechtlichen Gehörs** (§ 33 III) im Wege des § 201 I vor einem etwaigen Eröffnungsbeschluss dient die Angabe des wesentlichen Ergebnisses der Ermittlungen. Daher ist von der Ausnahme des II S 2 für Strafrichtersachen (§ 25 GVG) nur dann Gebrauch zu machen, wenn bei einfacher Beweislage die Mitteilung des Anklagesatzes zusammen mit der Angabe der Beweismittel den Erfordernissen des § 33 III genügt. Darauf beruht RiStBV 112 I.

22 C. **Für die Schöffen** ist der 2. Teil der Anklageschrift nicht bestimmt (BGH **13**, 73; GA **60**, 314; RiStBV 126 II S 3; 7, 40 zu § 261). Die Trennung dieses Teils vom Anklagesatz ist nach hM auch notwendig, weil durch Beweiswertungen ein Schöffe befangen werden könnte (vgl aber 2 zu § 30 GVG).

23 **5) Weitere Förmlichkeiten: I** S 2; § 199 II; RiStBV 110 III, IV. Die Angaben über UHaft werden in der Praxis idR im Kopf der Anklageschrift an auffälliger Stelle vermerkt, ggf mit Angabe des nächsten Haftprüfungstermins. Sie gehören aber nicht zum Anklagesatz und dürfen nicht mit diesem in der Hauptverhandlung verlesen werden (15 zu § 243). Der Antrag zur Frage der Fortdauer einer gegenwärtig vollzogenen UHaft (§ 207 IV) wird mit dem Antrag auf Eröffnung des Hauptverfahrens verbunden. Die Anklageschrift muss vom StA unterschrieben sein (Einl 128).

24 **6)** Ein **Geheimvermerk** der StA auf der Anklageschrift ist zulässig, auch mit einem auf den konkreten Fall zugeschnittenen, für den Beschuldigten bestimmten Hinweis auf Strafbestimmungen, erforderlichenfalls mit Auflagen zum Schutz des Geheimnisses (vgl BGH **18**, 369, 373; RiStBV 213). Jedoch darf die Verteidigung, zB die Akteneinsicht (§ 147), dadurch nicht beschränkt werden; äußerstenfalls ist von § 153 d Gebrauch zu machen. Vgl auch 8 zu § 35; ferner zu § 174 III GVG.

7) **Mängel der Anklageschrift:** Es ist zu unterscheiden zwischen Nichterfüllung der Funktion der Anklageschrift und bloß äußeren oder aufteilungsmäßigen Mängeln (vgl dazu Kuckein StraFo **97**, 33 ff). 25

A. **Funktioneller Mangel:** Fehlt es an der genügenden Identifizierung des Angeschuldigten, so gibt das Gericht die Anklageschrift zurück; dasselbe gilt bei mangelnder Identifizierung der Tat (BGH NJW **54**, 360, 361; BGHR § 200 I S 1 Anklagesatz 4), sofern nicht Auslegung nach dem in der Anklageschrift niedergelegten wesentlichen Ermittlungsergebnis genügt (BGH **5**, 227; **10**, 137; NJW **10**, 308; Düsseldorf VRS **87**, 358; dazu Puppe NStZ **82**, 230). Auf die mündliche Ergänzung in der Hauptverhandlung braucht sich das Gericht nicht verweisen zu lassen (Stuttgart Justiz **83**, 266). Ist die „Nachbesserung" unzureichend, ist erneut zurückzugeben (LG Potsdam NStZ-RR **99**, 55); verweigert die StA eine „Nachbesserung", wird die Eröffnung des Hauptverfahrens abgelehnt (Frankfurt NStZ-RR **03**, 146; Karlsruhe wistra **04**, 276, 279; LR-Stuckenberg 86). Wird der Mangel weder im Eröffnungsverfahren noch in der Hauptverhandlung durch entspr Klarstellung behoben (vgl Schlüchter JR **90**, 14), so sind Anklageschrift und Eröffnungsbeschluss unwirksam, was zur Einstellung des Verfahrens führt (BGH NJW **91**, 2716; NStZ **92**, 553; StraFo **07**, 290; Hamm StV **08**, 509; Karlsruhe NStZ **93**, 147; LG Tübingen Justiz **93**, 120; vgl auch Krause/Thon StV **85**, 252; 11, 12 zu § 207; 16 zu § 243). 26

B. **Sonstige Mängel:** Sind im Anklagesatz Teile enthalten, die nicht hineingehören, so kann dies dem Sitzungs-StA Anlass geben, sie bei der Verlesung wegzulassen (16 zu § 243). Ein Mangel, der nur die Informationsfunktion (oben 2) der Anklage betrifft (Stuttgart Justiz **93**, 266), zB Fehlen der gesetzlichen Merkmale der Straftat oder der anzuwendenden Strafvorschrift (BGHR § 200 I S 1 Anklagesatz 5) sowie Mängel im Aufbau, in der Darstellung des wesentlichen Ergebnisses der Ermittlungen (BGH **40**, 390) oder im Äußeren der Anklageschrift (zB das versehentliche Unterlassen der Unterschrift, Düsseldorf MDR **94**, 85) machen die Anklageschrift nicht unwirksam (BGH **40**, 44; 390; **aM** Düsseldorf JR **98**, 37 mit abl Anm Rieß; Schleswig StV **95**, 455 = SchlHA **95**, 214 mit abl Anm Ostendorf; LG Dresden StV **96**, 203) und führen deswegen auch nicht zu einem Verfahrenshindernis (Einl 146, 154). Mängel dieser Art können daher auch weder die Ablehnung der Eröffnung des Hauptverfahrens zur Folge haben (**aM** Rieß JR **98**, 41) noch mit der Revision geltend gemacht werden (BGH NStZ **95**, 19 [K]). Der Vorsitzende des Gerichts sollte aber die Anklage zur Mängelbeseitigung an die StA zurückgeben und bei Beharren der StA die Mitteilung der Anklageschrift (§ 201 I) ablehnen (**aM** Schleswig SchlHA **96**, 95 [L/T]; vgl auch KK-Schneider 34: Rechtsverstoß der Gehörsverletzung im Eröffnungsbeschluss beheben). Dagegen steht der StA die Beschwerde zu (Karlsruhe Justiz **98**, 535; Häger Meyer-GedSchr 174). Wird dieser stattgegeben, muss die Anklage zugestellt werden, wird sie verworfen, muss die StA eine berichtigte Anklage einreichen; weigert sich die StA auch jetzt noch, ist die Eröffnung des Hauptverfahrens abzulehnen. 27

8) **Auf eine Ordnungswidrigkeit** erstreckt die StA die öffentliche Klage bei Zusammenhang mit der Straftat nach Maßgabe der §§ 42, 64 OWiG (vgl RiStBV 280). Beide sind dann besondere Anklagepunkte mit gesonderten Anklagesätzen. Bei rechtlichem Zusammentreffen mit einer Straftat gelten die §§ 21, 40 OWiG. In diesem Fall wird die OWi in den Anklagesatz nur aufgenommen, wenn Nebenfolgen angestrebt werden (§ 21 I S 1 OWiG). 28

9) Eine Vielzahl von **Mitteilungspflichten,** etwa in Strafverfahren gegen Beamte nach § 49 BeamtStG, § 125 c I, II BRRG (MiStra 15 I Nr 2, II) und gegen Ärzte, Zahnärzte sowie Tierärzte wegen Verstößen gegen das BtMG gemäß § 27 III S 1 Nr 2 BtMG (MiStra 50 I Nr 2), oder Mitteilungsermächtigungen, insbesondere nach §§ 12 ff **EGGVG,** hat die StA bei Anklageerhebung zu beachten; die Einzelheiten ergeben sich aus der MiStra (vgl die Erl zu §§ 12 ff EGGVG). 29

Mitteilung der Anklageschrift

201 I [1]**Der Vorsitzende des Gerichts teilt die Anklageschrift dem Angeschuldigten mit und fordert ihn zugleich auf, innerhalb einer zu bestimmenden Frist zu erklären, ob er die Vornahme einzelner Beweiserhebungen vor der Entscheidung über die Eröffnung des Hauptverfahrens beantragen oder Einwendungen gegen die Eröffnung des Hauptverfahrens vorbringen wolle.** [2]**Die Anklageschrift ist auch dem Nebenkläger und dem Nebenklagebefugten, der dies beantragt hat, zu übersenden; § 145 a Absatz 1 und 3 gilt entsprechend.**

II [1]**Über Anträge und Einwendungen beschließt das Gericht.** [2]**Die Entscheidung ist unanfechtbar.**

1 **1)** Die **Mitteilung der Anklageschrift** mit der Aufforderung zur Erklärung (I) dient der Gewährung rechtlichen Gehörs (Einl 23 ff). Sie trägt auch dem Art 6 III **MRK** Rechnung; zur Notwendigkeit der Beifügung einer fremdsprachigen Übersetzung vgl dort 18. Ein Verzicht auf die Mitteilung ist unbeachtlich (Hamburg NStZ **93**, 53 mwN = StV **94**, 65 mit Anm Kühne). Die Mitteilung ist auch dann erforderlich, wenn die Eröffnung des Hauptverfahrens voraussichtlich (zB wegen Vorliegens eines Verfahrenshindernisses) abgelehnt wird (KK-Schneider 9; SK-Paeffgen 4; **aM** Schleswig SchlHA **96**, 95 [L/T]), ebenso wenn die „Nachbesserung" der Anklage (26 zu § 200) abgelehnt wird (**aM** Frankfurt NStZ-RR **03**, 147); denn der Angeschuldigte darf über den Vorgang der Anklageerhebung nicht im Dunkeln gelassen werden. In Staatsschutzsachen kann entspr § 174 III GVG ein Schweigegebot verhängt werden (KK-Schneider 5 mwN; 24 zu § 200).

2 A. Dem **Angeschuldigten** muss die Anklageschrift mitgeteilt werden. Hat er einen Verteidiger, so gilt § 145 a I, III; zum Verfahren bei Notwendigkeit der Verteidigerbestellung vgl 3 zu § 141; 10 zu § 142. Im Verfahren gegen Jugendliche erfolgt die Mitteilung auch an Erziehungsberechtigte und gesetzliche Vertreter (§ 67 II **JGG**).

2a B. Auch dem **Nebenkläger** (§ 395) und dem **Nebenklagebefugten** (§ 406 g), letzterem allerdings nur auf seinen Antrag, muss die Anklageschrift mitgeteilt werden (I S 2). Statt an sie selbst, kann die Mitteilung auch an ihren Vertreter erfolgen (§ 145 I, III entspr). Nebenbeteiligte (Einl 73) erhalten nach §§ 435 II, 440 III, 444 II S 1, 2 die Anklageschrift erst mit der Terminsnachricht.

3 C. Der **Vorsitzende** trifft die Anordnung nach I; bewirkt wird sie durch den UrkB. Unterlässt er die Mitteilung, dass er auf richterliche Anordnung handelt, so ist das unschädlich (Bremen JZ **55**, 680). Die förmliche Zustellung ist nur bei Mitteilung an den Angeschuldigten erforderlich, da die Fristbestimmung nach I eine richterliche Entscheidung iS des § 35 ist (Celle StV **98**, 531; Karlsruhe NJW **74**, 709, 712).

4 D. Die **Erklärungsfrist** muss angemessen sein. Maßgebend sind Umfang und Schwierigkeit der Sache (Krekeler wistra **85**, 56). Eine Wochenfrist ist idR mindestens erforderlich. Die Frist kann verlängert werden. Da sie keine Ausschlussfrist ist, werden Einwendungen und Anträge berücksichtigt, die nach ihrem Ablauf, aber vor Erlass (5 ff vor § 33) der Entscheidung nach §§ 203, 204 eingehen (Schleswig SchlHA **54**, 109; Krekeler aaO); auch sie müssen daher nach II S 1 beschieden werden (LR-Stuckenberg 21; Krekeler aaO).

5 **2) Einwendungen und Beweisanträge:**

6 A. **Einwendungen** gegen die Eröffnung des Hauptverfahrens können etwa darin bestehen, dass das Fehlen des Tatverdachts aus tatsächlichen oder rechtlichen Gründen oder das Bestehen von Verfahrenshindernissen geltend gemacht, insbesondere der Zuständigkeitseinwand nach §§ 6 a, 16 erhoben wird. Beweisanträge müssen entspr § 219 I S 1 bestimmte Tatsachen und Beweismittel angeben

(ANM 344; **aM** LR-Stuckenberg 27); sie dürfen nur zu dem Zweck gestellt werden, die Entscheidung nach den §§ 203, 204 vorzubereiten (vgl § 202 S 1). Nebenkläger und Nebenklagebefugte können zwar keine Einwendungen gegen die Eröffnung des Hauptverfahrens erheben (1 zu § 395); sie sind aber nicht gehindert, ihrerseits Beweisanträge zu stellen. Über solche Beweisanträge braucht das Gericht allerdings nicht förmlich nach II zu beschließen, da sich II nur auf die nach I 2. Hs an den Angeschuldigten gerichtete Aufforderung bezieht.

B. Ein **Beschluss des Gerichts** (II S 1) in der durch §§ 30 II, 76 I GVG vor- 7
geschriebenen Besetzung, beim OLG in der Fünferbesetzung des § 122 II GVG (SK-Paeffgen 14; ANM 344; Schlüchter 411; **aM** KK-Schneider 16; LR-Stuckenberg 31: Dreierbesetzung), ist zur Entscheidung über Einwendungen und Anträge des Angeschuldigten erforderlich. Vor der Entscheidung ist die StA zu hören (§ 33 II). Äußert sich der Angeschuldigte schon vor Fristablauf, so kann sofort entschieden werden. Die Ablehnungsentscheidung, die nach § 34 begründet werden muss, kann mit der über die Eröffnung des Hauptverfahrens in einem gemeinsamen Beschluss verbunden werden (ANM 345). Einwendungen gegen die Annahme des hinreichenden Tatverdachts können stillschweigend durch den Erlass des Eröffnungsbeschlusses abgelehnt werden, nicht aber Beweisanträge (LR-Stuckenberg 39).

C. Die **Ablehnung von Beweisanträgen** ist stets gerechtfertigt, wenn die Be- 8
urteilung des hinreichenden Tatverdachts keine weiteren Beweiserhebungen erfordert. Eine Ablehnung mit dieser Begründung genügt (Köln JMBlNW **60**, 221). Die Ablehnungsgründe des § 244 III, IV gelten nicht (KK-Schneider 18; ANM 344; **aM** KMR-Seidl 26; Fezer 9/72), geben aber Anhaltspunkte für die Entscheidung (Paeffgen NStZ **02**, 282). Unzulässig ist die Ablehnung mit der Begründung, die Beweise würden ohnehin in der Hauptverhandlung erhoben, die Entscheidung werde dem Vorsitzenden nach § 219 vorbehalten (LR-Stuckenberg 37), die Beweistatsache werde in der Hauptverhandlung als wahr unterstellt (RG **73**, 193; ANM 345). Ein Hinweis auf das Antragsrecht nach §§ 219, 244 III ist nicht vorgeschrieben (**aM** KMR-Seidl 28), kann aber zweckmäßig sein. Nur die unzulässige Ablehnung löst Hinweispflichten aus. Der Vorsitzende, dem die Entscheidung nach § 219 vorbehalten wurde, muss den Angeklagten darauf aufmerksam machen, dass der Antrag wiederholt werden muss (RG **72**, 231, 233; ANM 347). Bei unzulässiger Wahrunterstellung ist ein Hinweis an den Angeklagten erforderlich, wenn das erkennende Gericht die Tatsache nicht als wahr behandeln will (LR-Stuckenberg 37).

3) Unanfechtbar ist die Entscheidung (II S 2), auch soweit Einwände nach 9
§§ 6a, 16 zurückgewiesen werden. Die Einwände können aber in der Hauptverhandlung wiederholt werden. Die Unanfechtbarkeit bezieht sich auch auf die Ablehnung des Antrags auf Verlängerung der Erklärungsfrist (Hamm NJW **77**, 210; Krekeler wistra **85**, 56), nicht aber auf die Entscheidung über die Eröffnung des Hauptverfahrens; für sie gilt § 210. Ist der Eröffnungsbeschluss ohne vorherige Zustellung der Anklageschrift an den Angeschuldigten erlassen worden, kann Antrag nach § 33a gestellt werden; die daraufhin ergangene sachliche Überprüfungsentscheidung ist unanfechtbar (KG StraFo **08**, 328; erg 10 zu § 33a).

Der Mangel der Mitteilung der Anklageschrift berechtigt den Angeklagten, die 10
Aussetzung der Hauptverhandlung und Nachholung der unterlassenen Mitteilung zu verlangen; die Ablehnung begründet die **Revision** (Celle StV **98**, 531). Werden solche Anträge nicht gestellt, so ist davon auszugehen, dass der Angeklagte auf die Geltendmachung des Mangels verzichtet hat (BGH NStZ **82**, 125; **aM** LR-Stuckenberg 46), es sei denn, der Angeklagte hatte keinen Verteidiger (Hamm und Stuttgart StV **03**, 490). Entsprechendes gilt für den Fall, dass ein ausländischer Angeklagter keine Übersetzung der Anklageschrift erhalten hat (Celle StraFo **05**, 30 mit abl Anm Rübenstahl; Düsseldorf JZ **85**, 200; Karlsruhe StraFo **05**, 370). Dass ein Aussetzungsantrag gestellt und abgelehnt worden ist, muss in der Revisi-

onsbegründungsschrift dargetan werden (Düsseldorf aaO). Die unzulässige Ablehnung von Beweisanträgen kann mit der Revision nicht gerügt werden, da das Urteil darauf nicht beruht. Die Verletzung von Hinweispflichten (oben 8) kann aber die Aufklärungsrüge (§ 244 II) begründen (7 zu § 219). Die versäumte Mitteilung der Anklageschrift nach I S 2 kann hingegen die Revision des Nebenklägers nicht begründen.

Weitere Aufklärung

202 [1]**Bevor das Gericht über die Eröffnung des Hauptverfahrens entscheidet, kann es zur besseren Aufklärung der Sache einzelne Beweiserhebungen anordnen.** [2]**Der Beschluss ist nicht anfechtbar.**

1 **1) Einzelne, ergänzende Beweiserhebungen** kann das Gericht, nicht der Vorsitzende allein, von Amts wegen, ausnahmsweise schon vor der Mitteilung der Anklageschrift nach § 201 I (Celle MDR **66**, 781), oder auf Antrag (6 zu § 201) anordnen, soweit sie ihm vor der Entscheidung über die Eröffnung des Hauptverfahrens notwendig erscheinen (Meyer-Goßner NJW **70**, 415) und ihrer Art nach gesetzlich statthaft sind (Hamm MDR **74**, 509). Verpflichtet ist das Gericht dazu grundsätzlich nicht (Siewert/Mattheus DRiZ **93**, 357); hält es aber eine bessere Aufklärung für möglich, darf es die Eröffnung des Hauptverfahrens nicht einfach ablehnen, vielmehr muss es diese Aufklärung durch eigene Beweiserhebungen oder durch die StA (unten 3) vornehmen (Saarbrücken NStZ-RR **09**, 88; SK-Paeffgen 2; **aM** LG Köln StV **07**, 572 mit differenzierender Anm Rieß; Siewert/Mattheus aaO). Eine Nachholung wesentlicher Teile des Ermittlungsverfahrens kommt nicht in Betracht (Karlsruhe wistra **04**, 276, 279; LG Berlin NStZ **03**, 504 mit zust Anm Lilie NStZ **03**, 568). Auch bei Verletzung des § 163a I (dort 1) besteht keine Pflicht zur Rückgabe der Anklageschrift an die StA (**aM** Kempf DAV-FS 602). Über die Fortdauer der Ermittlungspflicht der StA vgl 16 zu § 162.

2 A. Die **Anordnung** bezeichnet die Zeugen und Sachverständigen, die noch zu hören sind, und das Beweisthema. Das Gericht kann auch das Aufsuchen von Zeugen oder die Beschaffung anderer Beweismittel (zB Lichtbilder, Skizzen) anordnen. Auch die Vernehmung des Beschuldigten zu einer bestimmten Beweisfrage (aber nicht generell, vgl Meyer-Goßner StV **02**, 394 gegen Koch StV **02**, 222) kann angeordnet werden (Celle MDR **66**, 781). Einen „Anhörungstermin im Zwischenverfahren" (so Fischer StV **03**, 109) zur Vorbereitung der Hauptverhandlung kennt das Gesetz nicht (LR-Stuckenberg 4; vgl dagegen 1 vor § 212).

3 B. **Ausgeführt** wird die Anordnung durch Beweiserhebungen in entspr Anwendung der §§ 223 ff (BGH VRS **36**, 356; Schleswig SchlHA **58**, 290; **aM** AK-Loos 8; LR-Stuckenberg 17); über eine Vernehmung ist ein Protokoll aufzunehmen (Hamburg StV **96**, 418; vgl 24 zu § 223). Das Gericht kann auch die StA bitten, selbst oder durch Ermittlungspersonen die erforderlichen Ermittlungen vorzunehmen. Verpflichtet ist die StA hierzu nicht (KG JR **66**, 230; Fezer 9/73; Schlüchter 411; Siewert/Mattheus DRiZ **93**, 355; **aM** LG Münster JR **79**, 40 mit zust Anm Peters; LR-Stuckenberg 16; SK-Paeffgen 7; Strate StV **85**, 340: Grundsätze der Amtshilfe gelten). Zulässig ist auch der Weg der Rechtshilfe (§§ 157–159 GVG). Ergeben sich in dem Zwischenverfahren nach § 202 neue Tatsachen oder Beweismittel, so ist § 33 III zu beachten.

4 **2)** Auch eine **kommissarische Vernehmung** nach §§ 223, 224 zur Beweissicherung für die Hauptverhandlung ist schon im Eröffnungsverfahren zulässig (10 zu § 223).

5 **3) Nach der Eröffnung des Hauptverfahrens** gelten die §§ 219–221. Über weitere Beweiserhebungen durch den Vorsitzenden im Zuge der Vorbereitung der Hauptverhandlung vgl 2 zu § 221. Auch die StA darf, ohne das gerichtliche Verfahren zu stören, noch weiterhin von sich aus ermitteln, wenn sich dies aufdrängt

(LG Münster JR **79**, 40 mit zust Anm Peters; Hildenstab NStZ **08**, 249 zutr gegen Strauß NStZ **06**, 556; **aM** Strate StV **85**, 337; einschr auch Odenthal StV **91**, 441: nur zum Zweck der Beweissicherung oder -sammlung).

4) Die Unanfechtbarkeit der Anordnung (S 2) erfasst auch die in einer solchen Anordnung etwa enthaltene Auswahl eines bestimmten Sachverständigen (Düsseldorf VRS **80**, 353). 6

Erörterung vor der Eröffnung des Hauptverfahrens

202a [1]**Erwägt das Gericht die Eröffnung des Hauptverfahrens, kann es den Stand des Verfahrens mit den Verfahrensbeteiligten erörtern, soweit dies geeignet erscheint, das Verfahren zu fördern.** [2]**Der wesentliche Inhalt dieser Erörterung ist aktenkundig zu machen.**

1) Erörterung mit den Verfahrensbeteiligten: Wie für das Ermittlungsverfahren in § 160b wird hier die Möglichkeit der Erörterung des Verfahrensstandes im Zwischenverfahren gestattet, wobei aber nun das Gericht beteiligt ist und dieses die StA und die Verfahrensbeteiligten (2 zu § 160b) zur Erörterung auffordert; die Anregung zu einem solchen Gespräch kann aber selbstverständlich auch von der StA oder einem anderen Verfahrensbeteiligten ausgehen. Erörterungen mit nur einem von mehreren Mitangeschuldigten sind nicht verboten, müssen aber mit der gebotenen Zurückhaltung geführt werden, um jeden Anschein der Parteilichkeit zu vermeiden; jedenfalls sind aber die anderen Mitangeklagten tunlichst über die Erörterungen zu informieren (vgl BGH NStZ **09**, 701). Hinsichtlich Durchführung und Aktenkundigmachen des Gesprächs gelten die Ausführungen zu § 160b entspr. Einen Beispielsfall, wie ein solches Gespräch *nicht* aussehen soll, erörtert Salditt DAV-FS 794. 1

Die Erörterungen werden vornehmlich zur **Vorbereitung einer Verständigung** (§ 257c) geführt werden. Die gegen solche vorbereitenden Gespräche im Schrifttum erhobenen Bedenken (1 zu § 160b) sind damit beseitigt. 2

2) Beabsichtigt das Gericht, die **Eröffnung des Hauptverfahrens abzulehnen** (§ 204), ist eine vorherige Erörterung mit den Verfahrensbeteiligten überflüssig und unzulässig; das schließt freilich nicht aus, dass das Gericht bei der StA die Rücknahme der Anklage (2 zu § 156) anregen kann. Ist sich das Gericht aber noch unschlüssig, ob es die Anklage zulassen soll oder nicht, ob es sie teilweise oder mit rechtlichen Änderungen zulassen soll, kann eine Erörterung mit den Verfahrensbeteiligten zur Klärung strittiger Punkte sachdienlich sein (vgl N/Sch/W-Schlothauer 10ff); allerdings ist dann darauf zu achten, dass nicht die Hauptverhandlung durch eingehende Erörterung mit den Verfahrensbeteiligten gleichsam vorweggenommen wird, insbesondere darf diese Erörterung weder zu einer Nachholung wesentlicher Teile des Ermittlungsverfahrens führen (1 zu § 202), noch zu einem Anhörungstermin im Zwischenverfahren umfunktioniert werden (2 zu § 202). 3

3) „Gericht" sind nur die Berufsrichter, nicht die Schöffen; denn diese wirken hier – wie auch sonst – außerhalb der Hauptverhandlung nicht mit (§§ 30 I, 77 I GVG). Das ist auch hinnehmbar (krit jedoch Altenhain/Hagemeier/Haimerl NStZ **07**, 74), weil *verbindliche* Vereinbarungen erst mit Zustimmung der Schöffen in der Hauptverhandlung getroffen werden können (23 zu § 257c) und dort zu ihrer Wirksamkeit protokolliert werden müssen (§ 273 Ia S 1). Es wird aber auch nicht zu beanstanden sein, bei der Großen StrK des LG und beim StS des OLG 1. Instanz insbesondere erste Anbahnungsgespräche einem der Richter, idR dem Vorsitzenden, als beauftragten Richter zu übertragen (**aM** KMR-Seidl 14); werden allerdings feste Vereinbarungen – zB über den in der Hauptverhandlung festzusetzenden Strafrahmen bei Ablegung eines Geständnisses – getroffen, so sollten alle Richter daran beteiligt sein. 4

Eröffnung des Hauptverfahrens **RiStBV 115**

203 **Das Gericht beschließt die Eröffnung des Hauptverfahrens, wenn nach den Ergebnissen des vorbereitenden Verfahrens der Angeschuldigte einer Straftat hinreichend verdächtig erscheint.**

1 **1)** Die **Grundlage** für den Eröffnungsbeschluss bilden im Rahmen der Anklage (Einl 37; 2 zu § 200) die vorangegangenen Ermittlungen, also die ganzen Akten, nicht bloß die Anklageschrift. Über besondere Verfahrensarten vgl Einl 63. Dass ein Eröffnungsbeschluss ergangen ist, stellt eine Prozessvoraussetzung (Einl 146) für das weitere Verfahren dar (BGH **10**, 278; **29**, 341, 342; NStZ **86**, 276).

2 **2) Hinreichender Verdacht** besteht bei vorläufiger Tatbewertung (BGH **23**, 304, 306; Bay NStZ **83**, 123; Karlsruhe wistra **85**, 163, 164; **05**, 72, 73) in der Wahrscheinlichkeit der späteren Verurteilung (vgl 1 zu § 170; **aM** Miehe Grünwald-FS 386 ff: nur retrospektive Verdachtsprüfung; dagegen zutr LR-Stuckenberg 10; Rieß Rolinski-FS 240; Schlothauer Lüderssen-FS 761 Fn 3). Die gleiche hohe Wahrscheinlichkeit wie beim dringenden Tatverdacht iS §§ 112 I S 1, 126 a I wird nicht vorausgesetzt (Koblenz OLGSt § 212 StGB Nr 1; KK-Schneider 4; Schlüchter 400; **aM** LR-Stuckenberg 13). Dabei besteht ein gewisser Beurteilungsspielraum (BGH NJW **70**, 1543; Sailer NJW **77**, 1138; Saarbrücken NStZ-RR **09**, 88; **aM** Störmer ZStW **108**, 517). Für *in dubio pro reo* (26 ff zu § 261) ist bei einem Wahrscheinlichkeitsurteil noch kein Raum (Verrel JR **02**, 213). Jedoch kann der hinreichende Verdacht mit der Begründung verneint werden, dass nach Aktenlage bei den gegebenen Beweismöglichkeiten am Ende wahrscheinlich das Gericht nach diesem Grundsatz freisprechen wird (Bay NStZ **83**, 123). Es muss also für eine Straftat des Angeschuldigten einschließlich der Rechtswidrigkeit und der Schuld (§ 20 StGB) wahrscheinlich genügender Beweis vorliegen (Saarbrücken aaO), ohne dass ein persönlicher Strafausschließungs- oder -aufhebungsgrund gegeben ist (Celle NStE Nr 5). Beweisverwertungsverbote sind zu berücksichtigen (AG Rudolstadt VRS **113**, 58; AG Saalfeld StV **05**, 320 mit zust Anm Kühne; Schlothauer aaO 763 ff). Auch darf kein Hindernis der Strafverfolgung vorliegen (Einl 141 ff). Ob dies der Fall ist, wird im Freibeweisverfahren geprüft, im Strengbeweisverfahren aber dann, wenn es auf die Klärung von Tatsachen ankommt, die die angeklagte Straftat betreffen (BGH **46**, 349 = JR **02**, 210 mit Anm Verrel; dazu eingehend Paeffgen NStZ **02**, 281; erg 7 zu § 206 a). Andere Gesichtspunkte, insbesondere außerprozessuale Interessen an der öffentlichen Erörterung bestimmter Vorgänge, bleiben außer Betracht (vgl dazu Bockelmann NJW **60**, 217; Güde NJW **60**, 519).

3 **Entfällt der hinreichende Tatverdacht** nach Eröffnung des Hauptverfahrens, so berechtigt das nicht zur Aufhebung des Eröffnungsbeschlusses (LG Lüneburg NStZ **85**, 41; KK-Schneider 19 zu § 207; LR-Stuckenberg 45 ff zu § 207; Fezer 9/194; Meyer JR **83**, 257 gegen LG Nürnberg-Fürth ebenda; Krack 65; Rieß NStZ **83**, 248 und eingehend in Lüderssen-FS 749); der Angeklagte hat dann Anspruch auf ein freisprechendes Urteil (**aM** LG Kaiserslautern StV **99**, 13 mit verfehlten Erwägungen zur sonst angeblich unmöglichen Verfahrensbeendigung; LG Konstanz JR **00**, 306 mit zust Anm Hecker; Hohendorf NStZ **85**, 399, Hecker JR **97**, 4 und Ulsenheimer NStZ **84**, 440 wollen die Zurücknahme des Eröffnungsbeschlusses bis zum Beginn der Hauptverhandlung zulassen; vgl auch SK-Paeffgen 14 zu § 206 a).

4 **3) Fehlender Eröffnungsbeschluss:** Wenn dieser verlorengegangen ist, wird er durch einen seinen Inhalt feststellenden neuen Gerichtsbeschlussersetzt (RG **55**, 160); ist das nicht möglich, ist das Verfahren einzustellen (Oldenburg NStZ **06**, 119). Ist ein Eröffnungsbeschluss überhaupt noch nicht erlassen worden, so kann er nach – abzulehnender (Meyer-Goßner Eser-FS 378) – neuerer Rspr in der Hauptverhandlung nachgeholt werden (BGH **29**, 224; zust KK-Schneider 21 zu § 207; krit dazu Meyer-Goßner JR **81**, 214; **aM** auch SK-Paeffgen 4; Beulke StP 284;

Dahs/Dahs 236; Krey 1/378; vgl auch LR-Stuckenberg 57 ff zu § 207; Rieß Rolinski-FS 245 und NStZ **06**, 299), wobei beim LG stets in der 3er Besetzung (ohne Schöffen) zu entscheiden ist (BGH **50**, 267 = NStZ **06**, 298 mit zust Anm Rieß; BGH NStZ-RR **06**, 146; **07**, 317; erg 4 zu § 76 GVG). Die Hauptverhandlung kann mit Zustimmung des Angeklagten und des Verteidigers – sodann nach Belehrung über die Möglichkeit, die Aussetzung der Hauptverhandlung zu beantragen (§§ 217 I, 218) – danach sogleich fortgesetzt werden (BGH aaO). Das soll auch gelten, wenn bereits mehrere Termine ohne Eröffnungsbeschluss stattgefunden haben, aber vertagt worden sind (Köln JR **81**, 213 mit abl Anm Meyer-Goßner, das dann aber Nachholung vor der letzten Hauptverhandlung verlangt). In der Berufungsverhandlung kann der Eröffnungsbeschluss nicht mehr nachgeholt werden (BGH **33**, 167 = JR **86**, 119 mit Anm Naucke). Bei der Entscheidung über die Revision zwingt das Fehlen des Eröffnungsbeschlusses zur Einstellung des Verfahrens; eine Zurückverweisung kommt nicht in Betracht (BGH **10**, 278, 279; NStZ **86**, 276; **87**, 239; **94**, 227 [K]; Bay **85**, 141 = MDR **86**, 427; Zweibrücken StraFo **08**, 470; **aM** BGH **29**, 224, 228; zw Rieß NStZ **06**, 300).

Nichteröffnung

204 **I Beschließt das Gericht, das Hauptverfahren nicht zu eröffnen, so muss aus dem Beschluss hervorgehen, ob er auf tatsächlichen oder auf Rechtsgründen beruht.**

II Der Beschluss ist dem Angeschuldigten bekanntzumachen.

1) Nur bei Ablehnung der Eröffnung des Hauptverfahrens gilt § 204, nicht dagegen, wenn das Gericht lediglich eine Unzuständigkeitserklärung wegen fehlender örtlicher Unzuständigkeit abgibt (4 zu § 16) oder ein Gericht höherer Ordnung oder höheren Rangs für zuständig hält (§§ 209 II, 209 a). Der Nichteröffnungsbeschluss ist, wenn er wegen Fehlens einer Verfahrensvoraussetzung ergeht, eine Prozessentscheidung (vgl 47 zu § 260), sonst eine Sachentscheidung. Ob das eine oder das andere der Fall ist, gehört nicht in den Entscheidungssatz, sondern in die Begründung. Die Ablehnung der Eröffnung durch die auf Grund eines Zuständigkeitsstreits von dem Präsidium bestimmte StrK wegen fehlender „Eröffnungszuständigkeit" ist unzulässig (Düsseldorf MDR **84**, 73). 1

A. **Rechtsgründe:** Aus rechtlichen Gründen ist die Eröffnung abzulehnen, wenn die Anklage funktionelle Mängel enthält (vgl 26 zu § 200), wenn ein Verfahrenshindernis vorliegt, wenn der Sachverhalt keinen Straftatbestand erfüllt oder wenn auf Grund rechtlicher Erwägungen – zB weil ein Rechtfertigungs-, Schuldausschließungs- oder Strafaufhebungsgrund eingreift – eine Verurteilung des Angeschuldigten ausscheidet (Martin NStZ **95**, 528). Der nur vorübergehend unbekannte Aufenthalt des Angeschuldigten führt zur vorläufigen Einstellung nach § 205 (Schleswig SchlHA **84**, 102 [E/L]). Die ungewöhnlich lange Dauer des Ermittlungs- und Zwischenverfahrens kann im Extremfall die Ablehnung der Eröffnung zur Folge haben (LG Bad Kreuznach NJW **93**, 1725). 2

B. Aus **tatsächlichen Gründen** wird das Hauptverfahren nicht eröffnet, wenn die Beweise keinen hinreichenden Tatverdacht gegen den Angeschuldigten zu begründen vermögen. Vgl dazu 1 ff zu § 170; 2 zu § 203. 3

C. Eine **Doppelbegründung** – Ablehnung sowohl aus tatsächlichen als auch aus rechtlichen Gründen – ist unzulässig (hM; **aM** Martin NStZ **95**, 528); wegen § 211 muss klargestellt sein, worauf die Ablehnung beruht. Stehen sowohl tatsächliche als auch Rechtsgründe der Eröffnung entgegen, ist es eine Frage der Praktikabilität, welchen von ihnen der Vorzug gegeben wird (LR-Stuckenberg 16; Martin aaO). Auch das Fehlen einer Verfahrensvoraussetzung geht anderen Ablehnungsgründen nicht unbedingt vor (LR-Stuckenberg 15; Martin aaO); denn zB bei Verneinung des Tatbestandes einer Sachbeschädigung sollte nicht auf den eben- 4 falls fehlenden Strafantrag abgestellt werden müssen. Eine – deutlich als solche zu bezeichnende – Hilfsbegründung ist hingegen zulässig.

5 **2) Auch andere Entscheidungen** kommen in Betracht, wenn das Hauptverfahren nicht eröffnet wird, insbesondere die Einstellung des Verfahrens nach §§ 153 II, 153a II, 153b II, 153c IV, 153f III, ferner die vorläufige Einstellung nach §§ 154 II, 154b IV, 154e II oder nach § 205.

6 **3) Erschöpfend und gleichzeitig** muss die Entscheidung im Eröffnungsverfahren den Anklagestoff behandeln (Düsseldorf GA **86**, 37; MDR **79**, 695; Köln StraFo **95**, 55; Nürnberg MDR **72**, 967; 3 zu § 207). Erforderlichenfalls beantragt die StA eine Ergänzung der Beschlussfassung.

7 **4) Der Nichteröffnungsbeschluss** muss in einer Verwechslungen ausschließenden Weise erkennen lassen, welche Tat (1 ff zu § 264) er betrifft, damit keine Zweifel über den Verbrauch der Strafklage entstehen (§ 211). Er muss außerdem die Ablehnungsgründe angeben (§ 34 iVm § 210 II).

8 **5) Nebenentscheidungen** können erforderlich sein:

9 A. **Aufhebung des Haftbefehls** (§ 120 I S 2, der auch im Fall des I gilt) oder des Unterbringungsbefehls (§ 126a III).

10 B. **Aufhebung einer Beschlagnahme,** sofern sie nicht für ein etwa zulässiges neues gerichtliches Strafverfahren (vgl zu § 211) oder für ein objektives Verfahren (§§ 440–442) aufrechtzuerhalten ist.

11 C. **Kosten und Entschädigung:** §§ 464, 467, 469, 470; § 8 **StrEG.**

12 **6) Bekanntmachung** (§ 35 II): Dem StA ist der Beschluss nach § 204 zuzustellen (§§ 35 II S 1, 36 I). Dadurch wird die Frist des § 210 II in Lauf gesetzt. Daher gilt § 41 S 2. Auch dem Nebenkläger wird zugestellt (§§ 397 I S 2 iVm 385 I S 2), und zwar mit Rechtsmittelbelehrung (§ 35a; 6 zu § 210). Die Bekanntmachung an den Angeschuldigten nach II bedarf der förmlichen Zustellung, wenn der Beschluss selbstständig anfechtbare Nebenentscheidungen (zB § 8 III **StrEG**) enthält; auch sonst sollte er aber wegen der urteilsgleichen Wirkung zugestellt werden. Die Benachrichtigung des Verletzten regelt § 406d I.

Vorläufige Einstellung **RiStBV 104**

205 **[1]Steht der Hauptverhandlung für längere Zeit die Abwesenheit des Angeschuldigten oder ein anderes in seiner Person liegendes Hindernis entgegen, so kann das Gericht das Verfahren durch Beschluss vorläufig einstellen. [2]Der Vorsitzende sichert, soweit nötig, die Beweise.**

1 **1) Bei vorübergehenden Hindernissen** tatsächlicher oder rechtlicher Art für das Hauptverfahren gilt § 205, zB bei vorübergehender Verhandlungsunfähigkeit (Einl 97) und bei anderen vorübergehenden, in der Person des Beschuldigten liegenden Hindernissen, zB bei der Abschiebung des Angeklagten (Brandenburg NStZ-RR **05**, 49) oder bei der Rückkehr eines Ausländers in seine Heimat (Koblenz VRS **68**, 364) und Unmöglichkeit seiner Gestellung (vgl § 276; BGH **37**, 145, 146). Dabei handelt es sich nicht um Verfahrenshindernisse im technischen Sinn (Einl 60a, 141; unten 3). Dem Erlass eines Haftbefehls steht die vorläufige Einstellung nach § 205 daher nicht entgegen (Hanack JR **77**, 435). Auch kann Strafbefehl beantragt und erlassen werden. Jedoch entsteht ein Verfahrenshindernis, das zur Einstellung des Verfahrens führt (§ 206a), bei endgültiger Verhandlungsunfähigkeit des Angeschuldigten (BGH NJW **70**, 1981; Einl 97; vgl aber § 413).

2 **2) Vorab ist zu prüfen,** ob nicht aus anderen Gründen ein endgültiger Beschluss auf Nichteröffnung des Hauptverfahrens nach § 204 zu erlassen ist, zB wenn die Geisteskrankheit schon bei der Tat vorlag. Ist in einem solchen Fall das

Hauptverfahren bereits eröffnet, so ist durch Urteil in der Hauptverhandlung freizusprechen oder, wenn es dazu wegen Verhandlungsunfähigkeit des Angeklagten nicht kommen kann, das Strafverfahren endgültig nach § 206 a einzustellen, was den Weg für das Sicherungsverfahren nach § 413 freimacht (dort 1).

3) Einen allgemeinen Grundsatz enthält § 205, der in jeder Lage des Verfahrens gilt. Im vorbereitenden Verfahren gilt für die StA § 154 f. Von der Kann-Bestimmung wird nur Gebrauch gemacht, wenn das Hindernis für längere Zeit besteht. Sonst genügt – unter Berücksichtigung des Beschleunigungsgebotes (Bay NJW **78**, 176; Einl 160) – Zuwarten oder eine Entscheidung nach §§ 228, 229. Hat der Angeschuldigte seine Verhandlungsunfähigkeit selbst herbeigeführt, so kann § 231 a die Fortsetzung des Verfahrens ermöglichen. Besteht das Hindernis in Abwesenheit, so kann, falls zulässig, das Verfahren durchgeführt werden nach §§ 232 I, 233, 350, 412. Die Möglichkeit, ein Berufungsverfahren nach §§ 40 III, 329 I abzuschließen, geht der Einstellung nach § 205 vor (Stuttgart MDR **82**, 775). Bei Auslandsaufenthalt kommt auch ein Ersuchen an den Aufenthaltsstaat um Übernahme des Verfahrens in Betracht, zB bei fahrlässiger Tötung durch Auslandsverkehrsdelikt (Oppe NJW **66**, 2239). Zur Unterbrechung der Verjährung vgl § 78 c I Nr 11 StGB. Über Mitteilung an den Verletzten vgl § 406 d I, an den Anzeigenden vgl RiStBV 104 III iVm 103. Bestellung eines Verteidigers (§ 141) ist zulässig (LG Heilbronn StV **92**, 509). 3

4) Mit der einfachen Beschwerde (§ 304) ist der gerichtliche Einstellungsbeschluss für die StA und den Angeschuldigten anfechtbar, auch wenn er im Hauptverfahren ergeht (Düsseldorf StV **96**, 84); unanfechtbar ist er aber für den Nebenkläger (9 zu § 400). Das Gleiche gilt für die gerichtliche Ablehnung einer beantragten Einstellung, wenn der Beschluss im Eröffnungsverfahren ergeht; wird er im Hauptverfahren erlassen, so steht der Beschwerde § 305 S 1 entgegen (Frankfurt NJW **69**, 570). Dafür kann ggf ein Revisionsgrund nach § 338 Nr 8 bestehen (LR-Stuckenberg 48). Die vorläufige Einstellung kann nicht mit dem Ziel angefochten werden, das Beschwerdegericht prüfen und erstmals entscheiden zu lassen, ob § 206 a anzuwenden ist (Celle MDR **77**, 161; 10 zu § 206 a). 4

5) Die **Fortsetzung des Verfahrens** ist jederzeit möglich, und zwar von Amts wegen oder auf Antrag der StA, selbst stillschweigend durch Vornahme neuer Ermittlungen, also ohne besonderen Aufhebungsbeschluss (**aM** LR-Stuckenberg 41). Während der Einstellung wird von Zeit zu Zeit geprüft, ob der Einstellungsgrund entfallen ist. Bei dieser Prüfung ist auch jeweils die Haftfrage miteinzubeziehen und ggf sicherzustellen, dass das Verfahren alsbald fortgesetzt wird, wenn der Einstellungsgrund wegfällt. Zu diesem Zweck kann auch die Aussetzung eines Haftbefehls nach § 116 aufgehoben werden, und zwar unabhängig davon, ob der Haftbefehl wegen Verstoßes gegen die Auflagen wieder in Vollzug gesetzt werden könnte (30 zu § 116). Auch wird, falls erforderlich, die Verjährung unterbrochen (§ 78 c StGB). 5

6) Beweissicherung (S 2): Der Vorsitzende kann die Beweise selbst erheben oder eine Anordnung treffen, die wie eine solche nach § 202 ausgeführt wird (dort 3). Die Beweissicherung kann ihre Schranken in anderen Verfahrenshindernissen finden, zB in der Immunität (vgl zu § 152 a; Nau NJW **58**, 1670). 6

7) Mehrere Beschuldigte: Wenn die Voraussetzungen des § 205 nur für einen von ihnen vorliegen, ist die vorläufige Einstellung hinsichtlich der anderen nicht zulässig. IdR wird dies ein Fall der Trennung der verbundenen Strafsachen sein (§§ 2 II, 4). 7

8) Bei **nicht in der Person des Beschuldigten liegenden Hindernissen** oder Verfahrenshemmnissen anderer Art, zB Unauffindbarkeit, Verhinderung oder Vernehmungsunfähigkeit eines wesentlichen Zeugen, ist § 205 entspr anwendbar (AK-Loos 9; LR-Stuckenberg 32; Meyer-Goßner JR **84**, 436; Ranft 1311). Die 8 teilw entgegenstehende Rspr (Düsseldorf JR **84**, 435; Frankfurt NStZ **82**, 218; Koblenz StV **93**, 513; München NJW **78**, 176; Stuttgart Justiz **01**, 552; LG Cottbus NStZ-RR **09**, 246) unterscheidet nicht zwischen der sachlichen Berechtigung – dh der Frage, *ob* das Verfahren trotz des Hindernisses fortgeführt werden muss – und der prozessualen Befugnis, also was bei Verneinung der Notwendigkeit, das Verfahren fortzuführen, in formeller Hinsicht zu geschehen hat (Meyer-Goßner aaO; zust Loos JR **98**, 344; ähnlich LR-Stuckenberg 34); danach gilt: Steht ein Zeuge oder Sachverständiger in absehbarer Zeit nicht zur Verfügung, kommt die prozessual grundsätzlich zulässige Einstellung aus sachlichen Gründen nicht in Betracht; dann ist vielmehr die frühere Aussage des Zeugen nach § 251 zu verlesen (BGH NStZ **85**, 230; Düsseldorf StV **96**, 84) bzw das Verfahren ohne die Zeugenaussage fortzusetzen (Hamm NJW **98**, 1088 = JR **98**, 344 mit Anm Loos = NStZ **99**, 263 mit Anm Rose). Nur wenn insofern keine Möglichkeit der Fortführung des Verfahrens gegeben ist, wird es nach § 205 vorläufig eingestellt (LG Düsseldorf StV **08**, 348).

Freiheit des Gerichts

206 **Das Gericht ist bei der Beschlussfassung an die Anträge der Staatsanwaltschaft nicht gebunden.**

1 **1) Anträge und Auffassung der StA** binden das Gericht nicht, soweit es eigene Entscheidungsbefugnis hat, die zB fehlt hinsichtlich der Bestimmung des Beschuldigten und der Tat oder des öffentlichen Interesses nach §§ 230 I, 248a StGB oder § 376. Das Gericht ist weder an die Beweiswürdigung noch an die rechtliche Beurteilung der StA gebunden (vgl § 264 II); auch nicht an die Beurteilung der Zuständigkeit durch die StA (§ 209 II), soweit diese nicht der StA vom Gesetz überlassen sind (zB die Auswahl unter mehreren Gerichtsständen, 10 vor § 7).

Einstellung bei Verfahrenshindernissen

206a **I Stellt sich nach Eröffnung des Hauptverfahrens ein Verfahrenshindernis heraus, so kann das Gericht außerhalb der Hauptverhandlung das Verfahren durch Beschluss einstellen.**

II Der Beschluss ist mit sofortiger Beschwerde anfechtbar.

1 **1)** Ein **Verfahrenshindernis** (Einl 141 ff) berechtigt außerhalb der Hauptverhandlung zur Einstellung des Verfahrens durch Beschluss. Ein angefochtenes Urteil verliert dann seine Wirkung, ohne dass es aufgehoben wird (zu beachten aber unten 6!). In der Hauptverhandlung muss ein Einstellungsurteil nach § 260 III erlassen werden, auch wenn diese nach § 229 unterbrochen ist (KG NStZ **93**, 297; NJW **93**, 673 mit Anm Jahntz NStZ **93**, 299; LR-Stuckenberg 6; Krack 223; **aM** Hohmann NJ **93**, 296; Paeffgen NJ **93**, 161 und SK 5). Die Auslegung eines außerhalb der Hauptverhandlung ergangenen Einstellungsbeschlusses als Einstellungsurteil ist nicht möglich (Hohmann aaO, Jahntz aaO, Meurer JR **93**, 95 gegen KG aaO). Da die Vorschrift nur bei Vorliegen eines Verfahrenshindernisses anwendbar ist, berechtigt sie nicht zur Einstellung des Verfahrens aus anderen Gründen, etwa wegen „Unzumutbarkeit" (so aber LG Ellwangen JR **93**, 257 mit abl Anm Otto).

2 A. **Nicht nur für längere Zeit** (§ 205): Die Einstellung nach § 206a setzt voraus, dass zunächst, falls es die prozessuale Fürsorgepflicht gebietet, versucht wird, einen behebbaren Mangel zu heilen (Einl 159; vgl auch die Regelung des § 130 enthalten. Die Einstellung setzt nicht voraus, dass das Verfahrenshindernis für immer besteht. Es muss aber erheblich weiter wirken als das vorläufige und dadurch zu einem dauernden werden. Das bestätigt auch § 416 III.

B. Die **Einstellung des Verfahrens** ist stets geboten, wenn das Verfahrenshindernis dem Verfahren schlechthin entgegensteht (Einl 154), zB bei Verhandlungsunfähigkeit (Einl 97), bei übermäßiger Gefahr für Leib oder Leben des Beschuldigten (BVerfGE **51**, 324 = NJW **79**, 2349) oder bei nicht aufgehobener Immunität (§ 152a). Besteht das Verfahrenshindernis in Unzuständigkeit, so gibt es eine Reihe von Sonderregelungen, insbesondere die §§ 6, 6a, 16, 209, 225a, 269, 270. Auf bestimmte Verfahrensabschnitte kann die Einstellung nicht beschränkt werden (Bay **85**, 52, 56 = JR **86**, 430 mit Anm Ranft). 3

Betrifft das Verfahrenshindernis **nur eine der mehreren Taten** (§ 264), die Gegenstand des Verfahrens sind, oder nur einen der mehreren Mitbeschuldigten, so wird das Verfahren aber nur insoweit eingestellt. 4

Bei **horizontaler Teilrechtskraft des Urteils** führt ein entstehendes Verfahrenshindernis zur Einstellung des ganzen Verfahrens (erg 12 zu § 449), auch noch dann, wenn das Verfahren nur noch im Rechtsfolgenausspruch (ganz oder teilw) anhängig ist (Bay DAR **74**, 181 [R]; Einl 154). Betrifft das Verfahrenshindernis nur die Verfolgbarkeit nach einem von mehreren Strafgesetzen (§ 52 StGB), so wird dem ohne Einstellungsbeschluss Rechnung getragen. Ein gleichwohl erlassener Einstellungsbeschluss ist unwirksam (Düsseldorf VRS **65**, 39). 5

C. **In jeder Lage des Verfahrens** gilt grundsätzlich § 206a (erg aber Einl 150); im Rechtsmittelverfahren ist die Vorschrift allerdings nur anwendbar, wenn das Verfahrenshindernis erst dort eintritt, zB infolge Verjährung, Rücknahme des Strafantrags oder durch neues Gesetz (BGH **21**, 369). Hatte der Erstrichter hingegen das Vorliegen eines Verfahrenshindernisses übersehen, so ist das eingelegte Rechtsmittel begründet und es ist nicht eine Erstentscheidung nach § 206a, sondern unter Aufhebung des angefochtenen Urteils (wozu § 206a nicht berechtigt: die Einstellung macht nur entgegenstehende Urteile gegenstandslos) eine Rechtsmittelentscheidung zu treffen (KG StraFo **09**, 286 aE; Celle NStZ **08**, 118; Jena VRS **110**, 128, 129; KK-Schneider 4; SK-Paeffgen 8; Meyer-Goßner GA **73**, 366, JR **82**, 391, Rieß-FS 332 und Roxin-FS 1349; Volk 68 und StP § 35, 11; unrichtig BGH wistra **07**, 154; vgl auch die Bedenken in BGH **52**, 119, 123). Die Gegenmeinung (BGH **24**, 208, 212; **32**, 275, 290; Frankfurt NJW **91**, 2849 = JR **92**, 348 mit Anm Wendisch) wendet demgegenüber § 206a auch in diesen Fällen an, bringt damit das Rechtsmittelsystem der StPO durcheinander (vgl zur Berufung 8 zu § 329; zur Revision 29 zu § 349, 6 zu § 354 und 5 zu § 357, zur Wiederaufnahme 6 zu § 371) und gibt § 206a eine Bedeutung, die der Vorschrift nicht zukommt. Bedauerlicherweise hält auch LR-Stuckenberg 17 (unter Übernahme der Kommentierung von Rieß) noch unter Verkennung des fundamentalen Unterschieds zwischen Erst- und Rechtsmittelentscheidung an der überholten Ansicht fest (gegen die dort angestellten weiteren unzutr Erwägungen – Rn 17 aE – vgl 29 zu § 349). Zur Prüfung der Verfahrensvoraussetzungen bei der Berufung vgl im Übrigen 4 zu § 319, bei der Revision 11 zu § 346. 6

D. Tatsächliche **Zweifel** darüber, ob ein Verfahrenshindernis gegeben ist, die (auch durch eine Hauptverhandlung, vgl Paeffgen NStZ **02**, 283f; erg 2 zu § 203), nicht behoben werden können, müssen ebenfalls zur Einstellung des Verfahrens führen (BGH **46**, 349, 352; NStZ **10**, 160). Das folgt aus der Funktion der Prozessvoraussetzung als Bedingung für die Zulässigkeit eines Sachurteils (AK-Loos Anh 25; Rieß BGH-FG 839; SK-Paeffgen 19; Meyer-Goßner Jung-FS 543). Demgegenüber wird vielfach auch auf den Grundsatz *in dubio pro reo* abgestellt (zB bei Zweifel über den Verjährungseintritt, vgl BGH NJW **95**, 1297, 1299; Zopfs 345ff), was idR zu demselben Ergebnis führt (LR-Kühne Einl K 44); der BGH warnt vor einer „schablonenhaften Antwort" (BGH **18**, 274 = JZ **63**, 605 mit Anm EbSchmidt = MDR **63**, 855 mit Anm Dreher). Richtig ist jedoch: Die Verfahrensvoraussetzungen müssen sicher und nicht nur möglicherweise vorliegen; lassen sie sich nicht sicher feststellen, so ist *deswegen* das Verfahren einzustellen, ohne Rücksicht darauf, ob dies für den Angeklagten günstig ist oder nicht (Meyer- 7

Goßner aaO 551; so im Ergebnis auch LR-Stuckenberg 39). Auch die Verhandlungsfähigkeit des Angeklagten muss somit sicher gegeben sein (vgl dazu Hamburg JR **79**, 384 mit Anm Meyer-Goßner; erg 34 zu § 261); bei Zweifeln an dauernder Verhandlungsunfähigkeit kommt nur Einstellung nach § 205 in Betracht (BGH NStZ **96**, 242).

8 E. Der **Tod des Beschuldigten** schließt eine Sachentscheidung aus (BGH NJW **83**, 463 mwN; Hamburg NJW **83**, 464). Das Verfahren muss jedoch zu einem ordnungsgemäßen Abschluss gebracht werden; es ist daher – wie auch sonst bei Vorliegen eines unbehebbaren Verfahrenshindernisses – nach § 206a einzustellen (BGH **45**, 108 mwN auch zur überholten Gegenmeinung, die „Selbstbeendigung" des Verfahrens annahm; dem BGH zust Celle NJW **02**, 3720; Stuttgart NStZ **04**, 407; Rieß BGH-FG 829; zur gesamten Problematik vgl auch Kühl Meyer-Goßner-FS 715), auch bei Todeseintritt während des Revisionsverfahrens (BGH NStZ-RR **08**, 146), auch wenn schon Teilrechtskraft eingetreten war (BGH StV **06**, 118); erg 14 zu § 464. Ein Ermittlungsverfahren wird nach § 170 II eingestellt. Dem Tod steht die Todeserklärung gleich (Hamm NJW **78**, 177). Vor dem Tod oder in Unkenntnis des Todes ergangene abschließende Sachentscheidungen werden gegenstandslos (BGH NStZ-RR **03**, 103 [B]).

9 **2) Weitere Besonderheiten:** Die Einstellung des subjektiven Strafverfahrens wegen Verhandlungsunfähigkeit des Beschuldigten steht einem Sicherungsverfahren nach §§ 413ff nicht entgegen. Ergibt sich in diesem Verfahren nach der Eröffnung des Hauptverfahrens, dass der Beschuldigte nicht oder nicht mehr verhandlungsunfähig ist, so wird das Verfahren in ein Strafverfahren übergeleitet (§ 416 III).

10 **3) Sofortige Beschwerde** (II, § 311) ist nur gegen den Einstellungsbeschluss zulässig. Der die beantragte Einstellung ablehnende Beschluss ist nicht anfechtbar, auch nicht nach § 304 (Schleswig SchlHA **03**, 192 [D/D]; allgM). Die sofortige Beschwerde steht der StA zu, ebenso dem Nebenkläger, (§ 400 II S 1), nicht aber dem Anzeigeerstatter (Braunschweig NdsRpfl **62**, 166), weil er als solcher – abgesehen von §§ 469, 470 – im Hauptverfahren nicht beteiligt ist (Einl 70), auch nicht dem Angeschuldigten, und zwar mangels Beschwer (Düsseldorf OLGSt Nr 1; Jena NStZ-RR **06**, 311 L; Köln OLGSt Nr 3; KK-Schneider 13; **aM** Hamburg MDR **67**, 688; LR-Stuckenberg 103; SK-Paeffgen 28; Gössel 273; Vogler ZStW **89**, 785). Der Angeschuldigte wäre nur beschwert, wenn der Vorrang des § 206b nicht berücksichtigt worden ist (7 zu § 206b). Die Beschwer fehlt auch bei Einstellung, die mit dauernder Verhandlungsunfähigkeit infolge Geisteskrankheit (zB Querulantenwahn) begründet ist (Nürnberg OLGSt S 11; **aM** Hamburg JR **62**, 228 mit Anm Schneidewin; JZ **67**, 546). Hebt das LG als Beschwerdegericht den Beschluss des AG auf, stellt es aber in Verbindung damit das Verfahren nach § 205 vorläufig ein, so ist hiergegen die Beschwerde nach § 304 zulässig (Hamburg GA **69**, 145; 4 zu § 205). Für die Anfechtung der Auslagenentscheidung in dem Einstellungsbeschluss gilt § 464 III S 1 Hs 1 (dort 19).

11 **4)** Der **formell rechtskräftige Beschluss** bedeutet die bindende Feststellung des Verfahrenshindernisses (Einl 166). Er kann daher nicht deshalb wieder aufgehoben werden, weil er auf einem Irrtum über verfahrenserhebliche Tatsachen beruht (Köln NJW **81**, 2208). Ein solcher Widerruf wäre wirkungslos (Bay **70**, 115 = JR **70**, 391 mit Anm Peters). Das gilt aber nicht, wenn der Irrtum durch ein täuschendes Verhalten des Beschuldigten selbst oder durch ein diesem zuzurechnendes Täuschungsverhalten eines Dritten verursacht worden ist; der Einstellungsbeschluss ist dann aufzuheben, das eingestellte Verfahren ist fortzusetzen (BGH **52**, 119 mit zust Anm Kühl NJW **08**, 1008; zust auch Rieß NStZ **08**, 297; abl hingegen Ziemann HRRS **08**, 364: neue Anklage erforderlich). Dasselbe gilt, wenn das festgestellte Verfahrenshindernis später beseitigt wird, zB durch Wegfall der Verhandlungsunfähigkeit oder nachträgliche Stellung eines wirksamen Strafantrags. Im Übrigen entfaltet der Beschluss aber die gleichen Wirkungen wie ein Einstellungsurteil nach

§ 260 III (dort 47, 48; LR-Stuckenberg 113; SK-Paeffgen 31 mwN; Krack 237; **aM** KMR-Seidl 47). Für eine mögliche neue Strafverfolgung gilt das Legalitätsprinzip (11 zu § 152).

Einstellung wegen Gesetzesänderung

206b **[1]Wird ein Strafgesetz, das bei Beendigung der Tat gilt, vor der Entscheidung geändert und hat ein gerichtlich anhängiges Strafverfahren eine Tat zum Gegenstand, die nach dem bisherigen Recht strafbar war, nach dem neuen Recht aber nicht mehr strafbar ist, so stellt das Gericht außerhalb der Hauptverhandlung das Verfahren durch Beschluss ein. [2]Der Beschluss ist mit sofortiger Beschwerde anfechtbar.**

1) Die **weitgehend verfehlte Vorschrift** (zur Kritik vgl insbesondere LR-Stuckenberg 4), mit der die Übergangsbestimmung des Art 96 des 1. StrRG zum Dauerrecht erhoben worden ist, will das Verfahren vereinfachen und dem Angeklagten die Hauptverhandlung ersparen. Sie lässt (systemwidrig) die Einstellung des Verfahrens durch Beschluss zu, wenn die Tat nach § 2 III StGB nicht mehr strafbar ist. 1

Es handelt sich also um eine **sachlich-rechtliche Entscheidung** (München NJW **74**, 873; Küper NJW **75**, 1330; unrichtig Bay **69**, 143 = JR **70**, 270 mit insoweit abl Anm Küper: Prozesshindernis), mit der richtigerweise nicht die Einstellung, sondern die Freisprechung des Angeklagten ausgesprochen werden müsste. Der Sache nach ist der Beschluss nach § 206b ein freisprechendes Erkenntnis (Bloy GA **80**, 164; Bohnert GA **82**, 174; Küper JR **70**, 273 und Pfeiffer-FS 439). 2

2) Nach Eröffnung des Hauptverfahrens ist die Vorschrift anwendbar (LR-Stuckenberg 6; das Wort „anhängig" statt „rechtshängig" ist ein Redaktionsversehen). Ist es noch nicht eröffnet, so führt der Wegfall der Strafbarkeit zur Nichteröffnung nach § 204. 3

Im 1. Rechtszug ist § 206b ohne Rücksicht darauf anzuwenden, ob die Gesetzesänderung vor oder (solange das Verfahren dort anhängig ist) nach Erlass des Urteils eingetreten ist. Nur wenn das Gericht sie im Urteil übersehen hat, darf der 1. Richter keinen Beschluss nach § 206b erlassen (LR-Stuckenbergß 8). In der Hauptverhandlung führt der Wegfall der Strafbarkeit zum Erlass eines freisprechenden Urteils (München NJW **74**, 873; Bohnert GA **82**, 175). 4

Im Berufungsrechtszug ist die Vorschrift anwendbar, auch wenn schon Teilrechtskraft eingetreten ist (LR-Stuckenberg 9; erg 5 zu § 354a), jedoch nur, wenn die Strafbarkeit erst hier entfallen ist, denn § 206b gibt ebenso wenig wie § 206a (dort 6) die Befugnis zu einer Urteilsaufhebung; vielmehr ist sonst eine Entscheidung durch Urteil (Aufhebung und Freispruch) zu treffen (Düsseldorf NJW **91**, 711; KK-Schneider 5; **aM** LR-Stuckenberg 9). 5

Im **Revisionsrechtszug** ist für die Anwendung der Vorschrift kein Raum: Tritt die Gesetzesänderung erst hier ein, gilt § 354a (KK-Schneider 7; **aM** KMR-Seidl 8: § 206b geht vor; wieder anders: LR-Stuckenberg 10; SK-Paeffgen 8; Küper Pfeiffer-FS 442. Wahlrecht zwischen § 206b und § 354a); war sie im 1. Urteil übersehen worden, so ist nach § 349 IV bzw § 354 I zu verfahren (die Gegenauffassung will auch hier verfehlt – dazu 29 zu § 349; KK-Schneider 7 – ein Wahlrecht zwischen § 206b und § 349 II annehmen, was zu Streitfragen hinsichtlich der Notwendigkeit einer zulässigen Revisionsbegründung und der Erhebung der Sachrüge führt, vgl Bohnert GA **82**, 176; Küper NJW **75**, 1329; JR **70**, 273 und Pfeiffer-FS 431ff, 441). 6

3) Die **Strafbarkeit der Tat ist entfallen,** wenn sie nach der Gesetzesänderung unter keinem rechtlichen Gesichtspunkt mehr verfolgt werden kann. Ist sie nunmehr als OWi zu ahnden, so gilt § 206b nicht (Saarbrücken NJW **74**, 1009); vielmehr geht das Verfahren entspr § 82 OWiG in ein Bußgeldverfahren über 7

(Bay **69**, 17 = JR **69**, 350 mit Anm Kohlhaas; KK-Schneider 8; LR-Stuckenberg 13; Göhler 27 zu § 82 OWiG). Ist die OWi wegen eines Prozesshindernisses (zB wegen Verjährung) nicht mehr verfolgbar, so muss das Verfahren nach § 206a eingestellt werden (BGH **20**, 77; Saarbrücken aaO). Wäre die Tat wegen eines Prozesshindernisses auch ohne die Gesetzesänderung nicht mehr verfolgbar, so erfolgt die Einstellung aber nach § 206b (LR-Stuckenberg 15; Bohnert GA **82**, 175). Die Vorschrift gilt auch, wenn versäumt wurde, rechtzeitig eine Gesetzesänderung (vgl Bremen NStZ **10**, 174 zu § 95 AufenthG) oder eine Anpassung eines Blanketttatbestandes vorzunehmen (dazu Schröder Mehle-FS 601 zu § 8 FahrpersonalG).

8 **4)** Die **Entscheidung** ergeht nach Anhörung der StA (§ 33 II), nicht des Angeklagten, durch nach § 34 mit Gründen zu versehenden Beschluss in der für Entscheidungen außerhalb der Hauptverhandlung vorgeschriebenen Gerichtsbesetzung; das OLG entscheidet daher nur mit 3 Richtern (LR-Stuckenberg 16 mwN; SK-Paeffgen 12; erg 4 zu § 122 GVG).

9 Die **Kostenentscheidung** richtet sich nach § 467 I, II, III S 1; die Vorschrift des § 467 III S 2 Nr 2 ist nicht anwendbar (dort 17).

10 Zur **Entschädigung nach § 2 StrEG** vgl 1 vor § 1 StrEG.

11 **5) Sofortige Beschwerde** (S 2) gegen den Einstellungsbeschluss steht der StA, dem Privatkläger und dem zugelassenen Nebenkläger (§ 400 II S 1) zu; der Angeklagte ist mangels Beschwer nicht beschwerdeberechtigt. Beschlüsse des OLG im 1. Rechtszug sind entspr § 304 IV S 2 Nr 2 unanfechtbar. Die Beschwerde gegen den die Einstellung ablehnenden Beschluss ist nach § 305 S 1 ausgeschlossen.

12 **6)** Die **Rechtskraft** des Beschlusses entspricht der eines freisprechenden Urteils. Sie hat daher den Verbrauch der Strafklage zur Folge (KK-Schneider 12; LR-Stuckenberg 22; SK-Paeffgen 15; **aM** AK-Loos 9: Anwendung des § 211).

Eröffnungsbeschluss **RiStBV 115 II**

207 **I In dem Beschluss, durch den das Hauptverfahren eröffnet wird, lässt das Gericht die Anklage zur Hauptverhandlung zu und bezeichnet das Gericht, vor dem die Hauptverhandlung stattfinden soll.**

II Das Gericht legt in dem Beschluss dar, mit welchen Änderungen es die Anklage zur Hauptverhandlung zulässt, wenn

1. **wegen mehrerer Taten Anklage erhoben ist und wegen einzelner von ihnen die Eröffnung des Hauptverfahrens abgelehnt wird,**
2. **die Verfolgung nach § 154a auf einzelne abtrennbare Teile einer Tat beschränkt wird oder solche Teile in das Verfahren wieder einbezogen werden,**
3. **die Tat rechtlich abweichend von der Anklageschrift gewürdigt wird oder**
4. **die Verfolgung nach § 154a auf einzelne von mehreren Gesetzesverletzungen, die durch dieselbe Straftat begangen worden sind, beschränkt wird oder solche Gesetzesverletzungen in das Verfahren wieder einbezogen werden.**

III [1] In den Fällen des Absatzes 2 Nr. 1 und 2 reicht die Staatsanwaltschaft eine dem Beschluss entsprechende neue Anklageschrift ein. [2] Von der Darstellung des wesentlichen Ergebnisses der Ermittlungen kann abgesehen werden.

IV Das Gericht beschließt zugleich von Amts wegen über die Anordnung oder Fortdauer der Untersuchungshaft oder der einstweiligen Unterbringung.

1 **1)** Durch **Zulassung der Anklage** (I) zur Hauptverhandlung wird das Hauptverfahren auf Grund vorläufiger Tatbewertung unter den Voraussetzungen des § 203 eröffnet. Dabei umschreibt das Gericht den Verfahrensgegenstand idR nicht selbst; durch die Zulassung macht es vielmehr den Anklagesatz zum integrierenden Bestandteil des Eröffnungsbeschlusses (BGH GA **80**, 108). Zugleich bezeichnet der

Eröffnungsbeschluss das Gericht, vor dem die Hauptverhandlung stattfindet (vgl zu § 209), bei mehreren Spruchkörpern gleicher Art auch den nach der Geschäftsverteilung zur Entscheidung berufenen. Über den Erlass des Beschlusses vgl 5 ff vor § 33, über Unterschrift auch Einl 128; 6 vor § 33.

2) Mit **Änderungen** (II) kann das Gericht die Klage zulassen. Es kann jedoch weder einen weiteren Angeklagten noch eine neue Tat (§ 264), die nicht Gegenstand der Anklage ist, in die Untersuchung einbeziehen (BGH NStE Nr 5; erg Einl 37, 38). Das Gericht legt die Änderungen in dem Beschluss dar. Damit kommt zum Ausdruck, dass es sich um eine Gesamtentscheidung über den Anklagestoff in persönlicher und sachlicher Beziehung handelt. Selbst wenn diese Gesamtentscheidung aus Gründen der Praktikabilität aufgeteilt wird in einen Beschluss, der Grundlage für die Hauptverhandlung sein soll, und einen weiteren, der einen Teil des Anklagestoffes aus der Hauptverhandlung ausscheidet, müssen beide Beschlüsse jedenfalls gleichzeitig ergehen (Nürnberg MDR **72**, 967; **aM** LR-Stuckenberg 8). 2

A. **Nur teilweise Eröffnung des Hauptverfahrens** (II Nr 1): Sind mehrere Strafsachen miteinander zu einem Verfahren verbunden, so kann in der einen eröffnet und in der anderen die Eröffnung abgelehnt werden (erg 6 zu § 204). Das Ausscheiden einer Tat kann auch in der vorläufigen Einstellung nach § 154 II bestehen. Ist wegen zweier Taten nach § 42 I OWiG Anklage erhoben, wegen der Haupttat aber das Verfahren unter keinem rechtlichen Gesichtspunkt (vgl auch unten 6) zu eröffnen, so entfällt die Zuständigkeit des Gerichts für die Zusammenhangstat; das Gericht lehnt die Eröffnung des Hauptverfahrens aus diesem Grund ab und die StA gibt die Sache an die VerwB ab (Göhler 8 zu § 82 OWiG). Keine teilw Ablehnung, sondern ein Fall des II Nr 3 liegt vor, wenn bei Eröffnung wegen einer Tat nach § 129 StGB der Tatverdacht hinsichtlich eines in Tateinheit dazu stehenden Vergehens verneint wird (BGH NStZ **89**, 190; vgl auch BGHR § 264 I Ausschöpfung 3). 3

B. **Abtrennbare Teile der Tat** (II Nr 2): Der Änderungsbeschluss ist nicht erforderlich, wenn die Beschränkung schon von der StA angeordnet worden ist (20 zu § 154 a; 7, 14 zu § 200) und vom Gericht übernommen wird. Die Wiedereinbeziehung kann das Gericht von sich aus beschließen. Will die StA im Eröffnungsverfahren – etwa auf Grund der nach § 202 durchgeführten zusätzlichen Ermittlungen – die von ihr in der Anklageschrift vorgenommene Ausscheidung eines Teils der Tat rückgängig machen, so muss das Gericht ihrem Antrag entsprechen (§ 154 a III S 2). Vor dieser Wiedereinbeziehung muss dem Angeschuldigten, soweit noch nicht geschehen, das rechtliche Gehör nach § 33 III gewährt werden. Vgl im Übrigen zu §§ 154 a, 397 II. 4

C. **Andere rechtliche Würdigung** (II Nr 3): Der Beschluss muss iVm der Anklageschrift auch erkennen lassen, welche Tatsachen nach Auffassung des Gerichts die gesetzlichen Merkmale des anderen Tatbestands erfüllen (BGH **23**, 304). Aus der anderen rechtlichen Beurteilung kann sich auch eine andere sachliche Zuständigkeit für das Hauptverfahren ergeben (§§ 209, 209 a). Wenn die andere rechtliche Beurteilung nicht eindeutig ist, kann das Gericht im Eröffnungsbeschluss auch die Belehrung nach § 265 I vorwegnehmen und auf die Möglichkeit einer anderen rechtlichen Beurteilung hinweisen (BGH aaO). Es ist auch nicht gehindert, in Anwendung des II Nr 3 besonders vorgesehene Rechtsfolgenumstände hervorzuheben, die nicht in der Anklageschrift enthalten sind (10 zu § 200), und den Hinweis nach § 265 II vorwegzunehmen (32 zu § 265). 5

Nur **unter dem rechtlichen Gesichtspunkt einer OWi** lässt das Gericht die Klage nach II Nr 3 zu, wenn es abweichend von der Anklage den hinreichenden Tatverdacht hinsichtlich der Straftat verneint, ihn aber für eine OWi bejaht und deren Verfolgung für geboten hält (§§ 82, 47 II OWiG). Die Strafsache wird damit in ein Bußgeldverfahren übergeleitet (§ 82 II OWiG). Gegen die Ausscheidung des strafrechtlichen Gesichtspunktes im Eröffnungsbeschluss hat die StA kein Be- 6 schwerderecht (vgl 5 zu § 210); sie kann aber, falls sie Anlass dazu hat, den Übergang zum Strafverfahren nach § 81 II S 1 OWiG erzwingen.

7 D. **Einzelne Gesetzesverletzungen** (II Nr 4): Auch hier handelt es sich um die Ausscheidung oder Wiedereinbeziehung einzelner Rechtsverletzungen (vgl oben 4). Sie können mit der Zulassung der Anklage nach § 154a auf Antrag der StA ausgeschieden oder mit oder ohne deren Zustimmung wieder einbezogen werden. Der Begriff Straftat ist hier iS von Tat (§ 264) zu verstehen, was in § 154a I klargestellt worden ist (LR-Stuckenberg 20).

8 E. **Form des Eröffnungsbeschlusses:** Der Beschluss muss schriftlich abgesetzt werden (Einl 128). Ist dies unterblieben, so besteht ein Verfahrenshindernis (Einl 146), das durch die nachträgliche Erklärung des Richters, die Eröffnung des Hauptverfahrens beschlossen zu haben, nicht beseitigt wird (BGH DRiZ **81**, 343). Entscheidend sind nicht Wortlaut und äußere Form. Es genügt die schlüssige und eindeutige schriftliche Willenserklärung des Gerichts, dass es eine bestimmt bezeichnete Anklage zur Hauptverhandlung zulässt (BGH NStZ **00**, 442 mwN); wobei eine mündlich verkündete und protokollierte Entscheidung einer schriftlichen gleichsteht (BGH NStZ-RR **02**, 68 [B]). Das kann zB der Fall sein, wenn das Gericht eine neue Strafsache mit einer bereits anhängigen verbindet und gleichzeitig Termin zur Hauptverhandlung bestimmt (BGH aaO; Bay **97**, 113 = wistra **98**, 37) oder eine entspr Entscheidung im Rahmen eines Haftprüfungsverfahrens (Hamm NStZ **90**, 146 mit Anm Rieß JR **91**, 34) oder den Besetzungsbeschluss nach § 76 II GVG iVm einem gleichzeitig ergangenen Haftbefehl erlässt (BGHR § 203 Beschluss 4). Die Termins- und Ladungsverfügung allein genügt aber idR nicht (Bay **00**, 161 = NStZ-RR **01**, 139; Hamm VRS **98**, 199; Zweibrücken NStZ-RR **98**, 74 mwN; StraFo **08**, 470; schon gar nicht eine nur teilw ausgefüllte, Koblenz NJW **09**, 3045 L = NStZ-RR **09**, 288), es sei denn, die Akten ergeben eindeutig, dass der Richter die Eröffnung tatsächlich beschlossen hat (Düsseldorf NStZ-RR **00**, 114 mwN). Ein Beschluss, mit dem das LG vom SchG ein Verfahren übernimmt, kann den Eröffnungsbeschluss nicht ersetzen (BGH NStZ **84**, 520), auch nicht die mit einem Eröffnungsbeschluss herbeigeführte Verbindung mit einem von einem anderen Gericht abgegebenen Verfahren (BGH NStZ **87**, 239). Ein Verbindungsbeschluss oder ein Verweisungsbeschluss nach § 270 können den Eröffnungsbeschluss nur ersetzen, wenn das verbindende bzw das verweisende Gericht die Eröffnungsvoraussetzungen geprüft hat (BGH NStZ **88**, 236; **94**, 24 [K]; Hamm VRS **101**, 120; Köln NStZ-RR **04**, 48; vgl auch Düsseldorf NStZ **96**, 298).

9 **3) Eine neue Anklageschrift** (III), die dem Beschluss entspricht und somit die zugelassene Anklage enthält, muss die StA einreichen, wenn der Eröffnungsbeschluss am sachlichen Gegenstand des Verfahrens etwas geändert hat (II Nrn 1, 2). Diese Anklageschrift hat nur deklaratorische Bedeutung und wird daher nicht mehr nach § 201 behandelt (EbSchmidt Nachtr 17). Sie soll lediglich Verwirrung vermeiden und insbesondere dem Angeklagten klarmachen, welche tatsächlichen Vorgänge Gegenstand der Hauptverhandlung sind. Daher ist sie ihm zuzustellen (§ 215 S 2). Zugleich soll ein Anklagesatz geschaffen werden, der sich zur Verlesung in der Hauptverhandlung eignet (§ 243 III S 1).

10 **4)** Über die **UHaft** (IV) oder die einstweilige Unterbringung nach § 126a bedarf es einer ausdrücklichen Entscheidung nur, wenn ein Haft- oder ein Unterbringungsbefehl besteht und vollzogen wird oder wenn er erlassen oder außer Vollzug oder wieder in Vollzug gesetzt werden soll. Befindet sich der Angeklagte in UHaft, so ist der Gegenstand der Prüfung der gleiche wie bei der Haftprüfung nach § 117. Über die Bestellung eines Verteidigers vgl § 140 I Nr 4 und 5, III.

11 **5) Mängel des Eröffnungsbeschlusses:** Schwere formelle oder sachliche Mängel können den Eröffnungsbeschluss unwirksam machen (BGH GA **80**, 108; NStZ **84**, 133; Einl 104ff; zur revisionsrechtlichen Kontrolle der Mangelhaftigkeit

von Anklage und Eröffnungsbeschluss zusammenfassend Kuckein StraFo **97**, 33), zB wenn den Beschluss die StrK nur mit einem (BGH StV **86**, 329) oder mit zwei Richtern gefasst hat (BGH **10**, 278; StV **83**, 2; 401; NStZ **95**, 19 [K]; NStZ-RR **07**, 4 [B]), wobei es nicht auf die Zahl der Unterschriften ankommt (LG Darmstadt StV **05**, 123), oder wenn der Vorsitzende ohne förmliche Beratung allein unterschrieben hat (BGH StV **81**, 329; **83**, 318) oder wenn und soweit die Beschränkung einer Auslieferungsbewilligung durch den Fremdstaat entgegensteht (BGH **29**, 94), nicht aber, wenn sich das Gericht über die örtliche Zuständigkeit geirrt hat (Beukelmann NStZ **09**, 588). Ein Eröffnungsbeschluss des AG kann trotz fehlender Unterschrift gültig sein, falls er tatsächlich gefasst worden ist und nicht bloß ein Entwurf war (Bay NJW **58**, 2027 = JR **59**, 68 mit Anm Sarstedt; Bay **89**, 102 = StV **90**, 395 mit Anm Naucke; Düsseldorf StV **83**, 408 mit Anm Fuchs; Zweibrücken NStZ-RR **98**, 75 mwN; **aM** Frankfurt NJW **91**, 2849 = JR **92**, 348 mit zust Anm Wendisch; vgl auch Karlsruhe StraFo **03**, 273); dasselbe gilt für einen auch sonst unvollständig ausgefüllten Vordruck (Koblenz NStZ-RR **09**, 288). Unrichtige Besetzung der Abteilung oder Kammer macht den Beschluss nicht unwirksam (BGH NStZ **81**, 447 mit Anm Rieß; 1 zu § 22d GVG), ebenso wenig die Mitwirkung eines nach §§ 22, 23 ausgeschlossenen Richters (BGH **29**, 351 = JR **81**, 377 mit Anm Meyer-Goßner; BGH NStZ **85**, 464; **aM** LR-Stuckenberg 67; Nelles NStZ **82**, 96) oder die Unzuständigkeit des Eröffnungsgerichts (Bay JR **75**, 200), zB wenn das SchG anstatt des JugSchG entschieden hat (Koblenz GA **77**, 374), anders aber, wenn ein Gericht ohne zu ihm erhobene Anklage einen Eröffnungsbeschluss erlassen hat(BGH NStZ-RR **03**, 1 [B] und BGH NStZ **05**, 464: Eröffnungsbeschluss ist gegenstandslos), oder wenn die Hauptverhandlung nach unzulässiger Verweisung durch ein Gericht, das sich für örtlich unzuständig erklärt, gleichwohl aber einen Eröffnungsbeschluss erlassen hatte, durchgeführt wird (LR-Stuckenberg 62). Dass der Eröffnungsbeschluss auf unvollständiger Aktengrundlage ergangen ist, hat auf seine Wirksamkeit ebenfalls keinen Einfluss (Meyer JR **83**, 257; Rieß NStZ **83**, 247; erg 2 zu § 203), auch nicht die unzulässige Würdigung der Ermittlungen (BGH NStZ **84**, 15 [Pf/M]) oder die unterlassene Bestellung eines Verteidigers (Düsseldorf VRS **82**, 126). Der funktionelle Mangel einer zugelassenen Anklage (26 zu § 200), im Eröffnungsbeschluss nicht behoben, haftet auch diesem an (BGH GA **73**, 111; **80**, 108). Zum Nachweis, dass ein nicht mehr vorhandener Eröffnungsbeschluss ergangen ist, vgl BGH NStZ **85**, 420.

6) Heilung des Mangels: Wenn die Behebung des Mangels möglich ist, gehört sie zu den Aufgaben des Gerichts (Einl 159). Die Behebung des Mangels ist auch noch in der Hauptverhandlung möglich (BGH GA **80**, 108), nach der Rspr sogar die Nachholung des Eröffnungsbeschlusses (4 zu § 203). Der Vorgang muss aus dem Protokoll ersichtlich sein (§§ 273, 274; BGH GA **73**, 111, 112). In der Hauptverhandlung kann ein Mangel der Anklageschrift, der sich im Eröffnungsbeschluss fortgesetzt hat, durch den StA bei der Verlesung des Anklagesatzes (16 zu § 243) geheilt werden, wenn der Vorsitzende dem zustimmt, oder durch dessen entspr Erklärung (BGH NStZ **84**, 133). Es handelt sich dabei um eine wesentliche Förmlichkeit, die im Protokoll zu beurkunden ist (BGH aaO). Die Entscheidung, ob der Verdacht zu Recht als hinreichend beurteilt wurde, hat das Gericht in der Hauptverhandlung nicht mehr zu prüfen (BGH MDR **80**, 107 [H]; Meyer JR **83**, 257; 2 zu § 203); insofern scheidet daher auch eine Heilung dieses etwaigen Mangels aus. Bei offensichtlichen Versehen äußerer Art ist Berichtigungsbeschluss zulässig (Bay **98**, 127 = NStZ-RR **99**, 111; Bremen JR **58**, 190 mit Anm EbSchmidt; 10 zu § 268), aber nicht, wenn sich der Eröffnungsbeschluss auf Grund einer Personenverwechslung gegen eine andere Person als den Tatverdächtigen richtet (BGH NStZ **90**, 290). Kommt es nicht zur Heilung des Mangels, so muss das Verfahren wegen Fehlens einer Prozessvoraussetzung eingestellt werden (§§ 206a, 260 III; 26 zu § 200). Die Einstellung erfasst das gesamte Verfahren, das damit abgeschlossen ist und nicht mehr fortgeführt werden kann. Soll der in dem einge- 12 stellten Verfahren erhobene Vorwurf erneut gegenüber dem Angeklagten geltend gemacht werden, muss daher eine neue Anklage erhoben werden, deren Zulässigkeit andererseits das Einstellungsurteil nicht entgegensteht (BGH JR **57**, 69; LM Nr 5 mit Anm Martin; Bay JR **86**, 430, 431 mit insoweit zust Anm Ranft; Düsseldorf NStZ **96**, 298, 300; Frankfurt GA **88**, 226; LR-Stuckenberg 85 ff mwN; Meyer-Goßner JR **81**, 216; erg Einl 154).

13 **7) Rechtshängigkeit** (1 zu § 156) tritt vor dem im Beschluss bezeichneten Gericht, vor dem die Hauptverhandlung stattfinden wird, mit dem Erlass des Eröffnungsbeschlusses ein (BGH **29**, 341, 343). Mit ihr erlangt dieses Gericht die Eigenschaft des erkennenden Gerichts (6 zu § 28; 2 zu § 305). Mit der Rechtshängigkeit entsteht ein Verfahrenshindernis für die Verfolgung der Tat in einem anderen Verfahren (Bay MDR **88**, 77; erg Einl 145). Dabei handelt es sich nicht um Strafklageverbrauch (Einl 171 ff). Zur Berichtigung eines fehlerhaften Eröffnungsbeschlusses vgl Karlsruhe NStZ **09**, 587 mit Anm Beukelmann.

14 **8) Anfechtung:** Vgl § 210 I, II. Mit der Revision kann die Fehlerhaftigkeit des Eröffnungsbeschlusses wegen § 336 S 2 vom Angeklagten nicht gerügt werden (BGH NStZ **81**, 447 mit zust Anm Rieß; BGH NStZ **85**, 464), von der StA nur, soweit ihr eine einfache Beschwerde gegen den Eröffnungsbeschluss zustand (4 zu § 210; Meyer-Goßner NStZ **89**, 89). Seine Unwirksamkeit ist als Mangel einer Prozessvoraussetzung von Amts wegen zu beachten (Einl 150; 1 zu § 203).

208 (weggefallen)

Zuständigkeit im Eröffnungsverfahren

209 **I Hält das Gericht, bei dem die Anklage eingereicht ist, die Zuständigkeit eines Gerichts niedrigerer Ordnung in seinem Bezirk für begründet, so eröffnet es das Hauptverfahren vor diesem Gericht.**

II Hält das Gericht, bei dem die Anklage eingereicht ist, die Zuständigkeit eines Gerichts höherer Ordnung, zu dessen Bezirk es gehört, für begründet, so legt es die Akten durch Vermittlung der Staatsanwaltschaft diesem zur Entscheidung vor.

1 **1) Zuständigkeitsprüfung:** Die StA erhebt die Anklage bei dem zuständigen Gericht (§ 170 I). Das Gericht ist aber an den Antrag der StA nicht gebunden (§ 206), sondern muss die Zuständigkeit selbst prüfen. Für die örtliche Zuständigkeit gelten dabei § 16 und § 42 **JGG,** für die Zuständigkeit der besonderen StrK § 6 a, des JugG die §§ 39–41, 108 **JGG,** für die sonstige Zuständigkeit im 1. Rechtszug der Geschäftsverteilungsplan (§ 21 e GVG; dort 22). Hält sich das Gericht nicht für sachlich zuständig, so soll es nach dem Zweck des § 209 nicht nur eine Unzuständigkeitserklärung abgeben oder die Eröffnung des Hauptverfahrens vor sich wegen eines Prozesshindernisses ablehnen, sondern die Sache an das nach seiner Auffassung sachlich zuständige Gericht bringen (1 zu § 6). Das Gleiche gilt für die Zuständigkeit besonderer StrKn, soweit es in diesem Bereich eine Rangfolge gibt (§ 209 a).

2 **2) Bei Zuständigkeit eines Gerichts niedrigerer Ordnung** (I; 2 vor § 1) eröffnet das Gericht, an das die StA die Anklage adressiert hat, das Hauptverfahren bei diesem mit bindender Wirkung. Die Strafsache wird dadurch bei diesem Gericht rechtshängig. Die StrK kann das Verfahren nach I vor dem AG eröffnen, und zwar vor dem Strafrichter oder dem SchG (§§ 24, 25 GVG). Ist die Anklage beim SchG erhoben, so kann dieses, nämlich sein Vorsitzender (§ 30 II GVG), das Hauptverfahren bei dem nach der Geschäftsverteilung zuständigen Strafrichter desselben Gerichts eröffnen. Ist die Anklage zum OLG erhoben (§ 120 I, II S 1

GVG), so kann es das Hauptverfahren vor jedem der nachgeordneten Gerichte eröffnen, wenn hinreichender Tatverdacht hinsichtlich der Strafvorschrift fehlt, die die Zuständigkeit des OLG begründet (Bay StV **87**, 392), oder wenn das OLG die Verfolgung nach § 154a auf die nicht zu seiner Zuständigkeit gehörende Gesetzesverletzung beschränkt (BGH **29**, 341 = NStZ **81**, 151 mit Anm Dünnebier; erg 17 zu § 154a). I wird noch durch § 120 II S 2 GVG ergänzt.

3) Bei Zuständigkeit eines Gerichts höherer Ordnung (II; 2 vor § 1) legt das Gericht, zu dem die Anklage erhoben ist, die Akten diesem durch Vermittlung der StA nach Durchführung des Verfahrens nach § 201, idR bei Entscheidungsreife, vor (BGH **6**, 109; KMR-Seidl 17). Das gilt auch, wenn der Strafrichter die Zuständigkeit des SchG für gegeben erachtet (LG Lübeck SchlHA **66**, 46). Das Gericht der höheren Ordnung prüft sodann seine Zuständigkeit. Hält es ein noch höheres Gericht für zuständig, so verfährt es ebenfalls nach II (Meyer-Goßner JR **86**, 473). Sonst eröffnet es das Hauptverfahren, ggf. nach weiteren Beweiserhebungen (§ 202), vor sich oder nach I bei dem zuständigen Gericht niedrigerer Ordnung; es darf auch bei missbräuchlicher Vorlage nicht einfach die „Übernahme ablehnen" (Frankfurt NStZ-RR **09**, 315). Es hat jedoch in beiden Fällen die Möglichkeiten des § 207 II (vgl aber 17 zu § 154a). Hält es die Voraussetzungen für die Eröffnung nicht für erfüllt, so legt es, falls die Zuständigkeit des LG oder des OLG nach § 24 I Nr 1 GVG (dort 3) gegeben ist, gleichwohl vor (KK-Schneider 14); in den übrigen Fällen der Vorschrift (Nr 2 und 3) verfährt es nach § 204 (vgl LG Frankurt a.M. NJW **08**, 91, 92). Hält die StaatsschutzStrK die besondere Bedeutung nach § 120 II GVG für gegeben, so führt sie eine Entscheidung des GBA über die Übernahme herbei (LR-Stuckenberg 50). Die Vorlage allein zu dem Zweck, ein beim Landgericht anhängiges Berufungsverfahren mit dem vorgelegten Verfahren zu verbinden und sodann ein (einheitliches) erstinstanzliches Verfahren durchzuführen, ist unzulässig (BGH **37**, 15, 19). Eröffnet das höhere Gericht das Verfahren vor sich, obwohl seine Zuständigkeit offenkundig nicht gegeben ist, so entzieht es den Angeschuldigten seinem gesetzlichen Richter (BGH **38**, 212). 3

4) Innerhalb desselben Gerichts unter gleichrangigen Spruchkörpern kann eine Strafsache wegen geschäftsplanmäßiger Unzuständigkeit formlos abgegeben werden (BGH **25**, 242; LR-Stuckenberg 9; vgl 6 zu § 269). Über Kompetenzkonflikte vgl 14ff vor § 1. 4

5) Innerhalb desselben Gerichtsbezirks spielt sich die Zuständigkeitsverschiebung nach I und II ab. Die Verschiebung der Strafsache in einen anderen Gerichtsbezirk würde die örtliche Zuständigkeit des Eingangsgerichts betreffen, für die nicht § 209 gilt, sondern § 16. Wegen örtlicher Unzuständigkeit kommt es nicht zu einer unmittelbaren Abgabe der Sache an ein anderes Gericht, sondern zu einer Unzuständigkeitserklärung des mit der Sache befassten Gerichts (4 zu § 16). Zu dieser Entscheidung kommt es wegen der Vielzahl der Gerichtsstände und des Wahlrechts der StA (10 vor § 7) selten. 5

6) Erstinstanzliche bezirkliche Zusammenfassung: Das gemeinsame SchG (§ 58 II GVG) kann das Verfahren nach I nicht nur bei einem Strafrichter desselben AG, sondern auch bei einem Strafrichter eines anderen AG, das zu seinem Bezirk gehört, eröffnen (LR-Stuckenberg 16). Umgekehrt kann ein Strafrichter dieses Bezirks die Sache nach II an das gemeinsame SchG vorlegen. Diese Grundsätze gelten bei allen Zusammenfassungen dieser Art (vgl 1, 2 zu § 58 GVG), auch in den Fällen der §§ 74a, 74c, 74d GVG. 6

7) Beschluss nach I: Mit seinem Erlass (5ff vor § 33) wird das Gericht, das in dem Eröffnungsbeschluss als dasjenige bezeichnet ist, vor dem die Hauptverhandlung stattfinden soll (§ 207 I), erkennendes Gericht, die Strafsache bei ihm rechtshängig (13 zu § 207; 21 zu § 270). Eine Vorlage nach § 225a bzw eine Verweisung nach § 270 an ein höheres Gericht auf Grund veränderter Sachlage bleibt aber 7 zulässig (Karlsruhe NStZ **90**, 100 = JR **91**, 36 mit Anm Gollwitzer; hins § 225 a str, vgl Frankfurt NStZ-RR **09**, 315, 316; LR-Stuckenberg 31; insoweit offen gelassen von BGH **47**, 311 = NStZ **03**, 47 mit Anm Rieß, wo im Übrigen aber entgegen der Ansicht des BGH durchaus eine „veränderte Sachlage" vorlag). Der Beschluss wird den Verfahrensbeteiligten mitgeteilt, dem Angeklagten zugestellt (§§ 35, 215; dort 1).

8 **8) Beschluss nach II:** Der Anhörung der Beteiligten nach § 33 I, III bedarf es nicht (LR-Stuckenberg 41), weil mit dem Beschluss lediglich die nächste Entscheidung dem anderen Gericht übertragen wird. Dagegen ist der Beschluss eine Entscheidung iS des § 35, weil sich mit ihm der Adressat weiterer Anträge und Einwendungen (5 ff zu § 201) ändert. Den Beteiligten wird der Beschluss daher formlos mitgeteilt (§ 35 II), der StA durch Übersendung der von ihr weiterzuleitenden Akten (II).

9 **9) Beschwerde** (§ 304) ist gegen den Vorlegungsbeschluss (II) nicht zulässig (KK-Schneider 19), und zwar mangels Beschwer (8 vor § 296) und außerdem, weil ihr der Sinn und Zweck des Beschlusses entgegenstehen würde und sogar der Eröffnungsbeschluss unanfechtbar ist (§ 210 I).

Strafkammern mit besonderer Zuständigkeit

209a **Im Sinne des § 4 Abs. 2, des § 209 sowie des § 210 Abs. 2 stehen**

1. die besonderen Strafkammern nach § 74 Abs. 2 sowie den §§ 74 a und 74 c des Gerichtsverfassungsgesetzes für ihren Bezirk gegenüber den allgemeinen Strafkammern und untereinander in der in § 74 e des Gerichtsverfassungsgesetzes bezeichneten Rangfolge und

2. die Jugendgerichte für die Entscheidung, ob Sachen

a) nach § 33 Abs. 1, § 103 Abs. 2 Satz 1 und § 107 des Jugendgerichtsgesetzes oder

b) als Jugendschutzsachen (§ 26 Abs. 1 Satz 1, § 74 b Satz 1 des Gerichtsverfassungsgesetzes)

vor die Jugendgerichte gehören, gegenüber den für allgemeine Strafsachen zuständigen Gerichten gleicher Ordnung

Gerichten höherer Ordnung gleich.

1 **1) Zweck:** Unter Spruchkörpern gleichen Ranges iS der sachlichen Zuständigkeit (2 vor § 1) gibt es besondere Zuständigkeiten. Die Spruchkörper mit besonderer Zuständigkeit haben im Eröffnungsverfahren den Vorrang.

2 Die **beiden Gleichstellungsklauseln** des § 209 a sollen den Vorrang wegen seiner Bedeutung im Eröffnungsverfahren wirksam werden lassen. Nr 1 betrifft den Vorrang der besonderen StrKn in der Rangfolge des § 74 e GVG (8 vor § 1), Nr 2 den Vorrang der JugGe vor den Erwachsenengerichten (10 ff vor § 1).

3 **2) Nach der Eröffnung des Hauptverfahrens** gelten die Gleichstellungsklauseln des § 209 a in einigen Fällen weiter: Die beiden Klauseln gelten für die Zuständigkeit bei Verbindung (§ 4 II). Für die Verweisung der Strafsache vor Beginn der Hauptverhandlung oder während dieser gilt nur noch die Gleichstellungsklausel der Nr 2 Buchst a, also der Vorrang des JugG als Spezialgericht für Jugendliche und Heranwachsende (vgl Karlsruhe NStZ **87**, 375). Im Vorverfahren kann die WirtschaftsStrK eine Haftbeschwerde in entspr Anwendung des § 209 a an die allgemeine StrK abgeben (Koblenz NStZ **86**, 327; 425 mit Anm Rieß).

4 **3)** Der **Vorrang der besonderen StrKn** (Nr 1; 7, 8 vor § 1) untereinander und gegenüber den allgemeinen StrKn: Die besondere Zuständigkeit ist im Eröffnungsverfahren so anzusehen, als handele es sich um eine sachliche Zuständigkeit

höherer Ordnung. Dabei ist der Rang der besonderen StrKn im Verhältnis zueinander in § 74e GVG festgelegt.

A. **Auswirkungen im Fall des § 209 I:** Das SchwurG (§ 74 II GVG) kann das Hauptverfahren eröffnen vor der WirtschaftsStrK (§ 74e Nr 2 GVG); wenn diese nicht in Betracht kommt, vor der StaatsschutzStrK (§ 74e Nr 3 GVG); wenn auch deren Zuständigkeit nicht gegeben erscheint, vor der allgemeinen StrK. Die WirtschaftsStrK kann das Hauptverfahren eröffnen vor der StaatsschutzStrK; falls diese ausscheidet, vor einer allgemeinen StrK. Die StaatsschutzStrK kann das Verfahren vor der allgemeinen StrK eröffnen. Dabei erfolgt aber keine Zuweisung an eine bestimmte allgemeine StrK (BGH StV **90**, 97 L); welche StrK zuständig ist, richtet sich nach dem Geschäftsverteilungsplan (LR-Stuckenberg 13). 5

B. **Auswirkungen im Fall des § 209 II:** Wegen eigener Unzuständigkeit können innerhalb des LG über die StA vorlegen: Das SchwurG an keine andere StrK; die WirtschaftsStrK an das SchwurG; die StaatsschutzStrK an das SchwurG oder, falls dieses nicht in Betracht kommt, an die WirtschaftsStrK. Die allgemeine StrK kann vorlegen an das SchwurG; falls dessen Zuständigkeit ausscheidet, an die WirtschaftsStrK; wenn auch diese nicht in Betracht kommt, an die StaatsschutzStrK. Die besondere StrK, der vorgelegt wird, darf ggf nicht nur ihre Unzuständigkeit feststellen, sondern entscheidet stets über die Eröffnung des Hauptverfahrens, auch wenn sie der Auffassung ist, dass die allgemeine StrK zuständig ist (Rieß NJW **79**, 1536). 6

4) Vorrang der JugGe vor den Erwachsenengerichten (Nr 2): Im Eröffnungsverfahren wird das JugG im Verhältnis zu einem gleichrangigen Erwachsenengericht so angesehen, als wäre es ein Gericht höherer Ordnung (2 zu § 1). Das gilt nicht nur für den Fall, dass sich das Verfahren gegen einen Jugendlichen oder Heranwachsenden richtet (Nr 2 Buchst a), sondern auch für den Fall, dass es eine Jugendschutzsache betrifft (Nr 2 Buchst b), selbst wenn es sich dabei um eine SchwurG-Sache handelt (BGH **42**, 39 = JR **96**, 390 mit zust Anm Brunner; **aM** Katholnigg NStZ **96**, 346). 7

A. **Auswirkungen im Fall des § 209 I** (12 vor § 1): Wenn das JugG, zu dem Anklage erhoben ist, das Erwachsenengericht für zuständig hält, kann das Hauptverfahren eröffnen der Jugendrichter (§ 33 II **JGG**) vor dem Strafrichter (§ 25 GVG), das JugSchG vor dem SchG, die JugK vor einer anderen StrK, und zwar in der Reihenfolge, die sich aus § 74e GVG ergibt. 8

B. **Auswirkungen im Fall des § 209 II:** Wegen eigener Unzuständigkeit können über die StA vorlegen: Der Strafrichter an den Jugendrichter, das SchG an das JugSchG, die allgemeine oder besondere StrK an die JugK. 9

C. **Auswirkung bei Verbindung von Sachen des JugG und des Erwachsenengerichts** (§§ 103 I, II S 1, 112 S 1 **JGG**): Werden Sachen dieser Art verbunden anhängig gemacht (§§ 103 I S 1, 112 S 1 **JGG** iVm § 2 I), so ist die Klage zum JugG zu erheben. Dieses hat die Kompetenz-Kompetenz (12 vor § 1) für den Verbindungsbeschluss und ist im Fall der Verbindung zuständig, wenn für die Strafsache gegen den Erwachsenen ein Gericht gleicher Ordnung zuständig wäre. Seine Zuständigkeit bleibt nach § 47a **JGG** (vgl 13 vor § 1), der dem § 103 III **JGG** vorgeht, auch nach Erledigung oder Abtrennung des Verfahrens gegen den Jugendlichen nach Eröffnung des Hauptverfahrens und Weiterführung nur gegen den Erwachsenen bestehen (BGH **30**, 260; Bay MDR **80**, 958). Ein Beschluss über die Abtrennung des Verfahrens gegen den Erwachsenen und die Abgabe an das für allgemeine Strafsachen zuständige Gericht darf nur zugleich mit einer Entscheidung über die Eröffnung des Hauptverfahrens in der abgegebenen und in der behaltenen Sache ergehen (KG StV **85**, 408; Düsseldorf NStZ **91**, 145; Hamm NStE Nr 1 zu § 103 JGG). 10

Eine **Ausnahme** enthält § 103 II S 2, 3 **JGG.** Wenn für die Erwachsenensache die WirtschaftsStrK oder StaatsschutzStrK (§§ 74c, 74a GVG) zuständig ist, hat diese den Vorrang vor der JugK (LR-Stuckenberg 38). Wenn für die Erwachsenen- 11 strafsache das SchwurG zuständig wäre, hat bei der Verbindung die JugK den Vorrang (vgl dazu eingehend Meyer-Goßner NStZ **89**, 297).

Anfechtung

210 **I Der Beschluss, durch den das Hauptverfahren eröffnet worden ist, kann von dem Angeklagten nicht angefochten werden.**

II Gegen den Beschluss, durch den die Eröffnung des Hauptverfahrens abgelehnt oder abweichend von dem Antrag der Staatsanwaltschaft die Verweisung an ein Gericht niederer Ordnung ausgesprochen worden ist, steht der Staatsanwaltschaft sofortige Beschwerde zu.

III [1]Gibt das Beschwerdegericht der Beschwerde statt, so kann es zugleich bestimmen, dass die Hauptverhandlung vor einer anderen Kammer des Gerichts, das den Beschluss nach Absatz 2 erlassen hat, oder vor einem zu demselben Land gehörenden benachbarten Gericht gleicher Ordnung stattzufinden hat. [2]In Verfahren, in denen ein Oberlandesgericht im ersten Rechtszug entschieden hat, kann der Bundesgerichtshof bestimmen, dass die Hauptverhandlung vor einem anderen Senat dieses Gerichts stattzufinden hat.

1 **1) Unanfechtbarkeit für den Angeklagten** (I): Sie besteht auch bei Eröffnung vor einem Gericht niederer Ordnung (Hamm MDR **82**, 691). Es gilt jedoch § 33a (KG StraFo **07**, 241 mwN; vgl auch LG Nürnberg-Fürth NStZ **83**, 136; Rieß NStZ **83**, 249). Unanfechtbar ist auch die Zurückstellung der Eröffnungsentscheidung bei einem von mehreren Mitangeklagten, es sei denn, hierdurch solle ein unzulässiger Rollentausch (22 vor § 48) ermöglicht werden (Frankfurt NStZ-RR **03**, 117). Die Haftentscheidung nach § 207 IV ist mit der einfachen Beschwerde anfechtbar (§ 304). Karlsruhe StV **02**, 184 mit Anm Keller/Kelnhofer lässt die einfache Beschwerde auch zu, wenn das Verfahren gegen einen nicht angeklagten Betroffenen eröffnet wird; dagegen zutr Frankfurt NStZ-RR **03**, 81. Eine Verfassungsbeschwerde gegen den Eröffnungsbeschluss ist ausgeschlossen (BVerfG NJW **95**, 316; **aM** Eschelbach GA **04**, 241 wegen BVerfGE **107**, 395; erg dazu 1 zu § 33a). Verletzt eine erneute Eröffnungsentscheidung allerdings Art 103 III GG, weil entgegen § 211 keine neuen Tatsachen und Beweismittel gegeben sind, so ist die Beschwerde in verfassungskonformer Auslegung der Vorschrift zulässig (BVerfG StV **05**, 196 mit zust Anm Durth/Kempf).

2 **2) Sofortige Beschwerde der StA** (II) ist zulässig bei Ablehnung, die auf Verneinung des hinreichenden Tatverdachts oder auf einem Verfahrenshindernis beruht, das nicht in den Bereich des § 209 fällt, bei gleichzeitiger Teileröffnung und Teilablehnung (6 zu § 204) nur gegen den letzteren Teil. Sie ist ferner zulässig gegen die Verweisung der Strafsache an ein Gericht niederer Ordnung nach § 209 I; dabei prüft das Beschwerdegericht die Eröffnungsentscheidung ohne Beschränkung auf die von der StA geltend gemachten Beschwerdepunkte (Bay **86**, 125 = NJW **87**, 511 = OLGSt Nr 3 mit Anm Rieß), die Prüfung erstreckt sich hier aber grundsätzlich nicht auf den hinreichenden Tatverdacht (KG NStZ-RR **05**, 26; Saarbrücken wistra **02**, 118). Eine bloße Verweisung an ein anderes Gericht ist, ebenso wie eine bloße Unzuständigkeitserklärung (1 zu § 209), nicht zulässig, weil § 209 I eine Muss-Vorschrift ist. Würde eine solche Verweisung ausgesprochen, so hätte die StA das Recht der einfachen Beschwerde (unten 4). Die entspr Anwendung von II hält Stuttgart (MDR **82**, 252) für geboten, wenn die WirtschaftsStrK in der Berufungsinstanz eine Sache an eine allgemeine StrK verweist. Die Möglichkeit der sofortigen Beschwerde nach II schließt nach § 336 S 2 die Revision aus (BGH GA **81**, 321 mit Anm Rieß; **aM** Nelles NStZ **82**, 96). Im Rahmen des Beschwerdeverfahrens darf das Beschwerdegericht das Verfahren nicht vor sich eröffnen oder an ein noch höheres Gericht weiterreichen (Meyer-Goßner JR **86**, 472; **aM** LR-Stuckenberg 29; anders ist es bei § 209, dort 3); die allgemeine StrK

darf auch nicht selbst vor einem JugG eröffnen (offen gelassen von Zweibrücken NStZ **94**, 48). Hatte das Beschwerdegericht übersehen, dass die sofortige Beschwerde verspätet war, muss es seinen gleichwohl erlassenen Eröffnungsbeschluss aufheben (Jena StraFo **09**, 207; erg 25 vor § 296).

Die **Gleichstellungsklauseln** des § 209 a Nrn 1 und 2 gelten auch bei der Anwendung des Begriffs des Gerichts niederer Ordnung in II. Hat eine besondere StrK das Hauptverfahren entgegen dem Antrag nicht vor sich eröffnet, sondern vor einer besonderen StrK, die ihr in der Rangfolge des § 74 e GVG nachsteht, oder vor einer allgemeinen StrK, so kann die StA gegen diesen Eröffnungsbeschluss sofortige Beschwerde einlegen. Das Gleiche gilt, wenn das JugG gegen den Antrag der StA das Hauptverfahren vor einem gleichrangigen Erwachsenengericht eröffnet hat (KG NStZ **06**, 521 mit Anm Eisenberg). 3

3) Einfache Beschwerde der StA ist nach § 304 zulässig, wenn die JugK das Verfahren an die allg StrK formlos abgibt (Koblenz JR **82**, 479 mit Anm Brunner), das Gericht abweichend von der StA das Verfahren vorläufig einstellt (5 zu § 204) oder sich für sachlich unzuständig erklärt, statt nach § 209 II zu verfahren (RG **32**, 52; LR-Stuckenberg 40); ebenso, wenn der Eröffnungsbeschluss die Anklage nicht völlig erschöpft (**aM** KK-Schneider 4) und ein Ergänzungsantrag der StA abgelehnt wird oder wenn das Gericht entgegen § 155 I durch Einbeziehung einer anderen Tat oder eines anderen Täters über die Anklage hinausgeht (SK-StPO-Paeffgen 9), nicht aber bei Eröffnung vor einem Gericht höherer Ordnung, es sei denn, es liege Willkür vor (Meyer-Goßner NStZ **89**, 88 zu LG Göttingen ebenda). Die formlose Abgabe an einen gleich- oder höherrangigen Spruchkörper innerhalb des Gerichts kann die StA mangels Beschwer nicht anfechten. Zur Beschwerde gegen die Erklärung der örtlichen Unzuständigkeit vgl 7 zu § 16; beschränkt sich eine nach § 210 II eingelegte Beschwerde der StA auf die Rüge der örtlichen Unzuständigkeit des AG, vor dem das LG eröffnet hat, liegt in der unzulässigen sofortigen eine zulässige einfache Beschwerde (**aM** Hamburg wistra **03**, 38). 4

4) Unzulässig ist die Beschwerde, wenn das Gericht die Tat nur rechtlich anders qualifiziert (vgl auch 6 zu § 207). Hier muss die StA ihren abweichenden Standpunkt in der Hauptverhandlung oder mit der Revision geltend machen (München NStZ **86**, 183). 5

5) Der **Nebenkläger** kann wie die StA sofortige Beschwerde einlegen, wenn die Eröffnung des Hauptverfahrens abgelehnt worden ist (§ 400 II S 1), aber nur wegen des Nebenklagedelikts (Celle OLGSt Nr 1; vgl auch München NStZ **86**, 183 mit Anm Dahs und weiterer Anm Meyer-Goßner NStZ **86**, 328). Ist das Hauptverfahren vor einem niedrigeren Gericht eröffnet worden, so steht dem Nebenkläger die sofortige Beschwerde nicht zu (8 zu § 400). Der Verletzte, der nicht Nebenkläger ist, hat kein Beschwerderecht (Oldenburg NdsRpfl **54**, 35). 6

6) Wahlrecht nach III: 7

A. **„Vor einer anderen Kammer"** (S 1) ist auszulegen iS von „andere Abteilung oder Kammer", wie es in § 354 III heißt (Oldenburg NStZ **85**, 473 mit Anm Rieß); denn die Verweisungsmöglichkeit in beiden Altern soll nicht nur dem OLG, sondern auch dem LG als Beschwerdegericht eingeräumt sein (Oldenburg aaO). Vor einer bestimmten StrK wird auch dann nicht eröffnet, wenn der Geschäftsverteilungsplan keine Ausweichkammer vorsieht (Sowada 806 Fn 246; **aM** Koblenz OLGSt § 212 Nr 1; vgl auch 38 zu § 354). 8

B. Das **andere Gericht** muss benachbart sein, dh in der Nähe liegend, wenn auch nicht angrenzend (**aM** Sowada 805 Fn 244). Jedoch muss es zum Bezirk des Beschwerdegerichts gehören (Hamm MDR **82**, 691; erg 41 zu § 354). Nach Abschluss des Hauptverfahrens tritt die ursprüngliche Zuständigkeit wieder ein (47 zu § 354). 9

10 C. **Besondere Gründe** müssen aber für die Anwendung des III bestehen, der insoweit bei verfassungskonformer Auslegung verfassungsrechtlich unbedenklich ist (BVerfG StV **00**, 537; **aM** Seier StV **00**, 586; Sowada 805). Sie ist zB gerechtfertigt, wenn nur an einem anderen Gerichtsort eine unvoreingenommene Verhandlung zu erwarten ist oder von dem bisherigen Richter nach der Art seiner Meinungsäußerung im angefochtenen Beschluss nicht erwartet werden kann, dass er sich die Auffassung des Beschwerdegerichts innerlich voll zu eigen machen wird (Düsseldorf OLGSt S 5; Frankfurt NJW **05**, 1727, 1736; Hamburg JR **79**, 384; krit Marcelli NStZ **86**, 59; Seier aaO), zB wenn er sich in der für die Eröffnung entscheidenden Rechtsfrage festgelegt hat (Köln NStZ **02**, 35). Eine Bindung wie im Fall des § 358 I besteht aber nicht. Das Gericht, vor dem eröffnet worden ist, kann sich nicht mit der Begründung für unzuständig erklären, die Voraussetzungen von III hätten nicht vorgelegen (Meyer-Goßner JR **79**, 385; **aM** Marcelli aaO). Eine analoge Anwendung des III auf andere Beschlussentscheidungen ist grundsätzlich unzulässig (Meyer-Goßner aaO; **aM** Hamburg JR **79**, 383 zu § 206 a II); lediglich in dem ganz ähnlichen Fall der Anordnung der Wiederaufnahme des Verfahrens durch das Beschwerdegericht sollte III entspr angewendet werden (erg 18 zu § 370).

11 D. In der **Geschäftsverteilung** müssen die verschiedenen Möglichkeiten berücksichtigt werden (Düsseldorf StV **85**, 407; erg 4 zu § 21 e GVG). Es gelten die Grundsätze 38 zu § 354. Eine Änderung des Beschlusses, weil das Gericht, vor dem eröffnet worden ist, keinen Auffangspruchkörper hat, ist unzulässig (Oldenburg NStZ **85**, 473 mit Anm Rieß). Kann ein solcher Spruchkörper ausnahmsweise nicht gebildet werden, so muss nach § 15 verfahren werden (Oldenburg aaO; erg 38 zu § 354). Ein Richter, der an der früheren Entscheidung mitgewirkt hat, ist nicht ausgeschlossen (39 zu § 354).

Wirkung der Ablehnung

211 **Ist die Eröffnung des Hauptverfahrens durch einen nicht mehr anfechtbaren Beschluss abgelehnt, so kann die Klage nur auf Grund neuer Tatsachen oder Beweismittel wieder aufgenommen werden.**

1 **1) Beschränkte Sperrwirkung für neue Strafverfolgung:** § 211 gilt für jeden Fall der Nichteröffnung des Hauptverfahrens (1 ff zu § 204), also sowohl bei Sachentscheidung durch Verneinung des hinreichenden Tatverdachts (Einl 182) als auch bei Nichteröffnung wegen eines Verfahrenshindernisses, das der Strafverfolgung im Ganzen entgegensteht (BGH **7**, 64; Einl 172). Hat sich das Gericht lediglich für unzuständig erklärt, so gilt § 211 nicht (LR-Stuckenberg 5). Bei der Ablehnung wegen eines Verfahrenshindernisses handelt es sich nicht um Strafklageverbrauch; aber § 211 verleiht diesem Beschluss die gleiche Sperrwirkung. Wie die Anknüpfungspunkte des Beschlusses sind dann auch die Voraussetzungen für neue Strafverfolgung verschieden. Bei der Verneinung des hinreichenden Tatverdachts ist die neue Strafverfolgung nur zulässig, wenn die Nova der Sachentscheidung die Grundlage entziehen; bei der Ablehnung wegen eines Verfahrenshindernisses ist ein neues Verfahren zulässig, wenn die Nova der Feststellung des Prozesshindernisses den Boden entziehen oder, was dem gleichsteht, wenn das angenommene Verfahrenshindernis beseitigt wird (LR-Stuckenberg 14; Kleinknecht Bruns-FS 475 ff; zB durch nachträglichen wirksamen Strafantrag); oder wenn es seine Wirkung auf andere Weise verliert (zB dadurch, dass die StA für die neue Strafverfolgung das öffentliche Interesse nach § 230 I StGB bejaht).

2 **Unanfechtbar** ist der Beschluss, falls die Beschwerde nach § 210 vergeblich eingelegt oder ihre Frist verstrichen ist. Seine Sperrwirkung erfasst auch eine Privatklage, die anstelle der durch § 211 ausgeschlossenen öffentlichen Klage erhoben werden soll (Köln NJW **52**, 1152).

2) Neue Tatsachen oder Beweismittel (vgl auch § 174 II) rechtfertigen die neue Anklage, wenn sie der rechtskräftigen Ablehnung als Sachentscheidung oder bei Ablehnung wegen eines Verfahrenshindernisses diesem den Boden entziehen. Ist die Ablehnung auf Unwirksamkeit der Anklageschrift gestützt (26 zu § 200), so stellt die Behebung des Mangels in der neuen Anklage eine die Sperrwirkung beseitigende neue Tatsache dar (Düsseldorf NStZ **82**, 335; vgl auch 11 zu § 206a). Im Übrigen kommt es nur darauf an, ob die neuen Tatsachen oder Beweismittel dem damaligen Beschlussgericht nicht bekannt waren, gleichviel, ob sie ihm hätten bekannt sein können oder damals schon bestanden (BGH **7**, 64, 66). Beruhte der Ablehnungsbeschluss auf einem Subsumtionsfehler oder Irrtum, so kann er daher nicht widerrufen werden (BGH **52**, 213, 218; vgl auch Bay **70**, 115 = JR **70**, 391 zu § 206a), weil das Erfordernis der Nova dadurch umgangen würde. 3

Ob die Grundlage des früheren Beschlusses durch die Nova entfallen ist, wird **vom Rechtsstandpunkt des früheren Richters** beurteilt (BGH StV **90**, 7 L). Der neue Beschlussrichter ist – auch wenn er derselbe ist – an eine als falsch erkannte Rechtsauffassung, auf der der frühere Beschluss beruht, gebunden (BGH **18**, 225). Wenn er aber auf Grund dieser Rechtsauffassung wiederaufnehmen kann, legt er dem neuen Eröffnungsbeschluss die richtige Auffassung zugrunde (Hanack JZ **71**, 218). Auch ein neues Sachverständigengutachten genügt (BGH aaO). Die abweichende Aussage eines früheren Zeugen ist kein neues Beweismittel, aber eine neue Tatsache (RG **60**, 99); dasselbe gilt, wenn ein Zeuge nunmehr auf sein Zeugnisverweigerungsrecht verzichtet (BGHR Neue Tatsachen 2). 4

3) Eine **neue Anklage** wird beim Wegfall der Sperre erhoben (Nürnberg OLGSt S 1; LR-Stuckenberg 16, 18). Dies bestätigt auch der rechtsähnliche § 47 III **JGG.** Für die neue Strafverfolgung gilt wiederum das Legalitätsprinzip (Rieß NStZ **83**, 248), solange die Nova nicht entfallen (13 zu § 152); insoweit ist dann auch § 172 anwendbar (KG JR **83**, 345; KK-Schneider 8; LR-Stuckenberg 20). Die neue Klage kann zurückgenommen werden, solange kein neuer Eröffnungsbeschluss erlassen ist (§ 156); danach gilt § 210 (Frankfurt NStZ-RR **03**, 81). 5

Die **Zuständigkeit des Gerichts** für das neue Verfahren richtet sich nach der neuen Sach- und Rechtslage. In der neuen Anklage muss auf den früheren Nichteröffnungsbeschluss Bezug genommen werden. Dabei sind die neuen Tatsachen und Beweismittel besonders zu bezeichnen, die die Sperrwirkung beseitigen. Nur insofern besteht eine Verbindung des neuen Verfahrens mit dem früheren, die allerdings während des ganzen neuen Verfahrens andauert (unten 7). 6

4) Neues Eröffnungsverfahren: Ein Eröffnungsbeschluss kann in dem neuen Verfahren nur erlassen werden, wenn die neuen Tatsachen oder Beweismittel so erheblich sind, dass sie dem früheren Ablehnungsbeschluss die Grundlage entziehen. Dieser wird mit dem neuen Eröffnungsbeschluss nicht aufgehoben (LR-Stuckenberg 22); denn das frühere Verfahren bleibt abgeschlossen, das neue ist selbstständig und nur hinsichtlich der Sperrklausel von dem früheren abhängig (allgM; anders jetzt allerdings Radtke NStZ **99**, 484, der aber zu Unrecht den Gegensatz zwischen § 211 und §§ 359ff leugnet). Da die Neuheit der Tatsachen oder Beweismittel Voraussetzung für das neue Verfahren ist, obliegt ihre Prüfung auch später dem jeweils mit der Sache befassten Gericht (BGH **18**, 225; LR-Stuckenberg 24; Einl 150), so dass entgegen § 210 II hier von Verfassungs wegen auch eine Beschwerde gegen die neue Eröffnungsentscheidung gegeben ist (vgl 1 zu § 210). 7

Auch **die früheren Nebenentscheidungen** werden nicht aufgehoben. War eine Entschädigungsentscheidung getroffen worden, so gilt § 14 I **StrEG.** Die Entscheidung über die Kosten des Verfahrens, die in dem früheren Nichteröffnungsbeschluss getroffen worden ist, kann nicht entspr § 14 I S 1 StrEG korrigiert werden (KK-Schneider 11; KMR-Seidl 18). 8

9 **5) Nebenklage:** Eine im vorausgegangenen Verfahren begründete Nebenklägerstellung lebt nicht wieder auf. Der Anschluss (§ 396 I S 1) im neuen Verfahren geschieht unabhängig von dem früheren Verfahren (LR-Stuckenberg 23).

10 **6)** Das **Sicherungsverfahren** nach §§ 413ff kann trotz der Ablehnung nach § 211 eingeleitet werden (RG **72**, 145).

5. Abschnitt. Vorbereitung der Hauptverhandlung

Vorbemerkungen

1 **1)** Dem **Vorsitzenden** obliegt im Wesentlichen die Vorbereitung der Hauptverhandlung. Das Gericht wirkt nur in den gesetzlich vorgeschriebenen Fällen (vgl §§ 223, 225, 233) mit. Aufgabe des Vorsitzenden ist nicht nur die Terminsanberaumung (§ 213) und die Ladung des Angeklagten und der Beweispersonen zur Hauptverhandlung (§ 214 I S 1), sondern auch die Anordnung, im Freibeweis (7, 9 zu § 244) Ermittlungen nach unerreichbaren Zeugen vorzunehmen, weitere sachliche Beweismittel herbeizuschaffen (§ 221), ggf auch die zum Schutz der Zeugen oder zur Sicherung der Hauptverhandlung vor Störungen erforderlichen Maßnahmen vorzubereiten.

2 Darüber hinaus kann der Vorsitzende sich bis zur Hauptverhandlung eine noch gründlichere **Aktenkenntnis** verschaffen, als er sie für die Mitwirkung bei der Entscheidung über die Eröffnung des Hauptverfahrens (§§ 203ff) brauchte, indem er zur Vorbereitung der Hauptverhandlung nicht nur die bei den Akten befindlichen Lichtbilder und Urkunden in Augenschein nimmt, sondern auch Örtlichkeiten (Tatort, Unfallstelle usw) informatorisch besichtigt (6 zu § 86).

3 **2) Keine erschöpfende Regelung** der zur Vorbereitung der Hauptverhandlung erforderlichen und zulässigen Anordnungen enthalten die §§ 212ff. Zu beachten sind auch die §§ 205, 230 II, 231a, 232 I und 233. Dencker (StV **94**, 503) weist auf die Möglichkeit hin, den Prozessbeteiligten vor der Hauptverhandlung einen Bericht zukommen zu lassen, in dem das nach Aktenlage „Unstreitige" dargestellt wird; ob ein solcher – einen erheblichen Aufwand erfordernder – Bericht zur Vereinfachung des Verfahrens beitragen kann, erscheint aber sehr fraglich, zumal jetzt auch § 212 eine Kontaktaufnahme ermöglicht.

4 Zur Vorbereitung der Hauptverhandlung gehört auch die Zahlung von **Reisekostenvorschüssen** an mittellose Zeugen und Sachverständige nach § 3 JVEG (vgl 3 zu § 71) und an mittellose Angeklagte nach Abschn I des bundeseinheitlich geltenden Verwaltungsvorschriften über die Bewilligung von Reiseentschädigungen an mittellose Personen und Vorschusszahlungen an Zeugen und Sachverständige in der ab 1. 8. 1977 geltenden Fassung (abgedruckt bei Piller/Hermann unter 10d). Die Entscheidung trifft in beiden Fällen das Gericht; wegen der Anfechtbarkeit vgl § 4 III JVEG und 14 zu § 23 EGGVG.

5 **3) Beweiserhebungen** zur Schuld- oder Rechtsfolgenfrage darf das Gericht vor und außerhalb der Hauptverhandlung grundsätzlich nur vornehmen, wenn und soweit das Gesetz (vgl §§ 223, 225, 231a I S 2, 233 II) eine Vorwegnahme der Hauptverhandlung vorsieht. Sonst sind die Anhörung des Angeklagten zur Sache und die Vernehmung oder Beschaffung von schriftlichen Unterlagen von Zeugen und Sachverständigen nur in ganz besonders gelagerten Ausnahmefällen zulässig (vgl BGH MDR **66**, 427 mit krit Anm Dallinger; RG **65**, 322; Hamm MDR **74**, 419; Meyer-Goßner NJW **70**, 415; unrichtig LG Nürnberg-Fürth NJW **83**, 584 = JR **83**, 257 mit abl Anm Meyer: Anordnung von „Nachermittlungen" durch den Vorsitzenden). Dabei müssen die Vorschriften beachtet werden, die den Prozessbeteiligten die Mitwirkung an vorweggenommenen Beweiserhebungen sichern (Hamm aaO; erg 1 zu § 244). Ausführlich dazu KMR-Eschelbach 24ff.

4) Ermittlungen der StA zur Vorbereitung der Hauptverhandlung sind nach Rechtshängigkeit der Sache nicht unzulässig (Hahn GA **78**, 331), müssen aber auf Eilfälle (Beweissicherung und dgl) beschränkt bleiben (eingehend dazu Odenthal StV **91**, 441). Ihr notwendig erscheinende richterliche Untersuchungshandlungen darf die StA nicht bei dem Ermittlungsrichter (§§ 162, 169), sondern nur bei dem Vorsitzenden des erkennenden Gerichts beantragen (Stuttgart MDR **83**, 955; LG Coburg MDR **53**, 120 mit zust Anm Kleinknecht). 6

5) Ermittlungen des Verteidigers sind ebenfalls nicht unzulässig, insbesondere zur Informationsbeschaffung, aber auch zur Entwicklung einer Verteidigungsstrategie (vgl dazu eingehend Schlothauer, Vorbereitung der Hauptverhandlung, 2. Aufl 1998, S 36 ff und in AK 7 ff; König StraFo **96**, 98 ff; Wächtler StraFo **07**, 141 ff; erg 2 vor § 137). 7

Erörterung nach der Eröffnung des Hauptverfahrens

212 **Nach Eröffnung des Hauptverfahrens gilt § 202 a entsprechend.**

1) Erörterungen iSd §§ 160 b, 202 a sind auch noch nach Eröffnung des Hauptverfahrens zulässig und insbesondere zur Vorbereitung einer Verständigung (§ 257 c) oftmals geboten. Dies gilt nicht nur für den Verfahrensabschnitt zwischen Eröffnungsbeschluss (§ 207) und Hauptverhandlungstermin, sondern auch nach Beginn der Hauptverhandlung für die Abschnitte zwischen einzelnen Verhandlungstagen und für die Zeit nach einer ausgesetzten Hauptverhandlung und vor dem neuen Hauptverhandlungstermin. 1

Terminsbestimmung RiStBV 116

213 **Der Termin zur Hauptverhandlung wird von dem Vorsitzenden des Gerichts anberaumt.**

1) Terminsanberaumung ist die Festsetzung von Ort, Tag und Stunde der Hauptverhandlung (Köln VRS **69**, 451). Zur Ortsangabe gehört auch die Bezeichnung des Gerichtssaals (Holch JR **79**, 350). 1

Verhandlungsort ist idR ein Raum im Gerichtsgebäude, nicht das Amtszimmer des Richters (RiStBV 124 I). Aus triftigen Gründen kann der Vorsitzende die Hauptverhandlung oder einen Teil von ihr aber auch am Tatort, in einer JVA (Hamm NJW **74**, 1780: aus Sicherheitsgründen), am Aufenthaltsort (Wohnung oder Krankenhaus) eines reiseunfähigen Angeklagten oder Zeugen oder in einem anderen Raum (vgl Hamm NJW **60**, 785: Gastwirtschaft) stattfinden lassen (erg 6 zu § 169 GVG). Die gesamte Hauptverhandlung kann außerhalb des Gerichtsbezirks durchgeführt werden (BGH **22**, 250; erg 1 zu § 166 GVG). 2

Der **Terminstag** kann notfalls ein Sonn- oder Feiertag sein. Jedoch ist bei der Terminsanberaumung auf konfessionelle Verhältnisse Rücksicht zu nehmen (RiStBV 116 II); ein Termin an einem nichtstaatlichen Feiertag, an dem dem Angeklagten aus religiösen Gründen jede Einlassung verboten ist, kann die Gewährung des rechtlichen Gehörs in Frage stellen (BGH **13**, 123). 3

Die **Terminsstunde** ist so festzusetzen, dass ein reibungsloser Ablauf der Hauptverhandlung gesichert ist und den Beteiligten jeder vermeidbare Zeitverlust erspart bleibt (vgl RiStBV 116 III). Sie kann – und muss ggf (vgl BGH NStZ **07**, 281) – auch außerhalb der Dienstzeiten des Gerichts liegen. Falls das sachdienlich ist (zB im Anschluss an eine Augenscheinseinnahme am Unfallort), kann der Termin auch zur Nachtzeit stattfinden (BGH **12**, 332); jedoch muss die Verhandlungszeit dann so bemessen werden, dass eine Übermüdung der Beteiligten ausgeschlossen ist (BGH aaO; vgl auch Hanack JZ **71**, 170). 4

5 Ein Verbot, den Termin so anzuberaumen, dass gegen den Angeklagten **2 Hauptverhandlungen vor verschiedenen Gerichten** parallel zueinander stattfinden, besteht nicht (BGH NStZ **84**, 274; **aM** SK-SchlüchterDeiters 11).

6 **2) Im Ermessen des Vorsitzenden** (dh des Richters, der bei der Terminsbestimmung den Vorsitz in dem Spruchkörper führt), vor dem das Verfahren eröffnet worden ist, liegt die Terminsanberaumung. Sie muss, falls keine besonderen Gründe entgegenstehen, alsbald nach Eröffnung des Hauptverfahrens, im Berufungsrechtszug nach Vorlage der Akten nach § 321 S 2 stattfinden. Das Gebot der Verfahrensbeschleunigung (Einl 160) macht es notwendig, dass die Hauptverhandlung baldmöglichst durchgeführt wird, insbesondere in Haftsachen (BGH NStZ **06**, 513; erg 10 zu Art 5 MRK), in denen sie grundsätzlich innerhalb von 3 Monaten nach Eröffnung des Hauptverfahrens beginnen muss (BVerfG StV **06**, 72, 78; **08**, 421, 423; Nürnberg StraFo **08**, 469; **09**, 149); der Vorsitzende muss und darf nicht warten, bis auch die letzte Untersuchung und Ermittlungshandlung abgeschlossen ist (BGH 1 StR 274/07 vom 12. 9. 2007; dagegen Pfordte Widmaier-FS 421, 423). Andererseits muss der Termin so weit hinaus anberaumt werden, dass alle Verfahrensbeteiligten ausreichend Zeit zur Vorbereitung haben. Der Vorsitzende hat das Recht, die anfallenden Sachen auf die verfügbaren Sitzungstage so zu verteilen, wie es eine zweckmäßige Erledigung der Geschäfte erfordert (BGH **15**, 390, 392). Bei der Ermessensausübung müssen aber außer der Belastung des Gerichts und der Reihenfolge des Eintritts der Rechtshängigkeit auch berechtigte Wünsche der Prozessbeteiligten berücksichtigt werden (BGH NStZ **98**, 311; JR **07**, 209 mit zust Anm Eidam; Celle VRS **113**, 54, 56; München StV **07**, 518; LG Frankfurt aM StV **04**, 420), insbesondere auch erforderliche Anreisezeiten (Bamberg NJW **05**, 2341). Rechtliches Gehör braucht ihnen jedoch nicht gewährt zu werden (Frankfurt NStZ-RR **97**, 272). Der Vorsitzende ist nicht verpflichtet, mit sämtlichen Prozessbeteiligten vor der Terminsanberaumung Fühlung zu nehmen, um etwaige Verhinderungsgründe zu ermitteln und zu berücksichtigen; das gilt insbesondere für die Schöffen (BGH aaO) und bei einer Vielzahl von Verteidigern (KG StV **09**, 57 mit krit Anm Schlothauer). Eine Absprache des Termins mit dem Verteidiger ist aber zumindest zweckmäßig (vgl Brandenburg OLG-NL **96**, 71; Brause Kriminalistik **95**, 351; Neuhaus StraFo **98**, 84), kann sich in Verfahren mit schwieriger Beweislage und einem seit langem in dieses eingearbeiteten Verteidiger als notwendig erweisen (Frankfurt StV **97**, 402; LG Braunschweig StV **97**, 403) und ist daher in größeren Sachen in der Praxis üblich (erg 10ff zu § 228). Diesen Anforderungen wird – zumindest die obergerichtliche – neuere Rspr weithin gerecht (vgl die Zusammenstellung von 58 Entscheidungen bei Müller Widmaier-FS 359). Zusammenfassend zur Terminierung in Wirtschaftsstrafsachen BGH NJW **08**, 2451.

7 **3)** Auf eine **Verlegung des Termins** haben die Prozessbeteiligten grundsätzlich keinen Anspruch (vgl LG Nürnberg-Fürth StV **09**, 180 zur Verhinderung des Nebenklägervertreters). Der Vorsitzende entscheidet über solche Anträge nach pflichtgemäßem Ermessen unter Berücksichtigung der Interessen der Beteiligten, des Gebots der Verfahrensbeschleunigung und der Terminsplanung des Gerichts (Frankfurt StV **95**, 11; Hamm NStZ-RR **01**, 107; StV **04**, 642; LG Hamburg StV **89**, 340; LG Bonn StraFo **96**, 174; erg 10 zu § 228). Ein – *vor* Terminsansetzung (Hamm NStZ **10**, 231) – gebuchter Urlaub des Angeklagten oder seines Verteidigers wird aber idR – jedenfalls bei kleineren Verfahren – zur Terminsverlegung führen (Köln DAR **05**, 576 mit zust Anm Bister; LG Oldenburg StraFo **08**, 471).

8 **4) Beschwerde** gegen die Bestimmung oder Aufhebung eines Hauptverhandlungstermins, insbesondere gegen die Ablehnung des Antrags auf Terminsverlegung ist grundsätzlich nach § 305 S 1 ausgeschlossen. Sie kann nur dann ausnahmsweise als zulässig angesehen werden, wenn sie darauf gestützt ist, dass die Entscheidung des Vorsitzenden rechtswidrig ist, wozu auch die fehlerhafte Ausübung seines Ermessens gehört; die Beurteilung der Zweckmäßigkeit der Entscheidung ist dem

Beschwerdegericht entzogen (KG StV **09**, 577; Dresden NJW **04**, 3196; Frankfurt StV **95**, 9; **01**, 157; Hamburg StV **95**, 11; Karlsruhe StV **91**, 509; München NStZ **94**, 451; StV **07**, 518, Nürnberg StV **05**, 491; LG Düsseldorf NStZ **04**, 168; LG Hamburg StV **96**, 659; LG Magdeburg StraFo **97**, 112; LG München II NJW **95**, 1439; einschr Stuttgart Justiz **06**, 8: nur bei evidentem und gewichtigem Rechtsfehler; **aM** – Beschwerde stets unstatthaft – Celle NStZ **84**, 282 L = NdsRpfl **84**, 72; Düsseldorf JMBlNW **95**, 248; Hamm NStZ **89**, 133; Karlsruhe StV **82**, 560 mit abl Anm Moos; Stuttgart MDR **80**, 954; Kropp NStZ **04**, 668; vgl auch Düsseldorf JZ **86**, 864 für die Beschwerde des Zeugen). Das Beschwerdegericht kann den Termin zwar nicht anstelle des Vorsitzenden festsetzen; es kann aber die Rechtmäßigkeit oder Rechtswidrigkeit der angefochtenen Verfügung feststellen (Bamberg StraFo **99**, 237; Frankfurt StV **90**, 201; **93**, 6; **01**, 157; LG Hildesheim NJW **89**, 1174) und den Hauptverhandlungstermin aufheben (Dresden aaO). Zur Frage, wann eine Beschwerde Aussicht auf Erfolg hat, vgl die Zusammenstellung von Einzelfällen bei Neuhaus StraFo **98**, 87.

5) Revision kann auf die Ablehnung des Vorsitzenden, den Termin zu verlegen, nicht gestützt werden; gerügt werden kann nur die Ablehnung eines deswegen in der Hauptverhandlung gestellten Aussetzungsantrags (Düsseldorf JMBlNW **95**, 248; Koblenz VRS **45**, 284; Julius StV **90**, 56). Wird allerdings die rechtzeitig vorgetragene Bitte um Terminsverlegung so spät abgelehnt, dass es Angeklagten und Verteidigern nicht möglich war, für ein Erscheinen zu dem neuen Termin irgendwelche Vorkehrungen zu treffen, so kann mit der Revision Verletzung des Anwesenheitsrechts gerügt werden (Hamm JR **71**, 471 mit Anm Kohlhaas). Bei ermessensfehlerhafter Ablehnung eines Verlegungsantrages wegen Verhinderung des Verteidigers ist die Revision begründet (Braunschweig StV **04**, 366). 9

Ladungen **RiStBV 116 IV, V, 117**

214 **I [1] Die zur Hauptverhandlung erforderlichen Ladungen ordnet der Vorsitzende an. [2] Zugleich veranlasst er die nach § 397 Absatz 2 Satz 3 und § 406 g Absatz 1 Satz 4, Absatz 2 Satz 2 erforderlichen Benachrichtigungen vom Termin; § 406 d Abs. 3 gilt entsprechend. [3] Die Geschäftsstelle sorgt dafür, dass die Ladungen bewirkt und die Mitteilungen versandt werden.**

II Ist anzunehmen, dass sich die Hauptverhandlung auf längere Zeit erstreckt, so soll der Vorsitzende die Ladung sämtlicher oder einzelner Zeugen und Sachverständigen zu einem späteren Zeitpunkt als dem Beginn der Hauptverhandlung anordnen.

III Der Staatsanwaltschaft steht das Recht der unmittelbaren Ladung weiterer Personen zu.

IV [1] Die Staatsanwaltschaft bewirkt die Herbeischaffung der als Beweismittel dienenden Gegenstände. [2] Diese kann auch vom Gericht bewirkt werden.

1) Anordnung und Ausführung der Ladung (I): 1

A. In der **Ladung,** dh der Aufforderung, in der Hauptverhandlung zu erscheinen (§ 48 I S 1), müssen das Gericht, der Sitzungssaal (oder ein anderer Verhandlungsort), der Zeitpunkt der Verhandlung, die Strafsache, in der verhandelt werden soll, und die Eigenschaft (Angeklagter, Zeuge, Sachverständiger usw) angegeben werden, in der die geladene Person erscheinen soll (Hamburg NStZ-RR **98**, 183). 2

B. Die **Ladung aller Beteiligten** richtet sich nach I. Die Vorschrift gilt für die Ladung des Angeklagten (§ 216), des Verteidigers (§ 218), des Privatklägers (§ 385 I S 1, II), des Nebenklägers (§ 397 I S 2), der Nebenbeteiligten (§§ 453, 442 I, II S 1, 444 I S 1) sowie der Zeugen und Sachverständigen. Über die Ladung von Kindern und Jugendlichen vgl 7 zu § 48. Im Fall des § 52 II ist auch der mit- 3 wirkungsberechtigte gesetzlicher Vertreter zu laden, selbst wenn er die erforderliche Zustimmung bereits erteilt hat (KK-Gmel 3).

4 **Im Verfahren gegen Jugendliche und Heranwachsende** sollen neben dem Angeklagten auch der Erziehungsberechtigte und der gesetzliche Vertreter geladen werden (§ 50 II S 1 **JGG**), und zwar unter Hinweis auf die Folgen des Ausbleibens wie bei Zeugen (§ 50 II S 2 **JGG** iVm §§ 48, 51).

5 Für **Sonderfälle** vgl 6 zu § 48 (Ladungen im Ausland), 8 zu § 48 (Seeleute), 10 zu § 48 (Soldaten), Art 37 NTS-ZA (Soldaten der ausländischen NATO-Truppen), RiStBV 197 (Diplomaten).

6 C. Eine **Mitteilung vom Termin** erhalten die **StA** und die Behörden, die am Verfahren zu beteiligen sind (vgl RiStBV 117 II S 2), im Verfahren gegen Jugendliche und Heranwachsende auch die Jugendgerichtshilfe (§§ 50 III S 1, 109 I S 1 **JGG**). Auch der als Beistand zugelassene Ehegatte des Angeklagten und der gesetzliche Vertreter sollen vom Termin benachrichtigt werden (§ 149 I S 2, II).

6a Eine Mitteilung müssen ferner die **Nebenklagebefugten nach § 406 g I S 4**, wenn sie dies beantragt haben, erhalten sowie – auch ohne Antrag – die **anwaltlichen Beistände** von Nebenklagern oder Nebenklagebefugten **nach § 397 II S 3 und § 406 g II S. 3**. Die Mitteilung unterbleibt aber, wenn sie unter der angegebenen Anschrift nicht möglich ist (I S 2 2.Hs mit § 406 d III S 1); zu einer Nachforschung nach der Anschrift ist das Gericht also nicht verpflichtet. Statt an den Verletzten kann die Mitteilung aber auch an einen als Vertreter bestellten oder als Beistand gewählten oder beigeordneten Rechtsanwalt erfolgen (S 4 iVm §§ 406 d III S 2 und § 145 a).

7 D. Die **Anordnung der Ladung (S 1) und der Mitteilungen (S 2)** trifft der Vorsitzende. Hinsichtlich der Ladung der Zeugen und Sachverständigen besteht für ihn keine Bindung an Anträge der StA in oder außerhalb der Anklageschrift, des Angeklagten und des Verteidigers. Die Anordnung ergeht idR schriftlich; erfolgt sie mündlich, so muss sie aktenkundig gemacht werden. Der Vorsitzende bestimmt auch die besonderen Hinweise (§§ 216 I, 232 I), die die Ladung enthalten soll. Eine Ladung ohne Anordnung des Vorsitzenden löst keine Säumnisfolgen (zB nach §§ 51, 230 II, 329 I, 412) aus, führt aber zur Entschädigung nach § 1 I S 1 Nr 1 JVEG.

8 Ist der **Angeklagte nicht auf freiem Fuß, so** ordnet der Vorsitzende auch seine Vorführung an (**aM** SK-Schlüchter/Deiters 12). Für Strafgefangene gilt § 36 II S 2 **StVollzG;** für UGefangene ist die Vorschrift entspr anwendbar (**aM** Düsseldorf NJW **81**, 2768 unter Hinweis auf Art 6 II **MRK;** erg 5 a zu § 133).

9 E. Die **Ausführung der Ladung und der Mitteilungen** (S 3) ist Aufgabe der Geschäftsstelle des Gerichts. Die Ladung durch sie entfällt, wenn die Ladung gegenüber der geladenen Person mündlich angeordnet oder von dem Vorsitzenden schon selbst bewirkt worden ist. Bei der Ladung des Angeklagten ist § 216 I, beim Zeugen § 48 iVm § 51 (vgl aber dort 32), beim Sachverständigen § 72 iVm § 48 und § 77 zu beachten. Den Nebenbeteiligten (Einl 73) sind mit der Ladung die vorgeschriebenen Hinweise zu geben (§§ 435 III, 442 I, II S 1, 444 II S 2). Die Geschäftsstelle muss auf Einhaltung der Ladungsfrist (§§ 217, 218 S 2) bedacht sein und darauf hinwirken, dass der Vorsitzende die Zustellung des Eröffnungsbeschlusses anordnet, sofern das bisher nicht geschehen ist.

10 Eine bestimmte Form ist für die Ladung nicht vorgeschrieben (vgl zur Ladung im Ausland BGH NStZ **90**, 226 [M]; dazu Julius StV **90**, 484 und Rose wistra **98**, 13; erg 63 zu § 244); dem auf freiem Fuß befindlichen Angeklagten, den Zeugen und den Sachverständigen soll sie jedoch **förmlich zugestellt** werden, damit sie nachweisbar ist; bei Zeugen und Sachverständigen kann aber eine einfachere Form der Ladung gewählt werden (RiStBV 117 I); dasselbe gilt für die Mitteilungen. Zur Ladung von Ausländern, die der deutschen Sprache nicht mächtig sind, vgl 3 zu § 184 GVG.

Die Geschäftsstelle erledigt auch **Vorführungsersuchen** des Vorsitzenden (§ 36 II gilt insoweit nicht), indem sie sie der Stelle zuleitet, der die Vorführung obliegt (Vorführungsdienst der Justiz, Leiter der JVA oder Polizei). Der Leiter der JVA muss in jedem Fall verständigt werden. 11

2) Ladungsplan (II): Der Vorsitzende muss für länger dauernde Verhandlungen eine sinnvolle Reihenfolge der beabsichtigten Beweiserhebungen festlegen. Zu diesem Zweck muss er sich frühzeitig einen Verhandlungsplan zurechtlegen, dem schon bei der Ladung Rechnung getragen werden soll. Wegen der Ladung von Zeugen „auf Abruf" vgl RiStBV 116 IV. 12

3) Unmittelbare Ladung durch die StA (III): Die Anordnung trifft der StA, die Geschäftsstelle führt sie aus; § 38 gilt nicht. Die unmittelbare Ladung durch die StA, die nach § 222 I S 2 zur rechtzeitigen Namhaftmachung der Beweispersonen verpflichtet, kommt insbesondere in Betracht, wenn der Vorsitzende nicht alle in der Anklageschrift aufgeführten Beweispersonen lädt (was aus der Mitteilung nach § 222 I S 1 erkennbar ist) oder wenn der StA nachträglich die Ladung weiterer, in der Anklageschrift noch nicht benannten Beweispersonen für erforderlich hält. Dieser Fall kann auch noch während der Hauptverhandlung eintreten. Im Fall des III gilt § 245 II. Ist der Zeuge, der geladen werden soll, nicht auf freiem Fuß, so ordnet der StA die Vorführung in entspr Anwendung des § 36 II S 2 StVollzG an. 13

4) Herbeischaffung der Beweisgegenstände: IV betrifft in 1. Hinsicht die bereits bei Anklageerhebung vorhandenen Beweisstücke. Befinden sie sich nicht bei den Akten, sondern in einem Asservatenraum oder in anderweitiger Verwahrung, so hat die StA sie zur Hauptverhandlung herbeizuschaffen. Der Vorsitzende kann ferner nach § 221 die Herbeischaffung weiterer Beweisstücke anordnen; nach IV kann er das selber bewirken oder die StA darum ersuchen. IV ergänzt die für persönliche Beweismittel geltende Vorschrift des III dahin, dass die StA zur Hauptverhandlung weitere Beweisgegenstände herbeischaffen kann (erg 4 zu § 245). 14

5) Eine **Beschwerde** gegen die Ladungsanordnung ist nach § 305 S 1 ausgeschlossen (Hamm MDR **78**, 690 L; Köln NJW **81**, 2480). Das gilt auch für den Zeugen, der befugt oder verpflichtet ist, nicht auszusagen (Hamm aaO). Auch die Beschwerde gegen die vorläufige Ablehnung von Ladungsanträgen ist unzulässig; denn der Antragsteller ist hierdurch nicht beschwert, weil III und § 220 zur unmittelbaren Ladung berechtigen und weil der Antrag in der Hauptverhandlung nach § 244 III–V der Entscheidung des Gerichts unterstellt werden kann. 15

Zustellung des Eröffnungsbeschlusses

215 [1] **Der Beschluss über die Eröffnung des Hauptverfahrens ist dem Angeklagten spätestens mit der Ladung zuzustellen.** [2] **Entsprechendes gilt in den Fällen des § 207 Abs. 3 für die nachgereichte Anklageschrift.**

1) Zustellung des Eröffnungsbeschlusses (S 1): 1

A. Dem **Angeklagten** ist der Beschluss zuzustellen; hat er einen Verteidiger, so gilt § 145 a I, III. Dass der Beschluss auch der StA mitzuteilen ist, folgt aus § 35 II. Für den Privatkläger gilt § 385 I S 2, ebenso für den Nebenkläger (§ 397 I S 2). Im Verfahren gegen Jugendliche erhalten auch die Erziehungsberechtigten und gesetzlichen Vertreter Abschriften (§ 67 II **JGG**). 2

Spätestens mit der Ladung muss der Eröffnungsbeschluss zugestellt werden. Kann bei Erlass des Beschlusses noch kein Termin zur Hauptverhandlung bestimmt werden, so wird aber mit der Zustellung nicht bis zur Ladung gewartet; denn der Angeklagte muss möglichst frühzeitig Gelegenheit erhalten, seine Verteidigung vorzubereiten. 3

B. Die **Anordnung** der Zustellung trifft der Vorsitzende. Sie muss ausdrücklich erfolgen. Die Anordnung der Ladung nach § 214 I S 1 ersetzt sie nicht (KK-Gmel 4

1). Die Zustellung wird durch die Geschäftsstelle ausgeführt; nach § 35 II S 1 muss förmlich zugestellt werden.

5 Der **Mangel der Zustellung** ist kein Verfahrenshindernis (BGH **33**, 183, 186; MDR **75**, 197 [D]). Er kann dadurch geheilt werden, dass der Beschluss in der Hauptverhandlung bekanntgemacht wird (Karlsruhe MDR **70**, 438; LR-Jäger 7).

6 Ein **Verzicht auf die Zustellung** ist möglich (45 zu § 337). Er kann stillschweigend erklärt werden, zB durch Unterlassen eines Aussetzungsantrags in der Hauptverhandlung (RG JW **29**, 1044 mit Anm Oetker; KK-Gmel 2; LR-Jäger 7 will auf die Umstände des Einzelfalls abstellen; erg unten 8).

7 **2)** Die **nachgereichte Anklageschrift** (S 2) nach § 207 III muss ebenfalls entspr diesen Grundsätzen zugestellt werden. Ist der Eröffnungsbeschluss nicht schon vorher zugestellt worden, so können beide Zustellungen verbunden werden.

8 **3)** Die **Revision** kann nicht auf das Unterbleiben der Zustellung, sondern nur darauf gestützt werden, dass ein deswegen gestellter Aussetzungsantrag zu Unrecht zurückgewiesen worden ist (BGH **15**, 40, 45; KMR-Eschelbach 14; **aM** SK-Schlüchter/Deiters 11). War die Anklage zugestellt und unverändert zugelassen worden, so ist der Angeklagte durch die Zurückweisung des Aussetzungsantrags aber nicht iS des § 338 Nr 8 in seiner Verteidigung beschränkt (BGH LM Nr 1; LR-Jäger 9)

Ladung des Angeklagten **RiStBV 117, 120**

216 **I** [1]**Die Ladung eines auf freiem Fuß befindlichen Angeklagten geschieht schriftlich unter der Warnung, dass im Falle seines unentschuldigten Ausbleibens seine Verhaftung oder Vorführung erfolgen werde.** [2]**Die Warnung kann in den Fällen des § 232 unterbleiben.**

II [1]**Der nicht auf freiem Fuß befindliche Angeklagte wird durch Bekanntmachung des Termins zur Hauptverhandlung gemäß § 35 geladen.** [2]**Dabei ist der Angeklagte zu befragen, ob und welche Anträge er zu seiner Verteidigung für die Hauptverhandlung zu stellen habe.**

1 **1)** Die **Ladung des Angeklagten zur Hauptverhandlung** regelt die Vorschrift. Zu laden ist auch der nach § 233 vom Erscheinen entbundene Angeklagte (dort 19). Im Zwischenverfahren (§§ 201 ff) wird nach § 133 geladen (dort 1). Auch sprachunkundige Ausländer werden in deutscher Sprache geladen (3 zu § 184 GVG). Unter den Voraussetzungen des § 145 a II kann die Ladung an den Verteidiger zugestellt werden, auch wenn der Angeklagte nicht auf freiem Fuß ist. Bei Unterbrechung der Hauptverhandlung gilt § 216 nicht für den Fortsetzungstermin (12 zu § 229).

2 **2)** Dem **auf freiem Fuß befindlichen Angeklagten** (I) wird die Ladung förmlich zugestellt (vgl RiStBV 117 I S 1); Ersatzzustellung (6 ff zu § 37) ist zulässig. Formlose Mitteilung der Ladung genügt nur, wenn die Ladungsfrist des § 217 I nicht beachtet zu werden braucht. Jedoch muss dem Angeklagten auch in diesem Fall ein Schriftstück ausgehändigt und überlassen werden, in dem Zeit, Ort und Terminsstunde, auch der Sitzungssaal (Bay **69**, 104 = JR **70**, 33; Düsseldorf MDR **87**, 868), bezeichnet sind. Das bloße Vorzeigen einer solchen Terminsnachricht genügt nicht, auch wenn der Angeklagte sie gelesen und unterschrieben hat (Bay **62**, 99 = NJW **62**, 1928). Die Warnung (unten 4) bedarf ebenfalls der Schriftform (KMR-Eschelbach 16; erg 3 zu § 323).

3 Der **Verzicht** auf die Zustellung der Ladung ist zulässig (Düsseldorf aaO); er kann stillschweigend darin zum Ausdruck kommen, dass der Angeklagte sich zur Sache einlässt, ohne das Fehlen der Ladung zu rügen (Hamburg HESt **3**, 28).

4 Die in I S 1 vorgeschriebene **Warnung** ist Voraussetzung für die Anwendung der Zwangsmittel des § 230 II. Daher kann sie unterbleiben, wenn das Gericht

nach § 232 in Abwesenheit des Angeklagten verhandeln kann und will (I S 2); dann erfolgt in der Ladung der Hinweis nach § 232 I S 1. Die Warnung unterbleibt auch im Fall des § 233 (dort 19) und in den Fällen der §§ 329 I, 412; jedoch ist dann auf die anderen Folgen des Ausbleibens hinzuweisen (§ 323 I S 2). Bei Ladung im Ausland hat die Warnung wegen Nr 116 I RiVASt (keine Androhung von Zwangsmaßnahmen) zu unterbleiben (Brandenburg StV **09**, 348 L; LG Münster NStZ-RR **05**, 382), es sei denn, es wird ausdrücklich darauf hingewiesen, dass die Zwangsmittel lediglich im Inland vollstreckt werden können; einem der deutschen Sprache nicht mächtigen Angeklagten muss der Hinweis aber in einer ihm verständlichen Sprache erteilt werden (Saarbrücken NJW **10**, 547 L = NStZ-RR **10**, 49). Im Übrigen ist ein Haftbefehl gegen den Angeklagten auch ohne Warnung möglich, wenn die Voraussetzungen der §§ 112, 113 vorliegen.

3) Der **nicht auf freiem Fuß befindliche Angeklagte** (II) wird nach § 35 II S 1 durch förmliche Zustellung geladen. Nicht auf freiem Fuß ist jeder, dem die Freiheit auf Anordnung des Gerichts oder einer Behörde entzogen und der dadurch in der Wahl seines Aufenthalts beschränkt ist (BGH **4**, 308; **13**, 209, 212). Unzulässig ist (wegen der Notwendigkeit der Befragung nach II S 2) die Ersatzzustellung durch Niederlegung bei der Post (Saarbrücken VRS **43**, 39), nicht aber an den Anstaltsleiter nach § 178 I Nr 3 ZPO (24 zu § 37). Im Fall des II entfällt die Warnung nach I. Sie ist aber nachzuholen, wenn der Angeklagte vor dem Termin auf freien Fuß gesetzt wird. 5

Der Vorsitzende erlässt zugleich mit der Ladungsanordnung einen **Vorführungsbefehl** nach § 36 II S 2 **StVollzG.** Die Weitergabe des Vorführungsbefehls an die ausführende Stelle gehört zum Bewirken der Ladung (§ 214 I S 2). Führen Beamte der JVA vor, dürfen sie unm. Zwang nach §§ 94 I, 178 I **StVollzG** anwenden. 6

Die **Befragung** nach II S 2, die bei, aber nicht unbedingt zugleich mit der Zustellung erfolgen muss, soll dem Angeklagten Gelegenheit geben, förmliche Anträge zu stellen. Dass er schon Anträge nach § 201 gestellt hat, spielt keine Rolle. Die Befragung nimmt idR der Zustellungsbeamte vor, der auch ein bevollmächtigter Beamter der JVA sein kann (vgl 24 zu § 37). Sie kann aber auch einem anderen Beamten übertragen werden. Der Wortlaut der Befragung und die Anträge des Angeklagten müssen beurkundet werden (LG Potsdam StV **06**, 574). Einen allgemeinen Anspruch darauf, Anträge zu Protokoll der Geschäftsstelle des Gerichts zu erklären, hat der Angeklagte nicht (KK-Gmel 7; **aM** KMR-Eschelbach 22); eine Ausnahme gilt, wenn die Anträge auf andere Weise nicht wirksam gestellt werden können (vgl auch LR-Jäger 11). Bei unmittelbarer Ladung über den Verteidiger entfällt die Befragung nach II S 2; denn die Ermächtigung nach § 145 a II gilt als Verzicht auf sie (BGH NJW **08**, 1604). 7

4) Ladungsmängel, die sich zu Lasten des Angeklagten ausgewirkt haben, machen die Ladung unwirksam. Dazu gehört aber nach BGH NJW **08**, 1604 nicht der Verstoß gegen II S 2 (**aM** LG Potsdam StV **06**, 574); demnach besteht deswegen auch kein Anspruch auf Aussetzung der Hauptverhandlung nach § 217 II. Ein beachtlicher Mangel hindert die Säumnisfolgen nur, wenn er ursächlich dafür war, dass der erscheinungswillige Angeklagte an der Verhandlung nicht hat teilnehmen können (Brandenburg NStZ-RR **09**, 318; Stuttgart NStZ-RR **05**, 319 mwN). Das ist auch der Fall, wenn es der Angeklagte unterlassen hat, den in der Ladung falsch bezeichneten Sitzungssaal (Bay **69**, 104 = JR **70**, 33) oder bei widersprüchlichen Zeitangaben die richtige Zeit zu erfragen (Frankfurt NStZ-RR **96**, 75). 8

5) Die **Revision** kann auf Ladungsmängel nur gestützt werden, wenn der Angeklagte sie in der Hauptverhandlung geltend gemacht und deren Aussetzung beantragt hat (RG **48**, 386; LR-Jäger 16 ff). Dass der Angeklagte irrtümlich zum SchG statt zur StrK geladen worden ist, begründet die Revision auch dann nicht, wenn er vorbringt, er habe in der Annahme, noch einen 2. Tatsachenrechtszug vor sich zu haben, Verteidigungsvorbringen zurückgehalten (BGH **16**, 389). 9

Ladungsfrist

217 **I Zwischen der Zustellung der Ladung (§ 216) und dem Tag der Hauptverhandlung muss eine Frist von mindestens einer Woche liegen.**

II Ist die Frist nicht eingehalten worden, so kann der Angeklagte bis zum Beginn seiner Vernehmung zur Sache die Aussetzung der Verhandlung verlangen.

III Der Angeklagte kann auf die Einhaltung der Frist verzichten.

1 **1)** Die **Ladungsfrist** (I) soll dem Angeklagten ausreichend Gelegenheit zur Vorbereitung seiner Verteidigung gewähren (BGH **24**, 143, 146, 150). Für den Verteidiger gilt § 217 entspr (§ 218 S 2). Die anderen Prozessbeteiligten haben keinen Anspruch auf Einhaltung einer Ladungsfrist.

2 Bei der **Berechnung der Wochenfrist** sind der Zustellungstag und der für die Hauptverhandlung vorgesehene Tag nicht mitzurechnen; § 43 II gilt nicht (allg M).

3 Die **Ladungsfrist gilt auch** für die Verhandlung nach Zurückverweisung der Sache durch das Revisionsgericht nach § 354 II (RG **42**, 407) und für die Berufungsverhandlung (§ 323 I S 1), nicht aber für die Revisionsverhandlung (1 zu § 350). Im beschleunigten Verfahren gilt § 418 II S 3.

4 Ist die **Hauptverhandlung ausgesetzt** worden, muss die Ladungsfrist auch beim neuen Termin eingehalten werden (Bay **78**, 98 = MDR **79**, 159; KK-Gmel 3; **aM** BGH **24**, 143, 145).

5 Die Ladungsfrist muss aber nicht eingehalten werden bei **Verlegung der Verhandlung** auf einen späteren Zeitpunkt (Bay **62**, 99 = NJW **62**, 1928). Anders ist es bei Vorverlegung des Termins, sofern er nicht nur auf eine frühere Stunde desselben Tages verlegt wird (Zweibrücken NStZ **96**, 239 mwN).

6 Bei **Fortsetzung einer unterbrochenen Hauptverhandlung** ist keine förmliche Ladung erforderlich (12 zu § 229), daher auch nicht die Einhaltung einer Ladungsfrist (BGH NStZ-RR **03**, 98 [B]; NJW **82**, 248; JZ **57**, 673 mit zust Anm EbSchmidt; Bay **78**, 98 = MDR **79**, 159).

7 **2)** Den **Aussetzungsantrag wegen Nichteinhaltung der Ladungsfrist** (II), dem das Gericht stattgeben muss, wenn er rechtzeitig gestellt ist (KG NZV **03**, 586), kann nur der Angeklagte persönlich oder für ihn der dazu bevollmächtigte Verteidiger stellen; der Verteidiger ist aus eigenem Recht nicht antragsberechtigt. Der Angeklagte soll nach § 228 III auf sein Antragsrecht hingewiesen werden. Er muss nicht zum Zweck der Antragstellung in der Hauptverhandlung erscheinen, sondern kann den Antrag schon vor ihrem Beginn schriftlich anbringen (BGH **24**, 143, 151 = JR **72**, 159 mit insoweit zust Anm Cramer; Düsseldorf VRS **97**, 139).

8 Nur **bis zur Vernehmung des Angeklagten** zur Sache nach § 243 V S 2 kann der Antrag gestellt werden: es handelt sich um eine befristete Verfahrenseinrede (Fuhrmann NJW **63**, 1320; Jescheck JR **52**, 400). Bei mehreren Angeklagten ist der Beginn der jeweiligen Sachvernehmung maßgebend. Ein verspäteter Antrag kann nur zur Aussetzung führen, wenn die Voraussetzungen des § 265 IV vorliegen.

9 Über den Aussetzungsantrag **entscheidet das Gericht** durch Beschluss (Bay **87**, 55, 56 = OLGSt § 212 Nr 1).

10 **3)** Den **Verzicht auf die Einhaltung der Ladungsfrist** (III) kann der Angeklagte auch gegen den Widerspruch seines Verteidigers erklären (KK-Gmel 8; **aM** Rieß NJW **77**, 883). Der Verteidiger braucht eine besondere Ermächtigung des Angeklagten (KMR-Eschelbach 40; vgl auch BGH **12**, 367, 370). Der Verzicht, der unwiderruflich ist, kann durch schlüssiges Verhalten erklärt werden, zB durch den Antrag nach § 233 und durch Unterlassen des Aussetzungsantrags nach II bei Mitwirkung eines Verteidigers, auch wenn der Hinweis nach § 228 III unterlassen worden ist (BGH MDR **52**, 532 [D]; **aM** EbSchmidt Nachtr 11). Hat der Ange-

klagte keinen Verteidiger, so setzt der stillschweigende Verzicht voraus, dass er seine Rechte kennt oder über sie belehrt worden ist (Hamburg NJW **67**, 456 = JR **67**, 193 mit zust Anm Koffka; vgl auch BGH **24**, 143, 145).

4) Die **Erscheinungspflicht des Angeklagten,** auch wenn er vor Beginn der Hauptverhandlung einen schriftlichen Aussetzungsantrag gestellt hat, über den noch nicht entschieden worden ist (oben 7), wird durch die Nichteinhaltung der Ladungsfrist nicht berührt (BGH **24**, 143, 150 ff). Die Fristeinhaltung ist daher keine Voraussetzung für Maßnahmen, die das Gesetz (zB in § 230 II, 232, 329 I, 412) an das Ausbleiben des Angeklagten knüpft (BGH **24**, 143, 149 = JR **72**, 159 mit insoweit abl Anm Cramer; Bay NJW **67**, 457 = JR **67**, 190 mit abl Anm Koffka; KG VRS **17**, 139; Bremen JR **59**, 391; Köln NJW **55**, 1243; Ordemann MDR **60**, 190; **aM** SK-Schlüchter/Deiters 11 mwN; vgl auch LR-Jäger 14, der Zwangsmaßnahmen nach § 230 II idR für ausgeschlossen hält). Die Nichteinhaltung der Frist kann – muss aber nicht (vgl KG VRS **87**, 130) – das Ausbleiben des Angeklagten entschuldigen (Bremen aaO; Köln aaO), und zwar nicht nur, wenn die Ladung so spät zugestellt worden ist, dass er nicht mehr rechtzeitig erscheinen konnte, sondern auch dann, wenn die Nichteinhaltung der Frist iVm mit weiteren Umständen, die dem Gericht erkennbar sind (Abwesenheit, Krankheit), das Ausbleiben entschuldigt (BGH aaO; Bay aaO). 11

5) Die **Revision** kann auf die Nichteinhaltung der Ladungsfrist, die allein mit dem Antrag nach II beanstandet werden kann, nicht gestützt werden (BGH **24**, 143; Bay **87**, 55, 56 = OLGSt § 212 Nr 1; NJW **67**, 457 = JR **67**, 190 mit Anm Koffka; Celle NJW **74**, 1258; Koblenz VRS **52**, 358; Saarbrücken VRS **44**, 190; **aM** Hamburg NJW **67**, 456 = JR **67**, 193 mit zust Anm Koffka; Hamm NJW **54**, 1856; Schlüchter Meyer-GedSchr 461 f); das gilt selbst dann, wenn die Belehrung nach § 228 III unterblieben ist (BGH MDR **52**, 532 [D]; KK-Gmel 10). Dagegen ist die unrichtige, auch stillschweigende, Ablehnung des rechtzeitig gestellten Aussetzungsantrags nach II ein Revisionsgrund (Bay **87**, 55, 56 = OLGSt § 212 Nr 1), auf dem das Urteil meist beruhen wird (vgl Bay NStZ **82**, 172 L). Der vom Angeklagten selbst erklärte Verzicht auf die Einhaltung der Ladungsfrist enthält nicht schon den Verzicht auf die Geltendmachung eines Verstoßes gegen § 140 II (Hamm NStZ-RR **98**, 243). 12

Ladung des Verteidigers

218 [1] **Neben dem Angeklagten ist der bestellte Verteidiger stets, der gewählte Verteidiger dann zu laden, wenn die Wahl dem Gericht angezeigt worden ist.** [2] **§ 217 gilt entsprechend.**

1) Ladung des Verteidigers (S 1): 1

A. **Jeder Verteidiger** ist von Amts wegen zur Hauptverhandlung zu laden. 2

Der **Pflichtverteidiger** ist zu laden, solange seine Bestellung nicht widerrufen worden ist (KMR-Eschelbach 8). 3

Der von dem Angeklagten oder einem anderen Berechtigten (vgl § 137 II S 1) **gewählte Verteidiger** wird geladen, wenn seine Wahl (vgl dazu 4 vor § 137) dem Gericht, im Ermittlungsverfahren auch der Polizei (Köln VRS **98**, 138) oder der StA (Hamm VRS **41**, 133), angezeigt worden ist. Das Fehlen der Anschrift ist unschädlich, wenn sie leicht festgestellt werden kann (Köln DAR **82**, 24); bei unrichtiger Adressierung trägt der Verteidiger nur das Risiko der nicht mehr rechtzeitigen Ladung (Braunschweig StraFo **09**, 520). S 1 gilt auch, wenn der Angeklagte nach § 233 vom Erscheinen entbunden ist (Köln NJW **60**, 736). Die Vorlage einer Vollmacht setzt die Vorschrift nicht voraus (BGH **36**, 259; Bay **84**, 133 = StV **85**, 140; Bamberg NJW **07**, 393). Daher ist auch der Verteidiger zu laden, der in einer früheren Hauptverhandlung mit Billigung des Angeklagten aufgetreten ist (KK-Gmel 3) oder der seine Wahl sonst durch schlüssiges Verhalten angezeigt hat (Köln DAR **82**, 24). 4

5 Hat der Angeklagte **mehrere Verteidiger,** so sind sie, sofern nicht die Zurückweisung nach § 146a geboten ist, grundsätzlich alle zu laden (BGH **36**, 259, 260 mwN; NStZ **95**, 298; StV **01**, 663; Naumburg StraFo **09**, 332). Nur wenn mehrere Anwälte einer Sozietät bestellt sind, genügt idR die Ladung dessen, der die Wahl angezeigt hat; dasselbe gilt bei einer Bürogemeinschaft von RAen (BGH NStZ **07**, 348).

6 S 1 **gilt entsprechend** für den Beistand oder Vertreter des Nebenklägers (Celle MDR **66**, 256; Karlsruhe VRS **50**, 119; 8 zu § 397), für den gewählten oder bestellten Vertreter des Einziehungsbeteiligten (§ 434 I, II) oder des Verfallsbeteiligten (§ 442 I, II S 1) und für den Vertreter der JP oder PV (§ 444 II S 2 iVm § 434 I S 2).

7 B. Durch **förmliche Zustellung** ist der Verteidiger zu laden. Das gilt auch, wenn zwar die Ladungsfrist nicht eingehalten werden kann (unten 11), aber eine förmliche Ladung zeitlich noch möglich ist (Bay **84**, 133 = StV **85**, 140; Hamm MDR **71**, 320; Karlsruhe GA **79**, 347). Ist das nicht der Fall, so muss formlos, notfalls telefonisch, geladen werden. Dem S 1 ist genügt, wenn die Ladung den Verteidiger bei Beginn der Hauptverhandlung erreicht hat (BGH MDR **75**, 369 [D]). Durch den Geschäftsstellenvermerk über die Ausführung der Ladungsverfügung wird sie nicht bewiesen (Bay DAR **74**, 186 [R]; Köln DAR **85**, 125; Zweibrücken NStZ **81**, 355).

8 **Kein Ersatz für die förmliche Ladung** ist die aktenkundig gemachte Kenntnis des Verteidigers vom Termin (Bay **84**, 133 = StV **85**, 140; Celle VRS **47**, 299, 301; LR-Jäger 14; **aM** KG VRS **28**, 438; Celle NJW **74**, 1258; Hamburg VRS **40**, 38; Hamm NJW **69**, 705; Koblenz VRS **41**, 208). Noch weniger genügt es, dass der Verteidiger auf andere Weise vom Termin erfahren hat (Frankfurt StV **83**, 268; Hamm NJW **69**, 705; Koblenz DAR **09**, 469 L), etwa weil er von seinem Mandanten unterrichtet worden ist (Hamm VRS **45**, 442; Köln VRS **44**, 110) oder weil er die Akten eingesehen hat und daher rechtzeitig von dem Termin Kenntnis nehmen konnte (BGH NStZ **85**, 229; **95**, 298; Bay **84**, 133 = StV **85**, 140; Frankfurt StV **83**, 268; Hamm VRS **45**, 442; München NJW **05**, 2470; **06**, 1366). Erg aber unten 15.

9 C. Ein **Verzicht auf die Ladung ist möglich** (BGH NStZ **09,** 48). Er kann auch stillschweigend erklärt werden (Bay **84**, 133 = StV **85**, 140), etwa indem der Verteidiger bei der Anzeige seiner Wahl mitteilt, er habe von dem Termin Kenntnis (Jena VRS **113**, 345), oder indem er einen Vertagungsantrag stellt. Die Zustimmung des Angeklagten ist nicht erforderlich (**aM** Hamm NJW **54**, 1856). Bleibt der Verteidiger in der Hauptverhandlung aus, so kann, sofern die Verteidigung nicht notwendig ist, auch der Angeklagte nachträglich auf dessen Ladung verzichten (RG **43**, 161; Koblenz MDR **68**, 944; Schleswig SchlHA **53**, 269), wenn er weiß, dass der Verteidiger nicht ordnungsgemäß geladen worden ist (Brandenburg StV **96**, 368 L; Karlsruhe NJW **68**, 855; Justiz **74**, 135). Das setzt aber grundsätzlich eine eindeutige Erklärung voraus (Brandenburg aaO; Köln VRS **44**, 110). Ein stillschweigender Verzicht kommt nur in Betracht, wenn dem Angeklagten bekannt ist, dass er die Aussetzung der Hauptverhandlung verlangen kann (BGH **36**, 259, 261; Hamm NJW **69**, 705; Koblenz VRS **41**, 208; Naumburg StraFo **09**, 332; Oldenburg VRS **40**, 203). Dass sich der rechtsunkundige Angeklagte ohne Einwand oder Aussetzungsantrag (unten 12) auf die Verhandlung einlässt, rechtfertigt den Schluss auf einen Verzicht auf die Ladung nicht (Köln aaO).

10 **2) Ladungsfrist** (S 2 iVm § 217):

11 A. Die **Einhaltung der Ladungsfrist** des § 217 I ist nur erforderlich, wenn der Verteidiger in dem Zeitpunkt, in dem sie für den Angeklagten beginnt, seine Wahl angezeigt hat oder wenn er bereits gerichtlich bestellt ist (BGH NJW **63**, 1114; NStZ **83**, 209 [Pf/M]; Bay **84**, 133 = StV **85**, 140; Hamm MDR **71**, 320). Anders ist es, wenn die verspätete Beiordnung von dem Vorsitzenden verschuldet worden

ist (KK-Gmel 5). Unnötig ist die Einhaltung der Ladungsfrist, wenn der Verteidiger auf sie verzichtet hat.

B. Ob er den **Aussetzungsantrag** nach S 2 iVm § 217 II, III stellen oder auf ihn verzichten will, entscheidet der in der Hauptverhandlung erschienene Verteidiger selbst (BGH **18**, 396; NStZ **85**, 229; KK-Gmel 8; **aM** Beulke 137; Hanack JZ **71**, 220: nicht gegen den Willen des Angeklagten). Er kann den Antrag auch schon vor der Hauptverhandlung schriftlich stellen (Celle NJW **74**, 1258; Koblenz VRS **52**, 357; Köln JMBlNW **86**, 275; erg 7 zu § 217). Die vor dem Termin gegenüber dem Vorsitzenden mündlich geäußerte Bitte um Aussetzung ist aber kein wirksamer Antrag (Celle aaO). Hatte der Verteidiger zwischen den Sitzungstagen einer mehrmonatigen Verhandlung ausreichend Gelegenheit zur ergänzenden Vorbereitung, so kann der Aussetzungsantrag abgelehnt werden (BGH NStZ **83**, 209 [Pf/M]), ebenso, wenn er zu einem Zeitpunkt, in dem eine Ladung noch rechtzeitig gewesen wäre, zuverlässige Kenntnis von dem Termin hatte (BGH StV **85**, 133 mit Anm Sieg StV **86**, 2). Im Fall des § 329 hat der Verteidiger keinen Anspruch auf Aussetzung (vgl KG VRS **63**, 126). 12

Das Recht, die Aussetzung zu verlangen, **geht auf den Angeklagten über,** wenn er allein in der Hauptverhandlung erscheint (Celle NJW **74**, 1258), ebenso die Möglichkeit des – auch schlüssigen – Verzichts auf Ladung des Verteidigers und Einhaltung der Ladungsfrist (Frankfurt NStZ-RR **08**, 381). Auf das Recht, einen Aussetzungsantrag zu stellen, muss der rechtsunkundige Angeklagte aber dann idR entspr § 228 III hingewiesen werden (Celle aaO; Köln MDR **73**, 70). 13

Spätestens bis zum Beginn der Vernehmung des Angeklagten zur Sache nach § 243 V S 2 muss der Antrag gestellt werden (S 2 iVm § 217 II). Wenn der Verteidiger aber erst später erscheint, gilt diese Begrenzung nicht (Hamm JZ **56**, 528; LR-Jäger 21). In diesem Fall muss er den Antrag aber, wie sich aus dem Sinn des § 217 II ergibt, unverzüglich nach seinem Erscheinen stellen (KK-Gmel 8; vgl auch Celle MDR **66**, 256 für den RA eines Nebenklägers). Mit dem Beginn der Urteilsverkündung endet diese Befugnis. 14

3) Revision: Der nicht geheilte Verstoß gegen S 1 begründet grundsätzlich die Revision (BGH NStZ **09**, 48; Koblenz VRS **41**, 208; München NJW **06**, 1366; Stuttgart Justiz **90**, 407), auch wenn die Ladung ohne Verschulden des Gerichts unterblieben war (KG StV **96**, 10; Bamberg NJW **07**, 393), nicht aber, wenn die Bestellungsanzeige des Verteidigers wegen fehlerhafter Adressierung erst nach dem Hauptverhandlungstermin beim Gericht eingegangen ist (Stuttgart NJW **06**, 3796). Das Fehlen einer förmlichen Ladung kann aber unschädlich sein, wenn der Verteidiger auf andere Weise rechtzeitig vom Termin zuverlässig Kenntnis erlangt hat (BGH aaO; Koblenz DAR **09**, 592 mit Anm Fromm). Zum notwendigen Revisionsvorbringen vgl Bay **96**, 17 = NStZ-RR **96**, 245; Frankfurt NStZ-RR **08**, 381; Hamm StraFo **98**, 235; erg 20 zu § 344. IdR wird nicht ausgeschlossen werden können, dass die Hauptverhandlung in Anwesenheit des Verteidigers für den Angeklagten günstiger verlaufen wäre (BGH **36**, 259, 262; Bay **84**, 133 = StV **85**, 140; KG aaO; Hamm NJW **69**, 705; AnwBl **81**, 200; Düsseldorf StV **83**, 269). Das gilt auch, wenn sich der Verstoß nur auf einen der mehreren Verteidiger des Angeklagten bezieht (BGH NStZ **95**, 298; Karlsruhe NJW **68**, 855; Köln NStZ-RR **01**, 140), sofern nicht ersichtlich die Aufgaben dieses Verteidigers nach dem Willen des Angeklagten von dem erschienenen Verteidiger mit übernommen worden sind (BGH NStZ **05**, 646; **06**, 461); wird die Aussetzung trotz sicherer Kenntnis des Aussetzungsgrundes an mehreren Verhandlungstagen nicht verlangt, kann das Aussetzungsrecht verwirkt sein (BGH aaO; erg 47 zu 337). 15

Die **Nichteinhaltung der Ladungsfrist** kann ebenso wenig wie im Fall des § 217 I mit der Revision gerügt werden (dort 12). 16

Die Nichtbeachtung eines vor der Hauptverhandlung gestellten **Aussetzungsantrags** ist auch dann ein Revisionsgrund nach § 338 Nr 8, wenn der Richter ihn nicht kannte (Bay DAR **74**, 186 [R]; Koblenz VRS **52**, 357). 17

Beweisanträge des Angeklagten

219 **I [1] Verlangt der Angeklagte die Ladung von Zeugen oder Sachverständigen oder die Herbeischaffung anderer Beweismittel zur Hauptverhandlung, so hat er unter Angabe der Tatsachen, über die der Beweis erhoben werden soll, seine Anträge bei dem Vorsitzenden des Gerichts zu stellen. [2] Die hierauf ergehende Verfügung ist ihm bekanntzumachen.**

II Beweisanträge des Angeklagten sind, soweit ihnen stattgegeben ist, der Staatsanwaltschaft mitzuteilen.

1 **1) Beweisanträge zur Vorbereitung der Hauptverhandlung** ermöglicht die Vorschrift. Antragsberechtigt sind (vgl allg ANM 352; Oske MDR **71**, 797) Angeklagte, Verteidiger, gesetzliche Vertreter, Erziehungsberechtigte und Nebenbeteiligte mit denselben Rechten wie der Angeklagte. Der Beweisantrag muss schriftlich (Einl 128) oder zu Protokoll der Geschäftsstelle (Einl 131 ff) gestellt werden (ANM 353) und die Beweistatsachen und Beweismittel angeben. Ein Antrag, der nicht auf Benutzung des Beweismittels in der Hauptverhandlung abzielt, ist kein Beweisantrag iS des § 219 (KK-Gmel 2). Bedingte Anträge, insbesondere Hilfsbeweisanträge (22 zu 244), sind zulässig (vgl Celle VRS **17**, 281, 284), können aber nur Erfolg haben, wenn schon vor der Hauptverhandlung beurteilt werden kann, ob das Gericht die Voraussetzungen für gegeben hält, von denen der Antragsteller die Herbeischaffung des Beweismittels abhängig macht (ANM 353). Der Antrag auf Augenscheinseinnahme (§ 225) fällt nicht unter § 219 (Celle NJW **57**, 1812); über ihn muss das ganze Gericht entscheiden (ANM 352 Fn 2).

2 **2) Zuständig** für die Entscheidung über den Antrag ist allein der Vorsitzende. Gerichtsbeschlüsse sind unzulässig (Celle NJW **57**, 1812; LR-Jäger 37). Die Entscheidung ist nur vorläufig (RG **75**, 165; Oske MDR **71**, 797); sie nimmt die des erkennenden Gerichts nicht vorweg. Die Anhörung der StA ist vor der Entscheidung ist gesetzlich nicht vorgeschrieben (§ 33 II gilt für Verfügungen des Vorsitzenden nicht), ist aber zweckmäßig. Der Vorsitzende ist zur Entscheidung verpflichtet, sofern sie zeitlich möglich ist (ANM 355). Er muss den Antrag ablehnen oder ihm stattgeben; die „Verweisung" der Entscheidung an das erkennende Gericht ist unzulässig (BGH **1**, 286 = JZ **51**, 725 mit Anm. Oehler; ANM 355 mwN in Fn 23). Nur Beweisermittlungsanträge (25 zu § 244) brauchen nicht beschieden zu werden. Der Vorsitzende darf jedoch einen ernsthaft gestellten Beweisantrag nicht in einen Beweisermittlungsantrag umdeuten (BGH NStZ **82**, 189 [Pf]).

3 **3) Zulässige Ablehnungsgründe:** Ein Antrag, der den Erfordernissen des I S 1 nicht entspricht, wird unter Bezeichnung dieser Mängel abgelehnt (ANM 355). Ein vorheriger Hinweis darauf ist nicht erforderlich; denn der Angeklagte kann den Antrag, dessen Mangelhaftigkeit er aus dem Ablehnungsbeschluss ersieht, in vervollständigter Form wiederholen. Für den Antrag gelten im Übrigen die Ablehnungsgründe des § 244 III (Köln MDR **53**, 376; LR-Jäger 2, 11; **aM** Peters 308). Anträge auf Sachverständigenladung können unter Hinweis auf die eigene Sachkunde des Gerichts (§ 244 IV S 1), die der Vorsitzende vorläufig beurteilen darf, abgelehnt werden (LR-Jäger 15). Unzulässig ist die Ablehnung mit der Zusage, das erkennende Gericht werde die Beweistatsache als wahr unterstellen (BGH **1**, 51, 53; RG **75**, 165, 167; ANM 357 mwN in Fn 31). Abgelehnte Anträge kann der Antragsteller in der Hauptverhandlung wiederholen. Das erkennende Gericht entscheidet über sie ohne Bindung an die Ablehnungsgründe des Vorsitzenden (RG aaO; ANM 359; Oske MDR **71**, 797).

4 **4)** Die **Bekanntgabe der Verfügung** an den Antragsteller (I S 2) ist erforderlich, auch wenn dem Antrag stattgegeben wird (Köln JMBlNW **62**, 201; ANM 357; Oske MDR **71**, 797). Die formlose Bekanntgabe nach § 35 II S 2 genügt. Sie muss so rechtzeitig erfolgen, dass der Antragsteller noch von seinem Ladungsrecht nach § 220 Gebrauch machen kann. Eine Mitteilung an andere Be-

teiligte ist überflüssig, auch die an Mitangeklagte (ANM 357; **aM** KK-Gmel 9; LR-Jäger 19). Beweisanträge, denen stattgegeben wird, müssen aber der StA mitgeteilt werden (II), nach § 397 I S 5 auch dem Nebenkläger (ANM 358). Die ablehnende, nicht die stattgebende, Verfügung muss begründet werden. Dabei genügt die Mitteilung, dass die Beweiserhebung entbehrlich erscheint (ANM 358; weitergehend LR-Jäger 17); ein Hinweis auf §§ 220, 244 III–V ist nicht vorgeschrieben (ANM 358). Der Vorsitzende kann seine Verfügung von Amts wegen oder auf Antrag ändern.

5) Bei **unterlassener oder unzulässiger Entscheidung** über den Antrag treffen den Vorsitzenden in der Hauptverhandlung Fürsorgepflichten gegenüber dem Antragsteller (ANM 359ff). Bei unterlassener Bescheidung muss er ihn befragen, ob er den Antrag aufrechterhalten wolle, und ihn ggf darauf hinweisen, dass der Antrag wiederholt werden muss (Bay **64**, 25 = GA **64**, 334; KG JR **50**, 567; Bremen VRS **36**, 180, 181; ANM 360 mwN in Fn 52). Ist der Angeklagte nicht anwesend, so muss der Antrag dem Gericht vorgelegt werden (Bay **55**, 267 = NJW **56**, 1042; Oske MDR **71**, 798). Das gilt entspr, wenn die Ladungsverfügung des Vorsitzenden nicht ausgeführt worden oder der geladene Zeuge nicht erschienen ist (Celle MDR **62**, 236; Hamburg JR **56**, 28 mit Anm Nüse; ANM 361). Bei unzulässiger „Verweisung" an das erkennende Gericht (oben 2) muss der Vorsitzende dafür sorgen, dass es den Antrag bescheidet (BGH **1**, 286 = JZ **51**, 725 mit Anm Oehler; LR-Jäger 26). Die unzulässige Wahrunterstellung (oben 3) zwingt den Vorsitzenden dazu, dem Gericht den Inhalt seiner Verfügung bekanntzumachen und dem Antragsteller eine abweichende Ansicht des Gerichts mitzuteilen (BGH **1**, 51; ANM 363). Das gilt auch, wenn der Verteidiger den Antrag gestellt hat (ANM 363; Oske MDR **71**, 797). 5

6) Anfechtung: Die Beschwerde ist nach § 305 S 1 unzulässig. 6

Auf die Verletzung des § 219 kann die **Revision** nicht gestützt werden, da das Urteil darauf nicht beruhen kann (RG **75**, 165; KK-Gmel 12; **aM** Düsseldorf JMBlNW **87**, 101, 103 für den Fall, dass eine Entscheidung des Vorsitzenden unterblieben ist). Nur die Verletzung der Fürsorgepflichten des Vorsitzenden (oben 5) kann nach § 244 II gerügt werden (Köln NJW **54**, 46; Saarbrücken VRS **29**, 292), insbesondere bei Nichteinhaltung der zugesagten Wahrunterstellung (BGH **1**, 51; anders BGH **32**, 44, 47 = JR **84**, 172 mit abl Anm Meyer, das den fair trial-Grundsatz [Einl 19] für verletzt hält), sofern nicht in der Nichtwiederholung des Antrags in der Hauptverhandlung ein Verzicht auf weitere Aufklärung zu sehen ist (dazu Hamm NZV **98**, 425; Fahl 129). Zum notwendigen Revisionsvorbringen vgl Bay **64**, 25 = GA **64**, 334; Bremen VRS **36**, 180; Düsseldorf aaO; Hamm aaO; ANM 860. 7

Ladung durch den Angeklagten

220 I [1]**Lehnt der Vorsitzende den Antrag auf Ladung einer Person ab, so kann der Angeklagte sie unmittelbar laden lassen.** [2]**Hierzu ist er auch ohne vorgängigen Antrag befugt.**

II **Eine unmittelbar geladene Person ist nur dann zum Erscheinen verpflichtet, wenn ihr bei der Ladung die gesetzliche Entschädigung für Reisekosten und Versäumnis bar dargeboten oder deren Hinterlegung bei der Geschäftsstelle nachgewiesen wird.**

III **Ergibt sich in der Hauptverhandlung, dass die Vernehmung einer unmittelbar geladenen Person zur Aufklärung der Sache dienlich war, so hat das Gericht auf Antrag anzuordnen, dass ihr die gesetzliche Entschädigung aus der Staatskasse zu gewähren ist.**

1) Die **unmittelbare Ladung von Zeugen und Sachverständigen** (I) (zu letzteren vgl insbesondere BGH **43**, 171 mit Anm Witting StV **98**, 174; zum psy- 1 chiatrischen Sachverständigen Detter Meyer-Goßner-FS 431) zur Hauptverhandlung (nicht zur kommissarischen Vernehmung nach § 223) ermöglicht es dem Angeklagten, auf den Umfang der Beweisaufnahme einen größeren Einfluss zu nehmen als durch die Stellung von Beweisanträgen nach § 244 III–V; denn die Vernehmung der unmittelbar geladenen Beweispersonen kann das Gericht nur unter den engeren Voraussetzungen des § 245 II S 2, 3 ablehnen. Statt Beweispersonen förmlich zu laden, kann der Angeklagte sie auch in der Hauptverhandlung stellen (vgl § 222 II), dh zur Sitzung mitbringen; § 245 gilt dann aber nicht (dort 16).

2 Im Rahmen ihrer Beteiligungsbefugnisse haben auch **andere Verfahrensbeteiligte** das Recht der unmittelbaren Ladung, insbesondere der Nebenkläger (10 zu § 397), der Einziehungsbeteiligte (§ 433 I), der Verfahrensbeteiligte (§ 442 I, II S 1 und die JP oder PV bei Bußgeldbeteiligung im Fall des § 444 I, II.

3 IdR ist die unmittelbare Ladung erst angebracht, wenn ein **Antrag nach § 219** auf Ladung der Beweisperson gestellt und von dem Vorsitzenden abgelehnt worden ist (I S 1). Jedoch kann der Angeklagte die Beweisperson auch ohne einen solchen erfolglosen Antrag unmittelbar laden (I S 2).

4 Das **Verfahren** der unmittelbaren Ladung regelt § 38. Zu welchem Beweisthema sie vernommen werden soll, braucht der Angeklagte der Beweisperson bei der Ladung nicht mitzuteilen. Gericht und StA muss er zwar von der Ladung verständigen (§ 222 II); aber auch ihnen muss er das Beweisthema nicht angeben (9 zu § 222). Die Selbstladung von Auslandszeugen ist nicht möglich, weil die StPO dafür keine Regelung enthält (Fezer StV **95**, 266; Gleß Eisenberg-FS 502; Siegismund/Wickern wistra **93**, 86; **aM** Hartwig StV **96**, 629, der nach § 37 I iVm §§ 199 ff aF [nun § 183] ZPO ein Zustellungsgesuch an das Prozessgericht für zulässig erachtet; dagegen auch Rose wistra **98**, 17, der seinerseits aber auf § 51 Nr 1 iVm § 20 II S 2 der bundeseinheitlich gültigen Geschäftsanweisung für Gerichtsvollzieher vom 1. 7. 1983 verweist). Eine unmittelbare Ladung zu einem für eine Videovernehmung (§ 247 a) geeigneten Ort (so Schlothauer StV **99**, 50 Fn 27) scheidet aus, weil diese Modalität von einem zuvor zu erlassenden Gerichtsbeschluss abhängt.

5 Für **Urkunden und Augenscheinsgegenstände** gibt es keine dem § 220 vergleichbare Regelung. Der Angeklagte kann das Beweismittel zur Hauptverhandlung mitbringen, aber auch seine Vorlegung durch den Verfügungsberechtigten veranlassen.

6 **2)** Eine **Pflicht zum Erscheinen** (II) besteht für den unmittelbar geladenen Zeugen oder Sachverständigen nur im selben Umfang wie auf gerichtliche Ladung (LR-Jäger 9 unter Hinweis auf §§ 49, 50, 75, 76) und ferner nur, wenn ihm der Gerichtsvollzieher bei der Ladung nach § 38 (bei wiederholter Ladung erneut) die gesetzliche Entschädigung für Reisekosten und Versäumnis in bar angeboten oder deren Hinterlegung bei der Geschäftsstelle, praktisch bei der Gerichtskasse oder -zahlstelle, nachgewiesen hat. Die Vorschrift ist mit Art 6 Abs 3 Buchst d **MRK** vereinbar (Schorn DRiZ **63**, 340).

7 Die **Höhe der Entschädigung** muss der Angeklagte nach dem JVEG selbst berechnen (KK-Gmel 9). Dem Sachverständigen, der durch die Ladung übrigens zu irgendwelchen Vorarbeiten nicht verpflichtet wird, muss er einen Betrag anbieten, der dessen voraussichtlichen Zeitaufwand mit dem Stundenhonorar des § 9 JVEG entspricht (vgl LR-Jäger 20 ff). Einen Vorschuss aus der Staatskasse für diese Auslagen kann der Angeklagte nicht verlangen (BGH MDR **76**, 841 [H]). Weist die Beweisperson das Angebot zurück oder verzichtet sie darauf, so beseitigt das ihre Erscheinungspflicht nicht. Sie muss auch erscheinen, wenn der angebotene Betrag zu niedrig ist, sie ihn aber angenommen hat.

8 Bei **unentschuldigtem Ausbleiben** des nach II zum Erscheinen verpflichteten Zeugen oder Sachverständigen sind die Maßnahmen nach §§ 51, 77 von Amts wegen zu verhängen, wenn mit der Ladung nach § 48 der Hinweis auf sie verbun-

den war. Das gilt ohne Rücksicht darauf, ob ein Antrag auf Vernehmung der Beweisperson nach § 245 II S 1 Erfolg gehabt hätte (LR-Jäger 12; **aM** D. Meyer MDR **79**, 814). Die ordnungsmäßige Ladung und die Voraussetzungen des II muss der Angeklagte dem Gericht nachweisen.

Einem **Missbrauch des Ladungsrechts** ist durch § 245 II vorgebeugt (LR-Jäger 11; vgl auch BGH **44**, 26, 32; eingehend dazu Fahl 463 ff). 9

3) Entschädigung aus der Staatskasse (III) wird nur auf Antrag der Beweisperson, des Angeklagten oder der StA angeordnet, der Antrag kann noch nach dem Ende der Hauptverhandlung gestellt werden (Köln MDR **58**, 622; LG Aachen NJW **60**, 735 mit Anm Pentz); für Zeugen gilt jedoch grundsätzlich die 3-Monatsfrist des § 2 I S 1 JVEG (Fristverlängerung nach § 2 I S 3, Wiedereinsetzung bei Fristversäumnis auf Antrag nach § 2 II JVEG möglich). Sachverständige werden für die vor ihrer Ladung erstellten schriftlichen Gutachten nicht entschädigt (München NStZ **81**, 450). 10

Voraussetzung für die Entschädigung ist die **Sachdienlichkeit der Vernehmung** für die Sachaufklärung; dadurch soll Missbräuchen des Selbstladungsrechts vorgebeugt werden (BGH MDR **76**, 814 [H]). Bei der Beurteilung der Sachdienlichkeit, über die das Gericht in tatrichterlicher Würdigung des Ergebnisses und Verlaufs der Hauptverhandlung entscheidet (Düsseldorf MDR **85**, 1050), ist ein von den Vorstellungen und Meinungen des Angeklagten unabhängiger objektiver Maßstab anzulegen (Düsseldorf aaO). Sachdienlichkeit ist nicht gleichbedeutend mit Entscheidungserheblichkeit (Hamburg MDR **78**, 952). Sachdienlich ist die Beweiserhebung daher schon, wenn sie das Verfahren gefördert, also die Entscheidung oder den Verfahrensgang irgendwie beeinflusst hat (BGH StV **99**, 576; Düsseldorf aaO; Hamburg aaO; München StV **96**, 491 mit Anm Degenhard; vgl auch Detter Meyer-Goßner-FS 442). Das kann auch der Fall sein, wenn schon andere geeignete Beweismittel vorhanden waren, zB die Feststellungen des gerichtlich bestellten durch den gestellten Sachverständigen bestätigt wurden (KG NStZ **99**, 476). Wegen mangelnder Glaubwürdigkeit des vernommenen Zeugen darf die Entschädigung nicht abgelehnt werden (KK-Gmel 14; vgl auch LR-Jäger 29), auch nicht, weil das Gericht dem Gutachten des Sachverständigen nicht gefolgt ist (Widmaier StV **85**, 528). Andererseits besteht ein Entschädigungsanspruch nicht schon deshalb, weil die Beweisperson auf einen Antrag nach § 245 II S 1 vernommen worden ist (Düsseldorf MDR **85**, 1050; Stuttgart MDR **81**, 1038). Wird ihre Aussage in den Urteilsgründen erwähnt, so deutet das aber auf die Sachdienlichkeit der Vernehmung hin (Schleswig SchlHA **57**, 276). 11

Eine **Entschädigungspflicht der Staatskasse nach III besteht nicht,** wenn der Zeuge oder Sachverständige bereits von dem Angeklagten voll entschädigt worden ist (Düsseldorf VRS **86**, 449 mwN; KK-Gmel 15; H. Schmidt MDR **67**, 966; **aM** Widmaier StV **85**, 528; vgl auch Detter Salger-FS 242; D. Meyer JurBüro **84**, 655). Das gilt aber nicht, wenn der Entschädigungsbetrag nur hinterlegt ist (KK-Gmel 15; H. Schmidt aaO). 12

Die Anordnung nach III gibt lediglich der Beweisperson einen Anspruch gegen die Staatskasse, berührt aber das **Verhältnis zwischen dem Angeklagten und der Staatskasse** nicht; insoweit gelten die §§ 465 ff (RG **16**, 212; Karlsruhe MDR **85**, 694). Die nach III gezahlten Beträge gehören zu den Kosten des Verfahrens, die der verurteilte Angeklagte der Staatskasse nach §§ 465 I S 1, 464 a I S 1 zu erstatten hat. Wird der Angeklagte freigesprochen, so trägt die Staatskasse dagegen die nach III gezahlte Entschädigung selbst (LR-Jäger 25). Wird keine Anordnung nach III getroffen, so kann der Angeklagte die Erstattung seiner Aufwendungen nur in dem Verfahren nach § 464 b erreichen (Düsseldorf Rpfleger **85**, 324). 13

III gilt entsprechend für die von dem Angeklagten in der Hauptverhandlung gestellten Zeugen und Sachverständigen (KMR-Eschelbach 27 mwN; **aM** LG Limburg NJW **57**, 722). 14

15 **4) Beschwerde** gegen die Ablehnung der Entschädigung nach III können die Beweisperson, die StA und der Angeklagte einlegen, sofern § 305 S 1 nicht entgegensteht (vgl Bremen GA **55**, 60; krit LR-Jäger 39). An der Beschwer des Angeklagten fehlt es, wenn in dem Urteil der Staatskasse die Verfahrenskosten in vollem Umfang auferlegt worden sind (Pentz NJW **60**, 735) oder wenn der Angeklagte inzwischen rechtskräftig verurteilt ist und die gesamten Verfahrenskosten zu tragen hat (Karlsruhe MDR **85**, 694).

Herbeischaffung von Beweisgegenständen

221 **Der Vorsitzende des Gerichts kann auch von Amts wegen die Herbeischaffung weiterer als Beweismittel dienender Gegenstände anordnen.**

1 **1)** Eine **Ergänzung des § 214 IV S 2** enthält die Vorschrift. Für das Gericht übt der Vorsitzende die Befugnis aus, die als Beweismittel dienenden Gegenstände heranzuschaffen. Nach § 221 kann er auch die Herbeischaffung von Beweisgegenständen anordnen, die in der Anklageschrift nicht aufgeführt sind; das gilt vor und in der Hauptverhandlung.

2 **2)** Mit der **Ausführung der Anordnung** beauftragt der Vorsitzende idR die StA (vgl § 214 IV S 1). Er kann sie aber auch der Geschäftsstelle des Gerichts übertragen. Die StA darf das Ersuchen nur ablehnen, wenn sie die Anordnung für unzulässig, nicht, wenn sie sie nur für unzweckmäßig hält (Frankfurt NJW **82**, 1408; Stuttgart Justiz **82**, 406; KK-Gmel 3; erg 2 zu § 199). Kommt sie einem Ersuchen des Gerichts nicht nach, so ist nur die Dienstaufsichtsbeschwerde gegeben (Stuttgart aaO).

3 **3)** Die **Unterrichtung der Prozessbeteiligten** von der Herbeiziehung neuer sachlicher Beweismittel schreibt das Gesetz nicht vor (vgl § 222 I S 1). Die Fürsorgepflicht erfordert aber die Unterrichtung (KK-Gmel 4; LR-Jäger 7 hält die Unterrichtung wenigstens für zweckmäßig; erg 2 zu § 222).

4 **4) Anfechtung:** Beschwerde gegen die Anordnung des Vorsitzenden ist nach § 305 S 1 ausgeschlossen. Die Revision kann auf die Verletzung des § 221 nicht gestützt werden (KK-Gmel 5; LR-Jäger 9).

Ladungsmitteilung; Namhaftmachung RiStBV 118

222 I [1]**Das Gericht hat die geladenen Zeugen und Sachverständigen der Staatsanwaltschaft und dem Angeklagten rechtzeitig namhaft zu machen und ihren Wohn- oder Aufenthaltsort anzugeben.** [2]**Macht die Staatsanwaltschaft von ihrem Recht nach § 214 Abs. 3 Gebrauch, so hat sie die geladenen Zeugen und Sachverständigen dem Gericht und dem Angeklagten rechtzeitig namhaft zu machen und deren Wohn- oder Aufenthaltsort anzugeben.** [3]**§ 200 Abs. 1 Satz 3 bis 5 gilt sinngemäß.**

II **Der Angeklagte hat die von ihm unmittelbar geladenen oder zur Hauptverhandlung zu stellenden Zeugen und Sachverständigen rechtzeitig dem Gericht und der Staatsanwaltschaft namhaft zu machen und ihren Wohn- oder Aufenthaltsort anzugeben.**

1 **1)** Zur **Vorbereitung der Hauptverhandlung** müssen das Gericht und die Verfahrensbeteiligten rechtzeitig erfahren, welche Zeugen und Sachverständigen vernommen werden sollen. Dem Gericht muss die Planung der Hauptverhandlung, insbesondere die zutreffende Einschätzung ihrer Dauer (Stuttgart Justiz **71**, 312), ermöglicht werden. Die Verfahrensbeteiligten müssen in die Lage versetzt werden, rechtzeitig Erkundigungen über die Beweisperson einzuholen (BGH **23**, 244, 245), und der Angeklagte muss beurteilen können, ob und welche Beweismittel er

ggf selbst beibringen soll (Hamm MDR **71**, 1029). Das Unterlassen der Benachrichtigung oder ihre Verspätung gibt den Verfahrensbeteiligten das Recht, die Aussetzung der Verhandlung zu beantragen (§ 246 II, III).

Auf **Urkunden und Augenscheinsgegenstände** ist § 222 nicht anwendbar (3 zu § 221). Um eine Aussetzung oder Unterbrechung nach § 246 II zu vermeiden, sollen dem Angeklagten aber mit der Ladung auch die als Beweismittel dienenden Gegenstände bezeichnet werden, soweit sie nicht in der Anklageschrift bezeichnet sind (RiStBV 118 III). 2

2) Mitteilungspflichten: 3

A. **Gericht** (I S 1): Sämtliche geladenen Zeugen und Sachverständigen müssen den Prozessbeteiligten (unten 6) namhaft gemacht werden, auch wenn sie bereits in der Anklageschrift aufgeführt sind (Hamm NJW **96**, 534). Die Mitteilung erfolgt zweckmäßigerweise in der Ladung oder in der Terminsmitteilung für die StA (RiStVB 118 I S 1). Das Gericht kann die Mitteilung allgemein der Geschäftsstelle übertragen (LR-Jäger 4). 4

B. **StA und Angeklagte** (I S 2, II) sowie andere Prozessbeteiligte, die das Recht der unmittelbaren Ladung haben (2 zu § 220), müssen dem Gericht und einander diejenigen Zeugen und Sachverständigen namhaft machen, die sie nach §§ 214 III, 220 I selbst laden, der Angeklagte auch diejenigen, die er in der Hauptverhandlung stellen will. Bei zu erwartender längerer Verhandlungsdauer werden StA und Angeklagte den Zeitpunkt, zu dem die Beweispersonen erscheinen sollen, zweckmäßigerweise mit dem Vorsitzenden absprechen. Andernfalls kann der Vorsitzende den Beweispersonen mitteilen, dass sie erst zu einem späteren Zeitpunkt zu erscheinen brauchen. 5

C. **Mitteilungsempfänger:** Das Gericht unterrichtet die StA, den Angeklagten und die anderen Prozessbeteiligten (Nebenkläger, Nebenbeteiligte). Die Mitteilung an den Verteidiger ist nicht vorgeschrieben, idR aber zweckmäßig. Die Mitteilung an den Angeklagten kann an den Verteidiger gerichtet werden, wenn er zum Empfang bevollmächtigt ist (Hamm NZV **04**, 595). Bei mehreren Angeklagten wird die Mitteilung jedem von ihnen gemacht, sofern die Aussagen einzelner Beweispersonen nicht offensichtlich nur für einen oder einige von ihnen von Bedeutung sind (KMR-Eschelbach 9; im Zweifel werden alle benachrichtigt. Die StA hat das Gericht und den Angeklagten zu benachrichtigen (I S 2), der Angeklagte das Gericht und die StA (II). Mitangeklagte braucht er nicht zu unterrichten; ihre Unterrichtung (auch durch das Gericht) kann aber zweckmäßig sein, wenn die Beweispersonen auch für diese Angeklagten von Bedeutung sind. 6

D. **Rechtzeitig** muss die Mitteilung erfolgen. Den Verfahrensbeteiligten muss genugend Zeit bleiben, Erkundigungen einzuziehen (vgl § 246 II) und Gegenzeugen zu laden oder ihre Ladung nach § 219 zu beantragen (KK-Gmel 5). Wieviel Zeit dazu benötigt wird, richtet sich nach den Umständen des Einzelfalls. 7

E. Eine bestimmte **Form** ist für die Benachrichtigung nicht vorgeschrieben. Sie erfolgt idR schriftlich, in Eilfällen auch mündlich oder telefonisch. 8

Inhaltlich muss die Benachrichtigung den Vor- und Nachnamen, Wohn- oder Aufenthaltsort (8 zu § 68; KK-Gmel 7; LR-Jäger 12) enthalten. Mit Verweisung in I S 3 auf § 200 I S 3 bis 5 – und damit auf § 68 I S 2 und II S 1 – ist aber klargestellt, dass aus Gründen des Zeugenschutzes von der Angabe des Wohnortes eines Zeugen abgesehen werden kann (erg 10ff zu § 68; 16a zu § 200). Sind die Beweispersonen schon in der Anklageschrift benannt, so kann auf sie Bezug genommen werden (RiStBV 118 I S 2). Die Angabe des Beweisthemas, zu dem der Zeuge oder Sachverständige vernommen werden soll, ist gesetzlich nicht vorgeschrieben (RG **67**, 180, 182), kann aber gelegentlich sachdienlich sein, um eine Aussetzung der Verhandlung zu vermeiden. 9

10 **3)** Die **Revision** kann der Angeklagte, der in der Hauptverhandlung anwesend oder vertreten war, nicht auf die Verletzung des § 222 stützen, sondern nur darauf, dass er einen Aussetzungsantrag nach § 246 II, III gestellt hat, dessen Ablehnung auf Rechtsirrtum oder Ermessensmissbrauch beruht (BGH **1**, 284; **37**, 1, 2; NJW **90**, 1124 = StV **90**, 196 mit abl Anm Odenthal; Hamm MDR **71**, 1029; Koblenz VRS **44**, 433). Anders ist es, wenn befugt in Abwesenheit des Angeklagten verhandelt worden ist (Koblenz VRS **46**, 447) oder wenn der Vorsitzende den rechtsunkundigen, nicht verteidigten Angeklagten nicht über sein Recht nach § 246 II belehrt hat (Jena VRS **113**, 345; erg 3 zu § 246). IdR wird das Urteil auf dem Mangel beruhen (KK-Gmel 12; vgl auch LR-Jäger 24). Die StA kann die Revision ebenfalls darauf stützen, dass ihr Sitzungsvertreter einen zu Unrecht abgelehnten Aussetzungsantrag nach § 246 II, III gestellt hat.

Mitteilung der Gerichtsbesetzung

222a **I [1] Findet die Hauptverhandlung im ersten Rechtszug vor dem Landgericht oder dem Oberlandesgericht statt, so ist spätestens zu Beginn der Hauptverhandlung die Besetzung des Gerichts unter Hervorhebung des Vorsitzenden und hinzugezogener Ergänzungsrichter und Ergänzungsschöffen mitzuteilen. [2] Die Besetzung kann auf Anordnung des Vorsitzenden schon vor der Hauptverhandlung mitgeteilt werden; für den Angeklagten ist die Mitteilung an seinen Verteidiger zu richten. [3] Ändert sich die mitgeteilte Besetzung, so ist dies spätestens zu Beginn der Hauptverhandlung mitzuteilen.**

II Ist die Mitteilung der Besetzung oder einer Besetzungsänderung später als eine Woche vor Beginn der Hauptverhandlung zugegangen, so kann das Gericht auf Antrag des Angeklagten, des Verteidigers oder der Staatsanwaltschaft die Hauptverhandlung zur Prüfung der Besetzung unterbrechen, wenn dies spätestens bis zum Beginn der Vernehmung des ersten Angeklagten zur Sache verlangt wird.

III In die für die Besetzung maßgebenden Unterlagen kann für den Angeklagten nur sein Verteidiger oder ein Rechtsanwalt, für den Nebenkläger nur ein Rechtsanwalt Einsicht nehmen.

1 **1)** Die **Vorverlegung der Besetzungsrüge** nach § 338 Nr 1 in die Hauptverhandlung regeln die §§ 222a, 222b. Die unrichtige Gerichtsbesetzung darf grundsätzlich nicht erst mit der Revision gerügt, sondern muss schon bei dem Tatrichter beanstandet werden. Wer dort keinen Einwand erhebt, verwirkt die Revisionsrüge (§ 338 Nr 1 Hs 2). Dadurch soll im Interesse der Verfahrensbeschleunigung die Urteilsaufhebung wegen eines behebbaren Verfahrensmangels vermieden werden. Das Recht auf den gesetzlichen Richter (Art 101 I S 2 GG) wird dadurch nicht angetastet (BVerfG NStZ **84**, 370; BGH **33**, 126, 129; KK-Gmel 2; **aM** R. Hamm NJW **79**, 137; Ranft NJW **81**, 1479; Sarstedt/Hamm 313).

2 Auf **LG- und OLG-Strafsachen im 1. Rechtszug** ohne Rücksicht auf die voraussichtliche Dauer der Verhandlung ist die Regelung beschränkt. Sie gilt auch nach Aussetzung einer früheren Hauptverhandlung und nach Zurückverweisung durch das Revisionsgericht, nicht aber nach Änderung der Gerichtsbesetzung auf den Einwand eines Prozessbeteiligten (§ 222b II S 3). In Bußgeldverfahren vor dem OLG wegen KartellOWien (§ 82 GWB), sind die §§ 222a, 222b entspr anwendbar, in ehren- und berufsgerichtlichen Verfahren nach dem StBerG, der BRAO, der PatAO und WPO nicht (BT-Drucks 8/976 S 45).

3 **2) Mitteilung der Gerichtsbesetzung** (I S 1):

4 A. Der **Vorsitzende** macht die Mitteilung, sofern sie nicht bereits nach I S 2 allen Verfahrensbeteiligten vor der Hauptverhandlung schriftlich zugegangen ist. Sie erfolgt mündlich; ihr Aushang vor der Tür des Sitzungssaals genügt nicht

(BGH **29**, 162). Die Mitteilung ist eine wesentliche Förmlichkeit der Hauptverhandlung iS des § 273 I (KK-Gmel 7).

B. **Spätestens zu Beginn der Hauptverhandlung** muss die Mitteilung erfolgen, jedoch nicht unbedingt unmittelbar nach Aufruf der Sache (§ 243 I S 1). Zunächst kann die Anwesenheit der Prozessbeteiligten und der Beweismittel nach § 243 I S 2 festgestellt werden. Es genügt, dass die Mitteilung vor der Vernehmung des 1. Angeklagten zur Person gemacht wird (BVerfG NJW **03**, 3545; BGH MDR **80**, 631 [H]; NJW **01**, 3062). 5

Ist die Mitteilung **verspätet,** so bleibt den Beteiligten die Besetzungsrüge erhalten (§ 338 Nr 1 Hs 2 Buchst a). Der Fehler kann nicht durch Wiederholung der Hauptverhandlung von der Vernehmung des 1. Angeklagten zur Person an „geheilt" werden (BGH DAR **98**, 175 [To]). Erscheinen Nebenkläger oder Nebenbeteiligte erst, nachdem die Mitteilung erfolgt ist, oder liegt ihre Zulassung oder die Anordnung ihrer Beteiligung nach diesem Zeitpunkt, so wird die Mitteilung ihretwegen nicht wiederholt (vgl aber LR-Jäger 4). Die Rüge nach § 338 Nr 1 steht ihnen aber nicht zu, wenn sie trotz ordnungsgemäßer Ladung nicht rechtzeitig erschienen waren. 6

C. **Inhalt der Mitteilung:** Erforderlich ist die Bekanntgabe der Namen (nicht der Anschriften) der Berufsrichter und Schöffen einschließlich der Ergänzungsrichter und -schöffen (§ 192 II, III GVG) und die Bezeichnung der Eigenschaft, in der sie mitwirken, insbesondere unter Hervorhebung des Vorsitzenden, nicht aber des Berichterstatters. Die Gründe für die Mitwirkung (Regelbesetzung, Vertretungsfall, Eintritt von Hilfsschöffen) werden nicht bekanntgegeben (LR-Jäger 3). Die Beteiligten müssen sich hiervon durch Einsichtnahme in die Besetzungsunterlagen selbst Kenntnis verschaffen. Eine Belehrung darüber sieht das Gesetz nicht vor. Auch ein Hinweis auf die Bedeutung der Mitteilung nach I S 1 und auf die Rügepräklusion nach § 338 Nr 1 Hs 2 ist nicht erforderlich (KK-Gmel 5). 7

3) Vorgezogene Mitteilung (I S 2): 8

A. **Anordnung, Inhalt und Zeitpunkt** stehen im Ermessen des Vorsitzenden (I S 2 Hs 1). Die Mitteilung kann mit der Ladungsanordnung (§ 214 I S 1) verbunden werden. Ist zu dieser Zeit noch mit einer Besetzungsänderung zu rechnen, so sollte aber, um die Mitteilung einer Änderung (I S 3) zu vermeiden und den Beteiligten überflüssige Nachforschungen zu ersparen, abgewartet werden, bis Klarheit über die endgültige Besetzung besteht. Anzustreben ist, dass die Mitteilung spätestens eine Woche vor Beginn der Hauptverhandlung dem Empfänger zugeht (II). 9

B. Die **Ausführung der Anordnung,** die der Schriftform bedarf (Celle NJW **91**, 2848), obliegt wie die der Ladung (§ 214 I S 2) der Geschäftsstelle des Gerichts, nicht der StA nach § 36 II. Die Mitteilung sollte wegen ihrer verfahrensrechtlichen Bedeutung förmlich zugestellt werden, dem RA gegen Empfangsbekenntnis nach § 174 ZPO (vgl 19 zu § 37). 10

C. **Adressaten** der vorgezogenen Mitteilung, mit der der Unterbrechungsantrag abgeschnitten wird, sind die Verfahrensbeteiligten, die mit der Revision die fehlerhafte Gerichtsbesetzung rügen können. 11

Der **Angeklagte** hat in den in Betracht kommenden Verfahren stets einen Verteidiger (§ 140 I Nr 1); an diesen, bei einer Mehrheit von Verteidigern an jeden von ihnen, ist die Mitteilung zu richten (I S 2 Hs 2). Eine zusätzliche Mitteilung an den Angeklagten ist überflüssig; § 145 a III gilt nicht entspr. 12

Ein Verteidigerwechsel zwingt nicht zur Wiederholung der Mitteilung (allg M). Die Mitteilung an die **StA** wird an die Behörde adressiert, nicht an den Sachbearbeiter. 13

Eine Mitteilung erhalten ferner der zugelassene **Nebenkläger und die Einziehungs- und Verfallsbeteiligten (§§ 431 I S 1, 442 II).** Haben sie einen Pro- 14 zessbevollmächtigten, so kann die Mitteilung an diesen gerichtet werden; I S 2 Hs 2 gilt entspr (LR-Jäger 15).

15 Der **Antragsteller im Adhäsionsverfahren** ist nach § 406a I S 2 nicht rechtsmittelberechtigt; er erhält die Mitteilung nach I S 1 daher nicht.

16 D. Bei einer **Änderung der mitgeteilten Besetzung** (I S 3) wird die Mitteilung berichtigt. Das sollte unverzüglich geschehen, damit den Beteiligten überflüssige Erhebungen erspart werden. Wenn die Berichtigung eine Woche vor der Hauptverhandlung bei dem Adressaten eingeht, hat es bei dem Ausschluss des Unterbrechungsantrags (II) sein Bewenden. Aber auch eine Berichtigung wenige Tage vor der Hauptverhandlung hat noch einen Sinn. Denn wenn die Zeit bis zum Beginn der Verhandlung ausreicht, um die Vorschriftsmäßigkeit der Änderung zu prüfen, kann der Unterbrechungsantrag abgelehnt werden. Zumindest kann der Zeitraum, der den Verfahrensbeteiligten vor Beginn der Hauptverhandlung zur Verfügung steht, auf die Unterbrechungsfrist angerechnet werden (unten 22). Spätestens muss die Änderung zu Beginn der Hauptverhandlung (oben 5) mitgeteilt werden. Bei umfangreichen oder wiederholten Änderungen empfiehlt sich die nochmalige vollständige Mitteilung der Gerichtsbesetzung.

17 **4) Unterbrechung der Hauptverhandlung** (II):

18 A. **Antrag:** Die Unterbrechung dient der Vorbereitung der Entscheidung darüber, ob Anlass besteht, den Besetzungseinwand (§ 222b) zu erheben; sie setzt daher den Antrag eines zu diesem Einwand befugten Prozessbeteiligten voraus. Dazu gehören außer den in II bezeichneten Beteiligten der zugelassene Nebenkläger und der Einziehungs- und Verfallsbeteiligte (1 zu § 433). Der Antrag ist nur zulässig, wenn die Mitteilung nach I (auch die Änderungsmitteilung nach I S 3) später als eine Woche vor Beginn der Hauptverhandlung zugegangen oder erst in der Hauptverhandlung erfolgt ist (vgl aber unten 21); die Frist wird nach § 43 I berechnet. Eine Belehrung über das Antragsrecht sieht § 222a nicht vor. Dass bereits ein anderer Beteiligter die Unterbrechung beantragt hat, steht dem Antrag nicht entgegen (LR-Jäger 23). Der Antrag muss von jedem Beteiligten bis zum Beginn der Vernehmung des 1. Angeklagten (vgl 7 zu § 6a; 2 zu § 25) mündlich gestellt werden und ist nach § 273 I im Protokoll zu beurkunden.

19 Ein **Verlegungsantrag vor der Hauptverhandlung** zum Zweck der Prüfung der Besetzung wird durch II an sich nicht ausgeschlossen, gibt aber keinen Sinn. Denn wenn die Hauptverhandlung auf einen späteren Termin verlegt wird, kann sich auch die Gerichtsbesetzung, insbesondere die Beteiligung der Schöffen, ändern. Der Verlegungsantrag ist daher nur als vorgezogener Unterbrechungsantrag nach II zu behandeln, über den das Gericht, nicht der Vorsitzende allein, in der Hauptverhandlung entscheidet (KMR-Eschelbach 54; Schroeder NJW **79**, 1529; **aM** Rieß NJW **78**, 2269).

20 B. Die **Entscheidung** über den Unterbrechungsantrag muss vor Beginn der Vernehmung des 1. Angeklagten zur Sache getroffen werden, weil nach diesem Zeitpunkt der Besetzungseinwand nicht mehr zulässig wäre (§ 222b I S 1). Die Entscheidung trifft das Gericht, nicht der Vorsitzende allein, nach Anhörung der übrigen Beteiligten (§ 33 II) unter Mitwirkung der Schöffen; § 228 I S 2 gilt nicht (LR-Jäger 22; **aM** Rieß NJW **78**, 2269). Eine Begründung ist nicht erforderlich. Wird die Entscheidung unterlassen (was R. Hamm NJW **79**, 137 aus rechtsstaatlichen Gründen empfiehlt), so bleibt die Besetzungsrüge nach § 338 Nr 1 Hs 2 Buchst c zulässig (dort 19).

21 **Nach pflichtgemäßem Ermessen** entscheidet das Gericht über den Antrag. Die Hauptverhandlung kann entgegen dem zu engen Wortlaut des II S 1 auch unterbrochen werden, wenn die Wochenfrist des II S 1 gewahrt war, aber feststeht oder wenigstens glaubhaft gemacht ist, dass dem Antragsteller die Besetzungsunterlagen nicht oder nicht vollständig zur Verfügung gestellt worden sind (LR-Jäger 20; **aM** Bohnert 58/59). Im Übrigen richtet sich die Entscheidung danach,

ob der Aufschub zur Prüfung der Besetzung erforderlich ist. Wenn ein Besetzungsfehler ausgeschlossen erscheint, kann der Antrag ohne Begründung abgelehnt werden (Bremen StV **86**, 540). Der Antragsteller wird dadurch nicht benachteiligt; denn die Besetzungsrüge bleibt ihm dann erhalten (§ 338 Nr 1 Hs 2 Buchst c).

Regelmäßig für 1 Woche ist nach Meinung des BGH die Hauptverhandlung zu unterbrechen, wenn die Besetzung erst zu deren Beginn mitgeteilt worden ist; die Zeitspanne kann nur dann kürzer bemessen werden, wenn der Antragsteller damit einverstanden ist oder wenn die kürzere Frist auf Grund besonderer Umstände nach in jeder Hinsicht sicherer Abschätzung genügt (BGH **29**, 283 = NStZ **81**, 31 mit krit Anm Katholnigg; ebenso Bohnert 59; R. Hamm NJW **79**, 136; weitergehend Ranft NJW **81**, 1477: immer 1 Woche). Nach zutr Ansicht kommt es dagegen auf die Umstände des Einzelfalls an (KMR-Eschelbach 62; LR-Jäger 25; Rieß JR **81**, 91 ff). Die Frist ist so zu bemessen, dass die Prüfung aller tatsächlichen Vorgänge möglich ist, die für die Besetzungsfrage von Bedeutung sind (BGH **29**, 283, 285; NStZ **88**, 36). War die Besetzung oder ihre Änderung zwar vor der Hauptverhandlung, aber nicht 1 Woche vorher mitgeteilt worden, so kann berücksichtigt werden, dass dem Antragsteller diese Zeit schon zur Verfügung gestanden hat (BGH **29**, 283, 286 rechnet sie auf die Wochenfrist an). Die nachträgliche Verlängerung der Frist ist stets zulässig (Katholnigg NStZ **81**, 32; Rieß JR **81**, 93). 22

5) Einsicht in die Besetzungsunterlagen (III): Zur Zulässigkeit des Besetzungseinwands gehört die Angabe der Tatsachen, aus denen sich die vorschriftswidrige Besetzung ergibt (§ 222 b I S 2). Wer den Einwand erheben will, muss sich daher idR erst darüber unterrichten, auf welche Weise es zu der Gerichtsbesetzung gekommen ist. Zu diesem Zweck kann er bei dem Vorsitzenden mündlich oder schriftlich Auskunft einholen. Hält er das nicht für zweckmäßig oder ausreichend, so kann er Einsicht in die Besetzungsunterlagen nehmen (BGH **33**, 126, 130; **48**, 290; Rieß NJW **78**, 2269), auch in die der JV, insbesondere in die Geschäftsverteilungspläne nach §§ 21 e, 21 g GVG, die Schöffen- und Hilfsschöffenlisten (3 zu § 44 GVG) und die Unterlagen über die Schöffenwahl nach §§ 36 ff GVG (BGH aaO; Ranft NJW **81**, 1475) sowie über Verhinderungen und Vertreterbestellungen (LR-Jäger 17). Es ist aber nicht Aufgabe des Vorsitzenden, Unterlagen der JV zu beschaffen und bereitzustellen. Die Beteiligten können und müssen sich unmittelbar an die JV wenden (Düsseldorf MDR **79**, 1043; KK-Gmel 14; **aM** Hamm NJW **80**, 1009). Deren Weigerung, die Unterlagen offenzulegen, ist nicht anfechtbar, insbesondere nicht nach § 23 **EGGVG** (Hamm aaO; Kissel/Mayer 119 zu § 12 GVG), sondern erhält dem Beteiligten die Besetzungsrüge nach § 338 Nr 1. Das Gleiche gilt, wenn die Unterlagen nur unvollständig oder für zu kurze Zeit zur Verfügung gestellt werden (17 zu § 338). 23

Ein **Rechtsanspruch** auf Einsicht in die Unterlagen besteht für die StA, den Verteidiger und den von ihm oder von dem Angeklagten zu diesem Zweck besonders bevollmächtigten RA. Nebenkläger und Nebenbeteiligte können ebenfalls durch einen RA Einsicht nehmen lassen. Der Angeklagte und diese Verfahrensbeteiligten selbst haben keinen Anspruch auf die Einsicht. 24

6) Anfechtung. Maßnahmen des Vorsitzenden im Zusammenhang mit Auskünften oder Einsichtnahmen in Besetzungsunterlagen sind nicht anfechtbar; auch § 238 II gilt nicht. Die Beschwerde gegen die Ablehnung des Unterbrechungsantrags oder die zu kurze Bemessung der Unterbrechung ist nach § 305 S 1 ausgeschlossen. Auch dem Gegner des Prozessbeteiligten, der die Unterbrechung erfolgreich beantragt hatte, steht gegen den Unterbrechungsbeschluss keine Beschwerde zu. Mit der Revision kann nur nach § 338 Nr 1 die unrichtige Gerichtsbesetzung, nicht aber das Unterlassen der Mitteilung über die Besetzung (BGH DAR **98**, 175 [To]) oder die Fehlerhaftigkeit von Maßnahmen und Entscheidungen nach § 222 a gerügt werden (Rieß NJW **78**, 2269 Fn 89). 25

Besetzungseinwand

222b **I [1]Ist die Besetzung des Gerichts nach § 222a mitgeteilt worden, so kann der Einwand, dass das Gericht vorschriftswidrig besetzt sei, nur bis zum Beginn der Vernehmung des ersten Angeklagten zur Sache in der Hauptverhandlung geltend gemacht werden. [2]Die Tatsachen, aus denen sich die vorschriftswidrige Besetzung ergeben soll, sind dabei anzugeben. [3]Alle Beanstandungen sind gleichzeitig vorzubringen. [4]Außerhalb der Hauptverhandlung ist der Einwand schriftlich geltend zu machen; § 345 Abs. 2 und für den Nebenkläger § 390 Abs. 2 gelten entsprechend.**

II [1]Über den Einwand entscheidet das Gericht in der für Entscheidungen außerhalb der Hauptverhandlung vorgeschriebenen Besetzung. [2]Hält es den Einwand für begründet, so stellt es fest, dass es nicht vorschriftsmäßig besetzt ist. [3]Führt ein Einwand zu einer Änderung der Besetzung, so ist auf die neue Besetzung § 222a nicht anzuwenden.

1 **1) Besetzungseinwand:**

2 A. **Kein Ausschluss der Amtsprüfung:** Der Einwand dient nur dem Zweck, die Besetzungsrüge nach § 338 Nr 1 zu erhalten. Dass die Beteiligten ihn erheben können, schließt die Prüfung von Amts wegen daher nicht aus (BGH NStZ **96**, 48), auch nicht nach dem in I S 1 bezeichneten Zeitpunkt (**aM** Celle NdsRpfl **91**, 151; KMR-Sax Einl III 19; Wagner JR **80**, 53). Sie findet auch statt, wenn der Einwand nicht oder verspätet erhoben worden ist; denn unabhängig von Anträgen der Beteiligten hat das Gericht, und zwar abweichend von II S 1 in der für die Hauptverhandlung vorgeschriebenen Besetzung, in jeder Lage des Verfahrens die Rechtmäßigkeit seiner Zusammensetzung zu prüfen (KG MDR **80**, 688; Bohnert 64ff; Rieß JR **81**, 94; erg unten 12). Dazu kann es ohne Rücksicht auf eine bereits eingetretene Präklusion der Besetzungsrüge von den Prozessbeteiligten angeregt werden (KG aaO; Bohnert 65).

3 B. Die **Zulässigkeit** des Einwands, auf den verzichtet werden kann, hängt nicht davon ab, dass die Besetzungsmitteilung nach § 222a erfolgt ist oder dass sie ordnungsmäßig war. In diesen Fällen ist der Einwand aber nicht erforderlich, um die Besetzungsrüge nach § 338 Nr 1 zu erhalten. Der Einwand setzt auch keinen Unterbrechungsantrag nach § 222a II voraus. Zum Einwand berechtigt sind alle Beteiligten, die gegen das Urteil Revision einlegen und die Besetzungsrüge erheben können (11 zu § 222a), der Angeklagte und der Verteidiger ohne Rücksicht auf den Willen des anderen.

3a Auch die Beanstandung, die StrK sei **entgegen § 76 II GVG** mit nur 2 statt 3 Berufsrichtern (oder umgekehrt) besetzt, muss geltend gemacht werden (BGH **44**, 361; Katholnigg JR **99**, 305: direkte, BGH **44**, 328 = NStZ **99**, 367 mit zust Anm Rieß; BGH NStZ-RR **99**, 212: entspr Anwendung), selbst wenn die Gerichtsbesetzung nach § 222a nicht mitgeteilt worden ist (BGH NStZ **05**, 465).

4 C. **Zeitpunkt:** Nach Beginn der Vernehmung des 1. Angeklagten zur Sache (§ 243 V S 2; erg 7 zu § 6a) ist der Einwand für alle Beteiligten ausgeschlossen, auch bei unrichtiger oder unvollständiger Besetzungsmitteilung. Wird ohne den Angeklagten verhandelt, so kann der Einwand bis zum Beginn der Verlesung der die Vernehmung zur Sache ersetzenden Äußerung des Angeklagten erhoben werden (erg 9 zu § 6a). Wiedereinsetzung gegen die Versäumung der Frist ist ausgeschlossen (KK-Gmel 5; **aM** R. Hamm NJW **79**, 137; erg 3 zu § 44).

5 D. **Form** (I S 4): Außerhalb der Hauptverhandlung ist der Einwand in der gleichen Form geltend zu machen wie die Besetzungsrüge der Revision (§§ 345 II, 390 II). In der Hauptverhandlung wird er mündlich erhoben und begründet, zweckmäßigerweise unter gleichzeitiger Übergabe der schriftlichen Abfassung, was die nach § 273 I erforderliche Protokollierung erleichtert und die Beanstandungen

klarstellt. Der Einwand kann auch in der Weise geltend gemacht werden, dass sich ein Beteiligter den Einwendungen eines anderen anschließt.

E. Zu **begründen** ist der Einwand (I S 2) wie nach § 344 II S 2 die Besetzungsrüge der Revision (BGH **44**, 161; 21 zu § 338). Es muss dargelegt werden, unter welchem rechtlichen Aspekt der Zuständigkeitsmangel beanstandet werden soll und welche Tatsachen dem zugrunde liegen (BGH NStZ **07**, 536). Fehlt die erforderliche und dem Verfahrensbeteiligten mögliche (BGH **53**, 268, 279) Begründung, so ist der Einwand nicht zulässig erhoben. Das Gericht ist in diesem Fall nicht verpflichtet, aber befugt, die Vorschriftswidrigkeit der Besetzung zu prüfen (oben 1). 6

F. **Alle Beanstandungen,** auch soweit sie Ergänzungsrichter und -schöffen betreffen (BVerfG NJW **03**, 3545; BGH NJW **01**, 3062), sind gleichzeitig geltend zu machen (I S 3). Das Nachschieben von Tatsachen oder gar eines Einwands gegen die Besetzung in der Person eines anderen Richters ist auch dann nicht zulässig, wenn die Sachvernehmung des 1. Angeklagten noch nicht begonnen hat. Das gilt auch, wenn dem Beteiligten weitere Gründe für die schon anfänglich bestehende Fehlerhaftigkeit der Besetzung erst später bekanntgeworden sind (KK-Gmel 9; LR-Jäger 18; **aM** R. Hamm NJW **79**, 137; Ranft NJW **81**, 1476; vgl auch BVerfG NStZ **84**, 370). Denn wenn ihm alle Besetzungsunterlagen zur Einsicht vorgelegt worden waren, kann an dieser verspäteten Kenntnis nur er selbst (oder sein Verteidiger oder Prozessbevollmächtigter) schuld sein (grundsätzlich **aM** Ranft aaO, der sogar die Unzumutbarkeit rechtzeitiger Ermittlungen für möglich hält); waren die Unterlagen unvollständig, so bleibt ihm die Besetzungsrüge nach § 338 Nr 1 erhalten. Der Einwand kann innerhalb der Frist des I S 1 wiederholt werden, wenn er, etwa wegen Formmangels, als unzulässig zurückgewiesen worden war. 7

2) Entscheidung (II): 8

A. **Gerichtsbesetzung** (II S 1): Die Schöffen sind von der Mitwirkung bei der Entscheidung über die vorgezogene Besetzungsrüge ausgeschlossen (§ 76 S 2 GVG). Das OLG entscheidet mit 3 Richtern (§ 122 I GVG; KK-Gmel 10). Richter, gegen deren Mitwirkung sich der Besetzungseinwand richtet, wirken bei der Entscheidung mit. Der Anrufung des Präsidiums bedarf es auch zur Frage der Verhinderung eines Richters nicht (BGH NStZ **89**, 9). 9

B. **Zeitpunkt:** Die Entscheidung ergeht nach Anhörung der Prozessbeteiligten (§ 33 II) zu dem frühest möglichen Zeitpunkt, möglichst noch vor Beginn der Vernehmung des 1. Angeklagten zur Sache. In entspr Anwendung des § 29 II darf das Gericht aber mit der Entscheidung so lange warten, bis sie ohne Verzögerung des Fortgangs der Hauptverhandlung möglich ist (LR-Jäger 31). Die Dauer eines solchen Aufschubs hängt von den Erfolgsaussichten des Einwands ab. Der Aufschub muss in jedem Fall möglichst kurz sein, weil dem Beteiligten, der den Einwand erhoben hat, das Gericht nicht richtig besetzt erscheint. 10

C. **Inhalt** (II S 2): Ist der Einwand von einem dazu nicht befugten Beteiligten erhoben oder nicht formgerecht begründet worden, so wird er als unzulässig abgelehnt. Bei der Sachentscheidung gibt es 2 Möglichkeiten: 11

a) Ist der **Einwand begründet,** so beschränkt sich der Beschluss auf die Feststellung, dass das Gericht nicht vorschriftsmäßig besetzt ist, und auf ihre Begründung. Es ist dann Sache der zuständigen Organe (Vorsitzender, Präsidium, Präsident), die weiter erforderlichen Maßnahmen herbeizuführen oder zu treffen. Ist der Mangel unschwer zu beheben, so wird alsbald die ordnungsmäßige Besetzung herbeigeführt und unmittelbar nach der Entscheidung über den Einwand mit der Hauptverhandlung in richtiger Besetzung ohne erneute Ladung von neuem begonnen (BGH NStZ **08**, 475; krit Ventzke StV **09**, 69). Auch die Nachholung der erforderlichen Feststellung der Verhinderung des durch einen Vertreter ersetzten Richters ist noch zulässig (BGH **30**, 268; **33**, 234, 237; **aM** Kissel Rebmann-FS 73). In allen anderen Fällen muss die Hauptverhandlung ausgesetzt werden (**aM** 12

KK-Gmel 16; LR-Jäger 34: Hauptverhandlung ist ohne weiteres beendet); denn eine Fortsetzung in anderer Besetzung scheidet aus (§ 226). Für die neue Hauptverhandlung gilt § 222a nicht mehr (II S 3). Die Besetzungsentscheidung des 1. Gerichts ist bindend (Bohnert 61).

13 b) Ist der **Einwand unbegründet,** so wird er durch mit Gründen versehenen Beschluss zurückgewiesen und die Hauptverhandlung fortgesetzt, sofern § 229 I das nicht ausschließt. Das Gericht ist an den Beschluss aber nicht gebunden, wenn es später, und zwar in der Besetzung nach II S 2, zu der Auffassung kommt, dass es doch vorschriftswidrig besetzt ist (KG MDR **80**, 688; Bohnert 64; Rieß JR **81**, 93; Schlüchter 435; Vogt/Kurth NJW **85**, 105; **aM** LR-Jäger 38; Boergen MDR **80**, 619; Wagner JR **80**, 54; erg oben 1).

14 D. **Bekanntgegeben** wird der Beschluss allen Prozessbeteiligten (KK-Gmel 13), schriftlich (§ 35 II S 2), wenn die Hauptverhandlung noch unterbrochen ist, sonst durch Verkündung in der Hauptverhandlung (§ 35 I S 1).

15 **3) Anfechtung:** Beschwerde ist gegen den Beschluss nicht zulässig (§ 305 S 1), anders nur bei von Amts wegen festgestellter (oben 2) fehlerhafter Besetzung (Celle NdsRpfl **91**, 150). Mit der Revision kann nicht Verletzung des § 222b gerügt, sondern nur die Besetzungsrüge erhoben werden, sofern die Voraussetzungen des § 338 Nr 1 Hs 2 Buchst b–d vorliegen (dort 16ff). Eine weitere Ausnahme bestimmt II S 3: Wenn der Besetzungseinwand zu einer Änderung der Besetzung des Gerichts geführt hat, nicht aber bei einer Änderung von Amts wegen (Rieß JR **81**, 91; **aM** Bohnert 65), unterbleibt bei Beginn der neuen Hauptverhandlung die Mitteilung nach § 222a, so dass auch § 338 Nr 1 Hs 2 nicht gilt (R. Hamm NJW **79**, 137).

Kommissarische Vernehmung **RiStBV 121**

223 **I Wenn dem Erscheinen eines Zeugen oder Sachverständigen in der Hauptverhandlung für eine längere oder ungewisse Zeit Krankheit oder Gebrechlichkeit oder andere nicht zu beseitigende Hindernisse entgegenstehen, so kann das Gericht seine Vernehmung durch einen beauftragten oder ersuchten Richter anordnen.**

II Dasselbe gilt, wenn einem Zeugen oder Sachverständigen das Erscheinen wegen großer Entfernung nicht zugemutet werden kann.

1 **1)** Die **Vorwegnahme eines Teils der Hauptverhandlung** ist die kommissarische Vernehmung nach §§ 223, 224 (BGH **9**, 24, 27; SK-Schlüchter 2; **aM** KMR-Eschelbach 2 mwN: nur Beweissicherung). Ihr Zweck ist die Gewinnung einer Niederschrift über die Vernehmung eines Zeugen oder Sachverständigen, nicht eines Mitbeschuldigten, die in der Hauptverhandlung nach § 251 I, II verlesen werden kann. Ob die Verlesung zulässig ist, entscheidet das Gericht endgültig aber erst in der Hauptverhandlung (19 zu § 251). Liegt bereits eine zur Verlesung geeignete richterliche Vernehmung vor, so bedarf es idR keiner weiteren kommissarischen Vernehmung. Seit Inkrafttreten des ZSchG kommt als weiterer Zweck die Erstellung einer Bild-Ton-Aufzeichnung hinzu, die nach § 255a, der die Vorführung auf frühere Zeugenvernehmungen beschränkt, in die Hauptverhandlung eingeführt werden kann.

2 **2) Voraussetzungen der kommissarischen Vernehmung:**

3 A. **Dem Erscheinen der Beweisperson entgegenstehende Hindernisse** (I): Diese Voraussetzungen stimmen mit geringen Abweichungen mit denen überein, unter denen nach § 251 I Nr 2, II Nr 1, 2 die Verlesung der Vernehmungsniederschrift zulässig ist.

4 **Krankheit** ist ein krankhafter körperlicher Zustand, der das Erscheinen der Auskunftsperson in der Hauptverhandlung unmöglich macht. Schlechthin ausge-

schlossen braucht es nicht zu sein, die Gefahr der erheblichen Verschlechterung des Zustands genügt (BGH **9**, 297, 300; ANM 261; erg 20 zu § 251).

Gebrechlichkeit liegt vor, wenn die Beweisperson zwar nicht krank ist, aber wegen ihres körperlichen Zustands oder wegen ihres Alters in der Hauptverhandlung nicht erscheinen kann. 5

Andere nicht zu beseitigende Hindernisse sind zB eine bevorstehende längere Auslandsreise (RG **66**, 213), Schwangerschaft, bei Kindern oder jugendlichen Zeugen auch die berechtigte Weigerung der Erziehungsberechtigten, sie zum Erscheinen zu veranlassen (Saarbrücken NJW **74**, 1959 mit Anm Eschke NJW **75**, 354; erg 15 und 20 zu § 51). Ein Hindernis dieser Art liegt auch in den Fällen der §§ 49, 50 vor (LR-Jäger 13), ebenso wenn die Verwaltungsbehörde einen Zeugen für die Vernehmung in der Hauptverhandlung aus Gründen des § 96 oder des § 54 iVm § 37 BeamtStG (7 zu § 54) endgültig „gesperrt" hat (BGH **29**, 390, 391; **32**, 115, 126 [GSSt]; NStZ **82**, 40). Nicht unter den Begriff fallen die berufliche Inanspruchnahme (KK-Gmel 8), die Ableistung des Wehrdienstes (ANM 262), Ordensregeln oder Lebensgewohnheiten (RG JW **14**, 430) und Urlaub (KMR-Eschelbach 49). Der Aufenthalt im Ausland ist nur dann ein Hindernis iS des I, wenn es nicht gelingt, die Beweisperson zum Erscheinen vor Gericht zu veranlassen (BGH **7**, 15; DAR **78**, 156 [Sp]; Hamm DAR **59**, 192; Karlsruhe VRS **51**, 61; 21 zu § 251), oder wenn es ihr nicht erlaubt wird, aus ihrem Heimatstaat in die BRep einzureisen (Hamm aaO). Wegen der Anstrengungen, die das Gericht unternehmen muss, um das Erscheinen des Zeugen oder Sachverständigen zu erreichen, gelten die gleichen Grundsätze wie im Fall der Unerreichbarkeit iS des § 244 III S 2 (dort 62 ff; vgl auch BGH **32**, 68, 72 ff = JR **84**, 514 mit Anm Schlüchter; Julius NStZ **86**, 61; erg 21 zu § 251). 6

Für **längere oder ungewisse Zeit** muss das Erscheinen der Beweisperson unmöglich sein. Krankheit ist daher kein Hinderungsgrund, wenn die Genesung bevorsteht (ANM 262); eine Erkrankung an Grippe kann aber genügen (BGH bei Herlan MDR **55**, 529; erg 22 zu § 251). 7

B. Die **Unzumutbarkeit des Erscheinens** wegen großer Entfernung (II) kann nicht mit Streckenmaßen abgegrenzt werden. Zu berücksichtigen sind außer der geographischen Lage die persönlichen Verhältnisse der Beweisperson (BGH GA **64**, 275; RG **44**, 8) und die Verkehrsverhältnisse (Köln GA **53**, 186). Die Interessen der Beweisperson sind gegen die Bedeutung der Sache, die Wichtigkeit der Aussage und die Notwendigkeit der beschleunigten Durchführung des Verfahrens abzuwägen (BGH DAR **78**, 156 [Sp]; **80**, 206 [Sp]; MDR **79**, 989 [H]; NStZ **81**, 271; StV **89**, 468). Je wichtiger der Aufklärungswert der Aussage oder des Gutachtens ist, desto weniger kommt es auf die Entfernung der Beweisperson vom Gerichtssitz an (BGH NJW **86**, 1999, 2000; StV **83**, 444; Köln VRS **70**, 143; ANM 263); der einzige Belastungszeuge wird idR erscheinen müssen (Düsseldorf NJW **91**, 2781). Der Beweisperson ist es uU sogar zuzumuten, aus Übersee anzureisen (BGH **9**, 230). Bei Unzumutbarkeit der Unterbrechung des Urlaubs des Zeugen muss das Gericht notfalls die Hauptverhandlung um 1 oder 2 Sitzungstage verlängern (BGH StV **83**, 444). 8

Auch die Unzumutbarkeit muss für **längere oder ungewisse Zeit** bestehen. Daher muss stets geprüft werden, ob zu erwarten ist, dass der Beweisperson auch noch im Zeitpunkt der Hauptverhandlung das Erscheinen für längere oder ungewisse Zeit nicht zugemutet werden kann. Erg 23 zu § 251. 9

3) Die **Anordnung der kommissarischen Vernehmung** kann bereits im Eröffnungsverfahren nach §§ 201 ff (BGH VRS **36**, 356; RG **66**, 213; Schleswig SchlHA **58**, 290; 4 zu § 202) und noch in der Hauptverhandlung getroffen werden. Sie erfolgt von Amts wegen oder auf Antrag. 10

Antragsberechtigt ist neben dem StA, dem Angeklagten und den anderen Verfahrensbeteiligten auch der zur Hauptverhandlung geladene Zeuge oder Sachverständige (KMR-Eschelbach 63). 11

12 Der **Gerichtsbeschluss** muss die Beweisperson mit Namen und Anschrift bezeichnen; er muss auch angeben, welcher Hinderungsgrund nach I oder II vorliegt. Weshalb er vorliegt, muss nur dargelegt werden, wenn sich die Gründe dafür erst aus weiteren Umständen ergeben (BGH bei Herlan MDR **55**, 529: längere Dauer der Erkrankung; RG **18**, 261, 264: Unzumutbarkeit iS des II). Der Beschluss muss ferner das Vernehmungsthema bezeichnen, wenn es sich nicht aus früheren polizeilichen oder staatsanwaltschaftlichen Vernehmungen ergibt. Auf den Anklagesatz kann Bezug genommen werden. Der Beschluss wird in der Hauptverhandlung durch Verkündung, sonst durch formlose Mitteilung bekanntgemacht (§ 35 I S 1, II S 2).

13 Die **Übersendung an den ersuchten Richter** erfolgt mit einem Anschreiben des Vorsitzenden, in dem bei umfangreichen Sachen die Aktenteile bezeichnet werden, die für die Vernehmung wichtig sind (RiStBV 121 III), und in das auch ein Katalog der Fragen aufgenommen werden kann, die an die Beweisperson gestellt werden sollen. Sind mehrere Beweispersonen von verschiedenen Gerichten zu vernehmen, so kann es sich empfehlen, die Gerichte möglichst gleichzeitig unter Übersendung von Aktenauszügen um die Vernehmung zu ersuchen (RiStVB 121 II).

14 **4) Durchführung der kommissarischen Vernehmung:**

15 A. Durch einen **beauftragten oder ersuchten Richter** (1 zu § 63) wird der Zeuge oder Sachverständige vernommen. Der beauftragte Richter braucht später in der Hauptverhandlung nicht mitzuwirken (BGH **2**, 1). Die Vernehmung durch die ganze StrK ist keine kommissarische Vernehmung (BGH **31**, 236 = JR **83**, 474 mit Anm J. Meyer). Die Vernehmung durch alle 3 Berufsrichter der erkennenden StrK ist zulässig (BGH NStZ **83**, 182; 421; SK-Schlüchter 37 mwN; **aM** Peters 548).

16 Um die Vernehmung kann auch ein **ausländischer Staat** ersucht werden (vgl Art 3ff EuRHÜbk; RiVASt 25ff). Zu den einzuhaltenden Zuständigkeits- und Verfahrensvorschriften vgl 34 zu § 251.

17 Wegen der Teilnahme deutscher Richter an ausländischen Vernehmungen vgl RiVASt 140ff, wegen der **konsularischen Vernehmungen** 33 zu § 251.

18 B. In **nichtöffentlicher Sitzung** wird der Zeuge oder Sachverständige vernommen. Die §§ 176–179 GVG über Sitzungspolizei, Ungehorsamsfolgen und Ordnungsmittel wegen Ungebühr gelten entspr (§ 180 GVG).

19 Die Verfahrensbeteiligten sind mit den in § 224 bestimmten Einschränkungen zur **Teilnahme** berechtigt, der Verteidiger auch, wenn die Benachrichtigung nach § 224 I S 1 unterblieben ist (BGH **31**, 148, 153; **32**, 115, 129 [GSSt]). Wegen Gefährdung des Zeugen darf der Verteidiger nicht ausgeschlossen werden (BGH **32**, 115 [GSSt] = JZ **84**, 430 mit Anm Fezer = NStZ **84**, 36 mit Anm Frenzel; dazu auch Bruns MDR **84**, 177; Tiedemann/Sieber NJW **84**, 758; erg 22 zu Art 6 MRK); das gilt auch für die Vernehmung inländischer oder ausländischer Polizeibeamter (BGH NStZ **84**, 178).

20 Die **zeitweilige Entfernung des Angeklagten** nach § 247 ist zulässig (BGH **32**, 32 = JZ **84**, 45 mit Anm Geerds; erg 1 zu § 247). Jedoch besteht keine Unterrichtungspflicht nach § 247 S 4 (BGH NJW **67**, 404; KK-Diemer 18 zu § 247). Der Zeuge kann unter Einsatz der Videotechnologie vernommen werden; das Verfahren richtet sich nach § 247a, nicht nach § 168e (**aM** LR-Erb 6 zu § 168e). Gegenüber § 58a iVm § 168e S 4 schränkt die Spezialregelung (2 zu § 58a) des § 247a S 4 zwar die Voraussetzungen für eine Bild-Ton-Aufzeichnung der Aussage gerade bei besonders schutzbedürftigen Zeugen ein; die Anwendung des § 247a ist aber aus systematischen Erwägungen (oben 1) geboten. Die Direktübertragung einer unter den Voraussetzungen der §§ 223, 247a durchgeführten kommissarischen Vernehmung in die Hauptverhandlung ist nicht zulässig, weil dies voneinander zu trennende prozessuale Ereignisse gesetzwidrig vermischen und kaum überwindbare praktische Probleme (zB bei der Durchführung der Verneh-

mung) aufwerfen würde (KK-Diemer 3; SK-Frister 57 zu § 247a; Beulke ZStW **113**, 721; Rieck [14a zu § 247] 242; Rieß NJW **98**, 3242; StraFo **99**, 7; Eisenberg BR 1308; **aM** Schlüchter/Greff Kriminalistik **98**, 532; Weigend, Gutachten zum 62. DJT, C 56, dieser sogar für Vernehmungen durch den beauftragten Richter).

Bei der Vernehmung **gilt § 68;** dem Zeugen muss zunächst Gelegenheit gegeben werden, seine Wahrnehmungen im Zusammenhang wiederzugeben (BGH **32**, 115 [GSSt]; Bruns MDR **84**, 177). 21

Über die **Zulassung von Fragen** entscheidet der vernehmende Richter; er kann aber auch entspr § 242 die Entscheidung des erkennenden Gerichts herbeiführen (BGH NStZ **83**, 421; Frankfurt NJW **47/48**, 395). Der Verteidiger, der an der kommissarischen Vernehmung nicht teilnehmen kann oder will, ist berechtigt, schriftlich formulierte Fragen einzureichen, die der Zeuge neben den von dem vernehmenden Richter gestellten beantworten soll (BGH MDR **78**, 460 [H]; **85**, 448 [H]; KK-Gmel 20; Gollwitzer Meyer-GedSchr 163). Von der vorherigen Erörterung der Fragen in der Hauptverhandlung darf die Befragung nicht abhängig gemacht werden (BGH NStZ **83**, 421). 22

C. Über die **Vereidigung** entscheidet der vernehmende Richter nach seinem Ermessen (§§ 59 I, 79 I). Vgl auch § 251 IV S 3, 4. 23

D. Für die **Vernehmungsniederschrift** gelten die §§ 168, 168a. Der vernehmende Richter darf in das Protokoll auch Feststellungen über das Verhalten der Beweisperson bei der Vernehmung aufnehmen, etwa dass der Zeuge bestimmte Angaben erst auf nachdrückliche Vorhalte gemacht hat. Er darf sogar Wertungen, die sich für ihn aus solchen Feststellungen ergeben, im Protokoll vermerken (BGH **45**, 354 mwN = JR **01**, 120 mit Anm Goeckenjan/Eisenberg). Den persönlichen Eindruck, den der beauftragte Richter von dem Vernommenen gewonnen hat (krit dazu Kölbel GA **06**, 469), darf er ebenfalls im Protokoll festhalten. Das Gericht darf derartige Feststellungen und Wertungen auf Grund der Verlesung der Sitzungsniederschrift bei der Beweiswürdigung berücksichtigen (vgl 31 zu § 251). Protokolle über kommissarische Vernehmungen sind herbeigeschaffte Beweismittel iS des § 245 I S 1 (dort 5). 24

5) Beschwerde gegen die Anordnung oder Ablehnung der kommissarischen Vernehmung ist nach § 305 S 1 ausgeschlossen (KK-Gmel 26; **aM** LG Düsseldorf NStZ **83**, 42 für den Fall der Ablehnung trotz drohenden Beweisverlusts; zust LR-Jäger 43). Auch die Beweisperson hat kein Beschwerderecht; denn sie hat keinen Anspruch auf kommissarische Vernehmung (allg M). 25

Die **Revision** kann nur auf Verletzung des § 251 bei der Verlesung der Vernehmungsniederschrift gestützt werden. Die Entscheidung des Tatrichters unterliegt nur in eingeschränktem Umfang (wie 16 zu § 337) der revisionsgerichtlichen Überprüfung (BGH NStE Nr 134 zu § 244). 26

Terminsnachricht **RiStBV 121 IV**

224 **I** [1]**Von den zum Zweck dieser Vernehmung anberaumten Terminen sind die Staatsanwaltschaft, der Angeklagte und der Verteidiger vorher zu benachrichtigen; ihrer Anwesenheit bei der Vernehmung bedarf es nicht.** [2]**Die Benachrichtigung unterbleibt, wenn sie den Untersuchungserfolg gefährden würde.** [3]**Das aufgenommene Protokoll ist der Staatsanwaltschaft und dem Verteidiger vorzulegen.**

II Hat ein nicht in Freiheit befindlicher Angeklagter einen Verteidiger, so steht ihm ein Anspruch auf Anwesenheit nur bei solchen Terminen zu, die an der Gerichtsstelle des Ortes abgehalten werden, wo er in Haft ist.

1) Die **Vorschrift ergänzt § 223** dahin, dass StA, Angeklagte und Verteidiger von dem Vernehmungstermin zu benachrichtigen sind; sie setzt also einen An- 1 spruch auf Anwesenheit bei der Vernehmung voraus. Das gilt für alle Vernehmungen nach § 223, auch wenn sie im Ausland stattfinden (BGH NStZ **88**, 563 mit Anm Naucke). Ist die Anwesenheit von Prozessbeteiligten in dem ausländischen Recht bei der Vernehmung gestattet oder nach deutschem Recht zulässig (dazu 34 ff zu § 251), so ist der Vorsitzende verpflichtet, in dem Rechtshilfeersuchen darum zu bitten, dass er von dem Vernehmungstermin so rechtzeitig verständigt wird, dass er Angeklagte und Verteidiger rechtzeitig vom Zeitpunkt der Beweisaufnahme benachrichtigen kann (BGH **35**, 82). § 224 gilt entspr für die Vernehmung des Angeklagten vor der Hauptverhandlung (Hamm MDR **74**, 419), nicht aber für die Vernehmung von Mitangeklagten (BGH MDR **76**, 988 [H]).

2 **2) Benachrichtigungspflicht** (I S 1, 2):

3 A. Die **Benachrichtigung obliegt** dem beauftragten oder ersuchten Richter. Stehen Zeit und Ort der Vernehmung durch den beauftragten Richter fest, so kann sie schon in den Beschluss nach § 223 aufgenommen werden (BGH VRS **26**, 211).

4 **Zu benachrichtigen sind** außer der StA, dem Angeklagten, auch wenn er in Haft ist, und dem Verteidiger auch der Privatkläger (§ 385 I S 1) und der Nebenkläger (§ 397 I S 2 iVm § 385 I S 1), die Nebenbeteiligten (Einl 73), im Verfahren gegen Jugendliche die gesetzlichen Vertreter und die Erziehungsberechtigten (§ 67 II **JGG**), im Steuerstrafverfahren der Vertreter der FinB (§ 407 I S 3 **AO**). Die Benachrichtigung des nach § 145 a I zustellungsbevollmächtigten Verteidigers genügt; der Angeklagte muss nicht besonders verständigt werden. Die Benachrichtigung des Angeklagten ersetzt aber nicht die des Verteidigers. Vom Vernehmungstermin müssen auch die Mitangeklagten benachrichtigt werden, nicht aber die Verteidiger von Angeklagten, denen in einem anderen Verfahren die gleiche Tat zur Last gelegt wird (BGH NJW **86**, 1999, 2000).

5 B. So **rechtzeitig** müssen die Beteiligten benachrichtigt werden, dass ihnen die Anwesenheit oder die Regelung der Vertretung bei der Vernehmung möglich ist (BGH GA **76**, 242, 244; RG **59**, 280; 299, 301; Bay **51**, 113, 116 = HESt **3**, 29, 31). Notfalls muss die Benachrichtigung per Telefax oder telefonisch erfolgen.

6 C. Durch **förmliche Zustellung** oder eine andere Art der Mitteilung, die die Benachrichtigung beweist, werden die Beteiligten verständigt. Denn es muss ein Nachweis dafür geschaffen werden, dass sie die Benachrichtigung erhalten haben (Bay **53**, 62 = NJW **53**, 1316). Der Nachweis der Absendung der Benachrichtigung genügt nicht (Bay aaO; Bremen OLGSt S 1; Frankfurt NJW **52**, 1068).

7 D. Die **Benachrichtigungspflicht entfällt,** wenn der Prozessbeteiligte auf sie verzichtet (Bremen StV **92**, 59 mwN; Bohnert NStZ **83**, 345 ff), insbesondere aber, wenn eine **Gefährdung des Untersuchungserfolgs** zu befürchten ist (I S 2).

8 Diese Gefahr besteht nicht schon wegen einer zu erwartenden Verzögerung der Sache (Bay **51**, 113 = HESt **3**, 29; KK-Gmel 9), sondern nur, wenn die mit der Benachrichtigung verbundene Verzögerung zum Verlust oder zur Wertminderung des Beweismittels führen würde (BGH NJW **80**, 2088; RG **43**, 336; Hamm VRS **24**, 391; erg 5 zu § 168 c) oder wenn bestimmte Anhaltspunkte dafür bestehen, dass der Angeklagte oder der Verteidiger die Benachrichtigung zur Vornahme von Verdunkelungsmaßnahmen ausnützen könnte (BGH **29**, 1, 3; **32**, 115, 122 [GSSt]; erg 5 zu § 168 c). Die Gründe für das Unterlassen der Benachrichtigung werden zweckmäßigerweise aktenkundig gemacht. Zum Anwesenheitsrecht des nicht benachrichtigten Verteidigers vgl 19 zu § 223.

9 **3)** Ein **Anwesenheitsrecht** bei der Vernehmung haben die Prozessbeteiligten (19 zu § 223). Erforderlich ist ihre Anwesenheit jedoch nicht (I S 2 Hs 2), auch nicht bei Vernehmungen im Ausland (BGH NStZ **92**, 394); das gilt auch für den notwendigen Verteidiger (BGH NJW **52**, 1426). Daher haben sie auch keinen Anspruch auf Terminsverlegung (BGH **1**, 284; vgl § 168 c V S 3), gleichgültig,

ob und aus welchem Grund sie verhindert sind (BGH VRS **26**, 211), selbst beim Zusammenfallen mehrerer Vernehmungstermine bei verschiedenen Gerichten (BGH NJW **52**, 1426). Zur Anwendung des § 247 vgl dort 1 und 20 zu § 223.

Eine **Ausnahme** von dem Anwesenheitsrecht bestimmt II für den Fall, dass der nicht auf freiem Fuß befindliche Angeklagte einen Verteidiger hat und der Vernehmungstermin nicht an der Gerichtsstelle des Ortes stattfindet, wo er in Haft gehalten wird, also bei allen Terminen, die nicht im Gerichtsgebäude stattfinden (BGH **1**, 271). Die Benachrichtigungspflicht nach I S 1 bleibt aber unberührt (BGH MDR **76**, 814 [H] zu § 168 c V). II gilt entspr, wenn der Angeklagte an einer Vernehmung im Ausland nicht teilnehmen kann, weil er nach § 116 I Nr 2 die Auflage hat, die BRep nicht zu verlassen (Bamberg MDR **84**, 604). 10

4) Die **Vorlegung des Protokolls** (I S 3), auch einer Bild-Ton-Aufzeichnung, an StA und Verteidiger obliegt dem Vorsitzenden. Die Vorlegungspflicht besteht unabhängig davon, ob StA und Verteidiger bei der Vernehmung anwesend waren (BGH **25**, 357). Dem Verteidiger wird entweder eine Abschrift oder eine Kopie übersandt oder mitgeteilt, dass er die Akten einsehen könne (BGH aaO 359). Der StA werden die Akten zur Kenntnisnahme von dem Protokoll zugeleitet. Der Angeklagte, auch wenn er sich selbst verteidigt, hat keinen Anspruch auf Vorlegung. 11

5) Die **Revision** kann auf einen Verstoß gegen § 224 nur gestützt werden, wenn der Beschwerdeführer der Verlesung des Protokolls in der Hauptverhandlung ausdrücklich widersprochen hat (BGH **1**, 284, 286; **9**, 24, 28; **25**, 357, 359; NJW **84**, 65, 66; Bay **53**, 62 = NJW **53**, 1316; Koblenz VRS **50**, 32; Köln VRS **60**, 441; 45 zu § 251; 45 zu § 337), wobei Widerspruch in 2. Instanz im Hinblick auf die neuere BGH-Rspr zum Widerspruchserfordernis (25 zu § 136) nicht genügt (**aM** Bremen StV **92**, 59; Schlothauer StV **06**, 398). Etwas anderes gilt nur, wenn der Angeklagte keinen Verteidiger hat und seine Rechte nicht kannte. War die Verlesung gegen den Widerspruch des Beschwerdeführers erfolgt, so beruht das Urteil idR auf dem Mangel (BGH **9**, 24, 29; **26**, 332, 335). Das gilt auch für den Fall, dass die Protokollvorlegung nach I S 3 unterblieben (BGH **25**, 357, 359) oder die Benachrichtigung eines Angeklagten unterlassen worden ist, der nach II nicht zur Anwesenheit berechtigt war (BGH MDR **76**, 814 [H]). Der Verstoß gegen § 224 ist in einem anderen Verfahren, das gegen einen anderen Angeklagten wegen Beteiligung an der Tat geführt wird, aber kein Revisionsgrund (BGH NJW **86**, 1999 mit abl Anm Fezer StV **86**, 372). 12

Richterlicher Augenschein

225 **Ist zur Vorbereitung der Hauptverhandlung noch ein richterlicher Augenschein einzunehmen, so sind die Vorschriften des § 224 anzuwenden.**

1) Vor und in der Hauptverhandlung kann die Augenscheinseinnahme (1 zu § 86) einem beauftragten oder ersuchten Richter (1 zu § 63) übertragen werden (2 zu § 86). Die Anordnung trifft stets das Gericht; § 219 gilt nicht (dort 1). 1

2) Ein **vorweggenommener Teil der Hauptverhandlung** ist die Augenscheinseinnahme nach § 225. Daher bestimmt die Vorschrift die Anwendung des § 224, insbesondere die Benachrichtigungspflicht nach § 224 I S 1. Die Anwesenheitsrechte der Prozessbeteiligten regeln §§ 168 d, 224 II. Der Angeklagte kann nach § 168 d II die Hinzuziehung eines von ihm beauftragten Sachverständigen verlangen. Augenscheinseinnahmen durch den beauftragten Richter sind auch außerhalb des Gerichtsbezirks zulässig (§ 166 GVG). 2

3) Das **Protokoll über die Augenscheinseinnahme,** das inhaltlich den §§ 86, 168 a genügen muss, ist den Verfahrensbeteiligten nach § 224 I S 3 vorzule- 3 gen (KK-Gmel 4; LR-Jäger 8). In der Hauptverhandlung wird es nach § 249 I S 2 im Urkundenbeweis verlesen (dort 12).

4 **4) Beschwerde** gegen den die Augenscheinseinnahme anordnenden oder ablehnenden Beschluss ist nach § 305 S 1 ausgeschlossen (25 zu § 223).

5 Für die Zulässigkeit der **Revision** wegen Verletzung der Benachrichtigungspflicht und des Anwesenheitsrechts gelten die Grundsätze 12 zu § 224.

Zuständigkeitsverschiebung vor Hauptverhandlung

225a **I 1 Hält ein Gericht vor Beginn einer Hauptverhandlung die sachliche Zuständigkeit eines Gerichts höherer Ordnung für begründet, so legt es die Akten durch Vermittlung der Staatsanwaltschaft diesem vor; § 209 a Nr. 2 Buchstabe a gilt entsprechend. 2 Das Gericht, dem die Sache vorgelegt worden ist, entscheidet durch Beschluss darüber, ob es die Sache übernimmt.**

II 1 Werden die Akten von einem Strafrichter oder einem Schöffengericht einem Gericht höherer Ordnung vorgelegt, so kann der Angeklagte innerhalb einer bei der Vorlage zu bestimmenden Frist die Vornahme einzelner Beweiserhebungen beantragen. 2 Über den Antrag entscheidet der Vorsitzende des Gerichts, dem die Sache vorgelegt worden ist.

III 1 In dem Übernahmebeschluss sind der Angeklagte und das Gericht, vor dem die Hauptverhandlung stattfinden soll, zu bezeichnen. 2 § 207 Abs. 2 Nr. 2 bis 4, Abs. 3 und 4 gilt entsprechend. 3 Die Anfechtbarkeit des Beschlusses bestimmt sich nach § 210.

IV 1 Nach den Absätzen 1 bis 3 ist auch zu verfahren, wenn das Gericht vor Beginn der Hauptverhandlung einen Einwand des Angeklagten nach § 6 a für begründet hält und eine besondere Strafkammer zuständig wäre, der nach § 74 e des Gerichtsverfassungsgesetzes der Vorrang zukommt. 2 Kommt dem Gericht, das die Zuständigkeit einer anderen Strafkammer für begründet hält, vor dieser nach § 74 e des Gerichtsverfassungsgesetzes der Vorrang zu, so verweist es die Sache an diese mit bindender Wirkung; die Anfechtbarkeit des Verweisungsbeschlusses bestimmt sich nach § 210.

1 **1)** Die **Abgabe an das sachlich zuständige Gericht** außerhalb der Hauptverhandlung ermöglicht die Vorschrift. Sie ergänzt §§ 209 II, 209 a über die Abgabe vor Eröffnung des Hauptverfahrens und § 270 über die bindende Verweisung in der Hauptverhandlung.

2 Nur an ein **Gericht höherer Ordnung** (dazu 2 zu § 1) kann, von der Ausnahme des IV S 2 abgesehen, eine Sache abgegeben werden; im Übrigen gilt § 269. Als Gerichte höherer Ordnung gelten, da I S 1 Hs 2 den § 209 a Nr 2 Buchst a für entspr anwendbar erklärt, auch die JugGe (vgl 11 zu § 270), nicht aber die Jugendschutzgerichte; denn auf § 209 a Nr 2 Buchst b ist nicht verwiesen (BGH **42**, 39 = JR **96**, 390 mit Anm Brunner). Die Abgabe von dem JugG an ein allgemeines Strafgericht schließt § 47 a **JGG** grundsätzlich aus; eine Ausnahme bestimmt § 103 II S 2, 3 **JGG.** Die Abgabe an eine StrK mit besonderer Zuständigkeit (§§ 74 II, 74 a, 74 c GVG) regelt IV. Im Berufungsverfahren ist die Vorschrift bei fehlender sachlicher Zuständigkeit entgegen der hM (vgl Hegmann NStZ **00**, 575, die selbst zweifelt, aber letztlich mit unzutr Erwägungen doch zust) nicht anwendbar, denn dadurch würde ein Berufungsverfahren an das erstinstanzliche Gericht verschoben, das für die Urteilsaufhebung unzuständig wäre (erg 7 zu § 328); zur Zuständigkeit besonderer Strkn dort vgl 14 zu § 6 a und 6 zu § 74 c GVG.

3 § 225 a **gilt nicht entsprechend** für die geschäftsplanmäßige Zuständigkeit und die örtliche Zuständigkeit (erg 3 zu § 270).

2) Die **Vorlegung** (I S 1) kann auf Antrag oder von Amts wegen vor Beginn „einer" Hauptverhandlung beschlossen werden, also nicht nur vor Beginn der 1. Hauptverhandlung, sondern im 1. Rechtszug auch, wenn schon eine Hauptverhandlung stattgefunden hat und ausgesetzt worden ist (Hohendorf NStZ **87**, 393), ferner nach Zurückverweisung der Sache an das AG durch das Revisionsgericht nach § 354 II. Während der Hauptverhandlung wird immer nach § 270 verfahren, auch wenn der Angeklagte nicht erschienen (Hamm MDR **93**, 1002) oder die Hauptverhandlung unterbrochen ist. 4

Die Vorlegung ist bei **sachlicher Unzuständigkeit** zwingend (§ 6). Sachliche Zuständigkeitsmerkmale, deren Prüfung mit der Eröffnung des Hauptverfahrens endet, wie die besondere Bedeutung des Falls iS der §§ 24 I Nr 3, 74 I GVG und die Rechtsfolgenerwartung nach § 25 Nr 2 GVG bleiben dabei außer Betracht (5 zu § 270). Daher ist eine Vorlegung der Sache durch den Strafrichter an das SchG unzulässig (Düsseldorf NStZ-RR **01**, 222 mwN; **aM** Hohendorf NStZ **87**, 393 ff; Paeffgen NStZ **02**, 195; vgl auch AG Höxter NStZ **84**, 474). Hatte der Strafrichter gleichwohl dem SchG vorgelegt, wird die Sache bei diesem rechtshängig; dieses – und nicht mehr der Strafrichter – ist damit für alle folgenden Entscheidungen – insbesondere auch für eine (weitere) Vorlegung nach I S 1 Hs 1 – zuständig (BGH NStZ **09**, 579). 5

Den **Vorlegungsbeschluss** erlässt das Gericht in der für Entscheidungen außerhalb der Hauptverhandlung vorgeschriebenen Besetzung. Der Beschluss zielt nur auf eine gerichtsinterne Richtigstellung ab und ist daher keine Entscheidung iS § 33 II, III, vor dessen Erlass rechtliches Gehör gewährt werden muss. Inhaltlich muss der Beschluss das Gericht bezeichnen, dem die Sache vorgelegt wird. Da dieses Gericht die Gründe kennen muss, aus denen das untere Gericht sich für sachlich unzuständig hält, muss der Beschluss auch begründet werden. Der Beschluss wird den Verfahrensbeteiligten formlos bekanntgemacht; der StA werden die Akten mit dem Beschluss übersandt. 6

Sie ist verpflichtet, sie mit ihrer Stellungnahme an das in dem Beschluss bezeichnete höhere Gericht **weiterzuleiten** (I S 1 Hs 1), auch wenn sie die Abgabe für unbegründet hält. Ist für dieses Gericht eine andere StA zuständig, so legt sie dieser lediglich die Akten vor. Die zuständige StA leitet sie dann mit ihrer Stellungnahme an das in dem Beschluss bezeichnete Gericht weiter. 7

Die **Zuständigkeit** des abgebenden Gerichts für Haft- und andere Nebenentscheidungen bleibt so lange bestehen, bis das höhere Gericht den Übernahmebeschluss (unten 26) erlassen hat. 8

3) Beweisantragsrecht (II): Für den Fall, dass ein Strafrichter (§ 25 GVG) oder ein SchG die Akten einem höheren Gericht vorlegt, nicht bei Abgabe an das JugG oder das JugSchG (ANM 366; **aM** KK-Gmel 20; LR-Jäger 35), auch nicht im Fall des IV S 1 (unten 22), gibt II dem Angeklagten das Recht, innerhalb einer bei der Vorlage zu bestimmenden Frist die Vornahme einzelner Beweiserhebungen zu beantragen. Damit wird dem Umstand Rechnung getragen, dass zu der Abgabe vor allem ein neuer rechtlicher Gesichtspunkt oder ein in der Anklageschrift nicht besonders erwähntes, nach § 264 aber zur Aburteilung stehendes Tatgeschehen führen kann, zu dem der Angeklagte sich noch nicht hat äußern können und zu dessen tatsächlicher Beurteilung er noch keine Beweisanträge nach § 201 I hat stellen können, weil er sich der Notwendigkeit dieser Verteidigungsmaßnahme nicht bewusst war (ANM 365). Der Angeklagte erhält damit auch die Möglichkeit, die Entscheidung des höheren Gerichts über die Übernahme des Verfahrens zu beeinflussen (KMR-Eschelbach 27 mwN; **aM** ANM 366). 9

Für die Stellung des Beweisantrags wird dem Angeklagten durch den Strafrichter oder den Vorsitzenden des SchG eine **Frist** gesetzt, und zwar bei der Vorlage nach I S 1. Zweckmäßigerweise wird sie in den Vorlegungsbeschluss aufgenommen, der dem Angeklagten dann zuzustellen ist (ANM 367). Die Frist, die von Amts wegen oder auf Antrag verlängert werden kann, muss so bemessen werden, dass der An- 10 geklagte ausreichend Zeit für die Prüfung hat, ob und inwieweit Beweiserhebungen vor der Hauptverhandlung seiner Verteidigung dienen können. Ein verspäteter Antrag wird berücksichtigt, wenn über die Übernahme noch nicht entschieden worden ist. Andernfalls wird er nach § 219 behandelt (ANM 367; **aM** KMR-Eschelbach 32). Eine Belehrung darüber, wo der Antrag zu stellen ist, schreibt das Gesetz nicht vor (LR-Jäger 38); sie wird aber idR zweckmäßig sein (vgl 24 zu § 270).

11 Der **Beweisantrag** ist bei dem Vorsitzenden des höheren Gerichts zu stellen, dem die Sache vorgelegt wird; das vorlegende Gericht leitet ihn weiter, wenn der Antrag bei ihm gestellt wird (ANM 368). Der Antrag bedarf keiner besonderen Form, muss aber das Beweismittel, dessen Benutzung der Angeklagte erstrebt, und die Tatsachen bezeichnen, die durch die Beweiserhebung aufgeklärt werden sollen. Bloße Beweisanregungen sind unzulässig (ANM 367; **aM** LR-Jäger 36).

12 Die **Entscheidung über den Antrag** trifft, sofern das Gericht nicht eine kommissarische Vernehmung nach § 223 oder eine Augenscheinseinnahme nach § 225 beschließen muss (vgl 26 zu § 270), nach Anhörung der StA (ANM 369) der Vorsitzende des Gerichts, dem die Akten vorgelegt worden sind (II S 2). Die Entscheidung ergeht nach pflichtgemäßem Ermessen. Eine ablehnende Entscheidung muss nach § 34 mit Gründen versehen werden; dabei genügt der Hinweis, dass die beantragte Beweiserhebung vor der Hauptverhandlung nicht geboten erscheint. Maßgebend für die Entscheidung ist, ob zur Vorbereitung der Hauptverhandlung vor dem höheren Gericht noch eine weitere Sachaufklärung erforderlich erscheint. Das ist der Fall, wenn Beweise zu sichern sind, einzelne Beweiserhebungen eine umfangreiche Beweisaufnahme in der Hauptverhandlung ersparen können oder die Möglichkeit weiterer Sachaufklärung erforscht werden soll, damit eine Aussetzung der Hauptverhandlung vermieden werden kann (ANM 368). Die Ablehnungsgründe des § 244 III, IV haben nur geringe Bedeutung; jedoch ist die Ablehnung mit der Begründung zulässig, das Beweismittel sei völlig ungeeignet oder unerreichbar oder die Beweistatsache sei unerheblich. Eine Wahrunterstellung ist ebenso unzulässig wie im Fall des § 219 (ANM 369; erg 3 zu § 219).

13 Die Entscheidung muss so **rechtzeitig** getroffen werden, dass der Angeklagte sein Prozessverhalten (Antrag nach § 219, Selbstladung nach § 220) danach einrichten kann. Vor Erlass des Übernahmebeschlusses darf die Entscheidung aber nicht getroffen werden. Sie erübrigt sich, wenn das Gericht die Übernahme der Sache nach I S 2 ablehnt (LR-Jäger 49).

14 **4)** Die **Entscheidung des höheren Gerichts über die Übernahme** ergeht durch Beschluss (I S 2) nach Anhörung der Verfahrensbeteiligten (§ 33 II, III) in der für Entscheidungen außerhalb der Hauptverhandlung vorgeschriebenen Besetzung. Erst mit Erlass des Übernahmebeschlusses wird die Sache beim höheren Gericht rechtshängig (BGH **44**, 121). Den fehlenden Eröffnungsbeschluss kann der Beschluss nicht ersetzen (vgl BGH NStZ **84**, 520).

15 A. Die **Sache wird übernommen,** wenn das höhere Gericht den hinreichenden Tatverdacht wegen der seine Zuständigkeit begründenden Gesetzesverletzung bejaht (BGH **29**, 341, 348). Ob hinreichender Tatverdacht auch wegen der angeklagten Tat besteht, wird nicht mehr geprüft (LR-Jäger 22).

16 In dem **Übernahmebeschluss** sind der Angeklagte und das Gericht zu bezeichnen, vor dem die Hauptverhandlung stattfinden soll (III S 1). Nach § 207 II Nrn 2–4, der nach III S 2 entspr anwendbar ist, darf das Gericht die nach dieser Vorschrift zulässigen Änderungen, Beschränkungen und Erweiterungen vornehmen; im Fall des § 207 II Nr 2 kann es die StA zur Einreichung einer neuen Anklageschrift auffordern (§ 207 III). Hat das Verfahren mehrere Taten iS des § 264 zum Gegenstand, so kann unter Trennung der verbundenen Sachen (11 zu § 4) die Übernahme auf eine oder einzelne von ihnen beschränkt werden.

17 Die förmliche **Zustellung** des Übernahmebeschlusses an den Angeklagten ist entspr § 215 geboten, an die übrigen Prozessbeteiligten nur, soweit sie beschwer-

deberechtigt sind. Bereits mit dem Erlass (5 ff vor § 33) des Übernahmebeschlusses wird die Sache bei dem übernehmenden Gericht anhängig (LR-Jäger 31) und das Gericht damit für alle weiteren Entscheidungen zuständig. § 207 IV gilt entspr (III S 2).

18 Eine **Weiterverweisung** der Sache nach §§ 225 a, 270 ist nicht ausgeschlossen (LR-Jäger 32). Nur die Zuständigkeit des JugG kann grundsätzlich nicht mehr abgeändert werden (§ 47 a **JGG**).

19 B. Bei **Ablehnung der Übernahme** muss die Beschlussbegründung ergeben, aus welchen tatsächlichen oder rechtlichen Erwägungen sich das höhere Gericht nicht für zuständig hält (LR-Jäger 25). Es bleibt dann bei der Rechtshängigkeit vor dem unteren Gericht. Der Beschluss wird den Beteiligten formlos bekanntgemacht (§ 35 II S 2); der StA muss er nach § 35 II S 1 zugestellt werden, wenn sie die Übernahme beantragt hatte. Die Akten werden an das vorlegende Gericht zurückgeleitet. Das Gericht, dem die Sache vorgelegt worden ist, darf sie nicht etwa an ein anderes Gericht weiterleiten, dem die Sache nach seiner Meinung hätte vorgelegt werden müssen. Hält es einen solchen Fall für gegeben, so lehnt es die Übernahme ab (KK-Gmel 14).

20 Eine **Verfolgungsbeschränkung nach § 154 a** darf das Gericht, dem die Sache vorgelegt worden ist, erst vornehmen, wenn es sie übernommen hat. Es kann der Übernahme nicht dadurch aus dem Weg gehen, dass es nach § 154 a verfährt (erg 17 zu § 154 a); denn das niedere Gericht könnte die ausgeschiedenen Tatteile oder Gesetzesverletzungen jederzeit wieder einbeziehen und die Sache dann nach I S 1 erneut vorlegen (SK-Schlüchter 22). Entsprechendes gilt für die Trennung vom niederen Gericht verbundener Verfahren durch das höhere Gericht (Stuttgart NStZ **95**, 248).

21 Eine **Bindung an den Ablehnungsbeschluss** besteht nur bei gleich bleibender Sachlage. Aufgrund neuer Erkenntnisse kann in der Hauptverhandlung nach § 270 an das Gericht verwiesen werden, das die Übernahme nach § 225 a abgelehnt hatte (LR-Jäger 33).

22 **5) Vorlegung an eine besondere StrK** (IV S 1): Notwendig ist die Vorlegung für die allgemeine StrK, wenn der Angeklagte mit Recht nach § 6 a geltend macht, dass eine besondere StrK nach §§ 74 II, 74 a oder 74 c GVG zuständig sei. Die Vorlegungspflicht entsteht ferner für eine besondere StrK, wenn der Angeklagte nach § 6 a mit Recht einwendet, dass eine höherrangige (§ 74 e GVG) besondere StrK zuständig sei. Die JugK hat auch gegenüber den besonderen StrKn den Vorrang (§ 209 a Nr 2 Buchst a); jedoch gilt die Einschränkung des § 103 II S 2 **JGG.** Für das Verfahren gelten keine Besonderheiten. Nur das Beweisantragsrecht nach II entfällt, da es sich nicht um eine Zuständigkeitsänderung infolge neu hervorgetretener tatsächlicher oder rechtlicher Umstände, sondern nur um die Einhaltung von besonderen Bestimmungen über die gesetzliche Zuständigkeitsverteilung bei den LGen handelt. Dass IV S 1 gleichwohl auf II Bezug nimmt, kann nur ein Redaktionsversehen sein (KMR-Eschelbach 60; ANM 366; Meyer-Goßner NStZ **81**, 169; **aM** KK-Gmel 20; LR-Jäger 51).

23 Eine **Verweisung mit bindender Wirkung** (IV S 2) findet statt, wenn das Gericht, das die Zuständigkeit einer anderen StrK auf einen Einwand nach § 6 a für begründet hält, vor dieser StrK nach § 74 e GVG den Vorrang hat. Der Verweisungsbeschluss, vor dessen Erlass die StA und die anderen Verfahrensbeteiligten zu hören sind (§ 33 II, III), muss den Anforderungen des III S 1 entsprechen. Dem Angeklagten wird er zugestellt, den übrigen Beteiligten nur, wenn sie ein Anfechtungsrecht haben (KK-Gmel 26). Anders als bei der Übernahme nach I–III (oben 20) kann das Gericht im Fall des IV S 2 die Gesetzesverletzung, die seine Zuständigkeit begründet, nach § 154 a ausscheiden.

24 **6) Beschwerde:** Der Vorlegungsbeschluss ist als gerichtsinterne Maßnahme unanfechtbar (Bohnert 38). Der Übernahmebeschluss kann in den Grenzen des § 210

angefochten werden (III S 3, IV S 1). Für den Angeklagten ist er nach § 210 I unanfechtbar; die StA ist nach § 210 II nur beschwerdeberechtigt, wenn ihrem Antrag nicht entsprochen worden ist. Gegen den die Übernahme ablehnenden Beschluss hat die StA kein Beschwerderecht, auch dann nicht, wenn sie sich für die Zuständigkeit des höheren Gerichts ausgesprochen hatte (Zweibrücken NStZ **98**, 211; Meyer-Goßner NStZ **81**, 169; **aM** KK-Gmel 30; LR-Jäger 64). Der Angeklagte ist durch den Beschluss nicht beschwert; der Nebenkläger kann ihn schon wegen § 400 II nicht anfechten (Zweibrücken MDR **92**, 1072). Gegen den Verweisungsbeschluss nach IV S 2 steht der StA die sofortige Beschwerde zu, wenn er entgegen ihrem Antrag erlassen worden ist. Gegen die Verfügung des Vorsitzenden über die Erhebung oder Nichterhebung einzelner Beweise nach II ist weder der Antrag nach § 238 II noch Beschwerde zulässig (ANM 370).

25 **7) Revision:** Nach § 336 S 2 kann weder geltend gemacht werden, dass ein Übernahmebeschluss nach § 225a zu Unrecht ergangen, noch dass die Verweisung nach IV S 2 unzulässig gewesen sei. Das Fehlen eines Übernahmebeschlusses (oben 14ff) begründet aber die Revision (BGH **44**, 121).

6. Abschnitt. Hauptverhandlung RiStBV 123–145

Vorbemerkungen

1 **1)** Das **Kernstück des Strafprozesses** ist die Hauptverhandlung. In ihr wird nach dem mehr summarischen Vor- und Zwischenverfahren der Sachverhalt endgültig aufgeklärt und festgestellt, und zwar in einer Weise, die nach allgemeiner Prozesserfahrung größte Gewähr für die Erforschung der Wahrheit und zugleich für die bestmögliche Verteidigung des Angeklagten und damit für ein gerechtes Urteil bietet (vgl BVerfGE **74**, 358, 372 = NStZ **87**, 421).

2 **2)** Die **Begriffe Hauptverhandlung und Verhandlung** stimmen nicht überein. Denn auch außerhalb der Hauptverhandlung gibt es mündliche Verhandlungen (vgl etwa §§ 118 I, 138d I, 441 III S 1). Innerhalb der Hauptverhandlung beginnt das Verhandeln, die Verhandlung ieS, erst nach den in § 243 I–III bezeichneten förmlichen Vorgängen. Sie endet vor der Urteilsverkündung (§ 260 I).

3 **3)** Die **wesentlichen Verfahrensgrundsätze** für die Hauptverhandlung sind der Öffentlichkeitsgrundsatz (1 zu § 169 GVG), der Mündlichkeitsgrundsatz (7 zu § 261) und der Unmittelbarkeitsgrundsatz bei der Vernehmung von Zeugen und Sachverständigen (1ff zu § 250). Zum Beschleunigungsgrundsatz, der für das gesamte Strafverfahren, nicht nur für die Hauptverhandlung gilt, vgl 10 zu Art 5 MRK und 7ff zu Art 6 MRK, zur Sachaufklärungspflicht des Gerichts § 244 II.

Ununterbrochene Gegenwart **RiStBV 124, 127, 128**

226 I **Die Hauptverhandlung erfolgt in ununterbrochener Gegenwart der zur Urteilsfindung berufenen Personen sowie der Staatsanwaltschaft und eines Urkundsbeamten der Geschäftsstelle.**

II [1]**Der Strafrichter kann in der Hauptverhandlung von der Hinzuziehung eines Urkundsbeamten der Geschäftsstelle absehen.** [2]**Die Entscheidung ist unanfechtbar.**

1 **1)** Den **Grundsatz der Verhandlungseinheit,** stellt die Vorschrift in I als Ausfluss des Mündlichkeitsgrundsatzes (7 zu § 261) auf; im Fall des § 275a und des § 27 JGG wird er durchbrochen.

2 Die **Hauptverhandlung** beginnt mit dem Aufruf der Sache (§ 243 I S 1) und endet mit der Urteilsverkündung (§ 268 II). Die Anwesenheitspflicht gilt für die

gesamte Hauptverhandlung, auch für deren unwesentliche Teile (vgl aber 36ff zu § 338).

Gegenwart iS des § 226 erfordert auch die geistige Anwesenheit. Wer der Hauptverhandlung geistig nicht folgen kann, etwa weil er schläft, gilt daher als abwesend (14ff zu § 338; zum schlafenden StA vgl Hamm NJW **06**, 1448). 3

Das Fehlen der **gleichzeitigen Anwesenheit** der in § 226 bezeichneten Personen ist unschädlich, wenn sie aus räumlichen Gründen (Ortsbesichtigung, Probefahrt mit einem Kraftwagen und dgl) nicht durchführbar ist. In diesem Fall muss aber der Ablauf des betreffenden Teils der Hauptverhandlung bei deren Fortsetzung mit den Verfahrensbeteiligten erörtert werden (Köln VRS **6**, 461). 4

2) Die **Richter,** auch die Schöffen, dürfen bis zur Urteilsverkündung nicht wechseln; andernfalls muss die ganze Hauptverhandlung wiederholt werden. Jedoch kann ein Ergänzungsrichter (§ 192 GVG) für einen ausgefallenen Richter eintreten, aber nur, wenn er an der Hauptverhandlung von Anfang an teilgenommen hat (BGH NJW **01**, 3062). 5

3) Die **StA** muss bis zum Schluss der Hauptverhandlung, auch bei der Urteilsverkündung, vertreten sein. Mehrere StAe können sich im Lauf der Verhandlung ablösen und nacheinander tätig werden (BGH **13**, 337; 341; **21**, 85, 89 = JR **67**, 227 mit Anm Hanack). Dass sie auch nebeneinander tätig werden können, bestimmt § 227 ausdrücklich. Über die Vernehmung des StA als Zeugen vgl 17 vor § 48, über Referendare als Sitzungsvertreter der StA § 142 III GVG. 6

4) Auch Urkundsbeamte (§ 153 GVG) müssen grundsätzlich während der ganzen Hauptverhandlung anwesend sein; § 168 S 2 Hs 2 gilt für die Hauptverhandlung nicht (BGH NStZ **81**, 31 L). Dem erkennenden Gericht braucht der UrkB nicht anzugehören (BGH NStZ **83**, 213 [Pf/M]; KK-Gmel 6: Sitzung außerhalb des Gerichtssitzes). Ein als Protokollführer vereidigter Verwaltungsbeamter darf aber nicht mitwirken (BGH NStZ **81**, 31 L). Mehrere UrkB können entspr § 227 nebeneinander tätig werden und ihre Aufgaben untereinander aufteilen; sie können auch nacheinander tätig werden (BGH **21**, 85, 89); zur Unterzeichnung der Sitzungsniederschrift in diesem Fall vgl 13 zu § 271. 7

Eine **Ausnahme** von der Anwesenheitspflicht eines UrkB macht der – durch das 1. JuMoG eingefügte – II: Der Strafrichter (§ 25 GVG) darf von der Hinzuziehung eines UrkB absehen; davon wird er nur bei einfachen und nicht umfangreichen Sachen Gebrauch machen, weil ihm hiermit eine zusätzliche Aufgabe aufgebürdet wird (zu Recht krit Sommer StraFo **04**, 297). Stellt sich erst während der Hauptverhandlung die Notwendigkeit der Mitwirkung eines UrkB heraus, ist der Strafrichter nicht gehindert, ihn nachträglich hinzuzuziehen. Verhandelt der Strafrichter ohne UrkB, kann er das Protokoll selbst schriftlich (etwa in Kurzschrift) aufnehmen, vor allem aber es unter Zuhilfenahme technischer Einrichtungen selbst aufzeichnen. Er hat dann nachträglich die schriftliche Abfassung des Protokolls zu veranlassen, wobei es der Übertragung der wesentlichen Ergebnisse der Vernehmungen aber nach § 273 II S 1 2. Halbs nicht bedarf, wenn alle zur Anfechtung Berechtigten auf Rechtsmittel verzichtet oder innerhalb der Frist kein Rechtsmittel eingelegt haben. Das schriftliche (in Langschrift abgefasste) Protokoll muss nicht schon während der Hauptverhandlung angefertigt werden; es wird nach § 271 I nur vom Strafrichter unterzeichnet, jedoch sollte derjenige, der die Aufzeichnung in Langschrift übertragen hat, entspr § 168a IV S 3 einen Übertragungsvermerk anbringen. 7a

5) Sonstige Personen: Für einzelne Prozessbeteiligte ist die Anwesenheit in der Hauptverhandlung nicht vorgeschrieben. 8

Insbesondere **Nebenkläger und Nebenbeteiligte** müssen in der Hauptverhandlung nicht erscheinen und brauchen demgemäß auch nicht ununterbrochen anwesend zu sein. 9

10 Die ununterbrochene Anwesenheit des **Verteidigers** ist bei notwendiger Verteidigung nach §§ 140, 231 a IV erforderlich, wie sich aus § 145 I S 1 ergibt (dort 3). Die Anwesenheitspflicht gilt dann auch bei der Erörterung der Anordnung, Fortsetzung oder Aussetzung der UHaft, obwohl das nicht notwendig ein wesentlicher Teil der Hauptverhandlung ist; denn diese Fragen sind auch für die Entscheidung in der Hauptsache wesentlich (BGH 5 StR 524/64 vom 18. 12. 1964). Die ununterbrochene Anwesenheit eines und desselben Verteidigers verlangt das Gesetz nicht. Mehrere Verteidiger können einander daher im Laufe der Hauptverhandlung ablösen und nacheinander tätig werden (BGH **13**, 337, 341; Frankfurt StV **88**, 211; 3 zu § 145). Zur gleichzeitigen Mitwirkung mehrerer Verteidiger vgl 2 zu § 227. Über die Vernehmung des Verteidigers als Zeugen vgl 18 vor § 48, über seine Beurlaubung von einem Teil der Hauptverhandlung § 231 c.

11 Über **Sachverständige** vgl 5 zu § 80, über **Dolmetscher** 7 zu § 185 GVG.

12 **6) Revision:** Vgl 21 und 36 zu § 338. Dass die Hauptverhandlung in ununterbrochener Gegenwart der zur Urteilsfindung berufenen Personen stattgefunden hat, wird durch das Hauptverhandlungsprotokoll, nicht durch das Urteilsrubrum bewiesen (vgl BGHR § 345 I Fristbeginn 2 und 6). Wegen II S 2 ist die Zuziehung oder Nichtzuziehung eines UrkB in der Revision nicht überprüfbar (§ 336 S 2).

Mehrere Staatsanwälte und Verteidiger

227 **Es können mehrere Beamte der Staatsanwaltschaft und mehrere Verteidiger in der Hauptverhandlung mitwirken und ihre Verrichtungen unter sich teilen.**

1 **1) Mehrere Beamte der StA** können in der Hauptverhandlung nebeneinander mitwirken und ihre Verrichtungen untereinander teilen; eine solche Teilung ist jedoch keine Voraussetzung der gleichzeitigen Mitwirkung mehrerer StAe (BGH **13**, 337, 341).

2 **2) Mehrere Verteidiger** desselben Angeklagten können ebenfalls nebeneinander tätig werden. Auch sie können dann ihre Verrichtungen unter sich teilen; dabei ist grundsätzlich nicht erforderlich, dass alle Verteidiger in der Hauptverhandlung ununterbrochen anwesend sind (BGH MDR **66**, 200 [D]; **81**, 457 [H]). Über die Mitwirkung von Wahl- und Pflichtverteidigern nebeneinander oder von mehreren Pflichtverteidigern vgl 1 zu § 141.

3 **3)** Auch bei **Teilung der Verrichtungen** unter mehreren StAen steht die StA dem Gericht als Einheit gegenüber. Jeder von mehreren nebeneinander tätigen Verteidigern nimmt dagegen seine Aufgabe selbstständig war. Stellt einer von ihnen einen Antrag, so ist über ihn zu entscheiden, auch wenn der andere von der Antragstellung absieht. Erklärt einer sein Einverständnis mit einer Prozesshandlung, widerspricht aber der andere, so gilt der Widerspruch (KK-Gmel 3).

Aussetzung und Unterbrechung RiStBV 137

228 **I [1]Über die Aussetzung einer Hauptverhandlung oder deren Unterbrechung nach § 229 Abs. 2 entscheidet das Gericht. [2]Kürzere Unterbrechungen ordnet der Vorsitzende an.**

II Eine Verhinderung des Verteidigers gibt, unbeschadet der Vorschrift des § 145, dem Angeklagten kein Recht, die Aussetzung der Verhandlung zu verlangen.

III Ist die Frist des § 217 Abs. 1 nicht eingehalten worden, so soll der Vorsitzende den Angeklagten mit der Befugnis, Aussetzung der Verhandlung zu verlangen, bekanntmachen.

1) Aussetzung und Unterbrechung der Hauptverhandlung (I): 1

A. Die **Abgrenzung** richtete sich nach früherer Rspr (BGH NJW **82**, 248) und ganz hM im Schrifttum (LR-Becker 2 mwN) nach der tatsächlichen Dauer der Unterbrechung, nicht danach, wie das Gericht sie bezeichnet und was es beabsichtigt hatte. Aussetzung war daher jedes Abbrechen der Verhandlung über den nach § 229 I oder II höchstzulässigen Zeitraum hinaus, Unterbrechung der verhandlungsfreie Zeitraum, der die zeitlichen Grenzen des § 229 nicht überschritt. Nunmehr hat BGH **52**, 24 diese – auch im Hinblick auf den gesetzlichen Richter (Art 101 GG) – klare Regelung mit wenig überzeugender Begründung aufgegeben und entschieden, dass das Gericht jedenfalls dann, wenn in einer Hauptverhandlung „noch keine Erträge erzielt" worden seien, auch bei einer weiteren Verhandlung innerhalb der Fristen des § 229 eine Aussetzung der Verhandlung beschließen könne (abl auch LR-Becker aaO). 2

B. Die **Aussetzung** bedeutet den Abbruch der Verhandlung mit der Folge, dass später eine neue selbstständige Verhandlung stattfinden muss. Die Aussetzung ist zT gesetzlich vorgeschrieben (vgl §§ 138c IV, 145 III, 217 II, 265 III, IV); sonst kann sich ihre Notwendigkeit aus der Fürsorgepflicht des Gerichts (Celle NJW **61**, 1319; LR-Becker 10) oder aus der Sachaufklärungspflicht (vgl etwa 29 zu § 54) ergeben. 3

Zu beachten ist, dass die Notwendigkeit, das Strafverfahren zügig und ohne vermeidbare Verzögerungen durchzuführen, die Aussetzung **nur ausnahmsweise** zulässt (Frankfurt MDR **83**, 253; KK-Gmel 3). Insbesondere muss stets geprüft werden, ob eine Unterbrechung nach § 229 ausreicht (Düsseldorf StV **97**, 282 mit Anm Zieschang). Wenn mehrere Taten iS des § 264 Gegenstand des Verfahrens sind, kann es uU ausreichen, das Verfahren nur teilw auszusetzen (BGH MDR **75**, 23 [D]). 4

Aussetzungsanträge können vor oder in der Hauptverhandlung gestellt werden. Ist ein Antrag schon vorher eingegangen, so muss das Gericht in der Hauptverhandlung mindestens klären, ob er aufrechterhalten wird (Bremen GA **64**, 211). Ausdrücklich als Aussetzungsantrag braucht der Antrag nicht bezeichnet zu sein. Es genügt, dass er sinngemäß das Begehren nach Aussetzung der Verhandlung enthält (Hamburg GA **65**, 60). 5

Die **Entscheidung** des Gerichts ergeht von Amts wegen oder auf Antrag durch Beschluss, auch wenn der Antrag nicht näher begründet worden ist. Sie muss vor der Urteilsverkündung getroffen werden, damit die Prozessbeteiligten Gelegenheit haben, weitere Ausführungen zu machen und andere Anträge zu stellen (KK-Gmel 7). Nur hilfsweise gestellte Anträge können in den Urteilsgründen abgelehnt werden (Schleswig SchlHA **56**, 298; LR-Becker 16). Im Fall des § 329 I kann der Aussetzungsantrag des Verteidigers durch Erlass des Verwerfungsurteils abgelehnt werden (5 zu § 329). 6

Der Ablehnungsbeschluss bedarf idR der **Begründung** (§ 34), die erkennen lassen muss, dass das Gericht die vorgetragenen oder von Amts wegen zu beachtenden Tatsachen zutr gewürdigt und sein Ermessen fehlerfrei ausgeübt hat. Handelt es sich um eine reine Ermessensentscheidung, so ist die Begründung entbehrlich (Celle NJW **61**, 1319; **aM** LR-Becker 19; erg 5 zu § 34). 7

C. **Zuständig** für die Entscheidung über die Aussetzung der Hauptverhandlung oder deren Unterbrechung nach § 229 II ist das Gericht (I S 1). Der Gerichtsbeschluss nach § 229 II wird idR in der Hauptverhandlung erlassen, kann aber auch außerhalb der Hauptverhandlung in der dafür vorgeschriebenen Besetzung ergehen (BGH **34**, 154, 155 = JR **88**, 36 mit Anm Böttcher; erg 8 zu § 229). War die Verhandlung schon unterbrochen und ist die Unterbrechungsfrist oder die 10-Tagefrist nach § 229 I verstrichen, ohne dass danach weiterverhandelt worden ist, so kann die Unterbrechung nach § 229 II auch noch nach Ablauf der Unterbrechungsfrist, nicht aber rückwirkend nach Ablauf der Frist des § 229 II beschlos- 8 sen werden (BGH aaO), es sei denn, der Fristablauf war nach § 229 III gehemmt (offen gelassen von BGH NStZ **92**, 550).

9 **Kürzere Unterbrechungen,** dh kurze Pausen oder Unterbrechungen für Stunden oder Tage bis zur Höchstgrenze von 3 Wochen nach § 229 I ordnet der Vorsitzende an (I S 2), der nach pflichtgemäßem Ermessen entscheidet, dabei jedoch die Fürsorgepflicht des Gerichts und den Grundsatz des fairen Verfahrens (Einl 156) beachten muss (Zweibrücken StV **90**, 57: Unterbrechung zur Ermittlung einer Zeugenanschrift). Die Unterbrechungsverfügung ergeht in der Hauptverhandlung. Außerhalb der Hauptverhandlung besteht sie in der Verlegung des Fortsetzungstermins; die Beteiligten müssen davon unterrichtet werden. Hat der Vorsitzende entgegen I eine Unterbrechung von mehr als 3 Wochen angeordnet, so wird der Mangel dadurch geheilt, dass er noch rechtzeitig einen Fortsetzungstermin im Rahmen des § 229 I bestimmt oder dass das Gericht einen entspr Unterbrechungsbeschluss erlässt.

10 **2) Verhinderung des Verteidigers** (II): Die Vorschrift betrifft nicht den Fall der nach §§ 140, 231 a IV notwendigen Verteidigung; insoweit gilt § 145 I. Durch II soll einer Verzögerung des Verfahrens durch den Angeklagten vorgebeugt werden. Es geht grundsätzlich zu seinen Lasten, wenn er keinen Verteidiger findet, der bereit oder in der Lage ist, ihn zu verteidigen (Düsseldorf GA **79**, 226; Stuttgart NJW **67**, 944, 945; StV **88**, 145). Einen Rechtsanspruch auf Aussetzung des Verfahrens hat er (auch bei Wechsel oder Hinzutritt eines weiteren Verteidigers, BGH NJW **91**, 1622, 1623) nicht; andererseits ist sie nicht ausgeschlossen, wenn das Gericht sie aus besonderen Gründen für angezeigt hält (Bay **62**, 226; Hamm GA **77**, 310; erg 6 zu § 213; 43 zu § 265). II ist insbesondere dann nicht anzuwenden, wenn das mit dem Grundsatz eines fairen Verfahrens (Einl 19) nicht vereinbar wäre (BGH NStZ **99**, 527; Bay **88**, 179 = StV **89**, 94; Frankfurt StV **98**, 13; Hamm VRS **41**, 45; Köln VRS **42**, 284; Zweibrücken NZV **96**, 162; Burmann NZV **96**, 165; Neuhaus StraFo **98**, 84; vgl auch 9 a zu § 142, 9 zu § 145); die Interessen der Beteiligten und das Gebot der Verfahrensbeschleunigung sind sorgsam gegeneinander abzuwägen (Braunschweig StV **08**, 293), wobei dem Verteidigerinteresse im Zweifel Vorrang gebührt (Koblenz NZV **09**, 569). Eine Aussetzung kommt aber bei Verhinderung des Wahlverteidigers nicht in Betracht, wenn der Angeklagte durch einen Pflichtverteidiger ausreichend verteidigt wird (BGH JR **07**, 209 mit zust Anm Eidam; Bay **96**, 94).

11 Bei einer **Verspätung des Verteidigers** muss das Gericht eine angemessene Zeit warten. Für ihre Dauer gelten die zu § 329 (dort 13) und § 412 (dort 3) entwickelten Grundsätze (vgl auch Kaiser NJW **77**, 1955; zum Bußgeldverfahren vgl Hamm NStZ-RR **97**, 179). Wenn der Angeklagte erklärt, dass er auf seinen Verteidiger warten wolle, wird idR eine Wartezeit von 15 Minuten angezeigt sein (Bay AnwBl **78**, 154; VRS **60**, 304; Düsseldorf VRS **64**, 276; Hamm VRS **55**, 368; **59**, 449; Koblenz VRS **45**, 455; Köln VRS **42**, 284; vgl auch Köln StV **84**, 147 zu dem Fall, dass eine Gegenüberstellung beabsichtigt ist). Eine längere Wartezeit ist erforderlich, wenn es sich um einen auswärtigen Verteidiger handelt (Frankfurt AnwBl **84**, 108) oder wenn das Gericht weiß, dass der Verteidiger auf dem Weg zu ihm ist (Bay VRS **67**, 438; Düsseldorf StV **95**, 454). Einem Antrag des Verteidigers auf Terminsverschiebung um 20 Minuten ist idR stattzugeben (Hamburg MDR **81**, 165; vgl auch Bay DAR **85**, 244 [R]; VRS **60**, 304 für den Fall der telefonischen Nachricht des Verteidigers, dass er sich verspäten werde). Eine Wartepflicht besteht auch, wenn bekannt ist, dass der Verteidiger im Hause noch einen anderen Termin wahrnimmt (Hamm VRS **68**, 49).

12 Die **Verhinderung des Verteidigers,** die ihre Ursache darin hat, dass das Gericht mit der Verhandlung verspätet beginnt, kann zur Aussetzung der Verhandlung zwingen (Bay StV **84**, 13; Hamburg MDR **64**, 524). Durfte sich der Angeklagte verständigerweise darauf verlassen, dass der Verteidiger mitwirken werde, und ist er durch dessen Fehlen in seiner Verteidigung erheblich beschränkt, so kommt die

Aussetzung des Verfahrens nach § 265 IV (dort 43 ff) in Betracht (zum Verhältnis zwischen II und dieser Vorschrift vgl BGH NJW **06**, 2788 L = NStZ-RR **06**, 272; Heubel NJW **81**, 2678).

13 3) Die **Belehrungspflicht** (III) ergänzt den § 217 II über den Anspruch des Angeklagten auf Aussetzung bei Nichteinhaltung der Ladungsfrist. Hat der Angeklagte schon vorher auf die Fristeinhaltung verzichtet (§ 217 III), so entfällt die Belehrung (LR-Becker 31).

14 **4) Rechtsbehelfe:**

15 Gegen die Anordnung des Vorsitzenden auf **Unterbrechung** des Verfahrens ist der Antrag nach § 238 II idR mangels Beschwer unzulässig; auch Beschwerde ist nicht statthaft (LR-Becker 35). Dagegen kann gegen die Ablehnung eines Antrags auf Unterbrechung das Gericht nach § 238 II angerufen werden.

16 Der die **Aussetzung** ablehnende Beschluss ist nach § 305 S 1 unanfechtbar (KG JR **59**, 350; Hamm NJW **78**, 283; LR-Becker 38). Gegen den Aussetzungsbeschluss ist Beschwerde nach § 304 zulässig, wenn er mit der Urteilsfindung in keinem inneren Zusammenhang steht, sondern das Verfahren nur hemmt und verzögert (Bay aaO; KG JR **66**, 231 mit Anm Kleinknecht; Braunschweig StV **87**, 332; Düsseldorf NStZ-RR **96**, 142; Frankfurt MDR **83**, 253; StV **88**, 195; Karlsruhe Justiz **77**, 227; Stuttgart Justiz **00**, 91; Zieschang StV **97**, 286; **aM** KMR-Eschelbach 32 a). Der Beschluss, mit dem das Verfahren zwecks Anstellung weiterer Ermittlungen ausgesetzt wird, ist daher unanfechtbar (Düsseldorf MDR **93**, 461; Köln StV **91**, 551 mwN; **91**, 552 mit Anm Müller; **aM** Frankfurt NJW **54**, 1012; vgl auch Odenthal StV **91**, 447), ebenso ein Beschluss nach § 265 IV (KG StV **89**, 8 mit Anm Danckert).

17 5) Die **Revision** kann, da § 228 keinen Aussetzungsanspruch gewährt, nur darauf gestützt werden, dass die Ablehnung der Aussetzung nach § 338 Nr 8 die Verteidigung unzulässig beschränkt hat (vgl KG StV **82**, 10). Dabei ist das Übergehen eines Aussetzungsantrags ebenso zu behandeln wie dessen ausdrückliche Ablehnung (60 zu § 338). Zum notwendigen Revisionsvorbringen gehört die inhaltliche Mitteilung des Aussetzungsantrags und des ihn ablehnenden Gerichtsbeschlusses (Koblenz VRS **49**, 278) sowie die Darlegung der dadurch erfolgten unzulässigen Beschränkung der Verteidigung in einem wesentlichen Punkt (BGH NJW **96**, 2383 = JR **96**, 473 mit zust Anm Gollwitzer; Bay **98**, 144 = StV **99**, 194). Entscheidet anstelle des nach I S 1 zuständigen Gerichts der Vorsitzende, so beruht das Urteil auf dem Mangel jedenfalls dann nicht, wenn dem Verfahren nicht widersprochen worden ist (BGH **33**, 217). Auf die Unterlassung der Bekanntmachung nach III kann die Revision nicht gestützt werden, da es sich nur um eine Ordnungsvorschrift handelt (BGH **24**, 143, 146; erg 4 zu § 337).

Höchstdauer der Unterbrechung **RiStBV 137**

229 **I Eine Hauptverhandlung darf bis zu drei Wochen unterbrochen werden.**

II Eine Hauptverhandlung darf auch bis zu einem Monat unterbrochen werden, wenn sie davor jeweils an mindestens zehn Tagen stattgefunden hat.

III 1 Kann ein Angeklagter oder eine zur Urteilsfindung berufene Person zu einer Hauptverhandlung, die bereits an mindestens zehn Tagen stattgefunden hat, wegen Krankheit nicht erscheinen, so ist der Lauf der in den Absätzen 1 und 2 genannten Fristen während der Dauer der Verhinderung, längstens jedoch für sechs Wochen, gehemmt; diese Fristen enden frühestens zehn Tage nach Ablauf der Hemmung. 2 Beginn und Ende der Hemmung stellt das Gericht durch unanfechtbaren Beschluss fest.

IV [1]Wird die Hauptverhandlung nicht spätestens am Tage nach Ablauf der in den vorstehenden Absätzen bezeichneten Frist fortgesetzt, so ist mit ihr von neuem zu beginnen. [2]Ist der Tag nach Ablauf der Frist ein Sonntag, ein allgemeiner Feiertag oder ein Sonnabend, so kann die Hauptverhandlung am nächsten Werktag fortgesetzt werden.

1 **1)** Der **Grundsatz der Konzentration der Hauptverhandlung** verlangt – ebenso wie der Grundsatz der Beschleunigung des Verfahrens nach Art 5 III S 2, 6 I S 1 **MRK** – eine zügige Verhandlung ohne längere Unterbrechungen, durch die der lebendige Eindruck der mündlichen Verhandlung abgeschwächt und die Zuverlässigkeit der Erinnerung beeinträchtigt wird (BGH **23**, 224, 226; NJW **96**, 3019; Karlsruhe Justiz **88**, 72). Andererseits muss Vorsorge dagegen getroffen werden, dass die Hauptverhandlung schon deshalb ausgesetzt und wiederholt werden muss, weil ein in wenigen Tagen zu beseitigendes Hindernis ihrer Fortsetzung entgegensteht. In Großverfahren, die monate- oder sogar jahrelang andauern, sind längere Unterbrechungen unvermeidlich, um die physische und psychische Belastung der Beteiligten in erträglichen Grenzen zu halten. Daher gestattet § 229 Unterbrechungen der Hauptverhandlung von unterschiedlicher Länge, je nachdem, wie lange sie bereits gedauert hat. Da die frühere Unterbrechungsmöglichkeit von nur „bis zu 10 Tagen" in der Praxis zu Schwierigkeiten und zu sog „Schiebeterminen" geführt hat (vgl dazu Bertram NJW **94**, 2187; Schlüchter GA **94**, 419; Lilie Meyer-Goßner-FS 483; Gehb/Drange ZRP **03**, 231), ist durch das 1. JuMoG die Unterbrechungsfrist in nicht unbedenklicher Weise (vgl Sommer StraFo **04**, 297) auf 3 Wochen verlängert worden. Der Gesetzgeber geht davon aus, dass bei Einhaltung dieser Fristen noch die Einheitlichkeit und Unmittelbarkeit der Hauptverhandlung gewahrt und der Gefahr begegnet ist, dass die Urteilsberatung nicht mehr ausschließlich auf dem Ergebnis der Hauptverhandlung beruht (so BGH **33**, 217, 218 zur alten Regelung). Einen ganz anderen bedenkenswerten Lösungsansatz an Stelle der Unterbrechungsfristen schlägt Mandla (Die Unterbrechung der strafrechtlichen Hauptverhandlung, 2005) vor: Beschwerde gegen nicht unverzügliche Fortsetzung der Hauptverhandlung nach Wegfall des Unterbrechungsgrundes. Besondere Unterbrechungsregelungen enthalten §§ 138 c IV S 2, 231 a III S 4 und § 34 III Nr 6 **EGGVG.**

2 **2) Jede Hauptverhandlung** (I) darf bis zu 3 Wochen unterbrochen (2 zu § 228) werden. Wie lange sie vorher gedauert hat, spielt keine Rolle. Auch der Unterbrechungsgrund ist gleichgültig. Wiederholte Unterbrechungen sind zulässig. Die Vorschrift erlaubt daher nach Einschaltung von jeweils 1 Verhandlungstag ständige Unterbrechungen von 3 Wochen, was eine Hauptverhandlung in rechtlich bedenklicher Weise in die Länge ziehen kann (Sommer StraFo **04**, 297); daher wird von dieser Möglichkeit mit Rücksicht auf das Beschleunigungsgebot (Art 5 III S 2, 6 I S 1 **MRK**) nur ausnahmsweise Gebrauch gemacht werden dürfen (Behm/Wesemann StraFo **06**, 354; Knauer/Wolf NJW **04**, 2934; Neuhaus StV **05**, 51; Keller/Meyer-Mews StraFo **05**, 355; vgl auch Hamm StraFo **06**, 25), großzügiger aber BGH NStZ **06**, 710 mit zust Anm Dietmeier NStZ **07**, 657 und Gössel JR **07**, 40 und abl Anm Knauer StV **07**, 341.

3 **3) Hauptverhandlungen von bisher mindestens 10 Verhandlungstagen** (II) dürfen auch bis zu 1 Monat unterbrochen werden. Das Wort „jeweils" bedeutet, dass nach jedem Block von 10 Verhandlungstagen – über die regelmäßige Unterbrechungsfrist nach I hinaus – längere Unterbrechungen bis zu 1 Monat möglich sind (krit dazu Knauer/Wolf NJW **04**, 2934). Die Unterbrechungsmöglichkeit nach I wird dadurch also nicht berührt; andererseits stehen Unterbrechungen nach I der Anwendung des II nicht entgegen. Es kommt nur darauf an, dass insgesamt 10 Verhandlungstage stattgefunden haben. Schließt sich die Unterbrechung nach II einer Unterbrechung nach I an, ohne dass es dazwischen zu einer Sachverhandlung kommt (6 zu § 228), so läuft die Frist des II aber vom Beginn der 1. Unterbrechung an. Eine kürzer bemessene Unterbrechung kann jedoch auf 1 Monat ver-

längert werden (BGH **34**, 154, 156 = JR **88**, 36 mit Anm Böttcher; erg 8 zu § 228). Auch die Unterbrechungen nach II sind nicht vom Vorliegen eines bestimmten Unterbrechungsgrundes abhängig. Für die Urteilsverkündung gilt II nicht, sondern § 268 III S 2 (BGH StV **82**, 4 mit Anm Peters; BGH StraFo **99**, 339; **06**, 26; NStZ **04**, 52; erg 20 zu § 268).

Bei **Hauptverhandlungen von mehr als 12 Monaten Dauer** sah die frühere, bis zum Erlass des 1. JuMoG geltende zeitlich gestaffelte gesetzliche Regelung zusätzliche Unterbrechungsmöglichkeiten vor. Diese sind mit Rücksicht auf die nun geltende allgemeine Regelung nach II nicht mehr erforderlich. 4

4) Fristhemmung (III): 5

A. Die **Erkrankung des Angeklagten oder einer zur Urteilsfindung berufenen Person** – also eines Berufsrichters oder eines Schöffen – (zum Begriff Krankheit vgl 7 zu § 223) kann die Durchführung der Hauptverhandlung trotz der Unterbrechungsmöglichkeiten nach I, II gefährden. Die Fristhemmung, die nach § 268 III S 3 auch für die Frist des § 268 III S 2 gilt, soll daher verhindern, dass eine Hauptverhandlung ausgesetzt und wiederholt werden muss, weil der Angeklagte oder einer der Richter am Tage nach Ablauf einer Unterbrechungsfrist wegen Krankheit (auf Verhandlungsunfähigkeit kommt es nicht an) nicht an der Verhandlung teilnehmen kann. Ob eine Verhandlung am Krankenbett möglich wäre, ist gleichgültig. Verhandlung nach §§ 231 II, 231 a bleibt aber möglich (Schlothauer Müller-FS 645). Die Fristhemmung setzt außer der Krankheit (die uU auch schon länger bestehen kann, vgl Düsseldorf StV **97**, 282 mit Anm Zieschang) voraus, dass die Hauptverhandlung bereits an mindestens 10 Tagen stattgefunden hat. Wird sie gegen mehrere Angeklagte geführt, so genügt es, dass einer von ihnen wegen Krankheit nicht erscheinen kann (KK-Gmel 11); oft wird es dann aber geboten sein, das Verfahren gegen den erkrankten Angeklagten abzutrennen und gegen die anderen fortzusetzen (Meyer-Goßner NJW **87**, 1163). Bei erneuter Erkrankung einer Person kann die Unterbrechungsfrist mehrfach gehemmt sein; es genügt, wenn zwischen den Unterbrechungen an einem Tag verhandelt worden ist (SK-Schlüchter 19; **aM** Zieschang StV **96**, 115; in den von ihm angeführten Extremfällen wird allerdings neu mit der Hauptverhandlung zu beginnen sein, erg oben 1). 6

Eine **entsprechende Anwendung** des III auf Hauptverhandlungsunterbrechungen infolge der Erkrankung anderer Verfahrensbeteiligter als des Angeklagten oder der Richter ist nicht möglich (BGH NStZ **97**, 503). 6a

B. **Kraft Gesetzes** tritt die Fristhemmung ein, und sie dauert so lange, bis der Angeklagte – oder die andere Person – wieder im Gericht erscheinen kann, aber nicht länger als 6 Wochen. Dabei ist zu unterscheiden: Erkrankt die Person während einer Unterbrechung der Hauptverhandlung nach I oder II, so läuft die Frist von 3 Wochen oder 1 Monat nicht weiter, solange die Erkrankung so schwerwiegend ist, dass die erkrankte Person nach Ablauf der Frist nicht an der Verhandlung teilnehmen kann (BGH NStZ **92**, 550); ist die Fortsetzung der Verhandlung schon auf einen Termin vor Fristablauf angesetzt, kommt es darauf an, ob die Person zu diesem Zeitpunkt verhandlungsfähig ist, falls nicht, gilt III (Schmitz NStZ **10**, 128, die hier ein Problem sieht, missversteht Gesetzesbegründung und Rspr). Nach Wegfall der Verhinderung, längstens nach 6 Wochen, läuft die Unterbrechungsfrist von selbst weiter. Erkrankt die Person dagegen während einer nicht unterbrochenen Hauptverhandlung, so kann der Vorsitzende (bei dessen Verhinderung sein Vertreter) eine Unterbrechung nach I oder das nach § 228 I S 1 dafür zuständige Gericht eine Unterbrechung nach II anordnen. Die Unterbrechungsfrist nach diesen Vorschriften beginnt dann erst mit dem Wegfall der Verhinderung zu laufen, spätestens nach 6 Wochen (BGH NStZ **98**, 633). Nach dem Ende der Hemmung dauert die Unterbrechungsfrist nach I oder II in jedem Fall noch 10 Tage an (S 2 Hs 2); sie wird um diese Frist verlängert, um dem Gericht die Vorbereitung der Fortsetzung der Hauptverhandlung zu ermöglichen. 7

8 C. Durch unanfechtbaren **Gerichtsbeschluss,** der aber nur deklaratorische Bedeutung hat (BGH NStZ **92**, 550, 551), müssen Beginn und Ende der Hemmung festgestellt werden (II S 2). Der Beschluss wird idR außerhalb der Hauptverhandlung ohne Mitwirkung der Schöffen gefasst (Rieß/Hilger NStZ **87**, 149 Fn 100); betrifft die Verhinderung einen Berufsrichter, muss sein geschäftsplanmäßig bestellter Vertreter mitwirken. Wenn bei Feststellung des Beginns schon abzusehen ist, wann die Verhinderung enden wird, genügt ein einziger Beschluss; andernfalls müssen 2 Beschlüsse erlassen werden. Um Beginn und Ende der Hemmung feststellen zu können, muss das Gericht im Freibeweisverfahren (7, 9 zu § 244) prüfen, ob, ab wann und bis wann die erkrankte Person wegen ihrer Erkrankung nicht vor Gericht erscheinen kann. Meist wird ein ärztliches Gutachten eingeholt werden müssen. Ist eine entspr Feststellung aus medizinischen oder aus anderen Gründen zunächst nicht möglich, so muss mit der Feststellung des Beginns der Hemmung bis kurz vor das rechnerische Ende der jeweiligen Unterbrechungsfrist gewartet werden. Ein Beschluss über das Ende der Hemmung erübrigt sich, wenn die Prüfung ergibt, dass die erkrankte Person bereits einen Tag nach Ablauf der rechnerischen Unterbrechungsfrist nach I oder II an der Verhandlung teilnehmen kann. In diesem Fall ist trotz der zeitweiligen Verhinderung keine Hemmung eingetreten (BGH NStZ **92**, 550 mwN; StV **94**, 5; vgl auch LG Düsseldorf StV **97**, 284 mit Anm Zieschang).

9 5) **Fristberechnung** (IV S 2): Da die Fristen des § 229 keine Fristen iS des § 43 sind (RG **57**, 266), bestimmt die Vorschrift ausdrücklich, dass die Hauptverhandlung am nächsten Werktag fortgesetzt werden kann, wenn der Tag nach Fristablauf ein Sonntag, allgemeiner Feiertag oder Sonnabend ist (dazu 2 zu § 43).

10 6) **Weiteres Verfahren:**

11 A. Die **Fortsetzung der Hauptverhandlung** in derselben Gerichtsbesetzung muss spätestens am Tag nach Ablauf der 3 Wochen- bzw 1 Monatsfrist erfolgen. Die Frist wird nur durch Verhandlung zur Sache gewahrt (BGH NJW **52**, 1149); die Erörterung von Rechtsfragen (BGH NStZ **09**, 225), von Verfahrensfragen oder Prozesshindernissen kann allerdings genügen (BGHR § 229 I Sachverhandlung 4), nicht dagegen die Prüfung, ob und wann weiterverhandelt werden kann (BGH 1 StR 824/75 vom 4. 5. 1976; Celle StV **92**, 101). Eine Verhandlung zur Sache liegt somit nur vor, wenn das Verfahren inhaltlich auf den abschließenden Urteilsspruch hin gefördert wird (BGH NStZ **09**, 225), hingegen nicht, wenn sich der „Fortsetzungstermin" in der Abwicklung solcher Formalien erschöpft, die weder für die Urteilsfindung noch für den dorthin führenden Verfahrensgang eigenständiges Gewicht besitzen, so die Entpflichtung oder Bestellung eines Pflichtverteidigers oder eine Feststellung nach § 249 Abs. 2 S 3 (BGH NStZ **08**, 115). In Anbetracht der gesetzlichen Verlängerung der Unterbrechungsfrist nach I (oben 1) wird die Rspr kritischer als bisher gegenüber sog „Schiebeterminen" sein müssen (ebenso Knauer/Wolf NJW **04**, 2934; vgl auch KMR-Eschelbach 32; **aM** LR-Becker 12); daher erscheint es nunmehr besonders fraglich, ob die Erörterung der Verhandlungsfähigkeit des Angeklagten (so BGHR § 229 I Sachverhandlung 1; vgl aber auch LG Düsseldorf StV **97**, 284 mit insoweit zust Anm Zieschang StV **97**, 288: nur bei Bejahung der Verhandlungsfähigkeit) oder eines Ablehnungsgesuchs (so BGH 7. 11. 1978–1 StR 470/78) genügt (unentschieden, wenn auch eher abl BGH NStZ **06**, 710 mit zust Anm Dietmeier NStZ **07**, 658 und abl Anm Knauer StV **07**, 341). Die Verlesung des BZR-Auszuges oder einer sonstigen Urkunde reicht aus (BGH aaO; Gössel JR **07**, 41), allerdings darf die Verlesung nicht willkürlich zurückgehalten oder gar auf mehrere Sitzungstage verteilt werden (BGH NJW **96**, 3019 mit zust Anm Wölfl NStZ **99**, 43; BGH StV **98**, 359; vgl auch BGH NStZ **99**, 521: wiederholtes Verlesen des Strafregisterauszuges und Koblenz StV **97**, 288: Verlesung einer Urkunde, die später sicher noch einmal verlesen werden muss; zust Fahl 297; zw BGH NStZ **00**, 606); zum notwendigen Revisionsvorbringen in solchen Fällen vgl BGH NStZ-RR **98**, 335. Auch eine fehlerhafte

Beweisaufnahme kann aber der Verfahrensförderung dienen (BGH NStZ **00**, 212 mit Anm Hammerstein NStZ **00**, 327 = StV **00**, 402 mit Anm Stern; NStZ-RR **04**, 270 L). Sind Sachen gegen mehrere Angeklagte verbunden, so genügt es, dass Vorwürfe gegen Mitangeklagte erörtert werden (BGH MDR **75**, 23 [D]). BGH NJW **09**, 384 lässt es auch ausreichen, dass zur Sache verhandelt werden sollte, dies aber wegen unvorhersehbarer Ereignisse nicht möglich war (zust Peglau JR **09**, 348; zw).

Zum Fortsetzungstermin braucht nicht förmlich geladen zu werden; die **mündliche Bekanntmachung des neuen Termins** bei der Unterbrechung der Hauptverhandlung genügt (BGH NStZ **88**, 421 mit Anm Meurer; Düsseldorf NJW **70**, 1889; Hilger NStZ **84**, 42; Meyer JR **85**, 32; RiStBV 137 I; erg 6 zu § 217), ist aber notwendig (Bay NZV **99**, 306). Auch wenn der Fortsetzungstermin außerhalb der Hauptverhandlung bestimmt wird, ist eine schriftliche Bekanntmachung nicht erforderlich (SK-Schlüchter 9; ebenso BGH **38**, 271 für den Fall, dass der Verteidiger benachrichtigt wurde; **aM** BGH NStZ **84**, 41 mit abl Anm Hilger). Ist der auf freiem Fuß befindliche Angeklagte bereits zur Anklage vernommen worden, so ist es zweckmäßig, ihn darüber zu belehren, dass nach § 231 II auch ohne ihn weiterverhandelt werden kann (Düsseldorf NJW **70**, 1889). Ist der Angeklagte nicht auf freiem Fuß, so wird der mündlichen Ladung der klarstellende Hinweis an die Vorführungsbeamten zugefügt, dass der Angeklagte zum Fortsetzungstermin wieder vorzuführen ist (5 zu § 216). 12

Eine **Ladungsfrist** besteht für die Fortsetzungsverhandlung nicht (6 zu § 217). 13

B. Die **Wiederholung der Hauptverhandlung** ist erforderlich, wenn sie nicht spätestens am Tage nach Ablauf der in I–III bezeichneten Fristen fortgesetzt wird (IV S 1). Es muss eine völlig neue Hauptverhandlung stattfinden, zu der der Angeklagte und der Verteidiger schriftlich zu laden sind (§ 216). Die Ladungsfrist muss dann erneut eingehalten werden (vgl 4 zu § 217). Wegen der mündlichen Ladung von Zeugen und Sachverständigen vgl RiStBV 137 II. 14

7) Revision: Die Fristüberschreitung ohne Wiederholung der Hauptverhandlung ist zwar kein zwingender Urteilsaufhebungsgrund; idR beruht das Urteil aber auf dem Verfahrensmangel (BGH **23**, 224 = JR **70**, 309 mit Anm EbSchmidt; BGH StV **90**, 52; **97**, 282; NStZ **08**, 115; Celle StV **92**, 101; Karlsruhe StV **93**, 66). Nur in ganz besonderen Ausnahmefällen ist der Verstoß gegen § 229 für das Urteil ohne Bedeutung (BGH StV **82**, 4, 5 mit Anm Peters; Düsseldorf StV **94**, 362 mwN). Der Tatrichter selbst darf die Frist selbstverständlich nicht mit der Begründung überschreiten, das Urteil werde nicht auf der Gesetzesverletzung beruhen (BGH NStZ **86**, 518). Auf die fehlerhafte Feststellung des Beginns und des Endes der Fristhemmung nach III kann die Revision nach § 336 S 2 nicht gestützt werden. Sie kann aber rügen, dass die Voraussetzungen für die Hemmung überhaupt nicht vorgelegen haben (vgl Rieß/Hilger NStZ **87**, 149). 15

Ausbleiben des Angeklagten

230 **I Gegen einen ausgebliebenen Angeklagten findet eine Hauptverhandlung nicht statt.**

II Ist das Ausbleiben des Angeklagten nicht genügend entschuldigt, so ist die Vorführung anzuordnen oder ein Haftbefehl zu erlassen.

1) Anwesenheit des Angeklagten in der Hauptverhandlung (I): 1

A. **Anwesenheitspflicht:** Zwingend vorgeschrieben ist die Anwesenheit des Angeklagten, sofern das Gesetz nicht Ausnahmen zulässt, wie in §§ 231 II, 231 a, 231 b, 231 c, 232, 233, 247, 329 II, 350 II, 387 I, 411 II S 1. Der Angeklagte kann auf seine Anwesenheit nicht wirksam verzichten (BGH **3**, 187, 191; **22**, 18, 20; **25**, 317, 318; NJW **76**, 1108); ein in Haft befindlicher Angeklagter muss, notfalls zwangsweise, vorgeführt werden (LR-Becker 8). Das Gericht kann den Angeklag- 2 ten von seiner Anwesenheitspflicht auch nicht entbinden (BGH **22**, 18, 20; **25**, 317, 318; NJW **73**, 522; KG StV **85**, 52).

3 Die Anwesenheitspflicht soll dem Angeklagten nicht nur das **rechtliche Gehör** gewährleisten (Lampe MDR **74**, 539; Rieß JZ **75**, 266 und ZStW **90**, Beih 183 ff), sondern ihm auch die Möglichkeit allseitiger und uneingeschränkter Verteidigung sichern; außerdem soll dem Tatrichter im Interesse der Wahrheitsermittlung ein unmittelbarer Eindruck von der Person des Angeklagten, seinem Auftreten und seinen Erklärungen vermittelt werden (BVerfG NJW **07**, 2977, 2979; BGH **3**, 187, 190; **26**, 84, 90; Hamburg JR **87**, 78 mit Anm Foth; KMR-Eschelbach 1; Roxin/Schünemann § 44, 42; **aM** Stein ZStW **97**, 303: nur Anwesenheitszwang rechtfertigt das staatliche Interesse an der Vermeidung von Fehlurteilen; für Einschränkung des Teilnahmegebots auch Julius GA **92**, 295 sowie Volk Böttcher-FS 213; vgl ferner Krack 278 ff).

4 Der Anwesenheitspflicht entspricht das **Anwesenheitsrecht** des Angeklagten (BGH **19**, 144, 147; **26**, 84, 90; Rieß JZ **75**, 266 und ZStW **90**, Beih 182). Er ist zur Anwesenheit auch dann berechtigt, wenn ausnahmsweise keine Anwesenheitspflicht besteht (BGH **26**, 228, 234; **28**, 35, 37; StV **81**, 510). Das Gericht darf ihm die Teilnahme an der Hauptverhandlung daher nicht verwehren, auch wenn es ohne ihn verhandeln könnte (BGH MDR **80**, 631 [H]: selbst herbeigeführte Verhandlungsunfähigkeit; vgl auch 18 zu § 231 a). Es darf insbesondere dann nicht ohne ihn verhandeln, wenn er zu erkennen gibt, dass er die Teilnahme ernsthaft beabsichtigt, daran aber schuldlos verhindert ist.

5 B. Die **ununterbrochene Anwesenheit** des Angeklagten während der gesamten Hauptverhandlung verlangt I, soweit nicht Ausnahmen bestimmt sind, wie in §§ 231 II, 231 b 231 c, 247, 329, 411, 51 **JGG.**

6 Das gilt auch für **Ortsbesichtigungen** (BGH **3**, 187; **25**, 317, 318; RG **47**, 197; Hamburg GA **61**, 177). Demonstriert der Angeklagte zB bei einer Augenscheinseinnahme sein Tatverhalten außerhalb der Hörweite des Gerichts, so darf währenddessen nicht weiter zur Sache verhandelt werden (LR-Becker 6; **aM** Braunschweig NJW **63**, 1322 mit abl Anm Kleinknecht). Ist eine Ortsbesichtigung durch das Gericht in Anwesenheit des Angeklagten nicht möglich, so muss sie unterbleiben (Hamburg JR **87**, 78 mit Anm Foth: Weigerung des Hauseigentümers, dem Angeklagten Zutritt zu gewähren); das Gericht muss dann idR einen Augenscheinsgehilfen (4 zu § 86) beauftragen (Foth aaO). Während der Urteilsberatung, also in Abwesenheit des Angeklagten, darf der Augenschein nicht wiederholt werden (RG **66**, 28, Hamm NJW **59**, 1192).

7 Zur Hauptverhandlung gehört auch die **Urteilsverkündung** nach § 268 (dort 14); der Angeklagte muss daher anwesend sein (RG **42**, 244, 246; LR-Becker 5).

8 C. **Verhandlungsfähig** (dazu Einl 97) muss der Angeklagte in der Hauptverhandlung sein; seine körperliche Anwesenheit genügt nicht (BGH **23**, 331, 334; OGH **2**, 375, 377; Rieß JZ **75**, 267). Schon bei Zweifeln an seiner Verhandlungsfähigkeit darf die Hauptverhandlung gegen ihn nicht durchgeführt werden (BGH NStZ **84**, 520; KK-Gmel 3). Hat er seine Verhandlungsunfähigkeit selbst herbeigeführt, so kann nach II oder nach § 231 a verfahren werden (Düsseldorf NStZ **90**, 295).

9 Eine **Erkrankung** des Angeklagten zwingt grundsätzlich nur dazu, Ort, Zeit und Dauer der Hauptverhandlung so einzurichten, dass er ihr folgen kann (Seetzen DRiZ **74**, 259). Auch eine Verhandlung am Krankenbett ist nicht ausgeschlossen (LR-Becker 7).

10 D. Findet die **Hauptverhandlung gegen mehrere Angeklagte** statt, so müssen grundsätzlich (vgl aber § 231 c) alle anwesend sein, auch wenn ausschließlich über die Tat eines Mitangeklagten verhandelt wird, an der sie nicht beteiligt waren und die sie auch sonst nicht betrifft (BGH StV **87**, 189).

11 In diesem Fall verstößt aber die **vorübergehende Abtrennung** des Verfahrens gegen einen von ihnen nach § 4, deren Zulässigkeit durch die Regelung des

§ 231 c nicht berührt wird (11 zu § 4), und die Weiterverhandlung gegen die Mitangeklagten in seiner Abwesenheit nicht gegen I, sofern in der weitergeführten Hauptverhandlung ausschließlich Vorgänge erörtert werden, die mit dem abgetrennten Verfahren in keinem inneren Zusammenhang stehen und daher die Anwesenheit des Angeklagten, gegen den das Verfahren abgetrennt worden ist, nicht erfordern (BGH **24**, 257; RG **69**, 363; **70**, 68, 69). Unzulässig ist die vorübergehende Abtrennung dagegen, wenn die Verhandlung in Abwesenheit des Angeklagten Vorgänge zum Gegenstand hat, die die gegen ihn erhobenen Vorwürfe berühren (BGH aaO; **30**, 74 = JR **82**, 33 mit Anm Maiwald; BGH **32**, 100; 270, 273; StV **82**, 252; **86**, 465). Etwas anderes gilt nur, wenn die Verhandlung auf einen Punkt beschränkt wird, der den abwesenden Angeklagten nicht betrifft (BGH **32**, 270). Die Abtrennung des Verfahrens gegen einen Mitangeklagten zu dem Zweck, es durch Urteil zu beenden, ist keine vorübergehende Abtrennung in diesem Sinn, auch wenn die Verfahren wieder verbunden werden, weil wider Erwarten das Verfahren gegen den Mitangeklagten nicht beendet werden konnte (BGH **33**, 119). Vgl erg 5 ff zu § 231; 40 zu § 338.

E. **Heilung des Verstoßes gegen I:** Vgl 3 zu § 338. 12

2) Zwangsmittel beim Ausbleiben des Angeklagten (II): 13

A. **Ausgeblieben** ist der Angeklagte, wenn er beim Aufruf der Sache (2 zu 14
§ 243) nicht im Gerichtssaal ist oder nicht alsbald eintrifft (KG StV **02**, 607) oder wenn er sich im Sitzungssaal nicht zu erkennen gibt (LR-Becker 7). Wenn er den Gerichtssaal nicht betreten will, lässt ihn der Vorsitzende entspr § 231 I S 2 hereinbringen (zust Kamp Rudolphi-FS 669); gelingt das nicht, so ist II anwendbar (Lemke NJW **80**, 1494).

Dem Ausbleiben **steht gleich,** dass der Angeklagte in selbst verschuldetem ver- 15
handlungsunfähigen Zustand erscheint (14 zu § 329; Kamp aaO 670; **aM** Welp JR **91**, 267: verfassungsrechtlich unzulässige Analogie), dass er sich während der Hauptverhandlung entfernt oder dass er in einem Fortsetzungstermin nicht erscheint (vgl § 231 II).

B. **Nicht entschuldigt** ist der Angeklagte, wenn weder er selbst noch ein ande- 16
rer für ihn eine genügende Entschuldigung vorgebracht hat und auch sonst keine Entschuldigungsgründe bekanntgeworden sind. Wie bei § 329 (dort 19) kommt es nicht darauf an, ob sich der Angeklagte entschuldigt hat, sondern nur darauf, ob er entschuldigt ist (Köln StraFo **08**, 29; Schleswig SchlHA **08**, 490; einschr Kamp Rudolphi-FS 674). Maßgebend ist, ob dem Angeklagten wegen seines Ausbleibens unter Abwägung aller Umstände des Falles billigerweise ein Vorwurf gemacht werden kann (BVerfG NJW **07**, 2318; KK-Gmel 11). Im Einzelnen gelten die Grundsätze 21 ff zu § 329. Bei nachträglicher genügender Entschuldigung gilt § 51 II S 2 entspr; die bereits beschlossenen Zwangsmaßnahmen müssen umgehend, auch außerhalb der Hauptverhandlung, aufgehoben werden (KMR-Eschelbach 37).

C. **Zwangsmittel:** 17

a) **Allgemeine Voraussetzungen:** Das Gericht ist verpflichtet, die Zwangsmit- 18
tel des II anzuwenden, wenn anders das Verfahren nicht durchgeführt werden kann (Hamburg GA **61**, 177). Voraussetzung ist eine ordnungsgemäße Ladung (Köln NStZ-RR **06**, 22: Ladung im Ausland wegen völkerrechtlicher Unzulässigkeit der Androhung von Zwangsmitteln nicht möglich), die die Warnung nach § 216 I (s dort) enthält (weitergehend Welp JR **91**, 268, der bei Anordnung wegen schuldhaft herbeigeführter Verhandlungsunfähigkeit [oben 8, 15] einen entspr Hinweis in der Ladung verlangt); der Hinweis auf eine frühere Ladung genügt nicht (Hamm NStZ-RR **09**, 89; Zweibrücken StV **92**, 101). Die Nichteinhaltung der Ladungsfrist des § 217 I ist unschädlich (11 zu § 329).

Der **Grundsatz der Verhältnismäßigkeit** (Einl 20) muss gewahrt sein (dazu 19
Welp JR **91**, 269). Wenn das Erscheinen des Angeklagten schon mit einfacheren

Mitteln sicher erreichbar ist, dürfen die Zwangsmittel des II nicht angewendet werden (Frankfurt StV **05**, 432; Gollwitzer Hanack-FS 151), etwa wenn der Angeklagte in anderer Sache in Strafhaft ist (Celle StraFo **09**, 151). Der Vorführungsbefehl hat als weniger einschneidende Maßnahme den Vorrang vor dem Haftbefehl, wenn er ausreicht (BVerfGE **32**, 87; BVerfG NJW **07**, 2318; Düsseldorf NStZ **90**, 295 mwN; LG Zweibrücken NJW **96**, 737). Stellt sich das erst nach Erlass des Haftbefehls heraus, so ist er in einen Vorführungsbefehl umzuwandeln (Köln JMBlNW **59**, 114). Scheitert die angeordnete Vorführung des Angeklagten zur Hauptverhandlung, kann umgekehrt – ohne erneute Ladung (**aM** LG Zweibrücken StraFo **06**, 289) – Haftbefehl erlassen werden, es sei denn, das Scheitern beruhte auf Organisationsmängeln bei der Polizei (LG Gera StV **97**, 294). Der Verhältnismäßigkeitsgrundsatz schließt die Anwendung des II nicht deshalb aus, weil die Freisprechung des Angeklagten sicher zu erwarten ist (**aM** Franz NJW **63**, 2264; vgl auch Kamp Rudolphi-FS 680); in Betracht kommt dann idR aber nur ein Vorführungsbefehl.

20 b) Der **Vorführungsbefehl,** der eine neue Ladung überflüssig macht, bedarf der Schriftform (Lemke NJW **80**, 1494) und muss die in § 134 II bezeichneten Angaben enthalten. Bekanntgegeben wird er dem Angeklagten erst bei einem Vollzug (4 zu § 134). Der Vorführungsbefehl setzt keine Aussetzung der Hauptverhandlung voraus, sondern kann auch erlassen werden, um das Erscheinen des Angeklagten in derselben Sitzung zu erzwingen (Lemke aaO; Rasehorn DRiZ **56**, 269), auch wenn der in Haft befindliche Angeklagte sich weigert, gefesselt an einer Augenscheinseinnahme teilzunehmen (Hamburg GA **61**, 177). Für die Vollstreckung gilt § 36 II S 1 (dazu 5 zu § 134). Der Vorführungsbefehl darf nicht früher vollstreckt werden, als notwendig ist, um den Angeklagten rechtzeitig zur Hauptverhandlung zu bringen; im Übrigen gilt § 135 S 2 (Welp JR **91**, 270). Der Vorführungsbefehl ist vollstreckt und wird, anders als bei der Vorführung zur Vernehmung nach § 134 (dort 6), gegenstandslos, wenn der Angeklagte in den Sitzungssaal geführt worden ist (Gollwitzer Hanack-FS 153 mwN). Von da an besteht das Festhalterecht nach § 231 I S 2 (Enzian NJW **57**, 450).

21 c) Der **Haftbefehl** nach II, der auch gegen einen schuldunfähigen Angeklagten erlassen werden kann (Hamm NJW **58**, 2125), dient nur der Sicherung der Weiterführung und Beendigung des Strafverfahrens (zum Erlass gegen einen im Ausland lebenden Angeklagten vgl Frankfurt NStZ-RR **99**, 18). § 116 IV Nr 2 geht § 230 II vor. Der Haftbefehl nach II setzt keinen dringenden Tatverdacht und keinen Haftgrund nach §§ 112, 112a voraus, sondern nur die Feststellung, dass der Angeklagte nicht erschienen und sein Ausbleiben nicht genügend entschuldigt ist (Düsseldorf JMBlNW **83**, 41; Karlsruhe MDR **80**, 868; vgl auch BVerfGE **32**, 87, 93). In ihm den Beginn der Vollstreckbarkeit festzusetzen, ist zulässig (Düsseldorf NStZ **90**, 295) und uU aus Gründen der Verhältnismäßigkeit notwendig (Welp JR **91**, 270). Für die Vollstreckung gilt § 36 II S 1. Der Haftbefehl muss inhaltlich § 114 II entsprechen (Frankfurt StV **95**, 237; **aM** LG Chemnitz StV **96**, 255 mit abl Anm Gollwitzer); er wird dem Angeklagten entspr § 114a bei der Verhaftung bekanntgemacht. Für die Vorführung vor das Gericht gelten die §§ 115, 115a entspr (Stuttgart MDR **90**, 75).

22 In entspr Anwendung des § 116 kann das Gericht die **Aussetzung des Vollzugs** beschließen, wenn eine weniger einschneidende Maßnahme genügende Gewähr dafür bietet, dass der Angeklagte an der Hauptverhandlung teilnehmen wird (Frankfurt StV **05**, 432). Eine Sicherheitsleistung (§ 116 I Nr 4) verfällt mit der Nichtbefolgung der Ladung, die dem Sich-Entziehen iS des § 124 I gleichsteht.

23 **Zeitlichen Beschränkungen** unterliegt der Haftbefehl, abgesehen von dem Übermaßverbot (BVerfGE **32**, 87, 94) nicht, insbesondere nicht nach § 121 I (KG NStZ-RR **99**, 75; Oldenburg NJW **72**, 1585 mit Anm Güldenpfennig NJW **72**, 2008; **aM** Scharf/Kropp NStZ **00**, 297 sowie Kropp ZRP **01**, 405: beim AG

höchstens 3, beim LG höchstens 6 Monate; dagegen Kamp Rudolphi-FS 682). Die Hauptverhandlung ist aber in angemessener Frist durchzuführen (Hamburg MDR **87**, 78; LG Dortmund StV **87**, 335; LG Saarbrücken StV **01**, 344; Gollwitzer Hanack-FS 157). Der Haftbefehl wirkt bis zum Ende der Hauptverhandlung (Scharf/Kropp aaO 298; **aM** Rupp NStZ **90**, 577), aber keinesfalls darüber hinaus (Saarbrücken NJW **75**, 791). Mit ihrem Abschluss wird er gegenstandslos (Karlsruhe MDR **80**, 868; Saarbrücken aaO), auch bei Einstellung nach § 205 (Hamm NStZ-RR **09**, 89); seine Aufhebung durch Gerichtsbeschluss hat nur feststellende Bedeutung. Die Freiheitsentziehung auf Grund des Haftbefehls nach II ist, anders als die Freiheitsbeschränkung auf Grund eines Vorführungsbefehls (**aM** LR-Becker 43), nach § 51 StGB auf die Strafe anzurechnen.

d) Das **Gericht,** nicht der Vorsitzende allein, erlässt den Vorführungs- oder Haftbefehl durch – zu begründenden (LG Zweibrücken NJW **09**, 1828) – Beschluss, an dem nach § 30 I GVG grundsätzlich die Schöffen mitwirken (Köln StV **05**, 433; Bremen MDR **60**, 244). Soll allerdings die vorgebrachte Entschuldigung geprüft oder der Eingang des glaubhaft angekündigten Nachweises abgewartet werden, so kann das Gericht, statt in einer zu diesem Zweck neu anberaumten Hauptverhandlung mit Schöffen zu entscheiden, den Beschluss nach II für einen späteren Zeitpunkt außerhalb der Hauptverhandlung (ohne Schöffen) vorbehalten (Hamm GA **59**, 314; Gollwitzer Hanack-FS 109; Welp JR **91**, 271; str, vgl zum Streitstand LG Gera NStZ-RR **96**, 239), sonst aber nicht (Köln aaO; LG Zweibrücken NStZ-RR **98**, 112). 24

e) **Beschwerde** ist gegen den Vorführungs- und Haftbefehl zulässig; § 305 S 1 steht nicht entgegen. Der Haftbefehl kann mit der weiteren Beschwerde nach § 310 I angefochten werden (Celle NJW **57**, 393; Hamburg NJW **63**, 1167; Karlsruhe NJW **69**, 1546), der Vorführungsbefehl nicht (Celle MDR **66**, 1022). Das Beschwerdegericht kann den Haftbefehl in einen Vorführungsbefehl umwandeln (vgl Celle NJW **57**, 393), aber nicht als Haftbefehl nach §§ 112, 112a aufrechterhalten; die Erstzuständigkeit nach § 125 II darf nicht umgangen werden (Hamm NStZ-RR **09**, 89, 90; Köln NStZ-RR **06**, 22; KK-Gmel 18). Zur Anfechtung im Falle der Erledigung des Vorführungs- oder Haftbefehls vgl 17 ff vor § 296. 25

3) Revision: Bei Verletzung von I gilt § 338 Nr 5, sofern der Angeklagte in einem wesentlichen Teil der Hauptverhandlung abwesend war (36 zu § 338). Die vorschriftswidrige Abwesenheit muss nach § 344 II als Verfahrensmangel gerügt werden; sie ist kein von Amts wegen zu beachtendes Prozesshindernis (BGH **26**, 84; erg Einl 146). Zum notwendigen Revisionsvorbringen gehört die Angabe des Verhandlungsteils, bei dem der Angeklagte gefehlt hat (BGH **26**, 84, 91; MDR **81**, 457 [H]; dagegen muss nicht mitgeteilt werden, worüber in seiner Abwesenheit verhandelt wurde und was die in seiner Abwesenheit vernommenen Personen ausgesagt haben (BGH NStZ **83**, 36; **aM** BGH NStZ **08**, 644, um prüfen zu können, ob es sich um einen wesentlichen Teil der Hauptverhandlung gehandelt hat; aber das ist keine Frage der Zulässigkeit der Rüge, sondern des Beruhens des Urteils auf dem Verstoß [36 zu § 338], also der Begründetheit). Die Abwesenheit eines Mitangeklagten kann nicht mit Erfolg gerügt werden (erg 4 zu § 338). 26

Ist das Urteil auf Grund einer **Personenverwechslung** nicht gegen den nach dem Eröffnungsbeschluss Angeklagten, sondern gegen eine andere Person ergangen, ist es auf Revision des gemeinten Angeklagten aufzuheben (Bamberg NStZ **07**, 292; KMR-Eschelbach 22; LR-Kühne Einl K 122; eingehend Meyer-Goßner ZIS **09**, 521). War es rechtskräftig geworden, ist es nach § 359 Nr 5 zu beseitigen, jedenfalls nach § 458 nicht zu vollstrecken (erg Einl 105); gegen den anderen wirkt das Urteil nicht (Bamberg aaO; LG Lüneburg MDR **49**, 767 mit abl Anm Grobler; nach **aM** KK-Gmel 7; LR-Becker 9; Unwirksamkeit des Urteils gegen beide). Die Rechtswirksamkeit des Urteils ist nicht berührt, wenn der rich- 27 tige Angeklagte unter falschem Namen verurteilt wird (KG NStZ-RR **04**, 240; erg Einl 174; 10 zu § 458).

Anwesenheitspflicht des Angeklagten

231 **I [1]Der erschienene Angeklagte darf sich aus der Verhandlung nicht entfernen. [2]Der Vorsitzende kann die geeigneten Maßregeln treffen, um die Entfernung zu verhindern; auch kann er den Angeklagten während einer Unterbrechung der Verhandlung in Gewahrsam halten lassen.**

II Entfernt der Angeklagte sich dennoch oder bleibt er bei der Fortsetzung einer unterbrochenen Hauptverhandlung aus, so kann diese in seiner Abwesenheit zu Ende geführt werden, wenn er über die Anklage schon vernommen war und das Gericht seine fernere Anwesenheit nicht für erforderlich erachtet.

1 **1)** Die **Pflicht des Angeklagten zur ununterbrochenen Anwesenheit** (I) während der gesamten Hauptverhandlung (5 zu § 230), auch in der Berufungsverhandlung (§ 332), schließt das Verbot ein, sich aus der Hauptverhandlung zu entfernen. S 1 stellt das ausdrücklich klar.

2 Der Vorsitzende kann **geeignete Maßnahmen zur Verhinderung des Sich-Entfernens** des Angeklagten treffen (S 2 Hs 1), insbesondere den Angeklagten in die umfriedete Anklagebank verweisen oder ihn durch Justiz- oder Polizeibeamte ständig bewachen lassen. Auch eine Fesselung kann zulässig sein (BGH NJW **57**, 271); dann gilt § 119 entspr (Dresden NStZ **07**, 479).

3 Die **Ingewahrsamnahme des Angeklagten** während einer Unterbrechung der Verhandlung lässt S 2 Hs 2 zu. Sie setzt voraus, dass Anlass zu der Annahme besteht, der Angeklagte wolle sich der weiteren Verhandlung entziehen. Die Dauer der Unterbrechung spielt grundsätzlich keine Rolle; auch bei einer Unterbrechung, die sich über die Nachtstunden erstreckt, und bei einer wiederholten Unterbrechung ist die Maßnahme zulässig, eine feste Höchstdauer gibt es nicht (Gollwitzer Hanack-FS 163ff). Bei einer mehrtägigen Unterbrechung wird aber ein Haftbefehl nach §§ 112ff erlassen werden müssen (Frankfurt NStZ-RR **03**, 329; vgl auch Wendisch StV **90**, 166); auf S 2 Hs 2 kann er nicht gestützt werden (BVerfGE **21**, 184, 188). Die Vollstreckung der Anordnung ist Sache des Vorsitzenden; die StA ist nicht beteiligt. Der Vollzug obliegt dem Justizwachtmeister, der Polizei nur, wenn sie zur Wahrung der öffentlichen Sicherheit und Ordnung zugezogen worden und anwesend ist. Wenn der Angeklagte von Beamten der JVA vorgeführt worden ist, so ist die Ingewahrsamnahme deren Aufgabe. Vollzogen wird sie durch Bewachung oder Einschließung, auch durch Unterbringung in einer JVA.

4 **2) Fortsetzung der Verhandlung ohne den Angeklagten** (II):

5 A. **Maßgebend für die Vorschrift** ist die Erwägung, dass es gegen die Interessen der Strafrechtspflege verstieße, wenn dem Angeklagten die Möglichkeit gegeben würde, eine begonnene und vielleicht schon dem Abschluss nahe Hauptverhandlung dadurch unwirksam zu machen, dass er sich entfernt oder bei ihrer Fortsetzung ausbleibt (vgl BGH **19**, 144, 147; **25**, 317, 319; RG **22**, 247, 249).

6 II ist eine eng auszulegende **Ausnahmevorschrift** (BGH **3**, 187, 190; **19**, 144, 148; **25**, 317, 320; NJW **77**, 1928; KG StV **85**, 52; Düsseldorf NJW **70**, 1889; Frankfurt NJW **74**, 2065), deren Anwendung aber nicht davon abhängt, dass der Vorsitzende zuvor nach I versucht hat, die Anwesenheit des Angeklagten zu erzwingen.

7 II gilt auch im **Berufungsverfahren** (Bremen MDR **79**, 864; Düsseldorf aaO).

8 B. **Voraussetzungen der Weiterführung der Verhandlung:**

9 a) **Sich-Entfernen aus der Hauptverhandlung:** Nur das eigenmächtige Verlassen der Verhandlung ist gemeint (BGH **10**, 304, 305 = JZ **57**, 673 mit Anm

EbSchmidt; BGH **25**, 317, 319 = JR **75**, 75 mit Anm Gollwitzer; BGH NJW **73**, 522; **77**, 1928; MDR **79**, 989 [H]; NStZ **84**, 41; Frankfurt NStZ-RR **03**, 329; Köln VRS **67**, 353; **70**, 16).

Eigenmächtig in diesem Sinne handelt der Angeklagte, der ohne Rechtfertigungs- oder Entschuldigungsgründe wissentlich seiner Anwesenheitspflicht nicht genügt (BGH **37**, 249; NStZ **98**, 476). Dass er versucht haben müsse, durch Missachtung seiner Anwesenheitspflicht den Gang der Rechtspflege zu stören und die Hauptverhandlung unwirksam zu machen, wie die Rspr früher angenommen hatte (vgl dazu BGH NStZ **88**, 422 mwN und mit Anm Meurer), ist nicht erforderlich (BGH **37**, 249). Dabei ist es nicht Sache des Angeklagten, den Verdacht der Eigenmächtigkeit auszuräumen (Karlsruhe NStE Nr 9); sie muss ihm vielmehr, auch noch im Zeitpunkt der Revisionsverhandlung (unten 25), zur Überzeugung des Gerichts nachgewiesen werden (BGH **10**, 304, 305; **16**, 178, 180; NStZ **84**, 209 [Pf/M]; NJW **87**, 2592; NStZ-RR **01**, 333; Bremen StV **85**, 50; Karlsruhe StraFo **01**, 415). Wiedereinsetzung entspr § 235, bei der die Säumnisgründe glaubhaft zu machen wären (§ 45 II S 1), ist daher ausgeschlossen (BGH **10**, 304 = JZ **57**, 673 mit zust Anm EbSchmidt). 10

Die **Eigenmächtigkeit fehlt,** wenn der Angeklagte sich mit ausdrücklicher oder stillschweigender Billigung des Gerichts entfernt (BGH NJW **73**, 522; StV **93**, 285) oder fortbleibt (Hamm StraFo **07**, 292) oder wenn er weggeht, ohne dass das Gericht ihn entspr der Aufforderung der StA auf seine Anwesenheitspflicht hinweist (KG StV **85**, 52). Nicht eigenmächtig handelt auch der in Haft befindliche Angeklagte, der sich weigert, an einer Ortsbesichtigung gefesselt teilzunehmen; das Gericht hat die Macht, seine Teilnahme zu erzwingen (BGH **25**, 317 = JR **75**, 75 mit Anm Gollwitzer; **aM** Küper NJW **74**, 2218). Auch eine persönliche Konfliktlage kann der Eigenmächtigkeit entgegenstehen (Stuttgart OLGSt Nr 1). 11

b) **Ausbleiben in der Fortsetzungsverhandlung:** Die Anwendung von II hängt nicht davon ab, ob und wann der Angeklagte sein Fernbleiben entschuldigt hat (BGH StV **82**, 356; Frankfurt StV **87**, 380). 12

Maßgebend ist vielmehr, ob eine **Eigenmächtigkeit** des Angeklagten vorliegt und ihm nachgewiesen werden kann (oben 10); dass das Gericht Grund zu der Annahme hat, der Angeklagte habe den Termin vorsätzlich nicht wahrgenommen, genügt nicht (BGH NJW **80**, 950; **87**, 2592; NStZ **83**, 355 [Pf/M]; **84**, 209 [Pf/M] mwN; Bremen StV **85**, 50; Frankfurt StV **87**, 380). 13

Die Eigenmächtigkeit setzt zunächst den Nachweis **ordnungsgemäßer Ladung** (BGH **38**, 271, 273; Karlsruhe NJW **81**, 934; erg 8 zu § 216), nicht jedoch eine Belehrung über die Folgen des Ausbleibens voraus (BGH **46**, 81 = JR **01**, 337 mit Anm Keiser = StV **03**, 145 mit Anm Gollwitzer). Wer nicht wirksam geladen worden ist, muss auch nicht erscheinen (BGH NStZ **84**, 41 mit Anm Hilger). War der Angeklagte aber in einer unterbrochenen Hauptverhandlung nach ordnungsgemäßer Ladung eigenmächtig ausgeblieben, so muss er nicht nochmals geladen werden, wenn die Hauptverhandlung abermals unterbrochen und an einem anderen Tag fortgesetzt wird (Karlsruhe MDR **84**, 690 = JR **85**, 31 mit zust Anm Meyer; **aM** Karlsruhe NJW **81**, 934; vgl auch BGH NJW **87**, 2592: jedenfalls, wenn ein Verteidiger anwesend ist); denn II gestattet es, die Hauptverhandlung, nicht nur den Sitzungstag, an dem der Angeklagte ausgeblieben ist, in seiner Abwesenheit zu Ende zu führen. Dass der Angeklagte an einem Verhandlungstag eigenmächtig ausgeblieben ist, erlaubt die weitere Fortsetzung der Verhandlung ohne ihn aber nicht, wenn er an einem späteren Verhandlungstag unverschuldet nicht erschienen ist (BGH NStZ **86**, 422). 14

An der **Eigenmächtigkeit fehlt** es, wenn dem Angeklagten in der mündlichen Ladung ohne Einschränkung erklärt wird, bei seinem Nichterscheinen werde ohne ihn verhandelt (Köln StV **85**, 50; vgl auch Bremen StV **92**, 558: fehlerhafte Belehrung durch Verteidiger), oder wenn das Gericht ihm sogar freigestellt hatte, ob er zur Fortsetzungsverhandlung erscheinen wolle (BGH StV **87**, 189; Köln aaO; 15

Stuttgart NJW **70**, 343), wobei es genügt, dass er dem Verhalten des Gerichts ein derartiges Einverständnis entnehmen konnte (BGH NStZ **89**, 284; MDR **90**, 489 [H]). Das Ausbleiben ist ferner nicht eigenmächtig, wenn der Angeklagte nur verschlafen hat (BGH StV **88**, 185; NJW **91**, 1367) oder wenn er am Erscheinen durch Krankheit, nicht nur wegen unbedeutender Unpässlichkeiten (Stuttgart NJW **67**, 944), oder andere von seinem Willen unabhängige Umstände verhindert ist (BGH NStZ **91**, 28 [M/K]), etwa wegen einer Zugverspätung (BGH NStZ **03**, 561) oder weil er in anderer Sache in UHaft genommen worden ist (BGH VRS **36**, 212; Frankfurt StV **87**, 380; **aM** aber BGH StV **09**, 338, weil er durch eine Straftat ein Verhaftungsrisiko gesetzt habe; dagegen zutr Kühne StV **09**, 340). Bei einem nicht auf freiem Fuß befindlichen Angeklagten kann von einem eigenmächtigen Ausbleiben auch sonst keine Rede sein, weil das Gericht die Pflicht und die Macht hat, seine Anwesenheit an Gerichtsstelle durch Vorführung sicherzustellen (BGH **3**, 187, 190; **25**, 317, 319 = JR **75**, 75 mit Anm Gollwitzer; BGH NStZ **93**, 446; NJW **77**, 1928; **aM** Küper NJW **74**, 2218; **78**, 251; Lüderssen Meyer-GedSchr 276).

16 **An der Eigenmächtigkeit kann es auch fehlen,** wenn der Angeklagte verspätet erscheint, das aber glaubhaft mit einem Irrtum über Terminstag oder -stunde erklärt (BGH StV **81**, 393; Bay **88**, 54 = NStE Nr 5; Bremen StV **85**, 50). Auch dringende berufliche Gründe können die Eigenmächtigkeit ausschließen (weitgehend Frankfurt NJW **74**, 2065; vgl dagegen BGH bei H. W. Schmidt MDR **81**, 976: bei einem RA nicht wegen Strafverteidigung in anderer Sache), zB die Notwendigkeit der Teilnahme an einer Betriebsratssitzung (Köln VRS **70**, 16). Insbesondere kann die Eigenmächtigkeit bei besonderen Konfliktslagen entfallen, zB wenn bei Teilnahme an der Verhandlung der Verlust des Arbeitsplatzes droht (BGH NJW **80**, 950; StV **84**, 325).

17 Dem **eigenmächtigen Ausbleiben steht gleich,** dass der Angeklagte sich nach seiner Vernehmung zur Sache (vorher gilt § 231 a) in einen seine Verhandlungsfähigkeit (Einl 97) ausschließenden Zustand versetzt (BGH NJW **81**, 1052; NStZ **81**, 95 [Pf]; MDR **80**, 631 [H]; Rieß JZ **75**, 271 und ZStW **90**, Beih 193), insbesondere dass er sich, um das Verfahren zu verhindern, bewusst in eine krankhafte seelische Erregung hineinsteigert, die ihn verhandlungsunfähig macht (BGH **2**, 300, 304; erg 7 zu § 231 a), auch bei Verhandlungsunfähigkeit infolge Alkoholgenusses (BGH NStZ **86**, 372) oder ernsthaften Selbstmordversuchs (BGH **16**, 178; NJW **77**, 1928; **aM** SK-Schlüchter 16 mwN; Franzheim GA **61**, 108; Hanack JZ **72**, 81; Rieß ZStW **90**, Beih 194; Schneidewin JR **62**, 308; vgl auch Koblenz NJW **75**, 322; AK-Keller 10; erg 7 zu § 231 a). Ebenso wie bei § 231 a (dort 5) kann zeitweilige Verhandlungsunfähigkeit genügen, wenn sie die Beendigung des Verfahrens in vernünftiger Frist hindert (BGH NJW **81**, 1052), nicht aber, wenn sie sie nur in noch hinzunehmender Weise verzögert (BGH **19**, 144 mit abl Anm Pawlik NJW **64**, 779).

18 Die Pflicht des Angeklagten, die **Verhandlung am Krankenbett** zu dulden, lässt sich aus II nicht herleiten (Meurer NStZ **88**, 423; Schreiner NJW **77**, 2303; **aM** Laier NJW **77**, 1139: „innere Mitwirkungspflicht"; vgl auch BGH NJW **87**, 2592; KMR-Eschelbach 23).

19 c) **Abschluss der Sachvernehmung:** Der Angeklagte muss über die Anklage, dh über den zugelassenen Anklagesatz, schon abschließend vernommen sein, im Berufungsverfahren nur, soweit sie noch Gegenstand des Verfahrens ist (Bremen MDR **79**, 864). Das bedeutet aber nicht, dass er Angaben zur Sache gemacht haben muss. Er muss nur in der Hauptverhandlung nach § 243 V S 2 Gelegenheit zur umfassenden Äußerung gehabt haben (BGH **27**, 216; NJW **87**, 2592; MDR **72**, 18 [D]). Sein Vorbehalt, er wolle erst zu einem späteren Zeitpunkt Erklärungen abgeben, ist unbeachtlich (BGH NJW **87**, 2592). Die Vorstrafen brauchen während der Sachvernehmung noch nicht erörtert worden zu sein (BGH **27**, 216).

20 d) **Entbehrlichkeit der weiteren Anwesenheit des Angeklagten:** Darüber entscheidet das Gericht, nicht der Vorsitzende allein, nach pflichtgemäßem Ermes-

sen. Maßgebend sind die besonderen Umstände des Einzelfalls. Dabei kommt es immer auf die Prozesslage nach dem Ausbleiben des Angeklagten an; im Voraus kann die Entbehrlichkeit seiner Anwesenheit nicht beurteilt werden (RG **58**, 149, 153).

C. **Ausgeschlossen ist die Fortsetzung der Verhandlung** ohne den Angeklagten, wenn es notwendig ist, ihm rechtliche Hinweise nach § 265 I, II zu geben (BGH MDR **69**, 360 [D]; erg 18 zu § 232). In seiner Abwesenheit sind solche Hinweise unwirksam (BGH aaO). Etwas anderes gilt, wenn ein Verteidiger mitwirkt (§ 234a Hs 1). Dass das Gesetz Einverständniserklärungen des Angeklagten verlangt, wie in §§ 245 I S 2, 251 I Nr 1, II Nr 3, hindert die Fortsetzung der Verhandlung ohne ihn nicht. Denn durch sein Ausbleiben hat der Angeklagte das Recht verwirkt, in dieser Weise gestaltend auf das Verfahren einzuwirken (allg M; vgl auch BGH **3**, 206). § 234a Hs 2 ändert daran nichts (dort 5). 21

D. **Verfahren:** Ein besonderer Beschluss des Gerichts, nach II zu verfahren, ist nicht vorgeschrieben; es genügt, dass das Gericht seine Absicht, die Hauptverhandlung in Abwesenheit des Angeklagten fortzusetzen, schlüssig zum Ausdruck bringt (BGH MDR **75**, 198 [D]; NStZ **81**, 95 [Pf]; Köln StV **85**, 50; KK-Gmel 11). Wird ein Beschluss erlassen, was zweckmäßig sein kann (Poppe NJW **54**, 1915), so kann er jederzeit wieder aufgehoben werden. Auch das Urteil braucht die Anwendung des II nicht zu rechtfertigen (Köln aaO; KK-Gmel 13; LK-Becker 37). Die Urteilszustellung richtet sich nach § 35 II; die Zustellung an den Verteidiger ist nach § 145a I zulässig. 22

E. **Kehrt der Angeklagte in die Verhandlung zurück** oder erscheint er verspätet in der Fortsetzungsverhandlung, so nimmt er seine Stellung mit allen Rechten und Pflichten wieder ein (BGH NStZ **86**, 372: letztes Wort). Die Zulässigkeit des in seiner Abwesenheit durchgeführten Teils der Hauptverhandlung wird durch die Rückkehr nicht berührt. Da eine den §§ 231a II, 247 S 4 entspr Vorschrift fehlt, muss der Angeklagte nicht über den wesentlichen Inhalt des in seiner Abwesenheit Verhandelten unterrichtet werden (BGH **3**, 187, 189; KK-Gmel 12; zw BGH NStZ **99**, 256; **aM** Rieß JZ **75**, 271, der §§ 231a II, 231b entspr anwenden will). Im Einzelfall kann die Mitteilung aber zur Aufklärung der Sache (§ 244 II) oder, insbesondere bei einem nicht verteidigten Angeklagten, auf Grund der prozessualen Fürsorgepflicht (Einl 117) geboten sein (BGH NStZ-RR **03**, 2 [B]). Auf das weitere Verfahren hat das eigenmächtige Ausbleiben des Angeklagten keinen Einfluss. Entfernt er sich abermals eigenmächtig, so darf die Verhandlung in seiner Abwesenheit daher nur weitergeführt werden, wenn die Voraussetzungen des II erneut vorliegen (BGH **19**, 144 mit abl Anm Pawlik NJW **64**, 779). 23

3) Rechtsbehelfe: Die Anrufung des Gerichts gegen Anordnungen des Vorsitzenden ist nach § 238 II zulässig (LR-Becker 40; **aM** BGH NJW **57**, 271). Die Beschwerde gegen solche Maßnahmen ist zulässig (Frankfurt NStZ-RR **03**, 329 mwN, dort auch zur Anfechtung bei Erledigung der Maßnahme; erg 17ff vor § 296). Weitere Beschwerde gegen die Ingewahrsamnahme nach I S 2 Hs 2 findet nicht statt (Oldenburg NdsRpfl **54**, 193). 24

4) Revision: Maßnahmen nach I S 2 können grundsätzlich nicht mit der Revision angegriffen werden; allenfalls kann geltend gemacht werden, dass die Anordnung des Vorsitzenden die Verteidigung in unzulässiger Weise beschränkt habe (BGH NJW **57**, 271: Fesselung). Der Verstoß gegen II ist ein zwingender Urteilsaufhebungsgrund nach § 338 Nr 5. Zum notwendigen Revisionsvorbringen vgl 26 zu § 230. Die Eigenmächtigkeit (oben 9ff) muss auch im Zeitpunkt der Revisionsentscheidung nachgewiesen sein (BGH MDR **79**, 281 [H]; StV **84**, 326; NStZ-RR **01**, 333; StraFo **10**, 158); ob der Tatrichter mangels Kenntnis des Hinderungsgrundes von eigenmächtigem Ausbleiben ausgehen konnte, ist ohne Bedeutung (BGH 4 StR 549/06 vom 5. 7. 2007). Das Revisionsgericht prüft das im Freibeweis selbstständig nach (BGH **16**, 178, 181; NJW **87**, 1776, 1777; NStZ **84**, 209 [Pf/M] mwN; **88**, 421 mit Anm Meurer; **89**, 284; **99**, 418; Karlsruhe NStE 25

Nr 9; Hauck JR **09**, 147); die Revisionsrechtfertigungsschrift muss ihm aber eine erste Nachprüfung ermöglichen (BGH MDR **84**, 628 [H] = StV **84**, 326: **aM** Köln StV **85**, 50, das entgegen § 344 II auch nicht vorgetragene Umstände berücksichtigt). An die Feststellungen des Tatrichters ist das Revisionsgericht nicht gebunden (BGH **10**, 304; NStZ **97**, 295; Stuttgart NJW **67**, 944, 946). Nur wenn eine weitere Klärung nicht möglich ist, legt es seiner Entscheidung die nicht zu erschütternde Überzeugung des Tatrichters zugrunde (BGH MDR **79**, 281 [H]; **aM** Maatz DRiZ **91**, 200, der eine weitergehende Prüfungskompetenz des Revisionsgerichts verneint, was aber wegen der fehlenden Möglichkeit einer Wiedereinsetzung in den vorigen Stand bei unverschuldetem Ausbleiben bedenklich erscheint, vgl BGH **10**, 304).

Herbeigeführte Verhandlungsunfähigkeit **RiStBV 122**

231a **I** [1]**Hat sich der Angeklagte vorsätzlich und schuldhaft in einen seine Verhandlungsfähigkeit ausschließenden Zustand versetzt und verhindert er dadurch wissentlich die ordnungsmäßige Durchführung oder Fortsetzung der Hauptverhandlung in seiner Gegenwart, so wird die Hauptverhandlung, wenn er noch nicht über die Anklage vernommen war, in seiner Abwesenheit durchgeführt oder fortgesetzt, soweit das Gericht seine Anwesenheit nicht für unerlässlich hält.** [2]**Nach Satz 1 ist nur zu verfahren, wenn der Angeklagte nach Eröffnung des Hauptverfahrens Gelegenheit gehabt hat, sich vor dem Gericht oder einem beauftragten Richter zur Anklage zu äußern.**

II Sobald der Angeklagte wieder verhandlungsfähig ist, hat ihn der Vorsitzende, solange mit der Verkündung des Urteils noch nicht begonnen worden ist, von dem wesentlichen Inhalt dessen zu unterrichten, was in seiner Abwesenheit verhandelt worden ist.

III [1]**Die Verhandlung in Abwesenheit des Angeklagten nach Absatz 1 beschließt das Gericht nach Anhörung eines Arztes als Sachverständigen.** [2]**Der Beschluss kann bereits vor Beginn der Hauptverhandlung gefasst werden.** [3]**Gegen den Beschluss ist sofortige Beschwerde zulässig; sie hat aufschiebende Wirkung.** [4]**Eine bereits begonnene Hauptverhandlung ist bis zur Entscheidung über die sofortige Beschwerde zu unterbrechen; die Unterbrechung darf, auch wenn die Voraussetzungen des § 229 Abs. 2 nicht vorliegen, bis zu dreißig Tagen dauern.**

IV Dem Angeklagten, der keinen Verteidiger hat, ist ein Verteidiger zu bestellen, sobald eine Verhandlung ohne den Angeklagten nach Absatz 1 in Betracht kommt.

1 **1)** Eine **Ergänzung des § 231 II** für den Fall, dass der Angeklagte noch nicht zur Sache vernommen worden ist, enthält die mit dem GG zu vereinbarende (BVerfGE **41**, 246, 249 = JZ **76**, 766 mit abl Anm Grünwald; BVerfGE **51**, 324, 343 = NJW **79**, 2349, 2350) Vorschrift. Führt der Angeklagte seine Verhandlungsunfähigkeit erst nach Abschluss der Sachvernehmung herbei, so gilt ausschließlich § 231 II (BGH NJW **81**, 1052; NStZ **81**, 95 [Pf]; Rieß JZ **75**, 269).

2 Im Gegensatz zu dieser Vorschrift ist § 231 a eine **Mussvorschrift** (BGH **26**, 228, 234; Rieß JZ **75**, 270; Warda Bruns-FS 427). Sie ist aber nur in Ausnahmefällen anwendbar (BGH **26**, 228, 241); bei leicht behebbarer vorübergehender Verhandlungsunfähigkeit kommt sie nicht in Betracht (Rieß ZStW **90**, Beih 196).

3 **2) Voraussetzungen der Abwesenheitsverhandlung:**

4 A. **Vorsätzliche und schuldhafte Herbeiführung der Verhandlungsunfähigkeit** (I S 1):

5 Aufgrund eines ärztlichen Gutachtens und im Freibeweis (7, 9 zu § 244) muss die **Verhandlungsunfähigkeit** (dazu Einl 97) festgestellt werden (III S 1). Dass ihr

späterer Wegfall ausgeschlossen erscheint, hindert die Anwendung des I nicht (KK-Gmel 3a; einschr Rieß JZ **75**, 270). Absolute Verhandlungsunfähigkeit wird nicht vorausgesetzt. Verhandlungsunfähig iS von I kann der Angeklagte vielmehr auch sein, wenn er nur für kürzere Zeitspannen, die zur Erledigung des Verfahrens in vernünftiger Frist nicht ausreichen, an der Verhandlung teilnehmen kann (BVerfGE **41**, 246 = JZ **76**, 766 mit abl Anm Grünwald; BGH **26**, 228 = JZ **76**, 763 mit abl Anm Grünwald; BGH NJW **81**, 1052; **aM** Roxin/Schünemann § 44, 48; eingehend dazu Fahl 304ff; erg unten 9).

Vor Abschluss der Sachvernehmung (vgl 19 zu § 231) muss die Verhandlungsunfähigkeit eingetreten sein. Ebensowenig wie bei § 231 (dort 19) gehört die Erörterung der Vorstrafen zur Sachvernehmung. Bei mehreren Angeklagten kommt es darauf an, ob der Angeklagte, gegen den nach § 231a verfahren werden soll, bereits zur Anklage vernommen worden ist. 6

Mittel der Herbeiführung der Verhandlungsunfähigkeit können sein Medikamentenmissbrauch, Genuss von Rauschgift, Nichtinanspruchnahme der Behandlungsmöglichkeiten während der UHaft, bewusstes Sich-Hineinsteigern in einen psychischen Ausnahmezustand (vgl Hamm NJW **77**, 1739), Hungerstreik (BGH **26**, 228, 239ff) und andere Selbstbeschädigungen (vgl BVerfGE **51**, 324, 344 = NJW **79**, 2349), wie im Fall des § 231 II (dort 17) auch ein ernst gemeinter Selbstmordversuch (**aM** KK-Gmel 9; SK-Schlüchter 7 mwN; einschr auch Rieß JZ **75**, 269: nur wenn Selbsttötung nicht die „dominierende Triebfeder" darstellt). Zur Bekämpfung seiner Verhandlungsunfähigkeit durch aktive Maßnahmen, die über das allgemein zur Erhaltung der Gesundheit übliche Maß hinausgehen, ist der Angeklagte nicht verpflichtet (Rieß ZStW **90**, Beih 197). Insbesondere braucht er sich nicht ärztlich behandeln zu lassen, um die volle Verhandlungsfähigkeit wiederherzustellen (BGH **26**, 228, 234; LG Nürnberg-Fürth NJW **99**, 1125; **aM** Nürnberg NJW **00**, 1804 mit zutr abl Anm Keller StV **01**, 671 und Müller NStZ **01**, 53; vgl auch Düsseldorf StraFo **00**, 384; erg Einl 97). 7

Vorsätzlich und schuldhaft muss der Angeklagte seine Verhandlungsunfähigkeit herbeigeführt haben; bedingter Vorsatz genügt (BGH **26**, 228, 239; KK-Gmel 5; **aM** Roxin/Schünemann § 44, 48). Das Herbeiführen der Verhandlungsunfähigkeit wird dem Angeklagten aber nicht zugerechnet, wenn er aus einem der Gründe des § 20 StGB nicht schuldfähig ist. 8

B. **Wissentliche Verhinderung der Durch- oder Fortführung der Hauptverhandlung** (I S 1): Auf Dauer braucht die ordnungsgemäße Hauptverhandlung nicht verhindert zu werden. Es genügt, dass der Angeklagte eine nach dem Beschleunigungsgebot nicht vertretbare langfristige Verzögerung verursacht (BGH **26**, 228, 232 = JZ **76**, 763 mit abl Anm Grünwald; Rieß JZ **75**, 269). Dazu gehört insbesondere der Fall, dass er bei langer Verhandlungsdauer jeweils nur kurze Zeit verhandlungsfähig ist, diese Zeitspannen aber nicht ausreichen, um das Verfahren ordnungsgemäß, insbesondere in angemessener Zeit, zu Ende zu führen (BVerfGE **41**, 246, 247 = JZ **76**, 766 mit abl Anm Grünwald; BGH aaO; NJW **81**, 1052; LR-Becker 3; Warda Bruns-FS 415; **aM** Rieß JZ **75**, 269; Roxin/Schünemann § 44, 48; oben 5). Entsprechendes gilt, wenn in kurzen Zeitabständen immer wieder ärztliche Unterstützungsmaßnahmen oder unzumutbare ärztliche Überwachungen notwendig wären. Kurzfristige Verzögerungen rechtfertigen die Anwendung des § 231a nicht (oben 1). 9

Wissentlich verhindert der Angeklagte die Hauptverhandlung in seiner Gegenwart, wenn er bei der Herbeiführung der Verhandlungsunfähigkeit weiß oder als sicher voraussieht, dass dieser Erfolg eintreten werde (BGH **26**, 228, 240); bedingter Vorsatz reicht insoweit nicht aus (LR-Becker 5; Rieß JZ **75**, 269 und ZStW **90**, Beih 197). Absicht ist nicht erforderlich (Rieß aaO). 10

C. **Äußerung zur Anklage** (I S 2): Die Gelegenheit zur Äußerung kann dem Angeklagten schon alsbald nach der Eröffnung des Hauptverfahrens (nicht früher) gegeben werden, wenn dann schon abzusehen ist, dass eine Verhandlung in seiner 11

Abwesenheit in Betracht kommt. Der Beschluss nach III S 1 braucht noch nicht erlassen worden zu sein; die Anhörung sollte ihm sogar vorausgehen. Die Gelegenheit zur Äußerung gibt der Strafrichter, der Vorsitzende des SchG und im Verfahren vor dem LG oder OLG das Gericht in der Besetzung außerhalb der Hauptverhandlung oder eines seiner Mitglieder als beauftragter Richter; die Vernehmung durch einen ersuchten Richter (1 zu § 63) genügt nicht. Ergibt sich die Notwendigkeit der Anhörung erst in der Hauptverhandlung, so kann auch das erkennende Gericht die Anhörung durchführen.

12 I S 2 verlangt eine **Vernehmung zu der zugelassenen Anklage,** bei der dem Angeklagten Gelegenheit gegeben werden muss, die Verdachtsgründe zu beseitigen und die zu seinen Gunsten sprechenden Tatsachen geltend zu machen (§ 136 II). Der Angeklagte muss daher trotz seiner Verhandlungsunfähigkeit vernehmungsfähig, dh in der Lage sein zu entscheiden, ob er sich äußern will, Fragen und Vorhalte geistig zu verarbeiten, seine Verteidigung vorzubringen und den Inhalt seiner Aussage zu überblicken (Dresden NStE Nr 1; Rieß JZ **75**, 270). Der spätere Wegfall dieser Fähigkeit ist ohne Bedeutung (Rieß aaO). Dass der Angeklagte, der nach § 136 I S 2 über seine Aussagefreiheit belehrt werden muss, sich zu dem Anklagevorwurf äußert, verlangt I S 2 nicht. Die Anhörung kann daher beendet werden, wenn erkennbar wird, dass er sich nicht zur Sache oder nicht sachlich äußern will.

13 Bei der Vernehmung haben StA und Verteidiger ein **Anwesenheitsrecht;** § 168c I, V gilt entspr (LR-Becker 16). Die Verlesung der nach §§ 168, 168a hergestellten Vernehmungsniederschrift in der Hauptverhandlung schreibt das Gesetz nicht ausdrücklich vor; dass sie notwendig ist, ergibt sich aus dem Sinn der gesetzlichen Regelung (KMR-Eschelbach 31; Rieß JZ **75**, 270).

14 **3)** Die **Unerlässlichkeit der Anwesenheit des Angeklagten** schließt nach I S 1 die Anwendung des § 231a aus. Ob sie vorliegt, was nur ganz ausnahmsweise der Fall sein wird, entscheidet das Gericht nach pflichtgemäßem Ermessen, wobei das Anwesenheitserfordernis nur in begrenztem Maß mit dem Interesse an der Sachaufklärung gerechtfertigt werden kann (Rieß JZ **75**, 270). Die Anwesenheit des Angeklagten kann ausnahmsweise unerlässlich sein, wenn das Gericht wegen der besonderen Sachgestaltung ohne unmittelbaren Eindruck von dem Angeklagten oder ohne Gegenüberstellung mit Zeugen oder Mitangeklagten kein richtiges Urteil finden zu können glaubt. In aller Regel besteht die Rechtspflicht, ohne den Angeklagten zu verhandeln (Rieß aaO).

15 Der Ausdruck **„soweit“** macht deutlich, dass die Anwendung des I S 1 bei Mehrfachtätern nach Abtrennung des übrigen Verfahrens auf einen der iS des § 264 selbstständigen Straffälle und bei einer einheitlichen Tat auf die Verhandlung über den Schuldspruch beschränkt werden kann.

16 **4) Notwendige Verteidigung** (IV): Schon wenn eine Verhandlung ohne den Angeklagten auch nur in Betracht kommt, aber noch nicht im Ermittlungsverfahren, hat ihm der Vorsitzende (vgl § 141 IV) ohne Rücksicht auf das Vorliegen der Voraussetzungen des § 140 I, II einen Pflichtverteidiger zu bestellen, wenn er noch keinen Verteidiger hat. Die Verteidigerbestellung geht also der Anhörung des Arztes nach III S 1 und der Vernehmung des Angeklagten nach I S 2 voraus. Sie gilt für das gesamte Verfahren und entfällt daher auch dann nicht, wenn der Angeklagte wieder an der Verhandlung teilnimmt.

17 **5)** Durch **Beschluss** (III S 1) ordnet das Gericht die Verhandlung in Abwesenheit des Angeklagten an, nachdem es zur Frage seiner Verhandlungsunfähigkeit einen Arzt, nicht notwendigerweise einen Amtsarzt (LR-Becker 20), im Freibeweis (7, 9 zu § 244) als Sachverständigen gehört hat. Die Prozessbeteiligten werden vor der Beschlussfassung nach § 33 gehört. Erfolgt die Anhörung schriftlich, so kann das Anhörungsschreiben für den Angeklagten an den Verteidiger gerichtet werden (5 zu § 145a). Ist die Verhandlungsunfähigkeit schon geraume Zeit vor der Hauptverhandlung eingetreten und ist zu erwarten, dass sie fortdauert, so wird der

Beschluss schon vor Beginn der Hauptverhandlung (S 2) möglichst frühzeitig erlassen, um die Aufschiebung oder Verlegung des Termins durch die sofortige Beschwerde nach III S 3 zu verhindern. Sonst ergeht der Beschluss in oder während der Unterbrechung der Hauptverhandlung. Der Beschluss ist nach § 34 mit Gründen zu versehen und nach § 35 unverzüglich bekanntzumachen; in der Hauptverhandlung genügt die unverzügliche Mitteilung allein an den Verteidiger, wenn die Bekanntmachung an den Angeklagten wegen seiner Verhandlungsunfähigkeit nur verspätet möglich ist (BGH **39**, 110 = JR **94**, 341 mit zust Anm Gollwitzer).

6) Die **Durchführung der gesamten Hauptverhandlung ohne den Angeklagten,** bis er wieder imstande ist, der Hauptverhandlung uneingeschränkt zu folgen (BGH **26**, 228, 233 ff), ist zulässig, wenn der Beschluss nach III rechtskräftig ist (vgl unten 24). Hinweise nach § 265 I, II werden dem Verteidiger erteilt (§ 234 a Hs 1); das Einverständnis des Angeklagten nach §§ 245 I S 2, 251 I Nr 1, II Nr 3 ist nicht erforderlich (§ 234 a Hs 2). Die Befugnis, ohne den Angeklagten zu verhandeln, schließt nicht das Recht ein, ihn gegen seinen Willen von der Verhandlung fernzuhalten (BGH **26**, 228, 234 = JZ **76**, 763 mit krit Anm Grünwald; BGH MDR **80**, 631 [H]; 4 zu § 230; vgl auch BVerfGE **41**, 246 = JZ **76**, 766 mit Anm Grünwald; krit Warda Bruns-FS 415 ff). Er ist zur Abwesenheit berechtigt (Rieß ZStW **90**, Beih 198; **aM** Warda aaO) und wird an der Verhandlung beteiligt, soweit er ihr folgen kann und äußerungsfähig ist. Das wird idR nur der Fall sein, wenn seine Verhandlungsfähigkeit nicht völlig entfallen ist (vgl oben 5, 9). Stört der Angeklagte die Verhandlung, so kann nach § 177 GVG verfahren werden. 18

7) Nach **Wiedererlangung der Verhandlungsfähigkeit** (II) muss der Angeklagte, ohne dass es einer förmlichen Aufhebung des Beschlusses nach III S 1 bedarf (KK-Gmel 24), zur Hauptverhandlung wieder zugezogen werden. Voraussetzung dafür ist, dass die Verhandlungsfähigkeit nicht nur für kurze Zeitspannen, sondern in einem Maße besteht, dass eine ordnungsgemäße Fortsetzung der Hauptverhandlung in seiner Gegenwart möglich macht. 19

Ist der Angeklagte in Haft, so hat das Gericht in geeigneter Weise dafür zu sorgen, dass es von der Wiedererlangung der Verhandlungsfähigkeit **alsbald erfährt,** zB durch den Arzt der JVA. Die Weiterverhandlung ohne den Angeklagten ist von dem Zeitpunkt ab unzulässig, in dem das Gericht die Mitteilung erhalten hat oder bei pflichtgemäßer Kontrolle hätte erhalten müssen. Befindet sich der Angeklagte auf freiem Fuß, so obliegt es dagegen in 1. Hinsicht ihm selbst, sich das rechtliche Gehör durch entspr Mitteilung zu verschaffen. Zur Kontrolle ist das Gericht allenfalls in Ausnahmefällen verpflichtet (LR-Becker 31; **aM** Bohnert 165: keine Kontrollpflicht). Ohne den Angeklagten kann daher so lange weiterverhandelt werden, bis er die Wiedererlangung seiner Verhandlungsfähigkeit mitteilt oder in der Hauptverhandlung erscheint (Düsseldorf StV **97**, 282 mit Anm Zieschang). 20

Die **Unterrichtung** des Angeklagten über den wesentlichen Inhalt des in seiner Abwesenheit Verhandelten ist Sache des Vorsitzenden. Sie muss alsbald, ohne vermeidbare Verzögerung, erfolgen. Für die Unterrichtungspflicht gelten im Übrigen die gleichen Grundsätze wie bei § 247 I S 4 (dort 14 ff). Eine erweiternde Auslegung des II dahin, dass die Unterrichtungspflicht auch besteht, wenn der noch verhandlungsunfähige Angeklagte an der Verhandlung gelegentlich und nicht nur kurzfristig wieder teilnimmt (oben 18), ist unangebracht (KK-Gmel 25). 21

8) Beschwerde: Gegen den Beschluss, der den Antrag auf Verhandlung ohne den Angeklagten ablehnt, ist die einfache Beschwerde nach § 304 I zulässig (Nürnberg NJW 00, 1804); § 305 S 1 steht nicht entgegen (KK-Gmel 27; Rieß JZ 75, 271; **aM** Bohnert 161). 22

Der Beschluss, der die Abwesenheitsverhandlung anordnet, ist mit der **sofortigen Beschwerde** anfechtbar (III S 3 Hs 1). Beschwerdeberechtigt sind der StA, der durch den Beschluss betroffene Angeklagte, sein Verteidiger und der gesetz- 23 liche Vertreter, nicht aber Mitangeklagte. Wird der Angeklagte vor der Beschwerdeentscheidung wieder verhandlungsfähig, so ist die Beschwerde gegenstandslos (**aM** LR-Becker 43; nur, wenn noch nicht in Abwesenheit des Angeklagten verhandelt worden war). Nach Abschluss der Hauptverhandlung ist die Beschwerde nicht mehr statthaft (BGH 39, 110 = JR 94, 341 mit zust Anm Gollwitzer; vgl aber unten 25 aE).

24 Die sofortige Beschwerde hat abweichend von § 307 I **aufschiebende Wirkung** (III S 3 Hs 2). Eine noch nicht begonnene Hauptverhandlung ist so weit hinauszuschieben, bis das Vorliegen einer Beschwerdeentscheidung erwartet werden kann. Eine schon begonnene Hauptverhandlung muss bis zur Entscheidung über die sofortige Beschwerde unterbrochen werden (III S 4 Hs 1). Die Unterbrechung, die nach § 228 I S 2 vom Gericht zu beschließen ist, darf bis zu 30 Tagen dauern, auch wenn die Voraussetzungen des § 229 II nicht vorliegen (III S 4 Hs 2). Die Frist steht in voller Länge auch dann zur Verfügung, wenn der Beschluss nach I während einer Unterbrechung nach einer anderen Vorschrift (zB nach §§ 229 I, II, 138c IV oder 34 VI EGGVG) ergeht. Sie rechnet vom Tag der Beschwerdeeinlegung bis zu dem Tag, an dem die Hauptverhandlung fortgesetzt wird. Wann das Beschwerdegericht entschieden hat, spielt bei der Berechnung keine Rolle; denn die Frist gilt nicht für die Herbeiführung der Beschwerdeentscheidung, sondern begrenzt die zulässige Unterbrechung der Hauptverhandlung bei der Anwendung des § 231 a.

25 **9) Revision:** Die Anfechtbarkeit des Beschlusses nach III S 1 mit der sofortigen Beschwerde schließt die Revisionsrüge aus, das Gericht habe die Voraussetzungen des I zu Unrecht angenommen (§ 336 S 2). Die Rüge, der Angeklagte hätte nach II während der Hauptverhandlung wieder zugezogen werden müssen, ist zulässig, aber erfolglos, wenn er seine Verhandlungsfähigkeit bei ihrem vermeintlichen Wiedereintritt dem Gericht nicht mitgeteilt hat (oben 20). Wurde der Beschluss nach III S 1 erst verspätet bekanntgemacht (oben 17), kann dies uU die Revision begründen (vgl BGH **39**, 110 = JR **94**, 341 mit Anm Gollwitzer).

Abwesenheit wegen ordnungswidrigen Benehmens

231b **I [1] Wird der Angeklagte wegen ordnungswidrigen Benehmens aus dem Sitzungszimmer entfernt oder zur Haft abgeführt (§ 177 des Gerichtsverfassungsgesetzes), so kann in seiner Abwesenheit verhandelt werden, wenn das Gericht seine fernere Anwesenheit nicht für unerlässlich hält und solange zu befürchten ist, dass die Anwesenheit des Angeklagten den Ablauf der Hauptverhandlung in schwerwiegender Weise beeinträchtigen würde. [2] Dem Angeklagten ist in jedem Fall Gelegenheit zu geben, sich zur Anklage zu äußern.**

II Sobald der Angeklagte wieder vorgelassen ist, ist nach § 231 a Abs. 2 zu verfahren.

1 **1)** Der **Sicherung des Ablaufs der Hauptverhandlung** dient die Vorschrift, nicht der Sanktionierung des Ordnungsverstoßes (LR-Becker 1; Rieß JZ **75**, 271; Vogel NJW **78**, 1225). Dass der Angeklagte von Beruf RA ist, steht der Anwendung der Vorschrift nicht entgegen (BVerfGE **53**, 207, 215 = NJW **80**, 1677, 1678).

2 Die **Dauer der Abwesenheitsverhandlung** kann auf einen bestimmten Verfahrensabschnitt oder auf bestimmte Sitzungstage beschränkt werden. Gesetzlich ist sie nicht begrenzt (Rieß aaO). Wenn die Befürchtung einer schwerwiegenden Beeinträchtigung des Ablaufs der Hauptverhandlung nicht vorher entfällt (vgl unten 7), kann die Verhandlung ohne den Angeklagten zu Ende geführt werden (BGH StV **08**, 174). Auch die Urteilsverkündung ist dann in seiner Abwesenheit zulässig (LR-Becker 2).

2) Voraussetzungen der Abwesenheitsverhandlung (I S 1): 3

A. Ein **Beschluss nach § 177 GVG,** durch den der Angeklagte wegen ordnungswidrigen Benehmens aus dem Sitzungssaal entfernt oder zur Haft abgeführt worden ist, muss ergangen sein oder (vgl unten 9) gleichzeitig mit der Anordnung nach § 231 b getroffen werden. 4

B. **Nicht unerlässlich** darf die weitere Anwesenheit des Angeklagten sein. Dabei ist, wie bei § 231 a (dort 14), die Erschwerung der Sachaufklärung kein hinreichender Grund, auch nicht die Beeinträchtigung der Verteidigungsmöglichkeiten des Angeklagten, selbst wenn er sich als RA selbst verteidigt. 5

C. Die **Befürchtung einer schwerwiegenden Beeinträchtigung des Ablaufs der Hauptverhandlung** muss bestehen. Das gesamte Verhalten des Angeklagten muss die Besorgnis rechtfertigen, dass er auch künftig nicht nur die ordnungsgemäße Durchführung der Hauptverhandlung stören werde, sondern dass auch Beeinträchtigungen von erheblichem Gewicht zu erwarten sind (LR-Becker 5). Dass der Angeklagte den Willen oder auch nur das Bewusstsein hat, den Ablauf der Hauptverhandlung zu beeinträchtigen, wird dabei nicht vorausgesetzt (KMR-Paulus 8; Rieß JZ **75**, 271 Fn 103). 6

Sobald schwerwiegende Störungen nicht mehr zu besorgen sind, muss der Angeklagte zur **Verhandlung wieder zugelassen** werden (RG **54**, 110, 115). Bei länger andauernden Verhandlungen muss idR versucht werden, den Angeklagten nach einiger Zeit wieder an der Verhandlung teilnehmen zu lassen (KG StV **87**, 519; KK-Gmel 6). Davon kann aber abgesehen werden, wenn die Annahme gerechtfertigt ist, dass er das störende Verhalten fortsetzen werde (BGH **9**, 77, 81; Rieß JR **75**, 271; Röhmel JA **76**, 664). Zur Frage, ob der Angeklagte jedenfalls zum letzten Wort wieder zugelassen werden muss, vgl 20 zu § 258. 7

3) Gelegenheit zur Äußerung zu der Anklage (I S 2) hat der Angeklagte idR in der Hauptverhandlung nach § 243 V S 1, 2 erhalten. Ist er schon vorher aus dem Sitzungssaal entfernt worden, so darf nach § 231 b nur verfahren werden, wenn er zuvor durch das erkennende Gericht in der Hauptverhandlung zu der zugelassenen Anklage gehört worden ist; die Anhörung durch einen beauftragten oder ersuchten Richter genügt nicht (allgM). Stört der Angeklagte die Verhandlung auch bei seiner Anhörung, so wird sie abgebrochen. Das Gericht ist dann nicht verpflichtet, ihm in anderer Weise Gelegenheit zur Äußerung zu geben (LR-Becker 20). 8

4) Gerichtsbeschluss: Im Gegensatz zu § 231 a schreibt das Gesetz hier den Erlass eines Beschlusses nicht ausdrücklich vor. Er ist auch entbehrlich, weil das Gericht durch Fortsetzung der Hauptverhandlung nach dem Erlass des Beschlusses nach § 177 GVG und der Entfernung des Angeklagten durch sein Vorgehen hinreichend deutlich macht, dass es für die weitere Hauptverhandlung die Anwesenheit des Angeklagten nicht für unerlässlich hält (BGH **39**, 72, 73). 9

5) Unterrichtung des wieder vorgelassenen Angeklagten (II): Sobald der Angeklagte wieder an der Hauptverhandlung teilnehmen darf, muss er entspr § 231 a II unterrichtet werden; die Grundsätze 16 ff zu § 247 gelten sinngemäß (BGH StV **08**, 174). Von der Unterrichtung kann abgesehen werden, wenn sie im Hinblick auf das vorangegangene ungebührliche Verhalten des Angeklagten nicht möglich erscheint (BGH NJW **57**, 1326; RG **35**, 433); ob das der Fall ist, muss besonders sorgfältig geprüft werden. Bei erneuten schwerwiegenden Störungen wird die Unterrichtung abgebrochen. 10

6) Rechtsbehelfe: Die Beschwerde gegen den Beschluss, dass nach § 231 b in Abwesenheit des Angeklagten verhandelt werden soll, ist nach § 305 S 1 ausgeschlossen (LR-Becker 19 mwN). 11

Mit der **Revision** kann nach § 338 Nr 5 gerügt werden, dass die Voraussetzungen des § 231 b nicht vorgelegen haben oder entfallen waren. Soweit es um die 12

Unerlässlichkeit der Anwesenheit des Angeklagten und der Dauer der Befürchtung weiterer schwerwiegender Störungen geht, kann das Revisionsgericht (auf entspr Rüge) nur prüfen, ob der Tatrichter die Rechtsbegriffe verkannt oder sein Ermessen missbraucht hat (BGH **39**, 72, 74). Nach § 337 können Verstöße gegen I S 2 und II gerügt werden (BGH 3 StR 403/09 vom 14. 1. 2010). Auf einer verspäteten Unterrichtung nach II wird das Urteil idR nicht beruhen (LR-Becker 20).

Beurlaubung des Angeklagten

231c [1]**Findet die Hauptverhandlung gegen mehrere Angeklagte statt, so kann durch Gerichtsbeschluss einzelnen Angeklagten, im Falle der notwendigen Verteidigung auch ihren Verteidigern, auf Antrag gestattet werden, sich während einzelner Teile der Verhandlung zu entfernen, wenn sie von diesen Verhandlungsteilen nicht betroffen sind.** [2]**In dem Beschluss sind die Verhandlungsteile zu bezeichnen, für die die Erlaubnis gilt.** [3]**Die Erlaubnis kann jederzeit widerrufen werden.**

1 **1) Zweck der Bestimmung:** In umfangreichen Hauptverhandlungen gegen mehrere Angeklagte kann die Pflicht zur ständigen Anwesenheit solche Mitangeklagte unnötig belasten, die in einzelnen längeren Abschnitten von der Verhandlung überhaupt nicht betroffen sind. Auch der Zeitaufwand des Verteidigers ist insoweit nutzlos.

2 § 231 c ermöglicht es in solchen Fällen, den **Angeklagten und den notwendigen Verteidiger,** nicht unbedingt beide zugleich (KMR-Paulus 5), zeitweise von der Anwesenheit freizustellen. Obwohl der nicht notwendige Verteidiger der Verhandlung ohne weiteres fernbleiben kann, soll es zulässig sein, auch ihn von der Teilnahme ausdrücklich zu entbinden (LR-Becker 6; Rieß NJW **78**, 2270 Fn 9).

3 Der § 231 c **erspart den Umweg der Abtrennung** und Wiederverbindung des Verfahrens; jedoch schließt die Vorschrift die kurzfristige Abtrennung des Verfahrens gegen einen Mitangeklagten nach den allgemeinen Vorschriften nicht aus (11 zu § 4). Im Gegensatz zur Abtrennung macht aber die Beurlaubung nach § 231 c den Angeklagten nicht zum Zeugen (21 ff vor § 48).

4 Die Vorschrift ist mit **großer Vorsicht** anzuwenden, weil sie leicht Revisionsgründe schafft (BGH MDR **79**, 807 [H]; NStZ **81**, 111; **89**, 219 [M]). Beim Vorwurf bandenmäßiger Begehung von Straftaten ist die Vorschrift idR unanwendbar (BGH NStZ **10**, 227).

5 **2) Voraussetzungen der Freistellung:**

6 A. Nur auf **Antrag** erfolgt die Beurlaubung. Der Antrag wird idR in der Hauptverhandlung mündlich gestellt, ist aber auch beachtlich, wenn er schon vor deren Beginn schriftlich eingereicht wird (LR-Becker 9). Wer von einer versehentlich bewilligten Beurlaubung Gebrauch macht, holt den Antrag dadurch stillschweigend nach (BGH **31**, 323, 329 ff).

7 **Antragsberechtigt** sind der Angeklagte und der Verteidiger, der den Antrag für den Angeklagten, aber nicht gegen dessen Widerspruch, und im eigenen Namen stellen kann. Wirken mehrere Verteidiger mit, so hat jeder das Antragsrecht unabhängig von den anderen. Die Antragsrechte des Angeklagten und des notwendigen Verteidigers sind ebenfalls voneinander unabhängig und stehen selbstständig nebeneinander; der Widerspruch des Angeklagten hindert daher nicht, den notwendigen Verteidiger auf dessen Antrag zu beurlauben (LR-Becker 7).

8 **Inhaltlich** muss der Antrag den Verhandlungsteil bezeichnen, von dem die Freistellung gewünscht wird; denn eine Beurlaubung ist immer nur in dem beantragten Umfang zulässig. Der allgemeine Antrag auf Beurlaubung von allen Verhandlungsteilen, die den Antragsteller nicht betreffen, genügt nicht (vgl auch LR-Becker 8).

Wiederholte Antragstellung für verschiedene Verhandlungsteile derselben Hauptverhandlung ist zulässig. 9

B. Nur für einen **Teil der Verhandlung** ist die Freistellung möglich. Sie kann schon für die Dauer der Vernehmung von Mitangeklagten über ihre persönlichen Verhältnisse nach § 243 II S 2 bewilligt werden (BGH **31**, 323, 330). Unzulässig ist sie für die Urteilsverkündung nach § 268. Dagegen gehören die Schlussvorträge noch zur Verhandlung (1 zu § 258). Ein Angeklagter kann daher für die Zeit freigestellt werden, in der der StA oder der Verteidiger ausschließlich zu den gegen Mitangeklagte erhobenen Vorwürfen plädiert. 10

Die **Dauer der Freistellung** ist, da es sich um keine Verhandlungsunterbrechung handelt, grundsätzlich nicht begrenzt; an die Fristen des § 229 ist sie nicht gebunden (BGH NJW **03**, 446, 452; Rieß NJW **78**, 2270). 11

C. **Nicht betroffen** von den Verhandlungsteilen muss der Antragsteller sein. Das ist der Fall, wenn gegen die Mitangeklagten auch unter Abtrennung des Verfahrens weiterverhandelt werden könnte (BGH **31**, 323, 331), insbesondere, wenn der beurlaubte Angeklagte an den von ihnen begangenen Taten nicht beteiligt ist (vgl BGH **32**, 100). Bei einem einheitlichen Tatgeschehen ist eine Beurlaubung grundsätzlich nicht möglich (BGH NStZ **83**, 34), sofern nicht in Abwesenheit des beurlaubten Angeklagten nur Umstände erörtert oder Beweise erhoben werden, die für ihn weder im Schuld- noch im Rechtsfolgenausspruch von Bedeutung sind, zB bei der Vernehmung eines Mitangeklagten über seine persönlichen Verhältnisse (BGH **31**, 323, 330 ff) und bei der Verhandlung über die Schuldfähigkeit eines Mitangeklagten und der Anhörung eines Sachverständigen zu dieser Frage. Sind die Vorgänge auch nur teilw oder mittelbar für den Antragsteller von Bedeutung, so scheidet seine Beurlaubung aus (BGH NStZ **09**, 400), insbesondere, wenn im Zusammenhang mit dem gegen ihn erhobenen Tatvorwurf Beweise erhoben (BGH StV **84**, 102), wenn in seiner Abwesenheit Zeugen vernommen werden, die die Glaubwürdigkeit eines ihn belastenden Mitangeklagten stützen (BGH NStZ **85**, 205 [Pf/M]; Schlothauer Koch-FG 254), wenn auch ihn berührende Beweisanträge (auch rechtsfehlerfrei) abgelehnt werden (BGH MDR **89**, 1054 [H]) oder wenn der Schlussvortrag des Mitverteidigers sich auf ein einheitliches Tatgeschehen bezieht (BGH NStZ **83**, 34). 12

3) Durch **Beschluss des erkennenden Gerichts** in der Hauptverhandlung nach Anhörung der StA (§ 33 I), nicht der Mitangeklagten (**aM** KMR-Paulus 11), muss über den Antrag entschieden werden. Der Vorsitzende allein ist nicht zuständig; die Beurlaubung durch ihn ist wirkungslos (BGH NStZ **85**, 375). Auch eine stillschweigende Befreiung durch schlüssige Handlung kommt nicht in Betracht (BGH aaO; LR-Becker 10; **aM** BGH NStZ **95**, 27; KMR-Paulus 11). 13

Die Entscheidung steht im **Ermessen des Gerichts.** Es hat einerseits den Zweck der Regelung (oben 1) und den Gesichtspunkt der Verfahrensvereinfachung zu beachten, andererseits die Gefahr zu berücksichtigen, dass während der Verfahrensteile, von denen die Freistellung gewünscht wird, doch Umstände zur Sprache kommen könnten, die den Antragsteller, wenn auch nur mittelbar, betreffen (LR-Becker 11). 14

Inhaltlich muss der Beschluss die Verhandlung, für die die Beurlaubung erfolgt, genau bezeichnen (S 2). Das geschieht möglichst durch Angabe der Verhandlungsvorgänge (Vernehmung bestimmter Zeugen oder Sachverständiger, Beweisaufnahme über einen bestimmten Tatsachenkomplex, Verhandlung über einen bestimmten Anklagevorwurf usw) und ihrer voraussichtlichen Zeitdauer (KK-Gmel 10). Es ist aber auch zulässig, in dem Beschluss nur den Beurlaubungszeitraum zu bestimmen (KMR-Paulus 11; LR-Becker 12; **aM** Schlothauer Koch-FG 246), auch in der Weise, dass von einem bestimmten Tag an wieder mit der Zuziehung zu rechnen ist. 15

16 Einer **Begründung** bedarf der Freistellungsbeschluss nicht. Der den Antrag ablehnende Beschluss muss dagegen erkennen lassen, ob die Voraussetzungen des § 231 c nicht vorliegen oder ob das Gericht die Freistellung nach seinem Ermessen nicht für angebracht hält.

17 **4) Folgen der Freistellung:** Der Beurlaubte braucht an der Verhandlung während des Beurlaubungszeitraums nicht teilzunehmen.

18 Diese zeitweilige Befreiung von der Anwesenheitspflicht lässt sein **Anwesenheitsrecht** aber unberührt (4 zu § 230), auch wenn die Verhandlung unter Ausschluss der Öffentlichkeit stattfindet (KMR-Paulus 14; Rieß NJW **78**, 2270). Der beurlaubte Angeklagte und sein Verteidiger sind befugt, während der Befreiung in der Hauptverhandlung Prozesserklärungen abzugeben, sofern sie sich auf Prozessgegenstände beziehen, die für die Strafsache gegen den Beurlaubten von Bedeutung sind (KK-Gmel 14; Rieß aaO). Eine Verhandlung gegen den beurlaubten Angeklagten ist aber trotz dessen Anwesenheit erst nach Widerruf des Freistellungsbeschlusses (unten 21) zulässig (LR-Becker 17).

19 Die **Mitwirkungsrechte** in der Form der Zustimmung nach den §§ 245 I S 2, 251 I Nr 1, II Nr 3 entfallen, weil der Beurlaubte von diesen Beweiserhebungen nicht betroffen sein kann (Rieß aaO).

20 Eine **Unterrichtung** des Angeklagten und des Verteidigers über das in ihrer Abwesenheit Verhandelte findet nicht statt. Der Vorsitzende ist allerdings nicht gehindert, ihnen darüber einen Überblick zu verschaffen (LR-Becker 20).

21 **5)** Der **Widerruf der Freistellung** (S 3) ist jederzeit möglich; er bewirkt, dass die Verhandlung ohne den bisher beurlaubten Angeklagten oder Verteidiger nicht fortgesetzt werden darf (Rieß NJW **78**, 2270). Der Widerruf erfolgt durch Gerichtsbeschluss, vor dessen Erlass nach § 33 die Verfahrensbeteiligten, auch der beurlaubte Angeklagte und sein Verteidiger, zu hören sind. Der Beschluss muss in der Hauptverhandlung verkündet und sollte dem beurlaubten Angeklagten und Verteidiger durch Zustellung bekanntgemacht werden (LR-Becker 15). Der Termin, an dem sie wieder teilnehmen müssen, wird ihnen mitgeteilt. Eine förmliche Ladung ist nicht erforderlich (Rieß aaO Fn 101); die Ladungsfristen der §§ 217 I, 218 S 2 gelten nicht (KMR-Paulus 12).

22 **6) Im Sitzungsprotokoll** sind nach § 273 I der Freistellungsantrag, der Gerichtsbeschluss, der Beginn und das Ende der Freistellung und der Abwesenheit des Angeklagten oder Verteidigers sowie der Widerruf und der Zeitpunkt des darauf folgenden Wiedererscheinens zu beurkunden (KK-Gmel 13; LR-Becker 22).

23 **7) Rechtsbehelfe:** Die Beschwerde gegen den die Freistellung gewährenden oder ablehnenden Beschluss und den Widerrufsbeschluss ist nach § 305 S 1 ausgeschlossen (KMR-Paulus 18).

24 Auch die **Revision** kann auf die Fehlerhaftigkeit dieser Beschlüsse nicht gestützt werden. Mit der Revision kann aber, sofern der Fehler nicht durch teilw Wiederholung der Verhandlung, auch in Anwesenheit des notwendigen Verteidigers, geheilt worden ist (3 zu § 338), nach § 338 Nr 5 gerügt werden, dass in Abwesenheit des Angeklagten oder des notwendigen Verteidigers Umstände erörtert worden sind, die den Angeklagten mindestens mittelbar betrafen (BGH NStZ **83**, 34; **85**, 205 [Pf/M]; **92**, 27 [K]; StV **84**, 102; **88**, 370; **91**, 97). Der zwingende Aufhebungsgrund des § 338 Nr 5 liegt auch vor, wenn die Verhandlung in Abwesenheit des Angeklagten oder des Verteidigers ohne entspr Gerichtsbeschluss stattgefunden hat (BGH NStZ **85**, 375) oder wenn sie auf einen Verfahrensteil erstreckt worden ist, den der Beschluss nicht bezeichnet hat (BGH StV **86**, 418 L; **88**, 370; 3 StR 562/08 vom 30. 7. 2009). Das gilt auch dann, wenn der Angeklagte selbst seine Beurlaubung beantragt hatte (BGH NStZ **10**, 227). Vgl zum Ganzen Schothauer Koch-FG 245 ff, dort auch zu den nach § 344 II S 2 an die Begründung der Rüge zu stellenden Anforderungen.

Hauptverhandlung trotz Ausbleibens **RiStBV 131**

232 **I [1] Die Hauptverhandlung kann ohne den Angeklagten durchgeführt werden, wenn er ordnungsgemäß geladen und in der Ladung darauf hingewiesen worden ist, dass in seiner Abwesenheit verhandelt werden kann, und wenn nur Geldstrafe bis zu einhundertachtzig Tagessätzen, Verwarnung mit Strafvorbehalt, Fahrverbot, Verfall, Einziehung, Vernichtung oder Unbrauchbarmachung, allein oder nebeneinander, zu erwarten ist. [2] Eine höhere Strafe oder eine Maßregel der Besserung und Sicherung darf in diesem Verfahren nicht verhängt werden. [3] Die Entziehung der Fahrerlaubnis ist zulässig, wenn der Angeklagte in der Ladung auf diese Möglichkeit hingewiesen worden ist.**

II Auf Grund einer Ladung durch öffentliche Bekanntmachung findet die Hauptverhandlung ohne den Angeklagten nicht statt.

III Die Niederschrift über eine richterliche Vernehmung des Angeklagten wird in der Hauptverhandlung verlesen.

IV Das in Abwesenheit des Angeklagten ergehende Urteil muss ihm mit den Urteilsgründen durch Übergabe zugestellt werden, wenn es nicht nach § 145 a Abs. 1 dem Verteidiger zugestellt wird.

1) Eine **Vereinfachung des Verfahrens** in Strafsachen von geringer Bedeutung ermöglicht die Vorschrift. Das Gericht braucht in solchen Fällen die Anwesenheit des Angeklagten nicht zu erzwingen, sondern kann unter den in I S 1 bezeichneten Voraussetzungen ohne den ausgebliebenen Angeklagten verhandeln. Dabei handelt es sich um ein Ungehorsamsverfahren (EbSchmidt 1; **aM** KMR-Paulus 2; Rieß ZStW **90**, Beih 201: vom Gericht gestattetes Fernbleiben); das Recht, der Hauptverhandlung fernzubleiben, begründet die Vorschrift nicht (BGH **25**, 165, 167; KK-Gmel 9; LR-Becker 1; **aM** Stein ZStW **97**, 329). 1

§ 232 **gilt auch** im Berufungsverfahren (BGH **25**, 165; Bay **60**, 273 = JR **61**, 103; Stuttgart NJW **62**, 2023; Küper GA **71**, 289) und im JGG-Verfahren (§ 50 I **JGG**), nicht aber im Revisionsverfahren (vgl § 350 II). Die Vorschrift ist nicht deshalb unanwendbar, weil sich der ordnungsgemäß geladene Angeklagte im Ausland aufhält (1 zu § 285). 2

2) Voraussetzungen der Abwesenheitsverhandlung: 3

A. **Ordnungsgemäße Ladung:** Vgl 9 zu § 329. Eine Ladung im Ausland genügt, auch wenn die Androhung von Zwangsmitteln unterbleiben musste. Die Nichteinhaltung der Ladungsfrist steht der Anwendung des § 232 nicht entgegen (allg M; 11 zu § 329). Aufgrund einer öffentlichen Ladung (§ 40) darf ohne den Angeklagten nicht verhandelt werden (II); über § 232 hinaus hat diese Einschränkung aber keine Bedeutung (9 zu § 329). 4

B. Der **Hinweis auf die Möglichkeit der Abwesenheitsverhandlung** ist eine unverzichtbare Zulässigkeitsvoraussetzung für das Abwesenheitsverfahren (LR-Becker 7). Das Einverständnis des Angeklagten oder seines Verteidigers mit der Verhandlung in seiner Abwesenheit kann ihn nicht ersetzen (Frankfurt NJW **52**, 1107; LR-Becker 15; SK-Schlüchter 15; **aM** Zweibrücken NJW **68**, 1977; KMR-Paulus 7; Küper NJW **73**, 1334). Das Gericht fügt der Ladung den Hinweis nur bei, wenn es die Möglichkeit in Betracht zieht, ohne den Angeklagten zu verhandeln. 5

Anderenfalls **sieht es von dem Hinweis ab,** und der Angeklagte ist dann verpflichtet, in der Hauptverhandlung zu erscheinen (BGH **25**, 165, 166). Da in diesem Fall die Hauptverhandlung in seiner Abwesenheit nicht stattfinden darf, kann er sich auch nicht nach § 234 durch einen Verteidiger vertreten lassen (BGH **25**, 165 = JR **74**, 28 mit zust Anm Gollwitzer und abl Anm Küper NJW **73**, 1334; Bay **60**, 273 = JR **61**, 103; NJW **70**, 1055 mit Anm Küper NJW **70**, 1562; Oldenburg NJW **52**, 1151; erg 15 zu § 329). 6

7 Der Hinweis muss **klar und unmissverständlich** sein; die bloße Bezugnahme auf den Hinweis in einer früheren Ladung genügt nicht (Köln NStE Nr 2). Im Berufungsverfahren wird er durch den Hinweis nach § 323 I S 2 nicht ersetzt (Bay **60**, 273 = JR **61**, 103; Oldenburg aaO; NdsRpfl **54**, 17; Zweibrücken NJW **68**, 1977). Ein Hinweis auf § 234 ist nicht vorgeschrieben, kann aber zweckmäßig sein.

8 Kommt die **Entziehung der Fahrerlaubnis** in Betracht, so ist auch hierauf hinzuweisen (I S 3).

9 C. Die **zu erwartenden Rechtsfolgen** dürfen die in I S 1 bezeichneten nicht übersteigen. Dabei ist nicht die gesetzliche Strafandrohung maßgebend, sondern die nach den Umständen des Einzelfalls zu erwartende Strafe und Nebenfolge (Bay **60**, 273 = JR **61**, 103; Hamm NJW **54**, 1131; Stuttgart NJW **62**, 2023). Daher ist § 232 auch anwendbar, wenn eine Geldstrafe nur nach § 47 II StGB verhängt werden kann. Im Berufungsverfahren entspricht die zu erwartende Rechtsfolge wegen des Verschlechterungsverbots nach § 331 der im 1. Urteil erkannten Strafe (Stuttgart aaO). Bei Tatmehrheit kommt es auf die Gesamtstrafe an (Düsseldorf NJW **91**, 2781, 2782). Eine Geldstrafe von mehr als 180 Tagessätzen darf in keinem Fall verhängt werden.

10 Auf die **Nebenfolgen** des Verfalls, der Einziehung, Vernichtung und Unbrauchbarmachung darf ohne Rücksicht auf ihren wirtschaftlichen Wert erkannt werden. Die Anordnung des Verfalls von Wertersatz und der Einziehung des Wertersatzes ist zulässig, obwohl I S 1 sie nicht aufführt. Andere dort nicht bezeichnete Nebenfolgen dürfen dagegen nicht angeordnet werden, insbesondere nicht die Bekanntmachungsbefugnis nach §§ 165, 200 StGB.

11 D. **Schuldhaftes Ausbleiben des Angeklagten:** Nur das eigenmächtige Ausbleiben (dazu 13 ff zu § 231) des Angeklagten rechtfertigt die Anwendung des § 232 (Karlsruhe NStZ **90**, 505 mwN). Daran fehlt es, wenn ein rechtzeitig gestellter Vertagungsantrag nicht beschieden worden ist (Köln NJW **52**, 637). Wie bei § 231 (dort 12) und § 329 (dort 18) kommt es nicht darauf an, ob sich der Angeklagte entschuldigt hat, sondern ob er entschuldigt ist. Von seinem eigenmächtigen Ausbleiben kann ausgegangen werden, wenn er nicht rechtzeitig erscheint und angemessene Zeit (vgl 14 zu § 329; 3 zu § 412) auf ihn gewartet worden ist.

12 Dem eigenmächtigen Ausbleiben steht das eigenmächtige **Sich-Entfernen aus der Hauptverhandlung** gleich. Die Verhandlung darf dann ohne den Angeklagten fortgesetzt werden, auch wenn die Voraussetzungen des § 231 II nicht vorliegen; diese Vorschrift enthält keine abschließende Regelung (LR-Becker 16; vgl auch Bay **72**, 17 = MDR **72**, 709 L).

13 **3)** Die **Entscheidung des Gerichts** darüber, ob es ohne den Angeklagten verhandeln will, braucht nicht durch förmlichen Beschluss getroffen zu werden. Es handelt sich um eine Ermessensentscheidung. Das Gericht muss von der Abwesenheitsverhandlung insbesondere absehen, wenn die Sachaufklärungspflicht (§ 244 II) die Anwesenheit des Angeklagten erfordert (KK-Gmel 11; Gollwitzer JR **74**, 29).

14 **4)** Die **Hauptverhandlung ohne den Angeklagten** wird nach den allgemeinen Regeln durchgeführt. Da keine Sachvernehmung stattfindet, muss das Gericht die ihm erkennbare Einlassung des Angeklagten zur Sprache bringen.

15 **Niederschriften über richterliche Vernehmungen des Angeklagten** als Beschuldigter in dem anhängigen Verfahren müssen verlesen werden (III), sofern der Angeklagte nicht nach § 234 durch einen Verteidiger vertreten wird, der seine Sachdarstellung vorträgt (Bay **74**, 35 = VRS **47**, 115; KK-Gmel 14). Die richterliche Vernehmung ist aber keine Voraussetzungen für die Abwesenheitsverhandlung (Bay aaO; Köln JMBlNW **59**, 72). Niederschriften über Zeugenvernehmungen des Angeklagten in einem anderen Verfahren und über staatsanwaltschaftliche und polizeiliche Vernehmungen sind von der Verlesung ausgeschlossen. Jedoch darf

aus solchen Niederschriften die Art der Einlassung des Angeklagten zur Sache festgestellt werden (LR-Becker 24; Gollwitzer Tröndle-FS 464; **aM** SK-Schlüchter 21).

Der in der nach III verlesenen Niederschrift enthaltene **Einwand der örtlichen Unzuständigkeit** gilt unabhängig vom Zeitpunkt der Verlesung als rechtzeitig erhoben (KK-Gmel 13). 16

Ein in der Niederschrift enthaltener **Beweisantrag** gilt dagegen nicht als in der Hauptverhandlung gestellt, weil die Vernehmung, anders als die nach § 233 II S 1, kein vorweggenommener Teil der Verhandlung ist. Für Beweisanträge gilt daher § 244 III nicht; sie sind nur im Rahmen der Sachaufklärungspflicht nach § 244 II zu beachten (Hamm JMBlNW **62**, 203; Gollwitzer Tröndle-FS 466). 17

Werden **Hinweise nach § 265 I, II** notwendig, so können sie dem Verteidiger erteilt werden (§ 234a Hs 1); wirkt kein Verteidiger mit, so muss die Hauptverhandlung abgebrochen und fortgesetzt werden, nachdem dem Angeklagten der Hinweis gegeben worden ist (erg 21 zu § 231). 18

Die **Zustimmungsrechte** nach §§ 245 I S 2, 251 I Nr 1, II Nr 3 übt ebenfalls der Verteidiger aus (§ 234a Hs 2). Ist keiner erschienen, so entfällt das Erfordernis der Zustimmung des Angeklagten (erg 21 zu § 231). 19

Der **Abbruch der Hauptverhandlung** ist auch erforderlich, wenn sich herausstellt, dass die Sachaufklärungspflicht eine Erörterung der Sache mit dem Angeklagten gebietet, oder wenn die Hauptverhandlung ergibt, dass der in I S 1 festgelegte Rahmen für eine schuldangemessene Ahndung der Tat nicht ausreicht. 20

5) Das **nachträgliche Erscheinen des Angeklagten** in der Verhandlung zwingt den Vorsitzenden dazu, ihn zur Person und zur Sache zu vernehmen (§ 243 II S 2, IV S 1, 2) und ihm mitzuteilen, was die bisherige Verhandlung ergeben hat (KK-Gmel 15; einschr Gollwitzer Tröndle-FS 465). Die Verhandlung braucht aber nicht wiederholt zu werden, selbst wenn sie schon weit fortgeschritten ist (LR-Becker 27). Die Beschränkungen des I S 1 gelten nicht mehr. 21

Ist der Angeklagte **genügend entschuldigt, so** kann ihm auf seinen Antrag, über dessen Möglichkeit er ggf zu belehren ist, durch alsbaldigen Beschluss, der nicht zur Hauptverhandlung gehört, nach § 235 Wiedereinsetzung gewährt und die Hauptverhandlung sofort in seiner Anwesenheit wiederholt werden. 22

6) In dem **Urteil** darf nur eine Strafe oder Nebenfolge verhängt werden, die dem Katalog des I S 1 entspricht. Das Urteil muss darlegen, dass und weshalb die Voraussetzungen des § 232 vorgelegen haben (**aM** LR-Becker 28). Auf von dem Angeklagten vorgebrachte oder sonst erkennbare Entschuldigungsgründe für sein Ausbleiben muss eingegangen werden (erg 33 zu § 329). 23

7) Die **Zustellung des vollständigen Urteils** (IV) erfolgt an den Pflichtverteidiger oder an den Wahlverteidiger, dessen Vollmacht sich bei den Akten befindet (§ 145a I), sonst an den Angeklagten. Andere Zustellungsempfänger sind grundsätzlich ausgeschlossen (BGH **11**, 152, 156); eine Ausnahme gilt für den nach § 116a III bestellten Zustellungsbevollmächtigten (RG **77**, 212; München MDR **95**, 405 mwN) und für die nach § 132 I Nr 2 bevollmächtigte Person (Bay **95**, 94 = NStZ **95**, 561; München aaO). 24

Sofern nicht an den Verteidiger zugestellt wird, ist nach IV die Zustellung **durch Übergabe** erforderlich. Das bedeutet aber nicht, dass die Übergabe an den Angeklagten stattfinden muss; auch die Übergabe an einen gesetzlich vorgesehenen Ersatzempfänger ist zulässig, insbesondere nach § 178 I Nr 1, 3 ZPO (BGH **11**, 152, 156; **22**, 52, 55; erg 7 zu § 37). Ausgeschlossen ist dagegen die Zustellung durch Niederlegung nach § 181 I ZPO (BGH **11**, 152) und die öffentliche Zustellung nach § 40 II (KMR-Paulus 20). 25

IV ist eine nur für das Abwesenheitsurteil nach § 232 geltende **Ausnahmevorschrift.** Auf andere Fälle der Verhandlung und Urteilsverkündung in Abwesenheit 26 des Angeklagten ist sie nicht anwendbar, insbesondere nicht auf das Urteil nach § 233 (BGH **11**, 152; Hamm NJW **56**, 1809; **aM** Düsseldorf NJW **56**, 641; Janetzke NJW **56**, 620) und nach §§ 329, 412 (Bay **57**, 79 = NJW **57**, 1119; Celle NJW **60**, 930; Köln NJW **80**, 2720; LG Frankfurt aM MDR **68**, 1030; Meyer JR **78**, 393; **aM** Janetzke aaO; erg 34 zu § 329).

27 Die mit dem Urteil zuzustellende **Rechtsmittelbelehrung** nach § 35a muss neben dem Hinweis auf die Möglichkeit der Berufung und Revision den auf die Wiedereinsetzung enthalten (§ 235 S 2).

28 **8) Rechtsbehelfe:** Beschwerde gegen die Abwesenheitsverhandlung und den Beschluss, mit dem sie abgelehnt wird, ist nach § 305 S 1 ausgeschlossen. Berufung ist wie gegen andere Urteile zulässig.

29 Die **Revision** kann nach § 338 Nr 5 darauf gestützt werden, dass die Voraussetzungen des § 232 nicht vorgelegen haben. Von Amts wegen wird das nicht geprüft, auch nicht das Fehlen des Hinweises nach I S 1 (Köln JMBlNW **59**, 72). Die Rüge, das Gericht habe zu Unrecht angenommen, dass der Angeklagte eigenmächtig ausgeblieben sei, kann sich nur auf den Urteilsinhalt stützen. Dem Gericht unbekannte Gründe können nur mit dem Wiedereinsetzungsantrag nach § 235 geltend gemacht werden (Düsseldorf NJW **62**, 2022; KK-Gmel 24; teilw **aM** LR-Becker 37; erg 48 zu § 329). Die Rüge, die Niederschrift sei entgegen III nicht verlesen worden, ist nur nach § 337 zulässig. Dass bei der Entscheidung über einen Mitangeklagten gegen § 232 verstoßen worden ist, kann nicht mit Erfolg gerügt werden (EbSchmidt 21; 26 zu § 230). Mängel der Urteilszustellung können mit der Verfahrensrüge geltend gemacht werden, Verfahrenshindernisse sind sie nicht (Bay **95**, 99 = MDR **95**, 1252).

30 **9)** Der **Antrag auf Wiedereinsetzung** (§ 235) kann unabhängig von der Anfechtung des Urteils mit Berufung oder Revision gestellt werden. Beim Zusammentreffen mit dem Wiedereinsetzungsantrag ist die Berufung oder Revision unter der Rechtsbedingung der Verwerfung des Wiedereinsetzungsantrags eingelegt (§§ 315 II, 342 II). Vgl im Übrigen bei § 235.

Entbindung vom Erscheinen **RiStBV 120**

233

I [1]Der Angeklagte kann auf seinen Antrag von der Verpflichtung zum Erscheinen in der Hauptverhandlung entbunden werden, wenn nur Freiheitsstrafe bis zu sechs Monaten, Geldstrafe bis zu einhundertachtzig Tagessätzen, Verwarnung mit Strafvorbehalt, Fahrverbot, Verfall, Einziehung, Vernichtung oder Unbrauchbarmachung, allein oder nebeneinander, zu erwarten ist. [2]Eine höhere Strafe oder eine Maßregel der Besserung und Sicherung darf in seiner Abwesenheit nicht verhängt werden. [3]Die Entziehung der Fahrerlaubnis ist zulässig.

II [1]Wird der Angeklagte von der Verpflichtung zum Erscheinen in der Hauptverhandlung entbunden, so muss er durch einen beauftragten oder ersuchten Richter über die Anklage vernommen werden. [2]Dabei wird er über die bei Verhandlung in seiner Abwesenheit zulässigen Rechtsfolgen belehrt sowie befragt, ob er seinen Antrag auf Befreiung vom Erscheinen in der Hauptverhandlung aufrechterhalte.

III [1]Von dem zum Zweck der Vernehmung anberaumten Termin sind die Staatsanwaltschaft und der Verteidiger zu benachrichtigen; ihrer Anwesenheit bei der Vernehmung bedarf es nicht. [2]Das Protokoll über die Vernehmung ist in der Hauptverhandlung zu verlesen.

1 **1)** Die **Entbindung von der Teilnahme an der Hauptverhandlung** kommt für Angeklagte in Betracht, die weit vom Gerichtsort entfernt wohnen oder wegen Krankheit oder Gebrechlichkeit oder aus beruflichen oder anderen privaten Gründen nicht oder nur unter Schwierigkeiten vor Gericht erscheinen können.

§ 233 **gilt auch** im Verfahren nach Einspruch gegen einen Strafbefehl (Hamm NJW **69**, 1129) und im Berufungsverfahren (RG **61**, 278; **62**, 259; **66**, 364; Bay NJW **70**, 1055; Köln NJW **69**, 705; Küper JR **71**, 325). Die Entbindung durch das AG wirkt aber für dieses Verfahren nicht fort; es bedarf eines neuen Antrags und einer Entscheidung des Berufungsgerichts (RG **64**, 239, 244; Bay **56**, 20; Schleswig NJW **66**, 67; LR-Becker 4). Im JGG-Verfahren gilt § 50 I **JGG.** Dass sich der Angeklagte im Ausland aufhält, steht der Anwendung des § 233 nicht entgegen (1 zu § 285). 2

2) Voraussetzungen der Entbindung (I): 3

A. Nur **auf Antrag des Angeklagten** darf die Entbindung ausgesprochen werden. Der Antrag kann erst nach Eröffnung des Hauptverfahrens gestellt werden (LR-Becker 9 mwN); es kann aber im Einzelfall angebracht sein, den Angeklagten vor der Ladung zur Hauptverhandlung über das Antragsrecht zu belehren (RiStBV 120 I). Auch ein in derselben oder in anderer Sache in Haft befindlicher Angeklagter kann den Antrag stellen. 4

Der **Verteidiger** braucht für die Antragstellung eine über die Verteidigervollmacht hinausgehende Vertretungsvollmacht (BGH **12**, 367; Hamm NJW **69**, 1129). Dabei genügt nach heute hM (vgl Köln NStZ **02**, 268, 269 mwN) die allgemeine Vollmacht, den Angeklagten in dessen Abwesenheit zu vertreten. 5

Der Vertreter kann den Antrag **noch in der Hauptverhandlung** stellen (Hamm NJW **69**, 1129; Schleswig SchlHA **64**, 70), auch noch am Beginn der Berufungsverhandlung (BGH **25**, 281; Bay **72**, 47, 50 = VRS **43**, 195, 197; NJW **70**, 1055; Karlsruhe Justiz **69**, 127; Köln NJW **69**, 705; Zweibrücken NJW **65**, 1033; Küper JR **71**, 325); wird der Antrag abgelehnt, so darf sofort nach § 329 I verfahren werden (dort 5). 6

Der **Widerruf des Antrags** ist zulässig, solange über ihn nicht entschieden worden ist (LR-Becker 11). Danach kann der Angeklagte jederzeit erklären, dass er auf die Entbindung verzichte. Das hat zur Folge, dass der Entbindungsbeschluss aufgehoben werden muss (KMR-Paulus 14) und danach, wenn das nicht durch andere Vorschriften gestattet ist, nicht ohne den Angeklagten verhandelt werden darf; die Zwangsmittel des § 230 II können angewendet werden (Köln NJW **52**, 637). 7

B. **Begrenzte Straferwartung:** Die Entbindung ist nur zulässig, wenn keine anderen als die in I S 1, 3 bezeichneten Rechtsfolgen zu erwarten sind. Wie bei § 232 (dort 9) kommt es dabei nicht auf die abstrakte Strafandrohung, sondern auf die im Einzelfall zu erwartende Strafe an. 8

3) Durch **Gerichtsbeschluss** muss über den Antrag entschieden werden, in der Hauptverhandlung in der dafür vorgesehenen Besetzung; ein schon vorher für den Fall der Antragstellung gefasster Beschluss ist nicht unzulässig (**aM** Frankfurt NJW **91**, 2849 = JR **92**, 348 mit abl Anm Wendisch). 9

Die Entscheidung, die keiner Begründung bedarf (**aM** LR-Becker 14), steht im **Ermessen** des Gerichts, das nicht nur die Interessen des Angeklagten (vgl oben 1), sondern auch die Bedeutung der Sache und die Erfordernisse der Sachaufklärung zu berücksichtigen hat. 10

Die Entbindung gilt grundsätzlich **für die ganze Verhandlung;** ausnahmsweise kann sie auf einen zeitlich oder örtlich begrenzten Teil der Hauptverhandlung beschränkt werden, etwa wenn sie teils am Gerichtsort, teils an einem anderen Ort stattfindet. Eine Entbindung nur für einzelne sachliche Abschnitte der Hauptverhandlung ist aber unzulässig (Schleswig SchlHA **78**, 188; **aM** LR-Becker 13). 11

Der **Widerruf** des Entbindungsbeschlusses ist jederzeit möglich, wenn sich herausstellt, dass die persönliche Anwesenheit des Angeklagten notwendig oder auch nur sachdienlich ist oder dass eine höhere als die nach I S 1 zulässige Strafe zu verhängen ist (LR-Becker 12; vgl auch Hamburg MDR **68**, 344). 12

13 Die Entscheidung über den Entbindungsantrag wird nach § 35 II S 1 durch Verkündung in der Hauptverhandlung **bekanntgemacht,** wenn der Angeklagte anwesend ist oder wenn der Verteidiger den Antrag erst in der Hauptverhandlung gestellt hat; die Zustellung des Beschlusses an den Angeklagten ist in diesem Fall nicht erforderlich (BGH **25**, 281; vgl auch Küper NJW **74**, 1927; JR **71**, 325). Ein außerhalb der Hauptverhandlung ergangener Beschluss muss dem Angeklagten förmlich zugestellt werden, wobei § 145 a I gilt (KK-Gmel 9), und zwar so rechtzeitig, dass er sich über sein weiteres Verhalten schlüssig werden kann (Bay NJW **70**, 1055). Das gilt auch für den stattgebenden Beschluss.

14 **4)** Die **Vernehmung des Angeklagten** (II, III) ist zwingend vorgeschrieben, auch wenn bereits im Ermittlungsverfahren eine richterliche Vernehmung stattgefunden hat (Schleswig NJW **66**, 67; LR-Becker 18), im Berufungsrechtszug auch, wenn der Angeklagte schon im 1. Rechtszug nach II vernommen worden war (Schleswig aaO; KMR-Paulus 23).

15 Die Vernehmung ist ein **vorweggenommener Teil der Hauptverhandlung** (BGH **25**, 42; Bay **74**, 35, 37 = VRS **47**, 115, 117; Hamburg NJW **72**, 2322; GA **68**, 375). Sie muss dem Angeklagten so weit wie möglich die Verteidigungsmöglichkeiten eröffnen, die er sonst in der Hauptverhandlung hat. Dem Angeklagten muss daher, nachdem er über seine persönlichen Verhältnisse gehört worden ist (§ 243 II S 2), nach Belehrung über seine Aussagefreiheit (§ 243 V S 1) Gelegenheit gegeben werden, zu allen Tatsachen und Beweismitteln Stellung zu nehmen, die in der Anklageschrift aufgeführt sind. Außer der Sachvernehmung ist nach II S 2 Gegenstand der Vernehmung auch die Befragung des Angeklagten, ob er den Entbindungsantrag aufrechterhalten wolle, und zwingend (Oldenburg NdsRpfl **55**, 140) die Belehrung über die in seiner Abwesenheit zulässigen Rechtsfolgen.

16 Einer **Wiederholung der Vernehmung** bedarf es, wenn in der Hauptverhandlung neue Tatsachen oder Beweise zum Nachteil des Angeklagten berücksichtigt werden sollen, zu denen er sich noch nicht hat äußern können (Bay DAR **86**, 248 [R]; Hamm VRS **19**, 374; DAR **94**, 410; Schleswig SchlHA **81**, 89 [E/L]), oder wenn der Angeklagte zu erkennen gibt, dass er seine früheren Angaben ergänzen oder berichtigen will (Bay **56**, 20). Ist ein Hinweis nach § 265 I, II erforderlich, so muss ebenfalls eine neue Vernehmung stattfinden, auch wenn ein Verteidiger mitwirkt (3 zu § 234 a), selbst wenn er vertretungsberechtigt ist (11 zu § 234).

17 Durch einen **beauftragten oder ersuchten Richter** (vgl 1 zu § 63) muss der Angeklagte vernommen werden (II S 1). Auch die Vernehmung durch einen deutschen Konsul nach § 15 IV KonsG und durch einen ausländischen Richter ist statthaft (LR-Becker 19). Das Vernehmungsersuchen nach II ist nicht deshalb unzulässig, weil der Antrag nach I S 1 noch nicht gestellt ist. Das erkennende Gericht kann den Angeklagten vielmehr von dem ersuchten Richter über seine Antragsbefugnis belehren lassen (BGH **25**, 42; erg 2 zu § 158 GVG). Dann sind aber die Zwangsmittel nach § 230 II, die der ersuchte Richter sonst anwenden darf (Hamburg GA **68**, 375), nicht zulässig (BGH aaO; Bremen GA **62**, 344; Frankfurt NJW **74**, 430; Hamburg NJW **72**, 2322). Das Ersuchen wird auch nicht dadurch unzulässig (vgl § 158 GVG), dass der Angeklagte bei Beginn der Vernehmung erklärt, er wolle sich in der Hauptverhandlung selbst verteidigen (Bremen GA **62**, 344; Koblenz Rpfleger **73**, 61; LR-Becker 20). Anders ist es, wenn er den Antrag zurücknimmt (oben 7).

18 Von dem Vernehmungstermin zu **benachrichtigen sind** entgegen III S 1 Hs 1 nicht nur der StA und der Verteidiger, sondern alle Prozessbeteiligten, auch der Mitangeklagte, gegen den die Aussage verwendet werden soll (RG **57**, 271, 272). Anwesend brauchen sie bei der Vernehmung nicht zu sein (III S 1 Hs 2). Das Fehlen der Benachrichtigung macht die Vernehmungsniederschrift unverlesbar, wenn der nicht verständigte Prozessbeteiligte ihr widerspricht (Braunschweig DAR **92**, 392).

19 **5)** Zur **Hauptverhandlung** muss auch der vom Erscheinen entbundene Angeklagte geladen werden (Schleswig SchlHA **77**, 181 [E/J]; LR-Becker 28; vgl auch

RiStBV 120 III S 1); er hat ein Anwesenheitsrecht (BGH **12**, 367, 371; 4 zu § 230). In der Ladung wird die Warnung nach § 216 I weggelassen (RG aaO; KMR-Paulus 29); statt dessen wird der Angeklagte darüber belehrt, dass er nicht zu erscheinen braucht (RiStBV 120 III S 2).

In der Hauptverhandlung ist an der Stelle, an der sonst die Sachvernehmung des Angeklagten stattfindet, ohne besonderen Gerichtsbeschluss (KMR-Paulus 29) die **Vernehmungsniederschrift zu verlesen** (III S 2). Andere Vernehmungsprotokolle, auf die der Angeklagte Bezug genommen hat, werden ebenfalls verlesen (LR-Becker 30). Anders als bei § 232 (dort 15) darf von der Verlesung nicht deshalb abgesehen werden, weil der vertretungsberechtigte Verteidiger in der Hauptverhandlung die Einlassung des Angeklagten vorträgt (Bay **74**, 35, 37 = VRS **47**, 115, Spendel JZ **59**, 739/740). 20

Hat der Angeklagte bei der Vernehmung den **Einwand der örtlichen Unzuständigkeit** erhoben, so ist darüber ohne Rücksicht auf den Zeitpunkt zu entscheiden, in dem der Vorsitzende ihn in der Hauptverhandlung zur Sprache bringt (16 zu § 232). 21

Beweisanträge, die der Angeklagte bei der Vernehmung gestellt hat, ebenso Fragen, die er an Zeugen, Sachverständige oder Mitangeklagte gerichtet wissen will (Gollwitzer Meyer-GedSchr 161), gelten, anders als im Fall des § 232 (dort 17), als in der Hauptverhandlung selbst gestellt (Bay **55**, 267 = NJW **56**, 1042; ANM 390 mwN in Fn 76; erg 34 zu § 244). Das gilt auch, wenn der Verteidiger, der den Angeklagten nach § 234 vertritt, sie nicht wiederholt (LR-Becker 31). Der Verteidiger ist aber befugt, den Antrag zurückzunehmen (ANM aaO). Über den Beweisantrag muss das Gericht in der Hauptverhandlung entscheiden; lehnt ihn der unzuständige Vorsitzende vor der Hauptverhandlung ab, so ist das ohne rechtliche Wirkung (ANM aaO). Dem Angeklagten muss die Entscheidung vor der Urteilsfällung nicht bekanntgegeben werden. Stellt der Angeklagte außerhalb der Vernehmung nach II schriftliche Beweisanträge, so wird über sie nur nach § 219 entschieden (Bay **55**, 267 = NJW **56**, 1042; ANM 391/392; Oske MDR **71**, 799; erg 34 zu § 244). 22

Die **Zustimmungsrechte** nach §§ 245 I S 2, 251 I Nr 1, II Nr 3 übt der Verteidiger aus (§ 234a Hs 2); wirkt keiner mit, so muss die Zustimmung des Angeklagten eingeholt werden (LR-Becker 35; erg 10 zu § 245). 23

Wegen der **Hinweise nach § 265 I, II** vgl oben 16. 24

6) Im **Urteil** dürfen keine höheren oder anderen als die in I S 1, 3 bezeichneten Rechtsfolgen verhängt werden (I S 2). 25

Die **Zustellung** des Urteils erfolgt an den Verteidiger (§ 145a I) oder an den Angeklagten (Frankfurt NJW **82**, 1297); § 232 IV gilt nicht (dort 26). 26

7) Rechtsbehelfe: Die Beschwerde gegen den Beschluss über die Entbindung oder über die Ablehnung des Entbindungsantrags ist nach § 305 S 1 ausgeschlossen (Bay **52**, 116 = JZ **52**, 691; NJW **70**, 1055; Celle NJW **57**, 1163; Hamm NJW **69**, 1129). Das Gleiche gilt für den Widerrufsbeschluss (Hamburg MDR **68**, 344). Eine Ausnahme besteht, wenn der Tatrichter über einen Entbindungsantrag nicht sachlich entschieden, sondern ihn als unzulässig abgelehnt hat (Köln NJW **57**, 153; LR-Becker 41). 27

Mit der **Revision** kann nach § 338 Nr 5 gerügt werden, dass die Abwesenheitsverhandlung unzulässig, insbesondere kein wirksamer Entbindungsantrag gestellt war (RG **62**, 259), auch dass die durch I S 1, 3 bestimmten Grenzen der zulässigen Rechtsfolgen überschritten worden sind; von Amts wegen wird das nicht geprüft (KK-Gmel 22; LR-Becker 44; Treier NStZ **83**, 234; **aM** Hamm JR **78**, 120 mit abl Anm Meyer-Goßner; Köln GA **71**, 27: Verfahrenshindernis). Nur nach § 337 kann gerügt werden, dass die Vernehmung nach II S 1 (Schleswig NJW **66**, 67) oder die Belehrung über die zulässigen Rechtsfolgen nach II S 2 unterblieben (Oldenburg NdsRpfl **55**, 140) oder das Vernehmungsprotokoll in der Hauptverhandlung nicht verlesen worden ist. 28

29 Die **Wiedereinsetzung** in entspr Anwendung des § 235 kommt nicht in Betracht (KK-Gmel 21; LR-Becker 47; **aM** LG Frankfurt aM NJW **54**, 167 für den Fall, dass der Verteidiger nicht geladen worden ist).

Vertretung

234 Soweit die Hauptverhandlung ohne Anwesenheit des Angeklagten stattfinden kann, ist er befugt, sich durch einen mit schriftlicher Vollmacht versehenen Verteidiger vertreten zu lassen.

1 **1) Verteidiger als Vertreter des Angeklagten:** Der Verteidiger hat die Rechtsstellung eines Beistandes des Angeklagten (1 vor § 137); Vertreter des Angeklagten ist er idR nicht. Nach § 234 kann sich der Angeklagte aber, wenn befugt (vgl 6 zu § 232) in seiner Abwesenheit verhandelt wird (vgl §§ 231 II, 231 a, 231 b, 232, 233), durch einen mit schriftlicher Vollmacht versehenen Verteidiger vertreten lassen. Die Anordnung seines persönlichen Erscheinens nach § 236 steht dem nicht entgegen (dort 1; 15 zu § 329; 4 zu § 411).

2 **Besondere Vorschriften** enthalten für das Berufungsverfahren § 329 I, für das Revisionsverfahren § 350 II, für das Privatklageverfahren § 387 I, für die Hauptverhandlung nach rechtzeitigem Einspruch gegen den Strafbefehl § 411 II S 1 und für die Nebenbeteiligten §§ 434 I S 1, 444 II S 2).

3 Dass in der Abwesenheitsverhandlung auch ein **Verteidiger ohne Vertretungsvollmacht** mitwirken kann, ergibt sich aus § 137 I S 1; er kann dann aber nur Erklärungen abgeben, zu denen er keine Vertretungsvollmacht benötigt (Bay **80**, 69 = MDR **81**, 161).

4 Die **Vertretung des anwesenden Angeklagten** ist unzulässig (KMR-Paulus 5; **aM** SK-Schlüchter 3; erg 27 zu § 243) und auch überflüssig; denn Erklärungen des Verteidigers, denen der Angeklagte nicht widerspricht, gelten idR als Erklärungen des Angeklagten selbst (**aM** Geppert Rudolphi-FS 658; erg 16 a zu § 261).

5 **2) Schriftliche Vollmacht:** Die wirksame Vertretung setzt grundsätzlich eine schriftliche Vertretungsvollmacht voraus, die auf Grund mündlicher Ermächtigung auch von einem Dritten (Bay **62**, 282 = NJW **63**, 872) oder von dem Bevollmächtigten selbst (Bay **01**, 153 = NStZ **02**, 277) unterzeichnet werden kann und die dem Gericht schon bei Beginn der Hauptverhandlung vorliegen muss (Koblenz MDR **72**, 801; Köln MDR **64**, 435). Die gewöhnliche Verteidigervollmacht (8 ff vor § 137) reicht nicht aus (Bay NJW **56**, 838; Düsseldorf JMBlNW **79**, 246; Köln StV **81**, 119; Stuttgart NJW **68**, 1733); die Vertretungsvollmacht kann aber zugleich in oder mit der Verteidigervollmacht erteilt werden (BGH **9**, 356). Sie muss nur klar zum Ausdruck bringen, dass der Verteidiger mit der Vertretung des Angeklagten beauftragt ist. Dabei genügt, dass die Vollmacht den Verteidiger dazu allgemein ermächtigt; eine Vollmacht zur Vertretung des Angeklagten „in dessen Abwesenheit“ ist nicht erforderlich (BGH aaO; Düsseldorf VRS **81**, 292; Zweibrücken StV **81**, 539).

6 Einer **schriftlichen Vollmacht bedarf es nicht,** wenn der Angeklagte die Vollmacht bei einer kommissarischen Vernehmung vor der Hauptverhandlung zu Protokoll erklärt (Hamm NJW **54**, 1856; KK-Gmel 3). Auf die Vorlage der schriftlichen Vollmacht kann auch verzichtet werden, wenn das Bestehen der Vertretungsvollmacht aus anderen schriftlichen Erklärungen des Angeklagten gegenüber dem Gericht sicher festgestellt werden kann (Düsseldorf NStZ **84**, 524; Hamburg NJW **68**, 1687; Koblenz MDR **72**, 801).

7 Eine von dem vertretungsberechtigten Verteidiger einem anderen RA erteilte **Untervollmacht** (11 vor § 137) bedarf nicht der Schriftform (Bay **91**, 41 = VRS **81**, 34; Karlsruhe NStZ **83**, 43; Köln VRS **60**, 441); es genügt, dass sie auf andere Weise nachgewiesen ist (Hamm MDR **85**, 957).

3) Zur **Vertretung in der Erklärung und im Willen** berechtigt die Vertretungsvollmacht (BGH **9**, 356). Der Verteidiger hat neben seinen Befugnissen als Beistand auch die Befugnisse des abwesenden Angeklagten. 8

Im Rahmen der Vollmacht, die auf einzelne Prozesshandlungen beschränkt werden kann, darf er alle **zum Verfahren gehörenden Erklärungen** abgeben und entgegennehmen (BGH aaO; Bay **70**, 228 = VRS **40**, 271; **82**, 156 = VRS **64**, 134). Er kann zB den Einwand nach §§ 6a, 16 erheben, Ablehnungsanträge nach § 24 stellen, die Zustimmung nach §§ 153 II S 1, 153a II, 153b II, 265a, 303 S 1 erklären oder verweigern, für den Angeklagten auf die Einhaltung der Ladungsfrist nach § 217 I oder auf das Aussetzungsverlangen nach § 217 II, III verzichten (Hamm NJW **54**, 1856), die Zustimmung nach §§ 251 I Nr 1, II Nr 3, 245 I S 2 erklären (vgl § 234a Hs 2, der dazu sogar den nicht vertretungsberechtigten Verteidiger ermächtigt) sowie Anerbieten nach § 56b III StGB und Zusagen nach § 56c IV StGB erklären. 9

Der Vertreter kann für den Angeklagten auch **Erklärungen zur Sache** abgeben, die in gleicher Weise wie die Einlassung oder das Geständnis des Angeklagten als Urteilsgrundlage verwertbar sind (Bay **70**, 228 = VRS **40**, 271; **74**, 35 = VRS **47**, 115; **82**, 156 = VRS **64**, 134; Beulke Strauda-FS 90; Eisenberg/Pincus JZ **03**, 402; krit SK-Schlüchter 10; **aM** Geppert Rudolphi-FS 657; Gillmeister Mehle-FS 239). Vorher ist er nach § 243 V S 1 zu belehren (Bay **74**, 35 = VRS **47**, 115; **82**, 156 = VRS **64**, 134). Zur Aussage verpflichtet ist er ebenso wenig, wie der Angeklagte selbst (KG VRS **33**, 448; erg 6 zu § 411). 10

Der **Hinweis nach § 265 I, II** kann dem Verteidiger erteilt werden, selbst wenn er keine Vertretungsvollmacht hat (§ 234 Hs 1). Das gilt jedoch nicht in der Abwesenheitsverhandlung nach § 233; denn sie setzt voraus, dass der Angeklagte zur Anklage vernommen worden ist (§ 233 II S 1). Daraus folgt, dass seine erneute Vernehmung (auf die er allerdings verzichten kann) erforderlich ist, wenn die Anklage umgestaltet wird (Bay **55**, 186 = JZ **56**, 68 L; LR-Becker 11; **aM** Karlsruhe DAR **60**, 144; erg 16 zu § 233; 3 zu § 234a). 11

Zur Frage, ob der Angeklagte iS des § 234 vertreten ist, wenn der Verteidiger **keine Erklärungen** abgibt, vgl 16 zu § 329; 6 zu § 411. 12

4) Mit der **Revision** kann gerügt werden, dass eine wirksame Vertretungsvollmacht nicht bestanden hat, dass der Vertreter nicht zur Hauptverhandlung geladen worden ist (Köln NJW **60**, 736) und dass das Gericht sich unter Verstoß gegen seine Aufklärungspflicht nach § 244 II mit dem Erscheinen des Vertreters begnügt hat, statt den Angeklagten selbst zu hören. 13

Verteidigerbefugnisse bei Abwesenheitsverhandlungen

234a **Findet die Hauptverhandlung ohne Anwesenheit des Angeklagten statt, so genügt es, wenn die nach § 265 Abs. 1 und 2 erforderlichen Hinweise dem Verteidiger gegeben werden; das Einverständnis des Angeklagten nach § 245 Abs. 1 Satz 2 und nach § 251 Abs. 1 Nr. 1, Abs. 2 Nr. 3 ist nicht erforderlich, wenn ein Verteidiger an der Hauptverhandlung teilnimmt.**

1) Hauptverhandlungen in Abwesenheit des Angeklagten können (ganz oder teilw) nach §§ 231 II, 231a I, 231b I, 232, 233, 329 II, 387 I und 411 II S 1 durchgeführt werden. § 234a will in diesen Fällen das Verfahren dadurch vereinfachen, dass der anwesende Verteidiger allgemein zur Wahrnehmung der Informations- und Zustimmungsbefugnisse des Angeklagten ermächtigt wird. Für die Verhandlung in Abwesenheit eines nach § 231c zeitweilig beurlaubten Angeklagten hat die Vorschrift keine Bedeutung, weil während der Beurlaubung nicht über Dinge verhandelt werden darf, durch die der Angeklagte betroffen ist (12 zu 231c). Wird der Angeklagte nach § 247 zeitweilig aus dem Sitzungszimmer entfernt, so 1 ist § 234a ebenfalls nicht anwendbar; denn in diesem Fall findet die Hauptverhandlung nicht iS der Vorschrift ohne Anwesenheit des Angeklagten statt.

2 **2) Hinweise nach § 265 I, II** (Hs 1) können in allen Fällen gegeben werden (vgl aber unten 3), in denen zulässigerweise in Abwesenheit des Angeklagten verhandelt werden darf und ein Wahl- oder Pflichtverteidiger mitwirkt. Eine besondere Vertretungsvollmacht braucht der Verteidiger nicht. Kann er im Einzelfall die Verteidigung nach dem Hinweis ohne zusätzliche Information des Angeklagten nicht mehr sachgerecht führen, so hat er die Möglichkeit, nach § 265 III, IV die Unterbrechung oder Aussetzung der Verhandlung zu beantragen.

3 Für die **Abwesenheitsverhandlung nach § 233** gilt Hs 1 nicht. Denn sie setzt voraus, dass der Angeklagte zur Anklage vernommen worden ist (§ 233 II S 1). Daraus folgt, dass seine erneute Vernehmung (auf die er allerdings verzichten kann) erforderlich ist, wenn die Anklage umgestaltet wird (16 zu § 233). Der Hinweis an den Verteidiger genügt daher nicht (KK-Gmel 3; **aM** LR-Becker 5; Gollwitzer Tröndle-FS 470).

4 **3) Zustimmungserklärungen** (Hs 2): Prozesserklärungen nach §§§ 245 I S 2, 251 I Nr 1, II Nr 3 brauchen von dem Angeklagten nicht eingeholt zu werden, wenn zulässigerweise in seiner Abwesenheit verhandelt wird und ein Wahl- oder Pflichtverteidiger an der Verhandlung teilnimmt. Das Gleiche gilt für die Zustimmung nach § 325 Hs 2, die in § 234a nur deshalb nicht erwähnt ist, weil ihr neben § 251 I Nr 1 keine selbstständige Bedeutung zukommt. Für die Zustimmung zur Nachtragsanlage nach § 266 I gilt § 234a nicht; die Beteiligung des Angeklagten ist hier unerlässlich (Gollwitzer Tröndle-FS 470).

5 **Hs 2 bedeutet nicht,** dass die Zustimmungserklärungen des Angeklagten nur dann entbehrlich sind, wenn für ihn ein Verteidiger mitwirkt; denn der Angeklagte hat in den Fällen des § 231 II (dort 29) und des § 232 (dort 19) sein Zustimmungs- und Verzichtsrecht verwirkt (KK-Gmel 6; Gollwitzer aaO 469).

Wiedereinsetzung in den vorigen Stand

235 [1]**Hat die Hauptverhandlung gemäß § 232 ohne den Angeklagten stattgefunden, so kann er gegen das Urteil binnen einer Woche nach seiner Zustellung die Wiedereinsetzung in den vorigen Stand unter den gleichen Voraussetzungen wie gegen die Versäumung einer Frist nachsuchen; hat er von der Ladung zur Hauptverhandlung keine Kenntnis erlangt, so kann er stets die Wiedereinsetzung in den vorigen Stand beanspruchen.** [2]**Hierüber ist der Angeklagte bei der Zustellung des Urteils zu belehren.**

1 **1)** Der **Anwendungsbereich der Vorschrift** ist auf das Abwesenheitsurteil nach § 232 beschränkt. Sie gilt nicht in den Fällen der §§ 231 II (dort 10), 231a, 231b und 233. Entspr anwendbar ist sie weder im Revisionsverfahren (11 zu § 350) noch auf den Fall, dass der von dem nach § 233 entbundenen Angeklagten benannte Verteidiger zur Hauptverhandlung nicht geladen worden ist (29 zu § 233).

2 **2) Sachliche Voraussetzung der Wiedereinsetzung** ist außer der Versäumung des Termins, die nicht vorliegt, wenn der abwesende Angeklagte nach § 234 vertreten war (Bay **65**, 4, 5), das **fehlende Verschulden** des Angeklagten an der Säumnis (S 1 Hs 1 iVm § 44).

3 Bei Versäumung des Termins infolge falscher Auskunft des Verteidigers über seine Verlegung wird Wiedereinsetzung idR zu bewilligen sein (EbSchmidt 5; **aM** LG Köln MDR **82**, 73 mit abl Anm Schmellenkamp).

4 Bei **Unkenntnis von der Ladung** kommt es auf das Verschulden nicht an (S 1 Hs 2); die fehlende Kenntnis muss aber – wie bei § 44 S 2 (dort 22) – für die Säumnis ursächlich geworden sein (Stuttgart OLGSt Nr 1, das daneben sogar eine Verwirkung der Wiedereinsetzung annimmt). Kenntnis von der Ladung iS der

Vorschrift hat der Angeklagte noch nicht erlangt, wenn er weiß, dass sie ihm zugegangen ist; erforderlich ist auch die Kenntnis von ihrem Inhalt (KK-Gmel 4). Verhindert der Angeklagte arglistig den Zugang der Ladung, so ist Wiedereinsetzung ausgeschlossen. Das Gleiche gilt, wenn er arglistig von dem Inhalt der ihm zugegangenen Ladung keine Kenntnis nimmt (LR-Becker 10).

3) Nur auf Antrag wird Wiedereinsetzung gewährt; denn der Angeklagte muss nach S 1 Hs 1 um sie „nachsuchen". Wiedereinsetzung von Amts wegen nach § 45 II S 3 ist daher ausgeschlossen (dort 12). Der Antrag muss binnen einer Woche nach Zustellung des Abwesenheitsurteils gestellt werden (S 1 Hs 1), und zwar bei dem Gericht, das das Urteil erlassen hat. Wegen der notwendigen Begründung vgl § 45 II S 1. 5

4) Die **Belehrung über die Wiedereinsetzungsmöglichkeit** (S 2) muss bei der Urteilszustellung nach § 232 IV erteilt werden (dort 27). Fehlt sie, so kann der Angeklagte entspr § 44 S 2 Wiedereinsetzung gegen die Versäumung der Wiedereinsetzungsfrist verlangen (LR-Becker 15 mwN). 6

5) Die **Entscheidung über den Antrag** trifft das Gericht, das das Abwesenheitsurteil erlassen hat, durch Beschluss, bei Bewilligung der Wiedereinsetzung mit der Kostenentscheidung nach § 473 VII (dort 38). 7

Die **Wiedereinsetzung beseitigt das Abwesenheitsurteil** ohne weiteres; in dem Beschluss braucht das nicht ausdrücklich ausgesprochen zu werden (Bay **72**, 43, 45; VRS **61**, 137; Oldenburg VRS **68**, 282; erg 25 zu § 44). In der neuen Verhandlung muss stets ein neues Urteil erlassen werden, auch wenn es den gleichen Inhalt hat wie das frühere Abwesenheitsurteil (KMR-Paulus 14). 8

6) Wegen der **sofortigen Beschwerde** vgl § 46 II, III. 9

Persönliches Erscheinen

236 **Das Gericht ist stets befugt, das persönliche Erscheinen des Angeklagten anzuordnen und durch einen Vorführungsbefehl oder Haftbefehl zu erzwingen.**

1) Nur **bei zulässiger Abwesenheitsverhandlung** nach §§ 231 II, 231 a (bei zeitweiliger Verhandlungsfähigkeit), 231 b, 232, 233 gilt die Vorschrift, und zwar in allen Rechtszügen. Die Berufung kann bei unentschuldigtem Ausbleiben trotz der Anordnung nach § 236 verworfen werden (5 zu § 329). Im Verfahren nach einem Einspruch gegen den Strafbefehl hindert § 411 II S 1 die Anwendung des § 236 nicht (dort 4; 15 zu § 329). Im Revisionsrechtszug ist die Anordnung nach § 236 zulässig, wenn der Angeklagte im Freibeweis zu Verfahrensfragen vernommen werden soll (3 zu § 350). Im Privatklageverfahren gilt § 387 III, für Einziehungs- und Verfallsbeteiligte §§ 433 II, 442 I. Eine gesetzlich vorgesehene Befugnis des Angeklagten, sich in der Hauptverhandlung vertreten zu lassen (§§ 234, 329 I, 411 II S 1), wird durch die Anordnung nach § 236 nicht berührt (KK-Gmel 2 zu § 234; LR-Becker 3; **aM** Bay **72**, 47, 51 = VRS **43**, 195; Bay NJW **70**, 1055 mit abl Anm Kuper NJW **70**, 1562; SK-Schlüchter 12; erg 1 zu § 234; 15 zu § 329; 4 zu § 411). 1

2) Die **Entscheidung** trifft das Gericht, nicht der Vorsitzende allein, durch Beschluss. 2

Sie **setzt zunächst voraus,** dass die Anwesenheit des Angeklagten in der Hauptverhandlung einen Beitrag zur Aufklärung des Sachverhalts erwarten lässt (BGH **30**, 172, 175 zu § 73 II OWiG). 3

Ist das der Fall, so steht die Entscheidung darüber, ob das persönliche Erscheinen angeordnet wird, im **Ermessen des Gerichts.** Die pflichtgemäße Ermessensausübung verlangt eine sachgerechte und umfassende Würdigung aller für und gegen die Anordnung sprechenden Gesichtspunkte. Die berechtigten Interessen des An- 4 geklagten und das Interesse an möglichst vollständiger Sachaufklärung sind gegeneinander abzuwägen (BGH aaO); auch die Bedeutung der Sache fällt ins Gewicht (Bay **73**, 112 = VRS **45**, 382 zu § 73 II OWiG; Düsseldorf NStZ-RR **98**, 180: Strafbefehlsverfahren; Stuttgart NStE Nr 1). Der Verhältnismäßigkeitsgrundsatz und das Übermaßverbot (Einl 20, 21) sind zu beachten. Die Anordnung ist auch zulässig, wenn der Angeklagte sich im Ausland befindet (Schleswig SchlHA **64**, 70).

5 Der **Anordnung steht nicht entgegen,** dass der Angeklagte nicht gezwungen werden kann, zur Sache auszusagen (Bay **72**, 47, 51/52 = VRS **43**, 195), auch nicht der Umstand, dass er bereits mitgeteilt hat, er werde zur Sache keine Angaben machen (BGH **38**, 251, 257 mwN; Stuttgart aaO; str).

6 Die **Aufhebung des Anordnungsbeschlusses** ist jederzeit von Amts wegen oder auf Antrag möglich.

7 **3)** Die **Zustellung** des Beschlusses an den Angeklagten erfolgt idR zugleich mit der Ladung zum Termin (Schleswig SchlHA **64**, 70; LR-Becker 13). Die Zwangsmittel des § 236 müssen in der Ladung angedroht werden (§ 216 I).

8 **4) Zwangsmittel** (17 ff zu § 230) braucht das Gericht auch dann nicht anzuwenden, wenn der Angeklagte trotz der Anordnung nach § 236 nicht erscheint. Es kann vielmehr ohne den Angeklagten verhandeln, wenn es nunmehr meint, seine Anwesenheit sei zur Sachaufklärung nicht erforderlich (LR-Becker 14; **aM** Bay **72**, 47, 51 = VRS **43**, 195; NJW **70**, 1055 mit abl Anm Küper NJW **70**, 1562: Anordnung nach § 236 beseitigt Befugnis zur Abwesenheitsverhandlung). Zu dieser Ansicht kann es auch noch nach einem erfolglosen Versuch gelangen, die Anwesenheit des Angeklagten zu erzwingen (Celle NJW **70**, 906; Hamburg NJW **68**, 1687; vgl auch Schleswig SchlHA **64**, 70).

9 **5) Rechtsbehelfe:** Die Beschwerde gegen die Anordnung nach § 236 schließt § 305 S 1 aus (Bay **52**, 116 = JZ **52**, 691). Beschwerde gegen die Verhängung von Zwangsmitteln ist zulässig (§ 305 S 2), gegen den Haftbefehl auch die weitere Beschwerde nach § 310 I (dort 5).

10 Die **Revision** kann darauf gestützt werden, dass das Unterlassen der Anordnung nach § 236 die Sachaufklärungspflicht (§ 244 II) verletzt habe. Dabei muss der Beschwerdeführer im Einzelnen darlegen, aus welchen Gründen und in welcher Hinsicht eine weitere Sachaufklärung durch die Anwesenheit des Angeklagten in der Hauptverhandlung möglich gewesen wäre.

Verbindung von Strafsachen

237 Das Gericht kann im Falle eines Zusammenhangs zwischen mehreren bei ihm anhängigen Strafsachen ihre Verbindung zum Zwecke gleichzeitiger Verhandlung anordnen, auch wenn dieser Zusammenhang nicht der in § 3 bezeichnete ist.

1 **1)** Der **Verfahrensvereinfachung** dient die Vorschrift (BGH **19**, 177, 182; **26**, 271, 273: prozesstechnische Erleichterung). Anders als nach §§ 2, 4, 13 II werden die verbundenen Strafsachen nicht zu einem einzigen Verfahren verschmolzen; weder die sachliche noch die örtliche Zuständigkeit wird verändert. Die Verbindung bezweckt nur die gleichzeitige Verhandlung; jede der verbundenen Sachen folgt weiterhin ihren eigenen Gesetzen (unten 8). Zur Anwendung im Revisionsverfahren vgl Meyer-Goßner/Cierniak StV **00**, 697.

2 **2) Voraussetzungen der Verbindung:**

3 A. **Bei demselben Gericht** müssen die Sachen anhängig sein. Gericht iS des § 237 ist der einzelne Spruchkörper, nicht das Gericht als administrative Einheit, als Zusammenfassung aller bei ihm errichteten Spruchkörper (KK-Gmel 2; LR-Erb 6 zu § 2; LR-Becker 4; Meyer-Goßner DRiZ **90**, 286; Sowada 721; Stein-

metz JR **93**, 228; **aM** unzutr BGH **26**, 271, 273; noch offen gelassen von BGH **38**, 376, 379; vgl ferner Stuttgart NStZ **95**, 248 mit Anm Meyer-Goßner NStZ **96**, 51). Eine Verbindung von bei verschiedenen Spruchkörpern desselben Gerichts anhängigen Verfahren kommt nur nach § 4 in Betracht (Meyer-Goßner NStZ **04**, 354; vgl 6 ff zu § 4).

In den zu verbindenden Sachen muss das Hauptverfahren eröffnet sein (KK-Gmel 4; **aM** BGH **20**, 219, 221); allerdings brauchen sie sich nicht im selben **Verfahrensstadium** zu befinden. Im 1. Rechtszug anhängige Sachen können mit Sachen, die nach §§ 328 II, 354 II, III, 355 zurückverwiesen worden sind, verbunden werden. Die große JugK kann eine erstinstanzliche Sache auch mit einem bei ihr anhängigen Berufungsverfahren verbinden. 4

Eine Strafsache gegen **Jugendliche oder Heranwachsende** kann nach §§ 103, 104, 112 **JGG** von dem JugG mit einer Erwachsenensache verbunden werden (dazu BGH **29**, 67 = JR **80**, 262 mit Anm Brunner; BGH MDR **82**, 972 [H]; Karlsruhe MDR **81**, 693). 5

B. Ein **Zusammenhang** muss zwischen den Strafsachen bestehen, braucht aber nicht so eng zu sein, wie § 3 für die Verbindung nach §§ 2, 4, 13 vorschreibt. Es genügt, dass eine gleichzeitige Verhandlung unter irgendeinem Gesichtspunkt zweckmäßig erscheint, zB weil derselbe Personenkreis als Täter oder Verletzte beteiligt ist, weil die Beweismittel übereinstimmen oder weil gleichartige Vorwürfe oder gleichartige Rechtsfragen zu klären sind (Roxin § 20 B III). 6

3) Verbindungsbeschluss: Die Verbindung erfolgt von Amts wegen oder auf Antrag, der nach freiem Ermessen und ohne Begründung abgelehnt werden kann (BGH NJW **53**, 836; RG **57**, 44); denn einen Anspruch darauf, dass alle gegen ihn anhängigen Strafsachen in einer Hauptverhandlung erledigt werden, hat der Angeklagte nicht (BGH MDR **94**, 241 [S]; 10 zu § 4). Die Entscheidung ergeht durch Beschluss, der keiner Begründung bedarf und formlos bekanntgemacht wird. Auch eine stillschweigende Verbindung, etwa durch gemeinsame Terminsanberaumung, ist wirksam (KMR-Paulus 28; **aM** Hamm Rpfleger **61**, 411 mit Anm Tschischgale; LR-Becker 10). 7

4) Wirkung der Verbindung: § 237 bewirkt lediglich für die Dauer der Hauptverhandlung (KG JR **69**, 349) eine lose Verfahrensverbindung, durch die die Selbstständigkeit der verbundenen Sachen nicht berührt wird. Jede Sache folgt weiterhin ihren eigenen Gesetzen (BGH **19**, 177, 182; **26**, 271, 275; **36**, 348, 351). Eine Berufungssache bei der großen JugK, die mit einer erstinstanzlichen Sache verbunden ist (oben 4), bleibt eine Berufungssache (BGH aaO); eine vor der Verhandlung vorgenommene Berufungsbeschränkung bleibt wirksam (BGH NStZ **88**, 211 [M]). Mehrere Angeklagte werden aber durch die Verbindung stets zu Mitangeklagten; als Zeugen können sie nicht vernommen werden (21 vor § 48). Der in einer der Sachen erforderliche Ausschluss der Öffentlichkeit gilt für das ganze Verfahren. Die Entscheidung sollte nicht durch einheitlichen Urteilsausspruch ergehen (BGH **37**, 42; SK-Schlüchter 9; Meyer-Goßner DRiZ **85**, 245). Muss eine Gesamtstrafe nach § 53 StGB oder eine Einheitsstrafe nach § 32 JGG gebildet werden, was einen (persönlichen) Zusammenhang nach § 3 voraussetzt, so reicht dafür die nur zeitweilige Verbindung nach § 237 nicht aus; die Sachen müssen dann entspr § 4 I verbunden werden (BGH aaO gegen die frühere Rspr; SK-Schlüchter 9; abl Bringewat JR **91**, 75; Steinmetz JR **93**, 232). Die entspr Anwendung des § 5 ist ausgeschlossen; daher erstreckt sich die Zuständigkeit des BGH zur Entscheidung über die Revision nicht auf eine nach § 237 verbunden gewesene Berufungssache; das gilt nicht nur dann, wenn kein Zusammenhang nach § 3 besteht (BGH **35**, 195 = JR **88**, 385 mit Anm Meyer) oder wenn in dem die erstinstanzliche Sache betreffenden Teil Freispruch (BGHR Revision 2) oder Einstellung erfolgte, sondern in jedem Falle (BGH **36**, 348, 351; **37**, 42, 43; MDR **90**, 890 [H]; erg 7, 8 d zu § 4; 1 zu § 135 GVG). 8

9 **5)** Auch über die **Trennung** der verbundenen Sachen entscheidet das Gericht nach freiem Ermessen (RG **70**, 65, 67). Nach Urteilserlass ist die Trennung zwingend. Da sie kraft Gesetzes eintritt (KG JR **69**, 349; SK-Schlüchter 12), ist ein entspr Gerichtsbeschluss nicht erforderlich. Zur vorübergehenden Abtrennung zwecks Vernehmung eines Mitangeklagten als Zeugen vgl 22 vor § 48.

10 **6) Anfechtung:** Vgl 16, 17 zu § 4.

Verhandlungsleitung

238 **I Die Leitung der Verhandlung, die Vernehmung des Angeklagten und die Aufnahme des Beweises erfolgt durch den Vorsitzenden.**

II Wird eine auf die Sachleitung bezügliche Anordnung des Vorsitzenden von einer bei der Verhandlung beteiligten Person als unzulässig beanstandet, so entscheidet das Gericht.

1 **1) Aufgabe des Vorsitzenden in der Hauptverhandlung** ist grundsätzlich die gesamte Prozessleitung. Das ist zT in gesetzlichen Einzelregelungen bestimmt (zB in §§ 228 I S 2, III, 231 I S 2, 231 a II, 231 b II, 239, 240, 241, 241 a, 243 I S 2, II S 2, 247 S 4, 248, 249 II, 266 III); im Übrigen gilt die allgemeine Aufgabenzuweisung nach I. Andererseits sind bestimmte Anordnungen dem Gericht vorbehalten (zB §§ 4 II, 6 a S 2, 27 I, 51, 70, 77, 228 I S 1, 230 II, 231 II, 231 a III, 231 b I, 231 c, 233, 236, 237, 244 VI, 247, 251 IV, 265 IV, 266, 270).

2 **Vorabentscheidungen** des Vorsitzenden anstelle des an sich zuständigen Gerichts lässt die Rspr bei der Entscheidung über die Vereidigung von Zeugen zu (9 zu § 59; 4 zu § 60).

3 Im Gegensatz zu solchen Entscheidungen trifft der Vorsitzende die Maßnahmen nach I in der Hauptverhandlung **aus eigenem Recht** (RG **44**, 65, 67; Fuhrmann GA **63**, 64). Sie bedürfen nicht der Billigung durch das Gericht (W. Schmid H. Mayer-FS 544). Soweit es sich um Maßnahmen handelt, die unmittelbar die Urteilsfindung berühren, ist das Gericht an sie aber nicht gebunden; solche Maßnahmen sind nur vorläufiger Art.

4 **2) Dem Vorsitzenden zugewiesene Aufgaben** (I):

5 A. **Verhandlungsleitung:** Dazu gehören alle Maßnahmen zur Durchführung der Hauptverhandlung (LR-Becker 3), insbesondere die Eröffnung, Durchführung (ausnahmsweise auch ohne Akten: Hamm VRS **40**, 204), Unterbrechung und Schließung der Verhandlung und die Bestimmung des Verfahrensgangs, soweit er nicht durch § 243 festgelegt ist, auch die Urteilsverkündung (BGH MDR **75**, 24 [D]). Der Vorsitzende bestimmt die Reihenfolge, in der die Prozessbeteiligten gehört werden (BGH MDR **57**, 53; krit dazu Hammerstein Schmitt-FS 323), erteilt ihnen das Wort und entzieht es ihnen, wenn sie es missbrauchen; ob und in welchem Umfang er ein „Eingangs-Statement" des Verteidigers zulassen will, unterliegt seiner Entscheidung (Dahs Odersky-FS 329). Er bestimmt auch den Zeitpunkt, zu dem den Antragstellern Gelegenheit zur Anbringung und Begründung ihrer Anträge gegeben wird (BGH aaO). Er kann dem Angeklagten aber grundsätzlich nicht verbieten, während der Hauptverhandlung Aufzeichnungen zu machen (Salditt StV **93**, 443; **aM** BGH **1**, 322 = JZ **52**, 43 mit abl Anm EbSchmidt). Zur Verhandlungsleitung gehört auch die Sitzungspolizei nach § 176 GVG (LR-Becker 12; Fuhrmann GA **63**, 68; **aM** Jahn NStZ **98**, 392; erg unten 11).

6 Die **Zurücknahme** Prozessleitender Anordnungen ist von Amts wegen oder auf Antrag möglich (KMR-Paulus 29 f; Bohnert 178).

7 B. **Vernehmung des Angeklagten und Aufnahme der Beweise:** Zur Vernehmung gehören die Vernehmung des Angeklagten zu seinen persönlichen Verhältnissen (10 ff zu § 243) und die Vernehmung zur Sache (24 ff zu § 243). Der Vorsitzende ordnet die Beweiserhebungen an (BGH NStZ **82**, 432; ANM 752

mwN in Fn 2) und führt sie durch. Er hat für die sachgerechte Ausübung des Fragerechts (§§ 240 II, 241 a) durch die Verfahrensbeteiligten Sorge zu tragen (BGH NJW **04**, 239). Er entlässt auch die Zeugen nach § 248.

C. **Persönlich** muss der Vorsitzende die Verhandlung leiten; er darf seine Aufgaben grundsätzlich weder ganz noch teilw einem anderen Gerichtsmitglied überlassen. Das gilt auch für die Erhebung von Beweisen. Wegen der Verlesung von Urkunden vgl aber 15 zu § 249. Ist der Vorsitzende wegen Heiserkeit am Sprechen gehindert, so liegt ein Fall der Verhinderung am Vorsitz nach § 21 f GVG vor; als Beisitzer kann er an der Verhandlung mitwirken (Kissel/Mayer 14 zu § 21 f GVG); ist dem Vorsitzenden trotz körperlicher Beschwerden die Verhandlungsführung (ggf für kürzere Zeiten) möglich, darf er sie nicht an den Vertreter abgeben (offengelassen von BGH MDR **94**, 764 [H]). 8

3) Antrag auf gerichtliche Entscheidung (II): 9

A. **Auf die Sachleitung bezügliche Anordnungen** können mit dem Zwischenrechtsbehelf des II beanstandet werden, dessen Zweck es ist, Fehler des Vorsitzenden im Rahmen der Instanz zu korrigieren und damit Revisionen zu vermeiden (BGH **51**, 144 = NStZ **07**, 230 mit Anm Widmaier = JR **07**, 382 mit Anm Mosbacher). 10

Der Begriff **Anordnung** ist in weitestem Sinne zu verstehen. Darunter fallen alle Maßnahmen, mit denen der Vorsitzende auf den Ablauf des Verfahrens und die Verfahrensbeteiligten einwirkt (Erker 64; Fuhrmann GA **63**, 68), auch Maßnahmen der Sitzungspolizei (Fuhrmann GA **63**, 71; Gössel 170; W. Schmid H. Mayer-FS 558), Fragen, Vorhalte, Ermahnungen und Belehrungen (KK-Schneider 11; W. Schmid H. Mayer-FS 551). Das bewusste Unterlassen einer beantragten Entscheidung steht einer Maßnahme iS des II nicht gleich (Erker 68 ff; Fuhrmann GA **63**, 68 ff; **aM** LR-Becker 18). 11

Der Begriff **Sachleitung** stimmt mit dem der Verhandlungsleitung nach I (oben 5) überein. Die früher vielfach übliche, aber an Abgrenzungsschwierigkeiten leidende (vgl Erker 26 ff; W. Schmid H. Mayer-FS 547) Unterscheidung zwischen formeller Leitung der Verhandlung (die allein die äußere Gestaltung des Verfahrens betrifft) und der Sachleitung ieS (vgl BGH NJW **57**, 271; Hamm NJW **72**, 1246), ist mit Recht überwiegend aufgegeben worden (vgl LR-Becker 19 ff; Erker 52; Fuhrmann GA **63**, 69 ff; Gössel 170; W. Schmid aaO 552, 558); denn auch bei der formellen Verhandlungsleitung kommen Maßnahmen in Betracht, die den Angeklagten oder andere Prozessbeteiligte beschweren. 12

Die **Anrufung des Gerichts** setzt demnach nicht eine bestimmte Art von Anordnungen oder Maßnahmen des Vorsitzenden voraus, sondern nur, dass der Prozessbeteiligte, der sich an das Gericht wendet, schlüssig dartut, dass die Anordnung ihn beschwert (Erker 51 ff; Fuhrmann GA **63**, 73; Gössel 171; W. Schmid H. Mayer-FS 557 ff). Es gibt grundsätzlich (vgl aber 10 zu § 141, 25 zu § 222 a; 28 zu § 265) keine von dem Antrag nach II ausgeschlossene Verfügungen und Maßnahmen des Vorsitzenden (LR-Becker 21 ff; vgl auch die Zusammenstellung in SK-Schlüchter 11). Das gilt auch noch für Anordnungen nach Schluss der Beweisaufnahme bis zum Beginn der Urteilsverkündung (BGH NStZ **92**, 346; krit Scheffler MDR **93**, 3; erg 33 zu § 244); auch Maßnahmen der Sitzungspolizei unterliegen der Prüfung durch das Gericht (BGH StV **09**, 680 mwN und abl Anm Sinn/Hülsmann). 13

B. **Zur Beanstandung berechtigt** sind alle Prozessbeteiligten, die von der Anordnung betroffen sind (**aM** Ebert StV **97**, 275; auch ohne Beschwer jederzeit), auch Zeugen und Sachverständige wegen der an sie gerichteten Fragen (8 zu § 68 a; 20 zu § 241), nicht aber Zuhörer (Erker 75 ff). Beanstandungsberechtigt sind auch nicht die beisitzenden Berufsrichter und die Schöffen (Bohnert 179 ff; Erker 54 ff, 71; Ranft 1452; **aM** SK-Schlüchter 13 mwN); sie können eine gerichtliche Entscheidung ohne weiteres herbeiführen indem sie eine Beratung 14 verlangen. Der Vorsitzende selbst kann nicht seine eigenen Maßnahmen beanstanden; er kann aber jederzeit die Entscheidung des Gerichts herbeiführen (Erker 71).

15 Eine Rechtspflicht zum **Hinweis auf das Beanstandungsrecht** besteht nicht (KK-Schneider 20; LR-Becker 31).

16 C. Eine bestimmte **Form** ist für die (nach § 273 I in der Sitzungsniederschrift zu beurkundende, vgl BGH NStZ-RR **03**, 5 [B]) Beanstandung nicht vorgeschrieben. Das Wort Beanstandung braucht nicht verwendet zu werden. Es genügt, dass ausdrücklich oder durch schlüssiges Verhalten (vgl Hamburg NJW **53**, 434) das Verlangen nach einer Gerichtsentscheidung geäußert (W. Schmid H. Mayer-FS 560) und die Unzulässigkeit der Maßnahmen sowie eine Beschwer des Antragstellers behauptet wird (Erker 78). Welche Anforderungen an die Substantiierung dieses Vorbringens zu stellen sind, richtet sich nach den Umständen des Einzelfalls.

17 D. Nur die **Beanstandung der Maßnahme als unzulässig** lässt II zu. Dass sie unzweckmäßig oder unangebracht gewesen sei, kann mit dem Antrag nicht geltend gemacht werden (RG **44**, 65, 66; Seibert JR **52**, 470). Unzulässig iS von II sind Maßnahmen des Vorsitzenden, wenn sie gegen gesetzliche Vorschriften oder ungeschriebene Verfahrensgrundsätze verstoßen (Fuhrmann GA **63**, 73; W. Schmid H. Mayer-FS 558), aber auch, wenn Ermessensmissbrauch vorliegt (Fuhrmann GA **63**, 74; Erker 83). Bei der Beanstandung von Vorabentscheidungen des Vorsitzenden über Vereidigungsfragen (oben 2) handelt es sich nicht um einen Fall des II, sie sind daher auch auf ihre Zweckmäßigkeit zu prüfen (10 zu § 59).

18 E. Auch **Anordnungen des Strafrichters** (§ 25 GVG) können und müssen zum Erhalt der Revisionsrüge (unten 22) nach II beanstandet werden, obwohl hier Vorsitzender und Gericht identisch sind (Düsseldorf StV **96**, 252 mwN; Bischoff NStZ **10**, 80; Erker 113 ff; **aM** Ebert StV **97**, 269 und NStZ **97**, 565, der zwar II für anwendbar hält, jedoch einen Rügeverlust bei Nichtbeanstandung verneint).

19 F. Die **Entscheidung des Gerichts** ergeht nach Anhörung der Prozessbeteiligten (Erker 98) durch Beschluss, der nach § 273 I in das Hauptverhandlungsprotokoll aufzunehmen und in der Hauptverhandlung unverzüglich (KMR-Paulus 50 f; Erker 100; W. Schmid H. Mayer-FS 561), spätestens vor Beginn der Urteilsverkündung bekanntzumachen ist. Schlüssiges Verhalten des Gerichts kann den Beschluss nicht ersetzen (Erker 34; **aM** KMR-Paulus 50). Der Beschluss braucht nur dann begründet zu werden, wenn er den Antrag als unzulässig oder unbegründet ablehnt (KK-Schneider 22; LR-Becker 32; **aM** KMR-Paulus 50: auch bei stattgebender Entscheidung). Der Vorsitzende ist, wenn sich nachträglich neue Tatsachen ergeben, an die Gerichtsentscheidung nicht gebunden (vgl LR-Becker 37 mwN). Das Gericht kann seine Entscheidung ändern, wenn es seine rechtliche Beurteilung berichtigt oder wenn sich die Sachlage geändert hat (Erker 112). Sind Fragen zu einem sachfremden Thema insgesamt zurückgewiesen worden und werden gleichwohl weitere Fragen dazu gestellt, so umfassen die erstmalige Zurückweisung und der erstmalige Beschluss nach II auch deren Zurückweisung (BGH NJW **04**, 239).

20 **4) Rechtsbehelfe:**

21 A. **Beschwerde** gegen die Anordnung des Vorsitzenden nach § 304 ist nicht zulässig; der Zwischenrechtsbehelf des II schließt sie aus (Erker 60; KK-Schneider 24; **aM** KMR-Paulus 55; LR-Becker 40: Ausschluss nach § 305 S 1; differenzierend SK-Schlüchter 21). Der Beschluss des Gerichts nach II ist grundsätzlich nach § 305 S 1 unanfechtbar (KK-Schneider 24); Entscheidungen, durch die dritte Personen betroffen sind, können angefochten werden (§ 305 S 2).

22 B. **Revision:** Die Zulässigkeit einer Verfahrensrüge setzt grundsätzlich voraus, dass der Beschwerdeführer von dem Zwischenrechtsbehelf des II Gebrauch gemacht hat; wer davon absieht, verwirkt insoweit das Recht auf Revision (BGH **1**, 322, 325 = JZ **52**, 43 mit abl Anm EbSchmidt; **51**, 144 = NStZ **07**, 230 mit Anm

Widmaier = JR **07**, 382 mit Anm Mosbacher, der – ebenso und eingehender in Widmaier-FS 348 – auf fehlendes Rechtsschutzbedürfnis abstellt). Es besteht also grundsätzlich eine Beanstandungspflicht (eingehend zur Problematik LR-Becker 43 ff; Bischoff NStZ **10**, 79; **aM** Ebert StV **97**, 273; Erker 147 ff, 173; Fahl 159; Roxin/Schünemann § 44, 18; vgl auch Bohnert 172 ff; SK-Schlüchter 29 prägt den Begriff der „normativen Zerschlagung des normativen Zusammenhangs"). Für den Angeklagten, der ohne Verteidiger ist oder den Nebenkläger, der nicht den Beistand eines RA hat und die Beanstandungsmöglichkeit des II nicht kennt, gilt das nicht (Koblenz StV **92**, 263; Köln NStZ-RR **97**, 366; Stuttgart NStZ **88**, 240). Der Revisionsangriff ist auch sonst ohne vorherige Anrufung des Gerichts zulässig, wenn der Vorsitzende eine von Amts wegen vorzunehmende unverzichtbare Handlung unterlassen (BGH **38**, 260, 261; NStZ **81**, 71; erg 13 zu § 59) oder wenn er sich über Verfahrensvorschriften, die keinerlei Entscheidungsspielraum zulassen, hinweggesetzt (BGH **42**, 73, 77; **45**, 203, 205) oder wenn sich der Fehler des Vorsitzenden bei der Urteilsfindung fortgesetzt hat (BGH **7**, 281; **20**, 98; Köln NJW **57**, 1373; vgl auch BGH **3**, 368; JR **65**, 348: Nichterteilung oder Beschränkung des letzten Wortes); gegen diese Einschränkungen Mosbacher Widmaier-FS 354.

Ist eine **Entscheidung nach II unterblieben,** so beruht das Urteil nur dann 23
auf dem Mangel, wenn die Maßnahme des Vorsitzenden unzulässig war (BGH **44**, 82, 91; weitergehend W. Schmid H. Mayer-FS 562 ff: schon wenn das Unterlassen der Entscheidung zur Irreführung des Beschwerdeführers geeignet war).

Kreuzverhör

239 **I** [1]**Die Vernehmung der von der Staatsanwaltschaft und dem Angeklagten benannten Zeugen und Sachverständigen ist der Staatsanwaltschaft und dem Verteidiger auf deren übereinstimmenden Antrag von dem Vorsitzenden zu überlassen.** [2]**Bei den von der Staatsanwaltschaft benannten Zeugen und Sachverständigen hat diese, bei den von dem Angeklagten benannten der Verteidiger in erster Reihe das Recht zur Vernehmung.**

II Der Vorsitzende hat auch nach dieser Vernehmung die ihm zur weiteren Aufklärung der Sache erforderlich scheinenden Fragen an die Zeugen und Sachverständigen zu richten.

1) Kreuzverhör: In der Praxis wird von der Möglichkeit dieser Art des Ver- 1
hörs, die an den anglo-amerikanischen Strafprozess anknüpft, so gut wie kein Gebrauch gemacht. In der Hauptverhandlung des bundesdeutschen Strafprozesses ist sie ein Fremdkörper (vgl Roxin/Schünemann § 44, 24); das Schwergewicht liegt in diesem Verfahren bei der Sachaufklärung durch den Vorsitzenden und das Gericht. StA und Verteidiger sind idR weder daran interessiert noch darauf vorbereitet, die Vernehmung der von ihnen benannten Zeugen vollständig zu übernehmen.

Ein **informelles Kreuzverhör** in der Weise, dass der Vorsitzende unmittelbar 2
oder alsbald nach Entgegennahme des Berichts des Zeugen (§ 69 I S 1) zunächst den StA und den Verteidiger Fragen stellen lasst (§ 240 II) und seinerseits erst anschließend nochmals fragt, falls das erforderlich ist, kann in geeigneten Fällen zweckmäßig sein und ist jedenfalls nicht unzulässig (vgl KK-Schneider 2; SK-Schlüchter 3; Dencker Kleinknecht-FS 79).

2) Voraussetzungen (I S 1): 3

A. Nur **die von der StA und dem Angeklagten benannten Beweisper-** 4
sonen können ins Kreuzverhör genommen werden. Benannt iS I S 1 sind auch Zeugen und Sachverständige, die das Gericht auf bloße Anregung von StA oder Angeklagten geladen hat oder die von ihnen selbst geladen oder in der Hauptverhandlung gestellt worden sind. Auf die vom Privatkläger, Nebenkläger und den

Nebenbeteiligten benannten Zeugen und Sachverständigen ist § 239 nicht anwendbar (LR-Becker 4; Gollwitzer Schäfer-FS 83 ff). Bei Jugendlichen unter 16 Jahren ist das Kreuzverhör nach § 241 a ausgeschlossen. Bei der kommissarischen Vernehmung nach § 223 ist es zulässig (KK-Schneider 6; LR-Becker 5; **aM** KMR-Paulus 6).

5 B. Nur auf **übereinstimmenden Antrag von StA und Verteidiger,** dem das Gericht selbst dann stattgeben muss, wenn der Angeklagte widerspricht (KMR-Paulus 10), findet ein Kreuzverhör statt. Wenn kein Verteidiger mitwirkt, ist es ausgeschlossen. Hat der Angeklagte mehrere Verteidiger, so müssen alle den Antrag stellen (**aM** KMR-Paulus 10). Wirken für mehrere Angeklagte mehrere Verteidiger mit, so gilt das nur, wenn alle Angeklagten von dem Vernehmungsgegenstand betroffen sind (LR-Becker 7). Der Antrag, der auf die Vernehmung einzelner Beweispersonen beschränkt werden kann, muss vor Beginn der Vernehmung des Zeugen oder Sachverständigen gestellt werden; das bereits begonnene Verhör kann dem Vorsitzenden nicht entzogen werden (LR-Becker 8).

6 **3) Durchführung des Kreuzverhörs** (I S 2, II): Mit dem Verhör beginnt, wer die Beweisperson benannt hat (I S 2). Hat er es abgeschlossen, so setzt der Prozessgegner die Vernehmung fort. Ein zusammenhängender Bericht des Zeugen nach § 69 I S 1 muss auch beim Kreuzverhör herbeigeführt werden (KK-Schneider 7; **aM** KMR-Paulus 13). Die anderen Prozessbeteiligten haben das Fragerecht nach § 240 II; das Kreuzverhör dürfen sie nicht fortführen. Der Vorsitzende ist verpflichtet, nach Beendigung des Kreuzverhörs die zur Sachaufklärung erforderlichen weiteren Fragen an die Beweispersonen zu richten (II). Den Missbrauch des Fragerechts kann er nach § 241 I verhindern, einzelne Fragen kann er nach § 241 II zurückweisen. Den Antrag dazu kann auch der befragte Zeuge oder Sachverständige stellen; wird er abgelehnt, so kann er nach § 238 II auf gerichtliche Entscheidung antragen. Zum Beschwerderecht vgl 22 zu § 241.

Fragerecht

240 **I Der Vorsitzende hat den beisitzenden Richtern auf Verlangen zu gestatten, Fragen an den Angeklagten, die Zeugen und die Sachverständigen zu stellen.**

II [1]Dasselbe hat der Vorsitzende der Staatsanwaltschaft, dem Angeklagten und dem Verteidiger sowie den Schöffen zu gestatten. [2]Die unmittelbare Befragung eines Angeklagten durch einen Mitangeklagten ist unzulässig.

1 **1)** Das **Fragerecht der Prozessbeteiligten** soll ihnen ermöglichen, auf die vollständige Erörterung des Prozessstoffs und auf die Ausschöpfung der persönlichen Beweismittel hinzuwirken (LR-Becker 1). Nur (anwesende) Angeklagte, Zeugen und Sachverständige können befragt werden; die „Befragung" der Richter und des StA ist unzulässig (KMR-Paulus 4; Gollwitzer Meyer-GedSchr 158). Die Befragung von Belastungszeugen gehört zu den Mindestrechten des Angeklagten nach Art 6 III Buchst d **MRK.**

2 § 240 **gilt auch** bei kommissarischen Vernehmungen (22 zu § 223). Für die Vernehmung von Zeugen unter 16 Jahren ist § 241 a die Sondervorschrift.

3 **2)** Die **frageberechtigten Prozessbeteiligten** zählen I, II S 1 nicht erschöpfend auf (BGH NJW **69**, 437, 438). Zu ihnen gehören außer den Mitgliedern des erkennenden Gerichts (Berufsrichter und Schöffen) auch die Ergänzungsrichter und Ergänzungsschöffen (vgl RG **67**, 276, 277; Celle NdsRpfl **73**, 110), der Privatkläger (§ 385 I S 1), der Nebenkläger (§ 397 I S 3) und ihre Rechtsbeistände oder Vertreter, die Erziehungsberechtigten und gesetzlichen Vertreter eines Jugendlichen (§ 67 **JGG**), der Beistand eines nebenklageberechtigten Verletzten nach § 406 g (BGH NStZ **05**, 222 mit Anm Ventzke NStZ **05**, 396) sowie der Beistand nach § 149 (BGH **47**, 62, 64; **aM** Bay **97**, 165 = NJW **98**, 1655) und der nach § 407 I S 5 **AO** zur

Anwesenheit berechtigte Vertreter der FinB im Steuerstrafverfahren (vgl Celle NdsRpfl **69**, 190). Die Verfalls- und Einziehungsbeteiligten (§§ 433 I, 442 I, II S 1) und die Vertreter der bußgeldbeteiligten JP und PV (§ 444 II) haben das Fragerecht im Rahmen ihrer Beteiligung, ebenso ihre Prozessbevollmächtigten (§ 434). Kein Fragerecht hat der RA als Beistand des Zeugen oder Verletzten (§§ 406 f, 406 g; 11 vor § 48; § 68 b). Zum Fragerecht des Sachverständigen vgl § 80 II. Ausnahmsweise kann der Vorsitzende einem Zeugen gestatten, einen anderen Zeugen zu befragen und ihm Vorhalte zu machen (RG GA **50**, 274; KMR-Paulus 12; vgl auch RG **48**, 247, 250).

3) Ausübung des Fragerechts: 4

A. Die **Befragung** braucht sich nicht unbedingt in der äußeren Form von Einzelfragen zu vollziehen; auch kurze Vorhalte sind zulässig (KK-Schneider 5). Grundsätzlich müssen aber einzelne und genau umrissene Fragen gestellt werden. Zusammenhängende Erklärungen über einen Tatsachenkomplex können nicht verlangt werden; denn die Befragung ist keine Vernehmung. Kurze Ausführungen zum besseren Verständnis der Frage sind erlaubt (Dahs 488). 5

B. Den **Zeitpunkt,** in dem das Fragerecht ausgeübt werden darf, bestimmt der Vorsitzende im Rahmen seiner Verhandlungsleitung (BGH **16**, 67, 70; NJW **69**, 437, 438). IdR ist die Ausübung des Fragerechts erst möglich, wenn der Vorsitzende die Vernehmung beendet hat. Ob er vorher schon Zwischenfragen zulässt, steht in seinem Ermessen. 6

Wollen **mehrere Prozessbeteiligte** den Angeklagten oder eine Beweisperson befragen, so wird der Vorsitzende das Wort zunächst den Richtern, dann dem StA und dem Verteidiger oder dem Prozessbeteiligten geben, der die Beweisperson benannt hat. Rechtlich ist er jedoch an keine bestimmte Reihenfolge gebunden (BGH NJW **69**, 437; LR-Becker 12; Sommer StraFo **10**, 107). 7

Das **Fragerecht endet** mit der Entlassung des Zeugen oder Sachverständigen nach § 248; in dem Verlangen, eine bereits vernommene und entlassene Beweisperson nochmals über eine bestimmte Frage zu hören, kann ein Beweisantrag nach § 244 III liegen (BGH **15**, 161, GA **58**, 305; ANM 106). 8

C. Das **Recht auf unmittelbare Befragung** bedeutet, dass die Fragen ohne Vermittlung des Vorsitzenden an den Angeklagten oder die Beweisperson gestellt werden dürfen. Der Vorsitzende ist, vorbehaltlich seiner Beanstandungsbefugnis und -pflicht nach § 241 II nicht berechtigt, die Fragen an sich zu ziehen und in einer ihm als richtig erscheinenden Form zu stellen oder das gewährte Fragerecht ohne sachlichen Grund wieder zu entziehen (Hamm StV **93**, 462); liegt ein solcher vor, so darf er jedoch die begonnene Befragung unterbrechen (stark einschr aber BGH NStZ **95**, 143: Vorsitzender bestimmt Beginn, Fortsetzung und Ende der Befragung allein; abl Degener StV **02**, 620: gesetzeswidrige Auslegung; abl auch Sommer StraFo **10**, 107). Er darf grundsätzlich auch nicht verlangen, dass ihm der Inhalt der Fragen vorher mitgeteilt oder das Schriftstück, aus dem dem Zeugen Vorhalte gemacht werden sollen, vor der Befragung vorgelegt wird (BGH **16**, 67 = JR **61**, 429 mit Anm EbSchmidt). Etwas anderes gilt nur, wenn der Fragende sein Fragerecht schon vorher missbraucht hat; zur Abwendung weiteren Missbrauchs kann dann von ihm verlangt werden, dass er weitere Fragen zuvor mündl oder schriftl mitteilt (BGH NStZ **82**, 158; **83**, 209 [Pf/M]; Wagner JuS **72**, 316; vgl auch § 257 a; **aM** Miebach DRiZ **77**, 140; vgl auch ter Veen StV **83**, 168 Fn 27). Das Recht auf unmittelbare Befragung schließt nicht aus, den Vorsitzenden zu bitten, für den Fragenden eine bestimmte Frage zu stellen; verpflichtet ist der Vorsitzende dazu aber nicht. Lehnt er die Bitte ab, so muss er den Antragsteller aber auf dessen eigenes Fragerecht verweisen (KK-Schneider 6; ANM 107). Zur Befragung von Zeugen durch den Angeklagten im Fall des § 247 vgl dort 18. 9

D. **Ausgeschlossen von der unmittelbaren Befragung** (II S 2) sind – verfassungsrechtlich unbedenklich (BVerfG NJW **96**, 3408) – nur Angeklagte, die einen 10

Mitangeklagten befragen wollen, auch wenn sie zugleich Nebenkläger oder wenn sie von Beruf RA sind (BVerfGE **53**, 207, 215 = NJW **80**, 1677, 1678). Die unmittelbare Befragung von Zeugen darf der Vorsitzende ihnen nicht unter Hinweis auf das Fragerecht des Verteidigers verwehren (BGH wistra **85**, 27). Sonst müssen sie sich an den Vorsitzenden wenden, der die Frage an den Mitangeklagten richtet. Weigert er sich, so kann nach § 238 II das Gericht angerufen werden. Die unmittelbare Befragung des Mitangeklagten ist schlechthin unzulässig; der Vorsitzende darf sie auch nicht ausnahmsweise gestatten (LR-Becker 11). Der Verteidiger unterliegt der Einschränkung des II S 2 nicht; er kann Mitangeklagte unmittelbar befragen (BGH **16**, 67, 68), auch wenn der Angeklagte die Fragen für ihn vorformuliert hat.

Zurückweisung von Fragen

241 **I Dem, welcher im Falle des § 239 Abs. 1 die Befugnis der Vernehmung missbraucht, kann sie von dem Vorsitzenden entzogen werden.**

II In den Fällen des § 239 Abs. 1 und des § 240 Abs. 2 kann der Vorsitzende ungeeignete oder nicht zur Sache gehörende Fragen zurückweisen.

1 **1)** Die **Entziehung des Fragerechts beim Kreuzverhör** (I) ist zulässig, wenn die Befugnis zur Vernehmung missbraucht wird.

2 Ein **Missbrauch** liegt vor, wenn Art oder Inhalt der Vernehmung die Wahrheitsfindung gefährdet, wenn schutzwürdige Interessen des Vernommenen verletzt oder gefährdet werden oder wenn der vernehmende StA oder Verteidiger nur sachfremde Zwecke verfolgt (LR-Becker 2; vgl auch Kröpil JR **97**, 315; Wagner JuS **72**, 316).

3 Zur Entziehung des Fragerechts ist der **Vorsitzende** berechtigt; er ist dazu verpflichtet, wenn wesentliche Interessen eines Verfahrensbeteiligten oder die Menschenwürde verletzt werden (LR-Becker 3).

4 Die **Wirkung der Entziehung** des Fragerechts besteht darin, dass anstelle des StA oder Verteidigers der Vorsitzende die Vernehmung fortsetzt (§ 239 II); derjenige, dem das Fragerecht entzogen ist, darf aber einzelne Fragen stellen (KMR-Paulus 6; LR-Becker 4; **aM** KK-Schneider 4). Die gegen einen Verteidiger ausgesprochene Entziehung des Fragerechts wirkt nicht gegen den oder die Mitverteidiger.

5 **2) Zurückweisung von Fragen** (II):

6 A. Das **Fragerecht als Ganzes** darf im Fall des § 240 II S 1 nicht entzogen werden (dazu eingehend Fahl 429 ff). Einem Missbrauch des Fragerechts muss zunächst dadurch begegnet werden, dass der Vorsitzende die vorherige Mitteilung der Fragen verlangt (9 zu § 240), sodann durch Zurückweisung einzelner Fragen (Karlsruhe NJW **78**, 436; Gollwitzer Meyer-GedSchr 164 ff; erg unten 7 ff). Bei fortgesetztem erheblichen Missbrauch kann der Vorsitzende (als letztes Mittel) auch das Stellen weiterer Fragen für bestimmte Abschnitte der Beweisaufnahme ganz unterbinden (BGH MDR **73**, 371 [D]; Karlsruhe aaO; KK-Schneider 16; LR-Becker 24; Gollwitzer Meyer-GedSchr 169; **aM** RG **38**, 57; KMR-Paulus 3; Miebach DRiZ **77**, 140; Roxin/Schünemann § 44, 23; ter Veen StV **83**, 167). Das erfordert aber entspr den Grundsätzen für die Ablehnung von Beweisanträgen (41 ff zu § 244) einen ausführlich begründeten Beschluss, aus dem klar hervorgeht, auf welche Umstände sich der die weiteren Fragen unterbindende Beschluss stützt (BGH aaO; Karlsruhe aaO; LR-Becker aaO; Frister StV **94**, 452; erg unten 21).

7 B. **Zurückweisung einzelner Fragen:**

8 a) **Allgemeine Grundsätze:**

9 Die Zurückweisung ist ausgeschlossen bei einer **Befragung durch einen der Berufsrichter;** denn in II ist § 240 I nicht aufgeführt. Hält der Vorsitzende die

Frage für bedenklich, so muss er daher einen Gerichtsbeschluss nach § 242 herbeiführen (KK-Schneider 2; LR-Becker 5; Seibert JZ **59**, 349; **aM** RG **42**, 157, 159: Befragung ist unüberprüfbar).

10 Die Zurückweisung einer Frage unter **Wahrunterstellung** der Tatsache, auf die sie abzielt, ist unzulässig (ANM 675).

11 Die **Zulassung erst zu einem späteren Zeitpunkt** ist keine Zurückweisung (KMR-Paulus 19).

12 b) **Nicht zur Sache gehörig** sind Fragen, die sich nicht einmal mittelbar auf die zur Aburteilung stehende Tat und ihre Rechtsfolgen beziehen (BGH **2**, 284, 287; NStZ **84**, 133; **85**, 183).

13 Erwägungen, die nach § 244 III S 2 zur Ablehnung eines Beweisantrags wegen **Bedeutungslosigkeit** führen können (dort 54 ff), rechtfertigen aber die Zurückweisung nach II noch nicht (BGH NStZ **84**, 133; **85**, 183; **08**, 173; Bay **64**, 16 = JR **64**, 389 mit Anm Peters). Gleichgültig ist, ob die Frage nach Ansicht des Gerichts unerheblich ist; denn ein Urteil hierüber soll sich das Gericht erst bilden, wenn es die Antwort gehört hat (BGH **2**, 284, 288; NStZ **81**, 71; **84**, 133; **85**, 183; StV **84**, 60 L; **87**, 239; Bay aaO).

14 Fragen, die sich ersichtlich ernsthaft darum bemühen, die **Glaubwürdigkeit eines Zeugen** zu prüfen, müssen zugelassen werden (BGH **2**, 284, 289; **13**, 252, 255; NStZ **90**, 400: Frage nach intimen Beziehungen bei Vorwurf der Vergewaltigung; erg aber 11 zuz § 244), ebenso Fragen, die die Erinnerungsfähigkeit des Zeugen betreffen (Celle StV **85**, 7).

15 c) **Ungeeignet** sind Fragen, die in tatsächlicher Hinsicht nichts zur Wahrheitsfindung beitragen können oder aus rechtlichen Gründen nicht gestellt werden dürfen (BGH **13**, 252, 253; **21**, 334, 360; Koblenz wistra **83**, 42; Peters JR **64**, 389), zB Fragen nach dem Wohnort des Zeugen im Fall des § 68 II, III und entehrende oder den privaten Lebensbereich betreffende Fragen nach § 68 a (BGH **13**, 252, 254; **21**, 334, 360; NStZ **82**, 170; Hamm VRS **31**, 50; erg 8 zu § 68 a). Ungeeignet sind auch Fang- und Suggestivfragen (LR-Becker 14; Dahs/Dahs 312) und die Wiederholung schon beantworteter Fragen (BGH **2**, 284, 289; NStZ **81**, 71; **aM** Traut/Burkhard StraFo **03**, 38; Sommer StraFo **10**, 105), sofern sich nicht die Prozessrolle des Befragten (jetzt Zeuge statt Mitangeklagter) geändert hat (BGH NStZ **91**, 228 [M/K]) oder Widersprüche aufzuklären sind oder klarzustellen ist, ob eine vorausgegangene allgemeine Bekundung auch für einen erst danach zur Sprache gebrachten Einzelfall gilt (BGH aaO). Fragen nach einem Geschäfts-, Betriebs- oder Erfindungsgeheimnis sind nicht schon ihrer Art wegen unzulässig (Koblenz wistra **83**, 42: Sachaufklärung hat immer Vorrang); jedoch kommt bei Erörterung solcher Umstände die Ausschließung der Öffentlichkeit in Betracht (§ 172 Nrn 2, 3 GVG). Ungeeignet sind schließlich Fragen an den Zeugen, die reine Werturteile betreffen (2 vor § 48), Fragen an den Sachverständigen, die über den Gutachterauftrag hinausgehen (BGH NStZ **84**, 16 [Pf/M]; KK Schneider 10; vgl auch 6 zu § 245), und Fragen an Zeugen oder Sachverständige über die rechtliche Beurteilung des Falles. Fragen an einen in ein Zeugenschutzprogramm nach dem ZSHG (10 vor § 48) aufgenommenen Zeugen über Zeugenschutzmaßnahmen sind nicht von vornherein ungeeignet; das schließt aber die Zurückweisung einzelner Fragen, die zur Erforschung der Wahrheit (§ 244 II) nicht erforderlich sind, nicht aus (BGH **50**, 318 = JR **06**, 343 mit Anm Eisenberg/Reuther; krit Sommer aaO 106). Vgl zu II eingehend auch Fahl 425.

16 **3)** Durch **prozessleitende Verfügung des Vorsitzenden** wird die Beschränkung des Fragerechts auf Antrag oder von Amts wegen angeordnet; der Vorsitzende kann aber in den Fällen des II sogleich die Entscheidung des Gerichts nach § 242 herbeiführen (erg 1 zu § 242). Ob der Vorsitzende, bevor er die Frage zurückweist, den Fragesteller auf die Bedenken hinweist und ihm eine Abänderung oder Zurücknahme der Frage empfiehlt, steht in seinem Ermessen (erg auch KK-Schneider 16).

17 Die Verfügung des Vorsitzenden bedarf einer (kurzen) **Begründung,** damit der Fragesteller sein weiteres Verhalten auf diese Gründe einstellen kann; eine ausführliche Begründung erhält der Fragesteller erst in dem nach § 238 II ergehenden Gerichtsbeschluss (vgl unten 21).

18 **4)** In der **Sitzungsniederschrift** müssen die Zurückweisung einer Frage und andere Beschränkungen sowie die Anrufung des Gerichts nach § 238 II und der darauf ergehende Gerichtsbeschluss beurkundet werden. Wird die Zurückweisung nicht beanstandet, so kann von der Protokollierung abgesehen werden (KK-Schneider 14; **aM** SK-Schlüchter 12). Zum Protokollvermerk bei der Entziehung des Fragerechts für bestimmte Abschnitte der Beweisaufnahme vgl oben 6.

19 **5) Rechtsbehelfe:**

20 A. Der **Antrag auf gerichtliche Entscheidung nach § 238 II** (**aM** Erker 115: § 242 ist die Sondervorschrift) ist gegen alle Verfügungen des Vorsitzenden zulässig, mit denen die Befugnis zum Kreuzverhör entzogen, eine Frage zurückgewiesen oder das Fragerecht sonst beschränkt wird. Den Antrag kann auch der Zeuge oder Sachverständige stellen, der eine an ihn gerichtete und vom Vorsitzenden zugelassene Frage für unzulässig hält (Granderath MDR **83**, 799; Humborg JR **66**, 451; Wulf DRiZ **81**, 381).

21 Die **Entscheidung des Gerichts** ergeht durch Beschluss, der ausführlich zu begründen ist, wenn er die Verfügung des Vorsitzenden bestätigt; insbesondere muss das Gericht darlegen, ob es eine Frage als ungeeignet oder nicht zur Sache gehörig ansieht und warum (BGH NStZ-RR **01**, 138; StraFo **09**, 333). Denn der Antragsteller muss in die Lage versetzt werden, sein weiteres Prozessverhalten danach einzurichten, und dem Revisionsgericht muss die Prüfung ermöglicht werden, ob der Beschluss dem Gesetz entspricht (BGH **2**, 284, 286; StV **90**, 199). Die Grundsätze für die Begründung eines den Beweisantrag ablehnenden Beschlusses (41 ff zu § 244) gelten entspr (BGH aaO; **13**, 252, 255, 257).

22 B. **Beschwerde** ist nach § 305 S 1 grundsätzlich ausgeschlossen. Nur Zeugen und Sachverständige können die Zulassung einer Frage, die sie für unzulässig halten, mit der Beschwerde anfechten (§ 305 S 2). Die Beschwerdeentscheidung bindet das erkennende Gericht, nicht aber das Revisionsgericht (LR-Becker 30; vgl auch BGH **21**, 334, 359).

23 C. Die **Revision** kann unter der Voraussetzung, dass ein Gerichtsbeschluss nach § 238 II herbeigeführt worden ist (BGH NStZ **05**, 222 mit Anm Ventzke NStZ **05**, 396; Bay **62**, 267 = VRS **24**, 300; LR-Becker 32; Dahs/Dahs 312; erg 22 zu § 238), darauf gestützt werden, dass das Fragerecht fehlerhaft entzogen oder beschränkt oder eine Einzelfrage unberechtigt oder mit unzureichender Begründung (BGH MDR **75**, 726 [H]; KMR-Paulus 29, 30) zurückgewiesen worden ist. Das Fehlen der Begründung ist ausnahmsweise unschädlich, wenn der Grund für alle Prozessbeteiligten auf der Hand liegt (BGH 5 StR 180/75 vom 4. 5. 1976). Der Angeklagte kann auch durch die Zurückweisung der Frage eines Mitangeklagten beschwert sein (BGH StV **82**, 204; zw BGH NStZ **91**, 228 [M/K]; erg 18 zu § 337). Auf der fehlerhaften Zurückweisung beruht das Urteil nicht, wenn eine uferlose Fortsetzung der bereits stattgefundenen langwierigen Befragung durch den Beschwerdeführer ersichtlich nichts mehr zur Sachaufklärung hätte beitragen können (BGH NStZ **82**, 158).

Zeugen unter 18 Jahren

241a

I Die Vernehmung von Zeugen unter 18 Jahren wird allein von dem Vorsitzenden durchgeführt.

II 1 Die in § 240 Abs. 1 und Abs. 2 Satz 1 bezeichneten Personen können verlangen, dass der Vorsitzende den Zeugen weitere Fragen stellt. 2 Der Vorsitzende kann diesen Personen eine unmittelbare Befragung der Zeugen ge-

statten, wenn nach pflichtgemäßem Ermessen ein Nachteil für das Wohl der Zeugen nicht zu befürchten ist.

III § 241 Abs. 2 gilt entsprechend.

1) Die **Vorschrift bezweckt** den größtmöglichen Schutz kindlicher und jugendlicher Zeugen vor den psychischen Belastungen, die mit einer Vernehmung vor Gericht verbunden sind. Mit Rücksicht auf Erfahrungen der Praxis, aber auch im Hinblick auf zahlreiche internationale Abkommen, denen die BRD beigetreten ist, wurde durch das 2. OpferRRG hier – wie auch in anderen Vorschriften (§§ 60 Nr 1, 247, 255 II) – das Schutzalter von 16 auf 18 Jahre heraufgesetzt (vgl BR-Drucks 178/09 S 66). Mittelbar dient die Vorschrift, wie § 247 S 2 und § 172 Nr 4 GVG, der besseren Erforschung des wahren Sachverhalts. Sie gilt entspr, wenn der Ermittlungsrichter eine Zeugenvernehmung getrennt durchführt (§ 168 e S 4) und findet auch im Falle des § 247 a Anwendung (dort 10). Zur Vernehmung sexuell missbrauchter Kinder vgl die „Handreichung für die Bearbeitung von Strafverfahren wegen sexueller Straftaten an Kindern", herausgegeben vom JMBW, bei Bölter DRiZ **96**, 273; vgl auch die Bek des JM Niedersachsen vom 23. 8. 1997 (NJW **98**, 359). Zum Einsatz der Videotechnologie in diesen Fällen vgl §§ 58 a, 168 e, 247 a und 255 a. 1

2) Vernehmung allein durch den Vorsitzenden (I): Kindliche und jugendliche Zeugen unter 18 Jahren sollen aus vernehmungspsychologischen Gründen grundsätzlich nur einem Gesprächspartner gegenüberstehen. Das ist nach dem Gesetz der Vorsitzende, der die größte Gewähr dafür bietet, dass er eine behutsame, dem jeweiligen Entwicklungsstand des Kindes angepasste Vernehmung durchführt und keine unsachgemäßen oder aggressiven Fragen stellt. Er allein darf den Zeugen vernehmen; eine Übertragung dieser Befugnis auf einen anderen Prozessbeteiligten sieht das Gesetz nicht vor (krit dazu Meier JZ **91**, 644). Das Kreuzverhör (§ 239) ist ausgeschlossen, grundsätzlich auch (vgl aber unten 5) die unmittelbare Befragung durch die Prozessbeteiligten. Die Befragung durch den Sachverständigen nach § 80 II ist kein Teil der Vernehmung; die Vorschrift bleibt daher unberührt. 2

3) Befragung durch die anderen Prozessbeteiligten (II): 3

A. Ein **Recht auf mittelbare Befragung** (S 1) haben die nach § 240 I, II S 1 frageberechtigten Richter und Prozessbeteiligten. Der Vorsitzende ist, aber erst nach Abschluss seiner eigenen Vernehmung auf ihr Verlangen verpflichtet, weitere Fragen an den Zeugen zu stellen, sofern sie nicht unzulässig sind (unten 6). Er darf die Frage in der ihm angemessen erscheinenden Form stellen, inhaltlich aber nicht verändern (KMR-Paulus 7). 4

B. Die **unmittelbare Befragung** (S 2) kann der Vorsitzende einem nach § 240 I, II S 1 Frageberechtigten, nicht aber anderen Personen (KK Schneider 7; **aM** LR-Becker 10), auf Antrag gestatten, wenn er nach pflichtgemäßem Ermessen meint, dass dadurch kein Nachteil für das Wohl des Zeugen zu befürchten ist. Ob das der Fall ist, beurteilt sich nach den Umständen des Einzelfalls; auch die Person des Fragestellers ist zu berücksichtigen. Der Vorsitzende kann daher einzelnen Frageberechtigten, etwa den beisitzenden Richtern, die unmittelbare Befragung gestatten, anderen aber verwehren. Ein Anspruch auf die unmittelbare Befragung besteht selbst dann nicht, wenn kein Nachteil für das Wohl des Zeugen zu befürchten ist. Die Erlaubnis kann der Vorsitzende jederzeit wieder entziehen. Ihre Gewährung und Versagung sind Maßnahmen nach § 238 I. 5

4) Die **Zurückweisung von Fragen** (III) ist unter den Voraussetzungen des § 241 II sowohl bei der mittelbaren als auch bei der unmittelbaren Befragung zulässig. Das gilt entspr, wenn der Fragesteller im Fall des II S 1 auf dem von ihm gewählten Wortlaut der Frage besteht, obwohl er mit dem Schutzzweck des § 241 a nicht vereinbar ist (KK-Schneider 4). War das Verlangen von einem beisit- 6 zenden Richter gestellt und hat der Vorsitzende Zweifel an der Zulässigkeit der Frage, so gilt § 242 (LR-Becker 12).

7 5) **Rechtsbehelfe:** Gegen die Zurückweisung von Fragen (oben 6) und die Ablehnung einer mittelbaren oder unmittelbaren Befragung kann nach § 238 II auf gerichtliche Entscheidung angetragen werden. Soweit die Ermessensausübung des Vorsitzenden nach II S 2 in Betracht kommt (oben 5), kann das Gericht aber nur prüfen, ob der Vorsitzende den Rechtsbegriff des Nachteils zum Wohl des Kindes verkannt oder rechtsmissbräuchlich entschieden hat (LR-Becker 15). Wegen der Beschwerde vgl 22 zu § 241, wegen der Revision 23 zu § 241.

Zweifel an der Zulässigkeit

242 **Zweifel über die Zulässigkeit einer Frage entscheidet in allen Fällen das Gericht.**

1 1) Der **Anwendungsbereich der Vorschrift** ist auf die Fälle beschränkt, in denen das Gericht nicht schon nach § 238 II entscheiden kann. Das ist der Fall bei Fragen der beisitzenden Richter (9 zu § 241) und bei von einem Verfahrensbeteiligten geäußerten Zweifeln an der Zulässigkeit einer Frage des Vorsitzenden (LR-Becker 1; Roesen NJW **58**, 978; Seibert JR **52**, 470; **aM** RG **42**, 157, 159; Dölp NStZ **93**, 419: unüberprüfbar; dagegen zutr Fahl 428; Frister StV **94**, 451; Schünemann StV **93**, 607). § 242 ist auch anwendbar, wenn der Vorsitzende nicht selbst nach § 241 II entscheiden will (dort 16); dann muss er die Bedenken, die er gegen die Zulässigkeit der Frage hat, dem Fragesteller aber mitteilen, um ihm das rechtliche Gehör zu gewähren (KK-Schneider 1).

2 2) Über **Zweifel an der Zulässigkeit einer Frage** entscheidet das Gericht. Unzulässig sind nicht zur Sache gehörige oder ungeeignete Fragen iS des § 241 II (dort 12ff, 15). Die Zweckmäßigkeit einer Frage hat das Gericht nicht nach § 242 zu prüfen.

3 3) Die **Entscheidung des Gerichts** können der Vorsitzende, die Mitglieder des Gerichts, die Prozessbeteiligten und der befragte Angeklagte, Zeuge oder Sachverständige herbeiführen. Sie ergeht nach Anhörung der Prozessbeteiligten (§ 33 I), insbesondere des Fragestellers, durch Beschluss, der ausführlich begründet werden muss, wenn er die Zulässigkeit der Frage verneint (21 zu § 241).

4 4) Wegen der **Rechtsbehelfe** vgl 19ff zu § 241.

Gang der Hauptverhandlung **RiStBV 123, 134**

243 **I [1]Die Hauptverhandlung beginnt mit dem Aufruf der Sache. [2]Der Vorsitzende stellt fest, ob der Angeklagte und der Verteidiger anwesend und die Beweismittel herbeigeschafft, insbesondere die geladenen Zeugen und Sachverständigen erschienen sind.**

II [1]Die Zeugen verlassen den Sitzungssaal. [2]Der Vorsitzende vernimmt den Angeklagten über seine persönlichen Verhältnisse.

III [1]Darauf verliest der Staatsanwalt den Anklagesatz. [2]Dabei legt er in den Fällen des § 207 Abs. 3 die neue Anklageschrift zugrunde. [3]In den Fällen des § 207 Abs. 2 Nr. 3 trägt der Staatsanwalt den Anklagesatz mit der dem Eröffnungsbeschluss zugrunde liegenden rechtlichen Würdigung vor; außerdem kann er seine abweichende Rechtsauffassung äußern. [4]In den Fällen des § 207 Abs. 2 Nr. 4 berücksichtigt er die Änderungen, die das Gericht bei der Zulassung der Anklage zur Hauptverhandlung beschlossen hat.

IV [1]Der Vorsitzende teilt mit, ob Erörterungen nach den §§ 202 a, 212 stattgefunden haben, wenn deren Gegenstand die Möglichkeit einer Verständigung

(§ 257 c) gewesen ist und wenn ja, deren wesentlichen Inhalt. [2]Diese Pflicht gilt auch im weiteren Verlauf der Hauptverhandlung, soweit sich Änderungen gegenüber der Mitteilung zu Beginn der Hauptverhandlung ergeben haben.

V [1]**Sodann wird der Angeklagte darauf hingewiesen, dass es ihm freistehe, sich zu der Anklage zu äußern oder nicht zur Sache auszusagen. [2]Ist der Angeklagte zur Äußerung bereit, so wird er nach Maßgabe des § 136 Abs. 2 zur Sache vernommen. [3]Vorstrafen des Angeklagten sollen nur insoweit festgestellt werden, als sie für die Entscheidung von Bedeutung sind. [4]Wann sie festgestellt werden, bestimmt der Vorsitzende.**

1) Die **regelmäßige Reihenfolge der Verfahrensvorgänge in der Hauptverhandlung** des 1. Rechtszugs (für die Berufungsverhandlung gilt § 324) bis zur Beweisaufnahme bestimmt die Vorschrift. Abweichungen sind zulässig, wenn dafür triftige Gründe vorliegen, der Aufbau der Hauptverhandlung im Ganzen gewahrt bleibt und die Prozessbeteiligten nicht widersprechen (BGH **3**, 384; **13**, 358, 360; **19**, 93, 97; NStZ **86**, 371 mwN; StV **91**, 148; RG **60**, 179, 182; Bay **53**, 130 = MDR **53**, 755; KG StV **82**, 10), wobei dem Angeklagten aber nicht das Recht beschnitten werden darf, sich im Zusammenhang zum Schuldvorwurf zu äußern (BGH StV **90**, 245). 1

Ohne Zustimmung kann von der in § 243 bestimmten Reihenfolge abgewichen werden, wenn eine Vielzahl von Einzeltaten zu verhandeln ist (sog **Punktesachen**). Dann kann in der Weise verfahren werden, dass zunächst eine allgemeine Äußerung des aussagebereiten Angeklagten herbeigeführt, sodann die Verhandlung auf jeweils eine oder mehrere Taten beschränkt wird und zu jedem dieser Teilkomplexe der Angeklagte gehört und die Beweise erhoben werden (BGH **10**, 342; **19**, 93, 96; MDR **55**, 397 [D]; Roxin/Schünemann § 44, 4). 2

In diesem Fall muss die **Sitzungsniederschrift,** in der jede wesentliche Abweichung von der Reihenfolge des § 243 beurkundet werden muss, aber ergeben, auf welchen Abschnitt sich die jeweilige Vernehmung des Angeklagten bezieht (BGH **10**, 342). 3

2) Mit dem **Aufruf der Sache** (I S 1) beginnt die Hauptverhandlung, ohne Rücksicht darauf, ob der Angeklagte erschienen ist oder nicht (BGH **52**, 24). Der Vorsitzende kann die Sache selbst aufrufen oder anordnen, dass der Gerichtswachtmeister oder der Protokollführer sie aufruft. Der Aufruf der Sache ohne eine solche Anordnung hat keine Rechtswirkung (LR-Becker 15). Unterbleibt der Aufruf versehentlich, so gilt als Beginn der Hauptverhandlung diejenige Handlung des Gerichts oder des Vorsitzenden, die den Beteiligten als erste erkennbar macht, dass die Sache verhandelt wird (LR-Becker 16; ähnlich KK-Schneider 7). 4

3) **Präsenzfeststellung** (I S 2): Die Anwesenheit des StA wird im Offizialverfahren vorausgesetzt. Der Vorsitzende hat daher nur festzustellen, ob der Angeklagte, der Verteidiger und die anderen Verfahrensbeteiligten (Nebenkläger, Nebenbeteiligte) erschienen sind. Der Aufruf der Zeugen und Sachverständigen beschränkt sich auf diejenigen Beweispersonen, die bereits für den Beginn der Hauptverhandlung geladen sind. Ihr Aufruf mit den Namen (BGH **24**, 280, 282) und die Präsenzfeststellung dienen der Klärung, ob die Hauptverhandlung durchgeführt werden kann, ob noch Beweispersonen geladen und ob Zwangsmittel angewendet werden müssen. Die Präsenzfeststellung erstreckt sich ferner auf die herbeigeschafften sachlichen Beweismittel (14 zu § 214), für die § 245 I gilt. Die Präsenzfeststellung ist keine wesentliche Förmlichkeit der Hauptverhandlung iS des § 273 I (KK-Schneider 10; Dallinger MDR **66**, 966; **aM** KMR-Paulus 8; offengelassen in BGH **24**, 280); gleichwohl ist es zweckmäßig, in der Sitzungsniederschrift festzuhalten, wer erschienen ist. 5

4) **Entfernen der Zeugen** (II S 1): Die Zeugen werden idR erst gemeinschaftlich nach § 57 ermahnt und belehrt (dort 1). Danach müssen sie den Sitzungssaal verlassen, weil die Beweisaufnahme erst nach der Vernehmung des Ange- 6

klagten stattfindet (§ 244 I) und jeder Zeuge einzeln vernommen werden muss (§ 58 I).

7 **Hinausgehen müssen auch** Erziehungsberechtigte und gesetzliche Vertreter als Begleitpersonen kindlicher Zeugen (7 zu § 48), der RA als Beistand des Zeugen (§ 406f I S 2; 11 vor § 48) und der Beistand des Angeklagten nach § 149 (3 zu § 58). Ebensowenig wie der Zeuge selbst dürfen sie sich vor Abschluss der Vernehmung im Zuhörerraum aufhalten. Das Entfernen kann nach § 176 GVG sitzungspolizeilich erzwungen werden (LR-Becker 27; erg 5 zu § 58).

8 Ein **Anwesenheitsrecht** haben trotz ihrer beabsichtigten Zeugenvernehmung der Sitzungsstaatsanwalt, solange er die Anklage in der Hauptverhandlung vertritt (17 vor § 48), der Verteidiger (18 vor § 48), der Nebenkläger sowie der nebenklageberechtigte Verletzte (3 zu § 58) sowie dessen Beistand (§ 406g I S 2 und II S 1) und, mit der Einschränkung des § 51 II–V **JGG** der gesetzliche Vertreter und der Erziehungsberechtigte. Wie weit der Sachverständige, der zugleich Zeuge ist (23 vor § 48), an der Hauptverhandlung teilnehmen darf, bestimmt der Vorsitzende (BGH NJW **98**, 2458, 2460 = StV **99**, 463 mit insoweit krit Anm Zieschang).

9 Abweichend von II S 1 kann der Vorsitzende einem Zeugen die **Anwesenheit gestatten** (RG **54**, 297). Auch sonst hindert die Anwesenheit entgegen II S 1, der nur eine Ordnungsvorschrift ist, die Vernehmung des Zeugen nicht (RG aaO; KG VRS **38**, 56; KK-Schneider 14; erg 5 zu § 58).

10 **5)** Die **Vernehmung des Angeklagten über seine persönlichen Verhältnisse** (II S 2) muss der Verlesung des Anklagesatzes (III) vorausgehen.

11 Ihr Zweck ist in 1. Hinsicht die **Identitätsfeststellung**; sie bezieht sich daher nur auf die in § 111 I OWiG bezeichneten Angaben. Nur insoweit ist der Angeklagte, ebenso wie bei der Vernehmung durch StA oder Polizei, zur Aussage verpflichtet (5 zu § 136; **aM** SK-Frister 27). Neben der Identitätsfeststellung dient die Feststellung der Personalien der Klärung von Prozessvoraussetzungen (Verhandlungsfähigkeit des Angeklagten; Vorliegen einer gegen ihn gerichteten Anklage) und der Vergewisserung, dass der Angeklagte nach dem Eindruck, den er bei der Befragung macht, sich selbst verteidigen kann (LR-Becker 33). Verweigert der Angeklagte die Angaben zur Person, so kann das Gericht ohne weiteres auf Grund freibeweislicher Würdigung des Akteninhalts (7 ff zu § 244) von den im Vorverfahren festgestellten Personalien ausgehen (LR-Becker 36).

12 Eine über die Identitätsfeststellung hinausgehende **Ermittlung der persönlichen Verhältnisse des Angeklagten,** insbesondere von Vorleben, Werdegang, beruflicher Ausbildung und Tätigkeit, familiärer und wirtschaftlicher Verhältnisse sowie sonstiger Umstände, die für die Beurteilung der Tat und den Rechtsfolgenausspruch von Bedeutung sein können, gehört zur Vernehmung zur Sache nach IV S 2 (Bay **83**, 153 = MDR **84**, 336; Dencker MDR **75**, 365; Fezer JuS **78**, 107; Müller Hanack-FS 70). Der Angeklagte braucht wegen seiner Aussagefreiheit (7 zu § 136) hierzu keine Angaben zu machen (BGH StV **84**, 190, 192; Bay aaO; **71**, 44 = MDR **71**, 775; Blau ZStW **81**, 35; Dencker aaO; Fezer 11/10; Peters 559; **aM** BGH MDR **75**, 368 [D]; EbSchmidt Nachtr 18). Macht er bei der Vernehmung nach II S 2 auf Verlangen Angaben, die sich auf die Schuld- oder Straffrage beziehen, so dürfen sie nicht verwertet werden, wenn er danach auf den Hinweis nach IV S 1 die Einlassung verweigert (Bay **83**, 153 = MDR **84**, 336; Hamburg MDR **76**, 601; Stuttgart NJW **73**, 1941; **75**, 703). Macht der Angeklagte dagegen über die Angaben zur Person hinaus keine Angaben über seine persönlichen Verhältnisse, so muss das Gericht versuchen, sich mit anderen Erkenntnisquellen, insbesondere durch Vernehmung von Verwandten, ein Bild von seiner Persönlichkeit zu verschaffen (BGH StV **84**, 190, 192; **86**, 287 L).

13 **6)** Durch die **Verlesung des Anklagesatzes** (III S 1) werden dem Angeklagten nochmals die gegen ihn erhobenen Vorwürfe zur Kenntnis gebracht und die Richter über den Gegenstand der Verhandlung unterrichtet, wenn sie ihn nicht schon kennen (Krekeler NStZ **95**, 299). Auf die Verlesung kann grundsätzlich nicht ver-

zichtet werden (Hamm NStZ-RR **99**, 276); lediglich in extremen Ausnahmefällen – Anklagesatz enthält zB seitenlange, dicht beschriebene, umfangreiche Tabellen – ist es als zulässig zu erachten, die Verlesung teilw durch das Selbstleseverfahren entspr § 249 II zu ersetzen (LG Mühlhausen NStZ **07**, 358 mit zust Anm Wilhelm, der zutr [S 359 aE] darauf hinweist, dass dann aber „der wesentliche Inhalt komprimiert und hinreichend verständlich mündlich in der Hauptverhandlung darzulegen ist"; **aM** Britz Müller-FS 107, der eine Gesetzesänderung für notwendig hält und das „Verlesen" für Ausnahmefälle durch eine „Vorstellung" der Anklage durch den StA ersetzen will; vgl auch BGH NStZ **10**, 100). Eine Übersetzung der Anklageschrift für den ausländischen Angeklagten ist nicht erforderlich, wenn dem des Lesen Kundigen eine schriftliche Übersetzung überlassen wird (BVerfG NStZ **04**, 214). Den Schöffen kann eine Abschrift des Anklagesatzes nach Verlesung ausgehändigt werden (Häger Meyer-GedSchr 172). Die Verlesung muss immer im Ganzen erfolgen; auch in Punktesachen (oben 2) ist eine stückweise Verlesung unzulässig (KK-Schneider 3; LR-Becker 4; **aM** RG **44**, 312; Häger aaO 175). Sind mehrere Strafsachen verbunden, so werden alle Anklagesätze verlesen, es sei denn, sie sind (teilw) wörtlich identisch, was aber für die Verfahrensbeteiligten und die Öffentlichkeit klar ersichtlich sein muss (BGH NJW **08**, 2131). Die Verlesung muss nach der Vernehmung des Angeklagten zur Person und vor seiner Vernehmung zur Sache nach IV S 2 stattfinden (BGH MDR **75**, 368 [D]). Wird der Anklagesatz versehentlich erst nach der Sachvernehmung verlesen, so muss sie (in ausführlicher Form) wiederholt werden (RG **23**, 310).

Anstelle des Anklagesatzes wird im Sicherungsverfahren nach §§ 413 ff der zur Hauptverhandlung zugelassene Antrag (§ 414 III), im objektiven Verfahren (§§ 440, 444 II) die Antragsschrift ohne das wesentliche Ergebnis der Ermittlungen verlesen (10 zu § 440; 5 zu § 441). Nach Einspruch gegen einen Strafbefehl (§ 441 I) trägt der StA nicht den gesamten Strafbefehl (so aber Koblenz VRS **38**, 56), sondern die sich aus Strafbefehlsantrag (5 ff zu § 407) und Strafbefehl ergebende Beschuldigung unter Weglassung der beantragten und festgesetzten Rechtsfolgen vor (erg 3 zu § 411). Ist die Sache durch Verweisungsbeschluss nach § 270 vor das Gericht gelangt, so wird dieser Beschluss mit dem darin enthaltenen Anklagesatz vorgetragen (BGH MDR **72**, 387 [D]); fehlt ein Anklagesatz (vgl 15 zu § 270), so wird er aus der Anklageschrift verlesen. Nach einer Vorlegung nach § 225 a werden der Anklagesatz und der Übernahmebeschluss verlesen; nicht verlesen wird jedoch ein Vorlagebeschluss nach § 209 II (offen gelassen von BGH **43**, 360). Bei erneuter Hauptverhandlung nach Urteilsaufhebung (§§ 328 II, 354 II, III, 355) oder im Wiederaufnahmeverfahren wird der Anklagesatz erneut vorgetragen, und zwar mit den Einschränkungen (zB infolge von Teilrechtskraft) oder Erweiterungen, von denen in der neuen Verhandlung auszugehen ist. Wenn die Sache nur noch im Rechtsfolgenausspruch anhängig ist, wird statt des Anklagesatzes das zurückverweisende Urteil verlesen. 14

Bei der **Verlesung** ersetzt der StA das Wort Angeschuldigter, das jetzt nicht mehr passt, durch das Wort Angeklagter (Rautenberg NStZ **85**, 256). Die im Anklagesatz aufgeführten Personalien lässt er weg, da sie bereits nach II S 2 festgestellt worden sind (KMR-Paulus 48). Angaben über die UHaft des Angeklagten und die Sicherstellung des Führerscheins dürfen nicht verlesen werden. Die Verlesung des Eröffnungsbeschlusses ist überflüssig, aber nicht verboten (BGH **43**, 360). 15

Unklarheiten des Anklagesatzes beseitigt der StA durch zusätzliche Erklärungen darüber, welcher Vorwurf dem Angeklagten gemacht wird; auch der Vorsitzende ist dazu berechtigt und verpflichtet (BGH GA **73**, 111; NStZ **84**, 133). Auch Mängel des Anklagesatzes, die nicht so schwer wiegen, dass der Eröffnungsbeschluss unwirksam wäre, kann der StA oder der Vorsitzende in der Hauptverhandlung durch Klarstellung der Unvollständigkeiten oder Ungenauigkeiten beheben (BGH aaO; MDR **80**, 107 [H]). Für den Verteidiger fordert Hammerstein (Salger-FS 299) ein Recht auf Gegenerklärung zur Anklage. 16

17 Bei **Zulassung der Anklage mit Änderungen** verliest der StA im Fall des § 207 II Nrn 1, 2 den Anklagesatz aus der nach § 207 III eingereichten neuen Anklageschrift. Im Fall des § 207 II Nr 3 trägt er den Anklagesatz mit der rechtlichen Würdigung des Eröffnungsbeschlusses vor; dabei kann er seine abweichende Auffassung äußern (III S 3). In den Fällen des § 207 II Nr 4 berücksichtigt er die vom Gericht bei der Zulassung der Anklage beschlossenen Änderungen, dh er lässt im Anklagesatz den ausgeschiedenen rechtlichen Gesichtspunkt und die dazu gehörenden Tatsachen weg oder er ergänzt den Anklagesatz in rechtlicher, falls erforderlich auch in tatsächlicher Hinsicht.

18 Die Verlesung des Anklagesatzes ist eine wesentliche Förmlichkeit der Hauptverhandlung und muss daher nach § 273 I in die **Sitzungsniederschrift** aufgenommen werden (BGH NStZ **84**, 521; **86**, 39; 374). Das Gleiche gilt für Hinweise des StA oder des Vorsitzenden zur Klarstellung oder Behebung eines Mangels des Anklagesatzes (BGH GA **73**, 111; NStZ **84**, 133).

18a **7) IV schreibt vor,** dass in der Hauptverhandlung durch den Vorsitzenden **bekannt gegeben** werden muss, ob – mündliche oder schriftliche – Erörterungen nach §§ 202a, 212 vor der Hauptverhandlung stattgefunden haben, und zwar auch dann, wenn diese Gespräche ergebnislos geblieben sind. Haben die Gespräche zu einem Ergebnis geführt, ist auch dieses mitzuteilen (Altenhain/Haimerl JZ **10**, 336). Beides ist – als wesentliche Förmlichkeit – gemäß § 273 Ia S 2 zu protokollieren. Da anzunehmen ist, dass in sehr vielen Verfahren, in denen ein Verteidiger gewählt oder bestellt worden ist, solche Vorgespräche stattgefunden haben, wird es sich empfehlen, in den Vordrucken der Hauptverhandlungsniederschrift einen entsprechenden Passus aufzunehmen, nämlich: „Es haben zwischen dem Gericht, der StA und dem Verteidiger (sowie ggf weiteren Verfahrensbeteiligten, etwa dem Angeklagten oder dem Nebenkläger) Erörterungen zur Vorbereitung einer Verständigung stattgefunden. Diese blieben ergebnislos" bzw „Diese hatten folgendes Ergebnis: …". Auch hier gilt aber, dass nur kurze telefonische Kontaktaufnahmen ohne konkretes Ergebnis, etwa die Frage an den Verteidiger, ob der Angeklagte ein Geständnis ablegen wird oder ob mit der Stellung von Beweisanträgen zu rechnen ist, nicht erwähnt zu werden brauchen (LR-Becker 52c; vgl 5 zu § 160b).

18b **Nach Verlesung der Anklageschrift**, aber vor der Belehrung des Angeklagten über seine Aussagefreiheit (V) erfolgt die Mitteilung über die Verständigungsgespräche und ihr Ergebnis. Anschließend wird die Hauptverhandlung nach §§ 244ff durchgeführt, wobei es hierbei allerdings nach dem Ergebnis einer zulässigen erfolgreichen Verständigung zu Abweichungen kommen kann.

18c **Ergeben sich** im weiteren Verlauf der Hauptverhandlung gegenüber der zu Beginn der Hauptverhandlung gemachten Mitteilung **Änderungen**, sind diese genauso bekannt zu geben und zu protokollieren. Jede Heimlichkeit über versuchte oder getroffene Verständigungen soll damit vermieden, die Öffentlichkeit also umfassend informiert werden. Dies gilt insbesondere für Erörterungen, die nach § 212 nach Beginn, aber außerhalb der Hauptverhandlung stattgefunden haben; auch wenn solche (weiteren) Erörterungen ergebnislos geblieben sind, ist die Tatsache, dass sie stattgefunden (und keine Ergebnis gehabt) haben, mitzuteilen.

18d Die Mitteilung ist gemäß § 273 Ia S 2 **zu protokollieren** (vgl dort). Unterbleibt die Protokollierung, hat dies gemäß § 274 zur Folge, dass sich weder das Gericht noch die Verfahrensbeteiligten auf eine stattgefundene Verständigung berufen können. Erg unten 38a.

19 **8)** Der **Hinweis auf die Aussagefreiheit** (V S 1) kann mehreren Angeklagten gleichzeitig erteilt werden (LR-Becker 57). Der Vorsitzende muss den Hinweis in der Hauptverhandlung selbst erteilen; andere Personen darf er damit nicht beauftragen. Wird der abwesende Angeklagte nach § 234 durch einen Verteidiger vertreten, so wird diesem der Hinweis gegeben (Bay **82**, 156 = VRS **64**, 134, 135).

20 **Verfalls- und Einziehungsbeteiligte** sowie Organe der JP oder PV, die in der Hauptverhandlung die Befugnisse eines Angeklagten haben (§§ 433 I, 442 I, II S 2,

444 II S 2), werden vor ihrer Vernehmung ebenfalls darauf hingewiesen, dass es ihnen nach dem Gesetz freisteht, zu Fragen, auf die sich ihre Beteiligung bezieht, auszusagen oder nicht auszusagen. Das Gleiche gilt für die Nebenbeteiligten im Nachverfahren und im objektiven Verfahren (§§ 439, 440 III, 442 II S 1, 2, 444 III S 1).

Der Hinweis muss in der Hauptverhandlung **wiederholt werden,** gleichviel, wie oft er schon vorher nach §§ 115 III, 128 I S 3, 136 I S 2, 163 a III S 2, IV S 2 oder in einer ausgesetzten Hauptverhandlung erteilt worden ist. Er muss auch in der Berufungsverhandlung (Stuttgart NJW **75**, 703) und in der neuen Hauptverhandlung nach Zurückverweisung der Sache nach §§ 328 II, 354 II, III wiederholt werden. Wurde der Hinweis in der Hauptverhandlung vergessen, ist er mit Belehrung über die Unverwertbarkeit der bisherigen Angaben nachzuholen (Geppert Meyer-GedSchr 107; erg 9 zu § 136). 21

Der Hinweis sollte mit dem **Wortlaut** des V S 1 erteilt werden; eine andere Fassung ist aber unschädlich, sofern sie dem Angeklagten nur Klarheit über seine Aussagefreiheit verschafft (LR-Becker 56; erg 8 zu § 136). 22

Der Hinweis ist eine **wesentliche Förmlichkeit der Hauptverhandlung** iS des § 273 I; er (nicht sein genauer Wortlaut) muss daher in der Sitzungsniederschrift beurkundet werden. 23

9) Vernehmung des Angeklagten zur Sache (V S 2): 24

A. Erst **nach Verlesung des Anklagesatzes** und nach dem Hinweis nach V S 1 darf der Angeklagte zur Sache vernommen werden (BGH MDR **75**, 368 [D]). Vor dem Hinweis darf er auch nicht veranlasst werden, durch Kopfschütteln oder -nicken zum Ausdruck zu bringen, ob er sich zu den ihm vorgeworfenen Taten bekennt (BGH NStZ **88**, 85). 25

Die Vernehmung muss stets **vor der Beweisaufnahme** stattfinden (Bay **53**, 130 = MDR **53**, 755; KG StV **82**, 10). Eine Zurückstellung der Sachvernehmung bis nach der Beweisaufnahme ist unzulässig (vgl aber unten 29); auch über sein Verhältnis zu den Mitangeklagten und Belastungszeugen muss der Angeklagte vorher vernommen werden (BGH NStZ **81**, 111). Mit Zustimmung des Angeklagten kann aber während seiner Vernehmung ein Teil der Beweisaufnahme vorweggenommen werden, insbesondere die Verlesung von Vernehmungsprotokollen (Neustadt NJW **64**, 313) und andere Urkunden oder eine Augenscheinseinnahme (BGH **19**, 93, 97). Hatte der Angeklagte zunächst die Einlassung verweigert, so ist das Gericht verpflichtet, auf sein Verlangen die Sachvernehmung in Unterbrechung der nicht unaufschiebbaren weiteren Beweisaufnahme vorzunehmen (BGH NStZ **86**, 370). 26

Eine **Vertretung des Angeklagten**, der *abwesend* ist, ist nach § 234 auch bei der Einlassung möglich (vgl 10 zu § 234). Dagegen kann sich der in der Hauptverhandlung *anwesende* Angeklagte bei seiner Einlassung nicht durch den Verteidiger vertreten lassen (BGH **39**, 305 = NStZ **94**, 184 mit zust Anm Seitz; Bay **80**, 111 = VRS **60**, 120; Celle NStZ **88**, 426; **aM** Hamm JR **80**, 82 mit abl Anm Fezer; Salditt StV **93**, 443; vgl auch Eisenberg/Pincus JZ **03**, 402, dagegen Olk JZ **06**, 207). Erg aber unten 30 sowie 4 zu § 234; zur Einlassung des Verteidigers für den schweigenden Angeklagten vgl 16 a zu § 261. 27

B. **Äußerung zur Anklage:** Der Vorsitzende, dessen Aufgabe die Vernehmung ist (§ 238 I), muss dem Angeklagten Gelegenheit geben, sich gegen den Anklagevorwurf zu verteidigen, dh die gegen ihn vorliegenden Verdachtsgründe zu beseitigen und die zu seinen Gunsten sprechenden Tatsachen geltend zu machen (§ 136 II). V S 2 zielt insgesamt darauf ab, es dem Angeklagten vorweg zu ermöglichen, seine Verteidigung zusammenhängend zu führen und das Gericht zu veranlassen, bei der folgenden Beweisaufnahme den von ihm geltend gemachten Gesichtspunkten Rechnung zu tragen (BGH NJW **57**, 1527; NStZ **81**, 111; **86**, 370; Bay **53**, 130 = MDR **53**, 755; KG StV **82**, 10). 28

Gegenstand der Vernehmung ist der dem Angeklagten in der Anklageschrift zur Last gelegte geschichtliche Vorgang. Zur Sachvernehmung gehören aber auch die für die Rechtsfolgenfrage erheblichen Umstände, insbesondere die persön- 29 lichen Verhältnisse des Angeklagten (oben 12). Die Zurückstellung der Vernehmung zu diesen Umständen bis nach der Beweisaufnahme kann zweckmäßig sein, um für den Fall der Freisprechung oder Einstellung des Verfahrens unnötige Bloßstellungen des Angeklagten und überflüssige Erörterungen zu vermeiden (BGH NStZ **85**, 561). Ein „opening-Statement" des Verteidigers kommt nach der StPO nicht in Betracht (str, vgl dazu Müller Hanack-FS 70ff).

30 C. **Form der Vernehmung:** Will der Angeklagte sich äußern, so muss er das mündlich tun. Die Vorlegung oder Verlesung einer Verteidigungsschrift ist nach der Rspr grundsätzlich nicht zulässig (BGH **3**, 368; **52**, 175; NStZ **04**, 163; 392; **07**, 349; **08**, 349), dazu eingehend und krit Schlösser NStZ **08**, 310 und Schlothauer StV **07**, 623; der Rspr zust Fahl 408; Geppert Rudolphi-FS 654; Meyer-Mews JR **03**, 362; abl hingegen Dencker Fezer-FS 115; Mehle DAV-FS 655; Park StV **01**, 592; Salditt StV **93**, 444; Schäfer Dahs-FS 448. Dem Angeklagten steht somit kein Wahlrecht zu, ob er sich mündlich äußern oder schriftlich zur Sache einlassen will; legt er selbst über seinen Verteidiger nur eine schriftliche Erklärung vor, die das Gericht zur Kenntnis genommen hat, so hat er sich aber auch damit mündlich geäußert (BGH NStZ **09**, 173; eingehend dazu Pfister Miebach-SH 27). Schweigt er hingegen und legt er nur eine schriftliche Erklärung vor, so muss das Gericht diese freilich zur Kenntnis nehmen und nach Aufklärungsgesichtspunkten (§ 244 II) behandeln: Enthält die schriftliche Erklärung etwa ein (auch teilw) Geständnis, so ist sie (BGH NStZ **08**, 476: mit erheblich gemindertem Beweiswert; ähnlich Dencker aaO 132; **aM** Gillmeister Mehle-FS 241) zu verwerten und als Urkundsbeweis zu verlesen (LR-Becker 80); entspr Beweisanträge sind zu verbescheiden (BGH NJW **08**, 2356) Auch Eisenberg/Pincus JZ **03**, 397 bejahen Zulässigkeit und Erforderlichkeit der Verlesung bei gänzlich fehlender mündlicher Sachäußerung oder bei Ergänzungen oder Abweichungen zur mündlichen Aussage (ähnlich Beulke Strauda-FS 93: bei ausdrücklicher Genehmigung durch den Angeklagten).

31 Notizen kann der Angeklagte immer verwenden; ihm muss Gelegenheit gegeben werden, sich **möglichst im Zusammenhang** zu äußern (BGH **13**, 358, 360). Hiervon kann aber bei einem besonders verwickelten oder umfangreichen Anklagevorwurf oder auch dann abgesehen werden, wenn der Angeklagte zu einer zusammenhängenden Einlassung ohne Abschweifungen nicht in der Lage ist (BGH NStZ **00**, 549). Denn anders als für Zeugen (§ 69 I S 1) schreibt das Gesetz nicht vor, dass der Angeklagte veranlasst werden muss, das, was ihm vom Gegenstand seiner Vernehmung bekannt ist, im Zusammenhang anzugeben (OGH **3**, 141, 147ff; **aM** KMR-Paulus 34; Wegener NStZ **81**, 247). Eine Vernehmung in der Form von Fragen und Antworten ist daher nicht unzulässig (Köln MDR **56**, 654; vgl auch RG **58**, 110, 111: grundsätzlich nur im Austausch von Rede und Gegenrede; erg 17 zu § 136).

32 **10) Feststellung der Vorstrafen** (V S 3, 4): Darunter fallen nicht nur frühere Verurteilungen, sondern auch andere Entscheidungen, die im BZR, im Erziehungsregister (§§ 3, 59 **BZRG**) oder im Verkehrszentralregister (§§ 28–30 StVG) eingetragen sind. Ihre Feststellung gehört nicht zur Vernehmung des Angeklagten zur Person (LR-Becker 84; Dahs 539).

33 **Für die Entscheidung von Bedeutung** (S 3) ist die Vorstrafe nicht, wenn sie nach §§ 51, 66 **BZRG** unverwertbar ist. Im Einzelfall können Vorstrafen schon für den Schuldspruch von Bedeutung sein, zB zur Feststellung der Gewohnheitsmäßigkeit des Handelns oder weil sie eine bestimmte Verbrechensmethode erkennen lassen, die ein Beweisanzeichen für die Begehung der neuen Tat sein kann. Dann werden die Vorstrafen schon bei der Vernehmung des Angeklagten zur Sache erörtert (LR-Becker 85). IdR sind die Vorstrafen aber nur für die Rechtsfolgenentscheidung von Bedeutung. Ist das der Fall, so müssen sie zur Sprache gebracht werden, sofern der Angeklagte nicht freizusprechen oder die Vorstrafe wegen einer Tat ergangen ist, die für die Ahndung der jetzt abzuurteilenden Tat keine Bedeutung hat.

Frühester **Zeitpunkt der Feststellung** ist die Vernehmung des Angeklagten zur Sache (BGH VRS **34**, 219; Stuttgart NJW **73**, 1941; Kleinknecht JZ **65**, 159). Im Übrigen bestimmt der Vorsitzende den Zeitpunkt (S 4); er soll so spät wie möglich liegen (LR-Becker 87). Bei schwerwiegenden Vorverurteilungen, die nur für den Rechtsfolgenausspruch von Bedeutung sind, wird es idR geboten sein, ihre Feststellung so lange zurückzustellen, bis abzusehen ist, dass ein Freispruch oder die Einstellung des Verfahrens nicht in Betracht kommt (Kleinknecht aaO). Das gilt selbst für die richterliche Feststellung der Voraussetzungen des § 66 StGB. 34

Die Befugnis zur **Stellung von Beweisanträgen** über frühere Strafverfahren, über ihren Inhalt und über frühere Bestrafungen wird durch S 3, 4 nicht eingeschränkt. Der Angeklagte kann solche Beweisanträge schon bei seiner Vernehmung zur Sache stellen (BGH **27**, 216, 220). Der StA sollte sie erst stellen, wenn eine Verurteilung wahrscheinlich ist. Der Vorsitzende ist immer berechtigt, die Herbeiführung der Entscheidung über den Antrag so lange zurückzustellen, bis die Beweiserhebung von Bedeutung ist (LR-Becker 88). 35

11) Revision: Auf Verstöße gegen I und II S 1 kann die Revision nicht gestützt werden (oben 9 zu II S 1). 36

Auf einer unterlassenen oder **unvollständigen Befragung zur Person** nach II S 2 wird das Urteil im Allgemeinen nicht beruhen (Köln NStZ **89**, 44). 37

Ein Revisionsgrund, auf dem das Urteil idR beruht, ist dagegen das **Unterlassen der Verlesung des Anklagesatzes** oder des (oben 14) an seine Stelle tretenden Strafbefehls usw (BGH NStZ **84**, 521; **86**, 39; 374; **00**, 214) sowie die unterlassene Übersetzung bei einem fremdsprachigen Angeklagten (BGH StV **93**, 2; erg 18 zu Art 6 **MRK**). Das Beruhen ist nur auszuschließen, wenn ausnahmsweise wegen der Einfachheit der Sach- und Rechtslage weder der Gang der Hauptverhandlung noch das Urteil irgendwie von dem Verfahrensmangel berührt worden ist (BGH NJW **82**, 1057; NStZ **82**, 431; 518; **84**, 521; **86**, 39; 374; **91**, 28 [M/K]; **95**, 200 mit abl Anm Krekeler NStZ **95**, 299; Hamm NStZ-RR **99**, 276; vgl auch Köln NStZ-RR **03**, 17 zum beschleunigten Verfahren) oder wenn die Prozessbeteiligten über den Gegenstand des Verfahrens auf andere Weise, zB durch Verlesung des Revisionsurteils, unterrichtet worden sind (BGH NStZ **06**, 649). Die Verlesung eines nicht dem Gesetz entspr Anklagesatzes ist ein Verfahrensverstoß, auf dem das Urteil regelmäßig nicht beruht (BGH NJW **87**, 1209 = JR **87**, 389 mit Anm Rieß = StV **88**, 282 mit abl Anm Danckert: Anklagesatz mit Beweiswürdigung). 38

Auf einem Verstoß gegen die **Mitteilungspflichten nach IV** kann das Urteil nicht beruhen (**aM** Kirsch StraFo **10**, 100; Schlothauer/Weider StV **09**, 604). Dabei spielt es keine Rolle, ob dem Urteil eine Verständigung zugrunde liegt oder nicht; revisibel sind nur Verstöße gegen § 257 c (eingehend N/Sch/W-Weider Teil C 32 ff). 38a

Auf die **Unterlassung des Hinweises nach V S 1** kann die Revision gestützt werden; es handelt sich nicht um eine bloße Ordnungsvorschrift. Das Urteil beruht aber nicht auf dem Verstoß, wenn der Angeklagte seine Aussagefreiheit gekannt hat (BGH NStZ **83**, 210 [Pf/M]; LR-Becker 99; im Ergebnis ebenso BGH **25**, 325, wo aber [S 331] die Beruhensprüfung durch die Prüfung ersetzt wird, ob durch den Verstoß „der Zweck des Hinweisgebots vereitelt worden ist"). Deswegen aber eine erweiterte Darlegungspflicht des Angeklagten im Revisionsverfahren zu fordern (so BGH **25**, 325, 333), lässt sich mit den Grundsätzen des Revisionsrechts, das ein Rügevorbringen zur Frage des Beruhens nicht verlangt, schwerlich vereinbaren (abl daher SK-Frister 87 mwN; Bernsmann StraFo **98**, 75; Bohnert NStZ **82**, 10; Dencker MDR **75**, 362; Hanack JR **75**, 340; Hegmann NJW **75**, 915; Herdegen NStZ **90**, 518; offen gelassen von BGH **38**, 214, 227; erg 21 zu § 136; 27 zu § 344). 39

Eine **unzulängliche Vernehmung des Angeklagten zur Sache** nach V S 2 kann idR ebenso wenig gerügt werden wie die unvollständige Befragung eines Zeugen (vgl aber auch BGH NStZ **00**, 439; Koblenz OLGSt Nr 1; erg 82 zu § 244), setzt jedenfalls voraus, dass gegen die Anordnung des Vorsitzenden nach 40

§ 238 II das Gericht angerufen worden ist (BGH NStZ **97**, 198). Ein Freibeweis darüber, dass die Einlassung des Angeklagten einen anderen als im Urteil festgestellten Inhalt hatte, ist unzulässig (BGH NStZ **09**, 282; Pfister Miebach-SH 27).

41 Dass eine verwertbare **Vorstrafe** nach V S 3, 4 nicht oder nur in einem späteren Zeitpunkt hätte festgestellt werden dürfen, kann die Revision nicht mit Erfolg rügen (Bay MDR **72**, 626; KK-Schneider 65); das gilt selbst dann, wenn nach § 238 II ein Gerichtsbeschluss herbeigeführt worden ist.

42 **Mitangeklagte** können aus einer Verletzung des § 243 zum Nachteil eines anderen Angeklagten keine Rechte herleiten (BGH MDR **73**, 192 [D]).

Beweisaufnahme **RiStBV 130, 135**

244 **I Nach der Vernehmung des Angeklagten folgt die Beweisaufnahme.**

II Das Gericht hat zur Erforschung der Wahrheit die Beweisaufnahme von Amts wegen auf alle Tatsachen und Beweismittel zu erstrecken, die für die Entscheidung von Bedeutung sind.

III 1 Ein Beweisantrag ist abzulehnen, wenn die Erhebung des Beweises unzulässig ist. 2 Im Übrigen darf ein Beweisantrag nur abgelehnt werden, wenn eine Beweiserhebung wegen Offenkundigkeit überflüssig ist, wenn die Tatsache, die bewiesen werden soll, für die Entscheidung ohne Bedeutung oder schon erwiesen ist, wenn das Beweismittel völlig ungeeignet oder wenn es unerreichbar ist, wenn der Antrag zum Zweck der Prozessverschleppung gestellt ist oder wenn eine erhebliche Behauptung, die zur Entlastung des Angeklagten bewiesen werden soll, so behandelt werden kann, als wäre die behauptete Tatsache wahr.

IV 1 Ein Beweisantrag auf Vernehmung eines Sachverständigen kann, soweit nichts anderes bestimmt ist, auch abgelehnt werden, wenn das Gericht selbst die erforderliche Sachkunde besitzt. 2 Die Anhörung eines weiteren Sachverständigen kann auch dann abgelehnt werden, wenn durch das frühere Gutachten das Gegenteil der behaupteten Tatsache bereits erwiesen ist; dies gilt nicht, wenn die Sachkunde des früheren Gutachters zweifelhaft ist, wenn sein Gutachten von unzutreffenden tatsächlichen Voraussetzungen ausgeht, wenn das Gutachten Widersprüche enthält oder wenn der neue Sachverständige über Forschungsmittel verfügt, die denen eines früheren Gutachters überlegen erscheinen.

V 1 Ein Beweisantrag auf Einnahme eines Augenscheins kann abgelehnt werden, wenn der Augenschein nach dem pflichtgemäßen Ermessen des Gerichts zur Erforschung der Wahrheit nicht erforderlich ist. 2 Unter derselben Voraussetzung kann auch ein Beweisantrag auf Vernehmung eines Zeugen abgelehnt werden, dessen Ladung im Ausland zu bewirken wäre.

VI Die Ablehnung eines Beweisantrages bedarf eines Gerichtsbeschlusses.

Übersicht

1) Beweisaufnahme: 1

A. **Begriff:** Beweisaufnahme ist der Teil der Hauptverhandlung, in dem mit den gesetzlich zugelassenen Beweismitteln (Einl 49) von Amts wegen oder auf Antrag eines Prozessbeteiligten vergangene oder gegenwärtige Tatsachen und Erfahrungssätze aufgeklärt werden (Einl 47 ff). Aus I ergibt sich, dass die Vernehmung des Angeklagten nicht zur Beweisaufnahme gehört. Er ist aber ein Beweismittel in weiterem Sinn, wenn er aussagt (BGH **2**, 269; **28**, 196, 198; Dencker ZStW **102**, 54; Fezer JuS **77**, 234), in Augenschein genommen wird (KG NJW **79**, 1668) oder sonst ein Bild von dem Geschehensablauf abgibt, zB in einer Verkehrssache durch Vorführen seiner Fahrweise am Tatort. 2

B. **Beweisbedürftigkeit:** Beweis muss erhoben werden über entscheidungserhebliche Tatsachen, die der Angeklagte nicht glaubhaft eingesteht, und über Erfahrungssätze, die nicht allgemeingültig sind. Die Tatsachen können unmittelbar beweiserheblich oder nur mittelbar von Bedeutung (Indiztatsachen) sein (25 zu § 261). Privates Wissen darf der Richter als Beweisquelle nur verwenden, wenn es sich um offenkundige Tatsachen oder Erfahrungssätze handelt (dazu unten 50 ff). Er darf dem Angeklagten und den Beweispersonen aber auf Grund seines privaten Wissens Vorhalte machen; dann ist für das Urteil verwertbar, was sie auf den Vorhalt erklären (vgl 28 zu § 249). Verwertet das Gericht offenkundige Tatsachen oder Erfahrungssätze, so muss es sie in der Hauptverhandlung zur Sprache bringen (BVerfGE **10**, 177, 183 = NJW **60**, 31; BVerfGE **48**, 206; BGH **6**, 292, 295; StV **81**, 223 mit Anm Schwenn/Strate; **88**, 514; **94**, 527; Bay **94**, 89 = NJW **95**, 976; Hamm StV **85**, 225; ausführlich dazu Keller ZStW **101**, 381; erg 24 zu § 261); eine Ausnahme gilt für Tatsachen, die so allgemein bekannt sind, dass die Beteiligten vernünftigerweise damit rechnen müssen, dass sie zur Grundlage der Entscheidung gemacht werden (BSG NJW **79**, 1063; BGHZ **31**, 43 = NJW **59**, 2213; Hamm VRS **41**, 49). 3

C. **Inländisches gesetztes Recht** kann nicht Gegenstand der Beweisaufnahme sein (unten 49), wohl aber, im Freibeweis (unten 7), **ausländisches Recht** und inländisches Gewohnheitsrecht (BGH NJW **94**, 3364, 3366; LR-Becker 8; ANM 138 ff; erg 6 vor § 72). 4

2) Streng- und Freibeweis: 5

A. **Strengbeweis** ist das Beweisverfahren nach den §§ 244 bis 256 unter Beachtung der Grundsätze der Mündlichkeit (§ 261) und Öffentlichkeit der Verhandlung (§ 169 GVG). Das Gesetz verlangt ihn nur für die Feststellung der Schuld- und Rechtsfolgentatsachen in der Hauptverhandlung. Sonst gilt Freibeweis, auch soweit es um die Schuldfrage geht, zB im Haftprüfungsverfahren nach § 117. Das vorgeschriebene Strengbeweisverfahren darf nicht durch ein Freibeweisverfahren ersetzt, ein Beweisantrag daher nicht mit der Begründung abgelehnt werden, die Beweisfrage sei bereits im Freibeweisverfahren geklärt (BGH StV **95**, 339). Der Ausschluss des Beweisantragsrechts in §§ 384 III, 420 IV; 436 II sowie in § 78 III S 1 **JGG** und seine Einschränkung in § 77 OWiG lässt die sonstigen Grundsätze des Strengbeweises unberührt. 6

B. **Freibeweis** gilt für alle Beweiserhebungen außerhalb der Hauptverhandlung sowie in und während der Hauptverhandlung für die Feststellung von Prozessvoraussetzungen (Einl 141 ff) und sonstigen Prozesserheblichen Tatsachen, auch 7 wenn sie die Urteilsgrundlagen unmittelbar beeinflussen (BGH NStZ-RR **99**, 259 [K]). Dazu gehören die tatsächlichen Voraussetzungen der Verwertungsverbote (Einl 51 ff), insbesondere nach § 136 a III (dort 32), der Eidesverbote nach § 60 (dort 1), der §§ 231 II, 231 a (BGH **26**, 228, 238) und § 329 I (dort 19) sowie der Ablehnung eines Beweisantrags (BGH MDR **81**, 338; NJW **93**, 2881, 2882). Im Freibeweis wird auch in der Verhandlung nach § 138 d (dort 7) und bei der Beweisaufnahme über ausländisches Recht (BGH NJW **94**, 3364) und inländisches Gewohnheitsrecht verfahren (6 vor § 72). Dem Revisionsgericht steht nur diese Beweisart zur Verfügung (erg 3 zu § 351).

8 C. **Doppelrelevante,** dh sowohl für die Schuld- oder Rechtsfolgenfrage als auch für Prozessentscheidungen erhebliche Tatsachen, wie etwa im Hinblick auf § 173 Abs. 1 StGB und § 52 die verwandtschaftlichen Beziehungen zwischen Zeugen und Angeklagten, müssen an sich im Strengbeweis festgestellt werden (BGH StV **82**, 101; **91**, 148; NStZ-RR **03**, 290 [B]; Többens NStZ **82**, 185; vgl auch Bay **95**, 107 = VRS **90**, 198). Wenn die Beweisaufnahme aber zunächst nur der Entscheidung über Prozesstatsachen dient, ist Freibeweis zulässig (KK-Fischer 10; Willms Heusinger-EG 407 ff), selbst wenn die Bedeutung der Tatsache für den Tatvorwurf schon abzusehen ist (BGH **26**, 228, 238). Wird später eine Beweisaufnahme im Strengbeweis erforderlich, so muss die Prozessentscheidung dem etwa abweichenden Beweisergebnis angepasst werden (ANM 132; Többens aaO). Denn dem Urteil müssen einheitliche Feststellungen zugrunde liegen, und die im Strengbeweis getroffenen gehen vor (Willms aaO).

9 D. Das **Freibeweisverfahren** ist kein Verfahren nach Gutdünken (KK-Fischer 16; Willms Heusinger-EG 395 ff). Zu beachten sind die Aufklärungspflicht (BVerfG NJW **86**, 767, 768; BGH **26**, 281, 284; Frankfurt NJW **83**, 1208), der Grundsatz des rechtlichen Gehörs (BGH **21**, 85, 87; DAR **79**, 186 [Sp]; MDR **74**, 367 [D]), Beweisverbote zum Schutz bestimmter Personen, zB § 97 und § 252, die Zeugnisverweigerungsrechte nach §§ 52 ff, die Vereidigungsverbote nach § 60 (Willms Heusinger-EG 399) und die Aussagefreiheit des Angeklagten nach § 136 I S 2 (ANM 151). Für die Beweiswürdigung gelten keine Besonderheiten; das Gericht hat auch die Glaubwürdigkeit eingeholter dienstlicher Äußerungen und Angaben von Zeugen zu prüfen (Bay **00**, 94 = JR **01**, 256 mit Anm Eisenberg). Dagegen finden die Grundsätze der Mündlichkeit, Unmittelbarkeit und Öffentlichkeit keine Anwendung (BGH **16**, 164, 166; ANM 143). Das Gericht kann alle ihm zugänglichen Erkenntnisquellen benutzen, insbesondere schriftliche und telefonische Auskünfte einholen (BGH NStZ **84**, 134; Bay **59**, 315 = NJW **60**, 687; Bay **66**, 58, 60 = NJW **66**, 1981; Hamm NJW **65**, 410). Zeugen müssen nicht vereidigt, Urkunden nicht verlesen werden. Beweisanträge der Prozessbeteiligten sind nur Anregungen, über die ohne Bindung an III–IV und § 245 II im Rahmen der Aufklärungspflicht entschieden werden kann (BGH **16**, 164, 166; NStZ **84**, 18 [Pf/M]; Frankfurt NJW **83**, 1208; Nürnberg MDR **84**, 74; ANM 148 mwN; vgl auch BVerfGE **7**, 275, 279 = JR **58**, 433 mit Anm Peters). Auch VI gilt nicht; die Mitteilung der Ablehnungsgründe durch den Vorsitzenden genügt (BGH NStZ **84**, 18 [Pf/M]; Frankfurt NJW **83**, 1208; Willms Heusinger-EG 397). Die im Freibeweis gewonnenen Ergebnisse müssen aber zum Gegenstand der mündlichen Verhandlung gemacht werden (ANM 150; offengelassen von Bay **95**, 87 = VRS **90**, 193).

10 **3) Amtsaufklärungspflicht:**

11 A. **Ermittlungsgrundsatz:** Die Ermittlung des wahren Sachverhalts ist das zentrale Anliegen des Strafprozesses (BVerfGE **57**, 250, 275 = NJW **81**, 1719, 1722; BVerfGE **63**, 45, 61 = NJW **83**, 1043; BVerfG MDR **84**, 284). Die Amtsaufklärungspflicht begründet für die Prozessbeteiligten einen unverzichtbaren Anspruch darauf, dass die Beweisaufnahme auf alle Tatsachen und alle tauglichen und erlaubten Beweismittel erstreckt wird, die für die Entscheidung von Bedeutung sind (BGH **1**, 94, 96; **32**, 115, 124 [GSSt]). In rechtlich unanfechtbarer Weise

gewonnene Beweismittel müssen in das Verfahren eingeführt werden, wenn sie zur Sachaufklärung beitragen können (Schleswig NJW **80**, 352). Von den Anträgen und Wünschen der Beteiligten ist die Aufklärungspflicht unabhängig (BGH NJW **66**, 1524; **67**, 299; NStZ **84**, 210 [Pf/M]; StV **83**, 495; Düsseldorf VRS **66**, 148; KK-Fischer 32). Das gilt auch gegenüber der StA (BGHR § 244 II Aufdrängen 5). Das Gericht darf aber aus dem Verhalten desjenigen, der Beweisanträge stellen könnte, Anhaltspunkte für die Beantwortung der Frage gewinnen, ob eine weitere Beweisaufnahme geboten ist (BGH MDR **85**, 629 [H]). Beweiserhebungen zum Privat- und Intimleben eines Zeugen sind nur nach sorgfältiger Prüfung ihrer Unerlässlichkeit statthaft (BGH NStZ-RR **09**, 247). Zur Frage, inwieweit die Aufklärungspflicht die Vernehmung eines Verdeckten Ermittlers gebietet, vgl BGH NStZ **97**, 294.

B. **Umfang:** Die Aufklärungspflicht reicht so weit, wie die dem Gericht oder 12
wenigstens dem Vorsitzenden aus den Akten (vgl BGH StV **02**, 350), durch Anträge oder Anregungen oder sonst durch den Verfahrensablauf (BGH **30**, 131, 140) bekanntgewordenen Tatsachen zum Gebrauch von Beweismitteln drängen oder ihn nahelegen (BGH **3**, 169, 175; **10**, 116, 118; **23**, 176, 187; **30**, 131, 140; NStZ **83**, 210 [Pf/M]; StV **81**, 164; **91**, 337; Hamm NStZ **84**, 462, 463; zur BGH-Rspr vgl auch Fezer BGH-FG 854; Maul Peters-FG 47). Dass das Gericht alle Beweismittel erschöpfen müsse, wenn auch nur die entfernte Möglichkeit einer Änderung der bisher begründeten Vorstellung von dem zu beurteilenden Sachverhalt bestehe (so BGH **23**, 176, 188; **30**, 131, 143; NStZ **83**, 210 [Pf/M]), geht für den Normalfall zu weit (zutr Widmaier NStZ **94**, 248: nur in Grenzfällen wie in den zitierten Entscheidungen); sonst ist eine „verständige Würdigung der Sachlage“ vorzunehmen (BGH NStZ-RR **96**, 299; NStZ **98**, 50; Gössel JR **05**, 392; Herdegen NStZ **84**, 98; offengelassen von BGH **40**, 3 = NStZ **94**, 247 mit Anm Widmaier = StV **94**, 169 mit Anm Strate = JR **94**, 288 mit Anm Wohlers, wo aber betont wird, dass die Wichtigkeit der Beweiserhebung für die Wahrheitsfindung mit dem Beschleunigungsgebot abzuwägen sei). Das Gericht muss somit nur allen erkennbaren und sinnvollen Möglichkeiten zur Aufklärung des Sachverhalts nachgehen (BGH NStZ-RR **02**, 68 [B]; NStZ **05**, 44; BGHR § 244 VI Beweisantrag 23). Je weniger gesichert ein Beweisergebnis erscheint, desto größer ist der Anlass, weitere Beweismöglichkeiten zu nutzen (BGH StV **96**, 249; NStZ-RR **96**, 299; **03**, 205). Der Grundsatz des II schließt ein, dass das Gericht sich um den sachnächsten (Düsseldorf StraFo **08**, 120: Augenschein statt Zeugenvernehmung zum Inhalt pornographischer Bilder) und bestmöglichen (Düsseldorf NStZ **08**, 358 mwN aus der Rspr des BVerfG und des BGH) Beweis bemühen muss, verbietet aber nicht, mittelbare Beweise zu erheben (BVerfGE **57**, 250, 277 = NJW **81**, 1719, 1722; KK-Fischer 31; vgl auch BGH NJW **93**, 803, 804: Urkundenbeweis nach § 253 bei Erinnerungsverlust des Zeugen nötig), und zwingt auch nicht stets dazu, neben dem mittelbaren Zeugen denjenigen, der den Vorgang selbst wahrgenommen hat (4 zu § 250) oder einen Mitangeklagten nach Abtrennung des Verfahrens erneut als Zeugen zu vernehmen (**aM** Bay StV **89**, 522), muss ihn aber ggf als Mitangeklagten hören (Bay StV **03**, 660). Die Aufklärungspflicht geht nach hM nicht so weit wie die Pflicht, Beweise auf Antrag zu erheben (**aM** Gössel Gollwitzer-Koll 61 und ZIS **07**, 559); eine Beweisantizipation (unten 46) ist in gewissen Grenzen zulässig (SK-Paeffgen 13 ff zu § 420; ANM 29 ff; Frister ZStW **105**, 357; Herdegen NStZ **84**, 97; Julius NStZ **86**, 61; Widmaier NStZ **94**, 416; eingehend Schulenburg, Das Verbot der vorweggenommenen Beweiswürdigung im Strafprozess, 2002, zugl Diss Hamburg 2001, krit dazu Weßlau Fezer-FS 289, 307). Liegt andererseits einer der Ablehnungsgründe des III, IV vor, so zwingt idR auch die Aufklärungspflicht nicht zur Beweiserhebung (vgl auch BGH 1 StR 520/09 vom 24. 11. 2009). Ausnahmen gelten für unerreichbare Zeugen (unten 66) und für weitere Sachverständige (unten 77). Zu Urteilsausführungen darüber, weshalb er keine weiteren Beweise erhoben hat, ist der Tatrichter nicht verpflichtet. Für das

Revisionsgericht sind solche Ausführungen ohne Bedeutung; es prüft die Notwendigkeit weiterer Aufklärung aus seiner Sicht (BGH NStZ **85**, 324; **92**, 450; NStZ-RR **96**, 299; StV **96**, 581; **09**, 520).

13 C. Eine **überschießende Aufklärung** überschreitet grundsätzlich den Zweck des Strafverfahrens; zu „ausufernder Aufklärung" ist der Richter nicht verpflichtet (BGH **40**, 3 = NStZ **94**, 247 mit Anm Widmaier = StV **94**, 169 mit Anm Strate = JR **94**, 288 mit Anm Wohlers; erg unten 54 und 11 zu § 264). Eigene Ermittlungen zur Aufdeckung fremder Taten zwecks Anwendung des § 31 Nr 1 BtMG muss der Richter nicht anstellen (BGH NStZ **98**, 90). Steht fest, dass der Angeklagte freigesprochen werden muss, so findet keine weitere Beweisaufnahme über seine Unschuld statt (Bay NStZ-RR **03**, 178; erg Einl 8). Jedoch ist die Verwendung präsenter Beweismittel (§ 245) und uU auch der Gebrauch sofort oder leicht erreichbarer anderer Beweismittel im Rahmen der prozessualen Fürsorgepflicht (Einl 156) zulässig und geboten, ohne dass der Angeklagte darauf einen durchsetzbaren Anspruch hat (dafür aber *de lege ferenda* Krack 180).

14 D. **Schätzklauseln** schränken die Aufklärungspflicht ein:

15 a) **Schätzklauseln nach sachlichem Recht** (§§ 40 III, 73b, 73d II, 74c III StGB, § 29a III S 1 OWiG; § 38 IV S 2 GWB, § 8 III S 1 WiStG) bedeuten, dass das Gericht nicht alle für die Berechnung der Rechtsfolgen notwendigen Einzelheiten zu klären braucht, sondern sich mit der Ermittlung von Anhaltspunkten begnügen darf, die nach der Lebenserfahrung eine hinreichend sichere Beurteilung erlauben (BGH NJW **98**, 1723, 1727; Krause StraFo **02**, 249; zu den strafrechtlichen Vorschriften im einzelnen Hellmann GA **97**, 506ff; Hofmann StraFo **03**, 70ff). Solche tatsächlichen Anhaltspunkte, bei § 40 III StGB zB Art, Umfang und Ort der Berufstätigkeit und der allgemeine Lebenszuschnitt, müssen immer ermittelt und im Urteil dargelegt werden (Koblenz NJW **76**, 1275; Rüth DAR **75**, 1).

15a **Im Übrigen** kann von weiteren Ermittlungen abgesehen werden, wenn der damit verbundene Aufwand, die eintretenden Verfahrensverzögerungen oder die Belastung für den Angeklagten unangemessen erscheinen (Bay DAR **78**, 206 [R]; Bremen OLGSt § 40 III StGB S 1; Celle NJW **84**, 185 = JR **83**, 203 mit Anm Stree; vgl auch Endriss StV **97**, 82 zur Festlegung des Umrechnungsmaßstabes in § 51 IV S 2 StGB). Das hängt von der Bedeutung der Sache und dem Maß der durch die Schätzung festzusetzenden Rechtsfolgen ab. Bei Serienstraftaten wird eine Schätzung namentlich dann unumgänglich sein, wenn Belege über kriminelle Geschäfte abhanden gekommen sind oder von vornherein fehlten (BGH **40**, 374, 376 mit abl Anm Bohnert NStZ **95**, 460; abl auch Geppert NStZ **96**, 63). Eingehend zur Schätzung bei Vermögensdelikten, Serienstraftaten und Steuerdelikten BGH StraFo **10**, 71. Präsente und unschwer erreichbare Beweise müssen aber erhoben werden. Den Prozessbeteiligten ist Gelegenheit zu geben, zu der beabsichtigten Schätzung und ihren Grundlagen Stellung zu nehmen und Anträge zu stellen. Beweisanträge zu den Schätzungsgrundlagen können nur aus den Gründen des III, IV abgelehnt werden. Anderen Beweisanträgen braucht das Gericht dagegen nicht stattzugeben, wenn sie zu übermäßig belastenden, im Hinblick auf die Bedeutung der Sache und die Höhe der Rechtsfolgen unvertretbaren Beweiserhebungen führen würden (BGH StraFo **07**, 509: Schätzung von Wirkstoffgehalten von Betäubungsmitteln; Hofmann StraFo **03**, 76). Für Anträge auf Erhebung der von dem Antragsteller herbeigeschafften Beweise gilt § 245 II S 2, 3. Die Grundlagen der Schätzung müssen im tatrichterlichen Urteil für das Revisionsgericht nachvollziehbar dargestellt werden.

16 b) **Schätzung im Verfahren nach §§ 403ff:** Die Aufklärungspflicht erstreckt sich auch auf den Entschädigungsanspruch (LR-Wendisch 9 zu § 404). Das Gericht kann aber den ursächlichen Zusammenhang zwischen dem konkreten Haftungsgrund und dem daraus entstandenen Schaden sowie die Schadenshöhe entspr § 287 ZPO nach freiem Ermessen schätzen (11 zu § 404). Beweisanträgen zur

Höhe des Schadens braucht nicht entsprochen zu werden, wenn es für die Entscheidung nach Schätzungsgrundlagen darauf nicht ankommt (vgl RG **44**, 294).

4) Beweisantrag: 17

A. **Begriff:** Der Beweisantrag ist das ernsthafte, unbedingte oder an eine Bedingung geknüpfte Verlangen eines Prozessbeteiligten, über eine die Schuld- oder Rechtsfolgenfrage betreffende Behauptung durch bestimmte, nach der StPO zulässige Beweismittel Beweis zu erheben (BGH **1**, 29, 31; **6**, 128, 129; NStZ **81**, 361; StV **82**, 55; vgl auch § 219 I S 1). Dazu genügt nicht der Hinweis auf eine Beweismöglichkeit, die Beweiserhebung muss vielmehr in der Hauptverhandlung beantragt werden; das Übergehen eines außerhalb der Hauptverhandlung gestellten Beweisantrags kann aber uU eine Verletzung der Aufklärungspflicht [oben 10] begründen (BGH NStZ-RR **02**, 68 [B]). Ein Beweisantrag muss der sinnvollen Anwendung der Ablehnungsgründe von III und IV zugänglich sein (BGH **37**, 162, 165; **39**, 251; **43**, 321; Widmaier NStZ **93**, 602; **94**, 248). Bewertungen festgestellter Beweistatsachen können nicht Gegenstand eines Beweisantrags sein (BGH NStZ **06**, 712 zur Verwertung einer „operativen Fallanalyse"; dazu **aM** Schiemann NStZ **07**, 686, dort auch zur Definition und zur forensischen Bedeutung dieser Methode: Vernehmung des „Fallanalytikers" als Sachverständiger). Mehrere in einem Antrag behauptete Tatsachen dürfen sich nicht widersprechen (BGH NStZ **98**, 209). Vgl im Einzelnen die [seit 2003 erscheinenden] Übersichten von Becker bzw Cierniak/Pohlit in der NStZ zur Rspr des BGH zum Beweisantragsrecht. 18

B. **Notwendiger Inhalt:** Der Antragsteller muss deutlich machen, dass er die Beweiserhebung verlangt und nicht in das gerichtliche Ermessen stellt (ANM 38 ff). Ein Antrag auf Ladung eines Zeugen vor das Prozessgericht (insbesondere eines Auslandszeugen, vgl unten 43 f) enthält aber stets auch jedes Weniger, also den Antrag auf audiovisuelle (§ 247 a) oder kommissarische (§ 223) Vernehmung (BGH **45**, 188, 190; Diemer Nehm-FS 263; Krekeler AnwBl **06**, 596; zw BGH NStZ **08**, 232: wohl ausdrücklicher Antrag erforderlich; dagegen Sättele StV **09**, 456). 19

Der Antrag muss eine bestimmte **Beweistatsache** bezeichnen (BGH **39**, 251); dabei genügt die Wiedergabe der Tatsache in ihren allgemeinen Umrissen (vgl BGH MDR **76**, 815 [H]; ANM 41). Die Beweistatsache kann sich aber auch schon aus den Umständen, unter denen der Beweisantrag gestellt ist, ergeben (Köln StV **95**, 293). Schlagwortartige Verkürzungen (Glaubwürdigkeit, Verwahrlosung von Zeugen) und einfache Rechtsbegriffe (Kauf, Miete, Anstiftung) können benutzt werden (BGH **1**, 137; NStZ **08**, 52; StraFo **10**, 69), jedoch kann das Gericht verlangen, dass der Antragsteller die seiner Wertung zugrundeliegenden Tatsachen darlegt (BGH **37**, 162 = JR **91**, 470 mit Anm Gollwitzer und Anm Schulz NStZ **91**, 449; BGH NStZ **91**, 547). Die Beweistatsache muss bestimmt behauptet werden (vgl BGH NJW **95**, 1501, 1503 aE; **99**, 2683, 2684). Es darf zB nicht offen bleiben, an welchem Tag sich die Beweistatsache ereignet hat (Köln VRS **64**, 279, 281). Der Antragsteller muss aber ihre Wahrheit nicht versichern; er kann Beweis über Tatsachen verlangen, die er nur vermutet oder für möglich hält (BGH **21**, 118, 125; NJW **83**, 126; **87**, 2384, StV **81**, 166; **89**, 237 f; **03**, 369; KG StV **83**, 95; Köln NStZ **87**, 341), auch dann, wenn sie objektiv ungewöhnlich oder unwahrscheinlich erscheinen (BGH NStZ **08**, 474). Wenn allerdings Anhaltspunkte für eine solche Vermutung offensichtlich fehlen und die Beweistatsache aufs Geratewohl behauptet wird, liegt nur ein Beweisermittlungsantrag (unten 25) vor (BGH NStZ **92**, 397 mit Anm R. Peters NStZ **93**, 293; StV **93**, 3 mwN; **97**, 567 mit Anm Wohlers; Köln StV **99**, 83 mit abl Anm Julius; OLGSt Nr 10 mit Anm Julius; zw BGH StraFo **07**, 509; **aM** Habetha/Trüg GA **09**, 416; Herdegen Meyer-GedSchr 206; StV **90**, 518; NStZ **95**, 202; **98**, 447; **99**, 178; K. Gollwitzer StV **90**, 420: nur bei Kenntnis, dass die Behauptung nicht zutrifft; vgl auch BGH NJW **83**, 126; **87**, 2384 = JR **88**, 387 mit Anm Welp; Julius MDR **89**, 116); dies ist aus der 20

Sicht eines verständigen Antragstellers auf der Grundlage der von ihm selbst nicht in Frage gestellten Tatsachen zu beurteilen (BGH NStZ **89**, 334; **03**, 497; **06**, 405; **09**, 226; Köln VRS **81**, 285). Mit dieser (BGH NStZ **04**, 51: „einen hohen argumentativen Aufwand des Gerichts erfordernden") Begründung darf der Antrag aber nur abgelehnt werden, wenn der Antragsteller bei einer solchen Sachlage auf Befragen keine plausible Antwort über seine Wissensquellen oder die Gründe für seine Vermutung geben kann (BGH StV **85**, 311 mit abl Anm Schulz; Köln NStZ **08**, 584; Fahl 486). Dass es – auch für den Antragsteller – zweifelhaft ist, ob sich die benannten Zeugen an die Beweistatsache erinnern, macht den Beweisantrag nicht zum Beweisermittlungsantrag (BGH NJW **88**, 1859 mit Anm Julius NStZ **88**, 468; NStZ **93**, 247), ebenso wenig, dass die Behauptung dem bisherigen Beweisergebnis widerspricht (BGH StV **93**, 3) oder dieses keine Anhaltspunkte für ihre Richtigkeit ergeben hat (BGH NStZ **02**, 383); zusammenfassend zum Ganzen Hamburg StV **99**, 81; krit Ventzke StV **09**, 655. Um einen bloßen Beweisermittlungsantrag handelt es sich aber, wenn keine bestimmte Tatsache behauptet, sondern Beweis darüber verlangt wird, ob, warum, wann, wie oder wo sie eingetreten ist (BGH **8**, 76); jedoch muss dann zunächst klargestellt werden, ob es sich nicht nur um einen Formulierungsmangel handelt (ANM 46/47; erg unten 35). Keine hinreichend bezeichnete Tatsache ist es idR, wenn behauptet wird, ein bestimmtes Ereignis habe nicht stattgefunden (BGH **39**, 251, 254 mwN; vgl hierzu die abl Anm Hamm StV **93**, 455 und die zust Anm Widmaier NStZ **93**, 602; vgl auch BGH StV **96**, 248; Bay **95**, 72 = NJW **96**, 331; zu dem eine solche sog Negativtatsache betreffenden Beweisantrag eingehend Burgard/Fresemann wistra **00**, 88; Schneider Eisenberg-FS 616), anders kann es aber bei einfach gelagerten Abläufen eines bestimmten Vorgangs sein (BGH NStZ **99**, 362; NJW **03**, 2761; StV **05**, 115; Jena StV **05**, 11), zB eine Person habe ein in ihrer Anwesenheit angeblich geschehenes Ereignis *nicht* wahrgenommen und das Ereignis habe daher nicht stattgefunden, da die Person es nach den konkreten Umständen hätte bemerken müssen (BGH **52**, 322). Vgl auch Niemöller StV **03**, 687, 696: Die Behauptung muss so bestimmt sein wie die spiegelbildliche Positivbehauptung; ebenso Krekeler AnwBl **06**, 595.

20a Von der Beweistatsache ist das **Beweisziel** zu unterscheiden (BGH NStZ **07**, 112; **aM** Herdegen NStZ **98**, 449); dies ist das Beweisergebnis, das sich der Antragsteller aus dem begehrten Beweis erhofft (BGH **39**, 251; NStZ **95**, 96; StV **05**, 254); ob das Beweisziel erreicht wird, hängt von den vom Gericht aus der Beweistatsache gezogenen Schlüssen ab (erg unten 71).

21 Für die zu beweisende Tatsache muss ein bestimmtes **Beweismittel** angegeben werden, wobei nach der neueren Rspr des BGH ein **Konnex** – also ein verbindender Zusammenhang – zwischen Beweisziel und Beweismittel erforderlich ist; es soll danach die Angabe erforderlich sein, weshalb die Auskunftsperson die in ihr Wissen gestellte Beobachtung gemacht haben und darüber berichten kann (BGH NStZ **98**, 97 mit abl Anm Rose NStZ **98**, 633; BGH NStZ **99**, 522; **00**, 437; **06**, 585; Basdorf Widmaier-FS 53; Niemöller aaO 693; Senge NStZ **02**, 231; Sturm StraFo **09**, 409; Widmaier NStZ **93**, 602; abl Fahl 549; Habetha/Trüg 421; Herdegen NStZ **99**, 180 und Gössel-FS 539; abl auch Fezer Meyer-Goßner-FS 629, der davor warnt, hiermit einen Beweisantrag zu einem Beweisermittlungsantrag „herabzustufen", und meint, falls das Revisionsgericht eine solche Herabstufung vornehmen wolle, müsse es dem Beschwerdeführer Gelegenheit zur Erhebung einer Aufklärungsrüge geben; dagegen Schneider Eisenberg-FS 627). Bei der Benennung eines Zeugen genügt der Vortrag derjenigen Tatsachen, die es dem Gericht ermöglichen, ihn zu identifizieren und zu ermitteln (BGH NStZ **81**, 309; **95**, 246; **99**, 152 = JR **99**, 432 mit Anm Rose; NStZ **09**, 649; KG StV **93**, 349; Hamm StV **08**, 570; Köln StV **96**, 368; **02**, 355; **06**, 685; zw Basdorf aaO 60). Ein Zeuge, der erst aus einem Personenkreis herausgefunden werden soll, ist aber noch nicht individualisiert (BGH **40**, 3 = NStZ **94**, 247 mit Anm Widmaier = StV **94**, 169 mit Anm Strate = JR **94**, 288 mit Anm Wohlers; dort auch weitere Beispiele zur Frage der ausreichenden Bezeichnung eines Zeugen). Der Antrag muss erkennen lassen, weshalb der Zeuge etwas zu dem Beweisthema bekunden können soll (BGH NStZ-RR **01**, 43). Überzogen aber BGH **52**, 284, wo „bei fortgeschrittener Beweisaufnahme, welche die Wahrnehmungsfunktion des benannten Zeugen eingeschlossen hat", nähere Angaben zur Wahrnehmungssituation verlangt werden (abl auch LR-Becker 114; Beulke/Witzigmann StV **09**, 58; Eidam JR **08**, 520; Eisenberg ZIS **08**, 469; Fezer HRRS **08**, 457; Jahn StV **09**, 664; Schneider aaO 628; Sturm StraFo **09**, 410; Ventzke StV **09**, 657; vgl ferner BGH NStZ **09**, 171: „sehr weitgehend"; zw auch BGH StraFo **10**, 152). Beim Antrag auf Sachverständigenbeweis muss im Hinblick auf § 73 I kein bestimmter Sachverständiger bezeichnet werden (Celle MDR **59**, 950; Hamm MDR **76**, 338). Ein Beweismittelkreis kann benannt werden, wenn jedes einzelne Beweismittel Aufschlüsse zur Sache geben soll (ANM 54); andernfalls liegt ein Beweisermittlungsantrag vor (unten 25).

C. **Bedingte Beweisanträge; Hilfsbeweisanträge; Eventualbeweisanträge:** 22
Ein Beweisantrag kann unter der Bedingung gestellt werden, dass eine bestimmte Prozesslage eintritt (Schlothauer StV **88**, 548), dass ein anderer Beteiligter bestimmte Anträge stellt oder nicht stellt, dass das Gericht zu einer bestimmten Auffassung gelangt (Michalke StV **90**, 185), etwa einen Zeugen für glaubwürdig (BGH NStZ **89**, 191) oder für unglaubwürdig hält oder dessen früher gemachte Angaben für erwiesen erachtet (Zweibrücken StV **95**, 347), oder dass es eine bestimmte Entscheidung trifft (BGH **29**, 396), etwa einen anderen Antrag ablehnt, einem Antrag des Prozessgegners stattgibt oder einen bestimmten Zeugen vereidigt (ANM 58). Über einen solchen Antrag ist nur zu entscheiden, wenn die Bedingung eintritt.

Demgegenüber wird der **Hilfsbeweisantrag** von der Entscheidung über einen 22a
(unbedingt gestellten) verfahrensabschließenden Hauptantrag abhängig gemacht (Michalke aaO), insbesondere, aber nicht notwendig, von der Freisprechung oder der Verurteilung des Angeklagten zu einer bestimmten Rechtsfolge (Schlothauer aaO 543). Solche Anträge sind grundsätzlich zulässig; unzulässig ist jedoch ein Hilfsbeweisantrag, der sich nach der zu beweisenden Behauptung gegen den Schuldspruch richtet, aber nur für den Fall einer bestimmten Rechtsfolgenentscheidung als gestellt gelten soll (BGH **40**, 287 mit zust Anm Herdegen NStZ **95**, 202; NStZ **95**, 246; NStZ-RR **98**, 50; vgl aber andererseits BGH NStZ **98**, 209). Anträge im Schlussvortrag sind im Zweifel Hilfsbeweisanträge (BGH MDR **51**, 275 [D]; Hamm GA **72**, 59; VRS **38**, 293; Karlsruhe MDR **66**, 948). Die verfahrensrechtliche Besonderheit von Hilfsanträgen liegt darin, dass sie grundsätzlich erst in den Urteilsgründen beschieden werden müssen (BGHR § 244 VI Hilfsbeweisantrag 6; anders aber unten 69b).

Das gilt auch für einen **Eventualbeweisantrag,** der irreführend teilw dem 22b
Hilfsbeweisantrag (Hamm Peters-FG 173; Michalke aaO), teilw dem bedingten Beweisantrag (Schlothauer aaO 546) gleichgesetzt wird. Es handelt sich dabei um eine Kombination von bedingtem Beweisantrag (oben 22) und Hilfsbeweisantrag (oben 22a), nämlich um einen bedingten Beweisantrag, der im Schlussvortrag als Hilfsantrag gestellt wird (BGH StV **90**, 149; ähnlich Niemöller JZ **92**, 885; vgl aber auch Widmaier Salger-FS 422 mit anderen Abgrenzungen). Erg unten 44a.

5) Beweisanregungen (ANM 65ff) unterscheiden sich von den Beweisanträ- 23
gen dadurch, dass eine Beweiserhebung in das Ermessen des Gerichts gestellt wird, weil der Antragsteller einen Beweisantrag nicht stellen will oder aus tatsächlichen oder rechtlichen Gründen nicht stellen kann. Das Gericht entscheidet über solche Anregungen im Rahmen seiner Aufklärungspflicht nach II (BGH **6**, 128; **30**, 131, 142; NJW **68**, 1293; NStZ **81**, 309; Koblenz VRS **65**, 441, 443; ANM 73, 87).

A. Das **Beweiserbieten** ist der Hinweis auf die Möglichkeit einer Beweiser- 24
hebung, die der Prozessbeteiligte dem Gericht für den Fall anheimstellt, dass die

Aufklärungspflicht zu ihr zwingt (BGH VRS **41**, 203, 206). Die Auslegung der Erklärung wird meist ergeben, dass in Wahrheit ein Beweisantrag vorliegt (ANM 72).

25 B. **Beweisermittlungsanträge** (vgl Bergmann MDR **80**, 987; Schulz GA **81**, 301; NStZ **91**, 449) dienen der Vorbereitung von Beweisanträgen, die der Antragsteller noch nicht stellen kann, weil er die Beweistatsache nicht kennt oder das Beweismittel nicht bestimmt bezeichnen kann (vgl BGH **30**, 131, 142; GA **81**, 228; StV **83**, 185; ANM 77 mwN). Es geht ihm zunächst nur um das Auffinden brauchbaren Verteidigungsmaterials. Solche Anträge sind stets zulässig. Beweisermittlungsanträge sind zB Anträge auf Sachverständigengutachten mit unbestimmtem Ausgang (BGH NStZ **85**, 205 [Pf/M]: Untersuchung auf den Geisteszustand; Köln NStZ **87**, 341: Verwechslung einer Blutprobe) oder auf Augenscheinseinnahmen, deren Ergebnis ungewiss ist (KG JR **54**, 272 mit Anm Sarstedt; Koblenz VRS **49**, 40). Ein Antrag, durch Nachforschungen geeignete Beweismittel aufzufinden (vgl BGH MDR **60**, 329), liegt zB vor, wenn Zeugen nur unbestimmt bezeichnet werden können (Saarbrücken VRS **49**, 45: Zeuge NN aus der Nachbarschaft), insbesondere aber, wenn erst aus einer Vielzahl gleichartiger Beweismittel dasjenige ermittelt werden soll, das die Beweisbehauptung bestätigen kann. Das ist der Fall bei der Benennung eines Kreises von Zeugen (BGH NStZ **83**, 210 [Pf/M]; StV **96**, 581; Bergmann MDR **76**, 889) oder einer Urkundensammlung (BGH **6**, 128; **18**, 347; **30**, 131, 142; ANM 84 mwN) oder bei dem Antrag auf Beiziehung von Akten, denn insoweit ist für einen Beweisantrag die genaue Kennzeichnung des zu Beweiszwecken zu verwertenden Dokuments erforderlich (BGH NStZ-RR **98**, 276; NStZ **99**, 371). Beweisermittlungsanträge iwS sind Anträge, mit denen das Gericht zu Maßnahmen, wie der Aussetzung des Hauptverfahrens, der Zurverfügungstellung von Akten uä, veranlasst werden soll, die der Antragsteller zur Gewinnung von Beweismaterial benutzen will (BGH NStZ **97**, 562: Beiziehung von „Krankenunterlagen"; vgl auch ANM 86).

26 C. **Beweisanregungen ieS** sind Anträge, die aus Rechtsgründen nicht als Beweisanträge gestellt werden können, weil sie nicht den Umfang, sondern nur die Art und Weise der Beweisaufnahme betreffen, die durch Beweisanträge nicht beeinflusst werden kann. Dazu gehören Anträge auf Gegenüberstellungen (BGH NJW **60**, 2156; NStZ **81**, 96 [Pf/M]; **88**, 420, 421), auch wenn die Zeugenvernehmung im Ausland stattfindet (BGH NStZ **92**, 394), auf Wiederholung einer Beweiserhebung zu derselben Beweisfrage (BGH **14**, 21, 22; NStZ **83**, 375; **88**, 18 [Pf/M]; NStZ-RR **02**, 258 [B]; StV **91**, 2; **01**, 98 mit abl Anm Fahl = JR **00**, 32 mit zust Anm Rose; anders aber bei Vernehmung zu einer neuen Behauptung: BGH StV **95**, 566), wozu nicht die Vernehmung eines Zeugen rechnet, der bisher nur als Mitbeschuldigter vernommen worden ist (BGH NJW **85**, 76; NStZ **81**, 487; **83**, 468; StV **84**, 498), sowie Anträge auf Vornahme von Versuchen und Experimenten (BGH NJW **61**, 1486; NStZ **87**, 218 [Pf/M]; VRS **28**, 190; ANM 97 ff; **aM** Karow, Der Experimentalbeweisantrag im Strafprozess, 2002, zugl Diss Greifswald 2001) und auf Unterbringung zur Beobachtung nach § 81 (dort 3).

27 D. **Verfahrensrechtliche Besonderheiten:** Beweisanregungen sind, mit Ausnahme der Beweiserbieten (oben 24), in das Sitzungsprotokoll aufzunehmen (Nürnberg MDR **84**, 74; Bergmann MDR **76**, 892). Die Ablehnung des Antrags erfordert keinen Gerichtsbeschluss (BGH **6**, 128; MDR **80**, 987 [H]; NStZ **82**, 296; 477; Düsseldorf VRS **64**, 216, 219). Ausreichend, aber auch erforderlich ist die Ablehnung durch den Vorsitzenden (BGH NStZ **08**, 109; **09**, 401; Mosbacher Miebach-FS 23); die Anrufung des Gerichts nach § 238 II ist zulässig (BGH aaO 131). Dass sich die Ablehnung „mit den Für und Gegen eine Beweistätigkeit des Gerichts sprechenden Umständen auseinandersetzen müsse" (so Herdegen Meyer-GedSchr 196), verlangt die Rspr aber nicht.

6) Stellung von Beweisanträgen: 28

A. **Antragsrecht:** Das Beweisantragsrecht folgt aus dem Anspruch auf rechtliches Gehör nach Art 103 I GG (BVerfGE **46**, 315, 319 = NJW **78**, 413, BVerfGE **50**, 32 = NJW **79**, 413; BVerfGE **65**, 305 = NJW **84**, 1026; BVerfG NJW **86**, 833; Einl 28). Das Gericht muss den Antrag entgegennehmen und prozessordnungsgemäß bescheiden (ANM 371). Auch bei offensichtlichem Missbrauch des Antragsrechts darf die Annahme des Antrags nicht abgelehnt (BGH JR **80**, 218 mit zust Anm Meyer) und der Antrag nicht ohne inhaltliche Prüfung als unzulässig zurückgewiesen werden (BGH **29**, 149; Weber GA **75**, 299; vgl auch BGH NStZ **86**, 371). 29

Berechtigt zur Antragstellung (allg ANM 373 ff) sind der StA, der Anträge zur Be- und Entlastung und, unabhängig von diesen Gesichtspunkten, zur Sachaufklärung stellen kann (BGH NJW **52**, 273), der Privatkläger (vgl aber 14 zu § 384), der Nebenkläger (§ 397 I S 3) im Rahmen seiner Anschlussberechtigung (vgl ANM 374; Gollwitzer Schäfer-FS 67 ff), der Antragsteller im Anhangsverfahren nach §§ 403 ff, soweit seine vermögensrechtlichen Ansprüche betroffen sind (BGH NJW **56**, 1767). Angeklagte können Beweisanträge selbst bei Geschäftsunfähigkeit stellen, auch im Widerspruch zu ihrer bisherigen Einlassung (BGH MDR **77**, 461 [H]), Nebenbeteiligte nach §§ 433 I S 1, 440 III, 442, 444 II S 2 mit der sich aus § 436 II ergebenden Einschränkung. Der Verteidiger, auch der Pflichtverteidiger, hat ein selbstständiges Antragsrecht (BGH NJW **53**, 1314; **69**, 281), das vom Willen des Angeklagten unabhängig ist (BGH NStZ **09**, 581; Hamm VRS **42**, 115, 117; Köln VRS **24**, 217; Einl 84); die Anträge können auch im Widerspruch zur Einlassung des Angeklagten (BGH **21**, 118, 124; Köln VRS **17**, 140) und sogar zu seinem Geständnis stehen. Antragsberechtigt sind ferner Erziehungsberechtigte und gesetzliche Vertreter (§ 67 I **JGG**) und Beistände nach § 69 **JGG,** nicht aber nach § 149 (BGH MDR **78**, 626 [H]), auch nicht der nach § 407 I **AO** teilnahmeberechtigte Finanzamtsvertreter. 30

Gemeinsame Antragstellung mehrerer Berechtigter ist zulässig, auch von Prozessgegnern, sofern sie mit der Beweisführung nicht entgegengesetzte Interessen verfolgen. Möglich ist auch der Anschluss an den Antrag eines anderen Beteiligten, selbst stillschweigend. Eine gemeinschaftliche Antragstellung oder ein stillschweigender Anschluss erwächst aus der „Verbundenheit der Interessen" mehrerer Prozessbeteiligter (BGH **32**, 10, 12; NStZ **81**, 96 [Pf] **84**, 42; VRS **28**, 378, 380); entscheidend ist die „Konkordanz des Verteidigungsvorbringens" (KK-Fischer 98). In einem solchen Fall ist auch der Beteiligte, der sich dem Antrag nicht ausdrücklich angeschlossen hat, rügeberechtigt (unten 84). 31

B. **Form:** Beweisanträge müssen in der Hauptverhandlung (unten 34) und mündlich (vgl aber § 257 a) gestellt werden. Die Vorlegung schriftlicher Anträge kann den mündlichen Vortrag nicht ersetzen (Frankfurt NStZ-RR **98**, 210; ANM 380 ff). Der Vorsitzende muss daher ggf auf die Verlesung hinwirken (LR Becker 126) oder sie selbst vornehmen. Üblicherweise überreicht der Antragsteller von sich aus einen Schriftsatz und verliest ihn (Hamm JMBlNW **70**, 251). Sonst kann der Vorsitzende um schriftliche Niederlegung ersuchen; der Antragsteller muss dem aber nicht nachkommen (Bay DAR **79**, 240 [R]; Hamm aaO). Einen Anspruch darauf, einen Beweisantrag in das Sitzungsprotokoll zu diktieren, haben die Prozessbeteiligten nicht (Hamm JMBlNW **70**, 251; Köln VRS **70**, 370; ANM 400). 32

C. **Zeitpunkt:** Beweisanträge sind bis zum Beginn der Urteilsverkündung zulässig (BGH **16**, 389, 391; **21**, 118, 124; DAR **80**, 207 [Sp]; NStZ **82**, 41; Köln VRS **64**, 279; erg 1 zu § 246), auch im Verkündungstermin (BGH NStZ **81**, 311; **05**, 395; KG StV **91**, 59). Sogar nachdem das Gericht zur Urteilsverkündung im Sitzungssaal erschienen ist, können noch Anträge gestellt werden (RG **66**, 88; Schleswig SchlHA **76**, 171 [E/J]). Lehnt der Vorsitzende die Entgegennahme des Antrags ab, gilt § 238 II (BGH NStZ **92**, 346; erg 13 zu § 238), es sei denn, der Vorsitzende lässt den Antragsteller überhaupt nicht zu Wort kommen (BGH 33

NStZ **92**, 248; **07**, 112). Nach Beginn der Urteilsverkündung bis zum Schluss der mündlichen Begründung (BGH **25**, 333, 335) steht es im Ermessen des Vorsitzenden, ob weitere Anträge entgegengenommen werden (BGH MDR **75**, 24 [D]; NStZ **86**, 182; VRS **36**, 368; Neustadt NJW **62**, 1632); er braucht seine ablehnende Entscheidung nicht zu begründen (BGH NStZ **86**, 182). Die Anrufung des Gerichts nach § 238 II ist jetzt ausgeschlossen (BGH MDR **75**, 24 [D]; Scheffler MDR **93**, 5; erg 4 zu 268). Maßgebend ist die Aufklärungspflicht nach II (BGH aaO; Saarbrücken OLGSt § 244 II S 45; Scheffler aaO). Wenn aber die Urteilsbegründung zur Entgegennahme des Antrags unterbrochen worden ist, gelten III–V (BGH StV **85**, 398).

34 **Vor der Hauptverhandlung gestellte Anträge** müssen in der Hauptverhandlung wiederholt werden (RG **73**, 193; ANM 388), sofern nicht unzulässigerweise die Wahrunterstellung zugesagt worden ist (8 zu § 201; 5 zu § 219). Die Wiederholung ist auch nach Aussetzung (nicht bei bloßer Unterbrechung nach § 229) der Hauptverhandlung (Bay DAR **64**, 242 [R]) und nach Zurückverweisung durch das Revisionsgericht erforderlich. Anträge, die der vom Erscheinen entbundene Angeklagte bei seiner Vernehmung nach § 233 II S 1 gestellt hat, gelten als in der Hauptverhandlung selbst gestellt (RG **40**, 354, 356; Bay **55**, 267 = NJW **56**, 1042; ANM 390), auch wenn dort ein Verteidiger mitwirkt (LR-Becker 31 zu § 233). Über schriftliche Anträge des vom Erscheinen Entbundenen vor der Hauptverhandlung wird dagegen nur nach § 219 entschieden (Bay aaO).

35 D. **Fürsorgepflicht des Gerichts** (Einl 155 ff): Aus II folgt die Pflicht des Gerichts, die Prozessbeteiligten zur Stellung sachdienlicher Anträge zu veranlassen und bei der Stellung ihrer Beweisanträge zu unterstützen (BGH **22**, 118, 122). Erkennbare Missverständnisse sind durch entspr Hinweise auszuräumen (BGH NStZ **93**, 228 [K]; **94**, 483). Auf die mündliche Wiedergabe schriftlich gestellter Anträge (oben 32) und auf die Vervollständigung unzulänglicher Beweisanträge muss hingewirkt werden (BGH StV **81**, 330; **96**, 362; VRS **41**, 203, 206; ANM 396 mwN), sofern das nicht von vornherein zwecklos erscheint (RG **51**, 42; Bergmann MDR **76**, 889). Eine Fragepflicht besteht vor allem, wenn der Sachverhalt die Vermutung nahelegt, dass der Antragsteller den Antrag aus Ungeschick, ungenügender Überlegung, infolge eines Versehens oder aus ähnlichen Gründen nicht so genau und vollständig gefasst hat, wie er dazu an sich in der Lage wäre (BGH NStZ **85**, 205 [Pf/M]; NStZ **95**, 356), insbesondere, wenn er die Beweistatsachen nicht (BGH GA **60**, 315) oder nicht deutlich genug angibt (BGH **19**, 24, 25; Bay VRS **59**, 266; Köln VRS **64**, 279) und wenn das Ziel des Antrags nicht erkennbar (BGH **1**, 137, 138; NJW **59**, 396) oder das Beweismittel nicht ausreichend bezeichnet ist (Saarbrücken VRS **38**, 59). Das gilt für Hilfs- und Eventualbeweisanträge (oben 22 a, 22 b) genauso (**aM** Fahl 596; offen gelassen in BGH NStZ **94**, 583, 584 R § 244 VI Hilfsbeweisantrag 6). Diese Pflichten bestehen auch gegenüber StA, Privat- und Nebenkläger sowie Verteidiger (BGH **22**, 118, 122; vgl auch BGH **19**, 24, 25; Hamm VRS **40**, 205).

36 E. **Protokollierung:** Nach § 273 I muss der Beweisantrag, auch der Hilfsantrag (BGH MDR **68**, 552 [D]; **75**, 468 [D]), nicht aber eine mündliche Begründung, die der Antragsteller dem Antrag hinzufügt (Nürnberg MDR **84**, 74), im Protokoll beurkundet werden (10 zu § 273). Es muss den Antragsteller und den Inhalt des Antrags ausweisen (BGH GA **60**, 315). War der Antrag aus einem dem Gericht überreichten Schriftsatz verlesen worden, so genügt in der Sitzungsniederschrift die Bezugnahme auf das als Anlage zum Protokoll genommene Schriftstück.

37 F. Die **Zurücknahme des Beweisantrags** und der Verzicht (vgl ANM 402 ff) auf die bereits beschlossene Beweiserhebung sind zulässig, solange das Beweismittel nicht im Sitzungssaal präsent ist; dann gilt § 245 I S 2. Die Zurücknahme muss eindeutig erklärt werden (BGH MDR **71**, 18 [D]; Koblenz wistra **84**, 122); eine schlüssige Handlung kann aber genügen (BGH NStZ **93**, 28 [K]). Sie liegt idR nicht in der Erklärung des Antragstellers, er stelle keine weiteren Beweisanträge

(BGH aaO; NStZ **83**, 212 [Pf/M]; StV **87**, 189), er verzichte auf eine weitere Beweisaufnahme (ANM 403; **aM** Arndt DRiZ **56**, 31), er sei mit dem Schluss der Beweisaufnahme einverstanden (BGH StV **03**, 318; Düsseldorf StV **01**, 104 mwN). Kein Verzicht bedeutet das Unterlassen der Wiederholung eines versehentlich nicht beschiedenen Antrags (vgl jedoch Hamm JR **71**, 516). Ein Verzicht kann aber angenommen werden, wenn der Antragsteller auf den Antrag nicht mehr zurückkommt, nachdem ein Beweis erhoben worden ist, den er als gleichwertig ansehen kann (BGH MDR **57**, 268 [D]), oder wenn von 8 Zeugen, deren Vernehmung zum selben Beweisthema er beantragt hatte, 5 erschienen sind und die Beweistatsache nicht bestätigt haben (KG StV **87**, 80). Die Zurücknahme kann auf einen Teil des Antrags beschränkt (BGH aaO; RG **75**, 165, 168), aber nicht unter einer Bedingung erklärt werden. Sie wirkt nur gegen den Beteiligten, der sie erklärt, nicht gegen einen anderen, der sich dem Antrag angeschlossen hatte. Die Erklärung ist unwiderruflich (Einl 116), hindert aber nicht die erneute Stellung des Antrags. Zurücknahme und Verzicht müssen nach § 273 I im Sitzungsprotokoll beurkundet werden (BGH StV **83**, 319). Wurde der Antrag wegen einer vom Gericht angekündigten Entscheidung zurückgenommen, muss das Gericht bei Änderung seiner Rechtsansicht einen entspr Hinweis erteilen (BGH NStZ **06**, 55).

7) Entscheidung über Beweisanträge: 38

A. **Auslegung des Antrags:** Wie jede strafprozessuale Willenserklärung ist 39 auch der Beweisantrag der Auslegung fähig (BGH JR **51**, 509; Koblenz VRS **49**, 273; ANM 749), auch wenn er vom StA (BGH MDR **76**, 815 [H]) oder Verteidiger stammt (Arndt DRiZ **56**, 31). Wenn die Befragung des Antragstellers nicht möglich ist, muss daher durch Auslegung versucht werden, den Sinn und Inhalt eines unklaren Antrags zu ermitteln. Das gilt gleichermaßen für Beweistatsachen (BGH NJW **68**, 1293) wie für Beweismittel (Koblenz VRS **47**, 180) und für das Beweisziel (BGH StraFo **07**, 331). Auszugehen ist vom Wortlaut. Zur Auslegung sind alle dazu geeigneten Umstände heranzuziehen, insbesondere der Gang der Hauptverhandlung (BGH JR **51**, 509; Celle NdsRpfl **82**, 66), die übrigen Ausführungen des Antragstellers (Bay VRS **62**, 450; Bergmann MDR **76**, 889) oder seines Verteidigers (Schleswig DAR **61**, 310), vorbereitende Schriftsätze und der sonstige Akteninhalt (Schleswig SchlHA **70**, 198 [E/J]; Dahs/Dahs 316). Bei mehreren Auslegungsmöglichkeiten muss die dem Antragsteller günstigere gewählt werden (Hamm VRS **21**, 368).

B. **Entscheidungsbefugnis des Vorsitzenden:** Die beantragte Beweisauf- 40 nahme kann der Vorsitzende nach § 238 I anordnen (BGH NStZ **82**, 432; KMR-Paulus 406), sofern nicht eine Aussetzung oder Unterbrechung der Verhandlung erforderlich ist (§ 228 I S 1). Gegen seine Anordnung, die nicht begründet zu werden braucht (KK-Fischer 115), kann nach § 238 II das Gericht angerufen werden, auch wenn nur die Notwendigkeit und Sachdienlichkeit der Beweiserhebung bestritten wird (vgl Erker 96 ff).

C. **Entscheidung des Gerichts:** 41

a) Die **Ablehnung des Antrags** erfordert einen Gerichtsbeschluss (VI), der mit 41a Gründen versehen werden muss (§ 34). Der Hinweis des Vorsitzenden, die StrK halte einen Zeugen für unerreichbar, erfüllt die Funktion eines solchen Beschlusses nicht (BGH NStZ **83**, 568). Das Fehlen eines Beschlusses ist aber unschädlich, wenn sich aus dem Verhalten des Antragstellers ergibt, dass er den Beweisantrag nicht aufrechterhalten will (BGHR Entscheidung 2 mwN), oder er nach den Umständen nicht im unklaren darüber sein konnte, dass das Gericht von der Erledigung des Beweisantrages ausgegangen war oder dass von der beantragten Beweiserhebung Abstand genommen wird und er dies widerspruchslos hingenommen hat (BGH NStZ **05**, 463; **09**, 649; Düsseldorf Rpfleger **93**, 460), oder wenn sonst das Beruhen des Urteils auf dem fehlenden Ablehnungsbeschluss ausgeschlossen werden kann (zB weil die behauptete Beweistatsache mit den angebotenen Beweismitteln nicht zu beweisen ist, Koblenz OLGSt Nr 17). Das Erfordernis eines begründeten Ablehnungsbeschlusses besteht hingegen auch bei nicht ernst gemeinten Beweisanträgen (unten 67 ff), bei misslungener Ladung eines Zeugen (BGH NStZ **99**, 419) sowie bei der Teilablehnung eines Beweisantrags, die auch vorliegt, wenn anstelle des benannten Beweismittels ein schlechteres (BGH StV **96**, 411; **aM** BGH StV **83**, 6 mit abl Anm Schlothauer), nicht aber, wenn ein gleichwertiges verwendet wird (dazu Schultz StV **83**, 349 ff; vgl BGH **34**, 355, 357; NStZ **92**, 225 [K]). Der Vorsitzende darf nicht anstelle des Gerichts entscheiden, auch nicht im Einverständnis der Prozessbeteiligten (BGH NStZ **83**, 422; wistra **94**, 66). Maßgebend für die Entscheidung des Gerichts ist der Verfahrensstand im Zeitpunkt der Beschlussfassung (ANM 755); anders als die „beweismittelbezogenen" Ablehnungsgründe der Unerreichbarkeit und Ungeeignetheit müssen die „beweisthemabezogenen" Ablehnungsgründe der Offenkundigkeit, Bedeutungslosigkeit, Erwiesenheit und Wahrunterstellung aber auch noch bei Urteilserlass gegeben sein (Niemöller Hamm-FS 537 ff; vgl aber einschr zur Wahrunterstellung unten 70). Die Begründung des Ablehnungsbeschlusses soll den Antragsteller davon unterrichten, wie das Gericht den Antrag beurteilt, damit er in der Lage ist, sich in seiner Verteidigung auf die Verfahrenslage einzustellen, die durch die Antragsablehnung entstanden ist, insbesondere weitere Anträge zu stellen (BGH **19**, 24, 26; NStZ **83**, 568; StV **82**, 253; **07**, 176; KG VRS **48**, 432; Köln VRS **49**, 283). Einer vorherigen Anhörung zur beabsichtigten Entscheidung bedarf es nicht, auch nicht bei Ablehnung wegen Prozessverschleppung (BGH **51**, 333), anders nur bei einem Hilfsbeweisantrag (unten 44 a aE). Durch die Beschlussbegründung soll auch dem Revisionsgericht die rechtliche Prüfung der Ablehnung ermöglicht werden (BGH **2**, 284, 286; NJW **94**, 1484; Bay DAR **56**, 165; KG VRS **29**, 204). Eine über den Gesetzeswortlaut nicht hinausgehende Beschlussbegründung genügt daher nicht (BGH **13**, 252, 257; NStZ **81**, 96 [Pf]; VRS **16**, 424; Düsseldorf MDR **80**, 868); bei einfacher Sachlage kann ein Verstoß gegen diesen Grundsatz aber unschädlich sein. Ein Beweisantrag, dem zunächst stattgegeben wurde, kann bei anderer Bewertung nach Anhörung der Beteiligten später noch abgelehnt werden (Hamm StraFo **06**, 73). Die Bescheidung eines Beweisantrages erst im Anschluss an die Urteilsverkündung ist revisionsrechtlich unbeachtlich und steht der Nichtbescheidung des Antrags gleich (BGH 1 StR 113/07 vom 28. 3. 2007).

42 b) **Unter jedem in Betracht kommenden Gesichtspunkt** muss der Ablehnungsbeschluss den Antrag würdigen (Frankfurt NJW **53**, 198; Hamm NJW **63**, 603). Die Beschlussbegründung muss den Antrag nach seinem wirklichen Inhalt und Sinn (BGH NStZ **81**, 96 [Pf]) und ohne Umdeutung oder Verkürzung in seiner vollen Tragweite erledigen (BGH NStZ **83**, 210 [Pf/M]; StV **83**, 90). Bei mehreren Anträgen müssen die Ablehnungsgründe für jeden Antrag dargelegt werden (BGH **21**, 118, 124; **22**, 124, 126). Entsprechendes gilt, wenn in dem Antrag mehrere Beweismittel benannt waren (BGH StV **87**, 236). Ein und derselbe Antrag kann zwar auch aus mehreren Gründen abgelehnt werden (BGH NJW **53**, 1314), wobei sich die Ablehnungsgründe aber nicht widersprechen dürfen (BGH NStZ **04**, 51). Der Beschluss ist auslegungsfähig (BGH **1**, 29, 32; NJW **03**, 2761, 2762 mit krit Anm Fürstenau StV **04**, 468; Stuttgart NJW **67**, 1627 = JR **68**, 151 mit Anm Koffka), aber nicht aus den Urteilsgründen. Ein unvollständig oder mangelhaft begründeter Beschluss kann auch nicht in den Urteilsgründen ergänzt oder geändert werden (BGH **19**, 24, 26; **29**, 149, 152; NJW **85**, 76; NStZ **82**, 213; **84**, 16 [Pf/M]; 17 [Pf/M]; StV **07**, 176; vgl auch Hamm StV **05**, 542 zu § 244 V S. 2). Entnimmt der Antragsteller aber aus der Ablehnungsbegründung, dass das Gericht seinen Antrag missverstanden hat, muss er dies sogleich und nicht erst mit der Revision rügen (BGH StV **01**, 436; 504; **89**, 465 mit krit Anm Schlothauer; vgl auch BGH NStZ **02**, 656; **03**, 381; NStZ-RR **08**, 382; StV **09**, 62). Wird ein abgelehnter Antrag wiederholt, kann uU eine Bezugnahme auf den Ablehnungsbeschluss genügen (BGH NStZ-RR **08**, 146 L).

c) **Im Einzelnen** müssen in dem Ablehnungsbeschluss die rechtlichen und tatsächlichen Erwägungen dargelegt werden, aus denen der Beweisantrag abgelehnt wird (vgl dazu Fezer BGH-FG 862 ff). 43

Im Fall der **Bedeutungslosigkeit** (unten 54) muss – wogegen in der Praxis häufig verstoßen wird – angegeben werden, ob sie auf tatsächlichen oder rechtlichen Gründen beruht und auf welchen (BGH **2**, 284, 286; NJW **80**, 1533, 1534; NStZ **82**, 213; **83**, 211 [Pf/M]; **84**, 16 [Pf/M]; **85**, 14 [Pf/M]; **87**, 218 [Pf/M]; **00**, 267; Schweckendieck NStZ **97**, 258). Wird die Unerheblichkeit aus tatsächlichen Umständen gefolgert, müssen diese daher mitgeteilt werden (BGH wistra **95**, 30; NStZ **08**, 299; Düsseldorf StraFo **02**, 19 mwN; Hamburg StV **10**, 122); das ist insbesondere deshalb erforderlich, damit sich der Antragsteller auf die dadurch geschaffene Verfahrenslage einstellen kann (BGH StV **90**, 246; **91**, 408; **93**, 3 je mwN). Daher wird ein Mangel der Beschlussbegründung auch nicht durch eine nähere Begründung in den Urteilsgründen beseitigt (BGH NStZ **03**, 380). Geht es um die Glaubwürdigkeit eines Zeugen, ist zu begründen, warum die zu beweisende Tatsache das Gericht auch im Falle ihres Nachweises unbeeinflusst lassen würde (BGH StV **90**, 340; NStZ **07**, 352; Frankfurt StV **95**, 346). Die erforderliche Begründung entspricht somit grundsätzlich derjenigen bei der Würdigung von durch Beweisaufnahme gewonnenen Indiztatsachen in den Urteilsgründen (BGH NJW **05**, 1132; NStZ **07**, 352). 43a

Die **Unerreichbarkeit** (unten 62) muss mit Tatsachen belegt werden (BGH StV **83**, 185 L; NStZ **93**, 50; Schleswig SchlHA **76**, 170). Es muss ggf dargetan werden, dass und welche Ermittlungen stattgefunden haben, um das Beweismittel zur Hauptverhandlung herbeizuschaffen (BGH aaO; NStZ **87**, 218 [Pf/M]; Köln StraFo **02**, 294). Wenn das Gericht eine kommissarische Vernehmung nicht für ausreichend hält, müssen die Gründe dafür dargelegt werden (BGH GA **71**, 85; NStZ **83**, 325 = JR **84**, 129 mit Anm Meyer). 43b

Bei Ablehnung wegen **Verschleppungsabsicht** (unten 67) müssen die Umstände eingehend gewürdigt werden, aus denen das Gericht auf das Vorliegen dieser Absicht schließt (BGH **21**, 118, 123; **29**, 149, 151; NJW **69**, 281; NStZ **82**, 213; 291; **84**, 230; Koblenz wistra **84**, 122; Meyer JR **83**, 37; Schweckendieck NStZ **91**, 111; vgl aber auch Gollwitzer JR **80**, 35); das Revisionsgericht muss die Rechtsanwendung allein auf Grund der Antragsablehnung prüfen können (**aM** BGH **1**, 29, 32; Hamburg JR **80**, 32, die diese Prüfung selbstständig auf Grund des Akteninhalts vorgenommen haben). 43c

Bei Ablehnung eines Antrags auf **Vernehmung eines Sachverständigen** (unten 72) nach IV S 1 muss die eigene Sachkunde im Ablehnungsbeschluss nicht näher begründet werden (LR-Becker 339; **aM** Conen/Tsambikakis GA **00**, 379); ergibt sie sich nicht aus der Lebenserfahrung, so wird sie im Urteil dargelegt (unten 73). Im Fall des IV S 2 ist eine nähere Begründung erforderlich, wenn einer der dort bezeichneten Umstände behauptet wird (BGH **10**, 116, 118; Celle NJW **74**, 616; Düsseldorf NJW **70**, 1984; KK-Fischer 207). 43d

Der Antrag auf **Einnahme eines Augenscheins** nach V S 1 kann mit den unten 78 ausgeführten Gründen abgelehnt werden. Die Wiederholung des Gesetzeswortlauts genügt auch hier idR nicht (oben 41 a; KG NStZ **07**, 480). 43e

Die **Vernehmung eines Auslandszeugen** (unten 63) kann nach V S 2 – verfassungsrechtlich unbedenklich (StV **97**, 1 mit krit Anm Kinzig; nach Ansicht von Günther Widmaier-FS 253 aber gegen Art 6 III Buchst d MRK verstoßend) – unter den gleichen Voraussetzungen abgelehnt werden wie die Einnahme eines Augenscheins, wenn also nach dem pflichtgemäßen Ermessen des Gerichts die Beweiserhebung zur Erforschung der Wahrheit nicht erforderlich ist (vgl dazu Herdegen NStZ **98**, 445 ff; krit Johnigk Rieß-FS 197). Der Regelung liegt der Gedanke zugrunde, dass sich das Gericht außerhalb seiner Amtsaufklärungspflicht (oben 10) auf die Beweismittel beschränken soll, die es aus seinem eigenen Hoheitsbereich herbeischaffen kann (BR-Drucks 314/91 S 103; abl Asbrock ZRP **92**, 13; Herdegen NJW **96**, 27; Kugler JurBüro **91**, 1301; Schlüchter-RpflEntlG 47, 43f

49; Schomburg/Klip StV **93**, 210; Schulz StV **91**, 354; Werle JZ **91**, 793). Damit ist eine vorweggenommene Beweiswürdigung erlaubt und erforderlich (BGH **40**, 60 mit Anm Kintzi NStZ **94**, 448; BGH NStZ **94**, 554 = JZ **95**, 209 mit Anm Perron; BGH NJW **01**, 695; Johnigk aaO 206ff; Werle aaO; krit Herdegen Boujong-FS 785). Wie nach V S 1 (unten 78) ist die Beweisantizipation zulässig (BGH NJW **05**, 2322, 2323; NStZ **07**, 349), wobei aber die von der Rspr zu V S 1 entwickelten Grundsätze über die – engeren – Grenzen zulässiger Beweisantizipation nicht gelten (BGH StV **94**, 283; NStZ **94**, 593); die Ladung eines Auslandszeugen darf also auch abgelehnt werden, wenn dadurch die Aussage eines einzigen – nach Ansicht des Gerichts glaubwürdigen – Zeugen widerlegt werden soll (zw Fezer JZ **96**, 659). Der Ablehnungsgrund der Prozessverschleppung (unten 67) wird hier überflüssig (BGH StV **94**, 635 mit Anm Müller). Das Gericht muss die Gründe dafür, warum es die Vernehmung des – angeblich erreichbaren – Zeugen (nur hierfür ist die Vorschrift von praktischer Bedeutung, vgl Oldenburg NdsRpfl **94**, 315; zum unerreichbaren Zeugen vgl unten 63) für entbehrlich erachtet, im Ablehnungsbeschluss darlegen (Köln StraFo **08**, 383; Schulz StV **91**, 357), also insbesondere die Erwägungen mitteilen, auf die sich seine Überzeugung stützt, die beantragte Beweiserhebung werde keinen Einfluss auf die Feststellungen haben (BGH **40**, 60; NStZ **98**, 158; 3 StR 451/09 vom 19. 1. 2010; Perron JZ **95**, 212). Hierbei kommt es auf die Ergebnisse der bereits durchgeführten Beweisaufnahme an (BGH NStZ **09**, 168); der Antrag ist danach abzulehnen, wenn die Richtigkeit der Beweisbehauptung durch sonstige Beweismittel geklärt werden kann (LR-Becker 357; Böttcher/Mayer NStZ **93**, 155) oder die beantragte Zeugenvernehmung keine weitere wesentliche Aufklärung verspricht (krit dazu Schoreit DRiZ **91**, 405) oder der Zeuge bereits polizeilich vernommen wurde, dabei nichts zur Aufklärung beitragen konnte und andere Angaben nicht zu erwarten sind. Die Amtsaufklärungspflicht setzt der Ablehnung enge Grenzen (Siegismund/Wickern wistra **93**, 86) und verwehrt sie, wenn die Aussage des Zeugen nach dem Inhalt des Beweisantrages von ausschlaggebender Bedeutung sein kann (BGH NStZ **07**, 349; Maatz Remmers-FS 586; Rieß AnwBl **93**, 55). Dem Gericht steht zur Prüfung der Voraussetzungen des V S 2 das Freibeweisverfahren (oben 7, 9) offen (BGH StV **97**, 511; **03**, 317); es ist deshalb auch befugt, sich unmittelbar (zB telefonisch) mit dem Zeugen in Verbindung zu setzen, um herauszufinden, ob er Sachdienliches zur Klärung der Beweisfrage beitragen kann (BGH NStZ **95**, 244; vgl auch BGH StraFo **07**, 118). Bei der Entscheidung sind auch die Schwierigkeiten einer Ladung zu berücksichtigen (Rieß aaO), die allerdings wegen der nunmehr vereinfachten Ladungsvorschriften (25 zu § 37) geringer geworden sind (Gleß Eisenberg-FS 499 hält die Vorschrift deshalb jedenfalls in Bezug auf EU-Auslandszeugen für nicht mehr zeitgemäß und will sie insoweit teleologisch reduzieren). Es sind somit neben dem Gewicht der Strafsache die Bedeutung und der Beweiswert des Beweismittels vor dem Hintergrund des Ergebnisses der bisherigen Beweisaufnahme einerseits und der zeitliche und organisatorische Aufwand der Ladung und Vernehmung mit den damit verbundenen Nachteilen durch die Verzögerung des Verfahrens andererseits unter Beachtung des Grundsatzes der Verhältnismäßigkeit abzuwägen (BGH NJW **02**, 2403). V S 2 gilt auch dann, wenn der Zeuge im Ausland im Rechtshilfeweg – ggf nach § 247a (dort 6, 9) – vernommen werden soll; das Gericht ist bei Vorliegen der Voraussetzungen also auch nicht verpflichtet, den Zeugen im Ausland selbst zu vernehmen (BGH NJW **98**, 3363). Mit der Ablehnung nach V S 2 entfällt die Pflicht, sich um den Zeugen weiter zu bemühen, gleichgültig, ob sein Aufenthalt bekannt ist oder nicht; es ist auch nicht mehr zu prüfen, ob eine Vernehmung im Ausland im Wege der Videokonferenz nach § 247a erfolgen kann (BGH NJW **01**, 695; **aM** wohl Gleß JR **02**, 98). In den Urteilsgründen darf sich das Gericht nicht mit der Beschlussentscheidung in Widerspruch setzen (BGH StV **97**, 511). Das Revisionsgericht prüft im Übrigen nur, ob die vom Tatrichter nach seinem pflichtgemäßen Ermessen zu treffende Entscheidung Rechtsfehler aufweist (BGH NJW **98**, 3363; dagegen Fezer BGH-

FG 875). Zur eingeschränkten verfassungsrechtlichen Prüfung vgl BerlVerfGH NJW **04**, 1791.

D. **Bekanntgegeben** werden muss der Beschluss spätestens vor dem in § 258 I bezeichneten Schluss der Beweisaufnahme (BGH **19**, 24, 26). Bis dahin kann die Entscheidung zurückgestellt werden (Sarstedt DAR **64**, 310; Schulz StV **83**, 342). Den Urteilsgründen darf die Mitteilung der Ablehnungsgründe nicht vorbehalten werden (BGH NJW **51**, 412; NStZ **84**, 17 [Pf/M]; VRS **35**, 132; Köln VRS **49**, 183). Der Antragsteller kann auf die Bekanntgabe vor Urteilserlass aber verzichten; der Vermerk des Protokolls, dass auf ausdrückliches Befragen keine Beweis- oder Beweisermittlungsanträge mehr gestellt wurden und die Beweisaufnahme im allseitigen Einverständnis geschlossen wurde, weist idR jedoch keine eindeutige Verzichtserklärung aus (BGH StV **87**, 189; **03**, 318; Zweibrücken StV **95**, 347; erg oben 37). Ein Verzicht liegt hingegen bei dem nach § 233 entbundenen Angeklagten darin, dass er weder erscheint noch einen Vertreter entsendet (ANM 768 mwN). 44

Über einen **Hilfs- oder einen Eventualbeweisantrag** (oben 22a, 22b) wird erst im Urteil entschieden. Das folgt aus der Abhängigkeit des Hilfs- vom Hauptantrag (BGH StV **90**, 149; Brause NJW **92**, 2868; Niemöller JZ **92**, 884ff); eine andere Auffassung (so SK-Frister 88ff) würde zu einer teilweisen Bekanntgabe der Urteilsgründe vor der Urteilsverkündung führen (BGH NStZ **91**, 47 mit abl Anm Scheffler NStZ **91**, 348 = StV **91**, 349 mit abl Anm Schlothauer; eingehend dazu Niemöller aaO, der ferner der Ansicht ist, dass eine sich auf die dem Urteil vorausgehende Überzeugungsbildung beziehende Bedingung nicht Gegenstand eines Hilfs- oder Eventualbeweisantrags sein kann). Demgegenüber geht die Gegenansicht (früher hM) von einem in dem Hilfsantrag liegenden Verzicht auf die Bekanntgabe vor Urteilserlass aus (BGH **32**, 10, 13 = NStZ **84**, 372 mit Anm Schlüchter; BGH StV **90**, 149; KK-Fischer 92) und schließt daraus konsequent (und unter allerdings unzutreffender Berufung auf BGH MDR **51**, 275, dort von Dallinger verkürzt und missverständlich wiedergegeben), dass dieser Verzicht auch widerrufen und damit Entscheidung vor Urteilserlass verlangt werden könne. Das ist abzulehnen (vgl BGH NStZ **91**, 47; **95**, 98; StV **96**, 529; Fahl 573; Niemöller aaO; Widmaier Salger-FS 431, der zutr darauf hinweist, dass sonst der Hilfsbeweisantrag dem Antragsteller mehr Informationen verschaffen würde als ein unbedingt gestellter Beweisantrag). Die Ablehnungsbegründung kann somit zwar auch schon in der Verhandlung, wird aber idR – und muss dann (KG NStZ-RR **04**, 146) – in der Urteilsbegründung erfolgen (vgl ANM 769 mwN; vgl aber auch BGH NStZ **85**, 494 [Pf/M]: ausdrückliche Erwähnung des Antrags ist nicht erforderlich). Das gilt auch, wenn dem Antrag stattgegeben wird, die Beweiserhebung aber nicht durchgeführt werden kann und das Gericht den Antrag nunmehr ablehnt (BGH **32**, 10; zust Fahl 582). Nur wenn der Hilfsbeweisantrag wegen Verschleppungsabsicht abgelehnt wird, muss die Ablehnungsbegründung schon in der Hauptverhandlung mitgeteilt werden, damit der Antragsteller den Vorwurf entkräften kann (BGH NStZ **86**, 372; StV **86**, 418; **90**, 394; Schlothauer StV **86**, 227; **aM** Fahl 585; Schrader NStZ **91**, 225); vgl aber nun einschr unten 69b aE. Das gilt sowohl für Anträge des Verteidigers (KG NJW **54**, 770 = JR **54**, 231 mit Anm Sarstedt; KG VRS **44**, 113; Koblenz VRS **49**, 116; Köln VRS **61**, 272) als auch des Angeklagten (BGH **22**, 124 = JR **68**, 388 mit Anm Faller; NStZ **86**, 372; Bay **76**, 6 = MDR **76**, 510; Oldenburg VRS **65**, 41) und des Nebenklägers (Oldenburg NdsRpfl **79**, 110). Im Übrigen kann lediglich dann, wenn der Hilfsantrag in einen Hauptantrag geändert wird, das Gericht zu einer Entscheidung vor Urteilserlass gezwungen werden (BGH **32**, 10, 14). 44a

E. **Änderung der Entscheidung:** Das Gericht kann den Ablehnungsbeschluss in der Hauptverhandlung, vor allem in der Urteilsberatung, erneut prüfen und ggf die Ablehnungsgründe ändern oder ergänzen. Hierüber müssen die Prozessbeteiligten vor Schluss der Beweisaufnahme, notfalls unter Wiedereröffnung einer bereits 45 geschlossenen Verhandlung, durch einen mit Gründen versehenen Beschluss unterrichtet werden (BGH **19**, 24, 26; **32**, 44, 47; Bay DAR **72**, 205 [R]; Schleswig SchlHA **77**, 182 [E/J]; Schlothauer StV **86**, 227). Das Unterlassen dieser Unterrichtung steht der ungerechtfertigten Ablehnung eines Antrags gleich. Entsprechendes gilt, wenn von einer durch Gerichtsbeschluss angeordneten (BGH NJW **83**, 2396) Beweisaufnahme abgesehen wird. Auch dann muss ein mit Gründen versehener Beschluss verkündet werden (BGH StV **85**, 488; ANM 774), so dass die bloße Feststellung der Unerreichbarkeit des Zeugen nicht genügt (BGH **32**, 10, 12; StV **83**, 318). Lediglich ergänzende Ausführungen in den Urteilsgründen sind nicht geeignet, Rechtsfehler des Ablehnungsbeschlusses zu heilen (BGH NStZ **07**, 349). Entscheidet sich das Gericht nachträglich dafür, einen abgelehnten Beweis doch zu erheben, so bedarf das weder der förmlichen Aufhebung des Ablehnungsbeschlusses noch einer besonderen Begründung (ANM 775).

46 **8) Verbot der Beweisantizipation:** Die zulässigen Ablehnungsgründe sind in III, IV erschöpfend aufgezählt (BGH **29**, 149, 151; Hamm VRS **42**, 208). Ob es daneben in Ausnahmefällen eine Ablehnung wegen groben Missbrauchs des Antragsrechts geben kann, wie BGH NStZ **86**, 371 erwogen hat, ist fraglich (vgl Bottke NStZ **94**, 82; Herdegen Meyer-GedSchr 199; Metzger in Jung/Müller-Dietz 96). Ein Beweisantrag darf nicht mit der Begründung abgelehnt werden, das Gegenteil der Beweistatsache sei schon erwiesen, die Beweiserhebung verspreche keinen Erfolg (BGH StV **86**, 418; **94**, 62; **97**, 567 mit Anm Wohlers sowie Anm Herdegen NStZ **97**, 505; ANM 413 ff). Das Verbot der Beweisantizipation, der Vorwegnahme der Beweiswürdigung, bezieht sich auf Beweismittel und Beweistatsachen (Schulenburg [oben 12] S 165 ff). Das Gericht darf nicht von vornherein annehmen, dass das Beweismittel die Beweisbehauptung nicht bestätigen werde, etwa weil die Angaben des Zeugen nur auf Schätzungen beruhen (BGH NStZ **83**, 468), oder (von dem Fall der völligen Ungeeignetheit abgesehen) dass es wertlos sei (BGH **23**, 176, 188; NJW **66**, 1524; NStZ **84**, 42), und es darf auch nicht davon ausgehen, dass die Beweistatsache nicht beweisbar oder durch die bisherige Beweisaufnahme schon widerlegt sei (BGH StV **93**, 621; **01**, 95; Düsseldorf VRS **84**, 453; ANM 414 mwN; Frister ZStW **105**, 347 ff).

47 Ein **Austausch des benannten Beweismittels** (allg dazu Schulz StV **83**, 341) ist beim Antrag auf Beweis durch Sachverständigen (§ 73 I S 1) und Augenschein (V) zulässig (zur Ersetzung des Augenscheins durch Urkundenbeweis vgl BGH **27**, 135). Sonst gilt der Grundsatz, dass das Gericht stets ein besseres oder gleichwertiges Beweismittel benutzen darf (BGH **22**, 347 = JR **70**, 104 mit Anm Peters; BGH NJW **83**, 126; Köln NStZ **87**, 341; StV **99**, 83 mit abl Anm Julius; ANM 420 ff; **aM** LR-Becker 145; Hanack JZ **70**, 564; **71**, 55; **72**, 114; Schulz StV **83**, 345; vgl auch Köln OLGSt Nr 10 mit krit Anm Julius), beim Zeugenbeweis aber nur, wenn der Zeuge nicht über ein eigenes Erlebnis, sondern über Feststellungen Auskunft geben soll, die von subjektiven Vorstellungen und der eigenen Beobachtungsgabe unabhängig sind (BGH aaO; Köln aaO; vgl auch Schulz StV **83**, 437; Sieg MDR **83**, 505), der Urkundenbeweis also das bessere Beweismittel ist (BGH NStZ **08**, 529).

48 **9) Unzulässigkeit der Beweiserhebung:** Zu unterscheiden ist die Unzulässigkeit des Beweisantrags von der der Beweiserhebung (ANM 425). Unzulässige Anträge sind zB Anträge von nichtberechtigten Antragstellern (oben 30). Unzulässige „Ausforschungsbeweisanträge" gibt es nicht (**aM** BGH DAR **76**, 95 [Sp]; **80**, 205 [Sp]; Schleswig SchlHA **77**, 181 [E/J]); sie sind zulässige Beweisermittlungsanträge (oben 25).

49 Der **zwingende Ablehnungsgrund des III S 1** betrifft nur Anträge auf unzulässige Beweiserhebungen. Der Begriff ist ebenso auszulegen wie in § 245 I S 1, II S 2 (dort 7, 23). Unzulässig ist zB die Beweiserhebung mit in der StPO nicht zugelassenen Beweismitteln (Mitangeklagte, Privatkläger, erfolgreich abgelehnte Sachverständige) und über Themen, die nicht Gegenstand einer Beweisaufnahme sein können (ANM 428 ff). Hierher gehören Wahrnehmungen der erkennenden Richter oder sonstiger Verfahrensbeteiligter in der laufenden Verhandlung (BGHR Unzulässigkeit 4, 7, 9, 10 und 12; BGH NStZ **95**, 219 [K]; StV **04**, 355; Beulke Amelung-FS 553; Bottke NStZ **94**, 81; Michel MDR **92**, 1026; Rissing-van Saan MDR **93**, 310; erg 20 zu § 22); soweit sich ein Richter dazu in einer dienstlichen Erklärung geäußert hat, darf die Äußerung im Rahmen der Beweiswürdigung im Urteil nicht verwertet werden (BGH **47**, 270). Mitschriften, die ein nunmehr als Zeuge vernommener Richter in einer früheren Hauptverhandlung als erkennender Richter angefertigt hat, sind einer Beweisaufnahme nicht zugänglich (BGH **54**, 37 = JR **10**, 135 mit abl Anm Schroeder). Auch Mitteilungen des Angeklagten an seinen amtierenden Verteidiger vor der Hauptverhandlung können grundsätzlich nicht Gegenstand der Beweisaufnahme sein (so zwar im Ergebnis zutr BGH StV **08**, 284 mit abl Anm Beulke/Ruhmannseder, die aber zu Recht die Begründung – Schutz des Verteidigungsverhältnisses – beanstanden, so auch BGH StraFo **10**, 69). Unzulässig ist auch die Beweiserhebung über Bestand und Auslegung des inländischen Rechts und seine Anwendung auf den Entscheidungsfall (BGH NJW **68**, 1293; KG VRS **17**, 358; Hamm VRS **11**, 59; KK-Fischer 3; **aM** LR-Krause 12 vor § 72), die schuldangemessene Höhe der Strafe (BGH **25**, 207 mit krit Anm Schroeder JR **74**, 340), die günstige Sozialprognose nach § 56 I StGB, soweit eine solche lediglich behauptet wird, nicht jedoch, wenn hierzu konkret Tatsachen vorgetragen werden, wobei eine Beweiserhebung allerdings idR wegen eigener Sachkunde des Gerichts [unten 73] wird abgelehnt werden können (Bay **02**, 107 mwN = JR **03**, 294 mit zust Anm Ingelfinger). Gleiches gilt für die Frage, ob die Verteidigung der Rechtsordnung der Strafaussetzung nach § 56 III StGB entgegensteht (Celle JR **80**, 256 mit Anm Naucke). Der BGH (StV **91**, 99; **04**, 355; ebenso LR-Becker 199) hält auch einen zu verfahrensfremden Zwecken gestellten Beweisantrag für unzulässig; aber eine Beweiserhebung dazu wäre nicht verboten, vielmehr nur nicht sachdienlich, die Ablehnung unterfällt daher nicht III S 1 sondern III S 2 (erg unten 67). Hauptsächlich kommt die Ablehnung nach III S 1 in Betracht, wenn ein Beweisthema- oder Beweismittelverbot (Einl 51 ff) besteht. Das Beweisthema unterliegt zB einem Beweisverbot, wenn in dem anhängigen Verfahren insoweit schon eine Bindungswirkung eingetreten ist (Einl 187; 5 ff zu § 327; 20 zu § 353) oder wenn die Beweistatsache wegen Geheimhaltungsbedürftigkeit nicht aufgeklärt werden darf (vgl zB § 43 **DRiG**). Beweismittelverbote bestehen in den Fällen der § 52 (dort 2, 24), § 53 (dort 1), §§ 53 a, 54 (dort 25), §§ 81 c, 96, 250 (dort 9 ff), § 252 (dort 12 ff). Ferner ist die Beweiserhebung unzulässig, wenn der Beweis durch verbotene Methoden (§§ 136 a, 69 III), durch Unterlassen gesetzlich vorgeschriebener Belehrungen (§§ 52 III S 1, 81 c III S 2 Hs 2) oder durch andere Verstöße gegen gesetzliche Vorschriften erlangt worden ist. Ist der Schuldspruch rechtskräftig, sind Beweisanträge, die auf Feststellung der Unschuld oder der Schuldunfähigkeit des Angeklagten gerichtet sind, unzulässig (BGH **44**, 119; erg 21 zu § 353). Wegen der verfassungsrechtlichen Beweisverbote vgl Einl 56.

10) Offenkundigkeit der Beweistatsache oder ihres Gegenteils (BGH **6**, 292, 296; Bay **66**, 4 = JR **66**, 227; Düsseldorf MDR **80**, 868; NStE Nr 115; Hamburg NJW **68**, 2303; **aM** Grünwald BewR 93; eingehend Graul, Sytematische Untersuchungen zur Offenkundigkeit im Strafprozess, 1996) macht die Beweiserhebung überflüssig. Offenkundigkeit ist der Oberbegriff für Allgemein- und Gerichtskundigkeit (ANM 534). Zur Pflicht des Gerichts, offenkundige Tatsachen in der Hauptverhandlung zu erörtern, vgl oben 3. 50

A. **Allgemeinkundig** sind Tatsachen und Erfahrungssätze, von denen verständige und erfahrene Menschen regelmäßig ohne weiteres Kenntnis haben oder über die sie sich aus allgemein zugänglichen zuverlässigen Quellen unschwer unterrichten können (BVerfGE **10**, 177, 183 = NJW **60**, 31; BVerwG NVwZ **83**, 99; KG NJW **72**, 1909), und zwar ohne besondere Fachkenntnisse (BGH **6**, 292, 293; **26**, 56, 59; DAR **81**, 199 [Sp]; VRS **58**, 374; ANM 536). Die Allgemeinkundigkeit 51 kann örtlich, zeitlich und persönlich beschränkt sein (BGH **6**, 292, 293; DAR **81**, 199 [Sp]). Quellen der Allgemeinkundigkeit, die das Gericht jederzeit benutzen darf, sind vor allem Zeitungen (ANM 537; vgl aber KG NJW **72**, 1909), Hör- und Fernsehfunk, Land- und Straßenkarten (Brandenburg StraFo **97**, 205), Nachschlagwerke, Geschichtsbücher uä. Allgemeinkundig können insbesondere Naturvorgänge, Daten (BGH **48**, 28 = JR **03**, 290 mit zust Anm Behm: aber nicht Fahrzeug- und Halterdaten des Fahrzeugregisters), geographische Verhältnisse, geschichtlich erwiesene Tatsachen (zB der millionenfache Judenmord in den Gaskammern der Konzentrationslager während des 2. Weltkriegs, vgl BGH **40**, 97, 99 mwN; NJW **02**, 2115 = JR **03**, 72 mit Anm Stegbauer) sein. Die Merkmale des gesetzlichen Tatbestands und andere unmittelbar beweiserhebliche Tatsachen können niemals allgemeinkundig sein (ANM 541; vgl auch LR-Becker 206 für Schriften mit strafbarem Inhalt).

52 B. **Gerichtskundig** sind Tatsachen und Erfahrungssätze, die der Richter im Zusammenhang mit seiner amtlichen Tätigkeit zuverlässig in Erfahrung gebracht hat (BVerfGE **10**, 177, 183 = NJW **60**, 31; BGH **6**, 292, 293; Bay VRS **66**, 33; KG JR **56**, 387; Düsseldorf VRS **73**, 210; Frankfurt StV **83**, 192; Köln VRS **44**, 211; **65**, 450; krit Kahlo StV **91**, 52; für Aufgabe des Begriffs SK-Frister 123 ff). Gleichgültig ist, ob er diese Kenntnisse in dem anhängigen oder in einem anderen Verfahren gewonnen hat (BGH **6**, 292, 293; Köln VRS **65**, 450). Auch die Feststellungen anderer Richter, von denen das Gericht amtlich erfahren hat, können gerichtskundig sein (BGH aaO; KG VRS **117**, 197). In ausgesetzten Hauptverhandlungen des anhängigen Verfahrens erworbene Kenntnisse sind niemals gerichtskundig (Nüse GA **55**, 72), auch nicht Tatsachen, die unmittelbar das Vorliegen oder Nichtvorliegen von Merkmalen des äußeren oder inneren Tatbestands ergeben (BGH **45**, 354, 359; **47**, 270, 274; StV **06**, 118). Die Gerichtskundigkeit beschränkt sich ebenso wie die Allgemeinkundigkeit (oben 51) auf mittelbar beweiserhebliche Tatsachen, vor allem auf sog Hintergrundmaterial (ANM 548 ff).

53 C. Bei **Kollegialgerichten** erfordert die Offenkundigkeit nicht die Kenntnis aller Richter (LR-Becker 212; Dahs/Dahs 420). Das gilt auch für die Gerichtskundigkeit (BGH **34**, 209, 210; KK-Fischer 140). Es genügt, dass die Kenntnis einer Tatsache bei einem Gerichtsmitglied vorhanden ist, das sie aber an alle anderen Mitglieder vermitteln muss; für die Überzeugung des Gerichts von der Offenkundigkeit genügt die Mehrheit der Mitglieder (ausführlich dazu Keller ZStW **101**, 414; Meyer-Goßner Tröndle-FS 558; vgl auch Hiegert, Die Sphäre der Offenkundigkeit in der StPO, 1989, S 233 ff). Erg unten 73.

54 **11) Bedeutungslosigkeit der Beweistatsache:** Eine Tatsache ist für die Entscheidung ohne Bedeutung, wenn ein Zusammenhang zwischen ihr und der abzuurteilenden Tat nicht besteht; der Umfang der Aufklärungsbemühungen des Gerichts ist insoweit auch an seiner Pflicht zur Beschleunigung und Konzentration der Hauptverhandlung zu messen (BGH NStZ-RR **96**, 334; weshalb entgegen Foth NStZ **95**, 375 das Gericht idR auch nicht verpflichtet ist, sonstige – in der Anklage nicht enthaltene – behauptete oder verjährte Straftaten aufzuklären; zur Verwertung solcher „überschießender" Feststellungen vgl aber oben 13 und 11 zu § 264). Bedeutungslos ist eine Beweistatsache auch dann, wenn sie trotz eines bestehenden Zusammenhangs nicht geeignet ist, die Entscheidung irgendwie zu beeinflussen (BGH NStZ-RR **07**, 52 L; Köln VRS **64**, 200; ANM 579). Die Bedeutungslosigkeit kann sich aus rechtlichen oder tatsächlichen Gründen ergeben.

55 **Aus Rechtsgründen** ist eine Tatsache bedeutungslos, wenn eine Verurteilung schon aus anderen (bereits erwiesenen) Gründen nicht möglich ist, zB wegen Vorliegens von Prozesshindernissen, Strafausschließungs- oder Strafaufhebungsgründen (Stuttgart Justiz **97**, 177). Der schon bewiesene Mangel am inneren Tatbestand macht Feststellungen zum äußeren Geschehensablauf nur ausnahmsweise überflüssig (BGH **16**, 374, 379; GA **74**, 61; MDR **56**, 272 [D]; LR-Beckzer 218; **aM** Krey 2/1073 Fn 10: grundsätzlich).

Aus tatsächlichen Gründen bedeutungslos sind Indiztatsachen (25 zu § 261), wenn zwischen ihnen und dem Gegenstand der Urteilsfindung keinerlei Sachzusammenhang besteht (Fall des § 245 II S 2; vgl dort 25) oder wenn sie trotz eines solchen Zusammenhangs selbst im Fall ihres Erwiesenseins die Entscheidung nicht beeinflussen könnten, weil sie nur mögliche, nicht zwingende Schlüsse zulassen und das Gericht den möglichen Schluss nicht ziehen will (BGH NJW **88**, 501; NStZ **82**, 126; StV **81**, 271; **92**, 259; NStE Nr 128; KG StV **88**, 380; MDR **93**, 722 [H]; NStE Nr 120; vgl auch BGH wistra **83**, 33; **93**, 29; Schweckendieck NStZ **97**, 259; **aM** Strate Rieß-FS 611). Das Gericht beurteilt das auf der Grundlage des bisherigen Beweisergebnisses (BGH StraFo **07**, 378). Es darf aber die Beweiswürdigung nicht in der Weise vorwegnehmen, dass es die Beweiserheblichkeit der Indiztatsache mit der Begründung verneint, das Gegenteil sei bereits erwiesen (oben 46) oder erklärt, auch wenn der Zeuge die Behauptung bestätige, müsse dies nicht richtig sein (BGH StV **81**, 167; **01**, 95; NStZ **84**, 564; **97**, 503 mit Anm Herdegen sowie Anm Wohlers StV **97**, 570) oder dass es die unter Beweis gestellte Tatsache in Zweifel zieht oder Abstriche an ihr vornimmt (BGH StV **08**, 288) oder dass es die mögliche Aufklärung zugunsten des Angeklagten sprechender Umstände unterlässt (BGH StV **90**, 291 und 292). Im Urteil darf sich das Gericht mit der Ablehnungsbegründung nicht in Widerspruch setzen (BGH NStZ **88**, 38; **94**, 195; StV **83**, 90; **92**, 147 mit Anm Deckers; **93**, 622; **97**, 338; **09**, 411), insbesondere die Urteilsgründe nicht auf das Gegenteil der unter Beweis gestellten Tatsache stützen (BGH StV **96**, 648; **97**, 237; NStZ **00**, 267; NStZ-RR **00**, 210; **02**, 68 [B]; StraFo **08**, 29). 56

12) Erwiesensein der Beweistatsache: Wenn das Gericht von der Richtigkeit der Beweistatsache auf Grund des bisherigen Ergebnisses der Beweisaufnahme schon so überzeugt ist, dass es sie dem Urteil ohne weitere Beweisaufnahme zugrunde legen will, braucht es keinen Beweis zu erheben. Wird deswegen ein Beweisantrag abgelehnt, dürfen sich die Urteilsfeststellungen dazu nicht in Widerspruch setzen (BGH NStZ **89**, 83). Gleichgültig ist, ob die Tatsache zugunsten des Angeklagten oder zu seinen Ungunsten wirkt (BGH StV **83**, 319 L; LR-Becker 228). Beweiserheblich muss die Tatsache nicht sein (Dahs/Dahs 332). 57

13) Völlige Ungeeignetheit des Beweismittels: Der Richter muss keine Beweise erheben, deren Gelingen infolge völliger Ungeeignetheit des benannten Beweismittels von vornherein ausgeschlossen erscheint (BGH **14**, 339; NJW **52**, 191; MDR **73**, 372 [D]). Die Ablehnung von Beweisanträgen setzt dann aber voraus, dass das Gericht ohne jede Rücksicht auf das bisher gewonnene Beweisergebnis (BGH StV **02**, 352) im Freibeweis (LR-Becker 231) feststellen kann, dass sich mit dem angebotenen Beweismittel das in dem Beweisantrag in Aussicht gestellte Ergebnis nach sicherer Lebenserfahrung nicht erzielen lässt (BGH StV **90**, 98 mwN; NStZ **95**, 45; **00**, 156; **08**, 351); eine Beweisantizipation derart, der Zeuge werde die Beweisbehauptung nicht bestätigen, vermag eine Ungeeignetheit des Beweismittels aber idR nicht zu begründen (BGH NStZ-RR **97**, 302). Die „relative" Ungeeignetheit des Beweismittels genügt nicht (BGH NJW **83**, 404; MDR **78**, 988 [H]; StV **83**, 7; **84**, 232; VRS **47**, 19; Bay MDR **81**, 338; KG StV **93**, 120; Düsseldorf NStZ **90**, 506). Ein geminderter, geringer oder zweifelhafter Beweiswert darf somit nicht mit völliger Ungeeignetheit gleichgesetzt werden (BGH StV **93**, 508; NStZ **08**, 116; zw BGH NStZ **97**, 503, 504 mit insoweit abl Anm Herdegen NStZ **97**, 505; ebenfalls abl Wohlers StV **97**, 570). 58

Völlig ungeeignet ist ein **Zeuge,** der wegen dauernder körperlicher oder geistiger Gebrechen oder wegen einer vorübergehenden geistigen Störung, insbesondere infolge Trunkenheit, die in sein Wissen gestellte Wahrnehmung nicht machen konnte, der wegen seiner feindseligen Einstellung zu Staat und Justiz nicht gewillt ist, vor Gericht Angaben zu machen, und von dem daher nur eine Störung der Hauptverhandlung zu erwarten ist (BGH bei H. W. Schmidt MDR **83**, 4), oder der zu Vorgängen aussagen soll, die sich im Innern eines anderen 59

Menschen abgespielt haben, falls er keine äußeren, einen Schluss auf die inneren Tatsachen ermöglichenden Umstände bekunden kann (BGH StV **84**, 61; **87**, 236; NStZ **08**, 580; 707; krit Schneider Eisenberg-FS 707; erg 2 vor § 48) oder die nur ein Sachverständiger zuverlässig wahrnehmen kann (BGH VRS **21**, 429, 431). BGH NStZ **99**, 46 nimmt auch bei beständiger Zeugnisverweigerung völlige Ungeeignetheit an (dazu mit Recht krit Hecker JR **99**, 428 und Hiebl StraFo **99**, 86).

59a **Sachverständige** sind ungeeignet, wenn sie zu ohne besondere Sachkunde wahrnehmbaren Vorgängen gehört werden sollen (KG VRS **48**, 432; Düsseldorf VRS **60**, 122; Koblenz VRS **48**, 35), wenn das Gutachten zu keinem verwertbaren Beweisergebnis führen kann, zB wenn es auf unausgereiften Untersuchungsmethoden beruhen würde (BGH NStZ **85**, 515), wenn es auf der Grundlage der Parapsychologie erstellt werden soll (BGH NJW **78**, 1207; Wimmer NJW **76**, 1133) oder wenn nicht mehr rekonstruierbare Vorgänge durch Experimente oder Versuche aufgeklärt werden sollen (Bay **66**, 4 = JR **66**, 227: Zuverlässigkeit eines Radargeräts beim Einsatz zur Tatzeit; BGH VRS **50**, 115: Individueller Abbauwert der Blutalkoholkonzentration zur Tatzeit; BGH VRS **35**, 264, 266; **36**, 189; Spiegel DAR **82**, 372: Fahrversuche zur Prüfung der Reaktionsfähigkeit; BGH MDR **77**, 108 [H]: Libidoverlust infolge Trunkenheit zur Tatzeit), oder wenn dem Sachverständigen die für das verlangte Gutachten erforderliche Sachkunde fehlt, oder wenn die dafür erforderlichen Anknüpfungstatsachen nicht bekannt sind (BGH **14**, 339; MDR **77**, 108 [H]; **78**, 627 [H]; StV **82**, 102; Bay VRS **59**, 266) und wenn die tatsächlichen Grundlagen für das Gutachten nach Meinung des Gerichts, das dazu erforderlichenfalls im Freibeweis (oben 7, 9) sachkundigen Rat einholen muss (BGH NJW **83**, 404; Celle StV **03**, 431), auch nicht beschafft werden können (BGH NStZ **83**, 211 [Pf/M]; **03**, 611; StV **90**, 7).

59b Es ist aber **keine völlige Ungeeignetheit,** wenn das Gutachten keine sicheren Schlüsse auf die Richtigkeit der Beweistatsache zulässt (BGH NJW **83**, 404; NStZ **84**, 564; **85**, 14 [Pf/M]), wenn nur wenige Anknüpfungstatsachen vorliegen (BGH StV **07**, 513) oder wenn zwar genügende Anknüpfungstatsachen fehlen, diese aber noch erbracht werden können (BGH NStZ **07**, 476), oder wenn die Stellungnahme des Sachverständigen für die Feststellung von Anknüpfungstatsachen bedeutsam werden kann (BGH StV **90**, 98; 246; Bay NJW **03**, 3000), oder wenn ihm das zur Verfügung stehende Material Schlussfolgerungen ermöglicht, ob die Beweisbehauptung zutrifft (BGH NStZ **95**, 97; **09**, 48), oder wenn das Gutachten die unter Beweis gestellte Behauptung wenn auch nicht sicher erweisen, so doch wahrscheinlich machen kann (BGH 4 StR 45/97 vom 13. 3. 1997). Dass ein Zeuge seine Einwilligung in eine psychiatrische Untersuchung verweigern wird, führt nicht zur völligen Ungeeignetheit, da idR nicht ausgeschlossen werden kann, dass der Sachverständige auf andere Weise – zB Aktenstudium, Beobachtung des Zeugen in der Hauptverhandlung – ausreichende Anknüpfungstatsachen ermitteln kann (BGH NStZ **09**, 346).

59c **Der Augenschein** ist ungeeignet, wenn er nicht rekonstruierbare örtliche Verhältnisse zur Tatzeit beweisen soll (BGH DAR **62**, 74 [M]; Schleswig SchlHA **84**, 104 [E/L]).

59d **Niederschriften** über Telefongespräche (bei der Überwachung nach § 100 a), sind als Beweismittel völlig ungeeignet, wenn die Originaltonbänder abhanden gekommen sind und daher die Übereinstimmung zwischen Urkundeninhalt und Tonband nicht festgestellt werden kann (LG Frankfurt aM StV **87**, 144).

60 **Für lange zurückliegende Vorgänge benannte Zeugen** können völlig ungeeignet sein, wenn es unmöglich, nicht nur unwahrscheinlich (BVerfG NStZ **04**, 215) erscheint, dass sie sie zuverlässig in ihrem Gedächtnis behalten haben (BGH DAR **83**, 203 [Sp]; MDR **73**, 372 [D]; StV **82**, 339, 341; NStZ **93**, 295). Das ist nach der Lebenserfahrung unter Berücksichtigung der Umstände des Einzelfalls unter Anlegung eines strengen Maßstabs (vorweggenommene Beweiswürdigung!) zu beurteilen (BGH NStZ **89**, 219 [M]; **04**, 508; Köln StV **95**, 293). Maßgebend sind der Gegenstand der Beweisbehauptung, die Persönlichkeit des Zeugen, die Bedeutung des Vorgangs für ihn und die Länge des Zeitablaufs (BGH DAR **83**, 203 [Sp]; Bay **64**, 135 = VRS **28**, 214, Hamm DAR **61**, 203). Wenn Anhaltspunkte dafür vorhanden sind, dass der Zeuge sich noch erinnert, darf der Antrag nicht abgelehnt werden (BGH StV **05**, 115; NStZ **10**, 52); grundsätzlich ist es Sache des Antragstellers, solche Anhaltspunkte darzutun (BGH NStZ-RR **97**, 331).

Die **besonderen persönlichen Verhältnisse des Zeugen** machen ihn nur in besonderen Ausnahmefällen zu einem völlig ungeeigneten Beweismittel (BGH NStZ **84**, 42; StV **85**, 356; ANM 611 mwN; Dahs/Dahs 333). Ohne Hinzutreten besonderer Umstände genügen insbesondere nicht verwandtschaftliche Beziehungen zu dem Angeklagten (BGH DAR **77**, 174 [Sp]; ANM 611 mwN), der Verdacht der Tatbeteiligung (BGH DAR **81**, 198 [Sp]; Hamm NJW **68**, 954, 955), die rechtskräftige Aburteilung als Teilnehmer an der dem Angeklagten vorgeworfenen Tat (Hamburg NJW **53**, 917), Vorstrafen, auch nach §§ 153 ff StGB (RG JW **28**, 2255; KG JR **83**, 479). Ebensowenig darf die Beweiserhebung abgelehnt werden, weil der Zeuge nach § 55 die Auskunft verweigern darf (BGH MDR **78**, 281 [H]; **81**, 196 [H]; StV **90**, 394; anders aber, wenn er sich zweifelsfrei auf § 55 berufen hat, vgl BGHR Unerreichbarkeit 17), weil er mit dem Angeklagten verfeindet (Hamm JMBlNW **50**, 62) oder von ihm wirtschaftlich abhängig ist (RG JW **32**, 404). 61

14) Unerreichbarkeit des Beweismittels: 62

A. Wenn alle **Bemühungen des Gerichts,** die der Bedeutung und dem Wert des Beweismittels entsprechen, zu dessen Beibringung erfolglos geblieben sind und keine begründete Aussicht besteht, es in absehbarer Zeit herbeizuschaffen, ist das Beweismittel unerreichbar (BGH **29**, 390; NJW **79**, 1788; **90**, 398; NStZ **82**, 78; 212; **83**, 180; 422; **84**, 211 [Pf/M]; **85**, 375; **87**, 218 [Pf/M]; StV **86**, 418, 419; Hamburg StV **09**, 9; Herdegen NStZ **84**, 338; zur BGH-Rspr vgl ter Veen StV **85**, 295 und ferner zur Gesamtproblematik Julius, Die Unerreichbarkeit von Zeugen im Strafprozess, 1988). Nur ausnahmsweise darf das Gericht solche Bemühungen als von vornherein aussichtslos unterlassen (BGH GA **64**, 374; **68**, 19; **87**, 218 [Pf/M]). Dass ein Zeuge unbekannt verzogen ist, macht ihn nicht ohne weiteres unerreichbar (BGH bei Herlan MDR **54**, 341; KG StV **05**, 13; Hamm VRS **74**, 365; Köln StV **02**, 355; München NStZ-RR **07**, 50), auch nicht der Umstand, dass ihn Polizeibeamte über das Wochenende nicht angetroffen haben (BGH StV **84**, 5) oder dass er auf Ladung nicht erschienen ist (Schleswig SchlHA **87**, 118 [L]). Hausermittlungen genügen nicht, wenn eine Nachfrage bei der Ausländer- oder Meldebehörde Erfolg verspricht (BGH StV **83**, 319; **96**, 581: auch hinsichtlich solcher Personen beim BZR und beim Ausländerzentralregister möglich, deren Geburtsort und -datum nicht bekannt sind), Auskünfte von Behörden nicht, wenn die Befragung von Verwandten oder Bekannten aussichtsreich erscheint (Frankfurt StV **86**, 468). Maßgebend ist auch nicht, ob der Zeuge am Terminstag verfügbar ist, sondern ob er in absehbarer Zeit vernommen werden kann (BGH NStZ **83**, 180). Jedoch muss nicht durch Zeitungsanzeigen nach ihm gesucht werden (Dahs/Dahs 334). Das Maß der erforderlichen Nachforschungen richtet sich immer nach der Bedeutung des Beweismittels für die Wahrheitsfindung (BGH **22**, 118, 120; MDR **88**, 819 [H]; NStZ **82**, 127; StV **82**, 507; **83**, 7; Frankfurt StV **84**, 147; ANM 622 mwN), der Schwere der dem Angeklagten vorgeworfenen Tat (BGH StV **81**, 602; KG StV **83**, 95; München aaO; Schleswig SchlHA **79**, 144; **aM** Herdegen NStZ **84**, 338) und der bereits zur Sachaufklärung aufgewendeten Bemühungen (Hamburg VRS **56**, 457, 461). Auch der Beschleunigungsgrundsatz (Einl 160) darf beachtet werden (BGH GA **75**, 237; NStZ **82**, 127; BGHR § 251 II Unerreichbarkeit 3; Schleswig StV **82**, 11). Eine nur vorübergehende Unerreichbarkeit berechtigt nicht zur Ablehnung des Beweisantrags (Celle NJW **61**, 1490). 62a

63 B. **Zeugen im Ausland** (dazu eingehend Rose, Der Auslandszeuge im Beweisrecht des deutschen Strafprozesses, 1999, zugl Diss München 1998; ders wistra **01**, 290) brauchen unter den in V S 2 iVm S 1 bezeichneten Voraussetzungen nicht geladen zu werden (erg oben 43f). Falls dem Gericht ihre Vernehmung zur Erforschung der Wahrheit erforderlich erscheint, hat es zu prüfen, ob sie erreichbar sind. Von Unerreichbarkeit ist auszugehen, wenn die bisherigen Bemühungen, sie zum Erscheinen zu veranlassen, erfolglos geblieben sind und auch in Zukunft nicht zu erwarten ist, dass sie erscheinen werden (BGH NJW **79**, 1788; **00**, 443, 447; NStZ **83**, 276; **84**, 16 [Pf/M]; 179; 210 [Pf/M]; **93**, 294; Karlsruhe Justiz **88**, 134; Köln VRS **65**, 40; vgl Bay StV **88**, 56: Ermittlungen über zuständige Botschaft im Ausland und Interpol). Ein Zeuge, der im Verdacht der Tatbeteiligung steht, darf nicht von vornherein als unerreichbar angesehen werden (BGH NJW **82**, 2738; **83**, 528). Auch die Mitteilung des Zeugen allein, dass er nicht erscheinen werde, genügt nicht (BGH NStZ **85**, 281; StV **01**, 664), selbst wenn sie auf Befragen der Polizei oder eines Beamten der Haftanstalt erfolgt (BGH NStZ **85**, 206 [Pf/M]); das Gericht kann aber mit dem Zeugen unmittelbar Kontakt aufnehmen, um seine Aussagebereitschaft festzustellen (dazu Rose wistra **98**, 12/13). Eine andere Möglichkeit ist ggf die Vernehmung des Zeugen, falls er damit einverstanden ist, durch ein deutsches grenznahes Gericht (2 zu § 157 GVG). Soweit entspr völkerrechtliche Vereinbarungen bestehen, ermöglicht § 183 I Nr 1 eine vereinfachte Ladung durch Einschreiben mit Rückschein (vgl 25 zu § 37). Ist das nicht der Fall, muss versucht werden, den Zeugen durch den Aufenthaltsstaat zu laden (BGH NJW **53**, 1522; **83**, 527; GA **55**, 123, 126; NStZ **84**, 375; StV **82**, 57; **84**, 408; Herdegen NStZ **84**, 339); das ist auch bei Fehlen eines Rechtshilfeabkommens nicht unmöglich (BGH NStZ **90**, 27 [M]). Einfacher und idR schneller ist aber die Ladung über die deutschen Konsularvertretungen (Angabe der hierfür in Betracht kommenden Länder bei Julius StV **90**, 484 Fn 1). Die durch die Ladung eintretende Verfahrensverzögerung begründet die Unerreichbarkeit nicht (BGH NJW **85**, 391, 392 aE; StV **86**, 418). Ggf ist der Zeuge in der Ladung auf das durch Art 12 EuRHÜbk gewährte sichere Geleit hinzuweisen (BGH **32**, 68, 74; NJW **79**, 1788; **82**, 2738; **83**, 528; NStZ **81**, 146; **82**, 171; **85**, 206 [Pf/M]; 281; 375; StV **84**, 408, 409). Erreichbar ist grundsätzlich auch ein Zeuge, der grenzüberschreitend unter Inanspruchnahme audiovisueller Verfahren gemäß § 247 a im Wege der Rechtshilfe vernommen werden kann, wenn der Tatrichter dies nicht als für die Wahrheitsfindung wertlos erachtet (BGH **45**, 188, 190, 197 mit Anm Duttge NStZ **00**, 158, Rose JR **00**, 74, Schlothauer StV **00**, 180 und Vassilaki JZ **00**, 474; vgl 6, 7 und 9 zu § 247 a) oder eine Ablehnung des Beweisantrages nach V S 2 in Betracht kommt (BGH NJW **01**, 695); Einzelheiten sind im EuRHÜbk geregelt (dazu Gleß Eisenberg-FS 505). Die erfolglose Ladung ist nur eine hinreichende, keine notwendige Bedingung für die Feststellung, dass der ausländische Zeuge unerreichbar ist (BGH **7**, 15; GA **65**, 209; NStZ **82**, 212; **85**, 15 [Pf/M]; 375).

64 C. Auch **ohne Ladungsversuch** kann das Gericht unter besonderen Umständen zu der Überzeugung gelangen, dass der Zeuge auf diese Weise nicht zum Erscheinen bewogen werden kann (BGH NStZ **85**, 375; NStZ **87**, 17 [Pf/M]; NJW **90**, 1124, 1125; NStZ **91**, 143; StV **92**, 216 mit abl Anm Münchhalffen). Das Fehlen der Ladung ist jedoch von Bedeutung, wenn nicht auszuschließen ist, dass der Zeuge bei Einhaltung des vorgeschriebenen Verfahrens erschienen wäre (BGH StV **84**, 60). Das gilt auch für den Fall, dass das Gericht ihn unzulässigerweise unmittelbar telegrafisch geladen hat; eine solche Ladung braucht der Zeuge nicht zu beachten (BGH StV **85**, 48). Befindet sich der Zeuge im Ausland in Haft, so ist zu erwägen, ob der ausländische Staat nach Art 11 Abs 1 EuRHÜbK um seine zeitweilige Überstellung zu ersuchen ist (BGH NStZ **81**, 146; Karlsruhe Justiz **88**, 134).

65 D. Die **Möglichkeit der kommissarischen Vernehmung** macht einen Zeugen, dessen Erscheinen vor Gericht nicht erzwungen werden kann, nicht stets

erreichbar. Das Gericht muss prüfen, ob eine solche Vernehmung möglich und sinnvoll ist (BGH NJW **91**, 186; **00**, 443, 447). Es darf die mögliche Herabsetzung des Beweiswerts der Aussage durch die besonderen Umstände einer solchen Vernehmung berücksichtigen und den Zeugen für unerreichbar halten (BGH **13**, 300; **22**, 118, 122; NJW **83**, 527; 2396; JR **84**, 128 mit Anm Meyer; NStZ **83**, 211 [Pf/M]; **85**, 14 [Pf/M]; 375, 376; Hamburg JR **80**, 32 mit Anm Gollwitzer; ANM 633 mwN). Das gilt insbesondere, wenn eine Gegenüberstellung (BGH GA **66**, 123, 125; **75**, 237) oder der persönliche Eindruck von dem Zeugen erforderlich ist. Dabei ist aber die Möglichkeit der audiovisuellen Vernehmung nach § 247 a zu berücksichtigen (BGH **45**, 188). Der Tatrichter hat seine diesbezügliche Entscheidung nach pflichtgemäßem Ermessen zu treffen; sie ist in der Revision nur eingeschränkt überprüfbar (BGH StV **04**, 465 mit krit Anm Julius, der in solchen Fällen die audiovisuelle Vernehmung für idR erforderlich hält). Zu einer Beweisaufnahme im Ausland oder zur Teilnahme an ihr ist das Gericht nicht verpflichtet (BGH NStZ **85**, 14 [Pf/M]; 375, 376; StV **81**, 601; NStE Nr 134; **aM** Karlsruhe Justiz **88**, 134). Will das Gericht aber eine frühere nichtrichterliche Vernehmungsniederschrift zu Beweiszwecken verlesen, muss idR erörtert werden, warum eine frühere Aussage Beweiswert haben soll, eine neue kommissarische Aussage jedoch zur Aufklärung nichts beitragen könne (BGH StV **93**, 232; Köln StV **95**, 574).

E. **Rechtliche Hinderungsgründe,** zB die Zeugnisverweigerungsrechte nach §§ 52 ff und die Nichterteilung der Aussagegenehmigung nach § 54, machen die Beweiserhebung unzulässig (oben 48 ff), nicht das Beweismittel unerreichbar (LR-Becker 247; **aM** BGH MDR **80**, 987 [H]). Dagegen sind Gefangene während der Kontaktsperre nach §§ 31 ff **EGGVG** (ANM 620 Fn 8) und V-Leute der Polizei und der Nachrichtendienste unerreichbar, wenn die Behörde Namen und Anschrift nicht preisgibt (BGH **32**, 115, 126 [GSSt]; Geißer GA **83**, 398; Rebmann NStZ **82**, 317; einschr BGH **31**, 148, 154: nur wenn Entscheidung der Behörde gerechtfertigt ist). Ein Beweisantrag darf aber nur abgelehnt werden, nachdem das Gericht die zuständige Behörde (12 zu § 96) zu einer substantiierten Äußerung über ihre Sicherheitsbedenken veranlasst und wenigstens versucht hat, das Einverständnis mit einer Vernehmung zu erlangen, die diesen Bedenken Rechnung trägt (BVerfGE **57**, 250, 287 = NJW **81**, 1719, 1724; BGH **29**, 109, 113; 390, 391; **30**, 34; **35**, 82, 84; **36**, 159; NStZ **83**, 325; **87**, 518; **01**, 333; vgl auch Gribbohm NJW **81**, 305; Meyer JR **81**, 478), insbesondere unter Ausschluss der Öffentlichkeit (BGH **29**, 109, 113; NJW **80**, 2088; **81**, 770), in Abwesenheit des Angeklagten (18 ff zu § 247), mit Hilfe audiovisueller Verfahren nach § 247 a (dort 1 a), unter Verlegung an einen anderen Ort (BGH **22**, 311, 313) oder im Wege der kommissarischen Vernehmung (BGH **29**, 109, 113; 390, 391), aber nicht unter Ausschluss des Angeklagten und des Verteidigers (18 ff zu § 223). Zur Zulässigkeit der Vernehmung anonymer, pseudonymer und vermummter Zeugen vgl 14 ff zu § 68. Die Aufklärungspflicht kann dazu zwingen, Vernehmungsbeamte über frühere Vernehmungen zu hören, selbst wenn der Informant zu Unrecht nach § 96 gesperrt worden ist (BGH **36**, 159 gegen BGH **33**, 83, 92, anders nur bei willkürlicher oder offensichtlich rechtsfehlerhafter Sperrung) oder Polizeibeamte mit der Vernehmung zu beauftragen und als Zeugen vom Hörensagen zu hören (BGH NJW **81**, 770 = JR **81**, 344 mit Anm Franzheim; Karlsruhe Justiz **81**, 366, 368; Rebmann NStZ **82**, 315, 319; **aM** Stratc StV **85**, 340 ff) oder schriftliche Äußerungen des Zeugen einzuholen und nach § 251 I Nr 1, 2 zu verlesen (dort 7, 9; vgl auch BVerfG aaO). Die Vernehmung einer Person als Zeuge ist nicht schon deshalb unzulässig, weil sie mit einer gesperrten Person identisch sein kann, es sei denn, es bestünde durch die Vernehmung Gefahr für Leib oder Leben des Zeugen (BGH **39**, 141 = JZ **93**, 1012 mit zust Anm Beulke/Satzger = JR **94**, 250 mit zust Anm Siegismund). Wegen der nach § 96 gesperrten Behördenakten vgl dort 2 und 10. 66

15) Verschleppungsabsicht: Unter diesen Begriff (dazu eingehend Fahl 467 ff; Kröpil AnwBl **99**, 15 ff) fallen alle Scheinbeweisanträge, auch diejenigen, mit de- 67 nen der Antragsteller sein Antragsrecht zu dem Zweck missbraucht, Zeugen bloßzustellen (Köhler NJW **79**, 350), Propaganda zu machen (RG **65**, 304, 306) oder Richter dadurch auszuschalten, dass er sie als Zeugen benennt (BGH NStZ **03**, 558; AK-Schöch 78; vgl aber oben 49); in diesem Fall kann der Beweisantrag unter Beteiligung des benannten Richters abgelehnt werden (BGH **7**, 330 = JZ **56**, 31 mit Anm Kleinknecht = JR **55**, 391 mit Anm Nüse; BGH **11**, 206; ANM 628 mwN; Rissing-van Saan MDR **93**, 310; krit Pauly DAV-FS 738). Verschleppungsabsicht ieS liegt vor, wenn der Antragsteller nur die Verfahrungsverzögerung erstrebt. Die Ablehnung setzt dann aber voraus, dass eine nicht nur unerhebliche Verzögerung eintreten würde (BGH NJW **58**, 1789; **82**, 2201; NStZ **84**, 230; StV **86**, 418; Köln StV **97**, 458; NStZ **83**, 90 mit Anm Dünnebier). Demgegenüber will BGH **51**, 333 [*obiter dictum*] (zust BGH StraFo **07**, 509; Gössel ZIS **07**, 562; Habetha/Trüg 423; ähnlich schon Schrader NStZ **91**, 226; wie bisher aber BGH StV **09**, 5) jede Verzögerung ausreichen lassen; noch weitergehend will Niemöller NStZ **08**, 181, **09**, 129 überhaupt nur die Absicht genügen lassen und in der Verfahrensverzögerung lediglich ein Indiz für dieses Absicht sehen. Diese Einschränkungen werden mit Recht abgelehnt (Bauer NStZ **08**, 542; Beulke Amelung-FS 555; Beulke/Ruhmannseder NStZ **08**, 300; Michalke StV **08**, 228), weil dies ua auf eine Präklusion des Beweisantragsrechts hinausläuft. So bedarf bei am Gerichtsort wohnenden Zeugen die Verschleppungsabsicht besonderer Begründung (BGH NStZ **85**, 494 [Pf/M]). Eine Verzögerung auf unbestimmte Zeit muss aber nicht zu erwarten sein (**aM** BGH **21**, 118, 121; **22**, 124, 126; VRS **38**, 58; Hamburg VRS **56**, 457, 461); es genügt, dass eine Aussetzung iS § 228 I (BGH GA **68**, 19); Schweckendieck NStZ **91**, 109) oder eine längere Unterbrechung nach § 229 nicht zu vermeiden wäre (Beulke/Ruhmannseder aaO). Dass die Hauptverhandlung schon längere Zeit gedauert hat, ist nicht notwendig (BGH NJW **92**, 2711).

68 Die **Antragsablehnung** setzt aber voraus, dass das Gericht, das zu diesem Zweck das voraussichtliche Beweisergebnis vorwegwürdigen darf (BGH **21**, 118; Köln NStZ **83**, 90 mit Anm Dünnebier; ANM 642 mwN; Herdegen Boujong-FS 787), der Überzeugung ist, dass die Beweiserhebung nichts zugunsten des Antragstellers ergeben wird und dass auch der Antragsteller sich dessen bewusst ist und den Antrag ausschließlich zur Verfahrensverzögerung gestellt hat (BGH aaO; **29**, 149, 151; NJW **82**, 2201 = JR **83**, 35 mit Anm Meyer; BGH NStZ **84**, 230; **86**, 519; **98**, 207 mit Anm Sander; NJW **01**, 1956; Köln StV **02**, 238; ANM 642 mwN; einschr Gössel ZIS **07**, 562). Maßgebend ist die Einstellung des Antragstellers zZ der Beschlussfassung. Das Gericht darf den Antrag nur ablehnen, wenn es, nach Art eines Indizienbeweises, die Verschleppungsabsicht des Antragstellers auf Grund der äußeren Umstände sicher nachweisen kann (vgl Gollwitzer JR **80**, 34; Meyer JR **83**, 36). Dabei ist insbesondere das Prozessverhalten des Antragstellers von Bedeutung (BGH NStZ **86**, 519; StV **89**, 234 mit krit Anm Michalke und krit Anm Frister StV **89**, 380: Verweigerung einer Begründung zum Beweisantrag; vgl dazu zust Fahl 487, abl Herdegen Meyer-GedSchr 204). Die für und gegen die Verschleppungsabsicht sprechenden Umstände müssen für jeden einzelnen Beweisantrag und für jede einzelne Beweisfrage (BGH **22**, 124) gegeneinander abgewogen werden (BGH NStZ **84**, 230; Karlsruhe StV **93**, 405; Schleswig StV **85**, 225). Für diese Absicht kann die Wiederholung eines zurückgenommenen Antrags (BGH NJW **82**, 2201 = JR **83**, 35 mit Anm Meyer) oder ein sonst nicht erklärlicher Wechsel des Verteidigungsvorbringens sprechen (BGHR Prozessverschleppung 5; Karlsruhe Justiz **76**, 440), insbesondere, wenn frühere Entlastungsbeweise misslungen waren (BGH NJW **53**, 1314). Beweisanträge, die auch nicht ansatzweise der Erforschung der Wahrheit dienen, sondern nur bezwecken, das Gericht im Wege einer Absprache zur Verhängung einer unangemessen niedrigen Strafe zu zwingen, können zurückgewiesen werden (BGH NStZ **05**, 45 = JR **05**, 297 mit Anm Sander). Die verspätete Antragstellung allein genügt nicht (BGH **21**, 118, 123; NStZ **82**, 41; **84**, 230; StV **09**, 5; VRS **38**, 58; Koblenz VRS **73**, 52, 54;

Schleswig StV **85**, 225; vgl aber die Fälle BGH NStZ **86**, 519 und Hamburg JR **80**, 32 mit Anm Gollwitzer), kann aber uU bei einer dem Angeklagten seit langer Zeit bekannten erdrückenden Beweislage für eine Verschleppungsabsicht sprechen (BGH NStZ **90**, 350 mit zust Anm Wendisch = StV **90**, 391 mit Anm Strate; zust auch Fahl 477; vgl auch BGH StV **97**, 567 mit insoweit abl Anm Wohlers; zust aber Sander NStZ **98**, 207). Zur Darlegung der Verspätungsgründe ist der Antragsteller nicht verpflichtet (BGH NStZ **86**, 371; anders BGH **51**, 333).

Die **Absicht des Antragstellers** ist maßgebend. Ist der Antrag vom Verteidiger gestellt, so kommt es auf dessen Absicht an (BGH **21**, 118, 121; NJW **53**, 1314; **64**, 2118; **69**, 281; ANM 647 mwN), sofern er nicht die Verantwortung ablehnt (BGH GA **68**, 19; Karlsruhe Justiz **76**, 440) oder sich von dem Angeklagten ersichtlich als Werkzeug missbrauchen lässt (BGH NJW **53**, 1314; **69**, 281; NStZ **84**, 466 = JR **85**, 35 mit Anm Meyer; NStZ **93**, 229 [K]; Köln VRS **24**, 217). Rechtfertigen die äußeren Umstände den Schluss auf die Verschleppungsabsicht des Verteidigers, so kann der Antrag stets abgelehnt werden; ein Grundsatz, dass sogar dann noch eine Vermutung gegen diese Absicht besteht, wenn der Verteidiger der Antragsteller ist, lässt sich nicht aufstellen (ANM 648; Meyer JR **83**, 37). Vgl auch die Rspr-Übersicht bei Schweckendieck NStZ **91**, 109; eingehend hierzu unter Darlegung der BGH-Rspr und krit – im Wesentlichen jedoch zust – Würdigung ter Veen, Beweisumfang und Verfahrensökonomie im Strafprozess, 1995, S 235 ff. **69**

Falls **der Angeklagte selbst** das Recht zur Stellung von Beweisanträgen missbraucht, kann das Gericht – ausnahmsweise (Bay **04**, 25 = NStZ **04**, 647) – anordnen, dass er in Zukunft Beweisanträge nur noch über seinen Verteidiger stellen darf (BGH **38**, 111 = JR **93**, 169 mit Anm Scheffler; eingehend und dem BGH zust Fahl 495 ff; Bünger NStZ **06**, 309; abl Schulz Meurer-GS 355; vgl auch Brause Kriminalistik **95**, 352; abl auch Fezer Weber-FS 475, der meint, das Problem sei weder *de lege lata* noch *de lege ferenda* lösbar, damit aber die Richtigkeit der Entscheidung des BGH inzidenter bestätigt, da eine Lösung im Prozess gefunden werden *muss*); zur Ausdehnung dieser Rspr auf Missbrauch durch den Verteidiger vgl Beulke Amelung-FS 549; Meyer-Goßner BGH-FS 629. **69a**

Einschränkungen in der neueren Rspr: Erstmals hat BGH NJW **05**, 2466 (mit abl Anm Duttge JZ **05**, 1012, Dahs StV **06**, 116, Gössel JR **06**, 128; Ventzke HRRS **05**, 233; zust aber Mosbacher Miebach-SH 23) bei extremer Verfahrensverzögerung die Möglichkeit in Betracht gezogen, den Verfahrensbeteiligten eine Frist zu setzen und nach deren Ablauf gestellte Beweisanträge grundsätzlich nicht mehr durch gesonderten Gerichtsbeschluss, sondern erst in den Urteilsgründen zu bescheiden (zust Bünger NStZ **06**, 305; Senge Nehm-FS 344; abl Beulke Amelung-FS 551; Gössel ZIS **07**, 564, der statt dessen vorschlägt, von dem Antragsteller eine überzeugende Begründung für die verspätete Antragstellung zu verlangen). Sodann empfahl BGH **51**, 333 – zust BGH NStZ **07**, 716; 5 StR 263/08 vom 9. 7. 2009, scharf abl hingegen Duttge/Neumann HRRS **10**, 34 –, wenn das Gericht alle von ihm für geboten gehaltenen Beweiserhebungen durchgeführt hat, eine Aufforderung des Vorsitzenden an die Verfahrensbeteiligten unter Fristsetzung, etwaige Beweisanträge zu stellen; wenn Beweisanträge sodann erst nach Fristablauf gestellt würden, könne grundsätzlich – ohne Verstoß gegen § 246 I – von einer bezweckten Verfahrensverzögerung ausgegangen werden. Derartige Lösungen scheinen aber mit der gegebenen Gesetzeslage (insbesondere mit § 246), wie die Kritiker zutr bemängeln, nur schwerlich vereinbar (Tepperwien Widmaier-FS 589; Witting Volk-FS 885). Gleichwohl hat BGH **52**, 355 (= NJW **09**, 605 mit zutr abl Anm Gaede, zust aber LR-Becker 273; Fahl DRiZ **09**, 291) es nunmehr für zulässig erachtet, dass der Vorsitzende eine – zu protokollierende – Frist zur Stellung von Beweisanträgen setzt; werde nach Fristablauf ein Beweisantrag gestellt, könne dies ein Indiz für die innere Tatsache der Verschleppungsabsicht darstellen, „wenn der Antragsteller die Gründe für die verspätete Antragstellung nicht nachvollziehbar und substantiiert darlegen kann und auch die Aufklärungspflicht nicht zur Beweiserhebung drängt". Habe der Vorsitzende den Hinweis erteilt, dass eine **69b**

Ablehnung der Beweisanträge nach Fristablauf bei Vorliegen der weiteren Voraussetzungen wegen Verschleppungsabsicht möglich sei, könnten Hilfsbeweisanträge – entgegen bisheriger Rspr (oben 44a aE) – auch erst im Urteil abgelehnt werden. Dass hiermit ein Fall bedenklicher richterlicher „schöpferischer Rechtsfindung" (Tepperwien aaO) vorliegt, wird sich kaum bestreiten lassen (abl daher auch Eidam JZ **09**, 318; Fezer HRRS **09**, 17; Habetha/Trüg GA **09**, 427; Jahn StV **09**, 667; König StV **09**, 171); mit einem Einschreiten wegen groben Missbrauchs von Verfahrensrechten in einem Einzelfall (Einl 111) ist – entgegen Bittmann NJW **09**, 3500 – die Schaffung einer solchen gesetzesähnlichen und gesetzeswidrigen Regelung nicht vergleichbar.

69c Das **BVerfG** (NJW **10**, 592) hat gegen diese neue Rspr (auch hinsichtlich der Ablehnung von Hilfsbeweisanträgen) keine verfassungsrechtlichen Bedenken erhoben, da die Versäumung der Frist nur einer von mehreren Umständen für die Ablehnung wegen Prozessverschleppung sei, es hingegen auch künftig ausgeschlossen sei, einen Beweisantrag allein auf Grund eines zeitlich verzögerten Vorbringens abzulehnen. Dass dies nicht viel mehr als ein „frommer Wunsch" ist, die Tatgerichte vielmehr dazu neigen werden, Beweisanträge *wegen* des Fristablaufs (und nicht wegen Prozessverschleppung) abzulehnen, hat sich schon an einer tatrichterlichen Entscheidung gezeigt, bei der der BGH diese Fehlannahme beanstanden musste (BGH NStZ **10**, 161; vgl auch Duttge/Neumann aaO).

70 **16) Wahrunterstellung:** Eine Beweiserhebung ist überflüssig, wenn das Gericht die Beweistatsache so behandelt, als wäre sie wahr. Da nur entlastende Tatsachen in Betracht kommen, muss der Beweisantrag zugunsten des Angeklagten gestellt sein. Tatsachen, aus denen Schlüsse zuungunsten des Angeklagten gezogen werden können, dürfen von vornherein nicht als wahr unterstellt werden (BGH NStE Nr 133). Umgekehrt gilt: Aus als wahr unterstellten Tatsachen dürfen keine Schlüsse zuungunsten des Angeklagten gezogen werden (BGH **1**, 137; LR-Becker 306; **aM** – vereinzelt – BGH NJW **76**, 1950 mit abl Anm Tenckhoff). Sowohl unmittelbar beweiserhebliche (BGH StV **99**, 307: aber nicht solche, die das Kerngeschehen betreffen) als auch Indiztatsachen (25 zu § 261) können als wahr unterstellt werden (Bringewat MDR **86**, 356; Herdegen NStZ **84**, 341; Veh ZIS **10**, 246; einschr Schweckendieck NStZ **97**, 259; **aM** LR-Becker 296), jedoch keine Rechtsfragen (BGHR StGB § 21 Erheblichkeit 1). Immer geht die Aufklärungspflicht vor (BGH NJW **59**, 396; **61**, 2069; Bay DAR **81**, 249 [R]), zB wenn die Beweisbehauptung wegen ungeklärter Umstände für eine Wahrunterstellung ungeeignet ist (BGH StV **96**, 648). Eine Wahrunterstellung ist regelmäßig (BGH NStZ-RR **99**, 260 [K]: Ausnahme, wenn die Tatsache im Urteil ohne jede Einschränkung als erwiesen behandelt wird) auch nicht zulässig, wenn der Angeklagte zur Prüfung der Glaubwürdigkeit eines Zeugen Tatsachen unter Beweis stellt, die dieser bestreitet (BGH NStZ **92**, 28 [K]; **07**, 282; StV **90**, 294; **96**, 647; **aM** – vereinzelt geblieben – BGH NStZ **87**, 218 [Pf/M]; Hamm NStZ **83**, 522), oder wenn die Voraussetzungen des § 31 BtMG dargetan werden sollen (vgl BGHR § 244 III S 2 Wahrunterstellung 24). Das Gesetz sieht die Wahrunterstellung nur für erhebliche Beweistatsachen vor; Bedeutungslosigkeit und Wahrunterstellung schließen einander als Ablehnungsgründe aus (BGH NStZ-RR **03**, 268; NStZ **04**, 51). Maßgebend für die Beurteilung der Erheblichkeit ist jedoch der Zeitpunkt des Beschlusserlasses (BGH NJW **61**, 2069, 2070; MDR **79**, 282 [H]; Hamm NStZ **83**, 522; Karlsruhe Justiz **77**, 357). Eine Zusage, dass die Tatsache auch im Urteil als erheblich behandelt wird, liegt in der Wahrunterstellung nicht. Daher ist auch eine Unterrichtung des Antragstellers darüber, dass das Gericht die Tatsache auf Grund der Urteilsberatung als unerheblich behandeln will, nicht erforderlich (BGH NStZ **81**, 96 [Pf]; 296 [Pf]; **83**, 357 [Pf/M]; NStZ-RR **09**, 179; 5 StR 285/08 vom 23. 7. 2008; Celle NStZ **86**, 91 = StV **86**, 423 mit abl Anm Tenckhoff; **aM** KK-Fischer 187; LR-Becker 312; Bringewat MDR **86**, 357; Gillmeister StraFo **97**, 11; Niemöller Hamm-FS 552; Sarstedt/Hamm 694 ff; Schlothauer StV **86**, 227; Schweckendieck

NStZ **97**, 260). Davon machen BGH **30**, 383 und Hamm NStZ **83**, 522 zu Unrecht (vgl ANM 659 Fn 58; Herdegen NStZ **84**, 342 Fn 142) eine Ausnahme, wenn es naheliegt, dass der Angeklagte wegen der Wahrunterstellung weitere Beweisanträge unterlässt (abl auch Müller Meyer-GedSchr 290).

Auf die **Beweistatsache selbst,** nicht nur darauf, dass das Beweismittel sie bekunden oder sonst ergeben werde, bezieht sich die Zusage der Wahrunterstellung (BGH NStZ **84**, 210 [Pf/M]; StV **95**, 5; Bay **95**, 72 = NJW **96**, 331; Koblenz VRS **52**, 125; ANM 677 mwN); dem als Beweismittel benannten Zeugen darf daher nicht im Wege einer vorweggenommenen Beweiswürdigung die Glaubwürdigkeit abgesprochen werden (BGH StV **95**, 172; Hamburg StV **01**, 332 mit Anm Jes Meyer). Die behaupteten Tatsachen müssen in ihrem wirklichen Sinn ohne jede Einengung, Verschiebung oder sonstige Änderung als wahr behandelt werden (BGH NStZ **82**, 213; **83**, 211 [Pf/M]; **84**, 211 [Pf/M]; **86**, 207 [Pf/M]; **89**, 129 mit Anm Volk; wistra **90**, 196; NStZ **08**, 299). Dabei ist nicht der Wortlaut, sondern der Sinn und Zweck des Antrags maßgebend (BGH NJW **59**, 396; MDR **78**, 112 [H]; NStZ **86**, 207 [Pf/M]), wie er nach dem Gesamtvorbringen des Antragstellers in der Hauptverhandlung zu beurteilen ist (BGH GA **84**, 21; BGHR § 244 III S 2 Wahrunterstellung 23). 71

Die **Urteilsfeststellungen und die Beweiswürdigung** dürfen der Wahrunterstellung nicht widersprechen (BGH **32**, 44, 47; StV **88**, 91; NStZ **03**, 101; Koblenz VRS **72**, 441), auch dann nicht, wenn der Beweisantrag nicht genügend konkretisiert war oder mit anderer Begründung hätte abgelehnt werden können (BGH NStZ-RR **98**, 13; Stuttgart StraFo **05**, 204). Die Beweistatsache darf nur nach entspr Hinweis an den Angeklagten als erwiesen angesehen und zu seinem Nachteil verwertet werden (BGH **51**, 364 mit zust Anm Niemöller StV **07**, 626). Das Gericht braucht aber aus der als wahr unterstellten Indiztatsache nicht die Schlussfolgerungen zu ziehen, die der Antragsteller gezogen wissen will. Sie untersteht der freien Beweiswürdigung wie alle anderen Tatsachen (BGH NJW **76**, 1950; NStZ **82**, 213; **83**, 211 [Pf/M]; **85**, 206 [Pf/M]; StV **86**, 467). Grundsätzlich müssen die Urteilsgründe erkennen lassen, was das Gericht als wahr unterstellt (BGH NStZ **96**, 562); eine Auseinandersetzung mit der als wahr unterstellten Tatsache in den Urteilsgründen ist aber nur erforderlich, wenn die übrigen Feststellungen dazu drängen (BGH **28**, 310; NStZ **83**, 211 [Pf/M]; **85**, 206 [Pf/M]; StV **88**, 91; wistra **01**, 150; NStZ-RR **03**, 268; KK-Fischer 193; **aM** Fezer 12/69; Herdegen NStZ **84**, 342), insbesondere, wenn sonst nicht ersichtlich ist, wie Beweiswürdigung und Wahrunterstellung in Einklang gebracht werden können (BGH NStZ **84**, 211 [Pf/M]; StV **83**, 441; **84**, 142; **07**, 18; StraFo **02**, 354; Bay StV **05**, 14; Koblenz VRS **72**, 441). Auch insoweit bestehen keine Besonderheiten gegenüber den durch die Beweisaufnahme festgestellten Tatsachen. 71a

17) Anträge auf Sachverständigenbeweis: 72

A. **Auch wegen eigener Sachkunde** (IV S 1) kann das Gericht Sachverständigenbeweisanträge ablehnen, soweit nicht (zB in §§ 80a, 81, 246a, § 73 **JGG**) etwas anderes bestimmt ist. In 1. Hinsicht gelten aber die Ablehnungsgründe des III. Woher der Richter die eigene Sachkunde bezieht, ist gleichgültig (zu Grenzen der eigenen Sachkunde, insbesondere bei der Beurteilung jugendlicher Täter, vgl Lüderssen Schreiber-FS 289). Es kann sich um beruflich oder außerberuflich erworbenes Spezialwissen handeln, insbesondere um Kenntnisse auf Grund von Gutachten, die in gerichtlichen Verfahren erstattet worden sind. Der Richter kann sich das erforderliche Wissen auch während des Prozesses aneignen (BGH DAR **77**, 175 [Sp]; NStZ **83**, 325), insbesondere auf Grund von Aussagen eines sachverständigen Zeugen (BGH DAR **83**, 205 [Sp]) oder des Gutachtens eines Sachverständigen (Koblenz OLGSt § 529 RVO S 3), auch wenn er sich ihm nicht anschließt (BGH NStZ **84**, 467), aber nicht durch Befragung eines Sachverständigen außerhalb der Hauptverhandlung, wenn dessen förmliche Vernehmung auf Grund eines Beweisantrags geboten wäre (Roxin § 43 C II 2a; Schlüchter 554.1; **aM** Hamm NJW **78**, 73

1210). Bei Kollegialgerichten genügt es, wenn einer der mitwirkenden Richter seine Sachkunde den anderen vermittelt (BGH **12**, 18 mit Anm EbSchmidt JZ **59**, 131; BGH NStZ **83**, 325; Stuttgart DAR **76**, 23; ANM 714 mwN; Fezer 12/18; str). Einer Erörterung der Sachkunde in der Hauptverhandlung bedarf es dazu nicht (BGH StV **98**, 248); eine Beweisaufnahme über die Sachkunde des Gerichts findet nicht statt (BGH NStZ **00**, 156). Im Ablehnungsbeschluss muss nicht dargelegt werden, aus welchen Gründen sich das Gericht die erforderliche Sachkunde zutraut (oben 43), im Urteil nur, wenn es sich um Fachwissen handelt, das idR nicht Allgemeingut aller Richter ist (BGH **12**, 18; NStZ **83**, 325; **09**, 346; StV **84**, 232; **01**, 665; 3 StR 114/07 vom 11. 4. 2007; ANM 715 mwN). Die Ausführlichkeit, mit der das zu geschehen hat, richtet sich nach der Schwierigkeit der Beweisfrage (BGH **12**, 18; StV **89**, 331 mit Anm Wasserburg; Bay **01**, 64 = NZV **01**, 525; Herdegen Boujong-FS 787). Besondere Ausführungen sind nötig, wenn zunächst ein Sachverständiger bestellt war und sich das Gericht erst nach dessen erfolgreicher Ablehnung nach § 74 (BGH 3 StR 349/78 vom 4. 10. 1978) oder nach dessen Nichterscheinen (BGH NStZ-RR **97**, 171) auf seine eigene Sachkunde besonnen oder wenn das Gericht die vom Sachverständigen erörterte Frage im Widerspruch zu dessen Gutachten gelöst (BGH StV **93**, 234; NStZ-RR **97**, 172; **99**, 275; **02**, 259 [B]; NStZ **00**, 437; Hamm StraFo **02**, 262) oder im Gegensatz zum Obergutachter (Hamm StV **01**, 221) entschieden hat. Stellt das Gericht auf Umstände ab, die dem gehörten Sachverständigen unbekannt waren, so muss es grundsätzlich dem Sachverständigen Gelegenheit geben, sich mit den abweichenden Anknüpfungstatsachen auseinanderzusetzen und sie in seine Begutachtung einzubeziehen (BGH NStZ **95**, 201; Zweibrücken NStZ-RR **00**, 47).

74 Bei der **Beurteilung der Glaubwürdigkeit von Zeugen** kann sich das Gericht eigene Sachkunde zutrauen (BVerfG NJW **04**, 209, 211; BGH **8**, 130; NStZ **82**, 170; **85**, 229; **87**, 182; **00**, 214; krit Deckers DAV-FS 411; Erb Stöckel-FS 181 hält die Einholung eines Gutachtens dann für erforderlich, wenn es neue, dem Gericht bislang verschlossene Erkenntnisse erwarten lässt, welche die eigene Einschätzung der Beweisfrage erschüttern könnten); Ausnahmen gelten aber, wenn besondere Umstände vorliegen (BGH NStZ **82**, 42; **95**, 558; **10**, 100; StV **82**, 205 mit Anm Schlothauer; BGH StV **85**, 398; **90**, 8; NStZ-RR **01**, 132 [K]), zB Psychose (Bay StV **96**, 476), hochgradige Medikamentenabhängigkeit (BGH StV **90**, 532; **91**, 405 mit Anm Blau), Epilepsie (BGH StV **91**, 245), schwere Schädelverletzungen (Stuttgart NStZ-RR **03**, 51). Das gilt auch für kindliche und jugendliche Zeugen (BGH **3**, 52; NStZ **81**, 400; **85**, 420; **97**, 355; **99**, 257; **05**, 394; **10**, 51; NStZ-RR **06**, 241), insbesondere wenn die Aussage durch andere Umstände erhebliche Unterstützung findet (BGH **7**, 82, 85; NStZ-RR **99**, 48; Tröndle JZ **69**, 375) oder entwertet wird (BGH StV **95**, 115; BGHR Sachkunde 4), aber nicht, wenn das Kind jünger als 4½ Jahre ist (Zweibrücken StV **95**, 293), wenn Besonderheiten in der Person des Zeugen bestehen (BGH NStZ **90**, 228 [M]; NStZ-RR **97**, 171; StV **02**, 637; **04**, 241; BGHR Sachkunde 6; NStE Nr 121; Düsseldorf StV **90**, 13) oder bei Auffälligkeiten im Aussageverhalten (BGH StV **91**, 547; **99**, 470; NStZ **01**, 105; Brandenburg StraFo **99**, 127; Düsseldorf JR **94**, 379 mit Anm Blau; zusammenfassend Schmuck/Steinbach StraFo **10**, 17). Psychiatrische Begutachtung wird aber nur dann angezeigt sein, wenn die Zeugentüchtigkeit dadurch in Frage gestellt ist, dass der Zeuge an einer geistigen Erkrankung leidet oder sonst Hinweise darauf vorliegen, dass die Zeugentüchtigkeit durch aktuelle psychopathologische Ursachen beschränkt sein kann (BGH NJW **05**, 1519; NStZ-RR **06**, 242). Die wissenschaftlichen Anforderungen an ein psychologisches Glaubwürdigkeitsgutachten (Nullhypothese, Inhaltsanalyse, Aussagegenese, Sexualamnese) hat BGH **45**, 164 = NStZ **00**, 100 mit zust Anm Ziegert eingehend dargelegt (vgl dazu auch Boetticher Schäfer-SH 8; Jansen StV **00**, 224; Meyer-Mews NJW **00**, 916; Otte NJW **00**, 929; Schaefer NJW **00**, 928; krit dazu Fischer Widmaier-FS 191, 219: Glaubhaftigkeit einer Aussage ist nicht das Ergebnis einer umfassenden Beweiswürdigung, sondern ein *Indiz*, das vom Richter mit oder ohne

Zuziehung eines Sachverständigen festzustellen und als eines unter vielen Beweisanzeichen in die Beweiswürdigung einzustellen ist; vgl auch KK-Fischer 49 ff). Der BGH hat aber klargestellt, dass die Gutachten nicht einheitlich einer bestimmten Prüfstrategie folgen müssen (BGH NStZ **01**, 45; **08**, 116). Eine Glaubwürdigkeitsbeurteilung kann im Übrigen die Beweiswürdigung nicht ersetzen (BGH NStZ **03**, 276). Zur Bewertung eines Glaubwürdigkeitsgutachtens vgl ferner BGH StV **98**, 116; **03**, 61; zur Glaubwürdigkeitsuntersuchung vgl eingehend Schleswig SchlHA **97**, 137; Deckers Eisenberg-FS 488 und DAV-FS 411; Eisenberg BR 1863 ff. Das Gericht wird idR einen Psychologen mit der Untersuchung beauftragen, nur bei Hinweisen auf eine geistige Erkrankung des Zeugen oder auf Beeinträchtigung durch psychopathologische Ursachen einen Psychiater (BGH NJW **02**, 1813).

Die Beurteilung der **Glaubwürdigkeit des Angeklagten** gehört zum Wesen richterlicher Rechtsfindung, so dass entspr Beweisanträge idR wegen eigener Sachkunde des Gerichts abgelehnt werden können (BGH NStZ **87**, 182; **aM** Fischer NStZ **94**, 3; vgl auch Meyer-Mews aaO 918); die Hinzuziehung eines Sachverständigen ist aber nicht unzulässig (BGH NStZ **05**, 394). Zur Beurteilung der Eignung iSd § 69 I StGB hat der Tatrichter idR die notwendige eigene Sachkunde (BGH **50**, 93, 105). **74a**

Die **Frage der Schuldfähigkeit** (§ 20 StGB) kann das Gericht mangels Anzeichen dafür, dass der Angeklagte in geistiger Hinsicht von der Norm abweicht, auf Grund der Beobachtung in der Hauptverhandlung mit seinem medizinischen Allgemeinwissen beurteilen (BGH VRS **39**, 101). Sonst darf es sich die zur Beurteilung des Geisteszustandes erforderlichen Fachkenntnisse idR nicht zutrauen (BGH NStZ **83**, 357 [Pf/M]; **85**, 14 [Pf/M]; **90**, 27 [M]; **97**, 296; **08**, 644; NStZ-RR **03**, 19; Düsseldorf StV **84**, 236; Oldenburg StV **04**, 477; Schmitt Geerds-FS 541), so insbesondere wenn der Angeklagte Besonderheiten und Eigentümlichkeiten aufweist (BGH NStZ-RR **09**, 115) oder einmal schwere Hirnverletzungen erlitten hat (BGH MDR **90**, 95 [H]; NStZ **92**, 225 [K]; NJW **93**, 1540; wistra **94**, 29; StV **94**, 634; NStZ-RR **02**, 69 [B]; erg 8 zu § 73), es sei denn, diese liegen schon sehr lange zurück und Anhaltspunkte für eine bleibende Gehirnschädigungen fehlen (Frankfurt NStZ-RR **97**, 366). Zu den Anforderungen an ein psychiatrisches Sachverständigengutachten über die Schuldfähigkeit des Angeklagten und die Voraussetzungen seiner Unterbringung in einem psychiatrischen Krankenhaus sowie zu den Prüfungsanforderungen an das Gericht bei Vorliegen eines methodenkritischen Gegengutachtens BGH NStZ **05**, 205 = JR **05**, 213 mit Anm Nedopil; vgl auch Boetticher/Nedopil/Bosinski/Saß NStZ **05**, 57, krit dazu Bock StV **07**, 269 und Eisenberg NStZ **05**, 304, gegen beide Schöch Widmaier-FS 978 ff. **74b**

Ob eine **Spielsucht** zur erheblichen Verminderung oder Aufhebung der Schuldfähigkeit geführt hat, kann das Gericht idR selbst beurteilen; eine Spielleidenschaft kann nämlich allenfalls dann beachtlich sein und die Zuziehung eines Sachverständigen erforderlich machen, wenn feststeht, dass der Angeklagte seine Straftat zwecks Fortsetzung des Spielens begangen hat (BGH NStZ **94**, 501; **04**, 31; **05**, 281; BGH **49**, 365 mit zust Anm Bottke NStZ **05**, 327 und zust Anm Schöch JR **05**, 296; Hamm NStZ-RR **98**, 241; **aM** Kellermann StV **05**, 287). **74c**

B. Die **Anhörung eines weiteren Sachverständigen** kann – verfassungsrechtlich unbedenklich (BVerfG NJW **04**, 209) – nach IV S 2 Hs 1 auch abgelehnt werden, wenn bereits nach den Gutachten anderer Sachverständiger das Gegenteil der behaupteten Tatsache erwiesen ist; dabei muss dies *allein* durch das frühere Gutachten bewiesen sein (BGH NStZ **05**, 159), nicht auf Grund anderer Beweismittel (BGH VRS **35**, 207; Koblenz StV **01**, 561) oder einer Gesamtwürdigung aller eingeholten Gutachten und der sonstigen Beweisumstände (BGH MDR **93**, 165). „Früheres Gutachten" kann auch ein nach § 256 I Nr 2 verlesenes ärztliches Attest sein (BGH **52**, 322). „Weiterer" Sachverständiger kann ausnahmsweise auch der Angehörige einer anderen Fachrichtung sein (BGH **34**, 355 = NStZ **88**, 85 **75** mit Anm Meyer), zB ein Sexualwissenschaftler gegenüber einem Psychiater (BGH NJW **90**, 2945), ein Psychoanalytiker gegenüber einem Psychiater (BGH NStZ **99**, 630), ein Blutgruppen- gegenüber einem DNA-Sachverständigen (BGH **39**, 49 = JR **93**, 335 mit Anm Graul = StV **93**, 343 mit Anm Herzog), ein Rechtsmediziner gegenüber einem Gynäkologen (BGHR Zweitgutachter 3), nicht aber ein Gynäkologe gegenüber einem Psychiater (BGH NStE Nr 126). Das Gericht kann den Antrag aber auch ablehnen, weil es durch diese Gutachten genügend sachkundig geworden ist, um die Beweisfrage beurteilen zu können (BGH DAR **82**, 205 [Sp]; **87**, 203 [Sp]; NStZ **82**, 189 [Pf]; **84**, 467; **85**, 421). Es muss dann aber die Ausführungen des Sachverständigen im Einzelnen wiedergeben und seine Gegenansicht unter Auseinandersetzung mit ihnen näher begründen (vgl 13 zu § 267). Wenn der Richter einen Antrag auf Einholung eines weiteren Sachverständigengutachtens, der auf substantiiert dargelegte methodische Mängel des Erstgutachtens gestützt ist, wegen eigener Sachkunde zurückweist, darf er sich in den Urteilsgründen hierzu nicht dadurch in Widerspruch setzen, dass er seiner Entscheidung das Erstgutachten ohne Erörterung de geltend gemachten Mängel zugrunde legt (BGH NJW **10**, 1214). Hat sich der Richter auf Grund des Gutachtens eines psychiatrischen Sachverständigen die nötige Sachkunde verschafft, dass Auffälligkeiten in der Person des Zeugen auf dessen Zeugentüchtigkeit keinen Einfluss haben, braucht er nicht noch einen Psychologen als weiteren Sachverständigen zur Glaubwürdigkeit des Zeugen zu hören (BGH NStZ **98**, 366). Dass die bereits gehörten Gutachter zu voneinander abweichenden Ergebnissen gekommen sind, zwingt nicht zur Anhörung weiterer Sachverständiger (BGH DAR **80**, 206 [Sp]; MDR **70**, 732 [D]).

76 Bei **Zweifeln an der Sachkunde** des 1. Gutachters muss dem Beweisantrag stattgegeben werden (IV S 2 Hs 2). Solche Zweifel sind nicht schon berechtigt, weil der Sachverständige bestimmte Untersuchungsmethoden nicht angewendet (BGH GA **61**, 241), weil er Schwierigkeiten bei der Auslegung einer Gerichtsentscheidung hat (BGH **23**, 176, 185), idR auch nicht, weil er nur Psychiater und nicht auch Psychologe (BGH NStZ **90**, 400) oder Neurologe (BGH StV **91**, 244) ist. Geht es aber um die Frage, ob eine Erkrankung Auswirkungen auf die Aussagetüchtigkeit hat, darf sich das Gericht nicht mit der Beauftragung eines Psychologen begnügen, sondern muss (zusätzlich) einen Psychiater heranziehen (BGH StV **97**, 60; NStZ **97**, 199). Weicht das mündliche Gutachten von dem schriftlich erstatteten ab, zwingt dies noch nicht zur Anhörung eines weiteren Sachverständigen (BGH **8**, 113, 116), es sei denn, im entscheidenden Punkt bestehe gegenüber dem schriftlichen Gutachten ein nicht erklärbarer Widerspruch (BGH NStZ **90**, 244; **91**, 448; Karlsruhe StV **04**, 477) oder der Sachverständige vollzieht eine „totale Kehrtwende" (EGMR StraFo **02**, 81). Widersprüche innerhalb des mündlichen Gutachtens zwingen ebenfalls zur Anhörung eines weiteren Sachverständigen (BGH **23**, 176, 185; DAR **88**, 230 [Sp]; ANM 733). Dem Antrag muss ferner entsprochen werden, wenn die Auffassung des Sachverständigen mit den Erkenntnissen der Wissenschaft nicht in Einklang steht (BGH StV **89**, 335 mit Anm Schlothauer) oder wenn ein anderer Sachverständiger über überlegene Forschungsmittel verfügt. Damit sind nur die Hilfsmittel gemeint, deren sich ein Sachverständiger für seine wissenschaftlichen Untersuchungen zu bedienen pflegt (BGH **23**, 176, 186; DAR **78**, 157 [Sp]; GA **61**, 241; **62**, 371; NStZ **88**, 373; MDR **56**, 398 [D]), nicht aber persönliche Kenntnisse und Fähigkeiten, größere Berufserfahrung, höheres Lebensalter, größerer Umfang des zur Verfügung stehenden Beobachtungsmaterials, wissenschaftliche Veröffentlichungen (BGH aaO; **34**, 355, 358; Koblenz VRS **45**, 367, 370). Kein überlegenes Forschungsmittel ist auch die Beobachtung nach § 81 (BGH **8**, 76; **23**, 176, 187; 311). Hat ein Sachverständiger bestimmte Untersuchungsmethoden nicht angewendet, so beweist das nicht, dass er über sie nicht verfügt (BGH GA **61**, 241; StV **85**, 489). Ein Sachverständiger verfügt nicht deshalb über überlegene Forschungsmittel, weil sich der Angeklagte nur von ihm untersuchen lassen will; mit einer Untersuchungsverweigerung gegenüber anderen Sachverständigen kann daher die Begutachtung durch einen bestimmten psychiatrisch/psychologischen Sachverständigen nicht erzwungen werden (BGH **44**, 26 – StV **99**, 463 mit insoweit abl Anm Zieschang).

Die **Aufklärungspflicht** kann bei besonderer Schwierigkeit der Beweisfrage zur Anhörung weiterer Sachverständiger auch zwingen, wenn ein darauf gerichteter Antrag nach IV S 2 abgelehnt werden könnte (vgl BGH **23**, 176, 187: Extremer Fall der Sexualpathologie; BGH **10**, 116, 119; Celle NJW **74**, 616: Schriftgutachten; BGH NStZ-RR **97**, 42: Widersprüchliche Gutachten; vgl auch Düsseldorf JMBlNW **87**, 101, 104; StV **86**, 376; Erb ZStW **121**, 896; Wasserburg StV **89**, 333). Auch in Kapitelstrafsachen muss nicht stets ein Sachverständiger zur Schuldfähigkeit des Angeklagten gehört werden, falls der Tatrichter mit Blick auf Tat und Täter über die notwendige Sachkunde verfügt (BGH NJW **08**, 1329; im Wesentlichen zust Erb StV **08**, 618). 77

18) Anträge auf Augenscheinsbeweis (V S 1): Für die Ablehnung solcher Anträge ist allein die Sachaufklärungspflicht der maßgebende Gesichtspunkt (BGH NStZ **81**, 310; **84**, 565; **88**, 88; ANM 740). Drängt sie nicht zur Augenscheinseinnahme durch das Gericht, so kann die Benutzung anderer Beweismittel genügen, insbesondere die Besichtigung von Lichtbildern der Örtlichkeit (BGH aaO; VRS **37**, 55; Koblenz VRS **49**, 273) und die Anhörung von Zeugen, insbesondere von Augenscheinsgehilfen (4 zu § 86). Das Verbot der Beweisantizipation (oben 46) gilt für den Antrag auf Augenscheinnahme nicht; er kann – vorausgesetzt, dass tatsächlich eine weitere Sachaufklärung nicht erforderlich ist (BGH NStZ **06**, 406 mit Anm Gössel) – auch mit der Begründung abgelehnt werden, dass die Beschaffenheit des Augenscheinsgegenstandes schon auf Grund der in der Hauptverhandlung erhobenen Beweise feststehe (BGH **8**, 177, 180; NStZ **85**, 206 [Pf/M]; Köln NJW **66**, 606; krit Weskat, Der richterliche Augenschein im deutschen Strafprozess, 1988, S 294). Das gilt grundsätzlich auch für den Fall, dass Zeugen dazu ausgesagt haben (BGH VRS **20**, 202, 204; Koblenz VRS **45**, 28; **49**, 40; Köln StV **83**, 451). Nur wenn der Augenschein gerade zu dem Zweck beantragt ist, die Aussage eines Zeugen zu widerlegen, muss er idR erhoben werden (BGH **8**, 177, 181; NStZ **84**, 565; StV **94**, 411; KG NStZ **07**, 480; Köln VRS **65**, 450). Das gilt auch, wenn mehrere Mitglieder eines wesentlich gleichartigen Erlebnis- und Interessenkreises ausgesagt haben (BGH NJW **61**, 280; Koblenz VRS **49**, 40; Köln StV **02**, 238), nicht aber für Zeugen, die nur ein gemeinsamer Pflichtenkreis verbindet, zB Polizeibeamte (Celle MDR **65**, 227; Schleswig SchlHA **79**, 205 [E/J]; **aM** Koblenz VRS **48**, 120). Eine Augenscheinnahme iSd V S 1 kann auf fremdem Staatsgebiet nicht durchgeführt werden (BGH NStZ **91**, 121 [M/K]). 78

19) Revision: 79

A. Die **Aufklärungsrüge** ist zulässig, wenn das Gericht Ermittlungen unterlassen hat, zu denen es sich auf Grund seiner Sachaufklärungspflicht nach II gedrängt sehen musste (oben 12). Wenn ein Beweisantrag gestellt und abgelehnt worden war, ist statt der Erhebung einer Aufklärungsrüge die Verletzung von III–VI zu beanstanden. Die Aufklärungsrüge kommt hingegen in Betracht, wenn ein Beweisantrag nicht gestellt oder als unzulässig abgelehnt (BGH NStZ **84**, 210 [Pf/M]) oder nach Beweisantragsgrundsätzen verbeschieden worden war (BGH NStZ **04**, 370). 80

In zulässiger Form ist die Aufklärungsrüge nur erhoben, wenn die Revision die Tatsache, die das Gericht zu ermitteln unterlassen hat, und das Beweismittel bezeichnet, dessen sich der Tatrichter hätte bedienen sollen (BGH **2**, 168). Ferner muss angegeben werden, welche Umstände das Gericht zu weiteren Ermittlungen hätten drängen müssen (BGH NStZ **99**, 45 mwN; Bay **95**, 163 = NStZ-RR **96**, 145) und welches Ergebnis von der unterbliebenen Beweiserhebung zu erwarten 81 gewesen wäre (Hamm NZV **02**, 139). Dabei kann auch das Verhalten desjenigen, der einen Beweisantrag hätte stellen können, bewertet werden (BGH MDR **85**, 629 [H]; 1 StR 595/91 vom 7. 1. 1992; Widmaier NStZ **94**, 418). Umstände, die zu einer weiteren Beweiserhebung drängten, können sich aus Beweisanregungen (Beweiserbieten, Beweisermittlungsanträge), schriftlichen Hinweisen auf Beweisquellen oder anderen Hinweisen in den Akten ergeben. Die Aktenstellen müssen genau bezeichnet werden (BGH VRS **32**, 205). Wird beanstandet, dass das Gericht einen Zeugen nach Ablehnung eines Beweisantrags nicht vernommen hat, muss die Revision hierzu den Beweisantrag und die Begründung des ablehnenden Gerichtsbeschlusses vortragen; denn an die Aufklärungsrüge können nicht geringere Anforderungen gestellt werden als an die Rüge fehlerhafter Ablehnung eines Beweisantrags (BGH NStZ **84**, 329; NJW **98**, 2229; Bay **94**, 256 = Rpfleger **95**, 378). Dass die nicht aufgeklärten Tatsachen sich zugunsten des Beschwerdeführers ausgewirkt hätten, muss dargetan werden; eine Aufklärungsrüge, die eine Feststellung verlangt, „ob" etwas so geschehen sei oder die ein günstiges Ergebnis nur für „möglich" erachtet, ist daher unzulässig (BGH 1 StR 320/95 vom 18. 7. 1995). Die Aufklärungsrüge muss aber nicht darlegen, weshalb es sich aufgedrängt habe, der Zeuge werde in dem behaupteten Sinn aussagen (BGH StraFo **09**, 385).

82 **Unzulässig ist die Aufklärungsrüge,** wenn sie auf Widersprüche zwischen Urteilsfeststellungen und Sitzungsniederschrift (BGH MDR **66**, 384 [D]; KG JR **68**, 195) oder darauf gestützt ist, dass der Tatrichter ein benutztes Beweismittel nicht voll ausgeschöpft, insbesondere einem Zeugen bestimmte Fragen nicht gestellt oder bestimmte Vorhalte nicht gemacht habe (BGH **4**, 125; **17**, 351; NStZ **81**, 96 [Pf]; **85**, 13 [Pf/M]; **97**, 296; 450; **00**, 156; **09**, 468). Eine Ausnahme gilt, wenn das Unterlassen der Befragung oder des Vorhalts sich aus dem Urteil (BGH **17**, 351; NStZ **85**, 14 [Pf/M]; StV **84**, 231) oder die Nichtbefragung aus dem Protokoll ergibt (vgl dazu eingehend Pelz NStZ **93**, 364 ff).

83 B. Die **rechtsfehlerhafte Behandlung eines Beweisantrags** kann in dem Unterlassen der Bescheidung, in der Nichtausführung einer auf den Antrag beschlossenen Beweiserhebung oder in der mangelhaften Ablehnung des Antrags bestehen. In allen Fällen ist die Rüge der Verletzung von III–V oder VI zu erheben; die Rüge des Verstoßes gegen § 338 Nr 8 bringt keine Vorteile (vgl ANM 867). Auch ein Widerspruch zwischen Urteilsgründen und Ablehnungsbeschluss kann Revisionsgrund sein (BGH **19**, 24, 26), zB bei Abweichung von der Ablehnung wegen Bedeutungslosigkeit (BGH StV **93**, 173) oder Wahrunterstellung. Wird eine zugesagte Wahrunterstellung nicht eingehalten, so ist allein III S 2 verletzt; der Antragsteller hat nicht etwa die Wahl, stattdessen Verletzung des fair trial-Grundsatzes (Einl 19) zu rügen (Herdegen NStZ 84, 343; **aM** BGH **32**, 44 = JR **84**, 172 mit abl Anm Meyer). Gleichgültig ist aber, ob das Beweisbegehren als Beweis- oder Beweisermittlungsantrag einzustufen ist (BGH NStZ **85**, 14 [Pf/M]; vgl aber auch Mosbacher Miebach-SH 24). Die Rüge der StA, das Gericht habe durch eine Wahrunterstellung seine Aufklärungspflicht verletzt, setzt idR voraus, dass die StA der Wahrunterstellung bereits in der Hauptverhandlung entgegengetreten ist (BGH NJW **92**, 2838).

84 **Rügeberechtigt** sind außer dem Antragsteller auch solche Prozessbeteiligte, die mit dessen Interessen so erkennbar übereinstimmen, dass das Gericht auch ihnen gegenüber zur rechtlich einwandfreien Behandlung des Antrags verpflichtet war (BGH NStZ **84**, 372; StV **87**, 189; **98**, 523; ANM 871 mwN).

85 Zum **notwendigen Revisionsvorbringen** gehört bei der Rüge der Nichtbescheidung des Antrags die inhaltliche Mitteilung des Beweisantrags (Stuttgart NJW **68**, 1732; ANM 876; Sarstedt/Hamm 616 mit Fn 1298) sowie ggf die konkrete Auseinandersetzung mit Umständen, die gegen die Richtigkeit des Revisionsvorbringens sprechen (BGH NStZ **05**, 222). Wird die fehlerhafte Ablehnung gerügt, so müssen außer dem Inhalt des Antrags (Beweistatsache und Beweismittel) auch der Inhalt des gerichtlichen Ablehnungsbeschlusses und die die Fehlerhaf-

tigkeit des Beschlusses ergebenden Tatsachen mitgeteilt werden (BGH **3**, 213; NJW **69**, 281; NStZ **84**, 330; **86**, 209 [Pf/M]; 519, 520; ANM 878 mwN; Krause StV **84**, 488; letzteres offengelassen von BGH NStZ **93**, 50), wenn auch nicht unbedingt wörtlich (BGH NStZ **86**, 519; Koblenz VRS **52**, 125), so doch inhaltlich vollständig (BGH 4 StR 549/91 vom 13. 2. 1992). Ist gleichzeitig die Sachrüge erhoben, so genügt eine (auch stillschweigende) Bezugnahme auf die Urteilsgründe, wenn dort der Inhalt des Antrags oder des Ablehnungsbeschlusses wiedergegeben, insbesondere wenn ein Hilfsbeweisantrag in den Urteilsgründen abgelehnt worden ist (BGH StV **82**, 55; Stuttgart OLGSt Nr 3 zu § 265 mwN). Lässt der Tatsachenvortrag mehrere Möglichkeiten der Fehlerhaftigkeit der Beweisantragsablehnung zu, so muss der Beschwerdeführer die „Angriffsrichtung" klar herausstellen (24 zu § 344). Der Inhalt des Beweisantrags und die Beweistatsachen müssen auch dann dargelegt werden, wenn Ablehnung wegen Prozessverschleppung (BGH NStZ **94**, 47), wegen Unerreichbarkeit oder wegen Ungeeignetheit des Beweismittels erfolgt ist (KK-Fischer 228 ff; teilw **aM** SK-Frister 254). Die Rüge, der Tatrichter sei von einer Wahrunterstellung in den Urteilsgründen abgerückt, erfordert den Vortrag, ob und ggf wie er sich nach der Zurückweisung des Beweisantrags weiterhin mit diesem befasst hat (BGH NStZ **94**, 140). Bei der Rüge, die Zuziehung eines weiteren Sachverständigen sei abgelehnt worden, muss idR das vorliegende Gutachten mitgeteilt werden (BGH StV **99**, 195 L); sonst kommt es aber grundsätzlich nicht auf den Inhalt des vorbereitenden schriftlichen, sondern auf den des mündlich in der Hauptverhandlung erstatteten, aus den Urteilsgründen ersichtlichen Gutachtens an (BGH NStZ **05**, 582, str; erg oben 76).

Das **Revisionsgericht prüft** die tatsächlichen Umstände, auf denen der Ableh- 86
nungsbeschluss beruht, nicht nach (BGH JR **83**, 35 mit Anm Meyer; NStZ **84**, 466; ANM 898 ff; **aM** BGH **21**, 118, 123). Die Auswechslung der Ablehnungsgründe durch das Revisionsgericht kommt idR nicht in Betracht (BGH NJW **53**, 35; NStZ **00**, 437; KG VRS **48**, 432; Köln StV **96**, 368; vgl aber BGH StV **94**, 635 mit abl Anm Müller: Ablehnungsgrund der Prozessverschleppung umfasst die Ablehnung nach V S 2; BGH NStZ **97**, 286: Ablehnung nach § 244 V S 2 statt wegen völliger Ungeeignetheit). Das Beruhen des Urteils auf der rechtsfehlerhaften Antragsablehnung kann ausgeschlossen werden, wenn der Tatrichter die Beweistatsache als wahr unterstellt hat (BGH 5 StR 786/76 vom 26. 5. 1977; ANM 909 mwN; **aM** KK-Fischer 122; Scheffler NStZ **89**, 159). Wenn ein Hilfsbeweisantrag in zulässiger Weise erst in den Urteilsgründen beschieden worden ist, kann das Revisionsgericht die Ursächlichkeit eines Verstoßes gegen § 244 III–V mit der Begründung verneinen, dass der Tatrichter den Antrag mit anderer Begründung rechtsfehlerfrei hätte ablehnen können (BGH NStZ **93**, 229 [K]; StV **98**, 248; Hamm NZV **93**, 122; ANM 911), wobei sich die Gesichtspunkte, die für die Ersetzung oder Ergänzung maßgebend sind, aber aus den Urteilsgründen selbst ergeben oder auf der Hand liegen müssen (BGH NStZ **08**, 116; **06**, 406 mit Anm Gössel; Stuttgart OLGSt Nr 16). Auf dem Übergehen eines Hilfsbeweisantrages beruht ein Urteil nicht, wenn die Urteilsgründe ergeben, dass das Tatgericht die Beweisbehauptung für unerheblich hält oder halten durfte oder dass es sie wie eine erwiesene oder als wahr unterstellte Tatsache behandelt hat (BGH NStZ-RR **06**, 382; BGHR § 267 III S 1 Strafzumessung 14). Zur Kontrolle der tatrichterlichen Entscheidungen zum Beweisantragsrecht in der revisionsgerichtlichen Rspr mit Untersuchung der einzelnen Ablehnungsgründe eingehend ter Veen (oben 69 aE) S 83 ff.

Mit der **Sachrüge** kann nicht geltend gemacht werden, ein am Verfahren nicht 87
beteiligter Sachverständiger vertrete zu den entscheidenden Beweisfragen eine von dem gehörten Sachverständigen abweichende Auffassung (BGH NJW **98**, 3654). Auch die fehlerhafte Annahme eigener Sachkunde (oben 73 ff) kann nur mit einer Verfahrensbeschwerde beanstandet werden, falls sich die fehlende Sachkunde nicht unmittelbar aus den Urteilsausführungen ergibt (offen gelassen von BGH 1 StR 338/98 vom 11. 8. 1998).

Präsente Beweismittel

245 **I [1]Die Beweisaufnahme ist auf alle vom Gericht vorgeladenen und auch erschienenen Zeugen und Sachverständigen sowie auf die sonstigen nach § 214 Abs. 4 vom Gericht oder der Staatsanwaltschaft herbeigeschafften Beweismittel zu erstrecken, es sei denn, dass die Beweiserhebung unzulässig ist. [2]Von der Erhebung einzelner Beweise kann abgesehen werden, wenn die Staatsanwaltschaft, der Verteidiger und der Angeklagte damit einverstanden sind.**

II [1]Zu einer Erstreckung der Beweisaufnahme auf die vom Angeklagten oder der Staatsanwaltschaft vorgeladenen und auch erschienenen Zeugen und Sachverständigen sowie auf die sonstigen herbeigeschafften Beweismittel ist das Gericht nur verpflichtet, wenn ein Beweisantrag gestellt wird. [2]Der Antrag ist abzulehnen, wenn die Beweiserhebung unzulässig ist. [3]Im Übrigen darf er nur abgelehnt werden, wenn die Tatsache, die bewiesen werden soll, schon erwiesen oder offenkundig ist, wenn zwischen ihr und dem Gegenstand der Urteilsfindung kein Zusammenhang besteht, wenn das Beweismittel völlig ungeeignet ist oder wenn der Antrag zum Zwecke der Prozessverschleppung gestellt ist.

1 1) **Präsente Beweismittel:** § 245 unterscheidet zwischen den vom Gericht geladenen Zeugen und Sachverständigen sowie den nach § 214 IV vom Gericht oder der StA herbeigeschafften sachlichen Beweismitteln (I) und den vom Angeklagten oder der StA geladenen Zeugen und Sachverständigen und den sonstigen herbeigeschafften Beweismitteln (II). Im Fall des I ist das Gericht grundsätzlich von Amts wegen zur Beweiserhebung verpflichtet, im Fall des II nur auf Antrag. Im Privatklageverfahren gilt § 245 nicht (14 zu § 384).

2 2) **Beweiserhebungspflicht** (I):

3 A. **Gerichtlich geladene Zeugen und Sachverständige** müssen ohne Antrag vernommen werden. Dem liegt die Erwägung zugrunde, dass die Prozessbeteiligten möglicherweise mit Rücksicht auf die gerichtliche Ladung einen Beweisantrag nach § 219 oder die Ladung der Beweisperson nach § 220 unterlassen haben. Der Zeitpunkt der Ladung ist gleichgültig. Die Beweiserhebungspflicht setzt nur voraus, dass die Beweisperson nicht wieder abbestellt worden, dass sie vor Schluss der Beweisaufnahme erschienen (Bay DAR **82**, 253 [R]; Schleswig SchlHA **69**, 152 [E/J]; Häner JR **84**, 496), dass dem Gericht ihr Erscheinen erkennbar (BGH **24**, 280, 282; Dallinger MDR **66**, 965) und dass sie noch in dem Zeitpunkt anwesend ist, zu dem sie vernommen werden soll (Düsseldorf MDR **81**, 161), sich also nicht vorzeitig entfernt hat, nicht bereits entlassen (BGH NStZ **86**, 207 [Pf/M]) oder in sofort vollstreckte Ordnungshaft genommen worden ist (BGH MDR **54**, 17 [D]). Die Beweiserhebungspflicht entfällt, wenn die Vernehmung nicht möglich ist. Das ist der Fall, wenn ein Zeuge sich auf sein Weigerungsrecht nach §§ 52 ff beruft; tut er das auf Grund irriger Belehrung durch das Gericht, so ist § 245 verletzt (BGH MDR **74**, 16 [D]). Dem Nichterschienenen steht gleich, wer wegen Alkohol- oder Drogengenusses (Düsseldorf MDR **81**, 161) oder wegen Gefahr für Gesundheit oder Leben (BGH MDR **76**, 634 [H]) nicht vernehmbar ist. Kann ein Sachverständiger ohne weitere Vorbereitung sein Gutachten nicht erstatten, so ist er ebenfalls kein präsentes Beweismittel (BGH **6**, 289, 291). Das Gericht ist dann nicht gehalten, ihm deswegen weitere Vorbereitungen oder Untersuchungen zu gestatten (BGH NStZ **93**, 395), es sei denn, dies ist ohne Verzögerung der Hauptverhandlung möglich; dabei darf die Untersuchungshaft nicht als Hindernis betrachtet werden (BGH **43**, 171 mit Anm Witting StV **98**, 174).

4 B. **Sonstige herbeigeschaffte Beweismittel** iS von I S 1 sind Urkunden und Augenscheinsgegenstände (nicht aber mitgebrachte schriftliche Zeugenaussagen und Sachverständigengutachten; für sie gelten §§ 251 I, 256). Die Verweisung auf

§ 214 IV ist irreführend (ANM 789 ff); denn unter I fallen auch die bereits bei der Vorlage nach § 199 II S 2 in den Akten vorhandenen Beweisstücke, deren besondere „Herbeischaffung" zur Hauptverhandlung nicht erforderlich ist. Daneben fallen unter I diejenigen Urkunden und Augenscheinsgegenstände, die das Gericht bis zum Schluss der Beweisaufnahme und die die StA vor der Hauptverhandlung herbeizieht (**aM** für von der StA von sich aus herbeigeschaffte Beweismittel Fezer JR **92**, 36). Sachliche Beweismittel, die die StA erst in der Hauptverhandlung vorlegt, fallen unter II (LR-Becker 21; **aM** SK-Frister 25, 26).

Ohne besonderen Antrag werden sachliche Beweismittel nur benutzt, wenn das Gericht ihre Präsenz nach § 243 I S 2 festgestellt oder wenn es sie selbst zu Beweiszwecken herbeigezogen hat, wie Protokolle über kommissarische Vernehmungen (BGH MDR **54**, 151 [D]; LR-Becker 24; ANM 791 mwN). Das bloße Vorhandensein der Beweisgegenstände an der Gerichtsstelle macht sie noch nicht zu Beweismitteln iSd I; dazu werden sie erst, wenn das Gericht zu erkennen gegeben hat, dass von ihnen in der Beweisaufnahme Gebrauch gemacht werden soll (BGH **37**, 168 = JR **92**, 34 mit zust Anm Fezer = StV **92**, 3 mit krit Anm Köhler). Sonst hängt die Beweiserhebungspflicht von einem Antrag eines Prozessbeteiligten ab. Der Antrag ist nicht deshalb entbehrlich, weil der Prozessbeteiligte schon vor der Hauptverhandlung das Beweismittel zu den Akten eingereicht oder seine Benutzung beantragt hat oder weil es bereits in der Anklageschrift aufgeführt ist (BGH aaO). Es handelt sich um einen Beweisantrag; daher müssen nicht nur die Urkunden in den Akten oder anderen Urkundensammlungen, deren Verwendung der Beteiligte wünscht, genau bezeichnet und ihre Fundstelle angegeben (BGH **18**, 347; ebenso für abzuspielende Tonbänder, KG NJW **80**, 952), vielmehr muss auch das Beweisthema konkret bezeichnet werden (Fezer JR **92**, 37). 5

C. Der **Umfang der Beweiserhebungspflicht** wird bei persönlichen Beweismitteln durch die Ladung bestimmt. Als Zeuge Geladene brauchen nicht als Sachverständige vernommen zu werden und umgekehrt (BGH DAR **05**, 249 [Te]). Wer in beiden Eigenschaften geladen worden ist, muss aber als Zeuge und Sachverständiger gehört werden. Ein Sachverständiger, der sich dazu sofort äußern kann, muss auch Fragen beantworten, die nicht Inhalt seines Gutachtenauftrags waren (BGH **6**, 289, 291). In dem Antrag, bestimmte Fragen zuzulassen, liegt aber nicht zugleich der Antrag, den Sachverständigen zu einem anderen als dem ursprünglich vorgesehenen Gegenstand zu hören (BGH GA **83**, 361). 6

D. **Wegfall der Beweiserhebungspflicht wegen Unzulässigkeit der Beweisbenutzung** (I S 1): Die Beweiserhebung nach I ist nur unzulässig, wenn auch ein Beweisantrag nach II S 2 und nach § 244 III S 1 als unzulässig abgelehnt werden müsste (dort 49). Die Bedeutungslosigkeit der Beweistatsache fällt darunter nicht; I zwingt daher zur Erhebung von Beweisen, die aus rechtlichen oder tatsächlichen Gründen für die Entscheidung ohne Bedeutung sind (BGH NStZ **97**, 610; die Entscheidungen BGH **17**, 28, 30; 337, 345 sind überholt). Besteht ein Prozessbeteiligter auf der Erhebung solcher Beweise oder beantragt er sie ausdrücklich, so kann die Beweiserhebung daher nur wegen Missbrauchs von Verteidigungsrechten abgelehnt werden (KK-Fischer 15, 16; Fahl 461; **aM** KG NJW **80**, 953: wegen Unzulässigkeit). Unterbleibt die Beweisaufnahme wegen ihrer Unzulässigkeit, so ist ein Vermerk darüber unter Angabe der Gründe im Sitzungsprotokoll zweckmäßig (enger SK-Frister 51: erforderlich). Gegen die Entscheidung des Vorsitzenden, ein Beweismittel nicht zu verwenden oder es entgegen einem Beweisverbot zu benutzen, ist der Antrag nach § 238 II zulässig (BGH NStZ **06**, 178). 7

E. **Wegfall der Beweiserhebungspflicht bei allseitigem Verzicht** (I S 2): Die Präsenz des Beweismittels gibt jedem Prozessbeteiligten einen Anspruch auf Beweiserhebung. Nur bei allseitigem Einverständnis darf von ihr abgesehen werden. 8

a) Der **allseitige Verzicht** verlangt einen Verzicht der StA, des Angeklagten, dem Nebenbeteiligte (§§ 434, 442, 444) insoweit gleichstehen, als die Beweiser- 9 hebung den Gegenstand ihrer Beteiligung wenigstens mittelbar berühren kann, und des Verteidigers, nicht aber des Nebenklägers (12 zu § 397). Hat der Angeklagte mehrere Verteidiger, so müssen alle zustimmen; die Zustimmung des nach § 138 II zugelassenen Verteidigers und des Verteidigers nach § 392 **AO** ist weder ausreichend noch neben der des RA oder Hochschullehrers erforderlich. Im Jugendstrafverfahren müssen gesetzliche Vertreter und Erziehungsberechtigte nicht zustimmen, wohl aber der Beistand nach § 69 **JGG.** Die Zustimmung des Beistands nach § 149 und der Prozessbevollmächtigten von anwesenden Nebenbeteiligten ist nicht erforderlich, auch nicht die von Mitangeklagten, für deren Verteidigung die Beweiserhebung bedeutungslos ist, zB im Fall der Verfahrensverbindung nach §§ 2ff bei Beweisaufnahme über eine Tat, an der der Mitangeklagte nicht beteiligt war, oder über Strafzumessungstatsachen, die nur einen der Angeklagten betreffen.

10 Bei **Abwesenheit des Angeklagten** nach § 233 darf ohne dessen Zustimmung von der Beweiserhebung nicht abgesehen werden (Bay **63**, 171 = NJW **63**, 2239 = JZ **64**, 328 mit zust Anm Kleinknecht). In den Fällen der §§ 231 II, 329 II S 1 braucht das Einverständnis des Angeklagten nicht vorzuliegen; er hat sein Mitwirkungsrecht verwirkt (LR-Becker 32; vgl auch BGH **3**, 206). Wirkt an der Abwesenheitsverhandlung ein Verteidiger mit, so ist der Verzicht des Angeklagten in keinem Fall erforderlich (§ 234a Hs 2). Im Fall des § 247 ist er stets notwendig (BGH MDR **83**, 282 [H]).

11 b) Die **Verzichtserklärung** kann in einer schlüssigen Handlung liegen (vgl BGH NJW **78**, 1815; GA **76**, 115), etwa in dem Einwirken auf einen Zeugen, nichts auszusagen (Hamm VRS **45**, 123). Bloßes Stillschweigen ist kein Verzicht (Köln StV **04**, 311), insbesondere nicht das Unterlassen des Widerspruchs gegen Erklärungen anderer Prozessbeteiligter oder das Unterlassen der Antragstellung, auch nach ausdrücklicher Befragung durch das Gericht. Im Schweigen des Angeklagten zu dem Verzicht des Verteidigers liegt aber die eigene Zustimmung (Bay **78**, 17, 20 = NJW **78**, 1817; Beulke 136), auch wenn ihm selbst keine ausdrückliche Gelegenheit zur Äußerung gegeben worden ist. Entsprechendes gilt im umgekehrten Fall (Rieß NJW **77**, 883). Erg 3 zu § 303.

12 c) **Ganz oder teilweise** kann auf Beweismittel verzichtet werden (ANM 809ff), dh auf sämtliche präsenten Beweismittel, deren Existenz und Präsenz dem Verzichtenden aber bewusst sein müssen, auf eines oder mehrere davon oder auf die teilw Benutzung eines Beweismittels, zB auf die teilw Verlesung einer Urkunde oder eines Gutachtens oder, wenn ein Zeuge zu mehreren Tatkomplexen aussagen soll, auf seine Vernehmung zu einem von ihnen (LR-Becker 34, 35). Bei unterschiedlichem Ausmaß des Verzichts der Prozessbeteiligten ist die zulässigerweise am stärksten beschränkte Einverständniserklärung maßgebend (KK-Fischer 19). Hat ein Zeuge bereits mit der Aussage begonnen, so kann auf seine weitere Vernehmung zu demselben Tatkomplex nicht mehr verzichtet werden (LR-Becker 36).

13 d) **Bedingungsfeindlich** ist die Erklärung (Einl 118). Sie kann nicht nur für den Fall abgegeben werden, dass das Gericht eine Verurteilung überhaupt oder mit bestimmtem Inhalt unterlässt. Zulässig ist aber ein zunächst unter Vorbehalt oder ein befristet erklärter Verzicht (LR-Becker 37).

14 e) **Endgültigkeit des Einverständnisses:** Der Verzicht kann weder zurückgenommen noch widerrufen werden (Oldenburg NdsRpfl **79**, 110; LR-Becker 38); eine Ausnahme gilt, wenn er dem Erklärenden abgenötigt worden ist. Im Widerruf des Verzichts liegt aber idR ein Beweisantrag nach § 244 III. Der Verzicht berechtigt das Gericht, vorbehaltlich der Aufklärungspflicht nach § 244 II (BGH MDR **81**, 455 [H]; StV **83**, 495; Koblenz VRS **71**, 238, 240), von der Beweiserhebung abzusehen, aber nur in dem Rechtszug, für den er erklärt wurde. Die spätere Stellung von Beweisanträgen nach § 244 III hindert der Verzicht nicht. Hatte der Prozessbeteiligte einen solchen Antrag schon gestellt, so erstreckt sich der Verzicht nach I S 2 auch auf ihn.

3) Beweiserhebungspflicht auf Antrag (II): 15

A. **Präsente Beweispersonen** iS von II S 1 sind die von der StA nach § 214 III und von anderen Prozessbeteiligten nach § 220 geladenen und erschienenen (oben 3) Zeugen und Sachverständigen, nicht ein anwesender Verteidiger (BGH StV **95**, 567). Die StA kann formlos, auch mündlich und telefonisch, laden. Andere Beteiligte müssen die Form des § 38 wahren (BGH NJW **52**, 836; NStZ **81**, 401; ANM 815ff mwN); andernfalls, insbesondere bei ohne Ladung erschienenen (gestellten) Beweispersonen, müssen sie einen Beweisantrag nach § 244 III stellen. Präsent sind auch die vom Nebenkläger (Hamm VRS **11**, 59) und, sofern die Vernehmung für den sie betreffenden Verhandlungsteil von Bedeutung sein kann, von Nebenbeteiligten nach §§ 433 I S 1, 442 I sowie von einer JP oder PV nach § 444 geladenen Beweispersonen. Dem Privatkläger steht zwar das Recht der unmittelbaren Ladung zu (§ 386 II); jedoch ist § 245 nicht anwendbar (oben 1). Das Fehlen der Entschädigung nach § 220 II steht der Anwendung des II nicht entgegen (RG **54**, 257). Auch das Unterlassen der rechtzeitigen Namhaftmachung nach § 222 I S 2 berechtigt nur zu dem Aussetzungsantrag nach § 246 II (ANM 817). Der Antragsteller mit Ausnahme der StA muss dem Gericht die Ladung in der Hauptverhandlung nachweisen. 16

B. **Sonstige herbeigeschaffte Beweismittel** (II S 1) sind die von der StA in der Hauptverhandlung vorgelegten (oben 4) und die von anderen Prozessbeteiligten vor oder in der Hauptverhandlung eingereichten sachlichen Beweismittel, also Urkunden, wobei Ablichtungen nicht genügen (BGH NStZ **94**, 593; erg 6 zu § 249) und Augenscheinsgegenstände. Die Vorlegung erfolgt formlos; es genügt, dass die Beweismittel dem Gericht überreicht werden (BGH MDR **75**, 369 [D]; NStZ **93**, 28 [K]). Schriftliche Erklärungen des Angeklagten, der bisher zur Sache geschwiegen hat, können nicht verlesen werden (**aM** Eisenberg/Pincus JZ **03**, 400). 17

C. Ein **Beweisantrag** ist Voraussetzung für die Beweiserhebungspflicht (II S 1). Das schließt die Beweisbenutzung ohne Antrag aber nicht aus (LR-Becker 5). 18

a) **Antragsberechtigt** ist außer dem Beteiligten, der das Beweismittel herbeigeschafft hat, jeder andere Verfahrensbeteiligte im Rahmen seiner Beteiligung. 19

b) **Form und Inhalt** des Antrags unterscheiden sich nicht von dem des Beweisantrags nach § 244 III (dort 19, 32). Bedingte Anträge, insbesondere Hilfsbeweisanträge, sind zulässig (LR-Becker 54). Die Beweistatsachen müssen bestimmt behauptet werden; das gilt auch für persönliche Beweismittel (KK-Fischer 26). Die bloße Überreichung einer Urkunde ist kein Beweisantrag, verpflichtet das Gericht aber, auf die Antragstellung hinzuwirken. Der Antrag muss spätestens bei Schluss der Beweisaufnahme gestellt werden (**aM** LR-Becker 53: bis zum Beginn der Urteilsverkündung). Das Beweismittel muss nicht schon bei der Antragstellung präsent sein; es genügt, dass der Antragsteller in diesem Zeitpunkt das zur Herbeischaffung Erforderliche veranlasst. Die Zurücknahme des Antrags ist zulässig, seine Wiederholung nur, wenn er wegen fehlender Präsenz des Beweismittels abgelehnt worden war. 20

D. **Zulässige Ablehnungsgründe** (II S 2, 3): 21

a) Der **Katalog der sachlichen Ablehnungsgründe** ist enger als der des § 244 III–V. Eine Ablehnung wegen Unerreichbarkeit, die bei präsenten Beweismitteln sinnlos wäre, und unter Wahrunterstellung ist unzulässig. Der Ablehnungsgrund der Unerheblichkeit gilt nur in begrenztem Umfang. Die Ablehnung eines Antrags auf Anhörung eines Sachverständigen wegen eigener Sachkunde des Gerichts ist ausgeschlossen (BGH NStZ **94**, 400); auch das Auswahlrecht des Gerichts nach § 73 I S 1 besteht nicht (ANM 825; Schulz StV **83**, 342). Für weitere Sachverständige gilt die in § 244 IV S 2 bestimmte Ausnahme vom Verbot der Beweisantizipation nicht (eingehend zu den von der Verteidigung geladenen Sach- 22 verständigen Detter Salger-FS 231). Auf präsente Augenscheinsgegenstände findet § 244 V S 1 keine Anwendung.

23 b) Bei **Unzulässigkeit der Beweiserhebung** (II S 2) ist die Ablehnung zwingend. Die Unzulässigkeitsgründe sind dieselben wie bei § 244 III S 1 (dort 49).

24 c) **Offenkundige und schon erwiesene Tatsachen** brauchen nicht weiter aufgeklärt zu werden. Anders als bei § 244 III S 2 (dort 50) ist aber die Offenkundigkeit des Gegenteils der behaupteten Beweistatsache kein zulässiger Ablehnungsgrund (LR-Becker 60). Durch §§ 220, 245 II soll den Prozessbeteiligten gerade Gelegenheit gegeben werden, das Gegenteil der vom Gericht für offenkundig gehaltenen Tatsachen oder Erfahrungssätze zu beweisen.

25 d) **Fehlender Sachzusammenhang:** Der Begriff ist wesentlich enger als der der Bedeutungslosigkeit in § 244 III S 2 (dort 54). Die Ablehnung ist nur zulässig, wenn jede Sachbezogenheit zwischen Beweistatsache und Gegenstand der Urteilsfindung fehlt (Marx NJW **81**, 1415). Bloße Unerheblichkeit aus rechtlichen oder tatsächlichen Gründen genügt nicht (LR-Becker 62).

26 e) **Völlige Ungeeignetheit** ist wie bei § 244 III S 2 (dort 58) ohne jeden Rückgriff auf das Ergebnis der bisherigen Beweisaufnahme ausschließlich nach den Eigenschaften des Beweismittels selbst zu beurteilen. Dabei ist ein strenger Maßstab anzulegen. Die Ablehnung wird nur in Betracht kommen, wenn Prozessbeteiligte versuchen, dem Gericht einen offensichtlich unfähigen oder nach seinem Fachgebiet ungeeigneten Sachverständigen aufzudrängen (LR-Becker 65; ANM 829). Bloße Zweifel an seiner Geeignetheit berechtigen nicht zur Ablehnung. Die Ungeeignetheit von Zeugen ist idR durch ihre Vernehmung festzustellen.

27 f) **Prozessverschleppung:** Eine Verfahrensverzögerung ist auch bei Präsenz der Beweismittel möglich, zB wenn der Antragsteller ein Massenaufgebot von Zeugen lädt oder ein Übermaß von Urkunden zum Beweis vorlegt. Die Voraussetzungen für die Ablehnung des Beweisantrags nach § 244 III S 2 (dort 67 ff) gelten dann auch für II S 3 (Dünnebier NStZ **83**, 91). Häufiger wird Verschleppungsabsicht iwS (67 zu § 244) in Betracht kommen. Allerdings wird es dann meist auch am Sachzusammenhang fehlen.

28 E. Das **Ablehnungsverfahren** entspricht dem des § 244 VI. Der Vorsitzende kann die Beweise ohne weiteres erheben. Die Ablehnung bedarf eines mit Gründen versehenen Gerichtsbeschlusses, der in der Hauptverhandlung vor Schluss der Beweisaufnahme bekanntgemacht werden muss (Rieß NJW **78**, 2270).

29 F. Der **stattgebende Beschluss** führt zur Beweiserhebung nur über die in dem Antrag behauptete Beweistatsache. Zu anderen Tatsachen und in anderer Eigenschaft (oben 6) braucht das Gericht das Beweismittel nicht zu benutzen. Eine kurze Befragung des Zeugen genügt; das Fragerecht nach § 240 II gestattet dem Antragsteller die Ausübung seiner Verteidigungsrechte (LR-Becker 70). Er kann trotz des stattgebenden Beschlusses noch auf die Beweiserhebung verzichten. Das Einverständnis der anderen Prozessbeteiligten ist dazu nicht erforderlich; sie können aber ihrerseits die Beweiserhebung beantragen (oben 19).

30 **4) Revision:** Das unberechtigte Unterlassen der Benutzung eines präsenten Beweismittels kann im Fall des I die Revision begründen. Dass es sich um herbeigeschaffte (und nicht nur bei Gericht liegende, vgl oben 5) Beweismittel gehandelt hat, ist in der Begründung darzulegen (BGH **37**, 168, 174; vgl zu den Rügeerfordernissen auch Celle StV **89**, 243); die Revision muss bei der Rüge der unterlassenen Vernehmung eines Zeugen auch vortragen, zu welchen Beweisthemen der Zeuge im Ermittlungsverfahren bisher vernommen wurde und zu welchen Tatsachen er nach Aktenlage bei seiner Vernehmung in der Hauptverhandlung Angaben machen sollte (BGH NJW **96**, 1685). Entsprechendes gilt im Fall des II, wenn ein Beweisantrag übergangen, in unzulässiger Weise oder mit rechtsfehlerhafter Begründung abgelehnt worden ist. Das Urteil beruht auf dem Verfahrensmangel

nur dann nicht, wenn mit Sicherheit auszuschließen ist, dass die unterlassene Beweiserhebung die Entscheidung beeinflusst haben könnte (BGH NJW **96**, 1685; Detter Salger-FS 244), zB wenn feststeht, dass der Zeuge von seinem Aussageverweigerungsrecht Gebrauch gemacht hätte (BGH MDR **78**, 459 [H]).

Verspätete Beweisanträge

246 **I Eine Beweiserhebung darf nicht deshalb abgelehnt werden, weil das Beweismittel oder die zu beweisende Tatsache zu spät vorgebracht worden sei.**

II Ist jedoch ein zu vernehmender Zeuge oder Sachverständiger dem Gegner des Antragstellers so spät namhaft gemacht oder eine zu beweisende Tatsache so spät vorgebracht worden, dass es dem Gegner an der zur Einziehung von Erkundigungen erforderlichen Zeit gefehlt hat, so kann er bis zum Schluss der Beweisaufnahme die Aussetzung der Hauptverhandlung zum Zweck der Erkundigung beantragen.

III Dieselbe Befugnis haben die Staatsanwaltschaft und der Angeklagte bei den auf Anordnung des Vorsitzenden oder des Gerichts geladenen Zeugen oder Sachverständigen.

IV Über die Anträge entscheidet das Gericht nach freiem Ermessen.

1) Eine **Ergänzung des § 244 III** enthält I. Den Verfahrensbeteiligten kann 1 nicht vorgeschrieben werden, wann sie in der Hauptverhandlung einen Beweisantrag zu stellen haben (BGH NStZ **90**, 350). Beweisanträge können daher bis zum Beginn der Urteilsverkündung gestellt werden (33 zu § 244). Dass sie schon früher hätten angebracht werden können, ist kein Ablehnungsgrund, auch wenn nach den früheren Erklärungen des Antragstellers ein Antrag nicht mehr zu erwarten war (BGH NStZ **86**, 371). Hätte der Antrag allerdings schon lange vor der Hauptverhandlung gestellt werden können, kann dies uU für eine Verschleppungsabsicht sprechen, so dass eine Ablehnung nach § 244 III in Betracht kommen kann (BGH NStZ **90**, 350 mit Anm Wendisch = StV **90**, 391 mit Anm Strate); für eine teleologische Reduktion der Vorschrift auf Zulässigkeit der Ablehnung eines Beweisantrages bei schuldhaft verspäteter Antragstellung und nicht unerheblicher Verfahrensverzögerung Bauer NStZ **08**, 544; vgl auch 68 und 69b zu § 244.

2) Einen **Aussetzungsantrag** (II–IV) können Prozessbeteiligte stellen, denen 2 infolge verspäteter Namhaftmachung der geladenen Beweispersonen (§ 222) die Möglichkeit genommen ist, deren Glaubwürdigkeit und die sachliche Zuverlässigkeit ihrer Aussage zu prüfen und etwaige Gegenbeweise anzubieten. Das Gleiche gilt, wenn ihnen Beweistatsachen, deren Bedeutung für das Verfahren vorher nicht erkennbar war, nicht rechtzeitig bekanntgegeben werden. Für sachliche Beweismittel, deren Vorhandensein den Beteiligten nicht rechtzeitig zur Kenntnis gebracht worden ist, gelten II–IV entspr (Hamm VRS **49**, 113). Die Vorschrift findet keine Anwendung bei der Vernehmung von Zeugen an hierfür nicht vorgesehenen Terminstagen (Odenthal NStZ **88**, 540, der aber § 265 IV anwenden will).

Eine **Belehrung** über das Antragsrecht ist nicht vorgeschrieben, wird aber aus- 3 nahmsweise auf Grund der Fürsorgepflicht (Einl 156ff) bei einem Angeklagten ohne Verteidiger geboten sein (Köln OLGSt S 1; LR-Becker 13).

Antragsberechtigt ist der Gegner des Antragstellers (dazu 3 zu § 303), aber 4 nicht der Nebenkläger (11 zu § 397), im Fall des III jeder betroffene Verfahrensbeteiligte (**aM** SK-Frister 18).

Die **Entscheidung** über den Antrag, als den ein bloßer „Protest" nicht angese- 5 hen werden kann (Frankfurt NJW **47/48**, 395), trifft das Gericht (nicht der Vorsitzende allein) nach pflichtgemäßem Ermessen (BGH MDR **84**, 278 [H]; Stuttgart NStZ **90**, 356) unter Beachtung der Aufklärungspflicht (§ 244 II) und der berechtigten Interessen der Prozessbeteiligten, insbesondere des Angeklagten (BGH

VRS **19**, 132). II und III beziehen sich nur auf Umstände von verfahrenserheblicher Bedeutung (BGH **37**, 1, 3; NJW **90**, 1124). Die Ablehnung ist gerechtfertigt, wenn die Beweisperson bereits bekannt war (BGH StV **82**, 457) oder Nachforschungen nach ihr offensichtlich nicht nötig sind (BGH MDR **84**, 278 [H]) oder allgemein keine Umstände erkennbar sind, die das Verlangen als begründet erscheinen lassen; dabei ist auch der verfassungsrechtlich gebotene Schutz des Zeugen zu beachten (BGH **37**, 1; Schnarr Kriminalistik **90**, 295). Darf der Wohnort des Zeugen nach § 68 I S 2, II, III geheim gehalten werden und wird er daher bei der Ladungsmitteilung nach § 222 nicht angegeben, besteht kein Anspruch auf Aussetzung aus diesem Grund (Hilger NStZ **92**, 459). Wird dem Antrag stattgegeben, so ist § 145 IV auf den Prozessgegner nicht anzuwenden (Frankfurt JR **50**, 570). Zur Begründung des Ablehnungsbeschlusses vgl 3 zu § 34.

6 Die Aussetzung kann auch von **Amts wegen** angeordnet werden. Die kürzere Unterbrechung durch den Vorsitzenden (§ 228 I S 2) hat den Vorzug, wenn sie genügt und der Antragsteller sich mit ihr zufrieden gibt (KMR-Paulus 10). Bei Änderung der Sachlage gilt § 265 IV.

7 **3) Anfechtung:** Die Entscheidung nach IV ist mit der Beschwerde nicht anfechtbar (§ 305 S 1). Missbrauch des Ermessens bei der Ablehnung des Aussetzungsantrags begründet aber die Revision (BGH NJW **90**, 1124; Bay **54**, 156; LR-Becker 24), zB bei Ablehnung mit der Begründung, der Verteidiger hätte sich die fehlenden Kenntnisse durch Akteneinsicht verschaffen können (Hamm JMBlNW **68**, 236). Vgl erg 10 zu § 222.

Zuziehung eines Sachverständigen

246a **[1]Kommt in Betracht, dass die Unterbringung des Angeklagten in einem psychiatrischen Krankenhaus oder in der Sicherungsverwahrung angeordnet oder vorbehalten werden wird, so ist in der Hauptverhandlung ein Sachverständiger über den Zustand des Angeklagten und die Behandlungsaussichten zu vernehmen. [2]Gleiches gilt, wenn das Gericht erwägt, die Unterbringung des Angeklagten in einer Entziehungsanstalt anzuordnen. [3]Hat der Sachverständige den Angeklagten nicht schon früher untersucht, so soll ihm dazu vor der Hauptverhandlung Gelegenheit gegeben werden.**

1 **1)** Die **Zuziehung eines Sachverständigen** verlangt die Vorschrift und unterscheidet dabei zwischen den Unterbringungen der Angeklagten in einem psychiatrischen Krankenhaus (§ 63 StGB) oder in der Sicherungsverwahrung (§§ 66, 66a StGB) und der in einer Entziehungsanstalt (§ 64 StGB):

2 A. Wenn die Anordnung einer **Maßregel nach §§ 63 oder 66 StGB oder** eines **Vorbehalts nach § 66a StGB** in Betracht kommt, dh wenn diese Anordnungen möglich erscheinen (BGH wistra **10**, 68), ist ein Sachverständiger zuzuziehen. Der Sachverständige muss kein Arzt sein; idR wird aber die Anhörung eines anderen Sachverständigen nicht ausreichen (BGH MDR **76**, 17 [D]). Im Fall des § 63 StGB ist ein Psychiater zu hören (Müller-Dietz NStZ **83**, 204); im Fall der §§ 66, 66a StGB hat der Gutachter (Feltes StV **00**, 282 empfiehlt hier einen Kriminologen; krit Nowara DAV-FS 714) sich zu den einen Hang ausmachenden Persönlichkeitsmerkmalen sachverständig zu äußern (BGH MDR **90**, 97 [H]). § 246a stellt nur Mindestanforderungen (zu den „Mindestanforderungen für Prognosegutachten" Boetticher ua NStZ **06**, 537); die Aufklärungspflicht (§ 244 II) kann die Zuziehung mehrerer Sachverständiger gebieten (BGH **18**, 374). „Eigene Sachkunde" des Gerichts kann die Zuziehung nicht ersetzen (BGH NStZ-RR **00**, 36 [K]; StV **01**, 665 L).

3 B. Hinsichtlich einer **Anordnung nach § 64 StGB** verlangt I S 2 die Zuziehung eines Sachverständigen nur dann, wenn das Gericht die Unterbringung „er-

wägt", also gegenüber den schwerer wiegenden Unterbringungen nach §§ 63, 66, 66a StGB in einschränkender Weise. Eine Begutachtungspflicht besteht somit nicht, wenn eine Unterbringung zwar in Betracht kommt, nach den Gegebenheiten im Einzelfall vom Gericht jedoch nicht in Erwägung gezogen wird. Unterschiedlich wird die Frage beurteilt, ob die Beauftragung nur notwendig ist, wenn das Gericht *konkret* eine Unterbringung erwägt (so die Ansicht des BRats BT-Drucks 16/1110 S 25), oder nur dann nicht, wenn unter Ausschöpfung des dem Gericht in § 64 StGB eingeräumten eng begrenzten Ermessensspielraums eine Unterbringung offensichtlich nicht in Frage kommt (so der Rechtsausschuss des BTags BT-Drucks 16/5137 S 11). Die letztgenannte Ansicht widerstreitet jedenfalls der Absicht des BRats (aaO), Gutachterkapazitäten zu schonen (krit dazu Eisenberg GA **07**, 357; vgl auch LR-Becker 8).

2) In der Hauptverhandlung muss der Sachverständige vernommen werden. 4
Die Verlesung einer Vernehmungsniederschrift nach § 251 oder eines schriftlichen Gutachtens nach § 256 genügt nicht (BGH MDR **53**, 723 [D]). Die Vorlage eines vorbereitenden schriftlichen Gutachtens ist zwar üblich und idR sinnvoll, kann aber nicht verlangt werden (BGH NJW **10**, 544). Der Sachverständige muss nicht während der ganzen Hauptverhandlung anwesend sein (BGH **27**, 166, 167; NStZ **87**, 219 [Pf/M]). Ergibt sich erst in der Hauptverhandlung, dass eine Maßregel in Betracht kommt, so braucht der bereits durchgeführte Teil der Verhandlung nicht wiederholt zu werden (BGH NStZ **87**, 219 [Pf/M]; das Gericht ist dann aber zu ganz besonderer Sorgfalt bei der weiteren Sachbehandlung verpflichtet (BGH NJW **68**, 2298). Bei der Vernehmung muss der Sachverständige stets umfassend gehört werden; er muss den gesamten Sachverhalt kennen und würdigen, der den Zustand des Angeklagten und die Behandlungsaussichten betrifft und den das Gericht der Entscheidung zugrunde legen will (BGH **27**, 166). Im Sicherungsverfahren nach §§ 413 ff gilt § 415 V.

3) Eine **Untersuchung,** die im Vorverfahren auch von der StA angeordnet 5
worden sein kann (BGH **18**, 374), soll der Vernehmung vorausgehen (vgl auch §§ 80a, 414 III). Das Wort „soll" bedeutet nur, dass die Untersuchung auch während der Hauptverhandlung vorgenommen werden darf, wobei die Beobachtung des Angeklagten in der Hauptverhandlung allein aber nicht genügt (BGHR § 246a S 1 Untersuchung 1); denn die Untersuchung selbst ist zwingend vorgeschrieben (BGH **9**, 1; NStZ **90**, 27; **00**, 215; **02**, 384). Verweigert der Angeklagte die Mitwirkung, so ist sie nach §§ 81, 81a anzuordnen (BGH NJW **72**, 348), es sei denn, die verweigerte Untersuchung setze ihrer Art nach die freiwillige Mitwirkung des Angeklagten voraus und ihre zwangsweise Vornahme könne deswegen kein verwertbares Ergebnis erbringen; das bedeutet aber nicht, dass damit auch auf die Einholung des Gutachtens verzichtet werden dürfte (BGH NStZ **94**, 95; **04**, 263; StraFo **09**, 208, 209). Die Erklärung des Angeklagten, er sei gesund, befreit von der Untersuchung nicht (RG **68**, 198, 200). Eine weit zurückliegende Untersuchung in einem anderen Strafverfahren wird – vor allem, wenn es um eine Unterbringung nach §§ 63, 66 StGB geht – idR nicht genügen; die Untersuchung muss aber nicht unmittelbar vor der Hauptverhandlung stattgefunden haben (BGH **18**, 374). Ihrem Gegenstand nach muss sie unter dem Gesichtspunkt der in Betracht kommenden Maßregel oder Maßregeln durchgeführt werden (RG **68**, 327; **69**, 129, 133), also „maßnahmespezifisch" sein, so dass eine allgemeine psychiatrische Untersuchung nicht genügt (BVerfG NJW **95**, 3047 gegen BGH NStZ **94**, 592). Die Untersuchung zur Unterbringung nach § 63 StGB deckt aber die zu einer Unterbringung nach § 66 StGB idR mit ab (BGH NStZ-RR **03**, 98 [B]).

4) Revision: Der Verstoß gegen S 1, 2 ist Revisionsgrund nach § 337 (BGH **9**, 6
1; **27**, 166, 168). Das gilt auch, wenn der Sachverständige nicht genügend über den für sein Gutachten erheblichen Sachverhalt unterrichtet worden ist (BGH **27**,

166). Das Unterlassen der Untersuchung (S 3) begründet ebenfalls die Revision; es kann auch mit der Aufklärungsrüge (80ff zu § 244) geltend gemacht werden (BGHR StGB § 66 I Hang 5; erg 5 zu § 80a). Mit ihr kann auch die Nichtzuziehung eines weiteren Sachverständigen gerügt werden (BGH **18**, 374) oder die fehlende Anwesenheit des Sachverständigen während eines wesentlichen Teils der Verhandlung (BGH StV **99**, 470).

Vorübergehende Entfernung des Angeklagten

247 [1]**Das Gericht kann anordnen, dass sich der Angeklagte während einer Vernehmung aus dem Sitzungszimmer entfernt, wenn zu befürchten ist, ein Mitangeklagter oder ein Zeuge werde bei seiner Vernehmung in Gegenwart des Angeklagten die Wahrheit nicht sagen.** [2]**Das Gleiche gilt, wenn bei der Vernehmung einer Person unter 18 Jahren als Zeuge in Gegenwart des Angeklagten ein erheblicher Nachteil für das Wohl des Zeugen zu befürchten ist oder wenn bei einer Vernehmung einer anderen Person als Zeuge in Gegenwart des Angeklagten die dringende Gefahr eines schwerwiegenden Nachteils für ihre Gesundheit besteht.** [3]**Die Entfernung des Angeklagten kann für die Dauer von Erörterungen über den Zustand des Angeklagten und die Behandlungsaussichten angeordnet werden, wenn ein erheblicher Nachteil für seine Gesundheit zu befürchten ist.** [4]**Der Vorsitzende hat den Angeklagten, sobald dieser wieder anwesend ist, von dem wesentlichen Inhalt dessen zu unterrichten, was während seiner Abwesenheit ausgesagt oder sonst verhandelt worden ist.**

1 **1) Ausnahmen von der Anwesenheitspflicht des Angeklagten** (§ 231 I S 1), auch wenn er RA ist (BVerfGE **53**, 207, 215 = NJW **80**, 1677, 1678), lässt § 247 im Interesse der Sachaufklärung, des Schutzes kindlicher und jugendlicher Zeugen (vgl auch § 51 I **JGG**), erwachsener Zeugen und des Angeklagten selbst zu (vgl Meyer-Goßner Pfeiffer-FS 311). Die Vorschrift gilt auch bei Vernehmungen nach §§ 223, 224 (BGH **32**, 32 = JZ **84**, 45 mit Anm Geerds; KMR-Paulus 7), muss aber als Ausnahmebestimmung eng ausgelegt werden (BGH **15**, 194, 195; **21**, 332, 333; **22**, 18, 20; **26**, 218, 220; NJW **57**, 1161; StV **87**, 377; Koblenz MDR **77**, 777). Die Ausschließung des Nebenklägers rechtfertigt sie nicht (LR-Becker 7; erg 2 zu § 397), auch nicht die Abwesenheit des bei der Rekonstruktion des Unfallgeschehens mitwirkenden Angeklagten von der Verhandlung bei der Augenscheinseinnahme (LR-Becker 9, 17; **aM** Braunschweig NJW **63**, 1322 mit abl Anm Kleinknecht). Von der Ermächtigung des § 247 ist idR Gebrauch zu machen, wenn die Voraussetzungen der Vorschrift vorliegen.

2 **2) Entfernung des Angeklagten bei Wahrheitsgefährdung** (S 1):

3 A. Eine **konkrete Gefahr** für die Wahrheitsfindung muss bestehen („wenn zu befürchten ist“), zu deren Abwendung die zeitweise Entfernung des Angeklagten notwendig und unvermeidbar erscheint (BGH **3**, 384, 386). Die Bereitschaft des Zeugen oder Mitangeklagten, in Gegenwart des Angeklagten auszusagen, ist ohne Bedeutung (BGH MDR **72**, 199 [D]). Maßgebend ist die dem Gericht bekannte Sachlage bei der Beschlussfassung; wenn spätere Erkenntnisse zu einer abweichenden Beurteilung führen, muss die Vernehmung nicht wiederholt (KK-Diemer 5; LR-Becker 37; **aM** Hamburg NJW **75**, 1573; SK-Frister 64), dem Angeklagten aber die eingehende Befragung der Auskunftsperson ermöglicht werden (Fischer NJW **75**, 2034). § 247 darf, soweit er der Sachaufklärung dient, nicht engherzig angewendet werden (Granderath MDR **83**, 800). Es genügt, dass sich die Gefahr der Beeinträchtigung der Wahrheitsfindung auf bestimmte Tatkomplexe oder Punkte beschränkt, zB auf die Angaben zur Person (RG **38**, 10, aber nicht zur Umgehung der in BGH **32**, 32, 35f aufgestellten Grundsätze, vgl BGHR Abwesenheit 7) oder auf den Vorhalt einer Urkunde.

4 Die Entfernung des Angeklagten ist zB **zulässig,** wenn ein Zeuge (oder ein Mitangeklagter: BGH NStZ-RR **02**, 69 [B]) ankündigt, dass er in Gegenwart des Angeklagten von seinem Zeugnisverweigerungsrecht Gebrauch machen werde (BGH **22**, 18; BGHR § 247 S 2 Begründungserfordernis 3; an dieser Rspr hält BGH NStZ **01**, 608 trotz § 247 a fest), ebenso bei Geltendmachung eines umfassenden Auskunftsverweigerungsrechts nach § 55 (BGH NStZ-RR **04**, 116), oder wenn die Zeugenvernehmung aus den in § 96 und § 54 iVm § 37 IV S 1 BeamtStG (7 zu § 54) anerkannten Gründen in Gegenwart des Angeklagten von der obersten Dienstbehörde nicht ermöglicht wird (BGH **32**, 32 = JZ **84**, 45 mit Anm Geerds; GrS **32**, 115, 125; GrS **42**, 175, 176 = NStZ **96**, 608 mit zust Anm Geerds; NJW **85**, 1478; krit Hassemer JuS **86**, 25; vgl auch BVerfGE **57**, 250, 286/287 = NJW **81**, 1719, 1724).

5 **Nicht ausreichend** ist der bloße Wunsch des Zeugen, in Abwesenheit des Angeklagten auszusagen (BGH **22**, 18, 21; NStZ **99**, 419; NStZ-RR **02**, 217), oder die Befürchtung, mehrere Mitangeklagte würden ihre Aussagen einander anpassen (BGH **15**, 194; 195; NJW **57**, 1161; LR-Becker 18; **aM** Hanack JZ **72**, 81, der das zu Unrecht als „überstreng" bezeichnet). Auch der Widerspruch des gemäß § 1897 BGB bestellten Betreuers genügt nicht (BGH **46**, 142 = JR **01**, 340 mit Anm Eisenberg/Schlüter).

6 B. **Während der Vernehmung** darf der Angeklagte ausgeschlossen werden, auch während eines Teils der Vernehmung, zB für die Beantwortung einer einzigen Frage (BGH MDR **75**, 544 [D]). Die Anordnung ist so auszulegen, dass der Ausschluss sich auf alle Verfahrensvorgänge bezieht, die mit der Vernehmung oder dem bezeichneten Teil der Vernehmung in enger Verbindung stehen oder sich daraus entwickeln (BGH aaO); allerdings darf es sich dabei nicht um Verfahrensvorgänge mit selbstständiger verfahrensrechtlicher Bedeutung handeln (BGH StV **87**, 377; Strate NJW **79**, 909; zw BGH NStZ **02**, 384, dagegen BGH NJW **03**, 597). Es geht daher zu weit, wenn BGH NJW **79**, 276 (= JR **79**, 434 mit Anm Gollwitzer) und BGH StV **95**, 250 (mit abl Anm Stein) die Verhandlung über den Ausschluss der Öffentlichkeit in Abwesenheit des Angeklagten tolerieren (ebenso Park NJW **96**, 2215: inakzeptabel); allerdings kann der Fehler die Revision nicht begründen, wenn die Öffentlichkeit nach § 171 b II GVG ausgeschlossen werden musste (BGHR Abwesenheit 13). Der Ausschluss umfasst aber immer die Vernehmung zur Person und die Belehrung nach § 52 III S 1 (BGH MDR **72**, 199 [D]) sowie den Vorhalt von Urkunden (BGH **21**, 332, 333) oder die Verwendung von Augenscheinsobjekten als Vernehmungsbehelfe (BGH NStZ **03**, 320). Entfällt der Entfernungsgrund vor Abschluss der Vernehmung, so ist der Angeklagte sofort wieder zuzulassen; einer Wiederholung der Vernehmung bedarf es grundsätzlich nicht. Die Entscheidung trifft das Gericht durch Beschluss; die formlose Zulassung kann aber ausreichen.

7 **Andere Beweisvorgänge** sind während der Abwesenheit des Angeklagten untersagt, auch wenn sie der sachdienlichen Vernehmung des Zeugen oder Mitangeklagten förderlich wären. Sie müssen daher, wenn sie trotzdem stattgefunden haben, nach Wiedereintritt des Angeklagten wiederholt werden (BGH NStZ **85**, 196 [Pf/M]). Das gilt insbesondere für die Vernehmung weiterer Zeugen (BGH NStZ **93**, 350), für die Verlesung von Urkunden (BGH **21**, 332; StV **84**, 102; **92**, 550 mwN; NStZ **97**, 402; **01**, 262 mit Anm van Gemmeren) und für Augenscheinseinnahmen (BGH NStZ **86**, 564; **07**, 717; NStZ-RR **03**, 3 [B]; **06**, 3 [B]; StV **81**, 57 mit Anm Strate; StV **84**, 102; **86**, 418; **02**, 8 L; **05**, 6; NJW **88**, 429; **03**, 597; vgl aber auch BGH JR **89**, 254 mit krit Anm Hanack), wobei aber geklärt werden muss, ob es sich wirklich um eine Augenscheinseinnahme oder nur um einen Vorhalt als Vernehmungsbehelf gehandelt hat (BGH NStZ-RR **04**, 237; **05**, 260 [B]). Eine – etwa wegen einer Sperrerklärung entspr § 96 – unmögliche Augenscheinseinnahme kann durch Vernehmung eines Augenscheinsgehilfen (4 zu § 86) ersetzt werden (Karlsruhe NStZ-RR **08**, 315). Augenscheinseinnahme am Körper des Zeugen ist zulässig (BGH StraFo **08**, 76).

8 Zur **Verhandlung über die Vereidigung des Zeugen** muss der Angeklagte stets zugezogen werden (BGH **22**, 289, 297; **26**, 218, 220; NStZ **87**, 335; 519; **99**, 522; Bay StV **05**, 7; stRspr; daran hat sich auch durch Abschaffung der Regelvereidigung – vgl 1 zu § 59 – nichts geändert, Peglau/Wilke NStZ **05**, 188). War er wegen der Gefahr der Enttarnung des Zeugen oder wegen der Gefahr der gesundheitlichen Schädigung ausgeschlossen, so muss die Verhandlung in Abwesenheit dieses Zeugen geführt werden (BGH **22**, 289, 297; NJW **85**, 1478).

9 Auch bei der **Zeugenvereidigung** muss der Angeklagte anwesend sein (BGH **26**, 218 = JR **76**, 340 mit Anm Gollwitzer; BGH NStZ **82**, 256; **83**, 181; **86**, 133; **88**, 19 [Pf/M]), sofern er nicht wegen Enttarnung oder Gefährdung des Zeugen ausgeschlossen war (BGH **37**, 48; NJW **85**, 1478), ebenso bei der **Verhandlung über die Entlassung des Zeugen** (BGH NJW **86**, 267; NStZ **97**, 402).

10 Zu den unter Rn 8 bis 10 erörterten Vorgängen gilt etwas anderes im Jugendstrafverfahren, da § 51 I S 1 **JGG** nicht auf die „Vernehmung", sondern auf die „Erörterung" abstellt (BGH NStZ **02**, 216 mit Anm Eisenberg NStZ **02**, 331).

11 **3) Entfernung des Angeklagten bei Vernehmung von Kindern oder Jugendlichen** (S 2): Der Begriff Wohl des Kindes umfasst das körperliche und seelische Wohl. Erheblich ist der Nachteil nur, wenn er über die Vernehmung hinaus noch eine gewisse Zeit andauert. Auch bei der Anwendung des S 2 muss die Befürchtung durch konkrete Umstände begründet sein, zB durch ein Abhängigkeitsverhältnis zwischen dem Zeugen und dem Angeklagten oder durch Furcht des Zeugen vor Rache oder anderen Nachteilen. Das Gericht entscheidet hierüber nach pflichtgemäßem Ermessen (KK-Diemer 10); ob das Kind den Ausschluss wünscht oder nicht, ist unbeachtlich (BGH NJW **06**, 1008, 1009; NStZ **10**, 53). Auf die Gefährdung der Wahrheitsfindung kommt es bei S 2 nicht an. Der Begriff Vernehmung stimmt mit dem in S 1 überein (oben 6 ff); Angaben der Eltern zur Person des Kindes sind keine Zeugeneinvernahme der Eltern, sondern nur ein Vernehmungsbehelf bei Vernehmung des Kindes (BGH NStZ **94**, 354). Dem Schutz kindlicher und jugendlicher Zeugen dienen auch § 241 a und § 172 Nr 4 GVG.

12 **4) Entfernung des Angeklagten bei Vernehmung erwachsener Zeugen** (S 2): Die Entfernung des Angeklagten ist zulässig, wenn seine Gegenwart bei dem Zeugen zu einer erheblichen Gesundheitsgefährdung mit der Folge der Vernehmungsunfähigkeit führen kann (BGH **22**, 289; Hamburg NJW **75**, 1573). Der Angeklagte kann entfernt werden, wenn seine Gegenwart bei der Vernehmung des Zeugen, bei dem es sich nicht um das Tatopfer zu handeln braucht, einen Gesundheitsnachteil für den Zeugen befürchten lässt, gleichviel aus welchem Grund. Der Gesundheitsnachteil braucht nur vorübergehend (Nervenzusammenbruch bei der Vernehmung), muss aber schwerwiegend sein; in Betracht kommen im Wesentlichen nur schwere psychische Beeinträchtigungen. Geringfügige und daher noch hinnehmbare Beeinträchtigungen des Wohlbefindens reichen nicht aus (vgl Hanack JR **89**, 255). Auch die bloße Möglichkeit der Gesundheitsgefährdung genügt nicht. Vielmehr muss eine dringende Gefahr, eine auf tatsächliche Umstände gestützte hohe Wahrscheinlichkeit für den Gesundheitsnachteil des Zeugen vorliegen. Wenn das der Fall ist, erfordert es die richterliche Fürsorgepflicht, von Amts wegen die Entfernung des Angeklagten anzuordnen, sofern nicht der Zeuge selbst darauf keinen Wert legt. Auch die Vereidigung darf dann ggf in Abwesenheit des Angeklagten erfolgen (BGH **37**, 48, 49). Insbesondere bei V-Leuten kann den Zeugen in Lebens- oder Leibesgefahr auch bringen, dass der Angeklagte von ihrem Aussehen Kenntnis erlangt (vgl Rieß/Hilger NStZ **87**, 150).

13 **5) Entfernung des Angeklagten zum eigenen Schutz** (S 3): Für die Dauer der Erörterungen über seinen Zustand und die Behandlungsaussichten bei der Beweisaufnahme (gleichgültig, mit welchen Beweismitteln) oder in den Schluss-

vorträgen darf die Entfernung des Angeklagten angeordnet werden, wenn sonst ein erheblicher Nachteil für seine Gesundheit zu befürchten ist. Das Gericht kann hierüber im Freibeweis (7, 9 zu § 244) einen anwesenden Sachverständigen hören (LR-Becker 24). Sonstige Gründe – etwa der Wunsch des Angeklagten, ein Gutachten nicht mitanhören zu müssen – reichen nicht aus (BGH StV **93**, 285). Die Ausschließung des Angeklagten ist gerechtfertigt, wenn die Aussicht besteht, dass der Nachteil bei Einzelerörterungen in seiner Abwesenheit nicht oder in erheblich geringerem Maße eintreten wird; von dem wesentlichen Inhalt der Erörterungen muss der Angeklagte ohnehin nachträglich unterrichtet werden (S 4). Zur Frage einer weiter gehenden Unterrichtung über den Inhalt des Gutachtens durch den Verteidiger oder den Sachverständigen vgl Tzschaschel NJW **90**, 749. Beruht die in S 3 bezeichnete Befürchtung auf der Anwesenheit der Öffentlichkeit, so kann sie nach § 171 b GVG ausgeschlossen werden.

6) Durch **Gerichtsbeschluss,** nicht durch Verfügung des Vorsitzenden allein, wird der vorübergehende Ausschluss des Angeklagten angeordnet (BGH **1**, 346, 350; **15**, 194, 196; **22**, 18, 20; StV **93**, 285; vgl aber BGH NStZ **02**, 46: nicht bei nur informatorischer Anhörung eines Zeugen). Die Prozessbeteiligten sind nach § 33 I zu hören. Aus dem nach § 35 I S 1 zu verkündenden Beschluss muss hervorgehen, für welchen Teil der Hauptverhandlung der Angeklagte sich entfernen muss, welchen Fall des § 247 das Gericht für gegeben hält und welche konkreten Anhaltspunkte für die entspr Befürchtung bestehen (BGH NStZ **99**, 419; Hamm NStZ **05**, 467; Oldenburg StraFo **10**, 115; Eisenberg/Schlüter JR **01**, 341; vgl auch BGH **15**, 194; Koblenz MDR **77**, 777). Das Einverständnis der Beteiligten entbindet nicht von der Beschlussfassung und der Begründungspflicht (BGH **22**, 18, 20; NStZ **91**, 296; **02**, 44; StV **93**, 285; StraFo **03**, 204; Hamm StraFo **09**, 287; **aM** Dahs Widmaier-FS 95). Die Bekanntgabe des Beschlusses in Anwesenheit des Angeklagten (BGH StV **00**, 120) und seine Entfernung sind nach § 273 I im Sitzungsprotokoll zu beurkunden (Hamburg NJW **65**, 1242). 14

Das **Gesetz sieht nicht vor,** dass der ausgeschlossene Angeklagte die Vernehmung durch Videoübertragung mitverfolgen kann (BGH NStZ **09**, 582; offen gelassen von BGH NStZ **01**, 608); dies ist jedoch sehr zu empfehlen (BGH StraFo **02**, 191, 192; Beulke ZStW **113**, 720; van Gemmeren NStZ **01**, 263) und erscheint *de lege ferenda* für S 1 und 2 erwägenswert (so auch Rieck, Substitut oder Komplement, Die Videovernehmung von Zeugen gemäß § 247 a [2003, zugl Diss Bonn 2002] S 222; Weigend, Gutachten zum 62. DJT, C 54), die Praxis verfährt vielfach schon so (vgl Schöch Meyer-Goßner-FS 383). Zu einer Wiederholung der Übertragung bei technischen Störungen ist das Gericht aber nicht verpflichtet; die Übertragung erleichtert zwar auch die Unterrichtung des Angeklagten nach S 4, entbindet aber nicht von dieser Verpflichtung (BGH NStZ **06**, 116; **aM** BGH **51**, 180, falls sich der Vorsitzende vergewissert hat, dass die Übertragung nicht durch technische Störungen beeinträchtigt wurde; zust SK-Frister 67; Kretschmer JR **07**, 258 und Rieck JZ **07**, 745). 14a

7) Die **Unterrichtung des Angeklagten** (S 4) muss, auch wenn sie schon der Verteidiger vorgenommen hat (BGH NJW **57**, 1326), alsbald nach seiner Wiederzulassung vor jeder weiteren Verfahrenshandlung erfolgen (BGH **3**, 384; NStZ **98**, 263 mit Anm Widmaier; NStZ-RR **00**, 292 [K]), auch wenn die Vernehmung des Zeugen nur unterbrochen wird (BGH **38**, 260 = JZ **93**, 270 mit Anm Peters; BGH NStZ **92**, 346; **99**, 522; StV **02**, 353; NStZ-RR **05**, 259 [B]; **07**, 85); insbesondere ist sie notwendig vor der Vernehmung eines weiteren Zeugen (BGH NJW **88**, 429; ob das auch gilt, wenn mehrere Zeugen nacheinander in Abwesenheit des Angeklagten vernommen werden, hat BGH 4 StR 490/96 vom 5. 11. 1996 offen gelassen) und der Vereidigung und Entlassung der vernommenen Beweisperson (BGH NJW **85**, 1478; NStZ **83**, 181; **87**, 519; StV **92**, 550; **96**, 471; Stuttgart OLGSt Nr 1), aber nicht, wenn die Entlassungsanordnung sofort zurückgenommen wird (BGH 2 StR 574/91 vom 15. 4. 1992). Die Unterrichtung muss 15 nicht unbedingt in Gegenwart der vernommenen Beweispersonen erfolgen (BGH NJW **85**, 1478; MDR **69**, 17 [D]; 5 StR 334/93 vom 25. 8. 1993; Gollwitzer JR **76**, 341). Nach Vernehmung mehrerer Mitangeklagter jeweils in Abwesenheit der anderen muss die Unterrichtung in Gegenwart der anderen Angeklagten stattfinden (BGH **15**, 194; NJW **57**, 1161).

16 Die Unterrichtung beschränkt sich auf den **wesentlichen Inhalt** der Aussagen. Was wesentlich ist, bestimmt der Vorsitzende nach pflichtgemäßem Ermessen (BGH MDR **57**, 267 [D]; Hamburg JR **50**, 413). Dem Angeklagten muss alles mitgeteilt werden, was er wissen muss, um sich sachgerecht verteidigen zu können (BGH **1**, 346, 350; NStZ **83**, 181; StV **93**, 287), insbesondere auch die in seiner Abwesenheit gestellten Anträge und abgegebenen Erklärungen (BGH NStZ **83**, 181; Frankfurt StV **87**, 9: Zurücknahme eines Beweisantrags), nicht aber die Begründung der Anträge (RG **32**, 88). Die Unterrichtung muss sich auch auf inzwischen ergangene Beschlüsse und Anordnungen und sonstige wesentliche Prozesshandlungen erstrecken, zB auf die Ablehnung einer Frage nach § 242 (Gollwitzer JR **79**, 435). Zur Unterrichtung über den Inhalt einer Zeugenaussage und zur Wiederholung einer Augenscheinseinnahme, wenn beide Beweiserhebungen im Zusammenhang vorgenommen wurden, vgl BGH NJW **88**, 429.

17 In der **Sitzungsniederschrift** muss die Unterrichtung, aber nicht ihr Inhalt beurkundet werden (BGH MDR **57**, 267 [D]; NStZ-RR **05**, 259 [B]).

18 **8)** Eine **ergänzende Befragung durch den Angeklagten** ist zu gestatten, aber nicht immer eine unmittelbare Befragung. Wenn der Ausschluss des Angeklagten während der ganzen Vernehmung des Zeugen geboten ist, kann er zwar Fragen stellen, muss aber wieder abtreten, bevor der Zeuge sie beantwortet (BGH **22**, 289, 296; NJW **85**, 1478; GA **70**, 111; MDR **69**, 17 [D]; Gollwitzer JR **76**, 341). Soll eine Gefährdung oder Enttarnung des Zeugen verhindert werden, so muss er bei der Entgegenahme der Frage des Angeklagten den Gerichtssaal verlassen (BGH NJW **85**, 1478).

19 **9) Revision:** Der zwingende Aufhebungsgrund nach **§ 338 Nr 5 ist gegeben,** wenn der Beschluss über den zeitweiligen Ausschluss des Angeklagten fehlt (BGH **4**, 364; NJW **76**, 1108; GA **68**, 281; vgl auch BGH NStZ **83**, 36), beim Fehlen einer ausreichenden Begründung des Beschlusses nur, wenn die sachlichen Voraussetzungen des § 247 nicht vorliegen oder wenn zweifelhaft bleibt, ob das Gericht von zulässigen Erwägungen ausgegangen ist (BGH **15**, 194, 196; **22**, 18, 20; NStZ **87**, 84; StV **04**, 305; Hamm StraFo **00**, 57).

20 Die Revision ist danach **ferner begründet**, wenn die im Beschluss festgesetzte Dauer der Entfernung des Angeklagten erheblich überschritten ist oder wenn in Abwesenheit des Angeklagten Verfahrensvorgänge stattgefunden haben, die nicht zur Vernehmung gehören (oben 7 ff):

20a Hierunter fällt insbesondere eine **Augenscheinseinnahme** (BGH **15**, 194, 196; **21**, 332, 333; NJW **88**, 429; JR **89**, 254 mit Anm Hanack; StV **81**, 57; **84**, 102; **89**, 192; NStZ **01**, 262 mit Anm van Gemmeren; NStZ-RR **03**, 5 [B]; **aM** BGH StV **09**, 226 mit abl Anm Schlothauer); einschr aber unten 21.

20b Auch die **Vereidigung des Zeugen** zählt dazu (BGH **26**, 218; NStZ **82**, 256; **86**, 133; NStZ-RR **03**, 100 [B]; Dresden StV **99**, 637; **aM** Basdorf Salger-FS 215). Nach früherer Rspr wurde auch die Verhandlung über die Vereidigung dazu gerechnet (BGH **22**, 289, 297; **26**, 218, 220), anders nun aber mit Rücksicht auf die Neufassung des § 59 [dort 1] BGH **51**, 81 (= JR **07**, 78 mit zust Anm Müller, abl hingegen SK-Frister 85), sofern nicht von der Vereidigung nach § 60 Nr 1 abgesehen wird (offen gelassen von BGH aaO).

20c Umstritten ist, ob die **Verhandlung über die Entlassung des Zeugen** noch zur Vernehmung gehört (verneinend die bisherige Rspr, zB BGH NStZ **00**, 440; **07**, 352; StraFo **99**, 18; StV **00**, 240; **aM** BGH StV **09**, 342 mit abl Anm Eisenberg; Basdorf aaO; zw schon BGH NStZ **98**, 425; **00**, 328; dagegen aber BGH NStZ-RR **99**, 175). Der 5. StS des BGH will von der bisherigen Rspr abweichen und hat die Frage nunmehr dem GrS des BGH vorgelegt (NJW **10**, 1012; abl BGH – 2. StS – NStZ **10**, 227; Bung HRRS **10**, 52; Wölky StraFo **09**, 397).

Zum notwendigen Revisionsvorbringen vgl BGH NStZ **98**, 425; **00**, 328; **01**, 48; StraFo **01**, 128. BGH NStZ **01**, 48 erwägt eine Einschränkung des absoluten Revisionsgrundes nach § 338 Nr 5 für den Fall, dass die Voraussetzungen des § 247 zweifelsfrei vorliegen und das Einverständnis des Angeklagten und aller Prozessbeteiligter mit seiner Abwesenheit „auf der Anerkennung dieser verfahrensrechtlich eindeutigen Situation beruht". **20d**

Trotz § 338 Nr 5 erfolgt **keine Urteilsaufhebung** (oder nur eine teilw, vgl BGH 3 StR 163/07 vom 19. 7. 2007), wenn ein Beruhen des Urteils auf dem Verfahrensfehler denkgesetzlich ausgeschlossen ist (BGH NStZ-RR **02**, 102 [B]; NStZ **06**, 713; erg 36 zu § 338) oder wenn das in Abwesenheit des Angeklagten in Augenschein genommene Objekt bei der Unterrichtung nach § 247 S 4 gezeigt wird (BGH NJW **10**, 1010; abl Bung HRRS **10,** 50) oder wenn der Fehler durch die Verhandlung und Entscheidung über die Vereidigung oder Entlassung desselben Zeugen nach einer erneuten Vernehmung in Anwesenheit des Angeklagten geheilt wird (BGH **48**, 221 mit Anm Maier NStZ **03**, 674; vgl auch BGH StV **04**, 30 5). **21**

Ein **Revisionsgrund nach § 337** liegt vor, wenn die Unterrichtung nach S 4 unterlassen worden oder verspätet erfolgt ist (BVerfG NJW **02**, 814; BGH NStZ **95**, 557; NStZ-RR **98**, 261 [K]; **02**, 70 [B]; **03**, 3 [B]). Auf die Rüge, die Unterrichtung sei nicht ausreichend gewesen, prüfen einige Revisionsgerichte im Freibeweis deren Inhalt (BGH MDR **57**, 267 [D]; Koblenz OLGSt S 9; **aM** Hamburg JR **50**, 413); BGH NStZ-RR **01**, 133 [K] und **08**, 66 [B] verlangen zu weitgehend die Herbeiführung eines entspr Gerichtsbeschlusses in der Hauptverhandlung. **22**

Audiovisuelle Zeugenvernehmung **RiStBV 222**

247a [1] **Besteht die dringende Gefahr eines schwerwiegenden Nachteils für das Wohl des Zeugen, wenn er in Gegenwart der in der Hauptverhandlung Anwesenden vernommen wird, so kann das Gericht anordnen, dass der Zeuge sich während der Vernehmung an einem anderen Ort aufhält; eine solche Anordnung ist auch unter den Voraussetzungen des § 251 Abs. 2 zulässig, soweit dies zur Erforschung der Wahrheit erforderlich ist.** [2] **Die Entscheidung ist unanfechtbar.** [3] **Die Aussage wird zeitgleich in Bild und Ton in das Sitzungszimmer übertragen.** [4] **Sie soll aufgezeichnet werden, wenn zu besorgen ist, dass der Zeuge in einer weiteren Hauptverhandlung nicht vernommen werden kann und die Aufzeichnung zur Erforschung der Wahrheit erforderlich ist.** [5] **§ 58 a Abs. 2 findet entsprechende Anwendung.**

1) Im Interesse einer **schonenden Vernehmung** besonders schutzbedürftiger Zeugen (1 zu § 58 a) und damit zugleich der Wahrheitsfindung sieht S 1 Hs 1 Ausnahmen von der Pflicht des Zeugen, in der Hauptverhandlung zu erscheinen und unmittelbar vor den Verfahrensbeteiligten auszusagen, vor. Die Vielzahl der in der Hauptverhandlung Anwesenden kann insbesondere (aber nicht nur) kindliche Opferzeugen massiv belasten und eine unbefangene Aussage erheblich erschweren (vgl § 168 e für richterliche Vernehmungen im Ermittlungsverfahren sowie 20 zu § 223, auch zu einer Verknüpfung der Anwendung der §§ 223, 247 a). In S 1 Hs 2 treten Erwägungen der Prozessökonomie und der Verfahrensbeschleunigung hinzu (vgl unten 6, 7). Mit der Bestimmung hat das ZSchG den Einsatz der Videotechnologie in der Hauptverhandlung geregelt und dabei auf das besonders in Großbritannien erprobte und bewährte Modell zurückgegriffen, bei dem der Vorsitzende und die übrigen Verfahrensbeteiligten (erg unten 10) den Sitzungssaal nicht verlassen und der Zeuge, der sich an einem anderen Ort aufhält, mittels einer Bild-Ton-Direktübertragung vernommen wird (zu Erfahrungen mit der Vorschrift von Knoblauch zu Hatzbach ZRP **00**, 276; Vogel, Erfahrungen mit dem ZSchG, 2003, **1**

zugl Diss München; zu den Erfahrungen im anglo-amerikanischen Rechtskreis vgl Bohlander ZStW **107**, 82 und Köhnken StV **95**, 376; zur Zulässigkeit einer Videokonferenz nach deutschem Recht vgl das RhÜbk-EU vom 29. 5. 2000 – dazu BGH NStZ-RR **05**, 65 [B] –, zur Zulässigkeit der Durchführung einer Videokonferenz zur Unterstützung einer ausländischen Hauptverhandlung gegen einen in Deutschland inhaftierten Beschuldigten Rinio NStZ **04**, 188; krit zur Videovernehmung Strate Friebertshäuser-FG 203; Wasserburg Richter II-FS). Der Gesetzgeber ist damit den Bedenken gegen das sog „Mainzer Modell" – Vernehmung des Zeugen durch den Vorsitzenden außerhalb des Gerichtssaals – gefolgt. In der von § 247a gewählten Form kann die audiovisuelle Zeugenvernehmung bei allen Spruchkörpern zur Anwendung kommen.

1a Die Vorschrift ist als **Ausnahmebestimmung** zu § 250 S 1 eng auszulegen (erg unten 4, 7; vgl zur Systematik auch KK-Diemer 8ff). Ihre Anwendung kommt aber auch bei gefährdeten und für eine unmittelbare Vernehmung in der Hauptverhandlung nach §§ 96 analog, 110b III gesperrten Zeugen in Betracht, wenn der Zeuge gerade durch die Vernehmung in der Hauptverhandlung in Leibes- oder Lebensgefahr gerät und dort nicht durch geeignete und zulässige Vorkehrungen geschützt werden kann (Griesbaum NStZ **98**, 440). Läuft auch die Videosimultanübertragung dem Interesse an der Geheimhaltung ihrer Person zuwider, so kann dabei auch eine optische – und notfalls zusätzlich auch eine akustische – Abschirmung des Zeugen erfolgen (BGH NStZ **06**, 648; dagegen *de lege lata* Valerius GA **05**, 466; krit auch Schuster StV **07**, 507; erg 18 zu § 68 mwN). Auch die konkrete Gefahr eines Selbstmords kann der audiovisuellen Vernehmung von Zeugen entgegenstehen (BGH NStZ **01**, 160).

1b Die **rechtshilferechtlichen Voraussetzungen** der Videokonferenz wurden durch Art 10 des Übk über die Rechtshilfe in Strafsachen zwischen den Mitgliedstaaten der EU vom 29. 5. 2000 (ABl EG Nr C 197, S 1) im Einzelnen geregelt (SK-Frister 65); das Übk ist in der BRep am 28. 7. 2005 in Kraft getreten (BGBl II 650). Nach § 61b IRG ist die Auferlegung von Kosten oder die Festsetzung eines Ordnungsmittels gegen einen Zeugen oder Sachverständigen, der einer Ladung zur Einvernahme durch eine ausländische Justizbehörde im Wege der Videokonferenz keine Folge leistet, nicht zulässig.

2 **2) Audiovisuelle Vernehmung besonders schutzbedürftiger Zeugen** (S 1 Hs 1):

3 A. Die **dringende Gefahr eines schwerwiegenden Nachteils** für das körperliche oder seelische Wohl des Zeugen muss bestehen; auf eine Gefährdung der Wahrheitsfindung stellt S 1 Hs 1 nicht ab. Die Bestimmung kombiniert damit Kriterien des § 247 S 2, die dort für Zeugen aus unterschiedlichen Altersstufen gelten (vgl im Einzelnen 11 und 12 zu § 247). Im Unterschied zu § 247 S 2 muss die Gefahr nicht allein von der Gegenwart des Angeklagten, sondern von der Präsenz der in der Hauptverhandlung Anwesenden ausgehen. Dass der Zeuge im Zeugenschutzprogramm (10 vor § 48) ist, schließt für sich allein die Gefährdung noch nicht aus (**aM** Hohnel NJW **04**, 1356). Eine Urkundenverlesung gemäß § 251 I oder II sowie insbesondere die Vorführung einer Bild-Ton-Aufzeichnung nach § 255a können in geeigneten Fällen eine erneute Vernehmung überhaupt entbehrlich machen (vgl auch RiStBV 222 II: Vermeidung der Vernehmung eines Kindes bei glaubhaftem richterlichem Geständnis).

4 Entgegen der früheren Einschränkung, wonach § 247a nur zur Anwendung gelangte, wenn der Gefahr nicht in anderer Weise, zB nach §§ 68 I S 2, II, III, 68a, 68b; §§ 241a, 247, 397 I, 397a, 406f und 406g sowie § 176 GVG begegnet werden konnte (vgl BGH NStZ **01**, 261 mit Anm van Gemmeren; krit schon Kuckein StraFo **00**, 398; Rieck [14a zu § 247] 220), ist **das Verfahren nicht subsidiär;** das 1.OpferRRG hat die Subsidiaritätsklausel, die heftig kritisiert (Vogel [oben 1]) und in der Praxis oftmals nicht angewendet wurde (Schöch Meyer-Goßner-FS 383) mit Recht gestrichen (krit aber Ferber NJW **04**, 2564). So wird es sich

idR empfehlen, die Videovernehmung anzuordnen, um den Ausschluss des Angeklagten nach § 247 abzuwenden (vgl auch Diemer Nehm-FS 263). Bedürfen aber zB kindliche Zeugen der persönlichen Zuwendung und Ansprache oder haben sie – weil sie etwa Opfer pornographischer Aufnahmen waren – Scheu vor einer Kameraaufzeichnung, so kann die Anwendung des § 247 dem § 247a vorzuziehen sein (BT-Drucks 15/1976 S 12). Ist ein Augenschein am Körper des Zeugen einzunehmen (vgl Rieß NJW **98**, 3242), kommt ohnehin nur eine Videovernehmung nach S 1 Hs 1 in Betracht, da § 247 insoweit nicht (auch nicht kumulativ) anwendbar ist (unten 5 sowie 7 zu § 247 und BGH JR **89**, 254 mit Anm Hanack). Wird ein Zeuge, der das 16. Lebensjahr vollendet hat, ausschließlich durch die Anwesenheit des Angeklagten der dringenden Gefahr eines schwerwiegenden Nachteils „nur" für sein Wohl ausgesetzt, scheiden sowohl Maßnahmen nach § 247 S 2 Hs 2 als auch nach § 247a S 1 Hs 1 aus. Insgesamt wird das Gericht jeweils abwägen müssen, „welche Maßnahme das Spannungsverhältnis zwischen Zeugenschutz, Aufklärungspflicht und Verteidigungsinteressen am besten zum Ausgleich bringt" (Hilger GA **04**, 482).

B. Während der **Vernehmung des Zeugen** erlaubt die Bestimmung die Bild- 5
Ton-Direktübertragung in die Hauptverhandlung. Anders als in § 247 (vgl dort 6 ff) umfasst der Begriff – wie in § 58a I (dort 4) und § 168e S 1 und 2 (dort 2) – alle Verfahrensvorgänge, die mit der Vernehmung in enger Verbindung stehen oder sich aus ihr entwickeln und daher zu diesem Verfahrensabschnitt gehören, auch wenn es sich um Verfahrensvorgänge mit selbstständiger verfahrensrechtlicher Bedeutung handelt, etwa eine Augenscheinseinnahme, die im Zusammenhang mit der Aussage steht, zB am Körper des Zeugen (vgl oben 4) oder die Verhandlung und Entscheidung über die Vereidigung sowie die Vereidigung selbst (vgl auch 17 zu § 172 GVG). Diese Auslegung entspricht dem Zweck der Norm, die Konfrontation des besonders schutzbedürftigen Zeugen mit den in der Hauptverhandlung Anwesenden zu vermeiden sowie der mit der Wendung „an einem anderen Ort" angestrebten größeren Flexibilität in räumlicher Hinsicht (BT-Drucks 13/9063 S 4); hinzu kommt, dass die Verteidigungsrechte des Angeklagten und die verfahrensrechtlichen Anforderungen an anderweitige Beweiserhebungsakte sowie die Entscheidungen des Gerichts einschließlich der darauf bezogenen Erörterungen durch die Videodirektschaltung nicht berührt werden. Fehlt ein Zusammenhang mit der Vernehmung des Zeugen, kann die Übertragung notfalls auch unterbrochen werden.

3) Audiovisuelle Zeugenvernehmung aus den Gründen des § 251 II (S 1 6
Hs 2): Je nach den Umständen des Einzelfalls auch aus Gründen des Zeugenschutzes, jedenfalls aber im Interesse der Wahrheitsfindung sowie zur Erleichterung und Beschleunigung des Verfahrens (auch zur Kostenersparnis) ermöglicht S 1 Hs 2 eine – die unmittelbare Vernehmung in der Hauptverhandlung ersetzende – Videovernehmung via Standleitung unter den Voraussetzungen des § 251 II. Die Bezugnahme auf die Anordnung in Hs 1 beschränkt die audiovisuelle Vernehmung auf Personen, die im maßgeblichen (BGH **46**, 73, 77) Zeitpunkt ihrer Anhörung in der Hauptverhandlung die Position eines Zeugen einnehmen, mag es sich auch um frühere Mitbeschuldigte handeln (im Ergebnis ebenso Diemer NJW **99**, 1670). Die Verweisung auf § 251 II Nr 1 belegt, dass die Videovernehmung eines Zeugen nicht mit seinem Erscheinen in der Hauptverhandlung gleichzusetzen ist (BGH aaO; 21 zu § 251). Sie kann in Einzelfällen die audiovisuelle Vernehmung besonders gefährdeter Zeugen, die wegen konkreter Leibes- oder Lebensgefahr für eine unmittelbare Anhörung in der Hauptverhandlung gemäß §§ 96 analog, 110b III gesperrt sind (vgl BGH **36**, 159), erlauben (Griesbaum NStZ **98**, 440; erg 18 zu § 68), wenn dem nicht die Videosimultanübertragung nach S 3 entgegensteht (oben 1a). Zulässig ist eine Videovernehmung nach S 1 Hs 2 jedoch nur, soweit dies zur Erforschung der Wahrheit erforderlich ist. Mit diesem (nach Seitz JR **98**, 312: überflüssigen) Hinweis hebt das Gesetz hervor, dass die Anordnung der

audiovisuellen Vernehmung unter Aufklärungsgesichtspunkten nicht erforderlich ist, wenn von ihr keine weitergehende oder bessere Aufklärung zu erwarten ist als etwa durch das Verlesen eines richterlichen Vernehmungsprotokolls (BGH **46**, 73 mit zust Anm Rose JR **01**, 345 und krit Anm Sinn JZ **01**, 51; Diemer NStZ **01**, 396; **aM** Albrecht StV **01**, 366; Schwaben NStZ **02**, 289; vgl auch Beulke ZStW **113**, 724 mit Fn 74; Gleß JR **02**, 97). Auch die Vorführung einer etwa vorhandenen Bild-Ton-Aufzeichnung nach § 255 a oder die Verlesung nichtrichterlicher Vernehmungsprotokolle bzw schriftlicher Erklärungen, auch iVm anderen Beweismitteln, können zur Erforschung der Wahrheit genügen. Umgekehrt kann je nach Lage des Einzelfalls, vor allem bei kritischer Beweislage, mangelbehaftetem oder unvollständigem Protokoll oder wenn die Amtsaufklärungspflicht der Anwendung des § 251 I Nr 1, II Nr 3 widerstreitet (vgl 8 und 24 zu § 251), die Vernehmung des Zeugen mit Hilfe einer Videosimultanübertragung in der Hauptverhandlung erforderlich sein. Die Regelung des S 1 Hs 2 ist auch mit Blick auf internationale Tendenzen, insbesondere zum Schutz von Zeugen grenzüberschreitende Vernehmungen im Wege der Rechtshilfe unter Inanspruchnahme audiovisueller Verfahren zuzulassen, in das Gesetz eingefügt worden (vgl BGH **45**, 188, 191, 194 mit Anm Duttge NStZ **00**, 158, Rose JR **00**, 74, Schlothauer StV **00**, 180 und Vassilaki JZ **00**, 474). Zur Zulässigkeit einer Verbindung mit einer kommissarischen Vernehmung vgl 20 zu § 223; dies kann allerdings auf technische Grenzen stoßen (BGH NStZ **00**, 385 [Tschechien]).

7 **4)** Nach **pflichtgemäßem Ermessen** entscheidet das Gericht über das Vorliegen der Voraussetzungen des S 1 (vgl zu § 247 BGH NStZ **87**, 84, 85) und, falls es dies bejaht, über die Anordnung der Videovernehmung („kann"). Im Rahmen seines Rechtsfolgeermessens wird es vornehmlich die nachfolgenden konfligierenden Aspekte zu gewichten und gegeneinander abzuwägen haben: die berechtigten Interessen des Zeugen, denen insbesondere im Falle des S 1 Hs 1 das Gebot prozessualer Fürsorge korrespondiert; das Recht des Angeklagten auf ein faires Verfahren, insbesondere sein Anspruch auf rechtliches Gehör und sein Fragerecht; das durch den Verzicht auf die körperliche Anwesenheit des Zeugen beeinträchtigte Unmittelbarkeitsprinzip nach § 250 S 1 (Fischer JZ **98**, 820; positiver Meurer JuS **99**, 939); das Aufklärungsgebot des § 244 II, das einerseits durch die Einbeziehung eines technischen Mediums in die Kommunikation leidet, andererseits unter dem Gesichtspunkt des bestmöglichen Beweises (12 zu § 244) die persönliche Befragung des Zeugen gegenüber einer Verlesung des Protokolls oder einer Vorführung der Aufzeichnung einer früheren Vernehmung vorzuziehen nahelegen kann; in erster Linie in den Fällen des S 1 Hs 2 Gesichtspunkte der Prozessökonomie und der Verfahrensbeschleunigung. Auch die Anforderungen an die technische Ausgestaltung sind zu berücksichtigen (unten 10). Ergebnis der richterlichen Abwägung kann durchaus sein, dass die Videovernehmung im Einzelfall für die Wahrheitsfindung wertlos, der Zeuge daher ein ungeeignetes Beweismittel ist (BGH **45**, 188, 197).

8 **5)** Durch **Gerichtsbeschluss,** nicht durch Verfügung des Vorsitzenden allein, wird angeordnet, dass der Zeuge sich während seiner Anhörung an einem anderen Ort aufhält und mittels einer Bild-Ton-Direktübertragung vernommen wird, während das Gericht einschließlich des Vorsitzenden mit den anderen Verfahrensbeteiligten (vgl aber unten 10) im Sitzungssaal verbleibt. Die Prozessbeteiligten sind nach § 33 I zu hören. Das Einverständnis der Beteiligten entbindet nicht von der Beschlussfassung. Aus dem nach § 35 I S 1 zu verkündenden und nach § 273 I im Sitzungsprotokoll zu beurkundenden Beschluss muss aus Gründen der Rechtsklarheit hervorgehen, welchen Fall des S 1 das Gericht für gegeben hält (BGHR StGB § 46 III Sexualdelikte 4). Gemäß § 34 ist eine weitergehende Begründung wegen des Rechtsmittelausschlusses nach S 2 iVm § 336 S 2 (unten 13) nicht erforderlich (KMR-Lesch 22; **aM** KK-Diemer 15; SK-Frister 46). Keiner Begründung bedarf eine Entscheidung, mit der das Gericht einen Antrag auf Videovernehmung ablehnt (vgl unten 13 und allgemein 3 zu § 34).

Die Bestimmung des **genauen Vernehmungsorts,** dh des Vernehmungszimmers, kann das Gericht dem Vorsitzenden überlassen, der ihn gemäß § 214 I S 1 in die Anordnung der Ladung aufnimmt. Unter dem „anderen Ort" versteht das Gesetz nicht nur ein gerichtliches Vernehmungszimmer in unmittelbarer Nähe des Sitzungssaales; vielmehr kommt auch ein entspr – ggf kindgerecht – hergerichteter Raum in einem anderen Gebäude, das sich außerhalb des Gerichtsortes befinden kann, in Betracht. Es ist Aufgabe des JM, ggf seiner nachgeordneten Dienststellen, das Gericht so auszustatten, dass die Videovernehmung durchgeführt werden kann (BGH **51**, 232 = JR **07**, 428 mit Anm Güntge). Der Ort kann auch im Ausland liegen (vgl oben 6), wobei die Regeln des internationalen Rechtshilfeverkehrs zu beachten sind (Rieß NJW **98**, 3241; vgl BGH **45**, 188, 192 für die USA). Bei in ein Zeugenschutzprogramm aufgenommenen gefährdeten Zeugen kommt auch ein dem Gericht unbekannter Ort im In- oder Ausland in Betracht (Caesar NJW **98**, 2315; Schlüchter Schneider-FS 448); die Ladung erfolgt in diesem Fall über die zuständige polizeiliche Dienststelle. Entscheidend ist bei einer grenzüberschreitenden Vernehmung, dass die Einhaltung der für die Hauptverhandlung geltenden wesentlichen Verfahrensgarantien gewährleistet ist, insbesondere, dass eine unbeeinflusste Vernehmung möglich ist, bei der die Verhandlungsleitung beim Vorsitzenden liegt (§ 238) und die ungeschmälerte Ausübung der prozessualen Befugnisse aller Prozessbeteiligten sichergestellt ist; Vertreter des ersuchten und des ersuchenden Staates können im Vernehmungsraum anwesend sein, Dolmetscher dort und im Sitzungssaal tätig werden (BGH **45**, 188, 195). Das gilt insbesondere auch für die Fälle des S 1 Hs 2. 9

6) Die **Durchführung der Vernehmung** (als Teil der Hauptverhandlung) hat das Gesetz in den technischen Einzelheiten nicht geregelt (dazu Janovsky Kriminalistik **99**, 455; Rieck StraFo **00**, 400; Schöch Meyer-Goßner-FS 377); es fordert lediglich, dass die Aussage zeitgleich in Bild und Ton in das Sitzungszimmer übertragen wird (S 3). Die Simultanübertragung muss allen Verfahrensbeteiligten eine möglichst umfassende Wahrnehmung der verbalen und körperlichen Äußerungen des Zeugen (KK-Diemer 17; Schlothauer StV **99**, 50; krit Fischer JZ **98**, 820) und eine unbeeinträchtigte Ausübung ihrer prozessualen Rechte erlauben. Umgekehrt dürfte im Allgemeinen anzustreben sein, dass der Zeuge ebenfalls die Vorgänge im Gerichtssaal – über Monitor – sieht und nicht nur die an ihn gestellten Fragen – über Kopfhörer oder Telefon – hört (vgl auch Rieß StraFo **99**, 6); nur bei entspr ausgestalteter wechselseitiger Bild-Ton-Übertragung ist zB eine Gegenüberstellung möglich. Dem Gesetz liegt die Erwartung zugrunde, dass eine entspannte Vernehmungsatmosphäre auch dann geschaffen werden kann, wenn der Zeuge nur über einen Bildschirm vernommen wird; dies soll insbesondere für im Umgang mit den neuen Medien wesentlich unbefangenere Kinder gelten (BT-Drucks 13/9063 S 5; krit Caesar NJW **98**, 2315). Insoweit bleiben die Erfahrungen der Praxis abzuwarten. Der Zeuge kann am Vernehmungsort von seinem Beistand – auch nach § 397 a, da der Nebenkläger kein notwendiger Verfahrensbeteiligter ist (vgl 9 zu § 226) – und (als Verletzter) von einer zugelassenen Vertrauensperson nach § 406 f II begleitet werden (Laubenthal Zipf-GS 481; Rieß NJW **98**, 3241). Ob diese Personen allerdings den Vorsitzenden dabei unterstützen dürfen, seine Fragen in eine kindgerechte Sprache zu übertragen (so BT-Drucks 13/7165 S 10), erscheint bedenklich (Weigend, Gutachten zum 62. DJT, C 56; vgl auch BGH **43**, 63; NStZ **94**, 354). Im Übrigen gelten die allgemeinen Bestimmungen über die Zeugenvernehmung, insbesondere auch §§ 238, 241 a, 247. So kann der Angeklagte aus dem Sitzungszimmer entfernt werden, wenn zu befürchten ist, dass der Zeuge – in dem Bewusstsein, dass der Angeklagte seine Aussage vor dem Bildschirm mitverfolgt – nicht die Wahrheit sagen wird (Diemer NJW **99**, 1669; allerdings gilt insoweit der engere Vernehmungsbegriff des § 247 (dort 6 ff), der Angeklagte ist rechtzeitig wieder vorzulassen und zu unterrichten, damit er selbst noch Fragen an den Zeugen stellen (lassen) kann (vgl 15 bis 18 zu § 247). Zu bedenken ist auch, dass das 10

Abspielen einer nach S 4 erstellten Aufzeichnung in einer weiteren Hauptverhandlung gemäß § 255a II S 1 nicht zulässig ist, wenn neben S 1 von § 247 Gebrauch gemacht wird (vgl 8 zu § 255a). Nach §§ 171b, 172 GVG kann die Öffentlichkeit auch von der audiovisuellen Zeugenvernehmung ausgeschlossen werden.

11 **7)** Die **Aufzeichnung der Aussage** soll unter den Voraussetzungen des S 4 angeordnet werden; mit dieser Einschränkung gegenüber § 58a I, der in der Hauptverhandlung nicht anwendbar ist (2 zu § 58a), nimmt das Gesetz einerseits Rücksicht auf das Persönlichkeitsrecht des Zeugen, andererseits dient es seinem Schutzbedürfnis, indem es ihm ggf eine weitere Vernehmung erspart. Liegen die Voraussetzungen der Bestimmung allerdings vor, bedarf es nicht seines Einverständnisses mit der Aufzeichnung (zur Aufnahme für justizinterne Zwecke vgl aber 11, 13 zu § 169 GVG). Die in S 4 geforderte Prognose erfordert (entgegen Seitz JR **98**, 312) nicht die Beurteilung, ob es zu einer weiteren Hauptverhandlung kommen wird. Die Besorgnis, der Zeuge könne in einer solchen für eine erneute Vernehmung nicht zur Verfügung stehen, setzt konkrete Anhaltspunkte voraus, die die Vermutung rechtfertigen, einer weiteren Anhörung des Zeugen werden Hindernisse tatsächlicher oder rechtlicher Art – etwa die absehbare Weigerung der Erziehungsberechtigten, eine weitere Einvernahme ihres Kindes zu gestatten (oben 6) – entgegenstehen (erg 7 zu § 58a). Lediglich Bezugspunkt dieser Prognose ist eine weitere Hauptverhandlung: Eine solche kann sich vor allem nach Einlegung der Berufung oder nach Aufhebung und Zurückverweisung durch das Revisionsgericht ergeben; der Wortlaut deckt aber ferner (über die Vorstellungen im Gesetzgebungsverfahren hinaus, vgl BT-Drucks 13/7165 S 5, 10) eine – bei Abtrennung – nachfolgende Verhandlung gegen einen Mittäter (KK-Diemer 18), wobei, bestimmt man zutr den additiven Sinn des Worts „weitere" aus der Sicht des Zeugen, um dessen Schutz es bei S 4 auch geht, noch nicht einmal ursprüngliche Verfahrensidentität notwendig ist LR-Becker 24). Zur Erforschung der Wahrheit (in einer weiteren Hauptverhandlung) erforderlich kann die Aufzeichnung insbesondere sein, wenn es sich um eine umfangreiche Aussage handelt, Gegenstand der Vernehmung ein komplexes Tatgeschehen ist oder sich die Einvernahme besonders schwierig gestaltet. Das gilt zB, wenn der Zeuge erstmals vor dem LG aussagt und daher kein Inhaltsprotokoll seiner Aussage erstellt wird; im Übrigen wird zur Beweiserheblichkeit gerade einer Bild-Ton-Aufzeichnung im Verhältnis zu einer Vernehmungsniederschrift auf 7 zu § 58a verwiesen. Der mit § 58a I S 2 Nr 2 insoweit übereinstimmende Wortlaut der Bestimmung lässt keinen Zweifel an der Übertragbarkeit der dortigen Grundsätze zu (anders KK-Diemer 19, der sich zu Unrecht auf eine mit § 255a korrespondierende Fassung beruft). Die Formulierung des Gesetzes („soll") stellt sicher, dass bei Vorliegen der Voraussetzungen eine Aufzeichnung im Interesse des schutzbedürftigen Zeugen und der Wahrheitsfindung idR erstellt wird.

12 Mangels ausdrücklicher Regelung könnte die **Entscheidung nach S 4** Sache des Vorsitzenden gemäß § 238 I sein. Jedoch spricht der enge sachliche Zusammenhang zwischen den Entscheidungskriterien nach S 1 und nach S 4 – auf Tatbestands- wie auf Rechtsfolgenseite – dafür, die in S 1 vorgesehene Zuständigkeit des Gerichts auf die Entscheidung über eine Aufzeichnung der Aussage zu erstrecken (ähnlich KK-Diemer 20; vgl auch LR-Becker 27 mwN: ratsam). Die nach § 35 I S 1 zu verkündende und gemäß § 273 I zu protokollierende Anordnung der Aufzeichnung ergeht nach Anhörung der Beteiligten (§ 33 I) und ist gemäß § 34 zu begründen. Für die Verwendung der Bild-Ton-Aufzeichnung, für Akteneinsicht und Löschung verweist S 5 auf § 58a II (vgl dort 10, 11). Eine Vorführung kommt nach § 255a I, auch nach II S 1 in Betracht, wenngleich dessen zu erwartende Anwendung die in S 4 vorausgesetzte Besorgnis nicht rechtfertigt (oben 11 und 7 zu § 58a).

13 **8) Rechtsbehelfe:** Die Unanfechtbarkeit der Entscheidung nach S 1 ordnet S 2 für alle Beteiligten, auch für den betroffenen Zeugen, an; der Rechtsmittelaus-

schluss gilt nach dem Wortlaut und dem Zweck, Verfahrensverzögerungen und Unsicherheiten im Prozess zu vermeiden, auch für den Fall, dass eine ablehnende Entscheidung des Gerichts ergangen ist (LR-Becker 31; Diemer NStZ **01**, 396; offen gelassen in BGH 3 StR 331/99 vom 10. 11. 1999). Wenn die Auswahl des Vernehmungsorts dem Vorsitzenden überlassen wurde (vgl oben 9), kann dessen Verfügung nach § 238 II beanstandet werden; der gerichtliche Beschluss ist nach S 2 unanfechtbar. Gemäß § 336 S 2 ist die Entscheidung nach S 1 damit zugleich revisionsgerichtlicher Kontrolle entzogen (vgl BGHR StGB § 46 III Sexualdelikte 4; einschr KMR-Lesch 36; Diemer StraFo **00**, 217; offen gelassen von BGHR Audiovisuelle Vernehmung 6). Dem kann nicht mit der auf § 244 II gestützten Rüge, der Zeuge hätte bei gegenteiliger Entscheidung (weiter) zur Sachaufklärung beigetragen, der Boden entzogen werden (LR-Becker 32; Diemer NJW **99**, 1672; Rieß StraFo **99**, 7 bei Nichtanwendung des § 247a zugunsten unmittelbarer persönlicher Vernehmung; **aM** Leitner StraFo **99**, 48; Weider/Staechelin StV **99**, 53; vgl zu § 171b III GVG BGH NStZ **96**, 243); das Gleiche gilt für eine Rüge nach § 338 Nr 8, der Beschluss des Gerichts gemäß S 1 habe die Verteidigung unzulässig beschränkt (LR-Becker 32; vgl 6 zu § 336; LR-Hanack 13 zu § 336 Fn 25; Diemer NStZ **01**, 397; Weider/Staechelin aaO; **aM** SK-Frister 80). Revisibel ist das Fehlen eines die audiovisuelle Zeugenvernehmung anordnenden Beschlusses; dem steht eine Anordnung allein des Vorsitzenden gleich (BGH NStZ **08**, 421; eine Beanstandung nach § 238 II ist nicht erforderlich, vgl BGH **4**, 364, 366 zu § 247). § 336 S 2 steht einer Verfahrensbeschwerde auch dann nicht entgegen, wenn der Tatrichter über eine Anwendung des § 247a gar nicht – auch nicht konkludent – entschieden hat (BGH **45**, 188, 197; LR-Becker 33). Im Falle einer unzulänglichen Simultanübertragung liegt ein Verstoß gegen S 3, jedenfalls gegen § 244 II vor, der die Verfahrensrüge begründen kann (Diemer und Schlüchter, jeweils aaO). Die revisionsrechtliche Nachprüfung ist auch insoweit eröffnet, als das Gericht kumulativ von § 247 Gebrauch gemacht hat (vgl 19 zu § 247); wegen der Rechtsbehelfe im Zusammenhang mit einer Vernehmung gemäß § 241a vgl dort 7. Der Zeuge kann sich gegen die Anordnung der Aufzeichnung nach S 4 beschweren (§§ 304 II, 305 S 2), nicht aber – mangels Beeinträchtigung eigener Rechte – gegen das Absehen von einer Aufnahme. Für die übrigen Beteiligten schließt § 305 S 1 die Beschwerde aus. Die Revision kann auf die Entscheidung über die Aufzeichnung der Aussage grundsätzlich nicht gestützt werden, weil das Urteil hierauf nicht beruhen kann. Weitere revisionsrechtliche Fragen erörtern Diemer NStZ **01**, 393 (der zu weitgehend bei irriger Annahme der tatbestandlichen Voraussetzungen des § 247a die Revision stets zulassen will), Schlothauer StV **99**, 50 und Weider/Staechelin aaO. Die Beanstandung der Nichtdurchführung einer audiovisuellen Vernehmung bedarf einer zulässig erhobenen Verfahrensrüge (BGH NStZ-RR **03**, 290 [B]).

Entlassung der Zeugen und Sachverständigen **RiStBV 135**

248 [1]**Die vernommenen Zeugen und Sachverständigen dürfen sich nur mit Genehmigung oder auf Anweisung des Vorsitzenden von der Gerichtsstelle entfernen.** [2]**Die Staatsanwaltschaft und der Angeklagte sind vorher zu hören.**

1) Das **eigenmächtige Weggehen** der vernommenen Beweisperson von der Gerichtsstelle, dh vom Verhandlungsort, der sich nicht notwendig im Gerichtsgebäude befinden muss (KK-Diemer 1), zieht die Folgen der §§ 51, 77 nach sich (4 zu § 51). Es steht im pflichtgemäßen Ermessen des Vorsitzenden, ob er das Weggehen erlaubt (dann kann die Beweisperson ohne Vergütungsanspruch weiter als Zuhörer anwesend sein) oder anordnet (dann muss sich die Beweisperson entfernen). Seine Entscheidung kann nach § 238 II beanstandet werden (KMR-Lesch 1

3). Die Beweisperson kann aus § 248 weder einen Anspruch auf vorzeitigen Weggang noch auf weitere Anwesenheit als Zeuge oder Sachverständiger herleiten.

2 Zur **vorläufigen Beurlaubung** noch nicht vernommener Beweispersonen ist der Vorsitzende nach § 238 I berechtigt; mit § 248 hat das nichts zu tun (KK-Diemer 2).

3 **2)** Die **Anhörung der StA und des Angeklagten** vor der Genehmigung oder Anordnung des Weggehens schreibt S 2 vor. Anzuhören sind auch die anderen frageberechtigten (3 zu § 240) Prozessbeteiligten. Die Anhörung gibt ihnen Gelegenheit zu der Erklärung, dass sie an die Beweisperson weitere Fragen stellen wollen (RG **46**, 196, 198). Hat ein Zeuge die Aussage befugt verweigert, so gilt S 2 nicht (RG **41**, 32).

4 **3)** Die **Revision** kann auf Verletzung des § 248 nur gestützt werden, wenn das Gericht gegen die Entlassung der Beweisperson erfolglos nach § 238 II angerufen worden war (BGH StV **85**, 355; **96**, 248; str, vgl LR-Becker 13). Das Urteil kann auf der Verletzung des S 2 nur beruhen, wenn dadurch die Stellung von Fragen oder der Vorhalt bestimmter Umstände an die Beweisperson verhindert worden ist, was der Revisionsführer im Einzelnen vortragen muss (Stuttgart NStZ **94**, 600; LR-Becker 14; **aM** SK-Frister 18: erneute Vorladung muss verlangt werden).

Urkundenbeweis

249 **I [1] Urkunden und andere als Beweismittel dienende Schriftstücke werden in der Hauptverhandlung verlesen. [2] Dies gilt insbesondere von früher ergangenen Strafurteilen, von Straflisten und von Auszügen aus Kirchenbüchern und Personenstandsregistern und findet auch Anwendung auf Protokolle über die Einnahme des richterlichen Augenscheins.**

II [1] Von der Verlesung kann, außer in den Fällen der §§ 253 und 254, abgesehen werden, wenn die Richter und Schöffen vom Wortlaut der Urkunde oder des Schriftstücks Kenntnis genommen haben und die übrigen Beteiligten hierzu Gelegenheit hatten. [2] Widerspricht der Staatsanwalt, der Angeklagte oder der Verteidiger unverzüglich der Anordnung des Vorsitzenden, nach Satz 1 zu verfahren, so entscheidet das Gericht. [3] Die Anordnung des Vorsitzenden, die Feststellungen über die Kenntnisnahme und die Gelegenheit hierzu und der Widerspruch sind in das Protokoll aufzunehmen.

1 **1) Urkundenbeweis** bedeutet Ermittlung und Verwertung des gedanklichen Inhalts eines Schriftstücks. Er ist zulässig, wenn das Gesetz ihn nicht ausdrücklich untersagt (BGH **20**, 160, 162; **27**, 135, 136). § 249 regelt nur die Form, nicht die Notwendigkeit dieses Beweises (BGH MDR **72**, 753 [D]; Schneidewin JR **51**, 481); hierfür sind §§ 244 II, III und 245 maßgebend. Der Inhalt von Urkunden kann daher auch durch andere Beweismittel, insbesondere durch Zeugen, festgestellt werden (BGH NStZ **85**, 464). Ist Urkundenbeweis erforderlich, so wird er durch Verlesung (I) oder Selbstlesung (II) erhoben; ferner ist mit Zustimmung der Beteiligten ein Bericht des Vorsitzenden über den Urkundeninhalt zulässig (unten 25 ff). Für Beweiserklärungen, die für das Verfahren hergestellt worden sind, gilt das Verwertungsverbot des § 250 S 2; Ausnahmen lassen §§ 251, 253, 254, 256 zu. Wegen der verfassungsrechtlichen Beweisverbote vgl Einl 56. Kein Urkundenbeweis ist der Vorhalt von Urkunden bei der Vernehmung (dazu unten 28, 29). Zur Beurkundung des Beweises vgl 9 zu § 273.

2 **2) Urkunden und andere als Beweismittel dienende Schriftstücke** (I S 1):

3 A. **Begriff:** Ein begrifflicher Unterschied zwischen Urkunden und Schriftstücken besteht nicht (LR-Mosbacher 6). Gemeint sind Schriftstücke jeder Art, die verlesbar und geeignet sind, durch ihren (allgemein verständlichen oder durch Auslegung zu ermittelnden) Gedankeninhalt Beweis zu erbringen (BGH **27**, 135,

136; Krause 113). Die Verlesung muss dazu führen, dass die Schriftzeichen unmittelbar in sinnvolle Worte umgesetzt werden (Krause 116). Mit den sog Beweiszeichen (vgl Fischer 4 zu § 267 StGB) lässt sich nur Augenscheinsbeweis führen. Anders als bei § 267 StGB kommt es weder auf die Beweisbestimmung noch auf die Echtheit der Urkunde an (Krause 106); auch der Aussteller muss nicht erkennbar sein (ANM 242; Roxin/Schünemann § 28, 4).

B. **In Geheim- oder Kurzschrift** abgefasste Texte können nicht Gegenstand des Urkundenbeweises sein (ANM 245; **aM** Gramse BB **84**, 376 und für Kurzschrift KK-Diemer 8). Regelmäßig ist Sachverständigenbeweis erforderlich (LR-Mosbacher 36; Krause 117). 4

Fremdsprachige Schriftstücke können wegen § 184 GVG ebenfalls nicht im Urkundenbeweis verwertet werden (Krause 117; **aM** LR-Mosbacher 32 für den Fall, dass alle Beteiligten die Fremdsprache beherrschen). Wenn das Gericht keine eigene Sachkunde hat (vgl § 244 IV S 1), also keines seiner Mitglieder den Text übersetzen kann (Krause 117 ff), muss ein Sachverständiger (der Übersetzer ist nicht Dolmetscher iS § 185 GVG; vgl BGH **1**, 4, 7) herangezogen werden (ANM 246). Ist schon eine Übersetzung in die deutsche Sprache bei den Akten, steht § 250 der Verlesung nicht entgegen (BGH **27**, 135, 137 = JR **78**, 117 mit zust Anm Gollwitzer); der Vernehmung des Übersetzers oder eines anderen Sprachkundigen als Sachverständigen bedarf es daher nicht, wenn sich das Gericht von der Richtigkeit der Übersetzung überzeugt hat (BGH GA **82**, 40; NStZ **83**, 357 [Pf/M]; NJW **93**, 3337; **aM** ANM 247). 5

C. **Abschriften,** Durchschläge, Ablichtungen, mechanische Vervielfältigungen und Mikrofilme dürfen statt des Originals als Beweismittel verwendet werden (BGH **15**, 253; **27**, 135, 137; **33**, 196, 210; NJW **66**, 1719; GA **67**, 282; NStZ **86**, 519). Ihre Beglaubigung ist nicht notwendig (KK-Diemer 12 mwN). Einen Ersatz für die Urschrift bilden sie aber nur, wenn ihre Übereinstimmung mit dem Original feststeht (BGH NStZ **94**, 593; Wömpner MDR **80**, 889), was im Strengbeweisverfahren festgestellt werden muss (BGH NStZ **94**, 227 [K]; SK-Frister 41). Es gilt aber der Grundsatz der freien Beweiswürdigung (BGH NStZ **86**, 519; Jena VRS **114**, 453; ANM 248 mwN; Gramse BB **84**, 377; Wömpner aaO). 6

3) Gegenstand des Augenscheins, nicht des Urkundenbeweises, ist eine Urkunde, wenn es nicht auf ihren Inhalt, sondern auf ihr Vorhandensein oder ihre Beschaffenheit ankommt (BGH NStZ-RR **99**, 37 [K]; 13 zu § 86), insbesondere auf die Feststellung von Verfälschungsmerkmalen (Hamm NJW **53**, 839; Krause 114). Augenschein ist auch für eine richterliche Schriftvergleichung erforderlich (RG **65**, 294) sowie für das bei einer Geschwindigkeitsmessung gefertigte Lichtbild mit der eingeblendeten numerischen Anzeige der gemessenen Geschwindigkeit (Bay **02**, 50 = JR **03**, 76 mit Anm Keiser). Der Inhalt von Tonbandaufnahmen wird zwar durch Augenschein festgestellt (11 zu § 86); jedoch kann auch eine Niederschrift darüber hergestellt und im Urkundenbeweis verwertet werden (BGH **27**, 135 = JR **78**, 117 mit Anm Gollwitzer; erg 3 zu § 86; 30 zu § 100 a; 2 zu § 251). 7

4) Beispiele des I S 2: 8

A. **Strafurteile:** Verlesbar sind Urteile (auch der Zivil-, Verwaltungs- und Finanzgerichte) gegen den Angeklagten und gegen Dritte (BGH **1**, 337, 341), gleichgültig, in welchem Verfahren sie ergangen (KMR-Paulus 11) und ob sie rechtskräftig sind (Düsseldorf StV **82**, 512), aber nicht höchstpersönliche, das Urteil nur vorbereitende handschriftliche Aufzeichnungen eines Richters (SK-Schlüchter 11; **aM** Flore wistra **89**, 256; vgl auch BGHZ **109**, 260, 265 = NJW **90**, 510, 511). Zweck der Verlesung kann die Unterrichtung über Gang und Stand des Verfahrens sein (Wömpner NStZ **84**, 481), insbesondere durch Verlesung des vom Revisionsgericht aufgehobenen Urteils (BGH GA **76**, 368; RG JW **31**, 1816 mit Anm Alsberg), etwa um die bindend gewordenen Schuldfeststellungen 9 bekanntzumachen (BGH NJW **62**, 59; Bay MDR **82**, 249), und des Revisionsurteils zur Feststellung der Bindungswirkung nach § 358 I (BGH **7**, 6). Auch im Wiederaufnahmeverfahren ist die Verlesung des früheren Urteils zulässig (2 zu § 373). Das Urteil darf aber auch zum Zweck der Tatsachenfeststellung für die Schuld- oder Rechtsfolgenfrage verlesen werden. Insbesondere darf dadurch Beweis darüber erhoben werden, wie der Angeklagte oder ein Zeuge sich früher geäußert hat (BGH **6**, 141; MDR **55**, 121; Hamm NJW **74**, 1880); § 250 S 1 steht dem nicht entgegen (BGH **31**, 323, 332; KK-Diemer 17; **aM** Wömpner NStZ **84**, 481). Unüberprüft dürfen die tatsächlichen Feststellungen des früheren Urteils aber für die neue Verhandlung nicht übernommen werden (BGH aaO; RG **60**, 297; Düsseldorf StV **82**, 512; Köln StV **90**, 488; Zweibrücken StV **92**, 565; Welp Müller-FS 773); so können die Aufklärungspflicht oder Beweisanträge andere Beweiserhebungen als die bloße Verlesung des Urteils gebieten (BGH **43**, 106 = JR **98**, 117 mit krit Anm Loos). Eine andere Beweiswürdigung als im verlesenen Urteil ist somit zulässig, setzt aber eine umfassende Bewertung aller früheren und neu zutage getretenen Umstände voraus (BGHR § 261 Überzeugungsbildung 19). Erg Einl 170.

10 B. **Auskünfte aus dem BZR:** Vorstrafen und Vorbelastungen des Angeklagten und der Zeugen dürfen aus den Auszügen nach §§ 41, 61 **BZRG** und § 30 StVG unter Beachtung des § 51 I **BZRG** festgestellt werden. Bestreitet der Betroffene die Richtigkeit des Auszugs oder ergeben sich sonst Zweifel, so ist Beweis nach allgemeinen Grundsätzen zu erheben (RG **56**, 75; ANM 256). Vgl auch RiStBV 134.

11 C. **Personenstandsregister und Kirchenbücher:** In Betracht kommen insbesondere Personenstandsurkunden des Standesbeamten nach dem PersonenstandsG v 19. 2. 2007 (BGBl I 122). Dazu gehören Geburts-, Heirats- und Sterbeurkunden sowie Auszüge aus dem Familienbuch. Einfache Abschriften können ausreichen (BGH 5 StR 121/63 vom 14. 5. 1963).

12 D. **Augenscheinsprotokolle:** Nur richterliche Protokolle, die unter Beachtung der §§ 168d I S 2, 168c V, 224, 225 zustande gekommen sind, dürfen verlesen werden (Krause 149; Schneidewin JR **51**, 486). StA und Polizeibeamte müssen grundsätzlich über ihre Besichtigungen als Zeugen vernommen werden (18 zu § 86); eine Ausnahme gilt nach § 256 I Nr 5. Die richterlichen Protokolle müssen aus dem anhängigen Verfahren stammen (Krause 149; **aM** KK-Diemer 20 und LR-Mosbacher 24: nur zum Zwecke des Vorhalts). Mitprotokollierte Erklärungen von Angeklagten und Zeugen, die lediglich Hinweise zur Augenscheinseinnahme enthalten, dürfen mitverlesen werden (ANM 258; erg 16 zu § 86; 16 zu § 87); zum verwertbaren Beweisstoff gehören sie nicht (BGH **33**, 217, 221 = NStZ **85**, 468 mit Anm Danckert). Augenscheinsprotokolle iS I S 2 sind auch Protokolle über die Leichenschau nach § 87 I, an der ein Richter mitgewirkt hat (RG **53**, 348; LR-Mosbacher 25; 7 zu § 87), nicht aber über die Leichenöffnung nach § 87 II (RG aaO; 16 zu § 87).

13 E. **Andere Urkunden** sind zB Schriftstücke mit strafbarem (§§ 184, 185 StGB) Inhalt, Protokolle über nach §§ 153ff StGB strafbare Aussagen (KMR-Paulus 14), Briefe (BGH GA **67**, 282) und andere vom Angeklagten herrührende Schriftstücke, auch wenn sie ein Geständnis enthalten (1 zu § 254), insbesondere Eingaben in dem anhängigen Verfahren an Gerichte (RG **18**, 23), Polizeibehörden (Hamm VRS **42**, 99; Günter DRiZ **71**, 379), Verwaltungsbehörden (Düsseldorf VRS **41**, 436; Koblenz LRE **15**, 294; Zweibrücken GA **81**, 275; StV **86**, 290) und StA (RG **35**, 234; Hamm JMBlNW **68**, 215; 14 zu § 163a), Gerichtsbeschlüsse (BGH **31**, 323, 331) und Einstellungsbescheide der StA (RG **24**, 263; **46**, 200). Schriftsätze des Verteidigers, die eine Sachdarstellung enthalten, sind nicht verlesbar (BGH **39**, 305; Celle NStZ **88**, 426); das gilt auch, wenn die gedankliche Urheberschaft des Angeklagten feststeht (LR-Mosbacher 13; SK-Schlüchter 30; erg 27 zu § 243). Für schriftliche Äußerungen von Zeugen, Sachverständigen und Mitbeschuldigten gilt § 251 I, II, für schriftliche Gutachten auch § 256 I.

5) Formen des Urkundenbeweises: 14

A. Die **Verlesung** (I) ist die regelmäßige Form des Urkundenbeweises (BGH NStZ-RR **02**, 70 [B]). Sie wird üblicherweise durch den Vorsitzenden angeordnet; das schließt aber nicht aus, dass von vornherein, nicht erst auf Einwendungen nach § 238 II, das Gericht einen entspr Beschluss fasst (BGH NJW **85**, 1848 = StV 85, 402 mit Anm Fezer). Voraussetzung der Verlesung ist beides nicht. Der Vorsitzende oder in seinem Auftrag ein Gerichtsmitglied (Krause 116), auch ein Ergänzungsrichter (RG **27**, 172), oder der Protokollführer verliest die Urkunde. Der Umfang der Verlesung hängt von der Aufklärungspflicht ab (ANM 314); die ganze Urkunde muss – falls sie nicht in vollem Umfang verwertet werden soll (BGH NStZ **04**, 279) – nicht unbedingt verlesen werden (BGH **11**, 29, 31; NStZ **84**, 211 [Pf/M]), sofern nicht die Voraussetzungen des § 245 I vorliegen oder ein Antrag nach §§ 244 III, 245 II S 1 nicht abgelehnt werden kann. Bei Gleichartigkeit der Urkunden genügt die Verlesung einer repräsentativen Auswahl. Die Verlesung muss nach § 273 I im Protokoll beurkundet werden; der Vermerk, dass die Urkunde zum Gegenstand der Verhandlung gemacht wurde, reicht zum Nachweis der Verlesung nicht aus (9 zu § 273). 15

B. **Selbstleseverfahren** (II): 16

a) Der **Verfahrensvereinfachung** dient das Selbstleseverfahren. Es gibt praktisch den Mündlichkeitsgrundsatz für den Urkundenbeweis auf; denn Gegenstand der Urteilsfindung ist der Inhalt der selbst gelesenen Urkunden auch, soweit er in der Hauptverhandlung nicht, auch nicht innerhalb der Erklärung nach § 257 I oder durch Fragen, Vorhalte oder Mitteilungen des Vorsitzenden, zur Sprache gekommen ist. 17

Ein **Verzicht** der Prozessbeteiligten auf die Verlesung nach I ist nicht erforderlich. Der Mitteilung des wesentlichen Inhalts der Schrift durch den Vorsitzenden bedarf es nicht. Wer den Prozess als Zuhörer verfolgt, erhält daher von dem Inhalt des nach II in die Hauptverhandlung eingeführten Beweismittels keine Kenntnis. Der Gesetzgeber nimmt diese Einbuße an Transparenz der Hauptverhandlung im Hinblick auf die erheblichen prozesswirtschaftlichen Vorteile des mit der Verlesung nach I gleichwertigen Selbstleseverfahrens in Kauf. 18

Dieses Verfahren **kommt insbesondere in Betracht,** wenn von umfangreichen Schriften oder ganzen Druckwerken (vgl BGH NStZ **00**, 307, 309 zu Comics) nicht nur der Inhalt (dann ist der Bericht des Vorsitzenden vorzuziehen; unten 25 ff), sondern der genaue Wortlaut festgestellt werden muss, auch wenn er unmittelbar entscheidungserheblich ist (BGH **30**, 10, 14; krit AK-Meier 26; HK-Julius 13; Eisenberg BR 2035 iVm 2068). In den Fällen der §§ 253 und 254 ist das Selbstleseverfahren unzulässig, nicht aber in den Fällen der §§ 251, 256 (krit Dahs NJW **95**, 555; Scheffler NJW **94**, 2194). Im Übrigen gelten folgende Grundsätze: 19

b) Auf **Anordnung des Vorsitzenden** findet das Verfahren nach II statt. 20

Abweichend von § 238 II können die Prozessbeteiligten einen **Widerspruch** nur unverzüglich, dh ohne vermeidbare Verzögerung, geltend machen. Obwohl II S 2 ausdrücklich nur den Widerspruch der StA, des Angeklagten und des Verteidigers (damit auch des Beistands nach § 69 III S 2 **JGG**) zulässt, sind, wie üblich, auch die Nebenbeteiligten widerspruchsberechtigt, soweit sie von dem Urkundenbeweis betroffen sind, nicht aber der Nebenkläger (11 zu § 397) sowie die Eltern und gesetzlichen Vertreter im Jugendstrafverfahren (KK-Diemer 35; **aM** Eisenberg BR 2046). Über den Widerspruch entscheidet das Gericht, dem bei der Wahl zwischen I und II eigenes Ermessen zusteht, durch mit Beschwerde nicht anfechtbaren (§ 305 S 1) Beschluss. Die Anordnungen des Vorsitzenden zur Durchführung des Selbstleseverfahrens einschließlich der Feststellungen nach II S 3 können gemäß § 238 II beanstandet werden. 21

c) **Selbstlesung des Gerichts** (II S 1): Die Richter, auch die Ergänzungsrichter, müssen die Urkunde lesen, und zwar vor Schluss der Beweisaufnahme 22

(BGH **30**, 10, 11; **aM** KMR-Paulus 27: vor Anordnung; vgl auch Rieß JR **87**, 393). Das gilt auch für die Schöffen (BGH NStZ **05**, 160); ihnen darf dazu auch schon vor Verlesung des Anklagesatzes, in der Berufungsverhandlung vor dem Vortrag des Berichterstatters (§ 324 I), Gelegenheit gegeben werden. Richter und Schöffen müssen die Urkunden zwischen den Sitzungstagen oder in angemessenen Sitzungspausen lesen. Dazu ist ihnen das Original oder eine Abschrift oder Ablichtung der Schrift zur Verfügung zu stellen. Vorsitzender und Berichterstatter werden die Schrift idR schon bei der Terminsvorbereitung gelesen haben.

22a Eine **Pflicht, die Selbstlesung zu überwachen** oder inhaltlich zu überprüfen, trifft den Vorsitzenden nicht (LR-Mosbacher 85; HK-Julius 11). Grundsätzlich genügt ihm (vgl unten 24) die Erklärung der Berufsrichter und Schöffen, die Urkunden gelesen zu haben (ANM 321); verbleiben ihm jedoch begründete Zweifel, muss er die Verlesung nach I anordnen (KK-Diemer 39; ähnlich Eisenberg BR 2040). Kontrollfragen der Prozessbeteiligten an die Richter sind unzulässig (SK-Frister 79; teilw **aM** Eisenberg und Paulus, jeweils aaO).

23 d) **Selbstlesung der Prozessbeteiligten** (II S 1): Sie sind nicht verpflichtet, die Urkunde zu lesen; das Gericht muss ihnen, dem Angeklagten neben seinem Verteidiger, dazu aber Gelegenheit geben, sofern sie nicht ausdrücklich darauf verzichten. Das gilt auch für Prozessbeteiligte, die vor der Hauptverhandlung die Akten eingesehen haben, insbesondere für StA und Verteidiger. Da sie zu dieser Zeit noch mit der Urkundenverlesung nach I rechnen werden, darf ihnen die Gelegenheit zur Selbstlesung nicht mit der Begründung verweigert werden, sie hätten die Schrift schon früher lesen können (ANM 322). Einzelne Prozessbeteiligte (etwa einen von mehreren Angeklagten) von der Selbstlesung auszuschließen, weil der Inhalt der Urkunde für ihre Verteidigung keine Bedeutung hat, ist ebenfalls unzulässig; das kann und muss jeder Beteiligte selbst beurteilen (Gollwitzer Sarstedt-FS 30). Für die Selbstlesung ist den Beteiligten die Schrift für eine angemessene Zeit im Original, in Abschrift oder Ablichtung zur Verfügung zu stellen; den nach § 147 zur Akteneinsicht Berechtigten können auch die Akten überlassen werden. Zu Einzelheiten des Selbstleseverfahrens vgl Knierim/Rettenmaier StV **06**, 155.

24 e) **Protokollierung** (II S 3): Die Urkunde, die Gegenstand des Selbstleseverfahrens gewesen ist, muss nach § 273 I im Protokoll bezeichnet werden (BGH NStZ **00**, 47). Nach II S 3 ist im Protokoll auch zu beurkunden, dass der Vorsitzende die Selbstlesung angeordnet und (später) in der Hauptverhandlung ausdrücklich festgestellt hat, dass die Richter und Schöffen die Schrift gelesen haben und den übrigen Prozessbeteiligten Gelegenheit gegeben worden ist, vom Wortlaut (BGH NStZ-RR **04**, 237 [B]; die möglicherweise missverständliche Protokollierung „vom Inhalt" sollte vermieden werden, vgl aber BGH 5 StR 169/09 vom 28. 1. 2010) der Urkunde Kenntnis zu nehmen (BGH StV **00**, 655; StraFo **10**, 27). Erhebt ein Prozessbeteiligter nach II S 2 Widerspruch, so ist auch das im Protokoll zu beurkunden. Dass der darauf ergehende Gerichtsbeschluss in die Sitzungsniederschrift aufzunehmen ist, ergibt sich aus § 273 I; das gilt auch im Fall einer Beanstandung nach § 238 II (oben 21).

25 C. **Ersatz der Verlesung durch Bericht des Vorsitzenden:**

26 a) **Zulässigkeit:** Die Rspr lässt seit jeher zu, dass die Verlesung im allseitigen Einverständnis durch einen Bericht des Vorsitzenden über den Urkundeninhalt ersetzt wird, wenn die Aufklärungspflicht nicht entgegensteht (BGH **1**, 94; **11**, 29, 159; Düsseldorf VRS **59**, 269; Hamm MDR **64**, 344; Köln VRS **73**, 203, 211; **aM** die überwiegende Ansicht im Schrifttum; vgl LR-Mosbacher 45; SK-Frister 84; Hellmann StV **95**, 123). Mit der Einführung des Selbstleseverfahrens nach II hat der Gesetzgeber diese Art des Urkundenbeweises nicht abschaffen wollen (BGH **30**, 10 mit insoweit zust Anm Kurth NStZ **81**, 232 und abl Anm Gollwitzer JR **82**, 83; KK-Diemer 28; **aM** Fezer 13/42; Geerds Blau-FS 71 Fn 17; Wagner StV **81**, 219). Beide Beweisverfahren verfolgen unterschiedliche Zwecke: Das Selbstleseverfahren soll die Beweisaufnahme vor allem vereinfachen, wenn es auf

den Wortlaut umfangreicher Schriften ankommt; der Bericht des Vorsitzenden ist ein noch einfacheres Beweisverfahren für den Fall, dass nur der Urkundeninhalt beweiserheblich ist und der genaue Wortlaut nicht Urteilsgrundlage werden soll (vgl ANM 327).

b) **Voraussetzungen:** Nur über einzelne Urkunden, deren Verlesung nicht nach §§ 250, 256 ausgeschlossen wäre (RG **64**, 78) und deren Inhalt nicht unmittelbar die dem Angeklagten vorgeworfene Straftat verkörpert (BGH **11**, 29), darf Bericht erstattet werden, nicht über den Inhalt ganzer Akten, auch nicht über längere Schriftstücke, deren Inhalt wörtlich in das Urteil aufgenommen werden soll (BGH **5**, 278; **11**, 29, 31; 159, 160; MDR **72**, 18 [D]; Bay DAR **83**, 252 [R]). Der Bericht darf nur in einer streng sachlichen Schilderung des Urkundeninhalts bestehen und nicht auf eine Würdigung der Beweisbedeutung der Urkunde hinauslaufen (BGH **1**, 94, 97). Die bloße Erörterung der Urkunde mit dem Angeklagten ist kein „Bericht" (Schleswig OLGSt § 256 Nr 1). Alle Prozessbeteiligten müssen sich ausdrücklich oder stillschweigend durch Unterlassen eines Widerspruchs mit dem Berichtsverfahren einverstanden erklären (ANM 329). Der Bericht des Vorsitzenden ist ein Akt der Beweisaufnahme; er muss daher im Sitzungsprotokoll beurkundet werden (Düsseldorf VRS **59**, 269, 270; Hamburg VRS **44**, 214; Hamm MDR **64**, 344; Köln VRS **73**, 136). 27

6) Vorhalt aus Urkunden: Wenn es auf den genauen Wortlaut kurzer und leicht fasslicher Schriftstücke, auch fremdsprachiger (BGH MDR **75**, 369 [D]), nicht ankommt, kann ihr Inhalt durch Vorhalt an den Angeklagten, einen Sachverständigen oder Zeugen in die Hauptverhandlung eingeführt werden. Der Vorhalt ist kein Urkundenbeweis, sondern Vernehmungsbehelf (BGH **14**, 310, 312; **34**, 231, 235; NStZ **85**, 464; Geerds Blau-FS 67; Hanack Schmidt-Leichner-FS 83). Beweisgrundlage ist die Erklärung desjenigen, dem der Vorhalt gemacht wird (BGH **11**, 159, 160; Düsseldorf StraFo **02**, 20; KK-Diemer 42 mwN); nur sie ist für die Entscheidung verwertbar (BGH **21**, 149, 150; NJW **86**, 2063; StV **90**, 485; erg 14 zu § 250). Hat die Beweisperson trotz des Vorhaltes keine Erinnerung an den Inhalt der früheren Erklärung, bleibt diese somit unverwertbar (Hamm StV **04**, 643; Karlsruhe StV **07**, 630). Die Einführung von längeren, sprachlich schwierigen oder inhaltlich schwer verständlichen Urkunden durch Vorhalt ist unzulässig (BGH NStZ **99**, 424; **00**, 427; StV **00**, 655; **02**, 542; NJW **06**, 1529, 1531; Frankfurt NStZ-RR **00**, 377; Köln StraFo **99**, 92; vgl aber auch BGH NStZ-RR **02**, 97 [B]). Das Gleiche gilt für Gutachten über die Blutalkoholkonzentration und ähnliche Urkunden, zu denen der Angeklagte, dem sie vorgehalten werden, keine Erklärungen abgeben kann (Celle StV **84**, 107; Düsseldorf NJW **88**, 217, 218; VRS **59**, 269; vgl aber § 256). Den Vorhalt macht idR der Vorsitzende; er ist aber auch den Prozessbeteiligten gestattet. Zum Zweck des Vorhalts dürfen Urkunden auch verlesen werden (BGH **21**, 285). Unterliegen sie einem Verwertungsverbot, so ist auch der Vorhalt ausgeschlossen (12 zu § 252). Das Verbot des Urkundenbeweises nach §§ 251, 254 macht den Vorhalt jedoch nicht ohne weiteres unzulässig (BGH **11**, 338, 340; **14**, 310, 312; **34**, 231, 235); er kann auch einer nicht verlesbaren Urkunde entnommen werden (BGH **11**, 160; NStZ **83**, 86). In die Sitzungsniederschrift wird der Vorhalt nicht aufgenommen (BGH **21**, 285, 286; NStZ **99**, 522; Koblenz VRS **67**, 146; Köln VRS **73**, 136, 137; erg 8 aE zu § 273); der Vermerk im Protokoll, etwas sei „erörtert" worden, spricht aber dafür, dass ein Vorhalt gemacht wurde (Stuttgart NStZ-RR **03**, 270). 28

Für **Tonbandaufnahmen** gilt das entspr (Bay NJW **90**, 197). Sie können in der Form der Inhaltsangabe oder des Abspielens vorgehalten werden (vgl BGH **14**, 339; Roxin/Schünemann § 28, 9). 29

7) Revision: Wird der Inhalt einer Urkunde wörtlich in das Urteil aufgenommen, ohne dass sie im Urkundenbeweis in die Hauptverhandlung eingeführt worden ist, so ist nicht § 249, sondern § 261 verletzt (BGH StV **00**, 655). Ob 30 ein Vorhalt erfolgt ist, muss das Revisionsgericht ggf im Freibeweis feststellen (BGH **22**, 26); wird im Urteil auf die „verlesene" Urkunde abgestellt oder wird die Urkunde bzw die Vernehmungsniederschrift dort wörtlich wiedergegeben, spricht dies gegen einen bloßen Vorhalt (BGH NStZ **07**, 235; Jena StV **07**, 25). Zur ordnungsgemäßen Begründung einer Verfahrensrüge gehört – verfassungsrechtlich unbedenklich (BVerfGE **112**, 185 = NJW **05**, 1999, abl Meyer-Mews NJW **05**, 1821) – die Behauptung, die Urkunde sei weder auf andere Weise – zB durch Vorhalt (BGH MDR **87**, 981 [H]; Düsseldorf StV **95**, 120 mit abl Anm Hellmann; Hamm NJW **04**, 381; Köln VRS **73**, 136), Bericht (BGH StraFo **09**, 425) oder Zeugenvernehmung (Köln VRS **100**, 123) – in die Hauptverhandlung eingeführt noch sei von ihr nach II S 1 Kenntnis genommen worden (BGH wistra **90**, 197; **92**, 30; Koblenz NStZ **04**, 396).

31 Die **Anordnung des Selbstleseverfahrens nach II** kann nur nach rechtzeitigem Widerspruch (II S 2) zum Gegenstand einer zulässigen Verfahrensrüge gemacht werden (Kindhäuser NStZ **87**, 531); auf einer fehlerhaften Anordnung wird das Urteil nur ausnahmsweise beruhen, wenn die Verlesung nach I einen größeren Beweiswert hätte erbringen können (SK-Schlüchter 70; ähnlich LR-Mosbacher 110 zur Rüge nach § 338 Nr 8). Die Rüge, die Berufsrichter oder Schöffen hätten die Urkunde nicht gelesen, hat Erfolg, wenn die Feststellung über die Kenntnisnahme nach II S 3 nicht im Protokoll vermerkt wurde (BGH NStZ **05**, 160 mwN; **06**, 512; **aM** LR-Mosbacher 111; KK-Diemer 53); dem Revisionsgericht ist es damit verwehrt, im Freibeweisverfahren nachzuforschen, ob die Kenntnisnahme tatsächlich unterblieben ist (BGH StraFo **10**, 27). Auf dem Unterlassen einer Entscheidung über den Widerspruch nach II S 2 wird das Urteil im Allgemeinen nicht beruhen (Eisenberg BR 2069). Die Möglichkeit, ein fehlerhaftes Verfahren nach II in einen Bericht des Vorsitzenden (oben 25 ff) umzudeuten (BGH **30**, 10, 14 = NStZ **81**, 231 mit insoweit abl Anm Kurth = StV **81**, 217 mit abl Anm Wagner = JR **82**, 82 mit abl Anm Gollwitzer) wird – nach Wegfall der in II S 2 aF vorgesehenen Mitteilung des wesentlichen Urkundeninhalts – idR am Fehlen entsprechender, zu protokollierender Ausführungen des Vorsitzenden scheitern (oben 18, 27; 9 zu § 273).

Grundsatz der persönlichen Vernehmung

250 [1]**Beruht der Beweis einer Tatsache auf der Wahrnehmung einer Person, so ist diese in der Hauptverhandlung zu vernehmen.** [2]**Die Vernehmung darf nicht durch Verlesung des über eine frühere Vernehmung aufgenommenen Protokolls oder einer schriftlichen Erklärung ersetzt werden.**

1 **1)** Der **Unmittelbarkeitsgrundsatz,** den § 250 im Interesse möglichst zuverlässiger Beweisgewinnung aufstellt, gilt nur für Wahrnehmungen von Zeugen und Sachverständigen (**aM** Geppert Rudolphi-FS 643) und nur im Strengbeweisverfahren (6 zu § 244), dort aber grundsätzlich auch, wenn (vgl § 384 III) der Umfang der Beweisaufnahme im Ermessen des Gerichts steht (Bay DAR **74**, 187 [R]; **77**, 211 [R]; Hamm VRS **42**, 369; **43**, 54; **49**, 193); er ist allerdings für das beschleunigte Verfahren nach § 420 I und über § 411 II S 2 auch für das Verfahren nach Einspruch gegen einen Strafbefehl durchbrochen. Die Vorschrift bestimmt ein Beweismittelverbot, das grundrechtlich nicht geschützt ist (BVerfGE **1**, 418, 429 = NJW **53**, 177), auf das die Prozessbeteiligten aber nur in den Fällen der §§ 251 I Nr 1, II Nr 3, 255 a I verzichten können (Hamm VRS **49**, 113; Stuttgart NJW **76**, 1852).

2 Der Unmittelbarkeitsgrundsatz bedeutet den **Vorrang des Personalbeweises** vor dem Urkundenbeweis (BGH **15**, 253; Wömpner NStZ **83**, 294; **aM** Grünwald Dünnebier-FS 353; Mehle Grünwald-FS 359), aber auch vor dem Augenscheinsbeweis (ANM 459; **aM** KMR-Paulus 7). Den schriftlichen Erklärungen eines Zeugen stehen daher die von ihm angefertigten Skizzen und Zeichnungen über

seine Wahrnehmungen gleich (12 zu § 86), auch Tonbandaufnahmen, die seine Äußerungen über Wahrnehmungen festhalten (ANM 459; KK-Diemer 3; Dahs/Dahs 290), nicht aber, da sie nur den objektiven Zustand einer Sache oder Örtlichkeit wiedergeben, die von dem Zeugen aufgenommenen Lichtbilder, Filme und Videoaufnahmen (BGH GA **68**, 305; LR-Sander/Circener 11; Schlüchter 539; **aM** Krause 160; vgl auch Bay **65**, 79 = JR **66**, 389 mit Anm Koffka). Zur Durchbrechung des Unmittelbarkeitsgrundsatzes durch Vorführung einer Bild-Ton-Aufzeichnung vgl § 255 a. Für Streichung des Grundsatzes der materiellen Unmittelbarkeit der Beweisaufnahme (= grundsätzliche Verlesungsmöglichkeit von Protokollen oder schriftlicher Erklärungen) im Hinblick auf das Beweisantragsrecht Frister Fezer-FS 211 ff.

Von der hier behandelten **materiellen** ist die **formelle Unmittelbarkeit** zu unterscheiden: Sie fordert, dass die Beweisaufnahme grundsätzlich vor dem erkennenden Gericht selbst erfolgen muss (Beulke StP 410; Ranft 1657; krit Weigend Eisenberg-FS 657). Dieses Prinzip hat Auswirkungen zB auf die Frage der Aktenkenntnis von Richtern und Schöffen (2 zu § 30 GVG), auf die Teilnahme blinder Richter (11 zu § 338) usw (vgl dazu Stüber, Die Entwicklung des Prinzips der Unmittelbarkeit im deutschen Strafverfahren, 2004, zugl Diss Göttingen 2004). SK-Velten (7, 15 ff vor § 250) will von der materiellen Unmittelbarkeit noch das Transfergebot (= Verbot der Delegation der Beweiserhebung in das Ermittlungsverfahren) unterscheiden. 2a

2) Ein **weiterreichender Grundsatz,** dass allgemein bei der Beweisaufnahme stets das sachnächste Beweismittel benutzt werden muss, lässt sich dem § 250 nach hM nicht entnehmen (vgl LR-Sander/Cirener 23; ANM 460 mwN; vgl aber 12 zu § 244). Grundsätzlich muss sich das Gericht aber um die Vernehmung des unmittelbaren Zeugen (ggf unter Anwendung der §§ 247 oder 247 a oder mittels Vernehmung durch einen beauftragten Richter oder besonderer Anordnungen über die Durchführung der Befragung nach § 241 a II) bemühen (BGH StraFo **02**, 353; NStZ **04**, 50). Ist dies nicht möglich, ist eine besonders sorgfältige Würdigung der Aussagen des Zeugen vom Hörensagen erforderlich (BGH **49**, 112, 119: „sorgfältigste Überprüfung"; Brandenburg NStZ **02**, 611; Koblenz StV **07**, 520). 3

Die Vernehmung des **Zeugen vom Hörensagen,** die den Unmittelbarkeitsgrundsatz nicht verletzt (BGH **17**, 382, 384), ist nicht nur zulässig, wenn die Tatsachen, die ihm von anderen mitgeteilt worden sind, einen Straftatbestand erfüllen (zB den des § 186 StGB), sondern auch, wenn die Mitteilung als Beweisanzeichen für die Richtigkeit der mitgeteilten Tatsachen dienen soll (BGH **1**, 373; **6**, 209; **17**, 382, 384; **22**, 268, 270; NStZ **99**, 578; VRS **16**, 202, 205; LR-Sander/Cirener 25 ff; ANM 460 mwN; Geppert Jura **88**, 306 ff; vgl. auch BVerfGE **57**, 250, 292 ff = NJW **81**, 1719, 1722; **aM** Mehle Grünwald-FS 358; Seebode/Sydow JZ **80**, 506 mwN, krit auch Grünwald JZ **66**, 484; Schünemann Meyer-Goßner-FS 400; zusammenfassend [„Bestandsaufnahme"] zum Zeugen vom Hörensagen Detter NStZ **03**, 1). Unerheblich ist, ob der Zeuge seine Wahrnehmungen zufällig, im Auftrag der Polizei oder als „gerufener Zeuge" im Auftrag des Gerichts gemacht hat (BGH **33**, 178, 181). Das Gericht kann sich mit der Vernehmung des Zeugen vom Hörensagen selbst dann begnügen, wenn es möglich wäre, daneben den Gewährsmann zu hören (KK-Diemer 11; ANM 461; Schneidewin JR **51**, 482; **aM** Grünwald JZ **66**, 493; Hanack JZ **72**, 235; Peters 317 und JR **69**, 429; **aM** auch Bay StV **82**, 412, das das Vorliegen von Hindernissen rechtlicher oder tatsächlicher Art verlangt). Es ist immer eine Frage der Aufklärungspflicht, ob der Tatrichter die mittelbare Beweisführung für ausreichend halten (BGH **1**, 373, 376; **17**, 382, 384; **32**, 115, 123 [GSSt]; NStZ **83**, 210 [Pf/M]; 355 [Pf/M]; StV **88**, 91 mit Anm Strate; Braunschweig OLGSt § 244 Nr 3) oder ihr mit Rücksicht auf die besonderen Umstände des Falles sogar den Vorzug geben darf (vgl KK-Diemer 11). Kann der Richter sich in der Sitzung aber mit eigenen Augen ein Bild von Tatsachen machen, in denen die gesetzlichen Merkmale der Straftat gefunden werden, ist der 4

Gebrauch eines ersetzenden Beweismittels von vornherein ausgeschlossen (Düsseldorf StraFo **08**, 120).

5 Das Wissen eines **V-Manns der Polizei,** der dem Gericht infolge Verweigerung der Aussagegenehmigung (vgl § 54) oder der Auskunft über Person und Anschrift nicht zur Verfügung steht, kann inhaltlich durch Vernehmung eines Beamten der Polizei oder des Verfassungsschutzamtes in den Prozess eingeführt werden (BVerfG NJW **92**, 168; BGH **32**, 115, 122 [GSSt] = NStZ **84**, 36 mit Anm Frenzel; BGH **33**, 178, 181; BGH NJW **80**, 1761; **81**, 1626; NStZ **81**, 70; krit Bruns NStZ **83**, 49; Dencker Dünnebier-FS 447; J. Meyer ZStW **95**, 846; Rüping 423; vgl auch BVerfGE **57**, 250, 292 ff = NJW **81**, 1719). Dass die Verhörsperson über die Person ihres Informanten keine Auskunft gibt, steht der Verwertung der von diesem mitgeteilten Tatsachen nicht entgegen (BVerfG NJW **92**, 168; BGH **17**, 382; Herdegen NStZ **84**, 200; **aM** Frenzel NStZ **84**, 40; Joachim StV **92**, 247). Denn grundsätzlich darf ein Zeuge, der von einem anderen etwas erfahren hat, hierüber vernommen werden, selbst wenn er den anderen nicht einmal kennt. Die Urteilsfeststellungen dürfen darauf aber – wie auch sonst (vgl BGH StV **99**, 7; NStZ **02**, 656) – idR nur gestützt werden, wenn diese Bekundungen durch andere wichtige Beweisanzeichen bestätigt worden sind (BVerfG NStZ **95**, 600; StV **97**, 1 mit Anm Kinzig; NJW **01**, 2245; BGH **17**, 382, 386; **33**, 83, 88; 178, 181; **36**, 159, 166; **42**, 15, 25; StV **89**, 518; **91**, 101; 197; **94**, 413; 638; **96**, 583; **00**, 649, 650; NStZ **94**, 502; NStZ-RR **02**, 176; BGHR § 250 S 1 Unmittelbarkeit 3 und § 261 Überzeugungsbildung 27; Köln NStZ **96**, 355; zw BGHR § 261 Zeuge 13 für den Fall, dass der Gewährsmann namentlich bekannt ist; vgl auch BGH StV **88**, 237 mit Anm Weider; LG Darmstadt StV **91**, 342; erg 22 zu Art 6 MRK). Beispiele für solche Beweisanzeichen finden sich bei Nack Kriminalistik **99**, 171. Das Gebot äußerster Vorsicht bei der Beweiswürdigung gilt in besonderem Maße, wenn die Zahl der Zwischenglieder in der Beweisführung wächst (BGH **34**, 15, 18). Welche Anstrengungen das Gericht unternehmen muss, um die Vernehmung des V-Manns zu ermöglichen, hat mit § 250 nichts zu tun, sondern ist eine Frage der Aufklärungspflicht nach § 244 II und, wenn ein Beweisantrag gestellt ist, des Vorliegens des Ablehnungsgrundes der Unerreichbarkeit (66 zu § 244). Gleiches gilt für einen Verbindungsführer eines Nachrichtendienstes (Soiné NStZ **07**, 252).

6 **3) Vernehmungsprotokolle und andere schriftliche Erklärungen** fallen unter das Beweisverbot.

7 Wer das **Protokoll** aufgenommen hat (Gericht, StA, Polizei, andere Behörde), ist gleichgültig, ebenso, wann und in welchem Verfahren es entstanden ist (BGH **20**, 160 = JZ **65**, 649 mit Anm Peters; zw BGH wistra **00**, 432).

8 **Schriftliche Erklärungen** iS S 2 sind nur diejenigen, die von vornherein zu Beweiszwecken verfasst worden sind (BGH **6**, 141, 143; **20**, 160, 161; NStZ **82**, 79; LR-Sander/Cirener 8 mwN; zw Eisenberg/Pincus JZ **03**, 400). In Betracht kommen vor allem Strafanzeigen (Schleswig SchlHA **74**, 187 [E/J]), schriftliche Erläuterungen zu früheren Vernehmungen und Antworten auf Auskunftsersuchen der Strafverfolgungsbehörden (ANM 461). Zweckbestimmung der Urkunde muss aber nicht unbedingt der Beweis in dem vorliegenden Strafverfahren (LR-Sander/Cirener 8; ANM 462; Schlüchter 532; **aM** BGH NStZ **82**, 79; offengelassen in BGH **20**, 160, 161; vgl auch BGH JZ **87**, 315) oder überhaupt in einem Strafverfahren sein (**aM** BGH 5 StR 549/63 vom 7. 1. 1964). Schriftstücke, die nicht zu Beweiszwecken angefertigt worden sind, wie Briefe und Tagebücher, fallen nicht unter das Beweisverbot (Schlüchter 532); denn § 250 bezweckt nicht, aus dem Urkundenbeweis alles auszuscheiden, was Gegenstand des Zeugenbeweises sein kann (ANM 462). Eine schriftliche Erklärung des die Auskunft nach § 55 Verweigernden ist verlesbar (BGH NStZ **88**, 36 = JR **87**, 522 mit abl Anm Meyer; vgl dazu auch Dölling NStZ **88**, 6 und Dahs StV **88**, 169).

9 **4) Wahrnehmungen der Beweisperson** dürfen durch die Verlesung nicht in den Prozess eingeführt werden. Protokolle haben immer solche Wahrnehmungen

zum Inhalt, schriftliche Erklärungen vor allem, wenn es sich um den Bericht über einen Vorgang handelt, dessen wahrheitsgemäße Wiedergabe nur durch eine Person möglich ist, die ihm mit einem oder mehreren ihrer 5 Sinne wahrgenommen hat (BGH **15**, 253; **27**, 135), aber auch Wahrnehmungen über innere Empfindungen des Zeugen selbst, die unmittelbar durch sinnlich wahrgenommene Vorgänge ausgelöst worden sind (KK-Diemer 5; erg 2 vor § 48).

Eine Ausnahme von dem Beweisverbot besteht für sinnliche **Wahrnehmungen bei Verrichtungen mechanischer Art,** die erfahrungsgemäß keinen bleibenden Eindruck in der Erinnerung der damit befassten Person hinterlassen. Das gilt insbesondere für Hersteller von Buchungs- oder Abrechnungsstreifen, die Rechnungen, Quittungen oder Eintragungen in Geschäftsbüchern zusammenfassen (BGH **15**, 253; KK-Diemer 6), und für Schreibkräfte, die eine Tonbandaufzeichnung in Maschinenschrift übertragen (BGH **27**, 135 = JR **78**, 117 mit Anm Gollwitzer), ebenso für EDV-Ausdrucke und für das von einem Testgerät ausgedruckte Protokoll über das Ergebnis einer Atemalkoholmessung (BGH NStZ **05**, 526). Hier ist unmittelbar der Urkunden- oder Augenscheinsbeweis zulässig. Für die Tätigkeit des Übersetzers gilt das nicht (5 zu § 249). 10

Sachverständigengutachten fallen ebenfalls unter das Verlesungsverbot (BGH **1**, 4, 7; **22**, 268, 270; Bay **51**, 304; Düsseldorf NJW **49**, 917; ANM 463; Wömpner NStZ **83**, 294). Gleichgültig ist, ob der Sachverständige sein Gutachten auf Grund der von ihm festgestellten Befundtatsachen (10 zu § 79) abgibt, ob er nur abstrakte Erfahrungssätze vermittelt oder ob er seine Sachkunde auf einen Sachverhalt anwendet, der mit anderen Beweismitteln in das Verfahren eingeführt wird (ANM 463; SK-Velten 7; **aM** Stuttgart NJW **76**, 1852 = JR **77**, 205 mit Anm Gollwitzer; Gössel DRiZ **80**, 370: nur für eigene Wahrnehmungen des Sachverständigen). Ein Sachverständiger darf daher auch keine Untersuchungsergebnisse vortragen, die ein anderer Sachverständiger gefunden hat (Bay DAR **65**, 286 [R]). 11

5) Nur die Ersetzung, nicht die Ergänzung der im Protokoll oder in einer schriftlichen Erklärung festgehaltenen Äußerung der Beweisperson, auch eines Mitangeklagten, verbietet S 2. Wird der Zeuge oder Sachverständige in der Hauptverhandlung vernommen, so ist die Verlesung daher zulässig, wenn sie weder ganz noch teilw an die Stelle der Vernehmung treten soll (BGH **1**, 4, 5; **20**, 160, 162 = JZ **65**, 649 mit krit Anm. Peters; BGH NJW **70**, 1558; JZ **87**, 315; MDR **90**, 679 [H]; NStZ **95**, 609; StV **08**, 123; Stuttgart NJW **79**, 559; ANM 464 mwN; zw Eisenberg BR 2080, 2081; **aM** SK-Velten 20; Gubitz/Bock NJW **08**, 960). Das gilt nach Ansicht des BGH auch, wenn der Zeuge die Aussage nach § 55 teilw verweigert hat (BGH NJW **87**, 1093 = JR **87**, 522 mit abl Anm Meyer: jedenfalls bei schriftlichen Erklärungen; dazu eingehend Dölling NStZ **88**, 6). Dabei ist gleichgültig, ob durch die Verlesung die Aussage der Beweisperson oder des Mitangeklagten unterstützt oder ihre Wahrheit überprüft (LG Lübeck StV **84**, 111; Peters JZ **65**, 650; Wömpner NStZ **83**, 296) oder ob der Inhalt der Urkunde, und im Wege der freien Beweiswürdigung auch seine Richtigkeit (LR-Sander/Cirener 19), festgestellt werden soll, weil der Zeuge erklärt, er erinnere sich nicht mehr, habe aber damals wahrheitsgemäße Angaben gemacht (BGH **23**, 213, 220; NJW **70**, 1558; Hamm NJW **77**, 2090; NStZ **07**, 542). 12

Auch der **Beweis der Existenz der Urkunde** kann durch ihre Verlesung geführt werden (Wömpner NStZ **83**, 294). Sie darf ferner verlesen werden, wenn ihr strafbarer Inhalt festgestellt werden soll (RG **22**, 51). 13

6) Vorhalte an den Angeklagten oder einen Zeugen aus der Vernehmungsniederschrift oder schriftlichen Erklärung eines ausgebliebenen Zeugen schließt § 250 nach ganz hM nicht aus (krit Schünemann Meyer-Goßner-FS 404). Bestätigt der Angeklagte oder die Beweisperson die dort bezeichneten Tatsachen, so können sie dem Urteil als Teil der Einlassung (Eisenberg/Pincus JZ **03**, 399) oder Zeugenaussage zugrunde gelegt werden (BGH StV **91**, 197 mwN). Erg 28 zu § 249. 14

15 **7) Revision:** Die Rüge, der Tatrichter habe unter Verletzung der Sachaufklärungspflicht einen sachferneren statt des sachnäheren Zeugen vernommen, muss darlegen, inwiefern sich dem Tatrichter die Vernehmung des sachnäheren Zeugen hätte aufdrängen müssen und was dieser gesagt hätte (BGH StV **88**, 91 mit abl Anm Strate: „Darlegungsmangel", der schon auf die allgemeine Sachrüge zu beachten ist). Wird die unzulässige Verwertung einer Urkunde gerügt, so muss angegeben werden, von wem sie stammt und ob ihr Verfasser in der Hauptverhandlung vernommen worden ist (BGH 5 StR 676/77 vom 20. 12. 1977). Ferner muss der Inhalt des Schriftstücks mitgeteilt werden, damit das Revisionsgericht prüfen kann, ob die Verlesung nicht nach §§ 249, 256 zulässig war (BGH MDR **78**, 989 [H]; StV **99**, 197 L). Bei möglicher Verlesung zur Ergänzung einer Aussage (oben 12) muss sich die Revision hierzu äußern (BGH NStZ **95**, 609).

Urkundenbeweis mit Protokollen

251 **I Die Vernehmung eines Zeugen, Sachverständigen oder Mitbeschuldigten kann durch die Verlesung einer Niederschrift über eine Vernehmung oder einer Urkunde, die eine von ihm stammende schriftliche Erklärung enthält, ersetzt werden,**

1. wenn der Angeklagte einen Verteidiger hat und der Staatsanwalt, der Verteidiger und der Angeklagte damit einverstanden sind;
2. wenn der Zeuge, Sachverständige oder Mitbeschuldigte verstorben ist oder aus einem anderen Grunde in absehbarer Zeit gerichtlich nicht vernommen werden kann;
3. soweit die Niederschrift oder Urkunde das Vorliegen oder die Höhe eines Vermögensschadens betrifft.

II Die Vernehmung eines Zeugen, Sachverständigen oder Mitbeschuldigten darf durch die Verlesung der Niederschrift über seine frühere richterliche Vernehmung auch ersetzt werden, wenn

1. dem Erscheinen des Zeugen, Sachverständigen oder Mitbeschuldigten in der Hauptverhandlung für eine längere oder ungewisse Zeit Krankheit, Gebrechlichkeit oder andere nicht zu beseitigende Hindernisse entgegenstehen;
2. dem Zeugen oder Sachverständigen das Erscheinen in der Hauptverhandlung wegen großer Entfernung unter Berücksichtigung der Bedeutung seiner Aussage nicht zugemutet werden kann;
3. der Staatsanwalt, der Verteidiger und der Angeklagte mit der Verlesung einverstanden sind.

III Soll die Verlesung anderen Zwecken als unmittelbar der Urteilsfindung, insbesondere zur Vorbereitung der Entscheidung darüber dienen, ob die Ladung und Vernehmung einer Person erfolgen sollen, so dürfen Vernehmungsniederschriften, Urkunden und andere als Beweismittel dienende Schriftstücke auch sonst verlesen werden.

IV [1]In den Fällen der Absätze 1 und 2 beschließt das Gericht, ob die Verlesung angeordnet wird. [2]Der Grund der Verlesung wird bekannt gegeben. [3]Wird die Niederschrift über eine richterliche Vernehmung verlesen, so wird festgestellt, ob der Vernommene vereidigt worden ist. [4]Die Vereidigung wird nachgeholt, wenn sie dem Gericht notwendig erscheint und noch ausführbar ist.

Übersicht

1) Ausnahmen von dem Beweisverbot des § 250 lässt die Vorschrift, ohne Rücksicht auf Art und Schwere des Tatvorwurfs (BGH NStZ **85**, 230), im Interesse der Wahrheitsfindung und zur Erleichterung und Beschleunigung des Verfahrens zu (BGH **10**, 186, 189; **26**, 18, 20; vgl auch BVerfGE **57**, 250, 277 = NJW **81**, 1719, 1722). Ihrer Anwendung steht in Verfahren gegen Angehörige der NATO-Verbände Art VII Abs 9 Buchst c NTS nicht entgegen (BGH **26**, 18; vgl auch Marenbach NJW **74**, 1070). Die Verlesung von Niederschriften über frühere Vernehmungen des Angeklagten richtet sich nicht nach § 251, sondern nach §§ 231 a I S 2, 233 III S 2 und 254 (Köln StV **83**, 97). 1

Aufnahmen auf Tonträger dürfen nach § 255 a I entspr § 251 abgespielt und verwertet werden (LR-Sander/Cirener 12). Für die Vorführung von Videoaufnahmen verweist § 255 a I auf § 251. Für Tonbandaufnahmen folgt dies aus einer teleologischen Auslegung der Vorschrift, der deren Wortlaut nicht entgegensteht, weil dem Gesetzgeber die neuen technischen Möglichkeiten nicht bekannt waren: Wenn schon eine „blutleere" Vernehmungsniederschrift verlesen werden darf, muss „erst recht" das Abspielen einer Tonbandaufnahme erlaubt sein (vgl Kintzi JR **96**, 189; Mildenberger, Schutz kindlicher Zeugen im Strafverfahren durch audiovisuelle Medien, Diss Passau 1995, S 228 f, 260 f). 2

Durch das **1. JuMoG** wurde die Vorschrift verändert: Während früher in I die Verlesung richterlicher und in II diejenige sonstiger Vernehmungsniederschriften enthalten war, sind nunmehr in I für *alle* Vernehmungsniederschriften und schriftlichen Erklärungen geltende und in II zusätzliche Bestimmungen für richterliche Vernehmungsniederschriften getroffen worden. Neu hinzugekommen ist die Verlesungsmöglichkeit nach I Nr 3 (Niederschriften oder Urkunden über das Vorliegen oder die Höhe eines Vermögensschadens). 3

2) Zeugen, Sachverständige, Mitbeschuldigte: Für die Zulässigkeit der Verlesung ist nicht die Stellung der Auskunftsperson maßgebend, die sie zZ der Vernehmung hatte, sondern die Rolle, die sie bei einer Vernehmung im gegenwärtigen Verfahren einnehmen würde (BGH **10**, 186). Daher kann auch die Aussage eines früheren Mitbeschuldigten verlesen werden, gegen den das Verfahren abgetrennt worden ist (BGH aaO). Die Vernehmung eines Zeugen kann durch die Verlesung der Vernehmung als Beschuldigter, deren geringerer Beweiswert aber berücksichtigt werden muss, ersetzt werden, auch wenn sie in einem anderen Verfahren stattgefunden hat (BGH aaO); das Fehlen der Belehrung nach § 136 I S 2 steht der Verlesung entgegen (EbSchmidt NJW **68**, 1218). Ist der Zeuge früher als Beschuldigter vernommen worden, so darf die Niederschrift aber nicht verlesen werden, wenn ihm ein Zeugnisverweigerungsrecht nach §§ 52 ff, nicht nur ein Auskunftsverweigerungsrecht nach § 55, zustehen würde (BGH **10**, 186, 190; erg 11 zu § 252). 4

3) Verlesung von Protokollen eines Zeugen, Sachverständigen oder Mitbeschuldigten oder von **Urkunden**, die eine von ihm stammende Erklärung enthalten (I): 5

A. **Alle Arten** der in Rn 3 bezeichneten Vernehmungsniederschriften (also richterliche und nichtrichterliche) und die bezeichneten Erklärungs-Urkunden (nach Hamburg NJW **05**, 2326 auch Zusammenfassungen von Vernehmungsniederschriften, zw) können nach I verlesen werden (zur Verlesung sonstiger Zeugnisse und Gutachten vgl insbesondere § 256), wenn sie eine der in Nr 1 bis 3 bezeichneten Voraussetzungen erfüllen: 6

7 a) Mit **Einverständnis der Prozessbeteiligten** (Nr 1), das nach § 273 I in der Sitzungsniederschrift beurkundet werden muss, wenn es ausdrücklich erklärt wird (7, 8 zu § 273), ist die Verlesung zulässig, vorausgesetzt, dass der Angeklagte einen Wahl- oder Pflichtverteidiger hat, der an der Hauptverhandlung mitwirkt und in dem Zeitpunkt, in dem die Einverständniserklärungen abgegeben werden sollen, auch anwesend ist. Erforderlich ist das Einverständnis der StA, des Verteidigers und des Angeklagten, dem Nebenbeteiligte (§§ 434, 442, 444) insoweit gleichstehen, als die Beweiserhebung den Gegenstand ihrer Beteiligung wenigstens mittelbar berühren kann. Auch das Einverständnis des Privatklägers muss eingeholt werden, nicht dagegen das des Nebenklägers (11 zu § 397). Hat der Angeklagte mehrere Verteidiger, so müssen alle zustimmen. Die Zustimmung des Verteidigers ersetzt die des (anwesenden) Angeklagten nicht; fehlt die Einverständniserklärung eines von ihnen, so ist die Verlesung unzulässig. Schweigt der Angeklagte, nachdem der Verteidiger das Einverständnis erklärt hat, so kann darin aber die stillschweigende Erklärung seines eigenen Einverständnisses liegen (erg unten 27). Das Einverständnis des Angeklagten braucht nicht eingeholt zu werden, wenn zulässig in seiner Abwesenheit verhandelt wird (§ 234 a Hs 2); zustimmen muss aber der nach § 247 zeitweilig ausgeschlossene Angeklagte. Mitangeklagte müssen das Einverständnis nur erklären, wenn die Verlesung die Tat betrifft, an der sie beteiligt waren. Im Jugendstrafverfahren muss nur der Beistand nach § 69 **JGG** zustimmen, nicht der gesetzliche Vertreter und der Erziehungsberechtigte. Vgl zum Ganzen auch unten 24 ff, insbesondere zum Widerruf der Einverständniserklärung unten 28.

8 Die **Aufklärungspflicht** nach § 244 II wird durch S 1 nicht berührt. Sie kann dazu zwingen, die Beweisperson selbst dann persönlich zu hören (Zeugen ggf nach § 247 a), wenn die Prozessbeteiligten mit der Verlesung von Protokollen oder Schriftstücken einverstanden sind (BGH **10**, 186, 191 ff; NStZ **88**, 37; 283; Rieß/Hilger NStZ **87**, 151), insbesondere, wenn die Vernehmungsniederschrift ersichtlich ungenau oder unklar (Celle StV **91**, 294) oder die Beweisperson das alleinige Beweismittel ist (Düsseldorf StV **91**, 294; StraFo **99**, 305; vgl auch Köln StV **98**, 585).

9 b) Bei **Unmöglichkeit der Vernehmung** (Nr 2) ist die Verlesung nach II idR auf Grund der Aufklärungspflicht geboten. Das gilt beim Tod der Beweisperson oder des Mitbeschuldigten und bei Unmöglichkeit, sie in absehbarer Zeit – sei es auch nur kommissarisch (BGH StV **92**, 548) – zu vernehmen, zB wegen Krankheit (dazu unten 20), Gebrechlichkeit (5 zu § 223) oder Unerreichbarkeit (62 zu § 244; erg unten 21). Etwa erforderliche Ermittlungen werden im Freibeweis (7, 9 zu § 244) angestellt. Die nach § 244 III S 2 zu stellenden Anforderungen an die gerichtliche Ermittlungspflicht gelten auch hier. Weite Entfernung des Zeugen vom Gerichtsort reicht idR nicht aus (ANM 270). Die Unerreichbarkeit kann sich daraus ergeben, dass die oberste Dienstbehörde (6 zu § 54; 12 zu § 96) sich weigert, Namen und Aufenthalt eines V-Manns mitzuteilen oder eine entspr Aussagegenehmigung für einen Behördenbediensteten zu erteilen (BGH **29**, 109, 111; **33**, 70 = JR **85**, 213 mit Anm Bruns = JZ **85**, 492 mit Anm Fezer = NStZ **86**, 130 mit Anm J. Meyer; BGH **33**, 83; KG StV **95**, 348; Rebmann NStZ **82**, 317; vgl auch BVerfGE **57**, 250, 273 = NJW **81**, 1719, 1723; **aM** Engels NJW **83**, 1530; Fezer 14/28 ff und JZ **96**, 610; Grünwald Dünnebier-FS 347; StV **84**, 58; krit auch Bruns MDR **84**, 182).

10 Das Erfordernis, dass in **absehbarer Zeit** keine Vernehmung möglich ist, bezieht sich auf eine Vernehmung vor dem erkennenden Gericht, nicht nach § 223 (BGH NStZ **85**, 561 mwN; **86**, 470). Es muss sich um eine nicht zu kurze Zeitspanne handeln, um die die Hauptverhandlung bei Abwägung aller Umstände, auch der Bedeutung der Beweisfrage und der Schwere der Straftat sowie des Beschleunigungsgrundsatzes, nicht mehr aufgeschoben werden kann (BGH **13**, 300, 302; **22**, 118, 120; NStZ **93**, 144; erg 64 zu § 244). Die Hoffnung, dass der Zeuge

irgendwann in ferner Zukunft doch noch erscheinen und vernommen werden kann, steht der Verlesung nicht entgegen (BGH NStZ **03**, 562).

Bei **rechtlichen Hindernissen** gilt I nicht, zB wenn der Zeuge nach dem Zu- 11
standekommen des Protokolls oder der schriftlichen Erklärung befugt das Zeugnis nach §§ 52ff oder in der Hauptverhandlung nach § 55 die Auskunft verweigert (BGH **51**, 325 mwN, auch zur Gegenmeinung; abl Hecker JR **08**, 121; Murmann StV **08**, 339; zust Cornelius NStZ **08**, 246; zw BGH **51**, 280; erg unten 24). Eine Verlesung ist jedoch zulässig, wenn das Gericht von der Vernehmung absehen muss, weil für den Zeugen oder seine Familie bei wahrheitsgemäßer Aussage konkrete Gefahr für Leib oder Leben besteht; das bedarf aber genauer Prüfung (BGH NStZ **93**, 350 mit abl Anm Eisenberg StV **93**, 624, der statt dessen die Vernehmung der Verhörsperson verlangt). Schließlich ist die (ergänzende) Verlesung zulässig und nach Aufklärungsgesichtspunkten erforderlich, wenn ein Zeuge aus gesundheitlichen Gründen in der Hauptverhandlung nicht abschließend vernommen werden kann (BGH **51**, 280; zust Gubitz/Bock NJW **08**, 959; Murmann aaO).

c) Hinsichtlich eines **Vermögensschadens** (Nr 3), und zwar sowohl für die 12
Frage, ob ein solcher Schaden gegeben ist, als auch für die Höhe des Schadens ist die Verlesung einer Niederschrift oder einer Urkunde zulässig. Damit wird die Vernehmung von Zeugen entbehrlich, die außer Angaben über diese Tatsache nichts zur Aufklärung der Straftat beitragen können. Dies kommt insbesondere bei Straftaten, die gegen fremdes Vermögen gerichtet sind, in Betracht (zB bei Betrugsfällen, Autoaufbrüchen, Sachbeschädigungen usw), aber etwa auch bei Verkehrsstraftaten, zB zur Höhe von Reparaturkosten eines Pkw (Engelbrecht DAR **04**, 496) oder des Schadens bei unerlaubtem Entfernen vom Unfallort. Zur Abgrenzung des „Vermögensschadens" vom immateriellen Schaden vgl 16, 17 zu § 153a. Auch eine teilweise Verlesung einer Niederschrift oder Urkunde ist zulässig (vgl das Wort „soweit" in Nr 3). Falls Gegenstand des Verfahrens ein Verbrechen ist oder es bei einem Vergehen um sehr hohe Schadenssummen geht, wird idR aber auch jetzt noch die persönliche Vernehmung der Verlesung vorzuziehen sein (vgl auch Knauer/Wolf NJW **04**, 2936 sowie Neuhaus StV **05**, 52, die insoweit eine restriktive Anwendung der Vorschrift verlangen; ebenso SK-Velten 22).

B. **Nichtrichterliche Protokolle** können auch verlesen werden, wenn rich- 13
terliche Protokolle vorhanden und verlesbar sind (BGH **19**, 354; **27**, 139, 140; NStZ **86**, 469). Gleichgültig ist, von welcher Behörde (StA, Polizei, Finanz-, Bußgeld- oder andere Behörde) und in welchem Verfahren das Protokoll aufgenommen worden ist. Auch Vernehmungsprotokolle der Polizeibehörden im Ausland dürfen verlesen werden (BGH MDR **78**, 806 [H]; vgl aber BGH **34**, 334, 341: Verlesungsverbot, wenn der ausländische Staat der Verwertung widerspricht und berechtigterweise die Rechtshilfe verweigert).

Bestimmten **Formerfordernissen** braucht das Protokoll nicht zu genügen. Die 14
Verlesung hindert insbesondere nicht das Fehlen der Unterschrift des Vernehmungsbeamten (BGH **5**, 214) oder der Auskunftsperson (Düsseldorf StV **84**, 107). Auch die Person des Zeugen muss nicht feststehen. Die Niederschrift über die Aussage eines Zeugen, der anonym geblieben ist, darf daher verlesen werden (BGH **33**, 83 = JZ **85**, 494 mit Anm Fezer = NStZ **85**, 278 mit Anm Arloth; **aM** Engels NJW **83**, 1530; Taschke StV **85**, 269; Tiedemann/Sieber NJW **84**, 761; erg 23 zu § 163a), auch die eines Zeugen, der einen falschen Namen benutzt hat (AK-Dölling 40; Fischer NJW **74**, 68; **aM** Frankfurt NJW **73**, 2074). Ein Verstoß gegen die Belehrungspflicht nach §§ 52 III S 1, 161a I S 2, 163a V steht der Verlesung der Aussage eines noch lebenden Zeugen entgegen (erg 2 zu § 252).

Zulässig ist die Verlesung **fehlerhaft zustande gekommener richterlicher** 15
Protokolle, die nach II nicht verwertet werden dürfen (unten 32), als nichtrichterliche Vernehmungsniederschriften, so insbesondere bei unterlassener Benachrichtigung nach § 168c V (BGHR § 244 III S 2 Unerreichbarkeit 15; Franzheim NStZ **83**, 230; Park StV **00**, 219; **aM** Krause StV **84**, 173; Velten StV **07**, 97 zu

BGH StV **05**, 255); der Richter muss sich dabei aber des minderen Beweiswertes des Beweismittels bewusst sein und die Verfahrensbeteiligten entspr § 265 I auf die beabsichtigte Verwertung als nichtrichterliche Vernehmung hinweisen (BGH NStZ **98**, 312 mit zust Anm Wönne, scharf abl hingegen Velten aaO 102 Fn 66; erg 6 zu § 168 c).

16 C. **Schriftstücke:** Gemeint sind Urkunden und schriftliche Äußerungen, die unter das Beweisverbot des § 250 fallen (dort 8). Wenn sie von ihm nicht erfasst werden, können sie ohne weiteres nach § 249 I verlesen werden (ANM 271). Nach II verlesbar sind etwa dienstliche Äußerungen (Saarbrücken NJW **71**, 1904) und Ordnungswidrigkeitsanzeigen (Köln OLGSt S 13) verstorbener Beamter sowie Gutachten verstorbener Sachverständiger (RG **71**, 10), nicht aber Aktenvermerke des Vernehmungsbeamten (BGH NJW **92**, 326; Düsseldorf OLGSt Nr 1; D. Meyer MDR **77**, 544). Verlesbar sind auch Urkunden, die nicht von der Beweisperson selbst, aber, klar erkennbar (Köln StV **83**, 97), in ihrem Auftrag und mit ihrem Willen hergestellt worden sind (BGH aaO; Kohlhaas NJW **54**, 538); die Unterschrift des Zeugen kann fehlen (ANM 271). Vor der Hauptverhandlung braucht die Urkunde noch nicht bestanden zu haben.

17 Verlesbar sind auch die erst **vom Gericht eingeholten schriftlichen Äußerungen** des Zeugen (BGH GA **54**, 374 mit Anm Grützner; LR-Sander/Cirener 11; **aM** J. Meyer ZStW **95**, 856), insbesondere von nach § 96 gesperrten Zeugen (KG StV **95**, 348) oder von V-Leuten der Polizei, die aus anzuerkennenden Gründen nicht einmal für eine kommissarische Vernehmung zur Verfügung stehen (BGH NStZ **81**, 270 mit Anm Fröhlich; KMR-Paulus 14 zu § 250; vgl auch BVerfGE **57**, 250, 278 ff = NJW **81**, 1719, 1722). Die Gegenmeinung (vgl Bruns, Neue Wege zur Lösung des strafprozessualen „V-Mann-Problems", 1982, S 41 ff; Engels NJW **83**, 1530; J. Meyer NStZ **86**, 132; ZStW **95**, 855 ff) nimmt dem Angeklagten die Möglichkeit, in solchen Fällen Entlastungstatsachen durch die schriftliche Anhörung der Beweisperson zu beweisen; die Überführung des Angeklagten auf Grund solcher Äußerungen wird bei rechtsfehlerfreier Beweiswürdigung ohnehin nicht möglich sein (erg 22 zu Art 6 MRK).

18 **4) Verlesung richterlicher Vernehmungsprotokolle** (II):

19 A. Die **Voraussetzungen der Verlesung** müssen noch in der Hauptverhandlung vorliegen (BGH **1**, 103; **9**, 297, 300). Fallen sie nach der Verlesung weg, so ist das nur von Bedeutung, wenn die Aufklärungspflicht zur Vorladung des Zeugen zwingt (**aM** SK-Velten 31). II schafft über I hinausgehende Möglichkeiten der Verlesung für richterliche Vernehmungsniederschriften. Im Einzelnen setzt die Verlesung voraus:

20 a) **Krankheit, Gebrechlichkeit, andere nicht zu beseitigende Hindernisse** (Nr 1): Die Begriffe stimmen mit denen des § 223 I überein (vgl dort 4 ff). In entspr Anwendung des II Nr 1 dürfen die Protokolle auch verlesen werden, wenn der erschienene Zeuge ohne Gefahr für seinen Gesundheitszustand nicht vernommen werden kann (BGH **9**, 297; München StV **06**, 464; erg 4 zu § 223). Da Krankheit und Gebrechlichkeit (sowie andere nicht zu beseitigende Hindernisse, dazu im Folgenden) auch bereits nach I Nr 2 die Verlesung ermöglichen (oben 9 ff), läuft II Nr 1 weithin leer (Neuhaus StV **05**, 51); er kann nur dadurch Bedeutung erlangen, dass man wegen der geringeren Zuverlässigkeit nichtrichterlicher Vernehmungen an I Nr 2 in tatsächlicher Hinsicht schärfere Anforderungen stellt als an die Verlesung nach II Nr 1 (so zutr Knauer/Wolf NJW **04**, 2935).

21 **Hinderungsgrund** ist nicht die Tatsache allein, dass der Zeuge außerhalb des Geltungsbereichs der StPO wohnt; in diesem Fall muss, soweit angemessen und geboten, erst versucht werden, ihn zum Erscheinen zu veranlassen (BGH **22**, 118; 8 zu § 223; 62 zu § 244). Soweit aber nach § 244 V S 2 die Vernehmung eines Auslandszeugen abgelehnt worden ist (43 f zu § 244), steht dieser einem unerreichbaren Zeugen gleich; die Vernehmungsniederschrift ist dann also verlesbar (Maatz

Remmers-FS 587; **aM** Rose [63 zu § 244] 312). Die Weigerung des dauernd außerhalb des Geltungsbereichs der StPO wohnenden Zeugen, zur Vernehmung in der Hauptverhandlung zu erscheinen, ist ein nicht zu beseitigendes Hindernis (BGH **7**, 15; **13**, 300; **32**, 68 = JR **84**, 514 mit Anm Schlüchter; 6 zu § 223). Ihr steht das aus einer allgemein gefassten Entschuldigung erkennbare Fehlen des Willens zum Erscheinen gleich (BGH 1 StR 586/67 vom 5. 3. 1968). Des aussichtslosen Versuchs einer Ladung bedarf es auch sonst nicht, wenn das Gericht auf Grund gewissenhafter Prüfung davon überzeugt ist, dass der im Ausland wohnende Zeuge nicht erscheinen werde (vgl 63 zu § 244). Ein Fall der Nr 1 kann auch vorliegen, wenn bei einem kindlichen oder jugendlichen Zeugen der Erziehungsberechtigte sich weigert, den Zeugen zum Erscheinen zu veranlassen (Saarbrücken NJW **74**, 1959). Die Möglichkeit einer Videovernehmung (§ 247 a) steht einer Verlesung nach Nr 1 nicht entgegen, da es auf die körperliche Anwesenheit des Zeugen in der Hauptverhandlung ankommt (BGH **46**, 73, 76 mit Anm Sinn JZ **01**, 51; Albrecht StV **01**, 364). Kein Hindernis für die Vernehmung in der Hauptverhandlung ist die Gefährdung des Zeugen, etwa eines V-Manns der Polizei, die durch den Ausschluss der Öffentlichkeit (§ 172 Nr 1 a GVG) oder die Verlegung der Hauptverhandlung an einen anderen Ort beseitigt werden kann (BGH **22**, 311, 313).

Die **Länge der Zeit,** in der die Auskunftsperson nicht vernommen werden kann, ist danach zu beurteilen, wann sie vor Gericht erscheinen, nicht danach, wann das Verfahren weiter betrieben werden kann (ANM 262). Dass die Verhandlung nicht innerhalb der Fristen des § 229 fortgesetzt werden und eine neue Verhandlung wegen der Geschäftslage des Gerichts vorerst nicht stattfinden kann, erlaubt die Verlesung daher nicht (BGH 5 StR 510/68 vom 5. 11. 1968; vgl auch LR-Jäger 15 zu § 223). Maßgebend ist neben dem Beschleunigungsgebot die Bedeutung der Sache und die Wichtigkeit der Aussage (BGH **32**, 68, 73; NStZ-RR **97**, 268; Bay StV **82**, 412; München StV **06**, 464). 22

b) **Unzumutbarkeit des Erscheinens** (Nr 2): Der Begriff stimmt mit dem des § 223 II überein (dort 8). Die Unmöglichkeit, einen in Haft befindlichen Zeugen rechtzeitig vorzuführen, steht der Unzumutbarkeit nicht gleich (BGH GA **70**, 183). 23

c) Das **Einverständnis der Prozessbeteiligten** (Nr 3), das nach § 273 I im Protokoll beurkundet werden muss (dort 7), gestattet die Verlesung nur, wenn § 244 II nicht entgegensteht (oben 8) und keine Beweisverbote bestehen (BGH **42**, 73). Die Verlesung ist daher ausgeschlossen, wenn gegen die Belehrungspflicht nach § 52 III S 1 (vgl aber 2 zu § 252 für verstorbene und 11 zu § 252 für flüchtige Zeugen) oder gegen § 69 I S 1 verstoßen worden war oder wenn die nach §§ 168 a IV S 1, 271 I S 1 erforderlichen Unterschriften fehlen (Hamm JMBlNW **83**, 51), wenn der erschienene Zeuge erstmals in der Hauptverhandlung von seinem Zeugnisverweigerungsrecht Gebrauch macht (12 zu § 252) oder unter Berufung auf § 55 nicht aussagt (BGH NStZ **82**, 342; StV **96**, 191; **aM** BGH NJW **02**, 309; KK-Diemer 12 a; SK-Velten 38; erg oben 11). 24

Das Einverständnis kann schon **vor der Hauptverhandlung** erklärt werden, zB in der Verhandlung, die zum Zweck der kommissarischen Vernehmung des Zeugen ausgesetzt worden ist (ANM 261); es kann dann aber in der späteren Verhandlung widerrufen werden (Bay DAR **71**, 206 [R]; KMR-Paulus 36). 25

Alle Prozessbeteiligten müssen einverstanden sein, außer den in Nr 3 genannten Beteiligten auch die Nebenbeteiligten (Einl 73), wenn die Verlesung ihre Beteiligung betrifft (§§ 433 I S 1, 442 I, II S 2, 444 II S 2), nicht aber der Nebenkläger (12 zu § 397). Hat der Angeklagte einen Verteidiger, so müssen beide zustimmen (Bay **57**, 132 = NJW **57**, 1566 L; Bay **78**, 17 = NJW **78**, 1817). Das Schweigen des Angeklagten zur Zustimmung des Verteidigers ist aber als Einverständniserklärung zu werten (Bay aaO; KMR-Paulus 37; **aM** Hamm VRS **36**, 51, 53; Stuttgart JR **77**, 343 mit Anm Gollwitzer; erg 11 zu § 245; 3 zu § 303). Erforderlich ist auch die Zustimmung des nach § 233 vom Erscheinen entbundenen 26

Angeklagten (dort 3); wird er nach § 234 vertreten, so genügt aber die des Vertreters (LR-Sander/Cirener 69; erg 10 zu § 234; 4 zu § 234a). Der Zustimmung des Angeklagten bedarf es nicht in den Fällen der §§ 231 II, 231a und 231b; er hat sein Anhörungsrecht verwirkt (ANM 265; erg 10 zu § 245). Im Fall des § 231c ist sie nicht erforderlich, weil ihn die Beweisaufnahme nicht betrifft (dort 10). Wirkt an der Abwesenheitsverhandlung ein Verteidiger mit, so ist die Zustimmung des Angeklagten in keinem Fall erforderlich (§ 234a Hs 2). Wird der Angeklagte nach § 247 zeitweilig ausgeschlossen, so ist seine Zustimmung einzuholen.

27 Das Einverständnis kann **stillschweigend** erklärt werden (BGH **9**, 230, 232; StV **83**, 319 mit abl Anm Schlothauer), zB dadurch, dass der Verlesung nicht widersprochen wird (BGH NStZ **83**, 325; **aM** Park StV **00**, 221), sofern der Tatrichter vorher klargestellt hat, dass nach II Nr 3 verfahren werden soll (BGH NJW **84**, 65, 66; NStZ **86**, 207 [Pf/M]; StraFo **10**, 158; Bay StV **90**, 399). Wer sich schon vor der Hauptverhandlung einverstanden erklärt hat, muss ausdrücklich widersprechen, wenn er seine Meinung geändert hat (BGH **3**, 206, 209). In das Sitzungsprotokoll wird die stillschweigende Zustimmung nicht aufgenommen (8 zu § 273).

28 Der **Widerruf** der Einverständniserklärung nach Verlesung des Protokolls ist unwirksam (BGH 1 StR 620/74 vom 14. 1. 1975; Koblenz VRS **57**, 116). Das Fehlen des Einverständnisses kann durch nachträgliche Einholung geheilt werden.

29 B. **Verlesbare Protokolle:**

30 a) **Richterliche Vernehmungsprotokolle** aller Art können verlesen werden, Protokolle der StA und Polizei nur nach I, nach II auch nicht mit Zustimmung der Beteiligten (BGH MDR **76**, 989 [H]; VRS **5**, 212). Verlesbar sind richterliche Protokolle aus dem Ermittlungsverfahren nach §§ 162, 168c, 169 (BGH **10**, 186), aus dem Zwischenverfahren nach § 202 (BGH MDR **77**, 461 [H]) und aus kommissarischen Vernehmungen nach § 223 (BGH VRS **36**, 356), auch wenn sich der Vernehmungsgrund geändert hat, Niederschriften aus einer früheren Hauptverhandlung, auch die nur nach § 273 II protokollierten (BGH **24**, 183 = JR **71**, 512 mit Anm Hanack; Bay MDR **82**, 517; Saarbrücken NJW **74**, 1959), sowie Vernehmungen ohne förmliche Beschlussfassung (RG **58**, 100; **66**, 213, 216; Oldenburg NdsRpfl **54**, 17). Die Vernehmung kann auch in einem anderen Strafverfahren (BGH **10**, 186; Bay **53**, 92 = JZ **53**, 702; StV **81**, 12), in einem Zivil- oder Verwaltungsgerichtsverfahren (RG **56**, 257) oder in einem Disziplinarverfahren stattgefunden haben. Dann genügt die Einhaltung der für dieses Verfahren geltenden Förmlichkeiten.

31 b) Die **in dem Protokoll in Bezug genommenen Schriftstücke und polizeilichen Protokolle** (BGH NJW **53**, 35) dürfen mit verlesen werden, nicht aber die Niederschriften über die Aussagen von Angeklagten oder Zeugen, auf die der Vernommene sich bezogen hat. Vermerke des Richters über den Verfahrensgang und über das Verhalten des Vernommenen dürfen ebenfalls verlesen werden (BGH **2**, 1, 3; NStZ **83**, 182), auch Vermerke über seine persönlichen Eindrücke von dem Zeugen, nicht aber über seine Einschätzung der Identität des Zeugen mit einer bestimmten Person (Hamm VRS **66**, 44, 45). Die Schuldfrage betreffende Wahrnehmungen des beauftragten Richters dürfen nicht im Wege dienstlicher Erklärung in die Hauptverhandlung eingeführt werden (BGH **45**, 354 mit Anm Goeckenjan/Eisenberg JR **01**, 123 und Anm Rose wistra **00**, 231). Ebenso wenig darf er Beobachtungen, die er bei der Vernehmung nicht in der Niederschrift selbst festgehalten hat (zB über auffälliges Gebaren oder das äußere Erscheinungsbild), den anderen Gerichtsmitgliedern bei der Beratung vermitteln, weil das § 261 widersprechen würde (BGH **2**, 1, 2; NStZ **83**, 182; **89**, 382 mit abl Anm Itzel; vgl auch Foth MDR **83**, 176, der mündlichen Bericht in der Hauptverhandlung für zulässig hält).

32 c) Nur ein **ordnungsgemäß errichtetes Protokoll** darf nach II verlesen werden (BGH GA **76**, 218, 220; Park StV **00**, 218); zur Verlesung fehlerhaft zustande

gekommener richterlicher Protokolle nach I vgl oben 15; zur Frage, ob einem Zeugen Vorhalte aus einer richterlichen Vernehmung gemacht werden dürfen, wenn diese unter Verletzung der Benachrichtigungspflicht des § 168c V zustande gekommen ist, vgl BGH **34**, 231 = JR **88**, 80 mit Anm Hanack. Unzulässig ist die Verlesung zB bei einem Verstoß gegen § 22 (RG **30**, 70), gegen § 68 (BGH StV **84**, 231) und gegen § 69 I (BGH NJW **53**, 35; MDR **81**, 632 [H]; Stuttgart DAR **55**, 67) oder bei Mitwirkung eines Protokollführers, der nicht nach § 153 V GVG mit Aufgaben des UrkB betraut werden durfte (BGH NStZ **84**, 564) oder nicht nach § 168 S 3 vereidigt worden ist (BGH **27**, 339 = JR **78**, 525 mit Anm Meyer-Goßner; BGH NStZ **81**, 95 [Pf]; **84**, 564), ebenso bei Mitwirkung eines Dolmetschers, dessen nach § 189 GVG erforderliche Vereidigung unterblieben ist (BGH **22**, 118; Bay **77**, 3 = JR **77**, 475 mit abl Anm Peters). Auch das Fehlen der Unterschrift des Richters schließt die Verlesung aus (BGH **9**, 297), ebenso das Fehlen der Unterschrift des Protokollführers sowie des Bestätigungsvermerks und der Unterschrift der Schreibkraft nach § 168a IV S 2 und 3 (Stuttgart NStZ **86**, 41 mit krit Anm Mitsch NStZ **86**, 377; vgl auch Rieß NStZ **87**, 444). Unschädlich ist das Fehlen der Unterschrift des Zeugen (RG **34**, 396; vgl auch Düsseldorf StV **84**, 107). Ist die Verlesung nach diesen Grundsätzen unzulässig, so ist ohne Bedeutung, dass Angeklagter und Verteidiger ihr nicht widersprochen haben (RG **53**, 106; Stuttgart aaO). Sind der Angeklagte und der Verteidiger von dem Vernehmungstermin nicht benachrichtigt worden, so darf das Protokoll gleichwohl mit ihrem Einverständnis verlesen werden (BGH **9**, 24; **26**, 332 = JR **77**, 257 mit Anm Meyer-Goßner; BGH **29**, 1, 2; StV **85**, 397; Bay **84**, 107 = MDR **85**, 164; KG StV **84**, 68); nur der ausdrücklich im Rahmen des Äußerungsrechts nach § 257 erklärte Widerspruch führt zur Nichtverwertbarkeit der Aussage (BGH NStZ **87**, 132, 133; NJW **96**, 2239, 2241). Wegen des Verstoßes gegen Belehrungspflichten und Beweisverbote vgl oben 11.

d) Die **konsularische Vernehmung** (Einl 210), auch die von freiwillig erschienenen ausländischen Zeugen (BGH NStZ **84**, 128), steht der eines inländischen Gerichts gleich (§ 15 IV KonsG), auch wenn ein Honorarkonsul sie durchgeführt hat. Da das Protokoll von dem vernehmenden Konsularbeamten selbst geführt werden kann (§ 15 III S 3 KonsG), ist die Niederschrift auch verlesbar, wenn kein Protokollführer mitgewirkt hat. **33**

e) Bei **Vernehmungen im Ausland** durch ein Mitglied des Gerichts findet die StPO unmittelbar Anwendung (BGH NStZ **96**, 609 mit zust Anm Rose NStZ **98**, 154); sonst genügt die Einhaltung der dort bestehenden Zuständigkeits- und Verfahrensvorschriften (BGH **1**, 219; **2**, 300, 304; **35**, 82, 83; **42**, 86, 90 = JZ **97**, 45 mit Anm Lagodny und Anm Nagel NStZ **98**, 148; StV **82**, 153; VRS **41**, 203, 206). Daher können auch Vernehmungsprotokolle der StA, der Polizei und anderer Beamter verlesen werden, die nach dem ausländischen Recht zur Vernehmung ermächtigt sind (BGH **7**, 15; MDR **82**, 282 [H]; NStZ **83**, 181, **85**, 376). Eingehend und einschr hierzu aber unter Berücksichtigung der neueren Rechtsentwicklung Gless JR **08**, 319. **34**

Nach Art 4 I EuRhÜbk (Einl 215b) richtet sich die Erledigung von Rechtshilfeersuchen zwischen den Vertragsparteien (zZ 19 EU-Staaten sowie Norwegen und Island, zum jeweiligen Stand vgl www.Bundesgerichtshof.de – Bibliothek – Internationale Rechtshilfe) nunmehr allerdings nach dem Recht des ersuchenden Staates, so dass die Nichtbeachtung deutscher Verfahrensgarantien – insbesondere die fehlende Benachrichtigung von der Vernehmung – zur Unverwertbarkeit der Aussage führen kann (vgl BGH StV **07**, 627 mit Anm Schuster StV **08**, 396). Im Übrigen gilt: **34a**

Sieht das ausländische Recht eine **Benachrichtigung** der Prozessbeteiligten von dem Vernehmungstermin vor, steht die Nichtbeachtung der Vorschrift der Verlesung entgegen (BGH StV **05**, 255; Celle StV **95**, 179; vgl aber oben 15). Unschädlich ist hingegen das Fehlen der im ausländischen Recht nicht vorgesehenen **35** oder nicht zulässigen Benachrichtigung (BGH **1**, 219, 221; MDR **77**, 461 [H]; NStZ **85**, 376; Hamm VRS **24**, 391; erg 8 zu § 168c; 1 zu § 224), ebenso die Abnahme des Voreids (BGH NStZ **00**, 547; Koblenz OLGSt Nr 3) und das Fehlen der Vereidigung (BGH VRS **31**, 268). Jedoch muss das Protokoll (oder wenigstens das Übersendungsschreiben) von dem Vernehmungsbeamten unterschrieben sein (BGH MDR **79**, 637 [H]).

36 Dagegen steht eine fehlende **Belehrung** über ein Zeugnisverweigerungsrecht, die nach deutschem Recht erforderlich gewesen wäre, der Verlesung entgegen, auch wenn das ausländische Recht eine solche Belehrung nicht vorsieht (BGH NStZ **92**, 394); ob das auch bei einer fehlenden Beschuldigtenbelehrung gilt, hat BGH NStZ **94**, 595 mit Anm Wohlers NStZ **95**, 43 offen gelassen (verneinend Rogall JZ **96**, 954). Eingehend zur Verwertung im Ausland gewonnener Beweismittel Böse ZStW **114**, 148 sowie Daamen, Zur Verwertbarkeit ausländischer Vernehmungsniederschriften, 2004, zugl Diss Marburg, wobei ersterer die Ergebnisse der Rspr weithin ablehnt, während letzterer die daran geübte Kritik für unzutr hält. Eingehend nun auch Schuster, Die Verwertbarkeit im Ausland gewonnener Beweise im deutschen Strafprozess (2006, zugl Diss Mainz 2005), vgl dort insbesondere auch zur Nichtgewährung deutscher Beteiligungsrechte (S 180), zu Abweichungen bei Zeugnis- und Aussageverweigerungsrechten (S 186), zur fehlenden Belehrung über das Schweigerecht (S 204) und zur fehlenden Möglichkeit der Verteidigerkonsultation (S 214). Zur Verwertbarkeit von Protokollen über die Vernehmung anonymer Zeugen vgl Düsseldorf StV **92**, 558 mit krit Anm Walther.

37 **5) Verlesung von Protokollen und Urkunden im Freibeweis** (III): Die Vorschrift besagt nur, dass der Grundsatz der Unmittelbarkeit der Beweisaufnahme (1 zu § 250) für die Urkundenverlesung im Freibeweis (7 ff zu § 244) nicht gilt (LR-Sander/Cirener 71 ff). Ob in ihr eine gesetzliche Anerkennung des Freibeweises über den Fall des III hinaus gesehen werden kann, ist zweifelhaft (dazu ANM 114/5). Die Verlesung ordnet der Vorsitzende im Rahmen der Sachleitung an (vgl IV S 1); eines Gerichtsbeschlusses bedarf es nur im Fall der Beanstandung (§ 238 II).

38 **6) Verfahren** (IV):

39 A. **In vollem Umfang** muss das Protokoll oder die Urkunde verlesen werden (Ausnahme oben 12). Die Teilverlesung ist nur mit Zustimmung der Prozessbeteiligten zulässig (BGH NStZ **88**, 283). Durch einen Bericht des Vorsitzenden (25 ff zu § 249) darf die Verlesung nicht ersetzt werden (LR-Sander/Cirener 83).

40 B. Ein **Gerichtsbeschluss** (IV S 1, 2), der im Sitzungsprotokoll beurkundet werden muss, ist erforderlich, auch wenn alle Beteiligten mit der Verlesung einverstanden sind (BGH NStZ **88**, 283; NStZ-RR **07**, 52; Bay NJW **05**, 1592; DAR **94**, 386 [B]). Der Vorsitzende allein darf nur das Absehen von der Verlesung anordnen.

41 Der Beschluss muss **mit Gründen versehen** werden, auch wenn die Prozessbeteiligten darauf keinen Wert legen (BGH NJW **52**, 1305; NStZ **86**, 325; Koblenz OLGSt Nr 2). Die tatsächlichen Gründe der Verlesung, nicht nur die Gesetzesbestimmungen (BGH StraFo **10**, 150; Karlsruhe NJW **73**, 1942), müssen so genau angegeben werden, dass sie rechtlich nachprüfbar sind (BGH aaO; **9**, 230; NStZ **83**, 569; StV **84**, 324; **93**, 144; Bay StV **81**, 12; Düsseldorf StraFo **99**, 305). Im Fall des II Nrn 1, 2 muss erkennbar sein, dass die Voraussetzungen der kommissarischen Vernehmung fortbestehen (ANM 273); dabei kann die Bezugnahme auf den die Vernehmung nach § 223 anordnenden Beschluss ausreichen (BGH StV **83**, 232). In den Fällen des I Nr 1 und des II Nr 3 genügt der Hinweis auf die Vorschrift.

42 C. **Vereidigung** (S 3, 4):

43 a) Die **Feststellung** der Nichtvereidigung ist überflüssig, wenn die Auskunftsperson als Beschuldigter vernommen worden ist oder eidesunmündig war oder

wenn die Nichtvereidigung in dem verlesenen Protokoll vermerkt ist (Stuttgart DAR **55**, 67). Die Feststellung, die in der Sitzungsniederschrift beurkundet werden muss, kann bis zum Schluss der Hauptverhandlung nachgeholt werden. Nicht erforderlich ist die Bekanntgabe der Gründe für die frühere Vereidigung (insoweit **aM** LR-Sander/Cirener 87) oder Nichtvereidigung.

b) **Nachholung:** Eine notwendige und durchführbare Vereidigung ist nachzuholen (S 4); im Fall des II gilt IV S 4 nicht (BGH 1 StR 401/93 vom 26. 10. 1993). Die Notwendigkeit der Vereidigung bestimmt sich nach den allgemeinen Vorschriften der §§ 59ff; IV S 4 erweitert die Ausnahmen der §§ 60, 61 nicht (BGH **1**, 269, 272; NStZ **84**, 179; Stuttgart StV **87**, 55). Das Gericht hat über die Nachholung von Amts wegen durch förmlichen Beschluss zu entscheiden (BGH **1**, 269, 270; Stuttgart aaO). Das ist jedoch nicht erforderlich, wenn der ersuchte Richter von der Vereidigung abgesehen hatte; dann bedarf es eines Beschlusses nur, wenn die Nichtvereidigung beanstandet wird (vgl BGH NStZ **90**, 230 [M]). Wird die Nachholung angeordnet, so muss der Zeuge nochmals kommissarisch vernommen werden (vgl LR-Sander/Cirener 91). 44

7) Revision: Das Revisionsgericht prüft auf entspr Rüge die Gründe des Verlesungsbeschlusses (oben 35) auf Rechtsfehler (BGH MDR **79**, 990 [H]). Das Fehlen des Beschlusses nach IV S 1 begründet die Revision (BGH NStZ **88**, 283; **93**, 144; Brandenburg NStZ **96**, 300), auch das Fehlen oder ein Mangel in der Begründung nach IV S 2 (vgl BGH NStZ **83**, 569). Dass Angeklagter und Verteidiger der Verlesung nicht widersprochen haben, spielt hier keine Rolle (BGH NStZ **86**, 325; NStZ-RR **97**, 268). Das Urteil beruht aber nicht auf dem Verstoß, wenn allen Beteiligten der Grund der Verlesung klar war (BGH StV **83**, 319 mit Anm Schlothauer; BGH NStZ **86**, 325; NStZ-RR **01**, 261 [B]; **07**, 52; StraFo **10**, 150; BGHR § 251 IV S 1 Anordnung 1; Bay StV **90**, 399). Die Revision begründet auch das Fehlen der Feststellung nach IV S 3 und des Beschlusses nach IV S 4 (BGH NStZ **84**, 179, 180; StV **00**, 654). Die Geltendmachung von Mängeln der kommissarischen Vernehmung ist verwirkt, wenn der Verlesung des Vernehmungsprotokolls in der Hauptverhandlung nicht widersprochen wird (BGH **1**, 284, 286; **9**, 24, 28; NJW **52**, 1426; **84**, 65, 66). 45

Zum **notwendigen Revisionsvorbringen** gehören Angaben über den Inhalt der Niederschrift oder der Urkunde (BGH NStZ **00**, 215), über den Aussteller einer nach I Nr 1 verlesenen Urkunde, über die Möglichkeit der Vernehmung der Beweisperson in der Hauptverhandlung und über die Verwertung der Niederschrift oder der Urkunde im Urteil (Düsseldorf NStE Nr 15). 46

Verbot der Protokollverlesung nach Zeugnisverweigerung

252 **Die Aussage eines vor der Hauptverhandlung vernommenen Zeugen, der erst in der Hauptverhandlung von seinem Recht, das Zeugnis zu verweigern, Gebrauch macht, darf nicht verlesen werden.**

1) Eine **Ergänzung der §§ 52 ff** für den Fall nachträglicher Zeugnisverweigerung enthält § 252; er schließt dann die Verwertung der Aussage des Zeugen, nicht eines Mitangeklagten (BGH **3**, 149; VRS **31**, 453), insbesondere deren Verlesung, auch wenn es sich um eine richterliche Vernehmungsniederschrift handelt (BGH NStZ **97**, 95), aus; unerheblich ist, ob die Aussage für den Angeklagten günstig oder ungünstig war (BVerfG NStZ-RR **04**, 18; **aM** LR-Sander/Cirener 8). Dies gilt auch für von einem Sachverständigen gewonnene Zusatztatsachen (BGH MDR **87**, 625 [H]). Der Aussageverweigerung in der Hauptverhandlung steht der Fall gleich, dass der Zeuge schon vorher mitteilt, er werde nicht aussagen. Ob die Voraussetzungen des § 252 vorliegen, ist im Freibeweisverfahren zu prüfen (BGH NStZ **96**, 295). 1

2 Im **Fall des § 52** ist gleichgültig, ob das Angehörigenverhältnis vor oder nach der früheren Vernehmung entstanden ist (BGH **22**, 219, 220; **27**, 231; NJW **72**, 1334; **80**, 67; StV **88**, 92; zw BGH **45**, 342, 347 = JR **01**, 250 mit Anm Gollwitzer, wo dann aber ein Verwertungsverbot wegen unlauterer Verfahrensmanipulation – Heirat zwecks Erlangung des Zeugnisverweigerungsrechts – verneint wurde). Das Verwertungsverbot besteht aber nicht, wenn der Angehörige, ohne die nachträgliche Aussageverweigerung erklärt zu haben, geisteskrank geworden (RG **9**, 88, 91) oder verstorben ist (BGH **22**, 35; MDR **66**, 384 [D]; Nürnberg HESt **3**, 40; **aM** EbSchmidt NJW **68**, 1218; Geppert Jura **88**, 310; Peters JR **68**, 430). Verstirbt er nach Abgabe der Erklärung, so ist die Aussage unverwertbar (Celle NJW **68**, 415; LR-Sander/Cirener 18; Schlüchter 505; **aM** Michaelis NJW **69**, 730); das gilt auch dann, wenn er später außergerichtlich erklärt hatte, er werde in der Hauptverhandlung doch aussagen (**aM** Köln StraFo **04**, 382 mit zutr abl Anm Foth). Das Verwertungsverbot wirkt gegenüber allen Angeklagten, auch wenn das Angehörigenverhältnis nur zu einem von ihnen besteht, sofern gegen sie ein sachlich nicht trennbarer Vorwurf erhoben worden ist (BGH **7**, 194, 196; **27**, 139, 141; VRS **65**, 283, 285; Celle NdsRpfl **64**, 279; erg 11 ff zu § 52).

3 Im **Fall der §§ 53, 53 a** ist § 252 nur anwendbar, wenn schon bei der früheren Vernehmung ein Zeugnisverweigerungsrecht bestanden hat (Dresden NStZ-RR **97**, 238; **aM** Theuner [1 zu § 53] 331: selbst bei unlauterer Verfahrensmanipulation), nicht aber, wenn der Zeuge damals nach §§ 53 II S 1, 53 a II von der Schweigepflicht entbunden war (BGH **18**, 146 = JR **63**, 266 mit Anm EbSchmidt; StV **97**, 233 L; **aM** Geppert Jura **88**, 311).

4 Im **Fall des § 54** gilt § 252, wenn der Zeuge in der irrigen Annahme ausgesagt hatte, er sei nicht zum Schweigen verpflichtet (Celle MDR **59**, 414; Gössel NJW **81**, 2220; **aM** KK-Diemer 8; LR-Sander/Cirener 5). Wird die Aussagegenehmigung widerrufen (23 zu § 54), bleibt das, was der Zeuge vorher in der Hauptverhandlung ausgesagt hat, verwertbar, nicht aber seine Bekundungen im Vorverfahren (Celle MDR **59**, 414; LR-Ignor/Bertheau 20 zu § 54; SK-Velten 9; **aM** SK-Rogall 8 zu § 54).

5 Für das **Auskunftsverweigerungsrecht nach § 55** hat § 252 keine Bedeutung (BGH **6**, 209, 211; **17**, 337, 350; **83**, 796 [H]; Bay **84**, 1 = NJW **84**, 1256; ANM 467 mwN; Mitsch JZ **92**, 183; **aM** Eisenberg BR 1284 mit 1127; Fezer 15/57 ff; Geppert Jura **88**, 312; Hanack JZ **72**, 238; Rengier 236; Rogall NJW **78**, 2538), auch wenn ausnahmsweise (2 zu § 55) die ganze Aussage verweigert werden darf (BGH **17**, 245).

6 **Entsprechend anwendbar** ist § 252 im Fall des § 76 (ANM 467; **aM** KMR-Paulus 1 zu § 72), nicht im Fall des § 81 c (**aM** Geppert Jura **88**, 365; Rengier Jura **81**, 304; erg 25 zu § 81 c) und auch nicht, wenn der Angehörige eines Mitangeklagten früher als Beschuldigter Angaben gemacht hat, aber als Angeklagter in der Hauptverhandlung die Aussage insoweit verweigert (BGH **45**, 342, 350 = JR **01**, 250 mit zust Anm Gollwitzer; erg aber unten 11), oder wenn ein Mitangeklagter, der früher Angaben als Zeuge gemacht hat, jetzt schweigt (BGH **3**, 149; BGHR Verwertungsverbot 9). Die Angeklagtenstellung darf aber nicht durch eine Verfahrensverbindung herbeigeführt werden, um das Zeugnisverweigerungsrecht zu umgehen (BGH **45**, 342, 351).

7 **2)** Auf **Aussagen vor der Hauptverhandlung,** auch in einer früheren Hauptverhandlung (BGH MDR **69**, 18 [D]), in einem anderen Strafverfahren (BGH **20**, 384; StV **05**, 536) oder in einem Zivilprozess (BGH **17**, 324; ANM 465 mwN; **aM** KMR-Paulus 23 mwN), bezieht sich § 252. Darunter fallen nicht nur Angaben des Zeugen bei einer förmlichen, in ein Protokoll aufgenommenen Vernehmung, sondern auch Angaben gegenüber der (Jugend)Gerichtshilfe (BGH NJW **05**, 765), schriftliche Erklärungen in einem von der Polizei zugesandten Fragebogen (Stuttgart VRS **63**, 52), unprotokolliert gebliebene Angaben gegenüber einem Polizeibeamten (ANM 468) und Angaben bei einer telefonischen Befragung zum

Tatgeschehen (Bay DAR **86**, 247 [R]). Die informatorische Anhörung steht insoweit der förmlichen Vernehmung gleich (BGH **29**, 230 = JR **81**, 125 mit Anm Gollwitzer, Jena StV **06**, 518; Hamburg StV **90**, 535; Köln VRS **80**, 32 mwN; Stuttgart VRS **63**, 52; AG Rudolstadt VRS **113**, 58; Geppert Oehler FS 330 ff; Gundlach NJW **80**, 2142; krit Haubrich NJW **81**, 803). Auf wessen Initiative die Vernehmung stattfindet, spielt keine Rolle (Bay **82**, 167 = NJW **83**, 1132).

Nur Äußerungen, die ein Zeuge vor oder außerhalb der Vernehmung **aus freien Stücken** getan hat, werden von § 252 nicht erfasst (BGH **1**, 373; **29**, 230 = JR **81**, 125 mit Anm Gollwitzer; **36**, 384, 389; NStZ **92**, 247; **07**, 652; NJW **98**, 2229; Bay **00**, 108 = NStZ-RR **01**, 49; Saarbrücken NJW **08**, 1396 mit krit Anm Mitsch NStZ **09**, 287). Das gilt vor allem für den Inhalt einer Strafanzeige, mit der keine Vernehmung verbunden ist (BGH NJW **56**, 1886; NStZ **89**, 15 [M] mit krit Anm Joachim NStZ **90**, 95; **aM** Rengier Jura **81**, 301), für Äußerungen bei der Bitte um polizeiliche Hilfe (BGH GA **70**, 153; NStZ **86**, 232; Bay **51**, 605 = NJW **52**, 517; VRS **65**, 290; **aM** Rengier aaO; vgl auch LG Lüneburg NJW **69**, 442), für Spontanäußerungen und -reaktionen im Anschluss an eine Vernehmung (Hamm JMBlNW **72**, 262; München 4St RR 27/09 vom 23. 4. 2009; **aM** Schlüchter 501) und für Informationen, die ein V-Mann den von ihm herbeigerufenen Polizeibeamten gibt (LG Frankfurt aM MDR **86**, 340 mit abl Anm Sieg; StV **88**, 337 mit abl Anm Nestler-Tremel). Der gezielte Einsatz eines V-Mannes gegenüber einem Zeugnisverweigerungsberechtigten verstößt nach Ansicht des BVerfG – jedenfalls wegen Fehlens einer gesetzlichen Grundlage – gegen das Gebot des fairen Verfahrens (NStZ **00**, 489 mit krit Anm Rogall und abl Anm Lesch JR **00**, 334; NJW **10**, 287), wobei aber offen geblieben ist, ob dies auch ein Verwertungsverbot nach sich zieht (verneinend BGH **40**, 211; Gollwitzer JR **95**, 469; Schlüchter/Radbruch NStZ **95**, 354; Sternberg-Lieben JZ **95**, 844; bejahend Wolter BGH-FG 969; vgl auch Rogall JZ **96**, 951; krit zum BVerfG auch Lüderssen BGH-FG 907 und Weßlau StV **00**, 468). Verwertbar ist die Mitteilung der Zeugin gegenüber einem Polizeibeamten, der an der Wohnungstür geklingelt hat, ihr Mann sei nicht zu Hause (Stuttgart Justiz **72**, 322), nicht aber die Angabe, er fahre das von der Polizei gesuchte Fahrzeug (Bay **04**, 129 = NStZ **05**, 468; Frankfurt StV **94**, 117). 8

Schriftliche Mitteilungen und Erklärungen des Zeugen in dem anhängigen oder einem anderen Verfahren, auch in einem Zivil- oder Verwaltungsgerichtsverfahren, fallen nicht unter § 252 (BGH NStZ **98**, 26 [K]; **aM** Bay DAR **85**, 245 [R]), ebenso wenig Briefe des Zeugen an den Angeklagten (RG **22**, 51; Schlüchter 500.1) und Äußerungen gegenüber anderen Zeugen (BGH **1**, 373; **20**, 384, 385; JR **51**, 349; Bay **82**, 167, 169 = NJW **83**, 1132; Geppert Jura **88**, 363 und Oehler-FS 330) oder gegenüber einer Sozialbehörde, von der der Zeuge Hilfe oder Unterstützung erlangen will (BGH GA **70**, 153; NStZ **86**, 232). Eingehend zu dieser Problematik – teilw gegen die Rspr – Ranft StV **00**, 520 ff. 9

Für **Äußerungen gegenüber Sachverständigen** gilt § 252 ebenfalls nicht, soweit es sich um Befundtatsachen (10 zu § 79) handelt (BGH **11**, 97, 99; LR-Sander/Cirener 42 mwN; **aM** HK-Julius 13; SK-Velten 20; einschr auch Wohlers StV **96**, 194); dagegen stehen Mitteilungen über Zusatztatsachen (11 zu § 79) einer Aussage gleich (stRspr, vgl BGH **36**, 384, 386; NStZ **07**, 353; ferner BGH **46**, 189 für die erneute Hauptverhandlung nach Wiederaufnahme des Verfahren); das gilt auch für frühere Äußerungen im Zivilprozess oder in einem Verfahren der freiwilligen Gerichtsbarkeit (BGH **36**, 384 = JZ **90**, 874 mit Anm Fezer; BGH NJW **98**, 2229 zu § 50 b FGG = § 159 FamFG). Erg 25 zu § 81 c. 10

3) War der Zeuge früher Beschuldigter in demselben oder in einem anderen Verfahren, so ist seine damalige Einlassung unverwertbar, soweit er jetzt als Zeuge die Aussage befugt nach § 52 verweigert oder verweigern könnte (BGH **10**, 186; **20**, 384; **42**, 391 = NStZ **97**, 351 mit Anm Rieß; dazu auch Mitsch 11

Lenckner-FS 721 ff: „partielles Verwertungsverbot"; Bay **82**, 167 = NJW **83**, 1132; Koblenz NJW **83**, 2342). Das schließt zugleich aus, dass das früher gegen ihn ergangene Urteil verlesen (BGH NStZ **03**, 217) oder der vernehmende Richter über die Beschuldigtenvernehmung gehört wird (BGHR Verwertungsverbot 6; vgl unten 13), selbst wenn er den Beschuldigten überflüssigerweise nach § 52 III S 1 belehrt hatte (BGH GA **79**, 144; StV **02**, 3 L; Bay **77**, 127 = NJW **78**, 387, Koblenz aaO). Wenn jedoch ein Mitangeklagter flüchtig ist, der sich sonst in demselben Verfahren hätte verantworten müssen, kann die Niederschrift über seine Vernehmung als Beschuldigter nach § 251 I Nr 2 oder II Nr 1 verlesen werden. Dass er dabei nicht über das Recht zur Verweigerung des „Zeugnisses" belehrt worden ist, steht dem nicht entgegen, weil diese Belehrung bei der Beschuldigtenvernehmung nicht in Betracht kam (BGH **27**, 139 = JR **77**, 433 mit abl Anm Hanack).

12 **4)** Ein **Beweisverbot,** auf das die Beteiligten nicht verzichten können (BGH **10**, 77; NStZ **97**, 95; Karlsruhe OLGSt S 21; vgl auch R. Hamm StraFo **98**, 364), bestimmt § 252. Es gilt nur dann nicht, wenn die Strafbarkeit des Inhalts der Aussage in einem Verfahren gegen den Zeugen oder den Anstifter zum Falscheid festgestellt werden muss (Hamm NJW **81**, 1682; Geppert Jura **88**, 368). Über seinen Wortlaut hinaus verbietet § 252 nicht nur die Verlesung der Aussage einschließlich der Schriftstücke, die der Zeuge bei der Vernehmung übergeben hat und die Bestandteil seiner Aussage geworden sind (BGH **22**, 219; StV **96**, 196; **01**, 108), sondern auch jede andere Verwertung (BGH **2**, 99; **7**, 194; **29**, 230, 232; **32**, 25, 29; Hamm NStZ **03**, 107; ANM 468 mwN; **aM** Rogall Otto-FS 973), wobei es eines Widerspruchs des Angeklagten gegen die Verwertung (anders als bei § 136, dort 25) nicht bedarf (BGH StV **98**, 470; Hamm aaO). Der Inhalt der Aussage darf insbesondere nicht durch Verlesung eines früheren Urteils (BGH **20**, 384, 386; Schlüchter 510), durch Vorhalt (28 zu § 249) der früheren Aussage an Angeklagte oder Zeugen (BGH **2**, 99; **7**, 194; **21**, 149; NJW **56**, 1886; **80**, 67, 68; Geerds Blau-FS 86; Geppert Jura **88**, 369) oder durch Anhörung von Personen festgestellt werden, die bei der Vernehmung zugegen gewesen sind (BGH **13**, 394 = JR **60**, 225 mit Anm Heinitz). Eine Tonbandaufnahme oder eine Videoaufzeichnung (4 zu § 168 a; 1 zu § 255 a) über die frühere Vernehmung darf ebenfalls nicht zu Beweiszwecken abgespielt werden.

13 Grundsätzlich ist auch die **Vernehmung von Verhörspersonen** ausgeschlossen. Beamte der StA, Polizei oder Finanzbehörden dürfen über den Inhalt der Aussage nicht vernommen werden (BGH **21**, 218 = JR **67**, 467 mit abl Anm Peters; Bay DAR **87**, 313 [B]; Braunschweig OLGSt § 244 Nr 3; LR-Sander/Cirener 10; ANM 472/3 mwN; **aM** Kohlhaas NJW **65**, 1255), auch nicht über ihre Eindrücke bei der Vernehmung (BGH NJW **79**, 1722; KK-Diemer 3), wohl aber über Auffälligkeiten im Verhalten des Zeugen (Hamm JMBlNW **72**, 262: Vernichtung des Protokolls). Auch die bei einer „Vernehmung" durch den Verteidiger gemachten Angaben dürfen nicht verwertet werden (BGH **46**, 1 = NStZ **01**, 49 mit krit Anm Schittenhelm; Beulke StP 420 a und Gollwitzer-Koll 13; **aM** Freund Meurer-GS 369; Roxin Rieß-FS 459). Eine Ausnahme von dem Vernehmungsverbot gilt für den Fall, dass der Zeuge von einem Straf- oder Zivilrichter vernommen worden ist, der ihn nach § 52 III S 1 oder der sonst einschlägigen Verfahrensvorschrift ordnungsgemäß, ggf vorsorglich für den Fall der Angehörigeneigenschaft (BGH **32**, 25, 31), über sein Zeugnisverweigerungsrecht belehrt hatte oder nur deshalb nicht belehrt hat, weil der Zeuge das Angehörigenverhältnis verschwiegen hat (BGH **48**, 294; abl Eisenberg/Zötsch NJW **03**, 3676).

14 Dann ist die **Vernehmung der mitwirkenden Richter,** auch der Schöffen (BGH **13**, 394, 398 = JR **60**, 225 mit Anm Heinitz), nicht aber des UrkB oder sonstiger Prozessbeteiligter (BGHR Verhörsperson 1), über den Inhalt der Aussage zulässig (BGH stRspr, zuletzt **32**, 25, 29; **36**, 384, 385; **45**, 342, 345; **46**, 189, 195; NJW **96**, 1501, 1503; zust Krey Meyer-GedSchr 243; krit Eisenberg NStZ **88**,

488; Eser NJW **63**, 234; **aM** AK-Meier 20; Geppert Jura **88**, 306ff; Fezer JZ **90**, 876; Grünwald BewR 130; Welp JR **96**, 78; nur bezüglich zivilrichterlicher Vernehmungen **aM** Ranft StV **00**, 525); dies rechtfertigt sich aus der aus § 251 folgenden erhöhten – auch dem Zeugen erkennbaren (§§ 153 ff StGB) – Bedeutung der richterlichen gegenüber einer sonstigen Vernehmung (BGH **49**, 72, 77 mit abl Anm Degener StV **06**, 509). Zur ordnungsmäßigen Belehrung, die das Gericht, wenn § 274 nicht gilt, im Freibeweis (7, 9 zu § 244) feststellen muss (BGH **26**, 281, 283), gehört auch, dass ein verstandesschwacher Zeuge darüber belehrt wird, dass er trotz Zustimmung seines gesetzlichen Vertreters nicht auszusagen braucht (BGH NStZ **84**, 43). Ein Hinweis darauf, dass die Aussage verwertbar bleibt, wenn der Zeuge später das Zeugnis verweigert, wird jedoch nicht vorausgesetzt (BGH **32**, 25, 31).

Dem Richter dürfen aus der Vernehmungsniederschrift, einschließlich der darin in Bezug genommenen Protokolle, **Vorhalte zur Auffrischung des Gedächtnisses** gemacht, und sie darf zu diesem Zweck auch vorgelesen werden (BGH **11**, 338, 341; **21**, 149; 4 StR 660/09 vom 9. 2. 2010; LR-Sander/Cirener 34; **aM** Fezer JuS **77**, 672; Riegner NJW **61**, 63; KMR-Paulus 33 lässt nur den Vorhalt zu). Erinnert er sich trotzdem nicht an die Vernehmung und erklärt er nur, dass er die Aussage seinerzeit richtig und vollständig aufgenommen habe, so darf ihr Inhalt nicht verwertet werden (BGH **11**, 338, 341; **21**, 149, 150; StV **94**, 413; **01**, 386; 4 StR 660/09 vom 9. 2. 2010; Wömpner NStZ **83**, 298). 15

5) Der **Verzicht auf das Zeugnisverweigerungsrecht** lässt Beweiserhebungen über den Inhalt der früheren Aussage zu. Solange in der Hauptverhandlung aber Ungewissheit darüber besteht, ob der Zeuge von seinem Weigerungsrecht Gebrauch macht, ist die Vernehmung anderer Verhörspersonen als der Richter unzulässig. Erst muss festgestellt werden, dass auch der Zeuge zur Aussage bereit ist (BGH **2**, 110; **7**, 194, 197; **25**, 176; NJW **96**, 206; StV **00**, 236; Bay **04**, 129 = NStZ **05**, 468). Das Gleiche gilt für Vorhalte an den Angeklagten (BGH **2**, 110). Hat ein Polizeibeamter dem Angeklagten bei dessen Vernehmung Vorhalte aus der Aussage eines nicht nach § 52 III S 1 belehrten Zeugen gemacht, so schließt das die Vernehmung des Polizeibeamten als Zeugen über das, was ihm der Angeklagte erklärt hat, nicht aus (BGH NJW **55**, 1289 mit abl Anm Lürken; Nüse JR **66**, 283). 16

Die **Geltendmachung des Zeugnisverweigerungsrechts** hindert den Zeugen aber nicht, nach ordnungsgemäßer („qualifizierter") Belehrung (BGH NStZ **07**, 352; **aM** wohl BGH NStZ-RR **06**, 181: schriftliche Erklärung des Zeugen genügt, einschr auch BGH NStZ **07**, 652: Belehrung idR nicht erforderlich; dagegen Fezer HRRS **07**, 284: Erklärung des Zeugen *in* der Hauptverhandlung nötig) die Verwertung der bei einer nicht-richterlichen Vernehmung gemachten Aussage zu gestatten (BGH **45**, 203 = JR **00**, 339 mit abl Anm Fezer, Firsching StraFo **00**, 121, Vogel StV **03**, 598; dem BGH zust LR-Sander/Cirener 22; Amelung Schlüchter-GS 430; abl Beulke Gollwitzer-Koll 2; Roxin Rieß-FS 451, Wollweber NJW **00**, 1702, **01**, 3760, gegen ihn zutr Ranft NJW **01**, 1305, 3761; vgl ferner Keiser NStZ **00**, 458; Kett-Straub ZStW **117**, 375; Lammer Rieß-FS 301; Schwaben NStZ **02**, 293). Die Erklärung des Zeugen muss eindeutig sein (BGH NStZ **07**, 652, NStZ-RR **07**, 289 [B]); ggf ist er zu befragen, ob er der Verwertung zustimmt (BGH StraFo **03**, 170), jedoch ist der Richter zu einer solchen Befragung idR nicht verpflichtet (BGH NStZ **03**, 498 = JR **04**, 31 mit abl Anm Fezer). Anwaltliche Erklärung für den Zeugen wird regelmäßig genügen (BGH NStZ **07**, 712). Die Verwertung kann durch Vernehmung der Verhörsperson als Zeuge erfolgen (BGH NStZ-RR **06**, 181; NStZ **07**, 652); Vorhalte aus einer Aufzeichnung der Aussage sind zulässig, die unmittelbare Verwertung ist jedoch grundsätzlich untersagt (BGH **52**, 148). Bei der Würdigung der Aussage ist allerdings der erheblich geringere Beweiswert zu beachten (BGH **45**, 203, 208), so dass kaum jemals eine Verurteilung auf diese Aussage allein wird gestützt werden können (Vogel StV **03**, 601; vgl auch BGH StV **03**, 604). 16a

17 **6)** Die Aussage eines vor der Hauptverhandlung vernommenen, in ihr **unerreichbaren Zeugen** darf verlesen werden, wenn er damals ordnungsgemäß belehrt worden war (ob frühere Belehrung erforderlich ist, lässt BGH **27**, 139, 143 mwN offen). Einer vorherigen Einholung einer Erklärung des Zeugen, ob er jetzt von seinem Zeugnisverweigerungsrecht Gebrauch machen wolle, bedarf es – entgegen BGH **25**, 176 – nicht; denn § 251 sieht dies nicht vor (vgl auch KK-Diemer 12; Hanack JR **77**, 436).

18 **7) Revision:** Im Fall der Vernehmung des Richters (oben 14) ist es ein Revisionsgrund, wenn das Urteil nicht ausdrücklich feststellt, ob und wie sich das Gericht von der ordnungsgemäßen Belehrung des Zeugen überzeugt hat (BGH NJW **79**, 1722; **aM** KK-Diemer 32). Revisionsgrund ist es auch, wenn in unzulässiger Weise eine nichtrichterliche Verhörsperson vernommen worden ist. Zum notwendigen Revisionsvorbringen bei der Behauptung, es habe wegen einer aus „freien Stücken" abgegebenen Äußerung kein Verwertungsverbot vorgelegen (oben 8), BGH NJW **98**, 2229. Es ist nicht erforderlich, dass der Verwertung der Aussage in der Hauptverhandlung widersprochen worden ist (vgl 25 zu § 136); auch der Beanstandung nach § 238 II bedarf es nicht (BGH **45**, 203, 205; NStZ **07**, 353; Ranft NJW **01**, 1306).

Protokollverlesung zur Gedächtnisunterstützung

253 **I Erklärt ein Zeuge oder Sachverständiger, dass er sich einer Tatsache nicht mehr erinnere, so kann der hierauf bezügliche Teil des Protokolls über seine frühere Vernehmung zur Unterstützung seines Gedächtnisses verlesen werden.**

II Dasselbe kann geschehen, wenn ein in der Vernehmung hervortretender Widerspruch mit der früheren Aussage nicht auf andere Weise ohne Unterbrechung der Hauptverhandlung festgestellt oder behoben werden kann.

1 **1)** Den **Urkundenbeweis** lässt die Vorschrift in Durchbrechung des Unmittelbarkeitsgrundsatzes des § 250 zu (BGH **3**, 199, 201; 281, 283; **11**, 338, 341; **20**, 160, 162 = JZ **65**, 649 mit Anm Peters; BGH NJW **86**, 2063; **83**, 624 [H]; ANM 277; Roxin/Schünemann § 46, 20). Sie regelt nicht nur, wie eine Mindermeinung annimmt (EbSchmidt Z **64**, 540; Grünwald JZ **66**, 493; Hanack Schmidt-Leichner-FS 86), eine besondere Form des Vorhalts durch Verlesen. Ersetzt wird durch den Urkundenbeweis die Vernehmung des Verhörsbeamten, nicht der Beweisperson (Wömpner NStZ **83**, 296). Außerhalb der Hauptverhandlung gilt § 253 nicht (SK-Velten 8). Zur Vorführung von Bild-Ton-Aufzeichnungen vgl § 255 a.

2 Die **Entscheidung** über die Anwendung der Vorschrift trifft der Vorsitzende (§ 238 I), das Gericht nur auf Beanstandung nach § 238 II. Zur Protokollierung vgl § 255.

3 **2) Allgemeine Voraussetzung der Verlesung** ist die Anwesenheit des Zeugen oder Sachverständigen in der Hauptverhandlung (BGH MDR **70**, 198 [D]; KG NJW **79**, 1668; Saarbrücken JR **73**, 472 mit Anm Fuhrmann; LR-Mosbacher 21; Wömpner NStZ **83**, 296). Er muss zunächst vollständig vernommen werden. Erforderlichenfalls wird damit ein Vorhalt als Vernehmungsbehelf (28 zu § 249) verbunden oder andere zulässige Hilfe zur Gedächtnisauffrischung (8 zu § 69) geleistet. Nur wenn das nicht zum Erfolg führt, darf nach § 253 verfahren werden (BGH **3**, 281, 284; **20**, 160, 162; NJW **86**, 2063; NStZ **02**, 46). Die Beweisperson muss sich dann zum Protokollinhalt äußern und seinen Inhalt in ihre Aussage einbeziehen können.

4 **3) Weitere Voraussetzungen der Verlesung:**

5 A. **Erklärung, sich nicht erinnern zu können** (I): Die Erklärung, die nicht im Protokoll beurkundet werden muss, braucht nicht ausdrücklich abgegeben worden

zu sein (BGH **3**, 281, 285). Wenn die Erinnerungslücken schon durch die Vernehmung erkennbar werden, ist sie sogar entbehrlich (BGH **1**, 337, 340; KK-Diemer 5). Für den Fall, dass der Zeuge erklärt, sich nicht einmal an den Vorgang zu erinnern, zu dem er früher vernommen worden ist, gilt I entspr (LR-Mosbacher 11). Die Richtigkeit der Erklärung des Zeugen prüft das Gericht nicht nach (RG **59**, 248); es kann nach § 253 auch verfahren, wenn es sie für falsch hält (ANM 278).

B. **Widerspruch zwischen jetziger und früherer Aussage** (II), der erst in der Hauptverhandlung, nicht schon bei früheren Vernehmungen, aufgetreten ist und ohne deren Unterbrechung nicht anders als durch die Verlesung behoben werden kann. Die Behebbarkeit ist idR ausgeschlossen, wenn der Richter oder Beamte, der die frühere Vernehmung geleitet hat, nicht als Zeuge geladen worden ist (RG **55**, 223), uU aber sogar im Fall seiner Anwesenheit und Vernehmung (RG **34**, 48). Eine ausdrückliche Feststellung darüber, dass der Widerspruch nur durch die Verlesung behoben werden kann, braucht das Gericht nicht zu treffen (ANM 279). Bestreitet der Zeuge die Richtigkeit des Protokolls, so kann die Aufklärungspflicht die Vernehmung der Verhörsperson erfordern. 6

4) Verlesbar sind die unter Einhaltung der Formvorschriften zustande gekommenen Protokolle oder Protokollabschriften (RG **50**, 129) von richterlichen oder nichtrichterlichen (Bay **53**, 215 = NJW **54**, 363) Vernehmungen des Zeugen, nicht des Verhörsbeamten (BGH MDR **83**, 624 [H]), aus jedem Abschnitt des Strafverfahrens, auch aus anderen Strafverfahren und aus Zivil- oder Verwaltungsgerichtsverfahren, auch wenn der Zeuge früher als Beschuldigter vernommen worden ist (RG **55**, 223). Die bei der Aussage in Bezug genommenen schriftlichen Erklärungen der Beweispersonen können mitverlesen werden (ANM 280), auch schriftliche Gutachten des Sachverständigen. Wegen anderer schriftlicher Erklärungen des Zeugen vgl 8 zu § 250. Dasselbe gilt für Bild-Ton-Aufnahmen und Tonaufzeichnungen (vgl § 255 a I; LR-Mosbacher 17). 7

Der **Umfang der Verlesung** wird durch ihren Zweck bestimmt. Das Protokoll darf verlesen werden, soweit es die Gesamtheit der Tatsachen betrifft, die mit der nicht erinnerten Bekundung oder dem Widerspruch in innerem Zusammenhang stehen (LR-Mosbacher 20). Das ganze Protokoll muss verlesen werden, wenn die Beschränkung auf einen Teil unmöglich erscheint (RG **57**, 377; Koblenz GA **74**, 222). 8

Eine **nochmalige Verlesung** ist erforderlich, wenn das Protokoll bereits zum Zweck des Vorhalts verlesen worden war (Köln NJW **65**, 830). 9

5) Unberührt bleibt die Möglichkeit, der Beweisperson aus dem Protokoll Vorhalte (28 zu § 249; oben 3) zu machen (BGH **1**, 4, 8; 337, 339; **3**, 199, 201; 281, 283; krit Beulke StP 421), Vernehmungsniederschriften anderer Art, etwa ein Protokoll über die Aussage eines anderen Zeugen, zum Zweck des Vorhalts zu verlesen (ANM 281) oder Notizen und Aufzeichnungen zu verlesen, die der vernommene Zeuge dem Gericht vorgelegt hat oder die ihm bereits vorliegen (BGH **20**, 160, 162 = JR **65**, 649 mit Anm Peters; 12 zu § 250). Auch die Aussagekonstanz eines Zeugen (zur Beurteilung seiner Glaubwürdigkeit) kann grundsätzlich durch Vorhalt seiner früheren Aussagen überprüft werden (BGH StV **93**, 59 mit abl Anm Weider, gegen ihn Fischer StV **93**, 670; BGH StV **96**, 412 L; **aM** Hamburg StV **90**, 102 L; Stuttgart StV **90**, 257). 10

Verlesung von Geständnisprotokollen

254 **I Erklärungen des Angeklagten, die in einem richterlichen Protokoll enthalten sind, können zum Zweck der Beweisaufnahme über ein Geständnis verlesen werden.**

II Dasselbe kann geschehen, wenn ein in der Vernehmung hervortretender Widerspruch mit der früheren Aussage nicht auf andere Weise ohne Unterbrechung der Hauptverhandlung festgestellt oder behoben werden kann.

1 **1) Erklärungen des Angeklagten** in einem richterlichen Protokoll können nach § 254 verlesen werden; wegen der Verlesung der vom Angeklagten herrührenden Schriftstücke vgl 13 zu § 249. Wie im Fall des § 253 handelt es sich nach zutr hM um einen Urkundenbeweis (BGH **1**, 337; **14**, 310, 313; KG JR **58**, 369; KK-Diemer 2; LR-Mosbacher 1; SK-Velten 5). Im allseitigen Einverständnis kann die Verlesung durch die Bekanntgabe des Geständnisses durch den Vorsitzenden (vgl 25 ff zu § 249) ersetzt werden (BGH VRS **32**, 352, 353; ANM 282). Ob das Gericht sich mit der Verlesung begnügt oder den Vernehmungsrichter als Zeugen vernimmt, ist eine Frage der Aufklärungspflicht nach § 244 II. Für Nebenbeteiligte (Einl 73), gegen die eine Maßnahme angeordnet werden soll (§§ 433 I S 1, 442 I, II S 1, 444 II S 2), gilt § 254 entspr (KMR-Paulus 4; ANM 282 Fn 283). Auf Tonbandaufnahmen und Bild-Ton-Aufzeichnungen ist die Vorschrift nicht anwendbar (LR-Mosbacher 10; ANM 284; **aM** Hanack JZ **72**, 275; EbSchmidt JZ **64**, 540). Die Verlesung ordnet der Vorsitzende an (2 zu § 253); wegen der Protokollierung vgl § 255.

2 **2) Zum Zweck der Beweisaufnahme über ein Geständnis** (I) ist die Verlesung zulässig. Sie erlaubt dem Gericht die Feststellung, dass der Angeklagte in der vorliegenden Strafsache, nicht in einer anderen (RG **54**, 126; KG StV **99**, 197; Hamburg StV **97**, 11), ein Geständnis abgelegt, dass es einen bestimmten Inhalt gehabt hat und dass es wahr ist (ANM 283; Schroth ZStW **87**, 110). Geständnis in diesem Sinn ist das Zugestehen der Tat oder einzelner Tatsachen, die für die Entscheidung zur Schuld- oder Rechtsfolgenfrage erheblich sein können (Dencker ZStW **102**, 62, 68; Schneidewin JR **51**, 485), gleichgültig, ob es sich um belastende oder entlastende (BGH MDR **77**, 984 [D]), um unmittelbar beweiserhebliche oder um Indiztatsachen handelt (RG **45**, 196; **54**, 126). Verlesbar sind auch Angaben über die persönlichen Verhältnisse des Angeklagten, über die Vorgeschichte der Tat und über Verbindungen zu Mitangeklagten und Mittelspersonen (BGH aaO). Auch die Tatsache, dass der Angeklagte ein Geständnis nicht abgelegt (RG aaO) oder dass er es widerrufen hat, kann auf Grund der Verlesung festgestellt werden (RG **54**, 126, 128). Widerruft der Angeklagte das Geständnis erst in der Hauptverhandlung, so ist die Verlesung nicht unzulässig, aber überflüssig, weil dann der Vorhalt genügt (RG **23**, 58; **52**, 243; Schleswig SchlHA **54**, 387; ANM 284).

3 **3) Zur Aufklärung von Widersprüchen** (II) ist die Verlesung unter den gleichen Voraussetzungen zulässig wie im Fall des § 253 II (dort 6).

4 **4) Verlesbar** sind nur ordnungsgemäß zustande gekommene (vgl BGH StV **85**, 314; Hamburg NJW **75**, 1573: Mitwirkung eines entgegen § 189 GVG nicht vereidigten Dolmetschers; BGH NJW **94**, 596, 600: Unterschrift des Protokollführers) Niederschriften über vor einem Richter (wegen ausländischer und konsularischer Vernehmungen vgl 33 ff zu § 251; BGH NStZ **94**, 595 mit Anm Wohlers NStZ **95**, 45; einschr Britz NStZ **95**, 607) abgegebene Erklärungen des jetzigen Angeklagten (BGH **27**, 13, 17), auch Sitzungsniederschriften über eine frühere Hauptverhandlung (Bay MDR **82**, 517), auch wenn sie der Verteidiger für den Angeklagten abgegeben hat (Hamm StV **05**, 122) und auch, wenn die Erklärungen nur nach § 273 II protokolliert worden sind (30 zu § 251). Ob der Angeklagte sie als Beschuldigter oder als Zeuge abgegeben hat, ist gleichgültig (KMR-Paulus 4; **aM** KK-Diemer 3), ebenso, in welchem Verfahrensabschnitt er sie gemacht hat (BGH **3**, 149, 150). Verlesbar sind auch Erklärungen in einem anderen Strafverfahren (ANM 284) und in Zivil- und Verwaltungsgerichtsverfahren (RG **56**, 257; Schneidewin JR **51**, 485; offengelassen von BGH NStZ **96**, 612). Erklärungen des Angeklagten vor nichtrichterlichen Beamten können mitverlesen werden, wenn er zu erkennen gegeben hat, dass er diese Angaben als Bestandteil seiner Erklärungen vor dem Richter betrachtet wissen will (BGH **6**, 279, 281; **7**, 73, 74; NJW **52**, 1027), und wenn der vernehmende Richter sie darauf vollständig verlesen, nicht nur vorgehalten hat (BGH NJW **96**, 1547, 1550; StV **87**, 49; **89**, 90; **91**, 340).

5) **Verwertbar** ist das verlesene Protokoll auch gegen einen Mitangeklagten, sofern das Geständnis zwar die dem geständigen Angeklagten vorgeworfene Tat betrifft, sich aber auch auf tatsächliche Vorgänge bezieht, mit denen der Anklagevorwurf gegen den Mitangeklagten im inneren Zusammenhang steht (BGH **3**, 149, 153; **22**, 372; KK-Diemer 8; **aM** Roxin/Schünemann § 46, 19; Schneidewin JR **51**, 486). 5

6) **Polizeiliche Protokolle** dürfen nicht zum Zweck der Beweisaufnahme über ihren Inhalt verlesen werden; insoweit begründet § 254 ein Verwertungsverbot (BGH **1**, 337, 339; **14**, 310, 311; Frankfurt StV **96**, 202; Köln VRS **63**, 365; Zweibrücken VRS **60**, 442; Wömpner NStZ **83**, 298; **aM** Bohlander NStZ **98**, 396: mit Einverständnis des Beschuldigten verlesbar). Zum Beweis dafür, dass eine solche Urkunde vorhanden ist, sind sie verlesbar (BGH **3**, 149, 150; Wömpner aaO). 6

Vorhalte aus polizeilichen Protokollen verbietet § 254 ebenfalls nicht, auch nicht deren Verlesung zu diesem Zweck (BGH **1**, 337, 339; **3**, 149, 150; **14**, 310, 311; **21**, 285; MDR **83**, 624 [H]; ANM 286 mwN; Fezer 13/44; **aM** Roxin/Schünemann § 46, 25; 28 zu § 249). 7

Bestreitet der Angeklagte die Richtigkeit der Niederschrift oder äußert er sich nicht zur Sache, so muss der **Vernehmungsbeamte als Zeuge** gehört werden (BGH NJW **66**, 1524); das ist immer zulässig (BGH **3**, 149, 150; **14**, 310, 312; **22**, 170, 171; NJW **66**, 1524; Roxin/Schünemann § 46, 26; **aM** Grünwald JZ **69**, 754; Schroth ZStW **87**, 130). Das Protokoll darf ihm dann vorgehalten und zu diesem Zweck auch verlesen werden (BGH **1**, 4, 8; 337, 338; **14**, 310, 312; **aM** Dahs/Dahs 301; Hanack JZ **72**, 274; Riegner NJW **61**, 63). Verwertbar ist aber nur, was er selbst noch von der Vernehmung in Erinnerung hat (BGH **14**, 310, 312; Köln VRS **63**, 365); die bloße Angabe, er habe die Erklärungen des Angeklagten richtig protokolliert, macht den Protokollinhalt nicht verwertbar (BGH **14**, 310; **23**, 213, 220; NStZ **95**, 47; **aM** Wömpner NStZ **83**, 299). Eine Verlesung des Vernehmungsprotokolls als Ergänzung der Vernehmung des Vernehmungsbeamten kommt nicht in Betracht (Langkeit/Cramer StV **96**, 230; **aM** J. Meyer [11 zu § 251] S 130 mit Fn 483). 8

7) Die **Revision** kann die Zulässigkeit der Verlesung nicht mit der Behauptung angreifen, das verlesene Protokoll enthalte kein Geständnis (RG **45**, 196; BGH MDR **75**, 369 [D]; **aM** SK-Velten 22); das Gleiche gilt für den Widerruf des Geständnisses und den Widerspruch iS II. Anders ist es jedoch, wenn die Voraussetzungen des I oder II rechtsfehlerhaft bejaht worden sind. Auch die fehlende Übereinstimmung der Urteilsfeststellungen mit dem Inhalt des verlesenen Protokolls kann gerügt werden (14 zu § 337); dabei muss aber dargelegt werden, dass die verlesene Niederschrift zum Zeitpunkt der Urteilsberatung noch beweiserheblich, also etwa der Widerspruch nicht aufgeklärt worden war (BGH NJW **03**, 150, 152). Die unterbliebene Verlesung nach § 254 kann die Aufklärungsrüge begründen (79 zu § 244), ebenso das Unterlassen der Erhebung weiterer sich aus dem Inhalt der Niederschrift aufdrängender Beweise (LR-Mosbacher 27). 9

Protokollierung

255 **In den Fällen der §§ 253 und 254 ist die Verlesung und ihr Grund auf Antrag der Staatsanwaltschaft oder des Angeklagten im Protokoll zu erwähnen.**

1) Im **Sitzungsprotokoll** muss die Urkundenverlesung schon nach § 273 I beurkundet werden (BGH NJW **86**, 2063 = JR **86**, 524 mit krit Anm Gollwitzer; Köln NJW **65**, 830; LR-Mosbacher 2). § 255 erweitert das dahin, dass auf Antrag, der nach § 273 I ebenfalls in das Protokoll aufzunehmen ist, auch der Grund der Verlesung vermerkt werden muss. 1

2 2) **Antragsberechtigt** ist außer StA und Angeklagtem der Verteidiger (BGH **12**, 367, 371; Hanack JZ **72**, 275; Rieß NJW **77**, 882), ferner die Nebenbeteiligten (Einl 73) im Rahmen ihrer Beteiligung (1 zu § 433) sowie der Privatkläger, nicht aber der Nebenkläger (11 zu § 397).

3 3) Die **Revision** kann auf die fehlende Protokollierung nicht gestützt werden, da das Urteil darauf nicht beruht (26 zu § 344). Das Revisionsgericht muss ggf im Freibeweis (7, 9 zu § 244) feststellen, ob die Voraussetzungen der §§ 253, 254 vorgelegen haben (Schneidewin JR **51**, 489).

Vorführung der Bild-Ton-Aufzeichnung

255a **I Für die Vorführung der Bild-Ton-Aufzeichnung einer Zeugenvernehmung gelten die Vorschriften zur Verlesung einer Niederschrift über eine Vernehmung gemäß §§ 251, 252, 253 und 255 entsprechend.**

II 1 In Verfahren wegen Straftaten gegen die sexuelle Selbstbestimmung (§§ 174 bis 184 g des Strafgesetzbuches) oder gegen das Leben (§§ 211 bis 222 des Strafgesetzbuches), wegen Misshandlung von Schutzbefohlenen (§ 225 des Strafgesetzbuches) oder wegen Straftaten gegen die persönliche Freiheit nach den §§ 232 bis 233 a des Strafgesetzbuches kann die Vernehmung eines Zeugen unter 18 Jahren durch die Vorführung der Bild-Ton-Aufzeichnung seiner früheren richterlichen Vernehmung ersetzt werden, wenn der Angeklagte und sein Verteidiger Gelegenheit hatten, an dieser mitzuwirken. 2 Eine ergänzende Vernehmung des Zeugen ist zulässig.

1 1) Die **Vorführung der Bild-Ton-Aufzeichnung** einer Zeugenvernehmung zum Beweis des Inhalts der Aussage, dh der festgehaltenen Gedankenäußerungen des Zeugen einschließlich seiner – nonverbalen – Reaktionen regelt I für die Hauptverhandlung durch Verweisung; danach finden auf diesen Beweis des Aussageinhalts durch Augenschein (Diemer NJW **99**, 1673) die Vorschriften, die sich auf die Verlesung der Niederschrift über eine – richterliche oder nichtrichterliche – Zeugenvernehmung beziehen, uneingeschränkt entsprechende Anwendung (krit zur Beschränkung der Unmittelbarkeit der Beweisaufnahme Fischer JZ **98**, 820). Die durch das ZSchG eingefügte Bestimmung hat insoweit nur klarstellende Bedeutung (zur früheren Rechtslage vgl Weigend, Gutachten zum 62. DJT, C 61); ihre praktische Bedeutung ist bisher gering (vgl Vogel [1 zu 247 a] 119 ff, 260). Sie dient neben dem Zeugenschutz (vgl 1 zu § 58 a) der Wahrheitsfindung sowie der Erleichterung und Beschleunigung des Verfahrens. Die Videoaufzeichnung einer Zeugenvernehmung ist vorgesehen in den §§ 58 a, auch iVm 168 e S 4, und 247 a S 4. Deren Vorführung wird in I nicht auf einen bestimmten Kreis von Zeugen oder Straftaten beschränkt, andererseits ist die Bestimmung nach Wortlaut, Schutzrichtung des ZSchG und Systematik (Ausnahmevorschrift) einer (analogen) Anwendung auf Sachverständige nicht zugänglich. Insoweit verbleibt es bei der Möglichkeit einer Verlesung nach §§ 251, 253. Wie bei § 251 (dort 4) kommt es nur auf die verfahrensrechtliche Stellung der Auskunftsperson im Zeitpunkt der Vorführung an; das gilt zB für eine nach § 247 a S 4 aufgezeichnete Zeugenaussage eines früheren Mitbeschuldigten (vgl 6 zu § 247 a). Der Tatrichter hat sich die erforderliche Gewissheit über die Beziehung der Aufzeichnung zu dem Verfahrensgegenstand, ggf auch deren Echtheit und Unversehrtheit, zu verschaffen (vgl BGH **14**, 339, 341; **27**, 135, 138).

2 A. **In den Fällen der §§ 251, 253** ersetzt die Vorführung des in der Aufzeichnung der richterlichen oder nichtrichterlichen Vernehmung enthaltenen Inhalts der Aussage die gerichtliche Einvernahme des Zeugen über seine Wahrnehmungen (krit dazu Beulke ZStW **113**, 734, 738; vgl auch Stüber [2 a zu § 250] S. 245 ff). Nur insoweit ist eine Ausnahme vom Unmittelbarkeitsgrundsatz gegeben; im Übrigen bleibt § 250 unberührt (BGH **52**, 148). Das Einverständnis nach § 251 I

Nr 1 und II Nr 3 muss sich speziell auf das Abspielen beziehen. Auch bei der Vorführung der Aufzeichnung einer Zeugenvernehmung sind aber die durch die Aufklärungspflicht gezogenen Grenzen einer Ersetzung zu beachten (vgl 8, 22, 24 zu § 251; ferner Deckers NJW **99**, 1370 zur Verteidigerbefragung und Jung GA **98**, 325 zur Verfremdungsgefahr durch mediale Aufzeichnungen; zu Art 6 III d **MRK** vgl dort 22). Darf ein fehlerhaft zustande gekommenes richterliches Protokoll nicht nach § 251 II verlesen werden, kann auch die Aufnahme der Zeugenaussage nur entspr § 251 I verwendet werden (vgl BGH NStZ **98**, 312 mit Anm Wönne sowie 6 zu § 168c, 15 und 32 zu § 251; enger Schlothauer StV **99**, 50; zum Erfordernis eines rechtzeitigen Widerspruchs bei Verstößen gegen die Benachrichtigungspflicht nach §§ 168c V, 224 I vgl 12 zu § 224, 32 und 45 zu § 251; Dahs StraFo **98**, 253; Meyer-Goßner/Appl StraFo **98**, 258; Tolksdorf Graßhof-FG 259; Hartwig JR **98**, 359; erg 25 zu § 136).

B. **In den Fällen des § 252** ist die Vorführung gleich der Verlesung stets unzulässig (12ff zu § 252). Steht dem Zeugen jedoch nur ein Auskunftsverweigerungsrecht nach § 55 zu, so hindert das nicht die Vorführung seiner Aussage als früherer Mitbeschuldigter, es sei denn, er war damals nicht nach § 136 I S 2 belehrt worden (vgl BGH **10**, 186; 4 zu § 251). Hat der Zeuge hingegen ein Zeugnisverweigerungsrecht nach § 52 und ist er darüber bei seiner früheren Aussage nicht belehrt worden, so ist diese grundsätzlich – auch nach I – unverwertbar (32 zu § 52, dort auch zu Ausnahmen bei Kenntnis, Verzicht oder Tod des Zeugen). Ist der Zeuge jedoch damals belehrt worden, ist im Falle seiner Erreichbarkeit zunächst zu klären, ob der Zeuge zur Aussage bereit ist; solange dies nicht geschehen ist, verbietet § 252 einen Vorhalt an den Angeklagten und jede andere Beweiserhebung – auch nach § 255a – mit Ausnahme der Vernehmung des Richters als Verhörsperson (vgl BGH NJW **96**, 206 mit Anm Wohlers StV **96**, 192; krit zum Ausschluss der Vorführung auch bei zulässiger richterlicher Vernehmung BGH **49**, 72, 77 mit Anm Degener StV **06**, 509; vgl auch Kretschmer JR **06**, 457; erg 16 zu § 252). Will der Angehörige nach erneuter Belehrung von seinem Zeugnisverweigerungsrecht keinen Gebrauch machen, kann statt einer erneuten Vernehmung die Aufzeichnung seiner früheren Aussage abgespielt werden. Gestattet er unter Verweigerung im Übrigen lediglich die Verwertung dieser Aussage (vgl 16a zu § 252), darf die Verhörsperson vernommen und die Videoaufzeichnung als Vorhalt benutzt werden. Ist der angehörige Zeuge in der Hauptverhandlung unerreichbar, weil sein Aufenthalt nicht ermittelt werden kann, so darf seine frühere Aussage vorgespielt werden, wenn er damals ordnungsgemäß belehrt worden war (SK-Velten 10); einer Erklärung des Zeugen, ob er jetzt vom Zeugnisverweigerungsrecht Gebrauch machen wolle, bedarf es nicht, da I iVm § 251 solches nicht vorsieht (vgl 17 zu § 252 mwN). Die Vorführung der Aufzeichnung ohne höchstpersönlichen, nach ordnungsgemäßer richterlicher Belehrung erklärten Verzicht auf das Weigerungsrecht nach § 52 ist jedoch unzulässig, wenn die Erziehungsberechtigten sich aus Gründen des Kindeswohls berechtigt weigern, das Kind in der Hauptverhandlung vernehmen zu lassen (BGH NJW **96**, 206). 3

C. Aus der **Betrachtung der Person des Zeugen** können in gleichem Umfang wie bei Vernehmungen Schlüsse gezogen werden (vgl 14 zu § 86), wobei die Bedeutung der Abgrenzung in den Hintergrund tritt, weil die Videoaufzeichnung zugleich Gegenstand der Augenscheinseinnahme im herkömmlichen Sinn ist (Laubenthal JZ **96**, 342). Unabhängig von den Voraussetzungen des § 255a kann die Aufzeichnung zum Zweck des Vorhalts (krit Rieß StraFo **99**, 4 wegen der Suggestion; **aM** Pott, Rechtsprobleme bei der Anwendung von Videotechnologie im Strafprozess, 2004 [zugl Diss Marburg 2003] S 127: Vorhalt unzulässig; vgl aber auch oben 3) oder als Mittel des Augenscheins zum Beweis von Umständen, die außerhalb der den Gegenstand der Vernehmung bildenden Gedankenäußerungen liegen, verwendet werden (**aM** SK-Velten 13). Geht es um die äußere Beschaffen- 4 heit des Bild-Ton-Trägers, so bedarf es eines gesonderten Augenscheins (vgl zu Urkunden 13 zu § 86; 7 zu § 249).

5 D. Eine **Gleichstellung von Bild-Ton-Aufzeichnungen mit Vernehmungsniederschriften** enthält I jedenfalls nicht uneingeschränkt (**aM** KK-Diemer 4; Seitz JR **98**, 313). § 58a II S 1, auch iVm § 168e S 4 oder § 247a S 5, macht die Verwendung der Aufnahme nämlich davon abhängig, dass dies zur Erforschung der Wahrheit erforderlich ist. Es gibt keinen Grund, § 255a I insoweit als Spezialregelung für die Hauptverhandlung anzusehen; vielmehr gebietet die mit der allgemeinen Vorschrift des § 58a II S 1 bezweckte Rücksicht auf die schutzwürdigen Interessen des Zeugen, dh vor allem auf sein Persönlichkeitsrecht, die Beachtung der – erkennbar auch auf die Vorführung in der Hauptverhandlung abzielenden (vgl 1 zu § 58a: Vermeidung von Mehrfachvernehmungen; vgl auch § 247a S 4) – Verwendungsbeschränkung. Ihre Begrenzung auf die der Verhandlung vorgelagerten Verfahrensabschnitte ist im Gesetzgebungsverfahren zu keinem Zeitpunkt erwogen worden, die im ursprünglichen Gesetzentwurf der Fraktionen der CDU/CSU und F.D.P. (BT-Drucks 13/7165; Schlüchter Schneider-FS 449 Fn 23) vorgesehene, inhaltlich vergleichbare und daher überflüssige Subsidiaritätsklausel ist im weiteren Verlauf des Gesetzgebungsverfahrens konsequenterweise in Wegfall gekommen. Folglich ist stets zu prüfen, ob die Vorführung der Aufzeichnung ergiebiger sein wird als die Verlesung der Vernehmungsniederschrift und ob es im konkreten Verfahren auf diesen erhöhten Beweiswert ankommt (zust Schöch Meyer-Goßner-FS 373). Das wird mit Blick auf die Vorzüge der Wiedergabe einer Vernehmung durch Abspielen einer Videoaufnahme häufig, nicht aber gleichsam automatisch der Fall sein (10 zu § 58a; wie hier Rieß StraFo **99**, 4; weitergehend Weigend, Gutachten zum 62. DJT, C 63 und Weider/Staechelin StV **99**, 53; anders Leitner StraFo **99**, 48: I als lex specialis; ähnlich Pott [oben 4) S 31, 59).

6 2) **Ersetzung der Vernehmung eines Zeugen unter 18 Jahren** (II):

7 A. Eine **weitergehende Durchbrechung des Unmittelbarkeitsgrundsatzes** (§ 250) sieht S 1 zur Vermeidung oder jedenfalls zur Verkürzung einer erneuten Vernehmung junger Zeugen in der Hauptverhandlung unter engen Voraussetzungen vor (zur Altersgrenze 1 zu § 241a). Die Vorschrift bezweckt damit, diese Gruppe besonders schutzbedürftiger Zeugen vor den erheblichen psychischen Belastungen und Beeinträchtigungen einer erneuten Vernehmung in der fremden Umgebung einer Hauptverhandlung – regelmäßig (vgl aber § 247a) in Gegenwart einer Reihe von Verfahrensbeteiligten – zu bewahren, indem sie die Einführung des Inhalts einer früheren richterlichen Aussage durch die Vorführung ihrer Bild-Ton-Aufzeichnung zulässt (vgl auch 1 zu § 58a). Dieser Schutzzweck wird durch den auch hier geltenden § 58a II S 1 (oben 5) nicht beeinträchtigt. Die durch die Aufklärungspflicht gezogenen Grenzen einer Ersetzung (oben 2) sollten bei den eigentlichen Opferzeugen nicht zu eng gezogen werden (vgl Meurer JuS **99**, 940). Bei Bedarf kann nach S 2 verfahren werden (erg unten 10). Die Voraussetzungen des S 1 müssen im Zeitpunkt der Vorführung vorliegen. Fallen sie danach weg, vollendet etwa der Zeuge im weiteren Verlauf der Hauptverhandlung sein 18. Lebensjahr, so ist das nur von Bedeutung, wenn die Aufklärungspflicht zur Vorladung des Zeugen zwingt.

8 B. **Im Einzelnen setzt S 1 voraus:** Gegenstand der Hauptverhandlung muss eine Straftat aus dem (eigenständigen) Katalog der Vorschrift sein. Mit der Anknüpfung an das „Verfahren“ stellt das Gesetz auf die prozessuale Tatidentität ab (1ff zu § 264). Kommt in diesem Rahmen eine weitere Straftat iS der §§ 52, 53 StGB hinzu, hindert das die Vorführung der Aufzeichnung nicht, so zB § 227 StGB, der stets die Katalogtat des § 222 StGB einschließt (BGH **49**, 72, 79). Der Schutzzweck der Bestimmung (oben 7) wird nicht dadurch berührt, dass noch eine Nichtkatalogtat hinzutritt (LR-Mosbacher 11; SK-Velten 17; zw Rieß StraFo **99**, 4 Fn 55, wenn die Vernehmung keinen Zusammenhang mit der Katalogtat aufweist).

Ist danach aber die Vorführung einheitlich zulässig, darf sie auch zum Zweck der Feststellung der Schuld und des Schuldumfangs des weiteren Delikts verwertet werden. Der Zeuge, der nicht Opfer der angeklagten Tat zu sein braucht (einschr Diemer NJW **99**, 1674; vgl unten 9), darf im Zeitpunkt der Vorführung noch nicht 16 Jahre alt sein. Ferner setzt die Bestimmung mit Blick auf die Anwesenheitsrechte insbesondere in den §§ 168c II, 224, 230 iVm 137, 140 die Bild-Ton-Aufnahme einer früheren richterlichen Vernehmung des Zeugen voraus. Eine solche Aufnahme lassen die §§ 58a, auch iVm 168e S 4, und 247a S 4 zu. Die Aufzeichnung einer nichtrichterlichen Vernehmung nach § 58a (dort 2) kann allenfalls nach I zum Beweis des Aussageinhalts abgespielt werden (zu ihrer Verwendung als Vorhalt oder Augenscheinsobjekt vgl oben 4). Nur die Aufnahme einer ordnungsgemäßen richterlichen Vernehmung, die die wesentlichen Verfahrensvorschriften gewahrt hat (vgl 32 zu § 251), kann nach II S 1 vorgeführt werden, da ein „Ausweichen" auf § 251 I hier nicht möglich ist. Im Falle eines nach § 52 zeugnisverweigerungsberechtigten, erreichbaren Zeugen setzt die Vorführung eine ordnungsgemäße Belehrung bei der früheren richterlichen Vernehmung voraus (vgl 32 zu § 52, dort auch zu Ausnahmen bei Kenntnis, Verzicht und Tod des Zeugen). Nach Ansicht von BGH **49**, 72, 82 (nicht entscheidungstragend) kann der Zeuge, da es sich bei der Aufzeichnung um einen vorverlagerten Teil der Hauptverhandlung handele, durch nachträgliche Ausübung seines Zeugnisverweigerungsrechts die Verwertung der Aufzeichnung seiner früheren richterlichen Vernehmung nicht verhindern (zw; abl auch KK-Diemer 9a; Degener StV **06**, 514; zust hingegen LR-Mosbacher 21; Kretschmer JR **06**, 458); Gleiches soll im Fall des II S 2 (unten 10) gelten.

Schließlich müssen Angeklagter und Verteidiger Gelegenheit gehabt haben, **an der Vernehmung mitzuwirken,** insbesondere durch Ausübung des Fragerechts (etwa im Fall des § 168c II; vgl München StV **00**, 352); das gilt auch für Vernehmungen im Wege der Rechtshilfe. Die Mitwirkungsbefugnisse im Rahmen der §§ 168e, 247a genügen (BGH **49**, 72, 82 mit Anm Degener StV **06**, 509). Das gilt für den Verteidiger nur, wenn der Angeklagte zum damaligen Zeitpunkt einen solchen hatte; andernfalls hindert dessen Nichtbeteiligung das Verfahren nach S 1 nicht (Seitz JR **98**, 313; zw Rieß StraFo **99**, 4; **aM** Schlothauer StV **99**, 49; erg unten 9). Die Vorführung ist auch unzulässig, wenn zwar der Verteidiger, nicht aber der Angeklagte Gelegenheit zur Mitwirkung hatte; ob dessen Ausschluss nach § 168c III oder V S 2 rechtlich zulässig war oder nicht, ist unbeachtlich (BGH aaO). Auf die tatsächliche Wahrnehmung der Mitwirkungsrechte kommt es nicht an (KK-Diemer 11; Vogel/Norouzi JR **04**, 218; **aM** Beulke ZStW **113**, 713; Schlothauer aaO). Bestand jedoch keine Gelegenheit zur Mitwirkung darf die Aufzeichnung nur abgespielt werden, wenn sich der Angeklagte bzw sein Verteidiger damit einverstanden erklären (SK-Velten 34; **aM** HK-Julius 16: Widerspruchslösung [25 zu § 136] anwendbar). 8a

C. Nach **pflichtgemäßem Ermessen** kann die Vernehmung des jungen Zeugen durch die Vorführung ersetzt werden, wenn die Voraussetzungen des S 1 vorliegen. Wird von der Vernehmungsersetzung Gebrauch gemacht, ist die durch Vorspielen der Bild-Ton-Aufzeichnung eingeführte Vernehmung so zu behandeln, als sei der Zeuge in der Hauptverhandlung selbst gehört worden (BGH **49**, 68). Bei der Abwägung, ob die Vernehmung durch das Vorspielen der Aufzeichnung ersetzt werden soll, ist insbesondere der Schutz des Zeugen, das Aufklärungsgebot und das Verteidigungsinteresse des Angeklagten (Deckers NJW **99**, 1370) zu berücksichtigen, während Gesichtspunkte der Verfahrensbeschleunigung und Prozessökonomie zurücktreten. Mit Blick auf die Durchbrechung des Unmittelbarkeitsprinzips werden die gegen eine Vorführung sprechenden Rechtsgrundsätze besonders zu gewichten sein, wenn der Zeuge nicht zu den Opfern der Straftat zählt bzw durch sie nicht in vergleichbarer Weise betroffen ist (etwa als Hinterbliebener nach einem Tötungsdelikt oder als Tatzeuge); das Gleiche gilt, wenn die 9

Vernehmung in den oben 8 genannten Fällen eine Nichtkatalogtat betrifft. Stets ist auch an zeugenschonende Alternativen (zB § 247 a) zu denken. Im Interesse der Wahrheitsfindung wird die Vorführung einer früheren richterlichen Vernehmung oftmals nur genügen, wenn der Verteidiger nach Einsicht in die vollständigen Akten gleichberechtigt an der Einvernahme mitwirken konnte (Schünemann StV **98**, 400: kommunikative Kontrolle), die Zulässigkeit der Vorführung hängt hiervon aber nicht ab (BGH **48**, 268 = StV **03**, 650 mit abl Anm Schlothauer = JR **04**, 212 mit abl Anm Vogel/Norouzi; **aM** auch Beulke Gollwitzer-Koll 16; Eisenberg/Zötsch NJW **03**, 3677; Mehle Grünwald-FS 365; Renzikowski Mehle-FS 537; Schlothauer StV **99**, 49; vgl auch Rieß StraFo **99**, 4; Walther JZ **04**, 1110).

9a Hält das Gericht die **persönliche Vernehmung des Zeugen** für unabweisbar geboten, ist es nicht gehindert, dem Zeugen bei der Vernehmung die Bild-Ton-Aufzeichnung vorzuhalten oder sie – zB um die Frage der Aussagekonstanz zu beurteilen – im Anschluss ergänzend durch Vorspielen in Augenschein zu nehmen; dies ist dann aber kein Anwendungsfall des § 255 a (BGH **49**, 68 mit krit Anm Kölbel NStZ **05**, 220; abl auch Walther JZ **04**, 1112).

10 D. Eine **ergänzende Vernehmung des Zeugen** ist nach S 2 zulässig. Sie kann – ausnahmsweise (BGH NStZ-RR **05**, 45 L) – nach Maßgabe der gerichtlichen Aufklärungspflicht gemäß § 244 II geboten sein und ist dann vom Gericht von Amts wegen anzuordnen (BGH **48**, 268, zust Schlothauer StV **03**, 654 und Vogel/Norouzi JR **04**, 257). Mit einer neuen Behauptung, zu der der Zeuge noch nicht gehört worden war, kann auch ein dahingehender Beweisantrag gestellt werden (vgl BGH StV **95**, 566 und 26 zu § 244; Karlsruhe StraFo **10**, 71; Schünemann StV **98**, 400, der weitergehend einen Anspruch der Verteidigung auf ergänzende Zeugenvernehmung bereits bejaht, wenn diese Bedenken gegenüber der Richtigkeit und Vollständigkeit der früheren Aussage substantiieren kann; abl hierzu Schlüchter/Greff Kriminalistik **98**, 534); der Antrag unterliegt allerdings den allgemeinen Ablehnungsgründen (BGH **48**, 268; Beulke ZStW **113**, 714; krit Schlothauer aaO 654; Walther JZ **04**, 1111). Der Zeuge wird idR in der Hauptverhandlung unter Anwendung zeugenschonender Maßnahmen, ggf in der Form des § 247 a, ergänzend zu vernehmen sein. Es gilt § 241 a; nach dem Zweck des II (oben 7) ist gemäß §§ 241 a III iVm 241 II streng darauf zu achten, dass keine unzulässigen Wiederholungsfragen gestellt werden (vgl 15 zu § 241). Stehen dem Erscheinen des Zeugen Hindernisse iS des § 223 entgegen, etwa die berechtigte Weigerung der Eltern, das Kind oder den Jugendlichen in der Hauptverhandlung aussagen zu lassen (6 zu § 223), so wird im Allgemeinen (vgl aber 65 zu § 244) dessen kommissarische Vernehmung anzuordnen sein (zur Videovernehmung in diesem Zusammenhang vgl 20 zu § 223). Eine Bild-Ton-Aufzeichnung dieser Vernehmung kann nach § 255 a vorgeführt werden, regelmäßig nach I iVm § 251 II Nr 1, gemäß II S 1 nur, wenn der Angeklagte und sein Verteidiger Gelegenheit hatten, an der kommissarischen Vernehmung mitzuwirken (oben 8). Nur in eng begrenzten Ausnahmefällen, etwa wenn gravierende Nachteile für das Kindeswohl zu befürchten sind, wird es die Rücksichtnahme auf den Zeugen gebieten, von einer ergänzenden Beweisaufnahme abzusehen, mit der Folge, dass der Grundsatz *in dubio pro reo* eingreift und es ggf zum Freispruch des Angeklagten kommen kann (vgl BGH NJW **93**, 2451; KK-Diemer 13; Meier, Recht der Jugend und des Bildungswesens, 1996, 459). Wenn die ergänzende Vernehmung konkrete Gefahren für Leib oder Leben (Suizidgefahr) des Zeugen begründet, der das Gericht nicht durch andere Schutzmaßnahmen zu begegnen vermag, kann es nach II S 2 iVm § 244 II, III zu einer erneuten Befragung nicht verpflichtet sein (vgl BGH **39**, 141 = JZ **93**, 1012 mit Anm Beulke/Satzger [Beweisverbot] = JR **94**, 250 mit Anm Siegismund und weiterer Anm Eisenberg StV **93**, 624; vgl ferner BGH NStZ **84**, 31 und 10 vor § 48).

11 **3)** Das **Verfahren** zur Anordnung der Vorführung der Aufzeichnung ergibt sich für I aus den dort in Bezug genommenen Vorschriften. Die Entscheidung über eine Ersetzung der Vernehmung nach II S 1 trifft gemäß § 238 I der Vorsitzende (LR-Mosbacher 19; Schlothauer StV **99**, 49; **aM** KK-Diemer 14; offen gelassen von BGH **19**, 72, 74), das Gericht nur auf Beanstandung nach § 238 II. Für die Protokollierung gilt § 273 I, nicht § 255, auf den II S 1 nicht verweist. Das Gleiche gilt – mit Ausnahme der Ablehnung von Beweisanträgen (§ 244 VI; vgl oben 10) – für Entscheidungen nach II S 2.

4) Beschwerde: Gegen die Anordnung der Vorführung der Bild-Ton-Aufzeichnung kann der Zeuge – soweit der Vorsitzende entscheidet, nach vorheriger Anrufung des Gerichts (21 zu § 238) – Beschwerde einlegen (§§ 304 II, 305 S 2), für die Verfahrensbeteiligten steht der Zulässigkeit des Rechtsmittels (gegen einen Gerichtsbeschluss) § 305 S 1 entgegen. Einen beschwerdefähigen Anspruch auf Vorführung der Aufzeichnung seiner früheren Vernehmung hat der Zeuge nicht (KK-Diemer 12). 12

5) Revision: Hat sich das Gericht mit der Vorführung der Bild-Ton-Aufzeichnung begnügt, obwohl die Umstände zu einer persönlichen (ggf ergänzenden) Vernehmung des Zeugen drängen (12 zu § 244), so ist nicht § 255 a, sondern die Aufklärungspflicht (§ 244 II) verletzt (vgl auch 15 zu § 250 zum notwendigen Revisionsvorbringen). Umgekehrt kann auch das Unterlassen der Vorführung die Aufklärungsrüge begründen, ebenso das Unterbleiben der Erhebung weiterer sich nach ihrem Inhalt aufdrängender Beweise. Bei unzulässiger (ersetzender) Vorführung und Verwertung der Aufzeichnung ist gegen den Grundsatz der persönlichen Vernehmung (§ 250) verstoßen worden; das kann gerügt werden, auch wenn nicht nach § 238 II das Gericht angerufen worden ist. Die Rüge (§ 261), das Beweisergebnis der Vorführung sei im Urteil unrichtig wiedergegeben, ist zulässig, wenn sich die fehlende Übereinstimmung ohne weiteres, dh ohne dass es einer Rekonstruktion bedarf, aus den Akten – der Videoaufzeichnung, die Aktenbestandteil ist (vgl § 58 a II S 2 und dort 11) – ergibt (vgl 14 zu § 337, OLG Stuttgart NStZ **86**, 41, 42: Schlothauer StV **99**, 50; Eisenberg BR 1312 iVm 1471); zu I vgl im Übrigen 45, 46 zu § 251, 18 zu § 252 und 3 zu § 255. 13

Erweiterter Urkundenbeweis **RiStBV 68, 111 III**

256

I Verlesen werden können

1. die ein Zeugnis oder ein Gutachten enthaltenden Erklärungen
   a) öffentlicher Behörden,
   b) der Sachverständigen, die für die Erstellung von Gutachten der betreffenden Art allgemein vereidigt sind, sowie
   c) der Ärzte eines gerichtsärztlichen Dienstes mit Ausschluss von Leumundszeugnissen,

2. ärztliche Atteste über Körperverletzungen, die nicht zu den schweren gehören,

3. ärztliche Berichte zur Entnahme von Blutproben,

4. Gutachten über die Auswertung eines Fahrtschreibers, die Bestimmung der Blutgruppe oder des Blutalkoholgehalts einschließlich seiner Rückrechnung und

5. Protokolle sowie in einer Urkunde enthaltene Erklärungen der Strafverfolgungsbehörden über Ermittlungshandlungen, soweit diese nicht eine Vernehmung zum Gegenstand haben.

II Ist das Gutachten einer kollegialen Fachbehörde eingeholt worden, so kann das Gericht die Behörde ersuchen, eines ihrer Mitglieder mit der Vertretung des Gutachtens in der Hauptverhandlung zu beauftragen und dem Gericht zu bezeichnen.

1 **1) Einen Urkundenbeweis** in Durchbrechung des Unmittelbarkeitsgrundsatzes des § 250 und über § 251 hinaus lässt die Vorschrift zu. Während es dort um die Ersetzung der Vernehmung von Zeugen, Sachverständigen und Mitbeschuldigten durch Verlesung von Vernehmungsniederschriften und Erklärungen geht, können nach § 256 bestimmte Zeugnisse, Gutachten, Atteste, Berichte und Protokolle verlesen werden. Wegen der besonderen Autorität von Behörden kann von einer mündlichen Vernehmung ihrer Bediensteten idR abgesehen werden (Koblenz NJW **84**, 2424; Rogall Gössel-FS 516). Durch das 1. JuMoG ist allerdings eine Ausweitung von den behördlichen auch auf private Gutachten erfolgt, soweit sie von allgemein vereidigten Sachverständigen erstattet worden sind (I Nr 1 b), da diesen idR dasselbe Vertrauen wie einem behördlichen Gutachten entgegengebracht werden kann. Die Vorschrift ist aber darüber hinaus in I Nr 5 nun auch noch auf Erklärungen der Strafverfolgungsbehörden erstreckt worden, was den sachlichen Zusammenhang mit den übrigen Alternativen sprengt (vgl Knauer/Wolf NJW **04**, 2936: „geradezu radikale Änderung") und nicht unbedenklich ist, weil hier – anders als in der Gesetzesbegründung behauptet (BR-Drucks 378/03 S 61) – die Objektivität der doch grundsätzlich an einer Bestrafung des Beschuldigten interessierten Strafverfolgungsbehörde im Gegensatz zu den andern in der Vorschrift bezeichneten Institutionen nicht ohne weiteres gewährleistet ist (vgl auch Neuhaus StV **05**, 52; Sommer StraFo **04**, 298: „Dokumentationsinteresse eines Polizeibeamten weicht oftmals erheblich von dem Erkenntnisinteresse der Verfahrensbeteiligten im Prozess ab"; ferner allgemein Kerner/Trüg Weber-FS 472: „für die Kriminalpolizei steht der kriminalistische Erfolg der ‚Überführung des Täters' im Fokus").

2 Die **Aufklärungspflicht** (§ 244 II) bleibt von § 256 unberührt (BGH **1**, 94, 96; vgl auch RiStBV 111 III S 2 Hs 2). Zwingt sie nicht zur persönlichen Anhörung der Beweisperson, können entspr Anträge der Prozessbeteiligten abgelehnt werden (BGH NStZ **81**, 95 [Pf]; Bay **52**, 228 = NJW **53**, 194; Gössel DRiZ **80**, 369). Für das beschleunigte und über § 411 II S 2 für das Verfahren nach Einspruch gegen einen Strafbefehl bestehen gemäß § 420 II erweiterte Verlesungsmöglichkeiten.

3 **2)** Ein **Zeugnis oder ein Gutachten enthaltende Erklärungen** öffentlicher Behörden, allgemein vereidigter Sachverständiger oder von Gerichtsärzten können verlesen werden, nicht aber Leumundszeugnisse.

4 A. Bei den **Zeugnissen und Gutachten** ist gleichgültig, an wen sie gerichtet und auf wessen Veranlassung sie ausgestellt worden sind (Gössel DRiZ **80**, 369; Krause 167). Nur darf es sich nicht um innerdienstliche Notizen oder Vermerke oder um Berichte an Vorgesetzte handeln (RG **26**, 138; LR-Gollwitzer 17).

5 Das **Zeugnis,** das wohl nur als „behördliches" (I Nr 1 a) in Betracht kommt, gibt Auskunft über amtlich festgestellte Tatsachen und über andere Wahrnehmungen von Behördenangehörigen, die ohne § 256 als Zeugen zu vernehmen wären. Dabei kann es sich um Feststellungen aus amtlichen Unterlagen oder über (vor oder nach der Tat entstandene) amtliche Vorgänge oder um Wahrnehmungen handeln, die einzelne Behördenangehörige bei (nicht nur gelegentlich) ihrer Tätigkeit für die Behörde gemacht haben (ANM 301 mwN). Das können auch Mitteilungen anderer Behörden oder dritter Personen sein. Für Äußerungen der mit der Sache befassten Strafverfolgungsorgane, insbesondere für Aktenvermerke der Polizei und der StA, gilt nicht I Nr 1 a (BGH NStZ **82**, 79; **88**, 420, 421; **95**, 143), wohl aber I Nr 5 (unten 26). Für Erklärungen einer mit der Sache nicht befassten Strafverfolgungsbehörde, zB über Anhängigkeit oder Stand eines anderen Verfahrens oder über die Existenz oder den Aufenthalt bestimmter Personen ist hingegen auch I Nr 1 a anwendbar.

6 **Gutachten** iS I Nr 1 ist jede sachverständige Äußerung der Behörde oder des allgemein vereidigten Sachverständigen oder Gerichtsarztes, gleichgültig, ob sie auf dem bereits vorhandenen Tatsachenmaterial oder auf erst nach Eingang des Gut-

achterauftrags angestellten Untersuchungen beruht (Bay **52**, 228 = NJW **53**, 194; ANM 302; **aM** Frankfurt NJW **52**, 757); es kommt nicht darauf an, ob die dem Gutachten zugrunde liegenden Feststellungen von dem zuständigen Repräsentanten der Behörde selbst oder von einem seiner Mitarbeiter getroffen worden sind (BGH DAR **02**, 203 [To]). Auch behördliche Rechtsgutachten sind verlesbar (BGH NJW **96**, 1355, 1358). Außer der gutachtlichen Äußerung ist die Mitteilung der ihr zugrunde liegenden Befundtatsachen (10 zu § 79) verlesbar (BGH MDR **55**, 397 [D]), die über Zusatztatsachen (11 zu § 79) nur, wenn darin ein Zeugnis der Behörde iS I S 2 liegt (BGH aaO; Karlsruhe NJW **73**, 1426); sonst muss der Gutachter als Zeuge vernommen werden (BGH aaO). Zur Vertretung des Gutachtens vor Gericht vgl im übrigen Seyler GA **89**, 559 ff.

B. **Leumundszeugnisse** dürfen nicht verlesen werden, gleichgültig, ob sie den Angeklagten, einen Zeugen oder einen Dritten betreffen (LR-Gollwitzer 30) und ob die Prozessbeteiligten mit der Verlesung einverstanden sind. Entgegen der missverständlichen Gesetzesfassung bezieht sich das Verbot der Verlesung von Leumundszeugnissen selbstverständlich auf die ganze Nr 1 und nicht nur auf Nr 1 c, wo es ohnehin kaum Leumundszeugnisse geben wird. 7

Der **Begriff** Leumundszeugnis ist weit auszulegen. Darunter fallen nicht nur Äußerungen über den Ruf, den der Angeklagte, Zeuge oder Dritte bei anderen genießt, sondern alle Wertäußerungen über seine Persönlichkeit, insbesondere über Fähigkeiten und Eigenschaften, wie Glaubwürdigkeit, Zuverlässigkeit, sittliche Führung, berufliches Können (vgl RG **53**, 280; **59**, 374; KK-Diemer 7). Ob der Verfasser seine eigene Ansicht oder die Meinung anderer wiedergibt, spielt keine Rolle (ANM 303). 8

Leumundszeugnisse sind zB (vgl SK-Velten 26) Schulzeugnisse, soweit sie das sittliche Verhalten und die Wahrheitsliebe betreffen, Beurteilungen von Dienstvorgesetzten (OGH **3**, 80, 81), Zeugnisse der Beschäftigungsbehörde über die Einschätzung des Charakters und der sittlichen Eigenschaften (Hamburg StV **85**, 496), Berichte der Jugendämter über die Führung von Jugendlichen und der JVAen über die Führung von Gefangenen (ANM 304). Bezieht sich die Äußerung der Behörde nur auf einzelne Leumundstatsachen, so ist die Verlesung zulässig (KMR-Paulus 13). Auch das psychologische Gutachten über die Glaubwürdigkeit ist kein Leumundszeugnis (BGH 5 StR 365/59 vom 20. 10. 1959). 9

In der **Nichtverlesbarkeit** stehen die behördlichen Leumundszeugnisse den privaten (§ 250) gleich; zur Feststellung des Leumunds ist immer Zeugenbeweis erforderlich (RG **53**, 280), es sei denn, I Nr 5 sei anwendbar (dazu unten 26). Wenn und soweit die Erklärung ein Leumundszeugnis enthält, ist auch die Bekanntgabe ihres Inhalts durch den Vorsitzenden und ihr Vorhalt gegenüber dem Angeklagten oder einer Beweisperson unzulässig (RG **59**, 374, 375; 28 zu § 249). 10

3) **Öffentliche Behörden** (I Nr 1 a): 11

A. Dies sind **nach öffentlichem Recht eingerichtete,** in den Organismus der Staatsgewalt eingegliederte, mit der Erfüllung öffentlicher Aufgaben betraute Stellen des Staates oder eines anderen Trägers der öffentlichen Verwaltung, die in ihrem Bestand von dem oder den sie jeweils leitenden Beamten unabhängig sind (BVerfGE **10**, 20, 48; BGH VRS **11**, 449, 451; Bay **64**, 36, 38 = NJW **64**, 1192; Koblenz NJW **84**, 2424; vgl auch § 1 IV VwVfG). Obrigkeitliche Befugnisse brauchen sie nicht zu haben (BGHZ **25**, 168, 188 = NJW **57**, 1673; Karlsruhe NJW **73**, 1426). In Betracht kommen auch Behörden im Ausland (BGH NJW **92**, 58, 59). 12

Behörden sind zB (vgl SK-Velten 21) öffentliche Kliniken und Krankenhäuser (BGH NStZ **84**, 231; Karlsruhe aaO), Universitätsinstitute für Rechtsmedizin (BGH NJW **67**, 299; NStZ-RR **01**, 262 [B]; VRS **44**, 37, 39; **48**, 209), staatliche Gesundheitsämter (BGH **1**, 94, 97; MDR **55**, 397 [D]), chemische Untersuchungsanstalten (BGH NJW **53**, 1801) und Veterinär-Untersuchungsämter (Celle NJW **66**, 1881), meteorologische Institute und Wetterämter (LR-Gollwitzer 11), das BKA und die Landeskriminalämter (BGH NJW **68**, 206; Ham- 13 burg NJW **69**, 571), die Physikalisch-Technische Bundesanstalt in Berlin (Koblenz NJW **84**, 2424), das Zollkriminalinstitut in Köln, ferner Handels- und Handwerkskammern (RG **52**, 198), die Deutsche Bundesbank und die Landeszentralbanken (vgl RG **63**, 122), Führer militärischer Einheiten der Bundeswehr (LR-Gollwitzer 9), Gerichtsvollzieher (Bay **01**, 157 = StV **02**, 646).

14 **Keine Behörden sind** in der Rechtsform der GmbH betriebene Krankenhäuser (BGH NStZ **88**, 19 [Pf/M]) und Technische Überwachungsvereine (Bay **55**, 89 = VRS **8**, 467; Hamm BA **81**, 274, 276; Köln MDR **64**, 254), Berufsgenossenschaften (RG **34**, 367) und Notare (ausgenommen die staatlichen Notariate in BW), sowie im Gegensatz zur früheren Rechtslage (vgl KG VRS **14**, 452) idR auch nicht mehr die Nachfolger der Deutschen Bundespost (Deutsche Post AG, Deutsche Postbank AG und Deutsche Telekom AG; vgl zur Neuorganisation der Post Gramlich NJW **94**, 2787).

15 B. **Von der Behörde stammende Erklärungen** können verlesen werden. Der Erklärende muss die Behörde repräsentieren (BGH StV **87**, 285: Polizeipräsident; Bay **64**, 36, 38 = NJW **64**, 1192; Karlsruhe NJW **73**, 1426). Er muss allgemein oder auf Grund besonderer Anordnung zu ihrer Vertretung berechtigt sein (BGH NStZ **84**, 231; StV **84**, 142 L) und darf nicht völlig außerhalb der Zuständigkeit der Behörde handeln (BGH VRS **48**, 209, 210; Karlsruhe aaO; Justiz **77**, 104; Gössel DRiZ **80**, 369). Die Erklärung muss von dem Behördenleiter oder in dessen Vertretung von einem dazu befugten Sachbearbeiter unterschrieben sein (Hamburg NJW **69**, 570). Das Fehlen eines Zusatzes „iV" oder „iA" spricht dagegen, dass das Gutachten im Namen der Behörde erstattet ist (BGH NStZ **84**, 231; **85**, 36; **88**, 283; Köln StV **95**, 630), nicht aber unbedingt, wenn es unter einem privaten Briefkopf abgegeben worden ist (BGH VRS **11**, 449; **48**, 209); in Zweifelsfällen muss sich das Revisionsgericht darüber im Freibeweis Klarheit verschaffen (Schäfer NStZ **96**, 247). Berichte der Gerichtshilfe und der Jugendgerichtshilfe sind idR nicht für die Behörde abgegeben (26 zu § 160). Formmängel sind unschädlich, insbesondere das Fehlen des Dienstsiegels und des amtlichen Stempels (RG **43**, 405). In Zweifelsfällen muss bei der Behörde zurückgefragt werden (BGH VRS **11**, 449; **44**, 37, 39; Düsseldorf StV **83**, 273; Hamburg NJW **69**, 571).

16 **4) Gutachten allgemein vereidigter Sachverständiger** (I Nr 1 b) dürfen wie Behördengutachten verlesen werden. Zur allgemeinen Vereidigung vgl 5 zu § 79. Früher gab noch nicht so viel vereidigte Sachverständige wie jetzt, insbesondere im Kfz-Gewerbe, im Versicherungswesen und in der Schriftkunde. Ihre idR von hoher Sachautorität geprägten Erklärungen rechtfertigen es, sie den Behördengutachten gleichzustellen (BR-Drucks 378/03 S 60; für Ausdehnung auf *alle* Sachverständigengutachten Dölp ZRP **04**, 237). Daher ist nur noch in Zweifelsfällen ihre persönliche Vernehmung erforderlich. Es bleibt den Prozessbeteiligten aber unbenommen, durch Stellung von Beweisanträgen zur näheren Erläuterung des Gutachtens oder zur Behebung von Unklarheiten, Mängeln oder Auslassungen auf der persönlichen Vernehmung des Sachverständigen zu bestehen (Knauer/Wolf NJW **04**, 2936; Neuhaus StV **05**, 52; Sommer StraFo **04**, 297). Dasselbe kann die – unberührt bleibende (oben 2) – Aufklärungspflicht des Gerichts gebieten.

17 **5) Ärzte eines gerichtsärztlichen Dienstes** (I Nr 1 c): Gemeint sind vor allem die bayerischen LG-Ärzte (Ges vom 27. 7. 1950; VO vom 6. 10. 1950 [Bay BS II 55, 56]), nicht die Ärzte der gerichtsmedizinischen Institute und der JVAen (Karlsruhe Justiz **77**, 104). Zwar sind auch die Gutachten der LG-Ärzte Behördengutachten (Art 3 II des Ges vom 12. 7. 1986 [BayGVBl 120]), sie können aber ohne Rücksicht auf die interne Organisation des gerichtsärztlichen Dienstes verlesen werden (LR-Gollwitzer 37).

18 **6) Ärztliche Atteste** (I Nr 2) dürfen verlesen werden, wenn sie sich auf Körperverletzungen (auch nach § 340 I StGB zu verfolgende, Oldenburg MDR **90** 1135) beziehen, die nicht zu den schweren (§§ 226, 227 StGB) gehören (nicht

aber bei versuchtem Totschlag, BGH StV **07**, 569). Dadurch soll den Ärzten erspart werden, allzu oft vor Gericht erscheinen zu müssen. Gleichgültig ist, auf wessen Veranlassung und zu welchem Zweck das Attest ausgestellt worden ist und ob der Angeklagte Täter oder Opfer der Körperverletzung ist (KG StV **83**, 237).

Verlesbar sind nur schriftliche Bestätigungen approbierter Ärzte über eigene Wahrnehmungen bei der Untersuchung und Behandlung von Kranken und Verletzten. Enthält das Attest außer dem Befundbericht eine gutachtliche Äußerung, zB über Schwere und Folgen der Verletzung, Minderung der Erwerbsfähigkeit und voraussichtliche Heilungsmöglichkeiten, so kann es auch insoweit verlesen werden (LR-Gollwitzer 43). Unzulässig ist aber die Verlesung von Tatsachen, die der Arzt bei der Untersuchung ohne besondere Sachkunde festgestellt hat, zB Zustand der Kleidung, Angaben des Verletzten oder eines Dritten über den Zeitpunkt oder die Ursache der Verletzung (BGH **4**, 155; MDR **55**, 397 [D]; StV **84**, 142; Hamburg StV **00**, 9). Wenn es nicht auf das bloße Vorhandensein der bescheinigten Körperverletzung, sondern auf die Art der Verletzung ankommt, genügt die Verlesung nicht; der Arzt muss als Zeuge vernommen werden (BGH NStZ **84**, 211 [Pf/M]). 19

Ob eine Körperverletzung nicht zu den schweren gehört, beurteilt sich nach dem **Anklagegegenstand** (LR-Gollwitzer 40; ANM 307). Bei Körperverletzungen nach §§ 223, 224 StGB (BGH **33**, 389, 391) und, ohne Rücksicht auf den Verletzungserfolg (BGH **4**, 155; NJW **80**, 651), § 229 StGB ist das Attest daher auch verlesbar, wenn es sich nach seinem Inhalt um eine schwere Körperverletzung handelt. Hat das Verfahren nicht die Körperverletzung, sondern eine andere Straftat zum Gegenstand, so ist die Verlesung des Attestes immer unzulässig (BGH **4**, 155; NStZ **85**, 36; **88**, 19 [Pf/M]; **08**, 474; StV **82**, 59 mit Anm Schwenn; BGH StV **82**, 557; **96**, 649), auch wenn die Verletzungsfolgen nur für die Straffrage von Bedeutung sind (BGH NJW **80**, 651: Vorliegen eines Regelbeispiels des § 176 StGB). Bei Tateinheit zwischen Körperverletzung und einer anderen Straftat ist das Attest ebenfalls nicht verlesbar (BGH **4**, 155; NStZ **84**, 211 [Pf/M]; **85**, 206 [Pf/M]; StV **84**, 142), sofern es nicht ausschließlich dem Nachweis der Körperverletzung oder des sie betreffenden Schuldumfangs dient (BGH **33**, 389), insbesondere, wenn die andere Tat schon restlos aufgeklärt ist (ANM 307/308). 20

Ist das Attest nach diesen Grundsätzen nicht verlesbar, so ist auch eine **Verwertung in anderer Weise** ausgeschlossen, insbesondere durch Bekanntgabe seines Inhalts und Vorhalt an den Angeklagten oder Beweispersonen (AK-Rüping 20; SK-Velten 29; **aM** BGH MDR **93**, 9 [H]; StraFo **09**, 152); Vorhalte unter Benutzung des Inhalts des Attestes ohne dessen Bekanntgabe sind allerdings zulässig (KMR-Paulus 24), zum Beweis dient dann aber nur die auf den Vorhalt hin abgegebene Erklärung (erg 14 zu § 250). Mit Einverständnis von StA, Verteidiger und Angeklagtem ist jedoch die Verlesung nach § 251 I Nr 1 zulässig. 21

7) Ärztliche Berichte über Blutprobenentnahmen (I Nr 3), die erkennen lassen müssen, von wem sie herrühren (Bay **88**, 89 = StV **89**, 6), sind die dem Gutachten über die Schuldfähigkeit oder Fahrtüchtigkeit zugrunde liegenden Anknüpfungstatsachen über Ort, Zeitpunkt und Verhalten (Bewusstsein, Stimmung, Erscheinungsbild) des Betroffenen bei der Blutprobenentnahme (BGH DAR **79**, 186 [Sp]; Rieß NJW **75**, 87 Fn 86) sowie die Ergebnisse der bei dieser Gelegenheit durchgeführten klinischen Tests. Die Verwertung der Berichte kann nur durch Verlesung nach I Nr 3 oder Vernehmung des Sachverständigen erfolgen (Bay StraFo **02**, 399; Düsseldorf VRS **77**, 364; erg oben 21). 22

8) Sonstige Gutachten und Berichte (I Nr 4): Um Gutachten einer öffentlichen Behörde oder eines Arztes im gerichtsärztlichen Dienst braucht es sich nicht zu handeln. 23

Fahrtschreiber: Gemeint ist die Auswertung eines Fahrtschreiberdiagramms. Das Gutachten darf verlesen werden, soweit es die Ablesung und Auswertung des 24 einprogrammierten Zeichensystems zum Inhalt hat und soweit das Aufzeichnungsergebnis dahin ausgewertet ist, ob der Fahrtschreiber einwandfrei gearbeitet hat, nicht aber, soweit allgemein die Funktionsweise des Geräts beschrieben ist (Celle JR **78**, 122 mit Anm Puppe).

25 Die eine **Blutprobe** auswertenden (auch privaten) Gutachten sind sowohl zur Blutgruppenbestimmung als auch zur Berechnung des Blutalkoholgehalts verlesbar; das gilt auch, soweit sie sich über die Qualität der Blutgruppe äußern (ANM 309). Die Verlesung ist idR ausreichend (BGH **28**, 235, 236); ausnahmsweise kann § 244 II die Vernehmung des Sachverständigen erfordern, zB wenn bei der Bestimmung des Blutalkoholgehalts die der Rückrechnung zugrunde liegenden Umstände sich bei der Beweisaufnahme nicht bestätigt haben.

26 **9) Erklärungen der Strafverfolgungsbehörden** über Ermittlungshandlungen (I Nr 5): Diese Verlesungsmöglichkeit beruht auf dem Bemühen, die Hauptverhandlung von Vernehmungen zu entlasten, bei denen der zu Vernehmende idR nicht mehr bekunden kann, als sich aus dem Protokoll oder der Urkunde ergibt. Der Gesetzgeber dachte hierbei insbesondere an die Protokolle und Vermerke über Routinevorgänge, wie Beschlagnahme, Spurensicherung, Durchführung einer Festnahme, Sicherstellungen, Hausdurchsuchungen usw (BR-Drucks 378/03 S 61). Nach dem uneingeschränkten Wortlaut der Vorschrift können sowohl Erklärungen der Strafverfolgungsbehörden über die den Gegenstand der Hauptverhandlung betreffende Ermittlungshandlungen als auch über solche in anderen Verfahren verlesen werden (**aM** SK-Velten 33); vgl auch oben 5). Bei Verlesungen nach I Nr 5 wird aber in besonderem Maße auf Einhaltung der Aufklärungspflicht nach § 244 II zu achten sein (oben 1, 2); so kann die Inaugenscheinnahme einer Videoaufzeichnung nicht durch die Verlesung des über sie gefertigten Vermerks ersetzt werden (Düsseldorf NStZ **08**, 358). Die Verfahrensbeteiligten müssen ggf durch Stellung von Beweisanträgen zur weiteren Aufklärung beitragen (Neuhaus StV **05**, 52; Sommer StraFo **04**, 298).

27 Auf **Vernehmungen** erstreckt sich die Verlesungsmöglichkeit aber nicht; dafür gilt § 251. Der Begriff der „Vernehmung" ist weit zu fassen: Hierzu gehören auch die informatorische Befragung (Einl 79; Knauer/Wolf NJW **04**, 2936), der Vermerk über Befragungen oder polizeiliche Schlussberichte, in denen die Vernehmungsergebnisse wiedergegeben werden.

28 **10) Kollegiale Fachbehörden** (II): Die Vorschrift ergänzt § 83 III. Sie vereinfacht das Verfahren für den Fall, dass die kollegial organisierte und besetzte Behörde das nach I verlesene Gutachten zu erläutern oder zu ergänzen hat oder dass das Gutachten nicht verlesen, sondern in der Hauptverhandlung erstattet wird (einschr Rogall Gössel-FS 516: nur Erläuterung möglich). Wenn es das Gericht für ausreichend hält, brauchen dann nicht alle Mitglieder des Kollegiums, das die Behörde vertritt, in der Hauptverhandlung zu erscheinen, sondern es genügt, dass auf entsprechendes Ersuchen ein Mitglied von diesem Kollegium beauftragt wird. Dem Ersuchen, das nur das Gericht stellen (RG **39**, 140) und das schon mit dem Gutachtenauftrag oder mit der Ladung (§§ 214, 221) an die Behörde gerichtet werden kann, braucht die Fachbehörde nicht zu entsprechen. Der Beauftragte hat in der Hauptverhandlung die Stellung eines Sachverständigen (5 zu § 83; **aM** Rogall aaO 522: Urteilsgrundlage ist und bleibt allein das verlesene behördliche Gutachten; vgl auch SK-Velten 36).

29 **11)** Die **Anordnung der Verlesung** trifft der Vorsitzende im Rahmen der Sachleitung (§ 238 I); nur auf Beanstandung nach § 238 II entscheidet das Gericht. Der förmlichen Verlesung steht die Inhaltsfeststellung gleich (Düsseldorf VRS **59**, 269, 270; Hamm OLGSt § 274 S 3; Köln VRS **73**, 136; 25 ff zu § 249).

30 **12) Revision:** Ob die nach I Nr 1 a verlesene Erklärung für eine Behörde abgegeben worden ist (oben 15), klärt das Revisionsgericht ggf im Freibeweis (BGH VRS **44**, 32, 39; Düsseldorf StV **83**, 273; Köln NStZ-RR **97**, 367, 368). Hat sich

das Gericht mit der Verlesung begnügt, obwohl die Umstände zu einer persönlichen Vernehmung des Zeugen oder Gutachters drängten (12, 80 zu § 244), so ist nicht § 256, sondern die Aufklärungspflicht (§ 244 II) verletzt (BGH NStZ **93**, 397). Bei unzulässiger Verlesung und Verwertung des Zeugnisses, Gutachtens, Attestes oder Protokolls ist gegen den Grundsatz der persönlichen Vernehmung (§ 250) verstoßen worden (BGH NJW **80**, 651); das kann gerügt werden, auch wenn nicht nach § 238 II das Gericht angerufen worden ist (KK-Diemer 13).

Befragung des Angeklagten; Erklärungsrecht des Staatsanwalts und des Verteidigers

257 **I Nach der Vernehmung eines jeden Mitangeklagten und nach jeder einzelnen Beweiserhebung soll der Angeklagte befragt werden, ob er dazu etwas zu erklären habe.**

II Auf Verlangen ist auch dem Staatsanwalt und dem Verteidiger nach der Vernehmung des Angeklagten und nach jeder einzelnen Beweiserhebung Gelegenheit zu geben, sich dazu zu erklären.

III Die Erklärungen dürfen den Schlussvortrag nicht vorwegnehmen.

1) Befragung des Angeklagten (I): Die Vorschrift sichert dem Angeklagten das rechtliche Gehör; sie dient auch der Sachaufklärung (eingehend zum Erklärungsrecht des Verteidigers Burkhard StV 04, 390). Sie stellt klar, dass der Angeklagte nach jeder Beweiserhebung, auch im Verfahren nach § 249 II und nach der Einnahme des gerichtlichen Augenscheins befragt werden soll, ob er Erklärungen abzugeben hat. Gibt er Erklärungen ab, so müssen auch sie bei der Entscheidung berücksichtigt werden (5 zu § 261). Die Befragung ist Aufgabe des Vorsitzenden. 1

Obwohl es sich um eine **Sollvorschrift** handelt, darf der Vorsitzende von der Befragung nicht ohne besonderen Grund absehen (vgl Neuhaus Herzberg-FS 885). Es steht ihm aber frei, den Angeklagten nicht erst nach jeder Beweiserhebung, sondern bereits bei Beginn der Verhandlung oder der Beweisaufnahme auf sein Recht nach I hinzuweisen. Die Befragung ist nicht deshalb überflüssig, weil schon der Verteidiger Erklärungen abgegeben hat. 2

I gilt auch für Nebenbeteiligte, denen die Befugnisse des Angeklagten zustehen, im Rahmen ihrer Beteiligung (§§ 433 II S 1, 442 I, II, 444 II S 2). Im Jugendstrafverfahren brauchen Erziehungsberechtigte und gesetzliche Vertreter nicht befragt zu werden (BGH DAR **77**, 176 [Sp]; KK-Diemer 2; Brunner/Dölling 6 zu § 67 JGG; **aM** LR-Gollwitzer 9; Eisenberg 9 zu § 67 JGG). 3

In der **Sitzungsniederschrift** genügt eine allgemeine Feststellung, dass I beachtet worden ist; ein Vermerk nach jedem Beweiserhebungsakt ist nicht erforderlich (BGH MDR **67**, 175 [D]; StV **94**, 468 mit abl Anm Schlothauer für den Fall, dass die Erklärung nach I eine erstmalige Einlassung des bisher schweigenden Angeklagten zur Sache enthält). 4

2) StA und Verteidiger (II), bei mehreren Verteidigern jeder von ihnen, dürfen sich auf Verlangen äußern, müssen also nicht besonders befragt werden. Ihre Erklärungen dürfen sie erst abgeben, wenn ihnen der Vorsitzende dazu ausdrücklich oder durch schlüssige Handlung Gelegenheit gibt. 5

II gilt auch für Privatkläger (§ 385 I S 1), Nebenklage (§ 397 I S 3; vgl aber Hamburg StV **90**, 153: Ausführungen des zuvor als Zeuge vernommenen Nebenklägers zur Sache sind Zeugenaussagen) und Prozessbevollmächtigte der Nebenbeteiligten (§ 434). 6

Die Abgabe einer Erklärung nach II ist in der **Sitzungsniederschrift** zu beurkunden (dazu Burkhard StV **04**, 397). 7

3) Grenzen der Erklärungsrechte (III): Der Schlussvortrag darf durch die Erklärungen nach I und II nicht vorweggenommen werden (eingehend dazu Fahl 8

389 ff). Sie dürfen sich immer nur auf die unmittelbar vorangegangene Beweiserhebung beziehen (LR-Gollwitzer 7, 11, 18; Rieß NJW **75**, 94; **aM** Burkhard StV **04**, 393; Hohmann StraFo **99**, 155), insbesondere zum Beweiswert des Beweismittels kritisch Stellung nehmen, Unklarheiten und Widersprüche aufzeigen und auf Zusammenhänge mit anderen Beweismitteln hinweisen (im Einzelnen dazu Hammerstein Rebmann-FS 237). Eine Gesamtwürdigung des bisherigen Verhandlungsergebnisses ist unzulässig (Leipold StrFo **01**, 301; **aM** SK-Velten 7). Das Recht, Anträge zu stellen, schränkt III aber nicht ein (LR-Gollwitzer 22). Überschreitet ein Verfahrensbeteiligter die Grenzen des III, so entzieht ihm der Vorsitzende in Ausübung seiner Sachleitung nach § 238 I das Wort; hiergegen kann nach § 238 II das Gericht angerufen werden (Müller Fezer-FS 153 ff hält dies für ausreichend und III daher [162] sowie wegen „fehlender verbindlicher Maßstäbe für das Plädoyer" [161] für überflüssig).

9 **4) Revision:** § 257 ist eine Ordnungsvorschrift, auf deren Verletzung die Revision nicht gestützt werden kann, sofern nur das rechtliche Gehör insgesamt gewährt worden ist (BGH MDR **67**, 175 [D]; VRS **34**, 344, 346; Koblenz VRS **46**, 449, 453; Fahl 407; **aM** LR-Gollwitzer 25; SK-Velten 12; Burkhard StV **04**, 397; Hammerstein Rebmann-FS 236; Hohmann StraFo **99**, 157; erg 4 zu § 337). Selbst bei Annahme eines möglichen revisiblen Verstoßes wird das Urteil darauf aber idR nicht beruhen (Leipold StraFo **01**, 301). Rügt der Verteidiger den Verstoß, muss er vortragen, dass ihm das Wort nicht gewährt wurde und er dagegen vergeblich nach § 238 II vorgegangen ist (BGH NStZ **07**, 234).

Anordnung schriftlicher Antragstellung

257a [1] **Das Gericht kann den Verfahrensbeteiligten aufgeben, Anträge und Anregungen zu Verfahrensfragen schriftlich zu stellen.** [2] **Dies gilt nicht für die in § 258 bezeichneten Anträge.** [3] **§ 249 findet entsprechende Anwendung.**

1 **1) Anwendungsbereich der Vorschrift:** Den Verfahrensbeteiligten muss rechtliches Gehör gewährt werden (Einl 23 ff). Grundsätzlich ist im Strafverfahren dafür auch Anhörung im wörtlichen Sinne zu fordern (Bandisch StV **94**, 158; Krahl GA **98**, 334; Schlüchter GA **94**, 428 Fn 226), also die sprachliche Äußerung in mündlicher Verhandlung und die Kenntnisnahme der Reaktion des Gerichts auf die Ausführungen (R. Hamm StV **94**, 459). An den Grundprinzipien unseres Strafverfahrens, die durch die Grundsätze der Öffentlichkeit (§ 169 S 1 GVG), der Mündlichkeit (7 zu § 261) und der Unmittelbarkeit (1 zu § 250) gekennzeichnet sind, will und kann eine vereinzelte Vorschrift wie der durch das Verbrechensbekämpfungsgesetz 1994 eingefügte § 257 a nichts ändern (vgl auch Dahs NJW **95**, 556; Krahl aaO 335 ff). Nach der Gesetzesbegründung (BT-Drucks 12/6853 S 19, 34) soll die Vorschrift die „straffere Durchführung" von Groß- und Umfangsstrafverfahren ermöglichen (ob sie dies Ziel erreichen kann, ist aber schon fraglich, vgl dazu Münchhalffen StraFo **95**, 20 und Friebertshäuser-FG 139; bejahend hingegen Nehm/Senge NStZ **98**, 385). Aus der Gesetzesfassung ist dieser Zweck jedoch nicht zu entnehmen.

2 Die Vorschrift bedarf daher der **teleologischen Reduktion:** Nur wenn durch eine Vielzahl von Anträgen oder Anregungen zu Verfahrensfragen oder durch mehrere Anträge außerordentlichen Umfangs der Verfahrensablauf bei mündlichem Vortrag erheblich (um Stunden oder gar Tage) verzögert werden würde, kann eine Anordnung nach § 257 a in Betracht kommen (vgl Schlüchter aaO 427). Für eine Anordnung, die auch sämtliche künftigen Anträge und Anregungen erfasst, muss die Feststellung eines zuvor erfolgten Missbrauchs des Antragsrechts verlangt werden (Krahl aaO 340; vgl König Kriminalistik **95**, 477; **aM** Pfeiffer 2; Fahl 398; Senge NStZ **02**, 231). Nur bei einer solchen teleologischen Reduktion der Vorschrift kann sie rechtsstaatlichen Anforderungen genügen und kann die gegen

sie erhobene scharfe Kritik, die von der Bezeichnung als „Maulkorb-Paragraph" (Bandisch aaO; R. Hamm aaO 458; Scheffler NJW **94**, 2194) über Einführung einer „Geisterverhandlung" (R. Hamm aaO 457) bis zur Befürchtung einer „Grabesstille" im Gerichtssaal (Scheffler aaO) reicht, entkräftet werden (König/Seitz NStZ **95**, 5 weisen insoweit auf den fair trial-Grundsatz hin); Krahl aaO 342 hält die Vorschrift allerdings selbst dann für rechtswidrig.

2) Anordnung: Für einen oder mehrere zu stellende Anträge oder Anregungen kann den Verfahrensbeteiligten die Schriftform aufgegeben werden. Wenn eine allgemeine Anordnung für alle auch in Zukunft zu stellenden Anträge und Anregungen, ohne dass deren Inhalt schon bekannt- oder vorherzusehen ist, getroffen werden soll, setzt dies einen festgestellten Missbrauch des Antragsrechts voraus (oben 2). 3

Die Anordnung steht **im pflichtgemäßen Ermessen** des Gerichts. Sie kann zB auch getroffen werden, wenn der Verfahrensbeteiligte von sich aus schon einen umfangreichen schriftlichen Antrag vorlegen will. Sie kommt nicht in Betracht, wenn dem Verfahrensbeteiligten schriftliche Antragstellung nicht zumutbar oder nicht möglich ist (BT-Drucks 12/6853 S 34). 4

3) Anordnender und Adressat: Nur das Gericht in voller Besetzung, nicht der Vorsitzende allein kann die Anordnung treffen. Der Vorsitzende sollte aber zuvor auf diese Möglichkeit, wenn sie in Betracht kommt (aber natürlich nicht als „Drohung", wie R. Hamm StV **94**, 457 befürchtet), hinweisen. Sie kann gegenüber allen Verfahrensbeteiligten ergehen, also StA, Verteidiger, Angeklagtem, Nebenkläger und Nebenbeteiligten. 5

4) Inhalt: Die Anordnung kann sich auf alle Arten von Anträgen und Anregungen zu Verfahrensfragen beziehen, insbesondere auf Beweis- und Beweisermittlungsanträge, Anträge auf Einstellung, Unterbrechung oder Aussetzung des Verfahrens. Die Anordnung kann auf bestimmte Anträge (zB nur auf Beweisanträge) oder auch zeitlich (zB nur am heutigen Verhandlungstag) beschränkt werden. Eine Begründung der Anordnung schreibt das Gesetz zwar nicht vor; aus der erforderlichen teleologischen Reduktion der Vorschrift (oben 2) ist aber ein Begründungserfordernis zu schließen. Vor allem, wenn die Anordnung für sämtliche zukünftigen Anträge und Anregungen erfolgt, bedarf sie einer Begründung, warum der Verfahrensbeteiligte missbräuchlich gehandelt hat (oben 3). 6

Die Anordnung ist **ausgeschlossen** bei den Anträgen nach § 258. Dabei umfasst der Ausschluss nicht nur die eigentliche Antragstellung, sondern – wie die uneingeschränkte Erwähnung des § 258 in S 2 beweist – den gesamten Schlussvortrag. Auch bei beabsichtigter Ablehnung des Gerichts kann schriftliche Antragstellung nicht gefordert werden (§ 26 I S 2), da sich hier Schwierigkeiten mit der Notwendigkeit unverzüglicher Antragstellung (§ 25 II S 1 Nr 2) ergeben könnten. Für die Ablehnung eines Sachverständigen gilt dies mangels Verweisung in § 74 auf das Richterablehnungsverfahren nicht (vgl 20 zu § 74). 7

§ 257 a **gilt auch nicht** für Verlesung der Anklage und Äußerung des Angeklagten zur Anklage (§ 243 III und IV), für Erklärungen der Verfahrensbeteiligten, zB nach §§ 251 II Nr 3 oder § 257 (König/Seitz NStZ **95**, 5), und nicht für Äußerungen zur materiellen Rechtslage; bei letzteren verhindert § 257 III einen Missbrauch des Erklärungsrechts. 8

5) Folgen der Anordnung: Anträge und Anregungen dürfen nur noch in geschriebener Form eingereicht werden. Maschinenschrift kann nicht verlangt werden, handschriftlich verfasste Erklärungen müssen aber lesbar sein. Die schriftliche Einreichung muss im Hauptverhandlungsprotokoll vermerkt werden; es handelt sich um eine wesentliche Förmlichkeit iSd § 273 I. Ggf muss die Hauptverhandlung unterbrochen werden, um dem Verfahrensbeteiligten Gelegenheit zur schriftlichen Antragstellung zu geben (Dahs NJW **95**, 556). Entgegen der Anordnung 9 mündlich gestellte Anträge oder Anregungen braucht das Gericht nicht entgegenzunehmen, ist daran durch den Beschluss aber auch nicht gehindert, wenn der zügige Verfahrensablauf dadurch nicht beeinträchtigt wird.

10 Die **entsprechende Anwendung des § 249** hat insbesondere den Sinn, dass das Gericht von den schriftlich gestellten Anträgen und Anregungen im Selbstleseverfahren (16 ff zu § 249) Kenntnis nehmen kann; denn, wenn statt des Verfahrensbeteiligten das Gericht den Antrag entspr § 249 I S 1 verliest, wird die erwünschte „Verfahrensstraffung" kaum erreicht werden können (Scheffler NJW **94**, 2194). Auch ein zusammenfassender Bericht des Vorsitzenden (25 ff zu § 249) ist möglich und in geeigneten Fällen empfehlenswert, um den Inhalt des Schriftsatzes in der Hauptverhandlung bekanntzumachen.

11 Hinsichtlich der **Entscheidung über die Anträge** gelten keine Besonderheiten. Die Entscheidung muss verkündet werden (§ 35 I S 1) und ist in das Hauptverhandlungsprotokoll aufzunehmen.

12 **6) Anfechtung:** Gegen die Anordnung ist eine Beschwerde wegen § 305 S 1 nicht zulässig. Es bleibt nur die Möglichkeit der Gegenvorstellung (23 ff vor § 296).

13 **7) Revision:** Wenn die Anordnung unzulässig war, weil kein sachlich einleuchtender Grund für sie angegeben oder erkennbar oder ein Missbrauch seiner prozessualen Rechte durch den Verfahrensbeteiligten zu Unrecht bejaht worden ist, kann dies nach § 337 – für die Verteidigung nach § 338 Nr 8 – die Revision begründen. Konnte deswegen ein verfahrenserheblicher Beweisantrag nicht gestellt werden, kann uU auch die Aufklärungsrüge (80 ff zu § 244) begründet sein.

Erörterung des Verfahrensstands während der Hauptverhandlung

257b Das Gericht kann in der Hauptverhandlung den Stand des Verfahrens mit den Verfahrensbeteiligten erörtern, soweit dies geeignet erscheint, das Verfahren zu fördern.

1 **1)** Diese Vorschrift ist **nicht auf eine einvernehmliche Verfahrenserledigung gerichtet**; dafür gilt in der Hauptverhandlung § 257 c. Sie beschränkt sich vielmehr „auf kommunikative Elemente, die der Transparenz und Verfahrensförderung dienen" (BT-Drucks 16/11736 S 15). Die Zulässigkeit solcher Gespräche war schon bisher unbestritten (vgl auch KMR-v. Heinschel-Heinegg 2).

2 **2)** Die Erörterungen können aber auch der **Vorbereitung einer Verständigung nach § 257 c** dienen (Altenhain/Haimerl JZ **10**, 334), also etwa zur Auslotung des Strafrahmens für die Verständigung, der Erforderlichkeit weiterer Beweiserhebungen oder der einstweiligen Bewertung der erhobenen Beweise. Auch die rechtliche Bewertung der angeklagten Straftat nach der bisher durchgeführten Beweisaufnahme kann erörtert werden.

3 **3)** Auch § 257 b ist nur eine **„Kann-Vorschrift".** Das Gericht ist zu solchen Erörterungen nicht gezwungen; auch ein „Rechtsgespräch" kann von den Verfahrensbeteiligten nicht verlangt werden (7 a zu § 265). Die Vorschrift kann aber dazu dienen, Vorbehalte des Gerichts gegenüber solchen Erörterungen abzubauen; da das Gesetz sie nun ausdrücklich erlaubt, ist für den Richter auch die Gefahr einer Ablehnung wegen Befangenheit (§ 24) gebannt (BT-Drucks 16/11736 S. 15).

4 **4) Die Verhandlungsleitung** bei solchen Erörterungen obliegt auch hier nach § 238 I dem Vorsitzenden (SK-Velten 6).

5 **5) In das Hauptverhandlungsprotokoll** muss der wesentliche Ablauf und Inhalt einer solchen Erörterung aufgenommen werden (§ 273 I S 2).

Verständigung zwischen Gericht und Verfahrensbeteiligten

257c **I [1]Das Gericht kann sich in geeigneten Fällen mit den Verfahrensbeteiligten nach Maßgabe der folgenden Absätze über den weiteren Fortgang und das Ergebnis des Verfahrens verständigen. [2]§ 244 Absatz 2 bleibt unberührt.**

II [1]Gegenstand dieser Verständigung dürfen nur die Rechtsfolgen sein, die Inhalt des Urteils und der dazugehörigen Beschlüsse sein können, sonstige verfahrensbezogene Maßnahmen im zugrundeliegenden Erkenntnisverfahren sowie das Prozessverhalten der Verfahrensbeteiligten. [2]Bestandteil jeder Verständigung soll ein Geständnis sein. [3]Der Schuldspruch sowie Maßregeln der Besserung und Sicherung dürfen nicht Gegenstand einer Verständigung sein.

III [1]Das Gericht gibt bekannt, welchen Inhalt die Verständigung haben könnte. [2]Es kann dabei unter freier Würdigung aller Umstände des Falles sowie der allgemeinen Strafzumessungserwägungen auch eine Ober- und Untergrenze der Strafe angeben. [3]Die Verfahrensbeteiligten erhalten Gelegenheit zur Stellungnahme. [4]Die Verständigung kommt zustande, wenn Angeklagter und Staatsanwaltschaft dem Vorschlag des Gerichts zustimmen.

IV [1]Die Bindung des Gerichts an eine Verständigung entfällt, wenn rechtlich oder tatsächlich bedeutsame Umstände übersehen worden sind oder sich neu ergeben haben und das Gericht deswegen zu der Überzeugung gelangt, dass der in Aussicht gestellte Strafrahmen nicht mehr tat- oder schuldangemessen ist. [2]Gleiches gilt, wenn das weitere Prozessverhalten des Angeklagten nicht dem Verhalten entspricht, das der Prognose des Gerichts zugrunde gelegt worden ist. [3]Das Geständnis des Angeklagten darf in diesen Fällen nicht verwertet werden. [4]Das Gericht hat eine Abweichung unverzüglich mitzuteilen.

V Der Angeklagte ist über die Voraussetzungen und Folgen einer Abweichung des Gerichtes von dem in Aussicht gestellten Ergebnis nach Absatz 4 zu belehren.

1) § 257 c ist **die zentrale Vorschrift** für die Verständigung im Strafverfahren. 1
Dazu ist allerdings zu bemerken, dass die Vorschrift an einer falschen Stelle ins Gesetz eingefügt worden ist (zust N/Sch/W-Niemöller 6). Mit ihrem Standort hinter den Regelungen für die Beweisaufnahme und unmittelbar vor den Schlussplädoyers (§ 258) wird der Eindruck erweckt, die Verständigung geschehe erst nach Schluss der Beweisaufnahme. Sie steht aber idR an deren Anfang; denn nach einer – mehr oder minder aufwändigen – Beweisaufnahme sind im Allgemeinen weder das Gericht noch die Verfahrensbeteiligten an einer Verständigung interessiert. Andere Gesetzesentwürfe (zB Gesetzentwurf des BRats BT-Drucks 16/4197; Entwurf der BRAK ZRP **05**, 235) haben die Regelung daher zutr vor die Beweisaufnahmevorschriften in § 243 a eingestellt.

Die Neuerung, die diese Norm für unseren Strafprozess bringt, wird bereits in I 2
sehr deutlich: Nach der bisherigen Rspr des BGH war es lediglich erlaubt, dass das Gericht dem Angeklagten für den Fall eines von ihm abgelegten glaubhaften Geständnisses verbindlich zusagte, dass bei der Straffestsetzung eine bestimmte Strafobergrenze nicht überschritten werden würde; hierzu war – richtiger Auffassung nach – eine Zustimmung der StA nicht erforderlich (vgl Altenhain/Haimerl GA **05**, 286 Fn 20; **aM** BGH StV **03**, 481; offen gelassen von BGH [GrS] **50**, 40 und BGH NStZ **06**, 708).

Nunmehr tritt an die Stelle dieser gerichtlichen Zusage **eine Vereinbarung des** 3
Gerichts mit den Verfahrensbeteiligten. Das ist eine grundlegende Änderung der StPO, die mit dem Grundsatz der Aufklärungspflicht, der das Gericht zur Erforschung der Wahrheit verpflichtet, nur schwer vereinbar ist. I S 2 erklärt zwar, dass § 244 II unberührt bleibt. Das ist aber wenig mehr als ein Lippenbekenntnis (zust Altenhain/Haimerl JZ **10**, 329 Fn 31; **aM** N/Sch/W-Niemöller 72; Kröpil

JR **10**, 99); denn wenn zB die Verfahrensbeteiligten sich mit dem Gericht einigen, dass weitere Beweise nicht mehr erhoben werden sollen, obwohl der Sachverhalt noch nicht vollständig aufgeklärt ist, oder wenn der Angeklagte lediglich ein sog „schlankes Geständnis" ablegt, ohne auf – zuvor strittige – Einzelheiten einzugehen, so bleibt natürlich der Grundsatz des § 244 II auf der Strecke (vgl auch Fezer NStZ **10**, 183; Rieß StraFo **10**, 11). Das Bemühen, ein solches – zumindest teilweise – konsensuales Verfahren in die bestehenden Regelungen der StPO einzufügen, kann nicht gelingen (vgl nur Kempf StV **09**, 269; scharf abl auch Hassemer Volk-FS 221). Der Gesetzgeber konnte sich nicht entschließen, neben den bestehenden Vorschriften und unabhängig von diesen ein konsensuales Verfahren einzuführen, in dem der Angeklagte (oder Angeklagter und StA) auf ein Verfahren nach §§ 244 ff verzichten (vgl dazu Meyer-Goßner NStZ **07**, 425, 431 und Böttcher-FS 105). Mit § 257 c ist jetzt demgegenüber eine Verfahrensart entstanden, die vorgibt, den Regelungen der StPO gerecht zu werden, dies aber in Wahrheit nicht oder jedenfalls nur unvollkommen tut (Fischer StraFo **09**, 185; *Murmann* ZIS **09,** 532; *Weßlau* Müller-FS 789).

4 Der **Gehalt des I S 2** beschränkt sich somit darauf, dass das Gericht und die Verfahrensbeteiligten nicht etwa einfach eine bestimmte Rechtsfolge für ein nicht näher aufgeklärtes Tatgeschehen vereinbaren dürfen. Hierauf werden die Revisionsgerichte ein besonderes Augenmerk zu richten haben (so auch schon BGH StV **10**, 60: „… entbindet das Gericht nicht von der Pflicht zur Aufklärung und Darlegung des Sachverhalts, soweit dies für den Tatbestand der dem Angeklagten vorgeworfenen Gesetzesverletzung erforderlich ist"), ebenso wie darauf, dass nicht doch – entgegen II S 3 – Absprachen über den Schuldspruch (zB einvernehmliches „Weglassen" von strafschärfenden Qualifikationen wie Mitführen einer scharfen Waffe bei § 250 StGB; Bandeneigenschaft; Vorliegen von Mordmerkmalen, vgl dazu *Fischer* aaO 179) in die Verständigung einfließen. Durch die Einfügung der gesetzlichen Regelung des § 257 c ist nun aber auch eindeutig geklärt, dass Verständigungen außerhalb des § 257 c – insbesondere also heimliche Absprachen (sog *deals*) – schlechthin unzulässig sind; aus ihnen können keine Ansprüche hergeleitet werden, sie sind für das Verfahren unbeachtlich (ebenso Schlothauer/Weider StV **09**, 601).

5 Da der **StA nun eine entscheidende Rolle** für das Zustandekommen der Vereinbarung zukommt – ihre Zustimmung (und die des Angeklagten) ist nach III S 4 Voraussetzung für deren Wirksamkeit und damit auch für das darauf beruhende Urteil –, stellt sich jedoch die Frage, ob diese Regelung noch verfassungsrechtlich zulässig ist; denn nach Art 92 GG ist die rechtsprechende Gewalt den Richtern anvertraut und nach Art 97 I GG sind die Richter unabhängig und nur dem Gesetz unterworfen. Es wird daher auf eine Verfassungsbeschwerde (Einl 230 ff) oder eine Richtervorlage nach Art 100 GG (Einl 219 ff) die Verfassungsmäßigkeit dieser Regelung durch das BVerfG geprüft werden müssen (vgl auch Duttge Böttcher-FS 63; Schünemann ZRP **09**, 105; **aM** Jahn/Müller NJW **09**, 2631).

6 Dass die Verständigung nach I **nur in geeigneten Fällen** in Betracht kommen soll, ist eine Einschränkung, der wenig Bedeutung zukommt: Es ist nicht recht vorstellbar, welche Fälle hierfür „ungeeignet" sein sollen. Selbst in Fällen eines Mordes (§ 211 StGB) wird eine Vereinbarung darüber angestrebt werden, ob ein Fall besonderer Schuldschwere vorliegt. Vermutlich wird die Verteidigung (und muss sie im Interesse des Angeklagten!) aber in *jedem* Fall auszuloten versuchen, ob eine Bereitschaft des Gerichts zu einer Verständigung besteht und welche Bedingungen das Gericht (und die StA) hierfür stellen (eingehend dazu Murmann ZIS **09**, 534).

7 Anderes kann lediglich **im Jugendstrafverfahren** gelten. Hier wird es idR unter erzieherischen Gesichtspunkten problematisch sein, mit dem Jugendlichen eine Verständigung zu vereinbaren. Die Gesetzesbegründung (BT-Drucks 16/11 736 S 10) weist zutr darauf hin, dass dies jedenfalls ohne Mitwirkung eines Verteidigers nicht möglich sein wird. Rechtlich ausgeschlossen ist die Verständigung im

Jugendstrafverfahren aber nicht (**aM** N/Sch/W-Niemöller 82). Auch die bisher von der Rspr gemachte Einschränkung, dass die Anwendung von Jugendstrafrecht auf einen Heranwachsenden (BGH NStZ **01**, 555; zust Eisenberg NStZ **01**, 556; Noak StV **02**, 445) oder umgekehrt das Erwachsenenstrafrecht auf einen Heranwachsenden (BGH NStZ-RR **06**, 187) nicht vereinbart werden dürfe, muss jetzt wohl mit Rücksicht auf die ausgeweiteten Verständigungsmöglichkeiten und weil dies in II S 3 nicht verboten wird, als erlaubt anzusehen sein. Die Zusage einer Strafobergrenze wurde schon früher auch bei einem Jugendlichen für erlaubt gehalten (BGH **52,** 165; Eisenberg NStZ **03**, 132 [zw aber NStZ **08**, 698] und Noak gegen BGH NStZ **01**, 555; vgl auch Fahl NStZ **09**, 615).

2) II umreißt den **zulässigen Gegenstand einer Verständigung**. Danach darf sich die Verständigung nur auf folgendes beziehen: 8

A. Zum einen dürfen es nur die **Rechtsfolgen** sein, die Inhalt des Urteils und der dazugehörigen Beschlüsse sein können. So bekräftigt II S 3 noch einmal, dass der Schuldspruch nicht zum Gegenstand einer Verständigung gemacht werden darf; die strafrechtliche Bewertung eines Sachverhalts ist einer Vereinbarung nicht zugänglich (BGH **43**, 195, 204; NStZ-RR **07**, 2 [B]; StV **09**, 174). Aus den vereinbarten Rechtsfolgen werden dann nach II S 3 aber auch (sämtliche) Maßregeln der Besserung und Sicherung (§ 61 StGB) herausgenommen. Die Rspr hatte dies bisher nur für die Sicherungsverwahrung (§§ 66 ff StGB) ausgesprochen (BGH NStZ-RR **05**, 39; StV **06**, 118; NStZ **08**, 620). Dass für die Unterbringung in einem psychiatrischen Krankenhaus (§ 63 StGB) oder in einer Entziehungsanstalt (§ 64 StGB) sowie für die Führungsaufsicht (§ 68 StGB) im Hinblick auf die mögliche Gefährlichkeit des Täters für die Allgemeinheit nichts anderes gelten kann, leuchtet ohne weiteres ein. Aber wichtig ist auch, dass ein Berufsverbot (§ 70 StGB) und der Entzug der Fahrerlaubnis (§ 69 StGB) einschließlich der Dauer der Sperrfrist (§ 69 a StGB; **aM** Burhoff StRR **09**, 327) nicht verhandelbar sind. Letzteres ist insbesondere beim AG, vor dem das Verständigungsverfahren ebenso wie beim LG und OLG anwendbar ist, von Bedeutung; die Einhaltung des Verbots wird vom Revisionsgericht aufmerksam zu beobachten sein. 9

Die Vereinbarung bezieht sich also in erster Linie **auf den Strafausspruch**, wozu auch die Annahme des Vorliegens eines Regelbeispiels (zB nach § 243 StGB) gerechnet werden muss (Rieß StraFo **10**, 11); es kann aber auch die Verhängung einer **Nebenstrafe** – wie das Fahrverbot nach § 44 StGB – oder von **Nebenfolgen** – wie Einziehung und Verfall (§§ 73 ff StGB) – Gegenstand der Vereinbarung sein. Dass hier Nebenstrafen und Nebenfolgen auf Grund einer Verständigung nicht ausgesprochen werden können, auch wenn deren Voraussetzungen nach den materiell-rechtlichen Vorschriften zweifelsfrei gegeben sind, beweist erneut die Bedenklichkeit dieses Verständigungsverfahrens. Vereinbart werden kann aber im Rahmen einer Verständigung auch das Einverständnis des Angeklagten mit der formlosen Einziehung ihm gehörender Sachen („Vermögensabschopfung"; **aM** Hüls/Reichling StraFo **09**, 199; erg 4 a vor § 430). 10

Die **Vereinbarung einer bestimmten Strafe** bleibt nach wie vor unzulässig (BGH **51**, 84 mwN; KG NStZ-RR **04**, 175, 178). Das ergibt sich nun schon daraus, dass das Gericht nach III S 2 lediglich eine Ober- und Untergrenze der Strafe festlegen kann. Das ist an sich erstaunlich und wenig konsequent: Wenn doch die Rechtsfolgen verhandelbar sind und einverständlich bestimmt werden, wäre es nur folgerichtig, sich auf eine bestimmte Strafe zu einigen. Warum das Gericht im Einverständnis mit den Verfahrensbeteiligten nur einen Strafrahmen, nicht aber eine bestimmte Strafe vereinbaren kann, erörtert die Gesetzesbegründung jedoch mit keinem Wort, beweist damit aber, wie wenig die gesamte Neuregelung durchdacht ist. Aber vor diesem Schritt ist der Gesetzgeber mit Recht zurückgeschreckt: Wenn eine bestimmte Strafe vereinbart werden könnte, würde das Urteil bei der Straffestsetzung nicht mehr auf der Entscheidung des Gerichts, sondern allein auf der Vereinbarung mit den Verfahrensbeteiligten beruhen: Der Widerspruch zu anderen 11

Vorschriften der StPO (§ 261) wäre nicht mehr zu verheimlichen, die Verfassungswidrigkeit einer solchen Regelung zudem offenkundig. Das ändert aber nichts daran, dass in aller Regel in Zukunft *faktisch* durch Vereinbarung einer Strafuntergrenze doch eine bestimmte Strafe vereinbart werden wird (dazu unten 21).

12 Im Gegensatz zur bisherigen Rechtslage wird nun bei der **Strafaussetzung zur Bewährung** auch nicht nur die Vereinbarung bestimmter Auflagen, sondern die Frage der Strafaussetzung zur Bewährung selbst verhandelbar (ebenso N/Sch/W-Niemöller 57). Die Rspr hatte bisher zwar nicht eindeutig ausgesprochen, dass §§ 56 ff StGB nicht Gegenstand einer Absprache sein dürften; dies erübrigte sich in der Praxis deshalb, weil die Zusage einer Strafobergrenze von zwei Jahren idR nur bei nicht oder nur geringfügig Vorbestraften erfolgte und die Voraussetzung für eine Strafaussetzung zur Bewährung damit regelmäßig gegeben waren. Von einer Versagung der Strafaussetzung zur Bewährung abzusehen, obwohl die gesetzlichen Voraussetzungen dafür nicht gegeben waren, wäre jedoch unzulässig und rechtswidrig gewesen. Nunmehr können sich Gericht, StA und Angeklagter darauf verständigen, bei Ablegung eines Geständnisses des Angeklagten, aber sogar auch ohne ein solches (vgl II S 2!), die Strafe zur Bewährung auszusetzen, obwohl die Voraussetzungen dafür nach § 56 StGB nicht gegeben sind. Das erscheint zwar äußerst bedenklich, dürfte aber nach der in II getroffenen Regelung (und nach dem aus II S 3 zu ziehenden Umkehrschluss: alles andere verhandelbar) unabweisbar sein (KMR-v. Heintschel-Heinegg 27). Wird eine Strafaussetzung zur Bewährung zugesagt, müssen jedenfalls auch die evtl anzuordnenden Bewährungsauflagen angesprochen werden; der Angeklagte darf damit nicht im Bewährungsbeschluss überrascht werden (Köln NJW **99**, 373). Die Zusage einer 2/3-Aussetzung nach § 57 StGB, die bisher als unzulässig und wirkungslos galt (Koln StraFo **08**, 41), dürfte nun auch verhandelbar sein.

13 B. Aber nicht nur die Rechtsfolgen, sondern darüber hinaus auch **sonstige verfahrensbezogene Maßnahmen im zugrundeliegenden Erkenntnisverfahren** können Gegenstand einer Verständigung sein. Was hierunter zu verstehen sein soll, bleibt nach der Gesetzesbegründung (BT-Drucks 16/11 376 S 16) dunkel (vgl auch Fischer StraFo **09**, 186): Hierunter sollen „in groben Kategorien" neben den Maßnahmen, die das Gericht „im Erkenntnis" (also idR im Urteil) treffen kann, auch noch verfahrensbezogene Maßnahmen „Einstellungsentscheidungen und Beweiserhebungen" zu verstehen sein. Es geht also etwa darum, dass ein Absehen von der Strafverfolgung nach § 154 II vereinbart wird oder dass das Gericht von bestimmten Beweiserhebungen absieht. Dabei ist eine Vereinbarung mit der StA, andere – bei diesem oder einen anderen Gericht anhängig gemachte – Straftaten von der Strafverfolgung auszunehmen, problemlos (Probleme ergeben sich nur, wenn sich die StA später an diese Vereinbarung nicht hält; dazu 9 ff zu § 160 b). Anders ist es aber bei dem Absehen von einer (notwendigen) Beweiserhebung: Die Gesetzesbegründung (aaO) erklärt dazu, der Verzicht auf (weitere) Beweiserhebungen „könne sich nicht außerhalb dessen bewegen, was durch die unverändert geltende Sachaufklärungspflicht des Gerichtes bestimmt ist". Gleichwohl bleibt rätselhaft, wie der Verzicht auf notwendige Beweiserhebungen mit § 244 II vereinbar sein soll; denn die Einhaltung aller für den Strafprozess vorgeschriebenen Formen und Verfahrensgrundsätze einschließlich der Amtsaufklärungspflicht bei gleichzeitigem Absehen von (notwendigen) Beweiserhebungen im Wege der Verständigung ist miteinander unvereinbar. Jedenfalls können nur solche Maßnahmen für eine Verständigung in Betracht kommen, für deren Anordnung oder Nichtanordnung dem Gericht ein Ermessens- oder Beurteilungsspielraum eingeräumt ist (N/Sch/W-Niemöller 33 ff mit Beispielen). Soweit es zB nur um Terminsabsprachen einschl Unterbrechungen der Hauptverhandlung geht, bedarf es des formellen Verständigungsverfahrens aber nicht; wird hingegen eine Vereinbarung über die Beurlaubung des Angeklagten nach § 231 c getroffen, stellt sich sogleich die Frage, ob insofern eine Dispositionsfreiheit für Gericht und Verfahrensbeteiligte besteht.

Hier werden sich erhebliche Auslegungsprobleme ergeben, die von der Rspr bewältigt werden müssen (krit auch Niemöller GA **09**, 181).

C. Schließlich soll auch das **Prozessverhalten der Verfahrensbeteiligten** zulässiger Gegenstand einer Verständigung sein. Hier geht es selbstverständlich nicht um das Auftreten der Verfahrensbeteiligten vor dem Gericht, sondern um die Geltendmachung prozessualer Rechte. Insbesondere ist damit der Verzicht von Angeklagten, StA oder auch Nebenklägern auf die Stellung (weiterer) Beweisanträge angesprochen. In Betracht kommt auch die Zusage einer Schadenswiedergutmachung durch den Angeklagten oder der Verzicht auf weitere Anträge, wie etwa ein Antrag auf Ablehnung des Gerichts wegen Befangenheit. Insbesondere für den Verzicht auf (weitere) notwendige Beweisanträge gelten nun aber – und noch verstärkt – dieselben Bedenken wie gegen unterlassene Beweiserhebungen durch das Gericht; nicht nur, dass damit die Aufklärungspflicht des Gerichts eingeschränkt wird (von Amts wegen wird das Gericht mangels ausreichender Information durch die Verfahrensbeteiligten die an sich notwendige Beweisaufnahme vielfach nicht durchführen können, aber auch nicht durchführen wollen), vor allem scheint die Verknüpfung von prozessualem Wohlverhalten mit der Rechtsfolgenbemessung höchst bedenklich: Die Gesetzesbegründung (aaO) erklärt dazu zwar, es dürfe keine „unsachgemäße Verknüpfung" stattfinden. Dies „widerspräche sowohl der Verfahrensfairness (?) als auch dem grundlegenden Umstand, dass die Regelungen zur Verständigung einen Verfahrensweg vorgeben, aber sowohl prozessuale Grundsätze wie u. a. die Pflicht zur Sachaufklärung des Gerichts und die Verteidigungsrechte des Angeklagten als auch die Grundsätze der Strafzumessung unberührt lassen. Ausgeschlossen ist damit z. B. die Zusage eines bestimmten Strafrahmens durch das Gericht bei Verzicht des Angeklagten auf weitere Beweisanträge." Das ist in der Sache richtig (Meyer-Goßner StV **06**, 487 und ZRP **09**, 108), ergibt sich aber aus dem Gesetzestext gerade nicht! Es ist daher unverständlich, warum das Prozessverhalten der Verfahrensbeteiligten als zulässiger Gegenstand einer Verständigung überhaupt in II S 2 aufgenommen wurde und weiteres – nach Abschluss der Verständigung eingetretenes – Prozessverhalten des Angeklagten gemäß IV S 2 zur Lösung des Gerichts von der getroffenen Verständigung berechtigen soll, zumal IV S 3 unmittelbar fortfährt, dass das Geständnis des Angeklagten in diesen Fällen (!) nicht verwertet werden darf. 14

Hier werden sich in der Praxis eine **Vielzahl von Zweifelsfragen** ergeben, was noch Gegenstand einer zulässigen Vereinbarung sein darf. Sehr fraglich erscheint etwa, ob die Verfahrensbeteiligten der Verlesung nach §§ 251, 256 nicht verlesbarer Niederschriften zustimmen (so N/Sch/W-Niemöller 37) und somit den Unmittelbarkeitsgrundsatz partiell außer Kraft setzen können. So äußern zB auch Jahn/Müller (NJW **09**, 2628) Zweifel, ob der Verzicht des Nebenklägers auf einen den Schuldspruch betreffenden Beweisantrag als Gegenleistung für eine Schadenswiedergutmachung mit II S 3 vereinbar sei (bejahend Schlothauer/Weider StV **09,** 603 Fn 27). Das wird aber für die Behandlung aller Beweisanträge gelten, die Beziehung zum Schuldspruch haben; hier werden die Revisionsgerichte vor schwierigen Abgrenzungsfragen stehen. 14a

Bedenken gegen diese Regelung hat daher auch der BRat geäußert (BR-Drucks 65/09 [Beschluss] S 2) und verlangt, dass in II S 1 die Wörter „sowie das Prozessverhalten der Verfahrensbeteiligten" und IV S 2 gestrichen werden. Die BReg hat diesen Vorschlag nach ihrer Gegenäußerung prüfen wollen; er ist aber bei der Verabschiedung des Gesetzes (wie alle anderen Einwände des BRats auch) nicht berücksichtigt worden. Es wird daher Aufgabe der Rspr der Revisionsgerichte sein, unzulässige Verknüpfungen von Prozessverhalten und Strafzumessung zu beanstanden und damit die missverständliche gesetzliche Fassung des § 257 c sachgemäß einzuschränken. 15

D. Die Verständigung darf sich nur auf **verfahrensbezogene Maßnahmen** erstrecken (Ii S 2). Im Strafvollstreckungsverfahren anstehende Entscheidungen 15a und solche im Erkenntnisverfahren vor anderen Spruchkörpern sind einer Verständigung somit nicht zugänglich (Jahn/Müller NJW **09**, 2628). Unzulässig erscheint es daher nach wie vor, dem Angeklagten im Rahmen einer Verständigung abzuverlangen, „sämtliche zur beschleunigten Beendigung der Hauptverhandlung erforderlichen prozessualen Erklärungen abzugeben" (BGH NStZ **06**, 586) oder ihm ein Verhalten anzusinnen (zB Erfüllung einer Forderung des Fiskus oder Spende an eine Opferschutzorganisation; zu ersterem zust, zu letzterem abl G. Schöch NJW **04**, 3464), dessen Zweck mit der angeklagten Tat und dem Gang der Hauptverhandlung in keinem inneren Zusammenhang steht (BGH **49**, 84 = NStZ **04**, 338 mit Anm Weider; Beulke/Swoboda JZ **05**, 71).

15b E. Die Vereinbarung eines **Rechtsmittelverzichts** ist wegen § 302 I S 2 nunmehr sinnlos. Denkbar ist aber, dass Gericht und Verfahrensbeteiligte eine „**Nichtanfechtbarkeitsvereinbarung**" treffen und diese zur Bedingung der Verständigung machen. Eine solche Vereinbarung ist aber ebenso wie eine Verzichtsvereinbarung zu behandeln (Rieß aaO 656 und JR **05**, 438) und daher unwirksam. Die Verbindlichkeit einer wirksamen Verständigung wird aber durch das unzulässige Versprechen der Nichtanfechtung im Übrigen nicht berührt (BGH **52**, 165; Lindemann JR **09**, 83; Rieß Meyer-Goßner-FS 652).

16 **3) II S 2** legt fest, dass ein **Geständnis** Bestandteil jeder Verständigung „sein soll". Das ist ebenfalls eine erhebliche Neuerung und steht in völligem Gegensatz zur bisherigen Rspr: Danach wurde für die Ablegung eines Geständnisses eine Strafobergrenze zugesagt (vgl Einl 119f, 119g). Das Geständnis war also Ausgangs- und Angelpunkt jeder Absprache. Hieraus macht § 257c nun nur noch eine Soll-Vorschrift (krit auch Altenhain/Haimerl JZ **10**, 331). Die Zusicherung eines bestimmten – gegenüber dem gesetzlichen Normalstrafrahmen natürlich milderen – Strafrahmens hängt damit nicht mehr zwingend von der Ablegung eines Geständnisses ab. Das wirft die Frage auf, womit sich der Angeklagte dann überhaupt noch einen milderen Strafrahmen verdient hat? Ersichtlich soll er dies auch schon durch sonstiges prozessuales „Wohlverhalten" erreichen können! Andererseits hat die Gesetzesbegründung gerade ausgeführt, dass hier „unsachgemäße Verknüpfungen" vermieden werden sollen (oben 13). So wird es doch dabei bleiben müssen, dass eine Verständigung, die sich auf die festzusetzenden Rechtsfolgen bezieht, ein Geständnis des Angeklagten voraussetzt.

17 Auch der BRat hat zutr darauf hingewiesen (BR-Drucks 65/09 [Beschluss] S 3/4), dass ein **glaubwürdiges Geständnis** zwingend durch den Amtsaufklärungsgrundsatz gefordert wird und auch das auf einer Verständigung beruhende Urteil „ein gerechtes sein und daher notwendig einen wahren Sachverhalt zur Grundlage haben" muss. Der GrS des BGH hat betont (BGH **50**, 40, 49), dass ein „Formalgeständnis" nicht ausreicht, sondern das Geständnis qualifiziert sein muss. Dass nun aber eine Strafmilderung auch ohne jegliches Geständnis möglich sein soll, konterkariert diese Rspr und zeigt ein weiteres Mal, dass das Bekenntnis zu § 244 II in I S 2 nur auf dem Papier steht. Soweit die BReg auf die Opferinteressen abstellt, ist dem entgegenzuhalten, dass allein deswegen wohlbegründete Prinzipien der StPO nicht über Bord geworfen werden dürfen, zumal eine Überprüfung eines Geständnisses zB auch durch die Vernehmungspersonen des Opfers erfolgen kann. Eine Verständigung mit der Zusage eines milderen Strafrahmens darf es daher idR nur geben, wenn der Angeklagte ein glaubhaftes, qualifiziertes Geständnis abgelegt hat (ähnlich Jahn/Müller NJW **09**, 2628), wobei die Glaubhaftigkeit idR allerdings nur an Hand der Akten und – wie sonst auch (ohne Verständigung) bei einem in der Hauptverhandlung abgelegten Geständnis – nicht durch eine weitere Beweisaufnahme überprüft wird (zutr Fezer NStZ **10**, 181). Alles andere wäre mit § 244 II unvereinbar und würde zu der – von der Gesetzesbegründung doch abgelehnten – „unsachgemäßen Verknüpfung" von Rechtsfolgenfestsetzung und Prozessverhalten führen (zust KMR-v. Heintschel-Heinegg 33; **aM** Schlothauer/Weider StV **09**, 603, falls das Geständnis für den Angeklagten außerprozessuale Nachteile bringe – aber wie soll das Gericht sich dann ohne Verstoß gegen § 244 II eine Gewissheit von der Schuld des Angeklagten verschaffen, wenn es auch im Übrigen keine Beweisaufnahme durchführt? Zurecht abl daher auch Bittmann wistra **09**, 415 mit Fn 7).

17a Es ist **deshalb stets zu untersuchen**, ob das abgelegte Geständnis mit dem Ermittlungsergebnis zu vereinbaren ist, ob es in sich stimmig ist und ob es die getroffenen Feststellungen trägt (BGH NStZ **09**, 467; Kölbel/Steiner JR **09**, 447). Hat der Angeklagte im Rahmen einer zulässigen Verständigung ein Geständnis abgelegt, das das Gericht überprüft und für glaubhaft befunden hat, kann er später nicht damit gehört werden, er habe einen in Wirklichkeit nicht oder so nicht zutreffenden Schuldvorwurf eingeräumt; das Geständnis ist aber unverwertbar, wenn bei der Vereinbarung gegen die Grundsätze des fairen Verfahrens oder gegen §§ 136, 136 a, 243 V S 1 verstoßen wurde (Kuckein Meyer-Goßner-FS 71; vgl auch Kölbel NStZ **03**, 232). Bei der Verurteilung eines Angeklagten auf Grund von Geständnissen der Mitangeklagten muss die Glaubhaftigkeit dieser Geständnisse in einer für das Revisionsgericht nachprüfbaren Weise gewürdigt werden; dazu gehören, soweit sich dies nicht aus dem Hauptverhandlungsprotokoll ergibt, das Zustandekommen und der Inhalt der Absprache (BGH **48**, 161 = NStZ **03**, 383 mit Anm Kargl/Rüdiger NStZ **03**, 672 = StV **03**, 264 mit zust Anm Weider, der zugleich Hinweise darauf gibt, wie das Zustandekommen der Absprache auch in getrennt durchgeführten Verfahren aufzuklären ist; vgl ferner BGH StV **06**, 118). Dasselbe gilt für die Verurteilung auf Grund der Angaben des nunmehr als Belastungszeugen auftretenden – auf Grund einer Absprache rechtskräftig verurteilten – früheren Mitangeklagten (BGH **52**, 78 = NJW **08**, 1749 mit Anm Schmitz = JZ **08**, 796 mit Anm Stübinger; vgl dazu auch BGH 5 StR 11/09 vom 11. 2. 2009).

18 **4) Inhalt der Verständigung:** Das Gesetz sagt nicht, welchen Inhalt die Verständigung haben könnte. Der Inhalt korrespondiert aber mit dem, was Gegenstand der Verständigung sein darf (oben 7 ff). In aller Regel wird es hierbei um die Ablegung eines Geständnisses gegen die Angabe einer Strafober- und Untergrenze (III S 2) durch das Gericht gehen.

19 Die Angabe einer **Strafober- und untergrenze** bezieht sich nach dem Gesetzeszusammenhang nur auf die Festsetzung eines solchen Strafrahmens innerhalb einer Verständigung; denn nur diese ist in § 257 c geregelt (Altenhain/Hagemeier/Haimerl NStZ **07**, 73 mit Fn 27). Für den Angeklagten von größerem Interesse wäre natürlich die Untergrenze bei einer Verständigung und die Obergrenze bei fehlender Verständigung; dies ist die berüchtigte „Sanktionsschere". Es ist nicht erlaubt, dem Angeklagten mit einer weit geöffneten „Sanktionsschere" zu drohen (vgl BGH NStZ **08**, 170; erg 21 zu § 136 a). Die Differenz zwischen der absprachegemäßen und der bei einem „streitigen" Verfahren zu erwartenden Sanktion darf nicht so groß sein, dass sie strafzumessungsrechtlich unvertretbar und mit einer angemessenen Strafmilderung wegen eines Geständnisses nicht mehr erklärbar ist (BGH [GrS] **50**, 40); der angemessene „Strafrabatt" dürfte idR zwischen 20 und 30% liegen (vgl Meyer-Goßner Schünemann-Symp 239 mwN). Das gilt sowohl für den Fall, dass die ohne Absprache in Aussicht gestellte Sanktion das vertretbare Maß überschreitet, als auch für den Fall, dass das Ergebnis des Strafnachlasses unterhalb der Grenze dessen liegt, was noch als schuldangemessene Sanktion hingenommen werden kann (BGH GrS aaO). Unzulässig ist zB die Inaussichtstellung von „2 Jahren mit Bewährung bei Geständnis" oder „6 Jahren bei Bestreiten" (BGH StV **04**, 470 mit zust Anm Bieneck wistra **04**, 470; vgl auch Gotzens/Walischewski NStZ **05**, 522), ebenso bei Zusage von nicht mehr als 3½ Jahren bei Geständnis, sonst 7 bis 8 Jahre (BGH NStZ **08**, 170).). Über diese Obergrenze bei fehlendem Geständnis und demgemäß nicht-zustandekommender Verständigung wird vermutlich – offen oder heimlich – auch gesprochen werden, ohne dass dies zwingend im Hauptverhandlungsprotokoll auftaucht. Zu beachten ist also, dass diese „Sanktionsschere" nicht zu weit auseinanderklaffen darf: Eine Strafe ohne

Geständnis darf somit idR nicht mehr als ein zusätzliches Drittel der nach einem Geständnis zu verhängenden Strafe betragen (vgl Altenhain/Hagemeier/Haimerl NStZ **09**, 78; Meyer-Goßner ZRP **09**, 109): Wenn also zB die Strafe mit Geständnis höchstens 3 Jahre beträgt, darf sie ohne Geständnis regelmäßig höchstens auf 4 Jahre lauten. Erhöhungen um die Hälfte ($5^1/_2$ statt 3 Jahre) oder gar noch mehr sind allein durch Ablegung eines Geständnisses idR nicht zu rechtfertigen und damit rechtswidrig (vgl auch BGH StraFo **09**, 423).

20 **Neben der Festlegung einer Strafuntergrenze** wird die Festssetzung einer Strafobergrenze regelmäßig bedeutungslos sein: Haben StA und Gericht übereinstimmend erklärt, dass sie eine bestimmte Untergrenze für (noch) vertretbar halten, wird der Angeklagte auch von dieser Untergrenze ausgehen und die Festsetzung dieser Untergrenze als auszusprechende Strafe anstreben. Es ist nicht recht einsichtig, warum StA und Gericht, vor allem aber der Angeklagte, sich über eine Strafobergrenze einigen sollen, wenn doch die Untergrenze von allen auch für (noch) ausreichend angesehen wird (vgl Meyer-Goßner aaO); offenbar deswegen wird in III S 2 auch teilw das Wort „und" schlicht als „oder" gelesen (SK-Velten 21; N/Sch/W-Niemöller 46; Bittmann wistra **09**, 415), das Gericht also für befugt gehalten, nur eine Ober- *oder* eine Untergrenze anzugeben, was aber auch IV S 1 widerspricht, wo ausdrücklich vom „Strafrahmen" gesprochen wird (zutr BGH NStZ-RR **10**, 152). Auch beim Gericht wird im Allgemeinen idR keine Neigung bestehen, die Untergrenze im Urteil zu überbieten. Dass im Gegensatz zur bisherigen Rspr die Festsetzung nicht nur einer Strafober-, sondern auch einer Strafuntergrenze verlangt wird, soll ersichtlich einem Wunsch der StAen entgegen- kommen, die sich damit davor sichern wollten, dass das Gericht bei einer Absprache eine weit unter der zugesagten Strafobergrenze liegende – also unzulässig milde – Strafe verhängte. Dabei handelte es sich aber um eine recht theoretische Befürchtung, denn in der Praxis wurde nahezu immer die Strafobergrenze auch als Strafe verhängt (vgl Altenhain/Hagemeier/Haimerl aaO).

21 Das wird sich nun ändern; denn jetzt **wird regelmäßig die Strafuntergrenze auch als Strafe festgesetzt** werden: Wenn StA und Gericht sich hierauf verständigt haben, fehlt jede Veranlassung dafür, eine darüber hinausgehende Strafe zu verhängen; durch die Vereinbarung einer Strafuntergrenze wird somit lediglich vertuscht werden, dass sich Gericht, StA und Angeklagter auf eine bestimmte Strafe geeinigt haben (vgl Meyer-Goßner aaO; **aM** Altenhain/Haimerl JZ **10**, 331: Man wird sich heimlich auf eine Punktstrafe einigen). Während es bisher dem Gericht freistand, im Urteil die zugesagte Strafobergrenze zu unterbieten, besteht diese Freiheit nun hinsichtlich der Strafuntergrenze nicht mehr; von dieser kann das Gericht ohne Zustimmung der StA nur noch bei Lösung von der Verständigung abkommen. Auch hierin zeigt sich das Bedenkliche an der Einführung der Festsetzung einer Strafuntergrenze. Nur am Rande sei noch vermerkt, dass bei einer zu großen Differenz zwischen Strafunter- und Obergrenze die Sanktionsschere gegenüber der Bestrafung ohne Verständigung möglicherweise wieder zu weit geöffnet werden würde (Meyer-Goßner aaO).

22 Dass bei Festlegung des Strafrahmens die **Grundsätze der Strafzumessung berücksichtigt** (§ 46 StGB) werden müssen, ist selbstverständlich, ebenso, dass dies unter Würdigung aller Umstände des Falls zu geschehen hat. Das Beiwort „freie" bei dem Wort „Würdigung" gibt allerdings wieder Rätsel auf: Darf das Gericht hier doch anders würdigen als sonst bei der Strafzumessung? Das will der Gesetzgeber doch offenbar nicht, so dass dem Wort „freie" keine besondere Bedeutung beigemessen werden kann (**aM** N/Sch/W-Niemöller 55: Hypothetische Würdigung).

23 **5) Gang des Verständigungsverfahrens:** Nach dem Gesetzestext geht die Initiative zu einer Verständigung vom Gericht aus; das Gericht (einschließlich der Schöffen) muss sie gemäß § 263 I mit $^2/_3$ Mehrheit beschließen (Verurteilung zu Strafe ist eine dem Angeklagten nachteilige Entscheidung über die Rechtsfolgen der Tat). Aber selbstverständlich können auch die Verfahrensbeteiligten – insbeson-

dere StA und Verteidiger – die Anregung dazu geben. Das wird sogar oftmals der Fall sein, denn vielfach werden schon vor der Hauptverhandlung Verständigungsgespräche nach § 160 b, 202 a, 212 stattgefunden haben. Das Gericht gibt seine Einschätzung bekannt; die Verfahrensbeteiligten haben dann Gelegenheit zur Stellungnahme.

Nicht nur StA und Verteidigung sind zu hören. Auch andere Verfahrensbeteiligte – vor allem **Nebenkläger** – können Stellung nehmen. Zwar ist die Zustimmung des Nebenklägers zur Verständigung nicht erforderlich, sein Widerspruch kann ihr Zustandekommen nicht verhindern; das ist aber konsequent, da es hier nur um die Rechtsfolgen geht und der Nebenkläger deren Art und Höhe ohnehin nicht entscheidend beeinflussen kann (vgl § 400 I). Er kann aber versuchen, durch seine Stellungnahme auf die Meinungsbildung von StA und Gericht einzuwirken. 24

Wenn StA und Angeklagter – oder für diesen der Verteidiger (**aM** SK-Velten 23), wobei aber die Zustimmung des Verteidigers bei Zustimmung des Angeklagten nicht erforderlich ist – dem Vorschlag des Gerichts **zustimmen**, kommt die Verständigung zustande (III S 4). StA und Angeklagter sind dann an ihre Zustimmung zur Verständigung gebunden (N/Sch/W-Niemöller 28). Das gilt grundsätzlich auch für das Gericht, jedoch nur für das Tatgericht, bei dem die Verständigung erfolgte; die Rechtsmittelgerichte und das Gericht, an das die Sache nach § 354 II, III zurückverwiesen wurde, sind an die Verständigung nicht gebunden (**aM** SK-Velten 25). Allerdings gilt für diese Gerichte das Verbot der *reformatio in peius* (§§ 331 I, 358 II; BGH 5 StR 38/10 vom 24. 2. 2010); der Anregung des BRats, dies Verbot nach einer Verständigung aufzuheben (BR-Drucks 65/09 [Beschluss] S 5), ist der Gesetzgeber zu Recht nicht gefolgt. 25

Im Gegensatz zur bisherigen Rspr ist das **Abgehen des Gerichts** von der vereinbarten Verständigung noch mehr erleichtert worden: Nach der Grundsatzentscheidung BGH **43**, 195 des 4. StS des BGH blieb das Gericht an die verbindliche Zusage der Strafobergrenze gebunden, falls sich in der Hauptverhandlung später nicht neue, ihm bisher unbekannte, schwerwiegende Umstände zu Lasten des Angeklagten ergeben hatten (vgl Einl 119 f). Dies hatte der GrS des BGH aber dahin erweitert (BGH **50**, 40, 50), dass ein Abweichen von der zugesagten Strafobergrenze bereits dann erlaubt wurde, wenn schon bei der Urteilsabsprache vorhandene relevante tatsächliche oder rechtliche Aspekte übersehen wurden (vgl Einl 119 g). Diese Formulierung nimmt IV S 1 auf und verschärft sie dadurch, dass die Bindung entfällt, wenn das Gericht deswegen zu der Überzeugung gelangt, dass der in Aussicht gestellte Strafrahmen nicht mehr tat- oder schuldangemessen ist. Damit ist zwar der Gesetzentwurf der BReg, der allein diese Überzeugung – ohne das Übersehen tatsächlicher oder rechtlicher Aspekte – schon zum Entfallen der Bindung ausreichen lassen wollte, in letzter Minute durch den Rechtsausschuss abgemildert worden; auch jetzt ist die Möglichkeit für das Gericht, die Bindung entfallen lassen, dadurch aber noch allzu sehr erleichtert worden (pointiert Murmann ZIS **09**, 538: „Letztlich erlaubt jede Schludrigkeit des Gerichts bei der Aktenlektüre ein Abweichen"). Die BReg rechtfertigt diese starke Einschränkung damit, dass „das Ergebnis des Prozesses stets ein richtiges und gerechtes Urteil sein muss" (BT-Drucks 16/11 736 S 18). Aber hier zeigt sich wieder die Zwiespältigkeit der Verständigungsregelung: Entweder wird dem Angeklagten Einfluss auf die Rechtsfolgenentscheidung eingeräumt, dann dürfte es ein – so leicht gemachtes – Abweichen nicht geben; oder das Finden eines „gerechten Urteils" bleibt allein Sache des Gerichts, dann ist jede Verständigungsregelung bedenklich (vgl dazu Kempf StV **09**, 269). Diese erleichterte Lösungsmöglichkeit bildet für den Angeklagten, der ein Geständnis abgelegt hat, eine große Unsicherheit, ob es bei der Verständigung bleiben wird. Es ist daher zu befürchten, dass dies dazu führt, dass die Verfahrensbeteiligten mit dem Gericht (unzulässigerweise!) doch lieber wieder eine heimliche Absprache über die zu verhängende Strafe mit einer Rechtsmittelverzichtsvereinbarung treffen werden, statt eine Verständigung nach § 257 c zu vereinbaren (vgl auch Weßlau Müller-FS 792). 26

27 Diese Gefahr wird nun aber noch dadurch erheblich verstärkt, dass ein Abgehen von der getroffenen Verständigung auch dann erlaubt wird, „wenn das **weitere Prozessverhalten** des Angeklagten nicht dem Verhalten entspricht, das der Prognose des Gerichts zugrunde gelegt worden ist". Dieser – für sich schon bedenkliche und unklare – mögliche Gegenstand einer Verständigung erhält hier eine geradezu fatale Aufwertung: Das Gericht kann damit unmittelbaren Einfluss auf das Prozessverhalten des Angeklagten nehmen, indem es ihm für „verständigungsfremdes" Prozessverhalten mit der Lösung von der Verständigung drohen kann. Auch hier erheben sich verfassungsrechtliche Bedenken, weil dem Gericht damit eine direkte Einflussnahme auf das Verteidigungsverhalten des Angeklagten eingeräumt wird.

27a Bedenklich ist es auch, wenn BGH NJW **09**, 690 annimmt, mit einer nach einer Urteilsabsprache **erhobenen Befangenheitsrüge**, mit der die Befangenheit des Richters vor der Verständigung beanstandet wird, könnte sich der Beschwerdeführer uU zu seinem eigenen Verhalten in Widerspruch setzen und damit rechtsmissbräuchlich handeln (vgl Einl 111); denn mit der Verständigung könnten die Verfahrensbeteiligten zum Ausdruck bringen, dass ein Grund für ein Misstrauen in die Unparteilichkeit des Richters nicht (mehr) besteht (dagegen daher mit beachtlichen Erwägungen auch Beulke/Witzigmann StV **09**, 394; Ventzke HRRS **09**, 26; N/Sch/W-Weider Teil C 17 hält die Entscheidung ohnehin durch die nun erfolgte gesetzliche Regelung für überholt).

28 **6)** Allerdings hat der Gesetzgeber die in Rn 26ff aufgezeigte Gefahr dadurch etwas entschärft, dass er für den Fall der Lösung des Gerichts von der Verständigung ein **Verwertungsverbot** hinsichtlich des abgelegten Geständnisses des Angeklagten festgelegt hat (IV S 3). Das ist ein Gebot der Verfahrensfairness; denn wenn die „Vertragsgrundlage" für das Geständnis entfallen ist, darf auch dieses keinen Bestand mehr haben (vgl auch Duttge Böttcher-FS 75 und Duttge/Schoop StV **05**, 422; ähnlich Rieß JR **05**, 436; Theile StraFo **05**, 410; vgl dazu auch Graumann, Vertrauensschutz und strafprozessuale Absprachen, 2006, zugl Diss Hamburg 2005). Bindung des Gerichts und Geständnis des Angeklagten stehen in einer Wechselbeziehung, die das Gericht nicht folgenlos einseitig auflösen kann. Will das Gericht gleichwohl zu einer Verurteilung gelangen, darf es diese in keiner Weise auf das zuvor abgelegte Geständnis des Angeklagten stützen. Dass für das Gericht das Geständnis doch eine die Verurteilung motivierende Bedeutung haben kann, steht auf einem anderen Blatt. Das ist jedoch gegenüber sonstigen Beweisverwertungsverboten keine Besonderheit; dass diese Befürchtung den Angeklagten aber von einem Verständigungsverfahren abhalten kann, wurde schon dargelegt. Ob dem Beweisverwertungsverbot auch eine Fernwirkung zukommt, ob also auf Grund des Geständnisses erlangte weitere Beweise ebenfalls unverwertbar werden, ist nach den auch sonst hierzu aufgestellten Regeln (vgl Einl 57) zu beantworten; es wird idR zu verneinen sein (N/Sch/W-Niemöller 150; vgl aber auch SK-Velten 51; Müller/Jahn NJW **09**, 2629; Schlothauer/Weider StV **09**, 605).

29 Das Gericht muss seine Absicht, von der Verständigung abzuweichen, nicht nur dem Angeklagten, sondern allen Verfahrensbeteiligten **unverzüglich mitteilen** (IV S 4), am besten in Form eines Beschlusses (N/Sch/W-Niemöller 113); es wird dabei die neu hervorgetretenen Umstände konkret bezeichnen (BGH NStZ **06**, 596). Das ist eine Selbstverständlichkeit; denn die Verfahrensbeteiligten – vor allem wiederum der Angeklagte – müssen sich sogleich auf die geänderte Situation einstellen können. Eine erneute Vernehmung des Angeklagten zur Sache wird unumgänglich sein; ebenso werden nun Beweisanträge und Beweiserhebungen folgen müssen, da ein Geständnis des Angeklagten für eine Verurteilung nicht mehr zur Verfügung steht. Eine „versuchte Verständigung" (G. Schöch NJW **04**, 3462) bzw eine „gescheiterte Absprache" (Weider NStZ **02**, 174; **04**, 339) müssen aber ggf bei der Strafzumessung berücksichtigt werden (BGH **49**, 84, 89). Scheitert eine Verständigung muss das Gericht bei erwogener Überschreitung der in Aussicht

gestellten Strafhöhe uU einen Hinweis erteilen (BGH NStZ **02**, 219; dazu eingehend und zust Weider NStZ **02**, 174; vgl auch Schlothauer/Weider StV **09**, 605).

7) Belehrungspflicht: Der Angeklagte ist über die Voraussetzungen und Folgen einer Abweichung des Gerichts von dem in Aussicht gestellten Ergebnis nach IV gemäß V zu belehren. Diese Belehrungspflicht besteht stets bei einer in Aussicht genommenen Verständigung, nicht etwa erst dann, wenn eine Verständigung bereits erfolgt ist und sich das Gericht von ihr nach IV wieder lösen will. Wie bei anderen Belehrungspflichten auch kann der Angeklagte aber auf die Belehrung verzichten (**aM** SK-Velten 53), was er insbesondere dann tun wird, wenn er zuvor von seinem Verteidiger bereits eingehend belehrt worden ist. 30

Sowohl die Mitteilung nach IV S 4 als auch die Belehrung nach V sind **in das Hauptverhandlungsprotokoll** aufzunehmen (§ 273 I a S 2). In diesem Zusammenhang stellt sich die Frage, ob ein auf einer unzulässigen, heimlichen Absprache – hierfür und nur hierfür sollte die (abwertende) Bezeichnung *deal* verwendet werden – beruhendes Geständnis verwertbar ist. Grundsätzlich ist nur das beachtlich, was im Rahmen einer Verständigung protokolliert worden ist (BGH **43**, 195, 206). Aus nicht-protokollierten Gesprächen können keine Rechte hergeleitet werden (BGH NStZ **01**, 555; StV **01**, 554; NStZ-RR **09**, 1 [C]). Das spricht dafür, auch einem auf einem *deal* beruhenden Geständnis – ebenso wie dem ordnungsgemäß in einem Verständigungsverfahren abgelegten Geständnis bei Abweichung des Gerichts von einer Verständigung nach IV – jede Wirksamkeit zu versagen. Ob ein unter Verstoß gegen die von BGHSt **43**, 195 aufgestellten Regeln heimlich gegen Zusage einer bestimmten Strafe vereinbartes Geständnis nach dessen Ablegung wirksam bleibt, ist allerdings bisher nicht ausdrücklich vom BGH entschieden worden (wohl bejahend BGH **48**, 161, 167; vgl aber BGH **49**, 84, 89 = NStZ **04**, 338 mit Anm Weider, wo auf den Einzelfall abgestellt wird). Die Unzulässigkeit eines solchen verbotenen *deals* sollte konsequenterweise jedoch – entspr IV – auch das Geständnis selbst erfassen und damit unverwertbar machen (Meyer-Goßner StraFo **03**, 401; im Ergebnis ebenso Heller, Die gescheiterte Urteilsabsprache, 2004, zugl Diss München, der das Geständnis wegen Verstoßes gegen § 136 a [Täuschung über die Verbindlichkeit der Absprache] für unverwertbar hält; vgl auch Beulke/Swoboda JZ **05**, 73). Ob eine Absprache – zB mit einem Mitangeklagten – getroffen wurde und dessen Geständnis darauf beruht, kann aber Gegenstand eines Beweisantrags sein (BGH StV **06**, 118; Pauly DAV-FS 734). 31

Das Gesetz sieht – entgegen den Vorstellungen anderer Gesetzesentwürfe (BRat aaO; BRAK ZRP **05**, 235) und Überlegungen in der Rspr (BGH GrS **50**, 40, 52) und im Schrifttum (Niemöller GA **09**, 172, 174, 185) – **keinerlei Einschränkungen im Rechtsmittelrecht** vor: Berufung und Revision bleiben uneingeschränkt erhalten. Das ist besonders wichtig, weil zu befürchten ist, dass bei der – nun weit über die bisher von der Rspr zugelassenen Absprache hinausgehenden – Regelung die Vorschriften über eine zulässige Verständigung zu extensiv ausgelegt und im Verständigungsverfahren rechtsstaatlich unhaltbare Vereinbarungen getroffen werden, so dass insbesondere eine uneingeschränkte revisionsrechtliche Kontrolle unverzichtbar ist. Beschränkungen hinsichtlich der Revision gegen das Urteil bestehen also nicht (BGH StraFo **09**, 465, 466). Die im Beschluss des GrS des BGH (BGH **50**, 40, 52) aufgeworfene Frage, ob „mit Blick auf die Besonderheiten des Abspracheverfahrens, etwa unter dem Gesichtspunkt widersprüchlichen Verhaltens bestimmte Verfahrensrügen, namentlich Aufklärungsrügen ausgeschlossen sein können“, hat der Gesetzgeber zu Recht nicht aufgegriffen (zutr schon früher KG NStZ-RR **04**, 175; Beulke/Witzigmann StV **09**, 397). Mit der Revision kann somit all das gerügt werden, was den Rahmen einer erlaubten Verständigung überschreitet, also zB die Zusage einer bestimmten Strafe (KG aaO), der unzulässige Druck, der Verständigung zuzustimmen und ein Geständnis abzulegen (BGH 4 StR 620/09 vom 2. 2. 2010, allerdings mit der Einschränkung, dem verteidigten Angeklagten sei zuzumuten, Inhalten der Verständigung, die er für unzulässig hält, 32 sogleich zu widersprechen), die Drohung mit einer unzulässig weit geöffneten „Sanktionsschere" (BVerfG StV **06**, 57; BGH NStZ **05**, 393; Beulke/Swoboda JZ **05**, 67), die Vereinbarung des Absehens von der Sicherungsverwahrung (BGH NStZ **05**, 526); aber auch sonstige Verfahrensfehler können beanstandet werden (BGH StV **09**, 680: örtliche Unzuständigkeit; zw BGH StraFo **10**, 157 hinsichtlich des Beharrens auf einer Verletzung von § 24 I oder § 218 I). Einen Überblick über die möglichen Revisionsgründe gibt N/Sch/W-Weider Teil C 5 ff.

33 **Hält sich das Gericht** nicht an seine verbindlichen Zusagen, begründet das die Revision (BGH NStZ **08**, 620). Dass ein Gericht nicht an eine vereinbarte Strafobergrenze gebunden ist, wenn diese unter der gesetzlichen Mindeststrafe liegt, sollte eigentlich selbstverständlich sein (vgl BGH StV **04**, 274). Hat das Gericht andererseits versehentlich die – rechtlich nicht mögliche – Einbeziehung einer Einzelstrafe in eine Gesamtstrafe zugesagt, muss es dies bei der Gesamtstrafenbemessung mildernd berücksichtigen (BGH NStZ **05**, 115). Zur revisionsrechtlichen Überprüfung bei Verstößen gegen die Bestimmungen des § 257 c im einzelnen N/Sch/W-Weider Teil C 41 ff.

34 Die Möglichkeit der **Wiederaufnahme des Verfahrens** unter den Voraussetzungen der §§ 359 ff besteht uneingeschränkt (vgl dazu Stuttgart NJW **99**, 375; LG Landau StV **09**, 237), bei verbotenen heimlichen Absprachen (oben 4) uU auch nach § 359 Nr 3, 362 Nr 3 (Schlothauer/Weider StV **09,** 601, 606).

Schlussvorträge **RiStBV 138, 139**

258 **[I] Nach dem Schluss der Beweisaufnahme erhalten der Staatsanwalt und sodann der Angeklagte zu ihren Ausführungen und Anträgen das Wort.**

[II] Dem Staatsanwalt steht das Recht der Erwiderung zu; dem Angeklagten gebührt das letzte Wort.

[III] Der Angeklagte ist, auch wenn ein Verteidiger für ihn gesprochen hat, zu befragen, ob er selbst noch etwas zu seiner Verteidigung anzuführen habe.

1 **1)** Zur **Wahrung des rechtlichen Gehörs** (Einl 23 ff) berechtigt § 258 die Verfahrensbeteiligten, nach genügender Vorbereitung (KG NStZ **84**, 523) zum Ergebnis der Verhandlung in tatsächlicher und rechtlicher Hinsicht Stellung zu nehmen und Anträge zu stellen (BVerfGE **54**, 140 = MDR **80**, 909; Köln VRS **69**, 444; vgl auch BGH **9**, 77, 79). Die Schlussvorträge der StA und des Verteidigers, insbesondere aber das letzte Wort des Angeklagten, das seine Einlassung ergänzt, gehören zum Inbegriff der Hauptverhandlung iS des § 261 und müssen daher bei der Urteilsfindung berücksichtigt werden (BGH **11**, 74, 75; StV **83**, 402; erg 5 zu § 261). Legt der Angeklagte in seinem letzten Wort ein Geständnis ab, so muss idR noch einmal in die Verhandlung eingetreten werden (BGH 2 StR 88/75 vom 11. 6. 1975).

2 **2)** Nach **Schluss der Beweisaufnahme** werden die Schlussvorträge gehalten und erhält der Angeklagte Gelegenheit zum letzten Wort. Den Schluss der Beweisaufnahme stellt der Vorsitzende idR ausdrücklich fest; ein Gerichtsbeschluss ist gesetzlich nicht vorgesehen (Köln NJW **54**, 46 hält ihn sogar für irreführend; zust EbSchmidt 1). Auch eine stillschweigende Feststellung reicht aus (KK-Engelhardt 2); der Vorsitzende muss nur unmissverständlich zu erkennen geben, dass keine Beweise mehr erhoben werden und die Schlussvorträge gehalten werden können (BGH NStZ **90**, 28 [M]; KG NStZ **84**, 523). Zum Wiedereintritt in die bereits geschlossene Beweisaufnahme vgl unten 27 ff.

3 **3) Schlussvorträge** (I):

4 A. Das **Recht zum Schlussvortrag** haben die StA, der Nebenkläger (§ 397 I S 3), der Privatkläger (§ 385 I S 1), an deren Stelle ihre Vertreter sprechen dürfen,

der Angeklagte und der Verteidiger, der in I nicht genannt ist, weil sich aus III ergibt, dass er den Schlussvortrag für den Angeklagten halten kann (KG NStZ **84**, 523).

5 Dass der **Verteidiger** von diesem Recht Gebrauch macht, ist selbstverständlich; daher muss er das Wort zum Schlussvortrag nicht besonders beantragen; es wird ihm, wie den übrigen Prozessbeteiligten (unten 7), von Amts wegen erteilt (Bay **55**, 269; VRS **62**, 374; Hamm VRS **48**, 433; LR-Gollwitzer 12; **aM** RG **42**, 51; KG aaO; KK-Engelhardt 5). Auch wenn der Verteidiger erst kurz vor der Urteilsberatung erscheint, hat er noch Anspruch auf Gelegenheit zum Schlussvortrag (Bay VRS **61**, 128; Hamm NJW **70**, 1696).

6 Die **Nebenbeteiligten,** die in der Hauptverhandlung die Befugnisse eines Angeklagten haben (§§ 433 I, 442 I, II S 1, 444 S 2), erhalten, wenn sie anwesend sind, das Wort zum Schlussvortrag im Rahmen ihrer Beteiligung. Das Gleiche gilt für Beteiligte an einer mündlichen Verhandlung im Nachverfahren (§ 441 III) und im selbstständigen Verfahren nach § 444 II S 1. Für diese Nebenbeteiligten können auch die Vertreter (§ 434) sprechen.

7 **Gelegenheit zum Schlussvortrag** muss der Vorsitzende diesen Prozessbeteiligten von Amts wegen geben. Dazu bedarf es nicht unbedingt einer ausdrücklichen Worterteilung; die Gelegenheit müssen die Berechtigten aber unmissverständlich erhalten (Bay VRS **62**, 374), nicht nur durch eine Handbewegung (RG **61**, 317).

8 B. Die **Reihenfolge** des I bezeichnet die zweckmäßigste Verfahrensgestaltung, ist aber nicht zwingend (RG **64**, 133; Hamburg JR **55**, 233). Nach dem Grundgedanken von I soll dem Nebenkläger das Wort vor dem Verteidiger gewährt werden (BGH 5 StR 121/62 vom 14. 5. 1962; RG aaO). Bei mehreren Angeklagten bestimmt der Vorsitzende die Reihenfolge in der sie und ihre Verteidiger zu Wort kommen (RG **57**, 265; KK-Engelhardt 6). Treten mehrere StAe oder Verteidiger auf, so steht die Aufteilung der Schlussvorträge in ihrem Ermessen (LR-Gollwitzer 13). Für die Berufungsverhandlung gilt § 326 S 1, für die Revisionsverhandlung § 351 II S 1.

9 C. Eine **Pflicht zum Schlussvortrag** begründet I nicht.

10 Aufgrund seiner prozessualen Stellung im Offizialverfahren (vgl 1 ff vor § 141 GVG) ist der **StA** aber nicht nur innerdienstlich (vgl RiStBV Nrn 138, 139) verpflichtet, einen Schlussvortrag zu halten (Nehm Geiß-FS 115). Er muss das Verhandlungsergebnis in tatsächlicher und rechtlicher Hinsicht zusammenfassend würdigen (Hellebrand 380 ff) und bestimmte Anträge stellen (BGH NStZ **84**, 468; Düsseldorf NJW **63**, 1167 mit abl Anm Schütz NJW **63**, 1589; Stuttgart NStZ **92**, 98 mwN; offengelassen bei BGH **19**, 377, 378), auch wenn nur über die Berufung des Nebenklägers zu entscheiden ist (3 zu § 401). Ohne den Schlussvortrag der StA darf die Verhandlung nicht fortgesetzt werden (Düsseldorf aaO; Nehm aaO; Schlüchter 561.3; **aM** KK-Engelhardt 8; Fahl 424); es ist dann der Dienstvorgesetzte des StA zu unterrichten (Stuttgart aaO; **aM** KK-Schoreit 8). Jedoch hat der StA nicht nur die Wahl, Freisprechung oder Verurteilung zu beantragen. Hält er den Sachverhalt nicht für genügend geklärt, so kann er auch den Antrag auf weitere Beweiserhebung stellen (BGHR § 258 I Schlussvortrag 2; KMR-Stuckenberg 20; LR-Gollwitzer 16; **aM** Düsseldorf aaO). Auch auf den Antrag, das Verfahren nach § 154 einzustellen, kann das Gericht ein Sachurteil erlassen (zw BGH NStZ **84**, 468); der StA muss vorher nicht nochmals gehört werden (BGH aaO; **aM** SK-Schlüchter 17).

11 Der **Verteidiger** nimmt seine Aufgaben zwar idR nicht ordnungsgemäß wahr, wenn er nicht seinerseits einen Schlussvortrag hält, dabei auf die Anträge des StA erwidert und Anträge stellt (**aM** Köln StV **91**, 9, 11). Dazu kann er aber nicht gezwungen werden (LR-Gollwitzer 17; Schlüchter 561.3 will bei notwendiger Verteidigung § 145 anwenden; dagegen Nehm Geiß-FS 126). Das Verfahren wird daher auch fortgesetzt, wenn der Verteidiger den Schlussvortrag verweigert (BGH NStZ **81**, 295 [Pf]).

12 D. **Form des Schlussvortrags:** Die Schlussvorträge sollten in freier Rede gehalten werden; die Benutzung schriftlicher Aufzeichnungen darf aber nicht untersagt werden (BGH **3**, 368; MDR **64**, 72; LR-Gollwitzer 19). Eine Verdeutlichung anhand von Skizzen und Modellen ist zulässig (Hamm VRS **35**, 370).

13 E. **Inhaltlich** dürfen sich die Schlussvorträge nur auf Tatsachen und Beweisergebnisse beziehen, die Gegenstand der Hauptverhandlung waren. Das private Wissen dürfen weder StA noch Verteidiger verwerten (LR-Gollwitzer 18; Hellm. Mayer SchlHA **55**, 348 Fn 4). Urkunden dürfen nur verlesen werden, wenn sie bereits in die Verhandlung eingeführt worden sind. War für einen Teil der Hauptverhandlung die Öffentlichkeit nach §§ 171 b, 172 Nrn 2, 3 GVG ausgeschlossen, so dürfen StA und Verteidiger den damit bezweckten Persönlichkeitsschutz nicht ohne besonderen Grund dadurch vereiteln, dass sie die unter Ausschluss der Öffentlichkeit gewonnenen Verhandlungsergebnisse in ihrem Schlussvortrag erörtern (KMR-Stuckenberg 32). Die Schlussvorträge dürfen sich auch nicht über Verwertungsverbote (Einl 55) hinwegsetzen.

14 Der **StA** muss seinen Schlussvortrag (dazu allg Dahs DRiZ **60**, 106; Heghmanns 948 ff) objektiv und unvoreingenommen halten; von dem Inhalt der Anklageschrift muss er sich lösen, wenn die Hauptverhandlung zu abweichenden Beweisergebnissen geführt hat. Bei der Beurteilung des Sachverhalts muss er die zugunsten und zuungunsten des Angeklagten sprechenden Umstände gleichermaßen berücksichtigen. Im Übrigen schreiben RiStBV Nrn 138, 139 vor, zu welchen Fragen der StA Stellung zu nehmen und was er bei der Antragstellung zu beachten hat.

15 Für den Angeklagten hält der **Verteidiger** den Schlussvortrag (allg dazu Alsberg AnwBl **78**, 1; Dahs 707 ff und AnwBl **59**, 1; Reuß JR **65**, 162) in eigener Verantwortung (erg 1 vor § 137). Er kann einseitig die zugunsten des Angeklagten sprechenden Umstände hervorheben; zur objektiven Würdigung des Verhandlungsergebnisses ist er nicht verpflichtet (**aM** LR-Gollwitzer 24). Auf eine bestimmte Redezeit darf er nicht beschränkt werden (BGH MDR **53**, 598 [D]).

16 Einem **Missbrauch** des Schlussvortrags hat der Vorsitzende im Rahmen seiner Sachleitung nach § 238 I entgegenzutreten (Fahl 414). Ein Missbrauch liegt insbesondere vor bei ständigen Wiederholungen (BGH MDR **64**, 72), Weitschweifigkeiten und Erörterung abwegiger Umstände (BGH **3**, 368, 369) sowie Herabsetzung des Gerichts, der anderen Prozessbeteiligten oder dritter Personen. Der Vorsitzende muss in diesen Fällen den StA oder Verteidiger zunächst ermahnen; wenn das erfolglos bleibt, darf er ihm (als letztes Mittel) das Wort entziehen (LR-Gollwitzer 42). Hiergegen kann nach § 238 II das Gericht angerufen werden (KK-Engelhardt 10).

17 F. Die **Aufteilung der Schlussvorträge (Schuldinterlokut)** des StA und des Verteidigers in der Weise, dass nach der Beweisaufnahme zunächst nur zur Schuldfrage gesprochen, sodann zur Rechtsfolgenfrage verhandelt wird und schließlich Schlussvorträge zu diesem Verhandlungsteil gehalten werden, ist im Gesetz nicht vorgesehen und auch nicht üblich. Auch nach geltendem Recht kann aber ein solches „informelles Schuldinterlokut" nicht als unzulässig angesehen werden (Kleinknecht Heinitz-FS 651; vgl auch BGH NStZ **85**, 561; LR-Gollwitzer 9 zu § 243). Im Schrifttum wird die Einführung eines formellen Schuldinterlokuts nach amerikanischem Vorbild befürwortet (Kaiser Lenckner-FS 792; Roxin/Schünemann § 44, 62).

18 **4)** Das **Recht auf Erwiderung** (II Hs 1) steht dem StA, dem Privatkläger (§ 385 I S 1) und dem Nebenkläger zu (10 zu § 397). Einen Anspruch auf mehrmalige Erwiderung haben sie nicht (RG **11**, 135, 136); der Vorsitzende kann sie ihnen aber gestatten, wenn er das für sachlich geboten hält (KK-Engelhardt 13). Das Recht des Angeklagten und seines Verteidigers, auf die Erwiderung seinerseits zu erwidern, folgt aus dem Recht des Angeklagten auf das letzte Wort nach II Hs 2, III (BGH NJW **76**, 1951; RG **42**, 51; Bremen MDR **67**, 608; Koblenz

VRS **55**, 278; Oldenburg NJW **57**, 839; Schlüchter 562). So oft der StA, der Privatkläger oder der Nebenkläger zur Erwiderung das Wort erhält, muss anschließend erneut dem Verteidiger und dem Angeklagten das Wort erteilt werden (BGH aaO; MDR **78**, 281 [H]). Hat sich der in Vertretung des Angeklagten erschienene Verteidiger während der Schlussvorträge des StA und Nebenklägers entfernt und ist er bis zur Urteilsberatung nicht zurückgekehrt, so hat er aber sein Recht auf Erwiderung verwirkt (Bay VRS **61**, 128). Über das Verlangen nach Erwiderung entscheidet der Vorsitzende (§ 238 I); lehnt er sie ab, so kann nach § 238 II auf Entscheidung des Gerichts angetragen werden.

5) Letztes Wort des Angeklagten (II Hs 2, III): 19

A. Der **Angeklagte selbst** hat das Recht, vor der Urteilsberatung als Letzter zu sprechen, auch wenn er vorher schon nach I einen Schlussvortrag gehalten hat oder sonst zu Wort gekommen ist (BGH StV **99**, 5; Hamburg StV **05**, 205; vgl aber auch BGH NStZ **05**, 280: bei Unklarheit des Protokolls, ob dem Angeklagten sowohl das Recht nach III als auch das nach II eingeräumt wurde, Freibeweis). Das gilt auch in der Berufungsverhandlung (§ 326 S 2) und in der Revisionsverhandlung (§ 351 II S 2). Dieses Recht ist nicht übertragbar, insbesondere nicht auf den Verteidiger des in der Hauptverhandlung anwesenden Angeklagten (Schleswig SchlHA **70**, 199 [E/J]; LR-Gollwitzer 28). Auch bei Abwesenheit des Angeklagten kann der Verteidiger nicht verlangen, außer dem Schlussvortrag für den Angeklagten noch das letzte Wort zu erhalten (BGH GA **78**, 376; Bay VRS **61**, 128; KK-Engelhardt 14; Eisenberg BR 810; zw LR-Gollwitzer 28 Fn 95). War die Hauptverhandlung nach § 231 II in Abwesenheit des Angeklagten fortgesetzt worden, kehrt er aber vor der Urteilsberatung zurück, so ist ihm das letzte Wort zu erteilen, auch wenn nur noch die Urteilsverkündung aussteht (BGH NStZ **86**, 372; **90**, 291; Hamm NStZ-RR **01**, 334). Bei einem wegen ordnungswidrigen Benehmens nach § 231 b ausgeschlossenen Angeklagten muss idR der Versuch gemacht werden, ihn für die Gewährung des letzten Worts wieder hinzuzuziehen (vgl 7 zu § 231 b). Davon kann nur abgesehen werden, wenn dieser Versuch im Hinblick auf die vorangegangenen Ausschreitungen des Angeklagten von vornherein aussichtslos wäre (BGH **9**, 77; NJW **05**, 2466, 2469; KG StV **87**, 519; Koblenz MDR **75**, 424). 20

Als **letzter Verfahrensbeteiligter** muss der Angeklagte sprechen, bevor das Gericht mit der Beratung beginnt. Das gilt nicht nur im Verhältnis zu StA und Nebenkläger (Düsseldorf VRS **97**, 427; Saarbrücken VRS **17**, 63), sondern auch zum Verteidiger (III). Sprechen nach dem letzten Wort des Angeklagten andere Verfahrensbeteiligte für ihn, so muss ihm auch dann erneut das letzte Wort erteilt werden (BGH **48**, 181; zust Rübenstahl GA **04**, 33). Das Gleiche gilt, wenn Nebenbeteiligte nach ihm das letzte Wort gehabt haben. 21

Die **Reihenfolge,** in der mehrere Angeklagte das letzte Wort haben, bestimmt der Vorsitzende (RG **57**, 265). 22

Die **gleichen Rechte wie der Angeklagte** haben im Verfahren gegen Jugendliche Angeklagte die Erziehungsberechtigten und gesetzlichen Vertreter nach § 67 I JGG (BGH **21**, 288; NStZ **85**, 230; **99**, 426; **00**, 435; 553; JR **97**, 79 mit Anm Eisenberg/Düffer; StraFo **02**, 290; **03**, 277; Hamm StV **07**, 8; Zweibrücken StV **03**, 455), auch im Verfahren vor einem Erwachsenengericht (§ 104 I Nr 9 JGG), auch wenn sie von ihrem Zeugnisverweigerungsrecht (§ 52) Gebrauch gemacht haben (BGH StV **09**, 88), es sei denn, der angeklagte Jugendliche ist zum Zeitpunkt der Hauptverhandlung bereits volljährig (BGH NStZ-RR **09**, 354 L). Das letzte Wort haben auch Nebenbeteiligte im Umfang ihrer Beteiligung, auch die Einziehungsbeteiligten bei der mündlichen Verhandlung im Einziehungsverfahren nach §§ 431 ff (BGH **17**, 28). Dem Jugendlichen selbst gebührt aber das „allerletzte“ Wort (KK-Schoreit 20). 23

B. Ein **Hinweis auf das Recht des letzten Wortes** ist erforderlich, wenn es der Angeklagte nicht schon von sich aus in Anspruch nimmt (BGH **18**, 84; **22**, 278). Auf Form und Wortlaut des Hinweises kommt es nicht an; die Befragung 24 nach III muss nicht mit den Worten des Gesetzes erfolgen. Es genügt, dass dem Angeklagten klar zur Kenntnis gebracht wird, dass er sich als letzter Verfahrensbeteiligter abschließend zur Sache äußern kann (BGH **18**, 84; RG **61**, 317; Hamm NJW **59**, 1933; VRS **41**, 159; **aM** Schleswig SchlHA **56**, 212: ausdrückliche Befragung).

25 C. **Inhaltlich** steht es dem Angeklagten grundsätzlich frei, was er im Rahmen seines letzten Wortes vorbringen will. Ihm ist weitestgehende Verteidigungsfreiheit zu ermöglichen (BGH **9**, 77, 79; StV **85**, 355; Seibert MDR **64**, 471; Tröndle DRiZ **70**, 217). Er darf auch über Umstände sprechen, auf die das Gericht die Beweisaufnahme nicht zu erstrecken brauchte, insbesondere auf solche, die sich auf die Beweggründe für seine Tat beziehen (BGH StV **85**, 355; vgl auch BGH **31**, 16 = JR **83**, 116 mit Anm Gössel). Auf eine bestimmte Redezeit darf er ebenso wenig beschränkt werden wie der Verteidiger (RG **64**, 57; oben 15). Das schließt auch aus, dass ihm das letzte Wort durch vorzeitigen Aufbruch des Gerichts abgeschnitten wird (Neustadt GA **81**, 186). Unzulässig ist es, ihm die Entziehung des Wortes für den Fall anzudrohen, dass er die Unwahrheit sagt (BGH JR **65**, 348). Alibibehauptungen muss das Gericht im Rahmen des § 244 II nachgehen (BGH NStZ **01**, 160). Zur Benutzung schriftlicher Aufzeichnungen vgl oben 12. Unterbrechungen und Fragen sind zulässig (BGH MDR **57**, 527 [D]).

26 Bei **Missbrauch** des letzten Wortes, insbesondere bei ständigen Wiederholungen, weitschweifigen, abwegigen oder ehrkränkenden Äußerungen, darf der Vorsitzende den Angeklagten ermahnen; wenn das erfolglos bleibt, kann er ihm das Wort entziehen (BGH **3**, 368; einschr KK-Engelhardt 21: nur nach mehrmaligen vergeblichen Ermahnungen; vgl auch AK-Dästner 27, 31; Fahl 408; erg oben 16).

27 **6)** Der **Wiedereintritt in die Verhandlung** (krit hierzu Rübenstahl GA **04**, 33; abl BGH NStZ **04**, 505) verpflichtet das Gericht, nach erneuter Schließung der Beweisaufnahme den Prozessbeteiligten ohne Rücksicht auf Umfang und Bedeutung der Weiterverhandlung nochmals Gelegenheit zum Schlusswort zu geben und dem Angeklagten abermals das letzte Wort zu erteilen; denn die früheren Schlussvorträge und das letzte Wort haben mit dem Wiedereintritt in die Beweisaufnahme ihre Bedeutung als abschließende Äußerung verloren (KK-Engelhardt 23). Dabei kann das Gericht davon ausgehen, dass StA und Verteidiger ihr Recht kennen, den Schlussvortrag zu erneuern; ein besonderer Hinweis ist nicht erforderlich (BGH **20**, 273; **22**, 278; NStZ **93**, 95). Sehen sie von weiteren Ausführungen ab, so liegt darin eine stillschweigende Bezugnahme auf den vorher gehaltenen Schlussvortrag (Bay **57**, 88 = NJW **57**, 1289; Schlüchter 564). Dagegen muss der Angeklagte ausdrücklich auf sein Recht hingewiesen werden, nochmals als Letzter zu sprechen (BGH **13**, 53, 59; **18**, 84, 85; **22**, 278; NStZ **84**, 521; **87**, 36). Wird nur zu einem von mehreren Anklagevorwürfen erneut in die Beweisaufnahme eingetreten, so muss gleichwohl das letzte Wort in vollem Umfang erteilt werden (BGH **20**, 273, 275; **22**, 278, 280; MDR **66**, 893 [D]; VRS **30**, 121).

28 Der **Wiedereintritt** setzt keinen besonderen Gerichtsbeschluss voraus (Düsseldorf VRS **80**, 461 mwN). Er liegt nicht nur in jeder Prozesshandlung, die ihrer Natur nach in den Bereich der Beweisaufnahme fällt (so Bay **57**, 88 = NJW **57**, 1289), sondern schon in jeder Handlung, in der der Wille des Gerichts zum Weiterverhandeln in der Sache in Erscheinung tritt. Daher handelt es sich auch dann um einen Wiedereintritt, wenn keine weitere Beweisaufnahme stattfindet; Wiedereintritt in die Beweisaufnahme ist gleichbedeutend mit Wiedereröffnung der Verhandlung (BGH **20**, 273, 275; NStZ **84**, 521; **93**, 551; vgl auch Hamm StraFo **01**, 64; Schlothauer StV **84**, 134).

29 Ein **Wiedereintritt liegt zB vor** (vgl SK-Schlüchter 5), wenn nach dem letzten Wort des Angeklagten ein Antrag, die Beweisaufnahme wieder zu eröffnen (Bay **57**, 88 = NJW **57**, 1289), ein Beweisantrag (BGH NStZ-RR **99**, 36 [K]) oder ein Unterbrechungs- oder Aussetzungsantrag abgelehnt wird (BGH NStZ **82**, 190 [Pf]; StV **93**, 344; NStZ-RR **97**, 268 L), ein Hilfsbeweisantrag entgegenge-

nommen wird, zu dem der StA Stellung nimmt (Celle StV **85**, 7), eine Urkunde verlesen wird, auch wenn das nicht zu Beweiszwecken geschieht (BGH NStZ **83**, 357 [Pf/M]), ein Zeuge nachträglich vereidigt wird (LR-Gollwitzer 6), ein Beschluss über die Abtrennung von Verfahrensteilen (BGH StV **82**, 4; **83**, 232) oder die Abtrennung des Verfahrens gegen einen Mitangeklagten ergeht (BGH StV **84**, 233; NStZ **88**, 512), eine Nachtragsanklage nicht zugelassen wird (BGH StV **81**, 221), ein rechtlicher Hinweis nach § 265 I erteilt (BGH **19**, 156; **22**, 278; NStZ **81**, 295 [Pf]; **85**, 495 [Pf/M]) oder auf die rechtliche Möglichkeit einer Nebenfolge hingewiesen wird (BGH NStZ **87**, 36; Düsseldorf VRS **80**, 461), der Angeklagte sich mit formloser Einziehung einer Sache einverstanden erklärt (BGH NStZ-RR **10**, 152; Brandenburg NStZ **08**, 586), die Invollzugsetzung des Haftbefehls (BGH NStZ **86**, 470) oder allgemein mit der Haftfrage die „Sach- und Rechtslage" erörtert wird (BGH StV **92**, 551), Haftfortdauer beantragt (BGH StraFo **09**, 109) oder angeordnet (BGH StV **09**, 333), ein Haftbefehl erlassen (BGH NStZ-RR **01**, 372), ein Beschluss über den Wegfall der Meldeauflage bei einem außer Vollzug gesetzten Haftbefehl verkündet (BGH StV **88**, 93) oder über einen Antrag auf Wiederinvollzugsetzung des Haftbefehls (BGH StV **97**, 339; **01**, 438) oder einen Haftentlassungsantrag entschieden wird (BGH NStZ **84**, 376). Auch die informatorische Frage des Vorsitzenden an den Verteidiger, ob er die im Schlussvortrag bezeichneten Urkunden vorlegen könne, soll ein Wiedereintritt in die Verhandlung sein (BGH NStZ **87**, 423).

Kein Wiedereintritt liegt vor bei Verwerfung eines unzulässigen Ablehnungsgesuchs nach § 24 (KK-Engelhardt 25; Rübenstahl GA **04**, 47; offengelassen bei BGH NStZ **85**, 464), wenn lediglich die Verhandlungsfähigkeit des Angeklagten erörtert wird (BGH NStZ **90**, 228 [M], zw), bei einer sitzungspolizeilichen Maßnahme (BGH NStZ **06**, 650), bei bloßer Entgegennahme eines Hilfsbeweisantrags (BGH NStZ-RR **98**, 261 [K] mwN; NStZ **04**, 505; **aM** Rübenstahl aaO 45) oder eines Beweisantrags nach Beginn der Urteilsverkündung (BGH NStZ **86**, 182), bei Bekanntgabe eines Verbindungsbeschlusses zur gemeinsamen Urteilsverkündung (BGH NStZ-RR **01**, 241) sowie bei einem Beschluss über die Teileinstellung des Verfahrens nach § 154 II (BGH NJW **01**, 2109 mit zust Anm Ingelfinger JR **02**, 120 und krit Anm Julius NStZ **02**, 104) oder nach § 154 a II. Auch die Weigerung der StA, der Einstellung nach § 153 zuzustimmen (Hamm VRS **23**, 54) stellt keinen Wiedereintritt in die Verhandlung dar, das Gleiche gilt für den Fall, dass ein Zeuge nach Schluss der Beweisaufnahme unaufgefordert Erklärungen abgibt, auf die niemand eingeht (KK-Schoreit 25), oder dass der Vorsitzende den Angeklagten beim letzten Wort zu Ergänzungen veranlasst, ohne damit in eine förmliche Vernehmung einzutreten und dass der StA während des letzten Wortes des Angeklagten eine Zwischenbemerkung macht (Saarbrücken JBl Saar **61**, 14). 30

7) Sitzungsprotokoll: Zu den wesentlichen Förmlichkeiten der Hauptverhandlung iS des § 273 I gehört, dass den Prozessbeteiligten das Wort zum Schlussvortrag erteilt (BGH **22**, 278; Koblenz OLGSt S 5; Zweibrücken StV **86**, 51), dass der Angeklagte nach III befragt (BGH aaO; NStZ **85**, 494 [Pf/M]; Hamm VRS **41**, 159) oder dass ihm sonst das letzte Wort gewährt worden ist (BGH aaO; StV **82**, 103; **02**, 530), was mit diesen Worten ins Protokoll aufgenommen werden sollte (BGH NStZ-RR **05**, 260 [B]). Auch die Verweigerung des Schlussvortrags und die Wortentziehung sind im Sitzungsprotokoll zu beurkunden (LR-Gollwitzer 52). Die Beobachtung dieser Förmlichkeiten kann nach § 274 nur durch das Protokoll bewiesen werden (BGH **13**, 53, 59; **22**, 278; NStZ **83**, 212 [Pf/M]; Köln VRS **62**, 281). 31

Ist im Protokoll nur die Erteilung des letzten Wortes beurkundet, so ist der Vermerk so **auszulegen,** dass damit auch die Befragung nach II verbunden war (RG **57**, 265; Hamm NJW **59**, 1933; O. H. Schmidt NJW **59**, 62). Der Protokollvermerk, dass der Angeklagte das letzte Wort hatte, beweist auch, dass dem Verteidiger Gelegenheit gegeben war, vor dem letzten Wort des Angeklagten seinerseits 32 abschließend zu sprechen (BGH NJW **79**, 1668; Köln VRS **57**, 32), und dass er die Möglichkeit der Erwiderung hatte (Koblenz VRS **55**, 278). Das gilt aber nicht bei Abwesenheit des Angeklagten (Bay VRS **61**, 128). Der Vermerk: „Die Beteiligten blieben bei ihren Anträgen", beweist nicht, dass der Angeklagte das letzte Wort gehabt hat (KMR-Stuckenberg 50; LR-Gollwitzer 53; Hanack JZ **72**, 276; **aM** BGH **13**, 53; KK-Engelhardt 17). Ebensowenig beweist der Vermerk: „Die Angeklagten gaben keine weiteren Erklärungen ab", dass ihnen nach Wiedereintritt in die Verhandlung erneut das letzte Wort erteilt worden ist.

33 **8)** Die **Revision** kann darauf gestützt werden, dass dem Verteidiger zum Schlussvortrag keine Gelegenheit (Köln VRS **69**, 444) oder keine genügende Zeit zur Vorbereitung gegeben worden ist (KG NStZ **84**, 523), wobei er aber dem Gericht zu erkennen geben muss, wenn ihm die gewährte Vorbereitungszeit nicht ausreicht (BGH NStZ **05**, 650). Die Revision kann auch rügen, dass dem anwesenden Angeklagten (seinem Erziehungsberechtigten oder gesetzlichen Vertreter) das letzte Wort nicht erteilt oder in unzulässiger Weise beschränkt worden ist (BGH **3**, 368, 370; NStZ **99**, 426). Zum notwendigen Revisionsvorbringen gehören nicht Angaben darüber, was der Verteidiger in dem Schlussvortrag oder der Angeklagte in dem letzten Wort vorgebracht hätte (BGH **21**, 288, 290; Düsseldorf StraFo **01**, 312; Hamm NStZ-RR **07**, 123; Zweibrücken StV **03**, 455), wohl aber über den Ablauf der Verhandlung, insbesondere falls nach dem letzten Wort wieder in die Verhandlung eingetreten worden war (BGH NStZ **90**, 230 [M]; StV **95**, 176 mit abl Anm Ventzke; Jena NStZ-RR **06**, 278), und über den Inhalt des Hauptverhandlungsprotokolls (Jena VRS **108**, 215). Die vorherige Anrufung des Gerichts nach § 238 II setzt die Zulässigkeit der Revision nicht voraus (BGH **3**, 368; **21**, 288, 290). Ein Revisionsgrund liegt nicht darin, dass der Verteidiger keinen Schlussvortrag gehalten hat (BGH MDR **80**, 274 [H]; NStZ **87**, 217 [Pf/M]), wohl aber in der Weiterführung der Verhandlung, nachdem der StA den Schlussvortrag verweigert hat (oben 10; **aM** Nehm Geiß-FS 116; differenzierend Häger Meyer-GedSchr 177; offen gelassen von BGHR § 258 I Schlussvortrag 2).

34 Das **Beruhen des Urteils** auf Verstößen gegen § 258, insbesondere gegen II Hs 2, III, kann nur in besonderen Ausnahmefällen ausgeschlossen werden (BGH **21**, 288, 290; NStZ **83**, 357 [Pf/M]; **84**, 376; wistra **85**, 154; Koblenz VRS **47**, 444; Köln VRS **69**, 444; zu solchen Ausnahmefällen vgl BGH **22**, 278, 280 ff = JR **69**, 234 mit Anm EbSchmidt; BGH NStZ **84**, 521; **85**, 464; **96**, 398, 399; StV **96**, 297; NStZ-RR **98**, 15; NStZ **09**, 50; Düsseldorf VRS **64**, 205), jedenfalls nicht deswegen, weil sich der Angeklagte bisher nicht zur Sache eingelassen hat (BGHR § 258 III letztes Wort 1 mwN); bei einem Geständnis des Angeklagten wird der Schuldspruch aber idR aufrechterhalten werden können (BGH NStZ **93**, 29 [K]; **99**, 426; StV **00**, 296; NStZ-RR **10**, 152; anders Braunschweig StraFo **09**, 208 bei einem unvollständigen Geständnis), ebenso, wenn sich ein - nach Wiedereintritt in die Beweisaufnahme (oben 27) erteilter Hinweis nach § 265 ersichtlich nur auf die gesetzlichen Strafzumessungsgrundlagen bezieht (BGH NStZ **93**, 551). Bei Verstößen zu Lasten des Nebenklägers wird das Beruhen leichter auszuschließen sein (BGH NJW **01**, 3137).

Dolmetscher

259 **I Einem der Gerichtssprache nicht mächtigen Angeklagten müssen aus den Schlussvorträgen mindestens die Anträge des Staatsanwalts und des Verteidigers durch den Dolmetscher bekannt gemacht werden.**

II Dasselbe gilt nach Maßgabe des § 186 des Gerichtsverfassungsgesetzes für einen hör- oder sprachbehinderten Angeklagten.

1 **1)** Eine **Einschränkung der §§ 185, 186 GVG** enthält die Vorschrift. Für die Schlussvorträge gilt nicht die Pflicht, dem der Gerichtssprache nicht mächtigen (4 zu § 185 GVG) oder hör- oder sprachbehinderten (zur Verständigung mit die-

sem vgl die Erl zu § 186 GVG) Angeklagten den gesamten Inhalt bekanntzumachen. Es genügt die Übersetzung der Anträge des StA und des Verteidigers. Die Einschränkung bezieht sich aber nicht auf die eigenen Erklärungen des Angeklagten; sie müssen von dem Dolmetscher durch wörtliche Übersetzung bekanntgemacht werden. Im Übrigen steht es im Ermessen des Vorsitzenden, den Dolmetscher zu beauftragen, auch die Schlussvorträge wörtlich zu übertragen oder durch eine gedrängte Inhaltsangabe verständlich zu machen (BGH GA **63**, 148; Kabbani StV **87**, 411; vgl. auch BVerfGE **64**, 135, 148 = NJW **83**, 2762, 2764).

2) In der **Sitzungsniederschrift** braucht die Beachtung der Mindestanforderungen des § 259 ebenso wenig vermerkt zu werden wie jedes einzelne Tätigwerden des Dolmetschers in den sonstigen Teilen der Hauptverhandlung. Es wird vermutet, dass er seine Aufgaben gesetzmäßig ausgeübt hat (RG **43**, 441; KMR-Stuckenberg 8). 2

3) Die **Revision** kann darauf gestützt werden, dass die Mindestanforderungen des § 259 nicht beachtet worden sind (LR-Gollwitzer 6). Für den Beweis des Verfahrensverstoßes gilt Freibeweis (7, 9 zu § 244), weil es sich um keine wesentliche Förmlichkeit iS des § 273 I handelt (8 zu § 274). Zu den Grenzen der Prüfung durch das Revisionsgericht 10 zu § 185 GVG. 3

Urteil

260 **I Die Hauptverhandlung schließt mit der auf die Beratung folgenden Verkündung des Urteils.**

II Wird ein Berufsverbot angeordnet, so ist im Urteil der Beruf, der Berufszweig, das Gewerbe oder der Gewerbezweig, dessen Ausübung verboten wird, genau zu bezeichnen.

III Die Einstellung des Verfahrens ist im Urteil auszusprechen, wenn ein Verfahrenshindernis besteht.

IV 1 Die Urteilsformel gibt die rechtliche Bezeichnung der Tat an, deren der Angeklagte schuldig gesprochen wird. 2 Hat ein Straftatbestand eine gesetzliche Überschrift, so soll diese zur rechtlichen Bezeichnung der Tat verwendet werden. 3 Wird eine Geldstrafe verhängt, so sind Zahl und Höhe der Tagessätze in die Urteilsformel aufzunehmen. 4 Wird die Entscheidung über die Sicherungsverwahrung vorbehalten, die Strafe oder Maßregel der Besserung und Sicherung zur Bewährung ausgesetzt, der Angeklagte mit Strafvorbehalt verwarnt oder von Strafe abgesehen, so ist dies in der Urteilsformel zum Ausdruck zu bringen. 5 Im Übrigen unterliegt die Fassung der Urteilsformel dem Ermessen des Gerichts.

V 1 Nach der Urteilsformel werden die angewendeten Vorschriften nach Paragraph, Absatz, Nummer, Buchstabe und mit der Bezeichnung des Gesetzes aufgeführt. 2 Ist bei einer Verurteilung, durch die auf Freiheitsstrafe oder Gesamtfreiheitsstrafe von nicht mehr als zwei Jahren erkannt wird, die Tat oder der ihrer Bedeutung nach überwiegende Teil der Taten auf Grund einer Betäubungsmittelabhängigkeit begangen worden, so ist außerdem § 17 Abs. 2 des Bundeszentralregistergesetzes anzuführen.

Übersicht

1 **1) Urteilsverkündung** (I):

2 A. **Unmittelbar nach der Beratung und Abstimmung** ergeht das Urteil (BGH NJW **51**, 206; **87**, 3210).

3 Zur Beratung und Abstimmung (vgl §§ 192–197 GVG, § 263), die geheim (§§ 43, 45 I S 2 DRiG) und kein Teil der Hauptverhandlung sind, so dass auch eine Protokollierung nach § 273 I nicht in Betracht kommt (8 zu § 273), zieht sich das Gericht idR in das **Beratungszimmer** zurück; eine Beratung nach der Ortsbesichtung am Tatort ist unzulässig (RG **66**, 28; Hamm NJW **59**, 1192). Der Strafrichter (Einzelrichter) kann das Urteil im Sitzungssaal entwerfen, auch während der Schlussvorträge und ohne dass er äußerlich zu erkennen geben muss, dass er „mit sich zu Rate gegangen" ist (BGH **11**, 74, 79; Köln NStZ **05**, 710). Wird nach der Beratung nochmals in die Verhandlung eingetreten, so ist erneut nach § 258 zu verfahren (dort 27) Danach muss abermals beraten werden (BGH **24**, 170, 171), auch wenn der Wiedereintritt keinen neuen Prozessstoff ergeben hat (BGH NStZ **88**, 470); das Versäumen dieser Beratung begründet idR die Revision (BGH StraFo **06**, 26).

4 Eine solche **Nachberatung im Sitzungssaal** ist andererseits aber auch dann nicht ausgeschlossen, wenn der neue Verhandlungsteil einen sachlichen Gehalt gehabt hat, falls auch insoweit eine rasche Verständigung aller Mitglieder des Gerichts möglich ist (BGH NJW **92**, 3181; NStZ **01**, 106; krit dazu R. Hamm NJW **92**, 3147; vgl auch 4 zu § 193 GVG). Der Vorsitzende muss sich dann aber unmittelbar an alle Gerichtsmitglieder wenden, auch an die Schöffen, damit sie und die Verhandlungsbeteiligten erkennen können, dass es sich um eine nochmalige Beratung und Abstimmung in abgekürzter Form handelt (BGH **19**, 156; NJW **87**, 3210; **92**, 3182; NStZ-RR **98**, 142; R. Hamm aaO). Eine wesentliche Förmlichkeit iS des § 273 I ist auch die Nachberatung nicht (Karlsruhe Justiz **85**, 173); jedoch ist es zweckmäßig, die Tatsache, dass sich die Richter im Gerichtssaal verständigt haben, in der Sitzungsniederschrift zu erwähnen (BGH NJW **87**, 3210; BGHR Beratung 6). Ein Hinweis des Vorsitzenden an die Beisitzer, sie sollten sich melden, wenn sie eine nochmalige Beratung wünschten, genügt nicht (BGH NStZ **88**, 470).

5 B. Die **Verkündung des Urteils** ist im Einzelnen in § 268 geregelt. Mit der Beendigung der Verlesung der Urteilsformel ist das Urteil erlassen (6 zu § 268). Da es bereits mit der Verkündung entstanden ist, ist die durch § 275 vorgeschriebene Urteilsurkunde kein wesentliches Merkmal des Urteils (LR-Gollwitzer 8). Das Urteil führt die Beendigung des Verfahrens insgesamt (wenn es nicht anfechtbar ist oder nicht angefochten wird) herbei oder schließt jedenfalls den Rechtszug ab (LR-Gollwitzer 7; vgl auch RG **65**, 397).

6 Eine **Berichtigung oder Ergänzung** der Urteilsformel ist grundsätzlich ausgeschlossen (9 ff zu § 268).

7 **2)** Zwischen **Sach- und Prozessurteilen** ist zu unterscheiden. Bloße Prozessentscheidungen, die ohne sachliche Prüfung des Anklagevorwurfs ergehen, sind im 1. Rechtszug die Einstellungsurteile nach III und § 389 I, im Strafbefehlsverfahren das Verwerfungsurteil nach § 412. Im Berufungsverfahren gehören dazu die auf Verwerfung des Rechtsmittels lautenden Entscheidungen nach §§ 322 I S 2, 329 I und die Verweisungsurteils nach § 328 II, im Revisionsverfahren die Verwerfungsurteile nach § 349 I, V und die Verweisungsurteile nach § 355.

8 **Teil- und Zwischenurteile** sieht die StPO grundsätzlich nicht vor (LR-Gollwitzer 14 ff); eine Ausnahme besteht im Adhäsionsverfahren (Grund- und Teilurteile nach § 406 I S 2). Die Rspr lässt Teilentscheidungen auch im Revisionsverfahren zu, wenn dies wegen des Beschleunigungsgrundsatzes (Einl 160) geboten ist; so kann hinsichtlich einzelner von mehreren Straftaten („vertikal") vorab entschieden werden (BGH wistra **00**, 219, 226; StraFo **04**, 348), aber auch („horizontal") über einen Teil des Prozessgegenstandes (BGH **49**, 209: über Schuld- und Strafausspruch, aber nicht über die Maßnahme nach § 69 StGB; zust Fezer Wid-

maier-FS 186), jedoch nicht bei materiell-rechtlich einer Tat (BGH NStZ-RR **10**, 53, 54). Ergänzungsurteile zur Nachholung eines versehentlich unterbliebenen Teils der Entscheidung sind nicht zulässig. Zur Frage der Unwirksamkeit von Strafurteilen vgl Einl 105.

3) Erschöpfende Erledigung des Eröffnungsbeschlusses: 9

A. **Grundsatz:** Der Prozessgegenstand wird durch die in dem Eröffnungsbeschluss unverändert oder mit Abänderungen (§ 207 II) zugelassenen Anklage bestimmt, ggf auch durch eine nach § 266 I einbezogene Nachtragsanklage. Der Urteilsspruch muss ihn erschöpfend erledigen (BGH NStZ **84**, 212 [Pf/M]). Ob das der Fall ist, beurteilt sich durch einen Vergleich der Urteilsformel mit der zugelassenen Anklage (BGH NStZ **93**, 551). Wird sie durch die Verurteilung nicht ausgeschöpft, muss Teilfreispruch erfolgen, nicht jedoch, wenn die angeklagte Tat nur rechtlich anders gewürdigt wird (BGH StV **08**, 226, 227). Der rechtliche Hinweis nach § 265 I steht der Anklageerhebung nicht gleich; wird nicht entspr dem Hinweis verurteilt, so ist daher ein Teilfreispruch nicht erforderlich (**aM** unzutr Bay OLGSt § 327 Nr 1; Saarbrücken NJW **74**, 375/376; erg 33a zu § 265). 10

B. **Einzelheiten:** 11

a) **Tateinheit:** Nimmt der Eröffnungsbeschluss Tateinheit (§ 52 StGB) an, wird aber nicht wegen aller Taten verurteilt, so erfolgt kein Teilfreispruch (BGH NJW **84**, 135, 136; LG Bochum MDR **78**, 510); denn wegen einer und derselben Tat kann das Urteil nur einheitlich auf Verurteilung oder Freispruch lauten (BGH NStZ **85**, 15 [Pf/M]; Stuttgart VRS **67**, 356). Das gilt auch, wenn ein alternativ angeklagter Vorwurf in der Verurteilung aufgeht (BGH **36**, 262, 269 = JZ **90**, 195 mit Anm Rudolphi = JR **90**, 203 mit Anm Otto; **aM** Prittwitz/Scholderer NStZ **90**, 387). Ein Teilfreispruch ist jedoch (aus Billigkeitsgründen) geboten, wenn die Annahme von Tateinheit von vornherein oder jedenfalls nach dem Ergebnis der Hauptverhandlung offensichtlich fehlerhaft war und eine der Taten nicht erwiesen ist (BGH NStZ **92**, 398; NJW **93**, 2125, 2126; **09**, 2546, 2547; NStZ-RR **96**, 202, 203; Bay **60**, 116 = NJW **60**, 2014; Hamm VRS **43**, 370; **46**, 338; Köln NJW **58**, 838; Schleswig SchlHA **70**, 200 [E/J]). War eine Dauerstraftat in Tateinheit mit zwei schwereren, rechtlich selbstständigen Verstößen angeklagt, so erfolgt kein Teilfreispruch, wenn eines der schweren Delikte entfällt, der Angeklagte aber wegen der Dauerstraftat verurteilt wird (BGH VRS **21**, 341; Hamm VRS **50**, 419). Bei der Erfüllung mehrerer Alternativen des § 244 I oder des § 250 I StGB durch eine Tat, ist auch nur wegen eines Bandendiebstahls bzw eines schweren Raubes und nicht wegen in Tateinheit begangener mehrerer Alternativen zu verurteilen (BGH NJW **94**, 2034 = JR **95**, 122 mit Anm von Hippel; dem BGH zust Altenhain ZStW **107**, 382). 12

b) **Tatmehrheit:** Wird nicht wegen aller Delikte verurteilt, die nach der Anklage in Tatmehrheit (§ 53 StGB) begangen worden sein sollen, so muss insoweit freigesprochen werden (BGH NStZ-RR **08**, 287 mwN; Düsseldorf VRS **74**, 297, 299; Stuttgart Justiz **87**, 160), auch bei einer einheitlichen Tat iS des § 264 (BGH **44**, 196, 202; Saarbrücken NStZ **05**, 117 mwN). Das gilt selbst dann, wenn das Gericht der Meinung ist, dass bei zutreffender rechtlicher Würdigung nur eine einzige Tat vorliegt (BGH NJW **92**, 989, 991), oder wenn es, falls der weggefallene Vorwurf bewiesen wäre, Tateinheit (BGH NStZ **84**, 212 [Pf/M]; **88**, 212 [M]; NStZ-RR **07**, 131 [B]; StraFo **07**, 332; Köln VRS **64**, 207), natürliche Handlungseinheit (BGH NJW **69**, 756; VRS **28**, 358; **39**, 187, 190; vgl auch BGH **22**, 67, 76), Bewertungseinheit oder Fortsetzungszusammenhang (BGH NStZ **93**, 29 [K]) angenommen hätte. Ein Teilfreispruch unterbleibt, wenn das gesamte Geschehen als *eine* Tat (BGH **44**, 196: Totschlag durch Tun statt durch Unterlassen; BGH 2 StR 514/91 vom 6. 12. 1991: Mord statt Totschlag und Unterschlagung; BGH NStZ **03**, 546: mitbestrafte Nachtat; BGH NStZ **09**, 347: eine statt mehrerer Beihilfehandlungen) oder als eine einheitliche Rauschtat nach § 323a StGB 13 abgeurteilt wird (BGH **13**, 223; Hamm VRS **53**, 125), nicht aber, wenn eine der angeklagten Taten nicht erwiesen ist (Köln VRS **64**, 207). Unzulässig ist ein Teilfreispruch, wenn der Vorwurf des unerlaubten Entfernens vom Unfallort (§ 142 StGB) entfällt und aus der Sicht des Gerichts nur noch eine zusammenhängende Trunkenheitsfahrt (§ 316 StGB) bestehen bleibt (Zweibrücken VRS **85**, 206 mwN), oder wenn mehrere Einzeltaten zu einer Bewertungseinheit zusammengefasst werden (BGH NStZ-RR **03**, 98 [B]; **08**, 316 L).

14 c) **Fortsetzungstat:** Durch die Entscheidung BGH GrS **40**, 138 ist die fortgesetzte Handlung als Rechtsfigur in ihrer früheren Bedeutung und Ausgestaltung praktisch aufgegeben worden (Geppert NStZ **96**, 59; Gubitz JR **98**, 491; Heintschel-Heinegg JA **94**, 586). Eine fortgesetzte Handlung als Zusammenfassung mehrerer gleichartiger, voneinander abgrenzbarer Einzelstraftaten, die rechtlich als solche erfasst werden können, zu einer rechtlichen Handlungseinheit kommt danach nicht mehr in Betracht. Der fortgesetzten Handlung ist vielmehr eine grundlegend andere Bedeutung gegeben worden: Sie darf nur noch dann angenommen werden, „wenn die Verbindung mehrerer Verhaltensweisen, die jede für sich einen Straftatbestand erfüllen, zur sachgerechten Erfassung des verwirklichten Unrechts und der Schuld unumgänglich ist". Dies richtet sich aber nicht nach dem zu beurteilenden tatsächlichen Geschehen, sondern „ist am Straftatbestand zu messen". Das bedeutet, dass eine fortgesetzte Handlung „tatbestandsindiziert" sein muss, also nur noch bei solchen Deliktstatbeständen gegeben sein kann, die in erster Linie auf die über den Einzelfall hinausreichenden mehrfachen Tatbestandsverwirklichungen abzielen. Bloße Zweckmäßigkeitserwägungen oder Beweisschwierigkeiten können hingegen die Annahme einer fortgesetzten Handlung nicht begründen. Welche Straftatbestände eine fortgesetzte Handlung „indizieren", hatte der BGH GrS nicht zu entscheiden. Feststeht aber, dass eine solche „tatbestandsbestimmte" fortgesetzte Handlung eine seltene Ausnahme sein wird (vgl R. Hamm NJW **94**, 1636; Ruppert MDR **94**, 973; Zschockelt NStZ **94**, 361; krit dazu Gribbohm Odersky-FS 387 ff). Die Rspr hat inzwischen bei einer Vielzahl von Straftatbeständen die Annahme einer fortgesetzten Handlung ausgeschlossen (vgl die Übersichten bei Geppert NStZ **96**, 60 und Schlüchter/Duttge NStZ **96**, 465; zur Praxis im Bereich des Betäubungsmittelrechts vgl Körner StV **98**, 626); ein Fall, in dem die Rspr eine fortgesetzte Handlung nach den Vorgaben des GrS des BGH bejaht hätte, ist demgegenüber bisher nicht bekannt geworden.

14a Soweit eine fortgesetzte Handlung neuer Art bei einem Straftatbestand bejaht werden sollte und aus feststellbaren Einzelakten besteht, sind die **bisher gültigen Verfahrensregeln** auf sie anzuwenden. Das bedeutet: Ist eine fortgesetzte Handlung angeklagt, so erfolgt wegen der nicht erwiesenen oder gegen kein Strafgesetz verstoßenden Einzelakte kein Freispruch, wenn gleichwohl wegen fortgesetzter Tat verurteilt wird (BGH **19**, 280, 285), auch wenn zweifelhaft bleibt, ob die nicht erwiesenen Einzelakte überhaupt in den Fortsetzungszusammenhang gehören (RG **57**, 302, 303). Scheiden alle Einzelakte mit einer Ausnahme als nicht erwiesen aus, so wird wegen der Einzeltat verurteilt und im Übrigen freigesprochen (BGH NJW **84**, 501). Wird keiner der Einzelakte nachgewiesen, so muss insgesamt freigesprochen werden, auch wenn andere Einzelakte erwiesen sind, die aber in der Anklageschrift nicht aufgeführt sind (BGH NStZ **85**, 13 [Pf/M]). Nimmt das Gericht an, dass keine fortgesetzte Handlung, sondern mehrere selbstständige Taten vorliegen, von denen aber nur ein Teil bewiesen ist, so muss wegen der unbewiesenen Fälle freigesprochen werden (BGH NStZ **88**, 448 [M]; **93**, 29 [K]). Zu den früher vielfach unzutr als fortgesetzte Handlung angesehenen Serienstraftaten vgl 6 a zu § 267.

15 d) Für die **Dauerstraftat** gelten die gleichen Grundsätze wie für die fortgesetzte Tat (oben 14 a). Beschränkt das Urteil die angeklagte Dauerstraftat auf einen kürzeren Zeitraum, als in der Anklage angenommen ist, so ist daher kein Teilfreispruch erforderlich (BGH **19**, 280, 285; wistra **92**, 184).

Bei **eindeutiger Verurteilung nach wahldeutiger Anklage** (7 zu § 200) ist ein Teilfreispruch nur erforderlich, wenn es sich bei den beiden alternativ angeklagten Taten um selbstständige Taten iS des § 264 gehandelt hat (BGH **38**, 172, 173/174 mit krit Anm Rieß NStZ **92**, 548; BGH NStZ **98**, 635; erg 2 zu § 264). 15a

4) Urteilsformel bei Freispruch: 16

A. Ein **freisprechendes Urteil** ergeht nur, wenn die Unschuld des Angeklagten erwiesen ist oder seine Schuld unter keinem rechtlichen Gesichtspunkt (§ 264) festgestellt werden kann. Zum Vorrang des freisprechenden Urteils vor der Verfahrenseinstellung vgl unten 44 ff. Die Urteilsformel lautet: „Der Angeklagte wird freigesprochen". Bei Teilfreispruch wird auf Freisprechung „im Übrigen" erkannt. Die rechtliche Bezeichnung des Tatvorwurfs, von dem freigesprochen wird, ist nicht erforderlich. Auch sonstige Erläuterungen des Freispruchs in der Urteilsformel sind nicht statthaft. Gegen die Unschuldsvermutung nach Art 6 II **MRK** verstoßende Zusätze wie „mangels Beweises", „mangels begründeten Tatverdachts", „wegen erwiesener Unschuld" oder „aus rechtlichen Gründen" sind schlechthin unzulässig (KK-Engelhardt 25). 17

B. **Neben dem Freispruch** ist die Anordnung von Sicherungsmaßregeln (§ 71 StGB) und von Nebenfolgen (§ 76 a StGB) zulässig. Auch in diesen Fällen kommt in der Urteilsformel zum Ausdruck, dass der Angeklagte freigesprochen wird (BGH NStZ-RR **98**, 142). 18

5) Urteilsformel bei Verurteilung (II, IV): 19

A. Als **Grundsatz** gilt, dass das Gericht, in dessen Ermessen die Fassung der Urteilsformel gestellt ist, soweit das Gesetz nicht besondere Bestimmungen trifft (IV S 5), die im Gesetz zum Ausdruck gekommene Zweckbestimmung des Tenors, dh die Kennzeichnung der begangenen Tat und die Verlautbarung der im Urteil getroffenen Anordnungen, berücksichtigen muss. Daher muss die Urteilsformel in knapper, verständlicher Sprache abgefasst und von allem freigehalten werden, was nicht unmittelbar der Erfüllung seiner Aufgaben dient (BGH **27**, 287, 289; NStZ **83**, 524; Düsseldorf NJW **87**, 1958; Meyer-Goßner NStZ **88**, 529; Willms DRiZ **76**, 82). In der Urteilsformel kommt zB nicht zum Ausdruck, dass ein Strafbefehlsverfahren vorausgegangen (Düsseldorf JMBlNW **72**, 84) oder dass das 1. Urteil vom Revisionsgericht aufgehoben worden ist (KK-Engelhardt 28). 20

B. **Schuldspruch** (IV S 1, 2): 21

a) **Rechtliche Bezeichnung der Tat:** Die Tat wird in der Urteilsformel nicht nach tatsächlichen Merkmalen als historische Begebenheit, sondern nur rechtlich bezeichnet. Dabei wird ihre rechtliche Einordnung als Verbrechen oder Vergehen (§ 12 I, II StGB) in die Urteilsformel nicht aufgenommen (BGH NJW **86**, 1116). 22

Zur rechtlichen Bezeichnung der Tat soll die **gesetzliche Überschrift des Straftatbestandes** (IV S 2) verwendet werden. Davon kann abgewichen werden, wenn die Überschrift nicht passt, zB bei Verurteilung wegen unbefugten Tragens von Uniformen (§ 132 a I Nr 4 StGB), denn die gesetzliche Überschrift des § 132 a („Missbrauch von Titeln, Berufsbezeichnungen und Abzeichen") würde die Tat nur ungenau kennzeichnen. Fehlt es – wie häufig im Nebenstrafrecht – an einer gesetzlichen Überschrift, so wird die übliche Bezeichnung der Tat gebraucht. Die Tat ist jedenfalls mit einer anschaulichen und verständlichen Wortbezeichnung so genau wie möglich zu bezeichnen (Granderath MDR **84**, 988; Meyer-Goßner/Appl 42 ff; Willms DRiZ **76**, 82). Die Formel „wegen Verstoßes gegen das Waffengesetz" genügt nicht (BGH NStZ-RR **07**, 149). 23

Nur notfalls können auch die Paragraphen der verletzten Bestimmungen genannt werden (LR-Gollwitzer 55). **Zur rechtlichen Bezeichnung** der Tat gehört bei Taten, die vorsätzlich und fahrlässig begangen werden können, die Angabe der Schuldform, sofern sie sich nicht bereits aus der gesetzlichen Überschrift ergibt 24

(BGH VRS **65**, 359, 361; Koblenz NStZ **84**, 370; SK-Schlüchter/Velten 26; einschr aus Gründen der Übersichtlichkeit BGH NStZ **92**, 546 bei BtM-Delikten: nur Angabe bei fahrlässiger Begehung), ferner die Angabe, dass nur Versuch vorliegt (LR-Gollwitzer 57). Die Teilnahmeform (Anstiftung, Beihilfe) ist mitzuteilen, nicht dagegen, ob der Angeklagte als Allein- oder Mittäter gehandelt hat (BGH **27**, 287, 289; MDR **77**, 108 [H]; Willms DRiZ **76**, 82). Im Fall des § 30 StGB wird die rechtliche Bezeichnung der geplanten Tat in die Urteilsformel aufgenommen (BGH MDR **69**, 722 [D]; **86**, 271 [H]), im Fall des § 323a StGB aber nicht die Rauschtat (RG **69**, 187; Oldenburg NdsRpfl **70**, 239).

25 **Nicht in die Urteilsformel gehören die** gesetzlichen Überschriften von Bestimmungen, die keine eigene Straftat beschreiben, sondern nur eine Strafzumesssungsregelung enthalten, wie § 21 StGB (BGH **27**, 287, 289; KK-Engelhardt 31 ff) oder nur eine andere prozessuale Behandlung zulassen, wie § 248a StGB (Düsseldorf NJW **87**, 1958), und die Anwendung unbenannter Strafschärfungs- und -milderungsvorschriften (BGH aaO; NStZ **82**, 29; LR-Gollwitzer 60; Granderath MDR **84**, 988). Auch das Vorliegen gesetzlicher Regelbeispiele für besonders schwere oder minder schwere Fälle wird nicht in die Urteilsformel aufgenommen (BGH **23**, 254, 256; **27**, 287, 289; NStZ **84**, 262, 263); eine Ausnahme besteht bei § 177 II StGB, wo das Gesetz selbst die Tat als „Vergewaltigung" bezeichnet (BGH NStZ **07**, 478 L; dazu im Einzelnen mN HK-GS/Laue 25 zu § 177 StGB).

25a Ist **dagegen ein eigener Straftatbestand mit bestimmten Qualifikationsmerkmalen verwirklicht** worden, so kommt das in der Urteilsformel zum Ausdruck (Meyer-Goßner/Appl 48). So wird bei 177 III und IV StGB wegen „schwerer" bzw „besonders schwerer" Vergewaltigung (dazu BGH NStZ-RR **04**, 35 [B]; **07**, 173; Fischer 78 zu § 177), nach § 260 StGB wegen gewerbsmäßiger Hehlerei (BGH NStZ **82**, 29; wistra **86**, 217), nach § 244 I Nrn 1–3 wegen Diebstahls mit Waffen oder wegen Bandendiebstahls oder wegen Wohnungseinbruchdiebstahls und nach § 250 I StGB wegen „schweren", nach § 250 II StGB wegen „besonders schweren" Raubes verurteilt (BGH NStZ **10**, 101).

26 b) Das **Konkurrenzverhältnis** zwischen mehreren Verurteilungen ist in der Urteilsformel kenntlich zu machen, und zwar bei Tateinheit nach § 52 StGB mit den Worten „in Tateinheit mit", bei gleichartiger Tateinheit unter Angabe, wie oft der Tatbestand verwirklicht wurde (BGH NStZ **96**, 610: davon aber absehen, wenn der Tenor dadurch unübersichtlich und unverständlich werden würde), und bei Tatmehrheit nach § 53 StGB durch Verbindung der mehreren Straftatbezeichnungen durch das Wort „und" oder „sowie" (BGH NJW **86**, 1116). Bei Gesetzeskonkurrenz wird allein die angewendete Strafvorschrift bezeichnet, auch wenn aus der verdrängten Bestimmung Nebenfolgen angewendet worden sind (Hartung NJW **54**, 587). Die fahrlässige Begehung eines Delikts gegenüber der am selben Objekt begangenen vorsätzlichen kommt im Schuldspruch nicht zum Ausdruck (BGH **39**, 195, 199 mit Anm Murmann/Rath NStZ **94**, 215). Dass eine fortgesetzte Handlung (vgl dazu oben 14) vorliegt, braucht sich aus der Urteilsformel nicht zu ergeben (BGH **27**, 287, 289; Düsseldorf VRS **74**, 180).

27 c) Bei der **Wahlfeststellung** (zu den Voraussetzungen vgl Fischer 18 ff zu § 1 StGB) kommt die gleichartige Wahlfeststellung (Verwirklichung des einen oder anderen von mehreren gleichwertigen Tatbestandsmerkmalen einer Strafvorschrift) in der Urteilsformel nicht zum Ausdruck. Werden dagegen mehrere Strafbestimmungen wahlweise angewendet (Diebstahl oder Hehlerei usw), so muss sich das aus der Urteilsformel ergeben. Mangels besonderer gesetzlicher Regelung unterliegt ihre Fassung dem richterlichen Ermessen (IV S 5). In der Praxis hat es sich durchgesetzt, dass beide wahlweise angewendeten Vorschriften unter Verbindung mit dem Wort „oder" in die Urteilsformel aufgenommen werden (vgl BGH **25**, 182, 186; KK-Engelhardt 35). Bei einer Postpendenzfeststellung (BGH **35**, 86, 89; NStZ **89**, 266; 574; StV **95**, 522; Hamburg MDR **94**, 712) wird nur das angewendete Strafgesetz (idR § 259 StGB) im Urteilsspruch erwähnt.

C. **Rechtsfolgenausspruch** (II, IV S 3, 4): 28

a) **Alle Rechtsfolgen** sind in die Urteilsformel aufzunehmen, auch wenn sie neben anderen Rechtsfolgen nicht vollstreckt werden können. 29

Soweit es nach § 53 IV iVm § 52 IV S 2 StGB zulässig ist, **neben lebenslanger Freiheitsstrafe als Gesamtstrafe** die Sicherungsverwahrung anzuordnen (vgl BGH **34**, 138), wird auch die Sicherungsmaßregel in die Urteilsformel aufgenommen (vgl auch BGH **37**, 160 = StV **91**, 560 mit Anm Schüler-Springorum zu § 64 StGB neben lebenslanger Freiheitsstrafe). 30

Der **Vorbehalt der Sicherungsverwahrung** nach § 66a StGB muss im Tenor ausgesprochen werden („Die Anordnung der Sicherungsverwahrung bleibt vorbehalten"); in dem nach § 275a ergehenden Urteil wird im Tenor die Sicherungsverwahrung angeordnet oder deren Anordnung abgelehnt. 30a

Werden **Rechtsfolgen für mehrere Taten** verhängt, so muss die Urteilsformel erkennen lassen, für welche von ihnen die einzelnen Rechtsfolgen festgesetzt sind. 31

b) **Strafen:** 32

§ 39 StGB bedeutet nicht, dass die nach Wochen, Monaten oder Jahren zu bemessende **Freiheitsstrafe** nicht in der Weise festgesetzt werden darf, dass die einen Monat übersteigende Strafe nach Wochen, die 1 Jahr übersteigende Strafe nach Monaten bemessen werden darf. Eine Verurteilung zu 7 Wochen oder 14 Monaten Freiheitsstrafe ist daher zulässig. Nur die Bemessung nach Tagen ist ausgeschlossen. Bei lebenslanger Freiheitsstrafe ist es in Befolgung der Rspr des BVerfG (BVerfGE **86**, 288 = NJW **92**, 2947; krit Meurer JR **92**, 441) in die Formel aufzunehmen, wenn ein Fall der besonderen Schwere der Schuld (§ 57a I S 1 Nr 2 StGB; dazu BGH GrS **40**, 360) gegeben ist (BGH **39**, 121 = JR **93**, 250 mit zust Anm Meurer), nicht hingegen die Verneinung der besonderen Schuldschwere (BGH NJW **93**, 2001); ein Ausspruch über die Mindestverbüßungsdauer ist unzulässig (BGH NJW **97**, 878; StV **03**, 17; StraFo **03**, 208). Das BVerfG hat sich zwar nur mit Verurteilungen nach § 211 StGB befasst; dies gilt aber auch in allen anderen Fällen der Verurteilung zu lebenslanger Freiheitsstrafe (BGH **44**, 350 = JR **00**, 121 mit Anm Müller-Dietz; erg 20a zu § 267). Eine Entscheidung nach § 57b StGB ist auch erforderlich, wenn nach § 55 StGB mit einer lebenslangen Freiheitsstrafe eine Gesamtstrafe zu bilden ist (BGH StraFo **01**, 350, 351). 33

Bei **Geldstrafe** werden nur die Zahl der Tagessätze und die Höhe eines Tagessatzes in die Urteilsformel aufgenommen (IV S 3), nicht aber der Gesamtbetrag (KMR-Stuckenberg 64 mwN). Die Angabe der Ersatzfreiheitsstrafe ist überflüssig, weil sie durch § 43 StGB festgelegt ist. Zahlungserleichterungen nach § 42 StGB sind anzugeben. 34

Dass die **UHaft** angerechnet wird, kommt idR nicht in die Formel (zu Ausnahmefällen vgl BGH **27**, 287, 288; NJW **90**, 1428; Frankfurt NStZ **90**, 147), auch nicht, wenn die Strafe nach Ansicht des Gerichts durch die angerechnete UHaft erledigt ist (BGH NStZ **83**, 524). Wohl aber ist die völlige oder teilw Nichtanrechnung der UHaft nach § 51 I S 2 StGB in der Formel auszusprechen, ferner bei ausländischer Freiheitsentziehung der Umrechnungsmaßstab nach § 51 IV S 2 StGB (BGH NStZ **84**, 214; BGHR JGG § 52a Anrechnung 3), auch bei Verurteilung zu lebenslanger Freiheitsstrafe (BGH NJW **04**, 3789). Eine Bestimmung darüber, auf welche von zwei im Urteil verhängten Gesamtfreiheitsstrafen die UHaft anzurechnen ist, ist nicht erforderlich; das ist Sache der Vollstreckungsbehörde (BGHR Urteilsspruch 3). Besonderheiten gelten nach §§ 52, 52a I S 2, II S 2 **JGG** (vgl BGH **37**, 75 mit Anm Walter/Pieplow NStZ **91**, 332). 35

Soweit ein **Teil der Strafe als vollstreckt gilt** – als Kompensation wegen rechtsstaatswidriger Verfahrensverzögerung (9 zu Art 6 **MRK**) oder wegen Nichterstattung erbrachter Leistungen bei Wegfall der Bewährung durch Bildung einer Gesamtstrafe nach § 58 II S 2 StGB (BGH **36**, 378) –, ist dies im Urteilstenor auszusprechen. 35a

36 Bei **Gesamtstrafe** (§§ 53, 54 StGB) wird nur diese in die Urteilsformel aufgenommen; die Einzelstrafen werden nur in den Urteilsgründen festgesetzt (Hamm JR **79**, 74; vgl aber zum Rechtsmittelverfahren Zweibrücken NStZ **00**, 610 mit abl Anm Meyer-Goßner/Cierniak). Bei mehreren Gesamtstrafen in einem Urteil ist eine Bestimmung darüber, auf welche von ihnen die UHaft angerechnet wird, nicht erforderlich; dies ist Aufgabe der VollstrB (BGHR § 260 Urteilsspruch 3).

37 Die **Aussetzung zur Bewährung** nach §§ 56ff, 67b 70a StGB, die Verwarnung mit Strafvorbehalt nach § 59 StGB und das Absehen von Strafe nach § 60 StGB müssen nach IV S 4 in der Urteilsformel zum Ausdruck kommen. Ist eine Strafe durch Anrechnung der UHaft aber voll verbüßt, scheidet eine Strafaussetzung begrifflich aus (BGH **31**, 25).

38 **Maßregeln der Besserung und Sicherung** nach §§ 61ff StGB werden im Urteilstenor angeordnet; die Ablehnung der Anordnung erfolgt dagegen nur in den Urteilsgründen (BGH MDR **52**, 530 [D]). Im Urteilstenor ergeht auch die Anordnung, dass die Strafe vor der Maßregel vollstreckt wird (§ 67 II StGB), und die Bestimmung der Reihenfolge der Vollstreckung nach § 72 III S 1 StGB. Für die Sicherungsmaßregel des Berufsverbots nach § 70 StGB bestimmt II ausdrücklich die in die Urteilsformel aufzunehmenden Einzelheiten (vgl erg 9 zu § 132a).

39 Bei **Verfall und Einziehung** nach §§ 73ff StGB sind die Gegenstände so genau zu bezeichnen, dass die Vollstreckung ohne weiteres möglich ist, und zwar durch Aufzählung in der Urteilsformel oder in einer besonderen Anlage dazu (BGH **9**, 88; MDR **54**, 529 [D]), nicht durch Bezugnahme auf die Anklageschrift (BGH NStZ **81**, 295 [Pf]; StV **81**, 396; NStZ-RR **09**, 384 L) oder auf die Asservierung (BGH NStZ-RR **04**, 227 [B]). Bei allgemeiner Einziehung kann eine Gattungsbezeichnung verwendet werden. Bei der Einziehung einer Druckschrift ist die Angabe des Titels und des Impressums erforderlich (BGH **9**, 88; NJW **62**, 2019). Wird Wertersatz eingezogen, so muss dessen Betrag in der Urteilsformel bezeichnet werden; auch die für den Auffangrechtserwerb des Staates erforderlichen Feststellungen nach § 111i II (dort 9) sind darin aufzunehmen.

40 Die **Bekanntmachung der Entscheidung** (vgl §§ 165, 200 StGB, wN bei Göhler/Buddendiek/Lenzen unter „Urteilsbekanntmachung") muss unter Nennung des Namens des Verletzten (RiStBV 231 S 1) so ausgesprochen werden, dass die Vollstreckung ohne Schwierigkeiten betrieben werden kann. Dazu gehört auch die Angabe der Zeitung oder Zeitschrift, in der veröffentlicht werden soll.

41 D. **Kosten- und Auslagenentscheidung.** Vgl §§ 464ff.

42 **6) Einstellung des Verfahrens** (III):

43 A. **Grundsätzlich geboten,** auch bei Teilrechtskraft (Einl 151), ist die Verfahrenseinstellung bei Vorliegen eines – nicht mehr behebbaren – Prozesshindernisses (Einl 141ff), sofern das Gesetz nicht eine andere Entscheidung vorsieht (Verweisung nach §§ 270, 328 II, 355) oder ein freisprechendes Urteil den Vorrang hat (unten 44; erg 14 vor § 296). Eine weitere Ausnahme besteht bei kurzfristig behebbaren Prozesshindernissen (Bay NJW **91**, 3292); in diesem Fall kann es zweckmäßig sein, das Verfahren zu unterbrechen oder auszusetzen (BGH StV **00**, 347, 348; RG **77**, 34, 36). Betrifft das Prozesshindernis nur eine tateinheitlich begangene Gesetzesverletzung, so scheiden diese Tatteile ohne förmliche Einstellung aus dem Verfahren aus (Einl 154).

44 B. **Vorrang des Freispruchs:** Steht in der Hauptverhandlung bereits fest – also nicht, wenn noch eingehende Erörterungen zur Schuldfrage erforderlich sind (BGH **44**, 209, 218; NStZ-RR **96**, 299) –, dass dem Angeklagten keine Straftat nachzuweisen ist, so wird, wenn nunmehr ein Bestrafungsverbot (Einl 143, 143b) entsteht oder entdeckt wird, das Verfahren nicht eingestellt, sondern der Angeklagte freigesprochen (BGH **13**, 268, 273; **20**, 333, 335; Bay **63**, 44, 47; Oldenburg NJW **82**, 1166).

Das gilt allerdings nicht bei Befassungsverboten (vgl Einl 143 ff; erg 6 zu § 354), zB wenn die Tat gar nicht angeklagt oder das Hauptverfahren nicht eröffnet worden war; dann ist das beim Gericht geführte Verfahren einzustellen (BGH **46**, 130 = JR **01**, 421 mit zust Anm Krack; BGH NJW **06**, 522, 530; Oldenburg StraFo **06**, 412, 413; Rieß BGH-FG 840), ebenso wenn das Verfahren nach § 154 II eingestellt worden war (BGH NStZ-RR **07**, 83). 45

Eine Freisprechung kann ferner erforderlich sein, weil bei **Tateinheit** (§ 52 StGB) wegen des einen rechtlichen Gesichtspunkts keine andere Entscheidung ergehen darf als wegen des anderen (oben 12); dabei hat die Sachentscheidung den Vorrang (Düsseldorf NJW **82**, 2883, 2884; VRS **78**, 115). Den Urteilsausspruch bestimmt der schwerer wiegende Vorwurf (LR-Gollwitzer 103 mwN in Fn 200). Treffen zB 2 Vergehen oder 2 Verbrechen zusammen und müsste wegen des einen freigesprochen, wegen des anderen das Verfahren eingestellt werden, weil insoweit ein nicht mehr behebbares Prozesshindernis vorliegt, so bestimmt die nach der gesetzlichen Strafandrohung schwerer wiegende Pflichtverletzung den Urteilsspruch (BGH **50**, 16, 30 mwN); bei Gleichwertigkeit wird eingestellt (LR-Gollwitzer 104). Entsprechendes gilt beim Zusammentreffen von 2 Verbrechen (§ 12 I StGB). Bei Tateinheit zwischen einem Vergehen und einem Verbrechen wird freigesprochen, wenn das Verbrechen nicht erwiesen ist und das Vergehen wegen eines nicht behebbaren Prozesshindernisses nicht verfolgt werden kann (BGH **1**, 231, 235; **7**, 256, 261; NStZ **85**, 495 [Pf/M]); NStZ-RR **05**, 259 [B]). Bei Tateinheit zwischen einer Straftat und einer OWi wird ebenfalls freigesprochen, wenn die Straftat nicht beweisbar und die OWi verjährt ist (BGH GA **78**, 371; KG DAR **04**, 459; Düsseldorf VRS **68**, 357, 359; **78**, 115; JR **91**, 252; Karlsruhe MDR **75**, 426; Oldenburg NJW **85**, 1177). Schließlich ist freizusprechen, wenn der angeklagte Vorwurf einer vorsätzlich begangenen Tat nicht erwiesen und die nachweisbare Fahrlässigkeitstat verjährt ist (BGH **36**, 340). 46

C. Ein **Prozessurteil** ist das Einstellungsurteil. Es stellt lediglich das Bestehen eines Prozesshindernisses fest, dessen Art sich aus den Urteilsgründen ergibt. Das Einstellungsurteil beendet das Strafverfahren ebenso wie ein Sachurteil; es ist der formellen Rechtskraft (Einl 164 ff) fähig. 47

Den **Verbrauch der Strafklage** hat das Einstellungsurteil grundsätzlich nicht zur Folge (erg Einl 143 a und b). Ist das Prozesshindernis behebbar und behoben, so kann die StA eine neue Anklage erheben (BGH LM Nr 5 zu § 207; wistra **86**, 69; Bay **85**, 52 = JR **86**, 430; Frankfurt NStZ **87**, 573; Köln NJW **81**, 2208). Bei einem unbehebbaren Prozesshindernis (zB Ablauf der Strafantragsfrist) hat das Einstellungsurteil allerdings, soweit es den Einstellungsgrund betrifft, die gleiche Wirkung wie ein die Strafklage verbrauchendes Sachurteil (erg Einl 172). Zum Strafklageverbrauch bei Einstellung nach manipulativem Vortäuschen eines Verfahrenshindernisses vgl 11 zu § 206 a (zw Rieß NStZ **08**, 299 zur Anwendung auf Urteile nach III). 48

7) Liste der angewendeten Vorschriften (V): 49

A. **Zweck und Standort der Liste:** Nach § 5 I Nr 6 **BZRG** ist in das BZR die rechtliche Bezeichnung der Tat, deren der Verurteilte schuldig gesprochen worden ist, unter Angabe der angewendeten Vorschriften einzutragen. Um die Urteilsformel von dieser Angabe zu entlasten, gleichwohl aber eine zuverlässige Erfassung der Verurteilung im BZR und in anderen Registern sicherzustellen, schreibt S 1 vor, dass die angewendeten Vorschriften nach der Urteilsformel aufzuführen sind. Auf Grund dieser Liste erfolgt die Mitteilung der Verurteilung an das BZR nach § 20 **BZRG.** 50

Die Liste ist kein **Teil der Urteilsformel** (BGH 2 StR 280/07 vom 18. 7. 2007; Karlsruhe VRS **54**, 68, 70; **58**, 263); daher wird sie weder bei der Urteilsverkündung nach § 268 II verlesen, noch sonst in der Hauptverhandlung bekanntgegeben (BGH NStZ-RR **97**, 166). 51

52 Üblich und zweckmäßig ist es, die Liste auf Grund der Urteilsberatung schon in die **Sitzungsniederschrift** aufzunehmen. Rechtlich notwendig ist das aber nicht; sie kann auch später erstellt werden.

53 In der **Urteilsausfertigung** wird die Liste nach der Urteilsformel aufgeführt. Die Unterschriften der Richter unter der Urteilsurkunde bestätigen auch die Übereinstimmung der Liste mit dem Beratungsergebnis.

54 B. **Anzugeben** sind die angewendeten Rechtsvorschriften nach Gesetz, Paragraph, Absatz, Nummer, Buchstabe oder sonstigen vom Gesetzgeber verwendeten Bezeichnungen, wie Artikel, Abschnitt usw (Meyer-Goßner NStZ **88**, 530). Das angewendete Gesetz wird in der üblichen Weise abgekürzt, insbesondere mit der vom Gesetzgeber verwendeten Kurzbezeichnung.

55 Bei **mehreren Angeklagten** muss die Liste für jeden einzelnen gesondert aufgestellt werden (vgl RiStBV 141 I S 4). Eine Zusammenfassung ist nur zulässig, wenn die angewendeten Vorschriften für alle Angeklagten völlig übereinstimmen (LR-Gollwitzer 119).

56 C. Bei **Verurteilung** besteht die Liste aus einem Schuldspruch und einem Rechtsfolgenteil, die beide aber nicht voneinander getrennt werden.

57 Zuerst werden die **Straftatbestände** aufgeführt, die der rechtlichen Beurteilung der Tat zugrunde liegen. Danach folgen die den Schuldspruch qualifizierenden Bestimmungen und die Vorschriften, die die Art des Verschuldens, der Beteiligung (§§ 25 II, 26, 27, 30 StGB) und besondere Arten der Tatbestandsverwirklichung (§ 22 StGB) kennzeichnen, ferner die Angabe des Konkurrenzverhältnisses (§§ 52, 53 StGB). Ist auf Grund eines Blankettgesetzes verurteilt worden, so ist auch die ausfüllende Norm anzugehen (LR-Gollwitzer 121).

58 Wegen der **Rechtsfolgen** werden die Grundbestimmungen (§§ 38, 39, 40, 46, 47 StGB bei der Freiheitsstrafe, §§ 40, 43 StGB bei der Geldstrafe) nicht angeführt. Anzugeben sind dagegen, falls angewendet, die §§ 41, 42 StGB, ferner Strafschärfungs- und Milderungsvorschriften (Willms DRiZ **76**, 82), bei Strafaussetzung auch § 56 StGB, bei Verurteilungen zu lebenslanger Freiheitsstrafe in Fällen besonderer Schwere der Schuld (oben 33) § 57 a I S 1 Nr 2 StGB, bei Verwarnung mit Strafvorbehalt § 59 StGB und bei Absehen von Strafe § 60 StGB. Sind Sicherungsmaßregeln oder Nebenfolgen angeordnet worden, so sind die entspr Vorschriften der §§ 44 ff, 61 ff, 73 ff StGB anzuführen.

59 Bei auf Grund einer Betäubungsmittelabhängigkeit begangenen Taten, die mit nicht mehr als 2 Jahren Freiheitsstrafe geahndet worden sind, ist ferner § 17 II **BZRG** anzugeben. Bestimmungen, die den **Nebenentscheidungen** über Kosten und Auslagen sowie Entschädigung für Strafverfolgungsmaßnahmen oder den gleichzeitig mit dem Urteil erlassenen Beschlüssen zugrunde liegen, werden nicht in die Liste aufgenommen.

60 D. Bei **Freisprechung** werden die dem Anklagevorwurf zugrunde liegenden Vorschriften nicht „angewendet" und daher nicht in die Liste aufgenommen. Dagegen ist bei Freispruch wegen Schuldunfähigkeit der § 20 StGB anzuführen (vgl auch § 11 I Nr 1 **BZRG**), ferner die neben dem Freispruch ausgesprochenen selbstständigen Rechtsfolgen nach § 71 I, II StGB (Sicherungsmaßregeln) und nach § 76 a StGB (Nebenfolgen). Wegen der Nebenentscheidungen vgl oben 59.

61 E. Auch für das **Einstellungsurteil** gilt V, obwohl hier eine Mitteilung an das BZR nicht vorgesehen ist. Bei Einstellung wegen Zurücknahme des Strafantrags ist § 77 I StGB, bei Einstellung wegen Verjährung § 78 StGB oder die einschlägige Bestimmung des LandespresseG in die Liste aufzunehmen. Wird neben der Einstellung des Verfahrens Verfall oder Einziehung angeordnet, so wird neben §§ 73 ff StGB auch § 76 a III StGB benannt. Wegen der Nebenentscheidungen vgl oben 59.

62 **8)** Die **Berichtigung der Liste** ist bis zur Absendung der Mitteilung an das BZR möglich. Auf ev Mängeln der Liste kann das urteil nicht beruhen (BGH 2

StR 280/07 vom 18. 7. 2007). Verwirft das Rechtsmittelgericht die Berufung oder Revision, so kann es die Liste berichtigen, um Übereinstimmung mit der Formel und den Gründen des angefochtenen Urteils herzustellen (vgl BGH NJW **79**, 1259, 1260; **86**, 1116, 1117; KK-Engelhardt 56; Meyer-Goßner NStZ **88**, 531). Ändert das Rechtsmittelgericht das Urteil ab, so kann es eine berichtigte Fassung der Liste beifügen.

Freie Beweiswürdigung

261 **Über das Ergebnis der Beweisaufnahme entscheidet das Gericht nach seiner freien, aus dem Inbegriff der Verhandlung geschöpften Überzeugung.**

Übersicht

1) Die **forensische Wahrheit,** die Grundlage für die Sachentscheidung des Strafgerichts, ist das, wovon der Richter auf Grund der Hauptverhandlung, durchgeführt nach den Grundsätzen der Unmittelbarkeit (1 ff zu § 250) und Mündlichkeit (unten 7), voll überzeugt ist (vgl Meurer Tröndle-FS 533 ff; Rieß GA **78**, 257 ff). 1

A. **Überzeugung:** Es genügt ein nach der Lebenserfahrung ausreichendes Maß an Sicherheit, demgegenüber vernünftige und nicht bloß auf denktheoretische Möglichkeiten gegründete Zweifel nicht mehr aufkommen (stRspr, zB BGH NStZ **88**, 236; **10**, 102; NStZ-RR **10**, 85; Karlsruhe NStZ-RR **07**, 90 mwN). Der Schuldspruch muss auf einer tragfähigen Beweisgrundlage aufbauen, die die objektiv hohe Wahrscheinlichkeit der Richtigkeit des Beweisergebnisses ergibt (BVerfG NJW **03**, 2444, 2445 mwN = JR **04**, 37 mit Anm Böse; dazu ferner Herdegen NJW **03**, 3513 und Eisenberg-FS 540). Der Richter muss sich mit allen wesentlichen für und gegen den Angeklagten sprechenden Umständen auseinandersetzen (BGH NJW **88**, 3273; **90**, 2073; NStE Nr 85; NStZ **90**, 402; wistra **91**, 63); seine Würdigung muss rationaler Argumentation standhalten (Herdegen StV **92**, 527). Ein bloß theoretischer Zweifel an der Schuld bleibt unberücksichtigt (BGH MDR **89**, 371 mwN; NStZ **90**, 28 [M]; NStZ-RR **98**, 275; **08**, 350); die Anforderungen an eine Verurteilung dürfen daher auch nicht überspannt werden (BGH NStZ **99**, 153; 205; NStZ-RR **00**, 171; NJW **07**, 92, 94), eine „mathematische Gewissheit" wird nicht verlangt (BGHR Einlassung 5). Der Richter darf aber nicht von seiner Überzeugung ausgehen, soweit ihr zwingende Gesetze der Logik, feststehende Erkenntnisse der Wissenschaft oder dem Zweifel enthobene Tatsachen der Lebenserfahrung widerstreiten (BGH **29**, 18). Die Verurteilung darf nur auf bewiesene Indiztatsachen gestützt werden (BGH NJW **80**, 2423, 2424; Brandenburg NJW **97**, 1794), keinesfalls auf eine Einlassung des Angeklagten, von deren Richtigkeit das Gericht nicht überzeugt ist (BGH StV **87**, 378; **93**, 74; **94**, 175; **97**, 291; NStZ-RR **97**, 96; Bay **98**, 97 = NStZ-RR **98**, 328; Koblenz StV **05**, 122; vgl auch BGH NStZ-RR **96**, 73 zum fehlerhaften Ausschluss eines Rechtfertigungsgrundes auf Grund einer als widerlegt angesehenen Einlassung). Bloße Vermutungen genügen nicht (BGH NStZ **90**, 501; **97**, 377 [K]; NStE Nr 97; StV **93**, 116; 510; **96**, 5; 81; **99**, 137; NStZ-RR **96**, 202; **97**, 42; wistra **08**, 2

306, 308), ebenso wenig unbestimmte Feststellungen (vgl BGH NStZ **95**, 204 zu Serienstraftaten).

2a An **Beweisregeln oder Beweisvermutungen** ist der Tatrichter nicht gebunden (BGH **39**, 291, 295; StV **88**, 239); allein hierin liegt die „Freiheit" der Beweiswürdigung, diese darf nicht dahin missverstanden werden, dass die richterliche Überzeugungsbildung keine rational-objektive Grundlage verlange (Fezer StV **95**, 99), vielmehr folgt erst aus dieser die zur Überzeugung erforderliche persönliche Gewissheit (BGH StV **93**, 510; NJW **99**, 1562, 1564; Celle NJW **76**, 2031; **aM** Frister Grünwald-FS 173 ff; dagegen Freund Meyer-Goßner-FS 411; vgl auch Herdegen Hanack-FS 311 und DAV-FS 553). Der Beweis muss mit lückenlosen (BGH StV **88**, 93 mit Anm Sessar; **88**, 138 mit Anm Schlothauer), nachvollziehbaren logischen Argumenten geführt sein (Peters JR **77**, 83; vgl auch Bay **71**, 128 = JR **72**, 30 mit Anm Peters; Köln NJW **77**, 398, 399; VRS **80**, 34), Beweisanzeichen müssen in ihrer Gesamtheit gewürdigt werden (BGH NStZ **88**, 19 [Pf/M]). Die Beweiswürdigung ist somit nur fehlerfrei, wenn sie auf einer tragfähigen, verstandesmäßig einsichtigen Tatsachengrundlage beruht und die vom Gericht gezogene Schlussfolgerung sich nicht nur als bloße Vermutung erweist, die nicht mehr als einen Verdacht zu begründen vermag (BGHR Vermutung 8 und 11, je mwN; BGH StV **95**, 453; KG StV **02**, 412; Koblenz StV **00**, 70; Salditt NStZ **99**, 420). Allein dies ist der gesetzliche Nachweis, der die Unschuldsvermutung (Art 6 II **MRK**) widerlegt (Einl 3). Nach der von Freund (Normative Probleme der „Tatsachenfeststellung", 1987; ders JR **88**, 116; StV **91**, 23; JuS **95**, 398) entwickelten normativen Beweistheorie kommt demgegenüber dem Prozessverhalten des Angeklagten zentrale Bedeutung für den rechtsgenügenden Beweis zu: Solange die entlastende Einlassung des Angeklagten empirisch gesehen stimmen könne, dürfe er nicht verurteilt werden; habe er hingegen eine ihm zumutbare Möglichkeit, relevante weitere Umstände vorzubringen, nicht wahrgenommen, sei das entspr Fehlverurteilungsrisiko tolerabel (krit dazu Erb Rieß-FS 77). Freund weist ferner darauf hin, dass auch die sog Tatfrage eine Rechtsfrage sei; „ohne eine intersubjektive Vergewisserung über die legitimierbaren Inhalte der relevanten Entscheidungsnormen kann die Rspr kein Recht sprechen, sondern nur persönliche Urteile fällen" (Meyer-Goßner-FS 429). Eine „normative Theorie des Tatbeweises" entwickelt Kunz ZStW **121**, 572.

3 B. Die **Beweiswürdigung** (zur BGH-Rspr vgl. Niemöller StV **84**, 431) ist eine ureigene Aufgabe des Tatrichters (dazu Fischer NStZ **94**, 1 und Paulus-FG 53). Er ist dabei nicht an gesetzliche Beweisregeln gebunden (unten 11, 23) und hat nur seinem Gewissen verantwortlich ohne Willkür zu prüfen, ob er an sich mögliche Zweifel überwinden (unten 26) und sich von einem bestimmten Sachverhalt überzeugen kann oder nicht (BGH **29**, 18; krit Geipel StraFo **05**, 135). Auch ein Geständnis (zum Begriff BGH **39**, 291, 303) ist in sie einzubeziehen (2 zu § 244); Geständnis und Widerruf des Geständnisses sind auf ihre Richtigkeit zu überprüfen (BGH wistra **03**, 351; 3 StR 296/08 vom 18. 9. 2008). Der Richter ist dabei im Allgemeinen nicht auf Sachverständige angewiesen. Insbesondere bei erwachsenen Zeugen darf sich der Tatrichter die nötige Sachkunde zur Beurteilung der Glaubwürdigkeit zutrauen, wenn nicht die Beweislage – etwa infolge unklärbarer Widersprüche mehrerer Zeugen – sehr schwierig ist (74 zu § 244; über Kriterien zur Glaubwürdigkeitsbeurteilung vgl Eisenberg BR 1428 ff).

4 Die erforderliche Sachkunde auf dem Gebiet der **Aussagepsychologie** muss der Tatrichter jedoch haben (Grundzüge Peters 374 ff; vgl vor allem Arntzen, Vernehmungspsychologie, 2. Aufl, 1989 und Psychologie der Zeugenaussage, 3. Aufl, 1993; Bender/Nack Tatsachenfeststellung vor Gericht Bd. I Glaubwürdigkeits- und Beweislehre, Bd. II Vernehmungslehre, 2. Aufl, 1995). Vorsicht ist vor allem geboten, wenn die Aussagen Mitbeschuldigter oder kindlicher oder jugendlicher Zeugen zu würdigen sind, insbesondere, falls sie vor oder in der Geschlechtsentwicklung stehen und über geschlechtsbezogene Dinge aussagen (BGH NStZ **85**, 420).

Ob in diesen Fällen ein Sachverständiger notwendig ist, bestimmt sich nach den Besonderheiten des Einzelfalls (RiStBV 222 I S 2; 74 zu § 244).

2) **Inbegriff der Verhandlung:** Als Mittel für die Gewinnung der Überzeugung darf alles verwertet werden, was zum Gegenstand der Verhandlung -einschließlich Schlussvorträgen und letztem Wort (BVerfG DAR **92**, 253 [N]; BGH **11**, 74; StV **83**, 402; StraFo **10**, 71) – gemacht worden ist (BGH NStZ **88**, 212 [M]). Zur Verhandlung gehören auch Erklärungen und Beweiserhebungen zu einer Sache, die vor dem Urteil abgetrennt worden ist (zB wegen Verhandlungsunfähigkeit eines der Angeklagten), nicht aber zu Verhandlungsteilen, an denen der Angeklagte nicht teilgenommen hat (BGH NJW **84**, 2172 = JR **85**, 125 mit Anm Gollwitzer; BGH StV **84**, 186). Inhaltlich dürfen nur Beweiserhebungen einschließlich der Einlassung des Angeklagten zur Urteilsgrundlage gemacht werden (Einl 48 ff). Wird der abwesende Angeklagte nach § 234 von einem Verteidiger vertreten, so sind dessen Erklärungen die Urteilsgrundlage (Bay VRS **47**, 115; **64**, 134; erg 10 zu § 234). 5

A. **Grundsatz der umfassenden Beweiswürdigung:** Wie § 244 II das Gericht verpflichtet, alle bekannten Beweismittel zu verwenden (11 zu § 244), so verpflichtet § 261, alle in der Hauptverhandlung erhobenen Beweise zu würdigen und dem Urteil zugrunde zu legen, sofern nicht im Einzelfall ausnahmsweise ein Beweisverwertungsverbot entgegensteht (BGH **29**, 109, 110; MDR **88**, 101 [H]; Einl 55; 12, 33 zu § 267). Eine Beweiswürdigung, die über schwerwiegende Verdachtsmomente ohne Erörterung hinweggeht, ist rechtsfehlerhaft (BGH NStZ-RR **04**, 238). Auch die Äußerungen des Angeklagten sind zu würdigen (Bay DAR **87**, 314 [B]), auch die beim letzten Wort nach § 258 III (oben 5); die Übernahme der moralischen Verantwortung kann zB nicht ohne weiteres die Bedeutung eines Geständnisses haben (BGH StraFo **03**, 381). Der Richter ist aber nicht verpflichtet, Angaben des Angeklagten als unwiderlegt hinzunehmen, für die es keine unmittelbaren Beweise gibt; die Zurückweisung einer Einlassung erfordert nicht, dass sich ihr Gegenteil positiv feststellen lässt (BGH NStZ **86**, 208 [Pf/M]; **06**, 652; **09**, 285; NStZ-RR **99**, 46 mwN; **07**, 86; **10**, 85); das gilt insbesondere auch dafür, ob der Angeklagte überhaupt und in welchem Umfang er Alkohol zu sich genommen hat (BGH NStZ **07**, 266). Auch bei einem zum Tatvorwurf schweigenden Angeklagten muss das Gericht nicht Tatvarianten unterstellen, für deren Vorliegen keine zureichenden Anhaltspunkte erbracht sind (BGH **51**, 324). Die Beobachtungen, die beim Betrachten der äußeren Erscheinung und der körperlichen Beschaffenheit gemacht werden, jedenfalls, soweit sie sich offen darbieten, sind als Ergebnisse der Vernehmung zu berücksichtigen (BGH MDR **74**, 368 [D]). Jedoch dürfen solche Beobachtungen des beauftragten Richters, die dieser nicht im Protokoll festgehalten hat und die daher auch nicht durch Verlesung nach § 251 I, II in die Hauptverhandlung eingeführt worden sind, nicht in der Beratung den anderen Gerichtsmitgliedern mitgeteilt und verwertet werden (31 zu § 251). Die Richter müssen – unbefangen und unter Vermeidung des Anscheins der Befangenheit (§ 24 II) – während der gesamten Beweiserhebung bereit sein, hinzukommende Beweiseindrücke zu registrieren und zu berücksichtigen. Erkenntnisse, die aus der Beobachtung von Zuhörern im Gerichtssaal gewonnen werden, müssen aber in die Hauptverhandlung eingeführt werden, die Verfahrensbeteiligten müssen Gelegenheit zur Stellungnahme bekommen (BGH NStZ **95**, 609; Jena StV **07**, 26). Soweit Strengbeweis gilt (6 zu § 244), muss der Richter sein sonstiges Wissen „ausblenden" (Arzt Peters-FS 223 ff). 6

B. Der **Grundsatz der Mündlichkeit** findet Ausdruck in den §§ 261, 264 (Roxin § 44 A I). Die §§ 244–256 und alle sonstigen Grundsätze über Beweiserhebung bleiben unberührt; zu § 257 a vgl dort 1. Der Grundsatz der Mündlichkeit besagt lediglich, dass nur der mündlich vorgetragene und erörterte Prozessstoff dem Urteil zugrunde gelegt werden darf (BGH NStZ **90**, 229 [M]). Darin ist auch der Grundsatz des rechtlichen Gehörs enthalten (Einl 35). Fotos, Ortspläne uä, die 7

Bestandteile der Akten sind, werden dadurch zum Gegenstand der Hauptverhandlung gemacht, dass sie mit den Beteiligten (zB im Rahmen einer Beweiserhebung) erörtert werden (BGH VRS **27**, 192). Auch allgemein- oder gerichtsbekannte Tatsachen (51, 52 zu § 244) müssen, um verwertbar zu sein, erkennbar in die Hauptverhandlung eingeführt werden; den Beteiligten muss Gelegenheit zur Stellungnahme gegeben werden (BGH **36**, 354, 359; NStZ **98**, 98; Hamburg StV **96**, 84; Koblenz NStZ **04**, 396; Schlothauer StV **86**, 228; Einl 28, 29). Dienstliches Wissen des Richters darf nur nach Vernehmung der Auskunftsperson in der Hauptverhandlung (oder durch Vorhalt) verwertet werden (Jena StraFo **07**, 65).

8 C. **Sachverständigenbeweis und die sog Anknüpfungstatsachen:** Die **Befundtatsachen,** die der Sachverständige bei Ausführung seines Auftrags auf Grund seiner besonderen Sachkunde feststellt und über die er in seinem Befund dem Gericht berichtet, dürfen auf Grund dieser Einbringung verwertet werden (10 zu § 79), zB die Buchführungsunterlagen in einem Wirtschaftsprozess, die der Gutachter verwertet hat. Das nur vorbereitende schriftliche Gutachten als solches darf das Gericht bei seiner Urteilsfindung nicht verwerten (BGH NJW **70**, 523, 525). Gibt der Sachverständige dagegen sein mündlich erstattetes Gutachten nachträglich noch schriftlich ab, so schadet die Verwendung der schriftlichen Fassung nicht, wenn sie nur den mündlichen Vortrag wiedergibt und keine zusätzlichen Ausführungen enthält. Erinnert sich der Sachverständige nicht mehr an den Fall (zB der Blutentnahmearzt an die Tests, 11 zu § 81 a), übernimmt er aber bei seiner Vernehmung die volle Verantwortung für seine Aufzeichnungen, so sind die Tatsachen durch den Vorhalt eingeführt und verwertbar (Hamm JMBlNW **68**, 45).

9 **Zusatztatsachen,** die der Sachverständige durch Befragung einer Auskunftsperson ermittelt hat, werden durch seine Vernehmung oder durch Vernehmung des Dritten als Zeuge eingeführt (11 zu § 79).

10 D. **Lichtbilder und Tonaufnahmen:** Ein zulässig in die Hauptverhandlung eingeführtes Beweismittel dieser Art (10, 11 zu § 86) kann und muss das Gericht seiner Überzeugungsbildung zugrunde legen (BGH **29**, 18). Auch Tonbandaufnahmen, die in der Hauptverhandlung ausschließlich für justizinterne Zwecke, insbesondere für die Beratung oder Verteidigung, gefertigt worden sind (11 zu § 169 GVG), dürfen als Beratungsgrundlage verwertet werden (BGH **19**, 193); ebenso Notizen des Vorsitzenden oder eines anderen Richters, ferner ein auf Anordnung des Vorsitzenden aufgenommenes Stenogramm (BGH aaO).

11 **3)** Der **Grundsatz der freien Beweiswürdigung** hat das Prinzip der Beweisregeln abgelöst. Es gibt keine Vorschriften mehr darüber, unter welchen Voraussetzungen der Richter eine Tatsache für bewiesen bzw nicht bewiesen zu halten habe (BGH **29**, 18 = JR **80**, 168 mit Anm Peters; BGH NJW **82**, 2882). Der Grundsatz gilt nicht nur für die Würdigung von Zeugenaussagen, gleichgültig, ob der Zeuge vereidigt wurde oder nicht (BGH 1 StR 574/91 vom 5. 11. 1991), sondern auch für die Würdigung der Aussagen des Angeklagten, selbst wenn diese mit Zeugenangaben im Widerspruch stehen (BGH **18**, 238, 241; Bremen VRS **79**, 27; Düsseldorf VRS **81**, 454). So darf das Gericht den Bekundungen eines Zeugen nicht allein deshalb, weil er Anzeigeerstatter und ggf Geschädigter ist, ein höheres Gewicht beimessen als den Angaben des Angeklagten (BGH NStZ **04**, 635).

11a Daher werden besonders strenge Anforderungen an die Beweiswürdigung gestellt, wenn **Aussage gegen Aussage** steht und die Entscheidung allein davon abhängt, welchen Angaben das Gericht folgt (BGH StV **90**, 99; **91**, 451; **92**, 219; 261; 556; **94**, 358; 526; **95**, 6; 62; 115; 340; **98**, 116; NStZ-RR **98**, 15; **02**, 146; 174; **03**, 333; Koblenz NStZ-RR **05**, 79; Deckers Hamm-FS 53; R. Hamm und Maul StraFo **00**, 253 ff; R. Hamm Fezer-FS 405; Nack StraFo **01**, 1 ff; Sander StV **00**, 45). So kann es für den Angeklagten sprechen, wenn es naheliegt, dass sich ein Mitangeklagter oder tatbeteiligter Zeuge durch die den anderen belastende Aussage selbst entlasten will (BGH StV **91**, 452 mwN; **92**, 97 und 98; 555; **97**, 172 und 173; **02**, 467; **09**, 174 und 176; StraFo **08**, 474), zB nach § 31 BtMG

(BGH StV **08**, 451; **09**, 346; NStZ **10**, 228; Düsseldorf StraFo **08**, 208; Koblenz StV **07**, 71; **08**, 359; Weiler Widmaier-FS 599 verlangt hier zur Verurteilung Bestätigung durch weitere Beweisanzeichen), oder wenn ein Zeuge den Angeklagten erwiesenermaßen teilw zu Unrecht belastet hat (BGH NStZ **90**, 603; **96**, 98; StV **91**, 50; 409; **92**, 149; **99**, 136; NStZ-RR **04**, 87; Karlsruhe StV **99**, 139; Zweibrücken NStZ-RR **98**, 209), insbesondere wenn dies zu Teileinstellungen nach § 154 II geführt hat (BGH NStZ **08**, 581; **09**, 228; NStZ-RR **08**, 254), oder wenn der Zeuge sich selbst früher einer Falschaussage bezichtigt hat (BGH NStZ **03**, 164) oder in einem wesentlichen Punkt von seiner früheren Tatschilderung abweicht (BGH **44**, 256; StraFo **03**, 131; NStZ-RR **08**, 83; Bay NStZ-RR **03**, 304). Das gilt auch bei „Lagerbildung" mehrerer Zeugen (Karlsruhe StraFo **05**, 250), hingegen nicht bei Abweichungen im Randbereich (BGH NStZ-RR **03**, 268; abl Eisenberg/Zötsch NJW **03**, 3678), oder wenn ein Teil der Aussage eines Zeugen für glaubhaft erachtet wird, ein anderer dagegen nicht (BGH **44**, 153; NJW **93**, 2451; StV **96**, 365; **99**, 305; NStZ-RR **03**, 332; vgl aber auch BGH NStZ-RR **98**, 276). Es kann auch eine Häufung von – jeweils für sich erklärbaren Fragwürdigkeiten – bei einer Gesamtschau zu durchgreifenden Zweifeln an der Richtigkeit eines Tatvorwurfs führen (BGH StraFo **97**, 245; StV **09**, 230). Ein Wechsel der Einlassung des Beschuldigten im Laufe des Verfahrens kann ein Indiz für die Unrichtigkeit der Einlassung in der Hauptverhandlung sein und ihre Bedeutung für die Beweiswürdigung verringern oder uU ganz entfallen lassen (BGH NStZ-RR **04**, 88; BGHR Einlassung 6). Eine widerlegte Einlassung kann grundsätzlich allein nicht zur Grundlage einer dem Angeklagten ungünstigen Sachverhaltsdarstellung gemacht werden; etwas anderes muss aber gelten, wenn sich bei einem komplexen Tatgeschehen solche Teile der Einlassung als unrichtig erweisen, die für die Beurteilung des Gesamtgeschehens von wesentlicher Bedeutung sind und nicht losgelöst von dem andern Teil beurteilt werden können (BGH NStZ-RR **03**, 369). Dass „Aussage gegen Aussage" stehe, wird häufig als Schlagwort benutzt; es ist jedoch sorgfältig zu differenzieren, ob diese Situation tatsächlich gegeben ist oder ob neben den widersprüchlichen Angaben des Beschuldigten und des Belastungszeugen nicht doch noch weitere Beweisanzeichen vorhanden sind (dazu eingehend Maier NStZ **05**, 246; vgl auch BGH 1 StR 432/04 vom 16. 3. 2005; Stuttgart NJW **06**, 3506). Jedenfalls ist eine Gesamtwürdigung aller Indizien geboten (BGH NStZ-RR **08**, 338; 349), wobei Plausibilität, Detailreichtum und Widerspruchsfreiheit der Zeugenaussage zu bewerten sind (BGH StraFo **08**, 508); uU ist auch die Einholung eines Glaubwürdigkeitsgutachtens geboten (Erb Stöckel-FS 194).

Besondere Vorsicht ist geboten beim Wiedererkennen einer Person durch einen Zeugen (BGH **16**, 204; **28**, 310); in Fällen des wiederholten Wiedererkennens kommt dem späteren Wiedererkennen nur ein fragwürdiger Beweiswert zu (BVerfG NJW **03**, 2444; BGH NStZ **96**, 350; **97**, 355; Düsseldorf und Oldenburg StV **94**, 8; Hamm StraFo **09**, 109; LG Gera StraFo **00**, 311; erg 9 ff zu § 58; 12 a zu § 267); umgekehrt spricht aber ein Nichtwiedererkennen in der Hauptverhandlung gegen die Zuverlässigkeit der früheren Identifizierung (BGH StraFo **05**, 297; eingehend zu Darstellungsmängeln bei einer auf Wiedererkennungsleistungen beruhenden Beweiswürdigung BGH NStZ **09**, 283). Es kann auch erforderlich sein, zwischen der allgemeinen und der speziellen (den Verfahrensgegenstand betreffenden) Glaubwürdigkeit eines Zeugen zu unterscheiden; denn aus der allgemeinen Glaubwürdigkeit folgt nicht ohne weiteres auch die spezielle (BGH StV **94**, 64). Sprechen mehrere Umstände gegen die Zuverlässigkeit einer Zeugenaussage sind diese nicht nur einzeln zu erörtern, vielmehr ist dann auch eine Gesamtwürdigung aller Beweisanzeichen, die gegen die Richtigkeit der Bekundungen sprechen können, erforderlich (BGH StV **96**, 367). Eine besonders sorgfältige Beweiswürdigung ist auch erforderlich, wenn sich ein Zeuge oder Mitangeklagter durch seine den Angeklagten belastende Aussage Vorteile nach § 31 BtMG verschafft hat (BGH **48**, 161, 168; NStZ **04**, 691). Bei der Aussage kindlicher Zeugen (aber nicht nur bei diesen, vgl Düsseldorf StV **02**, 471) kommt der Entstehungsge- **11b**

schichte der Beschuldigung besondere Bedeutung zu (BGH StV **94**, 227; **95**, 6, 7; 451; 563; **96**, 366; **98**, 250; NStZ **96**, 98; **99**, 45; **00**, 496; **02**, 656).

11c Wegen der weitgehenden Unzuverlässigkeit menschlicher Beobachtungen ist die technische **Feststellung und Auswertung von Spuren** und anderen Anzeichen (unten 25) von besonders großer Bedeutung (Foth/Karcher NStZ **89**, 166). Eine stichwortartige alphabetische Literatur-Zusammenstellung zu typischen Sachverständigenproblemen – von „Autoreifenspuren" bis „Werkzeugspuren" – findet sich bei Schlothauer, Vorbereitung der Hauptverhandlung, 2. Aufl 1998, S 90 ff. Zum Beweiswert von Faserspuren vgl BGH NStZ **93**, 395; StV **96**, 251; **98**, 470; BGHR Beweiskraft 1; Neuhaus StraFo **01**, 406; zu Schusswaffensparten vgl Neuhaus StraFo **02**, 254; zur anthropologischen Identifikation lebender Personen auf Grund von Bilddokumenten vgl Knußmann NStZ **91**, 175; Rösing u. a. NStZ **99**, 230 sowie BGH NStZ **05**, 458, dazu Niemitz NZV **06**, 130; Braunschweig NStZ-RR **07**, 180; NStZ **08**, 652; Hamm StraFo **09**, 109, 110; zu Brandgutachten Hölemann StraFo **05**, 487). Auch das Sachverständigengutachten unterliegt der freien Beweiswürdigung (BGH **12**, 311; Hanack JZ **72**, 314; Mösl DRiZ **70**, 110; erg aber 73 zu § 244). Zur richterlichen Überzeugungsbildung bei nicht allgemein gültigem Erfahrungswissen (Streit in Fachkreisen) vgl BGH **41**, 206, 214 = JZ **96**, 315 mit Anm Puppe; R. Hamm StV **97**, 159; Hilgendorf Lenckner-FS 699; Hoyer GA **96**, 160; Keller GA **99**, 255; Volk NStZ **96**, 105; Wohlers JuS **95**, 1023.

12 Bei **unerreichbaren Beweismitteln** (62 ff zu § 244) wird die Würdigung in gewissem Grad in die Würdigung der erreichbaren Beweismittel einbezogen (BGH GA **71**, 85: „notwendig eine gewisse Vorauswürdigung des Beweismittels"; dazu Arzt Peters-FS 228). Aus der Nichterreichbarkeit wegen übergeordneter öffentlicher Interessen dürfen keine Schlussfolgerungen gezogen werden (10 zu § 96). BGH **49**, 112, 124 verlangt aber eine Auseinandersetzung mit der Frage, welches Ergebnis die Vernehmung eines mangels Rechtshilfe eines fremden Staates unerreichbaren Zeugen hätte erbringen können, wenn der ersuchte Staat ein erhebliches eigenes Interesse am Ausgang des Verfahrens habe; scharf abl dazu Nehm Widmaier-FS 371.

13 **4) Beweisverbote** (Beweisverwertungsverbote; Einl 52 ff) bedeuten Ausschluss aus der Beweiswürdigung. Zur Problematik der freien Beweiswürdigung bei Beweisverboten vgl Arzt Peters-FS 223 ff.

14 A. **Verbotene Verwertung früherer Verurteilungen** (§§ 51, 66 **BZRG**): Das Gesetz hat ohne Verstoß gegen das GG dem Resozialisierungsbedürfnis Betroffener den Vorrang eingeräumt gegenüber dem Interesse der Strafrechtspflege an erschöpfender Sachaufklärung (BVerfGE **36**, 174 = NJW **74**, 179). Die Hauptbedeutung des Verwertungsverbots besteht darin, dass die betroffenen Verurteilungen weder als solche noch die zugrunde liegenden Taten bei der Rechtsfolgenzumessung – auch nicht für die gemäß § 56 I StGB zu treffende Prognoseentscheidung (BGH 3 StR 8/10 vom 4. 2. 2010) – berücksichtigt werden dürfen. Sie dürfen aber auch nicht als Indizien für die Frage des Schuldspruchs verwertet werden (BGH NStZ **06**, 587; StraFo **06**, 296; KG StraFo **06**, 296). Wenn und soweit sich der Angeklagte zu seiner Verteidigung auf eine schon getilgte frühere Verurteilung nebst der hier zugrundeliegenden Tat beruft, entfällt das Verwertungsverbot. Bezieht er sich nur auf die Tatsache der Verurteilung, so dürfen nur Rubrum und Tenor des früheren Urteils zum Zweck des Urkundenbeweises (§ 249) verlesen und verwertet werden (BGH **27**, 108; Einl 56). Auf Freisprüche oder Einstellungen ist die Regelung nicht entspr anwendbar (Schweckendieck NStZ **94**, 418; str). Zum Verhältnis von § 51 BZRG und § 29 VIII S 1 StVG vgl München DAR **08**, 398 mit Anm König.

15 B. **Schweigen des Angeklagten:**

16 a) Verweigert der Angeklagte **in vollem Umfang** die Einlassung in der Hauptverhandlung, so dürfen daraus keine für ihn nachteiligen Schlüsse gezogen (BVerfG

NStZ **95**, 555; BGH **25**, 365, 368; **32**, 140, 144; **34**, 324, 326 = JR **88**, 78 mit Anm J. Meyer; NStZ **84**, 376; **86**, 325; StV **85**, 234; Bay **80**, 79 = VRS **59**, 348; Koblenz MDR **88**, 168; Stuttgart NStZ **86**, 182; Dahs/Langkeit NStZ **93**, 213; Park StV **01**, 589; Rogall 247 ff), aber auch keine Entlastungsumstände unterstellt werden, für die das Beweisergebnis keinen Anhalt gibt (Bay DAR **69**, 237 [R]; Hamburg VRS **41**, 195; Koblenz VRS **70**, 18, 20; Kleinknecht JR **66**, 271). Nach dem Grund des Schweigens darf nicht gefragt werden (Günther JR **78**, 94; Wessels JuS **66**, 172 Fn 18). Völliges Schweigen bedeutet nicht das Unterlassen jeder Erklärung. Vielmehr steht es dem Schweigen gleich, wenn der Beschuldigte die Täterschaft allgemein bestreitet (BGH **25**, 365, 368; **38**, 302, 307 mwN; unrichtig LG Frankfurt aM StV **85**, 498 mit abl Anm Dencker), wenn er allein bestreitet, einen späteren Mitangeklagten zu kennen (Hamburg StV **08**, 239), wenn er sich als unschuldig bezeichnet (Celle NJW **74**, 202; Hamburg MDR **76**, 864; Hamm NJW **73**, 1708), wenn er, ohne zum Sachverhalt Stellung zu nehmen, die Beweisaufnahme „mit lebhafter Mimik und Gestik" begleitet (BGH StV **93**, 458; einschr Miebach NStZ **00**, 235), wenn er nur Rechtsausführungen des Inhalts macht, dass die ihm vorgeworfene Tat weder eine Straftat noch eine Ordnungswidrigkeit sei (Bay MDR **88**, 882), wenn er nur erklärt, er habe die Tat nicht begangen (BGH **34**, 324, 326 = JR **88**, 78 mit Anm J. Meyer) oder er habe „mit dem Vorfall nichts zu tun" (BGH NStZ **07**, 417), wenn er nur erklärt, er wolle dazu beitragen, die gegen ihn erhobenen Vorwürfe „zu klären und zu lösen" (BGH NStZ **97**, 147), wenn er vorangegangenen Alkoholgenuss bestreitet und im Übrigen schweigt (Düsseldorf MDR **88**, 796) oder wenn er sagt, er könne sich wegen seiner Alkoholisierung an nichts erinnern, der Vorwurf sei aber richtig (Hamm VRS **112**, 119), wenn er nur die Haltereigenschaft zugibt (BVerfG NJW **94**, 847; Düsseldorf DAR **03**, 40; Köln VRS **61**, 361; **79**, 29), wenn er nur erklärt, ein Verwandter habe das Fahrzeug gelenkt (Stuttgart VRS **69**, 295), oder wenn er sich auf Verjährung (Bay StV **82**, 258) oder andere Verfahrenshindernisse beruft. Kein pauschales Bestreiten ist aber der Widerruf einer umfangreichen früheren Einlassung (BGH NStZ **98**, 109). Ein belastendes Indiz darf auch nicht aus dem Zeitpunkt des Antritts eines Entlastungsbeweises (BGH NStZ **02**, 161), aus der Bitte im letzten Wort, von der Verhängung eines Fahrverbots abzusehen (Brandenburg DAR **08**, 392 mit Anm Grunert), oder der Verweigerung der Entbindung eines Zeugen von der Schweigepflicht (BGH **45**, 363 = JZ **00**, 683 mit zust Anm Kühne) hergeleitet werden, ebenso wenig daraus, dass der Angeklagte eine Mitwirkung an der Sachaufklärung verweigert oder sich dabei des Beistands eines RA bedient (BGH **45**, 367; eingehend zu dieser Rspr Keiser StV **00**, 633). Der insoweit gegenüber einem Angeklagten begangene Verstoß wirkt idR auch gegenüber dem Mitangeklagten (BGH BGH StV **87**, 377; erg Einl 57 b).

Lässt der schweigende Angeklagte zu, dass sein **Verteidiger tatsächliche Erklärungen abgibt,** so sind diese unverwertbar, wenn der Angeklagte nicht ausdrücklich erklärt, dass er sie bestätigen wolle (BGH **39**, 305 = NStZ **94**, 184 mit zust Anm Seitz; NStZ **02**, 555; **06**, 408; Saarbrücken NStZ **06**, 182; Beulke Strauda-FS 95, der allerdings – zu weitgehend (zust BVerfG 2 BvR 1494/08 vom 7. 10. 2008) – noch eine „qualifizierte Belehrung" des Angeklagten verlangt; Fezer in Anm zu Hamm JR **80**, 82; Olk JZ **06**, 208; **aM** Schäfer Dahs-FS 455); ggf ist der Verteidiger als Zeuge zu hören (BGH aaO). Erklärungen des Verteidigers können also nicht ohne weiteres als Einlassung des schweigenden Angeklagten angesehen werden (KG StV **07**, 620; Düsseldorf NJW **02**, 2728; Hamm NStZ-RR **02**, 14; Geppert Rudolphi-FS 658; offen gelassen von Bay **02**, 120 = NStZ **03**, 388; **aM** BGH StV **98**, 59 mit abl Anm Park; NStZ-RR **01**, 131 [K]). Das gilt aber nicht, wenn der Verteidiger *für den Angeklagten* – dh von diesem bevollmächtigt (BGH NStZ **05**, 703 = JZ **06**, 204 mit abl Anm Olk) – Erklärungen zur Sache abgibt, etwa den Anklagevorwurf „in vollem Umfang einräumt" und nur auf weitere Fragen keine Auskunft geben will (BGH NStZ **94**, 352), oder wenn er eine schriftliche Äußerung des Angeklagten in dessen Anwesenheit verliest und dieser nicht 16a widerspricht (BGH NStZ **94**, 449; zur Problematik der „Einlassungssurrogate" vgl Dahs NStZ **04**, 451; zur Verwertung schriftlicher Äußerungen des Angeklagten vgl auch Eisenberg/Pincus JZ **03**, 403 sowie Park StV **01**, 593, gegen diesen Geppert aaO 647). Stellt der Verteidiger Beweisanträge, so darf daraus keine Einlassung des schweigenden Angeklagten konstruiert werden (BGH NStZ **90**, 447; **00**, 495), ebenso wenig aus der Abgabe einer bloßen Prozesserklärung (BGH StraFo **08**, 79).

17 b) Das **teilweise Schweigen** eines Angeklagten (eingehend dazu Miebach NStZ **00**, 236ff) darf als Beweisanzeichen verwertet werden (BGH **20**, 298 = JR **66**, 351 mit Anm Meyer; **32**, 140, 145 = NStZ **84**, 377 mit Anm Volk; StV **81**, 56; Stuttgart NStZ **81**, 272; Zweibrücken StV **86**, 290; Hanack JZ **71**, 169; **aM** Aselmann JR **01**, 80; Park StV **01**, 591; Rogall 250ff; Rüping JR **74**, 138), vorausgesetzt, dass der Beschuldigte in einigen Teilpunkten an der Aufklärung des Sachverhalts mitwirkt, dann aber einzelne Tat- oder Begleitumstände nicht erwähnt (BGH NStZ-RR **05**, 147), auf einzelne Fragen oder Vorhalte keine oder lückenhafte Antworten gibt (Celle NJW **74**, 202; Hamm NJW **73**, 1708; **74**, 1880; Oldenburg NJW **69**, 808; **aM** Dahs GA **78**, 90) oder Beweismittel zwar benennt, dem Gericht aber nicht zugänglich macht (BGH **20**, 298; **aM** Düsseldorf StV **90**, 442). Allerdings müssen nach den Umständen Äußerungen dazu zu erwarten gewesen sein, andere mögliche Ursachen des Verschweigens ausgeschlossen werden können und die gemachten Angaben nicht ersichtlich fragmentarischer Natur sein (BGH NJW **02**, 2260 = JR **03**, 165 mit krit Anm Jäger, der dort ein „zeitweises Teilschweigen" annimmt; gegen ihn zutr Widmaier JR **04**, 85 mit Antwort Jäger; vgl unten 18). Kein Teilschweigen in diesem Sinn ist die Einlassung nur zu einem von mehreren Tatvorwürfen (BGH **32**, 140; NStZ **00**, 494; Karlsruhe StraFo **04**, 355; Köln VRS **61**, 361), gleichgültig, ob wegen der verschiedenen Taten überhaupt oder im selben Verfahren Anklage erhoben worden ist (BGH **32**, 140, 145 = JR **85**, 70 mit Anm Pelchen = NStZ **84**, 377 mit Anm Volk; AK-Maiwald 21). Die Verwertbarkeit bei der Beweiswürdigung hängt weiter davon ab, dass es der Lebenserfahrung entspricht, dass ein Unschuldiger sich auch da verteidigt hätte, wo der Beschuldigte geschwiegen hat (Meyer JR **66**, 352; **aM** Eser ZStW **86**, Beih 160ff; Dingeldey JA **84**, 413; Günther JR **78**, 94; EbSchmidt JZ **70**, 341, die die Begleitumstände des Teilschweigens für maßgebend halten). Lässt das Teilschweigen mehrere Deutungsmöglichkeiten zu, so müssen alle in Rechnung gestellt werden (Köln VRS **57**, 429).

18 c) Aus dem **unterschiedlichen Aussageverhalten des Beschuldigten** bei mehreren Vernehmungen (BGH NStZ **86**, 208 [Pf/M]; StV **84**, 143; **88**, 239; Miebach NStZ **00**, 239) oder in mehreren Verfahrensabschnitten dürfen keine nachteiligen Schlüsse gezogen werden (BGH StV **94**, 413; anders bei außerprozessualem Schweigen, vgl Karlsruhe NStZ **89**, 287 mit Anm Rogall **aM** Park StV **01**, 590): Lässt sich der Angeklagte erst im Vorverfahren oder in der Hauptverhandlung ein, so darf nicht als Beweisanzeichen verwertet werden, dass er vor der Polizei geschwiegen hat (BGH **20**, 281 = JR **66**, 269 mit Anm Kleinknecht; BGH **38**, 302, 305 mwN aus der Rspr des BGH; StraFo **96**, 121; **98**, 413; **02**, 14; Karlsruhe StV **03**, 609; Stuttgart NStZ **81**, 272; **86**, 182; weitergehend Dahs/Langkeit NStZ **93**, 213: auch bei nur partieller Auskunftsverweigerung). Umgekehrt spricht nicht gegen ihn, dass er früher ausgesagt hat, aber in der Hauptverhandlung die Aussage verweigert (BGH MDR **71**, 18 [D]; Koblenz VRS **45**, 366; Köln NStZ **91**, 52; Zweibrücken StV **86**, 290; Rogall 250), dass er vor dem AG ausgesagt hat, aber in der Berufungsverhandlung schweigt (Celle VRS **31**, 205; Hamm NJW **74**, 1880), oder dass er sich erst nach Aussetzung der Hauptverhandlung zum Schweigen entschlossen hat (BGH MDR **68**, 202 [D]). Jedoch darf dann der Inhalt der früheren Aussage nach § 254 oder durch Vernehmung der Verhörsperson festgestellt und verwertet werden; § 252 gilt nicht entspr (BGH **1**, 337; NJW **66**, 1524; MDR **68**, 202 [D]; **71**, 18 [D]; **76**, 988 [H]; Köln DAR **87**, 157; Kühl JuS **86**, 120). Dass der Angeklagte sich erst spät im Laufe der Hauptverhandlung eingelassen hat, darf aber zu seinem Nachteil verwertet werden, wenn er sich im Ermittlungsverfahren zum Tatvorwurf geäußert hatte (BGH NStZ-RR **10**, 53 L).

C. **Schweigen des Zeugen:** 19

a) **Schweigt ein Zeuge unberechtigterweise,** so darf diese Tatsache mit der gebotenen Vorsicht zur Überzeugungsbildung verwertet werden (BGH NJW **66**, 211; DAR **85**, 388), ohne dass der Tatrichter zuerst versuchen muss, den Zeugen nach § 70 zu einer Aussage zu veranlassen (vgl aber dort 13). 19a

b) **Schweigt der Zeuge befugt** auf Grund eines Zeugnisverweigerungsrechts nach § 52, so ist dies nicht als belastendes Indiz verwertbar (BGH **22**, 113; **32**, 140, 141; StV **97**, 171), auch dann nicht, wenn er zunächst ausgesagt hat, dann aber in der Hauptverhandlung schweigt (BGH StV **91**, 450), und auch nicht, wenn er ausdrücklich erklärt, dass er den Angeklagten nicht belasten wolle (Köln VRS **57**, 425). Das Verbot besteht auch, wenn ein Angehöriger es zunächst unterlässt, Angaben zu machen (BGH **34**, 324, 327 = JR **88**, 78 mit abl Anm J. Meyer; MDR **93**, 9 [H]), nach anfänglicher Zeugnisverweigerung doch noch aussagt und nunmehr zu prüfen ist, ob seine den Angeklagten entlastenden Angaben glaubhaft sind (BGH NStZ **85**, 87; **87**, 182; **89**, 281; **03**, 443; **10**, 101; StV **87**, 182; 188; 281; **92**, 97; **02**, 4), und wenn der Zeuge nur zur Tatfrage unwesentliche Angaben macht und sich im Übrigen auf sein Weigerungsrecht beruft (BGH JR **81**, 432 mit Anm Hanack). Auffälligkeiten im Verhalten des Zeugen sind ebenfalls unverwertbar (23 zu § 52). In die Beweiswürdigung darf aber einbezogen werden, dass der zur Aussage bereite Zeuge nicht schon im Ermittlungsverfahren auf das angebliche Alibi des Angeklagten verwies (BGH **34**, 324, 327 = JR **88**, 78 mit abl Anm J. Meyer; vgl auch NStZ **87**, 182; **89**, 281). Die gleichen Grundsätze gelten bei der Zeugnisverweigerung nach §§ 53, 53a und bei der Eidesverweigerung nach § 61 (**aM** KK-Senge 4 zu § 61). Schweigt der Zeuge berechtigt nach § 54, so kann dieses Verhalten theoretisch zwar gewürdigt werden, weil diese Bestimmung nicht den Schutz des Angeklagten bezweckt (3 zu § 54); praktisch wird dies jedoch nur beschränkt möglich sein. Soweit der Zeuge die Auskunft nach § 55 verweigert, können daraus Schlüsse gezogen werden (BGH StV **84**, 233; Hamm HESt **3**, 44; **aM** Geerds Stock-FS 180; Rüping 179). Dabei liegen dem Angeklagten günstige Schlüsse nahe. In besonderen Ausnahmefällen ist aber auch der Schluss zu seinen Ungunsten denkbar, zB wenn anzunehmen ist, dass der Zeuge keinesfalls allein, sondern allenfalls mit dem Angeklagten tätig geworden ist. Aus der früheren Auskunftsverweigerung können in dem nun gegen ihn geführten Verfahren ebenso wenig Schlüsse gezogen werden, wie wenn er als Beschuldigter keine Angaben zur Sache macht (BGH **38**, 302 mwN = JR **93**, 378 mit Anm Rogall; Stuttgart NStZ **81**, 272). 20

c) Das **teilweise Schweigen des Zeugen,** insbesondere die Nichtbeantwortung einzelner Fragen, ist in allen Fällen, in denen er die Wahl zwischen Reden und Schweigen hat, ebenso der Beweiswürdigung zugänglich wie das teilw Schweigen des Angeklagten (BGH **32**, 140, 142 = JR **85**, 70 mit zust Anm Pelchen; Hanack JR **81**, 433; **aM** Kühl JuS **86**, 121). Das gilt entspr, wenn ein Zeuge zur Sache aussagt, die Überprüfung der Richtigkeit seiner Angaben aber verhindert, indem er die ihm mögliche und zumutbare Mitwirkung daran verweigert, zB die Blutprobenentnahme unter Berufung auf sein Weigerungsrecht nach § 81c III S 1 (BGH aaO). Das Verbot, Schlüsse zuungunsten des Angeklagten zu ziehen, gilt aber auch, wenn der Zeuge im Ermittlungsverfahren geschwiegen und den Angeklagten erst in der Hauptverhandlung entlastet hat (BGH NJW **80**, 794; StV **87**, 51), wenn er in der Hauptverhandlung zunächst das Zeugnis verweigert und erst in deren weiteren Verlauf ausgesagt hat (Karlsruhe DAR **83**, 93) oder wenn er im 1. Rechtszug ausgesagt und erst in der Berufungsverhandlung das Zeugnis verweigert hat (Bay NJW **69**, 200). 21

D. **Äußerungen des Beschuldigten außerhalb des Verfahrens** sind nach ordnungsgemäßer Einführung in die Hauptverhandlung verwertbar, auch wenn er 22 im Strafverfahren keine Angaben zur Sache macht (Miebach NStZ **00**, 235). ZB darf sein Unfallbericht an seine Haftpflichtversicherung, der als Beweismittel beschlagnahmt worden ist, nach Verlesung (§ 249) verwertet werden, ebenso – verfassungsrechtlich unbedenklich (BVerfG NStZ **95**, 599) – nach Einführung durch Zeugenaussage eines Angehörigen der Versicherung (ausführlich dazu KG NZV **94**, 403; Ellbogen Kriminalistik **07**, 397; mit Recht aber einschr Ulsenheimer Meyer-Goßner-FS 364, wenn die wirtschaftliche Existenz eines Arztes dadurch beeinträchtigt würde). Auch Angaben, die ein Asylbewerber im Rahmen der Anhörung nach § 15 I, II Nr 1 AsylVfG über die Modalitäten seiner Einreise macht, dürfen ohne seine Zustimmung verwertet werden (BGH **36**, 328; ebenso Düsseldorf StV **92**, 503 mit krit Anm Kadelbach für Angaben aus einem im Ausland gestellten Asylantrag; **aM** Ventzke StV **90**, 279), ferner Erklärungen im Rahmen der Zollkontrolle bei der Einreise (Oldenburg StV **96**, 416 mit abl Anm Bernsmann). Erkenntnisse aus der nach Umweltschutzgesetzen vorgeschriebenen Eigenüberwachung unterliegen idR keinem Beweisverwertungsverbot (Franzheim NJW **90**, 2049 gegen Michalke NJW **90**, 417), auch nicht die nach § 138 I, II ZPO abgegebenen Erklärungen (**aM** Dauster StraFo **00**, 154). Vgl auch Verrel NStZ **97**, 362 sowie zur Verwertung von im Sozialhilfeverfahren gemachten Angaben v. Glahn StraFo **00**, 186. Für eine Ausdehnung des Schutzes der Selbstbelastungsfreiheit auf die Mitwirkung im Wirtschaftsverwaltungsverfahren Bärlein/Pananis/Rehmsmeier NJW **02**, 1825. Erg 1a zu § 161. Zur Verwertung selbstbelastender Angaben im Verwaltungsverfahren Schlothauer Fezer-FS 267 ff.

23 **5)** Gesetzliche **Beweisvermutungen** oder widerlegbare Beweisregeln (dazu Sarstedt, Berliner FS für Ernst H. Hirsch, 1968, S 176 ff), die mit den rechtsstaatlichen Grundsätzen nicht in Widerspruch zu stehen brauchen (BVerfGE **9**, 167), bürden dem Angeklagten keine Beweislast auf (vgl aber Walter JZ **06**, 340) und schränken auch die freie Beweiswürdigung nicht ein (BGH **6**, 292, 296; Hamm VRS **41**, 49). Sie stellen nur das Beweisthema anders und ändern die Grenzen der notwendigen Beweiserhebung sowie den Beziehungspunkt für die Beweiswürdigung. ZB gestattet und verpflichtet die Beweisvermutung des § 69 II StGB, die Frage der Eignung, Kraftfahrzeuge zu führen, abweichend von der gesetzlichen Regel zu beurteilen, wenn besondere Umstände dies rechtfertigen. Einen Beweis des ersten Anscheins gibt es im Strafprozess nicht (BGH StraFo **03**, 381; NStZ-RR **03**, 371 L; **06**, 4 [B]; **aM** Volk DAV-FS 886 Fn 2).

24 **6) Eigenes Wissen** über die zu beweisenden Tatsachen darf der Richter nicht verwenden (BGH MDR **52**, 532 [D]; 6 zu § 86) und auch nicht in der Hauptverhandlung als Richter bekunden. Er darf es aber zum Vorhalt benutzen (7 zu § 69; 3 zu § 244). Auch Erkenntnisse aus anderen Hauptverhandlungen dürfen nicht verwertet werden (Düsseldorf VRS **77**, 137 mwN), es sei denn, es handele sich um allgemein- oder gerichtskundige Tatsachen (51 ff zu § 244). Jedoch müssen auch sie zum Gegenstand der Verhandlung gemacht werden (BGH NStZ **95**, 246; Frankfurt StV **99**, 138; erg 3 zu § 244). Eigene Sachkunde in Fragen, die sich für den Beweis durch Sachverständige eignen, darf der Richter verwenden (73 ff zu § 244).

25 **7)** Der **Indizien- oder Anzeichenbeweis** (vgl allg Nack MDR **86**, 366; Neuhaus StraFo **01**, 115) ist ein Beweis, bei dem von einer mittelbar bedeutsamen Tatsache auf eine unmittelbar entscheidungserhebliche Tatsache geschlossen wird. Hilfstatsachen, die einen Schluss auf den Wert des Beweismittels zulassen, zB frühere Verurteilung des Zeugen wegen falscher Aussage, bilden eine Untergruppe der Indizien. Das Indiz kann durch persönliche oder sachliche Beweismittel festgestellt werden. Es darf nur verwertet werden, wenn es in ordnungsgemäßer Weise in die Hauptverhandlung eingeführt worden ist (BGH NStZ **88**, 212 [M]). Der sog Alibibeweis ist eine Verteidigungsmöglichkeit, keine Pflicht; sein Scheitern ist für sich allein kein Indiz für Täterschaft (BGH StV **82**, 158; 159 mit Anm Strate;

NStZ-RR **96**, 363; **98**, 303; NStZ **04**, 392). Dasselbe gilt, wenn der Angeklagte einen Alibibeweis gar nicht erst zu erbringen versucht, sondern sich auf die Erklärung beschränkt, er wisse nicht, wo er zur Tatzeit gewesen sei (BGH **41**, 153, 155). Ebenso kommt der Widerlegung einer bewusst wahrheitswidrigen Einlassung nur ein begrenzter Beweiswert für die Täterschaft zu, weil auch ein Unschuldiger Zuflucht zur Lüge nehmen kann (BGH aaO; NStZ **00**, 549; StV **01**, 439 L); dasselbe gilt für einen Fluchtversuch des Angeklagten (BGH NStZ **08**, 303), allerdings nur, falls der Flüchtende bereits mit dem Tatvorwurf konfrontiert war (BGH NStZ-RR **10**, 20). Eine nachweisbar erlogene Alibibehauptung kann aber ein belastendes Indiz sein, wenn sich der Angeklagte möglicherweise mit Täterwissen vorweg verteidigt hat (BGH NStZ **99**, 423) oder besondere Umstände hinzutreten (BGH NStZ **04**, 392). Das Anzeichen muss selbst unzweifelhaft feststehen, bevor Schlüsse daraus gezogen werden. Bei der Indizienreihe weist jedes einzelne Anzeichen für sich auf die entscheidungserhebliche Tatsache hin; dann muss eine Gesamtwürdigung vorgenommen werden (BGH NStZ **83**, 133 mwN; BGH NStZ **87**, 220 [Pf]; **91**, 596; **98**, 265; StV **87**, 238); dabei können aber auch Indizien, die einzeln nebeneinander stehen, in ihrer Gesamtheit die Überzeugung des Tatrichters von der Täterschaft des Angeklagten begründen (BGH 4 StR 306/07 vom 20. 12. 2007). Bei der Indizienkette wird von einem Indiz auf ein 2., 3. … und am Ende auf die beweiserhebliche Tatsache geschlossen; ihr Wert hängt vom schwächsten Glied ab. Indizien können zB aus dem Verhalten eines Verfahrensbeteiligten oder einer Auskunftsperson gewonnen werden. Sind zwischen einem Indiz und der entscheidungserheblichen Tatsache mehrere Schlussfolgerungen notwendig, so muss die Beweiskette lückenlos sein.

8) Der **Grundsatz in dubio pro reo,** dessen Rechtsnatur unterschiedlich beurteilt wird, ist keine Beweisregel, sondern eine Entscheidungsregel (BVerfG 2 BvR 553/08 vom 26. 8. 2008; BGH NStZ-RR **09**, 90; Jena VRS **107**, 200), ein Rechtssatz (Stree JZ **74**, 300), der dem sachlichen Strafrecht angehört (Krey 1/8). Er besagt nichts darüber, wie der Tatrichter die Beweise zu würdigen hat, sondern greift erst nach abgeschlossener Beweiswürdigung ein (BGH NStZ **99**, 205; **01**, 609; **02**, 656; **10**, 102, 103; NStZ-RR **05**, 209 L; NStE Nr 110; abl Hoyer ZStW **105**, 523; gegen ihn Stein Rudolphi-Symp 254); er ist also auf einzelne Elemente der Beweiswürdigung grundsätzlich nicht anzuwenden (BGH NJW **05**, 2322, 2324; NStZ **06**, 650; StV **08**, 239; Dietmeier ZIS **08**, 103). Für den Fall, dass das Gericht nicht die volle Überzeugung von der Täterschaft des Angeklagten oder von dem Bestehen unmittelbar entscheidungserheblicher Tatsachen (unten 29) gewinnt, schreibt der Zweifelssatz vor, dass die dem Angeklagten jeweils günstigste Rechtsfolge eintreten muss (BVerfG MDR **75**, 468; BayVerfGH NJW **83**, 1600, 1602; BGH NStZ **00**, 498; StV **01**, 666; Montenbruck S 59 ff hält den Rückgriff auf den Zweifelssatz weitgehend für entbehrlich; abl auch Paulus Seebode-FS 280). Dabei kommt es nur auf Zweifel an, die der Richter, ausweislich der Urteilsgründe, tatsächlich gehabt hat, nicht auf Zweifel, die er nach Meinung des Angeklagten hätte haben müssen (BVerfG NJW **88**, 477; **02**, 3015 L; NStZ-RR **07**, 381). Der Zweifelssatz bedeutet nicht, dass das Gericht von der dem Angeklagten günstigsten Fallgestaltung auch dann ausgehen muss, wenn hierfür keine zureichenden Anhaltspunkte bestehen (BGH **25**, 365, 367; NStZ **02**, 48; NStZ-RR **05**, 147; Koblenz VRS **67**, 267, 268; vgl auch BGH StV **09**, 511 mit krit Anm Kudlich); vielmehr muss sich der Richter seine Überzeugung von der Richtigkeit oder Unrichtigkeit aufgrund des gesamten Ergebnisses der Beweisaufnahme bilden (BGH NStZ-RR **05**, 45). Eine bloße gedankliche Möglichkeit, dass der Geschehensablauf auch anders gewesen sein könnte, darf die Verurteilung nicht hindern (BGH NJW **05**, 1727 L = NStZ-RR **05**, 147; 1 StR 205/09 vom 28. 10. 2009). „Zwingend" müssen die gezogenen Schlüsse nicht sein (BGH NStZ **10**, 102, 103); der Begriff der richterlichen Überzeugung schließt die Möglichkeit eines anderen, auch gegenteiligen Sachverhalts nicht aus (BGH 1 StR 654/07 vom 26

1. 7. 2008). Unterstellungen zu Gunsten des Angeklagten erfordern aber reale Anknüpfungspunkte (BGH NStZ **09**, 630); der Zweifelssatz gilt nicht für entlastende Indiztatsachen (BGH NStZ-RR **09**, 90). Dem Angeklagten darf jedoch kein Nachteil daraus erwachsen, dass er die Tat bestreitet und er damit nicht in der Lage ist, Umstände vorzutragen, die sich zu seinen Gunsten auswirken können (BGH StV **90**, 9; StraFo **04**, 19).

27 **Prognoseentscheidungen** beruhen auf Wahrscheinlichkeitsfeststellung. Daher gilt für sie selbst der Satz *in dubio pro reo* nicht (Koblenz NJW **78**, 2043, 2044; OLGSt § 352 Nr 2; VRS **53**, 29). Dagegen sind zweifelhafte Tatsachen, die für eine günstige Prognoseentscheidung sprechen können, als Entscheidungsgrundlage zu verwenden (BGH MDR **73**, 900 [D]), krit dazu Walter JZ **06**, 343.

28 Die gleichen Grundsätze gelten für die dem Urteil vorgelagerten Entscheidungen, bei denen eine **Wahrscheinlichkeit** genügt (Schöneborn MDR **75**, 443). Jedoch kann der hinreichende Tatverdacht (1 zu § 170), bei dem auf das Ergebnis der späteren Hauptverhandlung abgestellt wird, mit der Begründung verneint werden, dass der Tatrichter höchstwahrscheinlich nach dem Grundsatz *in dubio pro reo* nicht zu einer Verurteilung kommen werde (Karlsruhe MDR **74**, 596). Der Grundsatz gilt auch nicht bei den Sozialprognosen, die für vorläufige Eingriffe (zB §§ 111a I, 132a I), für Strafaussetzung zur Bewährung und bei der Anordnung von Maßregeln der Besserung und Sicherung getroffen werden müssen.

29 A. Bei **unmittelbar entscheidungserheblichen Tatsachen,** sei es, dass sie zum Tatbestand gehören oder zum Bereich des Allgemeinen Teils des StGB, kommt dem Angeklagten die Rechtswohltat des nicht behebbaren (12 zu § 244) Zweifels zugute, und zwar auch, soweit es sich um die Straffestsetzung (Strafausschließungs-, Strafaufhebungs- und gesetzliche Strafmilderungsgründe) oder um die Voraussetzungen für eine Maßregel der Besserung und Sicherung handelt (Bruns JZ **58**, 647). Jedoch gilt der Zweifelssatz nicht für entlastende Indizien, aus denen lediglich ein Schluss auf eine unmittelbar entscheidungsrelevante Tatsache gezogen werden kann (BGH NStZ **01**, 609 mwN; missverständlich, weil zu eng auf den Alibibeweis abgestellt: BGH **25**, 285; JR **78**, 348; krit Hanack JR **74**, 383ff und JuS **77**, 727, 731; Tenckhoff JR **78**, 348 mwN). Das bedeutet nicht, dass das Urteil auf unbewiesene Indiztatsachen gestützt werden darf (BGH JR **54**, 468; MDR **69**, 194 [D]; NStZ **81**, 33; Herdegen NStZ **84**, 342). Denn der Satz, dass nur Bewiesenes zuungunsten des Angeklagten berücksichtigt werden darf, ergibt sich ohne weiteres aus den Denkgesetzen (**aM** Volk NStZ **83**, 423 Fn 4: „normative Prämisse unserer Rechtskultur"). Nur festgestellte Tatsachen, nicht bloße Möglichkeiten, Wahrscheinlichkeiten oder Vermutungen können die richterliche Überzeugung begründen. Dementsprechend erfordert zB eine Verurteilung wegen Vollrauschs die zweifelsfreie Feststellung, dass sich der Angeklagte schuldhaft berauscht hat, während eine Verurteilung nicht in Betracht kommt, wenn die Berauschung zweifelhaft ist (BGH 1 StR 808/91 vom 4. 2. 1992). Zugunsten des Angeklagten dürfen die Ergebnisse von Messungen, die mittels Atemalkoholtestgeräten gewonnen wurden, verwertet werden (BGH NStZ **95**, 96). Das Gericht darf die Verurteilung auf die Einlassung des Angeklagten stützen, wenn es von ihrer Richtigkeit überzeugt ist (BGH NStZ **86**, 325; StV **88**, 328); es darf aber nicht zugunsten eines Angeklagten getroffene Feststellungen zum Nachteil eines anderen Angeklagten oder gegen ihn selbst in einem späteren Verfahren verwenden (BGH NStZ-RR **01**, 18 L).

30 a) **Beispiele:** Der Grundsatz gilt für die Frage des Tatbestandsirrtums nach § 16 StGB (RG **64**, 26), für die tatsächliche Grundlage des Verbotsirrtums (§ 17 StGB; Bay NJW **54**, 811), des freiwilligen Rücktritts vom Versuch (BGH StV **95**, 509), der Notwehr (BGH NStZ **05**, 85) und des entschuldigenden Notstands nach § 35 StGB (BGH 5 StR 599/55 vom 14. 2. 1956), der Schuldfähigkeit (§§ 20, 21 StGB), soweit tatsächliche Zweifel bestehen, die sich auf Art und Grad des psychischen Ausnahmezustands, nicht hingegen auf die rechtliche Wertung der zur

Schuldfähigkeit getroffenen Feststellungen, beziehen (BGH NStZ **96**, 328 mwN; NJW **06**, 3506 L = NStZ-RR **06**, 335); er gilt ferner für die besonderen Umstände des § 56 II StGB (BGH MDR **73**, 900 [D]) sowie bei der Anwendung des § 55 StGB, wenn Zweifel über die Tatzeit bestehen (BGH 2 StR 492/56 vom 7. 11. 1956), bei Anwendung des § 157 StGB (BGH MDR **52**, 407 [D]), auch hinsichtlich gewerbsmäßiger Hehlerei in Postpendenzfeststellung, wenn der Diebstahl verjährt ist (BGH NJW **03**, 2759). Erg unten 36.

b) **Tateinheit; Tatmehrheit:** Bei Zweifeln, ob Tateinheit oder Tatmehrheit vorliegt, ist Tateinheit anzunehmen (BGH NStZ **83**, 364; StV **88**, 202; **92**, 54). Haben sich in der Hauptverhandlung keine Anhaltspunkte dafür ergeben, dass mehrere Fälle des Handeltreibens mit Betäubungsmitteln dieselbe Rauschgiftmenge betreffen, so gebietet es der Zweifelsgrundsatz nicht, eine einheitliche Tat anzunehmen (BGH StV **95**, 417); ähnliches galt nach der Rspr des BGH (**23**, 33, 35; **35**, 318, 324) schon für die fortgesetzte Handlung (vgl 14 zu § 260). 31

c) **Zu nicht übereinstimmenden Feststellungen** kann *in dubio pro reo* in einem Urteil führen hinsichtlich verschiedener Angeklagter, zB wenn nicht festgestellt werden kann, ob der Getötete das vorsätzlich gegebene Gift des A oder des B genommen hat und daran gestorben ist, so dass beide nur wegen Versuchs strafbar sind, oder dass beide Angeklagten nur wegen Beihilfe zu verurteilen sind, obwohl einer von ihnen der Täter gewesen sein muss (BGH GA **92**, 470). Ist ein Angeklagter wegen des Zweifelssatzes freigesprochen worden, können gleichwohl hinsichtlich eines Mitangeklagten für diesen günstige Feststellungen geboten sein, die auf der Annahme der Tatbeteiligung des freigesprochenen Angeklagten beruhen (BGH StV **96**, 81; **05**, 596). Auch hinsichtlich ein und desselben Angeklagten ist je nach Feststellungszweck eine unterschiedliche Bewertung möglich; zB wird bei einem Verkehrsunfall für die Feststellung der Schuldfähigkeit des Beschuldigten ein möglichst hoher, bei der Prüfung der Fahrtüchtigkeit ein möglichst geringer Blutalkohol-Abbauwert angenommen (BGH VRS **21**, 54; Martin DAR **62**, 70). 32

B. Bei **verfahrensrechtlich erheblichen Tatsachen,** die im Freibeweisverfahren festgestellt werden (7, 9 zu § 244), gilt der Grundsatz nur zum Teil (Düsseldorf JZ **85**, 300). 33

a) Ob **Verfahrenshindernisse** (Einl 141 ff), erwiesen sein müssen oder der Grundsatz *in dubio pro reo* gilt, lässt sich nach Ansicht der Rspr nicht für alle Verfahrensvoraussetzungen einheitlich bestimmen (BGH **18**, 274, 277 = JR **63**, 605 mit Anm EbSchmidt = MDR **63**, 855 mit Anm Dreher; vgl auch Sulanke, Die Entscheidung bei Zweifeln über das Vorhandensein von Prozessvoraussetzungen und Prozesshindernissen im Strafverfahren, 1974, S 71 ff). Richtigerweise ist der Grundsatz hier nicht anwendbar, da das weitere Prozedieren ohne Rücksicht auf *in dubio pro reo* nur zulässig ist, wenn die Prozessvoraussetzungen sicher (und nicht nur möglicherweise) vorliegen (vgl 7 zu § 206 a). Da der Angeklagte normalerweise verhandlungsfähig ist, gilt für das Verfahrenshindernis der Verhandlungsunfähigkeit jedenfalls *in dubio pro reo* nicht schlechthin (BGH MDR **73**, 902 [D]; NStZ **88**, 213 [M] mwN; **aM** Meurer JR **90**, 391; 1 zu § 205). Hat der Richter jedoch Zweifel an der Verhandlungsfähigkeit, darf die Hauptverhandlung nicht gegen den Angeklagten geführt werden (BGH NStZ **84**, 520). Erforderlich ist insofern eine hinreichend sichere Prognose, zB bei Verhandlungsunfähigkeit wegen übermäßiger Leibes- oder Lebensgefahr (vgl Einl 97). Das Antragserfordernis in § 247 StGB gilt auch dann, wenn ein Verlöbnis nicht erwiesen, aber möglich ist (Bay MDR **61**, 873). Bei unbehebbarem Zweifel über die formellen Voraussetzungen eines Straffreiheitsgesetzes, insbesondere über die Tatzeit, sollte nach älterer Rspr zuungunsten des Beschuldigten entschieden werden (BGH GA **56**, 350; bei Herlan MDR **55**, 527), zugunsten hingegen, wenn die Amnestie von Schuldumständen (zB von Vorstrafen, Gewinnsucht) abhänge (BGH JR **54**, 351 mit Anm Nüse); diese Rspr ist als überholt anzusehen (Meyer-Goßner Jung-FS Zopfs 347), es gilt dasselbe wie bei anderen Bestrafungsverboten (Einl 143; 7 zu § 206 a). 34

35 b) **Bei sonstigen prozesserheblichen Tatsachen** gilt *in dubio pro reo* nicht (12 zu § 337). Vielmehr ist aus der in Betracht kommenden Verfahrensvorschrift zu entnehmen, welche prozessualen Tatsachen festzustellen sind. Bei Zweifeln an der Verhandlungsfähigkeit des Angeklagten bei der Erklärung des Rechtsmittelverzichts ist der Verzicht als wirksam zu behandeln (BGH MDR **73**, 902 [D]; NStZ **84**, 329; **85**, 207 [Pf/M]; erg 10 zu § 302). Entsprechendes gilt, wenn zweifelhaft bleibt, ob die Rechtsmittelrücknahme durch unrichtige Auskünfte veranlasst wurde (Düsseldorf MDR **84**, 604). Wegen Zweifels an der Einhaltung der Wiedereinsetzungsfrist vgl 3 zu § 45. Ist zweifelhaft, ob ein anderer Rechtsbehelf fristgemäß eingelegt ist, so ist zugunsten des Angeklagten zu entscheiden; nur die zu seinen Ungunsten eingelegten Rechtsbehelfe sind als unzulässig zu verwerfen (BGH StV **95**, 454; Düsseldorf JZ **85**, 300; Hamburg NJW **75**, 1750 mit Anm Foth JR **76**, 254; SK-Frisch 187 vor § 296; Sarstedt/Hamm 112; **aM** BGH NJW **60**, 2022; Düsseldorf MDR **85**, 784; Karlsruhe NJW **81**, 138; Stuttgart MDR **81**, 424; Entscheidung stets zugunsten des Rechtsmittels; KG JR **54**, 470 mit abl Anm Sarstedt; Celle NJW **67**, 640: Entscheidung stets zugunsten der Rechtskraft; vgl auch KG VRS **83**, 448 und Celle NdsRpfl **83**, 123; **85**, 173: Entscheidung zugunsten des Beschwerdeführers bei Verschulden der Justizbehörden oder der Post an der Ungewissheit); die zu seinen Gunsten eingelegten gelten als rechtzeitig. Bleibt dagegen zweifelhaft, ob der Schriftsatz überhaupt bei Gericht eingegangen ist, so muss der Rechtsbehelf als unzulässig behandelt werden (BGH NStZ **99**, 372; BGHR § 345 Frist 1; Düsseldorf JZ **85**, 300; MDR **91**, 986; NZV **01**, 47; Hamm NStZ **82**, 43; Stuttgart MDR **84**, 512). Das Gleiche gilt bei anderen Anträgen, die als unzulässig verworfen werden können (zB § 368). Hat der Verteidiger ein Rechtsmittel zurückgenommen, nachdem er von dem Angeklagten nach § 302 II dazu ermächtigt worden ist, so ist die Zurücknahme wirksam, wenn die Behauptung, die Rücknahmeermächtigung sei vorher widerrufen worden, nicht voll nachgewiesen werden kann (BGH **10**, 245 = JZ **58**, 177 mit krit Anm Sax). *In dubio pro reo* gilt insbesondere nicht, wenn es sich darum handelt, ob eine prozessuale Ausnahmeregelung eingreift, zB ein Zeugnisverweigerungsrecht (BGH 1 StR 77/62 vom 27. 3. 1962) oder ein Beweisverbot (Einl 51 ff; BGH JR **62**, 109; zur Problematik Dencker 135 ff).

36 C. **Nach dem leichteren Gesetz** ist bei Zweifeln im Tatsächlichen zu verurteilen, wenn die mehreren möglichen Verhaltensweisen zueinander in einem Stufenverhältnis (Mehr oder Weniger) stehen. Versagt die Unterscheidung zwischen leichterem und schwererem Gesetz, so kommt Verurteilung mit Gesetzesalternativität in Betracht (27 zu § 260). Beispiel für „im Zweifel für das leichtere Gesetz“: Meineid – fahrlässiger Falscheid; Notzucht – Verführung (BGH **22**, 154, 156). Der Tatbestand des leichteren Gesetzes muss aber in vollem Umfang festgestellt sein (BGH aaO; vgl auch Alwart GA **92**, 545). Diese Grundsätze gelten auch für die Entscheidung, ob Vollendung oder Versuch (BGH aaO), Vorsatz oder Fahrlässigkeit (BGH **23**, 203 mit Anm Schröder JZ **71**, 421), Tun oder Unterlassen (Sch/Sch-Eser 93 zu § 1 StGB) oder ob Täterschaft oder Mitwirkung als Gehilfe anzunehmen (BGH **31**, 136 = NStZ **83**, 165 mit Anm Dingeldey) oder ob beim Heranwachsenden Erwachsenen- oder Jugendstrafrecht anzuwenden ist (BGH **12**, 116 mit Anm Grethlein NJW **59**, 542).

37 D. Bei **Gesetzesauslegung** und sonst in Rechtsfragen gilt *in dubio pro reo* grundsätzlich nicht (BGH **14**, 68, 73; MDR **72**, 572 [D]; Sch/Sch-Eser 52 zu § 1 StGB; Einl 199). Jedoch bei der Auslegung eines Grundrechts ist im Zweifel für den Rechtsanspruch des Bürgers zu entscheiden (BVerfGE **15**, 275, 281; **30**, 162).

38 **9) Revision:** Mit der **Sachrüge** kann geltend gemacht werden, der Tatrichter habe seine Befugnis willkürlich ausgeübt. Das ist zB der Fall, wenn sich die Schlussfolgerungen so sehr von einer festen Tatsachengrundlage entfernen, dass sie letztlich bloße Vermutungen sind (BGH NStZ **81**, 33; **86**, 373). Ferner kann ge-

rügt werden, der Tatrichter habe die Beweise nicht erschöpfend gewürdigt (oben 6; BGH **29**, 18, 20) oder gegen ein sich aus den Urteilsgründen ergebendes (vgl BGH **20**, 281, 282; **34**, 324, 325) Beweisverbot (Einl 52 ff) oder die Gesetze der Logik oder der Lebenserfahrung (oben 2; 30 ff zu § 337) verstoßen (KG NZV **94**, 403). Die Revision kann jedoch grundsätzlich nicht mit der Behauptung gehört werden, das Tatgericht habe sich mit einer bestimmten Aussage einer Beweisperson nicht auseinandergesetzt, wenn sich dies nicht aus dem Urteil selbst ergibt (BGH NStZ-RR **08**, 148). Mit der Sachrüge kann allerdings beanstandet werden, dass aus dem unterschiedlichen Aussageverhalten des Beschuldigten (oben 18; vgl BGH NStZ **86**, 325) oder aus einer befugten Zeugnisverweigerung Schlüsse gezogen worden sind (BGH JR **81**, 432; Dahs/Langkeit NStZ **93**, 215; Miebach NStZ **00**, 241; Wagner ZStW **106**, 286; **aM** BGH **38**, 302; Schäfer Rieß-FS 485: Verfahrensrüge).

Die **Rüge der Verletzung des § 261** verspricht nur Erfolg, wenn ohne Rekonstruktion der Beweisaufnahme der Nachweis geführt werden kann, dass die im Urteil getroffenen Feststellungen nicht durch die in der Hauptverhandlung verwendeten Beweismittel und nicht durch Vorgänge gewonnen worden sind, die zum Inbegriff der Hauptverhandlung gehören (oben 5; BGH NStZ-RR **98**, 17; vgl auch BGH MDR **91**, 704 [H]: Umfang der wörtlich wiedergegebenen Niederschrift schließt Vorhalt aus). Bei der Rüge, der Angeklagte habe entgegen den Urteilsfeststellungen keine Angaben zur Sache gemacht, muss ggf vorgetragen werden, dass auch der Verteidiger für ihn keine Erklärung abgegeben hat (Bay **02**, 120 = NStZ **03**, 388; oben 16a). Umgekehrt kann unter Hinweis auf das Protokoll gerügt werden, der Angeklagte habe sich entgegen den Urteilsgründen zur Sache geäußert (BGH StV **08**, 235; erg 13 zu § 274). Mit der Behauptung, ein Zeuge habe anders ausgesagt oder die Aussage sei anders zu verstehen oder eine Vertragsurkunde sei nicht richtig ausgelegt worden, kann die Revision keinen Erfolg haben (Brandenburg NStZ-RR **09**, 209); das gilt auch dann, wenn ein Prozessbeteiligter Aufzeichnungen über den Inhalt der Aussage vorlegt, selbst wenn diese als Anlage zum Protokoll genommen worden sind (BGH **43**, 212; NStZ **90**, 35; Herdegen JZ **98**, 55 und Salger-FS 313). Anders ist es nur, wenn beanstandet wird, das Urteil gebe die Aussage eines Zeugen, die in der Hauptverhandlung verlesen wurde, oder den Wortlaut einer verlesenen Urkunde falsch wieder oder die Urkunde habe einen eindeutig anderen Inhalt (BGH NStZ **87**, 18 [PF/M]; StV **93**, 115; Bay StV **85**, 226; Köln StV **95**, 630; ebenso BGH StV **93**, 459 für die verlesene, bei den Akten befindliche Erklärung des Angeklagten); denn in diesen Fällen hätte das Gericht eine nichtgemachte Aussage oder eine Urkunde mit anderem Inhalt gewürdigt, so dass der Überzeugungsbildung die äußere Grundlage fehlte (14 zu § 337). Inwieweit als Verstoß gegen § 261 gerügt werden kann, das Urteil setze sich nicht mit einer verlesenen Aussage auseinander, ist in der Rspr nicht einheitlich beantwortet worden (vgl zusammenfassend Schäfer StV **95**, 147; erg 15a zu § 337). Die neuere Rspr verfährt hier großzügiger (BGH StV **91**, 548; 549; ähnlich Karlsruhe StV **00**, 658 und Zweibrücken StV **94**, 545: keine Auseinandersetzung mit Aussage in der 1. Instanz) und lässt die Rüge zu, das Gericht habe seiner Entscheidung nicht das gesamte – beweisrelevante – Ergebnis der Hauptverhandlung zugrunde gelegt (BGH NStZ **06**, 650; **08**, 705; **09**, 404; StV **08**, 288; vgl aber auch 12 zu § 267). Die Auswertung von Lichtbildern, zB eines Radarfotos, ist allein Sache des Tatrichters (BGH **29**, 18 = JR **80**, 168 mit Anm Peters; BGH **41**, 376; erg 10 zu § 267). Das Gleiche gilt für andere Augenscheinsobjekte. Dass eine in den Urteilsgründen verwertete Urkunde, insbesondere eine Vernehmungsniederschrift, in der Hauptverhandlung nicht verlesen worden sei, kann nur gerügt werden, wenn auszuschließen ist, dass ihr Inhalt nicht anders (zB durch Vorhalt) in die Hauptverhandlung eingeführt worden ist (BGH NJW **90**, 1189, 1190; NStE Nr 73; Düsseldorf StV **95**, 120 mit abl Anm Hellmann; Schleswig SchlHA **92**, 163 [L/T]; StV **98**, 365). Ist das Schriftstück in der Hauptverhandlung erörtert worden, kann das Urteil idR nicht auf der fehlenden Verlesung beruhen (BGH NStZ **07**, 38a

235). Über die Bindung des Revisionsgerichts an die Feststellungen vgl 1 zu § 337; über die Aufklärungsrüge 80 ff zu § 244.

39 Der Grundsatz **in dubio pro reo** (oben 26) kann als verletzt nur gerügt werden, wenn die Urteilsgründe selbst ergeben, dass das Gericht seine Zweifel nicht überwunden hat (BVerfG MDR **75**, 468; oben 26). Die Beweiswürdigung kann auch dann beanstandet werden, wenn sich das Gericht für eine Feststellung entschieden hat, ohne sich mit anderen nahe liegenden Möglichkeiten des Geschehensablaufes auseinanderzusetzen (BGH **25**, 365, 367), oder wenn diese Prüfung nicht zu erkennen ist (29 zu § 337).

40 Die Rüge, ein **Schöffe** habe Einsicht in die Anklageschrift mit dem wesentlichen Ergebnis der Ermittlungen genommen (22 zu § 200), hatte als Verstoß gegen die Grundsätze der Mündlichkeit und Unmittelbarkeit (oben 7) nach früherer Ansicht des BGH Erfolg, wenn der Schöffe von dieser Darstellung vor dem Abschluss der Urteilsberatung Kenntnis genommen hatte (BGH **13**, 73, 75; JR **61**, 30 mit zust Anm EbSchmidt; MDR **73**, 19 [D]); die neuere Rspr erkennt dies nur an, wenn besondere Umstände vorliegen, die eine Beeinflussung des Schöffen befürchten lassen (BGH **43**, 360; NJW **87**, 1209; erg 2 zu § 30 GVG).

41 Im Fall eines **Freispruchs** ist auf Sachrüge zu berücksichtigen, dass der Tatrichter überspannte Anforderungen an die für eine Verurteilung erforderliche Gewissheit gestellt hat (oben 2; BGH MDR **78**, 806 [H]; BGHR Überzeugungsbildung 25; Hanack JuS **77**, 731; Jerouschek GA **92**, 493; Peters JR **78**, 84; erg 27 zu § 337).

Vorfragen aus anderen Rechtsgebieten

262 **I Hängt die Strafbarkeit einer Handlung von der Beurteilung eines bürgerlichen Rechtsverhältnisses ab, so entscheidet das Strafgericht auch über dieses nach den für das Verfahren und den Beweis in Strafsachen geltenden Vorschriften.**

II Das Gericht ist jedoch befugt, die Untersuchung auszusetzen und einem der Beteiligten zur Erhebung der Zivilklage eine Frist zu bestimmen oder das Urteil des Zivilgerichts abzuwarten.

1 **1)** Die **Entscheidung über bürgerliche Rechtsverhältnisse** (I), von deren Beurteilung die Strafbarkeit abhängt, ist grundsätzlich (wegen der Ausnahmen vgl unten 3, 11) Sache der Strafgerichte. Das gilt über I hinaus auch für auf anderen Rechtsgebieten liegende Vorfragen (RG **39**, 62, 64; **43**, 373, 377; BayVerfGH **16**, II 64 = Rpfleger **63**, 233; Bay **60**, 94 = NJW **60**, 1534; vgl auch § 154 d S 1). Für das Verfahren und den Beweis gelten die Vorschriften der StPO, insbesondere der Amtsermittlungsgrundsatz und der Grundsatz der freien Beweiswürdigung nach § 261 (RG **43**, 373, 377), so dass zivilrechtliche Beweisregeln wie §§ 891, 1006 I S 1, 1362 BGB nicht anzuwenden sind (eingehend dazu Weber Trusen-FS 591 ff).

2 **2)** Eine **Bindung an rechtskräftige Entscheidungen anderer Gerichte** besteht im Strafverfahren grundsätzlich nicht.

3 A. **Rechtskräftige Zivilurteile** binden den Strafrichter, wenn sie Gestaltungsurteile (zB Ehescheidungs- oder Aufhebungsurteile) sind (RG **14**, 364, 374; KK-Engelhardt 5; ANM 437; Spendel NJW **66**, 1104) oder sonst für und gegen alle wirken, wie die Urteile, die nach § 1600 d BGB, §§ 640 ff ZPO die Vaterschaft feststellen (BGH **26**, 111; Hamm JMBlNW **74**, 19; Stuttgart NJW **73**, 2305; Zweibrücken MDR **74**, 1034; LG Zweibrücken NStZ **93**, 300; Heimann-Trosien JR **76**, 235; Schwab NJW **60**, 2172; **aM** Bruns in FS für Lent, 1957, S 140; vgl auch Eggert MDR **74**, 445).

4 Gestaltende Urteile, die die Rechtslage rückwirkend ändern, haben aber insoweit **keine bindende Wirkung** (ANM 437 mwN in Fn 79). Eine solche Wirkung fehlt auch allen Feststellungs- und Leistungsurteilen. Wenn der Angeklagte

von einem Zivilgericht auf Zahlung von Unterhalt verurteilt oder die Klage gegen ihn rechtskräftig abgewiesen worden ist, enthebt das den Strafrichter daher in dem Verfahren wegen Vergehens gegen § 170 StGB nicht der Pflicht, über die Frage der Unterhaltspflicht selbstständig zu entscheiden, auch wenn das Urteil vor der Tat rechtskräftig geworden ist (BGH **5**, 106; Bay **67**, 1 = NJW **67**, 1287; Bremen NJW **64**, 1286; Celle NJW **55**, 563; Hamm NJW **54**, 1340; Oldenburg NJW **52**, 118; Stuttgart NJW **60**, 2204; Koffka JR **68**, 228; **aM** Braunschweig NJW **53**, 558; Dünnebier JZ **61**, 672; Kaiser NJW **72**, 1847; Schwab NJW **60**, 2169). Entspr gilt für andere Zivilurteile, die nicht für oder gegen alle wirken (RG **14**, 364, 374; LR-Gollwitzer 11; **aM** Schwab aaO). Der Tatrichter muss die Eigentumsfrage daher auch dann selbstständig prüfen, wenn darüber schon ein Zivilgericht entschieden hat (ANM 438 mwN in Fn 83 ff).

B. Auch an **Urteile anderer Gerichtszweige** ist das Strafgericht grundsätzlich nicht gebunden, selbst wenn sie in einem Verfahren ergangen sind, in dem der Grundsatz der Amtsaufklärungspflicht gilt (LR-Gollwitzer 13). Das gilt für alle Urteile der Finanz- und Verwaltungsgerichte sowie für Urteile über arbeits- und sozialrechtliche Vorfragen, sofern sie keine rechtsgestaltende Wirkung haben. 5

C. Zur **Bindung an rechtskräftige Strafurteile** vgl Einl 170. 6

3) Verwaltungsakte haben im sachlichen Strafrecht häufig eine Tatbestandswirkung. ZB setzen § 85 I Nr 2 StGB und § 20 Nr 2 VereinsG voraus, dass die Verwaltungsbehörde ein Vereinsverbot nach § 3 VereinsG ausgesprochen oder eine Feststellung nach § 8 II S 2 VereinsG getroffen hat. In solchen Fällen steht die Bindung an den Verwaltungsakt außer Frage (LR-Gollwitzer 20). Anders ist es, wenn Schuld- oder Rechtsfolgenausspruch davon abhängen, dass ein Verwaltungsakt ergangen ist, ohne dass das zum gesetzlichen Tatbestand gehört. 7

Hier gilt der Grundsatz, dass der Strafrichter an **rechtsgestaltende Verwaltungsakte** gebunden ist, sofern sie nicht nach § 44 I VwVfG nichtig sind (BayVerfGHE **16**, II 64 = Rpfleger **63**, 233; LR-Gollwitzer 15, 18). Das gilt zB für die Verleihung der Beamteneigenschaft und der deutschen Staatsangehörigkeit (KK-Engelhardt 6), für die Tilgung von Eintragungen im BZR (BGH **20**, 205; RG **56**, 68; LR-Gollwitzer 16), für die Erteilung von Patenten (RG **14**, 262) und die Eintragung in die Warenzeichenrolle (RG **48**, 389, 391). Gestaltende Verwaltungsakte iwS sind auch solche, die ein bestimmtes Handeln gebieten oder verbieten, für den Staatsbürger also Pflichten begründen. Der Strafrichter ist an sie ebenfalls gebunden, wenn sie nicht nichtig sind (Celle NJW **67**, 743; 1623; Hamburg JZ **70**, 586; Hamm VRS **30**, 478; Karlsruhe NJW **67**, 1625; **aM** Mohrbotter JZ **71**, 213). Wird ein Verwaltungsakt, dessen Nichtbeachtung strafbar ist, von der Widerspruchsbehörde oder vom Verwaltungsgericht aufgehoben, nachdem der Angeklagte gegen die darin enthaltene Weisung verstoßen hat, so ist das für den Strafrichter unbeachtlich; denn die spätere Aufhebung eines strafbewehrten Verwaltungsakts lässt die Strafbarkeit einer bereits vorher begangenen Zuwiderhandlung unberührt (BGH **23**, 86, 91; NJW **82**, 189; Frankfurt GA **87**, 549; Hamburg NJW **80**, 1007; Karlsruhe NJW **78**, 116; ANM 439 mwN in Fn 91; **aM** Gerhards NJW **78**, 86). 8

4) Die **Aussetzung des Verfahrens** (II) ist schon vor Erlass des Eröffnungsbeschlusses und noch im Berufungsrechtszug zulässig (vgl § 332), die Vorschrift ist aber entgegen der früher hM auch im Revisionsverfahren entspr anwendbar (Bay **94**, 74 = NJW **94**, 2104; Jörgensen, Die Aussetzung des Strafverfahrens zur Klärung außerstrafrechtlicher Rechtsverhältnisse, 1991, S 57, 350). Im Ermittlungsverfahren gilt § 154 d. Eine Sonderregelung enthält § 396 **AO.** 9

A. **Voraussetzung** ist, dass die Strafbarkeit einer Handlung von der dem Strafrichter obliegenden Beurteilung eines außerstrafrechtlichen Rechtsverhältnisses abhängt, über das noch nicht rechtskräftig entschieden worden ist (LR-Gollwitzer 26). Gleichgültig ist, ob es sich um ein Rechtsverhältnis des bürgerlichen oder des öffentlichen Rechts handelt (Kaiser NJW **61**, 1190; oben 1). II betrifft aber nicht 10 den Fall, dass Tatsachen, die für das Strafverfahren erheblich sind, auch in dem anderen Verfahren Bedeutung haben; der Strafrichter darf die Feststellung solcher Tatsachen nicht dem anderen Verfahren überlassen. Auch zu dem Zweck, die Entscheidung eines anderen Strafgerichts oder die des GrS des BGH (so Stuttgart StV **04**, 142) abzuwarten, darf die Aussetzung nicht beschlossen werden (LR-Gollwitzer 33; ebenso für das Zivilrecht [§ 148 ZPO] Kähler NJW **04**, 1132).

11 B. Im **Ermessen des Gerichts** steht die Verfahrensaussetzung (BayVerfGHE **16**, II 64 = Rpfleger **63**, 233; Düsseldorf StV **95**, 459 L; SK-Schlüchter/Velten 19). Maßgebend sind Art und Bedeutung der Strafsache, das Gebot der Verfahrensbeschleunigung, die Schwierigkeit der Vorfrage und ihre Bedeutung für das anhängige Verfahren (KK-Engelhardt 8; vgl auch Kissel Pfeiffer-FS 196ff). Eine Rechtspflicht zur Aussetzung besteht, wenn eine entscheidungserhebliche Vorfrage nur von dem anderen Gericht mit bindender Wirkung entschieden werden kann.

12 C. Eine **Frist zur Erhebung der Zivilklage** (Verwaltungsklage usw) kann nicht nur dem Beschuldigten, sondern jedem Verfahrensbeteiligten gesetzt werden, auch dem am Verfahren beteiligten Verletzten, sogar einem Zeugen (LR-Gollwitzer 38). Da die Klageerhebung keinen besonderen Zeitaufwand erfordert, kann die Frist kurz bemessen werden. Eine Verpflichtung zur Klageerhebung begründet die Fristsetzung nicht; dem Beteiligten, der die Klageerhebung unterlässt, entstehen Nachteile allenfalls bei der Beweiswürdigung (KK-Engelhardt 10). Nach fruchtlosem Ablauf der Frist wird das Strafverfahren fortgesetzt.

13 D. Durch **Gerichtsbeschluss** wird die Aussetzung auf Antrag oder von Amts wegen nach Anhörung der Prozessbeteiligten (§ 33 I, II) angeordnet. Einer Begründung bedarf der Aussetzungsbeschluss nicht, auch nicht der einen Aussetzungsantrag ablehnende Beschluss (RG **57**, 44; **aM** KK-Engelhardt 9; LR-Gollwitzer 42). Eine Bindung an den formlos bekanntzumachenden Aussetzungsbeschluss besteht nicht. Das Gericht darf das Verfahren jederzeit fortsetzen, wenn es das für angebracht hält (KMR-Stuckenberg 43). Das Ruhen der Verjährung nach § 78b I StGB bewirkt der Beschluss nicht (LR-Gollwitzer 45; SK-Schlüchter/Velten 26).

14 E. Eine **Bindung an das Urteil des Zivilgerichts,** das nach der Verfahrensaussetzung ergangen ist, besteht nur unter den oben 2ff bezeichneten allgemeinen Voraussetzungen (RG **14**, 364, 374; Bay **52**, 224; KK-Engelhardt 3; ANM 437). Das Strafgericht ist aber berechtigt, sein Urteil auf die Entscheidung des Zivilgerichts zu stützen; es braucht insbesondere die Beweise, auf denen es beruht, nicht nochmals zu erheben, wenn es die Beweisaufnahme für ausreichend hält (LR-Gollwitzer 10; differenzierend Jörgensen [oben 9] S 331ff).

15 **5) Rechtsbehelfe:**

16 Der Aussetzungsbeschluss kann nur dann mit der **Beschwerde** nach § 304 angefochten werden, wenn geltend gemacht wird, dass die rechtlichen und tatsächlichen Voraussetzungen des II nicht vorliegen und die Aussetzung daher nur verfahrensverzögernd wirkt (vgl Düsseldorf MDR **92**, 989; Frankfurt NJW **54**, 1012; **66**, 992; erg 16 zu § 228). Die Anfechtung der Fristsetzung zur Klageerhebung ist mangels Beschwer ausgeschlossen, die Anfechtung des einen Aussetzungsantrag ablehnenden Beschlusses des erkennenden Gerichts nach § 305 S 1 (RG **43**, 179, 181; Hamm NJW **78**, 283; vgl auch BayVerfGH NJW **00**, 3705: Verfassungsbeschwerde unzulässig).

17 Die **Revision** kann darauf gestützt werden, dass das Gericht irrig von einer Bindung an die Entscheidung über das nichtstrafrechtliche Rechtsverhältnis ausgegangen ist. Dass die Aussetzung nach II abgelehnt worden ist, kann wegen des weiten Ermessens des Gerichts (oben 11) nicht mit Erfolg gerügt werden (Schleswig SchlHA **73**, 187 [E/J]; AK-Moschüring 48; weitergehend Jörgensen [oben 9] S 361ff).

Abstimmung

263 **I Zu jeder dem Angeklagten nachteiligen Entscheidung über die Schuldfrage und die Rechtsfolgen der Tat ist eine Mehrheit von zwei Dritteln der Stimmen erforderlich.**

II Die Schuldfrage umfasst auch solche vom Strafgesetz besonders vorgesehene Umstände, welche die Strafbarkeit ausschließen, vermindern oder erhöhen.

III Die Schuldfrage umfasst nicht die Voraussetzungen der Verjährung.

1) Abweichend von § 196 I GVG bestimmt die Vorschrift, dass bei jeder dem Angeklagten nachteiligen Entscheidung über die Schuld- und Rechtsfolgenfrage eine Zweidrittelmehrheit erforderlich ist. Sonst genügt stets die einfache Mehrheit, auch für die Verfahrensvoraussetzungen (LR-Gollwitzer 14) und die objektiven Bedingungen der Strafbarkeit (KK-Engelhardt 8; **aM** Mellinghoff 117, 144; Roxin/Schünemann § 48, 13), sowie für Einstellungen nach § 153a (**aM** Mellinghoff 149). Über Beratung und Abstimmung vgl im Übrigen §§ 192–197 GVG. § 263 gilt auch im Berufungsrechtszug (§ 332). Wegen der Abstimmung beim Revisionsgericht vgl 7 zu § 351. 1

2) Die **Schuldfrage** ist bei der Abstimmung innerhalb einer Straftat iS der §§ 52ff StGB (KMR-Stuckenberg 13; LR-Gollwitzer 5) unteilbar; es darf nicht nach einzelnen Tat- oder Rechtsfragen abgestimmt werden (BGH DRiZ **76**, 319; KK-Engelhardt 3; ausführlich EbSchmidt 13ff zu § 194 GVG; vgl auch Mellinghoff 30ff, 115ff). Das schließt zwar die Klärung von Teilfragen, zB über die Glaubwürdigkeit von Zeugen oder die Frage, auf welche Beweismittel oder -anzeichen die Entscheidung gestützt werden soll, bei der Beratung durch Abstimmung (mit einfacher Mehrheit) nicht aus. Jedoch binden solche rein informatorischen Einzelabstimmungen bei der einheitlichen Abstimmung über die Schuldfrage nicht (BGH aaO; RG **8**, 218, 220; **61**, 217, 220ff). Abgestimmt werden muss darüber, ob der Angeklagte einer bestimmten Straftat schuldig ist, nicht nur allgemein über seine „Schuld" (KK-Engelhardt 3). 2

Die Schuldfrage **umfasst nach II** auch die vom Strafgesetz besonders vorgesehenen Umstände, die die Strafbarkeit ausschließen, vermindern oder erhöhen (Mellinghoff 118ff). Die Abgrenzung von der Rechtsfolgenfrage stimmt mit der nach § 318 (dort 14ff) maßgebenden überein (Bremen NJW **53**, 1034; LR-Gollwitzer 2; **aM** Hamm MDR **54**, 631 für § 157 StGB). 3

Umstände, die die Strafbarkeit ausschließen, sind alle Rechtfertigungsgründe (Notwehr, rechtfertigender Notstand, Einwilligung, Wahrnehmung berechtigter Interessen usw), auch soweit sie nicht im StGB vorgesehen sind, wie §§ 228, 904 BGB, § 127 I StPO, §§ 758, 758a ZPO, sowie alle Schuldausschließungsgründe (zB nach §§ 20, 33, 35 StGB) und Strafaufhebungsgründe (zB nach §§ 24, 161 II, 306e, 314a StGB). 4

Zu den **Umständen, die die Strafbarkeit vermindern,** gehören die im Gesetz tatbestandsmäßig festgelegten Privilegierungen, die die mildere Beurteilung des Grundtatbestandes zulassen (vgl §§ 248a, 263 IV), sowie die in den §§ 157, 158, 213 1. Alt, 216 StGB bezeichneten Umstände (LR-Gollwitzer 8). 5

Umstände, die die Strafbarkeit erhöhen, sind die qualifizierend wirkenden Merkmale, zB die §§ 224–227 StGB gegenüber § 223 StGB, die tätliche Begehung der Beleidigung nach § 185 StGB, die öffentliche Begehung der Beleidigung nach §§ 186, 187 StGB (Bay **60**, 248 = NJW **61**, 569), die gewerbs- und gewohnheitsmäßige Begehung der Tat, das Handeln aus Gewinnsucht (BGH **3**, 30) und der Umstand, dass der Angeklagte als Amtsträger gehandelt hat (KK-Engelhardt 6). Regelbeispiele für besonders schwere Fälle rechnen nur dazu, wenn sie als Grund der Straferhöhung tatbestandsmäßig festgestellt sind. Die nur idR straferhöhenden Umstände und die unbenannten besonders schweren Fälle gehören zum Rechtsfolgenausspruch (LR-Gollwitzer 10). 6

7 Die **Voraussetzungen der Verjährung** (III) umfasst die Schuldfrage nicht (vgl zu dieser nur historisch bedingten Vorschrift SK-Schlüchter/Velten 14).

8 **3)** Zum **Rechtsfolgenausspruch** gehören alle Sanktionen, die im Strafverfahren festgesetzt werden können (Strafen, Nebenstrafen, Sicherungsmaßregeln, Geldbußen nach dem OWiG, Erziehungsmaßnahmen und Zuchtmittel nach dem JGG). Darunter fällt auch die Entscheidung, ob Jugend- oder Erwachsenenstrafrecht anzuwenden ist (BGH **5**, 207; Bay **56**, 7 = NJW **56**, 921), ob ein minder schwerer Fall vorliegt oder ein durch Regelbeispiele beschriebener besonders schwerer Fall (LR-Gollwitzer 11), ferner die Frage, ob § 47 StGB anzuwenden, UHaft anzurechnen, von Strafe abzusehen, der Angeklagte für straffrei zu erklären (§ 199 StGB) oder Strafaussetzung zur Bewährung zu versagen ist (KK-Engelhardt 7). Über die Strafe, Strafaussetzung, Maßregeln usw ist erforderlichenfalls gesondert abzustimmen (Mellinghoff 40; 127 ff).

9 **4)** Das **Offenlegen des Abstimmungsergebnisses** im Urteil oder in sonstiger Weise verstößt idR gegen das Beratungsgeheimnis (§ 43 DRiG) und ist daher unzulässig (BGH DRiZ **76**, 319; vgl auch Hamm MDR **64**, 863; Niebler Tröndle-FS 585; **aM** Mellinghoff 175 ff, der sogar die Darlegung von Abstimmungsverfahren und -verhältnis in den Urteilsgründen fordert). Eine Ausnahme gilt, wenn das Tatgericht Abstimmungsfehler selbst entdeckt (KK-Engelhardt 9) oder wenn die Art der Abstimmung den Gegenstand von Meinungsverschiedenheiten unter den erkennenden Richtern bildet. Dann ist es angezeigt und geboten, dass Anlass und Art der Abstimmung, deren Reihenfolge und die Stimmenverhältnisse in die Urteilsgründe aufgenommen werden, damit das Revisionsgericht das Abstimmungsverfahren prüfen und ggf eine auf einer fehlerhaften Abstimmung beruhende Entscheidung aufheben kann (BGH aaO; RG **60**, 295, 296; ANM 440). Dasselbe gilt, wenn ein überwiegendes Interesse an der Aufklärung eines schwerwiegenden Tatvorwurfs, insbesondere einer Rechtsbeugung (§ 339 StGB), besteht (Naumburg NJW **08**, 3585 mwN); für die Richter besteht insoweit nach hM aber nur ein Aussagerecht, nicht eine Aussagepflicht (Naumburg aaO; dagegen zutr Erb NStZ **09**, 189: nur Aussageverweigerung nach § 55 bzw § 136).

10 **5)** Die **Revision** kann darauf gestützt werden, dass die Abstimmung fehlerhaft war. Das darf aber nicht nur allgemein gerügt, sondern muss mit bestimmten Tatsachen begründet werden (RG **61**, 217; Celle MDR **58**, 182). IdR steht der Aufklärung der Rüge das Beratungsgeheimnis nach § 43 DRiG entgegen. Die beteiligten Richter können aber selbst auf Abstimmungsfehler hinweisen (oben 9) oder auf das Revisionsvorbringen entspr Angaben machen (KMR-Stuckenberg 21). Gerügt werden kann auch, dass eine Beratung und Abstimmung überhaupt nicht stattgefunden habe (BGH **19**, 156; NJW **87**, 3210; Köln StV **96**, 13: auch im Fall des § 329 I). Jedoch unterliegt die Dauer der Urteilsberatung nicht revisionsrechtlicher Kontrolle (BGH **37**, 141 mit abl Anm Rüping NStZ **91**, 193).

Gegenstand des Urteils

264 **I Gegenstand der Urteilsfindung ist die in der Anklage bezeichnete Tat, wie sie sich nach dem Ergebnis der Verhandlung darstellt.**

II Das Gericht ist an die Beurteilung der Tat, die dem Beschluss über die Eröffnung des Hauptverfahrens zugrunde liegt, nicht gebunden.

1 **1)** Die **Tat im prozessualen Sinn** ist Gegenstand des Strafverfahrens gegen einen Beschuldigten (vgl § 155 I). Der Tatbegriff des § 264 ist grundsätzlich der gleiche wie in Art 103 III GG (BVerfGE **45**, 434 = NJW **78**, 414; BGH **32**, 146, 150; erg Einl 168, 171 ff). Der Strafklageverbrauch reicht daher so weit wie die Aburteilungsbefugnis des Gerichts (BGH **29**, 288, 292 = NStZ **81**, 72 mit Anm Rieß; eingehend dazu Neuhaus MDR **88**, 1012 ff; **89**, 213 ff). Wird das Verfahren

gegen mehrere Beschuldigte geführt, so hat es die Taten jedes Beschuldigten zum Gegenstand, selbst wenn sie zu demselben geschichtlichen Vorgang gehören (was zu besonderen gesetzlichen Folgen führen kann, zB §§ 2–4, 60 Nr 2, 466).

A. **Im engeren Sinn** ist sie ein „konkretes Vorkommnis", ein einheitlicher geschichtlicher Vorgang, der sich von anderen ähnlichen oder gleichartigen unterscheidet (BGH **22**, 375, 385; StV **91**, 245) und innerhalb dessen der Angeklagte einen Straftatbestand verwirklicht hat oder haben soll (BGH **29**, 341, 342; **32**, 215, 216; NJW **92**, 2838). Eine nach Ort und Zeit völlig unbestimmte und auch im Übrigen nicht ausreichend konkretisierte Handlung kann nicht Grundlage für einen Schuldspruch sein (BGH StV **94**, 114). Zur Tat gehört (ohne Rücksicht darauf, ob sachlichrechtlich Tateinheit oder Tatmehrheit vorliegt) das gesamte Verhalten des Täters, soweit es nach natürlicher Auffassung einen einheitlichen Lebensvorgang darstellt (BGH **13**, 320; **23**, 141, 145; **32**, 215, 216 = JR **84**, 344 mit Anm Roxin = JZ **84**, 533 mit Anm Jung; **35**, 14, 17; 60, 62; BGH NJW **81**, 997 mwN; NStZ **83**, 87 mwN; **84**, 469; **95**, 351; StV **85**, 181; Bay NJW **84**, 187; Bay **91**, 51 = NJW **91**, 2360 mit abl Anm Neuhaus NStZ **93**, 202; zum prozessualen Tatbegriff in der neueren Rspr vgl Marxen StV **85**, 472; Bauer wistra **90**, 218; **95**, 170; zum Versuch einer „Verrechtlichung" des Tatbegriffs vgl Schlüchter JZ **91**, 1060 mwN; vgl ferner BGH NStZ **96**, 147 und dazu Schlüchter/Duttge NStZ **96**, 457 ff; abl zur Rspr des BGH Kindhäuser JZ **97**, 101, ferner Paeffgen GS für Meinhard Heinze, 2005, S 615 ff, der eine „funktionalistisch-prozedurale" Betrachtungsweise vorschlägt, wonach die „Untersuchungsrichtung" entscheiden soll). Entscheidend ist, ob ein enger sachlicher Zusammenhang besteht (vgl BGH NJW **92**, 1776 zum Verrat von Geschäfts- oder Betriebsgeheimnissen; BGH wistra **03**, 385 zur Vorteilsgewährung; BGH StraFo **08**, 383 zu mehreren zeitlich aufeinanderfolgenden Schüssen oder Messerstichen auf verschiedene Personen; BGH NStZ **09**, 585 zur Anstiftung und zuvor versuchten Kettenanstiftung); dann kann auch eine größere zeitliche Abweichung der Tat von dem in der Anklage angenommenen Zeitpunkt unschädlich sein (Hamm NStZ-RR **97**, 79). Andererseits genügt es nicht, dass sich das angeklagte Geschehen wiederholt, mithin sowohl zum in der Anklage genannten als auch zu einem weiteren Zeitpunkt ereignet hat (BGH 4 StR 200/08 vom 27. 5. 2008). 2

Es **handelt sich zB um eine Tat,** wenn der Täter bei einer Trunkenheitsfahrt sich unerlaubt vom Unfallort entfernt (BGH **25**, 72), wenn er nach einer räuberischen Erpressung bei der Flucht das Fahrzeug ohne Fahrerlaubnis führt (BGH NStZ **96**, 41) oder wenn ein Kraftfahrer vor der Polizei flieht und nach erzwungenem Anhalten alsbald Widerstand leistet (Stuttgart MDR **75**, 423), ebenso sind die Brandstiftung und der darauf beruhende Betrug zum Nachteil der Versicherung idR eine Tat (BGH **45**, 211 = JR **00**, 425 mit zust Anm Radtke; BGH wistra **02**, 154; NStZ **06**, 350). Bei enger räumlicher und zeitlicher Verknüpfung wird auch nur eine Tat im prozessualen Sinn vorliegen, wenn der Täter entweder an einem Raub oder einem Betrug beteiligt war oder sich nur bei der Beuteteilung der Hehlerei schuldig gemacht hat (BGH **35**, 86, 88 = NStZ **88**, 455 mit Anm Wolter; BGH NStZ **89**, 266; eingehend hierzu Beulke/Fahl Jura **98**, 262 ff). Umgekehrt kann bei Anklage wegen Hehlerei aber idR nicht eine prozessuale Tat mit dem vorangegangenen Raub angenommen werden (BGH **35**, 60, 64 = JZ **88**, 260 mit zust Anm Roxin; abl Gillmeister NStZ **89**, 4, der aber unzutr davon ausgeht, dass mit der Anklage wegen Hehlerei dem Gericht der gesamte Vortat-Sachverhalt zur Beurteilung unterbreitet ist). Eine einheitliche Betrachtungsweise ist in diesen Fällen entgegen Wolter NStZ **88**, 457 (ebenso Paeffgen [oben 2] S 620) weder möglich noch geboten. Falls der Angeklagte entweder eines Diebstahls oder einer Hehlerei schuldig ist, kommt es ebenfalls darauf an, ob die beiden Taten nach Tatzeit, Tatort, Tatobjekt und Tatbild (vgl BGH **36**, 151, 154) einen einheitlichen geschichtlichen Vorgang bilden (BGH NStZ **99**, 363; wistra **08**, 22, 25; Celle NJW **88**, 1225; Düsseldorf NStZ-RR **99**, 304; Schleswig SchlHA **07**, 288 [D/D]; 2a

aM die ältere Rspr vgl BGH **35**, 172, 174, aber auch wieder BGH NStZ **99**, 523). Beulke (BGH-FG 795) fasst die Rspr zutr dahin zusammen, dass neben dem (unbedingt erforderlichen) zeitlichen und örtlichen Zusammenhang als weiteres Kriterium alternativ die deliktsimmanente Verbindung oder die gleichartige Angriffsrichtung gegeben sein muss.

2b Handelt es sich danach **um selbstständige Taten,** so kann – ebenso wie bei wahldeutiger Verurteilung wegen einer uneidlichen Falschaussage und einer ihr widersprechenden falschen Verdächtigung (BGH **32**, 146; Bay **91**, 3 = NStZ **91**, 405) – eine (auch wahldeutige) Verurteilung wegen Diebstahls oder Hehlerei nur erfolgen, wenn beide Taten angeklagt worden sind (**aM** Schlüchter JR **89**, 48: „Verklammerung" durch die Wahlfeststellung zu *einer* prozessualen Tat; dagegen zutr Greff [2 zu § 266] S 82). Dasselbe muss bei Anklage wegen Diebstahls und Verurteilung wegen Begünstigung gelten (vgl BGH **35**, 80 = JR **88**, 25 mit Anm Otto = JZ **88**, 260 mit Anm Roxin; Frankfurt NStZ **88**, 92; Köln NJW **90**, 587). Ist das tatsächliche Geschehen aber in der Anklageschrift dargestellt, so ist andererseits auch eine gegensätzliche rechtliche Wertung erlaubt (Bay **89**, 56 = NJW **89**, 2828: Anklage wegen § 99 I StGB, Verurteilung wegen § 145 d StGB). Keine Tatidentität besteht hingegen bei Anklage wegen Betrugs und Verurteilung nach § 145 d StGB (BGH NStZ **92**, 555) oder nach § 246 StGB (Zweibrücken StraFo **09**, 423), auch nicht bei Anklage wegen einer Verkehrsstraftat und Verurteilung nach § 145 d StGB (Celle NdsRpfl **97**, 264). Die Tat umfasst aber alle mit dem Vorgang zusammenhängenden und darauf bezüglichen Vorkommnisse und tatsächlichen Umstände, die geeignet sind, das in diesen Bereich fallende Tun des Angeklagten unter irgendeinem rechtlichen Gesichtspunkt als strafbar erscheinen zu lassen, zu qualifizieren oder zu mildern (zB BGH wistra **01**, 57: Verurteilung nach § 263 statt § 264 a StGB; Karlsruhe VRS **92**, 255: statt als Fahrer des Pkw begangenes unerlaubtes Entfernen vom Unfallort das Überlassen des Pkw an fahrerlaubnislosen anderen). Daher kann ein Vorgang zu der Tat gehören, auf den sich der Verfolgungswille der StA (infolge Verkennung der Untrennbarkeit) ursprünglich gar nicht richtet (vgl BGH **16**, 200; **23**, 270, 275; StV **81**, 127; Bay **60**, 160 = MDR **60**, 947; Bay **64**, 95 = NJW **64**, 1813; Düsseldorf NJW **83**, 767, 768; vgl aber unten 7). Auch strafbares Tun und Unterlassen können zusammengehören (BGH NStZ **84**, 469), zB Körperverletzung und unterlassene Hilfeleistung (§§ 223, 323 c StGB; Celle NJW **61**, 1080) oder gefährliche Körperverletzung und Totschlag (§§ 224, 212 StGB; BGH NJW **10**, 166 L = NStZ-RR **09**, 289), ferner der Vorwurf, eine Katalogtat iSd § 138 StGB nicht angezeigt oder sie begangen zu haben (BGH NStZ **93**, 50 mwN). Der persönliche Zusammenhang iS des § 3 genügt für sich allein nicht (dort 2; BGH **13**, 21, 25; NStZ **84**, 469). Der Umstand, dass der Täter dieselbe Gelegenheit (zB sein Angestelltenverhältnis) oder denselben Partner benutzt hat, um seine Handlungen auszuführen, reicht für sich allein nicht aus, ebenso nicht, dass sich die Tat an einem anderen Tag gegen dasselbe Objekt gerichtet hat (BGHR § 264 I Tatidentität 29). Die Änderung des Tatzeitpunkts ist aber unschädlich, wenn die Tat unabhängig von der Tatzeit nach anderen Merkmalen ausreichend individualisiert ist (BGH NStZ-RR **04**, 146 L).

3 Die **innere Verknüpfung** der mehreren Vorgänge muss so sein, dass ihre getrennte Aburteilung in verschiedenen erstinstanzlichen Verfahren einen einheitlichen Lebensvorgang unnatürlich aufspalten würde (BVerfGE **45**, 434 = NJW **78**, 414; BGH **23**, 141; **29**, 288, 293; 35, 14; NStZ-RR **03**, 82; **07**, 4 [B]; Bay NJW **84**, 187; Braunschweig NStZ-RR **97**, 80; Celle NJW **92**, 190; Düsseldorf NJW **83**, 768; Hamm StV **84**, 15; Jena NStZ **99**, 516 sowie Köln wistra **86**, 273; VRS **77**, 278; NStZ **88**, 568 und Bay **01**, 134 = JR **02**, 523 mit Anm Seitz zu mehreren Verkehrsverstößen bei einer einheitlichen Fahrt). Sie muss sich jedoch aus den Ereignissen selbst ergeben, wird also nicht allein dadurch begründet, dass eine Handlung, etwa zum besseren Verständnis der gesamten Umstände, in der Anklageschrift erwähnt wird (BGH **13**, 21, 25; **41**, 292, 297; NStZ **96**, 563;

vgl auch BGH **32**, 146, 149: Erwähnung von Angaben des Angeklagten vor der Polizei).

B. **Im weiteren Sinn** umfasst sie innerhalb des einheitlichen Geschehens auch die Vorgänge, die den Tatbestand einer OWi erfüllen können (§ 82 I OWiG). Jedoch tritt bei Tateinheit mit einer Straftat, derentwegen verurteilt wird, die OWi zurück (§ 21 OWiG). 4

C. Eine **Beschränkung des Verfahrens** auf einen Teil der Tat kann eintreten nach § 154a, durch Beschränkung des Strafantrags (19, 20 zu § 158) und auf Grund sonstiger Verfahrenshindernisse, die sich nur auf einen Teil der Tat beziehen (vgl 46 zu § 260). Eine Abtrennung von Verfahrensteilen ist nur zulässig, wenn es sich bei dem abgetrennten Verfahrensstoff um selbstständige prozessuale Taten handelt (BGH NStZ **02**, 105). 5

2) Im **Verhältnis zum materiellen Recht** ist der prozessuale Tatbegriff selbstständig. Die Prüfung prozessualer Tatidentität hat ebenso wie diejenige der materiellrechtlichen Konkurrenz für jeden Beteiligten gesondert zu erfolgen (BGH VRS **83**, 188). Sachlichrechtlich selbstständige Taten sind idR auch prozessual selbstständig (BGH **35**, 14, 19; **36**, 151, 154; vgl auch 1 StR 50/09 vom 18. 3. 2009: zeitlich zusammentreffende Körperverletzung zweier Personen), anders aber zB bei Umsatzsteuervoranmeldungen und anschließender Umsatzsteuerjahreserklärung des nämlichen Jahres (BGH **49**, 359 = NStZ **05**, 514 mit zust Anm Otto = JR **05**, 168 mit zust Anm Kudlich). Was eine einheitliche Handlung iS des § 52 StGB ist, stellt stets auch eine einheitliche prozessuale Tat dar (stRspr, vgl nur BGH **41**, 385, 389; NStZ **84**, 135; **91**, 549; StV **84**, 366; wistra **93**, 193; Bohnert GA **94**, 99), also auch die Dauerstraftat (BGH MDR **89**, 308 [H]; StV **99**, 643; 14f zu § 260; erg unten 6b und 9; für völlige Unabhängigkeit des verfahrensrechtlichen vom materiellrechtlichen Tatbegriff aber Erb GA **94**, 276 mit dem sehr erwägenswerten Ergebnis (zust Mitsch NStZ **02**, 160), dass mehrfache Anklagen zulässig sein sollen, aber nur *eine* Strafe verhängt werden dürfe; vgl dazu auch unten 13; ähnlich Maatz Meyer-Goßner-FS 257 „für eine Abkoppelung des Tatbegriffs in Art 103 III GG von der materiell-rechtlichen Bestimmung des Konkurrenzverhältnisses"; Schlehofer GA **97**, 101 stellt demgegenüber darauf ab, ob die Gesetzesverletzungen in der Anklageschrift als zeit- und ortgleich bezeichnet worden sind; Bauer NStZ **03**, 174 verlangt die Einführung von zwei verschiedenen Tatbegriffen bezüglich Rechtshängigkeit und Rechtskraft). 6

Eine **Ausnahme** soll für die sog Organisationsdelikte (zB §§ 99, 129, 129a StGB; § 20 I Nr 1 VereinsG) gelten (BGH **29**, 288 mit krit Anm Rieß NStZ **81**, 74 und Anm Werle NJW **80**, 2671; BGH **46**, 349 = JR **02**, 210 mit Anm Verrel; NStZ **01**, 436 mit Anm Mitsch NStZ **02**, 159; vgl ferner Paeffgen NStZ **02**, 285; abl Cording, Der Strafklageverbrauch bei Dauer- und Organisationsdelikten, 1993, S 211; vgl auch BVerfGE **56**, 22 = StV **81**, 323 mit Anm Grünwald; erg Einl 175); das wird auch beim Völkermord hinsichtlich der einzelnen Mordtaten angenommen (BGH **48**, 153 = NStZ **03**, 678 mit insoweit abl Anm Loos; abl auch Ziemann JR **06**, 414). Zum Strafklageverbrauch bei einer nach dem BtMG angenommenen Bewertungseinheit vgl BGH NStZ **98**, 251 mit Anm Erb und Anm Fürstenau StV **98**, 482; eingehend zum Tatbegriff beim Handeltreiben mit BtM Hellebrand Schlüchter-GS 473. Das Fehlen der „natürlichen Handlungseinheit", das zur Annahme einer Mehrheit von Straftaten nach § 53 StGB führt (BGH **4**, 219; Mitsch NStZ **87**, 457), schließt nicht aus, dass die mehreren Handlungen zur selben Tat im prozessualen Sinn gehören (BGH **23**, 141, 150; **24**, 185, 186 für Unfall und anschließendes unerlaubtes Entfernen vom Unfallort; BGH NStZ **83**, 87; Hamm StV **84**, 15; vgl auch Brückner NZV **96**, 266; über Verschiebungen beim prozessualen Tatbegriff hin zur Handlungseinheit vgl Oehler Schröder-FS 449ff). 6a

Es kann sich aber auch um zwei Taten im prozessualen Sinn handeln, wenn im Rahmen einer **Dauerstraftat** in Tatmehrheit mit dieser andere Straftaten begangen werden (BVerfGE **45**, 434 = NJW **78**, 414; BGH NStZ **04**, 694 mit zust Anm 6b

Bohnen: unerlaubter Besitz von Betäubungsmitteln und Führen eines Kfz unter Wirkung von berauschenden Mitteln ohne innere Beziehung zueinander; KG NStZ-RR **08**, 48: Besitz von Betäubungsmitteln und von explosionsgefährlichen Stoffen; krit Hellebrand Schwind-FS 311). Diese Aufteilung ist insbesondere dann gerechtfertigt, wenn diese anderen Straftaten das strafrechtliche Gewicht der Dauerstraftat erheblich übersteigen (BGH **36**, 151 = JR **90**, 161 mit Anm Mitsch = StV **90**, 341 mit Anm Neuhaus: Waffenbesitz und schwere räuberische Erpressung; zust Beulke StP 519, ders aber krit in BGH-FG 805; abl Cording aaO S 83; vgl auch R. Peters JR **93**, 265; ebenso BGH NStZ-RR **99**, 8 für Übergang von der abstrakten Gefährlichkeit zur konkreten Gefährdung bei einer Rauschtat; Hamburg NStZ-RR **99**, 247 zum Verstoß gegen eine Aufenthaltsbeschränkung nach dem AsylVfG und einem Diebstahl sowie Stuttgart Justiz **01**, 497 beim Verstoß gegen AsylVfG und WaffG gegen Stuttgart NStZ-RR **96**, 173). Ob eine Dauerstraftat zwei sonst selbstständige Taten verfahrensrechtlich zu einer Tat verbinden kann (so BGH **6**, 92, 96, 97), ist im Einzelfall nach natürlicher Betrachtung zu entscheiden. Die Frage ist jedenfalls zu verneinen, wenn die Dauerstraftat im Vergleich zu den anderen Straftaten minder schwerer Art ist. ZB können zwei voneinander unabhängige Unfallgeschehen durch Trunkenheitsfahrt oder zwei schwere Diebstähle durch Fahren ohne Fahrerlaubnis nicht zu einer Tat zusammengefasst werden (BGH **23**, 141 = JZ **70**, 327 mit krit Anm Grünwald; vgl auch BGH NStZ **97**, 508; Düsseldorf NStZ-RR **99**, 176: Förderung der Prostitution und Zuhälterei gegenüber Menschenhandel). Besteht zwischen diesen schwereren Straftaten keine Tatidentität, so kann jede von ihnen – jeweils in Tateinheit mit der minder schweren Dauerstraftat – Gegenstand einer Teilanfechtung (Teilrechtskraft), ja sogar eines besonderen Verfahrens sein (BGH aaO). Erg Einl 175.

7 **3)** Die **in der Anklage bezeichnete** Tat, wie sie sich nach dem Ergebnis der Hauptverhandlung darstellt, ist Gegenstand der Urteilsfindung.

7a A. Die **Anklage,** die Prozessvoraussetzung ist, ist **maßgebend** dafür, was dem Gericht zur Untersuchung und Entscheidung unterbreitet ist (BGH **43**, 96; NStZ **99**, 206 mit abl Anm Bauer = StV **99**, 415 mit zust Anm Pauly); die Anklage muss daher die strafbare Handlung nach Ort, Zeit oder sonst in konkretisierbarer Weise schildern (BGH NJW **91**, 2716; **94**, 2966; wistra **03**, 111; Hamm NStZ-RR **97**, 139); dabei ist eine unrichtige Bezeichnung der Tatzeit oder des Tatortes unschädlich, wenn die Tat – zB durch die Schilderung des Tathergangs – noch hinreichend individualisiert ist (BGH NJW **99**, 802; NStZ **02**, 659 L; NStZ-RR **05**, 320; **06**, 316; Celle DAR **98**, 241 mit abl Anm Schäpe); sonst ist eine Verschiebung des Tatzeitpunkts unzulässig (BGH **46**, 130; München NStZ-RR **05**, 350). Auch bei angeklagter Mittäterschaft und ausgeurteilter Anstiftung wird idR Tatidentität bestehen (BGH **48**, 183). Der Eröffnungsbeschluss bestimmt zwar endgültig, welche Taten das Gericht untersucht; es kann aber keine Tat Gegenstand des Eröffnungsbeschlusses sein, die nicht in der Anklage enthalten ist und auf die sich der Verfolgungswille der StA daher nicht bezieht (BGH NJW **59**, 898; **10**, 308, 309; StV **95**, 522); jedoch ist die Schilderung der Vorgeschichte oder von Tathintergründen oder des Nachtatverhaltens nicht notwendigerweise Gegenstand der Anklage (BGH NStZ **00**, 216; 1 StR 233/96 vom 15. 5. 1997). Der Verfolgungswille ist aber innerhalb ein und derselben Tat im prozessualen Sinn unteilbar (BGH **16**, 200; **23**, 270; NStZ-RR **10**, 53; Bay **60**, 160 = MDR **60**, 947; oben 2), soweit das Gesetz nicht Ausnahmen zulässt und hiervon zulässig Gebrauch gemacht wird (oben 5). Bei Beschränkung der gerichtlichen Untersuchung ohne rechtliches Hindernis verbraucht das rechtskräftige Sachurteil die Strafklage für die Tat auch so weit, wie sie nicht untersucht worden ist (Einl 168 ff; Baumann 5 I 2).

7b B. Bei einer **Mehrzahl gleichgelagerter oder ähnlicher Straftaten** müssen sich diejenigen, deretwegen eine Verurteilung erfolgt, von anderen gleichartigen Taten, die der Angeklagte begangen haben kann, genügend unterscheiden lassen (BGH NStZ **92**, 602). Die Verurteilung wegen Taten, die insgesamt nur vage umschrieben sind, ist – insbesondere, wenn der Angeklagte die Vorwürfe bestreitet – mit rechtsstaatlichen Grundsätzen nicht vereinbar (München wistra **06**, 439), wobei die Anforderungen aber nicht überspannt werden dürfen (BGH NStZ-RR **04**, 118: sexuell missbrauchtes 8-jähriges Mädchen). Deshalb bedarf es der Feststellung einer Mindestzahl ihrer Begehung nach konkretisierter Einzeltaten innerhalb eines bestimmten Zeitraums, zB innerhalb einer bestimmten Woche oder eines bestimmten Monats (BGH **40**, 138; vgl auch BGH NStZ-RR **99**, 274; **07**, 173; StraFo **09**, 71; 5 StR 83/10 vom 25. 3. 2010; erg 5 zu § 267); die Urteilsgründe müssen darlegen, wie das Gericht die Überzeugung von dieser Mindestzahl gewonnen hat (BGH NStZ-RR **08**, 338; 349, 350). Notfalls ist die Zahl der Einzelakte zu schätzen (BGH wistra **07**, 143). Ist auch das nicht möglich, ist von lediglich *einer* Tat auszugehen (BGH StV **00**, 600 mit abl Anm Zopfs).

4) Die **sog Umgestaltung der Strafklage** (II), dh eine Änderung der tatsächlichen oder rechtlichen Beurteilung der Tat im Verhältnis zur zugelassenen Anklage, kann nach dem Ergebnis der Hauptverhandlung notwendig und nach § 265 vollzogen werden. 8

A. **In tatsächlicher Hinsicht** hat das Gericht in seine Untersuchung auch die Teile der Tat einzubeziehen, die erst in der Hauptverhandlung bekannt werden. Die Identität der Tat muss dabei aber gewahrt bleiben (BGH NStZ-RR **96**, 203; **98**, 263 [K]; **09**, 146); es darf nicht das der Anklage zu Grunde liegende Geschehen vollständig verlassen und durch ein anderes ersetzt werden, mag dies auch gleichartig sein (BGH StraFo **09**, 71). Handelt es sich um sich überschneidende, ineinander übergehende Geschehensabläufe, ist es unschädlich, wenn ein Teil des Geschehens in der Anklage nicht erwähnt (BGH NStZ **09**, 705: Trunkenheitsfahrt und Drogentransport) oder wenn es einem mitangeklagten Mittäter zugeordnet war (BGH NStZ **96**, 243), anders jedoch, wenn es sich um voneinander trennbare Geschehensabläufe handelt (BGH **32**, 215: Anklage wegen Strafvereitelung, Verurteilung wegen Mordes; BGH NJW **46**, 130: Einbeziehung bisher nicht erfasster Tatzeiträume; BGH NStZ-RR **02**, 98: Anklage wegen versuchter räuberischer Erpressung, Verurteilung wegen Steuerhehlerei; vgl auch Hamm NStZ-RR **09**, 274: Hilfeleistung zu weiteren nun angeklagten Haupttaten nach Verurteilung wegen *einer* Beihilfehandlung, zw). Wird der Angeklagte freigesprochen, so darf er nicht wegen einer anderen Tat verurteilt werden, auch wenn diese im Fall der Verurteilung mit der angeklagten Tat in Tateinheit stehen würde (BGHR § 264 I Tatidentität 24: Gleichzeitige Ausübung der tatsächlichen Gewalt über 2 verschiedene Waffen). Bei einer fortgesetzten Handlung (vgl dazu 14 zu § 260) oder einer Dauerstraftat sind Gegenstand der Untersuchung alle Einzelhandlungen (BGH **9**, 324, 334; NStZ **82**, 128; 213; 519), selbst wenn nur eine von ihnen Gegenstand der Anklage war (BGH **27**, 115; NStZ **85**, 325); das gilt auch noch in der Berufungsinstanz (BGH **21**, 256, 259; Bay **01**, 147 = NStZ-RR **02**, 89). Untersucht wird die fortgesetzte Handlung oder Dauerstraftat in allen Teilen bis zur letzten Tatsachenverhandlung zum Schuldspruch (BGH **9**, 324; StV **86**, 141; Einl 175); denn diese unterbricht die möglicherweise bis dahin bestehende Einheitlichkeit des Tatgeschehens, weil nur Vergangenes Gegenstand der Strafklage sein kann. Ist das Urteil nur im Rechtsfolgenausspruch angefochten worden, so tritt dieser Erfolg mit dem Ersturteil ein (Bay GA **78**, 81). Voraussetzung für die Einbeziehung ist, dass die Tat schon vor dem Eröffnungsbeschluss begonnen worden ist (BGH **27**, 115, 116). Sie muss als solche und darf nicht nur in einem Teilakt in Tateinheit mit einem schwereren Delikt (zB unerlaubtes Waffenführen bei einem Raub) angeklagt sein (BGH JR **95**, 168 mit Anm Erb). Bei einer Unterlassungstat kommt es idR darauf an, ob zwischen den Situationen, aus denen heraus die Handlungspflicht entsteht, ein enger Zusammenhang besteht (BGH NStZ **95**, 46; **09**, 286). § 138 StGB ist durch den Vorwurf der Beteiligung an einer dort bezeichneten Tat erfasst (BGH NStZ-RR **98**, 204) und umgekehrt (BGH **48**, 183 mit zust Anm Mitsch NStZ **04**, 395). Zum Tatbegriff bei Bestechlichkeit vgl BGH NStZ **00**, 318. 9

10 B. **In rechtlicher Hinsicht** gilt die allseitige Kognitionspflicht des Gerichts (modifiziert durch § 154a und durch §§ 81, 82 OWiG). Der Unrechtsgehalt der Tat muss ohne Rücksicht auf die dem Eröffnungsbeschluss zugrunde gelegte Bewertung (BGH **32**, 84, 85; NStZ **83**, 174) ausgeschöpft werden, soweit keine rechtlichen Gründe entgegenstehen (BGH **25**, 72, 75), wie die Verjährung oder die sonstige Nichtverfolgbarkeit unter einem rechtlichen Gesichtspunkt (vgl Einl 173). Strafvorschriften, die infolge Subsidiarität zurücktreten (Fischer 41 vor § 52 StGB), brauchen nur so weit berücksichtigt zu werden, als es für die Strafzumessung oder die Anordnung von Nebenfolgen notwendig ist. Allein nach dem subsidiären Gesichtspunkt wird die Tat beurteilt, wenn der primäre nicht angewandt werden darf, zB weil hierfür nicht ausgeliefert worden ist. Das Gericht muss eine einheitliche Entscheidung treffen. Es darf nicht teils verurteilen, teils die Erledigung einer späteren Entscheidung überlassen (BGH StV **87**, 52). Es darf die Tat auch nicht unter Beschränkung auf einen rechtlichen Gesichtspunkt aburteilen, für den es zuständig ist, und die Erledigung im Übrigen einem späteren Urteil vorbehalten oder durch Verweisung nach §§ 225a, 270 einem Gericht höherer Ordnung überlassen (RG **61**, 225). Die gleichwohl erfolgte Aburteilung unter nur einem rechtlichen Gesichtspunkt (zB nach § 145c StGB) führt dann zum Strafklageverbrauch auch hinsichtlich des anderen nicht behandelten (zB § 263 StGB, vgl BGH NStZ **91**, 549).

11 **5) Überschießende Feststellungen** über Vorgänge, die nicht zu der zu untersuchenden Tat gehören, sind zulässig, wenn sie mindestens mittelbar für die Beurteilung der Tat oder des Täters von Bedeutung sind (vgl § 160 III S 1; 13 und 54 zu § 244; 11 zu § 267). Daher kann auch eine Straftat, die nicht Gegenstand des Verfahrens ist, festgestellt und als Indiz verwertet werden (BGH **34**, 209, 210; NStZ **81**, 99; erg 14 zu 6 **MRK**). Aus dieser Feststellung können auch Schlüsse für die Strafzumessung gezogen werden; jedoch darf das nicht zur Ahndung dieser Straftat führen, sondern lediglich zur Würdigung der Persönlichkeit und der schädlichen Neigungen des Täters (BGH NJW **51**, 769; **aM** Vogler Kleinknecht-FS 429 unter Hinweis auf Art 6 II **MRK**). Die Tatsache, dass der Angeklagte schon früher einer gleichen Straftat verdächtig war, ist als Indiz für die neue Tat ungeeignet. Aber die in dem früheren Verfahren festgestellten Tatsachen dürfen als zusätzliche Beweisanzeichen für die Täteridentität neben den sonstigen Beweismitteln benutzt werden (BGH 5 StR 181/61 vom 16. 6. 1961).

12 **6)** Die **Revision** kann geltend machen, dass wegen einer Tat verurteilt worden sei, auf die sich die zugelassene Anklage nicht erstreckt. War *nur* wegen einer solchen Tat verurteilt worden, so spricht das Rechtsmittelgericht, wenn die in der Anklageschrift bezeichnete Tat nicht erwiesen ist, den Angeklagten frei; zugleich wird das (gerichtliche) Verfahren eingestellt (BGH NJW **00**, 3293). War *auch* wegen einer solchen Tat verurteilt worden, so wird das Urteil nur im Schuldspruch geändert (Koblenz VRS **71**, 43). Die StA kann, auch mit der Sachrüge (BGH StV **81**, 127, 128), beanstanden, dass die Tat im Urteil nicht unter allen tatsächlichen und rechtlichen Gesichtspunkten erschöpfend behandelt worden sei (Bay **86**, 100, 102 = OLGSt § 327 Nr 1; Meyer-Goßner JR **85**, 452). Die Beanstandungen, ein Teil des Verhandlungsstoffes sei ohne Zustimmung der StA nach § 154a ausgeschieden worden oder trotz Freispruchs sei ein ausgeschiedener Teil nicht wiedereinbezogen worden (24 zu § 154a), können nur mit der Verfahrensrüge geltend gemacht werden (BGH NStZ **96**, 241 mwN; **aM** BGH NStZ **95**, 540).

13 **7) Aufhebung eines früheren Urteils:** Ist der Angeklagte wegen Hehlerei verurteilt worden und wird er nunmehr wegen des – eine andere Tat iSd § 264 darstellenden – diebischen oder räuberischen Erwerbs derselben Sache verurteilt (vgl Einl 173), so darf die Verurteilung wegen Hehlerei nicht bestehen bleiben. Dem Gericht sollte deswegen die Befugnis zur Aufhebung des wegen Hehlerei ergangenen Urteils (mit der Folge der Anrechnung der dort erkannten Strafe nach

§ 51 II StGB) zugesprochen werden (Meyer-Goßner Salger-FS 353). BGH **35**, 60, 66 hat hingegen lediglich die wegen Hehlerei erkannte Strafe auf die neue Strafe angerechnet; die Aufhebung der Verurteilung erfolgte erst im Wiederaufnahmeverfahren (LG Saarbrücken NStZ **89**, 546 mit Anm Gössel, der die Entscheidung insgesamt dem Wiederaufnahmeverfahren vorbehalten will).

Veränderung des rechtlichen Gesichtspunkts

265 **I Der Angeklagte darf nicht auf Grund eines anderen als des in der gerichtlich zugelassenen Anklage angeführten Strafgesetzes verurteilt werden, ohne dass er zuvor auf die Veränderung des rechtlichen Gesichtspunktes besonders hingewiesen und ihm Gelegenheit zur Verteidigung gegeben worden ist.**

II Ebenso ist zu verfahren, wenn sich erst in der Verhandlung vom Strafgesetz besonders vorgesehene Umstände ergeben, welche die Strafbarkeit erhöhen oder die Anordnung einer Maßregel der Besserung und Sicherung rechtfertigen.

III Bestreitet der Angeklagte unter der Behauptung, auf die Verteidigung nicht genügend vorbereitet zu sein, neu hervorgetretene Umstände, welche die Anwendung eines schwereren Strafgesetzes gegen den Angeklagten zulassen als des in der gerichtlich zugelassenen Anklage angeführten oder die zu den im zweiten Absatz bezeichneten gehören, so ist auf seinen Antrag die Hauptverhandlung auszusetzen.

IV Auch sonst hat das Gericht auf Antrag oder von Amts wegen die Hauptverhandlung auszusetzen, falls dies infolge der veränderten Sachlage zur genügenden Vorbereitung der Anklage oder der Verteidigung angemessen erscheint.

Übersicht

1) Hinweis auf Veränderungen des rechtlichen Gesichtspunkts und auf straferhöhende Umstände (I, II): 1

A. Der **Sicherung der umfassenden Verteidigung des Angeklagten** und seinem Schutz vor Überraschungen dient die Vorschrift (BGH **23**, 95, 96; **25**, 287, 289; **29**, 274, 278; NJW **80**, 714; NStZ **83**, 34, 35; **85**, 563; Hamm NJW **80**, 1587; Berz NStZ **86**, 86; Küpper NStZ **86**, 249). 2

Sie ist ein gesetzlich geregelter Fall der **Fürsorgepflicht,** deren es hier bedarf, weil die Befugnis des Gerichts, die Tat ohne Bindung an die Rechtsauffassung der Anklage unter allen in Betracht kommenden rechtlichen Gesichtspunkten umfassend zu beurteilen (§ 264), dazu führen kann, dass der Angeklagte auf Grund eines anderen als des in der Anklage angeführten Strafgesetzes verurteilt wird. 3

Von dieser Möglichkeit muss er, auch im Interesse der **Aufklärungspflicht** (BGH **28**, 196, 198; RG **76**, 82), unterrichtet werden, damit er seine Verteidigung auch in tatsächlicher Hinsicht darauf einrichten kann. Er muss darauf vertrauen können, dass seiner Verurteilung nur solche Strafbestimmungen zugrunde gelegt werden, auf die er entweder durch die nach § 207 zugelassene Anklage oder durch einen entspr Hinweis in der Hauptverhandlung unterrichtet worden ist (BGH **16**, 47, 49; **29**, 124, 127; 274, 278). 4

5 Das gebietet auch der **Grundsatz des rechtlichen Gehörs** (BGH **11**, 88, 91; NJW **88**, 501; Schlothauer StV **86**, 214; vgl aber BGH **22**, 336, 339; BayVerfGHE **11**, II 195 = NJW **59**, 285 mit Anm Röhl; LR-Gollwitzer 4: kein Anspruch aus Art 103 I GG). Entsprechendes gilt in den Fällen des II.

6 Verfahrensrechtlich ist der Hinweis nach I, II demnach eine **Ergänzung der vom Gericht zugelassenen Anklage** (BGH **13**, 320, 324). Daraus folgt, dass sich die Erforderlichkeit des Hinweises grundsätzlich nach dem Inhalt der Anklage beurteilt, wobei ein Hinweis im „wesentlichen Ergebnis der Ermittlungen" (§ 200 II) genügt (BGH NStZ **01**, 162). Was nicht nach § 200 I S 1 zum notwendigen Inhalt der Anklageschrift gehört, kann auch nicht Gegenstand des Hinweises nach I, II sein (BGH **16**, 47, 48; **22**, 336, 338; **29**, 124, 127; KG VRS **53**, 42; Stuttgart VRS **44**, 134). Das gilt insbesondere für die Rechtsfolgen der Tat. Der zugelassenen Anklage stehen die mündliche Anklage in dem Verfahren nach § 418, der Einbeziehungsbeschluss und § 266 I und (nach Einspruch) der Strafbefehl gleich. Ist die Anklage mündlich erhoben, so ist das Sitzungsprotokoll maßgebend. Im Fall des § 270 tritt der Verweisungsbeschluss an die Stelle der Anklage; weicht er rechtlich von ihr ab, so ist eine Verurteilung entspr der Anklage daher nur nach vorherigem Hinweis nach I zulässig (RG **15**, 286, 289; **65**, 363).

7 **Nur bei einer Verurteilung** ist der Hinweis erforderlich, also nicht, wenn das Gericht den Angeklagten freispricht oder das Verfahren einstellt. Der Verurteilung steht aber das Absehen von Strafe (vgl 1 zu § 153 b) und die Einstellung auf Grund eines Straffreiheitsgesetzes gleich (BGH NJW **52**, 1346).

7a Ein **Rechtsgespräch** des Gerichts mit den Verfahrensbeteiligten ist zulässig und oftmals förderlich, verpflichtet ist das Gericht dazu aber nicht (erg 1 zu § 33). Insbesondere kann ein Verfahrensbeteiligter nicht verlangen, dass sich das Gericht zu Inhalt und Ergebnis einzelner Beweiserhebungen erklärt (BGH **43**, 212 = JZ **98**, 53 mit zust Anm Herdegen und abl Anm König StV **98**, 113; BGH StV **01**, 387; StraFo **03**, 95; **09**, 75; NStZ-RR **05**, 259 [B]; vgl auch König Friebertshäuser-FG 211).

8 B. **Anderes Strafgesetz** (I):

8a a) **Erforderlich ist der Hinweis,** wenn (infolge anderer rechtlicher Beurteilung bei gleich bleibendem Sachverhalt oder wegen in der Hauptverhandlung neu hervorgetretener Tatsachen) auf Grund eines Strafgesetzes verurteilt werden soll, das anstatt oder neben einem in der Anklage bezeichneten Strafgesetz für den Schuldspruch in Betracht kommt (Küpper NStZ **86**, 249; Schlothauer StV **86**, 216), auch bei Verurteilung wegen § 323 a statt wegen der „Rauschtat" (Köln NStZ-RR **98**, 370; Oldenburg NJW **09**, 3669), wegen Tatvollendung statt wegen Versuchs (BGH bei Herlan MDR **54**, 531), nicht aber wegen untauglichen statt wegen tauglichen Versuchs oder bei Verurteilung unter dem Gesichtspunkt der *actio libera in causa* (Bay **92**, 161 = MDR **93**, 567). Der Verurteilung auf Grund eines anderen Strafgesetzes steht der Fall gleich, dass sich die Zahl der Verstöße gegen dasselbe Strafgesetz erhöht (vgl BGH MDR **77**, 461 [H]; NStZ **85**, 563). Zur entspr Anwendung von I bei Änderung der Tatrichtung trotz gleich bleibenden Sachverhalts vgl unten 22. Bloße Schreibfehler in der Anklageschrift machen keinen Hinweis erforderlich.

9 b) Auch das **mildere Strafgesetz** ist idR ein anderes Gesetz iS von I, zB § 212 statt § 211 StGB (BGH NStZ-RR **96**, 10; einschr aber BGH StV **08**, 342 mit zust Anm Wachsmuth), § 222 statt § 221 III StGB (BGH NStZ **83**, 424; Hamm JMBlNW **68**, 284), Fahrlässigkeit statt Vorsatz (Neustadt JR **58**, 352; **aM** Bay DAR **71**, 207 [R]; vgl auch BGH MDR **52**, 532 [D]; RG **65**, 363: § 161 statt § 154 StGB), Versuch statt Vollendung (BGH **2**, 250; Bay aaO; Köln VRS **56**, 281), §§ 240, 246, 52 statt § 250 StGB (BGH StraFo **05**, 468); bei abweichenden neuen Tatumständen auch § 250 I Nr 1 b statt § 250 II Nr 1 und 3 StGB (BGH StraFo **02**, 261). Der Hinweis ist aber entbehrlich, wenn nur ein erschwerender Umstand wegfällt, der die Verteidigung des Angeklagten nicht berührt, zB § 242

statt § 244 I StGB (BGH NJW **70**, 904; RG **53**, 100), § 253 statt § 255 StGB, oder wenn von mehreren Strafgesetzen, die der Angeklagte nach der Anklage tateinheitlich verletzt haben soll, eines entfällt. Die bei Anwendung des § 21 StGB mögliche Strafmilderung nach § 49 I StGB ist kein anderes Strafgesetz iS I (BGH NJW **88**, 501 = NStZ **88**, 191 mit Anm Hilgendorf-Schmidt). Beim Hinweis auf ein milderes Gesetz bleibt der in der zugelassenen Anklage enthaltene Vorwurf bestehen; Angeklagte und Verteidiger müssen sich hierauf einstellen (BGH MDR **72**, 925 [D]).

c) Kommt **Wahlfeststellung** in Betracht, so muss auf den in der Anklage nicht enthaltenen rechtlichen Gesichtspunkt hingewiesen werden (BGH NStZ **90**, 449; NJW **85**, 2488; MDR **77**, 108 [H]), nicht notwendig auch auf die Möglichkeit der Wahlfeststellung (BGH MDR **74**, 369 [D]). 10

Auch auf eine **Änderung der Schuldform** (Vorsatz statt Fahrlässigkeit; für den umgekehrten Fall vgl oben 9) muss hingewiesen werden (BGH VRS **49**, 184; Bay DAR **77**, 206 [R]; **86**, 248 [R]; Koblenz VRS **63**, 50), selbst wenn beide Begehungsweisen im selben Straftatbestand erfasst werden (Braunschweig NStZ-RR **02**, 179). Fehlt in der Anklage die Angabe der Schuldform, so ist ein Hinweis nur erforderlich, wenn Vorsatz angenommen werden soll (Stuttgart StV **08**, 626). 11

d) **Verschiedene Begehungs- oder Teilnahmeformen:** Der Hinweis ist auch erforderlich, wenn eine in ihrem Wesen verschiedene Begehungsform derselben Straftat in Betracht kommt (Küpper NStZ **86**, 249; Schlothauer StV **86**, 217), zB die Tatbegehung durch Tun statt durch Unterlassen und umgekehrt (BGH StV **84**, 367 L; StraFo **02**, 15), die andere Begehungsform bei § 142 StGB (Brandenburg StraFo **02**, 193 mwN), bei § 146 (BGH wistra **93**, 193), bei § 177 (BGH StV **06**, 5, bei § 211 StGB (BGH **23**, 95; **25**, 287; NStZ **85**, 16 [Pf/M]; StV **98**, 583; vgl auch BGH MDR **81**, 102 [H]: Mord zur Verdeckung einer anderen als in der Anklage bezeichneten Straftat), bei § 224 StGB (BGH NStZ **84**, 328; StV **97**, 237; Küpper aaO), bei § 266 StGB (BGH NJW **54**, 1616: Übergang vom Missbrauchs- zum Treubruchstatbestand; einschr für den umgekehrten Fall: BGH NJW **84**, 2539 = JR **85**, 28 mit zust Anm Otto), bei § 308 StGB (BGH StV **89**, 468), bei § 315 c StGB (Hamm VRS **42**, 115), bei § 323 a StGB, wenn sich die Rauschtat ändert (Bay **54**, 45 = NJW **54**, 1579; Schleswig SchlHA **69**, 153 [E/J]). 12

Dagegen bedarf es beim Übergang zu einer anderen **gleichartigen Begehungsform** keines Hinweises (vgl BGH **21**, 1; **23**, 95, 96; NStZ **88**, 212 [M]), zB bei § 224 StGB (RG **30**, 176: mittels gefährlichen Werkzeugs statt mittels Waffe), bei § 225 StGB (RG **70**, 358: Vernachlässigen statt Quälen und Misshandeln), bei § 226 StGB (BGH JR **89**, 294 mit abl Anm Kratzsch: Lähmung statt Verlust eines Gliedes), bei § 284 I (Düsseldorf JMBlNW **91**, 19); weitere Beispiele aus der Rspr bei SK-Schlüchter 14. 13

I gilt auch, wenn eine **andere Teilnahmeform** in Betracht kommt, zB Mittäter- statt Alleintäterschaft (BGH **11**, 18; NStZ **92**, 292 mwN; **94**, 46; StV **96**, 82) und im umgekehrten Fall (BGH **11**, 18; NStZ **83**, 358 [Pf/M]; 569; **84**, 212 [Pf/M]; 328; **90**, 449; StV **84**, 368; wistra **96**, 69), Teilnahme statt Täterschaft oder Mittäterschaft (BGH MDR **77**, 63), Wechsel der Teilnahmeform (Anstiftung statt Beihilfe und umgekehrt). 14

Ferner gilt I bei **anderer Beurteilung des Konkurrenzverhältnisses,** zB wenn Tatmehrheit statt Tateinheit (BGH StV **91**, 102; Koblenz OLGSt S 29) oder Tateinheit statt Tatmehrheit, angenommen werden soll. 15

Auf die Möglichkeit der **Bejahung besonderer Schuldschwere** nach § 57 a StGB sollte hingewiesen werden, wenn die Anklageschrift einen solchen Hinweis nicht enthält; eine Verpflichtung hierzu besteht aber nicht (BGH NJW **96**, 3285; **aM** Wollweber NJW **98**, 122; zw BGH NStZ-RR **03**, 291 [B], dagegen BGH StV **06**, 60 mit abl Anm Lüderssen). 15a

16 C. **Straferhöhende oder Sicherungsmaßregeln rechtfertigende Umstände** (II):

17 a) Der **Hinweis auf straferhöhende Umstände** ist nur erforderlich, wenn sie sich erst in der Hauptverhandlung ergeben haben (neu hervorgetreten sind), der Angeklagte sie also nicht bereits der Anklageschrift entnehmen und seine Verteidigung darauf einrichten konnte (BGH **29**, 274, 279; krit Schlothauer StV **86**, 220; zum Verhältnis von II zu I Wachsmuth ZRP **06**, 121). Der Wegfall straferhöhender oder das Hervortreten strafmildernder Umstände begründet keine Hinweispflicht (LR-Gollwitzer 41). Das Gleiche gilt für den Wegfall eines in der zugelassenen Anklage aufgeführten Milderungsgrundes (BGH NJW **88**, 501: § 21 StGB).

18 **Straferhöhende Umstände** iS von II sind grundsätzlich die gleichen, für die § 263 II bei der Abstimmung eine Zweidrittelmehrheit verlangt (dort 6). Erforderlich ist, dass die in Betracht kommende Strafschärfung an gesetzlich bestimmte Umstände anknüpft, dass also, wie in §§ 221 II, III, 224, 226, 239 III, IV, 239a III, 246 II, 250 I StGB durch Hinzutritt eines weiteren Tatbestandsmerkmals ein neuer gesetzlicher Tatbestand entsteht (vgl BGH **29**, 274, 279/80; NJW **55**, 31; **59**, 996; **77**, 1830; Jena StV **07**, 230) oder eine anderweit gesetzlich festgelegte Strafschärfungsregelung angewendet werden soll (BGH NJW **77**, 1830).

19 An diesen Voraussetzungen fehlt es bei den unbenannten **besonders schweren Fällen** (vgl BGH **29**, 274, 279; StV **00**, 298 L). Erläutert das Gesetz – wie nun idR – die besonders schweren Fälle an Regelbeispielen, so ist dagegen ein Hinweis erforderlich, wenn sich erst in der Hauptverhandlung ergibt, dass die Merkmale eines Regelbeispiels verwirklicht sein können (BGH NJW **88**, 501; Arzt JuS **72**, 516; Wessels Maurach-FS 308). Entsprechendes gilt, wenn die Voraussetzungen des Regelbeispiels sich nicht ohne weiteres aus dem äußeren Sachverhalt ergeben, der schon im Rahmen des Schuldvorwurfs Gegenstand der Verhandlung ist (BGH NJW **80**, 714 für den Fall gewerbsmäßigen Handelns; weitergehend KK-Engelhardt 14; Roxin/Schünemann § 44, 30: stets, wenn die Verurteilung wegen eines besonders schweren Falles auf Grund eines Regelbeispiels in Betracht kommt). Die Annahme eines besonders schweren Falles außerhalb der Regelbeispiele erfordert dagegen keinen Hinweis (Arzt aaO; **aM** Schlothauer StV **86**, 221).

20 b) Der **Hinweis auf die mögliche Anordnung einer Sicherungsmaßregel,** die nicht bereits in der zugelassenen Anklage erwähnt wird, ist stets erforderlich, gleichgültig, ob in der Hauptverhandlung neue Tatsachen hinzugetreten sind, die erst die Anordnung der Sicherungsmaßregel ermöglichen, oder ob das Gericht bei gleich bleibendem Sachverhalt entgegen der Anklage die Maßregel in Betracht zieht. Das gilt zB bei Anordnung eines Berufsverbots (BGH **2**, 85), bei der Entziehung der Fahrerlaubnis (BGH **18**, 288 = JZ **63**, 514 mit Anm von Weber; StraFo **03**, 276), und zwar auch dann, wenn zuvor im Strafbefehl ein Fahrverbot verhängt worden war (Bay **04**, 43 = NZV **04**, 425), bei Unterbringung im psychiatrischen Krankenhaus (BGH NStZ **83**, 358 [Pf/M]; NStZ-RR **02**, 271), in der Entziehungsanstalt (BGH StV **08**, 344) und in der Sicherungsverwahrung (BGH StV **94**, 232; NStZ-RR **04**, 297; NStZ **09**, 227; BGH 1 StR 512/02 vom 16. 1. 2003 hat offen gelassen, ob auch bei dem Übergang von § 66 II auf § 66 III StGB ein Hinweis erforderlich ist, was zu verneinen sein dürfte; vgl ferner BGH StV **82**, 4; **88**, 329; Koblenz VRS **50**, 30; Schlothauer StV **86**, 216). Der Hinweis ist auch erforderlich, wenn eine andere als die in der Anklageschrift bezeichnete Maßregel in Betracht kommt (BGH **29**, 274, 279; StV **91**, 198). Dass sich Verfahrensbeteiligte – insbesondere ein Sachverständiger – dazu geäußert haben, genügt allein nicht (BGH NStZ-RR **02**, 271; **04**, 297; StraFo **03**, 57; **10**, 157; erg unten 28).

21 D. **Zur entsprechenden Anwendung von I, II:**

22 a) Eine **Änderung der gesamten Tatrichtung,** die den rechtlichen Vorwurf unberührt lässt, führt nicht iS von I zur Anwendung eines anderen Strafgesetzes. Gleichwohl ist wegen dieser erheblichen Veränderung entspr I ein Hinweis erfor-

derlich, um dem Angeklagten die umfassende Verteidigung zu ermöglichen. Das gilt zB, wenn sich die tatsächlichen Grundlagen des Schuldvorwurfs ändern (BGH StV **90**, 249), oder wenn das Gericht anstelle nicht näher konkretisierter Taten in einem bestimmten Tatzeitraum nun von nach Zeit, Ort und Tatbegehung bestimmten Taten ausgehen will (BGH **40**, 44, 48; **44**, 153; NStZ **96**, 295; **99**, 42; NJW **98**, 3654; einschr BGH **48**, 221 mit Anm Maier NStZ **03**, 674: nur ausnahmsweise geboten), oder wenn bei einer Anklage wegen Beihilfe die Person des Haupttäters (Hamburg HESt **3**, 54), bei Anklage wegen Mittäterschaft die des Mittäters wechselt (vgl BGH MDR **77**, 108 [H], der die Hinweispflicht aus IV herleitet) oder wenn das Opfer der Straftat ausgewechselt werden soll (Schleswig SchlHA **74**, 183 [E/J]; Stuttgart MDR **67**, 233) oder ein weiterer Verletzter hinzutritt (BGH GA **62**, 338).

b) **Art des Hinweises bei bloßer Änderung der Sachlage:** Der Angeklagte darf nicht mit der Feststellung einer erheblichen Tatsache überrascht werden, auf die er weder durch die Anklage noch durch den Eröffnungsbeschluss so vorbereitet worden ist, dass er sich äußern konnte (BGH **11**, 88, 91; NJW **87**, 1652; StV **88**, 329; NStZ **94**, 46; Jena StV **07**, 230; Einl 28). Das gilt insbesondere, wenn das Gericht eine andere Tatzeit feststellen (BGH **19**, 88 = JR **64**, 65 mit Anm Dünnebier; BGH NJW **88**, 571; NStZ **84**, 422; **87**, 220 [Pf/M]; **94**, 502; StV **97**, 237; StraFo **06**, 75; Bremen StV **96**, 301) oder von einem wesentlich erweiterten Tatzeitraum ausgehen will (BGH NStZ-RR **06**, 316, 317; Schleswig MDR **80**, 516; Köln StV **84**, 414), idR aber nicht für Feststellungen, die sich nur auf die Tatplanung und -vorbeitung beziehen (BGH NStZ **00**, 48). Eine förmliche Hinweispflicht entspr I besteht nicht (BGH NStZ **84**, 423; StV **91**, 149; NStZ **93**, 30 [K]; **94**, 46; Meyer GA **65**, 257; **aM** BGH **19**, 88 = JR **64**, 65 mit Anm Dünnebier; Köln aaO; Schleswig aaO; Gillmeister StraFo **97**, 8; Schlothauer StV **86**, 223; offen gelassen in BGH NStZ **88**, 190; NJW **91**, 1900, 1902; **99**, 802; BGHR § 265 I Hinweispflicht 8). Zwar ist es zweckmäßig, eine veränderte Sachlage in einem wesentlichen Punkt schriftlich zu fixieren und bekanntzugeben (BGH StV **96**, 297); es reicht aber aus, wenn der Angeklagte aus dem Gang der Verhandlung erfährt, dass das Gericht neue tatsächliche Gesichtspunkte in seine die Tatfrage betreffenden Überlegungen einbezogen hat (BGH NStZ-RR **01**, 263 [B]). Allerdings muss der Angeklagte eindeutig, umfassend und unmissverständlich darüber unterrichtet werden, dass das Gericht von der veränderten Sachlage ausgehen will; es genügt nicht, dass die tatsächlichen Umstände lediglich im Rahmen von Vernehmungen angesprochen worden sind (BGH StV **96**, 584; **98**, 381). Der Angeklagte muss Gelegenheit erhalten, sich dazu zu äußern und Beweisanträge zu stellen oder Beweiserhebungen anzuregen (BGH **19**, 141 = JR **64**, 187 mit zust Anm EbSchmidt; BGH **28**, 196; StV **91**, 149 mwN; NStZ **91**, 550; Niemöller, Die Hinweispflicht des Strafrichters bei Abweichungen vom Tatbild der Anklage, 1988, entnimmt dies aus Art 6 III a MRK). Das setzt voraus, dass er von Gerichtsseite zu dem neuen tatsächlichen Gesichtspunkt befragt wird (BGH **28**, 196, 198; NStZ **85**, 325; NJW **88**, 571; Frankfurt aaO). Das Unterlassen einer solchen Befragung kann sich schon aus der Darstellung der Einlassung des Angeklagten in den Urteilsgründen ergeben (BGH **28**, 196, 198). Sonst muss das Revisionsgericht die Frage im Freibeweis (7, 9 zu § 244) klären (BGH NJW **99**, 802; StV **91**, 502). Das Schweigen des Sitzungsprotokolls ist nicht beweiskräftig (BGH **28**, 196, 197; Frankfurt StV **85**, 224). 23

c) Die **entsprechende Anwendung von I, II auf Nebenstrafen und Nebenfolgen** beschränkt sich auf die Fälle, in denen ihre Verhängung die Feststellung besonderer Umstände zum äußeren oder inneren Tatbestand voraussetzt, die zum Tatbestand hinzutreten müssen (vgl BGH **29**, 274, 279). Sonst gilt der Grundsatz, dass sich der Angeklagte selbst davon unterrichten muss, welche Unrechtsfolgen außer den Hauptstrafen und den Sicherungsmaßregeln in Betracht kommen (KK-Engelhardt 6; LR-Gollwitzer 34; Meyer JR **71**, 518; **aM** KMR-Stuckenberg 54). Auf solche Unrechtsfolgen braucht der Angeklagte daher nicht hingewiesen zu 24 werden, gleichviel, ob sie zwingend vorgeschrieben sind oder im Ermessen des Gerichts stehen (BGH **2**, 85, 88; 22, 336, 338; KG VRS **53**, 42; Stuttgart VRS **44**, 134; **aM** Hanack JZ **72**, 433; Schlothauer StV **86**, 221 für fakultative Nebenfolgen). Eine Hinweispflicht entfällt insbesondere bei dem Fahrverbot nach § 44 StGB (KG aaO, Koblenz NJW **71**, 1472 mit Anm Händel; KK-Engelhardt 15; **aM** Bay **78**, 89 = VRS **55**, 416; Düsseldorf VerkMitt **73**, 14; Hamm JR **71**, 517 mit abl Anm Meyer; Hamm VRS **34**, 418; Schlothauer aaO). Anderes gilt für das an zusätzliche Voraussetzungen geknüpfte Fahrverbot nach § 25 StVG (BGH **29**, 274; Düsseldorf VRS **77**, 367; **87**, 203; SK-Schlüchter 35; aus dem Gesichtspunkt des fairen Verfahrens bejaht Oldenburg NZV **93**, 278 ferner eine Hinweispflicht, wenn der Richter abweichend von seiner vor der Hauptverhandlung erklärten Einschätzung doch – wie im Bußgeldbescheid – ein Fahrverbot verhängen will). Keines Hinweises bedarf es bei Anordnung des Verfalls nach § 73 StGB und der Einziehung nach § 74 StGB (BGH **16**, 47; **aM** BGH StV **84**, 453 mit zust Anm Schlothauer; derselbe StV **86**, 222) und bei der Bekanntmachungsbefugnis nach § 200 StGB (RG **33**, 398) sowie bei der Anordnung nach § 45 StGB (vgl zum früheren Recht auch BGH **18**, 66; **22**, 336).

25 E. **Überflüssig ist der Hinweis** nach I, II, wenn der neue rechtliche Gesichtspunkt schon in dem (dem Angeklagten bekanntgegebenen) Verweisungsbeschluss nach § 270 (BGH **22**, 29, 31; Hanack JZ **72**, 434; oben 6) oder, bei Urteilsaufhebung durch das Revisionsgericht nach § 354 II, in dem aufgehobenen oder in dem aufhebenden Urteil erörtert ist (BGH **22**, 29, 31; StV **08**, 342 mit krit Anm Wachsmuth), auch wenn es in der neuen Hauptverhandlung nicht verlesen worden, sondern dem Angeklagten nur durch Zustellung bekanntgemacht worden ist. War die Hauptverhandlung nach Erteilung des Hinweises ausgesetzt worden, so ist seine Wiederholung nicht erforderlich, sofern kein Anhalt dafür besteht, dass der Angeklagte ihn vergessen hat (BGH MDR **71**, 363 [D]; offen gelassen von BGH NStZ **98**, 529).

26 Entsprechendes gilt im **Berufungsrechtszug.** Ein schon im 1. Rechtszug erteilter Hinweis braucht nur wiederholt zu werden, wenn Zweifel daran bestehen, dass der Angeklagte ihn noch in Erinnerung hat (vgl RG **59**, 423; KK-Engelhardt 20; weitergehend LR-Gollwitzer 13). Der Hinweis ist auch entbehrlich, wenn schon der 1. Richter den Angeklagten (unter Verletzung von I) auf Grund des veränderten rechtlichen Gesichtspunkts verurteilt hatte (Köln NJW **57**, 473 L) oder wenn das Berufungsgericht entspr der zugelassenen Anklage, von der der 1. Richter abgewichen war, entscheiden will (Koblenz VRS **52**, 428), nicht aber, wenn das 1. Urteil den neuen rechtlichen Gesichtspunkt nur erörtert hat, ohne den Angeklagten deswegen zu verurteilen (Bay VRS **61**, 31).

27 Im **Wiederaufnahmeverfahren** muss der in der früheren Hauptverhandlung erteilte Hinweis in der neuen Hauptverhandlung wiederholt werden (RG **58**, 52), sofern nicht schon das frühere Urteil den Angeklagten unter dem neuen rechtlichen Gesichtspunkt verurteilt hatte (RG aaO; **57**, 10).

28 F. Die **Erteilung des Hinweises** nach I oder II ist Aufgabe des Vorsitzenden. Nur wenn er den Hinweis ablehnt, gilt § 238 II (LR-Gollwitzer 50).

29 Der Hinweis ist **nicht deshalb entbehrlich,** weil einzelne oder alle Prozessbeteiligte den neuen rechtlichen Gesichtspunkt in der Hauptverhandlung von sich aus erörtert haben (BGH **19**, 141; **22**, 29, 31; NStZ **98**, 529) oder ein Sachverständiger dazu gehört wurde (BGH StV **08**, 344; NStZ **09**, 468), auch wenn sich das Gericht an dem Meinungsaustausch beteiligt hat (BGH NJW **64**, 459; NStZ **09**, 227), oder weil der StA den Hinweis angeregt (BGH NStZ **83**, 358 [Pf/M]) oder die Verurteilung unter dem neuen rechtlichen Gesichtspunkt beantragt hat (BGH StV **88**, 329; NStZ **94**, 25 [K]; StraFo **05**, 468; NStZ-RR **07**, 5 [B]; Bay VRS **62**, 129). Den Hinweis ersetzt auch nicht die Erörterung des neuen rechtlichen Gesichtspunkts in einem Beschluss über die Haftfortdauer (BGH **22**, 29; Hanack JZ **72**, 434) oder über die Ablehnung eines Beweisantrags (KMR-

Stuckenberg 16) oder die Beauftragung eines Sachverständigen (BGH StV **10**, 178) oder die Übersendung eines Sachverständigengutachtens (Oldenburg NJW **09**, 3669).

Der Hinweis ist **dem Angeklagten selbst** zu erteilen, daneben richtet er sich auch an den Verteidiger (BGH NStZ **83**, 35; **93**, 200). Wenn der Angeklagte an der Verhandlung nicht teilnimmt, ist ihm der Hinweis schriftlich zu erteilen, ggf iVm der neuen Ladung zur Hauptverhandlung (LR-Gollwitzer 66; vgl BGH MDR **69**, 360 [D] für § 231 II; Bay **55**, 186 = JR **56**, 70 für § 233; erg 21 zu § 231; 16 zu § 233; 3 zu § 234a). Im Fall des § 231b I S 1 kann es genügen, dass dem Angeklagten der Hinweis schriftlich oder durch einen beauftragten Richter mündlich bekanntgegeben wird. Erscheint für den abwesenden Angeklagten ein Verteidiger, so genügt es, außer im Fall des § 233, dass diesem die Hinweise nach I und II erteilt werden (§ 234a Hs 1). 30

Inhaltlich muss der Hinweis den Angeklagten und seinen Verteidiger in die Lage versetzen, die Verteidigung auf den neuen rechtlichen Gesichtspunkt einzurichten (BGH **13**, 320, 324; **18**, 56; NStZ **85**, 563; StV **85**, 489). Daher muss für den Angeklagten und den Verteidiger aus dem Hinweis allein oder iVm der zugelassenen Anklage erkennbar sein, welches Strafgesetz nach Auffassung des Gerichts in Betracht kommt und in welchen Tatsachen das Gericht die gesetzlichen Merkmale möglicherweise als erfüllt ansieht (BGH **2**, 371, 373; **11**, 88; **13**, 320, 324 = JZ **60**, 227 mit Anm EbSchmidt; BGH **18**, 56; **22**, 29, 30; NStZ **83**, 34; **98**, 529; **05**, 111; Oldenburg NJW **09**, 3669; Hänlein/Moos NStZ **90**, 481). Erforderlich und ausreichend ist jeder Hinweis, der diese Aufgabe erfüllt (BGH **18**, 56; StV **98**, 414 mit abl Anm Park; NJW **85**, 2488; NStZ **83**, 569). Wird einer von 2 Mittätern darauf hingewiesen, dass er wegen Beihilfe verurteilt werden kann, so erübrigt sich der Hinweis an den anderen, dass für ihn Alleintäterschaft in Betracht kommt (BGH NStZ **83**, 569; **aM** Berz NStZ **86**, 87 mwN). Der Hinweis auf die Möglichkeit der Verurteilung wegen Beihilfe deckt aber nicht den Schuldspruch wegen Mittäterschaft ab (BGH NJW **85**, 2488). Die bloße Bezeichnung der neu in Betracht kommenden Gesetzesbestimmungen reicht regelmäßig nur aus, wenn der Angeklagte durch einen rechtskundigen Verteidiger vertreten ist (BGH **13**, 320, 324; MDR **57**, 653 [D]; vgl aber auch BGH **18**, 56). Das Gericht muss idR die Tatbestandsmerkmale des neuen rechtlichen Gesichtspunkts eindeutig bezeichnen, um dem Angeklagten zu erkennen zu geben, auf welche tatsächlichen Annahmen sich der neue Vorwurf stützt (BGH **13**, 320, 324; **19**, 141, 143; NStZ **81**, 190 [Pf]; **93**, 200); der bloße Hinweis auf die gesetzliche Bestimmung ohne Angabe der tatsächlichen Umstände kann unzureichend sein (BGH StraFo **07**, 159). Eine Belehrung in Form eines Rechtsgesprächs ist aber nicht erforderlich (BGHR § 265 I Hinweis 2). Nennt ein Strafgesetz mehrere gleichwertig nebeneinander stehende Begehungsformen, wie etwa § 211 StGB, so muss der Hinweis angeben, welche von ihnen nach Ansicht des Gerichts in Betracht kommt (BGH **23**, 95, 96; **25**, 287, 288; NJW **85**, 2488; NStZ **98**, 529; **07**, 116; StV **91**, 501; erg oben 12); bei rechtlich gleich schwerwiegenden Begehungsarten ist diese Angabe entbehrlich (BGH **21**, 1). 31

Der Hinweis ist in dem **Zeitpunkt** zu erteilen, in dem sich erstmals die Möglichkeit einer anderen rechtlichen Beurteilung ergibt, also frühzeitig. Er kann auch schon bei der Vorbereitung der Hauptverhandlung erteilt werden, auch schon im Eröffnungsbeschluss (BGH **23**, 304), sonst in öffentlicher Sitzung (BGH StraFo **03**, 134). 32

Der Hinweis ist eine **wesentliche Förmlichkeit der Hauptverhandlung** iS § 273 I; er wird nach § 274 nur durch das Sitzungsprotokoll bewiesen (BGH **2**, 371, 373; **19**, 141; Braunschweig NStZ-RR **02**, 179; Bay VRS **62**, 129; Hamm NJW **80**, 1587). Auch der wesentliche Inhalt des Hinweises ist im Protokoll zu beurkunden (BGH **2**, 371, 373; MDR **70**, 198 [D]). Fehlt dieser Vermerk, so kann das Revisionsgericht den Inhalt des Hinweises aber im Freibeweis (7, 9 zu § 244) feststellen (BGH **13**, 320, 323; **19**, 141, 143; **aM** BGH MDR **70**, 198 [D]; Hänlein/Moos NStZ **90**, 482). 33

33a Eine **Rücknahme des Hinweises,** weil das Gericht an der ursprünglichen rechtlichen Bewertung festhalten will, ist nicht erforderlich (BGH NJW **98**, 3654, 3655; SK-Schlüchter 24; krit dazu unter dem Gesichtspunkt des fairen Verfahrens Scheffler JR **89**, 260; zw auch Burhoff HV 556).

34 **2) Aussetzung bei veränderter Sach- und Rechtslage** (III):

35 A. Einen **Rechtsanspruch auf Aussetzung der Verhandlung** (§ 228 I S 1) hat der Angeklagte unter den Voraussetzungen des III im Offizialverfahren, nicht im Privatklageverfahren (§ 384 III). Eine Belehrung über sein Antragsrecht schreibt das Gesetz nicht vor (vgl dazu BGH StV **98**, 252).

36 B. **Voraussetzung des Aussetzungsanspruchs** ist eine Veränderung der Sachlage infolge Hervortretens neuer Tatsachen oder tatsächlicher Verhältnisse, die der Angeklagte nicht der Anklageschrift, dem Eröffnungsbeschluss oder einer früheren Verhandlung entnehmen konnte (BGH wistra **06**, 191). Ein neues Beweismittel ist kein solcher Umstand (RG **52**, 249). Die neu hervorgetretenen Umstände, die zum äußeren oder inneren Tatbestand gehören können, müssen die Anwendung eines Strafgesetzes zulassen, das nach seiner abstrakten (KK-Engelhardt 26) Strafandrohung schwerer ist als das in der zugelassenen Anklage bezeichnete (zB Mord statt Totschlag, vgl BGH NStZ **93**, 400). Dem steht der Fall gleich, dass neu hervorgetretene Umstände die Strafbarkeit erhöhen oder die Anordnung einer Sicherungsmaßregel begründen können. Der Aussetzungsanspruch setzt ferner voraus, dass der Angeklagte die neu hervorgetretenen Umstände bestreitet, dh ihre Richtigkeit in Abrede stellt, und dass er behauptet, auf die Verteidigung nicht genügend vorbereitet zu sein. Ob das zutrifft, hat das Gericht nicht zu prüfen (allg M). Es kann aber abweichend von der Auffassung des Angeklagten beurteilen, ob die neu hervorgetretenen Umstände die Anwendung der schwereren Bestimmung überhaupt zulassen (LR-Gollwitzer 93).

37 C. **Entscheidung über den Aussetzungsantrag:** Nach neuer Rspr ist eine Unterbrechung der Hauptverhandlung nach § 229 nicht ausreichend, vielmehr ist auf den Antrag des Angeklagten die Hauptverhandlung nach § 228 auszusetzen und danach neu zu beginnen (BGH **48**, 183 mit zust Anm Mitsch NStZ **04**, 396, der jedoch die Regelung des III für gesetzgeberisch verfehlt hält; das sachgerechte Ergebnis hatte die früher hM aber mit einer vertretbaren Auslegung – untechnische Verwendung des Wortes „aussetzen“ wie auch in IV – gefunden). Die Entscheidung ergeht durch – idR unanfechtbaren (Dresden JR **08**, 304 mit zust Anm Gössel; 4 zu § 305) – Beschluss.

38 **3) Aussetzung bei veränderter Sachlage** (IV):

39 A. **Auf Antrag oder von Amts wegen** kann das Gericht auch in sonstigen Fällen die Verhandlung aussetzen, wenn das zur besseren Vorbereitung der Anklage oder Verteidigung angezeigt erscheint (vgl auch BGH **36**, 210). Der früher geäußerten Ansicht, die Vorschrift dürfe nicht eng ausgelegt werden (BGH NJW **58**, 1736; Hamburg NJW **66**, 843; Zweibrücken StV **84**, 148), wird heute wegen des Beschleunigungsgrundsatzes widersprochen und Unterbrechung statt Aussetzung empfohlen, was grundsätzlich richtig ist (Schmitt StraFo **08**, 319). Antragsberechtigt sind alle Prozessbeteiligten, auch der Privatkläger, nicht aber der Nebenkläger (11 zu § 397). Die entspr Anwendung des IV bestimmt § 154a III S 3.

40 B. Bei der **veränderten Sachlage** iS von IV kann es sich um eine Veränderung des Sachverhalts oder der Verfahrenslage handeln.

41 Der **Sachverhalt** ist verändert, wenn in der zugelassenen Anklage nicht erwähnte Handlung oder sonstige Tatsachen nach § 264 zum Gegenstand des Urteils gemacht werden sollen (BGH **8**, 92, 96; StV **92**, 452; vgl auch BGH MDR **77**, 108 [H] und BGH NStE Nr 17: Unbekannte statt in der Anklage benannte Mittäter). Gleichgültig ist, ob die neuen Tatsachen den Schuldumfang, den Strafausspruch oder die Anordnung von Sicherungsmaßregeln betreffen. Sie müssen aber

entscheidungserheblich sein. Ob sie die Aussetzung der Verhandlung rechtfertigen, hängt von den Umständen des Einzelfalls ab (dazu LR-Gollwitzer 100).

Auch bei Veränderungen der **Verfahrenslage** gilt IV, zB bei Nachholung der unterbliebenen Übersetzung der Anklageschrift (Rübenstahl StraFo **05**, 32; erg 10 zu § 201; 18 zu Art 6 MRK), beim Nachschieben bisher von der Verfolgungsbehörde zurückgehaltener Beweismittel in der Hauptverhandlung (Bay **81**, 14 = VRS **61**, 129; StV **81**, 225; VRS **60**, 378: Lichtbilder; LG Duisburg StV **84**, 19: Akten und Beweisstücke; LG Leipzig StV **08**, 514 und LG-Nürnberg-Fürth JZ **82**, 260: Vernehmungsprotokolle; vgl auch LG Bochum NJW **88**, 1533; Odenthal StV **91**, 446). 42

Insbesondere gilt IV, wenn der Angeklagte in seinem Recht, sich des **Beistands eines Verteidigers** zu bedienen, unvorhergesehen beeinträchtigt wird, zB beim Ausbleiben des Verteidigers wegen plötzlicher Erkrankung (Celle NJW **65**, 2264) oder Niederlegung des Mandats (BGH NJW **00**, 1350), beim Tod des Verteidigers (Bay StV **83**, 270 mit Anm Weider) oder bei Zurückweisung des ohne Robe erschienenen Verteidigers (Köln VRS **70**, 21), uU entgegen § 228 II auch bei bloßer Verhinderung des Verteidigers (dort 10 ff; zum Verhältnis zwischen IV und § 228 II vgl allg Heubel NJW **81**, 2678), immer vorausgesetzt, dass die Durchführung der Hauptverhandlung dadurch für den Angeklagten unzumutbar wird (Celle aaO; Frankfurt NStZ-RR **96**, 304; Hamm VRS **47**, 358). 42a

Maßgebend ist die prozessuale Fürsorgepflicht (BGH MDR **76**, 988 [D]; Bay **62**, 226; Hamm VRS **74**, 36, 38). Dabei müssen die Bedeutung der Sache, die Schwierigkeit der Rechtslage, die Lage des Verfahrens bei Eintritt des Verhinderungsfalls, der Anlass, die Voraussehbarkeit und die voraussichtliche Dauer der Verhinderung sowie die Fähigkeit des Angeklagten, sich selbst zu verteidigen, berücksichtigt und abgewogen werden (KG NZV **93**, 411; Düsseldorf wistra **93**, 352; Hamm VRS **59**, 449; Köln VRS **42**, 284; Stuttgart StV **88**, 145; vgl auch BVerfG NJW **84**, 862; Zweibrücken StV **84**, 148). 43

IV gilt ferner bei zu Unrecht verweigerter Akteneinsicht (Köln VRS **85**, 443), bei Unmöglichkeit rechtzeitiger Beauftragung eines anderen Verteidigers (Düsseldorf GA **79**, 226, 227), etwa wenn der Antrag auf Bestellung eines Verteidigers für den Angeklagten unerwartet erst kurz vor der Hauptverhandlung abgelehnt worden ist (Hamm NJW **73**, 381), bei vorangegangener Ablehnung einer Terminsverlegung durch den Vorsitzenden (Stuttgart MDR **76**, 510), oder wenn die Verteidigung (zB infolge Mangels an Vorbereitungszeit) durch den Wechsel beeinträchtigt wird (BGH NJW **65**, 2164 mit Anm Schmidt-Leichner; BGH MDR **77**, 767 mit Anm Sieg; NStZ **83**, 281; **98**, 530; eingehend BGH NStZ **09**, 650). 44

C. Das **Gericht entscheidet** über die Aussetzung nach pflichtgemäßem Ermessen; maßgebend ist, ob die Gewährleistung eines fairen Verfahrens (Einl 19) und die Fürsorgepflicht (Einl 155 ff) die Aussetzung gebieten (BGH NStZ-RR **02**, 270). Die Dauer der Aussetzung bemisst sich danach, welche Zeit StA oder Verteidiger brauchen, um ihre Rechte sachgemäß wahrzunehmen. Eine bloße Unterbrechung der Verhandlung kann hier – im Gegensatz zu III (oben 37) – genügen (BGH **48**, 183), sie darf aber nicht zu kurz sein (BGH EzSt § 338 Nr 1); des Beschleunigungsgebot (Einl 160) ist zu beachten. Ein Aussetzungsantrag muss noch in der Hauptverhandlung beschieden werden; bis zur Urteilsverkündung darf die Bekanntgabe der Entscheidung nicht hinausgeschoben werden (erg 6 zu § 228). 45

4) Die **Revision** kann auf Verletzung von I, II oder III gestützt werden. Als Verletzung von IV kann nur geltend gemacht werden, dass das Gericht die Rechtsbegriffe verkannt oder sein Ermessen fehlerhaft ausgeübt habe (BGH **8**, 92, 96; StV **98**, 252; Koblenz VRS **51**, 288; erg 16 zu § 337), zB durch übermäßige Beschränkung des in § 137 gewährten Rechts (Celle NJW **65**, 2264). Die Verletzung des § 265 zuungunsten des Angeklagten können StA, Privat- und Nebenkläger nicht geltend machen, um eine Urteilsaufhebung zum Nachteil des Angeklagten zu erreichen (4 zu § 339). 46

47 Zum **notwendigen Revisionsvorbringen** gehört bei der Rüge der Verletzung von I oder II die Mitteilung, welchen Inhalt die zugelassene Anklage insoweit gehabt hat, und die Angabe, dass der Angeklagte ohne den erforderlichen Hinweis anders verurteilt worden ist (BGH StraFo **02**, 261; Koblenz OLGSt § 258 S 5; LR-Gollwitzer 113). Eine vollständige Wiedergabe der Anklageschrift ist nicht erforderlich, da das Revisionsgericht von Amts wegen den Inhalt der Anklage als Prozessvoraussetzung zur Kenntnis zu nehmen hat (BGH StraFo **09**, 115; Hamm VRS **99**, 448). Umfasst die Anklage mehrere Straffälle, so muss dargelegt werden, in welchem von ihnen gegen I oder II verstoßen worden ist (BGH MDR **77**, 461 [H]). Die Rüge der Verletzung von III oder IV durch Ablehnung eines Aussetzungsantrags erfordert die Mitteilung des Antrags und des wesentlichen Inhalts des ablehnenden Beschlusses (Koblenz VRS **51**, 288); uU sind auch weitere Angaben notwendig, warum die verbliebene Zeit ungenügend war (vgl BGH NStZ **96**, 99). Bei der Rüge, dem Urteil liege eine veränderte Sachlage zugrunde (oben 22, 23), ist ein entspr Tatsachenvortrag erforderlich (BGH 1 StR 587/09 vom 14. 1. 2010; Bay **92**, 161 = MDR **93**, 567).

48 Das **Urteil beruht** idR auf dem Verstoß gegen I, II. Dabei genügt, dass eine andere Verteidigung nicht ausgeschlossen werden kann; nahezuliegen braucht sie nicht (BGH NJW **85**, 2488; MDR **74**, 548 [D]; **89**, 685 [H]). Ausnahmsweise kann das Beruhen verneint werden, wenn StA und Verteidiger sich mit dem neuen Gesichtspunkt in der Hauptverhandlung befasst haben und daher nicht ersichtlich ist, dass dem Angeklagten eine andere Verteidigungsmöglichkeit offenstand (BGH MDR **77**, 63; NStZ **95**, 247; StraFo **08**, 385), oder wenn sonst sicher festgestellt werden kann, dass sich der Angeklagte auch bei einem entspr Hinweis nicht anders hätte verteidigen können (BGH **2**, 250; **23**, 95, 98; StV **88**, 329; NStZ-RR **96**, 10; BGHR § 265 I Hinweispflicht 7; Köln VRS **56**, 281, 282), oder der Angeklagte in sonstiger Weise durch das Gericht einen Hinweis erhalten hatte (BGH NStZ **92**, 249: Beschluss nach § 81 a). In Zweifelsfällen sind Ausführungen zur Beruhensfrage in der Revisionsrechtfertigungsschrift erforderlich (BGHR § 265 I Hinweispflicht 9; BGH 1 StR 587/09 vom 14. 1. 2010; erg 27 zu § 344).

Befragung nach freiwilligen Bewährungsleistungen

265a **[1]Kommen Auflagen oder Weisungen (§§ 56 b, 56 c, 59 a Abs. 2 des Strafgesetzbuches) in Betracht, so ist der Angeklagte in geeigneten Fällen zu befragen, ob er sich zu Leistungen erbietet, die der Genugtuung für das begangene Unrecht dienen, oder Zusagen für seine künftige Lebensführung macht. [2]Kommt die Weisung in Betracht, sich einer Heilbehandlung oder einer Entziehungskur zu unterziehen oder in einem geeigneten Heim oder einer geeigneten Anstalt Aufenthalt zu nehmen, so ist er zu befragen, ob er hierzu seine Einwilligung gibt.**

1 **1)** Von **Auflagen und Weisungen** nach §§ 56 b, 56 c StGB sieht das Gericht idR ab, wenn der Verurteilte sich zu angemessenen Leistungen verpflichtet, die der Genugtuung für begangenes Unrecht dienen (§ 56 b III StGB), oder wenn er entspr Zusagen für seine künftige Lebensführung macht (§ 56 c IV StGB) und damit zu rechnen ist, dass er die Leistungen erbringen und die Zusagen einhalten wird. Dasselbe gilt bei der Verwarnung mit Strafvorbehalt (vgl § 59 a II S 2 iVm § 56 c III, IV StGB).

2 Für den Fall, dass Auflagen und Weisungen in Betracht kommen, schreibt **S 1** vor, dass der Angeklagte in geeigneten Fällen befragt wird, ob er sich zu freiwilligen Leistungen erbietet und Zusagen macht. Das dient der Vorbereitung der vom Gericht zu treffenden Entscheidung, insbesondere auch der Klärung, welche Auflagen und Weisungen für den Angeklagten zumutbar sind (vgl §§ 56 b I S 2, 56 c I S 2 StGB).

S 2 gilt für den Fall, dass eine der Weisungen nach § 56c III StGB, die nur mit Einwilligung des Verurteilten zulässig sind, in Betracht kommt; er ist dann zu befragen, ob er diese Einwilligung gibt. Wegen der meist einschneidenden Wirkung der Maßnahmen nach § 56c III StGB empfiehlt es sich, dass der Vorsitzende den Angeklagten auf die Bedeutung seiner Einwilligung besonders hinweist. 3

2) Voraussetzungen der Befragung: 4

A. **In Betracht kommen** müssen die Auflagen oder Weisungen. Das ist der Fall, wenn mit einiger Wahrscheinlichkeit zu erwarten ist, dass der Angeklagte verurteilt, die Strafe zur Bewährung ausgesetzt und eine Auflage oder Weisung angeordnet wird (LR-Gollwitzer 4). Sofern der Angeklagte nicht voll geständig ist, kann das idR erst auf Grund einer Zwischenberatung beurteilt werden, die einen bestimmten Schuldspruch ins Auge fasst. Die Möglichkeit einer solchen Beratung setzt § 265a stillschweigend voraus (Schmidt-Hieber NJW **82**, 1020). 5

B. Auf **geeignete Fälle** ist die Befragung nach S 1 beschränkt. Sie setzt voraus, dass nach der Persönlichkeit des Angeklagten mit der Einhaltung seiner Zusagen zu rechnen ist (LR-Gollwitzer 5). Die Befragung unterbleibt, wenn der Angeklagte seine Freisprechung erstrebt und sich mit seinem übrigen Vorbringen in Widerspruch setzen würde, falls er sich zu Leistungen oder Zusagen der in S 1 bezeichneten Art erböte (Wulf JZ **70**, 161). Sie unterbleibt insbesondere, wenn aus anderen Gründen ein echtes und annehmbares Anerbieten bei der Persönlichkeit des Angeklagten oder den Umständen des Falles nicht zu erwarten ist. 6

Im Fall des **S 2** ist die Befragung zwingend, sofern der Angeklagte die erforderliche Einwilligung zu der in Betracht gezogenen Maßnahme nicht schon vorher erteilt hatte. 7

3) Die **Befragung** ist Aufgabe des Vorsitzenden. Er nimmt sie aber erst vor, nachdem er sich mit den anderen Gerichtsmitgliedern darüber verständigt hat, dass die Befragung nach der Verfahrenslage überhaupt in Betracht kommt. Dem Angeklagten steht es frei, zu antworten oder zu schweigen. Seine Einwilligung kann er bis zur Erteilung der Weisung widerrufen (LR-Gollwitzer 13). 8

Bei **Abwesenheitsverhandlungen,** in denen der Angeklagte nach § 234 vertreten wird, kann der Vertreter befragt werden und Erklärungen für den Angeklagten abgeben. 9

4) Zeitpunkt der Befragung: Wenn der Angeklagte nicht voll geständig ist, erfolgt die Befragung idR erst nach Schluss der Beweisaufnahme vor dem letzten Wort (§ 258 III) des Angeklagten (LR-Gollwitzer 9; Wulf JZ **70**, 161). Gelangt das Gericht erst in der Urteilsberatung zu dem Ergebnis, dass Auflagen oder Weisungen in Betracht kommen, so muss erneut in die Hauptverhandlung eingetreten (28 zu § 258) und die Befragung vor der Urteilsverkündung nachgeholt werden. Die vorher unterbliebene Befragung kann noch nach der Urteilsverkündung, aber vor Verkündung des Beschlusses nach § 268a erfolgen; der Beschluss darf dann erst nach erneuter Beratung erlassen werden (Wulf JZ **70**, 161). 10

5) In das **Sitzungsprotokoll** müssen die Befragung durch den Vorsitzenden und die darauf abgegebenen Erklärungen des Angeklagten aufgenommen werden; sie sind wesentliche Förmlichkeiten iS des § 273 I (LR-Gollwitzer 15). 11

6) Die **Beschwerde** gegen den Beschluss nach § 268a I kann nicht auf die Unterlassung der Befragung nach S 1 gestützt werden (§ 305a I S 2; Köln NJW **05**, 1671). Wird eine Weisung nach § 56c III StGB ohne Einwilligung erteilt, so ist das stets ein Beschwerdegrund. 12

7) Revision ist ausgeschlossen, weil die Auflagen und Weisungen nicht Teil des Urteils sind (LR-Gollwitzer 17). Werden sie versehentlich in das Urteil aufgenommen, so wird dieser Urteilsteil als Beschluss nach § 268a, eine dagegen etwa eingelegte Revision als Beschwerde behandelt (11 zu § 296). 13

Nachtragsanklage

266 **I Erstreckt der Staatsanwalt in der Hauptverhandlung die Anklage auf weitere Straftaten des Angeklagten, so kann das Gericht sie durch Beschluss in das Verfahren einbeziehen, wenn es für sie zuständig ist und der Angeklagte zustimmt.**

II [1]Die Nachtragsanklage kann mündlich erhoben werden. [2]Ihr Inhalt entspricht dem § 200 Abs. 1. [3]Sie wird in die Sitzungsniederschrift aufgenommen. [4]Der Vorsitzende gibt dem Angeklagten Gelegenheit, sich zu verteidigen.

III [1]Die Verhandlung wird unterbrochen, wenn es der Vorsitzende für erforderlich hält oder wenn der Angeklagte es beantragt und sein Antrag nicht offenbar mutwillig oder nur zur Verzögerung des Verfahrens gestellt ist. [2]Auf das Recht, die Unterbrechung zu beantragen, wird der Angeklagte hingewiesen.

1 **1) Nachtragsanklage** (I, II):

2 A. Auf **weitere Straftaten des Angeklagten** (I), auch auf OWien (vgl §§ 42, 64 OWiG), kann die StA die Anklage erstrecken. Begriffsnotwendig muss es sich um Taten handeln, die nicht nur rechtlich selbstständig (§ 53 StGB) sind, sondern mit den angeklagten Taten auch nicht iS des § 264 eine einheitliche Handlung bilden, so dass das Gericht sie nicht schon nach dieser Vorschrift mit aburteilen kann (BGH NJW **70**, 904 = JZ **71**, 105 mit krit Anm Kleinknecht; Koblenz VRS **46**, 204; Saarbrücken NJW **74**, 375; Achenbach MDR **75**, 19). So sind weitere Teilakte einer Dauerstraftat oder einer Bewertungseinheit keine weiteren Straftaten iS des I (LR-Gollwitzer 3; vgl auch BGH NStZ **82**, 128; erg 9 zu 264). Etwas anderes gilt, wenn bis zum Erlass des Eröffnungsbeschlusses kein strafbarer Einzelakt nachzuweisen ist; später begangene Handlungen können dann Gegenstand der Nachtragsanklage sein (vgl BGH **27**, 115, 117; Bay **63**, 115 = OLGSt S 1). Nachtragsanklage kann auch zwecks wahldeutiger Verurteilung wegen der nichtangeklagten Alternativstraftat (Greff, Die verfahrensrechtliche Bewältigung wahldeutiger Verurteilungen bei mehreren prozessualen Taten, 2002, S 89 ff) oder wegen einer erst in der Hauptverhandlung festgestellten Tat erhoben werden, die kein Teilakt der angeklagten Dauerstraftat ist (vgl auch BGH NStZ **82**, 128; 519; NJW **93**, 3338 mwN zur fortgesetzten Handlung).

3 Ein **sachlicher Zusammenhang** iS des § 3 zwischen der angeklagten und der weiteren Tat ist nicht erforderlich. Auch Gleichartigkeit der Taten wird nicht vorausgesetzt. Die Bildung einer Gesamtstrafe braucht nicht möglich zu sein.

4 B. Die **Erhebung der Nachtragsanklage** (II) steht im Ermessen der StA. Sie kann auch ein neues Strafverfahren einleiten (Gollwitzer JR **96**, 476; Lüttger GA **57**, 206), das aber wegen der Sonderregelung des § 266 nicht entspr § 4 (dort 9) mit dem laufenden Verfahren verbunden werden kann; sollen beide Verfahren verbunden verhandelt werden, muss mit der Hauptverhandlung neu begonnen werden (BGH **53,** 108). Die Nachtragsanklage kann bis zum Beginn der Urteilsverkündung (§ 268 II) erhoben werden (BGH MDR **55**, 397 [D]; KK-Engelhardt 4; **aM** KMR-Stuckenberg 9; LR-Gollwitzer 9: bis zum Schluss der Hauptverhandlung).

5 Sie muss **mündlich** erhoben werden; S 1 ist insoweit keine Kannvorschrift (KK-Engelhardt 3). Legt der StA dem Gericht eine schriftliche Nachtragsanklage vor, so muss er ihren Inhalt daher erst mündlich in der Hauptverhandlung vortragen, bevor die Erstreckung des Verfahrens zulässig ist. Dabei kann er auf die Schrift Bezug nehmen; fehlt es selbst hieran, so ist die Nachtragsanklage nicht wirksam erhoben (Bay DAR **85**, 245 [R]).

6 **Inhaltlich** muss die Nachtragsanklage, auch wenn sie nur mündlich erhoben wird, den Erfordernissen des § 200 I S 1 entsprechen. Sie muss die dem Angeklagten zur Last gelegte weitere Tat unter Hervorhebung ihrer gesetzlichen Merkmale und der Zeit und des Ortes ihrer Begehung sowie das anzuwendende Strafrecht

bezeichnen; das wesentliche Ermittlungsergebnis braucht nicht mitgeteilt zu werden (LR-Gollwitzer 7). Die Erhebung der Nachtragsanklage in einer den Mindestanforderungen entspr Form gehört zu den von Amts wegen zu beachtenden Prozessvoraussetzungen (BGH NStZ **86**, 207 [Pf/M]; 276; Bay **53**, 1 = NJW **53**, 674; Koblenz VRS **49**, 43).

Die Nachtragsanklage wird in die **Sitzungsniederschrift** aufgenommen (S 3). **7**
Die schriftlich eingereichte Nachtragsanklage kann als Anlage zum Protokoll genommen und zu seinem Bestandteil gemacht werden (LR-Gollwitzer 8).

2) Voraussetzungen der Einbeziehung (I): **8**

A. **Zuständigkeit des Gerichts:** Gemeint ist die sachliche Zuständigkeit; die **9**
örtliche ist stets gegeben (§ 13). Die Zuständigkeit eines niederen Gerichts hindert die Einbeziehung nicht (§ 269), die eines höheren Gerichts selbst dann, wenn das Gericht die Sache von vornherein insgesamt oder jedenfalls wegen der einbezogenen Tat nach § 270 an dieses Gericht verweisen will.

In der **Berufungsverhandlung** kann § 266 nicht angewendet werden, da die **10**
kleine StrK, die nur Berufungsgericht ist, die weitere Straftat nicht in das Berufungsverfahren einbeziehen kann (Stuttgart NStZ **95**, 51; KMR-Stuckenberg 3; Meyer-Goßner JR **85**, 454; Palder JR **86**, 96); mangels sachlicher Zuständigkeit kann auch für die JugK nichts anderes gelten (**aM** HK-Rautenberg 2 zu § 332; zw SK-Frisch 6 zu § 332). Eine Nachtragsanklage, die nur den Sinn hat, die im Berufungsverfahren fehlende Voraussetzung einer zugelassenen Anklage nachzuholen, ist unzulässig, da sie sich nicht auf eine weitere Straftat iS I bezieht (BGH **33**, 167 = JR **86**, 119 mit Anm Naucke; Palder JR **86**, 97).

B. Nur mit **Zustimmung des Angeklagten** ist die Einbeziehung möglich **11**
(BGH NStZ-RR **99**, 303: auch bei Serienstraftaten; Jahn/Schmitz wistra **01**, 328). Sie muss ausdrücklich und eindeutig erklärt werden (BGH NJW **84**, 2172 = JR **85**, 125 mit Anm Gollwitzer). Das bloße Unterlassen eines Widerspruchs oder die sachliche Einlassung auf die Nachtragsanklage genügt nicht (BGH aaO; Bay **53**, 1 = NJW **53**, 674; LG München I MDR **78**, 161).

Der Angeklagte muss die Zustimmung **persönlich erklären.** Eine von dem **12**
Verteidiger in seiner Gegenwart erklärte Zustimmung ist aber wirksam, wenn der Angeklagte ihr nicht widerspricht. Der Widerspruch des Verteidigers gegen die Zustimmungserklärung des Angeklagten ist unbeachtlich (KK-Engelhardt 7; LR-Gollwitzer 16; **aM** Rieß NJW **77**, 883 Fn 34; Spendel JZ **59**, 741). Findet die Verhandlung in Abwesenheit des Angeklagten statt, so genügt es nicht, dass der Verteidiger zustimmt; § 234 a gilt nicht (dort 3).

Die Zustimmung, die nicht widerrufen werden kann (allg M), gehört zu den **13**
wesentlichen Förmlichkeiten der Verhandlung iS des § 273 I und muss daher im Sitzungsprotokoll beurkundet werden (BGH NJW **84**, 2172 = JR **85**, 125 mit Anm Gollwitzer; MDR **77**, 984 [H]).

Das **Fehlen der Zustimmung** soll nach hM kein in jeder Lage des Verfahrens **14**
zu beachtendes Prozesshindernis (BGH NStZ-RR **99**, 303; Karlsruhe StV **02**, 184 mit Anm Keller/Kelnhofer; **aM** LG München I MDR **78**, 161; AK-Loos 12; vgl auch Jahn/Schmitz wistra **01**, 333), sondern im Rechtsmittelzug nur auf Rüge zu berücksichtigen sein, dann aber zur Einstellung des Verfahrens führen (BGH aaO; MDR **77**, 984 [H]; Hamm StV **96**, 532). Dem kann nicht gefolgt werden (zust KMR-Stuckenberg 19), weil es eine Verfahrenseinstellung ohne Vorliegen eines Verfahrenshindernisses (abgesehen von §§ 153 ff) nach den Regeln der StPO nicht gibt (Meyer-Goßner Eser-FS 381; erg Einl 60 a; 9 c zu Art 6 MRK). Der ohne Zustimmung des Angeklagten erlassene Einbeziehungsbeschluss steht einem unwirksamen Eröffnungsbeschluss gleich und führt damit zu einem von Amts wegen zu beachtenden Befassungsverbot (Einl 143 a, 150).

3) Der **Einbeziehungsbeschluss** (I) ist eine Ermessensentscheidung, die das **15**
Gericht, nicht der Vorsitzende allein, trifft (BGH StV **95**, 342; **02**, 183). Er hat die

Wirkung eines Eröffnungsbeschlusses (unten 21) und muss in der Hauptverhandlung bekanntgemacht werden (§ 35 I). Den Erfordernissen des § 207 braucht er nicht zu entsprechen (Hamburg VRS **107**, 449; KK-Engelhardt 8); er kann auf die protokollierte Nachtragsanklage oder die als Anlage zum Protokoll genommene Anklageschrift (oben 7) Bezug nehmen, wenn er nicht von ihr abweicht. Erforderlich ist nur, dass allen Prozessbeteiligten durch das Gericht deutlich gemacht wird, dass und in welchem Umfang die weitere Tat Gegenstand des Verfahrens wird (Oldenburg JR **63**, 109), und dass insbesondere der Angeklagte erkennen kann, welche weitere Handlung ihm zur Last gelegt wird und welchen gesetzlichen Tatbestand sie erfüllt (Bay **53**, 1 = NJW **53**, 674). Dann kann ausnahmsweise auch das Fehlen eines ausdrücklichen Einbeziehungsbeschlusses unschädlich sein (BGH NJW **90**, 1055 mwN; **aM** KMR-Stuckenberg 22; erg unten 20).

16 Der Einbeziehungsbeschluss setzt wie der Eröffnungsbeschluss **hinreichenden Tatverdacht** voraus (LR-Gollwitzer 19; Hilger JR **83**, 441; Lüttger GA **57**, 206; Meyer-Goßner JR **84**, 53; **aM** Fezer 9/289). Selbst wenn dieser Verdacht besteht, steht die Einbeziehung aber im Ermessen des Gerichts. Dass die Tat vorher nach § 154 I ausgeschieden worden ist, steht nicht entgegen.

17 Der Beschluss muss nach § 273 I im **Sitzungsprotokoll** beurkundet werden (BGH StV **95**, 342).

18 Weder der Einbeziehungsbeschluss noch der ablehnende Beschluss bedarf der **Begründung.** Insbesondere ist die Begründung überflüssig, es fehle der hinreichende Tatverdacht (vgl Meyer-Goßner JR **84**, 53). Wird sie dennoch gegeben, so tritt die Sperrwirkung des § 211 nicht ein (LR-Gollwitzer 24a; Meyer-Goßner aaO; **aM** Hilger JR **83**, 411, der folgerichtig der StA das Beschwerderecht nach § 210 II geben will, wodurch aber der Beschleunigungseffekt des § 266 entfiele).

19 Eine **nicht zulässig erhobene Nachtragsanklage** wird durch Beschluss als unzulässig zurückgewiesen, eine im Hinblick auf § 264 überflüssige (oben 2) vom Vorsitzenden für gegenstandslos erklärt (Kleinknecht JZ **71**, 106; vgl auch Saarbrücken NJW **74**, 375, 376). Eine Beschlussentscheidung ist nur angebracht, wenn über die Tragweite des § 264 Zweifel bestehen (weitergehend BGH NJW **70**, 904 = JZ **71**, 105 mit Anm Kleinknecht: Zurückweisungsbeschluss immer zulässig).

20 Das **Fehlen des Einbeziehungsbeschlusses** ist wie das Fehlen des Eröffnungsbeschlusses ein von Amts wegen zu beachtendes Prozesshindernis, das idR zur Einstellung des Verfahrens führt (BGH StV **96**, 5; **02**, 183; zu einem Ausnahmefall vgl BGH NJW **90**, 1055).

21 **4) Weiteres Verfahren:** Der Erlass des Einbeziehungsbeschlusses entspricht dem Eröffnungsbeschluss und seiner Verlesung (BGH **9**, 243, 245; Bay **53**, 1 = NJW **53**, 674). Durch ihn wird die einbezogene Tat der Untersuchung und Entscheidung des Gerichts unterstellt; sie wird rechtshängig. Die Einhaltung des regelmäßigen Verfahrensgangs nach §§ 243, 244 I ist idR nicht möglich (BGH MDR **55**, 397 [D]). Eine erneute Belehrung nach § 243 V S 1 ist entbehrlich. Jedoch muss der Angeklagte nach § 243 V S 2 zu der Nachtragsanklage vernommen werden; II S 4 enthält insoweit eine nicht gerechtfertigte Einschränkung (vgl BGH **9**, 243, 245; KK-Engelhardt 9). Es genügt insbesondere nicht, dass der Angeklagte vor Erlass des Einbeziehungsbeschlusses Gelegenheit zur Stellungnahme hatte. Einer Wiederholung der vor Erhebung der Nachtragsanklage stattgefundenen Beweisaufnahme bedarf es nicht (BGH NJW **84**, 2172 = JR **85**, 125 mit Anm Gollwitzer).

21a Bei **Nichteinbeziehung** ist die Nachtragsanklage endgültig erledigt; ein Eröffnungsbeschluss außerhalb der Hauptverhandlung ist ausgeschlossen (BGH StraFo **05**, 203; Karlsruhe StV **02**, 184 mit zust Anm Keller/Kelnhofer). Dem Tatrichter steht es jedoch grundsätzlich frei, in Abstimmung mit der StA die zusätzlichen Vorwürfe nach einer hierauf bezogenen weiteren Anklage durch Eröffnung und Verbindung zum Gegenstand einer einheitlichen Hauptverhandlung zu machen (BGH StV **08**, 226); bei schon laufender Hauptverhandlung muss dann aber mit der Hauptverhandlung neu begonnen werden (BGH **53**, 108).

5) Unterbrechung der Verhandlung (III): Auf Antrag des Angeklagten, der nicht offenbar mutwillig (dazu krit Fahl 47) oder nur zur Verfahrensverzögerung gestellt ist, muss die Verhandlung im Rahmen der Höchstdauer des § 229 unterbrochen werden. Eine Aussetzung nach § 228 kommt idR nicht in Betracht, da sie die Prozessbeschleunigung zunichte machen würde, die § 266 bewirken will. Die Unterbrechung kann auch von Amts wegen angeordnet werden, wenn der Vorsitzende sie für erforderlich hält, zB weil Beweismittel heranzuschaffen sind oder der Angeklagte Gelegenheit erhalten muss, seine Verteidigung vorzubereiten. Gegen die Entscheidung des Vorsitzenden kann nach § 238 II auf gerichtliche Entscheidung angetragen werden. 22

Den **Hinweis auf das Antragsrecht** schreibt S 2 vor. 23

6) Anfechtung: Weder der Einbeziehungsbeschluss oder der Beschluss, der die Einbeziehung ablehnt, noch die Verfügung des Vorsitzenden, mit der die Unterbrechung der Verhandlung nach III S 1 angeordnet oder abgelehnt wird, kann mit der Beschwerde angefochten werden. Mit der Revision kann geprüft werden, dass die nach I erforderliche Zustimmung des Angeklagten nicht erteilt worden ist (oben 14). 24

Urteilsgründe

267 **I** [1] **Wird der Angeklagte verurteilt, so müssen die Urteilsgründe die für erwiesen erachteten Tatsachen angeben, in denen die gesetzlichen Merkmale der Straftat gefunden werden.** [2] **Soweit der Beweis aus anderen Tatsachen gefolgert wird, sollen auch diese Tatsachen angegeben werden.** [3] **Auf Abbildungen, die sich bei den Akten befinden, kann hierbei wegen der Einzelheiten verwiesen werden.**

II Waren in der Verhandlung vom Strafgesetz besonders vorgesehene Umstände behauptet worden, welche die Strafbarkeit ausschließen, vermindern oder erhöhen, so müssen die Urteilsgründe sich darüber aussprechen, ob diese Umstände für festgestellt oder für nicht festgestellt erachtet werden.

III [1] **Die Gründe des Strafurteils müssen ferner das zur Anwendung gebrachte Strafgesetz bezeichnen und die Umstände anführen, die für die Zumessung der Strafe bestimmend gewesen sind.** [2] **Macht das Strafgesetz Milderungen von dem Vorliegen minder schwerer Fälle abhängig, so müssen die Urteilsgründe ergeben, weshalb diese Umstände angenommen oder einem in der Verhandlung gestellten Antrag entgegen verneint werden; dies gilt entsprechend für die Verhängung einer Freiheitsstrafe in den Fällen des § 47 des Strafgesetzbuches.** [3] **Die Urteilsgründe müssen auch ergeben, weshalb ein besonders schwerer Fall nicht angenommen wird, wenn die Voraussetzungen erfüllt sind, unter denen nach dem Strafgesetz in der Regel ein solcher Fall vorliegt; liegen diese Voraussetzungen nicht vor, wird aber gleichwohl ein besonders schwerer Fall angenommen, so gilt Satz 2 entsprechend.** [4] **Die Urteilsgründe müssen ferner ergeben, weshalb die Strafe zur Bewährung ausgesetzt oder einem in der Verhandlung gestellten Antrag entgegen nicht ausgesetzt worden ist; dies gilt entsprechend für die Verwarnung mit Strafvorbehalt und das Absehen von Strafe.** [5] **Ist dem Urteil eine Verständigung (§ 257 c) vorausgegangen, ist auch dies in den Urteilsgründen anzugeben.**

IV [1] **Verzichten alle zur Anfechtung Berechtigten auf Rechtsmittel oder wird innerhalb der Frist kein Rechtsmittel eingelegt, so müssen die erwiesenen Tatsachen, in denen die gesetzlichen Merkmale der Straftat gefunden werden, und das angewendete Strafgesetz angegeben werden; bei Urteilen, die nur auf Geldstrafe lauten oder neben einer Geldstrafe ein Fahrverbot oder die Entziehung der Fahrerlaubnis und damit zusammen die Einziehung des Führerscheins anordnen oder bei Verwarnungen mit Strafvorbehalt, kann hierbei auf**

den zugelassenen Anklagesatz, auf die Anklage gemäß § 418 Abs. 3 Satz 2 oder den Strafbefehl sowie den Strafbefehlsantrag verwiesen werden. [2]Absatz 3 Satz 5 gilt entsprechend. [3]Den weiteren Inhalt der Urteilsgründe bestimmt das Gericht unter Berücksichtigung der Umstände des Einzelfalls nach seinem Ermessen. [4]Die Urteilsgründe können innerhalb der in § 275 Abs. 1 Satz 2 vorgesehenen Frist ergänzt werden, wenn gegen die Versäumung der Frist zur Einlegung des Rechtsmittels Wiedereinsetzung in den vorigen Stand gewährt wird.

V [1]**Wird der Angeklagte freigesprochen, so müssen die Urteilsgründe ergeben, ob der Angeklagte für nicht überführt oder ob und aus welchen Gründen die für erwiesen angenommene Tat für nicht strafbar erachtet worden ist. [2]Verzichten alle zur Anfechtung Berechtigten auf Rechtsmittel oder wird innerhalb der Frist kein Rechtsmittel eingelegt, so braucht nur angegeben zu werden, ob die dem Angeklagten zur Last gelegte Straftat aus tatsächlichen oder rechtlichen Gründen nicht festgestellt worden ist. [3]Absatz 4 Satz 3 ist anzuwenden.**

VI [1]**Die Urteilsgründe müssen auch ergeben, weshalb eine Maßregel der Besserung und Sicherung angeordnet, eine Entscheidung über die Sicherungsverwahrung vorbehalten oder einem in der Verhandlung gestellten Antrag entgegen nicht angeordnet oder nicht vorbehalten worden ist. [2]Ist die Fahrerlaubnis nicht entzogen oder eine Sperre nach § 69a Abs. 1 Satz 3 des Strafgesetzbuches nicht angeordnet worden, obwohl dies nach der Art der Straftat in Betracht kam, so müssen die Urteilsgründe stets ergeben, weshalb die Maßregel nicht angeordnet worden ist.**

Übersicht

1 **1) Schriftliche Urteilsgründe** sind die durch die Unterschriften der Richter (§ 275) gedeckten Gründe des Gerichts (BGH wistra **87**, 181), die in der Beratung gewonnen worden sind. Umstände, die nach der Beratung hervorgetreten sind, dürfen daher grds nicht berücksichtigt werden (BGH NStZ **88**, 213 [M]). Zwar darf der Vorsitzende bei der mündlichen Urteilsverkündung (§ 268 II S 1) nur die Gründe erwähnen, die für das Gericht maßgebend waren. Jedoch ist die mündliche Urteilsbegründung ihrer Natur nach nur vorläufiger Art; maßgebend sind die schriftlichen Urteilsgründe (§ 275). Über den Zweck der Begründung vgl 1 zu § 34. Die Urteilsgründe dienen nicht der Dokumentation all dessen, was in der Hauptverhandlung ausgesagt oder verlesen wurde (BGH NStZ **95**, 20 [K]; BGHR § 267 Darstellung 1). Verfahrensrechtliche Vorgänge werden im Urteil nicht erörtert, auch nicht der Verlauf der Urteilsberatung und das Abstimmungsergebnis.

Jedoch muss bei Zweifeln über ihr Vorhandensein das Vorliegen der Prozessvoraussetzungen (Einl 141 ff) dargelegt werden (Hamm GA **86**, 562).

Bezugnahmen auf Aktenteile (zB Anklageschrift, Sitzungsprotokoll, Schriftstücke, Gutachten) sind unzulässig (BGH NStZ **87**, 374; NStZ-RR **03**, 99 [B]; StV **04**, 4; 4 StR 101/09 vom 28. 5. 2009; Hamm StraFo **02**, 132), auch wenn sie „angesiegelt" werden (BGH NStZ **07**, 478) und auch, soweit es sich um den Einziehungsanspruch handelt (BGH StV **81**, 396). Grundsätzlich muss jedes Strafurteil aus sich selbst heraus verständlich sein (BGH **30**, 225, 227; **33**, 59, 60; NStZ **92**, 49; **94**, 400; NStZ-RR **96**, 109; **00**, 304; **09**, 116); auch durch Bezugnahme auf ein eigenes früheres Urteil können die notwendigen eigenen Darlegungen im Urteil nicht ersetzt werden (BGH NStZ-RR **07**, 22). Anlagen zum Urteil, zB die Berechnung der verkürzten Steuer, sind erlaubt, wenn sie mit dem Urteil eine Einheit bilden (BGH NStZ **87**, 374). Dagegen genügt nicht die Angabe, die in einem Hilfsantrag unter Beweis gestellten Tatsachen seien als wahr unterstellt worden (Celle JR **85**, 32 mit Anm J. Meyer). Bei der Bildung der Gesamtstrafe nach § 55 StGB darf nicht auf die Strafzumessungsgründe des einbezogenen Urteils Bezug genommen werden (BGH NStZ **86**, 208 [Pf/M]; NStZ-RR **03**, 5 [B]). 2

Jedoch kann ein **Berufungsurteil,** sofern dadurch die Gesamtdarstellung nicht unklar wird, in der Weise auf das 1. Urteil Bezug nehmen, dass genau angegeben wird, in welchem Umfang dessen Inhalt übernommen wird (BGH **33**, 59; Hamm StV **09**, 403 L; Oldenburg StV **89**, 55); das gilt bei Verwerfung der Berufung auch hinsichtlich der Feststellungen zu den persönlichen und wirtschaftlichen Verhältnissen des Angeklagten (Stuttgart NStZ-RR **03**, 83). Erforderlich ist aber eine genaue Beschreibung des Gegenstandes der Bezugnahme oder die Angabe der Seiten, Absätze und Sätze (Hamm NStZ-RR **97**, 369 mwN). Ist die Berufung auf den Rechtsfolgenausspruch beschränkt, bedarf es einer Bezugnahme auf den rechtskräftigen Schuldspruch nicht (BGH NStZ-RR **01**, 202; Hamm VRS **102**, 206). Bei Änderung des Schuldspruchs (Köln MDR **79**, 865) oder der Beweiswürdigung (Oldenburg NdsRpfl **54**, 35) ist die Bezugnahme hingegen unzulässig. Auch auf die Feststellungen der aufgehobenen amtsgerichtlichen Entscheidung zur Person des Angeklagten (BGH wistra **88**, 33) und die Strafzumessungserwägungen des 1. Richters darf grundsätzlich nicht Bezug genommen werden (München wistra **06**, 160), jedenfalls dann nicht, wenn in der Berufungsverhandlung neue wesentliche Strafzumessungskriterien hervorgetreten sind (Schleswig SchlHA **85**, 33 [E/L]). Ebenso ist die Bezugnahme auf Feststellungen in einem vom Revisionsgericht aufgehobenen Urteil grundsätzlich unzulässig (46 zu § 354). Wegen der Urteile im wiederaufgenommenen Verfahren vgl 7 zu § 373. Bei Verhängung einer einheitlichen Jugendstrafe nach § 31 II **JGG** müssen die in den einbezogenen Urteilen festgestellten Straftaten dargestellt und gewürdigt werden; Bezugnahme ist auch hier nicht gestattet (BGH **16**, 337; NStZ **83**, 449 [Böhm]). 2a

2) Äußerer und innerer Tatbestand als das Ergebnis der Beweiswürdigung (nicht der „Inbegriff der Verhandlung", 5 zu § 261) sind bei Verurteilung darzulegen. Beide hängen zusammen. IdR kann der innere Sachverhalt nicht verneint werden, bevor nicht der äußere festgestellt ist (BGH MDR **56**, 272 [D]; NStZ **87**, 362 mit Anm Puppe, Bay NJW **87**, 1654). Wenn die Feststellungen in einem Abschnitt der Urteilsbegründung getroffen werden, in dem sie gewöhnlich nicht ihren Platz haben (zB in einem Abschnitt „rechtliche Würdigung"), wird dadurch ihre Bedeutung nicht beeinträchtigt. Denn die schriftlichen Entscheidungsgründe bilden eine Einheit (BGH AfP **78**, 103). 3

A. Die **persönlichen Verhältnisse** des Angeklagten, sein Werdegang, die für seine Tat wesentlichen Anlagen und Umwelteinflüsse werden üblicherweise am Beginn der Urteilsgründe dargelegt (Meyer-Goßner NStZ **88**, 531). Sie können aber auch an anderen Stellen des Urteils mitgeteilt werden. IdR genügt ein relativ kurz zusammengefasster Lebenslauf (BGH NStZ-RR **04**, 66 [B]); entscheidungsunerhebliche Details sind wegzulassen (BGH NStZ-RR **07**, 131 [B]). 4

5 B. Die **für erwiesen erachteten äußeren Tatsachen** – einschl der Angabe von Ort und Zeit der Tat, soweit zur Identifizierung der Tat notwendig (vgl dazu BGH **22**, 90, 92; StV **10**, 61; 7 ff zu § 200) – werden entspr dem Ergebnis der Beweisaufnahme (§ 261) angeführt (BGH NStZ **84**, 213 [Pf/M]; **89**, 15 [M]; vgl dazu und zum Folgenden ferner die in NStZ-RR **03**, 4 [B] mitgeteilte Rspr des BGH), nicht weitschweifig, aber so vollständig, dass der Rechtskundige in den konkreten Tatsachen den abstrakten Tatbestand erkennt (BGH NStZ-RR **08**, 83). Die möglichst in sich geschlossene Darstellung des Sachverhalts muss erkennen lassen, welche Tatsachen der Richter als seine Feststellungen über die Tat seiner rechtlichen Beurteilung zugrunde legt (BGH 2 StR 424/08 vom 5. 12. 2008). Die Sachdarstellung darf nicht durch eine bloße Tabelle mit pauschalen Angaben zu den einzelnen Taten ersetzt werden (BGH NJW **92**, 1709; StV **10**, 60; BGHR § 267 I S 1 Sachdarstellung 1, 6, 10; vgl aber BGH wistra **96**, 62 und Bay **04**, 152). Das gilt auch bei Wahlfeststellung mit Tatsachenalternativität (BGH NStZ **81**, 331; 27 zu § 260) und Umgestaltung der Strafklage (9 zu § 264). Wenn der Angeklagte einer Vielzahl in Tatmehrheit stehender gleichartiger Vorfälle schuldig ist, müssen die Taten nach Zeit, Ort und ungefährer Begehungsweise festgestellt werden (BGH NStZ **92**, 602 mit zust Anm Molketin; vgl auch BGH StV **93**, 508; 528; NStZ **08**, 352: Keine genügende Bestimmtheit der einzelnen Taten; BGH NStZ **00**, 607: Wiedergabe des Gesetzeswortlauts genügt nicht; erg 7 b zu § 264). Allein die Bezeichnung „Pornofilm" ist keine hinreichende Feststellung für ein sexualbezogenes Geschehen in pornographischer Form (BGH 3 StR 440/09 vom 29. 10. 2009). Zu den Anforderungen an die Feststellung und die Beweiswürdigung von Besteuerungsgrundlagen in steuerstrafrechtlichen Urteilen BGH NJW **09**, 2546; zur Darstellung der Schadenshöhe bei Betrug und Untreue Schlösser StV **10**, 157.

6 C. Bei einer **fortgesetzten Handlung** (vgl dazu nun aber 14 zu § 260) oder einer sonstigen rechtlich einheitlichen Tat, die aus mehreren Einzelhandlungen besteht, muss jeder einzelne Akt geschildert werden (BGH NStZ **82**, 128). Eine Zusammenfassung ist nur so weit zulässig, als sie nicht zu Zweifeln über den Umfang der Rechtskraft führen kann (BGH NStZ **84**, 565; **85**, 310 L; Düsseldorf JMBlNW **87**, 287; VRS **74**, 50). Auf die Feststellung der Mindestzahl der Fälle kann in aller Regel nicht verzichtet werden (BGH GA **59**, 371; MDR **71**, 545 [D]; NStZ **83**, 326; Bay DAR **87**, 313 [D]; Düsseldorf VRS **74**, 204). Eine rein mathematische „Hochrechnung" ist unzulässig (BGH MDR **78**, 803 [H]), eine statistische Wahrscheinlichkeitsrechnung zur Ermittlung der Schadenshöhe ist aber erlaubt (BGH **36**, 320 = StV **90**, 149 mit abl Anm Salditt).

6a Bei **Serienstraftaten,** die früher vielfach unzutr als fortgesetzte Handlung gewertet wurden, ist die größtmögliche Individualisierung und Konkretisierung der Einzeltaten statt einer Schätzung der Anzahl der Taten erforderlich (BGH **42**, 107; NStZ **94**, 352; 502; 555; StV **95**, 287; **98**, 472; **02**, 523; BGHR § 267 I S 1 Mindestfeststellungen 7, 8); denn auch die serienmäßige Tatbegehung erlaubt keine Abstriche von dem Grundsatz, dass jede abgeurteilte Tat als historisch einmaliger Vorgang darzustellen ist, wobei die Individualisierung über die Angabe von Tatort und -zeit oder durch sonstige Umstände (Tatopfer, Tatbeute oä) erfolgen kann (BGH StV **99**, 137; Erb GA **95**, 437; Kuckein StraFo **97**, 37). Falls sich Feststellungen auf andere Weise nicht treffen lassen, ist es jedoch zulässig, einen rechnerisch bestimmten Teil des Gesamtgeschehens bestimmten strafrechtlich erheblichen Verhaltensweisen im Wege der Schätzung zuzuordnen, wobei die Feststellung der Zahl der Einzelakte und die Verteilung des Gesamtschadens auf diese Einzelakte nach dem Grundsatz *in dubio pro reo* erfolgt (BGH **40**, 374, 377; NStZ **04**, 568; Hofmann StraFo **03**, 72; abl Zschockelt StraFo **96**, 135; erg 15 a zu § 244). Lässt sich die Anzahl der Taten mit im Wesentlichen gleichartigen Geschehensablauf aber überhaupt nicht aufklären, ist zugunsten des Angeklagten von nur einer Tat auszugehen (BGH **40**, 374, 377; NStZ **94**, 586; **05**, 113; StV **98**, 474 mit krit Anm Hefendehl; Altvater BGH-FS 507).

D. Der **innere Tatbestand** wird zweckmäßig jeweils bei den einzelnen Punkten des äußeren Sachverhalts mit dargestellt, soweit er sich nicht von selbst aus der Schilderung des äußeren Sachverhalts ergibt. Das gilt auch, wenn der Vorsatz nur ein ungeschriebenes Tatbestandserfordernis ist (BGH **5**, 143). Die Rechtsbegriffe, die den inneren Tatbestand betreffen (zB Vorsatz, Fahrlässigkeit) müssen bei der Darstellung in die entspr tatsächlichen Bestandteile aufgelöst werden (KG DAR **62**, 56; Köln VRS **82**, 30; Oldenburg VRS **32**, 274, 276). Das Gleiche gilt für die Irrtumsfrage (§§ 15, 16 StGB). Das Urteil muss Ausführungen über das Unrechtsbewusstsein enthalten, falls dessen Fehlen nahelag, und zwar auch dann, wenn sich der Angeklagte auf das Fehlen nicht berufen hatte (BGH 4 StR 96/62 vom 15. 6. 1962; Braunschweig NJW **57**, 639, 640). 7

3) Verweisung auf Abbildungen (I S 3): Das Urteil muss die Bezugnahme deutlich und zweifelsfrei zum Ausdruck bringen (Bamberg NStZ **08**, 166; Jura NZV **08**, 165); die bloße Mitteilung der Fundstelle in den Akten sowie der Hinweis, die Abbildung sei in der Hauptverhandlung in Augenschein genommen worden, genügt nicht (KG VRS **113**, 300; Bamberg NStZ **08**, 211; Brandenburg StraFo **98**, 51; Hamm VRS **92**, 418; **113**, 432; NStZ-RR **98**, 238; Köln NJW **04**, 3274; vgl aber auch Hamm StraFo **98**, 52). Die Verweisungserlaubnis und die Ermächtigung zur Bezugnahme in IV S 1 Hs 2 schließen zugleich das Verbot sonstiger Bezugnahme ein, soweit mit ihr notwendige Teile der schriftlichen Urteilsbegründung (BGH NStZ **91**, 596: auch bei freisprechenden Urteilen) ersetzt werden sollen (oben 2). 8

Abbildung ist eine unmittelbar durch den Gesichts- oder Tastsinn wahrnehmbare Wiedergabe der Außenwelt, vor allem Fotos – auch Radarfotos – und Abzüge von anderen Bildträgern (vgl § 11 III StGB), zB Videoaufzeichnungen (Zweibrücken VRS **102**, 102), sowie Zeichnungen. Auch eine Tatort- oder Unfallskizze ist eine Abbildung. Diese kann jedoch idR leicht mit ihrem gesamten Beweisinhalt in den Urteilsgründen beschrieben werden. Eine Bezugnahme auf sie wegen weiterer Einzelheiten ist daher meist nicht sinnvoll. 9

Nur **wegen der Einzelheiten** ist die Bezugnahme erlaubt. Diese Einschränkung tritt zu der anderen, dass nur auf eine Abbildung verwiesen werden darf, die Bestandteil der Akten ist. Die Schilderung des „Aussagegehalts" der Abbildung darf nicht ganz entfallen (Düsseldorf VRS **74**, 449, 451; JMBlNW **97**, 263, letztere auch zu den Anforderungen an die Urteilsgründe bei Identifizierung durch Stimmenvergleich). Eine Beschreibung des Wesentlichsten in knapper Form ist erforderlich. Wird aber im Bußgeldverfahren wegen einer Verkehrsordnungswidrigkeit auf das bei einer Verkehrsüberwachungsmaßnahme gefertigte Beweisfoto verwiesen, so bedarf es idR keiner näheren Ausführungen, wenn das Foto zur Identifizierung generell geeignet ist. Nur wenn nach Inhalt oder Qualität des Fotos Zweifel an seiner Eignung als Grundlage für eine Identifizierung des Fahrers bestehen, muss der Richter angeben, auf Grund welcher auf dem Foto erkennbaren Identifizierungsmerkmale er die Überzeugung von der Identität des Betroffenen mit dem abgebildeten Fahrzeugführer gewonnen hat (BGH **41**, 376; Bay **96**, 34 = JR **97**, 38 mit zust Anm Göhler; Hamm VRS **104**, 368; **105**, 353); der Richter selbst muss sich überzeugt haben, nicht nur ein Sachverständiger (Frankfurt NZV **02**, 135 mit Anm Schulz) oder irgendwelche Zeugen (Köln VRS **94**, 112). Eine Beschreibung des Fotos ist entbehrlich, wenn der Richter das Foto selbst oder eine Ablichtung davon in die Urteilsgründe aufnimmt (Bay NStZ-RR **96**, 211; Düsseldorf NZV **07**, 254; Jena VRS **110**, 424; zur Unterscheidung zwischen externer und interner Verweisung und ihrer jeweiligen tat- und revisionsrechtlichen Behandlung Janke, Die Verwendung von Abbildungen bei der Begründung des Strafurteils, 2008, zugl Diss Berlin), was sich aber bei Lichtbildern pornographischen Inhalts verbietet (BGH NJW **06**, 1890, 1891). Durch eine ergänzende Verweisung wird die Abbildung als Ganzes Bestandteil der Urteilsgründe (BGH NStZ **00**, 307, 309; Hamm NZV **05**, 208; Rieß NJW **78**, 2270). Das Revisionsgericht kann die 10 bei den Akten befindliche Abbildung aus eigener Anschauung würdigen (BGH aaO; Celle OLGSt Nr 7). Soweit in den Urteilsgründen statt einer Bezugnahme ein Vergleich zwischen dem Angeklagten und dem Foto vorgenommen wird, sind Ausführungen zur Identifizierung (KG OLGSt Nr 9; Hamm DAR **04**, 597) und zur Bildqualität erforderlich (Bay DAR **98**, 147; Hamm NZV **97**, 89; StraFo **97**, 115; NStZ-RR **09**, 250), wobei es aber genügt, wenn diese Angaben aus dem Zusammenhang der Urteilsgründe entnommen werden können (Hamm VRS **92**, 271; NZV **01**, 89; vgl auch Bay **99**, 134 = VRS **97**, 429: Feststellung auf Grund einer zulässig erhobenen Verfahrensrüge). Diese Grundsätze gelten auch, wenn das Lichtbild nicht zur Täteridentifizierung, sondern aus anderen Gründen zum Gegenstand der Beweiswürdigung gemacht wird (Hamm NZV **07**, 376). Die Regeln sind ebenso anzuwenden für eine Videoaufnahme (KG VRS **114**, 34; Schleswig SchlHA **97**, 170 [L/S]) sowie für aus einem Videofilm gewonnene Fotos (Bay **98**, 170 = NStZ-RR **99**, 90), nicht aber für den Videofilm selbst (Brandenburg DAR **05**, 635; **aM** Dresden NZV **09**, 520) oder für auf einem Radarfoto eingeblendete Messprotokolle (Hamm NStZ-RR **09**, 151).

11 **4)** Die **Indizien** (I S 2) – die Beweisanzeichen oder „Untertatsachen" – sollen angegeben werden. Diese Sollvorschrift schreibt die Beurkundung nur insoweit vor, als die Rechtfertigung der Beweiswürdigung nach den Umständen des Falles unter dem Gesichtspunkt der Nachprüfbarkeit geboten erscheint (Baldus Heusinger-EG 373 ff). In diesem Rahmen muss sich das Gericht bei der Beweiswürdigung mit allen für den Tathergang wesentlichen und sich etwa weiter aufdrängenden Umständen einzeln und insgesamt befassen und auseinandersetzen (BGH **12**, 311; **14**, 165; Hanack JZ **72**, 488; 25 zu § 261). Auch dabei kann auf Abbildungen in den Akten verwiesen werden (oben 8). In den Urteilsgründen müssen alle Redewendungen vermieden werden, die den Eindruck eines verbleibenden Zweifels in einer wesentlichen Tatfrage machen (26 ff zu § 261).

12 **5) Beweiswürdigung im Übrigen:** Aus § 261 ergibt sich, dass der Tatrichter den festgestellten Sachverhalt, soweit er bestimmte Schlüsse zugunsten oder zuungunsten des Angeklagten nahelegt, iVm den sonst festgestellten Tatsachen erschöpfend zu würdigen hat (6 zu § 261); diese erschöpfende Würdigung hat er in den Urteilsgründen darzulegen (BGH NJW **80**, 2423; NStZ **07**, 538 = JR **07**, 127 mit zust Anm Deckers; Hamm VRS **69**, 137; Detter BGH-FS 681 ff; Wagner ZStW **106**, 259). Sie müssen eine Gesamtwürdigung aller in der Hauptverhandlung festgestellten Tatsachen enthalten (BGH MDR **74**, 548; NStZ **93**, 501), was aber nicht etwa bedeutet, dass in den Urteilsgründen stets in allen Einzelheiten darzulegen ist, auf welche Weise der Richter zu bestimmten Feststellungen gelangt ist (BGH NStZ **09**, 403; Schleswig SchlHA **09**, 273); denn das Abfassen unangemessen breiter Urteilsgründe ist weder durch § 267 noch sachlich-rechtlich geboten (BGH 1 StR 27/09 vom 4. 3. 2009). Die bloße Wiedergabe der Aussagen des Angeklagten und der Zeugen genügt selbst dann nicht, wenn ihr Inhalt breit dargestellt wird (BGH NStZ **85**, 184; **96**, 326 [K]); **98**, 51; JZ **90**, 297). Das ist regelmäßig sogar fehlerhaft und kann den Bestand des Urteils gefährden, weil dies eine Beweisdokumentation, aber keine Beweiswürdigung ist (BGH NStZ **97**, 377 [K]; NStZ-RR **00**, 293 [K]; **09**, 183; wistra **04**, 150), ebenso liegt es bei Erörterung hypothetischer Geschehensmöglichkeiten und überflüssiger Beweiserhebungen (BGH NStZ-RR **03**, 49). Die Beweiswürdigung dient auch nicht dazu, für alle Sachverhaltsfeststellungen einen Beleg zu erbringen oder mitzuteilen, welche Beweise in der Hauptverhandlung erhoben worden sind (BGH NStZ-RR **97**, 270; **98**, 277; NStZ **07**, 720; NJW **10**, 882, 883; Meyer-Goßner NStZ **88**, 532). Ausführungen zur Verwertbarkeit von Beweismitteln sind von Rechts wegen nicht geboten (vgl BGH NJW **06**, 1361, 1362; **09**, 2612, 2613; wistra **06**, 311, 313). Vielmehr muss die Einlassung des Angeklagten mitgeteilt (BGH NStZ-RR **97**, 172; Hamm StraFo **03**, 133; StV **08**, 401; Jena VRS **114**, 458) und unter Berücksichtigung der erhobenen Beweise gewürdigt werden (BGH StV **84**, 64 L;

Düsseldorf NStZ **85**, 323; Köln VRS **87**, 205; StraFo **03**, 313; Stuttgart Justiz **90**, 372); seine bestreitende Einlassung und ihre Widerlegung bestimmen Umfang und Inhalt der Darlegung im Urteil (so zutr v. Schledorn, Die Darlegungs- und Beweiswürdigungspflicht des Tatrichters im Falle der Verurteilung, 1997, S 158; zugl Diss Passau 1997). Zusätze wie „zur festen" oder „zur sicheren" Überzeugung des Gerichts sei etwas erwiesen, sind überflüssig und können uU Anlass zu Missdeutungen geben (BGH NStZ-RR **01**, 129 [K]), jedenfalls einen Mangel der Beweiswürdigung nicht ausgleichen (BGH StraFo **03**, 132; 2 StR 557/04 vom 30. 11. 2005).

Um die **Beweiswürdigung nachvollziehbar zu machen** (2 zu § 261), muss zB dargetan werden, warum der Zeuge und nicht der Angeklagte glaubwürdig (Düsseldorf VRS **66**, 36) und warum einem Zeugen nur teilw geglaubt worden ist (BGH MDR **78**, 988 [H]; Braunschweig StV **09**, 120). Jede ernsthaft in Betracht kommende Fallgestaltung ist abzuhandeln (BGH NStZ **84**, 212 [Pf/M]; zum „Rache-Motiv" vgl BGH NStZ-RR **03**, 206), besonders wenn der Angeklagte zur Sache geschwiegen hat (BGH MDR **80**, 108 [H]). Eine Auseinandersetzung mit gegenüber dem Vorverfahren abweichender Darstellung eines Angeklagten ist erforderlich (Hamm StV **07**, 630), ebenso mit der abweichenden Aussage eines Zeugen, wenn sich daraus erhebliche Bedenken gegen seine Glaubwürdigkeit ergeben (BGH StraFo **03**, 274; BGHR § 261 Inbegriff der Verhandlung 21; vgl auch BGH NStZ **92**, 48 zur wechselnden Einlassung des Angeklagten) oder wenn auf die „Aussagenkonstanz" abgestellt wird (BGH StV **08**, 237), ebenso bei der Konstellation „Aussage gegen Aussage" (BGH NStZ-RR **10**, 20 L; Frankfurt NZV **04**, 158; vgl 11 a zu § 261). Ferner müssen nahe liegendes Verteidigungsvorbringen abgehandelt und sich aufdrängende Beweisumstände erörtert werden (BGH NStZ **84**, 212 [Pf/M]). Bleibt ein Beweismittel unerwähnt, so ist daraus nicht zu schließen, dass es übersehen worden ist (BGH StV **91**, 340; NStZ-RR **01**, 174), anders nur im Fall des § 273 III (Hamm NStZ-RR **06**, 18 L). Das gilt auch, wenn ein verwendetes Beweismittel in der überflüssigen, aber vielfach üblichen formelhaften Aufzählung nicht erwähnt ist (BGH NJW **51**, 325). Wenn sich in der Hauptverhandlung wesentliche neue tatsächliche Gesichtspunkte herausgestellt haben, muss sich aus dem Urteil ergeben, dass der Angeklagte dazu gehört worden ist (BGH **28**, 196; vgl 23 zu § 265). Hat der Angeklagte mit Tatsachen belegte, nicht eindeutig unerhebliche Bedenken gegen einen Beweis oder den Wert eines Beweismittels (zB gegen die Glaubwürdigkeit eines Zeugen) geäußert, so muss sich das Gericht damit auseinandersetzen (BGH NJW **61**, 2069; StV **91**, 410). Im Falle des wiederholten Wiedererkennens (13 zu § 58; 11 b zu § 261) müssen die Urteilsgründe – falls die Umstände des Falls dazu Anlass geben (Hamm NStZ-RR **00**, 213; StV **05**, 433) – erkennen lassen, dass sich der Richter des beschränkten Beweiswerts bewusst war (BGH StV **95**, 452; **98**, 249; NStZ **97**, 355, **03**, 493; **10**, 53 mit Anm Schneider; Frankfurt NStZ-RR **99**, 365; StV **02**, 525; Hamm StV **04**, 588; Köln StV **98**, 640; Rostock StV **96**, 419; Zweibrücken StV **04**, 65). Erfolgt die Identifikation des Angeklagten allein durch das Wiedererkennen im Rahmen einer Lichtbildvorlage, muss das Urteil erkennen lassen, ob diese ordnungsgemäß erfolgt ist und welcher Beweiswert ihr zukommt (BGH NStZ-RR **08**, 148; Hamm StV **08**, 511; Zweibrücken JBlRPf **07**, 271). 12a

Dem **Gutachten eines Sachverständigen** darf sich das Gericht nicht einfach anschließen (BGH **7**, 238; **8**, 113, 118), schon gar nicht, wenn es lediglich Wahrscheinlichkeitsaussagen enthält (BGH NStZ **09**, 284: „Täteranalyse des LKA"). Will es dem Ergebnis ohne Angabe eigener Erwägungen folgen, so müssen in den Urteilsgründen wenigstens die wesentlichen Anknüpfungstatsachen und Darlegungen des Sachverständigen wiedergegeben werden (BGH **12**, 311, 314; **34**, 29, 31; NStZ **86**, 311; **91**, 596 mwN; StV **87**, 528; Düsseldorf VRS **64**, 208; Hamm StraFo **00**, 310; **02**, 58; VRS **107**, 371; Koblenz VRS **67**, 442; **75**, 52; Köln VRS **65**, 367; **66**, 352; **68**, 354); das gilt auch dann, wenn dem Gericht „die Sachkunde des 13

Sachverständigen aus einer Vielzahl von Verfahren bekannt ist" (BGH StraFo **08**, 120). Dem Revisionsgericht muss es möglich sein, die Berechnung nachzuprüfen (BGH StV **87**, 528). Bei Blutalkoholgutachten reicht allerdings die Angabe des Mittelwerts der Blutalkoholkonzentration aus (BGH **28**, 235). Die Mitteilung des Ergebnisses des Gutachtens kann auch genügen, wenn es sich um ein weithin standardisiertes Verfahren (zB Daktyloskopie) handelt (BGH NStZ **93**, 95); das gilt nicht für ein Schriftsachverständigengutachten (Frankfurt StV **94**, 9), ein morphologisches (Karlsruhe Justiz **00**, 41), ein aussagepsychologisches (Hamm StV **98**, 240) oder ein anthropologisches Gutachten (Braunschweig StV **00**, 546; Jena VRS **110**, 115; 424, 425; Oldenburg NZV **09**, 52; vgl dazu auch Hamm DAR **08**, 395: statistische Angaben zur Merkmalshäufigkeit insoweit weder möglich noch erforderlich; dagegen Jena NZV **09**, 246). Beruht das Gutachten auf einer noch wenig erprobten oder umstrittenen Methode, so muss der Tatrichter das Revisionsgericht durch eine Darstellung des Streitstandes in die Lage versetzen zu prüfen, ob die Abwägung der für und gegen die Methode sprechenden Umstände stattgefunden hat (BGH NStZ **94**, 250; **00**, 106). Folgt der Tatrichter dem Gutachten nicht, so muss er die Ausführungen des Sachverständigen in nachprüfbarer Weise wiedergeben, sich mit ihnen auseinandersetzen und seine abweichende Auffassung begründen (BGH NStZ **83**, 377; **85**, 421; **94**, 503; **00**, 550; **05**, 628; **06**, 511; **07**, 114; **09**, 571; StV **91**, 410; StraFo **08**, 334; **09**, 71). Lehnt das Gericht das eine Gutachten ab (BGH **21**, 62) und folgt es – etwa in Berücksichtigung der übrigen Beweisergebnisse – einem anderen (75 zu § 244), so muss es seine Gründe hierfür angeben (BGH StV **83**, 8; NStZ **06**, 296; Bay NZV **03**, 204). Widerspricht das (vorbereitende) schriftliche Gutachten dem mündlich in der Hauptverhandlung erstatteten, muss das Gericht darlegen, warum es das eine für zutr, das andere für unzutr erachtet hat (BGH StV **04**, 580; **05**, 653; Karlsruhe StV **04**, 477; erg 76 zu § 244). Im Fall des § 244 IV S 1 muss in schwierigen Fällen die Grundlage der eigenen Sachkunde des Gerichts angegeben werden (BGH **12**, 18, 20; MDR **77**, 810 [H]; erg 72 ff zu § 244).

14 Die **Ablehnung eines Hilfsbeweisantrags,** über den in der Hauptverhandlung keine Entscheidung mehr verkündet worden ist, muss in der schriftlichen Urteilsbegründung gerechtfertigt werden (22, 44, 86 zu § 244).

15 **6) Besondere Umstände** (II; § 263 II; dort 2): Dazu gehören alle Rechtfertigungs-, Schuld- und Strafausschließungsgründe sowie Strafaufhebungsgründe. II betrifft nur die Fälle, in denen die „besonders vorgesehenen Umstände" gesetzlich nach Art der Tatbestandsschilderung konkretisiert sind. Im Gegensatz zu diesen „benannten" Rechtsfolgenänderungen stehen die „unbenannten", für die III S 2 gilt. Zu dieser Gruppe gehören auch die Sanktionsänderungsregelungen mit Regelbeispielen (zB § 243 StGB; 18, 19 zu § 265). Unter II fallen insbesondere § 49 (iVm dem auf ihn verweisenden Gesetz, zB § 157), §§ 21, 23 II, 41, 60 StGB, ferner zB § 224 StGB. Ob der Angeklagte in der Hauptverhandlung in seiner Einlassung besondere Umstände iS II behauptet hat, kann das Revisionsgericht nach Ansicht des BGH nicht durch eigene Beweiserhebungen prüfen (BGH **31**, 139 = NStZ **83**, 278 mit zutr abl Anm Fezer; ders Hanack-Symp 89; **aM** auch AK-Wassermann 13; Herdegen Salger-FS 306, 316; Sieg NJW **83**, 2014; v Schledorn [oben 12] S 153).

16 **7) Zur Anwendung gebrachtes Strafgesetz und Begründung der Rechtsfolgenentscheidung** (III):

17 A. **Strafgesetz** (III S 1): Die Liste der angewendeten Vorschriften (§ 260 V, dort 49) ersetzt die Angabe der Vorschriften in der Urteilsbegründung nicht. An Rechtsfragen soll nicht mehr als notwendig abgehandelt und entschieden werden. Die Ablehnung einer nach Sachlage in Betracht zu ziehenden rechtlichen Beurteilung ist aber notwendig, um bei den Beteiligten und dem Revisionsgericht Irrtum oder Zweifel auszuschließen, dass das Problem nicht erkannt worden sei.

B. Die **für die Strafe bestimmenden Gründe** (III S 1), nicht etwa sämtliche Strafzumessungsgründe, müssen angegeben werden (BGH 1 StR 164/07 vom 7. 11. 2007). Dazu gehort auch die Angabe der bestimmenden Gründe für die Wahl der einen oder anderen zulässigen Strafart. Zu den anzugebenden Umständen gehören nicht nur die Zumessungstatsachen, sondern auch die Erwägungen, die dazu geführt haben, dass auf diese und keine andere Rechtsfolge erkannt worden ist (vgl BGH NJW **76**, 2220). Bei Verwertung von Vorstrafen sind die Zeit der Verurteilung, Art und Höhe der erkannten Rechtsfolge sowie deren Vollstreckung, darüber hinaus aber auch – in kurzer, präziser Zusammenfassung (BGH NStZ-RR **96**, 266) – der Gegenstand der früheren Verurteilung anzugeben (Köln StV **96**, 321), jedoch nicht eine wörtliche Wiedergabe der früheren Urteile (BGH NJW **99**, 2533, 2535). Wenn zwischen Tat und Urteil eine lange Zeit verstrichen ist und/oder eine vom Angeklagten nicht zu vertretende lange Verfahrensdauer vorliegt, müssen die Gründe ergeben, dass das Gericht diese Umstände bei der Strafzumessung berücksichtigt hat (BGH NStZ **86**, 218; erg 7ff zu Art 6 **MRK**); das Ausmaß der deshalb gebotenen Strafmilderung ist in den Urteilsgründen konkret zu benennen (BGH NStZ **96**, 328). Wenn auf eine kurzfristige Freiheitsstrafe erkannt worden ist, muss das Vorliegen der Voraussetzungen des § 47 StGB dargelegt werden (BGHR StGB § 47 I Umstände 4). Eine nicht ausschließbare, nicht unerhebliche Mitschuld des Verletzten ist zu berücksichtigen (26 zu § 261). Naheliegende Milderungsgründe, zB § 157 StGB, sind zu erörtern (Bay **96**, 50 = NJW **96**, 2244). Die Begründung muss umso eingehender sein, je mehr sich die Strafe oder andere Rechtsfolge der oberen oder unteren Grenze des zulässigen Rahmens nähert (Karlsruhe NJW **80**, 134; Hanack JZ **73**, 728). Ist die Strafe sehr hoch und weicht sie erheblich von den Strafen anderer Gerichte in vergleichbaren Fällen ab, so muss dies an den Besonderheiten des Falls verständlich gemacht werden (BGH GA **74**, 78; MDR **67**, 898 [D]). Eine besondere Begründung ist auch erforderlich, wenn das Berufungsgericht auf dieselbe Strafe erkennt wie der 1. Richter, obwohl es Umstände feststellt, auf Grund deren ein wesentlich niedrigerer Strafrahmen vorgeschrieben ist (Hamm StraFo **05**, 33; Köln NJW **86**, 2328). Bei Geldstrafe ergibt sich aus § 40 II StGB, welche Umstände bestimmend sind. Die Angabe der bestimmenden Umstände ist aber auch für die Festsetzung, Auswahl und ggf zeitliche Bemessung anderer Rechtsfolgen notwendig. 18

Nur das Endergebnis der Strafzumessung muss zahlenmäßig mitgeteilt werden, nicht dagegen der „Spielraum" nach § 46 I S 1 StGB (Zipf, Die Strafmaßrevision, 1969, S 214; str). Denn auch sonst sind Zwischenergebnisse auf dem Weg zur Gewinnung des Endergebnisses nicht mitzuteilen. Jedoch sind bei Tatmehrheit (§ 54 StGB) auch die Einzelstrafen zu begründen. Bei der Abhandlung der Katalogpunkte des § 46 II StGB ist zu bedenken, dass sie je nach Inhalt positive oder negative Wirkung haben können, was nicht unklar bleiben darf. 19

Unzulässig sind **Eventualbegründungen** (BGH **7**, 359), zB die Angabe, das Gericht hätte die Strafe nicht anders bemessen, wenn von einem anderen Zusammentreffen der Straftaten (RG **70**, 403) oder von einem anderen Strafgesetz (RG **71**, 105) hätte ausgegangen werden müssen. 20

Bei Verurteilung zu **lebenslanger Freiheitsstrafe** müssen sich in Befolgung der Rspr des BVerfG (vgl 33 zu § 260) die Gründe damit auseinandersetzen, ob ein Fall der besonderen Schwere der Schuld iSd § 57 a I S 1 Nr 2 StGB gegeben ist; in einer Gesamtwürdigung sind sämtliche Gesichtspunkte, die für oder gegen diese Annahme sprechen, gegeneinander abzuwägen (BGH **40**, 360; Stree NStZ **92**, 464). Ist die lebenslange Freiheitsstrafe als absolute Strafe vorgesehen (§ 211 I StGB, §§ 6 I Nr 1, 7 I Nr 1, 8 I Nr 1 VStGB), müssen sich an die Feststellung, dass diese zu verhängen ist, Ausführungen zu § 57 a I S 1 Nr 2 StGB anschließen; in den anderen Fällen, in denen zu lebenslanger Freiheitsstrafe verurteilt werden kann (zB §§ 212 II, 251 StGB), müssen nach den Strafzumessungserwägungen Darlegungen zur Frage der besonderen Schwere der Schuld folgen. III S 1 und die hierzu entwickelten Grundsätze (oben 18) gelten entspr (BGH NStZ-RR **96**, 321). 20a

21 C. **Minder schwere und besonders schwere Fälle** (III S 2, 3): Die Annahme eines minder schweren Falls muss als Ausnahme von der Regel begründet werden. Ebenso die Verhängung einer kurzen Freiheitsstrafe nach § 47 I StGB. Liegt auf Grund aller für die Wertung der Tat und des Täters bedeutsamen Umstände die Verneinung eines minder schweren Falls auf der Hand, dann bedarf es hierzu nicht der Erwähnung im Urteil (BGH NStZ-RR **10**, 57). Wird ein besonders schwerer Fall nicht angenommen, obwohl die Voraussetzungen nach den Regelbeispielen dafür vorliegen, so muss diese Abweichung von der Regel ebenfalls begründet werden. Auch im umgekehrten Fall muss das Abweichen von der Regel begründet werden. In allen genannten Fällen ist auch dann eine Begründung notwendig, wenn das Gericht mit seiner Entscheidung einen in der Hauptverhandlung gestellten Antrag abgelehnt hat (BGH StV **90**, 100 mit Anm Schlothauer).

22 D. Bei **Jugendlichen und Heranwachsenden,** auf die Jugendstrafrecht angewandt wird (§ 105 **JGG**), gilt zusätzlich der Begründungszwang nach § 54 I **JGG.** Bei der Festsetzung der Jugendstrafe muss der Erziehungszweck (§ 18 II **JGG**) als bestimmender Umstand besonders in Betracht gezogen werden (BGH **15**, 224).

23 **8) Strafaussetzung zur Bewährung, Verwarnung mit Strafvorbehalt und Absehen von Strafe** (III S 4; § 56 StGB; § 21 JGG; Fälle des Absehens von Strafe: 1 zu § 153 b): Die Gewährung der genannten Arten der Erleichterung muss begründet werden, die Nichtgewährung, falls damit ein wenn auch nur hilfsweise gestellter Antrag abgelehnt worden ist (Bay MDR **80**, 951; Düsseldorf StV **97**, 123; Hamm VRS **81**, 20). Der Antrag auf milde Bestrafung gilt als solcher Antrag (Braunschweig NJW **54**, 284; vgl auch Bremen NJW **54**, 613). Die Ablehnung muss jedoch nach allgemeinen Grundsätzen, die für die Urteilsbegründung gelten, auch sonst begründet werden, wenn eine Strafaussetzung naheliegt (BGH **6**, 68; 167, 172; NStZ **86**, 374; Hamm VRS **36**, 177; Köln OLGSt § 56 StGB Nr 4) oder wenn zwar ein Antrag aus verständlichen Gründen nicht gestellt worden ist, zB deshalb, weil sich der Angeklagte mit seiner sonstigen Einlassung (dem Bestreiten der Tat) in Widerspruch gesetzt hätte, aber die besonderen Umstände des Falles zur Prüfung der Vergünstigung drängten (vgl BGH LM § 23 StGB Nr 27; VRS **66**, 443; KG JR **64**, 107; Köln VRS **67**, 119). Eine kumulative Begründung mit mehreren Versagungsgründen ist zulässig, dagegen nicht eine Eventualbegründung, das Gericht hätte die Aussetzung aus einem bestimmten anderen Grund abgelehnt, wenn der herangezogene Grund nicht Bestand hätte (BGH **7**, 359). Das Unterlassen von Ausführungen zu § 56 III StGB (Verteidigung der Rechtsordnung) ist nicht immer fehlerhaft (Köln MDR **85**, 248; vgl aber BGH NStZ **89**, 527).

23a **9)** Die Urteilsgründe müssen sich nun auch dazu äußern, ob dem Urteil eine **Verständigung nach § 257 c** vorausgegangen ist (III S 5); denn dies ist – insbesondere für die Rechtsmittelgerichte – von erheblicher Bedeutung, um u. a. prüfen zu können, ob das Verfahren nach § 257 c eingehalten wurde und keine unzulässigen Vereinbarungen getroffen wurden. Es ist aber auch für Folgeverfahren (zB gegen Mittäter) insofern von Bedeutung, inwieweit ein im Rahmen einer Verständigung abgelegtes Geständnis zur Beweiswürdigung verwertet werden kann (BGH **52**, 78; Kölbel/Steiner JR **09**, 447). Grundsätzlich reicht allerdings die Angabe, dass eine Verständigung stattgefunden habe, aus; der Inhalt der Verständigung muss nicht wiedergegeben werden (BGH NStZ-RR **10**, 151). Wenn eine Verständigung erzielt wurde, das Gericht sich aber nach § 257 c IV von ihr wieder gelöst hat, ist das ebenfalls anzugeben, damit überprüfbar ist, ob das Beweisverwertungsverbot nach § 257 c IV S 3 beachtet worden ist.

24 **10) Abgekürztes Urteil** (IV): Bei mehreren Taten (2 zu § 264) kann für die eine die Abkürzung zulässig, für die andere unzulässig sein. Wird die abgekürzte Form gewählt, so ist es zweckmäßig und üblich, nach dem Wort „Gründe" in Klammern zu vermerken „abgekürzt gemäß § 267 IV StPO". Es müssen alle An-

fechtungsberechtigten auf das zulässige Rechtsmittel gegen das Urteil (Berufung oder Revision) verzichtet haben, und zwar hinsichtlich des Schuld- und des Rechtsfolgenausspruchs vollständig (Schleswig SchlHA **83**, 112 [E/L]; LR-Gollwitzer 122; **aM** Niehaus NZV **03**, 412). Eine Beschwerde nach § 464 III oder nach § 8 III **StrEG** oder gegen einen gleichzeitig mit dem Urteil erlassenen Beschluss steht nicht entgegen. Die Abkürzung der Urteilsgründe ist auch zulässig, wenn das Urteil durch Nichtanfechtung rechtskräftig geworden ist, nicht aber, wenn das Urteil mangels statthafter Rechtsmittel (zB nach § 55 II JGG) mit seiner Verkündung rechtskräftig wird (BVerfG NJW **04**, 209).

A. **Mindestinhalt bei Verurteilung:** Anzugeben sind die erwiesenen Tatsachen, die den gesetzlichen Tatbestand abdecken, wie in I. S 1 vorgeschrieben. Die Vereinfachung besteht darin, dass I S 2, II und III nicht angewendet werden müssen. Die Rechtsfolgen freilich und die sie tragenden Bestimmungen müssen ebenfalls angeführt werden. 25

B. **Auf Geldstrafe, Verwarnung mit Strafvorbehalt, Fahrverbot oder Fahrerlaubnisentziehung lautende Urteile** (IV S 1 Hs 2): Bei Ausschöpfung dieser Vereinfachungsmöglichkeit kann es, wenn das Urteil im Schuldspruch der Anklage entspricht, praktisch zu einem vollständigen Verzicht auf gesonderte Abfassung der Urteilsgründe kommen (Rieß NJW **78**, 2271). Denn die in Bezug genommene Anklage wird Bestandteil der Urteilsgründe. Auf diese Weise wird auch die Aufnahme des Urteils mit seiner Begründung in das Protokoll (§ 275 I S 1) erleichtert (Rieß aaO). Bei Verbindung mehrerer Strafsachen (§§ 4, 237) ist die Verweisung auch wegen einer von ihnen zulässig, jedenfalls dann, wenn nicht auf eine Freiheitsstrafe als Gesamtstrafe erkannt wird (Braunschweig StraFo **08**, 247). 26

Gegenstand der Verweisung im Urteil ist im Normalfall der Anklagesatz der zugelassenen Anklage (§§ 200 I S 1, 207), wie er zu Beginn der Hauptverhandlung nach § 243 III S 2 vorgetragen wird. Ist der Anklagesatz bei der Zulassung der Anklage geändert worden (§ 207 II), so ist zu prüfen, ob mit der Verweisung nicht Unklarheit entsteht und sie daher besser zu unterlassen ist. Bei Klageerhebung im beschleunigten Verfahren wird auf die Anklageschrift oder den Protokollteil (§ 418 III S 2) verwiesen. Auf den Strafbefehl wird Bezug genommen, wenn er erlassen, dann aber auf Einspruch Hauptverhandlung durchgeführt worden ist. Auf den Strafbefehlsantrag wird verwiesen, wenn es zur Hauptverhandlung nach § 408 III S 2 gekommen ist. In beiden Fällen wird aber nur der Teil in Bezug genommen, der dem Anklagesatz entspricht. Wenn eine Urteilsausfertigung an eine Person oder Stelle gegeben wird, die das in Bezug genommene Schriftstück nicht in Händen hat, wird dieses, soweit darauf Bezug genommen ist, beigefügt (LR-Gollwitzer 130). 27

C. Auch bei einem rechtskräftigen Urteil darf die Angabe, dass dem Urteil eine (endgültige oder vom Gericht widerrufene) **Verständigung vorausgegangen** ist, nicht fehlen (IV S 2). Das kann für ein Wiederaufnahmeverfahren, vor allem aber für ein selbständiges Verfahren gegen einen Mittäter von Interesse sein. 27a

D. **Weiterer Inhalt:** In Betracht kommen vor allem die Umstände, die für künftige Entscheidungen (zB späterer Widerruf der Strafaussetzung oder Aussetzung des Strafrestes) und für Wiedereingliederungsbehandlung (zB bei der Bewährungshilfe oder im Strafvollzug) von Bedeutung sein können. Dabei kommt der Feststellung solcher Fakten, Beobachtungen und Prognosen besondere Bedeutung zu, die sich nicht oder nicht genügend schon aus dem Akteninhalt ergeben (Hanack Tröndle-FS 504). In einfachen Fällen, zB bei verhältnismäßig geringer Geldstrafe, zumal wenn der Verurteilte bisher unbestraft war, kann auf weiteren Inhalt verzichtet werden. 28

E. **Einstellungsurteil** (§ 260 III): An Tatsachen braucht nur angegeben zu werden, was zur tatsächlichen und rechtlichen Kennzeichnung des Verfahrenshinder- 29 nisses notwendig ist. Über die Begründung eines Einstellungsurteils (42 ff zu § 260) oder einer sonstigen Nichtverurteilung, mit der keine Sachentscheidung verbunden ist, enthält § 267 keine Regelung. Jedoch ergibt sich bei Anfechtbarkeit des Urteils aus § 34, dass die Voraussetzungen für die prozessuale Entscheidung darzutun sind (Hamm MDR 86, 778; Köln NJW **63**, 1265).

30 F. **Nach Wiedereinsetzung** (IV S 4): In diesem Fall kann das Urteil nachträglich nach I–III begründet werden. Die Begründungsfrist beginnt nicht schon mit dem Erlass (5 ff vor § 33) des die Wiedereinsetzung gewährenden Beschlusses, sondern erst, wenn die Akten bei dem für die Urteilsergänzung zuständigen Gericht eingehen (BGH **52**, 349 = NStZ **09**, 228 mit zust Anm Rieß = JR **09**, 164 mit zust Anm Stuckenberg), bei nach Wiedereinsetzung erfolgter Bezeichnung der Berufung als Revision (10 zu § 335) mit dem wirksamen Übergang (München NJW **07**, 96; zw Rieß aaO). Die Dauer der Frist richtet sich nach § 275 I S 2 Hs 1 und 2. Eine Überschreitung nach § 275 I S 4 ist unzulässig (Hamburg MDR **78**, 247). Die Urteilsergänzung in entspr Anwendung des IV S 3 für den Fall, dass das Gericht irrtümlich angenommen hat, das Urteil sei rechtskräftig, ist unzulässig (BGH MDR **90**, 490 [H]; Bay **81**, 84 = NJW **81**, 2589; **91**, 105 = NStZ **92**, 136 mwN; NStZ **91**, 342; KG VRS **82**, 135; Celle StV **97**, 402; Hamm VRS **69**, 137; **aM** BGH NStZ-RR **02**, 261 [B]; LR-Gollwitzer 145 und Kleinknecht-FS 169; Rieß NStZ **82**, 445; nach BGH NStZ **08**, 646 jedenfalls für einen besonders gelagerten, der Wiedereinsetzung ähnlichen Fall). Vgl aber für das Bußgeldverfahren BGH **43**, 22 = JR **98**, 74 mit zust Anm Gollwitzer.

31 **11) Freispruch** (V): Mit dem Freispruch wird im Ergebnis festgestellt, dass die gesetzliche Unschuldsvermutung nicht widerlegt ist (Einl 3). Bei Teilfreispruch wird „im Übrigen" freigesprochen.

32 A. **Nicht abgekürzte Urteilsbegründung** (V S 1):

33 a) **Freispruch aus tatsächlichen Gründen:** Zunächst muss der Anklagevorwurf aufgezeigt (BGH **37**, 21, 22) und sodann der festgestellte Sachverhalt – wie im Fall des I – dargelegt werden (BGH NJW **80**, 2423; NStZ **90**, 448; **91**, 596; wistra **96**, 70; BGHR § 267 V Freispruch 2, 7 und 10). Im Anschluss daran folgt die entscheidende Beweiswürdigung (BGH MDR **80**, 108 [H]; 4 StR 487/09 vom 4. 2. 2010; oben 12). Dabei müssen nicht alle Umstände lückenlos angeführt werden (BGH MDR **78**, 281 [H]); die gegen den Angeklagten sprechenden Umstände müssen aber erörtert werden (BGH NStZ-RR **02**, 338). Liegen mehrere Beweisanzeichen vor, so genügt es nicht, sie einzeln abzuhandeln; erforderlich ist vielmehr eine Gesamtwürdigung unter Gewichtung der einzelnen Beweise (BGH NStZ **02**, 48; **09**, 401; NJW **02**, 1811; 1 StR 582/06 vom 22. 5. 2007 mit Anm Dietmeier ZIS **08**, 101; Bay **04**, 170). Die Anforderungen an eine umfassende Würdigung der festgestellten Tatsachen sind nicht geringer als im Fall der Verurteilung (BGH NStZ **02**, 446; **09**, 512); uU sind auch Angaben zu den persönlichen Verhältnissen des Angeklagten erforderlich (BGH **52**, 314 mit zust Anm Gössel JR **09**, 217; BGH NStZ-RR **08**, 206; 4 StR 22/10 vom 11. 3. 2010). Die Begründung eines Freispruchs muss also so abgefasst sein, dass bei Revision geprüft werden kann, ob dem Tatrichter Rechtsfehler unterlaufen sind (38 ff zu § 261), insbesondere, ob der den Entscheidungsgegenstand bildende Sachverhalt erschöpfend gewürdigt (BGH **52**, 314; wistra **91**, 63; NStZ-RR **09**, 116; BGHR § 267 V Freispruch 8; Köln VRS **65**, 383) und ggf, warum das festgestellte Verhalten nicht strafbar ist (BGH NStZ-RR **97**, 374); der Tatrichter kann aber einzelne Umstände offen lassen, wenn unabhängig davon eine weitere Tatbestandsvoraussetzung fehlt (BGH StraFo **03**, 382).

33a Bei **Freispruch aus subjektiven Gründen** ist idR zunächst der äußere Tathergang aufzuklären und darzustellen (BGH NJW **91**, 2094); darauf kann nur ausnahmsweise verzichtet werden (BGH NStZ-RR **05**, 211). Maßgeblich ist, ob die Urteilsgründe ihrer Aufgabe gerecht werden, dem Revisionsgericht die Überprüfung der Beweiswürdigung auf Rechtsfehler zu ermöglichen (BGH NJW **05**, 2322, 2325). Bei Freispruch von dem Vorwurf einer üblen Nachrede auf Grund des § 193 StGB muss aus Gründen des Schutzes des Beleidigten erst die Erweislichkeit der behaupteten oder verbreiteten Tatsache geprüft werden (BGH **11**, 273; zur Prüfungsreihenfolge bei den einzelnen Beleidigungstatbeständen Graul NStZ **91**, 457).

b) **Freispruch aus rechtlichen Gründen:** Wenn die Tat zwar nachgewiesen, aber nicht strafbar ist, muss die erwiesene Tat geschildert werden. Einer Darlegung der Beweiswürdigung bedarf es in diesem Fall nicht. Dafür muss sich ergeben, aus welchen Gründen die Tat nicht strafbar ist. **34**

B. **Freispruch iVm Anordnung von Maßnahmen** (18 zu § 260): In diesem Fall werden in der Begründung die Anknüpfungstat und die sonstige tatsächliche Grundlage der Anordnung sowie die Rechtsgrundlage dargelegt. **35**

C. **Abgekürzte Urteilsbegründung bei Freispruch** (V S 2, 3): Die dem Angeklagten zur Last gelegte Tat braucht nicht geschildert zu werden, da sie sich aus der zugelassenen Anklage ergibt. Es empfiehlt sich jedoch, den Inhalt des Anklagesatzes wiederzugeben. Zumindest in Urteilen des AG kann diese Wiedergabe durch Verweisung ersetzt werden (oben 27), die sogar bei Verurteilung zulässig ist. Diese Vereinfachungsmöglichkeiten erleichtern die Aufnahme des ganzen Urteils in das Protokoll (oben 26). Entfällt die Rechtskraft durch Wiedereinsetzung in den vorigen Stand (25 zu § 44), so dürfen die Urteilsgründe nachträglich ergänzt werden (V S 3 iVm IV S 3; oben 30). Im Übrigen genügt die globale Feststellung, dass der Angeklagte aus tatsächlichen Gründen (oben 32) oder aus rechtlichen Gründen (oben 34) freizusprechen war. **36**

12) Anordnung einer Maßregel der Besserung und Sicherung (VI): Die Urteilsgründe müssen die tragenden für erwiesen erachteten Tatsachen angeben, und zwar die tatbezogenen Umstände und die Prognosetatsachen, außerdem die Rechtsgrundlage (vgl auch BGH **50**, 93, 105 zu § 69 I S. 1 Variante 2 StGB). Das Fehlen der notwendigen Nachprüfungsgrundlage ist aber schon auf die Sachrüge zu beachten (Düsseldorf OLGSt § 69 StGB Nr 1). Wird ein Antrag auf Anordnung abgelehnt, so muss dies begründet werden; ebenso wenn sich die Anordnung aufdrängte (BGH NJW **99**, 2606 = JR **00**, 207 mit Anm Schöch). Dasselbe gilt sowohl für die Anordnung als auch für die Ablehnung des Vorbehalts der Sicherungsverwahrung nach § 66 a StGB. Der Begründungszwang nach S 2 soll dem Ergebnis des Strafverfahrens hinsichtlich der Entziehung der Fahrerlaubnis den Vorrang gegenüber einem Entziehungsverfahren der VerwB sichern, die an den Inhalt des Urteils gebunden ist (§ 4 III StVG; Hamm DAR **72**, 131; Lackner JZ **65**, 125). **37**

13) Für **Nebenentscheidungen** im Urteil, wie Verfall, Einziehung (1, 2 vor § 430), Geldbuße gegen eine JP oder PV (§ 444), öffentliche Bekanntmachung der Verurteilung (§ 200 StGB; RiStBV 231) und Kosten- und Entschädigungsausspruch, sind die tatsächlichen und rechtlichen Grundlagen anzugeben. Das Gleiche gilt, wenn eine Geldbuße im Strafurteil gegen einen Betroffenen (Einl 93) festgesetzt wird, der in das Strafverfahren nur wegen einer ZusammenhangsOWi miteinbezogen worden ist (§§ 42, 64 OWiG), aber auch sonst, wenn das strafgerichtliche Urteil eine Bußgeldfestsetzung enthält (§§ 82, 83 OWiG). **38**

14) Berichtigung der schriftlichen Urteilsgründe: Änderungen und Ergänzungen sind bis zu dem Zeitpunkt zulässig, in dem das schriftliche Urteil aus dem inneren Dienstbereich des Gerichts hinausgegeben wird oder die Frist des § 275 I S 3 abläuft (BGH NJW **97**, 1862, 1863; Bay **81**, 84 = NJW **81**, 2589; Düsseldorf MDR **93**, 894 mwN). Danach vorgenommene Änderungen sind für die revisionsrechtliche Prüfung ebenso ohne Bedeutung wie dienstliche Äußerungen der Richter (BGH StraFo **08**, 163; 1 StR 434/06 vom 9. 11. 2006); so können auch fehlende Feststellungen zu den persönlichen Verhältnissen des Angeklagten (oben 4) **39**

nicht nachgeschoben werden, selbst wenn das Fehlen nur auf einem Versehen beruhte (BGH NJW **07**, 3219 L = NStZ-RR **07**, 236). Es ist nur noch eine bloße Urteilsberichtigung, dh die Behebung eines Versehens, das sich zwanglos aus klar zutage liegenden Tatsachen ergibt, zulässig (BGH GA **69**, 119; StV **85**, 401; Düsseldorf MDR **81**, 606). Diese Möglichkeit geht weiter als bei der Urteilsformel (9 ff zu § 268). Sie wird durch Beschluss der Richter vollzogen, die an dem Urteil mitgewirkt und die Urteilsurkunde unterschrieben haben. Ist einer verhindert, so genügt die Mehrheit und ein Verhinderungsvermerk nach § 275 II S 2. Ein Richter, der an der Verhandlung nicht teilgenommen hat, kann nicht als Ersatzmann unterschreiben (BGH NStZ **93**, 30 [K]; Karlsruhe NStZ **09**, 587 mit zust Anm Beukelmann; Oldenburg NStE Nr 16 zu § 260). Die Berichtigung wird erst unzulässig, wenn durch sie Zweifel entstehen können, ob sie über das Beheben eines Versehens hinaus eine Meinungsänderung, eine sachliche Änderung enthält (BGH **12**, 376; NStZ **91**, 195; Bay **98**, 176 = NStZ-RR **99**, 140; Koblenz VRS **72**, 194).

39a Ein echter **Widerspruch zwischen Urteilstenor und -gründen** kann nicht berichtigt werden; er hebt die gedankliche Einheit des Urteils auf (BGH NStE Nr 29; StraFo **07**, 203; NStZ **08**, 710). Ein solcher Widerspruch ist ein materiellrechtlicher Verstoß und führt idR bei Revision auf Sachrüge zur Aufhebung des Urteils, uU kann das Revisionsgericht aber auch auf die niedrigere von beiden Strafen durcherkennen (BGH NStZ-RR **09**, 250 mwN). Nur wenn die abweichende Angabe in den Urteilsgründen zur Gewissheit des Revisionsgerichts auf einem Schreibversehen beruht und somit lediglich ein scheinbarer Widerspruch vorliegt, kann dieser berichtigt werden und das Urteil Bestand haben (BGH JZ **52**, 282; 1 StR 631/91 vom 25. 6. 1992; vgl auch 33 zu § 354).

39b Gegen den Berichtigungsbeschluss ist **Beschwerde** zulässig, wenn das Urteil nicht mehr angefochten werden kann (Schleswig OLGSt § 304 Nr 3). Ist Revision eingelegt, so ist die Beschwerde – auch gegen die Ablehnung eines Berichtigungsantrags – unzulässig (Bay StraFo **98**, 382 mit Anm Bockemühl StraFo **99**, 52, 53; Celle NdsRpfl **86**, 137).

40 **15) Revision** kann beschränkt eingelegt (4 ff zu § 344; erg zu den §§ 318, 327) und vor Erledigung ganz oder teilw zurückgenommen werden (§ 302). Im Rahmen unzulässiger Bezugnahme (oben 2) fehlt die Begründung (oben 8, 10, 26, 27) und idR die Überprüfbarkeit (21 zu § 337).

41 A. **Verfahrensrüge** (20 ff zu § 344): Zum Fehlen der Urteilsgründe vgl § 338 Nr 7. Das Fehlen von Ausführungen zu einem gestellten Antrag auf Strafaussetzung zur Bewährung (III S 4) kann beanstandet werden (BGH StV **08**, 345 L); auch die Übergehung eines hilfsweise gestellten Beweisantrages in den Gründen kann gerügt werden (22, 44, 83 zu § 244).

42 B. **Sachrüge** (13 ff zu § 344): a) Auf **allgemeine oder ausgeführte Sachrüge** (17 ff zu § 244) wird das ganze Urteil in materiell-rechtlicher Hinsicht nachgeprüft, auch im Rechtsfolgenausspruch. Sind die Urteilsgründe erkennbar lückenhaft, enthalten sie zB keine ausreichende Tatsachenfeststellung (BGH NStZ **08**, 352; zur vom Urteilsverfasser gewollten, aber nicht erkennbaren Lückenhaftigkeit der Feststellungen Eschelbach Widmaier-FS 127), keine Beweisgründe oder keine Beweiswürdigung, so ist das Urteil aufzuheben (BGH NStZ-RR **99**, 45). Fehlende Ausführungen zu den persönlichen Verhältnissen des Angeklagten (oben 4) können zur Aufhebung des Strafausspruchs (BGH NStZ-RR **98**, 17; **99**, 46; BGHR § 267 III S 1 Strafzumessung 8, 9, 17; Koln StraFo **09**, 242; Stuttgart StV **91**, 340), uU sogar auch des Schuldspruchs (BGH StV **90**, 438) führen (einschr aber BGH NStZ **96**, 49). Hatte der Angeklagte sich hierzu nicht geäußert, muss das Urteil erkennen lassen, dass sich das Gericht insoweit um Aufklärung auf anderem Wege (zB Vorstrafenakten, Zeugenvernehmungen) bemüht hat (BGH NStZ **91**, 231; StV **92**, 463 mwN; insofern neigt BGH StV **98**, 636 aber dazu, idR die Erhebung einer Verfahrensrüge zu verlangen, zust Schäfer Rieß-FS 483). Die Zulässigkeit einer nachträglichen Änderung oder Ergänzung der schriftlichen Urteilsgründe wird auf die Sachrüge geprüft (Köln VRS **63**, 460 mwN; offen gelassen von BGH NStZ **04**, 508, 509).

b) **Rechtsfolgenausspruch:** Eine Verletzung des III S 1 kann mit der Begründung geltend gemacht werden, das Urteil führe nicht diejenigen Umstände an, die für das Gericht bestimmend gewesen seien (BGH MDR **70**, 899; Bruns 126). Der Verstoß gegen III S 2 hinsichtlich der Nichtbeachtung eines gestellten Antrags begründet die Revision (BGH StV **99**, 137). Erg 34 zu § 337. **43**

c) Zur **Rüge der Beweiswürdigung** vgl oben 12, 13; 38 zu § 261. **44**

d) Bei **Aburteilung einer Tatserie** kann es den Bestand eines Urteils insgesamt gefährden, wenn die Urteilsgründe wegen einer nicht auf die einzelnen Taten bezogenen Nummerierung aus sich heraus nicht mehr ohne weiteres verständlich sind und die Ermittlung des Sachverhalts in Bezug auf die jeweiligen Tathandlungen ohne eine vollständige Rekonstruktion und tabellarische Exzerpierung des Urteilsinhalts kaum möglich ist; es ist daher ratsam, in den Urteilsgründen für die einzelnen Taten im Rahmen der Sachverhaltsdarstellung einheitliche Ordnungsziffern zu vergeben und diese durchgängig bei Beweiswürdigung, rechtlicher Würdigung sowie Strafzumessung weiter zu verwenden (BGH wistra **06**, 467, 468; 1 StR 247/09 vom 13. 1. 2010). **45**

Urteilsverkündung **RiStBV 142, 143**

268 [I] **Das Urteil ergeht im Namen des Volkes.**

[II] [1]**Das Urteil wird durch Verlesung der Urteilsformel und Eröffnung der Urteilsgründe verkündet.** [2]**Die Eröffnung der Urteilsgründe geschieht durch Verlesung oder durch mündliche Mitteilung ihres wesentlichen Inhalts.** [3]**Die Verlesung der Urteilsformel hat in jedem Falle der Mitteilung der Urteilsgründe voranzugehen.**

[III] [1]**Das Urteil soll am Schluss der Verhandlung verkündet werden.** [2]**Es muss spätestens am elften Tage danach verkündet werden, andernfalls mit der Hauptverhandlung von neuem zu beginnen ist.** [3]**§ 229 Abs. 3 und Abs. 4 Satz 2 gilt entsprechend.**

[IV] **War die Verkündung des Urteils ausgesetzt, so sind die Urteilsgründe tunlichst vorher schriftlich festzustellen.**

1) Im Namen des Volkes (I) werden die Urteile verkündet. Die Vorschrift, die dem Art 20 II S 1 GG („Alle Staatsgewalt geht vom Volke aus") entspricht, ist eine Sollvorschrift, deren Nichtbeachtung den Bestand des Urteils nicht gefährdet. Mit der Formel wird nicht gesagt, dass das Volk auch so entschieden hätte, sondern nur, dass das Gericht für das Volk – also in dessen Auftrag – das Urteil erlässt. 1

2) Urteilsverkündung (II): 2

A. Ein **einheitliches Ganzes** bildet die nach S 1 aus der Verlesung der Urteilsformel und der Eröffnung der Urteilsgründe bestehende Urteilsverkündung (BGH **5**, 5, 9; **25**, 333, 335; RG **46**, 326; **61**, 388, 390; Düsseldorf MDR **84**, 604; Hamm VRS **57**, 35, 36). Die Urteilsverkündung ist Aufgabe des Vorsitzenden, der sie aber bei umfangreichen Urteilen oder bei stimmlichen Schwierigkeiten ganz oder teilw auf ein anderes Gerichtsmitglied übertragen kann (LR-Gollwitzer 15; vgl auch Oldenburg NJW **52**, 1310: keine Übertragung auf Referendar). Die Urteilsverkündung erfolgt öffentl (§ 173 I GVG); eine Ausnahme bestimmt § 48 I **JGG.** 3

B. Die **Urteilsformel** (S 1) muss, da sie stets zu verlesen ist, vor der Urteilsverkündung niedergeschrieben werden. In das Sitzungsprotokoll braucht sie zu diesem Zweck noch nicht aufgenommen zu werden (RG **60**, 270); es genügt, dass sie auf 4 einem Zettel ohne Unterschrift zu Papier gebracht worden ist (RG aaO; Hamm JMBlNW **75**, 165). Bis zur Verkündung handelt es sich um einen Entwurf, der noch geändert werden kann. Nach Verlesung sollte sie aber in das Sitzungsprotokoll integriert werden (BGH NStZ-RR **02**, 100 [B]).

5 Die Verlesung der Urteilsformel ist der **wesentliche Teil der Urteilsverkündung;** fehlt sie, so liegt kein Urteil im Rechtssinne vor (BGH **8**, 41; **15**, 263, 264; Düsseldorf MDR **84**, 604).

6 C. Die **Urteilsgründe** (S 2) werden verlesen oder in ihrem wesentlichen Inhalt in freier Rede, auch unter Benutzung von Aufzeichnungen, mitgeteilt; auch die vollständige Verlesung zuvor abgefasster und in der Urteilsberatung bestätigter Urteilsgründe ist danach nicht unzulässig (BGH wistra **05**, 110). Die Bekanntgabe der Gründe ist aber keine Wirksamkeitsvoraussetzung für das Urteil; es handelt sich nicht einmal um einen wesentlichen Teil der Hauptverhandlung (38 zu § 338). Das Urteil ist daher wirksam, wenn nach Verlesung der Urteilsformel der Vorsitzende erkrankt oder stirbt (BGH **8**, 41) oder der Angeklagte ins Krankenhaus gebracht und die Urteilsbegründung in seiner Abwesenheit gegeben oder zu Ende geführt wird (BGH **15**, 263) oder die Gründe durch einen Dolmetscher in Abwesenheit des Gerichts mitgeteilt werden (BGHR § 338 Nr 1 Gericht 1; aber uU Revisionsgrund!). Im Jugendstrafverfahren gilt die Einschränkung des § 54 II **JGG.**

7 D. **Reihenfolge** (S 3): Die Verlesung der Urteilsformel muss der Mitteilung der Urteilsgründe vorausgehen. Denn der Angeklagte soll nicht dadurch belastet werden, dass er den Urteilsausspruch erst nach langwieriger Mitteilung der Gründe erfährt (LR-Gollwitzer 16).

8 E. **Abgeschlossen** ist die Urteilsverkündung mit dem letzten Wort der mündlichen Bekanntgabe der Urteilsgründe (BGH **5**, 5, 9; **15**, 263; **25**, 333, 335; Hamm VRS **57**, 35, 36; Koblenz VRS **49**, 194, 196). Nicht mehr zur Urteilsverkündung gehören die Bekanntgabe der Beschlüsse nach § 268 a (BGH **25**, 333) und 268 b, auch nicht die Rechtsmittelbelehrung nach § 35 a (BGH NStZ **84**, 279). Zur Wiederholung einer fehlerhaften Urteilsverkündung vgl 3 zu § 338.

9 F. Die **Berichtigung der Urteilsformel** ist möglich, solange die Urteilsverkündung noch nicht abgeschlossen (oben 8) ist (BGH **25**, 333, 336; LR-Gollwitzer 37 mwN in Fn 88). Mit der Verkündung kann dann eingehalten, und sie kann mit der Verlesung der berichtigten, dh neu gefassten (Koblenz VRS **49**, 194, 196) Urteilsformel und der erneuten Bekanntgabe der Gründe wiederholt werden.

10 Sobald aber das Urteil vollständig verkündet worden ist, dürfen, und zwar sowohl zugunsten als auch zuungunsten des Angeklagten (RG **61**, 388, 392; KK-Engelhardt 13 zu § 260; Vent JR **80**, 403), nur noch **offensichtliche Schreibversehen und offensichtliche Unrichtigkeiten** berichtigt werden (BGH **5**, 5, 7; **25**, 333, 336; NStZ **84**, 279; Hamm VRS **57**, 35, 36), auch Zähl- oder Multiplikationsfehler (BGH NStZ **00**, 430; wistra **03**, 99, 100; LG Zweibrücken NStZ-RR **97**, 311). Dabei muss es sich um Fehler handeln, die sich ohne weiteres aus den Tatsachen ergeben, die für alle Verfahrensbeteiligten (weitergehend LR-Gollwitzer 46; Schönfelder JR **62**, 369; für jeden Dritten) klar zutage liegen und jeden Verdacht einer späteren sachlichen Änderung ausschließen (BGH VRS **35**, 418; Koblenz VRS **72**, 194; Vent JR **80**, 403; vgl auch BGH **12**, 374). Es muss auch eindeutig erkennbar sein, was das Gericht tatsächlich gewollt und entschieden hat (LG Zweibrücken NZV **06**, 610). Dabei ist die mündliche Mitteilung der Urteilsgründe von maßgebender Bedeutung (Düsseldorf MDR **81**, 606; Karlsruhe NStZ-RR **99**, 112; Neustadt JR **58**, 352 mit abl Anm Sarstedt).

11 Als **unzulässig** ist angesehen worden die Verkündung eines „Nachtragsurteils" über einen versehentlich nicht mitverkündeten Urteilsteil (BGH NStZ **84**, 279; RG **61**, 388, 390), das Auswechseln der in der Urteilsformel angeführten Schuldform (Zweibrücken NStZ-RR **08**, 381) oder der Strafgesetze (BGH **3**, 245; NStZ **83**, 212 [Pf/M]), die Herabsetzung der Freiheitsstrafe auf das in den Gründen bezeichnete Maß (Düsseldorf VRS **88**, 358; Koblenz VRS **72**, 194), die Herab- oder Heraufsetzung der falsch berechneten Geldstrafe oder Geldbuße (BGH NJW **53**, 155; Oldenburg NdsRpfl **94**, 165), die nachträglich bewilligte Strausetzung zur Bewährung (Düsseldorf VRS **89**, 124), der nachträgliche Ausspruch über die Einbeziehung einer früheren Verurteilung nach § 31 I JGG (BGH 2 StR 162/08 vom 21. 5. 2008) oder deren Wegfall aus der verhängten Gesamtstrafe (Düsseldorf MDR **81**, 606) und die Ergänzung des Urteils durch Nebenentscheidungen (BGH NJW **53**, 155), insbesondere durch die Kostenentscheidung (Karlsruhe NStZ-RR **97**, 157; Koblenz StraFo **03**, 425).

Die zulässige Berichtigung der Urteilsformel erfolgt außerhalb der Hauptverhandlung durch **Gerichtsbeschluss** (BGH **3**, 245, 246; Koblenz Rpfleger **73**, 219; erg 39 zu § 267), der mit der einfachen Beschwerde nach § 304 I angefochten werden kann, sofern nicht das Urteil, dessen Bestandteil der Berichtigungsbeschluss ist, mit einem Rechtsmittel angefochten worden ist (Düsseldorf MDR **81**, 606) oder noch angefochten werden kann (Oldenburg MDR **59**, 60; **aM** LR-Gollwitzer 58: ohne diese Einschränkungen). Auch das Revisionsgericht kann die Berichtigung – selbst bei teilw Urteilsrechtskraft – vornehmen (BGH 1 StR 515/09 vom 27. 10. 2009). Ein unzulässiger Berichtigungsbeschluss ist unbeachtlich (BGH NJW **91**, 1900; Düsseldorf VRS **88**, 358). 12

3) Zeitpunkt der Urteilsverkündung (III): 13

A. **Am Schluss der Hauptverhandlung** (S 1), dh im Anschluss an die Beratung, soll das Urteil verkündet werden (vgl auch § 260 I). Da die Urteilsverkündung zur Hauptverhandlung gehört, (Oldenburg NJW **52**, 1310; LR-Gollwitzer 1; vgl auch BGH **4**, 279), muss sie in Gegenwart der in § 226 bezeichneten Personen, des Angeklagten, sofern nicht in seiner Abwesenheit verhandelt werden darf, und (bei notwendiger Verteidigung) des Verteidigers erfolgen (LR-Gollwitzer 5 ff; Poppe NJW **54**, 1914). 14

Der **Wiedereintritt in die Verhandlung** ist bis zum Abschluss der Urteilsverkündung (oben 8) zulässig (BGH MDR **72**, 199 [D]; erg 27 ff zu § 258), danach nicht mehr (Zweibrücken MDR **97**, 87). Schon nach ihrem Beginn haben die Prozessbeteiligten aber keinen Anspruch darauf, dass ihnen Gelegenheit zur Antragstellung gegeben wird und dass neue Anträge sachlich beschieden werden (BGH **15**, 263, 264; MDR **75**, 24 [D]; StV **85**, 398; RG **57**, 142; **59**, 420; Neustadt NJW **62**, 1632; Schleswig SchlHA **72**, 161 [E/J]; ANM 387; erg 33 zu § 244). Der Vorsitzende (§ 238 II gilt nicht) kann aber, auch wenn die Urteilsformel bereits vollständig verlesen worden ist (BGH **25**, 333; ANM 388), die Urteilsverkündung unterbrechen und die Verhandlung wieder eröffnen, um die Antragstellung zu ermöglichen. Er kann auch über die Frage des Wiedereintritts in die Hauptverhandlung eine Beratung stattfinden lassen (BGH MDR **75**, 24 [D]; erg 33 zu § 244). Allein in der Entgegennahme eines Antrags liegt keine Wiedereröffnung der Verhandlung (BGH aaO; NStZ **86**, 182). Sachlich maßgebend für die Frage des Wiedereintritts ist die Aufklärungspflicht nach § 244 II (BGH MDR **75**, 24 [D]; NStZ **86**, 182; VRS **36**, 368; ANM 388; Schlüchter 552.1). 15

B. **Verkündungstermin** (S 2, 3): Wird das Urteil nicht im Anschluss an die Beratung verkündet, so muss der Vorsitzende einen besonderen Verkündungstermin, der Teil der Hauptverhandlung ist, anberaumen, zu dem in der Hauptverhandlung mündlich, sonst schriftlich geladen wird (Bay NZV **99**, 306; KMR-Voll 10). Das Urteil darf dann nicht später als am 11. Tag nach dem Schluss der Verhandlung verkündet werden (krit zur Länge der Frist Hammerstein Hanack-Symp 71); andernfalls muss mit der Hauptverhandlung von neuem begonnen werden. Eine weitere Fristverlängerung nach § 229 II kommt nicht in Betracht (dort 3 aE). Die Frist läuft auch während einer zwischenzeitlichen Beratung (LR-Gollwitzer 12; Roxin/Schünemann § 44, 7). Für ihre Hemmung bei Erkrankung des Angeklagten oder eines Richters oder Schöffen gilt § 229 III entspr (S 3). Ist der Tag 16 nach Ablauf der Frist ein Sonntag, allgemeiner Feiertag oder Sonnabend, so braucht die Verkündung erst am nächsten Werktag stattzufinden (S 3 iVm § 229 IV S 2).

17 **4)** Bei **Aussetzung der Urteilsverkündung** (IV) sollen die Urteilsgründe vorher schriftlich niedergelegt werden, sofern das möglich ist. Dazu gehört die Unterschrift der Berufsrichter, die bei der Entscheidung mitgewirkt haben (RG **13**, 66, 68; **54**, 256; **73**, 217, 219). Solange die unterschriebenen Urteilsgründe nicht zur Hinausgabe bestimmt sind, können sie noch geändert werden (KK-Engelhardt 12). Selbst wenn die schriftlichen Gründe vorliegen, braucht der Vorsitzende sie bei der Urteilsverkündung nicht zu verlesen; er kann sich auf die mündliche Mitteilung ihres wesentlichen Inhalts beschränken.

18 **5)** Bestehen **Widersprüche** zwischen der Urteilsformel in der Sitzungsniederschrift und der in der Urteilsurkunde, so ist die Formel im Protokoll maßgebend, da sie nach § 274 als verkündet gilt (BGH **34**, 11, 12; Köln NStZ **07**, 481). Dass die Strafe in der Urteilsformel geringer ist als die in den Gründen als angemessen bezeichnete, beschwert den Angeklagten nicht (BGH aaO). Im Übrigen ist ein Widerspruch zwischen Urteilsformel und den schriftlichen Urteilsgründen, da beide eine Einheit bilden, ein sachlich-rechtlicher Mangel, der mit der Revision gerügt werden kann. Widersprüche zwischen mündlichen und schriftlichen Urteilsgründen sind ohne Bedeutung; maßgebend sind die schriftlichen Gründe (22 zu § 337).

19 **6)** Die **Zustellung des Urteils** ist erforderlich, wenn der Angeklagte bei der Verkündung nicht anwesend war oder sich vor ihrem Abschluss entfernt hatte, auch wenn die Urteilsformel noch in seiner Gegenwart verlesen worden war (7 zu § 314; 9 zu § 341).

20 **7)** Die **Revision** kann nicht darauf gestützt werden, dass die Eingangsformel nach I unterlassen worden ist (oben 1), dass die Urteilsformel nicht durch Verlesen der vorher niedergelegten Entscheidung verkündet worden ist (RG **71**, 377, 379; Düsseldorf VRS **88**, 358; Hamm VRS **60**, 206), dass die Eröffnung der Urteilsgründe unterblieben ist (oben 6) oder dass von der Reihenfolge des II S 3 abgewichen worden ist. Die Überschreitung der Frist des III S 2 ist ein Mangel, auf dem das Urteil idR beruhen wird (BGH StV **82**, 4 mit Anm Peters; BGH NJW **07**, 448; 3013 L [Nr 15 und 16] = wistra **07**, 351 und 353 gegen BGH NJW **07**, 96 *[obiter dictum]*, der unzutr einen Widerspruch zu § 229 I angenommen hat; vgl auch v. Freier HRRS **07**, 139; Knauer StV **07**, 342; Wolf HRRS **07**, 285). Die Nichtbeachtung des IV kann mit Erfolg nicht gerügt werden.

Beschluss bei Strafaussetzung uä **RiStBV 140**

268a **I Wird in dem Urteil die Strafe zur Bewährung ausgesetzt oder der Angeklagte mit Strafvorbehalt verwarnt, so trifft das Gericht die in den §§ 56a bis 56d und 59a des Strafgesetzbuches bezeichneten Entscheidungen durch Beschluss; dieser ist mit dem Urteil zu verkünden.**

II Absatz 1 gilt entsprechend, wenn in dem Urteil eine Maßregel der Besserung und Sicherung zur Bewährung ausgesetzt oder neben der Strafe Führungsaufsicht angeordnet wird und das Gericht Entscheidungen nach den §§ 68a bis 68c des Strafgesetzbuches trifft.

III [1]Der Vorsitzende belehrt den Angeklagten über die Bedeutung der Aussetzung der Strafe oder Maßregel zur Bewährung, der Verwarnung mit Strafvorbehalt oder der Führungsaufsicht, über die Dauer der Bewährungszeit oder der Führungsaufsicht, über die Auflagen und Weisungen sowie über die Möglichkeit des Widerrufs der Aussetzung oder der Verurteilung zu der vorbehaltenen Strafe (§ 56f Abs. 1, §§ 59b, 67g Abs. 1 des Strafgesetz-

buches). [2]Erteilt das Gericht dem Angeklagten Weisungen nach § 68b Abs. 1 des Strafgesetzbuches, so belehrt der Vorsitzende ihn auch über die Möglichkeit einer Bestrafung nach § 145a des Strafgesetzbuches. [3]Die Belehrung ist in der Regel im Anschluss an die Verkündung des Beschlusses nach den Absätzen 1 oder 2 zu erteilen. [4]Wird die Unterbringung in einem psychiatrischen Krankenhaus zur Bewährung ausgesetzt, so kann der Vorsitzende von der Belehrung über die Möglichkeit des Widerrufs der Aussetzung absehen.

1) Jeder Tatrichter muss den Beschluss nach § 268a zusammen mit dem Urteil erlassen, wenn es ihn erfordert. Eine Verweisung auf das Nachtragsverfahren nach § 453 ist unzulässig (LR-Gollwitzer 9). 1

Das gilt nach § 332 auch für das **Berufungsgericht.** Mit Erlass des Berufungsurteils, durch das das 1. Urteil abgeändert oder die Berufung als unbegründet verworfen wird, also nicht in den Fällen der §§ 322 I S 2, 329 I S 1, entfällt der Beschluss des 1. Gerichts (Dresden NJ **01**, 323; Hamm MDR **92**, 989). Eine gegen ihn vorsorglich eingelegte Beschwerde ist gegenstandslos (Hamm NJW **67**, 510; **aM** Bay NJW **56**, 1728 mit abl Anm Schmitt). Das Berufungsgericht muss einen neuen selbstständigen Beschluss nach § 268a erlassen, wenn auch sein Urteil das erfordert (Düsseldorf MDR **82**, 1042; LG Osnabrück NStZ **85**, 378); das gilt auch für die Bestellung des Bewährungshelfers (Köln JR **91**, 473 mit Anm Horn). Die „Bestätigung" des 1. Beschlusses ist eine Entscheidung in diesem Sinn (Celle MDR **70**, 68; LG Osnabrück aaO). 2

Das **Verbot der Schlechterstellung** gilt nicht (BGH NStZ **95**, 220 [K]; Bay **56**, 253; Düsseldorf NStZ **94**, 198; Oldenburg NStZ-RR **97**, 9; **aM** Frankfurt NJW **78**, 959), gleichgültig, ob auch die §§ 56e, 59a II, 68d StGB eine Abänderung zulassen (jedenfalls unter dieser Voraussetzung: BGH NJW **82**, 1544 = JR **82**, 338 mit zust Anm Meyer; Hamm NJW **78**, 1596; Gollwitzer JR **77**, 346; Horn MDR **81**, 13) oder nicht (Hamburg NJW **81**, 470 mit krit Anm Loos NStZ **81**, 363; Koblenz NStZ **81**, 154; erg 4 zu § 305a). 3

Das **Revisionsgericht** kann allenfalls die Mindestdauer der Bewährungszeit entspr § 354 I festsetzen; Auflagen und Belehrung nach III muss es dem Tatrichter überlassen (26d zu § 354). 4

2) Der **Beschluss** (I, II) hat bei Strafaussetzung zur Bewährung (§ 56 StGB) die in §§ 56a bis 56d StGB bezeichneten Entscheidungen zum Inhalt, bei Verwarnung mit Strafvorbehalt (§ 59 StGB) die Entscheidungen nach § 59a StGB, bei Aussetzung einer Sicherungsmaßregel (§ 67b StGB) und bei Anordnung der Führungsaufsicht (§ 68 StGB) die Entscheidungen nach §§ 68a bis 68c StGB. 5

Der Beschluss, an dem die Schöffen mitwirken, wird in der Hauptverhandlung im Anschluss an das Urteil **verkündet,** wobei es dem Richter freisteht, ob er nach der Verlesung der Urteilsformel sogleich die Urteilsgründe bekanntgibt oder vorher den Entscheidungssatz des Beschlusses verkündet (BGH **25**, 333). Zur Urteilsverkündung gehört die Beschlussverkündung nicht (BGH aaO; 8 zu § 268). Dem nicht anwesenden Angeklagten wird eine Beschlussausfertigung zugestellt (§ 35 II); der anwesende Angeklagte erhält eine Abschrift (RiStBV 140 S 1). 6

Eine **Begründung** des Beschlusses ist nur erforderlich, wenn das Gericht auf Anerbieten und Zusagen des Angeklagten, die er nach Befragung (§ 265a) gemacht hat, nicht eingegangen ist. Die sachlich-rechtlichen Voraussetzungen für die Anordnungen sind darzulegen (LR-Gollwitzer 5). 7

3) Der **versehentlich unterlassene Beschluss** kann durch das Berufungsgericht (Düsseldorf MDR **82**, 1042) nachgeholt werden. Ob auch sonst eine Nachholung möglich ist, ist str: Düsseldorf StV **08**, 512 mwN hält dies generell für ausgeschlossen, verweist aber darauf, dass die Bedingung der straffreien Führung auch ohne Bewährungsbeschluss selbstverständlich ist und eine Mindestbewährungszeit aus dem Gesetz folgt (vgl auch Hamm NStZ-RR **00**, 126; LG Freiburg StV **94**, 8

534). Damit wird eine entspr Anwendung des § 453, wie sie teilw von Rspr und Schrifttum für zulässig gehalten wird, überflüssig (vgl KK-Appl 3 zu § 453 mwN). Auch von einer beschränkten Möglichkeit nachträglicher Anordnung (Frankfurt StV **83**, 24; SK-Horn 34 zu § 56 StGB: nur wenn Urteilsgründe eine Entscheidungsgrundlage bieten; Köln StV **01**, 227 L: nicht die Zahlung einer Geldbuße gemäß § 56b II Nr 4 StGB; Düsseldorf StraFo **99**, 238; LG Osnabrück NStZ **85**, 378: keine Nachholung von Auflagen) ist daher abzusehen. Jedoch hat entspr § 453a stets eine nachträgliche Belehrung zu erfolgen (Düsseldorf aaO). Zuständig ist das Gericht, das den Beschluss hätte erlassen müssen; nach Urteilsrechtskraft gilt § 462a (Köln JR **91**, 473 mit Anm Horn). Die Revision kann auf das Unterlassen der Beschlussfassung nicht gestützt werden (Koblenz MDR **81**, 423).

9 **4)** Die **Belehrung** (III) ist in der Hauptverhandlung nach Verkündung des Beschlusses (S 3) mündlich zu erteilen. Im Strafbefehlsverfahren gilt § 409 I S 2. Die zusätzliche Aushändigung eines Merkblatts ist zweckmäßig (vgl 2 zu § 268c). Ist die Belehrung aus Versehen, aus Zweckmäßigkeitsgründen (S 4) oder wegen Abwesenheit des Angeklagten unterblieben, so wird sie nach § 453a nachgeholt. Die Belehrung ist eine wesentliche Förmlichkeit iS § 273 I.

10 **5)** Die **Anfechtung** des Urteils mit Berufung oder Revision umfasst nicht die des Beschlusses nach § 268a. Gegen ihn ist, auch wenn er vom Berufungsgericht erlassen worden ist, Beschwerde nach § 304 I zulässig (vgl § 305a I). Sinnvoll ist sie aber nur, wenn gegen das Urteil keine oder nur eine auf einen Nebenpunkt beschränkte Berufung oder wenn Revision eingelegt wird (Düsseldorf NJW **56**, 1889; erg 1 zu § 305a); denn bei Abänderung des Urteils entscheidet das Berufungsgericht ohnehin neu, wenn dazu noch Anlass besteht (oben 2).

11 Eine mit Gründen versehene **Nichtabhilfeentscheidung** nach § 306 II (dort 7ff) muss das Gericht erlassen, wenn es der Beschwerde nicht abhilft, der Strafaussetzungsbeschluss nicht begründet ist und das Beschwerdevorbringen erhebliche Tatsachenbehauptungen enthält (BGH **34**, 392).

Haftprüfung bei Verurteilung

268b [1]**Bei der Urteilsfällung ist zugleich von Amts wegen über die Fortdauer der Untersuchungshaft oder einstweiligen Unterbringung zu entscheiden.** [2]**Der Beschluss ist mit dem Urteil zu verkünden.**

1 **1)** Die **Prüfung der Haft- oder Unterbringungsvoraussetzungen** nach §§ 112ff, 126a erfolgt, solange der Haft- oder Unterbringungsbefehl vollzogen wird, stets von Amts wegen (2 zu § 120), auch während der Hauptverhandlung. Wenn das Gericht feststellt, dass diese Voraussetzungen nicht mehr vorliegen, muss es den Haft- oder Unterbringungsbefehl sofort aufheben (§§ 120 I S 1, 126a III S 1); bis zur Urteilsverkündung darf damit nicht gewartet werden. Wird die Feststellung während einer Unterbrechung der Hauptverhandlung getroffen, so muss der Haft- oder Unterbringungsbefehl sofort und ohne Mitwirkung der Schöffen aufgehoben werden (erg 8 zu § 126; 3 zu § 30 GVG).

2 **2) Bei der Urteilsfällung** muss von Amts wegen durch Gerichtsbeschluss über die Fortdauer der UHaft oder der einstweiligen Unterbringung entschieden werden. Damit ist nicht der Fall gemeint, dass der Angeklagte freigesprochen oder seine Unterbringung nicht angeordnet wird; denn dann muss der Haft- oder Unterbringungsbefehl schon nach §§ 120 I S 2, 126a III S 1 aufgehoben werden. Wird der Angeklagte verurteilt, so hat das Gericht stets das Fortbestehen der Haftgründe, die ggf auszuwechseln sind, und die Frage der Anwendung des § 116 zu prüfen (Schleswig SchlHA **98**, 173 [L/S]). Weicht die Verurteilung von dem Vorwurf des Haftbefehls ab, muss der Haftbefehl ihr angeglichen werden (Karlsruhe wistra **91**, 277; Stuttgart Justiz **07**, 238). Die Regelung des S 1 bedeutet insbesondere, dass das Gericht das Ergebnis seiner Prüfung der Haft- oder Unter-

bringungsvoraussetzungen auch dann begründen und bekannt geben muss, wenn es die Fortdauer der Haft oder einstweiligen Unterbringung des verurteilten Angeklagten für erforderlich hält (vgl 2 zu § 120). Das gilt aber nur, wenn der Haftbefehl vollzogen wird; ist sein Vollzug nach § 116 ausgesetzt, so findet § 268b keine Anwendung (**aM** KMR-Voll 1; LR-Gollwitzer 2); es gilt aber 5 zu § 120.

3) Der **Beschluss,** der nach § 273 I im Sitzungsprotokoll zu beurkunden ist, ergeht unter Mitwirkung der Schöffen (8 zu § 126; Kunisch StV **98**, 688) und ist nach § 34 zu begründen, wobei es aber einer gesonderten Begründung des dringenden Tatverdachts nicht bedarf, weil dieser idR durch das Urteil hinreichend belegt ist (BGH NStZ **04**, 276; **06**, 297; **aM** Hamm NStZ-RR **10**, 55 L; Jena NStZ-RR **09**, 123 L). Jedoch muss sich der Beschluss im Übrigen eingehend mit dem weiteren Vorliegen der UHaft-Voraussetzungen befassen, sich idR insbesondere zur Verhältnismäßigkeit weiteren Freiheitsentzugs äußern (BVerfG StV **09**, 479, 481). S 2 schreibt vor, dass er „mit dem Urteil" zu verkünden ist. Das ist ungenau; zunächst muss die Urteilsformel verlesen werden (§ 268 II S 2); ob dann erst die Urteilsgründe eröffnet werden oder zunächst der Beschluss nach § 268b verkündet wird, steht im Ermessen des Vorsitzenden. Zur Urteilsverkündung gehört die Bekanntgabe des Beschlusses nicht (8 zu § 268). 3

4) Das **Unterlassen der Beschlussfassung** ist auf den Fortbestand des Haft- oder Unterbringungsbefehls ohne Einfluss (LR-Gollwitzer 8). Ihre Nachholung ist bis zur Rechtskraft des Urteils auf Antrag oder von Amts wegen möglich. Der nach der Hauptverhandlung erlassene Beschluss wird dem Angeklagten zugestellt. Das Gleiche gilt, wenn der Beschluss in der Hauptverhandlung zwar gefasst, aber versehentlich nicht verkündet worden ist (KK-Engelhardt 7). 4

5) Anfechtung: Vgl § 117 I, II. Ein Anspruch auf mündliche Haftprüfung besteht nicht (§ 118 IV). Eine Rechtsmittelbelehrung wird nicht erteilt. Eine begründete Beschwerde führt idR nur zur Aufhebung des Haftfortdauerbeschlusses, aber nicht des Haftbefehls (Hamm NStZ-RR **10**, 55 L). 5

Belehrung bei Fahrverbot

268c [1] **Wird in dem Urteil ein Fahrverbot angeordnet, so belehrt der Vorsitzende den Angeklagten über den Beginn der Verbotsfrist (§ 44 Abs. 3 Satz 1 des Strafgesetzbuches).** [2] **Die Belehrung wird im Anschluss an die Urteilsverkündung erteilt.** [3] **Ergeht das Urteil in Abwesenheit des Angeklagten, so ist er schriftlich zu belehren.**

1) Belehrungspflicht (S 1): Über den Beginn der Verbotsfrist nach § 44 III S 1 StGB ist der Angeklagte, gegen den ein Fahrverbot angeordnet worden ist, in seinem eigenen Interesse zu belehren. Die Belehrung soll ihn veranlassen, den Führerschein unverzüglich in amtliche Verwahrung zu geben, um zu verhindern, dass sich das Fahrverbot verlängert. Die Belehrungspflicht gilt auch im Berufungsrechtszug (§ 332), selbst wenn der Angeklagte schon durch den 1. Richter belehrt worden war. Für das Strafbefehlsverfahren schreibt § 409 I S 2 die Belehrung vor. 1

Der **Vorsitzende** erteilt die Belehrung. Er kann sich ebenso wie bei der Rechtsmittelbelehrung (7 zu § 35a) eines Merkblatts bedienen, dessen Aushändigung an den Angeklagten die Belehrung aber nur ergänzen, nicht ersetzen kann. 2

Inhaltlich sollte sich die Belehrung nicht nur auf den Beginn der Verbotsfrist, sondern auch auf den Zeitpunkt des Wirksamwerdens des Fahrverbots (§ 44 II S 1 StGB, § 25 II S 1, IIa S 1 StVG) erstrecken (Celle VRS **54**, 128). Auch der Hinweis darauf, wo der Führerschein in amtliche Verwahrung zu geben ist, erscheint zweckmäßig. Weitere Belehrungen schreibt das Gesetz nicht vor. 3

4 **2) Im Anschluss an die Urteilsverkündung** (S 2) ist die Belehrung zu erteilen. Ist ein Beschluss nach § 268a oder § 268b erlassen worden, so wird erst nach dessen Verkündung belehrt. Die Belehrung sollte vor der Rechtsmittelbelehrung erteilt werden; erfolgt sie erst später, so ist das aber unschädlich (LR-Gollwitzer 7). Die Belehrung ist keine wesentliche Förmlichkeit iS des § 273 I (KK-Engelhardt 8); ihre Beurkundung im Sitzungsprotokoll ist aber zweckmäßig.

5 **3)** Eine **schriftliche Belehrung** (S 3) wird erteilt, wenn das Urteil in Abwesenheit des Angeklagten ergeht. Ein Merkblatt mit der Belehrung wird ihm dann zugleich mit dem Urteil zugestellt (LR-Gollwitzer 8).

6 **4)** Die **Nachholung der unterlassenen Belehrung** durch das Gericht sieht das Gesetz nicht vor (LR-Gollwitzer 9; vgl aber EbSchmidt Nachtr II 4). Nach § 59a IV S 1 StVollstrO (vgl bei KMR-Voll 6) muss die VollstrB sie aber nachholen, wenn sie den Führerschein zur Vollstreckung einfordert.

Belehrung bei vorbehaltener Sicherungsverwahrung

268d Wird in dem Urteil die Entscheidung über die Anordnung der Sicherungsverwahrung nach § 66a Abs. 1 des Strafgesetzbuches einer weiteren gerichtlichen Entscheidung vorbehalten, so belehrt der Vorsitzende den Angeklagten über den Gegenstand der weiteren Entscheidungen sowie über den Zeitraum, auf den sich der Vorbehalt erstreckt.

1 **1) Belehrungspflicht:** Bei Verurteilung wegen eines Verbrechens oder wegen einer Straftat nach den §§ 174 bis 174c, 176, 179 I–III, §§ 180, 182, 224, 225 I oder II StGB oder nach § 323a StGB, soweit die im Rausch begangene Tat ein Verbrechen oder eine der genannten rechtswidrigen Taten ist, kann nach § 66a iVm § 66 III S 1 StGB die Anordnung der Sicherungsverwahrung vorbehalten werden, wenn deren Voraussetzungen nach § 66 III StGB gegeben sind, jedoch nicht mit hinreichender Sicherheit feststellbar ist, ob der Täter für die Allgemeinheit iSv § 66 I Nr 3 StGB gefährlich ist. Der Vorsitzende des Gerichts hat den Verurteilten sodann mündlich zu belehren, dass das Gericht des ersten Rechtszugs spätestens 6 Monate vor dem Zeitpunkt, ab dem eine Aussetzung der Vollstreckung des Strafrestes zur Bewährung nach § 57 I S 1 Nr 1, § 57a I S 1 Nr 1 StGB auch iVm § 454b III möglich ist, in einer neuen Hauptverhandlung (§ 275a) über die Anordnung der Sicherungsverwahrung entscheiden wird. Der Vorsitzende muss den Verurteilten insbesondere darüber belehren, dass diese Anordnung erfolgen wird, wenn die Gesamtwürdigung des Verurteilten, seiner Taten und seiner Entwicklung während des Strafvollzuges ergibt, dass von ihm erhebliche Straftaten zu erwarten sind, durch welche die Opfer seelisch oder körperlich schwer geschädigt werden (§ 66a II S 2 StGB). Schließlich wird der Vorsitzende erläutern, dass idR erst nach Rechtskraft der Entscheidung über die Sicherungsverwahrung die Entscheidung über die Aussetzung der Vollstreckung des Strafrestes zur Bewährung ergehen kann (§ 66a III StGB) und dass vor der Entscheidung das Gutachten eines bisher im Rahmen des Strafvollzugs nicht mit der Behandlung des Verurteilten befasst gewesenen Sachverständigen erholt werden wird (§ 275a IV).

2 **2) Im Anschluss an die Urteilsverkündung** erfolgt die Belehrung, vor der Rechtsmittelbelehrung. Obwohl sie keine wesentliche Förmlichkeit iSd § 273 I ist, sollte im Protokoll beurkundet werden, dass sie erfolgt ist.

3 **3)** Ist die **Belehrung unterblieben,** kann sie entspr § 453a nachgeholt werden (LR-Gollwitzer Nachtr 5). Im Übrigen hindert das Unterbleiben der Belehrung grundsätzlich die nachträgliche Anordnung der Sicherungsverwahrung nicht. In diesem Fall muss aber besonders sorgfältig geprüft werden, ob nach dem Verhalten des Verurteilten im Strafvollzug die Voraussetzungen des § 66a II S 2 StGB erfüllt sind (vgl auch SK-Frister 4).

Zuständigkeit eines Gerichts niederer Ordnung

269 **Das Gericht darf sich nicht für unzuständig erklären, weil die Sache vor ein Gericht niederer Ordnung gehöre.**

1) Eine **Abweichung von § 6** bestimmt die Vorschrift aus Gründen der Prozesswirtschaftlichkeit und zur Verfahrensbeschleunigung (BGH **46**, 238, 240). Sie erklärt das Fehlen der sachlichen Zuständigkeit für unbeachtlich, wenn das Verfahren vor einem Gericht höherer Ordnung eröffnet worden ist. Die größere sachliche Zuständigkeit schließt die geringere ein; die Verhandlung vor einem unzuständigen Gericht höherer Ordnung benachteiligt den Angeklagten nicht (RG **62**, 265, 271). § 269 gibt dem höheren Gericht aber nicht die Befugnis, sich für zuständig zu erklären, obwohl die Sache bei einem Gericht niederer Ordnung anhängig ist (BGH **37**, 15, 20; **38**, 172, 176; **44**, 121; erg unten 4). 1

2) Im gesamten Hauptverfahren, nicht nur in der Hauptverhandlung, darf das erkennende Gericht die Sache nicht an ein Gericht niederer Ordnung bringen. Das ist nur für das Eröffnungsverfahren nach § 209 I vorgesehen. 2

§ 269 gilt auch, wenn sich die Zuständigkeit eines Gerichts niederer Ordnung schon aus dem Eröffnungsbeschluss ergibt (RG **16**, 39, 41; LR-Gollwitzer 9) oder wenn die Sache durch einen sachlich zu Unrecht erlassenen, aber bindenden Verweisungsbeschluss nach § 270 an das Gericht höherer Ordnung gelangt war (RG **44**, 392, 395; **62**, 265, 271; Karlsruhe NStZ **87**, 375). 3

Das **Verbot mehrfacher Rechtshängigkeit** geht der Regelung des § 269 vor. Ist eine Sache schon bei einem Gericht niederer Ordnung anhängig, so muss das Gericht höherer Ordnung, sobald es davon Kenntnis erlangt, sein Verfahren einstellen (BGH **22**, 232, 235; erg 1, 2 zu § 12). 4

3) Die **Abgabe an ein Gericht niederer Ordnung** schließt § 269 zwingend aus, auch bei Einverständnis der Prozessbeteiligten. Gericht niederer Ordnung (vgl 2 zu § 1) ist der Strafrichter im Verhältnis zum SchG (1 zu § 25 GVG), die kleine StrK gegenüber der großen, nicht das SchG im Verhältnis zum erweiterten SchG (2 zu § 29 GVG), auch nicht die große StrK gegenüber dem SchwurG (BGH **26**, 191, 194; **27**, 99, 101). Das Erwachsenengericht darf die Sache nur an ein gleichrangiges JugG abgeben, nicht an ein JugG niederer Ordnung (BGH **18**, 173). Im Verhältnis der JugG untereinander gilt die Regelung des § 47 a **JGG.** Der Jugendrichter ist gegenüber dem JuSchG ein Gericht niederer Ordnung (BGH **18**, 173, 176), beide gegenüber der JugK, die kleine gegenüber der großen JugK. 5

Einer Abgabe zwischen **gleichrangigen Spruchkörpern** steht § 269 nicht entgegen (BGH **27**, 99, 102), auch nicht, wenn zwischen ihnen, wie nach § 74 e GVG, eine Reihenfolge festgesetzt ist (LR-Gollwitzer 3). Die Abgabe an ein Gericht höherer Ordnung hindert § 269 ebenfalls nicht (vgl § 225 a). 6

4) Nach der **Trennung verbundener Sachen** nach § 4 gilt § 269 ebenfalls. Die abgetrennte Sache fällt daher nicht ohne weiteres an das für sie zuständige niedere Gericht zurück (BGH **47**, 116 mwN, auch zur Gegenmeinung; SK-Frister 3). Bei einer Trennung nach § 237 verbundener Verfahren stellt sich das Problem nicht (vgl 1 zu § 237). 7

5) Mit der **Revision** kann grundsätzlich nicht geltend gemacht werden, dass ein Gericht niederer Ordnung sachlich zuständig gewesen wäre (32 zu § 338). Eine Ausnahme besteht, wenn statt zum AG ohne sachlich rechtfertigenden Grund zum LG angeklagt und der Angeklagte dadurch willkürlich seinem gesetzlichen Richter entzogen worden ist (BGH **38**, 172, 176; **38**, 212; **44**, 36; StV **95**, 620; **99**, 585; zust Rieß NStZ **92**, 549; vgl auch BGH NStZ **92**, 397; Düsseldorf NStZ **90**, 292 mwN; erg 6 zu § 16 GVG), ebenso bei willkürlicher Anklage zum OLG (BGH **46**, 238, 241; Welp NStZ **02**, 1; erg 11 zu § 120 GVG). Dann gilt wieder § 6; der Fehler ist also von Amts wegen zu beachten und führt zur Verweisung der Sache an das zu- 8 ständige Gericht (BGH **40**, 120 = JR **95**, 255 mit zust Anm Sowada = JZ **95**, 261 mit krit Anm Engelhardt; BGH **45**, 58, 59 = JZ **00**, 213 mit zust Anm Bernsmann; BGH **46**, 238, 245; KMR-Voll 9; SK-Frister 13; Dietmeier JR **98**, 471; **aM** BGH **43**, 53 *[obiter dictum]* = JZ **98**, 627 mit abl Anm Bernsmann = JR **99**, 164 mit zust Anm Renzikowski; Wolff JR **06**, 236). Einige OLGe haben diese Rspr auf das Verhältnis SchG statt Strafrichter ausgedehnt und die willkürliche Annahme der Zuständigkeit des SchG von Amts wegen beanstandet (Hamm StraFo **96**, 87; Köln StraFo **96**, 85; Oldenburg NStZ **94**, 449; vgl auch Neuhaus StV **95**, 212). Auf Vorlage durch das OLG Celle (NdsRpfl **95**, 273) hat der BGH (BGH **42**, 205 = JR **97**, 430 mit krit Anm Gollwitzer; abl SK-Frister 16; vgl auch Rieß BGH-FG 834) jedoch entschieden, dass der Verstoß gegen § 328 II (also die unterlassene Zurückverweisung der Sache im Berufungsverfahren an den Strafrichter) nur auf Rüge zu beachten ist. Wie bei einer Sprungrevision zu entscheiden ist (dazu Düsseldorf NStZ **96**, 206 mit abl Anm Bachem), hat der BGH offen gelassen; er scheint aber auch hier der Verneinung der Prüfung von Amts wegen zuzuneigen. Das ist schon deswegen unzutreffend, weil es dort – anders als nach durchgeführtem Berufungsverfahren (vgl dazu SK-Frisch 35 zu § 328) – allein um die sachliche Zuständigkeit des SchG geht (ebenso KK-Kuckein 66 zu § 338; LR-Siolek 34 zu § 24 GVG). Aber auch im Übrigen ist BGH **42**, 205 unrichtig: Das Fehlen der sachlichen Zuständigkeit ist nach § 328 II vom Berufungsgericht von Amts wegen zu beachten; dann kann aber für das Revisionsgericht nichts anderes gelten (vgl BGH **18**, 79, 81). Verweisung von Amts wegen erfolgt auch, wenn das AG statt des sachlich zuständigen LG entschieden hat (Brandenburg NStZ **01**, 611 mit zust Anm Meyer-Goßner; vgl auch BGH NStZ **00**, 387; erg 7 zu § 328).

Verweisung an ein höheres Gericht

270 **I** [1] **Hält ein Gericht nach Beginn einer Hauptverhandlung die sachliche Zuständigkeit eines Gerichts höherer Ordnung für begründet, so verweist es die Sache durch Beschluss an das zuständige Gericht; § 209 a Nr. 2 Buchstabe a gilt entsprechend.** [2] **Ebenso ist zu verfahren, wenn das Gericht einen rechtzeitig geltend gemachten Einwand des Angeklagten nach § 6 a für begründet hält.**

II In dem Beschluss bezeichnet das Gericht den Angeklagten und die Tat gemäß § 200 Abs. 1 Satz 1.

III [1] **Der Beschluss hat die Wirkung eines das Hauptverfahren eröffnenden Beschlusses.** [2] **Seine Anfechtbarkeit bestimmt sich nach § 210.**

IV [1] **Ist der Verweisungsbeschluss von einem Strafrichter oder einem Schöffengericht ergangen, so kann der Angeklagte innerhalb einer bei der Bekanntmachung des Beschlusses zu bestimmenden Frist die Vornahme einzelner Beweiserhebungen vor der Hauptverhandlung beantragen.** [2] **Über den Antrag entscheidet der Vorsitzende des Gerichts, an das die Sache verwiesen worden ist.**

1 **1) Veränderungen der sachlichen Zuständigkeit** und der ihr nach I S 1 Hs 2, S 2 gleichgestellten Zuständigkeiten nach Beginn der Hauptverhandlung kann nach § 270 auf prozesswirtschaftliche Weise durch Verweisung an das zuständige Gericht mit bindender Wirkung, also unter Vermeidung der Verfahrenseinstellung und erneuten Anklageerhebung, Rechnung getragen werden.

2 Die Vorschrift ist **entsprechend anwendbar** auf den Fall, dass bei der Eröffnung des Hauptverfahrens das die Zuständigkeit des höheren Gerichts begründende Delikt nach § 154 a I ausgeschieden worden ist, von dem niederen Gericht, vor dem das Verfahren eröffnet wurde, dann aber nach § 154 a III wieder einbezogen wird (BGH **29**, 341, 344 ff). BGH **39**, 202 (zust Odersky Salger-FS 357) hat die Vorschrift entspr auf den Fall angewendet, dass der Kartellsenat des OLG einen

Straftatbestand für erfüllt ansieht; der BGH erachtet dann die Verweisung an die WirtschaftsStrK des LG für zulässig (Rieß NStZ **93**, 513 hält diesen Weg zutr für bedenklich und will das Ergebnis über eine Rechtsanalogie zu §§ 6, 6 a, 209, 209 a, 225 a, 269, 270 erreichen; richtiger erscheint eine Analogie zu §§ 17 a II, IV, 17 b GVG; erg 2 zu § 17 b GVG; **aM** auch Göhler wistra **94**, 17 und 260 sowie LR-Franke 23 a zu § 121 GVG, der das OLG für zuständig hält, dagegen Wrage-Molkenthin/Bauer wistra **94**, 83; Bauer wistra **94**, 132 spricht sich für eine Einstellung des Verfahrens durch das OLG und Neuanklage durch die StA beim Strafgericht aus).

§ 270 gilt nicht entspr für die geschäftsplanmäßige Zuständigkeit (vgl BGH **27**, 99, 102: formlose Abgabe) und für die örtliche Zuständigkeit (Braunschweig GA **62**, 284; Hamm NJW **61**, 232; JMBlNW **69**, 66; erg 4 zu § 16). Im beschleunigten Verfahren gilt die Sonderregelung des § 419, im Berufungsverfahren § 328 II (vgl aber 13 ff zu § 6 a), im Privatklageverfahren § 389. 3

2) Verweisung an das zuständige Gericht (I): 4

A. Bei **sachlicher Zuständigkeit eines Gerichts höherer Ordnung** (S 1 Hs 1), die für das Gericht der niederen Ordnung (zur Rangordnung der Gerichte vgl 2 zu § 1; 5 zu § 269) nach § 6 ein von Amts wegen zu berücksichtigendes Verfahrenshindernis ist, muss die Verweisung von Amts wegen erfolgen (Stuttgart Justiz **95**, 99), und zwar wegen des gesamten Anklagevorwurfs, der iS des § 264 eine einheitliche Tat bildet (KK-Engelhardt 19). Sachliche Zuständigkeitsmerkmale, deren Prüfung mit der Eröffnung des Hauptverfahrens endet, wie die besondere Bedeutung des Falls iS der §§ 24 I Nr 3, 74 I GVG und die Rechtsfolgenerwartung nach § 25 Nr 2 GVG, bleiben dabei außer Betracht (BGH NStZ **09**, 579; erg 8 zu § 24 GVG und 4 zu § 25 GVG). 5

Die Verweisung darf nur in der **Hauptverhandlung des 1. Rechtszugs** erfolgen, auch wenn sie nach Aussetzung der Verhandlung (§ 228) oder wegen nicht rechtzeitiger Fortsetzung nach einer Unterbrechung (§ 229 IV S 1) oder nach Zurückverweisung durch das Revisionsgericht nach § 354 II erneut durchgeführt wird. 6

Die Verweisung darf ferner erst **nach Beginn der Hauptverhandlung** (§ 243 I S 1) beschlossen werden. Vor der Hauptverhandlung und nach Aussetzung der Hauptverhandlung bis zum Beginn der neuen Hauptverhandlung wird nach § 225 a verfahren (dort 4). 7

Den Beginn oder die Durchführung der **Beweisaufnahme** setzt die Verweisung nicht grundsätzlich voraus (LR-Gollwitzer 9); selbst präsente Beweise (§ 245 I) müssen nicht unbedingt erhoben werden. Wenn sich die Zuständigkeit des höheren Gerichts bereits aus dem Anklagesatz ergibt, ist die Verweisung daher ohne weiteres möglich (RG **64**, 179, 180; Düsseldorf NStZ **86**, 426; LR-Gollwitzer 16); der Angeklagte braucht dann vorher nicht einmal nach § 243 V S 2 zur Sache vernommen zu werden. 8

Wenn die Verweisung wegen einer vom Eröffnungsbeschluss auf Grund neu hervorgetretener Umstände abweichenden rechtlichen Bewertung beschlossen werden soll, setzt sie **hinreichenden Tatverdacht** voraus (BGH **29**, 216, 219; 341, 344; MDR **72**, 18 [D]; NStZ **88**, 236). Dabei gelten die gleichen Grundsätze wie bei § 203 (dort 2). Die Verweisung ist erst zulässig, wenn sich dieser Verdacht genügend verfestigt hat, wenn also nicht zu erwarten ist, dass er bei weiterer Verhandlung wieder entfällt (Frankfurt NStZ-RR **97**, 311; Rieß GA **76**, 17). Der volle Nachweis der Tatsachen, die die Zuständigkeit des höheren Gerichts begründen, ist nicht erforderlich und darf nicht einmal geführt werden (SK-Frister 8). Denn wenn das Gericht den hinreichenden Tatverdacht festgestellt hat, darf es nicht weiterverhandeln, um ihn zu erhärten oder zu entkräften; vielmehr geht die Entscheidungskompetenz auf das Gericht der höheren Ordnung über (BGH MDR **72**, 18 [D]; Rieß aaO). Das Gericht ist nur berechtigt, den hinreichenden Tatverdacht zu verneinen und lediglich die bei ihm angeklagte Tat abzuurteilen (LR-Gollwitzer 14). 9

10 Wegen **unzureichender Strafgewalt des AG** (§ 24 II GVG) darf an das LG erst verwiesen werden, wenn die Verhandlung so weit geführt worden ist, dass der Schuldspruch feststeht, und wenn sich die Straferwartung so weit verfestigt hat, dass nicht mehr zu erwarten ist, eine mildere Beurteilung werde noch eine Strafe im Rahmen der Strafgewalt als ausreichend erscheinen lassen (BGH **45**, 58, 60; Karlsruhe JR **91**, 36 mit Anm Gollwitzer; ders Rieß-FS 148). Die bloße Vermutung, dass das der Fall sein wird, genügt nicht (Düsseldorf NStZ **86**, 426; StraFo **00**, 235; Frankfurt StV **96**, 533; Karlsruhe aaO; Köln StraFo **09**, 112; LG Berlin StV **96**, 16).

11 B. **Verweisung an das zuständige JugG** (S 1 Hs 2): Die entspr Anwendung des § 209a Nr 2 Buchst a bedeutet, dass die JugG bei der Verweisungsfrage allgemein den Gerichten höherer Ordnung gleichgestellt sind. Die Verweisung an das zuständige JugG ist daher auch erforderlich, wenn es nur gleichrangig ist. Dagegen darf an ein JugG niederer Ordnung nicht verwiesen werden. Da S 1 Hs 2 den § 209a Nr 2 Buchst b nicht aufführt, kommt in einer Jugendschutzsache die Verweisung an ein gleichrangiges JugG nicht in Betracht (BGH **42**, 39), wohl aber an ein höheres (unklar Saarbrücken NStZ-RR **03**, 377). Eine zulässige Verweisung umfasst auch ein nach § 103 **JGG** hinzuverbundenes Verfahren gegen einen Erwachsenen (LG Berlin NStZ-RR **99**, 154).

12 C. Die **Verweisung von einer oder an eine StrK mit besonderer Zuständigkeit** (S 2) setzt einen rechtzeitig erhobenen Einwand des Angeklagten nach § 6a voraus. Ist er zu Recht geltend gemacht worden, so ist die Verweisung geboten, auch von der StrK mit besonderer Zuständigkeit an die allgemeine StrK (vgl Rieß NJW **79**, 1536). Wird von einer StrK mit besonderer Zuständigkeit an eine andere StrK dieser Art verwiesen, so ist gleichgültig, ob diese StrK der verweisenden nach § 74e GVG im Rang vorgeht oder nachsteht (KK-Engelhardt 16). Der Grundsatz des § 269 gilt nicht (LR-Gollwitzer 21; Meyer-Goßner NStZ **81**, 171). Zur Verweisung in einem Berufungsverfahren über eine Wirtschaftsstraftat vgl 13ff zu § 6a. Bei der Prüfung, ob die Wirtschafts-StrK zuständig ist, bleibt das in § 74c I Nr 6 GVG enthaltene Erfordernis der besonderen Kenntnisse des Wirtschaftslebens als normatives Tatbestandsmerkmal (oben 5; 5 zu § 74c GVG) außer Betracht (Rieß NJW **78**, 2268; **79**, 1536; erg 4 zu § 6a).

13 **Entscheidungsgrundlage** für die Verweisung ist die Sachlage, wie sie sich zu Beginn der Hauptverhandlung auf Grund des gesamten bis dahin angefallenen Prozessstoffes darstellt (KMR-Voll 20). Da es sich nur um die Nachprüfung der Zuständigkeitsbeurteilung im Eröffnungsbeschluss handelt, ist es nicht zulässig, das Ergebnis der Beweisaufnahme abzuwarten. Andernfalls hätte die zeitliche Begrenzung der Einwandsbefugnis durch § 6a S 3 keinen Sinn.

14 **3)** Der **Verweisungsbeschluss** (II) wird in der für die Hauptverhandlung vorgeschriebenen Gerichtsbesetzung nach Anhörung der Verfahrensbeteiligten erlassen (dazu Gollwitzer Rieß-FS 151).

15 **Inhaltlich** muss der Beschlussausspruch das Gericht bezeichnen, an das die Sache verwiesen wird. Außerdem muss der Beschluss die für den Anklagesatz in § 200 I S 1 vorgeschriebenen Angaben enthalten, jedoch mit den Veränderungen, aus denen sich die Zuständigkeit des höheren Gerichts ergibt. Das Fehlen dieser Angaben ist aber unschädlich, wenn das AG bei gleich bleibender rechtlicher Beurteilung der Tat die Sache nur deshalb an das LG verweist, weil seine Rechtsfolgenkompetenz nach § 24 II GVG nicht ausreicht (BGH MDR **66**, 894 [D]; LG Hannover StV **83**, 194). Das Gleiche gilt, wenn der Verweisungsbeschluss lediglich die Zuständigkeitsentscheidung des Eröffnungsbeschlusses korrigiert (LR-Gollwitzer 25).

16 Eine **Begründung** des Beschlusses ist nicht erforderlich, kann aber zweckmäßig sein (KMR-Voll 22). Der die Verweisung ablehnende Beschluss muss dagegen mit Gründen versehen werden (§ 34).

Mitgeteilt wird der Beschluss durch Verkündung (§ 35 I), bei Abwesenheit des Angeklagten zugleich mit der Fristsetzung nach IV S 1 durch förmliche Zustellung (§ 35 II S 2). 17

4) Die **Wirkung des Verweisungsbeschlusses** (III S 1) entspricht der eines Eröffnungsbeschlusses (BGH MDR **72**, 387 [D]). Die fehlende Anklage (BGH NStZ-RR **07**, 4 [B] oder den fehlenden Eröffnungsbeschluss (BGH NStZ **88**, 236) ersetzt er jedoch nicht. Mit seinem Erlass (5 ff vor § 33) macht der Beschluss die Strafsache bei dem Gericht, an das verwiesen wird, unmittelbar rechtshängig (Karlsruher Justiz **84**, 429; MDR **80**, 599; KK-Engelhardt 23; **aM** LR-Gollwitzer 33: erst mit dem Eingang der Akten bei diesem Gericht). Das Verfahren geht in der Lage, in der es sich befindet, auf das Gericht über, an das die Sache verwiesen worden ist. 18

Dieses Gericht ist **an den Verweisungsbeschluss gebunden** (BGH **27**, 99, 103; **29**, 216; NStZ **88**, 236; Frankfurt NStZ-RR **97**, 311; Rieß GA **76**, 17), auch wenn er formell oder sachlich fehlerhaft ist (BGH **29**, 216; NStZ **92**, 29 [K]; **09**, 579; BGHR § 270 I Wirksamkeit 1; Karlsruhe MDR **80**, 599; Schleswig NStZ **81**, 491; Gollwitzer Rieß-FS 147). Eine Weiterverweisung an ein noch höheres Gericht ist zulässig (BGH **21**, 268, 270; RG **59**, 244). 19

Die **Bindungswirkung entfällt** aber, wenn der Beschluss mit den Grundsätzen rechtsstaatlicher Ordnung in offensichtlichem Widerspruch steht. Das ist der Fall, wenn er auf Willkür beruht (BGH **29**, 216, 219; Düsseldorf StraFo **98**, 274; Stuttgart Justiz **83**, 164; Zweibrücken MDR **92**, 178), insbesondere weil er offensichtlich gesetzwidrig ist (BGH NStZ **09**, 404; Düsseldorf NStZ **86**, 426; StraFo **97**, 115; Frankfurt NStZ-RR **96**, 42; Karlsruhe NStZ **90**, 100 mwN; SK-Frister 27). Die Sache wird dann zurückverwiesen (BGH **45**, 58 = JZ **00**, 213 mit Anm Bernsmann; Bamberg NStZ-RR **05**, 377; Gollwitzer Rieß-FS 143; dazu auch eingehend Weidemann wistra **00**, 45; nach überholter **aM** – dazu BGH aaO – tritt Nichtigkeit ein; erg Einl 105, 108); § 269 steht nicht entgegen (BGH aaO). Ist aber tatsächlich die sachliche Zuständigkeit des höheren Gerichts gegeben, verbleibt die Sache trotz willkürlicher Verweisung bei diesem (BGH aaO; ebenso Köln StraFo **09**, 112 bei erheblicher Verfahrensverzögerung). 20

Die **Zuständigkeit des verweisenden Gerichts für verfahrensrechtliche Entscheidungen** entfällt mit dem Erlass des Verweisungsbeschlusses. Es darf zB keine Haftentscheidung mehr treffen; § 207 IV gilt nicht entspr (KK-Engelhardt 21; EbSchmidt Nachtr 16; **aM** LR-Gollwitzer 31). Solange sich die Akten bei ihm befinden, ist das verweisende Gericht aber zur Vorlage nach § 122 I verpflichtet, wenn sie wegen Ablaufs der Frist des § 121 I alsbald geboten ist (Karlsruhe Justiz **84**, 429). 21

5) Anfechtbarkeit des Verweisungsbeschlusses (III S 2): Der Angeklagte kann den Beschluss nicht anfechten (§ 210 I), die StA entspr § 210 II nur, wenn sie die Verweisung an ein noch höheres Gericht beantragt hatte (KK-Engelhardt 25; vgl für einen Sonderfall auch Schleswig SchlHA **85**, 119 [E/L]), sonst ist eine Beschwerde ausgeschlossen (BGH **45**, 26 mit zust Anm Franke NStZ **99**, 524). Die Ablehnung des Verweisungsantrags (oder der Einwendungen nach § 6a) ist nach § 305 S 1 unanfechtbar (Braunschweig NJW **58**, 1550 = GA **59**, 89 mit zust Anm Kleinknecht; erg 16 zu § 6a). 22

6) Beweisanträge (IV): Die Regelung trägt dem Umstand Rechnung, dass die Sache bei Verweisung vom AG an das LG (nur dann gilt IV) mitunter noch nicht genügend geklärt, der Angeklagte bisher vielleicht noch ohne Verteidiger ist und bei der Anhörung nach § 201 I keinen Anlass hatte, zu der abweichenden Beurteilung der Sache Stellung zu nehmen oder Beweisanträge zu stellen (LR-Gollwitzer 39; ANM 365). Das Beweisantragsrecht nach IV dient nur der Vorbereitung der neuen Hauptverhandlung. 23

Die **Fristsetzung nach S 1** ist Aufgabe des Vorsitzenden des verweisenden Gerichts. Die Frist muss zugleich mit der Bekanntmachung des Verweisungsbeschlusses an den Angeklagten bestimmt werden; sie kann schon in den Beschluss 24 aufgenommen werden. Die Frist muss so bemessen werden, dass der Angeklagte ausreichend Zeit hat, sich die Antragstellung zu überlegen; die Frist kann auf Antrag oder von Amts wegen verlängert werden. Mit der Fristsetzung wird zweckmäßigerweise der Hinweis verbunden, dass die Anträge an das Gericht zu richten sind, an das die Sache verwiesen worden ist; gesetzlich vorgeschrieben ist der Hinweis nicht (10 zu § 225 a).

25 Der **Beweisantrag** bedarf keiner besonderen Form, muss aber die Beweismittel und Beweistatsachen bezeichnen.

26 Die **Entscheidung** über den Antrag trifft der Vorsitzende des Gerichts, an das die Sache verwiesen worden ist (S 2); kommissarische Vernehmungen nach § 223 ordnet das ganze Gericht an (KK-Engelhardt 29; ANM 368). Für die Entscheidung ist maßgebend, ob zur Vorbereitung der Hauptverhandlung vor dem Gericht, an das verwiesen worden ist, noch eine weitere Sachaufklärung erforderlich erscheint. Ist das nicht der Fall, so können die Anträge ohne die Beschränkungen des § 244 III–V abgelehnt werden. Die Ablehnung mit der Zusage, die Beweistatsache werde als wahr unterstellt, ist unzulässig (ANM 369). Die ablehnende Entscheidung muss begründet werden (§ 34); wird dem Antrag stattgegeben, so ist keine Begründung erforderlich. Die Entscheidung über den Beweisantrag muss so rechtzeitig getroffen werden, dass der Angeklagte weitere Anträge nach § 219 stellen oder von seinem Selbstladungsrecht nach § 220 Gebrauch machen kann (ANM 369). Die Entscheidung ist unanfechtbar.

27 **7) Revision:** Ist die Verweisung nach I zu Unrecht unterblieben und war der Tatrichter auch beim Erlass des Urteils nicht zuständig, so ist das Verfahrenshindernis der sachlichen Unzuständigkeit bei zulässiger Revision von Amts wegen zu berücksichtigen (32 zu § 338). Das Unterlassen der Verweisung an das JugG muss nach § 338 Nr 4 gerügt werden. Das Gleiche gilt, wenn der zulässige Einwand des Angeklagten nach § 6 a zu Unrecht als unbegründet verworfen worden ist. War die Fristsetzung nach IV S 1 unterblieben, so kann die Revision nur Erfolg haben, wenn der Fehler bereits in der Hauptverhandlung beanstandet worden ist (RG **62**, 265, 272; KMR-Voll 40; LR-Gollwitzer 55).

Verhandlungsprotokoll **RiStBV 144, 161**

271 **I [1]Über die Hauptverhandlung ist ein Protokoll aufzunehmen und von dem Vorsitzenden und dem Urkundsbeamten der Geschäftsstelle, soweit dieser in der Hauptverhandlung anwesend war, zu unterschreiben. [2]Der Tag der Fertigstellung ist darin anzugeben.**

II [1]Ist der Vorsitzende verhindert, so unterschreibt für ihn der älteste beisitzende Richter. [2]Ist der Vorsitzende das einzige richterliche Mitglied des Gerichts, so genügt bei seiner Verhinderung die Unterschrift des Urkundsbeamten der Geschäftsstelle.

1 **1) Verhandlungsprotokoll:**

2 A. **Über die Hauptverhandlung** ist ein Protokoll aufzunehmen (I S 1). Dabei bildet die Niederschrift über den Verlauf der Hauptverhandlung eine Einheit (BVerfG StV **02**, 521; BGH **16**, 306; **29**, 394; NStZ **81**, 297 [Pf]). Umfasst sie mehrere Tage, so braucht das Protokoll daher nicht täglich abgeschlossen zu werden, selbst wenn der UrkB gewechselt hat (unten 13). Das gilt an sich auch für Hauptverhandlungen von langer Dauer; jedoch ist dann die Anfertigung von Teilprotokollen empfehlenswert, darauf besteht aber kein Anspruch (BGH NStZ **93**, 141). Auch dann bildet aber das Sitzungsprotokoll eine einheitliche Urkunde (BGH **16**, 306), so dass die zu Beginn des Protokolls aufgeführten Personen nach § 274 für die gesamte Hauptverhandlung als anwesend gelten, wenn ihre (vorübergehende) Entfernung nicht protokolliert worden ist (BGH NJW **94**, 3364; NStZ-RR **02**, 100

[B]), und die das Gesamtprotokoll abschließende Unterschrift des Vorsitzenden den gesamten Protokollinhalt umfasst (BVerfG 2 BvR 1643/91 vom 10. 1. 1992).

B. **Urkundspersonen** sind der Vorsitzende und – soweit nicht der Strafrichter von dessen Zuziehung nach § 226 II abgesehen hat – der bei dieser Tätigkeit grundsätzlich unabhängige (LR-Gollwitzer 13; **aM** Köln NJW **55**, 843: an Weisungen des Vorsitzenden gebunden; erg 3 zu § 153 GVG) UrkB, der während der Hauptverhandlung ausgewechselt werden kann (7 zu § 226). Beide tragen zusammen die Verantwortung dafür, dass der Protokollinhalt mit dem übereinstimmt, was in der Hauptverhandlung geschehen ist. Der UrkB nimmt das Protokoll auf; der Vorsitzende überwacht die ordnungsgemäße Beurkundung, prüft das Protokoll auf Richtigkeit und Vollständigkeit und veranlasst notwendige Abänderungen und Ergänzungen (RiStBV 144 I S 2, 3) oder nimmt sie selbst vor. Wegen der Genehmigung der Änderungen durch den UrkB vgl unten 14. 3

Bei **Meinungsverschiedenheiten** über tatsächliche Vorgänge muss der Vorsitzende eine Klärung versuchen, insbesondere durch Befragung der anderen Prozessbeteiligten. Wird die Meinungsverschiedenheit dadurch nicht beseitigt, so muss das im Protokoll vermerkt werden; die Beweiskraft des § 274 entfällt insoweit (dort 16). Besteht die Meinungsverschiedenheit nur über die Rechtsfrage, ob der Vorgang nach § 273 protokollierungsbedürftig ist, so kann der Vorsitzende den UrkB zur Protokollierung anweisen (KK-Engelhardt 7; Gollwitzer Gössel-FS 547). Der Vorsitzende kann und muss auch einschreiten, wenn ein Dritter versucht, seine eigene Bewertung eines Verfahrensvorgangs in das Protokoll zu diktieren (BGH NJW **05**, 3434). 4

Die **Anrufung des Gerichts** nach § 238 II ist ausgeschlossen (Köln NJW **55**, 843; LR-Gollwitzer 70). 5

C. **Schriftlich** (handschriftlich oder in Maschinenschrift) wird das Protokoll aufgenommen. 6

Es ist auch bei Beteiligung von Ausländern **in deutscher Sprache** abzufassen; Aussagen und Erklärungen in fremder Sprache können aber nach § 185 I S 2 GVG in das Protokoll aufgenommen werden, wenn das angezeigt erscheint (dort 8). 7

Tonbandaufnahmen sind keine Protokolle, sondern Hilfsmittel für ihre Fertigung (Koblenz NStZ **88**, 42; Rassow NJW **58**, 653; vgl aber Roggemann JR **66**, 47: selbstständige Ergänzung des Schriftprotokolls; Kühne StV **91**, 103: § 168a II S 1 gilt auch hier). 8

In **Kurzschrift** darf das Protokoll nicht geführt werden (RG **55**, 1; LR-Gollwitzer 2); § 168a III gilt für die Hauptverhandlung nicht. Bei der Abfassung des Protokolls, die auch noch nach der Hauptverhandlung zulässig ist (BGH GA **60**, 61), kann aber ein während der Hauptverhandlung aufgenommenes Stenogramm oder eine andere vorläufige Aufzeichnung verwendet werden (RG **65**, 434; Meyer-Goßner/Appl 903, 1029; Rassow aaO). 9

Die als **Hilfsmittel** verwendeten Tonbandaufnahmen und vorläufigen Aufzeichnungen werden kein Bestandteil der Akten; sie brauchen weder verwahrt noch den Verfahrensbeteiligten zugänglich gemacht zu werden (BGH **29**, 394; MDR **73**, 903 [D]; Koblenz NStZ **88**, 42 vgl auch Karlsruhe NStZ **82**, 299). 10

D. Die **äußere Beschaffenheit** des Protokolls muss seiner Bedeutung als Beweisquelle (§ 274) entsprechen. Überklebungen und Ausschabungen sind unzulässig. Überschreibungen, Durchstreichungen, Rasuren und dgl möglichst zu vermeiden. Bei Verwendung von Vordrucken muss auch bei Platzmangel die Übersichtlichkeit gewahrt werden. Durch Verstöße gegen diese Regeln kann die Beweiskraft des betreffenden Teils des Protokolls, wenn auch nicht des gesamten Protokolls, in Frage gestellt werden (LR-Gollwitzer 4; erg 15 zu § 274). 11

E. **Inhaltlich** muss das Protokoll die in § 271 bezeichneten Angaben enthalten und die nach § 273 I protokollierungspflichtigen Vorgänge in der Reihenfolge festhalten, in der sie sich ereignet haben. Für einheitliche Verfahrensvorgänge sind aber Zusammenfassungen zulässig (vgl 4 zu § 257). Das Protokoll muss jedenfalls 12 erkennen lassen, dass die für die Hauptverhandlung vorgeschriebene Ordnung des Verfahrensgangs eingehalten ist (LR-Gollwitzer 3).

13 F. **Unterzeichnet** wird das Protokoll von dem Vorsitzenden und – soweit in der Hauptverhandlung anwesend – dem UrkB (I S 1). Auch Randvermerke sind von beiden Urkundspersonen zu unterschreiben. Die Unterzeichnung von Protokollanlagen ist zweckmäßig, gesetzlich aber nicht vorgeschrieben (Düsseldorf MDR **86**, 166) und kann für sich allein die Protokollunterschrift nicht ersetzen (Hamm NStZ **01**, 220; NStZ-RR **01**, 83). Beim Wechsel des UrkB unterschreibt jeder den von ihm beurkundeten Teil (BGH wistra **91**, 272); ein vollständiger Protokollabschluss mit der Unterschrift des Vorsitzenden ist wegen des Wechsels nicht erforderlich. Auch das Protokoll über die mehrtägige Hauptverhandlung wird nur am Ende unterschrieben, es sei denn, dass Teilprotokolle (oben 2) angefertigt worden sind (Stuttgart StraFo **02**, 133). Zur Unterschriftsleistung bei Aufnahme des vollständigen Urteils in das Protokoll vgl 1 zu § 275. Für die Anforderungen an die Unterzeichnung gelten die Grundsätze für die Unterschrift des Verteidigers (Einl 129, 130).

14 **Abänderungen** (vgl unten 22) des Vorsitzenden müssen durch die Unterschrift des UrkB gedeckt sein (RG **20**, 425, 427; **22**, 245; Bay **85**, 57 = StV **85**, 360); die schriftliche Genehmigung der Abänderungen am Ende des Protokolls reicht aus (BGH NStZ **81**, 297 [Pf]; Meyer-Goßner/Appl 1033). Das im Voraus erklärte Einverständnis des UrkB mit den Abänderungen ist wirkungslos.

15 Die **Nachholung** der versehentlich unterbliebenen Unterschrift ist jederzeit zulässig und geboten, auch wenn bereits ein Rechtsmittel eingelegt ist, das ihr Fehlen rügt (BGH **10**, 145; RG **13**, 351). Gegenüber dem Revisionsgericht ist die nachgeholte Unterschrift wirksam, selbst wenn dadurch der Revisionsrüge der Boden entzogen wird (BGH **12**, 270; RG aaO; LR-Gollwitzer 41; krit Hanack JZ **72**, 490).

16 Bei **Verhinderung des Vorsitzenden** unterschreibt für ihn der dienst- (nicht lebens-)älteste Beisitzer (II S 1; SK-Schlüchter/Frister 19). Eine Verhinderung iS der Vorschrift liegt vor, wenn dem Vorsitzenden die Unterzeichnung aus rechtlichen oder tatsächlichen Gründen dauernd oder jedenfalls voraussichtlich so lange unmöglich ist, dass ein Warten auf den Wegfall des Hindernisses das Verfahren ungebührlich verzögern würde. In Betracht kommen außer Tod und Ausscheiden aus dem Richterdienst längerer Urlaub und Erkrankung auf nicht absehbare Zeit (vgl Busch JZ **64**, 748), nicht aber dienstliche Überlastung (KMR-Gemählich 13) oder Ausscheiden aus dem Spruchkörper bei Beibehaltung der Richterstellung (LR-Gollwitzer 24). Entspr § 21 h S 2 GVG ist bei der Vertretungsregelung das Dienstalter und nur ersatzweise das Lebensalter maßgebend (KK-Engelhardt 10). Im erweiterten SchG (§ 29 II GVG) vertritt den Vorsitzenden der 2. Richter beim AG. Bei Verhinderung des einzigen richterlichen Mitglieds genügt die Unterschrift des UrkB (II S 2).

17 Bei **Verhinderung des UrkB** unterschreibt der Vorsitzende allein (Schleswig SchlHA **97**, 171 [L/S]), wenn auch er verhindert ist, der dienstälteste Beisitzer.

18 Ein **Hinweis auf die Verhinderung** bei der Unterzeichnung durch den Vertreter ist erforderlich; auch der Verhinderungsgrund muss angegeben werden (Börtzler MDR **72**, 187; Meyer-Goßner/Appl 1028).

19 G. Der **Tag der Fertigstellung** muss nach I S 2 im Protokoll vermerkt werden. Das ist der Tag, an dem das Protokoll mit der letzten Unterschrift der Urkundsperson (oben 13 ff) abgeschlossen wird (BGH **23**, 115 = JR **71**, 208 mit Anm Koffka; BGH **27**, 80; Bay **80**, 140 = NJW **81**, 1795; vgl auch RiStBV 144 I S 4). Vor Fertigstellung kann das Urteil nicht wirksam zugestellt werden (vgl 34 zu § 273). Bei einer mehrtätigen Hauptverhandlung ist das Protokoll erst fertiggestellt, wenn beide Urkundspersonen die ganze Niederschrift unterzeichnet haben (BGH **29**, 394; MDR **75**, 725 [D]; oben 2). An der Fertigstellung fehlt es nicht deshalb, weil das Protokoll unrichtig oder lückenhaft ist oder sonstige formelle Mängel aufweist

(BGH NStZ **84**, 89; Bay **80**, 140 = NJW **81**, 1795), wohl aber, wenn der Vorsitzende, bevor er unterschreibt, ohne Kenntnis oder ohne Äußerung des UrkB dazu sachliche Änderungen vornimmt (BGH **37**, 287; wistra **95**, 273; Bay **85**, 57 = StV **85**, 360), oder wenn die Urteilsformel unvollständig ist (Stuttgart MDR **95**, 842). Mit den insgesamt erforderlichen Unterschriften der Urkundspersonen wird das Protokoll Bestandteil der Akten und kann von dem Verteidiger (§ 147 I) und vom RA des Verletzten (§ 406e I) eingesehen werden (BGH **29**, 394; MDR **75**, 725 [D]). Zur Erteilung von Teilabschriften vgl 6 zu § 35.

Der **Vermerk** nach I S 2 wird am Ende der Protokollurkunde von dem zuletzt Unterzeichnenden, idR also vom Vorsitzenden, angebracht, datiert und unterschrieben (LR-Gollwitzer 36; **aM** Koffka JR **71**, 209, die die Unterschriften beider Urkundspersonen verlangt). Der Vermerk ist kein Bestandteil des Protokolls; sein Fehlen beweist nicht, dass das Protokoll noch nicht fertiggestellt ist (BGH **23**, 115 = JR **71**, 208 mit abl Anm Koffka; Düsseldorf MDR **91**, 557; Köln Rpfleger **70**, 139 mit Anm Reiß; Börtzler MDR **72**, 186). 20

2) Änderungen und Berichtigungen 21

A. Das **noch nicht fertiggestellte Protokoll** kann und muss geändert und ergänzt werden, wenn beide Urkundspersonen das für erforderlich halten; Beschränkungen bestehen insoweit nicht (vgl BGH GA **54**, 119; **92**, 319). Zur Genehmigung von Änderungen des Vorsitzenden durch den UrkB vgl oben 14. Dass ein Prozessbeteiligter bereits Revision eingelegt hat, steht der Protokolländerung nicht entgegen. Das Revisionsgericht hat die Änderung oder Ergänzung auch dann zu berücksichtigen, wenn dadurch einer Verfahrensrüge die Grundlage entzogen wird (Karlsruhe NJW **80**, 716 = JR **80**, 517 mit zust Anm Gollwitzer; ANM 888); BGH **10**, 145 ist durch die Einfügung des § 273 IV überholt (BGH NStZ **02**, 160). 22

B. Die **Berichtigung des fertiggestellten Protokolls** ist, sofern es sich nicht um eine verlesene und genehmigte Niederschrift nach § 273 III handelt (Düsseldorf OLGSt § 273 Nr 2), auf Antrag oder von Amts wegen ohne zeitliche Beschränkung (Hamm JMBlNW **74**, 214; Karlsruhe GA **71**, 216), auch noch nach Urteilsrechtskraft (Düsseldorf MDR **90**, 359), nicht nur zulässig, sondern geboten, wenn beide Urkundspersonen darin übereinstimmen, dass das Protokoll unrichtig ist (BGH JZ **52**, 281; Busch JZ **64**, 749; Gollwitzer JR **80**, 518). Ggf muss der Vorsitzende Erhebungen veranlassen, die den Vorgang in die Erinnerung zurückrufen können (KG NStZ **90**, 359; Düsseldorf StV **85**, 359; Hamburg NJW **71**, 1326). Hält eine der beiden Urkundspersonen das Protokoll für richtig oder erinnert sie sich nicht mehr, so ist eine Berichtigung ausgeschlossen (BGH StV **10**, 171; SK-Schlüchter/Frister 26). Bei Verhinderung des Vorsitzenden gelten die gleichen Grundsätze wie (oben 16) bei seiner Verhinderung an der Unterschriftsleistung (Hamburg NJW **65**, 1342; Hamm JMBlNW **62**, 38; Saarbrücken OLGSt S 5; LR-Gollwitzer 50; **aM** Busch JZ **64**, 747, der eine Vertretung für ausgeschlossen hält). Die Berichtigung wird idR nicht im Protokoll, sondern auf einer besonderen Erklärung vermerkt, die von beiden Urkundspersonen zu unterzeichnen und dem Protokoll anzufügen ist. Die Berichtigung von Schreibfehlern und offenbaren Unrichtigkeiten ist ohne diese Beschränkungen möglich (Düsseldorf MDR **91**, 557). 23

Die **Ablehnung des Antrags auf Protokollberichtigung** spricht der Vorsitzende allein aus (Düsseldorf StV **85**, 359; Schleswig MDR **60**, 521; Busch JZ **64**, 747). Will er den Antrag aus Rechtsgründen ablehnen, etwa weil der Berichtigungsantrag keine wesentliche Förmlichkeit iS des § 273 I betrifft und daher unzulässig ist (Hamburg NJW **65**, 1342; Nürnberg MDR **84**, 74; Schleswig NJW **59**, 162), so braucht er den UrkB nicht vorher anzuhören (Frankfurt StV **93**, 463; Busch JZ **64**, 748). Sonst darf die Ablehnung erst erfolgen, wenn er eine schriftliche Äußerung des UrkB herbeigeführt hat (Düsseldorf MDR **90**, 743; NStZ **98**, 477). Wenn auch nur eine der Urkundspersonen die Berichtigung nicht für gerechtfertigt hält, muss der Antrag abgelehnt werden. 24

25 **Wirksam** ist die Protokollberichtigung für und gegen alle Verfahrensbeteiligten (LR-Gollwitzer 54).

26 Wirkt sich die Berichtigung zugunsten des Beschwerdeführers oder – bei einem einheitlichen Vorgang – teilweise zu seinen Gunsten aus, so ist sie auch im **Revisionsverfahren** zu beachten (BGH [GrS] **51**, 298, 304 mwN]). Anders war es nach bisheriger stRspr (vgl BGH **34**, 11, 12), wenn durch die Protokollberichtigung ein Vorgang, dessen Unterlassen ein Prozessbeteiligter bereits mit der Revision gerügt hat, nachträglich beurkundet wird oder wenn die Beurkundung einer Prozesshandlung, die schon Gegenstand einer Verfahrensrüge ist, infolge der Berichtigung entfiel oder inhaltlich zuungunsten des Beschwerdeführers abgeändert wurde. Eine Protokollberichtigung, durch die einer zulässigen Verfahrensrüge der Boden entzogen wurde, durfte daher bei der Revisionsentscheidung nicht berücksichtigt werden. Diese Rspr hat der GrS des BGH (**51**, 298 = JR **07**, 340 mit zust Anm Fahl; zust auch KMR-Gemählich 27, ders Stöckel-FS 225; Hebenstreit HRRS **08**, 172; zu Recht abl aber R. Hamm NJW **07**, 3166; Knauer Widmaier-FS 291; Schumann JZ **07**, 927; Valerius Paulus-FG 185; Ventzke HRRS **08**, 180; Wagner GA **08**, 442; krit auch Momsen Müller-FS 457) gegen nicht unberechtigte Bedenken im Schrifttum (vgl nur Beulke Amelung-FS 560 und Böttcher-FS 17; Fezer StV **06**, 290 und Otto-FS 908; Gaede HRRS **06**, 409; Jahn/Widmaier JR **06**, 166; Krawczyk HRRS **06**, 344; Kury StraFo **08**, 185; Schlothauer Hamm-FS 655) aufgegeben und eine Protokollberichtigung auch in diesem Fall für zulässig erklärt. BVerfG (BVerfGE **122**, 248 = NJW **09**, 1469 = JR **09**, 245 mit zust Anm Fahl, abl Bertheau NJW **10**, 973) hat eine dagegen erhobene Verfassungsbeschwerde zwar mit dem Stimmverhältnis von 5 : 3 abgelehnt; in der abweichenden Meinung der 3 dissentierenden Richter sind aber die gegen die Rspr-Änderung anzuführenden Gründe überzeugend dargelegt, insbesondere wird dort (S. 1477) zutr ausgeführt, dass der GrS des BGH seine verfassungsrechtlichen Kompetenzen überschritten hat, indem er „ein Protokollberichtigungsverfahren mit der möglichen Rechtsfolge der Beachtlichkeit der berichtigten Fassung im Revisionsverfahren eingeführt und damit die in § 274 StPO klar zum Ausdruck kommende gesetzgeberische Konzeption durch seine eigene ersetzt hat" (ähnlich Ziegert Volk-FS 901; vgl auch Möllers JZ **09**, 668).

26a Der GrS des BGH hat nunmehr **folgende Verfahrensweise vorgeschrieben**: Die Urkundspersonen haben vor einer beabsichtigten Protokollberichtigung zunächst den Beschwerdeführer anzuhören. Widerspricht er der beabsichtigten Berichtigung substantiiert, sind erforderlichenfalls weitere Verfahrensbeteiligte zu befragen. Halten die Urkundspersonen trotz des Widerspruchs an der Protokollberichtigung fest, ist ihre Entscheidung hierüber mit Gründen zu versehen. In dem Beschluss sind die Tatsachen anzugeben, welche die Erinnerung der Urkundspersonen belegen; ferner ist auf das Vorbringen des Beschwerdeführers und ggf abweichende Erklärungen einzugehen. Wurde das Protokoll berichtigt, ohne den Revisionsführer zuvor anzuhören, ist die Berichtigung außer Acht zu lassen, da eine nachträgliche Anhörung des Revisionsführers und erneute Entscheidung über die Protokollberichtigung das Recht des Angeklagten auf ein faires Verfahren verletzen würde; das Revisionsgericht hat seiner Entscheidung dann das unberichtigte Protokoll zugrunde zu legen (Hamm StV **09**, 349).

26b **Die Beachtlichkeit der Berichtigung** unterliegt im Rahmen der erhobenen Verfahrensrüge der Überprüfung durch das Revisionsgericht (Anwendungsfälle: BGH NStZ **08**, 580 und BGH 1 StR 51/08 vom 3. 4. 2008). Eine Beschwerde gegen den Berichtigungsbeschluss (unten 28) gibt es hier nicht. Eine erneute Zustellung des Urteils (§ 273 IV) nach Berichtigung des Protokolls ist nicht erforderlich. § 274 gilt für den berichtigten Teil des Protokolls nicht (dagegen Hebenstreit aaO). Das Revisionsgericht kann vielmehr im Freibeweisverfahren prüfen, ob die Berichtigung zu Recht erfolgt ist (vgl dazu auch Dresden StraFo **07**, 420 [allerdings noch vor der Entscheidung des GrS des BGH ergangen]). Im Zweifel gilt das Protokoll in der nicht berichtigten Fassung. Eine Protokollberichtigung scheidet natürlich aus, wenn das Protokoll inhaltlich richtig ist, weil der zu protokollierende Verfahrensvorgang (hier: Feststellung nach § 249 II S 3) tatsächlich nicht stattgefunden (BGH **54**, 37 – JR **10**, 135 mit Anm Schroeder) bzw so stattgefunden hat, auch wenn dem tatsächlichen Geschehen ein Versehen des Richters zugrunde liegt (BGH StraFo **10**, 150).

Die **Revision** kann nach der Berichtigung neue Verfahrensrügen erheben, wenn sich aus dem berichtigten Protokoll ein anders gelagerter Verfahrensfehler ergibt (**aM** Schlothauer Hamm-FS 667), zB wenn die Wiedergabe einer vergessenen Zeugenaussage im Protokoll nachgeholt wird, sich aber bei ihr Verstöße gegen Belehrungspflichten finden. Die Begründungsfrist wird dann erst ab Zustellung des Berichtigungsbeschlusses laufen können; hält man dagegen die ursprüngliche Frist des § 345 I S 1 auch hier für gegeben, müsste jedenfalls Wiedereinsetzung zur Nachholung der Verfahrensrüge gewährt werden (BGH NJW **06**, 3582, 3587; vgl 7a zu § 44). 26c

C. Die **Wiederherstellung einer verlorengegangenen Sitzungsniederschrift** (vgl die VO vom 18. 6. 1942 [RGBl I 395; BGBl III 315–4]) steht der Berichtigung gleich (zum Verfahren KG NStZ **90**, 405). Bei der Rekonstruktion ist das Protokoll so wiederzugeben, wie es die Urkundspersonen in Erinnerung haben (KG aaO; ANM 888; W. Schmid Lange-FS 796). Ob die Rekonstruktion auch gegenüber dem Revisionsgericht wirksam ist, richtet sich nach den oben 26 aufgezeigten Grundsätzen. 27

3) **Beschwerde** nach § 304 I ist gegen die Protokollberichtigung (auch wenn sie von Amts wegen getroffen worden ist) und ihre Ablehnung durch den Vorsitzenden zulässig, nicht aber gegen die vor Fertigstellung des Protokolls erfolgte Änderung (oben 22) oder deren Ablehnung (Brandenburg NStZ-RR **98**, 308). 28

Mit der Beschwerde kann **keine inhaltliche Änderung des Protokolls** verlangt werden, weil es dem Beschwerdegericht nicht möglich ist, die Richtigkeit der beurkundeten Vorgänge zu prüfen (Düsseldorf Rpfleger **91**, 124). Die Beschwerde kann nur auf Rechtsfehler im Verfahren oder auf rechtsfehlerhafte Erwägungen in dem Ablehnungsbeschluss gestützt werden (KG JR **60**, 28 mit Anm Dünnebier; Düsseldorf StV **85**, 359; Karlsruhe Justiz **77**, 387; Busch JZ **64**, 750), zB darauf, dass der Vorsitzende ohne Anhörung des UrkB entschieden hat (Hamm JZ **51**, 466; Schleswig SchlHA **97**, 171 [L/S]), dass er den Antrag in der irrigen Meinung, es handele sich nicht um eine Förmlichkeit iS § 273 I, ohne Prüfung abgelehnt hat oder dass er diese Frage falsch beurteilt hat (Schleswig NJW **59**, 162). 29

Die **Revision** kann weder darauf gestützt werden, dass kein Sitzungsprotokoll vorhanden ist, noch darauf, dass der Inhalt des Protokolls unvollständig oder unrichtig ist (36 zu § 273; 26 zu § 344). 30

Protokollinhalt

272 Das Protokoll über die Hauptverhandlung enthält

1. den Ort und den Tag der Verhandlung;
2. die Namen der Richter und Schöffen, des Beamten der Staatsanwaltschaft, des Urkundsbeamten der Geschäftsstelle und des zugezogenen Dolmetschers;
3. die Bezeichnung der Straftat nach der Anklage;
4. die Namen der Angeklagten, ihrer Verteidiger, der Privatkläger, Nebenkläger, Verletzten, die Ansprüche aus der Straftat geltend machen, der sonstigen Nebenbeteiligten, gesetzlichen Vertreter, Bevollmächtigten und Beistände;
5. die Angabe, dass öffentlich verhandelt oder die Öffentlichkeit ausgeschlossen ist.

1 **1)** Der **Kopf des Sitzungsprotokolls** muss die in § 272 bezeichneten Angaben enthalten. Treten während der Hauptverhandlung Änderungen ein (Verlegung des Verhandlungsorts, Eintritt von Ergänzungsrichtern oder -schöffen, Wechsel des StA, Verteidigers oder UrkB), so wird das an der Stelle vermerkt, an der sie im Verfahrensgang stattgefunden haben (Meyer-Goßner/Appl 910). Die in Nrn 2 und 4 vorgeschriebenen Angaben müssen nach einer Unterbrechung der Hauptverhandlung auch dann nicht wiederholt werden, wenn die Hauptverhandlung an einem anderen Tag fortgesetzt wird (BGH NStZ **85**, 16 [Pf/M]).

2 **2) Erforderliche Angaben:**

3 A. **Ort und Tag der Verhandlung** (Nr 1): Der Ort ergibt sich idR aus dem Sitz des erkennenden Gerichts, das mit der genauen Bezeichnung des Spruchkörpers am Kopf des Protokolls angeführt wird. Wenn die Verhandlung an einen anderen Ort verlegt wird, ist das unter Angaben des betroffenen Verhandlungsteils zu vermerken (LR-Gollwitzer 5). Der Tag der Verhandlung muss kalendermäßig bezeichnet werden. Bei einer mehrtätigen Verhandlung sind alle Verhandlungstage aufzuführen; dabei sollte – wie es üblich ist, obwohl Nr 1 das nicht ausdrücklich vorschreibt (BGH NStZ **09**, 105) – die genaue Angabe (Stunde und Minute) der Unterbrechung und des Wiederbeginns enthalten sein. Kürzere Pausen im Verlauf eines Verhandlungstages brauchen in das Sitzungsprotokoll dagegen nicht aufgenommen zu werden (BGH VRS **32**, 143).

4 B. **Namen der Richter, des Beamten der StA usw** (Nr 2): Aufzuführen sind auch die Ergänzungsrichter oder -schöffen. Die Richter müssen mit ihrer Dienstbezeichnung und Funktion (Vorsitzender, Beisitzer, Ergänzungsrichter) bezeichnet werden. Bei den Schöffen sind Angaben über Beruf und Wohnort entbehrlich (vgl aber LR-Gollwitzer 9: empfehlenswert); auf ihre Vereidigung wird nicht hingewiesen. Der Wechsel des StA oder UrkB muss im Protokoll an der Stelle vermerkt werden, an der er eingetreten ist. Ferner ist im Kopf des Sitzungsprotokolls der Dolmetscher aufzuführen, im Folgenden nur bei Wechsel des Dolmetschers (BGH NStZ-RR **00**, 297 [K]). Der als Sachverständige anwesende Übersetzer (2 zu § 185 GVG) wird erst an der Stelle erwähnt, an der nach § 243 I S 2 seine Anwesenheit festgestellt wird.

5 C. Die **Bezeichnung der Straftat** (Nr 3) ist der zugelassenen Anklage (dem Strafbefehl, im Fall des § 418 der schriftlichen oder mündlichen Anklage) zu entnehmen, nicht dem späteren Urteil (LR-Gollwitzer 13). Wie bei § 260 IV S 1 genügt die rechtliche Bezeichnung der Tat („wegen Diebstahls"). Bei mehreren Taten wird nur die schwerwiegendste aufgeführt („wegen Raubes ua"). Entspr gilt das für die Straftaten mehrerer Angeklagter.

6 D. **Namen der Angeklagten, Verteidiger und anderer Verfahrensbeteiligter** (Nr 4): Der Angeklagte wird, auch wenn er nicht erschienen ist, mit Namen, Vornamen, Geburtstag und -ort sowie Anschrift (auch Untersuchungshaft oder Strafhaft in anderer Sache) bezeichnet. Nur wenn das vollständige Urteil in das Protokoll aufgenommen wird (§ 275 I S 1), muss das Protokoll auch die anderen für den Urteilskopf erforderlichen Angaben enthalten (LR-Gollwitzer 16). Die Verteidiger sind aufzuführen, wenn sie wenigstens an einem Teil der Verhandlung teilgenommen haben, nicht, wenn sie nicht erschienen sind (SK-Schlüchter/Frister 9). Auch die sonstigen Verfahrensbeteiligten und ihre Bevollmächtigten oder Vertreter werden nur aufgeführt, wenn sie in der Hauptverhandlung anwesend sind (**aM** KK-Engelhardt 7).

7 E. Die **Öffentlichkeit oder Nichtöffentlichkeit der Verhandlung** (Nr 5) wird am Anfang des Protokolls vermerkt. Bei mehrtägiger Verhandlung genügt der am 1. Tag aufgenommene Vermerk (Düsseldorf JMBlNW **63**, 215; LR-Gollwitzer 20). Wird die Öffentlichkeit im Laufe der Verhandlung ausgeschlossen, so muss der Verfahrensabschnitt, in dem nichtöffentlich verhandelt wurde, genau bezeichnet werden (BGH StV **94**, 471).

Beurkundung der Hauptverhandlung **RiStBV 136, 143, 144, 161**

273 **I 1 Das Protokoll muss den Gang und die Ergebnisse der Hauptverhandlung im Wesentlichen wiedergeben und die Beachtung aller wesentlichen Förmlichkeiten ersichtlich machen, auch die Bezeichnung der verlesenen Schriftstücke oder derjenigen, von deren Verlesung nach § 249 Abs. 2 abgesehen worden ist, sowie die im Laufe der Verhandlung gestellten Anträge, die ergangenen Entscheidungen und die Urteilsformel enthalten. 2 In das Protokoll muss auch der wesentliche Ablauf und Inhalt einer Erörterung nach § 257 b aufgenommen werden.**

I a 1 Das Protokoll muss auch den wesentlichen Ablauf und Inhalt sowie das Ergebnis einer Verständigung nach § 257 c wiedergeben. 2 Gleiches gilt für die Beachtung der in § 243 Absatz 4, § 257 c Absatz 4 und Absatz 5 vorgeschriebenen Mitteilungen und Belehrungen. 3 Hat eine Verständigung nicht stattgefunden, ist auch dies im Protokoll zu vermerken.

II 1 Aus der Hauptverhandlung vor dem Strafrichter und dem Schöffengericht sind außerdem die wesentlichen Ergebnisse der Vernehmungen in das Protokoll aufzunehmen; dies gilt nicht, wenn alle zur Anfechtung Berechtigten auf Rechtsmittel verzichten oder innerhalb der Frist kein Rechtsmittel eingelegt wird. 2 Der Vorsitzende kann anordnen, dass anstelle der Aufnahme der wesentlichen Vernehmungsergebnisse in das Protokoll einzelne Vernehmungen im Zusammenhang auf Tonträger aufgezeichnet werden. 3 Der Tonträger ist zu den Akten zu nehmen oder bei der Geschäftsstelle mit den Akten aufzubewahren. 4 § 58 a Abs. 2 Satz 1 und 3 bis 6 gilt entsprechend.

III 1 Kommt es auf die Feststellung eines Vorgangs in der Hauptverhandlung oder des Wortlauts einer Aussage oder einer Äußerung an, so hat der Vorsitzende von Amts wegen oder auf Antrag einer an der Verhandlung beteiligten Person die vollständige Niederschreibung und Verlesung anzuordnen. 2 Lehnt der Vorsitzende die Anordnung ab, so entscheidet auf Antrag einer an der Verhandlung beteiligten Person das Gericht. 3 In dem Protokoll ist zu vermerken, dass die Verlesung geschehen und die Genehmigung erfolgt ist oder welche Einwendungen erhoben worden sind.

IV Bevor das Protokoll fertiggestellt ist, darf das Urteil nicht zugestellt werden.

1) Das **Sitzungsprotokoll dient** in 1. Hinsicht der Nachprüfung der Gesetzmäßigkeit der Hauptverhandlung durch das Rechtsmittelgericht, nur ausnahmsweise (vgl unten 23) auch Zwecken, die außerhalb des Verfahrens liegen. Für die Einhaltung der wesentlichen Förmlichkeiten des Verfahrens hat das Protokoll die ausschließliche Beweiskraft (§ 274). Seine Verlesung ist nur im Fall des III erforderlich. 1

Die **§§ 271–273 gelten auch** für die mündliche Haftprüfung (§ 118 a III S 3) und die Verhandlung über die Verteidigerausschließung (§ 138 d IV S 3). 2

Sie **werden ergänzt** durch die §§ 64, 86, 249 II S 2, 255, §§ 182, 183, 185 I S 2 GVG und für Vorgänge außerhalb der Hauptverhandlung durch die §§ 168–168 b. 3

2) Protokollierung der Hauptverhandlung (I): 4

A. **Gang und Ergebnisse der Hauptverhandlung:** Das Protokoll muss die zeitliche Reihenfolge aller wesentlichen Verfahrensvorgänge kenntlich machen, insbesondere Abweichungen vom normalen Verfahrensgang, zB in Punktesachen (2 zu § 243). Ergebnisse der Hauptverhandlung sind nicht die Ergebnisse der Beweisaufnahme; für sie gilt II. Die in der Hauptverhandlung ergangenen Entscheidungen werden am Schluss von I besonders erwähnt (vgl dazu unten 11 ff). 5

B. **Beachtung der wesentlichen Förmlichkeiten:** Solche Förmlichkeiten sind alle Vorgänge, die für die Gesetzmäßigkeit des Verfahrens von Bedeutung sein kön- 6 nen; Kahlo (Meyer-Goßner-FS 466) definiert sie genauer als die „gesetzlich vorgeschriebenen Verlaufsstrukturen der Hauptverhandlung, die deren Fortgang eine den Grundsätzen eines rechtsstaatlichen Strafverfahrens entsprechende Form geben und es dem Angeklagten ermöglichen, diesem Gang bei verständiger Würdigung zuzustimmen". Dabei kommt es nur auf das vorliegende Verfahren an; die Bedeutung des Vorgangs für andere Verfahren macht ihn nicht zu einer wesentlichen Förmlichkeit (LR-Gollwitzer 6; **aM** Bay **64**, 141 = JZ **65**, 291 mit abl Anm Sarstedt).

7 **Wesentliche Förmlichkeiten sind insbesondere** die Angaben über die Öffentlichkeit der Verhandlung (7 zu § 272), die Verhandlung über ihren Ausschluss (5 zu § 174 GVG) sowie der Ausschließungsbeschluss (8 zu § 174 GVG), seine Durchführung und die Wiederherstellung der Öffentlichkeit (BGH **4**, 279; NStZ-RR **01**, 264 [B]; StV **89**, 384 L; **94**, 471), die Anwesenheit der in § 226 bezeichneten Prozessbeteiligten (BGH **24**, 280; Bremen NJW **75**, 1793) und des Verteidigers im Fall der notwendigen Verteidigung nach §§ 140, 231 a IV (BGH aaO), nicht des Sachverständigen (8 zu § 274), die Hinzuziehung des Dolmetschers und ihr Anlass (7 zu § 185 GVG), die Abwesenheit des Angeklagten nach §§ 231 II, 231 a, 231 b, 231 c (dort 25), 232, 233 und seine Entfernung nach § 247 (dort 14), die Vorgänge nach § 243 II S 2 – IV S 2 (vgl BGH MDR **74**, 368 [D]; NStZ **84**, 521; **86**, 39; 374: Verlesung des Anklagesatzes; BGH StV **90**, 245; **92**, 1; Hamburg OLGSt § 247 S 7; Köln NStZ **89**, 44: Vernehmung des Angeklagten zur Person und Sache; BGH NStZ **95**, 560: auch die erst im Verlauf der Hauptverhandlung – zB bei einer Äußerung nach § 257 oder § 258 – erfolgte Einlassung des Angeklagten zur Sache; Hamm JR **80**, 82; Köln VRS **59**, 349: Vortrag der Einlassung des Angeklagten durch den Verteidiger; BGH **37**, 260: Äußerung zum Antrag nach § 404), die gesetzlich vorgeschriebenen Belehrungen, Hinweise, Unterrichtungen und Aufforderungen zur Stellungnahme, zB nach § 52 III S 1 (dort 30), § 55 II (dort 15), § 61 Hs 2 (dort 2), § 247 S 4 (dort 17), § 257 I (dort 4), § 258 III (dort 31), § 265 I, II (dort 33), § 268 a III (dort 3), die Rechtsmittelbelehrung (Düsseldorf NStE Nr 3 zu § 274), prozessuale Einverständniserklärungen, zB nach §§ 245, S 3, 251 I Nr 1, II Nr 3, § 266 I (dort 13), § 303 (dort 4), § 325 (dort 5), auch der Widerspruch gegen die Verwertung einer Aussage (vgl 25 zu § 136; Bay **96**, 112 = NStZ **97**, 99; offen gelassen von BGH NStZ **97**, 614 mit Anm Müller-Dietz), die Vereidigung oder Nichtvereidigung von Zeugen und Sachverständigen (12 zu § 59; 4 zu § 79), die Erhebung von Beweisen, insbesondere der Vernehmung von Zeugen und Sachverständigen, der Verlesung von Urkunden (unten 9) und des Augenscheins (BGH NStZ **95**, 19 [K]; **02**, 219; NStZ-RR **99**, 37; erg 17 zu § 86), der Beschluss nach § 244 VI (BGH StV **94**, 635), die Wiederholung eines Teils der Beweisaufnahme zur Heilung des Verstoßes gegen § 226 (Köln NStZ **87**, 244), die Heilung von Vereidigungsfehlern (BGH **4**, 130, 132; RG **72**, 219, 221; Strate StV **84**, 44), gesetzlich vorgesehene Erklärungen von Angeklagten und Zeugen, zB nach § 52 I, II (dort 30), § 61 (dort 1), § 67 (dort 8), § 79 III (dort 7), § 257 (dort 7), und die Erhebung der Nachtragsanklage (7 zu § 266). Auch die Erörterung gerichtskundiger Tatsachen gehört hierher (Frankfurt StV **89**, 97; Meyer-Goßner Tröndle-FS 560 ff; offen gelassen BGH StV **88**, 514; **aM** BGH **36**, 354, aber wegen der unerwünschten Konsequenz des § 274 kann die Eigenschaft als wesentliche Förmlichkeit nicht verneint werden; abl auch Kahlo StV **91**, 52). Protokollierungspflichtig sind getroffene Absprachen (Einl 119 e; BGH **43**, 195), auch der Hinweis des Gerichts, dass es wegen sich neu ergebender schwerwiegender Umstände zu Lasten des Angeklagten hieran nicht mehr gebunden sei (BGH NJW **03**, 1404).

7a Durch I S 2 ist klargestellt, dass auch der wesentliche Ablauf und Inhalt einer **Erörterung nach § 257 b** eine wesentliche Förmlichkeit der Hauptverhandlung darstellt. Da aus dieser Erörterung aber keine unmittelbaren Rechtsfolgen erwachsen, erscheint dies als eine überflüssige Belastung des Protokolls.

8 **Keine wesentlichen Förmlichkeiten sind** die Vereidigung der Schöffen, für die § 45 DRiG gilt (BGH MDR **73**, 372 [D]; 4 StR 97/80 vom 22. 1. 1981), die Beratung des Gerichts (BGH **5**, 294; **37**, 141, 143; Hamm Rpfleger **97**, 230; Köln

StraFo **02**, 325; **aM** Kahlo Meyer-Goßner-FS 468; vgl auch BGH NJW **87**, 3210: Protokollvermerk über die Nachberatung im Sitzungssaal ist zweckmäßig), die Bekanntgabe des versehentlich nicht zugestellten Eröffnungsbeschlusses (Karlsruhe MDR **70**, 438), Maßnahmen der Sitzungspolizei (hierfür gilt § 182 GVG), die Präsenzfeststellung nach § 243 I S 2 (Dallinger MDR **66**, 965) und das Erscheinen der Zeugen in der Hauptverhandlung (BGH **24**, 280), die Einführung allgemeinkundiger Tatsachen (ANM 573 mwN in Fn 328; anders aber bei gerichtskundigen oder sonstigen nur beschränkt offenkundigen Tatsachen, vgl oben 7; Erörterungs- und Protokollierungspflicht entsprechen sich, vgl 3 zu § 244 und Meyer-Goßner Tröndle-FS 563); die Verwendung von Augenscheinsgegenständen als Vernehmungshilfen (8 zu § 86), die Belehrung des Angeklagten über die gesetzlichen Folgen eigenmächtigen Ausbleibens in einer Fortsetzungsverhandlung (Düsseldorf NJW **70**, 1889), die stillschweigende Zustimmung zur Verlesung nach § 251 II Nr 3 (Bay **78**, 17 = NJW **78**, 1817; Köln NStZ **88**, 31) und zur Rechtsmittelrücknahme nach § 303 (Hamm NJW **69**, 151 = JZ **69**, 269 mit Anm Peters; Köln MDR **54**, 500), die Befragung des Angeklagten nach § 265 a; Vorhalte an Angeklagte und Zeugen (BGH NStZ-RR **99**, 107; NJW **03**, 597 = JR **03**, 260 mit Anm Gössel), insbesondere auf Grund von Urkunden (28 zu § 249), auch aus polizeilichen Protokollen (BGH DAR **87**, 201 [SP]), Verwendung von Augenscheinsobjekten als Vernehmungsbehelfe (BGH NStZ **03**, 320), Verhandlungspausen und kurze Unterbrechungen (BGH VRS **32**, 143; Köln StraFo **02**, 325) und Erklärungen über den Rechtsmittelverzicht (vgl aber 11 zu § 274).

C. Die **Bezeichnung der verlesenen Schriftstücke** oder derjenigen, von de- **9**
ren Verlesung nach § 249 II abgesehen worden ist (nicht ihr Inhalt), muss in das Protokoll aufgenommen werden (vgl 1 zu § 255). Wird eine Urkunde nur teilweise verlesen, sind die verlesenen Teile genau zu bezeichnen (BGH NStZ **04**, 279; NStZ-RR **07**, 52). Es muss außer der Anordnung der Verlesung auch mitgeteilt werden, dass diese ausgeführt wurde (BGH wistra **92**, 30; NStZ **93**, 30 [K]; **99**, 424). Für die Protokollierung genügt nicht die Feststellung, dass ein Gutachten oder eine Urkunde „zum Gegenstand der Verhandlung" gemacht worden ist (BGH **11**, 29; Celle StV **84**, 107; Düsseldorf NJW **88**, 217; VRS **77**, 228 mwN; NZV **96**, 503); denn das beweist nicht die Art der Verwendung (Saarbrücken NStZ-RR **00**, 48). Zu protokollieren ist auch die Kenntnisnahme im Selbstleseverfahren (23 zu § 249; BGH NStZ **00**, 47) und der Bericht des Vorsitzenden über den Inhalt der Urkunde (27 zu § 249), nicht aber der bloße Vorhalt (28 zu § 249). Zur Protokollierung im Fall des § 249 II vgl dort 24.

D. Die **im Verlauf der Verhandlung gestellten Anträge** (Antragsteller, An- **10**
tragsinhalt) müssen im Protokoll beurkundet werden, auch die Hilfsanträge (BGH MDR **68**, 552 [D]; **75**, 368 [D]) und die unzulässigen Anträge, nicht aber die Begründung der Anträge (RG **32**, 239, 241; Nürnberg MDR **84**, 74). Wegen der Beweisanregungen vgl 27 zu § 244, wegen der Beweisanträge 36 zu § 244.

E. Die **ergangenen Entscheidungen** (Gerichtsbeschlüsse und Verfügungen des **11**
Vorsitzenden) müssen in ihrem vollen Wortlaut und, wenn sie eine Begründung enthalten, mit den Gründen in das Protokoll aufgenommen werden. Wird der Beschluss mit der Begründung gesondert abgefasst, so braucht er nicht in die Sitzungsniederschrift aufgenommen zu werden, sondern es genügt, dass die mündliche Bekanntmachung im Protokoll vermerkt und auf den Beschluss, der dem Protokoll als Anlage beigefügt wird, ausdrücklich Bezug genommen wird (BGH MDR **91**, 297 [H]; RG **25**, 248; 334; 335; ANM 766 mwN).

Das **Urteil** wird mit der in der Verhandlung verkündeten Formel (§ 268 II S 1) **12**
beurkundet. Der Vermerk: „Es wurde das anliegende Urteil verkündet", genügt nicht (RG **58**, 143). Wegen der Urteilsgründe genügt der Vermerk, dass sie eröffnet worden sind.

F. **Verständigungsverfahren:** Nicht nur aus den Urteilsgründen, sondern auch **12a**
aus dem Hauptverhandlungsprotokoll muss sich ergeben, ob eine Verständigung

nach § 257 c stattgefunden hat. I a S 1 schreibt deshalb vor, dass der wesentliche Ablauf und der Inhalt sowie das Ergebnis der Verständigung – einschließlich etwaiger im Rahmen der Verständigung abzugebender und abgegebener Prozesserklärungen (vgl Schlothauer/Weider StV **09**, 604; einschr Bittmann wistra **09**, 416) – zu protokollieren sind. Das ist – im Gegensatz zur Regelung in I S 2 – sinnvoll, um die Einhaltung des in § 257 c vorgeschriebenen Verfahrens (insbesondere auch durch das Revisionsgericht) prüfen und feststellen zu können, ob auch keine unzulässigen Vereinbarungen getroffen wurden. Hat der Vorsitzende eine Verständigung fehlerhaft nicht oder nur unzureichend protokollieren lassen, kann (und muss) die Entscheidung des Gerichts nach § 238 II herbeigeführt werden (BVerfG StV **00**, 3; Beulke/Swoboda JZ **05**, 74), ebenso bei Unklarheit über den Inhalt der Verständigung (BGH StV **04**, 342; DAR **05**, 253 [Te]). Die Protokollierungspflicht hindert aber nicht die (freibeweisliche) Feststellung eines rechtlich *unzulässigen* Geschehens (zB Vereinbarung einer Punktstrafe), gleichgültig ob es sich in oder außerhalb der Hauptverhandlung ereignet hat (BGH **45**, 227, 228; NStZ-RR **07**, 245).

12b **Mitteilungen und Belehrungen** nach § 243 IV (dort 1) und § 257 c IV und V (dort 30) sind gleichfalls zu protokollieren (I a S 2). Bei Fehlen der Protokollierung gilt die negative Beweiskraft des Protokolls nach § 274 (dort 14).

12c Schließlich verlangt I a S 3 auch einen Protokollvermerk, falls eine Verständigung nach § 257 c **nicht stattgefunden** hat. Die Vorschrift betrifft nur die Hauptverhandlung; sie besagt nichts darüber, ob außerhalb der Hauptverhandlung Verständigungsgespräche stattgefunden haben (N/Sch/W-Niemöller 16; **aM** Jahn/Müller NJW **09**, 2630). Diese Regelung ist überflüssig, da sich aus dem Fehlen einer entspr Protokollierung ja bereits ergibt, dass es keine Verständigung gegeben hat. Die Vorschrift ist zudem systemwidrig, weil das Hauptverhandlungsprotokoll dokumentieren soll, was geschehen, nicht aber das, was nicht geschehen ist (zutr BR-Drucks 65/09 [Beschluss] S 5). Zudem lässt sich dadurch nicht ausschließen, dass doch eine heimliche Absprache getroffen worden ist. Brand/Petermann (NJW **10**, 268) wollen die Vorschrift dahin verstehen, dass es auch protokolliert werden müsse, wenn überhaupt keine Verständigung erwogen wurde. Damit wird der Anwendungsbereich des I a S 3 aber eindeutig überschritten (Bittmann wistra **09**, 416); denn das würde bedeuten, dass sich *jedes* Hauptverhandlungsprotokoll zur Frage der Verständigung äußern müsste. Wenn entgegen dem Protokoll doch eine – im Urteil unberücksichtigte – Verständigung stattgefunden hat, ist der Fälschungseinwand nach § 274 S 2 zu erheben bzw das Protokoll zu berichtigen (23 ff zu § 271); auf die Verletzung einer Protokollierungsvorschrift kann die Revision aber – entgegen Brand/Petermann – ohnehin nicht gestützt werden (vgl unten 36).

13 **3)** Die **Aufnahme von wesentlichen Ergebnissen der Vernehmung** (II) ist nur für die Verhandlung vor dem Strafrichter und dem SchG vorgeschrieben und nur für Vernehmungen der Angeklagten, Zeugen und Sachverständigen. Für den Augenscheins- und Urkundenbeweis hat II keine Bedeutung.

14 Die Protokollierung des wesentlichen Vernehmungsergebnisses ist **Aufgabe des UrkB.** Der Vorsitzende kann ihm aber Weisungen darüber erteilen, was als wesentlich iS des II anzusehen ist. Er ist auch rechtlich nicht gehindert, dem UrkB die Zusammenfassung der Aussage ins Protokoll zu diktieren (vgl aber LR-Gollwitzer 34: weder üblich noch angebracht). Die Prozessbeteiligten haben auf die Niederschrift nach II keinen Einfluss; sie können nur Anregungen geben oder den Antrag nach III stellen. Da die nach II vom Protokollführer festgehaltenen Aussagen der vernommenen Person weder vorgelesen noch von dieser genehmigt werden, haben sie nur einen sehr geringen Beweiswert (dazu Meyer-Goßner Fezer-FS 137).

14a Das 1.OpferRRG hat allerdings die Möglichkeit geschaffen, nach Anordnung des Vorsitzenden einzelne Vernehmungen **auf Tonträger aufzunehmen,** wodurch die Notwendigkeit der Anwesenheit eines Protokollführers zwar nicht entfällt (vgl aber § 226 II), dieser jedoch entlastet wird. Vor allem sollen dadurch aber erneute Vernehmungen des Zeugen oder Vernehmungen des erstinstanzlichen Richters oder Protokollführers über die Aussage des Zeugen in der Berufungsinstanz vermieden werden (vgl § 323 II S 6); die Herstellung einer Abschrift der Aufnahme („Verschriftung“) ist erst und nur dort erforderlich (vgl die Erl zu § 323 II; praktische Bedeutung dürfte dies umständliche Verfahren aber kaum erlangen, vgl die berechtigte Kritik in BR-Drucks 829/03 S 9; vgl auch BT-Drucks 15/1976 S 12, wo zu Recht eine Erstreckung der Aufnahme der Vernehmungen auf Tonträger auch im Verfahren vor dem LG und dem OLG eine Absage erteilt wird). Der Tonträger ist aufzubewahren (II S 3). Das Einsichtsrecht und der Datenschutz sind durch den in II S 4 enthaltenen Verweis auf § 58a II S 1 und 3–6 gesichert; eine Vernichtungsregelung (§ 58a II S 2 mit § 101 VIII) ist wegen der Möglichkeit einer Wiederaufnahme des Verfahrens nach §§ 359ff nicht vorgesehen. Die Einschränkungen nach § 58a III gelten nicht, so dass der Verteidigung eine Kopie der Aufzeichnung überlassen werden kann (Neuhaus StV **04**, 624).

Von der Tonträgeraufnahme abgesehen genügt im Übrigen stets ein **knappes Inhaltsprotokoll;** ein Wortprotokoll ist nur im Fall des III vorgesehen. Die Bezugnahme auf Niederschriften über frühere Vernehmungen ist zulässig, wenn die Aussage in der Hauptverhandlung von ihnen nicht oder nur unwesentlich abweicht (vgl auch RiStBV 144 II S 1). Auch auf ein schriftliches Sachverständigengutachten kann Bezug genommen werden (BGH GA **64**, 275). Zur späteren Verlesung vgl 30 zu § 251; 11 zu § 325. 15

Das **Inhaltsprotokoll kann entfallen,** wenn allseitiger Rechtsmittelverzicht erklärt oder das Urteil in der Rechtsmittelfrist nicht angefochten wird (II Hs 2); entspr wird bei Rücknahme des Einspruchs gegen den Strafbefehl verfahren. 16

Die **Beweiskraft des Protokolls** nach § 274 beschränkt sich auf die Feststellung, dass der Angeklagte oder die Beweisperson vernommen worden ist; für den Inhalt der Aussage ist es nicht beweiskräftig (10 zu § 274; 13 zu § 337). 17

4) Vollständige Niederschreibung von Vorgängen, Aussagen und Äußerungen (III): 18

A. Nur **Vorgänge in der Hauptverhandlung** können festgestellt werden, nicht Vorgänge vor ihrem Beginn, in einer Sitzungspause oder außerhalb des Sitzungssaals. Zu den wesentlichen Förmlichkeiten der Hauptverhandlung braucht der Vorgang nicht zu gehören; er muss nicht einmal eine Prozesshandlung sein, sondern kann in dem besonderen Verhalten des Angeklagten oder eines Zeugen (Erröten, Erbleichen, Mimik, Gestik), auch von Richtern und Schöffen (Schlafen während der Verhandlung) liegen (Müller Volk-FS 488). 19

Der **Wortlaut einer Aussage oder Äußerung** kann insgesamt oder in einem Teil beurkundungsbedürftig sein. Aussagen iS von III S 1 sind die Einlassung des Angeklagten und die Aussagen von Zeugen und Sachverständigen; Äußerungen können auch von anderen Personen stammen, die sich im Sitzungssaal befinden. 20

Nur **wenn es auf die Feststellung ankommt,** wird die vollständige Niederschreibung angeordnet. Dabei kann sich das Interesse an der Feststellung sowohl auf das laufende als auch auf ein anderes (auch künftiges) Verfahren beziehen. 21

Für das laufende Verfahren kommt es auf die Feststellung insbesondere an, wenn die Vorgänge oder Äußerungen Verfahrensfehler enthalten, auf die die Revision gestützt werden kann, wenn sie Anlass zu Beweisanträgen oder zu weiterer Sachaufklärung bieten oder wenn sie für die Beweiswürdigung von besonderer Bedeutung sind. Dass eine Aussage entscheidungserheblich ist, genügt allein nicht (LR-Gollwitzer 42; Sieß NJW **82**, 1625; **aM** Krekeler AnwBl **84**, 417; Ulsenheimer NJW **80**, 2276). Ein Protokollierungsbedürfnis ist vielmehr nur anzuerkennen, wenn es nicht lediglich auf den Inhalt, sondern auf den genauen Wortlaut der Aussage ankommt (Schleswig SchlHA **76**, 172 [E/J]; Roxin/Schünemann § 51, 5; Schlüchter 590 Fn 662; M.J. Schmid NJW **81**, 1353; Sieß aaO; **aM** Müller Volk- 22

FS 492; Schröder Schlüchter-FG 97; erheblich weitergehend auch Meyer-Mews NJW **02**, 103, der einen Anspruch auf Tonbandmitschnitt der Beweisaufnahme in bestimmten Fällen annimmt; dagegen zutr Uetermaier NJW **02**, 2298), insbesondere, wenn verschiedene Deutungsmöglichkeiten mit der Gefahr unterschiedlicher Folgerungen bestehen.

23 **Für andere Verfahren** kommt es auf die Feststellung an, wenn sie die Grundlage für eine strafgerichtliche Verurteilung (vgl RiStBV 144 II S 2), für eine disziplinarische Ahndung oder für ein zivilrechtliches Verfahren bilden kann.

24 B. Von **Amts wegen oder auf Antrag** wird die vollständige Niederschreibung angeordnet.

25 **Von Amts wegen** veranlasst sie der Vorsitzende, wenn er nach pflichtgemäßem Ermessen die Voraussetzungen des III S 1 für gegeben hält.

26 **Antragsberechtigt sind** die Prozessbeteiligten mit Ausnahme des Nebenklägers (vgl 11 zu § 397) und der Berufsrichter und Schöffen (**aM** SK-Schlüchter/Frister 26; Ulsenheimer NJW **80**, 2274), auch nicht die Zeugen und Sachverständigen (LR-Gollwitzer 48; **aM** W. Schmid GA **62**, 362; Ulsenheimer aaO).

27 Der Antragsteller muss den zu protokollierenden Vorgang **genau bezeichnen** und darlegen, worin sein rechtliches Interesse an der Beurkundung besteht (Bremen NStZ **86**, 183; LR-Gollwitzer 48). Der Antrag, alle Wahrnehmungen des Gerichts bei einer Augenscheinseinnahme zu protokollieren, ist unzulässig (Bremen aaO unter Klarstellung seiner den gegenteiligen Eindruck erweckenden Entscheidung NJW **81**, 2827 = JR **82**, 252 mit abl Anm Foth). Im Übrigen ist es den Prozessbeteiligten unbenommen, selbst oder durch eine Hilfsperson Aussagen im Stenogramm festzuhalten (BGH **18**, 179, 181; Marxen NJW **77**, 2190; erg 15 zu § 169 GVG).

28 Der Antrag nach S 1 ist im **Sitzungsprotokoll** zu beurkunden (LR-Gollwitzer 54), ebenso die Anordnung des Vorsitzenden, mit dem ihm entsprochen wird. Lehnt der Vorsitzende ihn ab, so sind der Inhalt des Antrags, seine Ablehnung und ihre Begründung im Protokoll festzuhalten.

29 C. Die **Entscheidung** darüber, ob und wie die Beurkundung erfolgen soll, trifft auch im Fall des III der Vorsitzende. Er allein, im Fall des S 2 das Gericht, hat nach pflichtgemäßem Ermessen zu beurteilen, ob es auf die Feststellung der Vorgänge oder den Wortlaut der Aussage oder Äußerung ankommt; das Antragsrecht allein gibt keinen Beurkundungsanspruch (BGH NJW **66**, 63 = JR **66**, 305 mit abl Anm Lackner; Sieß NJW **82**, 1625). Demgegenüber hält die hM die Frage, ob es auf die Feststellung ankommt, für eine Rechtsfrage, die keinen Raum für Ermessensentscheidungen lässt. Wenn es auf die Feststellung ankommt, ist nach dieser Ansicht ein Anspruch auf Niederschreibung gegeben (vgl Bremen NJW **81**, 2827 = JR **82**, 252 mit abl Anm Foth; Schleswig SchlHA **76**, 172 [E/J]; KK-Engelhardt 25; LR-Gollwitzer 49; Fahl 605; Ulsenheimer NJW **80**, 2273). Praktisch ist die Streitfrage von geringer Bedeutung; denn die Ablehnung der vollständigen Niederschreibung wird vom Revisionsgericht ohnehin nicht geprüft (vgl unten 36).

30 Wird die Protokollierung nach III von einem Prozessbeteiligten erfolglos beantragt, so können er und jeder andere antragsberechtigte Prozessbeteiligte auf **gerichtliche Entscheidung** antragen (S 2), gleichviel, ob es bei der Protokollierung auf deren Bedeutung im selben oder in einem anderen, auch künftigen, Verfahren ankommt. Das Gericht entscheidet durch Beschluss, der alsbald, nicht erst nach der Urteilsverkündung, bekanntzumachen ist (LR-Gollwitzer 52; W. Schmid GA **62**, 363). Der Vorsitzende ist an den Beschluss nur insoweit gebunden, als er die Niederschreibung veranlassen muss; Wortlaut und Inhalt bestimmt allein er zusammen mit dem UrkB (Sieß NJW **82**, 1627). Der Beschluss, der seine ablehnende Entscheidung bestätigt, bindet ihn nicht; wenn er seine Meinung ändert, kann er gleichwohl die Beurkundung veranlassen (KK-Engelhardt 27). Neben S 2 ist § 238 II nicht anwendbar; S 2 ist die Sondervorschrift (Erker 120 ff).

D. **Vollständige Niederschrift, Verlesung und Genehmigung:** Die vollständige Niederschrift ordnet der Vorsitzende an. Er kann sie dem UrkB ins Protokoll diktieren oder sich darauf beschränken, ihn zum Mitschreiben zu veranlassen. Der Antragsteller hat nicht das Recht, etwas ins Protokoll zu diktieren (LR-Gollwitzer 45; erg 32 zu § 244). Die Niederschrift muss nicht unbedingt in der Hauptverhandlung angefertigt werden. Der Vorsitzende kann sie auch in einer Sitzungspause vorbereiten, muss aber ihren Inhalt mit dem UrkB abstimmen (LR-Gollwitzer 46; Sieß NJW **82**, 1627). Ist die Beurkundung für einen außerhalb des anhängigen Verfahrens liegenden Zweck bestimmt, so kann sie auch zur Anlage des Protokolls gemacht werden, die sonst aber allen Erfordernissen des Protokolls entsprechen muss (KK-Engelhardt 29). 31

Die Niederschrift muss in der Verhandlung **vorgelesen und genehmigt** werden. Welche der beiden Urkundspersonen sie verliest, bestimmt der Vorsitzende. Die Genehmigung muss grundsätzlich ausdrücklich erteilt werden. Eine Genehmigung liegt aber auch darin, dass sich die Prozessbeteiligten auf allgemeines Befragen mit der Art der Protokollierung einverstanden erklären. 32

Im **Sitzungsprotokoll** (S 3) muss die Verlesung vermerkt und angegeben werden, ob die Genehmigung erteilt oder ob und welche Einwendungen erhoben worden sind. Der Genehmigungsvermerk kann sich darauf beschränken, dass Einwendungen nicht erhoben worden sind (KMR-Gemählich 39). 33

5) Die **Fertigstellung des Protokolls** (IV) ist Voraussetzung der Urteilszustellung. Zur Fertigstellung vgl im Einzelnen 19 zu § 271; die vorherige Zustellung ist unwirksam und setzt die von der Urteilszustellung abhängigen Fristen, insbesondere die Revisionsbegründungsfrist nach § 345 I S 2, nicht in Lauf (BGH **27**, 80; Bay **80**, 140 = NJW **81**, 1795; **85**, 57 = StV **85**, 360; Karlsruhe NJW **80**, 716; Stuttgart MDR **95**, 843). Mängel des Protokolls machen die Urteilszustellung nicht unwirksam, wohl aber Unleserlichkeit oder (erhebliche) Unvollständigkeit der Urteilsausfertigung (BGHR § 145 a Unterrichtung 1; BGH NStZ **07**, 53). 34

6) Die **Beschwerde** gegen den Gerichtsbeschluss, mit dem die vollständige Niederschreibung nach III S 1 abgelehnt worden ist, schließt § 305 S 1 aus, soweit die Niederschreibung für Zwecke des vorliegenden Verfahrens beantragt war. Sollte sie einen außerhalb dieses Verfahrens liegenden Zweck verfolgen, so ist Beschwerde nach § 304 I zulässig (KK-Engelhardt 36); mit ihr kann aber nur geltend gemacht werden, dass die Protokollierung rechtsfehlerhaft verweigert worden ist (LR-Gollwitzer 58; SK-Schlüchter/Frister 42). 35

7) Die **Revision** kann nicht auf einen Mangel des Protokolls gestützt werden (26 zu § 344), auch nicht auf inhaltliche Widersprüche bei der Wiedergabe einer Aussage oder eines Gutachtens in der Niederschrift nach II und in den Urteilsgründen (Brandenburg NStZ-RR **09**, 247), es sei denn, die Vernehmung wurde auf Tonträger aufgenommen (vgl oben 14 a). Mit der Tonträgeraufnahme (Neuhaus StV **04**, 625) oder der Niederschrift nach III lässt sich aber der Gegenbeweis gegen die Urteilsfeststellungen führen (14 zu § 337; zum notwendigen Revisionsvorbringen vgl Bay NStZ **90**, 508). Ob es im Fall des III rechtsfehlerhaft ist, wenn die Urteilsfeststellungen ergeben, dass es für die Entscheidung gerade auf die beantragte, aber abgelehnte vollständige Niederschrift ankam (so Bremen NJW **81**, 2827 = JR **82**, 252 mit abl Anm Foth), ist revisionsrechtlich im Ergebnis ohne Bedeutung; denn das Urteil kann auf der Ablehnung des Antrags nicht beruhen (vgl BGH NStZ **94**, 25 [K]; 3 StR 49/93 vom 9. 6. 1993; KG VRS **11**, 436; LR-Gollwitzer 59; **aM** Bremen aaO; AK-Lemke 26; SK-Schlüchter/Frister 47; Ulsenheimer NJW **80**, 2274). Das gilt auch für den Fall, dass der Antrag darauf gerichtet war, die Beweisgrundlagen, insbesondere den Wortlaut einer Aussage, im Protokoll festzuhalten (KK-Engelhardt 35; **aM** Schlüchter 590 und in SK 47; Ulsenheimer aaO). 36

Beweiskraft des Protokolls **RiStBV 144**

274 [1]**Die Beobachtung der für die Hauptverhandlung vorgeschriebenen Förmlichkeiten kann nur durch das Protokoll bewiesen werden.** [2]**Gegen den diese Förmlichkeiten betreffenden Inhalt des Protokolls ist nur der Nachweis der Fälschung zulässig.**

1 **1) Formelle Beweiskraft des Sitzungsprotokolls** (S 1):

2 A. Der **Vereinfachung des Revisionsverfahrens** dient die Vorschrift; sie will dem Revisionsgericht die Prüfung von Verfahrensrügen erleichtern (BGH NJW **76**, 977). Die Förmlichkeiten des Hauptverfahrens sollen nicht Gegenstand von Beweiserhebungen im Rechtsmittelzug sein.

3 S 1 lässt daher den Grundsatz der freien Beweisermittlung und Beweiswürdigung zurücktreten (BGH **26**, 281, 283) und bestimmt als gesetzliche Beweisregel die **ausschließliche Beweiskraft des Sitzungsprotokolls** (vgl auch Schumann JZ **07**, 930: Beweismittelausschlussregel). Durch andere Beweise kann es grundsätzlich nicht ergänzt, ersetzt oder widerlegt werden (BGH **2**, 125, 126; NStZ **93**, 51; KG VRS **43**, 199; Ventzke StV **99**, 192), insbesondere nicht durch dienstliche Äußerung der Gerichtsmitglieder und der Prozessbeteiligten (BGH **8**, 283; **13**, 53, 59; **22**, 278, 280; NStZ **83**, 375; **84**, 133; **92**, 49; wistra **09**, 484), oder durch die Urteilsgründe (BGH **2**, 125, 126; NJW **76**, 977; Hamm NJW **78**, 2406; ANM 884). Auch das Einverständnis der Prozessbeteiligten darüber, dass das Protokoll unrichtig ist, kann die Beweiskraft nicht beseitigen (LR-Gollwitzer 22).

4 Die **entsprechende Anwendung des § 274** auf Protokolle über richterliche Untersuchungshandlungen außerhalb der Hauptverhandlung kommt nicht in Betracht (12 zu § 168a).

5 B. Die **Auslegung der Protokolleintragungen** schließt § 274 nicht aus (BGH **4**, 140; **13**, 53, 59; **31**, 39; JR **61**, 508; MDR **52**, 659 [D]; KG VRS **43**, 199; Hamm JZ **57**, 227; ANM 885). Sie ist stets zulässig und geboten, wenn der Sinn des Protokolls zweifelhaft ist (RG JW **26**, 2761). Das Revisionsgericht kann zur Auslegung alle ihm geeignet erscheinenden Erkenntnisquellen heranziehen, zB dienstliche Äußerungen der Gerichtsmitglieder (RG JW **27**, 126 mit Anm Beling; Bay **94**, 89 = NJW **95**, 976; Celle NJW **47/48**, 394), den Akteninhalt, die Urteilsgründe (BGH NStZ **91**, 143) und die Revisionsbegründungsschrift (KG VRS **43**, 199; ANM 885). Bleibt das Protokoll trotz versuchter Auslegung mehrdeutig, so entfällt seine Beweiskraft (BGH **31**, 39; unten 17).

6 C. **Umfang der Beweiskraft:**

7 a) Nur **im anhängigen Verfahren für das Gericht höherer Instanz,** das die Gesetzmäßigkeit des Verfahrens zu prüfen hat, ist das Protokoll beweiskräftig (BGH **26**, 281, 282), nicht in anderen Verfahren. Eine öffentliche Urkunde mit Beweiskraft für und gegen jedermann ist es nicht (Hamm NJW **77**, 592; LR-Gollwitzer 2). Der Protokollvermerk über die Zeugenvereidigung befreit das Gericht daher in einem Verfahren wegen Meineids nicht von der Prüfung, ob die Vereidigung stattgefunden hat (Sarstedt, Berliner FS für Ernst H. Hirsch, 1968, S 186).

8 b) Nur **die für die Hauptverhandlung vorgeschriebenen Förmlichkeiten,** dh die wesentlichen Förmlichkeiten iS des § 273 I (RG **53**, 176; Bremen NJW **75**, 1793; LR-Gollwitzer 10; weitergehend KK-Engelhardt 4), werden von der Beweiskraft umfasst. Andere Verfahrensvorgänge müssen im Freibeweis geklärt werden (BGH **22**, 26 = JZ **68**, 434 mit zust Anm EbSchmidt; Schleswig SchlHA **80**, 20); dabei ist das Sitzungsprotokoll als Beweismittel verwertbar (RG **43**, 438). Für Angaben nach § 272, die keine wesentlichen Förmlichkeiten sind, wie die Angabe der Personalien und die Bezeichnung der Straftat, gilt § 274 nicht (Düsseldorf MDR **90**, 359). Daher beweist auch der Vermerk, dass öffentl verhandelt wurde (§ 272 Nr 5), nur, dass die Öffentlichkeit nicht ausgeschlossen, nicht auch, dass sie

tatsächlich hergestellt war. Die Abwesenheit von Personen, deren Anwesenheit § 226 nicht vorschreibt (zB Sachverständige), wird nicht dadurch bewiesen, dass das Protokoll ihre Anwesenheit nicht vermerkt (BGH NStZ **85**, 207 [Pf/M]; 455; **99**, 426; Hamm NStZ **09**, 44, 45). Beurkundet das Protokoll die Verlesung der Anklageschrift, so ist damit nur die Verlesung des Angeklagesatzes bewiesen, weil nur das die vorgeschriebene Förmlichkeit ist (BGH 1 StR 615/67 vom 29. 2. 1968). Ob das wesentliche Ermittlungsergebnis mitverlesen wurde, ist dem Beweis zugänglich.

Nur für **Vorgänge in der Hauptverhandlung,** einschließlich der zur Entscheidungsverkündung gehörenden Rechtsmittelbelehrung nach § 35 a (unten 12), gilt die Beweiskraft des § 274, nicht für Vorgänge vor oder nach der Verhandlung (Hamburg NJW **55**, 1201), außerhalb der Verhandlung (BGH DAR **01**, 207 [To]) oder in einer Sitzungspause, auch nicht die Vorgänge, die die Beratung oder Abstimmung betreffen (BGH **5**, 294; NStZ **09**, 105; Hamburg aaO; Schleswig SchlHA **73**, 187 [E/J]), gleichviel, ob sie sich im Beratungszimmer oder im Sitzungssaal zugetragen haben (Hamburg aaO). 9

Die Beweiskraft erstreckt sich auch nicht auf den **Inhalt der nach § 273 II protokollierten Aussagen** (BGH StV **97**, 455; Bay **94**, 89 = NJW **95**, 976; KG VRS **100**, 454; Dahs Schmidt-Leichner-FS 31; Lackner JR **66**, 306); insoweit sind grundsätzlich die Urteilsgründe maßgebend (13 zu § 337). Mit den nach § 273 III wörtlich protokollierten Aussagen kann aber der Gegenbeweis gegen die Urteilsfeststellungen geführt werden (14 zu § 337). 10

Bei **Anwesenheit eines Dolmetschers** beweist der Protokollvermerk über eine Rechtsmittelbelehrung nicht nur die Belehrung als solche, die Richtigkeit und Vollständigkeit, sondern auch deren korrekte Übersetzung (KG NStZ **09**, 406). 10a

Ein im Anschluss an die Urteilsverkündung erklärter **Rechtsmittelverzicht** (Einl 137) nimmt an der Beweiskraft des § 274 teil, wenn er nach § 273 III S 3 beurkundet worden ist (stRspr, vgl nur BGH **18**, 257 = JR **64**, 263 mit abl Anm Stratenwerth; BGHR Beweiskraft 2; Düsseldorf VRS **92**, 257; KG VRS **104**, 141; **aM** LR-Gollwitzer 21 zu § 273: nur erhöhter Beweiswert). Wird dagegen nur die Abgabe der Erklärung im Protokoll vermerkt, so ist die Richtigkeit des Vermerks im Freibeweis zu klären, wobei das Protokoll nur ein Beweisanzeichen für den Verzicht ist (BGH aaO; **19**, 101, 105; NStZ **83**, 213 [Pf/M]; wistra **94**, 29; Düsseldorf StraFo **99**, 308; Hamm NStZ **86**, 378; Köln NStZ-RR **06**, 83). Das Gleiche gilt, wenn die Unterschrift des Richters unter dem nach § 273 III S 3 errichteten Protokoll fehlt (BGH NStZ **84**, 181) oder erst nach 4 Monaten hinzugefügt worden ist, obwohl der Richter sich an den Sachverhalt nicht mehr erinnern konnte (Bay **96**, 27 = NStZ-RR **96**, 276). Rechtsmittelerklärungen während der Hauptverhandlung im Rechtsmittelzug (Beschränkung; Zurücknahme) nehmen an der Beweiskraft teil (RG **66**, 417; Hamburg NJW **55**, 1201; Koblenz VRS **42**, 135), nicht aber die Beratung mit dem Verteidiger darüber (BGH NStZ **96**, 297). 11

D. Die **Wirkung der Beweiskraft** kann positiv oder negativ sein. 12

a) Die **positive Beweiskraft** bedeutet, dass die im Protokoll beurkundeten wesentlichen Förmlichkeiten der Hauptverhandlung als geschehen gelten, selbst wenn sie nicht stattgefunden haben (BGH JR **61**, 508). Hat der Angeklagte vor der Vernehmung von Zeugen laut Protokoll Angaben zur Sache gemacht, ist nicht protokollierungspflichtig (wenn auch empfehlenswert), dass er sich später weiter geäußert hat (BGH NStZ **07**, 291 [B]). Ein späterer Protokollvermerk über Angaben des Angeklagten zur Sache beweist, dass er sich trotz anfänglichen Schweigens nach der Belehrung (§ 243 V S 1) doch noch geäußert hat (BGH NStZ **92**, 49; NStZ-RR **98**, 264 [K]); fehlt jedoch ein solcher Vermerk, ist davon auszugehen, dass er auch im weiteren Verlauf der Hauptverhandlung geschwiegen hat (BGH NStZ **95**, 560; **00**, 217; StV **02**, 531). Der Vermerk: „Rechtsmittelbelehrung wurde erteilt", 13 beweist die Belehrung (Düsseldorf NStZ **86**, 233 mit Anm Wendisch; Koblenz OLGSt Nr 2) und ihre Richtigkeit und Vollständigkeit (KG VRS **102**, 198; Köln OLGSt § 35 a Nr 1).

14 b) Die **negative Beweiskraft** bedeutet, dass als nicht geschehen gilt, was im Protokoll nicht beurkundet ist (BGH **22**, 278, 280; NStZ **93**, 51; Hamburg MDR **73**, 156; Hamm VRS **60**, 206; ANM 883 mwN in Fn 5). Daher gilt mangels gegenteiligen Vermerks die Verlesung des Anklagesatzes (BGHR Beweiskraft 6) oder eine Beweiserhebung (BGH NStZ **02**, 219) als nicht erfolgt, ein Zeuge nur als uneidlich vernommen (BGH NStZ **86**, 323; Köln NJW **54**, 1820), ein Antrag, zB ein Beweisantrag, auch ein Hilfsbeweisantrag (BGH MDR **75**, 368 [D]; KG VRS **43**, 199; ANM 883), als nicht gestellt, die ausgeschlossene Öffentlichkeit als nicht wiederhergestellt (BGH MDR **77**, 810 [H]; StV **89**, 384 L), eine Verständigung nach § 257 c als nicht stattgefunden (§ 273 I a; vgl auch BGH NStZ **07**, 355) und das letzte Wort als nicht erteilt (BGH **22**, 278, 280; Zweibrücken MDR **69**, 780). Ist allerdings ein Vorgang nur deshalb nicht beurkundet worden, weil die Urkundspersonen ihn nicht nach § 273 I für protokollierungsbedürftig gehalten haben, so entfällt insoweit die Beweiskraft (RG **64**, 309; ANM 891).

15 E. **Wegfall der Beweiskraft** (dazu zusammenfassend Schäfer BGH-FS 710 ff): Nur ein ordnungsgemäß errichtetes und entspr § 271 I S 1 von beiden Urkundspersonen unterzeichnetes Protokoll ist nach § 274 beweiskräftig (BGH GA **62**, 305; Hamm VRS **60**, 206; Saarbrücken VRS **48**, 439; ANM 889).

16 Ergeben sich aus dem Protokoll **Meinungsverschiedenheiten zwischen den Urkundspersonen,** so entfällt die Beweiskraft, soweit es an der erforderlichen Übereinstimmung fehlt. Die Beweiskraft entfällt auch, wenn eine Urkundsperson oder beide den Inhalt des Protokolls nachträglich für unrichtig erklären, so dass es von ihrer Unterschrift nicht mehr gedeckt ist (BGH **4**, 364; StV **88**, 45; ANM 889 mwN in Fn 49), oder jedenfalls durch eine nachträgliche Erklärung von ihm abrücken (BGH **51**, 298, 308 mwN; Bay **73**, 200, 202 = MDR **74**, 331; Hamm VRS **60**, 206; Jena NStZ-RR **97**, 10; München StraFo **09**, 335; Saarbrücken VRS **48**, 439). Lediglich die einseitige Erklärung einer der Urkundspersonen beseitigt die Beweiskraft des Protokolls aber nicht, wenn damit die tatsächliche Grundlage für eine Verfahrensrüge des Angeklagten entfällt (BGH NJW **07**, 2424 L = NStZ-RR **07**, 245). Eine Protokollberichtigung (23 ff zu § 271) beseitigt nicht die Beweiskraft des Protokolls, sondern ändert nur dessen Inhalt (ANM 885).

17 Die Beweiskraft entfällt ferner, wenn das Protokoll selbst (dazu Fezer NStZ **02**, 272) erkennbare Fehler wie **offensichtliche Lücken, Unklarheiten oder Widersprüche** aufweist (BGH **16**, 306, 308; **17**, 220; **31**, 39; NJW **84**, 2172; NStZ **02**, 47; **06**, 117; 181; 714; BGHR Beweiskraft 12; ANM 890 mwN in Fn 59). Offensichtlich ist eine Lücke insbesondere, wenn ein protokollierter Vorgang beweist, dass ein anderer geschehen ist, über den das Protokoll schweigt, etwa weil beurkundet ist der Beschluss über die Ablehnung eines Beweisantrags, nicht aber der Antrag selbst (vgl BGH MDR **52**, 659 [D]), oder der Inhalt des gestellten Beweisantrags fehlt (Hamm NStZ-RR **08**, 382), oder die Wiederherstellung der Öffentlichkeit, nicht aber ihr Ausschluss (BGH **17**, 220), oder dass es dem Angeklagten frei stehe, sich zur Anklage zu äußern, nicht aber die Verlesung der Anklage (BGH StV **04**, 297; zw). Aus – sonstigen – Fehlern des Protokolls darf aber nicht geschlossen werden, dass ein eindeutig bekundeter Vorgang so nicht stattgefunden haben könne (**aM** Hamburg StV **04**, 298 mit abl Anm Ventzke und abl Anm Klemke StV **04**, 589). Vermerkt das Protokoll nichts zur Frage der Entlassung eines Zeugen, liegt eine offensichtliche Lücke vor (BGH NStZ **00**, 546, hinsichtlich Nichtvereidigung überholt), nicht aber, wenn die Vereidigung eines Zeugen angeordnet worden ist, das Protokoll aber über die Vereidigung selbst nichts enthält (BGH MDR **74**, 548 [D]). Ein Widerspruch – der sich somit stets

aus dem Protokoll selbst ergeben muss – liegt zB vor, wenn in verschiedenen Teilen des Protokolls verschiedene Richter als Mitwirkende genannt sind (BGH **16**, 306; krit Hanack JZ **72**, 489), wenn das Protokoll unterschiedlichste Verfahrensgestaltungen möglich erscheinen lässt (BGH NStZ **00**, 49), wenn sich Zeitangaben im Protokoll oder wenn sich Protokollinhalt und eine Anlage zum Protokoll widersprechen (BGH NStZ **06**, 714; Brandenburg NStZ **95**, 52). BGH NStZ **02**, 270 mit zutr abl Anm Fezer und abl Anm Köberer StV **02**, 527 rechnet verfehlt auch die unvorstellbare fehlende Anwesenheit eines notwendigen Verteidigers bei einer wesentlichen Zeugeneinvernahme hierzu (zw auch BGH NStZ **05**, 46). Ein widersprüchliches Protokoll darf berichtigt werden, auch wenn dadurch einer Revisionsrüge der Boden entzogen wird (BGH NStZ-RR **08**, 66 [B]; erg 26 zu § 271); BGH StV **10**, 171 meint, die Protokollberichtigung müsse der Annahme einer Lückenhaftigkeit grundsätzlich vorgehen.

Die **Folge des Wegfalls der Beweiskraft** ist nicht, dass das Vorbringen des Beschwerdeführers als wahr unterstellt wird (BGH **17**, 220, 222; Hamm VRS **105**, 41). Er hat nur die Möglichkeit, den Nachweis zu führen, dass ein bestimmter Vorgang geschehen oder nicht geschehen ist. Das Rechtsmittelgericht muss im Freibeweis (7, 9 zu § 244) und in freier Beweiswürdigung klären, wie der Verfahrensablauf wirklich war (BVerfG StV **02**, 521; BGH **4**, 364; **16**, 306, 308; **17**, 220; **31**, 39, 41; NJW **76**, 977; **82**, 1057; ANM 893). Dabei kann es sich aller erreichbaren Beweismittel bedienen (BGH **17**, 220, 222; NJW **76**, 977), insbesondere des Urteilsinhalts (RG **48**, 419; Koblenz VRS **63**, 130, 132) und dienstlicher Äußerungen der Gerichtsmitglieder, der Prozessbeteiligten und des Protokollführers (Bay **53**, 135 = NJW **53**, 1524). Lässt sich der Verfahrensvorgang dadurch nicht aufklären, so muss die Revision nach dem Grundsatz, dass ihr nur erwiesene Verfahrensfehler zum Erfolg verhelfen können (10 zu § 337), verworfen werden (BVerfG aaO; Saarbrücken VRS **48**, 439). 18

2) Der **Einwand der Fälschung** (S 2) ist zulässig und hebt die Beweiskraft auf, soweit bewiesen ist, dass das Protokoll entweder eine unechte oder verfälschte Urkunde ist, weil es ganz oder teilw von einem Unbefugten hergestellt worden ist (Düsseldorf StV **84**, 108), oder dass es zwar von den Urkundspersonen stammt, von ihnen aber bewusst mit falschem Inhalt angefertigt worden ist (Düsseldorf aaO). Bloße Missverständnisse und Nachlässigkeiten der Urkundspersonen bei der Protokollierung genügen nicht (BGH StV **97**, 455; Düsseldorf NJW **97**, 1718; Kohlhaas NJW **74**, 24), selbst wenn sich die fahrlässig protokollierten Tatsachen nicht oder in anderer Weise ereignet haben (Düsseldorf StV **84**, 108). 19

Den **Nachweis der Fälschung** hat der Prozessbeteiligte zu führen, der sich auf sie beruft. Dabei genügt aber, dass dem Gericht die Beweismittel für die konkret behauptete Fälschung bezeichnet werden; es stellt dann Ermittlungen im Freibeweis (7, 9 zu § 244) an. 20

Der **Verteidiger** kann sich grundsätzlich auch dann auf das Protokoll berufen, wenn er selbst meint, der Vorgang könne unrichtig beurkundet sein (Beulke Roxin-FS 1193; Sarstedt/Hamm 292 mwN; Tepperwien Meyer-Goßner-FS 595; Park StraFo **04**, 335; zw BGH StV **99**, 582 mit abl Anm Docke/v Döllen/Momsen; zw auch Detter StraFo **04**, 329; vgl ferner BGH StV **99**, 585). Das gilt aber nicht, wenn er genau weiß oder im Laufe des Verfahrens erfährt, dass ordnungsgemäß verfahren worden ist; dann ist eine Berufung auf das Protokoll rechtsmissbräuchlich und die Verfahrensrüge unzulässig (BGH **51**, 88 mit zust Anm Fahl JR **07**, 34 und abl Anm Gaede StraFo **07**, 29 und Mikolajczyk ZIS **06**, 541; zust ferner Kudlich HRRS **07**, 9, Satzger/Hanft NStZ **07**, 185, Valerius Paulus-FG 182; abl hingegen Beulke Amelung-FS 558; Lindemann/Reichling StV **07**, 152, Krawczyk HRRS **07**, 101 und Wagner StraFo **07**, 496; abl auch Hollaender JR **07**, 6, weil § 274 eine „absolute Beweisregel" sei, aber auch die Berufung darauf kann eben gerade rechtsmissbräuchlich sein; erg Einl 111). 21

Schriftliches Urteil **RiStBV 141**

275 **I [1]Ist das Urteil mit den Gründen nicht bereits vollständig in das Protokoll aufgenommen worden, so ist es unverzüglich zu den Akten zu bringen. [2]Dies muss spätestens fünf Wochen nach der Verkündung geschehen; diese Frist verlängert sich, wenn die Hauptverhandlung länger als drei Tage gedauert hat, um zwei Wochen, und wenn die Hauptverhandlung länger als zehn Tage gedauert hat, für jeden begonnenen Abschnitt von zehn Hauptverhandlungstagen um weitere zwei Wochen. [3]Nach Ablauf der Frist dürfen die Urteilsgründe nicht mehr geändert werden. [4]Die Frist darf nur überschritten werden, wenn und solange das Gericht durch einen im Einzelfall nicht voraussehbaren unabwendbaren Umstand an ihrer Einhaltung gehindert worden ist. [5]Der Zeitpunkt des Eingangs und einer Änderung der Gründe ist von der Geschäftsstelle zu vermerken.**

II [1]Das Urteil ist von den Richtern, die bei der Entscheidung mitgewirkt haben, zu unterschreiben. [2]Ist ein Richter verhindert, seine Unterschrift beizufügen, so wird dies unter der Angabe des Verhinderungsgrundes von dem Vorsitzenden und bei dessen Verhinderung von dem ältesten beisitzenden Richter unter dem Urteil vermerkt. [3]Der Unterschrift der Schöffen bedarf es nicht.

III Die Bezeichnung des Tages der Sitzung sowie die Namen der Richter, der Schöffen, des Beamten der Staatsanwaltschaft, des Verteidigers und des Urkundsbeamten der Geschäftsstelle, die an der Sitzung teilgenommen haben, sind in das Urteil aufzunehmen.

IV Die Ausfertigungen und Auszüge der Urteile sind von dem Urkundsbeamten der Geschäftsstelle zu unterschreiben und mit dem Gerichtssiegel zu versehen.

1 **1) Aufnahme des Urteils in das Sitzungsprotokoll:** Es steht im Ermessen des Vorsitzenden, ob das Urteil mit den Gründen als besondere Niederschrift zu den Akten gebracht oder ob es schon in die Sitzungsniederschrift aufgenommen wird. Das in das Protokoll aufgenommene Urteil unterliegt denselben Anforderungen wie jedes andere; ein besonderer Urteilskopf mit den nach III erforderlichen Angaben ist aber entbehrlich, wenn sie sich bereits aus dem Protokoll ergeben (vgl RiStBV 141 I S 2). Die Urteilsformel und die Gründe müssen im Protokoll von sämtlichen mitwirkenden Richtern unterschrieben werden. Danach müssen Vorsitzender und Protokollführer das Protokoll unterzeichnen (RG **64**, 214; LR-Gollwitzer 22 zu § 271). Da die Fristen für die Urteilsabsetzung nach I nicht gelten (KG VRS **82**, 135; Düsseldorf MDR **82**, 249; KMR-Gemählich 5; **aM** LR-Gollwitzer 22), darf das Urteil nachträglich nicht mehr ergänzt oder geändert werden (Bay **99**, 151 = NStZ-RR **00**, 87).

2 **2) Frist für die Fertigstellung des schriftlichen Urteils** (I):

3 A. Das **vollständige Urteil** muss innerhalb der Fristen des I S 2 schriftlich zu den Akten gebracht werden (BGHR § 275 I S 1 Akten 1). Zum Urteil gehören nicht nur die schriftlichen Gründe, sondern auch die Urteilsformel (vgl § 268 II S 1) und das Rubrum mit den nach III erforderlichen Angaben (Bay DAR **83**, 253 [R]; **87**, 314 [B] Köln NJW **80**, 1405; VRS **64**, 282; Zweibrücken DAR **78**, 194; Rieß NStZ **82**, 442), die, auch soweit es die Anschrift des Angeklagten betrifft, keine das Revisionsgericht bindenden Feststellungen enthalten (BGH NJW **87**, 1776). Die Urteilsurkunde muss in Schriftform, aber nicht notwendigerweise bereits in Reinschrift vorhanden sein (Rostock StV **96**, 253; Dahs/Dahs 210; vgl auch RiStBV 141 II S 3). Der schriftliche Entwurf des Berichterstatters genügt aber ebenso wenig wie das Diktat auf einen Tonträger (Hamm VRS **50**, 121; Karlsruhe Justiz **76**, 442; Rieß aaO).

4 Vollständig ist das Urteil erst, wenn es die **Unterschriften** aller Berufsrichter trägt (unten 19 ff) oder einzelne Unterschriften in zulässiger Weise – innerhalb der

Fristen des I S 2 (BGH StV **00**, 184) – durch einen Verhinderungsvermerk nach II S 2 ersetzt worden sind (BGH **26**, 247, 248 = JR **76**, 342 mit Anm Meyer; BGH **28**, 194, 195; **31**, 212, 213; NStZ **84**, 378; StV **84**, 275; KG StV **86**, 144, Düsseldorf VRS **72**, 117).

Die Unterschriften der Richter müssen **Änderungen und Ergänzungen** der Urteilsfassung decken, bevor die Höchstfristen des I S 2 abgelaufen sind (BGH NStZ **84**, 378; Rieß NStZ **82**, 442). Der Vorsitzende, der die Urteilsgründe ändert oder ergänzt, muss daher die Zustimmung der übrigen Richter vor Fristablauf herbeiführen (BGH **27**, 334; StV **84**, 144); eine vorher erklärte allgemeine Ermächtigung der anderen Richter ist wirkungslos (BGH **27**, 334; NStZ **84**, 378). Nur Urteilsergänzungen ohne sachlichen Gehalt brauchen von den Unterschriften der übrigen Richter nicht gedeckt zu sein (BGH MDR **79**, 638 [H]; **84**, 93 [H]). 5

Der Mangel der fehlenden Unterschrift eines Richters kann **nicht dadurch geheilt** werden, dass er den von dem Vorsitzenden ohne inhaltliche Änderungen unterschriebenen Urteilsentwurf gefertigt hat (Düsseldorf VRS **72**, 117) oder dass er nachträglich der Fassung der Urteilsgründe zustimmt und die fehlende Unterschrift nach Fristablauf nachholt (BGH **28**, 194, 195; MDR **78**, 988 [H]; NStZ **82**, 476; **95**, 220 [K]; StV **84**, 275; Rieß NStZ **82**, 443; **aM** LR-Gollwitzer 5, 37 und Kleinknecht-FS 166 ff). Auch ein unvollständiger Verhinderungsvermerk kann nachträglich nicht wirksam ergänzt werden (BGH StV **00**, 184; Rieß aaO; **aM** LR-Gollwitzer 5). 6

B. **Zu den Akten gebracht** werden muss das fertiggestellte Urteil innerhalb der Frist des I S 2. Auf der Geschäftsstelle muss es nicht bereits niedergelegt sein (BGH MDR **90**, 99 [H]; Rieß NStZ **82**, 443); es genügt, dass es vor Fristablauf auf den Weg dorthin gebracht ist, insbesondere, dass es (mit den Akten oder ohne sie) im Dienstzimmer des Richters zum Abtrag bereitgelegt wird (BGH **29**, 43; wistra **85**, 72). Dass es in die Akten eingelegt wird, ist nicht erforderlich (BGH NStE Nr 14; NStZ-RR **07**, 54), reicht aber auch nicht aus (Bremen StV **98**, 641; Köln Rpfleger **77**, 413 mit zust Anm Rieß). Wird das Urteil erst kurz vor Ablauf der Frist zu den Akten gebracht, so empfiehlt es sich, dass der Richter vermerkt, an welchem Tag das geschehen ist (BGH **29**, 43, 47). Zum Nachweis der Fristwahrung genügt aber auch eine nachträgliche dienstliche Äußerung des Richters (BGH aaO; unten 18). Lässt sich nicht feststellen, ob das Urteil rechtzeitig zu den Akten gebracht ist, so ist davon auszugehen, dass die Frist des I S 2 versäumt ist (Frankfurt StraFo **99**, 164; Koblenz MDR **76**, 950; Stuttgart StV **86**, 144; 55 zu § 338). 7

C. Die **gestaffelten Höchstfristen des I S 2**, bei deren Berechnung § 43 heranzuziehen ist (BGH MDR **80**, 815 [H]; Rieß NStZ **82**, 442), betragen mindestens 5 Wochen, bei 4–10-tägiger Hauptverhandlung 7 Wochen, bei 11–20-tägiger Hauptverhandlung 9 Wochen (BGH **35**, 259), bei 21–30 tägiger Hauptverhandlung 11 Wochen usw (vgl SK-Schlüchter/Frister 12). Die Fristen dürfen nur ausgeschöpft werden, wenn eine frühere Urteilsabsetzung nicht möglich ist. Denn in 1. Hinsicht gilt (auch für rechtskräftige Urteile) das Gebot des I S 1, dass das Urteil unverzüglich zu den Akten zu bringen ist (BVerfG StV **06**, 81, 85; Naumburg StV **08**, 201). Jede unter Berücksichtigung der Geschäftslage nicht gerechtfertigte Verzögerung muss vermieden werden (Rieß aaO). Verfahrensrechtliche Folgen (unten 28) hat aber nur die Überschreitung der Höchstfristen des I S 2 (**aM** Keller/Meyer-Mews StraFo **05**, 357). Der Beschluss des Gemeinsamen Senats der obersten Gerichtshöfe des Bundes NJW **99**, 2603, wonach für die Urteilsabsetzung eine Höchstfrist von 5 Monaten besteht, gilt nicht für das Strafverfahren (BGH NStZ **94**, 46). 8

Bei der Berechnung der Frist in den Fällen des I S 2 Hs 2 wird die Zahl der Verhandlungstage **abstrakt berechnet;** auf die einzelnen Vorgänge an den jeweiligen Sitzungstagen kommt es nicht an (BGH NStZ **84**, 466). Mitgezählt wird daher auch der Verhandlungstag, an dem es nur zum Aufruf der Sache, aber nicht zur 9

Sachverhandlung gekommen ist, zB wegen Ausbleibens des Angeklagten oder des notwendigen Verteidigers, oder an dem unter Verstoß gegen § 231 II zur Sache verhandelt worden ist (BGH aaO). Der Tag der Urteilsverkündung wird mitgerechnet, nicht aber ein Tag, an dem nur beraten worden ist (KK-Engelhardt 45).

10 Bei **mehreren Mitbeschuldigten** gilt für das Urteil eine einheitliche Höchstfrist, auch wenn gegen einen der Angeklagten, infolge Beurlaubung nach § 231 c oder vorübergehender Abtrennung, an einzelnen Tagen nicht verhandelt worden ist (BGH MDR **80**, 631 [H]; Rieß NStZ **82**, 442). Nur wenn gegen einen der Mitangeklagten das Urteil früher ergeht als gegen die anderen, beginnt die Frist für dieses Urteil mit dem Tag seiner Verkündung (Rieß aaO).

11 D. Die **Unabänderlichkeit der Urteilsgründe** (I S 3) tritt mit dem Fristablauf auch ein, wenn die Urteilsurkunde noch nicht nach außen bekanntgemacht worden ist. Eine Änderung, auch in der Form einer Ergänzung, hat dann keine rechtliche Wirkung (BGH NStZ **93**, 200; Rieß NStZ **82**, 444). Andererseits steht der Ergänzung oder Änderung der Urteilsgründe nicht entgegen, dass das Urteil bereits zu den Akten gebracht worden ist. Solange die Frist des I S 2 nicht abgelaufen und das Urteil noch nicht zugestellt worden ist, darf es berichtigt und geändert werden (vgl 39 zu § 267). Berichtigungen des Urteils, die keine sachlichen Änderungen enthalten, sind auch später noch zulässig (39 zu § 267).

12 E. **Zulässige Fristüberschreitung** (I S 4): Nur unvorhersehbare und unabwendbare Umstände rechtfertigen die Überschreitung der Fristen des I S 2 (dazu allg Rieß NStZ **82**, 444); nicht die irrtümliche Annahme, das Urteil sei rechtskräftig (BGH StV **88**, 193). Dabei dürfen zwar keine überstrengen Anforderungen gestellt werden (BGH **26**, 247, 249 = JR **76**, 342 mit Anm Meyer; Hamm NJW **88**, 1991); eine Überschreitung der Frist um nahezu ein Jahr muss aber zur Urteilsaufhebung führen (Zweibrücken NJW **04**, 2108).

13 **Unvorhersehbar** ist zB die Erkrankung des Richters bei Gerichten, die mit einem einzigen Berufsrichter besetzt sind (Koblenz GA **76**, 251; Rieß aaO und NJW **75**, 88), das überraschende Versterben des Berichterstatters (BGH NStZ-RR **07**, 88), **nicht aber** der schlechte Gesundheitszustand eines überlasteten Richters (Hamm MDR **77**, 1039) oder die Erkrankung eines Richters beim Kollegialgericht (BGH StraFo **08**, 163) oder der Antritt eines geplanten Urlaubs (Koblenz DRiZ **89**, 221; StV **09**, 11), auch nicht ein Irrtum bei der Fristberechnung (BGH NStZ **85**, 207 [Pf/M]; StV **84**, 143 L; **97**, 204).

14 Umstände, die die **Organisation des Gerichts** betreffen, rechtfertigen die Fristüberschreitung idR nicht (BGH NJW **88**, 1094; Hamm VRS **53**, 193), insbesondere nicht die allgemeine Arbeitsüberlastung des Richters (BGH NStZ **92**, 398; **03**, 564; **08**, 55; Bay **82**, 139 = MDR **83**, 340; Düsseldorf StraFo **01**, 385; Stuttgart MDR **86**, 602) oder der Kanzlei (Bay StV **86**, 145; Hamm VRS **50**, 121; Koblenz VRS **65**, 451; Köln MDR **78**, 864; Schleswig SchlHA **78**, 188 [E/J]; Zweibrücken VRS **54**, 130), sofern es sich nicht um einen plötzlich auftretenden Engpass handelt (Rieß NJW **75**, 88), auch nicht die Abordnung des Richters an die StA (Hamm (NJW **77**, 1303 L = VRS **53**, 193) oder die zeitweilige Versendung (BGH StV **89**, 469 L; Jena VRS **107**, 374) oder Unauffindbarkeit der Akten (Celle NJW **82**, 397; Schleswig SchlHA **88**, 111 [L/G]; **aM** Hamm NJW **88**, 1991 für den Fall, dass die Akten noch vor Leistung der letzten richterlichen Unterschrift in Verlust geraten) und andere Versehen des Richters (KG VRS **83**, 278), der Geschäftsstelle oder der Kanzlei (Bay StV **86**, 145: Koblenz StV **09**, 11).

15 Beim **Ausfall des Berichterstatters** des Kollegialgerichts ist die Fristüberschreitung gerechtfertigt, wenn er am Tage vor dem Fristablauf an der Abfassung des Urteils gehindert ist (BGH NStZ **86**, 564), nicht aber, wenn das Urteil schon im Entwurf vorliegt und von den anderen Richtern ohne besondere Mühe fertiggestellt werden kann (BGH **26**, 247 = JR **76**, 342 mit Anm Meyer). Sonst kommt es darauf an, ob es dem Vorsitzenden oder dem anderen Beisitzer möglich und zuzumuten ist, das Urteil abzufassen (BGH NStZ **99**, 474). Das ist nicht der Fall,

wenn diesen Richtern die notwendigen Aufzeichnungen nicht zur Verfügung stehen oder wenn sie schon durch ihre sonstige richterliche Tätigkeit erheblich belastet sind. Ist der Berichterstatter, der schon vor der Hauptverhandlung längere Zeit dienstunfähig krank war, nach deren Beendigung erneut erkrankt, so muss das Urteil durch den Vorsitzenden oder den anderen Beisitzer fristgerecht abgefasst werden (BGH NStZ **82**, 80; **88**, 513).

Nach **Wegfall des Hindernisses** muss das Urteil mit größtmöglicher Beschleunigung zu den Akten gebracht werden (BGH NStZ **82**, 519; StV **95**, 514); denn die Fristüberschreitung ist nur so lange gerechtfertigt, wie sie durch nicht voraussehbare und unabwendbare Umstände oder durch neu hervortretende Umstände dieser Art verursacht wird (Bay **82**, 139 = MDR **83**, 340). Der Fristablauf wird durch ein Hindernis iSd I S 4 nicht gehemmt oder unterbrochen (Düsseldorf StV **08**, 131). 16

Aktenkundig muss der Grund für die Überschreitung der Frist des I S 2 nicht gemacht werden. Ein entspr Vermerk in den Akten ist aber zweckmäßig, weil er den Anfechtungsberechtigten die Entscheidung, ob die Rüge des § 338 Nr 7 erhoben werden soll, und dem Revisionsgericht die Prüfung dieser Rüge erleichtert (BGH NStZ **91**, 297; Rieß NStZ **82**, 444; vgl auch RiStBV 141 III). 17

F. Ein **Vermerk der Geschäftsstelle** (I S 5) über den Zeitpunkt des Eingangs und der Änderung der Urteilsgründe ist zwingend vorgeschrieben. Der Vermerk kann auch noch nach Ablauf der Frist des I S 2 auf der Urschrift des Urteils, auf einem besonderen Blatt oder im Hauptverhandlungskalender angebracht werden (Rieß NStZ **82**, 443). Er hat nicht die Beweiskraft des § 274 und hindert daher nicht den anderweitigen Nachweis, dass das fertig gestellte Urteil rechtzeitig zu den Akten gebracht worden ist (BGH **29**, 43, 46; NStZ **88**, 449 [M]; Meyer-Goßner NZV **02**, 470). Maßgebend ist immer der tatsächliche Zeitpunkt; notfalls ist er im Freibeweis (7, 9 zu § 244) festzustellen, insbesondere durch Einholung dienstlicher Erklärungen der Richter. Der Eingangsvermerk ist kein Bestandteil des Urteils und wird daher nicht in die Urteilsausfertigungen aufgenommen (BGH NStZ **81**, 297 [Pf]; Rieß aaO). 18

3) Unterzeichnung der Urteilsurkunde (II): Mit der Unterschrift – zu den Anforderungen an ihr Schriftbild: KG NStE Nr 11; Bay **03**, 73 = NStZ-RR **03**, 305; Oldenburg NStZ **88**, 145 (erg Einl 129) –, die das gesamte Urteil decken muss (vgl Bay **70**, 224 = VRS **40**, 210; oben 5), beurkunden die Berufsrichter (II S 3; vgl aber BGH **39**, 281, 285: ehrenamtliche Richter dürfen mitunterschreiben) die Übereinstimmung der Urteilsgründe mit dem Beratungsergebnis (BGH **26**, 247, 248; **31**, 212). Der überstimmte Richter darf daher seine Unterschrift nicht verweigern; er bezeugt mit ihr nur die Auffassung der Mehrheit (BGH **26**, 92, 93; Naumburg NJW **08**, 3585, 3586, das aber verkennt, dass dies nur bei rechtmäßiger, nicht jedoch bei einer rechtsbeugerischen Entscheidung gelten kann; so zutr Erb NStZ **09**, 189; Mandla ZIS **09**, 143; Scheinfeld JA **09**, 401). 19

Bei **Verhinderung** (II S 2) eines Richters ist das Urteil nicht „für den Verhinderten" oder „in Vertretung" zu unterschreiben (BGH NStZ-RR **06**, 260 [B]; Düsseldorf VRS **99**, 456), sondern die Tatsache der Verhinderung und ihr Grund, der allgemein gehalten werden kann (Urlaub, Krankheit usw), zu bezeugen (BGH **31**, 212, 214). Der Richter muss dann zweimal unterschreiben: Urteil *und* Vermerk (BGH NStZ **90**, 229 [M]); ein einziger Richter kann auch die Verhinderung der beiden anderen beurkunden (BGH aaO; **26**, 247, 248). Ist der Verhinderungsvermerk nicht von dem dazu befugten mitwirkenden Richter, zB nicht von dem älteren, sondern von dem jüngsten Beisitzer, angebracht worden, so ist er gleichwohl wirksam (BGH MDR **80**, 456 [H]); aber nur ein Richter, der an der Hauptverhandlung mitgewirkt hat, kann die Verhinderung feststellen (BGH NStZ **93**, 448). 20

Ob der Vorsitzende oder sein Vertreter den Verhinderungsvermerk anbringt oder den **Wegfall der Verhinderung abwartet,** steht in seinem Ermessen (BGH NStZ **93**, 96; **aM** Zweibrücken StV **90**, 14; SK-Schlüchter/Frister 31), wobei 21 allerdings das Beschleunigungsgebot zu beachten ist (Peglau JR **07**, 146). Die Rückkehr eines beurlaubten Richters braucht nicht abgewartet zu werden (vgl auch BGH StraFo **06**, 334).

22 Wegen der **Verhinderungsgründe** bestehen keine Beschränkungen (BGH **31**, 212, 214; dazu im Einzelnen Peglau aaO). In Betracht kommen Urlaub (BGH StV **98**, 477: gleichgültig, wo er verbracht wird), Krankheit, aber auch andere Dienstgeschäfte, zu denen sogar die Teilnahme an einem Betriebsausflug gehören kann (BGH aaO). Nichterreichbarkeit im Gerichtsgebäude am letzten Tag der Frist ist aber kein Verhinderungsgrund (BGH **28**, 194; KG StV **86**, 144), auch nicht die Weigerung eines Richters, das Urteil zu unterschreiben (LR-Gollwitzer 47; EbSchmidt 13; **aM** KK-Engelhardt 33; SK-Schlüchter/Frister 36).

23 Nicht an der Unterschrift gehindert ist ein **aus dem Spruchkörper ausgeschiedener Richter,** der weiterhin bei demselben Gericht (Bay **82**, 133 = JR **83**, 261 mit Anm Foth), bei einem anderen Gericht (BGH NStZ **82**, 476: Versetzung an das OLG; BGH NStZ **93**, 96; Zweibrücken StV **90**, 14: Versetzung an das AG) oder als abgeordneter Richter bei der JV oder bei der StA tätig ist (BGH NStZ **06**, 586; StraFo **07**, 66); das kann aber im Einzelfall der Unterzeichnung entgegenstehen (BGH NStZ-RR **99**, 46; **03**, 292 [B]; NJW **03**, 836). An der Unterschrift gehindert ist aber, wer aus dem Justizdienst ausgeschieden (Bay **67**, 51 = NJW **67**, 1578) oder nunmehr bei der StA oder bei der JV als Beamter beschäftigt ist (BGH MDR **94**, 1072 [H]; krit Gollwitzer Kleinknecht-FS 168 und Gössel-FS 551). Wird ein Richter auf Probe zur StA versetzt, so bleibt er Richter (vgl §§ 12, 13, 19a III **DRiG**) und kann Urteile, an denen er mitgewirkt hat, noch unterschreiben (BGH StV **92**, 557).

24 **4) Urteilskopf** (III): Das schriftliche Urteil besteht aus dem Urteilskopf (Rubrum), der Urteilsformel und den Urteilsgründen (vgl § 268 II S 1).

25 Im Urteilskopf ist der Angeklagte zu bezeichnen (vgl RiStBV 141 I S 1) und der **Tag der Sitzung,** ggf sämtliche Sitzungstage, anzugeben (LR-Gollwitzer 24). Jedoch genügt bei einer Hauptverhandlung, die sich über längere Zeit erstreckt hat, die Angabe des Zeitraums mit der in jedem Fall notwendigen Bezeichnung des Tages der Urteilsverkündung (Koblenz Rpfleger **73**, 219).

26 Die **Namen der Mitwirkenden** müssen stets angegeben werden, die der Ergänzungsrichter nur, wenn sie an dem Urteil mitgewirkt haben. Haben mehrere StAe oder Verteidiger (gemeinsam oder nacheinander) mitgewirkt, so müssen alle genannt werden. Bei dem Namen des Verteidigers wird nicht angegeben, ob er Wahl- oder Pflichtverteidiger ist. Von mehreren Protokollführern braucht nur derjenige bezeichnet zu werden, der am Verkündungstermin teilgenommen hat. Auch Nebenkläger und ihre Prozessbevollmächtigten sollten aufgeführt werden (BGH NStZ-RR **99**, 38 [K]), ferner die Nebenbeteiligten und ihre Prozessbevollmächtigten, nicht hingegen die Beistände (KK-Engelhardt 16, 19).

27 **5)** Die **Urteilsausfertigungen** (IV) kann jeder UrkB des erkennenden Gerichts herstellen, nicht nur der in der Hauptverhandlung tätig gewesene. Die Zustellung des Urteils ist auch wirksam, wenn die zugestellte Abschrift vom UrkB nicht handschriftlich, sondern mit seinem Namensfaksimile beglaubigt ist (LR-Gollwitzer 69; **aM** KK-Engelhardt 61), jedoch unwirksam, wenn die richterliche Unterschrift von der Urschrift abweicht (Karlsruhe NStE Nr 10). Die Urschrift des Urteils ist in den Akten zu belassen (BGHR § 275 I S 1 Akten 2). Bei Verlust der Urschrift kann eine neue vollwertige Urschrift von den mitwirkenden Richtern hergestellt werden, wenn sie deren Übereinstimmung mit der verlorengegangenen bescheinigen (BGH NJW **80**, 1007).

28 **6) Revision:** Auf einem Verstoß gegen das Unverzüglichkeitsgebot des I S 2 kann das Urteil nicht beruhen (Rieß NStZ **82**, 442; BGH NStZ **06**, 463 lässt offen, ob bei einer „mit rechtsstaatlichen Grundsätzen unvereinbaren Verzögerung" etwas anderes gilt; ähnlich BGH NStZ **06**, 296 „allenfalls in außergewöhnlich

gelagerten Einzelfällen", zust Schmidt NStZ **06**, 317). Die Rüge, das Urteil sei nicht rechtzeitig mit den richterlichen Unterschriften oder einem zulässigen Verhinderungsvermerk zu den Akten gebracht worden (I S 2), ist Revisionsgrund nach § 338 Nr 7 (wegen der Einzelheiten vgl dort 54 ff). Ein versehentlich angebrachter Verhinderungsvermerk (Richter hatte am Urteil nicht mitgewirkt) ist unschädlich (BGH NStZ **99**, 154). Gelangen nur Tenor oder Rubrum verspätet zu den Akten, so liegt ein Revisionsgrund nach § 337 vor (Bay DAR **83**, 253 [R]; Köln NJW **80**, 1405; VRS **64**, 282); das Urteil wird idR auf dem Mangel nicht beruhen. Auf eine Unrichtigkeit oder Unvollständigkeit des Rubrums kann die Revision nicht gestützt werden (BGH NStZ **95**, 221 [K]), das gilt – jedenfalls beim LG 1. Instanz wegen §§ 222a und b – auch bei unvollständiger Bezeichnung der mitwirkenden Richter (BGH NStZ **89**, 584; **94**, 47).

7. Abschnitt. Entscheidung über die im Urteil vorbehaltene oder die nachträgliche Anordnung der Sicherungsverwahrung

Entscheidung über vorbehaltene oder nachträgliche Anordnung der Sicherungsverwahrung

275a **I [1]Ist über die im Urteil vorbehaltene oder die nachträgliche Anordnung der Sicherungsverwahrung (§§ 66a und 66b des Strafgesetzbuches) zu entscheiden, übersendet die Vollstreckungsbehörde die Akten rechtzeitig an die Staatsanwaltschaft des zuständigen Gerichts. [2]Prüft die Staatsanwaltschaft, ob eine nachträgliche Anordnung der Sicherungsverwahrung in Betracht kommt, teilt sie dies dem Betroffenen mit. [3]Die Staatsanwaltschaft soll den Antrag auf nachträgliche Anordnung der Sicherungsverwahrung nach § 66b Abs. 1 oder 2 des Strafgesetzbuches spätestens sechs Monate vor dem Zeitpunkt stellen, in dem der Vollzug der Freiheitsstrafe oder der freiheitsentziehenden Maßregel der Besserung und Sicherung gegen den Betroffenen endet. [4]Sie übergibt die Akten mit ihrem Antrag unverzüglich dem Vorsitzenden des Gerichts.**

II Für die Vorbereitung und die Durchführung der Hauptverhandlung gelten die §§ 213 bis 275 entsprechend, soweit nachfolgend nichts anderes geregelt ist.

III [1]Nachdem die Hauptverhandlung nach Maßgabe des § 243 Abs. 1 begonnen hat, hält ein Berichterstatter in Abwesenheit der Zeugen einen Vortrag über die Ergebnisse des bisherigen Verfahrens. [2]Der Vorsitzende verliest das frühere Urteil, soweit es für die Entscheidung über die vorbehaltene oder die nachträgliche Anordnung der Sicherungsverwahrung von Bedeutung ist. [3]Sodann erfolgt die Vernehmung des Verurteilten und die Beweisaufnahme.

IV [1]Das Gericht holt vor der Entscheidung das Gutachten eines Sachverständigen ein. [2]Ist über die nachträgliche Anordnung der Sicherungsverwahrung zu entscheiden, müssen die Gutachten von zwei Sachverständigen eingeholt werden. [3]Die Gutachter dürfen im Rahmen des Strafvollzugs oder des Vollzugs der Unterbringung nicht mit der Behandlung des Verurteilten befasst gewesen sein.

V [1]Sind dringende Gründe für die Annahme vorhanden, dass die nachträgliche Sicherungsverwahrung angeordnet wird, so kann das Gericht bis zur Rechtskraft des Urteils einen Unterbringungsbefehl erlassen. [2]In den Fällen des § 66b Abs. 3 des Strafgesetzbuches ist das für die Entscheidung nach § 67d Abs. 6 des Strafgesetzbuches zuständige Gericht für den Erlass des Unterbringungsbefehls so lange zuständig, bis der Antrag auf Anordnung der nachträglichen Sicherungsverwahrung bei dem für diese Entscheidung zuständigen Gericht eingeht. [3]In den Fällen des § 66a des Strafgesetzbuches kann das Gericht bis zur Rechtskraft des Urteils einen Unterbringungsbefehl

erlassen, wenn es im ersten Rechtszug bis zu dem in § 66 a Abs. 2 Satz 1 des Strafgesetzbuches bestimmten Zeitpunkt die vorbehaltene Sicherungsverwahrung angeordnet hat. [4]Die §§ 114 bis 115 a, 117 bis 119 a und 126 a Abs. 3 gelten entsprechend.

1 **1) Vorbehaltene und nachträgliche Anordnung der Sicherungsverwahrung:** Mit Ges vom 21. 8. 2002 (BGBl I 3344) wurde die vorbehaltene Sicherungsverwahrung nach § 66 a StGB – nach Maßgabe des § 106 III S 2 JGG auch gegen einen Heranwachsenden (dort nach § 106 IV JGG idR mit der gleichzeitigen Anordnung der Vollziehung der Strafe in einer sozialtherapeutischen Anstalt) – eingeführt; danach hat – falls zZ des Urteils ein Hang des Täters iSd § 66 I Nr 3 StGB noch nicht hinreichend sicher festgestellt werden kann – das Gericht den Vorbehalt der Anordnung der Sicherungsverwahrung im Urteil auszusprechen (§§ 260 IV S 4, 267 VI S 1) und später über die vorbehaltene Sicherungsverwahrung zu entscheiden. Zusätzlich ist mit Ges vom 23. 7. 2004 (BGBl I 1838) die Möglichkeit der nachträglichen Anordnung der Sicherungsverwahrung nach § 66 b StGB (auch hier durch Einfügung des § 106 V und VI JGG gegen einen Heranwachsenden und durch Ges vom 8. 7. 2008 [BGBl I 1212] auch gegen einen Jugendlichen) geschaffen worden, nachdem fünf Bundesländer (vgl Art 1 a **EGStGB,** Anh 3) diese Möglichkeit in ihren Straftäter-Unterbringungsgesetzen bereits vorgesehen hatten. Danach konnte die Sicherungsverwahrung nachträglich – allerdings nicht durch die Große StrK in einer Hauptverhandlung, sondern durch Beschluss der StVollstrK (§ 462 a) – angeordnet werden; diese landesrechtlichen Regelungen hatte das BVerfG mit Urteil vom 10. 2. 2004 (BVerfGE **109**, 190 = NJW **04**, 750 mit Anm Waterkamp StV **04**, 267) jedoch wegen fehlender Gesetzgebungskompetenz der Länder für verfassungswidrig erklärt. Nach § 66 b StGB kann nun unter den dort bezeichneten Voraussetzungen in Fällen, in denen sich die Gefährlichkeit des Täters erst nach der Verurteilung im Strafvollzug oder bei Beendigung der Unterbringung in einem psychiatrischen Krankenhaus nach § 63 StGB ergibt, die Sicherungsverwahrung nachträglich angeordnet werden.

2 Die **verfahrensmäßige Behandlung** der Anordnung der Sicherungsverwahrung nach einem Vorbehalt im Urteil oder bei nachträglicher Anordnung ist gleich geregelt: Beide richten sich nach § 275 a. Dass für die Anordnung der nachträglichen Sicherungsverwahrung ebenfalls die Form der Hauptverhandlung und nicht, wie vom BRat befürwortet (BR-Drucks 202/04 S 5; ebenso BT-Drucks 15/2576, zust Krüger NJ **04**, 295), das Beschlussverfahren vor der StVollstK gewählt wurde, ist sachgerecht: Für einen so schwerwiegenden Eingriff bedarf es einer vollwertigen Hauptverhandlung (Waterkamp aaO 272), zudem wird wegen der Rechtsmittelzuständigkeit des BGH dadurch einer Rechtszersplitterung vorgebeugt. Nach Einführung der nachträglichen Sicherungsverwahrung ist – wie sich gezeigt hat – ein praktisches Bedürfnis für die vorbehaltene Sicherungsverwahrung zu verneinen (Ullenbruch NStZ **08**, 5 ff; vgl auch Kinzig NStZ **04**, 656; Laubenthal ZStW **116**, 740; Poseck NJW **04**, 2562). Im Übrigen hatte das BVerfG (aaO) keine grundsätzlichen verfassungsrechtlichen Bedenken gegen eine vom Bundesgesetzgeber geschaffene Möglichkeit der nachträglichen Sicherungsverwahrung (abweichend allerdings die Senatsminderheit); die im Schrifttum gleichwohl noch geäußerten verfassungsrechtlichen Vorbehalte (vgl Braum ZRP **04**, 105; Gazeas SraFo **05**, 11; Kinzig aaO 660; Waterkamp aaO) haben BVerfG (NJW **06**, 3483 = JR **06**, 474 mit zust Anm Rau/Zschieschack = NStZ **07**, 87 mit krit Anm Foth; NJW **09**, 980; 2 BvR 2098 und 2633/08 vom 5. 8. 2009) und BGH (NJW **06**, 531, 534; **08**, 1682; krit dazu Peglau NJW **08**, 1634; vgl auch OLG Brandenburg NStZ **05**, 272; Poseck aaO 2561) nicht geteilt; aber auch die Vereinbarkeit der Regelung mit Art 5 MRK wird teilw verneint (Kinzig NJW **01**, 1455; Renzikowski JR **04**, 271; **aM** Passek GA **05**, 110). Ebenso wird die vorbehaltene Sicherungsverwahrung von manchen als verfassungswidrig angesehen (Gazeas aaO 14; Kinzig NJW **02**, 3205); das erscheint aber unbegründet (Peglau JR **02**, 451, Pieroth JZ **02**, 922; Ullen-

bruch aaO). Nunmehr hat allerdings eine Kammer des EGMR entschieden (StV **10**, 181; dazu eingehend und zust Müller StV **10**, 207), die Sicherungsverwahrung sei als Strafe iSd Art 7 I MRK anzusehen; damit würde die nachträgliche Anordnung gegen das Rückwirkungsverbot der MRK verstoßen. Da insoweit aber noch die Entscheidung der Großen Kammer (vgl 2 zu Art 19 MRK) aussteht, hat der BGH eine Entscheidung über die Revision gegen die Anordnung der nachträglichen Sicherungsverwahrung zurückgestellt (BGH 4 StR 577/09 vom 11. 2. 2010; anders aber – bedenklich – BGH 1 StR 595/09 vom 14. 1. 2010 und 1 StR 554/09 vom 9. 3. 2010).

Vorbehalt und nachträgliche Entscheidung erfolgen durch dasselbe Gericht (dazu unten 8), aber **in zwei getrennten Verhandlungen** (LR-Gollwitzer Nachtr 1: „gespaltene Hauptverhandlung"). § 275 a regelt das Verfahren über die nachträgliche Anordnung der Sicherungsverwahrung nach Vorbehalt (§ 66 a StGB) oder ohne einen solchen (§ 66 b), wobei das „Nachverfahren" im Wesentlichen genauso wie die Hauptverhandlung 1. Instanz abläuft (unten 9); denn der Verurteilte darf im 2. Teil nicht anders gestellt werden, als wenn das Gericht die Sicherungsverwahrung sogleich im 1. Teil angeordnet hätte (vgl aber die Ausnahme unten 8). Um deutlich zu machen, dass es im Verfahren nach § 275 a um einen neuen 2. Teil des Erkenntnisverfahrens geht, wurde im Anschluss an die Regelungen des 6. Abschnitts des 2. Buches dieser neue Abschnitt 7 eingefügt (zu „Verfahrensidentität und Prozessgegenstand des Verfahrens zur nachträglichen Anordnung der Sicherungsverwahrung" v. Freier ZStW **120**, 273). 3

2) Rechtzeitige Aktenübersendung: 4

A. **Verfahren bei vorbehaltener Sicherungsverwahrung:** Die StA, die die Strafvollstreckung führt und die eine andere als die für das erkennende Gericht zuständige StA sein kann, hat die Akten „rechtzeitig" zu übersenden. „Rechtzeitig" bedeutet, dass die Akten so zeitig vorgelegt werden müssen, dass das Gericht spätestens 6 Monate vor dem Zeitpunkt, ab dem eine Aussetzung der Vollstreckung des Strafrestes zur Bewährung nach § 57 I S 1 Nr 1, § 57 a I S 1 Nr 1 StGB auch in Verbindung mit § 454 b III möglich ist, über die Anordnung der Sicherungsverwahrung entscheiden kann (§ 66 a II S 1 StGB). Die Überschreitung dieser Entscheidungsfrist steht der Anordnung der Sicherungsverwahrung nach BGH – 3. StS – **51**, 159 (bestätigt in BGH StraFo **07**, 514) entgegen, weil es sich um eine „grundsätzlich verbindliche materiellrechtliche Voraussetzung für die Anordnung der Sicherungsverwahrung" handele. Demgegenüber hatte BGH – 1. StS – StraFo **06**, 81 in einer (allerdings sehr kurzen) Fristüberschreitung keinen durchgreifenden Rechtsfehler gesehen; dass der 3. StS beide Entscheidungen für vereinbar hält, ist verwunderlich, denn wenn es eine zwingende Voraussetzung ist, muss auch eine nur geringfügige Fristüberschreitung der Anordnung entgegen stehen (ebenso Ullenbruch NStZ **08**, 7). Die Zeitgrenze gilt allerdings nur für das erste tatrichterliche Urteil, nicht jedoch für nachfolgende Entscheidungen im Rechtsmittelverfahren. 5

B. **Verfahren bei nachträglicher Anordnung der Sicherungsverwahrung:** Während im Fall einer vorbehaltenen Sicherungsverwahrung (oben 5) eine weitere gerichtliche Entscheidung über den Vorbehalt in jedem Fall erfolgen muss (Anordnung oder Ablehnung der Sicherungsverwahrung, unten 11), findet ein gerichtliches Verfahren über die Anordnung der nachträglichen Sicherungsverwahrung nur statt, wenn die StA dies beantragt. Erwägt die StA den Antrag auf Anordnung der nachträglichen Sicherungsverwahrung zu stellen, muss sie dies dem Betroffenen mitteilen, um ihm rechtliches Gehör zu gewähren. Das Gesetz (I S 2) spricht von „prüfen": Eine Mitteilung kann aber dann nicht verlangt werden, wenn diese Prüfung durch die StA ergibt, dass eine nachträgliche Sicherungsverwahrung nicht in Betracht kommt (Folkers NStZ **06**, 431; Bender, Die nachträgliche Sicherungsverwahrung, 2007 [zugl Diss Passau], S 112; **aM** Zschieschak/Rau JR **06**, 9); dann wäre eine gleichwohl erfolgende Mitteilung an den Betroffenen überflüssig und für diesen nur beunruhigend (**aM** Ullenbruch 6

NJW **08**, 2611; vgl zum Verfahren auch die VVJMBW Justiz **05**, 423). Im Ergebnis in gleicher Frist wie bei der vorbehaltenen Sicherungsverwahrung soll der Antrag 6 Monate vor dem Zeitpunkt gestellt werden, zu dem der Freiheitsentzug endet (I S 3), besser aber schon ca. 1 Jahr vorher (Folkers aaO 427), wobei hier aber – anders als bei der vorbehaltenen Sicherungsverwahrung (oben 5) – die Fristüberschreitung die Anordnung nicht hindert (Schleswig NStZ-RR **09**, 75; offen gelassen von BGH **50**, 373).

6a **Der Antrag** sollte inhaltlich einer Anklageschrift bzw einer Antragsschrift nach § 414 II entsprechen (Rostock StV **05**, 279, 280; Folkers NStZ **06**, 430 mit einem Antragsmuster aaO 432), jedenfalls muss er eine Begründung enthalten, aus der sich ergibt, auf welcher Variante des § 66 b StGB der Antrag beruht und insbesondere welche neuen Tatsachen während der Strafvollstreckung erkennbar geworden sind, die Anlass zur Antragstellung geben (BGH **50**, 284 = JR **06**, 209 mit Anm Zieschang/Rau; Hamm StV **10**, 179). Der Antrag muss die Behauptung enthalten, dass nach vorläufiger Einschätzung der StA die materiellen Voraussetzungen der nachträglichen Sicherungsverwahrung im weiteren Verfahren festgestellt werden, also eine unter sachverständiger Hilfestellung erfolgende Gesamtwürdigung des Verurteilten, seiner Taten und ergänzend seiner Entwicklung während des Strafvollzugs dessen besondere Gefährlichkeit ergeben wird (BGH NJW **06**, 852). Fehlt eine solche Begründung, ist der Antrag als unzulässig zurückzuweisen (BGH **50**, 284; krit dazu Zieschang/Rau aaO; Folkers NStZ **06**, 432); die Entscheidung muss durch Urteil ergehen (unten 13; **aM** Römer JR **06**, 7), wobei dann aber von der Einholung von Sachverständigengutachten abgesehen werden kann (BGH NJW **06**, 852), ebenso bei Fehlen einer Anlassverurteilung für eine nachträgliche Anordnung (BGH **51**, 25, 29).

6b Die StA kann den **Antrag** bis zur Entscheidung des Gerichts **zurücknehmen** (Rissing-van Saan Nehm-FS 202), nach Beginn der Hauptverhandlung aber nur noch mit Zustimmung des Verurteilten (so überzeugend BGH NJW **06**, 852). Ein Zwischenverfahren wie in § 203 gibt es nicht (Rissing-van Saan aaO).

7 C. **Unverzügliche Übergabe** der Akten mit ihrem **Antrag** (also ohne schuldhaftes Zögern) an den Vorsitzenden des Gerichts wird nach I S 4 von der StA in beiden Fällen (oben 5 und 6) verlangt. Zu den Akten gehört natürlich auch eine vorliegende Stellungnahme des Betroffenen auf Grund der nach I S 2 erfolgten Mitteilung.

8 **3) Zuständiges Gericht** ist die Große StrK (§ 74 GVG, auch als Schwurgericht, Wirtschafts- oder JugK oder im Fall des § 120 GVG das OLG, da das AG keine Sicherungsverwahrung anordnen darf (§ 24 I Nr 2, II GVG). Daher besteht auch für den 2. Teil des Verfahrens notwendige Verteidigung nach § 140 I Nr 1. § 74 f I GVG bestimmt, dass dieselbe StrK wie bei der 1. Hauptverhandlung verhandeln und entscheiden muss, die den Vorbehalt angeordnet hat oder die – bei nachträglicher Anordnung – als Tatgericht entschieden hat, wobei zwischenzeitlich erfolgte personelle Veränderungen unschädlich sind. Falls in den Fällen des § 66 b StGB ausschließlich das AG als Tatgericht entschieden hat, ist nach § 74 f II GVG eine (Große) StrK des dem AG übergeordneten LG für die nachträgliche Anordnung der Sicherungsverwahrung zuständig. Hier fallen – anders als im Regelfall (oben 3) – das Gericht der ersten Entscheidung und das Gericht, das über die nachträgliche Sicherungsverwahrung zu entscheiden hat, zumeist auseinander (zu den hier auftauchenden Fragen vgl die Erl zu § 74 f GVG).

9 **4)** Für die **Vorbereitung und Durchführung der Hauptverhandlung** gelten die Vorschriften des 5. und 6. Abschnitts des 2. Buches, §§ 213–275, entspr (III). Der Vorsitzende teilt dem Verurteilten möglichst rasch – nicht erst mit der Ladung zur Hauptverhandlung – den vorliegenden Antrag mit (Bender [oben 6] S 118). In der Hauptverhandlung tritt an die Stelle der Verlesung der Anklage wie im Berufungsverfahren (§ 324) der Vortrag des Berichterstatters über die Ergebnis-

se des bisherigen Verfahrens und die Verlesung des Urteils, soweit es für die jetzt zu treffende Entscheidung von Bedeutung ist (III). Die Verlesung dient der Information der Schöffen, die mit denen des 1. Teils im Zweifel nicht identisch sind und die den Akteninhalt nicht kennen. Ein Verlesungsverzicht wie in § 324 S 2 ist hier deswegen und wohl mit Rücksicht auf die Schwere des möglichen Eingriffs gegen den Verurteilten nicht vorgesehen. Die sich anschließende Beweisaufnahme folgt dann den allgemeinen Regeln. Der Gegenstand der Beweisaufnahme ist aber durch den begrenzten Verfahrensgegenstand erheblich eingeschränkt; Beweisanträge, die dies nicht beachten, sind unzulässig (LR-Gollwitzer Nachtr 24). Zum Erlass eines Unterbringungsbefehls unten 14.

5) Sachverständigengutachten (IV): Wie nach dem auch hier anzuwenden- 10
den § 246a (erg dort) ist durch das Gericht, nicht durch die StA (dazu krit Folkers NStZ **06**, 428), bei vorbehaltener Sicherungsverwahrung *ein,* bei nachträglicher Anordnung sind *zwei* Sachverständigengutachten einzuholen. Diese Differenzierung ist sachgerecht, weil beim Vorbehalt die Frage einer Sicherungsverwahrung bereits Verhandlungsgegenstand war, während sie bei der nachträglichen Anordnung nun erstmals entscheidend thematisiert wird. Dass im 1. Teil oder in einer früheren Verhandlung bereits ein Gutachten eingeholt wurde, genügt nicht (Müller-Metz StV **03**, 50). Anders als nach § 454 (dort 37) schreibt IV S 2 ausdrücklich vor, dass „externe" Sachverständige das Gutachten zu erstatten haben. Dadurch soll gewährleistet sein, dass die Sachverständigen nicht bereits auf Grund ihres Umgangs mit dem Betroffenen während des Strafvollzugs oder der Unterbringung in einem psychiatrischen Krankenhaus voreingenommen sind. Natürlich haben die externen Gutachter die im Vollzug gesammelten Erkenntnisse – und damit auch die Ansichten „interner" Sachverständiger – zu berücksichtigen. Als Gutachter kommen Psychiater, Psychologen und Kriminologen in Betracht (SK-Frister 20; Kinzig NStZ **04**, 659); es ist nicht unbedingt erforderlich, dass 2 Fachärzte mit psychiatrischer Ausbildung als Sachverständige beauftragt werden (BGH **50**, 121). Es genügt im Fall des § 66b StGB nicht, dass 2 Sachverständige an *einem* Gutachten mitgewirkt haben, auch wenn die StrK erwartet, sie würden in der Hauptverhandlung „jeder ein eigenständiges Gutachten erstellen" (Hamm StraFo **09**, 39).

6) Entscheidung: 11

A. **Vorbehaltene Sicherungsverwahrung:** Mit der hier ergehenden Entschei- 12
dung – Anordnung oder Ablehnung der Sicherungsverwahrung – ist der Vorbehalt des 1. Urteils endgültig erledigt. Das Gericht ist – anders als sonst bei früher ergangenen Urteilen (vgl Einl 170) – an die Feststellungen des ersten Urteils gebunden; denn beide Entscheidungen bilden insoweit eine Einheit und dürfen nicht in sich widersprüchlich sein (SK-Frister 19). Lediglich zur Frage der bestehenden Gefährlichkeit des Verurteilten sind neue Feststellungen möglich und geboten. Auch für doppelrelevante Feststellungen (Einl 187) muss aber eine Bindungswirkung bejaht werden. Stellen sich in der zweiten Verhandlung andere, neue Tatsachen heraus, die die Freisprechung oder die Anwendung eines milderen Strafgesetzes zu begründen geeignet sind, bleibt nur die Möglichkeit, das im 1. Teil ergangene Urteil mit den hierfür anwendbaren Vorschriften über die Wiederaufnahme des Verfahrens (vgl 4 vor § 359) anzugreifen (also nach § 359 Nr 5), wobei aber die Einschränkungen des § 363 zu beachten sind.

B. **Nachträgliche Sicherungsverwahrung:** Das Gericht lehnt im Urteil (nicht 13
etwa durch Beschluss, vgl BGH **50**, 180; NJW **06**, 852; NStZ **06**, 178; Hamm NStZ-RR **05**, 109) die nachträgliche Sicherungsverwahrung entweder ab oder ordnet diese an. Nicht erforderlich ist, dass sich der Verurteilte noch in Haft befindet, wohl aber, dass der Antrag der StA (oben 6) vor der Haftentlassung gestellt und dem Verurteilten zuvor mitgeteilt wurde (BGH NJW **05**, 3078; zust Renzikowski NStZ **06**, 283; Zschieschack/Rau JR **06**, 9; **aM** Folkers NStZ **06**, 431). Der Antrag ist unter allen materiellrechtlich in Betracht kommenden Ge-

sichtspunkten – nicht nur nach der von der StA herangezogenen Vorschrift – zu prüfen (BGH 1 StR 441/05 vom 6. 12. 2005). Bei der Ablehnung sind die dieser Entscheidung zugrunde gelegten Tatsachen „verbraucht"; dh dass etwa in den Fällen des § 66b II und III StGB das frühere Urteil nicht erneut für ein nachträgliches Sicherungsverfahren herangezogen werden darf. Das schließt aber nicht aus, auf Grund anderer, neuer Erkenntnisse ein neues Verfahren zur Anordnung der nachträglichen Sicherungsverwahrung einzuleiten (so auch Peglau JR **06**, 14 mit Überlegungen zu den Konsequenzen). Zur Frage, ob die Anordnung der nachträglichen Sicherungsverwahrung gerechtfertigt ist, kann ergänzend die frühere Rechtsprechung zu den landesrechtlichen Unterbringungsgesetzen (oben 1) herangezogen werden (vgl die in NStZ **02**, 500ff sowie in StV **03**, 34ff und 571ff mitgeteilten Entscheidungen). Es ist nicht zulässig, mit der Anordnung zugleich die Unterbringung nach § 63 StGB auszusprechen; dies ist erst nachträglich nach § 67a II StGB durch die StVollstrK möglich (BGH 1 StR 476/05 vom 23. 3. 2006).

13a Die **Urteilsgründe** müssen – wie sonst auch nach § 267 I S 1 – klar, geschlossen, erschöpfend und aus sich heraus verständlich sein. Allerdings ist eine Bezugnahme auf das Ausgangsurteil zulässig, wobei jedoch der Umfang der in Bezug genommenen Feststellungen eindeutig und zweifelsfrei erkennbar sein muss. Auf jeden Fall ist aber darzulegen, ob und inwieweit im Ausgangsurteil Ausführungen zur Sicherungsverwahrung oder vorbehaltenen Sicherungsverwahrung enthalten sind. Auch Darlegungen, worauf sich die Prognose nach § 66b I aE StGB stützt, können erforderlich sein (so zum Ganzen BGH **50**, 121, 131).Die für erwiesen erachteten Tatsachen, von denen in § 66b StGB die Anordnung der Maßregel abhängig gemacht ist, müssen angegeben werden, auch die Umstände, die erkennen lassen, ob diese Tatsachen „neu" sind (BGH **51**, 185 = StV **07**, 238).

14 **7) Rechtsmittel:** In Betracht kommt nur die Revision (§ 333), die sich natürlich nur gegen das im Verfahren nach § 275a ergangene, nicht gegen das im 1. Teil verhängte Urteil richten kann. Gegen das Urteil, das die Sicherungsverwahrung anordnet, hat der Angeklagte (auch die StA zu seinen Gunsten) die Revision, gegen die Ablehnung der Anordnung, die den Angeklagten nicht beschwert, kann die StA Revision einlegen. Hat das LG fehlerhaft ohne Hauptverhandlung durch Beschluss entschieden (oben 13), begründet dies die Revision (BGH **50**, 180). Ein Nebenkläger, der unter den Voraussetzungen des § 395 im Fall der vorbehaltenen Sicherungsverwahrung auch in diesem Verfahrensteil zugelassen werden muss, kann die Ablehnung aber wegen § 400 I nicht anfechten (LR-Gollwitzer Nachtr 39); im Verfahren über die nachträgliche Anordnung der Sicherungsverwahrung ist die Nebenklage nicht zulässig (BGH NStZ-RR **08**, 68 [B]; Brandenburg NStZ **06**, 183). Die Rücknahme der Revision ist zulässig, nach Beginn der Hauptverhandlung gemäß § 303 aber nur mit Zustimmung des Verurteilten (BGH NJW **06**, 852).

15 **8) Unterbringungsbefehl** (V):

16 A. Im Falle einer Anordnung der **nachträglichen Sicherungsverwahrung** (§ 66b StGB, §§ 7 II-IV, 106 VI JGG) kann nach V S 1 ein Unterbringungsbefehl erlassen werden, der bis zur Rechtskraft des Urteils gilt, mit dem die Sicherungsverwahrung angeordnet wird (vgl aber zur Aufhebung des Unterbringungsbefehls unten 21). Der Unterbringungsbefehl kann sich als notwendig erweisen, wenn sich erst gegen Ende der Strafhaft oder während der Unterbringung nach § 63 StGB herausstellt, dass eine erhebliche Gefährdung durch den Verurteilten für die Allgemeinheit besteht. Hierfür verlangt das Gesetz „dringende Gründe", die sich idR aus den eingeholten Gutachten ergeben werden; die nach IV vorgeschriebenen Gutachten können (Rostock StV **05**, 279, 280), müssen aber nicht (München NStZ **05**, 573) vor Erlass des Unterbringungsbefehls eingeholt werden. Ein Unterbringungsbefehl darf nicht etwa schon deshalb erlassen werden, weil sonst die Prüfung, ob Tatsachen iSd § 66b StGB vorliegen, erschwert oder gar vereitelt würde;

vielmehr müssen solche Tatsachen für den Erlass des Unterbringungsbefehls gegeben sein (Koblenz NStZ **05**, 97). Durch den Unterbringungsbefehl wird vermieden, dass ein Verurteilter aus der Strafhaft (wegen Vollverbüßung der Strafe) oder aus dem psychiatrischen Krankenhaus (wegen Erledigterklärung nach §§ 66 III, 67 d VI StGB) entlassen werden muss und dadurch möglicherweise weitere Straftaten begeht, durch die die Opfer seelisch oder körperlich schwer geschädigt werden. Es wird kein Haftbefehl erlassen, weil es jetzt nicht mehr um die spätere Vollstreckung einer Freiheitsstrafe oder auch einer freiheitsentziehenden Sicherungsmaßregel geht (vgl 4 vor § 112), sondern ausschließlich um eine Unterbringung nach §§ 66ff StGB; deswegen ist hier – entsprechend den sonstigen Fällen der Unterbringung nach § 126a – ein Unterbringungsbefehl zu erlassen (bei der vorbehaltenen Sicherungsverwahrung wurde früher die UHaft für zulässig erachtet, vgl KMR-Voll 4).

B. Auch im Falle der **vorbehaltenen Sicherungsverwahrung** (§ 66a StGB, 17 § 106 III JGG) kann ein Unterbringungsbefehl ergehen. Weil hier aber wegen der in I S 1 iVm § 66a II S 1 StGB eröffneten Frist von 6 Monaten zuzüglich des verbleibenden Strafrestes (oben 5) genügend Zeit eingeräumt ist, um zu einer Entscheidung über die vorbehaltene Sicherungsverwahrung zu gelangen, wird der Erlass eines Unterbringungsbefehls nur gestattet, wenn das Gericht 1. Instanz (LG bzw OLG, vgl oben 8) bis zu diesem Zeitpunkt die Sicherungsverwahrung angeordnet hat; der Unterbringungsbefehl wird also für die Dauer des Revisionsverfahrens erlassen. Die für den Erlass des Unterbringungsbefehls auch hier erforderlichen „dringenden Gründe" ergeben sich aus der Anordnung der Sicherungsverwahrung im erstinstanzlichen Urteil. Wurde die in § 66a II S 1 vorgeschriebene Frist von diesem Gericht nicht eingehalten oder wird im erstinstanzlichen Urteil die Anordnung der (vorbehaltenen) Sicherungsverwahrung abgelehnt, darf somit kein Unterbringungsbefehl erlassen werden, so dass der Verurteilte nach völliger Strafverbüßung auch dann auf freien Fuß zu setzen ist, wenn die StA gegen die Nichtanordnung der Sicherungsverwahrung Revision eingelegt hat.

C. **Anordnung:** Nach den in V S 4 in Bezug genommenen Vorschriften muss 18 der Unterbringungsbefehl schriftlich ergehen und die in § 114 II verlangten Angaben enthalten, wobei die entsprechende Anwendung der Vorschrift bedeutet, dass bei nachträglicher Sicherungsverwahrung die nach § 66b StGB erforderlichen Voraussetzungen dargelegt werden müssen, während es bei Anordnung der vorbehaltenen Sicherungsverwahrung (vgl oben 17) genügen dürfte, auf das ergangene Urteil Bezug zu nehmen. Der Unterbringungsbefehl ist dem Betroffenen gemäß § 114a bekanntzugeben, die Belehrungspflicht nach § 114b und die Benachrichtigungspflicht nach § 114c sind zu beachten. § 115 ist nur insofern von Bedeutung, dass der Unterbringungsbefehl dem Betroffenen von dem zuständigen Gericht (unten 19) mündlich zu eröffnen und ihm nach § 114a S 1 eine Abschrift auszuhändigen ist. 115a kann nur von Bedeutung sein, wenn bei (beabsichtigter oder bereits angeordneter) nachträglicher Sicherungsverwahrung oder nach Erlass eines die vorbehaltene Sicherungsverwahrung anordnenden Urteils der Betroffene auf freien Fuß gelangt war. Für den Vollzug der Unterbringung nach V gelten die Regelungen der §§ 119, 119a entsprechend. Eine Außervollzugsetzung des Unterbringungsbefehls entsprechend § 116 ist kraft Gesetzes – wie in § 126a – ausgeschlossen; sie verbietet sich hier ohnehin nach der Natur der Sache (Gefährlichkeit des Betroffenen).

D. **Zuständigkeit:** Soweit die Anordnung der Sicherungsverwahrung nach 19 § 66a StGB vorbehalten wurde oder nachträglich nach § 66b I oder II StGB erfolgen soll, richtet sich die Zuständigkeit für den Erlass des Unterbringungsbefehls nach der Zuständigkeit für das Hauptverfahren; sie ergibt sich damit aus § 74f GVG (s. dort). Für den Sonderfall des § 66b III StGB (bzw. § 106 VI JGG) trifft V S 2 die Regelung, dass das Gericht, welches die Unterbringung nach § 63 StGB für erledigt erklärt, dh idR die StVollstrK (§§ 463 V, 462, 462a; vgl 11 zu § 463), auch für den Erlass des – notwendigerweise gleichzeitig ergehenden – Unterbringungsbefehls zuständig ist (dazu BR-Drucks 202/04 S 27). Die Zuständigkeit dieses Gerichtes endet aber mit Eingang des Antrags der StA (oben 7) auf Anordnung der nachträglichen Sicherungsverwahrung bei dem nach § 74f GVG zuständigen Gericht.

20 E. **Anfechtung:** Gegen den Unterbringungsbefehl kann der Betroffene Beschwerde einlegen (§§ 304 I, IV S 2 Nr 1, 305 S 2). Er kann aber vor Beginn der Hauptverhandlung auch gemäß V S 4 iVm §§ 117, 118 mündliche Prüfung beantragen, ob die Unterbringung aufrechtzuerhalten ist. Das Haftprüfungsverfahren nach §§ 121 ff findet keine Anwendung (München NStZ-RR **09**, 20).

21 F. **Aufhebung** des Unterbringungsbefehls: V S 4 erklärt § 126a III für entspr anwendbar. Das bedeutet: Wenn keine dringenden Gründe mehr gegeben sind, dass die nachträgliche Sicherungsverwahrung angeordnet werden wird oder wenn die StA die Aufhebung des insoweit erlassenen Unterbringungsbefehls selbst beantragt, weil sie keinen Antrag auf nachträgliche Sicherungsverwahrung stellen will (§ 126a III S 3 iVm § 120 III), muss der Unterbringungsbefehl aufgehoben werden. Da im Fall des § 66a StGB ein Unterbringungsbefehl nur nach Erlass des die Sicherungsverwahrung anordnenden erstinstanzlichen Urteils ergehen darf (vgl oben 17), kommt eine Aufhebung nur durch das Revisionsgericht zusammen mit der Urteilsaufhebung in Betracht (§ 126 III).

8. Abschnitt. Verfahren gegen Abwesende

Vorbemerkungen

1 **1) Ein Verfahren gegen Abwesende** findet seit der Aufhebung der §§ 276 II, 277–284 durch Art 21 Nrn 74, 75 EGStGB nicht mehr statt. Die §§ 285 ff sehen nur noch ein Beweissicherungsverfahren sowie zur Erzwingung oder Sicherung der Gestellung des Beschuldigten die Vermögensbeschlagnahme und das sichere Geleit vor.

2 **2) In allen Verfahrensabschnitten** sind die Vorschriften des 7. Abschnitts anzuwenden, auch in den Rechtsmittelzügen (KK-Engelhardt 1 zu § 276; LR-Gollwitzer 8; SK-Schlüchter/Frister 2; **aM** KMR-Haizmann 3).

Abwesender Beschuldigter

276 **Ein Beschuldigter gilt als abwesend, wenn sein Aufenthalt unbekannt ist oder wenn er sich im Ausland aufhält und seine Gestellung vor das zuständige Gericht nicht ausführbar oder nicht angemessen erscheint.**

1 **1)** Eine **gesetzliche Fiktion der Abwesenheit** stellt die Vorschrift auf. Liegen ihre Voraussetzungen vor, so gilt der Beschuldigte selbst dann als abwesend, wenn er in Wahrheit anwesend ist (LR-Gollwitzer 1).

2 Sein **Aufenthalt ist unbekannt** iS des § 276, wenn die Strafverfolgungsbehörden und das Gericht ihn weder kennen noch mit einem der Bedeutung der Sache entspr Aufwand ermitteln können und auch keine begründete Aussicht besteht, dass der Aufenthaltsort demnächst bekannt wird.

3 Um einen **gestellungshindernden Aufenthaltsort** handelt es sich, wenn die Gestellung, dh das Bewirken des Erscheinens durch Ladung oder das Erzwingen des Erscheinens durch ein Auslieferungsersuchen (Frankfurt NJW **72**, 1875), nicht ausführbar oder nicht angemessen erscheint. Unausführbar ist sie, wenn mit Sicherheit zu erwarten ist, dass der Angeklagte trotz Ladung zur Hauptverhandlung nicht erscheinen wird (KK-Engelhardt 7; vgl auch Oppe NJW **66**, 2237), oder wenn ein Auslieferungsersuchen unmöglich ist oder keinen Erfolg verspricht. Unangemessen ist sie, wenn die mit der Auslieferung aus dem Ausland für den Beschuldigten ver-

bundenen Nachteile oder die mit der Erstellung der Auslieferungsunterlagen verbundenen Schwierigkeiten oder die der Staatskasse durch den Vollzug der Auslieferung entstehenden Kosten außer Verhältnis zu der Bedeutung der Sache stehen (LR-Gollwitzer 9; SK-Schlüchter/Frister 9; vgl auch RiVASt 88 I Buchst c).

2) **Ausland** iS des § 276 ist jedes nicht zur BRep gehörende Gebiet, auch die offene See (LR-Gollwitzer 12). 4

277-284 (weggefallen)

Beweissicherung

285 I [1] **Gegen einen Abwesenden findet keine Hauptverhandlung statt.** [2] **Das gegen einen Abwesenden eingeleitete Verfahren hat die Aufgabe, für den Fall seiner künftigen Gestellung die Beweise zu sichern.**

II **Für dieses Verfahren gelten die Vorschriften der §§ 286 bis 294.**

1) **Keine Hauptverhandlung** (I S 1) findet gegen einen iS des § 276 Abwesenden statt. Ein Prozesshindernis (Einl 143) ist die Abwesenheit aber nicht (KK-Engelhardt 7; LR-Stuckenberg 44 zu § 206 a). Die Möglichkeit der Verhandlung gegen einen ausgebliebenen Angeklagten nach §§ 231 II, 232, 233 wird durch I S 1 nicht eingeschränkt (AK-Achenbach 2; LR-Gollwitzer 2), auch nicht das Verfahren nach §§ 329, 412 (eingehend dazu SK-Schlüchter/Frister 3). 1

2) **Zum Zweck der Beweissicherung** (I S 2) darf gegen den Abwesenden ein gerichtliches Verfahren eingeleitet werden. Ein Ermittlungsverfahren ist bei Abwesenheit des Beschuldigten ohne weiteres zulässig. Sind in einem solchen Verfahren Beweise zu sichern, so trifft die StA die erforderlichen Anordnungen, wenn sie selbst dafür zuständig ist; andernfalls beantragt sie richterliche Maßnahmen oder Untersuchungshandlungen, auf die §§ 286, 287 anzuwenden sind. Wird das Verfahren nicht nach §§ 153 ff, 170 II eingestellt, so erfolgt die vorläufige Einstellung nach § 205 S 1. Eine Anklageschrift reicht die StA nur ein, wenn die Vermögensbeschlagnahme nach § 290 angeordnet werden soll. Wenn die Zustellung im Ausland durchführbar erscheint, kann auch ein Strafbefehlsantrag gestellt werden (KMR-Haizmann 12; Rieß JZ **75**, 268). War das Verfahren schon bei Gericht anhängig, bevor sich die Abwesenheit des Angeschuldigten herausstellt, so führt das Gericht, wenn die StA die Anklage nicht zurücknimmt, das erforderliche Beweissicherungsverfahren durch, bevor es das Verfahren nach § 205 einstellt. War schon das Hauptverfahren eröffnet, so gilt § 289. 2

Beistand

286 [1] **Für den Angeklagten kann ein Verteidiger auftreten.** [2] **Auch Angehörige des Angeklagten sind, auch ohne Vollmacht, als Vertreter zuzulassen.**

1) Die **Verteidigung** ist nicht notwendig. Für den Beschuldigten (die Verwendung des Wortes „Angeklagten" in S 1 beruht auf einem Redaktionsversehen) kann aber ein von ihm selbst oder von einem Vertreter bevollmächtigter Verteidiger tätig werden. Die §§ 137 ff gelten entspr, auch § 145 a (LR-Gollwitzer 3). 1

2) **Angehörige** (S 2) müssen als Vertreter zugelassen werden, auch wenn sie keine Vollmacht des Beschuldigten nachweisen können. Melden sich mehrere, so kann das Gericht die Zahl der Vertretungsberechtigten entspr § 137 I S 2 beschränken. 2

Der **Begriff** Angehörige ist weit auszulegen (LR-Gollwitzer 5; SK-Schlüchter/Frister 4; **aM** KMR-Haizmann 4); über den in § 52 I und § 11 I Nr 1 StGB be- 3 zeichneten Personenkreis hinaus gehören dazu auch entfernte Verwandte und Stiefeltern, nicht aber geschiedene Ehegatten.

4 **Vertretung** iS des S 2 bedeutet nicht rechtsgeschäftliche Vertretung, sondern Interessenwahrnehmung nach Art der Verteidigung. Vertretungsbefugnis iS des § 234 haben die Angehörigen nicht (KK-Engelhardt 5).

Benachrichtigung

287 **I Dem abwesenden Beschuldigten steht ein Anspruch auf Benachrichtigung über den Fortgang des Verfahrens nicht zu.**

II Der Richter ist jedoch befugt, einem Abwesenden, dessen Aufenthalt bekannt ist, Benachrichtigungen zugehen zu lassen.

1 **1)** Die **Benachrichtigung des Abwesenden** über den Fortgang des Verfahrens steht im Ermessen des Gerichts. Einen Rechtsanspruch hat der Abwesende auch dann nicht, wenn er eine Zustellungsvollmacht hinterlegt hat.

2 **2)** Dem **Verteidiger** und den als Vertreter zugelassenen Angehörigen (§ 286 I S 2) sind die gesetzlich vorgeschriebenen Mitteilungen nach den allgemeinen Vorschriften zu machen (KK-Engelhardt 2).

Aufforderung zum Erscheinen

288 **Der Abwesende, dessen Aufenthalt unbekannt ist, kann in einem oder mehreren öffentlichen Blättern zum Erscheinen vor Gericht oder zur Anzeige seines Aufenthaltsortes aufgefordert werden.**

1 **1)** Die **öffentliche Aufforderung** an den Abwesenden, vor Gericht zu erscheinen oder seinen Aufenthaltsort anzuzeigen, steht im Ermessen des Vorsitzenden. Sie erfolgt in 1. Hinsicht durch Anzeige in öffentlichen Blättern, dh in Zeitungen, die nicht nur von einem beruflich eng begrenzten Personenkreis gelesen werden (LR-Gollwitzer 12). § 288 schließt die Aufforderung durch Tonoder Fernseh-Rundfunk nicht aus, auch nicht den Versuch, mit dem Abwesenden durch andere geeignete Mittel Verbindung aufzunehmen (SK-Schlüchter/Frister 3).

2 **2) Rechtsfolgen** hat die Aufforderung nicht. Sie steht nicht einer Ladung gleich und stellt auch keine öffentliche Zustellung iS des § 40 dar (KK-Engelhardt 1).

Beweisaufnahme

289 **Stellt sich erst nach Eröffnung des Hauptverfahrens die Abwesenheit des Angeklagten heraus, so erfolgen die noch erforderlichen Beweisaufnahmen durch einen beauftragten oder ersuchten Richter.**

1 **1)** Die **Zuständigkeit für die Beweissicherung** nach § 285 I S 2 richtet sich grundsätzlich nach den allgemeinen Regeln. Im Vorverfahren sichert die StA die Beweise. Nur für die Beweissicherung nach Eröffnung des Hauptverfahrens enthält § 289 eine Sonderregelung. Die erforderlichen Anordnungen trifft das Gericht; die Beweise erhebt ein beauftragter oder ersuchter Richter.

2 **2)** Für die **Durchführung der Beweiserhebung** gelten die §§ 223 ff. Verteidiger und nach § 286 I S 2 als Vertreter zugelassene Angehörige müssen nach § 224 benachrichtigt werden. Die Benachrichtigung des Abwesenden kann unterbleiben (§ 287). StA und Verteidiger sind zur Anwesenheit berechtigt, Angehörige als Vertreter im selben Umfang wie der Beschuldigte.

Vermögensbeschlagnahme

290 **I Liegen gegen den Abwesenden, gegen den die öffentliche Klage erhoben ist, Verdachtsgründe vor, die den Erlass eines Haftbefehls rechtfertigen würden, so kann sein im Geltungsbereich dieses Bundesgesetzes befindliches Vermögen durch Beschluss des Gerichts mit Beschlag belegt werden.**

II Wegen Straftaten, die nur mit Freiheitsstrafe bis zu sechs Monaten oder mit Geldstrafe bis zu einhundertachtzig Tagessätzen bedroht sind, findet keine Vermögensbeschlagnahme statt.

1) **Zweck der Vermögensbeschlagnahme** (vgl auch § 443) ist, die Gestellung des Abwesenden durch Entzug seiner finanziellen Mittel zu erzwingen und dadurch die Durchführung der Hauptverhandlung zu ermöglichen (Börner NStZ **05**, 548 mwN). Dass die Auslieferung des Abwesenden nicht verlangt werden kann, steht der Beschlagnahme nicht entgegen (KK-Engelhardt 2), auch nicht dessen Erklärung, er werde in die BRep trotz Verlustes seines Vermögens nicht zurückkehren (Börner aaO 549). Die Vermögensbeschlagnahme darf aber nicht angeordnet werden, wenn feststeht, dass ihr Zweck nicht erreichbar ist, zB weil der Abwesende nicht reisefähig ist oder im Ausland gegen seinen Willen festgehalten wird oder weil sein Vermögen so gering ist, dass die Beschlagnahme ihn nicht beeindruckt. 1

2) **Voraussetzung der Vermögensbeschlagnahme** ist die Erhebung der öffentlichen Klage und das Vorliegen von Verdachtsgründen, die den Erlass eines Haftbefehls rechtfertigen würden. Ein Haftbefehl muss noch nicht erlassen sein; ein Haftgrund nach §§ 112 II, 112a braucht nicht vorzuliegen (KK-Engelhardt 4; SK-Schlüchter/Frister 4; **aM** KMR-Haizmann 6; LR-Gollwitzer 8; Börner NStZ **05**, 549; Hilger NStZ **82**, 375 Fn 8). 2

3) Der **Verhältnismäßigkeitsgrundsatz** muss gewahrt sein (Börner NStZ **05**, 550). Bei Straftaten von geringem Gewicht ist die Vermögensbeschlagnahme unzulässig (II). Auch sonst darf sie nicht angeordnet werden, wenn ihre Auswirkungen außer Verhältnis zu den Rechtsfolgen stehen, mit denen der Abwesende wegen der Tat zu rechnen hat. 3

4) Durch **Gerichtsbeschluss** wird die Vermögensbeschlagnahme angeordnet. Das Gericht entscheidet von Amts wegen oder auf Antrag der StA nach pflichtgemäßem Ermessen. Der Beschluss ist nach § 34 mit Gründen zu versehen; seine Bekanntmachung regelt § 291. In dem Beschluss muss der Beschuldigte genau bezeichnet werden; im Übrigen genügt die abstrakte Anordnung der Vermögensbeschlagnahme ohne Bezeichnung der einzelnen Vermögensgegenstände. 4

Zuständig ist das Gericht, bei dem die Sache anhängig ist, auch das Berufungsgericht, das das Verfahren nach § 205 eingestellt hat (LR-Gollwitzer 13). 5

5) **Beschwerde** gegen den die Vermögensbeschlagnahme anordnenden Beschluss kann der Beschuldigte, gegen den Beschluss, der einen entspr Antrag ablehnt, die StA nach § 304 I, IV S 2 Nr 1 einlegen. 6

Bekanntmachung des Beschlagnahmebeschlusses

291 **Der die Beschlagnahme verhängende Beschluss ist im elektronischen Bundesanzeiger bekannt zu machen und kann nach dem Ermessen des Gerichts auch auf andere geeignete Weise veröffentlicht werden.**

1) **Voraussetzung der Wirksamkeit** der Vermögensbeschlagnahme (§ 292 I) ist die Bekanntmachung des Beschlusses. Sie muss stets im elektronischen BAnz erfolgen, nach dem Ermessen des Gerichts auch durch Veröffentlichung auf andere geeignete Weise (16 zu § 111e). Die Art der Bekanntmachung wird bereits in dem 1

Beschlagnahmebeschluss bestimmt (LR-Gollwitzer 2; **aM** KK-Engelhardt 1; SK-Schlüchter/Frister 3, 4). Die Veröffentlichung auf andere geeignete Weise kann auch noch durch einen späteren Beschluss angeordnet werden (LR-Gollwitzer 2). Die Beschlagnahme wird mit dem Ablauf des Tages wirksam, an dem sie im elektronischen BAnz veröffentlicht wird (AnwK-Martis 1 und LR-Gollwitzer 1, je zu § 292).

2 **2)** Die **Ausführung der Veröffentlichung** ist keine Vollstreckung iS des § 36 II S 1 (KK-Engelhardt 1); sie ist daher Sache des Gerichts.

Wirkung der Bekanntmachung

292 **I Mit dem Zeitpunkt der ersten Bekanntmachung im elektronischen Bundesanzeiger verliert der Angeschuldigte das Recht, über das in Beschlag genommene Vermögen unter Lebenden zu verfügen.**

II 1 Der die Beschlagnahme verhängende Beschluss ist der Behörde mitzuteilen, die für die Einleitung einer Pflegschaft über Abwesende zuständig ist. 2 Diese Behörde hat eine Pflegschaft einzuleiten.

1 **1) Ein absolutes Verfügungsverbot** (I) tritt mit dem Zeitpunkt der 1. Bekanntmachung im elektronischen BAnz ein; eine frühere Bekanntmachung auf andere Weise ist ohne Bedeutung (1 zu § 291). Dem Abwesenden wird die Befugnis entzogen, Verfügungen über sein gegenwärtiges oder künftiges Vermögen zu treffen. Gleichwohl getroffene Verfügungen sind nach § 134 BGB nichtig (LR-Gollwitzer 2). Da die Nichtigkeit nicht von der Bösgläubigkeit des Vertragspartners abhängt, ist die Eintragung des Verfügungsverbots im Grundbuch entbehrlich. Verfügungen von Todes wegen fallen nicht unter das Verbot (SK-Schlüchter/Frister 3). Bestehende Rechte Dritter an den beschlagnahmten Vermögensgegenständen bleiben unberührt.

2 **2)** Die **Abwesenheitspflegschaft** (II) nach § 1911 BGB dient der Fürsorge für das beschlagnahmte Vermögen. Die Interessen des Beschuldigten dürfen nicht stärker beeinträchtigt werden, als es der Zweck der Beschlagnahme erfordert (BayObLGZ **63**, 257 = NJW **64**, 301). Der Vorsitzende teilt dem zuständigen Vormundschaftsgericht den Beschlagnahmebeschluss mit, damit die Pflegschaft eingeleitet wird. Der Pfleger hat die Aufgabe, das inländische Vermögen des Beschuldigten sicherzustellen und zu verwalten (Einzelheiten bei LR-Gollwitzer 5 ff). Vermögensverfügungen darf er treffen, soweit der Zweck der Beschlagnahme nicht entgegensteht (Bay aaO; vgl auch Hilger NStZ **82**, 374: Erfüllung von Ansprüchen der durch die Straftat Geschädigten). Gesetzlicher Vertreter iS des § 298 I ist der Pfleger nicht (Karlsruhe Justiz **84**, 291).

Aufhebung der Beschlagnahme

293 **I Die Beschlagnahme ist aufzuheben, wenn ihre Gründe weggefallen sind.**

II 1 Die Aufhebung der Beschlagnahme ist auf dieselbe Weise bekannt zu machen, wie die Bekanntmachung der Beschlagnahme. 2 Ist die Veröffentlichung nach § 291 im elektronischen Bundesanzeiger erfolgt, ist zudem deren Löschung zu veranlassen; die Veröffentlichung der Aufhebung der Beschlagnahme im elektronischen Bundesanzeiger ist nach Ablauf von einem Monat zu löschen.

1 **1)** Die **Aufhebung der Beschlagnahme** (I) ist zwingend geboten, wenn der Abwesende nicht mehr tatverdächtigt ist, wenn die Eröffnung des Hauptverfahrens abgelehnt oder das Verfahren wegen eines Prozesshindernisses eingestellt wird, wenn der Abwesende nunmehr (infolge Auslieferung, Verhaftung oder Selbstge-

stellung) für das Strafverfahren zur Verfügung steht oder wenn er gestorben ist (LR-Gollwitzer 1). Für eine gesondert anzustellende Prüfung des Übermaßverbotes anhand bloßen Zeitablaufs ist daneben kein Raum (Börner NStZ **05**, 552; vgl auch SK-Schlüchter/Frister 3).

2 **2)** Erst die **Bekanntmachung der Aufhebung** (II) lässt nach hM das absolute Verfügungsverbot (1 zu § 292) entfallen; Just (Meyer-Goßner-FS 180) weist allerdings zutr darauf hin, dass die Parallele zum Grundstücks- und Grundbuchrecht gegen die Publizitätsbedürftigkeit spricht. Die Bekanntmachung muss der Veröffentlichung der Beschlagnahme (§ 291) entsprechen. Sie hat für bis zum 31. 12. 2006 im gedruckten BAnz veröffentlichte Beschlagnahmen dort zu erfolgen. In dem elektronischen BAnz, dessen Nutzung durch das am 1. 1. 2007 in Kraft getretene Ges vom 24. 10. 2006 (BGBl I 2350) vorgeschrieben ist, ist mit der Veröffentlichung der Aufhebung zugleich die Beschlagnahme zu löschen. Die Bekanntmachung der Aufhebung ist nach Ablauf eines Monats zu löschen. Der Aufhebungsbeschluss ist auch dem Vormundschaftsgericht mitzuteilen, das die Abwesenheitspflegschaft aufzuheben hat (LR-Gollwitzer 5).

Verfahren nach Anklageerhebung

294 **I Für das nach Erhebung der öffentlichen Klage eintretende Verfahren gelten im Übrigen die Vorschriften über die Eröffnung des Hauptverfahrens entsprechend.**

II In dem nach Beendigung dieses Verfahrens ergehenden Beschluss (§ 199) ist zugleich über die Fortdauer oder Aufhebung der Beschlagnahme zu entscheiden.

1 **1)** Das **Verfahren** (I) nach Erhebung der öffentlichen Klage hat nicht nur die Beweissicherung zum Ziel, sondern auch die umfassende Aufklärung des Sachverhalts. Insoweit ist § 202 entspr anwendbar.

2 **2) Entscheidung des Gerichts** (II): Das Gericht lehnt die Eröffnung des Hauptverfahrens ab (§ 204) oder stellt das Verfahren nach § 205 S 1 vorläufig ein. Die Eröffnung des Hauptverfahrens (§ 207) ist unzulässig (KK-Engelhardt 1; LR-Gollwitzer 3). Zugleich mit der Entscheidung muss über die Fortdauer oder Aufhebung der Beschlagnahme entschieden werden.

Sicheres Geleit

295 **I Das Gericht kann einem abwesenden Beschuldigten sicheres Geleit erteilen; es kann diese Erteilung an Bedingungen knüpfen.**

II Das sichere Geleit gewährt Befreiung von der Untersuchungshaft, jedoch nur wegen der Straftat, für die es erteilt ist.

III Es erlischt, wenn ein auf Freiheitsstrafe lautendes Urteil ergeht oder wenn der Beschuldigte Anstalten zur Flucht trifft oder wenn er die Bedingungen nicht erfüllt, unter denen ihm das sichere Geleit erteilt worden ist.

1 **1)** Einem **abwesenden Beschuldigten** kann das Gericht nach seinem pflichtgemäßen Ermessen (Düsseldorf NStZ-RR **99**, 245) sicheres Geleit erteilen (I S 1 H 1), damit er an dem Strafverfahren persönlich teilnehmen und seine Freisprechung erwirken kann. Das sichere Geleit dient zugleich dem Interesse des Staates an der Durchführung des Strafverfahrens (Hamburg JR **79**, 174 mit Anm Gössel); zur Teilnahme an einem Zivilrechtsstreit ist es daher nicht zu gewähren (**aM** BGH NJW **91**, 2500). Der spätere Wegfall der Abwesenheit (zum Begriff vgl § 276) berührt das unbeschränkt erteilte sichere Geleit nicht (Köln NJW **54**, 1856; KK-Engelhardt 2). Einem Zeugen kann sicheres Geleit nicht erteilt werden; nur wenn

er in einer anderen Sache Beschuldigter ist, kann in diesem Verfahren § 295 angewendet werden (BGH **35**, 216 = EzSt Nr 1 mit Anm Julius = StV **88**, 233 mit Anm Lagodny StV **89**, 92, der auch für Auslandszeugen aus innerstaatlichem Recht ein freies Geleit zu begründen versucht). Wegen des sicheren Geleits für aus dem Ausland erschienene Zeugen vgl im Übrigen 63 zu § 244.

2 **In jedem Verfahrensabschnitt** ist § 295 anwendbar. Das sichere Geleit kann zB gewährt werden für eine Vernehmung durch den StA oder den Ermittlungsrichter, für sonstige einzelne prozessuale Vorgänge im Vor- oder Zwischenverfahren, insbesondere aber für die Hauptverhandlung. Sicheres Geleit ist auch noch in den Rechtsmittelzügen zulässig.

3 Es kann an **Bedingungen** geknüpft werden (I S 1 H 2), aber nicht nachträglich (LR-Gollwitzer 9). Bedingungen sind auch nur zulässig, soweit sie mit dem Zweck des sicheren Geleits im Zusammenhang stehen, insbesondere, soweit sie die Flucht oder Verdunkelung verhindern oder den Strafantritt sichern sollen. In Betracht kommen Anweisungen über Aufenthaltsort und Reiseweg, über Sicherheitsleistung, Abgabe des Reisepasses und regelmäßige Meldungen. Für Sicherheitsleistungen gilt § 124 nicht; daher muss das Gericht bestimmen, unter welchen Voraussetzungen die Sicherheit verfällt (LR-Gollwitzer 10). Die Bedingung kann nicht darin bestehen, dass dem Beschuldigten untersagt wird, öffentl aufzutreten oder an Versammlungen teilzunehmen (BGH MDR **92**, 549 [S] mwN).

4 Der **Widerruf** des sicheren Geleits, von dem der Beschuldigte noch keinen Gebrauch gemacht hat, ist zulässig, wenn er den damit verfolgten Zweck vereitelt, zB indem er im Ausland bleibt, Ladungen nicht beachtet (KK-Engelhardt 9) oder sein Erscheinen von unerfüllbaren Bedingungen abhängig macht (Zweibrücken NJW **66**, 1722).

5 **2)** Die **Befreiung von der Untersuchungshaft** (II) bewirkt das sichere Geleit. Dass bereits ein Haftbefehl nach §§ 112 ff besteht, wird nicht vorausgesetzt (Gössel JR **79**, 174). Ist ein bestehender Haftbefehl schon nach § 116 ausgesetzt, so ist sicheres Geleit zwar idR überflüssig (**aM** SK-Schlüchter/Frister 13), aber nicht unzulässig (LR-Gollwitzer 5). Den Erlass eines Haftbefehls schließt das sichere Geleit nicht aus; er darf aber nicht vollzogen werden (Köln StraFo **07** 294). Für andere freiheitsentziehende Zwangsmaßnahmen (Haft nach §§ 230 II, 236) gilt II entspr.

6 Nur **für eine bestimmte Straftat** wird sicheres Geleit erteilt; der Begriff ist in dem verfahrensrechtlichen Sinn des § 264 zu verstehen (LR-Gollwitzer 6).

7 Das sichere Geleit **erstreckt sich,** wenn es nicht zeitlich (zB bis zum Abschluss der Vernehmung des Beschuldigten in der Hauptverhandlung) befristet oder auf bestimmte Vernehmungen (zB im Ermittlungsverfahren) beschränkt ist, auf das ganze Strafverfahren bis zum Erlass eines auf Freiheitsstrafe lautenden Urteils. Die unbefristete Erteilung des sicheren Geleits ist bereits im Ermittlungsverfahren zulässig (KK-Engelhardt 6; **aM** Oldenburg NdsRpfl **72**, 223).

8 **3)** Das **Erlöschen** des sicheren Geleits (III) tritt bei Vorliegen der Erlöschensgründe ohne weiteres ein. Ein Gerichtsbeschluss ist nicht erforderlich, kann aber zweckmäßig sein, wenn der Erlöschensgrund nicht offensichtlich ist (KK-Engelhardt 10). Ein auf Freiheitsstrafe lautendes Urteil führt zum Erlöschen, auch wenn es noch nicht rechtskräftig ist (LR-Gollwitzer 18). Anstalten zur Flucht (vgl auch § 116 IV Nr 2) trifft der Beschuldigte nicht, wenn er die BRep wieder verlassen will, nachdem der Verfahrensteil abgeschlossen ist, auf den das sichere Geleit beschränkt war (KK-Engelhardt 6). Das Nichterfüllen der Bedingungen führt nur zum Erlöschen, wenn der Beschuldigte schuldhaft handelt; eine gröbliche Zuwiderhandlung (wie in § 116 IV Nr 1) wird aber nicht vorausgesetzt.

9 **4)** Durch **Beschluss des Gerichts** (Geleitbrief), der auch von Amts wegen ergehen kann, wird das sichere Geleit erteilt. Er muss die Straftat, auf die es sich

bezieht, genau bezeichnen; ferner muss das Gericht angegeben werden, vor dem die Prozesshandlung stattfinden soll, für die sicheres Geleit erteilt wird. Ggf sind die Bedingungen zu beschreiben, an die das sichere Geleit geknüpft ist.

Zuständig ist im Ermittlungsverfahren der Ermittlungsrichter (§§ 162, 169), 10 wenn das sichere Geleit nicht über dieses Verfahren hinaus wirken soll; andernfalls entscheidet das Gericht, vor dem die Hauptverhandlung stattfinden soll (Hamburg JR **79**, 174; KK-Engelhardt 7; SK-Schlüchter/Frister 9). Das von einem unzuständigen Gericht erteilte sichere Geleit ist wirksam; es darf nicht wegen der Unzuständigkeit abgeändert oder widerrufen werden (LR-Gollwitzer 16).

5) Beschwerde (§ 304 I) können StA und Beschuldigter gegen die Versagung 11 und den Widerruf des sicheren Geleits sowie gegen die Feststellung seines Erlöschens einlegen. Die StA kann auch die Erteilung anfechten, der Beschuldigte nur, wenn er durch Bedingungen beschwert ist (Hamburg JR **79**, 174; Köln OLGSt S 1; LR-Gollwitzer 26). Weitere Beschwerde ist nach § 310 ausgeschlossen (Frankfurt NJW **52**, 908; Köln MDR **58**, 941; erg 5 zu § 310). Wird der Beschuldigte unter Verletzung des sicheren Geleits verhaftet, so stehen ihm die Rechtsbehelfe des Antrags auf Haftprüfung (§ 117) und der Haftbeschwerde offen.

Drittes Buch. Rechtsmittel

1. Abschnitt. Allgemeine Vorschriften

Vorbemerkungen

1 **1) Rechtsmittel** zur Anfechtung gerichtlicher Entscheidungen sind im Strafprozess die einfache (§ 304), sofortige (§ 311) und weitere (§ 310) Beschwerde, die Berufung (§§ 312 ff) und die Revision (§§ 333 ff). Wegen der förmlichen Rechtsbehelfe, die keine Rechtsmittel sind, vgl unten 20, wegen der formlosen Rechtsbehelfe unten 21 ff.

2 A. Das **Wesen des Rechtsmittels** besteht darin, dass es eine noch nicht rechtskräftige gerichtliche Entscheidung zur Nachprüfung vor ein Gericht höherer Ordnung bringt (Devolutiveffekt). Berufung und Revision hindern ferner den Eintritt der Rechtskraft des Urteils (§§ 316 I, 343 I) und damit seine Vollstreckbarkeit (Suspensiveffekt); die Beschwerde hat diese Wirkung nicht (§ 307 I).

3 B. **Statthaft** ist ein Rechtsmittel gegen richterliche Entscheidungen nur, wenn das Gesetz es zur Verfügung stellt. Weder Art 19 IV GG noch das Rechtsstaatsprinzip (Einl 18) gewährleisten einen strafprozessualen Rechtsmittelzug (BVerfGE **11**, 232, 233; **28**, 21, 36 = NJW **70**, 851; BVerfGE **40**, 272, 274 = NJW **76**, 141; BVerfGE **41**, 23, 26 = NJW **76**, 513; BGH **28**, 57, 58).

4 Ein Rechtsmittel kann **erst nach Erlass der angefochtenen Entscheidung** eingelegt werden (BGH **25**, 187, 189; Bay **61**, 138 = NJW **61**, 1637 mit abl Anm Erdsiek; Koblenz MDR **78**, 511; **85**, 955; Köln VRS **47**, 189; Schleswig SchlHA **79**, 229; vgl aber LR-Hanack 3 zu § 341), auch nicht zur „Beseitigung des Rechtsscheins einer nicht-existierenden Entscheidung" (so aber LG Hildesheim NStZ **91**, 401 mit insoweit zust Anm Laubenthal). Zulässig sind Rechtsmittel gegen Urteile somit erst nach der Verkündung (§ 268 II S 1), gegen Beschlüsse außerhalb der Hauptverhandlung erst nach ihrem Erlass (5, 8 vor § 33). Dabei kommt es aber nicht darauf an, dass auch der Beschwerdeführer weiß, dass die Entscheidung bereits erlassen ist (BGH aaO; Hamm NJW **57**, 883; NStZ **81**, 200 L; **aM** Bay aaO; Hamm VRS **37**, 61).

5 Unzulässig ist die **bedingte Einlegung von Rechtsmitteln** (BGH **5**, 183; **25**, 187 = JR **74**, 295 mit Anm Hanack; Hamm NJW **73**, 257; Einl 118), zB unter der Bedingung, dass auch ein anderer Prozessbeteiligter die Entscheidung angefochten hat (Hamm JMBlNW **56**, 190; Köln NJW **63**, 1073), dass eine Haftbeschwerde erfolglos bleibt (BGH NStZ-RR **09**, 317), dass dem Beschwerdeführer keine Kosten entstehen (Hamm MDR **74**, 777), dass Prozesskostenhilfe bewilligt (BGH NStZ-RR **08**, 49) oder dass nicht nachträglich Zahlungserleichterungen gewährt werden (Hamm NJW **73**, 257). Die Angabe des Beweggrundes der Rechtsmitteleinlegung ist keine Bedingung (BGH MDR **54**, 18 [D]). Unschädlich sind auch bloße Rechtsbedingungen (Düsseldorf GA **69**, 468; Einl 119), zB dass ein gleichzeitig eingelegtes anderes Rechtsmittel unzulässig (Köln NJW **63**, 1073), ein Rechtsmittelverzicht unwirksam (Bay wistra **97**, 359) oder ein gleichzeitig gestellter Wiedereinsetzungsantrag unbegründet ist (Schleswig SchlHA **73**, 188 [E/J]). Aber schon der durch Auslegung nicht behebbare Zweifel, ob eine andere als eine Rechtsbedingung vorliegt, macht das Rechtsmittel unzulässig (BGH **5**, 183; Hamm MDR **74**, 777; Einl 118).

6 Ausnahmsweise kann ein unbefristeter Rechtsbehelf infolge **Verwirkung** unzulässig werden (dagegen Schlüchter Meyer-GedSchr 445), wenn der Berechtigte längere Zeit (Hamm NStZ-RR **04**, 144: Beschwerde der StA nach mehr als einem Jahr; Koblenz wistra **87**, 357: ein Antrag nach § 33 a wird nach 2 Jahren und

3 Monaten gestellt; LG Potsdam NJW **04**, 696: nach 4 Jahren) hindurch untätig bleibt, obwohl er die Rechtslage kannte oder zumutbarerweise hätte kennen müssen (BVerfGE **32**, 305 – NJW **72**, 675; Koblenz MDR **85**, 344), insbesondere dann, wenn der Gegner auf die bestehende Situation vertrauen durfte (Oldenburg StraFo **07**, 33: Bewährungszeitverlängerung statt Widerruf). Über Rechtsmittel mit verunglimpfender Begründung vgl 12 vor § 33.

Zum **Verzicht** auf Rechtsmittel vgl § 302. 7

C. Eine **Beschwer** ist Voraussetzung für die Zulässigkeit, nicht erst für die Be- 8
gründetheit, eines förmlichen Rechtsmittels (BGH **16**, 374; **28**, 327, 330; Bay **77**, 143 = JR **78**, 474 mit Anm Gollwitzer; LR-Hanack 54; Roxin/Schünemann § 53, 11; **aM** KMR-Plöd 14: Behauptung der Beschwer genügt; vgl auch Bloy JuS **86**, 586; Krack 8 stellt neben die Beschwer noch das Erfordernis der „Rügekompetenz", worunter er versteht, dass die verletzte Norm gerade den Beschuldigten schützen und zu seinem Nachteil verletzt sein muss). Ein besonderes Rechtsschutzbedürfnis ist daneben nicht erforderlich (Stephan NJW **66**, 2394; LR-Hanack 56; **aM** für Ausnahmefälle: Ellersiek 61 ff). Fehlt die Beschwer hinsichtlich eines Teils der angefochtenen Entscheidung, so ist eine Prüfung insoweit auch dann ausgeschlossen, wenn das Rechtsmittel im Übrigen zulässig ist (**aM** BGH **37**, 5 zur fehlenden Unterbringungsanordnung bei alleinigem Rechtsmittel des Angeklagten, wobei es dort aber wegen § 358 II S 3 auf die Frage der Beschwer gar nicht ankam; vgl auch Fezer JZ **96**, 666).

a) Nur eine **unmittelbare Beeinträchtigung** der Rechte oder schutzwürdi- 9
gen Interessen des Betroffenen durch die Entscheidung begründet eine Beschwer (BGH **7**, 153; **13**, 75, 77; **16**, 374, 376; Düsseldorf NStZ **84**, 326; JMBlNW **88**, 165; Hamburg NJW **98**, 1328 [„Abmahnung"]; Schleswig NJW **57**, 1487; vgl auch 5 zu § 333).

Die Beschwer kann auch in der **Unterlassung** einer rechtlich möglichen oder 10
gebotenen Entscheidung bestehen, die für den Betroffenen eine günstigere Rechtslage geschaffen hätte (BGH **28**, 327, 330; KK-Paul 5; erg 8 zu § 213; 3 zu § 304). Dabei ist die objektive Rechtslage maßgebend, nicht die subjektive Einschätzung des Betroffenen (BGH aaO; Schleswig SchlHA **85**, 133 [E/L]). Eine Beschwer liegt daher für den Angeklagten nicht darin, dass das Urteil nicht die Anordnung einer Maßregel der Besserung und Sicherung enthält, selbst wenn sie seiner Heilung dienen könnte (BGH **38**, 4, 7; NStZ-RR **07**, 5 [B]; **8**, 142 L; **09**, 252; NStZ **07**, 213; Köln NJW **78**, 2350; **aM** Dencker Mehle-FS 143; Loos JR **96**, 81; Schöch Volk-FS 716; Tolksdorf Stree/Wessels-FS 759). Sie fehlt auch, wenn das Gericht von einem rechtlich nicht gebotenen Teilfreispruch absieht (Bay **86**, 100, 102 = OLGSt § 327 Nr 1).

Nur aus dem **Entscheidungsausspruch,** nicht aus den Gründen des Urteils 11
oder Beschlusses kann sich die Beschwer ergeben (BGH **7**, 153 = MDR **55**, 308 mit Anm H. Meyer; **13**, 75, 77; **16**, 374; Düsseldorf JMBlNW **82**, 70; MDR **79**, 956; Karlsruhe NJW **84**, 1975, 1976; unten 13). Das gilt auch dann, wenn die Art der Entscheidungsbegründung Grundrechte verletzt (LR-Hanack 62; **aM** Ellersiek 53; Henrichs MDR **56**, 196). Ein Rechtsmittel kann auch nicht zu dem Zweck eingelegt werden, bloße Fassungsfehler des Urteilsspruchs zu berichtigen (Saarbrücken VRS **28**, 440) oder Unrichtigkeiten des Rubrums (Saarbrücken VRS **21**, 130), des Urteilskopfes oder anderer durch § 275 II vorgeschriebener Angaben (Koblenz VRS **45**, 190) oder der Bezeichnung der angewendeten Vorschriften (§ 260 V S 1) zu beseitigen.

b) Der **Angeklagte** ist durch jede für ihn nachteilige Entscheidung beschwert, 12
zB durch Verwerfung einer zurückgenommenen Berufung nach § 329 I (Zweibrücken VRS **63**, 57) oder eines in Wahrheit gar nicht eingelegten Rechtsmittels (Saarbrücken VRS **27**, 453), durch Straffreierklärung nach § 199 StGB (RG **42**, 399, 401) oder durch Absehen von Strafe (Dahs/Dahs 35), durch Einziehungsanordnung auch, wenn die Sache einem anderen gehört (Bay **55**, 107 = MDR **55**,

693; VRS **46**, 271, 272; Celle NJW **60**, 1873). Wenn die Strafe durch UHaft verbüßt ist, beschwert den Angeklagten auch die Strafaussetzung zur Bewährung (BGH NJW **61**, 1220); an der Beschwer fehlt es aber, wenn die UHaft nicht auf die Geldstrafe, sondern auf die nicht zur Bewährung ausgesetzte Freiheitsstrafe angerechnet worden ist (Hamm MDR **75**, 334 L). Zur Beschwer durch eine Verurteilung unter einem zu milden rechtlichen Gesichtspunkt, insbesondere bei unrichtiger Annahme einer einheitlichen Tat, vgl 17 zu § 354.

13 Ein **freisprechendes Urteil** kann der dann nur durch die Gründe beschwerte (oben 11) Angeklagte nicht anfechten (BGH **7**, 153 = MDR **55**, 308 mit Anm H. Meyer; BGH **13**, 75, 77; **16**, 374; 3 StR 595/99 vom 23. 2. 2000; Sarstedt/Hamm 68 ff; vgl auch BVerfGE **6**, 7 = NJW **56**, 1833; **aM** *de lege ferenda* Krack 182). Das gilt auch bei Freisprechung wegen Schuldunfähigkeit nach § 20 StGB (BGH **5**, 267; RG **69**, 12; LR-Hanack 25 zu § 333; Krack 217; **aM** SK-Frisch 160; Kuckein Keller-GS 137; Peters 614), selbst wenn das Gericht offenlässt, ob überhaupt eine tatbestandsmäßige, rechtswidrige Tat vorliegt (BGH **16**, 374; LR-Hanack 75; **aM** Schleswig NJW **57**, 1487 = JZ **58**, 374 mit krit Anm EbSchmidt). Anfechtbar ist das Urteil aber, soweit es zugleich Sicherungsmaßregeln oder Nebenfolgen, zB die Einziehung oder Unbrauchbarmachung, anordnet (RG **48**, 17; **61**, 293; **66**, 420, 421).

14 Durch die **Verfahrenseinstellung** wegen eines Prozesshindernisses ist der Angeklagte idR nicht beschwert (BGH **23**, 257, 259 mit Anm Traub NJW **70**, 1887; BGH NJW **70**, 154, 155; **07**, 3010, 3011); anders aber bei Einstellung wegen eines noch behebbaren Verfahrenshindernisses (Bay **89**, 33 = JR **89**, 477 mit Anm Göhler; Stuttgart NJW **63**, 1417: nachholbarer Strafantrag). Der Angeklagte kann daher nach ganz hM auch nicht verlangen, dass sein Strafverfahren mit dem Ziel des Freispruchs weitergeführt wird (**aM** Sternberg-Lieben ZStW **108**, 754, falls das Prozesshindernis erst in der Hauptverhandlung entstanden oder zutage getreten ist; teilw **aM** auch Krack 321). Auch eine Beschwer durch den Kostenausspruch berechtigt nicht zur Einlegung eines Rechtsmittels gegen die Einstellungsentscheidung (LR-Hanack 28 zu § 333; vgl auch BGH NStZ-RR **96**, 299). Besteht nach der Verfahrenslage aber ein Anspruch auf Freisprechung (44 zu § 260), so kann gegen das Einstellungsurteil Berufung oder Revision mit dem Ziel der Freisprechung eingelegt werden (BGH **13**, 268; Frankfurt NJW **80**, 2824; Hamburg JZ **67**, 546; Oldenburg NJW **85**, 1177; Stuttgart NJW **63**, 1417).

15 Die **Möglichkeit eines Nachtragsverfahrens** beseitigt die Beschwer nicht (5 zu § 333).

16 c) Für die **StA** gelten besondere Grundsätze. Da sie im Strafverfahren nicht Partei ist, sondern allgemein Aufgaben der staatlichen Rechtspflege erfüllt (Einl 87), ist sie berechtigt, nach pflichtgemäßem Ermessen Entscheidungen anzufechten, die, gleichviel, ob sie jemanden beschweren, den Geboten der Rechtspflege nicht entsprechen (RG **48**, 26; **60**, 189, 190; Braunschweig NJW **73**, 2117; Bremen NStZ **89**, 286; Düsseldorf NStZ **90**, 292; Saarbrücken NJW **73**, 1011; Kleinknecht NJW **61**, 87); eine Ausnahme gilt nur für Rechtsmittel zugunsten des Angeklagten (14 zu § 296). Die StA kann daher Revision auch einlegen, wenn sie das 1. Urteil nicht oder nur zugunsten des Angeklagten angefochten oder wenn sie sich im Gegensatz zu dem Angeklagten mit einer Strafmaßberufung begnügt hatte (Koblenz NJW **82**, 1770). Auch dass das Urteil oder der Beschluss dem ausdrücklichen Antrag der StA entsprochen hat, steht der Anfechtung nicht entgegen (RG **48**, 26; KG JR **69**, 349). Nichts anderes gilt für ein Urteil, das nach einer Verständigung ergangen ist (32 zu § 257 c). Die StA kann eine Entscheidung aber nicht mit dem Ziel anfechten, sie mit einer anderen Begründung aufrechtzuerhalten (Hamburg StV **09**, 630 mit zust Anm Vogel/Brodowski; LR-Hanack 21 zu § 333; **aM** Wohlers 285).

17 D. **Prozessuale Überholung:** Die Rechtsmittel der StPO dienen der Beseitigung einer gegenwärtigen, fortdauernden Beschwer. Ihr Ziel ist die Aufhebung

einer den Beschwerdeführer beeinträchtigenden Maßnahme. Eine Maßnahme, die aus tatsächlichen oder rechtlichen Gründen nicht mehr ungeschehen gemacht werden kann, ist daher grundsätzlich nicht anfechtbar (BGH NJW **73**, 2035; Düsseldorf JZ **84**, 756). Entsprechendes gilt für den Fall, dass die beschwerende Anordnung zurückgenommen (LG Koblenz NStZ **03**, 330 zur Anordnung nach §§ 100g, 100h) oder die angefochtene Entscheidung aus anderem Anlass oder durch den Fortgang des Verfahrens gegenstandslos geworden, also prozessual überholt ist. Das an sich statthafte Rechtsmittel ist dann unzulässig. Prozessual überholt ist zB die Beschwerde gegen einen Beschlagnahmebeschluss, wenn inzwischen ein Bestätigungsbeschluss nach § 98 II ergangen ist (BGH NStZ **00**, 154), die Haftbeschwerde, nachdem infolge der Rechtskraft des Urteils Strafhaft eingetreten ist (Hamm NJW **99**, 229; NStZ **08**, 582; **09**, 655; anders jedoch – zu weitgehend – Hamm StraFo **02**, 100 mit insoweit zust Anm Nobis; Park/Schlothauer Widmaier-FS 394), ebenso die Beschwerde gegen das Anhalten eines eingehenden Briefes an einen früheren UHaftgefangenen (Stuttgart Justiz **01**, 114), ein Antrag nach § 458 I (Stuttgart NStZ-RR **03**, 60) oder die Beschwerde gegen die Ablehnung der bedingten Entlassung nach vollständiger Verbüßung der Strafe (Hamm NStZ **98**, 638; **09**, 592) und die erst nach Urteilsrechtskraft eingelegte Beschwerde gegen die Zurücknahme der Pflichtverteidigerbestellung (Düsseldorf JZ **84**, 756) oder gegen die Zulassung des Nebenklägers (Hamm VRS **31**, 121). Ein Rechtsmittel, das schon zZ seiner Einlegung prozessual überholt war, wird als unzulässig verworfen. Wird es erst nachträglich gegenstandslos, zB Entlassung aus der Strafhaft nach Einlegung der sofortigen Beschwerde gegen die Ablehnung der bedingten Entlassung (Hamm NStZ **09**, 592), so ist es durch Beschluss (ohne Kostenentscheidung) für erledigt zu erklären (Bremen MDR **63**, 335; Peters JR **73**, 343; EbSchmidt JZ **68**, 363).

Die **Beschwerde zur Feststellung der Rechtswidrigkeit** einer durch Vollzug oder auf andere Weise erledigten richterlichen Anordnung oder die Weiterführung des Verfahrens zu diesem Zweck ist grundsätzlich unzulässig (vgl Saarbrücken NJW **95**, 1302 zu einer Beschwerde der StA). Hiervon ist allerdings schon immer dann eine Ausnahme zugelassen worden, wenn Wiederholungsgefahr besteht (Hamm NStZ-RR **09**, 293) oder wenn das Interesse des Betroffenen an der Feststellung der Rechtswidrigkeit der Maßnahme auch nach deren Erledigung fortbesteht, zB bei Beschlüssen, mit denen Ordnungsmittel festgesetzt worden sind (28 zu § 51; 3 zu § 181 GVG). 18

Nach der **neueren Rspr des BVerfG** (BVerfGE **96**, 27 = NJW **97**, 2163 = JR **97**, 382 mit Anm Amelung; BVerfG NJW **98**, 2131; dazu ferner Amelung BGH-FG 918; Esskandari StraFo **97**, 289; F. Meyer HRRS-Fezer-FG 131; Rabe von Kühlewein NStZ **98**, 580; Roxin StV **97**, 654; Schroth StV **99**, 117; vgl auch Lisken StV **97**, 396 und BVerfG StV **97**, 505 zu präventiven richterlichen Durchsuchungsanordnungen) bleibt entgegen der früheren Rspr (BVerfGE **49**, 329) die Beschwerde nach Art 19 IV GG aber auch zulässig in Fällen tiefgreifender, tatsächlich jedoch nicht mehr fortwirkender Grundrechtseingriffe, wenn sich die Belastung durch die Maßnahme nach dem typischen Verfahrensablauf auf eine Zeitspanne beschränkt, in welcher der Betroffene die gerichtliche Entscheidung im Beschwerdeverfahren kaum erlangen kann (weiter gehend SK-Wohlers 89 zu § 160 mwN: bei jeder Grundrechtsverletzung). Das hat das BVerfG für die auf Grund richterlicher Anordnung vorgenommene Wohnungsdurchsuchung bejaht; auch für eine Beschlagnahmeanordnung kann es in Betracht kommen (BVerfG NJW **99**, 273; wistra **08**, 463; LG Neuruppin StV **97**, 506, dazu krit Roxin StV **97**, 656). etwa bei schwerwiegender Beeinträchtigung der Pressefreiheit (BVerfG NJW **07**, 1117, 1121). Ferner ist es insbesondere bei Eingriffen in die körperliche Unversehrtheit (BVerfG NJW **07**, 1345 = JR **07**, 516 mit Anm Rabe von Kühlwein; SK-Rogall 116 zu § 81a) und in die persönliche Freiheit (so bei erledigten Vorführungen, Festnahmen und Verhaftungen) idR anzunehmen (BVerfG StV **99**, 295 für eine Freiheitsentziehung zur Durchsetzung eines Platzverweises; BVerfG NStZ-RR **04**, 18a

252 für einen Vollstreckungshaftbefehl; BVerfG StraFo **06**, 20 für Untersuchungshaft, vgl aber Koblenz StV **07**, 589 L; BVerfG NJW **06**, 40 für Ordnungshaft nach § 70 II; auch für Haftbefehl nach § 230 II, aber nur, wenn die Haftentlassung vor der Entscheidung des Beschwerdegerichts erfolgt, **aM** Celle NStZ-RR **03**, 177 L, Düsseldorf StV **01**, 332: auch noch danach, dagegen zutr Frankfurt NStZ-RR **07**, 349), bei schwerwiegenden Einwirkungen nach § 136 a (LG Ravensburg NStZ-RR **08**, 45) sowie bei einer bis zur Erledigung verzögerten Sachbehandlung (BVerfG NStZ **07**, 413 mit abl Anm Rabe von Kühlewein). Die Beschwerde darf dann nicht wegen prozessualer Überholung als unzulässig verworfen werden; vielmehr ist die Rechtmäßigkeit der Maßnahme zu überprüfen und ggf deren Rechtswidrigkeit festzustellen. Wird die Beschwerde allerdings erst lange nach Erlass des Beschlusses eingelegt, kann sie wegen fehlenden Rechtsschutzbedürfnisses unzulässig sein (BVerfG NJW **03**, 1514: Beschwerde gegen Durchsuchung nach 2 Jahren; ebenso LG Saarbrücken NStZ-RR **08,** 113 bei 4–6 jähriger Verzögerung trotz möglicher Auswirkungen für ein Steuerfestsetzungsverfahren; aber BVerfG NStZ **09**, 166: nicht schon nach 1 Jahr; vgl auch Park/Schlothauer Widmaier-FS 397 ff; erg oben 6); auch nach rechtskräftigem Abschluss des Strafverfahrens ist sie zwar grundsätzlich noch möglich (BVerfG NJW **05**, 1855), idR jedoch ausgeschlossen (Frankfurt NStZ-RR **03**, 175). Krit dazu aber Meyer/Rettenmaier NJW **09**, 1238, die darauf hinweisen, dass strikt zwischen dem (fortwirkenden) Feststellungsinteresse und einer etwaigen Verwirkung dieses Interesses zu unterscheiden ist.

18b Die StPO sieht nunmehr die **Gewährung nachträglichen Rechtsschutzes** ausdrücklich in § 101 VII S 2 durch die Möglichkeit der gerichtlichen Überprüfung der Rechtmäßigkeit heimlicher Ermittlungsmaßnahmen (vgl § 101 I) sowie der Art und Weise ihres Vollzugs vor, wobei aber eine kurze Antragsfrist von 2 Wochen nach der Benachrichtigung von der Maßnahme einzuhalten ist (vgl die Erl zu § 101 sowie Puschke/Singelnstein NJW **08**, 116).

19 E. Die **Zuständigkeit des Rechtsmittelgerichts** richtet sich nach den §§ 73 I, 74 III, 120 III, 121 I, 135 GVG, 41 II **JGG.** Maßgebend ist, welches Gericht die angefochtene Entscheidung erlassen hat, gleichviel, ob es dazu berufen war oder nicht (BGH **22**, 48, 50; KG VRS **79**, 433; Hamm NStE Nr 2 zu § 74 GVG; 9 vor § 1).

20 **2) Andere förmliche Rechtsbehelfe** sind der Antrag auf Wiedereinsetzung in den vorigen Stand (§§ 44, 235, 329 III, 412), auf Entscheidung des Rechtsmittelgerichts (§§ 319 II, 346 II) und auf Wiederaufnahme des Verfahrens (§§ 359 ff), der Einspruch gegen einen Strafbefehl (§§ 409 I Nr 7, 410, 411), der Antrag auf gerichtliche Entscheidung nach §§ 111 1 IV, 161 a III, 163 III S 2, 172 II und 458 sowie nach §§ 22, 23, 37 **EGGVG** und § 109 **StVollzG** und der Antrag auf ein Nachverfahren (§ 439).

21 **3) Formlose Rechtsbehelfe** sind die Dienstaufsichtsbeschwerde und die Gegenvorstellung.

22 A. Die **Dienstaufsichtsbeschwerde,** die zu den Petitionen iS des Art 17 GG gehört (BVerwG NJW **77**, 118), wendet sich an den die Dienstaufsicht führenden Vorgesetzten. Mit ihr kann sowohl das dienstliche Verhalten des Beamten (Dienstaufsichtsbeschwerde ieS) als auch dessen Sachbehandlung (Sachaufsichtsbeschwerde) beanstandet werden. Sie ist an keine Form oder Frist gebunden. Im Bereich der StA kann Dienstaufsichtsbeschwerde beim GStA (vgl 18 zu § 172) und gegen dessen Entscheidung (oder auch unmittelbar) bei dem JM eingelegt werden (§ 147 GVG). Zur Dienstaufsichtsbeschwerde gegen polizeiliche Maßnahmen im Ermittlungsverfahren vgl 50 zu § 163, im Strafvollzug § 108 III **StVollzG.** Richterliche Entscheidungen unterliegen der Dienstaufsicht nicht (§ 26 I **DRiG**). Auf die Dienstaufsichtsbeschwerde muss die zuständige Behörde einen Bescheid erteilen, aus dem zu erkennen ist, dass die Eingabe geprüft und was veranlasst worden ist (10 vor § 33; SK-Frisch 40).

B. **Gegenvorstellungen,** auch gegen richterliche Entscheidungen, sind als Erscheinungsform des Petitionsrechts nach Art 17 GG zulässig (BVerfGE **9**, 89, 107 = NJW **59**, 427, 430; vgl allg: Matt MDR **92**, 820; Wölfl StraFo **03**, 222; Woesner NJW **60**, 2129). Sie sind eine Aufforderung an das Gericht, die eigene Entscheidung aus nachträglich besserer Einsicht von Amts wegen aufzuheben oder abzuändern (Stuttgart Justiz **71**, 148; Ellersieck 29; Hohmann JR **91**, 10; Woesner aaO). Sie können formlos (**aM** Wölfl aaO 225: schriftlich wegen Art 17 GG) erhoben werden und sind grundsätzlich an keine Frist gebunden (vgl aber Koblenz MDR **85**, 344: nicht nach mehr als einem Jahr; erg oben 6). Gegenvorstellungen setzen keine persönliche Beschwer voraus und stehen daher jedem am Strafprozess Beteiligten für die Anregung offen, eine unrichtige Entscheidung richtigzustellen (Schleswig NJW **78**, 1016). 23

Zulässig sind sie aber nur, wenn das Gericht seine Entscheidung selbst wieder aufheben darf (Wölfl aaO). Das ist der Fall (vgl § 306 II Hs 1), wenn ein Beschluss oder eine Verfügung mit dem Rechtsmittel der einfachen Beschwerde angefochten werden könnte oder nur deshalb nicht angefochten werden kann, weil § 305 S 1 entgegensteht (Woesner NJW **60**, 2131) oder der Rechtsmittelzug erschöpft ist (BGH MDR **64**, 1019; vgl. ferner Hohmann JR **91**, 12). Die Gegenvorstellung ist dann auch zulässig, wenn der Beschwerdeführer den möglichen Beschwerdeweg nicht oder nicht alsbald beschreiten will (SK-Frisch 33). Gegen die Entscheidung des Beschwerdegerichts sind Gegenvorstellungen nicht mehr statthaft, wenn die Sache wieder beim 1. Gericht anhängig ist. Der Betroffene muss dann einen Abänderungsantrag bei diesem Gericht stellen (Schleswig SchlHA **89**, 107 [L/G]; **aM** Matt MDR **92**, 826). Eine Ausnahme gilt nur, wenn dem Beschwerdegericht schwerwiegende Verfahrensfehler unterlaufen sind (Stuttgart Justiz **96**, 147). Eine Entscheidung, gegen die sofortige Beschwerde zulässig ist oder bei Vorhandensein einer (weiteren) Beschwerdeinstanz zulässig wäre, darf der Richter nicht ändern (§ 311 II S 1). 24

Daher sind in diesen Fällen auch Gegenvorstellungen **unzulässig** (Karlsruhe Justiz **84**, 190; München MDR **87**, 782; Schleswig SchlHA **85**, 134 [E/L]; LG Koblenz StraFo **07**, 41; Ellersiek 30; Werner NJW **91**, 20). Etwas anderes gilt nur dann, wenn mit den Gegenvorstellungen eine Grundrechtsverletzung behauptet wird und die Aufhebung der rechtskräftigen Entscheidung die Einlegung der Verfassungsbeschwerde (Einl 229 ff) ersparen würde (BVerfGE **63**, 77 = NJW **83**, 1900; Düsseldorf MDR **80**, 335; **82**, 518; Karlsruhe Justiz **02**, 24; erg Einl 234; **aM** Henschel Faller-FS 165; Meyer Kleinknecht-FS 280 ff; Zuck JZ **85**, 921). Ausnahmen gelten auch dann, wenn mit den Gegenvorstellungen beanstandet wird, dass ein befristetes Rechtsmittel nur deshalb als unzulässig verworfen worden ist, weil das Gericht auf Grund Tatsachenirrtums eine nicht bestehende Fristversäumung angenommen - oder eine Fristversäumung übersehen (Jena StraFo **09**, 207) – hat. Dann kann die Entscheidung aufgehoben werden (Nürnberg MDR **66**, 524; Meyer aaO 282; erg 13 zu § 346), ohne dass dazu die entspr Anwendung des § 33 a (**aM** Düsseldorf MDR **85**, 956) oder des § 44 (dort 2) notwendig wäre. Auch ein unheilbar unwirksamer Beschluss kann auf Gegenvorstellungen zurückgenommen werden (Einl 105). 25

Wer Gegenvorstellungen erhebt, hat **Anspruch auf Entscheidung des Gerichts** (LR-Hanack 85; Woesner NJW **60**, 2132; **aM** KK-Paul 4; KMR-Plöd 4); eine Begründung der Entscheidung ist nicht notwendig, aber wünschenswert (Wölfl StraFo **03**, 227). Eine *reformatio in peius* scheidet aus (Wölfl aaO). Bei unzulässigen oder unbegründeten Gegenvorstellungen ergeht aber kein förmlicher Beschluss; vielmehr teilt der Vorsitzende dem Beteiligten formlos die ablehnende Entscheidung mit. Sind die Gegenvorstellungen begründet, so ergeht ein neuer Beschluss, dessen Anfechtbarkeit sich nach den gesetzlichen Vorschriften richtet (Hohmann JR **91**, 13). 26

Anfechtungsberechtigte **RiStBV 147–150**

296 I **Die zulässigen Rechtsmittel gegen gerichtliche Entscheidungen stehen sowohl der Staatsanwaltschaft als dem Beschuldigten zu.**

II **Die Staatsanwaltschaft kann von ihnen auch zugunsten des Beschuldigten Gebrauch machen.**

1 **1) Anfechtungsberechtigte** (I)

2 A. Die **StA** kann (mit der Wirkung des § 301) zuungunsten des Beschuldigten Rechtsmittel einlegen, aber auch zu seinen Gunsten (unten 14 ff). Anfechtungsberechtigt ist die StA bei dem Gericht, das die Entscheidung erlassen hat; nur im Vorverfahren können auch Entscheidungen bezirksfremder Gerichte angefochten werden (Loh MDR **70**, 81; erg 1 zu § 162). Die Ersetzungsbefugnis des § 145 GVG ist zu beachten. Wirksam ist die Rechtsmittelerklärung aber auch, wenn sie der StA nach behördeninterner Anweisung nicht ohne Zustimmung des Vorgesetzten hätte abgeben dürfen (BGH **19**, 377, 382).

3 Berufung können auch die **Amtsanwälte** einlegen, da dieses Rechtsmittel nach § 314 I noch an das AG zu richten ist (Amelunxen [B] 40). Ob dem örtlichen Sitzungsvertreter (9 zu § 142 GVG) neben der Vertretung der StA vor dem Strafrichter auch noch die Einlegung der Berufung übertragen werden kann, richtet sich nach Landesrecht. In Bayern ist er dazu ermächtigt (Art 14 II S 2 AGGVG iVm § 1 Nr 4 der VO vom 16. 5. 1957 [GVBl 119] mit ÄndVO vom 18. 6. 1970 [GVBl 296], vgl Bay **61**, 75), nicht aber in Hessen (Frankfurt DRiZ **78**, 186) und Schleswig-Holstein (Schleswig SchlHA **72**, 161 [E/J]).

4 Die StA entscheidet nach **pflichtgemäßem Ermessen,** ob sie ein Rechtsmittel einlegen will (vgl dazu Amelunxen [R] 20 ff; Leonhardt, Rechtsmittelermessen der Staatsanwaltschaft, 1994; Matthies StraFo **09**, 229; RiStBV 147 I, II); das Legalitätsprinzip gilt hierbei nicht mehr, sondern wirkt auf das Prozessverhalten des StA nur mittelbar ein (2 zu § 152).

5 B. Der **Beschuldigte** kann Rechtsmittel ohne Rücksicht auf Alter und Geschäftsfähigkeit einlegen; er darf aber nicht verhandlungsunfähig sein (Hamburg NJW **78**, 602; KK-Paul 3; **aM** SK-Frisch 7), sofern er nicht im bisherigen Verfahren als verhandlungsfähig angesehen (LR-Hanack 5) oder, im Fall des § 413, trotz seiner Verhandlungsunfähigkeit gegen ihn verhandelt worden ist. Wegen des gesetzlichen Vertreters vgl § 298 I, wegen der Erziehungsberechtigten § 67 III **JGG.** Beistände nach § 149 I und § 69 I **JGG** sind nicht rechtsmittelberechtigt, auch nicht der Bewährungshelfer (Koblenz NStZ-RR **96**, 300). Das Gleiche gilt für den Insolvenzverwalter (Partei kraft Amtes), da das Gesetz diese nicht, wie erforderlich (LR-Hanack 3; SK-Frisch 104 vor § 296), als Anfechtungsberechtigte bezeichnet (unzutr daher BGH NStZ **99**, 573).

6 Rechtsmittel können auch die **Nebenbeteiligten** (vgl §§ 433 I S 1, 440 III, 442 I, 444 II S 2) einlegen.

7 Wegen der **Verteidiger** vgl § 297.

8 C. **Privat- und Nebenkläger** sind rechtsmittelberechtigt, der Nebenkläger aber nur wegen des Nebenklagedelikts und nur zu Ungunsten des Beschuldigten (1 zu § 400), auch nicht zu Gunsten eines Nebenbeteiligten; vgl aber 2 zu § 301.

9 D. **Antragsteller im Anhangsverfahren** sind – abgesehen von der sofortigen Beschwerde nach § 406 a I S 1 – im Übrigen nicht rechtsmittelberechtigt (§ 406 a I S 2).

10 E. **Zeugen, Sachverständige und andere von einer Entscheidung betroffene Personen** können nach § 304 II Beschwerde einlegen, aber keine anderen Rechtsmittel.

11 **2)** Das **zulässige Rechtsmittel** (1 vor § 296) bestimmt sich nicht nach der Bezeichnung der angefochtenen Entscheidung, sondern nach ihrem sachlichen Inhalt

(BGH **8**, 383; **18**, 381, 385 = JZ **63**, 714 mit Anm EbSchmidt; BGH **25**, 242; GA **82**, 219 = StV **82**, 61; MDR **66**, 384 [D]).

Bezeichnet sich die Entscheidung als Urteil, ist sie aber nach dem Verfahrensrecht ein **Beschluss,** so ist sie nur mit Beschwerde anfechtbar. Das gilt zB für die durch Urteil angeordnete vorläufige Verfahrenseinstellung (BGH **25**, 242 = JR **74**, 522 mit Anm Kohlhaas; Meyer-Goßner JR **77**, 355) und die Einstellung des Privatklageverfahrens nach § 383 II (KG JR **69**, 472; Düsseldorf MDR **62**, 327), für die im Urteil bestimmte Strafaussetzung nach § 57 StGB (BGH StV **82**, 61) und für die Verwerfung der sofortigen Beschwerde nach § 59 **JGG** durch Urteil (Hamm MDR **79**, 253; Koblenz OLGSt § 59 JGG Nr 1). 12

Ist eine als Beschluss bezeichnete Entscheidung ihrem Wesen nach ein **Urteil** richtet sich die Anfechtbarkeit nach dieser Eigenschaft (BGH **18**, 381, 385; Bay **77**, 176 = NJW **78**, 903). Das gilt zB, wenn in der Hauptverhandlung das Verfahren durch Beschluss nach § 206 a eingestellt (KG VRS **100**, 134; Celle NJW **60**, 114; Köln NJW **66**, 1935; Stuttgart Justiz **72**, 363) oder die Berufung nach § 322 I S 2 (RG **63**, 246) oder nach § 329 I durch Beschluss verworfen (KG JW **29**, 1894 mit Anm Pestalozza) oder das Urteil aufgehoben und die Sache zurückverwiesen (RG **65**, 397) oder ein verspäteter Einspruch gegen einen Strafbefehl verworfen wird (Bay **59**, 84 = Rpfleger **60**, 62). Hat die Entscheidung eine mündliche Verhandlung und öffentliche Verkündung vorausgesetzt, so bleibt sie auch dann ein Urteil, wenn die Verhandlung unterblieben ist (BGH **8**, 383 = JZ **56**, 501 mit Anm Henkel). Andererseits wird eine Entscheidung ihrem Wesen nach nicht dadurch zum Urteil, dass das Gericht entgegen dem Gesetz eine Hauptverhandlung anberaumt und in ihr entscheidet. 13

3) Rechtsmittel der StA zugunsten des Beschuldigten (II): Als staatliches Rechtspflegeorgan kann die StA Rechtsmittel auch zugunsten des Beschuldigten einlegen, und zwar ohne dessen Einverständnis, sogar gegen seinen Widerspruch (vgl aber § 302 I S 2), allerdings nur, wenn der Beschuldigte durch die Entscheidung beschwert ist (RG **42**, 399; Koblenz NJW **82**, 1770; LR-Hanack 7). Bei der Ausübung seines Ermessens ist der StA an RiStBV 147 III S 1 gebunden. Dass das Rechtsmittel zugunsten des Beschuldigten eingelegt wird, muss spätestens bis zum Ablauf der Begründungsfrist deutlich zum Ausdruck gebracht werden (vgl RiStBV 147 III S 2). Eine nicht eindeutige Erklärung ist nach ihrem Gesamtinhalt auszulegen (BGH **2**, 41 = NJW **52**, 435 mit Anm Cüppers), nicht auf Grund von Vorgängen und Erklärungen außerhalb dieser Willensäußerung (BGH aaO; **aM** Sarstedt/Hamm 45). Im Zweifel ist anzunehmen, dass das Rechtsmittel zuungunsten des Beschuldigten eingelegt ist (RG **65**, 231, 235; Koblenz MDR **74**, 331). Die Rechtsmitteleinlegung zugunsten des Beschuldigten enthält eine Rechtsmittelbeschränkung in dem Sinne, dass das Berufungs- und Revisionsgericht nicht zu seinen Ungunsten entscheiden darf (§§ 331, 358 II). 14

Die StA kann Rechtsmittel auch zugunsten des Einziehungsbeteiligten und anderer **Nebenbeteiligter** einlegen, auch zugunsten der in § 304 II bezeichneten Personen, etwa des nach § 470 zu den Kosten verurteilten Antragstellers (RG **7**, 409). Sie kann jedoch keine Rechtsmittel zugunsten des Nebenklägers einlegen (LG Dresden NStZ **94**, 251; EbSchmidt 7; **aM** Dresden NStZ-RR **00**, 115 mwN), denn sie hat nicht die Verfahrensposition des Nebenklägers, die sich auf sein persönliches Interesse auf Genugtuung beschränkt (1 vor § 395; BGH **37**, 136), zu verfolgen; vgl auch zur Privatklage 9 zu § 377. 15

Für **andere Rechtsbehelfe** als Beschwerde, Berufung und Revision gilt II nicht, insbesondere nicht für den Wiedereinsetzungsantrag (9 zu § 44). Nach § 365 (dort 2) ist die Vorschrift aber auf Wiederaufnahmeanträge anwendbar. 16

4) Über **mehrere** (zulässige) **Rechtsmittel** (zB des Angeklagten und der StA) gegen ein dieselbe Tat betreffendes Urteil ist auf Grund einer einheitlichen Hauptverhandlung einheitlich zu entscheiden (Köln NStZ-RR **08**, 207; KK-Paul 9 und SK-Frisch 23, je zu § 327; erg 2 zu § 328). Die teilweise unterlassene Entscheidung stellt einen Verfahrensfehler dar (Düsseldorf NStZ-RR **01**, 246, das aber 17 unrichtig statt das angefochtene Urteil zu ergänzen wegen fehlenden Beruhens auf dem Fehler von einer Entscheidung abgesehen hat; näher dazu Meyer-Goßner Gössel-FS 644).

Verteidiger

297 **Für den Beschuldigten kann der Verteidiger, jedoch nicht gegen dessen ausdrücklichen Willen, Rechtsmittel einlegen.**

1 **1)** Nur für **Rechtsmittel** (1 ff vor § 296) gilt § 297, nicht für andere Rechtsbehelfe (Kleinknecht NJW **61**, 87: Wiedereinsetzungsanträge; erg 4 zu § 44). Die entspr Anwendung der Vorschrift bestimmen §§ 118b, 365, 410 I S 2. Für die Prozessbevollmächtigten und Beistände von Privat- und Nebenklägern gilt § 297 nicht entspr (LR-Hanack 3).

2 **2)** Als **Verteidiger** ist, ohne dass es einer weiteren Vollmacht bedarf (BGH **12**, 367, 370), der im bisherigen Verfahren tätig gewesene Wahl- oder Pflichtverteidiger ausgewiesen, auch der Verteidiger nach §§ 138 II, 139 und der ohne besondere Vollmacht neben dem Angeklagten in der Hauptverhandlung aufgetretene Verteidiger (Koblenz VRS **68**, 51; erg 9 vor § 137; 6 ff zu § 145 a). § 297 begründet eine Rechtsvermutung, dass der Verteidiger mit Vollmacht und auf Grund eines entspr Auftrags des Beschuldigten handelt (Düsseldorf NStZ **97**, 52). Rechtsmittel einlegen kann aber auch, wer erst später zum Verteidiger bestellt worden ist. Die Vollmacht muss dann vor der Rechtsmitteleinlegung erteilt, kann aber später nachgewiesen werden (BGH **36**, 259, 260; Hamm VRS **108**, 266). Die nachträgliche Genehmigung der Rechtsmitteleinlegung durch den Beschuldigten innerhalb oder außerhalb der Rechtsmittelfrist genügt nicht (RG **66**, 265, 267; LR-Hanack 5). Der Sozius des Pflichtverteidigers ist nicht rechtsmittelberechtigt (Bay **80**, 97 = NJW **81**, 1629; 15 zu § 142).

3 **3) Aus eigenem Recht und im eigenen Namen** handelt der Verteidiger bei der Anfechtung; er darf dieses Recht aber nicht gegen den Willen des Beschuldigten ausüben (BGH **12**, 367, 370; Bay **77**, 102 = VRS **53**, 362; Düsseldorf MDR **83**, 512; Koblenz VRS **68**, 51). Auch beim Zusammentreffen verschiedenartiger Anfechtung durch den Beschuldigten und den Verteidiger ist der Wille des Beschuldigten maßgebend (Düsseldorf NStZ-RR **00**, 148 mwN), aber nur, sofern er noch verfahrensmäßig beachtet werden kann (vgl Düsseldorf NStZ-RR **02**, 177).

4 **Beschränkungen des sich aus § 297 ergebenden Rechts** müssen ausdrücklich erklärt werden, entweder schon in der Verteidigungsvollmacht oder durch spätere Erklärung gegenüber dem Verteidiger oder dem Gericht (Düsseldorf NStZ **89**, 289; Koblenz VRS **68**, 51). Bloße Zweifel an der Beschränkung machen das Rechtsmittel nicht unzulässig; ob es dem Willen des Beschuldigten widerspricht, muss ggf aufgeklärt werden (Karlsruhe NStZ-RR **04**, 271; SK-Frisch 13).

5 **Unwirksam ist das Rechtsmittel,** wenn das Urteil bereits durch Rechtsmittelverzicht des Angeklagten rechtskräftig geworden ist (BGH NJW **78**, 330; NStZ **86**, 208 [Pf/M]) oder wenn der Angeklagte nach Eingang des Rechtsmittels bei Gericht auf Rechtsmittel verzichtet (BGH GA **73**, 46; Düsseldorf MDR **83**, 512; Karlsruhe Justiz **64**, 270) oder dem Rechtsmittel widerspricht; beides ist als Zurücknahme (§ 302 I S 1) anzusehen (KK-Paul 3).

6 Das Recht, für den Beschuldigten Rechtsmittel einzulegen, **erlischt** mit Entziehung der Vollmacht, die das bereits eingelegte Rechtsmittel idR aber unberührt lässt, Zurücknahme der Bestellung (§ 143) oder Tod des Beschuldigten (14 zu § 138).

7 **4)** Auch ein **Vertreter, der nicht Verteidiger ist,** kann für den Beschuldigten Rechtsmittel einlegen (RG **66**, 209, 211; Bay **75**, 104 = NJW **76**, 156; erg 12 vor § 137), auch eine JP, für die deren Vertretungsberechtigter die Erklärung ab-

geben muss (Hamm NJW **52**, 1150). Dabei kann es sich um Vertretung in der Erklärung oder im Willen handeln (Bay **64**, 85 = JR **64**, 427 mit Anm Dünnebier; einschr W. Schmid SchlHA **81**, 108). Der Vertreter kann die Rechtsmittelurkunde mit dem Namen des Angeklagten unterzeichnen (RG **66**, 209, 211; Hamm aaO); er kann das Rechtsmittel auch zu Protokoll der Geschäftsstelle einlegen und begründen (Einl 134). Der für den Beschuldigten handelnde Vertreter braucht wie der Beschuldigte selbst nur verhandlungsfähig zu sein (Einl 134). Es genügt die mündliche Bevollmächtigung zur Rechtsmitteleinlegung. Die Vollmacht muss bei der Einlegung erteilt worden sein, kann aber später nachgewiesen werden (oben 2).

Gesetzlicher Vertreter **RiStBV 154 II**

298 **I Der gesetzliche Vertreter eines Beschuldigten kann binnen der für den Beschuldigten laufenden Frist selbstständig von den zulässigen Rechtsmitteln Gebrauch machen.**

II Auf ein solches Rechtsmittel und auf das Verfahren sind die für die Rechtsmittel des Beschuldigten geltenden Vorschriften entsprechend anzuwenden.

1) Ein **eigenes Recht auf Rechtsmitteleinlegung** (I) im Beschwerde-, Berufungs- und Revisionsverfahren, nicht im Ordnungsmittelverfahren nach § 51 (KG 3 Ws 22/70 vom 27. 4. 1970), hat der gesetzliche Vertreter (zum Begriff vgl 19 zu § 52), aber nur innerhalb der für den Beschuldigten laufenden Frist (anders bei den Begründungsfristen nach §§ 317, 345 I, bei denen es auf die Zustellung an den Beschwerdeführer ankommt) und nur zu dessen Gunsten (Celle NJW **64**, 417; Hamm NStZ **08**, 119, 120; **09**, 44; Schleswig SchlHA **95**, 7 [L/T]; vgl auch BGH **19**, 196, 198). Andere Rechtsbehelfe, zB nach §§ 44, 319 II, 346 II, kann er nur für sein eigenes Rechtsmittel einlegen (RG **38**, 9; LR-Hanack 5); vgl aber § 118b (Antrag auf Haftprüfung), 4 zu § 365 (Antrag auf Wiederaufnahme), § 410 I S 2 (Einsprüche im Strafbefehlsverfahren). Ein nach § 1902 BGB bestellter Betreuer ist nur rechtsmittelbefugt, wenn sein Aufgabenbereich sich speziell oder nach dem allgemeinen Umfang der Bestellung auf eine Betreuung in dem Straf- oder Vollstreckungsverfahren bezieht (Hamm NStZ **08**, 119). 1

Der **Widerspruch des Beschuldigten** macht das Rechtsmittel des gesetzlichen Vertreters nicht unzulässig (LR-Hanack 7), auch nicht der vor Ablauf der Anfechtungsfrist erklärte Rechtsmittelverzicht des Beschuldigten oder seines Verteidigers (Schleswig SchlHA **85**, 134 [E/L]), auch wenn der StA ebenfalls auf Anfechtung verzichtet hat; denn die Rechtskraft tritt vor Ablauf der Frist erst ein, wenn alle zur Anfechtung Berechtigten auf Rechtsmittel verzichtet haben (Einl 164). 2

Zurücknehmen oder nachträglich beschränken (2, 14 zu § 302) kann der gesetzliche Vertreter sein Rechtsmittel entspr § 302 I S 2 nur mit Zustimmung des Beschuldigten (Celle NJW **64**, 417; Düsseldorf NJW **57**, 840; Pentz GA **58**, 304; vgl auch § 55 III **JGG**), selbst wenn der Beschuldigte bereits auf Rechtsmittel verzichtet hatte (Celle aaO). 3

Aufgrund einer **Vollmacht** des Beschuldigten kann der gesetzliche Vertreter auch in dessen Namen ein Rechtsmittel einlegen (7 zu § 297). Der gesetzliche Vertreter kann sich von einem Bevollmächtigten vertreten lassen. 4

2) Verfahren (II): Ort und Zeit der Hauptverhandlung sollen dem gesetzlichen Vertreter rechtzeitig mitgeteilt werden (§ 149 II). War er in der Hauptverhandlung nicht anwesend, so braucht ihm das Urteil nicht zugestellt zu werden (vgl aber § 67 II **JGG**); dass ihm der Ausgang der Hauptverhandlung nicht mitgeteilt worden ist, gibt ihm daher keinen Anspruch auf Wiedereinsetzung (BGH **18**, 22; Bay **54**, 51 = NJW **54**, 1378; Schleswig SchlHA **85**, 134 [E/L]; Hanack JZ **73**, 660; **aM** Stuttgart NJW **60**, 2353). Nach Einlegung des Rechtsmittels hat er die 5 gleichen Befugnisse wie der Angeklagte. Er wird zur Hauptverhandlung geladen (vgl § 330), darf an ihr teilnehmen, Anträge stellen (vgl 30 zu § 244) und Erklärungen abgeben. Ist er nicht auf freiem Fuß, so muss er auf seinen Antrag vorgeführt werden, wenn die Hauptverhandlung am Haftort stattfindet (RG **64**, 364; vgl auch § 330 II). Zur Kostentragungspflicht des gesetzlichen Vertreters vgl 8 zu § 473. Der Angeklagte ist so zu behandeln, als habe er die Entscheidung selbst angefochten; die Rechtsmitteleinlegung ist ihm bekanntzugeben (vgl auch § 330 I). Ist eine weitere Anfechtung statthaft, so kann er die neue Entscheidung selbst dann anfechten, wenn er auf Rechtsmittel gegen die 1. Entscheidung verzichtet hatte (Hamm NJW **73**, 1850).

6 **3) Endet die gesetzliche Vertretung,** etwa weil der Beschuldigte volljährig geworden ist, vor der Entscheidung über das Rechtsmittel, so wird es nicht unzulässig, sondern verliert nur seine Selbstständigkeit (BGH **10**, 174; NJW **64**, 1732). Die Verfügungsbefugnis geht auf den Angeklagten über (BGH aaO); er kann das Rechtsmittel weiterführen, auch wenn er zuvor auf ein eigenes Rechtsmittel verzichtet hatte (BGH **10**, 174, SK-Frisch 18). Nimmt der Angeklagte es nicht zurück, so wird über das Rechtsmittel auch dann sachlich entschieden, wenn der Angeklagte es nicht übernimmt (BGH **10**, 174, 176; **22**, 321, 326). Wechselt der gesetzliche Vertreter, so tritt der neue in das Verfahren ein (LR-Hanack 17).

7 **4)** Im **Jugendstrafverfahren** stehen die Rechte des gesetzlichen Vertreters nach § 298 auch dem Erziehungsberechtigten zu (§ 67 III **JGG**). Sind mehrere vorhanden, so kann jeder von ihnen diese Rechte ausüben (§ 67 V S 1 **JGG**).

Beschuldigter in Verwahrung

299 **I Der nicht auf freiem Fuß befindliche Beschuldigte kann die Erklärungen, die sich auf Rechtsmittel beziehen, zu Protokoll der Geschäftsstelle des Amtsgerichts geben, in dessen Bezirk die Anstalt liegt, wo er auf behördliche Anordnung verwahrt wird.**

II Zur Wahrung einer Frist genügt es, wenn innerhalb der Frist das Protokoll aufgenommen wird.

1 **1)** Eine **Ausnahme** von der allgemeinen Regel, dass eine Verfahrenserklärung erst mit dem Eingang bei dem zuständigen Gericht wirksam wird, bestimmt die Vorschrift. Durch die Rechtsmitteleinlegung beim Gericht des Verwahrungsorts soll der umständliche und zeitraubende Weg vermieden werden, den Inhaftierten dem zuständigen, möglicherweise weit entfernten Gericht vorzuführen oder den UrkB dieses Gerichts zum Aufsuchen der Vollzugsanstalt zu zwingen (Düsseldorf NJW **70**, 1890).

2 Die Vorschrift gilt nur **für nicht auf freiem Fuß befindliche Beschuldigte.** Das sind alle Beschuldigten, die auf behördliche Anordnung verwahrt werden (erg 13 zu § 35), auch wenn sie sich in einer Haftanstalt des Ortes befinden, in dem das zuständige Gericht seinen Sitz hat (Sarstedt/Hamm 124; W. Schmid Rpfleger **62**, 301). Außer für den Beschuldigten gilt § 299 für den gesetzlichen Vertreter (§ 298 II), nicht aber für Privat- und Nebenkläger (Hamm NJW **71**, 2181; Sarstedt/Hamm aaO).

3 **2) Erklärungen, die sich auf Rechtsmittel beziehen,** sind die Einlegung und Begründung von Rechtsmitteln, der Verzicht auf sie (BGH NJW **58**, 470; MDR **78**, 281 [H]), ihre Zurücknahme (BGH MDR **68**, 18 [D]), Wiedereinsetzungsanträge und Gegenerklärungen, zB nach §§ 347 I S 3, 349 II S 2, aber immer nur in Sachen, in denen der Inhaftierte Beschuldigter ist, wenn auch nicht notwendig in der Sache, in der er sich in Haft befindet.

4 **§ 299 gilt nicht** für die *schriftliche* Einlegung von Rechtsmitteln (BGH NStZ **97**, 560; Düsseldorf NStZ-RR **99**, 147; Rpfleger **83**, 363; Hamm NJW **71**,

2181) und für Anträge anderer Art, zB für Einwendungen nach §§ 6a S 2, 16 S 2, Anträge (oder Anträge auf Prozesskostenhilfe) nach § 172 (KG JR **64**, 28; Düsseldorf MDR **88**, 165; Hamm aaO; Stuttgart Justiz **83**, 242; **aM** Bremen NJW **62**, 169), Erklärungen im Verwaltungsstreitverfahren (OVG Hamburg MDR **70**, 266) und Verfassungsbeschwerden (Bremen Rpfleger **58**, 228).

Die **entsprechende Anwendung** der Vorschrift bestimmen §§ 118b, 298 II, 365, 410 I S 2, ferner § 29 II **EGGVG** und § 120 I **StVollzG.** 5

3) Kein Wahlrecht zwischen dem AG des Verwahrungsorts und dem zuständigen Gericht hat der Beschuldigte (Meyer JR **82**, 169). Die Vorführung vor das zuständige Gericht kann er selbst dann nicht verlangen, wenn es sich am Haftort befindet (LR-Hanack 1; **aM** Bremen Rpfleger **56**, 240; Stuttgart NStZ **81**, 492 = JR **82**, 167 mit abl Anm Meyer; W. Schmid Rpfleger **62**, 301), insbesondere dann nicht, wenn sich in der Haftanstalt eine Geschäftsstelle des örtlich zuständigen AG befindet (Meyer aaO; vgl auch SK-Frisch 4). 6

4) Die **Wirksamkeit der Erklärung** vor dem AG des Verwahrungsorts tritt bereits mit dem Abschluss der Beurkundung ein. Das gilt grundsätzlich auch für Erklärungen nach § 302 I (BGH NJW **58**, 470; MDR **68**, 18 [D]; **78**, 281 [H]; **aM** LR-Hanack 38 zu § 302). Ist die Sache schon beim Rechtsmittelgericht anhängig, so wird die Rücknahmeerklärung aber erst wirksam, wenn sie dort eingeht (BGH MDR **78**, 281 [H]; erg 8 zu § 302). 7

5) Fristversäumnis: Der Beschuldigte darf nicht darauf vertrauen, dass in der Haftanstalt an jedem Tag ein Urkundsbeamter zur Verfügung steht, um rechtzeitig ein Rechtsmittel einlegen zu können; gibt er erst am Tag vor Fristablauf einen Vormelder zur Vorführung zu dem Urkundsbeamten ab, hat er es zu vertreten, wenn die Frist versäumt wird (KG NStZ-RR **09**, 19). 8

Falsche Bezeichnung

300 Ein Irrtum in der Bezeichnung des zulässigen Rechtsmittels ist unschädlich.

1) Einen **allgemeinen Rechtsgedanken** drückt § 300 aus. Der Bürger hat nach Art 19 IV GG einen substantiellen Anspruch auf eine möglichst wirksame gerichtliche Kontrolle in allen ihm von der Prozessordnung zur Verfügung gestellten Rechtszügen (BVerfGE **35**, 263, 274 = NJW **73**, 1491; BVerfGE **40**, 272, 275 = NJW **76**, 141); der bloße Irrtum bei der Erklärung darf daher sein Rechtsmittel nicht unzulässig machen. § 300 gilt für alle Rechtsbehelfe und Anträge im Strafverfahren (RG **67**, 123, 125) und im Bußgeldverfahren (BGH **23**, 233, 235). Den Übergang von einem Rechtsmittel zum anderen (vgl 9ff zu § 335) ermöglicht die Vorschrift nicht (Zweibrücken StV **97**, 313). 1

2) Unschädlich ist die fehlende oder (auch aus Irrtum über die Zulässigkeit des Rechtsmittels) falsche Bezeichnung des Rechtsmittels, auch der StA (BGH **50**, 180) und des Verteidigers, wenn nur ein bestimmtes Rechtsmittel statthaft und die Einlegung des zulässigen Rechtsmittels offensichtlich bezweckt ist (KG VRS **35**, 287; Celle VRS **15**, 58; Düsseldorf VRS **59**, 358; Kleinknecht JZ **60**, 674). Daher kann mangels Willen, ein Rechtsmittel einzulegen, zwar ein Kostenfestsetzungsantrag idR nicht in eine sofortige Beschwerde gegen die Kostenentscheidung umgedeutet werden (Düsseldorf NStE Nr 4; zu einem Ausnahmefall vgl jedoch Hamm NStE Nr 6), wohl aber wird zB eine unzulässige sofortige Beschwerde gegen ein Einstellungsurteil als Berufung (Celle NJW **60**, 114), eine unzulässige Beschwerde gegen eine Entscheidung nach § 111i II als Revision (BGH 2 StR 524/09 vom 17. 2. 2010), eine Berufung unter Beschränkung auf die Bewährungsauflage als Beschwerde nach § 305a (Bay VRS **66**, 37), eine Berufung unter Beschränkung auf die Strafaussetzung als sofortige Beschwerde nach § 59 I **JGG** (Hamm 2

MDR **79**, 253) und ein unzulässiger Wiedereinsetzungsantrag gegen ein Berufungsurteil als Revision behandelt (Hamm JMBlNW **65**, 82). Ist nur der Antrag nach § 33 a zulässig, so wird die Eingabe als solcher Antrag behandelt (Düsseldorf OLGSt S 3). Wenn allerdings der Beschwerdeführer auf der Durchführung des unzulässigen Rechtsmittels besteht, muss es verworfen werden (Düsseldorf MDR **62**, 328; SK-Frisch 5). Das Gleiche gilt, wenn auch das an sich statthafte Rechtsmittel unzulässig ist, weil das Rechtsmittelvorbringen nicht der erforderlichen Form entspricht.

3 **3) Auszulegen** ist die Erklärung, wenn mehrere Rechtsmittel zulässig sind und unklar bleibt, welches eingelegt werden soll (vgl auch 5 zu § 335). Maßgebend sind der Gesamtinhalt der Verfahrenserklärungen und die Erklärungsumstände (BGH **2**, 41, 43; **19**, 273, 275), soweit sie innerhalb der für die Einlegung des Rechtsmittels geltenden Frist erkennbar werden (Bay **73**, 146 = NJW **74**, 199, 200; Düsseldorf NStE NR 5). Das Rechtsmittel ist so zu deuten, dass der erstrebte Erfolg möglichst erreichbar ist (BGH NJW **56**, 756; Düsseldorf VRS **59**, 358; Hamburg NJW **70**, 1467; Hamm wistra **00**, 318; Koblenz VRS **65**, 45; Stuttgart Justiz **86**, 27, 28). Im Zweifel gilt das Rechtsmittel als eingelegt, das die umfassendere Nachprüfung erlaubt (Koblenz aaO; Köln MDR **80**, 690; Schleswig SchlHA **85**, 140 [E/L]; vgl auch 4 ff zu § 335); ebenso ist zu verfahren, wenn zwischen Rechtsmittelerklärungen des Angeklagten und des Verteidigers nach § 297 ein nicht aufklärbarer Widerspruch besteht (Düsseldorf MDR **93**, 676). Eine „Revision", mit der die erneute Prüfung des Sachverhalts erstrebt wird, ist als Berufung (Schleswig SchlHA **87**, 114 [L]), eine unzulässige Rechtsbeschwerde als Berufung, nicht als Revision (Bay **69**, 93 = JR **69**, 470 mit Anm Göhler; Düsseldorf GA **90**, 567; Hamm VRS **49**, 49; Jena VRS **116**, 364), ein „Wiedereinsetzungsantrag" uU als Berufung (Düsseldorf NJW **88**, 153) zu behandeln. Soll ein Urteil sowohl mit Berufung oder Revision als auch, wegen einer Nebenentscheidung, mit der sofortigen Beschwerde angefochten werden, so muss innerhalb der Frist des § 311 II S 1 die Einlegung auch dieses Rechtsmittels ausdrücklich erklärt werden; die Berufung oder Revision darf nicht als sofortige Beschwerde ausgelegt werden (21 zu § 464). Eine Umdeutung, dass ein für einen Beschwerdeführer eingelegtes Rechtsmittel für einen anderen gelten solle, ist nicht möglich (BGH DAR **96**, 180 [To]). In Zweifelsfällen ist eine Erläuterung durch den Beschwerdeführer einzuholen (BGH **2**, 63, 67). Zur Auslegung von Revisionsrügen vgl 11 zu § 344.

Rechtsmittel der StA **RiStBV 147, 149**

301 **Jedes von der Staatsanwaltschaft eingelegte Rechtsmittel hat die Wirkung, dass die angefochtene Entscheidung auch zugunsten des Beschuldigten abgeändert oder aufgehoben werden kann.**

1 **1) Zugunsten des Beschuldigten** kann ein Rechtsmittel der StA in den Grenzen der zulässigen Nachprüfung nach §§ 327, 352 (vgl BGH 1 StR 428/01 vom 4. 12. 2001: keine Schuldspruchänderung bei auf den Rechtsfolgenausspruch beschränkter Revision der StA) auch wirken, wenn es zu seinen Ungunsten eingelegt ist. Das Rechtsmittel muss aber zulässig sein (RG **63**, 184, 186). § 301 ist trotz des missverständlichen Wortlauts („kann") zwingendes Recht. Ist ein Urteil auf die Berufung der StA nach § 301 abgeändert worden, so kann der Angeklagte dagegen Revision einlegen, auch wenn er das 1. Urteil nicht oder nur teilw angefochten hatte (München wistra **06**, 439); da die Sache aber nur zu seinen Gunsten anhängig bleibt, gilt dann das Verbot der Schlechterstellung (11 zu § 358).

2 **2) Entsprechend anwendbar** ist die Vorschrift auch zugunsten der Verfalls- oder Einziehungsbeteiligten (§§ 431 I S 1, 442 I, II S 2) und der beteiligten JP oder PV (§ 444), auf das Rechtsmittel des Privatklägers (vgl § 390 I S 3) und des

Nebenklägers (BGH NJW **86**, 2716, 2717; 4 StR 589/09 vom 12. 1. 2010) sowie im Wiederaufnahmeverfahren (5 zu § 365).

3) Die **Entscheidung** lautet bei der Anwendung des § 301 nicht auf Verwerfung des zuungunsten des Angeklagten eingelegten Rechtsmittels, sondern auf Aufhebung oder Abänderung der angefochtenen Entscheidung auf das Rechtsmittel der StA (KMR-Plöd 5; **aM** SK-Frisch 6; erg 15 zu § 473). Hat auch das von dem Angeklagten oder sonst zu seinen Gunsten eingelegte Rechtsmittel Erfolg, so ist das Urteil auf beide Rechtsmittel hin aufzuheben. Die Rspr beschränkt sich aus Vereinfachungsgründen allerdings darauf, das zu Ungunsten des Angeklagten eingelegte Rechtsmittel der StA oder des Privat- oder Nebenklägers zu verwerfen (BGH VRS **50**, 369; 1 StR 144/08 vom 15. 7. 2008). Das ist wegen der Unabänderlichkeit der Entscheidung im Revisionsverfahren vertretbar, nicht aber im Berufungsverfahren (dazu im Einzelnen Meyer-Goßner/Cierniak NStZ **00**, 611). 3

Zurücknahme und Verzicht **RiStBV 152**

302 **I [1]Die Zurücknahme eines Rechtsmittels sowie der Verzicht auf die Einlegung eines Rechtsmittels können auch vor Ablauf der Frist zu seiner Einlegung wirksam erfolgen. [2]Ist dem Urteil eine Verständigung vorausgegangen, ist ein Verzicht ausgeschlossen. [3]Ein von der Staatsanwaltschaft zugunsten des Beschuldigten eingelegtes Rechtsmittel kann ohne dessen Zustimmung nicht zurückgenommen werden.**

II Der Verteidiger bedarf zur Zurücknahme einer ausdrücklichen Ermächtigung.

1) Rechtsmittelrücknahme (I S 1): 1

A. **Ganz oder teilweise** kann ein Rechtsmittel zurückgenommen werden, 2
auch wenn es unzulässig ist (BGH NStZ **95**, 356; NStZ-RR **00**, 305). Die in der Teilrücknahme liegende nachträgliche Rechtsmittelbeschränkung ist in gleicher Weise und in gleichem Umfang zulässig wie eine von vornherein nach §§ 318, 344 I erklärte Beschränkung des Rechtsmittels (BGH **33**, 59; KK-Paul 7). I S 2 und § 55 III **JGG** gelten auch für die Teilrücknahme.

B. **Rücknahmeberechtigt** ist, wer das Rechtsmittel eingelegt hat. Der jugend- 3
liche Beschuldigte kann sein Rechtsmittel ohne Zustimmung des gesetzlichen Vertreters zurücknehmen. Die Wirksamkeit der Rücknahmeerklärungen anderer Beteiligter setzt deren Handlungsfähigkeit (Einl 98) voraus. Wegen des gesetzlichen Vertreters und der Erziehungsberechtigten vgl 3, 7 zu § 298; erg unten 8a.

Die **Rücknahmeerklärung des Angeklagten** erstreckt sich stets auch auf das 4
Rechtsmittel des Verteidigers (BGH NStZ **85**, 207 [Pf/M]; StraFo **05**, 161 NStZ-RR **07**, 210). Haben mehrere Verteidiger Rechtsmittel eingelegt, so führt die im Auftrag des Angeklagten erklärte Zurücknahme des einen zur Zurücknahme des Rechtsmittels insgesamt (BGH NStZ **96**, 202; BGHR § 302 I S 1 Rechtsmittelverzicht 15); anders kann es sein, wenn ein besonderer Auftrag des Angeklagten nicht vorliegt (Koblenz VRS **68**, 213) oder wenn die Rücknahmeerklärung vor ihrem Eingang bei Gericht durch einen anderen Verteidiger widerrufen wird (LG München I NStE Nr 29). Hatte der Angeklagte trotz notwendiger Verteidigung (§ 140 I oder II) keinen Verteidiger, ist die Rücknahme des Rechtsmittels – ebenso wie beim Verzicht (unten 25) – unwirksam (Köln StV **04**, 68 L; einschr Koblenz NStZ **07**, 55 für ein außerhalb der Hauptverhandlung zurückgenommenes Rechtsmittel).

Der **StA** kann, unbeschadet des I S 2 (unten 27), von dem Vorgesetzten um Zu- 5
rücknahme ersucht werden (§ 146 GVG); der GStA beim OLG kann das Rechtsmittel der StA beim LG auch selbst zurücknehmen. Der GBA kann nur dem GStA anheimstellen, die Revision der örtlichen StA zurückzunehmen, braucht sie aber beim BGH nicht zu vertreten, wenn er sie für unbegründet hält.

6 C. **Bis zur Entscheidung über das Rechtsmittel** ist, mit der Einschränkung des § 303, die Zurücknahme zulässig (Hamburg MDR **83**, 154; vgl auch Köln JR **76**, 514 mit Anm Meyer), auch noch nach Erlass, aber vor Rechtskraft eines Verwerfungsbeschlusses nach § 346 I (BGH NStZ **98**, 52). Die Berufung kann noch nach Zurückverweisung der Sache durch das Revisionsgericht (§ 354 II, III) zurückgenommen werden (vgl aber 2 zu § 303), sofern das Urteil (bei bloßem Teilerfolg der Revision) nicht schon im Schuldspruch rechtskräftig geworden ist (Stuttgart NJW **82**, 897; Gössel JR **82**, 273) oder die Feststellungen zum Tatgeschehen (teilw) aufrechterhalten worden sind (Bay **88**, 46 = NStE Nr 4 zu § 318). Der Rechtsmittelrücknahme steht nicht entgegen, dass inzwischen ein Verfahrenshindernis entstanden ist; denn das allein beendet das Verfahren nicht (BGH **50**, 30, 35 [die dort erwähnte Entscheidung BGH **15**, 203 ist allerdings durch BGH **16**, 115, 120 überholt]; Schöneborn MDR **75**, 6; **aM** Bay **74**, 8 = JR **75**, 120 mit abl Anm Teyssen). Eine Berufungsrücknahme kann sich aber nicht auf einen zuvor vom LG nach § 154 II eingestellten Verfahrensteil erstrecken (Frankfurt NStZ **88**, 328 mit unzutr abl Anm Dörr/Taschke).

7 D. Die **Form** für die Zurücknahme ist die gleiche, die für die Einlegung des Rechtsmittels vorgeschrieben ist (Düsseldorf JZ **85**, 300; Köln VRS **70**, 445; unten 18). Ebensowenig wie bei der Einlegung (Einl 140) genügt ein Telefonanruf (Karlsruhe Justiz **86**, 307; Stuttgart NJW **82**, 1472; Sarstedt/Hamm 81 **aM** Hamburg MDR **81**, 424). Die Zurücknahme muss eindeutig – wenn auch nicht unbedingt unter Verwendung dieses Wortes – erklärt werden (erg unten 20); sie kann nicht darin gesehen werden, dass der StA die Verwerfung seines eigenen Rechtsmittels beantragt, gleichgültig, ob von ihm ein Freispruch angegriffen oder nur der Strafausspruch angefochten worden ist (Koblenz NStZ **94**, 354 mwN). Die Zurücknahme ist wie die Einlegung des Rechtsmittels bedingungsfeindlich (BGHR § 302 II Rücknahme 2; Einl 118; 5 vor § 296).

8 Die **Erklärung wird wirksam,** wenn sie dem mit der Sache befassten Gericht zugeht (Düsseldorf JZ **85**, 300; Karlsruhe JR **92**, 302 mit abl Anm Sommermeyer), nicht erst mit dem Eingang bei der zuständigen Geschäftsstelle (Neustadt NJW **62**, 359). Eine Besonderheit gilt für Erklärungen nach § 299 (dort 4). Sind die Akten dem Rechtsmittelgericht nach §§ 306 II, 321 S 2, 347 II vorgelegt worden, so kann das Rechtsmittel nur ihm gegenüber zurückgenommen werden (vgl 6 zu § 347). Zweifel am Eingang der Rücknahmeerklärung gehen zu Lasten dessen, der sie angeblich abgegeben hat (Düsseldorf aaO).

8a E. Der **Angeklagte** muss bei Abgabe der Erklärung (Hamm VRS **110**, 225: nicht bei der Übergabe) **verhandlungsfähig** (Einl 97) sein (BGH NStZ **83**, 280; **85**, 207 [Pf/M]; NStZ-RR **99**, 258; **02**, 102 [B]). Das bedeutet, dass er sich dabei in einem Zustand geistiger Freiheit und Klarheit befinden muss, der ihn in die Lage versetzt, die Bedeutung der Erklärung zu erkennen. Dies wird durch Geschäfts- oder Schuldunfähigkeit des Erklärenden nicht notwendig ausgeschlossen (BGH NStZ-RR **99**, 109; **01**, 264 [B]; **04**, 341; NStZ **99**, 526; 3 StR 368/07 vom 11. 10. 2007); ggf ist es im Freibeweisverfahren zu klären (BGH NStZ **97**, 378 [K]; NStZ-RR **05**, 149; **07**, 210). „Emotionale Aufgewühltheit" stellt die Wirksamkeit der Erklärung nicht in Frage (BGH NStZ-RR **05**, 261 [B]). Bei fehlender Verhandlungsfähigkeit ist die Rücknahme unwirksam (BGH NStZ **92**, 29 [K]). Bleiben Zweifel, so ist von Verhandlungsfähigkeit auszugehen (BGH NStZ **84**, 329; NStZ-RR **04**, 341).

9 F. **Unwiderruflich und unanfechtbar** ist die Rücknahmeerklärung (BGH **5**, 337, 341; **10**, 245, 247; **37**, 15, 17; NStZ **83**, 280; **85**, 207 [Pf/M]; **88**, 213 [M]; NStZ-RR **08**, 66 [B]; KG JR **77**, 34; **81**, 480; Hamburg NJW **78**, 602; erg unten 21).

10 Grundsätzlich ist auch eine auf **Irrtum** beruhende oder durch **Täuschung oder Drohung** herbeigeführte Rücknahmeerklärung nicht nach §§ 119, 123 BGB anfechtbar (BGH StV **94**, 64), erg aber unten 22; § 136a gilt ebenfalls nicht

(Einl 110). Jedoch sind Erklärungen unwirksam, die das Gericht mit unlauteren Mitteln erlangt hat (vgl KG JR **77**, 34 und Dresden StraFo **09**, 521: Rücknahme bzw Beschränkung der Berufung durch den auf Grund eines rechtswidrigen Haftbefehls festgenommenen Angeklagten, der seine Freilassung erreichen will; Stuttgart Justiz **95**, 448: Nichteingehaltene Inaussichtstellung einer Strafermäßigung bei Berufungsbeschränkung) oder die auf durch unzutreffende richterliche Auskunft hervorgerufenem Irrtum über die Erfolgsaussichten des Rechtsmittels (Zweibrücken StV **82**, 13) oder über Tragweite und Rechtsfolgen der Rücknahmeerklärung beruhen (Düsseldorf MDR **84**, 604). Dies muss aber feststehen; der Grundsatz *in dubio pro reo* gilt nicht (Düsseldorf NStZ-RR **96**, 307). Bei Unwirksamkeit der Rücknahmeerklärung tritt keine Rechtskraft ein (dazu SK-Frisch 32); aus Gründen der Rechtssicherheit muss aber die Rechtskraft über eine entspr Anwendung des § 45 I oder durch einen fristgebundenen Antrag auf Fortsetzung des Rechtsmittelverfahrens herbeigeführt werden (dazu eingehend Kleinbauer, Rechtsmittelverzicht und Rechtsmittelrücknahme des Beschuldigten im Strafprozess [2006, zugl Diss Göttingen 2005] S 368 ff).

G. **Rechtsfolgen der Zurücknahme:** Eine Entscheidung über das zurückgenommene Rechtsmittel ist überflüssig; es ergeht lediglich eine selbstständige Kostenentscheidung (13 zu § 464). Eine irrtümlich trotz wirksamer Zurücknahme ergangene Entscheidung ist gegenstandslos (BGH NStZ-RR **06**, 5 [B]). War der Angeklagte wegen zweier Taten verurteilt worden und wurde, nachdem das Verfahren wegen einer der beiden Taten nach § 154 II eingestellt worden ist, die Berufung zurückgenommen, ist der Kostenbeschluss mit einem Beschluss zu verbinden, in dem klargestellt wird, dass der Angeklagte nur wegen einer Tat zu der hierfür durch das AG festgesetzten (Einzel-)Strafe verurteilt und die Gesamtstrafe entfallen ist; dasselbe gilt, wenn die Berufung auf den eingestellten Fall beschränkt war. Bleiben mehrere rechtskräftige Einzelstrafen bestehen, hat das LG aus diesen eine neue Gesamtstrafe zu bilden (KG NStZ **90**, 250; Oldenburg NdsRpfl **95**, 135). 11

H. **Prüfung der Wirksamkeit der Rücknahmeerklärung:** Hält das Gericht die Rücknahme für wirksam, wird dies von einem Verfahrensbeteiligten jedoch bestritten, so spricht es durch (deklaratorischen) Beschluss aus, dass die Rücknahmeerklärung wirksam ist (BGH NStZ-RR **01**, 267). Befindet sich der Betroffene in Haft, wird der Haftbefehl entspr § 47 III wieder wirksam (Düsseldorf VRS **112**, 474). Wird die Wirksamkeit zu Unrecht bestritten, spricht das Gericht durch (deklaratorischen) Beschluss aus, dass das Rechtsmittel durch Zurücknahme erledigt ist (BGH NStZ-RR **98**, 60; **00**, 294 [K]; **03**, 241; **05**, 68 [B]; Hamm VRS **98**, 140). Das Rechtsmittelgericht ist dafür zuständig, nachdem ihm die Akten zur Entscheidung vorgelegt worden sind (oben 8; 7 zu § 347; BGH NStZ **09**, 51; KK-Kuckein 24 a zu § 346; zw BGH NStZ **05**, 113, NStZ-RR **05**, 211 und **09**, 34 [C]: auch vorher schon?). Gegen den Beschluss ist, soweit es sich um eine Berufung handelte, entspr § 322 II die sofortige Beschwerde zulässig (Frankfurt NStZ **88**, 328 mwN), bei einer Revision entspr § 346 II Antrag auf Entscheidung des Revisionsgerichts (BGH aaO erwägt nicht fristgebundene Entscheidung des Revisionsgerichts; das ist abzulehnen, denn es darf nicht beliebig lange in der Schwebe bleiben, ob das tatrichterliche Urteil rechtskräftig ist). Die Feststellung der Unwirksamkeit der Revisionsrücknahme hat nicht zur Folge, dass mit deren Bekanntgabe die Revisionsbegründungsfrist erneut in Gang gesetzt wird (Köln StraFo **01**, 386). 11a

I. Den **Verzicht auf die Wiederholung des Rechtsmittels** enthält die Rücknahmeerklärung (BGH **10**, 245, 247 = JZ **58**, 177 mit krit Anm Sax; NStZ-RR **04**, 341 mwN; Sarstedt/Hamm 138). Daher sind die erneute Einlegung und ein Wiedereinsetzungsantrag grundsätzlich unzulässig (BGH NJW **84**, 1974, 1975; NStZ **82**, 190 [Pf]; **84**, 181; **85**, 207 [Pf/M]), auch wenn die Revision unzulässig war (BGH NStZ **95**, 356 mit Anm Ehrlicher; erg oben 2). Ob etwas anderes gelten kann, wenn sich aus einem Vorbehalt oder den Begleitumständen das Fehlen des 12

Verzichtswillens ergibt, erscheint fraglich (so aber Bay **74**, 57 = MDR **74**, 773; offengelassen in BGH **10**, 245, 247; weitergehend LR-Hanack 28 ff: Auslegungsfrage).

13 **2) Zulässiger Rechtsmittelverzicht** (I S 1):

14 A. **Zulässig** ist der Verzicht, sobald und solange das Rechtsmittel eingelegt werden kann (Köln NJW **80**, 2720; LR-Hanack 7 ff), also schon vor Bekanntgabe der Urteilsgründe (Hamm JMBlNW **76**, 23), aber nicht vor Erlass der Entscheidung (BGH **43**, 195; StV **00**, 542; erg 4 vor § 296). Der in Abwesenheit verurteilte Angeklagte kann schon vor Beginn der Einlegungsfrist auf das Rechtsmittel verzichten, jedenfalls dann, wenn er sich zuvor über den Inhalt der Entscheidung unterrichten konnte (BGH **25**, 234 = JR **74**, 249 mit abl Anm Peters; BGH NStZ **86**, 208 [Pf/M]; KK-Paul 6; **aM** Sarstedt/Hamm 132). Wirksam wird die Verzichtserklärung mit ihrem Eingang bei Gericht (oben 8); damit sind früher eingelegte Rechtsmittel erledigt (BGHR Rechtsmittelverzicht 7), später eingehende Anfechtungserklärungen sind wegen Eintritts der Rechtskraft unwirksam (KK-Paul 16) und damit unzulässig. Geht allerdings eine Anfechtungserklärung früher bei dem Gericht ein als eine zuvor abgesandte Verzichtserklärung, ist die Anfechtung wirksam (BGH GA **73**, 46; Hamburg NJW **52**, 638).

15 Bei **gleichzeitigem Eingang** von Anfechtungserklärung und Verzicht ist der Verzicht unbeachtlich (BGH NJW **60**, 2202; BGHR Rücknahme 4). Das Gleiche gilt, wenn nicht aufgeklärt werden kann, welche der beiden Erklärungen eher bei Gericht eingegangen ist (BGH NStZ **92**, 29 [K]). Stammt aber der Verzicht vom Angeklagten und die Anfechtungserklärung vom Verteidiger, geht der Wille des Angeklagten vor (BGHR Rechtsmittelverzicht 11; erg unten 26, 35).

16 **Teilverzicht** ist ebenso zulässig wie Teilrücknahme (oben 2). Er liegt aber nicht darin, dass ein Rechtsmittel nur beschränkt eingelegt wird (unten 31).

17 Der **Verzicht erstreckt sich** auf alle Rechtsmittel, die gegen die Entscheidung zulässig sind. Wird auf Rechtsmittel gegen ein Urteil verzichtet, so umfasst das auch die sofortigen Beschwerden nach § 464 III, § 8 III StrEG, wenn über sie belehrt worden oder auf die Belehrung verzichtet worden ist (Hamm MDR **71**, 776; D. Meyer JurBüro **93**, 706: weitergehend Nürnberg NStZ **97**, 302; LG Mönchengladbach MDR **71**, 1031 mit abl Anm Schmidt: ohne diese Einschränkung). Andernfalls muss der Wille des Erklärenden durch Auslegung ermittelt werden (Düsseldorf NStE NR 22; Hamburg MDR **93**, 568; erg 21 zu § 464).

18 B. Die **Form** des Verzichts richtet sich, wie die der Zurücknahme (oben 7), nach der Form für die Rechtsmitteleinlegung (BGH **18**, 257, 260; **31**, 109, 111; NJW **84**, 1974; Düsseldorf JZ **85**, 960; NStZ **82**, 521; Köln VRS **71**, 54).

19 Der Verzicht kann **in der Hauptverhandlung** unmittelbar nach der Urteilsverkündung erklärt und im Protokoll beurkundet werden (BGH aaO; NStZ **86**, 277; Bremen NJW **61**, 2271; Düsseldorf aaO; OLGSt § 273 Nr 2; Koblenz MDR **81**, 696; OLGSt Nr 2; Einl 137; vgl auch RiStBV 143), auch teilw (BGH NJW **91**, 2847) und auch in einem anderen Verfahren desselben Gerichts (BGH NStZ **89**, 220 [M]). Zur Entgegennahme zuständig sind Protokollführer und Vorsitzender (BGH NStZ **83**, 359 [Pf/M]). Die Erklärung wird sofort wirksam, nicht erst mit der Fertigstellung des Protokolls iS des § 273 IV (BGH NStZ-RR **02**, 100 [B]); zur Beweiskraft vgl 11 zu § 274.

20 Der Verzicht setzt eine **eindeutige, vorbehaltslose und ausdrückliche Erklärung** voraus (Karlsruhe Justiz **65**, 242; Köln NJW **80**, 2720). Daher genügt grundsätzlich nicht das Kopfnicken auf Befragen durch das Gericht (Hamm wistra **03**, 440 mwN), es sei denn, dies ist nach dem Verfahrensablauf zweifelsfrei als Zustimmung anzusehen (BGH NStZ **05**, 47). In der Anfrage, wohin die Strafe zu zahlen sei sowie in der Zahlung selbst oder in der Übersendung des Führerscheins bei Verurteilung zu einem Fahrverbot kann aber ein Verzicht zu sehen sein (vgl Köln VRS **41**, 440; Naumburg NZV **97**, 493; Stuttgart NJW **90**, 1494). Die Erklärung, das Urteil werde angenommen, enthält idR einen Rechtsmittelverzicht (BGH JZ **52**, 568 L).

C. **Widerruf und Anfechtung** des Verzichts sind ebenso unzulässig wie bei der Rechtsmittelrücknahme (BGH NJW **84**, 1974; NStZ **84**, 181; 329; **86**, 208 [Pf/M]; 277; **87**, 18 [Pf/M]; 221 [Pf/M]; **97**, 148; StV **88**, 372; Düsseldorf NStZ **82**, 521; Frankfurt StV **87**, 289; oben 9). Die noch nicht bei Gericht eingegangene Erklärung kann, auch formlos, widerrufen werden (BGH GA **73**, 46; NStZ **97**, 378 [K]; Hamburg NJW **60**, 1969; Hamm StraFo **08**, 33). 21

Die erwiesene (Düsseldorf OLGSt Nr 1) **Irreführung des Beschwerdeberechtigten** durch unrichtige oder fehlende amtliche Auskunft macht die Erklärung unwirksam (BGH **46**, 257 = NStZ **01**, 493 mit zust Anm Hamm; StV **01**, 556; NStZ **04**, 636; Bremen JZ **55**, 680 mit Anm EbSchmidt; Hamm NJW **76**, 1952; Köln NJW **68**, 2349 = JR **69**, 392 mit Anm Koffka; Zweibrücken NStZ **82**, 348 L; Einl 110; oben 10), wenn sie hierauf beruht (Koblenz NStZ-RR **96**, 306 mwN). Auch die unrichtige Belehrung durch den Pflichtverteidiger kann uU die Unwirksamkeit zur Folge haben (Frankfurt NJW **71**, 949; LR-Hanack 54; **aM** BGH NStZ **83**, 213; NStZ-RR **04**, 228 [B]; BGHR Rechtsmittelverzicht 8; Dahs Schmidt-Leichner-FS 28; offen gelassen von BGH NStZ **99**, 364). Zur Unwirksamkeit führt aber nicht die in dem Antrag der StA auf Erlass eines Haftbefehls liegende „Drohung" (BGH **17**, 14; Hamburg MDR **64**, 615), nicht die Hoffnung auf Bestehen bleiben eines Haftverschonungsbeschlusses (BGH wistra **94**, 197), auch nicht auf Absehen von der Vollstreckung nach § 456 a (BGH NStZ **01**, 220), wie überhaupt aus enttäuschten Erwartungen die Unwirksamkeit eines Verzichts nicht hergeleitet werden kann (BGH wistra **02**, 108), auch nicht die Ankündigung des StA, er werde Revision einlegen, wenn kein Rechtsmittelverzicht erfolgt (BGH NStZ **86**, 277), oder die Anordnung des sofortigen Vollzugs der Strafe durch die StA nach Rechtsmittelverzicht (BGH NStZ **92**, 29 [K]) oder das Auseinanderfallen von mündlicher und schriftlicher Urteilsbegründung (BGH aaO), auch nicht ein falsches oder missverstandenes Geständnis (BGH NStZ-RR **97**, 173). Vgl zum Ganzen – teilw **aM** – Grunst 345 ff sowie eingehend F. Meyer, Willensmängel beim Rechtsmittelverzicht des Angeklagten im Strafverfahren, 2003, zugl Diss Hamburg. 22

D. Auf die **Wirksamkeit des Verzichts** ist das Fehlen der Rechtsmittelbelehrung ohne Einfluss (BGH NStZ **84**, 181; 329; **06**, 351; NStZ-RR **00**, 38 [K]). Die Wirksamkeit setzt aber voraus, dass der Angeklagte verhandlungsfähig (BGH NStZ **84**, 181; **96**, 297; oben 3; 8 a; Einl 97) ist; geschäftsfähig iS des bürgerlichen Rechts muss er nicht sein (BGH NStZ **83**, 280; **87**, 18 [Pf/M]; **88**, 213 [M]). Der Verzicht kann durch die Art und Weise seines Zustandekommens unwirksam sein (BGH **45**, 51 mit Anm Baier NStZ **00**, 160: Unzulässige Verständigungsgespräche; BGH NStZ **06**, 464: Verstoß gegen den Grundsatz des fairen Verfahrens; erg oben 14). Der Erklärende muss sich der Tragweite seiner Erklärung bewusst sein (BVerfG NStZ-RR **08**, 209). 23

Daran kann es insbesondere fehlen, wenn der **Rechtsmittelverzicht im Anschluss an die Urteilsverkündung** erklärt worden ist. Zu diesem Verzicht sollte der Angeklagte idR vom Vorsitzenden nicht veranlasst werden (vgl RiStBV 142 II S 1). Ein Verstoß gegen diesen Grundsatz bewirkt allein nicht die Unwirksamkeit des Verzichts, da der Angeklagte auch bei Verhängung einer hohen Strafe dafür im Einzelfall verständliche Gründe haben kann (BGH NStZ **96**, 297; Köln VRS **48**, 213; vgl aber auch Dahs Schmidt-Leichner-FS 17: Frage nach Rechtsmittelverzicht begründet „prozessuale Garantenstellung" des Gerichts; Erb GA **00**, 512: Unwirksam, wenn das Gericht den Angeklagten auf die Möglichkeit der Erklärung aufmerksam gemacht hatte; Rieß Gollwitzer-Koll 200: Abgabe einer Verzichtserklärung sollte erst einen Tag nach der Urteilsverkündung zulässig sein; ähnlich Fahl ZStW **117**, 626). Vielmehr ist der Verzicht eines verhandlungsfähigen (vgl dazu BGH NStZ **87**, 221 [Pf/M]; NStZ-RR **97**, 305; **99**, 262 [K]; oben 8 a) Angeklagten idR als wirksam anzusehen (Oldenburg NStZ **82**, 520), auch eines Jugendlichen (Düsseldorf MDR **86**, 75; Schleswig SchlHA **08**, 236 [D/D]) oder Ausländers (BGH NStZ **00**, 441; Düsseldorf Rpfleger **99**, 96; Hamburg StV **06**, 175 mit 24 krit Anm Keller/Gericke; Oldenburg aaO; Zweibrücken StV **94**, 362). Jedoch können im Einzelfall Zweifel daran bestehen, dass der Angeklagte sich zu diesem Zeitpunkt der Tragweite seiner Erklärung bewusst war (BGH NStE Nr 28; Düsseldorf NStZ **82**, 521).

25 In der Rspr ist die **Unwirksamkeit zB angenommen** worden, wenn der Vorsitzende unzuständigerweise eine Zusage abgegeben hat, die nicht eingehalten worden ist (BGH NJW **95**, 2568), wenn der Verzicht lediglich aufgrund einer objektiv unrichtigen Erklärung des Gerichts zu Stande gekommen ist (KG NStZ **07**, 541), wenn der StA mit der Ankündigung eines unsachgemäßen Haftantrages für den Weigerungsfall gedrängt (BGH NJW **04**, 1885) oder wenn das Gericht grundlos mit der Invollzugsetzung des Haftbefehls gedroht hatte (BGH StV **04**, 636), wenn der Angeklagte die deutsche Sprache nicht beherrscht (München StV **98**, 646; Schleswig Rpfleger **66**, 214), wenn schon der zuvor erklärte Verzicht auf die Rechtsmittelbelehrung unwirksam war (Hamm NJW **83**, 530), wenn trotz fühlbarer Bestrafung die Verzichtserklärung entgegengenommen worden ist, ohne dass sich der Angeklagte mit seinem (anwesenden) Verteidiger beraten konnte (BGH **18**, 257, 260 = JZ **64**, 263 mit Anm Stratenwerth; BGH **19**, 101; Köln NStZ **81**, 490), auch dann, wenn der Verteidiger fehlerhafter Weise nicht geladen (Hamm VRS **53**, 367; Schleswig NJW **65**, 312; **aM** KK-Paul 12) oder von 2 Verteidigern des Angeklagten nur einer wegen unterbliebener Ladung des anderen anwesend war (BGH NStZ **05**, 114) oder der Verteidiger des ausländischen Angeklagten verhindert war oder verspätet erschienen ist (Köln StV **05**, 544; StraFo **10**, 29). Der von einem erwachsenen Angeklagten erklärte Verzicht ist aber idR auch dann wirksam, wenn der Verteidiger widerspricht (Oldenburg NStZ **82**, 520).

25a Hingegen ist die Verzichtserklärung insbesondere unwirksam, wenn **entgegen § 140 I** (Frankfurt StV **91**, 296) **oder § 140 II** (Düsseldorf NStZ **95**, 147; StraFo **98**, 384; Frankfurt NStZ **93**, 507; Hamm StraFo **09**, 290; Koblenz StraFo **06**, 27; Köln StV **03**, 65 je mwN; vgl aber auch München NJW **06**, 789; NStZ-RR **10**, 19) kein Verteidiger oder ein nicht zugelassener Rechtsanwalt (BGH **47**, 238 mit zust Anm Beulke/Angerer NStZ **02**, 443; anders aber, wenn der Widerruf der Zulassung noch nicht bestandskräftig ist, BGH NStZ-RR **04**, 179) mitgewirkt hat. Zu § 140 II vertritt eine neuere Rspr eine **aM** (Brandenburg StraFo **01**, 136 mit abl Anm Braun; Hamburg StV **98**, 641 mit zust Anm Rogall und StV **06**, 175 mit abl Anm Keller/Gericke; Naumburg NJW **01**, 2190, zust Peglau NStZ-RR **02**, 464), die aber unzutr ist, weil § 140 nicht nur vor, sondern auch nach der Urteilsverkündung Bedeutung hat (KG StV **06**, 686; im Ergebnis ebenso Köln aaO; Beulke/Angerer aaO 444; Grunst 377; Kleinbauer wistra **07**, 39; F. Meyer [oben 22 aE] S 255).

26 E. **Folgen des Verzichts:** Der Verzicht des Angeklagten macht ein Rechtsmittel des Verteidigers wirkungslos (5 zu § 297). Wird die Wirksamkeit des Verzichts zu Unrecht bestritten, spricht das Gericht durch Beschluss aus, dass das Rechtsmittel durch Verzicht erledigt ist (BGH NStE Nr 26; vgl oben 11). Allgemein schließt der Verzicht die Einlegung des Rechtsmittels und die Wiedereinsetzung aus (BGH NJW **78**, 330; GA **69**, 281; NStZ **87**, 18 [Pf/M]). Ein trotzdem eingelegtes Rechtsmittel wird als unzulässig verworfen (BGH NJW **84**, 1974, 1975; NStZ **84**, 181; Bay **60**, 238 = Rpfleger **61**, 46). War der Verzicht aber unwirksam, kann dies die Wiedereinsetzung in den vorigen Stand wegen Versäumung einer Rechtsmittelfrist begründen (BGH **45**, 227; NJW **95**, 2568; NStZ **02**, 379).

26a **3) Unzuläsiger Rechtsmittelverzicht** (I S 2):

26b Das in I S 2 enthaltene **Verbot einer Rechtsmittelverzichtserklärung nach einer Verständigung** (§ 257 c) geht über das hinaus, was BGH GrS **50**, 40 mit dem Gebot einer „qualifizierten Belehrung" nach einer Absprache verlangt hatte. Nach einer Verständigung darf es nun gar keinen Rechtsmittelverzicht mehr geben; das Urteil kann nur durch ungenutzten Ablauf der Rechtsmittelfristen

(§§ 314, 341) rechtskräftig werden. Der Angeklagte kann daher ein möglicherweise vorhandenes eigenes Interesse, das Urteil schnell rechtskräftig werden zu lassen (zB zwecks Übergang von UHaft in Strafhaft), nicht mehr realisieren (*Murmann* ZIS **09**, 534). Ein *vor* Inkrafttreten des Ges vom 29. 7. 2009 wirksam erklärter Rechtsmittelverzicht hat jedoch die Rechtskraft unmittelbar herbeigeführt; sie wird durch die Neuregelung nicht beseitigt (BGH NJW **10**, 310).

Der Gesetzgeber ist damit aber **über das Ziel hinausgeschossen**: Nachdem nun die Verständigung das Einverständnis von Gericht, StA und Angeklagtem voraussetzt (§ 257 c III S 4), erscheint es schon nicht mehr zwingend, eine Rechtsmittelverzichtsvereinbarung zu untersagen (vgl Mosbacher NStZ **04**, 52); die Sachlage hat sich doch gegenüber dem von der Rspr bisher erlaubten Verfahren, in dem das Gericht lediglich dem Angeklagten – und nur diesem – die Einhaltung einer Strafobergrenze zusagte, wesentlich verändert (abl auch Niemöller GA **09**, 187). Gleichwohl ist diese weitere Sicherung, dass das Gericht den Angeklagten nun nochmals über die Freiheit zur Einlegung eines Rechtsmittels belehren muss und ein vereinbarter Rechtsmittelverzicht unwirksam ist, zu begrüßen, um eine Überprüfung der Verständigung durch das Rechtsmittelgericht nicht von vornherein auszuschließen (so auch Altenhain/Haimerl JZ **10**, 333). 26c

Allerdings besteht jetzt die **paradoxe Regelung**, dass derjenige, der eine Verurteilung und eine Strafe in einer bestimmten Höhe erwartet und damit einverstanden ist, keinen wirksamen Rechtsmittelverzicht erklären kann (*Meyer-Goßner* StV **06**, 489), während derjenige, der das Urteil idR nicht vorhersehen konnte, gleichwohl sogleich wirksam auf Rechtsmittel verzichten kann. Es wäre konsequent gewesen, dann generell einen Rechtsmittelverzicht gegen verurteilende Erkenntnisse zu untersagen oder (besser) allgemein zu bestimmen, dass ein Verzicht wirksam frühestens an dem der Urteilsverkündung folgenden Werktag abgegeben werden kann (so auch *Niemöller* aaO). 26d

Um das Urteil nach § 267 IV **in abgekürzter Form** abfassen zu können, wird der Richter nun regelmäßig den Ablauf der Rechtsmittelfrist abwarten müssen; das kann insbesondere beim AG, wo jede Woche eine größere Zahl von Urteilsbegründungen abzufassen sind, zu Unzuträglichkeiten führen, so dass eine Ausnahme für das amtsgerichtliche Verfahren, wie es der Entwurf der BRAK vorsah (dazu *Meyer-Goßner* aaO), erwägenswert gewesen wäre. 26e

4) Rechtsmittel zugunsten des Beschuldigten (I S 2): Vgl 14 zu § 296. Die Zustimmung kann der Beschuldigte formlos erklären; bloßes Schweigen genügt nicht. Zur Anwendung des I S 2 auf Rechtsmittel des gesetzlichen Vertreters vgl 3 zu § 298. Eine dem I S 2 entspr Regelung enthält § 55 III **JGG.** 27

5) Rücknahmebefugnis des Verteidigers (II): 28

A. Für die **Zurücknahme** des Rechtsmittels des Verteidigers (erst recht für die des Rechtsmittels des Beschuldigten durch den Verteidiger) gilt II, aber nicht für die Rücknahme hinsichtlich des Adhäsionsausspruchs nach § 406 (KG NStZ-RR **10**, 115) und nicht für den Nebenklägervertreter. Die Ermächtigung kann nur ein verhandlungsfähiger Angeklagter (Einl 97) erteilen (BGH NStZ **83**, 280; oben 3, 23). Ihr Fehlen macht die Erklärung des Verteidigers unwirksam. Zum Nachweis vgl unten 33. Zurücknahme ist auch die in der Teilrücknahme liegende nachträgliche Rechtsmittelbeschränkung (oben 2), aber nicht das Fallenlassen einer bestimmten Rechtsmittelbegründung, zB einer Verfahrensrüge (7 zu § 352). Keine Teilrücknahme (und auch kein Teilverzicht, dazu unten 30 f) liegt aber in der Beschränkung des Rechtsmittels nach unbeschränkter Rechtsmitteleinlegung; denn die Anfechtungserklärung selbst enthält noch keine Aussage darüber, in welchem Umfang das Urteil angefochten wird, vielmehr wird erst durch die Beschränkungserklärung der Umfang der Anfechtung konkretisiert (BGH **38**, 4 gegen frühere Rspr; NStZ **92**, 126; Koblenz NStZ-RR **01**, 247; SK-Frisch 10; erg unten 31). Allerdings bedarf eine nicht eindeutige Erklärung, vor allem, wenn sie ohne 29 juristischen Beistand erfolgt ist, der Auslegung, ob mit ihr tatsächlich eine Beschränkung gewollt ist (BGH NJW **92**, 516). Aufgrund der Ermächtigung nach II kann der Verteidiger das Rechtsmittel des Angeklagten auch in dessen Abwesenheit ohne weiteres zurücknehmen (aber nicht auf Grund allgemeiner Prozessvollmacht, unten 32). Die Rücknahmeerklärung in seiner Anwesenheit ist für den Angeklagten bindend, wenn er nicht widerspricht (BGH GA **68**, 86; Frankfurt NStZ-RR **97**, 45; **aM** Zweibrücken NStZ **87**, 573 mwN; LR-Hanack 71: ausdrückliche Zustimmung des Angeklagten erforderlich; erg 3 zu § 303).

30 B. Den **Verzicht** auf Rechtsmittel kann der Verteidiger – soweit er nicht überhaupt unzulässig ist (oben 26a ff) – ebenfalls nur mit besonderer Ermächtigung erklären. In der Ermächtigung zur Zurücknahme ist sie nicht enthalten (BGH **3**, 46; **10**, 320, 321; NJW **52**, 273). Wie für die Teilrücknahme (oben 29) ist die Ermächtigung auch für den Teilverzicht erforderlich. Der nach der Urteilsverkündung spontan vom Verteidiger erklärte Verzicht bedarf zu seiner Wirksamkeit der ausdrücklichen Zustimmung des Angeklagten (Bay **94**, 130 = NStZ **95**, 142; Zweibrücken StV **89**, 11), so dass allein das Nichtwidersprechen idR nicht genügt (Bay aaO).

31 Da der Verteidiger auch ohne besondere Ermächtigung von der Rechtsmitteleinlegung überhaupt absehen kann, ist er auch befugt, ein **beschränktes Rechtsmittel** ohne Ermächtigung nach II einzulegen (BGH **38**, 4 mwN gegen die frühere Rspr; vgl oben 29). Der nicht angefochtene Teil der Entscheidung wird erst mit Ablauf der Rechtsmitteleinlegungsfrist rechtskräftig; bis dahin kann die Anfechtung erweitert werden (BGH **38**, 366; vgl auch Bay **67**, 146 = JR **68**, 108 mit zust Anm Sarstedt; erg 31 zu § 318; 1 zu § 343; 4 zu § 344). Legt der Angeklagte ein unbeschränktes und der Verteidiger ein beschränktes Rechtsmittel ein, geht das Rechtsmittel des Angeklagten vor; das gilt auch dann, wenn die Erklärung des Verteidigers zeitlich nachfolgte (Karlsruhe NStZ-RR **04**, 271).

31a Wird vom Verteidiger **aber ohne die nach II erforderliche Ermächtigung** tatsächlich ein Teilverzicht (oder eine Teilrücknahme, oben 29) erklärt, hat die Unwirksamkeit dieser Erklärung zur Folge, dass das Urteil insgesamt angefochten ist (Mayer MDR **79**, 196; Meyer-Goßner MDR **79**, 809; EbSchmidt Nachtr 13; Spendel ZStW **67**, 563; **aM** BGH **3**, 46; **10**, 320, 321: Teilrechtskraft hinsichtlich des nichtangefochtenen Teils; dies ist aber unlogisch – Mayer aaO – und steht im Widerspruch zur ständigen Rspr des BGH bei der Teilrücknahme, da dort bei auf II beruhender Unwirksamkeit von unbeschränkter Anfechtung ausgegangen wird, wobei die Revision wegen Fehlens der Begründung dann teilw unzulässig sei, vgl BGHR Beschränkung 2 mwN).

32 C. Eine bestimmte **Form** ist für die Ermächtigung, die auch nicht ausdrücklich erklärt zu werden braucht (RG **77**, 234), nicht vorgeschrieben; sie kann schriftlich, mündlich (BGH NStZ **04**, 55; **05**, 583; NStZ-RR **07**, 151), auch fernmündlich erteilt werden (BGH **10**, 245, 246; NStZ **87**, 18 [Pf/M]; **95**, 356 mit Anm Ehrlicher). Die bei Übernahme des Mandats erteilte allgemeine Prozessvollmacht kann jedoch nicht als ausdrückliche Ermächtigung angesehen werden, es sei denn, das Mandat wurde erst zur Durchführung des Rechtsmittelverfahrens erteilt (BGH NStZ **98**, 531; StraFo **04**, 57); sonst muss sich nach jetzt hM die Ermächtigung auf ein bestimmtes Rechtsmittel beziehen (BGH NStZ **00**, 665; KG NJW **09**, 1686, zust Kuhli HRRS **09**, 290; HK-GS/Momsen 25; LR-Hanack 70 mwN). Für den Nebenklägervertreter gilt das nicht (**aM** Oldenburg NStZ-RR **01**, 246 mit unrichtiger Gleichsetzung von Verteidiger und Vertreter; erg 5 zu § 397). Auch ein Unterbevollmächtigter des Pflichtverteidigers kann aber mit Einverständnis des Angeklagten die Rücknahme erklären (BGH NStZ **95**, 356 mit insoweit abl Anm Ehrlicher, hierin dem BGH aber zust Schnarr NStZ **96**, 215).

33 Der **Nachweis** der Ermächtigung kann noch nach Abgabe der Erklärung geführt werden (BGH **36**, 259, 260; NStZ **01**, 104; **05**, 583; NStZ-RR **10**, 55), auch noch vor dem Revisionsgericht, nachdem über die als wirksam behandelte

Berufung entschieden worden ist (Bay MDR **82**, 249; Meyer-Goßner MDR **79**, 810; ebenso im Rechtsbeschwerdeverfahren, vgl Brandenburg NStZ-RR **98**, 309). Als Nachweis kann das Gericht die anwaltliche Versicherung des Verteidigers genügen lassen (BGH NJW **52**, 273; NStZ-RR **97**, 28 [K]; Kaiser NJW **82**, 1368).

D. Der **Widerruf** der Ermächtigung ist zulässig. Er ist schon wirksam, wenn ihn der Beschuldigte mündlich oder fernmündlich dem Gericht (BGH NStZ-RR **07**, 157; Bay **84**, 9 = VRS **66**, 283) oder dem Verteidiger gegenüber erklärt (BGH **10**, 245, 247 = JZ **58**, 177 mit Anm Sax; Düsseldorf NStZ **89**, 289), der davon unverzüglich das Gericht benachrichtigen muss, wenn er eine Verzichts- oder Rücknahmeerklärung bereits abgegeben hat (Dahs 800). Der Widerruf ist formlos möglich. Er muss nicht ausdrücklich erklärt werden, liegt aber idR nicht schon in der Beauftragung eines weiteren Verteidigers mit der Rechtsmittelbegründung (BGH NStZ **00**, 608; München NStZ **87**, 342), kann jedoch darin gesehen werden, dass der Angeklagte selbst ein Rechtsmittel einlegt (BGH NJW **67**, 1046; Bay **94**, 244 = NJW **95**, 1230: Widerruf der Verzichtsermächtigung; vgl aber KG JR **81**, 480: kein Widerruf der Rücknahmeermächtigung) oder begründet (Bay **84**, 9 = VRS **66**, 283). Im Interesse der Rechtssicherheit kann die Ermächtigung nicht wegen Irrtums angefochten werden, jedenfalls dann nicht, wenn der Irrtum nicht auf einer unzulässigen Willensbeeinflussung beruht (BGH NStZ-RR **07**, 292 [B]). 34

Der Widerruf ist nur **wirksam,** wenn die Rücknahme- oder Verzichtserklärung noch nicht bei Gericht eingegangen ist (BGH **10**, 245 = JZ **58**, 177 mit Anm Sax; BGH NStZ **83**, 469; NStZ-RR **05**, 211; München NJW **68**, 1000). Ist dem Verteidiger die Ermächtigung erteilt worden, lässt sich aber nicht feststellen, ob sie ihm gegenüber rechtzeitig zurückgenommen worden ist, so bleibt es bei der Zurücknahme des Rechtsmittels oder dem Verzicht (BGH NStZ **97**, 28 [K]; 35 zu § 261). 35

E. Die **Ermächtigung des Wahlverteidigers endet** mit dem Mandat (Köln VRS **57**, 356; LG Zweibrücken NStZ-RR **02**, 177), auch wenn die Verteidigung niedergelegt wird, um die Bestellung als Pflichtverteidiger zu erreichen (BGH EzSt Nr 2; MDR **78**, 461 [H]). Der Widerruf der Zulassung zur RAschaft führt zur Unwirksamkeit einer danach erklärten Rücknahme (Karlsruhe NStZ **97**, 169). 36

Zustimmung des Gegners

303 [1]**Wenn die Entscheidung über das Rechtsmittel auf Grund mündlicher Verhandlung stattzufinden hat, so kann die Zurücknahme nach Beginn der Hauptverhandlung nur mit Zustimmung des Gegners erfolgen.** [2]**Die Zurücknahme eines Rechtsmittels des Angeklagten bedarf jedoch nicht der Zustimmung des Nebenklägers.**

1) Anwendungsbereich: Die Vorschrift, die der materiellen Gerechtigkeit dient, nicht der Würde des Gerichts oder dem Schutz des Rechtsmittelgegners (BGH **23**, 277, 279; vgl aber Rieß JR **86**, 443), gilt auch für nachträgliche Beschränkungen (Teilrücknahme) des Rechtsmittels (RG **65**, 231, 235; Frankfurt VRS **50**, 416; Koblenz BA **86**, 458, 459). In der Berufungsverhandlung gegen den abwesenden Angeklagten ist sie idR nicht anwendbar (§ 329 II S 2), auch nicht auf die Beschwerde, da über sie nicht, wie über Berufung und Revision, nach mündlicher Verhandlung entschieden wird (§ 309 I). 1

2) Beginn der Hauptverhandlung ist nach §§ 243 I S 2, 324, 351 der Aufruf der Sache. Vorher kann das Rechtsmittel, abgesehen von dem Fall des § 302 I S 2, ohne weiteres zurückgenommen werden (Bay wistra **94**, 118). Die Beschränkung des § 303 tritt mit Beginn der 1. Hauptverhandlung endgültig für das gesamte Verfahren ein. Wird sie ausgesetzt, so lebt daher die Befugnis des Beschwerdeführers, über sein Rechtsmittel allein zu verfügen, nicht wieder auf (BGH **23**, 277; Rieß JR **86**, 441). Wenn das Revisionsgericht ein Berufungsurteil aufhebt und die Sache nach §§ 354 II, III, 355 zurückverweist, kann das Rücknahmerecht (vgl 2

4 zu § 302) auch vor Beginn der neuen Verhandlung nur mit Zustimmung des Gegners ausgeübt werden (Bay **73**, 125 = JR **74**, 251 mit Anm Peters; Bay **84**, 116 = NJW **85**, 754; Stuttgart Justiz **90**, 469; SK-Frisch 6).

3 **3)** Als **Gegner** stehen sich auf der einen Seite StA, Privatkläger und Nebenkläger (dessen Zustimmung nach S 2 aber nicht erforderlich ist), auf der anderen Angeklagte, Verteidiger, gesetzliche Vertreter und Nebenbeteiligte (Einl 73) gegenüber. Das Rechtsmittel des gesetzlichen Vertreters kann ohne Zustimmung des Angeklagten zurückgenommen werden; das Gleiche gilt im umgekehrten Fall. Die Zustimmung zur Zurücknahme eines Rechtsmittels der StA, des Privat- oder Nebenklägers ist eine dem Angeklagten selbst vorbehaltene Entscheidung (Bay **51**, 562; Hamm NJW **69**, 151 = JZ **69**, 269 mit krit Anm Peters; Koblenz NJW **51**, 933); nur im Fall des § 234 genügt die Zustimmung des Verteidigers (allgM). Ist der Angeklagte anwesend, so ist sein Schweigen zur Zustimmung des Verteidigers idR als eigene Zustimmung zu werten (Bay **84**, 116 = NJW **85**, 754; LR-Hanack 7; **aM** Koblenz NJW **51**, 933 mit zust Anm Pusinelli; Sarstedt/Hamm 140; erg 11 zu § 245; 26 zu § 251; 29 zu § 302).

4 **4)** Die **Zustimmung,** die unwiderruflich und unanfechtbar ist, muss dem Gericht gegenüber erklärt werden, zwar nicht sofort, aber innerhalb einer angemessenen Überlegungsfrist. Bei einer mehrtägigen Hauptverhandlung genügt ohne Rücksicht auf die Dauer der Unterbrechung die Zustimmung zu Beginn des nächsten Verhandlungstages (Düsseldorf MDR **83**, 1045). Hält der Gegner nach Ablauf angemessener Frist seine Rücknahmebereitschaft nicht mehr aufrecht, so kann die Zustimmung nicht mehr wirksam erklärt werden (Hamm NJW **69**, 151 = JR **69**, 269 mit krit Anm Peters). Wird die Zustimmung ausdrücklich erklärt, so ist sie im Protokoll zu beurkunden (Bay **84**, 116 = NJW **85**, 754; Köln MDR **54**, 500).

5 Sie kann aber auch in **schlüssigen Handlungen** liegen (BGH AnwSt [R] 7/80 vom 6. 10. 1980; RG **64**, 17, 20), zB darin, dass der Angeklagte die Berufung ebenfalls auf das Strafmaß beschränkt, nachdem die StA eine solche Beschränkung erklärt hatte (Bay **51**, 562; Schleswig SchlHA **84**, 106 [E/L]).

6 Auch das bloße **Schweigen** kann als Zustimmung gewertet werden, sofern dem Rechtsmittelgegner durch die Zurücknahme nur Vorteile erwachsen (KG VRS **65**, 59; Düsseldorf MDR **76**, 1040; Hamm aaO; Köln aaO; Rpfleger **77**, 105; Schleswig SchlHA **73**, 188 [E/J]); eine ausdrückliche Befragung ist aber vorzuziehen. In beiden Fällen gilt nicht die negative Beweiskraft nach § 274 (Bay **84**, 116 = NJW **85**, 754; Hamm aaO; Köln aaO); das Vorliegen der Zustimmung muss im Freibeweis festgestellt werden (Hamm aaO; KK-Paul 4).

7 **5)** Bei **Streit über die Wirksamkeit** der Zurücknahme erlässt das Gericht, wenn es sie verneint, das Sachurteil; eine vorherige Wiedereinsetzung in den vorigen Stand nach § 44 ist weder möglich noch nötig (**aM** LG Osnabrück StraFo **97**, 309, 311). Wenn die Wirksamkeit bejaht wird, lautet das Urteil dahin, dass das Rechtsmittel durch Zurücknahme erledigt ist (vgl RG **67**, 281; 11 zu § 302).

2. Abschnitt. Beschwerde

Vorbemerkungen

1 **1)** Das **Rechtsmittel gegen Beschlüsse und Verfügungen** ist die Beschwerde. Nur ausnahmsweise können auch Nebenentscheidungen des Urteils mit der Beschwerde angefochten werden (1 zu § 304). Die Zulässigkeit der Beschwerde regeln nicht nur die §§ 304ff, sondern auch zahlreiche Einzelvorschriften der StPO und anderer Gesetze (vgl etwa §§ 56 II S 3, 159 I S 2, 181 GVG). Entsprechendes gilt für den Ausschluss der Beschwerde, der sich nicht nur aus §§ 305 S 1, 310 II, sondern aus vielen Vorschriften der StPO (2 zu § 304) und anderer Gesetze (vgl etwa § 54 III S 1 GVG, § 63 I **JGG**) ergibt. Eingehend dazu Weidemann, Die

Stellung der Beschwerde im funktionalen Zusammenhang der Rechtsmittel des Strafprozesses, 1999.

2) Arten der Beschwerde sind die (unbefristete) einfache Beschwerde und die (befristete) sofortige Beschwerde (§ 311), die das Gesetz vorsieht, wenn aus Gründen der Rechtssicherheit eine schnelle und endgültige Klärung erforderlich ist. Eine weitere Beschwerde ist nur in den Fällen des § 310 I zulässig. Eine „außerordentliche Beschwerde wegen greifbarer Gesetzeswidrigkeit" gibt es im Strafverfahren nicht (BGH **45**, 37), ebenso wenig im Bußgeldverfahren (BGH NStZ-RR **04**, 52). 2

Die Beschwerde nach §§ 304 ff ist eine **Tatsachen- und Rechtsbeschwerde;** sie stellt sowohl die Tatsachengrundlage der angefochtenen Entscheidung als auch die Rechtsanwendung zur Nachprüfung des Beschwerdegerichts. Neue Tatsachen können vorgebracht und berücksichtigt werden. Dabei kann Beschwerdegrund nicht nur die Unrechtmäßigkeit, sondern, sofern das nicht gesetzlich ausgeschlossen ist (wie in § 305 a), auch die Unangemessenheit der Entscheidung sein (vgl 29 zu § 81; 4 zu § 309). 3

Zur **Rechtskraft** der Beschwerdeentscheidung vgl Einl 166, zur Abänderbarkeit 24 vor § 296. 4

3) Die Schlechterstellung des Beschwerdeführers durch die Beschwerdeentscheidung ist nach zutr hM grundsätzlich nicht verboten (KG JR **81**, 391, 392; Schleswig JurBüro **85**, 1372; Bloy JuS **86**, 589; Schlüchter 663; **aM** Wittschier, Das Verbot der reformatio in peius im strafprozessualen Beschlussverfahren, 1985, S 185 ff). Denn das Gesetz enthält entspr Vorschriften nur für Berufung (§ 331), Revision (§ 358 II) und Wiederaufnahme (§ 373 II), und allein der Gesetzgeber hat darüber zu bestimmen, wann dem Beschwerdeführer die Rechtswohltat des Verbots der Schlechterstellung zugute kommt (1 zu § 331). Eine Ausnahme gilt nur für Beschlüsse, die Rechtsfolgen endgültig festsetzen und der materiellen Rechtskraft fähig sind (Celle NStE Nr 23 zu § 51 StGB; Hamm VRS **106**, 127; SK-Frisch 23; Meyer JR **82**, 338), zB Beschlüsse nach § 51 (dort 28), nach § 460 (dort 24), Beschlüsse, durch die bei Widerruf der Strafaussetzung Leistungen zu Unrecht nach § 56 f III S 2 StGB angerechnet worden sind (Hamm NStZ **96**, 303; München MDR **80**, 517), und Beschlüsse nach § 57 a StGB, durch die eine besondere Schwere der Schuld verneint worden ist (Hamm NStZ **94**, 53). Das Verschlechterungsverbot gilt auch für die UHaft betreffende Haftverschonungsbeschlüsse (BVerfG StraFo **05**, 502; Düsseldorf StV **93**, 480), jedoch nicht für den Widerruf der Aussetzung der Unterbringung nach § 67 g StGB (Hamburg NStZ-RR **07**, 250). Erg 3 zu § 268 a; 4 zu § 305 a. 5

4) Nach Übergang der gerichtlichen Zuständigkeit durch Anklageerhebung ist eine noch nicht beschiedene Beschwerde in einen Antrag an das erkennende Gericht auf Aufhebung der beschwerenden Entscheidung umzudeuten (Jena wistra **10**, 80; erg 19 zu § 111 a, 12 zu § 117, 7 zu § 126). 6

Zulässigkeit der Beschwerde

304 **I Die Beschwerde ist gegen alle von den Gerichten im ersten Rechtszug oder im Berufungsverfahren erlassenen Beschlüsse und gegen die Verfügungen des Vorsitzenden, des Richters im Vorverfahren und eines beauftragten oder ersuchten Richters zulässig, soweit das Gesetz sie nicht ausdrücklich einer Anfechtung entzieht.**

II Auch Zeugen, Sachverständige und andere Personen können gegen Beschlüsse und Verfügungen, durch die sie betroffen werden, Beschwerde erheben.

III Gegen Entscheidungen über Kosten oder notwendige Auslagen ist die Beschwerde nur zulässig, wenn der Wert des Beschwerdegegenstands 200 Euro übersteigt.

IV 1 Gegen Beschlüsse und Verfügungen des Bundesgerichtshofes ist keine Beschwerde zulässig. 2 Dasselbe gilt für Beschlüsse und Verfügungen der Oberlandesgerichte; in Sachen, in denen die Oberlandesgerichte im ersten Rechtszug zuständig sind, ist jedoch die Beschwerde zulässig gegen Beschlüsse und Verfügungen, welche

1. **die Verhaftung, einstweilige Unterbringung, Unterbringung zur Beobachtung, Beschlagnahme, Durchsuchung oder die in § 101 Abs. 1 bezeichneten Maßnahmen betreffen,**
2. **die Eröffnung des Hauptverfahrens ablehnen oder das Verfahren wegen eines Verfahrenshindernisses einstellen,**
3. **die Hauptverhandlung in Abwesenheit des Angeklagten (§ 231 a) anordnen oder die Verweisung an ein Gericht niederer Ordnung aussprechen,**
4. **die Akteneinsicht betreffen oder**
5. **den Widerruf der Strafaussetzung, den Widerruf des Straferlasses und die Verurteilung zu der vorbehaltenen Strafe (§ 453 Abs. 2 Satz 3), die Anordnung vorläufiger Maßnahmen zur Sicherung des Widerrufs (§ 453 c), die Aussetzung des Strafrestes und deren Widerruf (§ 454 Abs. 3 und 4), die Wiederaufnahme des Verfahrens (§ 372 Satz 1) oder den Verfall, die Einziehung oder die Unbrauchbarmachung nach den §§ 440, 441 Abs. 2 und § 442 betreffen.**

3 § 138 d Abs. 6 bleibt unberührt.

V Gegen Verfügungen des Ermittlungsrichters des Bundesgerichtshofes und des Oberlandesgerichts (§ 169 Abs. 1) ist die Beschwerde nur zulässig, wenn sie die Verhaftung, einstweilige Unterbringung, Beschlagnahme, Durchsuchung oder die in § 101 Abs. 1 bezeichneten Maßnahmen betreffen.

1 **1)** Gegen **Beschlüsse und Verfügungen** lässt I die Beschwerde zu. Sie kann darüber hinaus gegen alle richterlichen Maßnahmen (nicht gegen JV-Maßnahmen) eingelegt werden, die nicht mit Berufung oder Revision anfechtbar sind. Gegen ein Urteil ist die Beschwerde zulässig, soweit es über die Kosten und Auslagen (§ 464 III S 1 Hs 1), über die Entschädigungspflicht der Staatskasse (§ 8 III S 1 **StrEG**) und über die Aussetzung der Jugendstrafe (§ 59 I **JGG**) entschieden hat.

2 Im **1. Rechtszug oder im Berufungsverfahren** müssen die Entscheidungen ergangen sein; sind sie auf Beschwerde hin erlassen worden, so wird ihre Anfechtbarkeit durch § 310 II eingeschränkt. Entscheidungen im 1. Rechtszug sind auch Beschlüsse im Wiederaufnahmeverfahren (2 zu § 372), nicht aber nach § 12 II (dort 9), 13 II S 2 (dort 8), § 14 (dort 4) und § 15 (dort 8). Auch für Entscheidungen, die dem Gericht des 1. Rechtszugs im Rahmen der Strafvollstreckung übertragen sind, gilt I nicht (Celle MDR **85**, 344; Hamm NStZ **89**, 443 mwN; Stuttgart NStZ **89**, 492 mit Anm Katholnigg).

3 Die **Unterlassung einer rechtlich gebotenen Entscheidung,** auch wenn sie von Amts wegen zu treffen ist, kann ebenso angefochten werden wie eine für den Beschwerdeführer ungünstige Entscheidung (BGH NJW **93**, 1279 mwN; MDR **94**, 240 [S]; Bay **58**, 183 = NJW **58**, 1693; Frankfurt NJW **02**, 453 und 454; NStZ **02**, 220 mit Anm Wirriger NStZ **02**, 389; Stuttgart Justiz **86**, 27; erg 10 vor § 296; 1 zu § 311; 16 zu § 464). Eine reine „Untätigkeitsbeschwerde" ist der StPO jedoch fremd (BGH aaO; Stuttgart NStZ-RR **03**, 284; LG Stuttgart NStZ **91**, 204; Gimbel ZRP **04**, 35; Scheffler 84; **aM** Braunschweig StraFo **96**, 59 mit zust Anm Stern; AK-Altenhain/Günther 18; zu einer „Untätigkeitsbeschwerde" in Strafvollzugssachen und im Vollstreckungsverfahren Celle StV **08**, 92; Frankfurt NStZ-RR **02**, 188 und 189; eingehend zur Problematik Graßmann, Rechtsbehelfe gegen Unterlassen im Strafverfahren, 2004, zugl Diss Freiburg, der [S 232] „die rechtsverletzende gerichtliche Untätigkeit" als tauglichen Beschwerdegegenstand ansieht). Das gilt auch für eine verzögerte Entscheidung über die

Eröffnung des Hauptverfahrens (Dresden NJW **05**, 2791; dagegen Hoffmann NStZ **06**, 256).

Für die **Teilanfechtung** von Beschlüssen gelten die allgemeinen Grundsätze über die Rechtsmittelbeschränkung (§§ 318, 344 I). Der angefochtene Teil der Entscheidung muss gegenüber dem nicht angefochtenen derart selbstständig sein, dass er eine gesonderte Prüfung und Beurteilung erlaubt (KG JR **82**, 114; Frankfurt NJW **80**, 2535; Koblenz NStZ **87**, 24 mit Anm M.-K. Meyer; LG Stralsund NStZ-RR **08**, 58; Ellersiek 36, 104; vgl auch 28 zu § 51; 28 zu § 81; 6 zu § 318). Eine unwirksame Beschränkung ist unbeachtlich; der Beschluss wird in vollem Umfang geprüft (KG aaO; 32 zu § 318). 4

Eine **außerordentliche Beschwerde** wegen „greifbarer Gesetzeswidrigkeit" gegen (rechtskräftige) Entscheidungen (so früher einmal für das Zivilprozessrecht entwickelt, vgl jetzt aber BGH NJW **04**, 2224), gibt es im Strafverfahren nicht (BGH **45**, 37), auch nicht im OWi-Verfahren (BGH 2 ARs 281/03 vom 10. 9. 2003). 4a

2) Der **Ausschluss der Beschwerde** (vgl Giesler, Der Ausschluss der Beschwerde gegen richterliche Entscheidungen im Strafverfahren, 1981, S 163 ff) ist, außer in IV und V, ausdrücklich vorgesehen in den §§ 28 I, 46 II, 68b III S 1, 81c III S 4, 100 III S 3, 138d VI S 3, 147 IV S 2, 153 II S 4, 153a II S 4, 161a III S 4, 163a III S 3, 168e S 5, 201 II S 2, 202 S 2, 229 III Hs 2, 247a S 2, 305 S 1, 310 II, 322a S 2, 348 II, 397a III S 3, 406 II S 3, 406e III S 2, 419 II S 2, 464 III S 1 Hs 2, 467a III, 469 III, 478 III S 2 und in §§ 41 S 2, 52 IV, 53 II, 54 III S 1, 171b III GVG, teilw (oder nicht für alle Prozessbeteiligte) auch in §§ 210 I, II, 225a III S 3, IV S 2 Hs 2, 270 III S 2, 372 S 2, 431 V S 1 und neben dem Haftprüfungsantrag in § 117 II S 2. In einigen Fällen kann die Entscheidung zwar nicht mit Beschwerde, aber mit dem Rechtsmittel gegen das Urteil angefochten werden (§§ 28 II S 2, 305 S 1 iVm § 336). Auch Sonderregelungen über Rechtsbehelfe schließen die Anwendung des § 304 aus (BGH **10**, 88, 91; Düsseldorf JZ **86**, 864), zB §§ 319 II (dort 2), 346 II (dort 14), 410 I S 1. Der ausdrücklichen Ausschließung der Beschwerde steht es gleich, wenn Sinn und Zweck der Entscheidung einer Anfechtung von vornherein entgegenstehen (BGH aaO; Hamm NJW **77**, 210), zB die Nichtverlängerung der Erklärungsfrist nach § 201 I (dort 9) oder gerichtsinterne Angelegenheiten (8 zu § 30). 5

3) Beschwerdeberechtigt (I, II) ist, wer durch die Maßnahme in seinen Rechten verletzt, dh in Freiheit, Vermögen oder einem sonstigen Recht in sachlich-rechtlicher oder verfahrensrechtlicher Art beeinträchtigt ist (Bay **52**, 232, 233 = NJW **53**, 714; erg 19 zu § 464; allg zur Beschwer vgl 8 ff vor § 296). Das sind in 1. Hinsicht die Verfahrensbeteiligten (Hamm wistra **98**, 38: also nicht der Richter; dazu Einl 70 ff), der Verteidiger auch, wenn seine eigenen Rechte betroffen sind, zB durch Zurückweisung nach § 146a (dort 9), Verweigerung des ungehinderten Verkehrs mit dem Mandanten nach § 148 I (dort 24), Ausschließung nach §§ 138a ff (§ 138d VI S 1) oder wegen der Weigerung, die Amtstracht anzulegen (Karlsruhe NJW **77**, 309 wendet dann II an), nicht aber der Wahlverteidiger gegen die Beiordnung eines zusätzlichen Pflichtverteidigers (9 zu § 141). 6

Nach II sind auch **andere von einer Entscheidung betroffene Personen** beschwerdeberechtigt, wobei eine Unterscheidung in unmittelbar und mittelbar Betroffene weder geboten noch durchführbar ist (BGH **27**, 175; Ellersiek 112), zB Zeugen und Sachverständige gegen die Anordnung von Ordnungsmitteln nach §§ 51, 77 oder § 178 GVG, Eigentümer beschlagnahmter Sachen (Celle NJW **65**, 362), wer durch eine Maßnahme nach § 119 beschwert ist oder für den Beschuldigten Sicherheit geleistet hat (§ 124 II S 2), Personen, denen die Genehmigung zur Verteidigung nach § 138 II verweigert worden ist (dort 23), Schöffen im Fall des § 56 GVG, nicht aber die Jugendgerichtshilfe (Frankfurt NStZ-RR **96**, 251) oder die Verwandten des Gefangenen, dessen bedingte Entlassung nach § 57 StGB abgelehnt worden ist (Bay **52**, 232 = NJW **53**, 714: Eltern; Schleswig SchlHA **58**, 7

288: Ehefrau), auch nicht derjenige Nichtverfahrensbeteiligte, dem Auskünfte aus den Akten versagt worden sind (BGH NStZ-RR **06**, 261 [B]; vgl §§ 475 IV, 478 III S. 2). Die Beschränkungen des § 305 S 1 gelten für die dritten Personen nicht (§ 305 S 2).

8 **4) Beschwerdegerichte:** Vgl §§ 73, 74a III, 74b, 121 I Nr 2, 135 II GVG. Über die Beschwerde gegen eine Entscheidung des Vorsitzenden oder des beauftragten Richters entscheidet nicht das Gericht, dem der Richter angehört, sondern das übergeordnete Gericht. Örtlich zuständig ist stets nur dieses Gericht. Die Unzuständigkeit des Beschwerdegerichts führt aber nicht zur Unwirksamkeit der Entscheidung (Einl 104 ff).

9 **5)** Durch die **Wertgrenze** (III) wird die Zulässigkeit der Beschwerde für den Fall beschränkt, dass lediglich die Kosten- und Auslagenentscheidung (der Höhe oder dem Grunde nach) angefochten wird (vgl auch § 108 I S 2 Hs 2 OWiG und § 4 III JVEG sowie § 567 II ZPO). Die Vorschrift betrifft die Kostengrundentscheidungen nach § 464 I, II oder in selbstständigen Kosten- und Auslagenbeschlüssen (vgl 13 zu § 464; 2 zu § 467), aber auch die Kostenfestsetzung nach § 464b. Der Beschwerdewert bemisst sich nach dem Unterschiedsbetrag zwischen dem in der angefochtenen Entscheidung zugebilligten und dem mit der Beschwerde verlangten Betrag. Maßgebend ist der Wert zZ der Beschwerdeeinlegung; spätere Wertminderungen bleiben außer Betracht (Düsseldorf MDR **86**, 341). Betrifft die angefochtene Entscheidung nur den Grund des Anspruchs, so kommt es darauf an, ob seine Höhe den Betrag von 200 € wahrscheinlich übersteigen wird. Die Mehrwertsteuer ist mitzurechnen (vgl KG AnwBl **80**, 467; MDR **58**, 701; Bremen NJW **56**, 72). Für die Beschwerde nach § 8 III **StrEG** gilt III nicht (dort 20).

10 **6) BGH-Entscheidungen** (IV S 1) – auch des Senatsvorsitzenden (BGH NStZ **01**, 551) – sind mit der Beschwerde nicht anfechtbar; es gibt kein übergeordnetes Gericht. Beschwerde ist jedoch zulässig gegen bestimmte Verfügungen des Ermittlungsrichters des BGH (unten 19).

11 **7) OLG-Beschlüsse** (IV S 2) und Verfügungen des Senatsvorsitzenden, auch die im Urteil getroffenen Entscheidungen über Kosten und Auslagen nach § 464 und über die Entschädigungspflicht der Staatskasse nach §§ 2 ff **StrEG** (BGH **26**, 250; NStZ **00**, 330 mit Anm Hilger; vgl auch 10 zu § 9 StrEG), sind grundsätzlich unanfechtbar, auch wenn sie in Staatsschutzsachen ergangen sind, in denen das OLG nach § 120 I, II GVG im 1. Rechtszug zuständig ist (erg 3, 8 zu § 28; 26 zu § 338).

12 In diesen Fällen gelten jedoch die in S 2, 3 bezeichneten **Ausnahmen,** in denen die Beschwerde an den BGH (§ 135 II GVG) zulässig ist (vgl ferner § 159 I S 2 GVG). Der Katalog des IV S 2 Hs 2 enthält eine für die StPO abschließende Aufzählung (BVerfGE **45**, 363, 374 = NJW **77**, 1815, 1816; Schmidt MDR **79**, 709 mwN). Die Vorschrift ist eng auszulegen (BGH **25**, 120; **26**, 270; **27**, 344; **29**, 394; **30**, 32, 33; 168, 170; 250; **32**, 365, 366; **34**, 34, 35; **43**, 262, 264; NStZ **00**, 330 mit Anm Hilger); der BGH lässt jedoch eine entspr Anwendung auf andere Fälle im engsten Rahmen zu (BGH **27**, 96, 97; **30**, 168, 171; StV **95**, 628). Im Einzelnen gelten folgende Ausnahmen:

13 A. **Verhaftungen und andere Eingriffe** (S 2 Nr 1): Vgl §§ 112 ff, 126a, 81, 98, 105, 111c. Bei Verhaftungen ist die Beschwerde nur im selben Umfang zulässig wie die weitere Beschwerde nach § 310 I (dort 5, 7), also nicht, wenn nur über Auflagen nach § 116 I S 2 (BGH **25**, 120) oder Beschränkungen nach § 119 (BGH **26**, 270) zu entscheiden ist (vgl auch BGH NJW **80**, 140; BGHR Haftbefehl 2; gegen die BGH-Rspr SK-Paeffgen 22 zu § 116) oder wenn der Beschwerdeführer nur einen von mehreren Haftgründen beanstandet, dessen Wegfall nicht zur Haftentlassung führen würde (BGH **34**, 34; krit Baumann Pfeiffer-FS 258 ff), oder ein weiterer Haftgrund hinzutritt (BGH **47**, 249 = NStZ **02**, 445

mit abl Anm Hilger; abl auch Paeffgen NStZ **04**, 79), oder wenn lediglich die Erweiterung des Tatvorwurfs bei einem bestehenden Haftbefehl erstrebt wird (BGH **37**, 347) oder nur eine Änderung in der rechtlichen Bewertung der Tat (Hamburg NStZ **01**, 274). Auch Erzwingungshaft nach § 70 ist aber eine Verhaftung (BGH **36**, 192 gegen **30**, 52; **aM** Wedel MDR **90**, 786, 787; dagegen Kutzer MDR **90**, 787), nicht jedoch Ersatzordnungshaft (BGH NStZ **94**, 198; **10**, 44; vgl 11 zu § 70). Die Beschlagnahme umfasst auch den Arrest nach § 111 d, jedenfalls soweit er der Sicherstellung der Einziehung und des Verfalls von Wertersatz dient (BGH **29**, 13; NStZ **82**, 190 [Pf]), nicht aber die einstweilige Beschlagnahme nach § 108 (BGH **28**, 349). Die Telefonüberwachung nach § 100a steht der Beschlagnahme nicht gleich (BGH wistra **05**, 436; **aM** LR-Matt 77; erg 14 zu § 100b). Da die Beschwerdemöglichkeit schlechthin für die in § 101 I bezeichneten Maßnahmen eingeräumt wird, ist sie nicht nur für die sofortige Beschwerde nach § 101 VII S 3 (= § 101 IX S 3 des Gesetzesentwurfs, auf die in der Gesetzesbegründung allein abgestellt wird, vgl BT-Drucks 16/5846 S 66), sondern für alle Beschwerden (zB die von Telekommunikationsdienstleistern) gegen Maßnahmen nach § 101 I gegeben. Der BGH neigt dazu, bei einer mit einer längeren Unterbringung verbundenen Maßnahme nach § 81a die Beschwerde für zulässig zu erachten (BGH StV **95**, 628; zust SK-Frisch 63). Gegen die Anordnung der Entnahme von Körperzellen sowie deren molekulargenetische Untersuchung (§§ 81a II, 81e I, 81f II) ist die Beschwerde unzulässig (BGH StB 12, 13, 47/07 vom 20. 12. 2007).

B. **Ablehnung der Eröffnung und Einstellung des Verfahrens** (S 2 Nr 2): **14**
Vgl §§ 210 II 1. Altern, 206a. Die Verfahrensabtrennung bezüglich eines von mehreren Mitangeschuldigten steht dem nicht gleich, wenn die Eröffnungsentscheidung möglich bleibt (BGH NJW **93**, 1279; MDR **94**, 240 [S]). Der BGH prüft das Bestehen eines hinreichenden Tatverdachts eigenständig in vollem Umfang (BGH **53**, 238).

C. **Anordnung der Abwesenheitsverhandlung; Verweisung an niederes** **15**
Gericht (S 2 Nr 3): Vgl §§ 210 II 2. Altern, 231a. Anfechtbar ist auch die Eröffnung des Hauptverfahrens vor einem Gericht niederer Ordnung nach § 209 I wegen einer Straftat, die kein Staatsschutzdelikt ist (KK-Engelhardt 10 mwN). Beschlüsse nach § 231 II sind auch dann nicht anfechtbar, wenn sie auf § 231a I Bezug nehmen (BGH NStZ **81**, 95 [Pf]).

D. **Akteneinsicht** (S 2 Nr 4): Die Beschwerdemöglichkeit besteht nur für Ver- **16**
fahrensbeteiligte (BGH **36**, 338). Vgl im Übrigen § 147. Die Ausnahme, die § 147 IV S 2 unberührt lässt, betrifft nicht die Ausstattung des Angeklagten mit Abschriften oder Ablichtungen aus den Akten (BGH **27**, 244) oder mit der Kopie eines Videofilms (BGHR Akteneinsicht 2), die Überlassung von Ablichtungen der Aufzeichnungen des UrkB vor Fertigstellung des Protokolls (BGH **29**, 394) und Modalitäten der weiteren Tätigkeit des Verteidigers nach Akteneinsicht, wie die Bedingungen, unter denen er den Akteninhalt mit dem Angeklagten erörtern darf (BGH **27**, 244).

E. **Widerruf der Strafaussetzung und des Straferlasses; Wiederaufnahme** **17**
ua (S 2 Nr 5): Anfechtbar ist die Versagung von Strafaussetzung in Gesamtstrafenbeschlüssen nach § 460 (BGH **30**, 168 = JR **83**, 84 mit zust Anm Gollwitzer), nicht aber die mit der Strafaussetzung verbundenen Entscheidungen über die Dauer der Bewährungszeit und die Auflagen (BGH **25**, 120, 122; **30**, 32; BGHR Strafrest 1) sowie die auf § 68f II StGB gestützten Entscheidungen (BGH **30**, 250), auch nicht die Aussetzung der Entscheidung über den Antrag des Verurteilten auf Erlass der Reststrafe bis zum Abschluss eines schwebenden Verfahrens (BGH **32**, 365). Im Wiederaufnahmeverfahren ist nur gegen die nach § 372 S 1 anfechtbaren Entscheidungen Beschwerde zulässig; unanfechtbar sind ablehnende Entscheidungen nach §§ 364a, 364b (BGH NJW **76**, 431).

18 F. **Entscheidungen über den Verteidigerausschluss** (S 2 Hs 3) sind nach § 138d VI S 1 (dort 12ff) mit sofortiger Beschwerde anfechtbar, auch wenn sie von dem OLG erlassen sind. Die Zurückweisung eines Verteidigers nach §§ 137 I S 2, 146 ist dagegen nicht anfechtbar (BGH NJW **77**, 156).

19 8) **Verfügungen des Ermittlungsrichters des BGH und des OLG** (V), auch in Beschlussform (BGH **29**, 13) sind nur in den bezeichneten Fällen (vgl dazu oben 13) anfechtbar (BGH MDR **93**, 508 [S]), auch wenn ein Antrag auf Anordnung einer solchen Maßnahme abgelehnt worden ist; das gilt jedoch nicht bei Ablehnung der Anordnung von Erzwingungshaft (BGH **43**, 262). Auf andere Maßnahmen ist V nicht entspr anwendbar (BGH **29**, 13, 14; NJW **94**, 465; NStZ **96**, 484 [S]), insbesondere auch nicht auf Maßnahmen nach § 81g (BGH NJW **02**, 765; NStZ-RR **03**, 100 [B]) oder auf die Anordnung, dem Gefangenen ein Schreiben nicht auszuhändigen (BGH NStZ-RR **02**, 190). Über die Beschwerde entscheidet der BGH (§ 135 GVG) oder das OLG (§ 120 III S 2 GVG).

Einschränkung der Beschwerde im Hauptverfahren

305 [1]**Entscheidungen der erkennenden Gerichte, die der Urteilsfällung vorausgehen, unterliegen nicht der Beschwerde.** [2]**Ausgenommen sind Entscheidungen über Verhaftungen, die einstweilige Unterbringung, Beschlagnahmen, die vorläufige Entziehung der Fahrerlaubnis, das vorläufige Berufsverbot oder die Festsetzung von Ordnungs- oder Zwangsmitteln sowie alle Entscheidungen, durch die dritte Personen betroffen werden.**

1 1) **Grundsätzlich der Beschwerde entzogen** (S 1) sind die der Urteilsfällung vorausgehenden Entscheidungen des erkennenden Gerichts. Die Vorschrift ist prozessual notwendig. Sie soll Verfahrensverzögerungen verhindern, die eintreten würden, wenn Entscheidungen der erkennenden Gerichte sowohl auf eine Beschwerde als auch auf das Rechtsmittel gegen das Urteil überprüft werden müssten (LR-Matt 2). Der Ausschluss der Beschwerde gilt entspr diesem Gesetzeszweck nur, wenn das Urteil anfechtbar ist (Hamm NStZ **86**, 328), und nur für Entscheidungen, die in innerem Zusammenhang mit der Urteilsfällung stehen, ausschließlich ihrer Vorbereitung dienen, bei der Urteilsfällung selbst der nochmaligen Prüfung des Gerichts unterliegen (Braunschweig StV **87**, 332; Frankfurt NJW **05**, 771 L = NStZ-RR **05**, 46 mwN; StV **06**, 122) und keine weiteren Verfahrenswirkungen äußern (Düsseldorf VRS **69**, 445; Karlsruhe NJW **77**, 309; Stuttgart NJW **76**, 1647; Ellersiek 123). Die Änderung der Entscheidung vor dem Urteil verbietet S 1 nicht (RG **59**, 241). Die Vorschrift steht jedoch einer Verfassungsbeschwerde (Einl 230ff) entgegen (BVerfGE **1**, 9 = NJW **52**, 60; BVerfGE **9**, 261, 265).

2 A. **Erkennendes Gericht** (vgl auch 6 zu § 28) ist das Gericht, bei dem das Hauptverfahren anhängig ist (BGH **2**, 1, 2; Hamm NStE Nr 1 zu § 103 JGG mwN; Stuttgart NStZ **85**, 524). S 1 gilt für die Entscheidungen dieses Gerichts von der Eröffnung des Hauptverfahrens (13 zu § 207) bis zur Urteilsfällung (RG **43**, 179), auch für gleichzeitig mit dem Eröffnungsbeschluss erlassene Entscheidungen (Bay **55**, 113 = MDR **55**, 629), selbst bei Eröffnung vor einem anderen Gericht (KG JR **79**, 479; LR-Matt 8; **aM** Bremen JR **58**, 189; Schleswig SchlHA **54**, 64; KK-Engelhardt 2). Das Berufungsgericht, für dessen Entscheidungen § 305 ebenfalls gilt (Köln NJW **56**, 803 L), ist erkennendes Gericht, sobald ihm die Akten nach § 321 S 2 vorgelegt sind (6 zu § 28), das Gericht, an das die Sache nach §§ 328 II, 354 II, III, 355 zurückverwiesen worden ist, nach Eingang der Akten. Zum beschleunigten Verfahren nach §§ 417ff und zum Strafbefehlsverfahren vgl 6 zu § 28.

3 Entscheidungen des **Vorsitzenden des erkennenden Gerichts** sind unter den oben 1 genannten Voraussetzungen ebenfalls von der Anfechtung ausgenommen (Düsseldorf NStZ **86**, 138; Hamm NStZ-RR **09**, 352; Köln NJW **81**, 1523; Stuttgart NJW **76**, 1647; Zweibrücken StV **88**, 519 mit abl Anm Gatzweiler;

Wagner JR **86**, 259; **aM** Koblenz wistra **83**, 122; KK-Laufhütte 13 zu § 141; einschr LR-Matt 14: nur Entscheidungen anstelle des erkennenden Gerichts).

B. **Unzulässig** ist die Beschwerde gegen Entscheidungen, die dem Urteil zeitlich und sachlich vorausgehen, wenn sie mit ihm in einem inneren Zusammenhang stehen (Hamm MDR **87**, 868; NStZ-RR **09**, 352), insbesondere die Beweisaufnahme vorbereiten (18 zu § 73; 20 zu § 74; 6 zu § 219), auch durch Aussetzung der Verhandlung zum Zweck weiterer Sachaufklärung (16 zu § 228) oder nach § 262 (dort 7) oder nach § 265 IV (dort 37). Der Beschwerde entzogen sind ferner Entscheidungen, die den Fortgang und die Gestaltung des Verfahrens betreffen, zB die Verbindung von Sachen anordnen oder ablehnen (16 zu § 4) oder einen Verfahrensteil abtrennen (Hamm wistra **99**, 235 mit abl Anm Weidemann wistra **99**, 399), die Unwirksamkeit einer Berufungsrücknahme feststellen (Frankfurt NJW **05**, 771 L = NStZ-RR **05**, 46), den Antrag auf Entbindung nach § 233 ablehnen (dort 6), das persönliche Erscheinen nach § 236 (dort 3) oder die Durchführung der Hauptverhandlung ohne den Beschuldigten anordnen (12 zu § 415), idR auch die Terminsanberaumung durch den Vorsitzenden (8 zu § 213) oder die Entscheidung über die Zurückweisung eines Verteidigers wegen möglicher Mehrfachverteidigung (Hamm MDR **88**, 868). 4

Hat eine Entscheidung nur oder auch **prozessuale Bedeutung in anderer Richtung,** so ist sie wegen dieser selbstständigen Bedeutung anfechtbar. Das gilt zB von dem Beschluss über die Ablehnung der Bestellung eines Pflichtverteidigers (10 zu § 141) oder eines bestimmten Verteidigers (19 zu § 142), über die Zurückweisung des Verteidigers nach § 146a (dort 9) und die Nichtzulassung des Nebenklägers (19 zu § 396). 5

2) Die **Ausnahmen** (S 2) betreffen Maßnahmen, die bei der Urteilsfällung nicht geprüft werden, weil sie weder rückwirkend beseitigt noch nachgeholt werden können. Die Anfechtbarkeit wird daher schon durch S 1 nicht ausgeschlossen. S 2 verdeutlicht das nur für einige Beispielsfälle, bei denen es sich überwiegend um Grundrechtseingriffe handelt. Daraus darf nicht geschlossen werden, dass nur die Anordnung, nicht auch die Ablehnung der Maßnahme anfechtbar ist. Auch die StA kann gegen die Ablehnung ihres Antrags auf Erlass eines Haftbefehls, Beschlagnahmebeschlusses usw Beschwerde einlegen (vgl 31 zu § 98; 21 zu § 114), der Angeklagte auch, wenn seinem Antrag auf Beschlagnahme eines Beweismittels nicht stattgegeben worden ist (**aM** Hamburg JR **85**, 300 mit abl Anm Meyer). 6

S 2 enthält **keine abschließende Aufzählung** (Koblenz NStZ **94**, 355; Amelung 20 ff; Ellersiek 124). Anfechtbar mit der Beschwerde sind zB auch die Durchsuchungsanordnung und ihre Ablehnung (15 zu § 105), die Anordnung der Entnahme von Körperzellen nach § 81a zwecks späterer molekulargenetischer Untersuchung (Bremen StV **10**, 122), aber nicht die Anordnung der psychiatrischen Untersuchung des Angeklagten ohne seine Unterbringung (Düsseldorf VRS **99**, 123). Der Begriff Verhaftungen ist nicht, wie bei §§ 304 IV S 2 Nr 1, 310 I, einschränkend auszulegen; alle Entscheidungen im Zusammenhang mit der UHaft fallen darunter (Karlsruhe StV **97**, 312; LR-Matt 31; **aM** KK-Engelhardt 10). Mit der einstweiligen Unterbringung ist nur die nach § 126a gemeint (wegen § 81 vgl dort 28, wegen § 81a dort 30). Zu den Ordnungs- und Zwangsmitteln gehört auch die Vorführung des Beschuldigten (zB nach §§ 134, 230 II). Wegen der Entscheidungen, durch die dritte Personen betroffen werden, vgl 7 zu § 304. 7

Eingeschränkte Beschwerde gegen Strafaussetzungsbeschluss

305a **I** [1]**Gegen den Beschluss nach § 268a Abs. 1, 2 ist Beschwerde zulässig.** [2]**Sie kann nur darauf gestützt werden, dass eine getroffene Anordnung gesetzwidrig ist.**

[II] **Wird gegen den Beschluss Beschwerde und gegen das Urteil eine zulässige Revision eingelegt, so ist das Revisionsgericht auch zur Entscheidung über die Beschwerde zuständig.**

1 **1)** Die **Anfechtung** des Urteils mit Berufung oder Revision erstreckt sich nicht auf den Beschluss nach § 268 a (dort 10); gegen ihn muss ausdrücklich (vgl 21 zu § 464) Beschwerde nach § 304 I eingelegt werden (I S 1 hat nur klarstellende Bedeutung), die aber nach I S 2 nur zu einer eingeschränkten Prüfung führt. Die gleiche Einschränkung enthält § 453 II S 2 für nachträgliche Entscheidungen. Für die Abhilfe nach § 306 II gilt die Einschränkung nicht. Wann Entscheidungen nach § 268 a gesetzwidrig sind, ergibt das sachliche Recht (§§ 56 a ff, 59 a, 68 b, 68 c StGB). Eine Prüfung der Ermessensausübung durch das untere Gericht ist dem Beschwerdegericht verwehrt (Köln NJW **05**, 1671; Hamburg MDR **71**, 66); gesetzwidrig ist aber auch ein auf Ermessensüberschreitung oder -missbrauch beruhender Beschluss, insbesondere, wenn die Anordnung einen einschneidenden unzumutbaren Eingriff in die Lebensführung des Verurteilten enthält (BGH StV **98**, 658; Köln NJW **99**, 373).

2 **Beschwerdeberechtigt** sind, auch nach Rechtskraft des Urteils (KG NStZ-RR **06**, 137; Braunschweig MDR **70**, 69; Hamm NJW **64**, 937; **aM** Pusinelli NJW **62**, 903), der Angeklagte (Verteidiger, gesetzlicher Vertreter) und die StA (Nürnberg NJW **59**, 1451), auch zu seinen Ungunsten (KK-Engelhardt 5; **aM** Hamm NJW **69**, 890). Der Nebenkläger ist entspr § 400 I zur Anfechtung nicht berechtigt (dort 3), erst recht nicht der sonstige Geschädigte (Düsseldorf StV **01**, 228). Die Bestimmung der gemeinnützigen Einrichtung, an die ein Geldbetrag zu zahlen ist, beschwert den Angeklagten idR nicht (Köln NJW **05**, 1671).

3 Einen Zwang zur **Begründung der Beschwerde** enthält I S 2 trotz des missverständlichen Wortlauts („gestützt werden") nicht (Ellersiek 67).

4 **2)** Die **Entscheidung des Beschwerdegerichts** ergeht stets durch besonderen Beschluss und in der Sache selbst. Das gilt auch, wenn das Berufungsgericht, statt selbst nach § 268 a zu entscheiden (dort 2), den 1. Beschluss nur nach I S 2 geprüft hat (KK-Engelhardt 15; **aM** Hamm GA **71**, 125). Ist der Beschluss nicht gesetzwidrig, so wird die Beschwerde als unbegründet, nicht als unzulässig verworfen (Nürnberg NJW **59**, 1451). Eine Schlechterstellung des Beschwerdeführers kommt bei der eingeschränkten Prüfungsbefugnis des Beschwerdegerichts praktisch kaum in Betracht (vgl Meyer JR **82**, 338); grundsätzlich unzulässig ist sie nicht (str, vgl dazu KG NStZ-RR **06**, 137 mit ausführlichen Nachweisen zum Streitstand; erg 3 zu § 268 a).

5 **3) Zuständig** ist bei Berufung das Berufungsgericht (vgl aber 2 zu § 268 a), nach Urteilsrechtskraft das Beschwerdegericht. Wenn gegen das Urteil Revision eingelegt ist, entscheidet, wie nach § 464 III S 3, § 59 V **JGG,** § 8 III S 2 **StrEG,** aus Gründen der Verfahrensvereinfachung das Revisionsgericht (BGHR § 305 a I Zuständigkeit 1). Es bleibt auch nach Abschluss des Revisionsverfahrens zuständig, wenn es über die Beschwerde versehentlich nicht mitbefunden hat (BGH NStZ **86**, 422). Seine Zuständigkeit besteht aber nicht oder nicht mehr, wenn die Revision unzulässig oder bereits durch Entscheidung (BGH **10**, 19) oder Zurücknahme (Bay **60**, 186 = MDR **70**, 866) erledigt ist, wenn die Beschwerde dem Revisionsgericht erst nach Erlass der Revisionsentscheidung zur Kenntnis gelangt oder wenn sie bei Erlass der Entscheidung – zB mangels erforderlicher Abhilfeentscheidung nach § 306 II – noch nicht entscheidungsreif ist (BGH **34**, 392; NJW **92**, 2169; erg 25 zu § 464; 16 zu § 8 StrEG); dann ist das Beschwerdegericht zuständig (BGH aaO).

Einlegung der Beschwerde

306 [I] **Die Beschwerde wird bei dem Gericht, von dem oder von dessen Vorsitzenden die angefochtene Entscheidung erlassen ist, zu Protokoll der Geschäftsstelle oder schriftlich eingelegt.**

II Erachtet das Gericht oder der Vorsitzende, dessen Entscheidung angefochten wird, die Beschwerde für begründet, so haben sie ihr abzuhelfen; andernfalls ist die Beschwerde sofort, spätestens vor Ablauf von drei Tagen, dem Beschwerdegericht vorzulegen.

III Diese Vorschriften gelten auch für die Entscheidungen des Richters im Vorverfahren und des beauftragten oder ersuchten Richters.

1) Einlegung der Beschwerde (I): 1

A. **Bei dem Gericht, das die Entscheidung erlassen hat,** ist die Beschwerde einzulegen. Die früher bestehende Möglichkeit, sie in dringenden Fällen auch bei dem Beschwerdegericht einzulegen, ist entfallen. 2

B. **Form:** Die Beschwerde, die nicht an Bedingungen geknüpft werden darf (Einl 118; 5 vor § 296), kann in deutscher Sprache (2 zu § 184 GVG) schriftlich (Einl 128), durch Fernschreiber (Einl 139) oder per Telefax (Einl 139 a) oder zu Protokoll der Geschäftsstelle (Einl 131 ff) eingelegt werden. Die telefonische Einlegung ist unzulässig (Einl 140). Zur Einlegung zu Protokoll der Hauptverhandlung vgl Einl 137. Beschwerden in verunglimpfender Form werden sachlich nicht beschieden (12 vor § 33). 3

C. Eine **Frist** besteht, anders als bei der sofortigen Beschwerde (§ 311 II), für die einfache Beschwerde nicht. Jedoch ergibt sich eine zeitliche Beschränkung daraus, dass sie durch den Fortgang des Verfahrens gegenstandslos werden kann (17 vor § 296). Zur Verwirkung vgl 6 vor § 296. Vor Erlass der Entscheidung (dazu 5 ff vor § 33) kann die Beschwerde nicht eingelegt werden (4 vor § 296). 4

D. Eine **Beschwerdebegründung** ist nicht vorgeschrieben, aber zulässig und zu empfehlen. Kündigt der Beschwerdeführer bei der Beschwerdeeinlegung eine nachträgliche Begründung an, so muss das Beschwerdegericht im Hinblick auf Art 103 I GG für deren Anbringung entweder eine Frist setzen oder angemessene Zeit mit der Entscheidung warten (BVerfG NJW **09**, 1582, 1583 mwN), und zwar so lange, wie es nach den Umständen, insbesondere unter Berücksichtigung der Schwierigkeit und des Umfangs des Entscheidungsstoffes, der Notwendigkeit etwaiger Besprechungen oder Unterlagenbeschaffung angebracht erscheint (BVerfGE **4**, 190, 192 = NJW **55**, 1145; BayVerfGHE **17** II 13 = Rpfleger **64**, 171). Das Beschleunigungsgebot (Einl 160) ist aber zu beachten. 5

Setzt das Beschwerdegericht eine **Frist,** so muss sie in diesem Sinn angemessen sein (BVerfGE **12**, 6) und vor der Entscheidung abgewartet werden (BVerfGE **42**, 243 = NJW **76**, 1837; BVerfGE **46**, 313; Karlsruhe MDR **83**, 250). Einem Verlängerungsantrag braucht das Gericht nur zu entsprechen, wenn die Frist so knapp bemessen ist, dass sie nicht eingehalten werden kann (BayVerfGHE **15** II 51; **16** II 1 = MDR **63**, 376; Röhl NJW **64**, 277). Wiedereinsetzung ist nicht möglich (3 zu § 44); § 33 a findet keine Anwendung (Bamberg MDR **91**, 665). Eine Beschwerdebegründung ist bei der Entscheidung stets zu berücksichtigen, wenn sie eingeht, bevor über die Beschwerde entschieden worden ist (Karlsruhe aaO; LR-Matt 8); maßgebend ist der Erlass (5 ff vor § 33) der Entscheidung (BayVerfGHE **16** II 1 = MDR **63**, 376). Gegen Art 103 I GG wird verstoßen, wenn ein beim unteren Gericht eingereichter Schriftsatz nicht rechtzeitig an das Beschwerdegericht weitergeleitet und daher nicht berücksichtigt wird (BVerfGE **62**, 347 = NJW **83**, 2187). 6

2) Das **Abhilfeverfahren** (II Hs 1) soll dem Gericht, dem Vorsitzenden oder den in III bezeichneten Richtern, wenn diese die angefochtene Verfügung erlassen haben, bei begründeter einfacher Beschwerde (für die sofortige gilt § 311 III) die Berichtigung seiner Entscheidung ermöglichen und dem Beschwerdegericht die Befassung mit der Sache ersparen (BGH NJW **92**, 2169). Insbesondere ist ein Mangel des rechtlichen Gehörs zu beheben, wenn er der Grund für die Einlegung der Beschwerde ist (5 zu § 33 a). 7

8 A. Die **Abhilfeentscheidung,** zu der der Richter bei begründeter Beschwerde verpflichtet ist, ergeht in derselben Form wie die durch sie berichtigte Entscheidung; sie bildet mit ihr verfahrensrechtlich eine Einheit (Ellersiek 32, 170; Gollwitzer JR **74**, 206). Sie muss begründet (§ 34) und den Beteiligten bekanntgegeben werden (§ 35 II). Das gilt auch bei Teilabhilfe, die möglich ist, soweit Teilbeschwerde hätte erhoben werden können (4 zu § 304). Werden neue Tatsachen oder Beweisergebnisse berücksichtigt, so muss der Beschwerdegegner gehört werden (§ 33 III), sonst nicht (Rahn NJW **59**, 1167; Röhl MDR **55**, 522; **aM** LR-Matt 18; Ellersiek 172); ihm verbleibt die Möglichkeit, die Abhilfeentscheidung anzufechten.

9 Bei **Nichtabhilfe** braucht nur das Ergebnis der Prüfung in den Akten vermerkt zu werden (München NJW **73**, 1143). Bei Kollegialgerichten kann der Vorsitzende den Vermerk allein unterzeichnen. Eine Begründung ist zulässig, aber nicht erforderlich (KG VRS **38**, 127). Etwas anderes gilt nur, wenn der angefochtene Beschluss nicht begründet worden ist und das Beschwerdevorbringen erhebliche Tatsachenbehauptungen enthält (BGH **34**, 392; Hamm StV **96**, 421; LG Potsdam NStZ-RR **01**, 20); in diesem Fall ist der – förmliche oder formlose, nicht anfechtbare – Beschluss dem Beschwerdeführer aber mitzuteilen.

10 B. Eine **Zurückverweisung zur Nachholung des Abhilfeverfahrens** kommt nur in Betracht, wenn dadurch das Verfahren beschleunigt wird (vgl München NJW **73**, 1143 = JR **74**, 204 mit Anm Gollwitzer: leichtere Durchführung notwendiger Ermittlungen durch den 1. Richter; vgl aber KK-Engelhardt 20) oder wenn das Beschwerdegericht an einer sofortigen eigenen Sachentscheidung gehindert ist (Ellersiek 171), nicht aber, um eigene Ermittlungen zu ersparen. Das Abhilfeverfahren ist für die Entscheidung des Beschwerdegerichts keine Verfahrensvoraussetzung (LR-Matt 21; Gollwitzer JR **74**, 207; Schlüchter 664.3). Bei erkennbarer Unbegründetheit der Beschwerde scheidet eine Zurückverweisung idR aus (Hamm VRS **104**, 372).

11 **3)** Die **Vorlage an das Beschwerdegericht** (II Hs 2) erfolgt, wenn die Beschwer vorher nicht behoben wird, über die StA (Ausnahme: 12 zu § 148 a). Die Einhaltung der Dreitagesfrist, innerhalb deren die Sache vorgelegt, dh die Vorlegung verfügt werden soll, ist nicht zwingend vorgeschrieben; es handelt sich um eine Sollvorschrift. Die Frist, die mit dem Eingang der Beschwerde beginnt, sollte aber nach Möglichkeit eingehalten werden. Sind weitere Ermittlungen geboten, aber in der Frist nicht möglich, so überlässt sie der Richter daher dem Beschwerdegericht (KK-Engelhardt 18; **aM** München NJW **73**, 1143 = JR **74**, 204 mit zust Anm Gollwitzer; SK-Frisch 30). Da die Akten dem Beschwerdegericht mit größtmöglicher Beschleunigung zuzuleiten sind, ist das untere Gericht nicht befugt, sie zurückzuhalten, weil eine Beschwerdebegründung angekündigt ist, oder dem Beschwerdeführer gar für deren Anbringung eine Frist zu setzen (Hamm StraFo **02**, 177; **aM** LR-Matt 7); auch die StA darf die Weiterleitung nicht verzögern.

12 **4)** Die **unzulässige Beschwerde** darf der 1. Richter nicht selbst verwerfen (RG **43**, 179; Karlsruhe Justiz **96**, 233). Er muss sie aber als Gegenvorstellung (23 ff vor § 296) behandeln und prüfen, ob sie zur Änderung der Entscheidung Anlass gibt (KG JR **57**, 430; KK-Engelhardt 12). Ändert er die Entscheidung nicht, so legt er die Beschwerde dem Beschwerdegericht vor. Aus Gründen der prozessualen Fürsorgepflicht (Einl 157) kann es gelegentlich geboten sein, den Beschwerdeführer auf die Unzulässigkeit hinzuweisen; ihm darf dann auch angekündigt werden, dass von der Vorlage an das Beschwerdegericht abgesehen wird, wenn er nicht ausdrücklich auf ihr besteht (LR-Matt 22).

Keine Vollzugshemmung

307 **[I] Durch Einlegung der Beschwerde wird der Vollzug der angefochtenen Entscheidung nicht gehemmt.**

[II] Jedoch kann das Gericht, der Vorsitzende oder der Richter, dessen Entscheidung angefochten wird, sowie auch das Beschwerdegericht anordnen, dass die Vollziehung der angefochtenen Entscheidung auszusetzen ist.

1) Keine aufschiebende Wirkung (I) hat die Beschwerde, soweit nicht (wie in §§ 81 IV S 2, 231 a III S 3, 454 III S 2, 462 III S 2 sowie § 181 II GVG, § 65 II S 3 **JGG**) etwas anderes bestimmt ist. Wenn allerdings die Vollstreckbarkeit oder weitere Vollstreckung eines Urteils oder einer abschließenden Beschlussentscheidung von dem Ergebnis einer Beschwerde abhängt, ist entspr § 449 diese Entscheidung abzuwarten, hat die Beschwerde also aufschiebende Wirkung (LR-Matt 2). Das gilt insbesondere in den Fällen der §§ 453 II S 3 (dort 8), 462 III und 464 III. 1

2) Die **Aussetzung der Vollziehung** (II) von Amts wegen oder auf Antrag, der nicht vor Beschwerdeeinlegung gestellt werden kann (LR-Matt 1; **aM** KK-Engelhardt 8; wie hier auch Leipold gegen Schlicht StraFo **05**, 90), ist eine Ermessensentscheidung (Karlsruhe NJW **76**, 2274), bei der das öffentliche Interesse an sofortiger Vollziehung gegen die dem Beschwerdeführer drohenden Nachteile abgewogen werden muss (BGH wistra **09**, 364; Frankfurt NJW **76**, 303). Maßgebend sind insbesondere die Aussichten des Rechtsmittels. Die Aussetzung ist anzuordnen, wenn der Richter die Unrichtigkeit seiner Entscheidung nachträglich erkennt, der Beschwerde aber nach § 311 III S 1 nicht abhelfen kann. Unzulässig ist sie, wenn die sofortige Vollziehung gesetzlich bestimmt ist (vgl § 120 II). Die Dauer der Aussetzung, die nachträglich verkürzt oder verlängert werden kann, richtet sich nach den Umständen des Falles. Die nicht befristete Aussetzung entfällt mit der Entscheidung über die Beschwerde ohne weiteres. 2

Zuständig ist sowohl der iudex a quo als auch das Beschwerdegericht, bei einem Kollegialgericht des 1. Rechtszugs auch der Vorsitzende allein (**aM** LR-Matt 1). Ist die Sache bereits an das Beschwerdegericht abgegeben, so ist nur dieses zuständig (LR-Matt 1; **aM** KK-Engelhardt 4). Eine ausdrückliche Entscheidung nach II ist nur erforderlich, wenn ein Antrag gestellt ist; die vorherige Anhörung des Gegners des Beschwerdeführers ist entbehrlich (Ellersiek 160; Rahn NJW **59**, 1167; **aM** SK-Frisch 10). 3

Gegen einen Ablehnungsbeschluss des iudex a quo ist **Beschwerde** nach § 304 I zulässig, solange nicht über die Beschwerde entschieden worden ist (LR-Matt 9). Mit der Entscheidung wird das Rechtsmittel gegenstandslos. Lehnt das Beschwerdegericht eine Anordnung nach II ab, so ist hiergegen Beschwerde nur nach Maßgabe des § 310 I zulässig. 4

Befugnisse des Beschwerdegerichts

308 **[I] [1]Das Beschwerdegericht darf die angefochtene Entscheidung nicht zum Nachteil des Gegners des Beschwerdeführers ändern, ohne dass diesem die Beschwerde zur Gegenerklärung mitgeteilt worden ist. [2]Dies gilt nicht in den Fällen des § 33 Abs. 4 Satz 1.**

[II] Das Beschwerdegericht kann Ermittlungen anordnen oder selbst vornehmen.

1) Die **Anhörung des Beschwerdegegners** (I) geht über die Gewährung des rechtlichen Gehörs hinaus, weil sie sich nicht nur, wie nach Art 103 I GG, § 33 III, auf Tatsachen und Beweisergebnisse, sondern auf das gesamte Beschwerdevorbringen bezieht. 1

2 A. **Gegner des Beschwerdeführers** (S 1) sind die durch die erstrebte Entscheidung in ihren rechtlichen Interessen beeinträchtigten Verfahrensbeteiligten (LR-Matt 7; erg 3 zu § 303; 1 zu § 347). Zu Beschwerden des Angeklagten sind StA, Privat- und Nebenkläger zu hören (Ausnahme: 12 zu § 148 a), zu Beschwerden der StA der Angeklagte, der Verteidiger, auch der gesetzliche Vertreter (KK-Engelhardt 2; LR-Matt 8; **aM** KMR-Plöd 2), zu Beschwerden Drittbeteiligter die StA, der Beschuldigte nur, wenn seine Interessen unmittelbar berührt sind, wie bei der Beschwerde gegen eine Kostenentscheidung nach § 51 I S 1 (BayVerfGHE **18** II 134 = JR **66**, 195).

3 Nur bei Abänderung der Entscheidung zum **Nachteil des Gegners** ist die Anhörung erforderlich, nicht bei vollständiger Verwerfung der Beschwerde (Düsseldorf NStE Nr 1). Ein Nachteil liegt in jeder Beeinträchtigung der rechtlichen Interessen des Gegners, auch durch Änderung der Beschlussbegründung (KK-Engelhardt 4 ff). Die StA ist durch jede Entscheidung „benachteiligt", die die Entscheidung oder ihre Begründung ganz oder teilw zugunsten des Beschwerdeführers ändert. Die Eröffnung des Hauptverfahrens vor dem LG statt vor dem SchG benachteiligt den Angeklagten nicht (vgl § 269).

4 B. **Zur Gegenerklärung mitzuteilen** (S 1) sind Einlegung und Begründung der Beschwerde (BVerfGE **17**, 188 = NJW **64**, 293), auch spätere Ergänzungen. Die Mitteilung, die nicht wiederholt werden muss, wenn sie bereits das untere Gericht oder die StA veranlasst hat (Röhl MDR **55**, 522), kann formlos erfolgen; ihr Zugang muss aber feststehen (BVerfGE **36**, 85 = NJW **74**, 133). Für die Abgabe der Gegenerklärung ist dem Beschwerdegegner eine angemessene Frist zu setzen (Röhl aaO), vor deren Ablauf nicht entschieden werden darf (BVerfG MDR **88**, 553); ohne eine solche Fristsetzung muss mit der Entscheidung angemessene Zeit gewartet werden (BVerfGE 4, 190 = NJW **55**, 1145; BVerfGE **24**, 23; Ellersiek 183; erg 5 zu § 306). Eine Form ist für die Gegenerklärung nicht vorgeschrieben. Dem Beschwerdeführer muss sie nur zur Kenntnis gebracht werden, wenn sie neue Tatsachen oder Beweisergebnisse enthält, die das Beschwerdegericht ohne weiteres verwerten will (§ 33 III). Die Rechtsgründe, die für die Entscheidung des Beschwerdegerichts maßgebend sind, erfahren die Beteiligten durch die Beschwerdeentscheidung; vorher werden sie ihnen nicht mitgeteilt.

5 C. Bei **notwendig überraschenden Maßnahmen** (S 2) unterbleibt die Anhörung des Beschwerdegegners nach § 33 IV S 1, zB bei Beschwerde der StA gegen den einen Haftbefehlserlass ablehnenden Beschluss. Das Gleiche gilt, wenn der Angeklagte die Anhörung durch seine Flucht vereitelt hat (Düsseldorf JurBüro **86**, 1216; Hamburg MDR **79**, 865). Die Maßnahme ist dann vollziehbar, ihrem Wesen nach aber nur vorläufiger Art (BVerfGE **9**, 89, 106 = NJW **59**, 427), bis die Anhörung im Verfahren der weiteren Beschwerde (§ 310 I), sonst nach § 311 a nachgeholt ist (Gehrlein Boujong-FS 771).

6 **2) Ergänzende Ermittlungen** (II) können sich als notwendig erweisen, bevor das Beschwerdegericht entscheidet; denn es prüft die Entscheidung des unteren Gerichts, soweit angefochten, auch in tatsächlicher Hinsicht (2 zu § 309). Es kann, ohne insoweit an Anträge gebunden zu sein (BVerfG NStZ-RR **08**, 209 mwN), die Ermittlungen selbst vornehmen, ihre Durchführung durch einen beauftragten oder ersuchten Richter anordnen, die StA darum bitten, die dieser Bitte aber nicht zu entsprechen braucht (KG JR **67**, 69; LR-Matt 19), oder die Polizei darum ersuchen (vgl Einl 44), zB um eine Vernehmung oder um die Anfertigung von Lichtbildern oder Skizzen; zur Unanfechtbarkeit solcher Anordnungen vgl 3 zu § 310. Im Ermittlungsverfahren ist die Aufklärungsbefugnis eingeschränkt; sie erstreckt sich nur auf Umstände und Beweismittel, die die Ermittlungsbehörde zur Grundlage einer beantragten gerichtlichen Entscheidung gemacht wissen will (KG JR **67**, 69; LG Köln StV **83**, 275; KK-Engelhardt 18; LR-Matt 20). Von dem Ergebnis

der Ermittlungen müssen die Verfahrensbeteiligten nach § 33 III unterrichtet werden, wenn sie zu ihrem Nachteil verwertet werden sollen.

Entscheidung

309 **I Die Entscheidung über die Beschwerde ergeht ohne mündliche Verhandlung, in geeigneten Fällen nach Anhörung der Staatsanwaltschaft.**

II Wird die Beschwerde für begründet erachtet, so erlässt das Beschwerdegericht zugleich die in der Sache erforderliche Entscheidung.

1) Im **schriftlichen Verfahren** nach Aktenlage ergeht die Entscheidung (BGH **13**, 102, 108) durch Beschluss, der nach § 34 zu begründen ist. Eine mündliche Verhandlung ist, abgesehen von den Fällen der §§ 118 II, 124 II S 3, nicht zulässig (Bay **53**, 202 = NJW **54**, 204). Das Beschwerdegericht kann aber aus besonderen Gründen mündliche Erklärungen entgegennehmen oder herbeiführen (LR-Matt 2). 1

Die **Anhörung der StA,** die beim Zustandekommen der angefochtenen Entscheidung mitgewirkt hat, ist unter der Voraussetzung des § 308 I S 2 vor der Entscheidung erforderlich. Die StA beim Beschwerdegericht (dieselbe StA, der GStA beim OLG oder der GBA) braucht nur in geeigneten Fällen gehört zu werden; I schränkt insoweit den § 33 II ein (dort 10). Die Anhörung steht im Ermessen des Gerichts; von ihr wird aber nur abgesehen werden können, wenn der Beschwerde der StA stattgegeben oder die Beschwerde eines anderen Verfahrensbeteiligten verworfen wird (KK-Engelhardt 3). 2

2) Beschwerdeentscheidung: Wenn die Beschwerde gesetzlich ausgeschlossen, mangels Beschwer nicht statthaft (8 ff vor § 296), verspätet oder nicht formgerecht eingelegt ist, wird sie als unzulässig verworfen. Bei der sachlichen Prüfung, deren Umfang durch das Beschwerdevorbringen nur beschränkt wird, wenn die Beschwerde selbst in zulässiger Weise (4 zu § 304) beschränkt ist (KG JR **82**, 114; München MDR **74**, 332), muss das Beschwerdegericht alle für die Entscheidung wesentlichen Tatsachen prüfen und aufklären, auch soweit das bisher nicht geschehen ist (BGH NJW **64**, 2119; KG aaO; Koblenz MDR **75**, 241), insbesondere wenn sie erst durch das Beschwerdevorbringen bekanntgeworden sind. Die Aufhebung der Entscheidung mit der Anweisung an das untere Gericht, die Sache weiter aufzuklären, ist unzulässig (KK-Engelhardt 7). Ergibt die Prüfung, dass der angefochtene Beschluss zutr ist, so wird die Beschwerde als unbegründet verworfen. 3

Ist sie begründet, so muss das Beschwerdegericht eine **eigene Sachentscheidung** anstelle des 1. Richters treffen (BGH NJW **64**, 2119), auch in Ermessensfragen (Hamburg MDR **70**, 255; Schleswig NJW **76**, 1467; D. Meyer JurBüro **85**, 344; **aM** Bloy JuS **86**, 588; Ellersiek 34 ff: Nachprüfung nur auf Ermessensfehler; erg 22 zu § 8 StrEG), soweit die Prüfungsaufgabe des Beschwerdegerichts nicht gesetzlich eingeschränkt ist, wie in §§ 305 a I S 2, 453 II S 2 (zu § 229 III vgl Düsseldorf StV **97**, 282 mit abl Anm Zieschang). Es erlässt auch den aus sachlichen Gründen nicht ergangenen Haft- oder Vorführungsbefehl und den Eröffnungsbeschluss oder ordnet eine Beschlagnahme an (BGH MDR **64**, 1019). Zur Abfassung der Beschwerdeentscheidung vgl Meyer-Goßner/Appl 868 ff, zum Verschlechterungsverbot 5 vor § 304. 4

Bei der **Beschwerde gegen eine Unterlassung** fehlt eine nachprüfbare Entscheidung und daher auch die Entscheidungsbefugnis des Beschwerdegerichts (vgl RG **19**, 332, 337). Jedoch kann in dem Untätigbleiben eine beschwerdefähige stillschweigende Entscheidung liegen (Einl 123; 3 zu § 304). Ist das der Fall, und war die Unterlassung rechtswidrig und enthielt sie eine Beschwer für den Beschwerdeführer, so spricht das Gericht die Verpflichtung des für die unterlassene 5

Entscheidung zuständigen Richters aus, die Entscheidung zu erlassen, wenn die Sache entscheidungsreif ist (Ellersiek 194).

6 Bei **Unzuständigkeit des unteren Gerichts** gilt folgendes: War das Gericht örtlich unzuständig, so muss das Beschwerdegericht den Beschluss grundsätzlich aufheben und eine Entscheidung über den gestellten Antrag ablehnen; eine Verweisung an das örtlich zuständige Gericht ist ausgeschlossen (KG StV **98**, 384 mwN; **aM** Fröhlich NStZ **99**, 585). Nur wenn das zuständige Gericht ebenfalls im Bezirk des Beschwerdegerichts liegt, kann in der Sache entschieden werden (Nürnberg StraFo **00**, 280, 281). Hat statt des sachlich zuständigen AG das LG im 1. Rechtszug entschieden, verweist das OLG die Sache an das AG zurück (Düsseldorf VRS **96**, 38; Hamburg NJW **64**, 1913; Koblenz VRS **67**, 120; Saarbrücken NStZ-RR **04**, 112, 113). War für die angefochtene Entscheidung nicht das AG oder LG, sondern das Beschwerdegericht zuständig, so hebt es den Beschluss auf und entscheidet als Gericht des 1. Rechtszugs. In der Sache selbst entscheidet es auch bei einem Verstoß gegen die geschäftsplanmäßige Zuständigkeit (**aM** München MDR **74**, 332; Rostock NStZ-RR **00**, 14) und gegen die funktionelle Zuständigkeit (8 vor § 1), insbesondere, wenn statt des allein zuständigen Vorsitzenden das ganze Gericht entschieden hat (10 zu § 126) oder statt der StVollstrK die StrK (KG NStZ **07**, 422; Düsseldorf NStZ-RR **01**, 111; erg 5 zu § 462). Zurückverweisung ist aber erforderlich, wenn das OLG im Fall des § 122 II S 1 GVG statt mit 5 nur mit 3 Richtern entschieden hat (BGH **38**, 312). Zum Verstoß gegen die Zuständigkeitsvorschrift des § 78 b I GVG vgl dort 8.

7 **3)** Eine **Zurückverweisung der Sache an das untere Gericht** ist nur in eng begrenzten Ausnahmefällen zulässig (BGH NJW **64**, 2119; LR-Matt 16; eingehend dazu Düsseldorf NJW **02**, 2963; AK-Renzikowski/Günther 19 ff), nicht stets schon, weil die Entscheidung entgegen § 34 keine Begründung enthält (KG StV **86**, 142; Schleswig SchlHA **85**, 120; LR-Matt 14; **aM** Oldenburg NJW **71**, 1098; Schleswig SchlHA **93**, 223 [L/T]; LG Zweibrücken MDR **92**, 891) oder nicht ordnungsgemäß zustande gekommen ist (Karlsruhe VRS **68**, 360; **aM** Hamburg NJW **62**, 2363; Peters 622). In Haftsachen steht der Beschleunigungsgrundsatz nach Art 5 IV **MRK** idR der Zurückverweisung entgegen (EGMR StV **08**, 475, 480 [Rn 73] mit zust Anm Hagmann und Pauly).

8 Die Zurückverweisung kommt in Betracht, wenn ein **Verfahrensmangel** vorliegt, den das Beschwerdegericht nicht beheben kann (KK-Engelhardt 11 und Roxin/Schünemann § 57, 11 halten das für den einzigen zulässigen Grund), wie das Unterlassen einer zwingend vorgeschriebenen mündlichen Anhörung (KG NStZ **99**, 320; Düsseldorf StV **87**, 257; Jena NStZ **07**, 421; Koblenz NStZ **84**, 189; LG Bonn NStZ **86**, 574; erg 7 zu § 118 a; 15 ff zu § 454) oder eine unzulässige Teilentscheidung über die Eröffnung des Hauptverfahrens (Düsseldorf GA **86**, 37; Nürnberg MDR **72**, 967), oder der so schwer wiegt, dass von einer ordnungsgemäßen Justizgewährung nicht mehr gesprochen werden kann, zB bei Nichtbeteiligung des Betroffenen im selbstständigen Einziehungsverfahren (Karlsruhe NJW **74**, 709, 712) oder bei Mitwirkung eines nach § 22 ausgeschlossenen Richters (KG JR **67**, 266; Bremen NJW **66**, 605; Saarbrücken NJW **66**, 167; erg 21 zu § 22), nicht aber eines nach § 24 wegen Befangenheit abgelehnten Richters (Hamm JMBlNW **82**, 222; erg. 4 zu § 28), oder bei Verstoß gegen § 29 DRiG im Fall des § 46 III (Frankfurt NStZ-RR **04**, 300). Zum Fall der Unzuständigkeit oben 6.

9 Eine Zurückverweisung erfolgt auch nicht deshalb, weil das untere Gericht bestimmte **Tatsachen oder Beweismittel nicht berücksichtigt** hat und das Beschwerdegericht daher weitgehend über einen anderen Sachverhalt entscheiden muss (Karlsruhe NJW **74**, 709, 712). Der Gesichtspunkt, dass dem Beschwerdeführer andernfalls eine Instanz „verlorenginge" (vgl BGH **8**, 194, 195; Bremen NJW **66**, 605; Koblenz MDR **75**, 241; Oldenburg NJW **71**, 1098), hätte den Gesetzgeber veranlassen können, die Zurückverweisung wie in § 354 II vorzuse-

hen. Statt dessen hat er in § 309 das Beschwerdegericht beauftragt, selbst zu entscheiden; daran sind die Gerichte gebunden (Düsseldorf MDR **93**, 375; Hanack JZ **67**, 223). Eine Zurückverweisung kommt aber in Betracht, wenn das untere Gericht den Antrag zu Unrecht als unzulässig abgelehnt hat (zB wegen vermeintlicher örtlicher Unzuständigkeit, Stuttgart NStZ **91**, 291) und eine sachliche Entscheidung daher völlig fehlt (vgl Frankfurt NStZ **83**, 426; Koblenz MDR **75**, 241; SK-Frisch 13). Die Zurückverweisung unterbleibt stets, wenn der Antrag, über den entschieden worden ist, ohne sachliche Prüfung verworfen werden muss.

Eine **Bindung an die Aufhebungsansicht** des Beschwerdegerichts besteht 10
nach der Zurückverweisung nicht; § 358 I gilt nicht entspr (M.-K. Meyer NStZ **87**, 27; Mohrbotter ZStW **84**, 621; **aM** SK-Frisch 27). Düsseldorf NJW **02**, 2963 macht davon eine Ausnahme, wenn dem Beschwerdegericht aus zwingenden Sacherwägungen eine eigene abschließende Sachentscheidung verwehrt ist.

Weitere Beschwerde

310 **I Beschlüsse, die von dem Landgericht oder von dem nach § 120 Abs. 3 des Gerichtsverfassungsgesetzes zuständigen Oberlandesgericht auf die Beschwerde hin erlassen worden sind, können durch weitere Beschwerde angefochten werden, wenn sie**

1. eine Verhaftung,
2. eine einstweilige Unterbringung oder
3. eine Anordnung des dinglichen Arrestes nach § 111 b Abs. 2 in Verbindung mit § 111 d über einen Betrag von mehr als 20 000 Euro

betreffen.

II Im Übrigen findet eine weitere Anfechtung der auf eine Beschwerde ergangenen Entscheidungen nicht statt.

1) **Grundsätzlich ausgeschlossen** ist die weitere Beschwerde. Der Beschwer- 1
deführer, dessen Rechtsmittel erfolglos war, kann das nächsthöhere Gericht nicht anrufen, auch wenn er erstmals durch die Beschwerdeentscheidung beschwert ist (Bremen NStZ **86**, 524 mwN; Celle MDR **96**, 1284; Koblenz VRS **65**, 144; Schleswig SchlHA **87**, 120 [L]) oder jedenfalls ein neuer Beschwerdegrund vorliegt (KG JR **69**, 194; Hamm NJW **70**, 2127; Köln NStZ-RR **02**, 244) oder ein Verstoß gegen Verfassungsrecht geltend gemacht wird (Düsseldorf NJW **91**, 2434; Karlsruhe Justiz **02**, 24). Auch der Gegner des Beschwerdeführers hat gegen die ihm ungünstige Beschwerdeentscheidung keine Beschwerde (KG JR **62**, 311; Bremen Rpfleger **63**, 15; Karlsruhe Justiz **74**, 98).

Der Ausschluss gilt aber nicht für alle Entscheidungen des Beschwerdegerichts, 2
sondern nur für **Beschlüsse, die auf Beschwerde hin erlassen sind,** wobei es genügt, dass eine Erklärung vertretbar als Beschwerde ausgelegt worden ist (Köln MDR **80**, 600). Sie müssen denselben Verfahrensgegenstand betreffen wie die 1. Entscheidung (Hamm NJW **70**, 2127; GA **76**, 58); maßgebend dafür ist nicht allein der Entscheidungssatz, sondern die gesamte Prozesslage (Celle MDR **77**, 74; Nürnberg NStZ-RR **99**, 53). Nicht auf eine Beschwerde ergangen ist ein Beschluss, wenn gar keine Beschwerde eingelegt war (Saarbrücken VRS **27**, 453; Schleswig SchlHA **95**, 35 [L/T]; Stuttgart Justiz **71**, 270), wenn das Beschwerdegericht im 1. Rechtszug, nicht nur vermeintlich (Hamm GA **72**, 186), zuständig gewesen wäre (KG NStZ **07**, 422; Düsseldorf NStZ-RR **01**, 111 mwN; Koblenz NZV **01**, 314), wenn das LG zur Entscheidung über die (Rechts-)Beschwerde nicht zuständig war (Celle NJW **73**, 1710; Hamm NJW **72**, 1725) oder wenn weder das AG noch das Beschwerdegericht zuständig waren (Frankfurt NJW **80**, 1808; Karlsruhe Justiz **02**, 23).

Anfechtbar sind auch Entscheidungen, die auf einen erst im Beschwerderechts- 3
zug gestellten **außerhalb oder neben der eigentlichen Beschwerde** liegenden

Antrag ergangen sind (Bay **51**, 340; Hamm GA **62**, 381; Ellersiek 89), zB auf Wiedereinsetzung gegen die Versäumung der Beschwerdefrist (Bay **52**, 8; KG NJW **66**, 991) oder auf Beiordnung eines Verteidigers (Bamberg NStZ **85**, 39 mit abl Anm Pöpperl); das Gleiche gilt, wenn das LG eine weitere selbstständige Entscheidung über das Rechtsmittelbegehren hinaus trifft (Bay **57**, 40; Celle NdsRpfl **75**, 222; Hamburg MDR **78**, 864; Stuttgart NStZ **01**, 496). Unanfechtbar ist dagegen ein Beschluss, mit dem das Beschwerdegericht nach § 308 II weitere Ermittlungen, zB die Herbeiziehung bestimmter Aufklärungsmittel, anordnet (KG JR **69**, 194) oder seine Entscheidung auf Gegenvorstellungen oder von Amts wegen in unzulässiger Weise berichtigt oder ändert (Hamm GA **62**, 381; **aM** Oldenburg NdsRpfl **85**, 44).

4 2) **Verhaftung, einstweilige Unterbringung und dinglicher Arrest** (nach §§ 111 b II, 111 d über einen Betrag von mehr als 20 000 €) können mit der weiteren Beschwerde angefochten werden (I): Es handelt sich um eine eng auszulegende Ausnahmevorschrift (BGH **25**, 120; KG NJW **79**, 2626 mit abl Anm Kopp). Sie enthält eine erschöpfende Regelung, die durch Landesrecht nicht erweitert werden kann (BVerfGE **48**, 367, 376 = NJW **78**, 1911).

5 A. **Verhaftung** (Nr 1): Gemeint ist der Haftbefehl nach §§ 112 ff, 230 II (dort 25), § 236 (dort 9) und § 329 IV S 1 und die Anordnung der Erzwingungshaft nach § 70 II (dort 20). Nicht unter den Begriff fallen die Haft nach § 453 c (dort 17) und § 457 (dort 10, 16), die vorläufige Festnahme nach § 127 II (Frankfurt NStZ-RR **10**, 22), die Ingewahrsamnahme nach § 231 I S 2 (dort 24), die Ordnungshaft nach § 51 (dort 28), § 95 (dort 12), nach § 96 OWiG (Hamm NStZ **92**, 443; VRS **111**, 59), der Vorführungsbefehl nach § 230 II (dort 25) und die Ablehnung des sicheren Geleits nach § 295 (dort 11). Vgl auch 13 zu § 304.

6 B. **Einstweilige Unterbringung** (Nr 2) ist die nach § 126 a und § 71 I **JGG** (Hamburg NJW **63**, 1167), nicht die Unterbringung nach § 81 (dort 28).

7 C. **Bestand und Vollzug des Haft- oder Unterbringungsbefehls** kann der Beschuldigte zur Prüfung des Beschwerdegerichts stellen (KG NJW **79**, 2626; vgl auch BGH **25**, 120; 13 zu § 304). Zwar spricht der Begriff Verhaftung (allg dazu Wendisch Dünnebier-FS 239) an sich dafür, dass die weitere Beschwerde nur zulässig ist, wenn der Beschuldigte sich in Haft befindet (vgl §§ 114 a, 114 c I, II, 119 V, VI S 2). Jedoch gilt I seinem Sinn nach stets, wenn es um den Bestand eines Haft- oder Unterbringungsbefehls geht, auch wenn die Auswechslung des einen gegen den anderen in Frage steht (12 zu § 126 a). Der Haft- oder Unterbringungsbefehl ist ein Rechtstitel für die Verhaftung. Für die Klärung, ob er erlassen oder aufrechterhalten werden soll, muss nicht abgewartet werden, bis es zu seinem Vollzug kommt. I gilt daher auch, wenn der Haftbefehl noch nicht oder nicht mehr vollzogen wird, insbesondere, wenn sein Vollzug nach § 116 b zum Zweck der Strafvollstreckung in anderer Sache unterbrochen (Karlsruhe Justiz **80**, 208; **aM** Koblenz MDR **78**, 339), wenn nur Überhaft (13 vor § 112) notiert ist (**aM** Koblenz OLGSt Nrn 3, 4) oder wenn der Vollzug nach § 116 ausgesetzt ist (sehr str, wie hier zB KG NJW **79**, 2626 mit Anm Kopp; Hamburg StV **94**, 323; Hamm StraFo **02**, 140; Koblenz NStZ **90**, 102 mit zust Anm Hohmann NStZ **90**, 507; Köln StV **94**, 321; Paeffgen NStZ **91**, 425; **aM** zB Bremen StV **81**, 131 mit Anm Klawitter; Düsseldorf NStZ **90**, 248; Karlsruhe NStZ **83**, 41; Zweibrücken StV **91**, 219 mit abl Anm Wendisch; ausführlich dazu mwN Matt NJW **91**, 1801; vgl auch BGH **29**, 200 zu § 304 IV S 2 Nr 1), jedoch nicht mehr bei Aufhebung des Haftbefehls (Zweibrücken JBlRP **01**, 195; **aM** Düsseldorf StV **01**, 332; Park/Schlothauer Widmaier-FS 395; zw auch BVerfG StraFo **06**, 20, 22; erg 17 ff vor § 296, vgl 2, 4 I **StrEG**). Soweit es nur um die Anordnung, Änderung oder Aufhebung von Auflagen geht, ist die weitere Beschwerde jedoch ausgeschlossen (KG aaO; Celle NStZ-RR **06**, 222 mwN; Frankfurt NJW **73**, 209; Hamburg aaO; **aM** Nürnberg MDR **61**, 619; Neuhaus StV **99**, 341; vgl auch BGH **25**, 120;

26, 270; **29**, 200). Das Gleiche gilt bei Vollzug des Haftbefehls für die Gestaltung der Haftverhältnisse (KG aaO; JR **67**, 192; Hamburg GA **66**, 187).

D. Bei **Nichterlass oder Aufhebung eines Haft- oder Unterbringungsbefehls** steht der StA die weitere Beschwerde zu (BGH **36**, 396, 398; **43**, 262, 265; Stuttgart JR **67**, 431; **aM** Braunschweig NJW **65**, 1288 = JR **65**, 473 mit abl Anm Kleinknecht; LR-Matt 18 ff; Ellersiek 99). Das Gleiche gilt, wenn der Vollzug nach § 116 ausgesetzt worden ist. 8

E. Die **Anordnung des dinglichen Arrests** zur Vermögensabschöpfung oder zur Rückgewinnungshilfe (§§ 111 b II, V, 111 d) über einen Betrag von mehr als 20 000 € unterliegt der weiteren Beschwerde (Nr 3); das gilt aber nicht bei Aufhebung einer solchen Arrestanordnung oder bei Bestätigung der Ablehnung eines Arrestantrags durch die Beschwerdeentscheidung (München NJW **08**, 389 mit zust Anm Pfordte StV **08**, 241; Theile StV **09**, 161; **aM** Celle StV **09**, 120; zw – aber Celle zuneigend – Hamburg [2. StS] StV **09**, 122), auch nicht für sonstige Maßnahmen, die in Vollziehung des dinglichen Arrests getroffen worden sind (Hamburg [3. StS] NJW **08**, 1830). Für die Wertgrenze ist auf den in dem Arrestbeschluss bezifferten zu sichernden Anspruch (10 zu § 111 d), nicht etwa auf die Lösungssumme (§ 111 d II, § 923 ZPO) oder das Ergebnis bereits getroffener Vollstreckungsmaßnahmen abzustellen (AnwK-Rotsch/Gasa 7). Die durch Ges vom 24. 10. 2006 (BGBl I 2350) eingefügte Vorschrift erfasste nur Beschwerdeverfahren, die zum Zeitpunkt des Inkrafttreten (1. 1. 2007) noch nicht abgeschlossen waren (Frankfurt NStZ-RR **07**, 180). 9

3) Zuständig für die Entscheidung ist idR das OLG (§ 121 I Nr 2 GVG). Über Beschwerdebeschlüsse des OLG nach § 120 III GVG entscheidet der BGH (§ 135 II GVG). 10

Die **Abhilfeentscheidung** nach § 306 II trifft das Beschwerdegericht (KK-Engelhardt 13); gegen sie ist weitere Beschwerde zulässig. Für die Nachholung des rechtlichen Gehörs gilt § 311 a. 11

Sofortige Beschwerde

311 **I Für die Fälle der sofortigen Beschwerde gelten die nachfolgenden besonderen Vorschriften.**

II Die Beschwerde ist binnen einer Woche einzulegen; die Frist beginnt mit der Bekanntmachung (§ 35) der Entscheidung.

III 1 Das Gericht ist zu einer Abänderung seiner durch Beschwerde angefochtenen Entscheidung nicht befugt. 2 Es hilft jedoch der Beschwerde ab, wenn es zum Nachteil des Beschwerdeführers Tatsachen oder Beweisergebnisse verwertet hat, zu denen dieser noch nicht gehört worden ist, und es auf Grund des nachträglichen Vorbringens die Beschwerde für begründet erachtet.

1) Die **sofortige Beschwerde** unterscheidet sich von der einfachen (§ 304) durch die Einlegungsfrist (II) und das Abhilfeverbot (III S 1). Sofortig ist die Beschwerde grundsätzlich nur, wenn das ausdrücklich bestimmt ist (Bay **55**, 154 = NJW **56**, 32; Köln NJW **57**, 1204; Oldenburg NJW **59**, 2275; LR-Matt 3; Ellersiek 71; **aM** Hamm NJW **61**, 135; vgl aber auch 11 zu § 302; 8 zu § 322 a); ein Sonderfall ist § 181 GVG (dort 1). Eine „weitere" sofortige Beschwerde gibt es nicht. Für das Verfahren gelten außer den besonderen Vorschriften des § 311 die §§ 304 ff, soweit sie mit ihnen vereinbar sind, auch § 304 III, IV. Sofortige Beschwerde ist auch gegen eine stillschweigend erlassene Entscheidung (vgl Einl 123) und gegen das gesetzwidrige Unterlassen einer Entscheidung zulässig, falls sie beim förmlichen Erlass der Entscheidung zulässig wäre (LG Braunschweig NJW **73**, 210; erg 10 vor § 296; 3 zu § 304; 5 zu § 309; 16 zu § 464). 1

2 **2)** Die **Beschwerdefrist** (II S 1) von einer Woche (zur Berechnung vgl § 43) beginnt mit der Bekanntmachung (Verkündung oder förmlichen Zustellung) der angefochtenen Entscheidung. Bei formloser oder unterlassener Bekanntmachung wird sie nicht in Lauf gesetzt (10 zu § 35). Zur Wahrung der Frist vgl 11 ff vor § 42; 21 zu § 464. Eine verspätet eingelegte sofortige Beschwerde darf nur das Beschwerdegericht als unzulässig verwerfen; die §§ 319 I, 346 I gelten nicht entspr. Wiedereinsetzung ist nach § 44 möglich (vgl EGMR NJW **08**, 2320 mit Anm Meyer-Mews). Bei Zweifeln an der Fristwahrung gelten die Grundsätze 35 zu § 261.

3 **3) Schriftlich oder zu Protokoll** der Geschäftsstelle (§ 306 I) ist die sofortige Beschwerde bei dem Gericht anzubringen (3 zu § 306), das die angefochtene Entscheidung erlassen hat (vgl 2 zu § 306).

4 Für die **Begründung** des Rechtsmittels, die noch nach Ablauf der Einlegungsfrist möglich ist, gelten dieselben Grundsätze wie bei § 306 (dort 5).

5 **4) Abhilfe** durch das untere Gericht ist grundsätzlich nicht möglich (III S 1). Der Richter darf seine Entscheidung auf die Beschwerde weder abändern noch ergänzen (München MDR **87**, 782). Zur Unzulässigkeit der Abänderung des Beschlusses von Amts wegen oder auf Gegenvorstellungen vgl 24 ff vor § 296.

6 Eine Ausnahme gilt bei **Verletzung des rechtlichen Gehörs** (III S 2). Hat das Gericht Tatsachen oder Beweisergebnisse verwertet, zu denen der Beschwerdeführer noch nicht gehört worden war, und hält es auf Grund des Beschwerdevorbringens die sofortige Beschwerde für begründet, so hilft es ihr ab, vorausgesetzt, sie ist fristgemäß eingelegt und auch sonst zulässig (Düsseldorf MDR **86**, 341; KK-Engelhardt 7; Katzenstein StV **03**, 361 Fn 31; **aM** KMR-Plöd 6; LR-Matt 12: auch bei Unzulässigkeit wegen Verspätung). Dabei muss, wie im Fall des § 33 a (dort 9), der Mangel für die Unrichtigkeit der Entscheidung ursächlich gewesen sein; nur eine auf dem Beschwerdevorbringen beruhende neue tatsächliche oder rechtliche Würdigung der Tatsachen oder Beweisergebnisse, zu denen der Beschwerdeführer nicht gehört worden ist, rechtfertigt die Änderung der Entscheidung (KK-Engelhardt 6; LR-Matt 13). Die Abänderung erfolgt durch einen neuen Beschluss, der den Beteiligten nach § 35 II bekanntgemacht wird und erneut mit der sofortigen Beschwerde anfechtbar ist.

7 Liegen die Voraussetzungen des III S 2 nicht vor, so ist ein **Nichtabhilfebeschluss** überflüssig. Nur wenn das Gericht trotz der Verletzung des rechtlichen Gehörs die Beschwerde für unbegründet hält, vermerkt es das in den Akten, bevor es sie dem Beschwerdegericht zuleitet.

8 **5) Wirkung der Rechtsmitteleinlegung:** Die sofortige Beschwerde hat aufschiebende Wirkung, wenn das besonders bestimmt ist (1 zu § 307), sonst nicht (§ 307 I). Es gilt aber § 307 II. Die Rechtskraft des angefochtenen Beschlusses ist bis zum Ablauf der Frist des II S 1 gehemmt, wenn sie nicht schon vorher durch Verzicht (§ 302) herbeigeführt worden ist. Die sofortige Beschwerde bewirkt eine weitere Hemmung, bis das Rechtsmittel durch Abhilfe, Zurücknahme oder Verwerfung erledigt ist.

Nachholen des rechtlichen Gehörs

311a **I [1] Hat das Beschwerdegericht einer Beschwerde ohne Anhörung des Gegners des Beschwerdeführers stattgegeben und kann seine Entscheidung nicht angefochten werden, so hat es diesen, sofern der ihm dadurch entstandene Nachteil noch besteht, von Amts wegen oder auf Antrag nachträglich zu hören und auf einen Antrag zu entscheiden. [2] Das Beschwerdegericht kann seine Entscheidung auch ohne Antrag ändern.**

II Für das Verfahren gelten die §§ 307, 308 Abs. 2 und § 309 Abs. 2 entsprechend.

1) Die **Nichtanhörung des Beschwerdegegners** (2 zu § 308), gleichgültig, ob sie gegen § 308 I S 1 verstößt oder nach dessen S 2 zulässig war, zwingt zu einem an keine Frist gebundenen Nachverfahren, sofern der Beschwerde stattgegeben worden, die Entscheidung nach § 310 nicht weiter anfechtbar ist und der dem Beschwerdeführer entstandene Nachteil (3 zu § 308) noch besteht, die Entscheidung also nicht aus anderen Gründen aufgehoben worden oder durch den Fortgang des Verfahrens überholt ist (vgl aber 18a vor § 296 und dazu BVerfG NJW **00**, 649; erg 6 zu § 33a). Gegenüber § 33a (der für den Beschwerdeführer selbst gilt, Schleswig SchlHA **07**, 281 [D/D]) ist § 311a die speziellere Vorschrift. Sie ermöglicht stets die Nachholung des Gehörs zu Rechtsfragen (Bay MDR **83**, 689). Im Revisionsverfahren gilt § 356a. Die Vorschrift ist nicht anwendbar, wenn die StA der Beschwerdegegner ist (vgl 3 zu § 33a; **aM** LR-Matt 5). 1

2) Nachverfahren: Der Beschwerdegegner wird auf Antrag oder, zweckmäßigerweise mit Fristsetzung, von Amts wegen nachträglich zu der Beschwerde gehört (Nachholungsverfahren). Die §§ 307, 308 II, 309 II gelten entspr (II). Wenn der Beschwerdegegner das beantragt, muss das Beschwerdegericht neu entscheiden (Überprüfungsverfahren). Erweist sich die Beschwerdeentscheidung als zutr, so wird sie bestätigt. War sie zum Nachteil des Beschwerdeführers unrichtig, so wird sie abgeändert; das ist auch von Amts wegen zulässig (I S 2). Erg 8 zu § 33a. 2

3) Beschwerde: Wird der Antrag auf Durchführung des Nachverfahrens abgelehnt, so ist gegen diesen – als erstinstanzliche Entscheidung anzusehenden – Beschluss die Beschwerde nach § 304 zulässig (KG NJW **66**, 991). Das Gleiche gilt für die Entscheidung über die Aussetzung der Vollziehung nach § 307 (KK-Engelhardt 14; **aM** Celle MDR **96**, 1284; SK-Frisch 23). Die Überprüfungsentscheidung ist unanfechtbar (KG aaO; erg 10 zu § 33a). 3

3. Abschnitt. Berufung RiStBV 147–158

Vorbemerkungen

1) Die **Berufung** führt, wenn sie zulässig ist, im Umfang der Anfechtung (§ 318) zu einer völligen Neuverhandlung der Sache. Es findet eine neue Hauptverhandlung statt, in der nicht das angefochtene Urteil geprüft, sondern auf der Grundlage des Eröffnungsbeschlusses über alle Tat- und Rechtsfragen nach dem Ergebnis der Berufungsverhandlung neu entschieden wird (KG VRS **109**, 112, 114; Düsseldorf NJW **83**, 767, 768; Karlsruhe NJW **79**, 2415, 2416; Schulz Schwind-FS 439). Der Berufungsrechtszug ist „gewissermaßen eine 2. Erstinstanz" (Roxin § 52 E III). Für den Prozessstoff gilt § 264 (Koblenz VRS **45**, 289; Köln VRS **62**, 283); im Rahmen dieser Vorschrift dürfen auch Tatsachen herangezogen werden, die der 1. Richter nicht gekannt oder nicht gewürdigt hat. Die Regeln der Mündlichkeit und der Unmittelbarkeit der Beweisaufnahme gelten im Berufungsverfahren grundsätzlich im selben Umfang wie im Verfahren des 1. Rechtszugs (Bremen MDR **79**, 865); eine Ausnahme lässt § 325 zu. Für Verständigungen nach § 257c gilt dasselbe wie in der 1. Instanz. 1

2) Eine **Nachprüfung des Verfahrens** des 1. Richters ist nicht notwendig (Bay **56**, 249 = NJW **59**, 599), sofern es nicht ausnahmsweise auch für die Entscheidung des Berufungsgerichts von Bedeutung ist (Gössel JR **82**, 271). Daher fehlt eine dem § 336 entspr Vorschrift. 2

Zulässigkeit

312 **Gegen die Urteile des Strafrichters und des Schöffengerichts ist Berufung zulässig.**

1 **1)** Gegen **Urteile** des Strafrichters (§ 25 GVG) und des SchG (§ 24 GVG) ist die Berufung zulässig (auch wenn im Strafverfahren nur Verurteilung wegen einer OWi erfolgte, vgl § 313 I S 1; BGH **35**, 290; Düsseldorf GA **90**, 567; Jena VRS **116**, 364), im Jugendstrafverfahren gegen Urteile des Jugendrichters (§ 39 **JGG**) und des JugSchG (§ 40 **JGG**). Ob die angefochtene Entscheidung als Urteil bezeichnet ist, spielt keine Rolle; maßgebend ist ihr sachlicher Inhalt (11 zu § 296). Zur Behandlung der Revision als Berufung vgl § 335 III S 1, der Berufung als Rechtsbeschwerde § 83 II S 1 OWiG.

2 Gegen **Nebenentscheidungen im Urteil** ist statt der Berufung die sofortige Beschwerde zulässig (vgl 3 zu § 333).

3 Die **Anfechtungsberechtigung** richtet sich nach den allgemeinen Vorschriften (2 ff zu § 296; 3 ff zu § 297; 1 zu § 298).

4 Zur **Beschwer** vgl 8 ff vor § 296; 5 zu § 333.

5 **2) Berufungsgericht** ist nach der Änderung des § 76 I S 1 GVG durch das RpflEntlG sowohl bei Berufungen gegen Urteile des Strafrichters als auch gegen Urteile des SchG die kleine StrK des LG (§ 74 III GVG); die große StrK, die früher (auch) für Berufungen gegen Urteile des SchG zuständig war, entscheidet nunmehr nur noch als Gericht 1. Instanz. Lediglich über Berufungen gegen Urteile des JugSchG entscheidet noch eine große Jugendkammer in der Besetzung mit drei Richtern und zwei (Jugend-)Schöffen (§ 33 b I **JGG**). Gegen Berufungsurteile ist nach § 333 Revision zulässig.

Annahmeberufung **RiStBV 158 a**

313 **I [1] Ist der Angeklagte zu einer Geldstrafe von nicht mehr als fünfzehn Tagessätzen verurteilt worden, beträgt im Falle einer Verwarnung die vorbehaltene Strafe nicht mehr als fünfzehn Tagessätze oder ist eine Verurteilung zu einer Geldbuße erfolgt, so ist die Berufung nur zulässig, wenn sie angenommen wird. [2] Das Gleiche gilt, wenn der Angeklagte freigesprochen oder das Verfahren eingestellt worden ist und die Staatsanwaltschaft eine Geldstrafe von nicht mehr als dreißig Tagessätzen beantragt hatte.**

II [1] Die Berufung wird angenommen, wenn sie nicht offensichtlich unbegründet ist. [2] Andernfalls wird die Berufung als unzulässig verworfen.

III [1] Die Berufung gegen ein auf Geldbuße, Freispruch oder Einstellung wegen einer Ordnungswidrigkeit lautendes Urteil ist stets anzunehmen, wenn die Rechtsbeschwerde nach § 79 Abs. 1 des Gesetzes über Ordnungswidrigkeiten zulässig oder nach § 80 Abs. 1 und 2 des Gesetzes über Ordnungswidrigkeiten zuzulassen wäre. [2] Im Übrigen findet Absatz 2 Anwendung.

1 **1) Zulässigkeitsvoraussetzungen:**

2 A. Eine **zusätzliche Zulässigkeitsvoraussetzung** für Berufungen im Bereich der Bagatellkriminalität stellt die durch das RpflEntlG eingefügte Vorschrift auf (Rieß AnwBl **93**, 55), die auch für nach einer gemäß § 420 IV durchgeführten Hauptverhandlung erlassene Urteile gilt (Frankfurt NStZ-RR **97**, 273). Sie schränkt damit § 312 in nicht unbedenklicher Weise ein, weil sie dem Richter am AG (abgesehen von dem Fall eines nur eine OWi betreffenden Strafverfahrens, unten 7) durch Bestimmung der Strafhöhe Einfluss auf die Zulässigkeit des Rechtsmittels eröffnet, und den StA bei der Überlegung, eine wie hohe Strafe er beantragen soll, beeinflussen kann (Werle JZ **91**, 792). Gegenüber dem „normalen" Berufungsverfahren, das auf Neuverhandlung und nicht auf Überprüfung des erstinstanzlichen Verfahrens angelegt ist (1, 2 vor § 312), stellt die Annahmeberufung eine systemwidrige Regelung dar (Fezer NStZ **95**, 265; Frister StV **97**, 155; Gössel ZIS **09**, 539; Meyer-Goßner ZRP **00**, 350; eingehend Rieß Kaiser-FS 1461 ff: „gesetzgeberischer Missgriff"). Die Vorschrift gilt auch für das Privatklageverfahren (vgl BT-Drucks 12/1217 S 40; **aM** Hettenbach, Die Annahmeberu-

fung nach § 313 StPO, Diss Konstanz 1997 S 113; vgl auch Rieß aaO 1470 Fn 45), in Jugendsachen wird sie aber als unanwendbar erachtet (Schäfer NStZ **98**, 334).

3 B. Bei **Verurteilung** zu einer nach § 40 StGB verhängten oder nach § 59 StGB vorbehaltenen Geldstrafe von nicht mehr als 15 Tagessätzen ist die Berufung nur zulässig, wenn sie vom Berufungsgericht angenommen wird (I S 1). Das gilt unabhängig davon, wer die Berufung einlegt (Angeklagter, StA, Nebenkläger oder Nebenbeteiligter) und für die StA auch dann, wenn sie eine Geldstrafe von mehr als 15 Tagessätzen beantragt hatte (AK-Dölling 3; KK-Paul 2; Feuerhelm StV **97**, 100; Rieß Kaiser-FS 1470; **aM** Tolksdorf Salger-FS 393 ff). In einem Bewährungsbeschluss nach § 59 a StGB auferlegte Geldbußen bleiben außer Betracht (Hamm NStZ-RR **06**, 346).

3a Beim **Absehen von Strafe** nach § 60 StGB gilt § 313 nicht (Oldenburg NStZ-RR **98**, 309), wohl aber bei Absehen von Strafe nach § 113 IV S 1 StGB (Stuttgart Justiz **06**, 256) oder nach § 158 I StGB (LG Bad Kreuznach NStZ-RR **02**, 217) oder nach § 29 V BtMG (LG Hamburg StraFo **07**, 421).

4 C. Bei **Freispruch oder Einstellung** ist eine Berufung des Angeklagten mangels Beschwer ohnehin vom LG als unzulässig zu verwerfen (1 zu § 322); die Berufung der StA oder des Nebenklägers ist nur zulässig, wenn die StA Verurteilung zu einer Geldstrafe von mehr als 30 Tagessätzen beantragt hatte (I S 2).

4a Hatte die **StA selbst Freispruch beantragt** und will sie nun gleichwohl Berufung einlegen (16 vor § 296), kommt es darauf an, ob sie für den Fall der Verurteilung eine höhere Strafe als Geldstrafe von 30 Tagessätzen beantragt hätte und demgemäß im Berufungsverfahren beantragen will. Das lässt sich leicht feststellen, wenn sie zuvor im Strafbefehl eine Strafe beantragt hatte (so Hamm NStZ **96**, 455; Koblenz NStZ-RR **00**, 306; Schleswig SchlHA **00**, 256; Joecks 4; **aM** Stuttgart VRS **99**, 268) oder nach Antragstellung in der Hauptverhandlung nocheinmal in die Beweisaufnahme eingetreten wurde und die StA erst danach Freispruch beantragte; im Übrigen muss das LG von der diesbezüglichen Erklärung der StA, die sie in ihrer Berufungsbegründung (§ 317) darzulegen hat, ausgehen (zust Ebert JR **98**, 269, 270; vgl auch Rieß Kaiser-FS 1470).

4b Die **hM** hält demgegenüber in einem solchen Fall I S 2 für unanwendbar, so dass die Berufung nicht der Annahme bedürfe (Celle NdsRpfl **95**, 358; Jena StraFo **00**, 92; Karlsruhe MDR **96**, 517; Koblenz NStZ **94**, 601; Köln NStZ **96**, 150 mit Anm Schneider; Oldenburg NdsRpfl **95**, 135; Feuerhelm StV **97**, 101; Tolksdorf Salger-FS 401); dasselbe soll in diesem Fall auch für die Berufung des Nebenklägers gelten (Hamm VRS **95**, 382; Zweibrücken MDR **96**, 732). Die hM setzt sich damit aber in Widerspruch zu den Vorstellungen des Gesetzgebers, der in Bagatellfällen auch der StA gerade kein uneingeschränktes Recht, Berufung einzulegen, zugebilligt hat, wie sich eindeutig aus I S 2 ergibt (so zutr auch HK-GS/Unger/Halbritter 3; Joecks 4; Ebert aaO 267, 268).

5 D. Bei einer **Gesamtgeldstrafe** kommt es auf deren Höhe an; ob die Summe der einbezogenen Einzelgeldstrafen über 15 Tagessätze beträgt (also zB zweimal 10 Tagessätze, Gesamtstrafe 14 Tagessätze), ist unbeachtlich. Wurden mehrere Geldstrafen oder mehrere Gesamtgeldstrafen verhängt, die untereinander nicht gesamtstrafenfähig sind, sind die verhängten (oder bei Freispruch beantragten) Strafen zusammenzurechnen; die Berufung bedarf also nicht der Annahme, wenn zwei nicht-gesamtstrafenfähige Geldstrafen zu je 10 Tagessätzen ausgesprochen worden sind (**aM** Hettenbach [oben 2] S 48). Das folgt aus dem Wortlaut des I S 1 („einer" Geldstrafe) und daraus, dass eine § 79 II OWiG entspr Vorschrift fehlt und zudem diese Vorschrift in III nicht für entspr anwendbar erklärt worden ist (vgl auch BR-Drucks 314/91 S 113).

5a **Spätere Beschränkungen des Verfahrensstoffes** durch Teilrücknahme der Berufung oder nach §§ 154, 154 a bleiben außer Betracht (Stuttgart Justiz **99**, 494).

6 E. Wenn eine **Maßregel der Besserung und Sicherung** nach § 61 Nr 2, 4, 5, 6 StGB (vgl § 24 II GVG), eine Nebenstrafe (zB Fahrverbot nach § 44 StGB) oder eine sonstige Maßnahme (zB nach §§ 73 ff StGB) gegen den Angeklagten verhängt oder von der StA gegen den nicht-verurteilten Angeklagten beantragt worden ist, ist die Berufung stets (ohne Annahme) zulässig (Hamburg JR **99**, 479 mit zust Anm Gössel; Hettenbach [oben 2] S 84). Beschränkungen der Berufung bleiben außer Betracht (Schleswig SchlHA **01**, 149 [D/D]).

6a Gleichzeitige Verurteilung im **Adhäsionsverfahren** macht die Berufung jedenfalls dann nicht annahmefrei, wenn die Anfechtung eines zivilrechtlichen Urteils wegen Nichterreichen der Berufungssumme ebenfalls verwehrt wäre (Jena NStZ **97**, 274; **aM** Gössel JR **99**, 481).

7 F. Soweit nur wegen einer **OWi** verurteilt wurde, weil die Tat im Strafverfahren nach § 82 OWiG nur als OWi qualifiziert wurde oder weil eine Überleitung nach § 81 OWiG vom OWi- ins Strafverfahren erfolgte, dann aber im Urteil doch nur eine OWi angenommen wurde (Rieß AnwBl **93**, 56 Fn 88), oder lediglich im Hinblick auf eine OWi der Angeklagte freigesprochen oder das Verfahren eingestellt worden ist, kommt es auf die Höhe der verhängten oder beantragten Geldbuße nicht an. Hier bedarf die Berufung stets der Annahme, wobei aber für die Annahmeentscheidung besondere Vorschriften bestehen (III, vgl unten 9). Ist der Angeklagte sowohl zu einer Geldstrafe von nicht mehr als 15 Tagessätzen als auch zu einer Geldbuße wegen einer OWi verurteilt worden, so sind für Geldstrafe und Geldbuße die Annahmevoraussetzungen getrennt zu prüfen (Göhler JR **95**, 524). Stellt die OWi gegenüber der Straftat eine prozessual selbstständige Tat dar, gilt § 83 II OWiG, dh die gegen die Verurteilung wegen einer OWi zulässige Rechtsbeschwerde wird, wenn sie und wenn die die Straftat betreffende Berufung angenommen wird, als Berufung behandelt. Wird die Berufung hinsichtlich der Straftat nicht angenommen, kann die Verurteilung wegen der OWi nur mit der Rechtsbeschwerde angefochten werden; es liegt dann dieselbe Situation vor wie bei einer sonstigen unzulässigen Berufung (vgl Göhler 10 zu § 83 OWiG). Handelt es sich hingegen um eine Tat iS des § 264, muss die Annahme der Berufung wegen der Geldstrafe oder die Annahme wegen der Geldbuße zur Zulässigkeit der Berufung insgesamt führen, weil dann eine getrennte Aburteilung in 2 verschiedenen Verfahrensstufen oder -arten ausgeschlossen ist (vgl BGH **35**, 290; Böttcher/Mayer NStZ **93**, 155); demgegenüber hält Celle StV **95**, 179 = JR **95**, 522 mit Anm Göhler wegen des Wortes „oder“ statt „und“ in I S 1 in diesem Fall eine Annahme der Berufung nicht für erforderlich, wobei diese Wortauslegung aber nicht überzeugt (ebenso Hettenbach [oben 2] S 46; **aM** KMR-Brunner 6), zumal dadurch die Berufung in Bagatellfällen uneingeschränkt gestattet wird, was § 313 gerade verhindern will.

8 **2) Annahme der Berufung:** Nach II ist die Berufung anzunehmen, wenn sie nicht offensichtlich unbegründet ist (dazu unten 9); das gilt auch bei Verurteilung nur wegen einer OWi (III S 2). Soweit das Verfahren eine OWi betrifft, ist die Berufung nach III darüber hinaus aber auch dann anzunehmen, wenn eine Rechtsbeschwerde zulässig oder die Rechtsbeschwerde zuzulassen wäre. Das bedeutet, dass entspr § 79 I Nr 1 bis 3 OWiG (Nr 4 und 5 betreffen das hier nicht angewandte OWi-Verfahren) bei einer Verurteilung zu einer Geldbuße von mehr als 250 € oder Anordnung einer Nebenfolge vermögensrechtlicher Art (Einziehung, Verfall) in dieser Höhe oder nicht-vermögensrechtlicher Art die Berufung angenommen werden muss; bei Freispruch oder Einstellung muss eine Geldbuße von mehr als 600 € von der StA beantragt worden sein. Ist der Angeklagte zu einer Geldbuße von mehr als 250 € verurteilt worden, bedarf die zu seinen Ungunsten eingelegte Berufung der StA nicht der Annahme; die Grenze von 600 € ist insoweit ohne Belang (vgl BGH **37**, 316). Bei Verurteilung wegen mehrerer OWien sind – wie bei mehreren Geldstrafen – entgegen der Regelung im OWi-Verfahren – die Geldbußen zusammenzurechnen (Hettenbach [oben 2] S 41); übersteigen sie 250 €, muss die Berufung angenommen werden (vgl oben 5). Ferner ist die Beru-

fung unter den Voraussetzungen des § 80 I, II OWiG zuzulassen. Im Übrigen gilt II; somit kann eine Berufung auch dann angenommen werden, wenn die Rechtsbeschwerde unzulässig wäre (Pfeiffer 3).

3) Offensichtlich unbegründet muss die Berufung sein, wenn sie nicht angenommen wird. Der Gesetzgeber hat hier bewusst an die Regelung in § 349 II angeknüpft (zutr krit dazu Fezer NStZ **95**, 267; Gössel ZIS **09**, 539). Danach muss für jeden Sachkundigen an Hand der Urteilsgründe und einer ev vorliegenden Berufungsbegründung (1 zu § 317) und des Protokolls der Hauptverhandlung ohne längere Prüfung erkennbar sein, dass das Urteil sachlich-rechtlich nicht zu beanstanden ist und dass keine Verfahrensfehler begangen worden sind, die die Revision begründen würden (erg 10 zu § 349). Die in § 328 II aF enthaltene (durch das StVÄG 1987 abgeschaffte) Regelung, wonach eine Zurückverweisung an das AG durch das Berufungsgericht wegen eines Mangels, der die Revision begründen würde, erfolgen konnte, erlangt jetzt in diesem Zusammenhang wieder Bedeutung: Zwar ist eine Zurückverweisung an das AG aus diesem Grunde nicht mehr zulässig; die Zurückverweisungsmöglichkeit wurde aber gerade wegen der Neuverhandlung beim LG gestrichen. Daraus folgt, dass in solchen Fällen – insbesondere bei Vorliegen eines absoluten Revisionsgrundes nach § 338 (zw Hartwig NStZ **97**, 113; Rieß Kaiser-FS 1472) – eine Berufungsverhandlung ermöglicht werden muss. Bei Ankündigung neuer Beweismittel darf die Annahme der Berufung nur abgelehnt werden, wenn an der Richtigkeit der bisherigen Feststellungen vernünftigerweise kein Zweifel bestehen kann (BVerfG NJW **96**, 2785; NStZ **02**, 43). Neue Tatsachen werden im Annahmeverfahren aber nicht ermittelt (Tolksdorf Salger-FS 408; **aM** Hartwig NStZ **97**, 112 Fn 14). Soweit in III auf § 80 II OWiG verwiesen wird, wonach die Rechtsbeschwerde wegen eines Verfahrensfehlers nicht zugelassen wird, ist damit die Annahme der Berufung nur bei OWien eingeschränkt; auf Verurteilungen oder Freisprüche und Einstellungen wegen einer Straftat kann diese Regelung nicht ausgedehnt werden. 9

Anders als bei der Revision, die bei der Sachrüge nur die Urteilsgründe zur Grundlage der Prüfung machen (22 zu § 337) und Beweiswürdigung und Rechtsfolgenausspruch nur auf rechtliche Fehler überprüfen darf (26 ff, 34 ff zu § 337), ist dem Berufungsgericht eine weitergehende Überprüfungsbefugnis zuzusprechen, weil die Berufungsverhandlung zu einer völligen Neuverhandlung der Sache führt (1 vor § 312). Daher ist die Berufung auch dann nicht offensichtlich unbegründet, wenn sich aus der Sicht des LG, das hierfür den gesamten Akteninhalt berücksichtigen darf (Rieß AnwBl **93**, 56), Bedenken gegen die Beweiswürdigung oder die Strafzumessung des AG ergeben (KK-Paul 5; Feuerhelm StV **97**, 103; vgl auch Tolksdorf aaO 407: Merkmal eng auszulegen). Demzufolge ist die Prüfung auf Verfahrensfehler auch nicht von einer ordnungsgemäßen Rüge entspr § 344 II S 2 abhängig. Allein die Anregung in der Berufungsbegründung, das Verfahren nach § 153 a II einzustellen, kann die Annahme der Berufung nicht rechtfertigen (Tolksdorf aaO 408). 10

4) Entscheidung: Wie bei jeder Berufung prüft das AG die fristgerechte Einlegung und verwirft eine verspätete Berufung nach § 319 I als unzulässig. Andernfalls legt es die Berufung dem LG vor. Zu dessen Entscheidung vgl § 322 a. 11

5) Zur Möglichkeit der **Sprungrevision** vgl 21 zu § 335. 12

Einlegung **RiStBV 150, 157**

314 **I Die Berufung muss bei dem Gericht des ersten Rechtszuges binnen einer Woche nach Verkündung des Urteils zu Protokoll der Geschäftsstelle oder schriftlich eingelegt werden.**

II Hat die Verkündung des Urteils nicht in Anwesenheit des Angeklagten stattgefunden, so beginnt für diesen die Frist mit der Zustellung, sofern nicht

in den Fällen der §§ 234, 387 Abs. 1, § 411 Abs. 2 und § 434 Abs. 1 Satz 1 die Verkündung in Anwesenheit des mit schriftlicher Vollmacht versehenen Verteidigers stattgefunden hat.

1 **1) Berufungseinlegung** ist jede Erklärung, die deutlich erkennen lässt, dass der Beschwerdeführer das 1. Urteil anfechten will; das Wort Berufung braucht nicht verwendet zu werden (Peters 625; erg 1 zu § 341). Vgl auch 2 zu § 335. Unzulässig ist die Einlegung der Berufung vor Erlass des 1. Urteils und die bedingte Berufung (vgl Einl 118; 4 ff vor § 296; 4 ff zu § 341).

2 Legen **mehrere Beschwerdeführer** Berufung ein, mit denen dasselbe Ziel verfolgt wird, so handelt es sich um ein einheitliches Rechtsmittel, über das nur einheitlich entschieden werden kann (4 zu § 322; 2 zu § 341).

3 Zur **Vertretung** bei der Einlegung vgl Einl 134; 3 zu § 341.

4 **2) Adressat der Anfechtungserklärung** (I) ist das Gericht, dessen Urteil angefochten wird, nicht das Berufungsgericht. Eine Ausnahme gilt nach § 45 I S 2 (dort 4). Stammt das Urteil von einer auf Grund der VO vom 20. 3. 1935 (RGBl I 403; BGBl III 300–5) gebildeten Zweigstelle des AG oder von einem auswärtigen Gerichtstag, so kann die Berufung sowohl dort als auch bei dem Stammgericht eingelegt werden (Bay **75**, 9 = NJW **75**, 946; VRS **53**, 433; Zweibrücken MDR **85**, 345 für Zweigstellen; Schleswig SchlHA **53**, 70 für Gerichtstage). Entspr gilt im umgekehrten Fall (Kissel/Mayer 2 zu § 22 GVG).

5 **3) Form:** Die Berufung muss in deutscher Sprache (2 zu § 184 GVG) schriftlich (Einl 128), auch durch Fernschreiber oder durch Telekopie (Einl 139) oder per Telefax (Einl 139 a), ggf auch durch elektronische Post gemäß § 41 a (vgl dort; SK-Frisch 25) oder zu Protokoll der Geschäftsstelle (Einl 131 ff) eingelegt werden. Die telefonische Einlegung ist wirkungslos (Einl 140). Für inhaftierte Angeklagte gilt § 299. Berufung kann auch im Anschluss an die Hauptverhandlung zu Protokoll der Sitzungsniederschrift erklärt, sollte dort aber nicht entgegengenommen werden (Einl 137; 7 zu § 341). Berufungsschriften mit beleidigendem Inhalt dürfen nicht als unzulässig verworfen werden (SK-Frisch 2; erg 12 a vor § 33; 7 zu § 341).

6 **4) Frist:** Die Wochenfrist (I), die nicht verlängert werden kann (5 vor § 42) beginnt mit der Urteilsverkündung (§ 268 II S 1) und wird nach § 43 berechnet. Das Fehlen der Rechtsmittelbelehrung (§ 35 a) ist für den Fristablauf ohne Bedeutung (dort 12).

7 In **Abwesenheit des Angeklagten** (II) ist das Urteil verkündet, wenn er bei der Verkündung auch nur zeitweise abwesend war (KG JR **92**, 304; München MDR **90**, 847; Stuttgart NStZ **86**, 520 mit abl Anm Paulus; erg 9 zu § 341). Die Anwesenheit des Verteidigers bei der Verkündung genügt nach der durch das 1. JuMoG eingefügten vernünftigen Regelung jedoch, wenn der Verteidiger nach den in II 2. Halbs genannten Fällen zur Vertretung berechtigt ist. In diesen Fällen „kann dem Angeklagten angesonnen werden, kurzfristig mit dem von ihm mit besonderer Vollmacht versehenen Verteidiger die Rechtsmitteleinlegung abzuklären" (BT-Drucks 15/3482 S 21; vgl auch 9 zu § 341); idR werden aber ohnehin beide das erwünschte Ergebnis auch schon vor der Hauptverhandlung erörtert haben. Wegen der Anwendung des II auf StA und Privatkläger vgl 10 zu § 341.

8 **In Lauf gesetzt** wird die Frist des II erst mit der Zustellung des vollständigen Urteils mit Gründen (BGH **15**, 263, 265; Lintz JR **77**, 127); die Zustellung der Urteilsformel allein reicht nicht aus. Die Berufung kann aber auch vor Urteilszustellung wirksam eingelegt werden (11 zu § 341).

9 Zur **Fristwahrung** vgl 11 ff vor § 42, zur Rechtslage bei Zweifeln an der Fristwahrung 35 zu § 261.

Wiedereinsetzung und Berufung

315 **I Der Beginn der Frist zur Einlegung der Berufung wird dadurch nicht ausgeschlossen, dass gegen ein auf Ausbleiben des Angeklagten ergangenes Urteil eine Wiedereinsetzung in den vorigen Stand nachgesucht werden kann.**

II [1] Stellt der Angeklagte einen Antrag auf Wiedereinsetzung in den vorigen Stand, so wird die Berufung dadurch gewahrt, dass sie sofort für den Fall der Verwerfung jenes Antrags rechtzeitig eingelegt wird. [2] Die weitere Verfügung in Bezug auf die Berufung bleibt dann bis zur Erledigung des Antrags auf Wiedereinsetzung in den vorigen Stand ausgesetzt.

III Die Einlegung der Berufung ohne Verbindung mit dem Antrag auf Wiedereinsetzung in den vorigen Stand gilt als Verzicht auf die letztere.

1) Das Zusammentreffen von Berufung und Wiedereinsetzung ist in den 1
Fällen der §§ 235 I S 1, 412 S 1 möglich. Eine mit § 315 übereinstimmende Regelung enthält § 342 für die Revision. Neben dem Wiedereinsetzungsantrag kann vorsorglich (Einl 118) Berufung eingelegt werden; dann fallen beide Einlegungsfristen zusammen. Mit der Berufungseinlegung darf nicht etwa gewartet werden, bis über die Wiedereinsetzung entschieden ist (1 zu § 342). Unklare Erklärungen des Angeklagten sind durch Rückfrage bei ihm aufzuklären. Im Zweifel ist anzunehmen, dass beide Rechtsbehelfe gemeint sind.

2) Das weitere Verfahren erledigt zunächst den Wiedereinsetzungsantrag. Erst 2
nach dessen rechtskräftiger (§ 46 III) Ablehnung ist auf die Berufung einzugehen. Wird Wiedereinsetzung bewilligt, wird die Berufung gegenstandslos (2 zu § 342).

3) Als Verzicht auf die Wiedereinsetzung (III) gilt die Einlegung der Beru- 3
fung ohne gleichzeitigen (dazu 3 zu § 342) oder vorausgegangenen Wiedereinsetzungsantrag. Der Verzicht wird unwiderlegbar gesetzlich vermutet. Wegen der Einzelheiten vgl 3 ff zu § 342.

Hemmung der Rechtskraft RiStBV 154

316 **I Durch rechtzeitige Einlegung der Berufung wird die Rechtskraft des Urteils, soweit es angefochten ist, gehemmt.**

II Dem Beschwerdeführer, dem das Urteil mit den Gründen noch nicht zugestellt war, ist es nach Einlegung der Berufung sofort zuzustellen.

1) Hemmung der Rechtskraft (I): Vgl auch 1 zu § 343. Nur die rechtzeitige 1
Berufung hemmt die Rechtskraft, nicht die verspätete. Deren Verwerfung nach §§ 319 I, 322 I führt daher nicht die Rechtskraft herbei, sondern hat nur feststellende Wirkung (1 zu § 319; 2 zu § 322; 5 zu § 346). Die Hemmung der Rechtskraft tritt auch ein, wenn die Berufung aus anderen Gründen als wegen verspäteter Einlegung unzulässig, nicht aber, wenn sie, etwa nach § 55 I S 1 **JGG,** von vornherein unstatthaft ist oder allseits auf Rechtsmittel verzichtet worden war (SK-Frisch 4). Bei wirksam beschränkter Berufung erstreckt sich die Hemmung der Rechtskraft nur auf die angefochtenen Urteilsteile (31 zu § 318). Die Hemmung bewirkt, dass das Verfahren rechtshängig bleibt und das Urteil noch nicht vollstreckbar ist (§ 449). Sie erstreckt sich auf Mitangeklagte, die keine Berufung eingelegt haben, aber von der Entscheidung mitbetroffen sind (Celle NJW **60**, 1873). Die Hemmung dauert bis zur endgültigen Entscheidung nach § 322 (dort 2) oder bis zur Sachentscheidung des Berufungsgerichts.

2) Zugestellt (II) wird das Urteil an den Beschwerdeführer, falls das nicht be- 2
reits nach § 314 II geschehen ist, auch wenn die Berufung bereits nach § 317 begründet worden ist. Von der Zustellung ist abzusehen, wenn die Berufung nicht

statthaft (oben 1) oder verspätet eingelegt worden ist, nicht aber, wenn andere Vorschriften über die Einlegung nicht beachtet sind (2 zu § 343).

3 Die **nachträgliche Zustellung** ist erforderlich, wenn das Berufungsgericht einem Antrag nach § 322 II stattgibt oder dem Beschwerdeführer Wiedereinsetzung gegen die Versäumung der Einlegungsfrist gewährt. Die nach § 267 IV S 3 ergänzten Urteilsgründe werden zugestellt, auch wenn das Urteil schon vorher zugestellt war (3 zu § 343).

4 Das **Unterbleiben der Urteilszustellung** begründet, auch für das Berufungsverfahren, kein Prozesshindernis (BGH **33**, 183 = JR **86**, 300 mit Anm Meyer = NStZ **85**, 563 mit Anm Bruns), berechtigt den Beschwerdeführer aber, die Aussetzung der Berufungsverhandlung zu beantragen (Köln NStZ **84**, 475).

5 **3) Zustellungsverfahren:** Die Anordnung trifft der Vorsitzende; die Geschäftsstelle führt sie aus (§ 36 I). Zuzustellen ist eine Urteilsausfertigung; die Zustellung einer beglaubigten Abschrift ist aber nicht unwirksam (1 zu § 37; 4 zu § 343). Zugestellt wird, ausgenommen bei öffentlicher Zustellung (40 II S 2), das Urteil mit den Gründen.

6 Ein **in Verlust geratenes Urteil** ist möglichst mit den Gründen wiederherzustellen, mindestens die Urteilsformel. Die Wiederherstellung vernichteter Aktenteile regelt die VO vom 18. 6. 1942 (RGBl I 395; BGBl III 315–4). Eine Verfahrensvoraussetzung des Berufungsverfahrens ist das Vorhandensein der Akten nicht (Saarbrücken NJW **94**, 2711; W. Schmid Lange-FS 783). Wegen der Einzelheiten vgl LR-Gössel 16ff.

Berufungsbegründung **RiStBV 150 I S 4, 156 I**

317 **Die Berufung kann binnen einer weiteren Woche nach Ablauf der Frist zur Einlegung des Rechtsmittels oder, wenn zu dieser Zeit das Urteil noch nicht zugestellt war, nach dessen Zustellung bei dem Gericht des ersten Rechtszuges zu Protokoll der Geschäftsstelle oder in einer Beschwerdeschrift gerechtfertigt werden.**

1 **1)** Die **Berufungsbegründung** ist gesetzlich nicht vorgeschrieben; die StA ist aber nach RiStBV 156 I gehalten, das Rechtsmittel zu begründen. Zweck der Begründung ist die vorläufige Unterrichtung des Gerichts und des Beschwerdegegners über Richtung und Umfang der Berufung. Soweit die Berufung nach § 313 der Annahme bedarf, ist eine Berufungsbegründung zwar ebenfalls nicht erforderlich, aber dringend zu empfehlen, um dem Berufungsgericht darzulegen, dass die Berufung nicht offensichtlich unbegründet ist (Siegismund/Wickern wistra **93**, 88; erg 4 und 9 zu § 313) oder bei Verurteilung wegen einer OWi die Voraussetzungen der §§ 79 I, 80 I, II OWiG vorliegen (7 zu § 313). Einer Nachfrage des Gerichts, ob und wann mit einer Berufungsbegründung zu rechnen sei, bedarf es idR nicht (BVerfG NJW **02**, 2940). Eine Stellungnahme des Gegners zur Berufungsbegründung sollte dem Berufungsführer mitgeteilt werden, wenn das Berufungsgericht erwägt, die Berufung nicht anzunehmen (Siegismund/Wickern aaO). Zur Notwendigkeit einer Berufungsbegründung bei der Nebenklage vgl 5 zu § 400.

2 **2)** Die **Begründungsfrist** beträgt eine Woche und beginnt mit Ablauf der Einlegungsfrist des § 314, spätestens mit Zustellung des Urteils im Fall des § 316 II. Die Versäumung der nach § 43 zu berechnenden Frist ist aber rechtlich bedeutungslos; denn das Berufungsgericht muss auch Ausführungen berücksichtigen, die erst nach Fristablauf gemacht werden. Daher kann die Begründungsschrift auch bei diesem Gericht eingereicht werden. Gegen die Versäumung der Frist gibt es keine Wiedereinsetzung (Dresden OLG-NL **98**, 216; erg 3 zu § 44).

3 **3) Form:** Die Berufung kann schriftlich (Einl 128) in einer Beschwerdeschrift oder zu Protokoll der Geschäftsstelle des Gerichts des 1. Rechtszugs (Einl 131ff)

begründet werden. Die StA kann auch einen Aktenvermerk fertigen und dem Beschwerdegegner zur Kenntnis bringen (LR-Gössel 7).

Beschränkung der Berufung **RiStBV 150 I**

318 [1]**Die Berufung kann auf bestimmte Beschwerdepunkte beschränkt werden.** [2]**Ist dies nicht geschehen oder eine Rechtfertigung überhaupt nicht erfolgt, so gilt der ganze Inhalt des Urteils als angefochten.**

1) Die **Beschränkung der Berufung,** die nicht von einer Bedingung abhängig gemacht werden darf (Einl 118), kann schon bei ihrer Einlegung erklärt, aber auch später durch Teilrücknahme (2 zu § 302) herbeigeführt werden, für die § 303 gilt (dort 1). Die zunächst beschränkte Einlegung kann innerhalb der Einlegungsfrist (§ 314) zur unbeschränkten erweitert werden (Bay **67**, 146 = JR **68**, 108 mit Anm Sarstedt), sofern nicht in der Beschränkung der Wille zum Teilverzicht zum Ausdruck gekommen war (16 zu § 302; 4 zu § 344). 1

Fehlt eine entspr **Erklärung,** so gilt der gesamte Urteilsinhalt als angefochten (S 2). Ausdrücklich braucht die Beschränkung aber nicht erklärt zu werden. Sie kann sich insbesondere aus Wortlaut und Sinn der Berufungsbegründung ergeben (Schleswig SchlHA **80**, 20; erg 6 zu § 344). Dass die – nach § 317 nicht vorgeschriebene – Begründungsschrift das Urteil nur teilw angreift, bedeutet aber, anders als bei der Revision (6 zu § 344), idR keine Beschränkung (Oldenburg VRS **23**, 46, 48; LR-Gössel 13). Bei Unklarheiten ist bei dem Beschwerdeführer zurückzufragen, notfalls die Erklärung auszulegen. Dabei ist, auch bei der Berufung der StA (Bay wistra **94**, 118; **aM** Oldenburg NStZ-RR **96**, 77), nicht am Wortlaut zu haften, sondern der Sinn der Erklärung zu erforschen (BGH **29**, 359, 365; Koblenz VRS **49**, 379; Köln VRS **70**, 445), wobei bei Erklärungen der StA und des Verteidigers gegenüber denjenigen eines rechtsunkundigen Angeklagten ein strengerer Maßstab anzulegen ist (Bay **00**, 99 = NStZ-RR **00**, 379). Führt die Auslegung zu keinem eindeutigen Ergebnis, so gilt keine Beschränkung (BGH aaO; Koblenz VRS **67**, 284; Köln aaO; Oldenburg aaO; vgl dazu auch einerseits Bay StraFo **03**, 313, andererseits München StraFo **03**, 314 zur unklaren Urteilsanfechtung der StA bei mehreren Angeklagten). 2

Beispiele aus der Rspr: Legt ein teilw freigesprochener Angeklagter unbeschränkt Berufung ein, so ist das idR dahin zu verstehen, dass er nur den verurteilenden Teil des Erkenntnisses anfechten will (Bay **80**, 115 = JR **81**, 436 mit zust Anm Stein; Köln VRS **62**, 283, 284). Die Einlegung der Berufung mit der Begründung, die Strafe erscheine zu hoch, enthält eine Beschränkung auf den Strafausspruch, wenn sie von einem Juristen stammt; andernfalls kann darin die bloße Angabe des Beweggrunds für die Berufungseinlegung liegen (Bay DAR **87**, 314 [B]; Hamm JMBlNW **53**, 69, **74**, 118; Stuttgart Justiz **84**, 404; vgl auch Köln VRS **70**, 445; einschr Düsseldorf VRS **76**, 447). Wer nur die Annahme eines minder schweren Falles anstrebt, beschränkt die Berufung idR auf das Strafmaß (Köln NStZ **89**, 339). Die Erklärung, die Berufung ziele allein auf eine Strafaussetzung zur Bewährung, enthält nicht ohne weiteres eine entspr Berufungsbeschränkung (Bay DAR **87**, 315 [B]; Koblenz VRS **71**, 446; Oldenburg NStZ-RR **10**, 56; Stuttgart Justiz **00**, 19). Bei Einlegung der Berufung „allein wegen der Anzahl der Tagessätze" liegt aber immer eine Strafmaßberufung vor (Bay DAR **86**, 249 [R]). Eine nachträgliche Beschränkung liegt nicht darin, dass im Schlussantrag nur die Änderung des Rechtsfolgenausspruchs beantragt wird (Hamm JMBlNW **57**, 58). 3

Zur **Beschränkungsbefugnis** des Verteidigers vgl 31 zu § 302; 5 zu § 344. Die in der Hauptverhandlung erklärte Rechtsmittelbeschränkung des entgegen § 140 I, II unverteidigten Angeklagten ist – wie ein Rechtsmittelverzicht (25 zu § 302) – unwirksam (Köln StraFo **97**, 49). Zur Wirksamkeit einer Beschränkung der Berufung des Angeklagten auf Anregung des Gerichts und nach Abschluss einer Verfahrensvereinbarung vgl KG NStZ-RR **04**, 176; München NStZ **06**, 353. 4

5 2) **Auf bestimmte Beschwerdepunkte** kann die Berufung beschränkt werden, aber nicht auf die Frage der rechtlichen Würdigung der tatsächlichen Feststellungen durch das AG (entgegen Milzer NStZ **93**, 69 darf bei einem Geständnis des Angeklagten in der Berufungshauptverhandlung das LG auch nur dieses und nicht die „glaubhaft eingestandenen tatsächlichen Feststellungen des AG" seinem Urteil zugrundelegen). Die Wirksamkeit der Beschränkung beurteilt sich in 1.

6 Hinsicht nach der sog **Trennbarkeitsformel:** Die Beschränkung ist nur möglich, wenn sie sich auf Beschwerdepunkte bezieht, die nach dem inneren Zusammenhang des Urteils losgelöst von seinem nicht angegriffenen Teil rechtlich und tatsächlich selbstständig beurteilt werden können, ohne eine Prüfung der Entscheidung im Übrigen erforderlich zu machen (BGH **5**, 252; **10**, 100, 101; **16**, 237, 239; **19**, 46, 48; **21**, 256, 258; **22**, 213, 217; **24**, 185, 187; **27**, 70, 72; **29**, 359, 364).

7 In engem Zusammenhang damit steht das **Erfordernis der Widerspruchsfreiheit:** Die trotz ihres stufenweisen Zustandekommens als einheitliches Ganzes anzusehende abschließende Entscheidung des Verfahrens darf nicht in sich widerspruchsvoll sein. Eine Berufungsbeschränkung ist daher unwirksam, wenn sie zu Widersprüchen zwischen den nicht angefochtenen Teilen des Urteils und der Entscheidung des Rechtsmittelgerichts führen kann (BGH **7**, 283, 285; **10**, 71, 72; **24**, 185, 188; **29**, 359, 365; Düsseldorf wistra **88**, 118).

8 Ob diese Voraussetzungen vorliegen, **prüft das Rechtsmittelgericht** von Amts wegen (BGH NJW **80**, 1807; 4 zu § 352) im Freibeweis (Oldenburg NStZ-RR **08**, 117), nach hM endgültig erst aus der Sicht des Ergebnisses der Beratung über die zu treffende Entscheidung (BGH **27**, 70, 72; Celle MDR **71**, 322, 323; Hamburg JZ **78**, 665; Köln NStZ **84**, 379), wobei dem Berufungsgericht bei der Prüfung der Wirksamkeit aber ein gewisser Beurteilungsspielraum zugebilligt wird (Bay **99**, 96 = NZV **99**, 482). Im Einzelnen gilt (auch für die Revisionsbeschränkung nach § 344 I, die des Zusammenhangs wegen hier einbezogen wird) Folgendes:

9 A. **Verfahrensrechtlich voneinander unabhängige Straffälle:** Jeder Angeklagte kann unabhängig von den Mitangeklagten selbstständig Berufung einlegen (KK-Paul 1). Ist ein Angeklagter wegen mehrerer Taten iS des § 53 StGB verurteilt worden, die auch verfahrensrechtlich (§ 264) mehrere Straffälle bilden, so kann er die Berufung auf die Verurteilung wegen eines oder mehrerer von ihnen beschränken, ohne dass es insoweit auf Widerspruchsfreiheit (oben 7) ankommt (Bay **59**, 126 = JZ **60**, 30 mit Anm Heinitz; Bay **66**, 84, 86 = NJW **66**, 2369; Düsseldorf VRS **74**, 366; Karlsruhe JR **89**, 82: nicht, wenn die mehreren Taten zueinander im Verhältnis der Alternativität (vgl BGH **32**, 146) stehen; LR-Hanack 19 zu § 344; Meyer JR **72**, 205; **aM** OGH 1, 74, 78 = SJZ **49**, 60 mit abl Anm Hartung; Celle NJW **59**, 399, 400). Der Beschränkung steht auch nicht entgegen, dass die Vollstreckung aller Strafen zur Bewährung ausgesetzt (Bay aaO), dass eine Gesamtstrafe gebildet ist oder dass das Urteil Rechtsfolgen anordnet, die alle abgeurteilten Straffälle zur Grundlage haben (Bay aaO; **66**, 64 = JZ **66**, 582: Fahrverbot und Fahrerlaubnisentziehung; RG HRR **38**, 264: Sicherungsverwahrung). Die Gesamtstrafe und die anderen Rechtsfolgen sind dann aber immer mitangefochten (BGH **8**, 268, 271 = JZ **56**, 417 mit Anm Jescheck; BGH MDR **78**, 282 [H]), sofern nicht die angefochtene Einzelstrafe ersichtlich für sie bedeutungslos ist (Koblenz VRS **55**, 194; LR-Hanack 20 zu § 344).

10 B. Bei **sachlich-rechtlich selbstständigen Straftaten** (§ 53 StGB), die verfahrensrechtlich (§ 264) eine einheitliche Tat bilden, ist die Berufungsbeschränkung ebenfalls wirksam (BGH **21**, 256, 258; **24**, 185; Bay **80**, 115 = JR **81**, 436 mit Anm Stein; Köln VRS **62**, 283; **aM** Hamm VRS **40**, 19; 457; **41**, 28; 155; Köln NJW **71**, 156). Der Richter ist aber in dem weiteren Verfahren (nach Zurückverweisung durch das Revisionsgericht) an die Feststellungen zu dem nicht angefochtenen Urteilsteil gebunden (BGH **24**, 185 = JR **72**, 203 mit abl Anm

Meyer; BGH **28**, 119, 121 = JR **79**, 299 mit abl Anm Grünwald; Karlsruhe MDR **76**, 71; Köln VRS **62**, 283; **aM** LR-Hanack 22 zu § 344).

Eine Berufungsbeschränkung ist aber **nicht wirksam**, wenn jeder der in Tatmehrheit stehenden Straftaten ihrerseits in Tateinheit (§ 52 StGB) mit demselben leichteren Delikt steht (BGH **25**, 72, 75; Bay **57**, 108 = NJW **57**, 1485; Bay **66**, 84, 86 = NJW **66**, 2369; Celle NJW **59**, 399; Koblenz VRS **74**, 196, 198; Köln MDR **64**, 525; LR-Hanack 23 zu § 344; **aM** BGH **23**, 141, 150 = JZ **70**, 327 mit abl Anm Grünwald). Entscheidet erst die Begründetheit des Rechtsmittels darüber, ob überhaupt mehrere Straftaten iS des § 53 StGB vorliegen, so kann die Berufung ebenfalls nicht beschränkt werden, zB wenn die mehreren Straftaten eine einheitliche Tat des Vollrauschs nach § 323 a StGB (Hamm VRS **39**, 190) bilden können oder wenn eine einheitliche Trunkenheitsfahrt vorliegt, die nur durch die Straftat nach § 142 StGB sachlich-rechtlich in 2 Teile aufgespalten wird, aber als einheitliche Tat zu beurteilen ist, wenn kein Verstoß gegen § 142 StGB vorliegt (BGH **25**, 72; Bay **71**, 46 = MDR **71**, 508; DAR **86**, 249 [R]; VRS **59**, 336; Düsseldorf VRS **63**, 462; Köln VRS **62**, 283; Stuttgart VRS **72**, 186, 187). Sind Gegenstand der Anklage mehrere Delikte in Wahlfeststellung, so kann die Berufung nicht auf die Verurteilung wegen eines von ihnen beschränkt werden (Karlsruhe JR **89**, 82; krit dazu Schlüchter JR **89**, 48). 11

C. **Verurteilung wegen einheitlicher Tat:** 12

a) Auf **einzelne rechtliche Gesichtspunkte des Schuldspruchs** kann die Berufung nicht beschränkt werden, bei Tateinheit auch dann nicht, wenn das AG irrtümlich Tatmehrheit angenommen hat (BGH **6**, 229, 230; **21**, 256, 258; NStZ **96**, 203; **03**, 264; Bay **88**, 62 = NStZ **88**, 570), also nicht auf die Nachprüfung einzelner Gesetzesverletzungen (BGH aaO; **24**, 185, 189; Düsseldorf VRS **63**, 462; Frankfurt NStZ-RR **03**, 371; Hamm NZV **08**, 164), auch nicht auf die Frage, ob Tateinheit oder Tatmehrheit vorliegt (Hamm VRS **40**, 191; Sarstedt/Hamm 150), innerhalb eines einheitlichen Schuldspruchs nicht auf einzelne Tatbestandsmerkmale (BGH **19**, 46, 48). Eine Ausnahme macht BGH **39**, 390 = JR **95**, 71 mit Anm Geerds bei Dauerdelikten; dort ist bei Zuhälterei in Tateinheit mit Vergewaltigung die Beschränkung auf § 177 StGB zugelassen worden (vgl auch BGH NStZ **00**, 483 mwN für das Jugendstrafverfahren); BGH 3 StR 277/09 vom 3. 12. 2009 erörtert Beschränkungen bei Verurteilung oder Nichtverurteilung nach § 129 StGB. Auch die Frage, ob die Strafklage verbraucht, ein wirksamer Strafantrag gestellt oder die Auslieferungsbedingungen eingehalten sind, kann selbstständig geprüft werden (Einzelheiten bei LR-Hanack 18 zu § 344), in Ausnahmefällen auch die Frage der Verjährung (Frankfurt NStZ **82**, 35). 13

Die **Anfechtung des Schuldspruchs erfasst** stets alle weiteren Urteilsteile (Zweibrücken NStZ-RR **08**, 381, 382). Zur Schuldfrage gehören die Voraussetzungen eines minder schweren oder besonders schweren Falles, wenn sie zugleich den Schuldumfang betreffen oder mit den Schuldfeststellungen untrennbar verknüpft sind. Entsprechendes gilt für die Regelbeispiele des § 243 I Nrn 1, 2, 4 StGB (BGH **29**, 359; Schleswig NJW **79**, 2057 = JR **80**, 302 mit abl Anm Grünwald; Schleswig SchlHA **82**, 96), aber nicht des § 243 I Nr 3 (Düsseldorf OLGSt Nr 8) oder des § 263 III S 2 Nr 1 StGB (Köln NStZ-RR **03**, 298; **aM** Bay **02**, 152 = NStZ-RR **03**, 209; Karlsruhe NStZ-RR **04**, 271). Zum Schuldspruch gehören auch Strafänderungsgründe, zB die Gewerbsmäßigkeit bei der Hehlerei nach § 260 StGB (BGH NStZ **82**, 29), sowie die Frage des Mitverschuldens des Tatopfers, sofern eine neue Beweisaufnahme über den Unfallhergang erforderlich ist (Bay **66**, 155 = VRS **32**, 382; Hamm DAR **57**, 303), beim Handeltreiben mit Betäubungsmitteln auch die Feststellungen zur Suchtmotivation (Bay **04**, 58 = NStZ-RR **04**, 246). 14

Kein Teil der Schuldfrage sind dagegen die Frage der verminderten Schuldfähigkeit nach § 21 StGB (BGH **7**, 283 = MDR **55**, 433 mit Anm Kleinknecht; Köln NStZ **81**, 63; **84**, 379); die Anwendung des § 157 StGB (BGH **2**, 379; Stutt- 15 gart NJW **78**, 711), der §§ 158, 161 II StGB (BGH NJW **62**, 2164) und des § 213 StGB (BGH NJW **56**, 756).

16 b) Die **Beschränkung auf den Rechtsfolgenausspruch** ist wirksam (BGH **19**, 46, 48; **24**, 185, 188; **29**, 359, 364; **33**, 59; zur Bindung an die Schuldfeststellungen vgl 5 ff zu § 327), setzt aber voraus, dass das angefochtene Urteil seine Prüfung ermöglicht. Die Beschränkung ist daher nicht möglich, wenn das Urteil keine Gründe enthält (Düsseldorf VRS **72**, 117; Köln MDR **69**, 864) oder die Feststellungen zur Tat, sei es auch nur zur inneren Tatseite (Düsseldorf VRS **70**, 137; Koblenz VRS **53**, 337; Oldenburg StraFo **08**, 385), so knapp, unvollständig, unklar oder widersprüchlich sind, dass sie keine hinreichende Grundlage für die Prüfung der Rechtsfolgenentscheidung bilden (BGH **33**, 59; NStZ **94**, 130; Bay **98**, 187 = wistra **99**, 119; **01**, 79; NStZ-RR **03**, 310; JR **03**, 297 mit zust Anm Verrel; Düsseldorf NStZ **92**, 298; Hamm NStZ-RR **01**, 300; Koblenz VRS **75**, 34, 35; 46, 47; NStZ-RR **05**, 178; Köln NJW **04**, 623; wistra **05**, 440; bei Verurteilung wegen Fahrens ohne Fahrerlaubnis KG VRS **115**, 137, München StraFo **08**, 210, VRS **115**, 135; zu weitgehend aber Bay **99**, 96 = NZV **99**, 482; NStZ **97**, 359: Beschränkung unwirksam bei Verurteilung nach § 316 I StGB, weil keine Feststellungen zu den Umständen der Alkoholaufnahme getroffen wurden).

17 Insbesondere ist die **Beschränkung ausgeschlossen,** wenn das Revisionsgericht das Berufungsurteil zwar in vollem Umfang aufgehoben, darin getroffene Feststellungen aber aufrechterhalten hat (Bay MDR **88**, 883: innerprozessuale Bindungswirkung; andernfalls aber Beschränkung möglich, Stuttgart Justiz **90**, 469), wenn das Urteil das angewendete Strafgesetz nicht genau erkennen lässt (Düsseldorf DAR **70**, 191), wenn ungeklärt ist, ob ein Strafantrag erforderlich ist (Bay **94**, 98 = wistra **94**, 322), wenn das Konkurrenzverhältnis nicht bestimmt ist (Köln NStE Nr 14), wenn nicht ersichtlich ist, welche von mehreren Tatmodalitäten festgestellt sind (Köln OLGSt § 11 BtMG S 47; VRS **82**, 39), wenn das AG die Schuldform nicht festgestellt (Düsseldorf VRS **67**, 271; **69**, 50; **89**, 218) oder die Frage der Schuldfähigkeit nicht geprüft hat, obwohl dazu Anlass bestand (Bay **94**, 253 = VRS **89**, 128; NZV **01**, 353; Frankfurt NJW **68**, 1638; Hamm NStZ-RR **08**, 138 [ADHS-Erkrankung]; Koblenz VRS **70**, 14; **75**, 46; Köln NStZ **84**, 379; VRS **65**, 384; StraFo **98**, 120), oder eine erhebliche Verminderung der Schuldfähigkeit nicht rechtsfehlerfrei begründet wurde und Schuldunfähigkeit nicht auszuschließen ist (BGH **46**, 257 = NStZ **01**, 493 mit zust Anm Hamm). Eine Berufungsbeschränkung ist ferner unbeachtlich, wenn die Tat überhaupt nicht mit Strafe bedroht ist (Bay **54**, 159 = JR **55**, 151 mit Anm Sarstedt; **92**, 52 = wistra **92**, 280; Celle StraFo **04**, 61; Stuttgart NStZ-RR **02**, 47), etwa nur eine OWi darstellt (Bay NJW **05**, 309; Koblenz NStZ-RR **08**, 120), wenn der Schuldspruch auf einem nicht oder nicht mehr gültigen Gesetz beruht (BGH MDR **78**, 282 [H]; Bay **53**, 263 = NJW **54**, 611; **61**, 23, 27 = NJW **61**, 688; **62**, 216 = NJW **62**, 13; erg 5 zu § 354 a), wenn eine neue Entscheidung über die Schuldfrage auf Grund der für die Strafbemessung festgestellten Tatsachen zur Verneinung der Schuld führen könnte (BGH NJW **96**, 2663, 2664: Rücktritt vom Versuch; Düsseldorf NStZ **84**, 90; Köln NStZ **84**, 379; Zweibrücken MDR **86**, 75; **aM** Hamm JMBlNW **73**, 141; Hettinger JZ **87**, 386; gegen ihn Köln NStZ **89**, 25), wenn – ausgenommen bei Haschisch (Bay StraFo **03**, 383) – keine Feststellungen über den Wirkstoffgehalt eines Betäubungsmittels getroffen sind (Bay **97**, 95 = NStZ-RR **98**, 55; **01**, 335; **aM** Frankfurt NStZ-RR **03**, 23, 25; Oldenburg NStZ-RR **08**, 117), wenn der fehlerhafte Schuldspruch einen höheren Strafrahmen vorgibt (Köln NStZ-RR **00**, 49) oder wenn die beanstandete Annahme oder Nichtannahme eines die Strafbarkeit erhöhenden oder mindernden Umstandes einen untrennbaren Teil der Schuldfrage bildet (BGHR § 344 I Beschränkung 2; StGB § 163 Aussage 1; BGH NStZ **94**, 47).

17a **Nicht ausgeschlossen** ist die Beschränkung aber, wenn das AG das geltende Recht nur falsch angewendet (BGH NStZ **96**, 352 mwN; Bay **87**, 69 = VRS **73**, 384; Celle NJW **63**, 64; Düsseldorf NStE Nr 16 zu § 344; Hamm NJW **54**, 613;

aM Saarbrücken NStZ **97**, 149; eingehend dazu LR-Gössel 55 ff) oder fehlerhaft Tatmehr- statt Tateinheit angenommen hat (BGH NStZ-RR **96**, 267 L; Bay NStZ **88**, 570; Frankfurt NStZ RR **04**, 74, 75; Hamm StraFo **08**, 247) oder die Beweisaufnahme zur Straffrage ergibt, dass der Angeklagte nicht schuldig ist (BGH **7**, 283; **aM** Peters 498 ff; Roxin/Schünemann § 53, 19). Vgl erg 21 zu § 353.

c) **Innerhalb des Rechtsfolgenausspruchs** sind weitere Beschränkungen auf abtrennbare Urteilsteile (oben 6) möglich: 18

Bei der **Geldstrafe** auf die Zahl des Tagessatzes (Koblenz NJW **76**, 1275; Kadel GA **79**, 465; KK-Paul 8 a; Schall JuS **77**, 309; **aM** Horn JR **77**, 97; Lackner/Kühl 19 zu § 40 StGB) oder auf seine Höhe (BGH **27**, 70 = JR **78**, 70 mit Anm Grünwald; BGH **34**, 90, 92; Bay **79**, 130 = NJW **80**, 849) und auf die Entscheidung über Zahlungserleichterungen nach § 42 StGB (vgl RG **64**, 207, 208; **aM** Bremen NJW **54**, 522), idR aber nicht auf die Verhängung der Geldstrafe neben einer Freiheitsstrafe nach § 41 StGB (Düsseldorf JMBlNW **99**, 41; vgl aber Köln OLGSt § 41 S 1: abtrennbar, wenn die gesetzliche Mindestfreiheitsstrafe verhängt worden ist). 19

Bei der **Freiheitsstrafe** auf die Strafbemessung, auf das Unterlassen der Gesamtstrafenbildung (Düsseldorf VRS **68**, 365) und auf die Bemessung der Gesamtstrafe (BGH NStZ-RR **00**, 13; Hamburg MDR **76**, 419), wobei Fehler bei der Bemessung der Einzelstrafen der Beschränkung nicht entgegenstehen (BGHR Strafausspruch 2), auf die Anrechnung oder Nichtanrechnung der UHaft nach § 51 StGB (BGH **7**, 214 = JZ **55**, 383 mit abl Anm Würtenberger; wistra **90**, 350) oder den Anrechnungsmaßstab nach § 51 IV S 2 StGB (Hamm StV **99**, 652). 20

Auch auf die **Strafaussetzung zur Bewährung** ist die Beschränkung zulässig, sofern nicht eine innere Abhängigkeit von der gesamten Straffrage besteht (BGH **24**, 164; NJW **83**, 1624; NStZ **82**, 285, 286; KG NZV **02**, 240; Hamburg NStZ-RR **06**, 18; Karlsruhe NJW **80**, 133; VRS **95**, 225; Köln NStZ **89**, 91; Nürnberg NZV **07**, 642; differenzierend SK-Frisch 65 ff); zur Wirksamkeit der Beschränkung müssen sich dann aber idR aus dem angefochtenen Urteil die Sachverhalte früherer Verurteilungen ergeben (Bay **04**, 81 = NStZ-RR **04**, 336; Köln StraFo **04**, 245; erg unten 28 aE). Möglich ist bei fehlender Abhängigkeit eine solche Beschränkung auch trotz einer Gesamtstrafenbildung (Brandenburg NStZ-RR **07**, 196, das aber fehlerhaft dann auch eine nachträgliche Gesamtstrafenbildung durch das Berufungsgericht mit einer anderweit rechtskräftig erkannten Strafe für ausgeschlossen hält, obwohl doch § 55 StGB gerade eine solche Rechtskraftdurchbrechung erlaubt und fordert; zutr LG Freiburg NStZ-RR **08**, 236). 20a

Wird die Nachprüfung der Strafbemessung verlangt, so **erstreckt sich das Rechtsmittel** stets auf die Gesamtstrafe (BGH wistra **99**, 99), auf die Anrechnung oder Nichtanrechnung der UHaft, auf die Frage der Strafaussetzung zur Bewährung (Düsseldorf NJW **56**, 1889), auf die Einziehung als Nebenstrafe (Düsseldorf VRS **51**, 439), auf Sicherungsmaßregeln, auch auf die Entziehung der Fahrerlaubnis nach § 69 StGB, wenn sie wegen charakterlicher Ungeeignetheit angeordnet worden ist (BGH **10**, 379; Bay DAR **85**, 246 [R]; Koblenz VRS **57**, 107). 21

Bei **Nebenstrafen und Nebenfolgen** kann die Berufung nicht auf die Verhängung des Fahrverbots (§ 44 StGB) beschränkt werden, da diese Rechtsfolge mit der Hauptstrafe – dh mit der Gesamtstrafe, nicht mit den Einzelstrafen (Jena NZV **06**, 167) –, insbesondere aber mit der Geldstrafe, untrennbar verknüpft ist (Düsseldorf VRS **84**, 336 mwN; Hamm NStZ **06**, 592; Schleswig NStZ **84**, 90; **aM** Bay **66**, 64 = VRS **31**, 186; DAR **85**, 239 [R]), wohl aber auf den Beginn der Wirksamkeit des Fahrverbots (§ 25 II a StVG; Düsseldorf NStZ-RR **99**, 61), idR auch auf die Aberkennung der Rechte nach § 45 II StGB. Die Einziehungsanordnung ist gesondert anfechtbar, wenn die Einziehung Sicherungsmaßnahme (Düsseldorf NJW **72**, 1382; VRS **51**, 439; Hamm NJW **75**, 67), nicht aber, wenn sie Nebenstrafe ist (BGH NStZ **93**, 400; Bay DAR **84**, 246 [R]). Eine Beschränkung auf die Anordnung oder Nichtanordnung des (auch des erweiterten) Verfalls oder des Wertersatzverfalls ist grundsätzlich zulässig (BGH NStZ-RR **97**, 270 mwN; Bay 22

NStZ-RR **99**, 269), es sei denn, die Entscheidung kann nicht losgelöst vom übrigen Urteilsinhalt geprüft und beurteilt werden (BGH wistra **05**, 137). Die Abführung des Mehrerlöses nach §§ 8, 9 WiStG kann gesondert angefochten werden (OGH **1**, 161; Hamburg HESt **1**, 156 = MDR **47**, 103 mit Anm Tesar), ebenso die Anordnung der Urteilsbekanntmachung (RG **42**, 30, 31).

23 Bei den **Sicherungsmaßregeln** gilt folgendes:

24 Die Rechtsmittelbeschränkung auf die Anordnung der Unterbringung in einem psychiatrischen Krankenhaus nach **§ 63 StGB** (wegen § 24 II GVG kommt nur die Revision in Betracht) ist neben einer Strafe möglich (BGH **5**, 267; 312, 313; NJW **63**, 1414; **69**, 1578; **aM** LR-Hanack 53 zu § 344; anders jedoch bei Jugendlichen, vgl BGH NStZ-RR **98**, 188); auch die StA kann das Rechtsmittel grundsätzlich (jedoch wegen § 5 III **JGG** nicht bei Verurteilung zu Jugendstrafe, vgl Bay **89**, 48 = JR **90**, 209 mit zust Anm Brunner) darauf beschränken, dass die Anordnung neben einem Freispruch oder einer Strafe nicht getroffen worden ist. Legt der freigesprochene Angeklagte Revision ein, so beschränkt sich diese auf die Unterbringungsanordnung, da er durch den Freispruch nicht beschwert ist (Bay **78**, 1 = GA **79**, 61; VRS **67**, 443; Hamm NJW **56**, 560; SK-Frisch 85; Salger Meyer-GedSchr 422; **aM** LR-Hanack 52 zu § 344: Mitanfechtung des freisprechenden Teils des Urteils). Bei Urteilsaufhebung hat der neu entscheidende Tatrichter unabhängig von dem bestehen bleibenden Freispruch eigene Feststellungen zu treffen (BGH NStZ **89**, 84; zur Bestandskraft der früheren Feststellungen vgl Meyer-Goßner DRiZ **89**, 55; erg 8 zu § 327); ergibt sich nunmehr die (eingeschränkte) Schuldfähigkeit des Angeklagten, gilt § 358 II S 2 (dort 12).

25 Die gleichen Grundsätze gelten für die Anordnung der Unterbringung in einer Entziehungsanstalt nach **§ 64 StGB** (BGH **38**, 362, 364); idR ist daher die Beschränkung möglich (Tolksdorf Stree/Wessels-FS 754). Versagung der Strafaussetzung zur Bewährung und Entscheidung nach § 64 StGB können aber regelmäßig nicht voneinander getrennt werden (BGH NStZ **94**, 449; Köln NStZ-RR **97**, 360, 361).

26 Die Anordnung oder Nichtanordnung der Sicherungsverwahrung nach **§ 66 StGB** ist unabhängig von der Schuldfrage anfechtbar (wegen § 24 II GVG nur mit der Revision), unter Ausklammerung des Strafausspruchs nur ausnahmsweise (BGH **7**, 101 = JZ **55**, 384 mit zust Anm Würtenberger; BGH NJW **80**, 1055 = JR **80**, 338 mit Anm Hanack; BGH 3 StR 122/09 vom 7. 5. 2009). Zwischen Strafe und Nichtanordnung der Maßregel besteht grundsätzlich keine der Rechtsmittelbeschränkung entgegenstehende Wechselwirkung (BGH NStZ **07**, 212, 213 mwN; 1 StR 183/08 vom 1. 7. 2008).

26a Bei **§ 67 II StGB** ist eine Beschränkung auf die Anfechtung der Anordnung über den Vorwegvollzug der Strafe grundsätzlich zulässig (BGHR § 260 I Urteilstenor 3; zu einem Ausnahmefall aber BGH 3 StR 516/07 vom 18. 12. 2007); sie kann ggf aber – verfassungsrechtlich zulässig (BVerfG NStZ **08**, 614) – auch die Unterbringungsanordnung erfassen.

27 Für die Anordnung der Führungsaufsicht nach **§ 68 StGB** gilt das entspr (vgl LR-Hanack 56 zu § 344).

28 Die Beschränkung des Rechtsmittels auf die Entziehung der Fahrerlaubnis nach **§ 69 StGB** ist unwirksam, wenn Charaktermängel des Angeklagten der Grund der Anordnung sind (BGH NJW **54**, 1167, 1168; Düsseldorf VRS **81**, 184; Frankfurt NZV **96**, 414 mwN; str), nicht aber bei Entziehung wegen körperlicher oder geistiger Ungeeignetheit, auch nicht, wenn nur die Rechtsmeinung angegriffen wird, die Feststellungen trügen die Maßregelentscheidung (Dresden NStZ-RR **05**, 385 L). Entsprechendes gilt für die isolierte Sperre nach § 69a I S 3 StGB (KG VRS **109**, 278; Zweibrücken NJW **83**, 1007). Die Beschränkung ist unwirksam, wenn die Strafe wegen des Fahrerlaubnisentzugs höher oder milder bemessen wurde, wenn sie auf doppelrelevanten Tatsachen (hinsichtlich Strafzumessung und § 69 StGB) beruht (Frankfurt NZV **02**, 382; Stuttgart MDR **97**, 382), idR aber auch, wenn die Freiheitsstrafe zur Bewährung ausgesetzt worden ist (Hamm VRS **32**, 17,

18; Köln VRS **16**, 422; vgl auch BGH VRS **29**, 14, 15), oder wenn die StA das Rechtsmittel zuungunsten des Angeklagten eingelegt hat (Bay **04**, 93 = NZV **05**, 592; VRS **81**, 443); bei Ablehnung der Strafaussetzung zur Bewährung ist die Beschränkung nur dann unwirksam, wenn sich der Berufungsführer gegen insoweit doppelrelevante Feststellungen wendet oder die Bewährungsentscheidung mit der Maßregelanordnung eng verbunden ist, so dass die entstehende Gesamtentscheidung möglicherweise nicht frei von inneren Widersprüchen bleiben würde (BGH **47**, 32 = JR **02**, 113 mit zust Anm Geppert).

Die Bemessung der Sperre nach **§ 69 a StGB** kann gesondert angefochten werden, wenn die Gründe für ihre Anordnung von denen trennbar sind, die zur Fahrerlaubnisentziehung geführt haben (BGH DAR **80**, 202 [Sp]; VRS **21**, 262; **aM** Düsseldorf VRS **66**, 42); regelmäßig wird das aber nicht der Fall sein (vgl Bay NZV **91**, 397; KG VRS **33**, 265, 266; **40**, 276). Zulässig ist die Festsetzung einer isolierten Sperrfrist bei Rechtsfehlerhaftigkeit der Anordnung (LG Potsdam NStZ-RR **03**, 19). **29**

Die Anordnung des Berufsverbots nach **§ 70** StGB ist idR gesondert anfechtbar (BGH **17**, 38; NJW **75**, 2249; Hamm NJW **57**, 1773; **aM** LR-Gössel 115). Auf die Befristung der Anordnung kann das Rechtsmittel nicht beschränkt werden (BGH 5 StR 130/78 vom 25. 7. 1978). **30**

Auf das Unterlassen von Feststellungen nach **§ 111 i II** kann das Rechtsmittel beschränkt werden (BGH 2 StR 195/09 vom 17. 6. 2009). **30a**

Auch die **Kompensationsentscheidung** (9 a zu Art 6 MRK) ist grundsätzlich selbständig anfechtbar, es sei denn, der Strafausspruch ist im Einzelfall untrennbar mit der Kompensation verknüpft (BGH 3 StR 89/09 vom 18. 6. 2009). **30b**

3) Rechtsfolgen der Beschränkung: Die wirksame Berufungsbeschränkung auf die Verurteilung wegen einer oder mehrerer in Tatmehrheit (§ 53 StGB) begangener Straftaten führt zur Rechtskraft des Urteils wegen der übrigen, auch wenn Tatidentität iS des § 264 vorliegt (Einl 185). Bei Berufungsbeschränkung innerhalb einer einheitlichen Tat tritt die sog horizontale Teilrechtskraft ein (Einl 184 ff; erg 20 zu § 353). Sie hindert weder die Einstellung des Verfahrens wegen eines Prozesshindernisses (Einl 151) noch die Abänderung des Schuldspruchs mit Freisprechung bei nachträglicher Gesetzesänderung (5 zu § 354 a). Bei Beschränkung auf den Rechtsfolgenausspruch darf der Schuldspruch nicht geändert und keine Beschränkung nach § 154 a vorgenommen werden (Köln VRS **110**, 120); Feststellungen des Berufungsgerichts zum Schuldumfang dürfen zu den diesbezüglichen Feststellungen des AG nicht in Widerspruch stehen (Bay **99**, 83 = NStZ **00**, 275 mit Anm Kudlich; Frankfurt NStZ-RR **98**, 341 mwN), auch dann nicht, wenn das Berufungsgericht die Feststellungen für unrichtig hält (Bay **99**, 155 = StV **01**, 334 L; Düsseldorf NStZ-RR **00**, 307; eingehend dazu Meyer-Goßner Volk-FS 462). **31**

Bei **unwirksamer Berufungsbeschränkung** gilt das Rechtsmittel als in vollem Umfang eingelegt (BGH **6**, 229, 230; **21**, 256, 258, Koblenz VRS **69**, 298; vgl auch Bay **98**, 91 = NStZ **98**, 532: Auswirkung auf sonst wirksame Beschränkung bei Annahme von Tateinheit durch das Berufungsgericht). **32**

4) Das **Revisionsgericht** prüft die Wirksamkeit der Berufungsbeschränkung von Amts wegen (4 zu § 352); denn es handelt sich um die Frage der Rechtskraft der angefochtenen Entscheidung, also eines von Amts wegen zu prüfenden Prozesshindernisses (Einl 145). Erg 9 zu § 327. **33**

Verwerfung durch das AG

319 [I] **Ist die Berufung verspätet eingelegt, so hat das Gericht des ersten Rechtszuges das Rechtsmittel als unzulässig zu verwerfen.**

[II] [1] **Der Beschwerdeführer kann binnen einer Woche nach Zustellung des Beschlusses auf die Entscheidung des Berufungsgerichts antragen.** [2] **In diesem**

Falle sind die Akten an das Berufungsgericht einzusenden; die Vollstreckung des Urteils wird jedoch hierdurch nicht gehemmt. [3]Die Vorschrift des § 35 a gilt entsprechend.

1 **1)** Bei **verspäteter Berufungseinlegung** (§ 314), idR nicht bei bloßen Zweifeln an der Fristeinhaltung (35 zu § 261), muss das Gericht des 1. Rechtszugs das Rechtsmittel als unzulässig verwerfen (I); das gilt auch im Fall des § 313 (dort 11). Eine gleich lautende Regelung enthält § 346 für die Revision. Eine Verwerfung aus anderen Gründen ist dem 1. Richter nicht gestattet (erg 2 zu § 346). Zur nachträglichen Berücksichtigung von Verfahrenshindernissen vgl 3 zu § 346. Der Verwerfungsbeschluss, der nur feststellende Wirkung hat (1 zu § 316; 5 zu § 346), ergeht von Amts wegen nach Anhörung der StA (§ 33 II), nicht des Beschwerdeführers, ist zu begründen (§ 34) und wird dem Beschwerdeführer, bei Berufung des gesetzlichen Vertreters auch dem Angeklagten (Hamm NJW **73**, 1850), mit der Belehrung über sein Anfechtungsrecht (II S 3) zugestellt (erg 4 zu § 346). Die Wiederaufhebung des Beschlusses durch das AG ist unzulässig und wirkungslos (6 zu § 346).

1a Bei **Verwerfung der sofortigen Beschwerde** gegen die Ablehnung eines Wiedereinsetzungsantrags nach Versäumung der Berufungseinlegungsfrist verwirft das LG zugleich nach I die Berufung; hat es das unterlassen, trifft das OLG mit der Verwerfung der sofortigen Beschwerde gegen den Beschluss des LG die noch fehlende Entscheidung nach I (Stuttgart NStZ **90**, 247; **aM** Hamm VRS **87**, 127; Jena NStZ **05**, 653; Oldenburg NStZ-RR **08,** 150).

2 **2)** Der **Antrag auf Entscheidung des Berufungsgerichts** (II) ist keine sofortige Beschwerde, sondern ein Rechtsbehelf eigener Art (8 zu § 346). Er steht nur dem zu, der Berufung eingelegt hat, nicht dem Beschwerdegegner, dem Angeklagten aber auch, wenn die Berufung des gesetzlichen Vertreters oder Erziehungsberechtigten verworfen worden ist (erg 9 zu § 346). Die Beschwerde nach § 304 I wird durch II ausgeschlossen.

3 **Anzubringen** ist der Antrag entspr § 306 I bei dem AG, das ihn, auch bei verspäteter Einlegung, an das Berufungsgericht weiterzuleiten hat, ohne dass es ihn verwerfen oder ihm abhelfen darf (Celle JR **49**, 122). Bei dem Berufungsgericht kann der Antrag nicht angebracht werden (KK-Paul 7; SK-Frisch 14). Der Antrag muss schriftlich (Einl 128) gestellt werden, bedarf aber sonst keiner besonderen Form (8 zu § 346). Ein Antrag auf Wiedereinsetzung enthält idR auch den Antrag nach II (Bremen GA **54**, 279).

4 Die **Entscheidung des Berufungsgerichts,** das auch im Fall des § 335 (dort 7) zuständig ist (Bremen Rpfleger **58**, 182; Stuttgart Justiz **72**, 208), beschränkt sich nicht auf die Prüfung des angefochtenen Beschlusses, sondern erstreckt sich auf die Zulässigkeit der Berufung insgesamt (erg 10 zu § 346). Zur Berücksichtigung von Prozesshindernissen vgl 11 zu § 346. Das Berufungsgericht kann den Antrag, ohne Kostenentscheidung (12 zu § 346), als unzulässig oder unbegründet verwerfen oder den angefochtenen Beschluss aufheben. Dann muss das AG über die Berufung neu entscheiden. Zur Wiederaufhebung des Verwerfungsbeschlusses vgl 13 zu § 346.

5 Die **Anfechtung des Beschlusses** ist ausgeschlossen (Bay **51**, 177 = NJW **51**, 371; Koblenz VRS **64**, 283), es sei denn, das AG war zur Verwerfung nicht befugt (oben 1); denn dann ist der Beschluss des LG der Sache nach eine Entscheidung nach § 322 I (Düsseldorf VRS **86**, 129; Koblenz NZV **01**, 314).

6 Eine **Hemmung der Vollstreckbarkeit** des Urteils bewirkt der Antrag nicht (II S 2 Hs 2). Die Aussetzung des Vollzugs nach § 307 II ist nicht zulässig, da es sich um keine Beschwerde handelt. Die Vollstreckung sollte aber möglichst bis zum Beschluss des Berufungsgerichts aufgeschoben werden (15 zu § 346).

7 Zum Zusammentreffen des Antrags nach II mit einem **Wiedereinsetzungsantrag** vgl 16ff zu § 346.

Mitwirkung der StA **RiStBV 157**

320 [1]**Ist die Berufung rechtzeitig eingelegt, so hat nach Ablauf der Frist zur Rechtfertigung die Geschäftsstelle ohne Rücksicht darauf, ob eine Rechtfertigung stattgefunden hat oder nicht, die Akten der Staatsanwaltschaft vorzulegen.** [2]**Diese stellt, wenn die Berufung von ihr eingelegt ist, dem Angeklagten die Schriftstücke über Einlegung und Rechtfertigung der Berufung zu.**

1) Die **Aktenvorlage an die StA** (S 1) erfolgt, sofern nicht schon vorher eine Berufungsbegründung eingegangen ist, nach Ablauf der Frist des § 317, bei mehreren Beschwerdeführern erst, wenn sie für alle abgelaufen ist. In diesem Fall kann vorher eine der Berufungen nach § 319 I verworfen werden, wenn sie verspätet ist. 1

2) Die **Zustellung der Schriftstücke** (S 2) über Einlegung und Begründung der Berufung ist erforderlich, wenn das Rechtsmittel nicht von dem Angeklagten eingelegt worden ist. Die StA stellt die Schriftstücke über ihre Berufung dem Angeklagten oder dessen zustellungsbevollmächtigtem Verteidiger (§ 145 a I) zu, das Gericht die über die Berufung des Nebenklägers (KK-Paul 3). Formlose Mitteilung genügt (§ 35 II S 2; **aM** SK-Frisch 6). Das Unterlassen der Zustellung der Berufungsrechtfertigungsschrift begründet nicht die Revision (vgl aber Köln MDR **74**, 950: mit ergänzenden Beweiserhebungen begründete Rechtfertigungsschrift der StA), berechtigt den Angeklagten jedoch, die Aussetzung der Verhandlung zu beantragen (Köln NStZ **84**, 475; Koblenz VRS **51**, 98). 2

Eine **Berufungsgegenerklärung** sieht das Gesetz nicht vor; unzulässig ist sie nicht. Im Fall des § 313 ist sie dem Berufungsgegner zu empfehlen. 3

Aktenvorlage an das Berufungsgericht **RiStBV 158**

321 [1]**Die Staatsanwaltschaft übersendet die Akten an die Staatsanwaltschaft bei dem Berufungsgericht.** [2]**Diese übergibt die Akten binnen einer Woche dem Vorsitzenden des Gerichts.**

1) Die **Aktenübersendung an die StA** beim Berufungsgericht (S 1) hat nur für selbstständige Amtsanwaltschaften praktische Bedeutung (Amelunxen [B] 75), sonst handelt es sich um eine und dieselbe Behörde (KK-Paul 1). 1

2) Aktenvorlage an den StrK-Vorsitzenden (S 2): Die StA muss die StrK (allgemeine StrK oder besondere StrK nach § 74 c GVG) genau bezeichnen (Schlüchter 673 Fn 245; Meyer-Goßner NStZ **81**, 171). Bei der Aktenvorlage benennt sie die Zeugen und Sachverständigen, deren Vernehmung sie für erforderlich hält (RiStBV 158). Die Vorlage soll binnen 1 Woche erfolgen. Es handelt sich um eine Ordnungsvorschrift (SK-Frisch 4; erg 4 zu § 337), mit der das Verfahren, insbesondere in Haftsachen, beschleunigt werden soll. Erst mit dem Eingang der Akten zur Durchführung des Berufungsverfahrens beim Berufungsgericht, wird die Sache dort anhängig, wird der Berufungsrichter erkennender Richter (5 zu § 28; 2 zu § 305) und geht die Zuständigkeit für die weiteren Entscheidungen auf dieses Gericht über (Fezer JR **96**, 39; erg 6 ff zu § 347). Noch nicht erledigte Beschwerden sind dann ggf in Anträge an das Berufungsgericht umzudeuten (vgl 19 zu § 111 a, 12 zu § 117, 10 zu § 141). 2

Beschlussverwerfung durch das LG

322 I [1]**Erachtet das Berufungsgericht die Vorschriften über die Einlegung der Berufung nicht für beobachtet, so kann es das Rechtsmittel durch Beschluss als unzulässig verwerfen.** [2]**Andernfalls entscheidet es darüber durch Urteil; § 322 a bleibt unberührt.**

II **Der Beschluss kann mit sofortiger Beschwerde angefochten werden.**

1 **1)** Die **Verwerfung der unzulässigen Berufung** durch Beschluss gestattet I S 1 (vgl auch § 349 I für die Revision). Die Vorschriften über die Einlegung der Berufung sind nicht beachtet, wenn die Berufung nicht innerhalb der Frist des § 314 eingelegt, aber deswegen nicht schon vom AG, dessen unrichtige Feststellung der Rechtzeitigkeit das Berufungsgericht nicht bindet (Amelunxen [B] 71), nach § 319 verworfen worden ist, ferner wenn die Form des § 314 nicht gewahrt, der Beschwerdeführer nicht beschwert (12 vor § 296) oder nach § 55 I S 1 JGG oder aus anderen Gründen zur Anfechtung nicht befugt ist (vgl Stuttgart NJW **49**, 916), zB als Verteidiger nicht bevollmächtigt oder nicht nach § 138 II zugelassen ist (RG **62**, 250), wenn ein früher eingelegtes Rechtsmittel zurückgenommen (12 zu § 302) oder ein Rechtsmittelverzicht erklärt worden ist (26 zu § 302), aber nicht schon bei Einlegung mit dem alleinigen Ziel, den Führerschein wegen Zeitablaufs zurückzuerhalten (Geppert ZRP **81**, 89; D. Meyer MDR **76**, 629; **aM** LG Berlin VRS **49**, 276: unzulässig, da rechtsmissbräuchlich; dagegen spricht jetzt aber auch § 473 V).

2 **2)** Der **Beschluss nach I S 1** ist zu begründen (§ 34) und dem Beschwerdeführer mit Rechtsmittelbelehrung (§ 35 a) zuzustellen (§ 35 II S 1), dem Angeklagten auch, wenn die Berufung des gesetzlichen Vertreters oder Erziehungsberechtigten verworfen worden ist (1 zu § 319). Wird die rechtzeitige Berufung als unzulässig verworfen, so wird das Urteil nicht bereits dadurch, sondern erst mit der Rechtskraft des Beschlusses rechtskräftig (KK-Paul 3; Schlüchter 674; erg 1 zu § 316). War sie verspätet eingelegt, so hat die Verwerfung hinsichtlich Rechtskraft und Vollstreckbarkeit nur feststellende Bedeutung (1 zu § 316; 1 zu § 319; 5 zu § 346).

3 Ergeht kein Beschluss nach I oder kein Nichtannahmebeschluss nach § 322a und wird das Verfahren auch nicht außerhalb der Hauptverhandlung nach §§ 153ff, 206a eingestellt, so muss in der Hauptverhandlung durch **Urteil** entschieden werden (I S 2), auch bei Unzulässigkeit der Berufung (§ 260 III), über die nicht nach I entschieden worden ist, etwa weil Zweifel an der Zulässigkeit in der Hauptverhandlung geklärt werden sollten (Celle GA **63**, 380).

4 Über **mehrere Berufungen,** die eine einheitliche Tat (§ 264) desselben Angeklagten betreffen, kann nur durch denselben Beschluss oder dasselbe Urteil entschieden werden (2 zu § 328). Es ist aber zulässig, die eine Berufung nach I S 1 zu verwerfen und die anderen zur Hauptverhandlung zu bringen (RG **67**, 250).

5 Eine von mehreren Berufungen, die das Berufungsurteil, ohne dass es deswegen angefochten wird, **versehentlich nicht erledigt** hat, wird mit der Rechtskraft des Urteils gegenstandslos (Bay **51**, 593; **59**, 168 = VRS **18**, 298; Bay **68**, 31, 34; LR-Gössel 19 zu § 327).

6 **3) Sofortige Beschwerde** (II) steht dem Angeklagten auch zu, wenn die Berufung des gesetzlichen Vertreters oder Erziehungsberechtigten verworfen worden ist, selbst wenn er nach Erlass des Urteils auf Rechtsmittel verzichtet hatte (9 zu § 346). Hebt das OLG den Beschluss als unrichtig auf, so kommt die Sache zur Hauptverhandlung. In ihr ist die StrK an die Aufhebungsansicht des OLG nicht gebunden (RG **59**, 241; SK-Frisch 15), auch nicht an die frühere eigene Ansicht bei der Prüfung nach I S 1. Zur Anwendung des § 34a auf den Verwerfungsbeschluss vgl dort 5, zur Wiederaufhebung des Beschwerdebeschlusses bei Irrtum über tatsächliche Umstände 13 zu § 346 und zur entspr Anwendung des II bei Erledigterklärung der Berufung nach Zurücknahme 11 zu § 302.

7 **4) Revision** (§ 333) ist zulässig, wenn die Berufung durch Urteil als unzulässig verworfen wurde (Bay **96**, 88 = NStZ-RR **96**, 366), ebenso im Fall des § 329 (dort 46ff). Das gilt auch, wenn insoweit in der Hauptverhandlung fehlerhaft durch Beschluss entschieden worden ist (Zweibrücken JBlRP **98**, 222).

Entscheidung über Annahme der Berufung

322a **[1]Über die Annahme einer Berufung (§ 313) entscheidet das Berufungsgericht durch Beschluss. [2]Die Entscheidung ist unanfechtbar. [3]Der Beschluss, mit dem die Berufung angenommen wird, bedarf keiner Begründung.**

1) Annahmeberufung: Die durch das RpflEntlG eingefügte Vorschrift bezieht 1
sich auf § 313. Sie trifft Regelungen zu Form und Inhalt der nach § 313 zu treffenden Entscheidung. Bei mehreren Berufungen verschiedener Beschwerdeführer sind für jeden die Voraussetzungen der Annahme getrennt zu prüfen (**aM** Rieß Kaiser-FS 1469). Berufungsbeschränkungen sind auch hier nach § 318 zulässig und zu beachten.

2) Annahme: 2

A. Sie erfolgt durch **Beschluss** der kleinen Strafkammer außerhalb der Haupt- 3
verhandlung ohne Mitwirkung der Schöffen (§ 76 I S 2 GVG). Der Beschluss wird zweckmäßigerweise mit der Terminsbestimmung (§§ 332, 213) und der Ladungsanordnung (§ 323 I S 1) verbunden; erfolgt die Terminsbestimmung ohne Erlass eines Annahmebeschlusses, kann darin die stillschweigende Annahme der Berufung liegen (Zweibrücken NStZ-RR **02**, 245). Die Annahme bedarf keiner Begründung (S 3). Eine Begründung ist aber nicht unzulässig und kann sich empfehlen, um dem Beschwerdeführer deutlich zu machen, worin ein Schwerpunkt der Berufungsverhandlung liegen wird, oder um ihm eine Beschränkung des Rechtsmittels nahezulegen, falls zB nur die Strafzumessung durch das AG bedenklich erscheint. Auch die Teilannahme einer Berufung, zB hinsichtlich einer von mehreren Taten oder nur hinsichtlich des Strafausspruchs, ist zulässig (LG Stuttgart NStZ **95**, 301; Tolksdorf Salger-FS 406; **aM** Rieß Kaiser-FS 1475). Hält das LG die Berufung wegen eines Verfahrensfehlers für nicht offensichtlich unbegründet (9 zu § 313), sollte es dies darlegen, um dem Beschwerdeführer einen Übergang zur Revision zu ermöglichen (vgl 21 zu § 335).

B. Eine **Frist,** innerhalb derer die Annahmeentscheidung ergehen muss, ist nicht 4
vorgeschrieben. Das LG muss aber in jedem Fall die Begründungsfrist von 1 Woche (§ 317) abwarten, um dem Beschwerdeführer Gelegenheit zur Darlegung zu geben, dass die Berufung nicht offensichtlich unbegründet ist. Andererseits sollte das LG noch vor Ablauf eines Monats nach Zustellung des amtsgerichtlichen Urteils mit Gründen entscheiden, um dem Beschwerdeführer den Übergang zur Revision zu ermöglichen (vgl 21 zu § 335).

C. **Die Annahmeentscheidung** ist unanfechtbar (S. 2) und nicht zurück- 5
nehmbar (Zweibrücken NStZ-RR **02**, 245). Daher weist das Verfahren nach Erlass des Annahmebeschlusses gegenüber anderen Berufungsverfahren keine Besonderheiten mehr auf. Es wird wie jede andere Berufung behandelt; insbesondere gilt auch § 329.

3) Nichtannahme: 6

A. Durch **Beschluss** außerhalb der Hauptverhandlung ergeht auch hier die Ent- 7
scheidung. Da der Beschluss mit seinem Erlass (dh mit Herausgabe in den Geschäftsgang, Koblenz JBlRP **05**, 74) unanfechtbar ist (S 2), bedürfte er nach § 34 an sich keiner Begründung; der Umkehrschluss aus S 3 ergibt jedoch, dass hier entgegen § 34 eine Begründungspflicht besteht (Feuerhelm StV **97**, 104). Entspr der Übung zu § 349 II, dem § 313 II nachgebildet ist (9 zu § 313), wird das LG sich aber mit dem Hinweis auf die „offensichtliche Unbegründetheit" beschränken können und dazu § 313 II bzw im Fall des § 313 III diese Vorschrift mit der entspr Bestimmung des OWiG zitieren, falls eine Berufungsbegründung (§ 317) nicht vorgelegt worden ist (Frankfurt NStZ-RR **96**, 78; **aM** Rieß Kaiser-FS 1472 Fn 57); andernfalls wird kurz auf die Ausführungen der Berufungsbegründung

einzugehen sein (Stuttgart Justiz **99**, 494, 495). Daher ist vor Erlass des Beschlusses und Fehlen einer mit Einlegung der Berufung gegebenen Begründung die Frist des § 317 abzuwarten (oben 4). Eine nähere Begründung des Nichtannahmebeschlusses ist insbesondere erforderlich, wenn der Beschwerdeführer neue Beweisanträge angekündigt hatte, um die Feststellungen des AG zu entkräften (BVerfG NJW **96**, 2785). Rechtliches Gehör braucht zuvor aber nicht gewährt zu werden (Frankfurt NStZ-RR **97**, 273; Koblenz NStZ **95**, 251; Feuerhelm aaO 102; Rieß aaO 1474; Tolksdorf Salger-FS 405; **aM** München StV **94**, 237); Anträge des Rechtsmittelgegners sind allerdings gemäß § 33 III zur Stellungnahme mitzuteilen.

8 B. **Die Nichtannahmeentscheidung** ist grundsätzlich unanfechtbar (Düsseldorf StV **94**, 122; Hamm NStZ-RR **06**, 346; Schleswig SchlHA **95**, 7 [L/T]). Es muss sich aber tatsächlich um einen Fall des § 313 I gehandelt haben. Hat das LG (tatsächlich, nicht nur nach Behauptung des Beschwerdeführers, vgl Hamm aaO) irrig dessen Voraussetzungen angenommen, obwohl die Berufung der Annahme nicht bedurfte, ist gegen den Nichtannahmebeschluss sofortige Beschwerde (entspr § 322 II) zulässig (Hamburg JR **99**, 479 mit zust Anm Gössel; Feuerhelm StV **97**, 104; Rieß Kaiser-FS 1478), ebenso bei unzulässiger Rücknahme der Annahme (Zweibrücken NStZ-RR **02**, 245). Bei behaupteter Verletzung des rechtlichen Gehörs ist die Anhörungsrüge (§ 33 a) gegeben (Karlsruhe NStZ-RR **05**, 178 L = Justiz **05**, 311).

9 **4)** Eine **Kostenentscheidung** ist bei Annahme der Berufung nicht veranlasst; die entstandenen Kosten gehören zu denjenigen des Berufungsverfahrens. Bei Nichtannahme der Berufung ergeht eine Kostenentscheidung nach §§ 464 I, 473 I, II.

Vorbereitung der Hauptverhandlung

323 **I [1] Für die Vorbereitung der Hauptverhandlung gelten die Vorschriften der §§ 214 und 216 bis 225. [2] In der Ladung ist der Angeklagte auf die Folgen des Ausbleibens ausdrücklich hinzuweisen.**

II [1] Die Ladung der im ersten Rechtszug vernommenen Zeugen und Sachverständigen kann nur dann unterbleiben, wenn ihre wiederholte Vernehmung zur Aufklärung der Sache nicht erforderlich erscheint. [2] Sofern es erforderlich erscheint, ordnet das Berufungsgericht die Übertragung eines Tonbandmitschnitts einer Vernehmung gemäß § 273 Abs. 2 Satz 2 in ein schriftliches Protokoll an. [3] Wer die Übertragung hergestellt hat, versieht die eigene Unterschrift mit dem Zusatz, dass die Richtigkeit der Übertragung bestätigt wird. [4] Der Staatsanwaltschaft, dem Verteidiger und dem Angeklagten ist eine Abschrift des schriftlichen Protokolls zu erteilen. [5] Der Nachweis der Unrichtigkeit der Übertragung ist zulässig. [6] Das schriftliche Protokoll kann nach Maßgabe des § 325 verlesen werden.

III Neue Beweismittel sind zulässig.

IV Bei der Auswahl der zu ladenden Zeugen und Sachverständigen ist auf die von dem Angeklagten zur Rechtfertigung der Berufung benannten Personen Rücksicht zu nehmen.

1 **1)** Die **Vorbereitung der Berufungsverhandlung** folgt den Bestimmungen für die Hauptverhandlung im 1. Rechtszug (I S 1).

2 Da die Sache im Umfang der Anfechtung völlig neu verhandelt wird (1 vor § 312), müssen alle, auch bisher nicht vernommene (III), **Zeugen und Sachverständigen** geladen werden, deren Aussage für die Entscheidung von Bedeutung sein kann. Die Ladung, bei der außer dem Vorschlag der StA (2 zu § 321) die Berufungsbegründung des Angeklagten zu beachten ist (IV), unterbleibt nur dann, wenn die Beweismittel überflüssig sind oder die Verlesung der Niederschrift über ihre Aussage im 1. Rechtszug nach § 325 I genügt (II; dazu unten 4). In Zweifels-

fällen kann der Vorsitzende bei dem Beschwerdeführer anfragen, welches Ziel mit der Berufung verfolgt und für welche Beweispersonen die wiederholte Vorladung (§ 325 I) beantragt wird.

2) Der **Hinweis auf die Folgen des Ausbleibens** (I S 2) ist dem Angeklagten schon in der allgemeinen Rechtsmittelbelehrung erteilt worden (§ 35a S 2). Bei der Ladung des Angeklagten, die nach § 145a II auch dem Verteidiger zugestellt werden kann (KK-Paul 4; LR-Gössel 10; **aM** Küper NJW **74**, 1929; erg 7 zu § 145a; 9 zu § 329), muss er wiederholt werden. Der Hinweis muss schriftlich erteilt werden (Bay **62**, 99 = NJW **62**, 1928; Düsseldorf MDR **87**, 868) und zutr, vollständig und unmissverständlich sein (Zweibrücken StV **81**, 539). Er muss der jeweiligen Verfahrenslage angepasst werden und hängt insbesondere davon ab, welcher Verfahrensbeteiligte Berufung eingelegt hat (§§ 329 I, II, 330). Bei Berufung der StA ist ein Hinweis auf § 329 II S 1, IV S 1 erforderlich (Stuttgart MDR **86**, 778). Der bloße Hinweis auf die Belehrung in einer früheren Ladung genügt nicht (Bay **75**, 30 = JZ **75**, 332, Koblenz NJW **81**, 2074). Kann sich der Angeklagte in der Berufungsverhandlung vertreten lassen (§ 329 I S 1), so muss in der Ladung auch hierauf unmissverständlich hingewiesen werden (Bay **78**, 64 = VRS **55**, 281; Bremen StV **89**, 54). Im Fall des § 234 ist neben dem Hinweis nach § 329 auch der nach § 232 I S 1 erforderlich (Bay **60**, 273; **63**, 27, 29; JZ **61**, 103; Hamm NJW **54**, 1131; erg 15 zu § 329. 3

Tonträgeraufnahme (II S 2–6): Soweit beim AG einzelne Vernehmungen nach § 273 II S 2 auf Tonträger aufgenommen worden sind und die Aussage für das Berufungsverfahren von Bedeutung ist (was bei unbeschränkt eingelegten Berufungen idR der Fall sein wird), ordnet der Vorsitzende die Anfertigung einer Abschrift des bei den Akten befindlichen Tonbandmitschnitts an. Die Person, die die Abschrift fertigt, muss sie unterschreiben und die Richtigkeit der Übertragung bestätigen. Die Abschrift hat aber nicht die Beweiskraft des § 274; vielmehr bleibt der Nachweis der Unrichtigkeit der Übertragung zulässig (vgl die entspr Regelung in § 168a IV S 3 und 4, dort 11). Die Abschrift ist den Verfahrensbeteiligten mitzuteilen; das Gesetz erwähnt nur StA, Verteidiger und Angeklagten, aber auch der Nebenkläger oder ein Nebenbeteiligter müssen eine Abschrift zwecks Gewährung des rechtlichen Gehörs erhalten. Falls der Angeklagte nicht die erneute Vernehmung des Zeugen oder Sachverständigen rechtzeitig vor der Hauptverhandlung beantragt hat (was eine rechtzeitige Übersendung der Abschrift an ihn bedingt), ist das Protokoll in der Berufungsverhandlung nach Maßgabe des § 325 zu verlesen; denn diesem Zweck dient das ganze Verfahren. Von der Verlesung wird aber abgesehen, wenn es auf den Inhalt der Aussage nach dem Gang des Berufungsverfahrens nicht mehr ankommt oder wenn die erneute persönliche Vernehmung der Aussageperson nach § 244 II erforderlich erscheint. 4

Gang der Berufungsverhandlung

324 **I [1] Nachdem die Hauptverhandlung nach Vorschrift des § 243 Abs. 1 begonnen hat, hält ein Berichterstatter in Abwesenheit der Zeugen einen Vortrag über die Ergebnisse des bisherigen Verfahrens. [2] Das Urteil des ersten Rechtszuges ist zu verlesen, soweit es für die Berufung von Bedeutung ist; von der Verlesung der Urteilsgründe kann abgesehen werden, soweit die Staatsanwaltschaft, der Verteidiger und der Angeklagte darauf verzichten.**

II Sodann erfolgt die Vernehmung des Angeklagten und die Beweisaufnahme.

1) Der **Gang der Berufungsverhandlungen** entspricht nach § 332 dem der Hauptverhandlung im 1. Rechtszug, soweit § 324 nichts anderes bestimmt. Die Verhandlung beginnt mit dem Aufruf der Sache und der Präsenzfeststellung (§ 243 I); darauf erfolgt die Belehrung nach § 57 und, nachdem die Zeugen 1 den Gerichtssaal verlassen haben, die Vernehmung des Angeklagten zur Person (§ 243 II) sowie, falls erforderlich, eine Klärung der mit der Berufung verfolgten Ziele. Anstelle der Verlesung des Anklagesatzes (§ 243 III) hält sodann der Berichterstatter (unten 3) einen Vortrag über die Ergebnisse des bisherigen Verfahrens (unten 4); wichtigster Teil ist die Verlesung des angefochtenen Urteils (unten 5), von der aber bei allseitigem Verzicht ganz oder teilw abgesehen werden kann (unten 6). Der Vortrag, insbesondere die Urteilsverlesung, soll den Gegenstand der Verhandlung klarstellen und die Verfahrensbeteiligten auf die wesentlichen tatsächlichen und rechtlichen Gesichtspunkte aufmerksam machen (Bay **58**, 84, 88; **73**, 130 = MDR **73**, 1039; MDR **82**, 249; Hamburg NStZ **85**, 379). Sie sind wesentliche Förmlichkeiten der Hauptverhandlung iS § 273 I (Schleswig SchlHA **72**, 161 [E/J]; Amelunxen [B] 87). Die weitere Verhandlung richtet sich nach den Vorschriften der §§ 243 IV, V, 244 I (unten 8), 257 ff.

2 2) **Vortrag des Berichterstatters** (I S 1):

3 A. **Berichterstatter** ist bei der nunmehr für Berufungen – abgesehen von Berufungen gegen Urteile des JugSchG – stets zuständigen (5 zu § 312) kleinen StrK (§ 76 I S 1 GVG) notwendigerweise der Vorsitzende. Nur bei der als Berufungsgericht tätig werdenden großen JugK (und im Fall des § 76 III GVG) ist es der Berichterstatter in der Strafsache (vgl 2 zu § 21 g GVG); den Vortrag kann aber auch ein anderer Berufsrichter übernehmen, auch der Vorsitzende (Koblenz VRS **51**, 98, 100; Bloy JuS **86**, 592). Die Urteilsverlesung kann nicht nur jedem Mitglied des Gerichts, sondern auch dem Protokollführer übertragen werden (KK-Paul 4).

4 B. **Ergebnisse des bisherigen Verfahrens:** Dazu gehört auch das Ermittlungsverfahren. Für den Vortrag gilt die in I S 2 Hs 1 für die Urteilsverlesung enthaltene Einschränkung entspr; er hat sich auf die Einzelheiten zu beschränken, die für die Berufung von Bedeutung sind. Maßgebend sind die Umstände des Einzelfalls. Zur Unterrichtung über den Verfahrensgegenstand kann, wenn er aus der Urteilsverlesung nicht klar genug hervorgeht, der Vortrag der Anklagevorwürfe einschließlich der Nachtragsanklage erforderlich sein, ferner der Bericht über die Ausscheidung von Verfahrensteilen nach § 154 a und ihre Wiedereinbeziehung, auch nach den §§ 430, 442, sowie über vorangegangene Urteilsanfechtungen und Zuständigkeitsverschiebungen, zB nach §§ 225 a, 270. Nach der Urteilsverlesung (unten 5) sind die Berufungsbegründung, insbesondere soweit sie Beschränkungen enthält, ggf die Bedenken gegen die Zulässigkeit der Berufung oder ihre Beschränkung, und sonstige Anträge vorzutragen. Die Berufungsbegründungen, auch der StA, dürfen verlesen werden (Köln NJW **61**, 1127). Auf nach Berufungseinlegung von der StA durchgeführte Ermittlungen muss hingewiesen werden (Köln MDR **74**, 950).

5 **3) Verlesung des 1. Urteils (I S 2):** Das angefochtene Urteil (Urteilsausspruch und Gründe) muss verlesen werden, soweit es für die Berufung von Bedeutung ist und die Verfahrensbeteiligten auf die Verlesung nicht verzichten. Ist es in Verlust geraten, so wird die Verhandlung gleichwohl durchgeführt (RG **65**, 373). Ohne Bedeutung für die Berufung iS I S 2 Hs 1 sind die Urteilsfeststellungen, die nur Mitangeklagte, gegen die nicht verhandelt wird, betreffen oder die nicht angefochten sind, etwa bei auf einzelne tatmehrheitliche Verurteilungen oder auf den Rechtsfolgenausspruch beschränkter Berufung. Von der Verlesung der angefochtenen Urteilsteile sind die Beweiswürdigung und die Strafzumessungsgründe möglichst auszunehmen (**aM** SK-Frisch 14). Zwingend ist das aber nicht. Dass die Schöffen hierdurch beeinflusst werden können, hat der Gesetzgeber in Kauf genommen; sie erfahren durch den Vortrag auch die Einwendungen des Beschwerdeführers gegen das Urteil (Köln NJW **61**, 1127). Die bloß teilw Verlesung ordnet der Vorsitzende an; hiergegen kann nach § 238 II auf gerichtliche Entscheidung angetragen werden. Zur Beweisaufnahme gehört die Urteilsverlesung nicht (Stuttgart NStZ-RR **03**, 270); sie kann daher nicht die Beweiserhebung des Berufungs-

gerichts darüber ersetzen, was Angeklagte oder Zeugen vor dem 1. Gericht ausgesagt haben. Kommt es hierauf an, so muss das Urteil nochmals nach § 249 verlesen werden (Bay **58**, 84, 88; Hamm NJW **74**, 1880; Schleswig SchlHA **86**, 107 [E/L]; Stuttgart aaO; **aM** Welp Müller-FS 775: Verlesung unzulässig).

Bei **Verzicht der Beteiligten** (I S 2 Hs 2), den herbeizuführen Sache des Vorsitzenden ist (§ 238 I), kann von der Verlesung der Urteilsgründe (nicht des Urteilsausspruchs) auch dann abgesehen werden, wenn sie für die Berufung von Bedeutung sind. Insoweit sind sie dann in den Bericht nach I S 1 aufzunehmen (LR-Gössel 16; Rieß NJW **78**, 2271). Ein Verlesungsverbot begründet der Verzicht nicht (Rieß aaO). Er hindert insbesondere nicht, die Urteilsfeststellungen zu verlesen, die für das Berufungsgericht bindend sind (unten 7); § 249 II gilt insoweit nicht. Den Verzicht müssen alle Prozessbeteiligten mit Ausnahme der Nebenkläger (12 zu § 397) erklären. Entsprechendes gilt für Nebenbeteiligte (Einl 73). Im Privatklageverfahren ist der Verzicht des Privatklägers erforderlich (2 zu § 385). Der Verzicht und sein Ausmaß sind nach § 273 I im Sitzungsprotokoll zu beurkunden. Vgl erg 9 zu § 245. 6

4) Bei **erneuter Berufungsverhandlung** nach Aufhebung des 1. Berufungsurteils durch das Revisionsgericht und Zurückverweisung der Sache nach §§ 354 II, 355 ist auch die Verlesung des aufgehobenen Urteils zulässig (BGH GA **76**, 368). Soweit es für die neue Verhandlung bindende Feststellungen enthält, ist die Verlesung sogar erforderlich (Bay **73**, 130 = MDR **73**, 1039; MDR **82**, 249). Das gilt insbesondere für die Schuldfeststellungen, wenn die Berufung auf den Rechtsfolgenausspruch beschränkt oder nach teilweiser Aufhebung und Zurückverweisung durch das Revisionsgericht nur noch zur Straffrage zu verhandeln ist. 7

5) Für die **Vernehmung des Angeklagten und die Beweisaufnahme** (II) gelten die gleichen Grundsätze wie im 1. Rechtszug (dazu 10 ff, 24 ff zu § 243). Auch § 243 V S 2, 3 ist anzuwenden (dort 26 ff). Die Vernehmung des Angeklagten zur Sache ist zwingend vorgeschrieben (RG **65**, 373; Bay **56**, 20; Bremen MDR **79**, 864), auch bei Strafmaßberufung (Köln NJW **55**, 1333). Die Beweisaufnahme vollzieht sich, von der Verfahrenserleichterung nach § 325 abgesehen, wie im 1. Rechtszug (1 vor § 312). Von der gesetzlichen Reihenfolge kann abgewichen werden (vgl 1 zu § 243). Die Beweisaufnahme kann vorgezogen werden (Schleswig SchlHA **54**, 331; **aM** LR-Gössel 4; SK-Frisch 3), aber nicht vor den Vortrag und die Urteilsverlesung (Köln NJW **59**, 1551; Saarbrücken VRS **22**, 54). 8

6) Revision: Das Unterlassen des Vortrags und der Urteilsverlesung kann die Revision begründen (Hamburg NStZ **85**, 379; Schleswig SchlHA **07**, 290 [D/D]), nicht aber die angebliche Unvollständigkeit des Berichts (KK-Paul 10; SK-Frisch 26), auch nicht die bloße Teilverlesung des Urteils trotz fehlenden Verzichts. Revisionsgrund kann es sein, dass Teile des Berichts wie Beweisergebnisse verwertet worden sind, ohne dass sie Gegenstand der Beweisaufnahme waren (oben 5). Die unterlassene Vernehmung des Angeklagten zur Sache zwingt idR zur Urteilsaufhebung (Köln NJW **55**, 1333). 9

Verlesung von Schriftstücken

325 Bei der Berichterstattung und der Beweisaufnahme können Schriftstücke verlesen werden; Protokolle über Aussagen der in der Hauptverhandlung des ersten Rechtszuges vernommenen Zeugen und Sachverständigen dürfen, abgesehen von den Fällen der §§ 251 und 253, ohne die Zustimmung der Staatsanwaltschaft und des Angeklagten nicht verlesen werden, wenn die wiederholte Vorladung der Zeugen oder Sachverständigen erfolgt ist oder von dem Angeklagten rechtzeitig vor der Hauptverhandlung beantragt worden war.

1 **1)** Die **Verlesung von Schriftstücken** (Hs 1) bei der Beweisaufnahme ist schon nach §§ 249–256, 332 zulässig. Die Voraussetzungen dafür werden durch I Hs 1 nicht erweitert. Die Vorschrift stellt nur klar, dass auch beim Bericht nach § 324, der nicht zur Beweisaufnahme gehört (5 zu § 324), Schriftstücke verlesen werden dürfen. Dabei muss, auch im Interesse der Unbefangenheit der Schöffen, der Eindruck vermieden werden, dass es sich um eine Beweiserhebung handelt.

2 **2) Verlesung von Vernehmungsniederschriften** (Hs 2): Die Vorschrift gestattet in Durchbrechung des Unmittelbarkeitsgrundsatzes (§ 250) unter bestimmten Voraussetzungen die – nicht nur auszugsweise (Hamburg MDR **73**, 871) – Verlesung von Niederschriften über die Vernehmung von Beweispersonen im 1. Rechtszug auch dann, wenn sie nach §§ 251, 253 nicht zulässig wäre. Dem liegt die Erwägung zugrunde, dass die Verlesung des Sitzungsprotokolls des 1. Rechtszugs die Vernehmung der Auskunftspersonen vor dem Berufungsgericht ersetzen kann (zu den Bedenken gegen die Verlesung dieser den Vernommenen nicht vorgelesenen und von ihnen nicht genehmigten Niederschriften vgl Meyer-Goßner NJW **87**, 1165). Im Interesse der Sachaufklärung (§ 244 II) darf von dieser Befugnis nur zurückhaltend Gebrauch gemacht werden (RG **63**, 228, 229; Bay **72**, 227 = JR **73**, 467 mit Anm Hanack; ANM 288; unten 12). Zur Anwendung des Hs 2 im Privatklageverfahren vgl 3 zu § 386.

3 A. **Mit Zustimmung der Prozessbeteiligten** ist die Verlesung, von den sich aus § 244 II ergebenden Einschränkungen abgesehen, stets zulässig. Insoweit wird § 250 zu einer dispositiven Gesetzesvorschrift abgeschwächt (ANM 291). Die Verlesung ist auch statthaft, wenn die Ladung wegen verspäteter Antragstellung nicht mehr ausgeführt werden konnte oder wenn der Zeuge oder Sachverständige zwar geladen, aber nicht erschienen ist, selbst wenn die Ladung ihn möglicherweise nicht erreicht hat (Celle NJW **61**, 1490).

4 Außer der StA und dem Angeklagten müssen **sämtliche Prozessbeteiligte** zustimmen, die eigene prozessuale Rechte haben, auch die Nebenbeteiligten (Einl 73), soweit sie durch die Beweiserhebung betroffen sind, der Verteidiger (SK-Frisch 21; Gollwitzer JR **77**, 345; **aM** KK-Paul 6; offenbar auch Stuttgart JR **77**, 343, 344), der Beistand nach § 69 III **JGG,** der Privatkläger, nicht aber Nebenkläger (12 zu § 397), Erziehungsberechtigte und gesetzliche Vertreter. Wie auch sonst (11 zu § 245), macht die in Gegenwart des Angeklagten abgegebene Zustimmungserklärung des Verteidigers die des Angeklagten überflüssig und umgekehrt (Bay **78**, 17 = NJW **78**, 1817; ANM 291; LR-Gössel 17). Zum Zustimmungserfordernis bei Abwesenheitsverhandlungen vgl 4 ff zu § 234 a; 26 zu § 251.

5 Die **Zustimmung** muss grundsätzlich ausdrücklich erklärt werden, kann aber auch in schlüssigem Verhalten liegen (Bay aaO; Stuttgart JR **77**, 343, 344 mit Anm Gollwitzer; SK-Frisch 22). Die ausdrückliche Zustimmung muss nach § 273 I im Protokoll beurkundet werden, die stillschweigende nicht (dort 7, 8). Wenn Prozessbeteiligte ihr Recht zum Widerspruch nicht kennen, müssen sie darüber belehrt werden, dass sie nicht zuzustimmen brauchen. Die nachträgliche Einholung der Zustimmung ist zulässig. Ausgeschlossen ist der Widerruf der Zustimmung.

6 B. **Ohne Zustimmung der Prozessbeteiligten** darf die Niederschrift nur verlesen werden, wenn folgende negativen Voraussetzungen erfüllt sind:

7 a) **Keine Ladung:** Der Zeuge oder Sachverständige darf zur Berufungsverhandlung nicht geladen worden sein. Von wem und auf wessen Veranlassung die Ladung erfolgt ist, spielt keine Rolle. Gleichgültig ist auch, ob die Ladung die Beweisperson erreicht (Celle NJW **61**, 1490, 1491) und weshalb sie der Ladung nicht Folge geleistet hat. Die bloße Gestellung des Zeugen oder Sachverständigen in der Hauptverhandlung steht der Ladung gleich (J. Meyer MDR **62**, 540).

8 Die **Abbestellung** eines von Amts wegen geladenen Zeugen steht der Nichtladung gleich, sofern der Angeklagte davon benachrichtigt worden ist, damit er selbst

die Ladung vornehmen oder beantragen kann (Bay **57**, 99 = JZ **57**, 552; Stuttgart JR **77**, 343 mit Anm Gollwitzer; ANM 289).

b) **Kein Antrag auf Ladung:** Die Verlesung ist ferner unzulässig, wenn der Angeklagte die Ladung der Beweisperson beantragt hatte. Er soll darauf vertrauen können, dass ihre Vernehmung dann auch stattfindet (Stuttgart JR **77**, 343 mit Anm Gollwitzer). Antrag iS des I Hs 2 ist jede Eingabe, die das Verlangen auf Vorladung der Auskunftsperson erkennen lässt und nicht nur hilfsweise gestellt ist (Hamburg NJW **62**, 880; ANM 289; zw Hanack JR **73**, 468 Fn 2). Anträge von Nebenbeteiligten, die die gleichen Rechte wie der Angeklagte haben, stehen gleich, auch Anträge des Verteidigers, nicht aber der StA, auch nicht der Privat- und Nebenkläger (SK-Frisch 18), der Erziehungsberechtigten und gesetzlichen Vertreter (ANM 290). 9

Nur der **rechtzeitig vor der Hauptverhandlung** gestellte Ladungsantrag hindert die Verlesung. Rechtzeitig ist er, wenn das Gericht die Ladung, notfalls telefonisch (LR-Gössel 15; **aM** KK-Paul 5), ohne Verschiebung der Hauptverhandlung veranlassen kann. Auf die Erfolgsaussichten der Ladung (Krankheit des Zeugen uä) kommt es nicht an (ANM 290). Weshalb sie nicht bewirkt worden oder erfolglos geblieben ist, spielt ebenfalls keine Rolle. 10

C. **Verlesbar sind** nur die nach § 273 II, III gefertigten Vernehmungsprotokolle aus der Hauptverhandlung des 1. Rechtszugs, in der das Urteil ergangen ist (KK-Paul 4, 8), nicht Protokolle aus einer ausgesetzten oder sonst vorangegangenen Hauptverhandlung oder aus einer kommissarischen Vernehmung (Bay **57**, 132 = NJW **57**, 1566 L; StV **90**, 399; Hamm JMBlNW **63**, 214). Schriftstücke, auf die sich der Zeuge bei seiner Vernehmung bezogen hat, dürfen mitverlesen werden (Hamm DAR **56**, 166), nicht aber die ihm vorgehaltenen Protokolle über Vernehmungen im Vorverfahren (SK-Frisch 9). Die Verletzung wesentlicher Formvorschriften macht die Sitzungsniederschrift unverwertbar (Stuttgart NJW **70**, 343; KK-Paul 8; ANM 293), nicht jedoch der Umstand, dass der Zeuge ein Weigerungsrecht nach §§ 52ff hat, von dem er im 1. Rechtszug keinen Gebrauch gemacht hatte (RG JW **27**, 1492; KK-Paul 10). Ist es erst nach der Vernehmung entstanden oder teilt der Zeuge dem Berufungsgericht mit, dass er nunmehr die Aussage verweigern wolle, so darf die Niederschrift dagegen nicht verlesen werden (ANM 293). 11

D. Die **Sachaufklärungspflicht** (§ 244 II) kann zum Absehen von der Urkundenverlesung und zur persönlichen Anhörung der Beweisperson zwingen (Bay NJW **67**, 312; Koblenz StV **82**, 65, 66; VRS **63**, 130, 133; Saarbrücken OLGSt § 244 S 28, 30; vgl § 323 II). Bei Aussagen von prozessentscheidender Bedeutung kommt eine Verlesung nicht in Betracht (Celle StV **94**, 474 L; Düsseldorf StraFo **08**, 208: bei „Aussage gegen Aussage“, vgl 11a zu § 261; Zweibrücken NStZ **92**, 147 mwN). Das Gleiche gilt, wenn Zweifel daran bestehen, ob die Aussage richtig protokolliert worden ist (Köln GA **70**, 248), wenn einander widersprechende Zeugenaussagen zu beurteilen sind (Frankfurt StV **87**, 524; Koblenz StV **82**, 65), wenn das Berufungsgericht die Glaubwürdigkeit des Zeugen anders beurteilen will als der 1. Richter (Bay **72**, 227 = JR **73**, 467 mit Anm Hanack; StV **92**, 152) und wenn der persönliche Eindruck des Zeugen für die Entscheidung von Bedeutung ist. Dass auch sonst nur die Protokolle über die Aussagen nebensächlicher Zeugen oder Sachverständiger verlesen werden dürfen (Zweibrücken NJW **82**, 117; KK-Paul 2), ist dem Gesetz, auch § 244 II, aber nicht zu entnehmen (SK-Frisch 24). Nach den Erfordernissen der Sachaufklärung ist auch der Antrag zu bescheiden, den im 1. Rechtszug vernommenen Zeugen oder Sachverständigen unter Verzicht auf die Verlesung nach I Hs 2 in der Berufungsverhandlung erneut zu hören (ANM 294). 12

3) Vereidigung: Das Berufungsgericht muss nach der Verlesung über die Frage der Vereidigung eines im 1. Rechtszug uneidlich vernommenen Zeugen oder Sachverständigen neu entscheiden (Hamm NJW **65**, 1344; MDR **80**, 953). Dabei 13 bedarf es aber nicht stets einer förmlichen Beschlussfassung, jedenfalls dann nicht, wenn der Zeuge oder Sachverständige unvereidigt geblieben ist (Regelfall). Ist der Zeuge oder Sachverständige zu vereidigen, so muss er geladen oder kommissarisch vernommen und vereidigt werden.

14 War der Zeuge **im 1. Rechtszug verbotswidrig vereidigt** worden, so darf die verlesene Aussage nach entsprechendem Hinweis an die Beteiligten als uneidliche gewertet werden (vgl 30 zu § 60).

15 **4)** Die **Revision** kann auf Verlesung einer Sitzungniederschrift unter Verstoß gegen I Hs 2 gestützt werden. Mit der Aufklärungsrüge (§ 244 II) kann geltend gemacht werden, dass statt der Verlesung die persönliche Anhörung der Beweisperson hätte erfolgen müssen (SK-Frisch 34).

Schlussanträge

326 [1]**Nach dem Schluss der Beweisaufnahme werden die Staatsanwaltschaft sowie der Angeklagte und sein Verteidiger mit ihren Ausführungen und Anträgen, und zwar der Beschwerdeführer zuerst, gehört.** [2]**Dem Angeklagten gebührt das letzte Wort.**

1 **1) Die Reihenfolge der Schlussvorträge** regelt S 1 abweichend von § 258 I dahin, dass der Beschwerdeführer zuerst gehört wird. Von mehreren Beschwerdeführern hält derjenige den Schlussvortrag zuerst, der das Urteil am weitestgehenden angefochten hat; bei gleichartiger Anfechtung gilt § 258 I (KK-Paul 1). StA und Nebenkläger (§ 397 I S 2) haben das Recht zur Erwiderung (§§ 258 II Hs 1, 332); erg 8 zu § 258.

2 **2)** Das **letzte Wort** (19 ff zu § 258) gebührt nach S 2 stets dem anwesenden Angeklagten. Das gilt auch, wenn vorher der Verteidiger einen Schlussvortrag gehalten hat; § 258 III ist anzuwenden (§ 332). Das letzte Wort müssen auch die anwesenden Nebenbeteiligten (Einl 73) im Rahmen ihrer Beteiligung erhalten, und zwar vor dem Angeklagten (erg 23 zu § 258).

3 **3) Revision:** S 1 ist eine nicht revisible Ordnungsvorschrift (RG **64**, 133; Oldenburg NJW **57**, 839). Dagegen kann ein Verstoß gegen S 2 die Revision begründen (Bay **01**, 105 = wistra **02**, 39; Hamm StV **00**, 298). Wie im Fall des § 258 III (dort 18) ist ein Beruhen des Urteils auf dem Verfahrensmangel idR nicht auszuschließen.

Prüfung des Gerichts

327 **Der Prüfung des Gerichts unterliegt das Urteil nur, soweit es angefochten ist.**

1 **1) Bei jeder Berufung,** auch wenn sie nach § 318 wirksam beschränkt ist, hat das Berufungsgericht die Zulässigkeit des Rechtsmittels (1 zu § 322) und das Vorliegen der Prozessvoraussetzungen (Einl 141 ff) zu prüfen.

2 **2) Bei unbeschränkter Berufung** ist die gesamte Tat iS des § 264 Gegenstand des Berufungsverfahrens (1 vor § 312). Die von dem 1. Gericht unter Verstoß gegen § 264 nicht abgeurteilten Tatteile muss das Berufungsgericht in das Urteil einbeziehen (Düsseldorf NJW **83**, 767; Meyer-Goßner JR **85**, 452; vgl auch Bay **86**, 100 = OLGSt Nr 1); denn durch das 1. Urteil wird der Prozessstoff nicht begrenzt. Auch die nach dem 1. Urteil begangenen Teilakte einer Dauerstraftat sind in die Verurteilung aufzunehmen (SK-Frisch 7; vgl 10 zu § 331).

3 Das Berufungsgericht **prüft das 1. Urteil** nicht lediglich auf Rechtsfehler, sondern entscheidet ohne Bindung an die Berufungsbegründung (§ 317), aber in den durch das Verschlechterungsverbot des § 331 gezogenen Grenzen über alle Tat-

und Rechtsfragen nach dem Ergebnis der Berufungsverhandlung als 2. Tatsacheninstanz (1 vor § 312). Die tatsächlichen Feststellungen des 1. Urteils darf es nicht einfach übernehmen, auch wenn der Beschwerdeführer sie nicht angreift (Hamm VRS **39**, 278) oder (bei Berufung der StA) der Angeklagte sich ihnen durch Rechtsmittelverzicht „unterworfen" hat (Bay MDR **74**, 250).

Hatte das 1. Gericht einen verfahrensrechtlich (§ 264) **selbstständigen Straffall übersehen,** der Gegenstand des Eröffnungsbeschlusses ist, und fehlt es daher insoweit an einer erstinstanzlichen Entscheidung, so darf das Berufungsgericht sie nicht nachholen; die Sache ist in diesem Umfang noch beim AG anhängig (BGH **46**, 130; NStZ **93**, 551; AK-Dölling 3; SK-Frisch 5; Meyer-Goßner JR **85**, 452; **aM** Bay **99**, 29; erg 1 zu § 352). 4

3) Bei wirksam beschränkter Berufung (§ 318) hat das Berufungsgericht die eingetretene Teilrechtskraft oder (bei horizontaler Teilanfechtung) die Bindungswirkung der nicht angefochtenen Feststellungen zu beachten (Einl 187; 31 zu § 318). Es kann und darf diejenigen Entscheidungsteile nicht prüfen, deren Nachprüfung der Beschwerdeführer nicht verlangt (BGH **29**, 359, 364) oder mangels Beschwer nicht verlangen kann (Bay VRS **72**, 76). Das gilt auch für die sog doppelrelevanten Tatsachen, die sowohl dem angefochtenen als auch dem nicht angefochtenen Urteilsteil zugrunde liegen (BGH **24**, 274, 275; NStZ **81**, 448; erg 20 zu § 353), auch zB für solche, aus denen sich das Vorliegen eines Regelbeispiels nach § 243 I S 2 Nrn 1, 2, 4 StGB ergibt (BGH **29**, 359; Köln StraFo **01**, 93; erg aber 14 zu § 318). 5

Bei der **auf den Rechtsfolgenausspruch beschränkten Berufung** darf das Berufungsgericht daher zur Schuldfrage (zum Mitverschulden vgl Bay DAR **87**, 315 [B]) zwar zusätzliche (Celle VRS **42**, 20; Köln VRS **32**, 344), aber keine abweichenden Feststellungen treffen (BGH **10**, 71; KG VRS **25**, 130; Hamburg VRS **25**, 351; Hamm NJW **68**, 998; VRS **37**, 295; **41**, 103; Koblenz VRS **70**, 14). Es darf zB bei einem rechtskräftigen Schuldspruch wegen einer fortgesetzten Tat die Anzahl der Einzelakte nicht in Frage stellen (BGH **30**, 340, 343), keine abweichenden Feststellungen über die Schuldart (Hamm VRS **13**, 363: Verurteilung wegen Fahrlässigkeit, wenn 1. Urteil die Schuldart offenlässt; Frankfurt NStZ-RR **97**, 45: keine Verurteilung wegen bedingten Vorsatzes statt wegen Fahrlässigkeit), über die Vorsatzart (BGH **10**, 71; **30**, 340, 343; Bay VRS **63**, 280), über den Grad des Fahrlässigkeitsvorwurfs (BGH **10**, 71; Celle VRS **42**, 20), über das Maß der Pflichtwidrigkeit (Bay VRS **60**, 211; Hamm VRS **41**, 103), den Beweggrund der Tat (Hamburg VRS **25**, 351; **aM** Koblenz VRS **47**, 256) oder die festgestellte Schadenshöhe treffen (BGH **30**, 340, 343; NStZ **81**, 448). Das Berufungsgericht darf nicht entgegen dem Ersturteil eine vorverlegte Schuld *(actio libera in causa)* annehmen (Bay **94**, 9 = NJW **94**, 1358; Stuttgart Justiz **96**, 26); umgekehrt darf es auch von den Feststellungen zur Frage der vorverlegten Schuld nicht abweichen (Bay **68**, 70 = NJW **68**, 2299; Hamm VRS **37**, 295; Koblenz MDR **72**, 622), ebenso wenig von denen zur Schuldfähigkeit nach § 20 StGB (Bay aaO, Hamm JMBlNW **73**, 141). Auch die dem rechtskräftigen Schuldspruch zugrunde liegenden Feststellungen, die das Tatgeschehen lediglich näher beschreiben, binden den Richter, der erneut über die Strafzumessung zu entscheiden hat (BGH **30**, 340; erg 21 zu § 353). 6

Auf das **Prozessgeschehen** bezieht sich die Bindung nicht (Hamm VRS **68**, 441: Inhalt der Einlassung des Angeklagten). 7

Ist gegen den nach § 20 StGB freigesprochenen Angeklagten eine **Sicherungsmaßregel nach § 64 oder § 69 StGB** angeordnet worden, so muss das Berufungsgericht ohne Bindung an die Feststellungen des 1. Urteils das Vorliegen einer rechtswidrigen Tat (BGH NStZ **89**, 84; Bay **84**, 74 = NStZ **85**, 90; Hamm NJW **56**, 560) und die Schuldunfähigkeit des Angeklagten selbstständig nachprüfen (Bay **77**, 80 = JR **78**, 348 mit Anm Zipf; Bay **78**, 1 = VRS **55**, 135; SK-Frisch 21; Meyer-Goßner DRiZ **89**, 55; erg 24 zu § 318). 8

9 **4) Revision:** Das Revisionsgericht prüft von Amts wegen, ob das Berufungsgericht über alle Bestandteile des 1. Urteils entschieden hat, die von der Berufung erfasst worden sind (3 zu § 352). Hat das Berufungsgericht in Verkennung der Berufungsbeschränkung oder der Bindungswirkung der nicht angefochtenen Urteilsfeststellungen über die Schuldfrage neu entschieden, so ist das Urteil auch ohne ausdrückliche Rüge auf die Revision aufzuheben (Bay **57**, 107; **78**, 1 = VRS **55**, 135; VRS **60**, 211; Bremen JZ **58**, 546; Hamm NJW **68**, 998; Oldenburg NJW **59**, 1983; erg 4 zu § 352).

Inhalt des Berufungsurteils

328 **I Soweit die Berufung für begründet befunden wird, hat das Berufungsgericht unter Aufhebung des Urteils in der Sache selbst zu erkennen.**

II Hat das Gericht des ersten Rechtszuges mit Unrecht seine Zuständigkeit angenommen, so hat das Berufungsgericht unter Aufhebung des Urteils die Sache an das zuständige Gericht zu verweisen.

1 **1)** Die **Entscheidungsmöglichkeiten des Berufungsgerichts** regelt die Vorschrift. Sie setzt eine zulässige Berufung (unzulässige Berufungen werden nach §§ 319, 322, in der Hauptverhandlung durch Urteil nach § 260 I verworfen) und das Fehlen von Prozesshindernissen voraus, das in der Hauptverhandlung idR zum Einstellungsurteil nach § 260 III führt (vgl Einl 154). Die Möglichkeit der Verfahrenseinstellung nach §§ 153 ff lässt § 328 unberührt. Die Vorschrift wird durch § 329 I ergänzt.

2 **2) Eigene Sachentscheidung des Berufungsgerichts** (I). Führt die Berufungsverhandlung zum selben Ergebnis wie die Verhandlung im 1. Rechtszug, so muss die Berufung mit der Kostenentscheidung nach § 473 I als unbegründet verworfen werden; die bloße Wiederholung des 1. Urteils genügt nicht (Saarbrücken VRS **28**, 439). Wird bei einer Verbindung einer Berufungssache mit einer erstinstanzlichen (8 zu § 4) die Urteilsgewalt des AG überschritten, so wird die Berufung nicht verworfen, sondern das 1. Urteil, das durch die neue erstinstanzliche Entscheidung gegenstandslos wird, aufgehoben (BGH NStZ **86**, 210 [Pf/M]). Wenn und soweit das Berufungsgericht zu einer abweichenden Entscheidung gelangt, die durch bloße Änderung des Urteilsausspruchs nicht klargestellt werden kann, hebt es das Urteil auf und erlässt ein eigenes Urteil, dessen Kosten- und Auslagenentscheidung sich auf das gesamte bisherige Verfahren im 1. und 2. Rechtszug beziehen muss (Hamburg NJW **71**, 2183, 2185); ggf ist eine neue Entscheidung nach § 268a (dort 2) und nach § 8 **StrEG** (dort 15) zu treffen. Auch bei Teilerfolg der Berufung kann es zur Klarstellung zweckmäßig sein, das Urteil in vollem Umfang aufzuheben und neu zu fassen (vgl § 329 I S 3 Hs 1). Über mehrere Berufungen (zB der StA und des Angeklagten) ist, von den Fällen der §§ 322, 329 I abgesehen, durch ein und dasselbe Urteil zu entscheiden (RG **67**, 250; Karlsruhe Justiz **80**, 484), wobei die Verwerfung der einen Berufung und die Urteilsaufhebung oder -änderung auf Grund der anderen möglich ist; bei neuer Gesamtstrafenbildung durch das LG darf aber nur *eine* Gesamtstrafe verhängt werden (dazu im Einzelnen Meyer-Goßner/Cierniak NStZ **00**, 611). Nach Verwerfung der Berufung des Angeklagten und Aufhebung des Urteils auf die zuungunsten des Angeklagten eingelegte Berufung der StA bildet die zunächst verhängte Strafe aber für die neue Berufungsverhandlung keine Strafuntergrenze (BGH 4 StR 442/93 vom 17. 8. 1993). Hielt das AG die angeklagte Tat für nicht erwiesen und hat es wegen einer nichtangeklagten Tat verurteilt, ist unter Aufhebung des Ersturteils freizusprechen; daneben ist das beim AG (ohne Anklage) geführte Verfahren einzustellen (BGH **46**, 130; Bay **99**, 29). Für die Abfassung der Urteilsgründe gilt § 267; Bezugnahmen auf das 1. Urteil sind in gewissem Umfang zulässig (2 zu § 267). Die Liste der

angewendeten Vorschriften (§ 260 V S 1) stellt das Berufungsgericht bei Abänderung des 1. Urteils selbst auf, soweit nicht die Ergänzung oder Berichtigung der Liste des 1. Richters ausreicht.

3) Eine **Ergänzung des Urteils** ist zulässig und verstößt nicht gegen § 331, 3 wenn es der 1. Richter unterlassen hat, bei tatmehrheitlicher Verurteilung eine Einzelstrafe (BGH **4**, 345; NJW **79**, 936 = JR **79**, 386 mit Anm Meyer; Frankfurt NJW **73**, 1057; Karlsruhe Justiz **74**, 396; Köln VRS **62**, 283, 285) oder die Tagessatzhöhe (§ 40 I S 2 StGB) einer Einzelgeldstrafe festzusetzen (BGH VRS **60**, 192; Bay DAR **80**, 262 [R]; D. Meyer MDR **78**, 894; **aM** Hamm MDR **78**, 420 = JR **79**, 74 mit Anm Gössel; LG Würzburg MDR **79**, 421; vgl auch BGH **30**, 93); eine Ergänzung scheidet aber aus, wenn insoweit schon Rechtskraft eingetreten ist (BGH 4 StR 348/98 vom 5. 11. 1998).

4) Die **Zurückverweisung der Sache an das AG** lässt das Gesetz seit der 4 Streichung des früheren II durch das StVÄG 1987 grundsätzlich nicht mehr zu. Das Berufungsgericht muss somit auch dann in der Sache selbst entscheiden, wenn grobe Verfahrensfehler dem Angeklagten im 1. Rechtszug die Verteidigungsmöglichkeiten in erheblichem Umfang verkürzt haben oder wenn absolute Revisionsgründe vorliegen würden (LG Zweibrücken MDR **91**, 894) oder wenn vom AG nach § 154 a ausgeschiedene Verfahrensteile wieder einbezogen werden sollen (Karlsruhe NZV **05**, 212). Eine Zurückverweisung ist aber zulässig, wenn das AG aus Rechtsirrtum von einer Sachentscheidung abgesehen hat, so bei irrtümlicher Annahme des nicht genügend entschuldigten Ausbleibens nach § 412 (dort 10) oder bei Verfahrenseinstellung wegen eines (nicht vorliegenden) Verfahrenshindernisses (Koblenz NStZ **90**, 296; Stuttgart NStZ **95**, 301).

5) Die **Verweisung an das zuständige Gericht** (II) ist bei örtlicher oder 5 sachlicher Unzuständigkeit des 1. Richters zwingend vorgeschrieben. Voraussetzung ist allerdings, dass der Angeklagte in der Berufungshauptverhandlung erscheint (vgl 8 aE zu § 329); dann geht II dem I – ausnahmslos (Meyer-Goßner Schlüchter-GS 532 Fn 58) – vor. Die bloße Unzuständigkeit nach dem Geschäftsverteilungsplan des AG ist nach allgM unbeachtlich. Die Verweisung erfolgt durch Urteil (BGH **26**, 106, 108), in dem zugleich das 1. Urteil aufzuheben ist. Auch ohne ausdrückliche Aufhebung entfällt dieses Urteil notwendigerweise von selbst (BGH **21**, 245). Der verweisende Teil des Urteils braucht nicht den Formerfordernissen des § 270 II zu genügen (Koblenz GA **77**, 374; LG Verden NJW **74**, 759, 761; Gollwitzer JR **78**, 477).

War allerdings **Teilrechtskraft eingetreten**, ist also etwa der Schuldspruch des 5a Urteils des AG rechtskräftig geworden, so steht dies – entgegen der bisherigen hM – der Verweisung grundsätzlich entgegen. Das gilt sowohl, wenn die Teilrechtskraft durch eine wirksame Berufungsbeschränkung als auch, wenn sie durch eine teilweise Urteilsaufhebung durch das Rechtsmittelgericht herbeigeführt worden ist (die durch BGH 3 StR 141/09 vom 29. 10. 2009 vorgenommene Differenzierung, wonach dies nur im letzteren Fall gelten soll, ist inkonsequent und unhaltbar). Etwas anderes gilt nur, wenn sich die Unzuständigkeit des AG aus dem Urteil des AG selbst ergibt, zB bei Verurteilung wegen eines Staatsschutzdelikts, wofür nach § 74 a GVG die Staatsschutzkammer des LG zuständig ist (vgl zum Ganzen eingehend Meyer-Goßner Volk-FS 462 ff; erg Einl 151 a).

A. Die **örtliche Unzuständigkeit** des 1. Gerichts berücksichtigt das Beru- 6 fungsgericht ohne besonderen Einwand (Bay **87**, 33 = NJW **87**, 3091), falls der Angeklagte sie im 1. Rechtszug rechtzeitig (§ 16 S 3) geltend gemacht hatte. Nimmt er den Einwand nicht zurück, so verweist das Berufungsgericht die Sache an das örtlich zuständige Gericht, auch wenn es nicht zu seinem Bezirk gehört (Hamm wistra **06**, 37; SK-Frisch 18; **aM** KMR-Brunner 24). Erg 6 zu § 355.

B. Die **sachliche Unzuständigkeit** des 1. Gerichts, die das Berufungsgericht 7 von Amts wegen zu beachten hat (§ 6; vgl aber 8 zu § 329), zwingt nur dann zur Zurückverweisung, wenn der Strafrichter seine Kompetenz überschritten hat (Hegmann NStZ **00**, 577); die Unterschreitung der sachlichen Zuständigkeit ist wegen § 269 kein Zurückverweisungsgrund, es sei denn, die Annahme der Zuständigkeit sei willkürlich (Koblenz StV **96**, 588; vgl 8 zu § 269). II erfasst nicht nur den Fall des im 1. Rechtszug unterlaufenen Rechtsirrtums über die sachliche Zuständigkeit, also etwa die irrtümliche Verhandlung vor dem Strafrichter, obwohl die Sache zum SchG angeklagt war (Naumburg NStZ **96**, 248); II gilt vielmehr auch dann, wenn sich die Unzuständigkeit erst auf Grund der Beweisaufnahme in der Berufungsverhandlung herausstellt (BGH 3 StR 141/09 vom 29. 10. 2009). Entscheidend ist immer, ob der 1. Richter nach der objektiven Rechtslage, wie sie sich dem Berufungsgericht darstellt, zuständig war oder nicht (RG aaO; LR-Gössel 25). Die Verweisung der Sache an ein höheres Gericht zur Aburteilung wegen einer schwereren Straftat setzt voraus, dass der Angeklagte dieser Tat hinreichend verdächtig ist (Bay **77**, 143 = JR **78**, 474 mit zust Anm Gollwitzer; vgl auch Bay **99**, 175 = NStZ-RR **00**, 177 zur Verweisung wegen § 63 StGB).

8 Die **Zuständigkeit der Jugendgerichte** steht der sachlichen Zuständigkeit gleich (Oldenburg NJW **81**, 1384 mit Anm Rieß NStZ **81**, 304). Erg 13 ff zu § 6a.

9 C. Die **sachliche Zuständigkeit des Berufungsgerichts** geht nicht weiter als die des 1. Richters (BGH **31**, 63, 66; **34**, 159, 160; 204, 206; NJW **70**, 155; Hamm JMBlNW **90**, 91 zur Anordnung der Unterbringung nach § 63 StGB; 4 zu § 6). Hält die kleine StrK eine Rechtsfolge für erforderlich, die das AG gemäß § 24 II GVG nicht anordnen durfte und steht das Verschlechterungsverbot (§ 331) der Anordnung nicht entgegen (vgl dazu BGH **31**, 63; NStZ **85**, 208 [Pf/M]; **91**, 122 [M/K]; NStE Nr 7: Beschränkung der Berufung der StA auf den Strafausspruch), so muss sie die Sache an die große StrK zur erstinstanzlichen Verhandlung verweisen (Bay StraFo **00**, 230).

10 Die Möglichkeit, sogleich selbst als **Gericht des 1. Rechtszuges** zu verhandeln, die von der Rspr als zulässig angesehen wurde, besteht nunmehr, nachdem die Zuständigkeit der großen StrK als Berufungsgericht durch das RpflEntlG beseitigt worden ist (vgl § 76 I S 1 GVG), nicht mehr; die kleine StrK ist stets nur Berufungsgericht. Das gilt auch für die erweiterte kleine StrK nach § 76 III GVG (erg 6 zu § 76 GVG); sie kann nicht als erstinstanzliche große StrK weiterverhandeln (vgl Steinmetz JR **93**, 232).

11 Die Problematik kann jetzt somit **nur noch bei der großen JugK** auftreten, wenn diese als Berufungsgericht (§ 33b I **JGG**) das Vorliegen einer Schwurgerichtssache bejaht (§ 41 I Nr 1 **JGG**) oder wenn in einer gegen Jugendliche und Erwachsene verbundenen Strafsache für den Erwachsenen die große StrK zuständig wäre (§ 41 I Nr 3 **JGG**), ferner in Jugendschutzsachen und in Fällen des § 108 III **JGG.** Im ersteren Fall wird eine Überleitung schon deswegen ausscheiden, weil die große JugK als Berufungsgericht idR in der Besetzung mit nur 2 Berufsrichtern, als SchwurG jedoch mit 3 Berufsrichtern entscheidet (§ 33b II **JGG;** erg 2 zu § 76 GVG); auch in den anderen Fällen sollte besser eine Verweisung an die große JugK als Gericht 1. Instanz erfolgen, um die nach § 33b II **JGG** erforderliche Entscheidung über die Mitwirkung des 3. Richters nicht im Berufungsverfahren zu treffen. Von der Möglichkeit der Überleitung eines Berufungs- in ein erstinstanzliches Verfahren sollte somit auch beim jugendgerichtlichen Verfahren abgesehen werden (zust SK-Frisch 30; AnwK-Rotsch/Gasa 10; ebenso SK-Degener 45 zu § 24 GVG; im Ergebnis auch Jena NStZ-RR **03**, 139, aber ohne Erörterung der Problematik); der BGH hat allerdings hieran bisher festgehalten (BGHR § 328 I Überleitung 2; BGH NStZ **10**, 94).

12 Hat die kleine StrK die **Beschränkung der Rechtsfolgenkompetenz nicht beachtet,** so hebt das OLG auf Revision das Urteil mangels Zuständigkeit der kleinen StrK auf. Eine notwendige Gesamtstrafenbildung nach § 55 StGB, die die

Strafgewalt des Berufungsgerichts überschreitet, ist im Verfahren nach § 460 vorzunehmen (vgl BGH **34**, 204, 206; NStZ **90**, 29 [M]).

D. **Folgen der Verweisung:** Die Rechtshängigkeit geht mit dem Erlass des Verweisungsurteils auf das Gericht über, an das verwiesen wird. Das angefochtene Urteil entfällt damit (BGH 3 StR 141/09 vom 29. 10. 2009). Eine Rücknahme der Berufung ist danach ausgeschlossen (BGH **34**, 204 = JR **87**, 515 mit Anm Wendisch), vor der Verweisung aber nicht. Zur Teilrechtskraft oben 5a; zur Frage des Verschlechterungsverbots vgl 4a zu § 331. Die Verweisung bindet das Gericht nicht, an das verwiesen worden ist. Ggf muss es nach §§ 225a, 270 verfahren oder sich für unzuständig erklären (LR-Gössel 34). 13

6) Mit der **Revision** ist jedes Berufungsurteil anfechtbar, auch das Verweisungsurteil nach II (1 zu § 333). Der Verstoß gegen II ist von Amts wegen zu beachten (**aM** offenbar Hamm NStZ-RR **09**, 379, das erörtert, ob eine Verfahrensrüge erhoben werden muss oder die Sachrüge genügt) und führt zur Verweisung an das zuständige Gericht (Brandenburg NStZ **01**, 611 mit zust Anm Meyer-Goßner; KMR-Brunner 28; erg 8 zu § 269). Eine ungerechtfertigte Zurückverweisung (oben 4) beschwert den Angeklagten und begründet damit die Revision (Karlsruhe NStZ-RR **05**, 208), ebenso eine ungerechtfertigte Verweisung (oben 5ff; Brandenburg NStZ-RR **09**, 57 L; Hamm aaO). 14

Ausbleiben des Angeklagten

329 **I** [1] **Ist bei Beginn einer Hauptverhandlung weder der Angeklagte noch in den Fällen, in denen dies zulässig ist, ein Vertreter des Angeklagten erschienen und das Ausbleiben nicht genügend entschuldigt, so hat das Gericht eine Berufung des Angeklagten ohne Verhandlung zur Sache zu verwerfen.** [2] **Dies gilt nicht, wenn das Berufungsgericht erneut verhandelt, nachdem die Sache vom Revisionsgericht zurückverwiesen worden ist.** [3] **Ist die Verurteilung wegen einzelner von mehreren Taten weggefallen, so ist bei der Verwerfung der Berufung der Inhalt des aufrechterhaltenen Urteils klarzustellen; die erkannten Strafen können vom Berufungsgericht auf eine neue Gesamtstrafe zurückgeführt werden.**

II [1] **Unter den Voraussetzungen des Absatzes 1 Satz 1 kann auf eine Berufung der Staatsanwaltschaft auch ohne den Angeklagten verhandelt werden.** [2] **Eine Berufung der Staatsanwaltschaft kann in diesen Fällen auch ohne Zustimmung des Angeklagten zurückgenommen werden, es sei denn, dass die Voraussetzungen des Absatzes 1 Satz 2 vorliegen.**

III **Der Angeklagte kann binnen einer Woche nach der Zustellung des Urteils die Wiedereinsetzung in den vorigen Stand unter den in den §§ 44 und 45 bezeichneten Voraussetzungen beanspruchen.**

IV [1] **Sofern nicht nach Absatz 1 oder 2 verfahren wird, ist die Vorführung oder Verhaftung des Angeklagten anzuordnen.** [2] **Hiervon ist abzusehen, wenn zu erwarten ist, dass er in der neu anzuberaumenden Hauptverhandlung ohne Zwangsmaßnahmen erscheinen wird.**

Übersicht

1 **1) Verwerfung der Berufung des unentschuldigt ausgebliebenen Angeklagten** (I):

2 A. Der **Zweck der Vorschrift** besteht darin, den Beschwerdeführer daran zu hindern, die Sachentscheidung über seine Berufung dadurch zu verzögern, dass er sich der Verhandlung entzieht (BGH **17**, 188; **23**, 331, 334; **25**, 281, 284; **27**, 236, 238). Die Berufung wird verworfen, gleichviel, ob der Angeklagte die auf seine Veranlassung anberaumte Berufungsverhandlung bewusst oder nur aus Nachlässigkeit versäumt (BGH **27**, 236, 239; **30**, 98, 99). Das Gesetz nimmt dabei aus Gründen der Verfahrensbeschleunigung in Kauf, dass ein unrichtiges Urteil allein wegen des unentschuldigten Ausbleibens des Angeklagten rechtskräftig wird (BGH **17**, 188, 189; **23**, 331, 335). Diese Ausnahme von dem Grundsatz, dass gegen einen abwesenden Angeklagten kein Urteil erlassen werden darf (§§ 230 I, 332), beruht auf der Unterstellung, dass der säumige Angeklagte an der Durchführung der Hauptverhandlung kein Interesse hat und auf das Rechtsmittel und damit auf eine sachliche Prüfung des angefochtenen Urteils verzichtet (BGH **15**, 287, 289; **24**, 143, 150; RG **61**, 278, 280; **64**, 239, 246; Bay **63**, 106 = MDR **63**, 700; KG NJW **69**, 475; Düsseldorf StV **82**, 127; Koblenz NJW **75**, 322; Rosenau JR **00**, 82; **aM** LR-Gössel 77; Busch JZ **63**, 458; Hanack JZ **73**, 694; Schlüchter 682.1; Schroeder NJW **73**, 308: Verwirkung der Berufung durch Säumnis); nach § 391 II besteht in einem rechtsähnlichen Fall eine Rücknahmevermutung. § 329 ist eine aufs engste auszulegende Ausnahmebestimmung (BGH **17**, 188, 189; RG **61**, 278, 280; Bay **75**, 30, 32 = JZ **75**, 332; KG JR **69**, 270). Die Vorschrift ist mit Art 6 MRK vereinbar (BVerfG StraFo **07**, 190; Bay **00**, 170 = NStZ-RR **00**, 307; **aM** – unzutr, da der Angeklagte in der 1. Instanz alle Rechte gehabt hat – Meyer-Mews NJW **02**, 1928).

3 B. **Anwendungsbereich:** Die Verwerfung nach I ist nicht nur in der 1. Berufungsverhandlung zulässig und bei Vorliegen der gesetzlichen Voraussetzungen zwingend, sondern auch, wenn eine Verhandlung ausgesetzt war und dann eine neue Berufungsverhandlung beginnt (BGH **27**, 236, 239) oder wenn eine neue Verhandlung stattfindet, nachdem gegen ein Verwerfungsurteil Wiedereinsetzung nach III bewilligt worden war (KK-Paul 24; Küper NJW **77**, 1276; JZ **78**, 207) oder nach vergeblicher Einstellung nach § 153 a und Fortsetzung des Verfahrens (Düsseldorf MDR **87**, 517). Dagegen gilt I nicht, wenn die Hauptverhandlung nur unterbrochen worden (§ 229) und der Angeklagte im Fortsetzungstermin nicht erschienen und nicht zulässig vertreten ist (Bay VRS **61**, 131; Bloy JuS **86**, 592); dann kann nur nach §§ 231 II, 332 verfahren werden (Peters 630; 1 zu § 332). Zur Geltung des § 329 bei Berufung des gesetzlichen Vertreters vgl § 330.

4 Nach **Zurückverweisung durch das Revisionsgericht** (§§ 354 II, III, 355) ist die Verwerfung unzulässig (I S 2); denn auch ein säumiger Angeklagter soll nicht an einem Zwischenergebnis festgehalten werden, das vom Revisionsgericht für unrichtig erklärt worden ist. Da diese Folge aber nicht eintritt, wenn die Berufung schon durch das aufgehobene Urteil nach I verworfen worden war, kann in diesem Fall nach Zurückverweisung durch das Revisionsgericht erneut nach I verfahren werden (BGH **27**, 236 mit zust Anm Küper JZ **78**, 205; Oldenburg GA **93**, 462), vorausgesetzt, der Angeklagte wurde in der Ladung auf diese Ausnahme vom Wortlaut des I S 2 hingewiesen (Oldenburg StraFo **09**, 336). Eine Verwerfung scheidet aber wiederum aus, wenn das OLG – ebenso wie zuvor das LG – eine (teilweise) Entscheidung in der Sache selbst getroffen hatte (Stuttgart NStZ-RR **05**, 241 mit abl Anm Schall NStZ **05**, 586). Das gilt auch, wenn das

OLG ein Sachurteil allein aus verfahrensrechtlichen Gründen aufgehoben hatte (zw Oldenburg StraFo **09**, 114). Die Verhandlung auf Berufung der StA (unten 35 ff) schließt I S 2 ebenfalls nicht aus (Rieß NJW **75**, 89), desgleichen nicht eine erfolgreiche Sprungrevision, denn die Verurteilung beruht dann nicht auf dem beanstandeten, sondern auf dem neuen AG-Urteil (Gollwitzer JR **89**, 345).

C. Keine **Hinderungsgründe** für die Anwendung des I sind die fehlende Urteilszustellung (Bay NJW **94**, 1748), die Anordnung des persönlichen Erscheinens des Angeklagten nach § 236 (Bay **63**, 106 = MDR **63**, 700), die Anwesenheit eines zwar verteidigungsbereiten, aber nicht vertretungsberechtigten oder -willigen (unten 15) Verteidigers (Köln JMBlNW **86**, 275; NStZ-RR **99**, 112) und die Abwesenheit des Verteidigers, dessen Mitwirkung nach § 140 notwendig ist (Bay **99**, 69; Hamm NJW **70**, 1245). Ein erst in der Berufungsverhandlung gestellter Aussetzungsantrag des Verteidigers kann stillschweigend durch Erlass des Verwerfungsurteils abgelehnt werden (Saarbrücken NJW **75**, 1613; 1615; Stuttgart GA **62**, 92). Beantragt der Verteidiger die Entbindung des Angeklagten vom Erscheinen nach § 233, so muss die Verhandlung nicht etwa ausgesetzt werden, damit zunächst der verkündete Ablehnungsbeschluss auch dem Angeklagten bekanntgemacht werden kann; vielmehr ist die sofortige Verwerfung nach I zulässig (BGH **25**, 281; Küper NJW **74**, 1927; JR **71**, 325). War der Angeklagte schon vor der Verhandlung nach § 233 vom Erscheinen entbunden, ist § 329 natürlich nicht anwendbar. 5

D. **Voraussetzungen des Verwerfungsurteils:** 6

a) Eine **zulässige Berufung** setzt I voraus. Ist sie unzulässig, so muss sie nach § 322 I S 2 verworfen werden; diese Entscheidung hat den Vorrang (BGH **30**, 98, 100; Meyer-Goßner NJW **78**, 528). Der Hinweis nach § 323 I S 2 umfasst auch diesen Fall der rein prozessualen Entscheidung („ohne Verhandlung zur Sache"). 7

b) Das Fehlen einer **Prozessvoraussetzung** (Einl 141 ff) steht der Verwerfung nach I nur dann entgegen, wenn das betreffende Verfahrenshindernis erst in der Berufungsinstanz eingetreten ist. In diesem Fall ist keine Berufungs-, sondern eine Erstentscheidung zu treffen und daher das Verfahren nach § 206 a bzw § 260 III einzustellen. Hatte das AG aber das Fehlen einer Prozessvoraussetzung übersehen, so muss dies unberücksichtigt bleiben, da das Berufungsgericht nur bei Erscheinen des Angeklagten die Richtigkeit des amtsgerichtlichen Urteils überprüfen, also nur dann in eine Begründetheitsprüfung eintreten darf (KK-Paul 13; SK-Frisch 39; Duttge NStZ **01**, 442; Joecks 6; Meyer-Goßner GA **73**, 366, 373 f; NJW **78**, 528; **79**, 201; Pfeiffer 3; erg 6 zu § 206 a). Eine Beschlussentscheidung über die Begründetheit der Berufung ist der StPO fremd. Demgegenüber wendet die Gegenmeinung auch in diesem Fall § 206 a an (Karlsruhe NJW **78**, 840; Stuttgart Justiz **64**, 64; LR-Stuckenberg 15 zu § 206 a mwN; Paulus NStZ **01**, 445; offen gelassen von BGH NStZ **01**, 440) und verändert damit das Berufungsverfahren, das vom Angeklagten das Erscheinen in der Hauptverhandlung fordert, falls er nicht Gefahr laufen will, dass seine (zulässige) Berufung verworfen wird (Meyer-Goßner JR **82**, 391). Die Wirkung, ohne weiteres „zur Beendigung des ganzen Verfahrens zu führen" (Hamm JMBlNW **82**, 107; Köln GA **71**, 27; JMBlNW **67**, 34), hat das Verfahrenshindernis nach richtiger Ansicht eben gerade nicht (BGH **16**, 115, 117; **22**, 213, 216); die ausdrückliche Entscheidung des Gesetzgebers, dass die Berufung unter den Voraussetzungen des § 329 I verworfen werden muss, kann nicht dahin umgedeutet werden, dass übersehene Verfahrenshindernisse doch berücksichtigt werden dürften (Duttge aaO; Meyer-Goßner Rieß-FS 334). Daher ist auch die Unzuständigkeit des 1. Richters nur bei Erscheinen des Angeklagten in der Hauptverhandlung von Amts wegen zu berücksichtigen (HK-Rautenberg 6; SK-Frisch 39 und 16 zu § 328; **aM** Celle NStZ **94**, 298 mit abl Anm Meyer-Goßner NStZ **94**, 402; erg 5 zu § 328), ebenso ein Verstoß gegen das Verschlechterungsverbot (SK-Frisch 39; Pfeiffer 7; **aM** Hamburg JR **89**, 345 mit zust Anm 8

Gollwitzer; ersteres stellt zu Unrecht auf die Teilrechtskraft ab, vgl dazu 2 zu § 331, letzterer auf I S 3, wo jedoch nur ein hier nicht einschlägiger Ausnahmefall geregelt ist).

9 c) Die **ordnungsgemäße Ladung des Angeklagten** in der durch §§ 216, 323 I S 1 vorgeschriebenen Form (2ff zu § 216) setzt die Verwerfung nach I voraus (BGH **24**, 143, 149; Düsseldorf StV **82**, 127; 216; Karlsruhe NJW **81**, 471; Köln VRS **64**, 198). Ladungsmängel, die für das Ausbleiben nicht ursächlich sind, hindern die Verwerfung aber nicht (Düsseldorf StV **82**, 216, 217; Hamm NStZ-RR **08**, 380; **09**, 314; Zweibrücken JBlRP **01**, 250; LG Verden NJW **74**, 2194, 2195). Ordnungsgemäß ist die Ladung auch bei Zustellung an den Verteidiger nach § 145a II (dort 12; 3 zu § 323), nicht an sonstige Bevollmächtigte (Dresden StraFo **05**, 423), wohl aber bei öffentlicher Zustellung nach § 40 (KG NJW **69**, 475; Düsseldorf StV **82**, 127, 128; Frankfurt StV **83**, 233; Hamburg JR **82**, 122; Köln VRS **59**, 42; unrichtig Frankfurt JR **78**, 392 mit abl Anm Meyer), sofern der Angeklagte nicht zur Tatzeit Jugendlicher war (Stuttgart StV **87**, 309; Eisenberg 31 zu § 2 JGG; **aM** KG JR **06**, 301 mit abl Anm Eisenberg/Haeseler; LG Zweibrücken MDR **91**, 985; mit beachtlichen Gründen auch Nowak JR **08**, 234); Ladung in deutscher Sprache genügt auch bei einem sprachunkundigen Ausländer (Bay **95**, 215 = NStZ **96**, 248; erg 3 zu § 184 GVG).

10 Die Ladung muss den **Hinweis auf die Folgen des Ausbleibens** (§ 323 I S 2) enthalten (dort 3). Sein Fehlen steht der Anwendung des I entgegen (Bay **75**, 30; **78**, 64 = VRS **55**, 281; Düsseldorf MDR **87**, 868), sofern der Angeklagte nicht bereits durch den Hinweis nach § 35a S 2 über die Folgen seines Nichterscheinens ausführlich genug unterrichtet worden ist.

11 Die **Nichteinhaltung der Ladungsfrist** des § 217 I hindert die Verwerfung nicht (BGH **24**, 143; Bay **66**, 121 = JR **67**, 190 mit abl Anm Koffka; Saarbrücken VRS **44**, 190; **aM** SK-Schlüchter 12 zu § 217; offen gelassen von Frankfurt NStZ-RR **99**, 18), es sei denn, dass ein Aussetzungsantrag nach § 217 II schon vor der Hauptverhandlung schriftlich gestellt worden (vgl 7 zu § 217) und begründet ist. In der Durchführung der Berufungsverhandlung und der Verkündung des Verwerfungsurteils kann die Ablehnung des Aussetzungsantrages gesehen werden (Bay NStZ **82**, 172 L).

11a Ist unter Verstoß gegen § 140 II **kein Verteidiger bestellt** (Stuttgart StV **09**, 12) **oder** unter Verstoß gegen § 218 der **Verteidiger nicht geladen** worden (Bay StV **02**, 356 L; Köln VRS **98**, 138, 139), steht dies dem Erlass eines Verwerfungsurteils entgegen.

12 d) Nur das **Ausbleiben des Angeklagten bei Beginn der Berufungsverhandlung** rechtfertigt die Verwerfung (Karlsruhe NStZ **90**, 297). Entfernt er sich später ohne Erlaubnis, ist I nicht anwendbar (BGH **23**, 331, 332; Bay **80**, 73 = NStZ **81**, 112; KG JR **85**, 343).

13 Auch das **verspätete Erscheinen** führt nicht zur Verwerfung, wenn bis zum Eintreffen des Angeklagten das Verwerfungsurteil noch nicht ergangen ist. Wie in den Fällen des § 228 (dort 11) und des § 412 (dort 3) ist angemessene Zeit – idR 15 Minuten (BerlVerfGH NJW **04**, 1158; Bay DAR **87**, 315 [B]; Koblenz DAR **80**, 280) – zu warten, wobei es auf die angesetzte Terminsstunde, nicht auf den Aufruf der Sache ankommt (Düsseldorf NStZ-RR **01**, 303; **aM** Frankfurt NStZ-RR **01**, 85). Hat der Angeklagte erklärt, dass er sich unverschuldet verspäten werde, muss auch länger als 15 Minuten gewartet werden (KG NStZ-RR **02**, 218; Köln StraFo **04**, 143), idR aber nicht bei einer verschuldeten Verspätung (Hamm NStZ-RR **09**, 251; Oldenburg NJW **09**, 1762; zu einem Ausnahmefall München VRS **113**, 117). Der Angeklagte ist erschienen, selbst wenn er außer der Einlassung zur Sache auch Angaben zur Person verweigert (**aM** LG Berlin NStZ-RR **97**, 338).

14 Der Begriff Nichterscheinen umfasst jedoch die geistige Abwesenheit bei **Verhandlungsunfähigkeit** infolge schuldhafter Trunkenheit (BGH **23**, 331; Frank-

furt NJW **68**, 217; Roxin/Schünemann § 54, 24; einschr Karlsruhe NStZ **90**, 297; **aM** EbSchmidt JR **69**, 270; vgl auch Warda Bruns-FS 437 ff; erg 8 zu § 230) oder Genusses anderer berauschender Mittel in Kenntnis der dadurch verursachten Vereitelung der Hauptverhandlung (Köln VRS **65**, 47; Seetzen DRiZ **74**, 259). I ist aber nicht entspr anwendbar, wenn der in der Berufungsverhandlung erschienene Angeklagte eine Verhandlung mit der unwahren Behauptung ablehnt, er sei verhandlungsunfähig (KG JR **69**, 270 mit zust Anm EbSchmidt; Köln MDR **81**, 162), oder sich erst im Laufe der Beweisaufnahme die Verhandlungsunfähigkeit herausstellt (Celle StV **94**, 365; Frankfurt NStZ-RR **05**, 174; Karlsruhe NStZ **90**, 297).

e) **Nichterscheinen eines Vertreters:** Ist das Verfahren durch einen Strafbefehl eingeleitet worden (also nicht im Fall des § 408 III S 2; Koblenz RPfleger **90**, 385), so kann sich der Angeklagte nach § 411 II S 1 (dort 4) auch in der Berufungsverhandlung vertreten lassen, selbst wenn nach § 236 sein persönliches Erscheinen angeordnet worden ist (Bay **69**, 212 = MDR **70**, 608; Bay **77**, 177 = MDR **78**, 510; Celle NJW **70**, 906; Düsseldorf StV **85**, 52); die Verwerfung der Berufung nach I ist dann ausgeschlossen. Ist hingegen die Vertretung durch den erschienenen Verteidiger nicht zulässig, hindert – verfassungs- und menschenrechtlich unbedenklich (BVerfG StraFo **07**, 190) – auch dessen Erscheinen die Verwerfung der Berufung nicht (Oldenburg NStZ **99**, 156). In einer Bagatellsache (§ 232), deren Vorliegen sich nach der im 1. Urteil verhängten Strafe beurteilt (Stuttgart NJW **62**, 2023), ist die Vertretung nach § 234 nicht zulässig, wenn der Hinweis an den Angeklagten, dass ohne ihn verhandelt werden könne (§ 232 I S 1), nicht erfolgt oder sein persönliches Erscheinen angeordnet worden ist (Bay **72**, 47 = VRS **43**, 195; NJW **70**, 1055; Schlüchter 682.3 Fn 284; **aM** Küper NJW **70**, 1562; erg 5 zu § 232). Bleibt er dann ohne genügende Entschuldigung aus, so wird seine Berufung verworfen (BGH **25**, 165 = JR **74**, 28 mit zust Anm Gollwitzer und abl Anm Küper NJW **73**, 1334). Der Vertreter muss bei Beginn der Berufungsverhandlung erschienen sein, braucht aber ebenso wenig wie der Angeklagte Erklärungen zur Sache abzugeben (6 zu § 411). 15

Erschienen ist der Verteidiger als Vertreter nur, wenn er den Mandanten auch vertreten will; die Vertretungsvollmacht genügt nicht. Daher liegt keine Vertretung vor, wenn der Verteidiger nach Beginn der Berufungsverhandlung erklärt, er könne sich mangels ausreichender Information zur Sache nicht äußern, und dann die Verteidigung niederlegt (SK-Frisch 12; Burhoff HV 828; **aM** Bay **80**, 73 = NStZ **81**, 112 mit abl Anm Meyer-Goßner); dasselbe gilt, wenn der Verteidiger nur zu dem Zweck erscheint, einen auf Verhandlungsunfähigkeit des Angeklagten gestützten Aussetzungsantrag zu stellen (KG JR **85**, 343), nicht aber, wenn er bereit ist, bei Ablehnung des Aussetzungsantrags auch ohne den Angeklagten zu verhandeln (Köln StV **92**, 567). Vgl auch 6 zu § 411. 16

f) **Fehlen einer ausreichenden Entschuldigung:** 17

aa) **Alle Entschuldigungsgründe** muss das Gericht beachten, gleichviel, wie sie ihm bekannt geworden sind. Denn es kommt nicht darauf an, ob sich der Angeklagte entschuldigt hat, sondern ob er entschuldigt ist (BGH **17**, 391, 396; KG JR **78**, 36; Celle StV **87**, 192; Düsseldorf StV **87**, 9; VRS **71**, 292; Koblenz VRS **64**, 211, 212; Köln NZV **99**, 261 [zu § 74 II OWiG] mit abl Anm Deutscher; Saarbrücken NJW **75**, 1613). Eine genügende Entschuldigung fehlt daher nicht schon deshalb, weil der Angeklagte einen hinreichenden Entschuldigungsgrund, obwohl er dazu imstande gewesen wäre, nicht rechtzeitig geltend (Düsseldorf NStZ **84**, 331; Köln GA **63**, 58; München MDR **57**, 761) oder nicht glaubhaft gemacht hat (Bay **97**, 145 = NJW **98**, 172; Köln NJW **53**, 1046, 1037; VRS **71**, 371). Die Entschuldigung kann sich aus den Akten, die das Gericht zu diesem Zweck durchzusehen hat, aus Erklärungen des Verteidigers (Köln VRS **71**, 371; StraFo **06**, 205) oder anwesender Zeugen, aus allgemeinkundigen Tatsachen oder aus nahe liegenden Zusammenhängen, zB der Abschiebung des ausländischen 18

Angeklagten (KG StV **92**, 567 mwN; Stuttgart NStZ-RR **04**, 338) oder seiner Ausweisung (Bay StV **01**, 339), ergeben.

19 Hat das Gericht Anhaltspunkte dafür, dass das Ausbleiben des Angeklagten entschuldigt sein kann, so muss es ihnen durch **Ermittlungen im Freibeweis** (7, 9 zu § 244) nachgehen (Bay **97**, 145 = NJW **98**, 172; NStZ-RR **99**, 143; StV **01**, 338; Düsseldorf StV **87**, 9; VRS **71**, 292; Hamm VRS **107**, 206; Köln NJW **82**, 2617; StraFo **06**, 205; München NJW **08**, 3797; Stuttgart Justiz **04**, 126; Zweibrücken StV **01**, 336 L). Das gilt auch, wenn der Angeklagte seine Verhandlungsunfähigkeit mit einer dazu nicht geeigneten Arbeitsunfähigkeitsbescheinigung beweisen will (KG JR **78**, 36; Düsseldorf VRS **87**, 439). Den Angeklagten trifft keine Mitwirkungspflicht; dass er der Auflage, ein amtsärztliches Zeugnis beizubringen, nicht nachkommt, rechtfertigt die Anwendung von I nicht (Bay DAR **86**, 249 [R]; Celle StV **87**, 192; Karlsruhe NJW **69**, 476). In der Vorlage einer ärztlichen Arbeitsunfähigkeitsbescheinigung liegt idR konkludent die Entbindung des Arztes von der Schweigepflicht (Karlsruhe NStZ **94**, 141; Nürnberg NJW **09**, 1761).

20 Das Gericht darf im Freibeweis aber nur solche Beweise erheben, die **sofort zur Verfügung stehen** (KG VRS **107**, 119; Hamburg JZ **63**, 480, 481; Köln VRS **71**, 371; Saarbrücken NJW **75**, 1613), also nur eine Unterbrechung, nicht aber eine Aussetzung der Hauptverhandlung erfordern (Bay NStZ-RR **03**, 87). Es darf nicht etwa wochenlange Ermittlungen anstellen und erst in einer neuen Verhandlung nach I verfahren (Hamburg JR **59**, 29). Sind keine Umstände ersichtlich, die das Ausbleiben des Angeklagten entschuldigen können, hat der Angeklagte insbesondere solche nicht schlüssig vorgetragen, so ist das Gericht zu Nachforschungen nicht verpflichtet (Bamberg DAR **08**, 217 L; Koblenz NJW **75**, 322).

21 bb) **Genügend entschuldigt** ist das Ausbleiben nur, wenn es glaubhaft (7 zu § 26; 10 zu § 45) erscheint, dass den Angeklagten kein Verschulden trifft (eingehend dazu SK-Frisch 21 ff).

22 Bloße **Zweifel** an der Richtigkeit des tatsächlichen Vorbringens des Angeklagten und an der Beweiskraft der vorgelegten Urkunden rechtfertigen die Verwerfung nicht (Düsseldorf StV **87**, 9; VRS **89**, 132; Frankfurt NJW **88**, 2965; Koblenz NJW **75**, 322; Köln StV **89**, 54; NJW **93**, 1345), so insbesondere, wenn in einem : ärztlichen Attest die Art der Erkrankung nicht angegeben ist (Hamm NZV **09**., 247; Nürnberg NJW **09**, 1761); denn nur die bestimmte Feststellung, nicht der bloße Verdacht, dass die Entschuldigung unwahr ist, lässt sie als ungenügend erscheinen (Düsseldorf StV **87**, 9, 10; Hamm NStZ-RR **97**, 240).

23 Bei der **Verschuldensfrage** ist eine weite Auslegung zugunsten des Angeklagten geboten (BGH **17**, 391, 397; Bay **01**, 14 = NJW **01**, 1438, 1439 mwN). Maßgebend ist, ob dem Angeklagten nach den Umständen des Falles wegen seines Ausbleibens billigerweise ein Vorwurf zu machen ist (Brandenburg NJW **98**, 842; Bremen StV **87**, 242; Düsseldorf NJW **85**, 2207; StV **84**, 148; Stuttgart wistra **06**, 319; Zweibrücken VRS **112**, 122). Ist der Angeklagte ersichtlich unter keinen Umständen bereit, überhaupt zur Berufungsverhandlung zu erscheinen, so ist I nach seinem Sinn auch dann anzuwenden, wenn für den angesetzten Termin ein Entschuldigungsgrund besteht (Karlsruhe MDR **78**, 75).

24 Ist der **Angeklagte in Haft,** so ist sein Ausbleiben idR ohne weiteres entschuldigt. Ist er in der Berufungssache inhaftiert, hat der Vorsitzende die Vorführung anzuordnen; dass der Angeklagte sie nicht selbst betreibt, stellt kein Verschulden dar (Stuttgart StV **88**, 72). Sein Ausbleiben ist aber unentschuldigt, wenn er ohne Grund die Vorführung verweigert (Karlsruhe MDR **74**, 598; vgl auch Stuttgart Justiz **72**, 187). Befindet sich der Angeklagte in anderer Sache in Haft, so muss er die JVA nicht auf die Notwendigkeit seiner Vorführung hinweisen (Braunschweig NStZ **02**, 163 mwN; Köln StraFo **08**, 248). Ein unentschuldigtes Ausbleiben kann aber anzunehmen sein, wenn er nach Erhalt der Terminsladung eine neue Straftat begeht und deswegen im Ausland inhaftiert wird (Frankfurt NStZ-RR **99**, 144).

25 cc) **Einzelfälle:** Die weite Entfernung des Angeklagten vom Gerichtsort genügt nicht (vgl LG Bielefeld NStZ-RR **98**, 343: Kurzvisum beantragen), auch nicht die

Furcht, bei seinem Erscheinen in Vollstreckungshaft genommen zu werden (Hamm JMBlNW **76**, 9), wohl aber, dass die Einreise in die BRD untersagt ist, zB aufenthaltsrechtlich (Bremen StraFo **05**, 381) oder durch einen Bewährungsbeschluss (Köln StraFo **08**, 29). Die irrtümliche Annahme, dass der Verteidiger zur Vertretung berechtigt ist, kann entschuldigen (Bay **56**, 32 = NJW **56**, 838; Hamm VRS **106**, 294), auch eine unrichtige Auskunft des Gerichts (Zweibrücken NStZ-RR **00**, 111), ebenso die fehlerhafte Ablehnung (Köln VRS **85**, 443; München NStZ-RR **06**, 20) oder die Nichtbescheidung eines Vertagungs- oder Entbindungsantrags (LR-Gössel 43; vgl aber Schleswig SchlHA **76**, 159 für einen kurz vor der Verhandlung gestellten Antrag), nicht aber die Unkenntnis von der Ladung, die der ortsabwesende Angeklagte selbst verschuldet (Düsseldorf JMBlNW **85**, 286) oder der ausländische Angeklagte sich nicht hat übersetzen lassen (Hamm JMBlNW **81**, 166), uU aber eine außergewöhnlich lange Ladungsfrist (Saarbrücken NStZ **91**, 147: 1 Jahr; einschr Düsseldorf NStZ-RR **96**, 169: Darlegung erforderlich, dass zumutbare Vorkehrungen gegen das Vergessen des Termins getroffen wurden). Verschulden trifft den Angeklagten, wenn er sich nicht bei seinem Verteidiger oder bei Gericht darüber erkundigt, ob dem Verlegungsantrag stattgegeben worden ist (Karlsruhe NStE Nr 18).

Krankheit entschuldigt, wenn sie nach Art und Auswirkungen eine Beteiligung 26
an der Hauptverhandlung unzumutbar macht (Düsseldorf NStZ **84**, 331: Abzess in der Mundhöhle; Hamm StraFo **98**, 233: eitrige Entzündungen; Köln VRS **111**, 43: Durchfallerkrankung; Düsseldorf NStE Nr 16: nicht bei nur psychischer Belastung, wohl aber bei paranoider Psychose mit der Gefahr psychophysischer Dekompensation, Köln StraFo **10**, 73), auch wenn keine Verhandlungsunfähigkeit vorliegt (Düsseldorf StV **87**, 9; Köln VRS **72**, 442, 444), aber die Beeinträchtigung erheblich ist (Schleswig SchlHA **09**, 245 [D/D]; Stuttgart wistra **06**, 319) oder die Gefahr der Verschlimmerung besteht (Düsseldorf MDR **82**, 954). Andererseits entschuldigt Verhandlungsunfähigkeit auch dann, wenn der Angeklagte vor Gericht erscheinen könnte. Dass sich der Angeklagte nicht rechtzeitig in ärztliche Behandlung begeben hatte, berechtigt nicht zur Verwerfung (Köln NStZ-RR **09**, 86). Eine Operation ist kein Entschuldigungsgrund, wenn sie aufschiebbar ist (Koblenz OLGSt Nr 3; vgl auch Bay **99**, 42 = JR **00**, 80 mit zust Anm Rosenau zum Unterlassen einer die Verhandlungsunfähigkeit beseitigenden Therapie), ein Selbstmordversuch nicht, wenn er nur die Verzögerung des Verfahrens bezweckt (Koblenz NJW **75**, 322). Zur Glaubhaftmachung der Krankheit genügt ein privatärztliches Attest (Düsseldorf VRS **71**, 292; **84**, 458; **90**, 184; Frankfurt StV **88**, 100), das aber konkrete Angaben über die Erkrankung enthalten muss (KG StraFo **07**, 244; Hamm NZV **09**, 158; Schleswig SchlHA **05**, 258 [D/D]); allein die Behauptung, der Angeklagte sei erkrankt, ohne dass Angaben zur Art der Erkrankung gemacht werden, verpflichtet das Gericht nicht zu weiterer Aufklärung (Bamberg NJW **09**, 2151 L = NZV **09**, 303). Eine Arbeitsunfähigkeitsbescheinigung genügt idR nicht (Köln NStZ-RR **09**, 112). Wurde die Art der Erkrankung mitgeteilt, fehlen aber konkrete Angaben dazu, muss das Gericht prüfen, ob der Angeklagte genügend entschuldigt ist (Nürnberg NJW **09**, 1761); ebenso sind Zweifeln an der Richtigkeit des Attestes oder der Erheblichkeit der Erkrankung von Amts wegen nachzugehen (vgl Bay **98**, 79 = NJW **99**, 879; Karlsruhe StraFo **98**, 25; Köln StraFo **06**, 413;). Das Attest muss idR im Original vorgelegt werden (Düsseldorf StraFo **97**, 118); das Vertrauen des Angeklagten auf seine entschuldigende Wirkung kann genügen (Düsseldorf NJW **85**, 2207; Hamm StV **93**, 7; Köln VRS **97**, 362).

Die Wahl des falschen **Verkehrsmittels** und die zu knapp bemessene Reisezeit 27
lassen das Ausbleiben als unentschuldigt erscheinen (Bamberg NJW **95**, 740: bei Fahrstrecke von über 100 km Zeitreserve einplanen; Köln JMBlNW **72**, 63: erkennbar zu spät ankommender Zug), wobei die Anforderungen aber nicht überspannt werden dürfen (BerlVerfGH NJW **04**, 1158; vgl auch zum Verpassen des Zuges München wistra **08**, 480). Eine Kraftfahrzeugpanne ist idR nicht voraus-

sehbar und daher zur Entschuldigung geeignet (Bremen DAR **56**, 144; Hamm VRS **97**, 44; Karlsruhe NJW **73**, 1515; Schleswig OLGSt S 131), nicht aber Parkschwierigkeiten beim Gericht (großzügig jedoch Nürnberg OLGSt § 44 Nr 2) oder üblicherweise zu erwartende Verkehrsstauungen (BVerfG StV **94**, 113 mit abl Anm Sieg; Jena NJW **06**, 1894 L = NStZ-RR **06**, 147). Ein Angeklagter muss nicht mit öffentlichen Verkehrsmitteln zum Gericht fahren, wenn eine ihm angebotene private Mitfahrgelegenheit zuverlässig erscheint (Oldenburg StraFo **09**, 336).

28 Die **Regelung beruflicher oder privater Angelegenheiten** entschuldigt das Ausbleiben nur, wenn sie unaufschiebbar und von solcher Bedeutung ist, dass dem Angeklagten das Erscheinen billigerweise nicht zugemutet werden kann, so dass die öffentlich-rechtliche Pflicht zum Erscheinen in der Hauptverhandlung ausnahmsweise zurücktreten muss (KG GA **77**, 127; Hamm NJW **60**, 1921, 1922; Karlsruhe VRS **89**, 130; Saarbrücken StraFo **97**, 175), zB aus religiösen Gründen (Köln NJW **93**, 1345), bei drohenden wirtschaftlichen Verlusten (Düsseldorf NJW **60**, 1921), bei Arbeitsbeginn nach langer Erwerbslosigkeit (Hamm VRS **87**, 138; Koblenz OLGSt Nr 5) oder drohendem Verlust des Arbeitsplatzes (Düsseldorf NJW **95**, 207), in einer Bagatellsache bei einer gebuchten Urlaubsreise (Düsseldorf NJW **73**, 109; Hamm VRS **109**, 40), aber nicht deshalb, weil ein Urlaub geplant oder in Kenntnis des Hauptverhandlungstermins gebucht ist (Hamm VRS **39**, 208; **110**, 28; LG Berlin VRS **112**, 276). Ein längerer, zeitlich nicht befristeter Auslandsaufenthalt muss unterbrochen werden (Bay NJW **94**, 1748); ob eine Dienstreise ins Ausland verschoben oder unterbrochen werden muss, hängt von der Art der Geschäfte, ihrer Wichtigkeit und ihrer unaufschiebbaren Dringlichkeit ab (vgl Hamm NZV **06**, 165).

29 Entschuldigen kann auch das **Vertrauen auf Auskünfte des Verteidigers,** zB wenn dieser eine falsche Uhrzeit für den Verhandlungsbeginn nennt (Hamm VRS **42**, 289; Karlsruhe AnwBl **77**, 224) oder wahrheitswidrig erklärt, der Termin sei vom Gericht abgesetzt worden (Hamm NStZ-RR **97**, 113; Köln NStZ-RR **97**, 208), nach der Rspr hingegen nicht, wenn der Verteidiger nur mitteilt, die Verhandlung werde wegen eines Vertagungsantrages nicht stattfinden (Hamm JMBlNW **79**, 20; LG Berlin NStZ **05**, 655; LG Köln MDR **82**, 73 mit abl Anm Schmellenkamp; zw; einschr auch Koblenz StraFo **09**, 421: nicht bei willkürlicher Ablehnung einer Terminsverlegung), jedenfalls jedoch dann nicht, wenn der Angeklagte bereits eine anderslautende Benachrichtigung des Gerichts erhalten hat (Bay NStZ-RR **03**, 85; Koblenz VRS **44**, 290); es entschuldigt auch nicht, wenn der Verteidiger das beabsichtigte Ausbleiben des Angeklagten für genügend entschuldigt (Hamm JMBlNW **78**, 32) oder die Verwerfung der Berufung für rechtlich unzulässig hält, weil er einen Entbindungsantrag nach § 233 stellen will (Saarbrücken NJW **74**, 327 L), oder wenn er nach längerer Wartezeit den Angeklagten zum Verlassen des Gerichtsgebäudes auffordert (Hamm VRS **55**, 275).

30 E. **Verwerfungsurteil:**

31 a) **Zeitpunkt:** Die Verwerfung der Berufung erfolgt idR sofort nach der Feststellung, dass das Ausbleiben des Angeklagten nicht ausreichend entschuldigt ist, ggf nachdem hierüber im Freibeweis Ermittlungen ausgestellt worden sind (oben 19). Hat auch die StA Berufung eingelegt, so ist zunächst das Urteil nach I zu erlassen und sodann über das Rechtsmittel der StA zu verhandeln und zu entscheiden (Bay **56**, 32 = NJW **56**, 838; Stuttgart NJW **61**, 1687; Meyer-Goßner Gössel-FS 644); die Urteile müssen dann auf dieselbe Weise zugestellt werden (Karlsruhe NJW **72**, 1871). Beide Entscheidungen können aber auch in einem Urteil getroffen werden (RG **65**, 231; Karlsruhe aaO).

32 b) **Wegfall der Verurteilung wegen einzelner Taten** (I S 3): Dem Berufungsgericht, das nach I S 1 verfährt, ist grundsätzlich jede Änderung des angefochtenen Urteils untersagt, auch wenn es auf einem ungültigen Gesetz beruht

(Frankfurt NJW **63**, 460). Nur nach I S 3 ist eine Klarstellung und eine Gesamtstrafenbildung zulässig. Der Wegfall der Verurteilung wegen einzelner Straftaten kann darauf beruhen, dass das Verfahren nach den §§ 153 ff oder wegen eines Verfahrenshindernisses eingestellt (Rieß NJW **75**, 89) oder ein Verfahrensteil abgetrennt worden ist. Eine vor der Berufungshauptverhandlung erfolgte Verfahrensbeschränkung nach § 154 a hindert die Verwerfung nicht (**aM** Rostock NStZ **94**, 401 mit unrichtigen Folgerungen); eine neue Einzel- oder Gesamtstrafe darf deswegen im Verwerfungsurteil nicht festgesetzt werden. Auch eine entspr Anwendung des I S 3 auf den Fall, dass infolge Zeitablaufs die Sperre für die Neuerteilung der Fahrerlaubnis nach § 69 a I StGB abgelaufen ist, kommt nicht in Betracht (SK-Frisch 45; **aM** LG Kiel NJW **76**, 1326). Ebenso ist eine nachträgliche Gesamtstrafenbildung (§ 55 StGB) ausgeschlossen (Stuttgart Justiz **98**, 572).

c) **Notwendiger Inhalt des Urteils:** Da gegen das Verwerfungsurteil die Revision zulässig ist (unten 46), muss es nach § 34 begründet werden, und zwar so, dass der Angeklagte die maßgebenden Erwägungen erkennen und das Revisionsgericht sie prüfen kann (KG StV **87**, 11; Düsseldorf VRS **86**, 453; Hamm NStZ-RR **00**, 84). Wenn Entschuldigungsgründe weder vorgebracht noch sonst ersichtlich sind, genügt die formularmäßige Verwerfung ohne nähere Begründung (Frankfurt NJW **70**, 959; Hamm VRS **39**, 210; Karlsruhe NJW **69**, 476). Andernfalls muss sich das Urteil mit allen geltend gemachten und sonstigen als Entschuldigung in Betracht kommenden Tatsachen auseinandersetzen (KG StV **87**, 11; **95**, 575; Bay **99**, 69; Bremen StV **87**, 242; Celle StV **87**, 192; Düsseldorf StV **83**, 193; **87**, 9; Hamm StraFo **98**, 233; NStZ-RR **03**, 86) und, wenn es ein Attest nicht als genügende Entschuldigung ansieht, seinen wesentlichen Inhalt mitteilen (Frankfurt StV **88**, 100; Nürnberg StraFo **08**, 248). Wenn dazu Anlass besteht, muss das Urteil auch die Zulässigkeit der Berufung und das Fehlen von Prozesshindernissen erörtern. 33

d) Die **Zustellung des Verwerfungsurteils** richtet sich nach den allgemeinen Vorschriften (4 ff zu § 37). Auch Ersatzzustellung (6 ff zu § 37) ist zulässig; § 232 IV gilt nicht (SK-Frisch 46; erg 26 zu § 232). 34

2) Verhandlung auf Berufung der StA (II): Hat nur (oder auch) die StA Berufung eingelegt, so wird unter den Voraussetzungen des I S 1 ohne den Angeklagten verhandelt; denn der Angeklagte soll es auch in diesem Fall nicht in der Hand haben, den weiteren Ablauf des Verfahrens aufzuhalten und seine Weiterführung für längere oder kürzere Zeit zu verhindern (BGH **17**, 391, 395; Karlsruhe NStZ-RR **04**, 21 mwN). 35

Die Verhandlung in Abwesenheit des Angeklagten ist aber ausgeschlossen, wenn die **Aufklärungspflicht** (§ 244 II) zu seiner erneuten Anhörung oder dazu drängt, dass sich das Berufungsgericht einen persönlichen Eindruck von ihm verschafft, was in vielen Fällen unumganglich sein wird (BGH **17**, 391, 398; Stuttgart NStZ **87**, 377), insbesondere bei einer Strafmaßberufung der StA (Hamburg StV **82**, 558; Hamm VRS **90**, 443; Koblenz VRS **45**, 189; Köln NJW **63**, 1265) oder bei einem Jugendstrafverfahren (Eisenberg NStZ **99**, 286). Auch das Hervortreten neuer Umstände, die nicht schon nach § 265 I, II zur Belehrung und Anhörung des Angeklagten zwingen, kann einer Verhandlung in dessen Abwesenheit entgegenstehen (BGH **17**, 391, 398). 36

Eine Grenze für die in dem Abwesenheitsurteil zu verhängende **Strafe** besteht dagegen nicht; insbesondere ist das Berufungsgericht nicht an den Strafrahmen des § 233 I gebunden (BGH **17**, 391). Allerdings darf gegen den Angeklagten keine so hohe Strafe verhängt werden, dass seine nochmalige Anhörung geboten erscheint (BGH **17**, 391, 399; Karlsruhe aaO). Wenn eine Verhandlung in Abwesenheit des Angeklagten nach diesen Grundsätzen unzulässig ist, muss sein Erscheinen nach IV (unten 45) erzwungen werden. 37

II S 2 enthält eine Ausnahme von dem Grundsatz des § 303 S 1; die StA kann ihre Berufung *in der* Hauptverhandlung (München NStZ **08**, 120; SK-Frisch 50; 38

aM LG Dresden NStZ **99**, 265: auch noch danach) ohne Zustimmung des nicht erschienenen Angeklagten zurücknehmen oder (durch Teilrücknahme) beschränken. Das gilt aber nicht, wenn die Sache erneut verhandelt wird, nachdem sie vom Revisionsgericht zurückverwiesen worden ist.

39 Der **notwendige Urteilsinhalt** richtet sich für den sachlichen Teil nach § 267. Darüber hinaus muss das Urteil nach § 34 zur Frage des unentschuldigten Ausbleibens des Angeklagten Stellung nehmen (Karlsruhe NJW **72**, 1871; Köln NJW **63**, 1265; oben 33). Wegen der Urteilszustellung vgl oben 34.

40 **3) Wiedereinsetzung** (III): Der Angeklagte kann gegen Urteile nach I S 1 und II S 1 die Wiedereinsetzung unter den Voraussetzungen der §§ 44, 45 „beanspruchen". Er muss sie in der Form des § 45 beantragen (Düsseldorf VRS **97**, 132); Wiedereinsetzung von Amts wegen nach § 45 II S 3 ist ausgeschlossen (dort 12). Jedoch kann dem verspätet mit genügender Entschuldigung erschienenen Angeklagten auf seinen Antrag, über dessen Möglichkeit er ggf zu belehren ist (Einl 157), gegen das soeben ergangene Verwerfungsurteil sofort in einem nicht zur Hauptverhandlung gehörenden Beschluss Wiedereinsetzung gewährt werden, falls die Hauptverhandlung noch alsbald durchgeführt (im Fall des II von neuem begonnen) werden kann (LR-Gössel 121).

41 Beim **Fehlen der ordnungsgemäßen Ladung** (oben 9) ist der Angeklagte an sich nicht säumig; gleichwohl ist der Nichtsäumige nach zutr hM dem Säumigen gleichzustellen und ohne Rücksicht auf ein Verschulden des Angeklagten Wiedereinsetzung zu gewähren, wenn das Gericht das Fehlen oder die Unwirksamkeit der Ladung übersehen hat (BGH NJW **87**, 1776, 1777 aE; Celle JR **79**, 121 mit abl Anm Meyer; Frankfurt JR **86**, 213 mit Anm Hilger = NStZ **86**, 279 mit abl Anm Meyer; Hamburg StV **01**, 339; Hamm NStZ **82**, 521 mit abl Anm Meyer; Karlsruhe Justiz **97**, 180; Köln NStZ-RR **02**, 142 mwN; Schleswig SchlHA **97**, 172 [L/S]; SK-Frisch 63). Dafür sprechen nicht nur ein „Erst-recht-Schluss" (Schleswig SchlHA **05**, 263 [D/D]), der Hinweis auf die entspr Regelung in § 235 S 1 aE und Praktikabilitätsgründe (Gollwitzer Kleinknecht-FS 165); dogmatisch ist dies nämlich vor allem deswegen gerechtfertigt, weil es der Grundentscheidung des Gesetzgebers entspricht, den näheren Rechtsbehelf (Wiedereinsetzung) zuzulassen, wenn dadurch dasselbe Ergebnis wie durch das aufwändigere Rechtsmittel ohne Rechtsverlust erreicht werden kann (zum Ganzen Meyer-Goßner Hamm-FS 443). Eine zu starr am Wortlaut des Gesetzes haftende Mindermeinung will demgegenüber, wenn das Urteil mit der Revision angefochten werden kann (Düsseldorf NStZ **87**, 523), nur diese zulassen (KG JR **76**, 425 mit abl Anm Wendisch; **84**, 78; Saarbrücken MDR **87**, 695; LG Göttingen NdsRpfl **90**, 11; erg 2 zu § 44). Wiedereinsetzung wird auch gewährt, wenn die Berufung zu Unrecht wegen Verhandlungsunfähigkeit des Angeklagten verworfen wurde (oben 14 aE; Frankfurt NJW **05**, 2169 L = NStZ-RR **05**, 174).

42 Die **Wiedereinsetzung setzt voraus,** dass zur Entschuldigung geeignete (oben 23 ff) Tatsachen geltend und glaubhaft gemacht werden (Düsseldorf StraFo **00**, 126; Hamm VRS **96**, 439; Köln NStZ-RR **02**, 142; Stuttgart Justiz **03**, 489), die dem Berufungsgericht nicht bekannt waren; ob sie ihm hätten bekannt sein müssen, ist unbeachtlich (Köln StV **89**, 53; München NStZ **88**, 377; **aM** Düsseldorf StV **85**, 52; **87**, 242). Die Rechtsfehlerhaftigkeit der Verwerfung der Berufung kann nicht im Wiedereinsetzungsverfahren, sondern nur mit der Revision geltend gemacht werden (Hamm wistra **97**, 157; **08**, 40). Auf Tatsachen, die das Gericht bereits – wenn auch rechtsfehlerhaft – in dem Urteil als zur Entschuldigung nicht geeignet gewürdigt hat, kann der Antrag daher nicht gestützt werden (Düsseldorf VRS **97**, 139 mwN; wistra **03**, 399, 400; StV **09**, 13; vgl aber KG NStZ-RR **06**, 183: nicht bei Würdigung nur vermuteter Hinderungsgründe). Sie können nur im Zusammenhang mit neuen Tatsachen zur Begründung verwendet werden (Düsseldorf VRS **90**, 184; wistra **96**, 158; Jena VRS **105**, 299). Auch auf neue Beweismittel für die vom Berufungsgericht schon gewürdigten Tatsachen kann der Antrag nicht

gestützt werden (Düsseldorf NStZ **92**, 99, 100; Hamburg MDR **91**, 469). Der Angeklagte kann aber Tatsachen geltend machen, die das Berufungsgericht hätte würdigen müssen, die es jedoch im Berufungsurteil nicht gewürdigt hat (Düsseldorf OLGSt § 44 Nr 31; Hamm NStZ-RR **97**, 368, 369; München NStZ **88**, 377). Behauptet der Angeklagte, am Ort der Ersatzzustellung nicht wohnhaft gewesen zu sein, muss er Gründe vortragen, die geeignet sind, die Indizwirkung der Zustellung zu entkräften und dem Gericht ausreichende Anhaltspunkte für eine Überprüfung des räumlichen Lebensmittelpunkts von Amts wegen zu liefern (Karlsruhe VRS **115**, 196).

Die **Entscheidung** ergeht – nach Ablauf der in III gesetzten Frist (Düsseldorf NStZ **98**, 637; zur Ausnahme oben 40) – durch Beschluss und wird in der für Entscheidungen außerhalb der Hauptverhandlung maßgebenden Besetzung getroffen. Gegen den Beschluss ist nach § 46 III sofortige Beschwerde zulässig. 43

Als **Folge der Wiedereinsetzung** wird das frühere Urteil beseitigt, ohne dass es ausdrücklich aufgehoben zu werden braucht (Stuttgart NJW **61**, 1687, 1688), zugleich damit auch ein etwa auf die Berufung der StA in derselben Hauptverhandlung ergangenes Urteil, da es ebenfalls eine – nunmehr beseitigte – Folge der Säumnis ist. Daher ist über beide Berufungen erneut zu entscheiden (RG **61**, 180; **65**, 232, 233). 44

Gegen den die Wiedereinsetzung ablehnenden Beschluss ist **sofortige Beschwerde** zulässig (§ 46 III); wird zugleich ein Antrag auf Wiedereinsetzung gegen die Versäumung der Wiedereinsetzungsfrist (3 zu § 45) gestellt, kann das OLG zusammen mit der Beschwerde – abweichend von § 46 I – auch über diesen Antrag entscheiden (KG OLGSt § 46 Nr 7). 44a

4) Vorführung oder Verhaftung (IV) ist auf die Berufung des Angeklagten nur zulässig, wenn ein Verwerfungsurteil nicht erlassen werden kann, also (I S 2) wenn die Sache von dem Revisionsgericht zurückverwiesen worden war (oben 4) oder wenn der Angeklagte zwar in zulässiger Weise vertreten wird (oben 15 ff), seine persönliche Anhörung aber geboten erscheint (KG JR **77**, 34; Stuttgart NStZ **82**, 217 mit Anm Sieg NStZ **83**, 40). Bei Berufung der StA darf das Erscheinen des Angeklagten nur erzwungen werden, wenn die Aufklärungspflicht oder andere zwingende Gründe seine Anwesenheit erforderlich machen (Michel MDR **91**, 933; oben 36 ff); sonst sind die Vorführung und der Erlass eines Haftbefehls unzulässig. Die Verfahren nach I und II haben also Vorrang vor IV (SK-Frisch 55 mwN). Insbesondere ist eine Verhaftung des Angeklagten mit dem Grundsatz der Verhältnismäßigkeit nicht zu vereinbaren, wenn in der nächsten Hauptverhandlung bei unentschuldigtem Fernbleiben des Angeklagten ein Urteil nach I, II ergehen könnte oder wenn bei verständiger Würdigung aller Umstände die Erwartung gerechtfertigt ist, dass der Angeklagte zu dem Termin erscheinen wird (BVerfG NJW **01**, 1341). Die Beschränkungen nach §§ 121, 122 gelten für die Haft nach IV S 1 nicht (2 zu § 121). 45

5) Revision gegen das Verwerfungsurteil nach I ist zulässig (§ 333), auch neben einem Wiedereinsetzungsantrag (Folge: 2 zu § 342). Unzulässig ist die Revision im Fall des § 55 II **JGG** (Düsseldorf MDR **91**, 1141), auch bei einem Heranwachsenden im Fall des § 109 II **JGG** (BGH **30**, 98). 46

A. Zu den **Verfahrensvoraussetzungen,** die das Revisionsgericht von Amts wegen zu prüfen hat (6 zu § 337), gehört weder die Zustellung des Urteils nach § 316 II (dort 4) noch das unentschuldigte Ausbleiben des Angeklagten zu Beginn der Berufungsverhandlung (BGH **15**, 287). War das Verwerfungsurteil trotz wirksamer Berufungsrücknahme ergangen, ist es auf zulässige Revision aufzuheben (Jena VRS **108**, 267; erg 11 zu § 302); ebenso ist bei einer wegen verspäteter Einlegung unzulässigen Berufung das gleichwohl ergangene Berufungsurteil aufzuheben und die Berufung als unzulässig zu verwerfen (Hamm NJW **09**, 245 L = NStZ-RR **08**, 383 mit zutr Anm d. Schriftltg). 47

48 B. **Prüfung durch das Revisionsgericht:** Nur die Verletzung des § 329 kann mit der Revision geltend gemacht werden. Das Revisionsgericht prüft auf entspr Verfahrensrüge (Nürnberg NJW **09**, 1761; Saarbrücken VRS **44**, 190; Stuttgart Justiz **06**, 235) im Freibeweis (7, 9 zu § 244), ob der Beschwerdeführer dort geladen worden ist, wo er gewohnt hat (BGH NJW **87**, 1776; KG JR **84**, 78; Düsseldorf StV **90**, 58; oben 41), oder ob die besondere Vollmacht nach § 145a II vorlag (Düsseldorf StV **82**, 127). Im Übrigen kann das Urteil auf die Revision nur darauf überprüft werden, ob das Berufungsgericht seine Aufklärungspflicht (oben 19) verletzt und daher seiner Entscheidung nicht alle in diesem Zeitpunkt erkennbaren Entschuldigungsgründe zugrunde gelegt (Bay **01**, 14 = NJW **01**, 1438) oder ob es die Rechtsbegriffe des Ausbleibens oder der genügenden Entschuldigung verkannt hat (KG JR **92**, 347; Hamm NJW **63**, 65; Karlsruhe NJW **72**, 1871; Koblenz VRS **47**, 359, 361; Saarbrücken NJW **75**, 1613, 1614 mwN). An die tatsächlichen Feststellungen des Urteils, die in der Revisionsbegründungsschrift nicht wiederholt zu werden brauchen (Brandenburg NStZ **96**, 249; Düsseldorf StV **84**, 148; VRS **78**, 129 mwN), ist das Revisionsgericht gebunden; es darf sie weder prüfen noch ergänzen (BGH **28**, 384; KG StV **87**, 11; Bremen StV **87**, 11, 12; 242; Düsseldorf StV **83**, 193; Hamm VRS **68**, 55; Karlsruhe NStZ **82**, 433; SK-Frisch 75; **aM** Nöldeke Meyer-GedSchr 303; differenzierend Weidemann Schlüchter-GS 663). Nachträgliches Entschuldigungsvorbringen ist unbeachtlich (KG GA **73**, 29; Frankfurt NJW **74**, 1151). Nur auf die – schlüssig vorgetragene (Köln NStZ-RR **99**, 337) – Rüge, dass das Berufungsgericht seine Ermittlungspflicht verletzt habe, ist dem Revisionsgericht die Möglichkeit des Freibeweises eröffnet (BGH **28**, 384, 386; KG NStZ-RR **02**, 218; Celle NdsRpfl **93**, 112; Düsseldorf StV **82**, 216; differenzierend Weidemann aaO). Zweifel über das Vorliegen einer genügenden Entschuldigung oder über die Wirksamkeit der Ladung führen zur Urteilsaufhebung (Düsseldorf VRS **78**, 130; Stuttgart NStZ **89**, 81; **aM** Nöldeke aaO 307 wegen unzutreffender Gleichsetzung mit allg Verfahrensmängeln). Bei behaupteter nicht ordnungsgemäßer Ladung müssen gemäß § 344 II S 2 alle hierfür maßgeblichen Umstände vorgetragen werden (KG NStZ **09**, 111; Hamm NStZ-RR **05**, 114; vgl ferner Karlsruhe NZV **96**, 164 sowie Bay **01**, 31 = NStZ-RR **01**, 374 bei Nichtladung des Verteidigers, s. oben 11a), bei Verwerfung der Berufung trotz Vertretung muss vorgetragen werden, dass der Verteidiger den Angeklagten auch hat vertreten wollen (Hamm NStZ-RR **06**, 212 L; erg oben 16).

49 Die **Sachrüge** führt nur zur Prüfung, ob im Revisionsverfahren Verfahrenshindernisse entstanden sind (**aM** Dresden NJW **00**, 3297; Saarbrücken NStZ **91**, 147; Kratz in Jung/Müller-Dietz 108; Weidemann aaO 653: auch zur Prüfung, ob zurecht eine nicht genügende Entschuldigung angenommen wurde). Ob das AG Verfahrenshindernisse übersehen hatte, wird – ebenso wie beim LG (oben 8) – nicht geprüft (so zutr Koblenz 1 Ss 293/99 vom 20. 1. 2000; **aM** BGH **21**, 242). In BGH **46**, 230 (= NStZ **01**, 440 mit zutr abl Anm Duttge, unzutr Paulus ebenda) ist die Vorfrage, ob das LG das vom AG übersehene Verfahrenshindernis trotz Säumnis des Angeklagten berücksichtigen darf, zu Unrecht offen gelassen worden (zust SK-Frisch 39); denn wenn das LG es nicht beachten durfte, die Verwerfung der Berufung also richtig war, muss das Urteil auch in der Revision Bestand haben, für das OLG kann dann – entgegen BGH – nichts anderes gelten. Wird die Sachrüge nur mit sachlich-rechtlichen Angriffen gegen das 1. Urteil begründet, so ist sie unzulässig (Köln NJW **01**, 1223; Schleswig SchlHA **02**, 171 [D/D]; LR-Gössel 98). Die Sachrüge kann in die Rüge der Verletzung des § 329 umgedeutet werden, sofern sie den Anforderungen des § 344 II genügt (Brandenburg StraFo **97**, 213; Koblenz NJW **75**, 322 mit zust Anm Krause NJW **75**, 1713; SK-Frisch 70; erg 11 zu § 344).

50 C. Bei **Aufhebung** des Verwerfungsurteils entfällt automatisch auch das in Abwesenheit des Angeklagten auf die Berufung der StA ergangene Urteil (Stuttgart NJW **61**, 1687). Die Aufhebung des nach II ergangenen Urteils lässt hingegen das

Verwerfungsurteil unberührt (Stuttgart Justiz **99**, 493), es sei denn, das Urteil sei aufgehoben worden, weil die Voraussetzungen des I gefehlt haben (Meyer-Goßner, Gössel-FS 646). Nach Aufhebung des Verwerfungsurteils und Zurückverweisung wird nicht mehr geprüft, ob die Entschuldigung in der früheren Berufungsverhandlung genügt hat.

Verfahren bei Berufung des gesetzlichen Vertreters

330 **I Ist von dem gesetzlichen Vertreter die Berufung eingelegt worden, so hat das Gericht auch den Angeklagten zu der Hauptverhandlung vorzuladen und kann ihn bei seinem Ausbleiben zwangsweise vorführen lassen.**

II 1 Bleibt allein der gesetzliche Vertreter in der Hauptverhandlung aus, so ist ohne ihn zu verhandeln. 2 Ist weder der gesetzliche Vertreter noch der Angeklagte bei Beginn einer Hauptverhandlung erschienen, so gilt § 329 Abs. 1 entsprechend; ist lediglich der Angeklagte nicht erschienen, so gilt § 329 Abs. 2 Satz 1 entsprechend.

1) Auf die **Berufung des gesetzlichen Vertreters** (vgl § 298) oder des Erzie- 1
hungsberechtigten, der nicht gesetzlicher Vertreter ist (§ 67 III **JGG**) ist, ist der Angeklagte zur Berufungsverhandlung zu laden und zum Erscheinen verpflichtet; das Gericht kann ihn zwangsweise nach §§ 133 II, 134 vorführen lassen (I).

2) In Ergänzung des § 329, der im Übrigen gilt (vgl näher dazu Schäfer 2
NStZ **98**, 334), regelt II die Folgen des Ausbleibens. Für den Fall, dass sowohl der Angeklagte als auch der gesetzliche Vertreter oder Erziehungsberechtigte unentschuldigt ausgeblieben und auch nicht zulässig vertreten sind (15 zu § 329; zur Vertretung des gesetzlichen Vertreters durch einen RA vgl Bremen NJW **60**, 1171), bestimmt II S 2 Hs 1 die entspr Anwendung des § 329 I. Ist nur der Angeklagte erschienen, so wird gegen ihn verhandelt (II S 1). Ist nur der gesetzliche Vertreter anwesend, so gelten nach II S 2 Hs 1 die Grundsätze des § 329 II S 1 (dort 35 ff); die Verhaftung des Angeklagten ist dann unzulässig, da I nur die Vorführung vorsieht (SK-Frisch 5).

3) Das **Urteil** ist stets dem Angeklagten zuzustellen, dem gesetzlichen Vertreter 3
nur, wenn es in seiner Abwesenheit verkündet worden ist. Für die Anfechtung gilt die Fristenregelung des § 298 I nicht (LR-Gössel 8; SK-Frisch 8, 9).

Verbot der Schlechterstellung

331 **I Das Urteil darf in Art und Höhe der Rechtsfolgen der Tat nicht zum Nachteil des Angeklagten geändert werden, wenn lediglich der Angeklagte, zu seinen Gunsten die Staatsanwaltschaft oder sein gesetzlicher Vertreter Berufung eingelegt hat.**

II Diese Vorschrift steht der Anordnung der Unterbringung in einem psychiatrischen Krankenhaus oder einer Entziehungsanstalt nicht entgegen.

1) Das **Verschlechterungsverbot** (vgl auch §§ 358 II, 373 II) ist keine zwin- 1
gende Folge des Rechtsstaatsprinzips (BGH **9**, 324, 332; BGHZ **85**, 180, 185 = NJW **83**, 174; BayVerfGHE 11 II 190, 195 = NJW **59**, 285; Hamburg NJW **81**, 470; Schleswig MDR **85**, 80; Meyer JR **82**, 338; Meyer-Goßner Kleinknecht-FS 297; **aM** Kretschmer [unten 22] S 63 ff, 79 ff), sondern eine dem Angeklagten vom Gesetzgeber gewährte Rechtswohltat, der der Gedanke zugrunde liegt, dass er (sein gesetzlicher Vertreter und die Erziehungsberechtigten) von der Einlegung von Rechtsmitteln gegen Urteile nicht durch die Besorgnis abgehalten werden soll, es könne ihm dadurch ein Nachteil entstehen (BGH **7**, 86; **11**, 319, 323; **27**, 176, 178; **29**, 269, 270; NJW **73**, 107, 108; Düsseldorf VRS **74**, 297, 300; SK-Frisch 3). Dem

Angeklagten (zur Berufung der StA zu seinen Gunsten vgl 14 zu § 296) sollen die durch das 1. Urteil erlangten Vorteile belassen werden, selbst wenn sie gegen das sachliche Recht verstoßen (vgl BGH **27**, 176: Geldstrafe von weniger als 5 Tagessätzen entgegen § 40 I S 2 StGB; Düsseldorf NJW **64**, 216; Hamm JMBlNW **58**, 203; Oldenburg NJW **56**, 1730: Jugendstrafe von weniger als 6 Monaten entgegen § 18 I S 1 JGG; Bay **58**, 47 = NJW **58**, 876: Umwandlung einer unzulässigen Freiheitsstrafe von 2 Wochen in Strafarrest; LG Stuttgart NStZ-RR **96**, 292: Umwandlung unzulässiger Freiheitsstrafen von 1 Woche in Geldstrafen).

2 **Teilrechtskraft** wird durch das Verschlechterungsverbot nicht herbeigeführt (KMR-Brunner 8; LR-Gössel 3; LR-Hanack 23 zu § 358; SK-Frisch 4; Hanack JZ **73**, 660; **aM** BGH **11**, 319, 322; **14**, 5, 7; NJW **79**, 936; KK-Paul 1; KK-Kuckein 23 zu § 358; erg 13 zu § 358).

3 **2)** Nur auf **Urteile** bezieht sich das Verschlechterungsverbot; für Beschwerdeentscheidungen gilt es grundsätzlich nicht (5 vor § 304).

4 Zu beachten ist es nicht nur bei der Entscheidung über die Berufung, sondern **im gesamten weiteren Verfahren,** soweit es sich nicht um ein neues Verfahren handelt (dazu unter 4a). Es gilt somit auch, wenn eine zuungunsten des Angeklagten eingelegte Berufung der StA nach § 301 nur zu dessen Gunsten erfolgreich war (BGH **13**, 41 = JZ **59**, 448 mit Anm Peters; BGH MDR **69**, 904 [D]; Hanack JZ **73**, 661) und beim Übergang vom Sicherungsverfahren nach § 413 in das gewöhnliche Strafverfahren (BGH **11**, 319). Das Verbot gilt auch bei einem Ersturteil nach § 74 II S 1 OWiG (Oldenburg NStZ **97**, 397).

4a Das Verschlechterungsverbot **gilt aber nicht in einem neuen Verfahren:** Stand dem Urteil ein Verfahrenshindernis in Form eines Befassungsverbotes (Einl 143, 143a) entgegen und hat das Berufungsgericht deshalb das Verfahren eingestellt, so ist ein neu entscheidendes Gericht an die Strafe im aufgehobenen Urteil nicht gebunden: Abgesehen davon, dass ein *insgesamt* aufgehobenes Urteil keine Rechtswirkungen bezüglich einer neuen Strafzumessung entfalten kann, kann die Befassung mit der Sache durch ein iwS unzuständiges Gericht für das zuständige Gericht keine Wirkungen erzeugen. Das ist etwa bei fehlender Anklage oder fehlendem Eröffnungsbeschluss der Fall (BGH **20**, 77, 80; AK-Dölling 12; KK-Paul 9; Meyer-Goßner JR **78**, 122 und Kleinknecht-FS 287; **aM** Bay **61**, 124 = NJW **61**, 1487; Hamburg NJW **75**, 1473, 1475; LG Zweibrücken StV **97**, 13; LR-Gössel 18; Drees StV **95**, 669). So ist es aber auch bei der Entscheidung durch ein ieS unzuständiges Gericht und demzufolge vorgenommener Verweisung nach § 328 II; denn nur aus Vereinfachungsgründen hat der Gesetzgeber hier die der Sache nach gegebene Einstellung des Verfahrens und den Neuanfang beim zuständigen Gericht durch eine Verweisung vom unzuständigen an das zuständige Gericht ersetzt (eingehend dazu Meyer-Goßner Volk-FS 455; **aM** BGH NStZ-RR **06**, 261 [B]; 3 StR 141/09 vom 29. 10. 2009; LR-Gössel 35 zu § 328 „weil auch das neue Verfahren auf der Berufung beruht"; aber das tut es gerade nicht, sondern es ist Folge der – in der Verweisung steckenden – Einstellung des Berufungsverfahrens). Auch bei Einstellungen wegen entgegenstehender Rechtskraft (dazu 12 zu § 411) oder entgegenstehender Rechtshängigkeit (2 zu § 12) gilt nichts anderes: Hat das Berufungsgericht eine von mehreren Strafen herabgesetzt, obwohl insoweit wegen einer wirksamen Berufungsbeschränkung Teilrechtskraft eingetreten war, so ist demnach das Urteil ohne Berücksichtigung der vom Berufungsgericht vorgenommenen Strafmilderung aufzuheben, da die (Teil-)Rechtskraft dem Verschlechterungsverbot vorgeht (**aM** Hamburg NStZ-RR **06**, 18, 20 ohne Erörterung der Problematik). Von der hier vertretenen Auffassung ist stillschweigend auch BGH NStZ-RR **06**, 5 [B] ausgegangen, indem er eine in Unkenntnis der Revisionsrücknahme in einem Beschluss nach § 349 IV ergangene Strafmilderung nach Erkennen der zuvor eingetretenen Rechtskraft als „gegenstandslos" bezeichnet und die Strafmilderung nicht etwa aufrechterhalten hat (eingehend zum Ganzen Meyer-Goßner in Jung-FS 551 ff).

3) Art und Höhe der Rechtsfolgen dürfen nicht zum Nachteil des Angeklagten geändert werden (I). 5

A. **Rechtsfolgen** iS des I sind nur diejenigen, die im Urteil angeordnet sind (Hamburg MDR **80**, 598), also nicht die mit der Strafaussetzung zur Bewährung verbundenen Auflagen und Weisungen nach §§ 56a ff StGB (3 zu § 268a). Auch Zahlungserleichterungen nach § 42 StGB dürfen zum Nachteil des Angeklagten geändert werden (Kadel, Die Bedeutung des Verschlechterungsverbots für Geldstrafenerkenntnisse nach dem Tagessatzsystem, 1984, S 70 ff; einschr Hamburg MDR **86**, 517; Schleswig NJW **80**, 1535 = JR **80**, 425 mit Anm Zipf: nur bei neuen Tatsachen und Beweismitteln). Das Verschlechterungsverbot gilt nicht für die Entscheidungen über Kosten und Auslagen (26 zu § 464; 8 zu § 464b) und über die Entschädigung für Strafverfolgungsmaßnahmen (22 zu § 8 StrEG). 6

B. **Im 1. Urteil unterlassene Rechtsfolgenfestsetzungen** darf das Berufungsgericht nachholen; denn wenn es an der Festsetzung der Rechtsfolge fehlt, liegt eine richterliche Entscheidung, die Gegenstand einer Änderung zum Nachteil des Angeklagten sein könnte, überhaupt nicht vor (BGH **30**, 93, 97; **35**, 208, 212). Somit kann das Berufungsgericht bei tatmehrheitlicher Verurteilung die vom 1. Richter versehentlich nicht verhängten Einzelstrafen und die Tagessatzhöhe (§ 40 I S 2 StGB) von Einzelgeldstrafen festsetzen (dazu 3 zu § 328) oder eine unterlassene Gesamtstrafenbildung nachholen, auch wenn dies zum Verlust einer bewilligten Strafaussetzung zur Bewährung führt (BGH NStZ **97**, 73 [K]). 7

C. **Schuldspruchänderungen** zuungunsten des Angeklagten sind nach hM stets zulässig (BGH **14**, 5, 7; NJW **86**, 332; NStZ **86**, 209 [Pf/M]); wer sein Rechtsmittel nicht auf den Rechtsfolgenausspruch beschränkt, muss sie in Kauf nehmen (BGH **21**, 256, 260 = JZ **68**, 233 mit krit Anm Grünwald; BGH **29**, 63, 66; LR-Gössel 7 ff; **aM** Peters 618; krit auch Hanack JZ **73**, 660; vgl auch Wittschier StV **86**, 173: nur bei übereinstimmenden Strafrahmen). Bei einer Verurteilung auf Grund einer Verständigung nach § 257c wird aber von einer Schuldspruchänderung abzusehen sein (vgl BGH StraFo **03**, 384). Es ist zulässig, unter Aufrechterhaltung der Geldbuße wegen einer Straftat statt wegen einer OWi zu verurteilen. Das Berufungsgericht kann auch eine einheitliche Handlung statt Tatmehrheit annehmen, selbst wenn das AG teilw freigesprochen hatte (BGH **21**, 256 = JZ **68**, 233 mit Anm Grünwald); es darf dann auf eine Strafe in der Höhe der bisherigen Gesamtstrafe erkennen (BGH JR **83**, 210 mit Anm Keller; VRS **66**, 443, 444), wobei es den Freispruch mit aufhebt (BGH NStZ-RR **97**, 331). Die kraft Gesetzes eintretenden Rechtsfolgen des § 45 StGB werden bei Änderung des Schuldspruchs durch das Schlechterstellungsverbot nicht ausgeschlossen. Eine auf Rechtsmittel des Angeklagten erfolgte Verschärfung des Schuldspruchs darf aber bei der Rechtsfolgenzumessung nicht zu dessen Lasten berücksichtigt werden (BGH NStZ-RR **10**, 118). 8

Wird der Schuldspruch zuungunsten des Angeklagten auf dessen Berufung geändert, so gestattet eine daneben eingelegte **Strafmaßberufung der StA** die Erhöhung der Strafe, wobei die hM zwar insoweit auch den geänderten Schuldspruch zugrunde legen will, eine Strafverschärfung aber nur bis zur Obergrenze der im 1. Urteil angewendeten Strafvorschrift zulässt (BGH NJW **86**, 332; Bay **00**, 99 = NStZ-RR **00**, 379; LR-Gössel 27; abl Cierniak NStZ **01**, 399: keine Begrenzung); richtig erscheint hingegen, die Rechtsmittel streng zu trennen, so dass hinsichtlich der StA-Berufung nach wie vor von dem durch diese nicht-angefochtenen Schuldspruch auszugehen ist, der erhöhte Schuldumfang allerdings schärfend berücksichtigt werden kann (eingehend dazu Meyer-Goßner Gössel-FS 650). 9

D. Bei **Fortsetzungs- und Dauerstraftaten** gilt das Verschlechterungsverbot nicht für die Tatteile nach dem 1. Urteil. Wegen der späteren Einzelhandlungen darf die Strafe verschärft (BGH **9**, 324 = JZ **57**, 479 mit Anm Peters; Bay NStZ **86**, 319, 320), auch die Strafaussetzung aufgehoben werden (Bay **57**, 83 = 10

JR **57**, 303 mit Anm Mittelbach). Straferhöhung ist auch zulässig, wenn der Angeklagte durch das 1. Urteil nur wegen eines als selbstständig angesehenen Teilaktes verurteilt worden war, das Berufungsgericht aber wegen der gesamten Tat verurteilt (BGH GA **70**, 84; Bay JZ **82**, 869).

11 E. Eine **Verringerung des Schuldumfangs** oder die rechtlich mildere Beurteilung der Tat durch das Berufungsgericht zwingt zwar nicht zur Herabsetzung der Strafe, auch nicht die Annahme eines minderschweren Falls (BGH MDR **74**, 16 [D]; Köln MDR **53**, 440) oder der Wegfall eines Straferhöhungsgrundes (Schleswig SchlHA **70**, 200 [E/J]), erfordert alber eine Begründung im Urteil (München NJW **09**, 160; 161; StraFo **09**, 290). Bei tatmehrheitlicher Verurteilung zwingt der Wegfall einer oder mehrerer Einzelstrafen ebenfalls nicht zur Herabsetzung der Gesamtstrafe, wenn schon die übrig bleibenden Einzelstrafen sie rechtfertigen (BGH **7**, 86; **14**, 5, 8; 1 StR 639/06 vom 24. 4. 2007). Bleibt aber nur eine Einzelstrafe übrig, so darf sie nicht überschritten werden (Düsseldorf StV **86**, 146).

12 F. **Gleichzeitige Milderung anderer Rechtsfolgen:** Ob eine Änderung des Rechtsfolgenausspruchs in Art und Höhe eine Verschlechterung bedeutet, ist bei gleichzeitiger Änderung anderer Rechtsfolgen in „ganzheitlicher Betrachtungsweise" auf Grund eines Gesamtvergleichs des früheren und des neuen Rechtsfolgenausspruchs zu beurteilen (BGH **24**, 11; **29**, 269, 270; NStZ **83**, 168; Celle MDR **76**, 156; Hamburg MDR **82**, 776; KK-Paul 4). Zulässig ist zB die Verhängung eines Fahrverbots (§ 44 StGB) bei gleichzeitiger Ersetzung einer Freiheitsstrafe durch eine Geldstrafe (Bay MDR **78**, 422) oder bei – zu keiner wirtschaftlichen Verschlechterung führenden – Herabsetzung der Geldstrafe (Schleswig NStZ **84**, 90; LG München I NZV **05**, 56; SK-Frisch 70), aber nicht bei Herabsetzung einer Geldbuße (Hamm NZV **07**, 635, 636; Karlsruhe NZV **93**, 450). Die Bemessung des Tagessatzes (nicht die Anzahl der Tagessätze: Köln DAR **05**, 697, 698; **aM** LG Köln NStZ-RR **97**, 370, das dabei aber § 43 StGB übersehen hat), darf erhöht werden, wenn zugleich das Fahrverbot entfällt und der Angeklagte wirtschaftlich nicht schlechter gestellt wird als beim Bestehen bleiben der Nebenstrafe (Bay **79**, 127 = NJW **80**, 849; KG VRS **52**, 113; Hamm VRS **50**, 50; Köln VRS **40**, 257; Grebing JR **81**, 1; vgl auch BGH **24**, 11 und Düsseldorf VRS **83**, 441). Zur Verhängung einer Geldbuße statt Einziehung vgl Bay NJW **98**, 3287.

13 **4)** Die **Verschlechterung der Strafart** ist unzulässig. Eine Geldstrafe darf nicht durch eine Freiheitsstrafe ersetzt werden, auch wenn deren Vollstreckung zur Bewährung ausgesetzt wird (Hamburg MDR **82**, 776). An die Stelle einer Freiheitsstrafe kann aber Geldstrafe in beliebiger Höhe treten (LR-Gössel 44), auch wenn die Strafe zur Bewährung ausgesetzt war (Hamm VRS **40**, 22). Es ist auch zulässig, eine Freiheitsstrafe durch Geldstrafe und Fahrverbot nach § 44 StGB zu ersetzen (Bay **77**, 153 = VRS **54**, 45). Beim Austausch mit einer Freiheitsstrafe darf aber die Zahl der Tagessätze (§ 40 I S 1 StGB) der Geldstrafe die frühere Freiheitsstrafe nicht übersteigen (Düsseldorf NJW **94**, 1016; VRS **72**, 202; Hamm NJW **08**, 1014 L). War nach § 41 StGB neben Freiheitsstrafe auch Geldstrafe verhängt worden, so darf die Geldstrafe bei entspr Herabsetzung der Freiheitsstrafe erhöht werden (Schleswig SchlHA **49**, 138; Amelunxen [B] 106). Dasselbe wurde für Freiheitsstrafe und Vermögensstrafe nach § 43a StGB angenommen, nicht aber umgekehrt (BGH NJW **97**, 2335 = JR **98**, 114 mit zust Anm Radtke); auch nach Wegfall der Vermögensstrafe wegen ihrer Verfassungswidrigkeit (BVerfG NJW **02**, 1779) kommt eine Erhöhung der Freiheitsstrafe nicht in Betracht (BGH NStZ-RR **02**, 206 L; Park StV **02**, 396), ebenso wenig die Verhängung einer Geldstrafe nach § 41 StGB, denn eine unzulässige Sanktion darf nicht durch eine bisher nicht verhängte zulässige Sanktion ersetzt werden (**aM** BGH NStZ **03**, 198). Zur Ersetzung einer Verwarnung mit Strafvorbehalt (§ 59 StGB) durch eine Geldbuße nach dem OWiG vgl Zweibrücken MDR **92**, 1072.

14 Anstelle einer Freiheitsstrafe darf nicht auf eine höhere **Jugendstrafe** erkannt werden (BGH **10**, 100, 103; **29**, 269, 271; JZ **56**, 101). Jedoch darf an die Stelle

einer Jugendstrafe eine niedrigere Freiheitsstrafe treten, die so bemessen ist, dass die Möglichkeit besteht, den Angeklagten nach derselben Zeit bedingt zu entlassen, wie das bei der Jugendstrafe der Fall wäre (BGH **29**, 269, 274; **aM** Kinzig Eisenberg_FS 395: Freiheitsstrafe stets strenger als Jugendstrafe). Wenn die Verurteilung zu Freiheitsstrafe besonders nachteilige Rechtsfolgen nach sich zieht, die die Verurteilung zu Jugendstrafe nicht gehabt hätte, muss das Gericht, sofern das rechtlich möglich ist, auch aussprechen, dass diese Folgen nicht eintreten (BGH aaO). Anstelle von Jugendarrest darf auf Geldstrafe erkannt werden, wenn sie nach den Umständen des Falles nicht schwerer wiegt (Bay **70**, 159 = NJW **70**, 2258; Köln NJW **64**, 1684). Zum Verschlechterungsverbot innerhalb der Sanktionsarten des JGG vgl Brunner/Dölling 21 ff; Eisenberg 73 ff; beide zu § 55 JGG, zum Verschlechterungsverbot bei § 31 JGG vgl Celle NStZ-RR **01**, 90.

5) Verschärfung der Strafhöhe: 15

A. Bei der **Geldstrafe** darf weder die Zahl der Tagessätze noch die Endsumme erhöht werden (Bay **79**, 127 = NJW **80**, 849; Celle NJW **76**, 121; Düsseldorf JR **86**, 121, 122 mit Anm Welp; Köln VRS **60**, 46). Die Erhöhung der Anzahl der Tagessätze ist auch dann ausgeschlossen, wenn die Tagessatzhöhe herabgesetzt wird und das Produkt aus beiden die vom AG festgesetzte Endsumme nicht übersteigt (Celle StV **09**, 403 L). Umgekehrt ist aber die Erhöhung des Tagessatzes zulässig, wenn zugleich die Anzahl der Tagessätze herabgesetzt und die Endsumme nicht erhöht wird (Celle aaO; Köln aaO; **aM** Kadel [oben 6] S 36 ff, 54 ff). 16

B. Die **Freiheitsstrafe** darf nicht erhöht werden, auch nicht, wenn eine daneben verhängte Geldstrafe wegfällt (BGH MDR **75**, 541 [D]; RG **59**, 318, 320) oder wenn die höhere Freiheitsstrafe im Gegensatz zu der im 1. Urteil verhängten zur Bewährung ausgesetzt wird (BGH JZ **56**, 101; Brandenburg StV **09**, 89 mwN). Bei gleich bleibender Freiheitsstrafe darf auch nicht weniger UHaft angerechnet werden als im 1. Urteil (BGH JZ **52**, 754; RG **66**, 351, 353; LR-Gössel 62). Die Versagung der im 1. Urteil (zu Recht oder Unrecht) bewilligten Strafaussetzung ist ebenfalls unzulässig (Bay **62**, 1 = NJW **62**, 1261 mit Anm Gutmann; LR-Gössel 80), auch wenn die Freiheitsstrafe erheblich ermäßigt wird (Bay **59**, 143 = NJW **59**, 1838; Frankfurt NJW **64**, 368); allerdings muss die angeordnete Strafaussetzung zur Bewährung aufgehoben werden, wenn die Strafe durch die erlittene UHaft bereits vollständig verbüßt ist (BGH NStZ-RR **08**, 350). 17

C. **Gesamtstrafe:** Das Verschlechterungsverbot gilt sowohl für die Einzelstrafen als auch für die Gesamtstrafe (BGH **1**, 252; **14**, 5, 7; **28**, 119, 122; NStZ-RR **98**, 265 [K]; BGHR § 358 II Nachteil 9). Wird statt wegen einer Einheitstat wegen mehrerer selbstständiger Handlungen verurteilt, so darf jede Einzelstrafe die Höhe der früheren Einheitsstrafe erreichen; weder eine Einzelstrafe noch die Gesamtstrafe darf sie aber übersteigen (BGHR § 358 II Nachteil 5 mwN; Bay DAR **87**, 316 [B]; Hamm VRS **42**, 99; Stuttgart NJW **65**, 1874; vgl auch BGH MDR **80**, 988 [H]; NStZ **86**, 209 [Pf/M]). Wird Tateinheit statt Tatmehrheit angenommen, so darf auf eine Strafe in Höhe der bisherigen Gesamtstrafe erkannt werden (BGH JR **83**, 210; NStZ **84**, 262). Zur Strafermäßigung bei Wegfall von Einzelstrafen vgl oben 11. Wird eine einbezogene Geldstrafe vor Erlass des Berufungsurteils bezahlt, muss sie in vollem Umfang berücksichtigt werden, selbst wenn dies zur Unterschreitung der gesetzlichen Strafuntergrenze führt (Oldenburg StV **06**, 518). 18

Bei **Einbeziehung von Vorverurteilungen** nach § 55 StGB entfällt die in dem 1. Urteil gewährte Strafaussetzung, wenn sie nicht auch für die neue Gesamtstrafe zu bewilligen ist (BGH **7**, 180; anders nach Hamburg StraFo **99**, 351, wenn nur eine Berufung des Angeklagten die Gesamtstrafenbildung ermöglicht hat; allg krit zum Wegfall der Strafaussetzung zur Bewährung Hamm Hanack-FS 371). Wenn eine Gesamtstrafe aufgehoben wird und unter Auflösung einer anderen Gesamtstrafe die ihr zugrunde liegenden Einzelstrafen nach § 55 StGB einbezogen werden, sollte die neue Gesamtstrafe nach früherer Rspr nicht höher sein dürfen 19 als die Summe der beiden ursprünglichen Gesamtstrafen (BGH **15**, 164). Von dieser Rspr ist GH **35**, 208 schon insoweit abgegangen, als dort zutr entschieden ist, dass § 55 StGB (und § 460, vgl dort 19) allein der Sicherung des in den §§ 53 ff StGB verankerten Gesamtstrafenprinzips diene und dies für den Betroffenen durchaus nachteilige Wirkungen haben könne. Die §§ 53 ff StGB durch Anwendung des Verschlechterungsverbotes teilw außer Kraft zu setzen, geht zu weit, indem es den Anwendungsbereich des Verschlechterungsverbots überdehnt (LG Lüneburg NStZ **09**, 573; Bringewat NStZ **09**, 542; vgl auch Meyer-Goßner Volk-FS 458), und übersieht, dass § 55 StGB gerade den Eingriff in die Rechtskraft von Entscheidungen ermöglicht (vgl Lackner/Kühl 10 zu § 55 StGB). Über das Maß der §§ 54, 55 StGB hinausgehende Vorteile darf der Angeklagte nicht verlieren, auch wenn eine neue Gesamtstrafe gebildet wird (BGH **8**, 203).

20 Wird eine **Gesamtstrafe aus Freiheits- und Geldstrafe** (§ 53 II S 1 StGB) aufgehoben und auf beide Strafarten nebeneinander erkannt (§ 53 II S 2 StGB), so darf die Summe aus der Freiheitsstrafe und den Tagessätzen die frühere Gesamtstrafe nicht übersteigen (Bay **71**, 7 = MDR **71**, 860 L; Bay **82**, 43, 45 = VRS **62**, 440, 442; Schleswig SchlHA **79**, 56), sofern die Wiederherstellung der Einzelstrafen nicht ihrerseits der Beseitigung einer unzulässigen Verschlechterung dient (Hamburg MDR **82**, 776). War auf Freiheits- und Geldstrafe nebeneinander erkannt, so steht das Verschlechterungsverbot der Bildung einer Gesamtfreiheitsstrafe stets entgegen (BGH MDR **77**, 109 [H]; 3 StR 463/09 vom 1. 12. 2009; Bay **79**, 105 = JR **80**, 378; KG JR **76**, 516, 517; Düsseldorf wistra **00**, 359), selbst wenn diese die Höhe der Freiheitsstrafe des 1. Urteils nicht erreicht (BGH aaO) oder zur Bewährung ausgesetzt wird (Hamburg aaO). War dem Erstrichter aber eine einbeziehungsfähige Geld- oder Freiheitsstrafe unbekannt geblieben oder hatte er die Notwendigkeit der Einbeziehung übersehen (vgl dazu Düsseldorf JR **01**, 477 mit krit Anm Bringewat zur „konkludent getroffenen" Ablehnung der Einbeziehung), ist das Berufungsgericht nach § 331 I nicht gehindert, eine nachträgliche Gesamtfreiheitsstrafe zu bilden (BGH **35**, 208 = JR **89**, 203 mit zust Anm Böttcher; Düsseldorf JMBlNW **98**, 23).

20a Nimmt das Berufungsgericht erstmals einen **Härteausgleich** wegen nicht mehr möglicher Gesamtstrafenbildung vor, darf es nicht gleichwohl auf die vom Amtsgericht verhängte Einzelstrafe erkennen (Kolblenz NStZ-RR **04**, 330; München NJW **06**, 1302; **aM** Hamm NJW **08**, 2358).

21 D. **Nebenfolgen:** Unzulässig ist die nachträgliche Anordnung oder Verschärfung der Bekanntmachungsbefugnis (Bay **54**, 71), idR auch die des Verfalls oder der Einziehung (BGH NStZ **91**, 122 [M/K]), auch von Wertersatz (Hamm StV **08**, 132). Wenn sich die nachträgliche Anordnung nur zum Nachteil des Verfalls- oder Einziehungsbeteiligten auswirkt, steht ihr I jedoch nicht entgegen. Die Einziehung eines Gegenstandes, die im 1. Urteil nach § 74 II Nr 1 StGB nicht möglich war, darf daher auf die alleinige Berufung des Angeklagten angeordnet werden, wenn der Gegenstand ihm zZ der Entscheidung nicht mehr gehört (KMR-Brunner 38; **aM** LR-Gössel 107). Zulässig ist die Zuerkennung eines vermögensrechtlichen Anspruchs nach § 403 (BGH DAR **01**, 207 [To]).

22 E. Für **Maßregeln der Besserung und Sicherung** gilt grundsätzlich I. Nur die in II bezeichneten Maßregeln dürfen auch auf alleinige Berufung des Angeklagten angeordnet oder ausgetauscht werden (dazu Bruns JZ **54**, 730; Kretschmer, Das strafprozessuale Verbot der reformatio in peius und die Maßregeln der Besserung und Sicherung, 1999, zugl Diss Berlin 1998, hält II für verfassungswidrig). Das gilt auch, wenn die Berufung nur den Strafausspruch angreift (Bay **94**, 258 = JR **96**, 79 mit Anm Loos; **aM** BGH NStZ **92**, 539; Tolksdorf Stree/Wessels-FS 766) oder auf die Frage der Strafaussetzung zur Bewährung beschränkt ist (KK-Paul 7; SK-Frisch 18 zu § 327; **aM** Bay **86**, 59 = JR **87**, 172 mit abl Anm Meyer-Goßner) oder die Nichtanwendung der Maßregel ausdrücklich von dem Rechtsmittelangriff ausnimmt (LR-Gössel 85; **aM** BGH **38**, 362 für § 64 StGB; dagegen

zutr Hanack JR **93**, 430; Hamm Hanack-FS 374; offen gelassen für § 63 StGB BGH NStZ **98**, 188; NStZ-RR **03**, 18; **06**, 5 [B]). Das gilt generell, nicht nur, wenn Maßregel- und Strafausspruch untrennbar sind (so BGH StraFo **09**, 209 und 210), denn um die Anordnung oder Nichtanordnung der Unterbringung vom Rechtsmittelangriff auszunehmen, fehlt dem Angeklagten die Dispositionsbefugnis (HK-Rautenberg 21; Meyer-Goßner Volk-FS 467; **aM** Düsseldorf NStZ **07**, 663 L = StraFo **07**, 66; Dencker Mehle-FS 143). Ein Austausch der Maßregeln nach §§ 63, 64 StGB gegen die Sicherungsverwahrung (§ 66 StGB) ist unzulässig (BGH **25**, 38 = JR **73**, 161 mit Anm Maurach; vgl aber auch BGH **5**, 312). Im Übrigen gilt auch nach Einführung der nachträglichen Sicherungsverwahrung (§ 66 b StGB) das Verschlechterungsverbot für die Anordnung der Sicherungsverwahrung uneingeschränkt; eine entspr Anwendung des II ist ausgeschlossen (Peglau NJW **04**, 3599). Da auch für das Berufungsgericht die Begrenzung der Rechtsfolgenkompetenz des AG nach § 24 II GVG gilt (9 zu § 328; 9 zu § 24 GVG), muss die kleine StrK, wenn sie die Unterbringung nach § 63 StGB für erforderlich hält, die Sache an die große StrK zwecks Verhandlung 1. Instanz entspr § 328 II verweisen (LR-Hanack 88; SK-Frisch 63; **aM** HK-Rautenberg 23).

Ist auf **Entziehung der Fahrerlaubnis** (§ 69 StGB) erkannt worden, so darf 23
statt dessen ein Fahrverbot nach § 44 StGB angeordnet werden (Bay **70**, 159 = NJW **70**, 2258; Düsseldorf VRS **81**, 184 mwN; Cramer NJW **68**, 1764). Das Berufungsgericht darf auch bei vorläufiger Entziehung der Fahrerlaubnis nach § 111 a dieselbe Sperre (§ 69 a I StGB) festsetzen wie der 1. Richter (BGH VRS **21**, 335; Frankfurt VRS **52**, 413; Karlsruhe VRS **51**, 204; Saarbrücken VRS **42**, 359; Fischer 23 zu § 69 a StGB), sie aber nicht verlängern (BGH **5**, 168, 178; Bay **65**, 140 = NJW **66**, 896; Karlsruhe VRS **48**, 425), auch nicht bei gleichzeitiger Aussetzung der Freiheitsstrafe zur Bewährung (Oldenburg MDR **76**, 162). Unzulässig ist es auch, die irrtümlich oder durch den nachträglichen Erwerb einer Fahrerlaubnis unrichtig gewordene Festsetzung einer isolierten Sperre (§ 69 a I S 3 StGB) durch die Entziehung der Fahrerlaubnis (Bremen VRS **51**, 278; Dresden OLG-NL **98**, 192; Koblenz VRS **51**, 96; **60**, 431) oder durch ein Fahrverbot nach § 44 StGB zu ersetzen (Frankfurt VRS **64**, 12). Die bei der Anordnung nach § 69 StGB unterlassene Einziehung des Führerscheins kann dagegen nachgeholt werden (BGH **5**, 168 = NJW **54**, 159 mit Anm Schmidt-Leichner; NStZ **93**, 230 [K]).

6) Revision: Der Verstoß gegen § 331 ist von Amts wegen zu berücksichtigen 24
(BGH **14**, 5, 7; **29**, 269, 270; Düsseldorf StV **86**, 146; VRS **72**, 202; SK-Frisch 77; erg 13 zu § 358).

Allgemeine Verweisung

332 **Im Übrigen gelten die im sechsten Abschnitt des zweiten Buches über die Hauptverhandlung gegebenen Vorschriften.**

1) Von den **Vorschriften über die Hauptverhandlung** gelten im Berufungs- 1
verfahren außer den in § 323 I S 1 bezeichneten Bestimmungen insbesondere §§ 231 bis 232 II, soweit § 329 nicht anwendbar ist (BGH **15**, 287, 291; Bremen MDR **79**, 865; Meyer JR **78**, 393), § 233 (dort 1), §§ 263 bis 265 und §§ 271 bis 274; zu § 266 dort 10. Die Vorschriften der besonderen Arten des Verfahrens (§§ 407 ff) gehen aber auch im Berufungsverfahren vor (vgl 4, 7 zu § 411; 15 zu § 418; 17 zu § 419; 12 zu § 420; Meyer-Goßner Meurer-GS 423 ff).

2) Gegenstand der Urteilsfindung ist nicht der Tatbestand des angefochtenen 2
Urteils, sondern die Tat in dem weiten Umfang des § 264 (1 vor § 312; 2 zu § 327), uU auch erst nach dem 1. Urteil begangene Fortsetzungsdelikte (9 zu § 264). Nur neue selbstständige Straftaten dürfen in die Entscheidung nicht einbezogen werden.

3 **3)** Für das **Urteil** gelten die §§ 260, 267, 268, 275, auch § 268a (dort 2). Auf tatsächliche und rechtliche Ausführungen des 1. Urteils darf in gewissem Umfang Bezug genommen werden (2 zu § 267).

4. Abschnitt. Revision RiStBV 147–157, 159–169

Vorbemerkungen

1 **1)** Das **Wesen der Revision** besteht in dem grundsätzlichen Ausschluss der Tatsachenfeststellungen von der Überprüfung durch das Rechtsmittelgericht. Die Revision ist ein Rechtsmittel mit begrenzten Prüfungsmöglichkeiten. Das Gesetz gestaltet sie als eine Rechtsbeschwerde aus (Willms JR **75**, 55), mit der nur erreicht werden kann, dass das Revisionsgericht auf entspr Rüge das Urteil und das ihm zugrunde liegende Verfahren auf Rechtsfehler prüft. Eine Neuverhandlung der Sache im Revisionsrechtszug ist ausgeschlossen. Da die Beweisaufnahme nicht wiederholt wird, ist das Revisionsgericht an die Feststellungen des Tatrichters gebunden. Es kann nur prüfen, ob sie rechtlich einwandfrei zustande gekommen sind und ob der Tatrichter die Beweise fehlerfrei gewürdigt hat (26, 26a zu § 337).

2 **2) Nur für die Vertretbarkeit,** nicht für die Richtigkeit der tatrichterlichen Entscheidung über Schuld und Strafe hat das Revisionsgericht einzustehen (W. Schmid ZStW **85**, 367; Teyssen JR **78**, 310; **aM** LR-Hanack 5: nicht einmal für die Vertretbarkeit). Die Aufgabe, die Tatsachen festzustellen, sich eine Überzeugung von der Schuld oder der Nichterweislichkeit der Schuld des Angeklagten zu bilden und eine gerechte Strafe festzusetzen, ist allein dem Tatrichter gestellt. Er hat hierzu innerhalb der allgemeinen rechtlichen Grenzen die Macht und trägt dafür die Verantwortung (BGH **10**, 208, 210; **29**, 18, 20; NJW **65**, 406, 407). Das Revisionsgericht nimmt sie ihm nicht ab, auch wenn ihm das ausnahmsweise möglich wäre.

3 Diese **prozessuale Arbeits- und Verantwortungsteilung** bestimmt die Grenzen der Prüfungsbefugnisse des Revisionsgerichts (zum Verhältnis von Tatrichter und Revisionsrichter Rieß Fezer-FS 455 ff). Ob der Tatrichter von einem Geschehen überzeugt (oder nicht überzeugt) und welche Rechtsfolge hierfür angemessen ist, bleibt in seiner Verantwortung (erg unten 21, 26, 34). Im Laufe der Zeit ist jedoch durch die Rspr die Urteilsprüfung dahin erweitert worden, dass die Revisionsgerichte auf Grund der Sachrüge die tatsächlichen Feststellungen und die Beweiswürdigung des angefochtenen Urteils auch auf Klarheit, Folgerichtigkeit, Nachvollziehbarkeit und Vollständigkeit sowie die Plausibilität des Ergebnisses überprüfen (zum „Wandel der Revision" Frisch Fezer-FS 353 ff),

4 **3) Zweck der Revision** ist die Wahrung der Rechtseinheit und die Herbeiführung einer gerechten Entscheidung im Einzelfall (LR-Hanack 7 ff; Fezer 20/2). Ob einer dieser Zwecke im Vordergrund steht oder ob sie gleichwertig sind, ist streitig. Praktische Bedeutung hat die Frage aber nicht (KMR-Momsen 6; EbSchmidt 39 vor § 296; **aM** LR-Hanack 8; SK-Frisch 15). Denn da sich Rechtsanwendung immer nur am Einzelfall vollziehen kann, fördert die Revision zugleich mit der Einzelfallgerechtigkeit die Einheitlichkeit der Rechtsprechung. Die Revisionsgerichte können mit ihrer Rechtsprechung beide Zwecke der Revision, die sich begrifflich ohnehin nicht trennen lassen, in gleichem Maße erfüllen (Cramer Salger-FS 450; Rieß Hanack-FS 400). Zusätzlich ist ihnen die Aufgabe der Rechtsfortbildung übertragen (vgl § 132 IV GVG). Mit Langer (Meyer-Goßner-FS 497, 521) ist als Ziel der Revision „die richtige Gesetzesanwendung als Weg zur Wahrung der Rechtseinheit und zur Gewährleistung der Einzelfallgerechtigkeit" zu bezeichnen. Rosenau (Widmaier-FS 521) sieht als Sinn und Zweck der Revision die rechtsstaatsförmige Qualitätskontrolle und folglich die Qualitätssicherung im Strafverfahre an.

4) Für eine **Verständigung nach § 257c** ist im Revisionsverfahren kein Raum. Wenn hier Absprachen über die Strafhöhe (und evtl sogar über die Schuld des Angeklagten) getroffen werden (vgl dazu Hamm in Dahs-FS 267), ist dies zu missbilligen. Dem Revisionsgericht stehen insoweit (nur) die Möglichkeiten nach §§ 153, 154, 154a, 154b zur Verfügung. 5

Zulässigkeit

333 **Gegen die Urteile der Strafkammern und der Schwurgerichte sowie gegen die im ersten Rechtszug ergangenen Urteile der Oberlandesgerichte ist Revision zulässig.**

1) Gegen **Urteile** ist Revision zulässig, auch gegen Berufungsurteile, mit denen die Sache nach § 328 II zurückverwiesen worden ist (BGH **26**, 106 mit Anm Foth NJW **75**, 1523; Bay **77**, 143 = JR **78**, 474 mit Anm Gollwitzer; **aM** KG JR **72**, 255). Ob die angefochtene Entscheidung als Urteil bezeichnet ist, spielt keine Rolle; maßgebend ist ihr Inhalt (11 zu § 296; erg 1 zu § 312). Für AG-Urteile wird § 333 durch § 335 ergänzt. 1

2) Gesetzlich ausgeschlossen ist die Revision nach § 441 III S 2, § 55 II **JGG** und § 10 BinSchVfG. Bestrebungen, die Regelung des § 55 II **JGG** auf das Erwachsenenstrafrecht auszudehnen (BT-Drucks 16/6969 Anl 1, zust Röhling ZRP **09**, 17), ist entschieden zu widersprechen (BT-Drucks 6969 Anl 2; Meyer-Goßner ZRP **04**, 129); statt dessen sollte § 55 II **JGG** aufgehoben werden (Meyer-Goßner Eisenberg-FS 399). 2

Im Urteil zu treffende **Nebenentscheidungen** sind statt mit Revision mit sofortiger Beschwerde anfechtbar, so die Entscheidung über die Kosten nach § 464 III S 1 (dort 17), über die Aussetzung der Jugendstrafe zur Bewährung (§ 59 I **JGG**) und über die Entschädigung für Strafverfolgungsmaßnahmen (§ 8 III **StrEG**). Nebenentscheidungen im Urteil, die durch besonderen Beschluss hätten getroffen werden müssen, sind ebenfalls nur mit Beschwerde anfechtbar, zB die Entscheidung über die Beschlagnahme (RG **54**, 165), über die Festsetzung von Bewährungsauflagen (Hamm VRS **37**, 263; **aM** Sarstedt/Hamm 19), über die DNA-Identitätsfeststellung nach § 81g (BGH NStZ-RR **02**, 67 [B]) und über die Aussetzung der Strafvollstreckung nach § 57 StGB (BGH GA **82**, 219). 3

3) Die **Anfechtungsberechtigung** richtet sich nach den allgemeinen Vorschriften (1ff zu § 296; 2ff zu § 297; 1 zu § 298). 4

4) Die **Beschwer** (vgl 8ff vor § 296) entfällt nicht deshalb, weil ein Nachtragsverfahren nach § 459a (BGH 2 StR 106/76 vom 23. 4. 1976; 3 StR 230/76 vom 7. 10. 1976; RG **64**, 207, 208; Bremen NJW **54**, 423) oder nach § 460 möglich ist (BGH **12**, 1 [GSSt] = JZ **59**, 94 mit Anm Kühlwein; BGH **23**, 98; **25**, 382; StV **82**, 569; Düsseldorf VRS **68**, 365; Koblenz VRS **60**, 424; Köln MDR **83**, 423). Allg zur Beschwer des Angeklagten: Blaese/Wielop 74ff; 12ff vor § 296. 5

5) Die **Zuständigkeit der Revisionsgerichte** bestimmen §§ 121 I Nr 1, 135 I GVG. Für Bayern gilt Art 11 BayAGGVG (1 zu § 9 EGGVG). 6

334 (weggefallen)

Sprungrevision

335 **I Ein Urteil, gegen das Berufung zulässig ist, kann statt mit Berufung mit Revision angefochten werden.**

II Über die Revision entscheidet das Gericht, das zur Entscheidung berufen wäre, wenn die Revision nach durchgeführter Berufung eingelegt worden wäre.

III [1]Legt gegen das Urteil ein Beteiligter Revision und ein anderer Berufung ein, so wird, solange die Berufung nicht zurückgenommen oder als unzulässig verworfen ist, die rechtzeitig und in der vorgeschriebenen Form eingelegte Revision als Berufung behandelt. [2]Die Revisionsanträge und deren Begründung sind gleichwohl in der vorgeschriebenen Form und Frist anzubringen und dem Gegner zuzustellen (§§ 344 bis 347). [3]Gegen das Berufungsurteil ist Revision nach den allgemein geltenden Vorschriften zulässig.

1 **1)** Die **Sprungrevision** (I, II) ist zur Vereinfachung des Verfahrens zugelassen. Wenn es dem Beschwerdeführer nur auf die Klärung von Rechtsfragen ankommt, soll eine 2. Tatsacheninstanz erspart werden können (BGH **2**, 63, 65; **5**, 338, 339). Verfahrensrechtliche Besonderheiten bestehen, von III abgesehen, nicht (vgl aber unten 21 zur Annahmeberufung nach § 313). Die Rügemöglichkeiten sind nicht eingeschränkt; § 357 ist anzuwenden, ebenso § 121 II GVG (BGH **2**, 63; **17**, 280; 382; **29**, 305, 307). Wird das Urteil auf die Revision aufgehoben und die Sache an das AG zurückverwiesen, so kann das neue Urteil auch nach § 312 mit Berufung angefochten werden (vgl auch Celle MDR **92**, 286 zu § 55 II **JGG**).

2 **2)** Die **unbestimmte Anfechtung** des Urteils, bei der der Beschwerdeführer die Wahl zwischen Berufung und Revision zunächst offenlässt, ist in Erweiterung des § 335 zulässig, weil der Beschwerdeführer die Entscheidung über das geeignete Rechtsmittel idR erst nach Kenntnis der Urteilsgründe treffen kann (BGH **2**, 63; **5**, 338; **6**, 206). Sie ist aber auch bei in Abwesenheit ergangenen Urteilen statthaft (Bay **57**, 225 = NJW **58**, 561; LR-Hanack 7). Die unbestimmte Anfechtung kann innerhalb der Einlegungsfrist der §§ 314 I, 341 I ohne Benennung des Rechtsmittels oder unter dem ausdrücklichen Vorbehalt seiner späteren Benennung (BGH **2**, 63; **5**, 338, 342; **13**, 388, 393; Bay **83**, 93 = MDR **83**, 1045) oder als „gehäufte" Anfechtung (Einlegung von „Berufung oder Revision") erklärt werden (RG JW **26**, 2198; Köln NJW **54**, 692; Nürnberg MDR **59**, 595). In beiden Fällen wird die Rechtskraft nach §§ 316 I, 343 I gehemmt. Im Zweifel ist anzunehmen, dass das Rechtsmittel nicht endgültig gewählt ist (BGH **17**, 44, 48; **25**, 321, 324; Düsseldorf JZ **84**, 756).

3 Die **endgültige Wahl** kann nur bis zum Ablauf der Revisionsbegründungsfrist (§ 345 I) getroffen werden (BGH **2**, 63, 70; **5**, 338, 339; **6**, 206, 207; **13**, 388, 392; **17**, 44, 48; **25**, 321, 324; Düsseldorf NStZ **83**, 471), allerdings bis dahin auch noch trotz zuvor erfolgter Verwerfung der Berufung als unzulässig (KG JR **99**, 125). Wird die Wahl getroffen, so ist sie endgültig; ein späterer Übergang zu dem anderen Rechtsmittel ist nur bis zum Beginn der Revisionsbegründungsfrist möglich, danach nicht mehr (Hamm VRS **81**, 35; Naumburg StraFo **09**, 388; SK-Frisch 10; **aM** Celle NJW **82**, 397 = JR **82**, 38 mit abl Anm Meyer).

4 Wird **keine Wahl getroffen** oder ist die Erklärung nicht formgerecht, dh ebenso wie die Rechtsmitteleinlegung (Bay NStZ-RR **98**, 51), oder nicht rechtzeitig bei dem zuständigen AG eingegangen, so wird das Rechtsmittel als Berufung durchgeführt (BGH **2**, 63; **5**, 338; **33**, 183, 189 mwN; **40**, 395, 398; Dresden wistra **05**, 318; Stuttgart Justiz **91**, 161 mwN), auch wenn nach Ablauf der Frist des § 345 I Revision gewählt wird (Bay **70**, 158 = JR **71**, 120).

5 Bei Abgabe einer **nicht eindeutigen Erklärung** wird das Rechtsmittel ebenfalls als Berufung behandelt (Hamm NJW **03**, 1469; Köln MDR **80**, 690; Schleswig SchlHA **91**, 126 [L/T]; LR-Hanack 10; **aM** Düsseldorf MDR **72**, 343; Koblenz VRS **65**, 45: Verwerfung als unzulässig), insbesondere, wenn die Erklärung inhaltlich den Anforderungen an eine Revisionsbegründung entspricht, die Wahl der Revision aber nicht erklärt ist (Bay DAR **83**, 254 [R]) oder bei widersprüchlichen Erklärungen von Angeklagtem und Verteidiger (Düsseldorf MDR **93**, 676).

6 Bei **Wahl der Revision** wird das Rechtsmittel so behandelt, als sei von vornherein Revision eingelegt worden. Wird sie nicht rechtzeitig oder nicht in zulässiger Weise begründet, so wird sie als unzulässig verworfen, nicht als Berufung behandelt (KG JR **87**, 217; KMR-Momsen 29; LR-Hanack 12). Das gilt auch für

den Fall, dass die Form des § 345 II nicht gewahrt ist (KG aaO; Nürnberg NStZ-RR **07**, 151, 152; SK-Frisch 13; **aM** BGH **2**, 63, 71; Hamm VRS **97**, 181). Nur bei unwirksamer Wahl der Revision (zB bei Abgabe der Erklärung gegenüber dem unzuständigen LG) wird das Rechtsmittel als Berufung behandelt (Bay **83**, 93 = MDR **83**, 1045; vgl auch Köln NStZ **92**, 204: Unwirksamkeit wegen Verstoßes gegen prozessuale Fürsorgepflicht).

Bei **verspätetem Eingang** der Anfechtungserklärung (§§ 314 I, 341 I) verwirft das AG das unbestimmte Rechtsmittel nach § 319 I (KK-Kuckein 5 zu § 346). 7

Wiedereinsetzung in den vorigen Stand gegen die Versäumung der Anfechtungsfrist ist zulässig; über den Antrag entscheidet das Berufungsgericht (Bay **62**, 156 = NJW **62**, 1927; DAR **72**, 264 [R]). Keine Wiedereinsetzung wird gegen die Versäumung der Wahl nach rechtzeitiger Rechtsmitteleinlegung gewährt; nach Ablauf der Frist des § 345 I geht die Möglichkeit der Wahl der Revision endgültig unter (Bay **70**, 158 = JR **71**, 120; **83**, 93 = MDR **83**, 1045; wistra **01**, 279; München wistra **09**, 327; Stuttgart Justiz **91**, 161). 8

3) Übergang zu einem anderen Rechtsmittel: Der Beschwerdeführer braucht erst nach Zustellung des Urteils und innerhalb der dadurch in Lauf gesetzten Revisionsbegründungsfrist die Wahl zu treffen, ob das eingelegte Rechtsmittel eine Berufung oder Revision sein soll (oben 2, 3). Dieses Wahlrecht verliert er auch nicht deshalb, weil er bereits vorher das Rechtsmittel anders bezeichnet hat, es sei denn, dass er sich bereits abschließend auf eines der beiden Rechtsmittel festgelegt hat (Düsseldorf OLGSt Nr 3; MDR **95**, 1253). 9

Nach Berufungseinlegung ist innerhalb der Revisionsbegründungsfrist (§ 345 I) der **Übergang zur Revision** zulässig (BGH **40**, 395, 398 mwN), wobei der Übergang gegenüber dem AG erklärt werden muss (BGH aaO = JR **96**, 37 mit zust Anm Fezer). Vor Fristablauf darf gegen den Willen des Beschwerdeführers noch keine Berufungsverhandlung durchgeführt werden (Frankfurt NStZ **91**, 506). Der Übergang muss klar und eindeutig erklärt werden; andernfalls bleibt es bei der Berufung, auch wenn nach Fristablauf die Wahl der Revision erklärt wird (Celle MDR **60**, 159; Stuttgart OLGSt § 346 S 1). 10

Innerhalb der Frist des § 345 I ist auch der **Übergang zur Berufung** zulässig (BGH stRspr, zuletzt bestätigt in NJW **04**, 789 = JR **04**, 210 mit Anm Fezer; Bay **03**, 10 = NStZ-RR **03**, 173; KG NStZ-RR **02**, 177), auch wenn zunächst wegen Versäumung dieser Frist Wiedereinsetzung bewilligt werden musste (unten 13). Das gilt auch für Revisionen der StA (Celle MDR **67**, 421) und des Verteidigers (BGH **17**, 44, 47; **25**, 321). Wird der Übergang zur Berufung erst nach Fristablauf erklärt, ist die (somit weiter als solche zu behandelnde) Revision als unzulässig zu verwerfen, wenn sie nicht fristgerecht begründet wurde (München NStZ-RR **07**, 56). 11

Ein **nochmaliger Wechsel** des Rechtsmittels ist ausgeschlossen: Hatte der Rechtsmittelführer das zunächst unbestimmt eingelegte Rechtsmittel später eindeutig bezeichnet oder ist er von der Berufung zur Revision oder umgekehrt übergegangen, ist er an die getroffene Wahl nunmehr gebunden (BGH **13**, 388; KK-Kuckein 5; Fezer JR **04**, 212; **aM** Celle NJW **82**, 397 = JR **82**, 38 mit abl Anm Meyer; Celle NdsRpfl **93**, 331; vgl auch Köln NStZ-RR **96**, 175: jedenfalls keine Bindung bei Erklärung vor wirksamer Urteilszustellung). 12

Wiedereinsetzung in den vorigen Stand ist zulässig, um den Übergang zur Berufung zu ermöglichen (Köln NStZ **94**, 199; Schleswig MDR **81**, 251; Zweibrücken MDR **79**, 957; **85**, 517), nicht aber zur Ermöglichung des Übergangs zur Revision nach Ablauf der Frist des § 345 I (Dresden wistra **05**, 318; Hamm NStZ **91**, 601 mwN). Zuständig ist das Revisionsgericht (Köln aaO; Schleswig aaO; LR-Graalmann-Scherer 4 zu § 46; **aM** Zweibrücken aaO: Berufungsgericht). 13

4) Bei verschiedenartiger Anfechtung (III) durch mehrere Verfahrensbeteiligte hat die Berufung, auch wenn sie nicht in vollem Umfang eingelegt ist, den Vorrang, da sie das umfassendere Rechtsmittel ist und auch zur Prüfung in tatsäch- 14 licher Hinsicht führt. Dadurch wird verhindert, dass eine Sache vor verschiedene Rechtsmittelgerichte kommt (RG **63**, 194, 196; Karlsruhe Justiz **77**, 24). Wenn das auch in anderen Fällen möglich ist, gilt II entspr (BGH **4**, 207; Bay **51**, 398 = JR **52**, 209; Düsseldorf MDR **52**, 313; vgl auch § 83 II OWiG).

15 A. **Dasselbe Urteil** muss von mehreren Beteiligten mit verschiedenartigen Rechtsmitteln angefochten worden sein; auf dieselbe Straftat müssen sich die Rechtsmittel nicht beziehen (RG **63**, 194; LR-Hanack 21). Hatte das AG die verschiedenen Sachen getrennt, so gilt III nicht. Eine Verfahrenstrennung nach Erlass des 1. Urteils hindert dagegen die Rechtsfolgen des III nicht (Zweibrücken MDR **86**, 778; Sarstedt/Hamm 23; KMR-Momsen 38), auch wenn die Trennung sachlich geboten war (Karlsruhe Justiz **77**, 24).

16 B. **Beteiligte** iS III S 1 sind alle Verfahrensbeteiligten, die ein selbstständiges Anfechtungsrecht haben (RG **63**, 194; Bay **51**, 398 = JR **52**, 209), auch Mitangeklagte (RG aaO; Gollwitzer Sarstedt-FS 15). Angeklagte und Verteidiger gelten als derselbe Beteiligte; widersprechen sich ihre Rechtsmittelerklärungen, so ist entspr § 297 die des Angeklagten maßgebend (Bay **77**, 102 = VRS **53**, 362; Hamm NZV **06**, 184; Koblenz MDR **75**, 424). Ein Beteiligter in mehreren Verfahrensrollen (zB der Mitangeklagte als Nebenkläger) kann für jede von ihnen ein anderes Rechtsmittel mit der Wirkung des III einlegen (Hamm JMBlNW **55**, 99).

17 C. Die **Behandlung der Revision als Berufung** bedeutet, dass dieses Rechtsmittel an die Stelle der Revision tritt, solange es nicht vor oder in der Berufungsverhandlung zurückgenommen oder durch das Berufungsgericht als unzulässig verworfen worden ist (Köln NStZ-RR **01**, 86; Meyer-Goßner Gössel-FS 644). Eine Umwandlung findet aber nicht statt. Die Revision bleibt vielmehr so lange bedingt bestehen, bis das Berufungsgericht sachlich entschieden hat (Bay **93**, 232 = StV **94**, 238; Düsseldorf MDR **88**, 165) oder die Berufung nicht mehr zurückgenommen werden kann, auch bei Aufhebung des Berufungsurteils durch das Revisionsgericht und Zurückverweisung der Sache an das LG (Bay **84**, 116, 119). Sie muss daher ordnungsgemäß eingelegt, braucht aber für die Sachbehandlung nach III nicht begründet zu werden (Bay **70**, 41 = NJW **70**, 1202). Ist die Berufung zurückgenommen oder als unzulässig verworfen worden, so wird das Verfahren mit der Revision, wenn sie rechtzeitig und formgerecht begründet worden ist, fortgesetzt (Köln VRS **99**, 276), andernfalls wird sie dann als unzulässig verworfen (LR-Hanack 23). Der Zurücknahme und Verwerfung der Berufung als unzulässig steht weder die Einstellung nach § 205 oder nach § 206 a (Schleswig SchlHA **95**, 159) noch die Verwerfung nach § 329 I gleich (RG **59**, 63; Hamm bei Burhoff DAR **01**, 451; Köln aaO; LR-Hanack 24; **aM** KK-Kuckein 11; Schroeder NJW **73**, 308), auch nicht die Nichtannahme nach § 322 a, da diese eine *Sach*prüfung enthält (Karlsruhe NStZ **95**, 562; Meyer-Goßner NStZ **98**, 19; NJW **03**, 1369; **aM** Bay StV **94**, 238; Stuttgart NJW **02**, 3487; Hartwig NStZ **97**, 111; differenzierend SK-Frisch 24). Verwerfung nach § 329 I ist nur *vor*, nicht mehr *nach* Rücknahme der Berufung der StA oder des Nebenklägers möglich, da damit die Revision wieder auflebt (Bamberg NStZ **06**, 591; Köln aaO).

18 Trifft das Berufungsgericht unter **Verstoß gegen III** keine Entscheidung über die Revision, so bleibt das Verfahren insoweit bei ihm anhängig. Ggf muss das Revisionsgericht die Sache an das Berufungsgericht zurückverweisen (RG **63**, 194; Bay **51**, 398 = JR **52**, 209; Karlsruhe Justiz **77**, 24; vgl auch Köln VRS **53**, 130; **aM** Hamm NStZ **98**, 270); das gilt auch bei erfolgter Nichtannahme der Berufung (**aM** und inkonsequent Karlsruhe NStZ **95**, 562, das die Nichtannahme der Verwerfung als unzulässig nicht gleichstellt [oben 17 aE]), gleichwohl aber die Revision selbst als unzulässig iSd § 313 II verwirft; dazu Hartwig und Meyer-Goßner aaO).

19 Die **Anfechtung des Berufungsurteils** richtet sich nach den allgemeinen Vorschriften (III S 3). Auch wer Sprungrevision eingelegt hatte, kann gegen das neue Urteil Berufung oder Revision einlegen.

5) Aktenvorlage: Zunächst entscheidet das AG, ob das Rechtsmittel eine Berufung oder Revision ist. Hat es die Sache dem LG als Berufung vorgelegt, so entscheidet dieses über die Art des Rechtsmittels; es darf die Akten nicht einfach dem OLG zur Entscheidung vorlegen (BGH **13**, 303, 305; **aM** Kleinknecht JZ **60**, 756). Hält es das Rechtsmittel für eine Revision, so gibt es die Sache dem AG zur Einhaltung des Verfahrens nach § 347 zurück (SK-Frisch 31; **aM** KK-Kuckein 8: Abgabe an das Revisionsgericht). Das Revisionsgericht, das das Rechtsmittel nur für eine Berufung ansieht, gibt die Sache durch Beschluss an das LG ab (Bay **62**, 166 = JR **63**, 70; Köln NStZ **92**, 204; Schleswig SchlHA **61**, 307). Zur entspr Anwendung des § 348 auf diesen Fall vgl dort 5. 20

6) Annahmeberufung: Im Fall des § 313 muss zunächst Berufung eingelegt werden; denn nur, wenn diese angenommen wird, ist sie zulässig. Andernfalls liegt eine unzulässige Berufung vor, die nach I auch die Revision ausschließt (KK-Paul 4 zu § 313; Pfeiffer 5; D. Meyer JurBüro **93**, 456; Meyer-Goßner NStZ **98**, 19; NJW **03**, 1369; Ostendorf ZRP **94**, 338; Scheffler GA **95**, 455, 458; Frankfurt NStZ-RR **96**, 174 sieht hierfür „gewichtige Gründe", lässt die Frage aber letztlich offen); nach **aM** ist die Sprungrevision auch hier stets zulässig (Düsseldorf VRS **88**, 188; Hamm NJW **03**, 3286, 3287; Karlsruhe StV **94**, 292; NStZ **95**, 562; Stuttgart Justiz **95**, 414; Zweibrücken StV **94**, 119; SK-Frisch 27 [trotz des Gewichts der Gegenargumente]; Feuerhelm StV **97**, 102; Rieß Kaiser-FS 1476; Siegismund/Wickern wistra **93**, 89; Tolksdorf Salger-FS 402; ebenso Bay **93**, 147 = StV **93**, 572 [zust BGH **40**, 395, 397], das aber irrig davon ausgeht, es selbst müsse sonst im Rahmen der Revision die Zulässigkeit der Berufung nach § 313 überprüfen). Die Zulässigkeit der Sprungrevision von der Annahme der Berufung abhängig zu machen, erscheint auch deswegen sachgerecht, weil es sonst der Rechtsmittelgegner in der Hand hätte, durch Einlegung der Berufung eine annahmefreie Sprungrevision zu einer annahmepflichtigen Berufung zu machen (Meyer-Goßner NStZ **98**, 22), und das LG bei Doppelanfechtung des Urteils nach III die Entscheidung über die Sprungrevision manipulieren könnte (dazu Meyer-Goßner NJW **03**, 1369). Nach der hier vertretenen Ansicht (zust KK-Paul 4; Lesch 2/76) kann der Beschwerdeführer somit erst nach Annahme der Berufung erklären, dass er zur Revision übergehe; der Übergang ist allerdings nur möglich, wenn die Revisionsbegründungsfrist (§ 345 I) noch nicht abgelaufen ist (oben 9, 10). Wiedereinsetzung in den vorigen Stand zur Ermöglichung des Übergangs zur Revision muss dann – anders als sonst (oben 13) – gewährt werden (Meyer-Goßner aaO; vgl auch Tolksdorf aaO 404). Der Übergang kann sich insbesondere anbieten, wenn das LG die Berufung wegen eines Verfahrensfehlers angenommen hat (10 zu § 313). Jedoch ist das Revisionsgericht an die Beurteilung des LG nicht gebunden; es kann die Revision auch dann als (offensichtlich) unbegründet verwerfen, wenn das LG die Berufung für zulässig, weil nicht offensichtlich unbegründet (§ 313 II S 1) erachtet hat. 21

Folgt man der **Gegenansicht,** die die Revision stets für zulässig erachtet – und damit dem Zweck des RpflEntlG zuwider läuft (Pfeiffer 5) –, so ist jedenfalls aber ihre Einlegung unter dem Vorbehalt, dass die Berufung nicht angenommen werde, unzulässig (Frankfurt NStZ-RR **96**, 174; Zweibrücken aaO; erg 5 vor § 296). Ist die Berufung durch Beschluss nach § 322 a nicht angenommen worden, kann auch bei noch offener Revisionsbegründungsfrist nicht mehr Revision eingelegt werden (Bay **94**, 86 = StV **94**, 364; Koblenz JBlRP **00**, 22; **05**, 74; Rieß Kaiser-FS 1477; Tolksdorf aaO 405; **aM** Frankfurt NStZ-RR **03**, 53; AK-Maiwald 2; Feuerhelm aaO; Hettenbach [2 zu § 313] S 126). 22

Vorausgegangene Entscheidungen

336 **[1]Der Beurteilung des Revisionsgerichts unterliegen auch die Entscheidungen, die dem Urteil vorausgegangen sind, sofern es auf ihnen beruht. [2]Dies gilt nicht für Entscheidungen, die ausdrücklich für unanfechtbar erklärt oder mit der sofortigen Beschwerde anfechtbar sind.**

1 **1) Entscheidungen vor und außerhalb der Hauptverhandlung** unterliegen der Prüfung des Revisionsgerichts im Rahmen seiner allgemeinen Prüfungskompetenz nach § 337 (LR-Hanack 1; Gössel NStZ **82**, 142). S 1 ist das notwendige Gegenstück zu § 305 S 1. Entscheidungen iS § 336 sind verfahrensrechtliche Entscheidungen in dem Verfahren, in dem das angefochtene Urteil ergangen ist, auch Anordnungen des Vorsitzenden (BGH **7**, 281, 282; NJW **73**, 1985).

2 Gemeint sind **nur gerichtliche Entscheidungen;** auf fehlerhaften Verfahrenshandlungen der StA kann das Urteil nicht beruhen (BGH **6**, 326, 328; NJW **67**, 1869; MDR **52**, 565; **67**, 14 [D]; BGHR § 349 I Unzulässigkeit 1).

3 Grundsätzlich beruht das Urteil auch nicht auf gerichtlichen **Entscheidungen vor Erlass des Eröffnungsbeschlusses** (BGH **6**, 326; **15**, 40, 44; GA **80**, 255; MDR **74**, 16 [D]). Eine Ausnahme gilt, wenn die Entscheidung möglicherweise bis zum Urteil fortgewirkt hat, zB bei fehlerhafter Zulassung des Nebenklägers oder unzulässiger Ablehnung des Antrags auf Verteidigerbestellung. War eine solche Entscheidung vom Beschwerdegericht erlassen und gebilligt worden, so ist das Revisionsgericht hieran nicht gebunden (BGH **26**, 191, 192; NJW **73**, 1985; Schmidt NStZ **09**, 243). Zur Revisibilität ermittlungsrichterlicher Entscheidungen eingehend Landau/Sander sowie Schlothauer StraFo **98**, 397 ff.

4 **Entscheidungen aus früheren Hauptverhandlungen** werden grundsätzlich nicht geprüft (Hilger NStZ **83**, 429), zB nicht die Ablehnung eines Beweisantrags in einer ausgesetzten Hauptverhandlung (Koblenz VRS **62**, 287; Saarbrücken VRS **46**, 46, 48). Anders sollte es nach BGH **31**, 15 bei der Zurückweisung eines Ablehnungsgesuchs sein; dagegen nun zutr BGH NJW **06**, 854. Wird ein Berufungsurteil angefochten, so kann die Revision nicht auf Mängel des Verfahrens vor dem AG gestützt werden (RG **59**, 299; **60**, 111, 113; **61**, 399).

5 **Einstellungsbeschlüsse** nach § 153 II sind mit der Revision nicht angreifbar (Bay **70**, 225 = VRS **40**, 279; KG JR **67**, 430; VRS **33**, 446; Naucke StASchlH-FS 462), ebenso wenig Entscheidungen nach § 153 a II (Hamm JMBlNW **80**, 104) und nach § 154 II (BGH MDR **70**, 383 [D]; RG **66**, 326).

6 **2) Unanfechtbare oder mit sofortiger Beschwerde anfechtbare Entscheidungen** (S 2) werden vom Revisionsgericht nicht mehr geprüft, auch nicht nach § 338 (LR-Hanack 13; vgl aber KK-Kuckein 13). Ob sofortige Beschwerde eingelegt war, ist gleichgültig (Dünnebier Dreher-FS 679). Die Anfechtbarkeit mit der einfachen Beschwerde schließt die Revision nicht aus (Rieß NStZ **81**, 447; vgl auch Meyer-Goßner NStZ **89**, 89 zum Eröffnungsbeschluss). Unter S 2 fallen insbesondere Entscheidungen nach §§ 28, 46, 81, 138 d, 201, 210, 225 a, 231 a, 304 IV S 2 (krit SK-Frisch 21), § 304 V (BGH NJW **02**, 2401) und §§ 52, 54 GVG, nicht aber die Unanfechtbarkeit nach § 305 S 1 (Koblenz VRS **71**, 200).

7 **3)** Die **Entziehung des gesetzlichen Richters** kann auch dann mit der Revision gerügt werden, wenn gegen die Entscheidung nach S 2 sonst keine Rüge zulässig ist (BGH **46**, 238, 246; SK-Frisch 20; 8 zu § 16 GVG; 11 zu § 120 GVG).

Revisionsgründe

337 **I Die Revision kann nur darauf gestützt werden, dass das Urteil auf einer Verletzung des Gesetzes beruhe.**

II Das Gesetz ist verletzt, wenn eine Rechtsnorm nicht oder nicht richtig angewendet worden ist.

Übersicht

1) Eine **begrenzte Prüfungsmöglichkeit** eröffnet die Revision. Das Urteil kann nur auf Rechtsfehler geprüft werden, allerdings auch darauf, ob die festgestellten Tatsachen eine zuverlässige Grundlage für die Prüfung bieten. Mit bloßen Einwendungen gegen die Richtigkeit der Feststellungen und der Beweiswürdigung kann der Beschwerdeführer nicht gehört werden; denn das Revisionsgericht kann die Beweisaufnahme nicht wiederholen und ist daher außerstande, die aus Rechtsgründen nicht zu beanstandenden Tatsachenfeststellungen des Urteils zu überprüfen (vgl KK-Kuckein 3). Eine begriffliche Klärung der Abgrenzung der Tatfrage von der Rechtsfrage ist schwierig, aber zur Festsetzung der Grenzen der Revisibilität von Strafurteilen idR auch nicht erforderlich. Neumann Hamm-FS 534 schlägt als griffiges Abgrenzungskriterium vor, dass es um eine revisible Rechtsfrage geht, wenn eine Regel, um eine nicht revisible Tatfrage, wenn eine singuläre Feststellung umstritten ist. Vgl hierzu auch die ausführliche Darstellung bei SK-Frisch 10 ff; erg 2 ff vor § 333. 1

2) Gesetz iS I ist jede Rechtsnorm (II; § 7 **EGStPO**), die in den Verfassungen, Gesetzen und Rechtsverordnungen des Bundes und der Länder niedergelegt ist, auch Gewohnheitsrecht (19 zu § 132 GVG), allgemeine Regeln des Völkerrechts (Art 25 GG), Auslieferungs- und andere Staatsverträge, die sich in formellen Gesetzen niedergeschlagen haben, sowie ausländische Rechtsvorschriften (LR-Hanack 7 ff). 2

Keine Rechtsnormen sind Verwaltungsanordnungen (BGH NStZ **82**, 321; Bay NJW **52**, 235; Köln NJW **61**, 1127; **aM** Hamburg NStZ **84**, 273 für den Fall, dass die Anordnung einen Blankettatbestand ausfüllt, der das mit Strafe bedrohte Verhalten nicht konkret beschreibt), Dienstvorschriften der Bundesbahn (BGH VRS **16**, 53; RG **53**, 134; LG Mainz MDR **82**, 597), Vereinssatzungen, Unfallverhütungsvorschriften der Berufsgenossenschaften (RG **52**, 42; Hamm OLGSt § 3 BauONW S 1; **aM** für die seit 1963 von den Berufsgenossenschaften auf Grund des § 708 RVO erlassenen Unfallverhütungsvorschriften: Bay **86**, 75 = MDR **87**, 80) und allgemeine Geschäftsbedingungen, auch nicht die Geschäftsverteilungspläne der Gerichte (RG **76**, 233; Bay VerfGHE **38** II 90; Bay **77**, 141; vgl auch BayVerfGH NJW **78**, 1515: Rechtssetzungsakte eigener Art), der Grundsatz *in dubio pro reo* (26 zu § 261) sowie die Denkgesetze und Erfahrungssätze (KMR-Momsen 103 ff; LR-Hanack 11; Meurer in FS für Ernst Wolf, 1985, S 483, 499; Roxin/Schünemann § 55, 15). 3

Soll- oder Ordnungsvorschriften (dazu allg Bauer wistra **91**, 95; Bohnert NStZ **82**, 5) sind zwar Rechtsnormen iS des § 337; der Tatrichter darf sich über sie nicht hinwegsetzen, sofern dafür kein triftiger Grund besteht (BGH **3**, 384; MDR **55**, 397 [D]). Jedoch ist bei solchen Vorschriften ein Beruhen des Urteils auf der Gesetzesverletzung (unten 36) ausgeschlossen. Der Verstoß kann daher mit der Revision nicht gerügt werden (BGH **30**, 255, 257; DAR **81**, 196 [Sp]; NStZ **81**, 93 [Pf]; Bohnert NStZ **83**, 344; **aM** Neuhaus Herzberg-FS 871); die Entscheidung BGH **25**, 325, mit der (im Anschluss an Grünwald JZ **68**, 752; Hanack JZ **71**, 169; Rudolphi MDR **70**, 100) die Lehre von folgenlos verletzbaren Ordnungsvorschriften als methodisch veraltet bezeichnet wurde, ist vereinzelt geblieben (vgl aber LR-Hanack 15 ff, 22; Frisch Rudolphi-Symp 201: unbrauchbarer und überflüssiger Begriff; Sarstedt/Hamm 245 ff; siehe auch Weber-Petras Ordnungs- und Sollvorschriften im Strafprozessrecht, 1992, mit Übersicht der Rspr und Literatur zu den in Frage kommenden Vorschriften in Anh I). 4

5 **3) Verletzung des Gesetzes:**

6 A. **Verfahrensvoraussetzungen:** Die Prüfung erfolgt bei Befassungsverboten von Amts wegen, bei Bestrafungsverboten nach zutr Ansicht nur auf Rüge (vgl dazu Einl 143, 150); unschädlich ist dabei, dass das Urteil wegen Beschränkung des Rechtsmittels bereits teilw rechtskräftig ist (BGH **6**, 305; **8**, 269 = JZ **56**, 417 mit Anm Jescheck; BGH **11**, 393; **13**, 128; **15**, 203, 207; **21**, 242; Einl 151). Das Revisionsgericht ist weder an die tatsächlichen Feststellungen noch an die Beweiswürdigung des Tatrichters gebunden (BGH **5**, 225; **14**, 137, 139; Düsseldorf VRS **71**, 28). Es prüft die Prozessvoraussetzungen selbstständig und auf Grund eigener Sachuntersuchung unter Benutzung aller verfügbaren Erkenntnisquellen im Freibeweisverfahren (Einl 152). Eine Ausnahme gilt für die sog doppelrelevanten Tatsachen. Was der Tatrichter zum Schuldspruch im Strengbeweis festgestellt hat, bindet das Revisionsgericht (BGH MDR **56**, 272; Düsseldorf MDR **88**, 253; LR-Hanack 35), nach Ansicht des BGH allerdings nicht die Tatzeit, wenn ihre datenmäßige Fixierung für den Schuldspruch und die sichere Erfassung der ihm zugrunde liegenden Tatsachen nicht unerlässlich ist (BGH **22**, 90 = JR **68**, 466 mit Anm Kleinknecht; **aM** LR-Hanack 36). Würde die Ermittlung der maßgebenden Tatsachen eine Beweisaufnahme wie in der Hauptverhandlung vor dem Tatrichter erforderlich machen, so ist dem Revisionsgericht nicht verwehrt, das Urteil aufzuheben und die Sache an den Tatrichter zurückzuverweisen (BGH **16**, 399, 403; Celle MDR **60**, 334; Düsseldorf MDR **94**, 716 L; krit EbSchmidt Nachtr 4 a vor § 244). Zu Zweifeln an dem Bestehen eines Prozesshindernisses vgl 7 zu § 206 a, 34 zu 261; hat das Tatgericht die Verhandlungsfähigkeit sorgfältig geprüft und ohne Rechtsfehler bejaht, kann auch das Revisionsgericht davon ausgehen (BGH StV **02**, 598; NStZ-RR **06**, 42).

7 B. **Verfahrensrecht:**

8 a) Bei der **Abgrenzung des Verfahrensrechts vom sachlichen Recht** ist nicht entscheidend, ob die Vorschrift in der StPO oder in einem anderen Gesetz steht, sondern ob sie den Weg bestimmt, auf dem der Richter zur Urteilsfindung berufen und gelangt ist (LR-Hanack 66). Dann gehört sie dem Verfahrensrecht an; alle anderen Vorschriften gehören zum sachlichen Recht (BGH **19**, 273, 275; **25**, 100; eingehend dazu SK-Frisch 22 ff; Jähnke Meyer-Goßner-FS 559; Schäfer Rieß-FS 477). Nur auf die Sachrüge geprüft werden insbesondere die Verletzung der Denkgesetze (BGH **3**, 213, 215; str) und des Grundsatzes *in dubio pro reo* (BGH LM Nr 19 zu § 261; Celle MDR **57**, 436; SK-Frisch 66), die unzulässige Verwertung des Schweigens des Angeklagten (Bremen OLGSt § 261 S 93; Eisenberg BR 912; **aM** BGH **32**, 140; Koblenz VRS **45**, 365; Oldenburg NJW **69**, 806; Schleswig SchlHA **85**, 132 [E/L]; LR-Hanack 67: nur Verfahrensregel; Doller MDR **74**, 979: sachlicher und verfahrensrechtlicher Mangel) oder der Zeugnisverweigerung eines Angehörigen (BGH JR **81**, 432 mit krit Anm Hanack; **aM** Karlsruhe GA **75**, 182; LR-Hanack 67: nur Verfahrensmangel) und der Auskunftsverweigerung nach § 55 im Verfahren gegen den Zeugen selbst (Stuttgart NStZ **81**, 272), die Verwertung von Vorstrafen unter Verstoß gegen § 51 **BZRG** (BGH **24**, 378; **25**, 100; **27**, 108; **aM** Schäfer aaO 484), nicht aber die in dem angegriffenen Urteil nicht erörterte Frage, ob und wie erbrachte Bewährungsleistungen nach § 58 II S 2 StGB bei der Gesamtstrafenbildung berücksichtigt worden sind (BGH **35**, 238). Die Verwertung des nach §§ 154, 154 a ausgeschiedenen Prozessstoffs ohne Hinweis an den Angeklagten wird nur auf eine entspr Verfahrensrüge geprüft (2 zu § 154 a). Auch Rechtsfehler bei Verständigungen nach § 257 c können nur mit einer alle Vorgänge darlegenden Verfahrensbeschwerde beanstandet werden (anders aber, wenn die danach erfolgte Strafzumessung angegriffen wird). Manche Rechtsverstöße verletzen zugleich das Verfahrensrecht und das sachliche Strafrecht (BGH StV **81**, 127: Verletzung der Pflicht zur allseitigen Prüfung des Sachverhalts; Koblenz VRS **72**, 441: wenn nicht ohne weiteres zu ersehen ist, wie Beweiswürdigung und Wahrunterstellung in Einklang gebracht werden können).

b) **Verletzt ist das Verfahrensrecht,** wenn eine gesetzlich vorgeschriebene Handlung unterblieben, wenn sie fehlerhaft vorgenommen worden ist oder wenn sie überhaupt unzulässig war (BGH MDR **81**, 157; LR-Hanack 69). Dabei ist die wirkliche Sachlage maßgebend, wie das Revisionsgericht sie ermittelt, nicht die Sachlage, die der Tatrichter gekannt und beurteilt hat (BGH **10**, 304; **16**, 178, 180; LR-Hanack 69; **aM** Hamburg NJW **53**, 235). Ob dem Beschwerdeführer oder dem Tatrichter die den Mangel begründenden Tatsachen bekannt waren, ist gleichgültig (BGH **20**, 98; **22**, 266; StV **88**, 89; Koblenz NJW **80**, 1058; KK-Kuckein 23; LR-Hanack 69; **aM** BGH **27**, 22, 24 = JR **77**, 211 mit insoweit abl Anm Meyer; erg 34 zu § 52). Der seinerzeitige Verfahrensstand ist nur maßgebend, wenn die Verfahrenshandlung sich nach ihm zu richten hatte, wie die Nichtvereidigung eines Zeugen wegen des in der Hauptverhandlung bestehenden Tatverdachts (BGH **10**, 358, 365; vgl auch BVerfG 2 BvR 1574/91 vom 12. 3. 1992). Nachträgliche Ereignisse können einer begründeten Verfahrensrüge nicht den Boden entziehen (Widmaier Hanack-FS 387, 396). **9**

c) **Bewiesen** muss der Verfahrensmangel sein (BGH **16**, 164, 167; NJW **53**, 836; NStZ **93**, 395; StraFo **09**, 293; Sarstedt/Hamm 297; **aM** LR-Hanack 76; krit auch Roxin NStZ **89**, 378). Ist der Beweis unmöglich, zB bei Vorgängen, für die das Beratungsgeheimnis nach § 43 DRiG gilt, so ist die Rüge unzulässig (RG **61**, 217; **67**, 279; Celle MDR **58**, 182; erg 19 zu § 275). **10**

Beweisgrundlage ist in 1. Hinsicht die Sitzungsniederschrift (§ 274). Nur wenn sie im Einzelfall ohne Beweiskraft (15 zu § 274) oder wenn sie verloren gegangen ist, kommt Freibeweis (7, 9 zu § 244) in Betracht (BGH NJW **76**, 977); an die Würdigung des Tatrichters ist das Revisionsgericht dann nicht gebunden (BGH NJW **78**, 1390). Auch die Urteilsgründe können den Verfahrensmangel ausweisen, selbst wenn er sich dem Protokoll nicht entnehmen lässt (Bay **53**, 151 = MDR **54**, 121 mit Anm Mittelbach), zB wenn sich aus dem Urteil der Teilnahmeverdacht gegen einen nach § 59 vereidigten Zeugen ergibt. Feststellungen über den Gang der Hauptverhandlung trifft das Revisionsgericht, wenn gerügt ist, dass der Angeklagte während eines Teils der Hauptverhandlung abwesend gewesen oder dass er über sachliche Veränderungen des Anklagevorwurfs nicht ausreichend unterrichtet worden ist (BGH **19**, 141, 143), wegen der vorrangigen Bedeutung des Art 103 I GG auch, wenn der Angeklagte die Versagung des rechtlichen Gehörs durch Unterlassen einer bestimmten Verfahrenshandlung rügt (BGH **22**, 26 = JZ **68**, 434 mit Anm EbSchmidt; Düsseldorf VRS **64**, 128; Hanack JZ **73**, 729). **11**

Zweifel an dem Verfahrensverstoß wirken nicht zugunsten des Beschwerdeführers (35 zu § 261). Lässt sich das Gegenteil nicht beweisen, so wird – verfassungsrechtlich unbedenklich (BVerfG DAR **83**, 208 [Sp]) – davon ausgegangen, dass das Verfahren rechtmäßig war (BGH **16**, 164, 167 = JR **62**, 108 mit Anm EbSchmidt; BGH **17**, 351, 353; **21**, 4, 10; NJW **53**, 836; **78**, 1390; krit LR-Hanack 76; SK-Frisch 76; Klemke StV **04**, 589). Eine Ausnahme gilt, wenn der Nachweis infolge Verschuldens der Justizbehörden nicht zu führen ist, wie bei fehlender Zustellung der Anklageschrift (Celle StV **98**, 531) oder bei der Ladung zur Hauptverhandlung (Jena StraFo **04**, 357; Karlsruhe MDR **74**, 774) oder bei fehlender Dokumentation der Gründe für eine Änderung der Geschäftsverteilung (BGH **53**, 268, 282). **12**

d) Eine **Wiederholung oder Ergänzung der Beweisaufnahme** durch das Revisionsgericht ist ausgeschlossen; sie würde der Ordnung des Revisionsverfahrens widersprechen (BGH **15**, 347; **17**, 351, 352; **28**, 384; **29**, 18, 20; **31**, 139, 140; NJW **84**, 1245, 1246). Die Urteilsfeststellungen über die Beweisaufnahme können daher mit Verfahrensrügen nach den §§ 244 II, 261 grundsätzlich nicht bekämpft werden. Es ist Sache des Tatrichters, die Ergebnisse der Beweisaufnahme festzustellen und zu würdigen; der dafür bestimmte Ort ist das Urteil. Was in ihm über das Ergebnis der Verhandlung zur Schuld- und Rechtsfolgenfrage festgestellt ist, bindet das Revisionsgericht (BGH **21**, 149; NJW **69**, 1911, 1912; MDR **73**, **13**

557 [D]; **74**, 369 [D]) und ist dem Freibeweis nicht zugänglich (BGH **15**, 347; **29**, 18, 20; **31**, 139 = NStZ **83**, 278 mit abl Anm Fezer; BGH DAR **80**, 211 [Sp]; MDR **79**, 638 [H]; Diemer NStZ **02**, 17). Zu erwägen ist aber, ob nicht in den Fällen, in denen es für die Begründung einer Verfahrensrüge lediglich darauf ankommt, ob ein bestimmter Vorgang in der Hauptverhandlung stattgefunden hat oder nicht, das Verbot der „Rekonstruktion der Hauptverhandlung" eingeschränkt werden sollte (so Pauly Hamm-FS 572; ähnlich schon Fezer Hanack-Symp 108: Beweiserhebung über Hauptverhandlungsvorgänge zur Feststellung von Verfahrensfehlern bei Herstellung der Beweisgrundlage zulässig; vgl auch Herdegen Salger-FS 315; Pelz NStZ **93**, 362 sowie Wilhelm ZStW **117**, 144 mit entspr Anwendung des § 26 II S. 1).

14 Der **Gegenbeweis gegen die Urteilsfeststellungen** lässt sich daher nur führen, wenn er ohne Rekonstruktion der Hauptverhandlung erbracht werden kann (BGH NStZ **97**, 296), zB wenn im Sitzungsprotokoll der Inhalt einer Aussage nach § 273 III protokolliert worden ist (BGH **38**, 14 mwN = JZ **92**, 106 mit Anm Fezer; KMR-Momsen 148; Ulsenheimer NJW **80**, 2278; eingehend zur Problematik Geissler, Untersuchungen zur Revisibilität von Widersprüchen zwischen Strafurteil und Wortprotokoll, 2000, zugl Diss Marburg 1999, sowie Schröder, Das Wortlautprotokoll als revisionsrechtlicher Nachweis eines Widerspruches zwischen tatrichterlichem Strafurteil und dem Inbegriff der mündlichen Hauptverhandlung, Diss Würzburg 1996), hingegen nicht bei Protokollierung nach § 273 II (BGH **29**, 18, 20; **38**, 14, 16; Bay NStZ **90**, 508; **aM** Koblenz VRS **46**, 435, 436; Pelz NStZ **93**, 363; Sieß NJW **82**, 1628; krit auch LR-Hanack 82), wohl aber, wenn die Urteilsfeststellungen einer in der Hauptverhandlung verlesenen Urkunde (BGH NStZ **88**, 212 [M]; NStZ-RR **03**, 52) oder dem verlesenen Protokoll über eine kommissarische Vernehmung (BGH **29**, 18, 21; NStZ **87**, 18 [Pf/M]; Bay StV **86**, 226; Bremen StV **90**, 536) oder einer polizeiliche Vernehmung (BGH StV **83**, 121 L) widersprechen (vgl auch BVerfGE **82**, 236, 259 = NJW **91**, 91, 92) oder ein wesentliches Detail einer verlesenen Urkunde verschweigen (BGH StV **03**, 318). Das kann bei einer Aufzeichnung des Protokollinhalts auf Tonträger nach § 168 a II durch einen Wortvergleich festgestellt werden (Stuttgart NStZ **86**, 41), ebenso bei einer verlesenen und als Anlage zum Hauptverhandlungsprotokoll genommenen schriftlichen Erklärung (KG StV **03**, 320) oder einer nach § 255 a I vorgeführten Videoaufzeichnung (Diemer NStZ **02**, 19), nicht aber bei einer Videoaufzeichnung nach § 247 a S 4 (Hofmann StraFo **04**, 303) oder § 255 a II (BGH NJW **03**, 2761, 2763 = StV **03**, 650 mit insoweit abl Anm Schlothauer; Hofmann NStZ **02**, 569; **aM** Leitner StraFo **04**, 306; Wasserburg Richter II-FS 557), weil es sich bei diesen um einen direkten bzw einen vorweggenommenen Teil der Hauptverhandlung handelt.

15 Eine **eigene Bewertung des Beweisergebnisses** ist dem Revisionsgericht verwehrt. Es darf nicht prüfen, ob eine Urkunde richtig ausgelegt (unten 32), ob der Inhalt einer Zeugenaussage richtig gewürdigt ist (BGH aaO), wohl aber, ob ein Lichtbild für Beweiszwecke überhaupt „ergiebig" ist (BGH **41**, 376, 382; Hamm VRS **108**, 435; Herdegen StV **92**, 594; **aM** BGH **29**, 18 = JR **80**, 168 mit abl Anm Peters). Mit der Behauptung, das Gericht habe sich mit einer bestimmten Aussage einer Beweisperson oder einer Einlassung des Angeklagten (dazu BGH NStZ **04**, 392) nicht auseinandergesetzt, kann die Revision nicht gehört werden, es sei denn, die Aussage oder die Einlassung ist in der Hauptverhandlung verlesen worden (oben 14; vgl auch Oldenburg StV **02**, 524: Verlesung nach § 325) oder sie ergibt sich aus dem Urteil selbst (BGH NJW **92**, 2840; NStZ **95**, 27; abl Herdegen StV **92**, 596).

15a Die **Aktenwidrigkeit der Urteilsgründe** kann nicht mit einer Verfahrensbeschwerde beanstandet werden. Dem Versuch, Widersprüche zwischen dem Inhalt des Urteils und den Akten alternativ auf eine Rüge nach § 244 II (wegen Nichteinführung des Akteninhalts in die Hauptverhandlung) oder nach § 261 (wegen Nichterörterung des Widerspruchs in den Urteilsgründen) zu stützen (so Schlothauer StV **92**, 134, 139; Ziegert StV **96**, 279 bezeichnet es als eine zulässige „prozessuale Wahlfeststellung"; ähnlich Fezer JZ **96**, 665; Herdegen Salger-FS 318 und Eisenberg-FS 530), ist der BGH entgegengetreten (NJW **92**, 2840; NStZ **97**, 294; **99**, 423; **01**, 262 [B]; **07**, 115; grundsätzlich zust SK-Frisch 86; vgl auch BGH 4 StR 142/07 vom 7. 8. 2007: „Widersprüche zwischen dem Inhalt des Urteils und den Akten sind, wenn sie sich nicht aus den Urteilsgründen selbst ergeben, für sich allein regelmäßig revisionsrechtlich unerheblich"; Foth NStZ **92**, 446: „Es ist nicht Aufgabe des Revisionsgerichts, Urteil und Akteninhalt zu vergleichen"; Möglichkeit des Freibeweises insofern aber bejaht von KK-Kuckein 26a; erg unten 23). Eine Verletzung der Aufklärungspflicht kann idR auch nicht damit begründet werden, dass die Urteilsgründe sich zu bestimmten Punkten im Zusammenhang mit einer Zeugenvernehmung nicht äußern (BGH NJW **92**, 2838; NStZ **00**, 156; **06**, 55; **aM** Bauer NStZ **00**, 72; Herdegen StV **92**, 596). Nur wenn sich das Urteil entscheidend (zB bei „Aussage gegen Aussage", vgl 11a zu § 261) auf eine widersprüchliche Aussage stützt oder ein essentieller, nicht erklärlicher Widerspruch zwischen Akteninhalt und Urteilsgründen besteht (BGH **43**, 212, 215), kann es ein Erörterungsmangel und somit ein Verstoß gegen § 261 sein, wenn der Widerspruch in den Urteilsgründen nicht aufgelöst wird (insoweit zutr Neuhaus StraFo **04**, 411; ähnlich Hebenstreit Widmaier-FS 267; weitergehend Rosenau Widmaier-FS 541: Pflicht zur Ausschöpfung auch des Akteninhalts).

e) **Ermessensentscheidungen des Tatrichters** prüft das Revisionsgericht nur darauf, ob der Richter sich der Befugnis, sein Ermessen auszuüben, bewusst gewesen ist und ob er es fehlerhaft ausgeübt hat, weil er die anzuwendenden Rechtsbegriffe verkannt, die Grenzen seiner Ermessensfreiheit durch unzulässige Erwägungen überschritten und sich nicht nach den Grundsätzen und Wertmaßstäben des Gesetzes gerichtet hat, insbesondere willkürlich und grob missbräuchlich verfahren ist (BGH **6**, 298, 300; **10**, 327, 329; **18**, 238; KG StV **83**, 186). Sein eigenes Ermessen darf das Revisionsgericht nicht an die Stelle des tatrichterlichen Ermessens setzen (BGH **5**, 57, 58; **15**, 390, 393; JR **56**, 426; LR-Hanack 87). 16

Beruht die angegriffene Entscheidung auf der Bewertung tatsächlicher Umstände, bei der dem Tatrichter ein **Beurteilungsspielraum** eingeräumt ist, so ist das Revisionsgericht an die ihr zugrunde liegenden tatsächlichen Feststellungen gebunden. Seine Prüfung beschränkt sich darauf, ob der Tatrichter sich der Möglichkeit einer Ermessensentscheidung bewusst geworden ist (BGH **22**, 266, 267) und ob er die anzuwendenden Rechtsbegriffe verkannt hat (ANM 158ff; vgl auch Köln NJW **86**, 2896). Das gilt zB für die Feststellung des Verlöbnisses des Angeklagten (33 zu § 52), des Teilnahmeverdachts des Zeugen (34 zu § 60), der Befangenheit des Sachverständigen (21 zu § 74), der Voraussetzungen für die Verlesung nach § 251 (dort 42) und des nicht genügend entschuldigten Ausbleibens des Angeklagten in der Berufungsverhandlung (48 zu § 329). 17

f) **Beschwer:** Jeder Beteiligte kann nur Verfahrensfehler rügen, die ihn selbst beschweren (BGH **12**, 1, 2). Auf Verstöße, die nur andere Beteiligte betreffen, kann er die Revision nicht stützen (BGH **10**, 119, 121; MDR **73**, 192 [D]; StV **84**, 493 L; Saarbrücken VRS **35**, 41, 42, Kleinknecht NJW **66**, 1539); das gilt auch für zwingende Aufhebungsgründe (4 zu § 338). Ausreichend ist aber eine mittelbare Beschwer. Der hiervon betroffene Angeklagte kann zB rügen, dass die Ehefrau eines Mitangeklagten nicht nach § 52 III S 1 belehrt worden ist (BGH MDR **73**, 902 [D]; Schöneborn NJW **74**, 535), dass ein Brief des Mitangeklagten zu Unrecht beschlagnahmt worden ist (RG **20**, 91, 93) oder dass ein Geständnis des Mitangeklagten nach § 136a nicht hätte verwertet werden dürfen (BGH MDR **71**, 18 [D]). Die fehlerhafte Ablehnung von Beweisanträgen anderer Prozessbeteiligter kann er rügen, wenn er sich ihnen zwar nicht angeschlossen hatte, das Gericht aber wegen gleichartiger Interessenlage auch ihm gegenüber zur rechtlich einwandfreien Behandlung verpflichtet war (ANM 871ff mwN; 84 zu § 244). Das ist bei einem Beweisantrag der StA nur der Fall, wenn er zu- 18 gunsten des Angeklagten oder zur objektiven Wahrheitserforschung gestellt war (ANM 874).

19 Auf Verfahrensverstöße, die **kein Verwertungsverbot** nach sich ziehen, kann die Revision trotz bestehender Beschwer nicht gestützt werden. Allerdings ist weitgehend ungeklärt, unter welchen Voraussetzungen Beweisergebnisse trotz Missachtung von Beweisverboten verwertet werden dürfen (Einl 55 ff; Einzelheiten bei ANM 476 ff). Für den Fall, dass der Verstoß nur die Interessen dritter Personen berührt, hat der BGH die (von Gossrau MDR **58**, 468 so genannte) Rechtskreistheorie entwickelt (BGH **11**, 213 [GSSt]; **17**, 245, 247; eingehend dazu Frisch Rudolphi-Symp 173 ff). Sie bedeutet, dass der Angeklagte den Verstoß gegen nur die Interessen von Zeugen oder des Staates schützende Vorschriften, wie § 54 (dort 32), § 55 (dort 17), § 70 (dort 21), § 81 c I, II S 1 (dort 32), § 81 d (dort 6), § 95 II S 2 iVm § 55 (11 zu § 95), nicht rügen kann. Bei den übrigen Verstößen kommt es nach der Rspr auf eine Abwägung der Interessen des Angeklagten an der Bewahrung seiner Rechtsgüter gegen das Interesse des Staates an der Tataufklärung und Verfolgung von Straftaten an (Einl 55 a). Vgl im Übrigen die Erläuterungen zu den einzelnen Vorschriften. Ein Verstoß gegen das Verwertungsverbot des § 51 I BZRG ist – anders als eine Missachtung des in § 51 I BZRG ebenfalls enthaltenen Vorhalteverbots – bereits auf die Sachrüge zu beachten (BGH StraFo **09**, 243 mwN).

20 C. **Sachliches Recht:**

21 a) Die **Prüfung des Revisionsgerichts** auf die Sachrüge beschränkt sich nicht darauf, ob das Recht auf den festgestellten Sachverhalt richtig angewendet worden ist. Es prüft vielmehr auch, ob die Urteilsfeststellungen überhaupt eine tragfähige Grundlage für diese Prüfung bieten (BGH **14**, 162, 165; NJW **78**, 113, 115; Cramer Peters-FS 241; Willms JR **75**, 54), insbesondere, ob sie frei von Lücken, Widersprüchen und Verstößen gegen Denk- und Erfahrungssätze sind. Diese Kontrolle der Voraussetzungen richtiger Rechtsanwendung wird im Schrifttum teilw unter dem Begriff Darstellungsrüge zusammengefasst (vgl LR-Hanack 120 ff; Fezer 20/8 ff und: Die erweiterte Revision, 1974, S 9, 14). Unzureichende Feststellungen können allerdings idR nur bei einer Verurteilung, nicht bei einem Freispruch aus tatsächlichen Gründen mit der Sachrüge beanstandet werden (Bay **88**, 148 = NStE Nr 57 zu § 244: Aufklärungsrüge nötig).

22 b) **Grundlagen der Prüfung** sind nur die Urteilsurkunde und die Abbildungen, auf die nach § 267 I S 3 verwiesen worden ist (Rieß NJW **78**, 2270). Alle anderen Erkenntnisquellen sind dem Revisionsgericht grundsätzlich verschlossen (BGH **35**, 238, 241; NJW **98**, 3654; erg aber unten 25). Die nach § 268 II S 2 mündlich mitgeteilten Urteilsgründe sind nicht maßgebend (BGH **2**, 63, 66; **7**, 363, 370; NStZ **96**, 326 [K]); Widersprüche zwischen Urteil und Protokoll sind für die Sachrüge ohne Bedeutung; die Gründe sind maßgebend (36 zu § 273). Unbeachtlich sind auch unzulässige Berichtigungsbeschlüsse (BGH **2**, 248; GA **69**, 119; MDR **73**, 902 [D]) und Urteilsergänzungen, für die § 267 IV S 3 keine Grundlage bietet (Bay **77**, 137 = JZ **77**, 694) oder die nach Ablauf der dort bestimmten Frist zu den Akten gebracht worden sind (Bay **79**, 148, 152 = VRS **58**, 34, 38).

23 Den **Akteninhalt** darf das Revisionsgericht bei der Prüfung der Sachrüge nicht berücksichtigen (BGH **35**, 238, 241; OGH **1**, 42, 43; Köln MDR **84**, 335; Wagner ZStW **106**, 299; **aM** Peters 647; Rüping 641), selbst wenn er ihm auf eine Verfahrensrüge, zB nach § 244 II, eröffnet ist (BGH GA **55**, 269; LR-Hanack 104; W. Schmid ZStW **85**, 906; **aM** BGH **22**, 282, 289 und BGH StV **93**, 176 mit abl Anm Schlothauer). Die Rüge der „Aktenwidrigkeit" ist unbeachtlich (Koblenz VRS **46**, 440, 441; Dahs/Dahs 92, 392, 505; Fezer 20/7); ein Erörterungsmangel kann nur dann bejaht werden, wenn sich ein Widerspruch aus dem Urteil selbst ergibt, also sich dieses etwa auf Aussagekonstanz beruft, obwohl sich die Aussagen widersprochen haben (BGH StV **92**, 2), oder wenn sonst das Beweis-

ergebnis mit den Mitteln des Revisionsrechts ohne weiteres feststellbar ist (BGH StV **91**, 549).

Dem Revisionsgericht sind, abgesehen von der Anhörung von Sachverständigen zur Feststellung von Erfahrungssätzen (unten 31; 3 zu § 351), **Beweisaufnahmen** nicht gestattet (Gössel JR **83**, 120; W. Schmid ZStW **85**, 893). Es darf aber Lichtbilder und Filmstreifen, deren strafbarer Inhalt Gegenstand des Urteils ist, daraufhin in Augenschein nehmen, ob sie die Überzeugungsbildung des Tatrichters tragen (BGH **41**, 376, 382 gegen BGH **29**, 18, 22; Hamburg NStZ **81**, 393 mwN = JR **82**, 76 mit abl Anm Bottke; erg oben 15). 24

Neben dem Urteilsinhalt beachtet das Revisionsgericht aber auch **offenkundige Tatsachen** (50 ff zu § 244; Düsseldorf NJW **93**, 2452). Es kann mit ihnen Lücken in den Urteilsfeststellungen schließen und Widersprüche ausräumen (BGH **49**, 34, 41; Bay **87**, 171, 173 = JZ **88**, 420; LR-Hanack 103; einschr Puppe NStZ **90**, 434). Dasselbe gilt für die Gerichtskundigkeit des Revisionsgerichts (BGH 1 StR 256/96 vom 9. 5. 1996; Meyer-Goßner Tröndle-FS 563; vgl auch Graul [50 zu § 244] S 306 ff), zB die Kenntnis von Tatsachen aus der Befassung mit einem ersten, aufgehobenen Urteil des Landgerichts (BGH NStZ-RR **04**, 238, 239). Eingehend zu den revisionsrechtlichen Folgerungen Meyer-Goßner/Cierniak StV **00**, 696 ff. 25

c) Die **Beweiswürdigung** des Tatrichters unterliegt einer – eingeschränkten – Prüfung des Revisionsgerichts (zusammenfassend zur Rspr des BGH Nack StV **02**, 510 ff, 558 ff; Loddenkemper, Revisibilität tatrichterlicher Zeugenbeurteilung, 2003, zugl Diss Berlin 2002; erg 2 ff und 38 ff zu § 261). Das Revisionsgericht darf die Beweiswürdigung nur auf rechtliche Fehler prüfen, sie aber nicht durch seine eigene ersetzen (BGH **10**, 208, 210 = JR **57**, 386 mit Anm EbSchmidt; BGH **29**, 18, 20 = JR **80**, 168 mit abl Anm Peters). Die nach Ansicht des Beschwerdeführers falsche Würdigung der Beweise kann daher mit der Revision nicht gerügt werden (BGH NJW **08**, 1534 L = NStZ-RR **08**, 146), wohl aber der Weg dorthin (Jähnke Hanack-FS 356). Die Revisionsgerichte haben in neuerer Zeit ihre Prüfungsbefugnis dahin ausgeweitet, ob die Beweiswürdigung des Tatrichters plausibel – dh für das Revisionsgericht nachvollziehbar – ist (vgl Dahs Hamm-FS 41; Fischer Paulus-FG 69; Hamm Fezer-FS 393; Rieß Hanack-FS 406; vgl auch Herdegen DAV-FS 553 „intersubjektiv akzeptable, in hohem Maß plausible Argumentation erforderlich). Diese „notwendige und unumkehrbare" Entwicklung (Fezer Hanack-FS 340, der aber in Otto-FS 901 zutr darlegt, dass sie teilw zur Relativierung der Verfahrensvorschriften durch den BGH geführt hat), die zwangsläufig war (Jähnke aaO 367), ist im Interesse der Einzelfallgerechtigkeit zu begrüßen (Dietmeier ZIS **08**, 101) und „rechtfertigt die Revision als einziges Rechtsmittel im Bereich der schweren Kriminalität" (Rieß aaO 417). Die Beweiswürdigung muss somit die Tatsachenfeststellungen für das Revisionsgericht insgesamt nachvollziehbar machen (Loddenkemper aaO S 120); mangelnde Plausibilität der Tatsachenfeststellungen ist als revisibler Rechtsfehler anzusehen (dazu eingehend Frisch Eser-FS 257 ff und Fezer-FS 375; krit Herdegen Eisenberg-FS 535). 26

Das Revisionsgericht prüft auch, ob der Tatrichter seine **Pflicht zur erschöpfenden Würdigung der Beweise** (6 zu § 261) erfüllt hat. So kann die Sachrüge erfolgreich sein, wenn hinsichtlich einer Zeugenaussage im Urteil genannte Tatsachen, die ihrer Glaubhaftigkeit entgegenstehen, nicht in die Glaubhaftigkeitsprüfung einbezogen wurden, wenn sich aufdrängende Falschbelastungshypothesen nicht widerlegt oder sämtliche Qualitätsmängel der Aussage nicht einer wertenden Gesamtbetrachtung unterzogen worden sind (dazu eingehend Brause NStZ **07**, 505 ff; vgl auch BGH NStZ **08**, 581; **09**, 106 und 107 und 108; NStZ-RR **09**, 290 L). 26a

Rechtsfehlerhaft ist die Beweiswürdigung insbesondere, wenn sie in sich widersprüchlich, lückenhaft oder unklar ist oder gegen Denkgesetze oder gesicherte Erfahrungssätze verstößt (BGH NStZ **83**, 277; StV **86**, 421; wistra **08**, 22, 24; 107; Koblenz NJW **86**, 1003; VRS **59**, 199, 200), über schwerwiegende Verdachtsmo- 27 mente hinweggeht (BGH wistra **10**, 70) oder einzelne Belastungsindizien nur gesondert erörtert, ohne eine Gesamtabwägung vorzunehmen (BGH 1 StR 491/09 vom 16. 12. 2009; erg 2 zu § 261) oder wenn der Tatrichter überspannte Anforderungen an die für eine Verurteilung erforderliche Gewissheit stellt (BGH NStZ **84**, 180; **85**, 15 [Pf/M]; **88**, 212 [M]; StV **86**, 421; NStZ-RR **09**, 248).

28 **Widersprüche und Unklarheiten** stehen einer Nachprüfung der Beweiswürdigung durch das Revisionsgericht entgegen und stellen daher einen sachlichrechtlichen Mangel des Urteils dar (BGH **3**, 213, 215; **14**, 162, 164; **15**, 1, 3; MDR **82**, 948; VRS **63**, 39, 40; Karlsruhe Justiz **82**, 26; Koblenz VRS **65**, 441, 443; Pelz NStZ **93**, 362).

29 Die rechtliche Prüfung ist auch nicht möglich, wenn die Beweiswürdigung **Lücken** aufweist, insbesondere, wenn nicht alle aus dem Urteil ersichtlichen Umstände gewürdigt sind, die Schlüsse zugunsten oder zuungunsten des Angeklagten zulassen (BGH **14**, 162, 164; **25**, 285; NJW **80**, 2423; GA **74**, 61; MDR **78**, 108 [H]; NStZ **84**, 17 [Pf/M]; **85**, 15 [Pf/M]; StV **81**, 114; VRS **53**, 110). Daher ist es fehlerhaft, wenn der Tatrichter, obwohl der Sachverhalt dazu drängt, eine nahe liegende Möglichkeit des Tathergangs, auch der inneren Tatseite, außer Betracht lässt (BGH **18**, 204, 207; **25**, 365, 367; NJW **53**, 1441; StV **81**, 508; **82**, 508; **83**, 359; **87**, 423 mit Anm Hannover = NStZ **87**, 473; VRS **55**, 186, 188; **65**, 351, 353). Die Aussagen eines Zeugen vom Hörensagen müssen einer besonders sorgfältigen und kritischen Würdigung unterzogen werden (BGH NStZ **88**, 144; Köln NStZ **90**, 557). Beim Indizienbeweis muss sich der Tatrichter mit allen festgestellten Beweisanzeichen auseinandersetzen (BGH **12**, 311, 315; NJW **67**, 1140; DAR **80**, 197 [Sp]; **82**, 206 [Sp]; GA **74**, 61; JR **54**, 468; MDR **77**, 284 [H]).

30 Der **Verstoß gegen die Denkgesetze** ist ebenfalls ein sachlich-rechtlicher Mangel (BGH **6**, 70, 72; **19**, 33, 34; KG JR **59**, 106 mit Anm Sarstedt; Klug Möhring-FS 363). Ein solcher Verstoß liegt etwa vor (vgl allg Meurer in FS für Ernst Wolf, 1985, S 483 ff) bei Kreis- oder Zirkelschlüssen (BVerfG NJW **03**, 2444, 2446 = JR **04**, 37 mit Anm Böse; BGH StV **96**, 366; StraFo **03**, 131; Dahs/Dahs 418; Klug, FS der Rechtsw Fakultät z 600-Jahr-Feier der Universität zu Köln, 429), Begriffsvertauschungen (Dahs/Dahs 419), Rechenfehlern (Bremen VRS **54**, 65, 68; Geerds Peters-FS 269), bei der irrtümlichen Annahme, eine Schlussfolgerung sei zwingend (KG VRS **63**, 46, 47; Köln VRS **64**, 230; Schleswig SchlHA **56**, 184), oder bei der Verwendung von Nichtbewiesenem als Beweisanzeichen (BGH NJW **80**, 2423, 2424; OGH **1**, 165).

30a Ein **Kreis- oder Zirkelschluss** liegt vor, wenn aus einer Aussage selbst auf ihre Glaubhaftigkeit geschlossen wird. Die Zirkelschlüssigkeit kann aber entfallen, wenn Teile einer Aussage, aus deren Wahrheit auf die Glaubhaftigkeit anderer Aussageteile geschlossen wird, eine außerhalb der Aussage selbst liegend, also „externe" Bestätigung erfahren haben. Ein Zirkelschluss ist daher nicht gegeben, wenn aus dem Ablauf der Vernehmung oder dem Verhalten der Beweisperson bei ihrer Befragung oder aus der inhaltlichen Struktur ihrer Aussage auf deren Glaubhaftigkeit geschlossen werden kann, oder wenn Umstände außerhalb der Aussage selbst, welche diese zu bestätigen geeignet sind, durch entsprechende Vorhalte an den Zeugen in die Hauptverhandlung eingeführt wurden (so BGH StV **05**, 487 mwN).

31 Die Beweiswürdigung ist hingegen fehlerhaft, wenn sie **Erfahrungssätze nicht beachtet,** also die auf Grund allgemeiner Lebenserfahrung (dazu krit Sommer Rieß-FS 585) oder wissenschaftlicher Erkenntnisse gewonnenen Regeln, die keine Ausnahme zulassen und eine an Sicherheit grenzende Wahrscheinlichkeit zum Inhalt haben, außer acht lässt (BGH **6**, 70, 72; **17**, 382, 385; **29**, 18, 20; **31**, 86, 89; NJW **82**, 2882; VRS **35**, 264; NStZ-RR **02**, 39). Sie binden den Tatrichter in gleicher Weise wie die Denkgesetze (BGH **5**, 34, 36; **6**, 70, 73; **10**, 208, 211; **25**, 246, 248; **29**, 18, 21; NJW **78**, 1207; Grave/Mühle MDR **75**, 274; Willms JR **75**, 52), sofern nicht neuere Erkenntnisse die früheren widerlegen (Düsseldorf VRS **59**, 287, 289: Darlegungspflicht). Umgekehrt ist es rechtsfehlerhaft, wenn der Tatrichter von einem nicht bestehenden Erfahrungssatz ausgeht (BGH **7**, 82, 83;

Düsseldorf StV **93**, 572; Karlsruhe StV **95**, 13), zB „Erkenntnisse" der Parapsychologie berücksichtigt (BGH NJW **78**, 1207; zust Hilgendorf Paulus-FG 87) oder einen Erfahrungssatz zugunsten eines anderen Erfahrungssatzes vernachlässigt (BGH NStZ **97**, 376 [K]). Gravierende Fehlbewertungen der Beweiskraft von statistisch belegten Häufigkeitswerten begründen idR einen Rechtsfehler (BGH StV **96**, 583). Das Revisionsgericht kann das Bestehen oder Fehlen von Erfahrungssätzen im Freibeweis (7, 9 zu § 244), auch durch Anhörung von Sachverständigen, prüfen (BGH **7**, 82, 83; **16**, 16, 17; **23**, 156, 164; **25**, 246, 249; **33**, 133, 136).

d) Die **Auslegung** von Äußerungen, Erklärungen, Urkunden, Verträgen und bildlichen Darstellungen ist eine Tatsachenwürdigung, die nur dem Tatrichter zusteht (Hamburg JR **83**, 508; Köln NJW **81**, 1280; **82**, 657; NStZ **81**, 183; StV **85**, 113). Dem Revisionsgericht ist eine eigene Würdigung ebenso verboten wie bei der Beweiswürdigung (BGH **3**, 69, 70; **21**, 371, 372; NJW **52**, 1186; Düsseldorf JMBlNW **81**, 223; Köln AfP **85**, 285; OLGSt § 185 StGB Nr 1). Dabei ist aber mit Wittig GA **00**, 267 zwischen Feststellung des Wortlauts und der Umstände [= Tatsachenfeststellung] und der Anwendung von Auslegungsregeln [= Rechtsanwendung] zu unterscheiden. Die Prüfung des Revisionsgerichts beschränkt sich demnach darauf, ob die Auslegung auf Rechtsirrtum beruht (BGH **37**, 55, 61; Hamm NJW **71**, 1852, 1853; Köln JMBlNW **83**, 36), ob sie lückenhaft ist, weil von mehreren Auslegungsmöglichkeiten nur eine geprüft ist (BGH **25**, 365, 367; Köln NJW **88**, 1802) oder gegen Sprach- und Denkgesetze, Erfahrungssätze und allgemeine Auslegungsregeln verstößt (BGH **21**, 371, 372; Bay NJW **90**, 922; Köln NStZ **81**, 183). Das gilt auch für die Auslegung von Verwaltungsanordnungen (BGH **31**, 314, 316; VRS **16**, 53). Eine allgemeine Auslegungsregel ist zB der Grundsatz, dass der nicht eindeutige Sinn der Gedankenäußerung aus dem Zusammenhang und Zweck zu erforschen ist (BGH MDR **77**, 281 [H]; RG **61**, 151, 154). 32

e) **Gesetzesanwendung:** Das sachliche Recht ist verletzt, wenn eine auf den festgestellten Sachverhalt anzuwendende Norm nicht oder nicht richtig angewendet worden ist oder wenn eine unanwendbare Rechtsnorm oder eine „Norm" angewendet worden ist, die keine Rechtsnorm ist. Der Fehler kann insbesondere in der falschen Auslegung der Rechtsnorm oder in falscher Subsumtion liegen. In beiden Fällen ist das Revisionsgericht von der Auffassung des Tatrichters unabhängig. Bei unbestimmten Rechtsbegriffen ist das Revisionsgericht zwar an die dazu festgestellten Tatsachen, aber nicht an die Ansicht des Tatrichters gebunden (dazu eingehend und zutr Tolksdorf Meyer-Goßner-FS 523; teilw **aM** Maatz StraFo **02**, 373: eingeschränkter Prüfungsmaßstab des Revisionsgerichts; vgl auch SK-Frisch 109 ff). Es kann, wenn die Feststellungen vollständig sind, abschließend im entgegengesetzten Sinn entscheiden wie der Tatrichter (vgl BGH VRS **54**, 436). 33

f) Der **Rechtsfolgenausspruch** ist als Rechtsanwendung von dem Revisionsgericht überprüfbar (BVerfG NJW **07**, 2977, 2978; eingehend dazu SK-Frisch 147 ff; zur BGH-Rspr vgl Theune Pfeiffer-FS 449; die Schaffung einer „Strafrüge" entspr dem österreichischen Recht befürwortet Goydke Meyer-Goßner-FS 541). Der Tatrichter muss seine Zumessungserwägungen daher in einem die Nachprüfung ermöglichenden Umfang darlegen (Düsseldorf NStZ **88**, 325). Allerdings trägt die Verantwortung für die Festsetzung der Rechtsfolgen in 1. Hinsicht der Tatrichter; insbesondere die Strafbemessung ist seine Aufgabe (BGH **17**, 35, 36; wistra **82**, 225). In Zweifelsfällen ist die Wertung des Tatrichters zu respektieren (BGH NStZ **82**, 114; **84**, 360; StV **83**, 502). Das Revisionsgericht darf nur eingreifen, wenn die Strafzumessungserwägungen des Urteils in sich rechtsfehlerhaft sind oder wenn der Tatrichter die ihm nach § 46 StGB obliegende Pflicht zur Abwägung der für und gegen den Angeklagten sprechenden Umstände verletzt, insbesondere rechtlich anerkannte Strafzwecke nicht in den Kreis seiner Erwägungen einbezogen hat (BGH **17**, 35, 36; **27**, 2; DAR **80**, 198 [Sp]; JR **81**, 334 mit Anm Bruns). Es prüft auch, ob die verhängte Strafe noch innerhalb des Rahmens liegt, innerhalb 34 dessen sie schon oder noch als gerecht anerkannt werden kann (BGH 1 StR 164/07 vom 7. 11. 2007). Das ist nur dann nicht der Fall, wenn dem Tatrichter ein offensichtlich grober Fehlgriff vorzuwerfen ist (BGH **17**, 35, 37; MDR **74**, 721 [D]; JR **81**, 334 mit Anm Bruns; BGH NStZ **85**, 415; Düsseldorf VRS **59**, 284), die Strafe also bei Berücksichtigung des zur Verfügung stehenden Strafrahmens unvertretbar hoch oder niedrig ist (BGH NJW **77**, 1247 = JR **77**, 159 mit Anm Bruns; NJW **90**, 846; Karlsruhe NJW **80**, 133; krit zu dieser Rspr Foth NStZ **92**, 444).

35 **Rechtsfehlerhafte Strafzumessungserwägungen** liegen zB vor, wenn der Tatrichter von einem falschen Strafrahmen ausgegangen ist (BGH NJW **78**, 174; StV **81**, 124; wistra **82**, 225), wenn der Strafzumessung ein nicht eindeutig geklärter Sachverhalt zugrunde liegt (BGH **1**, 51), ohne dass von der dem Angeklagten günstigsten Möglichkeit ausgegangen wurde (BGH StV **86**, 5), wenn die Strafzumessungserwägungen widersprüchlich sind (BGH **16**, 360, 364; MDR **53**, 148 [D]; **72**, 250 [D]; Köln VRS **58**, 23) oder gegen Denkgesetze (Bay HESt. 3, 64; KG VRS 3, 276) oder Erfahrungssätze verstoßen (Hamm VRS **21**, 72; Köln VRS 8, 364; Oldenburg VRS 5, 320) oder wenn hypothetische Strafzumessungserwägungen angestellt sind, zB dass auf dieselbe Strafe auch erkannt worden wäre, wenn die Tat rechtlich anders beurteilt werden müsste (BGH **7**, 359; Schleswig SchlHA **80**, 170 [E/J]), wenn die eine oder andere Rechtsverletzung nicht vorläge (BGH JR **55**, 228) oder wenn die Voraussetzungen des § 21 StGB gegeben wären (BGH StV **81**, 401).

35a Ein fehlender Ausspruch zur **besonderen Schwere der Schuld** bei Verurteilung zu lebenslanger Freiheitsstrafe (vgl 33 zu § 260; 20a zu § 267) beschwert den Angeklagten nicht (BGH NStZ **93**, 134; Meurer JR **92**, 448). Ob der Tatrichter die Tat zu Recht als besonders schwer eingestuft hat oder nicht, unterliegt im Übrigen aber revisionsgerichtlicher Kontrolle (BGH **39**, 121; Stree NStZ **92**, 465), und zwar sowohl hinsichtlich der Gewichtung als auch der dieser zugrundeliegenden Feststellungen (Stree JR **94** 166; zw BGH **39**, 208, 210). Die Überprüfung beschränkt sich jedoch darauf, ob der Tatrichter alle maßgeblichen Umstände bedacht hat (BGH aaO); das Revisionsgericht darf seine Wertung nicht an die Stelle derjenigen des Tatrichters setzen (BGH StV **93**, 420).

36 4) **Beruhen des Urteils auf der Gesetzesverletzung:**

37 A. **Allgemeines** (eingehend dazu SK-Frisch 186 ff, ders Rudolphi-FS 609 ff): Ein Gesetzesverstoß begründet die Revision nur, wenn das Urteil bei richtiger Anwendung des Gesetzes anders ausgefallen wäre. Dieser ursächliche Zusammenhang (so die stRspr, Nw bei Frisch aaO 612 Fn 14; dagegen stellt Blomeyer JR **71**, 142 auf Finalität ab, während SK-Schlüchter 64 ff vor §§ 213 eine normative Sichtweise verlangt; ähnlich Frisch aaO 625: nicht kausaler, sondern normativer Zusammenhang dahin, ob bei Zugrundelegung eines rechtlich fehlerfreien Verfahrens oder Vorgehens eine andere als die getroffene und angefochtene Entscheidung möglich erscheint) zwischen Gesetzesverstoß und Urteil braucht aber nicht erwiesen zu sein. Die bloße Möglichkeit, dass das Urteil auf dem Fehler beruht, reicht aus (BGH **1**, 346, 350; **8**, 155, 158; **9**, 77, 84; 362, 364; **20**, 160, 164; **21**, 288, 290; **22**, 278, 280). Nur wenn sie ausgeschlossen oder rein theoretisch ist, fehlt es an dem ursächlichen Zusammenhang (BGH **14**, 265, 268; **18**, 290, 295; MDR **75**, 369 [D]; NStZ **85**, 135; NJW **88**, 1223, 1224 mwN), insoweit hat das Revisionsgericht eine „Beweislast" (Herdegen NStZ **90**, 516). Bei den zwingenden Aufhebungsgründen des § 338 Nrn 1–7 wird das Beruhen des Urteils auf dem Verfahrensverstoß unwiderlegbar vermutet (dort 1).

38 B. Bei **Verfahrensfehlern** kommt es darauf an, ob ein rechtsfehlerfreies Verfahren zu demselben oder möglicherweise zu einem anderen Ergebnis geführt hätte (RG **52**, 305, 306; **61**, 353; **64**, 379, 380; Hamm StV **84**, 105; Karlsruhe Justiz **85**, 475; LR-Hanack 256; teilw abweichend Paulus Schlüchter-GS 598). Die Beurteilung dieser Frage hängt von den Umständen des Einzelfalls ab. Erwähnt das Urteil

bei der überflüssigen, aber vielfach üblichen zusammenfassenden Aufzählung der benutzten Beweisquellen ein bestimmtes Beweismittel, so bedeutet das nicht ohne weiteres, dass das Urteil auf ihm beruht (BGH NJW **51**, 325; MDR **52**, 17 [D]; Hamm VRS **41**, 123; Jena VRS **109**, 24; Schleswig SchlHA **76**, 171 [E/J]). Auf Verfahrensverstößen im Vorverfahren beruht das Urteil idR nicht (vgl 3 zu § 336), auch nicht auf Verfahrensfehlern nach Urteilserlass (BGH NJW **51**, 970; vgl aber § 338 Nr 7). Die fehlerhafte Anwendung einer Verfahrensvorschrift ist unschädlich, wenn das Verfahren nach einer anderen Vorschrift rechtmäßig ist (BGH **30**, 10, 14 zu § 249 II aF [dazu 31 aE zu § 249]; BGH MDR **83**, 624 [H]). Ob das Urteil auf der Verlesung der Übertragung eines Tonbandprotokolls ohne die nach § 168a IV S 2, 3 erforderlichen Unterschriften beruht, prüft Karlsruhe Justiz **85**, 475 zu Unrecht durch Abhören des Tonbandes.

Die rechtzeitige **Heilung des Verstoßes** schließt das Beruhen aus (allg dazu W. Schmid JZ **69**, 757; vgl mit Beispielen auch Frisch Rudolphi-FS 637). Die Heilung, zu der der Tatrichter nicht nur berechtigt, sondern verpflichtet ist (RG **41**, 404, 405; Oldenburg NdsRpfl **54**, 34; Rpfleger **79**, 221; LR-Hanack 261; W. Schmid Maurach-FS 540; Einl 159), erfolgt bei fehlerhaft unterlassenen Verfahrenshandlungen durch Nachholung, zB durch Erlass des Eröffnungsbeschlusses vor oder nach Beginn der Hauptverhandlung (BGH **29**, 224; Düsseldorf MDR **70**, 783; Köln JR **81**, 213 mit Anm Meyer-Goßner; 4 zu § 203), durch Bekanntgabe des nicht zugestellten Eröffnungsbeschlusses in der Hauptverhandlung (Karlsruhe MDR **70**, 438), durch Nachholen der unterbliebenen Vereidigung eines Zeugen (29 zu § 60) oder durch nachträgliche Gewährung des letzten Wortes nach § 258 II. Ein fehlerhafter Verfahrensvorgang kann durch Wiederholung in einwandfreier Form geheilt werden (BGH **30**, 74, 76; Hamburg NJW **75**, 1573). Die Heilung einer gesetzwidrigen Entscheidung erfolgt dadurch, dass sie zurückgenommen wird (Bay **52**, 270 = NJW **53**, 433; Bay **53**, 214 = VRS **6**, 53; MDR **55**, 56) oder, wenn das nicht möglich ist, nach entsprechendem Hinweis an die Prozessbeteiligten unberücksichtigt bleibt (W. Schmid JZ **69**, 758; erg 30 zu § 60). Nach der Urteilsverkündung ist die Heilung von Verfahrensfehlern ausgeschlossen (Hamm JMBlNW **55**, 237; Poppe NJW **54**, 1951; W. Schmid JZ **69**, 762). Zur Heilung von zwingenden Urteilsaufhebungsgründen vgl 3 zu § 338. 39

C. Bei **sachlich-rechtlichen Mängeln** ergibt sich das Beruhen ohne weiteres aus dem Urteil. Fehlerhafte Hilfserwägungen sind idR unschädlich (Düsseldorf wistra **07**, 439 mwN), stellen aber eine unnötige Belastung der Urteilsgründe dar und können zu Missdeutungen Anlass geben (BGH NStZ-RR **09**, 34 [C]). Enthält das Urteil widersprüchliche Feststellungen, so kann oft nicht ausgeschlossen werden, dass auch die übrigen Feststellungen fehlerhaft sind (KG DAR **56**, 331; VRS **14**, 37, 45). Zur Entscheidung des Revisionsgerichts bei fehlerhaften Strafzumessungserwägungen vgl 24ff zu § 354. 40

5) Verlust von Verfahrensrügen: 41

A. **Zeitablauf:** Der Beschwerdeführer hat es in der Hand, Verfahrensfehler durch Nichterhebung von Verfahrensrügen hinzunehmen. In mehreren Fällen ist die Geltendmachung von Verfahrenseinreden schon vorher an bestimmte Fristen gebunden (vgl §§ 6a S 3, 16 S 2, 25, 217 II, 218 S 2, 222b I S 1, 246 II S 2); danach können sie nicht mehr gerügt werden. Das gilt auch für die Revisionsbegründungsfrist des § 345 I. Eine Verfahrensrüge, die erst nach zweimaliger Aufhebung und Zurückverweisung erhoben wird, ist unzulässig (BGH **10**, 278 = JZ **58**, 93 mit Anm Kern). 42

B. Der **Verzicht** auf die Einhaltung des Verfahrens mit der Folge, dass die Revision auf den Verstoß nicht gestützt werden kann, ist nur in engen Grenzen wirksam (BGH GA **86**, 372; LR-Hanack 269; SK-Frisch 208; vgl allg: H. Müller, Zum Problem der Verzichtbarkeit und Unverzichtbarkeit von Verfahrensnormen im Strafprozess, 1984). Denn grundsätzlich kann nicht erlaubt werden, dass Gericht 43 und Prozessbeteiligte die gesetzliche Verfahrensordnung für den Einzelfall abändern.

44 **Unverzichtbar sind** daher nicht nur die Verfahrensvoraussetzungen (BGH NJW **67**, 2368; GA **65**, 56; MDR **75**, 198 [D]; Steuber MDR **78**, 890) und die Beachtung von Bestimmungen, deren Verletzung zwingende Aufhebungsgründe nach § 338 Nrn 1–6 sind (BGH **22**, 18, 20; **25**, 317, 318; **35**, 164, 165; NJW **53**, 1800, 1801; **67**, 687; **76**, 1108; MDR **78**, 461 [H]; **83**, 282 [H]; Frankfurt MDR **86**, 606 = JR **87**, 81 mit Anm Schlüchter; Zweibrücken StV **86**, 240), sondern auch die Einhaltung der anderen Verfahrensbestimmungen, die allgemein der rechtsstaatlichen Ausgestaltung des Verfahrens dienen.

45 **Verzichtbar** sind zB die Rechtsmittelbelehrung nach § 35 a (dort 4), die Zustellung der Anklageschrift (9 zu § 201) und des Eröffnungsbeschlusses (RG **55**, 159; KK-Gmel 2 zu § 215), die Ladung nach § 216 (Hamburg HESt **3**, 28) und nach § 218 (Hamm JZ **56**, 258; VRS **53**, 367; Koblenz MDR **68**, 944), die Namhaftmachung nach § 222 (BGH 1, 284) und die Benachrichtigung nach § 224 (BGH aaO; **9**, 24, 28; **25**, 357, 359; NJW **52**, 1426) sowie die Urteilszustellung nach § 316 II (Meyer JR **86**, 301).

46 Die **Verzichtserklärung** kann nur nachträglich erfolgen (Bohnert NStZ **83**, 348; **aM** LR-Hanack 274). Sie kann in einer schlüssigen Handlung liegen (RG **58**, 125, 127; Koblenz MDR **68**, 944), insbesondere darin, dass der Angeklagte von seinem Recht, die Aussetzung der Verhandlung zu verlangen, keinen Gebrauch macht (BGH **15**, 40, 45; Meyer aaO). Das bloße Unterlassen eines Widerspruchs oder Gegenantrags ist idR kein Verzicht (vgl aber 25 zu § 136; krit zur Rspr des BGH in Bezug auf das Beweisantragsrecht Herdegen NStZ **00**, 5). Zur Rügepräklusion durch Schweigen vgl Kindhäuser NStZ **87**, 529. Der Verzicht ist nur wirksam, wenn der Verfahrensbeteiligte den Mangel und die prozessuale Abwehrbefugnis gekannt hat (RG JW **22**, 1394 mit Anm Alsberg; LR-Hanack 275). Im Stillschweigen eines Angeklagten, der keinen Verteidiger hat, liegt daher idR kein wirksamer Verzicht (BGH **6**, 140; NJW **51**, 205; MDR **61**, 249; erg 10 zu § 217; 7 zu § 224). Der Verzicht des Angeklagten bindet den Verteidiger (LR-Hanack 276). Wird in Abwesenheit des Angeklagten verhandelt, so genügt der Verzicht des Verteidigers (vgl BGH **3**, 206, 210; Hamm NJW **54**, 1856).

47 C. **Verwirkung:** Nicht die Prozessbeteiligten, sondern die Gerichte tragen die Verantwortung für ein einwandfreies Verfahren (vgl aber Einl 111, 1 vor § 137). Daher steht ihr Schweigen zu einem Verfahrensverstoß der Erhebung der Revisionsrüge – jedenfalls grundsätzlich – nicht entgegen (Hamm VRS **14**, 370; Dornach NStZ **95**, 61; eingehend dazu Fahl 624 ff, ferner Dahs NStZ **07**, 241: Keine „Anzeigepflicht" des Verteidigers hinsichtlich begangener Prozessfehler). Ein Rügeverlust wegen arglistigen Verhaltens (vgl Jescheck JZ **52**, 400; W. Schmid, Die Verwirkung von Verfahrensrügen im Strafprozess, 1967, S 297 ff) setzt vielmehr voraus, dass der Prozessbeteiligte selbst den Verfahrensfehler in der Absicht herbeigeführt hat, ihn ggf mit der Revision zu rügen (Hamm NJW **60**, 1361; VRS **20**, 68; LR-Hanack 282; Fahl 623; Jescheck aaO). Handelt es sich um eine verzichtbare Vorschrift (oben 45), so liegt darin ein Verzicht, und auf die Frage der Verwirkung kommt es nicht an (zust SK-Frisch 226). Kann auf die Einhaltung der Vorschrift nicht verzichtet werden, so bedeutet das grundsätzlich, dass die Vorschrift zu wichtig ist, als dass ein arglistiges Verhalten dem Beschwerdeführer das Rügerecht nehmen könnte (vgl BGH **15**, 306, 308; **22**, 83, 85; Frankfurt MDR **86**, 606; Hamm StraFo **09**, 287; Arzt, FS für Niklaus Schmid, 2001, S 633; Schlüchter Meyer-GedSchr 457; zw BGH StV **99**, 189 mit krit Anm Ventzke). Das gilt auch, wenn mit dem Verfahrensverstoß einem Antrag des Beschwerdeführers entsprochen worden war (BGH MDR **78**, 461 [H]; NStZ **93**, 198; vgl aber dazu ausführlich und einschr Fahl 630 ff) oder er sogar ausdrücklich zugesichert hatte, er werde die Revision auf den Mangel nicht stützen (Hamm VRS **11**, 223, 225). Da ferner ein arglistiges Verhalten des Verteidigers dem daran nicht beteilig-

ten Angeklagten nicht entgegengehalten werden kann (vgl BGH **24**, 280, 283; Jescheck JZ **52**, 402), kommt ein Rügeverlust wegen arglistigen Verhaltens praktisch nicht in Betracht (LR-Hanack 285; Schlüchter aaO; vgl aber Dahs 799 ff mwN; Fahl 654 ff).

Zur Verwirkung durch **Nichtbeanstanden von Anordnungen des Vorsitzenden** nach § 238 II vgl dort 22. 48

Absolute Revisionsgründe

338 **Ein Urteil ist stets als auf einer Verletzung des Gesetzes beruhend anzusehen,**

1. wenn das erkennende Gericht nicht vorschriftsmäßig besetzt war; war nach § 222 a die Mitteilung der Besetzung vorgeschrieben, so kann die Revision auf die vorschriftswidrige Besetzung nur gestützt werden, soweit
   a) die Vorschriften über die Mitteilung verletzt worden sind,
   b) der rechtzeitig und in der vorgeschriebenen Form geltend gemachte Einwand der vorschriftswidrigen Besetzung übergangen oder zurückgewiesen worden ist,
   c) die Hauptverhandlung nicht nach § 222 a Abs. 2 zur Prüfung der Besetzung unterbrochen worden ist oder
   d) das Gericht in einer Besetzung entschieden hat, deren Vorschriftswidrigkeit es nach § 222 b Abs. 2 Satz 2 festgestellt hat;
2. wenn bei dem Urteil ein Richter oder Schöffe mitgewirkt hat, der von der Ausübung des Richteramtes kraft Gesetzes ausgeschlossen war;
3. wenn bei dem Urteil ein Richter oder Schöffe mitgewirkt hat, nachdem er wegen Besorgnis der Befangenheit abgelehnt war und das Ablehnungsgesuch entweder für begründet erklärt war oder mit Unrecht verworfen worden ist;
4. wenn das Gericht seine Zuständigkeit mit Unrecht angenommen hat;
5. wenn die Hauptverhandlung in Abwesenheit der Staatsanwaltschaft oder einer Person, deren Anwesenheit das Gesetz vorschreibt, stattgefunden hat;
6. wenn das Urteil auf Grund einer mündlichen Verhandlung ergangen ist, bei der die Vorschriften über die Öffentlichkeit des Verfahrens verletzt sind;
7. wenn das Urteil keine Entscheidungsgründe enthält oder diese nicht innerhalb des sich aus § 275 Abs. 1 Satz 2 und 4 ergebenden Zeitraums zu den Akten gebracht worden sind;
8. wenn die Verteidigung in einem für die Entscheidung wesentlichen Punkt durch einen Beschluss des Gerichts unzulässig beschränkt worden ist.

Übersicht

1) Zwingende Aufhebungsgründe („absolute" Revisionsgründe) enthält § 338. Die Vorschrift stellt die unwiderlegbare Vermutung auf, dass das Urteil auf einer Verletzung der in Nrn 1–7 bezeichneten Verfahrensbestimmungen – wegen Nr 8 vgl unten 58 – beruht (BGH **27**, 96, 98; Cramer Peters-FS 239), weil hier der Nachweis des Beruhens trotz der Schwere des Rechtsverstoßes nur schwer geführt werden kann (Kudlich Fezer-FS 440). Gegen die Vorschrift selbst kann das 1

Gericht nicht verstoßen (zutr Weiler NStZ **99**, 109), denn es geht hier um die *Folgen* eines Rechtsfehlers. Die Zulässigkeit der Rüge richtet sich nach den allgemeinen Vorschriften (BGH aaO). Zusammenfassend zur neueren Rspr des BGH zu § 338 Hilger Widmaier-FS 277.

2 Von der **Urteilsaufhebung** darf nur abgesehen werden, wenn ausnahmsweise das Beruhen denkgesetzlich ausgeschlossen ist (BGH NJW **77**, 443; StraFo **03**, 134; NStZ **06**, 713; **07**, 352; Dahs/Dahs 118; Kudlich aaO 453; **aM** Weiler aaO 107); erg unten 36, 50 b. Allerdings muss das Urteil nicht immer in dem Umfang aufgehoben werden, in dem es angefochten ist. Hat sich der Verfahrensmangel nur auf einen abtrennbaren Teil ausgewirkt, so hat das Urteil im übrigen Bestand (BGH NStZ **83**, 375; StV **84**, 186; NJW **03**, 597 mwN = JR **03**, 260 mit Anm Gössel; LR-Hanack 4; **aM** Widmaier Hanack-Symp 84).

3 Zur **Heilung des Verstoßes** ist der Tatrichter ebenso berechtigt und verpflichtet wie bei den anderen Verfahrensfehlern (39 zu § 337). Sie erfolgt idR durch Wiederholung der wesentlichen Teile der Hauptverhandlung, soweit sie fehlerhaft war (BGH **9**, 243; **21**, 332; MDR **79**, 989 [H]; **83**, 450 [H]). Die Bekanntgabe des bisherigen Verfahrensverlaufs durch den Vorsitzenden genügt nicht (BGH **30**, 74, 76 = JR **82**, 33 mit Anm Maiwald; BGH NStZ **82**, 42; Bay NStZ **90**, 250; Köln NStZ **87**, 244; StV **01**, 330; Zweibrücken StV **86**, 240). Auch die Wiederholung der Urteilsverkündung ist zulässig (Bremen StV **85**, 50; Oldenburg NdsRpfl **54**, 34; Poppe NJW **54**, 1915; **55**, 7; **aM** LR-Gollwitzer 61 zu § 268; EbSchmidt 4 zu § 268; W. Schmid JZ **69**, 764). BGH **33**, 99 = NStZ **85**, 422 mit abl Anm Schöch = StV **85**, 402 mit abl Anm Fezer hält das Unterlassen der Wiederholung einer Zeugenvernehmung (bei der gegen § 169 GVG verstoßen worden war) mit Recht für unschädlich, wenn die Prozessbeteiligten auf sie verzichtet haben, weil sie die Aussage für bedeutungslos hielten.

4 **Rügeberechtigt** sind nur die durch den Verfahrensfehler unmittelbar betroffenen Beteiligten (BGH **10**, 119, 121; MDR **73**, 730 [D]), der Angeklagte daher nicht wegen der unzulässigen Abwesenheit eines Mitangeklagten (BGH **31**, 323, 331; NStZ **81**, 297 [Pf]) oder des Verteidigers eines Mitangeklagten (RG **52**, 188; **57**, 373) oder wegen einer nichtöffentlichen Zeugenaussage, die ihn selbst nicht betrifft (BGH NJW **62**, 261).

5 2) **Vorschriftswidrige Besetzung** (Nr 1):

6 A. Das **Recht auf den gesetzlichen Richter** sichert die Vorschrift. Das erkennende Gericht, dh das Gericht, das in der Hauptverhandlung das Urteil fällt (BGH **47**, 220), kann daher nicht nur infolge Verletzung einer die Gerichtsbesetzung ausdrücklich regelnden Vorschrift, insbesondere der §§ 21 a ff, 59, 70, 76 II, 78 II, 122 GVG, 18, 19, 28, 29, 37 **DRiG,** unrichtig besetzt sein, sondern unabhängig von solchen Vorschriften auch bei Verletzung des Grundsatzes, dass niemand seinem gesetzlichen Richter entzogen werden darf (Art 101 I S 2 GG, § 16 GVG). Bei einem solchen Verstoß ist die Rüge nach Nr 1 aber nur begründet, wenn die Fehlbesetzung auf Willkür beruht (BVerfG NJW **92**, 2075; erg 6 zu § 16 GVG). Der BGH macht diese Einschränkung auch sonst und sieht daher von der Urteilsaufhebung ab, wenn ein ausdrückliches gesetzliches Gebot oder Verbot zwar rechtsirrig, aber „vertretbar" ausgelegt worden ist (BGH **25**, 66, 72; 239, 241; **27**, 105, 107; NJW **73**, 476; NStZ **82**, 476; StV **81**, 272; ebenso Bay **79**, 140 = MDR **80**, 426; Celle MDR **80**, 426; Staiger JR **78**, 434; vgl auch BGH **33**, 290, 292 ff = JR **86**, 473 mit abl Anm Seebode; BGH **34**, 121, 122). Diese Rspr ist allerdings methodisch problematisch (Rieß GA **76**, 136; JR **77**, 302), manche sehen darin einen Verstoß gegen § 337 (LR-Hanack 11; Mehle StV **87**, 93; Dahs-FS 398; P. Müller NJW **77**, 1890; vgl auch BGH GA **78**, 120 mit Anm Katholnigg = JR **78**, 210 mit Anm Meyer; BGH JR **80**, 171 mit Anm Katholnigg; krit auch Kudlich Fezer-FS 444).

7 B. **Mängel der Geschäftsverteilung:** Die fehlerhafte Zusammensetzung des Präsidiums kann die Revision weder allgemein (wegen Verstoßes gegen § 21 b

GVG) noch im Einzelfall, zB bei Verstoß gegen § 21 c II GVG, begründen (25 zu § 21 e GVG). Auf Rüge nach Nr 1 wird aber die Gesetzmäßigkeit der Aufstellung und Abänderung des Geschäftsverteilungsplans geprüft (BGH **3**, 353; **11**, 106, 109 = MDR **58**, 253 mit Anm Marquordt; BGH **12**, 402), ebenso inhaltliche Mängel (25 zu § 21 e GVG). Bei Abweichung vom Geschäftsverteilungsplan gilt Nr 1 nur, wenn Willkür oder sonstiger Rechtsmissbrauch vorliegt (BGH **11**, 106, 110; NJW **75**, 1424; NStZ **84**, 181; **04**, 89; Bay StV **99**, 586; Köln VRS **70**, 437). Das gilt auch bei Abweichungen von dem internen Geschäftsverteilungsplan nach § 21 g GVG (BGH **21**, 250, 255; **29**, 162; von Stackelberg Schmidt-Leichner-FS 211; erg 10 zu § 21 g GVG). Auch die Bestimmung des Vorsitzenden einer Großen StrK ist Teil der vorschriftsmäßigen Besetzung iSd Nr 1 (BGH NJW **09**, 931). Der Geschäftsverteilungsplan darf nicht in die gesetzliche Regelung der sachlichen Zuständigkeit eingreifen; wird dagegen verstoßen, ist die Revision nach Nr 1 begründet (BGH **38**, 376 = NStZ **93**, 248 mit Anm Rieß = JR **93**, 477 mit Anm Kindhäuser). Die fehlerhafte Besetzung anderer StrKn führt grundsätzlich nicht zugleich zur fehlerhaften Besetzung des erkennenden Gerichts (BGH **9**, 203, 207 ff; NStZ **81**, 297 [Pf]; **85**, 495 [Pf/M]).

C. Bei **Verhinderung eines Richters** prüft das Revisionsgericht auf Rüge nach Nr 1 auf Grund der von der Justizverwaltung behaupteten tatsächlichen Umstände im Zeitpunkt der Hauptverhandlung (BGH **14**, 11, 16), ob rechtlich ein Verhinderungsfall vorgelegen (BGH **8**, 17; **14**, 11, 14; **21**, 131; **25**, 54), nicht aber, ob die Verhinderung tatsächlich bestanden hat. Das Gleiche gilt für die Rüge der fehlerhaften Vertreterbestellung durch das Präsidium oder den Gerichtspräsidenten (BGH MDR **51**, 539 [D]; **77**, 461 [H]; NStZ **01**, 491; Hamm JMBlNW **80**, 67, 68). 8

D. **Unrichtige Schöffenbesetzung** kann nicht gerügt werden, wenn sie auf einem außerhalb des Gerichtsbereichs liegenden Fehler beruht (BGH NStE Nr 3 zu § 36 GVG; Jena NStZ **94**, 252), zB auf einem Verstoß gegen § 36 IV GVG (BGH **22**, 122); dieser Rechtsgedanke ist in den §§ 65, 73 II ArbGG ausdrücklich anerkannt. Auf gerichtliche Fehler kann die Rüge gestützt werden, zB auf einen Verstoß gegen § 35 I S 1 **JGG** durch Wahl eines Jugendschöffen aus der Vorschlagsliste für Erwachsenenschöffen (BGH **26**, 393 = JR **77**, 299 mit Anm Rieß); vgl auch im GVG 7 zu § 32, 7 zu § 40, 8 zu § 42, 3 zu § 43. Wählt der Schöffenwahlausschuss, obwohl die Vorschlagsliste einer Gemeinde des Bezirks fehlt, so ist die Rüge nach Nr 1 nur begründet, wenn dieses Verfahren sachfremd und willkürlich war. Ein zwingender Aufhebungsgrund liegt vor bei fehlerhafter Auslosung und Verteilung der Schöffen nach §§ 45, 48, 77 GVG sowie bei Mitwirkung eines nicht entspr § 45 II–IV DRiG vereidigten Schöffen (BGH **3**, 175; **4**, 158; **48**, 290; Celle StV **99**, 201), sofern es sich nicht um einen nicht eingesetzten Ergänzungsschöffen oder einen durch einen Ergänzungsschöffen ersetzten Schöffen handelt (BGH MDR **78**, 282 [H]). Im Übrigen führen nur schwerwiegende Fehler bei der Schöffenheranziehung zur vorschriftswidrigen Besetzung (BGH **34**, 121, 122; DAR **01**, 207 [To]). Erg 5 zu § 36 und 10 zu § 54 GVG. 9

E. **Mängel in der Person des Richters oder Schöffen** können, etwa bei Verhandlungsunfähigkeit, deren Anwesenheit iS Nr 5 in Frage stellen. Gleichwohl gilt nur Nr 1 (BGH NJW **01**, 3062; Roxin/Schünemann § 46, 36; **aM** Schroeder NJW **79**, 1530). 10

Die Mitwirkung eines **blinden Richters** beeinträchtigt die Besetzung nicht nur, wenn es in der Hauptverhandlung zur Augenscheinseinnahme kommt (so aber BGH **4**, 191 = JZ **53**, 670 mit Anm Wimmer; BGH **5**, 354; **11**, 74, 78; **18**, 51; JZ **89**, 156; KK-Kuckein 50; LR-Hanack 39), sondern ist auch sonst in der Tatsacheninstanz unzulässig (BVerfG NJW **04**, 2150; BGH **34**, 236 = NStZ **87**, 335 mit Anm Fezer; NStZ **91**, 122 [M/K]; KMR-Momsen 12 b; EbSchmidt JZ **70**, 340; vgl auch BVerfGE **20**, 52, 55; **aM** Schulze MDR **88**, 736; **95**, 670; Wolf ZRP **92**, 15). Jedenfalls darf ein blinder Richter nicht als Vorsitzender einer Strafkammer 11 mitwirken (BGH **35**, 164 = NStZ **88**, 374 mit Anm Fezer; JZ **89**, 156; SK-Frisch 52; Stüber [2a zu § 250] S. 100; **aM** Hamburg NStZ **00**, 616 mit Anm Rotthaus NStZ **01**, 280 für den Vorsitzenden einer StVollstrK; Zweibrücken NJW **92**, 2437 = MDR **91**, 1083 mit Anm Schulze für den Vorsitzenden einer BerufungsStrK; vgl dazu – auch zum Absehen von der Vorlegung nach § 121 GVG – BVerfG NJW **92**, 2075; Reichenbach NJW **04**, 3160 hält unzutr BGH **35**, 164, wo in einer nicht tragenden Randbemerkung (S 169) auf den Fall der – nunmehr überholten [vgl 18 zu § 68] – optischen Abschirmung eines Zeugen Bezug genommen worden ist, ebenfalls für überholt).

12 Dass ein **stummer Richter** nicht mitwirken darf, folgt aus dem Grundsatz der Mündlichkeit der Hauptverhandlung (KK-Kuckein 50).

13 Das Gleiche gilt für die Mitwirkung eines **tauben Richters** (BGH **4**, 191, 193; RG aaO; Siegert NJW **57**, 1622).

14 Die bloße **Unaufmerksamkeit des Richters** ist nur dann ein Revisionsgrund, wenn sie sich über einen erheblichen Zeitpunkt erstreckt, zB bei Übermüdung (BGH **2**, 14, 15; **11**, 74, 77; Hamm NJW **06**, 1449), Ablenkung durch Aktenstudium oder Durchsicht von Gefangenenbriefen (BGH NJW **62**, 2212 = JR **63**, 228 mit Anm EbSchmidt; vgl Schleswig SchlHA **82**, 115 [E/L]).

15 Das Gleiche gilt für den Fall des **schlafenden Schöffen** (BGH **2**, 14; **11**, 74, 77; NStZ **82**, 41; Köln OLGSt Nr 1).

16 F. **Rügepräklusion** (Nr 1 Hs 2): In den erstinstanzlichen LG- und OLG-Sachen, in denen die Mitteilung nach § 222a vorgeschrieben ist (dort 2), hängt die Zulässigkeit der Besetzungsrüge – verfassungsrechtlich unbedenklich (BVerfG NJW **03**, 3545) – davon ab, dass eine der Voraussetzungen der Buchst a–d vorliegt (allg dazu Ranft NJW **81**, 1473; Rieß JR **81**, 89; erg 1 zu § 222a). Der Einwand muss grundsätzlich sowohl bei einem Besetzungsfehler als auch bei einem Anwesenheitsverstoß erhoben werden (BVerfG aaO). Das gilt zB bei fehlender Vereidigung eines Schöffen (BGH **48**, 290), aber auch für den Fall, dass es sich um Mängel des gesamten Schöffenwahlverfahrens des ganzen Gerichtsbezirks handelt (BGH **33**, 126 = JR **85**, 344 mit Anm Katholnigg). Erforderlich ist, dass der Mangel objektiv erkennbar war (BGH NStZ **96**, 48), offensichtlich musste die Fehlbesetzung jedoch nicht sein (BGH NJW **97**, 403). Auch wenn der Mangel nicht objektiv erkennbar war, kann der Revisionsführer aber die unrichtige Besetzung nicht rügen, wenn er keinen Besetzungseinwand erhoben oder von einer Überprüfung abgesehen hatte (erg 1 zu § 222a: Verwirkung; **aM** KK-Kuckein 10); das Gesetz hat den Beteiligten nämlich die „prozessuale Prüfungslast" auferlegt (Roxin § 41 C 1) und die Frage, *ob* geprüft werden muss, kann nicht vom Ergebnis der Prüfung (erkennbar oder nicht) abhängig gemacht werden (vgl auch Ranft 1418: Rüge greift nur, wenn der Rechtsfehler trotz Gewährung der Prüfungsmöglichkeit nicht erkennbar war).

16a Der Rügeausschluss **gilt hingegen nicht,** wenn der Mangel erst entstanden oder erkennbar geworden ist, nachdem er nicht mehr beanstandet werden konnte, zB wenn die auf Einwand geänderte Besetzung des Gerichts als vorschriftswidrig gerügt wird (§ 222b II S 3) oder bei Eintritt des Mangels nach dem Zeitpunkt des § 222b I S 1 (BGH **44**, 361, 364; StraFo **05**, 162; SK-Frisch 59; vgl auch BVerfG NStZ **84**, 370; zw BGH NJW **09**, 931, 932), etwa wenn die Mitwirkung eines verhandlungsunfähig gewordenen Richters gerügt wird. Für Mängel in der Person des Richters (Blindheit) gilt die Rügepräklusion auch sonst nicht (BGH **34**, 236; **35**, 164). Ausnahmen von der Rügepräklusion bestehen ferner in folgenden Fällen:

17 a) Bei **Verletzung der Vorschriften über die Mitteilung** nach § 222a I, die darin bestehen kann, dass die Mitteilung unterlassen oder verspätet (6 zu § 222a), falsch oder unvollständig ist. In Betracht kommt auch die Verletzung des Anspruchs des Angeklagten auf ausreichenden Einblick in die Besetzungsunterlagen (Rieß NJW **78**, 2269; 23 zu § 222a; 7 zu § 222b);

18 b) Bei **Übergehen oder Zurückweisung des Einwands** des Beschwerdeführers, nicht nur eines Mitangeklagten (BGH NStZ **85**, 495 [Pf/M]; SK-Frisch 66).

Die Besetzungsrüge bleibt dann nur in Bezug auf die Tatsachen erhalten, die der Beschwerdeführer mit dem Einwand geltend gemacht hat; neue Tatsachen kann er nicht nachschieben (7 zu § 222b);

c) Bei **Ablehnung der Unterbrechung der Hauptverhandlung** kann die Revision nicht auf Verletzung des § 222a II gestützt (dort 25), aber die Besetzungsrüge erhoben werden. Das gilt auch, wenn der Unterbrechungsantrag missbräuchlich gestellt war. Die zeitlich nicht ausreichende Unterbrechung (22 zu § 222a) steht ihrer Ablehnung gleich (BGH **29**, 283 mit Anm Katholnigg NStZ **81**, 31; BGH NStZ **86**, 209 [Pf/M]; **88**, 36; Rieß NJW **78**, 2269; JR **81**, 91), kann aber nur gerügt werden, wenn der Beschwerdeführer sie bereits in der Hauptverhandlung beanstandet hatte (BGH StV **87**, 3); 19

d) Bei **Entscheidung in unrichtiger Besetzung.** Die Ausnahme betrifft den praktisch kaum vorkommenden Fall, dass sich das Gericht über den Beschluss hinwegsetzt, mit dem die Unrichtigkeit der Besetzung festgestellt worden ist. Hatte das Gericht jedoch einem Besetzungseinwand stattgegeben und in geänderter Besetzung sofort neuverhandelt (12 zu § 222b), so kann in der Revision die Besetzung insoweit nicht mehr gerügt werden (BGH NStZ **08**, 475: unstatthaftes widersprüchliches Prozessverhalten; krit dazu Ventzke StV **09**, 69). 20

G. **Notwendiges Revisionsvorbringen:** Die Revision muss darlegen, dass der Einwand der vorschriftswidrigen Besetzung vor dem LG rechtzeitig geltend gemacht worden ist (BGH JR **81**, 122; StV **86**, 516 L; Ruß JR **81**, 90); der Beschluss, durch den der Besetzungseinwand zurückgewiesen wurde, ist wiederzugeben (BGH NJW **90**, 3219, 3220; **01**, 3062). Die Tatsachen, aus denen sich eine vorschriftswidrige Besetzung des Gerichts ergibt, müssen genau bezeichnet (BGH **12**, 33; NStZ **95**, 221 [K]), die Namen der Richter und die Gründe, die ihrer Mitwirkung entgegenstanden, müssen angegeben werden (BGH **22**, 169; Bay StV **84**, 414; Koblenz VRS **56**, 38), insbesondere also auch die Regelungen des Geschäftsverteilungsplans (BGH 4 StR 146/06 vom 29. 6. 2006; Bay Rpfleger **94**, 178). Die Revision muss idR mitteilen, welche Schöffen bei richtiger Gesetzesanwendung zur Mitwirkung berufen waren (BGH **36**, 138, 139 = JR **89**, 479 mit Anm Katholnigg; BGH NJW **91**, 50; **02**, 2963 = JR **03**, 29 mit Anm Katholnigg) oder warum die Änderung des Geschäftsverteilungsplans gesetzeswidrig war (BGH **40**, 218, 240). Bei der Rüge, die Hilfsschöffen hätten nicht an breitester Stelle gestanden, müssen der für die Heranziehung maßgebende Zeitpunkt und der damalige Stand der Hilfsschöffenliste angegeben werden (BGH GA **81**, 382). Wird die Mitwirkung eines eingeschlafenen Richters gerügt, so muss der in Betracht kommende Verhandlungsabschnitt genau bezeichnet werden (BGH MDR **74**, 725 [D]; Hamm NJW **06**, 1449 verlangt auch die Angabe, dass der Teil der Hauptverhandlung nicht wiederholt worden ist, zw). Dass ein Richter am Urteil, aber teilw nicht in der Verhandlung mitgewirkt hat, kann wie bei Nr 5 (unten 35) die Revision nur begründen, wenn dargelegt wird, dass die Abwesenheit während eines wesentlichen Teils der Hauptverhandlung andauerte (BGH NStZ-RR **97**, 353). 21

3) Mitwirkung eines ausgeschlossenen Richters (Nr 2): Über Ausschließung eines Richters vgl §§ 22, 23, 31 I, 148a II S 1. Ein unbedingter Revisionsgrund liegt nur vor, wenn der ausgeschlossene Richter an dem Urteil mitgewirkt hat, nicht aber, wenn er Verfügungen zur Vorbereitung der Hauptverhandlung getroffen hat. Der zwingende Aufhebungsgrund kann unabhängig davon geltend gemacht werden, ob der Richter nach § 24 abgelehnt worden ist (LR-Hanack 61; Bohnert 84) oder ob bei der Ablehnung die jetzt geltend gemachten Tatsachen vorgebracht worden sind. In der Revisionsbegründungsschrift muss der ausgeschlossene Richter namentlich bezeichnet werden (BGH NJW **62**, 500). 22

4) Mitwirkung eines abgelehnten Richters (Nr 3): 23

A. **Voraussetzung** der Rüge ist, dass der abgelehnte Richter an dem angefochtenen Urteil, nicht nur an einer Entscheidung vor der Hauptverhandlung, mitge- 24 wirkt hat (BGH JZ **56**, 409 mit Anm Kern) und dass er in der Hauptverhandlung wegen Befangenheit abgelehnt worden ist oder trotz erfolgloser Ablehnung weiter mitgewirkt hat. Die Ablehnung vor Eröffnung des Hauptverfahrens oder im 1. Rechtszug (RG **60**, 111) genügt nicht. Rügeberechtigt ist der Angeklagte, der den Richter abgelehnt hat, nicht ein Mitangeklagter (BGH MDR **85**, 981 [H]).

25 B. Eine **sofortige Beschwerde nach § 28 II** ist die Rüge ihrer Natur nach; das Gesetz ändert nur aus Zweckmäßigkeitsgründen den Instanzenzug (BGH **27**, 96, 98). Die Rüge ist aber Teil der Revision (RG **74**, 296). Die Anfechtung nach § 28 II S 2 „zusammen mit dem Urteil" erfordert nicht etwa, dass außerdem eine besondere sofortige Beschwerde eingelegt wird (vgl 8 zu § 28).

26 Die Rüge setzt jedoch die **Anfechtbarkeit des Ablehnungsbeschlusses** mit der sofortigen Beschwerde voraus (8 zu § 28). Sie ist daher – verfassungsrechtlich unbedenklich (BVerfGE **45**, 363 = NJW **77**, 1815) – unzulässig, wenn sie sich gegen einen nach § 304 IV S 2 unanfechtbaren Ablehnungsbeschluss des im 1. Rechtszug entscheidenden OLG richtet (BGH **27**, 96; **aM** Schmidt-Leichner NJW **77**, 1804) oder wenn das OLG nach § 27 IV entschieden hatte (**aM** RG **33**, 314; **37**, 112).

27 Nach **Beschwerdegesichtspunkten** behandelt das Revisionsgericht die Rüge (BGH **18**, 200; **21**, 334, 338; NJW **85**, 443; NStZ **84**, 230; StV **88**, 417; wistra **84**, 146; Köln StV **88**, 287); einschr aber unten 28. Es prüft die angefochtene Entscheidung auch in tatsächlicher Hinsicht und darf dabei sein eigenes Ermessen an die Stelle des tatrichterlichen Ermessens setzen (BGH **1**, 34, 36; **18**, 200, 203; **23**, 265; **25**, 122, 126), berücksichtigt aber nicht neue, bei der tatrichterlichen Entscheidung noch nicht vorhandene Tatsachen und Beweismittel (BGH **21**, 85, 88; NJW **60**, 2106, 2108), auch nicht die Aussage eines Zeugen, der seinerzeit die Aussage verweigert hat (Bremen JZ **77**, 442). Bei fehlender Tatsachengrundlage muss das Revisionsgericht das Urteil aufheben und die Sache zurückverweisen (BGH **23**, 200, 203 = JR **70**, 268 mit Anm Peters; BGH **23**, 265, 267; **aM** LR-Hanack 64 und JZ **73**, 730 Fn 27: im Freibeweis Ermittlungen anstellen).

28 C. **Mit Unrecht verworfen** war das als unbegründet oder unzulässig verworfene Ablehnungsgesuch nach früherer Rspr nur, wenn es sachlich begründet war, wobei es nicht darauf ankommen sollte, ob es von einem unzuständigen oder nicht ordnungsmäßig besetzten Gericht beschieden oder ob es irrtümlich als unzulässig behandelt worden war (BGH **18**, 200; **21**, 334, 338; **23**, 265, 267 = JR **70**, 467 mit Anm Peters). Nach der Rspr des BVerfG (NJW **05**, 3410), der sich der BGH angeschlossen (BGH **50**, 216 und NStZ **06**, 51 mit zust Anm Meyer-Goßner) und damit seine frühere Rspr teilw aufgegeben hat, ist nunmehr zu unterscheiden: Das Gesuch ist nicht nur bei sachlicher Begründetheit, sondern auch dann „mit Unrecht verworfen", wenn die unter Mitwirkung des abgelehnten Richters beschlossene Verwerfung gemäß § 26 a als unzulässig auf einer willkürlichen oder die Anforderungen des Art 101 I S. 2 GG grundlegend verkennenden Rechtsanwendung beruht (BVerfG NJW **06**, 3129; NStZ-RR **07**, 275; BGH NStZ **06**, 705; München NJW **07**, 449; erg 11 zu § 26 a). Das muss auch für die übrigen Fälle einer ungerechtfertigten Verwerfung des Gesuchs als unzulässig gelten (Celle VRS **113**, 54; München aaO 451; Meyer-Goßner NStZ **06**, 54). Ist die Ablehnung als unzulässig aber lediglich rechtsfehlerhaft, jedoch nicht willkürlich erfolgt, ist es – wie bisher – bei sachlicher Unbegründetheit nicht „zu Unrecht verworfen" (BGH NStZ **07**, 161; **09**, 223; StraFO **09**, 145). Das Revisionsgericht kann den Verwerfungsgrund nach § 26 a auch „austauschen" (BGH wistra **06**, 431: fehlende Begründung statt fehlender Glaubhaftmachung).

29 D. **Notwendiges Revisionsvorbringen:** Die Formvorschrift des § 344 II ist zu beachten (BGH **21**, 334, 340; **27**, 96, 98; DAR **77**, 179 [Sp]; **79**, 191 [Sp]; Düsseldorf VRS **64**, 41; Koblenz MDR **78**, 423). Der Beschwerdeführer muss daher, idR wörtlich (BGH StV **96**, 2), zumindest aber dem ganzen Inhalt nach (Koblenz aaO; Schleswig SchlHA **76**, 172 [E/J]), das Ablehnungsgesuch und den ablehnen-

den Gerichtsbeschluss mitteilen (BGH NJW **79**, 2160; Düsseldorf NJW **92**, 585 L – Rpfleger **92**, 18), ferner den Inhalt der dienstlichen Äußerung nach § 26 III (BGH StV **81**, 163; **93**, 235 L; **96**, 2), außerdem sonstiges zum Verständnis der Rüge erforderliches Vorbringen (BGHR § 344 II S 2 Befangenheitsrüge 1: beweiswürdigende Ausführungen eines anderen Urteils, wenn daraus die Befangenheit hergeleitet wird; BGH NStZ-RR **01**, 134 [K]: frühere dienstliche Äußerungen der StA, krit dazu Kutzer StraFo **00**, 327), bei der Rüge, der Antrag sei zu Unrecht nach § 26 a I Nr 1 als verspätet verworfen worden, auch den Verfahrensablauf, aus dem sich die Rechtzeitigkeit beurteilen lässt (BGH MDR **77**, 109 [H]), bei der Rüge der willkürlichen Richterentziehung (oben 28), dass der abgelehnte Richter bei der Entscheidung über das Ablehnungsgesuch mitgewirkt hat (BGH 4 StR 461/08 vom 9. 6. 2009).

5) Unzuständigkeit des Gerichts (Nr 4): Die Vorschrift betrifft nur die örtliche (BGH **11**, 130, 131; RG **40**, 354, 359), sachliche und die besondere Zuständigkeit gleichrangiger Gerichte (§§ 74 II, 74 a, 74 c GVG). Für die Verteilung der Geschäfte unter den Spruchkörpern desselben Gerichts nach dem Geschäftsverteilungsplan hat sie keine Bedeutung (BGH **31**, 389, 390; NStZ **81**, 297 [Pf]); insoweit gilt Nr 1 (BGH **3**, 353, 355; oben 7). 30

A. **Örtliche Zuständigkeit:** Die Rüge setzt die rechtzeitige Erhebung des Einwands nach § 16 voraus (dort 18). Die Revision muss nach § 344 II die Tatsachen mitteilen, die das ergeben (BGH GA **80**, 225; Düsseldorf VRS **71**, 366; Köln VRS **74**, 32 mwN). Das Revisionsgericht prüft dann, ob der Einwand rechtzeitig erhoben und ob er zu Unrecht verworfen worden ist. Die örtliche Zuständigkeit beurteilt es nach den dem Eröffnungsbeschluss zugrunde liegenden Tatsachen (RG **65**, 267; erg 6 zu § 355). Einer Verfahrensrüge bedarf es jedoch nicht, wenn das AG seine örtliche Zuständigkeit verneint und das Verfahren nach § 260 III eingestellt hat (Köln VRS **74**, 32). 31

B. Die **sachliche Zuständigkeit** ist eine von Amts wegen zu prüfende Verfahrensvoraussetzung (§ 6); Nr 4 hat insoweit keine Bedeutung mehr (Bay VRS **68**, 454). Die Entscheidung eines höheren statt eines niedrigeren Gerichts ist wegen § 269 unschädlich (BGH **1**, 346, 348; **9**, 367, 368; **21**, 334, 358). Anders ist es, wenn (objektive) Willkür vorliegt (BGH **38**, 172, 176 mit Anm Rieß NStZ **92**, 548; Celle NdsRpfl **95**, 24; Rieß GA **76**, 10; erg 8 zu § 269); dann führt die von Amts wegen vorzunehmende Prüfung zur Aufhebung des Urteils und zur Verweisung an das zuständige Gericht (BGH **40**, 120 = JR **95**, 255 mit zust Anm Sowada). Auch die unzutreffende Beurteilung der besonderen Bedeutung der Sache (§§ 24 I Nr 3, 74 I S 1 GVG) ist nur bei Willkür revisibel (BGH GA **81**, 321 mit Anm Rieß; Rieß NJW **78**, 2268). Im Übrigen beurteilt sich die sachliche Zuständigkeit des Tatrichters auf Grund der Urteilsfeststellungen (RG **44**, 137) nach objektiven Gesichtspunkten (Celle JR **50**, 414; LR-Hanack 71; Gössel GA **68**, 357). Es kommt darauf an, ob der Tatrichter bei zutreffender Beurteilung der Tat sachlich zuständig war (Dallinger MDR **52**, 118), und zwar beim Erlass des Urteils (BGH **1**, 346 = MDR **52**, 117 mit abl Anm Dallinger; BGH **10**, 64; MDR **74**, 54; NStZ **87**, 132; **91**, 503). 32

Die **unterlassene Verweisung nach § 270** wegen des in der Hauptverhandlung entstandenen Verdachts einer schwereren Straftat an ein höheres Gericht nimmt dem niederen Gericht nicht die sachliche Zuständigkeit, wenn dieser Verdacht zur Verurteilung nicht genügt hat; das gilt nicht nur für die Revision des Angeklagten, sondern auch für diejenige der StA oder des Nebenklägers (**aM** Oldenburg GA **92**, 471). Anders ist es nur, wenn das niedere Gericht auch im Urteil noch den Tatverdacht hinsichtlich der schwereren Straftat bejaht hat (BGH GA **62**, 149; MDR **72**, 18 [D]) oder wenn das Revisionsgericht entgegen der Ansicht des niederen Gerichts einen Tatverdacht für gegeben hält; dann hebt es auf die Revision der StA oder des Nebenklägers das Urteil auf und verweist die Sache an das höhere Gericht (Oldenburg NStZ-RR **96**, 240; SK-Frisch 90). 32a

33 C. **Besondere Zuständigkeit gleichrangiger Spruchkörper:** Die Rüge setzt voraus, dass der Angeklagte rechtzeitig den Einwand nach § 6a erhoben hat (dort 16). Das Revisionsgericht prüft dann die Rechtzeitigkeit und Begründetheit des Einwands. Auf das Erfordernis der besonderen Kenntnisse des Wirtschaftslebens in § 74c I Nr 6 GVG kann die Rüge nicht gestützt werden (BGH NStZ **85**, 464; 466; Rieß NJW **78**, 2268; 10 zu § 74c GVG).

34 Auch die Nichtbeachtung der Zuständigkeit der **Jugendgerichte** wird nur auf Rüge nach Nr 4 geprüft (BGH **18**, 79 [GSSt]; **26**, 191, 198; NStZ **96**, 250; StraFo **07**, 337; Rieß NJW **78**, 2267; NStZ **81**, 304; Brunner/Dölling 8 zu §§ 33–33b JGG; **aM** Oldenburg NJW **81**, 1384; Eisenberg 39 zu §§ 33–33b JGG; erg 11 vor § 1). Ein Einwand nach § 6a ist keine Voraussetzung für die Rüge; die Vorschrift gilt hier nicht (BGH **30**, 260; StV **81**, 77; KG StV **85**, 408; 2 zu § 6a). Dass statt des allgemeinen Gerichts ein Jugendgericht entschieden hat, kann wegen § 47a **JGG** nicht gerügt werden (BGH StraFo **04**, 103; LR-Stuckenberg 48 zu § 209a). Dagegen kann die Unzuständigkeit des allgemeinen Gerichts auch der Erwachsene rügen, obwohl ohne die Verbindung mit dem Verfahren gegen einen Heranwachsenden dieses Gericht für seine Aburteilung zuständig gewesen wäre (BGH **30**, 260; StV **85**, 357 L; LR-Hanack 77; einschr Koblenz VRS **71**, 141). Dass ein unzuständiges allgemeines Gericht die Verfolgung nach § 154a auf Straftaten beschränkt hat, für die es zuständig war, beanstandet der BGH nicht (NStZ **91**, 503; **96**, 244; **05**, 650; **aM** mit zutr rechtssystematischen Bedenken Eisenberg/Sieveking NStZ **92**, 295).

34a D. **Notwendiges Revisionsvorbringen:** § 344 II S 2 ist zu beachten. Es ist daher insbesondere bei der Rüge der örtlichen Unzuständigkeit darzulegen, dass die Rüge rechtzeitig erhoben wurde (§ 16) und wie der Einwand vom Gericht beschieden worden ist (Köln StV **04**, 314); der Wiedergabe der für den Einwand gegebenen Begründung bedarf es hingegen nicht (Amtsprüfung, vgl Köln aaO). Kann eine abgetrennte Strafsache die Zuständigkeit begründet haben (vgl 1 zu § 13), so müssen die Abtrennung und die für die Zuständigkeit relevanten Umstände mitgeteilt werden (BGH NJW **93**, 2819).

35 **6) Vorschriftswidrige Abwesenheit** (Nr 5):

36 A. Nur die **Abwesenheit bei einem wesentlichen Teil der Hauptverhandlung** begründet die Revision (BGH **26**, 84, 91; MDR **78**, 460 [H]; NStZ **83**, 36; wistra **84**, 113; krit Maiwald JR **82**, 35; Mehle Dahs-FS 391; Sarstedt/Hamm 378ff). Das folgt daraus, dass § 338 nicht anwendbar ist, wenn das Beruhen des Urteils auf dem Mangel denkgesetzlich ausgeschlossen ist (oben 2). Betrifft der Verfahrensverstoß einen wesentlichen Teil der Hauptverhandlung, so ist eine Prüfung der Beruhensfrage grundsätzlich ausgeschlossen (BGH StV **84**, 102; **86**, 465; Oldenburg StV **95**, 345; vgl aber BGH NStZ **93**, 30 [K]).

37 **Wesentlich** sind die Vernehmung des Angeklagten zur Person und Sache (BGH **9**, 243, 244; NStZ **83**, 375), die Verlesung des Anklagesatzes (BGH **9**, 243, 244) und des Urteils 1. Instanz nach § 324 I S 2 (Düsseldorf StraFo **99**, 125; Zweibrücken StV **86**, 240; **aM** BGH NStZ **87**, 135 für das ehrengerichtliche Verfahren), der Vortrag nach § 324 (RG HRR **30**, 1178), die Beweisaufnahme (BGH **9**, 243, 244; **15**, 306; **21**, 332, 334; NJW **73**, 522; NStZ **81**, 449; **85**, 375; **86**, 564; KG StV **83**, 186; Hamburg StV **84**, 111; Köln NStZ **87**, 244) einschließlich der Vernehmung der Mitangeklagten (BGH StV **86**, 288), der Vernehmung der Zeugen zur Person (Hamm NJW **92**, 3252) und der Ortsbesichtigung (BGH **3**, 187; **25**, 317, 318; NStZ **82**, 42; StV **81**, 510; **83**, 4), der Verzicht auf präsente Zeugen (BGH NStZ **96**, 351 mit abl Anm Sander), ferner Erörterungen über Beweisanträge von Mitangeklagten (RG HRR **37**, 288) und über die Zeugenvereidigung (BGH StV **88**, 370; vgl aber BGH **22**, 289, 297), sofern die Vereidigung nicht nach § 60 Nr 1 ausgeschlossen ist (BGH NJW **86**, 267; MDR **78**, 460 [H]), die Feststellung der Vorstrafen (BGH NJW **72**, 2006), es sei denn, dass daraus keine Folgerungen zu Lasten des Angeklagten gezogen worden sind (BGH NStZ **93**, 30

[K]), die Schlussvorträge (Hamburg StV **84**, 111), auch des Verteidigers des Mitangeklagten (BGH StV **83**, 4) und des Nebenklägervertreters (RG **40**, 230), sowie die Verlesung der Urteilsformel nach § 268 II (BGH **8**, 41; **15**, 263; **16**, 178, 180; NStZ **89**, 284; Hamburg StV **84**, 111).

38 **Nicht wesentlich** sind zB der Aufruf der Zeugen und Sachverständigen (BGH **15**, 263; NJW **53**, 1801), die Belehrung nach § 57 (BGHR § 38 Nr 1 Schöffe 8), die Festsetzung von Ordnungsmitteln nach § 51 (BGH MDR **75**, 23 [D]), die Feststellung der Identität des Angeklagten (Düsseldorf Rpfleger **93**, 460) und seiner Verhandlungsfähigkeit (NStZ **94**, 228 [K]), die nur die Voraussetzungen des § 247 betreffende Befragung eines Zeugen (BGH NStZ **98**, 528), die mündliche Eröffnung der Urteilsgründe (BGH **15**, 263; **16**, 178, 180; NStZ-RR **98**, 237; **aM** Roxin/Schünemann § 44, 47) und die Verkündung von Beschlüssen nach § 268 a (BGH **25**, 333) und § 268 b (Poppe NJW **54**, 1915).

39 B. Der **StA** muss ständig anwesend sein (6 zu § 226). Nach Nr 5 kann gerügt werden, dass er sachlich (vgl §§ 142, 142 a GVG), nicht örtlich (RG **73**, 86), unzuständig war. Die unzulässige weitere Vertretung der Anklage nach der Zeugenvernehmung des StA (17 vor § 48) begründet die Revision nur nach § 337 (BGH **14**, 265; Bay VRS **64**, 25). Zur Weigerung des StA, einen Schlussvortrag zu halten, vgl 10, 33 zu § 258.

39a Der **Urkundsbeamte der Geschäftsstelle** muss ebenfalls ständig anwesend sein (Bay **01**, 103 = NStZ-RR **02**, 16; vgl 7 zu § 226).

40 C. Der **Angeklagte** muss nicht nur anwesend, sondern auch verhandlungsfähig (dazu Einl 97) sein. Ist er dauernd verhandlungsunfähig, so besteht ein Prozesshindernis (Einl 143). Der Aufhebungsgrund der Nr 5 liegt vor, wenn während einer zeitweiligen Abtrennung des Verfahrens in Abwesenheit des Angeklagten Vorgänge erörtert worden sind, die die gegen ihn erhobenen Vorwürfe berühren (BGH **24**, 257; **30**, 74 = JR **82**, 33 mit Anm Maiwald; BGH MDR **79**, 807 [H]; 989 [H]; StV **86**, 465), sonst nicht (BGH **21**, 180; **32**, 100; 270, 273; erg 11 zu § 230), also auch nicht bei Abwesenheit eines Mitangeklagten (BGH NStZ **81**, 95 [Pf]; **96**, 22 [K]; NJW **90**, 846). Ferner ist Nr 5 anzuwenden, wenn das Gericht gegen § 230 (dort 26), § 231 (dort 25), § 231 c (dort 24) oder § 247 (dort 19) verstoßen hat.

41 D. **Verteidiger:** Nur bei notwendiger Verteidigung nach § 140 ist die Abwesenheit des Wahlverteidigers und des bereits bestellten Pflichtverteidigers ein zwingender Aufhebungsgrund (BGH **15**, 306), sofern sie sich auf einen Zeitraum bezieht, in dem nicht nur über die Tat eines Mitangeklagten verhandelt worden ist (BGH **21**, 180; NStZ **83**, 375; StV **86**, 288). Das gilt auch im Fall der §§ 140 II, 145 I S 1 (KG StV **83**, 186; **aM** Hamm AnwBl. **81**, 189 mit abl Anm Molketin AnwBl **81**, 217: nur § 337). Hat das Gericht im Fall des § 140 II – ebenso im Fall des § 145 I S 1 (dort 26) – die Bestellung eines Verteidigers unterlassen, so gilt ebenfalls Nr 5, nicht § 337 (BGH **15**, 306; Hamm NStZ **82**, 298; NStZ-RR **97**, 78; Karlsruhe StraFo **05**, 370; SK-Frisch 113 mwN), ebenso, wenn ein Verteidiger mitgewirkt hat, dessen Zulassung zur RAschaft widerrufen war (BGH **47**, 238; NStZ-RR **08**, 67 [B]); zum Fall der unzulässigen Unterbevollmächtigung (15 zu § 142) vgl Hamm Rpfleger **98**, 440. Die Revision muss zu § 140 I darlegen, in welchem – wesentlichen (oben 36, 37; Brandenburg NStZ **97**, 612) – Abschnitt der Hauptverhandlung der Angeklagte nicht verteidigt war (BGH NStZ **83**, 36; StV **86**, 288), im Fall des § 140 II, warum die „Schwere der Tat" bzw „die Schwierigkeit der Sach- oder Rechtslage" oder die „Verteidigungsunfähigkeit" die Mitwirkung eines Verteidigers erforderten (Hamm NStZ-RR **01**, 373). Der Verstoß gegen § 146 a begründet die Revision idR nicht (dort 10). Sind mehrere Verteidiger vorhanden, so genügt die Anwesenheit eines von ihnen (BGH MDR **66**, 200 [D]), auch im Fall der Arbeitsteilung (BGH MDR **81**, 457 [H]). War der Verteidiger körperlich anwesend, kann die Revision grundsätzlich nicht darauf gestützt werden, dass er die Verteidigung nicht ordnungsgemäß geführt hat (BGH **39**, 310, 314; eingehend dazu Neuhaus StV **02**, 43; erg Einl 99; 3 vor

§ 137) oder nicht genügend vorbereitet war (BGH NStZ **00**, 212 mit Anm Hammerstein NStZ **00**, 327 = StV **00**, 402 mit insoweit zust Anm Stern); eine Ausnahme gilt, wenn er erkennbar verhandlungsunfähig war. Nach der Rspr des EGMR (NJW **03**, 1229; vgl dazu Gaede HRRS **07**, 407) kann jedoch die eindeutige Missachtung einer reinen Formvorschrift die Verantwortung des Staates nach Art 6 I, III c **MRK** begründen, wenn der Fehler zur Folge hat, dass dem Betroffenen ein ihm an sich zustehendes Rechtsmittel genommen wird, ohne dass dies von einem höherinstanzlichen Gericht bereinigt wird; das gilt in besonderem Maße bei der Gerichtssprache nicht mächtigen Ausländern. Nach deutschem Recht wird dann an eine von Amts wegen zu gewährende Wiedereinsetzung in den vorigen Stand entspr § 45 II S 2 zu denken sein. Die Weigerung des Verteidigers, einen Schlussvortrag zu halten, begründet die Revision aber nicht (BGH MDR **80**, 274 [H]). Das Fehlen des Verteidigers eines Mitangeklagten kann nicht gerügt werden (BGH **31**, 323, 331). Hat sich der Verteidiger eigenmächtig von der Urteilsverkündung entfernt, ist die Rüge verwirkt (BGH NStZ **98**, 209; erg 47 zu § 337).

42 E. **Andere Prozessbeteiligte:** Für den Privatkläger gilt § 391. Der Nebenkläger braucht in der Hauptverhandlung nicht anwesend zu sein (2 zu § 398). Die Verletzung seines Rechts auf Anwesenheit kann er nur nach § 337 rügen (Karlsruhe Justiz **74**, 345; VRS **50**, 119). Für Beistände (§ 149; § 69 I JGG) gilt Nr 5 ebenfalls nicht.

43 F. **Sachverständige** brauchen nicht ständig anwesend zu sein (5 zu § 80); der Verstoß gegen § 246 a führt nur zu der Rüge nach § 337 (6 zu § 246 a).

44 Der **Dolmetscher** muss nach § 185 GVG grundsätzlich während der ganzen Verhandlung zugegen sein; andernfalls gilt Nr 5 (BGH **3**, 285; vgl auch BVerfGE **64**, 135, 149 = NJW **83**, 2762, 2764). Dass er zeitweilig als Zeuge (BGHR Dolmetscher 1) oder Sachverständiger (BGH 1 StR 631/76 vom 29. 11. 1977) vernommen worden ist, schadet nicht. Kann der Angeklagte sich in der deutschen Sprache verständigen, so ist auch die zeitweilige Abwesenheit des Dolmetschers unschädlich (BGH **3**, 285; NStZ **02**, 275; BGHR Dolmetscher 3; LR-Hanack 100).

45 **7) Ungesetzliche Beschränkung der Öffentlichkeit** (Nr 6):

46 A. Die **Öffentlichkeit der Gerichtsverhandlung** (§ 169 GVG) ist eine grundlegende Einrichtung des Rechtsstaats (BGH **3**, 386, 387; **7**, 218, 221; **9**, 280, 281; **21**, 72; **22**, 297, 301; **23**, 176, 178). Der Durchsetzung dieses Grundsatzes dient Nr 6. Der Angeklagte kann die Rüge daher auch erheben, wenn er selbst die Ausschließung der Öffentlichkeit verlangt hatte (BGH NJW **67**, 687; MDR **78**, 641 [H]; zw BGH NStZ **08**, 354).

47 Da der Angeklagte andererseits keinen Anspruch auf Ausschluss der Öffentlichkeit hat, auch nicht nach Art 1, 2 GG oder Art 6 I S 2 **MRK** (BGH **23**, 82 = JZ **70**, 34 mit Anm EbSchmidt; str), ist Nr 6 bei **unzulässiger Erweiterung der Öffentlichkeit** nicht anwendbar (BGH **10**, 202, 206; **23**, 82, 85; 176, 178; MDR **79**, 458 [H]; SK-Frisch 127 ff; Fezer 14/81; **aM** Kissel/Mayer 60 zu § 169 GVG; Kudlich Fezer-FS 446; Roxin Peters-FS 400; Rüping 429). Die öffentliche Verhandlung unter Verstoß gegen § 48 I **JGG** kann nur nach § 337 gerügt werden (BGH **23**, 176; MDR **88**, 791; NStZ **94**, 230 [K]); ein Jugendlicher kann es nicht rügen, wenn gegen ihn im Hinblick auf erwachsene oder heranwachsende Mitangeklagte öffentlich verhandelt worden ist (BGH NJW **06**, 1220). Nicht gerügt werden kann auch die Ablehnung eines Antrags des Angeklagten auf Ausschließung der Öffentlichkeit (BGH MDR **53**, 149 [D]; KG JR **50**, 119), die Nichtbeachtung eines Ausschließungsbeschlusses (BGH bei Herlan GA **63**, 102), die Duldung der Anwesenheit von Personen in einer nichtöffentlichen Sitzung ohne Zulassung nach § 175 II S 1 GVG (BGH MDR **80**, 273 [H]; NStZ **85**, 207 [Pf/M]), zB des Vertreters der Finanzverwaltung (BGH NStZ **81**, 297 [Pf]), sowie insbesondere der Verstoß gegen § 169 S 2 GVG (BGH **36**, 119 mwN = JR **90**,

385 mit abl Anm Meurer = StV **89**, 289 mit Anm Fezer = NStZ **89**, 375 mit abl Anm Roxin unter Hinweisen zum Streitstand; vgl auch Alwart JZ **90**, 883; Beulke StP 576).

B. **Unzulässig beschränkt** iS der Nr 6 ist die Öffentlichkeit sowohl bei Verletzung des § 169 S 1 GVG iVm §§ 171a–173, 175, 177 GVG, § 48 **JGG** als auch bei Nichtbeachtung des Verfahrens für die Ausschließung (§ 174 GVG). Zur mündlichen Verhandlung iS der Nr 6 gehört die Urteilsverkündung (BGH **4**, 279; MDR **55**, 246; Roxin/Schünemann § 47, 25; str). Über § 169 GVG hinaus ist die Öffentlichkeit unzulässig beschränkt, wenn einzelne Personen, die als Repräsentanten der Öffentlichkeit gelten können, in gesetzwidriger Weise nicht eingelassen oder entfernt worden sind (BGH **3**, 386; **17**, 201, 205; **18**, 179, 180; **24**, 329, 330; **28**, 341; NStZ **82**, 389; krit LR-Hanack 109; erg 5 zu § 58), nicht aber, wenn sie freiwillig der Bitte des Vorsitzenden, den Saal zu verlassen, Folge leisten (BGH NJW **89**, 465 mit abl Anm Sieg MDR **90**, 69; BGH NStZ **99**, 425; ausführlich dazu Schneiders StV **90**, 91: Belehrung über Anwesenheitsrecht idR erforderlich); allerdings darf der Vorsitzende eine solche „Bitte" nicht an alle Anwesenden richten, weil dies zu einer Umgehung des Öffentlichkeitsgrundsatzes führen würde (BGH NStZ **93**, 450), schon gar nicht darf sie mit dem Hinweis verknüpft werden, sonst werde über den Ausschluss der Öffentlichkeit entschieden werden (Braunschweig StV **94**, 474). Nr 6 ist idR gegeben, wenn der Zutritt zur Verhandlung nur in den Sitzungspausen gestattet wird (BGH NStZ **04**, 510); die Vorschrift ist auch anwendbar, wenn die Öffentlichkeit über die in dem Beschluss bestimmte Dauer ausgeschlossen war (BGH **7**, 218; MDR **70**, 562 [D]; **76**, 988 [H]; BGHR Ausschluss 4), wenn kein Gerichtsbeschluss (Hamm StraFo **00**, 195) oder nur eine Anordnung des Vorsitzenden ergangen ist (BGH **17**, 220, 222), wenn der Beschluss entgegen § 174 I S 2 Hs 1 GVG nicht öffentl verkündet (BGH NJW **80**, 2088; MDR **66**, 728 [D]; **72**, 926 [D]; **76**, 988 [H]; StV **85**, 223) oder entgegen § 174 I S 3 GVG nicht begründet worden (BGH **1**, 334; **2**, 56; **27**, 117; 187; NStZ **82**, 169; StV **81**, 3; einschr BGH **45**, 117; NStZ-RR **99**, 263 [K]; **02**, 262 [B], „wenn der Verteidiger offenkundig den Antrag für den Angeklagten gestellt hatte, der Ausschluss für das Gericht zwingend war und alle Verfahrensbeteiligten sowie die Zuhörer im Gerichtssaal den Ausschlussgrund eindeutig erkennen konnten"), insbesondere nicht aus sich heraus verständlich ist (BGH **1**, 334; **30**, 298; NJW **79**, 276). Das Unterlassen der Anhörung der Beteiligten nach § 174 I S 1 GVG kann nur nach § 337 gerügt werden (BGH MDR **88**, 791; NJW **79**, 276 = JR **79**, 434 mit Anm Gollwitzer; BGH MDR **75**, 199 [D]; **aM** Dahs/Dahs 200). 48

C. Auf **Verschulden des Gerichts** muss der Verfahrensverstoß beruhen (BGH **21**, 72, 74; **22**, 297; LR-Hanack 113; **aM** Dahs/Dahs 198; Kudlich Fezer-FS 446; Roxin/Schünemann § 47, 24; eingehend zur Problematik SK-Frisch 136ff). Nr 6 ist nur anwendbar, wenn das Gericht oder der Vorsitzende eine die Öffentlichkeit unzulässig beschränkende Anordnung getroffen oder eine ihnen bekannte Beschränkung nicht beseitigt hat (BGH **22**, 297, 301; DAR **78**, 153 [Sp]; MDR **79**, 247; **90**, 1070 [H]; NStZ **95**, 143), insbesondere infolge unrichtiger rechtlicher Bewertung der ihnen bekannten Tatsachen (BGH JR **79**, 262 mit Anm Foth; Hamm NJW **74**, 1780; Zweibrücken NJW **95**, 3333). Das Verschulden untergeordneter Beamter begründet die Revision nicht (Karlsruhe NZV **04**, 421; Stürner JZ **72**, 666), erst recht nicht zufällige Geschehnisse, wie das Zuschlagen der Außentür (BGH **21**, 72 mit Anm Beck NJW **66**, 1976). 49

Vorsitzender und Gericht haben aber eine **Aufsichtspflicht** gegenüber den untergeordneten Beamten, und das gröbliche Vernachlässigen dieser Pflicht ist ihnen als eigenes Verschulden zuzurechnen (BGH **22**, 297, 301). Vor allem wenn die Sitzung nicht im Gerichtsgebäude stattfindet, müssen sie sich davon überzeugen, dass die Vorschriften über die Öffentlichkeit beachtet sind (BGH NJW **79**, 2622; StV **81**, 3; Hamm VRS **60**, 452, 454; StV **02**, 474; Saarbrücken VRS **113**, 109); wenn Einlasskontrollen angeordnet worden sind, darf mit der Verhandlung erst 50 begonnen werden, wenn den rechtzeitig erschienenen Personen nach Kontrolle der Zutritt gewährt worden ist (BGH NStZ **95**, 181). Die Anforderungen an die Aufsichtspflicht dürfen allerdings nicht überspannt werden (BGH **22**, 297, 301; StV **81**, 3, 4; NStZ-RR **01**, 267 [B]; Kuhlmann NJW **74**, 1231).

50a Zum **notwendigen Revisionsvorbringen** gehört die Angabe der tatsächlichen (konkreten) Umstände, aus denen sich ergibt, dass das Gericht die Öffentlichkeit beschränkt hat (BGH NJW **06**, 1220) oder warum es den Verfahrensverstoß zu vertreten hat (Bay **94**, 41 = VRS **87**, 139), soweit dem Revisionsführer dies möglich ist (Hamm StV **02**, 474; Saarbrücken NStZ-RR **08**, 50). War der Zugang tatsächlich nicht beschränkt, aber ein missverständliches Schild über die „Öffnungszeiten" am Gericht angebracht, bedarf es der Darlegung, dass sich dadurch tatsächlich jemand von der Teilnahme an der Sitzung hat abhalten lassen (**aM** Zweibrücken NJW **95**, 3333; offen gelassen von BGH 4 StR 411/95 vom 9. 11. 1995).

50b Wie bei Nr 5 (oben 36) ist § 338 **nicht anwendbar,** wenn das Beruhen des Urteils auf dem Fehler denkgesetzlich ausgeschlossen ist (BGH NJW **96**, 138: Hinweis nach § 265 während Öffentlichkeitsausschlusses auf einen später nach § 154a ausgeschiedenen Tatteil; BGH StV **00**, 248 mit abl Anm Ventzke: Hinweis nach § 265 sowie Teileinstellung nach § 154 II; BGH NStZ-RR **02**, 261 [B]: bloße Terminankündigungen; BGH NJW **03**, 2761; **04**, 865, 867: Anordnung der Unterbrechung der Hauptverhandlung). Darüber Ausführungen in der Revisionsbegründung zu verlangen, geht aber zu weit (**aM** bei einem Teilfreispruch BGH StV **08**, 123 mit abl Anm Ventzke).

51 **8) Fehlende oder verspätete Urteilsbegründung** (Nr 7):

52 A. **Fehlende Gründe** zwingen idR schon zur Urteilsaufhebung auf die Sachrüge (Bay VRS **61**, 130; Celle NJW **59**, 1648; Kleinknecht JZ **69**, 470). Nr 7 hat daher insoweit nur für Prozessurteile nach §§ 329 I, 412 Bedeutung. Die Vorschrift setzt das völlige Fehlen der Urteilsgründe voraus, etwa weil der Richter vor Urteilsabsetzung verstorben (Celle NJW **59**, 1648) oder aus dem Richterdienst ausgeschieden ist (BGH NStZ **93**, 30 [K]; Bay **67**, 51 = NJW **67**, 1578; Zweibrücken NStZ-RR **97**, 10)) oder weil die Richter sich nicht darüber einigen können, was das Ergebnis der Beratung war (BGH MDR **54**, 337 [D]). Liegen bei tatmehrheitlicher Verurteilung Gründe nur wegen einer der Taten vor, so beschränkt sich die Urteilsaufhebung auf die übrigen (KK-Kuckein 94; LR-Hanack 116).

53 Unvollständige oder sonst **mangelhafte Entscheidungsgründe** fallen nicht unter Nr 7 (BGH MDR **71**, 548 [D]; Bay DAR **82**, 263 [R]; **85**, 246 [R]). Die Vorschrift hindert auch nicht, die Urschrift des Urteils außerhalb der Akten und dort nur eine beglaubigte Abschrift aufzubewahren (Celle MDR **70**, 608; Koblenz OLGSt § 258 S 5; vgl auch Stuttgart JR **77**, 126 mit Anm Lintz). Sie ist sinngemäß anwendbar, wenn die Urteilsurkunde nicht zu den Akten gelangt (RG **40**, 184; **65**, 373) oder mit den Akten abhanden gekommen ist und nicht wiederhergestellt werden kann (RG **54**, 101), nicht aber, wenn eine beglaubigte Abschrift zur Verfügung steht (Lintz JR **77**, 128). Eine Wiederherstellung, bei der sich das neue Urteil wesentlich von dem früheren unterscheidet, genügt nicht (BGH MDR **83**, 450 [H]).

54 B. **Unzulässige Fristüberschreitung:** Die verspätete Urteilsabsetzung kann die Richtigkeit und Vollständigkeit der Gründe beeinflussen, obwohl das vielfach nicht nachweisbar ist. Daher besteht, auch auf Revision der StA (BGH NStZ **85**, 184), ein zwingender Aufhebungsgrund ohne Rücksicht darauf, ob das Urteil solche Mängel aufweist (BGH NStZ-RR **03**, 6 [B]; Rieß NJW **75**, 88; NStZ **82**, 441) und ob die Frist nur ganz geringfügig überschritten wurde (BGH StV **98**, 477; StraFo **05**, 76). Das Fehlen des Rubrums oder Tenors ist nur ein Revisionsgrund nach § 337 (Köln NJW **80**, 1405; VRS **64**, 282).

55 **Nicht rechtzeitig zu den Akten gebracht** ist das Urteil, wenn sich der Nachweis der Wahrung der Frist des § 275 I S 2 weder durch den Eingangsvermerk der Geschäftsstelle noch auf andere Weise (18 zu § 275) mit hinreichender

Gewissheit erbringen lässt (vgl 7 zu § 275 aE) und eine Fristüberschreitung nach § 275 I S 4 (dort 12 ff) nicht zulässig war. Ob die Voraussetzung dieser Vorschrift vorliegen, beurteilt allein das Revisionsgericht (vgl BGH I **26**, 247 = JR **76**, 342 mit Anm Meyer; Celle NdsRpfl **77**, 64; Karlsruhe Justiz **76**, 442); es kann dazu im Freibeweis (7, 9 zu § 244) Ermittlungen führen (vgl Hamm MDR **77**, 1039). Geht das Urteil nach Fristablauf verloren, so liegt Nr 7 vor, wenn es nicht mehr originalgetreu rekonstruiert werden kann (BGH NJW **80**, 1007).

Nachträgliche Ergänzungen des Urteils sind unzulässig (§ 275 I S 3) und werden vom Revisionsgericht nicht zur Kenntnis genommen. Auch eine Nachholung der richterlichen Unterschriften hindert die Aufhebung nicht (6 zu § 275); das Fehlen einer Unterschrift wird aber nur auf eine entspr Verfahrensbeschwerde, nicht auf Sachrüge beachtet (BGH **46**, 204), es sei denn, das Urteil enthalte gar keine Unterschrift (Hamm NStZ-RR **09**, 24; Schleswig SchlHA **02**, 172 [D/D]). Ist das Urteil nur mit den Gründen zum Schuldspruch fertiggestellt, so gilt Nr 7, falls der Rechtfertigungsgrund für die Fristüberschreitung nicht anerkannt wird, nicht nur für den Rechtsfolgenausspruch, dessen Begründung nachgeliefert wird, sondern für das ganze Urteil (Rieß NStZ **82**, 446). 56

Zum **notwendigen Revisionsvorbringen** gehört die Angabe, wann das Urteil verkündet und wann es zu den Akten gebracht worden ist (BGH **29**, 203 = JR **80**, 520 mit abl Anm Peters; BGH MDR **80**, 456 [H]; Rieß aaO), nicht aber die Angabe der Dauer der 3 Tage nicht überschreitenden Hauptverhandlung (BGH **29**, 43, 44) oder wann das Urteil auf den Weg zur Geschäftsstelle gebracht wurde (BGH StV **99**, 198). Die Feststellung der Verhinderung (§ 275 II S 2) wird vom Revisionsgericht nicht nachgeprüft, wenn der angegebene Verhinderungsgrund allgemein geeignet ist, den Richter von der Unterschrift abzuhalten (BGH **31**, 212, 214; EzSt § 275 Nr 2; vgl auch BGH NJW **61**, 782; zw Zweibrücken StV **90**, 14); anders ist es, wenn substantiiert geltend gemacht wird, der Verhinderungsvermerk beruhe auf willkürlichen, sachfremden Erwägungen (BGH **31**, 212), oder beanstandet wird, es sei zu Unrecht eine Verhinderung aus rechtlichen Gründen angenommen worden (BGH NStZ **93**, 96). Fehlt die Feststellung, so prüft das Revisionsgericht auf entspr Verfahrensrüge im Freibeweis (7, 9 zu § 244), ob der Richter tatsächlich verhindert war (BGH **28**, 194 mit abl Anm Foth NJW **79**, 1310; **29**, 43, 47; KG StV **86**, 144; Hamm NJW **88**, 1991; Bay **82**, 133 = JR **83**, 261 mit abl Anm Foth und Bay VRS **61**, 130 lassen zu Unrecht die Sachrüge genügen). Die begründete Verfahrensrüge schließt eine abschließende Prüfung des Urteils auf die gleichfalls erhobene Sachrüge hin aus (Celle NdsRpfl **93**, 133). 57

9) Unzulässige Beschränkung der Verteidigung (Nr 8): Die Vorschrift enthält keinen unbedingten Revisionsgrund (BGH **30**, 131, 135; NStZ **82**, 158; VRS **35**, 132; **aM** LR-Hanack 125; Gillmeister NStZ **97**, 44; Kuckein StraFo **00**, 399; Mehle Dahs-FS 392; Velten Grünwald-FS 767). Sie betrifft nur die Verteidigung des Angeklagten, nicht die Interessenwahrung der Verfahrensbeteiligten, die nach § 433 I S 1 die einem Angeklagten zustehenden Befugnisse haben. Auf Privat- und Nebenkläger ist sie ebenfalls nicht anwendbar (RG JW **31**, 2821). 58

Unzulässig ist die Verteidigungsbeschränkung nach hM nur, wenn sie eine besondere Verfahrensvorschrift verletzt (BGH **21**, 334, 360; **30**, 131, 137; NStZ **81**, 361; Hamm GA **77**, 310; Koblenz wistra **83**, 42; Stuttgart NJW **79**, 559), wobei zwischen dem Verfahrensfehler und dem Urteil eine konkret-kausale Beziehung bestehen muss (BGH **30**, 131, 135; **44**, 82, 90; NStZ **00**, 212 mit Anm Hammerstein NStZ **00**, 327 = StV **00**, 402 mit insoweit abl Anm Stern; BGH 4 StR 599/09 vom 23. 2. 2010; **aM** Berz Meyer-Goßner-FS 611; Weiler NStZ **99**, 106). Sie kommt jedoch auch dann in Betracht, wenn das Gericht gegen den Grundsatz des fairen Verfahrens (Einl 19) verstößt (Kuckein StraFo **00**, 400; Meyer-Goßner NStZ **82**, 362; vgl auch Roxin/Schünemann § 55, 42) oder seine Fürsorgepflicht (Einl 155) nicht beachtet hat (Schlüchter 741); vgl BGH **29**, 149: Ablehnung von Beweisanträgen ohne inhaltliche Prüfung; BGH JR **80**, 218 mit Anm Meyer: Wei- 59 gerung, Anträge des Verteidigers entgegenzunehmen; BGH NJW **64**, 1485: Weigerung, Pressevertreter auszuschließen; Köln NJW **61**, 1127; **80**, 302: Weigerung, dem Verteidiger einen angemessenen Sitzplatz zuzuweisen; Celle StV **89**, 8: Verhandeln entgegen Zusicherung in Abwesenheit des Verteidigers; Hamm NStZ **96**, 454: Überraschung durch ein abweichendes mündliches Sachverständigengutachten in der Berufungshauptverhandlung; BGH NStZ **04**, 637: Erhebliche Einschränkung der Verteidigungsmöglichkeiten des neu gewählten Verteidigers ohne sachlichen Grund; vgl auch 43 zu § 147. Auf die Vorschrift selbst, die wie der gesamte § 338 nur die Kausalitätsfrage betrifft (oben 1), lässt sich der Verfahrensverstoß nicht stützen (SK-Frisch 157; Weiler NStZ **99**, 109; **aM** ANM 867; Baldus Heusinger-EG 373; vgl auch LR-Hanack 127). Die Beschränkung muss „in einem für die Entscheidung wesentlichen Punkt" liegen; dies hat die Revisionsbegründung darzulegen (BGH StV **00**, 248 mit Anm Ventzke; BGH **49**, 317 = JR **05**, 114 mit Anm Vogel = NStZ **05**, 569 mit Anm Pananis).

60 Ferner muss die Beschränkung in einem in der Hauptverhandlung ergangenen **Gerichtsbeschluss** enthalten sein; auch das muss die Revisionsbegründung angeben (BGH NStZ **93**, 31 [K]; NJW **96**, 2383 = JR **96**, 473 mit zust Anm Gollwitzer). Ein Beschluss vor oder außerhalb der Hauptverhandlung genügt nicht (BGH **21**, 334, 359; KK-Kuckein 102), ebenso wenig eine Anordnung des Vorsitzenden (BGH NStZ **09**, 51; Stuttgart StV **88**, 145; LR-Hanack 129). Das Unterlassen des Gerichts, nicht des Vorsitzenden allein (RG **61**, 376, 378), einen Antrag zu bescheiden, steht dem gleich (BGH VRS **35**, 132; Bremen NJW **81**, 2827; Düsseldorf StV **83**, 269; Saarbrücken NJW **75**, 1615).

Rechtsnormen zugunsten des Angeklagten

339 Die Verletzung von Rechtsnormen, die lediglich zugunsten des Angeklagten gegeben sind, kann von der Staatsanwaltschaft nicht zu dem Zweck geltend gemacht werden, um eine Aufhebung des Urteils zum Nachteil des Angeklagten herbeizuführen.

1 **1)** Eine **Einschränkung des § 337** enthält die Vorschrift. Die StA kann eine Revision zuungunsten des Angeklagten nicht auf die Rüge stützen, es seien zu dessen Nachteil Rechtsnormen verletzt, die nur zu seinen Gunsten gegeben sind. IdR wird das Urteil darauf ohnehin nicht zugunsten des Angeklagten beruhen. Die Prüfung der Beruhensfrage wird dem Revisionsgericht aber durch § 339 erspart. Die Vorschrift hat keine Bedeutung für Revisionen der StA zuungunsten des Angeklagten, mit der die fehlerhafte Anwendung von Rechtsnormen zu dessen Vorteil gerügt wird (BGH LM § 339 Nr 1), und für Revisionen der StA zugunsten des Angeklagten (krit zur gesetzlichen Regelung AK-Maiwald 3).

2 Für **Privat- und Nebenkläger** gilt sie entspr (BGH MDR **68**, 18 [D]; RG **59**, 100; Stuttgart NJW **67**, 1627; Krekeler NStZ **84**, 183; **aM** Momsen, Verfahrensfehler und Rügeberechtigung im Strafprozess, 1997 [zugl Diss Göttingen 1996], S 428).

3 **2) Rechtsnormen** iS des § 339 sind nur Verfahrensvorschriften (LR-Hanack 2 mwN; Peters 650). In Betracht kommen vor allem Bestimmungen über Verfahrensbefugnisse des Angeklagten (vgl hierzu im einzelnen Momsen [oben 2] S 153 ff).

4 **Nur zugunsten des Angeklagten** sind zB gegeben §§ 140, 145 (KK-Kuckein 2), § 217 (Sarstedt/Hamm 48), § 244 III S 2 über das Verbot der Wahrunterstellung zuungunsten des Angeklagten (BGH DAR **94**, 189 [N]; Stuttgart NJW **67**, 1627 = JR **68**, 151 mit Anm Koffka; vgl aber BGH NStZ **84**, 564: Rüge, dass Wahrunterstellung den Sinngehalt der Beweisbehauptung nicht erschöpft, ist zulässig), § 247 S 4 (Amelunxen [R] 54), § 257 (RG **59**, 100), § 258 II, III (Schlüchter 723.1), § 265 (BGH MDR **68**, 18 [D]; Schleswig SchlHA **74**, 183 [E/J]) sowie die Vorschriften, die, wie §§ 136 I S 2, 228 III, 243 V S 1, Belehrungen und Hinweise bestimmen (KK-Kuckein 2).

Nicht nur zugunsten des Angeklagten wirken Vorschriften, auf deren Einhaltung er nicht verzichten kann, weil sie zugleich dem öffentlichen Interesse, insbesondere der Wahrheitsfindung, dienen, zB §§ 22, 23 (RG **59**, 267), § 136a (LR-Hanack 71 zu § 136a), §§ 230 I, 231 I (BGH **37**, 249, 250), § 246a (BGHR Sachverständiger 1), § 264 (Sarstedt/Hamm 47), § 275 (BGH NStZ **85**, 184), § 169 GVG (Köln OLGSt § 169 GVG S 15) und die Vorschriften über die Gerichtsbesetzung. 5

3) Über seinen Wortlaut hinaus ist § 339 der allgemeine Grundsatz zu entnehmen, dass ein Rechtsmittel nicht auf die Verletzung von Verfahrensvorschriften zuungunsten des Prozessgegners gestützt werden kann, wenn deren rechtsfehlerfreie Anwendung ihm nur einen Vorteil hätte bringen können (BGH NStZ **95**, 610; KK-Kuckein 1; LR-Hanack 6; Sarstedt/Hamm 46; abl Dencker StV **95**, 235). Das gilt auch für Rechtsmittel der StA zuungunsten des Angeklagten (Bay **51**, 136; Bremen NJW **47/48**, 312; SK-Frisch 12). 6

340 (weggefallen)

Revisionseinlegung

341 [I] **Die Revision muss bei dem Gericht, dessen Urteil angefochten wird, binnen einer Woche nach Verkündung des Urteils zu Protokoll der Geschäftsstelle oder schriftlich eingelegt werden.**

[II] **Hat die Verkündung des Urteils nicht in Anwesenheit des Angeklagten stattgefunden, so beginnt für diesen die Frist mit der Zustellung, sofern nicht in den Fällen der §§ 234, 387 Abs. 1, § 411 Abs. 2 und § 434 Abs. 1 Satz 1 die Verkündung in Anwesenheit des mit schriftlicher Vollmacht versehenen Verteidigers stattgefunden hat.**

1) Revisionseinlegung ist jede Erklärung, die den Anfechtungswillen des Beschwerdeführers erkennen lässt (Düsseldorf VRS **72**, 290; Hamburg NJW **65**, 1147; erg 1 zu § 314), insbesondere nicht als bloße Unmutsäußerung aufzufassen ist (Blaese/Wielop 89). Dass das Wort Revision nicht benutzt oder das Rechtsmittel falsch bezeichnet ist, spielt keine Rolle (vgl § 300). Keine Revisionseinlegung enthalten aber die Bitte um Urteilsübersendung, der Wiedereinsetzungsantrag nach § 329 III (Bay DAR **79**, 240 [R]) und die Erklärung, das Urteil werde nicht angenommen (RG Recht **21** Nr 2086). 1

Die Rechtsmittel mehrerer Verfahrensbeteiligter sind selbstständige Revisionen, auch wenn sie dasselbe Ziel verfolgen. Eine Ausnahme gilt für Revisionen des Angeklagten und des Verteidigers; bei ihnen handelt es sich um ein einziges Rechtsmittel (KK-Kuckein 5; SK-Frisch 8). 2

Die **Vertretung** durch einen Bevollmächtigten ist sowohl bei der Erklärung als auch im Willen zulässig (RG **66**, 211), auch durch eine juristische Person (Hamm NJW **52**, 1150; Sarstedt/Hamm 123; **aM** Stuttgart Justiz **77**, 245). Die Vollmacht muss bei der Erklärung vorhanden sein (Einl 134), kann aber später nachgewiesen werden. 3

Unzulässig ist die **vorsorgliche Revisionseinlegung** vor Erlass des angefochtenen Urteils; ist das Urteil aber erlassen, so ist die Revision auch zulässig, wenn der Beschwerdeführer davon nichts weiß (4 zu § 296). 4

Auch an **Bedingungen** darf die Revision nicht geknüpft werden (Einl 118; 5 vor § 296). 5

2) Adressat der Anfechtungserklärung (I) ist das Gericht, dessen Urteil angefochten wird, nicht das Revisionsgericht. Eine Ausnahme gilt im Fall des § 45 I S 2 (dort 4). Die Revision gegen Urteile einer auswärtigen StrK kann bei dieser oder bei dem Stammgericht eingelegt werden (BGH NJW **67**, 107; Hamm 6

GA **81**, 90). Entsprechendes gilt für die auf Grund der VO vom 20. 3. 1935 (RGBl I 403; BGBl III 300–5) gebildeten Zweigstellen (Bay **75**, 9 = NJW **75**, 946; VRS **53**, 433; Zweibrücken VRS **68**, 54) und für auswärtige Gerichtstage (Schleswig SchlHA **53**, 70.

7 **3) Form:** Die Revision muss in deutscher Sprache (2 zu § 184 GVG) schriftlich (Einl 128), auch durch Fernschreiber (Einl 139), durch Telefax (Einl 139 a), ggf auch durch elektronische Post nach § 41 a (vgl dort) oder zu Protokoll der Geschäftsstelle (Einl 131 ff) eingelegt werden. Die telefonische Einlegung ist wirkungslos (Einl 140). Für inhaftierte Angeklagte gilt § 299. Zuständig zur Aufnahme des Protokolls ist nur der Rechtspfleger (§ 24 I Nr 1 Buchst b **RPflG**); die von einem unzuständigen Beamten aufgenommene Revisionserklärung kann aber als schriftliche Revisionseinlegung wirksam sein, wenn der Beschwerdeführer das Protokoll unterschrieben hat (Einl 133). Revisionseinlegungen zu Protokoll im Anschluss an die Hauptverhandlung sind zulässig, sollten aber nicht entgegengenommen werden (Einl 137). Revisionsschriften mit Beleidigungen des Gerichts oder der Prozessbeteiligten als unzulässig zu verwerfen (so Karlsruhe NJW **74**, 915), erscheint nicht haltbar (vgl 12 a vor § 33).

8 **4) Frist:** Die Wochenfrist (I), die nicht verlängert werden kann (5 vor § 42), beginnt mit der Urteilsverkündung (§ 268 II S 1) und wird nach § 43 berechnet (dazu Blaese/Wielop 82 ff). Das Fehlen der Rechtsmittelbelehrung nach § 35 a ist auf den Fristablauf ohne Einfluss (dort 12).

9 **In Abwesenheit des Angeklagten** (II) ist das Urteil verkündet, wenn er bei der Verkündung auch nur zeitweise abwesend war, sich etwa vor dem Ende der Urteilsbegründung eigenmächtig entfernt hatte (BGH **15**, 263, 265; NStZ **00**, 498 mwN; Stuttgart NStZ **86**, 520 mit abl Anm Paulus; LR-Gössel 36 zu § 314; erg 7 zu § 314) oder infolge Trunkenheit verhandlungsunfähig war (Bay **98**, 87 = VRS **95**, 258). In den in II Halbs 2 genannten Fällen genügt aber die Anwesenheit des Verteidigers bei der Verkündung, so dass die Rechtsmittelfrist auch dann bereits ab Verkündung des Urteils läuft (vgl 7 zu § 314; KK-Kuckein 19 a).

10 Für die StA **gilt II entspr** (Neustadt NJW **63**, 1074; SK-Frisch 25; **aM** KK-Kuckein 20), für den Privatkläger nur, wenn ihm der Verkündungstermin nicht bekanntgemacht wurde (KMR-Momsen 79; LR-Hanack 22; **aM** Blaese/Wielop 61: II gilt entspr, wenn weder der Privatkläger noch sein Vertreter anwesend ist). Für den gesetzlichen Vertreter gilt § 298 I, für den Nebenkläger § 401 II S 1, für den Einziehungsbeteiligten § 436 IV S 1.

11 Die Frist des II wird **in Lauf gesetzt** mit der Zustellung des vollständigen Urteils mit Gründen (1 zu § 37); die Zustellung der Urteilsformel allein genügt nicht (8 zu § 314; anders aber im Bußgeldverfahren: BGH **43**, 22; **49**, 230; Bay **96**, 61 = JR **96**, 433 mit zust Anm Göhler). Anwendbar sind §§ 37 II, 145 a. Die Revision kann auch eingelegt werden, wenn das Urteil noch nicht zugestellt ist (BGH **25**, 187, 189 = JR **74**, 295 mit Anm Hanack).

12 Die Frist ist nur gewahrt, wenn die Revisionseinlegungsschrift rechtzeitig **bei Gericht eingeht.** Ist die Revision bei dem richtigen Gericht eingegangen, schadet es nichts, wenn ein unrichtiges Aktenzeichen angegeben, das angefochtene Urteil aber eindeutig bezeichnet ist (BGH 3 StR 415/08 vom 2. 10. 2008). Erg 11 ff vor § 42. Zur Rechtslage bei Zweifeln an der Fristeinhaltung vgl 35 zu § 261.

Wiedereinsetzung und Revision

342 **I Der Beginn der Frist zur Einlegung der Revision wird dadurch nicht ausgeschlossen, dass gegen ein auf Ausbleiben des Angeklagten ergangenes Urteil eine Wiedereinsetzung in den vorigen Stand nachgesucht werden kann.**

II 1 Stellt der Angeklagte einen Antrag auf Wiedereinsetzung in den vorigen Stand, so wird die Revision dadurch gewahrt, dass sie sofort für den Fall der

Verwerfung jenes Antrags rechtzeitig eingelegt und begründet wird. [2]Die weitere Verfügung in Bezug auf die Revision bleibt dann bis zur Erledigung des Antrags auf Wiedereinsetzung in den vorigen Stand ausgesetzt.

III Die Einlegung der Revision ohne Verbindung mit dem Antrag auf Wiedereinsetzung in den vorigen Stand gilt als Verzicht auf die letztere.

1) Zusammentreffen von Wiedereinsetzung und Revision: Vgl auch 1
§ 315. Beantragt der Angeklagte gegen die Versäumung der Hauptverhandlung die Wiedereinsetzung nach §§ 235 S 1, 329 III, 412 S 1, so kann er daneben für den Fall der Verwerfung dieses Antrags vorsorglich (Einl 119) Revision einlegen (I; vgl auch 46 zu § 329). Er muss dabei so verfahren, als wäre der Wiedereinsetzungsantrag nicht gestellt (II S 1), darf also die Entscheidung über diesen Antrag nicht abwarten, sondern muss die Revision sofort, dh in der Frist des § 341, einlegen und rechtzeitig (§§ 341 II, 345 I) begründen (Celle NJW **59**, 2177; Hamm NJW **55**, 564; Koblenz OLGSt § 345 Nr 5), falls ihm nicht vorher Wiedereinsetzung gewährt wird.

2) Weiteres Verfahren (II S 2): Die gerichtliche Entscheidung über die Revi- 2
sion (11 zu § 346) muss bis zur Rechtskraft der Entscheidung über den Wiedereinsetzungsantrag aufgeschoben werden (Bay DAR **84**, 246 [R]; Düsseldorf VRS **96**, 27, 28). Durch die Gewährung der Wiedereinsetzung wird das Urteil beseitigt und die Revision gegenstandslos (RG **65**, 231, 233; Bay NJW **72**, 1724; VRS **61**, 137; Oldenburg VRS **68**, 282; Küper NJW **77**, 1276; JZ **78**, 207). Wird die Wiedereinsetzung abgelehnt, so entscheidet das Revisionsgericht ohne Bindung an die Gründe dieses Beschlusses (Düsseldorf NJW **88**, 1681, 1682 mwN).

3) Der **Verzicht auf die Wiedereinsetzung** (III) wird unwiderlegbar (Stutt- 3
gart NJW **84**, 2900; Justiz **81**, 244) gesetzlich vermutet, wenn die Revision ohne Verbindung mit dem Wiedereinsetzungsantrag (nicht im umgekehrten Fall) eingelegt wird (Widmaier Rieß-FS 621 hält dies für verfassungswidrig, aber warum sollte der Gesetzgeber verfassungsrechtlich gehindert sein, bei zwei möglichen Rechtsbehelfen einen von ihnen einzuschränken?), auch wenn der Beschwerdeführer sich die Antragstellung ausdrücklich vorbehält (Hamm JMBlNW **77**, 214; KK-Kuckein 7). Im selben Schriftsatz muss der Wiedereinsetzungsantrag nicht gestellt werden; er muss aber gleichzeitig mit der Revisionseinlegung bei Gericht eingehen (vgl Stuttgart NJW **84**, 2900: keine Gleichzeitigkeit bei Verspätung von $1^3/_4$ Stunden). Von einer Rechtsbehelfsbelehrung nach §§ 35 a, 235 S 2 oder einer Belehrung über die Rechtsfolgen nach III hängt die Vermutung nicht ab (Neustadt NJW **64**, 1868; KK-Kuckein 7).

Die Vermutung gilt **ausnahmslos,** auch wenn die Revision, etwa nach § 55 II 4
JGG, unzulässig ist (Stuttgart Justiz **76**, 265), wenn sie schon vor Beginn der Frist des § 341 eingelegt (Düsseldorf VRS **89**, 132 mwN) oder wenn sie zurückgenommen wird (Zweibrücken NJW **65**, 1033; LR-Hanack 8), auch wenn sie dann erneut, diesmal zusammen mit einem Wiedereinsetzungsantrag, eingelegt wird (Neustadt NJW **64**, 1868; Stuttgart aaO). Die Vermutung schließt auch die Wiedereinsetzung von Amts wegen (§ 45 II S 3) aus (KK-Kuckein 7; Baukelmann NStZ **84**, 300; **aM** Düsseldorf NJW **80**, 1704; SK-Frisch 9), anders nur im Fall unterbliebener Ladung, vgl 41 zu § 329 (Hamburg StV **01**, 339).

Der nachträglich gestellte **Wiedereinsetzungsantrag ist unzulässig.** Eine 5
Wiedereinsetzung gegen seine „Verspätung" ist ausgeschlossen (SK-Frisch 10).

Hemmung der Rechtskraft **RiStBV 154**

343 **I Durch rechtzeitige Einlegung der Revision wird die Rechtskraft des Urteils, soweit es angefochten ist, gehemmt.**

II Dem Beschwerdeführer, dem das Urteil mit den Gründen noch nicht zugestellt war, ist es nach Einlegung der Revision zuzustellen.

1 **1) Hemmung der Rechtskraft** (I): Vgl auch 1 zu § 316. Sie tritt auch ein, wenn die Revision aus anderen Gründen als wegen verspäteter Einlegung unzulässig ist (BGH **25**, 259, 260), nicht aber, wenn sie (zB nach § 441 III S 2 oder § 55 II **JGG**) von vornherein unstatthaft ist (Hamm NJW **73**, 1517; KK-Kuckein 3; LR-Hanack 1; SK-Frisch 4; **aM** Stuttgart MDR **80**, 518 und [für § 79 OWiG] BGH aaO; Bay **72**, 169 = VRS **44**, 50) oder allseits auf Rechtsmittel verzichtet worden war (Karlsruhe NStZ **97**, 301; erg 7 zu § 449). Bei wirksam beschränkter Revision erstreckt sich die Hemmung der Rechtskraft nur auf die angefochtenen Urteilsteile. Die Hemmung dauert bis zur endgültigen Entscheidung nach §§ 346, 349 I, V oder bis zur Sachentscheidung des Revisionsgerichts. Danach ist das Urteil insgesamt rechtskräftig, auch wenn versehentlich über das Rechtsmittel nicht in vollem Umfang entschieden wurde (Bay **68**, 33).

2 **2) Zugestellt** (II) wird das Urteil an den Beschwerdeführer, falls das nicht bereits nach § 341 II geschehen ist, auch wenn die Revision schon begründet worden ist. Von der Zustellung ist abzusehen, wenn die Revision nicht statthaft (oben 1) oder verspätet eingelegt worden ist, nicht aber, wenn andere Vorschriften über die Einlegung nicht beachtet sind, zB die Vollmacht fehlt (RG **62**, 250). Dem bisher nicht zugelassenen Nebenkläger wird das Urteil nur zugestellt, wenn die Anschlussberechtigung feststeht (RG **69**, 244; Bremen OLGSt § 396 S 41).

3 Die **nachträgliche Zustellung** ist erforderlich, wenn das Revisionsgericht einem Antrag nach § 346 II stattgibt oder dem Beschwerdeführer Wiedereinsetzung gegen die Versäumung der Einlegungsfrist gewährt (SK-Frisch 17). Die – ggf nach § 267 IV S 3 ergänzten – Urteilsgründe werden zugestellt, auch wenn das Urteil schon vorher zugestellt war (Düsseldorf JMBlNW **82**, 139; erg 5 zu § 345).

4 **3) Verfahren:** Die Anordnung trifft der Vorsitzende; die Geschäftsstelle führt sie aus (§ 36 I). Zuzustellen ist eine Urteilsausfertigung; die Zustellung einer beglaubigten Abschrift ist aber nicht unwirksam (BGH **26**, 140, 141; MDR **73**, 19 [D]). Zugestellt wird das Urteil mit den Gründen; bei öffentlicher Zustellung nach § 40 (dort 7) gilt aber § 37 I iVm § 186 II ZPO. Zum Verfahren beim Verlust des Urteils vgl 6 zu § 316.

Revisionsbegründung **RiStBV 150, 156**

344

I Der Beschwerdeführer hat die Erklärung abzugeben, inwieweit er das Urteil anfechte und dessen Aufhebung beantrage (Revisionsanträge), und die Anträge zu begründen.

II 1 Aus der Begründung muss hervorgehen, ob das Urteil wegen Verletzung einer Rechtsnorm über das Verfahren oder wegen Verletzung einer anderen Rechtsnorm angefochten wird. 2 Ersterenfalls müssen die den Mangel enthaltenden Tatsachen angegeben werden.

1 **1) Revisionsanträge** (I): Das Urteil wird auf die Revision nur geprüft, soweit es angefochten ist (§ 352 I). Der Umfang der Anfechtung muss daher durch die Revisionsanträge bezeichnet werden, die in der Begründungsschrift, nicht erst in der Revisionsverhandlung, zu stellen sind. Die Anträge müssen den erstrebten Umfang der Urteilsaufhebung (§ 353 I) klarstellen; auf die weiteren Entscheidungen nach den §§ 354, 355 brauchen sie sich nicht zu beziehen.

2 Das **Fehlen der Anträge** ist unschädlich, wenn das Ziel der Revision aus dem Inhalt der Revisionsschrift (BGH StV **81**, 393; JZ **88**, 367; NStZ-RR **00**, 38 [K]; Hamm StV **82**, 170; Koblenz VRS **71**, 209; Gribbohm NStZ **83**, 98) oder aus dem Gang des bisherigen Verfahrens (Karlsruhe Justiz **79**, 68; Koblenz VRS **51**, 96: wenn schon die Berufung auf die Straffrage beschränkt war; vgl auch Zweibrücken VRS **46**, 367) eindeutig hervorgeht.

3 In der **Erhebung der uneingeschränkten allgemeinen Sachrüge** durch den Angeklagten ist regelmäßig die Erklärung zu sehen, dass das Urteil insgesamt ange-

fochten wird; eines besonders hervorgehobenen Revisionsantrags bedarf es dann nicht. Das ist zweifelsfrei, wenn Gegenstand des Urteils eine einzige Straftat ist (BGH MDR **78**, 282 [H]; NStZ **83**, 359 [Pf/M]; StV **81**, 393) Auch bei Verurteilung wegen mehrerer selbstständiger Handlungen wird aus der Erhebung der allgemeinen Sachrüge aber auf eine umfassende Urteilsanfechtung zu schließen sein (BGH NStZ **90**, 96; NStZ-RR **00**, 38 [K]; SK-Frisch 6). Der BGH verfährt hier großzügig (vgl Gribbohm NStZ **83**, 98), während in der Rspr der OLGs gelegentlich Unzulässigkeit der Revision angenommen wird (vgl Bay DAR **85**, 247 [R]; **89**, 370 [B]; Hamm NJW **76**, 68 mit abl Anm Sarstedt; Oldenburg StraFo **06**, 245; Zweibrücken NJW **74**, 659). Auch nach der BGH-Rspr (NJW **03**, 839; NStZ-RR **04**, 228 [B]) führt aber die Erhebung der nicht näher ausgeführten allgemeinen Sachrüge ohne Antragstellung bei einer – strenger zu beurteilenden (vgl 2 zu § 318) – Revision der StA bei mehreren Angeklagten und/oder einer Vielzahl von Straftaten zur Unzulässigkeit des Rechtsmittels (BGH 2 StR 324/09 vom 5. 11. 2009). Unzulässigkeit ist bei einer Revision auch gegeben, wenn die Revision beschränkt worden, aber unklar ist, auf welche Urteilsfälle (Bay **54**, 84 = JR **55**, 28 mit Anm Sarstedt).

Unterliegt das Rechtsmittel einer **gesetzlichen Beschränkung,** so ist die Revision unzulässig, wenn sich aus der Begründung der Revisionsanträge ein zulässiges Rechtsmittelziel nicht eindeutig entnehmen lässt (vgl 6 zu § 400 I; BVerfG NStZ-RR **07**, 385 und Celle NdsRpfl **01**, 90 zu § 55 JGG). 3a

2) Revisionsbeschränkung: Wie die Berufung (§ 318) kann auch die Revision bei der Einlegung oder bei der Begründung beschränkt werden. Eine nachträgliche Erweiterung der beschränkt eingelegten Revision ist nur in der Frist des § 341 I, nicht mehr in der Frist des § 345 I möglich (BGH **38**, 366 mwN; **aM** LR-Hanack 7; erg 31 zu § 302). 4

Der **Verteidiger** braucht keine besondere Vollmacht für die beschränkte Einlegung, wohl aber nach § 302 II für die Teilrücknahme (29 zu § 302). Hat der Angeklagte die Revision beschränkt eingelegt, so ist die weitergehende Revision des Verteidigers unbeachtlich (§ 297). Umgekehrt kann der Angeklagte in der Frist des § 341 unbeschränkt Revision einlegen, auch wenn der Verteidiger sie bereits beschränkt hatte (vgl auch Blaese/Wielop 167 mwN). Von den Revisionen mehrerer Verteidiger ist diejenige maßgebend, die am weitesten geht (LR-Hanack 13). 5

Auch **ohne ausdrückliche Erklärung** kann sich die Beschränkung aus der Begründungsschrift ergeben (Stuttgart Justiz **80**, 154), zB wenn die Sachrüge nur Ausführungen zum Rechtsfolgenausspruch enthält (BGH NJW **56**, 757; BGHR Beschränkung 13; Schleswig VRS **54**, 34). Fehlt bei tatmehrheitlicher Verurteilung die Revisionsbegründung für einzelne Urteilsteile, so liegt darin aber keine Beschränkung; die Revision ist insoweit als unzulässig zu verwerfen (BGH LM Nr 1 zu § 302; Karlsruhe Justiz **74**, 308, Blaese/Wielop 121 mwN). Steht die Begründung im Widerspruch zu der ausdrücklich erklärten Beschränkung, so kann sie dahin ausgelegt werden, dass die Revisionsbeschränkung nicht gewollt ist (vgl BGH NStZ **85**, 17 [Pf/M]; VRS **17**, 47; Bay VRS **64**, 371; Koblenz VRS **64**, 213). Andererseits kann die Begründung ergeben, dass im Gegensatz zu dem unbeschränkten Antrag eine Revisionsbeschrankung gewollt ist (BGH NStZ-RR **03**, 6 [B]; Koblenz VRS **51**, 122; Köln VRS **73**, 297; Schleswig VRS **54**, 33, 34). Das gilt gerade auch für Revisionen der StA (BGH NStZ **98**, 210; 3 StR 122 (09 vom 7. 5. 2009; Koblenz OLGSt § 46 StGB Nr 2), die aber ohnehin um eine widerspruchsfreie Revisionsbegründung bemüht sein sollte (BGH 1 StR 383/08 vom 4. 9. 2008). 6

Wegen des **zulässigen Umfangs der Beschränkung** gelten dieselben Grundsätze wie bei der Berufung (Koblenz VRS **75**, 34, 35); vgl daher 1 ff zu § 318. Die Beschränkung ist auch möglich, wenn Rügen nach § 338 Nrn 1–7 erhoben werden, die das ganze Urteil zu Fall bringen können (BGH NJW **95**, 1910). Die Revision kann jedoch nicht auf den Rechtsfolgenausspruch beschränkt werden, wenn 7 das LG unzutr von der Beschränkung der Berufung auf diesen ausgegangen ist (Bay **94**, 253 = VRS **89**, 128).

7a Auf die erfolgte oder fehlende Feststellung der **besonderen Schwere der Schuld** iSd § 57a I S 1 Nr 2 StGB (vgl 33 zu § 260; 20a zu § 267; 35a zu § 337) kann die Revision idR beschränkt werden; denn, obwohl sich die Feststellungen zu Schuld, Strafe und Schuldschwere berühren (Meurer JR **92**, 447), lässt die Bejahung oder Verneinung der besonderen Schuldschwere den Schuldspruch nach § 211 StGB und die Verhängung der lebenslangen Freiheitsstrafe unberührt (BGH **39**, 208 = JR **94**, 164 mit zust Anm Stree; SK-Frisch 28; Meurer JR **93**, 252). Die Beschränkung ist auch zulässig, wenn auf Grund der getroffenen Feststellungen die Bejahung eines weiteren Mordmerkmals in Betracht kommt (BGH **41**, 57). Eine Beschränkung auf das Ausmaß der besonderen Schuldschwere ist aber nicht möglich (zw Stree aaO).

7b Eine **wirksame Revisionsbeschränkung** führt zur Teilrechtskraft (Einl 184 ff), wenn sie tatmehrheitliche Verurteilungen betrifft. Bei Verurteilung wegen einer einzigen Tat tritt eine innerprozessuale Bindung an die Feststellungen zu den nicht angefochtenen Urteilsteilen ein (vgl 20 zu § 353).

7c Eine **unwirksame Revisionsbeschränkung** ist unbeachtlich (hM, vgl SK-Frisch 32; **aM** Wolf JR **92**, 430); das Urteil wird in vollem Umfang geprüft (32 zu § 318). Es kann unter dem Gesichtspunkt der Fairness des Verfahrens (Einl 19) geboten sein, den Beschwerdeführer auf die Unwirksamkeit der Beschränkung hinzuweisen, um ihm Gelegenheit zu geben, sein Rechtsmittel zurückzunehmen (BVerfG 2 BvR 1082/08 vom 6. 12. 2008: unwirksame Beschränkung auf den Vorwegvollzug der Unterbringung).

8 **3) Revisionsbegründung** (II):

9 A. Die **Sachrüge oder Verfahrensrügen** kann der Beschwerdeführer erheben. Prozesshindernisse (Einl 143) werden, soweit es sich um Befassungsverbote handelt, von Amts wegen geprüft (**aM** Weiler Meyer-Goßner-FS 576, der für die Geltendmachung von Verfahrenshindernissen die Erhebung einer Verfahrensrüge verlangt), im Übrigen setzen sie je nach Art des Bestrafungsverbotes eine Sach- oder eine Verfahrensrüge voraus (Einl 150; 6 zu § 337). Zur „Abfassung der Revisionsbegründung" Nack Müller-FS 519.

10 Ein **Irrtum** des Beschwerdeführers in der Bezeichnung der Rüge ist unerheblich (BGH **19**, 273, 275; DAR **77**, 179 [Sp]; Celle NJW **87**, 78), ebenso die unterbliebene Bezeichnung als Sach- oder Verfahrensrüge (Hamm Rpfleger **98**, 367). Maßgebend ist die wirkliche rechtliche Bedeutung des Revisionsangriffs, wie er Sinn und Zweck des Revisionsvorbringens entnommen werden kann (BGH NJW **07**, 92, 95/96; NStZ-RR **09**, 36 [C]; Hamm VRS **42**, 140, 141; Karlsruhe Justiz **97**, 482; Koblenz NJW **75**, 322). Die Bezeichnung der angeblich verletzten Vorschriften ist nicht erforderlich (BGH JR **56**, 228; KG VRS **26**, 287, 288); daher ist nach § 352 II ihre unrichtige Bezeichnung unschädlich (BGH **1**, 29, 31; **15**, 161, 163; **19**, 94; 273, 276; **20**, 95, 98).

11 Die Revisionsbegründung ist **auslegungsfähig** (BGH **25**, 272, 275; JR **56**, 228), auch zum Nachteil des Beschwerdeführers (unten 19), aber nur auf Grund ihres eigenen Inhalts, nicht auf Grund der Revisionsbegründung anderer Beschwerdeführer (BGH 5 StR 276/59 vom 22. 9. 1959; LR-Hanack 71), auch nicht auf Grund einer vom Angeklagten selbst verfassten Anlage zur Revisionsbegründung (Bay **96**, 51 = NStZ-RR **96**, 312). Nicht auf den Wortlaut, sondern auf den Sinn der Rüge kommt es an (BGH **19**, 273, 275; Doller MDR **77**, 731; Krause StV **84**, 485). Dabei ist die Begründung so auszulegen, dass der mit der Revision erstrebte Erfolg eintreten kann (BGH NJW **56**, 756; Hamm VRS **42**, 140, 141; vgl auch Koblenz NJW **75**, 322 für Revisionsbegründungen zu Protokoll der Geschäftsstelle; erg 3 zu § 300). Jedoch muss für die Auslegung eine hinreichende Grundlage bestehen. Die Ankündigung, dass die Revision demnächst begründet werden soll, genügt nicht (BGH NStZ **86**, 209 [Pf/M]), ebenso wenig die Beifügung einer „Skizze" einer beabsichtigten Revisionsbegründung (Stuttgart Justiz **03**, 596). Auch die Tatsache, dass Revision eingelegt ist (Karlsruhe VRS **64**, 46; Stuttgart OLGSt S 33), und der bloße Antrag auf Aufhebung und Zurückverweisung stellen keine auslegungsfähige Revisions„begründung" dar (BGH NJW **91**, 710; NStZ **91**, 597; NStZ-RR **98**, 18; **07**, 292 [B]), ebenso wenig die Beschränkung der Revision auf bestimmte Beschwerdepunkte (BGH NStZ **81**, 298 [Pf]; Neustadt GA **57**, 422; **aM** Köln MDR **79**, 957 bei Strafmaßbeschränkung), etwa auf die Einziehungsfrage (BGH NStZ **85**, 205 [Pf/M]), die Rüge der Nichtanwendung des § 153a (Hamm JMBlNW **80**, 104) und nichts sagende Erklärungen, wie die Einlegung der Revision „mit Begründung nach § 337" (Hamburg GA **84**, 375) oder „nach allen Richtungen" (Hamm NJW **64**, 1736), die Bitte um Überprüfung „in rechtlicher Hinsicht" (Hamm OLGSt § 79 OWiG Nr 1) oder die Rüge der Verletzung des Rechts ohne weitere Ausführungen.

Bedingte Revisionsrügen sind unzulässig (BGH 1 StR 147/06 vom 27. 7. 2006). Insbesondere können Rügen nicht nur für den Fall erhoben werden, dass andere Rügen nicht durchgreifen (BGH **17**, 253 = JR **62**, 387 mit Anm EbSchmidt; Sarstedt H. Mayer-FS 530; Sarstedt/Hamm 220; **aM** Mayer EbSchmidt-FS 634; erg 11 zu § 352). 12

B. **Sachrüge:** 13

a) Die **Bezeichnung** der Rüge als Sachrüge ist nicht unbedingt erforderlich. Das Revisionsvorbringen muss aber eindeutig ergeben, dass die Nachprüfung in sachlich-rechtlicher Hinsicht begehrt wird (BGH NStZ **91**, 597; **93**, 31 [K]; NStZ-RR **00**, 294 [K]; Hamm wistra **00**, 39). Die Sachrüge ist zB zulässig erhoben mit der Rüge der Verletzung des Satzes *in dubio pro reo* oder widersprüchlicher Urteilsfeststellungen oder der Rüge, der Angeklagte sei zu Unrecht bestraft worden (Hamm NJW **64**, 1736). Sie kann auch darin gesehen werden, dass die Tat bestritten (Karlsruhe DAR **58**, 24) oder der Antrag auf Freisprechung vor dem Revisionsgericht gestellt (BGHR § 338 Nr 7 Entscheidungsgründe 2; Hamm NJW **64**, 1736; **72**, 2056; **aM** Krause StV **84**, 485), nicht nur für den Fall einer erneuten Hauptverhandlung vor dem Tatrichter angekündigt wird (Köln JMBlNW **78**, 238). Allein die erklärte Beschränkung der Revision auf das Strafmaß kann aber noch nicht als Erhebung der Sachrüge angesehen werden (BGH NStZ-RR **07**, 132 [B]). 14

b) **Inhalt** der Sachrüge ist in 1. Hinsicht die Rüge, dass das Recht, auch Vorschriften des GG (BGH **19**, 273; Celle NJW **69**, 1075), auf den im Urteil festgestellten Sachverhalt unrichtig angewendet worden ist. Mit der Sachrüge kann aber auch beanstandet werden, dass die Feststellungen keine geeignete Grundlage für die Rechtsanwendung abgegeben, zB weil sie gegen Denkgesetze oder Erfahrungssätze verstoßen, lückenhaft oder widersprüchlich sind oder den Satz *in dubio pro reo* nicht beachten (vgl 27 ff zu § 337). 15

Mit **Bestimmtheit** braucht der Beschwerdeführer die Rechtsverletzung nicht zu behaupten. Es genügt das Verlangen nach Nachprüfung in sachlich-rechtlicher Hinsicht (RG JW **31**, 1760 mit Anm Alsberg; KG JR **76**, 255; LR-Hanack 97; **aM** BGH **25**, 272, 275 = JR **74**, 470 mit Anm Meyer; Hamm OLGSt § 79 OWiG Nr 1; KK-Kuckein 26; Gribbohm NStZ **83**, 98). 16

c) Eine **Begründung** der Sachrüge ist nicht vorgeschrieben. 17

Der Beschwerdeführer kann sich daher auf die unausgeführte **allgemeine Sachrüge** beschränken. Sie besteht aus dem Satz: „Es wird Verletzung sachlichen Rechts gerügt" (vgl BGH **25**, 272; für die StA gilt aber RiStBV 156 II), und führt zur Prüfung des Urteils in sachlich-rechtlicher Hinsicht in vollem Umfang, auch wenn daneben nur unzulässige Einzelausführungen (unten 19) gemacht werden (Oldenburg StV **09**, 69; **aM** Hamm StV **09**, 67 mit abl Anm Ventzke). 18

Einzelausführungen zur Sachrüge dienen nur dem Zweck, zur Prüfung bestimmter Fragen anzuregen (Gribbohm NStZ **83**, 98) und dem Revisionsgericht die Rechtsansicht des Beschwerdeführers mitzuteilen. Sie können bis zur Entschei- 19 dung des Revisionsgerichts nachgeschoben werden (erg 10 zu § 345). Erhält die Revision nur Einzelausführungen zu einzelnen Urteilsteilen oder -grundlagen, so ist idR auch die allgemeine Sachrüge erhoben (BGH **1**, 46). Einzelausführungen zur Sachrüge können andererseits die Revision insgesamt unzulässig machen, wenn sie ergeben, dass der Beschwerdeführer in Wahrheit nicht die Rechtsanwendung beanstanden, sondern ausschließlich die Beweiswürdigung und die Richtigkeit der Urteilsfeststellungen angreifen will (BGH **25**, 272, 275; NStE Nr 14; KG VRS **65**, 212, 213; Düsseldorf NStZ **93**, 99; Hamm NStZ-RR **01**, 117; Gribbohm NStZ **83**, 99; **aM** Koblenz MDR **93**, 166; Mommsen GA **98**, 488; einschr auch SK-Frisch 78; vgl auch oben 18). Das ist der Fall, wenn der Beschwerdeführer die Fehlerhaftigkeit des Urteils ausschließlich aus tatsächlichen Behauptungen herleitet, die in dem Urteil keine Stütze haben (BGH NJW **56**, 1767; BGHR § 344 II S 1 Revisionsbegründung 2; Karlsruhe VRS **107**, 376; Schleswig SchlHA **84**, 110 [E/L]), oder wenn er nur eine eigene, gegensätzliche Beweiswürdigung vornimmt (BGH AnwBl **94**, 92). Unschädlich ist dagegen, dass sich einzelne Ausführungen auf Urteilsstellen beziehen, durch die der Beschwerdeführer nicht beschwert ist (BGH NJW **70**, 205).

20 C. **Verfahrensrügen:** Für sie bestehen strengere Formvorschriften (II S 2). Da das Revisionsgericht nicht von sich aus die Ordnungsmäßigkeit des gesamten Verfahrens prüfen kann, muss der Beschwerdeführer die den Verfahrensmangel begründenden Tatsachen angeben (vgl hierzu im einzelnen HbFAStrR-Detter 3. Teil Kap 2 79 ff sowie die [seit 1999 jährlichen] Übersichten von Miebach, Sander und Cirener in NStZ-RR zur Zulässigkeit von Verfahrensrügen in der Rspr des BGH). Kommen nach den vorgetragenen Tatsachen mehrere Verfahrensmängel in Betracht, muss dargetan werden, welcher von ihnen geltend gemacht werden soll (BGH NStZ **98**, 636; **99**, 94; München NStZ **06**, 353). Das Revisionsgericht ist nicht gehindert, bei Prüfung einer bestimmten Verfahrensrüge den ihm auf Grund einer von Amts wegen vorzunehmenden Prüfung bekannten Akteninhalt (Köln NStZ-RR **97**, 336) oder den Sachvortrag zu einer anderen zulässig erhobenen Verfahrensrüge oder bei zugleich erhobener Sachrüge den Urteilsinhalt ergänzend zu berücksichtigen (BGH NStZ **96**, 145; vgl dazu eingehend Dahs Salger-FS 219 mN aus der Rspr; Wohlers StV **96**, 192). Es gibt keine „allgemeine Verfahrensrüge". Verfassungsrechtliche Bedenken gegen diese gesetzliche Regelung bestehen nicht (BVerfG NJW **85**, 125); die Anforderungen dürfen aber nicht überspannt werden (BVerfG StV **06**, 57). Das Verschweigen wesentlicher Umstände ist rechtsmissbräuchlich (vgl EGMR NJW **07**, 2097) und daher unzulässig (BGH NStZ-RR **08**, 85). Die Unzulässigkeit der Verfahrensrüge führt bei Fehlen der Sachrüge zur Unzulässigkeit der Revision (BGH NJW **95**, 2047; NStZ-RR **00**, 294 [K]; StraFo **08**, 332).

21 a) **Ohne Bezugnahmen und Verweisungen** müssen die Verfahrensrügen begründet werden (vgl Blaese/Wielop 173 ff). Unzulässig ist nicht nur die Bezugnahme auf Anlagen zur Revisionsbegründungsschrift (14 zu § 345) oder auf Ausführungen eines anderen Verfahrensbeteiligten (BGH NJW **06**, 1220 = JR **06**, 389 mit zust Anm Humberg), sondern überhaupt auf die Akten, das Sitzungsprotokoll und andere Schriftstücke (BGH NStZ **85**, 208 [Pf/M]; **87**, 221 [Pf/M]; NJW **06**, 457; **07**, 3010, 3011; Koblenz VRS **48**, 120; Köln StV **81**, 119; Gribbohm NStZ **83**, 101). Vielmehr müssen die Fundstellen in ihrem Wortlaut oder ihrem wesentlichen Inhalt nach wiedergegeben werden (BGHR Beweiswürdigung 3; Hamm Rpfleger **98**, 367). Das Revisionsgericht muss allein auf Grund der Begründungsschrift prüfen können, ob ein Verfahrensfehler vorliegt, wenn das tatsächliche Vorbringen der Revision zutrifft („Schlüssigkeitsprüfung", vgl BGH NJW **82**, 1655; **95**, 2047 mwN; StV **96**, 530; Bay VRS **77**, 449, dort auch zur Umdeutung unzulässiger Verfahrensrügen; krit zur Auslegung des II S 2 durch die Rspr Kutzer StraFo **00**, 326; Ventzke StV **92**, 338; Weider StraFo **00**, 328; Ritter, Die Begründungsanforderungen bei der Erhebung der Verfahrensrüge gemäß § 344 II S 2 StPO, 2007 [zugl Diss Hamburg 2006] schränkt die Anforderungen

dahin ein, die Begründung müsse dem Revisionsgericht lediglich eine „beschränkte und zielgerichtete“ Prüfung einzelner Verfahrensfehler ermöglichen). Es behandelt Bezugnahmen daher als nicht geschrieben (BGH MDR **70**, 900 [D]; DAR **77**, 179 [Sp]; Düsseldorf VRS **64**, 223, 224). Auch eine zusammenhanglos in die Revisionsbegründung eingefügte Ablichtung eines Teils der Sitzungsniederschrift und anderer Schriftstücke genügt dem II nicht; es ist nicht Aufgabe des Revisionsgerichts, den Revisionsvortrag aus anderen Unterlagen jeweils an passender Stelle zu ergänzen (BGH NStZ **87**, 36; 221 [Pf/M]; **05**, 463; Düsseldorf VRS **85**, 116). Die Einfügung der Ablichtung eines handgeschriebenen Textes in die Begründungsschrift ist unbeachtlich, wenn er in weiten Teilen unlesbar ist (BGH **33**, 44; Düsseldorf VRS **77**, 366; Hamm NZV **02**, 139); das gilt aber nicht für unleserliche Beschlüsse des Tatrichters (Stuttgart StraFo **10**, 74). Für den Fall der Ablehnung eines Hilfsbeweises darf die Verfahrensrüge neben einer zulässigen Sachrüge jedoch auf die in den Urteilsgründen enthaltene Begründung für die Ablehnung des Beweisantrages verweisen (Bay **87**, 33, 35 = NJW **87**, 3091; vgl ferner KG StV **88**, 518 zu angekündigten Beweisanträgen; krit dazu Scheffler NStZ **89**, 159). Bei einer zulässig erhobenen Sachrüge sind Urteilsausführungen zur Ergänzung der Verfahrensrüge heranzuziehen (BGH NStZ **97**, 378 [K] mwN); einer ausdrücklichen Verweisung auf die Urteilsgründe bedarf es dazu nicht (BGH **36**, 384, 385).

b) **Die den Mangel begründenden Tatsachen** muss der Beschwerdeführer 22
angeben, aber selbstverständlich nur, soweit sie ihm zugänglich sind (vgl BGH **28**, 290, 291: präsidiumsinterne Vorgänge; BGH **29**, 162, 164: kammerinterne Vorgänge; BGH **53**, 268, 281: nicht protokollierte Beratung des LG-Präsidiums). und soweit ihnen für den Revisionsvortrag Bedeutung zukommt, wobei die Anforderungen jedoch nicht überspannt werden dürfen (BVerfGE **112**, 185 = NJW **05**, 1999, dazu Güntge JR **05**, 496; Kuckein NStZ **05**, 697; Meyer-Mews NJW **05**, 2820; Müller-Jacobsen Strauda-FS 411; erg unten 24). Wird für die Revisionsinstanz ein anderer Verteidiger als in der Tatsacheninstanz beauftragt („Verteidigerwechsel“), so besteht für den neuen Verteidiger – wenn auch nur in beschränktem Maße (dazu Dahs NStZ **07**, 244) – eine Erkundigungspflicht beim Vorverteidiger über zweifelhafte Verfahrensvorgänge (BVerfG StraFo **05**, 512; BGH NStZ **05**, 283; StV **06**, 459 mit abl Anm Ventzke; vgl auch BGH 1 StR 147/06 vom 27. 7. 2006: Erkundigungspflicht beim LG-Präsidenten; krit KK-Kuckein 38), Schriftstücke, Aktenteile und Tonbandaufnahmen, auf die die Verfahrensrüge gestützt wird, müssen im Einzelnen bezeichnet und wörtlich oder wenigstens inhaltlich wiedergegeben werden (BGH NStZ **84**, 213 [Pf/M]; **92**, 29 [K]); bei der Rüge, ein Lichtbild sei fehlerhaft nicht in Augenschein genommen worden, muss dieses in die Revisionsbegründung aufgenommen werden (BGH StV **04**, 304 L). Ein Hinweis auf eine Wahrunterstellung (§ 244 III S 2 aE) vermag notwendigen Tatsachenvortrag nicht zu ersetzen (Hamburg NJW **08**, 2597). Die Darlegungspflicht gilt auch für Rügen, mit denen die Verletzung von GG-Normen behauptet wird (BGH **19**, 273 = JZ **65**, 66 mit Anm Evers; BGH **21**, 334, 340; **26**, 84, 90; NStZ **81**, 357).

Dagegen ist ihre Glaubhaftmachung, etwa durch die Angabe von **Beweismitteln**, nicht erforderlich (BGH NStZ **07**, 235; NStZ-RR **07**, 53); daher brauchen 23
auch die Aktenstellen nicht bezeichnet zu werden, aus denen sich die behaupteten Tatsachen ergeben (BGH NStZ-RR **03**, 334).

c) **Bestimmte Tatsachen** müssen angegeben werden. Es muss genau ersichtlich 24
sein, gegen welche Handlungen oder Unterlassungen des Gerichts der Vorwurf der fehlerhaften Verfahrensweise erhoben wird (BGH **2**, 168; Brandenburg StraFo **97**, 205) und inwiefern gegen das Gesetz verstoßen worden ist (BGH NStZ-RR **97**, 304. Die Angriffsrichtung des Rechtsmittels muss klar bezeichnet werden (Bay **03**, 98). Das Vorbringen darf nicht in sich widersprüchlich sein (BGH NStZ-RR **06**, 181). Es genügen weder wahlweise (Celle NdsRpfl **52**, 18; Koblenz VRS **47**, 28) noch unbestimmte Tatsachenbehauptungen (vgl BGH MDR **51**, 406 [D]: Nichtvereidigung „verschiedener Zeugen“; Bay **51**, 112: Unfähigkeit „eines Teils“

der Schöffen; Koblenz MDR **74**, 421: „Erheblicher Druck" auf die Schöffen). Die tatsächliche Richtigkeit von Behauptungen, aus denen sich ein verfahrensrechtlicher Verstoß ergeben soll, muss erwiesen sein und kann nicht lediglich nach dem Zweifelsgrundsatz unterstellt werden (BGH NStZ **08**, 353). Allgemein gilt der Satz, dass die Mitteilung der den Verfahrensverstoß begründenden Tatsachen so vollständig und genau sein muss, dass das Revisionsgericht auf Grund der Rechtfertigungsschrift prüfen kann, ob ein Verfahrensfehler vorliegt, wenn die behaupteten Tatsachen bewiesen werden (BGH **3**, 213; **21**, 334, 340; **22**, 169, 170; **29**, 203; StV **84**, 454; abl zu dieser Formel Schnarr Nehm-FS 327). Für einen erschöpfenden Vortrag kann uU auch die Angabe erforderlich sein, dass bestimmte Tatsachen nicht geschehen sind (Negativtatsache), etwa eine Heilung des behaupteten Mangels auch später nicht erfolgt ist (BGH StV **04**, 30; BGHR Abwesenheit 2; krit dazu SK-Frisch 61; Dahs Salger-FS 225; Eisenberg/Kopatsch NStZ **97**, 299; Fahl 613; Weiler Meyer-Goßner-FS 585; Widmaier StraFo **06**, 437; vgl auch BGH NStZ **00**, 49). Einschr nun aber BGH NStZ **07**, 717: kein Vortrag nötig, wenn keine Heilung erfolgt ist, dazu Ventzke und Mosbacher NStZ **08**, 262 und 263; vgl auch Köln NStZ-RR **01**, 140: bei „klarem Normbefehl" wie in § 218 kein Hinweis auf fehlenden Verzicht erforderlich. Wird gerügt, dass eine wörtlich protokollierte Aussage in Widerspruch zu den Urteilsgründen steht, muss dargelegt werden, dass sich durch den weiteren Gang der Hauptverhandlung die Beweiserheblichkeit des Beweismittels oder des entspr Aussageteils nicht verändert hat (BGH StV **02**, 354).

25 d) **Bestimmt behaupten** muss der Beschwerdeführer die Tatsachen (BGH **7**, 162; **25**, 272, 274; NJW **62**, 500). Die Rüge ist unzulässig, wenn der Verfahrensverstoß nur als möglich bezeichnet (BGH **19**, 273, 276; NJW **53**, 386; MDR **51**, 276 [D]) oder als Vermutung oder in Form eines Zweifels an der Ordnungsmäßigkeit des Verfahrens geäußert wird (BGH **19**, 273, 276; NJW **62**, 500; GA **62**, 371). Daher genügt auch, anders als bei der Sachrüge (oben 16), nicht die bloße Bitte um Nachprüfung der Rechtmäßigkeit (BGH **12**, 33; **19**, 273, 276; KG JR **76**, 255; Gribbohm NStZ **83**, 101; W. Schmid Rpfleger **62**, 304), jedoch ist das Revisionsgericht an die rechtliche Einordnung des Verstoßes durch den Beschwerdeführer nicht gebunden (BGH NJW **90**, 585; NStZ **90**, 229 [M]).

26 e) **Protokollrügen** sind unzulässig. Nicht die Fehlerhaftigkeit der Sitzungsniederschrift, sondern Mängel des Verfahrens begründen die Revision. Auf einem Mangel des Protokolls kann das Urteil nicht beruhen (BGH **7**, 162; VRS **62**, 53; **65**, 128; NStZ-RR **07**, 52; Koblenz VRS **68**, 223; Saarbrücken MDR **86**, 1050; Fahl 665 ff), auch nicht auf dem Fehlen des Protokolls (BGH NStZ **91**, 502). Die Formulierung in einer Revisionsbegründung „ausweislich des Protokolls" kann aber auch nur als ein Hinweis auf das geeignete Beweismittel (§ 273 I S 1) zu verstehen sein, ohne dass dadurch die Ernsthaftigkeit der Tatsachenbehauptung selbst in Frage gestellt wird (BGH StV **82**, 4; **97**, 515).Sofern die den Mangel begründenden Tatsachen vollständig vorgetragen sind (oben 22), ist nicht zusätzlich die Mitteilung der Sitzungsniederschrift erforderlich (BGH StraFo **09**, 23).

27 f) Zur **Beruhensfrage** (36 ff zu § 337) braucht der Beschwerdeführer idR keine Ausführungen zu machen (BGH 1 StR 587/09 vom 24. 1. 2010; Bay **77**, 130 = NJW **78**, 232; Herdegen NStZ **90**, 517). Ausreichend und erforderlich ist die Darlegung der Tatsachen, auf Grund deren die Beruhensfrage geprüft werden kann (BGH **30**, 131, 135; Köln VRS **70**, 370). Wenn ein Beruhen des Urteils auf dem Verfahrensfehler unwahrscheinlich ist, empfehlen sich aber Ausführungen darüber in der Revisionsbegründungsschrift (LR-Hanack 87; Dahs/Dahs 460), zB bei Fehlen des Hinweises nach § 265 I, wenn eine andere Verteidigung ausgeschlossen erscheint (Koblenz OLGSt § 265 S 30), oder wenn die Belehrung nach § 52 III S 1 bei einem Zeugen unterlassen worden ist, der rechtskundig war. Eine erweiterte Darlegungspflicht hat der Beschwerdeführer bei der Rüge, die Belehrung nach §§ 136 I S 2, 243 V S 1 sei unterlassen worden (21 zu § 136; 39 zu 243) oder wenn eine Heilung des Verfahrensfehlers in Betracht kommt (**aM** Herdegen aaO 519; vgl

dazu auch Dahs/Dahs 472; zu weitgehend aber KG StV **00**, 189 mit abl Anm Herdegen).

g) Wegen des **notwendigen Revisionsvorbringens** vgl bei den einzelnen Vorschriften. Das Nachschieben von Vortrag zur Begründung bereits erhobener Verfahrensbeanstandungen ist nach Ablauf der Frist des § 345 I nicht möglich (BGH 3 StR 431/08 vom 28. 10. 2008). 28

Begründungsfrist und -form **RiStBV 149, 150 II–VI, 160**

345 **I [1]Die Revisionsanträge und ihre Begründung sind spätestens binnen eines Monats nach Ablauf der Frist zur Einlegung des Rechtsmittels bei dem Gericht, dessen Urteil angefochten wird, anzubringen. [2]War zu dieser Zeit das Urteil noch nicht zugestellt, so beginnt die Frist mit der Zustellung.**

II Seitens des Angeklagten kann dies nur in einer von dem Verteidiger oder einem Rechtsanwalt unterzeichneten Schrift oder zu Protokoll der Geschäftsstelle geschehen.

1) Revisionsbegründungsfrist (I): 1

A. Die **Monatsfrist** des I S 1 wird nach § 43 I, II berechnet (Einzelheiten bei Blaese/Wielop 82). Ihre Verlängerung ist unzulässig (BGH NStZ **88**, 20 [Pf/M]; Düsseldorf NStZ **84**, 91; **aM** Hillenkamp NStZ **00**, 669; Grabenwarter NJW **02**, 109 unter Hinweis auf Art 6 III b MRK; erg 5 vor § 42) und, wenn sie trotzdem erfolgt, unwirksam. 2

Schon **vor Fristbeginn,** auch zugleich mit der Revisionseinlegung, kann die Revision begründet werden (Köln VRS **70**, 370). Ein nach Fristablauf eingegangenes ergänzendes Tatsachenvorbringen zu den Verfahrensrügen ist unbeachtlich (5 zu § 352); Rechtsausführungen können nachgeschoben werden (8 zu § 352). 3

B. **Fristbeginn:** War das Urteil schon vor der Revisionseinlegung zugestellt, so schließt sich die Frist des I S 1 an die des § 341 I an (BGH **36**, 241; **aM** Bamberg NZV **06**, 322 mit zutr abl Anm Kucklick); sie beginnt also erst nach Ablauf der Einlegungsfrist, auch wenn die Revision schon vorher eingelegt worden war. 4

Sonst ist für den Fristbeginn die **Urteilszustellung** maßgebend (I S 2). Die Frist wird nur durch eine wirksame Zustellung nach §§ 37, 40, 41 I, bei Mehrfachverteidigung an einen der Verteidiger (BGH **34**, 371; StraFo **08**, 509), in Lauf gesetzt (BGH NStZ **89**, 16 [M]: nicht an Sozius des Pflichtverteidigers; erg 19 zu § 37); das Fehlen der Rechtsmittelbelehrung ist dabei ohne Bedeutung (12 zu § 35a). Die Frist beginnt, abgesehen vom Fall des § 40 I S 2, erst mit der Zustellung einer Ausfertigung oder beglaubigten Abschrift (1 zu § 37) des – der Urschrift entsprechenden – vollständigen Urteils, dh der vollständigen Urteilsformel (BGH NJW **78**, 60), den Urteilsgründen (Koblenz VRS **64**, 213) und den durch § 275 II S 1 vorgeschriebenen Unterschriften oder dem Verhinderungsvermerk nach § 275 II S 2 (BGH **26**, 247, 248; MDR **79**, 638 [H]), in dem der Verhinderungsgrund angegeben sein muss (BGH MDR **80**, 842). Unvollständigkeit des Rubrums ist, soweit es sich um ein Urteil des LG 1. Instanz handelt, unschädlich (BGH NStZ **89**, 584). Im Fall der Urteilsergänzung nach § 267 IV S 3 ist die Zustellung des ergänzten Urteils maßgebend (Celle NdsRpfl **90**, 257; Düsseldorf JMBlNW **82**, 139; vgl auch Bay **96**, 101 = NStZ-RR **97**, 247). Die Frist beginnt nicht, wenn das Urteil vor Fertigstellung des Sitzungsprotokolls zugestellt wird (34 zu § 273). Im Hinblick auf § 338 Nr 7 genügt die Zustellung der Urteilsformel, wenn Gründe nicht vorhanden sind (Celle aaO; LG Zweibrücken MDR **91**, 894; vgl auch Bay **96**, 155 = NZV **98**, 82) oder wenn das Urteil verloren gegangen ist und nicht wiederhergestellt werden kann (W. Schmid Lange-FS 791). 5

Das zugestellte Urteil muss der Urschrift entsprechen; **ist die Urschrift unvollständig** – fehlt zB eine Unterschrift oder ein Verhinderungsvermerk –, so handelt es sich um einen Mangel des Urteils, nicht um eine fehlerhafte Zustellung 5a

(BGH **46**, 204; NStZ-RR **03**, 85; Jena VRS **105**, 440), ebenso bei unvollständiger oder gar fehlender Wiedergabe des verkündeten Tenors im Original und in der Ausfertigung (BGH NJW **99**, 800; StraFo **07**, 502). Daher läuft die Frist zur Ingangsetzung der Revisionsbegründungsfrist und wird nicht erst durch die Zustellung eines Berichtigungsbeschlusses in Gang gesetzt (BGH aaO).

6 An die Stelle der Urteilszustellung tritt aber die **Beschlusszustellung** bei Erlass eines die Urteilsgründe ergänzenden Berichtigungsbeschlusses (BGH **12**, 374), der aber zulässig sein muss (BGH NStZ **91**, 195; 39 zu § 267) und nicht nur einen unbedeutenden Nebenpunkt betreffen darf (Hamm NJW **56**, 923 L; vgl Bay **82**, 12 = MDR **82**, 600: Datum der Sitzung), eines Wiedereinsetzungsbeschlusses (BGH **30**, 335; NJW **82**, 532, 533; Bay **86**, 80 = VRS **71**, 373; wistra **94**, 159), eines Aufhebungsbeschlusses nach § 346 II (Bay DAR **87**, 316 [B]; JR **88**, 304 mit Anm Wendisch; OLGSt Nr 10; Karlsruhe Justiz **88**, 314; MDR **84**, 250) oder eines Beschlusses über die Zulassung des Nebenklägers, der seinen Anschluss erst mit der Revisionseinlegung erklärt hat (RG **77**, 281; KMR-Momsen 6b; str). Eine nochmalige Urteilszustellung ist in diesen Fällen nicht erforderlich (LR-Hanack 8ff). Bei der Beschlusszustellung empfiehlt sich der Hinweis auf den dadurch beginnenden Fristablauf.

7 C. **Bei dem Gericht, dessen Urteil angefochten ist,** muss die Revisionsbegründung angebracht werden. Zur Fristwahrung vgl 11ff vor § 42. Die Einreichung einer nicht unterzeichneten oder nur beglaubigten Abschrift genügt nicht. Eine unterschriebene Abschrift steht aber der Urschrift gleich (Schleswig SchlHA **80**, 177 [E/J]). Die Revisionsbegründung zu Protokoll der Geschäftsstelle kann am letzten Tag der Frist erfolgen, auch im Fall des § 299 (Bay **00**, 26 = Rpfleger **00**, 295). Zum Verfahren bei Zweifeln an der Fristwahrung vgl 35 zu § 261. Bei Verlust der Revisionsbegründung bei Gericht ist unter Fristsetzung nach I Gelegenheit zur Wiederholung zu geben und dann von Amts wegen Wiedereinsetzung in den vorigen Stand zu gewähren (LR-Hanack 1 zu § 352 mwN).

8 **2) Form der Revisionsbegründung** (II):

9 A. **Für den Angeklagten** bestehen die in II bezeichneten beiden Möglichkeiten; sie schließen einander nicht aus. Auch der Angeklagte, der einen Verteidiger hat, kann die Revision zu Protokoll der Geschäftsstelle begründen (Hamburg NJW **66**, 2323) und eine bereits von dem Verteidiger eingereichte Begründungsschrift dort ergänzen. Entsprechendes gilt im umgekehrten Fall. Der Verteidiger muss seine Revisionsbegründungsschrift aber selbst anfertigen; zu Protokoll der Geschäftsstelle darf er sie nicht erklären (Düsseldorf MDR **75**, 73 L; KMR-Momsen 9; **aM** W. Schmid Rpfleger **62**, 301). Das gilt auch für Rechtsanwälte, die sie als Angeklagte selbst unterzeichnen dürfen (unten 13). Zur Revisionsbegründung der StA unten 23, des Privatklägers § 390 II, des Nebenklägers 2 zu § 401.

10 B. **Zweck der Vorschrift** ist es zu gewährleisten, dass der Inhalt der Begründung von sachkundiger Seite stammt und daher gesetzmäßig und sachgerecht ist (BGH **25**, 272, 273 = JR **74**, 478 mit Anm Meyer; BGH MDR **70**, 15 [D]; NStZ **87**, 336). Die Revisionsgerichte sollen dadurch vor einer Überlastung durch unsachgemäßes Vorbringen Rechtsunkundiger bewahrt werden (BVerfGE **64**, 135, 152 = NJW **83**, 2762, 2764); die Prüfung ganz grundloser und unverständlicher Anträge soll ihnen erspart werden (BGH **32**, 326; NStZ **84**, 563; **87**, 336; Düsseldorf VRS **85**, 116; Karlsruhe NJW **74**, 915; Köln NJW **75**, 890; Stuttgart MDR **79**, 780). Auch für nachgeschobenes Vorbringen zur Sachrüge gilt II; zwar bestehen für diese nicht die strengen Begründungserfordernisse wie für die Verfahrensrüge, das lässt aber II unberührt (Stuttgart JR **82**, 167 mit abl Anm Meyer; LR-Hanack 15).

11 C. **Verteidiger** iS II ist der in dem unteren Rechtszug bereits tätig gewesene, auch der nach § 138 II zugelassene Verteidiger (Bay **55**, 256 = Rpfleger **56**, 286; Düsseldorf JMBlNW **80**, 215; Koblenz OLGSt § 79 OWiG S 30; vgl aber 20 zu

§ 138) und der nach § 139 tätig gewordene Referendar. Eine besondere Vollmacht braucht er nicht (Sarstedt/Hamm 199). Wird der Verteidiger neu bestellt, so muss die Vollmacht innerhalb der Frist des II erteilt sein, wenn auch nur mündlich, kann aber später nachgewiesen werden (Brandenburg NStZ **95**, 52; Nürnberg NJW **07**, 1767; erg 9 vor § 137). Die Zulassung nach § 138 II kann zugleich mit der Revisionseinlegung (RG **55**, 213) oder mit der Einreichung der Begründungsschrift beantragt werden (Hamm MDR **51**, 303); mit der Zulassung wird die Begründung der Revision rückwirkend wirksam (15 zu § 138).

D. Ein **Rechtsanwalt,** dem die Verteidigung nicht übertragen ist, kann die Begründungsschrift ebenfalls unterzeichnen. Er muss bei einem Gericht im Geltungsbereich der StPO zugelassen (Hamburg NJW **62**, 1689) und vor Ablauf der Frist des I bevollmächtigt worden sein (BVerfG NJW **96**, 713; BGH NStZ **01**, 52; Düsseldorf NJW **93**, 2002), kann die Vollmacht aber noch später nachweisen. Der Nachweis ist entbehrlich, wenn der Angeklagte die Revision selbst eingelegt hat und nichts dafür spricht, dass der RA ohne Auftrag handelt (RG **15**, 226; **25**, 213; Karlsruhe OLGSt § 354 II S 17; Kaiser NJW **82**, 1368). Die von einem Syndikusanwalt nur unter Hinweis auf seine Prokura unterschriebene Begründungsschrift ist aber unwirksam (Stuttgart Justiz **77**, 245), ebenso die von einem Rechtsbeistand (Karlsruhe Justiz **97**, 378). 12

Der **RA als Angeklagter** kann die Begründungsschrift selbst unterzeichnen (RG **69**, 377; Bay **75**, 153 = VRS **50**, 298; KG GA **62**, 311), sofern er noch zugelassen (Hamm NJW **47/48**, 704) und kein Berufsverbot nach § 150, 155 BRAO gegen ihn verhängt ist (KG NJW **69**, 338; Karlsruhe MDR **71**, 320; SK-Frisch 26; Feuerich NStZ **89**, 339; **aM** RG **69**, 377; Bay MDR **69**, 153; Oldenburg NdsRpfl **63**, 117). 13

E. **Schriftform:** Dem Schriftstück muss der Inhalt der Erklärung so bestimmt entnommen werden können, dass er dem Revisionsgericht eine zuverlässige Grundlage für die weitere Behandlung der einzelnen Rügen bietet. Die Revision ist daher unzulässig, wenn weite Teile der schriftlichen Erklärung (Hamm NStZ-RR **01**, 376: nicht nur einzelne Worte) in einer nicht lesbaren Handschrift vorgelegt werden (BGH **33**, 44 = StV **85**, 135 mit Anm R. Hamm). Die Schrift muss der RA oder Verteidiger grundsätzlich selbst verfassen; eine gemeinsame Revisionsbegründung von Verteidigern für mehrere Mitangeklagte ist aber nicht unzulässig (BGH NStZ **98**, 99 mit zust Anm Widmaier). Ein RA oder Verteidiger muss an der Revisionsbegründung zumindest gestaltend mitwirken (BVerfG **64**, 135, 152 = NJW **83**, 2762, 2774; BGH NStZ **84**, 563; **87**, 336; Düsseldorf wistra **92**, 39 mwN; München NStZ **84**, 281; erg unten 16); daher genügt ein vom Angeklagten selbst verfasstes Schriftstück, das vom Verteidiger lediglich mit einem Einführungssatz versehen ist (BGH 1 StR 114/05 vom 18. 10. 2005; Düsseldorf aaO) ebenso wenig wie eine Sammlung von 3000 Blättern (BGH NStZ **84**, 563) oder ein Schriftstück des Angeklagten, auf das der Verteidiger nur Bezug nimmt (Bay **55**, 257 = Rpfleger **56**, 286). Bezugnahmen auf Schriftsätze anderer Verfahrensbeteiligter oder auf Aktenbestandteile oder Anlagen machen die Revisionsbegründung auch sonst unzulässig (BGH NStZ **07**, 166; einschr LR-Hanack 21; Sarstedt/Hamm 216). 14

F. **Unterzeichnung:** Vgl Einl 129 ff. Zur Zulässigkeit der Revisionsbegründung durch Telefax, Fernschreiber und Telebrief vgl Einl 139. 15

G. Die **volle Verantwortung** für den Inhalt der Schrift muss der Verteidiger oder RA übernehmen. Bestehen daran auch nur Zweifel, so ist die Revisionsbegründung unzulässig (BGH **25**, 272, 273 = JR **74**, 478 mit Anm Meyer; BGH NJW **84**, 2480; NStZ **84**, 563; **87**, 336; **97**, 45; NStZ-RR **07**, 132 [B]; Hamburg JR **55**, 233 mit Anm Sarstedt; Hamm NStZ **82**, 526; vgl auch BVerfGE **64**, 135, 152 = NJW **83**, 2762, 2764; krit SK-Frisch 31), jedenfalls, soweit der Verteidiger sich von ihr distanziert (BGH **25**, 272, 274 ff; NStZ-RR **02**, 309). Das ist aber idR nicht schon dann der Fall, wenn ein anderer RA die vom Verteidiger verfasste Revisionsbegründung mit dem Zusatz „für RA …" unterzeichnet (Köln NZV **06**, 16

321), anders bei dem Zusatz „für den nach Diktat verreisten RA" (Hamm NStZ-RR **09**, 381). Eine Heilung des Mangels nach Ablauf der Frist des I ist ausgeschlossen (Bay VRS **50**, 298). Die Nichtübernahme der Verantwortung kann sich aus dem unsinnigen oder grob laienhaften Vortrag des rechtsunkundigen Angeklagten ergeben, dessen Schrift der RA nur unterschrieben hat (BGH NStZ **84**, 563; wistra **06**, 112; NStZ-RR **07**, 133 [B]; vgl auch Düsseldorf wistra **92**, 39; München NStZ **84**, 281), ebenso aus groben formalen und inhaltlichen Mängeln hineinkopierter Ausführungen (BGH NStZ **00**, 211), insbesondere aber auch daraus, dass er sie selbst erkennbar macht (BGH MDR **70**, 15 [D]), etwa durch die Bemerkung, der Angeklagte „begehre" die Überprüfung des Urteils (BGH NStZ **88**, 214 [M]), die Revisionsbegründung erfolge „auftragsgemäß" (BGH NStZ **04**, 166) oder auf Wunsch des Angeklagten (Rostock NJW **09**, 3670 L = NStZ-RR **09**, 381), auf dessen ausdrückliches Verlangen (BGH DAR **81**, 203 [Sp]; NStZ-RR **03**, 292 [B]) oder Anweisung (BGH MDR **70**, 15 [D]; Düsseldorf VRS **88**, 297), oder dass er in der Begründung nur (nicht aber auch, vgl Düsseldorf NStZ-RR **00**, 50) von den Einwendungen des Angeklagten spricht (BGH **25**, 272, 273; NJW **73**, 1514).

17 Auch bei der unausgeführten **allgemeinen Sachrüge** (18 zu § 344) können derartige Zusätze zur Unzulässigkeit der Revisionsbegründung führen (BGH **25**, 272 = JR **74**, 478 mit abl Anm Meyer; Hamm JMBlNW **75**, 117; LR-Hanack 29; vgl auch Gribbohm NStZ **83**, 100). Dass der Verteidiger die Revision selbst für aussichtslos hält, stellt ihre Zulässigkeit aber nicht in Frage (Hamm NJW **04**, 1189).

18 H. **Erklärung zu Protokoll der Geschäftsstelle:**

19 a) **Zuständig** ist der Rechtspfleger (Einl 133), und zwar des Gerichts, dessen Urteil angefochten wird (Bay **95**, 152 = Rpfleger **96**, 125 mwN; Düsseldorf VRS **89**, 463). Einem mittellosen Angeklagten ist ggf ein Fahrgeldgutschein (KVGKG Nr 9008 b) seitens der Staatskasse zur Fahrt zum zuständigen Gericht zur Verfügung zu stellen (Bay JR **03**, 79 mit zust Anm Rose). Für den nicht auf freiem Fuß befindlichen Angeklagten gilt § 299. Die Beurkundung durch einen unzuständigen Beamten macht die Revisionsbegründung unwirksam (BGH NStZ **94**, 25 [K]; Bay aaO; Düsseldorf VRS **86**, 310; Köln NZV **06**, 47; Schleswig SchlHA **02**, 172 [D/D]). Die Erklärung kann nur innerhalb der normalen Dienststunden abgegeben werden (BGH StV **97**, 230 mit abl Anm Harzer; SK-Frisch 54); es kann auch nicht erwartet werden, dass der Rechtspfleger während seiner gesamten Dienststunden für die Prüfung der vom Angeklagten gefertigten Revisionsbegründung zur Verfügung steht (BGH StraFo **09**, 23). Wegen des Verfahrens bei der Protokollierung vgl im Übrigen Einl 131 ff. Zusammenfassend über „Die Revisionsbegründung zu Protokoll der Geschäftsstelle und effektiver Rechtsschutz" Krehl Hamm-FS 383.

20 b) Die **Verantwortung** für den Inhalt der Begründung braucht der Rechtspfleger nicht in gleicher Weise wie der Verteidiger zu übernehmen (vgl aber RiStBV 150 II S 4). Zwar wird auch er eingeschaltet, weil dem Revisionsgericht die Prüfung grundloser und unverständlicher Anträge erspart werden soll (BVerfGE **64**, 135, 152 = NJW **83**, 2762; Hamm NStZ **82**, 526; Köln OLGSt § 345 II S 33). Daher hat er eine Prüfungs- und Belehrungspflicht (Celle NdsRpfl **78**, 16; Sarstedt/Hamm 195; RiStBV 150 II S 2, 4). Er ist aber nicht wie der Verteidiger dazu berufen, die Erfolgsaussichten der Revision zu beurteilen (dazu näher Peglau Rpfleger **07**, 633). Ein in sachlicher Form gehaltenes und nicht völlig neben der Sache liegendes Revisionsvorbringen muss er stets aufnehmen (BVerfGE **10**, 274, 282 = NJW **60**, 427); insbesondere muss er auf Verlangen des Angeklagten die Sachrüge protokollieren (Schleswig SchlHA **80**, 73; LR-Hanack 37; Sarstedt/Hamm 195), nicht aber offenkundig unzulässige Verfahrensrügen (BGH NStZ-RR **08**, 18). Einschränkende Zusätze, etwa des Inhalts, dass einzelne Ausführungen auf ausdrücklichen Wunsch des Angeklagten aufgenommen werden, berühren die Wirksamkeit der Niederschrift daher nicht, wenn diese Ausführungen zulässig sind (Bremen NJW **67**, 641; Köln OLGSt § 345 II S 33, 35; LR-Hanack 39ff; SK-Frisch 53; W. Schmid Rpfleger **62**, 309; **aM** RG **64**, 63, 65; vgl auch BVerfG aaO; Pentz MDR **62**, 534ff).

Der Rechtspfleger ist aber **weder Schreibkraft noch Briefannahmestelle.** Das Protokoll ist unwirksam, wenn er sich seinen Inhalt einfach von dem Angeklagten diktieren lässt (Hamm NStZ **82**, 257; VRS **107**, 116; **109**, 361; Schleswig SchlHA **80**, 73; Stuttgart Justiz **97**, 456; Blaese/Wielop 196) oder einen Schriftsatz des Angeklagten nur abschreibt; (Karlsruhe aaO; Schleswig SchlHA **84**, 109, 110 [E/L]); das gilt auch dann, wenn der Angeklagte Jurist ist (Celle NStZ-RR **08**, 127). Ein zulässiges Protokoll liegt auch dann nicht vor, wenn der Rechtspfleger einen von dem Angeklagten gefertigten Schriftsatz nur mitunterzeichnet (Koblenz VRS **52**, 364) oder ohne nähere Prüfung unverändert übernimmt (BGHR Begründungsschrift 5), nur mit den üblichen Eingangs- und Schlussformeln eines Protokolls umkleidet (BGH NStZ **88**, 449 [M]; Düsseldorf VRS **79**, 34; JR **92**, 124 mit zust Anm Gössel; Hamm JMBlNW **84**, 95; Karlsruhe NJW **74**, 915) oder nur verliest und unterschreiben lässt (Karlsruhe Justiz **77**, 471). Unzulässig ist ferner die bloße Entgegennahme einer Schrift des Angeklagten (BGH NStZ-RR **99**, 110) oder die bloße Bezugnahme auf sie als Anlage zum Protokoll (BGH MDR **70**, 15 [D]; Bay **96**, 51, 53 = NStZ-RR **96**, 312; Düsseldorf VRS **67**, 53; **90**, 135; Koblenz VRS **75**, 57; RiStBV 150 III), auch wenn der Rechtspfleger sich von dessen Sachkunde überzeugt hat (BGH MDR **88**, 456 [H]). 21

c) **Wiedereinsetzung in den vorigen Stand** ist zu gewähren, wenn der Rechtspfleger die Aufnahme der Erklärung zu Unrecht abgelehnt (Bremen NJW **54**, 46) oder wenn er die Unwirksamkeit der Revisionsbegründung verschuldet hat (BGH NJW **52**, 1386; Schleswig SchlHA **07**, 291; Hilger NStZ **83**, 152 Fn 5), zB wenn er die gewollte Sachrüge als (unzulässige) Verfahrensrüge qualifiziert (Bay **96**, 51 = NStZ-RR **96**, 312), nicht aber in sonstigen Fällen unverschuldeter Mangelhaftigkeit der Protokollierung (BGHR Begründungsschrift 5; vgl auch Peglau Rpfleger **07**, 635). 22

3) Für **Revisionsbegründungen der StA** genügt einfache Schriftform (vgl dazu RiStBV 149). Dazu reicht aus, dass der in Maschinenschrift wiedergegebene Name des Verfassers mit einem Beglaubigungsvermerk versehen wird (GmS-OGB NJW **80**, 172) oder beglaubigte Abschriften eingereicht werden (BGH **2**, 77). Schriftzugstempel können verwendet werden (RG **62**, 53; **63**, 246). Die Abzeichnung mit dem Anfangsbuchstaben genügt aber nicht (Karlsruhe HRR **33**, 88). 23

Verwerfung durch das Tatgericht **RiStBV 163 II**

346 **I Ist die Revision verspätet eingelegt oder sind die Revisionsanträge nicht rechtzeitig oder nicht in der in § 345 Abs. 2 vorgeschriebenen Form angebracht worden, so hat das Gericht, dessen Urteil angefochten wird, das Rechtsmittel durch Beschluss als unzulässig zu verwerfen.**

II 1 Der Beschwerdeführer kann binnen einer Woche nach Zustellung des Beschlusses auf die Entscheidung des Revisionsgerichts antragen. 2 In diesem Falle sind die Akten an das Revisionsgericht einzusenden; die Vollstreckung des Urteils wird jedoch hierdurch nicht gehemmt. 3 Die Vorschrift des § 35a gilt entsprechend.

1) Die **Verwerfungsbefugnis des Tatrichters** dient der Verfahrensvereinfachung (vgl auch § 319). Sie ist auf die in I bezeichneten Fälle beschränkt, also auf die verspätete (§ 341) Revisionseinlegung, auf die Versäumung der Frist des § 345 I, wobei der verspäteten Stellung der Revisionsanträge die verspätete Anbringung der Revisionsbegründung gleichsteht (RG **44**, 263; KK-Kuckein 7), sowie auf die Nichteinhaltung der Formvorschriften des § 345 II und des § 390 II für Nebenkläger (2 zu § 401) und Privatkläger. 1

2 Jede **andere Zulässigkeitsprüfung** ist dem Tatrichter untersagt (BGH NJW **07**, 165; krit zu dieser gesetzlichen Regelung Meyer-Goßner Hamm-FS 455). Das gilt insbesondere für Zweifel an der Auslegung der Erklärung als Revisionseinlegung (Hamburg NJW **65**, 1147) oder an der Einhaltung der Schriftform, auch an der Übernahme der Verantwortung durch den Verteidiger (Bay **75**, 152 = MDR **76**, 248; KK-Kuckein 8), für die Unzulässigkeit der Revision wegen gesetzlichen Ausschlusses, zB nach § 400 I (BGH 2 StR 475/08 vom 9. 12. 2008), § 441 III S 2 oder nach § 55 II **JGG** (Bay **62**, 207 = NJW **63**, 63; Düsseldorf JMBlNW **88**, 33), Fehlens der gesetzlichen Ermächtigung zur Einlegung (BGH MDR **59**, 507), fehlender Bevollmächtigung (BGHR Form 1) oder fehlender Beschwer, Verstoßes gegen § 137 I S 2 (Stuttgart Justiz **84**, 429) oder § 138 I (KG VRS **107**, 126) oder § 146 nach Zurückweisung nach § 146 a (Schleswig SchlHA **80**, 177 [E/J]), wegen vorher erklärten Rechtsmittelverzichts (BGH NJW **84**, 1974, 1975; NStZ **84**, 181; 329) oder Rechtsmittelrücknahme und wegen Nichteinhaltung der Formvorschrift des § 344 II (Bay **54**, 3 = NJW **54**, 1417; Hamm JMBlNW **80**, 104); das gilt auch dann, wenn ein solcher Grund mit Mängeln der Form- oder Fristeinhaltung zusammentrifft, zB die Revision nach wirksamem Rechtsmittelverzicht verspätet eingelegt worden ist (BGH NStZ **00**, 217; NStZ-RR **01**, 265 [B]; **04**, 50; **05**, 150), was allerdings zu der Merkwürdigkeit führen kann, dass das Rechtsmittelgericht den nach I ergangenen Beschluss aufhebt, das Rechtsmittel dann aber ebenso wie das Erstgericht wegen Fristversäumung verwirft, wenn es den Rechtsmittelverzicht für unwirksam hält (BGH NJW **07**, 165). Ein trotzdem ergangener Verwerfungsbeschluss erwächst aber in Rechtskraft, wenn er nicht angefochten wird (BGH NStZ-RR **99**, 33 [K]; Bay **62**, 207 = NJW **63**, 63).

3 **Verfahrenshindernisse** (Einl 141 ff), die der Tatrichter bei der Urteilsfällung übersehen hat, berechtigen ihn, auch wenn die Rechtskraft nach § 343 I gehemmt ist, nicht zur Urteilsaufhebung oder -abänderung (BGH **22**, 213, 216; EbSchmidt JZ **62**, 156; Schöneborn MDR **75**, 8; Stratenwerth JZ **61**, 392). Entstehen sie erst nach Urteilserlass, so ist das Verfahren, solange die Akten nicht nach § 347 II dem Revisionsgericht vorgelegt sind, nach § 206 a einzustellen (Bay **53**, 98 = JZ **54**, 580 mit Anm Niethammer; Bay **74**, 10 = JR **75**, 120 mit Anm Teyssen; Hamburg NJW **63**, 265; KK-Kuckein 2; LR-Stuckenberg 12 zu § 206 a).

4 **2)** Der **Verwerfungsbeschluss** darf erst nach Fristablauf ergehen, auch wenn vorher ein formfehlerhafter Schriftsatz eingegangen ist (Frankfurt NStZ-RR **03**, 204, 205). Hat der Angeklagte mit fristgerechter Revisionseinlegung die Bestellung eines Pflichtverteidigers beantragt, muss zunächst hierüber entschieden werden (Bay **94**, 273 = NStZ **95**, 300; vgl auch Stuttgart Justiz **03**, 596; **04**, 249). Der Verwerfungsbeschluss wird zurückgestellt, wenn Wiedereinsetzung beantragt wird oder von Amts wegen in Betracht kommt; in beiden Fällen sind die Akten dem zuständigen Revisionsgericht vorzulegen (unten 16). Der Beschluss ergeht von Amts wegen ohne vorherige Anhörung des Beschwerdeführers; die StA wird nach § 33 II gehört. Der Beschluss ist mit Gründen (§ 34) und der Kostenentscheidung nach § 473 I zu versehen. Er wird dem Beschwerdeführer, dem Angeklagten auch bei Revision des gesetzlichen Vertreters (Hamm NJW **73**, 1850), mit der Belehrung nach II S 3, die sich auf Form und Frist des Antrags und das Gericht erstreckt, bei dem er anzubringen ist (Bay **76**, 19 = VRS **50**, 430; KG JR **78**, 85; erg 9 ff zu § 35 a), förmlich zugestellt (BGH NStZ **88**, 214 [M]), den übrigen Beteiligten formlos bekanntgegeben.

5 Die **Rechtskraft** des Urteils führt der Verwerfungsbeschluss nicht herbei. Bei verspätet eingelegter Revision war sie nicht gehemmt (§ 343 I); der Beschluss hat daher nur feststellende Bedeutung (RG **53**, 235, 236; KK-Kuckein 25). In den anderen Fällen der Unzulässigkeit fallen der Eintritt der Rechtskraft des Urteils und des Beschlusses nach I zusammen. Rechtskraft tritt also erst nach ungenutztem Ablauf der Frist des II S 1 oder mit dem Erlass des Verwerfungsbeschlusses des Revisionsgerichts ein (RG aaO; Bay **70**, 235 = MDR **71**, 238; Schleswig NJW **78**,

1016; jetzt ganz hM, vgl LR-Wendisch 16 zu § 449 mwN). Wegen der Vollstreckbarkeit des Urteils vgl unten 15.

Die **Aufhebung des Beschlusses** durch den Tatrichter ist ausgeschlossen, auch 6 bei Irrtum über die ihm zugrunde liegenden Tatsachen (RG **55**, 235; Celle NdsRpfl **60**, 120; Düsseldorf NStE Nr 6; VRS **66**, 38; Hamm OLGSt S 9; Hanack JZ **73**, 778; R. Schmitt JZ **61**, 17). Ein trotzdem erlassener Aufhebungsbeschluss ist wirkungslos (Bay **80**, 36 = VRS **59**, 214; Celle aaO; Düsseldorf NStE Nr 5; Hamm aaO; Schleswig SchlHA **87**, 59). Falls die Frist des § 45 noch nicht abgelaufen ist, kann aber entspr § 44 Wiedereinsetzumg in den vorigen Stand gewährt werden (BGH NStE Nr 6 zu § 44; unzutr hingegen – wegen Fristablaufs – Celle NStE Nr 6).

3) Der **Antrag auf Entscheidung des Revisionsgerichts** (II) verpflichtet den 7 Tatrichter, diesem Gericht die Akten vorzulegen, auch bei Versäumung der Frist des II S 1.

A. Ein **befristeter Rechtsbehelf eigener Art** ist der Antrag (BGH **16**, 111, 8 118). Das Gesetz bezeichnet ihn zwar nicht als sofortige Beschwerde, weil das Revisionsgericht, das über ihn befindet, nicht immer auch das Beschwerdegericht ist. Jedoch gelten die Vorschriften über die sofortige Beschwerde (§ 311) entspr. Der Antrag muss schriftlich (Einl 128) gestellt werden, bedarf aber sonst keiner besonderen Form (BGH **11**, 152, 154). Er kann erst nach Erlass, aber schon vor Bekanntgabe des Beschlusses nach I angebracht werden (4 war § 296), und zwar entspr § 306 I nur bei dem Tatrichter (BGHR Antrag 1; Bay VRS **71**, 373; Köln StV **81**, 118; Schleswig SchlHA **88**, 15; **aM** KG JR **78**, 84). Der Tatrichter kann dem Rechtsbehelf nicht abhelfen.

B. **Antragsberechtigt** ist nur der Beschwerdeführer, dessen Revision verworfen 9 worden ist. Nur der Angeklagte kann den Antrag auch bei Verwerfung der Revision des gesetzlichen Vertreters und des Erziehungsberechtigten stellen (Celle NJW **64**, 417; Hamm NJW **73**, 1850). Dagegen sind bei einer Revision des Angeklagten die StA und die Personen, die Revision zu seinen Gunsten einlegen können, nicht antragsberechtigt (RG **38**, 9; LR-Hanack 28). Der Verteidiger kann den Antrag auf Grund seiner Vollmacht stellen, auch wenn der Angeklagte die Revision eingelegt hat.

C. **Entscheidung:** Das Revisionsgericht verwirft einen verspäteten Antrag als 10 unzulässig, ohne Mängel bei der Urteilszustellung zu berücksichtigen (Hamm JMBlNW **82**, 138). Sonst prüft es die Zulässigkeit der Revision in umfassender Weise (BGH **11**, 152, 155; **16**, 115, 118), und zwar so, als hätte es nach § 349 I über die Zulässigkeit der Revision zu entscheiden. Es prüft auch, ob das Rechtsmittel überhaupt als Revision oder als Berufung anzusehen war (Hamm StraFo **97**, 210; NJW **03**, 1469). Es „bestätigt" den angefochtenen Beschluss nicht (BGH 4 StR 21/79 vom 24. 1. 1979; **aM** KK-Kuckein 22), sondern verwirft den Antrag als unbegründet, wenn die Revision, sei es auch aus anderen als in dem angefochtenen Beschluss genannten Gründen, unzulässig ist (BGHR § 345 I Fristbeginn 1; Schleswig SchlHA **80**, 178 [E/J]). Durfte der Tatrichter diese Gründe nicht prüfen (oben 2), so wird der Beschluss aufgehoben und durch einen Verwerfungsbeschluss nach § 349 I ersetzt (BGH **16**, 115, 118; NStZ **97**, 148; Bay **94**, 130 = NStZ **95**, 142; stRspr). Wenn der Beschluss wegen Rücknahme der Revision nicht mehr ergehen durfte, wird er aufgehoben und festgestellt, dass die Revision wirksam zurückgenommen worden ist (BGH NStZ **05**, 583; erg 11a zu § 302). Wird sie erst nach Erlass des Beschlusses zurückgenommen, so verliert dieser seine Wirkung ohne weiteres (Bay DAR **77**, 207 [R]). Dass ein inhaltlich richtiger Beschluss vorzeitig (oben 4) ergangen ist, hindert die Verwerfung des Antrags nicht (BGH NStZ **95**, 20 [K]; Frankfurt NStZ-RR **03**, 204, 205).

Verfahrenshindernisse (Einl 141 ff), die vor Urteilserlass eingetreten sind, wer- 11 den bei Unzulässigkeit der Revision nicht berücksichtigt; denn wenn die Nichtbeachtung eines Verfahrenshindernisses in das Urteil eingegangen ist, kann nur die zulässige Revision selbst das Urteil beseitigen (BGH **22**, 213 = JR **69**, 347 mit Anm Koffka; BGH **23**, 365, 367; **25**, 259, 261; Bay **69**, 144 = JR **70**, 270 mit Anm Küper; Hamm NJW **09**, 245 L = NStZ-RR **08**, 383; Oldenburg StraFo **08**, 509; Schleswig NJW **78**, 1016; LR-Hanack 34; **aM** Roxin/Schünemann § 55, 66). Nach Urteilserlass eingetretene Verfahrenshindernisse sind zu berücksichtigen, auch wenn die Revision nicht oder verspätet oder nicht in rechter Form begründet worden und daher unzulässig ist (BGH **22**, 213 = JR **69**, 347 mit Anm Koffka; Küper JR **70**, 271; vgl auch Hanack JZ **71**, 220; Schöneborn MDR **75**, 6), jedoch nicht mehr nach Zurücknahme der Revision und dadurch eingetretener Rechtskraft (oben 3).

12 Eine **Kostenentscheidung** enthält der Verwerfungsbeschluss nicht, da das KVGKG dafür keine Gebühr vorsieht und Auslagen nicht entstehen (Koblenz VRS **68**, 51; KK-Kuckein 23). Der Staatskasse werden auch die notwendigen Auslagen des mit dem Antrag erfolgreichen Antragstellers nicht auferlegt (Schleswig SchlHA **90**, 126 [L/G]; **aM** Zweibrücken OLGSt S 13).

13 Der Beschluss wird mit seinem Erlass **rechtskräftig,** auch wenn statt des zuständigen BGH ein OLG entschieden hat (RG **55**, 100; KK-Kuckein 22). Eine Aufhebung wegen Rechtsirrtums ist ausgeschlossen (BGH NJW **51**, 771; LR-Hanack 35). Beruht der Beschluss auf einem Irrtum über Tatsachen, so kann er abgeändert oder aufgehoben werden (BGH aaO; KG NZV **09**, 575; Bay VRS **86**, 348; **aM** R. Schmitt JZ **61**, 15; krit auch LR-Hanack 35), zB wenn der Angeklagte vor seinem Erlass verstorben ist (Schleswig NJW **78**, 1016).

14 D. Die **Beschwerde nach § 304 I** wird durch II ausgeschlossen (BGH **10**, 88, 91), auch wenn der Tatrichter seine Prüfungsbefugnis überschritten hat oder das Rechtsmittel keine Revision nach § 335 I, sondern eine Berufung ist (Hamm NJW **56**, 1168; **69**, 1821; Kleinknecht JZ **60**, 674; **aM** Stuttgart Justiz **72**, 208).

15 **4) Vollstreckbarkeit des Urteils:** Bei verspäteter Revision muss trotz eingetretener Rechtskraft (§ 343 I) die Vollstreckung bis zum Erlass des Verwerfungsbeschlusses nach I ausgesetzt werden; das folgt aus II S 2 Hs 2. Mit dem Verwerfungsbeschluss nach I wird das Urteil in den anderen Fällen der Unzulässigkeit der Revision nicht rechtskräftig (oben 5). Seine Vollstreckung wird jedoch auch dann nicht gehemmt, wenn der Antrag nach II gestellt wird (II S 2 Hs 2); das Urteil wird schon mit Erlass des Beschlusses nach I vorläufig vollstreckbar (KK-Kuckein 27; Küper GA **69**, 375; MDR **71**, 806; Niese JZ **51**, 758; vgl auch BGH **22**, 213, 218). Die Vollstreckung sollte aber, abgesehen vom Fall des Übergangs von UHaft in Strafhaft, möglichst bis zur Erledigung des Antrags nach II aufgeschoben werden (LR-Hanack 37; Arndt DRiZ **65**, 369; für Nichtanwendung des II S 2 überhaupt Bringewat StVollstr 15 zu § 449).

16 **5) Zusammentreffen mit Wiedereinsetzungsantrag:** Über den Antrag auf Wiedereinsetzung in den vorigen Stand gegen die Versäumung der Frist für Einlegung und Begründung der Revision entscheidet das Revisionsgericht (§ 46 I). Der Wiedereinsetzungsantrag kann mit dem Antrag nach II S 1 verbunden, aber auch noch nach Erlass, sogar noch nach Rechtskraft des Verwerfungsbeschlusses nach I gestellt werden (BGH **25**, 89, 91; RG **67**, 197, 200). Der Tatrichter darf die Revision bei Vorliegen eines Wiedereinsetzungsantrags nicht mehr nach I verwerfen (**aM** Frankfurt NStZ-RR **03**, 47, 48; oben 4). Tut er es dennoch, so wird sein Beschluss bei Gewährung der Wiedereinsetzung gegenstandslos, was in dem Wiedereinsetzungsbeschluss ausgesprochen wird. Andererseits ist der Wiedereinsetzungsantrag gegenstandslos, wenn keine Frist versäumt war (BGH **11**, 152, 154).

17 Das **Revisionsgericht entscheidet** zunächst über den Wiedereinsetzungsantrag, weil sich bei dessen Begründetheit der Antrag nach § 346 II erledigt (BGH aaO; Hamm MDR **79**, 426). Ist noch kein Beschluss nach I ergangen und ist der Wiedereinsetzungsantrag unbegründet, so entscheidet das Revisionsgericht über das Rechtsmittel nach § 349 I (Bay **74**, 98 = MDR **75**, 71; Düsseldorf JMBlNW **82**,

176). Von einer Verwerfung nach § 346 I ist abzusehen, wenn nach der gebotenen Bestellung eines neuen Pflichtverteidigers die Gewährung von Wiedereinsetzung in die versäumte Frist zur Begründung der Revision in Betracht kommt (Karlsruhe StV **05**, 77 L).

Für **Wiedereinsetzungsentscheidungen durch den unzuständigen Tatrichter** gilt folgendes: Hat der Tatrichter mit dem Beschluss nach I den vorher gestellten Wiedereinsetzungsantrag abgelehnt, so kann das Revisionsgericht diesen Beschluss trotz seiner Rechtskraft aufheben und Wiedereinsetzung gewähren (7 zu § 46). Dagegen ist es an die Gewährung der Wiedereinsetzung durch den Tatrichter gebunden (Bay **80**, 36 = VRS **59**, 214; KK-Kuckein 32; erg 7 zu § 46). 18

Weiteres Verfahren **RiStBV 156, 162–166, 168**

347 **I [1] Ist die Revision rechtzeitig eingelegt und sind die Revisionsanträge rechtzeitig und in der vorgeschriebenen Form angebracht, so ist die Revisionsschrift dem Gegner des Beschwerdeführers zuzustellen. [2] Diesem steht frei, binnen einer Woche eine schriftliche Gegenerklärung einzureichen. [3] Der Angeklagte kann letztere auch zu Protokoll der Geschäftsstelle abgeben.**

II Nach Eingang der Gegenerklärung oder nach Ablauf der Frist sendet die Staatsanwaltschaft die Akten an das Revisionsgericht.

1) Die **Revisionsschrift** (I), dh die Revisionsanträge und ihre Begründung, auch soweit sie schon in der Einlegungsschrift enthalten sind, nicht aber vom Angeklagten selbst verfasste Erklärungen, werden dem Gegner des Beschwerdeführers zugestellt, wenn Frist und Form der Revision gewahrt sind. Gegner ist bei einer Revision der StA, des Privatklägers und des Nebenklägers der Angeklagte, bei Revisionen des Angeklagten, seines gesetzlichen Vertreters und Erziehungsberechtigten die StA und der Privat- oder Nebenkläger. Dem Angeklagten wird auch die zu seinen Gunsten eingelegte Revision der StA zugestellt (KK-Kuckein 4). Die Zustellung (§§ 37, 41) ist Sache des Gerichts, auch wenn die StA Revision eingelegt hat (LR-Hanack 4; vgl aber RiStBV 162 III). Eine förmliche Zustellungsanordnung des Vorsitzenden ist üblich, aber entbehrlich; denn § 36 I S 1 gilt nur für Entscheidungen. 1

2) Die **Gegenerklärung** (I S 2) kann, muss aber nicht abgegeben werden. Eine Ausnahme besteht nach RiStBV 162 II für die StA. Diese kann sich allerdings ggf auf den Hinweis beschränken, dass der Revisionsführer den Sachverhalt vollständig und richtig dargestellt hat; ist das nicht der Fall oder betrifft das Revisionsvorbringen nicht protokollierungspflichtige Vorgänge, sollte sich die Gegenerklärung damit auseinandersetzen (ausführlich dazu Drescher NStZ **03**, 296 und Kalf NStZ **05**, 190, jeweils mit Fallbeispielen). Die StA holt auch die etwa erforderlichen dienstlichen Erklärungen ein und nimmt sie in die Gegenerklärung auf, selbst wenn die Wochenfrist des I S 2 nicht eingehalten werden kann. Diese Frist ist keine Ausschlussfrist. Die Gegenerklärung bedarf nur der einfachen Schriftform (Einl 128); der Angeklagte kann sie auch zu Protokoll der Geschäftsstelle abgeben (I S 3). 2

Ihre **Mitteilung an den Beschwerdeführer** sieht § 347 nicht vor, kann aber nach Art 103 I GG geboten sein (**aM** Schulte Rebmann-FS: zwingend). Das Unterlassen der Mitteilung verletzt den Anspruch auf rechtliches Gehör, wenn die Gegenerklärung der StA neue Tatsachen oder Beweisergebnisse, insbesondere dienstliche Äußerungen zu Verfahrensrügen, enthält (BVerfGE **7**, 725 = JZ **58**, 433 mit Anm Peters; Röhl NJW **64**, 276), nicht aber, wenn sie nur aus Rechtsausführungen besteht (BayVGH NJW **62**, 1387 = JZ **63**, 63 mit Anm Arndt; Röhl aaO; **aM** KMR-Momsen 7; Dahs/Dahs 541; Wimmer NJW **63**, 2247; vgl auch EKMR NJW **63**, 2247). In der Praxis ist die Bekanntgabe der Gegenerklärung der StA an den Beschwerdeführer üblich. Wegen der förmlichen Zustellung der Gegenerklärung vgl RiStBV 162 III S 3. 3

4 **3)** Die **Aktenübersendung an das Revisionsgericht** (II) wird spätestens nach Ablauf der Wochenfrist vom Vorsitzenden angeordnet (vgl RiStBV 162 IV) und durch die StA bewirkt. Dabei ist das Beschleunigungsgebot zu beachten (BGH **35**, 137). Die Akten werden dem Revisionsgericht durch die StA bei diesem Gericht vorgelegt (RiStBV 163 I S 1). Dazu allg Wielop NStZ **86**, 449. Zum Revisionsübersendungsbericht vgl RiStBV 164, 165, zur Übersendung von Überführungsstücken und Beiakten RiStBV 166.

5 **4) Anhängig beim Revisionsgericht** wird die Sache erst, wenn die Akten nach § 347 vorgelegt werden (BGH **12**, 217; Bay **74**, 121 = JR **75**, 425 mit Anm Kunert; Karlsruhe NJW **75**, 1459), dann aber ohne Rücksicht auf die Zuständigkeit des Revisionsgerichts (LR-Hanack 9; Geppert GA **72**, 166; **aM** Hamm NJW **71**, 1623 mit abl Anm Jauernig NJW **71**, 1819). War die Revisionsbegründungsfrist mangels wirksamer Zustellung des Urteils noch nicht in Lauf gesetzt, so werden die Akten dem Tatrichter zur Nachholung der Zustellung und erneuten Vorlage nach § 347 zurückgegeben (Bay **75**, 107 = NJW **76**, 156; Düsseldorf MDR **94**, 87).

6 **5) Zuständig zur Entgegennahme von Erklärungen über die Revision** (Beschränkung, Zurücknahme) ist bis zum Anhängigwerden der Sache beim Revisionsgericht der Tatrichter (Hamburg MDR **83**, 154; Hamm GA **72**, 86), danach das Revisionsgericht (BGH MDR **78**, 281 [H]; Bay DAR **77**, 207 [R]; Hamburg aaO), auch wenn es sich in Wahrheit um eine Berufung oder Rechtsbeschwerde handelt (Bay **75**, 1 = MDR **75**, 424). Erst nach Entscheidung des Revisionsgerichts eingehende Erklärungen sind unbeachtlich (BGH LM § 302 Nr 2; Köln JR **76**, 514 mit Anm Meyer; Sarstedt/Hamm 140), auch wenn die Rücknahme nach § 299 zu Protokoll erklärt wird (BGH MDR **78**, 281 [H]) oder bei dem nicht mehr zuständigen Tatrichter vor der Revisionsentscheidung eingeht (LR-Hanack 10).

7 **6) Zuständigkeit für gerichtliche Entscheidungen:** Mit Einlegung der Revision wird das Revisionsgericht zuständig für die Zurückweisung von Verteidigern nach § 146 a (Stuttgart NStZ **85**, 39 L) und für die Zulassung des Nebenklägers (RG **76**, 178; erg 8 zu § 396). Erst mit Eingang der Akten ist es aber zuständig für die Bestellung eines Beistands nach § 397 a I auf Antrag des Nebenklägers, dem bisher noch kein RA beigeordnet worden ist (BGH NJW **99**, 2380), sowie für die Bewilligung von Prozesskostenhilfe an Privat- und Nebenkläger zum Zweck der Revisionsbegründung (BGH aaO; erg 13 zu § 397 a). Dagegen bleibt der letzte Tatrichter zuständig für alle Entscheidungen über die UHaft (§ 126 II S 2), über Beschlagnahmen (4 zu § 98; 2 zu § 111 e), über die vorläufige Entziehung der Fahrerlaubnis (7, 14 zu § 111 a) und über das vorläufige Berufsverbot (6 zu § 132 a). Der Tatrichter muss nach § 46 I auch über Wiedereinsetzungsanträge gegen die Versäumung der Hauptverhandlung entscheiden; das Revisionsgericht ist auch dann nicht zuständig, wenn er das versehentlich unterlassen hat (BGH **22**, 52; Stuttgart NJW **76**, 1905; KK-Kuckein 12; LR-Hanack 11; **aM** Bay **63**, 54 = JZ **64**, 385 mit Anm Hellm. Mayer; erg 2 zu § 46). Unzulässige Anträge auf Verlängerung der Revisionsbegründungsfrist darf der Tatrichter bescheiden, solange er die Akten nicht vorgelegt hat (Düsseldorf NStZ **84**, 91).

8 **7)** Der **Übergang der gerichtlichen Zuständigkeit** auf das Revisionsgericht findet mit dem Anhängigwerden der Sache (oben 5) statt für Entscheidungen über die Zulassung des Verteidigers nach § 138 II (Bay **78**, 27 = MDR **78**, 862), auch wenn das AG bereits die Zulassung versagt und das LG die Beschwerde verworfen hat (Bay aaO), über die Zurückweisung von Verteidigern nach § 146 a (Stuttgart NStZ **85**, 39 L), über die Einstellung wegen eines Verfahrenshindernisses nach § 206 a (BGH **22**, 213, 218) und für Kostenentscheidungen nach Rücknahme der Revision (BGH **12**, 217; KK-Kuckein 11), selbst wenn es sich in Wahrheit um eine Berufung handelt (Bay **75**, 1 = MDR **75**, 424; LR-Hanack 12).

Unzuständigkeit des Revisionsgerichts

348 **I Findet das Gericht, an das die Akten gesandt sind, dass die Verhandlung und Entscheidung über das Rechtsmittel zur Zuständigkeit eines anderen Gerichts gehört, so hat es durch Beschluss seine Unzuständigkeit auszusprechen.**

II Dieser Beschluss, in dem das zuständige Revisionsgericht zu bezeichnen ist, unterliegt keiner Anfechtung und ist für das in ihm bezeichnete Gericht bindend.

III Die Abgabe der Akten erfolgt durch die Staatsanwaltschaft.

1) Über die **sachliche Zuständigkeit** des Revisionsgerichts entscheidet das Gericht, dem die Akten nach § 347 II zuerst vorgelegt werden (Hamm JMBlNW **90**, 91). Es spricht ggf seine (sachliche) Unzuständigkeit durch Beschluss aus (I) und bezeichnet gleichzeitig das zuständige Gericht (II). Diese Befugnis hat auch das OLG, das den BGH für zuständig hält; der Grundsatz, dass stets das höhere Gericht die Zuständigkeit bestimmt, gilt hier nicht (Meyer JR **83**, 344). 1

Der **Verweisungsbeschluss,** der nicht zurückgenommen werden kann, ergeht ohne mündliche Verhandlung und ohne vorherige Anhörung der Beteiligten (KK-Kuckein 2); er kann noch in der Hauptverhandlung erlassen werden). Die Aktenübersendung erledigt die StA (III). 2

Das in dem Beschluss bezeichnete Revisionsgericht, auch der BGH, ist **an den Beschluss gebunden,** auch wenn er falsch ist (BGHR Zuständigkeit 3; RG **35**, 157; **67**, 59), aber nur in der Zuständigkeitsfrage, indem eine Rück- und Weiterverweisung ausgeschlossen ist (KK-Kuckein 3). In der sonstigen rechtlichen Beurteilung ist das Revisionsgericht frei (RG **35**, 157), insbesondere auch hinsichtlich einer Entscheidung nach § 355 (BGHR aaO). 3

2) Die **Entscheidung eines sachlich unzuständigen Revisionsgerichts** ist unanfechtbar und endgültig (KK-Kuckein 5; LR-Hanack 4; Geppert GA **72**, 165; **aM** Hamm NJW **71**, 1623 mit abl Anm Jauernig NJW **71**, 1819). Der BGH kann Urteile oder Beschlüsse eines unzuständigen OLG nicht aufheben (RG **22**, 113; **32**, 89, 92). 4

3) Die **entsprechende Anwendung des § 348** ist geboten und zulässig, wenn bei der unbenannten Urteilsanfechtung (2 zu § 335) oder beim Übergang von einem Rechtsmittel zum andern (9 ff zu § 335) Streit darüber entsteht oder entstehen kann, ob eine Berufung oder Revision vorliegt (BGH **31**, 183 = JR **83**, 343 mit abl Anm Meyer; Bay **71**, 22, 24 = VRS **41**, 59; **77**, 102 = VRS **53**, 362; **83**, 93 = VRS **65**, 296; wistra **01**, 279; München wistra **09**, 327; Stuttgart VRS **77**, 70). Die Vorschrift gilt ferner entspr bei einem Streit darüber, ob gegen eine Entscheidung des AG die Rechtsbeschwerde oder die sofortige Beschwerde gegeben ist; das OLG entscheidet dann mit bindender Wirkung (BGH **39**, 162). 5

4) Ist die Sache vor ein **funktionell unzuständiges OLG** gelangt, also an ein anderes als dem AG oder LG übergeordnetes Gericht, was bei Zuständigkeitskonzentrationen für bestimmte Straftaten geschehen kann, so gilt nicht § 348 sondern § 16 entspr (**aM** BGH NStE Nr 1; KK-Kuckein 1; erg 6 zu § 16). Bei beiderseitiger Zuständigkeits- oder Unzuständigkeitserklärung finden daher §§ 14, 19 Anwendung; eine bindende Zuweisung nach § 348 II kann hier entgegen BGH (aaO) nicht erfolgen. 6

Entscheidung durch Beschluss

349 **I Erachtet das Revisionsgericht die Vorschriften über die Einlegung der Revision oder die über die Anbringung der Revisionsanträge nicht für beobachtet, so kann es das Rechtsmittel durch Beschluss als unzulässig verwerfen.**

II Das Revisionsgericht kann auf einen Antrag der Staatsanwaltschaft, der zu begründen ist, auch dann durch Beschluss entscheiden, wenn es die Revision einstimmig für offensichtlich unbegründet erachtet.

III 1 Die Staatsanwaltschaft teilt den Antrag nach Absatz 2 mit den Gründen dem Beschwerdeführer mit. 2 Der Beschwerdeführer kann binnen zwei Wochen eine schriftliche Gegenerklärung beim Revisionsgericht einreichen.

IV Erachtet das Revisionsgericht die zugunsten des Angeklagten eingelegte Revision einstimmig für begründet, so kann es das angefochtene Urteil durch Beschluss aufheben.

V Wendet das Revisionsgericht Absatz 1, 2 oder 4 nicht an, so entscheidet es über das Rechtsmittel durch Urteil.

1 **1) Unzulässige Revisionen** (I) darf das Revisionsgericht, bei dem die Sache anhängig geworden ist (5 zu § 347), nicht an den Tatrichter zur Verwerfung nach § 346 I zurückgeben (Bay **74**, 99 = MDR **75**, 71; Düsseldorf VRS **64**, 269); es muss sie vielmehr durch Beschluss nach I oder durch Urteil (V) verwerfen. Auch eine Einstellung nach § 153 (2 zu § 353) ist hier nicht zulässig (**aM** Naucke StASchlH-FS 467, falls die Revision § 341 genügt). Nach I entscheidet das Revisionsgericht auch, wenn der Tatrichter die Revision rechtsirrig für zulässig gehalten (BGH NStZ-RR **09**, 37 [C]) oder aus Gründen verworfen hat, die er nicht zu prüfen hatte (10 zu § 346).

2 Wegen der hier für die Verwerfung als unzulässig in Betracht kommenden **Gründe** vgl 2 zu § 346. Eine Vorschrift über die Anbringung der Revisionsanträge iS des I ist auch § 337, soweit er nur die Rüge von Rechtsfehlern zulässt. Wird nur die Beweiswürdigung beanstandet oder werden Widersprüche oder Denkfehler in den Urteilsgründen daraus hergeleitet, dass diese unrichtig wiedergegeben werden, so ist die Revision als unzulässig zu verwerfen (19 zu § 344). Eine nach Zurücknahme erneut eingelegte Revision ist nicht unzulässig, sondern für erledigt zu erklären (vgl 11 zu § 302).

3 Der **Verwerfungsbeschluss,** der mit einfacher Mehrheit ergeht (§ 196 I GVG), darf nur außerhalb der Hauptverhandlung erlassen werden; in der Hauptverhandlung wird durch Urteil entschieden (RG **59**, 241, 244; Bay **61**, 197 = NJW **62**, 118).

4 Der Anspruch der Prozessbeteiligten auf **rechtliches Gehör** (§ 33 III) verlangt, dass ihnen die Ergebnisse einer Beweisaufnahme des Revisionsgerichts über Verfahrensfragen (Vernehmung von Justizbediensteten, Einholung dienstlicher Erklärungen) vor der Entscheidung zur Stellungnahme mitgeteilt werden (BVerfGE **9**, 261 = NJW **59**, 1315; BVerfGE **10**, 274 = NJW **60**, 247; Röhl NJW **64**, 276; erg 3 zu § 347).

5 Wegen der Berücksichtigung von **Verfahrenshindernissen** vgl 11 zu § 346.

6 **2) Beschlussverwerfung bei offensichtlich unbegründeten Revisionen** (II, III):

7 A. Die **Entlastung der Revisionsgerichte** durch schnelle Erledigung aussichtsloser Revisionen bezweckt die Vorschrift, die mit dem GG (BVerfG NJW **82**, 925; NJW **87**, 2219) und Art 6 I S 1 **MRK** (dort 6) vereinbar ist. Die im Schrifttum an der Vorschrift und ihrer praktischen Handhabung geübte Kritik (vgl Krehl GA **87**, 162; Kreuzer StV **82**, 444 ff; Peters 655 ff, JR **77**, 477 und Dünnebier-FS 67 ff; von Stackelberg Dünnebier-FS 365) lässt außer acht, dass die Revisionsgerichte, deren Spruchkörper nicht beliebig vermehrt werden können, ihren Arbeitsanfall nur bewältigen können, weil sie weitgehend Gebrauch von II machen; der BGH verwirft etwa 80% der Revisionen durch Beschluss (vgl F. Meyer StV **84**, 222; Rieß Salger-FS 386 und Sarstedt-FS 286, 323; Schoreit Pfeiffer-FS 397; allgemein zur Revisions-Rspr des BGH Barton StraFo **98**, 325 ff; Nack NStZ **97**, 153 ff). Allerdings können auch offensichtlich unbegründete Revisionen nach V durch Urteil beschieden werden, zB bei besonderem Interesse an der Veröffentli-

chung einer mit Gründen versehenen Entscheidung (BGH **38**, 177, 178; Römer MDR **84**, 356), nicht aber allein wegen der Höhe der Strafe oder des besonderen Aufsehens des Falles in der Öffentlichkeit (H. W. Schmidt MDR **79**, 708; **aM** Sarstedt/Hamm 1260). Ein Anspruch auf mündliche Verhandlung besteht jedoch nicht (BVerfG NStZ **02**, 487; BGH 4 StR 536/09 vom 12. 1. 2010). Verhandlungsunfähigkeit des Angeklagten steht der Entscheidung nach § 349 nicht entgegen (Bay **02**, 129 = wistra **03**, 117, 118; erg 3a zu § 350).

B. **Revisionen der StA** können ebenfalls nach II verworfen werden (BGH StV **05**, 596 mwN; LR-Hanack 14). Die StA beim Revisionsgericht wird die beschwerdeführende StA aber idR darauf hinweisen, dass die Revision aussichtslos erscheint, und die Zurücknahme anheimstellen, sofern sie nicht selbst das Rücknahmerecht hat. Auch das Revisionsgericht kann der StA anheimgeben, die Zurücknahme in Erwägung zu ziehen. 8

Zulässig ist die Beschlussverwerfung auch bei der **Revision des Nebenklägers** (Köln aaO) und des **Privatklägers** (Stuttgart NJW **67**, 792 mit Anm Roxin), bei dessen Revision der Antrag nach II und die Anhörung nach III entfallen. 9

C. **Offensichtlich unbegründet** ist die Revision, wenn für jeden Sachkundigen ohne längere Prüfung erkennbar ist, welche Rechtsfragen vorliegen, wie sie zu beantworten sind und dass die Revisionsrügen dem Rechtsmittel nicht zum Erfolg verhelfen können (BVerfG NStZ **02**, 487); die Entbehrlichkeit der Hauptverhandlung ist kein taugliches Abgrenzungsmerkmal (vgl LR-Hanack 8 ff). Der Umfang der Revisionsbegründung, insbesondere die Zahl der Verfahrensrügen, ist für die Erforderlichkeit der Urteilsverwerfung kein Beurteilungsmaßstab (BGH NStZ-RR **00**, 295 [K]), auch auf die Dauer des Revisionsverfahrens kann es – entgegen Hamm StV **01**, 221 mit zust Anm Neuhaus – nicht ankommen. Als offensichtlich unbegründet gilt die Revision nach Änderung des § 354 durch das 1. JuMoG nun auch, wenn die Rechtsfolgenzumessung zwar rechtsfehlerhaft ist, das Revisionsgericht die verhängte Rechtsfolge aber für angemessen erachtet (§ 354 I a S 1). Hat hingegen die StA gemäß § 354 I a S 2 eine angemessene Herabsetzung der Rechtsfolgen beantragt und will das Revisionsgericht dem nicht folgen, so ist eine Entscheidung durch Verwerfungsbeschluss ausgeschlossen. 10

Die **Unterscheidung** zwischen „einfacher" und „offensichtlicher" Unbegründetheit ist praktisch kaum durchführbar (**aM** Fürstenau StraFo **04**, 38; gegen ihn Meyer-Goßner DAV-FS 670; das BVerfG aaO räumt dem Revisionsgericht bei der Beurteilung der Frage der Offensichtlichkeit einen Ermessensspielraum ein). Nach ständiger Spruchpraxis der Revisionsgerichte wird daher nach II entschieden, wenn die von der Revision aufgeworfenen Rechtsfragen zweifelsfrei zu beantworten sind und die Durchführung der Hauptverhandlung keine neuen Erkenntnisse tatsächlicher oder rechtlicher Art erwarten lässt, die das gefundene Ergebnis in Zweifel ziehen könnten (BGH NJW **01**, 85; eingehend hierzu SK-Wohlers 31 ff). Diese Praxis ist schon deswegen nicht zu beanstanden, weil es sich bei der Revision um ein im Wesentlichen schriftliches Verfahren handelt (Fezer StV **07**, 47; Meyer-Goßner Sarstedt-FS 226; Ventzke NStZ **03**, 104; vgl auch Rieß Hanack-FS 413: „Selbstkorrektur des Revisionsrechts"). Nicht die „Offensichtlichkeit", sondern das Antrags- und Einstimmigkeitserfordernis (unten 12 und 18) garantieren, dass nur unbegründete Revisionen ohne Hauptverhandlung verworfen werden (Tolksdorf Salger-FS 407). Der Gesetzgeber sollte daher das Wort „offensichtlich" streichen, zumal es den Revisionsführer kränkt (Dahs NStZ **81**, 206; Ziegler DAV-FS 939; Dahs schlägt deshalb in NStZ **01**, 298 zutr eine der Formulierung des BGH aaO entspr Neufassung vor); noch besser wäre es, wenn der Gesetzgeber die Entscheidung durch Beschluss als Regel-, die durch Urteil zum Ausnahmefall erklären würde (Fezer aaO; zust Meyer-Goßner DAV-FS 678). Vgl eingehend zu II Schlothauer und Detter StV **04**, 340 ff und 345 ff. 11

D. Der **Antrag der StA** bei dem Revisionsgericht (II) ist eine zwingende Voraussetzung für die Beschlussverwerfung; ein ohne Antrag erlassener Beschluss ver- 12 stößt gegen das Willkürverbot des Art 3 I GG (BVerfGE **59**, 98 = NJW **82**, 324). Nach Stellung des Antrags vom Revisionsführer nachgeschobene Ausführungen zur Sachrüge brauchen ihr aber nicht noch einmal zur Stellungnahme zugeleitet zu werden (BGH NStZ-RR **08**, 385); eine erneute Antragstellung ist auch nach Gewährung der Wiedereinsetzung in den vorigen Stand zur Nachholung von Verfahrensrügen (7 zu § 44) nicht erforderlich (Stuttgart Justiz **97**, 456). Das Revisionsgericht darf der StA nicht vor Antragstellung seine Rechtsansicht darlegen und damit einen bestimmten Antrag „bestellen" (BVerfG StV **01**, 151 mit zust Anm Neuhaus; Gieg/Widmaier NStZ **01**, 57; **aM** – entgegen BVerfG – Zweibrücken NJW **01**, 2110 und Friemel NStZ **02**, 72, die verkennen, dass die StA ihren Antrag gerade ohne Kenntnis der Ansicht des Revisionsgerichts stellen muss und die Akten diesem nicht ohne Antrag zuleiten darf); allerdings kann das Revisionsgericht eine Änderung des gestellten Antrags anregen (KG StV **01**, 153; **aM** SK-Wohlers 27).

13 Die **Begründung** des Antrags kann sich auf eine kurze Auseinandersetzung mit dem Revisionsvorbringen beschränken (Kleinknecht JZ **65**, 160; Schoreit Pfeiffer-FS 406; vgl auch BVerfG NJW **82**, 925; NStZ **02**, 487; Stuttgart NJW **68**, 1152), muss aber auf alle nicht ganz abwegigen Verfahrensrügen eingehen (**aM** SK-Wohlers 29). Bei einer unausgeführten allgemeinen Sachrüge (18 zu § 344) genügt die Feststellung, dass das Urteil keine Rechtsfehler erkennen lässt. In anderen Fällen kann ein bloßer Hinweis auf eine ständige oder gefestigte Rspr ausreichen. Ausführungen im Einzelnen darüber, dass die Rügen offensichtlich unbegründet sind, sind nicht erforderlich (vgl BVerfG NJW **87**, 2219). Einen Anspruch auf ergänzende Stellungnahme der StA zu nachgeschobenen Ausführungen zur Sachrüge, die nach Fristablauf erfolgen, hat der Angeklagte nicht (BGHR § 33 a Revision 1; § 45 II Tatsachenvortrag 10).

14 Eine **Bindung des Revisionsgerichts** an die Begründung besteht nicht. Das Revisionsgericht prüft die Begründetheit der Revision ohne Beschränkung auf die Ausführungen der StA. Auch wenn es sie nur im Ergebnis für zutr hält, darf es die Revision verwerfen (KK-Kuckein 16, 25; Gribbohm NStZ **83**, 97; F. Meyer StV **84**, 225; Pfeiffer-FS, 403 ff; **aM** R. Hamm StV **81**, 249, 317; Peters Dünnebier-FS 68 Fn 42; vgl auch Sarstedt/Hamm 460, die die Gewährung rechtlichen Gehörs verlangen); das ist verfassungsrechtlich unbedenklich (BVerfG NJW **82**, 925). In diesem Fall ist aber eine kurze Begründung angezeigt (BVerfG NJW **02**, 814; Fezer StV **89**, 291 mwN; unten 20), vorgeschrieben ist sie jedoch nicht (BGH NStZ-RR **06**, 244 L; Schulte Rebmann-FS 477). Es wäre *de lege ferenda* empfehlenswert, die Verwerfung nicht von einem Antrag der StA abhängig zu machen, dafür aber eine Begründung des Beschlusses vorzuschreiben, was bei einer Erhöhung der Zahl der wissenschaftlichen Mitarbeiter der StSe machbar wäre (vgl dazu Meyer-Goßner DAV-FS 668 ff).

15 E. Die **Mitteilung des Antrags** (III S 1) der StA mit den Gründen soll eine Überraschung des Beschwerdeführers, der mit einer Hauptverhandlung rechnet, verhindern und ihm das rechtliche Gehör sichern. Der Beschwerdeführer wird dadurch auch zu der Prüfung veranlasst, ob er das Rechtsmittel nicht besser zurücknimmt. Ein Hinweis auf das Recht zur Gegenerklärung (III S 2) ist gesetzlich nicht vorgeschrieben, kann aber ausnahmsweise durch die Fürsorgepflicht (Einl 155 ff) geboten sein. Die Mitteilung macht die StA, nicht das Gericht. Hat der Angeklagte einen Wahl- oder Pflichtverteidiger, so erhält nur dieser die Mitteilung (Köln OLGSt S 9), bei mehreren Verteidigern nur der, der sich am Revisionsverfahren beteiligt hat (BGH NStE Nr 5); der Angeklagte selbst wird dann nicht benachrichtigt (BGH NStZ **81**, 95 [Pf]; StraFo **03**, 172), auch dann nicht, wenn er das Rechtsmittel auch selbst zu Protokoll der Geschäftsstelle begründet hatte (BGH NStZ **99**, 41 mwN; einschr KK-Kuckein 20).

16 Die Mitteilung wird – obwohl gesetzlich nicht vorgeschrieben (Bay **99**, 53 = NStZ-RR **99**, 244) – förmlich **zugestellt,** dem Verteidiger gegen Empfangsbe-

kenntnis. Eine öffentliche Zustellung nach § 40 II ist auch dann nicht erforderlich, wenn der Angeklagte keinen Verteidiger hat; seine Unauffindbarkeit hindert die Beschlussverwerfung nicht (Hamburg MDR **75**, 335 L).

17 F. Eine **Gegenerklärung** (III S 2) kann der Beschwerdeführer binnen 2 Wochen nach Zustellung der Mitteilung gegenüber dem Revisionsgericht abgeben. Dabei kann er die Revision näher begründen, soweit das noch zulässig ist (8 zu § 352), und der Auffassung der StA entgegentreten (eingehend dazu Park StV **97**, 550). Die Frist kann nicht verlängert werden (BGH DRiZ **90**, 455; wistra **07**, 158; 231). Ihre Überschreitung ist aber, da sie keine Ausschlussfrist ist, unschädlich (BGH MDR **66**, 728 [D]); im Beschluss wird dann idR vermerkt, dass der Schriftsatz „dem Senat vorgelegen" habe, dh davon Kenntnis genommen wurde (BGH NStZ-RR **08**, 151; **09**, 38 [C]). Für die Gegenerklärung genügt die Schriftform (Einl 128); § 345 II gilt nicht. Die Erklärung ist dem Revisionsgericht gegenüber abzugeben, das sie der StA abschriftlich zur Kenntnis geben kann, aber nicht zur Stellungnahme zuleiten muss (BGHR Gegenerklärung 1; BGH wistra **07**, 319); denn einer Stellungnahme der StA bedarf es dazu nicht (BVerfG StraFo **07**, 463; BGH NStZ **03**, 103 mit Anm Ventzke). Das gilt auch dann, wenn in der Gegenerklärung die Sachrüge weiter ausgeführt worden ist (BGH NStZ-RR **05**, 14); auch eine Mitteilung des Gerichts, warum es die nachgeschobene Beanstandung für unbegründet erachtet, ist nicht erforderlich (BGH NStZ **09**, 52; NStZ-RR **08**, 385; **09**, 119). Liegt die Erklärung vor und ist keine Ergänzung angekündigt, so kann nach II entschieden werden, auch wenn die Frist des III S 2 noch nicht abgelaufen ist (BGH MDR **82**, 283 [H]). Nach Fristablauf braucht eine Ergänzung auch dann nicht abgewartet zu werden, wenn sie in Aussicht gestellt worden ist (BGH **23**, 102; NStZ-RR **08**, 352). Nach Erlass (9 vor § 33) des Verwerfungsbeschlusses kann die Gegenerklärung nicht mehr berücksichtigt werden (BGH DAR **79**, 190 [Sp]; MDR **66**, 728 [D]; erg unten 24). Eine Wiedereinsetzung gegen die Fristversäumung findet nicht statt; jedoch gilt bei Versagung des rechtlichen Gehörs § 356a.

18 G. Der **Verwerfungsbeschluss** erfordert Einstimmigkeit, die sich auf die Unbegründetheit und auf ihre Offensichtlichkeit beziehen muss (Dahs/Dahs 550; Jagusch NJW **60**, 75; Römer MDR **84**, 356).

19 In der **Beschlussformel** braucht der Ausdruck „offensichtlich unbegründet" nicht verwendet zu werden (BGH NStZ **94**, 353; KK-Kuckein 27; **aM** LR-Hanack 22; Peters JR **77**, 477 und Dünnebier-FS 69; Römer MDR **84**, 358; erg oben 11). Dass die Entscheidung auf Antrag der StA ergeht, pflegt entweder vor oder in der Beschlussformel angeführt zu werden. Die Einstimmigkeit kann, muss aber nicht erwähnt werden (LR-Hanack 22). Zusätze, etwa der Art, dass der Angeklagte durch die ungewöhnlich niedrige Strafe nicht beschwert ist, sind zulässig (krit Dahs NStZ **81**, 205; Goydke Meyer-Goßner-FS 545).

20 Es ist auch nicht untersagt (**aM** Eschelbach GA **04**, 212: idR notwendig; v Döllen/Meyer-Mews StV **05**, 5: stets erforderlich), den Beschluss **mit Gründen zu versehen,** was in der Praxis nicht selten geschieht (vgl etwa BGH NJW **82**, 189 und bei Strate StV **81**, 261; Düsseldorf NJW **87**, 1958 mit zust Anm Naucke NStZ **88**, 220), ohne dass es verfassungsrechtlich (BVerfG NStZ **02**, 487; StraFo **07**, 463) oder nach der MRK (EGMR EuGRZ **08**., 274, 276) geboten wäre. So kann, etwa wegen des Inhalts der Gegenerklärung oder beim Abweichen von der Antragsbegründung der StA (BGH StraFo **04**, 212; **04**, 236: allgemeine Übung der BGH-Senate), ein kurzer Hinweis auf die Rechtslage geboten sein (LR-Hanack 17, 21; Schoreit Pfeiffer-FS 404); dies ist uU ein nobile officium gegenüber dem Verteidiger (vgl Krehl GA **87**, 162, 177). Ein Schweigen des Senats auf die Ausführungen der Revisionsbegründung oder auf die Gegenerklärung offenbart aber deren Ungeeignetheit zur Entkräftung des Antrags des GBA (BGH wistra **09**, 283; 483; 1 StR 556/07 vom 24. 6. 2009).

21 Eine **Teilentscheidung** ist grundsätzlich (Ausnahme: 8 zu § 260) unzulässig, wenn es sich um denselben Angeklagten handelt; über ein Rechtsmittel kann nur

einheitlich nach II, IV oder V entschieden werden (HK-Temming 7; KMR-Momsen 10; **aM** Hamburg JZ **67**, 31 mit abl Anm Sarstedt; KK-Kuckein 33). Bei mehreren Revisionen, die mehrere Angeklagte betreffen, kann aber teils nach I, II, IV oder V entschieden werden. Wegen der Verbindung eines Verwerfungsbeschlusses mit einer Entscheidung nach IV vgl unten 32.

22 In Verbindung mit dem Verwerfungsbeschluss ist eine **Abänderung des Urteils** zum Nachteil des Angeklagten nicht grundsätzlich unzulässig; so kann eine Schuldspruchänderung (12 ff zu § 354) vorgenommen (BGH NStZ **94**, 25 [K]; Düsseldorf MDR **84**, 253; BGH NStZ-RR **04**, 67 [B]: auch auf Revision des Nebenklägers) oder auch eine Alternative der angewendeten Vorschrift durch eine andere ersetzt werden (BGH NJW **82**, 190; Düsseldorf NJW **85**, 2725). Das Gericht ist umgekehrt nicht gehindert, auch dann nach II zu verfahren, wenn es einer von der StA im Zusammenhang mit einem Verwerfungsantrag beantragten Schuldspruchänderung nicht entsprechen will (BGHR § 349 II Antrag 1 und Verwerfung 4 mwN), eine beantragte nachträgliche Gesamtstrafenbildung nicht anordnet (BGH NStZ-RR **99**, 39 [K]; **04**, 228 [B]) oder von der beantragten Einbeziehung einer rechtskräftig erkannten Strafe (BGH 3 StR 210/97 vom 23. 7. 1997) oder der beantragten Aufhebung hinsichtlich der Nichtanordnung einer Unterbringung nach §§ 63, 64 StGB absieht (BGH NStZ-RR **98**, 142; **08**, 385 L; **10**, 116) oder bei einer Verfahrensverzögerung statt einer beantragten Kompensation die Feststellung des Konventionsverstoßes (9 ff zu Art 6 MRK) für ausreichend erachtet (BGH NStZ-RR **08**, 384). Auch Anträge der StA, die Strafverfolgung bei Aufrechterhaltung der angeordneten Rechtsfolgen nach § 154 a zu beschränken oder die Entscheidung nach § 357 auf einen Nichtrevidenten zu erstrecken, denen das Gericht nicht stattgeben will, stehen der Verwerfung der Revision nach II nicht entgegen (BGH 2 StR 203/07 vom 22. 6. 2007; NStZ **96**, 328, 329). Ob das Gericht selbst entscheiden oder die Sache zurückverweisen will, bleibt ihm überlassen (BGH 4 StR 24/04 vom 10. 2. 2004; 3 StR 96/09 vom 5. 5. 2009). Über das Rechtsmittel gegen die Zubilligung einer Entschädigung (§ 406) kann es ohne Bindung an den Antrag der StA entscheiden (BGH NStZ **99**, 260; NStZ-RR **09**, 382 L). Zu diesen Fällen teilw **aM** Senge Rieß-FS 547.

23 **3) Rechtskraft der Verwerfungsbeschlüsse nach I und II:**

23a A. Der Verwerfungsbeschluss **nach I** hat nur feststellende Bedeutung, wenn die Revision wegen verspäteter Einlegung verworfen wird (5 zu § 346). Sonst tritt die Rechtskraft nach § 34 a mit Ablauf des Tages der Beschlussfassung ein. Eine Aufhebung des Beschlusses wegen eines Irrtums über Tatsachen ist wie bei § 346 II (dort 13) zulässig (KG NZV **09**, 575; Jena NStZ-RR **97**, 10; Naumburg OLGSt Nr 1).

24 Die Zurücknahme und Abänderung des **auf II gestützten** Verwerfungsbeschlusses ist zulässig, solange er noch nicht erlassen ist (9 vor § 33). Geht nach Beschlussfassung aber noch vor Hinausgabe des Beschlusses ein weiterer Schriftsatz des Beschwerdeführers ein, so kann von jedem Richter, der an dem Beschluss mitgewirkt hat, eine neue Beratung verlangt werden (**aM** BGH NStZ **94**, 96: unabänderlich, wenn mit Unterschriften versehen in den Geschäftsgang gegeben); im Übrigen ist das Revisionsgericht zur erneuten Beratung aber nicht verpflichtet (erg 4 zu § 194 GVG). Nach Erlass mit Außenwirkung kann der Beschluss auch dann nicht zurückgenommen werden, wenn er auf Tatsachenirrtum beruht (BGH **17**, 94, 96; MDR **56**, 52; Geppert GA **72**, 174; R. Schmitt JZ **61**, 16). Ausnahmen gelten nur, wenn überhaupt keine Revision eingelegt (Köln NJW **54**, 692) oder die Revision vor Erlass des Verwerfungsbeschlusses wirksam zurückgenommen worden war (BGH NStZ **92**, 225 [K]; **98**, 27 [K]; Düsseldorf MDR **87**, 1049), wenn der Angeklagte nach Rechtsmitteleinlegung verstorben ist (Schleswig NJW **78**, 1016) oder wenn über das Rechtsmittel nach § 335 III als Berufung hätte entschieden werden müssen (RG JW **27**, 395 mit Anm Drucker; vgl auch BGH **17**, 94, 97: Verwerfung ist unbeachtlich). Die

Berichtigung offensichtlicher Schreibversehen (vgl 10 zu § 268) ist aber auch hier zulässig (BGH 3 StR 142/09 vom 7. 5. 2009). Wurde eine konventionswidrige Verfahrensverzögerung im Revisionsverfahren übersehen (9c zu Art 6 MRK), ist dies auf Gegenvorstellung des Angeklagten zu korrigieren (Nürnberg StV **09**, 519).

B. Die **Wiedereinsetzung in den vorigen Stand** ist im Fall I möglich 25
(BGH **25**, 89, 91; Düsseldorf MDR **83**, 964; erg aber 7b aE zu § 44), nicht aber nach Verwerfung der Revision im Fall II (BGH **17**, 94 mit abl Anm Schaper NJW **62**, 1357; BGH **23**, 102; **25**, 89, 91; NStZ **83**, 208 [Pf/M]; **97**, 45; **99**, 41; StraFo **03**, 172; Hanack JZ **73**, 778; **aM** KMR-Momsen 32; LR-Hanack 29; Geppert GA **72**, 175); denn jede Sachentscheidung des Revisionsgerichts bringt das Verfahren zum Abschluss. Das gilt auch für die Entscheidung, die die Berufung als unzulässig verwirft (**aM** Frankfurt JR **78**, 522 mit abl Anm Rieß).

Bei **Verletzung des rechtlichen Gehörs** gilt jedoch § 356a (vgl dort). 26

4) Urteilsaufhebung durch Beschluss (IV): 27

A. **Bei Revisionen zugunsten des Angeklagten** kann die Hauptverhandlung 28
erspart werden, wenn das Revisionsgericht das Rechtsmittel einstimmig für begründet hält; offensichtlich begründet braucht es nicht zu sein. Die Revision ist zugunsten des Angeklagten eingelegt, wenn nur er selbst oder für ihn sein Verteidiger, gesetzlicher Vertreter oder Erziehungsberechtigter oder wenn die StA nach § 296 II zu seinen Gunsten Revision eingelegt hat. Die Aufhebung nach IV ist daher – schon nach dem Wortlaut der Vorschrift – nicht möglich, wenn die zu seinen Ungunsten eingelegte Revision der StA oder des Nebenklägers nach § 301 nur zu seinen Gunsten Erfolg hat (KMR-Momsen 26; Amelunxen [R] 77ff; **aM** BGH NStZ **97**, 379 [K] mwN; NStZ-RR **96**, 130, weil dies den Angeklagten nicht beschwere; aber dem Rechtsmittelführer wird dadurch die Gelegenheit zur Äußerung und zur Rechtsmittelrücknahme abgeschnitten).

B. Eine **Entscheidung zugunsten des Angeklagten** muss ergehen. Das Re- 29
visionsgericht kann nach § 354 I entscheiden, insbesondere den Angeklagten freisprechen (Hamburg NJW **66**, 1277; Hamm NJW **77**, 207; Köln NJW **66**, 512), den Schuldspruch berichtigen (12ff zu § 354), wenn nur dies das Ziel der Revision war, und das Urteil aufheben und die Sache nach §§ 354 II, III, 355 zurückverweisen. Nach IV kann auch die Berufung als unzulässig verworfen werden, wenn das Berufungsgericht sie als unbegründet verworfen hatte (Düsseldorf GA **83**, 220). Besteht ein Prozesshindernis und war es vom Tatrichter übersehen worden, so ist ebenfalls nach IV zu verfahren (Koblenz StraFo **05**, 129); ist es hingegen erst im Revisionsverfahren eingetreten (zB Rücknahme des Strafantrags), ist § 206a anzuwenden (erg 6 zu § 206a). Die Gegenmeinung wendet demgegenüber auch bei übersehenen Verfahrenshindernissen § 206a an, kommt damit aber in Schwierigkeiten, ob sie dem Revisionsgericht ein Wahlrecht zwischen beiden Vorschriften zubilligen (so Celle MDR **69**, 503; Bohnert GA **82**, 173; mit der Konsequenz, dass einmal – bei § 349 IV – Einstimmigkeit nötig wäre, im andern Fall – § 206a – Stimmenmehrheit genügen würde!) oder einer Vorschrift den Vorzug geben soll (für Vorrang des § 206a: Bay **85**, 52, 55 = JR **86**, 430 mit Anm Ranft; für Vorrang des § 349 IV: LR-Hanack 35). Es ist aber ausgeschlossen, dass die StPO für dieselbe Entscheidung zwei grundsätzlich anwendbare, unterschiedliche Vorschriften bereitstellt (eingehend Meyer-Goßner NStZ **04**, 354); dies erkennt auch Bohnert GA **82**, 173 zunächst richtig als „systemwidrig", er meint aber dann, die Wahlmöglichkeit entspreche „genau dem Entscheidungsverhalten des Tatrichters" (zust LR-Stuckenberg 17 zu § 206a). Das ist unzutreffend: Der Wahlmöglichkeit des Tatrichters zwischen § 206a und § 260 III entspricht beim Revisionsgericht die zwischen § 349 IV und § 354 I; das besagt aber nichts dazu, ob und wann § 206a im Revisionsverfahren anwendbar ist. Auch der weitere Hinweis von Stuckenberg (aaO) auf die „auch dem Revisionsgericht zustehenden Einstellungsmöglichkeiten

nach §§ 153, 154" verfängt nicht: § 153 und § 154 betreffen nicht dieselbe, sondern verschiedene verfahrensrechtliche Situationen. Entsprechendes wie für § 206a gilt für die Einstellung nach § 206b.

30 C. Der **Aufhebungsbeschluss** setzt keinen Antrag der StA voraus und kann entgegen ihrer Auffassung und auch bei einem von ihr – ohne Begründung – gestellten Terminsantrag ergehen (BGH 5 StR 354/07 vom 2. 4. 2008). Hat sie Terminsanberaumung beantragt, so muss ihr aber Gelegenheit gegeben werden, zu der Revision sachlich Stellung zu nehmen (LR-Hanack 37).

31 Die **Begründung** des Beschlusses unterscheidet sich grundsätzlich nicht von der eines Revisionsurteils. Insbesondere bei Zurückverweisung der Sache muss die dem Urteil zugrunde liegende Rechtsauffassung wegen § 358 I klargestellt werden.

32 Eine **Verbindung mit der Entscheidung nach II** ist zulässig (BGH **43**, 31 mit abl Anm Wattenberg NStZ **99**, 95; die dagegen eingelegte Verfassungsbeschwerde wurde vom BVerfG [2 BvR 1017/97 vom 23. 6. 1997] nicht angenommen) und üblich (SK-Wohlers 81; Seibert NJW **66**, 1064).

33 Der Beschluss wird den Beteiligten formlos **bekanntgemacht** (§ 35 II S 2).

34 Er kann ebenso wenig wie ein Revisionsurteil **zurückgenommen oder widerrufen** werden (BGH NStZ **97**, 379 [K]; Rieß JR **78**, 523). Hat das Revisionsgericht allerdings irrig zuungunsten des Angeklagten nach IV entschieden, hebt es den Beschluss auf (BGH NStZ **95**, 18 [K]); auch Verkündungsversehen (10 zu § 268) können berichtigt werden (BGH NStZ-RR **00**, 39 [K]). Gegen die Verletzung rechtlichen Gehörs bei der Entscheidung gibt es die Anhörungsrüge nach § 356a (BGH StraFo **05**, 251; NStZ-RR **08**, 68 [B]).

35 **5)** Durch **Urteil** (V), dh auf Grund einer Hauptverhandlung (§ 350), entscheidet das Revisionsgericht, wenn es I, II oder IV nicht anwendet, gleichviel, ob es sich hieran rechtlich gehindert sieht oder von der Möglichkeit keinen Gebrauch machen will (vgl BVerfG StraFo **07**, 370). Auch bei gleichzeitiger Revision von StA und Angeklagtem muss über das Rechtsmittel des Angeklagten nicht auf Grund einer Hauptverhandlung entschieden werden (BVerfGE **112**, 185 = NJW **05**, 1999, 2000; BGH NStZ **92**, 30 [K]; NJW **99**, 2199; **aM** Bauer wistra **00**, 252; R. Hamm StV **00**, 637; Meyer-Mews NJW **05**, 1822). Mit Begründung versehene Terminsanträge der StA sind dem Angeklagten mitzuteilen (Schulte Rebmann-FS 477). Auch in der Hauptverhandlung wird in den Fällen der §§ 153 II, 154 II, 206a, 206b, 437 IV, 441 IV durch Beschluss entschieden.

Terminmitteilung

350 **I [1]Dem Angeklagten und dem Verteidiger sind Ort und Zeit der Hauptverhandlung mitzuteilen. [2]Ist die Mitteilung an den Angeklagten nicht ausführbar, so genügt die Benachrichtigung des Verteidigers.**

II [1]Der Angeklagte kann in der Hauptverhandlung erscheinen oder sich durch einen mit schriftlicher Vollmacht versehenen Verteidiger vertreten lassen. [2]Der Angeklagte, der nicht auf freiem Fuße ist, hat keinen Anspruch auf Anwesenheit.

III [1]Hat der Angeklagte, der nicht auf freiem Fuße ist, keinen Verteidiger gewählt, so wird ihm, falls er zu der Hauptverhandlung nicht vorgeführt wird, auf seinen Antrag vom Vorsitzenden ein Verteidiger für die Hauptverhandlung bestellt. [2]Der Antrag ist binnen einer Woche zu stellen, nachdem dem Angeklagten der Termin für die Hauptverhandlung unter Hinweis auf sein Recht, die Bestellung eines Verteidigers zu beantragen, mitgeteilt worden ist.

1 **1) Nachricht von der Hauptverhandlung** (I) müssen über I S 1 hinaus alle Verfahrensbeteiligten erhalten; vgl auch §§ 50 II, 67 II **JGG.** Im Fall des III S 1

muss die Mitteilung förmlich zugestellt werden; sonst genügt eine formlose Mitteilung (Braunschweig GA **55**, 219). Eine Ladungsfrist besteht nicht; §§ 217, 218 sind nicht anwendbar (Braunschweig aaO). Jedoch ist allen Beteiligten ausreichend Zeit zur Vorbereitung zu geben. Unter den Voraussetzungen des § 145 a I kann die für den Angeklagten bestimmte Mitteilung an den Verteidiger gesandt werden; § 145 a II gilt nicht, da es sich nicht um eine Ladung handelt (KK-Kuckein 3).

Im **Fall des I S 2** wird nur der Verteidiger benachrichtigt. Hat der nicht zu er- 2
mittelnde Angeklagte keinen Verteidiger, so muss ihm die Mitteilung nach § 40 öffentl zugestellt werden (Bay **52**, 16 = JR **53**, 92; LR-Hanack 4; EbSchmidt NJW **67**, 857). Bei einer Revision der StA ist das aber nur zulässig, wenn dem Angeklagten die Revisionsschrift bereits persönlich zugestellt war (Bay **62**, 84 = JR **62**, 309; KK-Kuckein 4).

2) Die **Anwesenheit des Angeklagten** (II) in der Revisionsverhandlung ist 3
grundsätzlich möglich, aber nicht notwendig. Diese Regelung verstößt nicht gegen Art 103 I GG (BVerfGE **54**, 100, 116 = NJW **80**, 1943, 1945; BVerfGE **65**, 171 = NJW **84**, 113, 114). Das Erscheinen des Angeklagten und sein Verbleiben im Sitzungssaal können nicht erzwungen werden; § 231 I gilt nicht entspr (LR-Hanack 6; Rieß ZStW **90**, Beih 205). Seine Anwesenheit steht in seinem Belieben (Bay **52**, 16 = JZ **53**, 92). Nach § 236 darf aber sein persönliches Erscheinen angeordnet werden, wenn er im Freibeweis zu Verfahrensfragen vernommen werden soll (Koblenz NJW **58**, 2027; KMR-Momsen 7; LR-Hanack 6; **aM** Rieß aaO). Ist er nicht auf freiem Fuß, so hat er keinen Anspruch auf Anwesenheit (II S 2), kann aber auf Antrag oder von Amts wegen vorgeführt werden. Er kann sich stets von einem Verteidiger vertreten lassen (II S 1), der die Rechte des Angeklagten ausüben kann, wenn dieser nicht anwesend oder aus sonstigen Gründen zu einer Entscheidung über eine Antragstellung selbst nicht in der Lage ist (BGH **41**, 69). Dass der Angeklagte unbekannten Aufenthaltes oder seine Auslieferung aus dem Ausland aus völkerrechtlichen Gründen nicht möglich ist, hindert die Durchführung der Revisionsverhandlung nicht (BVerfG NJW **95**, 651; vgl aber Brandenburg NStZ-RR **05**, 49: Einstellung nach § 205 bei Abschiebung des Angeklagten vor Begründung der Revision).

Die **zeitweilige Verhandlungsunfähigkeit** des Angeklagten steht der Revisi- 3a
onsverhandlung nicht entgegen (Warda Bruns-FS 435; **aM** LR-Hanack 8 zu § 351; Dahs/Dahs 561). Erforderlich ist aber, dass der Angeklagte die Fähigkeit hatte, über die Einlegung des Rechtsmittels verantwortlich zu entscheiden und dass er während der Dauer des Revisionsverfahrens wenigstens zeitweilig zu einer Grundübereinkunft mit seinem Verteidiger über Fortführung oder Rücknahme des Rechtsmittels in der Lage ist (vgl EKMR EuGRZ **97**, 148; BVerfG NJW **95**, 1951; BGH **41**, 16 = JR **95**, 472 mit Anm Rieß, NStZ **96**, 242; Widmaier NStZ **95**, 361; krit SK-Wohlers 13; Rath GA **97**, 226; Gatzweiler Friebertshäuser-FG 280).

3) Die **Anwesenheit des Verteidigers** ist grundsätzlich ebenso wenig not- 4
wendig wie die der anderen Verfahrensbeteiligten außer der StA, auch wenn im Übrigen in dem Verfahren die Verteidigung nach § 140 I, II notwendig ist; § 145 wird für die Revisionsverhandlung durch II ersetzt (KK-Kuckein 7). Jedoch darf bei Abwesenheit des Wahlverteidigers, der sein Erscheinen angekündigt hat, nicht verhandelt werden, wenn der Angeklagte nicht auf freiem Fuß oder nicht aus der Haft vorgeführt ist (vgl BVerfGE **65**, 171 = NStZ **84**, 82 mit abl Anm Pikart).

Ein dem Angeklagten für die Revisionsverhandlung nach § 140 II oder § 350 5
III bestellter **Pflichtverteidiger** (unten 7 ff), muss an der Verhandlung teilnehmen (Hanack Dünnebier-FS 314). Bleibt er aus, so muss die Verhandlung ausgesetzt und notfalls ein anderer Verteidiger beigeordnet werden (BVerfG aaO). Der Angeklagte kann den Pflichtverteidiger nicht etwa vom Erscheinen „entbinden".

6 **4) Bestellung eines Pflichtverteidigers:**

7 A. Die **Beiordnung nach § 140** erstreckt sich nicht auf die Mitwirkung in der Revisionsverhandlung (9 zu § 140). Dass ein mittelloser Angeklagter dort ohne Verteidiger ist, wenn nicht ausnahmsweise ein Pflichtverteidiger bestellt werden muss, verstößt nicht gegen verfassungsrechtliche Grundsätze (BVerfG NJW **65**, 117 mit Anm Arndt), nach Ansicht des EGMR (NStZ **83**, 373 mit Anm Stöcker) aber gegen Art 6 III Buchst c **MRK.** Geboten ist die Verteidigerbestellung nach § 140 II, wenn die Rechtslage so schwierig ist, dass es nicht angängig erscheint, den Angeklagten ohne rechtskundigen Beistand zu lassen (BVerfG aaO; BGH **19**, 258). Die Schwierigkeit der Sach- und Rechtslage vor dem Tatrichter ist dabei ohne Bedeutung (Meyer-Goßner BGH-FS 618).

8 Der **Grundsatz des fairen Verfahrens** (Einl 19) gebietet nach hM die Beiordnung eines Verteidigers nur dann, wenn ein „schwerwiegender" Fall vorliegt, insbesondere, wenn die Revision der StA die Verhängung einer lebenslangen Freiheitsstrafe erstrebt (BVerfGE **46**, 202 = NJW **78**, 151, das die Beiordnung aber von der Mittellosigkeit des Angeklagten abhängig macht; KK-Kuckein 12) oder sich gegen ein freisprechendes Urteil wegen eines Verbrechens richtet (Düsseldorf NStZ **84**, 43). Ein schwerwiegender Fall liegt demnach nicht stets deshalb vor, weil eine Strafe von mehr als 1 Jahr verhängt ist (**aM** LR-Hanack 11). Die Verteidigerbestellung ist danach auch nicht notwendig, wenn es um Fragen rechtlicher oder tatsächlicher Art geht, deren Antwort auf der Hand liegt (BVerfG aaO), oder wenn die von dem Beschwerdeführer vertretene Rechtsansicht abwegig ist (Dahs NJW **78**, 140).

9 Demgegenüber hält eine im Vordringen befindliche Meinung die Bestellung eines Verteidigers stets für notwendig (SK-Wohlers 21 ff; Ziegler DAV-FS 934). Dem ist zuzustimmen (Meyer-Goßner BGH-FS 617), entspr verfährt inzwischen auch teilw die Praxis. **Zuständig für die Verteidigerbestellung** ist der Vorsitzende des Revisionsgerichts (BGH **19**, 258, 261; Hamm MDR **76**, 1038). Duldet er nur das Auftreten des von ihm nicht beigeordneten Pflichtverteidigers, so kann darin eine stillschweigende Beiordnung liegen (BGH NStZ **97**, 299; Düsseldorf NStZ **84**, 43; erg 7 zu § 141).

10 B. Nach **§ 350 III,** einer Ausprägung des Rechts des Angeklagten auf ein faires Verfahren (BVerfGE **65**, 171 = NJW **84**, 113), muss ohne Rücksicht auf die Schwierigkeit der Rechtslage ein Pflichtverteidiger bestellt werden, wenn der Angeklagte, der nicht auf freiem Fuß (13 zu § 35) ist und nicht vorgeführt wird, die Bestellung in der Frist des III S 2 beantragt (krit zu der Vorschrift Hanack Dünnebier-FS 312 ff). Wiedereinsetzung gegen die Fristversäumung ist nicht möglich (KK-Kuckein 11). Auswahl und Bestellung des Verteidigers sind Sache des Vorsitzenden (§ 141 IV). Den bisherigen Pflichtverteidiger braucht er nicht beizuordnen (BGH **19**, 258, 261); auf Wünsche des Angeklagten, der die Eignung des Verteidigers für die Revisionsinstanz nicht beurteilen kann, braucht er keine Rücksicht zu nehmen (einschr KMR-Momsen 6 a). Zur Erscheinungspflicht des Pflichtverteidigers oben 5. Gelangt der Angeklagte vor der Revisionsverhandlung auf freien Fuß, so ist die Beiordnung zurückzunehmen, wenn sie nicht nach § 140 II (oben 7) aufrechterhalten werden muss.

11 **5) Wiedereinsetzung in den vorigen Stand** bei unverschuldeter Versäumung der Revisionsverhandlung sieht das Gesetz nicht vor; §§ 235, 329 III gelten nicht entspr (BGH MDR **75**, 25 [D]; KK-Kuckein 10; EbSchmidt NJW **67**, 585; **aM** LR-Hanack 15; Hanack Dünnebier-FS 313). Sie ist auch dann nicht zulässig, wenn die Mitteilung nach I unterblieben oder unrichtig war (Kiel MDR **50**, 303; KK-Kuckein 10; **aM** Koblenz MDR **70**, 66; SK-Wohlers 35; Dahs/Dahs 561; Hanack aaO) oder wenn kein Hinweis nach III erfolgt und der Angeklagte nicht vorgeführt worden ist (KK-Kuckein 10; **aM** AK-Maiwald 9 mwN); allerdings kann in diesen Fällen nun § 356 a in Betracht kommen (dort 2). Für den Nebenkläger gilt das entspr (Koblenz DRiZ **66**, 239).

Hauptverhandlung

351 **[I] Die Hauptverhandlung beginnt mit dem Vortrag eines Berichterstatters.**

[II] [1] Hierauf werden die Staatsanwaltschaft sowie der Angeklagte und sein Verteidiger mit ihren Ausführungen und Anträgen, und zwar der Beschwerdeführer zuerst, gehört. [2] Dem Angeklagten gebührt das letzte Wort.

1) Hauptverhandlung vor dem Revisionsgericht: 1

A. Der **Vortrag des Berichterstatters** (I) hat die Ergebnisse des bisherigen Verfahrens (vgl § 324 I S 1), soweit sie für das Revisionsgericht von Bedeutung sind, und die Revisionsanträge sowie deren Begründung zum Gegenstand. Zunächst werden idR die Formalitäten der Anfechtung vorgetragen; danach wird das angefochtene Urteil auszugsweise verlesen oder inhaltlich wiedergegeben. Hiervon kann unter entspr Hinweis abgesehen werden, wenn alle Mitglieder des Gerichts das Urteil kennen. Die Prozessrügen trägt der Berichterstatter mit allen Unterlagen vollständig vor; die sachlich-rechtliche Begründung der Revision überlässt er idR dem anwesenden Verteidiger oder Prozessbevollmächtigten. Auf Anregung des Vorsitzenden kann die Verhandlung bei Verurteilung wegen mehrerer Taten oder bei Konkurrenz von Revisionsrügen (9 ff zu § 352) zunächst auf bestimmte Teile oder Punkte beschränkt werden (Dahs 949; Sarstedt/Hamm 1273). 2

B. Eine **Beweisaufnahme** über die Tat findet nicht statt. Zur Aufklärung tatsächlicher Umstände, von denen die Prozessvoraussetzungen oder die Verfahrensrügen abhängen, können aber in der Hauptverhandlung im Freibeweis (7, 9 zu § 244) Beweise jeder Art erhoben werden (vgl BGH NStZ **93**, 349; KG StV **02**, 123), allerdings sind ihm Zeugen entzogen, die schon im Strengbeweisverfahren vernommen wurden (Bay **00**, 94 = JR **01**, 256 mit Anm Eisenberg); das Ergebnis der erhobenen Beweise ist den Verfahrensbeteiligten bekanntzugeben (Schulte Rebmann-FS 472). Zur Sachrüge ist eine Beweisaufnahme zulässig, wenn ein Erfahrungssatz (31 zu § 337) oder der Inhalt ausländischen Rechts festgestellt werden muss, sonst nicht (24 zu § 337). 3

Ob die **Verbindung** mehrerer beim Revisionsgericht anhängiger Verfahren entspr § 4 angeordnet werden kann (so BGH 1 StR 134 und 135/97 vom 9. 4. 1997), ist zweifelhaft (SK-Wohlers 3; Meyer-Goßner/Cierniak StV **00**, 698); jedoch können bei demselben Senat anhängige Verfahren entspr § 237 zur gemeinsamen Verhandlung verbunden werden (BGH 4 StR 662/96 und 4/97 vom 11. 3. 1997). 3a

C. **Worterteilung** (II S 1): Die Vorschrift ist eine Ordnungsvorschrift; von der in ihr bezeichneten Reihenfolge kann abgewichen werden (RG **64**, 133). Der Beschwerdeführer wird aber idR zuerst gehört. Der Bitte des Verteidigers, zunächst den StA zu hören, sollte stets stattgegeben werden (Sarstedt/Hamm 1272). 4

Eine Rechtspflicht des Gerichts, mit den Prozessbeteiligten **Rechtsgespräche** zu führen, besteht nicht, auch nicht nach Art 103 I GG (BVerfG NJW **65**, 147 mit abl Anm Arndt; BGH **22**, 336, 339; Fezer 20/44; vgl auch BVerfG MDR **87**, 290), nicht einmal, wenn das Revisionsgericht von seiner bisherigen Rspr abweichen will (KK-Kuckein 4; Jagusch NJW **62**, 1647; **aM** BVerwG NJW **61**, 891; 1549; SK-Wohlers 13; Dahs/Dahs 568; vgl auch LR-Hanack 7; erg 7 a zu § 265). 5

D. Das **letzte Wort** (19 zu § 258) gebührt nach II S 2 dem Angeklagten. Ist er nicht anwesend, steht es als höchstpersönliches Recht des Angeklagten dem Verteidiger aber nicht zu (SK-Wohlers 15; erg 20 zu § 258). 6

2) Beratung; Abstimmung: Die Beratung findet nach der Revisionsverhandlung statt, nicht vorher (Sarstedt/Hamm 1269). Eine Vorberatung über Rechtsfragen ist aber zulässig (KK-Kuckein 6; Wimmer NJW **50**, 202; **aM** KMR-Momsen 24 zu § 352; Croissant NJW **63**, 1711). Die Abstimmung erfolgt stufenweise, zunächst über die Zulässigkeit der Revision, sodann über die Prozessvoraussetzungen, 7 dann über die Verfahrensrügen und zum Schluss über die Sachrüge (vgl Mellinghoff 46 ff; 131 ff). Das Revisionsgericht entscheidet entspr § 263 I mit Zweidrittelmehrheit, wenn es nach § 354 I, I a, I b eine dem Angeklagten ungünstige Entscheidung in der Schuld- oder Rechtsfolgenfrage trifft, sonst nach § 196 GVG mit einfacher Mehrheit (BGH **49**, 371; KK-Kuckein 7; SK-Schlüchter/Velten 3 zu § 263; Roxin/Schünemann § 55, 77; **aM** LR-Hanack 11; SK-Wohlers 19; Mellinghoff 149; Spendel Schlüchter-GS 647: stets nach § 263 I); denn nur im Fall des § 354 I, I a, I b entscheidet das Revisionsgericht an Stelle des Tatrichters, im Übrigen besteht für § 263 im Revisionsverfahren kein Anwendungsbereich.

8 **3) Unterbrechung und Aussetzung**: §§ 229, 268 finden keine Anwendung. Gleichwohl ist auch hier zwischen einer durch den Vorsitzenden angeordneten kürzeren Unterbrechung (§ 228 I S 2) und einer vom Senat beschlossenen Aussetzung der Hauptverhandlung zu unterscheiden. Wird die Hauptverhandlung – etwa zur Beantwortung einer Rechtsfrage durch den GrS (§ 132 GVG) – ausgesetzt, so hindert dies anders als bei der Unterbrechung der Hauptverhandlung nicht, später nach Anhörung der Beteiligten im Beschlusswege nach § 349 zu entscheiden.

Umfang der Prüfung

352 **I Der Prüfung des Revisionsgerichts unterliegen nur die gestellten Revisionsanträge und, soweit die Revision auf Mängel des Verfahrens gestützt wird, nur die Tatsachen, die bei Anbringung der Revisionsanträge bezeichnet worden sind.**

II Eine weitere Begründung der Revisionsanträge als die in § 344 Abs. 2 vorgeschriebene ist nicht erforderlich und, wenn sie unrichtig ist, unschädlich.

1 **1)** Die **Zulässigkeit der Revision** ist auch noch in der Hauptverhandlung zu prüfen (1 zu § 349). Dazu gehört insbesondere die Anfechtungsberechtigung (4 zu § 333), bei Revision des Nebenklägers dessen Anschlussbefugnis (20 ff zu § 396) sowie die Einhaltung der gesetzlichen Fristen (§§ 341, 345 I) und Form (§§ 344, 345 II), bei beschränkter Revision auch die Rechtswirksamkeit der Beschränkung (7 zu § 344). Hat der Tatrichter über eine selbständige Tat der zugelassenen Anklage nicht entschieden, ist der Fall noch bei diesem anhängig; das Revisionsgericht hat nicht darüber zu befinden (BGH NStZ **07**, 476; erg 4 zu § 327).

2 **2) Die Prozessvoraussetzungen** (Einl 141 ff) werden, soweit es sich um Befassungsverbote handelt, von Amts wegen geprüft (Einl 150), auch wenn bereits Teilrechtskraft eingetreten ist (Einl 151; 6 zu § 337).

3 Bei Revision gegen ein Berufungsurteil wird auch die **Zulässigkeit der Berufung** von Amts wegen geprüft (Frankfurt StV **87**, 289; Stuttgart Justiz **86**, 27; einschr SK-Wohlers 5). Hat das Berufungsgericht zB übersehen, dass die Berufung verspätet oder nicht in zulässiger Weise (zB telefonisch) eingelegt war, so wird das Urteil aufgehoben und die Berufung als unzulässig verworfen (Bay DAR **85**, 246 [R]). Das gilt auch, wenn das Urteil, weil es von einem anderen Verfahrensbeteiligten zulässig und rechtzeitig angefochten worden ist, noch keine Rechtskraft erlangt hat (RG **65**, 250; KK-Kuckein 22; LR-Hanack 3; **aM** Bay **93**, 140 = NStZ **94**, 48); denn das Revisionsgericht muss, um zu dieser Feststellung zu gelangen, die Zulässigkeit der Berufungen von Amts wegen prüfen, und das Ergebnis dieser Prüfung wird nicht dadurch unbeachtlich, dass sich eine der beiden Berufungen als zulässig erweist.

4 Das Revisionsgericht hat **ferner von Amts wegen**, unabhängig von einer sachlichen Beschwer des Beschwerdeführers und ohne Bindung an die rechtliche Beurteilung durch den Tatrichter, zu prüfen, ob das Berufungsgericht über alle Bestandteile des 1. Urteils entschieden hat, die von der Berufung erfasst wurden (Bay **77**, 80 = JR **78**, 248 mit Anm Zipf; Frankfurt VRS **50**, 416; Koblenz VRS **43**, 256;

70, 144; Oldenburg VRS **38**, 426), insbesondere, ob die Berufungsbeschränkung, von der das Berufungsgericht ausgegangen ist, wirksam war (BGH **27**, 70, 72; Hamm NJW **73**, 1141, 1143; Karlsruhe Justiz **88**, 27; 9 zu § 327). War das nicht der Fall, so muss das Berufungsgericht die Sache nach Zurückverweisung auch zu dem Teil neu verhandeln, der zu Unrecht als rechtskräftig beurteilt war (Hamm aaO). Ist das Berufungsgericht in der Nachprüfung zu weit gegangen, so wird insoweit der richtige Zustand hergestellt. Bei wirksamer Berufungsbeschränkung darf das Revisionsgericht nur den noch angefochtenen Urteilsteil prüfen.

3) Verfahrensmängel werden nur auf zulässige Rüge (§ 344 II) geprüft. Andere als die von dem Beschwerdeführer bei Anbringung der Revisionsanträge oder in der Frist des § 345 I oder, bei Wiedereinsetzung gegen die Versäumung dieser Frist, innerhalb der Frist des § 45 I geltend gemachten Tatsachen darf das Revisionsgericht nicht berücksichtigen (BGH **17**, 337, 339; **18**, 214; Karlsruhe Justiz **86**, 308), wenn Wiedereinsetzung bewilligt war, grundsätzlich auch keine Verfahrensrügen, die in der verspäteten Begründungsschrift nicht enthalten waren (BGH NStZ **85**, 181). Rechtsausführungen zu Verfahrensrügen können dagegen bis zum Urteilserlass nachgeschoben werden. Genügt das Tatsachenvorbringen nicht für die von dem Beschwerdeführer erhobene Verfahrensrüge, aber für eine andere, die er nicht erhoben hat, so wird die Rüge umgedeutet (BGH MDR **78**, 805 [H]; KG StV **99**, 197; Oldenburg VRS **46**, 201; Stuttgart VRS **61**, 379, 380). 5

Die **Richtigkeit der Tatsachen** prüft das Revisionsgericht, soweit § 274 nicht gilt, im Freibeweis (7, 9 zu § 244). Der Beschwerdeführer hat keine Beweislast; Zweifel gehen aber zu seinen Lasten (35 zu § 261; 12 zu § 337). 6

Die **Zurücknahme** der Verfahrensrügen ist bis zur Entscheidung zulässig (BGH **14**, 240, 243; Bay **58**, 299 = MDR **59**, 144); der Verteidiger braucht dazu keine besondere Ermächtigung (Kaiser NJW **82**, 1368). 7

4) Auf die **unbeschränkte Sachrüge** wird das Urteil in sachlich-rechtlicher Hinsicht in vollem Umfang geprüft (BGH **1**, 44, 46). Unrichtige Rechtsausführungen sind unschädlich (II). Bis zur Entscheidung können die Ausführungen ergänzt werden (BGH NStZ **88**, 20 [Pf/M]). Eine angekündigte weitere Revisionsbegründung braucht das Revisionsgericht aber nicht abzuwarten. 8

5) Zusammentreffen mehrerer Rügen: Wenn die Revision verworfen werden soll, müssen alle Rügen geprüft werden. Ist die Urteilsaufhebung geboten, so gilt dagegen der Grundsatz des Vorrangs des weitestreichenden Revisionsgrundes (LR-Hanack 12; Dahs 972; Jagusch NJW **62**, 1417). Die Aufhebung wird auf denjenigen Mangel gestützt, mit dessen Erörterung die Sache am schnellsten erledigt werden kann (Sarstedt H. Mayer-FS 539). 9

Von **mehreren Verfahrensrügen** braucht nur diejenige geprüft zu werden, die zweifelsfrei zur Aufhebung zwingt; über die anderen, auch wenn sie zwingende Aufhebungsgründe (§ 338) betreffen, braucht nicht entschieden zu werden. Der Beschwerdeführer kann dem Revisionsgericht die Reihenfolge der Prüfung nicht vorschreiben. 10

Das Revisionsgericht kann auch **von der Entscheidung über die Sachrüge absehen,** wenn bereits eine Verfahrensrüge durchgreift. Dass dann die Rechtsfolge des § 357 (Haase GA **56**, 278) und die Rechtswirkung des § 358 I nicht eintreten, spielt keine Rolle (**aM** Jagusch NJW **62**, 1419). Durch die nur hilfsweise Erhebung der Verfahrensrügen kann der Beschwerdeführer das Revisionsgericht nicht zur Entscheidung über die Sachrüge zwingen; solche Rügen sind unzulässig (12 zu § 344). 11

Umgekehrt können die **Verfahrensrügen unbeschieden bleiben,** auch die nach § 338, wenn die Sachrüge durchgreift (BGH **17**, 253 = JR **62**, 387 mit Anm EbSchmidt; **27**, 124, 132). Insbesondere kann das Revisionsgericht den Angeklagten ohne Rücksicht auf ihre Begründetheit freisprechen (BGH **17**, 253 = JR **62**, 387 mit Anm EbSchmidt; Dahs 972), auch wenn Rügen nach § 338 erhoben worden sind (Hanack JZ **73**, 778; Jagusch NJW **62**, 1417). 12

13 Wenn danach die Sach- oder die Verfahrensrüge nicht verbeschieden werden, sollte sich das Gericht auch jeder sachlichen Äußerung hierzu enthalten. Es ist eine Unsitte, wenn das Revisionsgericht hierzu Ausführungen macht, wie „Der Senat neigt dazu …", um die Frage aber dann letztlich offen zu lassen, weil es nicht darauf ankommt (Beulke/Witzigmann JR **08**, 432). Fezer (Küper-FS 45, 50) hält solche *obiter dicta* sogar für unzulässig, soweit sie nicht zB bei einer Zurückverweisung an den Tatrichter „der rechtlichen Bewältigung des konkreten Verfahrens" dienen (aaO S 57; dagegen Rissing-van Saan Widmaier-FS 513).

Revisionsurteil

353 **I Soweit die Revision für begründet erachtet wird, ist das angefochtene Urteil aufzuheben.**

II Gleichzeitig sind die dem Urteil zugrunde liegenden Feststellungen aufzuheben, sofern sie durch die Gesetzesverletzung betroffen werden, wegen deren das Urteil aufgehoben wird.

1 **1)** Die **Verwerfung der Revision** durch Urteil regelt das Gesetz nicht näher (zum Erlass einer Teilentscheidung vgl 8 zu § 260). Im Gegensatz zur Beschlussverwerfung (24 zu § 349) ist die Entscheidung endgültig. Die Zurücknahme des Verwerfungsurteils ist auch bei tatsächlichem Irrtum ausgeschlossen (**aM** Rieß JR **78**, 523); § 33 a ist nicht anwendbar (dort 7). Gleichzeitig mit dem Verwerfungsurteil, in dem über die Kosten nach § 473 I zu entscheiden ist, berichtigt das Revisionsgericht, falls es das für erforderlich erachtet, die Liste der angewendeten Vorschriften (vgl BGH NJW **79**, 1259, 1260) und entscheidet über Rechtsmittel nach §§ 305 a, 464 III S 1 Hs 1 und § 8 III S 1 **StrEG.** Zur Berichtigung offensichtlicher Fassungsversehen vgl 33 zu § 354.

2 **2)** Zur **Einstellung des Verfahrens** nach § 153, nicht aber nach § 153 a (dort 47), ist das Revisionsgericht befugt; eine Urteilsaufhebung erfolgt dann nicht (vgl Naucke StASchlH-FS 468; erg 6 zu § 354). Die tatsächlichen Voraussetzungen des § 153 müssen sich aus dem angefochtenen Urteil ergeben; Beweiserhebungen durch das Revisionsgericht kommen nicht in Betracht (RG **77**, 72, 75; Bay **52**, 12 = MDR **52**, 247; Bremen NJW **51**, 326; Naucke aaO 466). Das Gleiche gilt bei der Einstellung nach § 153 e. Die Einstellung nach § 154 II setzt voraus, dass sich der Tatrichter in seinem Urteil mit der Tat befasst hat (BGHR § 352 I Prüfungsumfang 4; Celle NStZ **08**, 118; Meyer-Goßner JR **85**, 454; vgl auch BGH **46**, 130; NStZ **93**, 551), unterliegt aber sonst keinen Beschränkungen außer dem Antragserfordernis (RG **73**, 400; Bremen aaO). Den Antrag muss die StA bei dem Revisionsgericht stellen; der Angeklagte braucht dazu nur dann angehört zu werden, wenn die Begehung der eingestellten Tat für die Zumessung der Strafen für die übrigen abgeurteilten Taten von Bedeutung war (BGH NStZ-RR **08**, 183).

3 Mit deren Zustimmung kann auch die **Verfolgungsbeschränkung** nach § 154 a II (BGH **21**, 326, 328; MDR **66**, 383 [D]; 559 [D]; erg 22 zu § 154 a) und § 430 angeordnet werden. Zur Einstellung wegen eines Prozesshindernisses unten 13.

4 **3) Die Aufhebung des angefochtenen Urteils** (I) ist erforderlich, wenn und soweit die Revision begründet ist (zu einem Ausnahmefall vgl aber BGH **41**, 72, 94). Sie kommt allerdings nicht in Betracht, wenn der Tatrichter rechtsirrig oder versehentlich von einer Entscheidung über eine angeklagte Tat abgesehen hat, denn dann ist das Verfahren in diesem Umfang weiterhin bei ihm anhängig (BGH **46**, 130; NStZ-RR **02**, 98 [B]). Die Nebenentscheidungen nach §§ 465 ff und nach §§ 2 ff **StrEG** entfallen ohne besonderen Ausspruch (20 zu § 464). Mit der Aufhebung sind die weiteren Entscheidungen nach §§ 354, 355 zu verbinden. Bei Zurückverweisung nach §§ 354 II, III, 355 wird die Entscheidung über die Kosten der Revision dem neuen Tatrichter überlassen (3 zu § 464). Für die Urteilsaufhebung gilt im Einzelnen:

A. **Neben dem Berufungsurteil** muss auch das 1. Urteil aufgehoben werden, wenn das Berufungsgericht gegen § 328 II verstoßen (Gössel JR **82**, 272), trotz bereits eingetretener Rechtskraft des Strafbefehls entschieden (Oldenburg MDR **71**, 680; KK-Kuckein 19) oder ein Verwerfungsurteil nach § 412 zu Unrecht bestätigt hat (dort 11). Ist eine bereits zurückgenommene Berufung nach § 329 I verworfen worden, so wird das Urteil ersatzlos aufgehoben (Zweibrücken VRS **63**, 57). 5

B. **Teilaufhebung** erfolgt, wenn von den Revisionen mehrerer Beschwerdeführer nur einzelne begründet sind oder, bei Revision eines einzigen Beschwerdeführers, wenn die begründete Revision nur beschränkt eingelegt war (4 ff zu § 344) oder wenn die Revision nur teilw begründet ist; dann wird die weitergehende Revision verworfen (LR-Hanack 5). Die Teilaufhebung ist nur in den Grenzen zulässig, die für die Wirksamkeit der Teilanfechtung des Urteils bestehen (BGH NStZ **97**, 276; 3 StR 297/97 vom 9. 7. 1997; München VRS **118**, 127; erg 7 ff zu § 344). Eine Aufrechterhaltung des Strafausspruchs ist bei Aufhebung des Schuldspruchs stets ausgeschlossen (BGH 1 StR 3/07 vom 3. 7. 2007). 6

C. **Vollaufhebung:** Bei Aufhebung eines **Freispruchs** kann sich auch die Aufhebung einer nicht angefochtenen Verurteilung wegen einer anderen Tat als notwendig erweisen, wenn die Möglichkeit besteht, dass beide Taten zu einer Bewertungseinheit (Einl 175 a) zusammenzufassen sind (BGH NStZ-RR **03**, 292 [B]). Das Gleiche gilt, wenn eine möglicherweise gebotene Verurteilung wegen einer Tat unterblieben ist, die ggf mit einer abgeurteilten Tat in Tateinheit stehen kann (BGH 1 StR 288/05 vom 20. 9. 2005; vgl auch KK-Kuckein 23 a). Erg unten 15 a. 6a

D. Ein **fehlerhafter Schuldspruch kann bestehen bleiben,** wenn der Fehler schon durch die Aufhebung des Rechtsfolgenausspruchs beseitigt wird, zB wenn der Tatrichter bei einheitlicher Tat nur den Schuldumfang zu hoch angesetzt hat (BGH MDR **77**, 461 [H]; wistra **83**, 257, 258; KK-Kuckein 13, 14; **aM** Bay **72**, 264, 267 = NJW **73**, 633, 634; vgl auch RG **75**, 243: teilweises Fehlen der Strafanträge; Düsseldorf MDR **84**, 1046: teilweiser Strafklageverbrauch). Der Schuldspruch wegen Mordes kann auch dann bestehen bleiben, wenn eines von mehreren vorliegenden Mordmerkmalen fehlerhaft bejaht wurde und insoweit weitere Feststellungen erforderlich sind (BGH **41**, 222). Liegt zwar nicht der von dem Tatrichter herangezogene Straferschwerungsgrund nach § 243 oder § 250 StGB vor, aber ein anderer, so kann der Schuldspruch ebenfalls aufrechterhalten werden, uU auch der Strafausspruch (BGH MDR **68**, 201 [D]; KMR-Momsen 5; **aM** hinsichtlich des Strafausspruchs: LR-Hanack 10). Entsprechendes gilt bei Verurteilung nach § 323 a StGB, wenn von mehreren Rauschtaten eine entfällt (BGH VRS **36**, 36; Oldenburg VRS **40**, 29), idR aber auch bei rechtsfehlerhafter Beurteilung der einzigen Rauschtat (RG **69**, 189; **aM** BGH **14**, 114). 7

Bei Tateinheit steht aber die Einheitlichkeit der Tat einer Aufrechterhaltung des vom Rechtsfehler nicht betroffenen Teils entgegen (**aM** Bay **98**, 191 = NStZ-RR **00**, 53, falls nur noch ein persönlicher Strafausschließungsgrund zu prüfen ist); anders ist es nur, wenn hinsichtlich eines (von mehreren in Tateinheit verbundenen) Straftatbestandes lediglich eine Verfahrensvoraussetzug rechtsfehlerhaft beurteilt wurde (BGH NStZ-RR **07**, 5 [B]). 7a

E. Ob die **Urteilsaufhebung im Strafausspruch** sich auf die daneben angeordneten Sicherungsmaßregeln nach §§ 63 ff StGB und bei Teilaufhebung auf die Gesamtstrafe erstreckt, richtet sich nach den für die Rechtsmittelbeschränkung geltenden Grundsätzen (BGH NJW **84**, 622, 623; MDR **80**, 454 [H]; NStZ **82**, 483; NStZ-RR **09**, 36 [C]; vgl auch BGH DAR **85**, 191 [Sp]). Bei fehlerhafter Nichtanrechnung der UHaft nach § 51 I S 2 StGB wird die Aufhebung unter Aufrechterhaltung des übrigen Strafausspruchs hierauf beschränkt (BGH **7**, 124), ebenso bei fehlerhafter Anrechnung der Strafe nach § 51 IV S 2 StGB (BGH NJW **82**, 1236, 1237). Der eigentliche Strafausspruch bleibt auch bestehen, wenn nur die Anwendung des § 42 StGB nicht oder fehlerhaft geprüft worden ist 8

(RG **64**, 207, 208; **aM** Bremen NJW **54**, 522); gleiches gilt im Fall des § 55 StGB (BGH **35**, 243, 246; BGHR § 55 I S 1 StGB Zäsurwirkung 3; Koblenz OLGSt § 55 StGB S 2). Hat der Tatrichter bei der Bemessung einer Geldstrafe die Festsetzung der Tagessatzhöhe unterlassen, so kann die Sache allein zur Nachholung dieser Entscheidung zurückverwiesen werden (BGH **30**, 93; **34**, 90; VRS **60**, 192).

9 Die **Mitaufhebung des Schuldspruchs** kann erforderlich sein bei Fehlerhaftigkeit doppelrelevanter Tatsachen (Einl 187; Frankfurt NStZ-RR **99**, 336), zB bei Feststellungen über wesentliche Umstände des Tathergangs (BGH StV **83**, 140; **84**, 188 mit Anm Wagner) und bei Nichtberücksichtigung des Mitverschuldens des Unfallgegners (vgl Bay **66**, 155 = VRS **32**, 283; **aM** BGH VRS **19**, 108, 110), sowie allgemein zur Vermeidung widersprüchlicher Feststellungen im neuen Urteil (BGHR Aufhebung 2).

10 Bei Tatmehrheit kann die Aufhebung eines Einzelstrafausspruchs zur **Aufhebung der weiteren Einzelstrafaussprüche** zwingen, wenn nicht auszuschließen ist, dass sie durch den Rechtsfehler beeinflusst sind (BGH NJW **79**, 378; **81**, 2204, 2206; StV **84**, 204; VRS **65**, 428, 430; Stuttgart VRS **73**, 191, 194). Fällt von 44 Einzelstrafen aber nur eine weg, so braucht nicht einmal der Gesamtstrafausspruch aufgehoben zu werden (BGH 5 StR 434/81 vom 8. 9. 1981).

11 Bei der **Aufhebung des Gesamtstrafausspruchs** entfallen nicht zugleich verhängte Maßnahmen iS des § 11 I Nr 8 StGB; sollen sie aufgehoben werden, ist eine ausdrückliche Anordnung notwendig (vgl BGH **33**, 306, 310).

11a Bei **erfolgreicher Anfechtung der Nichtanordnung der Unterbringung** nach §§ 63, 64, 66 StGB wird idR der Strafausspruch mitaufgehoben, weil die Strafe bei Anordnung der Maßregel möglicherweise niedriger ausgefallen wäre; wenn das ausgeschlossen werden kann, kann die Strafe aber auch bestehen bleiben (vgl BGH NStZ **94**, 281).

12 **4)** Die **Aufhebung der Urteilsfeststellungen** (II) ist nicht die notwendige Folge der Urteilsaufhebung, sondern nur erforderlich, soweit sie von der Gesetzesverletzung betroffen sind, die der Urteilsaufhebung zugrunde liegen. Sie kann in der Urteilsformel auch in der Weise ausgesprochen werden, dass bestimmte Feststellungen aufrechterhalten werden, wobei hier aber im Hinblick auf möglicherweise andersartige Erkenntnisse im neuen Verfahren Vorsicht am Platze ist (vgl dazu Widmaier StraFo **04**, 366). Fehlt der Ausspruch, so galten die Feststellungen nach bisheriger Übung als in vollem Umfang aufgehoben (LR-Hanack 18); demgegenüber vertritt nunmehr BGH NJW **07**, 1540 (mit wenig überzeugendem Hinweis auf den Wortlaut des § 353) die Ansicht, dass die Feststellungen bestehen bleiben, wenn sie nicht ausdrücklich aufgehoben werden. Das dient nicht gerade der Klarheit (vgl. etwa BGH 2 StR 176/08 vom 25. 6. 2008, wo im Tenor das landgerichtliche Urteil aufgehoben wird und sich erst aus den Gründen ergibt, dass die getroffenen Feststellungen bestehenbleiben sollen); besser scheint es, Feststellungen, die nicht aufgehoben werden, durch Ausspruch im Tenor der Entscheidung aufrechtzuerhalten und nicht nur in den Gründen hierauf hinzuweisen (so zB auch BGH 3 StR 505/07 vom 21. 2. 2008). Die Senate des BGH verfahren bisher uneinheitlich.

13 Bei Übersehen oder irriger Annahme eines **Prozesshindernisses** hängt die Entscheidung über die Aufhebung der Feststellungen davon ab, ob ein Befassungs- oder ein Bestrafungsverbot vorliegt (dazu Einl 143 ff): Bei letzteren können die Feststellungen ggf bestehen bleiben (so BGH **4**, 287, 289 bei Amnestie), bei ersteren hingegen nicht (vgl die Hinweise in BGH **41**, 308 auf fehlende Anklage oder Fehlen der deutschen Gerichtsbarkeit; SK-Wohlers 19). Dürfen und sollen die Feststellungen aufrechterhalten werden, muss das aber hier jedenfalls ausdrücklich ausgesprochen werden (unrichtig daher BGH **41**, 305 bei einer Einstellung wegen Verjährung; abl auch Wollweber NJW **96**, 2635); das gilt – entgegen BGH aaO – auch, wenn fehlerhaft lediglich eingestellt und nicht zuvor, wie es bei übersehenen

Verfahrenshindernissen erforderlich ist (vgl 6 zu § 206a), das fehlerhafte Urteil aufgehoben worden ist.

Verfahrensfehler zwingen meist zur Aufhebung des Urteils mit allen Feststellungen (KK-Kuckein 28), auch die Urteilsverkündung unter unzulässigem Ausschluss der Öffentlichkeit (LR-Hanack 20; Sarstedt/Hamm 431; W. Schmid JZ **69**, 765; **aM** SK-Wohlers 20). Die Feststellungen zu der Tat, die Gegenstand des Freispruchs ist, können dagegen aufrechterhalten werden, wenn die Sache auf Revision der StA nur deshalb zurückverwiesen wird, weil der Tatrichter die Wiedereinbeziehung einer nach § 154a ausgeschiedenen Gesetzesverletzung unterlassen hat (BGH **32**, 84 = JR **84**, 478 mit Anm Maiwald = NStZ **84**, 129 mit Anm Bruns). 14

Bei Aufhebung wegen **sachlich-rechtlicher Mängel** gilt der Grundsatz tunlichster Aufrechterhaltung der von der Gesetzesverletzung nicht berührten Feststellungen (BGH **14**, 30, 35; hiergegen LR-Hanack 21; Gössel Rieß-FS 131; krit auch Dahs Hanack-Symp 89; *de lege ferenda* Krauth Tröndle-FS 512). Daher werden die Feststellungen zur äußeren Tatseite aufrechterhalten bei unterlassener oder fehlerhafter Prüfung der Schuldfähigkeit nach § 20 StGB (BGH **14**, 30, 34; NJW **64**, 2213; MDR **85**, 626 [H]; **90**, 95 [H]) oder des Verbotsirrtums nach § 17 StGB (Celle LRE **10**, 288; Hamburg NJW **67**, 213), bei fehlerhafter Beurteilung der Frage des bedingten Vorsatzes (BGH StV **83**, 360), der niedrigen Beweggründe iS des § 211 StGB (BGH GA **80**, 24), der Vorteilssicherungsabsicht nach § 257 StGB (BGH MDR **85**, 447 [H]), bei Fehlen von Feststellungen zur inneren Tatseite bei § 142 StGB (Hamburg OLGSt § 142 StGB S 132) oder § 316 StGB (Bay DAR **87**, 316 [B]) und wenn eine Schuldspruchberichtigung (12ff zu § 354) nur an dem Fehlen des Hinweises nach § 265 I scheitert (BGH **14**, 30, 37; Bremen LRE **9**, 204; Stuttgart NJW **73**, 1385, 1387). 15

Bei **Aufhebung eines freisprechenden Urteils** können die den Angeklagten belastenden Feststellungen zum äußeren Tatgeschehen idR nicht aufrechterhalten werden, weil er das Urteil insoweit nicht hätte anfechten können (BGH 5 StR 537/99 vom 15. 12. 1999; 3 StR 595/99 vom 23. 2. 2000; 4 StR 518/09 vom 21. 1. 2010), anders allenfalls bei einem geständigen Angeklagten (BGH NJW **92**, 382, 384) oder bezüglich der für die Zuständigkeit der allgemeinen StrK bedeutsamen Feststellungen zum Lebensalter des Angeklagten (BGH MDR **84**, 444 [H]). 15a

Die ausdrückliche Aufhebung der **Feststellungen zum Strafausspruch** ist üblich (vgl BGH NJW **84**, 622, 623). Beruht die Aufhebung des Strafausspruchs allerdings nur auf einem Wertungsfehler, bedarf es der Aufhebung der Feststellungen nicht (BGH 2 StR 403/93 vom 29. 9. 1993). Teilw können zB die Feststellungen aufrechterhalten werden, wenn § 59 StGB fehlerhaft angewendet worden ist (Zweibrücken VRS **66**, 198, 202). 16

5) Bindung des neuen Tatrichters: 17

A. Bei **Aufhebung des ganzen Urteils** ist der Tatrichter in der Beurteilung frei. Nur an die Aufhebungsansicht des Revisionsgerichts ist er nach § 358 I gebunden. 18

B. Bei **teilweiser Urteilsaufhebung** wegen einer von mehreren in Tatmehrheit stehender Taten besteht keine Bindung des neuen Tatrichters an die Tatsachenfeststellungen, die dem in Rechtskraft erwachsenen Urteilsteil zugrunde liegen (BGH NJW **07**, 1540, 1541; Bay **59**, 126 = JZ **60**, 30 mit Anm Heinitz; Meyer JR **72**, 204), wohl aber bei Tatidentität iS des § 264 (BGH **28**, 119 = JR **79**, 299 mit Anm Grünwald; **aM** LR-Hanack 27; erg 10 zu § 318). 19

Bei **Teilaufhebung im Rechtsfolgenausspruch** ist begrifflich zwar keine Rechtskraft der Feststellungen zum Schuldspruch möglich (Koblenz NJW **83**, 1921; Bruns NStZ **84**, 129, 131; Kleinknecht JR **68**, 468; erg Einl 188). Sie sind aber für das weitere Verfahren bindend (BGH **30**, 340; NStZ **82**, 483; Hamm NJW **68**, 314; vgl auch Koblenz NJW **83**, 1921: bei Aufhebung auf Sprungrevision nach § 335 keine Bindung des Berufungsgerichts), auch wenn es sich um sog 20 doppelrelevante Tatsachen (Einl 187) handelt, die auch für die Rechtsfolgenfrage von Bedeutung sind (BGH **24**, 274; MDR **88**, 102 [H]; NStZ **88**, 214; Stuttgart NJW **82**, 897, 898; Winkler StraFo **04**, 369; erg 5 zu § 327), selbst wenn das Erstgericht nur zugunsten des Angeklagten von solchen Tatsachen ausgegangen ist (BGH NStZ **88**, 88); über die bindend gewordenen Feststellungen wird kein Beweis erhoben (BGH StraFo **03**, 384). Dazu zählen Feststellungen zum Lebensalter (BGH NStZ **00**, 388), zu den Tatzeiten (BGH StraFo **04**, 279), nicht jedoch solche zur erheblichen Verminderung der Schuldfähigkeit des Angeklagten; diese gehören nur zum Rechtsfolgenausspruch (BGH NStZ-RR **97**, 237; **09**, 148; **aM** Ernemann Meyer-Goßner-FS 624), ebenso Feststellungen zu den Tatfolgen (BGH StraFo **04**, 143; StV **07**, 23) etwa zum besonders schweren Fall (3 StR 52/08 vom 22. 4. 2008) und zum Nachtatverhalten (BGH NStZ-RR **05**, 262 [B]), nicht aber die Frage der Kompensation (9a zu Art 6 MRK) einer bis zur revisionsgerichtlichen Entscheidung eingetretenen rechtsstaatswidrigen Verfahrensverzögerung (BGH NJW **09**, 3734). Die in der neuen Verhandlung getroffenen Feststellungen müssen mit den aufrechterhaltenen ein einheitliches und widerspruchsfreies Ganzes bilden (BGH **7**, 283, 287; **10**, 71, 72; **24**, 274; **28**, 119 = JR **79**, 299 mit Anm Grünwald; BGH StV **86**, 142; Winkler aaO; 7 zu § 318). Sie dürfen denen zur Schuldfrage nicht widersprechen oder, wenn sie ihnen widersprechen, dem Strafausspruch nicht zugrunde gelegt werden (BGH aaO; DAR **79**, 191 [Sp]; NStZ **82**, 29; StV **81**, 607; NStZ-RR **96**, 203). Das gilt nicht nur für die Feststellungen zu den Tatbestandsmerkmalen, sondern für alle zum geschichtlichen Vorgang gehörenden Feststellungen (BGH **24**, 274; MDR **88**, 102 [H]) einschließlich der Feststellungen über die persönlichen Verhältnisse des Angeklagten (BGH MDR **78**, 640 [H]; NStZ **85**, 207 [Pf/M]), seine Vorstrafen und das Nachtatverhalten (BGH 3 StR 301/09 vom 29. 9. 2009). Die Bewertung der Tat als Jugendverfehlung (§ 105 JGG, BGH NStZ **05**, 644) oder als besonders schwerer Fall gehört zur Rechtsfolgenfrage und ist daher nicht bindend (BGH StV **84**, 497 L; vgl aber andererseits Frankfurt NStZ-RR **96**, 309 zu doppelrelevanten Tatsachen). Keine Bindungswirkung haben auch die Feststellungen zu der Frage, ob ein Zeuge wegen Teilnahmeverdachts unvereidigt bleiben muss (BGH NJW **85**, 630). Die Vernehmung des früheren Richters zu im aufgehobenen Urteil nicht enthaltenen Strafzumessungserwägungen ist unzulässig (BGH NStZ-RR **98**, 204).

21 **6)** Bei **Aufrechterhaltung von Feststellungen** tritt ebenfalls eine innerprozessuale Bindungswirkung ein. In dem Umfang, in dem die Feststellungen aufrechterhalten worden sind, darf keine neue Beweisaufnahme stattfinden (BGH **14**, 30, 38; **30**, 340; Koblenz NJW **83**, 1921), das festgestellte Tatgeschehen darf auch nicht anders bewertet werden (BGH NJW **06**, 3794 L = NStZ-RR **06**, 317). Neu festgestellte Tatsachen, die den aufrechterhaltenen Feststellungen widersprechen, dürfen nicht berücksichtigt werden, selbst wenn die neue Verhandlung ihre Unrichtigkeit ergeben hat (BGH **14**, 30, 36). Eine Ausnahme gilt auch nicht für den Fall, dass sich in der Hauptverhandlung die Schuldunfähigkeit des Angeklagten ergibt (KK-Kuckein 33; offen gelassen von BGH StraFo **98**, 163) oder sich zweifelsfrei die Unschuld des Angeklagten herausstellt (KK-Kuckein 33; Ernemann Meyer-Goßner-FS 627; offen gelassen bei BGH NJW **82**, 1295; Gössel Rieß-FS 119 will §§ 359ff entspr anwenden).

Eigene Sachentscheidung; Zurückverweisung

354 **I Erfolgt die Aufhebung des Urteils nur wegen Gesetzesverletzung bei Anwendung des Gesetzes auf die dem Urteil zugrunde liegenden Feststellungen, so hat das Revisionsgericht in der Sache selbst zu entscheiden, sofern ohne weitere tatsächliche Erörterungen nur auf Freisprechung oder auf Einstellung oder auf eine absolut bestimmte Strafe zu erkennen ist oder das Revisionsgericht in Übereinstimmung mit dem Antrag der Staatsanwaltschaft**

die gesetzlich niedrigste Strafe oder das Absehen von Strafe für angemessen erachtet.

Ia [1]**Wegen einer Gesetzesverletzung nur bei Zumessung der Rechtsfolgen kann das Revisionsgericht von der Aufhebung des angefochtenen Urteils absehen, sofern die verhängte Rechtsfolge angemessen ist. [2]Auf Antrag der Staatsanwaltschaft kann es die Rechtsfolgen angemessen herabsetzen.**

Ib [1]**Hebt das Revisionsgericht das Urteil nur wegen Gesetzesverletzung bei Bildung einer Gesamtstrafe (§§ 53, 54, 55 des Strafgesetzbuches) auf, kann dies mit der Maßgabe geschehen, dass eine nachträgliche gerichtliche Entscheidung über die Gesamtstrafe nach den §§ 460, 462 zu treffen ist. [2]Entscheidet das Revisionsgericht nach Absatz 1 oder Absatz 1a hinsichtlich einer Einzelstrafe selbst, gilt Satz 1 entsprechend. [3]Die Absätze 1 und 1a bleiben im Übrigen unberührt.**

II [1]**In anderen Fällen ist die Sache an eine andere Abteilung oder Kammer des Gerichtes, dessen Urteil aufgehoben wird, oder an ein zu demselben Land gehörendes anderes Gericht gleicher Ordnung zurückzuverweisen. [2]In Verfahren, in denen ein Oberlandesgericht im ersten Rechtszug entschieden hat, ist die Sache an einen anderen Senat dieses Gerichts zurückzuverweisen.**

III **Die Zurückverweisung kann an ein Gericht niederer Ordnung erfolgen, wenn die noch in Frage kommende strafbare Handlung zu dessen Zuständigkeit gehört.**

Übersicht

1) Die **eigene Sachentscheidung des Revisionsgerichts** (I; durch das 1.JuMoG um die Möglichkeiten des I a und I b erweitert) kann unter bestimmten Voraussetzungen mit der Urteilsaufhebung nach § 353 I verbunden werden. Die Entscheidung nach I geht der nach II und III, die nach III der nach II, § 355 aber insgesamt § 354 vor (Meyer-Goßner Schlüchter-GS 519, 531 ff). 1

A. Nur bei **Urteilsaufhebung wegen sachlich-rechtlicher Mängel** ist eine Entscheidung in der Sache selbst zulässig; das Vorliegen von Prozesshindernissen steht dem gleich. Das gilt auch für die Anwendung des I a (Ventzke NStZ **05**, 461; **aM** Senge StraFo **06**, 314). Die Feststellungen dürfen von der Urteilsaufhebung nicht betroffen sein. Sind sie fehlerhaft, so muss stets nach II oder III verfahren werden (Jagusch NJW **62**, 1417; eingehend Schuhr Stöckel-FS 327; Steinmetz, Sachentscheidungskompetenz des Revisionsgerichts in Strafsachen, 1997). 2

B. **Freisprechung** kommt nur in Betracht, wenn die bisherigen Feststellungen vollständig und fehlerfrei sind (BGH **13**, 268, 274; Hamburg VRS **59**, 300; Köln NJW **84**, 1979, 1980). Es muss auszuschließen sein, dass eine neue Hauptverhandlung noch Aufschlüsse zu erbringen vermag (BGH NStZ-RR **04**, 270; NJW **99**, 1562; **93**, 2451, wo aber auch Gesichtspunkte des Opferschutzes berücksichtigt werden; vgl auch unten 12). Die – ausschließlich nach dem Urteilsinhalt zu beurteilende (Köln VRS **86**, 127 mwN; BGHR Freisprechung 1 lässt offen, ob auch der Akteninhalt herangezogen werden darf; dafür KG StraFo **06**, 413; **07**, 245) – Möglichkeit, dass in der neuen Verhandlung weitere Feststellungen getroffen werden können, zwingt zur Zurückverweisung (vgl BGH **28**, 162, 164; NJW **78**, 2105, 2107; Köln VRS **64**, 434, 436); allein wegen einer Vermutung, es könnten sich neue, eine Verurteilung ermöglichende Tatsachen erge- 3 ben, darf aber nicht zurückverwiesen werden (KG aaO; Meyer-Goßner Schlüchter-GS 519). Hat der Tatrichter die Verfolgung nach § 154a beschränkt, so muss das Revisionsgericht, wenn nunmehr im Hinblick auf die Freisprechung insoweit eine Verurteilung geboten und wenn sie möglich ist, die ausgeschiedenen Teile wieder einbeziehen und die Sache zurückverweisen (BGH **21**, 326, 328; **32**, 84 = JR **84**, 478 mit Anm Maiwald; BGH StV **86**, 45; NJW **88**, 2483, 2485; NStZ **88**, 322; Stuttgart NJW **73**, 1386 mit Anm Kraemer/Ringwald; vgl aber 24 zu § 154a); es kann sich aber auch auf die Zurückverweisung beschränken und dem Tatrichter die Wiedereinbeziehung überlassen (BGH NJW **84**, 1469, 1471 aE).

4 I lässt auch eine **Teilfreisprechung** zu (BGH NJW **73**, 474, 475). Bei Tatmehrheit muss die Sache idR zur Bildung einer neuen Gesamtstrafe zurückverwiesen werden. Davon wird nach stRspr aber abgesehen, wenn die weggefallene Einzelstrafe die Gesamtstrafe nicht beeinflusst haben kann. Bleibt nur eine von mehreren Verurteilungen bestehen, so kann die hierfür festgesetzte Einzelstrafe als alleinige Strafe aufrechterhalten werden, auch die Sicherungsmaßregel, wenn sie trotz der teilweisen Freisprechung gerechtfertigt erscheint (Hamm NJW **79**, 438). Der Teilfreisprechung steht die Beseitigung unzulässiger Nebenstrafen, Sicherungsmaßregeln und Maßnahmen gleich (LR-Hanack 5).

5 Zugleich mit der Freisprechung muss das Revisionsgericht die erforderlichen **Nebenentscheidungen,** insbesondere über die Kosten und Auslagen (§ 464 I, II) und über die Entschädigung für Strafverfolgungsmaßnahmen (§ 8 I S 1 **StrEG**), treffen (dort 16).

6 C. **Verfahrenseinstellung:** Gemeint ist die Einstellung wegen Vorliegens von Prozesshindernissen (Einl 141 ff) zB wegen Fehlens oder Unwirksamkeit des Eröffnungsbeschlusses (4 zu § 203), nicht die nach §§ 153 ff (dazu 2 zu § 353). Wenn die fehlende Prozessvoraussetzung noch geschaffen werden kann, wird nicht eingestellt, sondern zurückverwiesen (BGH **8**, 151, 154; Hamburg JR **69**, 310 mit Anm EbSchmidt; vgl aber BGH NJW **83**, 2270, 2272, wo bei fehlendem Strafantrag eingestellt wurde; dazu auch Palder JR **86**, 95 ff); bei nur vorübergehender Verhandlungsunfähigkeit kann das Revisionsgericht aber das Verfahren selbst nach § 205 vorläufig einstellen (BGH NStZ **96**, 242). Bei nicht behebbaren Verfahrenshindernissen wendet das Revisionsgericht, wenn es nicht nach § 349 IV verfährt, I an, nicht § 206a (vgl 6 zu § 206a; 29 zu § 349), auch bei fehlender Anklage, wobei das angefochtene Urteil aufzuheben ist (BGH **46**, 130, 135; NStZ-RR **06**, 4 [B]). Freigesprochen wird, wenn nur ein Bestrafungsverbot (zB Verjährung) vorliegt und der Sachverhalt ohne weiteres die Freisprechung rechtfertigt (BGH **13**, 75, 80; 268, 273; **20**, 333, 335); anders aber bei Befassungsverboten, vgl dazu Einl 143a.

7 **Teileinstellung** ist zulässig, wenn das Prozesshindernis nur einen abtrennbaren Urteilsteil betrifft (BGH **8**, 269; NJW **70**, 904).

8 Die zu Unrecht erfolgte nachträgliche Anordnung der vorbehaltenen oder die nachträgliche Anordnung der **Sicherungsverwahrung** (§ 275a mit §§ 66a, 66b StGB) kann das Revisionsgericht wegfallen lassen (BGH 1 StR 483/06 vom 10. 11. 2006).

9 D. Eine **absolute Strafe** bestimmen nur noch § 211 StGB, §§ 6 I Nr 1, 7 I Nr 1, 8 I Nr 1 VStGB. Die Ersetzung einer zeitigen Freiheitsstrafe durch die lebenslange Freiheitsstrafe auf Revision der StA ist verfassungsrechtlich zulässig (BVerfGE **54**, 100, 115 = NJW **80**, 1943, 1945) und auch sonst unbedenklich (vgl BGH NJW **77**, 1544; **78**, 1336; Dahs/Dahs 587; **aM** Peters 665 und JZ **78**, 230 im Hinblick auf BVerfGE **45**, 187 = NJW **77**, 1525; krit auch Geis NJW **90**, 2735). Einer absolut bestimmten Strafe steht die zwingend vorgeschriebene Einziehung (RG **53**, 428; **57**, 424, 429) gleich.

10 E. Auf die **gesetzliche Mindeststrafe** darf in Übereinstimmung mit dem Antrag der StA bei dem Revisionsgericht erkannt werden (vgl zB BGH **39**, 353, 371).

Dazu gehören auch die Festsetzung einer fehlenden Einzelstrafe, was sonst idR nicht zulässig ist (BGHR Strafausspruch 10), in dieser Höhe oder der von dem Tatrichter zu Unrecht unterlassene Ausspruch der lebenslangen Freiheitsstrafe als Gesamtstrafe (zu beidem BGH 4 StR 251/91 vom 25. 6. 1992) und die Anordnung der von dem Tatrichter unterlassenen Bekanntmachungsbefugnis nach §§ 165, 200 StGB in der den Angeklagten am wenigsten beschwerenden Form (BGH **3**, 73, 76; NJW **55**, 1118, 1119; Hamm NJW **74**, 446, 447).

F. **Absehen von Strafe:** Vgl 1 zu § 153b. Hierunter fällt auch die Straffreierklärung nach § 199 StGB (SK-Wohlers 47). 11

2) Die **Schuldspruchberichtigung** in entspr Anwendung des I dient der Verfahrensvereinfachung und wird in der Rspr allgemein, im Schrifttum überwiegend (vgl aber Geerds JZ **68**, 393; Paster/Sättele NStZ **07**, 614) zugelassen (vgl auch BVerfG wistra **00**, 216: verfassungsrechtlich unbedenklich); sie kann auch zwecks Vermeidung einer Urteilsaufhebung und Zurückverweisung aus Gründen des Opferschutzes geboten sein (vgl BGH NStZ **95**, 204). Die Umwandlung des Schuldspruchs in die Verurteilung wegen einer Ordnungswidrigkeit ist ebenfalls statthaft, aber nicht entspr I, sondern in sinngemäßer Anwendung des § 83 III OWiG (Bremen VRS **65**, 36; Köln VRS **40**, 110; Göhler 14 zu § 83 OWiG). 12

A. **Voraussetzungen** für die Schuldspruchberichtigung: 13

Zunächst muss eine **zulässige Sachrüge** erhoben sein; auf die Revision gegen ein Verwerfungsurteil nach § 329 I kann der Schuldspruch nicht geändert werden (Frankfurt NJW 63, 460; Hamm MDR **73**, 694). 14

Ferner müssen **vollständige und tragfähige Urteilsfeststellungen** vorliegen (vgl BGH **32**, 357, 361 = NStZ **86**, 27 mit Anm Fezer; BGH NJW **73**, 1511, 1512); die Möglichkeit ihrer Ergänzung in einer neuen Verhandlung muss ausgeschlossen sein (BGH **3**, 62, 64; **6**, 251, 257; MDR **77**, 282 [H]). Auch der Einfluss der Feststellungen zum äußeren Tathergang auf die Strafbemessung kann die Schuldspruchberichtigung ausschließen (vgl BGH **27**, 322, 325: Verurteilung wegen Mordes, während das Revisionsgericht nur Totschlag annimmt, anders aber BGH NStE Nr 5; zum umgekehrten Fall BGHR § 354 I Sachentscheidung 3 und BGH **39**, 353, 370). 15

Die Schuldspruchberichtigung kommt ferner nicht in Betracht, wenn der **rechtliche Hinweis nach § 265 I** nachgeholt werden muss, damit sich der Angeklagte in tatsächlicher Hinsicht anders verteidigen kann (BGH NJW **53**, 752, 754; **67**, 789; **81**, 1744, 1745; VRS **56**, 189, 190). Ob dem Angeklagten eine andere Verteidigung überhaupt möglich ist, kann das Revisionsgericht aber selbst beurteilen (BGH **10**, 272, 276; **20**, 116, 121; **28**, 224, 231; **33**, 44, 49; 163, 166; NJW **87**, 2384; MDR **77**, 282 [H]; NStZ **85**, 454; VRS **71**, 193, 195; wistra **84**, 22). 16

Schließlich setzt die Schuldspruchberichtigung eine **Beschwer** des Angeklagten voraus. Ein zu milder Schuldspruch bleibt, wenn nicht auch zuungunsten des Angeklagten Revision eingelegt ist, grundsätzlich bestehen (BGH **10**, 358, 362; MDR **84**, 65; Schleswig SchlHA **85**, 137 [E/L]; LR-Hanack 22). Eine Ausnahme gilt, wenn das von dem Tatrichter angewendete Strafgesetz völlig verschieden von dem ist, das der Angeklagte in Wahrheit verletzt hat (BGH **8**, 34, 37), oder wenn das Urteil auch im Rechtsfolgenausspruch fehlerhaft ist und die Sache in diesem Umfang zurückverwiesen werden muss (BGH StV **08**, 123; Bay **80**, 13, 15 = VRS **59**, 195, 196; Jagusch NJW **62**, 1420). 17

B. **Einzelheiten:** 18

Bei der Schuldspruchberichtigung kann die angewendete **Strafvorschrift ausgewechselt** werden. Ist die nunmehr angewendete Vorschrift milder, so muss das Urteil im Strafausspruch aufgehoben werden (Zweibrücken NZV **93**, 240, 241), nicht aber, wenn die Strafdrohungen übereinstimmen (BGH **8**, 34, 37; MDR **55**, 552) oder nur geringfügig voneinander abweichen (Zweibrücken JR **91**, 214 mit abl Anm Otto) oder wenn die Strafe so milde ist, dass eine weitere Herabsetzung 19 ausgeschlossen erscheint (Bay JW **20**, 56; Hamm VRS **28**, 138). Auch die Notwendigkeit, das tatbestandliche Unrecht bei der Strafzumessung neu zu bewerten, zwingt nicht zur Zurückverweisung im Strafausspruch (BGH MDR **80**, 107 [H]).

20 Bei **Wegfall einer tateinheitlichen Verurteilung** kann der Strafausspruch ebenfalls bestehen bleiben, wenn die Berichtigung auf die Strafe keinen Einfluss hat (BGH **8**, 191, 193; KG JR **77**, 426; VRS **36**, 226). Anders ist es, wenn die Verurteilung mit der strengeren Strafvorschrift weggefallen ist (vgl BGH **28**, 11, 17). Fällt die weitere Verurteilung nur wegen Gesetzeskonkurrenz weg, so berührt das den Strafausspruch nicht, wenn die Tatumstände, die für sich genommen die Anwendung der weiteren Vorschrift gerechtfertigt hätten, bei der Strafzumessung berücksichtigt werden dürfen (BGH **1**, 152, 155; **8**, 191, 193; **21**, 183, 185).

21 Dagegen muss bei der **zusätzlichen Verurteilung wegen tateinheitlich begangener Straftat** auf Revision der StA die Sache idR im Strafausspruch zurückverwiesen werden (BGH NJW **77**, 1300, 1301), sofern der Rechtsfehler nicht offensichtlich ohne Einfluss auf die Strafbemessung ist (RG **71**, 246, 247; **72**, 75, 77; **74**, 21, 25).

22 Bei der **Änderung des Konkurrenzverhältnisses** ist zu unterscheiden: Berichtigt das Revisionsgericht das Urteil dahin, dass Tatmehrheit statt Tateinheit, einheitlicher oder fortgesetzter Tat vorliegt, so ist eine Zurückverweisung im Strafausspruch erforderlich (BGH NJW **52**, 274); der Tatrichter muss nunmehr unter Berücksichtigung des § 358 II Einzelstrafen und Gesamtstrafe festsetzen (**aM** Kalf NStZ **97**, 68, der vorschlägt, die bisherige Einzelstrafe als Gesamtstrafe bestehen zu lassen; dazu auch Basdorf NStZ **97**, 423). Wird auf Tateinheit statt Tatmehrheit erkannt, so kann das Revisionsgericht die Gesamtstrafe als Einzelstrafe aufrechterhalten, wenn anzunehmen ist, dass der Tatrichter auf sie erkannt hätte (BGH JR **83**, 210; MDR **57**, 266 [D]; **78**, 110 [H]; vgl dazu Scheffler NStZ **92**, 297); sonst ist Zurückverweisung im Strafausspruch erforderlich (BGH NJW **66**, 1930, 1931; **74**, 959, 960; **82**, 2080; VRS **66**, 20). Liegt nicht Tateinheit, sondern eine einheitliche Tat vor, so ist idR keine Zurückverweisung wegen der Strafe erforderlich (Bay **87**, 37, 38; NJW **84**, 68).

23 C. Eine **Verurteilung des vom Tatrichter freigesprochenen Angeklagten** durch das Revisionsgericht unter Zurückverweisung zur Festsetzung der Strafe ist grundsätzlich nicht zulässig (vgl Bay **60**, 225 = JZ **61**, 506 mit zust Anm Peters; KG JR **79**, 162, 163; **57**, 270 mit Anm Sarstedt; Düsseldorf StV **85**, 361; Oldenburg NJW **83**, 57, 58; LR-Hanack 44; Roxin/Schünemann § 55, 75; Sowada 759). Ausnahmen sind nur möglich, wenn der Angeklagte vom AG verurteilt und erst vom Berufungsgericht freigesprochen wurde (Düsseldorf NJW **91**, 1123, 1124; JR **94**, 201 mit abl Anm Laubenthal; Hamburg NJW **85**, 1654; Koblenz NJW **86**, 1700; NStZ-RR **08**, 120; Oldenburg JR **90**, 127, 128), der Angeklagte vor dem Tatrichter geständig war und nur wegen eines Subsumtionsfehlers nicht verurteilt wurde (KG JR **87**, 257; Saarbrücken VRS **44**, 446) oder irrtümlich auf Freispruch statt auf Schuldspruch mit Straffreierklärung erkannt wurde (Celle MDR **89**, 840). Soweit die Revisionsgerichte darüber hinaus bei aufgeklärtem Sachverhalt vom Tatrichter freigesprochene Angeklagte schuldig sprechen (vgl BGH **36**, 277, 282; VRS **54**, 436, 438; Düsseldorf NJW **91**, 186, 187 = JR **92**, 165 mit Anm Dölling; Hamburg JR **79**, 206, 207 mit abl Anm Volk; JR **83**, 250, 252 mit abl Anm Rudolphi; Oldenburg NJW **85**, 1352) ist dies bedenklich, weil der Angeklagte gegen das freisprechende Urteil kein Rechtsmittel einlegen und daher die Richtigkeit der Feststellungen nicht bekämpfen kann (so auch BGH NStZ-RR **98**, 204 mwN; **99**, 48 = StV **99**, 415 mit zust Anm Pauly; BGHR Schuldspruch 1; Koblenz NStZ-RR **98**, 364, 365; Walbaum, Schuldspruch in der Revisionsinstanz nach freisprechendem Urteil, 1996, zugl Diss Göttingen 1994). Keinesfalls darf das Revisionsgericht selbst die den Schuldspruch tragenden Feststellungen treffen (BVerfG NJW **91**, 2893). Hat der Tatrichter das Verfahren wegen eines Prozesshindernisses eingestellt, so ist die Verurteilung durch das Revisionsgericht zulässig, wenn das

Urteil erkennbar vollständige Feststellungen enthält (BGH **3**, 73; NJW **52**, 1263; Hamburg NJW **62**, 754).

3) Hinsichtlich des Rechtsfolgenausspruchs besteht seit Einfügung der Absätze Ia und Ib durch das 1. JuMoG nun eine sehr differenzierte Entscheidungsmöglichkeit für das Revisionsgericht, die über die früher möglichen Entscheidungsmodalitäten (vgl dazu etwa Bay NStZ-RR **04**, 22) hinausgeht. Es ist zu unterscheiden: 24

A. Eine **Änderung des fehlerhaften Rechtsfolgenausspruchs** ist dem Revisionsgericht in den Fällen gestattet, in denen der Tatrichter zwingende gesetzliche Vorschriften nicht beachtet hat. 25

Hiernach kann das Revisionsgericht zB die **fehlerhaft bemessene Strafe,** die das gesetzliche Höchstmaß überschreitet, auf dieses und eine unter Verletzung der §§ 331, 358 II erhöhte Strafe auf das zulässige Maß herabsetzen (BGH NStZ-RR **00**, 39; Bay **75**, 57 = JZ **75**, 538; NStZ-RR **04**, 22; Düsseldorf VRS **72**, 202; JR **01**, 477 mit Anm Bringewat), den fehlenden Ausspruch der lebenslangen Freiheitsstrafe „als Gesamtstrafe" bei mehreren Einzelstrafen nachholen (BGH 3 StR 109/89 vom 14. 3. 1990) oder die Einbeziehung von Urteilen nach § 31 II S 1 JGG nachholen (BGH 3 StR 177/09 vom 26. 5. 2009). 25a

Die **Tagessatzzahl oder -höhe** kann es auf das gesetzliche Mindestmaß erhöhen (BGH **27**, 359, 366; Bay **79**, 130 = NJW **80**, 849; Oldenburg VRS **54**, 111), die Tagessatzhöhe rein rechnerisch korrigieren (Bay DAR **77**, 202 [R]; StV **88**, 389), sie bei ausreichenden Feststellungen auch für eine Einzelstrafe festsetzen, wenn der Tatrichter das unterlassen hat (einschr noch BGH **30**, 93 = JR **82**, 72 mit abl Anm D. Meyer; erg 3 zu § 328). 25b

B. Das Revisionsgericht darf auch **Anordnungen treffen oder aufheben**, die der Tatrichter fehlerhaft unterlassen oder vorgenommen hat. 26

So kann es die die rechtsirrig **unter Vorbehalt bestimmte Strafe** (§ 59 StGB) mit der Maßgabe aufrechterhalten, dass der Angeklagte vorbehaltlos verurteilt wird (BGH NJW **78**, 503, 504 = JR **78**, 246 mit abl Anm Peters) oder statt einer vorbehaltlosen Strafe eine Verwarnung unter Vorbehalt dieser Strafe aussprechen (Celle StV **88**, 109). 26a

Es kann die unterlassene **Anordnung von Zahlungserleichterungen** nach § 42 StGB selbst treffen (BGH JR **79**, 73; MDR **80**, 453 [H]; Hamburg MDR **82**, 776). 26b

Zulässig ist die **Anrechnung der Untersuchungshaft,** von der der Tatrichter aus Rechtsirrtum abgesehen hat (BGH NJW **78**, 1636; StV **94**, 603; **99**, 312; Düsseldorf NJW **69**, 439; Köln NJW **65**, 2309), von Haft im Ausland (BGH MDR **86**, 271 [H]; Hamm JMBlNW **81**, 107), die Bestimmung des Umrechnungsmaßstabs nach § 51 IV S 2 StGB (BGH NJW **86**, 1555, 1557; NStZ-RR **09**, 370) und die Entscheidung, auf welche Strafe die UHaft anzurechnen ist (BGH NJW **92**, 123, 125). 26c

Strafaussetzung zur Bewährung kann das Revisionsgericht bewilligen, wenn ihre Voraussetzungen eindeutig vorliegen (BGH wistra **92**, 22; NStZ **97**, 377 [K]), dabei kann es die Mindestdauer der Bewährungszeit festsetzen (BGH NJW **53**, 1838, 1839; MDR **54**, 309; Bremen NJW **62**, 928; Celle NJW **68**, 2255; Hamm JMBlNW **84**, 69, 71; VRS **33**, 341, 344); den Beschluss über die Bewährungsauflagen nach § 268a I und die Belehrung nach § 268a III muss es dann dem Tatrichter überlassen (BGH VRS **77**, 349; Hamm JMBlNW **84**, 69, 71; Wagner DRiZ **70**, 279). Ebenso kann eine fehlerhaft bewilligte Strafaussetzung in Wegfall gebracht werden (BGH **24**, 360, 365; MDR **82**, 623 [H]; Hamm NZV **93**, 317), insbesondere, wenn § 56 III StGB entgegensteht (vgl BGH NJW **72**, 832, 834; VRS **38**, 333; zum umgekehrten Fall Bay **03**, 90 = NJW **03**, 3498, 3499), oder eine unterbliebene Anrechnung von Bußgeldzahlungen (vgl BGH **36**, 378) nachgeholt werden. Entspr gilt für die Verwarnung mit Strafvorbehalt (BGH **46**, 279). 26d

26e Die **Einziehung** kann das Revisionsgericht anordnen, wenn sie zwingend vorgeschrieben ist (oben 9) oder ohne Ermessensfehler nicht abgelehnt werden durfte (BGH **14**, 293, 299; **16**, 49, 57; **26**, 258, 266); insbesondere kann die unterlassene Anordnung der Einziehung des Führerscheins nach § 69 III S 2 StGB nachgeholt werden (BGH DAR **79**, 185 [Sp]). Eine offensichtlich fehlerhafte oder unverhältnismäßige Einziehung kann beseitigt (BGH 2 StR 5/92 vom 17. 7. 1992; Hamm NJW **75**, 67), eine unvollständige Einziehungsanordnung in der Urteilsformel ergänzt werden (BGH NStZ **92**, 226 [K]; wistra **07**, 427).

26f Bei den **Sicherungsmaßregeln** kann das Revisionsgericht die Anordnung nach §§ 63, 64, 66 StGB (BGH 1 StR 52/90 vom 8. 5. 1990) sowie nach § 67 II StGB (BGH NJW **83**, 240; StV **85**, 12; 4 StR 21/08 vom 8. 4. 2008) und die fehlerhafte Entziehung der Fahrerlaubnis nach § 69 StGB in Wegfall bringen (Celle VRS **64**, 366, 367; Hamm VRS **57**, 184, 186) oder anordnen, wenn der Tatrichter sie zu Unrecht nicht für zulässig gehalten hat (BGH **6**, 398, 402), die zeitige Sperre nach § 69a StGB auf das Höchstmaß von 5 Jahren (Karlsruhe GA **79**, 347; Köln MDR **56**, 696), auf das Mindestmaß von 3 Monaten (Köln VRS **52**, 271, 272) oder auf das nach § 331 zulässige Maß festsetzen oder aussprechen, dass eine früher angeordnete Maßregel aufrechterhalten bleibt, wenn eine diese „gegenstandslos" machende Entscheidung aufgehoben wird (BGH NJW **00**, 3654). Die Sperre kann auch herab- oder heraufgesetzt werden, wenn das Urteil ergibt, wie der Tatrichter sie ohne den Fehler bemessen hätte (Koblenz OLGSt § 69a StGB S 7; Oldenburg VRS **51**, 281, 283; Stuttgart NJW **56**, 1081; vgl auch Stuttgart VRS **71**, 275, 277). Auch eine mildernde Abänderung der Anordnung des Berufsverbots nach § 70 StGB oder dessen gänzlicher Wegfall ist zulässig (BGH wistra **03**, 423).

27 C. Die Vorschrift des I wird **entsprechend angewendet,** wenn die Verfahrenslage jedes Ermessen über Art und Höhe der Rechtsfolge ausschließt (vgl etwa die 3 Fälle BGH NStZ-RR **02**, 103, Nr 48, 49, 50 [B]); das ist wegen der Nähe zur Verhängung einer absolut bestimmten Strafe zutr (vgl dazu eingehend Meyer-Goßner Schlüchter-GS 516ff; zust BGH 5 StR 459/06 vom 27. 2. 2007; gegen entspr Anwendung aber Foth NStZ **92**, 445 sowie Schuhr Stöckel-FS 338; stark einschr auch BVerfG NStZ **04**, 273 = StraFo **04**, 131 mit zust Anm Junker, abl hingegen Senge Dahs-FS 479; dem BGH und Stuttgart wistra **04**, 359 aber wiederum zust BVerfG 2 BvR 2251/03 vom 1. 3. 2004; vgl ferner Frisch StV **06**, 431, Igor Dahs-FS 299, Köberer Hamm-FS 303 sowie Junker, Die Ausdehnung der eigenen Sachentscheidung in der strafrechtlichen Rechtsprechung des Bundesgerichtshofs, 2002). Das ist zB der Fall, wenn rein rechnerisch, aber auch wenn nach den gesamten Umständen nur noch eine bestimmte Strafe (BGH NStE Nr 4 mwN; NStZ **92**, 78 und 297, je mit Anm Scheffler; BGH NStZ **03**, 293 [B]; Düsseldorf VRS **82**, 455; Stuttgart NJW **06**, 1222, 1224; abl zu dieser Rspr Hanack StV **93**, 63, der aber irrig annimmt, der BGH wende hier die Alternative „gesetzlich niedrigste Strafe" entspr an) oder eine bestimmte Gesamtstrafe (BGH NJW **91**, 1763 mit Anm Bringewat JR **91**, 513 und StV **93**, 48; NJW **91**, 2715; NStZ **97**, 380 [K]; Düsseldorf NStZ-RR **01**, 21; Karlsruhe Justiz **95**, 113; vgl auch BGH ZIS **08**, 583 mit abl Anm Dehne-Niemann, ferner BGH 4 StR 232/97 vom 19. 6. 1997: Vornahme eines unterbliebenen Härteausgleich bei nicht mehr möglicher Gesamtstrafenbildung) oder die Strafaussetzung zur Bewährung (BGH StV **96**, 265, 266) oder die Anordnung der Unterbringung nach § 64 StGB (BGH 2 StR 298/97 vom 4. 7. 1997) oder die Festsetzung des Vorwegvollzugs eines Teils der Strafe nach § 67 II StGB (BGH NJW **08**, 1173; 4 StR 504/09 vom 19. 1. 2010) bzw dessen Wegfall (BGH NStZ-RR **98**, 70) oder der Wegfall der Feststellung der besonderen Schwere der Schuld (BGH 5 StR 92/08 vom 6. 5. 2008) in Betracht kommen. Diese Möglichkeiten sind durch die Einfügung von Ia und Ib (dazu unten 28ff) nicht berührt worden (BGH NJW **05**, 912; 5 StR 459/06 vom 27. 2. 2007; Güntge NStZ **05**, 208; krit Köberer Hamm-FS 310).

D. Die **Aufrechterhaltung der Rechtsfolgen** durch das Revisionsgericht ist nach Änderung der Vorschrift durch das 1. JuMoG auch bei fehlerhafter Begründung durch das Tatgericht dem Revisionsgericht gestattet, wenn die angeordnete Rechtsfolge angemessen ist (I a S 1); das hat das Revisionsgericht auf der Grundlage der Feststellungen des angefochtenen Urteils unter Berücksichtigung aller maßgebenden Gesichtspunkte, insbesondere aller nach § 46 StGB für die Strafzumessung erheblichen Umstände selbst zu beurteilen (BGH **49**, 371; NStZ **06**, 36 mit abl Anm Jahn/Kudlich NStZ **06**, 340; BGH NStZ **06**, 587/588). Die Entscheidung setzt keinen entspr Antrag der StA voraus (BGH aaO). Mit ihr wird jedoch in nicht unbedenklicher Weise (zutr krit Franke GA **06**, 265; Hamm StV **08**, 207; Sommer StraFo **04**, 298; ebenso Eisenberg/Haeseler StraFo **05**, 221, die zudem im Jugendstrafverfahren I a S. 1 nur für bedingt anwendbar und I a S. 2 und I b für unanwendbar halten) die Entscheidung des Tatrichters durch die des Revisionsgerichts ersetzt. Während sonst lediglich in den Fällen, in denen nach Ansicht des Revisionsgerichts aus Rechtsgründen nur eine bestimmte Rechtsfolge in Betracht kommt, die eigene Entscheidung des Revisionsgerichts erlaubt ist (oben 25–27), wird hier eine Ermessensentscheidung des Revisionsgerichts gestattet, obwohl nicht auszuschließen ist, dass die rechtsfehlerhafte Erwägung des Tatrichters bei der Festsetzung der Rechtsfolge für diesen gerade bestimmend gewesen ist (zutr krit auch SK-Wohlers 65; Ventzke NStZ **05**, 461; einschr Frisch StV **06**, 433). 28

Das BVerfG hat die Vorschrift deshalb **nur im Wege verfassungskonformer Auslegung** für verfassungsgemäß erklärt (NJW **07**, 2977 = JR **08**, 73 mit Anm Peglau; eingehend Paster/Sättele NStZ **07**, 609; abl Maier NStZ **08**, 227; weitergehend – BVerfG hätte Regelung für verfassungswidrig erklären sollen – Gaede GA **08**, 408; Dehne-Niemann ZIS **08**, 239; R. Hamm StV **08**, 208); es hat zu Recht gefordert, dass für eine Entscheidung nach I a S 1 „ein zutr ermittelter, vollständiger und aktueller Strafzumessungssachverhalt zur Verfügung stehen muss", und dass das Revisionsgericht den Angeklagten konkret auf die aus seiner Sicht für eine Sachentscheidung nach I a S 1 sprechenden Gründe (mündlich oder schriftlich) hinweisen muss, falls nicht der StA dies bereits beantragt oder angeregt hatte. Ggf muss das Revisionsgericht dazu ein freibeweisliches Anhörungsverfahren durchführen, wovor dieses aber als systemfremd und zu aufwändig zurückschrecken und lieber zurückverweisen sollte (vgl auch Franke Widmaier-FS 249 ff; anders aber der aufwändig begründete und gleichwohl wenig überzeugende Beschluss BGH StraFo **10**, 30 mit abl Anm Dehne-Niemann). Somit wird die – ohnehin systemwidrige – Vorschrift nur noch geringe praktische Bedeutung haben (so auch Gaede aaO; Maier aaO; Peglau aaO; **aM** Altvater Widmaier-FS 47), zumal das BVerfG (aaO) es auch entgegen BGH NJW **05**, 912 und 913 beanstandet und für unzulässig erklärt hat, I a S 1 auch bei einer Schuldspruchänderung anzuwenden (so auch BVerfG StV **08**, 169 L; BGH StV **08**, 176). Der Anwendung des I a S 1 steht das Fehlen tragfähiger Feststellungen zu den den Angeklagten belastenden Strafzumessungserwägungen entgegen (BGH StV **07**, 408; Nürnberg StraFo **07**, 205); sie scheidet auch bei einer Vielzahl von Strafzumessungsfehlern aus (BGH StV **07**, 408; Nürnberg NJW **08**, 2518), ebenso, wenn die Rechtsfolge gegen zwingendes Recht verstößt (BGH StV **08**, 177 mit zust Anm Schneider: gegen § 54 II S 1 StGB), und bei unzulässiger (vgl 11 zu § 257 c) Vereinbarung einer „Punktstrafe" (**aM** BGH **51**, 84 mit zust Anm Streng JZ **07**, 154; aber hier liegt kein Fehler bei der Zumessung der Rechtsfolgen, sondern ein Verstoß gegen § 261 vor; abl daher auch KMR-Momsen 34 b; Franke Widmaier-FS 244; Leipold StV **07**, 287). Sie ist hingegen auch anwendbar, wenn die von der StA (oder dem Nebenkläger) zu Ungunsten des Angeklagten erfolgte Anfechtung des Urteils einen diesen begünstigenden Rechtsfehler aufweist (BGH **51**, 18; 3 StR 451/06 vom 21. 12. 2006); die Vorschrift gilt auch für die Frage der Strafaussetzung zur Bewährung (Schleswig StV **06**, 403 mit unzutr abl Anm Jung) und – eingeschränkt – bei einer jugendrechtlichen Sanktion (BGH NStZ-RR **10**, 56). Die Bestim- 28a mung des I a S. 1 ist nicht so eng auszulegen, dass sie nur in den Fällen zur Anwendung kommt, in denen zwar nicht ausgeschlossen werden kann, dass der Tatrichter zu einer anderen Bewertung hätte kommen können, dies aber eher fernliegend ist (so BGH NJW **05**, 1813 gegen Celle aaO). Ob die Beurteilung allein auf Grund der festgestellten Urteilsgründe möglich erscheint, ist eine Frage des Einzelfalls (BGH StV **08**, 176; NStZ-RR **10**, 21; weiter einschr Berenbrink GA **08**, 634, 636; Langrock StraFo **05**, 226). Eine Begründung der Entscheidung nach I a S 1 ist jedenfalls dann erforderlich, wenn die für die Strafzumessung relevanten Umstände und deren konkretes Gewicht dem Angeklagten sonst nicht nachvollziehbar wären (BVerfG aaO).

29 E. Eine **angemessene Herabsetzung der Rechtsfolgen** bei deren fehlerhafter Zumessung ist dem Revisionsgericht nun ebenfalls durch das 1. JuMoG gestattet worden (I a S 2). Auf die hypothetische Frage, wie der Tatrichter bei zutreffender rechtlicher oder tatsächlicher Bewertung entschieden hätte, kommt es nicht mehr an (BT-Drucks 15/3482 S 22). I a S 2 erlaubt nicht nur die Herabsetzung der Strafe (BGH zB 2 StR 31/08 vom 9. 4. 2008), sondern auch die anderer Rechtsfolgen, etwa die Bestimmung der Dauer des Vorwegvollzugs nach § 67 II StGB (BGH 1 StR 144/08 vom 6. 5. 2008) oder Kompensation (9 a zu Art 6 MRK) wegen konventionswidriger Verfahrensverzögerung (BGH NStZ-RR **08**, 208; wistra **08**, 304; 5 StR 80/08 vom 1. 4. 2008 und 5 StR 283/08 vom 23. 7. 2008). Die Entscheidung setzt allerdings einen Antrag der StA voraus; im Maß der Herabsetzung ist das Revisionsgericht aber nicht an den Vorschlag der StA gebunden (Karlsruhe NJW **04**, 3724; Senge Dahs-FS 489). Bei einer vom Tatrichter übersehenen möglichen Strafrahmenverschiebung wird I a S 2 nicht in Betracht kommen (Bremen StV **06**, 206; **aM** KK-Kuckein 26 g, 26 h), anders, wenn nur von einer eher geringfügig zu hohen Untergrenze ausgegangen wurde (BGH NStZ-RR **08**. 182). Die Entscheidung kann durch Beschluss ergehen (BGH NJW **06**, 1605; Senge StraFo **06**, 314; **aM** noch BGH NStZ **05**, 705; vgl auch Ignor Dahs-FS 311; Leipold StraFo **06**, 305; Senge aaO 490); das ist allerdings nur dann möglich, wenn das Revisionsgericht dem Antrag der StA genau folgt oder unter diesem bleibt und der Angeklagte Gelegenheit hatte, zu dem Antrag Stellung zu nehmen. Die zu I a S 1 vom BVerfG entwickelten Maßstäbe (oben 28 a) gelten auch hier (BVerfG NStZ **07**, 710; BGH StV **08**, 233). Im Übrigen steht es im pflichtgemäßen Ermessen des Revisionsgerichts, ob es nach I a S 2 verfährt oder die Sache nach II zurückverweist. Will das Revisionsgericht dem Antrag der StA auf Herabsetzung der Strafe deswegen nicht folgen, weil es die Revision für unbegründet hält oder I a S 1 anwenden will (vgl BGH NStZ **06**, 36, 38), bedarf es einer Entscheidung durch Urteil.

30 F. Für die **Entscheidung über die Gesamtstrafe** bestehen weitere Sonderregelungen:

31 a) Dem **Beschlussverfahren** nach §§ 460, 462 kann das Revisionsgericht die Entscheidung überlassen (I b S 1), statt die Sache zur neuen Verhandlung in einer Hauptverhandlung zurückzuverweisen, wenn es lediglich um die Bildung einer – erstmalig festzusetzenden oder wegen Fehlerhaftigkeit der alten neu zu bestimmenden – Gesamtstrafe geht (Frankfurt NStZ-RR **05**, 81; Köln NStZ **05**, 164; Nürnberg StV **07**, 415) oder wenn im Revisionsverfahren ein Teilfreispruch (BGH 1 StR 377/06 vom 10. 10. 2006) oder eine Teileinstellung nach § 154 II oder nach § 206 a erfolgt und deshalb über die Gesamtstrafe neu zu befinden ist (BGH NJW **05**, 376; NStZ-RR **09**, 37 [C]; Peglau JR **05**, 145); bei Vorliegen „echter Zumessungsfehler“ wird eine Zurückverweisung in das Beschlussverfahren allerdings idR ungeeignet sein (BGH StV **06**, 402). Die Vorschrift findet nicht nur bei den Angeklagten beschwerenden, sondern – auf Revision der StA – auch bei ihn begünstigenden Rechtsfehlern Anwendung (BGH NStZ-RR **07**, 107). Einer ausdrücklichen Zurückverweisung an das nach § 462 a zuständige Gericht bedarf es nicht (BGH NJW **04**, 3788; Köln StraFo **04**, 424; Senge Dahs-FS 492); bei seiner

Entscheidung kann das Revisionsgericht ggf auch gleich selbst die Kostenentscheidung zum Revisionsverfahren treffen (BGH aaO), sonst muss diese mit im Nachverfahren ergehen (BGH NJW **05**, 1205; 4 StR 431/05 vom 1. 9. 2005; Köln VRS **108**, 112). Die Neuregelung ist eine zu begrüßende Vereinfachung (so auch Franke GA **06**, 266; Frisch StV **06**, 438; Knauer/Wolf NJW **04**, 2937); wird der Angeklagte dadurch doch nicht anders gestellt als in sonstigen Fällen, in denen die Bildung einer Gesamtstrafe unterblieben ist (**aM** Wasserburg GA **06**, 393 wegen hier fehlender Unvoreingenommenheit des Beschlussrichters). Die Entscheidung kann nach Maßgabe des § 349 IV durch Beschluss ergehen. Natürlich ist auch hier das Verschlechterungsverbot (§ 358 II) zu beachten (BGH 4 StR 431/05 vom 1. 9. 2005). Die Gesamtstrafenentscheidung ist dann wieder mit sofortiger Beschwerde anfechtbar (§ 462 III).

b) **Dem Revisionsgericht stehen für eine eigene Entscheidung** über die Gesamtstrafe die Möglichkeiten nach I und I a offen (I b S 3), dh es kann unter den dort gegebenen Voraussetzungen (oben 25–29) die Gesamtstrafe bestehen lassen (BGH NJW **07**, 1475, 1476) oder selbst festsetzen oder eine gebildete Gesamtstrafe auf Antrag der StA angemessen herabsetzen (dazu im Einzelnen Frisch StV **06**, 439). Es kann aber auch, wenn es nach I oder I a eine Einzelstrafe selbst festgesetzt hat, die Sache zur Bildung einer Gesamtstrafe in das Beschlussverfahren nach §§ 460, 462 zurückverweisen (I b S 2; oben 31). 32

4) Die **Berichtigung offensichtlicher Versehen** ist dem Revisionsgericht möglich, wenn eine sich aus den Urteilsgründen eindeutig ergebende Verurteilung in der Urteilsformel keinen vollständigen und klaren Ausdruck gefunden hat (RG **54**, 203; Hamburg VRS **25**, 384; Blaese/Wielop 13 mwN). Der Schuldspruch kann ausgewechselt (BGH VRS **46**, 106, 107) oder, wenn er im Urteilsausspruch ganz fehlt, nachgeholt (Hamm NJW **81**, 697) oder um Schreibfehler und ähnliche Mängel berichtigt werden, gleichgültig, ob die Unrichtigkeit auf Versehen oder auf Rechtsirrtum des Tatrichters beruht (Wimmer MDR **48**, 70). Der Urteilsspruch kann insbesondere berichtigt werden, wenn die Gründe eine niedrigere Strafe anführen als die Urteilsformel (BGH JZ **52**, 282), wenn die Urteilsformel versehentlich auf Tateinheit lautet, in den Gründen aber Tatmehrheit angenommen wird (Hamm VRS **44**, 424, 426) oder wenn die Teilfreisprechung durch den Tatrichter rechtlich unzulässig war (Karlsruhe NJW **73**, 1989, 1990). Umgekehrt kann ein Teilfreispruch, dessen Notwendigkeit sich aus den Gründen ergibt, im Urteilsausspruch nachgeholt werden (Celle GA **59**, 22; Hamm OLGSt § 264 S 41; Karlsruhe VRS **43**, 261, 266). Die fehlende Schuldform kann aus den Urteilsgründen ergänzt werden (BGH **19**, 217, 219; NJW **69**, 1581, 1582), auch wenn der Schuldspruch schon rechtskräftig ist (Saarbrücken MDR **75**, 334). Ferner kann das Revisionsgericht einen Irrtum bei der Anrechnung der UHaft berichtigen (BGH **27**, 287), die Urteilsformel dahin richtig stellen, dass die gesetzliche Überschrift (§ 260 IV S 2) benutzt wird, und das Urteil um Entscheidungen über Nebenstrafen, Nebenfolgen und Maßnahmen ergänzen, wenn der Tatrichter es unterlassen hat, sie nach § 55 II StGB aufrechtzuerhalten (BGH MDR **79**, 683). 33

5) Die **Zurückverweisung an den Tatrichter** (II, III) ist erforderlich, wenn das Revisionsgericht nicht nach I entscheiden kann. 34

A. **An das Gericht des 1. Rechtszugs oder an das Berufungsgericht** wird zurückverwiesen. Die Sache wird jedoch an das AG zurückverwiesen, wenn es den Einspruch gegen einen Strafbefehl rechtsfehlerhaft nach § 412 I verworfen hatte und wenn auch die Berufung gegen dieses Urteil verworfen worden ist (11 zu § 412), oder wenn aus sonstigen Gründen der Fehler nur durch das AG behoben werden kann (München wistra **08**, 319: Bestimmung der vom AG nach § 154 II eingestellten Taten). 35

B. **An eine andere Abteilung oder Kammer oder an einen anderen Senat** des Gerichts, dessen Urteil aufgehoben wird, verweist das Revisionsgericht die 36

Sache zurück, wenn es keinen Anlass zur Zurückverweisung nach III oder § 355 sieht.

37 a) Der **andere Spruchkörper,** an den zurückverwiesen wird, ist in dem Revisionsurteil nicht zu bezeichnen (Karlsruhe Justiz **80**, 339; KK-Kuckein 29; LR-Hanack 54; **aM** Zeihe DVBl **99**, 1322); er wird durch den Geschäftsverteilungsplan bestimmt. Eine andere Abteilung des AG ist eine ebenso wie früher besetzte Abteilung (Strafrichter, SchG, erweitertes SchG); mit der büromäßigen Organisation des Gerichts hat die Abteilung iS II nichts zu tun (Hamm NJW **68**, 1438; Koblenz NJW **68**, 2393). Wird das Urteil einer StrK aufgehoben, so kommt die Sache, wenn nicht nach III verfahren wird, vor eine StrK der gleichen Art, die zuvor entschieden hatte (erg unten 42).

38 b) Auf das **Fehlen eines anderen Spruchkörpers der gleichen Art** braucht das Revisionsgericht keine Rücksicht zu nehmen (Oldenburg NStZ **85**, 473 mit Anm Rieß; Schleswig SchlHA **75**, 165; Benz MDR **76**, 806; **aM** München JR **78**, 301 mit Anm Rieß: Zurückverweisung an anderes Gericht); denn nach II sind die JVen verpflichtet, so viele Spruchkörper einzurichten, dass die Vorschrift eingehalten werden kann (BGH bei Helle DRiZ **74**, 228; Karlsruhe MDR **80**, 690). Die Gerichtspräsidien müssen die Zuständigkeit im Geschäftsverteilungsplan im Einzelnen und eindeutig regeln (BGH NJW **75**, 743; NStZ **82**, 211; Saarbrücken MDR **70**, 347); das Fehlen einer eindeutigen Regelung ist allerdings unschädlich, wenn sich die Regelung von selbst versteht (BGHR § 338 Nr 1 SchwurG 1: 2 SchwurGe). Notfalls muss der Geschäftsverteilungsplan entspr § 21 e GVG ergänzt (BGH NStZ **81**, 489; **85**, 204 [Pf/M]) und für den Rest des Geschäftsjahrs ein Auffangspruchkörper eingerichtet werden (BGH bei Helle DRiZ **74**, 228; Karlsruhe aaO; München aaO; Oldenburg NStZ **85**, 473 mit Anm Rieß). Diese Notwendigkeit kann sich insbesondere bei zweimaliger Zurückverweisung ergeben, wobei sichergestellt sein muss, dass sich der Auffangspruchkörper in seiner Bezeichnung von sämtlichen bislang in der Sache tätigen Spruchkörpern unterscheidet (BGH NStZ **81**, 489; NStZ-RR **06**, 65 [B]; Schleswig SchlHA **88**, 117 [L/G]). Ist die Bestimmung eines anderen Spruchkörpers nicht möglich, so muss das zuständige Gericht nach § 15 bestimmt werden (Oldenburg aaO; Schleswig aaO), nicht aber deshalb, weil das Präsidium sich weigert, einen Auffangspruchkörper zu errichten (BGH NStZ **85**, 204 [Pf/M]; München JR **78**, 301 mit Anm Rieß). Erg 4 zu § 21 e GVG; 8 zu § 74 GVG.

39 c) Die **Mitwirkung des früheren Richters** an der neuen Entscheidung ist nicht ausgeschlossen. II verlangt die Entscheidung eines anderen, nicht eines anders besetzten Spruchkörpers des Gerichts. Diese gesetzgeberische Lösung, die verfassungsrechtlich unbedenklich ist (BVerfG DRiZ **68**, 141; **aM** H. Hannover StV **85**, 493), wird im Schrifttum zu Recht als verfehlte Kompromisslösung bezeichnet (vgl Hanack NJW **67**, 580; JZ **73**, 779; Peters Meyer-GedSchr 339; Rieß JR **80**, 385, 388 Fn 22; Seibert NJW **68**, 1318; Sieg MDR **76**, 72). Der frühere Richter ist danach weder nach § 23 ausgeschlossen noch sonst an der Mitwirkung gehindert (BGH **20**, 252; **21**, 142, 144; **24**, 336, 337; NStZ **81**, 298 [Pf]; Stuttgart StV **85**, 492 mit Anm Hannover; Fezer 20/47; Krey 1/106; **aM** Arzt 80 ff; Peters 148; Zeitz DRiZ **65**, 393). Der neue Spruchkörper braucht nicht einmal überwiegend mit anderen Richtern besetzt zu sein (Hamm GA **71**, 185; Saarbrücken MDR **70**, 347). Derselbe Richter soll sogar erneut als Berichterstatter mitwirken können (BGH NStZ **81**, 298 [Pf]; **aM** Goydke Meyer-Goßner-FS 547). Auch eine „Befangenheit kraft Gesetzes" tritt nicht ein (BGH **21**, 142, 145; 334, 342; KK-Kuckein 30; **aM** LG Münster NJW **66**, 1723; AG Münster StV **86**, 429; Dahs NJW **66**, 1194; Rieß GA **78**, 276; JR **80**, 388); dasselbe gilt, wenn der frühere Richter nun als StA an der neuen Verhandlung teilnimmt (BGH NStZ **91**, 595). Nur unter den Voraussetzungen des § 24, insbesondere wegen des Urteilsinhalts, ist eine Ablehnung wegen Befangenheit möglich (BGH **24**, 336 = JZ **73**, 33 mit Anm Arzt; vgl auch BGH

NStZ **87**, 19 [Pf/M]; Stuttgart StV **85**, 492 mit Anm Hannover; LG Bremen StV **86**, 470; **aM** SK-Wohlers 93: stets möglich; erg 13 zu § 24). Unzulässig ist es allerdings, im Geschäftsverteilungsplan die erstentscheidende und die für die zurückverwiesenen Sachen zuständige Strafkammer mit demselben Richter zu besetzen (Hamm NStZ-RR **05**, 212).

C. **An ein anderes Gericht gleicher Ordnung** (II) kann das Revisionsgericht die Sache zurückverweisen. Es bestimmt dann das zuständige Gericht. Das BVerfG hat dies für verfassungsrechtlich unbedenklich erklärt (BVerfGE **20**, 336 = NJW **67**, 99), dazu eingehend und zw Sowada 760 ff, der letztlich ein Ermessen hinsichtlich des „Ob" einer Weiterverweisung für zulässig erachtet, nicht aber das Auswahlermessen an welches Gericht weiterverwiesen wird; zutr scheint aber gerade die umgekehrte Lösung, wonach das Ermessen, ob weiterverwiesen werden darf, eingeschränkt werden müsste, während dem Revisionsgericht bei vorgenommener Weiterverweisung ein Auswahlermessen zugebilligt werden darf (Meyer-Goßner Schlüchter-GS 529; vgl auch SK-Wohlers 82, 83). Erg 2 zu § 78 GVG. 40

Benachbart braucht das Gericht nicht zu sein; es muss nur zu demselben Bundesland gehören (BGH **21**, 191, 192). Macht der BGH von dem Wahlrecht Gebrauch, so muss das neue Gericht nicht demselben OLG-Bezirk angehören wie das frühere (Seibert NJW **68**, 1317). Das OLG kann aber nur an ein Gericht in seinem Bezirk zurückverweisen (Braunschweig JZ **51**, 235 mit Anm Schönke; Seibert MDR **54**, 721; erg 9 zu § 210). Dass von der Konzentrationsermächtigung nach § 74 c GVG Gebrauch gemacht worden ist, hindert das Revisionsgericht nicht, die örtliche Zuständigkeit anderweit zu bestimmen (BGH NJW **95**, 2933, 2937). 41

D. **An ein Gericht niederer Ordnung** (III) kann zurückverwiesen werden, um zu vermeiden, dass ein Gericht mit einer Sache befasst wird, zu deren Erledigung die Zuständigkeit eines niederen Gerichts ausreicht (BGH **14**, 64, 68; KG JR **65**, 393). Das Revisionsgericht hat hier einen Ermessensspielraum, der seiner Steuerungsaufgabe im Rahmen seiner Rechtsfindung entspricht (BGH MDR **77**, 810 [H]; vgl auch NJW **87**, 1092, 1093 aE). Ein Zwang zu dieser Art Zurückverweisung besteht nicht (BGH StraFo **09**, 33 mit abl Anm Dehne-Niemann; vgl zur Problematik Meyer-Goßner Schlüchter-GS 530; Sowada 791 ff). Der BGH kann eine Sache, über die das OLG im 1. Rechtszug entschieden hatte, bei Wegfall des dessen Zuständigkeit begründenden Delikts an die Staatsschutzkammer beim LG zurückverweisen (BGH 3 StR 251/96 vom 7. 8. 1996) oder auch an eine allgemeine StrK des LG oder an das AG, wenn die Tat nicht in den Katalog des § 120 II GVG fällt; die Zuständigkeit nach § 24 I Nr 3 GVG bestimmt dann das Revisionsgericht (BGH MDR **54**, 152 [D]). Entsprechendes gilt bei Teilfreispruch (BGH NJW **74**, 154; VRS **35**, 264, 266) und nach Ausscheidung bestimmter Rechtsverletzungen nach § 154 a (BGH **29**, 341, 350), wenn nur noch Taten übrigbleiben, deren Aburteilung zur Zuständigkeit eines niederen Gerichts gehört. Die allgemeine StrK ist gegenüber der StrK mit besonderer Zuständigkeit (§§ 74 II, 74 a, 74 c GVG), wie sich aus § 209 a Nr 1 ergibt, kein Gericht niederer Ordnung (BGH **26**, 191, 194 = JR **76**, 164 mit Anm Brunner; BGH **27**, 99, 101). Obwohl III daher seinem Wortlaut nach nicht zutrifft, hat das Revisionsgericht die Wahl, ob es die von einer besonderen StrK stammende Sache an eine andere StrK dieser Art oder an eine allgemeine StrK zurückverweist (BGH NJW **94**, 3304, 3305 mwN). Das Revisionsgericht muss bei Zurückweisung an das AG festlegen, ob an das SchG oder den Strafrichter zuückverwiesen ist (offen gelassen von BGH 2 StR 290 vom 30. 1. 2008); eine Sache des erweiterten SchG darf nicht an ein gewöhnliches SchG zurückverwiesen werden (RG **62**, 265, 270). Zulässig ist dagegen die Zurückverweisung einer SchG-Sache an den Strafrichter (RG aaO) oder einer JugSchG-Sache an den Jugendrichter (LR-Hanack 67). Zur Verweisung einer JGG-Sache an eine allgemeine Strafkammer vgl 8 zu § 355. Bei der Auswahl des Gerichts, an das zurückverwiesen wird, ist das Revisionsgericht nicht an die 42

Regelungen über die örtliche Zuständigkeit nach §§ 7ff gebunden (BGHR Amtsgericht 1; Zuständigkeit 1).

43 **6) Verfahren vor dem neuen Tatrichter:**

44 A. Zur **Feststellung der Bindungswirkung** nach § 358 I muss das Revisionsurteil erörtert, aber nicht förmlich verlesen werden (RG **21**, 436; KK-Kuckein 44). Die Verlesung des aufgehobenen Urteils ist zulässig (BGH DAR **77**, 172 [Sp]; GA **76**, 368; MDR **58**, 15 [D]; 9 zu § 249), aber ebenfalls nicht erforderlich (RG JW **31**, 1816). Bei Teilaufhebung müssen die bestehen gebliebenen Teile des aufgehobenen Urteils verlesen oder bekanntgemacht werden (BGH NJW **62**, 59, 60), auch in der Berufungsverhandlung (Bay **73**, 130 = MDR **73**, 1039).

45 B. Die **Beweisaufnahme** wird ihrem Umfang nach durch § 244 II, nicht durch die Beweiserhebung in der früheren Hauptverhandlung bestimmt (BGH MDR **74**, 547 [D]). Über die Ergebnisse der früheren Beweisaufnahme darf Beweis erhoben werden (BGH MDR **52**, 18 [D]: Inhalt der Zeugenaussagen). Das aufgehobene Urteil darf im Urkundenbeweis zum Beweis darüber verlesen werden, wie das Gericht die Aussagen verstanden hat (9 zu § 249).

46 C. Die **neuen Urteilsfeststellungen** dürfen – ohne dass dies allerdings nötig wäre (BGH NStZ-RR **02**, 260 [B]; erg 2a zu § 267) – auf die früheren Feststellungen Bezug nehmen, wenn sie durch die Entscheidung des Revisionsgerichts *bindend* geworden sind (BGH **30**, 225; **33**, 59; NJW **85**, 638). Die bloße Bezugnahme oder Verweisung auf die *aufgehobenen* Feststellungen ist jedoch unzulässig (BGH **24**, 274; StV **81**, 115; 534; NStZ **84**, 18 [Pf/M]); eine Bezugnahme wird auch nicht dadurch zulässig, dass sie mit dem Hinweis verbunden wird, die neue Hauptverhandlung habe zu denselben Feststellungen geführt. Vielmehr muss der Tatrichter umfassend eigene Feststellungen treffen und in den Urteilsgründen mitteilen. Nur wenn die Hauptverhandlung die Richtigkeit der Feststellungen des aufgehobenen Urteils ergeben hat, dürfen sich die neuen Feststellungen an diese anlehnen; dann ist es sogar zulässig, in dem Umfang den Text des aufgehobenen Urteils wörtlich zu übernehmen (BGH StraFo **09**, 72; NStZ-RR **09**, 148). Das gilt auch für die Feststellungen zum Lebenslauf des Angeklagten (BGH NStZ **85**, 309; **92**, 29 [K]; **94**, 25 [K]; NStZ-RR **00**, 39 [K]; **02**, 99 [B]), zu den Vorstrafen (BGH StraFo **04**, 211) und zur Straffrage (BGH StV **82**, 105; NStZ **83**, 213 [Pf/M]; Stuttgart NJW **82**, 897, 898; vgl aber auch BGH StV **82**, 103; BGHR § 353 II Teilrechtskraft 16).

47 D. Wegen der **Zuständigkeit für Nachtragsentscheidungen** bei der Strafvollstreckung vgl § 462a VI. Entscheidungen anderer Art trifft das ursprünglich zuständig gewesene Gericht (Düsseldorf MDR **83**, 154 für das Nachverfahren nach § 439; erg 3 zu § 464b). Im Fall der Zurückverweisung nach III ist stets das Gericht niederer Ordnung zuständig (KMR-Momsen 58; LR-Hanack 74). Wegen der Zuständigkeit im Wiederaufnahmeverfahren vgl 10 zu § 140a GVG.

Entscheidung bei Gesetzesänderung

354a Das Revisionsgericht hat auch dann nach § 354 zu verfahren, wenn es das Urteil aufhebt, weil zur Zeit der Entscheidung des Revisionsgerichts ein anderes Gesetz gilt als zur Zeit des Erlasses der angefochtenen Entscheidung.

1 **1)** Die **Rückwirkung des milderen Strafgesetzes** muss nach § 2 III StGB („vor der Entscheidung") auch noch das Revisionsgericht berücksichtigen (BGH **20**, 74, 75; 77; 116; **27**, 181). Das gilt auch für Rechtsänderungen, die nur den Rechtsfolgenausspruch betreffen (BGH **5**, 207, 208; **6**, 186, 192; **20**, 116, 118), auch in Nebengesetzen (BGH **6**, 258: § 105 **JGG;** BGH **24**, 378, 382; **27**, 108: § 49 [jetzt § 51] **BZRG**). Auch hinsichtlich der Sicherungsmaßregeln (vgl § 2 VI StGB) gilt § 354a (BGH NJW **08**, 1173). Die nach dem tatrichterlichen

Urteil eingetretene Tilgungsreife einer Eintragung im BZR bleibt aber unberücksichtigt (BGH NStZ **94**, 229 [K]), es sei denn, das Revisionsgericht entscheidet in der Sache selbst (Celle NZV **94**, 332). 2

2) Nur **Änderungen des sachlichen Rechts** werden berücksichtigt, vorausgesetzt, dass eine zulässige Sachrüge erhoben ist (BGH **26**, 94; KK-Kuckein 9; Schlüchter 755; **aM** LR-Hanack 8; SK-Wohlers 12; Eisenberg JR **91**, 348; Küper NJW **75**, 1329; JR **70**, 273; Pfeiffer-FS 425, die es genügen lassen, dass die Sache irgendwie beim Revisionsgericht anhängig ist; vgl auch 6 zu § 206b). Das gilt auch bei Umwandlung der Strafvorschrift in eine Bußgeldvorschrift (**aM** Köln OLGSt § 184a StGB S 1). 2

Werden **Prozessvoraussetzungen** im Laufe des Verfahrens neu geschaffen, so sind sie von Amts wegen ebenso zu berücksichtigen, wie wenn sie von vornherein bestanden hätten (BGH **21**, 367, 369; **45**, 261, 267). Werden sie abgeschafft, so ist die Verfolgung nunmehr zulässig (BGH **20**, 22, 27; **21**, 367, 369; vgl auch LR-Hanack 5); das gilt auch bei Umwandlung eines absoluten in ein relatives Strafantragsdelikt (BGH **46**, 310; krit dazu Knauth StV **03**, 418). 3

Bei **Änderungen des Verfahrensrechts** werden anhängige Verfahren nach den neuen Vorschriften fortgeführt (BGH **22**, 321, 325; **26**, 288, 289; Hamm NJW **75**, 701; **77**, 860; vgl auch BVerfGE **1**, 4 = NJW **52**, 20; BVerfGE **39**, 156, 167 = NJW **75**, 1013, 1015; BVerfGE **45**, 272 = NJW **77**, 1629, 1631; erg Einl 203). Verfahrensfehler führen daher nicht zur Urteilsaufhebung, wenn das Verfahren dem neuen Recht entspricht (Bay NJW **05**, 1592; Hamburg NJW **75**, 988). Sieht das neue Recht eine Rechtsmittelbefugnis nicht mehr vor, bleibt ein bereits eingelegtes Rechtsmittel zulässig, sofern das Gesetz nicht mit hinreichender Deutlichkeit etwas Abweichendes bestimmt (BVerfGE **87**, 48 = NJW **93**, 1123). Schafft das neue Recht eine Rechtsmittelbefugnis, gilt diese nicht für ein zuvor bereits abgeschlossenes Verfahren (Frankfurt NStZ-RR **07**, 180 zu § 310 I Nr 3). 4

3) Teilrechtskraft: Auch bei Rechtskraft des Schuldspruchs sind nachträgliche Milderungen der Rechtsfolgen zu berücksichtigen (BGH **20**, 116; Bay **70**, 183 = NJW **71**, 392, 393; Düsseldorf NJW **91**, 709, 710). Das Gleiche gilt, wenn nur noch über die Strafaussetzungsfrage (BGH **26**, 1) oder über die Einziehung (Frankfurt NJW **73**, 1514) zu entscheiden ist, nicht aber, wenn nach Zurückverweisung durch das Revisionsgericht nur noch die Gesamtstrafenbildung aussteht (Stuttgart NJW **70**, 820; **aM** SK-Wohlers 14). Die Rechtskraft des Schuldspruchs hindert ferner nicht die Beachtung einer Gesetzesänderung, durch die die Strafbarkeit ganz entfällt (BGH **20**, 116; Bay **61**, 23 = NJW **61**, 688; Peters 663). 5

4) Das **Verfahren des Revisionsgerichts** richtet sich nach § 354. Es kann den Angeklagten freisprechen, den Schuldspruch berichtigen (BGH **20**, 116, 121; Bay **98**, 62 = NJW **98**, 3366, 3367) oder die Sache unter Aufhebung des Urteils zurückverweisen, wenn weitere Feststellungen erforderlich sind (vgl Hardwig JZ **61**, 364). Bei Herabsetzung der Höchststrafe durch das neue Recht ist idR die Aufhebung des Strafausspruchs geboten (LR-Hanack 11; vgl auch Dreher Bruns-FS 150). § 357 ist nicht anwendbar (dort 9). 6

Verweisung an das zuständige Gericht

355 **Wird ein Urteil aufgehoben, weil das Gericht des vorangehenden Rechtszuges sich mit Unrecht für zuständig erachtet hat, so verweist das Revisionsgericht gleichzeitig die Sache an das zuständige Gericht.**

1) Bei **Urteilsaufhebung wegen Unzuständigkeit des Tatrichters** gilt nicht § 354 II, sondern § 355 als Sondervorschrift (BGH NStZ **09**, 404, 405; vgl auch § 328 II). Die Bestimmung ist entspr anwendbar, wenn ein anderer Aufhebungsgrund vorliegt, die Sache aber vor ein Gericht höherer Ordnung oder ein ihm nach § 209a gleichstehendes Gericht gehört (BGH **13**, 378, 382; Stuttgart Justiz 1

95, 99, 100), oder wenn sich ein zuständiges Gericht zu Unrecht für unzuständig erklärt hat (BGH **42**, 39, 42), oder wenn eine nach dem Geschäftsverteilungsplan unzuständige StrK entschieden hat (BGH **38**, 376, 380). Der BGH hat sie unrichtig auch auf den Fall angewendet, dass die Revision der StA unbegründet ist, weil der Tatrichter das Verfahren zu Recht wegen sachlicher Unzuständigkeit eingestellt hat (BGH **26**, 191, 201; hiergegen LR-Hanack 3; SK-Wohlers 5; Meyer-Goßner NJW **76**, 977; JR **77**, 354; Sieg NJW **76**, 301; anders auch Bay **79**, 16 = VRS **57**, 38 für den Fall rechtsfehlerfreier Einstellung wegen örtlicher Unzuständigkeit).

2 **2) Zuständigkeit** iS des § 355 bedeutet sowohl die örtliche (RG **40**, 354, 359; vgl auch BGH NStZ **09**, 221) als auch die sachliche (2 vor § 1) und die Zuständigkeit besonderer StrKn (4 vor § 1) und der JugGe. Die Unterschreitung der sachlichen Zuständigkeit ist wegen § 269 kein Revisionsgrund.

3 **3) Zu Unrecht für zuständig erachtet** hat sich der Tatrichter nur, wenn er bei objektiver Beurteilung nicht zuständig war (RG **74**, 139, 140; SK-Wohlers 7; Gössel GA **68**, 357). Das Revisionsgericht legt bei der Überprüfung der Zuständigkeit die objektive Sachlage zum Zeitpunkt des Eröffnungsbeschlusses zugrunde (BGH **47**, 16, 21; NStZ-RR **07**, 5, 6 [B]). Die eigene rechtliche Bewertung des Tatrichters ist nicht maßgebend. Hat er seine Strafgewalt überschritten, war er aber bei zutreffender Beurteilung sachlich zuständig, so gilt daher nicht § 355, sondern § 354 (Bay StraFo **00**, 230).

4 **4)** Die **Verweisung** durch das Revisionsgericht ist, wenn sie nicht in einem Beschluss nach § 349 IV erfolgt, Teil des Revisionsurteils (BGH **10**, 74; **26**, 106, 109). Dabei ist aber die Form des § 270 einzuhalten (RG **61**, 322, 326; **69**, 155, 157). Nur wenn der tatsächliche und rechtliche Inhalt der Beschuldigung unverändert bleibt, braucht er in dem Verweisungsurteil nicht erneut aufgeführt zu werden (BGH **7**, 26, 28; NJW **57**, 390, 391; Karlsruhe NJW **78**, 840; Justiz **79**, 446).

5 Die Verweisung an das **sachlich zuständige** Gericht erfolgt bei auf der Zuständigkeit der Jugendgerichte beruhender Unzuständigkeit der allg StrK idR an das JugSchG, nicht an den Jugendrichter (BGH **8**, 349, 355; StraFo **03**, 15). Hatte der unzuständige Strafrichter statt des zuständigen SchG entschieden und hatte die kleine StrK dies nicht bemerkt, so ist auf Revision die Verweisung an das SchG nachzuholen (vgl Bay DAR **84**, 243 [R]; Schleswig SchlHA **84**, 97 [E/L]), ebenso – bei Nichtanwendung des § 269 wegen willkürlicher Bejahung der Zuständigkeit (vgl 8 zu § 269) – im umgekehrten Fall (Hamm StraFo **96**, 87); dass auch zur Entscheidung über die Berufung gegen das Urteil des AG stets (§ 76 I S 1 GVG) die kleine StrK zuständig gewesen wäre, ändert daran nichts, da das Revisionsgericht den Fehler des Berufungsgerichts (unterlassene Verweisung nach § 328 II) korrigieren muss (Hamm aaO; erg 8 zu § 269; 7 zu § 328).

6 Sind bei **örtlicher Unzuständigkeit** mehrere Gerichte zuständig, so verweist das Revisionsgericht, sofern der Einwand nach § 16 rechtzeitig erhoben war, die Sache nach Anhörung der StA an eines von ihnen (Hamm wistra **06**, 37), an ein Gericht außerhalb seines Bezirks aber nur, wenn dort kein Gerichtsstand nach §§ 7 ff begründet ist.

7 Die Verweisung an eine **StrK mit besonderer Zuständigkeit** setzt voraus, dass der Beschwerdeführer den Einwand nach § 6 a rechtzeitig erhoben hatte. Wäre aber die JugK zuständig gewesen, verweist das Revisionsgericht die Sache an diese zurück (BGH 4 StR 671/96 vom 20. 3. 1997).

8 Bei der **Zuständigkeit des JugG** verbleibt es, wie sich aus § 47 a **JGG** ergibt, auch dann, wenn der Tatrichter sie zu Unrecht angenommen hatte (Brunner/Dölling 2; Eisenberg 5; beide zu § 47 a JGG; Rieß NJW **78**, 2267; **aM** BGH MDR **84**, 444 [H] für den Fall, dass vor einem JugG nur wegen unzutreffender Angabe des Geburtsdatums verhandelt worden war). In verbundenen Verfahren gegen einen Erwachsenen und einen Jugendlichen oder Heranwachsenden wird an

die allgemeine StrK bzw das SchwurG zurückverwiesen, wenn sich das weitere Verfahren nur noch gegen den Erwachsenen richtet (BGH **35**, 267; NJW **03**, 836, 838; vgl auch Bay **80**, 46 – MDR **80**, 958); die Zurückverweisung an ein JugG ist aber nicht unzulässig (BGH StV **94**, 415 mit abl Anm Schneider).

Hat auf Grund einer **unwirksamen Verbindung** (4 zu § 13) ein unzuständiges Gericht entschieden, verweist das Revisionsgericht die Sache entspr § 355 an das zuständige Gericht (BGH NStZ **96**, 47; **aM** – direkte Anwendung – Felsch NStZ **96**, 166, weil er unzutr den Verbindungsbeschluss bis zur Anfechtung für wirksam erachtet). 9

Urteilsverkündung

356 **Die Verkündung des Urteils erfolgt nach Maßgabe des § 268.**

1) Für die **Urteilsverkündung** gelten § 268 I, II und § 173 GVG. Wird ein besonderer Verkündungstermin angesetzt, so ist § 268 III S 2 nicht anwendbar (KK-Kuckein 2; **aM** KMR-Momsen 1). Das Urteil hat nur feststellende Wirkung, wenn die Rechtskraft nach § 343 I nicht gehemmt war. 1

Sonst tritt **Rechtskraft** mit der Beendigung der Verkündung ein, wenn die Revision (nicht nur wegen verspäteter Einlegung) als unzulässig oder unbegründet verworfen oder nach § 354 I entschieden wird (SK-Wohlers 4). 2

2) Die **Urteilsurkunde** ist alsbald zu den Akten zu bringen; die Fristen des § 275 I S 2–5 gelten aber nicht (LR-Hanack 3). Die Unterzeichnung richtet sich nach § 275 II S 1, 2. Das Revisionsurteil braucht nach dem Wegfall des § 35 II S 2 Hs 2 (dort 11) nicht mehr förmlich zugestellt zu werden. Eine solche Zustellung ist aber zu empfehlen, wenn der Zugang des Urteils nachgewiesen werden muss, weil sich an die Urteilsrechtskraft sanktionsbewehrte Pflichten knüpfen, zB nach §§ 145a, 145c StGB (Rieß/Hilger NStZ **87**, 153). § 145a I, II ist anwendbar. 3

Verletzung rechtlichen Gehörs

356a **[1]Hat das Gericht bei einer Revisionsentscheidung den Anspruch eines Beteiligten auf rechtliches Gehör in entscheidungserheblicher Weise verletzt, versetzt es insoweit auf Antrag das Verfahren durch Beschluss in die Lage zurück, die vor dem Erlass der Entscheidung bestand. [2]Der Antrag ist binnen einer Woche nach Kenntnis von der Verletzung des rechtlichen Gehörs schriftlich oder zu Protokoll der Geschäftsstelle beim Revisionsgericht zu stellen und zu begründen. [3]Der Zeitpunkt der Kenntniserlangung ist glaubhaft zu machen. [4]§ 47 gilt entsprechend.**

1) Die **Verletzung des rechtlichen Gehörs** im Revisionsverfahren regelt die Vorschrift (Widmaier Böttcher-FS 223 lehnt sie als systemwidrig ab); zuvor begangene Verletzungen werden spätestens im Revisionsverfahren selbst geheilt. Eine nicht oder nicht formgerecht erhobene Verfahrensrüge wird aber auch im Verfahren nach § 356a nicht nachgeprüft; Frist- und Formerfordernisse der §§ 344 II, 345 werden dadurch nicht berührt, so dass Verfahrensrügen nicht auf diesem Weg nachgeschoben werden können (BGH StV **05**, 655), auch nicht, wenn sie sich auf erst neuerdings ergangene Rechtsprechung stützen (BGH 1 StR 91/03 vom 14. 2. 2007). Grundsätzlich können, wenn die Entscheidung des Revisionsgerichts ergangen ist, auch keine Befangenheitsgesuche mehr angebracht werden (BGH JR **07**, 172 mit zust Anm Kretschmer, der aber darlegt, dass bei Begründetheit der Gehörsrüge über das Ablehnungsgesuch zu entscheiden ist; BGH NStZ **07**, 416; **08**, 55; Nürnberg NJW **07**, 1013; Jahn Fezer-FS 427), wohl aber ist – als alleiniger Rechtsbehelf – die Anhörungsrüge statthaft, wenn der Befangen- 1 heitsantrag vor Erlass der Revisionsentscheidung gestellt worden war (BGH NJW **09**, 1092). Die Anhörungsrüge dient nicht dazu, die angegriffene Entscheidung in der Sache in vollem Umfang nochmals zu überprüfen (BGH NStZ-RR **07**, 133 [B]; **09**, 37 [C]; [2 StR 505/06 vom 4. 7. 2007; 1 StR 185/08 vom 18. 6. 2008). § 356 a enthält gegenüber der nur subsidiär geltenden Vorschrift des § 33 a eine spezielle Regelung (BGH NStZ **07**, 236; Nürnberg aaO); auch eine Gegenvorstellung scheidet neben § 356 a aus (BGH wistra **10**, 109). § 356 a unterscheidet sich von diesen Rechtsbehelfen durch das Antragserfordernis, die Form- und Fristgebundenheit des Antrags und eine teilweise notwendige Glaubhaftmachung. Die Vorschrift findet entspr Anwendung nach § 55 IV **JGG** (dazu krit KMR-Eschelbach Einl 149). Für das Berufungsverfahren gilt § 311 a, der hier nicht anwendbar ist (Bay MDR **83**, 689).

2 **2) Bei einer Revisionsentscheidung** muss das rechtliche Gehör verletzt worden sein (BGH 1 StR 556/07 vom 24. 6. 2009). Die Vorschrift findet daher keine Anwendung, wenn ein erst nach Ablauf der Revisionsbegründungsfrist eingereichter Schriftsatz erst nach der Entscheidung des Revisionsgerichts bei diesem eingeht (BGH NStZ **93**, 552; 1 StR 593/08 vom 19. 11. 2008). Die Entscheidung wird regelmäßig im Beschlussverfahren nach § 349 oder auch nach § 346 II (Jena NJW **08**, 534) – auch iVm einem Antrag auf Wiedereinsetzung in den vorigen Stand (Hamburg VRS **114**, 371) – ergangen sein; bei einer Entscheidung durch Urteil (§ 354) wird in der Hauptverhandlung (§ 350) idR das rechtliche Gehör gewährt worden sein (BGH NStZ-RR **10**, 117; 1 StR 95/09 vom 17. 2. 2010). Allerdings ist auch hier ein Verstoß nicht ausgeschlossen, so wenn zB dem Angeklagten oder seinem Verteidiger oder einem andere Beteiligten der Zeitpunkt der Hauptverhandlung versehentlich nicht oder nicht rechtzeitig mitgeteilt wurde oder wenn sie aus sonstigen Gründen am Erscheinen in der Hauptverhandlung verhindert waren (BGH JR **07**, 172 mit zust Anm Kretschmer).

3 **3) In entscheidungserheblicher Weise** muss das rechtliche Gehör verletzt worden sein. Das ist nur der Fall, wenn sich aus den besonderen Umständen des einzelnen Falles deutlich ergibt, dass das Gericht ein tatsächliches Vorbringen entweder überhaupt nicht zur Kenntnis genommen oder doch bei seiner Entscheidung nicht in Erwägung gezogen hat (BGH NStZ-RR **09**, 38 [C]), und wenn sich die unterbliebene Anhörung auf das Ergebnis der Revisionsentscheidung ausgewirkt hat. Es scheidet aus, wenn der Betroffene sich nicht anders als tatsächlich geschehen hätte verteidigen können oder sonst ausgeschlossen ist, dass das Revisionsgericht bei ordnungsgemäßer Anhörung anders entschieden hätte (BGH 3 StR 173/08 vom 10. 7. 2008).

4 **4) Nur auf Antrag des Betroffenen** wird das rechtliche Gehör nachgeholt.

5 A. Die Nachholung erfolgt also anders als in §§ 33 a, 311 a **nicht auch von Amts wegen.** Sie setzt stets den Antrag eines Verfahrensbeteiligten, dh des Angeklagten, des Verteidigers, des Nebenklägers, Privatklägers oder Nebenbeteiligten, nicht der StA (3 zu § 33 a) voraus.

6 B. **Frist:** Wie bei der Wiedereinsetzung gegen die Versäumung einer Frist (§ 45) ist der Antrag befristet. Das ist im Interesse der Rechtssicherheit und des Rechtsfriedens erforderlich; denn die Rechtskraft der Revisionsentscheidung darf nicht unbefristet durchbrochen werden. Die Wochenfrist läuft ab Kenntniserlangung von der Verletzung rechtlichen Gehörs; dabei geht es nur um die Kenntnis der tatsächlichen Umstände, aus denen sich der Verstoß ergibt. Dieser Zeitpunkt muss im Antrag glaubhaft gemacht werden (7 zu § 26); er ist – wie bei § 45 (dort 5) – binnen der Wochenfrist mitzuteilen (BGH NStZ **05**, 462; StraFo **06**, 375; Hamm VRS **109**, 43). Eine Glaubhaftmachung der übrigen Umstände wird nicht verlangt, weil sich diese idR aus den Akten ergeben und das Gericht aus eigener Kenntnis beurteilen muss, ob es das rechtliche Gehör gewährt hat. Wiedereinsetzung nach § 44 gegen die Versäumung der Frist ist möglich (SK-Wohlers 8; vgl auch BGH

wistra **08**, 223), wobei dem Angeklagten aber nicht nur eigenes Verschulden (BGH NStZ-RR **10**, 116), sondern nach BGH wistra **09**, 33,(weil es sich um eine „Vorstufe der Verfassungsbeschwerde" handele) wie dort ein Verschulden des Verteidigers – anders als sonst im Strafverfahren (18 zu § 44) – zuzurechnen ist (zw). BGH NStZ-RR **07**, 292 [B] erwägt eine Erstreckung der Fristenregelung auch auf die Geltendmachung anderer grundrechtsgleicher Verfahrensrechte einschließlich des Willkürverbots.

C. **Form:** Die Form entspricht derjenigen für die Einlegung der Revision (§ 341 I), das Erfordernis der Begründung durch den Verteidiger oder einen RA besteht hier – anders als für die Revisionsbegründung nach § 345 II – nicht. Allerdings muss der Antrag eine (kurze) Begründung enthalten, also darlegen, worin die Verletzung des rechtlichen Gehörs gesehen wird; insbesondere muss sich daraus aber ergeben, dass der Verstoß der Sphäre der Justiz zuzuordnen ist. 7

5) Die **Entscheidung des Revisionsgerichts** muss nicht zwingend durch dieselben Richter, die die beanstandete Entscheidung erlassen haben, erfolgen (BGH NStZ-RR **02**, 100 [B]; **aM** AnwK-Lohse 7); vielmehr entscheidet der Senat nach dem Geschäftsverteilungsplan des BGH und dem in der internen Geschäftsverteilung des Senats bestimmten Besetzung (BGH NStZ-RR **09**, 353). 8

6) Entscheidungsmöglichkeiten: 8a

A. **Unzulässigkeit oder Unbegründetheit des Antrags:** Der Antrag ist unzulässig, wenn die Frist (oben 6) oder die Form (oben 7) nicht gewahrt sind oder es an der erforderlichen Glaubhaftmachung der Kenntniserlangung (oben 6) oder an der vorgeschriebenen Begründung (oben 7) fehlt. Unbegründet ist der Antrag, wenn der Anspruch auf rechtliches Gehör nicht in entscheidungserheblicher Weise (oben 3) verletzt worden ist; dabei kann sich ergeben, dass der Antrag nur teilweise begründet ist, wenn die Verletzung des rechtlichen Gehörs nur einzelne abtrennbare Verfahrensteile betrifft. In beiden Fällen wird der Antrag kostenfällig verworfen (BGH 2 StR 387/91 vom 8. 3. 2006; Köln NStZ **06**, 181); hierfür wird eine Gerichtsgebühr von 50 € erhoben (Nr 3900 KVGKG; Nürnberg NJW **07**, 1013, 1014). § 74 JGG gilt entspr (BGH 5 StR 439/09 vom 24. 11. 2009). Der Beschluss ist unanfechtbar (§ 304 IV) und auch einer verfassungsgerichtlichen Überprüfung nicht zugänglich (BVerfG NJW **07**, 3563 L; StraFo **07**, 148; NStZ-RR **07**, 381). Ein Antrag auf Aufschub der Vollstreckung (S 4 mit § 47 II) wird gegenstandslos (BGH 2 StR 505/06). 9

B. Ist der **Antrag zulässig und begründet,** so versetzt das Revisionsgericht den Betroffenen – wie bei der Wiedereinsetzung in den vorigen Stand – in die Lage vor Erlass der beanstandeten Entscheidung zurück; eine zuvor bestehende UHaft sowie sonstige Anordnungen leben nach § 47 III wieder auf. Mit der Versetzung in die alte Lage entfällt die Rechtskraft der Entscheidung; damit ist die Entscheidung auch nicht mehr vollstreckbar. Das Revisionsgericht kann aber schon zuvor nach S 4 iVm § 47 II einen Aufschub der Vollstreckung anordnen. 10

Es ist dann je nach Verfahrenslage entweder zugleich mit dem die frühere Lage wiederherstellenden Beschluss oder später nach Anhörung der übrigen Beteiligten gemäß § 33 II und III **neu über die Revision zu befinden.** Die frühere Entscheidung kann inhaltlich ganz oder teilweise (wenn einzelne abtrennbare Teile von der Verletzung nicht betroffen sind) aufrechterhalten oder abgeändert werden. § 357 gilt (SK-Wohlers 13; zw Treber NJW **05**, 100). Übersehene Verfahrenshindernisse können zur Einstellung des Verfahrens führen (München StraFo **09**, 24); Verfahrensrügen können aber nicht nachgeschoben werden. Auch diese Entscheidungen sind unanfechtbar; ein erneuter Antrag nach § 356 a bei einer neuerlichen Gehörsverletzung ist jedoch nicht ausgeschlossen. 11

Revisionserstreckung auf Mitangeklagte

357 [1] **Erfolgt zugunsten eines Angeklagten die Aufhebung des Urteils wegen Gesetzesverletzung bei Anwendung des Strafgesetzes und erstreckt sich das Urteil, soweit es aufgehoben wird, noch auf andere Angeklagte, die nicht Revision eingelegt haben, so ist zu erkennen, als ob sie gleichfalls Revision eingelegt hätten.** [2] **§ 47 Abs. 3 gilt entsprechend.**

1 **1)** Die **Durchbrechung der Rechtskraft** sieht die Vorschrift zu dem Zweck vor, Ungleichheiten bei der Aburteilung mehrerer Angeklagter zu vermeiden, die nicht alle Revision eingelegt haben. Auf das Einverständnis dieser Nichtrevidenten kommt es nicht an (dagegen SK-Wohlers 7 ff). Rechtskraft tritt ihnen gegenüber nur unter der auflösenden Bedingung ein, dass das Urteil nicht nach § 357 aufgehoben wird. Die Urteilsaufhebung erfolgt dann „über den Kopf des Mittäters" hinweg (BGH **20**, 77, 80), was schon mit der heutigen Auffassung der Stellung des Angeklagten als Subjekt und nicht als Objekt des Verfahrens unvereinbar erscheint. Da vielfach die Sache auch nur zurückverwiesen und die neue Verhandlung zu der gleichen Verurteilung führt, ist die auf Grund der Vorschrift eintretende Wohltat häufig von recht zweifelhafter Art. Die Vorschrift ist deshalb einschränkend auszulegen (BGH NJW **55**, 1934; JR **64**, 271).

1a Daher werden auch vielfach **Änderungsvorschläge** gemacht: So erwägt Basdorf (Meyer-Goßner-FS 665 f) verschiedene Einschränkungsmöglichkeiten, ua eine vorherige Anhörung des Nichtrevidenten; R. Hamm (Hanack-FS 376) schlägt eine Beschränkung auf Subsumtionsfehler vor; Zopfs (GA **99**, 482, 493) fordert Anwendung nur im Fall des § 354 I; Wohlers/Gaede (NStZ **04**, 9) wollen die Anwendung an die Zustimmung des Nichtrevidenten binden, wenn das Revisionsgericht nicht nach § 354 I verfahren kann. Alle diese Vorschläge ändern nichts daran, dass die Revisionserstreckung dem Nichtrevidenten höchst ungelegen sein kann, dass eine Beschränkung auf die Fälle des § 354 I zu neuen Ungerechtigkeiten führt – warum sollte der Angeklagte, bei dem das Revisionsgericht gegen den Mitangeklagten „durchentscheidet" besser stehen als derjenige, dessen Mitangeklagter erst nach Zurückverweisung freigesprochen wird? –, vor allem aber, dass die Ungerechtigkeit, wonach § 357 nur bei gleichzeitiger, aber nicht bei einer Aburteilung in verschiedenen Verfahren zur Anwendung kommt, nicht beseitigt wird; die Regelung des § 357 sollte daher *de lege ferenda* durch eine Befugnis des Nichtrevidenten, bei Freispruch eines an der Tat Mitbeteiligten die Wiederaufnahme des Verfahrens zu beantragen, ersetzt werden (zum Ganzen eingehend Meyer-Goßner Roxin-FS 1345 und Eisenberg-FS 410; vgl auch einen Reformvorschlag bei Benninghoven, Revisionserstreckung auf Mitverurteilte, 2002, zugl Diss Bochum 2001).

2 Die **entsprechende Anwendung** des § 357 kommt weder im Berufungsverfahren (KG JR **56**, 308 mit zust Anm Sarstedt; Hamm NJW **57**, 392; Stuttgart NJW **70**, 66; Krause Küchenhoff-GedSchr 425; Meyer-Goßner Roxin-FS 1349; Mitsch, FS 10 Jahre Brandenburgisches OLG, 2003, S 379 ff) noch im Beschwerdeverfahren in Betracht (Hamm MDR **73**, 1042; **aM** Bremen NJW **58**, 432 = JR **58**, 189 mit Anm EbSchmidt), auch nicht im ehrengerichtlichen Verfahren (BGH **37**, 361). Jedoch wird § 357 auch angewendet auf Einziehungsbeteiligte (BGH NStZ **81**, 298 [Pf]) und auf tatunbeteiligte Dritte, die nicht als Einziehungsbeteiligte zugelassen sind (BGH **21**, 66, 69). Zur Anwendung im Rechtsbeschwerdeverfahren nach §§ 79, 80 OWiG vgl Bay NStZ **99**, 518. Die Entscheidung über das vom Angeklagten eingelegte Rechtsmittel hat gegenüber § 357 Vorrang (BGH NJW **96**, 2663, 2665).

3 **2) Voraussetzungen der Aufhebungserstreckung:**

4 A. Die **Urteilsaufhebung auf eine Revision** nach §§ 333, 335, auch im Privatklageverfahren, im Sicherungsverfahren nach §§ 413 ff und in dem selbstständigen Verfahren nach § 440 (Haase GA **56**, 279), muss Gegenstand des Revisionsurteils sein. Gleichgültig ist, ob das Revisionsgericht zugleich mit der Urteilsauf-

hebung nach § 354 I selbst entscheidet, insbesondere den Schuldspruch berichtigt (BGH NJW **52**, 274; **73**, 474, 475; Hamm NJW **74**, 466; Krause Küchenhoff-GedSchr 428; erg 12 ff zu § 354), oder die Sache nach §§ 354 II, III, 355 zurückverweist. Eine Urteilsaufhebung iS § 357 liegt auch vor bei nur teilweiser Aufhebung, zB im Rechtsfolgenausspruch (BGH **21**, 66, 69; NStZ **81**, 298 [Pf]; Düsseldorf JR **83**, 479) und bei Zurückverweisung zur Nachholung der Entscheidung über die Gesamtstrafe (BGH MDR **73**, 730 [D]).

Der Urteilsaufhebung steht gleich die **Aufhebung durch Beschluss** nach § 349 IV (BGH **24**, 208, 213; Celle NJW **69**, 1977; Düsseldorf NJW **86**, 2266), nicht jedoch die Einstellung nach § 154 oder die Beschränkung nach § 154 a (BGH NStZ-RR **02**, 103 [B]). § 206 a ist im Revisionsverfahren nach zutr Ansicht nicht anwendbar, wenn das Verfahrenshindernis von der Vorinstanz übersehen wurde (vgl 6 zu § 206 a; 29 zu § 349), dann gilt § 349 IV, so dass sich die Frage der Anwendung des § 357 auf einen Beschluss nach § 206 a insoweit nicht stellt (HK-Lemke 4; Meyer-Goßner GA **73**, 371 und Roxin-FS 1349; **aM** BGH **24**, 208; LR-Hanack 8); tritt das Verfahrenshindernis erst im Revisionsverfahren ein, ergeht allerdings Beschluss nach § 206 a, bei dem dann aber, weil das angefochtene Urteil selbst keine Gesetzesverletzung enthielt, keine Erstreckung nach § 357 erfolgt (KK-Kuckein 7; SK-Wohlers 16; SK-Paeffgen 11 zu § 206 a; ausführlich dazu LR-Meyer-Goßner[23] 13, 14 zu § 206 a). 5

Zugunsten des Beschwerdeführers erfolgt die Aufhebung, wenn sie ganz oder teilweise zu seinem Vorteil ausschlägt. So steht es der Erstreckung nicht entgegen, wenn das Revisionsgericht bei Aufhebung des Strafausspruchs zugleich wegen einer Änderung der Konkurrenzverhältnisse den Schuldspruch verschlechtert (BGH 4 StR 414/96 vom 29. 10. 1996). Von wem die Revision eingelegt war, spielt keine Rolle; auch die nur nach § 301 zugunsten des Angeklagten wirkende Revision der StA kann zur Aufhebungserstreckung führen (RG **33**, 371, 379). 6

B. **Angeklagten, die keine Revision eingelegt haben,** kommt die Aufhebungserstreckung zugute. Ihnen stehen Angeklagte gleich, die Revision eingelegt, aber verspätet oder nicht formgerecht begründet haben (BGHR § 338 Nr 7 Entscheidungsgründe 2; Zweibrücken wistra **87**, 268, 269), so dass sie nach § 346 (Düsseldorf JR **83**, 479) oder § 349 I (RG **40**, 219, 220) verworfen worden ist, oder die nur erfolglos eine Verfahrensrüge erhoben haben (RG HRR **40**, 208), auch Angeklagte, die auf Revision verzichtet (Hamburg JW **37**, 3152) oder sie zurückgenommen haben (BGH NJW **58**, 560; Krause Küchenhoff-GedSchr 427); das gilt auch bei einer Sprungrevision (Stuttgart Justiz **96**, 186). Im Schuldspruch erfolgt die Aufhebungserstreckung auch, wenn die Revision auf den Rechtsfolgenausspruch beschränkt war (BGH MDR **54**, 373); damit ist die den Rechtsfolgenausspruch betreffende Revision erledigt (BGH 5 StR 178/91 vom 11. 6. 1991). Für Mitangeklagte, die nach § 55 II **JGG** keine Revision einlegen konnten, gilt § 357 dagegen nicht (BGH **51**, 34 mwN; Meyer-Goßner Eisenberg-FS 399; **aM** Altenhain NStZ **07**, 283; Mohr JR **06**, 500; Prittwitz StV **07**, 52; Swoboda HRRS **06**, 376), wohl aber für solche Jugendliche oder Heranwachsende, die keine Berufung eingelegt hatten, falls auf Revision des Mitangeklagten (auch) das Urteil des JugG oder JugSchG aufgehoben wird (Koblenz StV **09**, 90 L), nicht aber bei Aufhebung nur des Berufungsurteils der JugK. 7

C. **Wegen einer Gesetzesverletzung bei Anwendung des Strafgesetzes** muss die Urteilsaufhebung erfolgen. In Betracht kommen in 1. 8

Hinsicht **sachlich-rechtliche Fehler,** gleichgültig, ob sie den Schuldspruch, auch wegen unzulänglicher Beweiswürdigung (Peters Schäfer-FS 152), den Rechtsfolgenausspruch (BGH **21**, 66, 69; Düsseldorf JR **83**, 479) oder Nebenentscheidungen betreffen (Neustadt GA **54**, 252; Haase GA **56**, 276). Gesetzesänderungen nach Erlass des angefochtenen Urteils werden nicht berücksichtigt, § 354 a gilt nicht (BGH **20**, 77, 78; NStZ **99**, 15 mwN; Schlüchter 757.2; **aM** KMR-Momsen 23; Hanack JZ **73**, 779); ebenso findet eine Erstreckung nicht statt, wenn 9 die Urteilsaufhebung darauf beruht, dass eine Gesetzesnorm zwischenzeitlich vom BVerfG für nichtig erklärt worden ist (BGH **41**, 6; **aM** Hamm Hanack-FS 382), oder das Revisionsgericht nach § 154 II verfährt (BGH NStZ-RR **09**, 366 mwN).

10 Gesetzesverletzung iS des § 357 ist nach allgM auch die fehlerhafte Beurteilung der **Verfahrensvoraussetzungen** (BGH **10**, 137, 141; **12**, 335, 340; **19**, 320, 321; **24**, 208, 210; NStZ **87**, 239), wobei es nicht darauf ankommt, ob sie von Amts wegen zu prüfen sind (dazu Einl 150), sondern, ob sie auch für den Nichtrevidenten Bedeutung haben können (Bay wistra **98**, 275; Schubath JR **72**, 240), wie die Voraussetzungen des Strafverfahrens als solches (BGH StV **04**, 61, zB Anklage, Eröffnungsbeschluss) oder das Antragserfordernis für das Adhäsionsverfahren nach §§ 403ff (BGH NStZ **88**, 470, 471; **98**, 477), aber zB nicht das nur hinsichtlich des Revidenten erforderliche Strafantragserfordernis oder die nur bei ihm fehlende Zuständigkeit. Erst nach Erlass des angefochtenen Urteils entstandene Verfahrenshindernisse sind jedoch nicht zu berücksichtigen (BGH NJW **52**, 274; KK-Kuckein 7; **aM** LR-Hanack 14), insbesondere nicht Straffreiheitsgesetze (BGH GA **55**, 247; Haase GA **56**, 277).

11 Sonstiges **Verfahrensrecht** ist – verfassungsrechtlich unbedenklich (BVerfG NJW **85**, 125) – für die Anwendung des § 357 ohne Bedeutung, auch wenn seine Verletzung einen zwingenden Aufhebungsgrund nach § 338 bildet (BGH **17**, 176, 179; LR-Hanack 15; Katholnigg JR **85**, 346; Schlüchter 757.2; **aM** Peters Schäfer-FS 152ff: bei ungenügender Beweisaufnahme; Vogt/Kurth NJW **85**, 106: bei unrichtiger Gerichtsbesetzung). Dasselbe gilt für eine Kompensation wegen rechtsstaatswidriger Verfahrensverzögerung (BGH NJW **09**, 307; erg unten 15).

12 D. **Durch dasselbe Urteil** müssen der Beschwerdeführer und der Nichtrevident verurteilt worden sein (Haase GA **56**, 280; Krause Küchenhoff-GedSchr 427). Wenn Revision gegen ein Berufungsurteil eingelegt ist, erfolgt daher keine Aufhebungserstreckung zugunsten von früheren Mitangeklagten, die keine Berufung eingelegt hatten (Celle NJW **54**, 1498; Stuttgart NJW **70**, 66), deren Berufung nach § 329 I verworfen worden ist (Schleswig SchlHA **88**, 118 [L/G]; Haase GA **56**, 285) oder die die Berufung auf das Strafmaß beschränkt hatten, wenn nunmehr das Revisionsgericht den Rechtsfehler im Bereich des Schuldspruchs sieht (Frankfurt NStZ-RR **04**, 13 mwN).

13 E. **Wegen derselben Tat** wie der Beschwerdeführer muss der Nichtrevident verurteilt worden sein (BGH **12**, 335, 341; NJW **55**, 1566; **83**, 2097, 2099). Der Tatbegriff entspricht dem des § 264 (dort 2). Daher ist § 357 auch anwendbar bei wechselseitigen Beleidigungen (LR-Hanack 18; **aM** Hamm NJW **57**, 392), bei Nebentätern (Haase GA **56**, 282) und bei anderen vorsätzlich handelnden Tätern, denen der gemeinsame Tatentschluss fehlt und deren Tathandlungen sich gegen verschiedene Betroffene richten (BGH MDR **79**, 108 [H]; anders aber, wenn es sich dabei um prozessual selbstständige Taten handelt: BGH NStZ **96**, 327 [K]; BGHR Erstreckung 6), sowie bei fahrlässiger strafbarer Beteiligung an demselben Verkehrsunfall als Unfallgegner (BGH **12**, 335, 342; Köln VRS **21**, 447, 449; Roxin/Schünemann § 55, 79; **aM** Bay **53**, 86; Hanack JZ **73**, 779). Tatidentität besteht auch bei Verurteilungen nach den §§ 332 und 333 StGB (RG HRR **38**, 497), bei Mord und Nichtanzeige des Verbrechens (SK-Wohlers 42) sowie bei Annahme von Mittäterschaft statt Beihilfe, selbst wenn der Nichtrevident als Alleintäter in Betracht kommt (BGH **11**, 18; **aM** Hanack JZ **73**, 780).

14 F. Ein **gemeinsamer Revisionsgrund** muss vorliegen. Dabei genügt aber eine gleichartige Rechtsverletzung. Es kommt nur darauf an, dass sachlich-rechtliche Erwägungen der Art, wie sie zur Aufhebung zugunsten des Beschwerdeführers zwingen, zur gleichen Entscheidung zugunsten des Nichtrevidenten geführt hätten (BGH LM Nr 3; RG **71**, 214; Bay **63**, 126 = JR **63**, 308; Düsseldorf NJW **86**, 2266). Wird zB das Urteil aufgehoben, weil der als Mittäter verurteilte Beschwerdeführer nur Gehilfe ist, so erstreckt sich die Aufhebung auf andere Angeklagte, die nunmehr als Alleintäter anzusehen sind (BGH **11**, 18; KK-Kuckein 15; **aM**

Hanack JZ **73**, 780). Gleichartiger Revisionsgrund ist auch das Fehlen der Urteilsgründe (Celle NJW **59**, 1647), jedoch nicht bei einem nach § 267 IV S 3 ergänzungsbedürftigen Urteil (KG NStZ **98**, 55), sowie die Unzulänglichkeit der Feststellungen, die dem Revisionsgericht die Prüfung verwehrt (BGH EzSt § 267 Nr 9; Köln VRS **21**, 447), idR aber nicht die Beurteilung der Schuldfähigkeit, da diese nur individuell bestimmbar ist (BGH 4 StR 615/91 vom 9. 1. 1992). Auf die Schuldfrage muss sich der Rechtsfehler nicht beziehen; zur Nichtanwendung bei Änderung des Konkurrenzverhältnisses bei Straftaten nach § 152a I Nr 2 StGB vgl BGH wistra **04**, 180).

Fehler bei der Rechtsfolgenentscheidung genügen, auch bei der Frage der Strafaussetzung zur Bewährung (BGH StV **92**, 417) oder bei der Einziehungsentscheidung (BGH **21**, 66, 69; NStZ **81**, 298 [Pf]), sofern die Aufhebungsgründe nicht nur in der Person des Beschwerdeführers vorliegen (BGH NJW **55**, 997; Bay **63**, 126 = JR **63**, 308), wie etwa bei § 64 StGB (BGH NStZ-RR **04**, 229 [B]), bei § 67 II StGB (BGH JR **92**, 475 mit krit Anm Funck; str zu § 67 II S 3 StGB, vgl BGH NStZ **10**, 32 und NStZ-RR **10**, 118), bei § 73 StGB (BGH NStZ **08**, 565), bei § 52a S 2 JGG (BGH 5 StR 12/97 vom 4. 2. 1997) oder bei einer Kompensation (9a zu Art 6 MRK) wegen rechtsstaatswidriger Verfahrensverzögerung (BGH NJW **09**, 307). Eine Erstreckung erfolgt auch dann nicht, wenn sich der festgestellte Rechtsfehler nicht zum Nachteil des Nichtrevidenten ausgewirkt hat (BGH NStZ **89**, 113, 114 aE). 15

3) Die **Entscheidung des Revisionsgerichts** ergeht von Amts wegen ohne Rücksicht auf den Willen des Nichtrevidenten (oben 1). Einer Anhörung des Nichtrevidenten bedarf es nicht (KK-Kuckein 17; Schlüchter 757.2; **aM** BGH NJW **05**, 374, 376; Basdorf Meyer-Goßner-FS 679, LR-Hanack 24 für den Fall der Zurückverweisung); sie wäre auch praktisch oft nicht durchführbar und müsste manchmal – bei Ungelegenheit der Aufhebungserstreckung – auf die Stützung der Verurteilung hinauslaufen (Meyer-Goßner Roxin-FS 1356; zust Wohlers/Gaede NStZ **04**, 13 mit Fn 81). Die Entscheidung ist zwingend vorgeschrieben (BGH **24**, 208, 211; Celle JZ **59**, 180 mit Anm Kleinknecht); ein Widerspruch des Nichtrevidenten daher unbeachtlich (**aM** BGHR Entscheidung 2). Dass eine Schuldspruchberichtigung keine Auswirkungen auf den Strafausspruch gehabt hat, steht der Erstreckung nicht entgegen (BGH NStZ **97**, 379 [K]). Die Erstreckung darf nicht unterbleiben, weil ungewiss ist, ob die neue Verhandlung zu einer milderen Strafe führen wird (Haase GA **56**, 288). Nur wenn das auszuschließen ist, kann von der Anwendung des § 357 abzusehen sein (BGHR Erstreckung 3; Düsseldorf NJW **86**, 2266; KK-Kuckein 17; **aM** Haase aaO). Die Nachholung der im Urteil unterlassenen Entscheidung ist unzulässig (BGH StV **02**, 12 mit unzutr abl Anm Sieg, vgl 34 zu § 349). Das Revisionsgericht ist aber nicht gehindert, unter Anwendung der §§ 154, 154a von einer Zurückverweisung abzusehen (BGHR Entscheidung 1; Basdorf aaO 672). 16

4) In dem **weiteren Verfahren** wird der Nichtrevident so behandelt, als habe er erfolgreich Revision eingelegt. An der Verhandlung muss er teilnehmen; Haftbefehle und sonstige Anordnungen leben wieder auf, die Haftfrage ist aber zu überprüfen (S 2 mit § 47 III). Das Verschlechterungsverbot des § 358 II gilt auch für ihn (RG **70**, 229, 231; **72**, 24, 26). Wird er erneut verurteilt, so hat er auch insoweit nach § 465 I die Verfahrenskosten zu tragen (KK-Kuckein 19; SK-Wohlers 50). Gegen das neue Urteil kann er wieder Revision einlegen (RG aaO). 17

Bindung des Untergerichts; Verbot der Schlechterstellung

358 **I Das Gericht, an das die Sache zur anderweiten Verhandlung und Entscheidung verwiesen ist, hat die rechtliche Beurteilung, die der Aufhebung des Urteils zugrunde gelegt ist, auch seiner Entscheidung zugrunde zu legen.**

II [1] **Das angefochtene Urteil darf in Art und Höhe der Rechtsfolgen der Tat nicht zum Nachteil des Angeklagten geändert werden, wenn lediglich der Angeklagte, zu seinen Gunsten die Staatsanwaltschaft oder sein gesetzlicher Vertreter Revision eingelegt hat.** [2] **Wird die Anordnung der Unterbringung in einem psychiatrischen Krankenhaus aufgehoben, hindert diese Vorschrift nicht, an Stelle der Unterbringung eine Strafe zu verhängen.** [3] **Satz 1 steht auch nicht der Anordnung der Unterbringung in einem psychiatrischen Krankenhaus oder einer Entziehungsanstalt entgegen.**

1 **1) Bindung an die Aufhebungsansicht** (I):

2 A. **Jeder Tatrichter,** der mit der Sache neu befasst wird, bei Zurückverweisung an das AG auch das Berufungsgericht (Koblenz NJW **83**, 1921), ist an die Aufhebungsansicht des Revisionsgerichts gebunden. Dadurch wird ein Hin- und Herschieben der Sache zwischen Revisionsgericht und Tatrichter verhindert (vgl GmS-OGB BGHZ **60**, 392, 396 = NJW **73**, 1273; Eisenberg StraFo **97**, 129); ein Eingriff in die richterliche Unabhängigkeit (Art 97 I GG) liegt darin nicht (BVerfGE **12**, 67, 71 = NJW **61**, 655). Für Urteile des Berufungsgerichts nach § 328 II gilt I nicht entspr (RG JW **32**, 70; LR-Hanack 3; **aM** SK-Wohlers 4).

3 B. **Umfang der Bindungswirkung:** Die Aufhebungsansicht bindet ohne Rücksicht darauf, ob sie sich auf das sachliche Recht oder auf das Verfahrensrecht bezieht und ob das Revisionsgericht die Vorlagepflicht nach §§ 121 II, 132 II, III GVG verletzt hat (KG JR **58**, 269 mit Anm Sarstedt; KMR-Momsen 10). Sie muss aber der Urteilsaufhebung unmittelbar zugrunde liegen (BGH **18**, 376, 378).

4 Zur Aufhebungsansicht gehört die **Beurteilung von Vorfragen.** Die Bindung erstreckt sich damit auch auf Feststellungen über die Tatentstehung und über die Beweggründe zur Tat (BGH NStZ-RR **03**, 101 [B]). Die sachlich-rechtliche Prüfung beweist, dass das Revisionsgericht das angewendete Gesetz für verfassungsgemäß gehalten und das Vorliegen der Prozessvoraussetzungen bejaht hat. Der neue Tatrichter darf daher weder die Sache insoweit dem BVerfG nach Art 100 I GG vorlegen (BVerfGE **2**, 406, 412 = NJW **53**, 1385; BVerfGE **6**, 222, 242 = NJW **57**, 625, 627; **aM** Mohrbotter ZStW **84**, 634; Tiedtke JZ **78**, 630) noch das Verfahren wegen eines Prozesshindernisses einstellen (BGH 3 StR 141/09 vom 29. 10. 2009 mwN).

5 Hat das Revisionsgericht das Urteil wegen eines **Verfahrensmangels** aufgehoben, so ist der Tatrichter in der sachlichen und rechtlichen Beurteilung der Schuld- und Rechtsfolgenfrage frei (BGH VRS **34**, 356; LR-Hanack 6).

6 Bei der **Aufhebung aus sachlich-rechtlichen Gründen** (die auch zugleich mit der Aufhebung wegen eines Verfahrensmangels zulässig ist, BGH **37**, 350, 352) ergibt das Revisionsurteil, wie weit die Aufhebungsansicht reicht (vgl BGH NStZ **99**, 154; 259). Bindend ist auch die Feststellung von Erfahrungssätzen (BGH VRS **12**, 208) und die Auffassung des Revisionsgerichts, dass die Feststellungen des Tatrichters unzulänglich sind (BGH NJW **53**, 1880; NStZ **93**, 552; Langer JZ **87**, 805). Keine bindende Wirkung haben Rechtsausführungen, mit denen die Ansicht des Tatrichters gebilligt wird (BGH **3**, 357, 367; VRS **11**, 193, 195) oder die nur Ratschläge und Empfehlungen für die neue Entscheidung (BGH **3**, 234; vgl dazu Fezer Küper-FS 56; Rieß Hanack-Symp 117; unrichtig daher Zweibrücken StraFo **09**, 426) oder Hinweise auf die Rspr zu anderen Vorschriften enthalten (BGH NJW **97**, 1455; JR **56**, 430 mit Anm EbSchmidt). Die Verwerfung der Revision eines Mitangeklagten hat keine Bindungswirkung (BGH MDR **85**, 982 [H]).

7 Zur **Feststellung der Aufhebungsansicht** durch den neuen Tatrichter vgl 44 zu § 354.

8 C. Die **Bindungswirkung entfällt,** wenn der Gesetzgeber die von dem Revisionsgericht entschiedene Rechtsfrage vor der neuen tatrichterlichen Entscheidung abweichend regelt (LR-Hanack 10; Mohrbotter ZStW **84**, 632), wenn das BVerfG die angewendete Vorschrift für verfassungswidrig erklärt (Mohrbotter aaO;

Schlüchter 756.2) und wenn die Bindung dem Tatrichter einen offensichtlichen Verstoß gegen das GG zumuten würde (KK-Kuckein 17; Mohrbotter ZStW **84**, 636; Pauli NJW **64**, 735; unrichtig aber LG Duisburg StV **86**, 99, das der Aufhebungsansicht seine eigene Auslegung des GG entgegenhält), nicht aber wegen der abweichenden Ansicht eines höheren Gerichts (Düsseldorf StV **85**, 274), wegen einer Änderung der Rspr auch nicht, wenn das Revisionsgericht inzwischen seine Rechtsansicht geändert hat (BGH **33**, 358, 362; Mohrbotter ZStW **84**, 639; Sommerlad NJW **74**, 123; **aM** GmS-OGB BGHZ **60**, 392, 397 = NJW **73**, 1273; KK-Kuckein 13).

Die Bindung setzt im Übrigen eine **gleich bleibende Verfahrens- und Sachlage** voraus. Neue tatrichterliche Feststellungen, für die die Aufhebungsansicht des Revisionsgerichts keine Bedeutung hat, schließt I nicht aus (BGH **9**, 324, 329; Düsseldorf StV **85**, 274; Eisenberg StraFo **97**, 130). 9

D. **Bei erneuter Revision** prüft das Revisionsgericht, wenn die Sachrüge erhoben ist, ob der Tatrichter in sachlich-rechtlicher Hinsicht die Bindungswirkung beachtet hat (BGH NStZ **00**, 551; KG JR **58**, 269 mit Anm Sarstedt; Düsseldorf StV **85**, 274); die Nichtbeachtung der Bindung an die verfahrensrechtliche Aufhebungsansicht wird nur geprüft, wenn sie ausdrücklich in der Form des § 344 II gerügt ist. Auch jedes neue Revisionsgericht ist an die Aufhebungsansicht des 1. Revisionsurteils gebunden (BVerfGE **4**, 1, 5 = NJW **54**, 1153; GmS-OGB BGHZ **60**, 392, 396 = NJW **73**, 1273; BGH **33**, 356, 360 ff [GSSt]; **51**, 202, 204), der BGH auch, wenn zunächst ein OLG entschieden hatte (BGH NJW **52**, 35; **53**, 1880; KK-Kuckein 13). Diese Selbstbindung besteht auch, wenn das Revisionsgericht inzwischen seine dem Urteil zugrunde liegende Rechtsansicht aufgegeben hat (BGH **33**, 356, 360; Schlüchter 756.3; Schmitt JZ **59**, 22; Schünemann StV **85**, 424; **aM** KK-Kuckein 13; Dahs/Dahs 597; krit Mohrbotter ZStW **84**, 630 ff; Sommerlad NJW **74**, 123; GmS-OGB aaO lässt die Frage für Strafsachen offen); denn Revisionsgrund ist nach § 337 nur die Verletzung des Gesetzes, von der keine Rede sein kann, wenn der Tatrichter den I beachtet hat. 10

2) Das **Verbot der Schlechterstellung** (II S 1), das dem § 331 entspricht (vgl die Erl dort), richtet sich an das Revisionsgericht, das nach § 354 I, und an den Tatrichter, der nach Zurückverweisung entscheidet. Es gilt auch, wenn eine zuungunsten des Angeklagten eingelegte Revision der StA nach § 301 nur zu dessen Gunsten erfolgreich war (BGH **38**, 66, 67). Hat das LG eine Revision als Berufung behandelt und die Strafe herabgesetzt, so muss es hierbei verbleiben, wenn das Revisionsgericht über die Revision sachlich entscheidet; zu dem Fall, dass das Revisionsgericht die Berufung für unzulässig hält, vgl 4 a zu § 331 und 12 zu § 411. Eine fehlende Einzelstrafe kann das Revisionsgericht uU festsetzen (BGHR Einzelstrafe, fehlende 2), ebenso eine fehlerhafte Gesamtstrafe zur Vermeidung einer Doppelbestrafung aufheben (BGH NJW **98**, 1874); dagegen steht der Nachholung der unterbliebenen Feststellung der besonderen Schuldschwere iSd § 57 a I S 1 Nr 2 StGB (BVerfGE **86**, 288 = NJW **92**, 2947) durch den BGH oder nach Zurückverweisung durch das LG das Verschlechterungsverbot entgegen (BGH NStZ **93**, 449; **94**, 34, 35; **00**, 194). Hat das LG die Sicherungsverwahrung nur vorbehalten (§ 66 a StGB), darf der BGH oder das LG nach Zurückverweisung sie nicht nach § 66 StGB anordnen (BGH StV **08**, 635). Zur Beachtung des Verschlechterungsverbots bei Aufhebung und Zurückverweisung wegen Verletzung des Beschleunigungsgebots vgl 9 zu Art 6 MRK. 11

Nicht entgegen steht das Verbot der Schlechterstellung nach II S 3 (früher II S 2) – wie nach § 331 II – der Anordnung der Unterbringung in einem psychiatrischen Krankenhaus (§ 63 StGB) oder in einer Entziehungsanstalt (§ 64 StGB). Dass der Angeklagte durch die fehlende Unterbringungsanordnung nicht beschwert ist, ändert daran nichts (BGH NStZ **09**, 261; erg 10 vor § 296; 22 zu § 331); es kommt dem entspr auch nicht darauf an, ob der Angeklagte durch die Nichtanwendung des § 67 II S 2 StGB beschwert sein kann (BGH StraFo **10**, 117 mwN). 12

Durch Ges vom 16. 7. 2007 (BGBl I 1327) ist es nun auch gestattet (II S 2), eine Strafe zu verhängen, wenn die Anordnung der Unterbringung in einem psychiatrischen Krankenhaus aufgehoben wird (vgl dazu zB BGH 1 StR 518/07 vom 20. 11. 2007). Damit wird verhindert, dass eine Tat völlig sanktionslos bleibt, wenn eine wegen angenommener Schuldunfähigkeit (§ 20 StGB) erfolgte Anordnung der Unterbringung in einem psychiatrischen Krankenhaus – und ggf auch ein deswegen ergangener Freispruch (BGH 3 StR 369/09 vom 27. 10. 2009) – auf Revision des Angeklagten aufgehoben wird und sich in der neuen Verhandlung herausstellt, dass der Angeklagte bei Begehung der Tat schuldfähig war (dazu Schneider NStZ **08**, 73). Diese Regelung muss aber umgekehrt dahin führen, dass der Angeklagte gleichwohl auch dann untergebracht werden darf, wenn er bei seiner Verurteilung zu Strafe seine Nicht-Unterbringung vom Rechtsmittelangriff ausnehmen will (vgl dazu 22 zu § 331; zust KMR-Momsen 23; wohl auch Rieß Eisenberg-FS 578 Fn 57; **aM** Dencker Mehle-FS 154; Kretschmer StV **10**, 164); denn wenn die Strafe wegen erst jetzt erkannter Schuldunfähigkeit des Angeklagten aufgehoben wird, muss auch hier nach II S 3 die Möglichkeit der Anordnung der Unterbringung gegeben sein. Das Gericht bleibt jedoch gehindert, nach Aufhebung einer isoliert angeordneten Unterbringung erneut die Unterbringung anzuordnen und zugleich erstmals Strafe zu verhängen (BGH aaO).

13 Den Verstoß gegen II S 1 **prüft das Revisionsgericht** auch ohne entspr Verfahrensrüge (BGH **12**, 94; **14**, 5, 7; Bay **73**, 45 = NJW **73**, 1141; Schleswig VRS **65**, 386). Nach Ansicht des BGH begründet das Verbot des II S 1 eine einseitige, nur zugunsten des Angeklagten wirksame Rechtskraft, die als Verfahrenshindernis von Amts wegen zu berücksichtigen ist (BGH **11**, 319, 322; NJW **79**, 936; wistra **00**, 475).

Viertes Buch. Wiederaufnahme eines durch rechtskräftiges Urteil abgeschlossenen Verfahrens

Vorbemerkungen

1) Zur **Beseitigung von Fehlentscheidungen** lassen die §§ 359 ff in engen Grenzen die Durchbrechung der Rechtskraft von Strafurteilen zu. Die Vorschriften lösen den Konflikt zwischen den Grundsätzen der Gerechtigkeit und der Rechtssicherheit, die sich beide gleichermaßen aus dem Rechtsstaatsprinzip ableiten (BVerfG MDR **75**, 468). Sie werden ergänzt durch die Wiederaufnahmegründe des § 18 ZEG (Wehrmacht- und Sondergerichte) und des § 79 I BVerfGG (unten 7). Diese Regelung ist abschließend; selbst der Gesetzgeber darf nicht nach Belieben weitere Wiederaufnahmegründe schaffen, insbesondere nicht zuungunsten des Angeklagten (BVerfGE **2**, 380, 403 = NJW **53**, 1137). 1

2) Dem **Wesen** nach ist die Wiederaufnahme ein Rechtsinstitut, das es auf Verlangen eines Antragsberechtigten, nicht von Amts wegen, ermöglicht, die mit rechtskräftigem Sachurteil abgeschlossene Strafsache wieder in das Hauptverfahren zurückzuversetzen. Obwohl die allgemeinen Vorschriften über die Rechtsmittel gelten (§ 365), ist der Wiederaufnahmeantrag kein Rechtsmittel (1 vor § 296), sondern ein Rechtsbehelf eigener Art (20 vor § 296). 2

Das **Verfahren** gliedert sich in zwei Abschnitte: die Prüfung der Zulässigkeit des Antrags nach § 368 (Aditionsverfahren) und, wenn er für zulässig erklärt ist, die Prüfung seiner Begründetheit nach §§ 369, 370 (Probationsverfahren). Wird die Wiederaufnahme angeordnet, so kommt es idR (Ausnahme: § 371) zur Erneuerung der Hauptverhandlung. Die neue Verhandlung wird allgemein als 3. Abschnitt des Wiederaufnahmeverfahrens bezeichnet. In Wahrheit ist sie ebenso wenig Teil dieses Verfahrens wie die neue Hauptverhandlung nach Zurückverweisung (§ 354 II) Teil des Revisionsverfahrens ist. 3

3) Durch **rechtskräftiges Sachurteil,** nicht durch Einstellungsurteil nach § 260 III (Kleinknecht Bruns-FS 480; vgl aber auch LR-Gössel 44; SK-Frister/Deiters 16 ff), abgeschlossene Verfahren können auf Antrag, der nicht vor Rechtskraft zulässig ist (Stuttgart NJW **65**, 1239; **aM** Peters Fehlerquellen III 111), wiederaufgenommen werden. Wegen der Strafbefehle vgl § 373 a. Bei tatmehrheitlicher Verurteilung ist die Wiederaufnahme zugunsten des Verurteilten schon zur Beseitigung der rechtskräftig gewordenen Einzelstrafaussprüche zulässig (KK-Schmidt 11; SK-Frister/Deiters 25; J. Meyer Peters-FG 385; Schlüchter 765; **aM** Frankfurt NJW **52**, 119; LR-Gössel 76 ff). Nur im Schuldspruch rechtskräftige Urteile können dagegen nicht Gegenstand eines Wiederaufnahmeverfahrens sein (Düsseldorf NJW **54**, 1499 L = JMBlNW **54**, 229; LR-Gössel 74 ff; Peters 679; Schlüchter 766). Die Gegenansicht (Bamberg NStE Nr 9 zu § 359; Celle StV **90**, 537; Frankfurt NJW **83**, 2399; Hamm NStZ-RR **97**, 372; Jena StraFo **97**, 116; München NJW **81**, 593; Stuttgart MDR **80**, 855; Fezer 20/62; J. Meyer Peters-FG 375) öffnet wegen der Zuständigkeitsregelung des § 140 a GVG der Verschleppung die Tür und läuft daher dem Grundsatz der Prozesswirtschaftlichkeit, den sie zu wahren meint, zuwider. Sie übersieht auch, dass die verfrühte Zulassung der Wiederaufnahme zu widersprechenden Entscheidungen führen kann (Gössel NStZ **83**, 291). Im Übrigen ist ein Nebeneinander von Rechtsmittel- und Wiederaufnahmeverfahren in der StPO grundsätzlich nicht vorgesehen (BGH NStZ **94**, 25 [K]). 4

Für **Beschlüsse** enthalten die §§ 174 II, 211 Sonderregelungen; auf andere Beschlüsse sind die §§ 359 ff grundsätzlich nicht entspr anwendbar (Celle NdsRpfl **61**, 17; Hamm VRS **90**, 136; **aM** R. Schmitt JZ **61**, 17; Wasserburg 226; vgl auch LR-Gössel 49 ff), auch nicht, wenn sie wie ein Urteil wirken, wie Gesamtstra- 5 fenbeschlüsse nach § 460 (LR-Gössel 69; **aM** Bay **55**, 47 = GA **55**, 310), oder wenn sie sachlich-rechtliche Rechtsfolgen festsetzen, wie Widerrufsbeschlüsse nach §§ 56f, 67g StGB (Düsseldorf StraFo **04**, 146; Hamburg StV **00**, 568 mit abl Anm Kunz; Stuttgart NStZ-RR **96**, 176 mwN; Justiz **01**, 170; Zweibrücken NStZ **97**, 55; LG Freiburg JR **79**, 161 mit Anm Peters; LG Hamburg NStZ **91**, 149 mwN und abl Anm Hohmann NStZ **91**, 507; AG Lahn-Gießen MDR **80**, 595 mit abl Anm Groth; LR-Gössel 64 und JR **92**, 125; **aM** Oldenburg NJW **62**, 1169; LG Bremen StV **90**, 311; Schall Stree/Wessels-FS 751). Eine Ausnahme gilt für die anstelle eines Urteils ergehenden Beschlüsse nach § 206b (dort 12), § 349 II (BGH NStZ **85**, 496 [Pf/M]) und (bei abschließender Entscheidung) § 349 IV (LR-Gössel 65) und § 371. Im Verfahren nach §§ 109ff **StVollzG** ist ein Wiederaufnahmeverfahren nicht statthaft (Hamburg NStZ **01**, 399 L).

6 **4)** Eine **Beschwer** (8ff vor § 296) setzt die Wiederaufnahme voraus, sofern sie nicht von der StA beantragt ist (Wasserburg 234, 237), und zwar durch den Urteilstenor. Der Freigesprochene kann daher die Wiederaufnahme nicht mit dem Ziel der Freisprechung wegen erwiesener Unschuld (Braunschweig GA **54**, 248) oder der Ersetzung eines Einstellungsurteils nach § 260 III durch ein freisprechendes beantragen (LR-Gössel 127). Beschwert ist der Verurteilte aber auch bei Absehen von Strafe, Straffreierklärung nach § 199 StGB und Anordnung von Rechtsfolgen nach §§ 9ff, 13ff, 27 JGG.

7 **5)** Die **Wiederaufnahme nach § 79 I BVerfGG** ist zulässig gegen rechtskräftige Strafurteile (Zweibrücken NJW **96**, 2246: aber nicht gegen einen Beschluss nach § 153 II), die auf einer mit dem GG für unvereinbar oder nach § 78 BVerfGG für nichtig erklärten Norm oder auf der Auslegung einer Norm beruhen, die das BVerfG für unvereinbar mit dem GG erklärt hat; ob die Wiederaufnahme nur bei der Nichtigerklärung einer materiell-rechtlichen Strafnorm oder auch bei Normen des Gerichtsverfassungs- oder Verfahrensrechts zulässig ist, ist str (vgl eingehend dazu BGH **42**, 314, 318). Für das Verfahren gelten die §§ 359ff. Wegen der Einzelheiten vgl KK-Schmidt 16ff; LR-Gössel 137ff; Kneser AöR **89**, 129; Wasserburg 253ff und StV **82**, 237; eingehend Bajohr, Die Aufhebung rechtsfehlerhafter Strafurteile im Wege der Wiederaufnahme, 2008 [zugl Diss Berlin 2007, Humboldt-Univ.] S 21ff. Zur Wiederaufnahme auf Grund des vom BVerfG angenommenen besonderen Verfahrenshindernisses bezüglich der Strafbarkeit früherer MfS-Agenten (Einl 149a) vgl BGH **42**, 314 und 324, zur Wiederaufnahme nach einer auf Grund der Rspr des BVerfG unzulässigen Wohnraumüberwachung (Vorb zu § 100c) vgl Weßlau Lisken-GS 48.

8 **6) Entscheidungen des EGMR,** mit denen die Verletzung der **MRK** durch das Strafurteil eines deutschen Gerichts festgestellt worden sind (7 zu Art 19 MRK), berechtigen zur Wiederaufnahme des Verfahrens nach § 359 Nr 6, falls das Urteil auf der Verletzung beruht (52 zu § 359); die entgegenstehende frühere Rspr (zB BVerfG NJW **86**, 1425 = StV **87**, 185 mit krit Anm Trechsel) ist durch die Gesetzesänderung überholt.

Wiederaufnahme zugunsten des Verurteilten

359 **Die Wiederaufnahme eines durch rechtskräftiges Urteil abgeschlossenen Verfahrens zugunsten des Verurteilten ist zulässig,**

1. **wenn eine in der Hauptverhandlung zu seinen Ungunsten als echt vorgebrachte Urkunde unecht oder verfälscht war;**
2. **wenn der Zeuge oder Sachverständige sich bei einem zuungunsten des Verurteilten abgelegten Zeugnis oder abgegebenen Gutachten einer vorsätzlichen oder fahrlässigen Verletzung der Eidespflicht oder einer vorsätzlichen falschen uneidlichen Aussage schuldig gemacht hat;**

3. wenn bei dem Urteil ein Richter oder Schöffe mitgewirkt hat, der sich in Beziehung auf die Sache einer strafbaren Verletzung seiner Amtspflichten schuldig gemacht hat, sofern die Verletzung nicht vom Verurteilten selbst veranlasst ist;

4. wenn ein zivilgerichtliches Urteil, auf welches das Strafurteil gegründet ist, durch ein anderes rechtskräftig gewordenes Urteil aufgehoben ist;

5. wenn neue Tatsachen oder Beweismittel beigebracht sind, die allein oder in Verbindung mit den früher erhobenen Beweisen die Freisprechung des Angeklagten oder in Anwendung eines milderen Strafgesetzes eine geringere Bestrafung oder eine wesentlich andere Entscheidung über eine Maßregel der Besserung und Sicherung zu begründen geeignet sind;

6. wenn der Europäische Gerichtshof für Menschenrechte eine Verletzung der Europäischen Konvention zum Schutze der Menschenrechte und Grundfreiheiten oder ihrer Protokolle festgestellt hat und das Urteil auf dieser Verletzung beruht.

Übersicht

1) Die **Wiederaufnahmegründe zugunsten des Verurteilten** führt § 359 abschließend auf; die Rspr darf sie nicht erweitern (Bamberg NJW **55**, 1121; LG Hannover NJW **70**, 289; LR-Gössel 129 vor § 359; erg 1 vor § 359). Ein Wiederaufnahmeantrag kann auf mehrere Gründe des § 359 gestützt werden (allg zur Konkurrenz: Schneidewin JZ **57**, 537). Zum Verhältnis zwischen § 359 Nr 5 und § 364 vgl dort 2 ff. 1

Zulässige **Wiederaufnahmeziele** sind (vgl unten 37 ff) die Freisprechung des Verurteilten, die Verfahrenseinstellung, die mildere Verurteilung auf Grund eines anderen Strafgesetzes und eine wesentlich andere Entscheidung über Sicherungsmaßregeln. Vgl auch §§ 439 VI, 440 III. Ein auf ein anderes Ziel gerichteter Antrag ist unzulässig. 2

Die **Beschränkung des Antrags** auf eine oder mehrere selbstständige Taten nach § 53 StGB ist möglich (BGH **14**, 85, 88; LR-Gössel 122), auch bei Tatidentität iS § 264 (vgl 8 zu § 370). Soweit § 363 nicht entgegensteht, ist auch die Beschränkung auf den Rechtsfolgenausspruch zulässig (BGH **11**, 361; Creifelds JR **62**, 362; Hanack JZ **74**, 19). 3

2) Unechte oder verfälschte Urkunden (Nr 1): Es gilt nach hM der sachlich-rechtliche **Urkundenbegriff** des § 267 StGB, nicht der des § 249 (LR-Gössel 13 ff; Krause 103 ff; Wasserburg 277; **aM** Peters Fehlerquellen III 48). 4

Danach kommen auch Beweiszeichen (zum Begriff Fischer 4 zu § 267 StGB) in Betracht (LR-Gössel 19), ebenso technische Aufzeichnungen iS des § 268 StGB (**aM** LR-Gössel 18; Peters Fehlerquellen III 49). 5

Nach den Grundsätzen des sachlichen Rechts beurteilt sich auch, ob die Urkunde **unecht oder verfälscht** ist; die schriftliche Lüge genügt nicht. Eine Straftat setzt Nr 1 aber nicht voraus (KMR-Eschelbach 57 mwN; **aM** Peters Fehlerquellen III 47). 6

7 Nr 1 gilt daher auch, wenn die Urkunde nicht zur Täuschung, sondern versehentlich **vorgebracht** worden ist (LR-Gössel 21; Wasserburg 279; **aM** Peters aaO). Sie muss aber nach §§ 249, 251, 256 zum Beweis für ihren Inhalt verwendet worden sein; der Vorhalt bei der Vernehmung und die Feststellung der äußeren Beschaffenheit reichen nicht aus (LR-Gössel 22). Nur die nicht verlesbaren Urkunden sind iS des Nr 1 durch Augenscheinseinnahme vorgebracht worden. Wer die Urkunde beigebracht hat, ist gleichgültig.

8 **Zuungunsten** des Angeklagten vorgebracht war die Urkunde, wenn nicht auszuschließen ist, dass sie das Urteil zu seinem Nachteil beeinflusst hat.

9 Zur **Antragsbegründung** gehört die Bezeichnung der Urkunde und der Tatsachen, aus denen sich Unechtheit oder Verfälschung ergibt, sowie der Vortrag, in welcher Weise sie in der Hauptverhandlung verwertet wurde, ferner, dass und wodurch das Urteil zuungunsten des Angeklagten beeinflusst worden ist. Wenn keine Straftat behauptet wird, brauchen die Voraussetzungen des § 364 S 1 nicht dargetan werden; andernfalls gilt 4 zu § 364.

10 **3) Falsche Aussagen oder Gutachten** (Nr 2): Der Zeugenvernehmung steht die Verlesung nach § 251 (KMR-Eschelbach 68; Wasserburg 280), dem Sachverständigen steht der Dolmetscher (§ 191 GVG) gleich (LR-Gössel 29; **aM** SK-Frister/Deiters 23).

11 Wiederaufnahmegrund ist jeder **Verstoß gegen §§ 153–155, 161 StGB,** auch im Ausland, wenn er im Inland strafbar wäre (LR-Gössel 30). Die Tat muss aber strafbar sein; daran fehlt es bei Strafunmündigkeit (Hamburg NJW **69**, 2159) und entschuldbarem Irrtum (Wasserburg 279).

12 Die falsche Aussage oder das Gutachten muss **Grundlage der Beweiswürdigung** gewesen sein und sich zuungunsten des Angeklagten ausgewirkt haben (BGH **31**, 365, 371). Auf dem Teil der Aussage oder des Gutachtens, dessen Unrichtigkeit in dem Meineidsverfahren gegen den Zeugen oder Sachverständigen festgestellt worden ist, braucht das Urteil aber nicht zu beruhen (Bay JW **29**, 2754; Dresden HRR **40**, 134; Düsseldorf NJW **50**, 616 L; LR-Gössel 32).

13 Zur **Antragsbegründung** gehört der Vortrag, dass die Falschaussage die Entscheidung zum Nachteil des Angeklagten beeinflusst hat. Der ursächliche Zusammenhang wird gesetzlich vermutet (5 zu § 370). Vgl im Übrigen 4 zu § 364.

14 **4) Strafbare Amtspflichtverletzungen** (Nr 3): Die Pflichtverletzung des Richters oder Schöffen (auf andere Personen ist Nr 3 nicht entspr anwendbar) muss mit Strafe bedroht und in Beziehung auf die Strafsache gegen den Angeklagten, nicht (wie bei § 185 StGB) gegen diesen selbst, begangen worden sein. In Betracht kommen insbesondere Straftaten nach §§ 239, 240, 257, 267, 331, 332, 339, 343, 344 StGB, wobei das damalige Rechtsverständnis zugrunde zu legen ist (Brauns JZ **95**, 495). Dass der Richter sein Amt durch Täuschung erlangt hat, ist kein Wiederaufnahmegrund (LR-Gössel 39). Dass die Pflichtverletzung Einfluss auf die Entscheidung gehabt hat, braucht nicht festgestellt zu werden (BGH **31**, 365, 372). Bei Fortsetzung der Sache auf Berufung oder nach Zurückverweisung (§ 354 II) gilt Nr 3 aber nicht, wenn der Sachverhalt völlig neu geprüft wurde (BGH aaO; Scheffler 97).

15 **Ausgeschlossen** ist die Wiederaufnahme, wenn der Angeklagte selbst oder ein Dritter in seinem Auftrag oder mit seinem Einverständnis (bloße Kenntnis genügt nicht) die Pflichtverletzung veranlasst, etwa einen Richter bestochen hat, damit er günstig entscheidet (LR-Gössel 43).

16 Zur **Antragsbegründung** gehört die namentliche Bezeichnung des Richters und die Angabe der Pflichtverletzung. Der Ursachenzusammenhang und das Nichtvorliegen des Ausschlussgrundes brauchen nicht dargetan zu werden. Vgl im Übrigen 4 zu § 364.

17 **5) Wegfall eines zivilgerichtlichen Urteils** (Nr 4): Dazu gehören alle aufgehobenen Urteile der Zivil-, Arbeits-, Sozial-, Finanz- und Verwaltungsgerich-

te, nicht aber aufgehobene Strafurteile, auch nicht aufgehobene Verwaltungsakte (BGH **23**, 86, 94; Karlsruhe NJW **78**, 116; **aM** BVerfGE **22**, 21, 27 = NJW **67**, 1221; LR-Gössel 47; Arnhold JZ **77**, 789; Peters Fehlerquellen III 69; Schenke JR **70**, 449; vgl auch Gerhards NJW **78**, 86).

Weggefallen ist das Urteil nur, wenn es im zivilgerichtlichen Wiederaufnahme- 18
verfahren (§§ 578 ff ZPO) beseitigt worden ist oder das neue Urteil wenigstens inhaltlich von dem früheren abweicht.

Auf das Zivilurteil gegründet war das Urteil gegen den Angeklagten, wenn 19
es sich um ein bindendes Gestaltungsurteil (3 zu § 262) gehandelt hat oder als urkundliche Beweisgrundlage (§ 249 I S 2) verwendet worden war.

Zur **Antragsbegründung** gehört die Angabe des Zivilurteils und des Aufhe- 20
bungsurteils und die Darlegung des ursächlichen Zusammenhangs zwischen Zivil- und Strafurteil.

6) Neue Tatsachen oder Beweismittel (Nr 5): 21

A. **Tatsachen** jeder Art, mit denen Freisprechung, Einstellung oder Strafherab- 22
setzung erreicht werden kann, kommen in Betracht. Es sind die im rechtskräftigen Urteil als existierend festgestellten Tatsachen oder die dem Urteil zugrundeliegenden tatsächlichen Vorgänge, Verhältnisse oder Zustände gemeint (BGH **39**, 75, 80; vgl auch BVerfG StV **03**, 225). Den Sachverhalt brauchen sie nicht zu betreffen. Tatsachen iS des Nr 5 sind daher auch das Lebensalter des angeblich strafunmündigen (Peters Fehlerquellen III 61) oder zu Unrecht als Erwachsener behandelten Verurteilten (Hamburg NJW **52**, 1150; LG Landau NStZ-RR **03**, 28) sowie (vgl unten 39) Tatsachen, die den Strafantrag, die Verjährung oder die Amnestievoraussetzungen betreffen oder sich nur auf Rechtfertigungs-, Strafausschließungs- und Schuldausschließungsgründe, insbesondere die Schuldunfähigkeit des Verurteilten, beziehen (LR-Gössel 62). Die Tatsachen dürfen aber nicht nur Verfahrensfehler betreffen (RG **19**, 321; KG GA **74**, 25; EbSchmidt Nachtr 2; Wasserburg 308; **aM** Peters Fehlerquellen III 54 für Verstöße gegen § 136 a; LR-Gössel 66 bei gegenseitigen Bezügen). Ausgeschlossen sind daher auf Nr 5 gestützte Wiederaufnahmeanträge gegen Verwerfungsurteile nach § 329 I (KG aaO) und gegen Revisionsurteile (BGH **51**, 202, 208; Frankfurt JR **78**, 522 mit abl Anm Rieß).

Auch auf **Beweisfragen** können sich die Tatsachen beziehen, insbesondere auf 23
das Vorliegen der im Urteil verwerteten Indizien oder auf die Zuverlässigkeit der benutzten Beweismittel, zB die Richtigkeit eines Gutachtens oder die Glaubwürdigkeit eines Zeugen (Celle NJW **67**, 216; Düsseldorf VRS **82**, 198; Frankfurt NJW **66**, 2423; zu „histrionischen [iSv pseudologischen, geltungsbedürftigen oder hysterischen] Zeugen Eisenberg Amelung-FS 585). Eine neue Tatsache kann auch der Auffrischung des Erinnerungsbildes eines in der Hauptverhandlung vernommenen Zeugen dienen (Celle NdsRpfl **66**, 19). Auch der Wegfall eines Beweismittels ist eine neue Tatsache (LR-Gössel 65), zB der Widerruf des Geständnisses des Verurteilten (BVerfG NStE Nr 13; BGH NJW **77**, 59 = JR **77**, 217 mit Anm Peters; KG JR **75**, 166; München NJW **81**, 593; Schleswig NJW **74**, 714 mit Anm Peters; Meyer Peters-FG 387) und der Widerruf belastender Angaben eines Zeugen (BGH aaO; KG aaO; Köln NJW **63**, 698; Neustadt NJW **64**, 678) oder Mitangeklagten (Celle JR **67**, 150; Hamburg JR **51**, 218; Hamm JMBlNW **55**, 20). Zur erweiterten Darlegungspflicht in solchen Fällen vgl unten 46 ff.

Auf **Rechtstatsachen** kann der Wiederaufnahmeantrag nicht gestützt werden 24
(Zweibrücken wistra **09**, 488; LR-Gössel 78; Wasserburg 303; **aM** Peters 674 und Fehlerquellen III 63 ff; Klug Spendel-FS 684; dagegen zutr Gössel NStZ **93**, 566), insbesondere nicht auf den Wegfall oder die Änderung des angewendeten Gesetzes (BGH **39**, 75, 79 = JZ **94**, 580 mit Anm Joerden; BGH **42**, 314; Bamberg NJW **82**, 1714; krit Sommer, Das „mildeste" Gesetz im Sinne des § 2 Abs 3 StGB, 1979, S 100 ff), auf die nachträgliche Aufhebung eines Verwaltungsakts (oben 17) oder auf einen Wandel der Rspr (BVerfGE **12**, 338, 340 = NJW **61**, 1203; BGH aaO; KG NJW **77**, 1162; Bamberg aaO; Düsseldorf JR **92**, 124 mit Anm Gössel;

Stuttgart VRS **68**, 367; LG Hannover NJW **70**, 288; Roxin/Schünemann § 57, 10). Das gilt auch für ausländische Rechtsnormen (LR-Gössel 78; Wasserburg 303; **aM** Peters Fehlerquellen III 64). Wohl aber ist bei einer Verurteilung nach § 170 StGB die erfolgreiche Anfechtung der Vaterschaft ein Wiederaufnahmegrund (Hamm NJW **04**, 2461).

25 **Sachlich-rechtliche Fehler** (für Verfahrensfehler vgl oben 22) können den Antrag ebenfalls nicht begründen, auch wenn sie offensichtlich sind (BGH **39**, 75, 79; **aM** Peters Fehlerquellen III 65 für die „Rechtstatsache des eindeutigen Gesetzesverständnisses"), andernfalls würde das Wiederaufnahmeverfahren zu einer „zeitlich unbefristeten Revision umfunktioniert" (Brauns JZ **95**, 494; vgl auch BVerfG NStZ-RR **07**, 29, 30; Meyer-Goßner Salger-FS 346). Auch die anderslautende rechtliche Beurteilung oder Beweiswürdigung in dem Urteil gegen einen Mittäter oder Nebenbeteiligten ist keine für das Wiederaufnahmeverfahren erhebliche Tatsache (BGH wistra **91**, 30), wohl aber die Verurteilung wegen Raubes nach zuvor erfolgter Verurteilung wegen Hehlerei an der geraubten Sache (LG Saarbrücken NStZ **89**, 546 mit zust Anm Gössel; erg aber 13 zu § 264).

26 B. **Beweismittel** sind nur die förmlichen Beweismittel der StPO, nicht der Verurteilte selbst (KG JR **76**, 76 mit abl Anm Peters; Karlsruhe NJW **58**, 1247; Meyer Peters-FG 391; **aM** EbSchmidt 24; Wasserburg 316). Zeugen und Sachverständige sind selbst die Beweismittel, nicht ihre Erklärungen (ANM 166 mwN; Peters 675 und Fehlerquellen III 66; vgl auch LR-Gössel 84 ff: Einheit von Beweisträger und Beweisinhalt).

27 C. **Neuheit von Tatsachen und Beweismitteln:**

28 a) **Maßgebender Zeitpunkt** für die Beurteilung der Neuheit ist der Zeitpunkt des Urteilserlasses. Bei Teilrechtskraft des Schuldspruchs sind Tatsachen und Beweismittel zu diesem Urteilsteil neu, die dem Gericht erst später bekanntgeworden sind. Beim Strafbefehl bedeutet Neuheit Aktenkundigkeit (LR-Gössel 80, 84; Rieß/Hilger NStZ **87**, 206, Fn 294; Peters Fehlerquellen III 76).

29 b) **Tatsachen oder Beweismittel** müssen neu sein, nicht beide. Nur für bereits bekannte Tatsachen müssen neue Beweismittel, für neue Tatsachen können auch die früher benutzten Beweismittel beigebracht werden (Celle GA **67**, 284; EbSchmidt 19; Günther MDR **74**, 93). Die Beweismittel müssen aber stets iS des § 368 I geeignet sein (dort 7).

30 c) **Tatsachen** sind neu, wenn sie dem erkennenden Gericht bei der Urteilsberatung (**aM** LR-Gössel 88; J. Meyer JZ **68**, 10; Wasserburg 319: bei Abschluss der mündlichen Verhandlung) nicht bekannt waren und von ihm daher bei der Entscheidung nicht berücksichtigt werden konnten (Düsseldorf NJW **87**, 2030; Frankfurt NJW **78**, 841; Karlsruhe NJW **58**, 1247; J. Meyer JZ **68**, 7). Ob der Verurteilte sie gekannt hat, ist unerheblich (Frankfurt MDR **84**, 74 = JR **84**, 40 mit Anm Peters; Schorn MDR **65**, 869); sie sind selbst dann neu, wenn er sie absichtlich zurückgehalten hat (LR-Gössel 96; Meyer Peters-FG 387). Gleichgültig ist auch, ob die Tatsachen, zB weil sie sich aus den Akten ergaben, in der Hauptverhandlung hätten zur Sprache gebracht werden können (LR-Gössel 93; Peters 672). Denn neu ist grundsätzlich alles, was der Überzeugungsbildung des Gerichts nicht zugrunde gelegt worden ist, auch wenn das möglich gewesen wäre (BVerfG NJW **07**, 207, 208; Frankfurt NJW **78**, 841; J. Meyer aaO). Nur die in der Hauptverhandlung erörterten Tatsachen sind niemals neu, auch wenn das Gericht sie bei der Entscheidung nicht berücksichtigt hat (Düsseldorf NStE Nr 16; Schlüchter 770.2; **aM** LR-Gössel 97; Eisenberg JR **07**, 363), zB weil es den Inhalt einer Zeugenaussage (Celle NdsRpfl **61**, 231; EbSchmidt Nachtr 5; **aM** Düsseldorf NJW **87**, 2030; LR-Gössel 97; Peters Fehlerquellen III 78 ff) oder eines Sachverständigengutachtens (**aM** Frankfurt aaO; LG Kiel StV **03**, 235; Roxin/Schünemann § 57, 9) übersieht oder missverstanden hat. Neu sind aber Tatsachen, die dem Urteil unter Verstoß gegen § 261 ohne Erörterung in der Verhandlung zugrunde gelegt worden sind (SK-Frister/

Deiters 45; J. Meyer JZ **68**, 7; Wasserburg 308, 319; **aM** Hamm GA **57**, 90; Schlüchter 770.2).

Einer Tatsache fehlt nicht schon deshalb die Neuheit, weil ihr **Gegenteil** im Urteil festgestellt ist (Frankfurt NJW **78**, 841; KK-Schmidt 24; Pfeiffer Graßhof-FG 274; **aM** Karlsruhe NJW **58**, 1247; LR-Gössel 99 ff; Peters Fehlerquellen III 79; vgl auch Bremen OLGSt Nr 3). Aber die Bekanntheit einer Tatsache bedingt regelmäßig die Bekanntheit auch ihres Gegenteils, soweit sich das Gericht denknotwendig mit dem Gegenteil befasst hat (BGH NStZ **00**, 218; Düsseldorf OLGSt Nr 7). Eine neue Tatsache ist auch das nachträgliche Offenkundigwerden von Umständen, die die Tat rechtfertigen können (Bamberg NJW **62**, 457). 31

d) **Neue Beweismittel** sind solche, deren sich das erkennende Gericht nicht bedient hat; den unbekannten stehen die unbenutzten Beweismittel gleich (Hamm OLGSt S 67; LR-Gössel 105; **aM** Celle NdsRpfl **70**, 47; unrichtig LG Karlsruhe NStZ **03**, 108 mit abl Anm Murmann NStZ **03**, 618: wegen „Verzichts"). 32

Daher sind alle **Zeugen** neue Beweismittel, die in der Hauptverhandlung nicht oder nur zu anderen Beweistatsachen gehört worden sind (einschr Oldenburg MDR **85**, 518 für nicht erschienene Zeugen, gegen deren Nichtvernehmung der Angeklagte nichts erinnert hat), insbesondere Zeugen, die früher nicht erreichbar waren (Hamm NJW **56**, 803 L), die die Aussage verweigert hatten (Hamm JR **81**, 439 mit Anm Peters; Koblenz NStZ-RR **05**, 272; Wasserburg 316), deren Vernehmung das Gericht abgelehnt (KMR-Eschelbach 171; J. Meyer ZStW **84**, 933), die der Angeklagte nicht benannt (Frankfurt MDR **84**, 74 = JR **84**, 40 mit Anm Peters) oder auf deren Vernehmung er sogar verzichtet hatte (Hamm OLGSt S 67; Köln NJW **63**, 967) oder die ihre früheren belastenden Aussagen widerrufen haben (Rostock NStZ **07**, 357); vgl aber unten 49 a. Keine neuen Beweismittel sind früher vernommene Zeugen, weil sie inzwischen eidesmündig geworden sind (LR-Gössel 111; Peters Fehlerquellen III 78 sieht darin eine neue Tatsache; vgl auch Wasserburg 315), und Mitangeklagte, weil sie nunmehr als Zeugen vernommen werden können (Düsseldorf JZ **85**, 452; **aM** KMR-Eschelbach 170; LR-Gössel 111). 33

Sachverständige sind neue Beweismittel, wenn die bisherigen Urteilsfeststellungen keinen Anlass zu sachkundiger Beurteilung gegeben hatten oder wenn das erkennende Gericht auf Grund eigener Sachkunde entschieden hatte (LR-Gössel 115; Wasserburg 309). In diesen Fällen werden aber idR neue Tatsachen geltend gemacht, so dass es auf die Neuheit des Beweismittels nicht ankommt (**aM** Hamm MDR **78**, 248). 34

Ein **weiterer Sachverständiger** ist nicht deshalb ein neues Beweismittel, weil der Antragsteller behauptet, er werde zu anderen Schlussfolgerungen gelangen als der früher vernommene (BGH **31**, 365, 370; KG NJW **91**, 2505, 2507; Düsseldorf NStZ **87**, 245; KK-Schmidt 26, 27; **aM** Peters Fehlerquellen III 74 und LR-Gössel 119, der jeden neuen Sachverständigen für ein neues Beweismittel, aber [Rdn 172] für ungeeignet hält, wenn er nur auf Grund derselben Tatsachen ein neues Gutachten erstatten soll; ähnlich Bremen OLGSt Nr 3), sondern nur, wenn er einem anderen Fachgebiet als der frühere Sachverständige angehört oder über Forschungsmittel verfügt, die diesem überlegen sind (Düsseldorf aaO; Koblenz OLGSt Nr 5; einschr BGH **39**, 75, 84; dagegen J. Meyer ZRP **93**, 284; vgl auch Hamm StraFo **02**, 168). Größere Sachkunde genügt allein nicht (Hamburg JR **00**, 380 mit Anm Gössel; **aM** Wasserburg 312). Auf die Neuheit des Beweismittels kommt es nicht an, wenn zugleich als neue Tatsache behauptet wird, der neue Sachverständige werde sein Gutachten auf Grund anderer Anknüpfungstatsachen (Düsseldorf VRS **86**, 134: Frankfurt StV **06**, 114 mit zust Anm Wolf; LG Gießen NJW **94**, 467) oder mit einem anderen Erfahrungswissen erstatten, zB weil der frühere Sachverständige von unzutreffenden (Bremen aaO; Frankfurt NJW **66**, 2423, 2424) oder unzureichenden tatsächlichen Voraussetzungen ausgegangen ist oder weil sich die wissenschaftlichen Erkenntnisse erweitert haben (vgl allg Wasserburg 309 ff). 35

36 Der **Augenschein** ist nicht deshalb ein neues Beweismittel, weil das Gericht ihn in zulässiger Weise (78 zu § 244) durch andere Beweismittel, insbesondere durch Zeugen, ersetzt hatte (LR-Gössel 121 lässt jedoch ausreichen, dass die Wahrnehmung des Augenscheinsgegenstandes unterblieben war). Wenn aber die Glaubwürdigkeit des Zeugen erschüttert werden soll, kann der Angeklagte sich auf einen Augenscheinsbeweis als neues Beweismittel beziehen (vgl auch Frankfurt NJW **66**, 2423).

37 D. **Erheblichkeit der Tatsachen und Beweismittel:** Die Freisprechung des Verurteilten, seine geringere Bestrafung auf Grund eines anderen, milderen Gesetzes oder eine wesentlich andere Entscheidung über Maßregeln muss das Ziel der Wiederaufnahme sein (oben 2). Die vorgebrachten Tatsachen und Beweismittel müssen geeignet sein, dieses Ziel zu erreichen. Dass sie neu sind, genügt allein nicht. Neuheit und Geeignetheit sind streng auseinanderzuhalten (**aM** LR-Gössel 57; EbSchmidt 17; Peters Fehlerquellen III 73; Wasserburg 302).

38 a) Zur **Freisprechung** geeignet sind Tatsachen, die die Täterschaft des Verurteilten ganz ausschließen oder jedenfalls Rechtfertigungs-, Schuldausschließungs- oder Strafausschließungsgründe enthalten. Die Straffreierklärung nach § 199 StGB steht der Freisprechung nicht gleich (KG HRR **35**, 560; LR-Gössel 135). Wenn der Verurteilte vorträgt, er habe die Schuld für einen anderen auf sich genommen, steht die Möglichkeit der Verurteilung wegen §§ 145 d, 164, 258 StGB der Wiederaufnahme nicht entgegen, weil es sich insoweit um eine andere Tat handelt (vgl BGH **32**, 146, 148 f; LR-Gössel 134; **aM** Peters 678, Fehlerquellen III 43 und Kern-FS 354 ff). Bei wahlweiser Verurteilung genügt das gegen eine der angewendeten Vorschriften gerichtete Wiederaufnahmevorbringen (LR-Gössel 137). Bei tatmehrheitlicher Verurteilung kann der Teilfreispruch Ziel des Antrags sein (oben 3). War wegen fortgesetzter Handlung verurteilt, so berührt der Wegfall von Einzelakten nur den Rechtsfolgenausspruch (Düsseldorf VRS **84**, 298; Kiel SchlHA **50**, 197; München MDR **82**, 250; **aM** LG Bielefeld NStZ **86**, 282 mit zust Anm Peters; Peters Fehlerquellen III 10, 93 und Gallas-FS 447; Stern NStZ **93**, 411). Nur wenn der Verurteilte den Wegfall der ganzen Verurteilung oder wenigstens aller Teilakte mit einer Ausnahme erstrebt, kommt ein Freispruch in Betracht und ist die Wiederaufnahme möglich (Oldenburg NJW **52**, 1029; Schleswig SchlHA **78**, 190 [E/J]; **aM** Marxen/Tiemann StV **92**, 536; Peters aaO). Daran hat sich durch die Entscheidung des BGH GrS **40**, 138 (vgl dazu 14 zu § 260) nichts geändert (vgl dazu LR-Gössel 83 ff vor § 359).

39 b) Die **Verfahrenseinstellung** steht dem Freispruch gleich, wenn sie wegen Fehlens bestimmter Prozessvoraussetzungen (nicht nach den §§ 153 ff) erforderlich wird, die unmittelbar tatbezogen sind (Bamberg NJW **55**, 1121; Peters 676 und Fehlerquellen III 62; **aM** LR-Gössel 141, der für wesentlich hält, dass die Einstellung die Strafklage verbraucht; vgl auch Geppert GA **72**, 179; Hassemer NJW **83**, 2356). Das ist der Fall bei Strafunmündigkeit, Fehlen oder Zurücknahme des Strafantrags (Bamberg aaO; Wasserburg 308; str), Vorliegen der tatsächlichen Voraussetzungen eines schon bei der Verurteilung in Kraft gewesenen Straffreiheitsgesetzes und Eintritt der Verfolgungsverjährung vor Urteilserlass (Bamberg aaO; Schöneborn MDR **75**, 11). Nicht zur Wiederaufnahme geeignet sind die Verhandlungsunfähigkeit des Verurteilten in der Hauptverhandlung und die Prozessunfähigkeit des Privatklägers (LR-Gössel 74). Der Verstoß des Urteils gegen das Verbot der Doppelbestrafung (Art 103 III GG) kann zur Wiederaufnahme führen (vgl LG Bochum MDR **70**, 259; LG Darmstadt NJW **68**, 1642 mit Anm Hofmann; LR-Gössel 70; Wasserburg 306 ff); es kann aber statt dessen auch die Unzulässigkeit seiner Vollstreckung nach § 458 festgestellt werden (Koblenz JR **81**, 520 mit krit Anm Rieß; Peters 670 und Fehlerquellen III 13; **aM** Saarbrücken NStZ-RR **03**, 180; LG Frankfurt aM NStZ-RR **03**, 80 mwN; Müller JR **97**, 125).

40 c) Zur **minderschweren Bestrafung** ist das Antragsvorbringen nur geeignet, wenn die Herabsetzung der Hauptstrafe, nicht nur Wegfall oder Milderung einer

Nebenstrafe, erstrebt wird (LR-Gössel 144; **aM** für das Bußgeldverfahren Göhler 11 zu § 85 OWiG). Im Fall der Tateinheit muss sich der Antrag gegen die Verurteilung nach der schwereren Strafvorschrift richten, der nach § 52 StGB die Strafe entnommen worden ist (RG JW **30**, 3422; Hamburg MDR **53**, 119; Hamm NJW **80**, 717; **aM** AK-Loos 7 zu § 363; Peters Fehlerquellen III 94). Bei gleichen Strafdrohungen ist gleichgültig, gegen welche Verurteilung der Antragsteller vorgehen will (3 zu § 363).

Strafherabsetzung auf Grund eines **milderen und anderen Gesetzes** muss erstrebt werden. Milder ist jedes Gesetz, dessen Strafandrohung (Mindest- oder Höchststrafe) geringer ist oder das die Strafbarkeit vermindernde Umstände vorsieht (Hamm NJW **55**, 565). Die Annahme eines minder schweren Falles oder der Wegfall der Annahme eines besonders schweren Falles ist kein zulässiges Wiederaufnahmeziel (4, 5 zu § 363). Um ein anderes Gesetz handelt es sich, wenn nicht dasselbe Strafgesetz iS § 363 (dort 3) angewendet wird. Das ist zB der Fall bei Verurteilung wegen Tateinheit statt Tatmehrheit, wegen Beihilfe statt Täterschaft oder Anstiftung (Schlüchter 764.5), wegen Versuchs statt Vollendung (Hamm NJW **64**, 1040; Oldenburg NJW **53**, 435), wegen weniger schwerwiegender Rauschtat im Fall des § 323 a StGB (Hamm aaO), wegen Strafvereitelung statt wegen der Haupttat (LR-Gössel 148), unter Annahme eines vermeidbaren Verbotsirrtums (Peters Fehlerquellen III 93) und bei Verurteilung nach dem JGG statt nach allgemeinem Strafrecht (Hamburg NJW **52**, 1150; Peters Fehlerquellen III 14; **aM** Potrykus NJW **53**, 93). Wer nur die Strafaussetzung nach § 56 StGB erstrebt, stellt keinen zulässigen Wiederaufnahmeantrag (Hamm NJW **55**, 565; Stuttgart Justiz **82**, 166; **aM** Peters Fehlerquellen III 92). Wegen § 21 StGB vgl § 363 II. 41

d) Eine **wesentlich andere Entscheidung über Sicherungsmaßregeln** setzt die Anwendung eines anderen Strafgesetzes nicht voraus. Auf Nebenstrafen und Nebenfolgen (Verfall, Einziehung usw) ist die Vorschrift nicht anzuwenden; § 85 II S 2 OWiG gilt nicht entspr (oben 40). Für die Wiederaufnahme ist gleichgültig, ob die Anordnung der Maßregel neben der Strafe oder im Sicherungsverfahren nach §§ 413 ff ergangen ist. Wesentlich anders wird entschieden, wenn die Maßregel entfällt, erheblich verkürzt oder durch eine objektiv mildere ersetzt wird (Marxen/Tiemann StV **92**, 537). Dabei ist das Verbot der Schlechterstellung (§ 373 II) zu beachten (vgl dazu Radtke ZStW **110**, 316 ff). 42

e) Die **Prüfung der Erheblichkeit** erfolgt im Zulassungsverfahren. Vgl im Einzelnen 3 ff zu § 368. 43

E. **Antragsbegründung:** 44

a) **Tatsachen** muss der Antragsteller beibringen, dh ihr Vorliegen mit Bestimmtheit behaupten. Der Antrag ist unzulässig, wenn nur Vermutungen geäußert (Günther MDR **74**, 93) oder nur Schlussfolgerungen mitgeteilt werden. ZB ist nicht die Behauptung, eine krankhafte Störung der Geistestätigkeit nach § 20 StGB habe vorgelegen, sondern nur die Angabe der Tatsachen, aus denen sich das ergibt, zur Antragsbegründung geeignet (LR-Gössel 179). 45

Eine **erweiterte Darlegungspflicht** besteht bei widersprüchlichem Prozessverhalten eines Verfahrensbeteiligten (vgl dazu Tiemann, Die erweiterte Darlegungspflicht des Antragstellers im strafrechtlichen Wiederaufnahmeverfahren, 1993). 46

Sie trifft den Antragsteller, wenn der Verurteilte sein **Geständnis widerruft** (BGH NJW **77**, 59 = JR **77**, 217 mit Anm Peters; BGHR neue Tatsache 5; KG JR **75**, 166 mit Anm Peters; Düsseldorf NStZ **04**, 454; Köln NStZ **91**, 96 mwN; Meyer Peters-FG 390: Angabe der Gründe für die Abgabe des falschen Geständnisses und den verspäteten Widerruf), auch wenn es im Rahmen einer Verständigung nach § 257 c abgelegt worden ist (vgl dazu BayVerfGH NStZ **04**, 447; KG StraFo **06**, 169 mit zust Anm König; Nürnberg OLGSt Nr 6; LG Landau StV **09**, 237; AG Starnberg StV **08**, 516), wenn er jetzt Einzelheiten der Tat behauptet, obwohl er sich in der Hauptverhandlung auf eine Erinnerungslücke berufen hatte (Bremen NJW **81**, 2827 L: Angabe der Gründe für dieses Prozessverhalten), wenn 47 er sonst Tatsachen vorträgt, die mit seiner Einlassung in der Hauptverhandlung nicht vereinbar sind (KG JR **75**, 166 mit abl Anm Peters; Frankfurt StV **84**, 17 mit abl Anm Sieg; Meyer Peters-FG 395 ff: Einleuchtende Erklärung, weshalb der Angeklagte in der Hauptverhandlung die Unwahrheit gesagt hat; dagegen Kant JR **89**, 137), wenn er sich auf die Aussage eines polizeilich vernommenen Zeugen stützt, auf dessen Vernehmung in der Hauptverhandlung verzichtet wurde (Stuttgart Justiz **03**, 569); eingehend zum Ganzen Hellebrand NStZ **04**, 416; vgl auch Eisenberg JR **07**, 365.

48 Ähnlich ist es, wenn ein Zeuge nunmehr Tatsachen bekunden soll, die in unüberbrückbarem **Widerspruch zur früheren Zeugenaussage** stehen (BVerfG NJW **94**, 510; BGH NJW 77, 59 = JR **77**, 217 mit Anm Peters; Hamm NStZ **81**, 155; Karlsruhe NStZ-RR **05**, 179; Rostock NStZ **07**, 357; Schleswig StraFo **03**, 385: Darlegung, unter welchen Umständen und mit welcher Begründung der Zeuge seine Aussage für unrichtig erklärt hat).

49 Entsprechendes gilt für den **Widerruf belastender Erklärungen eines Mitangeklagten** (Celle aaO; Hamburg JR **51**, 218; Hamm JMBlNW **55**, 20) und für den Fall, dass ein früherer Mitangeklagter als Zeuge benannt wird, der bisher die Einlassung verweigert hatte (Hamm JR **81**, 439 mit abl Anm Peters: Darlegung, warum er nunmehr zur Aussage bereit ist).

49a Benennt der Antragsteller **Beweismittel,** die ihm **bereits in der Hauptverhandlung bekannt** waren, muss er darlegen, warum er sie nicht bereits früher zu seiner Entlastung benutzt hat (Stuttgart NStZ-RR **03**, 210).

50 b) **Beweismittel** müssen so genau bezeichnet werden, dass das Gericht sie beiziehen und benutzen kann (1 zu § 366). Das Antragsvorbringen muss auch ergeben, welche Tatsachen durch die neuen Beweismittel bewiesen werden sollen. Dass Zeugen die in ihr Wissen gestellten Tatsachen bestätigen können, muss mit Bestimmtheit behauptet werden; die Äußerung bloßer Vermutungen genügt nicht (LR-Gössel 186). Ein neues Sachverständigengutachten muss idR vorgelegt werden (BGH **31**, 365, 370; Koblenz OLGSt Nr 5); jedenfalls muss der Antragsteller die Beweistatsachen anführen und den Grund dafür angeben, aus denen der Sachverständige ein neues Beweismittel iS der Nr 5 ist.

51 c) Die **Erheblichkeit** der Tatsachen und Beweismittel muss nur besonders dargelegt werden, wenn sie sich aus dem sonstigen Antragsvorbringen nicht ergibt. Spricht alles für die Nutzlosigkeit der Beweiserhebung, so hat der Antragsteller eine erweiterte Darlegungspflicht. Er muss dann mitteilen, weshalb ein Beweisergebnis zu seinen Gunsten wenigstens als möglich erscheint (BGH NJW **77**, 59 = JR **77**, 217 mit Anm Peters; München NStZ **84**, 380 L). Entsprechendes gilt, wenn er sich auf einen Zeugen beruft, von dessen Benennung oder Vernehmung er in der Hauptverhandlung bewusst abgesehen hat (Düsseldorf NStZ **93**, 504; Frankfurt MDR **84**, 74; Hamm NStZ-RR **00**, 85) oder der ihn früher belastet hat, jetzt aber entlasten soll (Köln NStZ **91**, 98).

52 **7) Verletzungen der MRK** (Anh **A 4**), die unmittelbar geltendes innerstaatliches Recht ist (3 vor Art 1 MRK), müssen schon im Instanzenzug korrigiert werden (unrichtig aber LG Ravensburg NStZ **01**, 115, das Nr 6 entspr anwendet). Ist dies unterblieben, eröffnet Nr 6 die Wiederaufnahme des Verfahrens (vgl BGH NStZ-RR **99**, 176), aber nur dann, wenn der EGMR eine Verletzung festgestellt hat. Das Wiederaufnahmerecht steht nur demjenigen zu, der das Urteil erstritten hat (LR-Gössel Nachtr 7; Bajohr [7 vor § 359] 89; **aM** Marxen/Tiemann 281; krit und im Hinblick auf die sog Piloturteilsstrategie für Änderung *de lege ferenda* auch Swoboda HRRS **09**, 192). Weitere Voraussetzung ist, dass das Strafurteil auf dieser Verletzung beruht; das ist entspr § 337 (dort 36 ff) zu prüfen (Weigend StV **00**, 388; eingehend dazu KK-Schmidt 40 ff). Dafür muss der Wiederaufnahmeantrag eine aus sich heraus verständliche, in sich geschlossene Sachverhaltsdarstellung enthalten (Stuttgart NStZ-RR **00**, 243). § 363 gilt nicht (SK-Frister/Deiters 76). Einer Entscheidung des EuGH nach dem EuGHG (vgl Einl 207) kommt keine entspr Wirkung zu (Karlsruhe Justiz **05**, 21); es wird aber die entspr Anwendung des § 79 I BVerfGG diskutiert (Jokisch, Gemeinschaftsrecht und Strafverfahren, 2000, S 225 ff; abl Karlsruhe aaO). Auch eine Ergänzung der Nr 6 um den Fall der Verletzung des Art 36 I Buchst b WÜK (vgl 9 zu § 114 b) wird erwogen (vgl Bajohr aaO 103 ff; Kreß GA **04**, 709; Weigend StV **08**, 44).

Hemmung der Vollstreckung

360 **I Durch den Antrag auf Wiederaufnahme des Verfahrens wird die Vollstreckung des Urteils nicht gehemmt.**

II Das Gericht kann jedoch einen Aufschub sowie eine Unterbrechung der Vollstreckung anordnen.

1) Aufschiebende Wirkung hat im Wiederaufnahmeverfahren erst der Beschluss nach § 370 II (dort 11). Weder der Antrag (I) noch der Zulassungsbeschluss nach § 368 hemmen die Vollstreckung des Urteils. 1

2) Die **Vollstreckung** kann nach II aufgehoben oder unterbrochen werden, auch einer Einzelstrafe, wodurch die Vollstreckung der Gesamtstrafe entfällt und über die Vollstreckung der anderen Einzelstrafen nach §§ 449 ff zu entscheiden ist (Hamm JMBlNW **90**, 140), auch die Vollstreckung von freiheitsentziehenden Maßregeln nach §§ 63–66 StGB (dazu eingehend Radtke ZStW **110**, 297) und der Sperre von Befugnissen, zB des Berufsverbots nach § 70 StGB, nicht aber der Fahrerlaubnisentziehung nach § 69 StGB (offengelassen bei Hamm VRS **38**, 39; vgl auch Hentschel 678). Für Verfalls- und Einziehungsanordnungen gilt § 68 I S 1 StrVollstrO (LR-Gössel 3). 2

3) Aufgeschoben oder unterbrochen wird die Vollstreckung nur, wenn der Wiederaufnahmeantrag Erfolgsaussichten hat (Hamm VRS **38**, 49; JMBlNW **80**, 276; LG Gießen NJW **94**, 467). Die behaupteten Tatsachen und die benannten Beweise müssen einen solchen Grad innerer Wahrscheinlichkeit haben, dass die Vollstreckung bedenklich erscheint (Hamm JMBlNW **90**, 140; MDR **78**, 691; Karlsruhe Justiz **79**, 237). Dass der Antrag nicht von vornherein mutwillig erscheint, auch dass er schon für zulässig erklärt worden ist, genügt nicht (Hamm MDR **78**, 691). Die Leistung einer Sicherheit entspr § 116 I S 2 Nr 4 kann nicht verlangt werden (**aM** Düsseldorf OLGSt Nr 4 zu § 359). Fallen die Voraussetzungen von II später weg, so kann die Anordnung wieder aufgehoben werden. Mit der Rechtskraft des Beschlusses nach § 370 I oder II wird sie gegenstandslos. 3

4) Zuständig für die auf Antrag oder von Amts wegen nach Anhörung der StA (§ 33 II) ergehende Entscheidung ist das nach § 140 a GVG zuständige Gericht, bei sofortiger Beschwerde nach § 372 S 1 gegen Beschlüsse nach §§ 368 I, 370 I das Beschwerdegericht (EbSchmidt 3). Die gerichtliche Zuständigkeit schließt Vollstreckungsaufschub durch die Vollstreckungsbehörde nicht aus (**aM** LR-Gössel 2; SK-Frister/Deiters 2). 4

5) Sofortige Beschwerde nach § 372 S 1 kann die StA stets, nicht der Nebenkläger (Oldenburg StraFo **07**, 336), der Verurteilte gegen den ablehnenden Beschluss einlegen (BGH NJW **76**, 431; Frankfurt NJW **65**, 314; Koblenz NJW **61**, 1418). Entscheidungen des Beschwerdegerichts sind unanfechtbar (Düsseldorf NJW **58**, 1248; Hamm NJW **61**, 2363). 5

Wiederaufnahme nach Vollstreckung oder Tod

361 **I Der Antrag auf Wiederaufnahme des Verfahrens wird weder durch die erfolgte Strafvollstreckung noch durch den Tod des Verurteilten ausgeschlossen.**

II Im Falle des Todes sind der Ehegatte, der Lebenspartner, die Verwandten auf- und absteigender Linie sowie die Geschwister des Verstorbenen zu dem Antrag befugt.

1 **1)** Der **Strafvollstreckung** stehen Vollstreckungsverjährung, Begnadigung und Amnestie gleich. Auch die Tilgung der Verurteilung im BZR (§§ 45 ff **BZRG**) und das Verbot des § 51 **BZRG** hindern die Wiederaufnahme nach § 359 nicht).

2 **2)** Der **Tod** (II) des Verurteilten und die Todeserklärung stehen der Wiederaufnahme zum Zweck seiner Rehabilitierung nicht entgegen; nur die Wiederaufnahme nach § 362 ist unzulässig. Antragsberechtigt ist außer den in II bezeichneten Angehörigen die StA (allgM; vgl Marxen/Tiemann 498), nicht jedoch gesetzliche Vertreter und Erziehungsberechtigte, die keine Angehörigen sind, und der geschiedene frühere Ehegatte oder ehemalige Lebenspartner (vgl §§ 1, 15 LPartG). Der beim Tod des Verurteilten mit ihm verheiratete Ehegatte ist auch im Fall der Wiederheirat antragsberechtigt. Für das Verfahren gilt § 371.

3 II gilt **nicht entsprechend,** wenn der Angeklagte schon vor Rechtskraft des Urteils verstorben ist (BGH NStZ **83**, 179; Laubenthal GA **89**, 20; **aM** LR-Gössel 9; Pflüger NJW **83**, 1894, die § 361 entspr anwenden wollen). Ist jemand unter dem Namen eines Verstorbenen verurteilt worden, so können dessen Angehörige in entspr Anwendung des II die Urteilsberichtigung verlangen (Peters Fehlerquellen III 117 ff).

Wiederaufnahme zuungunsten des Angeklagten

362 **Die Wiederaufnahme eines durch rechtskräftiges Urteil abgeschlossenen Verfahrens zuungunsten des Angeklagten ist zulässig,**

1. **wenn eine in der Hauptverhandlung zu seinen Gunsten als echt vorgebrachte Urkunde unecht oder verfälscht war;**
2. **wenn der Zeuge oder Sachverständige sich bei einem zugunsten des Angeklagten abgelegten Zeugnis oder abgegebenen Gutachten einer vorsätzlichen oder fahrlässigen Verletzung der Eidespflicht oder einer vorsätzlichen falschen uneidlichen Aussage schuldig gemacht hat;**
3. **wenn bei dem Urteil ein Richter oder Schöffe mitgewirkt hat, der sich in Beziehung auf die Sache einer strafbaren Verletzung seiner Amtspflichten schuldig gemacht hat;**
4. **wenn von dem Freigesprochenen vor Gericht oder außergerichtlich ein glaubwürdiges Geständnis der Straftat abgelegt wird.**

1 **1)** Die **Wiederaufnahme zuungunsten des Angeklagten** ist eine zulässige Ausnahme vom Verbot der Doppelbestrafung (Art 103 III GG; krit Maier A. Kaufmann-GedSchr 789; Neumann Jung-FS 655; eingehend Grünewald ZStW **120**, 545). Die StA darf nicht ohne sachlichen Anlass neue Ermittlungen führen (Walder ZStW **95**, 872), der Legalitätsgrundsatz (2 zu § 152) gilt nicht (SK-Frister/Deiters 5 zu § 365; Kleinknecht Bruns-FS 477; Marxen/Tiemann 293; **aM** KK-Schmidt 4; LR-Gössel 1). Es gelten die §§ 153 ff mit der Einschränkung, dass die Zustimmung des Gerichts zur Einstellung nicht erforderlich ist. Die Strafverfolgungsverjährung steht der Wiederaufnahme entgegen (Nürnberg NStZ **88**, 555; Fischer 11 a zu § 78 b StGB; KK-Schmidt 7; KMR-Eschelbach 103; SK-Frister/Deiters 20, 21; Marxen/Tiemann 18; Peters 684; Roxin/Schünemann § 57, 11). Die Gegenansicht (BGH GA **74**, 154; Düsseldorf StraFo **01**, 102; NJW **88**, 2251 = JR **88**, 519 mit abl Anm Lenzen; LR-Gössel 3 und NStZ **88**, 537; LK-Schmid 11 zu § 78 StGB), die die Verjährungsfrist erst mit Rechtskraft des Beschlusses nach § 370 II beginnen lassen will, wird den Grundgedanken der Verjährung nicht gerecht (Lenzen aaO) und führt zu dem unhaltbaren Ergebnis, dass auch geringfügige Straftaten noch nach Jahrzehnten verfolgt werden könnten. Eine entspr Anwendung der Vorschrift

auf den Fall, dass sich eine Unterbringung nach § 63 StGB als von Anfang an fehlerhaft erweist (so Wolf NJW **97**, 781), sprengt den Rahmen eine zulässigen Analogie.

2) Wiederaufnahmegründe: 2

A. **Nrn 1–3:** Zuungunsten eines Freigesprochenen oder, mit der Einschränkung des § 363, eines Verurteilten ist die Wiederaufnahme zulässig, nicht aber im Fall des Einstellungsurteils nach § 260 III, es sei denn, dies enthält auch eine Sachentscheidung (LR-Gössel 4; erg 44 ff zu § 260). Die Wiederaufnahmegründe entsprechen § 359 Nrn 1–3 (dort 4 ff). Nr 2 ist unanwendbar, wenn für den Zeugen ein Schuldausschließungsgrund gegeben ist (KG JZ **97**, 629 mit Anm Marxen; **aM** Loos Schreiber-FS 277). Im Fall der Nr 3 ist unerheblich, ob der Angeklagte die Pflichtverletzung veranlasst hat. Die Wiederaufnahme setzt in allen Fällen die Möglichkeit eines für den Angeklagten günstigen Einflusses der Beweisverfälschung auf das Urteil voraus. 3

B. **Nr 4:** Auf **Freispruch,** allein oder neben einer Maßregel nach §§ 63, 69, 70 StGB, muss erkannt worden sein. Es genügt nicht die Verurteilung auf Grund einer zu milden Vorschrift (LR-Gössel 8; Roxin/Schünemann § 57, 11; Schlüchter 769.2; **aM** Peters 678 für den Fall der Unverhältnismäßigkeit zwischen Urteil und verdienter Strafe) oder auf Grund einer Wahlfeststellung. Bei Teilfreispruch ist die Wiederaufnahme in diesem Umfang zulässig, auch wenn er nur wegen unrichtiger Annahme der Tatmehrheit in der Anklage erforderlich war (Celle NdsRpfl **59**, 120). Dem Freispruch steht die Anordnung von Maßregeln im Sicherungsverfahren nach §§ 413 ff gleich (Hamm JMBlNW **49**, 202: nachträgliches Geständnis der Simulation, zw Radtke ZStW **110**, 319), nicht aber die Verurteilung zu Zuchtmitteln nach §§ 13 ff JGG (AG Hannover MDR **49**, 701; Peters Fehlerquellen III 108; Wasserburg 286). Als Freispruch iS Nr 4 gilt auch die Verfahrenseinstellung mit der Begründung, die angeklagte Tat sei nicht erwiesen und wegen der erwiesenen Tat bestehe ein Prozesshindernis (KK-Schmidt 10); vgl auch § 85 III OWiG. 4

Ein **Geständnis** des Freigesprochenen (nicht nur eines Mittäters) nach der Freisprechung durch das letzte tatrichterliche Urteil, wenn auch vor dessen Rechtskraft (LR-Gössel 12), muss vorliegen. Ein volles Schuldbekenntnis wird nicht verlangt. Das Geständnis muss aber den äußeren Tatbestand einer Straftat, und zwar der früher angeklagten oder einer damit iS des § 264 zusammenhängenden, insgesamt umfassen; dass einzelne Tatbestandsmerkmale eingeräumt werden, genügt nicht (LR-Gössel 15). Gleichzeitiges Bestreiten der Rechtswidrigkeit oder Schuld beseitigt das Geständnis nicht (LR-Gössel 14; **aM** Frister/Deiters 16). War der Angeklagte trotz Feststellung des äußeren Tatbestandes mangels Rechtswidrigkeit oder Schuld freigesprochen worden, so ist ein Geständnis erforderlich, das die Rechtswidrigkeit oder den inneren Tatbestand betrifft (LR-Gössel 15; **aM** KMR-Eschelbach 89). 5

Das Geständnis kann vor jedem **Straf- oder Zivilgericht oder außergerichtlich,** auch gegenüber Privatpersonen, abgegeben worden sein, selbst wenn sie nach § 203 StGB zur Verschwiegenheit verpflichtet sind (LR-Gössel 18; **aM** Wasserburg 288). 6

Es muss **glaubhaft,** insbesondere denkgesetzlich möglich sein und der Lebenserfahrung entsprechen (Schlüchter 769.2). Das Gericht beurteilt das nach pflichtgemäßem Ermessen. Der Widerruf beseitigt die Glaubhaftigkeit des Geständnisses nicht ohne weiteres (Hamm GA **57**, 123). 7

Die **Antragsbegründung** erfordert den Vortrag, wann und vor wem das Geständnis abgegeben worden ist und welchen Inhalt es hat, ferner, dass und aus welchen Gründen es glaubhaft ist. Ein schriftliches Geständnis wird dem Antrag im Original oder in Ablichtung beigefügt. 8

Unzulässigkeit der Wiederaufnahme

363 **I Eine Wiederaufnahme des Verfahrens zu dem Zweck, eine andere Strafbemessung auf Grund desselben Strafgesetzes herbeizuführen, ist nicht zulässig.**

II Eine Wiederaufnahme des Verfahrens zu dem Zweck, eine Milderung der Strafe wegen verminderter Schuldfähigkeit (§ 21 des Strafgesetzbuches) herbeizuführen, ist gleichfalls ausgeschlossen.

1 **1)** Die **Vorschrift gilt** für die Wiederaufnahme zugunsten und zuungunsten des Verurteilten. Für § 359 Nr 5 hat sie keine Bedeutung (Gössel JR **03**, 518; **aM** BGH **48**, 153 = NStZ **03**, 678 mit Anm Loos), weil dort die Wiederaufnahme mit dem Ziel geringerer Bestrafung ohnehin nur bei Anwendung eines anderen Gesetzes iS des § 363 zulässig ist. In der erneuten Hauptverhandlung (§ 373) gilt § 363 nicht.

2 **2) Eine andere Strafbemessung** auf Grund desselben Strafgesetzes kann nicht Ziel der Wiederaufnahme sein, schon gar nicht eine Schuldspruchänderung ohne Auswirkung auf den Rechtsfolgenausspruch (Gössel JR **03**, 518; Ziemann JR **06**, 409; **aM** BGH **48**, 153 = NStZ **03**, 678 mit zust Anm Loos; dort handelte es sich aber um das Zusammentreffen von Völkermord und Mord, wo der BGH prozessual selbstständige Taten annimmt, vgl 6a zu § 264; krit zur Rspr auch SK-Frister/Deiters 12). Eine wesentlich andere Entscheidung über Maßregeln der Besserung und Sicherung kann dagegen auch auf Grund desselben Strafgesetzes erstrebt werden (§ 359 Nr 5). Im umgekehrten Fall (Wiederaufnahme zuungunsten des Verurteilten mit dem Ziel der Herbeiführung einer ihm nachteiligen Entscheidung über Maßregeln) gilt das Gleiche. Für die Anordnung von Nebenstrafen und Nebenfolgen hat § 363 keine Bedeutung, weil deren Wegfall und Abänderung kein zulässiges Wiederaufnahmeziel ist (KK-Schmidt 3; **aM** LR-Gössel 5; erg 40 zu § 359).

3 **3) Dasselbe Strafgesetz** iS des I ist jede Vorschrift, die bestimmte Tatumstände vorsieht, bei deren Vorliegen die Strafbarkeit erhöht oder vermindert wird (erg 41 zu § 359). Dass sie in demselben Paragraphen enthalten ist, ist weder erforderlich noch ausreichend. Bei tateinheitlicher Verurteilung muss sich der Antrag gegen die Vorschrift richten, der nach § 52 StGB die Strafe entnommen ist (40 zu § 359; **aM** Marxen/Tiemann StV **92**, 536, die hier und auch sonst allein darauf abstellen wollen, ob mit einer wesentlich milderen Strafzumessungsentscheidung zu rechnen ist); im Fall des § 362 muss die zusätzliche Verurteilung aus der Vorschrift erstrebt werden, der sie zu entnehmen ist. Haben alle angewendeten Bestimmungen die gleiche Strafdrohung, so steht § 363 der Wiederaufnahme entgegen (vgl BGH **48**, 153 = NStZ **03**, 678 mit Anm Loos; **aM** LR-Gössel 7 und JR **03**, 518).

4 Entgegen dem Urteil einen **minder schweren Fall** anzunehmen oder nicht anzunehmen, ist kein zulässiges Wiederaufnahmeziel (LR-Gössel 8; **aM** Peters 677 und Fehlerquellen III 92). Anders ist es bei benannten Strafmilderungsgründen, zB § 49 II StGB (LR-Gössel 10); dazu gehört auch der Fall, dass § 46a StGB (Rieß Gössel-FS 662) oder Jugendstrafrecht anzuwenden (Hamburg NJW **52**, 1150) oder nach § 51 III StGB Auslandshaft anzurechnen ist (Stuttgart NJW **68**, 2206). Enthält eine Vorschrift zugleich benannte und unbenannte Milderungsgründe (wie etwa § 213 StGB), so kommt es darauf an, welcher von ihnen angewendet worden ist.

5 Für **besonders schwere Fälle** gelten diese Regeln entspr. Grundsätzlich handelt es sich um dasselbe Strafgesetz (vgl BGH NJW **77**, 1830). Auch Strafschärfungsgründe mit Regelbeispielen stehen einem anderen Gesetz iS des § 363 nicht gleich (Düsseldorf NStZ **84**, 571; LR-Gössel 13; **aM** AK-Loos 9; eingehend zur Problematik SK-Frister/Deiters 9ff und Rieß Gössel-FS 657ff).

4) Verminderte Schuldfähigkeit (II): Obwohl § 21 StGB ein benannter Strafmilderungsgrund ist, schließt die Vorschrift, die mit dem GG vereinbar ist (BVerfGE **5**, 22 = NJW **56**, 1026), die Wiederaufnahme mit dem Ziel seiner Anwendung aus. Das gilt auch, wenn über den Umweg des § 21 StGB Strafmilderung und Bewährung erstrebt wird (Stuttgart Justiz **82**, 166) oder wenn die Anwendung des § 21 StGB, wie bei § 211 StGB, zur Verhängung einer zeitigen Freiheitsstrafe führen kann (Düsseldorf JMBlNW **90**, 46; Peters Gallas-FS 446). II ist entspr anzuwenden, wenn Wiederaufnahme mit dem Ziel der Anerkennung außergewöhnlicher Umstände beim heimtückischen Mord iS der Entscheidung BGH **30**, 105 erstrebt wird (Bamberg NJW **82**, 1714; ebenso Stuttgart Justiz **04**, 26 wegen I). 6

Behauptung einer Straftat

364 [1]**Ein Antrag auf Wiederaufnahme des Verfahrens, der auf die Behauptung einer Straftat gegründet werden soll, ist nur dann zulässig, wenn wegen dieser Tat eine rechtskräftige Verurteilung ergangen ist oder wenn die Einleitung oder Durchführung eines Strafverfahrens aus anderen Gründen als wegen Mangels an Beweis nicht erfolgen kann.** [2]**Dies gilt nicht im Falle des § 359 Nr. 5.**

1) Die **rechtskräftige Verurteilung des Täters** (S 1) wegen der Tat (Wahlfeststellung genügt nicht) ist Zulässigkeitsvoraussetzung für einen nach §§ 359 Nrn 1–3, 362 Nrn 1–3 (KG JZ **97**, 629 mit Anm Marxen; **aM** für Nr 1: LR-Gössel 1) auf die Behauptung einer Straftat gestützten Wiederaufnahmeantrag. Das gilt nicht, wenn Verfolgungshindernisse (Tod, Verhandlungsunfähigkeit, Verjährung, Amnestie, Fehlen deutscher Gerichtsbarkeit usw) vorliegen oder der Täter unbekannten Aufenthalts ist (BGH **48**, 153; zust Gössel JR **03**, 518); die Einstellung nach § 154 I steht gleich (Düsseldorf GA **80**, 393), auch die Einstellung aus sonstigen Opportunitätserwägungen nach §§ 153ff (Böse JR **05**, 12). Dann ist der Antrag zulässig, wenn das Antragsvorbringen einen konkreten Tatverdacht ergibt, der zur Einleitung eines Ermittlungsverfahrens ausreichen würde (Düsseldorf VRS **88**, 48; Brauns JZ **95**, 495; **aM** EbSchmidt 4: Behauptung der Straftat genügt; SK-Frister/Deiters 7 sowie Marxen/Tiemann 287: Hinreichender Tatverdacht erforderlich). 1

2) Auf **neue Tatsachen oder Beweismittel** (§ 359 Nr 5) kann der Antrag nach S 2 gestützt werden, auch wenn S 1 die Wiederaufnahme nach § 359 Nrn 1–3 ausschließt. Daher haben diese Vorschriften nur noch geringe Bedeutung. Die neuen Tatsachen und Beweismittel können sich insbesondere gegen die Glaubwürdigkeit von Belastungszeugen wenden (Celle NJW **67**, 216; Hamburg NJW **57**, 601). Für § 362 Nrn 1–3 hat S 2 keine Bedeutung (Zweibrücken OLGSt S 65). 2

3) Die **Wahl des Wiederaufnahmegrundes** ermöglicht S 2 (allg zur Konkurrenz von Wiederaufnahmegründen: Schneidewin JZ **57**, 537). Der Antragsteller kann auf die Strafverfolgung des Zeugen, Sachverständigen usw hinwirken oder, solange eine Verurteilung nicht erfolgt ist (KK-Schmidt 3; Schneidewin aaO), ohne Rücksicht auf eine etwaige Bestrafung den Wiederaufnahmeantrag mit neuen Tatsachen oder Beweisen begründen (Celle aaO; Hamburg NJW **57**, 601; **69**, 2159; Rostock NStZ **07**, 357). 3

4) Die **Antragsbegründung** kann im Fall des S 1 auf das gegen den Zeugen, Sachverständigen usw ergangene Urteil Bezug nehmen. Ist kein Urteil ergangen, so müssen die Art der Straftat und die Verfolgungshindernisse bezeichnet und der Tatverdacht deutlich gemacht werden. Für die gerichtliche Prüfung des Antrags ist nicht die Bezeichnung des Wiederaufnahmegrundes durch den Antragsteller, sondern dessen Tatsachenvorbringen maßgebend (LR-Gössel 7). Anzuwenden ist die dem Antragsteller günstigere Vorschrift (Düsseldorf GA **80**, 393). Der Antrag 4 ist daher zulässig, wenn das auf § 359 Nrn 1–3 gestützte Vorbringen wenigstens die Voraussetzungen des § 359 Nr 5 ergibt (Hamburg NJW **69**, 2159; vgl aber auch Hamburg JR **01**, 207 mit abl Anm Krehl: bei Beschränkung des Antrags auf einen bestimmten Wiederaufnahmegrund und unterschiedlichen Zulässigkeitsvoraussetzungen Entscheidung nur über diesen). Das Gericht kann sich auf die Prüfung nach dieser Vorschrift auch sonst beschränken, wenn der Antragsteller dadurch nicht in seinen Zielen beeinträchtigt wird (LR-Gössel 7).

Bestellung eines Verteidigers für das Wiederaufnahmeverfahren

364a **Das für die Entscheidungen im Wiederaufnahmeverfahren zuständige Gericht bestellt dem Verurteilten, der keinen Verteidiger hat, auf Antrag einen Verteidiger für das Wiederaufnahmeverfahren, wenn wegen der Schwierigkeit der Sach- oder Rechtslage die Mitwirkung eines Verteidigers geboten erscheint.**

1 **1)** Dem **Verurteilten** kann ein Verteidiger bestellt werden, aber nicht den nach § 361 II Antragsberechtigten (SK-Frister/Deiters 11; **aM** Stuttgart NStZ **99**, 587: entspr Anwendung), dem Verurteilten auch nur für den eigenen Wiederaufnahmeantrag, nicht im Fall des § 362 (Marxen/Tiemann 459; **aM** SK-Frister/Deiters 13), jedoch kommt dort eine Bestellung nach § 140 und Art 6 III Buchst c **MRK** in Betracht (Düsseldorf NJW **89**, 676). Sonst ist § 140 II aber durch §§ 364 a, 364 b ausgeschlossen (Stuttgart NStZ-RR **03**, 114).

2 **2) Verurteilter, der keinen Verteidiger hat:** Bis zur Rechtskraft des Beschlusses nach § 370 II dauern Vollmacht (Braunschweig NJW **60**, 1970; Düsseldorf NStZ **83**, 235; wistra **90**, 168; erg 5 vor § 137) und Pflichtverteidigerbestellung (Bremen NJW **64**, 2175; Hamm NJW **61**, 932; Karlsruhe GA **76**, 344; Koblenz MDR **83**, 252; **aM** Oldenburg StraFo **09**, 242; KK-Laufhütte 10 zu § 141; KMR-Eschelbach 37; erg 33 zu § 140) fort. Der Fall des § 364 a liegt daher nur vor, wenn bisher kein Verteidiger mitgewirkt hat, wenn die Vollmacht für den Wahlverteidiger erloschen oder der Pflichtverteidiger verhindert und ein neuer Verteidiger nicht bevollmächtigt und auch nicht nach § 364 b bestellt worden ist. Auch bei Wegfall des bisherigen Pflichtverteidigers besteht kein unbedingter Anspruch auf seine Ersetzung; § 364 a gilt nicht nur, wenn erstmals ein Verteidiger zu bestellen ist (LR-Gössel 1; **aM** Wasserburg GA **82**, 304).

3 **3)** Ein **Verteidiger für das Wiederaufnahmeverfahren** kann bestellt werden, dh schon für die Antragstellung (LR-Gössel 4; **aM** Peters 681; Wasserburg 176 und GA **82**, 322), aber auch während des Verfahrens, zB zur Teilnahme an der Beweisaufnahme nach § 369 und zur Abgabe der Erklärung nach § 369 IV. Die Verteidigerbestellung endet ohne weiteres mit der Rechtskraft der Entscheidung nach §§ 368 I, 370 I und mit der Anordnung der Wiederaufnahme nach § 370 II. In dem wiederaufgenommenen Verfahren muss nach § 140 erneut über die Verteidigerbestellung entschieden werden (Wasserburg GA **82**, 309). Die Beiordnung eines Verteidigers nur für das Beschwerdeverfahren gegen die Ablehnung der Wiederaufnahme des Verfahrens ist unzulässig (Stuttgart NStZ-RR **03**, 114; 334; Rostock NStZ-RR **04**, 273; **aM** Karlsruhe NStZ-RR **03**, 116).

4 **4) Voraussetzungen der Verteidigerbestellung:**

5 A. **Hinreichende Erfolgsaussicht:** Für einen offensichtlich mutwilligen oder aussichtslosen Antrag wird kein Verteidiger bestellt, insbesondere nicht, wenn der bisherige Verteidiger es mit Recht abgelehnt hat, einen aussichtslosen Antrag zu stellen (Bremen AnwBl **64**, 288; LR-Gössel 7; Marxen/Tiemann 464, 469). Bloße Zweifel am Erfolg des Antrags berechtigen aber nicht zur Ablehnung. Hat das Gericht die Erfolgsaussicht bejaht, so hat der neu bestellte Verteidiger nicht mehr zu prüfen, ob er die Antragstellung verantworten kann (LR-Gössel 6).

B. **Schwierigkeit der Sach- oder Rechtslage:** Ohne Bedeutung sind Rang des Wiederaufnahmegerichts, Schwere der Tat und Art und Höhe der Rechtsfolgen. Maßgebend ist, ob der Verurteilte bei seinen Fähigkeiten besondere tatsächliche oder rechtliche Schwierigkeiten hat, sachgerechte Anträge zu stellen, seine Interessen bei der Beweisaufnahme nach § 369 wahrzunehmen oder die Erklärung nach § 369 IV abzugeben (LR-Gössel 8). Die Anforderungen an die Schwierigkeit der Sach- oder Rechtslage dürfen nicht überspannt werden. 6

5) Nur auf **Antrag** ergeht die Entscheidung. Antragsberechtigt sind der Verurteilte, die StA, der gesetzliche Vertreter und der Erziehungsberechtigte. Der Antrag muss das Ziel der beabsichtigten Wiederaufnahme oder die Wiederaufnahmegründe so bezeichnen, dass die Prüfung der Erfolgsaussicht und der Schwierigkeit der Sach- und Rechtslage möglich ist (Karlsruhe GA **76**, 344). Gilt der Antrag nur für die Beweisaufnahme nach § 369 oder die Erklärung nach § 369 IV, muss dargetan werden, was den Antragsteller hindert, seine Rechte selbst wahrzunehmen. 7

6) **Zuständig** für die Entscheidung ist das Gericht, das nach § 140a GVG über den Wiederaufnahmeantrag entscheidet; der Antrag kann auch bei dem Gericht gestellt werden, dessen Urteil angegriffen wird (§ 367 I S 2). Über Bestellung und Auswahl des Verteidigers entscheidet anders als nach § 141 IV nicht der Vorsitzende allein, sondern das Gericht (LR-Gössel 13), und zwar nach Anhörung der StA (§ 33 II) und ohne mündliche Verhandlung (§ 367 II). Die nur von dem Vorsitzenden verfügte Beiordnung kann daher nicht als wirksam angesehen werden (**aM** LR-Gössel 13; Marxen/Tiemann 474). Auf die Beiordnung eines bestimmten Verteidigers besteht zwar kein Anspruch; idR sollte aber der Anwalt des Vertrauens bestellt werden (erg 8 zu § 142). 8

7) **Beschwerde** gegen den ablehnenden Beschluss ist nach § 304 I zulässig; § 372 S 1 gilt nicht (BGH NJW **76**, 431; Karlsruhe GA **76**, 344; Koblenz NJW **61**, 1418; OLGSt S 1). Entscheidungen des OLG sind unanfechtbar (BGH aaO). Beschwerdeberechtigt sind der Verurteilte und die StA. Die Beschwerde kann auf die Auswahl des Verteidigers beschränkt werden (LR-Gössel 15). Wenn die Bestellung eines Verteidigers für die sofortige Beschwerde gegen die Verwerfung des Wiederaufnahmeantrags abgelehnt worden ist, ist dagegen dementsprechend auch eine Beschwerde nicht zulässig (vgl oben 3 aE). 9

Verteidiger für die Vorbereitung des Wiederaufnahmeverfahrens

364b I [1]**Das für die Entscheidungen im Wiederaufnahmeverfahren zuständige Gericht bestellt dem Verurteilten, der keinen Verteidiger hat, auf Antrag einen Verteidiger schon für die Vorbereitung eines Wiederaufnahmeverfahrens, wenn**

1. **hinreichende tatsächliche Anhaltspunkte dafür vorliegen, dass bestimmte Nachforschungen zu Tatsachen oder Beweismitteln führen, welche die Zulässigkeit eines Antrags auf Wiederaufnahme des Verfahrens begründen können,**
2. **wegen der Schwierigkeit der Sach- oder Rechtslage die Mitwirkung eines Verteidigers geboten erscheint und**
3. **der Verurteilte außerstande ist, ohne Beeinträchtigung des für ihn und seine Familie notwendigen Unterhalts auf eigene Kosten einen Verteidiger zu beauftragen.**

[2]**Ist dem Verurteilten bereits ein Verteidiger bestellt, so stellt das Gericht auf Antrag durch Beschluss fest, dass die Voraussetzungen der Nummern 1 bis 3 des Satzes 1 vorliegen.**

II **Für das Verfahren zur Feststellung der Voraussetzungen des Absatzes 1 Satz 1 Nr. 3 gelten § 117 Abs. 2 bis 4 und § 118 Abs. 2 Satz 1, 2 und 4 der Zivilprozessordnung entsprechend.**

1 **1)** Schon für die **Vorbereitung eines Wiederaufnahmeverfahrens,** nicht erst für die Antragstellung, kann ein Verteidiger bestellt werden. Dem Verurteilten, dessen Wiederaufnahmeverlangen aussichtsreich erscheint, der aber außerstande ist, das Material für einen auf § 359 Nr 5 gestützten Antrag selbst zusammenzutragen und die Erfolgsaussichten des Antrags abzuwägen, soll rechtskundige Hilfe zur Verfügung stehen (allg Krägeloh NJW **75**, 137). Der bestellte Verteidiger hat Anspruch auf Ersatz der durch Nachforschungen entstandenen Auslagen (§ 46 III S 1 RVG) und erhält auch Gebühren, wenn er von der Antragstellung abrät (§ 17 Nr 12 RVG mit Nr 4136 VVRVG).

2 **2)** Der **Verurteilte, der keinen Verteidiger hat** (2 zu § 364a), kann die Bestellung verlangen. Wie bei § 364a (dort 1) hat nur der Verurteilte selbst den Anspruch. Einen Rechtsanspruch auf Ersetzung des weggefallenen Pflichtverteidigers hat er nicht (Düsseldorf StV **88**, 572; LR-Gössel 4; **aM** Wasserburg 174 und GA **82**, 319ff; erg 2 zu § 364a).

3 **3) Nachforschungen zur Vorbereitung** eines auf § 359 Nr 5 gestützten Antrags soll der Verteidiger anstellen. Er darf dazu Zeugen ermitteln und befragen, Sachverständigengutachten und Auskünfte einholen (LR-Gössel 6; Dahs 1000; Wasserburg 81ff). Die StA ist nicht verpflichtet, ihn zu unterstützen (**aM** SK-Frister/Deiters 9). Der Verteidiger kann sie aber bitten, die Wiederaufnahme selbst zu betreiben oder bestimmte Ermittlungen vorzunehmen (LR-Gössel 8; dazu Dünnebier Peters-FG 340).

4 **4) Voraussetzungen der Verteidigerbestellung** (I S 1):

5 A. **Erfolgsaussicht** (Nr 1): Bei den hinreichenden tatsächlichen Anhaltspunkten iS der Vorschrift handelt es sich um das Gegenstück zu dem Anfangsverdacht iS des § 152 II (dort 4). Es müssen Tatsachen vorliegen, aus denen sich ergibt, dass bestimmte Nachforschungen zur Aufdeckung von Tatsachen oder Beweismitteln führen werden, die einen Antrag nach § 359 Nr 5 begründen können. Dabei reicht eine nicht nur entfernte Möglichkeit aus, neue Tatsachen oder Beweismittel ausfindig zu machen (Koblenz OLGSt S 1), nicht aber eine bloße Vermutung (KMR-Eschelbach 24).

6 B. **Schwierigkeit der Sach- oder Rechtslage** (Nr 2): Es kommt auf die Schwierigkeit der Nachforschungen an, nicht auf die des späteren Wiederaufnahmeverfahrens (LG Köln MDR **91**, 666), auch nicht auf die Schwere der Tat oder der Rechtsfolgen. Ein Verteidiger wird nicht bestellt, wenn es dem Verurteilten möglich und zuzumuten ist, die Nachforschungen selbst anzustellen. Ist er nicht auf freiem Fuß, so wird er dazu idR nicht imstande sein.

7 C. **Mittellosigkeit** (Nr 3): Wer ein rechtskräftiges Urteil mit einem Wiederaufnahmeantrag anfechten will, wird grundsätzlich auf den Einsatz eigener Geldmittel verwiesen. Reichen sie dazu aus, so mutet ihm das Gesetz zu, sich auf eigene Kosten des Beistands eines Verteidigers seiner Wahl zu bedienen. Für den Nachweis, dass der Verurteilte ohne Beeinträchtigung des für ihn und seine Familie notwendigen Unterhalts keinen Verteidiger beauftragen kann, gelten die §§ 117 II–IV ZPO (Erklärung des Verurteilten über seine persönlichen und wirtschaftlichen Verhältnisse auf dem amtlichen Vordruck) und § 118 II S 1, 2, 4 (Verlangen nach Glaubhaftmachung, Erhebungen des Gerichts, insbesondere Einholung behördlicher Auskünfte) entspr (II).

8 **5)** Nur auf **Antrag** des Verurteilten wird der Verteidiger bestellt. Er muss Tatsachen vorbringen, die hinreichend begründen, dass sich bei bestimmten Nachforschungen eine konkrete Aussicht auf Gewinnung der Wiederaufnahmegrundlagen des § 359 Nr 5 ergibt (Karlsruhe GA **76**, 344; Koblenz OLGSt S 1). In dem Antrag müssen Art und Richtung der erforderlichen Nachforschungen bezeichnet und Angaben darüber gemacht werden, welche neuen Tatsachen oder Beweismit-

tel von ihnen zu erhoffen sind (Düsseldorf OLGSt Nr 1). Allzu strenge Anforderungen an das Antragsvorbringen sind nicht zu stellen (Marxen/Tiemann 485).

6) Die **Erweiterung der Bestellung** (I S 2) eines bereits früher bestellten 9
Pflichtverteidigers ist auf Antrag des Verurteilten möglich; Rn 8 gilt entspr (vgl Düsseldorf VRS **81**, 118). Das Gericht stellt dann durch Beschluss fest, dass die Voraussetzungen des I S 1 Nrn 1–3 vorliegen. Damit ist sicher, dass der Verteidiger für seine Nachforschungen Gebühren und Auslagen erhält (oben 1).

7) Zuständiges Gericht: Vgl 8 zu § 364 a. 10

8) Beschwerde: Vgl 9 zu § 364 a. 11

Allgemeine Bestimmungen

365 **Die allgemeinen Vorschriften über Rechtsmittel gelten auch für den Antrag auf Wiederaufnahme des Verfahrens.**

1) Anwendbar sind die §§ 296–303; die Vorschriften über Rechtsmittelbe- 1
schränkungen (§§ 318, 327, 344 I, 352 I) gelten entspr (BGH **11**, 361). Fristbestimmungen gibt es außer § 372 S 1 nicht. Im Einzelnen gilt:

A. **§ 296:** I ist uneingeschränkt anwendbar. Antragsberechtigt sind StAund jeder 2
verhandlungsfähige (**aM** SK-Frister/Deiters 5 zu § 361: auch der verhandlungsunfähige) Verurteilte, auch der Minderjährige und der Schuldunfähige. Beim Tod des Verurteilten gilt § 361 II. Nach II kann die StA auch Anträge zugunsten des Verurteilten stellen (Dünnebier Peters-FG 337), selbst gegen dessen Willen und auch nach seinem Tod. Zuständig ist die StA bei dem Gericht, das nach § 140 a GVG über den Antrag zu entscheiden hat (2 zu § 367). Der früher mit der Sache befasste StA ist nicht ausgeschlossen (LR-Gössel 4; Wasserburg 234; **aM** Frisch Bruns-FS 400), soll aber nicht mitwirken (RiStBV 170 I).

B. **§ 297:** Der Verteidiger, dessen Vollmacht oder Beiordnung fortgilt (2 zu 3
§ 364 a) oder der neu bestellt oder bevollmächtigt worden ist, kann die Wiederaufnahme beantragen, aber nicht gegen den Willen des Verurteilten und nicht nach dessen Tod. Der Verurteilte kann den Antrag zurücknehmen (Wasserburg 236).

C. **§ 298:** Der gesetzliche Vertreter kann den Antrag auch gegen den Willen des 4
Verurteilten stellen. Erziehungsberechtigte können nach § 67 III **JGG** die Wiederaufnahme beantragen, solange der Verurteilte noch nicht volljährig ist. Bei Beendigung der gesetzlichen Vertretung oder Eintritt der Volljährigkeit vor der Entscheidung nach § 370 wird das Verfahren eingestellt, wenn der Verurteilte nicht selbst eintritt (SK-Frister/Deiters 7; **aM** LR-Gössel 6: Verwerfung als unzulässig).

D. **§§ 299–301** sind anzuwenden, § 301 aber erst in der erneuerten Hauptver- 5
handlung (Dünnebier Peters-FG 341 ff; **aM** SK-Frister/Deiters 10).

E. **§ 302** ist teilw anwendbar. Der Antrag kann bis zur Entscheidung nach 6
§§ 370 oder 371 zurückgenommen werden (KG JR **84**, 393); die Wiederholung ist dann zulässig, auch mit derselben Begründung (LR-Gössel 10; Peters Fehlerquellen III 127). Ein Verzicht auf das Wiederaufnahmerecht ist unwirksam (LR-Gössel 10). Zugunsten des Verurteilten gestellte Anträge der StA können nur mit dessen Zustimmung zurückgenommen werden (LR-Gössel 10). Der Verteidiger braucht für die Zurücknahme eine besondere Ermächtigung (dazu Braunschweig NJW **60**, 1970). Eine Verwirkung des Antragsrechts findet nicht statt.

2) Privatkläger sind zuungunsten des Verurteilten antragsberechtigt (vgl 7
§ 390 I S 2). Prozesskostenhilfe kann nach § 379 III bewilligt werden. Zur Rechtslage nach dem Tod des Privatklägers vgl LR-Gössel 130 ff vor § 359.

3) Der **Nebenkläger** hat nicht das Recht, die Wiederaufnahme des Verfahrens 8
zu beantragen (LG Münster NStZ **89**, 588; Rieß NStZ **88**, 15). Er kann sich aber dem Antrag eines anderen Prozessbeteiligten anschließen, falls er schon vor Ur-

teilserlass als Nebenkläger zugelassen war (Stuttgart NStZ **88**, 42; **aM** Marxen/Tiemann 46). Zu den Befugnissen des Nebenklageberechtigten in einem vom Verurteilten oder der StA eingeleiteten Wiederaufnahmeverfahren vgl im Einzelnen Rieß NStZ **88**, 16. In dem wiederaufgenommenen Verfahren kann er nach den allgemeinen Vorschriften der §§ 395 ff als Nebenkläger mitwirken.

9 **4) Antragsteller im Adhäsionsverfahren.** Vgl § 406 a.

10 **5) Einziehungsbeteiligte:** Maßgebend sind §§ 433 I S 1, 437, 439 VI (vgl dazu KMR-Eschelbach 8).

Inhalt und Form des Antrags

366 **I In dem Antrag müssen der gesetzliche Grund der Wiederaufnahme des Verfahrens sowie die Beweismittel angegeben werden.**

II Von dem Angeklagten und den in § 361 Abs. 2 bezeichneten Personen kann der Antrag nur mittels einer von dem Verteidiger oder einem Rechtsanwalt unterzeichneten Schrift oder zu Protokoll der Geschäftsstelle angebracht werden.

1 **1) Notwendiger Inhalt** (I): Der Antrag muss sein Ziel erkennen lassen, dh das angegriffene Urteil und den Umfang des Aufhebungsbegehrens bezeichnen (hM, vgl LR-Gössel 1; **aM** KMR-Eschelbach 6). Bei Zweifeln ist zurückzufragen, nicht zu verwerfen. Der Antrag muss ferner den gesetzlichen Grund der Wiederaufnahme (§ 368 I) angeben (vgl §§ 359, 362). Dazu ist wie bei § 172 III S 1 (dort 27) eine geschlossene und aus sich heraus verständliche Sachdarstellung erforderlich (Hamburg StraFo **03**, 430), wobei aber eine zunächst unvollständige Darstellung vor der Entscheidung noch ergänzt werden darf (Düsseldorf wistra **93**, 159). Bezugnahmen und Verweisungen auf andere Schriftstücke, insbesondere auf Urteile und frühere Wiederaufnahmeanträge, sind unzulässig (Hamm NJW **80**, 717; Stuttgart NJW **65**, 1239; LR-Gössel 2, 10; **aM** Peters Fehlerquellen III 123, der Bezugnahmen jeder Art, OLG Düsseldorf GA **80**, 393, das die Bezugnahme auf einen wegen § 364 S 1 verworfenen Antrag für zulässig hält).

2 Die **Beweismittel** müssen so genau bezeichnet werden, dass das Gericht sie beiziehen und nach § 369 benutzen kann (Nürnberg MDR **64**, 171). Bei Zeugen genügt die Angabe von Tatsachen, die ihre Ermittlung ermöglichen.

3 Die **Fürsorgepflicht** kann gebieten, dass dem Antragsteller Gelegenheit gegeben wird, den Antrag zu vervollständigen (Hamm aaO; erg 1 zu § 368).

4 **2) Form** (II): Die Vorschrift entspricht § 345 II und gilt für alle Antragsteller außer StA (ihre Anträge bedürfen nur der einfachen Schriftform; dazu Einl 128) und Privatkläger (für ihn gilt § 390 II). Die Antragsschrift muss eigenhändig unterschrieben sein (Einl 129) und darf keine Bezugnahmen enthalten, auch nicht auf Anlagen (Schleswig NJW **53**, 1445; **aM** Peters Fehlerquellen III 123; Wasserburg 240), sofern sie nicht aus Originalurkunden bestehen (Düsseldorf GA **80**, 393: Zeugenerklärung). Zusätze des RA oder Verteidigers, aus denen sich ergibt, dass er die Verantwortung nicht oder nicht vollständig übernehmen will, machen den Antrag unzulässig (33 zu § 172; 16 zu § 345); aber auch die Übernahme der Verantwortung ohne gestaltende Mitwirkung kann unzureichend sein (Hamm NStZ **88**, 571). Wegen der Antragstellung zu Protokoll der Geschäftsstelle vgl Einl 131 ff; die Ausführungen 18 ff zu § 345 gelten entspr (vgl auch KG VRS **99**, 460; Düsseldorf VRS **84**, 298).

Zuständigkeit

367 **I 1 Die Zuständigkeit des Gerichts für die Entscheidungen im Wiederaufnahmeverfahren und über den Antrag zur Vorbereitung eines Wiederaufnahmeverfahrens richtet sich nach den besonderen Vorschriften des**

Gerichtsverfassungsgesetzes. [2]Der Verurteilte kann Anträge nach den §§ 364 a und 364 b oder einen Antrag auf Zulassung der Wiederaufnahme des Verfahrens auch bei dem Gericht einreichen, dessen Urteil angefochten wird; dieses leitet den Antrag dem zuständigen Gericht zu.

II Die Entscheidungen über Anträge nach den §§ 364 a und 364 b und den Antrag auf Zulassung der Wiederaufnahme des Verfahrens ergehen ohne mündliche Verhandlung.

1) Das **zuständige Wiederaufnahmegericht** bestimmt § 140 a GVG. Die Richterausschließung regelt § 23 II. 1

2) Zuständigkeit der StA: Beteiligt am Wiederaufnahmeverfahren, auch für die Entscheidung nach § 360 II und die Behandlung der Anträge nach §§ 364 a, 364 b, ist die StA bei dem Wiederaufnahmegericht (§ 143 I GVG). Die Zuständigkeit für die Vollstreckung des mit dem Wiederaufnahmeantrag angegriffenen Urteils bleibt unverändert (LR-Gössel 5). 2

3) Die **Einreichung der Anträge** zugunsten des Verurteilten, nicht der Anträge der StA und des Privatklägers, ist nach I S 2 sowohl bei dem Wiederaufnahmegericht zulässig als auch bei dem früheren Gericht, das die Anträge ggf dem zuständigen Gericht durch Verfügung des Vorsitzenden (anders BGH NStZ **96**, 327 [K] und BGHR Zuständigkeit 1: Beschluss des Senats) zuleitet. Dadurch soll verhindert werden, dass der in Unkenntnis des § 140 a GVG eingereichte Antrag allein wegen der Einreichung bei dem unzuständigen Gericht verworfen wird (BGH GA **85**, 419; Krägeloh NJW **75**, 139). Das gilt auch für Anträge nach §§ 364 a, 364 b. Die Weiterleitung an das zuständige Gericht nach I S 2 Hs 2 unterbleibt, wenn ausdrücklich die Entscheidung des unzuständigen Gericht begehrt wird (BGH aaO). 3

4) Ohne mündliche Verhandlung (II) ergehen die Entscheidungen im Wiederaufnahmeverfahren. Das LG entscheidet in der Besetzung nach § 76 GVG. Wenn das Urteil einer kleinen StrK angefochten ist, entscheidet der Vorsitzende allein. Für die Besetzung des OLG gilt § 122 I GVG. 4

5) Entscheidung durch unzuständiges Gericht. Die Entscheidung des LG anstelle des sachlich zuständigen AG ist wirksam (Hamm JMBlNW **57**, 155); das LG muss die Sache aber an das AG abgeben, sobald es seine Unzuständigkeit erkennt (Frankfurt NStZ-RR **06**, 275 mwN; **aM** unzutr LR-Gössel 36, 39, der § 269 entspr anwenden will). Erklärt das AG anstelle des zuständigen Berufungsgerichts die Wiederaufnahme für zulässig, so ist das LG hieran gebunden (Düsseldorf JMBlNW **79**, 259). Hat das LG anstelle des zuständigen AG den Antrag zu Recht verworfen, so verwirft das OLG auch die sofortige Beschwerde nach § 372 (LR-Gössel 40; **aM** KMR-Paulus 18). Das örtlich unzuständige Gericht, das die Wiederaufnahme für zulässig erklärt hat, muss auch die Beweise erheben und über die Begründetheit entscheiden (LR-Gössel 41; **aM** SK-Frister/Deiters 5: Abgabe an zuständiges Gericht). Ordnet es die Wiederaufnahme an, so muss es aber zugleich das Gericht bestimmen, vor dem die Hauptverhandlung stattzufinden hat. Auf die sofortige Beschwerde gegen die Entscheidung des örtlich unzuständigen Gerichts hebt das OLG den Beschluss auf und verweist die Sache an das zuständige Gericht (Saarbrücken OLGSt S 5; vgl auch Düsseldorf JMBlNW **79**, 260). 5

Entscheidung über die Zulässigkeit

368 **I Ist der Antrag nicht in der vorgeschriebenen Form angebracht oder ist darin kein gesetzlicher Grund der Wiederaufnahme geltend gemacht oder kein geeignetes Beweismittel angeführt, so ist der Antrag als unzulässig zu verwerfen.**

II Andernfalls ist er dem Gegner des Antragstellers unter Bestimmung einer Frist zur Erklärung zuzustellen.

1 **1) Zulässigkeitsprüfung:** Geprüft werden allgemein die Einhaltung der Form des § 366 II, die Beschwer (6 vor § 359), das Vorliegen der vorgebrachten (nicht anderer) Wiederaufnahmegründe der §§ 359, 362 und der Ausschlussgründe der §§ 363, 364 sowie die Geeignetheit der Beweismittel, bei wiederholtem Antrag auch der Verbrauch des Wiederaufnahmevorbringens (9 zu § 372). Von der Begründetheitsprüfung nach § 370 unterscheidet sich die Prüfung nach § 368 nur dadurch, dass die Richtigkeit des Wiederaufnahmevorbringens nicht untersucht, sondern unterstellt wird (LR-Gössel 9). Bei unbedeutenden und leicht behebbaren Mängeln wird dem Antragsteller unter Fristsetzung Gelegenheit zur Vervollständigung des Antrags gegeben (Hamm NJW **80**, 717; KMR-Paulus 2).

1a **Verfahrenshindernisse** spielen hier noch keine Rolle: Soweit die Wiederaufnahme *wegen* eines übersehenen Verfahrenshindernisses betrieben wird (39 zu § 359), kommt die Aufhebung des angegriffenen Urteils und die Einstellung des Verfahrens erst nach Zulassung der Wiederaufnahme und dann nur nach §§ 371 II, 373 I in Betracht (4a zu § 373). Tritt das Verfahrenshindernis im Aditionsverfahren ein, kann es ebenfalls erst nach Zulassung der Wiederaufnahme berücksichtigt werden, da vorher in dem wiederaufzunehmenden Verfahren noch keine Entscheidungen möglich sind; dann führt das nicht behebbare Verfahrenshindernis allerdings nach § 206a zur Einstellung des Verfahrens (**aM** SK-Frister/Deiters 2ff, die zwischen Wiederaufnahme zuungunsten und zugunsten unterscheiden wollen, was aber mit der – notwendig gleichmäßigen – Behandlung eines Verfahrenshindernisses nichts zu tun haben kann; zudem wird dort zwischen fehlerhaft übersehenen und später entstandenen Verfahrenshindernissen nicht unterschieden).

2 A. In den Fällen der **§§ 359 Nrn 1–4, 362 Nrn 1–4** wird zunächst die Vollständigkeit des Antragsvorbringens (9, 13, 16, 20 zu § 359, 4 zu § 364) geprüft. Ist kein Urteil ergangen, so wird geprüft, ob das Wiederaufnahmevorbringen einen konkreten Verdacht der behaupteten Straftat begründet. Der Antrag nach Nrn 1 und 2 ist unzulässig, wenn ein ursächlicher Zusammenhang zwischen Straftat und Urteil ohne weiteres auszuschließen ist. Die Glaubhaftigkeit des Geständnisses im Fall des § 362 Nr 4 wird erst im Verfahren nach § 370 geprüft (LR-Gössel 14; **aM** KMR-Paulus 7). Die Prüfung erstreckt sich ferner darauf, ob geeignete Beweismittel (unten 7) beigebracht sind; das sind in den Fällen der §§ 359 Nrn 1–4, 362 Nrn 1–3 regelmäßig das Straf- oder Zivilurteil, auf das der Antrag gestützt ist, im Fall des § 362 Nr 4 Zeugen oder Urkunden, die das Geständnis beweisen können.

3 B. **§ 359 Nr 5:**

4 a) Zunächst ist die **Neuheit** zu prüfen, und zwar auf Grund des Urteils oder des sonstigen Akteninhalts.

5 **Tatsachen** sind nicht deshalb neu, weil sie in dem Urteil nicht erwähnt sind (Hamm GA **57**, 90; LR-Gössel 16). Ergeben sie sich aus den Akten, so spricht das dafür, dass sie dem Gericht bekannt waren. Hat der Antragsteller sie in der Hauptverhandlung gekannt, so ist zu vermuten, dass er sie geltend gemacht hat (Hamm Rpfleger **63**, 82; **aM** LR-Gössel 16). Notfalls müssen im Freibeweis Ermittlungen geführt werden (Frankfurt NJW **78**, 841; Peters Fehlerquellen III 82).

6 Die Neuheit von **Beweismitteln** ergibt sich aus ihrer Nichterwähnung im Sitzungsprotokoll; § 274 gilt. Lässt sich die Neuheit von Tatsachen oder Beweismitteln nicht feststellen, so ist der Antrag unzulässig (Frankfurt aaO; Hamm GA **57**, 90). Es genügt aber, dass ernsthafte Zweifel auszuschließen sind. Der Grundsatz *in dubio pro reo* gilt nicht (Frankfurt aaO; Hamm aaO).

7 b) Die **Geeignetheit der beigebrachten Beweismittel** fehlt, wenn ihnen der Charakter eines Beweismittels nicht zukommt (26 zu § 359), wenn ihre Benutzung iS des § 244 III S 1 unzulässig ist und wenn sie unerreichbar oder völlig ungeeignet sind (Wasserburg 195 und ZStW **94**, 936ff; vgl auch Frankfurt MDR **84**, 74: Zeuge für 10 Jahre zurückliegende Vorgänge; München NStZ **84**, 380 L: großer zeitlicher Abstand und relative Belanglosigkeit des Erlebten). Das Beweismittel muss

aber auch iS des § 359 Nr 5 geeignet sein (unten 8 ff). Die beiden Eignungsbegriffe sind auseinanderzuhalten (KMR-Paulus 5; Meyer Peters-FG 393; **aM** LR-Gössel 132 zu § 359; Peters Fehlerquellen III 135 ff).

c) **Prüfung der Erheblichkeit:** Die neuen Tatsachen und Beweismittel müssen geeignet sein, die in § 359 Nr 5 bezeichneten Rechtsfolgen herbeizuführen. Das Gericht nimmt aber zunächst nur eine hypothetische Schlüssigkeitsprüfung vor. Es unterstellt, dass die in dem Antrag behaupteten Tatsachen richtig sind und dass die beigebrachten Beweismittel den ihnen zugedachten Erfolg haben werden (BGH **17**, 303, 304; Zweibrücken GA **93**, 463 mwN). Eine Ausnahme gilt, wenn das Wiederaufnahmevorbringen aus sich selbst heraus ergibt, dass es offensichtlich unwahr (BGH NJW **77**, 59 = JR **77**, 217 mit Anm Peters; Hamm MDR **74**, 250; Nürnberg MDR **64**, 171), insbesondere denkgesetzlich unmöglich (W. Schmidt NJW **58**, 1332), nicht nur unwahrscheinlich ist (Köln GA **57**, 92 L). Steht bereits fest, dass der Verurteilte einen Zeugen veranlasst hat, in dem Wiederaufnahmeverfahren zu seinen Gunsten falsch auszusagen, so besteht die Vermutung, dass auch die übrigen benannten Zeugen unzuverlässig sind (KG JR **84**, 393 mit Anm Peters). 8

Eine **Vorwegnahme der Beweiswürdigung** ist in gewissen Grenzen zulässig. Die Grundsätze des § 244 III sind nicht maßgebend. Das Gericht darf vielmehr die Beweiskraft der beigebrachten Beweismittel werten, soweit das ohne förmliche Beweisaufnahme möglich ist (BGH **17**, 303, 304; NStZ **00**, 218; KG JR **75**, 166; Schleswig SchlHA **87**, 121 [L]; **aM** SK-Frister/Deiters 61 vor § 359; Eisenberg JR **07**, 365; Peters JR **75**, 166 und Fehlerquellen III 136; von Stackelberg Peters-FG 453; Strate Meyer-GedSchr 469; vgl auch Stuttgart Justiz **84**, 405 L). Dabei ist nach hM vom Standpunkt des erkennenden Gerichts (BGH **17**, 303; **18**, 225, 226; **19**, 365; **aM** LR-Gössel 26 und 157 ff zu § 359; Förschner StV **08**, 444; Schünemann ZStW **84**, 902; Peters 675 und JR **77**, 219; Wasserburg StV **92**, 105: des Wiederaufnahmegerichts; offen gelassen von Düsseldorf OLGSt Nr 4 zu § 359) im Freibeweis, aber ohne Anhörung der früheren Richter (BGH **19**, 365), zu prüfen, ob das Urteil bei Berücksichtigung der neuen Beweise anders ausgefallen wäre. Zu diesem Zweck muss das Antragsvorbringen zu dem gesamten Inhalt der Akten (Schleswig SchlHA **87**, 121 [L]; vgl für den Fall des Aktenverlustes: Frankfurt MDR **84**, 74) und zu dem früheren Beweisergebnis in Beziehung gesetzt werden (KG NJW **92**, 450; Nürnberg MDR **64**, 171; LG Gießen NJW **94**, 465). Das Wiederaufnahmegericht ist an die (denkgesetzlich mögliche) Beweiswürdigung und an die (nicht offensichtlich unhaltbare) Rechtsauffassung des erkennenden Gerichts gebunden (BGH **18**, 225, 226; Brauns JZ **95**, 493; **aM** LR-Gössel 157 ff zu § 359: nur an die Rechtsauffassung); es ist ihm verwehrt, im Zulassungsverfahren eigene neue Feststellungen zur Straftat zu treffen (BVerfG NStZ **95**, 43: Unzulässige Feststellung einer anderen Tatzeit als im Urteil; zust Hellebrand NStZ **04**, 419; vgl auch BVerfG EuGRZ **08**, 586; Jena NStZ-RR **05**, 379; LG Landau StV **09**, 237). 9

Erheblich ist das Wiederaufnahmevorbringen, wenn die neuen Tatsachen oder Beweise geeignet sind, die den Schuldspruch tragenden Feststellungen des Urteils zu erschüttern (Celle JR **67**, 150; Karlsruhe OLGSt S 2). Das muss nicht sicher, aber genügend wahrscheinlich sein. Es müssen ernste Gründe für die Beseitigung des Urteils sprechen (Braunschweig NJW **59**, 1984; Düsseldorf GA **80**, 393, 396; Peters Fehlerquellen III 85). Der Grundsatz *in dubio pro reo* hat in diesem Zusammenhang keine Bedeutung (Braunschweig aaO; Karlsruhe GA **74**, 250; Koblenz Rpfleger **86**, 28; OLGSt Nr 5 zu § 359; Peters Fehlerquellen III 86; Zopfs 338 ff **aM** Schünemann ZStW **84**, 870; Wasserburg 189 ff und ZStW **94**, 914 will den Grundsatz mittelbar berücksichtigen). Bestehen ernsthafte Zweifel an der Erheblichkeit, so ist der Antrag ohne Anwendung von „Zweifelssätzen" als unzulässig zu verwerfen (KG JR **75**, 166 mit Anm Peters). 10

2) Der **Verwerfungsbeschluss** ergeht nach Anhörung der StA (§ 33 II), ggf auch des Privat- oder Nebenklägers, ohne mündliche Verhandlung (§ 367 II). Er muss mit 11

Gründen versehen werden (§ 34), die so ausführlich sind, dass der Antragsteller die sofortige Beschwerde nach § 372 S 1 begründen (Hamm NJW **51**, 166) und das Beschwerdegericht die Entscheidung prüfen kann. Die Kostenentscheidung ergeht nach § 473 VI Nr 1. Zur Wiederholung des Antrags vgl 9 zu § 372.

12 **3)** Auch der **Zulassungsbeschluss** wird nach Anhörung der StA ohne mündliche Verhandlung erlassen. Er ist auch bei offensichtlicher Begründetheit des Antrags unerlässlich (1 zu § 370). Im Fall des § 53 StGB kann er auf eine von mehreren abgeurteilten Taten beschränkt werden, auch auf die Rechtsfolgenfrage (BGH **11**, 361). Auch die beschränkte Zulassung der Wiederaufnahme wegen eines der in §§ 359, 362 bezeichneten Wiederaufnahmegründe ist möglich, wenn der Antragsteller mehrere geltend gemacht hatte (Hamburg GA **67**, 317; LR-Gössel 33; **aM** Peters Fehlerquellen III 138). Ein auf § 359 Nr 5 gestützter Antrag kann aber nicht nur wegen bestimmter Tatsachen (Frankfurt NJW **55**, 73; LR-Gössel aaO) oder unter Beschränkung auf die Erhebung einzelner Beweise zugelassen werden (BGH NJW **66**, 2177; Köln JMBlNW **63**, 48); denn innerhalb eines einzelnen Wiederaufnahmegrundes ist nur eine einheitliche Entscheidung möglich (BGH aaO). Bindende Wirkung hat der Zulassungsbeschluss nicht (1 zu § 370).

13 **4)** Die **Anhörung des Gegners** (II) erfolgt durch Zustellung des Zulassungsbeschlusses unter Bestimmung einer Erklärungsfrist, die verlängert werden kann. Sie dient bei Anträgen der StA, vor deren Bescheidung der Angeklagte nicht gehört zu werden braucht, der Unterrichtung über den Antrag, der daher beizufügen ist, bei Anträgen des Verurteilten der Vorbereitung der Stellungnahme der StA zu dem weiteren Verfahren. Für die Erklärung nach II gilt die Formvorschrift des § 366 II nicht. Eine Erklärungspflicht besteht nicht (LR-Gössel 37).

14 **5) Sofortige Beschwerde** nach § 372 S 1 ist gegen den Verwerfungsbeschluss und (für den Gegner) gegen den Zulassungsbeschluss zulässig. Dass in dem Zulassungsbeschluss nur die Erhebung bestimmter Beweise angekündigt ist, beschwert den Antragsteller nicht (Frankfurt NJW **55**, 73). Abändern oder aufheben kann den Beschluss nur das Beschwerdegericht.

Beweisaufnahme

369 **I Wird der Antrag für zulässig befunden, so beauftragt das Gericht mit der Aufnahme der angetretenen Beweise, soweit dies erforderlich ist, einen Richter.**

II Dem Ermessen des Gerichts bleibt es überlassen, ob die Zeugen und Sachverständigen eidlich vernommen werden sollen.

III [1] Bei der Vernehmung eines Zeugen oder Sachverständigen und bei der Einnahme eines richterlichen Augenscheins ist der Staatsanwaltschaft, dem Angeklagten und dem Verteidiger die Anwesenheit zu gestatten. [2] § 168c Abs. 3, § 224 Abs. 1 und § 225 gelten entsprechend. [3] Befindet sich der Angeklagte nicht auf freiem Fuß, so hat er keinen Anspruch auf Anwesenheit, wenn der Termin nicht an der Gerichtsstelle des Ortes abgehalten wird, wo er sich in Haft befindet, und seine Mitwirkung der mit der Beweiserhebung bezweckten Klärung nicht dienlich ist.

IV Nach Schluss der Beweisaufnahme sind die Staatsanwaltschaft und der Angeklagte unter Bestimmung einer Frist zu weiterer Erklärung aufzufordern.

1 **1)** Der **Vorbereitung der Entscheidung nach § 370** dient die nach Erlass des Zulassungsbeschlusses vorzunehmende (Düsseldorf NStE Nr 1) Beweisaufnahme; sie nimmt die Beweisaufnahme in der neuen Hauptverhandlung nicht vorweg (BGH **17**, 303). Auch andere Maßnahmen sind zulässig, zB Durchsuchung und

Beschlagnahme zur Herbeischaffung von Beweismitteln, Unterbringung nach § 81 und, im Fall des § 362, der Erlass eines Haftbefehls (LR-Gössel 2).

2) Die **angetretenen Beweise** (I) werden erhoben, soweit erforderlich. Andernfalls muss ihre Entbehrlichkeit in dem Beschluss nach § 370 I begründet werden (LR-Gössel 6). Die Anordnung der Wiederaufnahme ohne gehörige Prüfung der erforderlichen Beweise oder gar unter Wahrunterstellung ist unzulässig (LR-Gössel 4). Wenn sich aber die Begründetheit des Antrags ohne weiteres aus einem rechtskräftigen Urteil (in den Fällen der §§ 359 Nrn 1–4, 362 Nrn 1–3) oder aus einer notariellen Urkunde (im Fall des § 362 Nr 4) ergibt oder wenn (im Fall des § 359 Nr 5) neue Tatsachen schon durch die vorgelegten Urkunden bewiesen werden, entfällt die Beweisaufnahme (erg 1 zu § 370). So braucht eine Urkunde auch nicht verlesen zu werden, wenn sie den Beteiligten bekannt ist und das Gericht die beabsichtigte Verwertung zu erkennen gegeben hat (Jena NStZ-RR **97**, 47). Auch über offenkundige Tatsachen (50 ff zu § 244) braucht kein Beweis erhoben zu werden (KG JR **84**, 393 mit Anm Peters). 2

Vorermittlungen der StA oder Polizei machen die Beweisaufnahme nicht entbehrlich; sie sind zwar zulässig, dürfen vom Gericht aber nicht berücksichtigt werden (Düsseldorf JMBlNW **79**, 261; LR-Gössel 5; **aM** Braunschweig NStZ **87**, 377 mit abl Anm Gössel). Eine Ausnahme gilt auch nicht für den Fall, dass die richterliche Vernehmung für längere Zeit unmöglich ist, denn § 251 ist in § 369 nicht für entspr anwendbar erklärt und mit der Bedeutung dieser Vorschrift nicht vereinbar (Pfeiffer Graßhof-FG 277; **aM** SK-Frister/Deiters 6). 3

Auch **Zeugenerklärungen** zu Protokoll der Geschäftsstelle (Düsseldorf MDR **76**, 778), eidesstattliche Versicherungen (BGH **17**, 303) und die Vorlegung schriftlicher Gutachten außerhalb des § 256 I (Hamm MDR **77**, 778; JMBlNW **78**, 116) können die Beweisaufnahme nicht ersetzen. Auf die von dem Antragsteller bezeichneten Beweismittel ist das Gericht nicht beschränkt (LR-Gössel 3). 4

Es erhebt **von Amts wegen** alle Beweise, die zur Klärung der Richtigkeit des Wiederaufnahmevorbringens erforderlich sind (Hamburg StV **03**, 229; Zweibrücken GA **93**, 463 mwN; **aM** Marxen/Tiemann 365; vgl auch BVerfG StV **03**, 223: Ermittlung des wahren Sachverhalts ist von zentraler Bedeutung). Das kann zugunsten oder zuungunsten des Antragstellers geschehen, aber nicht zu dem Zweck, Wiederaufnahmegründe festzustellen, die nicht oder nicht formgerecht geltend gemacht worden sind (Bremen OLGSt § 359 S 55). Der Antragsteller kann nicht bestimmen, dass Beweismittel von dem Probationsverfahren nach § 369 ausgeschlossen werden (KG JR **84**, 393 mit Anm Peters). 5

3) Der **beauftragte Richter** (I) erhebt die Beweise, beim AG und der kleinen StrK der Vorsitzende. Das schließt nach hM nicht aus, dass das Kollegialgericht die Beweiserhebung in voller Besetzung vornimmt (LR-Gössel 12) und dass andere Richter nach §§ 156 ff GVG (auch § 15 KonsG gilt) um die Beweiserhebung ersucht werden (Düsseldorf JMBlNW **79**, 261; **aM** Wasserburg/Rübenstahl GA **02**, 29). Der ersuchte oder beauftragte Richter hat die gleiche Stellung wie bei der kommissarischen Vernehmung nach § 223. Er darf Beweise nur in dem Umfang erheben, den das Gericht ihm vorschreibt (BGH NJW **54**, 891). An der späteren Mitwirkung im Wiederaufnahmeverfahren ist er nicht gehindert (BGH aaO). 6

StA und Polizei dürfen mit Beweiserhebungen nicht beauftragt werden; ihre Beweisergebnisse wären unverwertbar (Celle MDR **91**, 1077; Düsseldorf MDR **76**, 778; JMBlNW **79**, 261; **aM** Braunschweig NStZ **87**, 377), auch wenn der Antragsteller diese Beweiserhebungen nicht beantragt hatte (LR-Gössel 11; **aM** Peters Fehlerquellen III 114). Die technische Hilfe der StA oder Polizei, zB Herbeischaffung von Beweismitteln, Anfertigung von Lichtbildern und Skizzen, ist jedoch zulässig. 7

4) Die **Vereidigung von Zeugen** (II) ist wegen der Tragweite der Anordnung der Wiederaufnahme eines rechtskräftig abgeschlossenen Verfahrens zugelassen. Das 8

Gericht entscheidet darüber nach pflichtgemäßem Ermessen in dem Beweisanordnungsbeschluss; § 62 gilt nicht (RG **29**, 64). In den Fällen des § 371 I und II wird die Vereidigung regelmäßig anzuordnen sein (RG aaO). Dem vernehmenden Richter steht die Entscheidung über die Vereidigung, sofern sie nicht gesetzlich ausgeschlossen ist, nicht zu (BGH NJW **54**, 891); § 63 gilt. Die Eidesleistung richtet sich nach §§ 64, 65. Die Berufung auf einen in der früheren Hauptverhandlung geleisteten Eid (§ 67) ist unzulässig (LR-Gössel 15).

9 **5)** Das **Anwesenheitsrecht** (III) haben StA, Verurteilter, Verteidiger, nach §§ 385 I S 1, 397 I auch Privat- und Nebenkläger (LR-Gössel 18), die sich aber entspr § 378 nur des Beistands eines RA bedienen oder sich von einem RA vertreten lassen können (LR-Gössel 18), gesetzliche Vertreter, Erziehungsberechtigte sowie der Antragsteller nach § 361 II und sein Prozessbevollmächtigter. Der Angeklagte kann nach III S 2 iVm § 168c III ausgeschlossen werden.

10 Anders als nach §§ 168c IV, 224 II ist der **nicht auf freiem Fuß befindliche Verurteilte** immer zur Anwesenheit berechtigt, wenn die Beweisaufnahme in einem Gerichtsgebäude des Haftortes vorgenommen wird, gleichgültig, bei welchem Gericht. Bei Beweiserhebungen außerhalb eines Gerichtsgebäudes oder außerhalb des Haftorts besteht kein Anwesenheitsrecht, wenn die Mitwirkung des Verurteilten der mit der Beweiserhebung bezweckten Klärung nicht dienlich ist (S 3). Der Begriff Dienlichkeit ist weit auszulegen (dazu Frankfurt StV **90**, 538). Die Teilnahme eines Verteidigers schließt die Dienlichkeit nicht aus, zB wenn er bei einem Augenschein oder einer Zeugenvernehmung die Interessen des Verurteilten nicht genügend wahrnehmen kann. Über die Dienlichkeit entscheidet formlos der mit der Beweiserhebung nach I beauftragte oder ersuchte Richter. Hat der Verurteilte ein Anwesenheitsrecht, so muss der Richter seine Vorführung sicherstellen (LR-Gössel 21).

11 **6)** Die **Benachrichtigung** (III S 2 iVm § 224 I S 1) der zur Anwesenheit berechtigten Personen vom Beweistermin bedarf an sich keiner Form, sollte aber förmlich zugestellt werden (Bremen MDR **67**, 61). Sie muss so rechtzeitig erfolgen, dass angemessene Zeit zur Vorbereitung bleibt. Die Benachrichtigung des Verurteilten ist neben der des Verteidigers erforderlich, kann aber nach § 145a I an den Verteidiger gerichtet werden (LR-Gössel 23). Der Verurteilte ist auch dann zu benachrichtigen, wenn er kein Anwesenheitsrecht hat oder ausgeschlossen ist. In diesem Fall wird er darüber unterrichtet, dass er nicht teilnehmen darf, und erhält dadurch Gelegenheit, für die Teilnahme des Verteidigers zu sorgen. Die Benachrichtigung des Verurteilten und des Verteidigers unterbleibt, wenn sie den Erfolg der Beweiserhebung gefährden würde (III S 2 iVm § 224 I S 2; vgl dort 2). Das Unterlassen der Benachrichtigung kann nicht mehr gerügt werden, wenn es nicht alsbald nach der Vorlegung der Protokolle beanstandet worden ist (Celle NJW **63**, 2041). Die rechtzeitig erhobene, begründete Rüge führt hingegen zur Aufhebung eines nach § 370 I ergangenen Beschlusses (Jena StraFo **96**, 89).

12 **7)** Die **Vorlegung der Protokolle** über die Beweiserhebung an StA und Verteidiger schreibt III S 2 iVm § 224 I S 3 vor, auch wenn sie bei der Vernehmung anwesend waren (BGH **25**, 357). Bei der StA genügt Aktenübersendung, beim Verteidiger die Mitteilung, dass er die Akten einsehen darf (erg 11 zu § 224). Der Verurteilte selbst und die anderen Beteiligten haben keinen Vorlegungsanspruch).

13 **8)** Die **Schlussanhörung** (IV) ist die zwingende Voraussetzung für die Entscheidung nach § 370, auch wenn die Beteiligten bei der Beweiserhebung anwesend waren (Hamm MDR **74**, 689) oder schon vorher Erklärungen abgegeben haben (Düsseldorf NJW **82**, 839; Hamburg MDR **77**, 865). Anzuhören sind alle Beteiligten, die bei der Beweisaufnahme zugegen sein durften. Sofern ihnen nicht die Protokolle vorgelegt worden sind, werden sie von deren Ergebnis unterrichtet, der Verurteilte aber nur, wenn er keinen Verteidiger hat. Die Form der Unterrichtung bestimmt der Vorsitzende. Das Gericht fordert zu der Erklärung unter Bestimmung einer Frist auf; der Verurteilte kann nach § 145a I über den Verteidiger aufgefordert

werden. Die Erklärung nach IV soll sich auf die Ergebnisse der bisherigen Beweisaufnahme beziehen. Es können auch neue Beweiserhebungen beantragt werden; werden sie vorgenommen, muss die Anhörung nach IV wiederholt werden.

9) Beschwerde gegen Art und Umfang der Beweisaufnahme ist ausgeschlossen 14
(2 zu § 372). Der Verurteilte kann aber Beschwerde nach § 304 I gegen seine Ausschließung und gegen die Ablehnung eines Vorführungsantrags einlegen (LR-Gössel 28). Mit Abschluss der Beweiserhebung werden diese Rechtsmittel gegenstandslos (Hamm JMBlNW **72**, 239). Erg 8 zu § 372.

Entscheidung über die Begründetheit

370 **I Der Antrag auf Wiederaufnahme des Verfahrens wird ohne mündliche Verhandlung als unbegründet verworfen, wenn die darin aufgestellten Behauptungen keine genügende Bestätigung gefunden haben oder wenn in den Fällen des § 359 Nr. 1 und 2 oder des § 362 Nr. 1 und 2 nach Lage der Sache die Annahme ausgeschlossen ist, dass die in diesen Vorschriften bezeichnete Handlung auf die Entscheidung Einfluss gehabt hat.**

II Andernfalls ordnet das Gericht die Wiederaufnahme des Verfahrens und die Erneuerung der Hauptverhandlung an.

1) Begründetheitsprüfung (I): 1

A. **Voraussetzung** ist die Zulässigkeitserklärung nach § 368 (KMR-Paulus 1 zu 2
§ 368 will die stillschweigende Zulassung durch Anordnungen nach § 369 anerkennen). Wenn eine Beweiserhebung (§ 369) entbehrlich ist, können aber die Beschlüsse nach §§ 368, 370 verbunden werden (Brandenburg NStZ-RR **10**, 22 mwN). Der Wiederaufnahmeantrag darf nicht mehr auf Formmängel nach § 366 II geprüft werden. Sonst ist das Gericht an den Zulassungsbeschluss aber nicht gebunden; ggf muss der Antrag daher noch im Verfahren nach § 370 als unzulässig verworfen werden (Hamburg GA **67**, 317; Koblenz NStZ-RR **07**, 317 L; LR-Gössel 8 ff; **aM** Peters Fehlerquellen III 150: als unbegründet), allerdings nur, falls die zur Unzulässigkeit führenden Gründe von Anfang an vorgelegen haben und erst jetzt „entdeckt" wurden (Hamburg StV **03**, 229).

B. Der **Umfang der Prüfung** richtet sich nach dem geltend gemachten Wie- 3
deraufnahmegrund (Hamburg JR **01**, 207 mit abl Anm Krehl). In den Fällen der §§ 359 Nrn 1–2, 362 Nrn 1–2 kommt es, wenn eine Verurteilung ergangen ist (§ 364 S 1), nur auf den ursächlichen Zusammenhang an (unten 5). Andernfalls muss geprüft werden, ob die behauptete Straftat erwiesen ist (Hamburg aaO; Oldenburg StV **03**, 234); bei Zweifeln ist der Antrag unbegründet. Im Fall der §§ 359 Nr 3, 362 Nr 3 begründet die rechtskräftige Verurteilung ohne weiteres die Wiederaufnahme. Bei § 359 Nr. 4 wird nur der ursächliche Zusammenhang zwischen weggefallenem Zivilurteil und Strafurteil geprüft. Bei § 362 Nr 4 ist zu prüfen, ob genügend bestätigt ist, dass der Angeklagte ein Geständnis abgelegt hat, und ob es glaubhaft ist. Im Fall des § 359 Nr 5 wird geprüft, ob der Tatsachenvortrag des Antragstellers eine genügende Bestätigung (unten 4) gefunden hat; ferner ist erneut das Vorliegen der in der Vorschrift bezeichneten Voraussetzungen zu prüfen.

C. **Genügende Bestätigung:** Die Wiederaufnahmetatsachen sind genügend 4
bestätigt, wenn auf Grund der Beweisaufnahme nach § 369 ihre Richtigkeit hinreichend wahrscheinlich ist; voller Beweis wird nicht gefordert (BVerfG NStZ **90**, 499; BGH **42**, 314, 323; Karlsruhe GA **74**, 250; Schleswig NJW **74**, 714; Stuttgart StV **90**, 539; LG Hamburg NJW **87**, 3016). Im Fall des § 359 Nr 5 wird untersucht, ob die Urteilsfeststellungen durch die neuen Tatsachen oder Beweise so erschüttert werden, dass genügender Anlass zur Erneuerung der Hauptverhandlung besteht (KG JR **84**, 393; Bremen aaO; Hamm NJW **62**, 68; Karlsruhe aaO). Das Gericht muss sich – verfassungsrechtlich unbedenklich (BVerfG aaO) – auf den Standpunkt des früher erkennenden Gerichts stellen (BGH **19**, 365; Bremen OLGSt § 359 S 55;

aM AK-Loos 13; LR-Gössel 157 ff zu § 359; Eisenberg JR **07**, 367: Gericht entscheidet von seinem Standpunkt aus) und die Ergebnisse der neuen Beweisaufnahme mit den Urteilsfeststellungen vergleichen (Bremen NJW **57**, 1730). Dabei sind alle bisher erhobenen Beweise zu würdigen (Karlsruhe aaO; Köln NJW **68**, 2119), auch die in einem früheren Wiederaufnahmeverfahren und die von einem unzuständigen Gericht erhobenen (Düsseldorf JMBlNW **79**, 261; NJW **79**, 1724). Die Entscheidung nach § 370 hängt dann davon ab, ob es hinreichend wahrscheinlich ist, dass in der neuen Hauptverhandlung eine für den Verurteilten günstige Entscheidung ergeht, weil das Wiederaufnahmevorbringen dort nachgewiesen werden kann oder jedenfalls der Grundsatz *in dubio pro reo* anzuwenden ist (Bremen NJW **57**, 1730; Koblenz NStZ-RR **07**, 317 L; Stuttgart aaO; Wasserburg 196 und ZStW **94**, 941); eine „an Sicherheit grenzende Wahrscheinlichkeit" darf nicht verlangt werden (Hellebrand NStZ **08**, 378 zur Rspr des BVerfG). Bei der Begründetheitsprüfung selbst ist der Zweifelsgrundsatz ebenso wenig anwendbar wie bei der Prüfung nach § 368 (Bremen OLGSt § 359 S 55; Karlsruhe Justiz **84**, 308; Köln NJW **68**, 2119; Kühne 1123; Pfeiffer Graßhof-FG 283; Schöneborn MDR **75**, 441; **aM** Schünemann ZStW **84**, 870; erg 10 zu § 368).

5 D. Der **ursächliche Zusammenhang** zwischen den in §§ 359 Nrn 1–2, 362 Nrn 1–2 bezeichneten Handlungen und dem Urteil wird gesetzlich (widerlegbar) vermutet (BGH **19**, 365). Der Antragsteller braucht ihn nicht nachzuweisen (KMR-Paulus 14). Die Wiederaufnahme ist vielmehr anzuordnen, wenn das Gericht die Vermutung nicht mit Sicherheit widerlegen kann (BGH aaO). Beim Zeugenmeineid genügt es, dass die Glaubwürdigkeit der Beweisperson allgemein erschüttert ist (Strate StV **84**, 44).

6 **2)** Der **Verwerfungsbeschluss** (I), der nach § 34 zu begründen ist, wird ohne mündliche Verhandlung (§ 367 II) erlassen, wenn die genügende Bestätigung oder der ursächliche Zusammenhang fehlt. Dieser Mangel kann auch aus Gründen bejaht werden, die im Gegensatz zu dem Zulassungsbeschluss stehen. Für die Kostenentscheidung gilt § 473 VI Nr 1. Zum Richterausschluss vgl § 23 II, zur Wiederholung des Antrags 9 zu § 372.

7 **3) Anordnung der Wiederaufnahme** (II):

8 A. Eine **Beschlussfassung** entfällt in den Fällen des § 371 (dort 1). Sonst ist sie unerlässlich; denn der Beschluss ist eine Prozessvoraussetzung für das weitere Verfahren (BGH **18**, 339, 341; LG Ravensburg NStZ-RR **98**, 112). Die Anordnung der beschränkten Wiederaufnahme ist zulässig, wenn sie nur wegen einer von mehreren Straftaten beantragt oder begründet ist, auch wenn mit den übrigen Tatidentität iS des § 264 besteht (LR-Gössel 30; **aM** BGH **14**, 85, 88; Schlüchter 765), oder wenn nur der Rechtsfolgenausspruch Grund zur Wiederaufnahme gibt (BGH **11**, 361; Hamm NJW **53**, 1765). Der Wiederaufnahmebeschluss ergeht ohne mündliche Verhandlung (§ 367 II), ist zu begründen (§ 34) und wird in das BZR eingetragen (§ 16 I **BZRG**).

9 B. Die **Wirkung der Wiederaufnahmeanordnung:**

10 Sie liegt vor allem in der **Beseitigung der Urteilsrechtskraft** (BGH **14**, 64, 66; **19**, 280, 282; **21**, 373, 375; LR-Gössel 31 ff mwN). Der Beschluss nach II versetzt das Verfahren in den Zustand zurück, in dem es sich vor dem Urteil befunden hat (Bay **81**, 159 = JR **82**, 335 mit Anm Stree; Frankfurt GA **80**, 282; Gössel NStZ **83**, 393), dh in den Zustand nach Erlass des Eröffnungsbeschlusses oder, bei Berufungsurteilen, nach Anberaumung der Berufungsverhandlung (RG **77**, 282, 284; KMR-Paulus 21).

11 Mit der Rechtskraft des Beschlusses nach II **endet die Vollstreckbarkeit des Urteils** ohne weiteres; die Vollstreckung muss sofort beendet werden (Bremen NJW **56**, 316; LR-Gössel 36). Das Eigentum an eingezogenen Sachen lebt wieder auf (Fischer 1 zu § 74 e StGB); entzogene Rechte gewinnt der Verurteilte zurück, zB die entzogene Fahrerlaubnis (Bay **91**, 95 = NJW **92**, 1120), wodurch bei

rechtskräftiger Aufhebung der Verurteilung rückwirkend eine Strafbarkeit nach § 21 I Nr 1 StVG entfällt (Frankfurt NStZ-RR **00**, 23; Asper NStZ **94**, 171, **aM** Groß NStZ **93**, 221, **94**, 173).

Bei Teilwiederaufnahme wird auch die **Gesamtstrafe** gegenstandslos (BGH **14**, 85, 89), uU auch die Sicherungsmaßregeln; die weitere Vollstreckung der nicht berührten Einzelstrafen bleibt aber zulässig (LR-Gössel 38). Es ist aber ggf über die Frage der Strafaussetzung zur Bewährung neu zu befinden (Koblenz NStZ **91**, 555 mit Anm Gössel). **12**

Gegenstandslos werden ferner die zu dem Urteil ergangenen **Gnadenerweise** (Bay **51**, 403; KMR-Paulus 24). **13**

Mit der Rechtskraft des Beschlusses beginnt die **Verjährungsfrist,** die bis dahin geruht hatte, wieder zu laufen (Köln DAR **79**, 344), sie beginnt nicht etwa wieder neu (KK-Schmidt 19; **aM** LR-Gössel 39 mwN); zu § 362 vgl dort 1. **14**

Haftbefehle und andere **einstweilige Anordnungen** leben nicht wieder auf, können aber erneut erlassen werden (Mosbacher NJW **05**, 3111). § 47 III gilt hier nicht (BR-Drucks 550/06 S 93). **15**

Wegen der **Verteidigervollmacht und -bestellung** vgl 2, 3 zu § 364 a. **16**

4) Die **Erneuerung der Hauptverhandlung** muss in dem Beschluss nach II angeordnet werden; das Fehlen der Anordnung ist aber unschädlich. Die neue Hauptverhandlung findet vor dem Wiederaufnahmegericht (1 zu § 140 a GVG) statt, kann aber entspr § 354 III vor einem zuständigen niederen Gericht und (im Fall des § 362) entspr § 355 vor einem höheren Gericht angeordnet werden. Zur Verweisung von JGG-Sachen an allgemeine Strafgerichte vgl 11 zu § 140 a GVG. **17**

5) Sofortige Beschwerde ist gegen den Verwerfungsbeschluss zulässig (§ 372 S 1). Zur Aufhebung zwingt die Verwendung polizeilicher oder staatsanwaltschaftlicher Protokolle (7 zu § 369), das Unterlassen der Benachrichtigung von der Beweisaufnahme (Celle NJW **62**, 1073; vgl aber 11 zu § 369: Verwirkung durch Unterlassen sofortiger Beanstandung) und die Verletzung des § 369 IV (Celle NStE Nr 2 mwN; Düsseldorf NStE Nr 3 zu § 369; erg 8 zu § 372). Ordnet das Beschwerdegericht die Wiederaufnahme des Verfahrens an, sollte ihm in entspr Anwendung des § 210 III die Befugnis zugesprochen werden, eine andere Kammer oder einen anderen Senat für zuständig zu erklären; vgl aber Frankfurt NStZ-RR **08**, 378: *de lege lata* nicht zulässig. **18**

Der Beschluss nach II ist **unanfechtbar** (§ 372 S 2) und darf nicht zurückgenommen werden, auch wenn er erschlichen worden ist (Köln NJW **55**, 314). **19**

Freisprechung ohne Hauptverhandlung **RiStBV 171**

371 [I] **Ist der Verurteilte bereits verstorben, so hat ohne Erneuerung der Hauptverhandlung das Gericht nach Aufnahme des etwa noch erforderlichen Beweises entweder auf Freisprechung zu erkennen oder den Antrag auf Wiederaufnahme abzulehnen.**

[II] **Auch in anderen Fällen kann das Gericht, bei öffentlichen Klagen jedoch nur mit Zustimmung der Staatsanwaltschaft, den Verurteilten sofort freisprechen, wenn dazu genügende Beweise bereits vorliegen.**

[III] [1] **Mit der Freisprechung ist die Aufhebung des früheren Urteils zu verbinden.** [2] **War lediglich auf eine Maßregel der Besserung und Sicherung erkannt, so tritt an die Stelle der Freisprechung die Aufhebung des früheren Urteils.**

[IV] **Die Aufhebung ist auf Verlangen des Antragstellers im elektronischen Bundesanzeiger bekannt zu machen und kann nach dem Ermessen des Gerichts auch auf andere geeignete Weise veröffentlicht werden.**

1) Nach dem **Tod des Verurteilten** (I) ist zwar ein Wiederaufnahmeverfahren zulässig (§ 361), nicht aber eine Hauptverhandlung, auch nicht iVm der erneuten **1**

Hauptverhandlung gegen Mitangeklagte (RG **10**, 423; KMR-Paulus 2; LR-Gössel 5; **aM** Peters Fehlerquellen III 158). Für den Fall, dass der Antrag nach § 368 für zulässig erklärt wird, muss daher nach Erhebung der etwa noch erforderlichen Beweise auf Freisprechung oder auf Ablehnung, dh Verwerfung, erkannt werden; ein Beschluss nach § 370 II ergeht nicht (RG **47**, 166; LR-Gössel 5; **aM** Bremen JR **56**, 100; KMR-Paulus 2: Verbindung der Beschlüsse nach §§ 370 II, 371).

2 A. Die **Beweisaufnahme** nimmt nach § 369 I der beauftragte oder ersuchte Richter vor (**aM** SK-Frister/Deiters 7: das entscheidende Gericht). Für die Vereidigung von Zeugen gilt § 369 II nicht (KMR-Paulus 6). Der Anspruch auf Anwesenheit besteht ohne die Beschränkungen des § 369 III S 2 iVm § 224 I S 2 (KMR-Paulus 6). § 369 IV gilt.

3 B. Nur **Freisprechung oder Antragsablehnung** ist zulässig. Dem Freispruch (auch Teilfreispruch) steht aber auch hier (vgl 39 zu § 359) die Einstellung wegen eines Verfahrenshindernisses gleich. Ein auf ein anderes Ziel gerichteter Antrag ist von vornherein unzulässig. Insbesondere kann die Strafherabsetzung in Anwendung eines milderen Gesetzes weder beantragt noch angeordnet werden. Mit der Freisprechung ist die Urteilsaufhebung zu verbinden; bei Teilfreispruch wird keine neue Gesamtstrafe gebildet (KMR-Paulus 8; LR-Gössel 10). Bei selbstständig angeordneten Sicherungsmaßregeln wird nur das Urteil aufgehoben (III S 2).

4 C. Den **Nachweis der Unschuld** setzt die Freisprechung ebenso wenig voraus wie in der Hauptverhandlung. Der Grundsatz *in dubio pro reo* (26 ff zu § 261) gilt (LR-Gössel 9; Peters Fehlerquellen III 159; **aM** KMR-Paulus 9; EbSchmidt 3). Andernfalls würde die Rehabilitierung des toten Verurteilten von strengeren Voraussetzungen abhängen als die des lebenden.

5 **2)** Tritt der **Tod des Verurteilten nach Antragstellung** ein, so wird im Fall des § 362 das Wiederaufnahmeverfahren eingestellt. Im Fall des § 359 wird es nur dann nicht eingestellt sondern fortgesetzt, wenn die StA den Antrag zugunsten des Verurteilten gestellt hat, bei anderen Antragstellern nur, wenn die StA oder einer der nach § 361 II Antragsberechtigten mit dem Ziel der Freisprechung, nicht nur der Auslagenerstattung, durch ausdrückliche Erklärung in das Verfahren eintritt (BGH **43**, 169). Das ist auch nach Erlass des Beschlusses nach § 370 II zulässig (BGH **21**, 373; Pflüger NJW **83**, 1894).

6 Wird der Verurteilte nach Erneuerung der Hauptverhandlung dauernd **verhandlungsunfähig,** so ist das Verfahren nach § 206 a einzustellen (Frankfurt NJW **83**, 2398; KK-Schmidt 15 zu § 370; **aM** Hassemer NJW **83**, 2353; LR-Gössel 3 und A. Kaufmann-GedSchr 996: entspr Anwendung von I; Baumann Peters-FG 7: Verfahren nach I nur bei Wahrscheinlichkeit der Urteilsaufhebung, andernfalls Einstellung).

7 **3) Sofortige Freisprechung in anderen Fällen** (II):

8 A. Nur die **Freisprechung** und die Verfahrenseinstellung wegen eines Prozesshindernisses (vgl 1 a zu § 368; 4 a zu § 373) sind ohne erneute Hauptverhandlung möglich, nicht die Einstellung nach §§ 153 ff (KMR-Paulus 12; Marxen/Tiemann 446; Peters Fehlerquellen III 159; **aM** Hamm JMBlNW **81**, 285; LR-Gössel 18; LR-Beulke 59 zu § 153; SK-Frister/Deiters 13). Die Teilfreisprechung ist zulässig, auch wenn der Antrag nicht von vornherein auf eine der mehreren Taten beschränkt war (BGH **8**, 383, 388; LR-Gössel 19); erforderlichenfalls ist in dem Verfahren nach II auch die neue Gesamtstrafe zu bilden (BGH **14**, 85, 89). Ebensowenig wie bei I muss die Unschuld des Verurteilten erwiesen sein; es genügt die Unmöglichkeit des Schuldnachweises (LR-Gössel 9; Peters Fehlerquellen III 158 ff).

8a Die Regelung des II ist **entspr anzuwenden**, wenn ein Angeklagter unter Einbeziehung einer anderweitig rechtskräftig verhängten Strafe verurteilt wird und sich nach Rechtskraft des Urteils herausstellt, dass mit der einbezogenen Strafe zuvor schon eine Gesamtstrafe gebildet worden war (LG Duisburg NStZ **04**, 104; zust Hellebrand NStZ **04**, 64).

B. Die **Zustimmung der StA** ist erforderlich, aber nicht im Privatklageverfahren. Sie soll nur ausnahmsweise erteilt werden, etwa wenn einwandfrei festgestellt ist, dass der Verurteilte zur Tatzeit schuldunfähig war, oder wenn seine Unschuld sonst klar zutage liegt und eine Erneuerung der Hauptverhandlung wegen der besonderen Umstände des Falles unzweckmäßig wäre (RiStBV 171 I S 2, II). Die Zustimmung kann widerrufen werden. Nicht erforderlich ist die Zustimmung des Verurteilten (Frankfurt NJW **65**, 314) und des Privatklägers (LR-Gössel 21). 9

C. Im **Ermessen des Gerichts** steht die Entscheidung nach II. Sie kommt nur in Fällen mit unzweifelhaften Ergebnissen in Betracht (LR-Gössel 23). Dass bereits ein Hauptverhandlungstermin anberaumt war, steht nicht entgegen. Gegen den Willen des Verurteilten sollte nicht ohne erneute Hauptverhandlung entschieden werden; jedenfalls ist er vorher zu hören (KMR-Paulus 14; LR-Gössel 24; **aM** SK-Frister/Deiters 11; Peters Fehlerquellen III 159). 10

4) Durch **Beschluss** (nicht durch Urteil) wird in den Fällen I und II entschieden (BGH **8**, 383 = JZ **56**, 501 mit Anm Henkel; BGH **14**, 64, 66; allgM). 11

5) Die **öffentliche Bekanntmachung** (IV) ist ein Ersatz für die fehlende Rehabilitierung durch die Urteilsverkündung in einer Hauptverhandlung. Sie ist nur in den Fällen des § 371 zulässig (RG **42**, 115), sofern nicht schon das frühere Urteil, zB nach § 200 StGB, bekannt gemacht worden war (11 zu § 373). Die Anordnung ergeht nur auf Verlangen des Antragstellers (nicht der StA), das an keine Frist gebunden ist und noch nach Rechtskraft des Beschlusses gestellt werden kann (LR-Gössel 27). Bekannt gemacht wird nur der Urteilsausspruch. Die Veröffentlichung erfolgt im elektronischen BAnz, nach Ermessen des Gerichts daneben auch in anderer geeigneter Weise (16 zu § 111 e). Für die Vollstreckung gelten §§ 36 II, 463 c III, IV. 12

6) Sofortige Beschwerde nach § 372 ist gegen den Beschluss zulässig (BGH **8**, 383; NJW **76**, 431; Schleswig SchlHA **63**, 60). Die Beschränkung des S 2 gilt nicht. Im Fall des II hat die StA kein Anfechtungsrecht, wenn sie zugestimmt hatte (LR-Gössel 30). Der Verurteilte kann den wegen fehlender Zustimmung der StA ergangenen Ablehnungsbeschluss nicht anfechten (Frankfurt NJW **65**, 314). 13

Sofortige Beschwerde

372 [1]**Alle Entscheidungen, die aus Anlass eines Antrags auf Wiederaufnahme des Verfahrens von dem Gericht im ersten Rechtszug erlassen werden, können mit sofortiger Beschwerde angefochten werden.** [2]**Der Beschluss, durch den das Gericht die Wiederaufnahme des Verfahrens und die Erneuerung der Hauptverhandlung anordnet, kann von der Staatsanwaltschaft nicht angefochten werden.**

1) Sofortige Beschwerde (§ 311) findet statt gegen Entscheidungen des Gerichts des 1. Rechtszugs, dh des Gerichts, das nach § 367 I, § 140 a GVG über die Zulässigkeit und Begründetheit des Wiederaufnahmeantrags entschieden hat (BGH **37**, 356, 357; Düsseldorf NJW **58**, 1248), auch des OLG (§ 304 IV S 2 Nr 5). In Betracht kommen nur Entscheidungen nach §§ 368 I, 370 I und II (vgl aber unten 4) und nach § 360 II (dort 5) sowie Beschlüsse nach § 371 I und II (dort 13); **aM** Wasserburg/Rübenstahl GA **02**, 39: auch bei Zwischenentscheidungen im Probationsverfahren. Die einen Ablehnungsantrag zurückweisende Entscheidung ist entspr § 28 II S 2 nur zusammen mit der Endentscheidung anfechtbar (Frankfurt – 1. StS – NStZ-RR **07**, 148; **aM** Frankfurt – 2. StS – NStZ-RR **08**, 378; erg unten 2 aE). Hat das AG in Verkennung seiner Zuständigkeit entschieden, so ist die den Mangel nicht erkennende Beschwerdeentscheidung des LG als eine 1 mit der Beschwerde zum OLG anfechtbare erstinstanzliche Entscheidung anzusehen (KG NStZ **09**, 592 L).

2 **2) Einfache Beschwerde** (§ 304 I) ist zulässig gegen ablehnende Entscheidungen nach § 364a (dort 9), § 364b und andere Beschlüsse, die nicht unmittelbar mit der Zulässigkeit, Begründetheit oder Strafvollstreckung zusammenhängen (Koblenz NJW **61**, 1418; LR-Gössel 6). Dabei gilt § 305 S 1 entspr (Frankfurt NJW **65**, 314; LR-Gössel 7 mwN). Unanfechtbar sind vor allem Beschlüsse über den Umfang der Beweisaufnahme nach § 369 (Frankfurt NJW **55**, 73), zB die Bestellung von Sachverständigen (Hamm MDR **69**, 950), die Vernehmung von Zeugen (LR-Gössel 8), aber auch über die Ablehnung eines Richters nach § 24 (Koblenz OLGSt Nr 5 zu § 28; **aM** Düsseldorf JMBlNW **95**, 80; SK-Frister/Deiters 3) oder eines Sachverständigen nach § 74 (Düsseldorf MDR **89**, 762; Frankfurt NJW **65**, 314).

3 **3) Anfechtungsberechtigt** sind Antragsteller und StA.

4 Das Beschwerderecht der StA ist durch **S 2** eingeschränkt, auch für den Fall, dass die Wiederaufnahme auf Antrag des Privatklägers zuungunsten des Angeklagten angeordnet wird. Für sofortige Beschwerden dieses Prozessbeteiligten gilt S 2 entspr (Stuttgart MDR **70**, 165). Den Beschluss nach § 368 kann die StA immer anfechten, auch wenn er mit dem nach § 370 II verbunden worden ist (LR-Gössel 12; Fuchs MDR **70**, 165; **aM** Peters Fehlerquellen III 163). Der Nebenkläger kann sich dem Verfahren durch Einlegung des Rechtsmittels anschließen (Stuttgart Justiz **87**, 436).

5 **4) Verfahren:**

6 Die sofortige Beschwerde muss nicht in der strengen Form des § 366 II eingelegt werden; die **Form** des § 306 I genügt (Braunschweig NJW **66**, 993; Hamm MDR **68**, 166).

7 Das **Nachschieben neuer Tatsachen und Beweismittel** mit der Beschwerde ist unzulässig, auch wenn das Rechtsmittel in der Form des § 366 II eingelegt wird (BGHR Neue Tatsache 6; KG JR **67**, 32; Braunschweig aaO; Düsseldorf NJW **82**, 839; Hamm aaO; München MDR **82**, 250; LR-Gössel 18; **aM** Hamm NJW **76**, 1417; Peters Fehlerquellen III 152ff). Zulässig ist ein lediglich ergänzender Tatsachenvortrag (Celle NJW **66**, 943 = JZ **67**, 223 mit Anm Hanack), ebenso die Konkretisierung eines schon im Wiederaufnahmeantrag angebotenen Beweismittels (BGH NStZ **85**, 496 [Pf/M]). Das Beschwerdegericht entscheidet nach § 309 II in der Sache selbst.

8 Jedoch muss **zurückverwiesen** werden, wenn ein nach § 23 II ausgeschlossener Richter mitgewirkt hat (Bremen NJW **66**, 605; Hamm OLGSt § 23 S 7; Saarbrücken NJW **66**, 167), sofern der Antrag nicht wegen Formmangels unzulässig ist (KG JR **67**, 266), wenn der Antrag zu Unrecht nach § 368 I verworfen worden ist (Frankfurt NJW **83**, 2399; Hamm NJW **80**, 717), die Beweisaufnahme nach § 369 nicht ordnungsgemäß stattgefunden hat (Hamm JMBlNW **78**, 116), das rechtliche Gehör nach § 369 IV versagt worden ist (Düsseldorf NJW **82**, 839; Hamburg MDR **77**, 865; Hamm NJW **74**, 689) oder bei der Entscheidung nach § 370 I polizeiliche oder staatsanwaltschaftliche Protokolle verwertet worden sind (LR-Gössel 51 zu § 370).

9 **5)** Die **Rechtskraft** der Beschwerdeentscheidung steht der Wiederholung des wegen Formmangels als unzulässig verworfenen Antrags nicht entgegen. Ist aber eine Sachentscheidung ergangen, gleichgültig, ob der Antrag als unzulässig (§ 368 I) oder unbegründet (§ 370 I) verworfen worden ist, so ist das Wiederaufnahmevorbringen verbraucht und die Wiederholung des Antrags ausgeschlossen (Braunschweig NJW **66**, 994; Düsseldorf JMBlNW **84**, 263; Hamburg JR **00**, 380 mit Anm Gössel: Eine „Wiederaufnahme des Wiederaufnahmeverfahrens ist unstatthaft"). Eine Ausnahme gilt, wenn die Ausführungen nicht entscheidungserheblich waren, zB nur in einer Hilfserwägung bestanden. Wird der neue Antrag auf andere neue Tatsachen oder Beweismittel gestützt, so können der frühere Sach-

vortrag und die früher benannten Beweismittel unterstützend herangezogen werden (Hamburg OLGSt § 359 S 19; KMR-Paulus 15).

In der **erneuten Hauptverhandlung** ist die Rechtmäßigkeit des Beschlusses nach § 370 II nicht zu prüfen (BGH **14**, 85, 88). An den Umfang der zugelassenen Wiederaufnahme ist das Gericht gebunden (BGH aaO). Diesen Einschränkungen unterliegt auch die Prüfung des Revisionsgerichts (BGH aaO; LR-Gössel 26 mwN). 10

Erneute Hauptverhandlung **RiStBV 171**

373 **I In der erneuten Hauptverhandlung ist entweder das frühere Urteil aufrechtzuerhalten oder unter seiner Aufhebung anderweit in der Sache zu erkennen.**

II 1 Das frühere Urteil darf in Art und Höhe der Rechtsfolgen der Tat nicht zum Nachteil des Verurteilten geändert werden, wenn lediglich der Verurteilte, zu seinen Gunsten die Staatsanwaltschaft oder sein gesetzlicher Vertreter die Wiederaufnahme des Verfahrens beantragt hat. 2 Diese Vorschrift steht der Anordnung der Unterbringung in einem psychiatrischen Krankenhaus oder einer Entziehungsanstalt nicht entgegen.

1) Vor dem zuständigen Gericht (vgl §§ 140a GVG) in demselben Rechtszug, in dem das frühere Urteil ergangen war, findet die neue Hauptverhandlung statt, bei Gerichten mit besonderer Zuständigkeit erneut vor einem Gericht dieser Art (BGH **14**, 64, 66), bei Berufungsurteilen wieder vor einem Berufungsgericht (RG **77**, 282; LR-Gössel 1 mwN), bei Revisionsurteilen vor einem anderen Senat desselben Revisionsgerichts (Kissel/Mayer 5 zu § 140a GVG). Zum Richterausschluss vgl § 23 II; nicht ausgeschlossen sind die Richter, die bei der Beweisaufnahme nach § 369 oder bei dem Beschluss nach § 370 II mitgewirkt haben. 1

2) In der **neuen Verhandlung,** für die erforderlichenfalls nach §§ 140ff ein Verteidiger bestellt werden muss (3 zu § 364a), wird nicht das frühere Urteil überprüft, sondern die Sache ohne Bindung an das frühere Urteil in jeder Hinsicht neu und selbstständig verhandelt (BGH **14**, 64, 66; Frankfurt NJW **83**, 2398; LR-Gössel 5 mwN); dabei gilt § 264 (BGH **19**, 280, 282). Die Entscheidung, die nach § 362 Nr 2 Wiederaufnahmegrund war, wird aber nicht auf ihre Richtigkeit geprüft (BGH NStZ **85**, 208 [Pf/M]). Zwischenzeitliche Gesetzesänderungen sind zu beachten. Bei Verhandlungen im 1. Rechtszug wird der Anklagesatz nach § 243 III S 1 verlesen, im Berufungsverfahren nach § 324 I S 2 das angefochtene Urteil. Die Verlesung des Beschlusses nach § 370 II ist nicht erforderlich; unzulässig ist sie nur, wenn der Beschluss eine eingehende Beweiswürdigung enthält und Schöffen mitwirken (BGH MDR **61**, 250; **aM** SK-Frister/Deiters 6). Die Verlesung des früher ergangenen Urteils ist zulässig und geboten, wenn die neue Verhandlung sonst unverständlich bliebe. Neues Vorbringen ist unbeschränkt zulässig; die Beweise sind neu zu würdigen (Peters 687), und über die Rechtsfolgen ist unter Beachtung von II neu zu entscheiden. Hinweise an den Angeklagten, zB nach § 265, müssen wiederholt (RG **58**, 52), Zeugen neu vereidigt werden (5 zu § 67). Nebenkläger sind ohne erneute Anschlusserklärung wieder zuzulassen (Köln JMBlNW **84**, 21). 2

3) Neue Entscheidung: 3

A. Eine **Beendigung des Verfahrens** kann nicht durch Fallenlassen der Klage nach § 411 III S 1 (Peters Fehlerquellen III 165; **aM** KK-Schmidt 6) oder Zurücknahme der Berufung der StA (KMR-Paulus 10; **aM** LR-Gössel 18; SK-Frister/Deiters 10; Marxen/Tiemann 404) herbeigeführt werden. Auch eine Verwerfung der Berufung nach § 329 I ist unzulässig (SK-Frister/Deiters 10; **aM** KK-Schmidt 11). Eine Sachentscheidung muss die neue Entscheidung aber nicht sein; so ist zB auch die Anwendung der §§ 205, 270 möglich. 4

4a Die **Verfahrenseinstellung** nach §§ 206a, 260 III und nach §§ 153ff ist nicht ausgeschlossen. Es ist aber zu unterscheiden: Wurde in dem früheren Verfahren ein Verfahrenshindernis übersehen, so muss das frühere Urteil nach § 371 II oder § 373 I aufgehoben und das Verfahren eingestellt werden. Ist das Verfahrenshindernis erst hier eingetreten, wird das Verfahren nach § 206a eingestellt (SK-Paeffgen 11 zu § 206a; Meyer-Goßner GA **73**, 374; erg 6 zu § 206a).

5 B. Die **Aufhebung des früheren Urteils** ist notwendig, wenn von ihm abgewichen wird; dann ist anderweit in der Sache zu erkennen. Maßgebend ist aber allein das Beweisergebnis der neuen Hauptverhandlung, das eigenständig gewürdigt werden muss; wenn dies für die Überzeugung des Gerichts ausreicht, ist es unerheblich, ob früher als wesentlich angesehene Beweise entkräftet oder in ihrem Gewicht gemindert sind (BGH StV **99**, 5).

6 Auf **Aufrechterhaltung der Entscheidung** wird erkannt, wenn das Gericht in keinem Punkt von der früheren Entscheidung abweicht (LR-Gössel 27). Das Urteil wird dann nicht aufgehoben und durch eine inhaltsgleiche Verurteilung ersetzt. Sachliche Bedeutung hat die im Gesetz vorgeschriebene Form aber nicht (RG **57**, 317; Bremen NJW **56**, 316; Stree JR **82**, 337). Die Neufassung des Urteilsausspruchs zur Anpassung an zwischenzeitliche Gesetzesänderungen ist nicht ausgeschlossen. Bei Verhängung einer milderen Strafe wird das ganze Urteil neu gefasst (LR-Gössel 28; **aM** KMR-Paulus 15).

7 Für den **Urteilsinhalt** gilt § 267. Auf die Feststellungen des aufrechterhaltenen Urteils darf nicht Bezug genommen werden (LR-Gössel 29 mwN).

8 C. **Anrechnung früherer Rechtsfolgen:**

9 Bereits vollstreckte gleichartige **Strafen** werden nach § 51 II StGB ohne besonderen Ausspruch angerechnet, Geldstrafe, wenn nunmehr Freiheitsstrafe verhängt wird, nach dem Umrechnungsmaßstab des § 51 IV S 1 StGB (Bay **76**, 87 = NJW **76**, 2139). Bei Freispruch werden die Geldstrafe (D. Meyer MDR **79**, 459; vgl auch Peters Fehlerquellen III 187ff) und die Gerichtskosten zurückerstattet, eine vollstreckte Freiheitsstrafe aber nicht auf in anderen Sachen verhängte Strafen angerechnet (**aM** Frankfurt GA **80**, 262; LR-Gössel 30 für den Fall, dass die Verurteilung zu einer Gesamtstrafe geführt hätte). Bei Sicherungsmaßregeln nach §§ 69, 70 StGB wird die Zeit des bisherigen Verbots auf die des neuen angerechnet (Hamm VRS **21**, 43).

10 **Einziehungsgegenstände** werden zurückgegeben, wenn die Einziehung nicht mehr angeordnet worden ist.

11 Die **Urteilsbekanntmachung** ist nur erforderlich, wenn sie früher erfolgt, der Verurteilte aber nunmehr freigesprochen worden ist (RG **15**, 188; LR-Gössel 33).

12 **Gnadenerweise** gewinnen ihre Bedeutung zurück, wenn der Verurteilte erneut bestraft wird. Daher muss das Urteil mit den Änderungen aufrechterhalten werden, die es im Gnadenweg erfahren hat, und der Gnadenerweis muss auf die neue Strafe angerechnet werden (LR-Gössel 35 mwN). Für die Entschädigung für Strafverfolgungsmaßnahmen und Strafen gelten §§ 1, 7 **StrEG.**

13 **4)** Das **Verbot der Schlechterstellung** entspricht dem Verbot der §§ 331, 358 II).

Strafbefehl

373a

I Die Wiederaufnahme eines durch rechtskräftigen Strafbefehl abgeschlossenen Verfahrens zuungunsten des Verurteilten ist auch zulässig, wenn neue Tatsachen oder Beweismittel beigebracht sind, die allein oder in Verbindung mit den früheren Beweisen geeignet sind, die Verurteilung wegen eines Verbrechens zu begründen.

II Im Übrigen gelten für die Wiederaufnahme eines durch rechtskräftigen Strafbefehl abgeschlossenen Verfahrens die §§ 359 bis 373 entsprechend.

1) Die **Wiederaufnahmegründe gegen Strafbefehle** (I) entsprechen mit ei- 1
ner Ausnahme denen, die auch bei einer Aburteilung durch Urteil gelten. Zugunsten des Verurteilten ist § 359 anzuwenden, zu seinen Ungunsten § 362, beide ergänzt durch §§ 363, 364.

Für die **Wiederaufnahme zuungunsten des Verurteilten** ist abweichend von 2
§ 362 die Wiederaufnahme auch zulässig, wenn die StA neue Tatsachen oder Beweismittel (27 ff zu § 359) beibringt, die allein oder in Verbindung mit den früheren Tatsachen oder Beweisen geeignet sind, die Verurteilung wegen eines Verbrechens (§ 12 I StGB) zu begründen. Das ist nur der Fall, wenn sich die Tat nachträglich als Verbrechen herausstellt, sei es durch bisher unbekannte oder durch nachträglich eingetretene Umstände. Ist die Tat nur rechtlich fehlerhaft als Vergehen gewertet worden, scheidet die Wiederaufnahme aus (Neumann NJW **84**, 780).

Damit ist dem Umstand Rechnung getragen, dass zwar die **Rechtskraft des** 3
Strafbefehls nach § 410 III der eines Urteils gleichsteht (dort 11 ff), dass das Strafbefehlsverfahren aber ein summarisches Verfahren ist, bei dem die den Schuldvorwurf begründenden Tatsachen nicht so sorgfältig geprüft werden wie in der Hauptverhandlung, so dass der Strafbefehl möglicherweise auf weniger zuverlässigen Erkenntnisgrundlagen beruht (vgl 1 vor § 407; krit SK-Frister/Deiters 5). Durch die Einschränkung, dass die Wiederaufnahme nur das Ziel der Verurteilung wegen eines Verbrechens haben kann, ist § 373 a dem § 153 a I S 4 und dem § 85 III S 2 OWiG angepasst worden.

2) Die **entsprechende Geltung der §§ 359–373** (II) bedeutet, dass auch im 4
Wiederaufnahmeverfahren gegen einen Strafbefehl zunächst nach § 368 über die Zulässigkeit des Antrags entschieden wird. Zur Beurteilung, ob neue Tatsachen oder Beweismittel vorliegen (21 zu § 359), ist auf die Aktenlage abzustellen (BVerfG NJW **93**, 2735; **07**, 207; StV **03**, 225); allgemein- oder gerichtskundige Tatsachen (50 ff zu § 244) sind nur dann nicht neu, wenn sie Eingang in die Verfahrensakten oder in den Text des Strafbefehls gefunden haben (BVerfG NJW **07**, 207, 208). Wird der Antrag für zulässig befunden, folgt nach gemäß § 369 durchgeführter Beweisaufnahme die Entscheidung über die Begründetheit (§ 370). Wenn der Beschluss nach § 370 II rechtskräftig wird, hat der Strafbefehl für das weitere Verfahren die Bedeutung eines Eröffnungsbeschlusses. Sofern nicht nach § 371 verfahren wird, muss in dem wiederaufgenommenen Verfahren auf Grund einer Hauptverhandlung entschieden werden (LR-Gössel 5); § 412 ist nicht anwendbar. In der neuen Hauptverhandlung wird entweder der Strafbefehl aufrechterhalten oder unter seiner Aufhebung anderweitig in der Sache entschieden. Das gilt allerdings nur, wenn zulässigerweise im Strafbefehlsverfahren verhandelt worden ist; war das nicht der Fall, weil zB entgegen § 79 I **JGG** ein Strafbefehl gegen einen Jugendlichen erlassen worden war (vgl 22 zu § 359), ist das Verfahren entspr § 371 II einzustellen und sodann ggf eine neue Anklage im ordentlichen Verfahren zu erheben (unrichtig insoweit LG Landau NStZ-RR **03**, 28 aE).

3) Bei der Wiederaufnahme zwecks Verurteilung wegen eines **Verbrechens** 5
trifft der nach § 140 a GVG zuständige Amtsrichter die Entscheidungen nach §§ 368 ff Hatte – wie in aller Regel – der Strafrichter (§ 25 GVG) den Strafbefehl erlassen, so verweist der Amtsrichter nach Anordnung der Wiederaufnahme des Verfahrens und der Erneuerung der Hauptverhandlung gem § 370 II die Sache nach § 225 a I an das zur Aburteilung des Verbrechens zuständige Gericht; dasselbe gilt bei Strafbefehlserlass durch das SchG (vgl 5, 6 zu § 408), falls dessen Strafgewalt nicht ausreicht oder eine Spezialzuständigkeit des LG oder OLG besteht. Lehnt das höhere Gericht die Übernahme ab, muss das AG die Hauptverhandlung durchführen, in der es entweder die Sache gem § 270 I an das höhere Gericht verweist oder – wenn es die Meinung dieses Gerichts entgegen der im Beschluss nach § 370 II vertretenen Ansicht als zutr erachtet – den Strafbefehl aufrechterhält; das SchG kann allerdings – im Rahmen des § 24 II GVG – auch unter Aufhebung des Strafbefehls wegen Verbrechens verurteilen.

Fünftes Buch. Beteiligung des Verletzten am Verfahren

1. Abschnitt. Privatklage

Vorbemerkungen

1 **1)** Das **Privatklageverfahren,** das inzwischen praktisch weithin an Bedeutung verloren hat (LR-Hilger 4; SK-Velten 10; Weigend RW **10**, 55), ist nach § 374 I bei bestimmten leichten Vergehen zulässig, die die Allgemeinheit idR wenig berühren (vgl Einl 90). Es ist ein Strafverfahren mit dem Ziel, gegen den Beschuldigten eine Strafe zu verhängen, die wie eine auf öffentliche Klage erkannte Strafe vollstreckt und in das BZR eingetragen wird. Daher gelten, soweit die §§ 374 ff nichts anderes bestimmen, die allgemeinen Vorschriften der StPO. Die StA verfolgt Privatklagedelikte nur, wenn daran ein öffentliches Interesse besteht (§ 376). Ist bereits Privatklage erhoben, so kann sie unter dieser Voraussetzung das Verfahren übernehmen (§ 377 II). Vorher wirkt sie an dem Privatklageverfahren nicht mit (2 zu § 377). Dennoch handelt es sich um kein echtes Parteiverfahren. Zwar gibt es kein Ermittlungsverfahren iS der §§ 158 ff. Das Gericht hat aber wie in jedem Strafverfahren den Sachverhalt unabhängig von dem Vortrag der Beteiligten nach § 244 II von Amts wegen aufzuklären (§ 384 III). Vermögensrechtliche Ansprüche können nach §§ 403 ff auch im Privatklageverfahren geltend gemacht werden (12 zu § 403).

2 **2)** An eine **Frist** ist die Erhebung der Privatklage nicht gebunden; sie ist bis zum Eintritt der Verfolgungsverjährung möglich.

3 **3) Unzulässig** ist die Privatklage gegen (zur Tatzeit) Jugendliche (§ 80 I **JGG**); statthaft ist aber die Widerklage gegen einen jugendlichen Privatkläger (§ 80 II **JGG**). Für Heranwachsende gilt die allgemeine Regelung (§§ 2, 109 I, II S 1 **JGG**). Wer von der Gerichtsbarkeit der BRep befreit ist, kann auch nicht mit einer Privatklage belangt werden (2 zu § 18 GVG). Über Privatklagen gegen Abgeordnete vgl RiStBV 191 ff.

4 **4)** Sachlich **zuständig** für das Privatklageverfahren ist ausschließlich der Strafrichter (§ 25 Nr 1 GVG), im Verfahren gegen Heranwachsende der Jugendrichter (§ 108 II **JGG**). Die örtliche Zuständigkeit richtet sich nach den §§ 7 ff. Bei Beleidigung durch Druckschriften gilt die besondere Gerichtsstandsregelung des § 7 II S 2. Die Verweisung an ein anderes Gericht wegen örtlicher Unzuständigkeit ist auch im Privatklageverfahren ausgeschlossen (LG Bonn JurBüro **82**, 1045; erg 5 zu § 16).

5 **5)** Der **Privatkläger,** der prozessfähig sein muss (§ 374 III), verfolgt den staatlichen Strafanspruch, jedoch ohne Bindung an das Legalitätsprinzip. Er kann auf sein Klagerecht förmlich verzichten, und es steht ihm auch sonst frei, von der Erhebung der Privatklage abzusehen, sie auf einen von mehreren Beschuldigten oder auf eine von mehreren Taten zu beschränken (KMR-Stöckel 6), sie zurückzunehmen (§ 391 I) oder nicht weiterzuverfolgen (§ 391 II, III).

6 Der Privatkläger übt kein öffentliches Amt aus; gleichwohl verträgt es sich mit seiner Stellung nicht, dass er in dem Privatklageverfahren als **Zeuge** auftritt (Bay **53**, 26 = MDR **53**, 377; Bay **61**, 191 = NJW **61**, 2318; KK-Senge 2 zu § 384; ANM 179 mwN in Fn 24; **aM** Gössel 205; Lorenz JR **50**, 106). Ihm darf nicht Gelegenheit gegeben werden, seine Vorwürfe als Zeuge vorzutragen und mit dem Eid zu bekräftigen, während der Angeklagte darauf angewiesen ist, sich mit formlosen Erklärungen zu verteidigen (ANM 179 ff). Jedoch können die Erklärungen des Privatklägers zur Sache wie die des Angeklagten entgegengenommen und,

wenn das Gericht sie für glaubhaft hält, der Entscheidung nach § 261 zugrunde gelegt werden (Bay **53**, 26, 29 = MDR **53**, 377; SK-Velten 45 ff).

Der Ausschluss als Zeuge gilt auch für den **gesetzlichen Vertreter,** der für den geschäftsunfähigen Verletzten die Privatklage erhebt (Düsseldorf JMBlNW **62**, 198; KK-Senge 13). 7

6) Vergleich im Privatklageverfahren 8

A. Der **gerichtliche Vergleich** (dazu LR-Hilger 14 ff zu § 391; Dahs 1010 ff; Haas NJW **88**, 1346; Schmidt-Hieber 204 ff; krit Arndt NJW **62**, 783) hat im Privatklageverfahren den Sinn, die unwiderrufliche Beendigung des Verfahrens herbeizuführen, muss also die Zurücknahme der Privatklage (§ 391 I) und der etwaigen Widerklage (§ 388) ggf auch des Strafantrags (§ 77 d StGB; erg 6 zu § 374) enthalten. Dafür gilt der Angeklagte gewöhnlich eine Ehrenerklärung ab, erklärt sich bereit, Schadensersatz zu leisten oder eine Geldbuße zugunsten einer gemeinnützigen Einrichtung zu zahlen und die Kosten des Verfahrens ganz oder teilw zu übernehmen (vgl im einzelnen Dahs 1013). 9

Die **Vergleichserklärungen** müssen die Beteiligten in der Hauptverhandlung bei gleichzeitiger Anwesenheit dem Gericht gegenüber abgeben; der Vergleich muss in der Sitzungsniederschrift beurkundet werden. 10

Üblicherweise wird der Vergleich unter dem **Vorbehalt des Widerrufs** binnen einer bestimmten Frist geschlossen, gegen deren Versäumung Wiedereinsetzung nicht möglich ist (LG Würzburg NJW **54**, 768; KK-Senge 5 zu § 391). An der nur bedingten Wirkung seiner Erklärungen hat der Privatkläger insbesondere dann ein dringendes Interesse, wenn der Angeklagte sich zu Gegenleistungen verpflichtet, die er nicht sofort bei Vergleichsabschluss erfüllen kann, wie Geldzahlungen und öffentliche Ehrenerklärungen. Der Grundsatz, dass Prozesserklärungen nicht unter einer Bedingung abgegeben werden können (Einl 118), muss daher, wenn nicht die wünschenswerte Erledigung von Privatklageverfahren durch Vergleich über Gebühr eingeschränkt werden soll, eine Ausnahme erleiden (vgl LR-Hilger 16 ff zu § 391). Anfechtbar ist der Vergleich nicht, auch nicht hinsichtlich seiner kostenrechtlichen Nebenwirkungen (Frankfurt OLGSt § 390 S 1; LG Frankfurt a. M. NJW **59**, 1454 mit abl Anm Kubisch NJW **59**, 1935). 11

Die **Verfahrensbeendigung** führt der Vergleich nicht unmittelbar herbei (KK-Senge 4 zu § 391; **aM** LG Wuppertal MDR **57**, 501). Die in ihm enthaltenen Rücknahmeerklärungen stellen aber ein Prozesshindernis dar, das einen Einstellungsbeschluss nach § 391 I erforderlich macht (dort 7). Erst dieser Beschluss beendet das Privatklageverfahren. 12

Soweit der Vergleich einen vollstreckbaren Inhalt hat, ist er **Vollstreckungstitel** iS des § 794 I Nr 1 ZPO (LG Kassel NJW **51**, 373; LG Wuppertal aaO), nicht aber Grundlage für die Kostenfestsetzung nach § 464 b; denn eine Kosten- und Auslagenentscheidung nach § 464 I, II ist er nicht (KK-Gieg 2 zu § 464 b mwN). Eine solche Entscheidung entsteht erst, wenn und soweit die Kosten- und Auslagenvereinbarung des Vergleichs in die Kosten- und Auslagenentscheidung des Gerichts übernommen wird, zB nach § 470 oder 471 III. Ist das nicht geschehen, so gelten die §§ 29 Nr 2, 31 GKG. Die Staatskasse kann mit Kosten nur bei unmittelbarer Anwendung des § 470 S 2 belastet werden. 13

Das **Verfolgungsrecht der StA** wird durch den Vergleich nicht berührt, sofern durch ihn nicht auch der Strafantrag zurückgenommen wird (§ 77 d StGB) und dadurch ein Prozesshindernis (Einl 145) entsteht (Stuttgart JR **53**, 349 mit Anm Kohlhaas). 14

B. Der **außergerichtliche Vergleich** enthält den Verzicht auf das Privatklagerecht oder auf den Strafantrag (Einl 117). Der Verzicht ist unwiderruflich. 15

Der Vergleich kann **vor der Vergleichsbehörde** nach § 380 I wegen der in dieser Vorschrift bezeichneten Straftaten erklärt werden (dort 8); mit dem formgerechten Abschluss des Vergleichs geht das Privatklagerecht unter. Eine dennoch erhobene Privatklage muss nach § 383 I zurückgewiesen werden. 16

17 Wird der Vergleich nur **gegenüber dem Prozessgegner** erklärt, so hat er keine unmittelbare Wirkung. Jeder Beteiligte gilt aber als ermächtigt, den Vergleich dem Gericht vorzulegen. Weist der Beschuldigte dem Gericht nach erhobener Privatklage nach, dass der Privatkläger in einem außergerichtlichen Vergleich auf das Privatklagerecht oder den erforderlichen Strafantrag verzichtet hat, so ist die Privatklage nach § 383 I zurückzuweisen oder das Verfahren einzustellen (KG NJW **60**, 2207; KK-Senge 6 zu § 391; **aM** Hartung NJW **61**, 523; ZStW **71**, 470).

Zulässigkeit

374 **I Im Wege der Privatklage können vom Verletzten verfolgt werden, ohne dass es einer vorgängigen Anrufung der Staatsanwaltschaft bedarf,**

1. ein Hausfriedensbruch (§ 123 des Strafgesetzbuches),
2. eine Beleidigung (§§ 185 bis 189 des Strafgesetzbuches), wenn sie nicht gegen eine der in § 194 Abs. 4 des Strafgesetzbuches genannten politischen Körperschaften gerichtet ist,
3. eine Verletzung des Briefgeheimnisses (§ 202 des Strafgesetzbuches),
4. eine Körperverletzung (§§ 223 und 229 des Strafgesetzbuches),
5. eine Nachstellung (§ 238 Abs. 1 des Strafgesetzbuches) oder eine Bedrohung (§ 241 des Strafgesetzbuches),
5a. eine Bestechlichkeit oder Bestechung im geschäftlichen Verkehr (§ 299 des Strafgesetzbuches),
6. eine Sachbeschädigung (§ 303 des Strafgesetzbuches),
6a. eine Straftat nach § 323a des Strafgesetzbuches, wenn die im Rausch begangene Tat ein in den Nummern 1 bis 6 genanntes Vergehen ist,
7. eine Straftat nach den §§ 16 bis 19 des Gesetzes gegen den unlauteren Wettbewerb,
8. eine Straftat nach § 142 Abs. 1 des Patentgesetzes, § 25 Abs. 1 des Gebrauchsmustergesetzes, § 10 Abs. 1 des Halbleiterschutzgesetzes, § 39 Abs. 1 des Sortenschutzgesetzes, § 143 Abs. 1, § 143a Abs. 1 und § 144 Abs. 1 und 2 des Markengesetzes, § 51 Abs. 1 und § 65 Abs. 1 des Geschmacksmustergesetzes, den §§ 106 bis 108 sowie § 108b Abs. 1 und 2 des Urheberrechtsgesetzes und § 33 des Gesetzes betreffend das Urheberrecht an Werken der bildenden Künste und der Photographie.

II [1] Die Privatklage kann auch erheben, wer neben dem Verletzten oder an seiner Stelle berechtigt ist, Strafantrag zu stellen. [2] Die in § 77 Abs. 2 des Strafgesetzbuches genannten Personen können die Privatklage auch dann erheben, wenn der vor ihnen Berechtigte den Strafantrag gestellt hat.

III Hat der Verletzte einen gesetzlichen Vertreter, so wird die Befugnis zur Erhebung der Privatklage durch diesen und, wenn Körperschaften, Gesellschaften und andere Personenvereine, die als solche in bürgerlichen Rechtsstreitigkeiten klagen können, die Verletzten sind, durch dieselben Personen wahrgenommen, durch die sie in bürgerlichen Rechtsstreitigkeiten vertreten werden.

1 **1) Privatklagerecht des Verletzten** (I):

2 A. Nur die **Privatklagedelikte,** die I abschließend aufzählt, können im Wege der Privatklage verfolgt werden. Der Verstoß gegen die in den Landespressegesetzen bestimmte Verpflichtung des verantwortlichen Redakteurs, Verlegers usw, Druckwerke von strafbarem Inhalt freizuhalten, ist nicht deshalb ein Privatklagedelikt, weil das Presseinhaltsdelikt unter den Katalog des I fällt (Bay AfP **83**, 275). Krit zur Einordnung des § 238 I StGB in I Buettner ZRP **08**, 124.

Bei **Zusammentreffen mit einem Offizialdelikt** (Tateinheit, Gesetzeskonkurrenz, Tatmehrheit im Rahmen einer einheitlichen Tat iS des § 264) ist die Privatklage ausgeschlossen (erg 9 zu § 376). Schon der hinreichende Verdacht, den das Gericht ohne Bindung an vorausgegangene Entscheidungen der StA beurteilt (Neustadt MDR **61**, 955), dass auch ein Offizialdelikt vorliegt, führt zur Zurückweisung der Privatklage (vgl auch 7 zu § 383; 2 zu § 389). Stellt die StA ein solches Verfahren aber nach § 170 II ein, so hat der Verletzte die Wahl zwischen der Privatklage und einem Klageerzwingungsantrag nach § 172 II, der das Privatklagedelikt mit umfasst (dort 2). Stellt die StA das Verfahren dagegen nach §§ 153 ff ein, so bleibt dem Verletzten lediglich die Dienstaufsichtsbeschwerde (11 zu § 376; SK-Velten 41). 3

Handelt es sich um **zwei Taten im verfahrensrechtlichen Sinn** (§ 264), so kann neben der Anklage im Offizialverfahren wegen des Privatklagedelikts Privatklage erhoben werden. Die Verbindung beider Verfahren nach § 4 ist mit der Einschränkung des § 384 V zulässig (KK-Senge 7). 4

B. Der **Verletzte** ist privatklageberechtigt, sofern er auf dieses Recht nicht wirksam verzichtet hat (15 vor § 374). Er muss wie bei § 172 (dort 9 ff) durch die Tat unmittelbar in seinen Rechten beeinträchtigt sein (RG **69**, 107, 108; KMR-Stöckel 1). Verletzt ist zB beim Hausfriedensbruch (§ 123 StGB) jeder Berechtigte, der über den Zugang zu den Räumen verfügen kann, also neben dem Eigentümer der Mieter, Pächter, auch der Untermieter, bei Verletzung des Briefgeheimnisses (§ 202 StGB) der Absender bis zum Zugang beim Empfänger, danach der Empfänger (KK-Senge 6 c), bei Bedrohung (§ 241 StGB) nur der unmittelbar Bedrohte, bei der Sachbeschädigung (§ 303 StGB) der Eigentümer und der Besitzer, auch der Hauptmieter bei Untervermietung, nicht aber der Versicherer. 5

C. **Antragsdelikte** sind die meisten Privatklagedelikte (Ausnahme: § 241 StGB). Handelt es sich um ein Antragsdelikt, so setzt die Befugnis des Verletzten zur Erhebung der Privatklage, ebenso wie seine Befugnis zum Anschluss als Nebenkläger (5 zu § 395), voraus, dass er selbst oder ein für ihn befugt Handelnder (III) rechtzeitig und wirksam einen Strafantrag nach § 77 StGB gestellt hat. In der Erhebung der Privatklage innerhalb der Antragsfrist liegt die Antragstellung (KK-Senge 4; Roxin/Schonemann § 63, 9; erg 3 zu § 158). Der Strafantrag eines anderen Berechtigten reicht nicht aus (Bay **49/51**, 579; **64**, 154 = JZ **65**, 371 mit abl Anm Sarstedt; KK-Senge 5; Rieß NStZ **89**, 103; **aM** KMR-Stöckel 4 f zu § 375; LR-Hilger 3 ff zu § 375; SK-Velten 18 zu § 375; erg 1 zu § 375). Auch der Beitritt nach § 375 II steht nur dem zu, der selbst wirksam Strafantrag gestellt hat (1 zu § 375). 6

2) Privatklagerecht anderer Personen (II): Neben dem Verletzten oder an seiner Stelle (S 1) kann der Dienstvorgesetzte nach §§ 194 III, 230 II StGB Privatklage erheben, sofern er rechtzeitig einen Strafantrag gestellt hat. Der Strafantrag des unmittelbar Verletzten oder eines anderen Berechtigten genügt nicht (KMR-Stöckel 28; LR-Hilger 32; **aM** AK-Rössner 10). Die in § 77 II StGB bezeichneten Angehörigen (S 2) sind nach dem Tod des Verletzten zur Erhebung der Privatklage auch berechtigt, wenn nur der vor ihnen Berechtigte oder der Verletzte vor seinem Tod den Strafantrag gestellt hat). 7

3) Die **Prozessfähigkeit des Privatklägers** (III) ist eine Prozessvoraussetzung. Sie ist nach den Grundsätzen der §§ 51, 52 ZPO zu beurteilen (Frankfurt OLGSt S 1; Hamm NJW **61**, 2322; Schlüchter 12; vgl allg W. Schmid SchlHA **81**, 153). Solange die Prozessunfähigkeit nicht rechtskräftig festgestellt ist, kann der Privatkläger durch Einlegung von Rechtsmitteln die Nachprüfung seiner Geschäftsfähigkeit erreichen (Hamm aaO). 8

Hat der Verletzte einen **gesetzlichen Vertreter,** so muss dieser die Privatklage für ihn erheben; Privatkläger ist dann aber nicht der Vertreter, sondern der Verletzte (KK-Senge 13). Der Vertreter erhält jedoch die Stellung eines Verfahrensbetei- 9 ligten, der vor der Entscheidung zu hören ist, Anträge stellen und sonstige verfahrensrechtlichen Erklärungen abgeben kann (Düsseldorf JMBlNW **62**, 198). Der Mangel der Prozessfähigkeit führt zur Zurückweisung der Klage nach § 383 I oder zur Einstellung des Verfahrens nach §§ 206 a, 260 III; er kann allerdings dadurch geheilt werden, dass der gesetzliche Vertreter die Klage nachträglich genehmigt (Frankfurt OLGSt S 1; KK-Senge 3). Diese Genehmigung kann ohne Zustimmung des Angeklagten in jeder Lage des Verfahrens erteilt werden, aber nicht mehr nach Zurückweisung der Klage (Frankfurt aaO). Wird der Minderjährige im Laufe des Verfahrens volljähig und setzt er die Klage fort, so steht der ursprüngliche Mangel einer Sachentscheidung ebenfalls nicht entgegen.

10 **Juristische Personen und Vereine** (rechtsfähige und nichtrechtsfähige) können Privatklage erheben, wenn sie in ihrer Ehre (vgl BGH **6**, 186; LG Würzburg NJW **59**, 1934 mit Anm Lürken; vgl auch Nürnberg NStZ **86**, 286) oder in ihrem Vermögen verletzt sind. Klageberechtigt sind auch ihre gebietlichen Gliederungen und sonstigen Unterorganisationen (Düsseldorf NJW **79**, 2525). Die Privatklage wird in solchen Fällen durch die Personen wahrgenommen, die die juristische Person oder den Verein in bürgerlichen Rechtsstreitigkeiten vertreten (KMR-Stöckel 31). Die Unterzeichnung durch den Geschäftsführer im Namen und im Auftrag des Vorstands genügt (Düsseldorf aaO).

Mehrere Klageberechtigte

375 **I Sind wegen derselben Straftat mehrere Personen zur Privatklage berechtigt, so ist bei Ausübung dieses Rechts ein jeder von dem anderen unabhängig.**

II Hat jedoch einer der Berechtigten die Privatklage erhoben, so steht den übrigen nur der Beitritt zu dem eingeleiteten Verfahren, und zwar in der Lage zu, in der es sich zurzeit der Beitrittserklärung befindet.

III Jede in der Sache selbst ergangene Entscheidung äußert zugunsten des Beschuldigten ihre Wirkung auch gegenüber solchen Berechtigten, welche die Privatklage nicht erhoben haben.

1 **1) Mehrere Klageberechtigte** (I): Gemeint ist sowohl der Fall, dass mehrere Personen durch eine und dieselbe Straftat nach § 374 I iS des § 264 verletzt sind, als auch der Fall der weiteren Klageberechtigung nach § 374 II. Bei Antragsdelikten setzt das Klagerecht voraus, dass derjenige, der die Privatklage erhebt, wirksam Strafantrag gestellt hat (6 zu § 374).

2 Die **gemeinsame Erhebung der Privatklage** durch mehrere Berechtigte sieht das Gesetz nicht ausdrücklich vor; nach allgM ist sie aber statthaft (LR-Hilger 2).

3 **2) Beitritt** (II): Eine selbstständige Privatklage ist unzulässig, wenn ein anderer Berechtigter wegen derselben Tat bereits Privatklage erhoben hat. Dann ist nur der Beitritt zu dieser Privatklage möglich. Er setzt voraus, dass der Beitretende berechtigt ist, Privatklage zu erheben, insbesondere wirksam Strafantrag gestellt hat, wenn ein Antragsdelikt vorliegt (erg 6 zu § 374). Der Beitritt ist bis zum rechtskräftigen Abschluss des Verfahrens zulässig, aber auch noch danach zum Zweck der Wiederaufnahme des Verfahrens (LR-Hilger 11; SK-Velten 11).

4 Die **Förmlichkeiten,** die für die Privatklage vorgeschrieben sind, gelten für den Beitritt nicht. Weder ist ein Sühneversuch nach § 380 erforderlich, noch muss die Beitrittserklärung inhaltlich dem § 381 entsprechen. Der Beitritt kann schriftlich (Einl 128) oder zu Protokoll der Geschäftsstelle (Einl 131 ff), auch iVm der Einlegung eines Rechtsmittels, in der Hauptverhandlung auch mündlich erklärt werden.

5 Die **Entscheidung über die Zulässigkeit des Beitritts** trifft das Gericht durch Beschluss. Den ablehnenden Beschluss kann der Beigetretene mit der Beschwerde nach § 304 I anfechten; der Angeklagte hat gegen den zulassenden Beschluss kein Rechtsmittel (LR-Hilger 12).

Als **Folge des zugelassenen Beitritts** erlangt der Beigetretene die Stellung eines selbständigen Privatklägers. Sie wird weder durch die Unzulässigkeit noch durch die Zurücknahme der Privatklage berührt, der beigetreten worden ist. 6

Kein Fall des II liegt vor, wenn wegen derselben Tat mehrere Privatklagen am selben Tag von verschiedenen Berechtigten erhoben werden. Die mehreren Privatklagen werden dann von Amts wegen zu einem Verfahren verbunden (LG Krefeld AnwBl **81**, 27; KK-Senge 4). Wird eine Privatklage später als die andere erhoben, so wird sie nach § 300 als Beitrittserklärung behandelt (LG Krefeld aaO; KK-Senge 5). 7

3) Wirkung der Sachentscheidung (III): Die rechtskräftige Entscheidung über das Privatklagedelikt in der Sache, auch im Offizialverfahren, verbraucht die Strafklage wegen derselben Tat iS des § 264 auch gegenüber solchen Berechtigten, die keine Privatklage erhoben haben. Entscheidungen in der Sache iS von III sind auf Freispruch, Bestrafung oder Einstellung lautende Urteile, der wegen Fehlens des hinreichenden Tatverdachts oder aus sachlich-rechtlichen Gründen ergangene Zurückweisungsbeschluss nach § 383 I (dort 8) und die Verfahrenseinstellung nach § 383 II. Wegen der Wirkung der Zurücknahme vgl 7 zu § 391. Auf den Vergleich (6ff vor § 374) ist III nicht anzuwenden (RG **27**, 216). 8

Erhebung der öffentlichen Klage **RiStBV 86, 87, 172, 229–235**

376 **Die öffentliche Klage wird wegen der in § 374 bezeichneten Straftaten von der Staatsanwaltschaft nur dann erhoben, wenn dies im öffentlichen Interesse liegt.**

1) Öffentliches Interesse an der Erhebung der öffentlichen Klage: Der Begriff stimmt mit dem in § 153 I S 1 (dort 7) überein (krit Rieß NStZ **81**, 8). RiStBV 86 II bezeichnet, für die StA bindend, die Verfolgung als im öffentlichen Interesse liegend, wenn der Rechtsfrieden über den Lebenskreis des Verletzten hinaus gestört und die Strafverfolgung ein gegenwärtiges Anliegen der Allgemeinheit ist, uU schon, wenn dem Verletzten wegen seiner persönlichen Beziehung zum Täter nicht zugemutet werden kann, Privatklage zu erheben. Bei Beleidigungen kommt es darauf an, ob die Ehrenkränkung erheblich ist. Wenn das der Fall oder der Tatbestand des § 188 StGB gegeben ist, wird das öffentliche Interesse meist zu bejahen sein (RiStBV 229 I; vgl auch RiStBV 232 I). Bei einer Körperverletzung liegt es idR vor, wenn die Tat roh war oder erhebliche Misshandlungen vorgekommen sind (RiStBV 233). Zur Beachtung des OEG hierbei vgl Steyer DRiZ **89**, 201; dazu Wulfhorst DRiZ **89**, 461. Zur Nachstellung (§ 238 StGB) vgl Peters NStZ **09**, 242. Vgl auch RiStBV 260 I, 260a I, II, 261 für den unlauteren Wettbewerb, Heghmanns NStZ **91**, 112 für das Urheberrecht, Meier/Böhm wistra **92**, 167 zur Softwarepiraterie. Zu weiteren Einzelheiten vgl SK-Velten 3ff. Mit den Interessen des Beschuldigten kann das öffentliche Interesse nicht begründet werden (**aM** Rieß NStZ **81**, 8: Ermöglichung der Verfahrenseinstellung nach §§ 153, 153a). 1

Bei **jugendlichen Beschuldigten,** gegen die Privatklage nicht erhoben werden kann (§ 80 I S 1 **JGG**), verfolgt die StA die Tat ohne Rücksicht auf ein öffentliches Interesse, wenn Gründe der Erziehung oder ein berechtigtes Interesse des Verletzten, das dem Erziehungszweck nicht entgegensteht, es erfordern (§ 80 I S 2 **JGG**). 2

2) Der **Begriff des besonderen öffentlichen Interesses** in §§ 183 II, 230 I, 248a, 257 IV S 2, 263 IV, 265a III, 266 II StGB ist enger (vgl RiStBV 234 I, 243 I, III); dem des öffentlichen Interesses in § 376 steht er nicht gleich (Düsseldorf DAR **71**, 160; LK-Hirsch 9 zu § 230 StGB). Sein Vorliegen ersetzt den sonst erforderlichen Strafantrag, betrifft also eine Prozessvoraussetzung (Einl 145). Hat der Verletzte einen Strafantrag nach § 230 I StGB gestellt, so betreibt die StA das 3

Verfahren wegen Körperverletzung, wenn das im öffentlichen Interesse liegt. Fehlt der Strafantrag, so kann sie das Verfahren nur einleiten und fortführen, wenn sie das besondere öffentliche Interesse bejaht. Darin liegt zugleich die Bejahung des öffentlichen Interesses nach § 376.

4 **3) Entscheidung der StA:**

5 A. **Vorermittlungen** nach §§ 160 ff kann die StA anstellen, um die Entscheidung darüber vorzubereiten, ob das öffentliche Interesse vorliegt.

6 B. **Verneint die StA das öffentliche Interesse,** so stellt sie das Ermittlungsverfahren ein und verweist den Anzeigenden auf den Privatklageweg. Die StA kann alsbald nach Eingang der Anzeige so verfahren, aber auch nach Durchführung von Ermittlungen, wenn sie das öffentliche Interesse zunächst bejaht hatte. Gegen die Verfahrenseinstellung kann der Anzeigende lediglich Gegenvorstellungen und Dienstaufsichtsbeschwerde (21 ff vor § 296) erheben; das Klageerzwingungsverfahren schließt § 172 II S 3 aus, weil die Interessen des Verletzten durch die Möglichkeit der Erhebung der Privatklage ausreichend gewahrt sind. Auch ein Antrag auf gerichtliche Entscheidung nach §§ 23 ff **EGGVG** ist nicht zulässig.

7 C. **Bejaht die StA das öffentliche Interesse,** wobei sie einen gewissen Spielraum hat (vgl Esser GA **10**, 69 zu Urheberrechtsverstößen nach § 106 UrhG; erg 6 c zu § 406 e), muss sie eine Anklage erheben, der sich der Verletzte als Nebenkläger anschließen kann, wenn es sich um eine Katalogtat nach § 395 I Nr 1 Buchst b oder 3 oder um ein Privatklagedelikt nach § 374 I Nrn 7 oder 8 handelt (§ 395 II Nr 3). Ein Aktenvermerk der StA oder ein besonderer Hinweis in der Anklageschrift, dass das öffentliche Interesse an der Strafverfolgung angenommen wird, ist nicht vorgeschrieben und auch sonst nicht angezeigt (Oldenburg GA **59**, 187; Stuttgart JR **53**, 349). Eine gerichtliche Überprüfung der Entscheidung der StA findet nicht statt (KMR-Stöckel 9 ff), und zwar weder in dem anhängigen Strafverfahren (Oldenburg aaO; **aM** Husmann MDR **88**, 727; Kröpil DRiZ **86**, 19) noch außerhalb des Hauptverfahrens nach §§ 23 ff **EGGVG** (Peters 574).

8 D. **Ändert die StA ihre Ansicht** über das Vorliegen des öffentlichen Interesses, so gilt folgendes: Bis zur Eröffnung des Hauptverfahrens kann sie die Klage aus diesem Grund nach § 156 zurücknehmen. Nach Eröffnung des Hauptverfahrens ist die Zurücknahme ausgeschlossen; die nachträgliche Verneinung des öffentlichen Interesses kann bei Vorliegen eines Strafantrags nur als Zustimmung zur Verfahrenseinstellung nach § 153 II aufgefasst werden. War kein Strafantrag gestellt, führt die Verneinung des öffentlichen Interesses zur Einstellung des Verfahrens.

9 **4) Zusammentreffen von Privatklage- und Offizialdelikten:** Eine getrennte Verfolgung und Aburteilung ist nur zulässig, wenn es sich um mehrere Taten in dem verfahrensrechtlichen Sinn des § 264 handelt. Sonst muss das Verfahren einheitlich geführt werden. Das gilt sowohl bei Tateinheit und Gesetzeskonkurrenz als auch bei Tatmehrheit im Rahmen einer einheitlichen Tat iS des § 264.

10 Den **Vorrang** hat das Offizialverfahren. In ihm ist das Privatklagedelikt ohne Rücksicht auf das Vorliegen des öffentlichen Interesses nach § 376 mitzuverfolgen. Es ist im Offizialverfahren selbst dann mit abzuurteilen, wenn die StA den Verletzten auf den Privatklageweg verwiesen hatte (RG **77**, 226).

11 Wird bei sachlichem Zusammentreffen des Privatklagedelikts mit dem Offizialdelikt das **Verfahren nach § 153 I eingestellt,** so ist das Verfahren insgesamt abgeschlossen. Der Verletzte ist daher nach zutr hM nicht berechtigt, Privatklage zu erheben (LR-Hilger 26 mwN; erg 5 zu § 153). Die Einstellung des Verfahrens nach § 153 a verbraucht die Strafklage auch wegen des Privatklagedelikts.

12 **5) Zusammentreffen von Privatklagedelikt und OWi:** Verneint die StA das öffentliche Interesse, so stellt sie das Ermittlungsverfahren ein und gibt die Sache nach § 43 I OWiG an die VerwB ab. Wenn der Betroffene Einspruch gegen den darauf erlassenen Bußgeldbescheid einlegt, der Verletzte aber keine Privatklage

erhoben hat, muss das Gericht auf den Einspruch das Bußgeldverfahren nach § 81 OWiG in das Strafverfahren überleiten und das Privatklagedelikt mit aburteilen (Bay **76**, 117 = MDR **77**, 246; LG Oldenburg MDR **81**, 421; Kellner MDR **77**, 626; vgl im Einzelnen Göhler 10 ff zu § 43 OWiG).

Übernahme des Verfahrens durch die StA **RiStBV 172**

377 I [1]**Im Privatklageverfahren ist der Staatsanwalt zu einer Mitwirkung nicht verpflichtet.** [2]**Das Gericht legt ihm die Akten vor, wenn es die Übernahme der Verfolgung durch ihn für geboten hält.**

II [1]**Auch kann die Staatsanwaltschaft in jeder Lage der Sache bis zum Eintritt der Rechtskraft des Urteils durch eine ausdrückliche Erklärung die Verfolgung übernehmen.** [2]**In der Einlegung eines Rechtsmittels ist die Übernahme der Verfolgung enthalten.**

1) Eine **Mitwirkungspflicht** (I S 1) hat die StA im Privatklageverfahren grund- 1
sätzlich nicht. IdR erhält sie von der Privatklage nicht einmal Kenntnis. Zur Hauptverhandlung wird sie nicht geladen; Entscheidungen werden ihr nicht zugestellt. Nur im Rechtsmittelverfahren wirkt sie nach § 390 III S 1 mit.

Bevor sie die Übernahme nach II erklärt, hat die StA auch kein **Mitwirkungs-** 2
recht. Sie darf in die Prozessführung des Privatklägers weder durch Stellungnahmen noch durch Anträge gegenüber dem Gericht eingreifen (KMR-Stöckel 2, 3; Hilger JR **90**, 258; **aM** KK-Senge 2; Peters 580; erg 10 zu § 385). An der Hauptverhandlung kann sie aber beobachtend teilnehmen, um entscheiden zu können, ob eine Übernahme nach II geboten ist.

2) Zur **Aktenvorlage an die StA** (I S 2) ist das Gericht verpflichtet, wenn es 3
die Übernahme der Verfolgung durch sie für geboten hält (vgl unten 10). Die StA braucht die Vorlage aber nicht abzuwarten, sondern kann von sich aus zur Vorbereitung der Entscheidung, ob sie die Übernahme nach II erklären will, Akteneinsicht verlangen. Zuständig ist nur die StA bei dem dem AG übergeordneten LG, eine andere StA auch dann nicht, wenn in ihrem Bezirk ein Gerichtsstand nach §§ 7 ff gegeben ist. Die Übernahme erfordert auch im Fall des I S 2 eine ausdrückliche Erklärung (unten 6); eine schlüssige Handlung genügt ebenso wenig wie nach II S 1 (KMR-Stöckel 9; **aM** Saarbrücken NJW **64**, 679).

3) Übernahmerecht der StA (II): 4

Die StA ist, auch gegen den Willen des Privatklägers, berechtigt, das Verfahren 5
in jeder Lage zu übernehmen, frühestens mit dem Eingang der Privatklage bei einem Gericht, das für die Entscheidung zuständig sein kann (vgl BGH **26**, 214, 216), aber nicht mehr nach Eintritt der Rechtskraft des Urteils, also nicht zu dem Zweck, die Wiederaufnahme nach §§ 359 ff zu betreiben (KK-Senge 5; **aM** KMR-Stöckel 8; LR-Hilger 6; Pentz MDR **65**, 885).

Wenn sie nicht durch Rechtsmitteleinlegung erfolgt (unten 9), verlangt die 6
Übernahme eine **ausdrückliche Erklärung** (II S 1) gegenüber dem mit der Sache befassten Gericht (Saarbrücken NJW **64**, 679; KMR-Stöckel 9), die bedingungsfeindlich (Einl 118, 119), unwiderruflich und bindend ist (Saarbrücken NJW **59**, 163; KK-Senge 10).

War das **Privatklageverfahren noch nicht eröffnet,** so ist die rechtlich an 7
sich mögliche (§ 156) Zurücknahme der Klage unzulässig (Bay **62**, 75, 77; LG Göttingen NJW **56**, 882; KMR-Stöckel 17), desgleichen die Verfahrenseinstellung nach § 170 I; auf diese Weise darf die Privatklage von der StA nicht erledigt werden (LG Göttingen aaO; SK-Velten 14; **aM** LR-Hilger 19; vgl auch RiStBV 172 II S 2). Eine neue Anklage braucht die StA nicht zu erheben; sie kann einfach bei dem zuständigen Gericht die Eröffnung des Hauptverfahrens beantragen. Um dem Richter die Eröffnung in der für das Offizialverfahren vorgesehenen Form (§ 207) zu ermöglichen, empfiehlt sich aber, dass die StA eine Anklageschrift (die dann

keine Prozessvoraussetzung ist) vorlegt, insbesondere, wenn die Tat zugleich als Offizialdelikt verfolgt wird (Köln OLGSt S 9, 11; KMR-Stöckel 10).

8 **Nach Eröffnung des Hauptverfahrens** wird die Übernahme durch schriftliche Erklärung gegenüber dem Gericht erklärt; der Erlass eines neuen Eröffnungsbeschlusses ist nicht erforderlich. Soweit sie die Tat als Offizialdelikt verfolgt, muss die StA dem Gericht aber eine entspr Mitteilung machen, wobei sie sich zweckmäßigerweise an die Form des § 200 anlehnt. Diese Schrift kann vom Gericht zur Grundlage der (am besten noch vor der Hauptverhandlung zu erteilenden) Hinweise nach § 265 gemacht werden (KK-Senge 6). In der Hauptverhandlung erfolgt die Übernahme durch mündliche Erklärung, die in der Sitzungsniederschrift zu beurkunden ist.

9 Die **Einlegung von Rechtsmitteln** zugunsten oder zuungunsten des Angeklagten, auch von Beschwerden, enthält stets die Übernahmeerklärung (II S 2). Die StA kann nicht ein Rechtsmittel einlegen und gleichzeitig wirksam erklären, sie wolle das Verfahren nicht übernehmen. Bei der Rechtsmitteleinlegung läuft für die StA keine eigene Frist; sie muss die für den Privatkläger geltende Frist einhalten.

10 Den **Grund der Übernahme** braucht die StA nicht mitzuteilen. Er kann darin liegen, dass sie das öffentliche Interesse nach § 376 bejaht (dazu RiStBV 86), aber auch darin, dass sie der Meinung ist, es liege kein Privatklagedelikt, sondern ein Offizialdelikt vor oder das Privatklagedelikt stehe mit einem Offizialdelikt nur in Tateinheit (Celle NJW **62**, 1217; Düsseldorf JMBlNW **64**, 80). Die StA braucht in diesem Fall nicht etwa zu warten, bis das Gericht das Privatklageverfahren nach § 389 I eingestellt hat (LR-Hilger 14 ff; **aM** LG Göttingen NJW **56**, 882).

11 Die **Folge der Übernahme,** von der die StA den Privatkläger unter Hinweis auf eine etwa bestehende Nebenklagebefugnis und auf die Kostenfolge des § 472 III S 2 zu benachrichtigen hat (RiStBV 172 II S 1), ist nicht die Beseitigung des Privatklageverfahrens. Das Verfahren wird daher nicht eingestellt, sondern in der Lage, in der es sich befindet, als gewöhnliches Strafverfahren weitergeführt (BGH **11**, 56, 61). Auch eine erhobene Widerklage bleibt wirksam (erg 5 zu § 388) und verwandelt sich, wenn die StA sie nicht ebenfalls übernimmt, in eine reine Privatklage, die von dem Offizialverfahren abzutrennen ist. Ein Wechsel der Gerichtszuständigkeit tritt nicht ein, auch wenn für die Offizialklage ein anderes Gericht zuständig gewesen wäre (BGH aaO). Der Strafrichter bleibt daher auch zuständig, wenn die Offizialklage vor dem SchG zu erheben gewesen wäre (LR-Hilger 21; erg 2 zu § 25 GVG).

12 Der **Privatkläger scheidet aus dem Verfahren aus.** Will er weiterhin an dem Verfahren teilnehmen, so muss er nach § 396 I S 1 seinen Anschluss als Nebenkläger erklären, sofern er nach § 395 nebenklageberechtigt ist. Auch wenn er das unterlässt, muss ihm der verurteilte Angeklagte aber die notwendigen Auslagen ersetzen, die er als Privatkläger gehabt hat (§ 472 III).

Beistand und Vertreter des Klägers

378 **[1]Der Privatkläger kann im Beistand eines Rechtsanwalts erscheinen oder sich durch einen mit schriftlicher Vollmacht versehenen Rechtsanwalt vertreten lassen. [2]Im letzteren Falle können die Zustellungen an den Privatkläger mit rechtlicher Wirkung an den Anwalt erfolgen.**

1 **1) In der Hauptverhandlung** (S 1), auch bei Beweisaufnahmen nach § 202 (4 zu § 383) und §§ 223, 225, kann der Privatkläger im Beistand eines RA erscheinen oder sich von einem RA vertreten lassen. Die entspr Vorschrift für den Angeklagten enthält § 387 I.

2 Die **Einschaltung eines RA** ist für den Privatkläger, von den Fällen der §§ 385 III, 390 II abgesehen, nicht vorgeschrieben. Er kann die Privatklage selbst oder durch einen beliebigen Bevollmächtigten erheben und auch sonst unmittelbar oder durch Bevollmächtigte mit dem Gericht verkehren, insbesondere seine Sache

in der Hauptverhandlung selbst vertreten. Auch wenn er einen RA bevollmächtigt hat, ist er berechtigt, an der Hauptverhandlung teilzunehmen (Woesner NJW **59**, 704) und ihre Aussetzung zu verlangen, wenn er verhandlungsunfähig ist (KG JR **61**, 106 mit Anm Sarstedt; Bremen GA **59**, 151). Hat er einen RA mit seiner Vertretung beauftragt, so braucht er nicht selbst zu erscheinen, sofern das Gericht nicht sein persönliches Erscheinen nach § 387 III angeordnet hat.

Ein RA kann Beistand oder Vertreter des Privatklägers in der Hauptverhandlung sein. Untervollmacht (11 vor § 337) kann er nur einem anderen RA erteilen; er kann sich aber nach § 139 von einem Referendar vertreten lassen (§ 387 II). Nach § 138 III können aber auch Hochschullehrer als Beistände auftreten sowie mit Genehmigung des Gerichts auch andere Personen. 3

Für die **Form der Prozessvollmacht** gelten die Grundsätze für die Verteidigervollmacht (9 vor § 137) entspr. Die Vertretungsvollmacht muss nach S 1 immer schriftlich erteilt werden. 4

Die **Ladung des RA** richtet sich nach §§ 217, 218 I (Celle MDR **66**, 256; vgl auch Karlsruhe VRS **50**, 119). 5

Zur Frage der **Wiedereinsetzung bei Verschulden des RA** vgl 19, 20 zu § 44. 6

2) Zustellungen (S 2) können (müssen aber nicht) an den mit der Vertretung des Privatklägers beauftragten RA gerichtet werden, wenn sich eine schriftliche Vollmacht bei den Akten befindet (Stuttgart OLGSt § 45 S 17; BGH NStZ **95**, 47 lässt offen, ob Besitz des RA genügt). Die Vollmacht, die sich nicht ausdrücklich auf Zustellungen zu erstrecken braucht (**aM** KMR-Stöckel 5), erlaubt es auch, andere Bekanntmachungen, die nicht förmlich zugestellt werden, an die Adresse des Bevollmächtigten zu richten (vgl 4 zu § 145 a). Auf Zustellungen von Ladungen ist § 145 a II entspr anwendbar. Wird dem Bevollmächtigten zugestellt, so gilt § 145 a III entspr, bei Doppelzustellungen § 37 II. 7

Sicherheitsleistung; Prozesskostenhilfe

379 **I Der Privatkläger hat für die dem Beschuldigten voraussichtlich erwachsenden Kosten unter denselben Voraussetzungen Sicherheit zu leisten, unter denen in bürgerlichen Rechtsstreitigkeiten der Kläger auf Verlangen des Beklagten Sicherheit wegen der Prozesskosten zu leisten hat.**

II [1] Die Sicherheitsleistung ist durch Hinterlegung in barem Geld oder in Wertpapieren zu bewirken. [2] Davon abweichende Regelungen in einer auf Grund des Gesetzes über den Zahlungsverkehr mit Gerichten und Justizbehörden erlassenen Rechtsverordnung bleiben unberührt.

III Für die Höhe der Sicherheit und die Frist zu ihrer Leistung sowie für die Prozesskostenhilfe gelten dieselben Vorschriften wie in bürgerlichen Rechtsstreitigkeiten.

1) Für die **Sicherheitsleistung** verweist I auf die §§ 108–113 ZPO. 1

Verpflichtet ist daher nur der Privatkläger, der **Ausländer oder Staatenloser** ohne Inlandswohnsitz ist (§ 110 I ZPO); Ausnahmen bestimmt § 110 II Nrn 1, 3 ZPO. Die Verpflichtung zur Sicherheitsleistung entfällt, wenn dem Privatkläger Prozesskostenhilfe (unten 7 ff) bewilligt ist (§ 122 I Nr 2 ZPO). 2

Nur auf Verlangen des Beschuldigten ist Sicherheit zu leisten (§ 110 I S 1 ZPO). Im Rechtsmittelverfahren kann das Verlangen nur gestellt werden, wenn die Voraussetzungen des § 111 ZPO vorliegen (Celle NJW **55**, 724; KMR-Stöckel 1). Eine Sicherheitsleistung für das Berufungsverfahren kann aber nach § 112 III ZPO verlangt werden, wenn die im 1. Rechtszug geleistete Sicherheit nicht ausreicht (Frankfurt NJW **80**, 2032). 3

Bewirkt wird die Sicherheitsleistung durch Hinterlegung von Bargeld oder Wertpapieren (entgegen § 108 I S 2 ZPO nicht auch durch Bankbürgschaft) oder unbar nach dem ZahlVGJG (vgl 4 a zu § 116 a). 4

5 Die **Höhe** bestimmt das Gericht nach freiem Ermessen (II, III iVm § 112 I ZPO). Nach § 112 II ZPO ist der Betrag zugrunde zu legen, den der Beschuldigte wahrscheinlich aufzuwenden haben wird. Dabei sind die Kosten aller Rechtszüge zu berücksichtigen, die dem Privatkläger zur Verfügung stehen (LR-Hilger 11).

6 Für die Leistung der Sicherheit ist dem Privatkläger eine **Frist** zu setzen (III iVm § 113 S 1 ZPO). Wird sie versäumt, so gilt § 113 S 2 ZPO, nicht der strengere § 391 II. Daher muss die Privatklage durch besonderen Beschluss für zurückgenommen erklärt oder das Rechtsmittel des Privatklägers verworfen werden. Anders als nach § 392 kann die Privatklage unter Nachholung der Sicherheitsleistung erneut erhoben werden (LR-Hilger 12).

7 **2) Prozesskostenhilfe** kann dem Privatkläger bewilligt werden, dem Beschuldigten nur, wenn er zugleich Widerkläger ist, und nur in dieser Eigenschaft (Düsseldorf NStZ **89**, 92; LG Essen NStZ **86**, 329 mit zust Anm Dehn). Das gilt auch für den Fall, dass der Privatkläger anwaltlich vertreten ist (Düsseldorf JMBlNW **88**, 178; LG Essen aaO; vgl auch BVerfGE **63**, 380 = NJW **83**, 1599; Kaster MDR **94**, 1073).

8 Anwendbar sind die **Bestimmungen der ZPO** (§§ 114 ff), soweit sie Voraussetzungen und Wirkung der Prozesskostenhilfe und das Verfahren regeln (KMR-Stöckel 4; LR-Hilger 21; **aM** Düsseldorf MDR **87**, 79; KK-Senge 4); nur die Anfechtbarkeit richtet sich nach der StPO (unten 17). Die Sonderregelung des § 397 a II, III für die Bewilligung der Prozesskostenhilfe für den Nebenkläger hat für das Privatklageverfahren keine Bedeutung.

9 **Voraussetzung der Bewilligung** ist das wirtschaftliche Unvermögen des Privatklägers (§§ 114, S 1, 115 ZPO); er muss außerstande sein, die Kosten der Prozessführung aufzubringen, auch nicht teilw oder in Raten (erg 8 zu § 397 a). Ferner muss die Privatklage hinreichende Aussicht auf Erfolg haben; daran fehlt es zB, wenn eine Einstellung nach § 383 II S 1 zu erwarten ist (Kaster MDR **94**, 1074). Die Privatklage darf auch nicht mutwillig sein; das ist der Fall, wenn ein Verletzter, der seine Kosten selbst aufbringen müsste, von der Erhebung der Privatklage absehen würde.

10 Die **Beiordnung eines RA** kann der Privatkläger nach § 121 I ZPO verlangen, wenn dessen Mitwirkung vorgeschrieben ist, also im Fall des § 390 II, sonst nur, wenn die Vertretung erforderlich erscheint (§ 121 II erste Alt ZPO), insbesondere bei besonderer Schwierigkeit der Sach- oder Rechtslage, aber auch, wenn Akteneinsicht erforderlich ist, die der Privatkläger nach § 385 III nur durch einen RA nehmen kann. § 121 II zweite Alt ZPO, wonach die Beiordnung eines RA notwendig ist, wenn der Gegner durch einen RA vertreten ist, gilt nicht entspr (vgl BVerfGE **63**, 380 = NJW **83**, 1599; Düsseldorf MDR **86**, 166; LG Essen NStZ **86**, 329 mit Anm Dehn; **aM** Behn NStZ **84**, 103; vgl auch KG JR **82**, 169; Celle NdsRpfl **83**, 148; Frankfurt NStZ **86**, 42; Hamburg MDR **85**, 605 für den Nebenkläger). Anwendbar ist aber § 121 III ZPO, wonach ein auswärtiger RA zu den Bedingungen eines ortsansässigen beigeordnet werden kann (Hamm NJW **83**, 1507; **aM** Köln OLGSt Nr 1).

11 **Nur auf Antrag** wird die Prozesskostenhilfe bewilligt. Der Antrag ist bei dem Gericht zu stellen, bei dem die Privatklage erhoben ist oder erhoben werden soll, ggf bei dem Rechtsmittelgericht. Wegen der Einzelheiten der Antragstellung vgl 10 zu § 397 a.

12 Durch **Beschluss des Gerichts,** der mit Gründen zu versehen ist, wenn die Bewilligung versagt wird (§ 34), wird die Prozesskostenhilfe bewilligt, nach § 119 I S 1 ZPO immer nur für den jeweiligen Rechtszug (vgl LG Flensburg JurBüro **85**, 1110). Berufungs- und Revisionsgericht müssen besonders entscheiden (zur Zuständigkeit des Revisionsgerichts vgl 7 zu § 347). In dem Beschluss setzt das Gericht ggf die von dem Privatkläger zu zahlenden Monatsraten und die aus dem Vermögen zu zahlenden Beträge fest (§ 120 I ZPO). Vor der Rechtskraft der Entscheidung über die Prozesskostenhilfe darf über die Privatklage nicht entschieden werden (LG Frankfurt a. M. NJW **53**, 798; LG Köln MDR **58**, 662).

Wegen der **rückwirkenden Bewilligung** vgl 15 zu § 397 a. 13

Zu den **Rechtsfolgen der Bewilligung** vgl oben 2 und 17 zu § 397 a. 14

3) Rechtsmittel: 15

Gegen die ihm nachteiligen Entscheidungen über die **Sicherheitsleistung** kann der Privatkläger Beschwerde nach § 304 I einlegen. 16

Im Verfahren über die **Prozesskostenhilfe** findet nicht das Beschwerdeverfahren nach § 127 ZPO, sondern das nach § 304 I statt (RG **30**, 143; Bay **49/51**, 242 = NJW **51**, 164; Düsseldorf MDR **87**, 79; Hamburg NJW **69**, 944; KK-Senge 4; **aM** LR-Hilger 20 ff, 31 ff). Daher ist entgegen § 127 II S 2, 567 I ZPO Beschwerde auch gegen Entscheidungen des Berufungsgerichts zulässig (Düsseldorf aaO; Hamburg aaO; KMR-Stöckel 12). § 305 S 1 steht der Beschwerde nicht entgegen (Bay aaO; Hamburg aaO); Entscheidungen der OLGe sind nach § 304 IV S 2 unanfechtbar. Weitere Beschwerde ist nach § 310 I ausgeschlossen. Die Wertgrenze des § 304 III gilt nicht (Frankfurt Rpfleger **55**, 79). 17

Beschwerdeberechtigt ist nur der Privatkläger, dessen Antrag auf Prozesskostenhilfe ganz oder teilw abgelehnt worden ist. Der Beschuldigte ist durch die Bewilligung nicht beschwert und hat daher kein Anfechtungsrecht (KMR-Stöckel 13; vgl auch Stuttgart MDR **86**, 75; KK-Senge 6; LR-Hilger 30, die die fehlende Beschwerdebefugnis aus § 127 II S 1 ZPO herleiten). Der Bezirksrevisor als Vertreter der Landeskasse ist auch dann nicht beschwerdeberechtigt, wenn die Bewilligung der Prozesskostenhilfe grob gesetzwidrig ist (vgl KMR-Stöckel 15; **aM** LG Essen NStZ **86**, 329 mit abl Anm Dehn). 18

Gebührenvorschuss

379a **I Zur Zahlung des Gebührenvorschusses nach § 16 Abs. 1 des Gerichtskostengesetzes soll, sofern nicht dem Privatkläger die Prozesskostenhilfe bewilligt ist oder Gebührenfreiheit zusteht, vom Gericht eine Frist bestimmt werden; hierbei soll auf die nach Absatz 3 eintretenden Folgen hingewiesen werden.**

II Vor Zahlung des Vorschusses soll keine gerichtliche Handlung vorgenommen werden, es sei denn, dass glaubhaft gemacht wird, dass die Verzögerung dem Privatkläger einen nicht oder nur schwer zu ersetzenden Nachteil bringen würde.

III [1]Nach fruchtlosem Ablauf der nach Absatz 1 gestellten Frist wird die Privatklage zurückgewiesen. [2]Der Beschluss kann mit sofortiger Beschwerde angefochten werden. [3]Er ist von dem Gericht, das ihn erlassen hat, von Amts wegen aufzuheben, wenn sich herausstellt, dass die Zahlung innerhalb der gesetzten Frist eingegangen ist.

1) Fristsetzung zur Zahlung des Gebührenvorschusses (I): Für die Privatklage, die Berufung und Revision sowie den Wiederaufnahmeantrag und das Verfahren nach §§ 440, 441 hat der Privatkläger nach § 16 I S 1 GKG einen Vorschuss in Höhe der entspr in den Nrn 3311, 3321, 3331, 3340, 3410, 3431, 3441 oder 3450 des KVGKG bestimmten Gebühren zu zahlen. Der Widerkläger ist zur Zahlung des Vorschusses nicht verpflichtet (§ 16 I S 2 GKG). 1

Die **Fristbestimmung,** die trotz der Ausgestaltung des I als Sollvorschrift zwingend ist (LR-Hilger 6), bezieht sich auf die Zahlung nicht auf ihren Nachweis. Sie erfolgt durch das Gericht, nicht durch den Vorsitzenden allein (Bay **53**, 214 = VRS **6**, 53; Schleswig GA **57**, 425; LR-Hilger 4). Der Privatkläger muss durch Beschluss, der nach § 35 zuzustellen ist, aufgefordert werden, innerhalb einer angemessenen Frist (unten 8), deren Ende eindeutig bezeichnet werden muss (Hamm JMBlNW **58**, 165: andernfalls ist Fristsetzung unwirksam), den Gebührenvorschuss zu zahlen. Ferner ist er auf die Rechtsfolgen des III S 1 hinzuweisen. 2

3 Auf Antrag oder von Amts wegen ist eine **Verlängerung der Frist** möglich, solange sie nicht abgelaufen ist (Celle NJW **66**, 1670; Hamm NJW **73**, 1206). Die Fristverlängerung von Amts wegen kann insbesondere geboten sein, wenn eine Rechtsschutzversicherung oder ein anderer Zahler vor Fristablauf mitteilt, dass der Vorschuss alsbald gezahlt wird (Celle aaO mit abl Anm Schöndorf NJW **66**, 2076).

4 Stellt der Privatkläger vor Fristablauf einen **Antrag auf Prozesskostenhilfe** (7 ff zu § 379), so wird die Fristsetzung gegenstandslos (Schleswig SchlHA **51**, 65; KK-Senge 2; **aM** Hamm NJW **73**, 1206: Fristverlängerung bis zur Entscheidung über den Antrag). Wird die Prozesskostenhilfe versagt, so muss die Fristsetzung erneuert werden (Schleswig aaO); wird sie bewilligt, so entfällt die Zahlung des Gebührenvorschusses.

5 Die **entsprechende Anwendung des § 379 a** im Berufungs- und Revisionsrechtszug bestimmt § 390 IV.

6 **2) Gerichtliche Handlungen vor der Vorschusszahlung** (II) sollen nicht stattfinden. Gleichwohl vorgenommene Handlungen sind aber wirksam, auch wenn nicht der Ausnahmefall des Hs 2 vorliegt (KK-Senge 2). Das gilt auch für den Eröffnungsbeschluss (KMR-Stöckel 5). Einen Nachteil durch Verzögerung der Handlung iS des Hs kann der Privatkläger zB bei Gefahr der Wiederholung der gegen ihn gerichteten Straftat erleiden. Zur Glaubhaftmachung vgl 5 ff zu § 26; 6 zu § 45.

7 **3)** Die **Folge der Fristversäumnis** (III S 1) ist die Zurückweisung der Privatklage durch nach § 34 mit Gründen versehenen Gerichtsbeschluss.

8 Die **Fristversäumnis** führt, ohne Rücksicht auf ein Verschulden des Privatklägers (Bamberg NJW **49**, 835; LR-Hilger 12; vgl aber KMR-Stöckel 8, der Wiedereinsetzungsgründe berücksichtigen will), zur Zurückweisung, wenn der Vorschuss am letzten Tag der angemessen festgesetzten Frist (vgl Celle OLGSt S 1: 6 Tage sind zu kurz) nicht gezahlt ist. War ein zu hoher Vorschuss verlangt worden, so gilt III S 1 selbst dann nicht, wenn nicht einmal der vorgeschriebene Vorschuss gezahlt worden ist (Bay **54**, 74 = NJW **54**, 1735).

9 Der **Tag des Eingangs** bei der Gerichtskasse ist bei Übersendung von Zahlungsmitteln, auch von Gerichtskostenmarken, maßgebend (Hamm NJW **60**, 547); es genügt aber der innerhalb der Frist erfolgte Überweisungsauftrag an die Bank (Saarbrücken NStE Nr 2). Der Nachweis der Zahlung ist zur Fristwahrung nicht erforderlich.

10 Bei unverschuldeter Säumnis kann **Wiedereinsetzung** nach § 44 beantragt oder nach § 45 II S 1 von Amts wegen bewilligt werden. Das Gericht hat aber nach Wiedereinsetzungsgründen nicht zu forschen (Bamberg NJW **49**, 835). War die Privatklage bereits zurückgewiesen, so wird dieser Beschluss mit der Wiedereinsetzung in den vorigen Stand gegenstandslos; das wird in dem Wiedereinsetzungsbeschluss zweckmäßigerweise klargestellt.

11 Die **erneute Erhebung der Privatklage,** die nach III S 1 zurückgewiesen worden war, ist entspr § 391 II ausgeschlossen (Bay **56**, 4 = NJW **56**, 758; Hamm NJW **53**, 717; LG Bonn NStZ **91**, 204; **aM** Hamburg NStZ **89**, 244; KMR-Stöckel 6; LR-Hilger 14 ff; SK-Velten 11).

12 **4) Rechtsmittel** (III S 2, 3): Der Beschluss über die Zahlungsaufforderung und Fristsetzung nach I kann mit der einfachen Beschwerde nach § 304 I angefochten werden (Bay NJW **55**, 1199; KMR-Stöckel 9). Gegen den Zurückweisungsbeschluss kann der Privatkläger nach III S 2 sofortige Beschwerde (§ 311) einlegen. Der Beschuldigte, der dadurch nicht beschwert ist, kann die Ablehnung seines Antrags auf Zurückweisung der Privatklage nicht anfechten. Abweichend von § 311 III S 1 muss das Gericht den Zurückweisungsbeschluss von Amts wegen aufheben, wenn sich herausstellt, dass die Zahlungsfrist nicht versäumt war (S 3).

13 **5)** Für den **Auslagenvorschuss** nach § 17 I GKG gilt die Regelung des § 379 a nicht. Er ist nur auf gerichtliche Anordnung und nur vom Privatkläger zu zahlen,

vom Beschuldigten nur, wenn er die Vornahme einer Handlung als Widerkläger beantragt (§ 17 IV S 1 GKG). Die Vorschusspflicht besteht nicht, wenn das Gericht von Amts wegen tätig wird (§ 17 III GKG). Der Privatkläger muss den Auslagenvorschuss auch für die Vernehmung der vom Beschuldigten benannten Entlastungszeugen zahlen, wenn das Gericht ihre Ladung anordnet (LR-Hilger 2, 3 zu § 379; **aM** KK-Senge 7). Die Nichtzahlung des Vorschusses hat lediglich zur Folge, dass die beantragte Handlung unterbleibt (§ 17 I S 2 GKG).

Sühneversuch

380 **I [1] Wegen Hausfriedensbruchs, Beleidigung, Verletzung des Briefgeheimnisses, Körperverletzung (§§ 223 und 229 des Strafgesetzbuches), Bedrohung und Sachbeschädigung ist die Erhebung der Klage erst zulässig, nachdem von einer durch die Landesjustizverwaltung zu bezeichnenden Vergleichsbehörde die Sühne erfolglos versucht worden ist. [2] Gleiches gilt wegen einer Straftat nach § 323 a des Strafgesetzbuches, wenn die im Rausch begangene Tat ein in Satz 1 genanntes Vergehen ist. [3] Der Kläger hat die Bescheinigung hierüber mit der Klage einzureichen.**

II Die Landesjustizverwaltung kann bestimmen, dass die Vergleichsbehörde ihre Tätigkeit von der Einzahlung eines angemessenen Kostenvorschusses abhängig machen darf.

III Die Vorschriften der Absätze 1 und 2 gelten nicht, wenn der amtliche Vorgesetzte nach § 194 Abs. 3 oder § 230 Abs. 2 des Strafgesetzbuches befugt ist, Strafantrag zu stellen.

IV Wohnen die Parteien nicht in demselben Gemeindebezirk, so kann nach näherer Anordnung der Landesjustizverwaltung von einem Sühneversuch abgesehen werden.

1) Sühneversuch vor Vergleichsbehörde als Klagevoraussetzung (I, II): 1

A. **Vergleichsbehörden** sind Organe der Rechtspflege, funktionell mit der JV verbunden (BGHZ **36**, 193 = NJW **62**, 485; LR-Hilger 4). I S 1 sieht vor, dass sie von der LJV einzurichten sind; das schließt jedoch besondere gesetzliche Regelungen nicht aus. Solche Regelungen haben alle Länder getroffen. 2

Im Einzelnen sind Vergleichsbehörden in **Baden-Württemberg** die Gemeinden (§ 37 S 1 BWAGGVG sowie VO vom 23. 10. 1971 [GBl 422]), ebenso in **Bayern** (Art 49 I BayAGGVG und VO vom 13. 12. 1956 [BayBS I 611]), in **Bremen** das AG (§ 2 AGStPO vom 18. 12. 1958 [GBl 103], zuletzt geändert durch Bek vom 16. 8. 1988 [GBl 223], und VO vom 30. 12. 1958 [GBl 105], zuletzt geändert durch Art 2 des Ges vom 4. 12. 2001 [GVBl 407]), in **Hamburg** die öffentliche Rechtsauskunfts- und Vergleichsstelle (§ 1 VO vom 4. 2. 1946 [VBl 13] und GeschäftsO vom 15. 11. 1946 [AmtlAnz 1947, 10]), zuletzt geändert durch VO vom 8. 12. 1974 [GVBl 381]). In **Berlin** ist nach § 35 SchiedsamtsG vom 7. 4. 1994 (GVBl 109) das Schiedsamt zuständig, ebenso in **Hessen** nach § 30 SchiedsamtsG vom 23. 3. 1994 (GVBl 148), zuletzt geändert durch Art 2 des Ges vom 17. 12. 2002 (GVBl 809), in **Niedersachsen** nach § 37 SchiedsamtsG vom 1. 2. 1989 (GVBl 389) und in **Nordrhein-Westfalen** nach § 34 SchiedsamtsG vom 16. 12. 1992 (GVBl 1993, 32), geändert durch Art 2 des Ges vom 9. 5. 2000 (GVBl 476); in **Rheinland-Pfalz** ist nach §§ 9 ff der SchiedsamtsO idF vom 12. 4. 1991 (GVBl 209), zuletzt geändert durch Art 1 des Ges vom 25. 5. 2000 (GVBl 215), die Schiedsperson, im **Saarland** sind nach §§ 30 ff SchiedsO vom 6. 9. 1989 (ABl 1509), geändert durch Ges vom 15. 7. 1992 (ABl 838), Schiedsleute, in **Schleswig-Holstein** ist nach § 35 SchiedsO vom 10. 4. 1991 (GVBl 232), geändert durch Ges vom 11. 12. 2001 (GVBl 361), das Schiedsamt zuständig. In **Brandenburg, Mecklenburg-Vorpommern, Sachsen, Sachsen-Anhalt und** 3

Thüringen nehmen die Schiedsstellen die Aufgaben der Vergleichsbehörde wahr (vgl näher 42 zu § 153).

4 Soweit nach den Landesgesetzen der **Ausschluss von Bevollmächtigten** oder Beiständen zugelassen ist, gilt das nicht für RAe (§ 225 I S 2 BRAO).

5 B. Das **Sühneverfahren** (vgl die Darstellungen bei Martin, Das Sühneverfahren vor dem Schiedsmann in Strafsachen, 1988, und bei Stöckel, Sühneversuch im Privatklageverfahren, 1982) ist nur wegen der in I S 1 und 2 bezeichneten Straftaten **erforderlich.**

6 Trifft eine solche Straftat mit einer anderen Straftat nach § 374 I zusammen und bilden beide eine einheitliche Tat iS des § 264, so entfällt die Notwendigkeit des Sühneversuchs (KMR-Stöckel 11). Sie entfällt auch für die Widerklage, für den Beitritt nach § 375 II und für die Nachtragsanklage (3 zu § 384).

7 Das Sühneverfahren ist noch **kein Strafverfahren,** die Vergleichsbehörde ist kein Strafverfolgungsorgan. Daher trifft sie auch nicht die Belehrungspflicht nach § 136 I S 2 (v. Weber SchiedsmZ **66**, 153; **aM** Hartung SchiedsmZ **66**, 164, 189; Rüping 732 mit der Begründung, das Sühneverfahren sei ein Vorverfahren des Privatklageverfahrens).

8 Das Sühneverfahren führt, wenn es erfolgreich ist, zum **Sühnevergleich** (vgl 15 ff vor § 374), der nach § 779 I BGB zu beurteilen ist. Er enthält einen Verzicht auf das Privatklagerecht, die Zurücknahme des Strafantrags nur, wenn das ausdrücklich vereinbart worden ist (Holland Rpfleger **68**, 45; **aM** Rüping 733; vgl auch RG **76**, 345, das eine Zurücknahme vor der Vergleichsbehörde für unwirksam hält). Die Rechte der StA und anderer Klageberechtigter lässt der Vergleich unberührt. Zur Zwangsvollstreckung aus dem Vergleich vgl Drischler Rpfleger **84**, 308.

9 C. Die **Bescheinigung nach I S 3** wird erteilt, wenn der Sühneversuch erfolglos geblieben ist, sie muss sich auf dieselbe Tat und dieselben Parteien beziehen wie die Privatklage. Eine versehentlich mit der Privatklageschrift nicht vorgelegte Bescheinigung kann bis zur Entscheidung des Gerichts über die Zulässigkeit der Privatklage nachgereicht werden (LG München I NJW **56**, 74; LG Stuttgart NJW **63**, 1792). Das Gericht kann aus Fürsorgegründen sogar gehalten sein, den Privatkläger unter Fristsetzung zur Vorlage der Bescheinigung aufzufordern (LG Bonn MDR **73**, 784; vgl aber LG Stuttgart aaO: nicht bei Mitwirkung eines RA). Bis zur Ausstellung der Bescheinigung ruht die Strafantragsfrist (§ 77 V StGB).

10 D. **Klagevoraussetzung,** nicht Prozessvoraussetzung, ist der Sühneversuch (Hamburg NJW **56**, 522; LG Neubrandenburg NStZ **95**, 149). Nach Erhebung der Privatklage kann der Sühneversuch nicht mehr nachgeholt werden (LG Aachen NJW **56**, 1611; LG Hamburg NJW **73**, 382; LR-Hilger 28 ff; Kraus NJW **53**, 173; **aM** LG Bielefeld JR **51**, 695; LG Itzehoe SchlHA **56**, 273; Reiff NJW **56**, 500; Schlüchter 813). Hat das Gericht aber das Fehlen der Bescheinigung nach I S 3 übersehen und das Hauptverfahren eröffnet, so ist der Mangel bedeutungslos (Bay NJW **58**, 1149, 1151; Hamburg aaO; KK-Senge 8). Für den Fall, dass die Eröffnung des Hauptverfahrens abgelehnt worden ist, gilt das nicht, auch nicht bei Ablehnung aus tatsächlichen Gründen (LG Hamburg NJW **73**, 382; **aM** LG Trier MDR **66**, 607).

11 Die Einhaltung des Sühneversuchs ist **von Amts wegen zu prüfen;** fehlt er, so muss die Klage mit der Kostenfolge aus § 471 II als unzulässig zurückgewiesen werden (LG Aachen NJW **61**, 524; LG Ansbach MDR **71**, 416; LG Hamburg aaO). Durch Beschwerde gegen den Beschluss kann der Mangel nicht behoben werden (LG Stuttgart NJW **63**, 1792).

12 Jedoch ist die **erneute Erhebung der Privatklage** nach Behebung des Hindernisses oder nach gerichtlicher Befreiung vom Sühneversuch (unten 15) bis zum Eintritt der Verjährung zulässig (Hamm NJW **84**, 249; LG Düsseldorf NJW **65**, 1446; LG Stuttgart NJW **63**, 1792; LR-Hilger 28; SK-Velten 14; **aM** LG Bonn NJW **64**, 417 mit abl Anm Heinrich NJW **64**, 1087; LG Bonn MDR **66**, 606 mit Anm Dahs; LG Lübeck MDR **76**, 511; LG Verden MDR **75**, 247). Dabei genügt

aber nicht ein erfolgloser Sühneversuch zwischen Erhebung und Zurückweisung der 1. Privatklage; der Sühneversuch muss neu unternommen werden (Hartung ZStW **71**, 469).

2) Ausnahmen (III, IV): 13

Bei Beleidigung oder Körperverletzung eines **Amtsträgers** (III) ist der Sühne- 14
versuch stets entbehrlich, selbst wenn der Strafantrag von dem Privatkläger selbst gestellt worden ist. Es kommt nur darauf an, dass der amtliche Vorgesetzte nach §§ 194 III, 230 II StGB antragsbefugt ist.

Bei **verschiedenen Wohnorten** der beiden Parteien befreit Art 49 II Bay- 15
AGGVG allgemein vom Sühneversuch. Andere Gesetze über die Vergleichsbehörden (oben 3) sehen vor, dass das Gericht die Befreiung vom Sühneversuch auf Antrag bewilligen darf (Einzelheiten bei Martin [oben 5] s 170 ff; vgl auch LG Hamburg NJW **73**, 382). Die Befreiung muss vor Erhebung der Privatklage beantragt (LG Bonn MDR **73**, 784; LG Verden MDR **74**, 862; **aM** LG Hannover NdsRpfl **66**, 18), und die Entscheidung über den Antrag muss vor der Entscheidung über die Zulässigkeit der Privatklage getroffen werden (LG Flensburg SchlHA **66**, 171; LR-Hilger 48). Fehlende Mitteilung einer ladungsfähigen Anschrift des Beschuldigten führt zur Ablehnung der Terminsbestimmung, nicht der Durchführung des Sühneverfahrens (Hamburg NStE Nr 1).

Besteht keine Vergleichsbehörde, weil in einem Bundesland teilw keine 16
Schiedsstellen eingerichtet worden sind, entfällt dort der Sühneversuch (BezG Meiningen NStZ **92**, 404 mit zust Anm Rieß; SK-Velten 22; Rieß NJ **92**, 245; **aM** LG Neubrandenburg NStZ **95**, 149; AK-Rössner 11; Kurth NStZ **97**, 1).

Klageerhebung

381 [1]**Die Erhebung der Klage geschieht zu Protokoll der Geschäftsstelle oder durch Einreichung einer Anklageschrift.** [2]**Die Klage muss den in § 200 Abs. 1 bezeichneten Erfordernissen entsprechen.** [3]**Mit der Anklageschrift sind zwei Abschriften einzureichen.**

1) Die Erhebung der Privatklage (S 1) kann schriftlich (Einl 128) bei dem 1
nach §§ 7 ff örtlich zuständigen AG (§ 25 Nr 1 GVG) oder zu Protokoll der Geschäftsstelle (Einl 131 ff), auch eines unzuständigen AG (LR-Hilger 2; **aM** KK-Senge 1), erhoben werden. Bezugnahmen auf andere Schriftstücke sind nicht unzulässig, dann müssen aber Abschriften dieser Schriftstücke beigefügt werden. Mit der Anklageschrift sind stets 2 Abschriften einzureichen (S 3); bei Klageerhebung zu Protokoll der Geschäftsstelle besorgt sie das Gericht. Zur Klageerhebung durch Bevollmächtigte vgl 2 zu § 378.

Unter einer **Bedingung,** zB der Bewilligung von Prozesskostenhilfe (7 ff zu 2
§ 379), darf die Klage nicht erhoben werden (LR-Hilger 5; **aM** LG Köln MDR **58**, 622; differenzierend KMR-Stöckel 4).

2) Inhaltlich (S 2) muss die Privatklage den Erfordernissen einer Anklageschrift 3
nach § 200 I entsprechen, also das Gericht, den Beschuldigten (LG Krefeld NJW **05**, 3438: Angabe seines Geburtsdatums nicht erforderlich), die ihm zur Last gelegte Tat, Zeit und Ort ihrer Begehung, die gesetzlichen Merkmale der Straftat, die liches Ermittlungsergebnis muss nicht mitgeteilt werden. Zur Zurückweisung der Klage wegen Mängel der Klageschrift vgl 3 zu § 382.

Mitteilung der Klage

382 **Ist die Klage vorschriftsmäßig erhoben, so teilt das Gericht sie dem Beschuldigten unter Bestimmung einer Frist zur Erklärung mit.**

1) Die **Prüfung des Gerichts** beschränkt sich zunächst darauf, ob die Klage 1
den §§ 379–381 entspricht. Die Prozessvoraussetzungen (Zulässigkeit der Privatklage, Zuständigkeit, Vorliegen des Strafantrags usw) werden grundsätzlich erst bei

der Entscheidung über die Privatklage nach § 383 I S 1 geprüft. Nur die Exterritorialität des Beschuldigten und seine Immunität als Abgeordneter muss das Gericht bereits vor der Mitteilung der Klage an ihn beachten. Stehen sie der Ausübung der Gerichtsbarkeit entgegen (die Genehmigung des Parlaments muss der Privatkläger nach RiStBV 192 IV selbst beschaffen), so wird die Klage sofort zurückgewiesen. Der Beschluss ist mit sofortiger Beschwerde anfechtbar (KK-Senge 1).

2 2) Eine **vorschriftmäßig erhobene Privatklage** wird dem Beschuldigten oder seinem Verteidiger (§ 145 a I) unter Bestimmung einer Erklärungsfrist mitgeteilt. Innerhalb der Frist kann der Beschuldigte entspr § 201 Einwendungen gegen die Eröffnung des Hauptverfahrens vorbringen und Beweiserhebungen beantragen.

3 3) Eine **unvorschriftsmäßig erhobene Privatklage** wird grundsätzlich ohne Mitteilung an den Beschuldigten zurückgewiesen (vgl auch 7 zu § 379 a; 11 zu § 380). Nur wenn der Mangel noch behoben werden kann, wird dem Privatkläger unter Angabe des Mangels (vgl dazu Bohlander NStZ **94**, 420) dafür eine Frist gesetzt, nach deren fruchtlosem Ablauf die Klage zurückgewiesen wird. Die Zurückweisung erfolgt durch Beschluss, gegen den einfache Beschwerde nach § 304 I zulässig ist, sofern keine Sonderregelung besteht, wie in § 379 a III S 2 (LG Hannover NdsRpfl **66**, 18; KK-Senge 2; KMR-Stöckel 8). Zur Erneuerung der Privatklage nach Beseitigung des Hindernisses vgl 8 zu § 383.

4 4) Zur **Vorlage der Klage an die StA** vgl § 377 I S 2. Zu den von Amts wegen zu beachtenden Mitteilungspflichten des Gerichts nach Erhebung der Privatklage vgl etwa MiStra 4 I S 1 Nr 2, 16 III, 23 III, 26 II, 28 II, 39 II sowie § 14 II **EGGVG** (dort 14 ff).

Eröffnung des Hauptverfahrens; Einstellung

383 **I [1]Nach Eingang der Erklärung des Beschuldigten oder Ablauf der Frist entscheidet das Gericht darüber, ob das Hauptverfahren zu eröffnen oder die Klage zurückzuweisen ist, nach Maßgabe der Vorschriften, die bei einer von der Staatsanwaltschaft unmittelbar erhobenen Anklage anzuwenden sind. [2]In dem Beschluss, durch den das Hauptverfahren eröffnet wird, bezeichnet das Gericht den Angeklagten und die Tat gemäß § 200 Abs. 1 Satz 1.**

II [1]Ist die Schuld des Täters gering, so kann das Gericht das Verfahren einstellen. [2]Die Einstellung ist auch noch in der Hauptverhandlung zulässig. [3]Der Beschluss kann mit sofortiger Beschwerde angefochten werden.

1 1) **Entscheidung über die Eröffnung des Hauptverfahrens** (I):

2 A. Die **Entscheidung des Gerichts** über die Eröffnung des Hauptverfahrens entspr §§ 199 ff erfolgt nach Eingang der Erklärung des Beschuldigten, die dem Privatkläger nicht bekanntgegeben werden muss, oder nach Ablauf der ihm nach § 382 gesetzten Frist (S 1).

3 Die **Prüfungspflicht** des Gerichts bezieht sich auf die allgemeinen Prozessvoraussetzungen und -hindernisse (Einl 141 ff) sowie auf die besonderen Privatklagevoraussetzungen, wie die Klageberechtigung des Klägers (5 zu § 374), die Privatklagefähigkeit (8 zu § 374) und das Nichtvorliegen eines Offizialdelikts (9 ff zu § 376).

4 Auf Antrag oder von Amts wegen kann das Gericht einzelne **Beweiserhebungen** nach § 202 S 1 anordnen und selbst vornehmen oder im Wege der Rechtshilfe (§§ 157, 158 GVG) vornehmen lassen (Zweibrücken NJW **66**, 685; KK-Senge 5; KMR-Stöckel 11; einschr Nierwetberg NStZ **89**, 212). Es kann auch die Polizei oder seine eigene Geschäftsstelle mit der Beweiserhebung beauftragen (BayVerfGHE **15**, II 5 = NJW **62**, 531; Zweibrücken aaO). Zur Anordnung von Zwangsmaßnahmen nach §§ 94 ff vgl 4 ff zu § 384. Bei richterlichen Beweiserhebungen

sind Privatkläger und Beschuldigter nach §§ 168c, 168d zur Anwesenheit berechtigt; der Privatkläger kann im Beistand eines RA erscheinen (1 zu § 378). Finden Beweiserhebungen, die das Gericht zu ihrem Nachteil berücksichtigen will, in Abwesenheit der Parteien statt, so muss ihnen vor der Entscheidung Gelegenheit zur Äußerung gegeben werden (BVerfGE **8**, 184 = NJW **58**, 1723).

B. Die **Eröffnung des Hauptverfahrens** beschließt das Gericht entspr § 203, wenn keine Prozesshindernisse erkennbar sind, nach der Sachdarstellung in der Klageschrift (KK-Senge 4ff) ein Privatklagedelikt vorliegt und der Beschuldigte nach dem Vorbringen in der Klageschrift dieser Straftat hinreichend verdächtig erscheint. Die Glaubhaftigkeit dieses Vorbringens wird erst in der Hauptverhandlung beurteilt (LR-Hilger 8; SK-Velten 11; vgl aber LG Wuppertal JR **67**, 350 mit abl Anm Sarstedt, das die Beibringung eines schriftlichen Gutachtens des benannten Sachverständigen verlangt; **aM** auch Nierwetberg NStZ **89**, 212, der Vorlage der wesentlichen Beweisunterlagen durch den Privatkläger fordert). 5

Im **Eröffnungsbeschluss** formuliert das Gericht den Anklagesatz (§ 200 I S 1), wie es der StA tun müsste, wenn er das Verfahren betreiben würde. Dabei sollte bereits am Anfang zum Ausdruck kommen, dass es sich um die Zulassung der Privatklage zur Hauptverhandlung handelt. Der Beschluss, mit dessen Erlass die Privatklage rechtshängig wird, legt den Verhandlungsstoff für die Hauptverhandlung fest. Zur Verlesung des Eröffnungsbeschlusses vgl § 384 II. 6

C. Die **Zurückweisung der Privatklage** durch einen nach § 34 (**aM** KMR-Stöckel 14: entspr § 204) mit Gründen versehenen Beschluss und der Kostenentscheidung nach § 471 II ist geboten, wenn eine Voraussetzung für die Eröffnung des Hauptverfahrens fehlt. Kommt das Gericht zu dieser Entscheidung auf Grund allgemeinkundiger Tatsachen, so muss es dem Privatkläger zuvor das rechtliche Gehör gewähren (BVerfGE **12**, 110). Auch bei hinreichendem Tatverdacht für ein Offizialdelikt weist das Gericht die Privatklage zurück (2 zu § 389), wenn die StA das Verfahren nicht übernimmt (3 zu § 377). 7

Die **Erneuerung der Privatklage nach rechtskräftiger Zurückweisung** wegen Fehlens des hinreichenden Tatverdachts oder aus Gründen des sachlichen Rechts ist entspr § 211 nur auf Grund neuer Tatsachen oder Beweismittel zulässig (KK-Senge 9). Bei Zurückweisung aus verfahrensrechtlichen Gründen ist die Erneuerung zulässig, sobald das Hindernis beseitigt ist. Bei Zurückweisung wegen Vorliegens eines Offizialdelikts gibt der Richter die Sache nach Rechtskraft des Beschlusses an die StA ab. 8

D. **Rechtsmittel:** Den Eröffnungsbeschluss kann weder der Angeklagte noch der Privatkläger anfechten (vgl § 210 I). Gegen den Zurückweisungsbeschluss hat der Privatkläger nach § 390 I S 1 iVm § 210 II die sofortige Beschwerde nach § 311. 9

2) Einstellung wegen Geringfügigkeit (II): 10

A. **An die Stelle des § 153** tritt die Vorschrift. Die Funktion des § 153a übernimmt im Privatklageverfahren der gerichtliche Vergleich (9 vor § 374). Die Beschränkung der Strafverfolgung nach §§ 154a, 430 ist auch im Privatklageverfahren zulässig (vgl § 385 IV). Die Einstellung nach II setzt wie die Eröffnung des Hauptverfahrens voraus, dass der Sühneversuch (§ 380) erfolglos durchgeführt worden ist (vgl LG Hamburg NJW **73**, 382, 383). Von der Erfüllung von Auflagen darf sie nicht abhängig gemacht werden (Peters 576). 11

B. Bei **geringer Schuld** (S 1) ist die Einstellung zulässig, also nicht, wenn es am hinreichenden Tatverdacht iS des § 203 fehlt oder der in der Anklageschrift geschilderte Sachverhalt sogar ergibt, dass eine Straftat des Beschuldigten aus Rechtsgründen nicht vorliegt (erg 3 zu § 153) oder wenn aus anderen Gründen Einstellung oder Freisprechung geboten ist. Andererseits muss die (geringe Schuld nicht erwiesen sein; es genügt, dass sie nicht von vornherein auszuschließen ist. Lässt sie sich auch in der Hauptverhandlung nicht erweisen, so ist aber freizusprechen. In 12 den Gründen des Einstellungsbeschlusses darf die Schuld des Angeklagten nur festgestellt werden, wenn eine Hauptverhandlung bis zur Schuldspruchreife durchgeführt worden ist; andernfalls ist der Sachverhalt, wie er sich im jeweiligen Verfahrensstadium abzeichnet, nur darauf zu prüfen, ob die Schuld des Angeklagten gering wäre, wenn die Feststellungen in einer Hauptverhandlung diesem Bild entsprächen (BVerfGE **74**, 358, 372ff = NJW **87**, 2427).

13 **Gering** ist die Schuld, wenn sie im Vergleich zu Vergehen gleicher Art nicht unerheblich unter dem Durchschnitt liegt (vgl 2 zu § 153). Das Fehlen des öffentlichen Interesses wird, anders als nach § 153 I S 1, nicht verlangt; wenn ein solches Interesse bestünde, müsste die StA das Verfahren nach § 376 übernehmen.

14 C. **In jeder Lage des Verfahrens,** auch noch in der Hauptverhandlung (S 2), aber nicht vor Ablauf der Erklärungsfrist nach § 382 (KMR-Stöckel 23), ist die Einstellung zulässig. Für den Berufungsrechtszug gilt § 390 V S 1. Die Vorschrift schließt die Einstellung durch das Revisionsgericht nicht aus (LR-Hilger 28). Auch das Beschwerdegericht kann das Verfahren einstellen, wenn es mit der sofortigen Beschwerde des Privatklägers gegen die Zurückweisung seiner Klage befasst ist (Bay **52**, 94; Hamburg NJW **53**, 1933; Neustadt JZ **52**, 310; Schleswig SchlHA **53**, 103), nicht aber, wenn es nur über eine Beschwerde gegen die Versagung der Prozesskostenhilfe zu entscheiden hat (Bay **57**, 40; KMR-Stöckel 24).

15 D. Nach **Anhörung des Privatklägers** (§ 385 I S 1 iVm § 33 III) erfolgt die Einstellung. Rechtliches Gehör ist ihm insbesondere zu gewähren, wenn das Gericht zu seinem Nachteil neue Beweisergebnisse berücksichtigen will (BVerfGE **8**, 208 = MDR **59**, 21).

16 Der **Beschuldigte** muss nur gehört werden, wenn ihm die Kosten und die notwendigen Auslagen des Privatklägers auferlegt werden sollen (BVerfGE **25**, 40; Endemann NJW **69**, 1200).

17 Die **Zustimmung** des Privatklägers oder des Beschuldigten ist in keinem Fall erforderlich.

18 E. Durch **Beschluss** des Gerichts, der dem Privatkläger und dem Beschuldigten nach § 35 bekanntzumachen ist, erfolgt die Einstellung, auch in der Hauptverhandlung (KG JR **56**, 351). Durch besonderen Beschluss muss auch entschieden werden, wenn in der Hauptverhandlung ein Urteil erlassen wird, durch das der Beschuldigte von anderen Tatvorwürfen freigesprochen wird (KG JR **69**, 472; Kempfler NJW **62**, 475). Vgl für die Widerklage auch 15 zu § 388. Über die Kosten wird nach § 471 III Nr 2 entschieden.

19 Die **Ablehnung der Einstellung** bedarf keiner ausdrücklichen Entscheidung. Wird dennoch ein Beschluss erlassen, so hat er keine Rechtskraftwirkung. Das Gericht ist rechtlich nicht gehindert, das Verfahren später doch noch einzustellen.

20 F. **Rechtsmittel** (S 3):

21 Gegen den Einstellungsbeschluss kann der **Privatkläger** sofortige Beschwerde nach § 311 einlegen, auch wenn irrtümlich durch Urteil eingestellt worden ist (12 zu § 296); die Kostenentscheidung kann er nach § 464 III S 1 anfechten. Das LG kann den Beschluss des AG bestätigen oder (unter gleichzeitiger Eröffnung des Hauptverfahrens oder Zurückweisung der Privatklage) aufheben. Stellt es selbst wegen Geringfügigkeit ein (oben 14), so hat der Privatkläger hiergegen kein Beschwerderecht (Bay **52**, 94; Düsseldorf JurBüro **88**, 515; Schleswig SchlHA **53**, 103; **84**, 110 [E/L]), auch nicht, wenn das LG unter Aufhebung des Einstellungsbeschlusses die Privatklage zurückweist (Neustadt NJW **52**, 1349). Die Anfechtung des im Berufungsrechtszug erlassenen Einstellungsbeschlusses schließt § 390 V aus.

22 Der **Beschuldigte** ist durch die Einstellung nicht beschwert und kann den Beschluss daher in der Hauptsache nicht anfechten (Düsseldorf JurBüro **88**, 515; LG Berlin JR **72**, 207 mit abl Anm Peters; LG Freiburg NStZ **88**, 146 mit Anm Hilger; LG Potsdam NStZ-RR **03**, 158; **aM** LG Trier MDR **75**, 951; Meynert MDR **73**, 7; Niese SJZ **50**, 892; **aM** auch LG Hannover NdsRpfl **66**, 23; LG Mosbach MDR **64**, 616; EbSchmidt 15 für den Fall, dass die Schuld nicht erwie-

sen ist). Auch gegen die Ablehnung der Einstellung hat er kein Rechtsmittel. Gegen die Kosten- und Auslagenentscheidung steht ihm die sofortige Beschwerde nach § 464 III S 1 zu (LG Dortmund MDR **74**, 690; LG Freiburg aaO; LG Potsdam aaO; Gössel JR **81**, 129; **aM** LG Berlin JR **72**, 207 mit abl Anm Peters; erg 19 zu § 464).

Legt die **StA** sofortige Beschwerde ein, so liegt darin nach § 377 II S 2 die Übernahme des Verfahrens. **23**

G. Die **Wiederaufnahme** des nach II eingestellten Verfahrens ist unzulässig (Bremen NJW **59**, 353; LR-Hilger 43). **24**

Weiteres Verfahren

384 **I [1] Das weitere Verfahren richtet sich nach den Vorschriften, die für das Verfahren auf erhobene öffentliche Klage gegeben sind. [2] Jedoch dürfen Maßregeln der Besserung und Sicherung nicht angeordnet werden.**

II § 243 ist mit der Maßgabe anzuwenden, dass der Vorsitzende den Beschluss über die Eröffnung des Hauptverfahrens verliest.

III Das Gericht bestimmt unbeschadet des § 244 Abs. 2 den Umfang der Beweisaufnahme.

IV Die Vorschrift des § 265 Abs. 3 über das Recht, die Aussetzung der Hauptverhandlung zu verlangen, ist nicht anzuwenden.

V Vor dem Schwurgericht kann eine Privatklagesache nicht gleichzeitig mit einer auf öffentliche Klage anhängig gemachten Sache verhandelt werden.

1) Die **Vorschriften über das Offizialverfahren** (I S 1) gelten für das weitere Privatklageverfahren, soweit nicht II–V und die §§ 385 ff etwas anderes bestimmen oder die Mitwirkung des Privatklägers anstelle des StA Abänderungen erfordert. **1**

A. **Anwendbar** sind insbesondere die §§ 48 ff und 72 ff, der § 206 a, die §§ 213 ff, 226 ff mit Ausnahme der §§ 225 a, 270 (unten 11) und die Vorschriften über Rechtsmittel (§§ 296 ff), die Wiederaufnahme (§§ 359 ff), die Strafvollstreckung und die Kosten des Verfahrens (§§ 449 ff). Der Privatkläger kann nicht als Zeuge vernommen werden (6 vor § 374). **2**

Die **Nachtragsanklage** ist unter den Voraussetzungen des § 266 mit Zustimmung des Beschuldigten zulässig; einen erfolglosen Sühneversuch (§ 380 I) setzt sie nicht voraus. **3**

B. Die **Zwangsmittel des Offizialverfahrens** sind im Privatklageverfahren nur beschränkt zulässig: **4**

Ein **Haftbefehl** darf nicht erlassen werden, solange die StA die Verfolgung nicht nach §§ 376, 377 übernommen hat; eine so einschneidende Maßnahme ist wegen des fehlenden öffentlichen Interesses an der Strafverfolgung ausgeschlossen (Karlsruhe MDR **74**, 332; allgM; erg 4 vor § 112). Über die vorläufige Festnahme vgl 22 zu § 127. **5**

Unzulässig ist auch die **Unterbringung zur Beobachtung** nach § 81 (dort 7). **6**

Unter besonderer Beachtung des Verhältnismäßigkeitsgrundsatzes (Einl 20 ff) sind dagegen statthaft die **Beschlagnahme** von Beweismitteln nach § 94 und von Einziehungsgegenständen nach §§ 111 b ff (KMR-Stöckel 2; 9 zu § 94; 1 zu § 111 b), auch eine allgemeine Beschlagnahme (erg 12 zu § 111 b) und, bei besonders vorsichtiger Abwägung, auch in den Fällen der §§ 111 m und 111 n (LR-Hilger 22), idR aber nicht die Postbeschlagnahme nach § 99 (dort 12). **7**

Die **Durchsuchung** zum Zweck der Beschlagnahme (§§ 102 ff, 111 b IV) ist ebenfalls zulässig (LR-Hilger 22; Feiber NJW **64**, 709; **aM** Sangmeister NJW **64**, 16), aber nicht zur Ergreifung des Beschuldigten. **8**

Für die Anordnung **heimlicher Zwangsmaßnahmen** (§§ 98 a, 100 a, 100 f) sowie für die Fahndungsregelungen nach §§ 131 ff werden idR die gesetzlichen Voraussetzungen nicht gegeben sein (vgl dazu im Einzelnen Hilger Fezer-FS 577). **8a**

9 **Maßnahmen gegen Zeugen und Sachverständige** nach §§ 51, 70, 77 können angeordnet werden.

10 **Sitzungspolizeiliche Maßnahmen** nach §§ 176 ff GVG sind zulässig.

11 **2) Sicherungsmaßregeln** (I S 2) nach §§ 61 ff StGB sind im Privatklageverfahren nicht zulässig. Erscheint eine solche Maßregel (zB die Entziehung der Fahrerlaubnis nach § 69 StGB oder das Berufsverbot nach § 70 StGB) erforderlich, so weist das Gericht die Privatklage nach § 383 I zurück; nach Eröffnung des Hauptverfahrens stellt es das Verfahren nach § 206 a ein, in der Hauptverhandlung nach § 389 I. Eine Verweisung nach § 270 ist ausgeschlossen, da die Vorschrift im Privatklageverfahren nicht anwendbar ist (LR-Hilger 2).

12 **3)** Die **Verlesung des Eröffnungsbeschlusses** (II) übernimmt der Vorsitzende an der Stelle, an der der StA den Anklagesatz nach § 243 III S 1 verlesen müsste.

13 **4)** Die **Beweisaufnahme** (III) findet auch im Privatklageverfahren zur Schuld- und Rechtsfolgenfrage nach den Grundsätzen des Strengbeweises (6 zu § 244) statt (ANM 834). Ihren Umfang bestimmt aber das Gericht; das gilt auch für das Berufungsverfahren (**aM** Schlothauer StV **95**, 47), denn auch dieses bleibt ein Privatklageverfahren.

14 Die Prozessbeteiligten sind zwar berechtigt, **Beweisanträge** nach § 244 III–V zu stellen (Woesner NJW **59**, 704); solche Anträge sind aber lediglich Anregungen, denen das Gericht nur entsprechen muss, wenn das zur weiteren Aufklärung des Sachverhalt nach § 244 II erforderlich erscheint (ANM 834; vgl auch BGH **12**, 333). An die Ablehnungsgründe des § 244 III–IV ist das Gericht nicht gebunden (Köln JMBlNW **55**, 131; Woesner aaO). Das Verbot der Vorwegnahme der Beweiswürdigung (46 ff zu § 244) gilt nicht (zw LR-Hilger 7). Beweisanträge dürfen daher auch mit der Begründung abgelehnt werden, das Gegenteil der Beweistatsache sei bereits erwiesen (**aM** SK-Velten 11) und das neue Beweismittel nicht geeignet, die Überzeugung des Gerichts zu erschüttern (Köln aaO; KK-Senge 3; ANM 835; einschr Schlüchter 823: allenfalls in Ausnahmefällen). Jedoch gilt § 246 I auch im Privatklageverfahren; mit der Begründung, der Beweisantrag sei verspätet gestellt, dürfen Beweisanträge nicht abgelehnt werden. Den Anträgen der Prozessbeteiligten, die von ihnen herbeigeschafften Beweismittel zu benutzen, insbesondere die nach § 386 II unmittelbar geladenen Zeugen und Sachverständigen zu vernehmen, braucht selbst dann nicht stattgegeben zu werden, wenn keiner der Ablehnungsgründe des § 245 II S 2, 3 vorliegt.

15 Auch im Privatklageverfahren bedarf es nach §§ 34, 244 VI zur Ablehnung eines nicht nur hilfsweise gestellten Beweisantrags, der im Urteil beschieden werden kann (44 zu § 244), eines mit Gründen versehenen **Gerichtsbeschlusses** (Bay **51**, 347; KMR-Stöckel 8; ANM 836; Schlüchter 824; Woesner NJW **59**, 706; vgl auch Bay **70**, 41 = NJW **70**, 1202). Bei Ablehnung aus einem der Gründe des § 244 III, IV oder des § 245 II S 2, 3 muss die Begründung den dort bezeichneten Voraussetzungen entsprechen (ANM 836). Sonst genügt der Hinweis darauf, dass das Gericht den Sachverhalt für genügend geklärt oder das Gegenteil der Beweistatsache bereits für erwiesen hält (Bay aaO; Köln JMBlNW **55**, 131; ANM 836 mwN in Fn 20; **aM** EbSchmidt Nachtr 5; Woesner NJW **59**, 706 ff: auf den Einzelfall abgestellte Begründung erforderlich).

16 **5)** Die **Hinweispflichten nach § 265** (IV) bestehen auch im Privatklageverfahren (LR-Hilger 16). Jedoch entfällt der Anspruch des Angeklagten auf Aussetzung der Hauptverhandlung nach § 265 III.

17 **6)** Eine **Verbindung mit Schwurgerichtssachen** (V) ist nicht zulässig, solange die StA das Verfahren nicht nach §§ 376, 377 übernommen hat. Die praktische Bedeutung der Vorschrift ist entfallen, seitdem Pressevergehen keine Schwurgerichtssachen mehr sind (LR-Hilger 19).

Rechte des Privatklägers

385 **I** [1]**Soweit in dem Verfahren auf erhobene öffentliche Klage die Staatsanwaltschaft zuzuziehen und zu hören ist, wird in dem Verfahren auf erhobene Privatklage der Privatkläger zugezogen und gehört.** [2]**Alle Entscheidungen, die dort der Staatsanwaltschaft bekannt gemacht werden, sind hier dem Privatkläger bekannt zu geben.**

II Zwischen der Zustellung der Ladung des Privatklägers zur Hauptverhandlung und dem Tag der letzteren muss eine Frist von mindestens einer Woche liegen.

III [1]**Das Recht der Akteneinsicht kann der Privatkläger nur durch einen Anwalt ausüben.** [2]**§ 147 Abs. 4 und 7 sowie § 477 Abs. 5 gelten entsprechend.**

IV In den Fällen der §§ 154a und 430 ist deren Absatz 3 Satz 2 nicht anzuwenden.

V [1]**Im Revisionsverfahren ist ein Antrag des Privatklägers nach § 349 Abs. 2 nicht erforderlich.** [2]**§ 349 Abs. 3 ist nicht anzuwenden.**

1) Die **Zuziehung und Anhörung des Privatklägers** (I S 1) erfolgt im selben Umfang wie im Offizialverfahren die der StA. Der Privatkläger hat grundsätzlich die Rechte und Pflichten des StA, soweit sie nicht Ausfluss der staatsanwaltschaftlichen Amtsgewalt sind (KMR-Stöckel 1; Woesner NJW **59**, 705) und soweit das Gesetz nicht (wie in § 384 II) etwas anderes bestimmt. 1

Der Privatkläger hat die **Pflicht,** wahrheitsgemäße Angaben zu machen; zur Objektivität ist er nicht verpflichtet (Rüping 735). Er braucht keine Ermittlungen anzustellen, insbesondere nicht, wie der StA (§ 160 II), die den Beschuldigten entlastenden Umstände zu ermitteln und dem Gericht mitzuteilen (Seibert MDR **52**, 278). 2

Zu seinen **Rechten** gehört das Anwesenheitsrecht bei vorverlegten Beweiserhebungen (4 zu § 303) und in der Hauptverhandlung (2 zu § 378). In der Hauptverhandlung kann er Anträge, insbesondere Beweisanträge, stellen (14 zu § 384). Er hat das Fragerecht nach § 240 II S 1, das Recht, Sachleitungsmaßnahmen zu beanstanden (§ 237 II), und das Recht, Schlussvorträge zu halten und auf sie zu erwidern und dabei Anträge zu stellen (§ 258); zur Stellung bestimmter Anträge ist er dabei nicht verpflichtet (KK-Senge 1). 3

Das **rechtliche Gehör** ist dem Privatkläger entspr § 33 I, II zu gewähren (vgl auch BVerfGE **14**, 8 = NJW **62**, 580). 4

2) Bekanntmachungen an den Privatkläger (I S 2) erfolgen, sofern nicht die Voraussetzungen des § 35 I vorliegen, nach § 35 II, nicht nach § 41. Alle Entscheidungen, die im Offizialverfahren der StA bekanntzumachen sind, müssen dem Privatkläger oder nach § 378 S 2 seinem bevollmächtigten RA bekanntgegeben werden (dort 7). Das gilt jedoch nicht, soweit der Privatkläger Widerbeklagter ist und den RA nicht ausdrücklich auch als Verteidiger bevollmächtigt hat (§ 145a II). 5

Mit befristeten Rechtsmitteln anfechtbare Entscheidungen müssen nach § 35a mit einer **Rechtsmittelbelehrung** versehen werden. 6

3) Ladung des Privatklägers (II): Die Vorschrift setzt voraus, dass der Privatkläger zur Hauptverhandlung wie der Angeklagte zu laden ist. § 145a gilt entspr, auch wenn nach § 387 III das persönliche Erscheinen des Privatklägers angeordnet worden ist. Die in § 216 I S 1 vorgeschriebene Warnung entfällt; statt dessen wird auf die nach § 391 II, III drohenden Rechtsnachteile hingewiesen. 7

Die in II bestimmte **Ladungsfrist** entspricht der des § 217 I; sie gilt auch im Berufungsrechtszug. Die Nichteinhaltung der Ladungsfrist berechtigt den Privatkläger entspr § 217 II, die Aussetzung der Hauptverhandlung zu verlangen. Wie der Angeklagte (§ 217 III) kann auch der Privatkläger auf die Einhaltung der Ladungsfrist verzichten. 8

9 **4) Akteneinsicht** (III) kann der Privatkläger im selben Umfang wie der Angeklagte (vgl 13ff, 28 zu § 147), aber nur durch einen RA ausüben, auch wenn er selbst RA ist; jedoch können dem Privatkläger selbst nach III S 2 iVm § 147 VII Auskünfte und Abschriften erteilt werden. Entscheidung und Anfechtung richten sich nach § 147 VII S 2 iVm § 147 V (LR-Hilger 12, 13). Die datenschutzrechtlich begründete Zweckbindung ist zu beachten (III S 2 iVm § 477 V).

10 **5)** Die **Beschränkung der Strafverfolgung** (IV) nach §§ 154a, 430 ist nur mit Zustimmung des Privatklägers zulässig (LR-Beulke 5 zu § 154a). Die StA ist zur Antragstellung nicht berechtigt, solange sie das Verfahren nicht übernommen hat (erg 2 zu § 377). Das Gericht kann die ausgeschiedenen Teile auch gegen den Willen des Privatklägers wieder einbeziehen. Einem entspr Antrag des Privatklägers braucht es, da IV die Anwendung der §§ 154a III S 2, 430 III S 2 ausschließt, nicht zu entsprechen. Einem Antrag der StA muss erst stattgegeben werden, wenn sie das Verfahren nach §§ 376, 377 übernommen hat. Die Prozessbeteiligten müssen vor der Beschränkung der Strafverfolgung und der Wiedereinbeziehung der ausgeschiedenen Teile gehört werden, damit sie ihr Prozessverhalten danach einrichten können. § 154 II ist im Privatklageverfahren nicht anwendbar (str, vgl LG Regensburg NJW **90**, 1742 = JR **90**, 255 mit Anm Hilger; erg 16 zu § 154).

11 **6)** Für die **Revision** (V) gelten die §§ 333ff, soweit in § 390 nichts anderes bestimmt ist. Zulässig ist auch die Revisionsverwerfung durch Beschluss nach § 349 II, jedoch mit der Besonderheit, dass ein Antrag des Privatklägers (oder des StA) nicht erforderlich und dass § 349 III nicht anzuwenden ist. Das gilt sowohl für die Revision des Angeklagten als auch für die des Privatklägers (9 zu § 349).

Ladung der Beweispersonen

386 **I Der Vorsitzende des Gerichts bestimmt, welche Personen als Zeugen oder Sachverständige zur Hauptverhandlung geladen werden sollen.**

II Dem Privatkläger wie dem Angeklagten steht das Recht der unmittelbaren Ladung zu.

1 **1)** Über die **Ladung von Beweispersonen** (I) und die Herbeischaffung sachlicher Beweismittel entscheidet der Vorsitzende unabhängig von Beweisangeboten und -anträgen der Prozessbeteiligten auf Grund der Privatklageschrift, der etwa von dem Beschuldigten abgegebenen Erklärungen (2 zu § 382) oder der vor Eröffnung des Hauptverfahrens angestellten Ermittlungen (4 zu § 383). Maßgebend ist die Pflicht zur Sachaufklärung nach § 244 II. Die vorgeladenen Beweispersonen muss der Vorsitzende den Prozessbeteiligten rechtzeitig namhaft machen (§ 222 II).

2 Stellt der Privatkläger vor der Hauptverhandlung **weitere Beweisanträge,** so gilt nicht § 219; es handelt sich lediglich um Beweisanregungen (KMR-Stöckel 2; ANM 353; **aM** LR-Hilger 2, der aber auch nur § 244 II anwenden will).

3 Im **Berufungsrechtszug** gilt § 325 sinngemäß. Soweit nach § 325 Hs 2 die Zustimmung der StA erforderlich ist, bedarf es der Zustimmung des Privatklägers (KMR-Stöckel 3). Ladungsanträge des Privatklägers hindern die Verlesung nach § 325 aber nicht (ANM 290; **aM** Königsberg JW **28**, 2293 mit Anm Stern).

4 **2)** Das **Recht der unmittelbaren Ladung** (II) nach §§ 220, 38 haben der Angeklagte und sein Verteidiger (§ 387 I) sowie der Privatkläger und sein Beistand (erg 2 zu § 384). Die Mitteilungspflichten nach § 222 II bestehen auch im Privatklageverfahren. Zur eingeschränkten Pflicht des Gerichts, die Beweispersonen zu vernehmen, vgl 14 zu § 384. Wegen der Entschädigung gilt § 220 III.

Vertretung in der Hauptverhandlung

387 **I In der Hauptverhandlung kann auch der Angeklagte im Beistand eines Rechtsanwalts erscheinen oder sich auf Grund einer schriftlichen Vollmacht durch einen solchen vertreten lassen.**

II Die Vorschrift des § 139 gilt für den Anwalt des Klägers und für den des Angeklagten.

III Das Gericht ist befugt, das persönliche Erscheinen des Klägers sowie des Angeklagten anzuordnen, auch den Angeklagten vorführen zu lassen.

1) **Erscheinungspflicht und Vertretung des Angeklagten** (I): Der Angeklagte hat wie der Privatkläger (1 zu § 378) die Wahl, in der Hauptverhandlung selbst, auch im Beistand eines RA, zu erscheinen oder, sofern nicht sein persönliches Erscheinen angeordnet worden ist (unten 6ff), sich durch einen RA vertreten zu lassen. Ist der Angeklagte weder erschienen noch wirksam vertreten, so darf gegen ihn nur verhandelt werden, wenn die Voraussetzungen des § 232 I S 1 vorliegen oder wenn er nach § 233, der auch im Privatklageverfahren anwendbar ist, entbunden ist. 1

Beistand und Vertreter kann **nur ein RA** sein. Wie beim Privatkläger (3 zu § 378) sind die Bevollmächtigung eines Hochschullehrers und die Zulassung eines Verteidigers nach § 138 II ausgeschlossen (Hamburg MDR **66**, 256; LG Braunschweig AnwBl **68**, 165; KK-Senge 4; KMR-Stöckel 1; **aM** LG Berlin Rpfleger **53**, 592; LG Dortmund Rpfleger **54**, 319; LG Wuppertal JMBlNW **59**, 257; LR-Hilger 19ff). 2

Die Beiordnung eines **Pflichtverteidigers** ist unter den Voraussetzungen des § 140 II auch im Privatklageverfahren möglich (BVerfGE **63**, 380 = NJW **83**, 1599; LR-Hilger 22; erg 1 zu § 140). 3

Eine **Vertretung** durch einen RA ist nur auf Grund einer schriftlichen Vollmacht (dazu 5 zu § 234) zulässig, die dem Gericht bei Beginn der Hauptverhandlung vorliegen muss (5 zu § 411). Zu den Befugnissen des Vertreters vgl 8ff zu § 234; 6 zu § 411. 4

2) Die **Übertragung der Verteidigung auf einen Referendar** (II) ist unter den Voraussetzungen des § 139 ebenso zulässig wie im Offizialverfahren. Das gilt auch für den Anwalt des Privatklägers. 5

3) Die **Anordnung des persönlichen Erscheinens** (III) sowohl des Angeklagten als auch des Privatklägers ist zulässig. Sie darf nicht willkürlich getroffen werden, sondern setzt voraus, dass die Anwesenheit der Prozessbeteiligten die Sachaufklärung fördern oder zu einem Vergleich führen kann. III gilt auch im Berufungsrechtszug, aber nicht für die Revisionsverhandlung (LR-Hilger 15; Woesner NJW **59**, 707; **aM** AK-Rössner 2). 6

Ein **Beschwerderecht** hat weder der Angeklagte (9 zu § 236) noch der Privatkläger (Celle NJW **53**, 1933; Woesner aaO). 7

Die **Folgen des Ausbleibens,** von dem erst nach einer gewissen Wartezeit ausgegangen werden darf (erg 13 zu § 329; 3 zu § 412), ist bei dem Privatkläger die Rücknahmefiktion des § 391 II, III. Gegen den Angeklagten kann ein Vorführungsbefehl (vgl 20 zu § 230), aber kein Haftbefehl (5 zu § 384) erlassen werden. Im Übrigen gelten die §§ 230–233, auch im Berufungsrechtszug (§ 332). Hat jedoch der Angeklagte Berufung eingelegt, so gilt § 329. 8

Widerklage

388 **I Hat der Verletzte die Privatklage erhoben, so kann der Beschuldigte bis zur Beendigung des letzten Wortes (§ 258 Abs. 2 Halbsatz 2) im ersten Rechtszug mittels einer Widerklage die Bestrafung des Klägers beantragen, wenn er von diesem gleichfalls durch eine Straftat verletzt worden ist,**

die im Wege der Privatklage verfolgt werden kann und mit der den Gegenstand der Klage bildenden Straftat in Zusammenhang steht.

II 1 **Ist der Kläger nicht der Verletzte (§ 374 Abs. 2), so kann der Beschuldigte die Widerklage gegen den Verletzten erheben.** 2 **In diesem Falle bedarf es der Zustellung der Widerklage an den Verletzten und dessen Ladung zur Hauptverhandlung, sofern die Widerklage nicht in der Hauptverhandlung in Anwesenheit des Verletzten erhoben wird.**

III **Über Klage und Widerklage ist gleichzeitig zu erkennen.**

IV **Die Zurücknahme der Klage ist auf das Verfahren über die Widerklage ohne Einfluss.**

1 **1)** Ihrem **Wesen** nach ist die Widerklage eine besondere Form der Privatklage; sie ist, anders als die Privatklage, auch gegen Jugendliche zulässig (§ 80 II **JGG**). Wie die Privatklage (§ 374 III) setzt auch die Widerklage Prozessfähigkeit des Klägers voraus; Minderjährige können sie nur durch ihre gesetzlichen Vertreter erheben.

2 Der Verletzte hat die **Wahl,** ob er Widerklage oder eine selbstständige Privatklage erheben will; die Umdeutung einer Privatklage in eine Widerklage ist daher unzulässig (Düsseldorf NJW **54**, 123). Statthaft ist dagegen eine Verfahrensverbindung nach § 237 mit umgekehrten Parteirollen (KK-Senge 8).

3 Für die Widerklage gelten die **Vorschriften über die Privatklage** mit der Einschränkung, dass Sicherheitsleistung (§ 379), Gebührenvorschuss (§ 379 a) und Sühneversuch (§ 380) entfallen (Hamburg NJW **56**, 1890). Prozesskostenhilfe kann bewilligt werden (4 zu § 379 a). Zum Auslagenvorschuss vgl 13 zu § 379.

4 **2) Voraussetzungen der Widerklage** (I):

5 A. Eine **zulässige** Privatklage muss erhoben sein. Fehlt für die Privatklage eine Prozessvoraussetzung, nicht nur der hinreichende Tatverdacht (Bay **58**, 84 = NJW **58**, 1149 mit Anm Parsch NJW **58**, 1548), so ist auch die Widerklage unzulässig. Das gilt insbesondere für den Fall, dass kein Privatklagedelikt (§ 374 I) vorliegt. Wenn die Unzulässigkeit der Privatklage erst später entdeckt wird, so ändert das an der Unzulässigkeit der Widerklage nichts (Bay **52**, 114; KK-Senge 4). Wird die Privatklage aber erst nach Erhebung der Widerklage unzulässig, so bleibt die Widerklage wirksam; sie wird als Privatklage fortgesetzt (KMR-Stöckel 4). Die Übernahme der Strafverfolgung durch die StA nach § 377 II lässt die Wirksamkeit der bereits erhobenen Widerklage unberührt (dort 11); die erst später erhobene Widerklage ist dagegen unzulässig.

6 B. Ein **Privatklagedelikt** (§ 374 I) des Privatklägers gegen den Widerkläger muss vorliegen. Handelt es sich um ein Antragsdelikt, so ist ein wirksamer Strafantrag des Widerklägers erforderlich (vgl 6 zu § 374). Bei wechselseitig begangenen Taten kann der Strafantrag noch bis zur Beendigung des letzten Worts im 1. Rechtszug gestellt werden, auch wenn die Antragsfrist schon verstrichen war (§ 77 c StGB).

7 C. Ein **Zusammenhang** zwischen der mit der Widerklage verfolgten Tat und der Tat, die Gegenstand der Privatklage ist, muss bestehen. Dabei genügt ein loser sachlicher Zusammenhang (BGH **17**, 194, 197; KK-Senge 7; Schlüchter 820); so eng wie im Fall des § 199 StGB braucht er nicht zu sein. Es reicht aus, dass beide Taten Ausfluss feindlicher Gesinnung sind (SK-Velten 7). Maßgebend ist, ob im Hinblick auf Taten und Täter eine gemeinsame Sachbehandlung zweckmäßig erscheint.

8 **3) Widerklage gegen den nicht als Privatkläger auftretenden Verletzten** (II): Die Straftaten, die Gegenstand der Privatklage und der Widerklage sind, müssen sich zwischen denselben Personen zugetragen haben. Da nach § 374 II aber außer dem Verletzten auch andere Personen die Privatklage erheben können, bestimmt II S 1, dass dies die Erhebung der Widerklage zwar nicht ausschließt, dass

sie aber nicht gegen den Privatkläger, sondern gegen den Verletzten zu erheben ist. Sie muss dem Verletzten, der auch zur Hauptverhandlung zu laden ist, zugestellt werden, sofern sie nicht in dessen Gegenwart in der Hauptverhandlung erhoben worden ist (II S 2). Für den Fall, dass der Privatkläger durch seinen gesetzlichen Vertreter vertreten wird, gilt II nicht entspr; Widerklage gegen den gesetzlichen Vertreter kann nicht erhoben werden (KMR-Stöckel 6).

4) Verfahren: Die Widerklage kann bei dem Privatklagegericht ohne Rücksicht auf dessen örtliche Zuständigkeit erhoben werden (KK-Senge 9). Die Erledigung der Privatklage lässt den einmal begründeten Gerichtsstand unberührt. 9

Von der Erhebung der Privatklage bis zu ihrer endgültigen Erledigung, längstens bis zu **Beendigung des letzten Worts im 1. Rechtszug,** kann die Widerklage erhoben werden (I). Bei mehreren Hauptverhandlungen im 1. Rechtszug, auch nach Zurückverweisung durch das Rechtsmittelgericht, ist die letzte Hauptverhandlung maßgebend (LR-Hilger 6). 10

Außerhalb der Hauptverhandlung muss die Widerklage in der **Form** des § 381 erhoben werden, in der Hauptverhandlung durch mündliche Erklärung (Hamburg NJW **56**, 1890), die in der Sitzungsniederschrift zu beurkunden ist. Für die nachträgliche Erweiterung der Widerklage gelten keine Besonderheiten. 11

Inhaltlich muss die Widerklage den Voraussetzungen des § 381 S 2 entsprechen. Ebensowenig wie die Privatklage (2 zu § 381) kann sie unter einer Bedingung erhoben werden. 12

Das **Gericht prüft die Widerklage** zunächst nach §§ 382, 383. Ist sie schriftlich erhoben, so wird sie dem Privatkläger nach § 382 mitgeteilt. Ist sie in der Hauptverhandlung erhoben, so wird er dort mündlich gehört. 13

Auch bei der Widerklage kann nicht darauf verzichtet werden, dass das Gericht den Gegenstand der Klage nach § 383 I in einem **Eröffnungsbeschluss** festlegt (LG Duisburg MDR **53**, 633; KMR-Stöckel 12; LR-Hilger 23, 24; **aM** Hamburg NJW **56**, 1890; LG Göttingen NdsRpfl **63**, 288; KK-Senge 2; vgl auch Bay **58**, 84 = NJW **58**, 1149 mit Anm Parsch NJW **58**, 1548: nur, wenn Privatklage inzwischen nach § 383 I S 1 zurückgewiesen worden ist). 14

5) Gleichzeitige Entscheidung (III): Die Vorschrift will verhindern, dass die beiden Verfahren ohne hinreichenden Grund nach § 4 getrennt werden. Eine getrennte Entscheidung über die Privatklage und die Widerklage schließt sie aber nicht grundsätzlich aus. Das gilt auch für die Sachentscheidung. Das Gericht kann zB die Verfahren trennen, wenn nur die eine der beiden Klagen entscheidungsreif ist. Ist die eine Klage zurückzuweisen, so geschieht das durch besonderen Beschluss neben der Sachentscheidung über die andere. Entsprechendes gilt, wenn das Verfahren hinsichtlich einer der beiden Klagen nach § 383 II eingestellt und nur über die andere sachlich entschieden wird (Düsseldorf MDR **62**, 327; KMR-Stöckel 14; LR-Hilger 38 ff zu § 383; **aM** BGH **17**, 194; KK-Senge 11; Hanack JZ **74**, 54: Sachentscheidung und Einstellung in einem Urteil, das insgesamt mit Berufung oder Revision angefochten werden kann). 15

Die Verknüpfung nach III besteht im Übrigen nur so lange, wie Klage und Widerklage **gemeinsam im selben Rechtszug** anhängig sind (Hamburg OLGSt S 1). Eine Verfahrentrennung tritt ohne weiteres ein, wenn nur einer der Prozessbeteiligten ein Rechtsmittel einlegt (Bay **58**, 84 = NJW **58**, 1149 mit Anm Parsch NJW **58**, 1548; Bay **65**, 144 = NJW **66**, 944 mit zust Anm Tröndle) oder wenn das Rechtsmittelgericht das Urteil nur wegen einer der beiden Klagen aufhebt (Bay **65**, 144 = NJW **66**, 944; KMR-Stöckel 16; **aM** Bay **52**, 114). 16

6) Die **Erledigung der Privatklage** (IV) lässt die Widerklage unberührt; es macht sie aber zu einer selbstständigen Privatklage. Das gilt nicht nur bei Erledigung durch Klagerücknahme, sondern auch bei Einstellung nach § 383 II (Parsch NJW **58**, 1548) und bei Übernahme der Verfolgung durch die StA (11 zu § 377). 17

Einstellungsurteil bei Offizialdelikt

389 [I] **Findet das Gericht nach verhandelter Sache, dass die für festgestellt zu erachtenden Tatsachen eine Straftat darstellen, auf die das in diesem Abschnitt vorgeschriebene Verfahren nicht anzuwenden ist, so hat es durch Urteil, das diese Tatsachen hervorheben muss, die Einstellung des Verfahrens auszusprechen.**

[II] **Die Verhandlungen sind in diesem Falle der Staatsanwaltschaft mitzuteilen.**

1 **1) Verfahren bei Verdacht des Vorliegens eines Offizialdelikts:**

2 A. **Vor der Hauptverhandlung:** Das Gericht weist die Privatklage nach § 383 I S 1 zurück, wenn schon auf Grund des Klagevorbringens hinreichender Verdacht (2 zu § 203) dafür besteht, dass ein Offizialdelikt vorliegt (7 zu § 383). Ist das übersehen worden oder entsteht der Verdacht erst nach Eröffnung des Hauptverfahrens, so wird das Verfahren vor und außerhalb der Hauptverhandlung nach § 206a eingestellt. Kommt es zur Hauptverhandlung, so darf kein Sachurteil erlassen werden, selbst wenn sich herausstellt, dass nur ein Privatklagedelikt vorliegt (LR-Hilger 2); das Verfahren ist einzustellen.

3 B. **In der Hauptverhandlung** (I) muss das Verfahren durch Urteil eingestellt werden, wenn das Gericht „nach verhandelter Sache" findet, dass ein Offizialdelikt vorliegt. Dabei braucht der Sachverhalt aber nicht restlos aufgeklärt zu werden. Hinreichender Verdacht (2 zu § 203) reicht aus, ist aber auch erforderlich (Bay **53**, 260 = Rpfleger **54**, 468; KMR-Stöckel 3; **aM** SK-Velten 5).

4 Das **Einstellungsurteil** setzt nicht voraus, dass das Gericht zuvor der StA unter Unterbrechung oder Aussetzung der Hauptverhandlung die Akten nach § 377 I S 2 mit der Anfrage vorgelegt hat, ob sie die Sache übernehmen will; eine solche Vorlage kann aber sachdienlich sein. Das Urteil können der Angeklagte, der Privatkläger und, zwecks Übernahme der Verfolgung nach § 377 II S 2, die StA anfechten.

5 Nach **Rechtskraft des Urteils** ist eine neue Privatklage unzulässig. Die StA bindet das Urteil nicht; sie hat vielmehr im Rahmen des Legalitätsprinzips zu entscheiden, ob sie wegen des Offizialdelikts Anklage erhebt (LR-Hilger 14ff; vgl auch Bay **59**, 251 = NJW **59**, 2274). Sieht sie davon ab, so kann der Privatkläger nach § 172 II auf gerichtliche Entscheidung antragen.

6 Kommt es zum Offizialverfahren, so besteht **kein Verbot der Schlechterstellung,** wenn der Angeklagte in dem Privatklageverfahren zunächst zu Strafe verurteilt worden war, dagegen allein ein Rechtsmittel eingelegt hatte und das Einstellungsurteil nach I erst in dem höheren Rechtszug erlassen worden ist (Meyer-Goßner Kleinknecht-FS 296; **aM** KK-Senge 8 mwN; LR-Hilger 11; erg 4 zu § 331).

7 **Verbrauch der Strafklage** tritt auch ein, wenn das Gericht unter Verletzung des I ein Sachurteil erlässt (LG Hamburg NJW **47/48**, 353 mit Anm Sieveking).

8 **2)** Die **Mitteilung an die StA** (II) soll es ihr ermöglichen, die Notwendigkeit der Einleitung eines Offizialverfahrens zu prüfen.

Rechtsmittel des Privatklägers

390 [I] [1] **Dem Privatkläger stehen die Rechtsmittel zu, die in dem Verfahren auf erhobene öffentliche Klage der Staatsanwaltschaft zustehen.** [2] **Dasselbe gilt von dem Antrag auf Wiederaufnahme des Verfahrens in den Fällen des § 362.** [3] **Die Vorschrift des § 301 ist auf das Rechtsmittel des Privatklägers anzuwenden.**

[II] **Revisionsanträge und Anträge auf Wiederaufnahme des durch ein rechtskräftiges Urteil abgeschlossenen Verfahrens kann der Privatkläger nur mittels einer von einem Rechtsanwalt unterzeichneten Schrift anbringen.**

III [1]Die in den §§ 320, 321 und 347 angeordnete Vorlage und Einsendung der Akten erfolgt wie im Verfahren auf erhobene öffentliche Klage an und durch die Staatsanwaltschaft. [2]Die Zustellung der Berufungs- und Revisionsschriften an den Gegner des Beschwerdeführers wird durch die Geschäftsstelle bewirkt.

IV Die Vorschrift des § 379 a über die Zahlung des Gebührenvorschusses und die Folgen nicht rechtzeitiger Zahlung gilt entsprechend.

V [1]Die Vorschrift des § 383 Abs. 2 Satz 1 und 2 über die Einstellung wegen Geringfügigkeit gilt auch im Berufungsverfahren. [2]Der Beschluss ist nicht anfechtbar.

1) Rechtsmittelbefugnis des Privatklägers (I): 1

A. Die gleichen **Rechtsmittel wie die StA** (S 1) im Offizialverfahren hat der Privatkläger (und der nach § 375 II dem Verfahren Beigetretene); ist gegen ihn Widerklage (§ 388) erhoben, so stehen ihm die Rechtsmittel des Angeklagten zu. Umgekehrt hat der Angeklagte als Widerkläger nur die Rechtsmittel des Privatklägers. Der gesetzliche Vertreter kann Rechtsmittel nur für den Privatkläger einlegen, nicht aus eigenem Recht. Der Dienstvorgesetzte kann Rechtsmittel nur einlegen, soweit er nach § 374 II selbst die Privatklage erhoben hat. 2

Die Rechtsmittelbefugnis setzt eine **Beschwer** (8 ff vor § 296) des Privatklägers voraus (SK-Velten 5). Sie besteht auch, wenn nach seinen Anträgen erkannt ist, er aber eine Verschärfung des Urteils erstrebt (Hamm NJW **61**, 2322; KMR-Stöckel 3; LR-Hilger 5; **aM** AK-Rössner 4), nicht aber, wenn es ihm nur um die Klärung von Rechtsfragen geht. Ist der Angeklagte vom Vorwurf der Straftat nach § 186 StGB ohne Eingehen auf den angebotenen Wahrheitsbeweis nach § 193 StGB freigesprochen, so kann der Privatkläger ein Rechtsmittel mit der Begründung einlegen, die Erweislichkeit der Tatsache sei nicht geprüft worden (BGH **11**, 273). 3

Die **Rechtsmittelfrist** beginnt für den Privatkläger, auch wenn er bei der Urteilsverkündung weder anwesend noch vertreten war, nach §§ 314 I, 341 I entspr § 401 II S 1 mit der Urteilsverkündung (Frankfurt NStZ-RR **96**, 43; zust Kurth NStZ **97**, 1), mit der Urteilszustellung nur, wenn ihm der Verkündungstermin nicht bekanntgegeben worden ist (10 zu § 341; **aM** KMR-Stöckel 2). 4

B. Die **Wiederaufnahme** (S 2) kann der Privatkläger nur nach § 362 zuungunsten des Angeklagten beantragen. Stirbt er während des Verfahrens, so gilt § 393. 5

C. **Wirkung zugunsten des Angeklagten** (S 3): Rechtsmittel des Privatklägers wirken nach § 301 auch zugunsten des Angeklagten. Der Privatkläger kann aber nicht wie die StA (§ 296 II) Rechtsmittel zugunsten des Angeklagten einlegen (LR-Hilger 6 mwN; vgl auch BGH **37**, 136 zur Nebenklage). 6

2) Anbringung der Revisions- und Wiederaufnahmeanträge (II): Die Vorschrift lässt im Gegensatz zu §§ 345 II, 366 II Revisions- und Wiederaufnahmeanträge nur mittels einer von einem RA unterzeichneten Schrift (dazu Einl 129) zu. Dabei muss der RA die volle Verantwortung für den Inhalt der Schrift übernehmen (KMR-Stöckel 7; erg 16 zu § 345; 4 zu § 366). Ist der Privatkläger selbst RA, so genügt seine Unterschrift (KK-Senge 5). Wegen der Beiordnung eines RA für die Revisionsbegründung vgl 10 zu § 379. 7

3) Die **Mitwirkung der StA im Rechtsmittelverfahren** (S 1) beschränkt sich auf den technischen Vorgang der Vorlage und Einsendung der Akten an das Berufungsgericht nach §§ 320, 321 und, nach Zustellung der Revisionsbegründungsschrift durch die Geschäftsstelle des Gerichts (Bay **61**, 231 = Rpfleger **62**, 16), an das Revisionsgericht nach § 347 II. Auf diese Weise soll die StA von dem Privatklageverfahren unterrichtet werden und Gelegenheit zur Prüfung der Übernahme der Verfolgung nach § 377 II erhalten. 8

9 Die **Zustellung der Rechtsmittelschriften** (S 2) erfolgt auf Anordnung des Vorsitzenden (§ 36 I S 1) durch die Geschäftsstelle des Gerichts.

10 **4) Gebührenvorschuss** (IV): § 379 a gilt entspr. Die Vorschusspflicht trifft nur den Privatkläger, nicht den Angeklagten (oder den Privatkläger als Widerbeklagten), der gegen seine Verurteilung ein Rechtsmittel eingelegt hat (Bamberg NJW **49**, 835). Die Frist zur Zahlung darf das Berufungsgericht erst setzen, wenn die Rechtfertigungsfrist nach § 317 abgelaufen ist (Karlsruhe Justiz **81**, 58). Die Versäumung der vom Gericht gesetzten Zahlungsfrist hat die Verwerfung des Rechtsmittels oder des Wiederaufnahmeantrags als unzulässig zur Folge. Der Beschluss ist entspr § 379 a III S 2 mit sofortiger Beschwerde anfechtbar.

11 **5) Einstellung wegen Geringfügigkeit** (V): S 1 bestimmt die Anwendbarkeit des § 383 II S 1, 2 im Berufungsverfahren. Zur Einstellungsbefugnis des Beschwerde- und des Revisionsgerichts vgl 14 zu § 383. Der Einstellungsbeschluss, auch der des Beschwerdegerichts, ist nach S 2 unanfechtbar. Das gilt auch, wenn er unter Verletzung des rechtlichen Gehörs ergangen (Celle MDR **56**, 759; Hamm MDR **52**, 248) oder wenn fehlerhaft durch Urteil eingestellt worden ist (Bay **51**, 302; LR-Hilger 22). Zur Unanfechtbarkeit der Kostenentscheidung nach § 464 III S 1 Hs 2 vgl dort 15 ff.

Klagerücknahme; Wiedereinsetzung

391 **I [1] Die Privatklage kann in jeder Lage des Verfahrens zurückgenommen werden. [2] Nach Beginn der Vernehmung des Angeklagten zur Sache in der Hauptverhandlung des ersten Rechtszuges bedarf die Zurücknahme der Zustimmung des Angeklagten.**

II Als Zurücknahme gilt es im Verfahren des ersten Rechtszuges und, soweit der Angeklagte die Berufung eingelegt hat, im Verfahren des zweiten Rechtszuges, wenn der Privatkläger in der Hauptverhandlung weder erscheint noch durch einen Rechtsanwalt vertreten wird oder in der Hauptverhandlung oder einem anderen Termin ausbleibt, obwohl das Gericht sein persönliches Erscheinen angeordnet hatte, oder eine Frist nicht einhält, die ihm unter Androhung der Einstellung des Verfahrens gesetzt war.

III Soweit der Privatkläger die Berufung eingelegt hat, ist sie im Falle der vorbezeichneten Versäumungen unbeschadet der Vorschrift des § 301 sofort zu verwerfen.

IV Der Privatkläger kann binnen einer Woche nach der Versäumung die Wiedereinsetzung in den vorigen Stand unter den in den §§ 44 und 45 bezeichneten Voraussetzungen beanspruchen.

1 **1) Zurücknahme der Privatklage** (I): Wie der Strafantrag (§ 77 d I S 1, 2 StGB) kann auch die Privatklage in jeder Lage des Verfahrens zurückgenommen werden. Das geschieht meist in einem Vergleich (9 ff vor § 374).

2 Im Zweifel bedeutet die Zurücknahme der Privatklage **zugleich die Zurücknahme des Strafantrags.** Die Auslegung kann jedoch einen anderen Willen des Privatklägers ergeben; dann steht die Klagerücknahme der Erhebung der öffentlichen Klage auch wegen eines Antragsdelikts nicht entgegen. Umgekehrt wird in der Zurücknahme des Strafantrags idR auch, muss aber nicht unbedingt zugleich die Zurücknahme der Privatklage liegen (LR-Hilger 2).

3 Die **Rücknahmeerklärung** wird außerhalb der Hauptverhandlung schriftlich oder zu Protokoll der Geschäftsstelle abgegeben. In der Hauptverhandlung kann die Zurücknahme mündlich erklärt werden; die Erklärung ist in der Sitzungsniederschrift zu beurkunden (EbSchmidt 3). Der bevollmächtigte RA des Privatklägers (§ 378) braucht keine besondere Rücknahmevollmacht. Wirksam wird die Erklärung, wenn sie dem mit der Sache befassten Gericht zugeht.

Auch eine **Teilrücknahme** ist zulässig, wenn der übrige Teil abtrennbar ist. Die Zurücknahme kann daher gegen einzelne von mehreren Beschuldigten oder hinsichtlich einzelner von mehreren in Tatmehrheit (§ 53 StGB) stehenden Straftaten erklärt werden, nicht aber bei Tateinheit nach § 52 StGB (LR-Hilger 7). Sind mehrere Privatklagen verbunden, so kann jeder Privatkläger seine Klage unabhängig von den anderen zurücknehmen. 4

In jeder Lage des Verfahrens ist die Zurücknahme möglich, dh von der Erhebung der Privatklage an bis zum rechskräftigen Abschluss des Verfahrens, also auch noch im Revisionsrechtszug (KMR-Stöckel 1; Dallinger JZ **53**, 442). Nach Erlass eines Urteils kann die Privatklage innerhalb der Rechtsmittelfrist zurückgenommen werden, ohne dass der Privatkläger deshalb ein Rechtsmittel einlegen muss. 5

Die **Zustimmung des Angeklagten** ist nach S 2 nur erforderlich, wenn die Zurücknahme erst nach Beginn seiner Vernehmung zur Sache (§ 243 V S 2) im 1. Rechtszug erklärt wird. Finden mehrere Hauptverhandlungen statt, so ist die letzte maßgebend. Der Angeklagte braucht sich bei so später Rücknahmeerklärung die Aufklärung der Vorwürfe nicht abschneiden zu lassen. Allerdings hat der Privatkläger bei Antragsdelikten die Möglichkeit, eine Sachentscheidung durch Zurücknahme des Strafantrags nach § 77 d StGB zu verhindern. 6

Die **Folge der wirksamen Zurücknahme,** mit der eine Prozessvoraussetzung (Einl 151) entfällt, ist die Einstellung des Verfahrens durch besonderen Gerichtsbeschluss (KK-Senge 10; LR-Hilger 10 ff; Peters 579; **aM** LG Kassel NJW **51**, 373; vgl auch KMR-Stöckel 7 und LG Wuppertal MDR **57**, 502: nur feststellende Bedeutung), in der Hauptverhandlung durch Einstellungsurteil nach § 260 III (KMR-Stöckel 7; Gössel 332; Bloy GA **80**, 170). Bei Zurücknahme vor Eröffnung des Hauptverfahrens wird die Klage zurückgewiesen (§ 383 I). In beiden Fällen wird über die Kosten und notwendigen Auslagen des Beschuldigten nach § 471 II entschieden. Das Privatklagerecht eines anderen Berechtigten wird durch die Zurücknahme nicht berührt. 7

Auf die **Widerklage** ist die Zurücknahme der Privatklage ohne Einfluss (§ 388 IV). 8

2) Unterstellung der Zurücknahme (II): 9

A. **Nichterscheinen:** Als Zurücknahme gilt es, wenn der ordnungsgemäß geladene und in der Ladung auf die Folgen seines Ausbleibens hingewiesene Privatkläger in der Hauptverhandlung ohne dem Gericht bekannte Entschuldigungsgründe (Bay **51**, 471) weder erscheint noch durch einen RA vertreten ist oder wenn er in der Hauptverhandlung oder einem anderen Termin, zB einer kommissarischen Vernehmung nach § 223 oder einer Augenscheinseinnahme nach § 225, ausbleibt, obwohl das Gericht sein persönliches Erscheinen angeordnet hat; das Erscheinen eines Vertreters steht der Rücknahmefiktion dann nicht entgegen. 10

Die Unterstellung der Zurücknahme **gilt** im 1. Rechtszug immer, im Berufungsrechtszug nur, wenn der Angeklagte allein oder neben dem Privatkläger Berufung eingelegt hat; bei alleiniger Berufung des Privatklägers, tritt die Rechtsfolge des III ein (unten 17). Zu den Fällen des Ausbleibens des Privatklägers und/oder des Angeklagten vgl im einzelnen Rieß NStZ **00**, 120 ff. 11

Das **eigenmächtige Sich-Entfernen** steht dem Nichterscheinen gleich (Bremen NJW **57**, 474 L). Denn der Sinn der Regelung des II ist, dass der Privatkläger sich während der Verhandlung für die Befragung durch das Gericht zur Verfügung zu halten oder sonst das Erforderliche zum Fortgang des Verfahrens beitragen muss. Nach den Schlussvorträgen (§ 258) schadet seine Abwesenheit aber nicht mehr. Das Sich-Entfernen nach diesem Zeitpunkt, insbesondere während der Urteilsverkündung, fällt daher nicht unter II, III (Bay **62**, 37 = NJW **62**, 1168; KK-Senge 12; Schlüchter 826.2 Fn 60; Woesner NJW **59**, 704; **aM** KMR-Stöckel 12; LR-Hilger 32 und 7 ff zu § 387). 12

Das **Einverständnis des Angeklagten** hindert den Eintritt der Folgen des II nicht (KMR-Stöckel 13). 13

14 B. **Nichteinhalten einer Frist:** Die Fristsetzung unter Androhung der Verfahrenseinstellung ist (in oder außerhalb der Hauptverhandlung) nicht nur zulässig, wenn es um die Behebung eines zur Einstellung führenden Prozesshindernisses geht (so aber KK-Senge 13), sondern auch, wenn irgendein anderes Hindernis für den Fortgang des Verfahrens beseitigt werden soll (SK-Velten 24). Aus der Verwendung des Worts „Einstellung" ergibt sich, dass die Fristsetzung mit der Einstellungsandrohung erst nach Eröffnung des Hauptverfahrens (§ 383 I) zulässig ist (Düsseldorf NJW **59**, 2080; LR-Hilger 34 mwN). Vorher ist nur die Fristsetzung ohne diese Androhung zulässig, zB zur Nachbringung der Sühnebescheinigung (9 zu § 380). Zuständig für die Fristsetzung ist der Vorsitzende.

15 Der Privatkläger darf nicht durch **andere Auflagen mit Einstellungsandrohung** zu einem Prozessverhalten veranlasst werden, zu dem er rechtlich nicht verpflichtet ist (KK-Senge 13), zB zur Einreichung eines Schriftsatzes oder einer Berufungsrechtfertigungsschrift. Für die Einbringung des Gebührenvorschusses gilt ausschließlich § 379 a, für den Auslagenvorschuss § 68 GVG (Hamm NJW **65**, 878; Karlsruhe Justiz **72**, 19; LG Heidelberg NJW **64**, 680; LG Zweibrücken MDR **74**, 422; **aM** LG Karlsruhe NJW **63**, 66; erg 13 zu § 379 a).

16 C. Die **Einstellung des Verfahrens** als Folge der unterstellten Zurücknahme erfordert im Fall des I S 2 die Zustimmung des Angeklagten (Rieß NStZ **00**, 121). Sie erfolgt außerhalb der Hauptverhandlung durch Beschluss, in der Hauptverhandlung durch Einstellungsurteil (Bloy GA **80**, 171).

17 **3) Verwerfung der Berufung** (III): Über die Rechtsvermutung, die dieser Regelung zugrunde liegt, vgl 2 zu § 329. Die Verwerfung der Berufung ist nur zulässig, wenn der Privatkläger allein Berufung eingelegt hat. Ist der Angeklagte im 1. Rechtszug freigesprochen worden, so wird die Berufung dann durch Urteil sofort, dh ohne Verhandlung zur Sache (31 zu § 329), verworfen. Ist er verurteilt worden, so ergibt sich aus dem Vorbehalt des § 301, dass die Berufungsverhandlung ohne den Privatkläger durchgeführt werden muss, wenn nach Aktenlage eine für den Angeklagten günstige Entscheidung zu erwarten ist (Rieß NJW **75**, 90; NStZ **00**, 121; vgl für den Nebenkläger 6 zu § 401). Hat auch oder allein der Angeklagte Berufung eingelegt, so hat das Ausbleiben des Privatklägers zur Folge, dass das Verfahren durch Urteil eingestellt wird; das gilt selbst dann, wenn auch der Angeklagte nicht erschienen ist (Rieß aaO). III ist nicht anwendbar, wenn das Ausbleiben des Privatklägers, für das Gericht erkennbar, auf einem die Wiedereinsetzung rechtfertigenden unverschuldeten Grund beruht (Bay **51**, 471; vgl auch Schleswig SchlHA **59**, 56).

18 **4) Wiedereinsetzung** (IV) nach §§ 44, 45 ist sowohl gegen die Versäumung des Termins als auch der unter Einstellungsandrohung gesetzten Frist zulässig. Die Wochenfrist des § 45 I S 1 beginnt mit dem Termin oder dem Ablauf der Frist, nicht erst mit der Zustellung des Einstellungsbeschlusses.

19 **5) Rechtsmittel:** Gegen den Einstellungsbeschluss in den Fällen des I und II steht dem Privatkläger, dem Angeklagten und, zur Übernahme der Verfolgung (§ 377 II S 2), der StA entspr § 206 a die sofortige Beschwerde nach § 311 zu. Gegen das Einstellungsurteil ist Berufung und Revision, im Fall III nur Revision zulässig. Wird der Antrag, das Verfahren einzustellen, durch besonderen Beschluss abgelehnt, so ist die einfache Beschwerde nach § 304 I gegeben (LR-Hilger 45).

Wirkung der Rücknahme

392 **Die zurückgenommene Privatklage kann nicht von Neuem erhoben werden.**

1 **1)** Der **Ausschluss der Erneuerung der Privatklage** (oder Widerklage) gilt sowohl für den Fall der Zurücknahme nach § 391 I als auch für den der Rücknah-

mefiktion nach § 391 II (KMR-Stöckel 1). § 392 schließt auch aus, die zurückgenommene Privatklage von neuem als Widerklage oder die zurückgenommene Widerklage als selbstständige Privatklage zu erheben. War die Widerklage aber schon vor der Zurücknahme der Privatklage erhoben worden, so bleibt sie zulässig (Bay **51**, 295); das Gleiche gilt im umgekehrten Fall (Düsseldorf NJW **54**, 123).

Der **Ausschluss erstreckt sich nicht** auf die Privatklage gegen einen anderen Beschuldigten. Eine neue Privatklage gegen denselben Beschuldigten kann erhoben werden, wenn die Klage unzulässig war und daher zu keiner Sachentscheidung geführt hätte, möglicherweise gerade deshalb zurückgenommen worden ist (Braunschweig NJW **53**, 957 = JZ **53**, 562 mit zust Anm Dünnebier; LR-Hilger 3), insbesondere wegen Fehlens der Sühnebescheinigung nach § 380 (dort 12). 2

2) Auf andere Klageberechtigte, die ihre Klage noch nicht erhoben hatten (§ 375 I), erstreckt sich der Ausschluss ebenfalls nicht (vgl Stuttgart JR **53**, 349 mit Anm Kohlhaas; KK-Senge 1). 3

Auch die **Erhebung der öffentlichen Klage** durch die StA bleibt zulässig, bei Antragsdelikten aber nur, wenn noch ein wirksamer Strafantrag vorliegt (erg 2 zu § 391). 4

Tod des Privatklägers

393 **I Der Tod des Privatklägers hat die Einstellung des Verfahrens zur Folge.**

II Die Privatklage kann jedoch nach dem Tode des Klägers von den nach § 374 Abs. 2 zur Erhebung der Privatklage Berechtigten fortgesetzt werden.

III Die Fortsetzung ist von dem Berechtigten bei Verlust des Rechts binnen zwei Monaten, vom Tode des Privatklägers an gerechnet, bei Gericht zu erklären.

1) Beim **Tod des Privatklägers** (I) ist das Verfahren einzustellen. Dadurch wird das Verfahren beendet (KK-Senge 1; LR-Hilger 1 ff; Bloy GA **80**, 171; **aM** KMR-Stöckel 1; SK-Velten 2: nur feststellende Bedeutung). Die Teilrechtskraft steht der Einstellung nicht entgegen, selbst wenn die Sache nur noch zur Kostenfrage anhängig ist (Hamm NJW **78**, 654). Kommt die Fortsetzung des Verfahrens (II) in Betracht, so wird die Einstellung bis zum Ablauf der Frist des II aufgeschoben (KK-Senge 1); andernfalls wird sie bei wirksamer Fortsetzungserklärung wieder aufgehoben. Die Rechte anderer Privatklageberechtigter und das Recht der StA zur Erhebung der öffentlichen Klage oder zur Übernahme nach § 377 II bleiben unberührt (LR-Hilger 2, 3). 1

Zugleich mit der Einstellung ist eine **Kostenentscheidung** nach § 471 II zu Lasten der Erben zu treffen (dort 3). Sie kann aber auch durch besonderen Beschluss nachgeholt werden (Bay **60**, 142 = NJW **60**, 2065 L). Wenn nur einer von mehreren Privatklägern stirbt, muss über die durch die Privatklage des Verstorbenen verursachten Kosten ein selbstständiger Kostenbeschluss erlassen werden; die Kosten dürfen nicht in dem Urteil zwischen den übrigen Privatklägern und dem Angeklagten verteilt werden (Bay aaO; KK-Senge 1). 2

2) Fortsetzungsberechtigt (II) sind nur die nach § 374 II Berechtigten (dort 2). Sie können auch innerhalb der Frist des III dem schon fortgesetzten Verfahren beitreten (KMR-Stöckel 8). 3

Nach wirksamer Fortsetzungserklärung wird das Verfahren **in der Lage fortgesetzt,** in der es sich zZ des Todes des Privatklägers befunden hat. Die nachträgliche Ergänzung und Erweiterung der Privatklage ist ausgeschlossen. Ist ein Strafantrag erforderlich, so genügt es bei den nahen Angehörigen, nicht aber beim Dienstvorgesetzten, dass er von dem verstorbenen Privatkläger wirksam gestellt worden war (§ 374 II S 2). Bei Tatmehrheit zwischen fortsetzungsfähigen und anderen Ver- 4 gehen wird das Verfahren wegen der anderen Tat eingestellt; bei Tateinheit darf nur wegen des fortsetzungsfähigen Vergehens entschieden werden (**aM** SK-Velten 8).

5 Hat das Gericht das Verfahren vor der Fortsetzungserklärung eingestellt, so können die Fortsetzungsberechtigten den Beschluss nach § 206 a mit sofortiger Beschwerde **anfechten.** Das gleiche Rechtsmittel haben sie, wenn das Gericht die Fortsetzung ablehnt.

6 **3)** Die **Frist zur Erklärung der Fortsetzung** (III) beginnt mit dem Tod des Privatklägers und wird nach § 43 berechnet. Die Erklärung muss gegenüber dem mit der Sache befassten Gericht schriftlich (Einl 128) oder zu Protokoll der Geschäftsstelle (Einl 131 ff) abgegeben werden. Wiedereinsetzung in den vorigen Stand ist ausgeschlossen; denn III lässt mit dem Fristablauf ausdrücklich den Verlust des Rechts eintreten (KK-Senge 3).

Bekanntmachung an den Beschuldigten

394 **Die Zurücknahme der Privatklage und der Tod des Privatklägers sowie die Fortsetzung der Privatklage sind dem Beschuldigten bekannt zu machen.**

1 **1)** Die **Bekanntmachung** der Zurücknahme der Privatklage nach § 391 I und des Todes des Privatklägers setzt keine Frist in Lauf und kann daher formlos (12 zu § 35) erfolgen.

2 **2)** Die **förmliche Zustellung** (10 zu § 35) erscheint jedoch geboten, wenn eine abschließende Gerichtsentscheidung von dem weiteren Verhalten des Beschuldigten abhängt, wie im Fall des § 391 I S 2, und beim Vorliegen einer Fortsetzungserklärung nach § 393 II.

2. Abschnitt. Nebenklage

Vorbemerkungen

1 **1)** Eine **umfassende Beteiligungsbefugnis** im gesamten Verfahren von der Erhebung der öffentlichen Klage ab schafft die Nebenklage, die mit dem GG vereinbar ist (BVerfGE **26**, 66 = NJW **69**, 1423), für diejenigen Verletzten, die besonders schutzwürdig erscheinen. Dem Nebenkläger wird Gelegenheit gegeben, im Verfahren seine persönlichen Interessen auf Genugtuung zu verfolgen (BGH **28**, 272; Karlsruhe NJW **74**, 658; Gollwitzer Schäfer-FS 65; krit Bung StV **09**, 430), insbesondere durch aktive Beteiligung (Erklärungen, Fragen, Anträge) das Verfahrensergebnis zu beeinflussen (vgl auch Schneider StV **98**, 456 gegen Maeffert StV **98**, 461), sich gegen die Leugnung oder Verharmlosung seiner Verletzung zu wehren (Altenhain JZ **01**, 796).

2 Seiner **Rechtsstellung** nach ist der Nebenkläger ein mit besonderen Rechten ausgestatteter Verfahrensbeteiligter. Nachdem durch die Neufassung des § 397 I die Verweisung auf das Privatklageverfahren entfallen ist, in dem der Privatkläger die Rechte der StA hat (§ 385), kann der Nebenkläger nicht mehr als Gehilfe der StA bezeichnet werden. Er hat zwar bestimmte Rechte, die sonst nur der StA zustehen, übt sie aber völlig unabhängig von ihr aus (Gollwitzer Schäfer-FS 66; Kauder DAV-FS 580). Ein dem StA beigeordneter Mitkläger ist er nicht (ANM 180; Rieß NStZ **89**, 104).

3 Eine **behördliche Nebenklage** sieht das geltende Recht nicht mehr vor.

4 **2) Zulässig** ist die Nebenklage nicht nur im gewöhnlichen Strafverfahren, sondern nach Änderung des § 395 durch das 1.OpferRRG entspr der neueren Rspr (BGH **47**, 202 = JR **02**, 435 mit zust Anm Gössel) auch im **Sicherungsverfahren** nach §§ 413 ff (abl SK-Velten 25).

Im Verfahren gegen einen **Jugendlichen** ist die Nebenklage seit Inkrafttreten des 2. JuMoG im Gegensatz zur früheren Regelung nicht mehr generell ausgeschlossen; sie ist nunmehr bei schweren Verbrechen nach Maßgabe des § 80 III **JGG** zulässig. Der Anschluss ist danach auch für die nahen Angehörigen eines durch eine rechtswidrige Tat Getöteten nach § 395 II Nr 1 möglich. Nach dem Wortlaut des § 80 III **JGG** besteht – anders als nach § 395 I – keine Anschlussmöglichkeit im Sicherungsverfahren gegen einen Jugendlichen; hier dürfte ein Redaktionsversehen vorliegen, da für eine sachlich begründete Differenzierung nichts erkennbar ist (Hinz JR **07**, 141; dort auch zu weiteren Einzelheiten; vgl ferner Noak ZRP **09**, 15). Steht nicht fest, ob der Beschuldigte zur Tatzeit Jugendlicher war, ist der Anschluss statthaft (BGH StraFo **07**, 502; vgl auch Dölling NStZ **09**, 200). **5**

Gegen **Heranwachsende** ist die Nebenklage ohne die Beschränkungen des § 80 III **JGG** zulässig und zwar auch in verbundenen Verfahren gegen Heranwachsende bzw Erwachsene und Jugendliche (BGH **41**, 288 mit abl Anm Graul NStZ **96**, 402; BGH NJW **95**, 343; **03**, 150, 152; Düsseldorf NStZ **94**, 299 mit abl Anm Eisenberg; LG Saarbrücken StraFo **03**, 172 mit abl Anm Möller; Mitsch GA **98**, 161 ff; Noak aaO; **aM** Köln NStZ **94**, 298; LG Aachen MDR **93**, 679; Franze StV **96**, 289; SK-Velten 27; Kurth NStZ **97**, 5; hingegen will Ostendorf StV **94**, 605 – zust Mohr JR **06**, 504 – auf die Umstände des Einzelfalls abstellen; vgl auch KG JR **95**, 259 mit Anm Eisenberg/Schönberger JR **95**, 391: jedenfalls dann zulässig, wenn gegen den Jugendlichen nur ein Sicherungsverfahren durchgeführt wird). Daran hat sich durch die Neufassung des § 80 III **JGG** (oben 5) – entgegen der Ansicht des LG Zweibrücken StV **09**, 88 – nichts geändert; vielmehr ist BGH **41**, 288 durch die nun teilw gegebene Möglichkeit einer Nebenklage gegen Jugendliche bestätigt worden. In Fällen des prozessualen Zusammentreffens einer Jugend- mit einer Heranwachsendentat ist die Nebenklage (außer in den in § 80 III **JGG** bezeichneten Fällen) unzulässig, auch soweit sie gegen die im Heranwachsenden-Alter begangene Tat gerichtet ist (Hamburg StraFo **06**, 117; KG NStZ **07**, 44; Oldenburg NStZ **06**, 521; **aM** Brocke NStZ **07**, 8; Mitsch aaO S 169 ff). Den Anschluss als Nebenkläger beschränkt § 80 III **JGG** für Jugendliche nicht (Eisenberg 21 zu § 80 JGG). **6**

3) Prozessfähig muss der Nebenkläger sein (dazu allg W. Schmid SchlHA **81**, 153). Andernfalls muss nach der bisher hM für ihn der gesetzliche Vertreter den Anschluss erklären und die Nebenklagerechte wahrnehmen (RG **37**, 63; Bay **55**, 243 = NJW **56**, 681; **aM** Eisenberg GA **98**, 32 mwN zur Gegenansicht in Fn 1). Die Vertretung steht demjenigen zu, der das Personensorgerecht hat (Hamm VRS **13**, 212; vgl auch LG Kassel NJW **60**, 62). Im Verfahren gegen einen Elternteil muss das Kind durch einen Ergänzungspfleger vertreten werden (Stuttgart Justiz **99**, 348). Der Abwesenheitspfleger kann den Anschluss nicht erklären (Frankfurt NJW **50**, 882). Als Nebenkläger zugelassen wird nicht der gesetzliche Vertreter, sondern nur der Verletzte selbst (Bay **56**, 254 = JR **57**, 149; Oldenburg NJW **56**, 682). **7**

4) Mit **anderen Prozessrollen** ist die Stellung als Nebenkläger nicht grundsätzlich unvereinbar. **8**

Der Zulassung steht insbesondere nicht schlechthin entgegen, dass der Nebenkläger gleichzeitig **Mitangeklagter** ist (BGH NJW **78**, 330; Stuttgart NJW **57**, 435; Dahs 1061). Er darf aber nicht zugelassen werden, wenn er den Anschluss wegen einer Tat erstrebt, derentwegen gegen ihn selbst als Mittäter oder Teilnehmer die öffentliche Klage erhoben und noch nicht erledigt ist (BGH aaO; DAR **78**, 154 [Sp]; Gollwitzer Schäfer-FS 68). Auch dem selbst Tatverdächtigen ist die Nebenklage nicht von vornherein versagt (sog angreifende Nebenklage, vgl Altenhain JZ **01**, 794). **9**

Dass der Nebenkläger **Zeuge** sein kann, ergibt sich aus § 397 I S 1. Für seine Vereidigung gelten §§ 59 ff (vgl BGH LM § 396 Nr 1). **10**

Der Nebenkläger kann auch **Sachverständiger** sein (BGH bei Kirchhof GA **54**, 368), wird dann aber idR mit Erfolg nach § 74 abgelehnt werden. **11**

12 **5)** Ein **Verzicht** auf das Nebenklagerecht ist zulässig und macht die spätere Anschlusserklärung unzulässig (BGHR § 395 Anschluss 3). Der Verzicht setzt eine Erklärung voraus, die eindeutig erkennen lässt, dass der Verzichtende die prozessuale Bedeutung und Tragweite seiner Erklärung kennt (BGH NStZ **86**, 209 [Pf/M]).

13 **6)** Durch **Vergleich** kann sich der Nebenklageberechtigte verpflichten, sich nicht als Nebenkläger anzuschließen, auf sein Strafantragsrecht zu verzichten und seine Anschlusserklärung oder seinen Strafantrag zurückzunehmen (Dahs 1032; Haas NJW **88**, 1347; Schmidt-Hieber 207 ff). Die Mittel, mit denen solche Zugeständnisse zu erreichen sind, entsprechen denen im Privatklageverfahren (8 ff vor § 374). Dabei kann eine Vereinbarung zwischen allen Beteiligten angestrebt werden, in der sich das Gericht und die StA unter bestimmten Voraussetzungen zur Einstellung des Verfahrens nach §§ 153, 153 a bereit erklären, um die Verhandlungen zwischen dem Angeschuldigten und dem Nebenkläger zu fördern.

Befugnis zum Anschluss als Nebenkläger

395 **I Der erhobenen öffentlichen Klage oder dem Antrag im Sicherungsverfahren kann sich mit der Nebenklage anschließen, wer verletzt ist durch eine rechtswidrige Tat nach**

1. den §§ 174 bis 182 des Strafgesetzbuches,
2. den §§ 211 und 212 des Strafgesetzbuches, die versucht wurde,
3. den §§ 221, 223 bis 226 und 340 des Strafgesetzbuches,
4. den §§ 232 bis 238, 239 Absatz 3, §§ 239 a, 239 b und 240 Absatz 4 des Strafgesetzbuches,
5. § 4 des Gewaltschutzgesetzes,
6. § 142 des Patentgesetzes, § 25 des Gebrauchsmustergesetzes, § 10 des Halbleiterschutzgesetzes, § 39 des Sortenschutzgesetzes, den §§ 143 bis 144 des Markengesetzes, den §§ 51 und 65 des Geschmacksmustergesetzes, den §§ 106 bis 108 b des Urheberrechtsgesetzes, § 33 des Gesetzes betreffend das Urheberrecht an Werken der bildenden Künste und der Photographie und den §§ 16 bis 19 des Gesetzes gegen den unlauteren Wettbewerb.

II Die gleiche Befugnis steht Personen zu,

1. deren Kinder, Eltern, Geschwister, Ehegatten oder Lebenspartner durch eine rechtswidrige Tat getötet wurden oder
2. die durch einen Antrag auf gerichtliche Entscheidung (§ 172) die Erhebung der öffentlichen Klage herbeigeführt haben.

III Wer durch eine andere rechtswidrige Tat, insbesondere nach den §§ 185 bis 189, 229, 244 Absatz 1 Nummer 3, §§ 249 bis 255 und 316 a des Strafgesetzbuches, verletzt ist, kann sich der erhobenen öffentlichen Klage mit der Nebenklage anschließen, wenn dies aus besonderen Gründen, insbesondere wegen der schweren Folgen der Tat, zur Wahrnehmung seiner Interessen geboten erscheint.

IV [1]Der Anschluss ist in jeder Lage des Verfahrens zulässig. [2]Er kann nach ergangenem Urteil auch zur Einlegung von Rechtsmitteln geschehen.

V [1]Wird die Verfolgung nach § 154 a beschränkt, so berührt dies nicht das Recht, sich der erhobenen öffentlichen Klage als Nebenkläger anzuschließen. [2]Wird der Nebenkläger zum Verfahren zugelassen, entfällt eine Beschränkung nach § 154 a Absatz 1 oder 2, soweit sie die Nebenklage betrifft.

1 **1)** Das **Recht zur Nebenklage** steht nur den in § 395 bezeichneten – lebenden (vgl § 402) – Personen zu; im Zweifelsfall muss sich das Gericht im Freibeweisverfahren positiv von deren Existenz überzeugen (BGH NStZ **09**, 174). Die Nebenklage ist aber auch nur dann zulässig, wenn sie die Verurteilung des Be-

schuldigten erstrebt (Schleswig NStZ-RR **00**, 270; LG Kiel SchlHA **99**, 187; **aM** SK-Velten 18, 19; Altenhain JZ **01**, 797; erg 1 zu § 401). Auf sein Recht zum Anschluss als Nebenkläger ist der Verletzte nach § 406 h hinzuweisen. Eine Ergänzung des Nebenklagerechts enthält § 406 g.

2) Nebenklageberechtigte (I–III): 2

A. **Durch bestimmte rechtswidrige Taten verletzte Personen** (I): Nebenklageberechtigt sind nur die unmittelbar Verletzten (RG **62**, 209; Hamm MDR **67**, 148; LG Aachen MDR **83**, 689). Ob der Täter schuldhaft gehandelt hat, kann erst im Verfahren festgestellt werden; die Anschlussbefugnis ist davon nicht abhängig. Der Tatvollendung steht auch – außer Nr 3 – in den übrigen Fällen des I der Versuch gleich, der Täterschaft die Tatbeteiligung nach §§ 25 ff StGB, nicht aber eine nach § 30 StGB strafbare Vorbereitungshandlung (Stuttgart NStZ **90**, 298; **aM** Leibinger Triffterer-FS 483). Da § 395 nur auf die „rechtswidrige Tat“ (vgl § 11 I Nr 5 StGB) abstellt, berechtigt auch eine Straftat nach § 323 a StGB, bei der eine der in I bezeichneten Taten die Rauschtat ist, zur Nebenklage (BGH NStZ-RR **98**, 305; Bamberg MDR **92**, 69; LG Stuttgart NJW **90**, 1126). Prozesshindernisse (Einl 141 ff) schließen die Anschlussberechtigung aus. 3

Die Nebenklagebefugnis besteht auch, wenn das Nebenklagedelikt in **Tateinheit oder Gesetzeskonkurrenz** mit einem anderen begangen ist, das zur Nebenklage nicht berechtigt (BGH **13**, 143, 144; **29**, 216, 218; **33**, 114, 115; Bringewat GA **72**, 293; Lenckner JZ **73**, 742). Dass die StA die rechtliche Beurteilung nicht auf das Nebenklagedelikt stützt, ist daher ohne Bedeutung (BGH **29**, 216, 218; StV **81**, 535). Die rechtliche Möglichkeit, dass der Angeschuldigte eine der in I, III bezeichneten Taten begangen hat, genügt (10 zu § 396). Durch das 2. OpferRRG ist in I Nr 5 die Nebenklagebefugnis auf alle Delikte nach §§ 232 bis 238 StGB sowie auf § 240 IV StGB ausgedehnt worden (zu letzteren vgl Lehmann NStZ **02**, 353). Die Verletzung durch eine rechtswidrige Tat nach § 4 Gewaltschutzgesetz (I Nr 5; BGBl 2001 I 3513) wird häufig mit rechtswidrigen Taten nach I Nr 4 in Tateinheit stehen; aber auch bei Verstößen gegen Schutzanordnungen wegen „Belästigungen“ ist damit eine Nebenklagebefugnis eingeräumt. Die Nebenklagebefugnis nach I Nr 3 geht bei Tod des Verletzten nicht auf seine nahen Angehörigen über (BGH **44**, 97; Mitsch NStZ **08**, 422 und Paulus-FG 123; vgl aber II Nr 1). Zur Rechtslage beim Ausscheiden des Nebenklagedelikts nach § 154 a vgl unten 13. 4

Wenn bei **Antragsdelikten** der Dienstvorgesetzte den Strafantrag gestellt (§§ 194 III, 230 II StGB) oder wenn die StA das besondere öffentliche Interesse an der Strafverfolgung bejaht (§ 230 I StGB) hat, ist der Anschluss auch ohne Strafantrag des Verletzten zulässig (BGH NStZ **92**, 452; KG NStZ **91**, 148 mwN und zust Anm Wendisch; Nürnberg NJW **91**, 712; Riegner MDR **89**, 602). Kann die Tat hingegen nur auf Antrag verfolgt werden (zB §§ 185, 194 I StGB), so ist – auch bei gleichartiger Tateinheit und trotz Stellung eines Strafantrags durch einen anderen Verletzten – ein Strafantrag erforderlich (Frankfurt NJW **91**, 2036; teilw **aM** SK-Velten 16; zw Altenhain JZ **01**, 800; Hilger JR **91**, 391); auch im Fall des I Nr 6 bleibt es beim Erfordernis der Antragstellung durch den Verletzten (vgl zum Ganzen mit weiteren Einzelheiten Rieß NStZ **89**, 102 ff). In der Anschlusserklärung kann jedoch der Strafantrag liegen (BGH **33**, 114, 116 mwN; Hilger JR **91**, 391 Fn 4). 5

B. Für den **gewerblichen Rechtsschutz und Urheberrechtsverletzungen** ist in I Nr 6 die Nebenklagebefugnis erhalten geblieben (nach dem Gesetzentwurf der BReg und früheren Entwürfen sollte sie gestrichen werden, vgl BR-Drucks 178/09 S 48; Rieß NStZ **89**, 106 Fn 70). Die Aufnahme dieser Vorschriften in I ist systemfremd, da es sich nicht um schwerwiegende Aggressionsdelikte gegen das Opfer handelt und dieses nicht in seinen höchstpersönlichen Rechtsgütern verletzt ist (vgl dazu Bung StV **09**, 434). 6

7 C. **Nahe Angehörige eines Getöteten** (II Nr 1): Rechtswidrige Taten iS der Vorschrift sind nicht nur Straftaten gegen das Leben (§§ 211–222 StGB), sondern auch die durch den Tötungserfolg qualifizierten Straftaten (BGH **44**, 97, 99; **52**, 153; NStZ-RR **08**, 352), zB nach §§ 178, 221 III, 227, 238 III, 239a III, 251, 306c StGB, sofern die Voraussetzungen des § 18 StGB vorliegen. Der Täterschaft steht die Teilnahme gleich, nicht aber der Versuch der Straftat (BGH StV **06**, 351; anders unrichtig BGH NStZ **08**, 93, dagegen zutr Mitsch Paulus-FG 130; dort auch (123) zum Fall der *aberratio ictus* und zum Fehlen des subjektiven Rechtfertigungselements) und nicht die Straftat nach § 138 StGB. Auch bei II Nr 1 kommt es nicht darauf an, ob die Anklage auf das Tötungsdelikt gestützt ist, sofern nur die rechtliche Möglichkeit der Verurteilung wegen einer solchen Tat besteht (Celle NJW **69**, 945; Düsseldorf NStZ **97**, 204; Frankfurt NJW **79**, 994; vgl oben 4).

8 **Nebenklageberechtigt** ist jeder der in II Nr 1 bezeichneten Personen unabhängig von den anderen (LG Kleve AnwBl **69**, 31; LG Osnabrück AnwBl **68**, 331). Die entfernten Verwandten werden durch die näheren nicht ausgeschlossen (Neustadt NJW **56**, 1611). Auch Halbgeschwister sind anschlussberechtigt (Düsseldorf NJW **58**, 394), aber nicht der geschiedene Ehegatte oder ehemalige Lebenspartner (§§ 1, 15 LPartG) und die Großeltern des Getöteten (BGH NJW **67**, 454; LG Hamburg MDR **79**, 251 mit Anm Tempke), der Stiefvater (BGH 3 StR 328/95 vom 15. 9. 1995), Onkel und Tante (BGH NJW **95**, 1297, 1301) und auch nicht, wer nur nach „Sinti-Art" die Ehe geschlossen hat (BVerfG NStZ **93**, 349). Das Angehörigenverhältnis muss im Zeitpunkt des Verfahrens bestehen; die Ehe darf zB nicht geschieden sein (Mitsch Paulus-FG 122).

9 D. Erfolgreiche **Antragsteller im Klageerzwingungsverfahren** (II Nr 2): Die Nebenklagebefugnis ist stets gegeben, wenn die Anklage auf Anordnung des OLG nach § 175 erhoben worden ist. Ob die Anordnung zu Recht getroffen worden ist, spielt keine Rolle (Mitsch Paulis-FG 122; denn durch II Nr 1 soll allgemein der Gefahr entgegengewirkt werden, dass die StA das gegen ihren Willen zustande gekommene Verfahren nur nachlässig betreibt. Ist es zu einer Anordnung des OLG nicht gekommen, weil der GStA den Klageerzwingungsantrag zum Anlass genommen hat, selbst die Erhebung der Anklage anzuordnen, so gilt II Nr 2 daher nicht (Frankfurt NJW **79**, 994; LG Waldshut-Tiengen StraFo **04**, 99; SK-Velten 20; **aM** München NStZ **86**, 376; KMR-Stöckel 13; LR-Hilger 5; Rieß NStZ **90**, 10). Auch auf Angehörige des Antragstellers findet die Vorschrift keine Anwendung (Düsseldorf NStZ **97**, 204; vgl aber II Nr 1).

10 E. **Andere rechtswidrige Taten** (III): Bei anderen als in I, II Nr 1 aufgezählten Straftaten kann der Verletzte Nebenklage erheben, wenn dies aus besonderen Gründen zur Wahrnehmung seiner Interessen geboten erscheint. Das wird insbesondere bei den in III erwähnten Straftaten der Fall sein. Der Schweregrad der Folgen für das Opfer muss dabei nicht die in § 397a I Nr 3 genannte Schwelle der „schweren körperlichen und seelischen Schäden" erreichen (BR-Drucks 178/06 S 49). Der Kataslog ist aber nicht abschließend; es kommt auch bei anderen Verletzungstatbeständen in Betracht. Damit ist die bisherige Regelung, die nur bei § 229 eine solche Befugnis vorsah, erheblich ausgedehnt worden (dazu Bung StV **09**, 434 „Entfesselung der Nebenklage"; abl auch Weigend RW **10**, 56 „Zwei-Klassen-Gesellschaft unter den Verletzten").

11 **Bei einer rechtswidrigen Tat nach § 229 StGB** war die Nebenklagebefugnis des Verletzten schon bisher nach III beschränkt (dazu Beulke DAR **88**, 114). Durch dieses Erfordernis soll die Nebenklage vor allem nach Straftaten im Straßenverkehr nur in diesem eingeschränktem Maße gestattet werden. Besondere Gründe iS von III können insbesondere darin liegen, dass die Tat schwere Folgen, dh zu schweren Verletzungen geführt (Beulke aaO) hatte oder dass das Mitverschulden des Verletzten nicht nur bei der Schadensersatzfrage, sondern auch strafrechtlich von erheblicher Bedeutung ist (Rieß/Hilger **87**, 154) oder wegen der Auswirkung des Strafverfahrens auf den noch nicht abschließend regulierten Verkehrsunfall (LG

Passau NStZ-RR **07**, 382; AG Homburg-Saar VRS **74**, 43). Bei mittleren (**aM** Kurth NStZ **97**, 2: auch bei schweren) Verletzungen besteht keine Anschlussbefugnis, wenn der Schaden bereits reguliert ist (Beulke DAR **88**, 116). Das Gericht entscheidet über den unbestimmten Rechtsbegriff der besonderen Gründe nach Anhörung der StA und des Angeschuldigten (§ 396 II) unter Berücksichtigung der Umstände des Einzelfalls und hat dabei Funktion und Aufgabe der Nebenklage (vgl 1 vor § 395) zu beachten. Die Entscheidung ist für das weitere Verfahren bindend (Stuttgart Justiz **00**, 149).

3) Anschlusszeitpunkt (IV): Der Anschluss ist in jeder Lage des Verfahrens zulässig, auch noch im Rechtsmittelverfahren. Der vor Erhebung der öffentlichen Klage erklärte Anschluss wird aber erst wirksam, wenn sie erhoben ist (§ 396 I S 2, 3). Der Anschluss kann noch nach ergangenem Urteil zur Einlegung von Rechtsmitteln erklärt werden (dazu 2 zu § 399; 3 zu § 401); bei anhängigem Rechtsmittelverfahren ist der Anschluss unabhängig davon zulässig, ob noch eine Rechtsmittelbefugnis des Nebenklägers besteht (BGH NStZ-RR **02**, 261 [B]; StraFo **03**, 198). Der Anschluss ist aber nicht mehr möglich, wenn das Verfahren insgesamt rechtskräftig abgeschlossen ist (BGH NStZ-RR **97**, 136; StraFo **05**, 513). Bestehen Zweifel, ob die Anschlusserklärung vor oder nach der Rechtskraft eingegangen ist, so ist die Nebenklage unzulässig (Celle DAR **58**, 245; **aM** AG Mainz Rpfleger **70**, 95). 12

4) Verfolgungsbeschränkungen nach § 154 a (V): Die Vorschrift stellt das Interesse nach Verfahrensvereinfachung und -beschleunigung hinter die Interessen des Nebenklägers zurück (Lenckner JZ **73**, 744). Ihm bleibt das Anschlussrecht selbst dann erhalten, wenn der Tatkomplex oder der rechtliche Gesichtspunkt, der das Nebenklagedelikt betrifft, nach § 154 a II abgetrennt ist. Seine Zulassung als Nebenkläger bewirkt den Wegfall einer bereits eingetretenen Verfolgungsbeschränkung; eines Wiedereinbeziehungsantrages der StA nach § 154 a III S 2 bedarf es nicht (Düsseldorf NStZ-RR **99**, 116), jedoch ist ein klarstellender Beschluss erforderlich. Solange die Anschlussbefugnis besteht, ist eine derartige Beschränkung nur mit Zustimmung des Nebenklägers zulässig, ohne sie ist sie unwirksam (BGH 1 StR 190/01 vom 12. 6. 2001). Bei Einstellungen nach § 154 gilt II nicht (vgl auch § 400 II S 2). 13

Die entspr Anwendung von II auf den Fall des **§ 430** ist ausgeschlossen (KK-Senge 9). 14

Anschlusserklärung

396 **I [1]Die Anschlusserklärung ist bei dem Gericht schriftlich einzureichen. [2]Eine vor Erhebung der öffentlichen Klage bei der Staatsanwaltschaft oder dem Gericht eingegangene Anschlusserklärung wird mit der Erhebung der öffentlichen Klage wirksam. [3]Im Verfahren bei Strafbefehlen wird der Anschluss wirksam, wenn Termin zur Hauptverhandlung anberaumt (§ 408 Abs. 3 Satz 2, § 411 Abs. 1) oder der Antrag auf Erlass eines Strafbefehls abgelehnt worden ist.**

II [1]Das Gericht entscheidet über die Berechtigung zum Anschluss als Nebenkläger nach Anhörung der Staatsanwaltschaft. [2]In den Fällen des § 395 Abs. 3 entscheidet es nach Anhörung auch des Angeschuldigten darüber, ob der Anschluss aus den dort genannten Gründen geboten ist; diese Entscheidung ist unanfechtbar.

III Erwägt das Gericht, das Verfahren nach § 153 Abs. 2, § 153 a Abs. 2, § 153 b Abs. 2 oder § 154 Abs. 2 einzustellen, so entscheidet es zunächst über die Berechtigung zum Anschluss.

1) Anschlusserklärung (I): 1

A. **Form** (S 1): Die Erklärung muss schriftlich (Einl 128) abgegeben werden; 2
durch Telefax, Fernschreiben oder Telebrief übermittelte Erklärungen sind zuläs-

sig (Einl 139 ff). Wirksam ist auch die Erklärung zu Protokoll der Geschäftsstelle (Einl 131 ff) und die in die Sitzungsniederschrift aufgenommene Anschlusserklärung, selbst wenn die Unterschrift des Nebenklägers fehlt (Bay **58**, 118 = VRS **15**, 282; Hamm VRS **12**, 368; Stuttgart NJW **55**, 1369 = JR **55**, 476 mit abl Anm Kohlhaas; KK-Senge 1; Theuerkauf MDR **62**, 789; **aM** RG **36**, 246, 247).

3 Die **Vertretung** bei der Abgabe der Erklärung ist zulässig; die Anzeige eines RA, dass er den Nebenkläger vertritt, ist aber keine Anschlusserklärung (Celle NdsRpfl **59**, 165; KK-Senge 1; Amelunxen [N] 36).

4 B. **Dem Gericht gegenüber** (S 1) muss die Erklärung abgegeben werden, und zwar gegenüber dem Gericht, das über die Anschlussberechtigung zu entscheiden hat oder das mit der Sache befasst ist, auch gegenüber dem Rechtsmittelgericht. Im Vorverfahren kann die Anschlusserklärung, wie sich aus S 2 ergibt, auch bei der StA eingereicht werden, hat dann aber zunächst keine Wirkung (vgl Schleswig SchlHA **95**, 8 [L/T]).

5 C. **Wirksam** (S 2, 3) wird die vor Erhebung der öffentlichen Klage angebrachte Anschlusserklärung, wenn die Akten mit der öffentlichen Klage und der Erklärung bei Gericht eingegangen sind (Hamm JMBlNW **63**, 165; Amelunxen [N] 35); nunmehr muss das Gericht über die Anschlussberechtigung entscheiden.

6 Beantragt die StA den Erlass eines **Strafbefehls,** so wird die Anschlusserklärung mit der Terminsanberaumung nach §§ 408 III S 2, 411 I S 2 oder mit dem Erlass (5 ff vor § 33) des Beschlusses über die Ablehnung des Antrags (§ 408 II S 1) wirksam, dem die Anregung des AG zur Einstellung des Verfahrens nicht gleichsteht (LG Flensburg VRS **64**, 31; vgl auch unten 18). Zugleich mit der Ablehnung des Strafbefehlsantrags muss das AG über die Anschlussbefugnis entscheiden, damit der Nebenkläger die Möglichkeit hat, sich einem Rechtsmittel der StA gegen den Beschluss anzuschließen oder (vgl 8 zu § 400) selbst sofortige Beschwerde einzulegen (KK-Senge 3). Wird der Strafbefehl erlassen und nicht angefochten, so ist die Anschlusserklärung gegenstandslos; einer Entscheidung bedarf es nicht (LG Deggendorf NJW **65**, 1092; LG Heidelberg NJW **67**, 2420). Zu den notwendigen Auslagen des Nebenklageberechtigten vgl 10 a zu § 472.

7 **2) Entscheidung über die Anschlussbefugnis** (II):

8 A. **Zuständigkeit:** Über die Zulassung entscheidet das Gericht, bei dem das Verfahren anhängig ist, bei Anschließung durch Rechtsmitteleinlegung (§ 395 IV S 2; auch im Fall des § 395 III, vgl Letzgus NStZ **89**, 353) das Rechtsmittelgericht (RG **69**, 244; **76**, 178; Bay **55**, 19 = VRS **8**, 309; Bay **70**, 171 = GA **71**, 22; KG VRS **35**, 353; erg 7 zu § 347). Lässt statt dessen das Gericht, das die angefochtene Entscheidung erlassen hat, den Nebenkläger zu, so ist sein Beschluss für das Rechtsmittelgericht unbeachtlich (RG **76**, 178; Bay aaO). Das Rechtsmittelgericht entscheidet auch, wenn der Anschluss erst erklärt wird, nachdem ein anderer Prozessbeteiligter ein Rechtsmittel eingelegt hat (vgl BGH **6**, 103). In den Fällen der §§ 319, 346 ist der Richter zuständig, der das Urteil erlassen hat.

9 Das Gericht, **nicht der Vorsitzende allein,** hat die Entscheidung zu treffen. Die Entscheidung des Vorsitzenden ist aber nicht nichtig, sondern nur anfechtbar (BGH MDR **69**, 360 [D]; Bay **52**, 99; Hamburg JR **50**, 568).

10 B. Die **Prüfung** umfasst zunächst die Frage, ob derjenige, der den Anschluss erklärt hat, zu dem Personenkreis des § 395 gehört und ob er prozessfähig (7 vor § 395) ist. Sind diese Voraussetzungen gegeben, so prüft das Gericht, ob die Anschlusserklärung nach § 395 begründet ist. Das ist schon dann der Fall, wenn nach der Sachlage oder auf Grund des tatsächlichen Vorbringens des den Anschluss Erklärenden die Verurteilung des Angeschuldigten wegen einer Nebenklagestraftat wenigstens rechtlich möglich erscheint (BGH NStZ-RR **02**, 340 mwN; **08**, 352; LG Koblenz NJW **04**, 305), wenn auch in Tateinheit oder Gesetzeskonkurrenz (4 zu § 395); demgegenüber stellt Altenhain JZ **01**, 794 auf die Wahrscheinlichkeit der Verletzung durch ein nebenklagefähiges Delikt ab (ähnlich SK-Felten 13).

Die Schlüssigkeit der Anklage wird nicht geprüft (Köln JMBlNW **69**, 209), auch nicht, ob für das Nebenklagedelikt hinreichender Tatverdacht besteht (Düsseldorf NStZ **97**, 204; Frankfurt NJW **79**, 994; LG Koblenz aaO). Ob die Voraussetzungen des § 395 III vorliegen, wird unabhängig von der Prüfung der formellen Anschlussbefugnis geprüft (**aM** AK-Rössner 9). Dabei muss der Geschädigte die der Entscheidung zugrunde liegenden Tatsachen, soweit sie sich nicht auf den Tathergang beziehen, wie das Ausmaß der Verletzungen, glaubhaft machen; beide Prüfungen können aber in einer einheitlichen Entscheidung zusammengefasst werden (Beulke DAR **88**, 117).

C. **Anhörung der Prozessbeteiligten:** Über die Anschlussbefugnis wird nach Anhörung der StA entschieden (II S 1). In den Fällen des § 395 III muss auch der Angeschuldigte dazu gehört werden, ob der Anschluss geboten ist. Sonst bedarf es seiner Anhörung nicht; gegen Art 103 I verstößt das nicht (KK-Senge 9; zw LR-Hilger 9; **aM** SK-Velten 6). 11

D. Der **Zulassungsbeschluss** muss ohne vermeidbare Verzögerung erlassen werden (Amelunxen [N] 39), insbesondere, bevor sich die Prozesslage verändert (RG **25**, 186). 12

Er wirkt für das ganze weitere Verfahren, hat aber nur **feststellende Bedeutung.** Die Nebenklägerstellung wird bereits durch die Anschlusserklärung, die eine Prozessrechtliche Bewirkungshandlung ist (vgl EbSchmidt 11), begründet (BGH **41**, 288, 289; NStZ-RR **99**, 39 [K]; Stuttgart NJW **70**, 822). 13

Daher kann ein nicht zur Nebenklage Berechtigter auch durch gerichtliche Zulassung kein Nebenkläger werden (BGH NStZ-RR **01**, 135 [K]) und der Zulassungsbeschluss noch **nach rechtskräftigem Abschluss des Verfahrens** ergehen, wenn die Anschlusserklärung schon vorher eingegangen war (RG **66**, 393; LG Kaiserslautern NJW **57**, 1120 mit abl Anm Pohlmann NJW **57**, 1373; LG Kiel SchlHA **62**, 109; LG Krefeld Rpfleger **72**, 177 mit krit Anm Reiß; LG München II NJW **66**, 465; LG Schweinfurt NJW **68**, 1840; **aM** LG München I DAR **63**, 246). Auch nach endgültiger Verfahrenseinstellung nach § 153a II kann eine versehentlich unterlassene Zulassung noch nachgeholt werden (LG Hanau JurBüro **87**, 393; D. Meyer JurBüro **83**, 165; **aM** LG Düsseldorf JurBüro **83**, 252). Etwas anders gilt nur im Fall des § 395 III; hier kommt der Zulassung wegen der Prüfungsbefugnis des Gerichts konstitutive Bedeutung zu (Düsseldorf NStZ-RR **97**, 11; NStZ **94**, 49 mit zust Anm Rössner NStZ **94**, 506; VRS **91**, 294; Letzgus NStZ **89**, 353). 14

Eine **stillschweigende Zulassung** kann darin liegen, dass der Nebenklageberechtigte nach der Anschlusserklärung in der Hauptverhandlung wie ein zugelassener Nebenkläger behandelt wird (Düsseldorf NStE Nr 5 zu § 379a mwN). 15

E. Der **Widerruf des Zulassungsbeschlusses** ist in jeder Lage des Verfahrens auf Antrag oder von Amts wegen zulässig, wenn sich herausstellt, dass ihm von vornherein die rechtlichen Grundlagen gefehlt haben (Bay **52**, 270 = NJW **53**, 433; Bay **71**, 56, 58; Hamm JMBlNW **53**, 45; Köln JMBlNW **53**, 45), nicht aber, weil sich in der Hauptverhandlung seine tatsächlichen Voraussetzungen als unrichtig erweisen (Bay **52**, 270 = NJW **53**, 433; LR-Hilger 22) oder weil das Rechtsmittelverfahren den Nebenkläger nicht mehr betrifft (**aM** Riegner NZV **91**, 42). Ein Widerruf mit der Begründung, das Nebenklagedelikt sei nicht nachweisbar, ist daher unzulässig (Düsseldorf NStZ **97**, 204; Nürnberg OLGSt § 395 S 9). 16

Die **Nichtzulassung des Nebenklägers** oder die Aufhebung eines zu Recht ergangenen Zulassungsbeschlusses hat ebenfalls keine Bestandskraft (BGH **41**, 288, 289). Der Nebenkläger kann jederzeit die Anschlusserklärung mit neuem Vorbringen wiederholen (Beulke DAR **88**, 117; Rieß/Hilger NStZ **87**, 154 Fn 201). Er kann insbesondere mit einem Rechtsmittel die Ablehnung seiner Zulassung rügen; darin liegt eine zulässige neue Anschlusserklärung, über die das Rechtsmittelgericht zu befinden hat (BGH MDR **70**, 732 [H]; Bringewat GA **72**, 301). 17

18 **3) Eine Einstellung nach §§ 153 ff** (III), zu der die Zustimmung des Nebenklägers nicht erforderlich ist (26 zu § 153; 16 zu § 154), ist erst zulässig, nachdem über die Anschlussberechtigung entschieden worden ist (KK-Senge 10). Dem Nebenkläger soll dadurch ermöglicht werden, seine Rechte wahrzunehmen, insbesondere zu der Einstellungsfrage Stellung zu nehmen (vgl BVerfGE **14**, 320 = MDR **63**, 26; BVerfG NJW **95**, 317). Das gilt jedoch nicht im Strafbefehlsverfahren, wenn das Gericht das Verfahren ohne Terminsanberaumung einstellt (16 zu § 408); denn nach I S 3 ist dann die Anschlusserklärung noch nicht wirksam geworden (LG Flensburg VRS **64**, 31; KK-Senge 3; **aM** LG Köln MDR **84**, 776).

19 **4) Beschwerde** steht nach § 304 I gegen den Nichtzulassungsbeschluss dem Antragsteller und der StA zu; das gilt auch für den Widerruf der Zulassung (Düsseldorf NStZ **97**, 204). Gegen die Zulassung können die StA und der Angeschuldigte Beschwerde einlegen, nach Urteilsrechtskraft aber nur, wenn erst danach über die Anschlussbefugnis entschieden worden ist (Hamm VRS **31**, 121; Zweibrücken MDR **82**, 342). Da der Anschluss selbstständige prozessuale Bedeutung hat, steht § 305 S 1 der Beschwerde nicht entgegen (jetzt allgM, vgl KG JR **95**, 259; LR-Hilger 27). Hat aber der Nebenkläger inzwischen die Revision auf seine Nichtzulassung gestützt, so wird über die Beschwerde nicht entschieden (BGH MDR **70**, 732 [D]). An die Entscheidung des Beschwerdegerichts ist das Berufungs- oder Revisionsgericht nicht gebunden (BGH aaO; LR-Hilger 23; vgl unten 21). Die Entscheidung nach § 395 III ist unanfechtbar (II S 2 Hs 2); das gilt aber nicht hinsichtlich der Prüfung der formellen Anschlussbefugnis (oben 10; Letzgus NStZ **89**, 352).

20 **5) Revision:** Wenn der Nebenkläger selbst Beschwerdeführer ist, muss seine Anschlussbefugnis **von Amts wegen** geprüft werden; sie ist eine Voraussetzung für das Revisionsverfahren (BGH **29**, 216, 217; **41**, 288, 289; KK-Senge 12).

21 Legt der **Angeklagte** Revision ein, so wird die Anschlussbefugnis nur auf entspr Rüge geprüft (BGH MDR **69**, 360 [D]; Bay DAR **80**, 270 [R]; Düsseldorf NJW **83**, 1337). Auf dem Fehlen der Anschlussbefugnis wird das Urteil idR nicht beruhen (BGH NStZ **94**, 26 [K]; Bay **53**, 64 = NJW **53**, 1116; DAR **80**, 270 [R]; Köln NJW **49**, 35; **aM** Frankfurt NJW **66**, 1669; KK-Senge 14; SK-Velten 18).

22 Stützt der **Nebenkläger** die Revision darauf, dass der Tatrichter ihn nicht zugelassen hat, so prüft das Revisionsgericht die Anschlussbefugnis ebenfalls (vgl aber unten 23). Auf der fehlerhaften Nichtzulassung beruht das Urteil nur, wenn nicht auszuschließen ist, dass der Nebenkläger Tatsachen hätte vorbringen und/oder Beweismittel hätte benennen können, die für den Schuldspruch (vgl § 400) wesentliche Bedeutung haben können (BGH NStZ **97**, 97 mwN; **99**, 259). Auf den Verfahrensverstoß der verspäteten Zulassung während der Hauptverhandlung kann der Nebenkläger die Revision nicht stützen, wenn er auf die Wiederholung der vorangegangenen Vernehmungen verzichtet hat (BGH MDR **52**, 660 [D]).

23 Die nach II S 2 Hs 2 unanfechtbare Entscheidung über das Vorliegen der **sachlichen Anschlussvoraussetzungen des § 395 III** ist der Prüfung durch das Revisionsgericht entzogen (§ 336 S 2); ein erneuter Antrag auf Zulassung der Nebenklage in der Rechtsmittelinstanz ist unzulässig (Düsseldorf NStZ **94**, 49 mit zust Anm Rössner NStZ **94**, 506; VRS **91**, 294; **aM** SK-Velten 20; Letzgus NStZ **89**, 353). Erg 10, 11 zu § 395.

Rechte des Nebenklägers

397 I [1]**Der Nebenkläger ist, auch wenn er als Zeuge vernommen werden soll, zur Anwesenheit in der Hauptverhandlung berechtigt.** [2]**Er ist zur Hauptverhandlung zu laden; § 145 a Absatz 2 Satz 1 und § 217 Absatz 1 und 3 gelten entsprechend.** [3]**Die Befugnis zur Ablehnung eines Richters (§§ 24, 31) oder Sachverständigen (§ 74), das Fragerecht (§ 240 Absatz 2), das Recht zur Beanstandung von Anordnungen des Vorsitzenden (§ 238 Absatz 2) und von Fragen (§ 242), das Beweisantragsrecht (§ 244 Absatz 3 bis 6) sowie**

das Recht zur Abgabe von Erklärungen (§§ 257, 258) stehen auch dem Nebenkläger zu. [4]Dieser ist, soweit gesetzlich nichts anderes bestimmt ist, im selben Umfang zuzuziehen und zu hören wie die Staatsanwaltschaft. [5]Entscheidungen, die der Staatsanwaltschaft bekannt gemacht werden, sind auch dem Nebenkläger bekannt zu geben; § 145 a Absatz 1 und 3 gilt entsprechend.

II [1]**Der Nebenkläger kann sich des Beistands eines Rechtsanwalts bedienen oder sich durch einen solchen vertreten lassen. [2]Der Rechtsanwalt ist zur Anwesenheit in der Hauptverhandlung berechtigt. [3]Er ist vom Termin der Hauptverhandlung zu benachrichtigen, wenn seine Wahl dem Gericht angezeigt oder er als Beistand bestellt wurde.**

1) Die **Rechte des Nebenklägers im Verfahren** (I) bestimmt das Gesetz seit der Änderung von 1986 nicht wie früher durch Pauschalverweisung auf die Befugnisse des Privatklägers, sondern durch Einzelregelungen. Dadurch soll der Eindruck vermieden werden, dass der Nebenkläger, der ein bloßer Zusatzbeteiligter am Verfahren ist (2 vor § 395), eine ähnliche Stellung einnimmt wie der in seinen Rechten dem StA gleichgestellte Privatkläger. Bei der Ausübung seiner Rechte ist der Nebenkläger unabhängig von der StA (BGH **28**, 272) und von anderen Nebenklägern (Gollwitzer Schäfer-FS 66). 1

A. Zur **Anwesenheit in der Hauptverhandlung** (S 1), auch bei vorweggenommenen Teilen (kommissarische Vernehmungen nach § 223 und Augenscheinseinnahmen nach § 225), ist der Nebenkläger berechtigt. Er darf nicht entspr § 247 aus dem Gerichtssaal entfernt werden (Gollwitzer Schäfer-FS 78; erg 1 zu § 247) und ist zur Anwesenheit auch berechtigt, wenn er als Zeuge (vgl 10 vor § 395) vernommen werden soll. Die das Anwesenheitsrecht des Zeugen beschränkenden Vorschriften der §§ 58 I, 243 II S 1 gelten für ihn nicht (3 zu § 58; 8 zu § 243). 2

Eine **Anwesenheitspflicht** hat der Nebenkläger grundsätzlich nicht (Gollwitzer Schäfer-FS 79; 2 zu § 398); sein persönliches Erscheinen kann nicht angeordnet und nur erzwungen werden, wenn er zugleich als Zeuge geladen ist. Rechtliche Nachteile erleidet der ausgebliebene und nicht vertretene Nebenkläger nur im Fall des § 401 III. Ein in der Hauptverhandlung nicht anwesender und nicht vertretener Nebenkläger kann allerdings auf ihren Ablauf nicht einwirken. Er ist grundsätzlich ebenso wie die StA zu hören (I S 4). 3

B. **Ladung des Nebenklägers** (S 2): Die Ladungsfrist beträgt 1 Woche (§ 217 I); zu beachten ist aber § 398 II. Unter der Voraussetzung des § 145 a II S 1 kann die Ladung statt an den Nebenkläger an dessen Beistand (II) erfolgen. Der Nebenkläger kann auf die Einhaltung der Ladungsfrist verzichten (§ 217 III). 4

C. Die **Rechte in der Hauptverhandlung** bestimmt S 3 (dazu allg Gollwitzer Schäfer-FS 65). Danach hat der Nebenkläger das Ablehnungsrecht gegenüber Richtern (§§ 24, 31) und Sachverständigen (§ 74). Er ist zur Befragung von Angeklagten, Zeugen und Sachverständigen berechtigt (§ 240 II); wenn er Mitangeklagter ist (vgl 9 vor § 395), gilt aber § 240 II S 2 (Gollwitzer aaO 69). Der Nebenkläger kann Anordnungen des Vorsitzenden und Fragen beanstanden (§§ 238 II, 242), und ihm steht auch das Beweisantragsrecht nach § 244 III–VI zu, aber nur im Rahmen seiner Anschlussberechtigung (30 zu § 244). Bei Tatmehrheit ist das Beweisantragsrecht auf das Nebenklagedelikt beschränkt. Besteht zwischen ihm und anderen Straftaten Tateinheit oder Gesetzeskonkurrenz, so bezieht sich das Beweisantragsrecht idR auf den ganzen Tatkomplex (vgl ANM 375). Das Recht auf unmittelbare Ladung von Beweispersonen (§ 220) steht auch dem Nebenkläger zu (**aM** SK-Velten 8; Beulke DAR **88**, 118); dann gelten §§ 222, 245 II. Schließlich hat der Nebenkläger das Recht zur Abgabe von Erklärungen (§§ 257, 258). Ihm muss das Wort zum Schlussvortrag erteilt werden, und zwar vor dem Angeklagten und nach dem StA (8 zu § 258); auf den Schlussvortrag des Angeklagten darf er erwidern (BGH NJW **01**, 3137; 18 zu § 258). 5

6 **Über die ihm durch S 3 eingeräumten Befugnisse hinaus** ist der Nebenkläger berechtigt, Anträge zu stellen und dadurch auf einen sachgerechten Verfahrensablauf (Rieß/Hilger NStZ **87**, 154) und auf sachgerechte Ausübung der dem Gericht nach § 244 II obliegenden Aufklärungspflicht hinzuwirken (Gollwitzer Schäfer-FS 80). Da S 3 als grundsätzlich abschließende Regelung gedacht ist (BT-Drucks 10/5305 S 13), steht dem Nebenkläger aber nicht das Recht zu, Anträge auf Protokollierung der Urkundenverlesung und ihres Grundes nach § 255, auf die besondere Beurkundung von Verfahrensvorgängen und vollständiges Niederschreiben von Aussagen und Äußerungen nach § 273 III und unter den Voraussetzungen der §§ 246 II, 265 IV auf Aussetzung der Hauptverhandlung zu stellen oder dem Verfahren nach § 249 II zu widersprechen (vgl Beulke DAR **88**, 118).

7 Soweit das Gesetz bestimmte Prozesshandlungen oder ihr Unterlassen von **Zustimmung oder Verzicht** des Angeklagten und der StA abhängig macht, ist die Zustimmung oder der Verzicht des in der Hauptverhandlung anwesenden oder vertretenen Nebenklägers nicht mehr einzuholen (KK-Senge 7, Beulke aaO); die Entscheidung BGH **28**, 272 ist insoweit durch die Änderung des § 397 überholt. Das gilt insbesondere in den Fällen der §§ 245 I S 2 (dort 9), 251 II Nr 3 (dort 26), 324 I S 2 (dort 6) und 325 S 2 (dort 4).

8 E. Zur **Anhörung** des Nebenklägers ist das Gericht verpflichtet (S 4). Er muss hinzugezogen und gehört werden, wenn die Hinzuziehung und Anhörung der StA nach § 33 I, II erforderlich ist, insbesondere vor der Einstellung des Verfahrens nach §§ 153 ff, die aber von seiner Zustimmung nicht abhängig ist (BGH **28**, 272, 273; Gollwitzer aaO 77; erg 18 zu § 396).

9 F. Die **Bekanntmachung von Entscheidungen** muss ebenfalls im selben Umfang erfolgen wie die Bekanntmachung an die StA. Ist der Nebenkläger rechtsmittelberechtigt (§§ 400, 401), so muss ihm eine Rechtsmittelbelehrung nach § 35 a erteilt werden. § 145 a I, III gilt entspr.

10 **2) Beistand des Nebenklägers** (II):

11 Der Nebenkläger kann im Beistand eines RA – oder gemäß § 138 I, III einer anderen Person – erscheinen oder sich durch einen bevollmächtigten RA vertreten lassen. Die Vertretung mehrerer Nebenkläger durch einen gemeinschaftlichen RA ist zulässig. Zur Stellung des Nebenklägervertreters Barton Schwind-FS 211 und Fabricius NStZ **94**, 257, dessen These, das Auftreten des Nebenklägervertreters verschiebe die Machtverhältnisse zu Lasten des Angeklagten, allerdings fragwürdig erscheint. Ein vom Nebenklägervertreter eingelegtes Rechtsmittel wirkt nur für und gegen den Nebenkläger, nicht gegen den Vertreter (Bay **96**, 88 = NStZ-RR **96**, 366).

12 B. **Benachrichtigung**: Der Beistand wird vom Termin benachrichtigt; eine förmliche Ladung ist nicht notwendig, weil der Nebenkläger förmlich geladen wird (oben 4). Akteneinsicht steht dem Nebenkläger nach § 406 e zu; er kann sie aber nur durch einen RA ausüben.

Bestellung eines Rechtsanwalts auf Antrag des Nebenklägers; Prozesskostenhilfe

397a

I Dem Nebenkläger ist auf seinen Antrag ein Rechtsanwalt als Beistand zu bestellen, wenn er

1. **durch ein Verbrechen nach den §§ 176 a, 177, 179, 232 und 233 des Strafgesetzbuches verletzt ist,**
2. **durch eine versuchte rechtswidrige Tat nach den §§ 211 und 212 des Strafgesetzbuches verletzt oder Angehöriger eines durch eine rechtswidrige Tat Getöteten im Sinne des § 395 Absatz 2 Nummer 1 ist,**
3. **durch ein Verbrechen nach den §§ 226, 234 bis 235, 238 bis 239 b, 249, 250, 252, 255 und 316 a des Strafgesetzbuches verletzt ist, das bei ihm zu schwe-**

ren körperlichen oder seelischen Schäden geführt hat oder voraussichtlich führen wird, oder

4. **durch eine rechtswidrige Tat nach den §§ 174 bis 182, 221, 225, 226, 232 bis 235, 238 Absatz 2 und 3, §§ 239a, 239b, 240 Absatz 4, §§ 249, 250, 252, 255 und 316a des Strafgesetzbuches verletzt ist und er bei Antragstellung das 18. Lebensjahr noch nicht vollendet hat oder seine Interessen selbst nicht ausreichend wahrnehmen kann.**

II [1] **Liegen die Voraussetzungen für eine Bestellung nach Absatz 1 nicht vor, so ist dem Nebenkläger für die Hinzuziehung eines Rechtsanwalts auf Antrag Prozesskostenhilfe nach denselben Vorschriften wie in bürgerlichen Rechtsstreitigkeiten zu bewilligen, wenn er seine Interessen selbst nicht ausreichend wahrnehmen kann oder ihm dies nicht zuzumuten ist.** [2] **§ 114 Satz 1 zweiter Halbsatz und § 121 Absatz 1 bis 3 der Zivilprozessordnung sind nicht anzuwenden.**

III [1] **Anträge nach den Absätzen 1 und 2 können schon vor der Erklärung des Anschlusses gestellt werden.** [2] **Über die Bestellung des Rechtsanwalts, für die § 142 Absatz 1 entsprechend gilt, und die Bewilligung der Prozesskostenhilfe entscheidet der Vorsitzende des mit der Sache befassten Gerichts.** [3] **In den Fällen des Absatzes 2 ist die Entscheidung unanfechtbar.**

1) Bestellung eines RA auf Antrag des Nebenklägers (I): 1

A. Die **Beiordnung eines anwaltlichen Beistands** unabhängig von den wirtschaftlichen Voraussetzungen der Prozesskostenhilfe sieht I bei bestimmten schweren Nebenklagedelikten vor. In diesem Umfang entfällt das Risiko des nicht prozesskostenhilfeberechtigten Nebenklägers, der einen anwaltschaftlichen Beistand zuzieht, einen Kostenerstattungsanspruch gegen den Angeklagten (vgl § 472 I S 1) wirtschaftlich nicht realisieren zu können bzw einen solchen wegen eines Freispruchs des Angeklagten oder einer Billigkeitsentscheidung des Gerichts (§ 472 I S 2) gar nicht erst zu erlangen. Das Kostenrisiko trägt nun der Staat. Die Regelung lässt allerdings Raum für Entscheidungen nach §§ 469, 470. Die Beiordnung eines RA nach I schließt die Bestellung eines Zeugenbeistands nach § 68b aus. I geht II vor (BGH StraFo **05**, 525). 2

B. Für **vier Gruppen von Nebenklägern** sieht I die Bestellung eines RA als Beistand vor: Nach Nr 1 gilt dies zum einen für durch bestimmte Straftaten gegen die sexuelle Selbstbestimmung Verletzte, soweit es sich um Verbrechen handelt (dazu BGH NJW **99**, 1647; NStZ-RR **01**, 266 [B]), wobei maßgeblich dabei nicht eine frühere, sondern die materiell-rechtliche Gesetzeslage zZ der Beschlussfassung (BGH NStZ-RR **03**, 101 [B]) ist, zum andern für die Opfer eines Menschenhandels nach §§ 232 III, 233 III StGB. Zur zweiten Gruppe gehören die Opfer der in § 395 I Nr 2 genannten versuchten Tötungsdelikte nach §§ 211 und 212 StGB, wobei es genügt, wenn eine Verurteilung des Angeklagten deswegen möglich erscheint (BGH NJW **99**, 2380); ferner können hiernach die nach § 395 II Nr 1 nebenklageberechtigten Hinterbliebenen eines rechtswidrig Getöteten die Bestellung eines Beistands beantragen. Als dritte Gruppe (Nr 3) wurde durch das 2. OpferRRG die Berechtigung, einen „kostenlosen Opferanwalt" zu beantragen, für solche Verletzte der dort bezeichneten Straftaten eröffnet, bei denen die Tat zu schweren körperlichen oder seelischen Schäden geführt hat oder voraussichtlich führen wird. Hier muss also in körperlicher Hinsicht eine schwere bzw erhebliche oder dauerhafte Gesundheitsschädigung eingetreten oder zu erwarten sein oder eine psychische Schädigung von ebensolchem Gewicht. Viertens sind die Verletzten einer Vielzahl von in Nr 4 benannten Straftaten antragsberechtigt, die im Zeitpunkt der – wirksamen (vgl unten 4) – Antragstellung noch nicht 18 Jahre alt sind oder die nicht in der Lage sind, ihre Interessen ausreichend wahrzunehmen (wie bei II, vgl unten 9); dies gilt – anders als in Nr 1–3 – nicht nur bei Verbrechen, sondern ggf auch bei Vergehen. 3

4 Den Fall einer **Verfahrensbeschränkung** nach § 154a regelt § 395 V (dort 13). Kommt eine Einstellung gemäß §§ 153 II, 153a II, 153b II oder 154 II in Betracht, ist nach § 396 III (dort 18) zu verfahren.

5 **2) Prozesskostenhilfe** (II):

6 A. Nur **für die Hinzuziehung eines RA** – oder gemäß § 138 III iVm § 138 I, II S 1 einer sonstigen Person – kann dem Nebenkläger, der die Voraussetzungen für die Bestellung eines Beistands nach I nicht erfüllt, Prozesskostenhilfe bewilligt werden. Sonstige Kosten, die so erheblich sind, dass sie die Bewilligung von Prozesskostenhilfe rechtfertigen könnten, entstehen dem Nebenkläger idR nicht. Maßgebend für die Bewilligung sind die §§ 114ff ZPO (vgl dazu Friedrich NJW **95**, 617ff) mit den sich aus II S 2, III ergebenden Abänderungen. Bedarf der Antragsteller der Beratung über die Erfolgsaussichten der Rechtsverfolgung, so findet das Beratungshilfegesetz Anwendung (BGHZ **91**, 312, 313; BGH 2 ARs 68/97 vom 28. 5. 1997).

7 B. **Voraussetzungen** (II S 1):

8 a) **Wirtschaftliches Unvermögen** (§§ 114, 115 ZPO): Der Antragsteller muss außerstande sein, die Kosten eines RA aufzubringen, auch zum Teil oder in Raten. Für die Gebührenansprüche des RA gelten nach Vorb 4 I VVRVG die für den Verteidiger geltenden Gebühren entspr. Die Belastungsgrenze für Ratenzahlungen richtet sich nach der Tabelle in § 115 I S 4 ZPO. Die zu zahlenden Monatsraten setzt das Gericht in dem Bewilligungsbeschluss fest (§ 120 I ZPO). Nach dem entspr anwendbaren § 115 III ZPO wird Prozesskostenhilfe nicht bewilligt, wenn die Kosten 4 Monatsraten und die aus dem Vermögen aufzubringenden Teilbeträge voraussichtlich nicht übersteigen (BGH NStZ **93**, 31 [K]; 351; **95**, 21 [K]; **97**, 379 [K]; BGHR Prozesskostenhilfe 9). Nach § 115 II S 2 ZPO iVm § 88 BSHG kann eine Rückzahlungsanordnung getroffen werden (BGH NStZ **94**, 229 [K]). Falls zumutbar, muss der Nebenkläger auch sein Vermögen zur Bestreitung der Anwaltskosten einsetzen (§ 115 II S 1 ZPO; BGHR § 397a I Prozesskostenhilfe 10). Zum Ganzen eingehend Kurth NStZ **97**, 2ff.

9 b) **Unfähigkeit zur Wahrnehmung der Interessen:** Es wäre nicht sinnvoll, für den Nebenkläger die Bewilligung von Prozesskostenhilfe, wie für die Partei im Zivilprozess, den Privatkläger (7ff zu § 379) und den Antragsteller im Adhäsionsverfahren (15 zu § 404), von der hinreichenden Erfolgsaussicht abhängig zu machen. II S 3 schließt daher die Anwendung des § 114 S 1 Hs 2 ZPO aus. Die früher dafür in II S 1 enthaltene Einschränkung, die Bewilligung der Prozesskostenhilfe hänge davon ab, dass die Sach- oder Rechtslage schwierig ist. ist durch das 2. OpferRRG gestrichen worden. Die Bewilligung der Prozesskostenhilfe setzt nun nur noch voraus, dass der Nebenkläger nicht fähig ist, seine Interessen selbst ausreichend wahrzunehmen (dazu 30 zu § 140; vgl Kaster MDR **94**, 1074) oder ihm das nicht zuzumuten ist. Die Unzumutbarkeit trotz der vorhandenen Fähigkeit, die eigenen Interessen auch ohne Mitwirkung eines RA wahrzunehmen, kann insbesondere auf der psychischen Betroffenheit des Nebenklägers durch die Tat, aber auch auf der besonderen Schwierigkeit der Sach- oder Rechtslage beruhen. Dass der Angeklagte einen Verteidiger hat, rechtfertigt die Bewilligung der Prozesskostenhilfe nicht ohne weiteres; die entspr Anwendung des § 121 II zweite Alt ZPO schließt II S 2 aus (vgl auch KG JR **82**, 169; Düsseldorf MDR **86**, 166; Hamburg MDR **85**, 605; erg 10 zu § 379). Bei Unzulässigkeit des Rechtsmittels (§ 400 I) wird keine Prozesskostenhilfe gewährt (BGH AnwBl **89**, 688), idR auch nicht, wenn sich das Rechtsmittel des Angeklagten nur gegen den Strafausspruch richtet (BGHR § 397a I Prozesskostenhilfe 7) oder seine Revision offensichtlich unbegründet ist (BGH NStZ-RR **03**, 6 [B]; StraFo **04**, 399; vgl eingehend Ruppert MDR **95**, 556 zur Prozesskostenhilfe bei Nebenklage im Revisionsverfahren).

C. **Dem Antrag** sind (auf dem amtlichen Vordruck, vgl BGBl 1994 I 3003) eine Erklärung über die wirtschaftlichen Verhältnisse des Nebenklägers und entspr Belege beizufügen (§ 117 II, IV ZPO). Im höheren Rechtszug kann hierauf Bezug genommen werden, wenn sich die Verhältnisse seitdem nicht verändert haben (BGH NJW **83**, 2145; NStZ **88**, 214 [M]; VRS **72**, 375), was der Antragsteller erklären muss (BGH 3 StR 142/91 vom 4. 9. 1991). Ein erst nach Beendigung des Revisionsrechtszuges eingegangener Antrag kann nicht mehr sachlich beschieden werden (BGH VRS **71**, 449). Das Gericht kann die Glaubhaftmachung der Angaben verlangen und Erhebungen anstellen (§ 118 II ZPO); hat der Antragsteller innerhalb der ihm gesetzten Frist die Glaubhaftmachung nicht vorgenommen oder bestimmte Fragen nicht oder ungenügend beantwortet, so wird der Prozesskostenhilfeantrag abgelehnt (§ 118 II S 4 ZPO). 10

3) Antragstellung und Entscheidung über die Anträge nach I oder II (III): 11

A. Nur auf **Antrag** wird dem Nebenkläger ein RA als Beistand bestellt, aber auch dann, wenn für ihn bereits ein RA tätig geworden ist (KG StraFo **08**, 47). Dasselbe gilt für die Gewährung der Prozesskostenhilfe. Der Antrag muss bei dem Gericht gestellt werden, das für die Entscheidung über die Anschlussbefugnis zuständig ist (4, 8 zu § 396). Er kann schon vor der Anschlusserklärung gestellt werden, aber nicht, bevor sie nach § 396 I S 2, 3 wirksam werden kann, also noch nicht im Vorverfahren (Notthoff DAR **95**, 461 zu I S 2 aF; vgl § 406g I). Ergibt sich das in I oder II vorausgesetzte Nebenklagedelikt nicht aus der öffentlichen Klage, so muss der Antragsteller die Tatsachen angeben, die das Vorliegen einer solchen Straftat rechtlich möglich erscheinen lassen. Begehrt der Nebenkläger die Beiordnung erstmals im Zusammenhang mit einem Rechtsmittel und ist dieses unzulässig, scheidet eine Bestellung als Beistand aus (BGHR Beistand 1); im Gegensatz zu II (unten 9) ist es aber unbeachtlich, ob das Rechtsmittel des Angeklagten nach § 349 II verworfen wurde (BGH NStZ **05**, 650). 12

Die **Entscheidung** trifft der Vorsitzende des mit der Sache befasste Gericht (III S 2), also der Tatrichter, bei dem die öffentliche Klage erhoben worden ist, das Berufungs- oder Revisionsgericht nach Eingang der Akten dort (BGH **38**, 307; NJW **99**, 2380; erg 7 zu § 347). Sie ergeht nach Anhörung der StA (§ 33 II); bei Zweifeln über die Richtigkeit der Angaben ist ggf auch dem Antragsteller rechtliches Gehör zu gewähren (BVerfG NStZ **99**, 469). Eine Anhörung des Angeschuldigten, in Fällen des II etwa entspr § 118 I S 1 ZPO, findet nicht statt, da er nicht einmal zur Frage der Anschlussbefugnis gehört wird (11 zu § 396; **aM** KMR-Stöckel 14; SK-Velten 16). 13

Für die **Bestellung eines RA** gilt nach III S 2 § 142 I entspr. Dabei ordnet der Vorsitzende den ausgewählten RA in dem Gerichtsbeschluss über dessen Bestellung als Beistand oder über die Bewilligung der Prozesskostenhilfe bei. Die Beiordnung unter Beschränkung auf die Vergütung eines ortsansässigen RA ist unzulässig (Brandenburg StraFo **06**, 214; erg 6 zu § 142). 14

Rückwirkende Kraft hat die Bestellung des RA und die Bewilligung der Prozesskostenhilfe grundsätzlich nicht (BGH StraFo **08**, 332). Maßgebend ist vielmehr der Zugang des dem Antrag stattgebenden Beschlusses (vgl BGH NJW **85**, 921). Eine auf den Zeitpunkt der Antragstellung rückwirkende Entscheidung ist aber zulässig, wenn der Antrag nicht rechtzeitig beschieden worden ist und der Antragsteller mit seinem Antrag bereits alles für die Bestellung des Beistandes (I) oder die Bewilligung der Prozesskostenhilfe (II) Erforderliche getan hat (BVerfG NStZ-RR **97**, 69; BGH aaO; Hamm NStZ **03**, 335; Köln NStZ-RR **00**, 285); das Risiko eines nicht klärbaren Verbleibs eines formlos versandten Antrags trägt aber der Absender (BGHR Prozesskostenhilfe 13). Entsprechendes gilt, wenn der Antrag (zulässigerweise) erst kurz vor Ablauf der Revisionsbegründungsfrist gestellt worden und eine rechtzeitige Bewilligung daher nicht möglich ist (KG JR **88**, 436). Unter diesen Voraussetzungen, sonst nicht (BGH VRS **71**, 449), kann Prozesskos- 15 tenhilfe (dasselbe muss für die Bestellung eines RA nach I gelten) sogar noch nach rechtskräftigem Abschluss des Verfahrens bewilligt werden (Frankfurt MDR **83**, 137; Hamm JurBüro **86**, 1730; Bönker NJW **83**, 2430; **aM** OVG Koblenz NJW **82**, 2834; vgl auch BGH NJW **85**, 921; Karlsruhe NStZ **83**, 43); nicht aber nach dem Tod des Nebenklägers (Düsseldorf AnwBl **88**, 125). Schließt sich der Nebenklagebefugte, dem nach § 406g III ein RA als Beistand bestellt oder Prozesskostenhilfe bewilligt worden ist, dem Verfahren als Nebenkläger an, ist eine neue Entscheidung nach III S 2 erforderlich.

16 Die **Aufhebung des Bewilligungsbeschlusses** ist nur unter den Voraussetzungen des § 124 ZPO zulässig (Frankfurt NStZ **86**, 43 mit zust Anm von Stackelberg). Die Bestellung nach I ist ggf entspr § 143 zurückzunehmen (BGH NStZ-RR **02**, 104 [B]; Köln NStZ-RR **10**, 22).

17 B. **Rechtsfolgen:**

17a a) Das Gericht bestellt den **RA als Beistand nach I** für das ganze weitere Verfahren (BGHR § 397a I Beistand 2), für eine Beschränkung auf die jeweilige Instanz gibt es hier keine Rechtsgrundlage (BGH StraFo **08**, 131); unerheblich ist auch, ob der Angeklagte wegen eines in I bezeichneten Delikts in 1. Instanz verurteilt wird (BGH NStZ-RR **03**, 293 [B]). Anders als bei § 140 (dort 9) erstreckt sich die Bestellung auch auf die Revisionshauptverhandlung (BGH NStZ **00**, 552), aber nicht auf das Adhäsionsverfahren, insoweit kommt nur – für die jeweilige Instanz (BGH StraFo **09**, 349) – Gewährung von Prozesskostenhilfe nach § 404 V in Betracht (BGH NJW **01**, 2486). Die dem Beistand aus der Staatskasse zu erstattenden Gebühren richten sich gemäß § 53 II RVG mit Vorb 4 des VVRVG nach den Gebühren des beigeordneten Verteidigers (§ 52 RVG). Ein Vergütungsanspruch gegen das Opfer besteht nicht (§ 53 II S 1 „nur von dem Verurteilten"; nach § 53 II S 2 RVG entfällt der Anspruch aber, soweit die Staatskasse die Gebühren bezahlt hat).

17b b) Die **Bewilligung der Prozesskostenhilfe (II)** lässt für den beigeordneten RA ebenfalls einen Anspruch auf Erstattung seiner sich nach den für den bestellten Verteidiger bemessenden Gebühren aus der Staatskasse entstehen (§ 48 RVG). Die Bewilligung der Prozesskostenhilfe wirkt nur für den jeweiligen Rechtszug (§ 119 I S 1 ZPO), gilt aber nach Aufhebung des Urteils durch das Rechtsmittelgericht und Zurückverweisung an die Vorinstanz fort (Schleswig SchlHA **97**, 75, 76). Hat der Angeklagte ein Rechtsmittel eingelegt, so sind das wirtschaftliche Unvermögen und die Unfähigkeit des Nebenklägers zur Wahrnehmung seiner Interessen erneut zu prüfen; die entspr Anwendung des § 119 I S 2 ZPO kommt nicht in Betracht.

18 **4) Rechtsmittel:**

19 A. Die **Entscheidung über die Bestellung** eines RA als Beistand nach I kann nach allgemeinen Grundsätzen angefochten werden (Köln NStZ-RR **00**, 285). Gegen den ablehnenden Beschluss können die StA und der Antragsteller Beschwerde einlegen, gegen die Bestellung steht der StA die Beschwerde zu; der Angeschuldigte ist durch die Bestellung nicht unmittelbar beschwert (Hamm NJW **06**, 2057 mwN). Nach Urteilsrechtskraft ist nur noch Raum für eine Beschwerde, wenn erst danach über die Beiordnung entschieden worden ist. Gegen die Auswahl des Beistands kann der Antragsteller, nicht aber der nicht beigeordnete RA im eigenen Namen Beschwerde einlegen. Der Umstand, dass der Vorsitzende des erkennenden Gerichts die Auswahl trifft, steht dem nicht entgegen (vgl zum Pflichtverteidiger 19 zu § 142; 10 zu § 141). § 305 S 1 schließt die Beschwerde nicht aus, da die Entscheidung selbstständige prozessuale Bedeutung hat (Köln aaO).

20 Mit der **Revision** kann der Nebenkläger die Ablehnung seines Antrags auf Bestellung eines RA als Beistand rügen; auf dem Rechtsfehler kann das Urteil aber nur beruhen, wenn im Einzelfall nicht auszuschließen ist, dass der Nebenkläger, hätte er im Beistand seines RA an der Hauptverhandlung teilgenommen, Tatsachen hätte vorbringen oder Beweismittel hätte benennen können, die für den Schuldspruch (vgl § 400) wesentliche Bedeutung haben können (vgl 22 zu § 396

mN zur fehlerhaften Nichtzulassung). Bei verspäteter Bestellung während der Hauptverhandlung wird ein Beruhen nur unter besonderen Umständen nicht auszuschließen sein, wenn der Nebenkläger vergeblich auf Wiederholung der vorangegangenen Abschnitte angetragen hat. Auch auf der gesetzwidrigen Bestellung wird das Urteil kaum jemals beruhen; dies ist schon beim Fehlen der Anschlussbefugnis idR zu verneinen (vgl 21 zu § 396).

B. **Unanfechtbar** sind die Entscheidungen über die Prozesskostenhilfe (III S 3): 21
Der Nebenkläger kann weder die Ablehnung der Prozesskostenhilfe noch die Beiordnung eines nicht erwünschten RAs anfechten (Düsseldorf NStZ-RR **99**, 21; Koblenz MDR **91**, 557 mwN), auch nicht die Anordnung der Ratenzahlung (Düsseldorf Rpfleger **93**, 506), der Angeschuldigte nicht die Bewilligung. Das gilt auch, wenn ein unzuständiges Gericht Prozesskostenhilfe bewilligt hat (BGH NJW **90**, 460), nicht aber bei Ablehnung durch dieses (**aM** Düsseldorf NStE Nr 5). Eine auf die Fehlerhaftigkeit der Entscheidung über die Prozesskostenhilfe gestützte Revisionsrüge ist unzulässig (§ 336 S 2).

Fortgang des Verfahrens

398 **I Der Fortgang des Verfahrens wird durch den Anschluss nicht aufgehalten.**

II Die bereits anberaumte Hauptverhandlung sowie andere Termine finden an den bestimmten Tagen statt, auch wenn der Nebenkläger wegen Kürze der Zeit nicht mehr geladen oder benachrichtigt werden konnte.

1) Keine Hemmung des Verfahrens (I): Durch den Anschluss des Nebenklä- 1
gers wird der Fortgang des Verfahrens nicht aufgehalten. Der Nebenkläger tritt ihm in dem Stadium bei, in dem es sich bei seinem Anschluss befindet. Die Wiederholung prozessualer Maßnahmen (zB einer kommissarischen Vernehmung oder einer Augenscheinseinnahme) kann er nicht verlangen. Prozessgestaltende Maßnahmen der Prozessbeteiligten muss er gegen sich gelten lassen; neue kann er nicht verhindern, auch wenn sie sich gegen ihn auswirken (Stuttgart NJW **70**, 822).

Seine **Mitwirkung an dem Verfahren** ist trotz der Zulassung nach § 396 nicht 2
notwendig. Er ist zur Teilnahme an Gerichtsterminen nicht verpflichtet (3 zu § 397). Die Hauptverhandlung kann ohne ihn durchgeführt werden (Gollwitzer Schäfer-FS 79); daher kann auch sein persönliches Erscheinen nicht entspr § 236 angeordnet werden.

2) Gerichtliche Termine (II), insbesondere Hauptverhandlungen, werden 3
auch durchgeführt, wenn der Nebenkläger seinen Anschluss so spät erklärt, dass er nicht mehr rechtzeitig geladen oder benachrichtigt werden kann. Auch wenn er geladen worden, aber er oder sein Verfahrensbevollmächtigter (Stuttgart Justiz **04**, 127) aus triftigen Gründen verhindert ist, kann die Hauptverhandlung ohne ihn durchgeführt werden (BGH **28**, 272, 273). Das rechtliche Gehör ist ihm dann durch die Ladung gewährt worden (Gollwitzer Schäfer-FS 69). Das Gericht ist aber nicht gehindert, auf die Unkenntnis des Nebenklägers vom Termin oder auf seine Verhinderung Rücksicht zu nehmen und einen bereits anberaumten Termin zu verlegen, damit der Nebenkläger geladen werden und teilnehmen kann.

3) Auf zulässige **Revision** des Nebenklägers wird das Urteil idR aufzuheben 4
sein, wenn seine Ladung unterlassen worden ist, obwohl die Voraussetzungen des II nicht vorlagen (Düsseldorf StraFo **01**, 102; Karlsruhe OLGSt § 218 S 9).

Bekanntmachung früherer Entscheidungen

399 **I Entscheidungen, die schon vor dem Anschluss ergangen und der Staatsanwaltschaft bekanntgemacht waren, bedürfen außer in den Fällen des § 401 Abs. 1 Satz 2 keiner Bekanntmachung an den Nebenkläger.**

II Die Anfechtung solcher Entscheidungen steht auch dem Nebenkläger nicht mehr zu, wenn für die Staatsanwaltschaft die Frist zur Anfechtung abgelaufen ist.

1 **1) Entscheidungen vor der Anschlusserklärung** (I) werden dem Nebenkläger, abgesehen von dem Fall des § 401 I S 2, nicht bekanntgegeben, wenn sie bereits der StA bekanntgemacht waren. Dagegen müssen ihm alle Entscheidungen bekanntgemacht werden, die nach der Anschlusserklärung erlassen werden, auch wenn der Zulassungsbeschluss nach § 396 noch aussteht (KK-Senge 1).

2 **2)** Bei **Anschlusserklärung zur Rechtsmitteleinlegung nach Urteilserlass** (II), die nach §§ 395 IV S 2, 401 I S 2 zulässig ist, läuft für den Nebenkläger keine eigene Rechtsmittelfrist (BGH NStZ **88**, 214 [M]). Das Rechtsmittel kann nur innerhalb der für die StA laufenden Anfechtungsfrist eingelegt werden und ist daher unzulässig, wenn die Frist abgelaufen ist oder die StA auf Rechtsmittel verzichtet (BGH NStZ **84**, 18 [Pf/M]; RG **66**, 129; Bay OLGSt § 395 S 19) oder ihr Rechtsmittel zurückgenommen hat (KK-Senge 2). Allerdings kann sich der Nebenkläger dem Verfahren auch noch nach Fristablauf anschließen, wenn der Angeklagte, die StA oder ein anderer Nebenkläger ein Rechtsmittel eingelegt hat. Er kann dann aber nicht verhindern, dass dieses Rechtsmittel zurückgenommen und dadurch die Rechtskraft der Entscheidung herbeigeführt wird.

3 Die **Wiedereinsetzung in den vorigen Stand** kann der Nebenkläger bei verspäteter Anfechtung im Fall II nicht verlangen. Da gegen ihn keine eigene Frist lief, konnte er auch keine Frist iS des § 44 versäumen (BGH NStZ **88**, 214 [M]; RG **71**, 173; Celle VRS **27**, 289; Hamm NJW **64**, 265; KK-Senge 4 und 17 zu § 395; **aM** Renkl MDR **75**, 904). Wiedereinsetzung soll aber möglich sein, wenn der Anschluss innerhalb der Anfechtungsfrist für die StA erklärt und nur die Anfechtung verspätet vorgenommen worden ist (RG **76**, 178; Hamm aaO; KK-Senge 4).

4 Für die **Rechtsmittelbegründungsfrist** nach §§ 317, 345 I hat II keine Bedeutung; insoweit gilt § 401 I S 2 (dort 3).

Beschränktes Anfechtungsrecht

400 **I Der Nebenkläger kann das Urteil nicht mit dem Ziel anfechten, dass eine andere Rechtsfolge der Tat verhängt wird oder dass der Angeklagte wegen einer Gesetzesverletzung verurteilt wird, die nicht zum Anschluss des Nebenklägers berechtigt.**

II 1 Dem Nebenkläger steht die sofortige Beschwerde gegen den Beschluss zu, durch den die Eröffnung des Hauptverfahrens abgelehnt oder das Verfahren nach den §§ 206 a und 206 b eingestellt wird, soweit er die Tat betrifft, auf Grund deren der Nebenkläger zum Anschluss befugt ist. 2 Im Übrigen ist der Beschluss, durch den das Verfahren eingestellt wird, für den Nebenkläger unanfechtbar.

1 **1) Beschwer als Zulässigkeitsvoraussetzung der Rechtsmittel des Nebenklägers:** Der Nebenkläger ist, wie sich aus §§ 395 IV S 2, 401 I S 1 ergibt, zur Rechtsmitteleinlegung berechtigt, aber nur, soweit er durch die Entscheidung in seiner Stellung als Nebenkläger beschwert ist (BGH **29**, 216, 218; **33**, 114, 115, 117; NJW **70**, 205). Daher kann er zB Entscheidungen über die UHaft oder die vorläufige Unterbringung des Beschuldigten nicht mit der Beschwerde anfechten; sie berühren seine Rechtsstellung nicht (Düsseldorf NJW **98**, 395; Hamm NStZ-RR **08**, 219; Karlsruhe NJW **74**, 658). Andererseits ist er in seinen Rechten als Nebenkläger beeinträchtigt und daher beschwerdeberechtigt, wenn seine Anträge auf Anordnung strafprozessualer Eingriffe, durch die Beweismittel für das Nebenklagedelikt gewonnen werden können, abgelehnt worden sind. Für die Anfechtung von Urteilen und Einstellungsentscheidungen bestimmt § 400 besondere Beschränkungen. Das Recht des Nebenklägers, sich am Verfahren im Rechtsmittel-

zug zu beteiligen, wenn andere Prozessbeteiligte Rechtsmittel eingelegt haben, wird dadurch nicht berührt (Düsseldorf JurBüro **90**, 1324). Ist über seine Befugnisse als Nebenkläger oder über Kostenfragen zu seinem Nachteil entschieden worden, so ist der Nebenkläger rechtsmittelberechtigt, sofern nicht allgemeine Rechtsmittelbeschränkungen bestehen, wie zB in §§ 304 III, 464 III S 1 Hs 2 (erg 13 zu § 464).

2) Gesetzliche Beschränkungen der Urteilsanfechtung (I): 2

A. **Rechtsfolgenausspruch:** Die Urteilsanfechtung mit dem Ziel, dass eine andere Rechtsfolge verhängt wird, ist dem Nebenkläger, anders als nach früherem Recht (vgl BGH **33**, 114, 118), in jedem Fall verwehrt; auch die Verhängung einer weiteren, bisher nicht angeordneten Rechtsfolge kann nicht verlangt werden (BGH AnwBl **89**, 688). Der Freispruch wegen Schuldunfähigkeit kann aber angegriffen werden, auch wenn eine Maßregel nach § 63 StGB angeordnet worden ist. Auch die Nichtanordnung einer Maßregel im ordentlichen oder im Sicherungsverfahren nach § 413 kann gerügt werden (BGH NStZ **95**, 609; 5 StR 444/06 vom 1. 2. 2007). Unzulässig ist aber nicht nur die ausdrücklich auf die Rechtsfolgenfrage beschränkte Berufung oder Revision des Nebenklägers, sondern auch das in vollem Umfang eingelegte Rechtsmittel, wenn seine Begründung ergibt, dass es dem Nebenkläger ausschließlich um die Änderung des Rechtsfolgenausspruchs geht (BGH NJW **92**, 516; NStZ-RR **04**, 67 [B] mwN) oder dass mit dem Rechtsmittel keine Änderung des Schuldspruchs, sondern nur eine andere Rechtsfolgenentscheidung erreicht werden kann oder soll (Karlsruhe NStZ **88**, 427; Schleswig SchlHA **07**, 291 [D/D]). Unzulässig ist auch das Rechtsmittel, mit dem sich der Nebenkläger lediglich gegen den Schuldumfang wendet (BGH **41**, 140, 144; BGHR Zulässigkeit 4; Bay **88**, 50 = MDR **88**, 884), nur das Fehlen der Feststellung der besonderen Schwere der Schuld iSd § 57 a I S 1 Nr 2 StGB (vgl 33 zu § 260) beanstandet (StraFo **07**, 245; Meurer JR **92**, 448), die Anwendung des § 105 I JGG (BGH StraFo **07**, 245), des § 199 StGB (vgl BGH 1 StR 608/97 vom 3. 12. 1997 zu § 233 StGB aF) oder des § 213 StGB (BGH NStZ-RR **00**, 40 [K]) rügt, mit dem er sich bei Verurteilung wegen § 177 I StGB gegen die Nichtanwendung des II beschwert (BGH NStZ-RR **03**, 306; zw Rieß GA **07**, 387), das Hinzutreten einer weiteren Tatbestandsalternative, zB bei § 211 StGB (BGH NJW **99**, 2449) oder § 224 StGB, erstrebt (BGH NStZ-RR **97**, 371; HK-Kurth 9; Leibinger Triffterer-FS 483; Riegner NStZ **90**, 13) oder sich gegen die Nichtverhängung von Sicherungsverwahrung wendet (BGH StV **97**, 624 L), jedoch nicht bei erstrebter Verurteilung wegen Vollendung statt wegen Versuchs (AK-Rössner 7; Leibinger aaO; **aM** Riegner aaO), oder Anwendung einer Qualifikationsnorm, zB § 177 III statt II StGB (BGH NStZ **01**, 420 L) oder § 226 II statt I StGB (BGH StraFo **01**, 207), oder bei erstrebter Änderung des Konkurrenzverhältnisses (Tatmehrheit statt Tateinheit: BGH NStZ **00**, 219). Aus I folgt auch, dass der Nebenkläger den Beschluss nach § 268 a nicht anfechten kann (erg 2 zu § 305 a). Bei zulässigem Hauptantrag schadet ein unzulässiger Hilfsantrag nicht (BGH 2 StR 394/94 vom 2. 12. 1994). 3

B. Entscheidungen über **Verletzungen von Strafgesetzen, die nicht nach § 395 zum Anschluss berechtigen** (I), beschweren den Nebenkläger nicht und können daher nicht Gegenstand der Urteilsanfechtung sein (BGH VRS **103**, 210). Der Nebenkläger kann sein Rechtsmittel in zulässiger Weise nur darauf stützen, dass die Rechtsvorschrift über ein Nebenklagedelikt verletzt ist (BGH NStZ **87**, 221 [Pf/M]), dass der Angeklagte also insoweit zu Unrecht freigesprochen oder das Nebenklagedelikt jedenfalls, wenn auch ohne förmlichen Freispruch, nicht in den Schuldspruch aufgenommen worden ist (Hamm VRS **59**, 260, 261), dass (bei Tateinheit) eine Verurteilung wegen des Nebenklagedelikts nicht erfolgt ist. Die Rechtsmittelbefugnis entfällt aber, wenn der Nebenkläger der Beschränkung der Strafverfolgung nach § 154 a zugestimmt hatte (BGH NStZ **92**, 30 [K]). 4

Bei der **Berufung,** die keiner Begründung bedarf, ist zwar idR zu unterstellen, dass das Rechtsmittel sich auf das Nebenklagedelikt bezieht. Das Rechtsmittel ist 5 aber unzulässig, wenn der Angeklagte wegen des Nebenklagedelikts verurteilt worden ist und sich dabei kein Anhalt für die Behauptung unrichtiger Rechtsanwendung ergibt (Riegner NStZ **90**, 14); in diesem Fall ist somit eine Berufungsbegründung erforderlich, um die Zulässigkeit des Rechtsmittels feststellen zu können (Düsseldorf NStZ **94**, 507; Jena NStZ-RR **07**, 209; Leibinger Triffterer-FS 485). Entscheidet das Berufungsgericht trotz Unzulässigkeit des Rechtsmittels in der Sache, ist das Urteil auf Revision aufzuheben und die Berufung entspr § 354 I als unzulässig zu verwerfen (Schleswig SchlHA **96**, 97 [L/T]).

6 Gleiches wie für die Berufung gilt für die **Revision.** Insbesondere genügt die Erhebung der unausgeführten allgemeinen Sachrüge (18 zu § 344) nicht (BGH **13**, 143, 145; BGH NStZ **89**, 221 [M]; DAR **92**, 256 [N]; NStZ-RR **09**, 57; **aM** SK-Velten 17; Mitsch NStZ **08**, 422 und Paulus-FG 128), auch nicht bei Freispruch vom Nebenklagedelikt, aber Verurteilung wegen eines nicht zum Anschluss berechtigenden Strafgesetzes (BGH NStZ **88**, 565; anders aber BGH NStZ-RR **02**, 261 [B]) oder bei gegenüber der Anklage abweichender rechtlicher Würdigung im Urteil (BGH NStZ-RR **99**, 39 [K]). Die Sachrüge kann der Nebenkläger nur auf die unterlassene oder fehlerhafte Anwendung gerade desjenigen Strafgesetzes stützen, auf das sich seine Anschlussbefugnis stützt (BGH StraFo **08**, 164; Hamm NZV **03**, 150). Deswegen muss er idR das Ziel seines Rechtsmittels ausdrücklich angeben (BGHR Zulässigkeit 3 und 5; BGH NStZ-RR **02**, 104 [B]; **09**, 253), und zwar eindeutig (BGH NStZ-RR **05**, 262 [B]) und innerhalb der Revisionsbegründungsfrist (BGH NStZ-RR **01**, 266 [B]). Die Revision ist unzulässig, wenn nur die Nichtaburteilung eines völlig fern liegenden Nebenklagedelikts gerügt wird, für das nach Aktenlage nicht der geringste Anhalt besteht (Köln NZV **04**, 656: § 212 StGB in einem Verfahren wegen § 222 StGB), sie ist aber nicht deshalb unzulässig, weil sie ergänzend die Nichtanwendung der Vorschriften über Straftaten rügt, die nicht zum Anschluss berechtigen (BGH NJW **70**, 205; Saarbrücken VRS **36**, 435, 438; weitergehend Stuttgart NJW **73**, 1385 = JZ **73**, 739 mit krit Anm Lenckner: auch nicht, wenn sie nur Einzelausführungen zu solchen Vorschriften enthält). Beanstandet der Nebenkläger das Verfahren, so kann er nur Rügen erheben, die die Verurteilung wegen der zum Anschluss berechtigenden Straftaten betreffen (BGH NStZ-RR **98**, 305).

7 C. Die **Prüfung des Rechtsmittelgerichts** erstreckt sich bei zulässiger Berufung oder Revision lediglich auf die richtige Anwendung der Vorschriften über das Nebenklagedelikt (BGH **41**, 140, 144). Das gilt nicht nur dann, wenn dieses einen abtrennbaren Teil der Tat betrifft, sondern – wie sich aus I 2. Hs ergibt – auch bei Tat- oder Gesetzeseinheit mit einem Offizialdelikt (KK-Kuckein 10 zu § 352; Riegner NStZ **90**, 16; **aM** AK-Rössner 12). Es ist also nur zu prüfen, ob Nebenklagedelikte nicht, nicht zutr oder unvollständig gewürdigt worden sind (BGH **43**, 15); daher kann auch eine zulässige Revision, die bei Verurteilung wegen Totschlags unzutr die Nichtverurteilung wegen Mordes rügt, nicht dazu führen, Fehler bei der Strafzumessung (etwa hinsichtlich § 213 StGB) zu korrigieren (BGH NStZ-RR **03**, 102 [B]), ebenso kann die unbegründete Rüge fehlender Verurteilung nach § 227 StGB nicht die Aufhebung des Strafausspruchs nach § 224 StGB wegen tateinheitlich begangener Beteiligung an einer Schlägerei (§ 231 StGB) zur Folge haben (BGH 3 StR 236/08 vom 21. 8. 2008). Führt allerdings die Prüfung zu dem Ergebnis, dass der Angeklagte überhaupt keine Straftat begangen hat (zB Verurteilung wegen versuchten Totschlags erfolgt, wegen versuchten Mordes durch Nebenkläger erstrebt, aber strafbefreiender Rücktritt vom Versuch gegeben), so ist freizusprechen. Bei Verurteilung wegen einer OWi bleibt diese ungeprüft (Göhler NStZ **86**, 21 gegen BayObLG ebenda).

7a Der **Tatrichter** hat allerdings nach Aufhebung des Urteils und Zurückverweisung der Sache durch das Revisionsgericht alle in Tateinheit mit dem Nebenklagedelikt stehenden Delikte wiederum zu prüfen (BGH **39**, 390, 391 = JR **95**, 71 mit Anm Geerds; Frankfurt NStZ-RR **01**, 22; Leibinger Triffterer-FS 490).

3) Gegen die **Nichteröffnung des Hauptverfahrens** (II) nach § 204, der die Ablehnung des Erlasses eines Strafbefehls gleichsteht (vgl § 408 II S 2), nicht gegen die Eröffnung vor einem niedrigeren Gericht nach § 209 I (Karlsruhe NStZ **89**, 442; Rieß/Hilger NStZ **87**, 154 Fn 214), steht dem Nebenkläger die sofortige Beschwerde zu, soweit der Beschluss die Tat betrifft, die ihn zum Anschluss berechtigt. 8

Mit derselben Einschränkung kann er **Einstellungsbeschlüsse** nach §§ 206a, 206b und Einstellungsurteile nach § 260 III anfechten. Gegen Einstellungsbeschlüsse nach §§ 153ff hat er kein Rechtsmittel, auch wenn sie verfahrensrechtlich fehlerhaft ergangen sind (BGH NJW **02**, 2401 = JR **03**, 125 mit zust Anm Radtke); das gilt angesichts des eindeutigen Wortlauts des II S 2 auch für Einstellungen nach § 205 (**aM** LR-Hilger 25; Rieß NStZ **01**, 355). 9

Rechtsmittel des Nebenklägers

401 **I** [1] **Der Rechtsmittel kann sich der Nebenkläger unabhängig von der Staatsanwaltschaft bedienen.** [2] **Geschieht der Anschluss nach ergangenem Urteil zur Einlegung eines Rechtsmittels, so ist dem Nebenkläger das angefochtene Urteil sofort zuzustellen.** [3] **Die Frist zur Begründung des Rechtsmittels beginnt mit Ablauf der für die Staatsanwaltschaft laufenden Frist zur Einlegung des Rechtsmittels oder, wenn das Urteil dem Nebenkläger noch nicht zugestellt war, mit der Zustellung des Urteils an ihn auch dann, wenn eine Entscheidung über die Berechtigung des Nebenklägers zum Anschluss noch nicht ergangen ist.**

II [1] **War der Nebenkläger in der Hauptverhandlung anwesend oder durch einen Anwalt vertreten, so beginnt für ihn die Frist zur Einlegung des Rechtsmittels auch dann mit der Verkündung des Urteils, wenn er bei dieser nicht mehr zugegen oder vertreten war; er kann die Wiedereinsetzung in den vorigen Stand gegen die Versäumung der Frist nicht wegen fehlender Rechtsmittelbelehrung beanspruchen.** [2] **Ist der Nebenkläger in der Hauptverhandlung überhaupt nicht anwesend oder vertreten gewesen, so beginnt die Frist mit der Zustellung der Urteilsformel an ihn.**

III [1] **Hat allein der Nebenkläger Berufung eingelegt, so ist diese, wenn bei Beginn einer Hauptverhandlung weder der Nebenkläger noch für ihn ein Rechtsanwalt erschienen ist, unbeschadet der Vorschrift des § 301 sofort zu verwerfen.** [2] **Der Nebenkläger kann binnen einer Woche nach der Versäumung unter den Voraussetzungen der §§ 44 und 45 die Wiedereinsetzung in den vorigen Stand beanspruchen.**

IV **Wird auf ein nur von dem Nebenkläger eingelegtes Rechtsmittel die angefochtene Entscheidung aufgehoben, so liegt der Betrieb der Sache wiederum der Staatsanwaltschaft ob.**

1) Rechtsmittelberechtigung des Nebenklägers (I S 1): Der Nebenkläger kann, wenn er prozessfähig (Bay **55**, 243 = NJW **56**, 681; Hamm JMBlNW **63**, 112) und zum Anschluss befugt oder, was das Rechtsmittelgericht von Amts wegen zu prüfen hat (20 zu § 396), bereits mit Recht zugelassen ist, die Rechtsmittel der Beschwerde, sofortigen Beschwerde, Berufung und Revision in der gesetzlich vorgeschriebenen Form einlegen (zur Wiederaufnahme vgl 8 zu § 365), soweit diese Rechtsmittel zulässig sind und er in seiner Stellung als Nebenkläger beschwert ist (dazu im Einzelnen § 400); zugunsten des Angeklagten sind die Rechtsmittel nach zutr hM nicht zulässig (BGH **37**, 136; **aM** Altenhain JZ **01**, 799; Fabricius NStZ **94**, 261), das zu dessen Lasten eingelegte Rechtsmittel wirkt aber auch zu dessen Gunsten (2 zu § 301). Die Nichtzahlung des in § 16 II S 1 GKG bestimmten Gebührenvorschusses macht das Rechtsmittel nicht unzulässig 1

(Frankfurt MDR **80**, 603; Hamm MDR **85**, 251). Sicherheit (wie § 379) muss der Nebenkläger nicht leisten.

2 Der Nebenkläger kann die **Revisionsanträge** nur mittels einer von einem Rechtsanwalt unterzeichneten Schrift anbringen (BGH NJW **92**, 1398); denn die durch ein Versehen des Gesetzgebers bei der Neufassung des § 397 I durch das Ges vom 18. 12. 1986 entstandene Gesetzeslücke ist durch die entspr Anwendung des § 390 II zu schließen (zum RA, der selbst Nebenkläger ist, vgl Hilger NStZ **88**, 441); bei Einlegung zu Protokoll der Geschäftsstelle ist aber uU Wiedereinsetzung in den vorigen Stand zu gewähren (Hamm StraFo **07**, 467; erg 22 zu § 345).

3 Der Nebenkläger ist bei der Einlegung, Begründung und Durchführung seines Rechtsmittels **von der StA unabhängig.** Sie kann über sein Rechtsmittel nicht verfügen, es also nicht zurücknehmen, beschränken oder zu ihrem eigenen machen. Der Zurücknahme des Rechtsmittels kann sie nicht widersprechen. Zum Verfahren bei unterschiedlichen Rechtsmitteln der StA und des Nebenklägers vgl § 335 III. Die StA wirkt in dem Verfahren auch mit, wenn nur der Nebenkläger ein Rechtsmittel eingelegt hat. Sie muss das Verfahren betreiben, an der Hauptverhandlung teilnehmen und zu dem Rechtsmittel Stellung nehmen, insbesondere nach § 258 einen Schlussvortrag halten (RG **63**, 53, 55; Köln GA **64**, 156; Zweibrücken StV **86**, 51; **aM** Frankfurt NJW **56**, 1250).

4 **2) Fristwahrung bei Anschluss nach Urteilserlass** (I S 2, 3): Der Nebenkläger kann sich dem Verfahren noch nach Urteilserlass zum Zweck der Rechtsmitteleinlegung anschließen (§ 395 IV S 2). Das Rechtsmittel muss dann nach § 399 II innerhalb der für die StA laufenden Rechtsmittelfrist eingelegt werden. Bei rechtzeitiger Anfechtung wird dem Nebenkläger das Urteil sofort zugestellt (S 2), dh ohne dass zuvor ein Zulassungsbeschluss nach § 396 erlassen werden muss. Wenn die Anschlussberechtigung nicht feststeht, verfügt der Vorsitzende die Urteilszustellung allerdings nicht, bevor über die Zulassung entschieden ist (2 zu § 343). Wird die Befugnis zum Anschluss verneint, so ist das Rechtsmittel unzulässig, nicht gegenstandslos (Schleswig SchlHA **59**, 27). Auch der Lauf der Begründungsfrist (§§ 317, 345 I) ist von dem Erlass des Zulassungsbeschlusses, der nur feststellende Bedeutung hat (13 zu § 396), nicht abhängig (S 3). Sie beginnt entweder mit Ablauf der für die StA laufenden Einlegungsfrist oder mit der Urteilszustellung an den Nebenkläger, je nachdem, welches der spätere Zeitpunkt ist.

5 **3) Fristwahrung bei Urteilsanfechtung durch den zugelassenen Nebenkläger** (II): War der Nebenkläger zwar in einem Teil der Hauptverhandlung anwesend oder durch einen RA vertreten, aber nicht mehr bei der Urteilsverkündung, so beginnt die Anfechtungsfrist mit der Urteilsverkündung (S 1 Hs 1; BGH NStZ **95**, 21 [K]). Da er durch sein Prozessverhalten die Rechtsmittelbelehrung verwirkt hat, schließt S 1 Hs 2 die Anwendung des § 44 S 2 aus; auch im Übrigen kommt idR eine Wiedereinsetzung in den vorigen Stand nicht in Betracht (Düsseldorf VRS **79**, 206; **81**, 114). Nur wenn der Nebenkläger in der Hauptverhandlung überhaupt nicht anwesend oder vertreten war, beginnt die Anfechtungsfrist erst mit der Urteilszustellung an ihn oder seinen bevollmächtigten Vertreter (S 2; BGH 4 StR 541/07 vom 18. 12. 2007). Die Zustellung des vollständigen Urteils ist nicht erforderlich; schon die Zustellung der Urteilsformel setzt die Frist in Lauf (S 2). Die Regelung des S 2 gilt entspr, wenn der Nebenkläger nur als Zeuge geladen und nach seiner Vernehmung entlassen worden war (Karlsruhe NStZ-RR **00**, 16; Köln JMBlNW **84**, 21).

6 **4) Verwerfung der Berufung des nicht erschienenen Nebenklägers** (III): Ist weder der Nebenkläger selbst noch für ihn ein RA (Köln NStE Nr 2) bei Beginn der Berufungsverhandlung (dazu 12 ff zu § 329) erschienen, führt das zur sofortigen Verwerfung der Berufung (S 1). Das bedeutet, anders als in § 329 I S 1, jedoch nicht, dass eine Verhandlung zur Sache immer ausgeschlossen ist. Denn das Gericht hat § 301 zu beachten und muss die Verhandlung daher ohne den Ne-

benkläger durchführen, wenn nach Aktenlage eine günstige Entscheidung für den Angeklagten zu erwarten ist (Rieß NJW **75**, 90; NStZ **00**, 122). Rechtfertigt das Ergebnis der Verhandlung eine solche Entscheidung nicht, so wird die Berufung verworfen, auch wenn der Nebenkläger nachträglich erschienen ist (KMR-Stöckel 8). Die Wiedereinsetzungsregelung des S 2 zugunsten des Nebenklägers entspricht der des § 329 III (dort 40 ff).

Hat **auch der Angeklagte oder die StA Berufung eingelegt,** so gilt III grundsätzlich nicht; vielmehr wird dann auch über die Berufung des abwesenden Nebenklägers verhandelt und entschieden (KK-Senge 11). Die Berufung des Nebenklägers wird jedoch nach S 1 verworfen, wenn sachlich über sie allein zu entscheiden wäre, zB deshalb, weil die übrigen Beschwerdeführer ihre Berufung zurückgenommen haben oder weil die Berufung des Angeklagten nach § 329 I verworfen wird (Köln NStE Nr 2; Rieß NJW **75**, 90). Zum Ausbleiben des Nebenklägers und/oder des Angeklagten vgl im Einzelnen Rieß NStZ **00**, 122. 7

5) Der **Betrieb der Sache** (IV) obliegt der StA stets, wenn der Nebenkläger ein Rechtsmittel eingelegt hat. Er obliegt ihr auch, wenn die angefochtene Entscheidung nur auf ein Rechtsmittel des Nebenklägers aufgehoben und die Sache an den 1. Richter zurückverwiesen wird. Scheidet der Nebenkläger nunmehr aus, so berührt das den Fortgang des Verfahrens nicht. 8

Wegfall der Nebenklage

402 **Die Anschlusserklärung verliert durch Widerruf sowie durch den Tod des Nebenklägers ihre Wirkung.**

1) Den **Widerruf der Anschlusserklärung** kann der Nebenkläger ohne Zustimmung der anderen Prozessbeteiligten bis zum rechtskräftigen Abschluss des Verfahrens erklären, auch noch im Revisionsrechtszug (RG **67**, 322). Ausreichend ist eine formlose Erklärung gegenüber dem Gericht (Hamm NJW **71**, 394; KK-Senge 1; **aM** AK-Rössner 2; LR-Hilger 1), auch in einem Vergleich (13 vor § 395). Der Widerruf kann auch darin liegen, dass der Nebenkläger seine Rechte längere Zeit bewusst nicht ausübt (Hamm aaO; **aM** SK-Velten 1). 1

Die **Wirkung des Widerrufs** erstreckt sich nur auf die Zukunft (RG **64**, 60, 62). Bereits ergangene Urteile und Beschlüsse bleiben bestandskräftig. Noch nicht beschiedene Anträge und Rechtsmittel werden gegenstandslos (SK-Velten 3; vgl unten 5). Der Nebenkläger verliert den erst bei rechtskräftiger Verurteilung des Angeklagten entstehenden Anspruch auf Erstattung seiner notwendigen Auslagen nach § 472 I (Bay **53**, 156; LR-Hilger 10; vgl aber Nürnberg NJW **59**, 1052 mit abl Anm Schmitt NJW **59**, 1742 und Pohlmann NJW **59**, 1455 für den Fall, dass der Nebenkläger ausdrücklich einen Kostenerstattungsantrag stellt). 2

Einer **neuen Anschlusserklärung** steht der Widerruf nicht entgegen (Hamm NJW **71**, 394), sofern er, was idR nicht der Fall ist, nicht mit einem Verzicht auf das Nebenklagerecht (Hamm JMBlNW **64**, 192; erg 12 vor § 395) verbunden ist; dasselbe gilt für die Zurücknahme des Strafantrags (5 zu § 395; **aM** KK-Senge 2). 3

2) Der **Tod des Nebenklägers** beendet die Nebenklage. Die Angehörigen des verstorbenen Nebenklägers sind nicht entspr § 393 II berechtigt, in das Verfahren einzutreten (BGH NStZ **09**, 174; Düsseldorf MDR **86**, 76; KK-Senge 5; **aM** Roxin/Schünemann § 64, 11; Gerauer NJW **86**, 3126), auch nicht, wenn die Tat ein Privatklagedelikt oder der Tod des Nebenklägers die Folge der zur Nebenklage berechtigenden Tat ist (Stuttgart NJW **70**, 822 mit abl Anm Ellscheid NJW **70**, 1467; Fezer NStZ **97**, 300; **aM** Nürnberg NJW **78**, 1017; Zweibrücken NJW **66**, 2076; offengelassen von BGH NStZ **97**, 200). 4

Folgen hat die Beendigung der Nebenklage nur für die Zukunft. Ein bereits ergangenes Urteil verliert nicht seinen Bestand, auch wenn es auf ein Rechtsmittel des Nebenklägers ergangen ist. Ein noch nicht beschiedenes Rechtsmittel des Ne- 5 benklägers wird mit dessen Tod hinfällig (BGH NStZ **97**, 49 mwN; Düsseldorf AnwBl **88**, 125).

6 Die sodann nach §§ 302, 473 I S 3 zu treffende **Kostenentscheidung** obliegt dem Tatgericht, wenn der Nebenkläger bereits vor der Aktenvorlage an das Revisionsgericht nach § 347 II verstorben ist (BGH aaO), sonst dem Revisionsgericht. In der Kostenentscheidung wird der verstorbene Nebenkläger nach § 473 I S 3 mit den dem Beschuldigten erwachsenen notwendigen Auslagen mit der Folge belastet, dass sie aus dem Nachlass zu erstatten sind (Celle NJW **53**, 1726; Jena MDR **95**, 1071). Anders als der Widerruf (oben 2) lässt der Tod des Nebenklägers den in dem Urteil zuerkannten und bei dessen Rechtskraft endgültig entstehenden Anspruch auf Erstattung der notwendigen Auslagen des Nebenklägers nicht entfallen (Karlsruhe MDR **84**, 250; Stuttgart NJW **60**, 115).

3. Abschnitt. Entschädigung des Verletzten

Vorbemerkungen

1 **1) Adhäsionsverfahren:** Mit den 1943 nach dem Vorbild des österreichischen Rechts in die StPO eingefügten §§ 403–406 d, dem sog Adhäsions- oder Anhangsverfahren (allg dazu Amelunxen ZStW **86**, 457; Würtenberger Pfenninger-FS 193), ist dem Verletzten ermöglicht worden, seine bürgerlich-rechtlichen Ersatzansprüche gegen den Straftäter, die er an sich vor dem Zivilgericht verfolgen müsste (§ 13 GVG), – wahlweise (LG Itzehoe SchlHA **01**, 260) – schon im Strafverfahren geltend zu machen. Dadurch kann vermieden werden, dass mehrere Gerichte in derselben Sache tätig werden und zu einander widersprechenden Entscheidungen gelangen. Eine nennenswerte Bedeutung hat das Adhäsionsverfahren in der deutschen Rechtspraxis aber nicht gewinnen können (vgl Jescheck JZ **58**, 593: totes Recht; Scholz JZ **72**, 726: Scheinexistenz). In den seltenen Fällen, in denen ein Antrag nach §§ 403 ff gestellt wurde, sahen die Strafgerichte meist nach § 405 S 2 aF von einer Entscheidung ab (zur statistischen Anwendungshäufigkeit vgl AK-Schöch 3).

2 Mit den **Gesetzesänderungen** von 1986 (Erweiterung der Zuständigkeit im amtsgerichtlichen Verfahren, Möglichkeit der Prozesskostenhilfe und Zulassung von Grund- und Teilurteilen) und 2004 (erschwerte Ablehnung bei Schmerzensgeldansprüchen, Zulässigkeit von Anerkenntnis und Vergleich) hat der Gesetzgeber den Versuch unternommen, die Praxisrelevanz des Verfahrens zu erhöhen. Einer verstärkten Anwendung der §§ 403 ff steht aber die forensische Verschiedenheit der Aufgaben von Straf- und Zivilrichtern entgegen (vgl Hirsch A. Kaufmann-GedSchr 716, der auch eine sachliche Notwendigkeit für die Geltendmachung zivilrechtlicher Entschädigungsansprüche im Strafverfahren bestreitet; **aM** wohl Eser ebenda 731). Abl zum Adhäsionsverfahren äußern sich auch Freund GA **02**, 84 sowie SK-Velten 5: Nachteile überwiegen; krit auch Betmann Kriminalistik **04**, 570; Rieß Dahs-FS 433 weist zutr darauf hin, dass dadurch die zivilprozessuale „Waffengleichheit“ nicht in allen Punkten gewahrt ist und die Verteidigungsposition und die Verteidigungsmöglichkeiten des Angeklagten beträchtlich beeinträchtigt werden können; vgl ferner Weigend 524 ff, der die Abschaffung des Adhäsionsverfahrens empfiehlt, und AK-Schöch, der statt dessen ein vereinfachtes Vergleichsverfahren vorschlägt; für eine verstärkte „opferbezogene Anwendung des Adhäsionsverfahrens“ aber Rössner/Klaus NJ **96**, 288; befürwortend unter Darlegung der Regelungen im französischen Recht auch v. Sachsen Gessaphe ZZP **112**, 3. Regelmäßig sollte sich der Strafrichter daher auf ein Grundurteil beschränken (vgl 3 zu § 406). Zu weiteren Reformüberlegungen Schöch Rieß-FS 516.

3 Mit den **Änderungen durch das 1. OpferRRG** wird erstrebt, dass die Entscheidung über den Antrag die Regel und nicht mehr die Ausnahme ist. Damit soll im Interesse des Verletzten eine verstärkte Anwendung dieser Verfahrensart

erreicht werden. Die Bedenken dagegen, das strafrechtliche Verfahren mit der Entscheidung über zivilrechtliche Ansprüche zu belasten, die sich aus den unterschiedlichen Verfahrensgrundsätzen im Straf- und Zivilverfahren ergebenden Friktionen durch die Zusammenlegung unterschiedlicher Positionen als Angeklagter und Antragsgegner bzw Zeuge und Antragsteller (Loos GA **06**, 195) und die damit verbundene – durch die Erfahrungen in der Praxis bestätigte – Gefahr, dass die zivilrechtlichen Fragen nicht mit derselben Gründlichkeit wie in einem Zivilprozess behandelt werden, bleiben aber bestehen (ähnlich Krey/Wilhelmi Otto-FS 933, 953; Volckart JR **05**, 185; vgl auch Feigen Otto-FS 898: „Fremdkörper in der deutschen StPO").

Voraussetzungen **RiStBV 173, 174**

403 **Der Verletzte oder sein Erbe kann gegen den Beschuldigten einen aus der Straftat erwachsenen vermögensrechtlichen Anspruch, der zur Zuständigkeit der ordentlichen Gerichte gehört und noch nicht anderweit gerichtlich anhängig gemacht ist, im Strafverfahren geltend machen, im Verfahren vor dem Amtsgericht ohne Rücksicht auf den Wert des Streitgegenstandes.**

1) Antragsberechtigte: 1

A. Der **Verletzte,** auch wenn er Mitangeklagter ist, ist stets antragsberechtigt, 2 selbst wenn er wegen der Tat keinen Strafantrag gestellt hat (LG Koblenz DAR **52**, 159; Schirmer DAR **88**, 121) und am Verfahren sonst nicht beteiligt ist. Anders als bei §§ 172, 374, 406 d ist auch der mittelbar Verletzte antragsberechtigt, zB bei Sachbeschädigung oder Brandstiftung der Nießbraucher, Mieter oder Pächter neben dem Eigentümer, auch der nach § 844 II BGB Unterhaltsberechtigte (LG Gießen NJW **49**, 727; **aM** SK-Velten 3) und der nach § 845 BGB Dienstberechtigte.

B. Der **Erbe** des Verletzten ist antragsberechtigt, wenn er einen Erbschein vorle- 3 gen kann (BGH 3 StR 428/09 vom 5. 11. 2009), über den Wortlaut der Vorschrift hinaus auch der Erbe des Erben (KMR-Stöckel 2). Bei einer Mehrheit von Erben kann jeder Miterbe den Antrag stellen, Leistung aber nur an alle verlangen (§ 2039 S 1 BGB).

C. **Andere Rechtsnachfolger** (Zessionare, Pfändungsgläubiger) haben, da sie 4 ihren Anspruch nicht unmittelbar aus der Straftat erworben haben, kein Antragsrecht, auch nicht der private Haftpflichtversicherer (Karlsruhe MDR **84**, 336; Köckerbauer NStZ **94**, 306; Schirmer DAR **88**, 121) und der Sozialversicherungsträger, auf den der Schadensersatzanspruch übergegangen ist (KK-Engelhardt 6; Granderath NStZ **84**, 400). Denn die mitunter schwierige Feststellung der Einzelrechtsnachfolge kann nicht Sache des Strafrichters sein.

Der **Insolvenzverwalter** kann den Antrag stellen, wenn der Gemeinschuldner 5 erst nach der Insolvenzeröffnung geschädigt worden ist, sonst nicht (Frankfurt NStZ **07**, 168; LG Stuttgart NJW **98**, 322 = JR **98**, 84 mit abl Anm Hilger; Hansen NStZ **07**, 588; **aM** Celle NJW **07**, 3795 mit zust Anm Schork wistra **08**, 198; Kuhn JR **04**, 399).

D. **Prozessfähig** (§ 52 ZPO) muss der Antragsteller sein; andernfalls muss der 6 gesetzliche Vertreter den Antrag stellen (BGH NStZ **09**, 586). Nach Eröffnung des Insolvenzverfahrens ist nur der Insolvenzverwalter antragsberechtigt (oben 5).

2) Gegen den Beschuldigten muss sich der Antrag richten. Wer nur neben 7 oder mit ihm bürgerlich-rechtlich haftet, kann nicht in Anspruch genommen werden, insbesondere nicht nach § 3 PflVersG der Haftpflichtversicherer (Granderath NStZ **84**, 400; Schirmer DAR **88**, 121).

Gegen **Jugendliche** findet das Adhäsionsverfahren nicht statt (§ 81 **JGG;** für 8 Änderung *de lege ferenda* Siegismund Rieß-FS 857), auch nicht im Verfahren vor den allgemeinen Strafgerichten (§ 104 I Nr 14 **JGG**). Es ist aber – seit Inkrafttreten des 2. JuMoG – uneingeschränkt zulässig gegen Heranwachsende, wobei dann für die Entscheidung nach § 472a über die Auslagen des Verletzten § 74 **JGG** nicht gilt (§ 109 II S 4 **JGG**).

9 Der Beschuldigte muss **verhandlungsfähig** (Einl 97), braucht aber nicht prozessfähig zu sein (KMR-Stöckel 7). Nur der Abschluss eines Vergleichs (§ 405 I) erfordert die Geschäftsfähigkeit beider Parteien oder die Mitwirkung der gesetzlichen Vertreter.

10 **3) Nur vermögensrechtliche Ansprüche,** die aus der Straftat erwachsen (dazu Schirmer DAR **88**, 122) und noch nicht anderweit gerichtlich anhängig gemacht sind, können nach §§ 403 ff geltend gemacht werden. Vermögensrechtlich sind alle Ansprüche, die aus Vermögensrechten abgeleitet oder auf vermögenswerte Leistungen gerichtet sind (Granderath NStZ **84**, 400). In Betracht kommen in 1. Hinsicht Ansprüche auf Schadensersatz – typischerweise auch solche nach § 97 I UrhG, § 14 VI MarkenG, § 139 II PatG (Hansen/Wolff-Rojczyk GRUR **09**, 646) – und auf Schmerzensgeld nach § 253 II BGB (vgl dazu BGH MDR **93**, 408 [H]; NStZ **94**, 26 [K]; BGHR Anspruch 4 und § 404 I Entscheidung 3–5; zu beachten ist, dass sich die strafgerichtliche Verurteilung und ggf die Verbüßung einer verhängten Freiheitsstrafe auf die Bemessung des Schmerzensgeldes nicht auswirkt, BGH NStZ-RR **04**, 68 [B]); aber auch Herausgabe- und Bereicherungsansprüche sowie Unterlassungsansprüche, mit denen wirtschaftliche Interessen verfolgt werden (BGH NJW **81**, 2062), können geltend gemacht werden. Auch der Widerruf einer Behauptung kann verlangt werden (Jescheck JZ **58**, 592). Sogar Feststellungsansprüche sind nicht ausgeschlossen (LR-Hilger 11; D. Meyer JurBüro **84**, 1121; Stöckel Blomeyer-GS 832; offen gelassen von BGHR § 404 I Entscheidung 2). Im Verfahren wegen Straftaten nach §§ 106, 107 I Nr 2, 108 bis 108b UrhG lässt § 110 I UrhG die Möglichkeit zu, Ansprüche auf Vernichtung oder Überlassung von Vervielfältigungsstücken oder der zu deren Herstellung benutzten oder bestimmten Vorrichtungen (§§ 98, 99 UrhG) nach den Vorschriften der §§ 403–406c geltend zu machen. Die entspr Anwendung dieser Vorschriften für die Rückerstattung des Mehrerlöses bestimmt § 9 III WiStG.

11 **4)** Zur **Zuständigkeit der ordentlichen Gerichte** muss der Anspruch gehören. Die Geltendmachung von Ansprüchen, für die ausschließlich die Arbeitsgerichte zuständig sind, ist daher ausgeschlossen (BGH **3**, 210; vgl auch Kuhn JR **04**, 399). Das ist von Amts wegen zu beachten, auch noch im Rechtsmittelverfahren (BGH aaO). Jedoch ist die Verurteilung nicht deshalb unwirksam, weil das Gericht die Zuständigkeitsfrage übersehen hat (BGH aaO). Beim AG kann der Anspruch ohne Rücksicht auf den Wert des Streitgegenstandes geltend gemacht werden. Von der Zustimmung des Angeklagten ist die Überschreitung der amtsgerichtlichen Zuständigkeit nach § 23 Nr 1 GVG nicht abhängig. Wenn außergewöhnlich hohe Ansprüche vor dem AG geltend gemacht werden oder der Beschuldigte beachtliche Gründe gegen die Streitwertüberschreitung vorbringt, wird der Richter aber nach § 406 I S 4 von der Entscheidung absehen (LG Mainz StV **97**, 627; **aM** Kuhn aaO).

12 **5) Im Strafverfahren** kann der Anspruch geltend gemacht werden, auch im Privatklageverfahren (Düsseldorf JMBlNW **88**, 178), aber nicht im Strafbefehlsverfahren, solange es nicht zur Hauptverhandlung kommt (LR-Hilger 20; Loos GA **06**, 197; **aM** Kuhn JR **04**, 400; erg 1 zu § 406). Der Antragsteller wird dadurch nicht Nebenkläger; im Privatklageverfahren bewirkt der von einem anderen als dem Privatkläger gestellte Antrag keinen Beitritt.

Antragstellung **RiStBV 173, 174**

404 I [1]**Der Antrag, durch den der Anspruch geltend gemacht wird, kann schriftlich oder mündlich zur Niederschrift des Urkundsbeamten, in der Hauptverhandlung auch mündlich bis zum Beginn der Schlussvorträge**

gestellt werden. [2]Er muss den Gegenstand und Grund des Anspruchs bestimmt bezeichnen und soll die Beweismittel enthalten. [3]Ist der Antrag außerhalb der Hauptverhandlung gestellt, so wird er dem Beschuldigten zugestellt.

II [1]Die Antragstellung hat dieselben Wirkungen wie die Erhebung der Klage im bürgerlichen Rechtsstreit. [2]Sie treten mit Eingang des Antrages bei Gericht ein.

III [1]Ist der Antrag vor Beginn der Hauptverhandlung gestellt, so wird der Antragsteller von Ort und Zeit der Hauptverhandlung benachrichtigt. [2]Der Antragsteller, sein gesetzlicher Vertreter und der Ehegatte oder Lebenspartner des Antragsberechtigten können an der Hauptverhandlung teilnehmen.

IV Der Antrag kann bis zur Verkündung des Urteils zurückgenommen werden.

V [1]Dem Antragsteller und dem Angeschuldigten ist auf Antrag Prozesskostenhilfe nach denselben Vorschriften wie in bürgerlichen Rechtsstreitigkeiten zu bewilligen, sobald die Klage erhoben ist. [2]§ 121 Abs. 2 der Zivilprozessordnung gilt mit der Maßgabe, dass dem Angeschuldigten, der einen Verteidiger hat, dieser beigeordnet werden soll; dem Antragsteller, der sich im Hauptverfahren des Beistandes eines Rechtsanwalts bedient, soll dieser beigeordnet werden. [3]Zuständig für die Entscheidung ist das mit der Sache befasste Gericht; die Entscheidung ist nicht anfechtbar.

1) Der Antrag (I) ist eine besondere von dem Gericht von Amts wegen zu 1
prüfende Verfahrensvoraussetzung (BGH StV **08**, 127; NStZ **09**, 586).

A. **Form** (S 1): Der Antrag kann (entspr § 496 ZPO) schriftlich (Einl 128) oder 2
zu Protokoll des UrkB (Einl 131 ff) gestellt werden. In der Hauptverhandlung ist die mündliche Antragstellung zulässig; sie ist in der Sitzungsniederschrift zu beurkunden (§ 273 I).

B. **Inhalt** (S 2): Gegenstand und Grund des Anspruchs müssen (entspr § 253 II 3
Nr 2 ZPO) bestimmt bezeichnet werden; außerdem ist ein bestimmter Antrag erforderlich (Stuttgart NJW **78**, 2209). Der geforderte Geldbetrag ist idR zu beziffern; davon kann abgesehen werden, wenn seine Höhe erst durch einen Sachverständigen festgestellt werden muss oder wenn sie (was zB bei Schmerzensgeldforderungen zulässig ist) in das Ermessen des Gericht gestellt wird (BGHR Antragstellung 2). Auch Zinsen werden nur auf Antrag (ab dessen Rechtshängigkeit, BGH StraFo **04**, 144, bzw ab Tatbegehung, BGH 2 StR 190/08 vom 14. 5. 2008) zugesprochen (BGHR aaO), denn § 308 I ZPO gilt auch hier (BGHR Entscheidung 2; 4 StR 171/09 vom 4. 8. 2009). Zum Grund des Anspruchs gehören alle Tatsachen, die den Antrag schlüssig machen. Fehlen solche Tatsachenangaben, so hat das Gericht entspr § 139 ZPO auf Ergänzung hinzuwirken (KK-Engelhardt 5); erfolgt sie nicht, so ist der Antrag unzulässig (10 zu § 406). Die Beweismittel sollen angegeben werden; ihr Fehlen ist aber unschädlich, weil § 244 II gilt (Scholz JZ **72**, 727; Schirmer DAR **88**, 123; unten 11).

C. **Zeitpunkt:** Der Antrag kann bei der StA schon gestellt werden, bevor die 4
Sache gerichtlich anhängig ist, auch gleichzeitig mit der Strafanzeige; er wird dann aber erst wirksam, wenn er beim Gericht eingeht (LR-Hilger 2, 7). Antrag auf Prozesskostenhilfe (unten 14) und Ankündigung des Entschädigungsantrags genügen nicht (BGH NStZ **90**, 230 [M]). Nach Beginn der Schlussvorträge, die dem den Rechtszug abschließenden Urteil vorausgehen, kann der Antrag nicht mehr gestellt werden (BGH StV **88**, 515), es sei denn, es wurde erneut in die Beweisaufnahme eingetreten (BGH NStZ **09**, 566). Der Antrag ist bis zu diesem Zeitpunkt auch noch in der Berufungsverhandlung zulässig (LG Gießen NJW **49**, 727; KMR-Stöckel 5), jedoch nicht mehr vor dem Revisionsgericht. Die Rechtzeitigkeit des Antrags ist als Verfahrensvoraussetzung von Amts wegen zu prüfen (BGH NStZ **88**, 470; **98**, 477). Wird die Sache vom Revisionsgericht an den Tatrichter

zurückverwiesen, so kann der Antrag erneut gestellt werden (BGH DAR **01**, 207 [To]).

5 D. Die **Zustellung des Antrags** (S 3) an den Beschuldigten ist erforderlich, wenn er außerhalb der Hauptverhandlung gestellt ist (BGH StV **08**, 127). Förmliche Zustellung (10 zu § 35) ist geboten.

6 **2)** Die **Wirkungen der Antragstellung** (II) sind die gleichen wie die der Erhebung der Klage vor dem Zivilgericht. Die Sache wird – wie S 2 klarstellt – mit Eingang des Antrags bei Gericht, im Falle der Hauptverhandlung also mit der mündlichen Antragstellung (BGH 4 StR 324/07 vom 27. 9. 2007), nicht erst mit Zustellung des Antrags (so früher BGH StraFo **04**, 386) rechtshängig.

7 **3) Teilnahme des Antragstellers an der Hauptverhandlung** (III): Der Antragsteller wird von Ort und Zeit der Hauptverhandlung benachrichtigt, wenn er den Antrag vorher gestellt hat (S 1). Eine Form oder Frist ist dafür nicht vorgeschrieben. An der Hauptverhandlung können der Antragsteller und die in S 2 bezeichneten Personen teilnehmen; zum (gleichgeschlechtlichen) Lebenspartner vgl § 1 LPartG. Ist der Antragsteller als Zeuge geladen (vgl 23 vor § 48), so gilt § 58 I für ihn nicht (dort 3). Der Antragsteller kann sich in der Hauptverhandlung von einem RA oder einem anderen Bevollmächtigten vertreten lassen.

8 Er kann auch im **Beistand eines RA** erscheinen (vgl §§ 406f, 406g). Anwaltszwang besteht aber nicht, auch nicht vor dem LG oder OLG (Jescheck JZ **58**, 592; Schirmer DAR **88**, 123). Zur Bestellung eines RA im Wege der Prozesskostenhilfe vgl unten 16.

9 Der Antragsteller hat das **Recht,** gehört zu werden; den Zeitpunkt bestimmt der Vorsitzende unter Beachtung der §§ 243, 258 II (BGH NJW **56**, 1767). Ferner ist der Antragsteller berechtigt, nach § 238 II das Gericht anzurufen, Fragen und Beweisanträge zu stellen (30 zu § 244), denen über § 244 III–V hinaus nur dann nicht stattgegeben zu werden braucht, wenn es auf sie für die Entscheidung nach Schätzungsgrundsätzen (unten 11) nicht ankommt (ANM 852; 16 zu § 244). Das Richterablehnungsrecht nach § 24 hat der Antragsteller nicht (dort 20).

10 **4)** Das **weitere Verfahren** richtet sich grundsätzlich nach der StPO (BGH **37**, 260, 261). Eine Widerklage ist ausgeschlossen. Teil- und Grundurteile sind aber nach § 406 I S 2 mit der Bindungswirkung des § 318 ZPO zulässig. Auch ist – nach Änderung der Vorschriften durch das OpferRR – die Abgabe eines Anerkenntnisses (mit der Folge eines Anerkenntnisurteils, § 406 II) gestattet (mit Recht krit dazu Hilger GA **04**, 485. Anwendbar ist ferner § 308 I ZPO; dem Antragsteller darf nichts zugesprochen werden, was er nicht beantragt hat (BGH NStZ-RR **09**, 319). Wegen der Beteiligung der StA vgl RiStBV 174. Der Angeklagte muss zum Antrag gehört werden (BGH **37**, 260).

11 Für die **Sachaufklärung** gilt § 244 II (OGH **2**, 46 = MDR **49**, 501; Schleswig SchlHA **80**, 178 [E/L]). Das Gericht muss von Amts wegen im Strengbeweis (ANM 118; erg 6 zu § 244) alle Umstände ermitteln, von denen es abhängt, ob der Antragsteller überhaupt von dem Schadensereignis betroffen und ob der Tatbestand der Anspruchsnorm erfüllt ist. Den ursächlichen Zusammenhang zwischen dem konkreten Haftungsgrund und dem daraus entstandenen Schaden sowie die Höhe des Schadens darf das Gericht entspr § 287 ZPO schätzen (ANM 852; erg 16 zu § 244).

12 Ein gerichtlicher **Vergleich** ist nach § 405 möglich (vgl die Erl dort).

13 **5)** Die **Zurücknahme des Antrags** (IV) ist bis zum Beginn der Urteilsverkündung (§ 268 II) zulässig, auch noch beim Berufungsgericht. Der Zustimmung des Angeklagten bedarf es dazu nicht. Einen erneuten Antrag im selben Verfahren und die Erhebung einer Klage vor dem Zivilgericht schließt die Zurücknahme nicht aus (EbSchmidt 18; Schirmer DAR **88**, 123; **aM** Köckerbauer NStZ **94**, 307).

6) Prozesskostenhilfe (V) kann auf Antrag sowohl dem Antragsteller als auch dem Angeschuldigten bewilligt werden, sobald die öffentliche Klage oder die Privatklage erhoben, also die Anklageschrift eingereicht ist (S 1). Im Strafbefehlsverfahren ist die Anberaumung der Hauptverhandlung der maßgebende Zeitpunkt. Die Bewilligung der Prozesskostenhilfe richtet sich nach den §§ 114 ff ZPO. 14

Voraussetzung ist daher, dass der Antragsteller die Kosten der Prozessführung nicht, auch nicht zum Teil oder in Raten, aufbringen kann und dass die beabsichtigte Rechtsverfolgung hinreichende Aussicht auf Erfolg bietet (Ausnahme: § 119 I S 2 ZPO) und nicht mutwillig erscheint (§ 114 ZPO). Dem Antrag auf Prozesskostenhilfe sind (auf dem amtlichen Vordruck) eine Erklärung über die wirtschaftlichen Verhältnisse des Antragstellers sowie entspr Belege beizufügen (§ 117 II, IV ZPO). Die in § 117 I S 2 geforderte Darstellung des Streitverhältnisses unter Angabe der Beweismittel wird idR entbehrlich sein, weil sich der Grund des Anspruchs aus den Akten ergibt. Die Bewilligung der Prozesskostenhilfe erfolgt für jeden Rechtszug besonders (§ 119 I S 1 ZPO). 15

Die **Beiordnung eines RA** setzt voraus, dass ein entspr Antrag gestellt ist und die Vertretung durch einen RA erforderlich erscheint (also nicht bei einfacher Sach- und Rechtslage) oder der Gegner im Adhäsionsverfahren durch einen RA vertreten ist (§ 121 II ZPO). Hat der Angeschuldigte einen Verteidiger, soll er ihm unter diesen Voraussetzungen auch zur Abwehr des Adhäsionsantrags beigeordnet werden, nicht nach § 121 II ZPO zusätzlich noch ein anderer RA seiner Wahl (S 2 Hs 1). Dem Antragsteller, der sich im Hauptverfahren des Beistands eines RA bedient, soll dieser beigeordnet werden (S 2 Hs 2; Hilger EzSt Anm zu § 397 a Nr 1). 16

Zuständig für die Bewilligung der Prozesskostenhilfe ist das jeweils mit der Sache befasste Gericht (S 3 Hs 1), das Berufungsgericht erst, nachdem ihm die Akten nach § 321 S 2 vorgelegt worden sind. 17

Anfechtbar ist die Entscheidung über die Prozesskostenhilfe nicht (S 3 Hs 2). § 127 ZPO ist unanwendbar (Stuttgart StraFo **07**, 261); jedoch ist gegen die Entscheidung des Rechtspflegers die Erinnerung nach § 11 II **RPflG** gegeben (Stuttgart aaO). 18

Vergleich

405 **I [1] Auf Antrag des Verletzten oder seines Erben und des Angeklagten nimmt das Gericht einen Vergleich über die aus der Straftat erwachsenen Ansprüche in das Protokoll auf. [2] Es soll auf übereinstimmenden Antrag der in Satz 1 Genannten einen Vergleichsvorschlag unterbreiten.**

II Für die Entscheidung über Einwendungen gegen die Rechtswirksamkeit des Vergleichs ist das Gericht der bürgerlichen Rechtspflege zuständig, in dessen Bezirk das Strafgericht des ersten Rechtszuges seinen Sitz hat.

1) Vergleich (I S 1): Nach früherer Rechtslage war streitig, ob im Adhäsionsverfahren ein Vergleich abgeschlossen werden konnte (vgl BGH **37**, 263, 264). Das 1.OpferRRG hat nun in dieser Vorschrift die Aufnahme eines Vergleichs in das Hauptverhandlungsprotokoll vorgesehen; den Vorschlag, einen gerichtlichen Vergleich auch schon vor Eröffnung des Hauptverfahrens abschließen zu können, hat der Gesetzgeber zu Recht nicht aufgegriffen (vgl Ferber NJW **04**, 2564). 1

Die **Personen**, die einen Vergleich abschließen können (Antragsteller, dessen Erbe und Angeklagter), sind mit den Parteien im Adhäsionsverfahren (§ 403) identisch. 2

Vergleichsgegenstand ist die Straftat iSd § 264; Beschränkungen nach §§ 154, 154 a hindern den Abschluss des Vergleichs nicht. Der Vergleich ist nicht auf vermögensrechtliche Ansprüche beschränkt; es kann zB auch der Anspruch auf Abgabe einer Ehrenerklärung ohne wirtschaftliche Bedeutung verglichen werden (BT-Drucks 15/1976 S 15). 3

Aus dem Vergleich kann nach § 794 I Nr 1 ZPO **vollstreckt** werden (vgl § 406 b). 4

5 **2) Vergleichsvorschlag** (I S 2): Auf übereinstimmenden Antrag der Antragsberechtigten (oben 2) soll das Gericht einen Vergleichsvorschlag unterbreiten. Der Bitte wird das Gericht idR nachkommen, es sei denn, es sieht sich zu einem begründeten Vorschlag im derzeitigen Verfahrensstadium noch nicht in der Lage. Ohne einen solchen übereinstimmenden Antrag sollte das Gericht von einem Vergleichsvorschlag absehen; denn dies könnte – anders als regelmäßig bei übereinstimmendem Antrag – allzu leicht die Besorgnis der Befangenheit des Richters (§ 24) begründen (Meier/Dürre JZ **06**, 24). Im Übrigen muss der Richter jeden Anschein eines unsachlichen Drucks auf den Angeklagten zum Abschluss eines Vergleichs vermeiden (BGH **37**, 263, 264 aE).

6 **3) Entscheidung über Einwendungen** gegen die Rechtswirksamkeit des Vergleichs: II regelt hierfür die sachliche und örtliche Zuständigkeit. Solche Einwendungen können somit nicht mehr im Strafverfahren, sondern nur in einem selbstständigen Zivilverfahren geltend gemacht werden. Die Regelung entspricht derjenigen in § 406 b S 2. Soweit sich Einwendungen nur gegen Mängel der Protokollierung richten, bleibt die Möglichkeit der Protokollberichtigung (21 ff zu § 271) im Strafverfahren bestehen.

Entscheidung

406 **I [1]Das Gericht gibt dem Antrag in dem Urteil statt, mit dem der Angeklagte wegen einer Straftat schuldig gesprochen oder gegen ihn eine Maßregel der Besserung und Sicherung angeordnet wird, soweit der Antrag wegen dieser Straftat begründet ist. [2]Die Entscheidung kann sich auf den Grund oder einen Teil des geltend gemachten Anspruchs beschränken; § 318 der Zivilprozessordnung gilt entsprechend. [3]Das Gericht sieht von einer Entscheidung ab, wenn der Antrag unzulässig ist oder soweit er unbegründet erscheint. [4]Im Übrigen kann das Gericht von einer Entscheidung nur absehen, wenn sich der Antrag auch unter Berücksichtigung der berechtigten Belange des Antragstellers zur Erledigung im Strafverfahren nicht eignet. [5]Der Antrag ist insbesondere dann zur Erledigung im Strafverfahren nicht geeignet, wenn seine weitere Prüfung, auch soweit eine Entscheidung nur über den Grund oder einen Teil des Anspruchs in Betracht kommt, das Verfahren erheblich verzögern würde. [6]Soweit der Antragsteller den Anspruch auf Zuerkennung eines Schmerzensgeldes (§ 253 Abs. 2 des Bürgerlichen Gesetzbuches) geltend macht, ist das Absehen von einer Entscheidung nur nach Satz 3 zulässig.**

II Erkennt der Angeklagte den vom Antragsteller gegen ihn geltend gemachten Anspruch ganz oder teilweise an, ist er gemäß dem Anerkenntnis zu verurteilen.

III [1]Die Entscheidung über den Antrag steht einem im bürgerlichen Rechtsstreit ergangenen Urteil gleich. [2]Das Gericht erklärt die Entscheidung für vorläufig vollstreckbar; die §§ 708 bis 712 sowie die §§ 714 und 716 der Zivilprozessordnung gelten entsprechend. [3]Soweit der Anspruch nicht zuerkannt ist, kann er anderweit geltend gemacht werden. [4]Ist über den Grund des Anspruchs rechtskräftig entschieden, so findet die Verhandlung über den Betrag nach § 304 Abs. 2 der Zivilprozessordnung vor dem zuständigen Zivilgericht statt.

IV Der Antragsteller erhält eine Abschrift des Urteils mit Gründen oder einen Auszug daraus.

V [1]Erwägt das Gericht, von einer Entscheidung über den Antrag abzusehen, weist es die Verfahrensbeteiligten so früh wie möglich darauf hin. [2]Sobald das Gericht nach Anhörung des Antragstellers die Voraussetzungen für eine Ent-

scheidung über den Antrag für nicht gegeben erachtet, sieht es durch Beschluss von einer Entscheidung über den Antrag ab.

1) Die **Entscheidung über einen begründeten Antrag** erfolgt nach dem Ergebnis der Hauptverhandlung (§ 261) in dem Strafurteil, in dem der Angeklagte wegen einer Straftat schuldig gesprochen oder eine Sicherungsmaßregel gegen ihn angeordnet wird (I S 1 und 2). Eine Trennung von Straf- und Zivilurteil ist nicht zulässig (KK-Engelhardt 2; Jescheck JZ **58**, 591). Durch Strafbefehl kann über den Antrag nach ganz hM nicht entschieden werden (BGH NJW **82**, 1047, 1048; **aM** Sommerfeld/Guhra NStZ **04**, 420 sowie Kuhn JR **04**, 400; dagegen zutr Rieß Dahs-FS 433; dagegen wiederum Sommerfeld ZRP **08**, 258). 1

Die Entscheidung über den Antrag ist zu **begründen** (vgl dazu Meier/Dürre JZ **06**, 22), aber nicht nach den Grundsätzen der ZPO. Die Angabe der bürgerlich-rechtlichen Vorschriften, auf denen die Entscheidung beruht, ist nicht unerlässlich; § 267 III S 1 gilt nicht entspr (OGH aaO; Hamburg JR **51**, 89; **aM** LR-Hilger 5; KMR-Stöckel 3). Bei Verurteilung zu Schmerzensgeld verlangt der BGH (NJW **95**, 1438) nicht in jedem Fall die ausdrückliche Erörterung der wirtschaftlichen Verhältnisse von Schädiger und Geschädigtem. Der Übergang des Anspruchs auf Sozialversicherungsträger nach § 116 SGB X oder andere Versicherer nach § 86 VVG ist zu beachten (BGH StraFo **10**, 117). Das Urteil muss, damit aus ihm vollstreckt werden kann, die in § 313 I Nr 1 ZPO genannten Angaben (Bezeichnung der Parteien, ihrer gesetzlichen Vertreter und der Prozessbevollmächtigten) im Rubrum oder in der Urteilsformel enthalten. 2

Ein **Grund- oder Teilurteil** (§§ 301, 304 ZPO) ist zulässig (I S 2). Der Strafrichter kann sich also darauf beschränken, die Ersatzpflicht des Angeklagten festzustellen; die Schadensberechnung kann er dem Betragsverfahren vor dem Zivilgericht (unten 6) überlassen. Dabei gilt § 318 ZPO entspr; das Zivilgericht ist an die Entscheidung des Strafrichters gebunden, wenn später nach III S 4 iVm § 304 ZPO über den Betrag verhandelt wird oder wenn über einen anderen Teil des Anspruchs, den das Strafgericht nicht zuerkannt hat, vor dem Zivilgericht geklagt wird. Grund- oder Teilurteile können auch neben einem Absehen von der Entscheidung (unten 8ff) stehen, wenn und soweit nur wegen des anderen Teils des Anspruchs von einer Entscheidung abgesehen wird. Ein Feststellungsurteil ist vom Gesetz zwar nicht ausdrücklich vorgesehen, kann aber wegen der Ähnlichkeit mit einem Grundurteil als zulässig erachtet werden (BGH **47**, 378 = JR **03**, 257 mit zust Anm Groß; vgl auch Loos GA **06**, 209; erg 10 zu § 403). Bei Mitverschulden des Antragstellers muss – anders als im Zivilverfahren – der Mitverschuldensanteil im Grundurteil festgelegt werden (BGH aaO 382). 3

Ein **Anerkenntnisurteil** ist nach dem durch das 1.OpferRRG eingefügten II nun – entgegen der früher hM (vgl BGH **37**, 263 = JR **91**, 296 mit zust Anm Wendisch) – ausdrücklich für zulässig erklärt (krit Loos GA **06**, 202), wobei sich hieraus in der Praxis bezüglich der Reichweite des Anerkenntnisurteils durchaus Schwierigkeiten ergeben können (Hilger GA **04**, 485). Gänzlich unklar ist auch das Verhältnis von I S 1 und 3 zu II; hier wird jedenfalls die strafrechtliche Beurteilung dem Anerkenntnis mit Anerkenntnisurteil vorgehen müssen (so auch Neuhaus StV **04**, 626; vgl ferner Hilger Fezer-FS 582; Meier/Dürre JZ **06**, 23). 4

Über die **Kosten** wird nach § 472a I entschieden (Meier/Dürre aaO). 5

2) Einem **Urteil im Zivilrechtsstreit** steht die Entscheidung über den Antrag gleich (III S 1). Die Entscheidung wird wie im Zivilprozess für vorläufig vollstreckbar erklärt (S 2). Die Rechtskraft tritt nach den Regeln der StPO ein, aber nicht vor Rechtskraft des Schuldspruchs (Neustadt NJW **52**, 718; AK-Schöch 14; LR-Hilger 9 zu § 406a). Wird der Anspruch nicht oder nur teilw zuerkannt, so kann er insoweit vor einem Zivilgericht oder erneut nach §§ 403ff – auch im Berufungsverfahren (KG StraFo **07**, 336) – geltend gemacht werden (S 3; BGH wistra **07**, 102, 108). Da somit keine Rechtskraft zuungunsten des Antragstellers eintritt, hat er auch kein Rechtsmittel gegen das Urteil (§ 406a I S 2). Hat das 6

Gericht nur ein Grundurteil erlassen (oben 3), so entscheidet über den Betrag nach § 304 II ZPO das zuständige Zivilgericht (S 4). Vor ihm muss insoweit Klage nach den allgemeinen Vorschriften erhoben werden.

7 **3) Eine Urteilsabschrift** (IV) mit Gründen, mindestens ein Auszug aus dem Urteil, muss dem Antragsteller zugestellt werden. Es genügt, dass er erkennen kann, welcher Anspruch ihm zugesprochen worden ist.

8 **4) Absehen von einer Entscheidung:**

9 A. **Drei Gründe** kommen dafür in Betracht (I S 3–6):

10 a) Zum einen ist von einer Entscheidung abzusehen, wenn der **Antrag unzulässig** ist. Das ist zB der Fall, wenn es an der Antragsberechtigung fehlt (§ 403), wenn der Antrag verspätet gestellt oder mangelhaft begründet ist (§ 404 I S 1, 2) oder beim Fehlen zivilrechtlicher Verfahrensvoraussetzungen (BGH StV **08**, 127).

11 b) Zum andern ist auch abzusehen, wenn der **Antrag unbegründet** erscheint. Unbegründet ist er, wenn der Angeklagte wegen der Straftat nicht schuldig gesprochen wird (BGH NStZ **03**, 321; unzutr LG Trier NStZ **06**, 720 L) und auch keine Sicherungsmaßregeln gegen ihn angeordnet werden (vgl auch § 406a III S 1). Im Übrigen muss das Gericht nicht zu einer endgültigen Klärung gelangen, ob der Antrag begründet oder unbegründet ist; es genügt, dass die Möglichkeit der Unbegründetheit nicht ohne größere Schwierigkeiten auszuschließen ist, das Bestehen des geltend gemachten Anspruchs also nicht oder jedenfalls nicht mit der erforderlichen Sicherheit festgestellt werden kann. Hier berührt sich das Absehen mit dem dritten Grund:

12 c) Es darf **bei Nichteignung** von einer Entscheidung abgesehen werden, dh, wenn sich der Antrag auch unter Berücksichtigung der berechtigten Belange des Antragstellers zur Erledigung im Strafverfahren nicht eignet (Hamburg wistra **06**, 37). Das Gesetz nennt hierfür als Beispiel, dass eine weitere Prüfung auch nur über den Grund oder einen Teil des Anspruchs das Verfahren erheblich verzögern würde (S 5); gegenüber der früheren Rechtslage (§ 405 S 2 aF) hat das 1.OpferRRG diesen Ablehnungsgrund durch Einfügung des Wortes „erheblich" verschärft. Damit ist klargestellt, dass kurzfristige Unterbrechungen ein Absehen von der Entscheidung nicht rechtfertigen können, anders aber die Notwendigkeit einer Aussetzung des Verfahrens. Stets zu prüfen ist, ob nicht die Möglichkeit des Erlasses eines Grund- oder Teilurteils besteht und damit nur ein teilweises Absehen von der Entscheidung veranlasst ist. Im Übrigen rechtfertigt sich das Absehen von der Entscheidung, wenn über schwierige bürgerlich-rechtliche Rechtsfragen entschieden werden müsste (BGH DAR **04**, 256 [Te]; Hamburg aaO), nicht hingegen bei jeder geringfügigen tatsächlichen oder rechtlichen Schwierigkeit, wohl aber zB bei das internationale Privatrecht betreffenden Problemkreisen (BGH StV **04**, 61 mit Anm Wilhelmi IPRax **05**, 236) oder idR in Wirtschaftsstrafverfahren (Feigen Otto-FS 879, 894: insbesondere wegen Fehlens einer Möglichkeit der Streitverkündung und weil das Strafgericht damit zum Gericht der Hauptsache iSd § 927 II 2. Halbs ZPO wird). Weitere Beispiele bei Hansen/Wolff-Rojczyk GRUR **09**, 647 und Meier/Dürre JZ **06**, 23. Auch das gerade in Haftsachen zu beachtende Beschleunigungsgebot kann die Nichteignung begründen (Celle StV **07**, 293; Oldenburg StraFo **09**, 75). Über die Geeignetheit entscheidet der Richter nach pflichtgemäßem Ermessen (BGH NStZ **03**, 46, 47; Hamburg aaO; **aM** Stöckel Blomeyer-GS 838).

13 Eine **Besonderheit** besteht hinsichtlich des **Schmerzensgeldanspruchs** nach § 253 II BGB: Hier darf ein Absehen von der Entscheidung nur wegen Unzulässigkeit oder Unbegründetheit, nicht wegen Ungeeignetheit erfolgen (S 6; die Regelung scharf abl Krey/Wilhelmi Otto-FS 950, 952); auch hier kann sich das Gericht aber – was vielfach empfehlenswert sein wird, da zur Höhe des Schmerzensgeld weitere Feststellungen notwendig sein können – auf ein Grundurteil beschränken (zust Loos GA **06**, 208, 213).

d) Eine Klageabweisung erfolgt nicht; vielmehr ist **zu tenorieren**, dass – auch teilweise – von einer Entscheidung abgesehen wird (BGH NStZ-RR **10**, 23 L). 13a

B. **Hinweis:** Nach V S 1 soll das Gericht die Verfahrensbeteiligten so früh wie möglich darauf hinweisen, wenn es von einer Entscheidung über den Antrag absehen will. Wann das ist, hängt von den Umständen des Einzelfalls ab; bei Unzulässigkeit des Antrags (oben 10) wird sich dies rasch sagen lassen, bei Unbegründetheit (oben 11) kann es längerer Prüfung bedürfen, die Ungeeignetheit (oben 12) wird sich oftmals erst nach längerer Verhandlung herausstellen (Rieß Dahs-FS 436; **aM** Feigen Otto-FS 890, der eine Entscheidung über die Eignung unmittelbar nach Antragstellung verlangt). In jedem Fall muss der Antragsteller zuvor gehört werden (was auch in schriftlicher Form geschehen kann), bevor das Gericht das Absehen von der Entscheidung (durch Beschluss, unten 15) erklärt. Der Hinweis ist – was sich aus der gesetzlichen Regelung zwar nicht eindeutig ergibt, aus der ausdrücklichen Erwähnung des Grund- und Teilurteils in I S 2 und 5 aber zu schließen ist – nur erforderlich, wenn der Antrag insgesamt abgelehnt wird, nicht hingegen bei einer Teilablehnung (Meier/Dürre JZ **06**, 24; **aM** Loos GA **06**, 207). Hierfür spricht auch die Differenzierung in § 472 a II S 1 sowie der Umstand, dass der Antragsteller bei Teilablehnung erst nach Kenntnis der abschließenden Entscheidung des Gerichts beurteilen kann, ob und inwieweit er seine weiter gehenden Ansprüche im Zivilverfahren verfolgen soll. 14

C. **Beschluss:** Die Entscheidung über das vollständige (oben 14 aE) Absehen von einer Entscheidung (so ist auch zu tenorieren, nicht etwa der Antrag als unzulässig oder unbegründet zurückzuweisen, BGH NStZ-RR **06**, 261 [B]) ergeht – wie sich im Gegensatz zur früheren Rechtslage aus V S 2 ergibt – nun grundsätzlich durch Beschluss, nicht mehr im Urteil. Nur wenn bis zum Urteil keine Entscheidung über das Absehen getroffen wurde sowie bei teilweisem Absehen, wird über den Antrag im Urteil befunden (vgl BGH NStZ **03**, 565). Allerdings zieht die Entscheidung durch Beschluss, falls der Antrag vor Beginn der Hauptverhandlung gestellt und in dieser noch keine abschließende Entscheidung ergangen ist, die Möglichkeit der sofortigen Beschwerde gegen den Beschluss nach sich (§ 406 a I S 1), die jedoch unzulässig wird, wenn das Urteil oder eine sonstige den Rechtszug abschließende Entscheidung ergeht (vgl 3 zu § 406 a). Es ist zu befürchten, dass die Richter sich in der Praxis daher mit der Beschlussentscheidung Zeit lassen werden, um Beschwerdeentscheidungen zu umgehen (so auch Hilger GA **04**, 485; zu den Bedenken gegen die durch das 1.OpferRRG geschaffene Beschwerdemöglichkeit im Übrigen vgl 4 zu § 406 a). Der Beschluss ist nach § 34 zu begründen und mit einer Kostenentscheidung nach § 472 a II zu versehen. 15

Rechtsmittel

406a **I [1]Gegen den Beschluss, mit dem nach § 406 Abs. 5 Satz 2 von einer Entscheidung über den Antrag abgesehen wird, ist sofortige Beschwerde zulässig, wenn der Antrag vor Beginn der Hauptverhandlung gestellt worden und solange keine den Rechtszug abschließende Entscheidung ergangen ist. [2]Im Übrigen steht dem Antragsteller ein Rechtsmittel nicht zu.**

II [1]Soweit das Gericht dem Antrag stattgibt, kann der Angeklagte die Entscheidung auch ohne den strafrechtlichen Teil des Urteils mit dem sonst zulässigen Rechtsmittel anfechten. [2]In diesem Falle kann über das Rechtsmittel durch Beschluss in nichtöffentlicher Sitzung entschieden werden. [3]Ist das zulässige Rechtsmittel die Berufung, findet auf Antrag des Angeklagten oder des Antragstellers eine mündliche Anhörung der Beteiligten statt.

III [1]Die dem Antrag stattgebende Entscheidung ist aufzuheben, wenn der Angeklagte unter Aufhebung der Verurteilung wegen der Straftat, auf welche

die Entscheidung über den Antrag gestützt worden ist, weder schuldig gesprochen noch gegen ihn eine Maßregel der Besserung und Sicherung angeordnet wird. [2]Dies gilt auch, wenn das Urteil insoweit nicht angefochten ist.

1 **1) Rechtsmittel:**

2 A. Dem **Antragsteller** (I) stand gegen die Abweisung des Antrags nach § 406a I aF ein Rechtsmittel nicht zu. Durch das 1.OpferRRG ist nun in I S 1 eine Ausnahme von diesem – sonst weiterhin nach I S 2 gültigen – Grundsatz der Unanfechtbarkeit geschaffen worden, indem eine sofortige Beschwerde (§ 311) gegen den Antrag nach § 406 V S 2 abweisenden Beschluss eröffnet worden. Sie kommt allerdings nur in Betracht, wenn der Antrag insgesamt abgelehnt worden ist; eine teilweise Ablehnung erfolgt nicht durch Beschluss, sondern im Urteil (vgl 14, 15 zu § 406). Das entspricht der früheren Rechtslage, wonach es nicht gerügt werden konnte, dass nur über den Grund und nicht über die Höhe des Anspruchs entschieden worden war (BGH NStZ-RR **05**, 262 [B]).

3 Die **Zulässigkeit der sofortige Beschwerde** ist aber im Übrigen an 2 Voraussetzungen geknüpft: Zum einen muss der Antrag vor Beginn der Hauptverhandlung (§ 243 I S 1) gestellt sein; lässt sich der Betroffene mit der Antragstellung Zeit, soll ihm also nicht noch ein Beschwerdeverfahren eröffnet werden, dessen Entscheidung dann idR nicht mehr rechtzeitig ergehen würde. Zum anderen ist die Beschwerde nur so lange zulässig, wie noch keine den Rechtszug abschließende Entscheidung (ein Urteil oder aber auch ein verfahrensabschließender Beschluss nach §§ 153ff oder 206a) ergangen ist. Eine Entscheidung des Beschwerdegerichts ginge in diesem Fall nämlich ins Leere. Dieses Zulässigkeitserfordernis gilt daher auch, wenn die verfahrensabschließende Entscheidung erst nach Erlass des den Antrag ablehnenden Beschlusses ergeht (BT-Drucks 15/2609 S 29); dann wird die Beschwerde wegen prozessualer Überholung (17 vor § 296) unzulässig.

4 Diese **Regelung erscheint wenig glücklich:** Ein selbstständiges Beschwerdeverfahren neben dem eigentlichen Hauptverfahren soll nach der allgemeinen Regelung der StPO (vgl § 305) möglichst vermieden werden (abl auch Krey/Wilhelmi Otto-FS 951, 953 sowie Rieß Dahs-FS 436). Sie erscheint auch deswegen überflüssig, weil der Antragsteller, dessen Antrag abgewiesen wurde, sein Begehren im Zivilrechtsweg weiter verfolgen kann, er also letztlich durch die Ablehnung nicht beschwert ist. Zudem ist es für den Antragsteller ärgerlich, wenn ihm zunächst eine Beschwerdemöglichkeit eröffnet, diese aber wiederum – ohne dass er hierauf irgend einen Einfluss hat – wieder genommen werden kann. Zur Kostenfolge vgl § 473 I S 4 (dort 13); dass für den den Antragsteller vertretenden RA nach Nr 4145 VVRVG eine halbe Verfahrensgebühr anfällt, ist für den Antragsteller selbst uninteressant. Schließlich wird diese Regelung dazu führen, dass die Richter entgegen § 406 V S 1 gerade nicht vor der verfahrensabschließende Entscheidung vorab über den Antrag entscheiden werden (erg 15 zu § 406).

5 B. Der **Angeklagte** (II) kann das Urteil nur mit den Rechtsmitteln der StPO anfechten (Braunschweig NJW **52**, 1229; LR-Hilger 7), wobei die Anfechtung insgesamt oder unter Beschränkung auf den strafrechtlichen oder auf den (ihn beschwerenden) bürgerlich-rechtlichen Teil erfolgen kann (zutr krit Feigen Otto-FS 895, weil der Angeklagte bei erstinstanzlichen Urteilen des LG dadurch eine Tatsacheninstanz verliert); bei einer Revision sind auch im letzteren Fall die Formvorschriften der StPO zu beachten (BGH NStZ **00**, 388). Der Angeklagte kann gegen diesen Teil auch ein noch weiter beschränktes Rechtsmittel einlegen, etwa soweit er zur Zahlung von mehr als 800 € verurteilt worden ist. Das Revisionsgericht verweist die Sache allein wegen des bürgerlich-rechtlichen Teils der Entscheidung niemals an den Tatrichter zurück (BGH NStE Nr 1 zu § 406; anders bei – auch teilweiser – Mitaufhebung des strafrechtlichen Teils, vgl zB BGH 1 StR 580/89 vom 30. 11. 1989). Ist die Entscheidung fehlerhaft, so wird sie aufgehoben und nach § 406 III S 3, 4 von einer Entscheidung über den geltend gemachten Anspruch abgesehen (BGH StV **87**, 428; **08**, 127; NStZ **88**, 237;

MDR **88**, 875); ggf kann aber die Entscheidung dem Grunde nach aufrechterhalten werden (BGH **44**, 202).

Wenn das Rechtsmittel sich nur gegen den bürgerlich-rechtlichen Teil des Urteils richtet und dessen strafrechtlicher Teil nicht, auch nicht von anderen Prozessbeteiligten angefochten worden ist, kann durch **Beschluss ohne Hauptverhandlung,** auch ohne Anhörung der StA, entschieden (S 2), dh das Rechtsmittel kann als unbegründet verworfen werden; § 349 gilt nicht (vgl dort 22 aE). Auch hier hat das 1.OpferRRG eine überflüssige Neuerung gebracht (zust KMR-Stöckel 6), indem es im Berufungsverfahren auf Antrag des Angeklagten oder des Antragstellers eine mündliche Anhörung der Beteiligten anordnet (I S 3). Neben der Berufungsverhandlung nun doch noch eine weitere mündliche Verhandlung (ohne Schöffen) vorzusehen, macht das Beschlussverfahren wertlos und umständlich; einfacher ist es, wenn das Berufungsgericht den Antragsteller, soweit er nicht ohnehin Nebenkläger ist, in der Berufungsverhandlung anhört, wozu es ohne weiteres berechtigt ist. Der – mit oder ohne Anhörung der Beteiligten ergehende – Beschluss ist unanfechtbar. 6

C. **StA, Privat- und Nebenkläger** können den bürgerlich-rechtlichen Teil des Urteils nicht anfechten (BGH **3**, 210; KMR-Stöckel 9). 7

2) Verfahren bei Aufhebung des Schuldspruchs (III): Wird auf ein Rechtsmittel der strafrechtliche Teil des Urteils aufgehoben und der Angeklagte nicht schuldig gesprochen und auch keine Sicherungsmaßregel gegen ihn angeordnet, so muss zugleich die dem Antrag stattgebende Entscheidung aufgehoben werden, auch wenn sie nicht angefochten worden ist. Die Änderung des Schuld- und Strafausspruchs berührt den bürgerlich-rechtlichen Teil des Urteils dagegen nicht; auch wenn das Revisionsgericht die Sache an den Tatrichter zurückverweist, wird die Entscheidung über den Antrag nicht aufgehoben (BGH **52**, 96; 5 StR 65/09 vom 8. 4. 2009; dazu Herbst/Plüür HRRS **08**, 250 mit Formulierungsbeispielen für die vom Tatrichter nunmehr zu erlassende Entscheidung). 8

Vollstreckung

406b **[1]Die Vollstreckung richtet sich nach den Vorschriften, die für die Vollstreckung von Urteilen und Prozessvergleichen in bürgerlichen Rechtsstreitigkeiten gelten. [2]Für das Verfahren nach den §§ 323, 731, 767, 768, 887 bis 890 der Zivilprozessordnung ist das Gericht der bürgerlichen Rechtspflege zuständig, in dessen Bezirk das Strafgericht des ersten Rechtszuges seinen Sitz hat. [3]Einwendungen, die den im Urteil festgestellten Anspruch selbst betreffen, sind nur insoweit zulässig, als die Gründe, auf denen sie beruhen, nach Schluss der Hauptverhandlung des ersten Rechtszuges und, wenn das Berufungsgericht entschieden hat, nach Schluss der Hauptverhandlung im Berufungsrechtszug entstanden sind.**

1) Die **Zwangsvollstreckung** (S 1) erfolgt auf Grund einer vollstreckbaren Ausfertigung des Urteils (§ 724 I ZPO) oder des nach § 405 I geschlossenen Vergleichs (§ 795 ZPO), die der UrkB der Geschäftsstelle des Strafgerichts nach §§ 724 II, 725–730, 733, 734 ZPO erteilt. Wegen der vorläufigen Vollstreckbarkeit vgl 6 zu § 406. 1

2) Für **Nachtragsentscheidungen** (S 2) ist das Zivilgericht zuständig. Das dies auch für Abänderungsklagen nach § 323 ZPO gilt, ist durch das OperRRG ausdrücklich klargestellt worden. Das Strafgericht wird nur im Fall des § 732 ZPO tätig. 2

3) Die **Vollstreckungsgegenklage** kann nur auf Gründe gestützt werden, die erst nach der letzten Tatsachenverhandlung entstanden sind (§ 767 II ZPO). Ist ein Rechtsmittel gegen den bürgerlich-rechtlichen Teil des Urteils nach § 406a II S 2 3 durch Beschluss verworfen worden, so können alle Einwendungen geltend gemacht werden, die auf seit der Verhandlung vor dem 1. Richter entstandene Gründe gestützt sind (KK-Engelhardt 3; LR-Hilger 4).

Wiederaufnahme des Verfahrens

406c **I [1]Den Antrag auf Wiederaufnahme des Verfahrens kann der Angeklagte darauf beschränken, eine wesentlich andere Entscheidung über den Anspruch herbeizuführen. [2]Das Gericht entscheidet dann ohne Erneuerung der Hauptverhandlung durch Beschluss.**

II Richtet sich der Antrag auf Wiederaufnahme des Verfahrens nur gegen den strafrechtlichen Teil des Urteils, so gilt § 406 a Abs. 3 entsprechend.

1 **1)** Die **Wiederaufnahme des Verfahrens** über den bürgerlich-rechtlichen Teil des Urteils, für die §§ 359 ff mit der Abänderung durch I S 2 gelten, kann nur der Angeklagte beantragen. StA, Privat- und Nebenkläger sind nicht antragsberechtigt. Der Antragsteller im Adhäsionsverfahren muss den Zivilrechtsweg beschreiten.

2 **2) Beschränken** (I) kann der Angeklagte den Wiederaufnahmeantrag darauf, eine wesentlich andere Entscheidung über den Anspruch herbeizuführen (S 1). Eine solche Entscheidung liegt vor, wenn die Verurteilung nach § 406 I S 1 ganz entfällt oder wenn der zugesprochene Anspruch wesentlich herabgesetzt wird. Auch die Änderung einer Ermessensentscheidung, zB über die Höhe des Schmerzensgeldes, kann eine wesentlich andere Entscheidung sein (KMR-Stöckel 2).

3 **3)** Bei **Wiederaufnahme gegen den strafrechtlichen Teil des Urteils** (II) gilt § 406 a III entspr. Das bedeutet, dass der bürgerlich-rechtliche Teil der Entscheidung aufgehoben werden muss, wenn im Wiederaufnahmeverfahren der Schuldspruch entfällt und auch keine Sicherungsmaßregel gegen den Angeklagten angeordnet wird.

4. Abschnitt. Sonstige Befugnisse des Verletzten

Vorbemerkungen

1 **1)** Ein **selbstständiger Prozessbeteiligter** ist der Verletzte seit der Einfügung der §§ 406 d–406 h durch das Ges vom 18. 12. 1986 (vgl dazu Sacherer, Das Opferschutzgesetz von 1986 und die allgemeinen Verfahrensgrundsätze, Diss Kiel 1998). Von der Zulassung als Nebenkläger nach §§ 395 ff hängt nicht mehr seine Beteiligung am Verfahren, sondern nur noch der Umfang seiner Befugnisse ab, die hier zusammenfassend geregelt sind. Dem Verletzten, der bis dahin nur eine marginale Stellung im Strafverfahren hatte (Weigend 167), soll durch diese Bestimmungen, die durch das 1. und 2.OpferRRG noch verstärkt worden sind, eine gesicherte Rechtsposition eingeräumt werden, die es ihm ermöglicht, seine Interessen wahrzunehmen und Verantwortungszuweisungen abzuwehren. Ob und in welchem Umfang er von seinen Beteiligungsbefugnissen Gebrauch macht, ist seiner freien Entscheidung überlassen. Zusammenfassend zur Stellung des Opfers im Strafverfahren SK-Velten vor §§ 374–406 h; Herrmann ZIS **10**, 236; zum weiteren Ausbau der Opferrechte Walther GA **07**, 615 und JR **08**, 405; krit dazu mit Blick auf die Verteidigungsrechte des Beschuldigten Bung StV **09**, 430 und Schünemann Hamm-FS 687.

2 **2)** Den **Begriff des Verletzten** bestimmt das Gesetz nicht. Er ist aus dem jeweiligen Funktionszusammenhang abzuleiten (Koblenz StV **88**, 332; NStZ **88**, 89). Für die §§ 406 d ff gilt derselbe Verletztenbegriff wie bei der Anwendung des § 172 (Koblenz StV **88**, 332 mit Anm Schlothauer; zw aber Koblenz NStZ **88**, 89; **aM** LG Stade StV **01**, 159; vgl auch Karlsruhe NStZ **94**, 50; KMR-Stöckel 10; Riedel/

Wallau NStZ **03**, 394; Schäfer wistra **88**, 216). Der Begriff ist zwar weit auszulegen, jedoch genügt eine nur mittelbare Rechtsbeeinträchtigung nicht. Voraussetzung für die Ausübung der Rechte nach §§ 406 d ff ist vielmehr eine unmittelbare Rechtsverletzung durch die Straftat (dazu 9 ff zu § 172). Nach **aM** kann der Begriff hingegen auch den [mittelbar] Verletzten iSd § 403 erfassen (BVerfG 2 BvR 1043/08 vom 4. 12. 2008 mwN zum WpHG [dazu auch Krause Widmaier-FS 642 ff]; vgl aber auch Hilger GA **07**, 292: Kriterium der Unmittelbarkeit ist überflüssig). Der Insolvenzverwalter ist nicht Verletzter (Frankfurt NJW **96**, 1484; Hamm NStZ-RR **96**, 11; Pelz 618; erg 5 zu § 403); sein Akteneinsichtsrecht richtet sich nicht nach § 406 e, sondern nach § 475 (LG Mühlhausen wistra **06**, 76 mit zust Anm Frye).

Im **Jugendstrafverfahren** gelten die §§ 406 e I S 2, 406 g gegen Heranwach- 3
sende unbeschränkt, gegen Jugendliche nur unter den Voraussetzungen des § 80 III JGG). Zur Anwendung der §§ 406 d ff im Übrigen auf das Jugendstrafverfahren vgl auch – vor Änderung des § 80 III JGG durch das 2. JuMoG – Dähn Lenckner-FS 671; Schaal/Eisenberg NStZ **88**, 49.

Mitteilungspflichten

406d **I Dem Verletzten sind auf Antrag die Einstellung des Verfahrens und der Ausgang des gerichtlichen Verfahrens mitzuteilen, soweit es ihn betrifft.**

II Dem Verletzten ist auf Antrag mitzuteilen, ob

1. **dem Verurteilten die Weisung erteilt worden ist, zu dem Verletzten keinen Kontakt aufzunehmen oder mit ihm nicht zu verkehren;**
2. **freiheitsentziehende Maßnahmen gegen den Beschuldigten oder den Verurteilten angeordnet oder beendet oder ob erstmalig Vollzugslockerungen oder Urlaub gewährt werden, wenn er ein berechtigtes Interesse darlegt und kein überwiegendes schutzwürdiges Interesse des Betroffenen am Ausschluss der Mitteilung vorliegt; in den in § 395 Abs. 1 Nummer 1 bis 5 genannten Fällen sowie in den Fällen des § 395 Absatz 3, in denen der Verletzte zur Nebenklage zugelassen wurde, bedarf es der Darlegung eines berechtigten Interesses nicht.**

III 1 Mitteilungen können unterbleiben, sofern sie nicht unter einer Anschrift möglich sind, die der Verletzte angegeben hat. 2 Hat der Verletzte einen Rechtsanwalt als Beistand gewählt, ist ihm ein solcher beigeordnet worden oder wird er durch einen solchen vertreten, so gilt § 145 a entsprechend.

1) Unterrichtungspflicht: Dem Verletzten (vgl 2 vor § 406 d), der (bei der 1
Anzeigeerstattung, bei einer Zeugenvernehmung oder bei anderer Gelegenheit) einen entspr Antrag stellt, muss die Einstellung des staatsanwaltschaftlichen oder der Ausgang des gerichtlich anhängigen Verfahrens mitgeteilt werden, soweit es ihn betrifft (I). In diesem Umfang ist er von der Einstellung des Verfahrens durch die StA nach § 170 II (falls er nicht Antragsteller war, sonst folgt die Mitteilungspflicht bereits aus § 171) oder §§ 153 ff zu unterrichten sowie von den gerichtlichen Entscheidungen der Nichteröffnung des Hauptverfahrens, der Einstellung des Verfahrens nach §§ 153 ff, 206 a, 206 b und von dem verfahrensabschließenden Urteil. Zwischenentscheidungen, wie der Beschluss über die Eröffnung des Hauptverfahrens, und nicht rechtskräftig gewordene Entscheidungen brauchen ihm nicht bekanntgegeben zu werden. I schließt solche weitergehenden Mitteilungen aber nicht aus (für regelmäßige Mitteilungen über den Verfahrensstand Weigend 505).

2) Die **Art der Unterrichtung** nach I regelt das Gesetz nicht. Sie erfolgt nicht 2
durch Übersendung einer Entscheidungsabschrift. Auch die Entscheidungsformel

braucht dem Verletzten nicht im Wortlaut bekanntgegeben zu werden; oft würde er damit gar nichts anfangen können (**aM** Dähn Lenckner-FS 673). Ihm ist vielmehr in einer für ihn verständlichen Weise mitzuteilen, mit welchem Ergebnis das Verfahren gegen den Beschuldigten beendet worden ist (KK-Engelhardt 1). Das geschieht zweckmäßigerweise schriftlich. Die mündliche Unterrichtung ist nicht unzulässig: sie ist aber aktenkundig zu machen.

3 **3) Zuständig** für die Unterrichtung ist die StA oder das Gericht, das die Entscheidung erlassen hat, von der der Verletzte unterrichtet werden muss; die Mitteilung veranlasst der Vorsitzende. Geht der Antrag nach I erst nach Abschluss des gerichtlichen Verfahrens ein, so ist die aktenführende Stelle zuständig (RiStBV 140 II).

4 **4) Weitergehende Mitteilungspflichten**: Durch Ges vom 13. 4. 2007 (BGBl I 513) wurde eine Mitteilungspflicht bei Anordnung eines Kontakt- oder Verkehrsverbotes geschaffen (II Nr 1). Solche Verbote können im Erkenntnisverfahren bei Strafaussetzung zur Bewährung nach § 56c II Nr 3 StGB, im Vollstreckungsverfahren nach § 57 III S 1 iVm § 57c II Nr 3 StGB sowie im Rahmen der Führungsaufsicht nach § 68 I S 1 Nr 3 StGB (auch iVm §§ 68d, 68g I S 1 StGB ausgesprochen werden. Die verletzte Person ist nach § 406h auf die Antragsbefugnis hinzuweisen. Den Antrag für eine solche Mitteilung kann die verletzte Person in jedem Stand des Verfahrens stellen. Die Einschränkung in Nr 2 („berechtigtes Interesse") gilt hier naturgemäß nicht (vgl BT-Drucks 16/1993 S 24: legitimes Interesse des Verletzten).

4a Ein gleiches Antragsrecht enthält **bei freiheitsentziehenden Maßnahmen** gegen den Beschuldigten oder Verurteilten der durch das 1.OpferRRG eingefügte II Nr 2, mit dem einem Rahmenbeschluss der EU vom 15. 3. 2001 entsprochen wird (vgl Ferber NJW **04**, 2563): Hier wird der Antragsteller unterrichtet, wenn diese Maßnahmen angeordnet (das ergibt sich zwar in gewisser Weise schon aus dem nach I mitzuteilenden Urteil, daraus lässt sich aber nicht entnehmen, ob die verhängte Freiheitsstrafe sofort vollzogen wird bzw ob sich der Verurteilte noch in UHaft befindet) oder beendet oder ob erstmalig (also nicht bei wiederholt angeordneten) Vollzugslockerungen (§ 11 StVollzG) oder Urlaub aus dem Strafvollzug (§§ 13, 43 VII, 124 StVollzG) gewährt werden.

5 **Voraussetzung für diese Mitteilungspflicht** nach Nr 2 ist aber neben dem immer erforderlichen Antrag des Verletzten die Darlegung eines berechtigten Interesses sowie dass – abgesehen von den in § 395 I Nr 1–5 und III, soweit der Verletzte zur Nebenklage zugelassen wurde – kein überwiegendes Interesse des Betroffenen am Ausschluss der Mitteilung besteht. Ein berechtigtes Interesse des Verletzten wird immer dann zu bejahen sein, wenn weitere rechtswidrige Angriffe des Beschuldigten oder Verurteilten nicht auszuschließen sind, umgekehrt besteht ein schutzwürdiges Interesse dieser Personen, wenn der Verletzte etwa mit Rache gedroht hat.

6 **5)** Die **Mitteilungspflicht entfällt** (III S 1), wenn der Verletzte nicht unter einer der von ihm angegebenen Anschriften erreichbar ist. Ermittlungen nach ihm werden nicht angestellt; denn von dem Verletzten, der ein Interesse am Verfahrensfortgang hat, kann erwartet werden, dass er von sich aus sicherstellt, dass ihn Mitteilungen der StA oder des Gerichts erreichen (LR-Hilger 7).

7 **6)** Die **entsprechende Anwendung des § 145 a** bestimmt III S 2 für den Fall, dass der Verletzte einen RA als Beistand gewählt hat, dass ihm ein RA beigeordnet worden ist oder dass er durch einen RA vertreten wird. Der RA gilt dann als bevollmächtigt, die Mitteilung nach I entgegenzunehmen.

8 **7)** Zur **Belehrung** über das Antragsrecht vgl § 406h.

Akteneinsicht

406e **I [1] Für den Verletzten kann ein Rechtsanwalt die Akten, die dem Gericht vorliegen oder diesem im Falle der Erhebung der öffentlichen Klage vorzulegen wären, einsehen sowie amtlich verwahrte Beweisstücke besichtigen, soweit er hierfür ein berechtigtes Interesse darlegt. [2] In den in § 395 genannten Fällen bedarf es der Darlegung eines berechtigten Interesses nicht.**

II [1] Die Einsicht in die Akten ist zu versagen, soweit überwiegende schutzwürdige Interessen des Beschuldigten oder anderer Personen entgegenstehen. [2] Sie kann versagt werden, soweit der Untersuchungszweck, auch in einem anderen Strafverfahren, gefährdet erscheint. [3] Sie kann auch versagt werden, wenn durch sie das Verfahren erheblich verzögert würde, es sei denn, dass die Staatsanwaltschaft in den in § 395 genannten Fällen den Abschluss der Ermittlungen in den Akten vermerkt hat.

III [1] Auf Antrag können dem Rechtsanwalt, soweit nicht wichtige Gründe entgegenstehen, die Akten mit Ausnahme der Beweisstücke in seine Geschäftsräume oder seine Wohnung mitgegeben werden. [2] Die Entscheidung ist nicht anfechtbar.

IV [1] Über die Gewährung der Akteneinsicht entscheidet im vorbereitenden Verfahren und nach rechtskräftigem Abschluss des Verfahrens die Staatsanwaltschaft, im Übrigen der Vorsitzende des mit der Sache befassten Gerichts. [2] Gegen die Entscheidung der Staatsanwaltschaft nach Satz 1 kann gerichtliche Entscheidung durch das nach § 162 zuständige Gericht beantragt werden. [3] Die §§ 297 bis 300, 302, 306 bis 309, 311 a und 473 a gelten entsprechend. [4] Die Entscheidung des Gerichts ist unanfechtbar, solange die Ermittlungen noch nicht abgeschlossen sind. [5] Diese Entscheidungen werden nicht mit Gründen versehen, soweit durch deren Offenlegung der Untersuchungszweck gefährdet werden könnte.

V Unter den Voraussetzungen des Absatzes 1 können dem Verletzten Auskünfte und Abschriften aus den Akten erteilt werden; die Absätze 2 und 4 sowie § 478 Abs. 1 Satz 3 und 4 gelten entsprechend.

VI § 477 Abs. 5 gilt entsprechend.

1) Akteneinsicht (I–IV) wird dem Verletzten (vgl 2 vor § 406 d; weitergehend Hilger GA **07**, 289: wie bei 2 zu § 403) – auch dem Nebenklageberechtigten (iS des § 406 g) und dem Nebenkläger – nicht im selben Umfang gewährt wie nach § 147 dem Beschuldigten. Denn für den Verletzten (dazu gehören auch Angehörige des Getöteten iS des § 395 II Nr 1) ist sie zwar ein wichtiges Informationsmittel, aber nicht von der gleichen Bedeutung wie für den Beschuldigten, für dessen Verteidigung sie idR unerlässlich ist. Die Verwendungsbeschränkungen des § 477 II S 1–3 gelten nicht (dort 12). 1

A. **Nur durch einen RA** (I) kann der Verletzte (auch wenn er selbst RA ist, vgl Hilger NStZ **88**, 441) die Akten einsehen, die dem Gericht bereits vorliegen oder im Fall der Klageerhebung nach § 199 II S 2 vorzulegen wären. Akteneinsicht ist also schon im Vorverfahren möglich. 2

Grundsätzlich wird sie nur gewährt, wenn der RA ein **berechtigtes Interesse** des Verletzten darlegt (S 1; eingehend dazu SK-Velten 2 ff). Eine Glaubhaftmachung verlangt das Gesetz nicht (HK-GS/Ferber 5; Kuhn ZRP **05**, 127; LR-Hilger 6; **aM** KK-Engelhardt 2; Riedel/Wallau NStZ **03**, 395 unter Hinweis auf § 16 I Nr 2 BDSG). Nur wenn der Verletzte nach § 395 berechtigt ist, sich dem Verfahren als Nebenkläger anzuschließen, bedarf es dieser Darlegung nicht (S 2), auch nicht im Vorverfahren. Ein berechtigtes Interesse an der Akteneinsicht besteht insbesondere, wenn sie der Prüfung der Frage dienen soll, ob eine Einstellungsbeschwerde nach § 172 I eingelegt oder ein Klageerzwingungsantrag nach § 172 II 3 gestellt werden soll (einschr Wallau Dahs-FS 516) oder ob und in welchem Umfang der Verletzte (vgl dazu Koblenz NStZ **90**, 604) gegen den Beschuldigten bürgerlich-rechtliche Ansprüche geltend machen kann (BVerfG NJW **07**, 1052, 1053; NJW **03**, 501, 503 und 2 BvR 1043/08 vom 4. 12. 2008 [§ 826 BGB aus kapitalmarktbezogenen Delikten; dazu **aM** Krause Widmaier-FS 648, 655]; LG Stralsund StraFo **06**, 76, abl Steffens StraFo **06**, 60), hingegen nicht, wenn die Einsichtnahme nur zur „Ausforschung" des Beschuldigten oder einer nach materiellem Zivilrecht unzulässigen Beweisgewinnung dienen soll (so Otto GA **89**, 301 ff; Ranft 2509; KMR-Stöckel 12; ähnlich Pfordte Müller-FS 562; Riedel/Wallau aaO; **aM** LG Bielefeld wistra **95**, 118; LG Mühlhausen wistra **06**, 76, 77 mit zust Anm Frye; Kiethe wistra **06**, 52; Kuhn aaO; Kurth NStZ **97**, 7; Sieber Spendel-FS 772: § 406 e diene auch der zivilrechtlichen Beweissicherung). Auch die Notwendigkeit, solche Ansprüche abzuwehren, begründet ein berechtigtes Interesse (Hamm NJW **85**, 2040; Koblenz StV **88**, 332 mit Anm Schlothauer; LR-Hilger 6).

4 Dem **Umfang** nach erstreckt sich das Recht auf Akteneinsicht grundsätzlich auf den gesamten Akteninhalt (dazu 13 ff zu § 147). Das gilt auch für Geschäftsunterlagen (Hamm aaO; LG Mühlhausen aaO) und Vorgänge über ähnliche Taten des Beschuldigten (BVerfG 2 BvR 1043/08 vom 4. 12. 2008), wenn diese Teil der Akten geworden sind; vgl aber unten 7.

5 Zur **Besichtigung amtlich verwahrter Beweisstücke** vgl 19 zu § 147.

6 B. Die **Versagung der Akteneinsicht** (II) ist auch für den Nebenkläger und Nebenklageberechtigten (LG Darmstadt JurPC Web-Dok 145/2009; LG Köln 109–1/08 vom 25. 9. 2008 [NStZ-RR **09**, 319 L]) zwingend vorgeschrieben, wenn überwiegende schutzwürdige Interessen des Beschuldigten oder anderer Personen entgegenstehen (S 1), dh wenn deren Interesse an der Geheimhaltung ihrer in den Akten enthaltenen persönlichen Daten größer ist als das berechtigte Interesse des Verletzten, den Akteninhalt kennenzulernen (BVerfG NJW **07**, 1052; 2 BvR 1043/08 vom 4. 12. 2008; Braunschweig NdsRpfl **92**, 269). Dieser für das gesamte Verfahren geltende Versagungsgrund kann zB zur Wahrung des Steuer- (LG Kleve wistra **91**, 160; LG München I wistra **06**, 240; Blesinger wistra **91**, 297; v. Briel wistra **02**, 213; Pfordte Müller-FS 562) oder des Fernmeldegeheimnisses sowie des Rechts auf informationelle Selbstbestimmung (BT-Drucks 10/5305 S 18; BVerfG NJW **03**, 501; LG Hildesheim NJW **09**, 3799, 3801 [höchstpersönliche Angelegenheiten der geschiedenen Ehefrau des Beschuldigten]; erg unten 6 c) anzunehmen sein oder wenn die Ermittlungen keinen hinreichenden Tatverdacht für die Verletzung des Anzeigeerstatters ergeben haben (LG Köln StraFo **05**, 78; einschr LG Darmstadt K&R **09**, 211; vgl auch Krause Widmaier-FS 653; B. Mehle Mehle-FS 400). Ob schutzwürdige Interessen des Beschuldigten entgegenstehen, hat der über die Akteneinsicht entscheidende StA oder Richter von Amts wegen zu prüfen (Groß/Fünfsinn NStZ **92**, 110). „Andere Personen" können auch andere Verletzte sein (LR-Hilger 9; vgl LG München I wistra **06**, 240: weitere Kapitalanleger), jedoch darf die Akteneinsicht nicht nur deswegen versagt werden, weil sie nur allen Verletzten zeitgleich gewährt werden soll (LG Düsseldorf wistra **03**, 239).

6a Die Akteneinsicht kann nach pflichtgemäßem Ermessen bei **Gefährdung des Untersuchungszwecks** versagt werden (S 2; vgl 25 zu § 147). Dabei bildet die Gefährdung des Untersuchungszwecks, anders als nach § 147 II S 1, auch noch nach Erhebung der öffentlichen Klage einen Versagungsgrund, zB wenn die Kenntnis des Verletzten, Nebenklagebefugten oder Nebenklägers vom Akteninhalt die Zuverlässigkeit und den Wahrheitsgehalt einer von ihm noch zu erwartenden Zeugenaussage oder anstehende Durchsuchungen und Festnahmen beeinträchtigen könnte (Düsseldorf StV **91**, 202; Koblenz StV **88**, 332 mit Anm Schlothauer; LG Stralsund StraFo **06**, 76; AG Saalfeld NStZ **05**, 656 mit abl Anm Kiethe wistra **06**, 50; Barton StRR **09**, 406; Neuhaus StraFo **96**, 27; Pfordte Müller-FS 563; Riedel/Wallau NStZ **03**, 397; Schirmer NJW **88**, 124; Schlothauer StV **87**, 356; Steffens StraFo **06**, 60; vgl aber auch BGH NJW **05**, 1519, 1520). Die Gefährdung kann sich auch aus einem anderen Strafverfahren (einschl Ermittlungsverfahren) ergeben (vgl BT-Drucks 16/11 644 S 34, 35); dann ist aber die Möglichkeit teilweiser Akteneinsicht („soweit") besonders sorgfältig zu prüfen.

Bei sonst drohender **erheblicher Verfahrensverzögerung** kann die Akteneinsicht ebenfalls versagt werden (S 3), wobei eine Verzögerung von wenigen Tagen idR nicht ausreicht. Gegenüber Nebenklagebefugten und Nebenklägern gilt dies aber nicht mehr, wenn die StA den – der Anklageerhebung vorausgehenden – Abschlussvermerk nach § 169 a zu den Akten gebracht hat. **6b**

Ermittlung von Anschlussinhabern bei **Filesharing-Netzwerken**: Dem Einsichtsbegehren des – nach I S 2 iVm § 395 I Nr 6 privilegierten (LG Karlsruhe MMR **10**, 68, 69; LG Stralsund MMR **09**, 63, 64; Sankol K&R **08**, 511) – verletzten Rechteinhabers kann das Recht des Nutzers auf informationelle Selbstbestimmung entgegenstehen (LG Darmstadt K&R **09**, 211 mit zust Anm Sankol; LG Köln 109–1/08 vom 25. 9. 2008 [NStZ-RR **09**, 319 L]; LG München I NStZ **10**, 110; Jenny CR **08**, 284; Kondziela MMR **09**, 297; vgl auch Hoeren NJW **08**, 3100; oben 6), grundsätzlich jedoch nicht, wenn es sich um eine Urheberrechtsverletzung „in gewerblichem Ausmaß" iS des § 101 UrhG handelt (LG Darmstadt MMR **09**, 52 mit zust Anm Bär; LG Karlsruhe MMR **10**, 68 mit zust Anm Geißler/Jüngel/Linden; GStA Hamm bei Braun StRR **09**, 345; vgl aber Sankol K&R **08**, 512; ders MMR **08**, 837 [zum vorausgesetzten Ausmaß vgl zB Frankfurt MMR **09**, 542; Karlsruhe ZUM **09**, 957, 960; Köln MMR **08**, 820; **09**, 334; Oldenburg MMR **09**, 188; Zweibrücken CR **09**, 31; Hoffmann MMR **09**, 658; Wilhelmi ZUM **08**, 942]; weitergehend für Akteneinsicht oberhalb einer Bagatellgrenze LG Saarbrücken NStZ **10**, 111, MMR **10**, 144 L, die LG Darmstadt JurPC Web-Dok 145/2009 = NStZ **10**, 111 L bei 5 Filmwerken oder Musikalben bzw 50 einzelnen Musikstücken angesetzt hat; wohl noch weiter Esser GA **10**, 74, 81). Allerdings ist hierbei die Stärke des Tatverdachts zu berücksichtigen (LG Saarbrücken MMR **08**, 562; zu Recht einschr LG Darmstadt K&R **09**, 211 bei frühzeitiger Opportunitätseinstellung [krit hierzu Kondziela aaO 298]; ähnlich Esser aaO 81), wobei aber mit Blick auf die mögliche verschuldensunabhängige Störerhaftung aus § 97 UrhG (vgl zum Streitstand Düsseldorf MMR **08**, 256; Frankfurt aM MMR **08**, 169; 603; Köln aaO; Esser aaO 73; Kondziela aaO 296) die fehlende Konkretisierung auf die Person des Anschlussinhabers nicht schadet (vgl LG Darmstadt jew aaO; Bär aaO; **aM** LG München I aaO; Sankol aaO; zw LG Köln aaO). **6c**

Vor der Versagung der Akteneinsicht muss stets geprüft werden, ob eine **teilweise Akteneinsicht** gewährt werden (LG Hildesheim NJW **08**, 531, 534) oder ob bei mehreren Verletzten dem Versagungsgrund der drohenden Verfahrensverzögerung dadurch begegnet werden kann, dass sie einen gemeinsamen RA zur Akteneinsicht bevollmächtigen. Vielfach wird dem Interesse des Beschuldigten an der Geheimhaltung persönlicher Daten schon dadurch Rechnung getragen werden können, dass vor der Akteneinsicht einzelne Aktenteile entheftet werden, sofern das ohne besonderen Aufwand möglich ist (vgl auch Riedel/Wallau aaO 396). Insbesondere kommt die Herausnahme der Auskunft aus dem BZR in Betracht (vgl RiStBV 16 II S 2). Ggf ist auch eine Anonymisierung zu prüfen (BVerfG NJW **03**, 501, 503). **7**

C. Auf die **Mitgabe der Akten** (III) in die Geschäftsräume oder Wohnung hat der RA keinen Anspruch (vgl 28 ff zu § 147). Grundsätzlich darf er die Akten nur in den Diensträumen der StA oder des Gerichts einsehen, insbesondere, wenn andernfalls eine Verfahrensverzögerung zu befürchten ist. Es steht im Ermessen der StA oder des Gerichts, ob ihm die Akten (ohne die Beweisstücke) zur Mitnahme ausgehändigt werden. Die Entscheidung ist wie in § 147 IV unanfechtbar (III S 3). Die Gewährung von Akteneinsicht unter der Auflage, die Originalakten nicht an den Mandanten weiterzugeben oä, halten Riedel/Wallau NStZ **03**, 398 für rechtswidrig; vgl aber BVerfG NJW **07**, 1052 und § 19 BORA. **8**

9 D. **Zuständig** (IV S 1) für die Entscheidung über die Akteneinsicht ist im Vorverfahren und nach rechtskräftigem Abschluss des Verfahrens die StA (SK-Velten 19), niemals die Polizei (34 zu § 147; vgl auch Stuttgart NStZ **93**, 353), sonst der Vorsitzende des mit der Sache befassten Gerichts, der des Rechtsmittelgerichts erst nach Vorlage der Sache nach §§ 321 S 2, 347 II. Vor der Entscheidung ist dem Betroffenen – Beschuldigten oder Dritten, in dessen Grundrechte mit der Einsichtsgewährung eingegriffen würde – idR entspr § 33 rechtliches Gehör zu gewähren (BVerfG NStZ-RR **05**, 242; LG Karlsruhe MMR **10**, 68 mit zust Anm Geißler/Jüngel/Linden; LR-Hilger 16; Riedel/Wallau NStZ **03**, 398; Wallau Dahs-FS 512; **aM** AK-Schöch 22; Schäfer wistra **88**, 219 [nicht bei Dritten, die personenbezogene Daten in das Verfahren gegeben haben]; vgl auch LG Krefeld NJW **09**, 537 L = NStZ **09**, 112 mit Anm Sankol MMR **08**, 836: Anhörung des Inhabers bei Urheberrechtsverstoß über Firmenanschluss).

10 Wird die Akteneinsicht ganz oder teilw versagt, so ist dem Antragsteller ein **Bescheid** zu erteilen, der kurz zu begründen ist, falls dadurch nicht der Untersuchungszweck gefährdet werden könnte (IV S 5; vgl 25 zu § 147).

11 E. **Anfechtung** (IV S 2–5): Gegen die Versagung der Akteneinsicht durch die StA kann bei dem nach § 162 I, III S 3 zuständigen Gericht auf gerichtliche Entscheidung angetragen werden; vgl wegen der Einzelheiten 38 ff zu § 147. Hat die StA die Akteneinsicht bewilligt, so kann der Betroffene (oben 9) dies (dh die ihm vorab bekannt zu machende Verfügung) ebenfalls anfechten (so früher schon BGH **39**, 112 mit krit Anm Otto NStZ **93**, 352; LR-Hilger 17; vgl ferner BVerfG NStZ-RR **05**, 242; LG Stade StV **01**, 159, 160; B. Mehle Mehle-FS 402), im Falle unterbliebener Gehörs- oder Rechtsschutzgewährung auch noch nach vollzogener Akteneinsicht zur Feststellung der Rechtswidrigkeit der Bewilligung (LG Stralsund StraFo **06**, 76, insoweit zust Steffens StraFo **06**, 60; Sankol MMR **08**, 836; zur Heilung 4 zu § 478). S 4 schließt die Beschwerde gegen die Entscheidung des Ermittlungsgerichts im Ermittlungsverfahren aus (BT-Drucks 16/12 098 S 35), damit gemäß § 336 S 2 – insoweit – auch die Revision (BGH NJW **05**, 1519; vgl aber auch BGH JR **06**, 297 mit zust Anm Cirener/Sander). Hat die StA die Ermittlungen abgeschlossen, ist die Beschwerde statthaft, dh gegen die Entscheidung des erkennenden Gerichts über die Akteneinsicht im Hauptverfahren (BT-Drucks 16/12 098 S 36) sowie gegen die Entscheidung des nach IV S 2 angerufenen Ermittlungsgerichts nach dessen rechtskräftigem Abschluss oder nach Einstellung des Ermittlungsverfahrens. Auch für die Entscheidungen des Ermittlungs- und des Beschwerdegerichts gilt IV S 5 (erg oben 10). Ein bei der Gewährung oder Versagung von Akteneinsicht unterlaufener Verfahrensverstoß führt nicht zu einem Beweisverwertungsverbot (BGH NJW **05**, 1519; vgl auch KMR-Stöckel 18).

12 **2) Auskunftserteilung** (V): Dem Verletzten, der ein berechtigtes Interesse (oben 3) darlegt, kann der nach IV S 1 zuständige StA oder Gerichtsvorsitzende ohne Einschaltung eines RA Auskünfte oder Abschriften aus den Akten erteilen (Karlsruhe NStZ **94**, 50; vgl § 147 VII). Er entscheidet darüber nach pflichtgemäßem Ermessen. Ein Recht auf Übersetzung der Akten in eine dem Verletzten verständliche Sprache besteht nicht (**aM** Kuhn ZRP **05**, 128). Die StA kann die Polizei zur Auskunftserteilung ermächtigen, wogegen die Entscheidung der StA eingeholt werden kann (V iVm § 478 I S 3 und 4). Die Gewährung und Ablehnung der Auskunfts- und Abschriftserteilung ist – wie die Verweisung in V klarstellt – nach Maßgabe des IV anfechtbar (oben 11).

13 **3)** Die **datenschutzrechtlich begründete Zweckbindung** der Akteneinsicht oder der Auskunftserteilung ist nach VI iVm § 477 V (dort 15; vgl auch Krause Widmaier-FS 660 zur Akteneinsicht geschädigter Kapitalanleger) zu beachten.

14 **4)** Die **Finanzbehörde** kann nach § 406 e die Akten einsehen lassen oder um die Erteilung von Auskünften und Abschriften ersuchen, wenn der Steuerfiskus

Verletzter ist. Dies ist bei Steuerstraftaten der Fall (BT-Drucks 16/6290 S 82; vgl aber LR-Graalmann-Scheerer 60 zu § 172 mwN). Im Zusammenhang mit den für die Telekommunikationsüberwachung in § 100a Abs. 2 Nr. 2 neu aufgenommenen Anlassstraftaten nach der AO besteht damit nach Maßgabe des § 406e die Möglichkeit, der zuständigen FinB für Zwecke des Besteuerungsverfahrens auch Erkenntnisse etwa aus Telekommunikationsüberwachungsmaßnahmen zu übermitteln (BT-Drucks aaO; 16/5846 S 67). Die Steuerbehörde darf diese Erkenntnisse nach § 393 III S 2 **AO** im Besteuerungsverfahren verwenden (vgl Buse/Bohnert NJW **08**, 620; Wulf wistra **08**, 326).

Beistand und Vertreter des Verletzten

406f I [1] **Verletzte können sich des Beistands eines Rechtsanwalts bedienen oder sich durch einen solchen vertreten lassen.** [2] **Einem zur Vernehmung des Verletzten erschienenen anwaltlichen Beistand ist die Anwesenheit gestattet.**

II [1] **Bei einer Vernehmung von Verletzten ist auf deren Antrag einer zur Vernehmung erschienenen Person ihres Vertrauens die Anwesenheit zu gestatten, es sei denn, dass dies den Untersuchungszweck gefährden könnte.** [2] **Die Entscheidung trifft die die Vernehmung leitende Person; die Entscheidung ist nicht anfechtbar.** [3] **Die Gründe einer Ablehnung sind aktenkundig zu machen.**

1) Beistand des nicht nebenklageberechtigten Verletzten (I): Jeder Verletzte ist berechtigt, sich zur Wahrnehmung seiner Befugnisse im Strafverfahren, auch schon im Ermittlungsverfahren (LR-Hilger 2; SK-Velten 5), eines RA als Beistand zu bedienen oder durch einen RA vertreten zu lassen (I S 1). Auch andere Personen können nach Maßgabe des § 138 III als Beistand gewählt werden. Die gerichtliche Beiordnung sieht das Gesetz aber nur für Verletzte vor, die berechtigt sind, sich dem Verfahren als Nebenkläger anzuschließen (§ 406g III). Andere Verletzte müssen den Beistand aus eigenen Mitteln bezahlen und auf ihn verzichten, wenn sie dazu nicht in der Lage sind (Düsseldorf Rpfleger **93**, 37; LG Köln StraFo **97**, 308 mwN). Auch der verurteilte Angeklagte ist rechtlich nicht verpflichtet, die Kosten für den Beistand zu erstatten. 1

Die **Befugnisse des Verletztenbeistandes** nach I (vgl dazu Kaum 159ff) beschränken sich (anders als die des Beistands für den nebenklageberechtigten Verletzten nach § 406g) im Wesentlichen (vgl aber Krey pE 42, der dem Beistand eine „umfassende Befugnis zu eigenen Recherchen" zubilligt) auf das Recht auf Anwesenheit bei Vernehmungen des Verletzten durch die StA oder durch die Polizei (3 zu § 68b) im Vorverfahren, wodurch der Verletzte mehr Rechte hat als der Beschuldigte (vgl 16 zu § 163), oder durch das Gericht, auch in der Hauptverhandlung. 2

Ein Anwesenheitsrecht vor und nach der Vernehmung des Verletzten hat er nicht; er ist ein **bloßer Zeugenbeistand** (vgl auch 11 vor § 48 und 5 zu § 68b). Die gesetzliche Regelung entspricht insoweit den für den Beschuldigten bei seiner Vernehmung geltenden §§ 168c I, 163a III S 2. Von der Vernehmung wird der Beistand nicht benachrichtigt. Er wird auch zur Hauptverhandlung nicht geladen. Der Verletzte darf das Erscheinen und die Aussage nicht verweigern, weil er erst einen Beistand bestellen will oder weil der bereits gewählte Beistand am Erscheinen verhindert ist (LR-Hilger 3; **aM** LG Hildesheim StV **85**, 229). Der Beistand darf den Verletzten bei der Vernehmung beraten; das Recht, an seiner Stelle Angaben zu machen und Auskünfte zu erteilen, hat er nicht (LR-Hilger 3). Er hat aber, auch schon im Ermittlungsverfahren (LR-Hilger 4), das Recht zur Beanstandung von Fragen, die an den Verletzten gerichtet werden, nach §§ 238, 242. In der Hauptverhandlung kann er zB Maßnahmen nach den §§ 58a, 168e, 247, 247a, 255a beantragen sowie den Antrag auf Ausschluss der Öffentlichkeit nach § 171b 3

GVG stellen, sofern der Verletzte dem nicht widerspricht (§ 171b I S 2 GVG). Aus eigenem Recht kann der Beistand diese Anträge nicht stellen (vgl dazu Hilger NStZ **89**, 441f). Zum Ausschluss des Beistands vgl 7 zu § 68b.

4 **2)** Die **Hinzuziehung einer** – zur Vernehmung erschienenen -**Vertrauensperson** (II) bei der Vernehmung des Verletzten als Zeugen soll im Wesentlichen dessen psychologische Betreuung ermöglichen. Der Gesetzgeber geht davon aus, dass die Anwesenheit einer Vertrauensperson (Ehegatte, Verwandte oder Bekannte) besonders bei der 1. Zeugenvernehmung der Opfer von Aggressions- und Gewaltdelikten hilfreich sein kann, weil das die Befangenheit und Angst des Verletzten mindern, aber auch der Wahrheitsfindung dienen kann. Daher beschränkt II das Recht auf Hinzuziehung einer Vertrauensperson nicht auf staatsanwaltschaftliche und richterliche Vernehmungen, sondern lässt sie schon bei polizeilichen Vernehmungen zu (LR-Hilger 6). Mit der Änderung der Vorschrift durch das 1.OpferRRG ist ein Rechtsanspruch des Verletzten auf die Anwesenheit einer Vertrauensperson begründet worden.

5 Ihre **Zulassung** durch den Beamten oder Richter, der die Vernehmung leitet, ist insbesondere bei Opfern von Gewalt- und Sexualdelikten sowie bei der Vernehmung eines Kindes sachgerecht (vgl Meier JZ **91**, 644); sie darf aber nunmehr ohnehin nur noch abgelehnt werden, wenn durch die Anwesenheit der Vertrauensperson eine Gefährdung des Untersuchungszwecks zu befürchten ist, wenn also durch die Hinzuziehung die Wahrheitsfindung beeinträchtigt werden kann oder durch zeitliche Verzögerung ein Beweismittelverlust droht (Neuhaus StV **04**, 622; vgl auch RiStBV 19a I S 2). Stört die Vertrauensperson die Verhandlung, so kann sie – vor allem aus den Gründen des § 68b I S 3, 4 – nach § 164, bei gerichtlichen Vernehmungen nach § 177 GVG ausgeschlossen werden (str, vgl LR-Hilger 3). Die Rechte des RA als Beistand (oben 3) hat die Vertrauensperson, die der psychologischen Betreuung des Zeugen dient, nicht (HK-Kurth 7). Ist der Vertrauensperson die Anwesenheit gestattet, gilt dies auch dann, wenn die Öffentlichkeit ausgeschlossen wird.

6 Die Entscheidung über die Zulassung ist **nicht anfechtbar** und damit gemäß § 336 S 2 auch nicht revisibel (**aM** Neuhaus aaO bei „objektiv willkürlicher Missachtung des Ausschlussgrundes"), gleichwohl sind die Ablehnungsgründe nach II S 3 aktenkundig zu machen. Dies soll „ein Mehr an Rechtssicherheit schaffen" (BT-Drucks 15/1976 S 18).

Beistand des nebenklageberechtigten Verletzten

406g **I [1] Nach § 395 zum Anschluss mit der Nebenklage Befugte können sich auch vor Erhebung der öffentlichen Klage und ohne Erklärung eines Anschlusses eines Rechtsanwalts als Beistand bedienen oder sich durch einen solchen vertreten lassen. [2] Sie sind zur Anwesenheit in der Hauptverhandlung berechtigt, auch wenn sie als Zeugen vernommen werden sollen. [3] Ist zweifelhaft, ob eine Person nebenklagebefugt ist, entscheidet über das Anwesenheitsrecht das Gericht nach Anhörung der Person und der Staatsanwaltschaft; die Entscheidung ist unanfechtbar. [4] Nebenklagebefugte sind vom Termin der Hauptverhandlung zu benachrichtigen, wenn sie dies beantragt haben.**

II [1] Der Rechtsanwalt des Nebenklagebefugten ist zur Anwesenheit in der Hauptverhandlung berechtigt; Absatz 1 Satz 3 gilt entsprechend. [2] Er ist vom Termin der Hauptverhandlung zu benachrichtigen, wenn seine Wahl dem Gericht angezeigt oder er als Beistand bestellt wurde. [3] Die Sätze 1 und 2 gelten bei richterlichen Vernehmungen und der Einnahme richterlichen Augenscheins entsprechend, es sei denn, dass die Anwesenheit oder die Benachrichtigung des Rechtsanwalts den Untersuchungszweck gefährden könnte.

III 1 **§ 397 a gilt entsprechend für**

1. **die Bestellung eines Rechtsanwalts und**
2. **die Bewilligung von Prozesskostenhilfe für die Hinzuziehung eines Rechtsanwalts.**

2 **Im vorbereitenden Verfahren entscheidet das nach § 162 zuständige Gericht.**

IV 1 **Auf Antrag dessen, der zum Anschluss als Nebenkläger berechtigt ist, kann in den Fällen des § 397 a Abs. 2 einstweilen ein Rechtsanwalt als Beistand bestellt werden, wenn**

1. **dies aus besonderen Gründen geboten ist,**
2. **die Mitwirkung eines Beistands eilbedürftig ist und**
3. **die Bewilligung von Prozesskostenhilfe möglich erscheint, eine rechtzeitige Entscheidung hierüber aber nicht zu erwarten ist.**

2 **Für die Bestellung gelten § 142 Abs. 1 und § 162 entsprechend.** 3 **Die Bestellung endet, wenn nicht innerhalb einer vom Richter zu bestimmenden Frist ein Antrag auf Bewilligung von Prozesskostenhilfe gestellt oder wenn die Bewilligung von Prozesskostenhilfe abgelehnt wird.**

1) Anwesenheitsrecht des nebenklageberechtigten Verletzten: Auch ohne Zulassung als Nebenkläger kann dieser an der Hauptverhandlung teilnehmen, wie I S 1 klarstellt. Auch wenn sie als Zeugen vernommen werden sollen, haben sie entgegen §§ 58 I, 243 II S 1 ein Anwesenheitsrecht (I S 2). Damit muss der Verletzte sich nicht mehr pro forma als Nebenkläger zulassen lassen, nur um an der Verhandlung bei Ausschluss der Öffentlichkeit teilnehmen zu können. Wenn sie es beantragen, sind sie vom Termin der Hauptverhandlung zu benachrichtigen (I S 4). Allerdings kann fraglich sein, ob eine Person nebenklageberechtigter Verletzter ist; daher schreibt I S 3 eine – nach Gewährung rechtlichen Gehörs (für die Person und die StA, nicht für den Angeklagten und seinen Verteidiger) – unanfechtbare Entscheidung des Gerichts hierüber vor. Verneint das Gericht das Anwesenheitsrecht zu Unrecht, kann dies wegen § 336 S 2 gleichwohl in der Revision nicht gerügt werden. 1

2) Beistand des nebenklageberechtigten Verletzten: Auch das Recht, sich – auch schon vor Erhebung der öffentlichen Klage – des Beistands eines RA zu bedienen oder sich durch einen RA vertreten lassen, ist von der Anschlusserklärung als Nebenkläger nicht abhängig I S 1). Selbst nach Erhebung der öffentlichen Klage kann sich der Verletzte auf die Hinzuziehung eines Beistands nach I beschränken, ohne den Anschluss als Nebenkläger zu erklären; denn das Gesetz geht davon aus, dass die nebenklageberechtigten Verletzten allgemein besonders schutzbedürftig sind und einer gesicherten Beteiligungsbefugnis selbst dann bedürfen, wenn sie von der Nebenklagebefugnis keinen Gebrauch machen. 2

Ob die **Voraussetzungen** für den Anschluss als Nebenkläger nach § 395 vorliegen, entscheidet entspr I S 3 (oben 1) der Richter oder StA, der den Termin leitet, in der Hauptverhandlung das Gericht. Im Vorverfahren ist maßgebend, ob der Anfangsverdacht (4 zu § 152) eines Nebenklagedelikts gegeben ist; die Tat braucht noch nicht ermittelt zu sein (LG Baden-Baden NStZ-RR **00**, 52). Die Prüfung der besonderen Voraussetzungen des § 395 III erfolgt auf Grund der im Zeitpunkt der jeweils zu treffenden Entscheidung erkennbaren Tatsachen. Eine Bindung für die spätere Zulassung des Verletzten als Nebenkläger tritt dadurch nicht ein. 3

Die **Befugnisse des Beistands** (II) umfassen die des Beistands nach § 406f (dort 2), gehen über sie aber erheblich hinaus. Er ist nicht nur während der Vernehmung des Verletzten zur Anwesenheit in der Hauptverhandlung berechtigt, sondern hat ein uneingeschränktes Anwesenheitsrecht während der ganzen Dauer der Hauptverhandlung, auch wenn sie nicht öffentl ist (S 1). Die §§ 177, 178 GVG gelten für ihn nicht (SK-Velten 4; zw LR-Hilger 9; vgl auch Hilger NStZ **88**, 442). Von der Hauptverhandlung ist er zu benachrichtigen, wenn seine Bevoll- 4 mächtigung angezeigt wurde oder wenn er nach III Nr 1 dem Verletzten vom Gericht beigeordnet worden ist (vgl aber BGH NStZ **97**, 49: deutliche Willensbekundung der Beteiligung am Verfahren erforderlich). Mitwirkungsrechte in der Hauptverhandlung hat der Beistand nicht. Der Vorsitzende kann ihm jedoch gestatten, einzelne Fragen zu stellen (BGH NStZ **05**, 222 mit Anm Ventzke NStZ **05**, 396). Anträge kann er für den Verletzten nur in dem seiner Beistandstellung entspr Umfang stellen. Außerhalb der Hauptverhandlung ist der Beistand grundsätzlich bei allen parteiöffentlichen Vernehmungen des Beschuldigten, der Zeugen (auch nach § 168 e) und Sachverständigen und bei der Einnahme des richterlichen Augenscheins zur Anwesenheit befugt (II S 3). Diese Regelung lehnt sich an die der §§ 168 c I, II, 168 d I für den Verteidiger des Beschuldigten an. Die Anwesenheit oder die Benachrichtigung des Beistands ist zu untersagen, wenn andernfalls der Untersuchungszweck gefährdet werden könnte. Die Entscheidung ist nicht anfechtbar. Der Verletzte kann als Zeuge die Auskunft über den Inhalt der Beratungsgespräche mit seinem Beistand verweigern (Düsseldorf NStZ **91**, 503; **aM** SK-Weßlau 5; Sieg MDR **92**, 1027), für den Beistand gilt § 53 I Nr 3.

5 Die **Kosten** für die Heranziehung des Beistandes werden im gesamten weiteren Verfahren wie Nebenklagekosten behandelt, sind also idR von dem verurteilten Angeklagten zu erstatten (§§ 472 III S 1, 473 I S 2; BGH NJW **09**, 308).

6 Die Bestellung eines **RA als Beistand** oder die Bewilligung von **Prozesskostenhilfe** richtet sich nach dem gemäß III S 1 entspr anwendbaren § 397 a. Hierüber entscheidet im Vorverfahren das nach § 162 zuständige Gericht (III S 2), danach das mit der Sache befasste Gericht. Ein bloßer Anfangsverdacht der Begehung eines qualifizierten Nebenklagedelikts reicht für die Bestellung nicht aus (vgl näher zu den Anforderungen Hamburg StV **07**, 292 L; Oldenburg StV **09**, 403).

7 In Strafverfahren gegen **Jugendliche** fand die Vorschrift – verfassungsrechtlich vertretbar (BVerfG NJW **02**, 1487) – nach hM keine Anwendung (BGH StraFo **03**, 58; KG NStZ-RR **07**, 28 mwN; Zweibrücken NStZ **02**, 496 mit abl Anm Sack). Nachdem das 2. JuMoG in § 80 III **JGG** die Nebenklage auch gegen Jugendliche in beschränktem Umfang zugelassen hat, ist insoweit auch § 406 g anwendbar.

8 Nach § 395 gilt die Vorschrift auch im **Sicherungsverfahren** (so schon früher LG Ravensburg NStZ **95**, 303).

9 **3) Einstweiliger Verletztenbeistand** (IV): Auf Antrag des nach § 395 zum Anschluss als Nebenkläger berechtigten Verletzten, der kein Recht auf Beiordnung eines Beistands nach § 397 a I iVm § 406 g III S 1 Nr 1 hat, kann einstweilen ein RA als Beistand bestellt werden, wenn ein besonderes Bedürfnis dafür besteht, alsbald rechtlichen Beistand zu erhalten, und das verhältnismäßig schwerfällige Verfahren der Entscheidung nach § 397 a II, III und den §§ 114 ff ZPO nicht rasch genug durchgeführt werden kann (S 1). Das ist zB der Fall, wenn am Anfang des Ermittlungsverfahrens Vernehmungen oder Augenscheinseinnahmen zur Beweissicherung stattfinden, bei denen die Mitwirkung eines RA für den Verletzten sachdienlich erscheint. Die Bestellung eines einstweiligen Beistands ist aber auch noch im gerichtlichen Verfahren zulässig. Ein Bedürfnis dafür kann zB bestehen, wenn für den Verletzten erst kurz vor der Hauptverhandlung die Notwendigkeit erkennbar ist, sich der Hilfe eines RA zu bedienen. Das Gesetz geht davon aus, dass in den Fällen des § 397 a I iVm § 406 g III S 1 Nr 1 unverzüglich entschieden werden kann, ob ein Beistand bestellt wird, weil insbesondere die wirtschaftlichen Voraussetzungen der Prozesskostenhilfe nicht geprüft werden müssen.

10 **Voraussetzung** für die Bestellung ist nach IV S 1, dass der Antragsteller nicht zu den nach § 397 a I iVm § 406 g III S 1 Nr 1 privilegierten Nebenklagebefugten gehört und dass die Beiordnung aus besonderen Gründen geboten ist, ferner, dass die Mitwirkung des Beistands eilbedürftig ist und dass die Bewilligung von Prozesskostenhilfe möglich erscheint, insbesondere Anhaltspunkte dafür bestehen, dass der Verletzte die Kosten eines RA nicht, nur teilw oder nur in Raten aufbringen kann, eine rechtzeitige Entscheidung aber nicht zu erwarten ist. Dass der An-

tragsteller bereits einen Antrag auf Bewilligung von Prozesskostenhilfe gestellt hat, wird dagegen nicht vorausgesetzt, ebenso nicht – bei noch laufender Frist (§ 77 b StGB) – die Stellung eines Strafantrags (Rieß NStZ **89**, 105 f).

Zuständig für die Bestellung ist nach IV S 2 im Vorverfahren der Ermittlungs- 11
richter (§ 162); er wählt entspr § 142 I einen RA als Beistand aus. Nach Erhebung der öffentlichen Klage entscheidet der Vorsitzende des mit der Sache befassten Gerichts (vgl § 397 a III S 2). Die Entscheidung ist entspr II S 3 Hs 2, § 397 a III S 2 unanfechtbar. Hat der Verletzte noch keinen Prozesskostenhilfeantrag (III S 1 Nr 2) gestellt, so wird ihm bei der Bestellung des einstweiligen Beistands eine Frist gesetzt, innerhalb deren er das nachzuholen hat.

Die **Bestellung endet** nach IV S 3, wenn der Verletzte innerhalb der ihm ge- 12
setzten Frist keinen Prozesskostenhilfeantrag stellt oder wenn die Bewilligung von Prozesskostenhilfe abgelehnt wird. Das Ende der Bestellung spricht der Richter ausdrücklich aus. Zuständig ist der Ermittlungsrichter, wenn die Bestellung wegen Fristablaufs endet oder der Antrag auf Prozesskostenhilfe abgelehnt wird.

Hinweis auf Befugnisse

406h [1] **Verletzte sind möglichst frühzeitig, regelmäßig schriftlich und soweit möglich in einer für sie verständlichen Sprache auf ihre aus den §§ 406 d bis 406 g folgenden Befugnisse und insbesondere auch darauf hinzuweisen, dass sie**

1. **sich unter den Voraussetzungen der §§ 395 und 396 dieses Gesetzes oder des § 80 Absatz 3 des Jugendgerichtsgesetzes der erhobenen öffentlichen Klage mit der Nebenklage anschließen und dabei nach § 397 a beantragen können, dass ihnen ein anwaltlicher Beistand bestellt oder für dessen Hinzuziehung Prozesskostenhilfe bewilligt wird,**
2. **nach Maßgabe der §§ 403 bis 406 c dieses Gesetzes und des § 81 des Jugendgerichtsgesetzes einen aus der Straftat erwachsenen vermögensrechtlichen Anspruch im Strafverfahren geltend machen können,**
3. **nach Maßgabe des Opferentschädigungsgesetzes einen Versorgungsanspruch geltend machen können,**
4. **nach Maßgabe des Gewaltschutzgesetzes den Erlass von Anordnungen gegen den Beschuldigten beantragen können sowie**
5. **Unterstützung und Hilfe durch Opferhilfeeinrichtungen erhalten können, etwa in Form einer Beratung oder einer psychosozialen Prozessbegleitung.**

[2] **Liegen die Voraussetzungen einer bestimmten Befugnis im Einzelfall offensichtlich nicht vor, kann der betreffende Hinweis unterbleiben.** [3] **Gegenüber Verletzten, die keine zustellungsfähige Anschrift angegeben haben, besteht keine Hinweispflicht.** [4] **Die Sätze 1 und 3 gelten auch für Angehörige und Erben von Verletzten, soweit ihnen die entsprechenden Befugnisse zustehen.**

1) Allgemeine Hinweise: 1

Eine zwingende Pflicht ist es, den Verletzten über seine Befugnisse nach den §§ 406 d–406 g und weiter nach S 1 Nr 1–5 zu unterrichten. Durch das RpflEntlG war die Bestimmung in eine Sollvorschrift umgestaltet worden, weil sie in der Praxis bei einer Vielzahl von in Betracht kommenden Verletzten auf Schwierigkeiten stieß und teilw faktisch nicht erfüllbar war (vgl Groß Hanack-Symp 9; Lorenzen StASchlH-FS 550). In solchen Fällen konnte daher von dem Hinweis abgesehen werden; trotz dieser nach wie vor bestehenden praktischen Bedenken ist das 1.OpferRRG wieder zu einer Muss-Vorschrift zurückgekehrt, weil der Verletzte seine vielfältigen Rechte kennen muss, um sie geltend machen zu können.

Zuständig ist die mit dem Verfahren befasste Stelle, also im Ermittlungsverfah- 2
ren die StA, nach Erhebung der öffentl Klage das Gericht.

Der **Zeitpunkt** der Belehrung ist gesetzlich nicht fest bestimmt; die Unterrich- 3
tung soll aber möglichst frühzeitig erfolgen (vgl auch Böttcher Widmaier-FS 83).

Stellt der Verletzte eine Strafanzeige nach § 158 I, so sollte er schon bei dieser Gelegenheit, sonst bei der 1. Zeugenvernehmung im Vorverfahren über seine Rechte belehrt werden. Die StA prüft, ob die Polizei belehrt hat, notfalls holt sie die Belehrung nach (RiStBV 4 d I). Die Belehrung entfällt selbstverständlich insoweit, als der Verletzte seine Rechte bereits ausgeübt hat.

4 Als **Form** für die Belehrung wird regelmäßig Schriftlichkeit vorgeschrieben. Eine mündliche Belehrung reicht aber notfalls auch aus; sie ist aber aktenkundig zu machen. Die Aushändigung eines die Belehrung enthaltenden Vordrucks erscheint empfehlenswert.

5 **Inhaltlich** bedarf es nicht einer ins Einzelne gehenden Belehrung. Es genügt, dass der Verletzte auf seine Befugnisse hingewiesen, dass ihm also deutlich gemacht wird, dass sie ihm zustehen (Rieß/Hilger NStZ **87**, 156 Fn 2). Es ist darauf zu achten, dass die Hinweise für Ausländer verständlich sind. Merkblätter sollten tunlichst in einer ihnen verständlichen Sprache abgefasst sein.

6 Nachforschungen nach **unbekannten Verletzten** werden nicht angestellt. Die Strafverfolgungsbehörden brauchen nur Belehrungen zu erteilen, wenn und sobald im Verlauf der Ermittlungen bestimmte Personen als Verletzte bekannt werden. § 406 h verpflichtet nicht etwa dazu, nach unbekannten oder nicht näher bestimmbaren Verletzten zu forschen, nur um ihnen gegenüber der Hinweispflicht nachkommen zu können.

7 **Wiedereinsetzung in den vorigen Stand** nach § 44 kann nicht bewilligt werden, wenn die Unterrichtung unterblieben ist und der Verletzte deshalb eine Frist oder einen Termin versäumt hat; denn das Verfahren soll grundsätzlich nicht durch den Verletzten aufgehalten werden (AK-Schöch 3; Rieß/Hilger NStZ **87**, 156; Wenske NStZ **08**, 434; **aM** Böttcher Widmaier-FS 81).

8 **Revisibel** ist der Verstoß gegen § 406 h nicht (Neuhaus StV **04**, 621).

9 **2) Spezielle Hinweise:** Die Aufzählung in Nr 1–5 enthält die wichtigsten Hinweise, ist aber („insbesondere“) nicht abschließend. So können ggf auch Hinweise auf die Unterbringung in einem Frauenhaus oder auf die Beantragung einer Auskunftssperre beim Einwohnermeldeamt angebracht sein (BR-Drucks 178/09 S 62).

10 A. **Nr 1:** Besonders wichtig ist der Hinweis auf das **Nebenklageverfahren** nach §§ 395 und 396, da dieses dem Verletzten die am weitesten gehenden Befugnisse einräumt. In geeigneten Fällen wird auch auf § 397 a I und II hinzuweisen sein.

11 B. **Nr 2:** Hinweise **zum Adhäsionsverfahren** (§§ 403–406 c): Da die Benachrichtigung von dem Strafverfahren möglichst frühzeitig erfolgen soll, veranlasst sie idR die StA im Ermittlungsverfahren, das Gericht nur, wenn die StA sie unterlassen hat oder die Voraussetzungen des I erst später eingetreten sind. Der Hinweis hat zum Inhalt, dass ein Strafverfahren gegen den Beschuldigten anhängig ist und dass die Möglichkeit besteht, den Entschädigungsanspruch in diesem Verfahren geltend zu machen. Weitere Hinweise schreibt RiStBV 173 der StA vor. Inhaltlich muss der Hinweis auch Angaben darüber enthalten, in welcher Weise der Anspruch geltend gemacht werden kann.

12 C. **Nr 3:** Hinweise auf das **Opferentschädigungsgesetz** sind erforderlich, wenn der Verletzte wegen einer durch die Straftat erlittenen schweren gesundheitlichen Schädigung Versorgungsansprüche nach diesem Gesetz haben kann.

13 D. **Nr 4:** Ein Hinweis auf das **Gewaltschutzgesetz** ist notwendig, um dem Verletzten klarzumachen, dass er zum Schutz vor weiteren Beeinträchtigungen den Erlass einstweiliger Anordnungen beantragen kann.

14 E. **Nr 5:** Schließlich wird hier der Hinweis auf die Unterstützung und Hilfe durch **Opferhilfeeinrichtungen** (etwa den „Weißen Ring“) gefordert (.dazu Böttcher Widmaier-FS 84). Diese schon früher (in III) als Soll- Vorschrift enthaltene Hinweispflicht ist nunmehr auch zwingend. Die Vorschrift enthält 2 Beispiele für angezeigte Unterstützungsmaßnahmen. Das Gericht muss darauf achten, dass

hierdurch eine (bewusste oder unbewusste) Beeinflussung des Inhalts der Aussage des Verletzten unterbleibt (BR-Drucks 178/09 S 64).

3) Der **Hinweis unterbleibt,** wenn die Voraussetzungen für eine bestimmte Befugnis im Einzelfall offensichtlich nicht gegeben sind (S 2), so, wenn ein Antrag nach §§ 403 ff offensichtlich nicht in Betracht kommt (vgl auch Amelunxen ZStW **86**, 461; Scholz JZ **72**, 726 ff). Damit soll ein unnötiger formaler Aufwand vermieden werden. 15

4) Die **Mitteilungen unterbleiben,** wenn sie nicht unter einer seitens des Verletzten angegebenen Anschrift oder an seinen RA möglich sind (S 3). Nachforschungen brauchen nicht angestellt zu werden. Von der Mitteilung kann allerdings auch in Masseverfahren mit Hunderten oder Tausenden von Geschädigten abgesehen werden (BT-Drucks 15/1976 S 18 und BR-Drucks 178/09 S 64). 16

5) Angehörige und Erben: Einige der in S 1 2. Hs aufgeführten Befugnisse stehen auch Angehörigen (§ 395 II Nr 1 sowie § 1 VIII Opferentschädigungsgesetz) und Erben (§ 403) von Verletzten zu. Auch diesen gegenüber bestehen die Hinweispflichten, weil sie als ebenso schutzbedürftig wie die Verletzten selbst anzusehen sind (S 4). 17

Sechstes Buch. Besondere Arten des Verfahrens

1. Abschnitt. Verfahren bei Strafbefehlen RiStBV 175–179

Vorbemerkungen

1 **1) Ein summarisches Strafverfahren** ist das Strafbefehlsverfahren (vgl BVerfGE **3**, 248, 253 = NJW **54**, 69; BGH **29**, 305, 307). Es ermöglicht eine einseitige Straffestsetzung ohne Hauptverhandlung und Urteil (vgl EGMR NJW **93**, 717). Dabei muss die Schuld des Täters nicht zur Überzeugung des Gerichts feststehen; es genügt hinreichender Tatverdacht (vgl § 408 II S 1; wie hier: Schaal Meyer-GedSchr 427 ff; Schlüchter 788.5; Geis, Überzeugung beim Strafbefehlserlass? 2000, zugl Diss Frankfurt aM; **aM** KK-Fischer 15 zu § 408; KMR-Metzger 24; Müller, Das Strafbefehlsverfahren, 1993, S 76; vgl ferner SK-Weßlau 12 ff und dazu Loos Küper-FS 322). Die beschleunigte Verfahrenserledigung wird also durch eine Herabsetzung der Prüfungsvoraussetzungen erkauft. Auf die Erledigung von Bagatellfällen ist das Strafbefehlsverfahren dennoch nicht beschränkt. Außer der Festsetzung einer Geldstrafe bis zu 360, bei Tatmehrheit sogar bis zu 720 Tagessätzen (11 zu § 407), darf seit der Änderung des § 407 II durch das RpflEntlG sogar Freiheitsstrafe bis zu einem Jahr verhängt werden, wenn deren Vollstreckung zur Bewährung ausgesetzt wird (erg 1 zu § 408 b). Das vereinfachte Verfahren, in dem inzwischen die Mehrzahl der Strafverfahren abgeschlossen wird (vgl Böttcher Odersky-FS 313; Heinz Müller-Dietz-FS 271), ist praktisch unentbehrlich (Roxin § 66 A II). Es liegt nicht nur im Interesse der staatlichen Strafgerichtsbarkeit, die völlig überfordert wäre, wenn jedes Verfahren durch Hauptverhandlung und Urteil erledigt werden müsste, sondern auch im Interesse des Beschuldigten, dem durchaus daran gelegen sein kann, dass ein einfacher Straffall kostensparend, ohne Zeitverlust und ohne Aufsehen erledigt wird (BVerfGE **25**, 158, 164 = NJW **69**, 1103, 1104). Die – der gegenseitigen Kontrolle dienende (vgl auch 26 zu § 153) – erforderliche Übereinstimmung von StA und Gericht (11 zu § 408) ist ein unverzichtbarer Bestandteil des Strafbefehlsverfahrens (**aM** Hausel ZRP **94**, 94).

2 **2)** Eine **vorläufige Entscheidung** ist der Strafbefehl. Der Angeklagte kann sie durch Nichtanfechtung rechtskräftig werden lassen, aber stets auch durch rechtzeitige Einspruchseinlegung (§ 410 I S 1) die Durchführung der Hauptverhandlung erzwingen (§ 411 I S 2). Dadurch ist dem Art 6 I **MRK** genügt. Um ein bloßes Unterwerfungsangebot an den Beschuldigten handelt es sich bei dem Strafbefehl nicht (vgl aber BVerfGE **3**, 248, 253 ff). Vielmehr beruht auch der Strafbefehl auf einer eigenen richterlichen Tatsachen- und Schuldfeststellung, die sich von derjenigen des gerichtlichen Strafverfahrens nur dadurch unterscheidet, dass sie auf beschränkter schriftlicher Grundlage getroffen wird und dass ihr nicht die volle richterliche Überzeugung nach § 261 zugrunde liegt. Zur Zulässigkeit einer Vereinbarung zwischen StA und Verteidiger, die Sache durch Strafbefehl zu erledigen, vgl KMR-Metzger 28 ff; Schmidt-Hieber 74 ff.

3 **3) Rechtshängigkeit** tritt im Strafbefehlsverfahren nach allgM nicht mit der Stellung des Strafbefehlsantrags, sondern erst mit dem Erlass des Strafbefehls ein (vgl Zweibrücken MDR **87**, 164; zum Fall des § 408 III S 2 vgl dort 14). Das ist auch der Standpunkt des Gesetzgebers; denn § 433 I S 2 stellt den Erlass des Strafbefehls der Eröffnung des Hauptverfahrens gleich. Im Strafbefehlsverfahren hat die Rechtshängigkeit übrigens eine geringere Bedeutung als im gewöhnlichen Strafverfahren; denn Klage und Einspruch können bis zur Verkündung des Urteils im 1. Rechtszug zurückgenommen werden (§ 411 III S 1).

4 **4)** Die **Rechtskraft** des Strafbefehls steht nach § 410 III der eines Urteils gleich (dort 12). Der Strafbefehl verbraucht auch die Strafklage wie ein rechtskräftiges

Urteil. Ergeht nach Rechtskraft des Strafbefehls ein Urteil, das dieselbe Tat betrifft, so ist daher der Strafbefehl wirksam, nicht das Urteil.

Voraussetzungen RiStBV 175–177

407 **I [1]Im Verfahren vor dem Strafrichter und im Verfahren, das zur Zuständigkeit des Schöffengerichts gehört, können bei Vergehen auf schriftlichen Antrag der Staatsanwaltschaft die Rechtsfolgen der Tat durch schriftlichen Strafbefehl ohne Hauptverhandlung festgesetzt werden. [2]Die Staatsanwaltschaft stellt diesen Antrag, wenn sie nach dem Ergebnis der Ermittlungen eine Hauptverhandlung nicht für erforderlich erachtet. [3]Der Antrag ist auf bestimmte Rechtsfolgen zu richten. [4]Durch ihn wird die öffentliche Klage erhoben.**

II [1]Durch Strafbefehl dürfen nur die folgenden Rechtsfolgen der Tat, allein oder nebeneinander, festgesetzt werden:

1. Geldstrafe, Verwarnung mit Strafvorbehalt, Fahrverbot, Verfall, Einziehung, Vernichtung, Unbrauchbarmachung, Bekanntgabe der Verurteilung und Geldbuße gegen eine juristische Person oder Personenvereinigung,
2. Entziehung der Fahrerlaubnis, bei der die Sperre nicht mehr als zwei Jahre beträgt sowie
3. Absehen von Strafe.

[2]Hat der Angeschuldigte einen Verteidiger, so kann auch Freiheitsstrafe bis zu einem Jahr festgesetzt werden, wenn deren Vollstreckung zur Bewährung ausgesetzt wird.

III Der vorherigen Anhörung des Angeschuldigten durch das Gericht (§ 33 Abs. 3) bedarf es nicht.

1) Im Verfahren wegen Vergehen vor dem AG (Strafrichter und SchG) ist das Strafbefehlsverfahren zulässig (I S 1); die Zuständigkeit des SchG hat jetzt aber keine Bedeutung mehr (vgl 5 zu § 408). 1

Dass der **Beschuldigte in Haft** ist, steht dem Strafbefehlsverfahren nicht entgegen; zu prüfen ist dann aber, ob nicht das beschleunigte Verfahren nach § 417 eine schnellere Erledigung ermöglicht (vgl RiStBV 175 IV). 2

Gegen **Jugendliche** darf kein Strafbefehl erlassen werden (§ 79 I **JGG**), gegen Heranwachsende nur, wenn allgemeines Strafrecht angewendet wird (§ 109 II S 1 **JGG**); entspr den Ausführungen oben 1 ist nunmehr stets der Jugendrichter zuständig (§ 108 II **JGG**). Ein unter Verstoß gegen §§ 79 I, 109 II S 1 **JGG** erlassener Strafbefehl ist wirksam (Brunner/Dölling 3; Eisenberg 6; beide zu § 79 JGG; zur Wiederaufnahme des Verfahrens vgl KrG Saalfeld NStE Nr 19 zu § 359). Wird Einspruch eingelegt, so wird der Mangel dadurch geheilt, dass das Jugendgericht, an das die Sache abzugeben ist, Hauptverhandlung anberaumt (Bay **57**, 59 = NJW **57**, 838; Brunner/Dölling aaO). 3

Gegen **Abwesende** (§ 276) wird grundsätzlich kein Strafbefehl erlassen (RiStBV 175 II S 1); denn die öffentliche Zustellung des Strafbefehls wäre unzulässig (21 zu § 409). Hat der Beschuldigte einen Zustellungsbevollmächtigten bestellt (§§ 116a III, 127a II, 132 I Nr 2), so steht jedoch seine Abwesenheit dem Strafbefehlserlass nicht entgegen. Der Strafbefehl kann auch beantragt und erlassen werden, wenn sich der Beschuldigte zwar außerhalb des Geltungsbereichs der StPO aufhält, die Zustellung aber durchführbar erscheint (LG Verden NJW **74**, 2194; LR-Gössel 46 vor § 407). 4

2) Der **Strafbefehlsantrag der StA** (I) ist eine besondere Form der Erhebung der öffentlichen Klage (S 4); daher müssen die gleichen Voraussetzungen wie für die Einreichung einer Anklageschrift vorliegen (Bay StV **02**, 356). 5

Der Strafbefehlsantrag, den im Steuerstrafverfahren (dazu Burkhard StraFo **04**, 342) auch die FinB stellen kann (dazu Dißars wistra **97**, 331), die das Ermittlungsverfahren nach § 386 **AO** selbstständig geführt hat (§ 400 **AO**), **muss schriftlich** 6 gestellt werden (S 1) und, da Strafbefehlsantrag und Strafbefehl übereinstimmen müssen (11 zu § 408), den für den Strafbefehl in § 409 I Nr 1–6 vorgeschriebenen Inhalt haben. IdR reicht die StA einen Strafbefehlsentwurf ein und beantragt, einen Strafbefehl mit diesem Inhalt zu erlassen (RiStBV 176).

7 Bei **mehreren Beschuldigten** genügt ein einheitlicher Antrag (Krüger NJW **69**, 1336); der Richter kann die Verfahren trennen, wenn er das für geboten hält. Der Strafbefehlsantrag ist auf eine bestimmte Rechtsfolge (dazu unten 10 ff) zu richten (S 3).

8 Er setzt, wie die Anklageerhebung (§ 170 I), **genügenden Anlass zur Erhebung der öffentlichen Klage** voraus. Der Beschuldigte muss der Tat also hinreichend verdächtig sein (1 zu § 170).

9 Ferner darf die StA den Strafbefehlsantrag nur stellen, wenn nach dem Ergebnis der Ermittlungen eine **Hauptverhandlung nicht erforderlich** erscheint (S 2). An dieser Voraussetzung fehlt es, wenn Gründe vorliegen, die den Richter veranlassen können, auf den Antrag keinen Strafbefehl zu erlassen, sondern Hauptverhandlung anzuberaumen (12 zu § 408). Sonst ist die StA nach S 2 zur Antragstellung verpflichtet; sie soll davon nur absehen, wenn die vollständige Aufklärung aller für die Rechtsfolgenbestimmung wesentlichen Umstände oder Gründe der Spezial- oder Generalprävention die Durchführung einer Hauptverhandlung geboten erscheinen lassen (RiStBV 175 III S 1). Auf einen Strafbefehlsantrag darf sie nicht schon deswegen verzichten, weil ein Einspruch des Angeschuldigten zu erwarten ist (RiStBV 175 III S 2; Franzheim JR **91**, 390; **aM** Burkhard StraFo **04**, 344). Der Beschuldigte hat keinen Rechtsanspruch darauf, dass die Sache im Strafbefehlsverfahren erledigt wird (**aM** Freund GA **95**, 18). Wegen der Mitteilungspflichten und -ermächtigungen vgl 29 zu § 200.

10 **3)** Die **zulässigen Rechtsfolgen** (II) führt das Gesetz abschließend auf. Seit der Änderung durch das RpflEntlG darf Freiheitsstrafe bis zu einem Jahr mit Strafaussetzung zur Bewährung festgesetzt werden (abl SK-Weßlau 22 ff; Loos Remmers-FS 575), falls der Angeschuldigte einen Verteidiger hat; gegen einen Heranwachsenden ist die Verhängung von Freiheitsstrafe im Strafbefehlsverfahren aber nach § 109 III **JGG** nachwievor ausgeschlossen (Rieß AnwBl **93**, 54). Außerdem ist jetzt auch das Absehen von Strafe möglich (II S 1 Nr 3). Die einzige Sicherungsmaßregel, die angeordnet werden darf, ist die Entziehung der Fahrerlaubnis (II Nr 2). Zur Einbeziehung einer OWi vgl § 64 OWiG. Die Festsetzung einer in II nicht vorgesehenen, sonst aber zulässigen Rechtsfolge führt nicht zur Nichtigkeit des Strafbefehls (7 zu § 409).

11 A. **Geldstrafe** (§ 40 StGB) kann nicht nur festgesetzt werden, wenn sie in der Strafvorschrift allein oder neben Freiheitsstrafe angedroht ist, sondern auch, wenn auf sie nur nach §§ 47 II, 49 II StGB erkannt werden darf. Die Höchstzahl der Tagessätze (§§ 40 I S 2, 54 II S 2 StGB) darf auch im Strafbefehlsverfahren festgesetzt werden. Angegeben werden nur Zahl und Höhe der Tagessätze, nicht der Gesamtbetrag, der sich für den Beschuldigten aber aus der in dem Strafbefehlsvordruck enthaltenen Berechnung der insgesamt zu zahlenden Summe ergibt.

12 Der Hinweis, dass nach § 43 StGB bei Uneinbringlichkeit der Geldstrafe an deren Stelle die **Ersatzfreiheitsstrafe** in Höhe der Zahl der Tagessätze tritt, ist empfehlenswert (LR-Gössel 19); sein Fehlen hat aber keine rechtlichen Folgen (vgl Bremen NJW **75**, 1524).

13 Ob **Zahlungserleichterungen** (§ 42 StGB) zu gewähren sind, muss schon die StA bei Antragstellung prüfen; der Richter darf im Strafbefehl keine Zahlungserleichterungen anordnen, die die StA nicht beantragt hat (LR-Gössel 20).

14 Die erlittene **UHaft** und andere Freiheitsentziehungen werden nach § 51 I S 1 StGB angerechnet, ohne dass es bei der Festsetzung der Geldstrafe im Strafbefehl eines besonderen Ausspruchs bedarf. Eine Anordnung nach § 51 I S 2 StGB muss bereits im Strafbefehlsantrag beantragt sein; der Richter darf von dem Antrag insoweit nicht abweichen.

B. **Verwarnung mit Strafvorbehalt** (§§ 59–59 c StGB): Der Strafbefehlsausspruch kann zB lauten: „Nach den vorliegenden schriftlichen Unterlagen haben Sie … Es wird Ihnen eine Verwarnung erteilt. Die Festsetzung einer Geldstrafe von 10 Tagessätzen von je 30 € bleibt für den Fall vorbehalten, dass Sie sich nicht bewähren". Zugleich ergeht ein Beschluss über Bewährungszeit und Auflagen nach § 268 a I iVm § 59 a StGB, bei dem der Richter an den Antrag der StA nicht gebunden ist. Zur Belehrung nach § 268 a III S 1 vgl § 409 I S 2. 15

C. Das **Fahrverbot** (§ 44 StGB) ist eine Nebenstrafe, die neben einer Geldstrafe, aber nicht neben der Verwarnung mit Strafvorbehalt angeordnet werden kann (§ 59 III S 2 StGB). Die Dauer des Verbots muss bereits im Strafbefehlsantrag bezeichnet werden; der Richter darf sie nicht abweichend festsetzen. Wegen der Anrechnung der Dauer einer vorläufigen Entziehung der Fahrerlaubnis nach § 51 V S 1 StGB gelten die Grundsätze zu § 51 I StGB (oben 14) entspr. Mit der Anordnung ist die Belehrung nach § 268 c zu verbinden (§ 409 I S 2). 16

D. **Verfall, Einziehung, Vernichtung, Unbrauchbarmachung** (§§ 73 ff StGB ua): Auch Verfall und Einziehung von Wertersatz nach §§ 73 a, 74 c StGB können angeordnet werden. Richtet sich die Anordnung des Verfalls oder der Einziehung gegen einen Dritten, so wird dessen Beteiligung nach §§ 431 I, 442 II im Strafbefehlsantrag beantragt und im Strafbefehl angeordnet (22 zu § 431). Der Strafbefehl ergeht in diesem Fall auch gegen den Nebenbeteiligten und muss ihm daher zugestellt werden (16 zu § 409). 17

E. **Bekanntgabe der Verurteilung** (§§ 103 II, 165, 200 StGB): Die Art der Bekanntmachung muss bereits im Strafbefehlsantrag bezeichnet werden; der Strafbefehl muss damit übereinstimmen (KMR-Metzger 14). 18

F. **Geldbuße gegen eine JP oder PV** (§ 30 OWiG): Ihre Höhe muss im Strafbefehlsantrag bezeichnet werden; der Richter darf sie im Strafbefehl nicht abweichend festsetzen. Die Beteiligung wird im Strafbefehlsantrag beantragt und im Strafbefehl angeordnet (§ 444 I S 1). Der Strafbefehl wird auch gegen die Nebenbeteiligte erlassen und muss ihr daher zugestellt werden (16 zu § 409). 19

G. Die **Entziehung der Fahrerlaubnis** (§§ 69–69 b StGB) ist mit der Einschränkung zulässig, dass die Sperre nach § 69 a I S 1 StGB nicht mehr als 2 Jahre betragen darf. Die Dauer der Sperre muss bereits im Strafbefehlsantrag bezeichnet werden; der Strafbefehl darf davon nicht abweichen. Für die Anwendung des § 69 a V S 2 StGB steht der Verkündung des Urteils der Erlass des Strafbefehls gleich, nicht erst seine Zustellung (Hentschel 728). 20

H. Das **Absehen von Strafe** (§ 60 StGB) ist ebenfalls gestattet. Bis zur Einfügung des II S 1 Nr 3 durch das RpflEntlG war die Zulässigkeit dieser Sanktion im Strafbefehlsverfahren str (vgl Mansperger NStZ **84**, 258). Der Angeschuldigte wird dabei einer bestimmten Tat für schuldig gesprochen, zugleich aber auf die Festsetzung einer Strafe verzichtet (vgl BT-Drucks 12/3832 S 42). Im Gegensatz zur Einstellung nach § 153 b II trägt der Angeschuldigte hier die Kosten des Verfahrens (Siegismund/Wickern wistra **93**, 93). 21

I. **Freiheitsstrafe** bis zu einem Jahr ist nunmehr (oben 10; zu den Erfahrungen hiermit vgl Böttcher Odersky-FS 307 ff) unter der doppelten Voraussetzung zulässig, dass sie zur Bewährung ausgesetzt wird und dass der Angeschuldigte einen Verteidiger hat (Rieß AnwBl **93**, 54; vgl im Einzelnen die Erläuterungen zu § 408 b). Zugleich mit dem Strafbefehl ergeht ein Beschluss über Bewährungszeit und Auflagen nach § 268 a I iVm §§ 56 a ff StGB, bei dem der Richter an den Antrag der StA (vgl RiStBV 176 I) nicht gebunden ist. 22

J. **Allein oder nebeneinander** dürfen die Rechtsfolgen angeordnet werden, nebeneinander aber nur, wenn und soweit das nach sachlichem Strafrecht zulässig ist. Die Feststellung von Nebenfolgen ohne Verbindung mit einer Hauptstrafe, etwa nach § 76 a StGB, §§ 440, 442, 444 III S 1, ist im Strafbefehlsverfahren, das ein subjektives Verfahren ist, nicht statthaft. Auch die Entziehung der Fahrerlaubnis 23 bei Schuldunfähigkeit des Täters nach §§ 69a I S 1, 71 II StGB kann nicht durch Strafbefehl, sondern nur im Sicherungsverfahren nach § 413 angeordnet werden.

24 **4) Rechtliches Gehör** (III) wird dem Beschuldigten im Vorverfahren nach § 163a I gewährt, für den III keine Ausnahmevorschrift enthält (LR-Gössel 65). Der Beschuldigte hat dabei ausreichend Gelegenheit, sich zu den Schuldvorwürfen zu äußern (vgl BayVerfGH GA **64**, 50; Eser JZ **66**, 660; Koch GA **64**, 174). Ein Strafbefehl ist aber nicht deshalb unwirksam, weil die Vernehmung des Beschuldigten im Ermittlungsverfahren unterblieben ist (Oske MDR **68**, 884). Vor Stellung des Strafbefehlsantrags und vor Erlass des Strafbefehls wird der Beschuldigte nicht nochmals gehört. Sein Anspruch auf rechtliches Gehör ist dadurch verbürgt, dass er gegen den Strafbefehl Einspruch einlegen und dadurch eine Hauptverhandlung erzwingen kann (BVerfGE **3**, 248, 253 = NJW **54**, 69; BVerfGE **25**, 158, 165 ff = NJW **69**, 1103; Meurer JuS **87**, 884; krit Eser aaO; **aM** SK-Weßlau 19 vor § 407).

Entscheidung über den Antrag **RiStBV 178**

408 **I [1]Hält der Vorsitzende des Schöffengerichts die Zuständigkeit des Strafrichters für begründet, so gibt er die Sache durch Vermittlung der Staatsanwaltschaft an diesen ab; der Beschluss ist für den Strafrichter bindend, der Staatsanwaltschaft steht sofortige Beschwerde zu. [2]Hält der Strafrichter die Zuständigkeit des Schöffengerichts für begründet, so legt er die Akten durch Vermittlung der Staatsanwaltschaft dessen Vorsitzenden zur Entscheidung vor.**

II [1]Erachtet der Richter den Angeschuldigten nicht für hinreichend verdächtig, so lehnt er den Erlass eines Strafbefehls ab. [2]Die Entscheidung steht dem Beschluss gleich, durch den die Eröffnung des Hauptverfahrens abgelehnt worden ist (§§ 204, 210 Abs. 2, § 211).

III [1]Der Richter hat dem Antrag der Staatsanwaltschaft zu entsprechen, wenn dem Erlass des Strafbefehls keine Bedenken entgegenstehen. [2]Er beraumt Hauptverhandlung an, wenn er Bedenken hat, ohne eine solche zu entscheiden, oder wenn er von der rechtlichen Beurteilung im Strafbefehlsantrag abweichen oder eine andere als die beantragte Rechtsfolge festsetzen will und die Staatsanwaltschaft bei ihrem Antrag beharrt. [3]Mit der Ladung ist dem Angeklagten eine Abschrift des Strafbefehlsantrags ohne die beantragte Rechtsfolge mitzuteilen.

1 **1) Zuständigkeitsprüfung** (I): Das AG, bei dem der Strafbefehlsantrag gestellt worden ist, prüft zunächst seine Zuständigkeit. Der Beschuldigte wird dazu nicht gehört, da er noch nicht am Verfahren beteiligt ist.

2 A. Bei **örtlicher Unzuständigkeit** lehnt das AG nicht den Strafbefehlsantrag ab, sondern erklärt sich durch Beschluss für unzuständig (KMR-Metzger 4 13; Schaal Meyer-GedSchr 429; erg 4 zu § 16). Eine Verweisung an das örtlich zuständige Gericht ist nicht zulässig (vgl 5 zu § 16). Gegen den Beschluss hat die StA die Beschwerde nach § 304 I (**aM** LR-Gössel 8: sofortige Beschwerde nach § 210 II).

3 B. Bei **sachlicher Unzuständigkeit** gilt:

4 Hält das AG die **Zuständigkeit des LG oder OLG** für gegeben, so erklärt es sich durch Beschluss für sachlich unzuständig (Schlüchter 788.4; **aM** KMR-Metzger 7: § 209 II; **aM** LR-Gössel 14: Ablehnung des Antrags). Den Beschluss kann die StA mit der Beschwerde nach § 304 I anfechten. Wenn sie begründet ist, verweist das LG die Sache an das zuständige Gericht.

5 Eine **Zuständigkeit des SchG** kann es nach Änderung des § 25 GVG durch das RpflEntlG im Strafbefehlsverfahren nicht mehr geben, da der Strafrichter bei Vergehen nunmehr immer zuständig ist, wenn eine höhere Freiheitsstrafe als 2 Jahre nicht zu erwarten ist; auf die Bedeutung der Sache kommt es nicht mehr an (erg 3 zu § 25 GVG). Da aber durch Strafbefehl höchstens Freiheitsstrafe von 1 Jahr verhängt werden darf (§ 407 II S 2), ist das SchG hier stets unzuständig (LG

Stuttgart wistra **94**, 40 mit abl Anm Hohendorf wistra **94**, 294; Siegismund/Wickern wistra **93**, 91).

6 I, der schon früher ohne praktische Bedeutung war, hat daher auch **keine rechtliche Bedeutung mehr.** Lediglich im Fall des § 408a kann das SchG noch einen Strafbefehl erlassen.

7 **2) Ablehnung des Strafbefehlserlasses mangels hinreichenden Tatverdachts** (II): Das AG hat nach II zu prüfen, ob der Beschuldigte der ihm in dem Strafbefehlsantrag vorgeworfenen Tat hinreichend verdächtig (dazu 2 zu § 203) ist. Die Überzeugung von der Schuld des Täters braucht sich das Gericht nicht zu verschaffen (1 vor § 407; **aM** Rieß JR **88**, 133). Am hinreichenden Tatverdacht fehlt es nicht nur, wenn der Sachverhalt, der den Schuldvorwurf begründen soll, nicht beweisbar erscheint, sondern auch, wenn er ergibt, dass der Beschuldigte aus Rechtsgründen nicht strafbar ist, oder wenn ein Prozesshindernis (Einl 141 ff) besteht. Hält der Richter den hinreichenden Tatverdacht aus tatsächlichen Gründen nicht für gegeben, so kann er die Akten an die StA mit der Anregung einer weiteren Sachaufklärung zurückgeben (vgl RiStBV 178 III). Zu eigenen Beweiserhebungen ist er entspr § 202 befugt (Peters 563; Schlüchter 790), aber nicht verpflichtet.

8 Das Fehlen des hinreichenden Tatverdachts führt zur Ablehnung des Strafbefehlserlasses durch **Beschluss** (S 1). Das gilt auch für den Fall, dass der Mangel sich nur auf einen von mehreren Schuldvorwürfen bezieht; die Entscheidung kann nur einheitlich getroffen werden. Enthält der Strafbefehlsantrag allerdings mehrere prozessual selbstständige Taten, ist eine Teilablehnung zulässig (LG München II NStZ **90**, 452; **aM** KMR-Metzger 15; erg 3 zu § 207). Der ablehnende Beschluss steht nach S 2 dem Beschluss gleich, durch den die Eröffnung des Hauptverfahrens abgelehnt worden ist (§ 204). Er bedarf daher einer Begründung, aus der hervorgehen muss, ob die Ablehnung auf tatsächlichen oder rechtlichen Gründen beruht. Der Beschluss ist der StA, dem Beschuldigten (vgl RiStBV 178 V) und dem Nebenklageberechtigten, der bereits seinen Anschluss erklärt hat, zuzustellen.

9 Die StA kann ihn entspr § 210 II mit der **sofortigen Beschwerde** anfechten, ebenso der Nebenkläger, dessen Anschluss nach § 396 I S 2 mit dem Beschluss über die Ablehnung des Strafbefehlserlasses wirksam geworden ist (8 zu § 400). Das Beschwerdegericht kann nicht nach § 309 II in der Sache selbst entscheiden; denn Strafbefehle kann das LG nicht erlassen. Hält es die angefochtene Entscheidung für unrichtig, so verweist es die Sache daher an das AG zurück, das dann die Wahl hat, den Strafbefehl zu erlassen oder nach III S 2 zu verfahren. Das Beschwerdegericht kann ihm insoweit keine Weisungen erteilen (KMR-Metzger 18; Schlüchter 788.5). Solange der Ablehnungsbeschluss nicht aufgehoben worden ist, darf das AG das Verfahren nicht fortsetzen (Karlsruhe Justiz **84**, 190).

10 Bleibt es bei dem Ablehnungsbeschluss oder wird er nicht angefochten, so tritt die **beschränkte Rechtskraftwirkung** nach § 211 ein (vgl BVerfG NJW **95**, 124).

11 **3) Erlass des Strafbefehls** (III S 1): Das AG erlässt den Strafbefehl, wenn dem keine Bedenken entgegenstehen. Dabei darf es von dem Strafbefehlsantrag inhaltlich nicht abweichen; denn die völlige Übereinstimmung zwischen StA und Gericht ist die Voraussetzung dafür, dass eine Straftat durch Strafbefehl abgeurteilt werden kann (Meurer JuS **87**, 882). Die Formulierung des Strafbefehlsantrags darf aber geändert werden. Mangelnde Übereinstimmung macht den Strafbefehl nicht unwirksam (Bay **58**, 130; LR-Gössel 39; Rieß JR **89**, 438f).

12 **4) Anberaumung der Hauptverhandlung bei Bedenken gegen den Strafbefehlserlass** (III S 2): Wenn er Bedenken hat, durch Strafbefehl zu entscheiden, beraumt der Richter eine Hauptverhandlung an, ohne den Erlass des Strafbefehls förmlich abzulehnen. Damit ist der Fall gemeint, dass zwar hinreichender Tatverdacht besteht und der Richter die beantragte Rechtsfolge auch für vertretbar hält, gleichwohl aber die Aburteilung im Beschlussverfahren bedenklich findet. Die Bedenken können sich insbesondere daraus ergeben, dass eine Haupt-

verhandlung wegen der Bedeutung der Sache geboten oder zur vollständigen Klärung auch der Nebenumstände zweckmäßig erscheint (vgl RiStBV 175 III), dass die Schuldfähigkeit des Beschuldigten fraglich ist (vgl BerlVerfGH NStZ-RR **00**, 143) oder dass der Richter sich von dem Angeklagten einen persönlichen Eindruck verschaffen will; allein wegen möglicherweise später noch eintretender schwererer Folgen der Tat darf grundsätzlich der Abschluss des Verfahrens durch Anberaumung einer Hauptverhandlung nicht hinausgezögert werden (LR-Gössel 46; **aM** Saarbrücken JR **69**, 430 mit Anm Koffka; Schaal Meyer-Ged-Schr 429). Dass mit großer Wahrscheinlichkeit ein Einspruch gegen den Strafbefehl zu erwarten ist, steht seinem Erlass nicht entgegen (vgl RiStBV 175 III).

13 Bei **beabsichtigter Abweichung von dem Strafbefehlsantrag** in rechtlicher Hinsicht oder im Rechtsfolgenausspruch versucht der Richter zunächst eine Einigung mit der StA (Meurer JuS **87**, 885; RiStBV 178 I). Hält sie seine Änderungsvorschläge für berechtigt, so stellt sie einen neuen, abgeänderten Strafbefehlsantrag. Lehnt es sie ab (vgl RiStBV 178 II S 2), so beraumt der Richter Hauptverhandlung an.

14 Die **Vorbereitung der Hauptverhandlung** richtet sich nach den §§ 213 ff. Da ein Eröffnungsbeschluss nicht erlassen wird, muss dem Angeklagten mit der Ladung nach § 214 eine Abschrift des Strafbefehlsantrags, aber ohne die beantragte Rechtsfolge, mitgeteilt werden (S 3). Die Terminsverfügung hat die Wirkung eines Eröffnungsbeschlusses (HK-GS/Andrejtschitsch 11; SK-Weßlau 19; **aM** AG Eggenfelden NStZ-RR **09**, 139). § 411 II ist anwendbar (**aM** Bay GA **72**, 367; KK-Fischer 25), damit auch § 420 (**aM** AnwK-Böttger 15); denn es bleibt ein auf einen Strafbefehlsantrag eingeleitetes Verfahren (erg 4 zu § 411), zudem ist nicht einzusehen, warum hier strengere Regeln hinsichtlich Vertretung in der Hauptverhandlung und Umfang der Beweisaufnahme gelten sollten, als wenn der Richter den Strafbefehl sogar erlassen hatte. § 411 III S 1 und 2 hinsichtlich der Klagerücknahme sind aber durch § 156 ersetzt (8 zu § 411).

15 **Beschwerde** gegen die Anberaumung der Hauptverhandlung ist ausgeschlossen.

16 5) Die **Einstellung des Verfahrens** nach §§ 153, 153 a ist mit Zustimmung der StA und des Beschuldigten zulässig; falls die Ausnahmen des § 153 II S 2 vorliegen, muss der Beschuldigte aber nicht zustimmen. Stellt sich nach Eingang des Strafbefehlsantrags heraus, dass der Beschuldigte nicht auffindbar ist, so muss das Verfahren nach § 205 eingestellt werden (vgl RiStBV 175 II S 2).

Strafbefehl nach Eröffnung des Hauptverfahrens **RiStBV 175 a**

408a **I [1]Ist das Hauptverfahren bereits eröffnet, so kann im Verfahren vor dem Strafrichter und dem Schöffengericht die Staatsanwaltschaft einen Strafbefehlsantrag stellen, wenn die Voraussetzungen des § 407 Abs. 1 Satz 1 und 2 vorliegen und wenn der Durchführung einer Hauptverhandlung das Ausbleiben oder die Abwesenheit des Angeklagten oder ein anderer wichtiger Grund entgegensteht. [2]In der Hauptverhandlung kann der Staatsanwalt den Antrag mündlich stellen; der wesentliche Inhalt des Strafbefehlsantrages ist in das Sitzungsprotokoll aufzunehmen. [3]§ 407 Abs. 1 Satz 4, § 408 finden keine Anwendung.**

II [1]Der Richter hat dem Antrag zu entsprechen, wenn die Voraussetzungen des § 408 Abs. 3 Satz 1 vorliegen. [2]Andernfalls lehnt er den Antrag durch unanfechtbaren Beschluss ab und setzt das Hauptverfahren fort.

1 **1)** Auch **nach Eröffnung des Hauptverfahrens** lässt die Vorschrift den Erlass eines Strafbefehls zu, damit in geeigneten Fällen stecken gebliebene Verfahren schnell und ohne großen Aufwand erledigt werden können. Der Übergang in das Strafbefehlsverfahren kommt vor allem in Betracht, wenn der Beschuldigte mit bekanntem Aufenthalt im Ausland wohnt, seine Einlieferung zur Durchführung der Hauptverhandlung aber nicht möglich oder nicht angemessen wäre, wenn

die Vorführung des möglicherweise weit entfernt wohnenden Angeklagten mit Rücksicht auf die geringe Straferwartung unverhältnismäßig wäre, ferner wenn der unmittelbaren Beweisaufnahme in der Hauptverhandlung erhebliche, die Voraussetzungen des § 251 I Nr 2 aber nicht erfüllende Hinderungsgründe entgegenstehen und der Sachverhalt nach dem Akteninhalt hinreichend geklärt ist (vgl auch RiStBV 175 a; krit zu § 408 a Fezer Baumann-FS 397; Meurer JuS **87**, 886; Meyer-Goßner NJW **87**, 1166; dazu auch Rieß JR **88**, 134; Schellenberg NStZ **94**, 370). Ist in solchen Fällen damit zu rechnen, dass der Beschuldigte gegen einen Strafbefehl Einspruch einlegen würde, so hätte das Verfahren nach § 408 a allerdings keinen Sinn. Daher wird es meist geboten sein, dass sich die StA vor der Stellung eines Strafbefehlsantrags bei dem Beschuldigten oder dem Verteidiger darüber vergewissert, dass sie mit der vereinfachten Verfahrenserledigung einverstanden sind (Kirch, Das Strafverfahren nach dem StVÄG 1987, Diss Köln 1987, S 44; Meyer-Goßner aaO). Zur Akzeptanz der Vorschrift in der Praxis vgl Martin GA **95**, 121 ff; von ihr wird vorwiegend Gebrauch gemacht, wenn der Angeklagte in der Hauptverhandlung nicht erscheint, für ihn aber ein Verteidiger auftritt und eine Verfahrenserledigung durch Strafbefehl möglich erscheint.

2) Durch einen **Strafbefehlsantrag der StA** (I), den das Gericht und der Angeklagte anregen können, wird das Verfahren in das Strafbefehlsverfahren übergeleitet. Der Antrag muss grundsätzlich bei dem erkennenden Gericht schriftlich gestellt werden (Hamburg NStZ **88**, 522 = JR **89**, 169 mit zust Anm Rieß); das 1. JuMoG hat nun aber die Möglichkeit eröffnet, in der Hauptverhandlung den Antrag auch mündlich zu stellen, wobei dann aber – wie in § 418 III S 2 – der wesentliche Inhalt des Antrages in das Sitzungsprotokoll aufgenommen werden muss (I S 2). 2

Der Antrag ist nur unter den **Voraussetzungen** des § 407 I S 1, 2 zulässig (S 1). 3
Das Verfahren muss also vor dem Strafrichter oder dem SchG anhängig sein; denn nur das AG ist zum Erlass eines Strafbefehls zuständig. Ferner muss bereits das Hauptverfahren wegen eines Vergehens (**aM** KMR-Metzger 11; Rieß JR **88**, 135: auch wegen Verbrechens, wenn nur der Strafbefehlsantrag die Tat als Vergehen wertet) eröffnet worden sein; denn vorher kann die StA die Klage nach § 156 zurücknehmen und durch einen Strafbefehlsantrag nach § 407 ersetzen. Auch im Fall der nach § 408 III S 2 anberaumten Hauptverhandlung ist die Vorschrift nicht anwendbar (krit Zähres NStZ **02**, 296). Die Vorschrift des § 407 I S 4 gibt im Fall des § 408 a keinen Sinn und ist daher nicht anwendbar (I S 3). Dass schon eine Hauptverhandlung stattgefunden hat und ausgesetzt werden musste, schließt die Anwendung des § 408 a nicht aus. Der Strafbefehlsantrag darf ferner entspr § 407 I S 2 nur gestellt werden, wenn die StA nach dem Ergebnis der Ermittlungen eine Hauptverhandlung oder eine weitere Hauptverhandlung nicht für erforderlich hält. Der Sachverhalt muss also durch die Ermittlungen im Vorverfahren oder durch die Beweisaufnahme in einer ausgesetzten Hauptverhandlung genügend geklärt sein.

Schließlich setzt der Strafbefehlsantrag die **Unmöglichkeit der Durchführung einer Hauptverhandlung** – sie braucht nicht gänzlich oder längerfristig unmöglich zu sein (Rieß JR **88**, 135) – wegen Ausbleibens oder Abwesenheit (§ 276) des Angeklagten oder aus anderen wichtigen Gründen, etwa wegen Nichterreichbarkeit eines wichtigen Zeugen, voraus. Der Antrag kann – wie sich aus I S 2 ergibt – nicht nur außerhalb der Hauptverhandlung, sondern auch in ihr gestellt werden. Von einer ordnungsgemäßen Ladung zur Hauptverhandlung hängt die Wirksamkeit des Strafbefehls nicht ab (Köln VRS **99**, 431, 436). 4

3) Entscheidung des Gerichts (II): Der Angeklagte braucht vorher nicht gehört zu werden (vgl aber oben 1); ihm muss auch nicht „sein Recht auf Einspruch bekannt sein" (so aber Deckers/Kuschnik StraFo **08**, 420, die jedoch die für den Angeklagten gegebene Möglichkeit der Wiedereinsetzung in den vorigen Stand – vgl 14 zu § 145 a aE – übersehen). Die Vorschrift des § 408 ist nicht allgemein anwendbar (I S 3). Der Richter muss dem Strafbefehlsantrag aber unter den glei- 5 chen Voraussetzungen entsprechen, unter denen er nach § 408 III S 1 einen Strafbefehl erlassen muss, wenn bei ihm unmittelbar und erstmals ein Strafbefehlsantrag gestellt wird (11 zu § 408). Hat er Bedenken gegen den Strafbefehlserlass (insoweit gelten die Grundsätze 12, 13 zu § 408 entspr), so muss er den Antrag, anders als nach § 408 III S 2, ausdrücklich durch Beschluss ablehnen und das Hauptverfahren fortsetzen (II S 2). Der Beschluss ist nicht anfechtbar. Er bindet aber nicht; verändert sich später die Sach- oder Rechtslage, so kann die StA den Strafbefehlsantrag wiederholen (Meurer JuS **87**, 887; Rieß/Hilger NStZ **87**, 205).

6 **4)** Das **weitere Verfahren** richtet sich nach den §§ 409–412. Der Strafbefehl wird dem Angeklagten, seinem Verteidiger oder Zustellungsbevollmächtigten förmlich zugestellt (16 zu § 409); dem gesetzlichen Vertreter, der StA und dem Nebenkläger wird er formlos mitgeteilt. Der Angeklagte kann durch Einspruchseinlegung nach § 410 I S 1 die Anberaumung einer Hauptverhandlung erzwingen. Für das Einspruchsverfahren gelten die §§ 411, 412 (Düsseldorf NStZ-RR **98**, 180), denn Grundlage der Hauptverhandlung ist der Strafbefehl, nicht die Anklage. Jedoch hat die StA, weil das Hauptverfahren bereits eröffnet war (§ 156), nicht mehr die Möglichkeit, die Klage zurückzunehmen (§ 411 II S 3).

7 **5) Revision.** Bei einem nur mündlich gestellten (oben 2) oder inhaltlich mangelhaften Strafbefehlsantrag sowie bei fehlender Übereinstimmung zwischen Antrag und Strafbefehl (11 zu § 408) liegt kein Verfahrenshindernis vor (Hamburg JR **89**, 169 mit zust Anm Rieß, der auch die Rechtslage bei gänzlich fehlendem Antrag erörtert); das Urteil wird auf diesen Fehlern auch nicht nach § 337 beruhen können (AK-Loos 28; Rieß aaO 173).

Bestellung eines Verteidigers

408b **[1] Erwägt der Richter, dem Antrag der Staatsanwaltschaft auf Erlass eines Strafbefehls mit der in § 407 Abs. 2 Satz 2 genannten Rechtsfolge zu entsprechen, so bestellt er dem Angeschuldigten, der noch keinen Verteidiger hat, einen Verteidiger. [2] § 141 Abs. 3 findet entsprechende Anwendung.**

1 **1) Anwendungsbereich:** Nur im Fall des § 407 II S 2, also bei Verhängung einer Freiheitsstrafe mit Strafaussetzung zur Bewährung, kommt eine Verteidigerbestellung im Strafbefehlsverfahren in Betracht. Einen nicht-verteidigten Beschuldigten durch Strafbefehl zu einer Freiheitsstrafe zu verurteilen, ist – auch wenn diese zur Bewährung ausgesetzt wird – nicht vertretbar; denn oftmals wird einem Beschuldigten die Gefahr des Widerrufs der Strafaussetzung zur Bewährung nach § 56f StGB mit der Folge, dass er die Freiheitsstrafe verbüßen muss, nicht ohne weiteres bewusst sein (Scheffler GA **95**, 456). Auch über sonstige Folgen, zB den Verlust der Beamtenrechte bei Verurteilung zur Freiheitsstrafe von 1 Jahr, muss er unterrichtet werden (Schlüchter-RpflEntlG 59). Über die rechtsstaatlichen Bedenken, die ohnehin gegen die Verhängung einer Freiheitsstrafe ohne vorherige Anhörung des Beschuldigten durch einen Richter bestehen (vgl Asbrock ZRP **92**, 13; Werle JZ **92**, 795), hat sich der Gesetzgeber hinweggesetzt (abl zu § 408b auch Fezer Baumann-FS 406; eingehend Tiemer, Die Verteidigerbestellung im Strafbefehls- und beschleunigten Verfahren gemäß §§ 408b, 418 Abs. 4 StPO, Diss Göttingen 1998).

2 **2) Antragstellung:** Will die **StA** im Strafbefehlsverfahren eine Freiheitsstrafe bis zu 1 Jahr mit Strafaussetzung zur Bewährung beantragen – wozu sie nach § 407 I S 2 gehalten ist, wenn sie eine Hauptverhandlung nicht für erforderlich hält –, und hat der Beschuldigte noch keinen Verteidiger, so stellt sie idR mit Übersendung des Strafbefehlantrages zugleich den Antrag, dem Beschuldigten einen Verteidiger zu bestellen. Der Verteidiger kann aber auch schon früher beigeordnet werden (S 2 iVm § 141 III); das ist bei umfangreichen oder schwierigen Verfahren angezeigt, bei denen aber von vornherein nicht mit der Verhängung

einer über 1 Jahr liegenden Freiheitsstrafe und mit deren Aussetzung zur Bewährung zu rechnen ist. Die StA verschafft sich damit auch einen Ansprechpartner; hier ist eine Einstiegstelle für eine Verständigung iSd § 257c geschaffen worden (vgl auch Böttcher/Mayer NStZ **93**, 156; Siegismund/Wickern wistra **93**, 91, 93): StA und Verteidigung können sich über die Strafe verständigen, was aber nicht zu einer förmlichen Verständigung nach § 257c unter Einbeziehung des Gerichts mit Bindungswirkung für dieses führt; unzulässig ist es auch hier, einen Rechtsmittelverzicht zu vereinbaren (LG Hamburg StV **06**, 181) oder eine Nichtanfechtungsvereinbarung zu treffen (erg 15b zu § 257c).

Der **Richter** hat dem Antrag zu entsprechen, falls er die Sache im Strafbefehls- 3
verfahren erledigen will; in den Fällen des § 408 II und III S 2 bedarf es der Verteidigerbestellung nicht (Rieß AnwBl **93**, 55). Liegt ein Strafbefehlsantrag der StA vor, so wird der Richter dem Verteidiger mit seiner Bestellung eine Abschrift des Antrags übersenden; auch dem Angeschuldigten wird mit der Mitteilung der Verteidigerbestellung eine Abschrift des Strafbefehlsantrags (unter deutlicher Hervorhebung, dass es sich erst um einen Antrag der StA handelt) übersandt. Dem Verteidiger sollte eine angemessene Frist (mindestens 2 Wochen) gesetzt werden, in der er sich – nach Rücksprache mit dem Angeschuldigten – zum Antrag der StA äußern kann (entspr § 201 I). Aus der Verteidigerbestellung sollte sich klar ergeben, dass sie nur für das Strafbefehlsverfahren gilt (erg unten 6). Im Fall der Beiordnung vor Stellung eines Strafbefehlsantrags muss die Bestellung den Hinweis enthalten, dass sie wegen der beabsichtigten Erledigung der Sache durch eine zur Bewährung auszusetzende Freiheitsstrafe von höchstens 1 Jahr erfolgt.

3) Auswahl des Verteidigers: Eine vorherige Befragung des Beschuldigten 4
nach § 142 I S 2 ist nicht vorgesehen; § 408b S 2 verweist nur auf § 141 III (Lutz NStZ **98**, 395; **aM** Siegismund/Wickern wistra **93**, 91, die §§ 142ff anwenden wollen, gleichzeitig aber auf die damit verbundenen Schwierigkeiten hinweisen). Die Abwicklung des in § 142 I vorgesehenen Verfahrens würde das Strafbefehlsverfahren auch zu sehr verzögern und verkomplizieren; da der Verteidiger den Beschuldigten auch nur im Rahmen des Strafbefehlsverfahrens beraten soll (unten 6), erscheint ein besonderes Vertrauensverhältnis zwischen dem Beschuldigten und dem Verteidiger auch nicht unerlässlich. Hat der Beschuldigte inzwischen selbst einen Verteidiger gewählt, ist die Bestellung wie nach § 143 zurückzunehmen.

4) Erlass des Strafbefehls: Erheben Angeschuldigter und Verteidiger gegen 5
den Strafbefehl ausdrücklich oder stillschweigend keine Einwendungen und ergeben sich auch nach der nach § 408 vorzunehmenden Prüfung keine Bedenken gegen den Antrag, so wird der Strafbefehl nach § 409 erlassen und zugestellt (15ff zu § 409). Ein vor Erlass des Strafbefehls geäußerter Verzicht auf einen Einspruch (§ 410) ist nicht wirksam (14 vor § 296). Werden Einwände gegen den Erlass des beantragten Strafbefehls erhoben, wird der Richter idR sogleich nach § 408 III S 2 verfahren, falls er nicht selbst zuvor weitere Ermittlungen durchführt oder die StA um solche bittet (7 zu § 408).

5) Weiteres Verfahren: Der Verteidiger ist nur für das Strafbefehlsverfahren be- 6
stellt. Er kann zwar für den Angeklagten wirksam Einspruch einlegen (§ 410 I, II); seine Bestellung gilt aber nicht für die Hauptverhandlung (Düsseldorf NStZ **02**, 390; AG Höxter NJW **94**, 2842; Hohendorf MDR **93**, 598; Lutz NStZ **98**, 396; **aM** Köln StV **10**, 68; AK-Loos 5; Böttcher/Mayer NStZ **93**, 156; Siegismund/Wickern wistra **93**, 91). Das ergibt sich aus der Einstellung der Vorschrift in die §§ 407ff und nicht in §§ 140ff. Nur für die besondere prozessuale Situation vor Erlass des eine Freiheitsstrafe (mit Bewährung) aussprechenden Strafbefehls ist die Vorschrift geschaffen worden; § 140 bleibt unberührt. Im Übrigen würde, wenn die Bestellung für die Hauptverhandlung fortwirken würde, dies auch zu dem merkwürdigen Ergebnis führen, dass ein Angeklagter, der idR lediglich eine Freiheitsstrafe bis zu 1 Jahr mit Strafaussetzung zur Bewährung zu erwarten hat (vgl aber 11 zu § 411), einen Verteidiger hat, während Angeklagte, die mit Freiheitsstrafen ohne

Strafaussetzung zur Bewährung rechnen müssen und sogleich nach § 200 angeklagt werden, einen Verteidiger nur unter den Voraussetzungen des § 140 erhalten. Die Regelung in § 408 b, die sich nur schwer in die anderen Verfahrensgänge einfügt, führt dazu, dass § 140 II großzügiger als sonst (vgl 21 ff zu § 140) angewendet werden muss, weil es einem Angeklagten nur schwer zu vermitteln sein wird, dass er im Strafbefehlsverfahren einen Verteidiger hat, danach aber nicht mehr; Brackert/Staechelin (StV **95**, 547) wollen deshalb aus dem Vertrauensgrundsatz eine Fortwirkung der Verteidigerbestellung herleiten, was einleuchtet, mit der gesetzlichen Regelung aber unvereinbar erscheint (**aM** Köln aaO).

7 **6) Beschwerde** gegen die Bestellung des Verteidigers steht dem Beschuldigten mangels Beschwer nicht zu (9 zu § 141). Ist der Strafbefehl erlassen worden, ohne dass ein Verteidiger bestellt wurde oder bevor der bestellte Verteidiger mit dem Beschuldigten Kontakt aufnehmen konnte, bleibt nur die Möglichkeit des Einspruchs (§ 410); die Wirksamkeit des Strafbefehls wird dadurch nicht berührt (AK-Loos 5). Eine Wiedereinsetzung in den vorigen Stand gibt es insoweit nicht (**aM** Tiemer [oben 1 aE] S 149).

Inhalt des Strafbefehls **RiStBV 177, 179**

409

I [1] Der Strafbefehl enthält

1. die Angaben zur Person des Angeklagten und etwaiger Nebenbeteiligter,
2. den Namen des Verteidigers,
3. die Bezeichnung der Tat, die dem Angeklagten zur Last gelegt wird, Zeit und Ort ihrer Begehung und die Bezeichnung der gesetzlichen Merkmale der Straftat,
4. die angewendeten Vorschriften nach Paragraph, Absatz, Nummer, Buchstabe und mit der Bezeichnung des Gesetzes,
5. die Beweismittel,
6. die Festsetzung der Rechtsfolgen,
7. die Belehrung über die Möglichkeit des Einspruchs und die dafür vorgeschriebene Frist und Form sowie den Hinweis, dass der Strafbefehl rechtskräftig und vollstreckbar wird, soweit gegen ihn kein Einspruch nach § 410 eingelegt wird.

[2] Wird gegen den Angeklagten eine Freiheitsstrafe verhängt, wird er mit Strafvorbehalt verwarnt oder wird gegen ihn ein Fahrverbot angeordnet, so ist er zugleich nach § 268 a Abs. 3 oder § 268 c Satz 1 zu belehren. [3] § 111 i Abs. 2 sowie § 267 Abs. 6 Satz 2 gelten entsprechend.

II Der Strafbefehl wird auch dem gesetzlichen Vertreter des Angeklagten mitgeteilt.

1 **1) Notwendiger Inhalt des Strafbefehls** (I):

2 A. Die **Angaben zur Person** (S 1 Nr 1) müssen den Beschuldigten genau bezeichnen (RiStBV 110 II Buchst a). Es ist zulässig, die Angaben in die Anschrift des Strafbefehls einzufügen. Für Nebenbeteiligte gilt das entspr. Mangelhafte Angaben zur Person berühren die Wirksamkeit des Strafbefehls idR nicht. Behauptet die bezeichnete Person nicht der Täter der im Strafbefehl bezeichneten Straftat zu sein, muss sie Einspruch (§ 410) einlegen (LG Berlin NStZ **05**, 119; erg 27 zu § 230).

3 B. **Name des Verteidigers** (S 1 Nr 2): Der Strafbefehlsantrag ist auch insoweit der Anklageschrift (§ 200 I S 2), der Strafbefehl der Urteilsurkunde (§ 275 III) angeglichen.

4 C. Die **Tat und ihre gesetzlichen Merkmale** (S 1 Nr 3) werden schon im Strafbefehlsantrag (5 ff zu § 407) ebenso dargestellt wie im Anklagesatz (§ 200 I S 1), den er ersetzt (Düsseldorf VRS **74**, 278). Denn nach Einspruch gegen den Strafbefehl muss sich aus ihm der verlesbare Anklagesatz ergeben (14 zu § 243; 3 zu § 411).

Unerlässlich ist die Angabe, was der Angeklagte zu einer bestimmten Zeit an einem bestimmten Ort getan hat (Düsseldorf NJW **89**, 2145 = JR **89**, 435 mit Anm Rieß). Die gesetzlichen Merkmale der Tat müssen in verständlicher Weise beschrieben werden; sie dürfen nicht nur formelhaft mit den Worten des Gesetzes bezeichnet werden (RiStBV 177 I S 2). Ein Strafbefehl, der entgegen S 1 Nr 3 die Tat nicht ausreichend beschreibt, insbesondere die Tatzeit mangelhaft oder fehlerhaft angibt, so dass Zweifel über die Identität der Tat bestehen, ist aber wirksam. Nur wenn Einspruch eingelegt ist, fehlt es an einer ausreichenden Verfahrensgrundlage; das Verfahren muss dann wegen Fehlens einer Prozessvoraussetzung eingestellt werden (vgl BGH **23**, 336, 340; Karlsruhe StV **05**, 599; vgl auch Düsseldorf NStZ **91**, 99 = JR **91**, 385 mit Anm Franzheim zum Steuerstrafverfahren; erg 3 zu § 411).

D. Die **angewendeten Vorschriften** (S 1 Nr 4) müssen entspr § 260 V S 1 angegeben werden. Dazu gehört auch die (in S 1 Nr 4 nicht genannte) rechtliche Bezeichnung der Tat (13 zu § 200); denn da der Strafbefehl einem Urteil gleichsteht (§ 410 III), ist auch § 260 IV S 1 anzuwenden. Das Fehlen der durch S 1 Nr 4 vorgeschriebenen Angaben gefährdet den Bestand des Strafbefehls nicht. 5

E. Die **Beweismittel** (S 1 Nr 5) müssen so genau bezeichnet werden, dass der Beschuldigte prüfen kann, ob die Tat beweisbar oder ein Einspruch aussichtsreich ist. Dazu gehört bei Zeugen Name und Anschrift (16 zu § 200). Die Bezugnahme auf die polizeiliche Anzeige reicht nicht aus. Das Fehlen der Angabe der Beweismittel ist für das weitere Verfahren bedeutungslos. 6

F. Die **Festsetzung der Rechtsfolgen** (S 1 Nr 6) muss in der Urschrift des Strafbefehls erfolgen (LG Itzehoe SchlHA **66**, 69) und so eindeutig sein, dass aus dem Strafbefehl vollstreckt werden kann. Eine Begründung des Rechtsfolgenausspruchs ist, außer im Fall des I S 3 (unten 11), nicht erforderlich, aber auch nicht unzulässig. Fehlt in dem Strafbefehl die Festsetzung von Rechtsfolgen, so ist er nicht unwirksam (**aM** KMR-Metzger 20); es ist dann nicht zulässig, zu demselben Tatvorwurf einen neuen Strafbefehl zu erlassen (**aM** Düsseldorf wistra **84**, 200; KMR-Metzger 19). Wird gegen den Strafbefehl Einspruch eingelegt, so ist er aber als Verfahrensgrundlage geeignet (Bay **65**, 142 = NJW **66**, 947). Entsprechendes gilt, wenn in dem Strafbefehl unzulässige Rechtsfolgen festgesetzt sind (Koblenz NStZ-RR **00**, 41; vgl auch Vent JR **80**, 400). 7

G. Die **Kostenentscheidung,** die der Strafbefehl enthalten muss (§ 464 I), lautet idR dahin, dass der Angeklagte die Verfahrenskosten zu tragen hat (§ 465 I). Eine Belehrung über die sofortige Beschwerde nach § 464 III S 1 ist nur bei Anwendung des § 465 II erforderlich (**aM** LR-Gössel 34). Seine notwendigen Auslagen trägt der Angeklagte selbst; ein Ausspruch darüber ist nicht notwendig (10 zu § 464). Zu den notwendigen Auslagen des Nebenklageberechtigten vgl 10a zu § 472. 8

H. Der **Hinweis auf die Einspruchsmöglichkeit** (S 1 Nr 7), die dafür vorgeschriebene Form und Frist sowie die Rechtsfolgen des § 410 III wird nur dem Angeklagten und den Nebenbeteiligten erteilt. Der gesetzliche Vertreter braucht nicht darauf hingewiesen zu werden, dass er selbst Einspruch einlegen kann. Wird der Hinweis nach S 1 Nr 7 unterlassen, so gilt § 44 S 2 entspr (LR-Gössel 24). Über die Belehrung von Ausländern vgl 9 zu § 35a. 9

J. **Sonstige Belehrungen** (S 2): Bei Verhängung einer Freiheitsstrafe mit Aussetzung der Vollstreckung zur Bewährung und bei einer Verwarnung mit Strafvorbehalt wird nach § 268a III S 1 belehrt. Unterbleibt die Belehrung, so wird sie nach § 453a nachgeholt. Bei Fahrverbot erfolgt die Belehrung nach § 268c S 1. 10

K. **Weitere Feststellungen und Begründungen** (S 3): Steht der Anordnung des Verfalls (in all seinen Erscheinungsformen) lediglich § 73 I S 2 StGB, auch iVm § 73d I S 3 StGB, entgegen, können die in § 111i II (dort 7–9) vorgesehenen Feststellungen im Strafbefehl getroffen werden. Dies schafft die Grundlage für einen Auffangrechtserwerb des Staates und eröffnet das weitere Verfahren nach § 111i III–VI (dort 10–18). Die Begründung des Absehens von der Fahrerlaubnisentziehung 11

(S 3) nach § 69 StGB oder der Verhängung einer isolierten Sperre nach § 69a I S 3 StGB ist nötig, weil die Verwaltungsbehörde nach § 4 III S 2 StVG an die Entscheidung im Strafverfahren gebunden ist. Daher bestimmt S 3 die entspr Anwendung des § 267 VI S 2. Eine formelhafte Begründung reicht aus (Nüse JR **65**, 44).

12 **2) Erlass des Strafbefehls:**

13 Erlassen ist grundsätzlich nur ein Strafbefehl, der die **Unterschrift** des Richters trägt. Ein Hand- oder Faksimilezeichen genügt, wenn daraus die Person des Richters zweifelsfrei festgestellt werden kann (KG VRS **26**, 445; LR-Gössel 36; vgl auch Saarbrücken NJW **73**, 2041 für den Bußgeldbescheid). Das Fehlen der Unterschrift ist ein wesentlicher Mangel, der zur Unwirksamkeit des Strafbefehls führt (Karlsruhe Justiz **93**, 203); in der Hauptverhandlung muss das Verfahren wegen Fehlens einer Prozessvoraussetzung eingestellt werden (erg 3 zu § 411). Etwas anderes kann höchstens gelten, wenn aus den Akten sicher festgestellt werden kann, dass die Entscheidung die Willensäußerung eines Richters ist (Köln GA **57**, 223; Stuttgart MDR **70**, 68; **aM** Maywald NJW **62**, 549; vgl auch Bay **61**, 143 = NJW **61**, 1782; erg 7 vor § 33). Ist der Strafbefehl nicht datiert, so berührt das seine Wirksamkeit nicht.

14 Der **Zeitpunkt des Erlasses** richtet sich nach den allgemein für Beschlüsse geltenden Grundsätzen. Aktenmäßig erlassen und damit einspruchsfähig (4 vor § 296) ist der Strafbefehl also, wenn er vollständig niedergelegt und von dem zuständigen Richter unterschrieben ist (5 vor § 33). Mit Außenwirkung erlassen ist er erst an dem Tag, an dem die Geschäftsstelle ihn an eine Person außerhalb des Gerichts herausgibt (9 vor § 33).

15 **3) Zustellung:**

16 I S 1 Nr 7 geht davon aus, dass der Strafbefehl nach § 35 II S 1 förmlich zugestellt wird, und zwar an den **Angeklagten** oder für ihn an den Verteidiger (§ 145a I) oder den Zustellungsbevollmächtigten (§§ 116a III, 127a II, 132 I S 1 Nr 2), ferner an den Nebenbeteiligten, gegen den eine Rechtsfolge ausgesprochen worden ist, oder an seinen bevollmächtigten Vertreter (§§ 438 I S 1, 442 I, 444 II S 2). Zur Beifügung einer Übersetzung an einen der deutschen Sprache nicht mächtigen Ausländer vgl RiStBV 181 II (dazu Großmann NStZ **91**, 218). Die mündliche Bekanntmachung durch den Richter genügt (entgegen RiStBV 179 I S 1) nicht (SK-Weßlau 30); der Strafbefehl kann aber dem anwesenden Angeklagten ausgehändigt werden.

17 Dem **gesetzlichen Vertreter** braucht der Strafbefehl nur formlos bekanntgegeben zu werden (II).

18 Der **StA** wird er nicht mitgeteilt, weil sie gegen den auf ihren Antrag erlassenen Strafbefehl kein Einspruchsrecht hat; sie wird mit der Sache erst wieder befasst, wenn nach Einspruch Termin zur Hauptverhandlung anberaumt oder der Strafbefehl rechtskräftig und vollstreckbar wird (§ 451).

19 Dem **Nebenklageberechtigten** wird der Strafbefehl ebenfalls nicht mitgeteilt; denn er kann keinen Einspruch einlegen und sich dem Verfahren erst anschließen, wenn auf Einspruch des Angeklagten die Hauptverhandlung anberaumt worden ist (§ 396 I S 3). Für die Zustellung, auf die nicht verzichtet werden kann (LG Kaiserslautern GA **58**, 123), gilt § 36 I, nicht § 36 II.

20 **Ersatzzustellung** (6ff zu § 37) ist, verfassungsrechtlich unbedenklich (BVerfGE **25**, 158 = NJW **69**, 1103; BVerfGE **26**, 315, 319 = NJW **69**, 1531), zulässig (BGH **22**, 52, 55).

21 Unzulässig ist aber die **öffentliche Zustellung,** auch wenn der Beschuldigte schon zur Sache vernommen worden ist (Düsseldorf NJW **97**, 2965; KMR-Metzger 39; Blankenheim MDR **92**, 21).

22 **Unwirksam** ist die Zustellung, wenn die zugestellte Ausfertigung von der Urschrift wesentlich abweicht (Düsseldorf VRS **58**, 41; Oldenburg VRS **32**, 356; 2 zu § 37). Die Zustellung muss dann wiederholt werden; erst dadurch wird die Einspruchsfrist nach § 410 I S 1 in Lauf gesetzt.

Einspruch gegen den Strafbefehl; Rechtskraft

410 I [1]**Der Angeklagte kann gegen den Strafbefehl innerhalb von zwei Wochen nach Zustellung bei dem Gericht, das den Strafbefehl erlassen hat, schriftlich oder zu Protokoll der Geschäftsstelle Einspruch einlegen.** [2]**Die §§ 297 bis 300 und § 302 Abs. 1 Satz 1, Abs. 2 gelten entsprechend.**

II **Der Einspruch kann auf bestimmte Beschwerdepunkte beschränkt werden.**

III **Soweit gegen einen Strafbefehl nicht rechtzeitig Einspruch erhoben worden ist, steht er einem rechtskräftigen Urteil gleich.**

1) Einspruch (I S 1) können der Angeklagte und die Nebenbeteiligten (vgl §§ 433 I S 2, 438, 444 II S 2), soweit sie durch den Strafbefehl beschwert sind, innerhalb von 2 Wochen nach der Zustellung des Strafbefehls (zur Fristberechnung vgl § 43) schriftlich (Einl 128) oder zu Protokoll der Geschäftsstelle (Einl 131 ff) bei dem Gericht einlegen, das den Strafbefehl erlassen hat, der nicht auf freiem Fuß befindliche Angeklagte auch zu Protokoll des AG des Verwahrungsorts (I S 2 iVm § 299 I). Ein telefonischer Einspruch ist nach hM unwirksam (Zweibrücken StV **82**, 415; erg Einl 140). Der Einspruch, der nicht begründet zu werden braucht, kann schon vor der Zustellung des Strafbefehls eingelegt werden. Der Strafbefehl muss dann aber wenigstens schon erlassen sein (vgl 4 vor § 296; LR-Gössel 7, 8); der verfrüht eingelegte Einspruch wird nicht mit dem nachträglichen Erlass des Strafbefehls wirksam. Für die Einspruchseinlegung durch den Verteidiger und den gesetzlichen Vertreter gelten die §§ 297, 298 entspr (I S 2); auch § 300 ist anwendbar. Das weitere Verfahren regelt § 411 I S 2, II–IV. 1

Die **Zurücknahme** des Einspruchs (I S 2 iVm § 302 I S 1) ist in der gleichen Form zulässig wie seine Einlegung (7 zu § 302), in der Hauptverhandlung auch durch eine mündliche – in der Sitzungsniederschrift zu beurkundende – Erklärung gegenüber dem Gericht. Zulässig ist auch die Teilrücknahme, dh die nachträgliche Beschränkung auf bestimmte Beschwerdepunkte (unten 4; 2 zu § 302). Der Verteidiger braucht für die Zurücknahme nach I S 2 iVm § 302 II eine ausdrückliche Ermächtigung (dazu 28 ff zu § 302). Für die Zurücknahme des Einspruchs in der Hauptverhandlung gilt § 411 III (dort 9). Mit der wirksamen Zurücknahme des Einspruchs lebt der Strafbefehl als Straferkenntnis wieder auf und erlangt Rechtskraft (unten 8). 2

Der nach I S 2 iVm § 302 I S 1 schon vor Ablauf der Einspruchsfrist zulässige **Verzicht** auf den Einspruch muss ausdrücklich und in der Form des I erklärt werden. Er liegt nicht schon darin, dass der Angeklagte die in dem Strafbefehl festgesetzte Geldstrafe bezahlt (Stuttgart DAR **98**, 29; Rostock NZV **02**, 137) oder ein Ratenzahlungsgesuch stellt (Hamm VRS **36**, 217; **aM** Karlsruhe Justiz **65**, 243). 3

2) Die **Beschränkung des Einspruchs** auf bestimmte Beschwerdepunkte ist bis zur Verkündung des Urteils im ersten Rechtszug (§ 411 III S 1) in gleichem Maße möglich wie die Beschränkung der Rechtsmittel gegen Urteile nach §§ 318, 344 I (Bay **03**, 18 = NJW **03**, 2397). Wirksam ist also sowohl die Beschränkung des Einspruchs auf eine von mehreren selbstständigen Straftaten (9 ff zu § 318) als auch auf die nachrangigen Teile des Strafbefehlsausspruchs für eine einheitliche Tat (12 ff zu § 318), insbesondere auf die Höhe der Freiheits- oder der Geldstrafe oder auf die Höhe des Tagessatzes (Bay DAR **89**, 371 [B]). Im letzteren Fall kann zugleich oder später erklärt werden, dass Einverständnis mit einer Entscheidung ohne Hauptverhandlung durch Beschluss besteht (vgl 2 zu § 411). Die Beschränkung kann aber auch noch in der Hauptverhandlung erklärt werden (9 zu § 411). 4

Wie die Berufungsbeschränkung (16 ff zu § 318) ist eine Beschränkung des Einspruchs auf den Rechtsfolgenausspruch **unwirksam,** wenn die Feststellungen zum Schuldspruch so knapp und unzulänglich sind, dass sie keine ausreichende Grundlage für die Prüfung des Rechtsfolgenausspruchs bieten (Bay DAR **04**, 282; Celle NStZ 711, 712; Düsseldorf NStZ-RR **97**, 113; Koblenz NStZ **03**, 617; Schleswig 5

SchlHA **96**, 108 mit Anm Pieper); das ist zB der Fall, wenn das AG trotz eines sehr hohen Blutalkoholgehalts nicht geprüft hat, ob der Angeklagte schuldunfähig iSd § 20 StGB war (Bay **03**, 18 = NJW **03**, 2397). Sonst darf sich das Gericht über die Beschränkung auch dann nicht hinwegsetzen, wenn die rechtliche Würdigung im Strafbefehl unzutreffend ist (München wistra **06**, 395). Wegen der Rechtsfolgen der Beschränkung vgl ferner 31 zu § 318.

6 **Kosten** bei Erfolg des Einspruchs: 1 zu § 473.

7 **3) Rechtskraftwirkung** (III):

8 A. **Zeitpunkt:** Rechtskraft tritt bei unterlassener oder verspäteter Einlegung des Einspruchs mit dem Ablauf der Einspruchsfrist nach I S 1 ein. Sie entsteht schon vorher, wenn der Beschuldigte auf Einlegung des Einspruchs verzichtet (oben 3). Durch den Einspruch verliert der Strafbefehl seine Eigenschaft als aufschiebend bedingtes Straferkenntnis (2 vor § 407). Aber das Straferkenntnis lebt wieder auf bei Zurücknahme des Einspruchs (oben 2) und bei Verwerfung des Einspruchs als unzulässig (§ 411 I) oder nach § 412. Mit der Rechtskraft der Verwerfungsentscheidung wird dann auch der Strafbefehl rechtskräftig. Wird die Wirksamkeit der Rücknahme bestritten, muss das AG hierüber entscheiden, indem es entweder die Wirksamkeit der Rücknahme feststellt (vgl 11a zu § 302) oder das Verfahren fortsetzt (Jena NStZ **07**, 56).

9 B. Legt von **mehreren Einspruchsberechtigten** nur einer Einspruch ein, so erlangt der Strafbefehl gegen die übrigen Rechtskraft. Legt nur der Beschuldigte, nicht aber der Betroffene, gegen den nach § 64 OWiG eine Geldbuße wegen einer OWi festgesetzt worden ist, Einspruch ein, so wird die Bußgeldfestsetzung rechtskräftig (Göhler 3 zu § 64 OWiG). Wenn nur der Betroffene Einspruch einlegt, wird das Verfahren als Bußgeldverfahren weitergeführt (Göhler aaO).

10 Legt nur der **Verfalls- oder Einziehungsbeteiligte** oder die JP oder PV Einspruch ein, so wird die angegriffene Nebenfolge nicht rechtskräftig. Gegen den Verfalls- oder Einziehungsbeteiligten findet dann ein Beschlussverfahren entspr §§ 439 III S 1, 441 II, III statt (§§ 438 II, 442 I, II S 2), gegen die bußgeldbeteiligte JP oder PV in sinngemäßer Anwendung des § 441 II, III (§ 444 II S 2). Der von dem Verteidiger oder Vertreter des Nebenbeteiligten eingelegte Einspruch steht dabei einem von dem Beschuldigten oder Nebenbeteiligten selbst eingelegten Einspruch gleich.

11 C. **Volle Rechtskraftwirkung:** Die Rspr hatte früher die Ansicht vertreten, dass die Rechtskraftwirkung des Strafbefehls wegen der nur summarischen Prüfung des Sachverhalts bei seinem Erlass beschränkt werden müsse und dass es zulässig sei, die Tat nochmals unter einem rechtlichen Gesichtspunkt zu verfolgen, der im Strafbefehl nicht berücksichtigt worden ist und eine erhöhte Strafbarkeit begründet (so BGH **28**, 69; Bay **76**, 84 = JR **77**, 477 mit Anm Kleinknecht). Nachdem BVerfGE **65**, 377 = NJW **84**, 604 diese Rspr schon eingeschränkt hatte, hat das StVÄG 1987 diese Beschränkungen der Rechtskraftwirkung beseitigt.

12 Der nicht mehr anfechtbare Strafbefehl äußert nunmehr die gleiche, nur im Wiederaufnahmeverfahren zu beseitigende **Rechtskraftwirkung wie ein rechtskräftiges Urteil.** Er ist unabänderbar (LG Mannheim NStE Nr 4; LG München II DAR **00**, 87; erg 9ff zu § 268), vollstreckbar (§§ 409 I Nr 7, 449) und verbraucht die Strafklage (Einl 168ff; 4 vor § 407). Bei beschränktem Einspruch (II) tritt die Rechtskraftwirkung in gleichem Umfang ein, wie sie bei einer beschränkten Berufung oder Revision in Bezug auf die nicht angefochtenen Urteilsteile eintreten würde (Einl 184ff). Wegen der Besonderheiten des Strafbefehlsverfahrens wird jedoch in § 373a die Wiederaufnahme zuungunsten des Angeklagten, abweichend von § 362, auch dann zugelassen, wenn neue Tatsachen oder Beweise vorliegen, die geeignet sind, die Verurteilung wegen eines Verbrechens zu begründen.

Entscheidung über den Einspruch

411 I [1] **Ist der Einspruch verspätet eingelegt oder sonst unzulässig, so wird er ohne Hauptverhandlung durch Beschluss verworfen; gegen den Beschluss ist sofortige Beschwerde zulässig.** [2] **Andernfalls wird Termin zur Hauptverhandlung anberaumt.** [3] **Hat der Angeklagte seinen Einspruch auf die Höhe der Tagessätze einer festgesetzten Geldstrafe beschränkt, kann das Gericht mit Zustimmung des Angeklagten, des Verteidigers und der Staatsanwaltschaft ohne Hauptverhandlung durch Beschluss entscheiden; von der Festsetzung im Strafbefehl darf nicht zum Nachteil des Angeklagten abgewichen werden; gegen den Beschluss ist sofortige Beschwerde zulässig.**

II [1] **Der Angeklagte kann sich in der Hauptverhandlung durch einen mit schriftlicher Vollmacht versehenen Verteidiger vertreten lassen.** [2] **§ 420 ist anzuwenden.**

III [1] **Die Klage und der Einspruch können bis zur Verkündung des Urteils im ersten Rechtszug zurückgenommen werden.** [2] **§ 303 gilt entsprechend.** [3] **Ist der Strafbefehl im Verfahren nach § 408 a erlassen worden, so kann die Klage nicht zurückgenommen werden.**

IV **Bei der Urteilsfällung ist das Gericht an den im Strafbefehl enthaltenen Ausspruch nicht gebunden, soweit Einspruch eingelegt ist.**

1) Einen **verspäteten oder sonst unzulässigen Einspruch** (I S 1) verwirft das AG nach Anhörung der StA (§ 33 II) ohne Hauptverhandlung durch Beschluss. Hat es die Unzulässigkeit übersehen und eine Hauptverhandlung durchgeführt, so muss es durch Urteil entscheiden (unten 12). Bleiben Zweifel, ob der Einspruch rechtzeitig war, so wird er als zulässig behandelt (Bay **65**, 142 = NJW **66**, 947; 35 zu § 261). Der Verwerfungsbeschluss enthält keine Kostenentscheidung; § 473 gilt für den Einspruch nicht (dort 1). Gegen den Beschluss ist sofortige Beschwerde nach § 311 zulässig (S 1 Hs 2). Bei unverschuldeter Säumnis kann Wiedereinsetzung nach § 44 auf Antrag oder von Amts wegen (§ 45 II S 2) bewilligt werden. Wird der Wiedereinsetzungsantrag verworfen (§ 46 III), ist gleichzeitig auch der Einspruch zu verwerfen (Celle NStZ-RR **04**, 300: sonst keine Bindungswirkung hinsichtlich der Wirksamkeit der Zustellung). 1

2) Nach **rechtzeitigem Einspruch** (I S 2) und nach Wiedereinsetzung in den vorigen Stand gegen die Versäumung der Einspruchsfrist wird idR Termin zur Hauptverhandlung anberaumt. Das 1. JuMoG hat jedoch die Möglichkeit eröffnet (I S 3), bei einem auf die Höhe der Tagessätze einer festgesetzten Geldstrafe beschränkten Einspruch (vgl 4 zu § 410) ohne Hauptverhandlung durch Beschluss zu entscheiden (zust Engelbrecht DAR **04**, 497). Ob das Gericht dies tut oder gleichwohl Hauptverhandlung anberaumt, liegt in seinem pflichtgemäßen Ermessen; eine Hauptverhandlung wird sich jedenfalls dann als notwendig erweisen, wenn die mündliche Anhörung des Angeklagten zur Aufklärung erforderlich ist oder wenn die Beschränkung des Einspruchs auf die Tagessatzhöhe unwirksam ist (5 zu § 410). Die Begründung für die Ausnahmeregelung des I S 3 wird darin gesehen (vgl BT-Drucks 15/3482 S 22), dass bei Erlass des Strafbefehls die persönlichen und wirtschaftlichen Verhältnisse des Angeklagten oftmals nicht genau bekannt sind, insbesondere, wenn er hierzu keine Angaben gemacht hat und das Gericht auf eine Schätzung (§ 40 III StGB) angewiesen war; möglich ist aber auch, dass sich die Verhältnisse des Angeklagten im Laufe des Strafverfahrens verändert haben. Falls er seine wirtschaftlichen Verhältnisse durch schriftliche Belege nachweisen kann, kann eine mündliche Verhandlung entbehrlich werden. Voraussetzung dafür ist allerdings die Zustimmung des Angeklagten, des Verteidigers und der StA (wobei letzterer die vom Angeklagten vorgelegten Urkunden zur Kenntnis gebracht werden müssen, vgl Neuhaus StV **05**, 53); die Mitwirkung eines Verteidigers ist aber – anders als zB in § 251 I Nr 1 – nicht zwingend geboten (LG Mosbach NStZ **09**, 176). Das Verfahren wird in der Praxis wohl hauptsächlich Anwendung 2 finden, wenn sich das Gericht mit den Verfahrensbeteiligten zuvor auf die Herabsetzung der Tagessatzhöhe geeinigt hat. Anders als sonst im Strafbefehlsverfahren (vgl unten 11) gilt hier das Verschlechterungsverbot. Wegen der regelmäßig anzunehmenden vorherigen Einigung der Verfahrensbeteiligten mit dem Gericht wird dieses Verbot ebenso wie die Möglichkeit der sofortigen Beschwerde (§ 311) gegen den Beschluss ohne wesentliche praktische Bedeutung bleiben. Falls aber Beschwerde eingelegt wird und das Beschwerdegericht sie für begründet erachtet, wird es idR gemäß § 309 II die Tagessatzhöhe selbst festsetzen können.

3 **3)** Für die **Hauptverhandlung** gelten die allgemeinen Vorschriften der §§ 213 ff. Die Zuziehung eines 2. Richters beim AG ist ausgeschlossen (6 zu § 29 GVG). Der Strafbefehlsantrag ersetzt die Anklage, der Strafbefehl übernimmt die Funktion des Eröffnungsbeschlusses (BGH **23**, 280; Düsseldorf VRS **74**, 278; NStE Nr 1 zu § 19; Zweibrücken MDR **87**, 164; einschr LR-Gössel 37 zu § 408: nur einzelne Wirkungen des Eröffnungsbeschlusses). Ist er mangelhaft, so kann er ebenso wenig wie ein mangelhafter Eröffnungsbeschluss (11 zu § 207) Grundlage des weiteren Verfahrens sein (vgl BGH **23**, 336; Bay **60**, 122 = NJW **60**, 2013; LR-Gössel 18; **aM** Bay **61**, 143 = NJW **61**, 1782: Verfahrensgrundlage ist Strafbefehlsantrag). In der Hauptverhandlung verliest der StA nach § 243 III S 1 als Anklagesatz die sich aus Strafbefehlsantrag und Strafbefehl ergebende Beschuldigung (14 zu § 243). Danach wird festgestellt, dass der Einspruch form- und fristgerecht eingelegt ist.

4 **4) Vertretung** (II S 1): Der Angeklagte kann sich in der Hauptverhandlung durch einen Verteidiger vertreten lassen. Das Erscheinen des Vertreters ermöglicht aber nicht die Verhandlung in Abwesenheit des Angeklagten, der seinen Willen, an der Hauptverhandlung teilzunehmen, deutlich zum Ausdruck gebracht hat (Karlsruhe StV **86**, 289). Die Vertretungsmöglichkeit gilt nach allgM (vgl LR-Gössel 35) auch im Berufungsrechtszug (zur Entwicklung, Begründung und Rechtfertigung dieser Ansicht – Strafbefehlsverfahren als selbstständige, besondere Verfahrensart – Meyer-Goßner Meurer-GS 427) und im ganzen folgenden Verfahren, auch nach Urteilsaufhebung und Zurückverweisung der Sache durch das Revisionsgericht. Die Anordnung des persönlichen Erscheinens des Angeklagten nach § 236 hebt sein Recht, sich vertreten zu lassen, nicht auf (Bay aaO; Dresden StraFo **05**, 299; Düsseldorf StV **85**, 52; NStZ-RR **98**, 180; Frankfurt StV **83**, 268; Karlsruhe NStZ **83**, 43; Küper NJW **69**, 493; erg 15 zu § 329); der Erlass eines Vorführungs- oder Haftbefehls wird dadurch zwar nicht ausgeschlossen, wird aber idR unverhältnismäßig sein (KG NJW **07**, 2345; LG Essen StraFo **10**, 27; erg 19 zu § 230).

5 Die wirksame Vertretung setzt grundsätzlich eine **schriftliche Vertretungsvollmacht** voraus; spätere schriftliche Bestätigung einer mündlich erteilten Vollmacht genügt nicht (Saarbrücken NStZ **99**, 265 mit Anm Fahl NStZ **00**, 53; vgl im Einzelnen 5 ff zu § 234). Das gilt auch für den Pflichtverteidiger (Hamm StV **97**, 404 L). Eine von dem vertretungsberechtigten Verteidiger einem anderen RA erteilte Untervollmacht (11 vor § 137) bedarf dagegen nicht der Schriftform (7 zu § 234).

6 Zu den **Befugnissen des Vertreters** vgl 8 ff zu § 234. Er darf den Angeklagten in der Erklärung und im Willen vertreten, insbesondere dessen Einlassung vortragen (Hamm JMBlNW **64**, 214). Ebenso wenig wie der Angeklagte braucht er aber Erklärungen zur Sache abzugeben (KG VRS **33**, 448; Köln StV **93**, 292 mwN) oder Anträge zu stellen (Celle NStZ-RR **09**, 352 L). Der Angeklagte ist daher auch dann ordnungsgemäß vertreten, wenn der Vertreter zwar erklärt, dass er keine Informationen erhalten habe, gleichwohl aber zur Sache verhandelt (Düsseldorf MDR **58**, 623; Köln NJW **62**, 1735 mit abl Anm Blei NJW **62**, 2024; LG Verden NJW **74**, 2195; Baumhaus NJW **62**, 2337), nicht aber, wenn er keine Erklärungen abgibt und nur die Aussetzung der Hauptverhandlung beantragt (KG JR **85**, 343; Zweibrücken JBlRP **01**, 141; Meyer-Goßner NStZ **81**, 113; erg 16 zu § 329).

7 **5) Anwendung des § 420** (II S 2): In der Hauptverhandlung gilt das vereinfachte Beweisaufnahmeverfahren wie im beschleunigten Verfahren. Das bedeutet,

dass nach § 420 I, II mit Einverständnis des Angeklagten, des Verteidigers und des StA entgegen § 250 die Vernehmung eines Zeugen, Sachverständigen oder Mitbeschuldigten durch Verlesung von Niederschriften über eine frühere Vernehmung oder von einer schriftlichen Äußerung der Beweisperson ersetzt und über § 256 hinaus Erklärungen einer Behörde oder eines Behördenangehörigen verlesen werden dürfen (vgl 4 ff zu § 420). Soweit nicht ausnahmsweise das SchG nach § 408 a den Strafbefehl erlassen hat (vgl 5 zu § 408), bestimmt das Gericht unbeschadet des § 244 II den Umfang der Beweisaufnahme (§ 420 IV; erg 9, 10 zu § 420). Auch im Berufungsverfahren gelten über II S 2 die Vorschriften des § 420 I–III, nicht jedoch § 420 IV (Meyer-Goßner Meurer-GS 430; str, erg 12 zu § 420).

6) Die **Zurücknahme der Klage** (III) ist ohne Beschränkungen möglich, solange der Strafbefehl noch nicht erlassen ist. Danach kann die Klage nur zurückgenommen werden, wenn der Angeklagte einen zulässigen Einspruch eingelegt hat (KMR-Metzger 19; SK-Weßlau 20; **aM** Karlsruhe NStZ **91**, 602 mwN und abl Anm Mayer NStZ **92**, 605). Wenn der Einspruch nach § 410 II auf den Rechtsfolgenausspruch beschränkt ist, so dass der Schuldspruch Rechtskraft erlangt hat, ist die Zurücknahme der Klage nicht möglich (vgl auch 6 zu § 302). Für den Fall, dass auf unbeschränkten Einspruch des Angeklagten eine Hauptverhandlung stattfindet, erweitert III die Möglichkeit, die Klage zurückzunehmen (§ 156), bis zum Beginn der Urteilsverkündung (§ 268 II S 1) im 1. Rechtszug. Bei Zurückweisung der Sache durch das Revisionsgericht lebt die Rücknahmemöglichkeit wieder auf (s unten 9). Nach Beginn der Hauptverhandlung (vgl 2 zu § 303) ist die Zurücknahme nur mit Zustimmung des Angeklagten möglich (III S 2 iVm § 303 S 1). Der Zustimmung des Nebenklägers bedarf es nicht, da er kein Gegner der StA ist (III S 2 iVm § 303 S 2). Die Zurücknahme der Klage versetzt das Verfahren in den Stand des Ermittlungsverfahrens zurück (2 zu § 156) mit der Folge, dass der Strafbefehl seine Wirkung verliert (Bay VRS **45**, 384). Ein gerichtlicher Einstellungsbeschluss ist nicht erforderlich, auch nicht in der Hauptverhandlung (LR-Gössel 47). Die Kostenentscheidung ergeht nach § 467 a. In den Fällen des § 408 II S 1, III S 2 gilt nicht III, sondern § 156 (dort 3). War der Strafbefehl nach § 408 a erlassen worden, so ist die Zurücknahme der Klage überhaupt ausgeschlossen (III S 3). 8

7) Die **Zurücknahme des Einspruchs** (III) und die Teilrücknahme durch nachträgliche Beschränkung (4 zu § 410) ist ebenfalls bis zur Verkündung des Urteils im 1. Rechtszug zulässig, nach Beginn der Hauptverhandlung (vgl 2 zu § 303) aber nur mit Zustimmung der StA (III S 2 iVm § 303 S 1). Auch hier bedarf es der Zustimmung des Nebenklägers nicht (III S 2 iVm § 303 S 2). Kommt es nach Zurückverweisung der Sache durch das Revisionsgericht zu einer neuen Hauptverhandlung im 1. Rechtszug, so ist die Einspruchsrücknahme (und die Beschränkung des Einspruchs) erneut bis zum Beginn der Urteilsverkündung zulässig (Bay GA **82**, 325 = VRS **62**, 129; Hamm MDR **80**, 161; LR-Gössel 51; Groth NStZ **83**, 9; Meurer JuS **87**, 884; **aM** LG München II NJW **81**, 65; Peters 564; erg 6 zu § 302; 2 zu § 303). Die wirksame Zurücknahme erledigt den Einspruch (erg 7 zu § 303). Der Strafbefehl lebt, ohne dass es einer weiteren Erklärung bedarf, als Straferkenntnis wieder auf und erlangt Rechtskraft (8 zu § 410). 9

8) Das **Urteil** (IV) ergeht unabhängig von dem Strafbefehl, wenn gegen ihn in vollem Umfang Einspruch eingelegt oder der Einspruch auf eine von mehreren Verurteilungen beschränkt worden ist. Es wird also nicht der Strafbefehl aufgehoben oder aufrechterhalten, sondern der Angeklagte verurteilt oder freigesprochen oder das Verfahren eingestellt; der Strafbefehl wird nicht erwähnt. Anders ist es, wenn der Angeklagte den Einspruch auf den Rechtsfolgenausspruch beschränkt hat. Dann hat der Richter den Schuldausspruch des Strafbefehls, an den er gebunden ist, für sein Urteil vorauszusetzen und nicht etwa durch Aufnahme in den Urteilsausspruch zu bestätigen. Der Schuldspruch wird also in dem Urteil nicht wiederholt, sondern in Bezug genommen (**aM** AG Braunschweig MDR **87**, 1049). Der Urteilsausspruch lautet etwa: „Der Angeklagte wird wegen des in 10 dem Strafbefehl vom … bezeichneten Diebstahls zu einer Geldstrafe von … verurteilt." Die Kostenentscheidung des Urteils wird unabhängig vom Strafbefehl nach §§ 465, 467 getroffen; § 473 gilt nicht (erg 1 zu § 473).

11 Bei dem Erlass des Urteils auf zulässigen Einspruch des Angeklagten gilt das **Verbot der Schlechterstellung** nach §§ 331, 358 II nicht (KG VRS **17**, 285, 289; Hamm VRS **41**, 302; SK-Weßlau 33), auch wenn die Hauptverhandlung keinen schwerer wiegenden Sachverhalt ergeben (Stuttgart StV **07**, 232 mwN; **aM** Esser StV **07**, 235; Ostler NJW **68**, 486) oder wenn der gesetzliche Vertreter Einspruch eingelegt hat (KMR-Metzger 32; **aM** SK-Weßlau 34). Das Gericht kann nicht nur den Schuldspruch ändern, sondern auch ohne vorherigen Hinweis an den Angeklagten (Hamm NJW **80**, 1587; VRS **63**, 56) die Freiheitsstrafe oder die Geldstrafe (Anzahl oder Höhe der Tagessätze oder beides) erhöhen (ob dies auch im Bußgeldverfahren bei Verdoppelung des Regelsatzes des Bußgeldes gilt, ist str; verneinend Hamm DAR **10**, 99 mit abl Anm Sandherr) und Nebenfolgen festsetzen, die in dem Strafbefehl nicht enthalten waren. Auch der Wegfall der im Strafbefehl angeordneten Strafaussetzung zur Bewährung ist zulässig; hier erfordert aber der Grundsatz des fairen Verfahrens (Einl 19) einen vorherigen Hinweis an den Angeklagten, dass er hiermit rechnen müsse, weil ihn dies zu einer besonderen Prüfung veranlassen wird, ob er den Einspruch lieber zurücknehmen soll. Die Gründe einer solchen Strafverschärfung sollten in dem Urteil dargelegt werden (Zweibrücken MDR **67**, 236); rechtlich notwendig ist das nicht.

12 Hat das AG die Hauptverhandlung durchgeführt, obwohl der **Einspruch unzulässig** ist, so wird die nach I gebotene Verwerfung in der Hauptverhandlung durch Urteil mit der Kostenentscheidung nach § 465 nachgeholt (Bay **61**, 195 = NJW **62**, 118; Hamm VRS **41**, 381). Das Urteil kann mit den üblichen Rechtsmitteln angefochten werden (Bay aaO). Ein auf einen unzulässigen Einspruch erlassenes Sachurteil hebt das Rechtsmittelgericht auf Berufung oder Revision eines Prozessbeteiligten von Amts wegen auf; gleichzeitig verwirft es den Einspruch als unzulässig (BGH **13**, 306; **18**, 127; **26**, 183; Düsseldorf JR **86**, 121 mit Anm Welp; Hamm NStZ-RR **10**, 21). Dabei gilt das Verbot der Schlechterstellung nicht; entgegen der verfehlten Ansicht von BGH **18**, 127 (wo rechtskräftige und nichtrechtskräftige Entscheidungen unzutr gleichgesetzt werden), der die ganz hM gefolgt ist (zB Hamm NJW **70**, 1092, 1093; LR-Hanack 20 zu § 358), ist also, wenn das AG auf den unzulässigen Einspruch die Strafe herabgesetzt hatte, der Strafbefehl *nicht* „mit der Maßgabe aufrechtzuerhalten, dass die ermäßigte Strafe festgesetzt ist" (so aber BGH aaO; München NJW **08**, 1331 mit abl Anm Meyer-Goßner); denn Rechtskraft geht vor Verschlechterungsverbot und nicht umgekehrt (eingehend dazu Meyer-Goßner Jung-FS 551 ff; erg 4 a zu § 331). Auch bei Vorliegen eines Wiedereinsetzungsantrages gegen die Versäumung der Einspruchsfrist kommt eine Zurückverweisung an das AG durch das LG nicht in Betracht (Bay **88**, 134 = JR **90**, 35 mit zust Anm Wendisch), auch nicht durch das Revisionsgericht (vgl 2 zu § 46). Erlangt das trotz der Rechtskraft des Strafbefehls ergangene Urteil Rechtskraft, so ist es wirksam (BGH **13**, 306, 309; Bay **53**, 34).

13 Ein Sach- oder ein Verwerfungsurteil, das trotz **Zurücknahme des Einspruchs** ergangen ist, muss auf ein Rechtsmittel des Angeklagten aufgehoben werden (Düsseldorf VRS **79**, 120); dabei ist zur Klarstellung die Rechtskraft des Strafbefehls ab Einspruchsrücknahme festzustellen. Die Rechtsmittelkosten und die notwendigen Auslagen des Angeklagten ab Einspruchsrücknahme müssen der Staatskasse auferlegt werden (Hamm VRS **43**, 112; LR-Gössel 11, 12).

14 Wurde der Einspruch in der Hauptverhandlung **fehlerhaft als unzulässig verworfen,** so wird das Urteil (oben 1) aufgehoben und die Sache an das AG zurückverwiesen (KK-Paul 7 zu § 328; Meyer-Goßner NJW **87**, 1163; erg 10 zu § 412).

15 Dasselbe gilt, wenn **keine wirksame Vertretungsvollmacht** (II S 1) bestanden hat (Saarbrücken NStZ **99**, 265).

Die **Zustellung des Urteils** kann auch im Fall des II nach § 145 a I an den Verteidiger erfolgen (Bay **66**, 63 = NJW **66**, 2323; Braunschweig NJW **65**, 1194); die Rechtsmittelfrist beginnt aber bereits mit der Verkündung des Urteils zu laufen (§§ 314 II, 341 II). 16

Ausbleiben des Angeklagten

412 [1]**Ist bei Beginn einer Hauptverhandlung der Angeklagte weder erschienen noch durch einen Verteidiger vertreten und ist das Ausbleiben nicht genügend entschuldigt, so ist § 329 Abs. 1, 3 und 4 entsprechend anzuwenden.** [2]**Hat der gesetzliche Vertreter Einspruch eingelegt, so ist auch § 330 entsprechend anzuwenden.**

1) Bei unentschuldigtem Ausbleiben des Angeklagten in der auf seinen Einspruch anberaumten Hauptverhandlung, also nicht im Fall des § 408 III S 2, ist § 329 I, III, IV entspr anzuwenden (S 1), bei Einspruch des gesetzlichen Vertreters auch § 330 (S 2). Liegen die Voraussetzungen dieser Vorschriften vor, so muss der Einspruch verworfen werden (zwingende Folge, vgl Bay **03**, 155 = wistra **04**, 117 mwN), auch dann, wenn sie erst nach Beginn der Verhandlung zur Sache festgestellt werden (LG München I NStZ **83**, 427). 1

A. **Voraussetzung** der Einspruchverwerfung ist in 1. Hinsicht ein zulässiger Einspruch gegen den Strafbefehl; die Verwerfung des Einspruchs als unzulässig (§ 411 I S 1) hat den Vorrang (vgl 7 zu § 329). Weitere Voraussetzungen sind das Vorliegen eines wirksamen Strafbefehls (Hamm JMBlNW **52**, 222) und die ordnungsgemäße Ladung des Angeklagten (9 ff zu § 329) mit einer Belehrung über die Rechtsfolge des § 412 (Bay **62**, 6 = Rpfleger **62**, 147; Hamburg MDR **76**, 1041; Köln NJW **69**, 246), die bei jeder neuen Ladung wiederholt werden muss (Bremen MDR **68**, 1031), nicht aber die Einhaltung der Ladungsfrist (11 zu § 329); ferner muss der Strafbefehl wirksam zugestellt und nicht nur formlos mitgeteilt sein (Bay **99**, 65 = NStZ-RR **99**, 243; Karlsruhe StV **95**, 8; LG Bonn MDR **74**, 863; **aM** Zweibrücken NStZ **94**, 602, dessen Auffassung, dies sei zum Schutz des Angeklagten nicht erforderlich, nicht zu überzeugen vermag; ebenso aber für den Fall des § 408 a Köln VRS **99**, 431). Ob im Strafbefehl das materielle Recht richtig angewendet wurde, wird ebenso wenig geprüft wie das Vorliegen der Prozessvoraussetzungen (vgl 8 zu § 329); wenn das Verfahrenshindernis allerdings erst *nach* Erlass des Strafbefehls eingetreten ist (zB Rücknahme des Strafantrags) ist nach § 260 III, nicht nach § 412 zu verfahren (AK-Loos 7; **aM** KK-Fischer 12 mwN: stets Einstellung des Verfahrens). 2

B. Bei **Beginn der Hauptverhandlung** muss der Angeklagte ausgeblieben sein (vgl 12 ff zu § 329). Wie in der Berufungsverhandlung muss auch in der Verhandlung auf den Einspruch mit dem Verwerfungsurteil einige Zeit abgewartet werden (RG **61**, 175, 177; Bay **59**, 250 = NJW **59**, 2224), üblicherweise 15 Minuten, wenn besondere Erschwernisse in den Verkehrsverhältnissen nicht bekannt sind (erg 13 zu § 329). 3

Die Verwerfung ist **auch zulässig,** wenn eine Verhandlung ausgesetzt und dann eine neue Verhandlung auf den Einspruch anberaumt worden war oder wenn sie stattfindet, nachdem gegen das Verwerfungsurteil entspr § 329 III Wiedereinsetzung bewilligt worden war (3 zu § 329). War die Verhandlung nur nach § 229 unterbrochen worden, so ist § 412 unanwendbar (3 zu § 329). Das Gleiche gilt für den Fall, dass nach Zurückverweisung der Sache durch das Revisionsgericht neu verhandelt wird (§ 329 I S 1), sofern nicht bereits das aufgehobene Urteil den Einspruch nach § 412 verworfen hatte (Zweibrücken VRS **51**, 365; erg 4 zu § 329). 4

C. Das **Erscheinen eines Vertreters** hindert das Verwerfungsurteil, auch wenn das persönliche Erscheinen des Angeklagten angeordnet worden war (4 zu § 411). Wie im Fall des § 329 I muss der Vertreter aber nicht nur körperlich anwesend, sondern auch bereit sein, den Angeklagten zu vertreten (16 zu § 329; 6 zu § 411). 5

War der Vertreter nicht erschienen, so ist ein Verwerfungsurteil ausgeschlossen, wenn er vor der Hauptverhandlung deren Aussetzung wegen Nichteinhaltung der Ladungsfrist (Köln VRS **71**, 449) oder wegen Verhinderung (Bay **01**, 101 = NStZ-RR **02**, 79) beantragt hat. War das persönliche Erscheinen des Angeklagten angeordnet worden, so hat das Gericht die Wahl, ohne ihn zu verhandeln oder sein Erscheinen entspr § 329 IV zu erzwingen (Celle NJW **70**, 906; Hamburg NJW **68**, 1687; Küper NJW **69**, 493; 8 zu § 236).

6 D. **Nicht genügend entschuldigt** muss das Ausbleiben des Angeklagten sein. Insoweit gelten die gleichen Grundsätze wie bei § 329 I (dort 21 ff).

7 **2)** Die **Vorführung oder Verhaftung** des Angeklagten ist nur unter den gleichen eingeschränkten Voraussetzungen zulässig wie nach § 329 IV (dort 45; LG Zweibrücken VRS **112**, 40).

8 **3)** Für das **Verwerfungsurteil** gelten die gleichen Grundsätze wie für das Urteil nach § 329 I (dort 30 ff). Eine Kostenentscheidung unterbleibt, weil § 473 für den Einspruch nicht gilt (dort 1). Dem ausgebliebenen Angeklagten ist das Urteil durch Zustellung bekanntzumachen (§ 35 II S 1). Ersatzzustellung ist zulässig (25 und 26 zu § 232); auch § 145 a ist anwendbar (Bay **66**, 63 = NJW **66**, 2323).

9 **Wiedereinsetzung** gegen das Urteil kann entspr § 329 III bewilligt werden (dort 40 ff).

10 **4)** Die **Berufung** gegen das Verwerfungsurteil ist stets zulässig. Sie bedarf auch dann nicht der Annahme nach § 313, wenn im Strafbefehl nur eine Geldstrafe von nicht mehr als 15 Tagessätzen verhängt oder vorbehalten ist (Hettenbach [2 zu § 313] S 64; denn § 313 setzt eine Verhandlung am AG zur Sache voraus. Auf die Berufung wird geprüft, ob die Voraussetzungen für die Verwerfung vorgelegen haben. Dabei muss neues Tatsachenvorbringen des Beschwerdeführers berücksichtigt werden (Bay **53**, 51 = NJW **53**, 1196; **01**, 14 = NJW **01**, 1438; Hamm VRS **23**, 299); dafür gilt das Strengbeweisverfahren (Naumburg NStZ-RR **01**, 87). Bei erfolgreicher Berufung wird das Urteil des AG aufgehoben und die Sache an das AG zurückverwiesen (BGH **36**, 139). Hat das AG ein Sachurteil erlassen, anstatt nach § 412 zu verfahren, hebt das LG auf Berufung das Urteil auf und verweist die Sache zur Einspruchsverwerfung an das AG zurück (LG München I NStZ **83**, 427; HK-GS/C. Koch 11 aE; **aM** KK-Fischer 17 zu § 411; KMR-Metzger 30; Gössel JR **90**, 303: Verwerfung durch das LG). Hat das AG die Unzulässigkeit des Einspruchs übersehen, verwirft ihn das LG unter Aufhebung des nach § 412 ergangenen Urteils (KMR-Metzger 31).

11 Für die **Revision,** die gegen das Urteil des AG (§ 335) oder gegen das die Verwerfung bestätigende Berufungsurteil (§ 333) eingelegt werden kann, gilt das Gleiche wie für die Revision gegen das Verwerfungsurteil nach § 329 I (dort 46 ff). Hat das LG die Berufung gegen das Verwerfungsurteil verworfen, hält aber das Revisionsgericht die Voraussetzungen des § 412 nicht für gegeben, so verweist es die Sache unter Aufhebung beider Urteile an das AG zurück (Karlsruhe StV **95**, 8; Köln VRS **71**, 449; **98**, 138); sind aber weitere Feststellungen zur „nicht genügenden Entschuldigung" möglich, wird nur das landgerichtliche Urteil aufgehoben (Schleswig SchhlHA **09**, 245 [D/D]). Hat das LG auf die Berufung gegen das Verwerfungsurteil eine Sachentscheidung erlassen, hält das Revisionsgericht aber das 1. Urteil für richtig, so hebt es das Urteil des LG auf und verwirft die Berufung als unbegründet (Bay **75**, 23 = MDR **75**, 597); damit stellt es das 1. Urteil wieder her, und der Strafbefehl wird rechtskräftig.

2. Abschnitt. Sicherungsverfahren

Antrag der Staatsanwaltschaft

413 Führt die Staatsanwaltschaft das Strafverfahren wegen Schuldunfähigkeit oder Verhandlungsunfähigkeit des Täters nicht durch, so kann sie den Antrag stellen, Maßregeln der Besserung und Sicherung selbstständig anzuordnen, wenn dies gesetzlich zulässig ist und die Anordnung nach dem Ergebnis der Ermittlungen zu erwarten ist (Sicherungsverfahren).

1) Die **selbstständige Anordnung von Sicherungsmaßregeln** nach §§ 61 ff StGB, mit Ausnahme der Sicherungsverwahrung und der Führungsaufsicht, sieht § 71 StGB für den Fall vor, dass das Strafverfahren gegen den Täter wegen Schuld- oder Verhandlungsunfähigkeit nicht durchgeführt werden kann; die §§ 413–416 enthalten dazu die verfahrensrechtliche Ergänzung (BGH **31**, 132, 134). Das Sicherungsverfahren ist von vornherein nicht auf zweispurige strafrechtliche Sanktion (Strafe und Maßregel), sondern nur auf die Anordnung der Maßregel ausgerichtet. Es bezweckt die Sicherung der Allgemeinheit vor gefährlichen Straftätern (BGH **22**, 1, 3; anders Seyfi, Das Sicherungsverfahren, 2002, zugl Diss Hamburg 2001, S 46, 52: vorrangig Spezialprävention). Das Verfahren ist auch gegen Jugendliche und Heranwachsende zulässig, wenn die Maßregel gegen sie nach sachlichem Recht (§§ 2, 7, 105 I **JGG**) angeordnet werden darf. Eine Einziehungsanordnung kann – anders als nach § 440 – im Sicherungsverfahren nicht ergehen (BGH NStZ-RR **05**, 69 [B]; 4 StR 140/08 vom 12. 6. 2008). 1

2) Voraussetzungen des Sicherungsverfahrens: 2

A. **Nichtdurchführung des Strafverfahrens durch die StA** wegen Schuld- oder Verhandlungsunfähigkeit des Beschuldigten. Gleichgültig ist, ob die StA von der Anklageerhebung von vornherein absieht oder ob sie die erhobene Klage nach § 156 zurücknimmt. Über den Wortlaut des § 413 hinaus ist das Sicherungsverfahren auch zulässig, wenn das Gericht die Eröffnung des Hauptverfahrens wegen Schuldunfähigkeit abgelehnt hat (LR-Gössel 3). 3

Bei der **Schuldunfähigkeit** muss nicht feststehen, dass die Voraussetzungen des § 20 StGB vorliegen; es genügt, dass das nicht auszuschließen ist, aber jedenfalls erheblich verminderte Schuldfähigkeit nach § 21 StGB besteht (BGH **22**, 1 = JZ **68**, 531 mit abl Anm Sax; LR-Gössel 5; Schlüchter 795; **aM** SK-Weßlau 10; Hanack JZ **74**, 56; Peters 570). Die fehlende strafrechtliche Verantwortlichkeit des Jugendlichen nach § 3 JGG ist keine Schuldunfähigkeit iS § 413 (Bay **58**, 263; LR-Gössel 2). Das Sicherungsverfahren ist aber zulässig, wenn zugleich die Voraussetzungen des § 20 StGB vorliegen (vgl BGH **26**, 67 = JR **76**, 116 mit Anm Brunner). 4

Die **Verhandlungsunfähigkeit** (Einl 97) darf nicht nur vorübergehend bestehen; denn dann führt sie zur vorläufigen Einstellung des Verfahrens nach § 205, nicht zu dessen Undurchführbarkeit. Zulässig ist das Sicherungsverfahren schon, wenn nicht auszuschließen ist, dass der Beschuldigte dauernd, dh für immer oder jedenfalls auf unabsehbare Zeit, verhandlungsunfähig ist (Schlüchter 796; **aM** SK-Weßlau 14). 5

B. **Erwartung der Anordnung der Maßregel:** Der Erfolg des Antrags im Sicherungsverfahren muss wahrscheinlich sein (Lüttger GA **57**, 210; Schlüchter 798.1). Bei Schuldunfähigkeit müssen die Ermittlungen hinreichende (vgl 2 zu § 203) Gründe für die Annahme ergeben, dass der Beschuldigte eine rechtswidrige Tat begangen hat und dabei schuldunfähig nach § 20 StGB gewesen ist oder dass die Schuldunfähigkeit wenigstens nicht ausgeschlossen werden kann. Bei Verhandlungsunfähigkeit muss der gleiche hinreichende Tatverdacht bestehen wie bei der Anklageerhebung. In beiden Fällen müssen darüber hinaus hinreichende Gründe für die Erwartung bestehen, dass das Gericht die Sicherungsmaßregel für zulässig und erforderlich halten und daher anordnen werde. 6

7 3) **Andere Hinderungsgründe für das Strafverfahren** dürfen nicht bestehen, zB nicht die strafbefreiende Wirkung des Rücktritts vom Versuch nach § 24 StGB (BGH **31**, 132 = JR **84**, 25 mit Anm Blau).

8 Nach früher hM stand das **Fehlen des Strafantrags** bei einem Antragsdelikt dem Sicherungsverfahren nicht entgegen (BGH **5**, 140). Dieser Auffassung ist durch § 71 StGB der Boden entzogen; das Sicherungsverfahren darf ebenso wenig wie das Strafverfahren, in das es uU nach § 416 übergeleitet werden kann, durchgeführt werden, wenn der erforderliche Strafantrag fehlt (BGH **31**, 132 = JR **84**, 25 mit Anm Blau; LR-Gössel 13) und das verletzte Strafgesetz nicht vorsieht, dass der Strafantrag durch die Annahme des besonderen öffentlichen Interesses an der Strafverfolgung durch die StA ersetzt werden kann.

9 Entsprechendes gilt für die **anderen Verfahrenshindernisse** mit Ausnahme der Verhandlungsunfähigkeit (LR-Gössel 9). Kann das Sicherungsverfahren wegen eines Verfahrenshindernisses nicht durchgeführt werden, so muss die Sicherung der Allgemeinheit mit außerstrafrechtlichen Mitteln versucht werden.

10 4) **Im pflichtgemäßen Ermessen der StA** steht die Antragstellung. Das Legalitätsprinzip (§ 152 II) gilt für das Sicherungsverfahren nicht (BGH 1 StR 248/07 vom 18. 7. 2007 mwN). Für die Ermessensausübung ist maßgeblich, ob die Sicherungsmaßregel zum Schutz der Allgemeinheit erforderlich oder ob sie entbehrlich ist, insbesondere weil der Schutz auf andere Weise erreicht werden kann (LR-Gössel 21 ff; weitergehend Peters 569 ff, der das Sicherungsverfahren wegen des Verhältnismäßigkeitsgrundsatzes nur für zulässig hält, wenn es sich um schwerwiegende Vorgänge handelt). Die mögliche oder bereits vollzogene Verwahrung nach den Unterbringungsgesetzen der Länder schließt das Sicherungsverfahren aber nicht aus (vgl BGH **24**, 98). Stellt die StA den Antrag, können Mitteilungspflichten von Amts wegen zu beachten sein, zB nach MiStra 15 I Nr 2, 19 I S 1 Nr 2, 50 I Nr 2 a; vgl ferner §§ 12 ff **EGGVG.**

Verfahren

414 [I] **Für das Sicherungsverfahren gelten sinngemäß die Vorschriften über das Strafverfahren, soweit nichts anderes bestimmt ist.**

[II] [1] **Der Antrag steht der öffentlichen Klage gleich.** [2] **An die Stelle der Anklageschrift tritt eine Antragsschrift, die den Erfordernissen der Anklageschrift entsprechen muss.** [3] **In der Antragsschrift ist die Maßregel der Besserung und Sicherung zu bezeichnen, deren Anordnung die Staatsanwaltschaft beantragt.** [4] **Wird im Urteil eine Maßregel der Besserung und Sicherung nicht angeordnet, so ist auf Ablehnung des Antrages zu erkennen.**

[III] **Im Vorverfahren soll einem Sachverständigen Gelegenheit zur Vorbereitung des in der Hauptverhandlung zu erstattenden Gutachtens gegeben werden.**

1 1) **Sinngemäße Anwendung des allgemeinen Strafprozessrechts** (I): Das Sicherungsverfahren ist kein echtes Strafverfahren; die Regeln der StPO gelten daher nur sinngemäß und nur subsidiär. Besondere Vorschriften enthalten II, III und §§ 415, 416. Nicht anwendbar ist grundsätzlich (vgl aber 1 zu § 416) zB § 206 a im Fall der Verhandlungsunfähigkeit; wie § 415 I zeigt, gilt das auch, wenn das Sicherungsverfahren wegen Schuldunfähigkeit betrieben wird. Nebenklage ist gemäß § 395 zulässig.

2 2) **Antragstellung** (II S 1–3): Der Antrag nach § 413 steht der öffentlichen Klage gleich (II S 1); mit der Antragstellung wird die Sache rechtshängig.

3 Die **Antragsschrift** ist eine Prozessvoraussetzung, die durch eine Anklageschrift nicht ersetzt wird (Weßlau JR **02**, 475). Daher darf das Gericht, dem im Strafverfahren eine Anklageschrift vorgelegt wird, die Sache nicht im Sicherungsverfahren eröffnen (RG **72**, 143). Zulässig ist jedoch die hilfsweise Verbindung einer Ankla-

geschrift mit einem Antrag im Sicherungsverfahren für den Fall, dass das Gericht Schuldunfähigkeit für wahrscheinlich hält (RG **72**, 143, 144; LR-Gössel 18; erg 1 zu § 416).

4 **Inhaltlich** muss die Antragsschrift im Wesentlichen der Anklageschrift nach § 200 entsprechen (II S 2). Das ist schon deshalb notwendig, weil sie beim Übergang in das Strafverfahren (§ 416) als Anklageschrift dienen muss. Von der Mitteilung des wesentlichen Ermittlungsergebnisses darf nur unter den Voraussetzungen des § 200 II S 2 abgesehen werden. Der Antragssatz bezeichnet die von dem Beschuldigten begangene Tat und enthält den Antrag, das Hauptverfahren im Sicherungsverfahren zu eröffnen. Die Sicherungsmaßregel, deren Anordnung die StA erstrebt, ist zu bezeichnen (II S 3); dass das Gericht auch eine andere Maßregel anordnen kann, ergibt sich aus § 265 II.

5 **3)** Die **Entscheidung über die Eröffnung des Hauptverfahrens** ergeht wie nach Anklageerhebung. Das Gericht führt das Zwischenverfahren nach § 201 durch. Dem Beschuldigten wird ein Verteidiger bestellt, wenn er noch keinen Verteidiger hat (§§ 140 I Nr 7, 141 I). Über die Eröffnung entscheidet das Gericht entspr §§ 203, 204. Nach Eröffnung des Sicherungsverfahrens gelten die §§ 213ff, ergänzt durch § 415 II. Zum Übergang in das Strafverfahren vgl § 416.

6 **4) Im Urteil** (II S 4) wird entweder die beantragte Maßregel angeordnet, wobei die Tat, die dazu Anlass gibt, im Urteilsausspruch nicht bezeichnet wird (BGH MDR **85**, 449 [H]) oder es wird der Antrag der StA abgelehnt. (Teil-)Freisprechung oder (Teil-)Verfahrenseinstellung kommen im Sicherungsverfahren nicht in Betracht (BGH NJW **70**, 1242; NStZ-RR **04**, 68 [B]); auch §§ 153 II, 153a II sind nicht anwendbar (LG Krefeld NJW **76**, 815; LR-Gössel 26; **aM** KMR-Metzger 25), wohl aber § 154 II (BGH 3 StR 31/07 vom 15. 3. 2007) und § 154a II (SK-Weßlau 11). Das Urteil ist nach den allgemeinen Vorschriften mit Berufung oder Revision anfechtbar. Die Wiederaufnahme richtet sich nach §§ 359ff (dazu KK-Fischer 24; LR-Gössel 38ff). Zur Rechtskraftwirkung vgl 9 zu § 416.

7 **5) Vorverfahren** (III): Ein Sachverständiger soll schon im Ermittlungsverfahren hinzugezogen werden, und zwar nicht nur in den Fällen, in denen das schon § 80a vorsieht. In der Hauptverhandlung ist die Mitwirkung eines Sachverständigen nach § 415 V notwendig. IdR ist ein Arzt zum Sachverständigen zu bestellen; im Fall des § 246a ist das unerlässlich. Ob neben dem Arzt noch ein anderer Sachverständiger benötigt wird, richtet sich nach den Umständen des Falles. Im Sicherungsverfahren besteht notwendige Verteidigung (§ 140 I Nr 7). Beabsichtigt die StA die Antragstellung nach § 413, so beantragt sie die Verteidigerbestellung schon im Ermittlungsverfahren (§ 141 III). Hat der Beschuldigte einen Betreuer (§ 1896 BGB), so ist dieser tunlichst zu hören; vorgeschrieben ist seine Beteiligung am Verfahren nicht (BGH NStZ **96**, 610).

8 **6) Gerichtliche Zuständigkeit:** Ist die Unterbringung in einer Entziehungsanstalt, die Anordnung eines Berufsverbots oder die Entziehung der Fahrerlaubnis beantragt, so ist das AG zuständig (§ 24 II GVG), und zwar idR der Strafrichter (§ 25 Nr 2 GVG), nur noch in schwerwiegenden Fällen das SchG (vgl auch KMR-Metzger: nur bei Verbrechenstatbeständen). Die StrK ist zuständig, wenn die Unterbringung in einem psychiatrischen Krankenhaus beantragt ist oder die StA einen Fall von besonderer Bedeutung annimmt (§ 74 I S 2 GVG). Fällt die Tat unter den Katalog des § 74 II GVG, so ist das SchwurG zuständig, nicht die allgemeine StrK (BGH NStZ-RR **02**, 104 [B]; Stuttgart NStZ **87**, 292; erg 4 zu § 74 GVG). Auch die Zuständigkeitsregelungen der §§ 74a, 74c GVG gelten (BGHR StPO § 354 II WirtschaftsStrK 1); § 209a ist anzuwenden. In den Fällen des § 120 GVG ist das OLG zuständig (LR-Gössel 13). Für Jugendliche und Heranwachsende gelten die §§ 40, 41, 109 **JGG** (Düsseldorf JMBlNW **92**, 69; Stuttgart NStZ **88**, 225).

Hauptverhandlung ohne den Beschuldigten

415 **I Ist im Sicherungsverfahren das Erscheinen des Beschuldigten vor Gericht wegen seines Zustandes unmöglich oder aus Gründen der öffentlichen Sicherheit oder Ordnung unangebracht, so kann das Gericht die Hauptverhandlung durchführen, ohne dass der Beschuldigte zugegen ist.**

II [1] In diesem Falle ist der Beschuldigte vor der Hauptverhandlung durch einen beauftragten Richter unter Zuziehung eines Sachverständigen zu vernehmen. [2] Von dem Vernehmungstermin sind die Staatsanwaltschaft, der Beschuldigte, der Verteidiger und der gesetzliche Vertreter zu benachrichtigen. [3] Der Anwesenheit des Staatsanwalts, des Verteidigers und des gesetzlichen Vertreters bei der Vernehmung bedarf es nicht.

III Fordert es die Rücksicht auf den Zustand des Beschuldigten oder ist eine ordnungsgemäße Durchführung der Hauptverhandlung sonst nicht möglich, so kann das Gericht im Sicherungsverfahren nach der Vernehmung des Beschuldigten zur Sache die Hauptverhandlung durchführen, auch wenn der Beschuldigte nicht oder nur zeitweise zugegen ist.

IV [1] Soweit eine Hauptverhandlung ohne den Beschuldigten stattfindet, können seine früheren Erklärungen, die in einem richterlichen Protokoll enthalten sind, verlesen werden. [2] Das Protokoll über die Vorvernehmung nach Absatz 2 Satz 1 ist zu verlesen.

V [1] In der Hauptverhandlung ist ein Sachverständiger über den Zustand des Beschuldigten zu vernehmen. [2] Hat der Sachverständige den Beschuldigten nicht schon früher untersucht, so soll ihm dazu vor der Hauptverhandlung Gelegenheit gegeben werden.

1 **1) Hauptverhandlung ohne den Beschuldigten** (I): Grundsätzlich findet auch im Sicherungsverfahren die Hauptverhandlung entspr § 230 I in Anwesenheit des Beschuldigten statt: er ist dann berechtigt, seine Prozessrechte wahrzunehmen. I lässt aber die Durchführung der Hauptverhandlung ohne den Beschuldigten zu, wenn sein Erscheinen wegen seines Zustands unmöglich oder aus Gründen der öffentlichen Sicherheit oder Ordnung unangebracht ist. Will das Gericht nach I verfahren, so erlässt es einen entspr Beschluss, der begründet werden muss, und ordnet die Vorvernehmung nach II (unten 4 ff) an. Der abwesende Beschuldigte kann sich durch einen Verteidiger vertreten lassen (§ 234); da die Verteidigung notwendig ist (§ 140 I Nr 7), muss ein Verteidiger während der gesamten Verhandlung anwesend sein.

2 **Wegen seines Zustands unmöglich** ist das Erscheinen des Beschuldigten etwa im Fall der Transportunfähigkeit, der Selbstmordgefahr (LR-Gössel 2) oder der drohenden Verschlimmerung seines Leidens. Die aus seinem geistigen Zustand folgende Verhandlungsunfähigkeit allein macht das Erscheinen nicht unmöglich.

3 **Aus Gründen der öffentlichen Sicherheit oder Ordnung unangebracht** ist das Erscheinen des Beschuldigten zB, wenn Tobsuchtsanfälle, tätliche Angriffe, Ausbruchsversuche uä während des Transports oder in der Hauptverhandlung zu erwarten sind und dem durch Sicherungsmaßnahmen nicht begegnet werden kann (KMR-Metzger 10; LR-Gössel 2).

4 **2)** Die **Vorvernehmung** (II) ist eine Art kommissarische Vernehmung, vergleichbar mit der nach §§ 231 a I S 1, 233 II. Sie soll dem Gericht wenigstens mittelbar einen Eindruck von der Persönlichkeit des Beschuldigten vermitteln und den Beschuldigten zu Worte kommen lassen.

5 A. **Durch einen beauftragten Richter,** dh durch ein Mitglied des erkennenden Gerichts, muss der Beschuldigte vernommen werden. Ist das Sicherungsverfahren beim AG anhängig, so muss der Vorsitzende des SchG oder der Strafrichter den Beschuldigten vernehmen. Die Vernehmung durch einen ersuchten Richter lässt II

nicht genügen, weil nur die Vernehmung durch ein Mitglied des erkennenden Gerichts gewährleistet, dass an den Beschuldigten alle erforderlichen Fragen gestellt werden und die Notwendigkeit zusätzlicher Beweiserhebungen erkannt wird. Der mit der Vernehmung beauftragte Richter braucht an der Hauptverhandlung nicht teilzunehmen (BGH **2**, 1; LR-Gössel 3).

B. Unter **Hinzuziehung eines Sachverständigen** muss der Beschuldigte vernommen werden. Zum Sachverständigen ist idR ein Arzt zu bestellen (7 zu § 414), und zwar zweckmäßigerweise derjenige, der nach V in der Hauptverhandlung vernommen wird. Der Sachverständige muss während der ganzen Vernehmung anwesend sein; unschädlich ist seine Abwesenheit aber während unwesentlicher Teile der Vernehmung (RG **72**, 182; LR-Gössel 4; erg 37 ff zu § 338). Die Wahrnehmungen des Sachverständigen bei der Vernehmung werden durch seine eigene Vernehmung in die Hauptverhandlung eingeführt. 6

C. **Benachrichtigungspflicht:** Die Beteiligten müssen von Ort und Zeit der Vernehmung unterrichtet werden. Beim Beschuldigten ist nicht von Ladung die Rede, weil er häufig auf Grund eines Unterbringungsbefehls nach § 126 a verwahrt wird. Ist er auf freiem Fuß, so muss er entspr § 216 I S 1 förmlich geladen werden (LR-Gössel 4). Bei der Vernehmung müssen die übrigen Prozessbeteiligten nicht anwesend sein (II S 3). 7

3) Abwesenheit des Beschuldigten nach der Vernehmung zur Sache (III): Liegen die Voraussetzungen des I nicht vor, so kann die Hauptverhandlung ohne den Beschuldigten auf Grund eines entspr Gerichtsbeschlusses nur durchgeführt werden, wenn er in ihr wenigstens zur Sache vernommen worden ist (dazu 24 ff zu § 243). Erscheint er überhaupt nicht, so gilt § 230. III betrifft nur den Fall, dass die ordnungsgemäße Durchführung der Hauptverhandlung nicht möglich ist, sei es mit Rücksicht auf den Zustand des Beschuldigten, insbesondere weil eine Verschlechterung seiner Gesundheit durch die weitere Verhandlung in seiner Anwesenheit zu befürchten wäre, sei es aus einem sonstigen Grund, zB weil der in Erregung geratene Beschuldigte die Verhandlung ständig stört (LR-Gössel 6). Die Ermächtigung, den Beschuldigten zwangsweise aus dem Sitzungssaal zu entfernen, enthält III nicht; dafür gelten § 247 und § 177 GVG. 8

Nimmt der Beschuldigte vor der Urteilsverkündung wieder an der Hauptverhandlung teil, so ist seine **Unterrichtung** über den wesentlichen Inhalt dessen, was während seiner Abwesenheit ausgesagt oder sonst verhandelt worden ist, nicht unbedingt erforderlich; § 247 I S 3 ist nicht entspr anwendbar (BGH 5 StR 544/59 vom 15. 12. 1959 zu § 429 c aF; **aM** KMR-Metzger 24). Die Unterrichtung kann aber im Rahmen der Sachaufklärungspflicht geboten sein (weitergehend LR-Gössel 7: nobile officium). 9

4) Verlesung von richterlichen Vernehmungsprotokollen (IV): Im Fall des I ist die Verlesung der Niederschrift über die Vorvernehmung nach II (oben 4 ff) zwingend vorgeschrieben (IV S 2). Andere richterliche Vernehmungsprotokolle, auch aus einem gegen den Beschuldigten zunächst betriebenen Strafverfahren (LR-Gössel 6), können verlesen werden (IV S 1). Auch im Fall des III kann bei Abwesenheit des Beschuldigten eine richterliche Vernehmungsniederschrift verlesen werden (IV S 1). Für die Verlesung, die keinen Gerichtsbeschluss erfordert, gelten die Einschränkungen des § 254 nicht. 10

5) Mitwirkung eines Sachverständigen (V): Die Vorschrift ergänzt § 414 III und erweitert § 246 a. Sie schreibt die Vernehmung eines Sachverständigen (nicht seine ständige Anwesenheit in der Hauptverhandlung) zwingend vor, auch wenn es in dem Sicherungsverfahren nur um die Anordnung nicht freiheitsentziehender Sicherungsmaßregeln geht. IdR wird ein Arzt zum Sachverständigen bestellt (7 zu § 414). 11

6) Rechtsmittel: Der Beschluss nach I, die Hauptverhandlung ohne den Beschuldigten durchzuführen, ist nicht mit der Beschwerde anfechtbar (§ 305 S 1); 12

§ 231 a III S 3 gilt nicht entspr (Koblenz MDR **76**, 602). Entsprechendes gilt im Fall des III. Wurde in Abwesenheit des Beschuldigten verhandelt, ohne dass die Voraussetzungen des I oder III vorlagen, so besteht der zwingende Revisionsgrund des § 338 Nr 5.

Überleitung in das Strafverfahren

416 **I [1]Ergibt sich im Sicherungsverfahren nach Eröffnung des Hauptverfahrens die Schuldfähigkeit des Beschuldigten und ist das Gericht für das Strafverfahren nicht zuständig, so spricht es durch Beschluss seine Unzuständigkeit aus und verweist die Sache an das zuständige Gericht. [2]§ 270 Abs. 2 und 3 gilt entsprechend.**

II [1]Ergibt sich im Sicherungsverfahren nach Eröffnung des Hauptverfahrens die Schuldfähigkeit des Beschuldigten und ist das Gericht auch für das Strafverfahren zuständig, so ist der Beschuldigte auf die veränderte Rechtslage hinzuweisen und ihm Gelegenheit zur Verteidigung zu geben. [2]Behauptet er, auf die Verteidigung nicht genügend vorbereitet zu sein, so ist auf seinen Antrag die Hauptverhandlung auszusetzen. [3]Ist auf Grund des § 415 in Abwesenheit des Beschuldigten verhandelt worden, so sind diejenigen Teile der Hauptverhandlung zu wiederholen, bei denen der Beschuldigte nicht zugegen war.

III Die Absätze 1 und 2 gelten entsprechend, wenn sich im Sicherungsverfahren nach Eröffnung des Hauptverfahrens ergibt, dass der Beschuldigte verhandlungsfähig ist und das Sicherungsverfahren wegen seiner Verhandlungsunfähigkeit durchgeführt wird.

1 **1)** Die **Überleitung des Sicherungsverfahrens in das Strafverfahren** lässt die Vorschrift zu, nicht (auch nicht mit Zustimmung der StA) die Überleitung des Strafverfahrens in das Sicherungsverfahren (BGHR § 396 Anschlussbefugnis 1). Das gilt schon im Eröffnungsverfahren; das Gericht darf das Sicherungsverfahren auf eine Anklageschrift nur eröffnen, wenn die StA das hilfsweise beantragt hat (3 zu § 414). Der Antrag kann von der StA im Strafverfahren aber auch noch nach Ablehnung der Eröffnung gestellt werden (BGH **47**, 52 = JR **02**, 473 mit Anm Weßlau). Nach Eröffnung des Hauptverfahrens muss das Strafverfahren durchgeführt werden. (BGH 1 StR 338/09 vom 19. 8. 2009). Bei Schuldunfähigkeit ist der Angeklagte freizusprechen und eine Sicherungsmaßregel anzuordnen, wenn das zulässig und geboten ist. Stellt sich seine dauernde Verhandlungsunfähigkeit heraus, so wird das Verfahren nach § 206 a oder § 260 III eingestellt (BGH **46**, 345 = JR **01**, 520 mit Anm Gössel).

2 **2) Einzelheiten**

3 A. Die **Überleitung muss stattfinden,** wenn feststeht, dass der Beschuldigte schuld- oder verhandlungsfähig ist (LR-Gössel 9; KK-Fischer 1). Auf neue Tatsachen oder Beweismittel braucht diese andere Beurteilung nicht gestützt zu werden. Solange nur Zweifel daran bestehen, ob die Voraussetzungen für das Sicherungsverfahren und die selbstständige Anordnung der Maßregel vorliegen, ist die Überleitung nicht zulässig. Sie findet auch nicht statt, wenn nicht geklärt werden kann, ob der Beschuldigte bei der Tat schuldunfähig oder nur vermindert schuldfähig war und für das Strafverfahren kein höheres Gericht zuständig wäre (BGH **16**, 198 = JZ **62**, 501 mit Anm Sax).

4 B. **Schon im Eröffnungsverfahren** ist, über den Wortlaut des § 416 hinaus, die Überleitung in das Strafverfahren möglich (LR-Gössel 1; **aM** SK-Weßlau 2); die Antragsschrift ist stets hilfsweise zugleich Anklageschrift (4 zu § 414). Wenn das Gericht die Voraussetzungen für das Strafverfahren für gegeben hält, muss es daher so verfahren, als liege eine Anklageschrift vor (Peters 572). Eine Zuständigkeitsverschiebung im Eröffnungsverfahren richtet sich nach § 209.

C. Im **Hauptverfahren** ist die Überleitung nach I–III zulässig, wenn sich die Schuld- oder Verhandlungsfähigkeit des Beschuldigten ergibt, und zwar vor oder in der Hauptverhandlung, auch nach deren Aussetzung. Stellt sich bei mehreren selbstständigen Taten (iSd § 264) des Beschuldigten nur hinsichtlich einzelner von ihnen seine Schuldfähigkeit heraus, erfolgt eine teilweise Überleitung. Die Möglichkeit der Überleitung entfällt mit der vollständigen Verkündung des Urteils, entsteht aber erneut nach Zurückweisung der Sache durch das Revisionsgericht (BGH **11**, 319). Wird die wegen Schuldunfähigkeit angeordnete Unterbringung (§ 63 StGB) des Beschuldigten vom Revisionsgericht aufgehoben, steht § 358 II der Zurückverweisung nicht entgegen, falls eine verminderte Steuerungsfähigkeit (§ 21 StGB) sicher festgestellt werden könnte und damit zwar keine Strafe verhängt, aber ein Schuldspruch und eine Unterbringung möglich wäre (BGH 4 StR 449/06 vom 9. 1. 2007). 5

a) Bei **Unzuständigkeit des Gerichts für das Strafverfahren** (I) spricht es durch Beschluss seine Unzuständigkeit aus und verweist die Sache an das zuständige Gericht. Das gilt auch für den Fall, dass ein niederes Gericht zuständig ist; § 269 gilt hier nicht (BGH **21**, 334, 357; KK-Fischer 3). Die Verweisung an ein Gericht mit besonderer Zuständigkeit (§ 74 e GVG) setzt voraus, dass rechtzeitig der Einwand nach § 6 a S 2, 3 erhoben worden ist. Der Inhalt des Verweisungsbeschlusses richtet sich nach § 270 II (dort 15 f), seine Wirkung nach § 270 III (dort 18). 6

b) Bei **Zuständigkeit des Gerichts auch für das Strafverfahren** (II) ist der Beschuldigte lediglich auf die veränderte Rechtslage hinzuweisen und ihm Gelegenheit zur Verteidigung zu geben (II S 1). Das Sicherungsverfahren geht dadurch ohne weiteres in ein Strafverfahren über. Nach II S 2 kann der Beschuldigte mit der Behauptung, er sei auf die Verteidigung nicht genügend vorbereitet, die Aussetzung der Verhandlung, also nicht nur ihre Unterbrechung nach § 229 I, verlangen. Über den Zeitraum entscheidet das Gericht nach pflichtgemäßem Ermessen (BGH **13**, 121). Nur wenn der Beschuldigte sich damit begnügt, eine Unterbrechung der Verhandlung zu beantragen, kann er auch deren Dauer bestimmen (BGH aaO). 7

Hatte im Sicherungsverfahren eine Abwesenheitsverhandlung nach § 415 I oder III stattgefunden, so ist eine **Wiederholung der Hauptverhandlung** in dem Umfang erforderlich, in dem der Beschuldigte nicht zugegen war (II S 3); im Fall des § 415 I ist also eine vollständige Wiederholung notwendig, im Fall des § 415 III, soweit der Beschuldigte abwesend war. Die in dem zu wiederholenden Teil der Verhandlung gewonnenen Beweisergebnisse sind unverwertbar. 8

3) Rechtskraftwirkung der Entscheidung im Sicherungsverfahren: War das Sicherungsverfahren wegen Schuldunfähigkeit betrieben worden, so verbraucht ein rechtskräftiges, auf Anordnung der Maßregel oder Ablehnung des Antrags der StA lautendes Urteil die Strafklage sowohl für den Strafanspruch als auch für den Sicherungsanspruch (BGH **11**, 319, 322; **16**, 198, 199; Hanack JZ **74**, 57). Die Durchführung eines Strafverfahrens über denselben Sachgegenstand ist daher auch dann unzulässig, wenn sich nach Urteilsrechtskraft die Schuldfähigkeit des Beschuldigten herausstellt (LR-Gössel 35 zu § 414) oder wenn sich auf Grund neuer Tatsachen ergibt, dass die Gemeingefährlichkeit des Täters, die das Urteil verneint hat, doch gegeben ist (BVerfG 2 BvR 2098 und 2633/08 vom 5. 8. 2009; BGH **11**, 319, 322;). Das rechtskräftige Urteil im Sicherungsverfahren wegen Verhandlungsunfähigkeit verbraucht die Strafklage ebenfalls in vollem Umfang (LR-Gössel 32 zu § 414). Umgekehrt hindert ein Strafverfahren wegen derselben Tat den Antrag nach § 413. Das gilt auch, wenn die StA von vornherein nur eine begrenzte Sachentscheidung erstrebt hatte (KK-Fischer 23 zu § 414; vgl auch LR-Gössel 34 zu § 414). 9

2a. Abschnitt. Beschleunigtes Verfahren RiStBV 146

Vorbemerkungen

1 **1)** Eine **besondere Verfahrensart** wie das Strafbefehlsverfahren (§§ 407 ff) und das Sicherungsverfahren (§§ 413 ff) ist das beschleunigte Verfahren, das früher in §§ 212 ff geregelt war, durch das Verbrechensbekämpfungsgesetz aber zutr in das 6. Buch eingestellt worden ist. Durch einige Änderungen (vgl dazu bei den einzelnen Vorschriften) erhoffte sich der Gesetzgeber eine breitere Anwendung, nachdem zuvor nur etwa 4% aller amtsgerichtlichen Verfahren nach dieser Verfahrensart durchgeführt worden sind; diese Hoffnung hat sich bisher nicht erfüllt (vgl Bürgle StV **98**, 514 mit Darlegung der dafür verantwortlichen Gründe). Zusammenfassend zu §§ 417 ff: Schröer, Das beschleunigte Strafverfahren gem. §§ 417 ff StPO, 1998, zugl Diss Passau 1997/98.

2 **2)** Die **Besonderheiten** gegenüber dem Normalverfahren bestehen darin, dass die Anklage mündlich erhoben werden kann (§ 418 III), eine Ladung des Beschuldigten nur erfolgt, wenn er sich nicht freiwillig zur Hauptverhandlung stellt oder nicht dem Gericht vorgeführt wird (§ 418 II S 1), dass im Falle einer Ladung die Ladungsfrist auf 24 Stunden verkürzt ist (§ 418 II S 3), ein Eröffnungsbeschluss nicht erlassen wird (§ 418 I) und dass das Beweisantragsrecht eingeschränkt wird sowie bei der Beweisaufnahme die Vernehmung von Zeugen, Sachverständigen und Mitbeschuldigten in weit größerem Umfang als im gewöhnlichen Verfahren durch Verlesung ihrer Äußerungen ersetzt werden darf (§ 420). Die Erleichterungen in der Hauptverhandlung nach § 420 sind der wesentliche Punkt, in dem sich das jetzige beschleunigte Verfahren von dem früheren nach §§ 212 ff, in dem Normal- und beschleunigtes Verfahren in der Hauptverhandlung nach denselben Regeln abliefen, unterscheidet. Eine Besonderheit ist auch die vorläufige Festnahme und die Anordnung der (befristeten) Haft zur Sicherstellung der Durchführung des beschleunigten Verfahrens nach § 127 b.

3 **3) Nicht bedenkenfrei** ist eine solche beschleunigte Verfahrensart; denn die Regeln des „Normalverfahrens" sind wohlüberlegt und die Gefahr, dass ein „kurzer Prozess" zu ungerechten Ergebnissen führen kann, ist nicht zu leugnen (vgl Scheffler NJW **94**, 2191; NJ **99**, 113; gegen ihn Faupel NJ **99**, 182; für Abschaffung des Verfahrens auf Grund rechtsstaatlicher Bedenken und nach Untersuchung seiner Anwendung in der Praxis auch Ernst, Das beschleunigte Verfahren im Strafprozess und seine Handhabung in Bochum, 2001, zugl Diss Kiel). Zwar mag es pädagogisch richtig sein, dass „die Strafe der Tat auf dem Fuße folgen" soll (zw Neumann StV **94**, 276; Scheffler aaO 2195), aber ebenso richtig und wichtig ist, dass Strafverfahren in einer „Atmosphäre ruhiger Gelassenheit" ablaufen sollten (Schünemann NJW **68**, 975). Im Gegensatz zum Gesetzgeber des Verbrechensbekämpfungsgesetzes wird daher in der Literatur auch die gänzliche Abschaffung dieser Verfahrensart gefordert (Herzog ZRP **91**, 125; Scheffler NJW **94**, 2195; anders aber Fezer ZStW **106**, 37), zumal mit einem zügig durchgeführten „Normalverfahren" derselbe Effekt erzielt werden kann (Meyer-Goßner Meurer-GS 432; Scheffler aaO).

4 Das beschleunigte Verfahren ist jedenfalls **nur zulässig,** wenn dem Beschuldigten ausreichende Zeit und Gelegenheit zur Vorbereitung seiner Verteidigung gegeben wird (Art 6 III Buchst b **MRK;** Weigend ZStW **113**, 295); es kommt nicht in Betracht, wenn es den Beschuldigten in seiner Verteidigung beeinträchtigen würde (Dähn Baumann-FS 356; RiStBV 146 I S 2; Ernst StV **01**, 371 fordert daher sogar notwendige Verteidigung!). Vgl auch die Richtlinien zur Anwendung des beschleunigten Verfahrens SchlHA **98**, 228. Zu den Konsequenzen aus dem Zusammentreffen dieser Verfahrensart mit den Vorschriften des JGG vgl Putzke „Beschleunigtes Verfahren bei Heranwachsenden", 2004, zugl Diss Bochum 2003.

4) Besondere Bedenken ergeben sich durch die gegenüber §§ 212 ff aF vorgenommenen Änderungen: Es werden damit zwei verschiedene Verfahrensarten für die Hauptverhandlung vor dem Amtsgericht eingeführt, was zumindest wenig glücklich erscheint (scharf abl Wächtler StV **94**, 160); jedenfalls wird aber dem – möglicherweise unverteidigten (vgl § 418 IV) – Angeklagten die schwierige Entscheidung abverlangt, ob er sich auf die in § 420 I, II vorgesehenen „Erleichterungen" einlassen soll (§ 420 III; vgl Scheffler NJW **94**, 2195). Äußerst misslich ist auch, dass nun bei einer zu erwartenden Freiheitsstrafe von mindestens 6 Monaten im beschleunigten Verfahren ein Verteidiger mitwirken muss (§ 418 IV), im Normalverfahren aber nicht (vgl § 140 II). Es ist zu befürchten, dass der Richter am Amtsgericht sich die Frage stellen wird, ob er im beschleunigten Verfahren mit Verteidiger oder lieber im Normalverfahren ohne Verteidiger verhandeln will (zust Volk StP § 33, 13). Eine verfehlte Entwicklung, die schon mit § 408 b durch das RpflEntlG eingeleitet worden ist (vgl 6 zu § 408 b), ist damit fortgesetzt worden. 5

Auch die **Einschränkung im Beweisaufnahmerecht** erscheint bedenklich. 6
Zwar ist die Nichtanwendung des § 244 III–V im amtsgerichtlichen Verfahren durchaus hinnehmbar (vgl auch Schlothauer StV **95**, 47 aE), wenn diesem ein Berufungsverfahren ohne jede Vorbedingung und mit allen rechtsstaatlichen Garantien folgt (zust C. Jostes, Veränderungen der Hauptverhandlung durch die Neuregelung des beschleunigten Verfahrens, 2003 zugl Diss Göttingen 2001, S 142; **aM** Scheffler NJW **94**, 2193). Da das RpflEntlG aber durch Einführung des Annahmeverfahrens (§ 313) die Berufung gerade im Bagatellverfahren-Bereich eingeschränkt hat, kann dies dahin führen, dass dem Angeklagten die Durchsetzung eines von ihm für erheblich gehaltenen Entlastungsbeweises unmöglich gemacht wird. Das ist zwar noch nicht verfassungswidrig (Frankfurt NStZ-RR **97**, 273); aber was im Privatklageverfahren (§ 384 III) und im Ordnungswidrigkeitenverfahren (§ 77 II OWiG) vertretbar ist, erscheint für das Offizial-Strafverfahren unzureichend.

Insgesamt sind damit „die mit dieser besonderen Verfahrensart verbundenen Ge- 7
fahren für einen rechtsstaatlichen Prozess größer als die sich für eine Entlastung der Strafjustiz wie für eine Berücksichtigung berechtigter Belange des Beschuldigten ergebenden Chancen" (Loos/Radtke NStZ **96**, 11; vgl auch Scheffler Meurer-GS 437; demgegenüber aber befürwortend Schlüchter/Fülber/Putzke „Herausforderung: Beschleunigtes Verfahren", 1999, S 51; vgl auch – mit Änderungsvorschlägen – Tiedemann, Das beschleunigte Strafverfahren – Eine Untersuchung in Bonn, 2008, zugl Diss Bonn 2007). Erfreulicherweise ist die Zahl der durchgeführten beschleunigten Verfahren in den letzten Jahren ständig gesunken (vgl Wenske NStZ **09**, 64 Fn 13 a: Im Jahre 2007 nur noch 2,8% aller Strafverfahren). Nach der Untersuchung von v. Danitz (Eisenberg-FS 3) besteht eine überaus deutliche Divergenz zwischen der durch die Gesetzgebung vorgenommenen Zielgruppenbestimmung und der erreichten Zielgruppe, so dass die Tauglichkeit der Normen des beschleunigten Verfahrens nicht gegeben ist, weswegen er die ersatzlose Streichung mitsamt der Hauptverhandlungshaft (§ 127 b) fordert; ähnlich Lubitz, Das beschleunigte Verfahren der StPO und seine rechtstatsächliche Durchführung in Berlin und Brandenburg, 2010, zugl Diss Berlin 2009, S 230: „sinnloser Abbau von Rechtsstaatlichkeit".

Antragstellung

417 **Im Verfahren vor dem Strafrichter und dem Schöffengericht stellt die Staatsanwaltschaft schriftlich oder mündlich den Antrag auf Entscheidung im beschleunigten Verfahren, wenn die Sache auf Grund des einfachen Sachverhalts oder der klaren Beweislage zur sofortigen Verhandlung geeignet ist.**

1) Anwendungsbereich: IdR wird das beschleunigte Verfahren nur vor dem 1
Strafrichter (§ 25 GVG) in Betracht kommen, und zwar vor allem dann, wenn die StA beabsichtigt, die Verhängung einer Freiheitsstrafe unter 6 Monaten mit oder ohne Strafaussetzung zur Bewährung zu beantragen, da bei Versagung der Bewäh-

rung das sonst einfachere Strafbefehlsverfahren unzulässig ist (§ 407 II S 2) und bei deren Bewilligung das Strafbefehlsverfahren die Mitwirkung eines Verteidigers erfordert (§ 408 b); bei einer – hier zulässigen (§ 419 I) – zu erwartenden Freiheitsstrafe von 6 Monaten bis zu 1 Jahr wird hingegen wegen der Notwendigkeit der Verteidigerbestellung (§ 418 IV) das beschleunigte Verfahren wenig zur Anwendung kommen (Meurer Zipf-GS 491; erg 5 vor § 417). Ein weiterer Anwendungsbereich für das beschleunigte Verfahren ergibt sich aber für Fälle, in denen die StA eine Hauptverhandlung für erforderlich erachtet (§ 407 I S 2) sowie nach Anordnung der Hauptverhandlungshaft (§ 127 b; vgl dazu Hellmann NJW **97**, 2147, der aber der Ansicht ist, das beschleunigte Verfahren komme vor allem bei zu erwartenden Geldstrafen in Betracht).

2 Beim **SchG** ist für das beschleunigte Verfahren nach Änderung des § 25 GVG durch das RpflEntlG nur noch Raum bei Verbrechen, falls die Verhängung der Mindeststrafe genügt oder wenn wegen eines eingreifenden Strafmilderungsgrundes (zB §§ 21, 23 II, 27 II S 2 StGB) nur eine Freiheitsstrafe bis zu einem Jahr zu erwarten ist (Loos/Radtke NStZ **96**, 8). Eine Verweisung an ein höheres Gericht nach § 270 findet nicht statt (RG **68**, 332, 334); vielmehr ist bei fehlender sachlicher Zuständigkeit nach § 419 I S 1 die Verhandlung im beschleunigten Verfahren abzulehnen (allgM).

3 Vor dem **erweiterten SchG** kann schon deshalb nicht nach §§ 417 ff verfahren werden, weil ein Eröffnungsbeschluss, in dem allein nach § 29 II S 1 GVG die Zuziehung des 2. Amtsrichters beschlossen werden kann, nicht erlassen wird (6 zu § 29 GVG).

4 Gegen **Jugendliche** schließt § 79 II **JGG** das beschleunigte Verfahren aus; an seine Stelle tritt das vereinfachte Jugendverfahren nach §§ 76 ff **JGG.** Für Heranwachsende gilt § 79 II **JGG** nicht; wird gegen sie im beschleunigten Verfahren verhandelt, entfallen aber die Einschränkungen für das Rechtsmittelverfahren nach § 55 I und II **JGG** (§ 109 I, II **JGG**).

5 Gegen **Mitglieder einer ausländischen Truppe,** eines zivilen Gefolges oder gegen Angehörige dürfen die §§ 417 ff angewendet werden (KMR-Metzger 2).

6 Im **Privatklageverfahren** gelten die Vorschriften ebenfalls nicht.

7 Die Beteiligung als **Nebenkläger** ist auch im beschleunigten Verfahren möglich; der Anschluss wird wirksam, wenn die StA den Antrag nach § 417 stellt.

8 **2) Antrag der StA:**

9 A. Eine **besondere Prozessvoraussetzung** des beschleunigten Verfahrens ist der Antrag; sein Fehlen führt zur Einstellung nach §§ 206 a, 260 III.

10 Die StA, der nach § 212 aF ein Ermessen zustand, ob sie den Antrag stellen wollte, ist nun **verpflichtet** (ähnlich schon RiStBV 146 I S 1) den Antrag zu stellen, wenn die Voraussetzungen des § 417 gegeben sind und § 419 I S 2 nicht entgegensteht. Lässt sich die Sache durch Strafbefehl erledigen (§ 407), ist die Stellung eines Strafbefehlsantrages als weniger aufwändige Erledigungsart aber vorzuziehen (vgl BT-Drucks 12/6853 S 107). Der Beschuldigte hat weder ein Antrags- noch ein Widerspruchsrecht (Scheffler 121; für Zustimmung des Beschuldigten *de lege ferenda* Dähn Baumann-FS 356; Scheffler NJW **94**, 2192).

11 **Schriftlich oder mündlich** kann der Antrag bei dem zuständigen Gericht gestellt werden. Der schriftliche Antrag sollte, muss aber nicht mit einer Anklageschrift verbunden werden (§ 418 III S 1). Wird eine Anklageschrift eingereicht, so muss sie den Erfordernissen des § 200 I S 1 entsprechen; ein wesentliches Ermittlungsergebnis ist aber auch bei einer SchG-Anklage entbehrlich. Nur für den Fall, dass eine Anklageschrift nicht eingeht, schreibt § 418 III S 2 die mündliche Erhebung der Anklage vor (dazu RiStBV 146 II). Auch sie muss den Anforderungen des § 200 I S 1 entsprechen. Ist sie unterblieben, so kann der schriftliche Antrag als Anklageschrift angesehen werden, wenn er den Erfordernissen des § 200 I genügt (Hamburg NJW **66**, 2179; VRS **39**, 353; mit Recht krit Jostes [6 vor § 417] 38). Wird der Antrag mündlich gestellt, so muss sein wesentlicher Inhalt im Sitzungsprotokoll beurkundet werden (RG **68**, 108, 110).

B. **Zeitpunkt:** Der Antrag kann frühestens nach Abschluss der Ermittlungen gestellt werden, was nach § 169a in den Akten vermerkt werden muss. Dass bereits eine Anklage nach § 199 II S 1 erhoben worden ist, steht nicht entgegen; in der Antragstellung nach § 417 liegt ihre Zurücknahme. Entsprechendes gilt für den Strafbefehlsantrag (Frankfurt DAR **60**, 265). Nach Eröffnung des Hauptverfahrens ist der Antrag nicht mehr zulässig (Bay **87**, 55 = OLGSt § 212 Nr 1 mit Anm Rieß; HK-Zöller 7; KMR-Metzger 11; LR-Gössel 14; Jostes [6 vor § 417] 25 ff; Fahl 224; **aM** KK-Graf 5; SK-Paeffgen 10; Fülber/Putzke DRiZ **99**, 197). Ist der Erlass des Eröffnungsbeschlusses versehentlich unterblieben, so kann der Antrag noch bis zum Beginn der Vernehmung des Angeklagten zur Sache gestellt werden (Oldenburg NJW **60**, 352; zw Lubitz [7 vor § 417] 83 Fn 350). 12

C. Die **Zurücknahme** des Antrags ist bis zum Beginn der Vernehmung des Beschuldigten zur Sache in der Hauptverhandlung zulässig (Oldenburg NJW **61**, 1127; Jostes [6 vor § 417] 28 ff; Lubitz [7 vor § 417] 85; **aM** Bay **97**, 172 = NJW **98**, 2152 mit zutr abl Anm Schröer; Celle JR **84**, 74 mit Anm Meyer-Goßner = NStZ **83**, 233 mit Anm Treier; KMR-Metzger 32; KK-Graf 6; SK-Paeffgen 11; Fülber/Putzke DRiZ **99**, 196: bis zur Urteilsverkündung; vgl auch BGH **15**, 313, 315). 13

3) Einen **einfachen Sachverhalt oder eine klare Beweislage** setzt der Antrag der StA voraus. 14

Ein **einfacher Sachverhalt** liegt vor, wenn dieser für alle Verfahrensbeteiligten leicht überschaubar ist. Nicht einfach ist idR der Sachverhalt, wenn dem Beschuldigten eine Vielzahl von Straftaten vorgeworfen wird oder wenn Anlass besteht, die Person des Beschuldigten und sein Vorleben genau zu erforschen (Schünemann NJW **68**, 975; vgl auch RiStBV 146 I S 2). Rechtliche Schwierigkeiten berühren die Einfachheit des Verfahrens aber im Allgemeinen nicht (LR-Gössel 27; **aM** Loos/Radtke NStZ **95**, 572). 15

Eine **klare Beweislage** ist vor allem gegeben, wenn der Beschuldigte geständig ist oder genügende und sichere Beweismittel zur Verfügung stehen (erg 4 vor § 417). Dass der Beschuldigte die Tat bestreitet, macht die Beweislage somit noch nicht ohne weiteres schwierig; die Notwendigkeit einer umfangreichen Beweisaufnahme steht dem Verfahren nach §§ 417 ff aber entgegen (Dähn Baumann-FS 355; Schultz DAR **57**, 93). Nach dem Gesetzestext sollen ein einfacher Sachverhalt *oder* die klare Beweislage genügen; idR wird aber beides vorliegen müssen, da sich weder ein einfacher Sachverhalt bei schwieriger Beweislage noch ein schwieriger Sachverhalt bei klarer Beweislage zur sofortigen Verhandlung eignen werden (Stuttgart StV **98**, 585; Keller Kriminalistik **98**, 678; Loos/Radtke aaO; Meurer Zipf-GS 488; Sprenger NStZ **97**, 574; **aM** König/Seitz NStZ **95**, 4). 16

Die **Möglichkeit sofortiger Verhandlung** besteht nur, wenn die Hauptverhandlung in erheblich kürzerer Zeit als im gewöhnlichen Verfahren durchgeführt werden kann (Düsseldorf NStZ **97**, 613 mit zust Anm Radtke und zust Anm Scheffler NStZ **98**, 370 und 371; erg 5 zu § 418; 3 zu § 419). Die Beweismittel müssen daher sofort verfügbar sein und die Geschäftslage des Gerichts muss es ermöglichen, die Hauptverhandlung sofort oder innerhalb kurzer Zeit stattfinden zu lassen. Ob die Sache zur sofortigen Verhandlung geeignet ist, hat nicht erst das Gericht nach § 419 I, sondern bereits die StA vor der Antragstellung zu prüfen (vgl dazu RV GStA SchlHA **95**, 184). Der Gesetzgeber geht davon aus, dass zur vermehrten Anwendung des beschleunigten Verfahrens „flankierende organisatorische Maßnahmen" (zB Bereitschaftsdienste bei StA und Gericht, Schreibkräfte, Dolmetscher usw) getroffen werden (BT-Drucks 12/6853 S 36). 17

Ladung, Anklage, Verteidigung

418 I [1] **Stellt die Staatsanwaltschaft den Antrag, so wird die Hauptverhandlung sofort oder in kurzer Frist durchgeführt, ohne dass es einer Entscheidung über die Eröffnung des Hauptverfahrens bedarf.** [2] **Zwischen**

dem Eingang des Antrags bei Gericht und dem Beginn der Hauptverhandlung sollen nicht mehr als sechs Wochen liegen.

II [1] **Der Beschuldigte wird nur dann geladen, wenn er sich nicht freiwillig zur Hauptverhandlung stellt oder nicht dem Gericht vorgeführt wird.** [2] **Mit der Ladung wird ihm mitgeteilt, was ihm zur Last gelegt wird.** [3] **Die Ladungsfrist beträgt vierundzwanzig Stunden.**

III [1] **Der Einreichung einer Anklageschrift bedarf es nicht.** [2] **Wird eine solche nicht eingereicht, so wird die Anklage bei Beginn der Hauptverhandlung mündlich erhoben und ihr wesentlicher Inhalt in das Sitzungsprotokoll aufgenommen.** [3] **§ 408 a gilt entsprechend.**

IV **Ist eine Freiheitsstrafe von mindestens sechs Monaten zu erwarten, so wird dem Beschuldigten, der noch keinen Verteidiger hat, für das beschleunigte Verfahren vor dem Amtsgericht ein Verteidiger bestellt.**

1 **1) Ohne Entscheidung über die Eröffnung des Hauptverfahrens** wird über den Antrag der StA entschieden (I). Die §§ 201, 202 sind nicht anzuwenden, ebenso wenig § 205.

2 Jedoch muss das Gericht wie im gewöhnlichen Strafverfahren das Vorliegen der **Prozessvoraussetzungen** (Einl 141 ff) von Amts wegen prüfen. Die Prüfung der örtlichen Zuständigkeit endet mit dem Beginn der Vernehmung des Angeklagten zur Sache (erg 2 zu § 16). Die entspr Anwendung der §§ 209 II, 408 I S 2, 3 bei Zuständigkeitskonflikten innerhalb des AG kommt nicht in Betracht (KK-Graf 3; **aM** LR-Gössel 10). Fehlt es an einer Prozessvoraussetzung, so wird nicht das Verfahren eingestellt, sondern die Entscheidung im beschleunigten Verfahren nach § 419 I S 1 abgelehnt. Das gilt auch beim Fehlen der örtlichen Zuständigkeit.

3 Das Gericht ist berechtigt und nach nunmehr ganz hM auch verpflichtet, anhand der Akten zu prüfen, ob **hinreichender Tatverdacht** besteht (KK-Graf 2; LR-Gössel 12 ff; Loos/Radtke NStZ **95**, 574; SK-Paeffgen 9). Das Fehlen des hinreichenden Tatverdachts führt zur Ablehnung der Entscheidung im beschleunigten Verfahren nach § 419 I S 1 (Loos/Radtke NStZ **96**, 7; Jostes [6 vor § 417] 184 ff).

4 **2) Rechtshängig** wird die Sache mit dem Beginn der Vernehmung des Angeklagten zur Sache (Bay **87**, 55 = MDR **88**, 77; Oldenburg NJW **61**, 1127; JR **83**, 302 mit Anm Wagner; Meyer-Goßner JR **84**, 76; Treier NStZ **83**, 234; **aM** Fülber/Putzke Drin **99**, 199: mit Antragstellung nach § 417). Die Rechtshängigkeit ist aber auflösend bedingt; sie entfällt, wenn das Gericht nach § 419 I S 1, II S 1 die Entscheidung im beschleunigten Verfahren ablehnt (Bay aaO), nicht aber bei verspäteter und daher unzulässiger Ablehnung der Entscheidung im beschleunigten Verfahren (Oldenburg JR **83**, 302 mit Anm Wagner).

5 **3)** Die **Hauptverhandlung** wird sofort durchgeführt oder mit kurzer Frist anberaumt (I S 1). Gedacht ist an eine Zeitspanne von 1 bis 2 Wochen (Düsseldorf StV **99**, 268; Stuttgart NJW **98**, 3134; **99**, 511 mit zust Anm Scheffler NStZ **99**, 268; Loos/Radtke NStZ **95**, 573; Radtke JR **01**, 134); I S 2 sieht allerdings eine Frist von 6 Wochen vor. Diese Frist sollte aber nur ausnahmsweise ausgeschöpft werden, da dann von einem „beschleunigten Verfahren" kaum noch die Rede sein kann; bei unvorhersehbaren verzögernden Ereignissen darf sie aber sogar noch überschritten werden („Sollvorschrift").

6 Die **Ladung** des Beschuldigten ist nicht erforderlich, wenn er sich freiwillig stellt oder dem Gericht (zwangsweise oder jedenfalls ohne seinen Willen) nach § 128 oder aus der Hauptverhandlungshaft (§ 127 b II), UHaft, Strafhaft oder einer sonstigen Verwahrung vorgeführt wird (II S 1). Eine freiwillige Gestellung liegt immer vor, wenn der Beschuldigte sich dem Gericht zur Verhandlung zur Verfügung stellt, zB wenn er an der Gerichtsstelle anwesend ist und sein Einverständnis mit der Mitverhandlung einer anderen Sache in dem Verfahren nach §§ 417 ff erklärt (KG DAR **56**, 334) oder wenn er sich in Haft befindet und seine Vorführung zur Ver-

handlung verlangt (RG **66**, 108, 111). Die Ladung kann auch entbehrlich sein, wenn mit freiwilliger Gestellung oder alsbaldiger Vorführung zu rechnen ist.

Liegen diese Voraussetzungen nicht vor, so muss der Beschuldigte unter **Beachtung der §§ 214, 216–218** geladen werden; dabei wird ihm mitgeteilt, was ihm zur Last gelegt wird (II S 2), also entweder die Anklageschrift zugestellt oder, wenn keine eingereicht ist, in der Ladung oder einem beigefügten Schriftstück den Erfordernissen des § 200 I S 1 entspr mitgeteilt, worin der Tatvorwurf besteht (Tatbeschreibung, Angabe der gesetzlichen Merkmale und des Strafgesetzes). 7

Die **Ladungsfrist** beträgt 24 Stunden (II S 3); der Fristbeginn ist die Stunde der Zustellung (allgM). Bei der Bemessung der Frist ist der Rechtsanspruch des Beschuldigten aus Art 6 III Buchst b **MRK** zu beachten (4 vor § 417; Bandisch StV **94**, 158; LR-Gössel 23 hält die 24 Stunden für idR nicht ausreichend). Wenn der Beschuldigte einer längeren Vorbereitungszeit bedarf, muss die Frist entweder verlängert oder die Verhandlung im beschleunigten Verfahren abgelehnt werden. 8

Für die **Durchführung der Hauptverhandlung** gelten grundsätzlich die allgemeinen Vorschriften; Ausnahmen bestehen aber nach § 420 (vgl dort). Liegt eine schriftliche Anklage vor, so wird nach § 243 III S 1 der Anklagesatz verlesen (Hamburg VRS **39**, 353). Andernfalls tritt an die Stelle der Verlesung die mündliche Erhebung der Anklage, die ebenso wie ihr wesentlicher Inhalt (III S 2) in das Sitzungsprotokoll aufzunehmen ist (Hamburg StraFo **00**, 58; LG Köln StV **03**, 156); § 274 findet Anwendung (Frankfurt StV **01**, 341). Bei unentschuldigtem Ausbleiben des ordnungsgemäß geladenen Angeklagten kann nach § 230 II seine Vorführung angeordnet werden; ein Haftbefehl darf idR nicht erlassen werden (Hamburg NStZ **83**, 40 mit Anm Deumeland). Stellt sich in der Hauptverhandlung heraus, dass die Sache zur Verhandlung im beschleunigten Verfahren nicht geeignet ist, so wird nach § 419 II S 1 verfahren. Wird nach § 419 III die Eröffnung des Hauptverfahrens beschlossen, ist *in diesem* der Erlass eines Haftbefehls zulässig (ungenau Kropp NJ **01**, 295). 9

Der **Übergang ins Strafbefehlsverfahren** nach § 408a ist auch im beschleunigten Verfahren zulässig (III S 2); er kommt insbesondere in Betracht, wenn der Angeklagte zur Hauptverhandlung nicht erscheint. Davon bleibt die Möglichkeit unberührt, den Antrag auf Entscheidung im beschleunigten Verfahren zurückzunehmen (13 zu § 417) und anschließend – außerhalb der Hauptverhandlung – einen Strafbefehlsantrag zu stellen. 9a

4) Bestellung eines Verteidigers (IV; vgl dazu Tiemer 1 aE zu § 408b): 10

A. **Antragstellung:** Wenn eine Freiheitsstrafe von mindestens 6 Monaten – mit oder ohne Strafaussetzung zur Bewährung, als Einzel- oder Gesamtstrafe (Bremen StraFo **98**, 124) – zu erwarten ist und das beschleunigte Verfahren durchgeführt werden soll, muss dem Beschuldigten ein Verteidiger bestellt werden. In diesem Falle beantragt der StA zugleich mit dem Antrag nach § 417 die Verteidigerbestellung. Eine vorherige Antragstellung kommt nicht in Betracht (**aM** SK-Paeffgen 19); denn anders als in § 408b S 2 ist in IV die Vorschrift des § 141 III nicht in Bezug genommen. Schon wegen der in I verlangten Durchführung des Verfahrens „in kurzer Frist" ist dies auch schwerlich möglich. 11

Der **Richter** hat dem Antrag zu entsprechen, wenn er die Sache im beschleunigten Verfahren verhandeln will und die Ansicht der StA, es komme eine Freiheitsstrafe von mindestens 6 Monaten in Betracht, teilt (**aM** Burgard NStZ **00**, 244: Antrag entspr § 141 III S 3 bindend). Ergibt sich erst im Laufe der Verhandlung, dass eine Freiheitsstrafe von mindestens 6 Monaten erforderlich ist, muss der Richter entweder die Entscheidung im beschleunigten Verfahren ablehnen (§ 419) oder nachträglich einen Verteidiger bestellen und in dessen Anwesenheit die wesentlichen Teile der Verhandlung wiederholen (Bay **98**, 10 = NStZ **98**, 372; StV **98**, 367 L; Braunschweig StV **05**, 493; Karlsruhe NJW **99**, 3061). Lehnt der Richter die Verhandlung im beschleunigten Verfahren ab, ist damit auch der Antrag auf Verteidigerbestellung erledigt. Wird hingegen ein Verteidiger beigeordnet, 12 so muss sich aus der Bestellung ergeben, dass sie nur für das beschleunigte Verfahren vor dem AG gilt (erg unten 15). Erfolgt eine Ladung des Beschuldigten (II), erhält er mit ihr die Mitteilung von der Verteidigerbestellung; andernfalls wird ihm dies bei der Gestellung oder Vorführung bekanntgegeben. In jedem Fall muss dem Beschuldigten und seinem Verteidiger dann aber ausreichende Zeit zu einer Besprechung gewährt werden, bevor mit der Verhandlung begonnen wird.

13 Ist die **Verteidigung** nach § 140 **notwendig,** weil wegen eines Verbrechens vor dem SchG verhandelt wird (§ 140 I Nr 2) oder wenn wegen der Schwere der Tat oder weil sich der Beschuldigte nicht selbst verteidigen kann (zu weitgehend Ernst StV **01**, 369: stets bei Verhandlung am Tattag oder im Fall des § 127b), die Mitwirkung eines Verteidigers geboten erscheint (§ 140 II), wird der Verteidiger nach § 141 I bestellt; diese Bestellung geht einer solchen nach IV vor (Brandenburg NJW **05**, 521; LR-Gössel 42; str).

14 B. **Auswahl des Verteidigers:** Eine vorherige Befragung des Beschuldigten nach § 142 I S 2 ist nicht vorgesehen, denn die Vorschriften der §§ 140ff sind – anders als zB in § 118a II S 4 – nicht für entspr anwendbar erklärt (**aM** Loos/Radtke NStZ **96**, 10, die meinen, § 418 IV gehöre „systematisch" zu §§ 140ff; unzutr Ernst StV **01**, 368 „wegen des Anspruchs auf ein faires Verfahrens und aus dem Gebot der Waffengleichheit"). Auch hier steht die Intention eines „in kurzer Frist" (I) durchgeführten Verfahrens einem solchen „Vorverfahren" entgegen. Der vom Gericht ausgewählte Verteidiger muss auch zur Teilnahme an der sofortigen oder in kurzer Frist durchgeführten Verhandlung bereit und in der Lage sein. Allerdings werden hierdurch die Bedenken, die gegen das gesamte beschleunigte Verfahren bestehen (vgl 3ff vor § 417) besonders deutlich. Hat der Beschuldigte inzwischen selbst einen Verteidiger gewählt, ist die Bestellung ebenso wie nach § 143 zurückzunehmen.

15 C. **Weiteres Verfahren:** Der Verteidiger ist nach dem Wortlaut des IV nur für die Verhandlung im beschleunigten Verfahren vor dem AG beizuordnen. Da aber auch das Berufungsverfahren den Regeln über das beschleunigte Verfahren unterliegt (vgl 12 zu § 419; 12 zu § 420), gilt die Verteidigerbestellung für das Berufungsverfahren fort (Meyer-Goßner Meurer-GS 431; **aM** König/Seitz NStZ **95**, 4; Loos/Radtke NStZ **96**, 11). Wird in der Hauptverhandlung die Entscheidung im beschleunigten Verfahren abgelehnt, ist damit auch die Beiordnung des Verteidigers beendet. Falls später im Normalverfahren weiterverhandelt wird (§ 419 III), ergibt sich die unbefriedigende Situation, dass der bisher verteidigte Angeklagte nunmehr ohne Verteidiger ist. Ebenso wie im Strafbefehlsverfahren (6 zu § 408b) wird dies einem Beschuldigten nur schwer vermittelbar sein. Daher wird sich idR im „Normalverfahren" eine Verteidigerbestellung nach § 140 II (in erweiternder Auslegung dieser Bestimmung) anschließen, wobei – wenn der Beschuldigte einverstanden ist (§ 142 I S 3) – der nach IV bestellte Verteidiger in einen solchen nach § 140 II umgewandelt wird (ebenso KK-Graf 14; **aM** Herzler NJ **00**, 403).

16 D. **Beschwerde** gegen die Bestellung des Verteidigers steht dem Beschuldigten mangels Beschwer nicht zu (9 zu § 141; im Ergebnis ebenso KK-Graf 17; **aM** Ernst StV **01**, 370). Ist der Angeklagte zu einer Freiheitsstrafe von 6 Monaten oder mehr mit oder ohne Strafaussetzung zur Bewährung verurteilt worden, ohne dass ein Verteidiger mitgewirkt hat, so ist das Urteil gleichwohl rechtskräftig und vollstreckbar, wenn kein Rechtsmittel dagegen eingelegt wird.

17 Bei **Einlegung eines Rechtsmittels** ist zu unterscheiden: Auf Berufung bestellt das LG dem Angeklagten einen Verteidiger und verhandelt die Sache neu; eine Zurückverweisung der Sache an das AG ist wegen § 328 ausgeschlossen (vgl dort 4). Auf (Sprung-)Revision (§ 335 I) muss das Urteil aufgehoben und die Sache an das AG nach § 354 II zurückverwiesen werden; das AG muss dann entscheiden, ob es erneut im beschleunigten Verfahren oder ob es gemäß § 419 III nach Erlass eines Eröffnungsbeschlusses im gewöhnlichen Verfahren verhandeln will (erg 18 zu § 419).

5) Revision: Bei Abwesenheit des nach IV notwendigen Verteidigers während eines wesentlichen Teils der Hauptverhandlung (oben 12) ist der absolute Revisionsgrund nach § 338 Nr 5 gegeben (Düsseldorf StV **00**, 588; Oldenburg ZfS **97**, 313; erg 41 zu § 338). Auch eine fehlerhafte Anklageerhebung (oben 9) begründet die Revision. 18

Entscheidung über den Antrag

419 I [1]**Der Strafrichter oder das Schöffengericht hat dem Antrag zu entsprechen, wenn sich die Sache zur Verhandlung in diesem Verfahren eignet.** [2]**Eine höhere Freiheitsstrafe als Freiheitsstrafe von einem Jahr oder eine Maßregel der Besserung und Sicherung darf in diesem Verfahren nicht verhängt werden.** [3]**Die Entziehung der Fahrerlaubnis ist zulässig.**

II [1]**Die Entscheidung im beschleunigten Verfahren kann auch in der Hauptverhandlung bis zur Verkündung des Urteils abgelehnt werden.** [2]**Der Beschluss ist nicht anfechtbar.**

III **Wird die Entscheidung im beschleunigten Verfahren abgelehnt, so beschließt das Gericht die Eröffnung des Hauptverfahrens, wenn der Angeschuldigte einer Straftat hinreichend verdächtig erscheint (§ 203); wird nicht eröffnet und die Entscheidung im beschleunigten Verfahren abgelehnt, so kann von der Einreichung einer neuen Anklageschrift abgesehen werden.**

1) Beschränkte Rechtsfolgenkompetenz (I S 2, 3): Im beschleunigten Verfahren darf keine Freiheitsstrafe von mehr als 1 Jahr verhängt werden, auch wenn nach § 55 StGB eine Gesamtfreiheitsstrafe gebildet wird, bei der die in dem Verfahren nach §§ 417 ff verhängte Einzelstrafe geringer ist als 1 Jahr (Celle NStZ **83**, 233; Schleswig SchlHA **84**, 103; LR-Gössel 3; SK-Paeffgen 4; Jostes [6 vor § 417] 198; Schweckendieck NStZ **89**, 486; **aM** Oldenburg NdsRpfl **89**, 13; wohl auch BGH **35**, 251; aus BGH **35**, 208 lässt sich entgegen Köckerbauer NJW **90**, 170 für die Gegenmeinung nichts herleiten). Die Verhängung der Nebenstrafe nach § 44 StGB ist zulässig; auch Nebenfolgen können angeordnet werden. Die Entziehung der Fahrerlaubnis nach § 69 StGB kann nach I S 3 ohne zeitliche Begrenzung ausgesprochen werden; andere Sicherungsmaßregeln sind unzulässig. Zu den Rechtsfolgen eines Verstoßes gegen I S 2 vgl unten 13 ff. 1

2) Entscheidung über die Eignung (I S 1, II, III): 2

A. **Ungeeignet** zur Verhandlung im beschleunigten Verfahren ist die Sache stets, wenn ein Prozesshindernis vorliegt (2 zu § 417; 2 zu § 418), wenn der hinreichende Tatverdacht fehlt (3 zu § 418) und wenn die Rechtsfolgenkompetenz nach I S 2, 3 nicht ausreicht (oben 1). Nicht geeignet ist die Sache ferner, wenn der Sachverhalt nicht einfach liegt oder die Beweislage unklar ist oder keine Möglichkeit zur sofortigen Verhandlung gegeben ist (§ 417) oder wenn nur im gewöhnlichen Strafverfahren die Verteidigung des Angeklagten und die volle Sachaufklärung gewährleistet erscheinen (4 vor § 417; 8 zu § 418). Liegen die Voraussetzungen für die Verhandlung im beschleunigten Verfahren vor, so hat das Gericht dem Antrag der StA zu entsprechen, sonst nach II und III zu verfahren (unten 5 ff, 9; Düsseldorf NStZ **97**, 613 mit zust Anm Radtke und zust Anm Scheffler NStZ **98**, 370 und 371). 3

Die Notwendigkeit der **Unterbrechung oder Aussetzung** der Verhandlung kann die Eignung der Sache zur Verhandlung nach §§ 417 ff beseitigen, wenn die Hindernisse, die dem Abschluss der Verhandlung entgegenstehen, nur durch die Eigenart dieses Verfahrens verursacht sind (weitergehend KK-Graf 8; vgl auch Karlsruhe NJW **99**, 3061). Dass das Verfahren ausgesetzt werden muss, weil die Einlassung des Angeklagten die Ladung weiterer Zeugen erforderlich macht, hindert aber nicht, in der neuen Verhandlung auf Grund eines neuen Antrags der StA abermals nach §§ 417 ff zu verfahren (Hamburg NJW **66**, 1278 mit abl Anm Jeru- 4 salem; Hamburg NJW **66**, 2179; Herzler NJ **00**, 402; **aM** Schultz DAR **57**, 95; einschr auch Hamburg NStZ **83**, 40).

5 B. Der **Ablehnungsbeschluss** kann sofort bei Eingang des Antrags nach § 417, also noch vor der Hauptverhandlung, aber (beim SchG unter Mitwirkung der Schöffen) auch noch in der Hauptverhandlung bis zum Beginn der Urteilsverkündung erlassen werden, wenn sich erst dann die Nichteignung herausstellt (II S 1).

6 **Unzulässig** ist die Ablehnung in der Berufungsverhandlung (KK-Graf 9; SK-Paeffgen 7); zur Entscheidung nach Aufhebung und Zurückverweisung unten 14, 15.

7 Der Beschluss bedarf nach § 34 einer **Begründung** und muss nach § 35 bekanntgemacht werden; ergeht er vor der Hauptverhandlung, so braucht er nicht förmlich zugestellt zu werden.

8 Eine **Kosten- und Auslagenentscheidung** enthält der Beschluss nicht; er ist keine abschließende Entscheidung iS des § 464 I, II.

9 C. Bei **Ablehnung der Entscheidung** im beschleunigten Verfahren muss das Gericht – anders als früher, wo die Rechtshängigkeit beim Gericht damit beseitigt war und die Sache an die StA zurückfiel (BGH **15**, 314, 316) – entscheiden, ob es das Hauptverfahren eröffnen will; es darf jedoch nicht einfach im Regelverfahren weiterverhandeln (Radtke JR **01**, 135). Erlässt es einen Eröffnungsbeschluss (§ 207), wird das Verfahren wie nach Anklage und Zulassung der Anklage im gewöhnlichen Verfahren fortgesetzt (Loos/Radtke NStZ **95**, 572); Sprenger (NStZ **97**, 576) weist jedoch zutr darauf hin, dass diese Verfahrensweise nur dann praktikabel ist, wenn der Richter nach dem Geschäftsverteilungsplan auch für die Verhandlung im Normalverfahren zuständig ist. Vor Erlass des Eröffnungsbeschlusses muss dem Angeschuldigten aber rechtliches Gehör gewährt worden sein (vgl 1 zu § 201). Erlässt das Gericht mit der Ablehnung der Entscheidung im beschleunigten Verfahren nicht zugleich einen Eröffnungsbeschluss, so werden die Akten an die StA zurückgegeben (Sowada 686). Diese kann dann die (schriftlich oder mündlich, vgl § 418 III) erhobene Anklage wieder zurücknehmen (§ 156; Sprenger aaO) und das Verfahren nach § 170 II oder nach §§ 153 ff einstellen. Will sie, dass das Verfahren fortgesetzt wird, muss sie, falls die Anklage bisher nur mündlich erhoben war, jetzt eine schriftliche Anklage bei Gericht einreichen (III 2. Halbs); lag bereits eine Anklageschrift vor, legt sie die Akten mit dem Antrag, das Hauptverfahren zu eröffnen, dem Gericht vor (§ 199 II). Das Gericht muss dann über die Eröffnung beschließen (§ 203). Die Wiederholung des Antrags nach § 417 ist ausgeschlossen (Hamburg NJW **64**, 2123; LR-Gössel 30).

10 **3) Rechtsmittel:**

11 A. **Beschwerde** gegen die Durchführung des beschleunigten Verfahrens ist nicht zulässig. Die Beschwerde gegen den Ablehnungsbeschluss schließt II S 2 ausdrücklich aus. Das gilt auch, wenn er vor der Hauptverhandlung ergangen (KK-Graf 12; **aM** LG Berlin DAR **57**, 190) oder damit begründet ist, es fehle an einer Prozessvoraussetzung oder am hinreichenden Tatverdacht (LG Hamburg MDR **93**, 789; LR-Gössel 43).

12 B. **Berufung und Revision** gegen das in dem Verfahren nach §§ 417 ff ergangene Urteil sind zulässig. Dabei wird nicht geprüft, ob der 1. Richter die Eignungsfrage zutr beurteilt hat (AK-Loos 16; Schröer NStZ **99**, 214; **aM** KK-Graf 18; Herzler NJ **00**, 404; Radtke JR **01**, 138). Die Frage, wie sich sonstige Fehler im Verfahren vor dem AG und im Berufungsverfahren auswirken, hängt von der Beantwortung der grundsätzlichen Frage ab, ob das Berufungsverfahren ein „Normalverfahren" ist, also das beschleunigte Verfahren mit Verkündung des Urteils 1. Instanz beendet ist (so KK-Graf 3 vor § 417 mwN) oder ab auch das Berufungsverfahren den Regeln des beschleunigten Verfahrens folgt (so Ranft NStZ **04**, 424). Die letztere Ansicht ist zutr; denn das 6. Buch der StPO enthält eben „besondere Arten des Verfahrens" und wandelt damit nicht nur das amtsgerichtliche Verfahren ab (eingehend dazu Meyer-Goßner Meurer-GS 430; **aM** Bay **03**, 135 = NStZ **05**, 403 mit zust Anm Metzger;

KK-Graf aaO). Das beschleunigte Verfahren läuft nach anderen Regeln als das Normalverfahren ab (vgl § 420) und deswegen kann eine in dieser Verfahrensart ergangene Entscheidung nicht einfach derjenigen in einem gewöhnlichen Verfahren ergangenen gleich geachtet werden (Meyer-Goßner aaO 424). Ein Verfahren, das ohne Anklageschrift und ohne Eröffnungsbeschluss geführt wird, kann auch in der Berufungsinstanz kein „Normalverfahren" sein (Ranft aaO). Somit gilt:

a) Ob die Hauptverhandlung gemäß § 418 I (dort 5) **in kurzer Frist durchgeführt** worden ist, wird in der Berufungsinstanz überprüft. Weil das Berufungsgericht nicht selbst gemäß § 419 III entscheiden kann, hat es die Sache an das AG zurückzuverweisen (entspr den auch sonst zu § 328 II gebilligten Ausnahmen, vgl dort 4), das diese Entscheidung zu treffen hat (Ranft NStZ **04**, 427). In der Revisionsinstanz wird die Einhaltung der Frist des § 418 I nur auf Verfahrensrüge überprüft (Bay **00**, 22 = StV **00**, 302; NStZ **03**, 52; Düsseldorf NJW **03**, 1470; Hamburg NStZ **99**, 266; Stuttgart NJW **98**, 3134 mit zust Anm Scheffler NStZ **99**, 268; StV **98**, 585; **aM** Düsseldorf StV **99**, 202; Müller NStZ **00**, 108; Radtke aaO 139; Ranft aaO 428), wobei es aber nicht der Darlegung bedarf, dass das Urteil im Normalverfahren möglicherweise anders ausgefallen wäre, denn das ist die notwendig anzunehmende Folge des unzulässigen beschleunigten Verfahrens (**aM** Stuttgart NStZ-RR **02**, 339). 13

b) Auch die Prüfung, ob ein **Ablehnungs- und Eröffnungsbeschluss** nach § 419 III 1. Hs **unterblieben** ist, bedarf einer Verfahrensrüge (Bay **03**, 135 = NStZ **05**, 403 mit zust Anm Metzger; Hamburg StV **00**, 299). Hat das AG ohne Erlass eines Eröffnungsbeschlusses fehlerhaft das beschleunigte Verfahren als Regelverfahren fortgeführt (oben 9), ist im Berufungsverfahren von Amts wegen, im Revisionsverfahren auf zulässige Verfahrensrüge das Urteil aufzuheben und die Sache zur Entscheidung nach III zurückzuverweisen (Düsseldorf StV **99**, 202; **aM** Düsseldorf NStZ **97**, 613 mit Anm Radtke und Scheffler; Radtke JR **01**, 135: Einstellung des Verfahrens; wieder **aM** und widersprüchlich Bay NStZ **03**, 51: Fehler im Berufungsverfahren unbeachtlich, auf Sprungrevision beachtlich). Ein Verfahrenshindernis, das zur Einstellung des Verfahrens führen muss, liegt aber vor, wenn das AG nach Ablehnung des beschleunigten Verfahrens die Sache an die StA zurückgegeben hatte und nunmehr nach erneuter Anklageerhebung ohne Eröffnungsbeschluss verhandelt hat (Köln NStZ **04**, 281). 14

c) Einer **Amtsprüfung** unterliegt, ob der nach § 417 erforderliche Antrag der StA vor dem AG gestellt worden ist; fehlt er, wurde er zurückgenommen (13 zu § 417) oder ist er unzureichend, ist das Verfahren sowohl im Berufungs- als auch im Revisionsverfahren einzustellen (RG **67**, 59, 60; Frankfurt StV **00**, 299). 15

d) Bei **Überschreitung der Rechtsfolgenkompetenz** nach I S 2 hat das AG seine sachliche Zuständigkeit nicht verletzt, wenn es sich innerhalb der Rechtsfolgenkompetenz nach § 24 II GVG gehalten hat (Oldenburg JR **83**, 302 mit Anm Wagner). Nach richtiger Ansicht begründet I S 2 aber eine besondere Verfahrensvoraussetzung für das beschleunigte Verfahren (Hamm JR **78**, 120 mit Anm Meyer-Goßner; Hamm JMBlNW **79**, 59). Demgegenüber will die Gegenmeinung hierin nur eine Rechtsfolgengrenze für eine bestimmte Verfahrensart sehen (BGH **35**, 251; Oldenburg aaO; KK-Graf 5; Treier NStZ **83**, 234), daher soll das Berufungsgericht nicht gehindert sein, die Strafe auf das nach I S 2 erlaubte Maß herabzusetzen (BGH aaO = JR **89**, 119 mit Anm Terhorst; Wagner JR **83**, 303) oder sie gar zu bestätigen (KK-Graf 19). 16

Im **Berufungsverfahren** gilt auch die Rechtsfolgengrenze des I S 2 (hM; **aM** Bay **03**, 135; KK-Graf 5). Eine Überleitung des beschleunigten in das gewöhnliche Verfahren ist in der Berufungsverhandlung ausgeschlossen (Meyer-Goßner JR **78**, 122; **84**, 77; Wagner JR **83**, 304; **aM** Stuttgart StV **98**, 587 mwN). Daher muss das unter Überschreitung der Rechtsfolgenkompetenz ergangene Urteil des AG aufgehoben werden. Das Verfahren wird aber – anders als früher – nicht eingestellt; denn aus der Neuregelung in III ergibt sich nun, dass das Verfahren dann, wenn es zur 17

Entscheidung im beschleunigten Verfahren nicht geeignet ist, ohne neue Anklage, aber mit dem dann erforderlichen Erlass eines Eröffnungsbeschlusses in ein normales Verfahren übergehen soll (Meyer-Goßner Meurer-GS 425). Die Sache muss daher hier – abweichend von § 328 – an das AG zurückverwiesen werden (HK-Zöller 12; Lubitz [7 vor § 417] 166; Ranft NStZ **04**, 430; **aM** Loos/Radtke NStZ **96**, 8 Fn 79, da auch sie der Ansicht sind, das beschleunigte Verfahren ende mit der Verkündung des Urteils 1. Instanz (vgl oben 12), ein Übergang in das Normalverfahren sei nicht erforderlich; das ist aber mit § 419 III unvereinbar, so dass die hier vertretene Meinung nicht als „ausschließlich formales Argument" – so Loos/Radtke aaO 9 Fn 90 – bezeichnet werden kann; erg 12 zu § 420); das AG muss dann nach III verfahren (oben 9), falls es nicht weiter im beschleunigten Verfahren verhandeln will, weil es jetzt eine über 1 Jahr Freiheitsstrafe liegende Strafe für ausgeschlossen hält (SK-Paeffgen 16).

18 Im **Revisionsverfahren** wird der Verstoß gegen I S 2 von Amts wegen geprüft (Celle JR **84**, 74 mit Anm Meyer-Goßner = NStZ **83**, 233 mit abl Anm Treier; Hamm JMBlNW **79**, 59; JR **78**, 120 mit Anm Meyer-Goßner; Schleswig SchlHA **84**, 103 [E/L]; Peters 567; Ranft 2367; offen gelassen von BGH **35**, 251), nicht nur auf eine zulässige (§ 344 II) Verfahrensrüge beachtet (so aber AK-Loos 10; KK-Graf 20; Treier NStZ **83**, 234; unrichtig Wagner JR **83**, 304: auf die Sachrüge). Der Fehler führt auch hier – anders als früher – nicht zur Einstellung des Verfahrens, sondern wegen III zur Zurückverweisung nach § 354 II an das AG (Stuttgart NJW **98**, 3134, 3135; vgl auch Düsseldorf StV **99**, 202). Es gilt dann dasselbe wie bei Zurückverweisung durch das Berufungsgericht (oben 17).

Hauptverhandlung

420 **I Die Vernehmung eines Zeugen, Sachverständigen oder Mitbeschuldigten darf durch Verlesung von Niederschriften über eine frühere Vernehmung sowie von Urkunden, die eine von ihnen stammende schriftliche Äußerung enthalten, ersetzt werden.**

II Erklärungen von Behörden und sonstigen Stellen über ihre dienstlichen Wahrnehmungen, Untersuchungen und Erkenntnisse sowie über diejenigen ihrer Angehörigen dürfen auch dann verlesen werden, wenn die Voraussetzungen des § 256 nicht vorliegen.

III Das Verfahren nach den Absätzen 1 und 2 bedarf der Zustimmung des Angeklagten, des Verteidigers und der Staatsanwaltschaft, soweit sie in der Hauptverhandlung anwesend sind.

IV Im Verfahren vor dem Strafrichter bestimmt dieser unbeschadet des § 244 Abs. 2 den Umfang der Beweisaufnahme.

1 **1) Vereinfachtes Verfahren:** I–III bringen sowohl für das beschleunigte Verfahren vor dem Strafrichter (§ 25 GVG) als auch vor dem SchG (§ 28 GVG) gegenüber dem Normalverfahren Abweichungen; entgegen §§ 250, 256 dürfen Vernehmungsniederschriften, schriftliche Äußerungen und Erklärungen von Behörden und Behördenangehörigen mit Zustimmung von Angeklagtem, Verteidiger und StA verlesen werden. Vor dem Strafrichter können nach IV Beweisanträge ohne Bindung an die strengen Ablehnungsgründe des § 244 III–V abgelehnt werden.

2 Damit bestehen für die Hauptverhandlung in Strafsachen im Offizialverfahren vor dem Amtsgericht nun **drei Verfahrensarten:** Normalverfahren nach §§ 226 ff, davon abweichendes Verfahren nach § 420 I–III vor Strafrichter und SchG, wiederum anderes Verfahren nach § 420 IV nur vor dem Strafrichter. Dem letzteren entsprechen das Privatklageverfahren (§ 384 III) und das OWi-Verfahren (§§ 77, 77 a OWiG). Im Verfahren nach Einspruch gegen einen Strafbefehl gelten gemäß § 411 II S 2 ebenfalls die Vorschriften des § 420 für die Beweisaufnahme.

3 Für den Richter am Amtsgericht und die Verfahrensbeteiligten hat der Gesetzgeber damit das amtsgerichtliche Verfahren **erheblich kompliziert**: Es muss jetzt

stets genau darauf geachtet werden, ob das Verfahren durch Anklageerhebung nach § 200 oder durch Strafbefehlsantrag (§ 407) oder durch Antrag nach § 417 eingeleitet worden ist. Wird nach § 408a vom Normal- ins Strafbefehlsverfahren übergegangen, wechseln auch die Vorschriften über die Beweisaufnahme. Das alles erscheint wenig glücklich und im Hinblick auf die eingeschränkten Rechtsmittelmöglichkeiten bei Verurteilungen zu geringfügigen Strafen (§ 313) auch rechtsstaatlich bedenklich (Meurer Zipf-GS 492; erg 5, 6 vor § 417).

2) Verlesung von Vernehmungsniederschriften und schriftlichen Äußerungen: I entspricht wörtlich § 77a I OWiG. Er erweitert die Verlesungsmöglichkeiten, die sonst nur nach § 251 bestehen, setzt allerdings nach III das Einverständnis von Angeklagtem, Verteidiger und StA voraus. Gegenüber § 251 I Nr 1 kann die Verlesung auch erfolgen, wenn der unverteidigte Angeklagte zustimmt; unverteidigt kann der Angeklagte allerdings wegen § 418 IV nur sein, wenn keine Freiheitsstrafe von 6 Monaten oder mehr zu erwarten ist (vgl 11 ff zu § 418). Ob es sich um richterliche oder um nichtrichterliche Vernehmungsniederschriften handelt, ist bedeutungslos (erg 13 ff zu § 251). 4

Unberührt bleiben die Vorschriften der §§ 251 I Nr 2, 3, II 1, 2, III, IV, 252 und 253; der Gesetzgeber hielt insofern eine gesetzliche Klarstellung (anders als in § 77a IV OWiG) nicht für erforderlich (BT-Drucks 12/6853 S 37). Steht dem Zeugen ein Zeugnisverweigerungsrecht zu, muss das Gericht vor der Verlesung seiner nichtrichterlichen Aussage somit klären, ob er mit der Verwertung einverstanden ist; richterliche Vernehmungsniederschriften dürfen dagegen ohne Befragung des Zeugen verlesen werden (vgl 7 ff zu § 252; KK/OWiG-Senge 6 ff zu § 77a; KK-Graf 4; **aM** LR-Gössel 33; Jostes [6 vor § 417] 73). 5

Die **Aufklärungspflicht** nach § 244 II wird durch I nicht eingeschränkt. Sie kann es erforderlich machen, trotz Zustimmung der Prozessbeteiligten zur Verlesung die Beweisperson zu hören, insbesondere wenn diese das einzige Beweismittel ist (erg 8 zu § 251). 6

3) Die **Verlesung von behördlichen Erklärungen** ist nach II über § 256 hinaus im Einverständnis der Verfahrensbeteiligten gestattet. Die Vorschrift entspricht § 77a II OWiG (vgl dazu Göhler 3 ff zu § 77a). Die Abweichung gegenüber § 256 besteht darin, dass nicht nur Zeugnisse und Gutachten (vgl 4 ff zu § 256), sondern – und noch über § 256 I Nr 5 (dort 26, 27) hinausgehend – sämtliche Erklärungen über dienstliche – nicht private – Wahrnehmungen, Untersuchungen und Erkenntnisse verlesen werden dürfen, also zB auch Aktenvermerke der Polizei oder der StA. Grenze ist auch hier die Aufklärungspflicht des Gerichts (oben 6). 7

4) Verfahren zu I und II: Zum erforderlichen Einverständnis der Verfahrensbeteiligten vgl die Ausführungen unter 7 zu § 251, die hier entspr gelten. Ist der Angeklagte unverteidigt, muss er genau über die Folgen seines Einverständnisses aufgeklärt werden (**aM** Ranft NStZ **04**, 429: Einverständniserklärung grundsätzlich unwirksam). Das Gericht ordnet wie in § 251 IV S 1 die Verlesung durch Beschluss an; der Beschluss muss idR nicht begründet werden, ist aber in das Protokoll aufzunehmen. Ist die Beweisperson richterlich vernommen worden, bedarf es nach § 251 IV S 3, 4 der Feststellung oder der Entscheidung über die Nachholung der Vereidigung. Nach Durchführung der Verlesung ist eine Rücknahme der Zustimmung hierzu nicht mehr möglich (Jostes [6 vor § 417] 101; **aM** KMR-Metzger 12). 8

5) Verfahren vor dem Strafrichter (IV): 9

A. **Beweisanträge,** die auch hier uneingeschränkt gestellt werden können (Scheffler NJW **94**, 2194), dürfen beim Strafrichter, nicht beim SchG, ohne die Einschränkungen des § 244 III–V abgelehnt werden. Die Ablehnung ist damit ebenso wie im Privatklageverfahren nach § 384 III und wie im OWi-Verfahren nach § 77 I, II Nr 1 OWiG auch möglich, wenn das Gericht die Erhebung des angebotenen Beweises zur Erforschung der Wahrheit nicht für erforderlich hält; 10

hingegen kommt eine Ablehnung wegen verspäteter Antragstellung (anders als nach § 77 II Nr 2 OWiG) nicht in Betracht. Nachzugehen ist dem Beweisantrag aber, wenn sich die Erhebung des Beweises aufdrängt oder sie zumindest naheliegt (vgl Düsseldorf NStE Nr 3 und 7, Karlsruhe NStE Nr 2, je zu § 77 OWiG). Das ist zB der Fall, wenn ein Sachverständiger oder Gegenzeugen die Aussage des einzigen Belastungszeugen widerlegen sollen (vgl Bay DAR **02**, 437 [L]). Hält der Strafrichter hingegen den Sachverhalt für genügend geklärt und ist er der Auffassung, dass die angebotene Beweiserhebung daran nichts mehr ändern kann, so lehnt er den Beweisantrag ab; Beweisantizipation ist damit zulässig (Dahs NJW **95**, 556; König/Seitz NStZ **95**, 5; **aM** Ranft NStZ **04**, 430). Im Übrigen gelten die Ausführungen zu § 384 III (13, 14 zu § 384) hier entspr.

11 B. Durch **Beschluss** erfolgt die Ablehnung (§ 244 VI), der ebenso wie der Antrag in das Protokoll aufzunehmen ist. Zur Begründung des Beschlusses muss es wie in § 77 III OWiG als ausreichend erachtet werden, dass das Gericht erklärt, die Beweiserhebung sei zur Erforschung der Wahrheit nicht erforderlich (KK-Graf 8; **aM** SK-Paeffgen 28). Die Urteilsgründe brauchen nicht im Einzelnen darzulegen, warum dies der Fall ist; aus ihnen muss sich aber entnehmen lassen, dass der Sachverhalt tatsächlich so eindeutig geklärt ist, dass es der Beweiserhebung nicht mehr bedurfte (vgl Zweibrücken MDR **91**, 1192). Wird die Ablehnung des Beweisantrages nicht auf IV, sondern auf einen der Gründe des § 244 III–V oder bei präsenten Beweismitteln auf § 245 II S 2, 3 gestützt, muss die Beschlussbegründung den dort bezeichneten Voraussetzungen genügen (erg 15 zu § 384).

12 **6) Berufungsverfahren:** Aus § 420 ergibt sich nicht eindeutig, ob die Vorschrift nur vor dem AG oder auch im Berufungsverfahren vor dem LG gelten soll. Da IV aber ausdrücklich auf das Verfahren vor dem Strafrichter beschränkt ist, ist hieraus sowie entspr der allgM bei einer anderen besonderen Verfahrensart, nämlich dem Strafbefehlsverfahren (vgl 4, 7 zu § 411), zu schließen, dass I–III ebenso wie die sonstigen Vorschriften des beschleunigten Verfahrens auch im Verfahren über die Berufung gegen ein im beschleunigten Verfahren erlassenes amtsrichterliches Urteil gelten (KK-Fischer 21 zu § 411; Ranft 2362; **aM** SK-Paeffgen 31; Lesch JA **95**, 691; Loos/Radtke NStZ **96**, 9; Schlothauer StV **95**, 46; erg 12 zu § 419). IV findet dagegen keine Anwendung; wie beim SchG darf also auch beim LG ein Beweisantrag nur aus den in § 244 III–V genannten Gründen abgelehnt werden (KK-Fischer aaO).

13 **7) Revision:** Ist unter Verletzung der Aufklärungspflicht vom Gericht nach I, II verfahren oder ein Beweisantrag nach IV vom Strafrichter abgelehnt worden, begründet nur die ordnungsgemäß erhobene Aufklärungsrüge (80 ff zu § 244) die Revision (Köln StraFo **00**, 238; **03**, 380; **aM** Bauer StraFo **00**, 345; vgl auch Seitz JR **03**, 520). Die Revision ist aber auch dann begründet, wenn die erforderliche Zustimmung des Verfahrensbeteiligten nach III zum vereinfachten Beweisverfahren gefehlt hat. Erg im Übrigen 45 zu § 251.

421–429 (weggefallen)

3. Abschnitt. Verfahren bei Einziehungen und Vermögensbeschlagnahmen

Vorbemerkungen

1 **1) Allgemeines:** Wo von Einziehung die Rede ist, sei es in den einzelnen Bestimmungen, sei es in den Erläuterungen, ist die Erweiterung durch § 442 zu beachten.

2) Einziehung und Verfall (§§ 73–76 a StGB): Die Einziehung hat strafähnlichen Charakter, soweit sie nur gegenüber dem Täter oder Teilnehmer angeordnet (§ 74 II Nr 1 StGB) oder darauf gestützt werden kann, dass ihr Gegenstand in einer missbilligenswerten Beziehung zur Tat gestanden oder der Dritte ihn in verwerflicher Weise erworben hat (§ 74 a StGB). Dagegen hat die Einziehung vorwiegend Sicherungscharakter und ist daher eine Sicherungsmaßnahme, wenn sie wegen der Gefährlichkeit des Gegenstandes angeordnet wird (§ 74 II Nr 2 StGB) Die Zugehörigkeit der Einziehung zu der einen oder anderen Art ist nicht einheitlich; zuweilen hat die Maßnahme einen gemischten Charakter (Lackner/Kühl 1 zu § 74 StGB). Der Verfall ist eine Maßnahme zur Abschöpfung rechtswidrig erlangter Vermögensvorteile zur Wiederherstellung des verletzten Rechts (Fischer 2, 3 a zu § 73 StGB). 2

3) Verfahren bei Verfall und Einziehung: 3

A. **Strafverfahren:** Der Abschnitt regelt in der Hauptsache, wie zu verfahren ist, wenn im subjektiven Strafverfahren ein Beteiligungsinteressent (5 zu § 431) festgestellt wird, der nicht selbst Beschuldigter ist, aber von der drohenden Maßnahme betroffen würde. Wie der Beteiligungsinteressent, der als Verfalls- oder Einziehungsbeteiligter in Betracht kommt, im vorbereitenden Verfahren (Einl 59, 60) zu behandeln ist, regeln die §§ 432, 442 I, II S 2. Die Institution des Beteiligten ist nur für das gerichtliche Strafverfahren vorgesehen und von der Anordnung der Beteiligung abhängig (§ 431 I). Der Zweck der Beteiligung besteht darin, dass der Interessent vor Gericht das rechtliche Gehör erhält (Art 103 I GG), bevor eine ihm nachteilige Entscheidung erlassen wird (Einl 23 ff, 91). Daher muss er von Amts wegen zum Prozesssubjekt mit prozessualen Befugnissen gemacht werden. 4

Ist der **Angeklagte selbst** der Betroffene, weil eine ihm gehörende Sache eingezogen werden soll, so wird im Urteil die Einziehung nach §§ 74 ff StGB angeordnet. Die Praxis lässt es aber zu, dass der Angeklagte sich mit der formlosen (außergerichtlichen) Einziehung einverstanden erklärt, so dass es dann einer gerichtlichen Entscheidung nicht mehr bedarf (vgl dazu Ströber/Guckenbiehl Rpfleger **99**, 115 ff); die hiergegen von Thode NStZ **00**, 62 ff erhobenen Bedenken erscheinen unbegründet. Eine Beschwerde gegen die auf Grund der Einverständniserklärung erfolgte Einziehung ist ausgeschlossen (Bay **96**, 99 = NStZ-RR **97**, 51; Düsseldorf NStZ **93**, 452). 4a

Sind **keine Beteiligten** vorhanden, kann der Gegenstand nach RiStBV 180 IV idR formlos aus dem Verkehr entfernt werden. 4b

B. **Selbstständiges Verfalls- oder Einziehungsverfahren (objektives Verfahren):** Die §§ 440, 441 enthalten eine Regelung über die Verfalls- und Einziehungsbeteiligung im objektiven Verfahren, das der Realisierung des § 76 a StGB dient und die Anordnung als selbstständige Maßnahme (dh ohne gleichzeitige Verurteilung eines Tatbeteiligten) bezweckt. 5

4) Im **Bußgeldverfahren** gelten die §§ 430 ff sinngemäß (§ 46 I OWiG, vgl zur Einziehung §§ 22 ff OWiG und zum Verfall § 29 a OWiG). Ergänzende, zT abweichende Regelungen (namentlich für das Verfahren der VerwB) enthält § 87 OWiG. 6

5) Wirkung von Einziehung und Verfall: 7

A. **Mit der Rechtskraft** tritt der Rechtsübergang an dem eingezogenen oder für verfallen erklärten Gegenstand nach Maßgabe der §§ 73 e I, 74 e I, II StGB ein. Die Geldschuld bei Verfall oder Einziehung von Wertersatz (§§ 73 a, 74 c StGB) entsteht erst mit der Rechtskraft. 8

B. **Vor der Rechtskraft** entsteht mit der Anordnung der Einziehung oder des Verfalls eines Gegenstandes kraft Gesetzes ein Veräußerungsverbot (§§ 73 e II, 74 e III StGB). Ist Wertersatz für verfallen erklärt oder eingezogen worden (§§ 73 a, 74 c StGB), so entsteht die Zahlungspflicht erst mit der Rechtskraft der 9

Anordnung; bis dahin kann nur die Vollstreckung der künftigen Geldschuld durch dinglichen Arrest (§ 111 d) gesichert werden.

10 C. **Schon vor der Anordnung** kann die künftige Vollstreckung der Maßnahme durch Beschlagnahme nach § 111 c oder durch dinglichen Arrest nach § 111 d gesichert werden.

11 **6) Entschädigung bei Einziehung** (§ 74 f StGB): Wie sich aus § 436 III ergibt, geht die StPO davon aus, dass über den Entschädigungsanspruch nicht im Strafverfahren entschieden wird (Ausnahme § 74 f III StGB), da es sich um Ansprüche aus Eingriffen handelt, die eine bürgerlich-rechtliche Wirkung haben und daher vor den Zivilrichter gehören (KG NJW **78**, 2406).

12 **7)** Die **Vermögensbeschlagnahme** (§ 443) ist keine Vorstufe zum Verfall oder zur Einziehung, sondern ein nur in bestimmten Strafsachen zulässiges Mittel, den Beschuldigten zur Teilnahme am Verfahren zu zwingen sowie in der Verfügung über sein Vermögen und mittelbar dadurch an dessen Verwendung für solche Delikte zu hindern.

Ausscheidung der Maßnahme

430 I **Fällt die Einziehung neben der zu erwartenden Strafe oder Maßregel der Besserung und Sicherung nicht ins Gewicht oder würde das Verfahren, soweit es die Einziehung betrifft, einen unangemessenen Aufwand erfordern oder die Herbeiführung der Entscheidung über die anderen Rechtsfolgen der Tat unangemessen erschweren, so kann das Gericht mit Zustimmung der Staatsanwaltschaft in jeder Lage des Verfahrens die Verfolgung der Tat auf die anderen Rechtsfolgen beschränken.**

II 1 **Im vorbereitenden Verfahren kann die Staatsanwaltschaft die Beschränkung vornehmen.** 2 **Die Beschränkung ist aktenkundig zu machen.**

III 1 **Das Gericht kann die Beschränkung in jeder Lage des Verfahrens wieder aufheben.** 2 **Einem darauf gerichteten Antrag der Staatsanwaltschaft ist zu entsprechen.** 3 **Wird die Beschränkung wieder aufgehoben, so gilt § 265 entsprechend.**

1 **1)** In **Anknüpfung an § 154 a** ermöglicht § 430 die Einziehung oder den Verfall (§ 442 I) als Gegenstand der Untersuchung und Entscheidung auszuklammern, um das Verfahren zu vereinfachen und zu beschleunigen. Er gilt unabhängig davon, ob die Maßnahme sachlich-rechtlich in einer Kann- oder Mussvorschrift vorgesehen ist. Der rechtliche Gesichtspunkt der Einziehung oder des Verfalls und damit die Aufklärung der speziell zu ihm gehörenden Tatsachen als Prozessgegenstand kann ausgeschieden werden, und zwar in jeder Lage des Verfahrens (25 zu § 153). Dadurch kann auch ein Rechtsmittel, soweit es die Maßnahme betrifft, gegenstandslos gemacht werden.

2 **2)** Für **Verfall oder Einziehung eines Gegenstandes oder des Wertersatzes** (§§ 73, 73 a, 74, 74 c StGB) gilt § 430; darüber hinaus aber auch für die weiteren in § 442 I bezeichneten Maßnahmen (Bach JR **08**, 232).

3 **3) Nicht ins Gewicht** fällt die Maßnahme, wenn vom Standpunkt der Notwendigkeit des Schutzes der Rechtsordnung auf sie verzichtet werden kann, weil die anderen Rechtsfolgen genügen.

4 **4)** Die **Unangemessenheit der Prozedur** – über § 154 a hinausgehend – ist weiterer Ausscheidungsgrund. Dieser gilt neben dem in 3 genannten, auch wenn die Maßnahme neben den sonstigen Rechtsfolgen der Tat durchaus ins Gewicht fiele, zB die Einziehung eines Luftgewehrs, wenn bloß geringe Geldstrafe zu erwarten ist.

5 A. Der **unangemessene Aufwand** bezieht sich auf Geld und Zeit. Er ist anzunehmen, wenn übermäßige Verfahrenskosten zum Verfall oder zur Einziehung

durch Sachverständigengutachten, Augenscheinnahme und Zeugenvernehmungen entstehen würden oder wenn für die Aufklärung der Voraussetzungen das Gericht oder die Beweispersonen ein Übermaß an Zeit aufwenden müssten, wie zB Sachverständige durch umständliche Gutachten, Zeugen durch übermäßig große Reisen oder unverhältnismäßig lange Abhaltung von wichtigen Berufsaufgaben.

B. Die **Erschwerung der Entscheidung im Übrigen** kann bestehen in unangemessener Verlängerung der Prozessdauer und unverhältnismäßiger Ausdehnung oder Komplizierung der Aufklärungsarbeit. Dieser Ausscheidungsgrund kann sich mit dem des unangemessenen Aufwands überschneiden (SK-Weßlau 7). 6

5) Die **Zuständigkeitsregelung** ist die gleiche wie in § 154a: Im Ermittlungsverfahren ist die StA zuständig; sie hat die Beschränkung aktenkundig zu machen, bedarf jedoch nicht der Zustimmung des Gerichts (II). Nach Einreichung der Anklageschrift ist das mit der Sache befasste Gericht, auch das Revisionsgericht (2 zu § 353), mit Zustimmung der StA zuständig. § 430 gilt auch im Privatklageverfahren, jedoch entscheidet hier der Richter allein über die Beschränkung und die Wiedereinbeziehung (10 zu § 385). Der Nebenkläger partizipiert nicht an dem Gestaltungsrecht der StA; § 395 V ist nicht entspr anwendbar (dort 14). In Steuerstrafsachen tritt im Vorverfahren weitgehend der FinB an die Stelle der StA (Einl 12). 7

6) Die **Wiedereinbeziehung** (III) der Rechtsfolge in den Verfahrensstoff ist jederzeit möglich, bei Wegfall der Voraussetzungen und im gerichtlichen Verfahren auf Antrag der StA notwendig. 8

7) Rechtsmittel: Eine Beschwerde (§ 304) des Beschuldigten, Privat- oder Nebenklägers oder eines Beteiligungsinteressenten (5 zu § 431) gegen die Beschränkung oder Wiedereinbeziehung ist nicht zulässig. Die StA kann auch dann keine Beschwerde einlegen, wenn das Gericht eine Beschränkung ohne ihre Zustimmung anordnet oder trotz ihres Antrags nicht rückgängig macht (KK-Schmidt 9; SK-Weßlau; erg 23 zu § 154a). 9

Anordnung der Einziehungsbeteiligung

431 **I [1] Ist im Strafverfahren über die Einziehung eines Gegenstandes zu entscheiden und erscheint glaubhaft, dass**

1. der Gegenstand einem anderen als dem Angeschuldigten gehört oder zusteht oder

2. ein anderer an dem Gegenstand ein sonstiges Recht hat, dessen Erlöschen im Falle der Einziehung angeordnet werden könnte (§ 74e Abs. 2 Satz 2 und 3 des Strafgesetzbuches),

so ordnet das Gericht an, dass der andere an dem Verfahren beteiligt wird, soweit es die Einziehung betrifft (Einziehungsbeteiligter). [2] Das Gericht kann von der Anordnung absehen, wenn infolge bestimmter Tatsachen anzunehmen ist, dass die Beteiligung nicht ausführbar ist. [3] Das Gericht kann von der Anordnung auch dann absehen, wenn eine Partei, Vereinigung oder Einrichtung außerhalb des räumlichen Geltungsbereichs dieses Gesetzes zu beteiligen wäre, die Bestrebungen gegen den Bestand oder die Sicherheit der Bundesrepublik Deutschland oder gegen einen der in § 92 Abs. 2 des Strafgesetzbuches bezeichneten Verfassungsgrundsätze verfolgt, und wenn den Umständen nach anzunehmen ist, dass diese Partei, Vereinigung oder Einrichtung oder einer ihrer Mittelsmänner den Gegenstand zur Förderung ihrer Bestrebungen zur Verfügung gestellt hat; in diesem Falle genügt es, vor der Entscheidung über die Einziehung des Gegenstandes den Besitzer der Sache oder den zur Verfügung über das Recht Befugten zu hören, wenn dies ausführbar ist.

II Das Gericht kann anordnen, dass sich die Beteiligung nicht auf die Frage der Schuld des Angeschuldigten erstreckt, wenn

1. die Einziehung im Falle des Absatzes 1 Nr. 1 nur unter der Voraussetzung in Betracht kommt, dass der Gegenstand dem Angeschuldigten gehört oder zusteht, oder

2. der Gegenstand nach den Umständen, welche die Einziehung begründen können, dem Einziehungsbeteiligten auch auf Grund von Rechtsvorschriften außerhalb des Strafrechts ohne Entschädigung dauernd entzogen werden könnte.

III Ist über die Einziehung des Wertersatzes gegen eine juristische Person oder eine Personenvereinigung zu entscheiden (§ 75 in Verbindung mit § 74 c des Strafgesetzbuches), so ordnet das Gericht deren Beteiligung an.

IV Die Verfahrensbeteiligung kann bis zum Ausspruch der Einziehung und, wenn eine zulässige Berufung eingelegt ist, bis zur Beendigung der Schlussvorträge im Berufungsverfahren angeordnet werden.

V [1] Der Beschluss, durch den die Verfahrensbeteiligung angeordnet wird, kann nicht angefochten werden. [2] Wird die Verfahrensbeteiligung abgelehnt oder eine Anordnung nach Absatz 2 getroffen, so ist sofortige Beschwerde zulässig.

VI Erklärt jemand bei Gericht oder bei der Staatsanwaltschaft schriftlich oder zu Protokoll oder bei einer anderen Behörde schriftlich, dass er gegen die Einziehung des Gegenstandes keine Einwendungen vorbringen wolle, so wird seine Verfahrensbeteiligung nicht angeordnet oder die Anordnung wieder aufgehoben.

VII Durch die Verfahrensbeteiligung wird der Fortgang des Verfahrens nicht aufgehalten.

1 1) Die **Beteiligungsanordnung** (I; 4 vor § 430) ergeht von Amts wegen, wenn im Strafverfahren über Einziehung oder Verfall zu entscheiden und der Betroffene nicht der Angeschuldigte, sondern ein anderer ist. Die Beteiligung bezieht sich nur auf die Teile des Verfahrens, die die Maßnahme betreffen (vgl § 432). Fehlt eine der Voraussetzungen, so unterbleibt die Anordnung. Ist deren Erlass aber beantragt, zB von der StA oder dem Angeschuldigten, so ergeht auch bei Ablehnung ein Beschluss (vgl V S 2). Dieser kann auch erlassen werden, wenn der Beteiligungsinteressent (unten 5) seine Zulassung angeregt hat (vgl unten 20).

2 **2) Einziehungsbeteiligter, Verfallsbeteiligter** (I S 1; § 442 I, II S 1):

3 A. **Beteiligung bei zu erwartender Anordnung der Einziehung:** Nach I ist sie nur zulässig, wenn die Einziehung eines Gegenstandes zu erwarten ist, nicht auch, wenn es um Einziehung des Wertersatzes (§ 74 c StGB) geht, da § 74 c StGB bei Einziehung gegenüber einem Dritten nicht anwendbar ist (Lackner/Kühl 1 zu § 74 c StGB).

4 B. **Beteiligung bei zu erwartender Anordnung des Verfalls:** Dem Verfall unterliegt der rechtswidrig erlangte Vermögensvorteil, der in einem bestimmten Gegenstand oder in einem sonstigen Vermögenszuwachs bestehen kann (§ 73 StGB). Unter bestimmten Voraussetzungen tritt an die Stelle des erlangten bestimmten Gegenstandes dessen Wert (§ 73 a StGB). Richtet sich der Verfall nach § 73 III oder § 73 a StGB gegen einen anderen als den Angeschuldigten, so ordnet das Gericht an, dass der andere an dem Verfahren beteiligt wird (§ 442 II S 1). Darin ist eine Definition des Begriffs Verfallsbeteiligter zu sehen (vgl auch § 459 g I S 1). Seine Beteiligung ist in entspr Anwendung des § 431 I S 1 anzuordnen, wenn die Voraussetzungen der Anordnung des Verfalls gegenüber dem anderen wahrscheinlich vorliegen. Dabei besteht kein Unterschied, ob es sich um Verfall eines Gegenstandes oder des an seine Stelle tretenden Wertes handelt.

5 C. **Beteiligungsinteressent** (Einziehungsinteressent, Verfallsinteressent) ist derjenige, dessen spätere Beteiligung im gerichtlichen Verfahren in Betracht kommt. Für ihn gilt § 432.

3) Entscheidung über die Beteiligung: 6

A. Die **Anklage** (vgl auch 17 zu § 407) bezeichnet den Dritten als Nebenbeteiligten und legt die tatsächliche und rechtliche Grundlage für die angestrebte Maßnahme dar, sofern diese nicht nach § 430 II ausgeschieden ist. Für die Antragstellung der StA gelten die gleichen Gesichtspunkte wie für die gerichtliche Anordnung, die nachfolgend näher dargelegt werden. 7

B. **Wenn über die Maßnahme zu entscheiden ist,** wird die Beteiligung angeordnet. Der Antrag der StA in der Anklageschrift ist für das Gericht nicht bindend. Es muss die Anordnung ggf. auch treffen, wenn die StA sie nicht beantragt hat (Düsseldorf wistra **99**, 477). Über die Einziehung ist nicht schon dann zu entscheiden, wenn sie überhaupt im Bereich des Möglichen liegt, sondern nur, wenn ihre Voraussetzungen wahrscheinlich vorliegen und, falls sie nur in einer Kann-Vorschrift vorgesehen ist, ihre Anordnung zu erwarten ist; denn nur dann ist die Gewährung des rechtlichen Gehörs und damit die Beteiligung geboten (KMR-Metzger 23; **aM** LR-Gössel 40 ff). 8

C. **Besondere Voraussetzungen für Einziehungsbeteiligte** (I S 1 Nrn 1, 2): Handelt es sich um die Einziehung von Schriften, so sind die Adressaten oder Besteller in dieser Eigenschaft keine Personen, die als Einziehungsbeteiligte in Betracht kommen (Wagner MDR **61**, 97). Zu den Teilrechten iS des I S 1 Nr 2 gehören nur beschränkt dingliche Rechte, wie ein Pfandrecht (§§ 1204 ff BGB) oder ein Nießbrauch (§§ 1030 ff BGB), auch ein Pfandrecht an einer Forderung (§ 1279 BGB); ebenso Sicherungs- und Vorbehaltseigentum (KMR-Metzger 7) sowie zur Sicherung zedierte Forderungen, nicht aber Miete oder Leihe (BGHR StGB § 74 II Nr 2 Beteiligter 1; vgl auch SK-Weßlau 10), auch nicht der Besitz (KK-Schmidt 7 mwN). 9

4) Mittäter oder Gehilfen können ausnahmsweise Verfalls- oder Einziehungsbeteiligter sein, nämlich dann, wenn bei mehreren Tätern oder Teilnehmern das Verfahren gegen einen abgetrennt (zB wegen Krankheit oder Verhandlungsunfähigkeit) wird. 10

5) Absehen von der Anordnung (I S 2, 3): Das Absehen ist auch zulässig, wenn die Beteiligungsvoraussetzungen bereits glaubhaft erscheinen. 11

A. Die **Nichtausführbarkeit der Beteiligung** (I S 2) muss auf Grund bestimmter Tatsachen anzunehmen sein (vgl 7 zu § 112). Die Annahme der Nichtausführbarkeit setzt voraus, dass zunächst Ermittlungen über sie angestellt werden. Die Nichtausführbarkeit kann zB beruhen auf unbekanntem Aufenthalt, Verschleierung durch fingierte Angaben, Verwendung von Strohmännern. Es genügen aber auch sonstige Gründe, aus denen die Beteiligung auf übermäßige faktische Schwierigkeiten stößt (SK-Weßlau 20). 12

B. **Staatsschutz** (I S 3): Eine Organisation besteht auch dann außerhalb dieses Geltungsbereiches, wenn sie organisatorisch die Grenzen nach außen überschreitet. 13

6) Ausschluss der Schuldfrage von der Beteiligung (II): Wenn die Beteiligung (ohne Einschränkung) angeordnet wird (I S 1), erstreckt sie sich auch auf die Schuldfrage, allerdings nur, soweit das Verfahren die Maßnahme und ihre Voraussetzungen betrifft (I S 1). Der Ausschluss nach II stellt klar und bewirkt, dass der Beteiligte zur Schuldfrage nicht die Befugnisse des Angeklagten hat (§ 433 I) und daher zu ihr als Zeuge vernommen werden kann (4 zu § 433). 14

A. **In den Fällen des II Nr 1** fehlt dem Einziehungsbeteiligten die sachliche Legitimation, aus Eigentumsrecht zur Schuldfrage (iS von Schuldspruch, was auch § 439 III S 1 bestätigt) Stellung zu nehmen. Seine schutzwürdigen Interessen werden hier nur insoweit berührt, als es um die Frage der Rechtsverhältnisse an dem Einziehungsgegenstand geht; die Einziehung wird in diesem Fall schon dann verhindert, wenn sich sein Eigentum oder seine Rechtsinhaberschaft ergibt. 15

16 Wird ein **beschränkt dinglich Berechtigter** am Verfahren beteiligt, weil eine Anordnung nach § 74e II S 2, 3 StGB in Betracht kommt, so kann er von der Beteiligung zur Schuldfrage nicht schon nach II Nr 1 ausgeschlossen werden. Denn es kann das Erlöschen seines Rechts angeordnet werden, wenn ihn in Bezug auf die Tat besonderer Schuldvorwurf trifft.

17 B. **In den Fällen des II Nr 2** bildet die Straftat nicht die materielle Grundlage für die Einziehung, sondern nur den Anlass dafür, dass der Entzug des Gegenstandes angeordnet wird. Daher bedarf es hier der Beteiligung nur hinsichtlich der besonderen Voraussetzungen, der eigentlichen Grundlage für die Einziehung.

18 C. **Geht es um Verfallsbeteiligung,** so kommt ihre Beschränkung nach II nur in entspr Anwendung der Nr 2 in Betracht, weil der abzuschöpfende kriminelle Gewinn dem Dritten nicht gehört oder zusteht (AK-Günther 17; str).

19 **7) Sondervorschriften für Organe und Vertreter einer JP oder PV** (III): Im Anwendungsbereich des § 75 StGB wird über Einziehung materiellrechtlich so entschieden, als hätte die JP oder PV gehandelt. Da sie aber ein anderer als der Angeschuldigte ist, gilt für ihre Beteiligung ohnehin I, II. Diese Bestimmung bezieht sich aber nur auf die Einziehung eines Gegenstandes (oben 3). Da aber gegen die JP oder PV auch die Einziehung des Wertsatzes angeordnet werden kann (§ 74c StGB), obwohl sie ein Dritter ist, muss sie auch dann am Verfahren beteiligt werden, wenn gegen sie die Anordnung der Einziehung von Wertersatz zu erwarten ist.

20 **8) Zeitpunkt der Anordnung der Beteiligung** (IV):

21 A. **Nach Erhebung der Anklage** (oben 7) kann die Beteiligung bis zum Urteil angeordnet werden. Kommt es im Urteil zur Anordnung der Maßnahme, so lebt die Möglichkeit der Beteiligung neu auf, wenn eine zulässige Berufung eingelegt wird. Der Beteiligungsinteressent (oben 5) kann selbst Berufung gegen den Ausspruch nur einlegen, wenn vorher seine Beteiligung angeordnet war (§ 433 I S 1; BGH NStZ **95**, 248). Die StA beantragt die Anordnung der Beteiligung in der Anklageschrift.

22 B. **Im Strafbefehlsverfahren** beantragt die StA die Anordnung der Beteiligung und der Maßnahme im Strafbefehlsantrag; der Richter trifft beide Anordnungen im Strafbefehl (17 zu § 407). Durch die Einspruchsmöglichkeit wird dem Beteiligten wie dem Beschuldigten das rechtliche Gehör verbürgt (2 vor § 407). Die Möglichkeit der Anordnung endet mit dem Erlass des Strafbefehls, lebt aber bei Einspruch des Beschuldigten wieder auf und richtet sich dann nach 21.

23 C. **Unterbleibt die Anordnung** der Beteiligung und wird die gegen den anderen wirkende Anordnung der Einziehung oder des Verfalls rechtskräftig, so ist der Beteiligungsinteressent unter den Voraussetzungen des § 439 auf das Nachverfahren angewiesen.

24 **9) Rechtsmittel** (V):

25 A. Die **Anordnung der Beteiligung** kann von keiner Seite angefochten werden (S 1), auch nicht in der Form einer Revisionsrüge; denn die Anordnung greift nicht in die Rechte anderer ein. Sie kann aber auf Grund einer Veränderung der Sachlage aufgehoben oder nachträglich nach § 431 II beschränkt werden. Gegen einen solchen Beschluss ist sofortige Beschwerde zulässig (unten 26, 27).

26 B. Der **ablehnende Beschluss** ist mit der sofortigen Beschwerde anfechtbar (S 2), auch von dem Angeklagten (Celle NJW **87**, 78; KK-Schmidt 27). Auch der Beteiligungsinteressent kann den Beschluss anfechten, obwohl er im Übrigen am Verfahren noch nicht beteiligt ist; denn er ist von der Entscheidung betroffen (§ 304 II). Der Beschluss wird ihm mit Beschwerdebelehrung zugestellt (§§ 35 II S 1, 35a). Weil der ablehnende Beschluss selbstständige prozessuale Bedeutung hat und das Nachverfahren wegen der Gefahr widersprechender Entscheidungen auf

die unumgänglich notwendigen Fälle beschränkt werden soll, schließt S 2 die Geltung des § 305 aus und lässt den Zwischenstreit über die Beteiligungsbefugnis in Form der Anfechtung mit der sofortigen Beschwerde zu. Ist der ablehnende Beschluss rechtskräftig geworden, so gilt er für das ganze Verfahren; jedoch mit der Einschränkung, dass er widerrufen werden kann, wenn sich Tatsachen oder Beweismittel ergeben, die ihm die Grundlage entziehen (vgl Einl 115).

C. Die **Beschränkungsanordnung** nach II ist ebenfalls mit sofortiger Beschwerde anfechtbar. Hierüber ist der Beteiligte nach § 35 a zu belehren. Die Zurücknahme der Beschränkungsanordnung ist nicht anfechtbar (V S 1). 27

10) Verzicht auf Einwendungen (VI): 28

A. Er **bedeutet** Verzicht auf die Gewährung des rechtlichen Gehörs und damit auf Beteiligung, nicht dagegen Verzicht auf ein Recht oder einen Anspruch, auch nicht auf Feststellung der erforderlichen Voraussetzungen für die Anordnung der Maßnahme. Denn es gehört auch zu den Befugnissen, die einem Angeklagten zustehen, ohne das Risiko der nachteiligen Verwertung zur Sache zu schweigen (15 zu § 261). Der Verzicht schließt auch die Anordnung und Erzwingung des persönlichen Erscheinens nach § 433 II aus. Eine bereits getroffene Anordnung dieser Art wird nach dem Verzicht aufgehoben. 29

B. **Form** (Einl 128, 131 ff): Die Erklärung kann auch einer anderen Behörde schriftlich abgegeben werden. Diese Formulierung lehnt sich an § 158 II an; dort wie hier sind unter den anderen Behörden die Polizeibehörden (in Steuerstrafsachen auch die FinB, Einl 11 ff) zu verstehen (7, 8 zu § 158). Geht die Erklärung bei einer mit der Strafsache nicht befassten Behörde ein, so kann sie nur berücksichtigt werden, wenn sie eindeutig für das Strafverfahren bestimmt ist und an die zuständige Stelle weitergegeben wird. 30

11) Keine Hemmung des Verfahrens (VII) soll durch die Beteiligung entstehen. Dieser Grundsatz (entspr § 398 I) kann nur annäherungsweise verwirklicht werden. Das Gericht hat im Einzelfall zu prüfen, inwieweit er durch den Anspruch des Einziehungsbeteiligten auf rechtliches Gehör eingeschränkt werden muss. 31

Anhörung im Ermittlungsverfahren

432 **I [1] Ergeben sich im vorbereitenden Verfahren Anhaltspunkte dafür, dass jemand als Einziehungsbeteiligter in Betracht kommt, so ist er zu hören, wenn dies ausführbar erscheint. [2] § 431 Abs. 1 Satz 3 gilt entsprechend.**

II Erklärt derjenige, der als Einziehungsbeteiligter in Betracht kommt, dass er gegen die Einziehung Einwendungen vorbringen wolle, und erscheint glaubhaft, dass er ein Recht an dem Gegenstand hat, so gelten, falls er vernommen wird, die Vorschriften über die Vernehmung des Beschuldigten insoweit entsprechend, als seine Verfahrensbeteiligung in Betracht kommt.

1) Im Ermittlungsverfahren sollen auch die Umstände geklärt werden, die für die Bestimmung der Rechtsfolgen von Bedeutung sind (§ 160 III S 1), auch soweit es sich um Einziehung oder Verfall (§ 442 I) handelt. Zeichnet sich durch konkrete Anhaltspunkte irgendwie ab, dass jemand als Verfalls- oder Einziehungsbeteiligter in Betracht kommt, so erstrecken sich die Ermittlungen auch hierauf, falls nicht eine Einstellung des Ermittlungsverfahrens zu erwarten und ein objektives Verfahren (§ 440) auszuschließen ist. Bei der Vernehmung des Beteiligungsinteressenten (5 zu § 431) steht nach der Klarlegung des Vernehmungsthemas im Vordergrund, ob er gegen die in Betracht kommende Maßnahme Einwendungen vorbringen will (§ 431 VI), weil hiervon der Vernehmungsmodus abhängt (unten 3). 1

2) Die **Ausnahmen von der Anhörungspflicht** entsprechen den Fällen, in denen von der Anordnung der Beteiligung abgesehen werden kann (I S 1, 2; 11 ff 2 zu § 431). Eine weitere Ausnahme entsteht, wenn die StA die Einziehung nach Sachlage schon vor der Anhörung nach § 430 aus dem Verfahren ausscheidet.

3 **3) Ergibt sich die Absicht, Einwendungen vorzubringen** (II), und bestehen konkrete Anhaltspunkte für die Voraussetzungen der Einziehung oder des Verfalls gegen den Dritten, so müssen von diesem Augenblick an die Vorschriften über die Vernehmung eines Beschuldigten entspr angewendet werden, soweit sich die Vernehmung auf die Tatsachen bezieht, zu denen die betreffende Person im Fall der Anordnung ihrer Beteiligung gehört werden müsste (14 ff zu § 431). Denn wenn sich die Person gegen die Rechtsfolge wehrt, äußert sie sich insoweit in eigener Sache, ähnlich einem Beschuldigten, der die Verurteilung zu Strafe abwehren will. § 163 a ist entspr anzuwenden. Wegen aller anderen Fragen kann er jedoch als Zeuge vernommen werden (LR-Gössel 12; erg 23 vor § 48).

3a Ob das **Schweigerecht** nach § 136 einer JP – auszuüben durch die in § 75 StGB bezeichneten Personen – selbst zusteht, sofern die Erhebung von Einwendungen gegen eine zu ihren Lasten mögliche Verfalls- oder Einziehungsanordnung beabsichtigt ist, ist str; Minoggio (wistra **03**, 121) bejaht es unter Hinweis auf die Rspr von EuGH, EuG, EGMR gegen BVerfGE **95**, 220 = NJW **97**, 1841.

4 **4)** Die **Anklage** muss im Anklagesatz auch eine angestrebte Nebenfolge gegen einen Nebenbeteiligten (§§ 431 I S 1, 442), mit Angabe der sie stützenden Tatsachen und Vorschriften enthalten (15 zu § 200).

5 **5)** Der **Antrag auf Erlass eines Strafbefehls** muss die bezeichnete Nebenfolge ebenfalls als Inhalt des beantragten Straferkenntnisses enthalten (§ 438).

Stellung im Hauptverfahren

433 **I [1] Von der Eröffnung des Hauptverfahrens an hat der Einziehungsbeteiligte, soweit dieses Gesetz nichts anderes bestimmt, die Befugnisse, die einem Angeklagten zustehen. [2] Im beschleunigten Verfahren gilt dies vom Beginn der Hauptverhandlung, im Strafbefehlsverfahren vom Erlass des Strafbefehls an.**

II [1] Das Gericht kann zur Aufklärung des Sachverhalts das persönliche Erscheinen des Einziehungsbeteiligten anordnen. [2] Bleibt der Einziehungsbeteiligte, dessen persönliches Erscheinen angeordnet ist, ohne genügende Entschuldigung aus, so kann das Gericht seine Vorführung anordnen, wenn er unter Hinweis auf diese Möglichkeit durch Zustellung geladen worden ist.

1 **1)** Die **Befugnisse, die einem Angeklagten zustehen** (I S 1), hat der Verfalls- oder Einziehungsbeteiligte nach der Anordnung seiner Beteiligung (§ 431 I), soweit er am Verfahren beteiligt ist (§§ 431, 442 III S 1) und das Gesetz nichts anderes bestimmt (zB §§ 436 II, 437 I). Der Beteiligte hat aber nicht die Rechtsstellung des Angeklagten, ist diesem auch nicht gleichgestellt (KG NJW **78**, 2406, JR **78**, 127). I bezweckt lediglich, ihm in technisch einfacher Weise ein größtmögliches Maß an prozessualen Rechten im Hauptverfahren zu sichern. Er hat wie der Angeklagte Anspruch auf rechtliches Gehör, kann Anträge stellen, Zeugen laden (§ 220) und Rechtsbehelfe einlegen (Düsseldorf NStZ **88**, 289; vgl auch Oldenburg VRS **90**, 285 zu § 55 JGG). Soweit er nicht beteiligt ist, kann er Zeuge sein (unten 4). § 433 gilt sinngemäß auch für die bußgeldbeteiligte JP oder PV (§ 444 II).

2 **2) Im Strafbefehlsverfahren** (I S 1) wird ein Eröffnungsbeschluss nicht erlassen. Daher wird der Beginn der Beteiligung anders bestimmt (4 zu § 418; 3 vor § 407).

3 **3) Persönliches Erscheinen** (II; § 236): Handelt es sich um eine JP oder PV, so wird das Erscheinen der vertretungsberechtigten Person angeordnet.

A. **Soweit die Beteiligung reicht,** kann der Beteiligte nicht Zeuge sein; daher enthält II eine dem § 236 entspr Bestimmung. Erscheint der Beteiligte oder wird er vorgeführt, so kann er auch als Zeuge vernommen werden, soweit es um Fragen geht, an denen er nicht beteiligt ist, zB im Fall einer Anordnung nach § 431 II zur Schuldfrage (dort 14 ff). 4

B. **Soll er auch als Zeuge** vernommen werden, so sind auch die §§ 48, 51 anwendbar, weil die Folgen des unentschuldigten Ausbleibens umfassender sind. Gibt der Beteiligte die Erklärung nach § 431 VI ab und wird daraufhin die Beteiligungsanordnung aufgehoben, so bleibt nur noch die Anwendung der §§ 48, 51. 5

C. **Ausbleiben** (II S 2): „Ohne genügende Entschuldigung": 10 ff zu § 51; 17 ff zu § 329. Der Einhaltung der Ladungsfrist (§ 217) bedarf es nicht (LR-Gössel 38). Von der Erzwingung der Anordnung durch Vorführung kann abgesehen werden (8 zu § 236). 6

4) Verhandlungsfähigkeit des Einziehungsbeteiligten genügt für die Wahrnehmung der Befugnisse, die einem Angeklagten zustehen (SK-Weßlau 4; hM). Nach **aM** muss er zur selbstständigen Wahrnehmung seiner Interessen geschäftsfähig sein, da es um vermögensrechtliche Ansprüche geht (RG **29**, 52; Göhler 3 zu § 87 OWiG, dieser nur, wenn der Einziehungsbeteiligte nach Art eines Hauptintervenienten die Einziehung bekämpft; vgl auch LR-Gössel 23 ff). Es handelt sich aber nicht um einen ins Strafverfahren eingebauten Zivilprozess, sondern um Maßnahmen, die dem modernen Strafrecht – ebenso wie die Maßregeln der Besserung und Sicherung (§ 11 I Nr 8 StGB) – als Unrechtsfolgen angehören. Daher bedarf der minderjährige Einziehungsbeteiligte nicht der Einwilligung des gesetzlichen Vertreters für Erklärungen zu seinem und des Angeklagten Tatverhalten, für gestaltende Prozesserklärungen, wie zB Anträge und Rechtsmittel; auch nicht für eine Erklärung nach § 431 VI, da sie keinen Verzicht auf ein Recht darstellt (dort 29); anders nur bei einer vermögensrechtlichen Verfügung (§ 107 BGB). 7

5) Tod des Verfalls- oder Einziehungsbeteiligten: Die Rechte Dritter, also auch die der Erben, bleiben beim rechtskräftig angeordneten Verfall (§ 73 e I S 2 StGB) und bei der rechtskräftig angeordneten Einziehung (§ 74 e II StGB) unberührt. Wenn aber eine auch gegen die Erben wirkende, vor dem Erbfall entstandene Beschränkung ihrer Rechte entsteht, so treten sie in die Beteiligtenrolle ein (7 ff vor § 430; zu der Problematik LR-Gössel 29 ff). 8

Vertretung

434 **I [1] Der Einziehungsbeteiligte kann sich in jeder Lage des Verfahrens auf Grund einer schriftlichen Vollmacht durch einen Rechtsanwalt oder eine andere Person, die als Verteidiger gewählt werden kann, vertreten lassen. [2] Die für die Verteidigung geltenden Vorschriften der §§ 137 bis 139, 145 a bis 149 und 218 sind entsprechend anzuwenden.**

II Das Gericht kann dem Einziehungsbeteiligten einen Rechtsanwalt oder eine andere Person, die als Verteidiger bestellt werden darf, beiordnen, wenn die Sach- oder Rechtslage schwierig ist oder wenn der Einziehungsbeteiligte seine Rechte nicht selbst wahrnehmen kann.

1) Wahl-Vertreter (I): Auch der gesetzliche Vertreter kann bevollmächtigen (S 2 iVm § 137 II). Schon im Vorverfahren kann für denjenigen, der als Beteiligter in Betracht kommt (§ 432 I, dort 1), ein gewählter Vertreter der in I bezeichneten Art tätig werden. Das ergibt sich aus der in § 432 vorgesehenen beschuldigtenähnlichen Verfahrensstellung des Beteiligungsinteressenten. Im Hinblick auf diese Stellung müssen dem Vertreter auch im Ermittlungsverfahren schon die Verteidigerbefugnisse nach §§ 145 a, 147 zugestanden werden (so im Ergebnis LR-Gössel 2, 5). Die Vollmacht muss schon zurzeit der für den Nebenbeteiligten vorzunehmenden 1

Prozesshandlung vorliegen; zumindest wird die Prozesshandlung erst wirksam, wenn die schriftliche Vollmacht hinzukommt (Celle StraFo **98**, 31, 32).

2 **2) Beigeordneter Vertreter** (II): Die Bestellung ist im Vorverfahren noch nicht zulässig (**aM** LR-Gössel 6). Sie kann auf Antrag des Verfalls- oder Einziehungsbeteiligten oder des StA oder von Amts wegen beschlossen werden.

3 A. **Über die Bestellung entscheidet** nicht der Vorsitzende des mit der Sache befassten Gerichts (vgl § 141 IV), sondern – wie in den Fällen der §§ 364 a, 364 b – das Gericht durch Beschluss. Dieser gibt dem Vertreter die gleichen prozessualen Befugnisse und Pflichten wie im Fall des I die Vollmacht. Auch ein Referendar kann bestellt werden; denn er gehört zu den Personen, die (wenn auch nur in Fällen bestimmten Schweregrades) als Verteidiger bestellt werden dürfen (§ 142 II).

4 B. **Zwei Voraussetzungen,** von denen schon eine zur Beiordnung führen kann: Die Schwierigkeit der Sach- oder Rechtslage ist nicht an der ganzen Strafsache zu messen, sondern nur an dem Verfahrensteil und an den Sach- und Rechtsfragen, die die Beteiligung betreffen. Sie besteht bei widerstreitenden Meinungen der Obergerichte zu einer entscheidungserheblichen Rechtsfrage (Frankfurt NJW **83**, 1208). Die Unfähigkeit, seine Rechte selbst wahrzunehmen, kann auch bei einfacherer Sach- oder Rechtslage gegeben sein. Je geringer diese Fähigkeit beim Beteiligten ist, desto geringer kann der Grad der Schwierigkeit der Sache sein, der die Beiordnung eines Vertreters bereits rechtfertigen kann.

5 **3) Keine gemeinschaftliche Vertretung:** Ein Vertreter darf nicht gleichzeitig mehrere Einziehungsbeteiligte vertreten (S 2 iVm § 146), auch nicht mehrere Verfallsbeteiligte (§ 442 I, II S 1 iVm §§ 434 S 2, 146) und darf auch nicht zugleich Verteidiger des Beschuldigten sein (Düsseldorf NStZ **88**, 289). Weil Verfall und Einziehung ihrem Wesen nach verschiedenartige Maßnahmen sind, ist es aber zulässig, dass eine Person einen Einziehungsbeteiligten und daneben einen Verfallsbeteiligten vertritt (**aM** SK-Weßlau 5).

6 **4)** Das **Recht der Akteneinsicht** hat der Vertreter zwar nur insoweit, als die Aktenteile für die Verfahrensbeteiligung von Bedeutung sind (vgl dazu 3 zu § 435). Jedoch spielt diese Beschränkung praktisch kaum eine Rolle, weil die Vorgänge in der Regel nicht trennbar sind.

7 **5)** Mit **Beschwerde** anfechtbar ist die Ablehnung der Beiordnung, die Beiordnung hingegen nur, wenn eine nicht bestellungsfähige Person beigeordnet worden ist (KK-Schmidt 9).

Terminsnachricht

435 **I Dem Einziehungsbeteiligten wird der Termin zur Hauptverhandlung durch Zustellung bekanntgemacht; § 40 gilt entsprechend.**

II Mit der Terminsnachricht wird ihm, soweit er an dem Verfahren beteiligt ist, die Anklageschrift und in den Fällen des § 207 Abs. 2 der Eröffnungsbeschluss mitgeteilt.

III Zugleich wird der Einziehungsbeteiligte darauf hingewiesen, dass

1. auch ohne ihn verhandelt werden kann und
2. über die Einziehung auch ihm gegenüber entschieden wird.

1 **1)** Nur die **Bekanntgabe des Termins** (I) zur Hauptverhandlung an den Verfalls- oder Einziehungsbeteiligten ist vorgeschrieben, nicht eine Ladung wie bei dem Angeklagten (§ 216); denn es soll dem Beteiligten grundsätzlich überlassen bleiben, zu erscheinen und von seinen Befugnissen Gebrauch zu machen (Ausnahme: § 433 II). Zum Nachweis der Bekanntgabe ist die förmliche Zustellung vorgeschrieben (§ 217 I); im Fall des § 433 II handelt es sich um Ladung iS einer Aufforderung zum Erscheinen mit dem vorgeschriebenen Hinweis. Anspruch auf

eine der Ladungsfrist (§ 217) entspr Frist hat der Beteiligte nicht (LR-Gössel 5). Dies entspricht auch dem § 431 VII.

2) Die **Anklageschrift** (II) wird der Terminsnachricht beigegeben. Sie ist zwar keine Anklage gegen den Verfalls- oder Einziehungsbeteiligten, aber sie betrifft auch ihn. Der Anklagesatz macht ihm ersichtlich, iVm welcher Tat und nach welchen Bestimmungen der Verfall oder die Einziehung in Betracht kommt. 2

Nur **soweit er an dem Verfahren beteiligt** ist, erhält er die Anklageschrift. Gehören zu ihrem Inhalt auch Vorgänge, die für die Maßnahme ohne Bedeutung sind, so können und sollen sie bei der Bekanntgabe weggelassen werden, zB wenn mehrere Taten (1 ff zu § 264) Gegenstand der Anklage sind und die Maßnahmen nur mit einer von ihnen zusammenhängt. Da die Trennbarkeit und Trennung der Tatsachen naturgemäß problematisch sind, handelt es sich nicht um eine zwingende Vorschrift, was sich auch aus Analogie mit § 436 IV S 2 ergibt. 3

Wenn der **Eröffnungsbeschluss von der Anklage abweicht** (§ 207 II) und die Änderung auch die Frage der Einrichtung oder des Verfalls betrifft, wird auch dieser Beschluss beigefügt. Wird die Änderung in einer neuen Anklageschrift berücksichtigt (§ 207 III), so erübrigt sich die Mitteilung des Eröffnungsbeschlusses. Bei öffentlicher Zustellung der Terminsnachricht (I S 2) wird die Anklageschrift nicht nach § 40 I mitbekanntgemacht, sondern nur die eigentliche Terminsnachricht mit den Hinweisen nach III. 4

3) Der **Vertreter** (§ 434) erhält die Terminsnachricht ebenfalls, wie sich aus § 434 I S 2 iVm § 218 ergibt (vgl auch 2 zu § 218). § 145 a III gilt entspr. Auch der Vertreter hat – ebenso wie der Verfalls- oder Einziehungsbeteiligte (oben 1) – keinen Anspruch auf eine dem § 217 entspr Benachrichtigungsfrist. 5

Hauptverhandlung

436 **I [1]Bleibt der Einziehungsbeteiligte in der Hauptverhandlung trotz ordnungsgemäßer Terminsnachricht aus, so kann ohne ihn verhandelt werden. [2]§ 235 ist nicht anzuwenden.**

II Auf Beweisanträge des Einziehungsbeteiligten zur Frage der Schuld des Angeklagten ist § 244 Abs. 3 Satz 2, Abs. 4 bis 6 nicht anzuwenden.

III [1]Ordnet das Gericht die Einziehung auf Grund von Umständen an, die einer Entschädigung des Einziehungsbeteiligten entgegenstehen, so spricht es zugleich aus, dass dem Einziehungsbeteiligten eine Entschädigung nicht zusteht. [2]Dies gilt nicht, wenn das Gericht eine Entschädigung des Einziehungsbeteiligten für geboten hält, weil es eine unbillige Härte wäre, sie zu versagen; in diesem Falle entscheidet es zugleich über die Höhe der Entschädigung (§ 74 f Abs. 3 des Strafgesetzbuches). [3]Das Gericht weist den Einziehungsbeteiligten zuvor auf die Möglichkeit einer solchen Entscheidung hin und gibt ihm Gelegenheit, sich zu äußern.

IV [1]War der Einziehungsbeteiligte bei der Verkündung des Urteils nicht zugegen und auch nicht vertreten, so ist ihm das Urteil zuzustellen. [2]Das Gericht kann anordnen, dass Teile des Urteils, welche die Einziehung nicht betreffen, ausgeschieden werden.

1) Ohne den Verfalls- oder Einziehungsbeteiligten (I S 1): Er kann und soll selbst entscheiden, ob er persönlich teilnehmen oder ob er sich, falls er einen Vertreter hat, vertreten lassen will (§ 434; 6 zu § 433). I S 1 gilt auch, wenn der Beteiligte zunächst erschienen war, sich aber dann entfernt hat, auch wenn er nicht vertreten ist (§§ 434, 435 III Nr 1; LR-Gössel 4). 1

2) Keine Wiedereinsetzung I S 2 iVm § 235): Der Ausschluss ist eine Folgerung aus § 431 VII und gilt unabhängig davon, ob das Ausbleiben genügend entschuldigt ist oder nicht (LR-Gössel 6). Der Beteiligte kann das Urteil aber an- 2 fechten (§ 433 I S 1) und, falls Anfechtung nicht mehr zulässig ist, von dem Nachverfahren nach § 439 I S 1 Nr 2 Gebrauch machen.

3 **3) Beweise zur Schuld des Angeklagten** (II): Der Beteiligte hat kein Beweisantragsrecht, wenn sich seine Beteiligung auf die Schuldfrage überhaupt nicht erstreckt (§ 431 II). Im Übrigen ist das Gericht in der Ablehnung seiner Beweisanträge zur Schuldfrage nicht an die in II genannten Regeln gebunden (5 ff zu § 244).

4 **4) Entschädigung bei Einziehung** (III; § 74 f StGB): Über sie entscheidet das Strafgericht grundsätzlich nicht (11 vor § 430). III enthält Ausnahmen. Der in S 3 vorgeschriebene Hinweis des Gerichts beruht darauf, dass die Einziehungsbeteiligung sich nach § 431 I S 1 nur auf die Einziehungsfrage bezieht (LR-Gössel 20). Er kann schon mit der Ladung zusammen mit dem Hinweis nach § 435 III gegeben werden. Er ist aber überflüssig, wenn er wegen Abwesenheit und Nichtvertretensein des Adressaten nicht ausführbar ist (LR-Gössel 20). Seine Unterlassung ist in keinem Fall eine Einschränkung des rechtlichen Gehörs (4 vor § 430), da die Entscheidung stets nur auf Grund der die Anordnung der Einziehung tragenden Umstände ergeht, zu denen der Betroffene sich in der Hauptverhandlung zu äußern die Gelegenheit hatte (Einl 28, 29). Kommt es nicht zur Einziehung, so kann der Einziehungsbeteiligte nicht nach § 2 **StrEG** entschädigt werden (2 vor § 1 StrEG; Schätzler/Kunz Einl 40).

5 **5) Zustellung des Urteils** (IV S 1): Die Zustellung an den Verfalls- oder Einziehungsbeteiligten ist unter den angegebenen Voraussetzungen auch erforderlich, wenn die Einziehung bzw. der Verfall nicht angeordnet worden ist, ebenso wenn die Terminsnachricht nach § 435 versehentlich unterblieben und dieser Mangel nicht durch Verlegung oder Vertagung (1 ff zu § 228) geheilt worden ist. War der Beteiligte oder sein Vertreter bei der Urteilsverkündung zugegen, so ist diese für den Beginn der Rechtsmittelfrist maßgebend, andernfalls die Zustellung, wie sich aus § 433 I S 1 iVm §§ 314, 341 ergibt. § 145 a ist anwendbar (§ 434 I S 2).

Rechtsmittelverfahren

437 **I [1]Im Rechtsmittelverfahren erstreckt sich die Prüfung, ob die Einziehung dem Einziehungsbeteiligten gegenüber gerechtfertigt ist, auf den Schuldspruch des angefochtenen Urteils nur, wenn der Einziehungsbeteiligte insoweit Einwendungen vorbringt und im vorausgegangenen Verfahren ohne sein Verschulden zum Schuldspruch nicht gehört worden ist. [2]Erstreckt sich hiernach die Prüfung auch auf den Schuldspruch, so legt das Gericht die zur Schuld getroffenen Feststellungen zugrunde, soweit nicht das Vorbringen des Einziehungsbeteiligten eine erneute Prüfung erfordert.**

II Im Berufungsverfahren gilt Absatz 1 nicht, wenn zugleich auf ein Rechtsmittel eines anderen Beteiligten über den Schuldspruch zu entscheiden ist.

III Im Revisionsverfahren sind die Einwendungen gegen den Schuldspruch innerhalb der Begründungsfrist vorzubringen.

IV [1]Wird nur die Entscheidung über die Höhe der Entschädigung angefochten, so kann über das Rechtsmittel durch Beschluss entschieden werden, wenn die Beteiligten nicht widersprechen. [2]Das Gericht weist sie zuvor auf die Möglichkeit eines solchen Verfahrens und des Widerspruchs hin und gibt ihnen Gelegenheit, sich zu äußern.

1 **1) Begrenzte Nachprüfung des Schuldspruchs** (I): Wieweit der Beteiligte im Bereich des Schuldspruchs am Verfahren mitwirken darf, ergibt sich aus § 431 I, II. Insoweit hat der Beteiligte aber nur einen Tatsachenrechtszug. Eine Beschwer (8 vor § 296) ist erforderlich (BGHR StGB § 74 II Nr 2 Beteiligter 1).

2) Die **zur Schuldfrage im angefochtenen Urteil getroffenen Feststellungen** (I S 2) bleiben nicht nur bestehen, wenn der Schuldspruch überhaupt nicht überprüft wird, sondern auch dann, wenn die Einwendungen nach I S 1 erfolglos bleiben. Das Gericht entscheidet über den Umfang dieser Beweisaufnahme nach eigenem pflichtgemäßem Ermessen (vgl auch § 436 II). 2

3) Berufung eines anderen (II): Wenn sie zur Nachprüfung des Schuldspruchs führt, ist der Einziehungsbeteiligte zur Mitwirkung befugt, wenn er in der Schuldfrage überhaupt beteiligt ist (§ 431 II). 3

4) Revisionsverfahren (III): Die Einwendungen gegen den Schuldspruch iS des III können nur Rechtsrügen sein (SK-Weßlau 8). Im Übrigen gelten für die Abgrenzung der Mitwirkung die gleichen Grundsätze wie bei der Berufung (I, II). 4

5) Rechtsmittel nur wegen des Entschädigungsbetrags (IV iVm § 436 III S 2 und § 74f III StGB): 5

A. **Für Berufung und Revision** gilt IV. § 349 bleibt unberührt. Hat aber das Berufungsgericht schon durch Beschluss nach IV entschieden, ist gegen diesen Revision nicht mehr zulässig (§ 333). Darauf sollte bei dem Hinweis nach IV S 2 aufmerksam gemacht werden (Einl 157). 6

B. **Widerspruch:** Bei Berufung prüft das Gericht, ob die Sache genügend geklärt ist und das Beschlussverfahren ausreicht. Ermittlungen geringeren Umfangs kann es noch anordnen oder selbst vornehmen (in entspr Anwendung des § 308 II; LR-Gössel 21). § 33 III ist zu beachten. Erst wenn das Rechtsmittelgericht durch Beschluss entscheiden möchte, bedarf es der Einholung der Äußerungen nach IV S 2. Für die Erklärung des Vertreters (§ 434) gilt § 297 entspr. Der Widerspruch bedarf keiner besonderen Form und kann auch durch schlüssige Handlung erklärt werden (Einl 126). Ein noch vor dem Erlass des Beschlusses nach IV eingehender Widerspruch ist zu berücksichtigen, auch wenn die Erklärungsfrist dabei überschritten worden ist oder wenn mit dem Widerspruch ein vorher erklärter Verzicht ausdrücklich oder in der Sache widerrufen wird. 7

Strafbefehl

438 I [1] **Wird die Einziehung durch Strafbefehl angeordnet, so wird der Strafbefehl auch dem Einziehungsbeteiligten zugestellt.** [2] **§ 435 Abs. 3 Nr. 2 gilt entsprechend.**

II **Ist nur über den Einspruch des Einziehungsbeteiligten zu entscheiden, so gelten § 439 Abs. 3 Satz 1 und § 441 Abs. 2 und 3 entsprechend.**

1) Die **Beteiligungsanordnung** (§§ 431 I S 1, II, 442 I, II S 1) wird in den Strafbefehl aufgenommen, wenn in ihm die betreffende Maßnahme angeordnet wird (22 zu § 431). Ohne sie wäre der Verfalls- oder Einziehungsbeteiligte nicht zum Einspruch gegen den Strafbefehl hinsichtlich der Einziehung befugt (LR-Gössel 4). Die Entschädigungsentscheidung nach § 436 III kann in dem summarischen Verfahren nicht getroffen werden (LR-Gössel 2). 1

Genügen dem Richter die Anhaltspunkte nicht, so wird er vor dem Erlass des Strafbefehls bei der StA die **nähere Klärung** anregen oder (entspr § 202) ausnahmsweise selbst herbeiführen (7 zu § 408). Ist die Beteiligung nicht angeordnet worden, so lebt die Möglichkeit hierzu erst wieder auf, wenn der Beschuldigte Einspruch einlegt (22 zu § 431). Wird der Strafbefehl rechtskräftig, so ist der Beteiligungsinteressent auf das Nachverfahren (§ 439) angewiesen. 2

2) Zugestellt wird der Strafbefehl nicht nur dem Beschuldigten, sondern auch dem Beteiligten (I; 16 zu § 409), ggf an die Adresse des Vertreters (§ 434 I S 2 iVm § 145a), und zwar mit Einspruchsbelehrung (9 zu § 409). Durch diese Zustellung wird die Einspruchsfrist für die Seite des Beteiligten in Lauf gesetzt (§ 409 I). Hat die natürliche Person einen gesetzlichen Vertreter, so wird der Strafbefehl auch 3 diesem zugestellt (§ 433 I S 1 iVm § 409 II). Ist der Beteiligte eine JP oder PV, so geht die Zustellung an das zur Vertretung berufene Organ.

4 **3) Hat nur oder auch der Beschuldigte Einspruch** eingelegt, so erhält der Beteiligte Terminsnachricht nach § 435 I, III Nrn 1, 2. Für die Hauptverhandlung gilt § 436. Daher ist eine entspr Anwendung des § 412 auf den Einziehungsbeteiligten (auf Grund des Vorbehalts in § 433 I S 1) ausgeschlossen.

5 **4) Ist nur über den Einspruch des Beteiligten zu entscheiden** (II), weil der Beschuldigte auf diesen Rechtsbehelf verzichtet oder ihn zurückgenommen hat oder weil sein Einspruch verworfen worden ist (Bay **94**, 43 = NStZ **94**, 442), und wird von § 430 kein Gebrauch gemacht, so gilt ein vereinfachtes Verfahren.

6 A. **Schuldspruch** (II iVm § 439 III S 1): Ihn prüft das Gericht auf den Einspruch des Verfalls- oder Einziehungsbeteiligten nicht nach, wenn eine Anordnung nach § 431 II schon getroffen ist (oben 1, 2) oder zulässig wäre. Im letzteren Fall tritt diese Beschränkung kraft Gesetzes ohne besondere Anordnung ein. Wäre sie im Strafverfahren nicht zulässig gewesen, so muss der Beteiligte bei der Entscheidung über seinen Einspruch auch das rechtliche Gehör zur Schuldfrage erhalten. § 437 ist nicht anwendbar, weil der Einspruch kein Rechtsmittel ist (20 vor § 296). Im Bußgeldverfahren wäre eine Anordnung nach § 431 II nicht zulässig (Bay **94**, 43 = NStZ **94**, 442).

7 B. **Beschlussverfahren** (II iVm § 441 II): Der Beschluss kann mit der sofortigen Beschwerde angefochten werden (§ 311).

8 C. **Mündliche Verhandlung** (II iVm § 441 III): Kommt es darauf an, ob der Beteiligte den Antrag stellt, so wird er entspr belehrt, wenn das nicht schon mit der Einspruchsbelehrung geschehen ist. Der Verurteilte, der keinen Einspruch eingelegt hat, wird, falls er als Auskunftsperson benötigt wird, als Zeuge geladen und vernommen. Der Beteiligte hat die Befugnisse, die ein Angeklagter in der Hauptverhandlung hat (§ 433 I S 1). Er erhält Terminsnachricht nach § 435 I, III Nr 1. Der Beifügung des Strafbefehls (vgl § 435 II), der ihm schon zugestellt ist, und der Wiederholung des Hinweises nach § 435 III Nr 2 (vgl I S 2) bedarf es nicht. Hat das Gericht die mündliche Verhandlung von sich aus angeordnet, wird idR Anlass bestehen, das persönliche Erscheinen des Beteiligten anzuordnen (§ 433 II).

9 D. **Ausbleiben des Verfalls- und Einziehungsbeteiligten:** Da ohne ihn verhandelt werden kann (oben 8; § 436), sein Ausbleiben also erlaubt ist, gilt § 412 nicht entspr (SK-Weßlau 6). Bleibt der Beteiligte in der mündlichen Verhandlung aus, so wird mit seinem Vertreter (§ 434) oder, wenn ein solcher fehlt oder ebenfalls nicht erschienen ist, ohne die Seite des Beteiligten verhandelt und in der Sache entschieden. War das persönliche Erscheinen angeordnet, so gilt § 433 II S 2. Das Gericht kann statt dessen auch zum Beschlussverfahren (II) übergehen, wenn es die ohne Antrag getroffene Anordnung aufhebt oder der Antrag auf mündliche Verhandlung zurückgenommen wird.

Nachverfahren

439 **I [1]Ist die Einziehung eines Gegenstandes rechtskräftig angeordnet worden und macht jemand glaubhaft, dass er**

1. **zur Zeit der Rechtskraft der Entscheidung ein Recht an dem Gegenstand gehabt hat, das infolge der Entscheidung beeinträchtigt ist oder nicht mehr besteht, und**
2. **ohne sein Verschulden weder im Verfahren des ersten Rechtszuges noch im Berufungsverfahren die Rechte des Einziehungsbeteiligten hat wahrnehmen können,**

so kann er in einem Nachverfahren geltend machen, dass die Einziehung ihm gegenüber nicht gerechtfertigt sei. [2]§ 360 gilt entsprechend.

II [1]Das Nachverfahren ist binnen eines Monats nach Ablauf des Tages zu beantragen, an dem der Antragsteller von der rechtskräftigen Entscheidung Kenntnis erlangt hat. [2]Der Antrag ist unzulässig, wenn seit Eintritt der Rechtskraft zwei Jahre verstrichen sind und die Vollstreckung beendet ist.

III [1]Das Gericht prüft den Schuldspruch nicht nach, wenn nach den Umständen, welche die Einziehung begründet haben, im Strafverfahren eine Anordnung nach § 431 Abs. 2 zulässig gewesen wäre. [2]Im Übrigen gilt § 437 Abs. 1 entsprechend.

IV Wird das vom Antragsteller behauptete Recht nicht erwiesen, so ist der Antrag unbegründet.

V Vor der Entscheidung kann das Gericht mit Zustimmung der Staatsanwaltschaft die Anordnung der Einziehung aufheben, wenn das Nachverfahren einen unangemessenen Aufwand erfordern würde.

VI Eine Wiederaufnahme des Verfahrens nach § 359 Nr. 5 zu dem Zweck, die Einwendungen nach Absatz 1 geltend zu machen, ist ausgeschlossen.

1) Nachverfahren (I): Es steht auch dem Verfallsbeteiligten offen (§ 442 II S 2). Der Antragsteller erhält nachträglich das rechtliche Gehör; der rechtskräftige Ausspruch der Einziehung oder des Verfalls kann beseitigt werden. § 439 wird durch die Verfahrensvorschriften in § 441 ergänzt. 1

2) Voraussetzungen (I) für die Zulässigkeit des Antrags: 2

A. **Glaubhaftmachung** (5 ff zu § 26): Sie ist auch erforderlich, wenn der Antragsteller schon im Strafverfahren Verfalls- oder Einziehungsbeteiligter war (LR-Gössel 23); es kommt auf den Zeitpunkt der Rechtskraft der Entscheidung an (I Nr 1). 3

B. **Rechtsbeeinträchtigung** (I S 1 Nr 1): Sie muss als Folge der rechtskräftigen Anordnung der Einziehung oder des Verfalls eingetreten sein (§§ 74 e, 73 e StGB). Für den Fall, dass die Anordnung der Einziehung von Wertersatz vollstreckt worden ist (§ 74 c StGB), steht das Nachverfahren mangels Verletzung von Rechten Dritter nicht zur Verfügung, wohl aber bei Anordnung des Verfalls von Wertersatz nach § 73 a StGB (LR-Gössel 15). Es gelten die in 9 zu § 431 dargelegten besonderen Voraussetzungen auch hier, also keine Anwendung bei rein schuldrechtlichen Ansprüchen (München NJW **04**, 1119; dazu krit Frommhold NJW **04**, 1084; Satzger wistra **03**, 408). 4

C. **Unmöglichkeit der Rechtswahrnehmung** (I S 1 Nr 2): Hat ein Beteiligter seine Rechte nur im Revisionsverfahren geltend machen können, so kann er den Antrag nach § 439 dennoch stellen, weil die Möglichkeit von Rechtsrügen idR keine umfassende Gewährung des rechtlichen Gehörs darstellt. Ein Fall der Unmöglichkeit liegt auch vor, wenn der Antragsteller ohne sein Verschulden nicht beteiligt worden ist (zB weil sein Recht nicht bekannt war) oder trotz Anordnung seiner Beteiligung schuldlos in den Tatsacheninstanzen nicht mitgewirkt hat. 5

3) Die **Wahrung der Antragsfrist** (II) gehört ebenfalls zu den Zulässigkeitsvoraussetzungen. Für sie ist die Glaubhaftmachung durch den Antragsteller nicht vorgeschrieben. Das Gericht prüft sie von Amts wegen im Freibeweisverfahren (7, 9 zu § 244). Die Fristwahrung ist Prozessvoraussetzung für das Nachverfahren, ihre Versäumung ein Verfahrenshindernis. 6

A. Die **Einmonatsfrist** beginnt am Tag nach der Erlangung der Kenntnis von der rechtskräftigen Anordnung der Maßnahme. Hat der Antragsteller von der Entscheidung schon vor deren Rechtskraft Kenntnis erlangt, so beginnt die Frist dennoch erst am Tag nach dem Eintritt der Rechtskraft. Das kann insbesondere vorkommen, wenn die Beteiligung des Antragstellers schon im vorangegangenen Verfahren angeordnet war. Für das Ende der Frist gilt § 43 I, II. Die Wiedereinsetzung in den vorigen Stand ist nach § 44 zulässig. 7

8 B. Die **Frist von zwei Jahren** beginnt mit dem Tag des Eintritts der Rechtskraft (also 1 Tag vor der Monatsfrist); wenn die Vollstreckung zu dieser Zeit noch nicht abgeschlossen war, mit deren Beendigung. Da es sich um eine absolute Ausschlussfrist handelt (6 vor § 42), gelten für sie die §§ 43 und 44 nicht (5 vor § 42; 3 zu § 44).

9 **4)** Die **Vollstreckung der rechtskräftigen Entscheidung,** soweit sie in mehr als dem Rechtsübergang besteht, wird durch den Antrag auf das Nachverfahren nicht gehemmt. Das gilt insbesondere für die Herstellung des staatlichen Gewahrsams, die Verwertung der Sache oder des Rechts und die Durchführung der in § 442 bezeichneten Maßnahmen. Das Gericht kann jedoch einen Aufschub oder die Unterbrechung der Vollstreckung anordnen (I S 2; § 360). Diese Befugnis besteht schon vor der Entscheidung über die Zulässigkeit des Antrags.

10 **5) Zulässigkeitsprüfung:** Der Antrag wird als unzulässig verworfen, wenn er verspätet gestellt ist oder eine der angegebenen sonstigen Zulässigkeitsvoraussetzungen fehlt. Ein Zulassungsbeschluss ist nicht vorgeschrieben. Das Gericht kann dem Antragsteller in geeigneten Fällen bei nicht genügender Glaubhaftmachung noch eine Gelegenheit zur Ergänzung geben. Bleiben unüberwindliche tatsächliche Zweifel, ob die Monatsfrist gewahrt ist, so wird der Antrag nicht als unzulässig verworfen (SK-Weßlau 11; ebenso im Ergebnis LR-Gössel 26); denn es ist ein allgemeiner Grundsatz, dass ein befristeter Antrag nur dann als verspätet verworfen wird, wenn die Verspätung nachgewiesen ist. Das ergibt sich zB aus §§ 26a I Nr 1, 319, 346 (vgl auch 33ff zu § 261).

11 **6) Sachprüfung** (III): Hätte eine Anordnung nach § 431 II – nach den Gründen des angefochtenen Urteils (LR-Gössel 31) – nicht ergehen dürfen, so muss dem Beteiligten auch zum Schuldspruch das rechtliche Gehör gewährt werden (vgl 6 zu § 438), und zwar wie im Rechtsmittelverfahren (III S 2; § 437 I, dort 1, 2). Im umgekehrten Fall bedarf es keiner besonderen Beschränkungsanordnung.

12 **7) Unbegründet** (IV): Ein nicht behebbarer Zweifel geht zu Lasten des Antragstellers (SK-Weßlau 13). Auf die weitere Prüfung der Voraussetzungen des Verfalls oder der Einziehung kommt es dann nicht mehr an.

13 **8) Aufgehoben** wird die Maßnahme, wenn das Fehlen ihrer Grundlage nachgewiesen wird und zumindest ihre Berechtigung zweifelhaft bleibt (LR-Gössel 33). Wird diese Entscheidung rechtskräftig, so beseitigt sie den Übergang des Eigentums oder des Rechts auf den Staat rückwirkend.

14 Würde die Sachentscheidung einen **unangemessenen Aufwand** erfordern, so kann das Gericht die Anordnung der Einziehung auch wegen der Unangemessenheit der Prozedur aufheben, falls die StA zustimmt (V; vgl hierzu 5 zu § 430). Eine Entscheidung über die Entschädigung (§ 74f StGB) oder über die Herausgabe des Erlöses, falls der Gegenstand oder das Recht inzwischen verwertet worden ist, wegen ungerechtfertigter Bereicherung ergeht im Nachverfahren nicht.

15 **9)** Die **Wiederaufnahme des Verfahrens** (VI) nach § 359 Nr 5 zum Zweck der Beseitigung der rechtskräftig angeordneten Maßnahme ist ausgeschlossen, weil der von der Maßnahme Betroffene das Nachverfahren betreiben und dadurch seine Rechte genügend wahren kann. Die übrigen Wiederaufnahmemöglichkeiten sind nicht ausgeschlossen.

16 **10)** Die **Kosten** eines zurückgenommenen oder erfolglos eingelegten Antrags treffen den Antragsteller (§ 473 I, VI Nr 2). Wird die Anordnung der Maßnahme aufgehoben, so fallen die Kosten des Nachverfahrens und die dem Antragsteller entstandenen notwendigen Auslagen der Staatskasse zur Last (§ 473 VI Nr 2 iVm § 473 III oder analog § 467).

Selbstständiges Einziehungsverfahren **RiStBV 180**

440 **I Die Staatsanwaltschaft und der Privatkläger können den Antrag stellen, die Einziehung selbstständig anzuordnen, wenn dies gesetzlich zulässig und die Anordnung nach dem Ergebnis der Ermittlungen zu erwarten ist.**

II [1] In dem Antrag ist der Gegenstand zu bezeichnen. [2] Ferner ist anzugeben, welche Tatsachen die Zulässigkeit der selbstständigen Einziehung begründen. [3] Im Übrigen gilt § 200 entsprechend.

III Die §§ 431 bis 436 und 439 gelten entsprechend.

1) Wenn dies gesetzlich zulässig ist (I): Für Verfall, Einziehung und Unbrauchbarmachung: § 76a StGB. Auch § 76a III ist von erheblicher Bedeutung (vgl zB 40 zu § 153; 59 zu § 153a). Für die nachträgliche Anordnung von Verfall oder Einziehung des Wertersatzes nach § 76 StGB gelten die §§ 462 I S 2, 462a I, II. 1

2) Das **objektive Verfahren** kann ein selbstständiges Einziehungs-, Verfalls- oder Unbrauchbarmachungsverfahren sein. Es ist ein Verfahren außerhalb des subjektiven Strafverfahrens. Es befasst sich mit der Tat- und Schuldfrage nur, soweit erforderlich und in der Form einer Inzidententscheidung. 2

3) Das **Opportunitätsprinzip** (I) gilt für den Antrag der StA auf Durchführung eines objektiven Verfahrens (9ff zu § 152), auch wenn die Maßnahme materiellrechtlich vorgeschrieben ist. Dabei ist von Bedeutung, ob ein Bedürfnis für die Maßnahme besteht, zB ein sich aufdrängendes öffentliches Interesse (beim Verfall) an der Abschöpfung des kriminellen Gewinns, an Gefahrenabwehr (bei Einziehung; BGH **20**, 257), ferner, ob das Verfahren einen unangemessenen Aufwand erfordern würde (vgl III iVm § 439 V). 3

4) Der **Antrag** auf Durchführung des objektiven Verfahrens ist eine Art Klageerhebung (vgl II). Der Antrag setzt voraus, dass die Anordnung nach dem Ermittlungsergebnis zu erwarten, dh als Ergebnis wahrscheinlich ist (vgl 2 zu § 203). Das gilt auch, wenn der Privatkläger den Antrag stellt; in diesem Fall gilt auch § 374 III (dort 3ff). Eine Nebenklage ist im objektiven Verfahren nicht zulässig (LR-Gössel 21). Das Strafbefehlsverfahren scheidet für das objektive Verfahren aus. Wird der Antrag auf Durchführung des objektiven Verfahrens auf ein Antragsdelikt gestützt, so ist ein wirksamer Strafantrag Prozessvoraussetzung (§ 76a II S 2 StGB; Einl 145, 154). 4

Der Privatkläger kann seinen Antrag in jeder Lage des Verfahrens **zurücknehmen** (analog § 391). Das gilt auch für die StA und die FinB (unten 21). Die analoge Anwendung des § 156 hätte nur Sinn, wenn mit der Sachentscheidung im objektiven Verfahren ein Strafklageverbrauch verbunden wäre (**aM** LR-Gössel 29, der aber (aaO 30) § 430 I für anwendbar hält; vgl unten 16). 5

5) Unmöglichkeit der Durchführung eines subjektiven Strafverfahrens (§ 76a StGB): 6

A. Sie ist **Prozessvoraussetzung,** die von Amts wegen zu prüfen ist (Bay **87**, 42, 43 = AfP **87**, 690; Hamburg wistra **97**, 72), auch noch im Revisionsverfahren bestehen muss und bei deren Fehlen das Verfahren eingestellt wird (BGH **21**, 55). Sie kann schon durch eine Einstellung des Verfahrens durch die StA nach § 153 I herbeigeführt werden, obwohl diese die Strafklage nicht verbraucht (§ 76a III StGB). Der Tod des Beschuldigten ist nach hM ein tatsächliches Hindernis (Frankfurt NStZ-RR **06**, 39 mwN; **aM** KK-Schmidt 2). 7

Ob die Verfolgung oder Verurteilung einer bestimmten Person ausführbar ist, entscheidet nach der Grundkonzeption des Strafprozessrechts grundsätzlich die **StA** (Hamm NJW **70**, 1754, 1755; **aM** KK-Schmidt 3). Das Gericht kann den Antrag daher wegen Möglichkeit der Strafverfolgung nur dann als unzulässig verwerfen, wenn sich aus der Begründung des Antrags oder aus den Akten ohne weiteres ergibt, dass die Annahme der StA aus tatsächlichen Gründen nicht zutrifft 8 oder auf Rechtsirrtum beruht (**aM** LR-Gössel 34, 35: umfassende Prüfungsbefugnis des Gerichts). Eine weitergehende Prüfung kann dem Gericht nicht zugemutet werden. Seine gegenteilige Auffassung würde die StA nicht binden und könnte dazu führen, dass sowohl das subjektive als auch das objektive Verfahren ausgeschlossen wären (SK-Weßlau 8).

9 B. **Rechtliche Hindernisse:** Die Anordnung der Einziehung mit Sicherungscharakter und die Unbrauchbarmachung (§§ 74 II Nr 2, III, 74d StGB), nicht aber der Verfall (Celle NdsRpfl **95**, 165), sind im objektiven Verfahren auch zulässig, wenn aus rechtlichen Gründen keine bestimmte Person verfolgt werden kann (zB bei Schuldlosigkeit des Täters, Amnestie, Verhandlungsunfähigkeit). Auch die Verfolgungsverjährung steht – wie §§ 76a II S 1 Nr 1, 78 I S 2 StGB jetzt klarstellen (so auch früher schon BGH **31**, 226 = JR **83**, 291 mit Anm Lenzen; vgl dazu Sch/Sch-Eser 8a zu § 76a StGB) – dem objektiven Verfahren nicht entgegen.

10 **6) Inhalt des Antrags** (II): Der Gegenstand der Maßnahme wird in einer Weise bezeichnet, dass er genau identifiziert ist (39 zu § 260). Anzugeben ist ferner die tatsächliche und rechtliche Grundlage der erstrebten Maßnahme. Das wesentliche Ergebnis der Ermittlungen ist von dem übrigen Inhalt des Antrags zu trennen, da es bei der Verlesung des Antrags zu Beginn einer mündlichen Verhandlung durch den StA weggelassen werden muss (5 zu § 441). Der Antrag kann auch auf Einziehung einer Gattung von Gegenständen gerichtet sein. Können mehrere Straftaten als Grundlage der Maßnahme geltend gemacht werden, so genügt es, in dem Antrag eine beliebige von ihnen herauszugreifen (erg 2 zu § 441).

11 **7) Beteiligung** (III):

12 A. **Zu beteiligen sind** diejenigen Personen, die von der Maßnahme im Fall der Anordnung betroffen werden (III iVm §§ 431 I S 1, 442 I). Sie sind trotz Fehlens eines Angeklagten nur Nebenbeteiligte. Von der Zuziehung des Beteiligungsinteressenten ist abzusehen, wenn er auf sie verzichtet (§ 431 VI); es kann von ihr abgesehen werden, wenn die Voraussetzungen des § 431 I S 2, 3 vorliegen. Die Schuldfrage wird von der Beteiligung in den Fällen des § 431 II ausgenommen. Die StA wendet in ihrem Vorverfahren § 432 an. Das Gericht ordnet die geboten erscheinende Beteiligung an, falls der Antrag nicht von vornherein als unzulässig zu verwerfen ist. Das Recht des Beteiligungsinteressenten braucht dabei nur glaubhaft zu erscheinen. Zur Klärung der Voraussetzungen für die Entscheidung über die Beteiligung kann das Gericht einzelne Beweiserhebungen anordnen (1 ff zu § 202). Wird mit der Anordnung die Einschränkung nach § 431 II verbunden, so kann hiergegen auch der Beteiligte sofortige Beschwerde erheben, worüber er belehrt wird (V S 2; § 35a; vgl 27 zu § 431).

13 B. Die **Befugnisse** der Beteiligten (§ 433 I S 1) entstehen mit der Anordnung ihrer Beteiligung, da ein Eröffnungsbeschluss nicht ergeht. Wird im Beschlussverfahren entschieden (III iVm § 441 II), so muss dem Beteiligten die Antragsschrift zur Äußerung zugestellt werden (§ 433 I S 1 iVm § 201 I). Wird auf Grund mündlicher Verhandlung entschieden (III iVm § 441 III), so erhält der Beteiligte Terminsnachricht und mit ihr die Antragsschrift nach § 435. Im ersteren Fall wird idR auf die Antragsbefugnis nach § 441 III hinzuweisen sein.

14 **8) Prüfung und Entscheidung durch das Gericht:**

15 A. **Fehlt eine Zulässigkeitsvoraussetzung,** so wird der Antrag vor oder, falls der Mangel erst später erkannt wird, nach der Beteiligungsanordnung als unzulässig verworfen. Das gilt auch, wenn in dem erledigten subjektiven Verfahren die mögliche Maßnahme nicht angeordnet worden ist (RG **65**, 176).

16 B. Die **Sachentscheidung** betrifft die Anordnung der Maßnahme oder deren Ablehnung. Für eine entspr Anwendung des § 430 ist kein Raum, wie sich aus III ergibt (KK-Schmidt 9; **aM** KMR-Metzger 35; LR-Gössel 41; vgl oben 4, 5). Dagegen kann das Gericht § 74b StGB anwenden. Über Entschädigung vgl 4 zu

§ 436. Da es an einem Angeklagten fehlt und die Rechtsposition des Nebenbeteiligten in § 433 I S 1 nur so weit der des Angeklagten angeglichen wird, als es sich um seine eigenen Prozessbefugnisse handelt, gelten die in § 263 vorgesehenen Abweichungen von § 196 GVG nicht, so dass stets einfache Stimmenmehrheit entscheidet (SK-Weßlau 11).

C. **In die Kosten des Verfahrens** kann der Verfalls- oder Einziehungsbeteiligte in keinem Fall verurteilt werden, da er nicht Angeklagter ist (§ 465). Im Übrigen gilt § 472 b. 17

D. **Zweites objektives Verfahren:** In dem selbstständigen Verfalls-, Einziehungs- oder Unbrauchbarmachungsverfahren wird nur so weit entschieden, wie die Maßnahme beantragt ist. Wird nach Abschluss des objektiven Verfahrens ein neuer Antrag gestellt, der unter den Voraussetzungen des § 76 a StGB auf Verfall, Einziehung oder Unbrauchbarmachung anderer Gegenstände abzielt, so ist über ihn in einem neuen objektiven Verfahren zu entscheiden. Ein Antrag gleichen Inhalts kann nur dann zu einem neuen objektiven Verfahren führen, wenn in dem früheren objektiven Verfahren keine Sachentscheidung ergangen ist. 18

9) Ein **Wechsel** vom subjektiven zum objektiven Verfahren und umgekehrt ist nicht vorgesehen. Jedoch kann das subjektive Strafverfahren auf einen dem § 440 genügenden Antrag (vgl dazu BGH NJW **90**, 3029) als objektives Verfahren fortgesetzt werden, wenn das Erstere wegen eines Verfahrenshindernisses eingestellt werden muss, das der Maßnahme nicht entgegensteht (BGH **23**, 64 für den Fall der Amnestie; Karlsruhe MDR **80**, 337; „ganz allgemein"; BGH NJW **90**, 3029 hat offengelassen, ob im Revisionsverfahren Zurückverweisung ins objektive Verfahren zulässig ist). Das gilt auch beim Tod des Angeklagten (8 zu § 206 a). 19

10) Das **Nachverfahren** (III iVm § 439) steht dem von der Maßnahme Betroffenen auch offen, wenn die Maßnahme im objektiven Verfahren rechtskräftig angeordnet worden ist. Daher gilt hinsichtlich der Wiederaufnahme insoweit auch die Einschränkung des § 439 VI (dort 15). 20

11) Die **FinB** kann anstelle der StA den Antrag stellen (§ 401 **AO**), wenn es sich bei Durchführung eines subjektiven Verfahrens um eine Steuerstrafsache (Einl 11 ff) handeln würde. Sie nimmt die Rechte und Pflichten der StA wahr, solange nicht mündliche Verhandlung beantragt oder vom Gericht angeordnet wird (§ 406 II **AO**). 21

12) Die **Sicherstellung der Gegenstände** zur Sicherung des Einziehungsverfahrens richtet sich nach den §§ 111 b, 111 c. Die Beschlagnahme zur Sicherung der Einziehung von Schriften nach § 74 d I StGB erstreckt sich zwangsläufig auf alle Kopien und Negative, die sich gerade im Besitz der bei ihrer Verbreitung oder deren Vorbereitung mitwirkenden Personen oder auf dem Versandweg befinden (§ 74 d II StGB; Seetzen NJW **76**, 497, 499). Die Beschlagnahme zur Sicherung der Einziehung nach § 74 d III StGB erstreckt sich nur auf die Stücke, die sich im (auch nur mittelbaren) Besitz des Täters, eines Teilnehmers oder eines anderen befinden, der für die Täter oder Teilnehmer gehandelt hat (Seetzen aaO). 22

Zuständigkeit; Verfahrensart **RiStBV 180**

441 **I [1]Die Entscheidung über die Einziehung im Nachverfahren (§ 439) trifft das Gericht des ersten Rechtszuges, die Entscheidung über die selbstständige Einziehung (§ 440) das Gericht, das im Falle der Strafverfolgung einer bestimmten Person zuständig wäre. [2]Für die Entscheidung über die selbstständige Einziehung ist örtlich zuständig auch das Gericht, in dessen Bezirk der Gegenstand sichergestellt worden ist.**

II Das Gericht entscheidet durch Beschluss, gegen den sofortige Beschwerde zulässig ist.

III 1 Über einen zulässigen Antrag wird jedoch auf Grund mündlicher Verhandlung durch Urteil entschieden, wenn die Staatsanwaltschaft oder sonst ein Beteiligter es beantragt oder das Gericht es anordnet; die Vorschriften über die Hauptverhandlung gelten entsprechend. 2 Wer gegen das Urteil eine zulässige Berufung eingelegt hat, kann gegen das Berufungsurteil nicht mehr Revision einlegen.

IV Ist durch Urteil entschieden, so gilt § 437 Abs. 4 entsprechend.

1 1) **Gemeinsame Vorschriften** für die Durchführung des Nachverfahrens (§ 439) und des objektiven Verfahrens (§ 440) enthält § 441.

2 A. **Sachliche Zuständigkeit** (I S 1): Bei Aufhebung und Zurückverweisung nach § 354 II ist das Gericht zuständig, das zuerst entschieden hatte (47 zu § 354); § 462a IV gilt nicht. Die Zuständigkeit des OLG (§ 120 GVG) ist nicht ausgeschlossen. Kommen im Fall des § 440 mehrere Straftaten als Grundlage für die Maßnahme in Betracht, so ist für die sachliche Zuständigkeit maßgebend, auf welche von ihnen die StA ihren Antrag stützt; dabei kann sie einen Gesichtspunkt wählen, für den ein Gericht niederer Ordnung zuständig ist (Celle MDR **66**, 1135; 10 zu § 440).

3 B. **Örtliche Zuständigkeit** (I): Im Fall des § 440 gilt außer den §§ 7 ff die Sonderbestimmung des I S 1, notfalls § 13a (SK-Weßlau 4). Wird in mündlicher Verhandlung entschieden, so darf sich das Gericht nicht mehr von Amts wegen, auf Einwand des Beteiligten nur noch bis zum Beginn der Verhandlung zur Sache für zuständig erklären (III S 1 Hs 2 iVm § 16 S 3; LR-Gössel 4).

4 2) **Entschieden wird grundsätzlich im Beschlussverfahren** (II). Sowohl die förmliche als auch die materielle Abschlussentscheidung, die unter den Voraussetzungen des § 436 III mit einer Entscheidung über die Entschädigung verbunden sein kann, ist mit der sofortigen Beschwerde anfechtbar (§§ 311, 304 IV S 2 Hs 2 Nr 5; § 35a). Kosten: § 472b.

5 3) **Mündliche Verhandlung** (III S 1; 8 zu § 438): Die Vorschriften über die Hauptverhandlung gelten entspr. Der StA verliest analog § 243 III S 1 die Antragsschrift, ausgenommen das wesentliche Ergebnis der Ermittlungen (10 zu § 440). Im Nachverfahren ist derjenige, der im subjektiven Verfahren Angeklagter war, falls er als Auskunftsperson in Betracht kommt, Zeuge; ebenso im objektiven Verfahren derjenige, der im Fall eines subjektiven Verfahrens Beschuldigter wäre, soweit er nicht selbst Beteiligter ist (12 zu § 440; vgl auch 10 zu § 431). Über das Verhandeln ohne den Beteiligten vgl 1, 2 zu § 436.

6 4) **Anfechtung des Urteils** (III S 2): Wird durch Urteil einer StrK entschieden, so ist Revision zulässig (§ 333). Für die Anfechtung des Urteils eines AG, das an sich mit Berufung und anschließend mit Revision anfechtbar wäre, gilt die Einschränkung des III S 2, die dem § 55 II S 1 **JGG** entspricht (1 zu § 335). Sie bezweckt einerseits eine Vereinfachung und Beschleunigung des Verfahrens, andererseits eine Angleichung an das Beschlussverfahren, in dem es in jedem Fall nur ein Rechtsmittel gibt (II).

7 5) **Rechtsmittel nur wegen der Höhe der Entschädigung** (IV): Vgl 5 ff zu § 437.

Der Einziehung gleichstehende Rechtsfolgen

442 **I Verfall, Vernichtung, Unbrauchbarmachung und Beseitigung eines gesetzwidrigen Zustandes stehen im Sinne der §§ 430 bis 441 der Einziehung gleich.**

II 1 Richtet sich der Verfall nach § 73 Abs. 3 oder § 73a des Strafgesetzbuches gegen einen anderen als den Angeschuldigten, so ordnet das Gericht an,

dass der andere an dem Verfahren beteiligt wird. [2]Er kann seine Einwendungen gegen die Anordnung des Verfalls im Nachverfahren geltend machen, wenn er ohne sein Verschulden weder im Verfahren des ersten Rechtszuges noch im Berufungsverfahren imstande war, die Rechte des Verfahrensbeteiligten wahrzunehmen. [3]Wird unter diesen Voraussetzungen ein Nachverfahren beantragt, so sollen bis zu dessen Abschluss Vollstreckungsmaßnahmen gegen den Antragsteller unterbleiben.

1) Für die genannten Nebenfolgen gelten die Bestimmungen über das Ein- 1
ziehungsverfahren entspr (1, 2 vor § 430). Verfahrensrechtlich gilt für die genannten Maßnahmen das Gleiche wie für die Einziehung.

2) Verfallsbeteiligter (II): Wer Verfallsbeteiligter ist, ergibt sich aus II S 1 (vgl 2
erg 4 zu § 431). Er kann auch von dem Nachverfahren nach § 439 Gebrauch machen (dort 1; vgl hierzu aber auch Satzger wistra **03**, 406).

Vermögensbeschlagnahme

443 **I [1]Das im Geltungsbereich dieses Gesetzes befindliche Vermögen oder einzelne Vermögensgegenstände eines Beschuldigten, gegen den wegen einer Straftat nach**

1. den §§ 81 bis 83 Abs. 1, § 89 a, den §§ 94 oder 96 Abs. 1, den §§ 97 a oder 100, den §§ 129 oder 129 a, auch in Verbindung mit § 129 b Abs. 1, des Strafgesetzbuches,
2. einer in § 330 Abs. 1 Satz 1 des Strafgesetzbuches in Bezug genommenen Vorschrift unter der Voraussetzung, dass der Beschuldigte verdächtig ist, vorsätzlich Leib oder Leben eines anderen oder fremde Sachen von bedeutendem Wert gefährdet zu haben, oder unter einer der in § 330 Abs. 1 Satz 2 Nr. 1 bis 3 des Strafgesetzbuches genannten Voraussetzungen oder nach § 330 Abs. 2, § 330 a Abs. 1, 2 des Strafgesetzbuches,
3. §§ 51, 52 Abs. 1 Nr. 1, 2 Buchstabe c und d, Abs. 5, 6 des Waffengesetzes, § 34 Abs. 1 bis 6 des Außenwirtschaftsgesetzes oder nach § 19 Abs. 1 bis 3, § 20 Abs. 1 oder 2, jeweils auch in Verbindung mit § 21, oder § 22 a Abs. 1 bis 3 des Gesetzes über die Kontrolle von Kriegswaffen oder
4. einer in § 29 Abs. 3 Satz 2 Nr. 1 des Betäubungsmittelgesetzes in Bezug genommenen Vorschrift unter den dort genannten Voraussetzungen oder einer Straftat nach den §§ 29 a, 30 Abs. 1 Nr. 1, 2, 4, § 30 a oder § 30 b des Betäubungsmittelgesetzes

die öffentliche Klage erhoben oder Haftbefehl erlassen worden ist, können mit Beschlag belegt werden. [2]Die Beschlagnahme umfasst auch das Vermögen, das dem Beschuldigten später zufällt. [3]Die Beschlagnahme ist spätestens nach Beendigung der Hauptverhandlung des ersten Rechtszuges aufzuheben.

II [1]Die Beschlagnahme wird durch den Richter angeordnet. [2]Bei Gefahr im Verzug kann die Staatsanwaltschaft die Beschlagnahme vorläufig anordnen; die vorläufige Anordnung tritt außer Kraft, wenn sie nicht binnen drei Tagen vom Richter bestätigt wird.

III Die Vorschriften der §§ 291 bis 293 gelten entsprechend.

1) Zulässig ist die Vermögensbeschlagnahme (vgl 12 vor § 430) mit dem Erlass 1
eines Haftbefehls (mithin uU schon im vorbereitenden Verfahren) oder mit Erhebung der öffentlichen Klage (§ 170 I). Der Katalog der Straftaten, bei denen die Vermögensbeschlagnahme in Betracht kommt, ist durch das OrgKG beträchtlich erweitert worden (vgl dazu J. Meyer ZRP **90**, 89); eine erneute Ausweitung ist durch das 2. UKG vom 27. 6. 1994 (BGBl I 1440, 1444) in I Nr 2 erfolgt. Eine Teilvermögensbeschlagnahme ist zulässig.

1a Es bestehen allerdings starke **Bedenken gegen die Verfassungsmäßigkeit** der Vorschrift. Insoweit wird auf die Entscheidung des BVerfG vom 20. 3. 2002 (BGBl I 1340), durch die § 43a StGB für nichtig erklärt wurde, hingewiesen und deshalb vor einer Anwendung der Vorschrift gewarnt (eingehend SK-Weßlau 3ff; **aM** KMR-Metzger 6). Die Praxis scheint von der Vorschrift auch keinen Gebrauch zu machen (KMR-Metzger 3).

2 **2) Zuständigkeit:** Grundsätzlich ist der Richter, nur bei Gefahr im Verzug die StA zuständig. Die Frist für die richterliche Bestätigung beträgt nach II S 2 nur 3 Tage, wobei entspr § 100b I S 3 auch hier von 3 Werktagen auszugehen ist (erg 1 zu § 100b).

3 **3) Wirkung** (III): Vorgeschrieben ist die Veröffentlichung im elektronischen-BAnz nach § 291, mit der die in § 292 bezeichnete Wirkung eintritt (absolutes Veräußerungsverbot iSd § 134 BGB). Da der Beschuldigte nicht abwesend zu sein braucht (anders als im Fall des § 290), wird ihm der Beschlagnahmebeschluss, falls ausführbar und nicht zweckgefährdend (LR-Gössel 5), mit Gründen mitgeteilt (§§ 34, 35); dadurch entsteht dann aber nur ein relatives Veräußerungsverbot nach § 135 BGB.

4 **4)** Die einfache **Beschwerde** ist gegen die richterliche Anordnung oder Ablehnung der Beschlagnahme zulässig (§ 304; §§ 120 III, 135 II GVG).

4. Abschnitt. Verfahren bei Festsetzung von Geldbuße gegen juristische Personen und Personenvereinigungen

RiStBV 180 a

444 I [1] **Ist im Strafverfahren über die Festsetzung einer Geldbuße gegen eine juristische Person oder eine Personenvereinigung zu entscheiden (§ 30 des Gesetzes über Ordnungswidrigkeiten), so ordnet das Gericht deren Beteiligung an dem Verfahren an, soweit es die Tat betrifft.** [2] **§ 431 Abs. 4, 5 gilt entsprechend.**

II [1] **Die juristische Person oder die Personenvereinigung wird zur Hauptverhandlung geladen; bleibt ihr Vertreter ohne genügende Entschuldigung aus, so kann ohne sie verhandelt werden.** [2] **Für ihre Verfahrensbeteiligung gelten im Übrigen die §§ 432 bis 434, 435 Abs. 2 und 3 Nr. 1, § 436 Abs. 2 und 4, § 437 Abs. 1 bis 3, § 438 Abs. 1 und, soweit nur über ihren Einspruch zu entscheiden ist, § 441 Abs. 2 und 3 sinngemäß.**

III [1] **Für das selbstständige Verfahren gelten die §§ 440 und 441 Abs. 1 bis 3 sinngemäß.** [2] **Örtlich zuständig ist auch das Gericht, in dessen Bezirk die juristische Person oder die Personenvereinigung ihren Sitz oder eine Zweigniederlassung hat.**

1 **1)** Die **JP** oder **PV** muss in dem Strafverfahren in der Funktion als Nebenbeteiligter das rechtliche Gehör erhalten. Das dabei anzuwendende Verfahren regelt § 444, der insofern die verfahrensrechtliche Ergänzung zu § 30 OWiG ist.

2 **2) Vorverfahren:**

3 A. **Vernehmung:** Im Vorverfahren wird auch geprüft, ob die Voraussetzungen des § 30 OWiG vorliegen (vgl 2 zu § 152; 1ff zu § 264; 1 zu § 432). Ergeben sich Anhaltspunkte dafür, dass die Festsetzung einer Geldbuße in Betracht kommt, so wird die JP oder PV gehört (II S 2 iVm § 432 I S 1; der Fall der Nichtausführbarkeit scheidet praktisch aus). Die Vernehmung der zur Vertretung berufenen Person spielt sich nach den Regeln der Beschuldigtenvernehmung ab (II S 2 iVm § 432 II).

B. **Anklage:** Die Anklageschrift oder der Strafbefehlsantrag (vgl § 407 II Nr 1) richtet sich gegen die natürliche Person, die als Täter oder Teilnehmer an der Straftat hinreichend verdächtig ist; sie betrifft aber auch die JP oder PV und macht die Festsetzung einer Geldbuße gegen sie zum Gegenstand des Verfahrens. Daher muss die StA, falls sie die Festsetzung einer Geldbuße anstrebt (unten 5), die JP oder PV als Nebenbeteiligte anführen und bezeichnen, die Anordnung ihrer Beteiligung beantragen (I S 1) und die tatsächliche und rechtliche Grundlage für die angestrebte Maßnahme darlegen (SK-Weßlau 4). Unterlässt sie das, so ist das Gericht nicht von der Verpflichtung enthoben, selbst zu prüfen, ob und von welchem Zeitpunkt an ein Fall vorliegt, in dem über die Frage der Geldbuße zu entscheiden und daher die Beteiligung anzuordnen ist (unten 6 ff; vgl 1 zu § 431). 4

C. **Verfolgungszwang:** Die Frage der Geldbuße kann aus dem Verfahren nicht nach § 154 a ausgeschieden werden, auch nicht nach § 430 (SK-Weßlau 5). Für die StA besteht genügender Anlass (vgl 1 ff zu § 170), die Beteiligten der JP oder PV zu beantragen, nur unter den Voraussetzungen, unter denen das Gericht die Anordnung zu treffen hat, dh wenn die Festsetzung einer Geldbuße zu erwarten ist (unten 7). Dabei berücksichtigt sie, dass § 30 I OWiG nur eine Kann-Vorschrift ist. 5

3) Die **Anordnung der Beteiligung** (I) ist erst im Strafverfahren, dh nach Erhebung der öffentlichen Klage, zulässig (vgl 1 zu § 431). Für die Zeitspanne, in der sie getroffen werden kann, gilt § 431 IV entspr. 6

A. Die **Anordnung ist notwendig,** wenn über die Festsetzung der Geldbuße zu entscheiden ist, dh wenn die Voraussetzungen des § 30 I OWiG wahrscheinlich vorliegen (Göhler 2 zu § 88 OWiG) und die Festsetzung einer Geldbuße zu erwarten ist (Karlsruhe VRS **72**, 203; EbSchmidt Nachtr II 7; **aM** Celle NJW **05**, 1816 L = NStZ-RR **05**, 82; LR-Gössel 12: wenn die Festsetzung einer Geldbuße nicht unwahrscheinlich ist). Dieser Erwartungsgrad ist auch für die Beteiligung nach § 431 I S 1 (dort 8) und nach § 440 I, III (dort 4, 5) vorausgesetzt. 7

B. Sind **mehrere Taten** Gegenstand des Verfahrens, so wird die Beteiligung auf diejenigen beschränkt, die dem Organ oder Vorstand usw, vorgeworfen werden und die Grundlage für die Festsetzung der Geldbuße sein können. Die Schuldfrage kann von der Beteiligung nicht ausgeschlossen werden (vgl § 431 II), da sie stets Grundlage für die Nebenfolge gegen die JP oder PV ist; denn § 30 OWiG setzt eine rechtswidrige und schuldhafte Straftat des Organs, Vorstands usw voraus (vgl Göhler 2 zu § 88 OWiG). 8

C. Die **Wirkung** der Beteiligungsanordnung bestimmt sich nach § 433. Da § 431 VI nicht entspr anzuwenden ist (I S 2), kann die JP oder PV die Anordnung der Beteiligung nicht dadurch hindern oder überflüssig machen, dass sie erklärt, gegen eine etwaige Geldbuße keine Einwendungen vorbringen zu wollen. 9

D. **Anfechtung** der Entscheidung über die Beteiligung: § 431 V gilt entspr. Die Anordnung ist daher nicht anfechtbar; gegen die Ablehnung ist sofortige Beschwerde zulässig, jedoch nur für die StA, da die JP oder PV durch sie nicht beschwert ist. 10

4) Vertretung: Die JP oder PV wird durch ihr Vertretungsorgan vertreten. Das ändert nichts daran, dass sie selbst in der Anklageschrift, im Urteil oder im Strafbefehl als Nebenbeteiligte bezeichnet wird. Der Vertreter wird nach § 432 gehört; er übt die Befugnisse nach § 433 I aus, gegen ihn richtet sich die Anordnung nach § 433. Er vertritt die JP oder PV auch in der Hauptverhandlung. 11

Die JP oder PV kann aber auch einen **Vertreter für das Strafverfahren** nach § 434 I wählen; ein solcher kann ihr sogar nach § 434 II auf Antrag oder von Amts wegen bestellt werden. Ist ein solcher Prozessbevollmächtigter gewählt oder bestellt, so gilt § 145 a entspr. § 146, der durch die Bezugnahme auf § 434 I S 2 ebenfalls entspr gilt, hat nur Bedeutung, wenn mehrere JPen oder PVen auf 12

Grund der Tat des Angeschuldigten in Anspruch genommen werden. In diesem Fall darf der Verteidiger nicht zugleich Vertreter einer der beteiligten JPen oder PVen sein. Auch darf nicht ein RA zugleich die mehreren JPen oder PVen vertreten, außer wenn sie vermögensmäßig trotz organisatorischer Trennung eine Einheit bilden. Dagegen ist die gemeinschaftliche Verteidigung eines persönlich Betroffenen (zB Vorstandsmitglied) und der dazugehörigen nebenbetroffenen JP oder PV zulässig (BVerfGE **45**, 272, 288 = NJW **77**, 1629 für das Bußgeldverfahren).

13 **5) Hauptverhandlung:** Die JP oder PV erhält nicht nur eine Terminsnachricht, sondern wird geladen (II S 1). Dabei ist § 217 entspr anzuwenden (II S 2 iVm § 433 I S 1). Die Anklageschrift wird beigefügt; weicht der Eröffnungsbeschluss von ihr ab und wird dadurch die Tat betroffen, die Grundlage für die angestrebte Geldbuße ist, so wird insoweit auch der Eröffnungsbeschluss mitgeteilt (II S 2 iVm § 435 II).

14 Es kann aber auch **ohne einen Vertreter der** JP **oder PV** verhandelt werden, wenn dieser ohne genügende Entschuldigung ausbleibt (II S 1 Hs 2). Nur wenn die vorgebrachten oder sonst bekanntgewordenen Umstände nicht als Entschuldigung genügen, kann ohne die JP oder PV verhandelt werden. Da § 436 I nicht für entspr anwendbar erklärt ist, gilt auch der Ausschluss des § 235 nicht. Da die JP oder PV die Befugnis eines Angeklagten hat (II S 2 iVm § 433 I S 1), kann sie auch die Wiedereinsetzung nach § 235 beantragen.

15 **6)** Im **Urteilstenor** wird bei Festsetzung einer Geldbuße die JP oder PV mit Namen und Anschrift, möglichst auch mit Bezeichnung des vertretungsberechtigten Organs und eines etwaigen Prozessbevollmächtigten (§ 434) als Nebenbeteiligte bezeichnet, damit der Urteilssatz zu einer geeigneten Grundlage für die Urteilsanfechtung und bei Rechtskraft zur Vollstreckung (§ 449; §§ 89, 91 OWiG) wird. War die JP oder PV bei der Verkündung des Urteils weder durch das vertretungsberechtigte Organ noch durch seine Prozessbevollmächtigten (§§ 434, 234, 411 II S 1) vertreten, so ist es nach § 436 IV zuzustellen.

16 **7) Rechtsbehelfe:**

17 A. **Gegen den Strafbefehl** (vgl 1; II iVm § 438 I) kann die JP oder PV hinsichtlich der Festsetzung der Geldbuße Einspruch einlegen. Ist nur über diesen Einspruch zu entscheiden, so wendet das AG das Beschlussverfahren an (II iVm § 441 II). Nur unter den Voraussetzungen des § 441 III entscheidet es auf Grund einer mündlichen Verhandlung durch Urteil, dessen Anfechtung durch § 441 III S 2 eingeschränkt ist.

18 B. Das **Urteil,** das die Geldbuße festsetzt, ist nach Maßgabe des entspr anwendbaren § 437 I–III anfechtbar. Im Rechtsmittelverfahren erstreckt sich die Prüfung, ob die Geldbuße gegen die JP oder PV gerechtfertigt ist, auf den Schuldspruch des angefochtenen Urteils nur, wenn die Voraussetzungen des § 437 I S 1 erfüllt sind (LR-Gössel 33). Die Feststellungen zum Schuldspruch bleiben trotz der Einwendungen bestehen, wenn ihre erneute Prüfung nicht erforderlich erscheint (2 zu § 437). Die weitergehende Prüfung des Schuldausspruchs auf Rechtsmittel eines anderen Beteiligten bleibt unberührt.

19 **8)** Auch **im selbstständigen Verfahren** (III) kann die Geldbuße festgesetzt werden. III S 2 stellt für diesen Fall einen weiteren Gerichtsstand zur Verfügung (wie § 441 I S 2 für den Fall der Einziehung im objektiven Verfahren). § 437 IV ist bei Anfechtung der Höhe der Geldbuße nicht entspr anzuwenden.

20 Über die Möglichkeit der **FinB,** den Antrag auf Festsetzung einer Geldbuße im selbstständigen Verfahren zu stellen, sowie ihre Rechtsstellung in diesem Verfahren vgl §§ 401, 406 II **AO** (vgl auch 21 zu § 440).

9) Die **Vollstreckung** einer im Strafverfahren festgesetzten Geldbuße gegen eine JP oder PV richtet sich nach den Vorschriften des OWiG (§§ 89, 91 ff, 99), da es sich um eine Bußgeldentscheidung handelt. 21

10) Kosten bei Beteiligung der JP oder PV: Vgl § 472 b. 22

445–448 (weggefallen)

Siebentes Buch. Strafvollstreckung und Kosten des Verfahrens

1. Abschnitt. Strafvollstreckung

Vorbemerkungen

1 **1)** Zur **Strafvollstreckung** gehören alle Maßnahmen und Anordnungen, die auf Verwirklichung, aber auch auf Abänderung (vgl § 459 a) und befristete (vgl §§ 455, 455 a, 456, 456 c) oder endgültige Aufhebung (vgl §§ 456 a, 459 d, 459 f) einer von einem Strafgericht erlassenen Entscheidung gerichtet sind (LR-Wendisch 3; erg Einl 65 ff). Die Strafvollstreckung ist als Aufgabe der Gerichtsverwaltung iS des § 4 II Nr 1 DRiG Teil der Rechtspflege. Vollstreckungsbehörde ist die StA (§ 451 I).

2 **Rechtsgrundlagen** der Strafvollstreckung sind außer den §§ 449 ff die StVollstrO, eine Verwaltungsanordnung, die die Gerichte nicht bindet (BVerfGE **29**, 312, 315 = NJW **70**, 2287; LR-Wendisch 19), bei Geldstrafen auch die JBeitrO und die EBAO (1 zu § 459). Bei Freiheitsstrafen gehört iwS zur Strafvollstreckung der Strafvollzug, dessen Einzelheiten im **StVollzG** geregelt sind.

3 Für **Jugendliche** und nach Jugendstrafrecht verurteilte Heranwachsende regeln die §§ 82 ff **JGG** die Strafvollstreckung. Die Vorschriften der StVollstrO gelten aber insoweit, als das JGG, die RiJGG, die BwVollzO und das OWiG nichts anderes bestimmten (§ 1 III StVollstrO).

4 Gegen **Soldaten** werden auf Ersuchen der VollstrB (§ 451 I) Freiheitsstrafen von nicht mehr als 6 Monaten sowie Jugendarrest von den Behörden der Bundeswehr vollstreckt (Art 5 II EGWStG). Für die Vollstreckung gelten die §§ 22, 24, 27, 28, 30, 33, 37, 39, 40, 45, 46, 47, 87 und 88 StVollstrO.

5 **2)** Nur **Kriminalstrafen und strafrechtliche Maßnahmen** der ordentlichen Gerichte werden nach den §§ 449 ff, ergänzt durch §§ 82 ff JGG, vollstreckt. Für Disziplinarmaßnahmen gelten diese Vorschriften nur, soweit in den Disziplinargesetzen auf sie verwiesen wird. Für Ordnungs- und Zwangsmittel gilt § 88 StVollstrO (vgl Isak/Wagner 520 ff); für Ordnungsmittel nach § 178 GVG gilt § 179 GVG.

6 **3) Notwendig ist die Strafvollstreckung** ieS nur, wenn die Wirkung strafrechtlicher Sanktionen sich nicht schon unmittelbar aus der Rechtskraft der Entscheidung ergibt. Das ist zB der Fall beim Fahrverbot (§ 44 II StGB), beim Verlust der Amtsfähigkeit, der Wählbarkeit und des Stimmrechts (§ 45 iVm § 45 a I StGB), der Entziehung der Fahrerlaubnis (§ 69 III S 1 StGB), dem Berufsverbot (§ 70 IV S 1 StGB), dem Verfall (§ 73 e I StGB) und der Einziehung (§ 74 e I StGB). In diesen Fällen besteht die Strafvollstreckung nur in den zusätzlich erforderlichen Maßnahmen zur Verwirklichung (vgl § 462 b) oder zur erlaubten oder vorgeschriebenen Abänderung (vgl § 456 c), bei zeitlich begrenzter Wirkung auch zum Zweck ihrer Beendigung (vgl § 55 I S 1 StVollstrO: Berufsverbot).

7 **4)** Um die **Vollstreckung deutscher Urteile im Ausland** wegen einer gegen einen Ausländer verhängten Strafe kann nach § 71 I IRG der ausländische Staat ersucht werden, wenn der Verurteilte in diesem seinen Wohnsitz oder gewöhnlichen Aufenthalt hat oder sich dort aufhält und nicht ausgeliefert wird und wenn die Vollstreckung in dem ersuchten Staat im Interesse des Verurteilten oder im öffentlichen Interesse liegt. Nach § 71 II IRG kann ein ausländischer Staat unter im Wesentlichen gleichen Voraussetzungen um die Vollstreckung eines deutschen Urteils gegen einen Deutschen ersucht werden, sofern der Verurteilte dadurch keine außerhalb des Strafzwecks liegenden Nachteile erleidet. Soweit es um eine nicht freiheitsentziehende Strafe oder Sanktion geht, muss ein Ersuchen nur im öffentlichen Interesse liegen. In allen Fällen muss gewährleistet sein, dass

der ersuchte Staat eine Rücknahme oder Beschränkung des Ersuchens beachten wird (§ 71 III IRG). Nach dem Ges zur Änderung des Überstellungsausführungsgesetzes und des Gesetzes über die internationale Rechtshilfe in Strafsachen vom 17. 12. 2006 (BGBl I 3175), mit dem ein Zusatzprotokoll zum Übk des Europarats über die Überstellung verurteilter Personen umgesetzt wurde, können verurteilte Straftäter aber auch ohne ihre Zustimmung zur Verbüßung der Strafe in ihr Heimatland überstellt werden, wenn sie sich der Vollstreckung durch Flucht dorthin entzogen haben oder gegen sie eine bestandskräftige Ausweisungsverfügung vorliegt.

Die **Vollstreckung ausländischer Urteile im Inland** regeln grundsätzlich die §§ 48 ff IRG. Vorrangig (vgl § 1 III IRG) ist jedoch in dem vertraglich geregelten Bereich der Vollstreckung freiheitsentziehender Sanktionen das ÜberstellungsÜbk mit dem Überstellungsausführungsgesetz (ÜAG, vgl Einl 215 c); letzteres verdrängt § 71 II, IV IRG (vgl SLGH vor Hauptteil II C). Nach Anh 3 EU-AuslÜbk vom 23. 10. 1996 verpflichten sich die Mitgliedstaaten das ÜberstellungsÜbk auf die Staatsangehörigen der einzelnen Mitgliedstaaten iSd Art 3 IV anzuwenden. Ob über einen Überstellungswunsch des Verurteilten ermessensfehlerfrei entschieden wurde, wird durch das OLG nach § 23 EGGVG überprüft. Art 67 ff SDÜ (Einl 216) ergänzen zwischen dessen Partnerstaaten das ÜberstellungsÜbk, indem sie für die Übertragung der Vollstreckung von Strafurteilen von dem Zustimmungserfordernis absehen, wenn der Betroffene sich durch Flucht in sein eigenes Land der Strafverbüßung entzogen hat. Dem Übk vom 13. 11. 1991 zwischen den Mitgliedstaaten der EG über die Vollstreckung ausländischer strafrechtlicher Verurteilungen hat die BRD mit Ges vom 7. 7. 1997 (BGBl II 1350) zugestimmt; es ist noch nicht in Kraft getreten, wird aber von der BRD und den Niederlanden bereits vorzeitig angewendet (BGBl 1998 II 896) Hiernach ist die Übertragung der Vollstreckung von Freiheits- und Geldstrafen und Geldbußen ohne Zustimmung des Verurteilten schon dann möglich, wenn sich dieser im (zukünftigen) Vollstreckungsstaat befindet oder dort seinen gewöhnlichen Aufenthalt hat; auch eine ersatzweise Inhaftierung bei Uneinbringlichkeit der Geldstrafe oder Geldbuße ist möglich. Nach einem Regierungsentwurf zur Umsetzung des Rahmenbeschlusses 2005/214/JI über die Anwendung des Grundsatzes der gegenseitigen Anerkennung von Geldstrafen und Geldbußen soll im IRG ein eigener Teil geschaffen werden, der dem 4. Teil des IRG über die Vollstreckung ausländischer Erkenntnisse vorgeht (dazu Hackner/Trautmann DAR **10**, 71). 8

5) Rechtsbehelfe im Vollstreckungsverfahren: Hat der Rechtspfleger für die VollstrB entschieden (2 zu § 451), so entscheidet über Einwendungen das Gericht, wenn über die Rechtmäßigkeit von Maßnahmen der VollstrB nach §§ 458, 459 h und 461 II zu befinden ist (§ 31 VI S 1 **RPflG**). Soweit das Gericht nicht zuständig ist, entscheidet über Einwendungen gegen Entscheidungen oder andere Anordnungen der VollstrB die der StA übergeordnete Behörde (§ 21 I StVollstrO), idR der GStA beim OLG. Nach Durchführung dieses Beschwerdeverfahrens kann der Antrag auf gerichtliche Entscheidung nach §§ 23 **EGGVG** gestellt werden (vgl 5 zu § 24 **EGGVG**). 9

Zur Beiordnung eines **Pflichtverteidigers** für das Vollstreckungsverfahren vgl 33 zu § 140. 10

6) Entscheidungen eines Strafgerichts der ehemaligen DDR: Die Vollstreckung ist nach Art 18 I EV grundsätzlich zulässig; jedoch enthält Anl I Kap III Sachgebiet A Abschn III Nr 14 EV Einschränkungen. Vgl auch Kemper/Lehner NJW **91**, 330. Zur Unzulässigkeit der Strafvollstreckung, wenn der Verurteilte unter Entlassung aus der DDR-Staatsbürgerschaft in die BRep Deutschland abgeschoben worden war, vgl Düsseldorf JR **92**, 381 mit Anm Fezer; erg 9 vor § 359, zur Nachverbüßung schon amnestierter Strafen vgl Dresden OLG-NL **94**, 72. 11

Vollstreckbarkeit

449 **Strafurteile sind nicht vollstreckbar, bevor sie rechtskräftig geworden sind.**

1 **1) Strafurteile** iS der Vorschrift sind nicht nur Urteile ieS, sondern auch alle vollstreckungsfähigen gerichtlichen Entscheidungen, die an die Stelle von Urteilen treten, wie Strafbefehle, Gesamtstrafenbeschlüsse nach § 460, urteilsvertretende Beschlüsse, die Nebenfolgen zum Gegenstand haben (§§ 437 IV, 438 II, 441 II, 442, 444 II, III), sowie Entscheidungen, die die Vollstreckbarkeit von Urteilen herstellen oder wiederherstellen, wie der Beschluss nach § 59 b StGB und die Widerrufsbeschlüsse nach §§ 56 f, 56 g II, 57 III, 67 g I–III StGB und nach § 459 a (dort 5).

2 **2) Vollstreckungspflicht:** Weder in § 449 noch an anderer Stelle bestimmt das Gesetz, dass Strafurteile vollstreckt werden müssen, wenn sie rechtskräftig sind und einen der Vollstreckung zugänglichen und bedürftigen Inhalt haben. Dem Gesetzgeber erschien die Vollstreckungspflicht so selbstverständlich, dass er einen besonderen Ausspruch darüber für überflüssig hielt (vgl LR-Wendisch 6; Peters 694). Aus § 456 ergibt sich aber, dass die Vollstreckung unverzüglich nach Eintritt der Rechtskraft einzuleiten ist (Roxin § 56 B II; vgl auch §§ 2, 3 StVollstrO).

3 Im **Ermessen der VollstrB** steht die Vollstreckung nur in den Fällen der §§ 455 III, 456, 456 a, 456 c II, 459 a.

4 **3) Vollstreckungshindernisse** (dazu KK-Appl 22; Isak/Wagner 658 ff) machen die Vollstreckung unzulässig. Dazu gehören außer dem Mangel der Rechtskraft (unten 5 ff) die Strafaussetzung nach den §§ 56, 57, 57 a StGB bis zur Rechtskraft des Widerrufsbeschlusses (16 zu § 453), die Vollstreckungsverjährung nach §§ 79 ff StGB, die Einzelbegnadigung oder Amnestie, bei Freiheitsstrafe und freiheitsentziehenden Sicherungsmaßregeln auch die Vollzugsuntauglichkeit des Verurteilten (§ 455). Die Immunität der Abgeordneten schließt die Vollstreckung von Freiheitsstrafen und freiheitsentziehenden Sicherungsmaßregeln ohne Genehmigung des Parlaments aus (vgl Art 46 III GG; RiStBV 192 IV).

5 **4)** Erst **nach Eintritt der formellen Rechtskraft** (dazu Einl 164 ff) ist das Strafurteil vollstreckbar. Sie muss als absolute Rechtskraft (zur relativen Rechtskraft vgl 4 ff zu § 450) gegenüber allen Prozessbeteiligten (StA, Privatkläger, Nebenkläger) eingetreten sein, nicht nur gegenüber dem Angeklagten (Isak/Wagner 48). Wegen der Mitangeklagten vgl unten 10.

6 Die **vorläufige Vollstreckbarkeit** von Strafurteilen sieht das Gesetz nicht vor (vgl aber 15 zu § 346). § 406 III bildet keine Ausnahme, weil es hier um bürgerlich-rechtliche Ersatzansprüche geht. Auch im Fall des § 56 **JGG** handelt es sich im Grundsatz um die endgültige Vollstreckung auf Grund eines rechtskräftigen Urteils (Bringewat StVollstr 4; vgl aber auch LR-Wendisch 2 ff; Eisenberg 4 ff zu § 56 JGG).

7 **Rechtskraft tritt ein,** wenn ein Rechtsmittel gegen das Strafurteil (oben 1) nicht statthaft oder nicht rechtzeitig eingelegt ist, ferner bei allseitigem Verzicht auf Rechtsmittel (Karlsruhe NStZ **97**, 301; München NJW **68**, 1001 = Rpfleger **68**, 156 mit Anm Pohlmann) oder bei Zurücknahme eines bereits eingelegten Rechtsmittels (§§ 302, 303). Unanfechtbare Entscheidungen, zB die Sachentscheidung des Revisionsgerichts nach § 354 I, werden mit ihrem Erlass rechtskräftig (LR-Wendisch 11), andere spätestens mit fruchtlosem Ablauf der Rechtsmittelfrist. Das gilt auch für den Fall verspäteter Anfechtung (1 zu § 316). Führt nach rechtzeitiger Anfechtung ein Beschluss die Rechtskraft des Urteils unmittelbar herbei, so gilt für den Eintritt der Rechtskraft § 34 a. Zur Frage des Eintritts und der Hemmung der Rechtskraft bei Verwerfung eines rechtzeitig eingelegten Rechtsmittels als unzulässig nach §§ 319 I, 346 I vgl 5, 15 zu § 346.

5) **Teilrechtskraft des Urteils:** 8

A. **Vertikale Teilrechtskraft:** 9

Ist das Urteil nur gegen einen von **mehreren Angeklagten** rechtskräftig, so darf die Strafe gegen diesen Angeklagten vollstreckt werden. Die Möglichkeit der Urteilsaufhebung nach § 357 bleibt grundsätzlich außer Betracht. Nur wenn die Aufhebung zu erwarten ist, kann die Vollstreckung aufgeschoben oder unterbrochen werden (vgl § 19 S 2 StVollstrO). 10

Ist nur **eine von mehreren Einzelstrafen** gegen einen Angeklagten rechtskräftig (Einl 185), so ist die Vollstreckung wegen dieser Einzelstrafen nach zutr und nunmehr ganz hM zulässig (Hamm NStZ **09**, 655 mwN; erg 8 zu § 450). Dem Angeklagten darf aber durch die Teilvollstreckung kein Nachteil entstehen. Die Vollstreckung darf daher nur bis zur Höhe der geringstzulässigen späteren Gesamtstrafe durchgeführt werden (Hamm aaO); sie entfällt, wenn die Möglichkeit besteht, dass bei Wegfall der angefochtenen Einzelstrafen die Strafe nach § 56 StGB zur Bewährung ausgesetzt wird (Grünwald 354). Die Teilvollstreckung, die im Ermessen der VollstrB steht, darf nur angeordnet werden, wenn dafür ein echtes und unabweisbares Bedürfnis besteht (Isak/Wagner 51), insbesondere, wenn sich die Anfechtung nur auf eine im Verhältnis zu den anderen geringfügige Einzelstrafe bezieht (vgl LR-Wendisch 30; weitergehend Bringewat StVollstr 26: idR nur zulässig, wenn die rechtskräftige Einzelstrafe mindestens 2 Jahre beträgt). 11

B. Ist bei **horizontaler Teilrechtskraft** (Einl 185) das Urteil im Rechtsfolgenausspruch nur wegen einer der verhängten Strafen (Geldstrafe, Freiheitsstrafe) angefochten oder die Rechtsfolgenentscheidung im Wesentlichen rechtskräftig und nur eine Nebenentscheidung (Einbeziehung, Verfall uä) angefochten und ist in diesen Fällen die selbstständige Anfechtung nach §§ 318, 344 I zweifelsfrei zulässig, so kann die rechtskräftig gewordene Strafe vollstreckt werden (KK-Appl 13; LR-Wendisch 23ff; **aM** Schlüchter 598; vgl auch Bay **64**, 23 = NJW **64**, 1084). 12

C. Zur Ausstellung der **Vollstreckbarkeitsbescheinigung** bei Teilvollstreckung vgl 14 zu § 451. 13

Anrechnung von Untersuchungshaft und Führerscheinentziehung

450 **I Auf die zu vollstreckende Freiheitsstrafe ist unverkürzt die Untersuchungshaft anzurechnen, die der Angeklagte erlitten hat, seit er auf Einlegung eines Rechtsmittels verzichtet oder das eingelegte Rechtsmittel zurückgenommen hat oder seitdem die Einlegungsfrist abgelaufen ist, ohne dass er eine Erklärung abgegeben hat.**

II Hat nach dem Urteil eine Verwahrung, Sicherstellung oder Beschlagnahme des Führerscheins auf Grund des § 111a Abs. 5 Satz 2 fortgedauert, so ist diese Zeit unverkürzt auf das Fahrverbot (§ 44 des Strafgesetzbuches) anzurechnen.

1) **Anrechnung von UHaft** (I): 1

A. **UHaft** iS von I ist jede Freiheitsentziehung, die nach § 51 I S 1 StGB auf die Strafe angerechnet wird (dazu Fischer 5 zu § 51 StGB; vgl auch § 39 III StVollstrO). Die UHaft endet mit der Rechtskraft des Urteils (15 zu § 120). Keine UHaft ist die Zeit unzulässiger Strafvollstreckung bei vorzeitiger Überführung des Angeklagten in die Strafanstalt wegen eines Irrtums über den Zeitpunkt der Rechtskraft (KG JR **64**, 310), auch nicht die Zeit der (nicht mehr rückgängig zu machenden) Strafverbüßung bei nachträglicher Wiedereinsetzung gegen die Versäumung der Rechtsmittelfrist (BGH **18**, 34 = Rpfleger **63**, 49 mit zust Anm Pohlmann; Celle NdsRpfl **65**, 186; vgl auch Hamm NJW **56**, 274). 2

B. **Anwendungsbereich der Vorschrift:** Die UHaft wird nach § 51 I S 1 StGB kraft Gesetzes, ohne dass es eines besonderen Urteilsausspruchs bedarf, auf 3 die Strafe angerechnet (BGH **24**, 29; **27**, 287, 288), sofern das Gericht nicht nach § 51 I S 2 StGB anordnet, dass die Anrechnung ganz oder teilw unterbleibt. Im Schrifttum wird die Ansicht vertreten, durch diese (erst seit 1969 bestehende) Regelung habe I seine Bedeutung verloren; denn die Anrechnung kraft Gesetzes erfasse die gesamte UHaft bis zur Rechtskraft des Urteils, und die Versagung der Anrechnung reiche nicht über das sie anordnende Urteil hinaus (SK-Horn 7 zu § 51 StGB; Baumgärtner MDR **70**, 190; Dencker MDR **71**, 627). Nach anderer Ansicht beschränkt nicht § 51 I StGB den Anwendungsbereich des I, sondern verdrängt umgekehrt diese Vorschrift als Sondervorschrift den § 51 I StGB insoweit, als er nur bis zu dem Zeitpunkt gilt, von dem ab die UHaft nach I zwingend anzurechnen ist (Celle NJW **70**, 768; Dreher MDR **70**, 965; vgl auch Frankfurt NJW **70**, 1140). Beide Auffassungen erscheinen unrichtig. Nach zutreffender Ansicht, der § 39 II S 1 StVollstrO Rechnung getragen hat, erstreckt sich zwar die Anrechnung des § 51 StGB vorbehaltlich einer abweichenden gerichtlichen Entscheidung auf die UHaft, die der Verurteilte bis zu dem Tag erlitten hat, an dem die Entscheidung rechtskräftig geworden ist. Insoweit hat I keine Bedeutung mehr (Stuttgart MDR **70**, 522 = Rpfleger **70**, 137 mit krit Anm Pohlmann). Sein Anwendungsbereich beschränkt sich nunmehr auf die Nichtanrechnungsanordnung nach § 51 I S 2 StGB (LG Nürnberg-Fürth Rpfleger **70**, 67 mit abl Anm Pohlmann; Bringewat StVollstr 4; Pohlmann/Jabel/Wolf 2 zu § 39 StVollstrO). Sie wirkt ebenfalls bis zum Eintritt der Urteilsrechtskraft. Für die Zeit nach Eintritt der relativen Rechtskraft (unten 4ff) wird ihr aber die Wirkung entzogen; zugleich verliert das Rechtsmittelgericht die Befugnis, die Nichtanrechnung der UHaft anzuordnen (Sch/Sch-Stree 2 zu § 51 StGB).

4 C. **Relative Rechtskraft** tritt ein, wenn das Urteil zwar noch nicht rechtskräftig, aber jedenfalls für den Angeklagten unanfechtbar geworden ist. Dem Angeklagten, der sich mit seiner Verurteilung abfindet, soll kein Nachteil daraus erwachsen, dass ein anderer Prozessbeteiligter die Rechtsmittelfrist ohne Verzichtserklärung verstreichen lässt oder das Verfahren allein weiterbetreibt (Frankfurt NJW **70**, 1140).

5 Die relative Rechtskraft, von deren Eintritt I den Ausschluss des § 51 I S 2 StGB abhängig macht, wird **herbeigeführt** durch den Rechtsmittelverzicht des Angeklagten (dazu 13ff zu § 302), durch die Zurücknahme eines bereits eingelegten Rechtsmittels (dazu 1ff zu § 302) oder durch den Ablauf der Einlegungsfrist, ohne dass der Angeklagte eine Rechtsmittelerklärung abgegeben hat. Der Rechtsmittelverzicht zählt nur von dem Zeitpunkt ab, in dem er erklärt wird; dass dem Angeklagten die Erklärung vorher nicht möglich war, spielt keine Rolle (Düsseldorf Rpfleger **66**, 254: Nichterreichbarkeit des UrkB). Um ein Verstreichenlassen der Anfechtungsfrist handelt es sich auch, wenn das Rechtsmittel verspätet (§§ 316 I, 343 I) eingelegt worden ist.

6 **Wie ein Rechtsmittel des Angeklagten** zählt für die Anwendung von I das des Verteidigers (§ 297), nicht aber das von der StA zu seinen Gunsten eingelegte Rechtsmittel (§ 296 II). Hat nur der gesetzliche Vertreter (§ 298) oder der Erziehungsberechtigte (§ 67 III **JGG**) das Urteil angefochten, so kommt I dem Angeklagten zugute (KMR-Paulus/Stöckel 9; Pohlmann Rpfleger **63**, 368). Übernimmt er nach Eintritt der Volljährigkeit das Rechtsmittel (6 zu § 298), so entfällt die Anwendung von I mit dem Tag der wirksamen Übernahme (LG Bamberg NJW **67**, 68 mit zust Anm Kaiser). Der Einspruch gegen einen Strafbefehl (§ 410) steht iS von I einem Rechtsmittel gleich.

7 Die relative Rechtskraft **entfällt,** wenn das Urteil auf das Rechtsmittel eines anderen Prozessbeteiligten aufgehoben und die Sache zurückverwiesen wird; der Angeklagte kann sie nach Erlass des neuen Urteils aber wiederherstellen. Wird das Urteil nur im Strafausspruch abgeändert, so verbleibt es bei der Anrechnung nach I (LR-Wendisch 21).

D. **Relative Teilrechtskraft:** Verzichtet der Angeklagte nur hinsichtlich einer in einer Gesamtstrafe enthaltenen Einzelstrafe auf Rechtsmittel oder nimmt er das Rechtsmittel nur in diesem Umfang zurück, so gilt I bei der Vollstreckung der Einzelstrafe (11 zu § 449) ebenfalls (BGH NJW **55**, 1488 L; MDR **54**, 115 [D]; LR-Wendisch 13). Entsprechendes gilt, wenn nur eine Einzelstrafe durch revisionsgerichtliche Entscheidung rechtskräftig wird (Braunschweig NJW **63**, 2239; Pohlmann/Jabel/Wolf 19 zu § 39 StVollstrO). Angerechnet wird die UHaft bei solcher Teilvollstreckung bis zur vollen Höhe der zu vollstreckenden Einzelstrafe (BGH MDR **56**, 528 [D]; Bringewat StVollstr 14; Pohlmann/Jabel/Wolf aaO; **aM** Bay Rpfleger **52**, 491; LR-Wendisch 14: anteilige Anrechnung). 8

E. Die **Strafzeitberechnung** erfolgt in der Weise, dass die UHaft vom errechneten Ende der Strafzeit nach vollen Tagen rückwärts abgerechnet wird (§ 39 IV S 1 StVollstrO; vgl dazu Gocke Rpfleger **95**, 489 gegen Saarbrücken NStZ **94**, 408). Der Tag des Eintritts der relativen Rechtskraft wird nach § 39 II S 2 StVollstrO nur angerechnet, wenn er nicht nach § 37 II StVollstrO bereits unverkürzt als Strafzeit zählt (vgl im einzelnen LR-Wendisch 7). 9

2) Ist ein **Fahrverbot** (II) noch nicht rechtskräftig, so gibt § 111a V S 2 die Möglichkeit, die Rückgabe des bereits im amtlichen Gewahrsam befindlichen Führerscheins aufzuschieben, wenn der Beschuldigte nicht widerspricht. Die Zeit nach der Verkündung des Urteils wird dann unverkürzt auf das Fahrverbot angerechnet. 10

Anrechnung von Auslieferungshaft

450a **I** [1] **Auf die zu vollstreckende Freiheitsstrafe ist auch die im Ausland erlittene Freiheitsentziehung anzurechnen, die der Verurteilte in einem Auslieferungsverfahren zum Zwecke der Strafvollstreckung erlitten hat.** [2] **Dies gilt auch dann, wenn der Verurteilte zugleich zum Zwecke der Strafverfolgung ausgeliefert worden ist.**

II Bei Auslieferung zum Zwecke der Vollstreckung mehrerer Strafen ist die im Ausland erlittene Freiheitsentziehung auf die höchste Strafe, bei Strafen gleicher Höhe auf die Strafe anzurechnen, die nach der Einlieferung des Verurteilten zuerst vollstreckt wird.

III [1] **Das Gericht kann auf Antrag der Staatsanwaltschaft anordnen, dass die Anrechnung ganz oder zum Teil unterbleibt, wenn sie im Hinblick auf das Verhalten des Verurteilten nach dem Erlass des Urteils, in dem die dem Urteil zugrunde liegenden tatsächlichen Feststellungen letztmalig geprüft werden konnten, nicht gerechtfertigt ist.** [2] **Trifft das Gericht eine solche Anordnung, so wird die im Ausland erlittene Freiheitsentziehung, soweit ihre Dauer die Strafe nicht überschreitet, auch in einem anderen Verfahren auf die Strafe nicht angerechnet.**

1) **Anrechnung von Auslandshaft** (I): Freiheitsentziehung im Ausland auf Grund eines deutschen Auslieferungsersuchens zum Zweck der Strafverfolgung wird nach § 51 I, III S 2 StGB auf die Strafe angerechnet. Diese Regelung ergänzt § 450a (vgl BVerfGE **29**, 312 = NJW **70**, 2287 = Rpfleger **71**, 61 mit Anm Pohlmann) für den Fall der Auslandshaft auf Grund eines deutschen Auslieferungsersuchens zum Zweck der Strafvollstreckung (Schleswig SchlHA **90**, 127 [L/G]). 1

Angerechnet wird nur die **Haft in einem Auslieferungsverfahren.** Der Begriff ist aber weit auszulegen; darunter fällt jede Freiheitsentziehung zu dem Zweck, den Verurteilten der deutschen Strafvollstreckung zuzuführen (LR-Wendisch 6). Dass es schließlich nicht zur Auslieferung kommt, sondern der Verurteilte freiwillig in die BRep zurückkehrt, spielt keine Rolle (KK-Appl 6). Auf die im Ausland nach Urteilsrechtskraft erlittene Abschiebungshaft bezieht sich 2

§ 450a nicht; sie wird daher nicht angerechnet (Koblenz GA **81**, 575; Bringewat StVollstr 6; vgl für inländische Abschiebungshaft Frankfurt NJW **80**, 537).

3 Die Anrechnung nach I gehört zur **Strafzeitberechnung** (Düsseldorf MDR **89**, 90) und ist daher Sache der VollstrB (§ 451 I). Sie hat nach dem entspr anwendbaren § 51 IV S 2 StGB (Frankfurt StV **88**, 20; Karlsruhe Justiz **83**, 467; Koblenz GA **89**, 310; Stuttgart MDR **86**, 779; Zweibrücken OLGSt S 1) auch den Umrechnungsmaßstab zu bestimmen (Düsseldorf wistra **91**, 320; JMBlNW **94**, 118; Stuttgart aaO; **aM** Karlsruhe aaO; Zweibrücken aaO). Bei Zweifeln entscheidet das Gericht nach § 458 I (LG Bochum StV **93**, 33). Die Strafzeit wird vom Zeitpunkt der Übernahme des Verurteilten durch deutsche Beamte an berechnet (§ 38 Nr 2 StVollstrO).

4 Ist im **Fall des S 2** eine Trennung der ausländischen Freiheitsentziehung zum Zweck der Vollstreckungsauslieferung von der zum Zweck der Verfolgungsauslieferung nicht möglich, so hat die Anrechnung auf die zur Vollstreckung anstehende Strafe den Vorrang; nur der dadurch nicht verbrauchte Teil kann auf die Strafe wegen der Tat angerechnet werden, auf die sich die zum Zweck der Strafverfolgung angeordnete Auslieferungshaft bezogen hat (BGH NStZ **85**, 497; LR-Wendisch 9).

5 **2) Anrechnung bei mehreren Strafen** (II): Die Auslandshaft ist auf die höchste erkannte Strafe (nicht auf den höchsten Strafrest), bei gleich hohen Strafen auf die Strafe anzurechnen, die nach der Einlieferung des Verurteilten zuerst vollstreckt wird. Wenn die Auslandshaft durch die Anrechnung auf die höchste Strafe nicht verbraucht ist, muss der übersteigende Teil auf die nächsthöhere Strafe angerechnet werden (KK-Appl 9).

6 **3) Nichtanrechnung** (III): Die Ausnahme bedarf wie im Fall des § 51 I S 2 StGB der ausdrücklichen gerichtlichen Anordnung (zuständig ist nach § 462a I die StVollstrK), die nur auf einen von der StA als Strafverfolgungsbehörde (Katholnigg NStZ **82**, 195) gestellten Antrag ergehen darf. Nur gewichtige Gründe, die nach Erlass des letzten tatrichterlichen Urteils eingetreten sind, rechtfertigen die Nichtanrechnung (Zweibrücken GA **83**, 280). Die Flucht ins Ausland genügt allein nicht; sie ist der Regelfall der Anrechnung nach I (Bremen StV **97**, 371; Koblenz OLGSt Nr. 2; Stuttgart StV **03**, 629). Das gilt auch für die Flucht während eines Hafturlaubs (Karlsruhe MDR **84**, 165; **aM** Hamburg MDR **79**, 603) oder von einer Außenarbeitsstelle (Zweibrücken GA **83**, 280). Es müssen immer erschwerende Umstände hinzu treten, zB der Ausbruch aus der Anstalt, die Absicht des Verurteilten, die Strafvollstreckung böswillig zu verschleppen (Bringewat StVollstr 14 mwN) oder die Verbringung der Verbrechensbeute bei der Flucht ins Ausland (vgl auch BGH **23**, 307 zu § 51 I S 2 StGB). Dasselbe gilt für die Bestimmung des Anrechnungsmaßstabs nach § 51 IV S 2 StGB (Zweibrücken Rpfleger **96**, 302).

Vollstreckungsbehörden

451 **I Die Strafvollstreckung erfolgt durch die Staatsanwaltschaft als Vollstreckungsbehörde auf Grund einer von dem Urkundsbeamten der Geschäftsstelle zu erteilenden, mit der Bescheinigung der Vollstreckbarkeit versehenen, beglaubigten Abschrift der Urteilsformel.**

II Den Amtsanwälten steht die Strafvollstreckung nur insoweit zu, als die Landesjustizverwaltung sie ihnen übertragen hat.

III [1]Die Staatsanwaltschaft, die Vollstreckungsbehörde ist, nimmt auch gegenüber der Strafvollstreckungskammer bei einem anderen Landgericht die staatsanwaltschaftlichen Aufgaben wahr. [2]Sie kann ihre Aufgaben der für dieses Gericht zuständigen Staatsanwaltschaft übertragen, wenn dies im Interesse des Verurteilten geboten erscheint und die Staatsanwaltschaft am Ort der Strafvollstreckungskammer zustimmt.

1) Vollstreckungsbehörde (I): 1

A. Die **StA als VollstrB** ist für die Strafvollstreckung zuständig. Die Geschäfte sind nach § 31 II S 1 **RPflG** grundsätzlich dem Rechtspfleger übertragen. Ausnahmen – Vorlage an den StA – bestimmen § 31 IIa (zwingend) und IIb (fakultativ) **RPflG.** Stellungnahmen gegenüber dem Gericht (zB nach §§ 453 I S 2, 454 I S 2, 460) gibt die StA als Strafverfolgungsbehörde ab (vgl Katholnigg NStZ **82**, 195); der Rechtspfleger ist insoweit nicht zuständig (KK-Appl 8). Die Vollstreckung von Geldstrafen und Geldbußen (aber nicht von Ersatzfreiheitsstrafen) kann durch RechtsVO der Landesregierung ganz oder teilweise dem UrkB der Geschäftsstelle übertragen werden (§ 36b I Nr 5 **RPflG**). 2

Im **Verfahren gegen Jugendliche und Heranwachsende,** die nach Jugendstrafrecht verurteilt sind, ist VollstrB der Jugendrichter als Vollstreckungsleiter (§§ 82 I S 1, 110 I **JGG**; KK-Appl 9a). 3

B. **Sachlich zuständig** ist nach § 4 StVollstrO die StA beim LG, soweit nichts anderes bestimmt ist; die StA beim OLG ist zuständig, wenn dieses Gericht im 1. Rechtszug entschieden hat und nicht der GBA zuständig ist. Der GBA ist in Sachen zuständig, in denen das OLG im 1. Rechtszug in Ausübung der Gerichtsbarkeit des Bundes entschieden hat (vgl Art 96 V GG, §§ 120, 142a GVG). 4

Eine **Notzuständigkeit** begründet § 6 StVollstrO. Wenn die sachlich zuständige StA nicht alsbald zu erreichen ist, kann anstelle der StA beim LG die StA beim OLG dringende Strafvollstreckungsanordnungen treffen. Nach § 143 II GVG haben auch andere Beamte der StA eine Notzuständigkeit (vgl im Einzelnen LR-Wendisch 10). 5

C. Die **örtliche Zuständigkeit** bestimmt sich nach dem Gericht des 1. Rechtszugs (§ 143 I GVG, § 7 I StVollstrO). Bei Zurückverweisung nach §§ 354, 354a, 355 ist die StA bei dem Gericht zuständig, an das zurückverwiesen worden ist (§ 7 II S 1 StVollstrO). Ist in einem Wiederaufnahmeverfahren eine Entscheidung nach § 373 ergangen, so bestimmt sich die Zuständigkeit der VollstrB in den Fällen des § 140a I, III S 2 GVG nach dem Gericht, das die Entscheidung getroffen hat (§ 7 II S 2 StVollstrO). Bei nachträglicher Gesamtstrafenbildung nach § 460 ist VollstrB die StA bei dem Gericht, das sie gebildet hat (§ 7 IV StVollstrO). Für eine einzelne, nicht in die Gesamtstrafe einbezogene Strafe verbleibt es jedoch bei der Zuständigkeit nach § 7 I StVollstrO (KK-Appl 11). Zum Fall des § 462a IV vgl dort 35. 6

Bei **Unerreichbarkeit** der zuständigen VollstrK können Vollstreckungsanordnungen auch von einer örtlich unzuständigen VollstrB vorgenommen werden (§ 143 II GVG; § 7 III StVollstrO); das gilt auch zugunsten der zuständigen VollstrB eines anderen Bundeslandes (LR-Wendisch 13; Bringewat StVollstr 14). 7

D. Die **Inanspruchnahme der VollstrB eines anderen Landes** ist nach § 9 I S 1 StVollstrO im Wege der Vollstreckungshilfe zulässig, wenn die Vollstreckungsanordnung außerhalb des Landes, in dem die VollstrB ihren Sitz hat, durch eine Landesbehörde durchgeführt werden soll. Nach der Ländervereinbarung vom 13. 1. 1965 (abgedruckt bei Piller/Herrmann Nr 2b Anh 1) kann die VollstrB den Verurteilten aber auch unmittelbar zum Strafantritt in die JVA eines anderen Landes laden. Der GBA kann in den Fällen, in denen er VollstrB ist (oben 4), unmittelbar vollstrecken (§ 9 II StVollstrO). Vgl auch §§ 162, 163 GVG. 8

E. **Höhere VollstrB** ist idR der GStA als höhere Aufsichtsbehörde (§ 147 Nr 3 GVG, § 21 I Nr 1 StVollstrO). Seiner Dienstaufsicht untersteht auch der Jugendrichter als Vollstreckungsleiter (oben 3), soweit er nicht nach § 83 I **JGG** entscheidet (Brunner/Dölling 1, 3 zu § 83 JGG; Pohlmann/Jabel/Wolf 6 zu § 21 StVollstrO). 9

Die höhere VollstrB entscheidet bei **Kompetenzkonflikten,** auch soweit die Strafvollstreckung dem Rechtspfleger übertragen ist (KK-Appl 13). Mehrere GStAe müssen sich einigen; § 143 III gilt nicht (LR-Wendisch 13). Notfalls ent- 10 scheidet der ihnen übergeordnete JM (§ 147 Nr 2 GVG); mehrere JM müssen sich untereinander einigen. Eine gerichtliche Entscheidung ist nicht vorgesehen.

11 2) Die **Vollstreckbarkeitsbescheinigung** (I), die idR zugleich Rechtskraftbescheinigung ist (KK-Appl 17), ist die urkundliche Grundlage der Vollstreckung. Sie wird auf der Urschrift oder einer beglaubigten Abschrift der Entscheidung oder ihres erkennenden Teils erteilt (I enthält keine Einschränkung); auf ihr muss die Rechtskraft der Entscheidung bescheinigt und angegeben werden, wann sie eingetreten ist (§ 13 II StVollstrO). Die Erteilung ist Sache des UrkB als Organs der Rechtspflege (LR-Wendisch 38).

12 **Zuständig** ist der UrkB der Geschäftsstelle beim Gericht des 1. Rechtszugs, der UrkB beim Berufungsgericht nur, wenn gegen ein Berufungsurteil keine Revision eingelegt wird (§ 13 IV S 2 StVollstrO). Ist Revision eingelegt, so gilt § 13 V StVollstrO. Der UrkB benötigt für die Vollstreckbarkeitsbescheinigung nur die schriftliche Urteilsformel nach § 268 II; die Urteilsgründe brauchen noch nicht vorzuliegen (§ 13 II S 2 VollstrO).

13 **I gilt auch** für den Strafbefehl, den Gesamtstrafenbeschluss nach § 460 (dort 27), für urteilsvertretende Beschlüsse, die Nebenfolgen betreffen (§§ 437 IV, 438 II, 441 II, 442, 444 II, III), und für die in § 14 StVollstrO bezeichneten Nachtragsentscheidungen, die die Vollstreckbarkeit des Urteils herstellen oder wiederherstellen (erg 1 zu § 449). Für die mit der Urteilsrechtskraft ohne weiteres eintretenden Rechtsfolgen (5 ff vor § 449) ist keine Vollstreckbarkeitsbescheinigung notwendig. Bei freisprechenden Urteilen und bei Strafaussetzung zur Bewährung wird nicht die Vollstreckbarkeit, sondern nur die Rechtskraft bescheinigt (LG Köln Rpfleger **72**, 227 mit krit Anm Pohlmann; LR-Wendisch 40).

14 Bei **Teilrechtskraft** (8 ff zu § 449) kann die Bescheinigung etwa lauten: „Das Urteil ist hinsichtlich der Verurteilung wegen … in Höhe von … rechtskräftig“ (LR-Wendisch 32 zu § 449). Die Einzelstrafe wird den Urteilsgründen entnommen. Sind mehrere Einzelstrafen rechtskräftig, so wird etwa bescheinigt: „Das Urteil ist rechtskräftig, soweit wegen … auf Einzelstrafen von … erkannt ist“ (vgl LR-Wendisch aaO; Pohlmann/Jabel/Wolf 68 zu § 13 StVollstrO). Im Fall des § 56 **JGG** werden das Urteil (ohne Rechtskraftbescheinigung) und der Beschluss (mit Rechtskraftbescheinigung) angeführt (Pohlmann/Jabel/Wolf 38 zu § 13 StVollstrO).

15 **Vollstreckungshindernisse** hat der UrkB nicht zu prüfen. Wird er auf sie aufmerksam, so muss er die Vollstreckbarkeitsbescheinigung trotzdem erteilen (LG Hildesheim Rpfleger **60**, 215 mit zust Anm Pohlmann); er wird die VollstrB aber auf die Hindernisse hinweisen (LR-Wendisch 40).

16 Hat der UrkB **Zweifel an der Vollstreckbarkeit,** so kann er nicht das Gericht anrufen, damit es ihm die Entscheidung abnimmt; er muss sie stets selbst treffen (KK-Appl 22; LR-Wendisch 39; KMR-Paulus/Stöckel 44). Kommt er später zu der Überzeugung, dass die Bescheinigung falsch ist, so muss er sie widerrufen (KK-Appl 22).

17 Gegen die Erteilung der Vollstreckbarkeitsbescheinigung kann der Verurteilte die **Entscheidung des Gerichts** beantragen, dem der UrkB angehört, gegen die Nichterteilung die VollstrB. Die gerichtliche Entscheidung kann mit der Beschwerde nach § 304 I angefochten werden (LG Göttingen Rpfleger **56**, 337; LG Hildesheim Rpfleger **60**, 215).

18 Eine **Nachprüfung der Vollstreckbarkeitsbescheinigung** durch die VollstrB findet nicht statt, es sei denn, es liegen gewichtige Anzeichen für den Nichteintritt der Rechtskraft vor (Hamburg VRS **117**, 201; Pohlmann/Jabel/Wolf 39 zu § 13 StVollstrO).

19 **3) Die Übertragung der Strafvollstreckung auf die Amtsanwälte** (II) ist wegen § 145 II GVG nur in den zur Zuständigkeit des AG gehörenden Sachen zulässig. Die Übertragung erfolgt durch Anordnung der LJV. Von der Befugnis hatte nur das Land Bayern Gebrauch gemacht (Nr 2 S 3 der Bek über die Wieder-

einführung der Amtsanwaltstätigkeit vom 15. 10. 1968 [BayJMBl 103]), seit 2003 ist die Amtsanwaltschaft in Bayern aber abgeschafft.

4) Verfahrensbeteiligte StA bei der StVollstrK eines anderen Bezirks (III): Die StA als VollstrB nimmt ihre Aufgaben entspr der Regelung des § 143 I GVG auch bei der StVollstrK (§ 462 a) wahr, die ihren Sitz in einem anderen Bezirk hat, selbst wenn dieser in einem anderen Bundesland liegt (34 zu § 462 a). Sie kann ihre Aufgaben aber der für dieses Gericht zuständigen StA übertragen (S 2). Für die Entscheidungen über Beschwerden der StA, die VollstrB ist, gegen Entscheidungen der StVollstrK ist das dieser übergeordnete OLG zuständig; III S 1 gilt entspr für den Fall, dass das Gericht des 1. Rechtszugs die nach § 453 zu treffende Entscheidung nach § 462 a II S 2 abgibt (dort 24). 20

Im **Beschwerdeverfahren bei dem OLG** ist nicht der der StA, die VollstrB ist, übergeordnete GStA verfahrensbeteiligt, sondern der GStA bei dem für die Entscheidung zuständigen OLG (Karlsruhe OLGSt S 1; LR-Wendisch 71); es bleibt bei der Regel des § 143 I GVG (erg 4 zu § 142 GVG). 21

Begnadigungsrecht

452 **[1] In Sachen, in denen im ersten Rechtszug in Ausübung von Gerichtsbarkeit des Bundes entschieden worden ist, steht das Begnadigungsrecht dem Bund zu. [2] In allen anderen Sachen steht es den Ländern zu.**

1) Begnadigung bedeutet den völligen oder teilweisen Straferlass nach Rechtskraft des Strafurteils. Sie dient als Mittel zur Verwirklichung individueller Gerechtigkeit durch Ausgleich der Härten des Gesetzes sowie durch Kompensation von Unbilligkeiten bei nachträglich veränderten Verhältnissen im Wege einer Einzelentscheidung durch einen Akt der Exekutive (vgl dazu Pflieger ZRP **08**, 84; Schall Herzberg-FS 906), der nicht der Zustimmung des Betroffenen bedarf. Eine Begnadigung ist nur im Einzelfall zulässig (KMR-Paulus/Stöckel 3). 1

2) Begnadigungsrecht: 2

Dem **BPräs** (Art 60 II GG) oder der Behörde, der er seine Befugnisse nach Art 60 III GG übertragen hat, steht das Begnadigungsrecht in den Staatsschutz-Strafsachen zu, in denen die OLGe nach § 120 I, II GVG auf Grund der Organleihe nach Art 96 V GG (vgl § 120 VI GVG Gerichtsbarkeit des Bundes (S 1) ausgeübt und auf Anklage des GBA (§ 142 a GVG) im 1. Rechtszug entschieden haben. Die Übertragung nach Art 60 III GG ist erfolgt über die AO des BPräs und die Ausübung des Begnadigungsrechts des Bundes vom 5. 10. 1965 (BGBl I 1573; III 313-3), geändert durch AO vom 3. 11. 1970 (BGBl I 1513). 3

Sonst haben die **Länder** (S 2) das Begnadigungsrecht, deren Gerichte im 1. Rechtszug entschieden haben; der Inhaber des Gnadenrechts wird durch die Landesverfassungen bestimmt. Zu den Gnadenordnungen der einzelnen Bundesländer vgl die Fundstellennachweise in Schönfelder Nr 90 Anm zu § 452. Einen Überblick über das Gnadenverfahren am Beispiel der Gnadenordnung für das Land NW gibt Freuding StraFo **09**, 491 ff. Zur Gnadenpraxis Meier Schwind-FS 1059. 4

Bei **Gesamtstrafen** steht das Begnadigungsrecht nach der Vereinbarung der Gnadenrechtsinhaber vom 27. 10. 1971 (abgedruckt bei Schätzler, Handbuch des Gnadenrechts, 2. Aufl. 1992, Abschn 2.4 S 26) dem Staat zu, dessen Gerichtsbarkeit das Gericht bei der Entscheidung über die Gesamtstrafe ausgeübt hat. 5

3) Anfechtung und Widerruf: Vgl 17 zu § 23 EGGVG. 6

4) Ehemalige DDR: Nach Anl I Kap III Sachgebiet A Abschn III Nr 14 i EV steht das Begnadigungsrecht dem Bund auch dann zu, wenn ein Gericht der DDR in einer Sache entschieden hat, die der Gerichtsbarkeit des Bundes unterfallen würde. 7

Nachtragsentscheidungen über die Strafaussetzung

453 **I [1]Die nachträglichen Entscheidungen, die sich auf eine Strafaussetzung zur Bewährung oder eine Verwarnung mit Strafvorbehalt beziehen (§§ 56 a bis 56 g, 58, 59 a, 59 b des Strafgesetzbuches), trifft das Gericht ohne mündliche Verhandlung durch Beschluss. [2]Die Staatsanwaltschaft und der Angeklagte sind zu hören. [3]Hat das Gericht über einen Widerruf der Strafaussetzung wegen Verstoßes gegen Auflagen oder Weisungen zu entscheiden, so soll es dem Verurteilten Gelegenheit zur mündlichen Anhörung geben. [4]Ist ein Bewährungshelfer bestellt, so unterrichtet ihn das Gericht, wenn eine Entscheidung über den Widerruf der Strafaussetzung oder den Straferlass in Betracht kommt; über Erkenntnisse, die dem Gericht aus anderen Strafverfahren bekannt geworden sind, soll es ihn unterrichten, wenn der Zweck der Bewährungsaufsicht dies angezeigt erscheinen lässt.**

II [1]Gegen die Entscheidungen nach Absatz 1 ist Beschwerde zulässig. [2]Sie kann nur darauf gestützt werden, dass eine getroffene Anordnung gesetzwidrig ist oder dass die Bewährungszeit nachträglich verlängert worden ist. [3]Der Widerruf der Aussetzung, der Erlass der Strafe, der Widerruf des Erlasses, die Verurteilung zu der vorbehaltenen Strafe und die Feststellung, dass es bei der Verwarnung sein Bewenden hat (§§ 56 f, 56 g, 59 b des Strafgesetzbuches), können mit sofortiger Beschwerde angefochten werden.

1 **1) Nachtragsentscheidungen:** Bei Strafaussetzung zur Bewährung nach § 56 StGB ist nach Rechtskraft des Urteils über den Widerruf der Strafaussetzung (§ 56 f StGB) oder über den Erlass der Strafe nach Ablauf der Bewährungszeit (§ 56 g StGB) zu entscheiden. Schon vorher kann das Gericht Anlass haben, nach § 56 a II S 2 StGB nachträglich die Bewährungszeit zu ändern oder die Entscheidungen nach den §§ 56 b bis 56 d (Auflagen, Weisungen, Bewährungshilfe) nachträglich zu treffen, zu ändern oder aufzuheben (§ 56 e StGB). Bei Verwarnung mit Strafvorbehalt nach § 59 StGB kommt ebenfalls eine nachträgliche Anordnung, Änderung oder Aufhebung von Auflagen in Betracht (§ 59 a II iVm § 56 e StGB), nach Ablauf der Bewährungszeit die Verurteilung zu der vorbehaltenen Strafe oder die Feststellung, dass es bei der Verwarnung sein Bewenden hat (§ 59 b StGB). Das Verfahren bei diesen Nachtragsentscheidungen regelt I, die Rechtsmittel gegen die Gerichtsentscheidungen II.

2 § 453 ist **entsprechend anzuwenden,** wenn die notwendige Entscheidung nach § 268 a unterblieben ist (dort 8), ferner bei der Vollstreckung von Sicherungsmaßregeln (§ 463 II), nicht aber, wenn versehentlich überhaupt keine Entscheidung über die Frage der Strafaussetzung zur Bewährung getroffen worden ist (**aM** Gössel NStZ **91**, 556). Die Vorschrift gilt ferner entspr für die Entscheidung, eine Strafe nach Nr 6 des Amnestiebeschlusses der DDR vom 6. 12. 1989 (GBl I 266) zu vollstrecken (Koblenz MDR **92**, 1175; Stuttgart NStZ **93**, 359; BezG Chemnitz DtZ **91**, 217); die Vollstreckung der nach dem DDR-Ges vom 28. 9. 1990 (GBl I 1987) um ein Drittel zu ermäßigenden Strafe ist zulässig (Stuttgart aaO; **aM** Koblenz aaO; BezG Chemnitz aaO). Nach **aM** ist die StA und nicht die StVollstrK für die Anordnung zuständig (Dresden NStZ **93**, 557; Rostock MDR **93**, 1231).

3 **2) Ohne mündliche Verhandlung durch Beschluss** (I S 1), der nach § 34 mit Gründen zu versehen ist (Hamm NStZ-RR **09**, 260), werden die Nachtragsentscheidungen getroffen. Die mündliche Anhörung des Verurteilten, die I S 3 nur bei Widerrufsentscheidungen vorsieht, ist auch sonst nicht unzulässig (Hamm OLGSt S 5; erg 3 zu § 462). Eine mündliche Erörterung mit allen Beteiligten wird von der hM als zulässig erachtet (SK-Paeffgen 7). Zuständig ist idR das Gericht des 1. Rechtszugs (§ 462 a II), die StVollstrK nur, wenn sich der Verurteilte in anderer Sache in Strafhaft befindet (§ 462 a IV S 3).

3) Anhörungspflichten (I S 2–4): 4

A. **StA und Verurteilter** (S 2) sind zu hören, die StA als Verfolgungsbehörde, nicht als VollstrB (LG München I NStZ **81**, 453; Engel NStZ **87**, 110; Katholnigg NStZ **82**, 195). Da ihre Äußerung und ihre Anträge keine Vollstreckungsangelegenheiten sind, ist nicht der Rechtspfleger nach § 31 II S 1 **RPflG** zuständig (2 zu § 451). Das versehentliche Unterlassen der Anhörung der StA ist unschädlich (Düsseldorf NStZ **82**, 349 L). 5

Die **Anhörung des Verurteilten** muss ihm Gelegenheit geben, sich zu der von der StA beantragten oder vom Gericht beabsichtigten nachteiligen Entscheidung zu äußern; er muss auch Gelegenheit zur Stellungnahme zu nachteiligen Tatsachen erhalten, die dem Gericht von dritter Seite mitgeteilt worden sind (Oldenburg NJW **61**, 1368; LR-Wendisch 9). Die Anhörung der Verurteilten kann unterbleiben, wenn sie unmöglich ist, weil er untergetaucht ist (Bremen MDR **76**, 865; Köln NJW **63**, 875) oder jedenfalls die Auflage, jeden Wohnungswechsel mitzuteilen, nicht befolgt hat und daher nicht erreichbar ist (Düsseldorf NStE Nr 11; vgl auch Hanack JZ **66**, 43). Der Widerrufsbeschluss kann dann ohne Anhörung erlassen und dem Verurteilten nach § 40 öffentl zugestellt werden (11 zu § 453 c). Das rechtliche Gehör wird entspr § 33 a nachgeholt (BGH **26**, 127, 129 mwN). Hierüber ist der Verurteilte bei der Aufnahme in die JVA belehrt (§ 29 III StVollstrO). Der Erlass eines Sicherungshaftbefehls nach § 453 c zur Erzwingung des rechtlichen Gehörs ist unzulässig (KK-Appl 11; erg 8 zu § 453 c). 6

B. Die **mündliche Anhörung des Verurteilten** (S 3) soll stattfinden, wenn über den Widerruf der Strafaussetzung aus den Gründen des § 56 f I Nrn 2, 3 StGB zu entscheiden ist. Der Verurteilte soll dadurch insbesondere Gelegenheit erhalten, den Vorwurf zu entkräften, dass er gegen Auflagen oder Weisungen gröblich oder beharrlich verstoßen hat. Die Sollvorschrift ist dahin zu verstehen, dass die Anhörung zwingend ist, wenn sie eine weitere Aufklärung verspricht (KG JR **88**, 39; Frankfurt NStZ-RR **96**, 91; **03**, 200; Jena NStZ **98**, 216).oder wenn ihr keine schwerwiegenden Gründe entgegenstehen (Düsseldorf StV **87**, 257; Hamm NStZ **87**, 247; München StV **09**, 540; LG Bonn NStZ **86**, 574), etwa wenn der Auflagen- oder Weisungsverstoß neben neuen Straftaten des Verurteilten nicht ins Gewicht fällt (Stuttgart NStZ **87**, 43). Die Anhörung ist allerdings nicht erforderlich, wenn der Verurteilte auf sie verzichtet; allein die von ihm nicht wahrgenommene Möglichkeit einer Terminsvereinbarung genügt dafür aber nicht (Karlsruhe StV **03**, 344; LG Arnsberg StraFo **08**, 521; LG Saarbrücken NStZ-RR **00**, 245; **aM** Kropp NStZ **98**, 536). Dass das Gericht sich der Möglichkeit bewusst war, eine mündliche Anhörung vorzunehmen, muss sich aus dem Beschluss, mindestens aus den Akten ergeben (Düsseldorf NStE Nr 13; Jena StraFo **97**, 345; Stuttgart MDR **87**, 164). Die Anhörung kann nicht erzwungen werden; die Vorführung des Verurteilten ist unzulässig. Zur Verwirklichung des Anhörungsrechts vgl Düsseldorf NStZ **88**, 243; Hamburg NStE Nr 12; LG Berlin NStZ **89**, 245. Zum Verfahren bei der mündlichen Anhörung vgl im Übrigen 33 ff zu § 454. Wie im Fall des § 454 I S 3 (dort 22) kann die Anhörung je nach Sach- und Verfahrenslage einem ersuchten Richter übertragen werden (Stuttgart NStZ **87**, 43). Ist die mündliche Anhörung zu Unrecht unterblieben, kann bei rechtskräftiger Entscheidung entspr § 33 a ein Nachverfahren durchgeführt werden (Karlsruhe NStZ-RR **03**, 190 L). 7

C. Die **Unterrichtung des Bewährungshelfers** (S 4) ist erforderlich, wenn während der Zeit seiner Bestellung über den Widerruf der Strafaussetzung nach § 56 f StGB oder den Straferlass nach § 56 g StGB zu entscheiden ist. Ein Recht auf Anhörung hat der Bewährungshelfer nicht (zutr KK-Appl 10: idR sachdienlich; vgl auch Düsseldorf NStZ **96**, 616; VRS **99**, 120; Boetticher NStZ **91**, 5; Rahn NJW **76**, 839). Das Gericht ist nur verpflichtet, ihn zu unterrichten, damit er zur Frage des Widerrufs oder Straferlasses Stellung nehmen kann. Im Übrigen besteht eine strenge Zweckbindung zur Weitergabe von Erkenntnissen aus anderen Strafverfahren nach S 4 letzter Hs (LR-Graalmann-Scheerer Nachtr 3). 8

9 **4) Rechtsmittel** (II):

10 A. Die **einfache Beschwerde** (S 1, 2) nach § 304 ist gegen alle Nachtragsentscheidungen zulässig, die nicht unmittelbar zur Vollstreckbarkeit des Urteils oder sonst zur Beendigung des Verfahrens führen oder den Umfang der Vollstreckbarkeit bestimmen (vgl Braunschweig NJW **63**, 2182); gegen Entscheidungen dieser Art sieht S 3 die sofortige Beschwerde vor. Beschwerdeberechtigt sind der Verurteilte und die StA, auch zu seinen Gunsten (LR-Wendisch 33).

11 Die **Einschränkung des S 2,** die im Wesentlichen der des § 305 a entspricht, gilt für die Abhilfe nach § 306 II nicht (erg 1 zu § 305 a). Sie bedeutet keinen Begründungszwang für den Beschwerdeführer, sondern nur eine Nachprüfungsgrenze für das Beschwerdegericht (3 zu § 305 a; KK-Appl 14; **aM** München NStZ **88**, 524). Liegen die Voraussetzungen des S 2 nicht vor, so ist die Beschwerde unbegründet (Nürnberg NJW **59**, 1451; Schleswig SchlHA **85**, 120 [E/L]; **93**, 229 [L/T]). Die Einschränkung gilt nicht für die Beschwerde des Verurteilten gegen die nachträgliche Verlängerung, aber für die Beschwerde der StA bei nachträglicher Verkürzung der Bewährungszeit nach § 56 a II S 2 StGB. Die Anfechtung von Entscheidungen, mit der der Antrag abgelehnt worden ist, eine Entscheidung zu treffen, gegen die nur die nach S 2 eingeschränkte Beschwerde zulässig wäre, unterliegt ebenfalls der Beschränkung dieser Vorschrift (Celle NStZ **83**, 430; Frankfurt NStZ-RR **06**, 327 mwN; München NStZ **88**, 524; KK-Appl 12; vgl auch Nürnberg NStZ **99**, 158).

12 Zur **Prüfung der Gesetzmäßigkeit** gehört neben der Prüfung, ob die angefochtene Entscheidung in der angewendeten Vorschrift eine ausreichende Rechtsgrundlage hat und ob Ermessensmissbrauch vorliegt (Dresden NJW **09**, 3315; Stuttgart NStZ-RR **04**,89), in jedem Fall die Prüfung, ob der Verhältnismäßigkeitsgrundsatz (Hamm JMBlNW **77**, 256; Schleswig SchlHA **85**, 120 [E/L]) und der Bestimmtheitsgrundsatz eingehalten sind (Jena NStZ **06**, 39; StV **08**, 88; Schleswig OLGSt § 56 b StGB Nr 1).

13 B. **Sofortige Beschwerde** (S 3) nach § 311 ist in den bezeichneten Fällen gegen die Entscheidung des unteren Gericht zulässig, nicht gegen die des Beschwerdegerichts (Bremen NStZ **86**, 524; erg 1 zu § 310). Hat das Gericht aber nicht in der Sache selbst entschieden, ist die einfache Beschwerde gegeben (Zweibrücken OLGSt Nr 16 zu § 462 a). Der Verurteilte kann den Erlass der Strafe mangels Beschwer nicht anfechten (Oldenburg NdsRpfl **75**, 249), die StA dagegen aus jedem rechtlichen Grund. Die Beschränkung des Rechtsmittels, zB bei Widerruf der Strafaussetzung auf die Anrechnungsentscheidung nach § 56 f III S 2 StGB, ist zulässig (vgl Stuttgart MDR **80**, 1037). Diese Entscheidung ist, da sie den Umfang der Vollstreckbarkeit des Urteils bestimmt, nach zutr hM nur mit der sofortigen Beschwerde anfechtbar (Düsseldorf NStZ **01**, 278 L; Hamburg NStZ-RR **05**, 221; zw KK-Appl 16 mwN). Die sofortige Beschwerde ist auch gegeben, wenn das Gericht den Antrag, eine der in S 3 bezeichneten Entscheidungen zu treffen, ablehnt; denn auch die Bestandskraft der ablehnenden Entscheidung über den Widerruf der Strafaussetzung, den Erlass der Strafe usw kann nicht längere Zeit in der Schwebe bleiben (Hamburg MDR **90**, 564; Stuttgart NStZ **95**, 53 mit abl Anm Funck NStZ **95**, 568; Zweibrücken NStZ-RR **98**, 93; **aM** Köln NStZ **95**, 151 = StV **95**, 476 mit abl Anm Bringewat); das gilt auch für das Jugendstrafverfahren (LG Bückeburg NStZ **05**, 168). Somit ist sofortige Beschwerde (der StA) auch zulässig, wenn statt des beantragten Widerrufs der Strafaussetzung nur die Bewährungszeit verlängert wird (Düsseldorf NStZ-RR **02**, 28 mwN; Hamm NStZ **88**, 291 mit abl Anm Funck NStZ **89**, 46; Saarbrücken MDR **92**, 505; KK-Appl 16; **aM** LR-Wendisch 30, 32), und auch, wenn nur die beantragte Verlängerung abgelehnt wird (Hamm NStZ **10**, 105; **aM** Stuttgart NStZ **00**, 500; Voraufl).

14 Das **Beschwerdegericht** prüft die Entscheidung in vollem Umfang, auch soweit sie im Ermessen des Gerichts steht (Stuttgart NStZ **95**, 53 mwN; **aM** Celle NdsRpfl **97**, 51; Köln NStZ **95**, 151). Es darf den Widerrufsgrund nach § 56 f

StGB austauschen, muss aber dem Verurteilten vorher rechtliches Gehör gewähren (Düsseldorf MDR **83**, 68).

15 C. **In der Sache selbst** entscheidet das Beschwerdegericht (§ 309 II). Das Fehlen einer Begründung der angefochtenen Entscheidung steht dem nicht entgegen (Schleswig SchlHA **85**, 120 [E/L]; erg 7 zu § 309). Ist jedoch die mündliche Anhörung nach I S 3 ohne rechtfertigenden Grund unterblieben, so hebt das Beschwerdegericht den angefochtenen Beschluss auf und verweist die Sache zurück (Düsseldorf StV **87**, 257; München StV **09**, 540; LG Itzehoe SchlHA **87**, 188; LG Saarbrücken NStZ-RR **00**, 245; erg 8 zu § 309). Das Gleiche gilt, wenn nicht erkennbar ist, dass das Gericht eine Ermessensentscheidung über die unterbliebene mündliche Anhörung getroffen hat (Stuttgart MDR **87**, 164).

16 D. Die **Rechtskraft des Widerrufsbeschlusses** ist Voraussetzung für die Strafvollstreckung (Hamm NStZ **83**, 459 mit zust Anm Müller-Dietz; Karlsruhe NJW **64**, 1085; Hanack JZ **66**, 50; Katzenstein StV **03**, 362; erg 1 zu § 449).

17 **5)** Die **Zurücknahme des rechtskräftigen Widerrufsbeschlusses** ist nach hM zulässig, wenn ihm durch nachträglich, bekanntgewordene Tatsachen der Boden völlig entzogen worden ist und der Mangel nicht anders geheilt werden kann; manche wenden hierfür § 359 Nr 5 entspr an (Oldenburg NJW **62**, 1169; Groth MDR **80**, 595; Hanack JR **74**, 115; vgl dagegen 5 vor § 359).

Belehrung

453a **I** [1]**Ist der Angeklagte nicht nach § 268 a Abs. 3 belehrt worden, so wird die Belehrung durch das für die Entscheidungen nach § 453 zuständige Gericht erteilt.** [2]**Der Vorsitzende kann mit der Belehrung einen beauftragten oder ersuchten Richter betrauen.**

II Die Belehrung soll außer in Fällen von geringer Bedeutung mündlich erteilt werden.

III [1]**Der Angeklagte soll auch über die nachträglichen Entscheidungen belehrt werden.** [2]**Absatz 1 gilt entsprechend.**

1 **1)** Die **Nachholung der Belehrung nach § 268 a III** (I), die versehentlich, aus Zweckmäßigkeitsgründen oder wegen Abwesenheit des Angeklagten bei der Urteilsverkündung unterblieben ist (9 zu § 268 a), ist Aufgabe des nach § 453 zuständigen Gerichts, also des Gerichts des 1. Rechtszugs (§ 462 a II), der VollstrK nur, wenn sich der Angeklagte in anderer Sache in Strafhaft befindet (§ 462 a IV S 3). Hat das Gericht des 1. Rechtszugs die Entscheidungen nach § 453 an das Wohnsitzgericht abgegeben (§ 462 a II S 2), so holt dieses Gericht die Belehrung nach. Die Belehrung erteilt grundsatzlich der Vorsitzende; er kann damit aber auch einen beauftragten oder ersuchten Richter (zu den Begriffen vgl 1 zu § 63) betrauen (S 2). Über die Belehrung wird ein Aktenvermerk gefertigt. Wird die unterlassene Belehrung nicht oder nicht formgerecht nachgeholt, so ist das auf die Wirksamkeit des Urteils oder Strafbefehls ohne Einfluss (KMR-Stöckel 9).

2 **2)** Grundsätzlich **mündlich** (II) wird die Belehrung erteilt. Der Verurteilte wird dazu vorgeladen. Sein Erscheinen kann aber nicht durch Vorführung erzwungen werden (Celle MDR **63**, 523). Der nicht erschienene Verurteilte muss daher schriftlich belehrt werden. Eine solche Belehrung reicht auch in Fällen von geringer Bedeutung aus, zB bei Verwarnung mit Strafvorbehalt im Strafbefehl.

3 **3)** Die **Belehrung über nachträgliche Entscheidungen** (III) nach §§ 56 a II, 56 e, 59 a II StGB ist nur erforderlich, wenn es aus besonderen Gründen angezeigt erscheint, den Verurteilten über die Tragweite der neuen Anordnungen zu unterrichten (LR-Wendisch 4). Das kann insbesondere bei der Verlängerung der Bewährungszeit der Fall sein (KK-Appl 4). Die Belehrung erteilt auch hier das Ge-

richt (S 2). Da II nicht gilt, kann sie nach dem Ermessen des Vorsitzenden mündlich oder schriftlich erteilt werden.

Überwachung während der Bewährungszeit

453b **I Das Gericht überwacht während der Bewährungszeit die Lebensführung des Verurteilten, namentlich die Erfüllung von Auflagen und Weisungen sowie von Anerbieten und Zusagen.**

II Die Überwachung obliegt dem für die Entscheidungen nach § 453 zuständigen Gericht.

1 **1)** Die **Überwachungszuständigkeit** bei Strafaussetzung zur Bewährung nach § 56 StGB und bei Verwarnung mit Strafvorbehalt nach § 59 StGB regelt die Vorschrift; sie enthält keine Rechtsgrundlage für Eingriffe (BVerfG NJW **95**, 2279, 2280). Sie gilt entspr bei Aussetzung des Strafrests nach §§ 57, 57 a StGB (§ 454 IV S 1) und bei der Aussetzung von Sicherungsmaßregeln nach §§ 67 b, 67 c II S 4, 70 a StGB (§ 463 I). Auf die Strafaussetzung im Gnadenweg ist sie nicht anwendbar; Überwachungsbehörde ist die Gnadenbehörde (KK-Appl 4; LR-Wendisch 7).

2 **2)** Die **Überwachungspflicht** besteht während der gesamten Bewährungszeit. Sie beginnt mit der Rechtskraft der Entscheidungen nach §§ 56, 59 StGB (vgl § 56 a II S 1 StGB) und endet mit Ablauf der Bewährungszeit.

3 Überwacht wird die **Lebensführung** des Verurteilten, dh sein gesamtes Verhalten, soweit es geeignet ist, den Widerruf der Bewährungszeit nach § 56 f StGB, die Verurteilung zu der vorbehaltenen Strafe nach § 59 b StGB oder nachträgliche Maßnahmen nach § 56 e StGB zu rechtfertigen. In Betracht kommen (neben erneuter Straffälligkeit) insbesondere Verstöße gegen Auflagen und Weisungen nach §§ 56 b, 56 c StGB. Wegen Anerbieten und Zusagen vgl § 265 a.

4 Die **Mitwirkung** des Bewährungshelfers bei der Überwachung regelt § 56 d III StGB, die Inanspruchnahme der Gerichtshilfe § 463 d. Die StA ist an der Überwachung nicht beteiligt (Engel NStZ **87**, 110; 499). Sie unterrichtet das zuständige Gericht aber, wenn sie Kenntnis von Tatsachen erhält, die den Widerruf, die Verurteilung zu der vorbehaltenen Strafe oder nachträgliche Entscheidungen rechtfertigen können (vgl auch MiStra 13).

5 **3) Zuständig** (II) ist das für die Entscheidungen nach § 453 zuständige Gericht. Grundsätzlich ist das Gericht des 1. Rechtszugs zuständig (§ 462 a II, IV S 1, 2), die StVollstrK nach § 462 a IV S 1 nur, wenn der Verurteilte sich in anderer Sache in Strafhaft befindet oder befunden hat (Hamm NJW **76**, 258 L; Zweibrücken OLGSt § 462 a Nr 2).

Sicherungshaftbefehl

453c **I Sind hinreichende Gründe für die Annahme vorhanden, dass die Aussetzung widerrufen wird, so kann das Gericht bis zur Rechtskraft des Widerrufsbeschlusses, um sich der Person des Verurteilten zu versichern, vorläufige Maßnahmen treffen, notfalls, unter den Voraussetzungen des § 112 Abs. 2 Nr. 1 oder 2, oder, wenn bestimmte Tatsachen die Gefahr begründen, dass der Verurteilte erhebliche Straftaten begehen werde, einen Haftbefehl erlassen.**

II [1] Die auf Grund eines Haftbefehls nach Absatz 1 erlittene Haft wird auf die zu vollstreckende Freiheitsstrafe angerechnet. [2] § 33 Abs. 4 Satz 1 sowie die §§ 114 bis 115 a, 119 und 119 a gelten entsprechend.

1 **1) Maßnahmen bei drohendem Widerruf der Strafaussetzung** (I):

2 A. **Aussetzung** iS der Vorschrift ist nur die Strafaussetzung zur Bewährung nach §§ 56, 183 III, IV StGB, § 14 a WStG. § 453 c gilt entspr bei der Aussetzung des

Strafrests nach §§ 57, 57a StGB und bei der Aussetzung von freiheitsentziehenden Sicherungsmaßregeln nach §§ 67b, 67c II S 4 StGB (§ 463 I), aber nicht zur Sicherung der Änderung der Reihenfolge der Vollstreckung nach § 67 II, III StGB (Stuttgart Justiz **82**, 166). Die Anwendung des § 453c im Jugendstrafrecht folgt aus § 2 **JGG** (vgl auch § 58 II **JGG**). Bei Strafaussetzung im Gnadenweg gilt § 453c nicht (KK-Appl 1; LR-Wendisch 3).

B. **Hinreichende Gründe** (vgl 2 zu § 203) für die Annahme, dass die Strafaussetzung widerrufen wird, müssen vorliegen. Der Widerruf muss nach den dem Gericht vorliegenden Erkenntnissen mit hoher Wahrscheinlichkeit drohen (Koblenz JBlRP **03**, 204; LR-Wendisch 5). Sind die Voraussetzungen des Widerrufs nach § 56f I StGB mit dieser Wahrscheinlichkeit gegeben, so ist I gleichwohl nicht anwendbar, wenn damit zu rechnen ist, dass mildere Maßnahmen nach § 56f II StGB ausreichen. 3

Hinsichtlich der neuen Tat, die nach § 56f I Nr 1 StGB den Widerruf rechtfertigt, muss nach nunmehr wohl hM **ein rechtskräftiges Urteil** (oder ein rechtskräftiger Strafbefehl, zw Zweibrücken JR **91**, 477 mit Anm Stree) vorliegen (EGMR NJW **04**, 43 = StV **03**, 82 mit zust Anm Pauly = StraFo **03**, 47 mit zust Anm Boetticher; vgl auch Peglau ZRP **03**, 242 und NStZ **04**, 248 sowie eingehend Neubacher GA **04**, 402, Krumm NJW **05**, 1832; Seher ZStW **118**, 101); ein – vor Gericht abgegebenes (und nicht widerrufenes, vgl AG Bremen NStZ-RR **08**, 318) – Geständnis des Angeklagten wegen der neuen Tat genügt nicht (ausführlich mN zum Streitstand Fischer 4ff zu § 56f StGB); nicht zu beanstanden ist es aber, wenn das Widerrufsgericht auch für die Aburteilung der neuen Tat zuständig ist und der Widerruf nach durchgeführter Beweisaufnahme in der neuen Hauptverhandlung erfolgt (BVerfG 2 BvR 1448/08 vom 12. 8. 2008; vgl auch Ostendorf Eckert-GS 645). 4

C. Die **Notwendigkeit, sich der Person des Verurteilten zu versichern,** besteht, wenn er für die Anhörung nach § 453 I S 2, 3 nicht erreichbar und damit zu rechnen ist, dass er sich der Strafvollstreckung entziehen werde. Maßnahmen nach I sind insbesondere zulässig, wenn der Verurteilte die Weisung, einen Wohnungswechsel anzuzeigen, nicht befolgt hat und sein Aufenthalt daher nicht festgestellt werden kann (Celle NStZ **04**, 627). 5

D. **Vorläufige Maßnahmen** iS von I sind Maßnahmen, die weniger einschneidend sind als ein Haftbefehl. Dazu gehören zB die Auferlegung einer Meldepflicht nach § 56c II Nr 2 StGB, Ermittlungen des Aufenthalts durch Ausschreibung und sonstige Fahndungsmaßnahmen (vgl RiStBV 39ff). 6

E. **Sicherungshaftbefehl:** 7

a) **Zweck** der Sicherungshaft, ein der UHaft ähnelndes Rechtsinstitut (vgl Burmann, Die Sicherungshaft gemäß § 453c StPO, 1984, S 49, 56), ist die Sicherung der Strafvollstreckung und die Verhinderung der Flucht des Verurteilten vor Rechtskraft des Widerrufsbeschlusses, nicht die Gewährleistung des rechtlichen Gehörs für den Verurteilten (KK-Appl 11 zu § 453 mwN; str). Länger als die bei Widerruf der Aussetzung zu verbüßende Strafe darf die Sicherungshaft nicht dauern. 8

b) Nur **notfalls** darf die Sicherungshaft angeordnet werden. Liegen die Voraussetzungen des I vor, so wird das Gericht zwar idR den Haftbefehl zu erlassen haben; der Verhältnismäßikeitsgrundsatz (Einl 20ff) erfordert aber, dass vorläufige Maßnahmen anderer Art (oben 6) angeordnet werden, wenn das ausreichend erscheint (Celle NStZ **04**, 627). Ist der Widerruf der Strafaussetzung nach § 56f I Nr 1 StGB wegen einer neuen Straftat der Verurteilten zu erwarten, so kann es genügen, wegen dieser Tat einen Haftbefehl nach §§ 112ff zu erlassen. Das Gericht ist aber rechtlich nicht gehindert, statt dessen die Sicherungshaft nach I anzuordnen (Burmann StV **86**, 80). 9

c) **Voraussetzungen:** Nur wenn der Verurteilte flüchtig ist, Fluchtgefahr vorliegt oder die Gefahr besteht, dass er neue erhebliche Straftaten begehen werde, 10 darf die Sicherungshaft angeordnet werden. Zum Beginn Flucht vgl 12 ff zu § 112, zur Fluchtgefahr 17 ff zu § 112. Zu den Voraussetzungen des § 112 II Nrn 1, 2, auf die I verweist, gehört auch, dass bestimmte Tatsachen die Annahme der Flucht (dazu 15 zu § 112) oder Fluchtgefahr (dazu 22 zu § 112) begründen. Der Haftgrund der Wiederholungsgefahr, der insbesondere von praktischer Bedeutung ist, wenn die Aussetzung einer Unterbringung nach § 67 g II StGB widerrufen werden soll (Rieß NJW **78**, 2272), setzt ebenfalls voraus, dass bestimmte Tatsachen die Gefahr neuer Straftaten begründen (dazu 14 zu § 112 a). Dabei reicht, anders als bei § 112 a, die Gefahr der Begehung irgendeiner Straftat aus, sofern sie nur erheblich ist (dazu 12 zu § 112 a).

11 d) **Öffentliche Zustellung des Widerrufsbeschlusses statt Sicherungshaft:** Vor der Einfügung des § 453 c in die StPO im Jahre 1974 war der Erlass des Widerrufsbeschlusses ohne Anhörung des Verurteilten (6 zu § 453) und, nach Rechtskraft des Beschlusses, der Erlass eines Vollstreckungshaftbefehls nach § 457 II die einzige Möglichkeit, die Strafvollstreckung sicherzustellen, wenn der Verurteilte nicht auffindbar war. Das Gericht ist aber auch jetzt nicht gehindert, statt eines Sicherungshaftbefehls den Widerrufsbeschluss zu erlassen und öffentl zuzustellen, wenn es das im Einzelfall für zweckmäßig hält (BGH StB 11/89 vom 19. 5. 1989; KG JR **76**, 424; Bremen MDR **76**, 865; Celle MDR **76**, 948; Düsseldorf JR **89**, 166 mit zust Anm Wendisch; Frankfurt MDR **78**, 71; Hamburg – 1 StS – NStZ **88**, 292 mit abl Anm Johann/Johnigk = StV **88**, 161 mit abl Anm Burmann; Karlsruhe MDR **81**, 158; vgl auch Hamburg JR **78**, 300 mit zust Anm Krause: wenn der Verurteilte erst nach seiner Anhörung untergetaucht ist; Bringewat StVollstr 31 zu § 453 hält den Erlass eines Sicherungshaftbefehls sogar nur ausnahmsweise für zulässig). Nach anderer Ansicht schließt § 453 c diese Möglichkeit grundsätzlich aus (Braunschweig NStE Nr 5 mwN; Celle NStE Nr 6; Schleswig OLGSt § 40 Nr 1; LG München II NJW **75**, 2307; Burmann [oben 8] S 85 ff; Krause NJW **77**, 2249; Volckart 70); dem Gesetz ist ein solcher Vorrang des § 453 c aber nicht zu entnehmen (Zweibrücken NStE Nr 4; Katzenstein StV **03**, 359 Fn 6).

12 e) **Zuständig** zum Erlass des Sicherungshaftbefehls ist das Gericht, das über den Widerruf nach § 56 f StGB zu beschließen hat, grundsätzlich also das Gericht des 1. Rechtszugs (§ 462 a II), die StVollstrK nur, wenn der Verurteilte in anderer Sache in Strafhaft ist (§ 462 a IV S 3). Im Jugendstrafrecht ist nach § 58 I S 1 **JGG** der Richter für den Erlass des Sicherungshaftbefehls zuständig, nur wenn nach § 462 a III S 3 die StVollstrK im Erwachsenenverfahren zuständig wäre, der Jugendrichter als Vollstreckungsleiter (§ 82 I **JGG**), der auch die Vollstreckung der vorläufigen Maßnahmen nach § 453 c leitet (§ 58 II **JGG**).

13 f) Die **Vollstreckung** des Sicherungshaftbefehls gehört, da eine Vollstreckbarkeitsbescheinigung fehlt, noch nicht zur Vollstreckung iS des § 451 I (Karlsruhe MDR **77**, 600). Der Rechtspfleger ist daher nicht nach § 31 II S 1 **RPflG** zuständig (KK-Appl 7). Mangels besonderer Regelung richtet sich die Vollstreckung nach § 36 II. Jedoch setzt die Aufnahme in die JVA ein schriftliches Aufnahmeersuchen des Richters voraus. Der verhaftete Verurteilte wird bis zur Rechtskraft des Widerrufsbeschlusses wie ein UGefangener behandelt (LR-Wendisch 9, 14). Zur Anwendung der Vorschriften über die UHaft vgl unten 16.

14 F. **Bis zur Rechtskraft des Widerrufsbeschlusses** sind die Maßnahmen nach I zulässig. Dass bereits ein Widerrufsbeschluss erlassen ist, wird nicht vorausgesetzt (LG München NJW **75**, 2307; LR-Wendisch 8). Nach Rechtskraft des Widerrufsbeschlusses gilt § 457. Die Sicherungshaft endet mit der Rechtskraft des Widerrufsbeschlusses; sie geht dann ohne weiteres in die Vollstreckung des Urteils über (vgl 15 zu § 120). Andere vorläufige Maßnahmen entfallen.

15 **2)** Die **Anrechnung der Sicherungshaft** (II S 1) ist zwingend vorgeschrieben. Dabei spielt es keine Rolle, ob der rechtskräftige Widerruf der Strafaussetzung sofort oder, nachdem der Widerruf zunächst abgelehnt war, erst zu einem späteren

Zeitpunkt eintritt (Karlsruhe MDR **77**, 600). Wird die Strafaussetzung nicht widerrufen, kommt eine Entschädigung nach § 2 I **StrEG** nicht in Betracht (dort 2).

3) Anwendung der UHaft-Vorschriften auf die Sicherungshaft (II S 2): Entspr anwendbar sind die §§ 114 bis 115 a, 119, 119 a und § 33 IV S 1. Die Sicherungshaft wird demnach ohne vorherige Anhörung des Verurteilten durch einen schriftlichen Haftbefehl angeordnet, der inhaltlich einem UHaftbefehl entsprechen muss (§ 114) und dem Verurteilten unter Aushändigung einer Abschrift bekanntzugeben ist (§ 114 a). Die Angehörigen sind von der Verhaftung zu benachrichtigen (§ 114 c II). Entspr anwendbar sind ferner die Vorschriften über die Vorführung des Verhafteten vor das zuständige Gericht oder das nächste AG (§§ 115, 115 a). Die Anwendung der §§ 117, 118 hat der Gesetzgeber ausgeschlossen. Etwas anderes kann sich auch nicht aus der Verweisung auf diese Vorschriften in dem (hier anwendbaren) § 115 IV ergeben (LG Freiburg NStZ **89**, 387 mit abl Anm Fuchs und zust Anm Fischer NStZ **90**, 52; KMR-Stöckel 24; vgl auch Paeffgen NStZ **89**, 520); für Anwendung des § 117 II im Rahmen des § 115 a (dort 8) aber Hamburg NStZ-RR **02**, 381. Auch die Haftprüfung nach §§ 121, 122 durch das OLG findet nicht statt. Die Aussetzung des Vollzugs nach §§ 116, 116 a ist nicht möglich. Die Ausschreibung zur Festnahme (§ 131) ist zulässig. **16**

4) Rechtsmittel: Gegen den Sicherungshaftbefehl ist Beschwerde nach § 304 zulässig; die weitere Beschwerde nach § 310 I ist ausgeschlossen (Bamberg NJW **75**, 1526; Düsseldorf NStZ **90**, 251; Frankfurt NStZ-RR **02**, 15; Karlsruhe NStZ **83**, 92; Schleswig SchlHA **96**, 96 [L/T]; Stuttgart MDR **75**, 951; KMR-Stöckel 27; **aM** Braunschweig StV **93**, 596; Bringewat StVollstr 20; Burmann [oben 8] S 117 ff; Fischer NStZ **90**, 54; Paeffgen NStZ **90**, 536; erg 5 zu § 310). **17**

Aussetzung des Strafrestes

454 **I [1]Die Entscheidung, ob die Vollstreckung des Restes einer Freiheitsstrafe zur Bewährung ausgesetzt werden soll (§§ 57 bis 58 des Strafgesetzbuches) sowie die Entscheidung, dass vor Ablauf einer bestimmten Frist ein solcher Antrag des Verurteilten unzulässig ist, trifft das Gericht ohne mündliche Verhandlung durch Beschluss. [2]Die Staatsanwaltschaft, der Verurteilte und die Vollzugsanstalt sind zu hören. [3]Der Verurteilte ist mündlich zu hören. [4]Von der mündlichen Anhörung des Verurteilten kann abgesehen werden, wenn**

1. **die Staatsanwaltschaft und die Vollzugsanstalt die Aussetzung einer zeitigen Freiheitsstrafe befürworten und das Gericht die Aussetzung beabsichtigt,**
2. **der Verurteilte die Aussetzung beantragt hat, zurzeit der Antragstellung**
   a) **bei zeitiger Freiheitsstrafe noch nicht die Hälfte oder weniger als zwei Monate,**
   b) **bei lebenslanger Freiheitsstrafe weniger als dreizehn Jahre**

   der Strafe verbüßt hat und das Gericht den Antrag wegen verfrühter Antragstellung ablehnt oder
3. **der Antrag des Verurteilten unzulässig ist (§ 57 Abs. 7, § 57 a Abs. 4 des Strafgesetzbuches).**

[5]Das Gericht entscheidet zugleich, ob eine Anrechnung nach § 43 Abs. 10 Nr. 3 des Strafvollzugsgesetzes ausgeschlossen wird.

II [1]Das Gericht holt das Gutachten eines Sachverständigen über den Verurteilten ein, wenn es erwägt, die Vollstreckung des Restes

1. **der lebenslangen Freiheitsstrafe auszusetzen oder**
2. **einer zeitigen Freiheitsstrafe von mehr als zwei Jahren wegen einer Straftat der in § 66 Abs. 3 Satz 1 des Strafgesetzbuches bezeichneten Art auszusetzen und nicht auszuschließen ist, dass Gründe der öffentlichen Sicherheit einer vorzeitigen Entlassung des Verurteilten entgegenstehen.**

[2]Das Gutachten hat sich namentlich zu der Frage zu äußern, ob bei dem Verurteilten keine Gefahr mehr besteht, dass dessen durch die Tat zutage getretene Gefährlichkeit fortbesteht. [3]Der Sachverständige ist mündlich zu hören, wobei der Staatsanwaltschaft, dem Verurteilten, seinem Verteidiger und der Vollzugsanstalt Gelegenheit zur Mitwirkung zu geben ist. [4]Das Gericht kann von der mündlichen Anhörung des Sachverständigen absehen, wenn der Verurteilte, sein Verteidiger und die Staatsanwaltschaft darauf verzichten.

III [1]Gegen die Entscheidungen nach Absatz 1 ist sofortige Beschwerde zulässig. [2]Die Beschwerde der Staatsanwaltschaft gegen den Beschluss, der die Aussetzung des Strafrestes anordnet, hat aufschiebende Wirkung.

IV [1]Im Übrigen gelten die Vorschriften der §§ 453, 453 a Abs. 1 und 3 sowie der §§ 453 b, 453 c und 268 a Abs. 3 entsprechend. [2]Die Belehrung über die Aussetzung des Strafrestes wird mündlich erteilt; die Belehrung kann auch der Vollzugsanstalt übertragen werden. [3]Die Belehrung soll unmittelbar vor der Entlassung erteilt werden.

1 **1)** Das **Verfahren bei der Aussetzung der Reststrafe** (I) nach §§ 57, 57 a StGB regelt die Vorschrift. Sie ist nach § 463 III auf freiheitsentziehende Sicherungsmaßregeln und auf die Führungsaufsicht sinngemäß anzuwenden.

2 A. **Auf Antrag oder von Amts wegen** wird die Entscheidung getroffen. Zur Entscheidung bei unmittelbar nacheinander zu vollstreckenden Freiheitsstrafen vgl § 453 b.

3 Über einen **Antrag** muss das Gericht stets und in angemessener Frist (Karlsruhe MDR **77**, 861) entscheiden, auch wenn er verfrüht oder offensichtlich unbegründet ist. Wird der Antrag mehrere Monate verfrüht oder vor Ablauf der nach § 57 VII oder § 57 a IV StGB gesetzten Frist gestellt, so ist er als unzulässig zu verwerfen (LR-Wendisch 72 hält die förmliche Verwerfung für überflüssig).

4 **Antragsberechtigt** sind nur die StA, der Verurteilte, sein gesetzlicher Vertreter und der Verteidiger. Anträge Nichtberechtigter sind nur Anregungen an StA und Gericht. Sie brauchen nicht förmlich beschieden zu werden (München MDR **55**, 248; Schleswig SchlHA **58**, 288), sofern nicht ein Antragsrecht behauptet wird; dann werden sie als unzulässig verworfen.

5 **Von Amts wegen** muss entschieden werden, wenn der Verurteilte demnächst (vgl 1 zu § 454 a) ²/₃ einer zeitigen oder 15 Jahre einer lebenslangen Freiheitsstrafe verbüßt haben wird (BVerfG NStZ **93**, 431; BGH **27**, 302, 304; Rostock NStZ **01**, 278 mwN). Von Amts wegen wird auch entschieden, wenn ein Erstverbüßer die Hälfte der 2 Jahre nicht übersteigenden Freiheitsstrafe verbüßt hat (§ 57 II Nr 1 StGB). Denn für diesen Fall schreibt § 454 b die Unterbrechung der Strafvollstreckung und von Amts wegen die (einheitliche) Entscheidung über die Aussetzung des Strafrests vor, wenn mehrere Freiheitsstrafen nacheinander zu verbüßen sind. Die Prüfung von Amts wegen ist daher nach Verbüßung der Hälfte der Strafe auch geboten, wenn der Verurteilte lediglich die Strafe nach § 57 II Nr 1 StGB zu verbüßen hat (Oldenburg StV **87**, 70; Maatz NStZ **88**, 114; StV **87**, 73; **aM** München MDR **87**, 84). Eine weitere Prüfung von Amts wegen nach Verbüßung von ²/₃ der Strafe findet dann aber nicht mehr statt (Oldenburg aaO; LG Braunschweig MDR **94**, 607; **aM** Maatz aaO).

6 Die **Prüfung von Amts wegen unterbleibt** nur in den Fällen des § 57 II Nr 2 StGB und wenn der Verurteilte die nach §§ 57 I S 1 Nr 3, 57 a I S 1 Nr 3 erforderliche Einwilligung in die Strafaussetzung nicht erteilt (KK-Appl 7). Die Einwilligung kann aber nachgeholt werden, auch noch mit der sofortigen Beschwerde (Karlsruhe Justiz **80**, 91; MDR **77**, 333); bis zu diesem Zeitpunkt kann sie auch widerrufen werden (Celle NJW **56**, 1608; KK-Appl 8).

7 B. **Vorbereitung der Entscheidung:** Die VollstrB (§ 451 I) holt die Äußerung der JVA (unten 10 ff) ein und legt die Sache dann der StA vor (§ 36 II S 2 StVollstrO), die noch vorbereitende Ermittlungen – auch durch den Rechtspfleger

(**aM** SK-Paeffgen 18) – veranlassen kann, zB nach § 463d oder durch Anhörung des früheren Bewährungshelfers (vgl Krahforst DRiZ **76**, 132). Will die StA die Entlassung beantragen, holt sie, falls der Verurteilte keinen Entlassungsantrag gestellt hat, dessen Einwilligung (§§ 57 I S 1 Nr 3, 57a I S 1 Nr 3 StGB) ein. Zur Anhörung eines Sachverständigen bei der Prüfung der Aussetzung des Rests einer lebenslangen Freiheitsstrafe vgl unten 37.

C. **Anhörungspflichten** (I S 2): 8

a) Die **StA,** deren Anhörung schon nach § 33 II erforderlich ist, gibt ihre Stellungnahme als Strafverfolgungsbehörde, nicht als VollstrB ab; die Geschäfte sind daher nicht nach § 31 II S 1 **RPflG** auf den Rechtspfleger übertragen. Die StA ist verpflichtet, eine bestimmte Entscheidung zu beantragen (LR-Wendisch 14). 9

b) Die **Anhörung der JVA** ist vorgeschrieben, weil ihre Angaben über den Erfolg des bisherigen Behandlungsvollzugs und über die Sozialprognose für die Entscheidung von Bedeutung sind (Karlsruhe MDR **78**, 1046). Als Grundlage für die – idR schriftliche (Hamm NStZ-RR **00**, 316) – Äußerung der JVA, die sich klar darüber auszusprechen hat, ob die Aussetzung befürwortet wird oder nicht, dienen die Beobachtungen und Feststellungen aller am Behandlungsvollzug mitwirkenden Dienstkräfte (Aufseher, Angehörige des Werkdienstes, Psychologen). 10

Anzuhören ist die JVA, in der sich der Verurteilte zZ der Befassung des Gerichts mit der Sache in Strafhaft befindet oder (wenn er auf freiem Fuß ist) zuletzt befunden hat (Hamm MDR **78**, 592). Bei einem Anstaltswechsel muss auch die frühere JVA gehört werden, wenn der Verurteilte in der anderen erst kurze Zeit einsitzt (Hamburg MDR **57**, 311). Wenn die verbüßte Strafe nur in angerechneter UHaft besteht (§ 57 IV StGB), ist die JVA zu hören, in der sie vollzogen worden ist (Düsseldorf MDR **77**, 424; **75**, 863; Hamm MDR **78**, 592; **aM** Karlsruhe MDR **78**, 1046; Köln JMBlNW **60**, 107: keine zwingende Anhörung). Davon kann abgesehen werden, wenn sich der Verurteilte schon längere Zeit auf freiem Fuß befindet (Düsseldorf GA **77**, 151). 11

Die Äußerung muss **nicht der Anstaltsleiter selbst** abgeben; er kann einen Beamten bestimmen, der sich für die Anstalt (in Vertretung oder im Auftrag des Leiters) äußert. Diese Geschäftsverteilung wird gerichtlich nicht geprüft, sofern nicht bestimmte Bedenken gegen die Befugnis dessen bestehen, der die Äußerung abgegeben hat. 12

Von der Anhörung der JVA **kann abgesehen werden,** wenn es auf ihre Angaben nicht ankommt, weil die Aussetzung ohne Rücksicht auf die Sozialprognose abzulehnen ist. Das ist insbesondere der Fall, wenn die Ablehnung nach § 57 II Nr 2 StGB erfolgt, weil sich das Fehlen besonderer Umstände in der Tat und in der Persönlichkeit des Verurteilten aus dem Urteil ergibt (Hamm NJW **80**, 2090 L; **aM** Stuttgart Justiz **80**, 448; LR-Wendisch 18; einschr auch Hamm MDR **74**, 1038), oder wenn die besondere Schwere der Schuld des Verurteilten die weitere Vollstreckung der lebenslangen Freiheitsstrafe gebietet (§ 57a I S 1 Nr 2 StGB). Auch eine erst kürzlich abgegebene Stellungnahme macht eine erneute Anhörung entbehrlich (Düsseldorf NStZ **88**, 95). 13

Die Stellungnahme der JVA ist **kein Verwaltungsakt;** sie kann daher nicht nach §§ 23ff **EGGVG** angefochten werden (Karlsruhe NJW **65**, 1545; erg 6 zu § 23 EGGVG). 14

D. **Mündliche Anhörung des Verurteilten** (I S 3): 15

a) **Zweck der Anhörung** ist nicht nur die Gewährung des rechtlichen Gehörs. Durch die zwingende mündliche Anhörung soll auch erreicht werden, dass das Gericht den unmittelbaren Kontakt mit dem Verurteilten in der Strafanstalt aufnimmt; es soll sich einen persönlichen Eindruck von dem Verurteilten verschaffen (BGH **28**, 138, 141; Celle StV **88**, 259; Schleswig NJW **75**, 1131; Bringewat NStZ **96**, 20; Rieß JR **76**, 118). Zur mündlichen Anhörung eines Taubstummen vgl § 186 GVG. 16

17 **Zwingend vorgeschrieben** ist die Anhörung auch in den Fällen des § 57 II Nr 2 StGB, sofern nicht nach I S 4 von ihr abgesehen werden darf (Düsseldorf NStZ **81**, 454; Hamburg MDR **78**, 331; **81**, 599; Koblenz GA **85**, 235; NStE Nr 11; Schleswig SchlHA **90**, 38; Stuttgart Justiz **76**, 396; Zweibrücken StV **89**, 542; **aM** Karlsruhe NJW **76**, 302 mit abl Anm Kuckuk NJW **76**, 815: nicht, wenn das Urteil keine Anhaltspunkte für das Vorliegen besonderer Umstände in der Tat ergibt). Die mündliche Anhörung darf ferner nicht deshalb unterbleiben, weil die verbüßte Strafe nur aus angerechneter UHaft besteht (§ 57 IV StGB) und der Verurteilte sich zZ der Entscheidung auf freiem Fuß befindet (Hamm MDR **78**, 592; München StV **00**, 213; Stuttgart Justiz **87**, 233, 234; **aM** Karlsruhe MDR **78**, 1046; Köln JMBlNW **60**, 107).

18 Das **rechtliche Gehör** ist dem Verurteilten bei der Anhörung auch insoweit zu gewähren, als ihm eine nachteilige Stellungnahme der JVA, die das Gericht verwerten will, zur Kenntnis gebracht werden muss (BVerfG NJW **64**, 293; Hamburg NJW **64**, 2315; Hamm JMBlNW **62**, 199; MDR **60**, 424; Heiß NJW **61**, 1094; Schmidt SchlHA **61**, 154), sofern dadurch der Strafzweck nicht gefährdet wird (Hamm JMBlNW **62**, 294; Schütz NJW **61**, 582). Dabei genügt die Eröffnung ihres wesentlichen Inhalts nicht (Karlsruhe OLGSt S 1).

19 Gelegenheit zur (schriftlichen) Stellungnahme muss auch dem **Verteidiger** gegeben werden (§ 33 III).

20 b) Vom **Gericht** – und zwar vom erkennenden Richter (Nürnberg NStZ **98**, 376; vgl aber unten 22, 23) – muss der Verurteilte angehört werden, nicht von der JVA (Düsseldorf MDR **75**, 597).

21 Ist ein Kollegialgericht zuständig, so braucht es den Verurteilten **nicht stets in voller Besetzung** anzuhören (BGH **28**, 138 = JR **79**, 389 mit Anm Peters; zur Gegenmeinung vgl die Nachw bei LR-Wendisch 24 Fn 54 und Wegener MDR **81**, 617 Fn 9), jedoch wird dies idR so sein (Düsseldorf NStZ-RR **02**, 191), insbesondere im Fall des § 57 a StGB (Brandenburg NStZ **96**, 406 mit Anm Kröber NStZ **96**, 567; Kunert NStZ **82**, 95; **aM** Frankfurt NStZ-RR **97**, 29), ebenso bei der Frage der Aussetzung der Vollstreckung der Sicherungsverwahrung (Karlsruhe Justiz **98**, 603; Nürnberg NStZ-RR **04**, 318).

22 Sonst ist es aber – verfassungsrechtlich unbedenklich (BVerfG NJW **92**, 2947, 2954) – zulässig, die Anhörung einem Kammermitglied als **beauftragten Richter** zu übertragen (BGH aaO; Rostock NStZ **02**, 109); ob der Verurteilte mit der Entscheidung durch *einen* Richter einverstanden ist, ist unbeachtlich (Düsseldorf aaO). Die Übertragung ist insbesondere zulässig, wenn der Verurteilte bereits einmal von dem gesamten Gericht gehört worden ist oder wenn dem persönlichen Eindruck des Gerichts nach Lage des Falls nur geringe Bedeutung zukommt (BGH aaO). Die Beauftragung kann mündlich erfolgen; ein mit Gründen versehener förmlicher Anordnungsbeschluss ist entbehrlich (Hamburg NStZ **03**, 389; **aM** Rostock aaO). Der beauftragte Richter muss aber idR an der Entscheidung mitwirken (Rostock aaO mwN; KK-Appl 16; **aM** LR-Wendisch 33).

23 Auch einem **ersuchten Richter** kann ausnahmsweise die Anhörung übertragen werden (BVerfG NJW **92**, 2947, 2954; Düsseldorf NJW **76**, 256; Hamm NJW **80**, 2090 L; Schleswig MDR **79**, 518 L; Herzog NJW **76**, 1078; **aM** Koblenz JR **76**, 117 mit zust Anm Rieß; Rostock aaO; Bringewat StVollstr 42). Dabei kommt es wesentlich auf die Entfernung und die Verkehrsverbindungen zwischen dem Gericht und dem Ort an, wo sich der Verurteilte befindet. Auch die Schwierigkeit der Entscheidung kann eine Rolle spielen, ebenso die Frage, ob sich die Entscheidung durch die Einschaltung eines ersuchten Richters zum Nachteil des Verurteilten verzögert (vgl BGH **28**, 138, 143).

24 c) Das **Absehen von der mündlichen Anhörung** (I S 4) ist aus den gesetzlich bestimmten Gründen, aber auch in anderen Fällen zulässig, in denen die Anhörung unmöglich ist (Düsseldorf NStZ-RR **00**, 315) oder eine reine Formsache wäre, da eine Beeinflussung der Entscheidung von ihr nicht zu erwarten ist (Düsseldorf

NStZ **87**, 524; VRS **81**, 293); das ist aber nicht schon der Fall, wenn das Gericht nach Aktenlage eine negative Prognose stellt (Düsseldorf NStZ-RR **97**, 28).

Gesetzliche Gründe: 25

Die Anhörung entfällt, wenn das Gericht im Fall des § 57 StGB (nicht des § 57 a StGB) entspr der Stellungnahmen von StA und JVA ohnehin zugunsten des Verurteilten entscheiden will und auch entscheidet **(Nr 1).** Die Vorschrift ist nicht anwendbar, wenn das Gericht dem Verurteilten die Zahlung einer Geldbuße auferlegen will (Düsseldorf MDR **85**, 868). 26

Nach **Nr 2** kann die Anhörung unterbleiben, wenn die Antragstellung verfrüht ist, was bei Antragstellung mehr als 3 Monate vor dem möglichen Entlassungszeitpunkt nicht unbedingt der Fall ist (Düsseldorf MDR **87**, 1046; erg 1 zu § 454 a), und das Gericht den Antrag daher ohne sachliche Prüfung verwirft. Das gilt entspr, wenn der Verurteilte die Aussetzung unzulässigerweise (§ 57 II Nr 1 StGB) schon nach Verbüßung der Hälfte einer Strafe von nicht mehr als 1 Jahr beantragt (Düsseldorf GA **77**, 120; NStZ **81**, 454; Stuttgart MDR **76**, 1041 L; Treptow NJW **76**, 222; **aM** Düsseldorf GA **82**, 88 L; Frankfurt NStZ **81**, 454 L). 27

Ferner darf die Anhörung nach **Nr 3** unterbleiben, wenn das Gericht den Antrag nach § 57 VII oder § 57 a IV StGB als unzulässig ablehnt. 28

Andere Gründe: 29

Die mündliche Anhörung wird dem Verurteilten, der **kein Interesse an der Aussetzung des Strafrests hat,** nicht aufgedrängt. Sie unterbleibt daher, wenn er bereits bei der Anhörung durch die JVA oder in einer schriftlichen Eingabe an das Gericht die Zustimmung zur Aussetzung des Strafrests verweigert hat (Koblenz JBlRP **02**, 43; Stuttgart MDR **76**, 1041 L; KK-Appl 26; LR-Wendisch 47; **aM** Bringewat StVollstr 45; W. Schmidt NJW **75**, 1485; **76**, 224). Das Gleiche gilt, wenn er auf die mündliche Anhörung ausdrücklich verzichtet (BGH NJW **00**, 1663 mwN; vgl auch Oldenburg NdsRpfl **76**, 221: Verteidiger benötigt eine ausdrückliche Ermächtigung zum Verzicht), wenn er die Vorführung zu der bereits anberaumten mündlichen Verhandlung ablehnt (Celle NdsRpfl **94**, 79; Düsseldorf MDR **81**, 1039; NStZ **87**, 524; Hamm MDR **75**, 775; **78**, 692; Karlsruhe Justiz **99**, 24 L), nicht aber, wenn er den Anhörungstermin nur versehentlich versäumt hat (Celle StV **88**, 259) oder den Richter wegen Befangenheit ablehnt (Jena NJW **06**, 3794) oder beachtliche Gründe gegen die Vorführung vorbringt (Frankfurt NStZ-RR **03**, 59). Die Gründe für die Vorführungsverweigerung brauchen nicht aufgeklärt zu werden (**aM** Düsseldorf StV **83**, 511). Die Anhörung unterbleibt auch, wenn der Verurteilte zwar nicht die Vorführung ablehnt, sich aber weigert, sich bei der Vorführung Fesseln anlegen zu lassen (Hamm MDR **78**, 692; **aM** Düsseldorf VRS **87**, 364) oder Anstaltskleidung zu tragen (Hamm MDR **90**, 653), obwohl diese Anordnungen berechtigt sind (vgl dazu Hamm NStZ-RR **09**, 223; Karlsruhe NStZ **96**, 302). 30

Bei Wiederholung des Aussetzungsantrags bedarf es keiner mündlichen Anhörung, wenn die **letzte Anhörung noch nicht lange zurückliegt,** der persönliche Eindruck noch fortwirkt und nicht der Ergänzung bedarf (Düsseldorf NStZ **82**, 437; **88**, 95; VRS **80**, 285; Hamm StraFo **98**, 354; Stuttgart Justiz **75**, 478). Das ist aber nicht der Fall, wenn die Hauptverhandlung schon 7 oder 8 Monate zurückliegt (BGHR Anhörung 1; Koblenz JBlRP **10**, 12) oder wenn 4 oder 5 Monate danach neue Gesichtspunkte geltend gemacht werden (Bremen NStZ **10**, 106; Düsseldorf StV **83**, 115; **96**, 44; vgl auch Koblenz OLGSt § 67 e StGB Nr 1; Zweibrücken StV **90**, 412: nicht nach 7 Monaten; Stuttgart Justiz **86**, 497 = NStZ **86**, 574 L: nicht schon nach 3 Monaten) oder die frühere Anhörung von einer anderen StVollstrK vorgenommen oder der Verurteilte inzwischen in eine andere JVA verlegt worden war (Düsseldorf NStZ-RR **96**, 153). 31

Die Anhörung darf aber unterbleiben, wenn sie der Verurteilte mit großer Wahrscheinlichkeit zu Beschimpfungen oder Hetzreden **missbrauchen** würde (Düsseldorf NStZ **87**, 524; **88**, 243; **aM** Bringewat StVollstr 46) oder wenn von der Anhörung des in Geisteskrankheit verfallenen Verurteilten keine Beeinflussung 32 der Entscheidung zu erwarten ist (Düsseldorf NStZ **85**, 94) oder wenn der Verurteilte die BRep nicht betreten darf (Düsseldorf NStZ **00**, 333; Karlsruhe StV **05**, 677 mit Anm Heghmanns; Köln StV **09**, 261; **aM** Schleswig SchlHA **04**, 243 [D/D]).

33 d) Den **Ort der Anhörung** bestimmt das Gericht nach pflichtgemäßem Ermessen. Sie braucht nicht unbedingt in der JVA stattzufinden. Das Gericht kann sich dem Verurteilten auch in das Gerichtsgebäude vorführen lassen (LR-Wendisch 37; Treptow NJW **76**, 233 hält die Anhörung im Gericht sogar für zweckmäßiger).

34 e) Die **Form der Anhörung** ist gesetzlich nicht geregelt; sie steht im Ermessen des Gerichts (Nürnberg MDR **75**, 684; Doller DRiZ **77**, 80). Eine telefonische Anhörung genügt jedoch nicht (Bamberg NStE Nr 9), während eine audiovisuelle Anhörung idR als zulässig anzusehen sein wird (Esser NStZ **03**, 464; **aM** Karlsruhe NJW **05**, 3013; KK-Appl 17 a), jedenfalls bei Einverständnis des Verurteilten (Frankfurt NStZ-RR **06**, 357). Eine förmliche Ladung des Verurteilten und seines Verteidigers unter Einhaltung einer Ladungsfrist ist nicht erforderlich (**aM** Karlsruhe NStE Nr 14; einschr Karlsruhe Justiz **99**, 24 L); der Termin darf aber nicht zu kurzfristig angesetzt werden (Brandenburg StraFo **09**, 250). Der Verurteilte wird nicht vernommen, aber es muss ihm Gelegenheit gegeben werden, sich zur Aussetzungsfrage zu äußern und ggf einen Verteidiger hinzuzuziehen (Düsseldorf StV **03**, 684 L; Nürnberg StV **03**, 683); hat er keinen Verteidiger, wird ihm jedenfalls in den Fällen des II idR ein Verteidiger beizuordnen sein (Bremen StV **08**, 530). Er kann Anträge stellen; ein förmliches Beweisantragsrecht nach § 244 III–VI hat er aber nicht (LR-Wendisch 22).

35 Ein **Protokoll** braucht nicht aufgenommen zu werden, die Mitwirkung eines UrkB ist nicht erforderlich, beides ist jedoch zu empfehlen (vgl Bringewat NStZ **96**, 20). Wenn das Vorbringen des Verurteilten nicht vollständig in die Beschlussbegründung aufgenommen wird, muss mindestens ein Aktenvermerk darüber angefertigt werden, welche Gesichtspunkte der Verurteilte vorgebracht hat (KG NStZ **07**, 119; Hamm StraFo **04**, 327; Stuttgart StraFo **05**, 127).

36 Da es sich bei der Anhörung weder um eine Vernehmung noch um eine richterliche Untersuchungshandlung iS der §§ 168, 168 a handelt, haben StA und Verteidiger kein Anwesenheitsrecht nach § 168 c I; aus dem Gebot des fairen Verfahrens (Einl 19) folgt aber ein **Teilnahmerecht** des Verteidigers (BVerfG NJW **93**, 2301 mit Anm Hohmann NStZ **93**, 555; Frankfurt NStZ-RR **04**, 155; Zweibrücken StV **93**, 315; Bringewat NStZ **96**, 17) und die Pflicht des Gerichts, ihn bei kurzfristig angesetzten Terminen zu benachrichtigen (BVerfG StV **94**, 552; BbgVerfG NStZ **01**, 110; Frankfurt NStZ-RR **01**, 348); sonst ist die Benachrichtigung des Verteidigers Sache des Verurteilten (Bringewat aaO 19). Bei Verhinderung des Verteidigers ist der Termin zu verlegen bzw ein anderer Verteidiger zu bestellen (Köln StV **06**, 430; Naumburg StraFo **08**, 522; Oldenburg StraFo **07**, 68). Auch dem StA ist die verlangte Anwesenheit zu gestatten (vgl auch Düsseldorf NStZ **89**, 291; StV **89**, 355 mit Anm Frank).

37 E. Ein **Sachverständiger** (II) muss – auch gegen den Widerspruch des Verurteilten und auch wenn dieser bei Begehung der Tat psychisch gesund war und im Strafvollzug keine besonderen psychischen Auffälligkeiten gezeigt hat (BGH NStZ **93**, 357 = JR **94**, 30 mit Anm Blau = StV **94**, 252 mit Anm Schüler-Springorum) – gehört werden, wenn das Gericht erwägt, die Vollstreckung einer lebenslangen Freiheitsstrafe nach § 57 a StGB oder einer zeitigen Freiheitsstrafe von mehr als 2 Jahren – wobei eine Gesamtstrafe nicht genügt (Stuttgart NStZ-RR **00**, 86; Zweibrücken StV **99**, 218) – wegen eines Verbrechens oder einer Straftat nach §§ 174 bis 174 c, 176, 179 I bis III, 180, 182, 224, 225 I oder II StGB oder einer entspr Rauschtat (§ 323 a StGB) zur Bewährung auszusetzen. Eine Sachverständigenanhörung ist somit vor Versagung der Aussetzung grundsätzlich notwendig (Dresden NJW **09**, 3315); sie ist in diesem Fall – verfassungsrechtlich unbedenklich (BVerfG NJW **02**, 2773; NStZ-RR **03**, 251) – nur dann nicht erforderlich, wenn das Gericht – etwa bei lebenslanger Freiheitsstrafe wegen der besonderen Schwere der Schuld, aber auch in anderen eindeutigen Fällen (Hamburg NJW **00**, 2758), wenn zB bereits eindeutige Sachverständigengutachten jüngeren Datums vorliegen (Jena StV **01**, 26 mit Anm Volckart; Rostock NJW **03**, 1334) – die Aussetzung ablehnen will (BbgVerfG NStZ-RR **04**, 30; BGH NJW **00**, 1663; Celle NStZ-RR **99**, 179; Immel JR **07**, 187; Müller-Metz StV **03**, 47; einschr Neubacher NStZ **01**, 449). Bei Aussetzung einer zeitigen Freiheitsstrafe ist die Anhörung nur erforderlich, wenn nicht auszuschließen ist, dass Gründe der öffentlichen Sicherheit einer vorzeitigen Entlassung entgegenstehen. Das ist zu verneinen, wenn bei dem Verurteilten keine Gefahr mehr besteht, dass dessen durch die Tat zutage getretene Gefährlichkeit fortbesteht (II S 2), wenn also alle für die Prognoseentscheidung heranzuziehenden Umstände zweifelsfrei die Beurteilung zulassen, dass vom Verurteilten praktisch keine Gefahr für die öffentliche Sicherheit mehr ausgeht (Karlsruhe StV **00**, 156; Köln StV **00**, 155; Zweibrücken NJW **05**, 3439; Immel aaO; Neubacher aaO). Nach **aM** soll hingegen bei beabsichtigter Aussetzung grundsätzlich ein Sachverständigengutachten eingeholt werden müssen; die StVollstrK dürfe diese Frage nicht ohne Sachverständigen beantworten (Frankfurt NStZ **98**, 639 mit abl Anm Cramer; Hamm NJW **99**, 2453 mwN; Koblenz StV **99**, 496; Zweibrücken NJW **99**, 1124). Welcher Sachverständige am ehesten geeignet ist (zB Psychiater oder Psychologe), ist eine Frage des Einzelfalls (BVerfG StV **06**, 426; Hamm StV **06**, 424; Karlsruhe StV **06**, 426; dazu Anm Tondorf StV **06**, 428). Nach der Rspr soll auch die Anhörung des Anstaltspsychologen als Sachverständigen genügen (KG NStZ **99**, 319; Hamm NStZ-RR **08**, 189; Karlsruhe StV **99**, 385; 495; **aM** Tondorf StV **00**, 171; zw auch Neubacher aaO S 454), allerdings tunlichst nicht bei schon lange vollzogener Unterbringung (Koblenz aaO). Es kommt aber auch ein psychiatrisches, kriminologisches oder soziologisches Gutachten in Betracht (vgl auch Schüler-Springorum aaO), nicht jedoch ein internistisch-rheumatologisches (Hamm OLGSt Nr 13). Die materiellen Aussetzungskriterien sind abschließend in §§ 57 I bzw 67 d II StGB festgelegt (Hammerschlag/Schwarz NStZ **98**, 321; Rosenau StV **99**, 396; vgl auch Schöch NJW **98**, 1259). II S 1 Nr 2 und § 57 StGB sind auch bei bindender Abgabe der Vollstreckung gemäß § 85 VI **JGG** an die StA anwendbar (Celle StraFo **08**, 310 mit abl Anm Rose NStZ **10**, 95; **aM** Frankfurt NStZ-RR **99**, 91: § 88 **JGG;** erg 2 aE zu § 454 b). Zu den vom Psychiater für die Prognoseentscheidung anzustellenden Erwägungen vgl Boetticher u. a. NStZ **06**, 537; Rasch NStZ **93**, 509, zur Begutachtung bei Sexualstraftätern Rose StV **03**, 101, zu den inhaltlichen Anforderungen an die Begutachtung vgl Koblenz StraFo **03**, 434 und Nürnberg NStZ-RR **02**, 154. Der Sachverständige ist – wie das Vollstreckungsgericht – an die Feststellungen des Erkenntnisses, das der Vollstreckung zugrunde liegt, gebunden, kann aber, wenn die Feststellungen unzureichend sind, seine weitergehenden Erkenntnisse im Gutachten verwerten (KG NStZ-RR **09**, 323 L). Verweigert der Verurteilte die Mitwirkung bei der Begutachtung, so ist eine Anordnung nach § 81 ausgeschlossen (dort 1); die Strafe darf dann aber nicht ausgesetzt werden (Düsseldorf StV **85**, 377; Karlsruhe NStZ-RR **04**, 384 L; Koblenz MDR **83**, 1044; **aM** Immel JR **07**, 188), wobei es der Anhörung des Verurteilten nicht bedarf (Karlsruhe NStZ **91**, 207).

Das im Rahmen der Begutachtung zu beachtende **Verfahren** regeln II S 3 **37a**
und 4. Danach ist der – nach II bestellte (Jena StraFo **07**, 302; zu anderen Fällen vgl Immel JR **07**, 189) – Sachverständige zu seinem schriftlich zu erstattenden Gutachten (BGH NJW **10**, 544) von der StVollstrK (oben 20 ff) auch mündlich zu hören (Bamberg NStZ-RR **99**, 122; Hamm NStZ **05**, 55; Koblenz StraFo **09**, 394; vgl auch Frankfurt NStZ-RR **03**, 315: nach Einholung eines Zusatzgutachtens uU erneute Anhörung erforderlich); davon kann nur abgesehen werden, wenn der Verurteilte selbst sowie sein Verteidiger und die StA darauf verzichten (Jena NStZ **07**, 421), wovon aber noch nicht ausgegangen werden kann, wenn der Verurteilte lediglich auf eine Zuschrift der StVollstrK schweigt (Hamm NStZ-RR **08**,

189) oder nur die Antwort auf bestimmte Fragen des Sachverständigen – noch dazu entspr § 52 berechtigt – verweigern will (Celle StV **08**, 315). Mit der Formulierung „Gelegenheit zur Mitwirkung", die im Anklang mit § 255 a (vgl dort 8 a) gewählt worden ist, soll zum Ausdruck gebracht werden, dass bei nachvollziehbaren und gewichtigen Gründen auf den Wunsch nach einer Terminverschiebung einzugehen ist (BT-Drucks 14/8586 S 8). Das schriftliche Gutachten ist dem Verurteilten spätestens bei der Anhörung – ggf mit Hilfe eines Dolmetschers – mitzuteilen (Koblenz StV **01**, 304 L; Stuttgart NStZ-RR **03**, 30; Zweibrücken StV **03**, 683). Einen Anspruch auf Terminsverlegung wegen Verhinderung haben die Verfahrensbeteiligten auch hier nicht. Die Anhörung des Verurteilten nach I S 3 kann mit der Anhörung des Sachverständigen nach II S 3 verbunden werden (Stuttgart aaO). Die Anordnung, ein Sachverständigengutachten einzuholen, ist nicht anfechtbar (Düsseldorf StraFo **98**, 429; ebenso Schleswig SchlHA **07**, 289 [D/D] zur Beiziehung von Unterlagen des Sachverständigen). Für das Verfahren gilt das verfassungsrechtliche Beschleunigungsgebot (BVerfG NStZ **02**, 333 mit Anm Verrel).

38 F. Durch **Beschluss ohne mündliche Verhandlung** (I S 1) ergeht die Entscheidung. Der Beschluss ist nach § 34 mit Gründen zu versehen; er unterliegt aber nicht den gleichen Begründungserfordernissen wie ein Strafurteil nach § 267 (BVerfG NJW **02**, 2773). Tatsachen, die das Gericht oder der Sachverständige in seinem Gutachten (oben 37) zuungunsten des Verurteilten verwerten, müssen zur Überzeugung des Gerichts bewiesen sein (Brandenburg NStZ **96**, 405 mit krit Anm Kröber NStZ **96**, 567 und abl Anm Funck NStZ **97**, 150). Das Gericht kann vom Gutachten des Sachverständigen abweichen (Köln StV **00**, 155), muss dies aber dann nachvollziehbar begründen (Zweibrücken NStZ **00**, 446 mit zust Anm Molketin NStZ **01**, 112). Im Beschluss wird zweckmäßigerweise der Entlassungszeitpunkt kalendermäßig bestimmt; allzu lange darf er nicht hinausgeschoben werden (LR-Wendisch 79 ff). Mit rückwirkender Kraft darf die Aussetzung nicht angeordnet werden (Zweibrücken JR **77**, 292 mit zust Anm Schätzler).

39 Durch einen **Aktenvermerk** darüber, dass die Entlassungsvoraussetzungen nicht vorliegen, darf der Beschluss auch dann nicht ersetzt werden, wenn die Prüfung von Amts wegen erfolgt ist (KG JR **73**, 120 mit Anm Peters; JR **94**, 372; Hamm NJW **73**, 337; Zweibrücken MDR **74**, 329; **aM** Celle NJW **72**, 2054; LG Mainz MDR **74**, 857; Wolf NJW **75**, 1962; vgl auch Celle MDR **73**, 695: jedenfalls wenn StA eine ablehnende Entscheidung beantragt hat). Ausreichend ist aber ein Aktenvermerk, wenn der Verurteilte erklärt hat, dass er mit seiner Entlassung nicht einverstanden ist (Düsseldorf NStZ **94**, 454; Zweibrücken NStZ-RR **01**, 311; LG Zweibrücken MDR **91**, 173 mwN; Arnoldi NStZ **01**, 503; **aM** Rostock NStZ **01**, 278 mwN; Bringewat StVollstr 12); einer Mitteilung des Aktenvermerks an den Verurteilten bedarf es nicht (**aM** Zweibrücken aaO).

39a Das Gericht muss bei Aussetzung des Strafrests **gemäß I S 5 iVm § 43 X Nr 3 StVollzG zugleich entscheiden,** ob die nach § 43 IX **StVollzG** erfolgende Anrechnung der Freistellung von der Arbeit auf den Entlassungszeitpunkt (wodurch sich das Strafende zu Gunsten des Gefangenen verschiebt, vgl KG NStZ **04**, 228) ausgeschlossen werden soll, weil die Lebensverhältnisse des Gefangenen oder die Wirkungen, die von der Aussetzung für ihn zu erwarten sind, die Vollstreckung bis zu einem bestimmten Zeitpunkt erfordern (vgl Calliess NJW **01**, 1692).

40 G. **Zustellung:** Der Beschluss bedarf der Zustellung, auch an den Verurteilten (Celle MDR **78**, 71). Im Anhörungstermin darf er nicht verkündet werden; § 35 I S 1 gilt nicht (Brandenburg NStE Nr 18; München NJW **76**, 254; Treptow NJW **75**, 1105). Die Zustellung des ablehnenden oder die Aussetzung bewilligenden Beschlusses ist Sache des Gerichts; § 36 II S 1 ist nicht anzuwenden (dort 12). Da die sofortige Beschwerde der StA aufschiebende Wirkung hat (III S 2), darf das Gericht aber nicht auch die Entlassung des Verurteilten anordnen; das ist stets der VollstrB (§ 451 I) vorbehalten (Frankfurt GA **80**, 475; Hamm NJW **78**, 175). Wenn die Entlassung stattgefunden hat, hindert das Unterlassen der erforderlichen

Beschlusszustellung oder ein sonstiger Mangel des Aussetzungsverfahrens nicht den Lauf der Bewährungszeit (Peters GA **77**, 108; **aM** Celle MDR **78**, 71).

2) Die **Entscheidung nach §§ 57 VII, 57 a IV StGB,** dass der Verurteilte vor Ablauf einer bestimmten Frist keinen Antrag auf Aussetzung des Strafrests stellen darf, ergeht ebenfalls durch Beschluss ohne mündliche Verhandlung. Sie kann bereits in den Beschluss aufgenommen werden, in dem ein Aussetzungsantrag des Verurteilten abgelehnt wird, aber auch durch besonderen Beschluss getroffen werden. Die Anhörungspflichten des I S 2, 3 gelten für die Entscheidung nach §§ 57 VII, 57 a IV StGB nicht. 41

Die für die Aussetzungsentscheidung bedeutsame Frage, ob eine **besondere Schwere der Schuld** (§ 57 a I S 1 Nr 2 StGB) gegeben ist, ist nach der Rspr des BVerfG (BVerfGE **86**, 288 = NJW **92**, 2947, krit dazu Meurer JR **92**, 441) bereits im Erkenntnisverfahren im Zusammenhang mit dem Urteil zu beantworten (vgl 33 zu § 260; 20 a zu § 267); daran ist die StVollstrK gebunden (Jena NStZ-RR **02**, 167). In den vor der Entscheidung des BVerfG (3. 6. 1992) ergangenen Urteilen, in denen Ausführungen hierzu naturgemäß fehlen, darf die StVollstrK zu Lasten des Verurteilten nur das dem Urteil zugrunde liegende Tatgeschehen und die dazu festgestellten Umstände der Ausführung und der Auswirkung der Tat berücksichtigen (BVerfG aaO; NJW **93**, 1124; krit dazu Stree NStZ **92**, 468; vgl auch Frankfurt NStZ **94**, 54; Karlsruhe Justiz **93**, 226). In allen Fällen (Verurteilung vor und nach dem 3. 6. 1992) verlangt das BVerfG „in verfassungskonformer Auslegung des § 454 I" (krit dazu Geis NJW **92**, 2938), dass im Falle der Ablehnung der Aussetzung die StVollstrK bestimmt, bis wann die Vollstreckung fortzusetzen ist (krit zur Zuständigkeitsverteilung zwischen SchwurG und StVollstrK Duttge Eisenberg-FS 278); der Entlassungszeitpunkt muss so rechtzeitig festgelegt werden, dass die bedingte Entlassung durch die Vollzugsbehörde nicht verzögert wird. Eine gesonderte Feststellung der durch die besondere Schwere der Schuld gebotenen Vollstreckungsdauer, dh außerhalb des in § 454 I geregelten Verfahrens über die Entscheidung zur Strafaussetzung zur Bewährung, ist nicht zulässig (Celle NStZ **98**, 248; Hamburg StV **97**, 261 gegen LG Hamburg StV **97**, 88; Nürnberg NStZ **97**, 408; StraFo **98**, 173). Ob und ggf wann bereits vor Ablauf von 13 Jahren (I S 4 Nr 2 b) eine Entscheidung über den Zeitpunkt der Aussetzung der Vollstreckung getroffen werden kann, ist fraglich; von Verfassungs wegen drängt sich kein bestimmter Zeitpunkt auf (BVerfG NStE Nr 21). Die Frage ist unter den OLGs str: Nach zutr Ansicht kommt eine solche Entscheidung vor Ablauf von 13 Jahren idR nicht in Betracht (Hamburg JR **95**, 299 mit zust Anm Böhm; JR **96**, 247 mit insoweit zust Anm Kintzi = StV **96**, 477 mit abl Anm Ritter; vgl auch Brandenburg NStZ **95**, 547; Hamm OLGSt Nr 7; Karlsruhe StV **94**, 29); nach **aM** kommt es auf den Einzelfall an, so dass zB auch schon nach 9 Jahren Verbüßungsdauer eine solche Entscheidung zulässig sein soll (Frankfurt StV **95**, 539; LG Marburg NStZ **94**, 253). Einige Länder haben hierzu inzwischen Verwaltungsvorschriften erlassen (Rheinland-Pfalz JMBl 1997, 22; Thüringen JMBl 1994, 87). 41a

Umstritten ist ferner, ob in „Altfällen" getrennt davon (also unabhängig von der Entscheidung über die gebotene Vollstreckungsdauer) eine **isolierte Entscheidung** über die Frage der besonderen Schwere der Schuld zulässig ist (BVerfG NStZ **97**, 408: verfassungsrechtlich unbedenklich und „wünschenswert") so will Hamburg (JR **96**, 247 mit insoweit abl Anm Kintzi) eine solche Entscheidung nach ca 10 Jahren zulassen; dagegen halten Frankfurt (aaO) und Nürnberg (NStZ **97**, 408) eine isolierte Entscheidung hierüber für unzulässig; jedenfalls setzt eine solche Entscheidung die Einwilligung des Verurteilten nach § 57 a I S 1 Nr 3 iVm § 57 I S 1 Nr 3 StGB voraus (Celle aaO). Zum Zusammentreffen der Ablehnungsgründe der Nr 2 und 3 des § 57 a I S 1 StGB vgl Stree aaO 467. 41b

3) Zuständigkeit: Für die Entscheidungen nach I ist idR die StVollstrK zuständig, in deren Bezirk der Verurteilte die Strafe verbüßt (§ 462 a I S 1). Das erkennende Gericht setzt den Strafrest nur aus, wenn der Verurteilte den nach § 57 I, 42

II maßgebenden Zeitpunkt durch Anrechnung der UHaft erreicht hat und sich bei Urteilsrechtskraft auf freiem Fuß befindet (Hamm NStZ **02**, 223 mwN; erg 6 zu § 462a). Die StrVollstrK, die den Strafrest ausgesetzt hat, ist grundsätzlich auch für die Nachtragsentscheidungen, insbesondere für die Überwachung des Verurteilten während der Bewährungszeit zuständig (§ 462a I S 2). Die Zuständigkeit der StVollstrK entfällt jedoch, wenn die Strafe, deren Rest ausgesetzt ist, bei einer späteren Verurteilung oder nach § 460 in eine Gesamtstrafe einbezogen wird. Dann ist, wenn nicht die Voraussetzungen des § 462a I S 1, IV S 3 vorliegen, für die Bewährungsüberwachung und die Nachtragsentscheidungen das Gericht zuständig, das die Gesamtstrafe gebildet hat (Hamm NJW **76**, 1648 L; Schleswig NStZ **83**, 480; Zweibrücken NStZ **85**, 525). Im Jugendstrafverfahren ist der Jugendrichter als Vollstreckungsleiter zuständig (§ 89 III iVm § 88 III **JGG**).

43 **4) Sofortige Beschwerde** (III) ist gegen die Aussetzungsentscheidung, gegen den die Aussetzung ablehnenden Beschluss und gegen die Entscheidung nach §§ 57 VII, 57a IV StGB zulässig, entspr auch bei isolierter Entscheidung über die Schuldschwere (oben 41b; Brandenburg NStZ-RR **99**, 237). Vorbereitende Entscheidungen sind entspr § 305 S 1 unanfechtbar (KG NStZ **01**, 448; Düsseldorf NStZ **99**, 590; Hamm NStZ **87**, 93; Koblenz JMBlRP **99**, 248; Schleswig SchlHA **02**, 144 [D/D]). Die Ablehnung, eine Entscheidung nach I zu treffen, ist mit einfacher Beschwerde anfechtbar (KG JR **94**, 372; Düsseldorf NStZ **94**, 454).

44 A. **Beschwerdeberechtigung** sind die StA und der Verurteilte, der Verurteilte (unter Widerruf der Einwilligung nach §§ 57 I S 1 Nr 3, 57a I S 1 Nr 3 StGB) auch gegen den die Strafaussetzung bewilligenden Beschluss (Celle JR **78**, 337 mit Anm Stree; Koblenz MDR **81**, 425). Wer am Verfahren nicht beteiligt ist (Eltern, Ehegatte, Verlobte usw), hat kein Beschwerderecht (KG JR **54**, 272; **72**, 430; München MDR **55**, 248; Schleswig SchlHA **58**, 288).

45 An der **Beschwer** (8ff vor § 296) fehlt es, wenn der Verurteilte der (in dem Beschluss abgelehnten) Strafaussetzung ohnehin nicht zugestimmt hatte (LG Mainz MDR **74**, 857) oder wenn die Strafe während des Beschwerdeverfahrens voll verbüßt ist (Koblenz OLGSt § 57 StGB S 148; KK-Appl 36; **aM** Koblenz MDR **86**, 423 für den Fall, dass das Gericht den verspäteten Erlass der Entscheidung verschuldet hat), nicht aber bei Unterbrechung oder Absehen von der Vollstreckung nach §§ 455a, 456a (Karlsruhe MDR **92**, 885; Köln MDR **91**, 276).

46 Im Beschwerdeverfahren findet **keine mündliche Anhörung** statt; I S 3 gilt – verfassungsrechtlich unbedenklich (BVerfG NJW **88**, 1715) – nur im 1. Rechtszug (BbgVerfG NStZ-RR **04**, 30; Hamm NJW **75**, 701; 1131). Die Anhörung ist aber nicht unzulässig (erg 1 zu § 309). Die Anhörung kann selbst dann unterbleiben, wenn der Verurteilte die zunächst verweigerte Einwilligung erst im Beschwerdeverfahren erklärt hat (Karlsruhe MDR **77**, 333) oder wenn das Beschwerdegericht die Strafaussetzung entgegen dem angefochtenen Beschluss ablehnen will (Hamm NJW **75**, 1131; **76**, 2030 L; KK-Appl 37; LR-Wendisch 69; **aM** Barton JR **91**, 345; Rieß JR **76**, 118).

47 Das **Beschwerdegericht entscheidet** ohne die Beschränkungen des § 453 II S 2 (Braunschweig NJW **54**, 364; **63**, 2182; Funck NStZ **94**, 54). In der Sache selbst (§ 309 II) entscheidet es auch bei Mängeln des Verfahrens des 1. Gerichts (dort 7ff). Die Tatsache, dass den Akten nicht zu entnehmen ist, was der Verurteilte vorgebracht hat, führt daher nicht zur Zurückverweisung (Schleswig SchlHA **85**, 137 [E/L]). Die unterlassene Anhörung der StA oder der JVA wird durch ihre Anhörung im Beschwerdeverfahren geheilt (Düsseldorf NStZ **83**, 190 L; NStE Nr 19). Wenn der 1. Richter aber die zwingend gebotene mündliche Anhörung des Verurteilten unterlassen hat, muss die Sache zurückverwiesen werden (BGHR Anhörung 1; Düsseldorf NStZ **81**, 454; **93**, 406; Karlsruhe Justiz **81**, 365; Koblenz GA **85**, 235; **aM** Rostock NStZ-RR **00**, 14; vgl auch Brandenburg NStZ **96**, 406 mit krit Anm Funck NStZ **97**, 150 zu § 57a StGB; erg 8 zu § 309). Das gilt insbesondere für den Fall, dass der Verurteilte die Zustimmung zur Ausset-

zung erst im Beschwerderechtszug erteilt hat (Karlsruhe Justiz **75**, 477; **80**, 91). Zurückverweisung erfolgt auch, wenn die notwendige Einholung eines Sachverständigengutachtens (oben 37) unterblieben ist (Köln NStZ-RR **00**, 317 mwN; Stuttgart Justiz **04**, 123). Zur entspr Anwendung des § 28 II S 2 im Beschwerdeverfahren vgl 6 zu § 28.

Zur **Zuständigkeitskonzentration** der OLGe bei Entscheidungen nach III, § 57 a StGB vgl 2 zu § 9 EGGVG. 48

B. **Aufschiebende Wirkung** (S 2) hat die sofortige Beschwerde der StA. Der Verurteilte darf grundsätzlich nicht vor Rechtskraft des Beschlusses entlassen werden (**aM** Zweibrücken JR **77**, 292 mit Anm Schätzler; Göke NJW **58**, 1670; sofortiger Vollzug wird nur durch sofortige Beschwerde der StA ausgesetzt). Vorher ist seine Entlassung nur zulässig, wenn die StA eindeutig erklärt, dass sie keine sofortige Beschwerde einlegen werde (Karlsruhe NJW **76**, 814; Doller NJW **77**, 2153; Krause SchlHA **61**, 43; H. W. Schmidt SchlHA **61**, 158). 49

5) Belehrung (IV S 1, 2): Für die Belehrung über die Aussetzung des Strafrests gilt § 268 a III entspr. Die Belehrung ist daher Sache des Vorsitzenden (§ 268 a III S 1). Nach IV S 2 gilt aber § 453 a I S 1 entspr. Der Vorsitzende kann daher mit der Belehrung einen beauftragten oder ersuchten Richter betrauen. Nach IV S 2 Hs 2 kann sie auch der JVA, nicht nur ihrem Leiter oder dessen Vertreter, übertragen werden. Die Belehrung wird mündlich erteilt; sie soll unmittelbar vor der Entlassung stattfinden (IV S 3). 50

6) Nachtragsentscheidungen (IV S 1): §§ 453, 453 a I, III, 453 b, 453 c gelten entspr. Die Festsetzung der Bewährungszeit und der Auflagen und Weisungen erfolgt idR in dem Aussetzungsbeschluss. Die erforderlich werdenden Nachtragsentscheidungen, insbesondere den Widerruf der Aussetzung, trifft das Gericht ohne mündliche Verhandlung durch Beschluss in dem in § 453 geregelten Verfahren. Das Gericht, das die Aussetzung beschlossen hat, überwacht während der Bewährungszeit den Verurteilten. Ist der Widerruf zu erwarten und der Verurteilte nicht auffindbar, so gilt § 453 c. Wegen der Rechtsmittel vgl § 453 III. 51

7) Wiederholte Prüfung der Aussetzungsfrage: Die Rechtskraft des ablehnenden Beschlusses steht einer nochmaligen Prüfung der Aussetzungsfrage nicht entgegen, zB wenn der Verurteilte nun die zunächst verweigerte Einwilligung zur Reststrafaussetzung nach § 57 I StGB erklärt (Groß Rieß-FS 703). Zu einer neuen Prüfung kann es nach angemessener Zeit sogar von Amts wegen kommen, wenn sich die Voraussetzungen inzwischen geändert haben. Der Verurteilte kann angemessene Zeit nach der rechtskräftigen Ablehnung seines Antrags einen neuen Antrag stellen (Bay NJW **55**, 1644; Oldenburg JZ **55**, 23 mit zust Anm Lay; Mittelbach JR **56**, 165), wenn dem nicht eine befristete Ausschlussanordnung nach §§ 57 VII, 57 a IV StGB entgegensteht (Karlsruhe NStZ **82**, 396 mit Anm Katholnigg). Dabei muss er allerdings neue Tatsachen oder Beweismittel geltend machen (vgl Braunschweig NJW **57**, 759; Düsseldorf JMBlNW **56**, 272; LG Frankfurt NJW **55**, 396). War die Aussetzung nach §§ 57, 57 a StGB widerrufen worden, so steht das einer erneuten Aussetzung der dann noch zu verbüßenden Reststrafe nicht entgegen (Frankfurt StV **85**, 25; KK-Appl 40). 52

Frühzeitige Entscheidung über die Reststrafaussetzung

454a **[I] Beschließt das Gericht die Aussetzung der Vollstreckung des Restes einer Freiheitsstrafe mindestens drei Monate vor dem Zeitpunkt der Entlassung, so verlängert sich die Bewährungszeit um die Zeit von der Rechtskraft der Aussetzungsentscheidung bis zur Entlassung.**

[II] [1] Das Gericht kann die Aussetzung der Vollstreckung des Restes einer Freiheitsstrafe bis zur Entlassung des Verurteilten wieder aufheben, wenn die Aussetzung auf Grund neu eingetretener oder bekannt gewordener Tatsa-

chen unter Berücksichtigung des Sicherheitsinteresses der Allgemeinheit nicht mehr verantwortet werden kann; § 454 Abs. 1 Satz 1 und 2 sowie Abs. 3 Satz 1 gilt entsprechend. [2]§ 57 Abs. 5 des Strafgesetzbuches bleibt unberührt.

1 **1) Eine frühzeitige Entscheidung über die Aussetzung des Strafrests** nach §§ 57, 57a StGB, § 454 ist nicht nur zulässig, sondern erwünscht, weil eine sachgerechte, die soziale Wiedereingliederung des Verurteilten fördernde Entlassungsvorbereitung die Kenntnis vom Entlassungszeitpunkt voraussetzt (Düsseldorf MDR **87**, 1046; Zweibrücken NStZ **91**, 207; **92**, 148). Ergeht der Gerichtsbeschluss über die Reststrafaussetzung erst kurze Zeit vor dem Zeitpunkt der Entlassung, so werden die notwendigen Entlassungsvorbereitungen erschwert oder sogar unmöglich gemacht. § 454a schafft die Voraussetzungen dafür, dass das Gericht die Aussetzung des Strafrests schon längere Zeit vor dem in Aussicht genommenen Zeitpunkt der Entlassung aus der Strafhaft bewilligen kann, ohne dass dem Verurteilten dadurch ungerechtfertigte Vorteile entstehen. Die Vorschrift will dem Gericht einen Anreiz bieten, die Entlassungsentscheidungen frühzeitig zu treffen; sie setzt aber voraus, dass bereits zu diesem Zeitpunkt eine günstige Sozialprognose des Verurteilten gesichert ist (Frankfurt NStZ-RR **01**, 311). Die Vorschrift gilt nach § 463 I sinngemäß für freiheitsentziehende Sicherungsmaßregeln. Mit der Entscheidung sind erforderlichenfalls Vollzugslockerungen zu verbinden (BVerfG NJW **09**, 1941).

2 **2)** Eine **Verlängerung der Bewährungszeit** (I) tritt ein, wenn das Gericht die Aussetzung des Strafrests nach §§ 57, 57a StGB mindestens 3 Monate (die Frist berechnet sich nach § 43) vor dem Zeitpunkt der Entlassung bewilligt. I berücksichtigt dabei die Regelung des § 56a II StGB, wonach die Bewährungszeit mit der Rechtskraft der Entscheidung über die Strafaussetzung beginnt. Von diesem Zeitpunkt rechnet die 3-Monatsfrist (Bringewat StVollstr 6; **aM** KK-Appl 4: von dem in dem Rubrum des Beschlusses genannten Tag). Vom Zeitpunkt der Rechtskraft bis zur Entlassung aus der Strafhaft wird die in dem Beschluss festgesetzte Bewährungszeit verlängert. Die Verlängerung hat zur Folge, dass auch Straftaten, die der Verurteilte schon in dem ihm für Entlassungsvorbereitungen zur Verfügung gestellten Zeitraum in der Strafanstalt oder als Freigänger oder während eines Urlaubs begeht, zum Widerruf der Reststrafaussetzung nach § 57 III S 1 iVm § 56f I Nr 1 StGB führen können. Außerdem kann dem Verurteilten, insbesondere wenn er Freigänger ist, bereits vor der Entlassung aus dem Strafvollzug ein Bewährungshelfer bestellt werden.

3 **3)** Die **Wiederaufhebung des Aussetzungsbeschlusses** (II) ist bis zur Entlassung des Verurteilten aus der Strafhaft (Hamm NStZ-RR **96**, 30: in dieser Sache; **aM** Dresden JR **01**, 171 mit abl Anm Laubenthal – aufgehoben durch BVerfG NJW **01**, 2247 –: tatsächliche Freilassung) auf Grund neu eingetretener oder bekanntgewordener Tatsachen auch dann zulässig, wenn Widerrufsgründe nicht vorliegen. Das ist eine allgemeine Regelung. Sie gilt nicht nur in den Fällen des I, sondern auch, wenn das Gericht die Aussetzung des Strafrests erst innerhalb der Letzten 3 Monate vor dem Entlassungszeitpunkt beschlossen hat. Die Aufhebung des Beschlusses verlangt entgegen der früheren Gesetzesfassung, die auf die „Erprobung" der straffreien Lebensführung abgestellt hatte, nunmehr die Berücksichtigung der „Sicherheitsinteressen der Allgemeinheit" (vgl dazu 37 zu § 454).

4 Auch **neu bekanntgewordene Tatsachen,** also auch solche, die schon vor Erlass des Aussetzungsbeschlusses eingetreten, dem Gericht aber damals nicht bekannt waren, reichen aus (Laubenthal JR **01**, 172). In Betracht zu ziehen sind nicht nur das Verhalten des Verurteilten im Strafvollzug, auch während eines Urlaubs, sondern auch alle sonstigen Umstände, die einer günstigen Prognose entgegenstehen, zB die Vorbereitung neuer Straftaten. Die Unschuldsvermutung verbietet nicht die Berücksichtigung einer neuen, noch nicht abgeurteilten Straftat (BVerfG NJW **94**, 377; Jena NStZ-RR **07**, 283; Schleswig SchlHA **99**, 186). Die Aufhe-

bung des Beschlusses auf Grund neuer Tatsachen ist im Übrigen nur zulässig, wenn (in den Fällen des I) ein Widerruf der Strafaussetzung nicht möglich ist. § 57 V StGB bleibt unberührt (II S 2) und geht als die speziellere Regelung vor (Frankfurt NStZ-RR **97**, 176; Saarbrücken NStE Nr 4; vgl auch Hamann Rpfleger **86**, 358: „im Grundsatz vorzuziehen").

Für das **Verfahren** bei der Aufhebung der früheren Entscheidung bestimmt II S 1 Hs 2 die entspr Anwendung des § 454 I S 1, 2, III S 1. Das nach § 462a zuständige Gericht entscheidet ohne mündliche Verhandlung durch mit Gründen versehenen (§ 34) Beschluss nach Anhörung der StA, des Verurteilten und der Vollzugsanstalt. Eine mündliche Anhörung des Verurteilten ist nicht vorgeschrieben, aber auch nicht unzulässig. Wenn die Aufhebung auf Gründe gestützt werden soll, die denen des § 453 I S 3 entsprechen, ist sie sogar zweckmäßig (LR-Wendisch 11). Der Beschluss lautet auf Wiederaufhebung des die Aussetzung der Reststrafe bewilligenden Beschlusses. War die frühere Beschlussfassung durch einen Antrag des Verurteilten veranlasst worden oder aus sonstigen Gründen geboten, so muss gleichzeitig erneut (und diesmal abschlägig) über die Aussetzung der Vollstreckung des Strafrests entschieden werden (Hamann aaO; KK-Appl 8). 5

Gegen den Beschluss ist **sofortige Beschwerde** zulässig. Auch wenn über sie in dem ursprünglich in Aussicht genommenen Entlassungszeitpunkt noch nicht entschieden worden ist, unterbleibt die Entlassung des Verurteilten aus der Strafhaft (§ 307 I). Ferner wird ein Aufschub der Haftentlassung vor einer endgültigen Entscheidung über den Widerruf der Strafaussetzung nach II als zulässig erachtet (Hamburg NStZ **99**, 55). 6

Strafaussetzung bei Anschlussvollstreckung

454b **I Freiheitsstrafen und Ersatzfreiheitsstrafen sollen unmittelbar nacheinander vollstreckt werden.**

II 1 Sind mehrere Freiheitsstrafen oder Freiheitsstrafen und Ersatzfreiheitsstrafen nacheinander zu vollstrecken, so unterbricht die Vollstreckungsbehörde die Vollstreckung der zunächst zu vollstreckenden Freiheitsstrafe, wenn

1. unter den Voraussetzungen des § 57 Abs. 2 Nr. 1 des Strafgesetzbuches die Hälfte, mindestens jedoch sechs Monate,
2. im Übrigen bei zeitiger Freiheitsstrafe zwei Drittel, mindestens jedoch zwei Monate, oder
3. bei lebenslanger Freiheitsstrafe fünfzehn Jahre

der Strafe verbüßt sind. 2 Dies gilt nicht für Strafreste, die auf Grund Widerrufs ihrer Aussetzung vollstreckt werden. 3 Treten die Voraussetzungen für eine Unterbrechung der zunächst zu vollstreckenden Freiheitsstrafe bereits vor Vollstreckbarkeit der später zu vollstreckenden Freiheitsstrafe ein, erfolgt die Unterbrechung rückwirkend auf den Zeitpunkt des Eintritts der Vollstreckbarkeit.

III Hat die Vollstreckungsbehörde die Vollstreckung nach Absatz 2 unterbrochen, so trifft das Gericht die Entscheidungen nach den §§ 57 und 57a des Strafgesetzbuches erst, wenn über die Aussetzung der Vollstreckung der Reste aller Strafen gleichzeitig entschieden werden kann.

1) Die **Vollstreckung mehrerer Freiheitsstrafen** ist in § 43 StVollstrO geregelt. Dort ist in I ebenso wie hier in I bestimmt, dass Freiheitsstrafen (aus denen keine Gesamtstrafe gebildet werden kann) und Ersatzfreiheitsstrafen unmittelbar nacheinander vollstreckt werden sollen. Auch die Vollstreckungsreihenfolge für Freiheits- und Ersatzfreiheitsstrafen regelt § 43 II StVollStrO. Eine sachlich gebotene Unterbrechung der Vollstreckung schließt I nicht aus. Für Jugendstrafen hat die Vorschrift keine Bedeutung (Frankfurt NStZ-RR **00**, 95; Stuttgart Justiz **87**, 436), 1 auch nicht für Fälle des Zusammentreffens von Freiheits- und Jugendstrafe (Düsseldorf MDR **88**, 79; vgl aber Jena NStZ **05**, 167).

2 **2) Notwendige Unterbrechung der Vollstreckung** (II): Nach § 57 I, II StGB kann die Vollstreckung des Restes einer zeitigen Freiheitsstrafe bei günstiger Sozialprognose nach Verbüßung von 2 Dritteln, uU schon nach Verbüßung der Hälfte der Strafe zur Bewährung ausgesetzt werden. Die Aussetzung des Strafrests lebenslanger Freiheitsstrafen lässt § 57a I StGB zu, wenn mindestens 15 Jahre der Strafe verbüßt sind. Beim Zusammentreffen des Vollzugs mehrerer zeitiger oder lebenslanger Freiheitsstrafen sind die Voraussetzungen der §§ 57, 57a StGB für jede von ihnen gesondert zu prüfen. Um zu ermöglichen, dass das durch eine gleichzeitige und einheitliche Entscheidung gegen Ende der Anschlussvollstreckung geschehen kann, schreibt II S 1 vor, dass die Vollstreckung der zunächst zu vollstreckenden Freiheitsstrafe (zur Ersatzfreiheitsstrafe vgl Fischer 3 zu § 57 StGB) zu unterbrechen ist, wenn die zeitlichen Voraussetzungen der §§ 57 I, 57a I StGB erfüllt sind oder im Fall des § 57 II Nr 1 StGB der Verurteilte, der erstmals eine Freiheitsstrafe verbüßt, die Hälfte, mindestens 6 Monate der 2 Jahre nicht übersteigenden Strafe verbüßt hat. Die Vorschrift gilt auch, wenn aus einem der Verfahren eine Freiheitsstrafe und aus einem anderen Verfahren sowohl eine freiheitsentziehende Maßnahme der Besserung und Sicherung als auch eine Freiheitsstrafe zur Vollstreckung kommen (Hamm NStZ-RR **97**, 124 mwN), sowie bei einer nach § 35 BtMG rückstellungsfähigen Strafe (Schleswig SchlHA **02**, 173 [D/D]; Stuttgart StraFo **08**, 525). Sie findet aber keine Anwendung im Fall des § 57 II Nr 2 StGB (Hamm NStZ **93**, 302; Oldenburg MDR **87**, 75; LG Hamburg MDR **91**, 666; **aM** Frankfurt NStZ-RR **97**, 95; Stuttgart NStZ-RR **03**, 253; zw auch Zweibrücken NStZ **89**, 592 = JR **90**, 211 mit abl Anm Wendisch) und bei der Vollstreckung von Freiheits- und Jugendstrafe (Eisenberg 6 zu § 89a JGG), es sei denn, der Jugendrichter hat die Vollstreckung der Jugendstrafe nach §§ 89a III, 85 VI JGG an die StA abgegeben (Zweibrücken NStE Nr 16). Das Unterbrechungsgebot ist strikt zu beachten; ein den Vollstreckungsbehörden unterlaufenes Verschulden darf einem Verurteilten nicht zum Nachteil gereichen (BVerfG NStZ **88**, 474).

3 Der **Erstverbüßung** iS der Vorschrift steht es nicht entgegen, wenn der Verurteilte zuvor teilweise Ersatzfreiheitsstrafe verbüßt hat (Stuttgart StV **94**, 250), ebenso wenig UHaft, Auslieferungshaft u. ä. (Baier Paulus-FG 9). Die Erstverbüßerregelung gilt nach der jetzt hM in der Rspr der OLGe nicht nur für die an 1. Stelle vollstreckte Freiheitsstrafe, sondern auch für die folgenden zu vollstreckenden Freiheitsstrafen (Celle NdsRpfl **90**, 122; Düsseldorf Rpfleger **99**, 147; München MDR **88**, 601; Oldenburg StV **87**, 70; Stuttgart aaO; Zweibrücken StV **86**, 489 mit Anm Maatz StV **87**, 71; vgl auch Fischer 25 zu § 57 StGB mwN; Baier aaO 8); das gilt auch, wenn die Gesamtdauer dieser Strafen 2 Jahre übersteigt (Köln StraFo **07**, 479 mwN; Stuttgart aaO mwN; Wagner Rpfleger **97**, 424; **aM** Karlsruhe NStZ **89**, 323).

4 Der Verurteilte muss von der beabsichtigten Unterbrechung **nicht unterrichtet** werden; die Unterbrechung unterbleibt auch dann nicht, wenn er ihr widerspricht (Hamburg StV **94**, 195).

5 Die Unterbrechung ist **jeweils rechtzeitig** vor dem nach II S 1 bestimmten Zeitpunkt vorzunehmen. Für den Fall, dass dies nicht möglich war, bestimmt nunmehr II S 3, dass die Unterbrechung rückwirkend auf den Zeitpunkt des Eintritts der Vollstreckbarkeit erfolgt (so schon bisher Celle NStZ **90**, 252 = JR **91**, 76 mit Anm Müller-Dietz; Graul GA **91**, 11; Wagner Rpfleger **97**, 421). II S 3 gilt entspr bei sonstigem fehlerhaften Unterlassen der Vollstreckungsunterbrechung (Baier aaO 7). Von der Unterbrechung sind der Verurteilte und die Vollzugsbehörde zu benachrichtigen.

6 Der **Unterbrechungszwang gilt auch,** wenn das Gericht die Aussetzung nach § 57 oder § 57a StGB bereits abgelehnt hatte, sich nun aber herausstellt, dass eine weitere Strafe zu vollstrecken ist (Celle NStE Nr 6; Düsseldorf StV **90**, 121;

Hamm NStZ **85**, 144; Karlsruhe NStZ **82**, 396 mit Anm Katholnigg; NStZ-RR **96**, 60; Oldenburg StV **85**, 68; Stuttgart NStE Nr 10; Maatz NStZ **90**, 218; **aM** München StV **82**, 30 mit abl Anm Volckart). Das erfordert die für die Prognoseentscheidung anzustellende Gesamtschau (unten 11).

Von der Vollzugsunterbrechung werden aber **solche Reststrafen nicht betroffen,** die deshalb vollstreckt werden, weil die für sie bewilligte Aussetzung zur Bewährung widerrufen worden ist (II S 2); das kommt praktisch nur für Strafreste in Betracht, die mehr als ein Drittel der erkannten Strafe betragen (Funck NStZ **92**, 511). Es macht keinen Unterschied, ob Aussetzung und Widerruf durch das Gericht oder durch die Gnadenbehörde angeordnet worden sind (Baier aaO 10). Findet eine Unterbrechung von Amts wegen nach II S 2 nicht statt, so wird idR auch eine Unterbrechung auf Antrag des Verurteilten nicht in Betracht kommen (dazu Frankfurt NStZ **83**, 48). Die erneute Anwendung des § 57 StGB schließt II S 2 nicht schlechthin aus (Frankfurt NStZ-RR **00**, 282, 283 mwN; offen gelassen von BGH NJW **91**, 2030). Nach § 43 II Nr 1 S 2 StVollstrO sind aber solche Reststrafen vollständig vorwegzuvollstecken (Karlsruhe StV **03**, 348; Blechinger NStZ **00**, 56; **aM** Ullenbruch NStZ **99**, 10). Hiervon kann mit Rücksicht auf eine möglicherweise in Betracht kommende erneute Strafaussetzung nur die StA nach § 43 IV StVollstrO absehen (dazu im einzelnen Frankfurt aaO) und die Vollstreckungsreihenfolge ändern oder eine bereits begonnene Vollstreckung unterbrechen (Bremen OLGSt Nr 2; Hamburg StV **93**, 256; Hamm NStZ **93**, 302; Karlsruhe aaO; Stuttgart Justiz **02**, 602; LG Heilbronn NStZ **89**, 291 mit zust Anm Wendisch; LG Hamburg NStZ **92**, 253 mit zust Anm Volckart und abl Anm Funck NStZ **92**, 511; vgl auch Wagner Rpfleger **91**, 447). Gegen die Entscheidung der StA ist der Rechtsweg nach §§ 23 **EGGVG** gegeben (BGH aaO; Hamm NStZ **99**, 56; Karlsruhe aaO; Stuttgart aaO). **7**

Zuständig für die Anordnung der Unterbrechung nach § 454 b ist die VollstrB (§ 451; Müller-Dietz JR **91**, 79). Die Anordnung ist auf den Rechtspfleger übertragen (§ 31 II S 1 **RPflG**). **8**

Über **Einwendungen** gegen dessen Anordnungen entscheidet nach § 458 II das Gericht (§ 31 VI S 1 **RPflG**; vgl Stuttgart Justiz **90**, 472; StraFo **08**, 525). Gegen die Entscheidung des Gerichts ist nach § 462 III sofortige Beschwerde (§ 311) zulässig. **9**

Zur **Strafzeitberechnung** bei unmittelbarer Anschlussvollstreckung mehrerer Freiheitsstrafen vgl Karlsruhe NStZ **92**, 302. **10**

3) Die **Entscheidung über die Reststrafaussetzung** (III) muss beim Zusammentreffen des Vollzugs mehrerer (auch mehrerer lebenslanger; Nürnberg NStZ **99**, 269) Freiheitsstrafen zunächst zurückgestellt werden. Vorweggenommene Einzelentscheidungen sieht das Gesetz nicht vor; ein darauf gerichteter Antrag des Verurteilten ist als unzulässig zu verwerfen (Düsseldorf VRS **81**, 293; Greger JR **86**, 357). Die StVollstrK (§ 462 a) darf die Entscheidung erst treffen, wenn über die Aussetzung der Vollstreckung der Reste aller Strafen gleichzeitig entschieden werden kann, dh regelmäßig erst vor dem Ende der letzten Anschlussvollstreckung, bei Bestehen einer Sperre nach § 57 VII StGB grundsätzlich erst nach deren Ablauf (München MDR **87**, 782). Dann muss die Entscheidung aber so rechtzeitig vorliegen, dass über die Aussetzung der Strafreste Klarheit herrscht. Das Gericht ist zur gleichzeitigen Entscheidung hinsichtlich aller Strafen verpflichtet, deren Vollstreckung nach II unterbrochen worden ist; es darf die Entscheidung über eine oder mehrere dieser Strafen nicht aussetzen (Düsseldorf NStZ **83**, 286; StV **90**, 122; Hamm MDR **85**, 248). Bei der Entscheidung hat es die Voraussetzungen der §§ 57, 57 a StGB für jede Freiheitsstrafe gesondert (Hamm MDR **87**, 512; Greger JR **86**, 356; Maatz MDR **85**, 801; zu § 35 BtMG vgl LG Osnabrück StV **87**, 210), aber auf Grund einer Gesamtschau zu prüfen, der die Umstände zZ der Entscheidung zugrunde zu legen sind. Das kann zu unterschiedlichen Entscheidungen führen, wenn eine günstige Sozialprognose die Reststrafaussetzung der zeitigen Freiheits- **11**

strafe ermöglicht, die besondere Schuld aber nach § 57 a I Nr 2 die weitere Vollstreckung der lebenslangen Freiheitsstrafe gebietet. Eine entspr Anwendung des III auf sonstige Fälle des Zusammentreffens des Vollzugs mehrerer Freiheitsstrafen (ohne Unterbrechung der Vollstreckung) kommt nicht in Betracht (Baier Paulus-FG 12 mwN; **aM** Düsseldorf JR **94**, 347 mit abl Anm Bringewat; Rostock StV **94**, 194).

12 **4) Beschwerde:** Ein die Aussetzung ablehnender Beschluss und die dagegen eingelegte Beschwerde werden durch die Unterbrechung nach II gegenstandslos (Zweibrücken MDR **89**, 843), anders aber bei Unzulässigkeit des Antrags (Düsseldorf Rpfleger **99**, 147). Sind mehrere StAen als VollstrBen zuständig, kann jede StA die Entscheidung nur hinsichtlich derjenigen Strafe anfechten, für die sie als VollstrB zuständig ist, das Beschwerdegericht auch nur insoweit entscheiden (Düsseldorf NStE Nr 17). Die Beschwerde der StA kann nach § 301 auch zu einer für den Verurteilten günstigeren Entscheidung führen (vgl Frankfurt NStZ-RR **96**, 221).

Strafausstand wegen Vollzugsuntauglichkeit

455 **I Die Vollstreckung einer Freiheitsstrafe ist aufzuschieben, wenn der Verurteilte in Geisteskrankheit verfällt.**

II Dasselbe gilt bei anderen Krankheiten, wenn von der Vollstreckung eine nahe Lebensgefahr für den Verurteilten zu besorgen ist.

III Die Strafvollstreckung kann auch dann aufgeschoben werden, wenn sich der Verurteilte in einem körperlichen Zustand befindet, bei dem eine sofortige Vollstreckung mit der Einrichtung der Strafanstalt unverträglich ist.

IV 1 Die Vollstreckungsbehörde kann die Vollstreckung einer Freiheitsstrafe unterbrechen, wenn

1. der Verurteilte in Geisteskrankheit verfällt,
2. wegen einer Krankheit von der Vollstreckung eine nahe Lebensgefahr für den Verurteilten zu besorgen ist oder
3. der Verurteilte sonst schwer erkrankt und die Krankheit in einer Vollzugsanstalt oder einem Anstaltskrankenhaus nicht erkannt oder behandelt werden kann

und zu erwarten ist, dass die Krankheit voraussichtlich für eine erhebliche Zeit fortbestehen wird. 2 Die Vollstreckung darf nicht unterbrochen werden, wenn überwiegende Gründe, namentlich der öffentlichen Sicherheit, entgegenstehen.

1 **1) Strafausstand wegen Vollzugsuntauglichkeit** kann dem Verurteilten bewilligt werden, dh die Vollstreckung der Freiheitsstrafe, auch einer lebenslangen, ist aufzuschieben, wenn sie noch nicht begonnen hatte (I–III), und der bereits begonnene Vollzug einer solchen Strafe kann unterbrochen werden (IV); eingehend Zeitler Rpfleger **09**, 205: „Krankheit und Strafe – Die Probleme mit § 455 StPO". Dabei gelten für die Strafunterbrechung strengere Anforderungen als für den Strafaufschub nach I und II; beide sind scharf voneinander zu unterscheiden (Koblenz StraFo **03**, 434). Die Unterbrechung ist im Gegensatz zum Strafaufschub sogar bei Vollzugsuntauglichkeit nicht zwingend vorgeschrieben; der Verurteilte hat kein Recht auf Unterbrechung, sondern nur auf fehlerfreie Ermessensausübung (unten 7). Ein Fall des Strafaufschubs, nicht der Unterbrechung, liegt auch vor, wenn bereits ein Teil der Strafe vollstreckt, der Vollzug dann unterbrochen worden war und nunmehr die Fortsetzung der Vollstreckung aufgeschoben wird (Hamm NJW **73**, 2075; LR-Wendisch 3; **aM** Oldenburg NStZ **83**, 139; KMR-Stöckel 2). Zu den notwendigen Maßnahmen der Vollzugsanstalt bei einer Strafunterbrechung vgl § 46 StVollstO. Zur Anwendung des § 455 bei freiheitsentziehenden Sicherungsmaßregeln vgl § 463 I und IV. Die Strafunterbrechung bei Vollzug der Strafe durch die Bundeswehr regelt Art 6 EGWStG.

Die **Dauer des Strafausstands** lässt § 455, anders als § 456 II, offen. Sie hängt, auch im Fall des IV, von dem Wiedereintritt der Vollzugstauglichkeit ab. Der Strafausstand sollte gleichwohl nur für eine bestimmte Zeitdauer bewilligt und ggf verlängert werden. Zulässig ist auch ein neuer oder mehrmaliger Strafausstand. Vgl zum Ganzen Heischel, § 455 StPO – Die Haftverschonung aus Gesundheitsgründen in ihren rechtlichen Grundlagen und in der Praxis, 1998, zugl Diss Bochum 1997. 2

2) Strafaufschub (I–III) ist beim Vorliegen der folgenden Voraussetzungen teils zwingend vorgeschrieben (I, II), teils in das Ermessen der VollstrB gestellt (III): 3

A. **Geisteskrankheit** (I): Zum Strafaufschub zwingt nur eine Geisteskrankheit, die so schwer ist, dass der Verurteilte für einen Behandlungsvollzug nicht geeignet erscheint (München NStZ **81**, 240; weitergehend Volckart 13 ff). Andernfalls wird nach § 7 I Nr 6 StVollzG verfahren. Bei in Schüben auftretender Geisteskrankheit wird Strafaufschub nur für die Dauer eines Schubes bewilligt (KK-Appl 6). 4

B. Die **Besorgnis naher Lebensgefahr** (II) durch die Vollstreckung (Düsseldorf NJW **91**, 765; Schleswig SchlHA **93**, 230 [L/T]) zwingt auch gegen den Willen des Verurteilten zum Strafaufschub. Dabei genügt nicht die bloße Möglichkeit, dass sich die Krankheit lebensbedrohlich verschlechtern könnte (Düsseldorf aaO; Hamm MDR **76**, 778). Vielmehr ist ein höherer Grad von Wahrscheinlichkeit erforderlich, der uU bei noch sehr lange zu vollstreckenden Strafen bis an eine an Sicherheit grenzende Wahrscheinlichkeit heranreichen muss (München NStZ **81**, 240; vgl auch BVerfGE **51**, 324 = NJW **79**, 2349). Selbstmordgefahr löst besondere Sicherungsmaßnahmen nach § 88 StVollzG aus, nicht den Strafaufschub nach II (KG NStZ **94**, 255; Hamm OLGSt S 1; Schleswig SchlHA **07**, 292 [D/D]; eingehend und krit dazu sowie allgemein zur Haftunfähigkeit Gatzweiler StV **96**, 283 sowie Neuhaus DAV-FS 1010). 5

C. **Unverträglicheit der sofortigen Vollstreckung** (III): Gemeint ist ein körperlicher Zustand des Verurteilten, der einen Strafaufschub sowohl im Interesse der Vollzugsanstalt, der Schwierigkeiten beim Vollzug erspart werden sollen, als auch in seinem eigenen geboten erscheinen lässt, etwa wenn die nötige ärztliche Behandlung in der Vollzugsanstalt nicht möglich wäre (BGH **19**, 148, 150). Der Strafaufschub nach III setzt voraus, dass die sofortige Vollstreckung gegen den Verhältnismäßigkeitsgrundsatz verstoßen würde (Litwinski/Bublies 28); das öffentliche Interesse an der alsbaldigen Strafvollstreckung ist zu berücksichtigen (BGH NJW **93**, 2927). Für schwangere Frauen gilt III idR nicht (LR-Wendisch 11). Die Entscheidung steht im pflichtgemäßem Ermessen der VollstrB (KG NStZ **94**, 255). 6

3) Strafunterbrechung (IV) kann die VollstrB nach pflichtgemäßem Ermessen bewilligen. Der Gefangene hat auf sie keinen Rechtsanspruch; er kann nur die fehlerfreie Ausübung des Ermessens verlangen (Hamm NStZ-RR **09**, 189 mwN). Die VollstrB muss im Einzelfall unter Abwägung aller Gesichtspunkte prüfen (vgl BVerfG NStZ-RR **03**, 345; KG StV **08**, 87), ob die Unterbrechung geboten erscheint, weil folgende Voraussetzungen vorliegen: 7

A. **Geisteskrankheit** (S 1 Nr 1): Vgl oben 4. 8

B. **Besorgnis naher Lebensgefahr** (S 1 Nr 2): Vgl oben 5. 9

C. **Sonstige schwere Erkrankung** (S 1 Nr 3): Ein kranker Gefangener kann nach § 65 I StVollzG in ein Anstaltskrankenhaus oder in eine für seine Pflege besser geeignete Vollzugsanstalt verlegt werden. Die Erkrankung rechtfertigt die Strafunterbrechung nur, wenn sie dort nicht erkannt oder nicht behandelt werden kann (Karlsruhe NStZ **91**, 53; Stuttgart StV **91**, 478). Durch IV werden daher nur schwerwiegende Fälle erfasst (vgl LG Ellwangen NStZ **88**, 330: Nicht Erkrankung an Aids). Das Grundrecht aus Art 2 II S 1 iVm Art 1 II GG kann darüber hinaus eine Strafunterbrechung bei einem todkranken Gefangenen gebieten (BVerfG 2 BvR 3012 vom 9. 3. 2010; Hamburg StraFo **06**, 300). Zu prüfen ist jedoch immer, ob es nicht ausreicht, den Gefangenen nach § 65 II StVollzG ohne Strafun- 10 terbrechung in ein Krankenhaus außerhalb des Vollzugs zu verbringen (BVerfG NStZ-RR **03**, 345; München StV **97**, 262 mit Anm Kunisch). Zur erforderlichen Abwägung – auch mit IV S 2 (unten 12) – vgl Jena StV **04**, 84. Eine Unterbrechung nach IV liegt nur vor, wenn die Vollstreckungsbehörde die Verfügungsgewalt über den Verurteilten vollständig aufgibt (Hamburg NStZ **99**, 589 mwN); sonst gilt § 461 I.

11 D. Für **erhebliche Zeit** muss die Erkrankung nach S 1 Nrn 1–3 voraussichtlich fortbestehen. Dass der Verurteilte überhaupt oder auf absehbare Zeit nicht wieder vollzugstauglich wird, wird nicht vorausgesetzt. Erheblich kann auch eine Zeit sein, deren Ende vorauszusehen ist; sie muss nur so lang sein, dass es, auch unter Berücksichtigung der Reststrafdauer (München StraFo **03**, 323), angezeigt erscheint, den erkrankten Verurteilten aus dem Strafvollzug zu entlassen. Entspr der Regelung des § 45 II S 1 StrVollstrO wird darüber das Gutachten des zuständigen Amtsarztes einzuholen sein.

12 E. **Ausgeschlossen ist die Strafunterbrechung** (S 2), wenn überwiegende Gründe, insbesondere der öffentlichen Sicherheit, entgegenstehen (vgl § 45 I Hs 2 StVollstrO). Das ist der Fall, wenn der Verurteilte trotz oder gerade wegen seiner Erkrankung so gefährlich ist, dass es im Interesse der Allgemeinheit geboten erscheint, den Strafvollzug fortzusetzen und ihn in einem Anstaltskrankenhaus zu behandeln oder unter Aufrechterhaltung des Strafvollzugs in ein anderes Krankenhaus zu verlegen. In Betracht kommen insbesondere Fluchtgefahr und die Gefahr der Begehung weiterer erheblicher Straftaten (krit dazu Neuhaus DAV-FS 1025). Vgl auch 3 zu § 455 a.

13 F. Bei **Vollzug durch Bundeswehrbehörden** ist die Unterbrechung der Vollstreckung eines Strafarrests und einer Freiheitsstrafe unter den Voraussetzungen des Art 6 EGWStG zulässig (§ 45 III StVollstrO).

14 G. **Verfahren bei der Strafunterbrechung:** Während der Strafaufschub formlos durch Hinausschieben des Strafantritts erfolgen kann, bedarf die Strafunterbrechung einer förmlichen Anordnung, die der Vollzugsbehörde und dem Verurteilten, sofern er zur Entgegennahme in der Lage ist, bekanntgegeben wird (§ 46 I StVollstrO). War der Verurteilte bereits vor der Unterbrechung in eine Krankenanstalt, in ein psychiatrisches Krankenhaus oder in eine entspr Einrichtung verbracht worden, so wird die Vollstreckungsunterbrechung mit dem Zugang der Mitteilung bei der Anstalt wirksam (§ 46 III S 2 Hs 2 StVollstrO). Mit rückwirkender Kraft kann die Unterbrechung nicht angeordnet werden (Schleswig SchlHA **57**, 81; LR-Wendisch 13 zu § 461). Die Unterbrechung endet, wenn Maßnahmen getroffen werden, die dazu dienen, den Verurteilten erneut unter die Verfügungsgewalt der VollstrB zu bringen. Dazu genügt zB die Bewachung durch Polizeibeamte vor dem Aufenthaltsraum in der Krankenanstalt (Celle MDR **68**, 782), aber nicht schon Anfragen an das Krankenhaus nach dem Entlassungszeitpunkt usw (Stuttgart NStZ **89**, 552). Grundsätzlich wird das Ende der Unterbrechung aber von der VollstrB ausdrücklich bestimmt.

15 **4) Zuständig** für die Entscheidung über den Strafausstand ist die VollstrB (§ 451 I; dort 2). Sie entscheidet auf Antrag des Verurteilten oder von Amts wegen.

16 **5) Rechtsbehelfe:** Der Verurteilte kann gegen die Entscheidung der VollstrB Dienstaufsichtsbeschwerde einlegen oder bei Gericht Einwendungen erheben, über die nach § 458 II zu entscheiden ist (Karlsruhe NStZ **88**, 525). Gegen die gerichtliche Entscheidung ist sofortige Beschwerde zulässig (§ 462 III S 1). Im Fall des Strafaufschubs werden weder die Einwendungen noch die sofortige Beschwerde deshalb gegenstandslos, weil die Strafvollstreckung gegen den Verurteilten inzwischen begonnen hat (Schleswig MDR **83**, 865; KK-Appl 17; erg 9 zu § 456). Im Fall der Strafunterbrechung hat die sofortige Beschwerde der StA gegen den Gerichtsbeschluss, der die Unterbrechung nach § 458 II anordnet, aufschiebende Wirkung (§ 462 III S 2).

Vollstreckungsaufschub und -unterbrechung aus anderen Gründen

455a **I Die Vollstreckungsbehörde kann die Vollstreckung einer Freiheitsstrafe oder einer freiheitsentziehenden Maßregel der Besserung und Sicherung aufschieben oder ohne Einwilligung des Gefangenen unterbrechen, wenn dies aus Gründen der Vollzugsorganisation erforderlich ist und überwiegende Gründe der öffentlichen Sicherheit nicht entgegenstehen.**

II Kann die Entscheidung der Vollstreckungsbehörde nicht rechtzeitig eingeholt werden, so kann der Anstaltsleiter die Vollstreckung unter den Voraussetzungen des Absatzes 1 ohne Einwilligung des Gefangenen vorläufig unterbrechen.

1) Aus Gründen der Vollzugsorganisation (I) lässt die Vorschrift (eingehend 1
dazu Fabricius StV **98**, 447) Strafaufschub und Strafunterbrechung zu. Gründe, die in der Person des Verurteilten liegen, rechtfertigen den Strafausstand nicht (KG NStZ **83**, 334). I bezweckt in 1. Hinsicht, dem Verbot der Überbelegung der Vollzugsanstalten (§ 146 StVollzG), dem für eine menschenwürdige Unterbringung besondere Bedeutung zukommt, schon im Bereich der Strafvollstreckung Geltung zu verschaffen; die Verlegungsermächtigung nach § 8 I Nr 2 StVollzG wird durch I ergänzt. Die Unterbrechung kann auch notwendig werden, wenn Platz für Gefangene schwererer Kriminalität geschaffen werden muss (KG aaO) oder wenn der plötzliche Ausfall einer JVA (zB infolge von Brand oder Baufälligkeit) oder die unvorhersehbare Verminderung ihrer Belegungsfähigkeit als Folge von Katastrophen oder Unglücksfällen, auch von Seuchen, die Strafvollstreckung unmöglich macht. Die Unterbrechung des Vollzugs zur Vollstreckung von UHaft regelt § 116b S 2.

Überwiegende Gründe der öffentlichen Sicherheit stehen dem Strafaus- 2
stand entgegen. Sie können allgemeiner Art sein oder in der Person des Gefangenen liegen. Allgemein kann die Verteidigung der Rechtsordnung es verbieten, bei Überbelegung einer JVA einen allzu weitgehenden Vollzugsstopp anzuordnen. Ist die Räumung einer JVA unvermeidbar, so wird idR nicht die Freilassung sämtlicher Gefangener in Betracht kommen (LR-Wendisch 3). Im Einzelfall kann bei einem Verurteilten die Besorgnis, dass er bei Aufschub oder Unterbrechung der Vollstreckung neue erhebliche Straftaten begehen oder sich nachhaltig dem Vollzug entziehen werde, dem Strafausstand entgegenstehen (KK-Appl 3).

Der **Einwilligung des Verurteilten** bedarf es nicht, wenn die Vollstreckung 3
unterbrochen werden soll (I). Im Fall des Strafaufschubs ist sie ebenfalls nicht erforderlich; denn der Verurteilte hat keinen Anspruch auf sofortige Vollstreckung der Strafe.

Zuständig für die Anordnung ist die VollstrB (§ 451 I), die die Zustimmung 4
der LJV einholen muss, sofern das zeitlich möglich ist (§ 46a I StVollstrO). Die Geschäfte sind nach § 31 II S 1 **RPflG** dem Rechtspfleger übertragen, der aber nach § 46a I StVollstrO die Zustimmung der obersten Justizbehörde einzuholen hat.

2) Die **Unterbrechung in Eilfällen** (II) darf der Anstaltsleiter unter den Vor- 5
aussetzungen des I ohne Einwilligung des Gefangenen anordnen. Er nimmt dabei als eine Art Not-VollstrB (LR-Wendisch 4) die Aufgaben der VollstrB wahr, die er unverzüglich von seiner Anordnung zu unterrichten hat (§ 46a II S 1 StVollstrO). Da die Anordnung nur vorläufiger Art ist, muss die VollstrB über die Fortdauer der Strafunterbrechung oder deren Befristung entscheiden, sobald ihr das möglich ist.

3) Rechtsbehelfe: Die Anordnung nach I ist unanfechtbar; sie beschwert den 6
Verurteilten selbst dann nicht, wenn die Unterbrechung ohne seine Einwilligung angeordnet worden ist (KG NStZ **83**, 334; **aM** KK-Appl 6; KMR-Stöckel 10: §§ 23ff **EGGVG**). Gegen die Anordnung nach II scheidet ein Rechtsbehelf schon deshalb aus, weil diese Entscheidung alsbald durch eine Entscheidung der VollstrB ersetzt wird (oben 5).

Vorübergehender Vollstreckungsaufschub

456 **I Auf Antrag des Verurteilten kann die Vollstreckung aufgeschoben werden, sofern durch die sofortige Vollstreckung dem Verurteilten oder seiner Familie erhebliche, außerhalb des Strafzwecks liegende Nachteile erwachsen.**

II Der Strafaufschub darf den Zeitraum von vier Monaten nicht übersteigen.

III Die Bewilligung kann an eine Sicherheitsleistung oder andere Bedingungen geknüpft werden.

1 **1)** Einen **Vollstreckungsaufschub in Härtefällen** (I) lässt die Vorschrift zu, keine Vollstreckungsunterbrechung (BGH **19**, 148, 150; **aM** Volckart NStZ **82**, 496). Der Aufschub muss sich nicht auf den 1. Strafantritt beziehen; auch der Aufschub der Vollstreckung des Strafrests fällt unter die Vorschrift, gleichgültig, weshalb die Vollstreckung unterbrochen worden war (LR-Wendisch 3).

2 Für alle **Strafarten** gilt die Vorschrift, auch für die Geldstrafe (Schleswig SchlHA **76**, 13), für die sie aber wegen der weitergehenden Aufschubmöglichkeit nach § 459a keine praktische Bedeutung hat, sowie für Nebenstrafen und Nebenfolgen, die einer Vollstreckung bedürfen (vgl § 459g 1ff). Auf Sicherungsmaßregeln, mit Ausnahme der Sicherungsverwahrung, ist § 456 entspr anzuwenden (§ 463 I, IV S 3). Für die Ersatzfreiheitsstrafe gilt die besondere Regelung des § 459f (dort 1). Auch auf Nebenstrafen oder Nebenfolgen, die mit der Rechtskraft ohne weiteres wirksam werden, ist § 456 nicht anwendbar (Isak/Wagner 677); das gilt für das Fahrverbot nach § 44 StGB (AG Mainz MDR **67**, 683; Pohlmann Rpfleger **67**, 380), den Verlust von Fähigkeiten und Rechten nach § 45 StGB und den Rechtsübergang bei Verfall und Einziehung (§§ 73e I S 1, 74e I StGB). Für das Berufsverbot nach § 70 StGB gilt die Sonderregelung des § 456c.

3 Der Aufschub setzt voraus, dass dem Verurteilten oder seiner Familie andernfalls **erhebliche, außerhalb des Strafzwecks liegende Nachteile** erwachsen. Es müssen Nebenwirkungen eintreten, die über das gewöhnliche Strafübel hinausgehen und bei später einsetzender Strafvollstreckung vermeidbar wären (Düsseldorf VRS **84**, 463; LG Itzehoe StV **93**, 206; Heimann StV **01**, 56). Nachteile, die auch nach 4 Monaten noch bestehen, rechtfertigen den Aufschub nicht (Schleswig NStZ **92**, 558), sondern können nur Anlass für einen Gnadenerweis geben (Düsseldorf JR **92**, 435 mit zust Anm Wendisch). Ein außerhalb des Strafzwecks liegender Nachteil iS des I liegt zB vor, wenn der Verurteilte einen Betrieb leitet und keinen eingearbeiteten Vertreter hat (Düsseldorf NJW **66**, 1767; Frankfurt NStZ **89**, 93; vgl aber Schleswig aaO), wenn er kurz vor dem Abschluss der Berufsausbildung steht, wenn er als Student dadurch ein Semester nicht erfolgreich absolvieren kann (LG Bochum DtV **08**, 88), wenn er auf dem elterlichen Hof zur Ernteeinbringung benötigt wird (Volckart NStZ **82**, 496) oder wenn seine Ehefrau im Krankenhaus liegt und niemand die Kinder warten kann (vgl Zweibrücken NJW **74**, 70 mit Anm Kaiser).

4 Nur auf **Antrag** kann der Strafaufschub bewilligt werden. Bei Freiheitsstrafen muss der Antrag vor Beginn des Vollzugs gestellt werden (Schleswig SchlHA **00**, 149 [D]). Wird vor der Entscheidung über den Antrag mit dem Vollzug begonnen, so lautet die nachträgliche Entscheidung gleichwohl nicht auf Unterbrechung, sondern auf Aufschub der Vollstreckung (vgl Hamm NJW **73**, 2075; Zweibrücken aaO; Stuttgart NStZ **85**, 331; Litwinski/Bublies 29).

5 Einen **Rechtsanspruch** auf Vollstreckungsaufschub hat der Verurteilte nicht. Die Entscheidung wird nach pflichtgemäßem Ermessen getroffen (Heimann aaO). Auch wenn die Voraussetzungen des I vorliegen, kann der beantragte Strafaufschub zu versagen sein, wenn der Strafzweck die sofortige Vollstreckung erfordert (Lemberg DRiZ **65**, 265; **aM** Lorenz DRiZ **64**, 95).

2) Nicht länger als 4 Monate (II) darf der Strafaufschub dauern. Die nach § 43 zu bestimmende Frist beginnt nach jetzt ganz hM an dem Tag, zu dem der Verurteilte zum Strafantritt geladen worden ist (Düsseldorf JR **92**, 435 mwN und zust Anm Wendisch; Heimann StV **01**, 55 mwN) oder an dem er nach einer Strafunterbrechung in die Anstalt zurückkehren soll (Volckart 18). Die Frist endet unter allen Umständen 4 Monate nach diesem Zeitpunkt, selbst wenn bis dahin über den Antrag nach I nicht entschieden worden ist (Düsseldorf VRS **88**, 52; Stuttgart MDR **82**, 601). Wenn erst nach Beginn der Vollstreckung über den Antrag entschieden wird, bleibt aber die schon verbüßte Zeit außer Betracht (Stuttgart NStZ **85**, 331; KK-Appl 7). Ein Strafaufschub über die Frist des II hinaus kann nur im Gnadenweg bewilligt werden (Stuttgart aaO); das Gleiche gilt für mehrfache Strafaufschübe über 4 Monate hinaus (Hamburg NJW **69**, 671). 6

3) An **Sicherheitsleistung oder andere Bedingungen** (III) kann die Bewilligung des Strafaufschubs geknüpft werden. Für die Sicherheitsleistung gelten die §§ 116 I Nr 4; 116a I, II, 123, 124 entspr. Den Verfall der Sicherheit nach § 124 darf nur das Gericht anordnen. Eine andere Bedingung ist zB die Meldepflicht bei der Polizei. Unzulässig ist die Auferlegung einer Geldbuße (LG Frankfurt aM NJW **54**, 287 L). 7

4) Zuständig für die Anordnung ist die VollstrB (§ 451 I). Die Geschäfte sind nach § 31 II S 1 **RPflG** auf den Rechtspfleger übertragen (2 zu § 451). 8

5) Rechtsbehelfe: Gegen die Entscheidung des Rechtspflegers können bei Gericht (§ 31 VI S 1 **RPflG**) Einwendungen nach § 458 II erhoben werden, die nicht deshalb gegenstandslos werden, weil inzwischen mit der Vollstreckung begonnen worden ist (Hamm NJW **73**, 2075; Stuttgart NStZ **85**, 331; Zweibrücken NJW **74**, 70 mit Anm Kaiser; **aM** München NStZ **88**, 294 mit abl Anm Preusker; erg 16 zu § 455). Die gerichtliche Entscheidung ist nach § 462 III mit der sofortigen Beschwerde anfechtbar, bei deren Begründetheit das Beschwerdegericht den Aufschub selbst bewilligt (Karlsruhe StV **00**, 213). 9

Absehen von Vollstreckung bei Auslieferung und Ausweisung

456a **I Die Vollstreckungsbehörde kann von der Vollstreckung einer Freiheitsstrafe, einer Ersatzfreiheitsstrafe oder einer Maßregel der Besserung und Sicherung absehen, wenn der Verurteilte wegen einer anderen Tat einer ausländischen Regierung ausgeliefert, an einen internationalen Strafgerichtshof überstellt oder wenn er aus dem Geltungsbereich dieses Bundesgesetzes ausgewiesen wird.**

II [1] Kehrt der Ausgelieferte, der Überstellte oder der Ausgewiesene zurück, so kann die Vollstreckung nachgeholt werden. [2] Für die Nachholung einer Maßregel der Besserung und Sicherung gilt § 67c Abs. 2 des Strafgesetzbuches entsprechend. [3] Die Vollstreckungsbehörde kann zugleich mit dem Absehen von der Vollstreckung die Nachholung für den Fall anordnen, dass der Ausgelieferte, der Überstellte oder Ausgewiesene zurückkehrt, und hierzu einen Haftbefehl oder einen Unterbringungsbefehl erlassen sowie die erforderlichen Fahndungsmaßnahmen, insbesondere die Ausschreibung zur Festnahme, veranlassen; § 131 Abs. 4 sowie § 131a Abs. 3 gelten entsprechend. [4] Der Verurteilte ist zu belehren.

1) Zweck der Vorschrift, dem vollstreckungsrechtlichen Gegenstück zu § 154b II, III, ist nicht ausschließlich, die JVAen von der Last der Vollstreckung von Strafen gegen Ausländer zu befreien (so aber Hamm NStZ **83**, 524). Die Strafvollstreckung gegen Ausländer, die demnächst ausgeliefert oder ausgewiesen werden sollen, ist unter den Gesichtpunkten der Resozialisierung und der Sicherung vor gefährlichen Straftätern ohnehin wenig sinnvoll (vgl Groß StV **87**, 36). Besteht 1 die Möglichkeit, die Strafe oder Maßregel nach § 71 IRG oder dem ÜberstellungsÜbk (Einl 215c; 8 vor § 449) im Ausland vollstrecken zu lassen, so ist § 456a nicht anwendbar (Groß StV **87** 39; **aM** Giehring StASchlH-FS 500). Die Vorschrift kann nun auch auf Deutsche Anwendung finden, nachdem Art 16 II S 2 GG auch deren Auslieferung gestattet (BVerfG NJW **04**, 356).

2 **2) Absehen von der Vollstreckung** (I):

3 A. **Auslieferung, Überstellung und Ausweisung.** Die Auslieferung richtet sich nach §§ 2ff IRG, die Überstellung nach §§ 2ff des IStGHG vom 21. 6. 2002 (BGBl I 2144) an einen internationalen Strafgerichtshof (dazu Einl 207a, 207b), die Ausweisung nach §§ 53, 54 AufenthG. Ihr steht die Abschiebung nach § 58 AufenthG und die Zurückschiebung nach § 57 AufenthG gleich, ebenso die Pflicht zur Ausreise nach § 50 AufenthG (Hamm NStZ **83**, 524). Anwendbar ist I nur, wenn diese Maßnahmen bereits bestandskräftig angeordnet worden und demnächst auch durchgeführt werden sollen (LR-Wendisch 6).

4 B. **Ganz oder teilweise** kann von der Vollstreckung einer Strafe, auch einer Ersatzfreiheitsstrafe, oder Sicherungsmaßregel abgesehen werden, dh schon vor Beginn oder in Unterbrechung der Vollstreckung (LR-Wendisch 8). Im Fall des § 69 StGB gestattet I, auf die Herausgabe des Führerscheins zu verzichten (Groß StV **87**, 37, auch zur entspr Anwendung auf das Fahrverbot nach § 44 StGB).

5 C. Im **Ermessen der VollstrB** (§ 451 I) steht die Anwendung des I. Entscheidungen des Gerichts nach §§ 57, 57a StGB sind nicht bindend; die Begründung des Gerichtsbeschlusses kann aber ins Gewicht fallen (Groß StV **87**, 37ff); einer Aussetzung nach § 57 I StGB steht andererseits eine nach § 456a getroffene Maßnahme nicht entgegen (Düsseldorf NStZ **00**, 333; Karlsruhe StV **02**, 322 mwN; Stuttgart StV **99**, 276). Die Entscheidung, die von Amts wegen (vgl § 17 I StVollstrO) oder auf Antrag des Verurteilten ergeht, muss die Interessen des Verurteilten gegen die Gründe abwägen, die gegen ein Absehen von der Vollstreckung sprechen; das muss in dem schriftlichen Bescheid zum Ausdruck kommen, damit seine gerichtliche Prüfung möglich ist (Bremen StV **89**, 27; Celle NStZ **81**, 405; Karlsruhe Justiz **00**, 147). Zu berücksichtigen sind insbesondere die Umstände der Tat, die Schwere der Schuld, die Größe des bisher verbüßten Teils der Strafe (KG StV **92**, 428) und das öffentliche Interesse an einer nachhaltigen Vollstreckung (Hamm NStZ **83**, 524; Karlsruhe StV **02**, 322; Groß StV **87**, 39; zu den Entscheidungskriterien im Einzelnen eingehend Giehring StASchlH-FS 482ff), nicht aber, dass das Urteil „außerordentlich milde" war (Karlsruhe StraFo **09**, 83). Auch die familiäre und soziale Lage des Verurteilten ist zu berücksichtigen (Celle NStZ **81**, 405; Hamburg StV **96**, 328; Hamm aaO). Die Länder haben Richtlinien erlassen (zB AV des JM BW Justiz **96**, 500; AV JM NdsRpfl **05**, 274; Rdschr JBlRP **01**, 212; GStA SchlH SchlHA **94**, 85; vollständiger Abdruck aller Richtlinien bei Schmidt, Verteidigung von Ausländern, 2. Aufl, 2005, Rn 421ff), die das Absehen von der Vollstreckung grundsätzlich von der Verbüßung der Hälfte der Strafe abhängig machen (vgl Groß aaO). Bei Ablehnung des Absehens von der weiteren Vollstreckung einer lebenslangen Freiheitsstrafe muss nicht festgelegt werden, bis wann die Vollstreckung fortzusetzen ist (Frankfurt NStZ **93**, 303); eine Mindestverbüßungsdauer besteht auch hier nicht (Frankfurt NStE Nr 2).

5a Auch in diesem Verfahren ist die **Bestellung eines Pflichtverteidigers** entspr § 140 II (dort 33) zulässig; zuständig ist nach Ansicht von Nürnberg StV **09**, 145 L entspr §§ 141 IV, 462a die StVollstrK.

6 **3)** Die **Nachholung der Vollstreckung** (II) ist zulässig, wenn der Verurteilte freiwillig (KG NStZ-RR **04**, 312: eigene bewusste Entscheidung des Verurteilten; Abschiebung – dazu Celle StV **03**, 90 – oder Auslieferung durch einen fremden Staat genügt nicht, LG Berlin StV **87**, 258; **aM** Frankfurt NStZ-RR **96**, 93 bei vorheriger Durchreise) oder im Zustand der Unzurechnungsfähigkeit (KG JR **95**, 77) in die BRep zurückkehrt (S 1; zum Begriff der Rückkehr im einzelnen Düs-

seldorf StraFo **04**, 180: Hamburg JR **99**, 385 mit Anm Groß); Vollstreckungsverjährung nach § 79 StGB darf noch nicht eingetreten sein. Im Regelfall wird die Vollstreckung anzuordnen (Düsseldorf NStE Nr 4 mwN; Hamburg aaO; Karlsruhe Justiz **99**, 345; Oldenburg NStZ **09**, 528) und vollständig nachzuholen sein (Frankfurt NStZ-RR **01**, 93 mit abl Anm Hammerstein StraFo **02**, 208). Für die Nachholung der Vollstreckung der Unterbringung gilt die Begrenzung des § 67 c II StGB sinngemäß (S 2). Die Nachholung der Vollstreckung kann nach S 3 schon bei der Anordnung nach I verfügt werden. Gleichzeitig kann schon ein Haft- oder Unterbringungsbefehl, der bei der Rückkehr des Verurteilten ohne weiteres vollstreckt werden kann, erlassen werden. Ferner kann die VollstrB eine Ausschreibung zur Festnahme oder zur Aufenthaltsermittlung anordnen; dabei gelten die Vorschriften über die Bezeichnung der gesuchten Person (§ 131 IV) und über die Voraussetzungen einer Öffentlichkeitsfahndung (§ 131 a III) entspr (S 3).

Ob sie von der Ermächtigung des II S 3 Gebrauch macht, steht im **Ermessen der VollstrB** (KG JR **95**, 78; Karlsruhe NStZ **94**, 254). Maßgebend für die Entscheidung sind die Höhe des Strafrests, die Schwere der Tat, die Gefährlichkeit des Verurteilten und die Wahrscheinlichkeit seiner Rückkehr (Hamm Rpfleger **86**, 358). 7

Über die Folgen, die er bei seiner Rückkehr zu gewärtigen hat, ist der Verurteilte vor der Entlassung eindeutig (Karlsruhe Justiz **99**, 345) zu **belehren** (S 4), und zwar in einer ihm verständlichen Sprache (§ 17 II S 2 StVollstrO); die Rechtsmittelbelehrung kann der Vollzugsanstalt übertragen werden (§ 17 II S 4 StVollstrO). Die Nachholung der Vollstreckung ist grundsätzlich unzulässig, wenn die Belehrung unzureichend war (Karlsruhe NStZ **99**, 222) oder ganz unterblieben ist (Stuttgart Rpfleger **81**, 120). Wird die Belehrung aber nachgeholt, ist die Vollstreckung zulässig, wenn der Verurteilte vor dem weiteren Vollzug der Strafe Gelegenheit hatte, sein Verhalten, insbesondere sein Verbleiben in der BRep, darauf einzurichten (Karlsruhe NStZ **94**, 254). Zur Aussetzung des Vollstreckungshaftbefehls für die Dauer des Verfahrens nach § 454 vgl Karlsruhe StV **05**, 677 mit abl Anm Heghmanns. 8

4) Rechtsbehelfe: Gegen den ablehnenden Bescheid der VollstrB nach I ist nach durchgeführtem Beschwerdeverfahren nach § 21 StVollstrO (5 zu § 24 **EGGVG**) der Antrag nach § 23 **EGGVG** zulässig (Celle StV **00**, 380 mit Anm Rozek; Hamburg NJW **75**, 1132; Stuttgart StV **93**, 258); allerdings hat das OLG nur zu prüfen, ob StA und GStA von einem zutr Sachverhalt ausgegangen sind und von ihrem Ermessen in rechtlich nicht zu beanstandender Weise Gebrauch gemacht haben (KG NStZ **09**, 527; StV **09**, 594; Koblenz NStZ **96**, 255; Stuttgart aaO). Das Absehen von der Vollstreckung ist vom Verurteilten nicht anfechtbar (Frankfurt NStZ-RR **99**, 126); gegen die Anordnung nach II kann er Einwendungen erheben, über die das nach § 462 a zuständige Gericht nach §§ 458 II, 462 entscheidet. 9

5) Die **Abänderung** eines Bescheides nach I kann zum Nachteil des Verurteilten entspr § 49 VwVfG nur erfolgen, wenn neue Tatsachen eingetreten sind, die solches Gewicht haben, dass sie der ursprünglichen Entscheidung die Grundlage entziehen (Karlsruhe NStZ **08**, 222). 10

456b (weggefallen)

Aufschub und Aussetzung des Berufsverbots

456c

I [1]**Das Gericht kann bei Erlass des Urteils auf Antrag oder mit Einwilligung des Verurteilten das Wirksamwerden des Berufsverbots durch Beschluss aufschieben, wenn das sofortige Wirksamwerden des Verbots für den Verurteilten oder seine Angehörigen eine erhebliche, außer-**

halb seines Zweckes liegende, durch späteres Wirksamwerden vermeidbare Härte bedeuten würde. [2]Hat der Verurteilte einen gesetzlichen Vertreter, so ist dessen Einwilligung erforderlich. [3]§ 462 Abs. 3 gilt entsprechend.

II Die Vollstreckungsbehörde kann unter denselben Voraussetzungen das Berufsverbot aussetzen.

III [1]Der Aufschub und die Aussetzung können an die Leistung einer Sicherheit oder an andere Bedingungen geknüpft werden. [2]Aufschub und Aussetzung dürfen den Zeitraum von sechs Monaten nicht übersteigen.

IV Die Zeit des Aufschubs und der Aussetzung wird auf die für das Berufsverbot festgesetzte Frist nicht angerechnet.

1 **1)** Das **erkennende Gericht** (I) kann das (nach § 70 IV S 1 StGB erst mit der Urteilsrechtskraft eintretende) Wirksamwerden des Berufsverbots nach § 70 StGB durch besonderen Beschluss aufschieben. Die Vorschrift ergänzt § 456; auf das Fahrverbot nach § 44 StGB ist sie nicht entspr anwendbar (AG Mainz MDR **67**, 683; Bode NZV **98**, 442; Mürbe DAR **83**, 45; **aM** Sch/Sch-Stree 20 zu § 44 StGB).

2 Auf **Antrag** des Angeklagten oder von Amts wegen, auch auf Anregung der StA, wird die Entscheidung getroffen. Hat der Angeklagte sie nicht selbst beantragt, so ist seine Einwilligung erforderlich; bei gesetzlicher Vertretung muss stets auch der gesetzliche Vertreter zustimmen (I S 2).

3 Nur **bei Erlass des Urteils** kann das Gericht den Aufschub beschließen, also in der Hauptverhandlung in der dafür vorgeschriebenen Besetzung. Nach Verkündung des Urteils darf der Beschluss nicht mehr ergehen. Er braucht aber nicht zugleich mit dem Urteil verkündet zu werden, sondern kann schriftlich bekanntgemacht werden (KK-Appl 2). Das Berufungsgericht, das über die Berufung sachlich entscheidet, kann einen von dem des 1. Gerichts abweichenden Beschluss erlassen, auch wenn der Beschluss nicht angefochten war (LR-Wendisch 7). Wird ein Antrag auf Aufschub abgelehnt, so muss der Beschluss nach § 34 mit Gründen versehen werden.

4 **Sachliche Voraussetzung** für den Aufschub des Verbots ist, dass sein sofortiges Wirksamwerden für den Verurteilten oder seine Angehörigen (zum Begriff vgl § 11 I Nr 1 StGB) eine erhebliche, außerhalb seines Zwecks liegende Härte bedeuten würde, die durch das spätere Wirksamwerden vermeidbar wäre (vgl 3 zu § 456). Härten, die Dritte durch das sofortige Wirksamwerden des Berufsverbots erleiden würden, sind nicht zu berücksichtigen (LR-Wendisch 4).

5 **2) Nach Urteilsrechtskraft** (II) kann die VollstrB (§ 451 I, dort 2) die Anordnung unter denselben Voraussetzungen treffen wie das Gericht. Im Gegensatz zum Gericht hat die VollstrB, die nicht nur aufschieben, sondern „aussetzen" darf, auch die Möglichkeit, die bereits eingetretene Wirksamkeit des Berufsverbots zu unterbrechen (KK-Appl 5). Sie kann die Aussetzung auch gewähren, wenn das Gericht den Aufschub abgelehnt hat; das setzt aber das Vorliegen neuer tatsächlicher Umstände voraus (LR-Wendisch 11). Vor der Aussetzung, die nach § 55 II S 1 StVollstrO auch angeordnet werden darf, wenn dadurch einem öffentlichen Interesse an der vorübergehenden weiteren Berufsausübung Rechnung getragen werden kann, soll die VollstrB die zuständigen Behörden und berufsständischen Organisationen hören (§ 55 III StVollstrO).

6 **3)** An **Sicherheitsleistung und andere Bedingungen** (III S 1) können Aufschub und Unterbrechung geknüpft werden. Wegen der Sicherheitsleistung vgl 7 zu § 456. Andere Bedingungen sind zB solche, die im Ergebnis dazu führen, dass das Berufsverbot nur teilw aufgehoben wird, weil nur bestimmte Tätigkeiten erlaubt werden (KK-Appl 7). Die Auferlegung einer Geldbuße für den Fall der Zuwiderhandlung ist nicht statthaft.

7 **4) Nicht länger als 6 Monate** (III S 2) dürfen Aufschub und Aussetzung dauern. Die Frist beginnt an dem Tag, an dem das Berufsverbot wirksam wird, dh mit

der Rechtskraft des Urteils (§ 70 IV S 1 StGB). Eine nachträgliche Verlängerung der Anordnung durch das Gericht ist ausgeschlossen, auch wenn die Frist noch nicht ausgeschöpft war (LR-Wendisch 8). Die VollstrB dagegen kann den gerichtlich angeordneten Aufschub bis zu 6 Monaten verlängern. Sie kann auch wiederholt aussetzen; nur muss insgesamt, einschließlich des bereits vom Gericht bewilligten Aufschubs (vgl § 55 II S 2 StVollstrO), die Höchstdauer eingehalten werden. Ein Verstoß gegen III S 2 lässt die Wirksamkeit der Aussetzung unberührt.

5) Eine **Anrechnung** (IV) der Zeit des Aufschubs oder der Aussetzung auf die 8
im Urteil nach § 70 I S 1 StGB für das Berufsverbot insgesamt festgesetzte Frist findet nicht statt.

6) Rechtsbehelfe: Gegen die gerichtliche Bewilligung des Verbotsaufschubs 9
nach I kann die StA sofortige Beschwerde nach § 462 III einlegen (I S 3). Hat das Gericht den Aufschub abgelehnt oder über einen Antrag bis zum Ende der Hauptverhandlung nicht entschieden, so sind StA und Verurteilter beschwerdeberechtigt. Von der Urteilsanfechtung ist die sofortige Beschwerde nicht abhängig. Gegen die Entscheidung der VollstrB nach II sind Gegenvorstellungen und Dienstaufsichtsbeschwerde (21 ff vor § 296) sowie Einwendungen nach § 458 II zulässig. Das Gericht kann eine einstweilige Anordnung treffen (§ 458 III S 2). Die gerichtliche Entscheidung ist nach § 462 III mit der sofortigen Beschwerde anfechtbar.

Ermittlungen, Vorführung; Haftbefehl; Festnahme

457 **I § 161 gilt sinngemäß für die in diesem Abschnitt bezeichneten Zwecke.**

II [1]Die Vollstreckungsbehörde ist befugt, zur Vollstreckung einer Freiheitsstrafe einen Vorführungs- oder Haftbefehl zu erlassen, wenn der Verurteilte auf die an ihn ergangene Ladung zum Antritt der Strafe sich nicht gestellt hat oder der Flucht verdächtig ist. [2]Sie kann einen Vorführungs- oder Haftbefehl auch erlassen, wenn ein Strafgefangener entweicht oder sich sonst dem Vollzug entzieht.

III [1]Im Übrigen hat in den Fällen des Absatzes 2 die Vollstreckungsbehörde die gleichen Befugnisse wie die Strafverfolgungsbehörde, soweit die Maßnahmen bestimmt und geeignet sind, den Verurteilten festzunehmen. [2]Bei der Prüfung der Verhältnismäßigkeit ist auf die Dauer der noch zu vollstreckenden Freiheitsstrafe besonders Bedacht zu nehmen. [3]Die notwendig werdenden gerichtlichen Entscheidungen trifft das Gericht des ersten Rechtszuges.

1) Ermittlungshandlungen (I): Die der StA in § 161 eingeräumten Befugnisse 1
stehen auch der VollstrB zu, zB Vernehmungen von Zeugen zum Verbleib der Tatbeute (Karlsruhe StraFo **05**, 479). Insbesondere dürfen die Maßnahmen, die im Erkenntnisverfahren zur Ergreifung des Beschuldigten zulässig sind, auch gegen den Verurteilten im Vollstreckungsverfahren benutzt werden, vor allem gegen einen Verurteilten, der sich nicht zum Strafantritt stellt, der Flucht verdächtig oder aus dem Strafvollzug entwichen ist (Hilger NStZ **92**, 526; Rieß NJ **92**, 497); § 96 gilt entspr (BT-Drucks 12/989 S 45).

2) Zum Zweck der **zwangsweisen Einleitung der Vollstreckung von Frei-** 2
heitsstrafen (II) ermächtigt die Vorschrift die VollstrB (§ 451 I) zum Erlass eines Vorführungs- oder Haftbefehls. Die Geschäfte sind nach § 31 II S 1 **RPflG** auf den Rechtspfleger übertragen. § 457 gilt auch für die Vollstreckung von Ersatzfreiheitsstrafen (§ 50 I StVollstrO) und sinngemäß für die Vollstreckung von freiheitsentziehenden Sicherungsmaßregeln (§ 463 I).

A. **Voraussetzungen der Zwangsmaßnahmen:** 3

a) **Nichtbeachtung der Ladung zum Strafantritt** (II S 1): Der Vorschrift ist 4
zu entnehmen, dass der auf freiem Fuß befindliche Verurteilte zum Antritt der

Strafe geladen werden muss (Frankfurt StraFo **05**, 259; Karlsruhe StraFo **05**, 261). In der Ladung wird ihm idR eine Frist gesetzt, innerhalb deren er sich in der JVA einzufinden hat (§ 27 II S 1 StVollstrO). Er kann aber auch zum sofortigen Strafantritt geladen werden, wenn die sofortige Vollstreckung geboten ist (§ 27 II S 2 StVollstrO). Die Ladung braucht nicht förmlich zugestellt zu werden (§ 27 III S 3 StVollstrO lässt sogar die mündliche Ladung gegenüber dem an Amtsstelle anwesenden Verurteilten zu). Zwangsmaßnahmen nach II S 1 sind aber nach § 33 I S 1 StVollstrO nur zulässig, wenn der Verurteilte sich trotz förmlicher Ladung ohne ausreichende Entschuldigung nicht an dem in der Ladung bestimmten Tag, bei der Aufforderung zum sofortigen Strafantritt nicht am Tag nach der Zustellung stellt (vgl BVerfG NStZ-RR **04**, 253; KK-Appl 5).

5 b) Bei **Fluchtverdacht** (II S 1) wird von der Ladung zum Strafantritt abgesehen und sofort ein Vorführungs- oder Haftbefehl erlassen. Fluchtverdacht besteht, wenn auf Grund bestimmter Taten (Geschäftsaufgabe, Passantrag, Veräußerung der Wohnungseinrichtung, Äußerung von Fluchtplänen uä) zu befürchten ist, dass der Verurteilte sich der Strafvollstreckung auf irgendeine Weise (nicht durch Selbstmord) entziehen werde. Der Fall, dass der Verurteilte bereits flüchtig ist oder sich verborgen hält, steht dem Fluchtverdacht selbstverständlich gleich, nach § 33 II Nr 2 StVollstrO auch der Fall, dass er sich nach mündlicher Eröffnung der Ladung weigert, die Strafe sofort anzutreten (dazu LR-Wendisch 16).

6 c) Die **Notwendigkeit der Zurückführung in den Strafvollzug** (II S 2) rechtfertigt ebenfalls den Erlass eines Vorführungs- oder Haftbefehls. Um Entweichen iS II S 2 handelt es sich, wenn sich der Gefangene aus der JVA oder bei Außenarbeiten unerlaubt entfernt. Das sonstige Sich-Entziehen liegt in dem unerlaubten Überschreiten der Befugnis, sich zeitweilig außerhalb des Gewahrsams der JVA aufzuhalten (Freigang, Urlaub, Ausgang). In beiden Fällen besteht ein Festnahmerecht der Vollzugsbehörde (§ 87 StVollzG) und der Polizeibehörden (vgl § 13 III MEPolG). Eine Reihenfolge in der Ausübung der Befugnisse dieser Behörden und der VollstrB ist gesetzlich nicht vorgesehen. IdR wird die VollstrB abwarten, ob die Bemühungen der Vollzugsbehörde oder der Polizei erfolgreich sind. Verpflichtet ist sie dazu nicht.

7 d) **Vorsorgliche Anordnung von Zwangsmaßnahmen:** In Erweiterung des II lässt § 33 III StVollstrO zur Beschleunigung der Strafvollstreckung bereits bei der Ladung zum Strafantritt den Erlass eines Vorführungs- oder Haftbefehls für den Fall zu, dass sich der Verurteilte nicht fristgemäß oder nicht rechtzeitig stellt. Vollzogen werden dürfen diese Zwangsmaßnahmen aber erst, wenn der Verurteilte sich nicht bis zu dem in der Ladung bezeichneten Zeitpunkt gestellt hat oder wenn die Ladung nicht ausführbar und der Verdacht begründet ist, der Verurteilte werde sich der Vollstreckung zu entziehen versuchen.

8 B. **Zulässige Zwangsmaßnahmen** sind der Vorführungs- und der Haftbefehl. Sie sind dem Verurteilten, wenn möglich bei der Ergreifung, bekanntzugeben (§ 33 VI StVollstrO), idR durch Übergabe einer Ausfertigung des Vorführungs- oder Haftbefehls. Den notwendigen Inhalt bestimmt § 33 IV StVollstrO. Der Verhältnismäßigkeitsgrundsatz (Einl 20 ff) zwingt zur Anwendung weniger einschneidender Maßnahmen (Wohnungsanfrage, Suchvermerk nach § 25 **BZRG,** Ausschreibung zur Aufenthaltsermittlung uä), wenn sie Erfolg versprechen.

9 a) Der **Vollstreckungsvorführungsbefehl** zur Einleitung der Strafvollstreckung kommt nur in Betracht, wenn der Verurteilte am Ort oder nahe bei der JVA wohnt und voraussichtlich von dem Vorführungsbeamten in seiner Wohnung angetroffen wird. Andernfalls ist der Haftbefehl das geeignetere Zwangsmittel.

10 b) Den **Vollstreckungshaftbefehl** darf die VollstrB ohne Verstoß gegen Art 104 II S 1 GG erlassen, weil die nach dieser Vorschrift notwendige richterliche Entscheidung bereits in dem rechtskräftigen Urteil oder Strafbefehl enthalten ist; es handelt sich nur um die Durchführung einer vom Gericht angeordneten Freiheits-

entziehung (BGH **13**, 97, 100; **23**, 380, 386). Die Vorschriften der §§ 112 ff sind auf den Vollstreckungshaftbefehl nicht anzuwenden (KK-Appl 2). § 457 betrifft auch keinen Fall der Verhaftung iS des § 310 I (dort 5). Ein Vollstreckungshaftbefehl ist aufzuheben, wenn sich herausstellt, dass aus einer ex-ante-Sicht seinen Erlass rechtfertigende Umstände in Wahrheit nicht bestehen und nicht bestanden haben (Dresden Rpfleger **08**, 389). Mit der Überführung des Verurteilten in Strafhaft wird der Vollstreckungshaftbefehl gegenstandslos (Hamm NStZ **82**, 524); er braucht dann nicht aufgehoben zu werden.

c) Die **Vollziehung** des Vorführungs- oder Haftbefehls erfolgt durch die Polizei, bei Soldaten auch durch Feldjägereinheiten (§ 33 V S 1 StVollstrO). Die VollstrB kann die nach Art 35 GG amtshilfepflichtigen Polizeibehörden des eigenen Landes, nach Abschn I Abs 2 der Ländervereinbarung vom 13. 1. 1965 (abgedruckt bei Piller/Herrmann 2b Anh 1) aber auch unmittelbar die Polizeidienststellen anderer Bundesländer um die Ausführung von Vorführungs- und Haftbefehlen zum Zweck der Vollstreckung ersuchen. Zum Zweck der Ergreifung des Verurteilten darf seine Wohnung ohne richterlichen Durchsuchungsbefehl durchsucht werden (Düsseldorf NJW **81**, 2133; Bringewat StVollstr 8; zw KK-Appl 11; erg 6 zu § 105). **11**

d) Eine **Ausschreibung zur Festnahme** nach § 131 I ist zulässig, wie sich aus I (dazu oben 1) und III (dazu unten 13) ergibt (Soiné Kriminalistik **01**, 177). **12**

3) Auch **sonstige Maßnahmen** darf die VollstrB ergreifen, wenn sie zur Festnahme des Verurteilten bestimmt und geeignet sind (III). Hier kommt, falls die jeweiligen Voraussetzungen gegeben sind, die Rasterfahndung (§§ 98 a ff), die Überwachung der Telekommunikation (§ 100 a), der Einsatz technischer Mittel (§ 100 f) oder Verdeckter Ermittler (§§ 110 a ff) sowie die polizeiliche Beobachtung einer Kontaktperson (§ 163 e I S 3) in Betracht (Rieß NJ **92**, 497). Düsseldorf JMBlNW **97**, 34 lässt auch eine Vermögensbeschlagnahme nach § 290 zu (zw). Die Maßnahmen dürfen aber nicht zur Vollstreckung eines Sicherungshaftbefehls (§ 453 c) angeordnet werden (Celle NStZ **10**, 107). **13**

Neben den sonstigen Voraussetzungen ist besonders der **Grundsatz der Verhältnismäßigkeit** in Bezug auf die Dauer der noch zu vollstreckenden Freiheitsstrafe zu beachten, wie III S 2 ausdrücklich betont. Somit muss bei einer Anordnung nach § 100 a oder § 100 g idR noch eine erhebliche Strafe zu vollstrecken sein (KG StraFo **08**, 239; Zweibrücken StV **01**, 305) und die besonders intensiven Fahndungsmaßnahmen nach §§ 100 f, 100 h dürfen nur in Ausnahmefällen eingesetzt werden. **14**

Soweit hierbei **gerichtliche Entscheidungen** notwendig sind (zB nach § 110 b II), ist dafür nicht etwa die StVollstrK, sondern das Gericht des 1. Rechtszuges zuständig (III S 3). Die Anfechtbarkeit der von diesem getroffenen Entscheidungen richtet sich nach den jeweiligen Vorschriften (vgl etwa 10 zu § 98 b). **15**

4) Rechtsbehelfe: Einen Antrag auf gerichtliche Entscheidung gegen die Zwangsmaßnahmen des II (zu denen des III oben 15) sieht die StPO nicht vor (vgl §§ 458 II, 459 h, 462). Daher ist nur die Beschwerde nach § 21 StVollstrO und danach der Rechtsweg nach §§ 23 ff **EGGVG** gegeben (Düsseldorf Rpfleger **86**, 64; MDR **89**, 1016; Hamm NStZ **82**, 524; JMBlNW **89**, 244; Saarbrücken NJW **73**, 1010, 1012; Amelung NJW **79**, 1688). Nach der Überführung des Verurteilten in Strafhaft kann allenfalls ein Feststellungsantrag nach § 28 I S 4 **EGGVG** gestellt werden (Hamm aaO; MDR **87**, 519; Koblenz StraFo **06**, 86). **16**

Gerichtliche Entscheidung

458 **I Wenn über die Auslegung eines Strafurteils oder über die Berechnung der erkannten Strafe Zweifel entstehen oder wenn Einwendungen gegen die Zulässigkeit der Strafvollstreckung erhoben werden, so ist die Entscheidung des Gerichts herbeizuführen.**

II Das Gericht entscheidet ferner, wenn in den Fällen des § 454 b Abs. 1 und 2 sowie der §§ 455, 456 und 456 c Abs. 2 Einwendungen gegen die Entscheidung der Vollstreckungsbehörde erhoben werden oder wenn die Vollstreckungsbehörde anordnet, dass an einem Ausgelieferten oder Ausgewiesenen die Vollstreckung einer Strafe oder einer Maßregel der Besserung und Sicherung nachgeholt werden soll, und Einwendungen gegen diese Anordnung erhoben werden.

III 1 Der Fortgang der Vollstreckung wird hierdurch nicht gehemmt; das Gericht kann jedoch einen Aufschub oder eine Unterbrechung der Vollstreckung anordnen. 2 In den Fällen des § 456 c Abs. 2 kann das Gericht eine einstweilige Anordnung treffen.

1 **1)** Die **gerichtliche Entscheidung nach I** ergeht nicht von Amts wegen (Stuttgart Justiz **84**, 288; OLGSt Nr 1). Bei Zweifeln über die Auslegung eines Strafurteils oder über die Berechnung der Strafe muss die VollstrB die gerichtliche Entscheidung herbeiführen, bei Einwendungen des Verurteilten gegen die Zulässigkeit der Strafvollstreckung legt sie die Sache dem Gericht vor, wenn sie ihnen nicht abhilft (unten 6). I gilt entspr bei der Vollstreckung von Sicherungsmaßregeln (§ 463 I), bei der Vollstreckung von Geldstrafen hingegen § 459 h (dort 1).

2 A. **Zweifel über die Auslegung eines Strafurteils** können sich auf den gesamten Strafausspruch, aber auch auf einen Teil von ihm, insbesondere auf Nebenstrafen und Nebenfolgen (BGH **8**, 66; MDR **64**, 940), nach Düsseldorf NStZ-RR **00**, 287 auch auf den Kostenausspruch beziehen. Nach I sind auch Widersprüche zwischen Urteilsausspruch und Gründen zu klären.

3 B. **Zweifel über die Berechnung der erkannten Strafe:** Die Strafzeitberechnung ist nach §§ 37 ff StVollstrO Aufgabe der VollstrB. Wenn sie Zweifel hat, legt sie ihre Berechnung dem Gericht vor, das dann an ihrer Stelle die Strafzeit berechnen muss (BVerfG NStZ-RR **03**, 379). I ist auch anwendbar, wenn das Urteil keine oder keine klare Bestimmung über Auswirkungen und Umfang der Anrechnung von UHaft nach § 51 StGB, § 52 a **JGG** oder einer anderen Freiheitsentziehung enthält oder wenn hierüber sonst Zweifel bestehen (BGH **24**, 29; Düsseldorf JMBlNW **95**, 215; Zweibrücken NJW **75**, 509; vgl aber Celle NStZ **10**, 108: nicht mehr nach Entlassung aus dem Justizvollzug), auch bei Zweifeln über das Vorliegen der Voraussetzungen des § 450 a (BGH **8**, 34, 36). Sinngemäß ist I auf den Fall angewendet worden, dass zweifelhaft ist, ob bei der unterbrochenen Vollstreckung mehrerer zeitiger Freiheitsstrafen die Summe der Strafen 15 Jahre überschreiten darf (Hamm NJW **71**, 1373; Oldenburg GA **71**, 342). Im Schrifttum wird die entspr Anwendung von I mit Recht für den Fall befürwortet, dass Zweifel über den Umfang einer ausländischen Auslieferungsbewilligung bestehen (KK-Appl 8 mwN; Hermes NJW **79**, 2443; Hermes/Schulze NJW **80**, 2622; **aM** Oldenburg NStZ **04**, 405 mwN: entspr Anwendung des § 460; Celle NdsRpfl **87**, 110: Festsetzung des vollstreckbaren Strafteils durch StA; Karlsruhe NStZ **99**, 639 will weder § 458 noch § 460 entspr anwenden, aber doch eine „fiktive Bemessungsentscheidung" treffen).

4 C. **Einwendungen gegen die Zulässigkeit der Strafvollstreckung:**

5 a) **Einwendungsberechtigt** sind der Verurteilte, sein Verteidiger und Bevollmächtigter, auch der gesetzliche Vertreter (KK-Appl 9). Die Einwendungen können auch von einem Verfalls- oder Einziehungsbeteiligten (§§ 431, 442) erhoben werden, wenn es sich um die Vollstreckung gegen ihn handelt, nicht aber von Beteiligungsinteressenten, deren Verfahrensbeteiligung nicht angeordnet worden war; sie sind auf das Nachverfahren nach § 439 zu verweisen (Pohlmann Rpfleger **68**, 271). Ein Dritter kann Einwendungen erheben, wenn er durch die Vollstreckung betroffen ist, zB der Erbe bei Vollstreckung in den Nachlass und der Eigentümer der Sache, der bestreitet, dass sie mit der im Urteil eingezogenen identisch ist.

Die Einwendungen sind **gegenüber der VollstrB** zu erheben (BGH **44**, 19), die sie an das Gericht weiterleitet, wenn sie ihnen nicht abhilft. Eine sofortige Entscheidung des Gerichts vor Entscheidung der VollstrB ist unzulässig (KG StraFo **07**, 432 mwN). 6

Erhebt der Betroffene keine Einwendungen, so kann die **VollstrB** (§ 451 I) ihre eigenen Zweifel an der Zulässigkeit der Strafvollstreckung nicht gerichtlich klären lassen (Düsseldorf OLGSt Nr 2 mwN; NStZ-RR **97**, 220; Rostock NStZ **94**, 304 mwN). Sie muss stets selbst entscheiden (Düsseldorf JMBlNW **95**, 215: formlose Entscheidung kann genügen) und es dem Betroffenen überlassen, sich mit Einwendungen an das Gericht zu wenden (Hamburg JR **55**, 69; Hamm NJW **56**, 1936; NStZ-RR **02**, 21; Unger Rpfleger **57**, 227). Allerdings kann es angebracht sein, dass sie ihn auf die Möglichkeit von Einwendungen hinweist (Düsseldorf aaO; Karlsruhe Justiz **76**, 394; Pohlmann/Jabel/Wolf 8 zu § 42 StVollstrO). Einwendungen zugunsten des Verurteilten sind der StA auch als Strafverfolgungsbehörde verwehrt (KK-Appl 4). 7

b) Gegen die **Zulässigkeit der Strafvollstreckung** überhaupt (allgemeine Voraussetzungen der Vollstreckung, Vollstreckungshindernisse) müssen sich die Einwendungen richten (Düsseldorf NJW **77**, 117; Hamburg NJW **75**, 1132; Schleswig GA **84**, 96). 8

Bestand und Rechtmäßigkeit des Urteils oder Strafbefehls dürfen grundsätzlich nicht in Frage gestellt werden (BayVerfGH GA **64**, 50; Hamm GA **61**, 155; Koblenz OLGSt S 19), auch nicht im Widerrufsbeschluss nach § 56f StGB (Düsseldorf JR 92, 126 mit Anm Wendisch). Ausnahmen gelten, wenn Doppelbestrafung behauptet wird (39 zu § 359). Die Nichtigerklärung des Urteils durch das BVerfG begründet die Wiederaufnahme nach § 79 I BVerfGG (7 vor § 359), nicht die Anwendung des § 458 (BVerfG NJW **63**, 756; aM Schleswig SchlHA **63**, 60; Bringewat StVollstr 23). Für die Prüfung der Zulässigkeit der weiteren Vollstreckung einer Entscheidung eines Strafgerichts der ehemaligen DDR gelten I und II nicht, III S 1 ist jedoch entspr anzuwenden (BezG Gera DtZ **91**, 312; erg 11 vor § 449). 9

Zu den **Vollstreckungshindernissen,** die nach I geltend gemacht werden können, gehören die fehlende Identität des Betroffenen mit dem Verurteilten (KG NStZ-RR **04**, 240), das Fehlen der Rechtskraft der Entscheidung, Verjährung, Amnestie, Begnadigung, Strafaussetzung zur Bewährung, bereits erfolgte Vollstreckung, auch die Bezahlung der Geldstrafe, wenn die Vollstreckung der Ersatzfreiheitsstrafe betrieben wird. Der Verstoß gegen § 67 I StGB kann ebenfalls auf Einwendungen nach I geprüft werden (Düsseldorf NStZ **81**, 366). 10

c) Gegen die **Art und Weise des Vollzugs** können keine Einwendungen nach I erhoben werden, zB nicht gegen den gemeinsamen Vollzug des zu Freiheitsstrafe Verurteilten mit Sicherungsverwahrten (BGH **19**, 240), gegen den Vollzug der Sicherungsverwahrung in weitgehender Angleichung an den der Freiheitsstrafe (**aM** Hamm NJW **59**, 1889 = JZ **59**, 714 mit zust Anm Pohlmann) oder gegen die Vollstreckung einer Jugendstrafe in einer Erwachsenenstrafanstalt (KG NJW **78**, 284 mit abl Anm Frenzel; **aM** KMR-Stöckel 3; LR-Wendisch 10). Nicht unter I fallen auch alle Einwendungen, die aus Entscheidungen der VollstrB hergeleitet werden (Zweibrücken JR **83**, 168 mit Anm Katholnigg; Hamburg NJW **75**, 1132). Gegen Einzelmaßnahmen der Strafvollstreckung, die nicht nach II anfechtbar sind, zB die Weigerung der VollstrB, die Vollstreckung nach § 35 BtMG zurückzustellen (16 zu § 23 EGGVG), ist nur der Rechtsweg nach §§ 23ff **EGGVG** gegeben (gegen die Verweigerung der Zustimmung des Gerichts steht der VollstrB allerdings nach § 35 II S 1 BtMG die Beschwerde nach § 304 zu), für die Beanstandung von Einzelmaßnahmen im Vollzug der nach §§ 109ff **StVollzG.** 11

2) Die **Einwendungen nach II** betreffen einzelne Anordnungen der VollstrB, nämlich nach § 454b I (dort 9), nach § 455 (dort 16), nach § 456 (dort 9) und nach § 456c II (dort 9). Die Anordnung, dass an einem Ausgelieferten oder Aus- 12 gewiesenen die Strafvollstreckung nachgeholt wird, ist nach § 456 a zulässig (dort 9). Der Einwendungsberechtigte (oben 5 ff) kann die Einwendungen unmittelbar bei Gericht geltend machen, auch wenn der Rechtspfleger entschieden hat (§ 31 VI S 1 **RPflG**).

13 **3) Vorläufige Anordnungen** (III): Entsprechend § 307 I wird durch die Einwendungen nach I oder II der Fortgang der Vollstreckung nicht gehemmt. Das Gericht kann aber, wenn nicht bereits die VollstrB wegen der Zweifelhaftigkeit der Strafvollstreckung entspr Maßnahmen getroffen hat, auf Antrag oder von Amts wegen den Aufschub oder die Unterbrechung der Vollstreckung anordnen. In den Fällen des § 456 c II ist eine einstweilige Anordnung zulässig (III S 2).

14 **4) Erneute Einwendungen** nach rechtskräftiger Verwerfung früherer Einwendungen sind zulässig, wenn der Betroffene sie auf neue Tatsachen oder Beweismittel stützt (Düsseldorf MDR **93**, 67 mwN; Koblenz OLGSt S 19).

15 **5)** Der **Rechtsweg nach §§ 23 ff EGGVG** ist ausgeschlossen, soweit § 458 die gerichtliche Entscheidung zulässt (Frankfurt NJW **98**, 1165; vgl § 23 III **EGGVG**). Zulässig ist er insbesondere gegen Entscheidungen der VollstrB nach § 456 (dort 9), gegen Zwangsmittel nach § 457 (dort 16) und gegen andere Einzelmaßnahmen (oben 11).

16 **6) Rechtsmittel:** Gegen die gerichtlichen Entscheidungen nach I und II stehen der StA als Strafverfolgungsbehörde (KK-Appl 22) und dem Betroffenen die sofortige Beschwerde nach § 462 III zu. Weitere Beschwerde ist ausnahmslos ausgeschlossen. Gegen vorläufige Maßnahmen des Gerichts nach III kann die StA sofortige Beschwerde einlegen; richtet sie sich gegen die Unterbrechung der Strafvollstreckung, so hat sie aufschiebende Wirkung (§ 462 III S 2). Die Ablehnung einer vorläufigen Maßnahme ist nicht anfechtbar (Nürnberg NStZ **03**, 390).

Vollstreckung der Geldstrafe

459 Für die Vollstreckung der Geldstrafe gelten die Vorschriften der Justizbeitreibungsordnung, soweit dieses Gesetz nichts anderes bestimmt.

1 **1)** Die **Vollstreckung der Geldstrafe** richtet sich grundsätzlich nach den Vorschriften der JBeitrO, die durch die Vorschriften der StVollstrO und der EBAO ergänzt werden. Sie gelten aber nur subsidiär. Soweit daher § 8 JBeitrO Einwendungen regelt, die den beizutreibenden Anspruch betreffen, sind statt dessen die §§ 458, 459 h anzuwenden (Isak/Wagner 262). § 459 gilt entspr für die Vollstreckung vor Nebenfolgen, die zu einer Geldzahlung verpflichten (§ 459 g II).

2 **2)** Die **Eröffnung und Beitreibung** der Geldstrafe obliegt nach § 2 I S 1, II JBeitrO, § 1 IV S 1 EBAO den nach den Verfahrensgesetzen für die Vollstreckung dieser Ansprüche zuständigen Stellen, im Strafverfahren also der StA als VollstrB (§ 451 I, § 2 Buchst a EBAO). Für die Geschäfte ist nach § 31 II S 1 **RPflG** der Rechtspfleger zuständig, sie können aber nach § 36 b I Nr 5 **RPflG** dem UrkB der Geschäftsstelle übertragen werden.

3 Er ordnet die **Einforderung** der Geldstrafe an (§ 3 EBAO), die durch Übersendung einer Zahlungsaufforderung erfolgt (§ 5 Abs. 1 EBAO). Wird in der Zahlungsfrist grundlos keine Zahlung geleistet, so soll der Verurteilte vor der Anordnung der Beitreibung idR zunächst gemahnt werden (§ 5 II JBeitrO, § 7 I EBAO).

4 Geht nach angemessener Frist auch dann keine Zahlung ein, so leitet der Rechtspfleger die **Beitreibung** ein (§ 8 EBAO). Die dafür maßgebenden Vorschriften bezeichnen die §§ 6 ff JBeitrO. Danach wird im Wesentlichen entspr den Vorschriften der ZPO verfahren. Statt des Gerichtsvollziehers wird jedoch der Justizvollziehungsbeamte tätig (§ 6 III S 1 BeitrO). Pfändungs- und Überweisungsbeschlüsse erlässt der Rechtspfleger der StA (§ 6 II S 2 JBeitrO). Die Abnahme der

eidesstattlichen Versicherung nach § 807 ZPO und die Vollstreckung in das unbewegliche Vermögen beantragt er bei dem zuständigen AG (§ 7 S 1 JBeitrO).

Eine **Wohnungsdurchsuchung** darf im Hinblick auf Art 13 II GG nur der Richter anordnen (BVerfGE **51**, 97 = NJW **79**, 1539; Kaiser NJW **80**, 875); zuständig ist – entgegen der hM – nicht das Gericht des 1. Rechtszugs, sondern nach § 6 I JBeitrO iVm § 758 a I S 1 ZPO das AG, in dessen Bezirk die Durchsuchung erfolgen soll (Thewes Rpfleger **06**, 524). Bei Gefahr im Verzug genügt die Anordnung der StA als VollstrB (BVerfG aaO, KK-Appl 6). 5

3) Die **Verfahrenskosten** werden grundsätzlich zusammen mit der Geldstrafe beigetrieben (§ 1 II EBAO). Zuständig für die Einforderung und Beitreibung ist auch insoweit die VollstrB (§ 1 IV JBeitrO, § 1 IV S 1 EBAO). Wenn die Verbindung von Strafe und Kosten von selbst oder auf Grund einer Anordnung der VollstrB gelöst worden ist (vgl § 15 EBAO), obliegt die Vollstreckung wegen der Kosten des Verfahrens aber der Gerichtskasse (§ 1 V EBAO). 6

4) Rechtsbehelfe: Einwendungen gegen die Zulässigkeit der Vollstreckung der Geldstrafe werden nach § 458 beschieden (dort 8). Betreffen die Einwendungen nur die Art und Weise der Beitreibung, so sind die in § 6 I Nr 1 JBeitrO bezeichneten vollstreckungsrechtlichen Rechtsbehelfe gegeben (KK-Appl 7). 7

Zahlungserleichterungen

459a **I Nach Rechtskraft des Urteils entscheidet über die Bewilligung von Zahlungserleichterungen bei Geldstrafen (§ 42 des Strafgesetzbuches) die Vollstreckungsbehörde.**

II 1 Die Vollstreckungsbehörde kann eine Entscheidung über Zahlungserleichterungen nach Absatz 1 oder nach § 42 des Strafgesetzbuches nachträglich ändern oder aufheben. 2 Dabei darf sie von einer vorausgegangenen Entscheidung zum Nachteil des Verurteilten nur auf Grund neuer Tatsachen oder Beweismittel abweichen.

III 1 Entfällt die Vergünstigung nach § 42 Satz 2 des Strafgesetzbuches, die Geldstrafe in bestimmten Teilbeträgen zu zahlen, so wird dies in den Akten vermerkt. 2 Die Vollstreckungsbehörde kann erneut eine Zahlungserleichterung bewilligen.

IV 1 Die Entscheidung über Zahlungserleichterungen erstreckt sich auch auf die Kosten des Verfahrens. 2 Sie kann auch allein hinsichtlich der Kosten getroffen werden.

1) Über die **Bewilligung von Zahlungserleichterungen** (I) bei der Geldstrafe nach § 42 StGB (Stundung und Ratenzahlungen) entscheidet nach Urteilsrechtskraft auf Antrag oder von Amts wegen (Hamburg Rpfleger **77**, 65) die VollstrB. Für die Vollstreckung von Nebenfolgen, die zu einer Geldzahlung verpflichten, gilt das entspr (§ 459 g II). Die VollstrB kann ihre Bewilligung, die das Ruhen der Vollstreckungsverjährung zur Folge hat (§ 79 a Nr 2 Buchst c StGB), entspr § 42 S 2 StGB mit einer Verfallklausel versehen (LR-Wendisch 3). Die Entscheidung ist nach § 31 II S 1 **RPflG** dem Rechtspfleger übertragen. 1

Wenn dem Verurteilten nach seinen persönlichen oder wirtschaftlichen Verhältnissen die **sofortige Zahlung der Geldstrafe nicht zuzumuten** ist (dazu Fischer 4 zu § 42 StGB), ist die Bewilligung von Zahlungserleichterungen nach § 42 S 1 StGB zwingend geboten (Stuttgart Rpfleger **93**, 417; LG Berlin StV **02**, 33). 2

Ein weiterer Bewilligungsgrund ist nach § 42 S 3 StGB die **Rücksichtnahme auf die Ersatzansprüche des Verletzten** gegen den Verurteilten. Zahlungserleichterungen können auch gewährt werden, wenn dadurch die Möglichkeiten der Schadenswiedergutmachung verbessert werden. Dabei wird vorausgesetzt, dass durch die vorrangige Pflicht des Verurteilten zur Leistung von Geldstrafe und/oder 3

Kosten die Schadenswiedergutmachung erheblich gefährdet wäre, etwa weil der Verurteilte nach seinen wirtschaftlichen Verhältnissen nicht in der Lage ist, beide Ansprüche alsbald zu befriedigen. Eine Gefährdung der Wiedergutmachung kommt aber auch schon dann in Betracht, wenn infolge des Vorrangs der Geldstrafe die Verwirklichung des fälligen Ersatzanspruchs des Verletzten nicht unerheblich verzögert würde. Ein endgültiger Ausfall der Forderung des Verletzten braucht nicht zu drohen. Anders als im Fall des § 42 S 1 StGB ist die Bewilligung von Zahlungserleichterungen nach § 42 S 3 StGB bei Vorliegen der gesetzlichen Voraussetzungen nicht zwingend vorgeschrieben, sondern in das Ermessen der VollstrB gestellt, die unter Abwägung aller Umstände des Einzelfalls entscheidet. Hat sie mit Rücksicht auf die Schadensersatzansprüche des Verletzten Zahlungserleichterungen bewilligt, so muss sie in regelmäßigen Abständen prüfen, ob der Verurteilte diese Vergünstigung auch dazu benutzt, die Ansprüche des Verletzten zu befriedigen. Ist das nicht der Fall, so ist die Vergünstigung aufzuheben (unten 5).

4 **2) Nachträgliche Änderung der Entscheidung** (II): Die VollstrB kann nicht nur ihre eigene, sondern auch die Entscheidung des Tatrichters über Zahlungserleichterungen auf Antrag oder von Amts wegen ändern oder aufheben (S 1). Sie kann insbesondere Zahlungserleichterungen gewähren, die das Gericht versagt hat, die festgesetzten Zahlungsfristen verlängern (Düsseldorf VRS **96**, 435), die Höhe der Ratenzahlungen herabsetzen und die Verfallklausel beseitigen. Mehrfache Änderungen sind zulässig. Bei der Entscheidung nach II darf die VollstrB aber den Zweck der Geldstrafe nicht aus den Augen verlieren. Ratenzahlungen in so geringer Höhe oder so weit hinaus gesteckte Zahlungsfristen, dass die Geldstrafe den Verurteilten nicht mehr fühlbar belastet, sind ermessensfehlerhaft.

5 **Änderungen zuungunsten des Verurteilten** (S 2), zB die Aufhebung der Zahlungserleichterungen, der Heraufsetzung der Raten, die Verkürzung der Zahlungsfristen oder die Einführung einer Verfallklausel, sind zulässig, aber nur auf Grund neuer Tatsachen oder Beweismittel, die sich auf die Voraussetzungen der Zahlungserleichterungen (oben 2 ff) beziehen. Neu sind Tatsachen und Beweismittel, die das Gericht oder die VollstrB bei ihrer Entscheidung nicht berücksichtigt hat, weil sie damals noch nicht bekannt waren, weil sie übersehen worden oder weil sie erst später entstanden sind (KMR-Stöckel 14; **aM** Volckart 78; erg 3 zu § 211; 30 ff zu § 359). Die Tatsachen und Beweismittel müssen allein oder in Verbindung mit den früher bekannten Tatsachen und Beweismitteln geeignet sein, die bisherigen Entscheidungsgrundlagen zu beseitigen. In Betracht kommen insbesondere eine Besserung der wirtschaftlichen Verhältnisse des Verurteilten (im Fall des I S 1) oder das Unterlassen der Schadenswiedergutmachung (im Fall I S 2). Das Verschlechterungsverbot des S 2 gilt jeweils im Verhältnis zu der vorausgegangenen Entscheidung. Die Vollstreckung der Geldstrafe ist erst nach Rechtskraft des Widerrufsbeschlusses zulässig (Hamburg MDR **57**, 330; LG Krefeld Rpfleger **71**, 225 mit Anm Pohlmann).

6 **3)** Der **Wegfall der Vergünstigung** (III) nach § 42 S 2 StGB tritt ohne Rücksicht auf das Verschulden des Verurteilten von selbst ein, wenn er einen Teilbetrag nicht rechtzeitig zahlt. Daher braucht die VollstrB die richterliche Bewilligung in diesem Fall nicht aufzuheben, sondern nur ihren Wegfall in den Akten zu vermerken (S 1). Der Aktenvermerk dient lediglich der Klarstellung, dass die VollstrB das Vorliegen der Voraussetzungen des § 42 S 2 StGB geprüft hat; er ist unanfechtbar. Hat das Gericht eine Anordnung nach § 42 S 2 StGB nicht getroffen, so darf die VollstrB den gerichtlichen Beschluss dennoch (entspr § 56 f I StGB) aufheben, wenn der Verurteilte seine Zahlungspflicht gröblich oder beharrlich verletzt. Der erneuten Bewilligung von Zahlungserleichterungen steht das nicht entgegen (S 2). Die Regelung des III gilt auch, wenn die VollstrB ihre eigene Anordnung mit einer Verfallklausel versehen hat.

7 **4)** Auf die **Verfahrenskosten** (IV) erstreckt sich die Bewilligung von Zahlungserleichterungen nur, wenn sie nachträglich von der VollstrB getroffen worden ist

(S 1). Das Gericht kann im Urteil insoweit keine Vergünstigungen gewähren. Durch die Regelung des IV werden Geldstrafe und Kosten zu einer Einheit zusammengefasst. Die VollstrB kann die Kosten aber von der Vergünstigung ausnehmen (**aM** KMR-Stöckel 18).

Für die **Kosten allein** (S 2) kann die VollstrB Zahlungserleichterungen bewilligen, wenn die Ergänzung der gerichtlichen Entscheidung geboten erscheint oder wenn eine Geldstrafe nicht oder nicht mehr zu vollstrecken ist. Wenn in dem Urteil überhaupt nicht auf Geldstrafe erkannt worden ist, gilt IV S 2 aber nicht (Frankfurt NStZ-RR **06**, 159). Die Regelung des IV gilt auch im Fall des I S 2. 8

5) Rechtsbehelfe: Über Einwendungen des Verurteilten gegen eine Anordnung des Rechtspflegers (Ablehnung von Zahlungserleichterungen oder Zurückbleiben hinter den Antrag des Verurteilten; nicht gegen den Aktenvermerk nach III S 1) entscheidet gemäß § 31 VI S 1 **RPflG** nach § 459 h das Gericht, und zwar ohne mündliche Verhandlung, durch Beschluss (§ 462 I S 1). Zuständig ist idR das Gericht des 1. Rechtszugs (§ 462 a II S 1). Nur wenn gegen den Verurteilten eine Freiheitsstrafe vollstreckt wird, entscheidet die StVollstrK auch über die Zahlungserleichterungen (4 zu § 459 h). Gegen den Gerichtsbeschluss ist sofortige Beschwerde zulässig (§ 462 III). 9

Verrechnung von Teilbeträgen

459b **Teilbeträge werden, wenn der Verurteilte bei der Zahlung keine Bestimmung trifft, zunächst auf die Geldstrafe, dann auf die etwa angeordneten Nebenfolgen, die zu einer Geldzahlung verpflichten, und zuletzt auf die Kosten des Verfahrens angerechnet.**

1) Für die **Anrechnung von Teilzahlungen** ist die Bestimmung des Verurteilten maßgebend, die er vor oder bei der Zahlung getroffen hat. Eine solche Bestimmung kann für ihn insbesondere dann nützlich sein, wenn er vorab eine zur Geldzahlung verpflichtende Nebenfolge (§ 459 g II) erledigen will, um dadurch die Aufhebung einer Sicherstellung nach § 111 f III zu erreichen (LR-Wendisch 5). 1

Beim Fehlen einer Bestimmung des Verurteilten gilt die **gesetzliche Reihenfolge** des § 459 b. Dabei macht es keinen Unterschied, ob dem Verurteilten Zahlungserleichterungen in Form von Teilzahlung bewilligt worden waren oder ob er nach §§ 4, 5 EBAO eine Zahlungsaufforderung über den gesamten Geldstrafenbetrag erhalten hat, aber nur einen Teilbetrag zahlt (§ 6 EBAO). 2

2) Bei der **Vollstreckung mehrerer strafrechtlicher Entscheidungen** gilt § 459 b nach hM entspr (**aM** Siggelkow Rpfleger **99**, 249 Fn 27). Schuldet der Verurteilte aus mehreren Straferkenntnissen Geldstrafe, Nebenfolgen, die zu einer Geldzahlung verpflichten, oder Verfahrenskosten, so kommt es auf seine Bestimmung vor oder bei der Zahlung an, auf welche Urteile oder Strafbefehle die Teilbeträge angerechnet werden sollen; die Angabe des Aktenzeichens kann dazu genügen. Trifft der Verurteilte keine Bestimmung, so wird die Zahlung auf die Geldstrafe angerechnet, deren Vollstreckung am ehesten verjährt (KK-Appl 4; vgl auch Göhler 3 zu § 94 OWiG). Im Übrigen gilt auch hier die Reihenfolge des § 459 b. 3

3) Bei der **zwangsweisen Beitreibung** von Geldstrafen, Nebenfolgen, die zu einer Geldzahlung verpflichten, und Verfahrenskosten gilt § 459 b ebenfalls entspr (KK-Appl 3). Andernfalls wäre der Verurteilte, von dem nur ein Teilbetrag erlangt werden kann, schlechter gestellt als bei freiwilliger Zahlung (Göhler 5 zu § 94 OWiG). 4

4) Der zulässige **Rechtsbehelf** gegen Verstöße gegen § 459 b ist, da § 459 h insoweit Einwendungen nicht zulässt, der Antrag auf gerichtliche Entscheidung nach § 23 **EGGVG** (KMR-Stöckel 6; **aM** LR-Wendisch 7 zu § 459 h: entspr Anwendung dieser Vorschrift). 5

Beitreibung der Geldstrafe

459c **I Die Geldstrafe oder der Teilbetrag der Geldstrafe wird vor Ablauf von zwei Wochen nach Eintritt der Fälligkeit nur beigetrieben, wenn auf Grund bestimmter Tatsachen erkennbar ist, dass sich der Verurteilte der Zahlung entziehen will.**

II Die Vollstreckung kann unterbleiben, wenn zu erwarten ist, dass sie in absehbarer Zeit zu keinem Erfolg führen wird.

III In den Nachlass des Verurteilten darf die Geldstrafe nicht vollstreckt werden.

1 **1)** Eine **Schonfrist von 2 Wochen nach Eintritt der Fälligkeit** (I) bestimmt die Vorschrift. Sie geht davon aus, dass mit der sofortigen Beitreibung für den Verurteilten erhebliche Nachteile verbunden sein können (zB Unmöglichkeit der Geldbeschaffung oder der Antragstellung nach § 459 a), der Aufschub der Strafvollstreckung um kurze Zeit die Interessen der Strafverfolgung aber nicht wesentlich berührt.

2 Die **Fälligkeit** tritt mit der Rechtskraft des Urteils ein, wenn es keine Zahlungserleichterungen nach § 42 StGB bewilligt. Werden im Urteil oder nach Urteilsrechtskraft (§ 459 a) Ratenzahlungen bewilligt, so tritt die Fälligkeit iSd des I für jede Rate mit deren Fälligkeit ein. Wenn eine Verfallklausel (1 zu § 459 a) bestimmt worden und wirksam geworden ist, wird der gesamte Geldstrafenbetrag fällig. Die Vollstreckung unter Verstoß gegen I (die wegen des vorangehenden Einforderungs- und Mahnverfahrens praktisch ausgeschlossen ist) ist wirksam.

3 Die **sofortige Vollstreckung** ist zulässig, wenn erkennbar wird, dass sich der Verurteilte der Zahlung, dh der Beitreibung, entziehen will. Dazu gehört mehr als das bloße Nichtbefolgen einer Zahlungsaufforderung. Erforderlich ist vielmehr, dass der Verurteilte versucht, Pfändungen durch häufigen Wechsel der Wohnung oder Arbeitsstelle zu entgehen, oder dass er Vermögenswerte beiseiteschafft (LR-Wendisch 7). Die Absicht des Verurteilten, sich der Zahlung zu entziehen, muss auf Grund bestimmter Tatsachen erkennbar werden; bloße Vermutungen oder ein Verdacht, der sich nicht auf konkrete Tatsachen stützen kann, genügen nicht.

4 **2) Unterbleiben der Vollstreckung** (II): Uneinbringlich iS des § 43 StGB ist eine Geldstrafe grundsätzlich erst, wenn erfolglos versucht worden ist, sie beizutreiben. Damit ein überflüssiger und nutzloser Verwaltungsaufwand vermieden werden kann, lässt II aber zu, dass aussichtslose Vollstreckungsmaßnahmen (nicht die Aufforderung zur Zahlung der Geldstrafe nach § 5 I EBAO) unterbleiben können.

5 **Aussichtslos** ist die Vollstreckung, wenn mit Wahrscheinlichkeit zu erwarten ist, dass sie keinen Erfolg haben wird. Das ist insbesondere der Fall, wenn schon Beitreibungsversuche in anderen Sachen erfolglos waren, wenn der Verurteilte vor kurzem die Erklärung nach § 807 ZPO abgegeben hat oder sich im Insolvenzverfahren befindet (BVerfG NJW **06**, 3626 mwN), auch wenn sein Einkommen die Pfändungsgrenze nach § 850 c ZPO nicht übersteigt. Die Aussichtslosigkeit von Beitreibungsmaßnahmen muss auf unabsehbare Zeit bestehen. Diese Voraussetzungen werden zweckmäßigerweise in einem Aktenvermerk niedergelegt.

6 Die **Wirkung der Anordnung** nach II besteht darin, dass, aber nur auf Grund einer besonderen Anordnung nach § 459 e I (LR-Wendisch 11), die Ersatzfreiheitsstrafe vollstreckt werden kann. Die Anordnung nach II hindert nicht, die Vollstreckung der Geldstrafe erneut zu betreiben, solange die Strafvollstreckung nicht durch Verbüßung der Ersatzfreiheitsstrafe oder Verjährung erledigt ist.

7 **3)** Die **Vollstreckung in den Nachlass** (III) ist unzulässig. Die zu Lebzeiten des Verurteilten nicht vollstreckte Geldstrafe erlischt (KMR-Stöckel 9). Eine vor seinem Tod begonnene Vollstreckung muss abgebrochen werden (LR-Wendisch 12).

4) Rechtsbehelfe: Über Einwendungen gegen die Entscheidung des Rechtspflegers nach I (Beitreibung vor Ablauf der Schonfrist) kann nach § 459 h die Entscheidung des Gerichts herbeigeführt werden (§ 31 VI S 1 **RPflG**). Gegen die Entscheidung nach II ist kein Rechtsbehelf gegeben; sie beschwert den Verurteilten auch dann nicht, wenn die Unterbleibensanordnung nicht betroffen wird. Im Fall des III stehen den Erben gegen die Entscheidung des Rechtspflegers nach § 31 VI S 1 **RPflG** die Einwendungen nach § 459 h zu. 8

Geldstrafe neben Freiheitsstrafe

459d **I Das Gericht kann anordnen, dass die Vollstreckung der Geldstrafe ganz oder zum Teil unterbleibt, wenn**

1. in demselben Verfahren Freiheitsstrafe vollstreckt oder zur Bewährung ausgesetzt worden ist oder

2. in einem anderen Verfahren Freiheitsstrafe verhängt ist und die Voraussetzungen des § 55 des Strafgesetzbuches nicht vorliegen

und die Vollstreckung der Geldstrafe die Wiedereingliederung des Verurteilten erschweren kann.

II Das Gericht kann eine Entscheidung nach Absatz 1 auch hinsichtlich der Kosten des Verfahrens treffen.

1) Absehen von der Vollstreckung der Geldstrafe (I): 1

A. Zur **Erleichterung der Wiedereingliederung** des Verurteilten gestattet I, dass die Vollstreckung der Geldstrafe ganz oder, wenn bereits dadurch die Resozialisierungsschwierigkeiten beseitigt werden können, teilw unterbleibt. Das Gericht ordnet das ohne mündliche Verhandlung nach Anhörung der StA und des Verurteilten durch Beschluss an (§ 462 I S 1). Die Anordnung enthält keinen Erlass oder Teilerlass und keine Ermäßigung der Geldstrafe. Da sie aber zeitlich unbeschränkt getroffen wird und unwiderruflich ist, fällt die Strafe praktisch weg (Hamm JMBlNW **76**, 107; KK-Appl 4). Die Entscheidung, die auch noch nach Anordnung der Vollstreckung der Ersatzfreiheitsstrafe nach § 459 e I zulässig ist (Koblenz MDR **78**, 248), ergeht auf Antrag, der nicht schon im Antrag auf Stundung der Geldstrafe liegt (Koblenz Rpfleger **78**, 148), oder von Amts wegen (BGH **30**, 263; Volckart NStZ **82**, 498). Auch I kann nicht hergeleitet werden, dass die Vollstreckung der Geldstrafe allgemein einen Beschluss des Gerichts darüber voraussetzt, dass die Voraussetzungen des I nicht gegeben sind (Koblenz Rpfleger **78**, 27; Zweibrücken NStZ **85**, 575; **aM** Volckart aaO). 2

B. **Voraussetzungen:** 3

a) Bei **Geldstrafe neben Freiheitsstrafe im selben Verfahren** (I Nr 1): Nach § 41 StGB darf neben der Freiheitsstrafe eine Geldstrafe nur verhängt werden, wenn das unter Berücksichtigung der persönlichen und wirtschaftlichen Verhältnisse des Täters angebracht ist. Das Gericht muss daher prüfen, ob die zusätzliche Strafe die Wiedereingliederung des Täters erschwert. I Nr 1 ergänzt diese Vorschrift für das Vollstreckungsverfahren, gilt aber auch sonst, wenn im selben Urteil Freiheits- und Geldstrafe nebeneinander verhängt sind. Die Anordnung nach I Nr 1 setzt voraus, dass Wiedereingliederungsschwierigkeiten auf Grund nachträglich eingetretener oder bekanntgewordener Umstände zu erwarten sind (Koblenz MDR **81**, 870). Dass das Gericht die Wiedereingliederungsfrage anders beurteilt als der Tatrichter, rechtfertigt die Anordnung nicht (KK-Appl 3). 4

Zeitlich ist die Anordnung erst zulässig, wenn die Freiheitsstrafe vollstreckt (oder durch Erlass erledigt) oder zur Bewährung ausgesetzt ist (BGH **30**, 263, 264; Koblenz MDR **81**, 870; weitergehend Volckart NStZ **82**, 499: erst am Ende der Bewährungszeit). Diese Voraussetzung ist auch erfüllt, wenn die Freiheitsstrafe teilw vollstreckt und der Strafrest nach § 57 StGB oder im Gnadenweg zur Bewährung ausgesetzt worden ist. 5

6 Bei der **Ermessensentscheidung** ist der Ausnahmecharakter der Anordnung nach I im Auge zu behalten. Das Gericht darf das öffentliche Interesse an der Vollstreckung der Strafe nur vernachlässigen und ihr Unterbleiben nur anordnen, wenn die Resozialisierung des Verurteilten andernfalls ernsthaft gefährdet wäre. Die Vollstreckung wird nur in außergewöhnlichen Ausnahmefällen unterbleiben können (Jena NStZ-RR **06**, 286; Koblenz MDR **81**, 870; LG Mainz NStZ **82**, 47; KK-Appl 4; **aM** Litwinski/Bublies 39; Volckart aaO). Die Anordnung ergeht nicht, wenn den persönlichen Verhältnissen des Verurteilten (Krankheit, finanzielle Lage usw) durch Zahlungsaufschub oder Ratenzahlungsbewilligungen nach § 459 a Rechnung getragen werden kann (Hamm JMBlNW **76**, 107), auch nicht, wenn dem Verurteilten bereits Ratenzahlungen bewilligt waren, er aber über einen längeren Zeitraum nichts gezahlt hat, obwohl er dazu in der Lage war (Koblenz MDR **78**, 248).

7 b) **Bei Geldstrafe neben Freiheitsstrafe in verschiedenen Verfahren** (I Nr 2): Voraussetzung für die Anordnung ist in diesem Fall, dass die nachträgliche Bildung einer Gesamtstrafe nach § 55 I S 1 StGB rechtlich nicht möglich ist. Da es dann nicht zu der bei der Gesamtstrafenbildung vorgeschriebenen zusammenfassenden Würdigung des Täters und der einzelnen Straftaten (§ 54 I S 3 StGB) kommen kann, soll die Unterbleibensanordnung es ermöglichen, etwaigen Resozialisierungsschwierigkeiten zu begegnen. Auch die Anordnung nach I Nr 2 für die Geldstrafe oder einen Teilbetrag wird idR erst nach Beendigung der Vollstreckung der Freiheitsstrafe oder nach Aussetzung der Strafe oder des Strafrests zur Bewährung getroffen werden können (Jena NStZ-RR **04**, 383 L; LR-Wendisch 8; zw Jena NStZ-RR **06**, 286; **aM** Volckart NStZ **82**, 499: am Ende der Bewährungszeit, sofern nicht besondere Umstände für eine frühere Anordnung sprechen).

8 **2) Absehen von der Beitreibung der Kosten** (II): Die Anordnung nach I erfasst, anders als im Fall des § 459 a IV S 1, nicht ohne weiteres die Verfahrenskosten (vgl BGH **31**, 244, 245). Die besondere Anordnung nach II setzt voraus, dass der Angeklagte (auch) zur Geldstrafe verurteilt ist (BGH **31**, 244, 246; Karlsruhe Justiz **82**, 275; LG Mainz Rpfleger **85**, 162), und ist nur zulässig, wenn zugleich die Voraussetzungen des I für das vollständige oder teilw Unterbleiben der Geldstrafe erfüllt sind (BGH **31**, 244). Beide Entscheidungen brauchen aber inhaltlich nicht übereinzustimmen. Auch wenn das Gericht das Unterbleiben der Vollstreckung der Geldstrafe in vollem Umfang anordnet, kann es daher wegen der Kosten das Unterbleiben der Vollstreckung auf einen Teilbetrag beschränken (LR-Wendisch 11).

9 Auch die Entscheidung nach II ist nur in **Ausnahmefällen** zulässig, wenn überwiegende Gründe der Resozialisierung für den Wegfall der Kostenschuld sprechen (LG Mainz NStZ **82**, 47).

10 **3) Zuständiges Gericht:** Vgl §§ 462, 462 a. Die StVollstrK bleibt auch nach Erledigung der Vollstreckung der Freiheitsstrafe zuständig (BGH **30**, 263).

11 **4) Beschwerde:** Vgl § 462 III S 1.

Vollstreckung der Ersatzfreiheitsstrafe

459e **I Die Ersatzfreiheitsstrafe wird auf Anordnung der Vollstreckungsbehörde vollstreckt.**

II Die Anordnung setzt voraus, dass die Geldstrafe nicht eingebracht werden kann oder die Vollstreckung nach § 459 c Abs. 2 unterbleibt.

III Wegen eines Teilbetrages, der keinem vollen Tage Freiheitsstrafe entspricht, darf die Vollstreckung der Ersatzfreiheitsstrafe nicht angeordnet werden.

IV [1] Die Ersatzfreiheitsstrafe wird nicht vollstreckt, soweit die Geldstrafe entrichtet oder beigetrieben wird oder die Vollstreckung nach § 459 d unterbleibt. [2] Absatz 3 gilt entsprechend.

1) Auf **Anordnung der VollstrB** (I) wird die Ersatzfreiheitsstrafe, die nach § 43 S 1 StGB an die Stelle einer uneinbringlichen Geldstrafe tritt, nach den Vorschriften der §§ 22ff, 50 I StVollstrO vollstreckt. Die Geschäfte sind auf den Rechtspfleger übertragen (§ 31 II S 1 **RPflG**). Das Gesetz schreibt eine besondere Anordnung vor, weil die VollstrB in jedem Fall zu prüfen hat, ob die gesetzlichen Voraussetzungen der Vollstreckung der Ersatzfreiheitsstrafe vorliegen. 1

Rechtliches Gehör braucht dem Verurteilten vor der Anordnung nicht gewährt zu werden (Nürnberg NStZ **08**, 224; KK-Appl 4; LR-Wendisch 5ff; Pohlmann Rpfleger **79**, 249; **aM** Celle NdsRpfl **77**, 128; KMR-Stöckel 4); denn der Verurteilte wird von der Anordnung durch die Ladung zum Strafantritt unterrichtet. 2

2) Voraussetzungen der Anordnung (II): Die Anordnung darf idR nur getroffen werden, wenn angemessene Versuche, die Geldstrafe beizutreiben, erfolglos geblieben sind oder eine Anordnung nach § 459c II getroffen worden ist. Die Anordnung, die Geldstrafe zu vollstrecken, ist unzulässig, wenn die Schonfrist nach § 459b I noch nicht abgelaufen ist, wenn nach § 459a Zahlungserleichterungen gewährt sind oder wenn eine Anordnung nach § 459d oder § 459f getroffen ist. 3

3) Das **Mindestmaß der Ersatzfreiheitsstrafe** (III) ist nach § 43 S 3 StGB ein voller Tag. Beträgt der Rest der ausstehenden Geldstrafe weniger als einen Tagessatz, so muss daher die Vollstreckung der Ersatzfreiheitsstrafe unterbleiben. Der Teilbetrag bleibt aber geschuldet. Die VollstrB kann die Restgeldstrafe bis zum Eintritt der Verjährung erneut vollstrecken (LR-Wendisch 11). Zur Vollstreckung der Ersatzfreiheitsstrafe aus einer nachträglich nach § 55 StGB, § 460 gebildeten Gesamtfreiheitsstrafe vgl Siggelkow Rpfleger **94**, 285. 4

4) Absehen von der Vollstreckung (IV): Geht der Geldstrafenbetrag durch Zahlung oder Beitreibung nach der Anordnung der Vollstreckung der Ersatzfreiheitsstrafe ein, so entsteht ein Vollstreckungshindernis (Düsseldorf NJW **80**, 250; Zweibrücken MDR **87**, 782). Befindet sich der Verurteilte zu diesem Zeitpunkt bereits im Vollzug der Ersatzfreiheitsstrafe, so muss er sofort entlassen werden, auch wenn noch kein voller Tag verbüßt ist (vgl § 51 IV StVollstrO). Geht ein Teilbetrag ein, so wird die Dauer der Ersatzfreiheitsstrafe entspr gekürzt (Isak/Wagner 274). 5

5) Über Einwendungen des Verurteilten nach § 459h gegen die Anordnung des Rechtspflegers nach I entscheidet das Gericht (§ 31 VI S 1 **RPfl**). 6

6) Die **Abwendung der Vollstreckung einer Ersatzfreiheitsstrafe durch freie Arbeit** kann durch RechtsVO der Landesregierung bzw LJV geregelt werden (Art 293 EGStGB idF des Art 4 Nr 1 des 23. StÄG vom 13. 4. 1985 [BGBl I 393]). Soweit der Verurteilte die freie Arbeit geleistet hat, ist die Ersatzfreiheitsstrafe erledigt. Die Arbeit muss unentgeltlich sein; sie darf nicht erwerbswirtschaftlichen Zwecken dienen (Art 293 I S 2 EGStGB). Vgl dazu Dölling NJW **87**, 1046; Mrozynski JR **87**, 272; Schädler ZRP **83**, 5; **85**, 186; Schall NStZ **85**, 104. Aufgrund des Art 293 nF haben die Bundesländer entspr Vorschriften erlassen (vgl die Zusammenstellung bei LK-Häger 12 zu § 43 StGB). Zur Anfechtung von Entscheidungen über die Abwendung der Vollstreckung durch gemeinnützige Arbeit vgl BGH NJW **09**, 3587, Jena NStZ-RR **10**, 61 L und 16 zu § 23 EGGVG. 7

Härteklausel

459f **Das Gericht ordnet an, dass die Vollstreckung der Ersatzfreiheitsstrafe unterbleibt, wenn die Vollstreckung für den Verurteilten eine unbillige Härte wäre.**

1) Die **Vollstreckung der Ersatzfreiheitsstrafe unterbleibt** ganz oder teilw, wenn sie für den Verurteilten unbillig hart wäre. Gegenüber § 456 ist § 459f die Sondervorschrift (Schleswig SchlHA **76**, 13). Die Entscheidung trifft nicht die 1

VollstrB, sondern das Gericht auf Antrag oder von Amts wegen durch Beschluss nach § 462 I S 1. Die VollstrB soll jedoch eine gerichtliche Entscheidung nach § 459 f anregen, wenn sie die Voraussetzungen dafür für gegeben hält (§ 49 II S 1 StVollstrO). Die Anregung kann sie vor der Anordnung nach § 459 e geben, aber auch später, wenn sie erst dann erkennt, dass die Vollstreckung eine unbillige Härte wäre. Die Anregung kann auch der Rechtspfleger geben (Pohlmann Rpfleger **70**, 265). Dass bereits mit der Vollstreckung der Ersatzfreiheitsstrafe begonnen worden ist, steht der Anordnung nach § 459 f nicht entgegen.

2 2) Eine **unbillige Härte** liegt nicht schon vor, weil die Geldstrafe nicht beigetrieben werden kann (Düsseldorf MDR **85**, 76; Schädler ZRP **83**, 7). Es genügt auch nicht, dass der Verurteilte unverschuldet vermögenslos geworden und unfähig ist, die Mittel für seinen Unterhalt und den seiner Familie aufzubringen (BVerfG NJW **06**, 3626 mwN; **aM** von Selle NStZ **90**, 118; weitergehend auch Bringewat StVollstr 5; Volckart 99 ff). Vielmehr müssen besondere Umstände hinzukommen, auf Grund deren mit der Vollstreckung der Ersatzfreiheitsstrafe eine außerhalb des Strafzwecks liegende zusätzliche Härte verbunden wäre, die dem Verurteilten auch unter Berücksichtigung des Zwecks der Strafe nicht zugemutet werden kann (BGH **27**, 90, 93; Düsseldorf VRS **77**, 454; Jena NStZ-RR **06**, 286; LG Bremen StV **98**, 152; Tröndle ZStW **86**, 570); Schleswig StV **98**, 673 mit zust Anm Pause/Bobinski bejaht dies, falls der Verurteilte deshalb einen Therapieantritt verschieben muss; vgl auch Karlsruhe StV **06**, 590; LG Osnabrück StV **99**, 444. Die Vollstreckung muss geradezu als ungerecht erscheinen (LR-Wendisch 5). Ferner muss eine günstige Prognose die Annahme rechtfertigen, dass die Strafwirkung bereits durch die bloße Verhängung der Geldstrafe eingetreten ist (Düsseldorf MDR **85**, 76; LG Frankfurt StV **83**, 292); erfordert eine ungünstige Prognose eine nachhaltige Einwirkung auf den Verurteilten, so kommt eine Anordnung nach § 459 f nicht in Betracht.

3 3) **Widerruf bei Wegfall der unbilligen Härte:** Die Anordnung nach § 459 f bewirkt lediglich den Aufschub der Vollstreckung der Ersatzfreiheitsstrafe, nicht ihren Erlass (Schleswig SchlHA **76**, 13). Das Gericht kann sie daher widerrufen, wenn ihre Voraussetzungen nachträglich entfallen sind (Schleswig aaO), wenn sich zB die wirtschaftlichen Verhältnisse des Verurteilten so gebessert haben, dass die Vollstreckung keine unbillige Härte mehr darstellt, insbesondere auch, wenn die Geldstrafe jetzt nur noch infolge Verschuldens des Verurteilten nicht beigetrieben werden kann. Die Beitreibung der Geldstrafe ist nach § 49 II S 2 StVollstrO vom Widerruf der Anordnung nach § 459 f nicht abhängig (vgl KK-Appl 3).

4 4) **Zuständiges Gericht:** Vgl §§ 462, 462 a.

5 5) **Beschwerde:** Vgl § 462 III S 1.

Vollstreckung von Nebenfolgen

459g **I [1]Ist der Verfall, die Einziehung oder die Unbrauchbarmachung einer Sache angeordnet worden, so wird die Anordnung dadurch vollstreckt, dass die Sache dem Verurteilten oder dem Verfalls- oder Einziehungsbeteiligten weggenommen wird. [2]Für die Vollstreckung gelten die Vorschriften der Justizbeitreibungsordnung.**

II Für die Vollstreckung von Nebenfolgen, die zu einer Geldzahlung verpflichten, gelten die §§ 459, 459 a, 459 c Abs. 1 und 2 und § 459 d entsprechend.

1 **1) *Vollstreckung* von Nebenfolgen:**

2 A. Eigentumsübergang: Mit der Rechtskraft der Anordnung des Verfalls (§ 73 StGB) und der Einziehung (§ 74 StGB) der Sache geht das Eigentum an ihr auf den Landesfiskus über (§§ 73 e I S 1, 74 e I StGB, § 60 I StVollstrO); das gilt auch

für Grundstücke und andere unbewegliche Sachen. Wird ein Kfz eingezogen oder für verfallen erklärt, so geht auch der Kfz-Brief in das Eigentum des Fiskus über (vgl BGHZ 34, 122, 134 = NJW 61, 499; BGH NJW 64, 1413; Pohlmann/Jabel/Wolf 9 zu § 61 StVollstrO). Der Landesfiskus wird auch Eigentümer, wenn im 1. Rechtszug in Ausübung der Gerichtsbarkeit des Bundes (§ 120 VI GVG) entschieden worden ist (§ 60 S 2 StVollstrO). Über die Verwertung der Sache vgl §§ 63 ff StVollstrO (dazu Isak/Wagner 430 ff).

Die **Unbrauchbarmachung** kann eine Zusatzanordnung zur Einziehung sein (zB nach § 74 d I S 2 StGB), aber auch eine Anordnung ohne Verbindung mit der Einziehung als eine weniger einschneidende Maßnahme (§ 74 b II Nr 1 StGB), die das Eigentum unberührt lässt. Daher hat der Berechtigte einen Anspruch auf Rückgabe der Sache nach Unbrauchbarmachung, sofern sie zur Unbrauchbarmachung nicht völlig vernichtet werden musste (§ 63 III StVollstrO). Über die Entschädigung eines Dritten vgl § 74 f StGB. 3

B. Durch **Wegnahme** (I S 1) wird die Nebenfolge vollstreckt, wenn die Sache sich im Besitz des Verurteilten oder des Verfalls- oder Einziehungsbeteiligten befindet und nicht freiwillig herausgegeben wird. Will die VollstrB die tatsächliche Gewalt nicht ausüben, so genügt die Herstellung des mittelbaren Besitzes (§ 868 BGB); das kann bei sperrigen oder behandlungsbedürftigen Sachen zweckmäßig sein. Wesentliche Bestandteile und Zubehörstücke werden ohne besonderen Vollstreckungstitel in Besitz genommen. Befindet sich die Sache im Besitz eines Dritten, so muss, wenn er die Herausgabe verweigert, Klage auf Herausgabe nach § 985 BGB erhoben werden (vgl § 61 IV StVollstrO). Hierüber entscheidet die oberste Justizbehörde (§ 61 III S 2 StVollstrO). 4

C. **Nach den Vorschriften der JBeitrO** (I S 2) richtet sich die Vollstreckung. § 6 I Nr 1 JBeitrO verweist auf die Vorschriften der ZPO, § 6 III S 1 JBeitrO regelt, wer die Vollstreckung ausführt. Eine eidesstattliche Versicherung über den Verbleib der Sache hat die in I S 1 genannte Person auf Antrag der VollstrB bei dem AG abzugeben (§ 6 I Nr 1 JBeitrO iVm §§ 883 II–IV, 899, 900 I, III, V, 901, 902–910, 913 ZPO). Wiederholte Durchsuchungen vor und nach Abgabe der eidesstattlichen Versicherungen sind zulässig. Wegen der Wohnungsdurchsuchung vgl 5 zu § 459. 5

D. **Tod des Eigentümers:** Steht die für verfallen erklärte oder eingezogene Sache im Eigentum des Angeklagten, des Verfallsbeteiligten (zB im Fall des § 73 IV StGB) oder Einziehungsbeteiligten (zB in den Fällen der §§ 74 II Nr 2, 74 a StGB), so gilt bei seinem Tod folgendes: Wenn er vor Rechtskraft der Entscheidung stirbt, geht das Eigentum nicht mehr auf den Fiskus über; stirbt er später, so verbleibt es bei dem Eigentumsübergang. Ist nur die Unbrauchbarmachung der Sache angeordnet, so geht sie beim Tod des Eigentümers in den Nachlass und damit auf einen Dritten über, von dem ihre Herausgabe, notfalls im Klagewege, verlangt werden kann. 6

2) Nebenfolgen, die zu einer Geldzahlung verpflichten, (II) sind Verfall und Einziehung des Wertersatzes (§§ 73 a, 74 c StGB) sowie die Abführung des Mehrerlöses (§ 8 WiStGB). Da es sich nicht um Strafen handelt, ist die Festsetzung einer Ersatzfreiheitsstrafe ausgeschlossen. II bezeichnet die Vorschriften, die bei der Vollstreckung entspr anwendbar sind. Da § 459 c III nicht aufgeführt ist, kann in den Nachlass vollstreckt werden. 7

3) Über Einwendungen gegen Entscheidungen der VollstrB entscheidet das Gericht (§ 459 h). 8

Einwendungen

459h

Über Einwendungen gegen die Entscheidungen der Vollstreckungsbehörde nach den §§ 459 a, 459 c, 459 e und 459 g entscheidet das Gericht.

1 **1)** Über **Einwendungen** gegen eine Maßnahme des Rechtspflegers, dem die Geschäfte der VollstrB nach den §§ 459ff übertragen sind (§ 31 II S 1 **RPflG**), entscheidet das Gericht (§ 31 VI S 1 **RPflG**). § 459h schließt in seinem Anwendungsbereich § 458 und die §§ 23ff **EGGVG** aus. Nur wenn Einwendungen gegen den Bestand des Vollstreckungsanspruchs erhoben werden, zB Zahlung oder Erlass der Geldstrafe geltend gemacht wird, gilt § 458 I (LR-Wendisch 12).

2 **2) Entscheidungen der VollstrB** iS § 459h sind alle tatsächlichen Maßnahmen und Anordnungen, gleichgültig, ob die StrVollstrB einen Ermessensspielraum hat oder nicht (LR-Wendisch 5). Vgl im Einzelnen 9 zu § 459a; 5 zu § 459b; 8 zu § 459c; 6 zu § 459e; 8 zu § 459g.

3 **3) Einwendungsberechtigt** ist der Verurteilte oder der sonst von der Entscheidung unmittelbar Betroffene (9ff vor § 296), zB der Verfalls- oder Einziehungsbeteiligte, wenn die VollstrB die Wegnahme der Sache aus seinem Gewahrsam anordnet (4 zu § 459g). Der Einwendende muss, falls das nicht auf der Hand liegt, entspr § 24 I **EGGVG** geltend machen, dass er durch die Entscheidung oder ihre Ablehnung oder Unterlassung in seinen Rechten verletzt ist (KK-Appl 2). Die StA als Strafverfolgungsbehörde kann keine Einwendungen erheben. Sie wird in dieser Eigenschaft erst beteiligt, wenn es zum gerichtlichen Verfahren kommt.

4 **4) Zuständigkeit:** IdR ist nach § 462a II das Gericht des 1. Rechtszugs zuständig. Die Zuständigkeit der StVollstrK besteht nur, wenn über Einwendungen zu entscheiden ist, die während des Vollzugs einer Freiheitsstrafe erhoben werden (§ 462a I S 1 iVm § 462), auch wenn es sich dabei um eine Ersatzfreiheitsstrafe handelt (KK-Appl 5; erg 4 zu § 462a).

5 **5) Rechtsmittel:** Vgl § 462 III.

Vollstreckung der Vermögensstrafe

459i *(gegenstandslos)*

Nachdem das BVerfG durch Urteil vom 20. 3. 2002 (NJW **02**, 1779) § 43a StGB für verfassungswidrig erklärt hat, besteht für die Vorschrift kein Anwendungsbereich mehr.

Nachträgliche Gesamtstrafenbildung

460 [1] **Ist jemand durch verschiedene rechtskräftige Urteile zu Strafen verurteilt worden und sind dabei die Vorschriften über die Zuerkennung einer Gesamtstrafe (§ 55 des Strafgesetzbuches) außer Betracht geblieben, so sind die erkannten Strafen durch eine nachträgliche gerichtliche Entscheidung auf eine Gesamtstrafe zurückzuführen.** [2] ***Werden mehrere Vermögensstrafen auf eine Gesamtvermögensstrafe zurückgeführt, so darf diese die Höhe der verwirkten höchsten Strafe auch dann nicht unterschreiten, wenn deren Höhe den Wert des Vermögens des Verurteilten zum Zeitpunkt der nachträglichen gerichtlichen Entscheidung übersteigt.***

1 **1)** Zur **Nachholung der unterlassenen Gesamtstrafenbildung nach § 55 StGB** steht das Nachtragsverfahren nach § 460 zur Verfügung, in dem der Verurteilte so (dh weder besser noch schlechter) gestellt werden muss, als habe bereits der letzte Tatrichter die Gesamtstrafe gebildet (BGH **7**, 180, 181; **15**, 66, 69; **17**, 173; **32**, 190, 193; KG JR **76**, 202; Bringewat 327).

2 **§ 460 erfasst die Fälle,** in denen die nach § 55 StGB grundsätzlich zwingend gebotene (BGH **12**, 1 [GSSt]; **25**, 382, 384; **32**, 190, 193; **aM** Bohnert GA **94**, 110) Gesamtstrafenbildung im Erkenntnisverfahren unterblieben ist, weil dem

Richter die frühere Verurteilung nicht bekannt war (Bay **79**, 105 = JR **80**, 378), weil die Gesamtstrafenbildung wegen fehlender Rechtskraft der Vorverurteilung nicht zulässig war (BGH **20**, 292, 294; Stuttgart NJW **57**, 1813; Bringewat 333) oder weil er von ihr absehen durfte, zB weil der Verurteilte einen aussichtsreichen Wiedereinsetzungsantrag gegen die Versäumung der Rechtsmittelfrist gestellt hat (BGH **23**, 98; vgl dazu Küper MDR **70**, 885), weil die Vorstrafakten trotz gewissenhafter Terminsvorbereitung nicht rechtzeitig zu beschaffen oder sonst ohne Vertagung der Hauptverhandlung keine sichere Grundlagen für die Gesamtstrafenbildung zu gewinnen waren (BGH **12**, 1, 10 [GSSt]; **23**, 98; Hamm NJW **70**, 1200; Köln MDR **83**, 423) oder weil die Strafgewalt des Gerichts für die Gesamtstrafe nicht ausreichte (BGH **34**, 204, 208 ff für das Berufungsgericht). Das Berufungsgericht darf aber nicht wegen fehlender Vorstrafenakten auf das Verfahren nach § 460 verweisen, wenn das AG bereits eine Gesamtstrafe gebildet hatte (Hamburg MDR **95**, 84). Bei nur vertikaler Teilrechtskraft (Einl 185) muss die Gesamtstrafenbildung im Erkenntnisverfahren erfolgen (Oldenburg NdsRpfl **95**, 135; erg 11 zu § 302).

Die **Vorschrift gilt auch,** wenn der letzte Tatrichter von der Bildung der Gesamtstrafe abgesehen hat, weil er aus Rechtsirrtum nicht erkannt und demnach auch nicht sachlich geprüft hat, ob eine Gesamtstrafenbildung möglich war (BGH **35**, 208, 214; Düsseldorf JMBlNW **98**, 23; Hamm NStZ-RR **08**, 235; Karlsruhe NStZ **87**, 186; Stuttgart NStZ **89**, 47); denn § 460 bezweckt die Verwirklichung des materiellen Rechts ohne Rücksicht auf die Rechtskraft der Urteile (BGH aaO) und das materielle Recht lässt auch in einem solchen Fall die neue (fehlerfreie) Gesamtstrafenbildung zu (BGH **35**, 243). 3

§ 460 ist allerdings **unanwendbar,** wenn der Tatrichter nach ausdrücklicher Prüfung die Bildung einer Gesamtstrafe – wenn auch rechtsfehlerhaft – abgelehnt hat (Hamburg NStZ **92**, 607 mit zust Anm Maatz; Hamm aaO; krit Bohnert GA **94**, 106, 111). 3a

Die **entsprechende Anwendung** des § 460 kommt in Betracht, wenn bei Wegfall einer Gesamtstrafe versehentlich nicht über die Frage der Strafaussetzung zur Bewährung hinsichtlich einer bestehen gebliebenen Strafe entschieden worden ist (Koblenz NStZ **91**, 555 mit insoweit abl Anm Gössel; Zweibrücken NStZ **96**, 303; erg 2 zu § 453; nach Sieg StV **98**, 631 auch bei unterbliebener Anrechnung erbrachter Leistungen, vgl unten 17; zw), oder bei Nichtbeachtung eines Gesamtstrafübels mehrerer Gesamtstrafen (BGH NStZ-RR **03**, 293 [B]). § 460 ist hingegen nicht auf den Fall entspr anwendbar, dass gegen die Beschränkung der Auslieferungsbewilligung eines ausländischen Staats verstoßen worden ist; insoweit gilt § 458 (dort 3). 4

Im **Jugendstrafverfahren** richtet sich die nachträgliche Zusammenfassung von Strafen und anderen Sanktionen nach § 66 **JGG;** wie bei § 55 StGB darf eine rechtskräftige Vorverurteilung nicht nach § 31 II JGG einbezogen werden, wenn sie bereits in ein anderes – noch nicht rechtskräftiges – Urteil einbezogen worden war (BGH NJW **03**, 2036). 5

2) Einzubeziehende Strafen: 6

A. Nicht Urteile, sondern die **Einzelstrafen der früheren Urteile** werden in die Gesamtstrafe einbezogen (BGH MDR **79**, 280 [H]; KG JR **86**, 119). Sie müssen im Zeitpunkt der Beschlussfassung nach § 460 rechtskräftig sein (Stuttgart NJW **57**, 1813; KK-Appl 3. Ob sie bei Erlass des letzten tatrichterlichen Urteils bereits rechtskräftig waren, spielt keine Rolle (Frankfurt NJW **56**, 1609; Stuttgart aaO; Bringewat 341). Im Verfahren nach § 460 findet keine Urteilskorrektur statt (vgl aber oben 3); daher werden auch rechtsfehlerhaft verhängte Einzelstrafen in die Gesamtstrafe einbezogen (Schleswig SchlHA **76**, 43; LR-Wendisch 34 ff; Bringewat 355). 7

Einzubeziehen sind auch **Strafen aus Strafbefehlen** (BGH GA **56**, 50, 52), wobei Zeitpunkt der früheren Verurteilung iS § 55 StGB der Erlass des Strafbe- 8 fehls, nicht erst seine Zustellung ist (BGH **33**, 230; NJW **91**, 1763; Bringewat 206). Berücksichtigt werden ferner Beschlüsse nach § 453, § 59b StGB über die Verurteilung zu der vorbehaltenen Strafe (LR-Wendisch 6), nicht aber früher ergangene Beschlüsse nach § 460, sondern nur die diesen zugrundeliegenden Strafen (Karlsruhe GA **74**, 347; Bringewat 201 mwN).

9 Für **Geldstrafen** gilt § 53 II S 2 Hs 1 StGB. Sieht das Gericht nach dieser Vorschrift von der Einbeziehung der Geldstrafe in die Gesamtstrafe ab, so äußert es sich hierzu nur in der Beschlussgründung. Unzulässig ist der Ausspruch im Beschlusstenor, dass zwar das Urteil einbezogen wird, die Geldstrafe aber selbstständig bestehen bleibt (KG JR **86**, 119; Gollmer NJW **71**, 1247; Meyer-Goßner NStZ **88**, 530; **aM** Bender NJW **71**, 791). § 59c II StGB findet Anwendung (Frankfurt NStZ **09**, 268 L; LG Flensburg SchlHA **97**, 285; Fischer 3 zu § 59c StGB; Deckenbrock/Dötsch NStZ **03**, 346; **aM** AG Dieburg NStZ **96**, 613; SK-Paeffgen 4; Voraufl).

10 B. **Gesamtstrafen aus früheren Urteilen** und Strafbefehlen werden aufgelöst; dadurch werden sie gegenstandslos. § 460 erlaubt insoweit einen Eingriff in die Rechtskraft früherer gerichtlicher Entscheidungen (BGH **35**, 208, 214). Das gilt auch für den Fall, dass die frühere Gesamtstrafe rechtsfehlerhaft gebildet worden war (Karlsruhe NStZ **87**, 186). Es gelten die Grundsätze zu § 55 StGB (vgl Fischer 8ff zu § 55 StGB).

11 C. Ist die **frühere Verurteilung bereits erledigt, so** ist zu unterscheiden:

12 a) War sie **bereits zZ des Erlasses des letzten tatrichterlichen Urteils** verbüßt, verjährt oder erlassen, so lagen die Voraussetzungen für die Bildung einer Gesamtstrafe schon nach § 55 StGB nicht vor (wegen der Einzelheiten vgl Fischer 6 zu § 55 StGB); auch § 460 ist dann nicht anwendbar (KK-Appl 9; LR-Wendisch 15; Bringewat NStZ **90**, 51; vgl aber Schrader MDR **74**, 718). Bei Teilerledigung wird zwar die ganze Strafe in die Gesamtstrafe einbezogen, aber der verbüßte oder erlassene Teil von ihr wieder abgezogen (RG **46**, 179, 183; **60**, 206, 208; **77**, 151, 152; vgl auch Kuhnt MDR **55**, 194).

13 b) Ist die **Erledigung erst nach Erlass des letzten tatrichterlichen Urteils** eingetreten, so steht sie, da der Verurteilte so gestellt werden muss, als sei zu diesem Zeitpunkt nach § 55 StGB verfahren worden (oben 1), der neuen Gesamtstrafenbildung grundsätzlich nicht entgegen (BGH NStZ-RR **09**, 382). Eine Ausnahme gilt, wenn sämtliche Einzelstrafen schon verbüßt, verjährt oder erlassen sind (KG JR **76**, 202; Bringewat 346). Sonst hindert die Einbeziehung in die Gesamtstrafe nicht, dass die Einzelstrafe voll verbüßt (BGH NStZ-RR **07**, 369; Bay **57**, 185 = NJW **57**, 1810; KG aaO) oder durch Zahlung der Geldstrafe voll erledigt ist (vgl LG Kaiserslautern Rpfleger **72**, 373 mit Anm Pohlmann). Einbezogen werden auch Strafen, die durch Eintritt der Strafvollstreckungsverjährung erledigt (LR-Wendisch 24; Bringewat 344; **aM** Oppe NJW **59**, 1358) oder durch Gnadenerweis erlassen worden sind (LG Kiel Rpfleger **60**, 305; LR-Wendisch 13ff; Bringewat 345). Die Gesamtstrafe ist dann aber um die anteilsmäßige Höhe der verjährten oder erlassenen Strafe zu mindern (LG Kiel aaO; KK-Appl 15, 26; Kuhnt MDR **55**, 194; **aM** Bringewat StVollstr 25: Strafmaß der Gesamtstrafe „zumessungsgerecht" verringern). Nicht einbezogen werden Strafen, für die die Bewährungszeit abgelaufen ist (KG aaO) oder die nach Ablauf der Frist bereits nach § 56g I S 1 StGB erlassen worden sind (KG aaO; KK-Appl 14; **aM** LR-Wendisch 22; Bringewat 344).

14 **3) Gesamtstrafenbildung:**

15 A. Die **Bemessung der Gesamtstrafe** darf nicht zur Urteilskorrektur führen (Bringewat 355 und NStZ **88**, 72), auch nicht durch einen Härteausgleich (Bringewat NStZ **90**, 50 gegen AG Waldshut-Tiengen ebenda). War bereits eine Gesamtstrafe gebildet worden, so ist ihre Höhe die unterste Grenze der neuen Gesamtstrafe (BGH **7**, 180, 183; LK-Rissing-van Saan 31 zu § 55 StGB; **aM** Sch/

Sch-Stree/Sternberg-Lieben 40 zu § 55 StGB; Bringewat 349). Die Angemessenheit der erkannten Strafen hat das Gericht nicht zu prüfen. Es darf daher bei der Gesamtstrafe nicht unter der höchsten Einzelstrafe bleiben, weil sie ihm zu hoch erscheint. An die tatsächlichen Feststellungen des früheren Urteils ist das Gericht gebunden (Sch/Sch-Stree/Sternberg-Lieben 39 zu § 55 StGB; Horn NStZ **91**, 117). Eine fehlende Einzelstrafe darf es nicht durch eine fiktive ersetzen (BGH **41**, 374; **43**, 34; zw KK-Appl 27). Im Übrigen gelten für die Bildung der Gesamtstrafe die gleichen Grundsätze wie bei § 55 StGB und den darin in Bezug genommenen §§ 53, 54 StGB (vgl wegen der Einzelheiten Fischer 5 ff zu § 55 StGB) Zur Gesamtstrafenbildung bei unterschiedlicher Tagessatzhöhe der Einzelgeldstrafen vgl LG Freiburg NStZ **91**, 135; LG Hildesheim NStZ **91**, 136 mit Anm Meyer-Goßner NStZ **91**, 434; Siggelkow Rpfleger **99**, 245; Zeitler Rpfleger **98**, 460); es sind die wirtschaftlichen Verhältnisse zZ der letzten tatrichterlichen Entscheidung, nicht diejenigen zZ des Nachtragsbeschlusses zugrundezulegen (LG Freiburg aaO; KK-Appl 30; **aM** LG Berlin NStZ-RR **06**, 373).

Bei der **Begründung** ist von der Wiederholung der Strafzumessungsgründe für die Einzelstrafen abzusehen (Braunschweig NJW **54**, 569; LR-Wendisch 49; Bringewat 354). Die Gesamtstrafe muss dagegen entspr § 267 III S 1 begründet werden (Düsseldorf MDR **93**, 375; Köln NJW **53**, 275; Bringewat 354). Dabei muss das Gericht nach § 54 II S 3 StGB die Person des Täters und die einzelnen Taten zusammenfassend würdigen (vgl Düsseldorf StV **86**, 376). Die Begründung der Gesamtstrafe muss umso eingehender sein, je mehr sie sich der Summe der Einzelstrafen nähert (BGH **24**, 268). Vgl im Übrigen die Kommentare zu § 55 StGB. 16

B. Dass **Strafaussetzung zur Bewährung** in einem oder mehreren der früheren Urteile bewilligt worden war, steht der Gesamtstrafenbildung nicht entgegen; sie macht die Strafaussetzung gegenstandslos, ohne dass es eines Widerrufs bedarf (BGH **7**, 180; **8**, 203, 204; 254, 260; GA **82**, 177; Düsseldorf JR **84**, 508; Zweibrücken NJW **68**, 310). In dem Verfahren nach § 460 ist über die Aussetzung der Gesamtstrafe unter Beachtung der zeitlichen Schranken der §§ 56, 58 I StGB neu und grundsätzlich ohne Bindung an die Vorentscheidungen – nach der Sachlage zZ der Beschlussfassung (BGH NJW **03**, 2841; Bay **02**, 40 = NStZ-RR **02**, 297; Horn NStZ **91**, 117) – zu entscheiden (BGH **30**, 168, 170 mwN); ein hinsichtlich des Bewährungswiderrufs laufendes Beschwerdeverfahren muss aber zu Ende geführt werden (unrichtig KG NStZ **07**, 422: nur ausnahmsweise). Die Gesamtbeurteilung der Taten kann die Versagung der Strafaussetzung auch dann rechtfertigen, wenn alle einbezogenen Einzelstrafen zur Bewährung ausgesetzt waren (Hamm aaO). War die Strafaussetzung für alle einbezogenen Strafen abgelehnt worden, so darf auch die Gesamtstrafe nicht zur Bewährung ausgesetzt werden (SK-Paeffgen 22). Der Widerruf der Bewährung für eine der einbezogenen Strafen hindert die Aussetzung der Gesamtstrafe rechtlich nicht (Fischer 3, 4 zu § 58 StGB); allerdings werden die Voraussetzungen des § 56 StGB dann idR nicht vorliegen. Wird die neue Gesamtstrafe nicht zur Bewährung ausgesetzt, so gilt nach § 58 II S 2 der § 56 f III StGB entspr (zur Anrechnung vgl BGH **36**, 378; Celle StV **92**, 526; Bringewat StVollstr 50), anders aber im Jugendstrafrecht (BGH **49**, 90 = JR **04**, 392 mit abl Anm Müller; str). Wird sie zur Bewährung ausgesetzt, so muss die Bewährungszeit nach § 56 a StGB neu festgesetzt werden; dabei ist § 58 II S 1 StGB zu beachten. Die neue Bewährungszeit beginnt mit der Rechtskraft des Beschlusses (unten 26). Weisungen und Auflagen nach §§ 56 b ff StGB können in dem neuen Gesamtstrafenbeschluss neu festgesetzt werden; waren sie in einem zugleich mit einem der früheren Urteile erlassenen Beschluss nach § 268 a enthalten, so fallen sie fort, wenn sie in dem Gesamtstrafenbeschluss nicht ausdrücklich aufrechterhalten werden (LG Berlin JR **87**, 217). Der Widerruf der Bewährung einer in eine Gesamtstrafe einbezogenen Einzelstrafe geht ins Leere und ist daher wirkungslos (Düsseldorf JR **00**, 302 mit abl Anm Wohlers, gegen ihn zutr BGH StraFo **04**, 430). 17

18 C. **Nebenstrafen, Nebenfolgen und Maßnahmen** iS des § 11 I Nr 8 StGB dürfen in dem Beschluss nach § 460 nicht erstmals angeordnet werden (Sch/Sch-Stree/Sternberg-Lieben 75 zu § 55 StGB; Bringewat 351; Oske MDR **65**, 13). War auf sie in einem der Urteile erkannt worden, deren Strafen in die Gesamtstrafe einbezogen worden sind, so müssen sie in dem Beschluss nach § 460 ausdrücklich aufrechterhalten werden, soweit er sie nicht gegenstandslos macht (§ 55 II StGB). Wegen der Einzelheiten vgl Fischer 29 ff zu § 55 StGB.

19 D. Das **Verbot der Schlechterstellung** (§ 331 I) gilt entgegen früher vertretener Auffassung (BGH **15**, 164, 166; Oldenburg Rpfleger **79**, 428 mit Anm Fabian; Zweibrücken NJW **68**, 310, 311; so auch noch die Vorauf) hier nicht (BGH **35**, 208; LG Berlin NJW **00**, 3796; LG Lüneburg NStZ **09**, 573; SK-Paeffgen 10 mwN; Bringewat StV **93**, 50 und NStZ **09**, 545). Die neue Gesamtstrafe darf daher die Summe der bisherigen Gesamtstrafe und der nunmehr einbezogenen Strafen auch überschreiten, wenn nur so die Gesamtstrafenbildung § 54 StGB gerecht wird (LG Halle NStZ **96**, 456; LG Lüneburg aaO; Bringewat NStZ **09**, 542; erg 19 zu § 331).

20 Wenn der letzte Tatrichter beim **Zusammentreffen von Freiheits- und Geldstrafe** nach § 53 II S 2 Hs 1 StGB davon abgesehen hat, eine Gesamtfreiheitsstrafe zu bilden, darf dem Verurteilten dieser Vorteil in dem Verfahren nach § 460 nicht genommen werden (Bay **72**, 80; **74**, 102 = MDR **75**, 161; Bay **79**, 105 = JR **80**, 378; Düsseldorf StV **93**, 31 und 34; krit dazu Bringewat StV **93**, 50; Hamm MDR **72**, 162), anders aber, wenn dem letzten Tatrichter die anderweit verhängte Strafe unbekannt geblieben war (BGH **35**, 208 = JR **89**, 203 mit zust Anm Böttcher; erg 20 zu § 331) oder er über die Bildung einer Gesamtstrafe nicht entscheiden konnte (oben 2; dazu Frankfurt NStZ-RR **96**, 177; krit Manthey Strauda-FS 217).

20a Beim **Zusammentreffen einer lebenslangen Freiheitsstrafe mit anderen Freiheitsstrafen** darf das SchwG nach § 57 b StGB nachträglich die besondere Schuldschwere bejahen (Hamm NStZ **96**, 301; Kintzi DRiZ **93**, 345). Ist aber bei einem nachträglichen Erkenntnis auf eine lebenslange Freiheitsstrafe als Gesamtstrafe die besondere Schwere der Schuld weder im Tenor noch in den Gründen erwähnt, darf der Gesamtstrafenbeschluss die in der einbezogenen Entscheidung festgestellte besondere Schwere der Schuld nicht bejahen (Frankfurt NStZ-RR **09**, 381 L).

21 **4) Verfahren:**

22 A. **Von Amts wegen oder auf Antrag** des Verurteilten oder der StA als Strafverfolgungsbehörde (nicht des Rechtspflegers) ergeht die Entscheidung. Hat der Verurteilte den Antrag nicht selbst gestellt, so muss er vor der Entscheidung gehört werden (§ 462 II), auch zur Höhe der Gesamtstrafe, die von der StA beantragt oder vorgeschlagen wird. Zur Entscheidung des Revisionsgerichts vgl § 354 I b (dort 30 ff).

23 B. Den **Beschluss** erlässt das nach § 462 a III zuständige Gericht ohne mündliche Verhandlung (§ 462 I S 1). Er muss nach § 34 begründet werden. Ein Abwarten mit der Entscheidung bis zum rechtskräftigen Abschluss eines weiteren gegen den Verurteilten anhängigen Strafverfahrens ist nicht zulässig (Karlsruhe Justiz **98**, 533). Wird die Gesamtstrafenbildung abgelehnt, so sind die Gründe dafür darzulegen. Wird sie vorgenommen, so müssen die rechtlichen Voraussetzungen (Angabe der Tatzeiten und der Urteilsdaten) dargelegt werden. Zur Begründung der Bemessung der Gesamtstrafe vgl oben 16.

24 C. **Rechtsmittel:** Vgl § 462 III S 1. Die Anfechtung kann beschränkt werden, zB auf die Frage der Strafaussetzung. Für Rechtsmittel des Verurteilten oder der StA zu seinen Gunsten gilt das Verbot der Schlechterstellung (vgl oben 19; 5 vor § 304). Das Beschwerdegericht entscheidet nach § 309 II auch dann in der Sache selbst, wenn der Beschluss mangelhaft begründet ist (Düsseldorf MDR **93**, 375;

KMR-Stöckel 52; **aM** Düsseldorf StV **86**, 376; LG Halle NStZ **96**, 456; erg 7 ff zu § 309.

D. Die **Rechtskraft des Beschlusses** bewirkt, dass die Gesamtstrafe in gleicher Weise unabänderlich festgesetzt ist wie in einem Urteil nach § 55 StGB (Düsseldorf JR **84**, 508 mit zust Anm Beulke; Karlsruhe MDR **76**, 862). Die nachträgliche Abänderung des Beschlusses ist daher unzulässig (LG Stuttgart NStZ **97**, 455, das aber die entspr Anwendung der §§ 359 ff befürwortet; LR-Wendisch 42; Bringewat 356; **aM** LG Bochum Rpfleger **62**, 441 mit Anm Pohlmann: bei Tatsachenirrtum). 25

Erst mit der Rechtskraft wird die neue **Bewährungszeit** in Kraft gesetzt (oben 17). Ein Widerruf der in dem Beschluss bewilligten Strafaussetzung ist nach hM wegen vor Erlass des Beschlusses begangener Taten nicht zulässig (Düsseldorf StV **91**, 30; Karlsruhe NStZ **88**, 364; Stuttgart MDR **92**, 1067 mwN), anders entspr § 56 f I S 2 StGB bei zwischen Erlass und Rechtskraft des Beschlusses begangenen Taten (Karlsruhe aaO; Stuttgart aaO). 26

E. Die **Vollstreckung** der rechtskräftig festgesetzten Einzelstrafen ist bis zur (Voll-)Rechtskraft des Gesamtstrafenbeschlusses zulässig (KG NStZ-RR **04**, 286 mwN). Die Vollstreckung der neu gebildeten Gesamtstrafe erfolgt auf der Grundlage des Beschlusses nach § 460 wie die eines Urteils, verlangt also eine mit Rechtskraftbescheinigung versehene Urschrift oder beglaubigte Abschrift des Gesamtstrafenbeschlusses (LG Bochum NJW **57**, 194; Isak/Wagner 53). Zur Anrechnung der einbezogenen Strafe, soweit sie vollstreckt oder durch Anrechnung erledigt ist, auf die Gesamtstrafe vgl § 51 II StGB. Zur Anrechnung bezahlter oder durch freie Arbeit oder durch Verbüßung der Ersatzfreiheitsstrafe erledigter Geldstrafe auf die Gesamtstrafe vgl Siggelkow Rpfleger **94**, 93. 27

5) Gesamtvermögensstrafe: Für die Regelung in S 2 ist kein Anwendungsbereich mehr gegeben, nachdem das BVerfG § 43 a StGB durch Urteil vom 20. 3. 2002 (NJW **02**, 1779) für verfassungswidrig erklärt hat. 28

Anrechnung von Krankenhausaufenthalt

461 **I Ist der Verurteilte nach Beginn der Strafvollstreckung wegen Krankheit in eine von der Strafanstalt getrennte Krankenanstalt gebracht worden, so ist die Dauer des Aufenthalts in der Krankenanstalt in die Strafzeit einzurechnen, wenn nicht der Verurteilte mit der Absicht, die Strafvollstreckung zu unterbrechen, die Krankheit herbeigeführt hat.**

II Die Staatsanwaltschaft hat im letzteren Falle eine Entscheidung des Gerichts herbeizuführen.

1) Die **Berechnung der Strafzeit** regelt I für den Fall, dass der Verurteilte auf Anordnung der VollstrB wegen Krankheit in eine von der JVA getrennte Krankenanstalt gebracht worden ist, ohne dass zuvor die Unterbrechung der Strafvollstreckung nach § 455 IV (Hamburg NStZ **99**, 589; Stuttgart NStZ **89**, 552) oder im Gnadenweg (Celle MDR **68**, 782) angeordnet wurde. § 461 gilt sinngemäß für freiheitsentziehende Sicherungsmaßregeln (§ 463 I), findet aber im Übrigen keine entspr Anwendung (Hamburg aaO). 1

A. **Krankheit** iS von I ist nicht nur jede körperliche Erkrankung, sondern auch eine geistige Erkrankung, die eine Verbringung des Verurteilten in ein psychiatrisches Krankenhaus erfordert (LR-Wendisch 3). 2

B. **In eine von der JVA getrennte Krankenanstalt gebracht** ist der Verurteilte, wenn er in eine Krankenanstalt außerhalb des Vollzugs iS des § 65 StVollzG unabhängig von seinem Willen in Ausübung öffentlicher Gewalt überführt worden ist (LR-Wendisch 1). Dem steht der Fall gleich, dass sich der Verurteilte während eines Urlaubs aus dem Strafvollzug selbst in stationäre Krankenhausbehandlung begibt (Hamm NStZ **83**, 287). § 461 gilt aber nicht, wenn er während einer Straf- 3 unterbrechung ohne Mitwirkung der VollstrB ein Krankenhaus aufsucht (Celle MDR **68**, 782).

4 C. **Einzurechnen in die Strafzeit** ist der Aufenthalt in der Krankenanstalt.

5 Eine **Ausnahme** gilt, wenn der Verurteilte mit der Absicht, die Strafvollstreckung zu unterbrechen, die Krankheit selbst herbeigeführt hat. Die bloße Vortäuschung der Krankheit, auch der Geisteskrankheit, steht dem gleich (LR-Wendisch 6; **aM** KK-Appl 3). In jedem Fall muss der Gefangene die Verlegung aus der Anstalt erstreben (KK-Appl 11). Was er damit im Ergebnis bezweckt (Flucht, Vermeidung des Arbeitszwangs usw), ist gleichgültig (LR-Wendisch 5).

6 **2)** Die **gerichtliche Entscheidung** (II) hat die StA als Strafverfolgungsbehörde (Katholnigg NStZ **82**, 195) herbeizuführen, wenn sie den Krankenhausaufenthalt wegen selbst herbeigeführter oder bloß vorgetäuschter Erkrankung bei der Strafzeitberechnung nicht berücksichtigen will. Zuständig ist nach § 462 a I die StVollstrK. Für das Verfahren gilt § 462 I S 1, II S 1.

7 **3) Rechtsbehelfe:** Gegen die Weigerung der StA, den Krankenhausaufenthalt in die Strafzeit einzurechnen, sind Einwendungen nach § 458 I zulässig, gegen die gerichtliche Entscheidung, auch nach II, die sofortige Beschwerde nach § 462 III S 1.

Gerichtliches Verfahren; sofortige Beschwerde

462 **I [1]Die nach § 450 a Abs. 3 Satz 1 und den §§ 458 bis 461 notwendig werdenden gerichtlichen Entscheidungen trifft das Gericht ohne mündliche Verhandlung durch Beschluss. [2]Dies gilt auch für die Wiederverleihung verlorener Fähigkeiten und Rechte (§ 45 b des Strafgesetzbuches), die Aufhebung des Vorbehalts der Einziehung und die nachträgliche Anordnung der Einziehung eines Gegenstandes (§ 74 b Abs. 2 Satz 3 des Strafgesetzbuches), die nachträgliche Anordnung von Verfall oder Einziehung des Wertersatzes (§ 76 des Strafgesetzbuches) sowie für die Verlängerung der Verjährungsfrist (§ 79 b des Strafgesetzbuches).**

II [1]Vor der Entscheidung sind die Staatsanwaltschaft und der Verurteilte zu hören. [2]Das Gericht kann von der Anhörung des Verurteilten in den Fällen einer Entscheidung nach § 79 b des Strafgesetzbuches absehen, wenn infolge bestimmter Tatsachen anzunehmen ist, dass die Anhörung nicht ausführbar ist.

III [1]Der Beschluss ist mit sofortiger Beschwerde anfechtbar. [2]Die sofortige Beschwerde der Staatsanwaltschaft gegen den Beschluss, der die Unterbrechung der Vollstreckung anordnet, hat aufschiebende Wirkung.

1 **1) Im schriftlichen Verfahren** (I) nach Aktenlage durch Beschluss, der nach § 34 zu begründen ist, trifft das Gericht die in S 1 und 2 bezeichneten Entscheidungen (nach LR-Wendisch 2 ist die Aufzählung nicht abschließend). Eine mündliche Verhandlung ist nicht zulässig; wie bei § 309 (dort 1) und § 453 (dort 3) kann das Gericht aber aus besonderen Gründen mündliche Erklärungen entgegennehmen oder sogar herbeiführen (unten 3). Es kann vor der Entscheidung auch im Freibeweisverfahren (7, 9 zu § 244) Beweiserhebungen selbst vornehmen oder durch einen beauftragten oder ersuchten Richter vornehmen lassen; auch die Hilfe der StA oder der Polizei, in geeigneten Fällen auch die der Gerichtshilfe (§ 463 d), kann in Anspruch genommen werden. Die eidliche Vernehmung von Zeugen ist nicht ausgeschlossen (KK-Appl 2).

2 **2) Die Anhörungspflicht** (II) besteht gegenüber der StA, die als Strafverfolgungsbehörde, nicht als VollstrB zu hören ist, zugleich aber deren Interessen wahrnimmt (KK-Appl 3; Katholnigg NStZ **82**, 195), dem Verurteilten und den von der Entscheidung sonst unmittelbar Betroffenen. Der Verurteilte muss, auch wenn er selbst den Antrag auf gerichtliche Entscheidung gestellt hat, zu allen Tatsachen

oder Beweisergebnissen gehört werden, die oder deren Bedeutung ihm bei der Antragstellung nicht bekannt waren (§ 33 III).

Die **mündliche Anhörung des Verurteilten** ist, anders als im Fall des § 454 I S 3, nicht vorgeschrieben. Sie ist aber auch nicht unzulässig und mitunter empfehlenswert, wenn es auf den persönlichen Eindruck von dem Verurteilten ankommt, zB bei der nachträglichen Gesamtstrafenbildung nach § 460, bei der nach § 54 I S 2 StGB auch die Person des Täters zu würdigen ist, oder im Verfahren nach § 67 d V StGB (Frankfurt NStZ-RR **01**, 348). 3

Die **Ausnahme nach S 2** ist deshalb erforderlich, weil in den Fällen des § 79 b StGB eine Anhörung des Verurteilten, der sich auf fremdes Staatsgebiet begeben hat, idR nicht durchführbar ist. Die Unausführbarkeit muss dann aber auf Grund bestimmter Tatsachen, nicht auf Grund bloßer Vermutungen (vgl 3 zu § 459 c) anzunehmen sein. Der Beschluss kann öffentl zugestellt werden (§ 40). Der Verurteilte kann ggf das Nachtragsverfahren nach § 33 a oder die Wiedereinsetzung nach § 44 beantragen. 4

3) Sofortige Beschwerde (III) nach § 311 ist gegen den Beschluss zulässig, es sei denn, das OLG habe entschieden (BGH NStE Nr 11 zu § 462 a). Wenn aber das Gericht in der Sache selbst nicht entschieden hat, ist die einfache Beschwerde nach § 304 gegeben (Düsseldorf NStZ **81**, 366). Beschwerdeberechtigt sind die StA als Strafverfolgungsbehörde, der Verurteilte und die unmittelbar von der Vollstreckung in ihren Rechten Betroffenen. Die VollstrB hat kein Beschwerderecht (KK-Appl 4; LR-Wendisch 9; **aM** Krauß NJW **58**, 49 für den Fall des § 458). Das Beschwerdegericht entscheidet nach § 309 II in der Sache selbst, auch wenn die Anhörung nach II unterblieben ist (7 ff zu § 309); der Mangel wird im Beschwerdeverfahren geheilt (**aM** Hamburg GA **63**, 215). Hat anstelle der StVollstrK das Gericht des 1. Rechtszugs entschieden, so entscheidet das beiden übergeordnete Beschwerdegericht ebenfalls in der Sache selbst (6 zu § 309; KG NStZ **94**, 255; **aM** Hamburg NStZ **91**, 356); andernfalls stellt es die Zuständigkeit der StVollstrK fest (vgl Koblenz OLGSt § 70 a StGB Nr 1). 5

Aufschiebende Wirkung (S 2) hat die sofortige Beschwerde der StA im Fall des § 455 IV (dort 16). 6

Zuständigkeit der Strafvollstreckungskammer

462a **I [1] Wird gegen den Verurteilten eine Freiheitsstrafe vollstreckt, so ist für die nach den §§ 453, 454, 454 a und 462 zu treffenden Entscheidungen die Strafvollstreckungskammer zuständig, in deren Bezirk die Strafanstalt liegt, in die der Verurteilte zu dem Zeitpunkt, in dem das Gericht mit der Sache befasst wird, aufgenommen ist. [2] Diese Strafvollstreckungskammer bleibt auch zuständig für Entscheidungen, die zu treffen sind, nachdem die Vollstreckung einer Freiheitsstrafe unterbrochen oder die Vollstreckung des Restes der Freiheitsstrafe zur Bewährung ausgesetzt wurde. [3] Die Strafvollstreckungskammer kann einzelne Entscheidungen nach § 462 in Verbindung mit § 458 Abs. 1 an das Gericht des ersten Rechtszuges abgeben; die Abgabe ist bindend.**

II [1] In anderen als den in Absatz 1 bezeichneten Fällen ist das Gericht des ersten Rechtszuges zuständig. [2] Das Gericht kann die nach § 453 zu treffenden Entscheidungen ganz oder zum Teil an das Amtsgericht abgeben, in dessen Bezirk der Verurteilte seinen Wohnsitz oder in Ermangelung eines Wohnsitzes seinen gewöhnlichen Aufenthaltsort hat; die Abgabe ist bindend.

III [1] In den Fällen des § 460 entscheidet das Gericht des ersten Rechtszuges. [2] Waren die verschiedenen Urteile von verschiedenen Gerichten erlassen, so steht die Entscheidung dem Gericht zu, das auf die schwerste Strafart oder bei Strafen gleicher Art auf die höchste Strafe erkannt hat, und falls hiernach mehrere Gerichte zuständig sein würden, dem Gericht, dessen Urteil zuletzt

ergangen ist. [3]War das hiernach maßgebende Urteil von einem Gericht eines höheren Rechtszuges erlassen, so setzt das Gericht des ersten Rechtszuges die Gesamtstrafe fest; war eines der Urteile von einem Oberlandesgericht im ersten Rechtszuge erlassen, so setzt das Oberlandesgericht die Gesamtstrafe fest. [4]Wäre ein Amtsgericht zur Bildung der Gesamtstrafe zuständig und reicht seine Strafgewalt nicht aus, so entscheidet die Strafkammer des ihm übergeordneten Landgerichts.

IV [1]**Haben verschiedene Gerichte den Verurteilten in anderen als den in § 460 bezeichneten Fällen rechtskräftig zu Strafe verurteilt oder unter Strafvorbehalt verwarnt, so ist nur eines von ihnen für die nach den §§ 453, 454, 454 a und 462 zu treffenden Entscheidungen zuständig. [2]Absatz 3 Satz 2 und 3 gilt entsprechend. [3]In den Fällen des Absatzes 1 entscheidet die Strafvollstreckungskammer; Absatz 1 Satz 3 bleibt unberührt.**

V [1]**An Stelle der Strafvollstreckungskammer entscheidet das Gericht des ersten Rechtszuges, wenn das Urteil von einem Oberlandesgericht im ersten Rechtszuge erlassen ist. [2]Das Oberlandesgericht kann die nach den Absätzen 1 und 3 zu treffenden Entscheidungen ganz oder zum Teil an die Strafvollstreckungskammer abgeben. [3]Die Abgabe ist bindend; sie kann jedoch vom Oberlandesgericht widerrufen werden.**

VI **Gericht des ersten Rechtszuges ist in den Fällen des § 354 Abs. 2 und des § 355 das Gericht, an das die Sache zurückverwiesen worden ist, und in den Fällen, in denen im Wiederaufnahmeverfahren eine Entscheidung nach § 373 ergangen ist, das Gericht, das diese Entscheidung getroffen hat.**

1 1) **Strafvollstreckungskammern** bestehen nach § 78 a I S 1 GVG bei allen LGen, in deren Bezirk sich Anstalten für Erwachsene zum Vollzug von Freiheitsstrafen oder freiheitsentziehenden Sicherungsmaßregeln befinden. Die Einrichtung dieser StrKn mit besonderer funktioneller Zuständigkeit (8 vor § 1) dient der Zuständigkeitskonzentration von Strafvollstreckungssachen bei besonders erfahrenen, entscheidungsnahen Gerichten, denen insbesondere die mündliche Anhörung nach § 454 I S 3 unschwer möglich ist. Die StVollstrKn sind nach § 78 a I S 2 Nr. 1 GVG zuständig für die Entscheidungen nach den §§ 462, 463, soweit sich aus der StPO nichts anderes ergibt. § 462 a bestimmt die sachliche und örtliche Zuständigkeit der StVollstrKn und grenzt sie von der des Gerichts des 1. Rechtszugs ab.

2 2) **Zuständigkeit der StVollstrKn** (I):

3 A. **Sachlich zuständig** (I S 1) ist, wenn nicht das Urteil von einem OLG im 1. Rechtszug erlassen ist (V S 1), die StVollstrK für Entscheidungen in den Fällen der §§ 453, 454, 454 a und 462 (also auch in den Fällen der §§ 450 a III S 1, 458 bis 461 mit Ausnahme des § 460), wenn der Verurteilte in dem Zeitpunkt, in dem das Gericht mit der Sache befasst wird (dazu unten 9 ff) in eine JVA zur Vollstreckung einer Freiheitsstrafe (unten 4) aufgenommen worden ist (unten 5). Gemeint sind nur Entscheidungen, die den Verurteilten betreffen, gegen den eine Freiheitsstrafe vollzogen wird, nicht Mitangeklagte oder Nebenbeteiligte (BGH NStZ **87**, 428). Die Zuständigkeit geht selbst dann auf die StVollstrK über, wenn das erkennende Gericht mit einer Frage befasst war, über die es noch nicht abschließend entschieden hat (BGH NStZ-RR **05**, 69 [B]; KG NStZ **07**, 422); sie endet erst mit der vollständigen Erledigung der Strafvollstreckung, nicht schon bei Strafunterbrechungen und Strafaussetzungen (I S 2), fällt also nicht etwa an das Gericht des 1. Rechtszugs zurück (Frankfurt NStZ-RR **07**, 157; KK-Appl 13). Die Zuständigkeit der StVollstrK endet auch, wenn eine Geldstrafe, die im Wege der Ersatzfreiheitsstrafe vollstreckt wird, vom erkennenden Gericht in eine zur Bewährung ausgesetzte Gesamtfreiheitsstrafe einbezogen und der Verurteilte mit Urteilsverkündung aus der Strafhaft entlassen wird (BGH **54**, 13).

a) **Freiheitsstrafen** iS von I S 1 sind Freiheitsstrafen nach § 38 StGB und Ersatzfreiheitsstrafen nach § 43 StGB (BGH **30**, 223; Hamburg NJW **76**, 257 = JR **76**, 519 mit Anm Peters; München NStZ **84**, 238) sowie der Strafarrest nach § 9 WStGB, auch wenn er bei der Bundeswehr vollzogen wird (BGH **26**, 391, Stuttgart OLGSt S 31), nicht aber die Jugendstrafe (unten 40). Auf freiheitsentziehende Sicherungsmaßregeln ist § 462a entspr anwendbar (§ 463 I). 4

b) **Aufnahme zum Zweck der Vollstreckung:** Gemeint ist nicht nur die 1. Aufnahme, sondern auch die Aufnahme nach Strafunterbrechung oder widerrufener Strafaussetzung sowie nach Verlegung (nicht nach nur vorübergehender Verschiebung) in eine andere JVA (BGH **26**, 165, 166; 278, 279). Dabei genügt nicht die bloße Einleitung der Vollstreckung (Düsseldorf StraFo **98**, 430). Erforderlich ist grundsätzlich die Aufnahme des Verurteilten als Strafgefangener in die JVA, an die das Aufnahmeersuchen, dessen Fehlen aber unschädlich sein kann (Hamburg MDR **82**, 251), gerichtet war, also der Beginn des Strafvollzugs in dieser Anstalt (vgl BGH NStZ **84**, 380; **00**, 111; NStZ-RR **03**, 293 [B]; Frankfurt NStZ-RR **96**, 154; **07**, 157; vgl auch Hamm NStZ **98**, 479 zur sog Organisationshaft, dazu 7 vor § 112). Die Aufnahme in eine JVA zur Beurteilung durch die Aufnahmekommission genügt (Düsseldorf NStE Nr 28; Stuttgart NJW **77**, 1074 L), auch wenn abzusehen ist, dass eine Verlegung in eine andere Anstalt erfolgen wird. Keine Aufnahme iS von I S 1 liegt vor, wenn der Verurteilte sich von sich aus oder auf Grund einer Ladung nach § 27 V StVollstrO zur Zuführung an die zuständige JVA in eine näher gelegene JVA begibt (Zweibrücken NStZ **03**, 54). UHaft begründet keine Zuständigkeit (BGH NStZ **90**, 230 [M]), auch nicht Sicherungshaft nach § 453c (BGH NStZ-RR **05**, 69 [B]). 5

Bei **Übergang von UHaft in Strafhaft** ist der Tag der Rechtskraft des Urteils maßgebend (BGH **27**, 302, 304 mit krit Anm Paeffgen NJW **78**, 1443; Celle NStZ **85**, 188; Düsseldorf NStZ **81**, 366; LG Bonn NStZ **82**, 349), auch wenn eine Verlegung in die nach dem Vollstreckungsplan zuständige JVA oder eine Entziehungsanstalt zu erwarten ist (BGH **38**, 63; NStZ **99**, 638; NStZ-RR **06**, 66 [B]). Befindet sich der Verurteilte in Haft, ist daher die StVollstrK für die infolge Anrechnung von UHaft mögliche Entscheidung nach § 57 StGB auch dann zuständig, wenn das Urteil durch allseitigen Rechtsmittelverzicht noch am Schluss der Hauptverhandlung rechtskräftig wird (Celle NStZ **85**, 188; Oldenburg StraFo **09**, 254). Dagegen bleibt das erkennende Gericht unabhängig vom Zeitpunkt des Eintritts der Rechtskraft hierfür zuständig, wenn der Verurteilte zuvor aus der UHaft entlassen worden ist (Dresden NStZ-RR **98**, 382; Frankfurt NStZ-RR **96**, 155; Hamm NStZ **02**, 223; Stuttgart Justiz **87**, 233; Valentin NStZ **81**, 129; **aM** Düsseldorf JR **76**, 31 mit abl Anm Peters). 6

B. **Örtliche Zuständigkeit** (I S 1): 7

a) Der **öffentlich-rechtliche Sitz der JVA,** in die der Verurteilte zur Strafvollstreckung aufgenommen worden ist (oben 5ff) begründet die örtliche Zuständigkeit der StVollstrK (Celle NdsRpfl **78**, 92). Auf ihn kommt es auch an, wenn die Strafe in einer Außenstelle der JVA vollstreckt wird, die im Bezirk eines anderen LG liegt (BGH **28**, 135; Celle aaO). 8

b) **Befasstsein mit der Sache:** Wird die Strafe nacheinander in mehreren JVAen verschiedener LG-Bezirke vollstreckt, so kommt es für die örtliche Zuständigkeit auf den Zeitpunkt an, in dem das Gericht mit der Strafvollstreckungssache konkret befasst wird (BGH 2 ARs 418/09 vom 23. 9. 2009; Frankfurt NStZ-RR **07**, 157). 9

Das ist der Zeitpunkt, in dem der **Antrag,** der eine Entscheidung erfordert, also nicht etwa ein 7 Monate vor dem frühestmöglichen Entlassungszeitpunkt gestellter Antrag nach § 57 StGB (Hamm JMBlNW **81**, 11; Jena NStZ **96**, 455; **aM** KK-Appl 18), bei Gericht eingeht (BGH NStZ **96**, 23 [K]; Frankfurt NStZ-RR **96**, 154). Der frühere Eingang des Antrags bei der StA oder einer anderen Behörde 10 bleibt außer Betracht (BGH **26**, 214; Düsseldorf OLGSt Nr 12). Der Eingang bei einem unzuständigen Gericht ist nur maßgebend, wenn dessen Zuständigkeit nicht von vornherein ausgeschlossen erscheint (BGH aaO; NStZ **84**, 525 L; StraFo **05**, 171). Lässt sich das Eingangsdatum des Antrags nicht feststellen, so kommt es darauf an, wann das Gericht nach dem Inhalt der Akten erstmals mit der Sache befasst war (BGH **26**, 214, 217).

11 Wenn das Gericht **von Amts wegen** zu entscheiden hat, ist der Zeitpunkt maßgebend, in dem es tätig werden musste, zB der Ablauf gesetzlicher oder richterlicher Fristen oder der Tag, an dem Tatsachen aktenkundig werden, die den Widerruf der Strafaussetzung rechtfertigen (BGH **30**, 189, 191; NStZ **93**, 100; 230 [K]; **97**, 406; **00**, 391; NStZ-RR **00**, 296 [K]; **07**, 190; **09**, 39 [C]; StraFo **03**, 277; **04**, 71; **06**, 77; **08**, 87; Dresden StraFo **05**, 171; Düsseldorf NStZ **88**, 46; VRS **85**, 359; Frankfurt NStZ-RR **08**, 29; Zweibrücken JBlPF **10**, 25). Ob es tatsächlich tätig geworden ist, spielt keine Rolle (BGH **26**, 187; 214, 216; 278, 280; **27**, 302 mit abl Anm Paeffgen NJW **78**, 1443; **30**, 189, 191; Düsseldorf NStZ **84**, 428; JR **00**, 302 mit Anm Wohlers; Hamburg NStZ **82**, 48).

12 Das **Befasstsein endet** erst, wenn in der Sache abschließend entschieden worden ist (BGH **26**, 165; 278, 279; NStZ **81**, 404 L; **84**, 380; StraFo **07**, 257; **08**, 87; Düsseldorf MDR **83**, 155; Jena StV **97**, 450; Stuttgart NStZ-RR **96**, 61; Oldenburg NdsRpfl **85**, 46), auch durch Ablehnung des Antrags auf Aussetzung des Strafrestes nach §§ 57, 57a StGB, selbst wenn die erneute Prüfung zu einem späteren Zeitpunkt vorbehalten (Stuttgart NJW **76**, 436; KK-Appl 23; Valentin NStZ **81**, 130; **aM** Koblenz GA **77**, 246) oder eine Frist nach § 57 VII StGB gesetzt worden ist, die die neue StVollstrK nicht bindet (BGH **26**, 278). Das Befasstsein endet auch durch Antragsrücknahme (BGH **26**, 278, 279), durch Rücknahme der Einwilligung nach § 57 I S 1 Nr 3 StGB (Karlsruhe MDR **92**, 595), durch Zurückstellung eines verfrühten Antrags mit Zustimmung des Verurteilten (Düsseldorf MDR **82**, 429; vgl aber Stuttgart NJW **76**, 436: nicht bei Aussetzung der endgültigen Entscheidung zur weiteren Klärung der Entlassungsvoraussetzungen) und bei Erledigung auf andere Weise (Düsseldorf NStZ **85**, 333, 334). Um das Ende des Befasstseins klarzustellen, ist es zweckmäßig, wenn die StVollstrK ein Absehen vom Bewährungswiderruf durch einen Vermerk aktenkundig macht (BGH NStZ-RR **03**, 7 [B]).

13 Vorher tritt ein **Wechsel der örtlichen Zuständigkeit** für die Entscheidung über die anhängige Sache auch dann nicht ein, wenn der Verurteilte im Wege der Verlegung in eine zum Bezirk einer anderen StVollstrK gehörende JVA aufgenommen worden (BGH **26**, 165, 166; 187, 189; 278, 279; **30**, 189; NStZ **93**, 31 [K]; **99**, 362; NStZ-RR **01**, 267 [B]; StraFo **03**, 431; **06**, 13; Hamburg MDR **89**, 341; Hamm MDR **95**, 1058) oder wenn dort der Vollzug nach der Flucht aus der bisherigen JVA fortgesetzt wird (Düsseldorf MDR **83**, 155; Valentin NStZ **81**, 130). Das gilt erst recht bei nur vorübergehender Überstellung des Verurteilten in eine andere JVA (BGH **26**, 278, 279; Düsseldorf MDR **75**, 863; NStE Nr 22) oder in ein Krankenhaus eines anderen LG-Bezirks während des Vollzugs (BGH NJW **76**, 249; NStZ-RR **09**, 187).

14 Wird das Gericht nach der Aufnahme des Verurteilten in die neue JVA **erneut mit einer Strafvollstreckungssache befasst,** so ist die StVollstrK zuständig, in deren Bezirk die neue JVA liegt (BGH **26**, 165, 166; 278, 279; KK-Appl 15); denn entscheidend ist der tatsächliche Aufenthalt des Verurteilten in einer Vollzugsanstalt (BGH **36**, 229). Auf diese StVollstrK gehen auch die Überwachung des Verurteilten in der Bewährungszeit nach § 463b und die nachträglichen Entscheidungen über die Strafaussetzung (Oldenburg NdsRpfl **85**, 46) oder die Führungsaufsicht (BGH NStZ-RR **04**, 124; Stuttgart NStZ-RR **03**, 380) über. Der Ort des Zwischenaufenthalts auf der Fahrt in die neue JVA zählt nicht; die Zuständigkeit ist so zu beurteilen, als sei das Transportziel bereits erreicht (BGH MDR **79**, 990 [H]; NStZ-RR **09**, 187). Zur Zuständigkeit der StA als VollstrB vgl § 451 III.

C. **Fortwirkung der Zuständigkeit** (I S 2): Die Vorschrift bestimmt eine Ausnahme von dem Grundsatz (oben 3), dass die StVollstrK sachlich nur zuständig ist, wenn gegen den Verurteilten in einer JVA eine Freiheitsstrafe vollstreckt wird. Als Ausnahmevorschrift ist sie eng auszulegen (Hamburg NStZ **82**, 48). Sie regelt nur den Fall, dass der Verurteilte infolge (auch langfristiger, vgl Stuttgart NStZ-RR **96**, 61) Unterbrechung der Strafvollstreckung, etwa nach § 360 II (Frankfurt NStZ-RR **05**, 30) oder nach § 455 IV oder im Gnadenweg, aber auch wegen Entweichens des Gefangenen aus der Anstalt (LR-Wendisch 34; **aM** Bringewat StVollstr 32), oder durch Strafaussetzung nach §§ 57, 57a StGB (hier aber nicht im Gnadenweg, Sk-Paeffgen 20) oder nach §§ 35, 36 BtMG (BGH NStZ-RR **06**, 262 [B]; **09**, 39 [C]) oder nach Wiedereinsetzung in den vorigen Stand (Hamm NStZ-RR **10**, 29) auf freien Fuß gelangt (BGH NStZ **97**, 379 [K]). Der Unterbrechung steht das Absehen von der Vollstreckung nach § 456a gleich (BGH NStZ **00**, 111; LG Hamburg StraFo **07**, 480). Dass die StVollstrK bereits früher tätig geworden ist, ist nicht erforderlich (Zweibrücken NStZ **10**, 109; KK-Appl 12; Immel JR **04**, 84). Die StVollstrK trifft die während der Unterbrechung oder Strafaussetzung erforderlichen Entscheidungen, jedoch nur, wenn sie örtlich zuständig ist (BGH NStZ **85**, 428; Düsseldorf NStZ **85**, 333). Sie bleibt uU auch zuständig, wenn sie über die Sache noch nicht abschließend entschieden hat, bevor gegen den Verurteilten im Bezirk einer anderen StVollstrK eine andere Freiheitsstrafe vollstreckt wird (unten 34). Ein Zuständigkeitswechsel tritt aber ein, wenn aus der von der StVollstrK zur Bewährung ausgesetzten Strafe und einer weiteren Strafe nach § 460 oder nach § 55 StGB oder nach §§ 31 II, 66 **JGG** eine (auch nicht zur Bewährung ausgesetzte) Gesamtstrafe bzw eine Einheitsjugendstrafe gebildet wird; zuständig ist dann das Gericht, das nach diesen Vorschriften entschieden hat (BGH NStZ **97**, 100 mit zust Anm Brunner; NStZ-RR **03**, 103 [B]; Frankfurt NStZ-RR **07**, 30; Schleswig NStZ **83**, 480; Zweibrücken NStZ **85**, 525; **aM** KK-Appl 13 bei zu vollstreckender Strafe: StVollstrK). Zur Zuständigkeitskonzentration vgl unten 32ff. 15

D. **Abgabe an das Gericht des 1. Rechtszugs** (I S 3): Einzelne Entscheidungen nach § 462 iVm § 458 I, also über die Auslegung des Urteils, die Strafzeitberechnung und die Zulässigkeit der Strafvollstreckung, kann die StVollstrK an das Gericht des 1. Rechtszugs abgeben. Das kann zweckmäßig sein, wenn die Auslegung des Urteils zweifelhaft oder wenn über Einwendungen gegen Vollstreckungshandlungen im Zusammenhang mit Verfall oder Einziehung zu entscheiden ist. Die entspr Anwendung des I S 3 auf Entscheidungen nach §§ 453, 454 ist ausgeschlossen (BGH **26**, 352). Die Abgabe wird auf Antrag oder von Amts wegen ohne vorherige Anhörung des Gerichts des 1. Rechtszugs beschlossen, sobald der StVollstrK die Einwendungen oder der Antrag vorgelegt worden sind. Sie ist für das Gericht bindend, an das abgegeben worden ist (I S 3 Hs 2). Das abgebende Gericht kann die Abgabe widerrufen, wenn das geboten erscheint (erg unten 23, 35). 16

3) Zuständigkeit des Gerichts des 1. Rechtszugs (II): 17

A. Die **Zuständigkeit** des Gerichts des 1. Rechtszugs besteht, von V S 1 abgesehen, nur, wenn nicht die der StVollstrK nach I gegeben ist, wenn also die Strafvollstreckung noch nicht begonnen hat (Düsseldorf VRS **76**, 375; Koblenz MDR **75**, 686; LG Bochum StV **81**, 239) oder – mit der Ausnahme des I S 2 (oben 15; BGH StraFo **08**, 87) – wenn der Verurteilte wieder aus der Haft entlassen ist (BGH **26**, 187, 189). Hat das Gericht des 1. Rechtszugs vor Vollstreckungsbeginn entschieden und ist ein Rechtsmittel gegen die Entscheidung noch nicht erledigt, so verbleibt es auch nach Beginn der Vollstreckung bei der Zuständigkeit des Gerichts, das nach den allgemeinen Vorschriften über das Rechtsmittel zu entscheiden hat (BGH **26**, 187; 190; **33**, 111, 113). 18

19 **Gericht des 1. Rechtszugs** ist das AG auch, wenn Gegenstand des Antrags das Urteil des Berufungsgerichts ist (Düsseldorf VRS **96**, 38), auch dann, wenn das AG auf Freispruch oder Verfahrenseinstellung erkannt und erst das Berufungsgericht verurteilt hat. Im Fall des § 460 ist das Gericht, das die Gesamtstrafe gebildet hat, für diese Strafe das Gericht des 1. Rechtszugs (Hamm NJW **76**, 1648 L). Zur Zuständigkeitskonzentration bei mehreren erstinstanzlichen Entscheidungen vgl unten 30. Zur Zuständigkeit für Entscheidungen im Rahmen der Bewährungsaufsicht in DDR-Altfällen vgl BGH MDR **94**, 1030 mit Anm Koch.

20 B. **Abgabe an das Wohnsitzgericht** (II S 2). Die Abgabe der Entscheidungen nach § 453, nicht der Entscheidung über die Strafaussetzung nach §§ 57, 57a StGB selbst (BGH **26**, 352), darf das zuständige Gericht des 1. Rechtszugs durch unanfechtbaren Beschluss (Hamm MDR **72**, 439) anordnen, nicht das Berufungs- oder Beschwerdegericht (BGH NJW **66**, 2022; Hamm aaO). Die Abgabe ist nicht mehr zulässig, wenn das Beschwerdegericht einen Beschluss aufgehoben und die Sache zur erneuten Entscheidung zurückverwiesen hat (BGH **33**, 111).

21 An das **AG des Wohnsitzes** (1 zu § 8), ersatzweise des gewöhnlichen Aufenthalts (3 zu § 8), nicht an das SchG (BGH **10**, 288, 290; NJW **66**, 2022), kann die Sache abgegeben werden (Düsseldorf GA **89**, 171), auch dann noch, wenn die Bewährungszeit schon abgelaufen ist (BGH NStE Nr 24). Ob der Verurteilte seinen Wohnsitz oder Aufenthalt schon vorher im Bezirk dieses AG hatte oder ihn erst nach Erlass der Aussetzungsentscheidung dorthin verlegt hat, spielt keine Rolle. Das AG, an das die Sache abgegeben wird, muss in dem Abgabebeschluss genau bezeichnet werden (BGH NJW **66**, 2022; München MDR **58**, 118).

22 **Ganz oder teilweise** kann die Abgabe erfolgen. Das abgebende Gericht kann von der Abgabe zB die Entscheidung über den Widerruf oder den Straferlass ausnehmen. Die Zulässigkeit der Teilabgabe schließt die Möglichkeit ein, die Sache erst abzugeben, nachdem bestimmte Nachtragsentscheidungen schon getroffen worden sind.

23 Für das Gericht, an das abgegeben worden ist, ist die **Abgabe bindend** (II S 2 Hs 2), es sei denn, das abgebende Gericht ist unzuständig (BGHR § 462a II S 2 Abgabe 1) oder die Abgabe ist willkürlich erfolgt; allein das Fehlen besonderer Gründe, die die Abgabe als zweckmäßig erscheinen lassen, rechtfertigt aber noch nicht die Annahme von Willkür (BGH NStZ **92**, 399; **93**, 200; 230 [K]; NStZ-RR **03**, 242; Düsseldorf NStZ-RR **03**, 285; StraFo **03**, 324). Das Gericht darf die Sache nicht weiter übertragen (BGH NStZ **97**, 379 [K]), auch dann nicht, wenn der Verurteilte am Ort des Wohnsitzgerichts unauffindbar wird (BGH NStZ-RR **09**, 39 [C]); seine Zuständigkeit bleibt wegen IV S 1 auch für die Bewährungsaufsicht wegen einer anderen Verurteilung bestehen (BGH NStZ **94**, 97; NStZ-RR **00**, 83; **01**, 267 [B]; **03**, 7 [B]; StraFo **04**, 144). Das abgebende Gericht, das für die anderen nachträglichen Entscheidungen im Vollstreckungsverfahren zuständig bleibt, ist an die Abgabe dagegen nicht gebunden (BGH **11**, 80; **26**, 204; NStZ-RR **02**, 262 [B]; erg oben 16; unten 35); es kann sie rückgängig machen und die Sache wieder an sich ziehen. Wenn sich der Wohnsitz oder gewöhnliche Aufenthalt erneut geändert hat, kann es die Sache auch auf das AG des neuen Wohnsitzes oder Aufenthalts weiterübertragen (BGH **26**, 204).

24 Auf die **Zuständigkeit der StA** als VollstrB ist die Abgabe ohne Einfluss. Zuständig bleibt die nach § 143 I GVG, § 7 StVollstrO zuständige StA bei dem Gericht des 1. Rechtszugs (Katholnigg NStZ **82**, 195; **87**, 112; **aM** LG München I NStZ **81**, 453; Engel NStZ **87**, 110).

25 **4) Zuständigkeit für Gesamtstrafentscheidungen nach § 460** (III): Die Vorschrift schränkt I S 1 ein, der infolge seiner Bezugnahme auf § 462 an sich auch für § 460 gelten müsste.

26 Nach **S 1** ist die nachträgliche Gesamtstrafenbildung stets Sache des Gerichts des 1. Rechtszugs, auch wenn der Verurteilte sich in Strafhaft befindet (BGH MDR **76**, 680; KG JR **75**, 429).

Bei verschiedenen Urteilen verschiedener Gerichte gilt die **Reihenfolge des S 2** (Strafart, Strafhöhe, bei gleicher Strafhöhe der Tag der Urteilsfällung), wobei das Gericht des 1. Rechtszugs auch entscheidet, wenn das Urteil in einem höheren Rechtszug erlassen worden ist (S 3 Hs 1); die Zuständigkeit des OLG geht vor (S 3 Hs 2). Sofern es nach S 2 auf die Strafhöhe ankommt, werden nur die Hauptstrafen berücksichtigt; Nebenstrafen, Nebenfolgen und Sicherungsmaßregeln bleiben außer Betracht (BGH **11**, 293). Von mehreren Geldstrafen ist diejenige am höchsten, bei der die Anzahl der Tagessätze am größten ist; sind sie gleich, so entscheidet das Gericht, dessen Urteil zuletzt ergangen ist (BGH NJW **86**, 1117). Die Höhe einer in einem oder mehreren der Urteile bereits gebildeten Gesamtstrafe bleibt immer außer Betracht; für die Strafhöhe iS von III S 2 kommt es immer nur auf die höchste Einzelstrafe an, auch wenn sie bisher in einer Gesamtstrafe enthalten war (BGH NJW **76**, 1512; **86**, 1117). Ist nach S 2 der Zeitpunkt des Urteilserlasses maßgebend, so gilt das auch für ein Berufungsurteil, selbst wenn es die Berufung verworfen hat; der Zeitpunkt des Erlasses des Revisionsurteils ist nur von Bedeutung, wenn es die Freiheitsstrafe nach § 354 I selbst festgesetzt hat. Können nicht alle Einzelstrafen einbezogen werden, so bildet das nach S 2, 3 zuständige Gericht ggf eine 2. Gesamtstrafe, auch wenn dafür die Zuständigkeit eines anderen Gerichts gegeben wäre (Bay **55**, 112; LR-Wendisch 66). 27

Würde ein AG mit der neuen Gesamtstrafe seine **Strafgewalt nach § 24 II GVG** (dort 9) überschreiten, so ist das ihm übergeordnete LG zuständig (S 4). Steht das von vornherein fest (zB weil die höchste Einzelstrafe bereits 4 Jahre beträgt), so gibt das AG die Sache formlos an das LG ab; andernfalls erlässt es, wenn die Sache ihm vorgelegt wird, einen (unanfechtbaren) Verweisungsbeschluss entspr § 270 (Schleswig SchlHA **86**, 109 [E/L]), der bindende Wirkung hat. 28

5) Zuständigkeitskonzentration (IV): 29

A. **Zuständigkeit des Gerichts des 1. Rechtszugs** (S 1, 2): Die Vorschrift ergänzt die Regelung des II für den Fall, dass gegen den Verurteilten mehrere rechtskräftige und noch nicht erledigte Verurteilungen ergangen sind, die Voraussetzungen einer nachträglichen Gesamtstrafe nach § 55 StGB aber nicht vorliegen. Würde jedes der Gerichte des 1. Rechtszugs mit Nachtragsentscheidungen nach §§ 453, 454, 454a oder 462 befasst, so bestünde die Gefahr einer Entscheidungszersplitterung (BGH NStZ **93**, 230 [K]). Insbesondere ließe sich eine unterschiedliche Beurteilung der für die Strafaussetzungsfrage maßgeblichen Sozialprognose nicht ausschließen. S 1 bestimmt daher, dass nur eines der erkennenden Gerichte für die Nachtragsentscheidungen zuständig ist, auch wenn die Zuständigkeit in dem Einzelverfahren, in dem die Entscheidung zu treffen ist, an sich nicht gegeben wäre (BGH **26**, 118; NStZ **01**, 222; Düsseldorf NStZ **88**, 46). Dabei ist gleichgültig, ob auch wegen der anderen Verurteilungen Nachtragsentscheidungen erforderlich sind oder werden (BGH NStZ **97**, 612; LG Hamburg MDR **80**, 781). Kommen jedoch Nachtragsentscheidungen rechtlich nur bei einer von mehreren Verurteilungen in Betracht, so gilt II S 1 (BGH NStZ **99**, 215; NStZ-RR **06**, 115). 30

Die **Verweisung des S 2 auf III S 2, 3** bedeutet, dass die Zuständigkeit bei dem Gericht liegt, das auf die höchste Strafart, bei gleicher Strafart auf die höchste Strafe, bei gleichen Strafen mit dem zeitlich letzten Urteil (Schleswig SchlHA **85**, 44 L) erkannt hat. Nebenstrafen, Nebenfolgen und Sicherungsmaßregeln bleiben außer Betracht (erg oben 27). Anders als im Fall des III S 2 macht es bei dem Strafhöhenvergleich nach S 2 keinen Unterschied, ob die höchste Strafe eine Einzelstrafe oder eine Gesamtstrafe ist (BGH **27**, 68); Beschlüsse über eine nachträgliche Gesamtstrafenbildung bleiben außer Betracht (BGH NStZ **96**, 511). Die Zuständigkeit des OLG geht immer vor (S 2 iVm III S 2 Hs 2). 31

B. **Zuständigkeit der StVollstrK** (S 3): Die Zuständigkeit des Gerichts des 1. Rechtszugs nach S 1 und S 2 tritt zurück, wenn der Verurteilte auch nur in einer der Sachen in Strafhaft genommen wird (I S 1) oder genommen worden war (I S 2; vgl BGH NStZ **00**, 446). Die StVollstrK hat dann auch über den Widerruf 32 der nach § 36 BtMG bewilligten Strafaussetzung zur Bewährung zu entscheiden (BGH **37**, 338; NStZ-RR **96**, 56; **01**, 343 L; **03**, 102 [B]), während bei der Bewilligung von Strafaussetzung zur Bewährung nach § 36 I BtMG das Gericht des 1. Rechtszugs sowohl für die erstmaligen Anordnungen nach §§ 56a bis 56d StGB (BGH **48**, 252 = JR **04**, 81 mit zust Anm Immel)) als auch dann zuständig ist, wenn die Therapiezeit nicht auf die Strafe angerechnet wird, weil der Verurteilte bereits vor der Therapie 2/3 der Strafe verbüßt hatte (BGH **48**, 275). Die Zuständigkeit geht sonst aber selbst dann auf die StVollstrK über, wenn das erkennende Gericht mit einer Frage befasst ist, über die es noch nicht abschließend entschieden hat (BGH **30**, 189, 192; 2 ARs 562/08 vom 12. 3. 2009).

33 **S 3 ist entsprechend anwendbar,** wenn dasselbe Gericht gegen den Verurteilten in mehreren Urteilen Strafen verhängt hat, die nicht nach § 55 StGB zu einer Gesamtstrafe zusammengefasst werden können. Die Zuständigkeit der StVollstrK erstreckt sich dann auf alle Nachtragsentscheidungen, die nach diesen Verurteilungen erforderlich werden (BGH **26**, 276; NStZ **01**, 222).

34 **Örtlich zuständig** ist diejenige StVollstrK, in die der Verurteilte nach Eintritt der Zuständigkeitskonzentration zur Strafvollstreckung aufgenommen worden ist. Die Befassung mit einer bestimmten Entscheidung ist nicht erforderlich (BGH NStZ **84**, 380; **96**, 23 [K]; Hamburg NStZ **87**, 92). Die Fortwirkungszuständigkeit nach I S 2 tritt zurück (Hamburg aaO). Da jedoch der Vorrang, den S 3 bestimmt, nur im Verhältnis zwischen erkennendem Gericht und StVollstrK gilt (BGH **30**, 189, 192), ist es nicht unzulässig, dass eine mit einer Strafvollstreckungssache befasste StVollstrK eine abschließende Entscheidung noch trifft, nachdem der Verurteilte in die JVA eines anderen LG-Bezirks zur Vollstreckung einer neuen Strafe aufgenommen worden ist. War der Verurteilte zB noch auf freiem Fuß oder in UHaft, als die StVollstrK mit der Frage des Widerrufs der Strafaussetzung befasst wurde, so entfällt ihre örtliche Zuständigkeit für diese Entscheidung nicht deshalb, weil gegen den Verurteilten nunmehr im Bezirk einer anderen StVollstrK Freiheitsstrafe vollstreckt wird (BGH **30**, 189; NStZ **81**, 404 L; Düsseldorf NStZ **85**, 333; **88**, 46; Zweibrücken NStZ **10**, 109). Die nach S 3 zuständige StVollstrK bleibt auch nach Erledigung der in ihrem Bezirk vollstreckten Strafe für Nachtragsentscheidungen zuständig, die wegen der anderen Verurteilungen erforderlich werden (BGH **28**, 82; NStZ-RR **07**, 94; Hamburg NStZ **87**, 92; München NStZ **84**, 238). Dabei ist gleichgültig, ob sie in der Zeit, in der der Verurteilte in ihrem Bezirk eine Strafe verbüßte, eine Strafvollstreckungsentscheidung überhaupt zu treffen oder vorzubereiten hatte (BGH **30**, 223, 224). Allein die Möglichkeit, die nach § 453 zu treffenden Entscheidungen nach II bindend an das Wohnsitzgericht abzugeben, setzt die Zuständigkeitskonzentration des IV nicht außer Kraft (BGH NStZ **98**, 586).

35 C. Die **Zuständigkeit der StA** als VollstrB wird durch den Zuständigkeitswechsel nach IV nicht berührt. Zuständig bleibt die StA bei dem Gericht des 1. Rechtszugs (§ 143 I GVG, § 7 I StVollstrO) nach § 451 III auch, wenn die Sache auf die StVollstrK bei einem anderen LG übergeht (erg oben 24); sie kann aber ihre Aufgaben auf die andere StA übertragen (§ 451 III S 2).

36 **6) Zuständigkeit des OLG** (V): Hat ein OLG im 1. Rechtszug entschieden, so entfällt die Zuständigkeit der StVollstrK nach I und IV S 3 (erg aber unten 40). An ihrer Stelle trifft das OLG die Nachtragsentscheidungen. Es kann die Entscheidung aber ganz und teilw an die StVollstrK abgeben (S 2). Die Abgabe, die durch unanfechtbaren Beschluss erfolgt, ist für die StVollstrK bindend; das OLG kann sie jederzeit widerrufen (S 3).

37 **7) Gericht des 1. Rechtszugs bei wiederholter erstinstanzlicher Entscheidung** (VI): Wenn das Revisionsgericht eine Sache nach §§ 354 II, 355 an ein anderes Gericht oder (über den Wortlaut des VI hinaus) nach § 354 II an einen anderen Spruchkörper desselben Gerichts zurückverweist, ist Gericht des

1. Rechtszugs das neu entscheidende Tatgericht, auch wenn es als Berufungsgericht zu entscheiden hatte, nicht aber für Nachtragsentscheidungen nach § 439 (Düsseldorf MDR **83**, 154; erg 2 zu § 441). VI gilt auch bei Aufhebung und Zurückverweisung nur im Strafausspruch, nicht aber, wenn nur eine Nebenstrafe oder Nebenfolge, insbesondere Verfall oder Einziehung, Gegenstand des neuen Urteils ist. Wird das Urteil nur wegen eines von mehreren Angeklagten oder wegen einer von mehreren tatmehrheitlichen Handlungen aufgehoben und zurückverwiesen, so bleibt das 1. Gericht zuständig, soweit die Revision verworfen worden ist (Frankfurt NJW **72**, 1066).

Nach Anordnung der **Wiederaufnahme des Verfahrens** ist Gericht des 38
1. Rechtszugs iS § 462 a das Gericht, das das neue Urteil nach § 373 erlassen hat. Das gilt auch, wenn es als Berufungsgericht tätig geworden ist. Führt die Wiederaufnahme gegen ein Revisionsurteil zu einer neuen Revisionsverhandlung, so gilt VI nicht; zuständig bleibt das ursprüngliche Gericht des 1. Rechtszugs. Mit dem Wechsel der Zuständigkeit des Gerichts des 1. Rechtszugs tritt auch ein Wechsel in
der **Zuständigkeit der StA** ein (4 zu § 451). 39

8) Zuständigkeit des Jugendrichters: Die Aufgaben, die § 462 a der StVollstrK 40
zuweist, nimmt bei jugendlichen Verurteilten und bei Heranwachsenden, die nach Jugendstrafrecht verurteilt worden sind, nach §§ 82 I, 110 I **JGG** der Jugendrichter als Vollstreckungsleiter wahr, auch soweit es um den Vollzug einer Unterbringung nach § 7 JGG geht (BGH **26**, 162 = JR **76**, 343 mit Anm Brunner; BGH **27**, 189). Das gilt auch, wenn das OLG im 1. Rechtszug entschieden hat – V findet insoweit keine Anwendung – (Düsseldorf NStZ **01**, 616 L), ferner, wenn gegen den Verurteilten nach § 92 II S 3 **JGG** Jugendstrafe im Erwachsenenvollzug vollstreckt wird (BGH **27**, 25; 329, 332 = JR **79**, 82 mit Anm Peters; **28**, 351; NStZ **85**, 92). Über die sofortige Beschwerde gegen eine Entscheidung des Jugendrichters hat die JugK zu befinden (Karlsruhe NStZ **93**, 104). Die Zuständigkeitskonzentration nach IV gilt nicht, wenn gegen denselben Verurteilten Jugendstrafe und Freiheitsstrafe zu vollstrecken sind; der Jugendrichter bleibt für die Vollstreckung der Jugendstrafe bis zu deren Abschluss zuständig (BGH NStZ-RR **07**, 190, die StVollstrK ist nur für die Freiheitsstrafe zuständig (BGH **27**, 207; **28**, 351; NStZ **85**, 92; **97**, 255). Mit der Vollstreckungsabgabe nach §§ 89 a III, 85 VI **JGG** wird für die Entscheidung über die Aussetzung eines Restes der Jugendstrafe aber die StVollstrK zuständig (BGH NStZ **97**, 255; Düsseldorf NStZ **92**, 606; JR **97**, 212 mit Anm Böhm = StV **98**, 348 mit Anm Rzepka; Heinrich NStZ **02**, 184). Zur Zuständigkeit bei Vollstreckung einer Jugendstrafe neben einer Freiheitsstrafe vgl Maaß NStZ **08**, 129.

Vollstreckung von Maßregeln der Besserung und Sicherung

463 **I Die Vorschriften über die Strafvollstreckung gelten für die Vollstreckung von Maßregeln der Besserung und Sicherung sinngemäß, soweit nichts anderes bestimmt ist.**

II § 453 gilt auch für die nach den §§ 68 a bis 68 d des Strafgesetzbuches zu treffenden Entscheidungen.

III [1] § 454 Abs. 1, 3 und 4 gilt auch für die nach § 67 c Abs. 1, § 67 d Abs. 2 und 3, § 67 e Abs. 3, den §§ 68 e, 68 f Abs. 2 und § 72 Abs. 3 des Strafgesetzbuches zu treffenden Entscheidungen. [2] In den Fällen des § 68 e des Strafgesetzbuches bedarf es einer mündlichen Anhörung des Verurteilten nicht. [3] § 454 Abs. 2 findet unabhängig von den dort genannten Straftaten in den Fällen des § 67 d Abs. 2 und 3, des § 67 c Abs. 1 und des § 72 Abs. 3 des Strafgesetzbuches entsprechende Anwendung, soweit das Gericht über die Vollstreckung der Sicherungsverwahrung zu entscheiden hat; im Übrigen findet § 454 Abs. 2 bei den dort genannten Straftaten Anwendung. [4] Zur Vorbereitung der Entscheidung nach § 67 d Abs. 3 des Strafgesetzbuches sowie

der nachfolgenden Entscheidungen nach § 67 d Abs. 2 des Strafgesetzbuches hat das Gericht das Gutachten eines Sachverständigen namentlich zu der Frage einzuholen, ob von dem Verurteilten auf Grund seines Hanges weiterhin erhebliche rechtswidrige Taten zu erwarten sind. [5]Dem Verurteilten, der keinen Verteidiger hat, bestellt das Gericht für das Verfahren nach Satz 4 einen Verteidiger.

IV [1]Im Rahmen der Überprüfungen nach § 67 e des Strafgesetzbuches soll das Gericht nach jeweils fünf Jahren vollzogener Unterbringung in einem psychiatrischen Krankenhaus (§ 63) das Gutachten eines Sachverständigen einholen. [2]Der Sachverständige darf weder im Rahmen des Vollzugs der Unterbringung mit der Behandlung der untergebrachten Person befasst gewesen sein noch in dem psychiatrischen Krankenhaus arbeiten, in dem sich die untergebrachte Person befindet. [3]Dem Sachverständigen ist Einsicht in die Patientendaten des Krankenhauses über die untergebrachte Person zu gewähren. [4]§ 454 Abs. 2 gilt entsprechend. [5]Der untergebrachten Person, die keinen Verteidiger hat, bestellt das Gericht für das Verfahren nach Satz 1 einen Verteidiger.

V § 455 Abs. 1 ist nicht anzuwenden, wenn die Unterbringung in einem psychiatrischen Krankenhaus angeordnet ist. [2]Ist die Unterbringung in einer Entziehungsanstalt oder in der Sicherungsverwahrung angeordnet worden und verfällt der Verurteilte in Geisteskrankheit, so kann die Vollstreckung der Maßregel aufgeschoben werden. [3]§ 456 ist nicht anzuwenden, wenn die Unterbringung des Verurteilten in der Sicherungsverwahrung angeordnet ist.

VI [1]§ 462 gilt auch für die nach § 67 Abs. 3 und Abs. 5 Satz 2, den §§ 67 a und 67 c Abs. 2, § 67 d Abs. 5 und 6, den §§ 67 g, 67 h und 69 a Abs. 7 sowie den §§ 70 a und 70 b des Strafgesetzbuches zu treffenden Entscheidungen. [2]Das Gericht erklärt die Anordnung von Maßnahmen nach § 67 h Abs. 1 Satz 1 und 2 des Strafgesetzbuches für sofort vollziehbar, wenn erhebliche rechtswidrige Taten des Verurteilten drohen.

VII Für die Anwendung des § 462 a Abs. 1 steht die Führungsaufsicht in den Fällen des § 67 c Abs. 1, des § 67 d Abs. 2 bis 6 und des § 68 f des Strafgesetzbuches der Aussetzung eines Strafrestes gleich.

1 **1) Sinngemäße Anwendung der Vorschriften über die Strafvollstreckung** (I): Die §§ 449 bis 462 betreffen zT unmittelbar auch die Vollstreckung der in § 61 StGB bezeichneten Sicherungsmaßregeln (vgl §§ 455 a, 456 a); § 456 c (dazu § 458 II, III) hat ausschließlich eine solche Maßregel (Berufsverbot) zum Gegenstand. Im Übrigen sind die Vorschriften über die Strafvollstreckung bei der Vollstreckung von Sicherungsmaßregeln sinngemäß anwendbar, soweit II bis VI nichts anderes bestimmen.

2 **Entsprechend anwendbar** sind insbesondere die §§ 449, 450, 450 a, § 451 (Hamm Rpfleger **80**, 325), § 453 (unten 5), § 453 c (Hamburg NJW **76**, 1327; 2310), § 454 (unten 6), §§ 454 a, 455, 456 (unten 10), § 457 und § 458 (LG Coburg VRS **29**, 269).

3 Entspr anwendbar sind auch, soweit VI das nicht schon ausdrücklich bestimmt (unten 12) die **Zuständigkeitsvorschriften des § 462 a** (Düsseldorf VRS **64**, 432; Koblenz OLGSt § 70 a StGB Nr 1; Stuttgart VRS **57**, 113). Dabei tritt bei der Anwendung des § 462 a I an die Stelle der Strafanstalt die JVA, psychiatrische Krankenanstalt oder Entziehungsanstalt, in die der Verurteilte aufgenommen worden ist (BGH NStZ-RR **98**, 155; Hamm NStE Nr 21 zu § 462 a). Die Zuständigkeit der StVollstrK gilt nach § 462 a I S 2 auch für Entscheidungen nach § 69 a VII StGB (Frankfurt NStZ-RR **96**, 157 mwN; Karlsruhe VRS **100**, 118), auch bei Unterbrechung, bedingter Entlassung oder Zurückstellung nach § 35 BtMG (Düsseldorf NStZ **03**, 53 = JR **03**, 83 mit zust Anm Aulinger bezüglich Unterbrechung und bedingter Entlassung, abl hinsichtlich Zurückstellung, dagegen Immel JR **04**,

83), nach vollständiger Verbüßung ist aber das Gericht 1. Instanz zuständig (Celle VRS **71**, 432; Stuttgart VRS **57**, 113; **aM** Düsseldorf VRS **64**, 432; Schleswig SchlHA **83**, 114 [E/L]), es sei denn, die StVollstrK bleibt für die Führungsaufsicht (VI iVm § 462 I S 1) zuständig (BGH NStZ-RR **05**, 69 [B]; Hamburg NStZ **88**, 197). Zur örtlichen Zuständigkeit der StVollstrK im Fall des § 68f II StGB vgl BGH NStZ **84**, 332 L. Die Abgabe von Entscheidungen an das Wohnsitzgericht nach § 462a II S 2 ist nur in Fällen möglich, die mit denen der Strafvollstreckung vergleichbar sind (BGH **30**, 386: nicht im Fall des § 69a VII StGB).

Ergänzende Bestimmungen über die Vollstreckung von Sicherungsmaßregeln enthalten die §§ 44, 44a, 53 und 54 StVollstrO. 4

2) Anwendung des § 453 bei Nachtragsentscheidungen über die Führungsaufsicht (II): Die Vorschrift verweist auf die Regelung des Verfahrens und der Rechtsmittel in § 453, weil die Gründe, aus denen in § 453 das Rechtsmittelrecht eigenständig geregelt ist, auch für die §§ 68a bis 68d StGB gelten. 5

3) Anwendung des § 454 bei Aussetzungsentscheidungen (III). Soweit nach der Anordnung von Sicherungsmaßregeln oder dem Eintritt von Führungsaufsicht kraft Gesetzes Entscheidungen zu treffen sind, die den Aussetzungsentscheidungen nach den §§ 57, 57a StGB entsprechen, wozu auch die ablehnende Entscheidung nach § 68f II StGB gehört (Hamm JMBlNW **80**, 106), richtet sich das Verfahren nach § 454. 6

Die **Einholung eines Sachverständigengutachtens** (III S 3) ist unabhängig von § 454 II vorgeschrieben, wenn bei Unterbringung in der Sicherungsverwahrung (§ 66 StGB) gemäß § 67d II StGB die Aussetzung der weiteren Vollstreckung zur Bewährung erwogen wird (dazu eingehend Nürnberg NStZ-RR **03**, 283 und Rostock NJW **03**, 1334; Frankfurt NStZ-RR **09**, 221; Hamm StV **04**, 273; Immel JR **07**, 186), also nicht bei Nichterwägung (Frankfurt NStZ-RR **08**, 237; erg 37 zu § 454), vor der Erledigterklärung der Sicherungsverwahrung nach § 67d III StGB (Karlsruhe StraFo **06**, 82), bei der Aussetzung der Vollstreckung der Unterbringung nach § 67c I StGB und bei der Anordnung des Vollzugs einer weiteren Maßregel nach § 72 III S 2 StGB. Die Anhörung des Sachverständigen erfolgt nach Maßgabe des § 454 II S 3 bis 7 (37a zu § 454). Zur Sachbehandlung, wenn der Untergebrachte die Exploration durch den Sachverständigen verweigert, vgl Karlsruhe NStZ-RR **06**, 90. 6a

Bei der Unterbringung nach §§ 63, 63 StGB ist die Einholung eines Sachverständigengutachtens nur erforderlich, wenn die Maßregel wegen einer rechtswidrigen Tat der in § 66 III S 1 StGB genannten Art angeordnet worden ist. In den übrigen Fällen hat die StVollstrK die Möglichkeit ein Sachverständigengutachten einzuholen, wenn sie dies trotz der im Maßregelvollzug gewonnenen Erkenntnisse ausnahmsweise für notwendig hält (vgl Schneider NStZ **08**, 73). 6b

Die **mündliche Anhörung des Verurteilten** nach § 454 I S 3 (Düsseldorf MDR **86**, 255; Hamm aaO; Koblenz MDR **84**, 163; Saarbrücken MDR **83**, 598; ggf durch einen beauftragten Richter, vgl aber Frankfurt StraFo **09**, 303; Schleswig SchlHA **03**, 205 [D/D]) ist auch erforderlich, wenn das Gericht das Vorliegen der Voraussetzungen des § 68f II StGB von Amts wegen prüft (Zweibrücken MDR **92**, 1166 mwN; str). Das Recht auf mündliche Anhörung kann aber durch Nichterreichbarkeit verwirkt sein (Hamm MDR **88**, 74; Köln NJW **63**, 875). 7

Zu den **Beteiligten iS des § 454 I S 2** gehört die StA als Strafverfolgungsbehörde, nicht aber die Aufsichtsstelle nach § 68a StGB, über deren Mitwirkung oder Anhörung das Gesetz keine Regelung enthält. Eine ungünstige Stellungnahme der Anstalt muss dem Verurteilten vor der Entscheidung über die Fortdauer der Unterbringung zur Kenntnis gebracht werden (BVerfGE **18**, 419; BVerfG NJW **64**, 293; Hamm JMBlNW **62**, 199), soweit sie entscheidungserheblich ist (Hamburg NJW **64**, 2315; erg 18 zu § 454). 8

Eine **über § 454 I S 4 hinausgehende Einschränkung** enthält III S 2 für die Entscheidung über die vorzeitige Aufhebung der Führungsaufsicht nach § 68e 9

StGB. Die in § 454 I S 3 vorgeschriebene mündliche Anhörung würde hier häufig einen übermäßig großen Aufwand erfordern und unterbleibt daher. Dass eine Anhörung der JVA entbehrlich ist, versteht sich von selbst. Die Aufsichtsstelle nach § 68 a StGB und der Bewährungshelfer sind aber zu hören (Fischer 11 zu § 68 e StGB).

9a In den Fällen der **Erledigterklärung einer Sicherungsverwahrung** (§ 67 d III StGB) sowie der bei deren Ablehnung ergehenden Folgeentscheidungen (§ 67 d II StGB) lässt III S 4 – anders als III S 3 iVm § 454 II S 2, wo ein Ausschluss der Gefahr verlangt wird – den Ausschluss der negativen Prognose genügen (Hamm StV **05**, 680; Karlsruhe StraFo **06**, 82, 83; Schöch NJW **98**, 1259).

9b Zu der nach III S 5 hierbei vorgeschriebenen **Verteidigerbestellung** erg 33 zu § 140.

10 **4) Überprüfung der Unterbringung in einem psychiatrischen Krankenhaus** (IV): Nach § 67 e II StGB hat das Vollstreckungsgericht zumindest nach einem Jahr vollzogener Unterbringung zu überprüfen, ob die weitere Vollstreckung der Unterbringung zur Bewährung auszusetzen ist. Um der Gefahr von Routinebeurteilungen vorzubeugen, schreibt IV entspr der Rspr des BVerfG (BVerfGE **70**, 297 = NJW **86**, 767) vor, dass nach jeweils 5jähriger Unterbringung (Zweibrücken NStZ-RR **08**, 291 L: ggf auch schon früher) *vor* der Entscheidung (Braunschweig StraFo **09**, 40) das Gutachten eines externen Sachverständigen eingeholt werden soll. Die erste Frist beginnt mit der Aufnahme des Untergebrachten im Maßregelvollzug, die nachfolgenden beginnen jeweils mit der Beschlussfassung, der ein externes Gutachten zugrunde liegt (Frankfurt NStZ-RR **10**, 126). Die Einholung eines externen Gutachtens wird idR geschehen müssen (BVerfG NStZ-RR **10**, 122), auch wenn dadurch die Jahresfrist nach § 67 e I, II StGB nicht eingehalten werden kann (Frankfurt StV **08**, 591). Davon wird nur abgesehen werden können, wenn bereits auf Grund landesgesetzlicher Regelungen externe Begutachtungen vorgenommen wurden oder wenn sich der zu begutachtende Straftäter bereits in der Entlassungsvorbereitung befindet oder wenn er neben der Unterbringung zu einer langen Freiheitsstrafe verurteilt worden ist, so dass die Begutachtung mit dem möglichen Zeitpunkt der Strafrestaussetzung nach § 67 V StGB abzustimmen ist (BVerfG aaO; Schneider NStZ **08**, 73). Bei einer 5 Jahre deutlich übersteigenden Dauer der Unterbringung wird aus der Soll- eine Mussvorschrift, wenn ein anstaltsfernes Gutachten bislang fehlt und die weitere Gefährlichkeit des Untergebrachten für die Allgemeinheit nicht völlig unzweifelhaft ist (Oldenburg NStZ **08**, 225; vgl auch Frankfurt aaO; Karlsruhe Justiz **08**, 145). Das bei der Einholung einer externen Sachverständigenbegutachtung einzuhaltende Verfahren regelt IV S 3 bis 5 entspr § 454 II (erg 37 a zu § 454). Zum Umfang der Patientenakten vgl Schöch Volk-FS 712. Die Bestellung eines Verteidigers (IV S 5) hat vor der Beauftragung eines Sachverständigen zu erfolgen, damit der Verteidiger ggf auf die Auswahl des Sachverständigen Einfluss nehmen kann (Braunschweig StV **08**, 590 mit zust Anm Steck-Bromme). Ob in anderen Fällen einer Überprüfungsentscheidung ein Verteidiger entspr § 140 II (dort 30) zu bestellen ist, richtet sich nach den Umständen des Einzelfalls (BVerfG NJW **09**, 3153 L; Frankfurt NStZ-RR **10**, 126).

11 **5) Einschränkung der Anwendung der §§ 455, 456** (V): Die Vorschriften gelten grundsätzlich auch beim Vollzug von Sicherungsmaßregeln. Insbesondere ist die Unterbrechung in der Sicherungsverwahrung unter den Voraussetzungen des § 455 II zulässig (vgl Celle NJW **67**, 692). Ein Vollstreckungsaufschub nach § 455 I ist dagegen ausgeschlossen, wenn ein Verurteilter, dessen Unterbringung nach § 63 StGB wegen verminderter Schuldfähigkeit nach § 21 StGB angeordnet worden ist, in Geisteskrankheit verfällt (S 1). Ist die Unterbringung nach § 64 StGB oder die Sicherungsverwahrung nach § 66 StGB angeordnet, so ist der Aufschub zulässig (S 2). Er steht dann aber im Ermessen der VollstrB, die in außergewöhnl. Einzelfällen von dem Vollstreckungsaufschub absehen kann. Ein vorübergehender Vollstreckungsaufschub entspr § 456 ist bei der Sicherungsverwahrung ausgeschlossen (S 3). Für das Berufsverbot gilt die Sonderregelung des § 456 c II.

6) Anwendung der § 462 (VI): In den bezeichneten Fällen (vgl zB zu § 67 d V Celle StV **97**, 541 mit Anm Kopp StV **99**, 121) richten sich das gerichtliche Verfahren und die Anfechtung gerichtlicher Entscheidungen nach § 462. Die Anwendung der Zuständigkeitsvorschrift des § 462 a, die sich aus I ergibt (oben 3), wird dadurch nicht berührt (Koblenz OLGSt § 70 a StGB Nr 1). Durch VI S 2 erhält das Gericht die – vom Regelfall des § 462 III abweichende (vgl 1 zu § 307) – Möglichkeit, die sofortige Vollziehbarkeit von Kriseninterventionsmaßnahmen nach § 67 h I StGB (befristete Wiederinvollzugsetzung der ausgesetzten Unterbringung nach §§ 63, 64 StGB zwecks Vermeidung des Widerrufs nach § 67 g StGB; vgl Peglau NJW **07**, 1561) anzuordnen. Das gilt aber nur, wenn erhebliche rechtswidrige Taten des Verurteilten drohen, also Verbrechen oder schwerwiegende Vergehen. 12

7) Zuständigkeit der StVollstrK (VII): Bei freiheitsentziehenden Sicherungsmaßregeln sind nach I die Zuständigkeitsvorschriften des § 462 a entspr anzuwenden (oben 3). VII erweitert die Zuständigkeit der StVollstrK auf die nicht freiheitsentziehende Sicherungsmaßregel der Führungsaufsicht (BGHR Führungsaufsicht 1; NStZ-RR **04**, 323 [B]). Dadurch, dass die Nachtragsentscheidungen über die Führungsaufsicht in den in VII bezeichneten Fällen der Aussetzung eines Strafrests nach den §§ 57, 57 a StGB gleichgestellt wird, entsteht die Zuständigkeit der StVollstrK nach § 462 a I S 2 (BGH NStZ **01**, 165), jedoch nur für die im Rahmen der Führungsaufsicht zu treffenden Nachtragsentscheidungen (KMR-Stöckel 22; SK-Paeffgen 14; **aM** Hamburg NStZ **88**, 197; Bringewat StVollstr 15: auch für die Entscheidung nach § 69 a VII StGB), etwa nach § 68 f II StGB (Stuttgart NStZ-RR **03**, 380). Die StVollstrK ist aber auch für die Nachtragsentscheidungen zuständig, die sich auf Strafaussetzungen zur Bewährung aus anderen Verfahren gegen den Verurteilten beziehen (BGH NJW **10**, 951). 13

8) Die **Reihenfolge der Vollstreckung** mehrerer freiheitsentziehender Sicherungsmaßregeln bestimmt nach § 72 III S 1 StGB das Gericht, und zwar die StVollstrK, wenn bereits mit dem Vollzug einer der Maßnahmen begonnen worden ist, sonst das erkennende Gericht. Das Gleiche gilt, wenn neben einer freiheitsentziehenden Sicherungsmaßregel nach §§ 63, 64 StGB im selben Verfahren eine Freiheitsstrafe verhängt worden ist und nach § 67 II StGB von der gesetzlichen Reihenfolge der Vollstreckung (§ 67 I StGB) abgewichen werden soll. Über die Reihenfolge der Vollstreckung von Freiheitsstrafen und freiheitsentziehenden Sicherungsmaßregeln aus verschiedenen Strafurteilen entscheidet die StA als VollstrB nach § 451 I (Celle NStZ **83**, 188; Düsseldorf NStZ **83**, 383; München NStZ **88**, 93 mit Anm Chlosta; KK-Appl 6; vgl § 44 b II S 1 StVollstrO). Zur Anfechtbarkeit der Entscheidung vgl 7 ff zu § 454 b. 14

9) Nachtragsentscheidungen im Jugendstrafrecht trifft der Jugendrichter als Vollstreckungsleiter (40 zu § 462 a), auch wenn der Verurteilte inzwischen erwachsen ist (Celle NJW **75**, 2253; Karlsruhe Justiz **78**, 325). Das gilt auch, wenn Führungsaufsicht kraft Gesetzes eingetreten ist (Koblenz GA **75**, 285; KK-Appl 8; Bringewat StVollstr 17). 15

10) Ehemalige DDR: Hatte ein Gericht nach § 15 II oder 16 III StGB-DDR oder nach Einstellung des Verfahrens durch die StA nach § 148 I Nr 1 StPO-DDR die Einweisung eines Angeklagten in eine psychiatrische Einrichtung angeordnet und war dieser dort nach dem EinweisungsGes-DDR untergebracht worden, sind für die nun zu treffenden Entscheidungen §§ 63 ff StGB nicht entspr anwendbar; eine Zuständigkeit der StVollstrK ist somit nicht gegeben (BVerfG NStZ **95**, 399 mit abl Anm Toepel NStZ **96**, 101 gegen KG NStZ **94**, 148 mit zust Anm Toepel; KK-Appl 9). 16

Aufsichtsstellen bei Führungsaufsicht

463a **I [1]Die Aufsichtsstellen (§ 68 a des Strafgesetzbuches) können zur Überwachung des Verhaltens des Verurteilten und der Erfüllung von Weisungen von allen öffentlichen Behörden Auskunft verlangen und Ermittlungen jeder Art, mit Ausschluss eidlicher Vernehmungen, entweder selbst vornehmen oder durch andere Behörden im Rahmen ihrer Zuständigkeit vornehmen lassen. [2]Ist der Aufenthalt des Verurteilten nicht bekannt, kann der Leiter der Führungsaufsichtsstelle eine Ausschreibung zur Aufenthaltsermittlung (§ 131 a Abs. 1) anordnen.**

II [1]Die Aufsichtsstelle kann für die Dauer der Führungsaufsicht oder für eine kürzere Zeit anordnen, dass der Verurteilte zur Beobachtung anlässlich von polizeilichen Kontrollen, die die Feststellung der Personalien zulassen, ausgeschrieben wird. [2]§ 163 e Abs. 2 gilt entsprechend. [3]Die Anordnung trifft der Leiter der Führungsaufsichtsstelle. [4]Die Erforderlichkeit der Fortdauer der Maßnahme ist mindestens jährlich zu überprüfen.

III [1]Auf Antrag der Aufsichtsstelle kann das Gericht einen Vorführungsbefehl erlassen, wenn der Verurteilte einer Weisung nach § 68 b Abs. 1 Satz 1 Nr. 7 oder Nr. 11 des Strafgesetzbuchs ohne genügende Entschuldigung nicht nachgekommen ist und er in der Ladung darauf hingewiesen wurde, dass in diesem Fall seine Vorführung zulässig ist. [2]Soweit das Gericht des ersten Rechtszuges zuständig ist, entscheidet der Vorsitzende.

IV [1]Örtlich zuständig ist die Aufsichtsstelle, in deren Bezirk der Verurteilte seinen Wohnsitz hat. [2]Hat der Verurteilte keinen Wohnsitz im Geltungsbereich dieses Gesetzes, so ist die Aufsichtsstelle örtlich zuständig, in deren Bezirk er seinen gewöhnlichen Aufenthaltsort hat und, wenn ein solcher nicht bekannt ist, seinen letzten Wohnsitz oder gewöhnlichen Aufenthaltsort hatte.

1 1) **Aufsichtsstellen nach § 68 a StGB:** Tritt nach §§ 67b, 67c, 67d II – VI oder 68f StGB kraft Gesetzes Führungsaufsicht ein oder ordnet das Gericht sie nach § 68 StGB an, so untersteht der Verurteilte nach §§ 68a, 68g I S 1 StGB einer Aufsichtsstelle. Die Aufsichtsstellen gehören nach Art 295 I EGStGB zum Geschäftsbereich der LJVen, die die Einzelheiten bestimmen. Ihre Leitung und Besetzung regelt Art 295 II EGStGB. Zu den Aufgaben der Aufsichtsstellen gehört es nach § 68a III StGB, im Einvernehmen mit dem Gericht (Gericht des 1. Rechtszugs oder, wenn gegen den Verurteilten Freiheitsstrafen oder freiheitsentziehende Sicherungsmaßregeln vollzogen worden sind, die StVollstrK) und mit Unterstützung des Bewährungshelfers das Verhalten des Verurteilten und die Erfüllung der ihm nach § 68b StGB erteilten Weisungen zu überwachen. Vorbereitungshandlungen und Mitteilungspflichten der VollstrB regelt § 54a StVollstrO.

2 2) Die **Befugnisse der Aufsichtsstellen** bei der Überwachung nach § 68a III StGB regelt I. Sie entsprechen denen der StA nach § 161 I mit der Erweiterung, dass die Aufsichtsstellen auch von anderen als von Polizeibehörden die Ausführung von Ermittlungen verlangen können.

3 Die Aufsichtsstellen können von allen Behörden unmittelbar **Auskunft** verlangen; der Dienstweg braucht nicht eingehalten zu werden (LR-Wendisch 5). Die Behörden sind zur Auskunft verpflichtet, wenn sie zumutbar ist (1 ff zu § 161). Das Auskunftsrecht schließt das Recht ein, um Akteneinsicht und Überlassung von Schriftstücken zu ersuchen (KK-Appl 3). Die Behörde kann aber statt dessen Auskunft durch entspr Mitteilung geben.

4 **Ermittlungen** jeder Art kann die Aufsichtsstelle selbst formlos oder förmlich vornehmen. Sie kann Erkundigungen einziehen, den Verurteilten oder Zeugen (uneidlich) vernehmen und schriftliche oder mündliche Gutachten von Sachverständigen einholen. Sie kann aber auch von anderen Behörden im Rahmen deren

Aufgabenbereichs die Ausführung bestimmter Ermittlungen im Wege der Amtshilfe verlangen, insbesondere von JVAen, anderen Vollzugsbehörden und VerwBen. Sie kann die JVA zB um (uneidliche) Vernehmung einer dort tätigen oder aufgenommenen Person ersuchen. Bei bedingt ausgesetzter Unterbringung nach § 63 StGB kommen Ermittlungsersuchen an die Gesundheitsbehörden in Betracht. Die Inanspruchnahme der Polizei schließt I nicht aus. Um den Eindruck zu vermeiden, es handele sich bei der Führungsaufsicht um eine Aufsicht mit in 1. Hinsicht polizeilichen Mitteln und zu in 1. Hinsicht polizeilichen Zwecken, sollten die Polizeibehörden aber nur eingeschaltet werden, wenn das unumgänglich ist.

4a **Bei unbekanntem Aufenthalt des Verurteilten** kann gemäß I S 2 durch den Leiter der Aufsichtsstelle entspr § 131 a I die Ausschreibung zur Aufenthaltsermittlung (aber nicht die Ausschreibung zur Festnahme nach § 131 I; vgl aber unten 8) in allen Fahndungshilfsmitteln der Strafverfolgungsbehörden (§ 131 a V) veranlasst werden, wobei aber der Verhältnismäßigkeitsgrundsatz zu beachten ist (erg 1 zu § 131 a). Eine richterliche Bestätigung nach § 131 c ist nicht erforderlich, weil die Anordnungsbefugnis allein dem Leiter der Aufsichtsstelle zusteht (BT-Drucks 16/1993 S 25).

5 **Zwangsmittel** stehen der Aufsichtsstelle im Übrigen nicht zur Verfügung. Gegen die Weigerung von Behörden, Auskünfte zu erteilen oder Ermittlungen vorzunehmen, hat sie nur die Dienstaufsichtsbeschwerde (KK-Appl 5; erg 22 vor § 296). Unterlagen, die als Beweismittel in Betracht kommen, kann sie weder beschlagnahmen noch beschlagnahmen lassen. Wenn der Verurteilte oder ein Zeuge das Erscheinen oder die Aussage vor der Aufsichtsstelle verweigert, kann sie keine Ordnungs- oder Zwangsmittel gegen ihn verhängen, auch wenn ihr Leiter ein Richter oder StA ist. Die Aufsichtsstelle kann aber stets das Gericht einschalten, das zur Durchsetzung seiner eigenen Entscheidung die üblichen Zwangsmittel anwenden kann (LR-Wendisch 9).

6 **3) Polizeiliche Beobachtung** (II): Entspr § 163 e I, II kann eine Ausschreibung des Verurteilten oder seines Kfz durch die Aufsichtsstelle zur Beobachtung anlässlich polizeilicher Kontrollen (4 zu § 163 e) erfolgen. Die Anordnung wird durch den Leiter der Führungsaufsichtsstelle (II S 3) – idR im Einvernehmen mit dem Gericht unter Beteiligung des Bewährungshelfers (Bringewat StVollstr 12) – getroffen. Auch die Ausschreibung eines auf den Verurteilten zugelassenen oder von ihm benutzten Kraftfahrzeugs ist zulässig (II S 2), nicht jedoch die von Kontaktpersonen (8, 10 zu § 163 e).

7 Damit wird eine **einschneidende Überwachungsmaßnahme** eröffnet. Deshalb ist – entspr der Befristung in § 163 e IV S 5 – nach II S 4 die Erforderlichkeit der Fortdauer der Maßnahme mindestens jährlich zu überprüfen; falls die Beobachtung nicht mehr erforderlich erscheint, ist sie unverzüglich aufzuheben. Eine vorweggenommene Unterrichtung des Verurteilten von der Anordnung der Maßnahme ist vielfach mit ihrem Zweck vereinbar (Rieß NJ **92**, 497).

8 **4)** Einen **Vorführungsbefehl** kann das Gericht auf Antrag des Leiters der Aufsichtsstelle erlassen, falls der Verurteilte einer Melde- oder Vorstellungsweisung nach § 68 b I Nr 7 oder 11 StGB ohne genügende Entschuldigung nicht nachgekommen ist; wie bei § 230 (dort 18) ist eine ordnungsgemäße Ladung mit Vorführungsandrohung vorausgesetzt, der Verhältnismäßigkeitsgrundsatz ist zu beachten (19 zu § 230). Eine polizeiliche Wohnungsdurchsuchung zur Ergreifung des Verurteilten ist dadurch aber nicht gerechtfertigt; auch insofern ist eine richterliche Anordnung erforderlich (vgl BR-Drucks 256/I/06 S 5; BT-Drucks 16/1993 S 29).

9 **5) Örtlich zuständig** ist die Aufsichtsstelle, in deren Bezirk der Verurteilte seinen Wohnsitz oder bei Fehlen eines Wohnsitzes seinen gewöhnlichen Aufenthalt hat, hilfsweise seinen letzten Wohnsitz oder gewöhnlichen Aufenthalt hatte (IV). Das Gericht kann den Verurteilten anweisen, sich nach der Entlassung bei der Aufsichtsstelle zu melden, die für den von ihm angegebenen Wohnsitz zuständig ist.

10 **6)** Zuständig für die **Entscheidung über die Anfechtung** der Anordnung nach II ist das nach § 68 a StGB zur Durchführung der Führungsaufsicht berufene Gericht (München NStZ-RR **07**, 287 L), also die StVollstrK, wenn die Führungsaufsicht nach Vollzug einer freiheitsentziehenden Maßnahme in Kraft tritt, das Gericht des 1. Rechtszugs, wenn der Verurteilte vor Eintritt der Führungsaufsicht nicht in Haft war (KK-Appl 9).

Beschlagnahme von Führerscheinen und ausländischen Fahrausweisen

463b I **Ist ein Führerschein nach § 44 Abs. 2 Satz 2 und 3 des Strafgesetzbuches amtlich zu verwahren und wird er nicht freiwillig herausgegeben, so ist er zu beschlagnahmen.**

II **Ausländische Führerscheine können zur Eintragung eines Vermerks über das Fahrverbot oder über die Entziehung der Fahrerlaubnis und die Sperre (§ 44 Abs. 2 Satz 4, § 69b Abs. 2 des Strafgesetzbuches) beschlagnahmt werden.**

III [1] **Der Verurteilte hat, wenn der Führerschein bei ihm nicht vorgefunden wird, auf Antrag der Vollstreckungsbehörde bei dem Amtsgericht eine eidesstattliche Versicherung über den Verbleib abzugeben.** [2] **§ 883 Abs. 2 bis 4, die §§ 899, 900 Abs. 1 und 4 sowie die §§ 901, 902, 904 bis 910 und 913 der Zivilprozessordnung gelten entsprechend.**[1)]

1 **1) Vollstreckung des Fahrverbots nach § 44 StGB** (I): Die VollstrB (§ 451 I) fordert den nach § 44 II S 2 und 3 StGB amtlich zu verwahrenden (aber nicht der Einziehung unterliegenden) Führerschein von dem Verurteilten ein, wenn er noch nicht in amtlichem Gewahrsam ist. Die Geschäfte sind nach § 31 II S 1 **RPflG** auf den Rechtspfleger übertragen. Wird der Führerschein trotz dieser Aufforderung (vgl Wollentin/Breckerfeld NJW **66**, 632) nicht freiwillig herausgegeben, so ist er zu beschlagnahmen. Die Anordnung der Beschlagnahme enthält zugleich die Anordnung der Wohnungsdurchsuchung bei dem Führerscheininhaber, nicht bei einem Dritten, soweit sie zur Ausführung der Beschlagnahme erforderlich ist (erg 6 zu § 105); bei einem von der Bußgeldbehörde nach § 25 StVG angeordneten Fahrverbot muss die Durchsuchung durch den Richter angeordnet werden (LG Berlin NZV **06**, 385; KK/OWiG-Boujong 22 zu § 90 OWiG mwN; Waechter NZV **99**, 273; **aM** – Anordnung unzulässig – AG Berlin-Tiergarten NZV **96**, 506 mit abl Anm von Hentschel und von Göhler; AG Leipzig NStZ **99**, 309). Zur Ausführung der Beschlagnahme kann die VollstrB die Polizei um Amtshilfe ersuchen. Die Verwahrung des Führerscheins regelt § 59 a I StVollstrO, die Rücksendung an den Verurteilten § 59 a II StVollstrO.

2 **2) Ausländische Führerscheine** unterliegen nach II einem beschränkten Beschlagnahmeverbot (Isak/Wagner 391).

3 Bei rechtskräftigem **Fahrverbot** nach § 44 StGB dürfen nur diejenigen Führerscheine, die von einer Behörde eines Mitgliedstaates der EU oder eines anderen Vertragsstaates des Abkommens über den EWR ausgestellt sind, sofern der Inhaber seinen ordentlichen Wohnsitz im Inland hat, amtlich verwahrt werden; bei anderen ausländischen Führerscheinen wird das Fahrverbot nach Rechtskraft lediglich im Führerschein vermerkt (§ 44 II StGB). Nur zur Durchführung dieser Eintragung und nur für die dafür erforderliche Dauer darf der Führerschein vorübergehend beschlagnahmt werden, wenn er nicht freiwillig herausgegeben wird (dazu oben 1).

4 Die **Entziehung der Fahrerlaubnis** hat nach Rechtskraft die Wirkung eines Verbots, während der Sperre im Inland Kraftfahrzeuge zu führen, soweit das

---

[1)] Fassung von III S 2 ab 1. 1. 2013 gemäß Art 4 VII, 6 des Ges vom 29. 7. 2009 (BGBl I 2258, 2270): § 883 Abs. 2 und 3 der Zivilprozessordnung gilt entsprechend.

nach deutschem Recht ohne Fahrerlaubnis nicht zulässig ist (§ 69b I S 2 StGB). Die Entziehung und die Sperre werden im Führerschein vermerkt (§ 69b II S 2 StGB). Zu diesem Zweck darf er vorübergehend beschlagnahmt werden (dazu oben 1).

3) Zu einer **eidesstattlichen Versicherung über den Verbleib des Führerscheins** (III) kann der Verurteilte gezwungen werden, wenn die Durchsuchung seiner Person und seiner Wohnung erfolglos gewesen ist (S 1). Die Vorschriften der ZPO über die eidesstattliche Versicherung nach den §§ 807, 883 ZPO gelten entspr (S 2). Zuständig für die Abnahme der Versicherung ist der Gerichtsvollzieher des AG des Wohnsitzes (§ 899 ZPO); für das Verfahren gilt § 900 ZPO. 5

Urteilsbekanntmachung

463c **I Ist die öffentliche Bekanntmachung der Verurteilung angeordnet worden, so wird die Entscheidung dem Berechtigten zugestellt.**

II Die Anordnung nach Absatz 1 wird nur vollzogen, wenn der Antragsteller oder ein an seiner Stelle Antragsberechtigter es innerhalb eines Monats nach Zustellung der rechtskräftigen Entscheidung verlangt.

III [1] Kommt der Verleger oder der verantwortliche Redakteur einer periodischen Druckschrift seiner Verpflichtung nicht nach, eine solche Bekanntmachung in das Druckwerk aufzunehmen, so hält ihn das Gericht auf Antrag der Vollstreckungsbehörde durch Festsetzung eines Zwangsgeldes bis zu fünfundzwanzigtausend Euro oder von Zwangshaft bis zu sechs Wochen dazu an. [2] Zwangsgeld kann wiederholt festgesetzt werden. [3] § 462 gilt entsprechend.

IV Für die Bekanntmachung im Rundfunk gilt Absatz 3 entsprechend, wenn der für die Programmgestaltung Verantwortliche seiner Verpflichtung nicht nachkommt.

1) Urteilszustellung: Ist die öffentliche Bekanntmachung der Entscheidung auf Verlangen oder Antrag des Verletzten nach §§ 103 II, 165 I, 200 I StGB § 111 UrhG, § 142 VI PatG angeordnet worden, so wird dem Berechtigten auf Kosten des Verurteilten eine Ausfertigung des erkennenden Teils des Urteils oder Strafbefehls (vgl § 407 II Nr 1) nach § 37 förmlich zugestellt, um die Monatsfrist des II in Lauf zu setzen (vgl auch § 59 I S 1 StVollstrO). In der Ausfertigung, die zugestellt wird, lässt die VollstrB die Straftaten weg, die nicht zu der Veröffentlichungsanordnung geführt haben. Auch die Namen von Mitverurteilten, auf die sich die Veröffentlichungsbefugnis nicht bezieht, werden in der Ausfertigung ausgelassen (§ 59 I S 2 StVollstrO). 1

Der **Berechtigte,** an den zugestellt wird, ist derjenige, auf dessen Verlangen oder Antrag die Veröffentlichung angeordnet worden ist, auch ein an seiner Stelle Antragsberechtigter, zB der volljährig gewordene Verletzte (vgl § 77 III StGB) oder der Angehörige des verstorbenen Verletzten, auf den das Antragsrecht nach §§ 77 II, 165 I S 2 StGB übergegangen ist (LR-Wendisch 7). 2

2) Die **Vollziehung der Anordnung** (II) ist Aufgabe der VollstrB (§ 451 I); die Geschäfte sind nach § 31 II S 1 **RPflG** auf den Rechtspfleger übertragen. Vollzogen wird die Anordnung nur, wenn der Antragsteller oder ein an seiner Stelle Antragsberechtigter (oben 2) das innerhalb eines Monats nach der Zustellung der Entscheidung verlangt. Für die Fristberechnung gilt § 43; bei unverschuldeter Fristversäumnis ist Wiedereinsetzung (§ 44) möglich (hM; anders Deumeland Medien und Recht International, 2006, S 138). 3

Der **Umfang der Veröffentlichung** ergibt sich aus dem Entscheidungsausspruch. Sie soll den Namen des Verletzten enthalten (vgl RiStBV 231 S 1) und erkennbar machen, in welchen Teilen der Entscheidungsausspruch und ggf auch die Urteilsgründe zu veröffentlichen sind. 4

5 Die **Art der Bekanntmachung** ergibt sich ebenfalls aus dem Entscheidungsausspruch (vgl §§ 165 II, 200 II StGB); er muss auch die Zeitung oder Zeitschrift oder die Rundfunksendung bezeichnen, in der veröffentlicht werden soll (40 zu § 260).

6 Die **Kosten der Bekanntmachung** trägt zunächst die Staatskasse; sie zieht sie von demjenigen ein, dem in der Entscheidung die Verfahrenskosten auferlegt worden sind (vgl § 59 II S 2 StVollstrO).

7 **3) Zwangsmittel** (III) sind zulässig, wenn die Bekanntmachung in einer periodischen Druckschrift (zum Begriff vgl 2 zu § 111 n), insbesondere in einer Zeitung oder Zeitschrift, angeordnet worden ist und ein Ersuchen der VollstrB um Veröffentlichung verweigert wird. Verpflichtet zur Veröffentlichung ist nach III S 1 der Verleger, dh derjenige, der das Erscheinen der Druckschrift veranlasst und ihre Vervielfältigung und Verbreitung bewirkt, sowie der verantwortliche Redakteur, dh derjenige, der bestimmt, was in die Druckschrift aufgenommen wird, und im Verhältnis zu anderen über die Gestaltung der Zeitung oder Zeitschrift zu entscheiden hat. Die Zwangsmittel (dazu Art 6 ff **EGStGB**) setzt das Gericht des 1. Rechtszugs, nicht die StVollstrK (BGH NStZ **87**, 428; vgl auch LR-Wendisch 17) auf Antrag der VollstrB fest. Sie können auch gegen Verleger und Redakteur zugleich angeordnet werden, wenn beide für das Unterlassen des Abdrucks verantwortlich sind. Zwangsgeld hat grundsätzlich den Vorrang (Einl 18 ff). Das in III S 1 bestimmte Höchstmaß gilt auch bei der Wiederholung der Festsetzung nach III S 1; für den Gesamtbetrag der Zwangsgelder bei wiederholten Festsetzungen besteht aber keine Begrenzung.

8 **4)** Für die **Bekanntmachung im Rundfunk** (IV) gilt III entspr. Zum Begriff Rundfunk vgl 30 zu § 53. Die Zwangsmittel richten sich gegen den für die Programmgestaltung Verantwortlichen. Diese Stellung entspricht dem verantwortlichen Redakteur in III. Der Begriff wird in IV nur deshalb nicht verwendet, weil er im Rundfunkrecht noch nicht allgemein eingeführt ist.

Gerichtshilfe

463d **Zur Vorbereitung der nach den §§ 453 bis 461 zu treffenden Entscheidungen kann sich das Gericht oder die Vollstreckungsbehörde der Gerichtshilfe bedienen; dies kommt insbesondere vor einer Entscheidung über den Widerruf der Strafaussetzung oder der Aussetzung des Strafrestes in Betracht, sofern nicht ein Bewährungshelfer bestellt ist.**

1 **1)** Die **Gerichtshilfe** (23 ff zu § 160) kann vom Gericht oder der VollstrB, für die der Rechtspfleger den Auftrag erteilt (§ 31 II S 1 **RPflG**), aber auch von der StA als Strafverfolgungsbehörde (KK-Appl 2) zur Vorbereitung der Nachtragsentscheidungen nach den §§ 453 bis 461 herangezogen werden. Hs 2 sieht die Heranziehung der Gerichtshilfe insbesondere vor, wenn über den Widerruf der Strafaussetzung oder der Aussetzung des Strafrests zu entscheiden ist. Die Heranziehung der Gerichtshilfe ist auch insoweit nicht zwingend vorgeschrieben (KG JR **88**, 39; **aM** LG Bonn NStZ **86**, 574); sie kann insbesondere unterbleiben, wenn sie keine zusätzlichen Erkenntnisse verspricht, die es erlauben, von dem Widerruf oder der Versagung der Strafaussetzung abzusehen (**aM** Bringewat StVollstr 6).

2 **2) Im Rahmen ihrer Zuständigkeit** kann die Gerichtshilfe in Anspruch genommen werden. Zu ihrem Aufgabenbereich gehört die Beschaffung von Erkenntnissen und Unterlagen für die Beurteilung der Persönlichkeit des Verurteilten und der für die Sozialprognose bedeutsamen Umstände (vgl auch 24 zu § 160).

3 **3)** Der **schriftliche Bericht der Gerichtshilfe** wird Bestandteil der Akten, in die der Verteidiger Einsicht nehmen darf (§ 147). Da nach Aktenlage entschieden wird (vgl 1 zu § 462), ist er ohne weiteres verwertbar. Jedoch muss dem Verurteil-

ten oder demjenigen, zu dessen Nachteil entschieden wird, zB dem Verfalls- oder Einziehungsbeteiligten (§ 459g I), vorher das rechtliche Gehör nach § 33 III gewährt werden.

2. Abschnitt. Kosten des Verfahrens

Vorbemerkungen

1) Kosten des Verfahrens sind die Gebühren und Auslagen der Staatskasse (§ 464a I), iwS auch die notwendigen Auslagen eines Beteiligten (§ 464a II). 1

2) Die **Kostenvorschriften** der StPO enthalten einige verfahrensrechtliche (§§ 464–464b), überwiegend aber materiell-rechtliche Kostenbestimmungen (§§ 465ff); sie werden durch §§ 74, 109 II **JGG** ergänzt. Nach allgM bilden sie keine abgeschlossene Regelung; um im Einzelfall der Billigkeit entspr Kostenentscheidungen zu ermöglichen, müssen sie auf rechtsähnliche Fälle entspr angewendet werden (BGH **16**, 168, 170; **17**, 376, 381; KG NJW **70**, 2129; Hamm NJW **71**, 1471; Koblenz VRS **54**, 443, 446; Stuttgart Justiz **87**, 116). 2

3) Grundlage des geltenden Kostenrechts ist das Veranlassungsprinzip (Hamm NStZ **83**, 571 L; München NJW **83**, 1688; LR-Hilger 15). Der Beschuldigte hat durch die, mindestens objektiv rechtswidrige, Zuwiderhandlung gegen einen Straftatbestand die Strafverfolgung gegen sich verursacht und dadurch die Verfahrenskosten veranlasst (BVerfGE **18**, 302, 304 = NJW **65**, 387; BVerfGE **31**, 137; BGH **25**, 109, 118; **aM** BGH **14**, 391, 394; vgl auch Hassemer ZStW **85**, 651; Michaelowa ZStW **94**, 969). Allerdings kommt neben dem Veranlassungsprinzip in manchen Regelungen der Verschuldensgrundsatz (vgl § 467 II, III), in anderen (vgl § 467 IV) der Billigkeitsgrundsatz zur Geltung, so auch uU bei einem nur durch einen Fehler des Gerichts ausgelösten Beschwerdeverfahren (BGH NStZ **03**, 273). 3

4) Auslagenerstattung: Der Zahlungsanspruch eines Angeschuldigten gegen die Staatskasse (vgl § 467 I) ist ein öffentlich-rechtlicher Aufopferungsanspruch (Celle NJW **75**, 400; Stuttgart NJW **69**, 1446, 1447; Reinisch MDR **66**, 105); er dient dem Ausgleich für ein Sonderopfer, das der Angeschuldigte im öffentlichen Interesse erbracht hat. Im Zivilrechtsweg kann der aus dem Strafprozess entstandene Anspruch auf Auslagenersatz nicht geltend gemacht werden (BGHZ **24**, 263 = NJW **57**, 1593; **27**, 137 = NJW **58**, 1041). Die Sonderregelung der StPO wird für andere Arten der Entschädigung durch das **StrEG** ergänzt. 4

5) Die **Sicherung des Staates** wegen der voraussichtlichen Kosten des Strafverfahrens ist im Wege des dinglichen Arrests möglich (§§ 111d, 111e), allerdings erst, wenn ein auf Strafe lautendes Urteil ergangen ist; ferner kann nach §§ 127a I Nr 2, 132 I S 1 Nr 1, 176 Sicherheit verlangt werden. 5

6) Eingehende Untersuchungen zu den Kostenvorschriften haben vorgelegt: Magold, Die Kostentragungspflicht des Verurteilten im Hinblick auf das Schuldprinzip, Resozialisierungsprinzip und Selbstbelastungsfreiheit, 2009, zugl Diss Erlangen-Nürnberg 2008, und Meier, Die Kostenlast des Verurteilten, 1991. 6

Kosten- und Auslagenentscheidung

464 **I Jedes Urteil, jeder Strafbefehl und jede eine Untersuchung einstellende Entscheidung muss darüber Bestimmung treffen, von wem die Kosten des Verfahrens zu tragen sind.**

II Die Entscheidung darüber, wer die notwendigen Auslagen trägt, trifft das Gericht in dem Urteil oder in dem Beschluss, der das Verfahren abschließt.

III [1]Gegen die Entscheidung über die Kosten und die notwendigen Auslagen ist die sofortige Beschwerde zulässig; sie ist unzulässig, wenn eine Anfechtung der in Absatz 1 genannten Hauptentscheidung durch den Beschwerdeführer nicht statthaft ist. [2]Das Beschwerdegericht ist an die tatsächlichen Feststellungen, auf denen die Entscheidung beruht, gebunden. [3]Wird gegen das Urteil, soweit es die Entscheidung über die Kosten und die notwendigen Auslagen betrifft, sofortige Beschwerde und im Übrigen Berufung oder Revision eingelegt, so ist das Berufungs- oder Revisionsgericht, solange es mit der Berufung oder Revision befasst ist, auch für die Entscheidung über die sofortige Beschwerde zuständig.

1 **1) Nach Anklageerhebung** gilt die Vorschrift; rechtshängig braucht die Sache noch nicht zu sein (KMR-Stöckel 4). Sonderregelungen enthalten §§ 467a II, 469 II, 470.

2 **2) Kostenentscheidung** (I): Entschieden wird über die Pflicht, die Kosten zu tragen, nicht über deren Höhe (vgl § 464b). Fehlt ein Kostenpflichtiger, so sind die Kosten der Staatskasse aufzuerlegen (BGH **14**, 391, 393). Die Kostenentscheidung ist (Neben-)Gegenstand des Verfahrens. Das rechtliche Gehör wird dem Betroffenen mit der Anhörung zur Sache gewährt (Seier 19). Vor Kostenentscheidungen, die an besondere Voraussetzungen geknüpft sind (zB an die schuldhafte Säumnis bei § 467 II), müssen die entscheidungserheblichen Tatsachen nach § 33 I ebenfalls zum Gegenstand des rechtlichen Gehörs gemacht werden (LR-Hilger 3; Seier 20).

3 A. **Urteile, Strafbefehle:** Gemeint sind nur verfahrensabschließende Urteile, auch solche nach § 260 III (LG Koblenz StV **97**, 35). Zurückverweisende Urteile nach §§ 328 II, 354 II, 355 müssen die Kostenentscheidung dem Gericht überlassen, an das zurückverwiesen wird (erg aber 7 zu § 473). Die Kostenentscheidung im Strafbefehl umfasst alle bis zur Zurücknahme des Einspruchs entstehenden Kosten (LR-Hilger 3 zu § 473 mwN).

4 B. **Jede eine Untersuchung einstellende Entscheidung:**

5 a) **Alle als Urteilsersatz zugelassenen Beschlüsse** (vgl §§ 206a, 206b, 319 I, 322 I, 346 I, 349 I, II, IV, 441 II) fallen hierunter. Wird das Verfahren nach § 206a wegen eines Prozesshindernisses eingestellt, so kommt es nicht darauf an, ob die StA (zB bei örtlicher Unzuständigkeit oder Fehlen der Anklage) eine neue Anklage erheben kann (Hamm JMBlNW **62**, 166).

6 b) **Andere Einstellungsbeschlüsse** kommen nur in Betracht, wenn sie das Verfahren endgültig abschließen. Das sind Beschlüsse nach §§ 153 II, 153b II, 383 II, 390 V und endgültige Einstellungsbeschlüsse nach § 153a (dort 53). Auch Beschlüsse nach § 154 II (dort 17f) und § 154b IV (dort 5) gehören trotz der missverständlichen gesetzlichen Fassung als „vorläufig" hierher (nun hM, vgl nur Celle NStZ **83**, 328; Düsseldorf VRS **73**, 457, 458; **89**, 202; Stuttgart MDR **73**, 868; LR-Hilger 13; Kotz NStZ **90**, 420; Maatz MDR **86**, 884; Seier NStZ **82**, 272: **aM** nur im Fall des § 154 III, im Fall des § 154 IV erst dann, wenn nach Fristablauf feststeht, dass keine Wiederaufnahme des Verfahrens erfolgt (Karlsruhe NJW **75**, 142; Stuttgart NStZ **92**, 137; KK-Gieg 2; **aM** keine Kostenentscheidung: Bay NJW **69**, 1448; München NJW **75**, 68; NStZ **81**, 234 mit abl Anm Meyer-Goßner; Meyer JR **76**, 76). Die Nichteröffnung des Hauptverfahrens (§ 204) steht ihnen gleich (vgl § 467 I).

7 **Nicht anwendbar ist § 464** bei der vorläufigen Einstellung nach § 153a II und § 205 sowie bei Verfolgungsbeschränkungen nach § 154a II (BGH StV **93**, *135 L; LR-Hilger 14;* **aM** Lemke NJW **71**, 1248), falls nicht einzelne materiellrechtlich selbstständige Teile einer Tat iSd § 264 ausgeschieden werden (erg 22 zu § 154a; vgl auch Frankfurt MDR **82**, 1042 für den Fall, dass die „Beschränkung" in Wahrheit das ganze Verfahren abschließt); dasselbe gilt für § 430 I.

c) Verfahrensbeendigung iS von I ist auch der **Abschluss von selbstständigen Zwischenverfahren** (Huber NStZ **85**, 18), zB des Ausschließungsverfahrens nach §§ 138 a ff (Seier NStZ **82**, 271; 18 zu § 138 c; 10 zu § 138 d) und des Wiedereinsetzungsverfahrens (vgl § 473 VII), und von Beschwerdeverfahren (BVerfG 1 BvR 3229/06 vom 16. 11. 2009; Bay **04**, 118 = StV **06**, 6 [Pflichtverteidigerbestellung]; KK-Gieg 3 mwN; **aM** Frankfurt MDR **82**, 954; Hamburg NStZ **91**, 100; Michaelowa ZStW **94**, 969; vgl auch § 473 a). Auch Entscheidungen nach Urteilsrechtskraft gehören hierzu (**aM** Hamm NStZ **84**, 332), zB die Ablehnung des Antrags der StA auf Widerruf der Bewährung (Koblenz Rpfleger **73**, 406; Saarbrücken NJW **69**, 1974) und die Verwerfung eines Wiederaufnahmeverfahrens (Celle MDR **63**, 700). 7a

C. **Unterbleibt eine ausdrückliche Kostenentscheidung,** so trägt die Staatskasse die Kosten (Stuttgart MDR **73**, 869; Rpfleger **70**, 439). Die Nachholung ist unzulässig (BGH NStZ-RR **96**, 352; Frankfurt NJW **70**, 1432; Hamm NJW **73**, 1515; Karlsruhe MDR **76**, 513; LR-Hilger 17), auch wenn die Hauptentscheidung durch Beschluss ergangen ist (Meyer JR **78**, 256). Das gesetzwidrige Unterlassen kann aber mit der sofortigen Beschwerde nach III gerügt werden (unten 16). Unzulässig ist auch eine Berichtigung der Entscheidung außerhalb des Beschwerdeverfahrens (Meyer aaO), sofern es sich nicht um offensichtliche Unrichtigkeiten handelt (Hamm JMBlNW **76**, 105). 8

3) Auslagenentscheidung (II): 9

A. **Notwendigkeit:** Die Vorschrift bestimmt, wo (nicht wann) über die notwendigen Auslagen zu entscheiden ist (vgl Huber NStZ **85**, 18). Sie spricht aus, dass das nicht in einem besonderen Beschluss, sondern in dem verfahrensabschließenden Urteil oder Beschluss zu geschehen hat (KG JR **76**, 297; Meyer JR **76**, 76). Die Regelung des I ist insoweit ohne Bedeutung (LR-Hilger 19). Eine Auslagenentscheidung ist daher überflüssig, wenn es nach dem Gesetz selbstverständlich ist, wer die Auslagen zu tragen hat. Ist nichts anderes bestimmt, so gilt die gesetzliche Regelung (Stuttgart Rpfleger **70**, 439). Rechtliche Selbstverständlichkeiten, zB dass der Angeklagte, der voll verurteilt oder dessen Berufung voll verworfen worden ist, seine notwendigen Auslagen selbst zu tragen hat, gehören nicht in das Urteil (BGH **36**, 27, 28; LR-Hilger 19). Die Auslagenentscheidung ist ebenso wie die Entscheidung nach § 8 **StrEG** nur eine Entscheidung dem Grunde nach; ob überhaupt Auslagen entstanden sind, wird nicht geprüft. Das „Betragsverfahren" regelt § 464 a, die Festsetzung § 464 b. 10

B. **Nur in verfahrensabschließenden Urteilen und Beschlüssen** ist eine Auslagenentscheidung zu treffen; für vorläufige Verfahrenseinstellungen gilt das Gleiche wie für die Kostenentscheidung (oben 7). In Zwischenverfahren, zB bei Ablehnung des Antrags der StA auf Erlass eines Haftbefehls oder einer Anordnung nach § 111 a ist eine Auslagenentscheidung grundsätzlich unzulässig (vgl aber oben 7 a und unten 11 a). Das Gleiche gilt für Beschlüsse, durch die im Vollstreckungsverfahren Anträge des Verurteilten oder der StA verbeschieden werden (Braunschweig NStZ-RR **01**, 185; Karlsruhe NStZ **98**, 272; Köln NStZ **99**, 534 mwN; **aM** LR-Hilger 16 zu § 473; vgl aber auch Celle StV **06**, 30 mit abl Anm Meier: Zurücknahme des Antrags auf Widerruf der Bewährung; Stuttgart NStE Nr 24: Ablehnung der Verlängerung der Bewährungszeit; zw). 11

Mit einer Auslagenentscheidung zu versehen sind dagegen jedoch Entscheidungen in Beschwerdeverfahren (BGH NJW **07**, 3652, 3655; Bay **04**, 118 = StV **06**, 6 mwN; LR-Hilger 14 zu § 473; Huber NStZ **85**, 18; **aM** Düsseldorf NStZ **88**, 194 mit abl Anm Wasserburg; Hamburg NStZ **91**, 100; vgl auch § 473 a). Ebenso müssen Entscheidungen nach Rechtskraft des Urteils stets eine die Staatskasse belastende Auslagenentscheidung enthalten, wenn sie der Beschwerde des Verurteilten stattgeben (Hamm NJW **75**, 2112; LR-Hilger 15 zu § 473; Meyer JR **74**, 343; **aM** Michaelowa ZStW **94**, 997; vgl auch KG NStZ **89**, 490 11a mit Anm Hilger; LG Freiburg JurBüro **89**, 1453). Das Gleiche gilt für Entscheidungen auf Beschwerde eines Dritten, zB im Fall des § 51 (LG Mainz Rpfleger **74**, 74) oder des § 111e II (Stuttgart wistra **03**, 358). Zur Auslagenentscheidung im Verfahren nach §§ 138a ff vgl 18 zu § 138c, 10 zu § 138d.

12 C. **Beim Fehlen einer ausdrücklichen Auslagenentscheidung** verbleiben die notwendigen Auslagen bei demjenigen, dem sie entstanden sind (Seier 24). Insbesondere die Auferlegung der Kosten auf die Staatskasse im Fall des § 467 I kann nicht dahin ausgelegt werden, dass sie auch die notwendigen Auslagen des Angeschuldigten umfasst (20 zu § 467). Eine nachträgliche Ergänzung der Entscheidung ist unzulässig (KG NStZ-RR **04**, 190; Düsseldorf MDR **86**, 76; Hamm NJW **74**, 71; Karlsruhe NStZ-RR **97**, 157; Oldenburg NStZ-RR **06**, 191). Die Ergänzung ist nur durch die sofortige Beschwerde nach III (ggf iVm einem Wiedereinsetzungsantrag, vgl Köln StraFo **97**, 285 mit Anm Kaps) zu erreichen; ein rechtzeitig gestellter Kostenfestsetzungsantrag kann uU in eine sofortige Beschwerde umgedeutet werden (Düsseldorf GA **90**, 268; Stuttgart StV **93**, 651; Justiz **01**, 422; einschr KG aaO: nur wenn sich daraus eine Beanstandung der Kostengrundentscheidung ergibt; vgl aber LG Zweibrücken NStZ-RR **08**, 359: auch bei einer offensichtlich versehentlich inhaltlich falsch gefassten Kostengrundentscheidung). Ist gegen die Kostenentscheidung allerdings wegen Unanfechtbarkeit der Hauptentscheidung keine sofortige Beschwerde möglich (unten 17), kann der unterbliebene Ausspruch gemäß § 33a nachgeholt werden (KG JR **89**, 392; Düsseldorf VRS **84**, 446; MDR **93**, 786; Hamburg MDR **85**, 604 mit Anm Weber MDR **86**, 74; LG Zweibrücken VRS **96**, 279; Kiethe JR **07**, 321; **aM** Oldenburg aaO).

13 **4) Selbstständige Kosten- und Auslagenentscheidungen** sehen §§ 467a, 469 vor. Sie sind auch sonst zulässig und geboten, wenn das Verfahren ohne gerichtliche Entscheidung abgeschlossen wird und eine Kosten- oder Auslagenentscheidung als Festsetzungsgrundlage erforderlich ist (LR-Hilger 30; Meyer JR **78**, 256), zB bei Zurücknahme des Rechtsmittels (Bremen NJW **56**, 72; Hamm NJW **73**, 772) und bei Zurücknahme des Einspruchs gegen den Strafbefehl hinsichtlich der notwendigen Auslagen des Nebenklägers (LG Rottweil Justiz **88**, 172; erg 10a zu § 472). Vor Vorlage der Akten an das Rechtsmittelgericht erlässt den Beschluss das Gericht, dessen Entscheidung angefochten ist (BGH **12**, 217; LR-Hilger 7 zu § 473), danach das Rechtsmittelgericht, das Revisionsgericht auch, wenn das Rechtsmittel in Wahrheit eine Berufung ist (Bay VRS **48**, 440; erg 5 zu § 473). Für die Anfechtung selbstständiger Beschlüsse gilt III (Köln NJW **66**, 120; KK-Engelhardt 2 zu § 311), daher aber auch die Beschränkung nach dessen S 1 Hs 2 (unten 17; Stuttgart NStZ **89**, 548: Sofortige Beschwerde des Nebenklägers bei Entscheidung über eine oder bei Rücknahme einer auf den Rechtsfolgenausspruch beschränkten Berufung des Angeklagten unzulässig; **aM** Hamm JMBlNW **90**, 95; vgl auch Hilger JR **90**, 214).

14 **5)** Bei **Tod des Angeklagten** vor Rechtskraft wird das Verfahren nach § 206a eingestellt (dort 8). Der Beschluss ist mit einer Kosten- und Auslagenentscheidung zu versehen; die Kosten des Verfahrens trägt gem § 467 I die Staatskasse, für die Auslagenentscheidung gilt § 467 III S 2 Nr 2 (BGH **45**, 108, 116; NStZ-RR **02**, 262 [B]; **03**, 102 [B]; **10**, 32 L; Celle NJW **02**, 3720; Kühl Meyer-Goßner-FS 715, Vogler-GS 27 und Richter II-FS 351; Laubenthal/Mitsch NStZ **88**, 108; Pflüger GA **92**, 20; **aM** unzutr München NStZ **03**, 501 mit zust Anm Rau). IdR werden der Staatskasse die notwendigen Auslagen des Angeklagten aufzuerlegen sein (eingehend dazu Heger GA **09**, 54ff; erg 18 zu § 467). Der Nachlass haftet nicht für die Kosten (§ 465 III). Eine Erstattung der notwendigen Auslagen des Nebenklägers kommt nicht in Betracht (BGH NStZ-RR **09**, 21).

15 **6) Sofortige Beschwerde** (III):

16 A. **Zulässigkeit:** (S 1): Mit der sofortigen Beschwerde nach § 311 kann der Beschwerdeführer die selbstständige Kosten- und Auslagenentscheidung (oben 13)

und die Kosten- und Auslagenentscheidungen neben der Hauptentscheidung anfechten (unten 20); er kann sich aber auch unter Verzicht auf eine weitergehende Anfechtung auf die Kosten- und Auslagenbeschwerde beschränken und innerhalb dieser auf die Entscheidung über die notwendigen Auslagen (Stuttgart Justiz **08**, 372, 373). Dass die Hauptentscheidung nicht geprüft wird, steht dieser Beschwerde auch sonst nicht entgegen (Koblenz aaO für den Fall der Verwerfung der Revision nach § 346 I; LG Bielefeld NStE Nr 30 für die Annahmeberufung nach § 313). Ist die sofortige Beschwerde zulässig, so ist sie es auch gegen das Unterlassen der Kosten- und Auslagenentscheidung (Düsseldorf VRS **95**, 116; **96**, 222; 116; Hamm MDR **74**, 419; **86**, 1048; Koblenz Rpfleger **73**, 101). Jedoch kann nicht jede Kosten- und Auslagenentscheidung angefochten werden.

Neben der Wertgrenze des § 304 III und der Einschränkung des § 304 IV S 1, die auch die isolierte Anfechtung von Kosten- und Auslagenentscheidungen in OLG-Urteilen ausschließt (BGH **26**, 250; **27**, 96), gilt vor allem die – verfassungsrechtlich unbedenkliche (BVerfG NJW **02**, 1867) – **Beschränkung des S 1 Hs 2:** Die Anfechtung der Hauptentscheidung durch den Beschwerdeführer ist nicht statthaft, wenn das Gesetz die Hauptentscheidung ausdrücklich für unanfechtbar erklärt oder wenn sich die Unanfechtbarkeit aus dem systematischen Gesamtzusammenhang ergibt (LR-Hilger 52; Rieß/Hilger NStZ **87**, 206). S 1 Hs 2 schließt die Kosten- und Auslagenbeschwerde insbesondere gegen Beschlüsse nach §§ 46 II, 153 II S 3, 153a II S 5, 153b II, 154 II, 154a II, 154b IV (oben 6), 161a III S 4, 163a III S 3, 310 II, 390 V und in den Fällen des § 47 **JGG** (LG Hamburg NStZ-RR **96**, 217) und § 55 II **JGG** (Hamm Rpfleger **99**, 291 mwN), bei Nichtzulassung der Rechtsbeschwerde nach § 79 I S 2 OWiG (Jena VRS **111**, 199; Köln NZV **03**, 437 mwN) sowie bei § 121 II S 2 **StVollzG** (Jena NStZ-RR **96**, 254; **aM** KG NStZ-RR **02**, 62) aus. 17

Bei **Unanfechtbarkeit** der Hauptsacheentscheidung **für den Nebenkläger** (Frankfurt NStZ-RR **01**, 63) ist die Beschwerde unzulässig, somit auch dann, wenn nach § 400 I eine Urteilsanfechtung durch ihn ausgeschlossen ist, zB, weil der Angeklagte seine Berufung auf den Rechtsfolgenausspruch beschränkt hatte (Frankfurt NStZ-RR **96**, 128; Stuttgart NStZ **89**, 548; **aM** Düsseldorf VRS **96**, 222; Hamm NStZ-RR **06**, 95; StraFo **08**, 348; Karlsruhe NStZ-RR **04**, 120; Köln NStZ-RR **09**, 126; Stuttgart Justiz **03**, 170), bei unbeschränkter Berufung bleibt die Anfechtung für den Nebenkläger aber zulässig (KG JR **00**, 385; Hamm VRS **101**, 210). Unzulässig ist die Beschwerde hingegen wiederum bei einem Urteil nach § 329 I (Hamm NStZ-RR **01**, 288). 17a

Dieser Ausschluss der Beschwerde gilt **ohne Rücksicht darauf,** ob die Nebenentscheidung gesetzwidrig (Düsseldorf JMBlNW **90**, 23; MDR **93**, 376; Meyer JR **81**, 260; vgl aber LG Göttingen NdsRpfl **90**, 99: Einfache Beschwerde bei „ausdrücklichem Verstoß gegen Unschuldsvermutung" zulässig), ob sie in dem Einstellungsbeschluss enthalten oder unterblieben (Düsseldorf VRS **98**, 148; LG Schweinfurt DAR **90**, 35) oder ob sie in unzulässiger Weise (oben 8, 12) durch einen selbstständigen Beschluss nachgeholt worden ist (KG VRS **40**, 122; Düsseldorf MDR **88**, 164; Hamm JMBlNW **77**, 225; LR-Hilger 54; **aM** Hamburg JR **78**, 255 mit abl Anm Meyer). Unanfechtbar ist auch der Beschluss, mit dem die Nachholung einer unanfechtbaren Kostenentscheidung abgelehnt (Düsseldorf MDR **88**, 164; Hamm VRS **69**, 291) oder mit dem sie in unzulässiger Weise geändert wird (**aM** Schleswig SchlHA **85**, 131 [E/L]), und die selbstständige Kostenentscheidung des Berufungs- oder Revisionsgerichts (oben 13) nach Rücknahme der Revision (KG StraFo **08**, 91; Dresden NStZ-RR **00**, 224; Hamm VRS **101**, 444; Jena NStZ-RR **97**, 287) – anders aber des Berufungsgerichts nach Rücknahme der Berufung (KG StraFo **08**, 264) – oder sonst bei Zurücknahme des Rechtsmittels gegen eine iS des S 1 Hs 2 nicht anfechtbare Entscheidung (Düsseldorf JurBüro **84**, 246). 18

Die **Beschränkung des S 1 Hs 2 gilt nicht,** wenn gegen die Hauptentscheidung zwar ein Rechtsmittel statthaft, ihre Anfechtbarkeit also weder ausdrück- 19 lich noch nach dem systematischen Gesamtzusammenhang ausgeschlossen ist, das Rechtsmittel einem bestimmten Prozessbeteiligten aber mangels Beschwer nicht zusteht, zB für den Angeklagten freisprechende Urteile, Einstellungsurteile nach § 260 III, Nichteröffnungsbeschlüsse nach § 204 (KG StraFo **08**, 265; München StraFo **97**, 191), Einstellungsbeschlüsse nach §§ 206 a, 383 II oder bei prozessualer Überholung in der Hauptsache (vgl Bay **87**, 151 = MDR **88**, 603; KG JR **77**, 258 mwN; Hamburg NStZ **91**, 100; Jena NStZ-RR **06**, 311 L; Karlsruhe JR **81**, 38 mit Anm Meyer; Zweibrücken NStZ **87**, 425 mit Anm Kusch; LG Freiburg NStZ **88**, 146 mit zust Anm Hilger; MDR **92**, 179; erg 22 zu § 383). Zur Anfechtung der Nebenentscheidung bei Verzicht auf die Anfechtung der Hauptentscheidung vgl oben 16.

20 B. **Das einzige Rechtsmittel** gegen die Kosten- und Auslagenentscheidung ist die sofortige Beschwerde auch für den Fall, dass ein Urteil mit Revision oder Berufung angefochten wird (BGH **25**, 77; Düsseldorf JurBüro **83**, 728). Sie ist dann aber nur sinnvoll, wenn eine Änderung der Nebenentscheidung auch bei Verwerfung des Hauptrechtsmittels erstrebt wird. Allerdings kann der Angeklagte auch auf die Anfechtung der Hauptentscheidung verzichten und nur Kostenbeschwerde einlegen (oben 16); greift er mit Berufung oder Revision nur die Kostenentscheidung an, ist das Rechtsmittel in eine sofortige Beschwerde umzudeuten (Düsseldorf NStZ-RR **99**, 252). Führt ein Rechtsmittel zum Freispruch, zur Verfahrenseinstellung oder zur Aufhebung und Zurückverweisung nach §§ 328 II, 354 II, 355, so wird die Kostenbeschwerde gegenstandslos. Beschränkt sich der Beschwerdeführer auf die Einlegung von Berufung oder Revision, so wird im Fall der Verwerfung dieses Rechtsmittels die Kosten- und Auslagenentscheidung nicht geprüft (Bay **87**, 151 = VRS **74**, 369, 370; Karlsruhe MDR **90**, 464). Die Nichtanfechtung schafft jedoch nur eine auflösend bedingte Teilrechtskraft (Meyer JR **71**, 99; Seier 55). Wird die Hauptentscheidung auf die Berufung oder Revision geändert, so verliert damit der Kosten- und Auslagenausspruch idR, nicht jedoch bei bloßer Strafherabsetzung auf die Berufung (Celle NdsRpfl **78**, 91; Düsseldorf JurBüro **85**, 898; **90**, 1324), seine Grundlage und wird, auch ohne Anfechtung, entspr der neuen Entscheidung geändert (BGH **25**, 77, 79; **26**, 250, 253). Hebt das Revisionsgericht die angefochtene Entscheidung unter Zurückverweisung der Sache (§§ 354 II, 355) auf, so bezieht sich das ohne besonderen Ausspruch auch auf die Nebenentscheidung. Das Gericht, an das zurückverwiesen wird, trifft die neue Hauptentscheidung und eine ihr entspr Kosten- und Auslagenentscheidung für das ganze Verfahren. Das gilt auch, wenn ein erstinstanzliches Urteil des Oberlandesgerichts in der Hauptsache aufgehoben wird; bleibt die Revision gegen ein solches Urteil ohne Erfolg, entfällt, wie sich aus § 304 IV S 2 ergibt, eine selbstständige Anfechtung der Kosten- und Auslagenentscheidung (LR-Hilger 36).

21 C. **Einlegung:** Die sofortige Beschwerde muss neben Berufung oder Revision stets ausdrücklich erklärt werden; jedoch ist § 300 anwendbar (BGH DAR **88**, 233 [Sp] vgl Bay DAR **86**, 249 [R]: „Rechtsbeschwerde" gegen Einstellungsurteil nach § 260 III). Wird gegen ein Urteil ein unbenanntes Rechtsmittel (München JR **81**, 126), Berufung oder Revision eingelegt, so schließt das die sofortige Beschwerde nicht ein (BGH **26**, 126; Stuttgart Justiz **03**, 451 mwN). Der Beschwerdeführer muss innerhalb der Frist des § 311 II S 1 erklären, dass sein Rechtsmittel zugleich sofortige Beschwerde gegen die Nebenentscheidung ist (BGH **25**, 77, 81; Bay **73**, 146 = JR **74**, 384 mit Anm Meyer; München JR **81**, 126 mit Anm Gössel). Hat er das getan, so liegt darin, dass er später nur das Hauptrechtsmittel begründet, keine Zurücknahme der sofortigen Beschwerde (Oldenburg NdsRpfl **84**, 15; VRS **67**, 125). Ein Verschulden des Verteidigers an der Fristversäumung ist dem Angeklagten zuzurechnen (BGH **26**, 126; erg 19 zu § 44). Ein uneingeschränkter Rechtsmittelverzicht in Kenntnis des Anfechtungsrechts umfasst auch die sofortige Beschwerde nach III (KG NStZ-RR **07**, 55 L; Köln MDR **73**, 516; Seier 127; vgl auch LR-Hilger 37 mwN; erg 17 zu § 302).

D. **Beschwerdeberechtigt** ist jeder Verfahrensbeteiligte oder Dritte, der durch die Entscheidung oder ihr Unterlassen beschwert ist, in den Fällen des § 67 I, III **JGG** auch der gesetzliche Vertreter und der Erziehungsberechtigte. Nach dem Tod des Angeklagten sind anfechtungsberechtigt sein Verteidiger (Celle NJW **02**, 3720; Hamburg NJW **71**, 2183; Hamm NJW **78**, 177; erg 7 vor § 137; **aM** Celle MDR **72**, 1050 mit abl Anm Kleinknecht; München NStZ **03**, 501 mit zust Anm Rau), auch der Pflichtverteidiger (Karlsruhe NStZ-RR **03**, 286), und seine Erben (LR-Hilger 41; **aM** BGH **34**, 184 = NStZ **87**, 336 mit abl Anm Kühl, die Entscheidung ist aber durch BGH **45**, 108 überholt). Für die Staatskasse muss die StA das Rechtsmittel einlegen; der Bezirksrevisor ist dazu nicht befugt (Düsseldorf JMBlNW **79**, 67; Köln NJW **70**, 874; LG Flensburg JurBüro **86**, 408). Legt von mehreren Nebenklägern nur einer sofortige Beschwerde ein, so wirkt die stattgebende Entscheidung nicht für die anderen (Hamm MDR **73**, 1041; KK-Gieg 12; **aM** Düsseldorf JMBlNW **72**, 867). 22

E. Die **Bindung des Beschwerdegerichts** (III S 2) bezieht sich auf die tatsächlichen Feststellungen, auf denen die Entscheidung beruht, nicht auf bloße Vermutungen oder Wahrscheinlichkeitsurteile (Düsseldorf JurBüro **86**, 249), auch nicht auf die Rechtsauffassung des 1. Richters (Stuttgart Justiz **87**, 160) oder auf dessen Beurteilung von Ermessensfragen (LR-Hilger 61, 63). Sie ist eine Abweichung von dem Grundsatz, dass im Beschwerdeverfahren die Tatsachen neu geprüft werden (4 zu § 309). Die tatsächlichen Grundlagen einer Entscheidung sollen nicht allein wegen der Kosten oder Auslagen überprüft und dadurch möglicherweise in Frage gestellt werden (Karlsruhe MDR **74**, 690). Bindend sind in einem mit der Revision angefochtenen Urteil (sonst nicht) auch die nur für die Kosten- und Auslagenentscheidung, zB nach §§ 465 II, 467 II, III, maßgebenden Feststellungen (BGH **26**, 29), niemals aber die einer Beschlussentscheidung, zB nach § 51, zugrunde liegenden Tatsachen. Die fehlende örtliche Zuständigkeit ist bei der isolierten Kostenbeschwerde nicht zu beachten (LG Stuttgart NStZ **87**, 244). 23

Das **Fehlen der erforderlichen Feststellungen** ist unschädlich, wenn die Sache einfach liegt und sich die maßgebenden Tatsachen aus dem sonstigen Akteninhalt zweifelsfrei ergeben (BGH **26**, 29, 33; KG GA **87**, 405, 406; Frankfurt NJW **78**, 1017 Koblenz GA **86**, 461); sie können auch im Wege des Freibeweises getroffen werden (KG aaO). Andernfalls muss die angefochtene Entscheidung aufgehoben und die Sache zur Herbeiführung einer genügend begründeten neuen Kosten- und Auslagenentscheidung zurückverwiesen werden (BGH aaO; Celle MDR **73**, 604; Karlsruhe MDR **74**, 773). Ist die Hauptentscheidung nicht angefochten, so wird auf die Kosten- und Auslagenbeschwerde nicht geprüft, ob sie richtig ist (Hamm VRS **50**, 272; Koblenz aaO; Stuttgart MDR **84**, 512). 24

F. **Zuständigkeit** (III S 3): Grundsätzlich ist das übergeordnete Beschwerdegericht zuständig. Nur bei gleichzeitig eingelegter Berufung oder Revision, nicht bei Anträgen nach §§ 319 II, 346 II (BGH 1 StR 694/89 vom 12. 12. 89; Bay MDR **76**, 951; Düsseldorf MDR **85**, 785), entscheidet das Rechtsmittelgericht durch besonderen Beschluss, solange es mit diesem Rechtsmittel befasst ist. Hat von mehreren Beschwerdeführern einer Revision, der andere Kostenbeschwerde eingelegt, so entscheidet über die Beschwerde das Beschwerdegericht (BGH MDR **90**, 679 [H]; NStZ **93**, 31 [K]; NStZ-RR **97**, 238; **aM** Bay **87**, 151 = MDR **88**, 603: das Revisionsgericht, falls sich Revision und Beschwerde auf denselben Angeklagten beziehen und die Auslagenfrage mit der Entscheidung über die Hauptsache zusammenhängt, was aber nach Bay 5 St RR 30/95 vom 7. 6. 1995 wiederum nicht gelten soll, wenn die Beschwerde noch einen weiteren Angeklagten betrifft); dasselbe gilt bei Berufung und Beschwerde (Schleswig SchlHA **97**, 149 [L/S]). 25

Die **Befassung des Rechtsmittelgerichts entfällt**, wenn das Rechtsmittel zurückgenommen wird (BGH NStZ-RR **09**, 96; Bay VRS **51**, 49, 50) – auch wenn das Rechtsmittelgericht über die Wirksamkeit der Rücknahme entscheidet (BGH NStZ-RR **01**, 267 [B]) – oder sich sonst, etwa beim Tod des Nebenklägers (§ 402), 25a von selbst erledigt. Die Zuständigkeit des Revisionsgerichts endet auch, wenn es die Revision als unzulässig verworfen hat (BGH NStZ-RR **09**, 253), oder wenn es über die Kostenbeschwerde nicht sofort entscheiden kann, weil noch weitere Tatsachen aufgeklärt werden müssen (BGH **29**, 168, 173; BGHR § 464 III Zuständigkeit 4), nicht aber bei bloßem Übersehen der sofortigen Beschwerde (KG JR **73**, 427; LR-Hilger 67; **aM** BGH MDR **78**, 282 [H]). Erg 5 zu § 305a. Nach Abschluss des Revisionsverfahrens entfällt auch die Zuständigkeit des Revisionsgerichts für die Entscheidung über einen Wiedereinsetzungsantrag (Koblenz NStZ **87**, 137).

26 G. Das **Verbot der Schlechterstellung** (vgl §§ 331, 358 II, 373 II) gilt nach zutr hM für die Entscheidung des Rechtsmittelgerichts nicht (BGH **5**, 52; 3 StR 512/80 vom 23. 1. 1981; Düsseldorf JurBüro **83**, 728; Koblenz OLGSt § 473 S 111; Oldenburg VRS **67**, 125, 127; LR-Hilger 65).

Kosten des Verfahrens; notwendige Auslagen

464a **I [1]Kosten des Verfahrens sind die Gebühren und Auslagen der Staatskasse. [2]Zu den Kosten gehören auch die durch die Vorbereitung der öffentlichen Klage entstandenen sowie die Kosten der Vollstreckung einer Rechtsfolge der Tat. [2]Zu den Kosten eines Antrags auf Wiederaufnahme des durch ein rechtskräftiges Urteil abgeschlossenen Verfahrens gehören auch die zur Vorbereitung eines Wiederaufnahmeverfahrens (§§ 364a und 364b) entstandenen Kosten, soweit sie durch einen Antrag des Verurteilten verursacht sind.**

II Zu den notwendigen Auslagen eines Beteiligten gehören auch

1. die Entschädigung für eine notwendige Zeitversäumnis nach den Vorschriften, die für die Entschädigung von Zeugen gelten, und
2. die Gebühren und Auslagen eines Rechtsanwalts, soweit sie nach § 91 Abs. 2 der Zivilprozessordnung zu erstatten sind.

1 **1) Kosten des Verfahrens** (I) sind die im Strafverfahren, auch im Sicherungsverfahren (§§ 413ff) und im selbstständigen Verfalls- und Einziehungsverfahren (§§ 440–442), entstandenen Gebühren und Auslagen der Staatskasse (Nrn 3110ff, 9000ff KVGKG), sie werden im Kostenansatzverfahren (1 zu § 464b) festgesetzt. Auslagen sind auch (vgl Nr 9007 KVGKG) die Pflichtverteidigervergütungen (BGH Rpfleger **79**, 412; Düsseldorf StV **85**, 142; Hamm NStZ-RR **00**, 160; erg 21 zu Art 6 **MRK**), auch bei Mittellosigkeit zZ ihrer Entstehung (dazu 15 zu Art 6 **MRK**); Dolmetscher- und Übersetzerkosten werden idR (Ausnahme § 464c) nicht berechnet (Nr 9005 KVGKG), Auslagen anderer Behörden nach Nrn 9013, 9014 KVGKG. Zu den Verfahrenskosten gehören:

2 A. **Kosten zur Vorbereitung der öffentlichen Klage** (I S 2): Das sind alle Auslagen, die zur Aufklärung der Tatbeteiligung des Angeklagten (LG Bonn StraFo **04**, 255), auch durch Ermittlungen in einer sich nicht bestätigenden Verdachtsrichtung (LG Mannheim Rpfleger **63**, 196), und zur Tätergreifung aufgewendet worden sind, einschließlich der Kosten, die der Polizei, der FinB (Koblenz NStZ **95**, 563) und anderen Verwaltungsbehörden entstanden sind (vgl Nrn 9015, 9016 iVm Nr 9013 KVGKG; § 5 IV, V KostVfg), nicht aber Belohnungen an Dritte (LR-Hilger 15). Beispiele: Kosten der Blutalkoholbestimmung, der Untersuchung von Lebensmittelproben, der Telefonüberwachung (Koblenz NStZ-RR **02**, 160; vgl auch Schleswig SchlHA **03**, 206 [D/D]: einschließlich insoweit entstandener Dolmetscherkosten), der Sicherstellung von Beweismitteln, Einziehungsgegenständen (LG Berlin NStZ **06**, 56), Reisekosten, Sachverständigenkosten (vgl KG NStZ-RR **09**, 190; Koblenz NStZ-RR **98**, 127). Für den Vollzug der UHaft gilt – verfassungsrechtlich unbedenklich (BVerfG NStZ-RR **99**, 255) – Nr 9011 KVGKG iVm § 12 S 2 KostVfg (dazu eingehend Nürnberg NStZ-RR **99**, 190); wegen der Kosten für eine Zwangsernährung vgl LG Frankfurt aM NJW **77**, 1924.

B. **Vollstreckungskosten** (I S 2): Gemeint sind nur die wegen der Rechtsfolgen der Tat nach Urteilsrechtskraft entstandenen Kosten, zB Kosten eines nach § 454 II eingeholten Gutachtens (BVerfG JR **06**, 480 mit abl Anm Eisenberg; BGH NJW **00**, 1128; Düsseldorf JR **07**, 129; Karlsruhe StraFo **03**, 290; Koblenz StraFo **05**, 348; **aM** Hamm NStZ **01**, 167; Eisenberg JR **06**, 57) oder Auslagen eines im Verfahren nach § 67e StGB bestellten Verteidigers (LG Koblenz NStZ-RR **99**, 128), aber nicht Kosten eines Sachverständigengutachtens zur Prüfung der Haftfähigkeit des Verurteilten (Koblenz NStZ **97**, 256; SK-Degener 9; **aM** Peglau NJW **03**, 870, falls der Sachverständige vom Gericht – nicht von der StA – bestellt wurde). Für die Kosten des Vollzugs einer Freiheitsentziehung bestehen Sondervorschriften (§§ 50, 199 II Nr 3 StVollzG, vgl Karlsruhe Rpfleger **91**, 338). 3

C. **Kosten bei Vorbereitung eines Wiederaufnahmeantrags** (I S 3): Die im Fall der §§ 364a, 364b entstandenen Auslagen werden von der Entscheidung nach § 473 VI Nr 1 erfasst (dort 33), um den Verurteilten von der Stellung aussichtsloser Anträge abzuhalten (Krägeloh NJW **75**, 139). Der Satzteil: „soweit sie durch einen Antrag des Verurteilten verursacht worden sind“, hat keine Bedeutung (LR-Hilger 19; Krägeloh aaO Fn 12). 4

2) Die **notwendigen Auslagen eines Beteiligten** (II) gehören nicht zu den Verfahrenskosten. Der Begriff ist in II, der nur die am häufigsten vorkommenden Fälle aufführt, nicht abschließend geregelt. Allgemein gilt, dass nur solche Auslagen notwendig sind, die durch Verteidigungsmaßnahmen entstanden sind, also nicht Kosten für Besuche in der U-Haftanstalt (Düsseldorf Rpfleger **75**, 256; LR-Hilger 21; D. Meyer JurBüro **76**, 147) oder für eine Sicherheitsleistung nach § 116 I S 2 Nr 4 (Karlsruhe Rpfleger **71**, 72; KK-Gieg 7). Es gibt keinen allgemeinen Grundsatz, dass dem nicht verurteilten Angeklagten unter allen Umständen sämtliche Auslagen erstattet werden müssen (BVerfG NJW **85**, 726, 727). Dem Nebenkläger sind die Auslagen für ein Privatgutachten, das zur Wahrung seiner Rechte erforderlich war, zu erstatten (BVerfG NJW **06**, 136; vgl auch unten 16) 5

A. **Notwendige Zeitversäumnis:** II Nr 1 enthält nur eine Rechtsfolgenverweisung, bezieht sich also nur auf Umfang und Höhe der Entschädigung (Hamm NStZ **96**, 356; Zweibrücken wistra **96**, 199; LR-Hilger 25ff, je mwN). Demnach ist nicht nur der Verdienstausfall zu erstatten, der infolge Heranziehung durch Gericht oder StA entstanden ist (so aber Frankfurt JurBüro **83**, 886; Stuttgart Justiz **71**, 271; LG Bonn MDR **80**, 601 mit abl Anm H. Schmidt), erstattungsfähig sind vielmehr auch der Verdienstausfall infolge polizeilicher Vorladungen (Braunschweig aaO; Göhler 36 vor § 105 OWiG), Reisen zum Verteidiger (Hamburg Rpfleger **72**, 414; Zweibrücken MDR **96**, 318; LG Krefeld NJW **72**, 1098; LG Lüneburg NJW **71**, 1575) und Besprechungen mit ihm (Karlsruhe aaO; Koblenz NJW **65**, 1289, 1291) sowie Auslagen des Nebenklägers für die (im Einzelfall gebotene) Teilnahme an der Hauptverhandlung (Bamberg JurBüro **85**, 1047 mit zust Anm Mümmler). Verdienstausfall infolge Teilnahme an der Revisionsverhandlung kann erstattungsfähig sein, wenn der Angeklagte an ihr nach den Umständen ein berechtigtes Interesse hat (Hamm NJW **73**, 259; weitergehend Koblenz NJW **65**, 1289 mit Anm Dahs; SK-Degener 18). Die Terminswahrnehmung während eines bezahlten Urlaubs bewirkt keinen Verdienstausfall und führt daher zu keiner Auslagenerstattung (**aM** Karlsruhe Justiz **87**, 156). Die 3-Monatsfrist des § 2 I S 1 JVEG gilt für II Nr 1 nicht (vgl LG Flensburg SchlHA **72**, 172; LG Lübeck Rpfleger **78**, 148). 6

B. **Gebühren und Auslagen eines RA** (II Nr 2) sind notwendige Auslagen, soweit sie nach § 91 II ZPO zu erstatten sind. Das gilt für den RA als Verteidiger (§ 137), als Vertreter eines Nebenbeteiligten (§§ 434 I, 442 I, 444 II S 2), als Beistand oder Vertreter eines Privatklägers (§ 378), Nebenklägers (§ 397 I S 2 iVm § 378) oder eines Dritten, zB eines Zeugen, gegen den ein Ordnungsmittelbeschluss nach § 51 erlassen worden ist. Dem RA stehen der Hochschullehrer (§ 138 I) und der nach § 138 II zugelassene Rechtsbeistand gleich (Düsseldorf 7

NStZ **96**, 99 mit zust Anm Deumeland; LG Göttingen NdsRpfl **91**, 302; **aM** LG Gießen AnwBl **87**, 499: keine Anwendung auf Hochschullehrer – mit abl Anm Herrmann, der 3/4 der Anwaltsgebühren geben will; H. Schmidt NJW **69**, 916; für das Verwaltungsverfahren vgl auch BVerwG NJW **78**, 1173). Im Steuerstrafverfahren gilt II Nr 2 auch für Angehörige steuerberatender Berufe (§ 408 **AO**).

8 a) Das **Bestehen einer Rechtsschutzversicherung,** die den Verteidiger bestellt hat, beeinflusst nach zutr hM weder die Erstattungsfähigkeit noch die Höhe der Vergütung (Frankfurt NJW **70**, 1695; LR-Hilger 24 mwN). Das Gleiche gilt bei Kostenübernahme durch einen Berufsverband (Celle NJW **68**, 1735) oder eine Gewerkschaft (Frankfurt MDR **66**, 258) oder den Arbeitgeber (Zweibrücken Rpfleger **92**, 406). Die Beiträge zu der Versicherung oder zu dem Berufsverband sind aber keine notwendigen Auslagen (LR-Hilger 24).

9 b) Auf die **Notwendigkeit der Mitwirkung** des RA kommt es nicht an (Düsseldorf Rpfleger **82**, 390; LR-Hilger 31). Die Erstattungsfähigkeit hängt (für alle Rechtszüge) nur davon ab, dass nach der StPO die Tätigkeit des RA in der Sache zulässig ist (Bremen AnwBl **77**, 73; LG Hamburg AnwBl **74**, 89). Das gilt sowohl für den Verteidiger (notwendig iS der §§ 140, 350 III muss die Verteidigung nicht sein) als auch für den Beistand eines Privat- oder Nebenklägers, für den Vertreter eines Nebenbeteiligten und für den Rechtsanwalt, der den nach § 51 I zu Ordnungsgeld verurteilten Zeugen vertritt (LG Frankenthal JurBüro **86**, 1675; **aM** LG Hannover JurBüro **86**, 1675; LG Würzburg JurBüro **80**, 1540). Unzulässig ist die Verteidigertätigkeit im Fall des § 137 I S 2 nach der Zurückweisung (nach § 146 a), im Fall des § 138 a I (LG Hamburg NStZ **01**, 277), im Fall des § 146 ohne Rücksicht auf den Zeitpunkt der Zurückweisung (LG Freiburg NStZ **85**, 330; LG Hof JurBüro **79**, 1174; LG Koblenz NStZ-RR **98**, 96; LG Krefeld MDR **80**, 248; LG Nürnberg-Fürth JurBüro **83**, 731 mit Anm Mümmler; LR-Hilger 33; **aM** LG Essen AnwBl **81**, 23; LG Flensburg JurBüro **88**, 653 mit Anm Mümmler; LG Frankenthal JurBüro **82**, 736 mit abl Anm Mümmler; LG Köln NStZ **82**, 347; offengelassen von BGH NStZ **91**, 398). Unerheblich ist, ob der Angeklagte die Auslagen durch rechtzeitiges Vorbringen entlastender Umstände hätte vermeiden können (Mümmler JurBüro **89**, 844 mwN; anders § 109 a II OWiG).

10 Eine **zulässige, aber zwecklose Tätigkeit** des Verteidigers löst keinen Erstattungsanspruch wegen der dadurch entstandenen Gebühr aus. Das gilt etwa für den Fall, dass der Verteidiger in einer wegen schuldhafter Abwesenheit des Angeklagten ausgesetzten Hauptverhandlung erscheint (LG Krefeld JurBüro **86**, 1539; LG Osnabrück NdsRpfl **97**, 312; **aM** KMR-Stöckel 19). Heftig umstritten ist, ob dies auch anzunehmen ist, wenn der Verteidiger zwischen Einlegung und Begründung oder Zurücknahme der Berufung oder Revision der StA beratend oder schriftsätzlich tätig wird. Das wird zB bejaht von KG NStZ **07**, 119; Celle StV **96**, 164; Düsseldorf NStZ **92**, 299; AnwBl **98**, 611; Frankfurt NStZ-RR **99**, 351; Karlsruhe Rpfleger **95**, 517; Koblenz NStZ **07**, 423 mwN; hingegen zB verneint von Stuttgart StV **93**, 651; **98**, 615; LG Bamberg JurBüro **89**, 1297 mit abl Anm Mümmler; LG Heilbronn StV **88**, 351; **96**, 613; LG Mannheim StV **91**, 310; Al-Jumaili JurBüro **99**, 4; Kotz NStZ **90**, 422; NStZ-RR **99**, 163. Regelmäßig dürfte von einer zweckentsprechenden Tätigkeit auszugehen sein (KK-Gieg 10; so auch Düsseldorf NStZ **90**, 204 bei einer Beschwerde der StA gegen die bedingte Entlassung eines Verurteilten). Darüber darf im Verfahren nach § 464 b entschieden werden (krit M. J. Schmid JZ **82**, 186). Nicht erstattungsfähig sind auch die Gebühren eines RA, von dem sich der Verteidiger im Ausschlussverfahren nach §§ 138 a ff (KG JR **81**, 121 mit abl Anm H. Schmidt AnwBl **81**, 117; **aM** Koblenz MDR **80**, 78; erg 10 zu § 138 d) oder im Verfahren über die Beschwerde gegen die Kostenentscheidung nach § 145 IV (**aM** Stuttgart NStZ **81**, 130) vertreten lässt.

11 c) Die **gesetzlichen Gebühren** werden erstattet (II Nr 2 iVm § 91 II S 1 ZPO). Beim Fehlen einer Gebührenordnung gilt § 408 S 2 **AO** entspr. Welche Gebühr innerhalb des Rahmens des VVRVG erstattungsfähig ist, hängt von den

in § 14 RVG aufgeführten Umständen ab. Die Angemessenheit der von dem RA bestimmten Gebühr wird im Kostenfestsetzungsverfahren geprüft (3 zu § 464b). Soweit eine Gebührenvereinbarung (§ 4 RVG) die gesetzliche Vergütung (nicht nur die gesetzliche Höchstgebühr) übersteigt, besteht keine Erstattungspflicht (Düsseldorf MDR **71**, 778; **86**, 167; Hamburg MDR **76**, 952; Hamm MDR **71**, 321; Koblenz Rpfleger **84**, 286); eine Ausnahme gilt auch nicht bei besonderem Umfang oder besonderer Schwierigkeit (Mümmler JurBüro **84**, 1284 mwN). Diese Auslegung des II S 1 ist verfassungsrechtlich unbedenklich (BVerfGE **68**, 237 = NJW **85**, 727). Erstattungsfähig ist auch nicht die zusätzliche Vergütung, die der Pflichtverteidiger mit dem Angeklagten vereinbart hat (LG Verden AnwBl **84**, 266 mit abl Anm H. Schmidt). Die Auslagen des Verteidigers werden erstattet, soweit sie im Einzelfall notwendig waren. In Betracht kommen insbesondere Schreibgebühren, Kosten für die zur sachgerechten Verteidigung von ihm für erforderlich gehaltenen Fotokopien (Karlsruhe NJW **72**, 1480; LG Aachen Rpfleger **86**, 150; LG Cottbus StraFo **04**, 254; LG Göttingen StraFo **04**, 182; idR auch für den Angeklagten selbst erstellte, vgl LG Landshut NZV **04**, 160; Heimann StV **04**, 32), Reisekosten zu auswärtigen Terminen (LG Coburg MDR **76**, 779). Ausnahmsweise kann eine Auslandsreise zur Ermittlung von Entlastungszeugen als notwendig angesehen werden (Celle MDR **69**, 413 bei Anklage wegen mehrfachen Mordes). Wegen der Dolmetscherkosten vgl 25 zu Art 6 MRK.

d) **Auswärtiger Verteidiger:** Mehrkosten (Reisekosten, Tage- und Abwesen- 12
heitsgelder; vgl Nrn 7003–7006 VVRVG) werden nach II Nr 2 iVm § 91 II S 2 ZPO nur erstattet, wenn die Zuziehung des nicht am Prozessort wohnenden Verteidigers notwendig war (Düsseldorf JurBüro **86**, 1677; LG Koblenz NStZ **03**, 619; Kotz NStZ **90**, 422), zB wegen seiner besonderen Fachkenntnisse auf einem Spezialgebiet (Bamberg JurBüro **87**, 558; Düsseldorf MDR **85**, 696; NStZ **81**, 451; Oldenburg JurBüro **84**, 248; LG Bayreuth JurBüro **85**, 1207), weil es am Sitz des Gerichts keinen Fachanwalt für Strafrecht (AG Staufen NStZ **01**, 109) oder für Steuerrecht (Jena StraFo **01**, 387) gibt, weil der Angeklagte selbst weit entfernt vom Gerichtsort wohnt (LG Flensburg JurBüro **84**, 1537) oder weil er bei Beauftragung des Verteidigers davon ausgehen konnte, dass das Verfahren am Ort von dessen Bürositz durchgeführt werden würde (Celle StV **86**, 208). Das besondere Vertrauen des Angeklagten zu dem Verteidiger und dessen besonders guter Ruf sind idR ohne Bedeutung (Düsseldorf NStZ **81**, 451 mwN; LG Göttingen JurBüro **91**, 421 mit Anm Mümmler; AG Tiergarten AnwBl **87**, 289 mit Anm Madert; KK-Gieg 12 mwN; **aM** Koblenz NJW **71**, 1147; SK-Degener 33); anders kann es bei schwerwiegenden Vorwürfen, insbesondere in Schwurgerichtssachen, sein (Celle StV **93**, 135; Düsseldorf MDR **86**, 958; Köln NJW **92**, 586; Schleswig SchlHA **79**, 131; Zweibrücken Rpfleger **72**, 71; weitergehend Koblenz StV **82**, 481; Sommermeyer NStZ **90**, 269: StrK-Sachen) oder wenn „der Tatvorwurf massiv in die berufliche und wirtschaftliche Existenz des Angeklagten eingreifen kann" (Naumburg StraFo **09**, 128), nicht aber bei durchschnittlicher Betäubungsmittelkriminalität (Bamberg JurBüro **89**, 242). Hat aber das Gericht die Bestellung eines auswärtigen Verteidigers beschlossen, sind grundsätzlich auch diejenigen Mehrkosten erstattungsfähig, die dadurch entstehen, dass er nicht am Gerichtsort wohnt (BVerfG NJW **01**, 1269, 1270). Auch die im Rahmen einer Sockelverteidigung (11 zu § 137) entstandenen notwendigen Auslagen können uU erstattungsfähig sein (KG StraFo **03**, 147).

e) **Mehrere Verteidiger:** Grundsätzlich werden – verfassungsrechtlich unbe- 13
denklich (BVerfG NJW **04**, 3319) – die Kosten mehrerer Anwälte (oder eines Anwalts und eines nach § 138 II zugelassenen Verteidigers) außer im Fall eines notwendigen, vom Angeklagten nicht zu vertretenden Anwaltswechsels (Düsseldorf Rpfleger **75**, 256; Hamm StV **89**, 116; Oldenburg JurBüro **83**, 733; einen Fall des notwendigen Anwaltswechsels behandelt Hamm NStZ **83**, 284, einen Fall des nicht-notwendigen Hamburg NJW **91**, 1191), nur insoweit erstattet, als sie die

Kosten eines RA nicht übersteigen (II Nr 2 iVm § 91 II S 3 ZPO). Das gilt auch in umfangreichen und schwierigen Verfahren (KG JR **75**, 476 mit zust Anm Eckl; Hamburg MDR **83**, 429; Hamm JMBlNW **83**, 100; LR-Hilger 33; KK-Gieg 13; **aM** Stuttgart Rpfleger **74**, 403; H. Schmidt Schäfer-FS 235), insbesondere auch in SchwurG-Sachen (**aM** Frankfurt OLGSt § 467 S 45; Zweibrücken Rpfleger **72**, 71; Heinbuch AnwBl **83**, 489). Bei Auslieferungshaft im Ausland kann die Mitwirkung eines dortigen Anwalts neben dem inländischen Verteidiger geboten sein (Hamburg NStZ **88**, 370). Waren nacheinander ein Pflicht- und ein Wahlverteidiger tätig (oder umgekehrt), so wird von den Wahlverteidigerkosten nur der Unterschiedsbetrag zu den Kosten des Pflichtverteidigers erstattet (Düsseldorf JurBüro **84**, 724; Rpfleger **86**, 444; Karlsruhe NStZ **81**, 404; vgl aber Zweibrücken StV **83**, 119 für den Fall, dass der Angeklagte das Vertrauen zum Pflichtverteidiger verloren und deshalb einen Verteidiger gewählt hat). Ebenso ist es, wenn neben dem Wahlverteidiger auf Wunsch des Angeklagten (LG Flensburg JurBüro **85**, 560) oder sonst aus vom Angeklagten oder vom Verteidiger zu vertretenden Gründen ein Pflichtverteidiger bestellt wird (Hamm JMBlNW **83**, 100 = NStZ **83**, 571 L; Koblenz MDR **75**, 955: regelmäßig verspätetes Erscheinen des Wahlverteidigers). Die gesamten Wahlverteidigerkosten sind aber erstattungsfähig, wenn das Gericht die Bestellung des Pflichtverteidigers entgegen § 143 nicht zurückgenommen (Düsseldorf AnwBl **83**, 40; Frankfurt AnwBl **83**, 41; LG Marburg StV **84**, 345) oder aus Fürsorgegründen oder zur Sicherung des Verfahrensfortgangs neben dem Wahlverteidiger einen – oder zwei (Dresden StraFo **07**, 126) – Pflichtverteidiger beigeordnet hat (BVerfGE **66**, 313 = NStZ **84**, 561 mit zust Anm Senge; Düsseldorf NStZ **85**, 235; StraFo **02**, 370; München NStZ **81**, 194 mit zust Anm Bringewat JZ **81**, 451; LR-Hilger 47; Neumann NJW **91**, 266). Unter diesen Voraussetzungen kann nach KG NStZ **94**, 451 neben der Erstattung der Kosten für einen Wahlverteidiger auch für einen 2. Wahlverteidiger die hypothetisch festzusetzende Vergütung eines Pflichtverteidigers verlangt werden. Die Kosten des für die Anwesenheit bei einer kommissarischen Vernehmung beauftragten RA sind bis zur Höhe der Reisekosten des Verteidigers erstattungsfähig (LG Bayreuth JurBüro **83**, 1841; LG Coburg MDR **76**, 779). Im Steuerstrafverfahren können neben der RA-Vergütung die Kosten für die Mitwirkung eines Steuerberaters (§ 408 **AO**) erstattungsfähig sein (KG NStZ **82**, 207 mwN). Bei gemäß § 146 unzulässiger Mehrfachverteidigung kann der Verteidiger auch die bis zur Zurückweisung durch das Gericht nach § 146 a angefallenen Gebühren regelmäßig nicht verlangen (Wasmuth NStZ **89**, 348 mN zum Streitstand). Auch wenn dem Angeklagten 2 Pflichtverteidiger beigeordnet waren, sind ihm bei Freispruch notwendige Auslagen nur insoweit zu erstatten, als sie die Gebühren und Auslagen eines RA nicht übersteigen (Hamburg JurBüro **94**, 295 mit zust Anm Mümmler; **aM** Düsseldorf StraFo **05**, 350).

14 f) **In eigener Sache** erhält der RA als Angeklagter keine Gebühren erstattet. Die Regelung des § 91 II S 3 ZPO ist auf den Zivilprozess zugeschnitten und im Strafverfahren nicht anwendbar (EGH Stuttgart AnwBl **83**, 331 mit abl Anm H. Schmidt; LG Berlin NJW **07**, 1477; LG Göttingen NdsRpfl **91**, 59; LG Nürnberg-Fürth NJW **73**, 913; LG Mainz NJW **79**, 1897 mwN; Rpfleger **85**, 323; LG Wuppertal JurBüro **86**, 410; LG Zweibrücken JurBüro **83**, 1847; **aM** Frankfurt NJW **73**, 1991; EGH Koblenz AnwBl **81**, 415; SK-Degener 36). Das ist verfassungsrechtlich unbedenklich (BVerfGE **53**, 207 = NJW **80**, 1677; sachlich einleuchtende Auslegung des II Nr 2; BVerfG NStZ **88**, 282: nahe liegende Annahme) und gilt auch für den sich selbst verteidigenden RA im Privatklageverfahren (BVerfG NJW **94**, 242). Als Privat- und Nebenkläger kann der RA dagegen Gebühren und Auslagen in dem in § 91 II S 3 ZPO bestimmten Umfang erstattet verlangen (Hamm Rpfleger **99**, 565 mwN).

15 C. **Sonstige Auslagen des Beschuldigten** sind erstattungsfähig, soweit sie durch Vorladung zur Vernehmung oder Verhandlung verursacht worden sind oder ihre Aufwendung einem berechtigten Schutzinteresse entspricht (Köln NJW **56**,

603). In Betracht kommen etwa Zeugenentschädigungen nach § 220 II (LR-Hilger 49; **aM** D. Meyer JurBüro **84**, 655), Kosten für die Fahrt zum Gericht oder zur StA, auch im eigenen Fahrzeug (Celle Rpfleger **69**, 305; LG Flensburg JurBüro **83**, 1345; LG Mannheim NJW **69**, 1684), Kosten für Fahrten zum Verteidiger (Hamburg Rpfleger **72**, 414). Wegen der Höhe gelten §§ 5, 6 JVEG entspr (Karlsruhe MDR **86**, 694). Notwendig sind auch Übernachtungs- und Verpflegungskosten am Gerichtsort während der Teilnahme an der Hauptverhandlung (EbSchmidt Nachtr II 8). Kosten für die Reise eines anwaltlich vertretenen Angeklagten zum Revisionsgericht werden grundsätzlich nicht erstattet (LG Mannheim NJW **65**, 1822; **aM** Koblenz NJW **65**, 1289 mit zust Anm Dahs; vgl aber auch Celle Rpfleger **96**, 170; Hamm NJW **73**, 259).

Eigene private Ermittlungen des Beschuldigten sind – ausgenommen im Privatklageverfahren (LG Hildesheim NJW **65**, 1446) – idR nicht notwendig (vgl auch D. Meyer JurBüro **93**, 8). Er kann Beweisanträge im Ermittlungsverfahren (§§ 136 I S 3, 163a III S 2, IV S 2) und im gerichtlichen Verfahren (§§ 201 I, 219, 244 III) stellen, diese prozessualen Möglichkeiten muss er ausschöpfen (Hamburg MDR **75**, 74; NStZ **83**, 284 L; Schleswig SchlHA **86**, 114 [E/L]). Nicht erstattungsfähig sind daher Detektivkosten (Hamm NJW **68**, 1537; LG Nürnberg-Fürth JurBüro **83**, 1346), Kosten für Inserate (Schleswig aaO), für Rechtsgutachten (Celle Rpfleger **94**, 225) und für Privatgutachten (Stuttgart NStZ-RR **03**, 127 mwN = JR **03**, 435 mit abl Anm Eisenberg/Puschke; LG Dortmund Rpflger **91**, 33, mwN; LG Mainz wistra **95**, 320), es sei denn, dass sie für die Abwehr des Anklagevorwurfs unbedingt notwendig waren (Celle StV **06**, 32; LG Dresden NJW **10**, 692 L = NStZ-RR **10**, 61 [Betrachtung *ex ante*]; Düsseldorf NStZ **91**, 353 mit zust Anm Dahs, der sich aber weitergehend für grundsätzliche Erstattungsfähigkeit ausspricht; Hamm NStZ **89**, 588; Koblenz NStZ-RR **00**, 64 L; LG Saarbrücken StraFo **09**, 174; LG Schwerin StraFo **02**, 304) oder das Verfahren gefördert haben (Frankfurt VRS **42**, 430; LG Göttingen NdsRpfl **97**, 142; LG Marburg StV **90**, 362 mit krit Anm Nix; LG München I StV **88**, 350; eingehend und differenzierend dazu Jakubetz JurBüro **99**, 564 ff). Ausnahmsweise können Auslagen des Beschuldigten für eigene Ermittlungen als notwendig anerkannt werden, wenn er damit rechnen musste, dass sich seine Prozesslage sonst alsbald erheblich verschlechtern werde (Düsseldorf NStZ **97**, 511 mwN). Wegen der Dolmetscherkosten vgl 24, 25 zu Art 6 MRK. 16

D. **Auslagen eines Dritten** für den Beschuldigten oder einen Nebenbeteiligten, der dem Dritten nicht ersatzpflichtig ist, gehören idR nicht zu den notwendigen Auslagen (Hamm NJW **53**, 1445; LG Flensburg SchlHA **62**, 203). Zu erstatten sind aber die Kosten eines Verteidigers, den der gesetzliche Vertreter bestellt (§ 137 II) und bezahlt hat (LG Bückeburg NJW **60**, 1026), und die notwendigen Auslagen eines Dritten, der kraft eigenen Rechts (§ 298, § 67 **JGG**) auf der Seite des Angeschuldigten steht. Zum Verdienstausfall des gesetzlichen Vertreters vgl LG Weiden MDR **71**, 598. 17

Kostenfestsetzung **RiStBV 145**

464b

[1] **Die Höhe der Kosten und Auslagen, die ein Beteiligter einem anderen Beteiligten zu erstatten hat, wird auf Antrag eines Beteiligten durch das Gericht des ersten Rechtszuges festgesetzt.** [2] **Auf Antrag ist auszusprechen, dass die festgesetzten Kosten und Auslagen von der Anbringung des Festsetzungsantrags an zu verzinsen sind.** [3] **Auf die Höhe des Zinssatzes, das Verfahren und auf die Vollstreckung der Entscheidung sind die Vorschriften der Zivilprozessordnung entsprechend anzuwenden.**

1) Im **Kostenfestsetzungsverfahren** wird die Höhe der Kosten und Auslagen festgesetzt, die ein Beteiligter einem anderen zu erstatten hat. Dazu gehören nicht die Gerichtskosten (für sie gilt das Kostenansatzverfahren nach § 19 II GKG, §§ 4 ff 1

KostVfg) und die Pflichtverteidigergebühren (für sie gilt § 55 RVG). Grundlage der Festsetzung ist die Auslagenentscheidung nach § 464 II, ein selbstständiger Auslagenbeschluss (13 zu § 464) oder die einem Dritten Kosten auferlegende Entscheidung (2 zu § 467), nicht aber ein Privatklagevergleich (13 vor § 374). Die gerichtliche Entscheidung ist bindend (Celle NJW **71**, 1905; Saarbrücken NJW **73**, 1943; erg 20 zu § 467), auch wenn sie fehlerhaft (Bremen AnwBl **77**, 74; Düsseldorf Rpfleger **94**, 80; LG Dortmund Rpfleger **81**, 319; LG Köln AnwBl **83**, 468) oder sogar grob gesetzwidrig ist (Karlsruhe JurBüro **88**, 1073 mit abl Anm Mümmler: Verstoß gegen § 467 V; LG Essen JurBüro **84**, 1058 mit abl Anm Mümmler, LG Hanau Rpfleger **00**, 183, LG Osnabrück NdsRpfl **95**, 136 und LG Saarbrücken NStZ-RR **01**, 383: Überbürdung der notwendigen Auslagen des Nebenklägers auf die Landeskasse; **aM** LG Aschaffenburg JurBüro **85**, 1046 mit zust Anm Mümmler; LG Hannover NdsRpfl **94**, 167; LG Mainz Rpfleger **95**, 311), allerdings nicht, wenn sie bewusst in Abweichung von der gesetzlichen Regelung getroffen wird (Oldenburg Rpfleger **91**, 521). Unklare Kostenentscheidungen können aber ausgelegt werden (Bremen aaO; LR-Hilger 3). Einwendungen des Erstattungspflichtigen gegen seine Kostentragungspflicht sind unbeachtlich (Hamm JMBlNW **66**, 119). Die Zulässigkeit der Nebenklage darf nicht mehr geprüft werden (LG Bochum MDR **56**, 438; LG Traunstein MDR **63**, 73). Die Auslagenverteilung ist nach den Maßstäben vorzunehmen, die die Gerichtsentscheidung vorschreibt. Hat diese nicht selbst nach § 464 d eine Bruchteilsentscheidung getroffen, können nicht oder nur schwer trennbare Auslagen (zB bei Teilfreispruch) bei der Einzelfestsetzung nach Bruchteilen verteilt werden, da § 464 d auch im Kostenfestsetzungsverfahren gilt (Köln NStZ-RR **04**, 384; LG Hamburg Rpfleger **00**, 296). Höhere als die entstandenen Auslagen dürfen keinesfalls festgesetzt werden (vgl BVerfGE **62**, 189 = NJW **83**, 809).

2 **2) Nur auf Antrag** eines Beteiligten (LG Essen Rpfleger **92**, 363: § 308 I ZPO gilt) werden die Kosten festgesetzt (S 1) und die Verzinsung ab Eingang des Antrags (S 2), frühestens ab Rechtskraft des Urteils (LG Frankenthal JurBüro **84**, 723; LR-Hilger 7), angeordnet. Antragsberechtigt sind der nach der Gerichtsentscheidung Erstattungsberechtigte und sein Rechtsnachfolger (Koblenz Rpfleger **74**, 403: Zessionar; LG Duisburg NStZ-RR **07**, 287 L: Verteidigerin, an die der Anspruch abgetreten wurde), aber auch der Erstattungspflichtige. Der Verteidiger stellt den Antrag im Zweifel namens des Angeklagten; eine Wiedereinziehung von Pflichtverteidigergebühren ist dann im Kostenfestsetzungsverfahren nicht zulässig (KG NJW **71**, 2000). Da das Betragsverfahren nach § 464 b, ebenso wie das nach § 10 **StrEG,** nicht mehr zum Strafverfahren gehört (LG Krefeld MDR **80**, 248), benötigt der Verteidiger für den Antrag eine besondere Vertretungsvollmacht (LR-Hilger 5; **aM** München Rpfleger **68**, 32; erg 3 zu § 10 StrEG), die aber zusammen mit der Verteidigervollmacht erteilt werden kann und durch die Bestellung zum Pflichtverteidiger nicht ohne weiteres erlischt (Hamm NStZ-RR **08**, 96 L; LG Kiel NStZ **03**, 52). Nach dem Tode des Angeklagten sind sein Verteidiger und seine Erben antragsberechtigt (7 vor § 137; 22 zu § 464).

3 **3)** Für das **Verfahren** gelten die Vorschriften der ZPO entspr (S 3), und zwar für die Höhe des Zinssatzes § 104 I S 2 (5% über dem Basiszinssatz nach § 247 BGB), für die Festsetzung die §§ 103 ff, für die Vollstreckung die §§ 794 I Nr 2, 795. Zuständig ist der Rechtspfleger (§ 21 Nr 1 **RPflG**) des Gerichts des 1. Rechtszugs (§§ 103 II, 104 I S 1 ZPO), nicht das Gericht selbst (Düsseldorf JurBüro **85**, 895), bei Zurückverweisung an ein anderes Gericht nach § 354 II S 1 der Rechtspfleger des 1. Gerichts (BGH NStZ **91**, 145), anders aber nach einem Wiederaufnahmeverfahren (LG Karlsruhe StraFo **08**, 265; **aM** Hamm NStZ-RR **08**, 128 L). Der Rechtspfleger prüft die Notwendigkeit der Auslagen (§ 464 a II) und ist berechtigt, die von dem Verteidiger nach § 14 RVG bestimmte Rahmengebühr herabzusetzen, wenn sie unbillig hoch ist (LR-Hilger 42 ff zu § 464 a). Der Beschluss ergeht nach Anhörung des Vertreters der Staatskasse

(RiStBV 145 I) oder des sonstigen Antragsgegners (LG Bonn JurBüro **92**, 256; LG Krefeld NJW **70**, 2035). Er muss begründet werden (Frankfurt JurBüro **85**, 1102; München Rpfleger **81**, 157; LG Bonn aaO), auch wenn dem Antrag stattgegeben wird (LG Krefeld MDR **81**, 606; anders aber VVJMBW Justiz **01**, 399: aus Gründen der Verwaltungsvereinfachung nur Auszahlungsanordnung, wenn die Erstattungsbeträge vom Vertreter der Staatskasse anerkannt werden), besonders sorgfältig, wenn er ganz oder teilw abgelehnt wird (Düsseldorf JurBüro **81**, 1540). Entspr § 35a ist eine Rechtsbehelfsbelehrung zu erteilen (LG Bautzen Rpfleger **00**, 183; Jung NJW **73**, 985; 1 zu § 35a).

4) Rechtsbehelfe: 4

A. Nach § 11 I S 2 RPflG aF war die binnen 2 Wochen einzulegende **Erinnerung** gegen den Kostenfestsetzungsbeschluss zulässig. Nach der durch Ges vom 6. 8. 1998 erfolgten Änderung des RPflG ist nunmehr gegen die Entscheidungen des Rechtspflegers das Rechtsmittel gegeben, das nach den allgemeinen Vorschriften zulässig ist (§ 11 I **RPflG;** Rellermeyer Rpfleger **98**, 310). 5

B. **Sofortige Beschwerde** (§ 104 III S 1 ZPO, § 11 III **RPflG**) ist gegen die Entscheidung des Rechtspflegers zulässig. Das Beschwerdeverfahren richtet sich nach hM nach StPO-Grundsätzen (vgl auch BGH NJW **03**, 763). Das bedeutet: 6

a) Für die **Einlegung des Rechtsmittels** gilt die Wochenfrist des § 311 II S 1 (BGH **48**, 106, 107/108 mwN; Celle Rpfleger **01**, 97; Dresden StV **01**, 634 L; Düsseldorf Rpfleger **00**, 126; Koblenz NJW **05**, 917 unter Aufgabe entgegenstehender Rspr; Schleswig SchlHA **01**, 153 [D/D]); LG Bautzen Rpfleger **00**, 183; KK-Gieg 4; KMR-Stöckel 13; **aM** Düsseldorf Rpfleger **01**, 96; StraFo **05**, 349; Köln Rpfleger **00**, 422; Nürnberg NStZ-RR **01**, 224; Popp NStZ **04**, 368: Zweiwochenfrist des § 569 I S 1 ZPO). Anwaltsverschulden bei der Fristversäumnis ist dem Antragsteller zuzurechnen (18 zu § 44). Anwaltszwang besteht entgegen § 78 I ZPO wegen § 13 RPflG auch vor dem LG nicht (Düsseldorf NStZ **03**, 324 mwN; KK-Gieg 4). § 304 III gilt. Eine unselbstständige Anschlussbeschwerde ist unzulässig (Düsseldorf JMBlNW **71**, 59; Hamm JurBüro **83**, 1216; **aM** Koblenz MDR **84**, 777; LR-Hilger 9). Die weitere Beschwerde gegen die Entscheidung des LG ist ausgeschlossen (Koblenz Rpfleger **89**, 78; Stuttgart MDR **75**, 248); §§ 574ff ZPO (Rechtsbeschwerdeverfahren) gelten nicht (BGH **48**, 106; krit Popp aaO). Für das rechtliche Gehör gilt § 308 I S 1. Eine Abhilfemöglichkeit durch den Rechtspfleger besteht – anders als jetzt im Zivilverfahren nach § 572 I S 1 – nur im Fall des § 311 III S 2, im Übrigen nicht (§ 311 III S 1; Düsseldorf Rpfleger **99**, 234; Hamm NJW **99**, 3726; **aM** Schleswig SchlHA **09**, 244 [D/D]). Im Beschwerdeverfahren wird in der für Strafverfahren vorgesehenen Besetzung entschieden (**aM** Düsseldorf NStZ **03**, 324: gemäß § 568 S 1 ZPO stets der Einzelrichter). 7

b) Ein **Verbot der Schlechterstellung** besteht nicht (KG JR **81**, 391; Düsseldorf MDR **91**, 370; Karlsruhe MDR **86**, 694; Schleswig SchlHA **89**, 114 [L/G]; LG Flensburg JurBüro **82**, 882; **85**, 96; LG Göttingen Rpfleger **91**, 34; LG Hannover JurBüro **77**, 1383; LG Köln JurBüro **89**, 1157; LG Mainz NJW **79**, 1897 mwN; KK-Gieg 4; KMR-Stöckel 23 mwN; D. Meyer JurBüro **82**, 1451). Die Gegenmeinung (Hamm Rpfleger **72**, 266; München AnwBl **79**, 198; LG Düsseldorf JurBüro **83**, 887; LR-Hilger 11; H. Schmidt NJW **80**, 682) setzt sich mit §§ 331, 358 II, 373 II in Widerspruch. Sie wäre nur berechtigt, wenn sich das Beschwerdeverfahren nach ZPO-Grundsätzen richtete und insbesondere § 308 I ZPO zu beachten wäre. 8

C. Nur **Nachprüfung** kann mit der Beschwerde verlangt werden. Eine weitere Erstattungsforderung, über die eine anfechtbare Entscheidung des Rechtspflegers noch nicht vorliegt, kann nicht gestellt werden (Hamm NJW **66**, 2074; LG Düsseldorf JurBüro **83**, 887; LG Göttingen Rpfleger **91**, 34; LR-Hilger 11). Erst nach rechtskräftigem Abschluss des Kostenfestsetzungsverfahrens ist eine Nachforderung 9 zulässig (Hamburg NJW **71**, 2183, 2185; LG Dortmund NJW **67**, 897). Zur entspr Anwendung des § 321 ZPO vgl LG Bielefeld AnwBl **65**, 322; LG Zweibrücken NJW **65**, 165.

10 D. **Kostenentscheidung:** Es gelten § 467 I (entspr) und § 473. Die Gebühr für das Beschwerdeverfahren beträgt nach Nr 3601 KVGKG 50 €. Hatte der Rechtspfleger die Kosten des Nebenklägers zu gering festgesetzt, so können Kosten und notwendige Auslagen nicht der Staatskasse überbürdet werden (LR-Hilger 11; **aM** LG Hanau JurBüro **83**, 735 mit abl Anm Mümmler).

Auslagen des Dolmetschers

464c Ist für einen Angeschuldigten, der der deutschen Sprache nicht mächtig, hör- oder sprachbehindert ist, ein Dolmetscher oder Übersetzer herangezogen worden, so werden die dadurch entstandenen Auslagen dem Angeschuldigten auferlegt, soweit er diese durch schuldhafte Säumnis oder in sonstiger Weise schuldhaft unnötig verursacht hat; dies ist außer im Falle des § 467 Abs. 2 ausdrücklich auszusprechen.

1 **1)** Die durch die **Heranziehung eines Dolmetschers** oder Übersetzers für einen der deutschen Sprache nicht mächtigen (§ 185 GVG; erg 30a zu § 140), hör- oder sprachbehinderten (vgl § 186 GVG) Angeschuldigten (§ 157) entstandenen Auslagen dürfen nach Art 6 III e **MRK** von diesem nicht erhoben werden (24 zu Art 6 MRK). Sie trägt daher grundsätzlich die Staatskasse (Nr 9005 IV KVGKG), ohne dass es dazu eines Ausspruchs in der Entscheidung bedarf. Anderes gilt für auch durch die Hinzuziehung von Zeugen entstandene ausscheidbare Dolmetscherkosten (LG Koblenz NStZ-RR **00**, 30). Für eine entspr Anwendung der Vorschrift im Fall notwendiger Übersetzungen eines der ausländischen Sprache nicht mächtigen Verurteilten LG Trier NStZ-RR **09**, 159.

2 **2)** Einem Angeschuldigten, der **freigesprochen** oder gegen den die Eröffnung des Hauptverfahrens abgelehnt oder das Verfahren eingestellt worden ist, werden nach § 467 II die Kosten auferlegt, die er durch schuldhafte Säumnis oder durch andere schuldhafte Verzögerungen verursacht hat (4 zu § 467); darunter fallen ohne besonderen Ausspruch auch die Auslagen für einen Dolmetscher oder Übersetzer.

3 **3)** Einem **verurteilten** Angeklagten sind nach § 464c solche Auslagen, die er sonst nicht zu tragen hat (oben 1), aufzuerlegen; dazu bedarf es aber eines Ausspruchs des Gerichts.

4 Die **Auferlegung** kommt zB in Betracht, wenn der Angeschuldigte vorgespiegelt hat, einen Dolmetscher zu benötigen, oder wenn wegen seines Ausbleibens ein Hauptverhandlungstermin nicht durchgeführt werden kann (BTDrucks 11/4394 S 12), jedoch nicht im Fall des § 329 I, da dann auch bei seiner Anwesenheit Auslagen entstanden wären (Schnigula JurBüro **89**, 899).

Auslagenverteilung nach Bruchteilen

464d Die Auslagen der Staatskasse und die notwendigen Auslagen der Beteiligten können nach Bruchteilen verteilt werden.

1 **1)** Eine **Aufteilung der Auslagen nach Quoten** lässt das Gesetz (Art 8 VI Nr 2 KostRÄndG 1994; vgl dazu Otto JurBüro **94**, 397) im Gegensatz zur früheren Rspr (BGH **25**, 109) nun stets zu. Anstatt durch abstrakte Abgrenzungskriterien kann danach eine Verteilung der Auslagen der Beteiligten und der Staatskasse nach Bruchteilen erfolgen. Dadurch soll in einfachen, leicht überschaubaren Fällen (Köln NStZ-RR **04**, 384) – ggf auf Grund einer sachgemäßen Schätzung – eine schnelle, angemessene Kostenentscheidung ermöglicht werden. Ob das Gericht

eine Bruchteilsentscheidung trifft oder die Berechnung nach den im Urteil vorgegebenen Kriterien dem Kostenfestsetzungsverfahren (§ 464 b) überlässt, liegt in seinem Ermessen.

2) Anwendungsfälle sind Entscheidungen nach §§ 465 II, 467 a II, 468, 469 I, 470 S 2, 471 III, 472 I S 2, II, III, 472 a II, 472 b I S 2, III, 473 IV. Auch bei Teilfreispruch kann gequotelt werden, jedoch ist ebenso die Differenztheorie (9 zu § 465) weiterhin anwendbar (Karlsruhe NStZ **98**, 317; Saarbrücken Rpfleger **00**, 564; Kotz NStZ-RR **99**, 165 mwN; SK-Degener 3; **aM** LG Frankfurt aM NStZ-RR **97**, 191; LG Leipzig StV **00**, 435). 2

3) Im **Kostenfestsetzungsverfahren** (§ 464 b) kann durch den Rechtspfleger ebenfalls eine Bruchteilsentscheidung getroffen werden (KG StraFo **09**, 260; 1 zu § 464 b). 3

Kosten und Auslagen bei Verurteilung

465 **I** [1] **Die Kosten des Verfahrens hat der Angeklagte insoweit zu tragen, als sie durch das Verfahren wegen einer Tat entstanden sind, wegen deren er verurteilt oder eine Maßregel der Besserung und Sicherung gegen ihn angeordnet wird.** [2] **Eine Verurteilung im Sinne dieser Vorschrift liegt auch dann vor, wenn der Angeklagte mit Strafvorbehalt verwarnt wird oder das Gericht von Strafe absieht.**

II [1] **Sind durch Untersuchungen zur Aufklärung bestimmter belastender oder entlastender Umstände besondere Auslagen entstanden und sind diese Untersuchungen zugunsten des Angeklagten ausgegangen, so hat das Gericht die entstandenen Auslagen teilweise oder auch ganz der Staatskasse aufzuerlegen, wenn es unbillig wäre, den Angeklagten damit zu belasten.** [2] **Dies gilt namentlich dann, wenn der Angeklagte wegen einzelner abtrennbarer Teile einer Tat oder wegen einzelner von mehreren Gesetzesverletzungen nicht verurteilt wird.** [3] **Die Sätze 1 und 2 gelten entsprechend für die notwendigen Auslagen des Angeklagten.**

III **Stirbt ein Verurteilter vor eingetretener Rechtskraft des Urteils, so haftet sein Nachlass nicht für die Kosten.**

1) Kostentragungspflicht des verurteilten Angeklagten (I): Die Vorschrift ist mit dem GG vereinbar (BVerfGE **18**, 302 = NJW **65**, 387; BVerfGE **31**, 137; BVerfG EuGRZ **86**, 439; Koblenz JurBüro **92**, 111). Für Nebenbeteiligte gilt die Sonderregelung des § 472 b. Im Verfahren gegen einen Jugendlichen und bei Anwendung von Jugendstrafrecht gegen einen Heranwachsenden kann nach §§ 74, 109 II **JGG** ganz oder teilw davon abgesehen werden, dem Angeklagten Kosten und Auslagen anderer Beteiligter aufzuerlegen (BGH StV **07**, 12; eingehend dazu KK-Gieg 5); von seinen eigenen notwendigen Auslagen kann er nicht entlastet werden (BGH **36**, 27 = NStZ **89**, 239 mit abl Anm Brunner = JR **90**, 40 mit abl Anm Eisenberg = StV **89**, 309 mit abl Anm Ostendorf; BGH DAR **02**, 207 [To]; StV **07**, 12 Diemer/Schoreit/Sonnen 15 zu § 74 JGG); denn einer möglicherweise aus erzieherischen Gründen wünschenswerten Entlastung des Angeklagten (so Brunner, Eisenberg, Ostendorf aaO) steht die eindeutige gesetzliche Regelung entgegen. 1

A. **Verurteilung und Anordnung einer Sicherungsmaßregel:** Eine Verurteilung iS des § 465 liegt vor, wenn das Urteil eine Schuldfeststellung trifft und eine Rechtsfolge festsetzt (BGH **14**, 391, 393). Darunter fallen auch die Verurteilung zu Erziehungsmaßnahmen oder Zuchtmitteln nach §§ 9 ff, 13 ff JGG (KG JR **62**, 271) und die Entscheidung nach § 27 JGG (Eisenberg 5 zu § 74 JGG). Die Anordnung einer Sicherungsmaßregel nach §§ 61 ff StGB neben einem Freispruch (Oldenburg NJW **64**, 2439) oder im Sicherungsverfahren nach §§ 413 ff führt 2 ebenfalls zur Kostentragungspflicht, nicht aber die Anordnung der Einziehung oder einer anderen Nebenfolge neben dem Freispruch (BGH **14**, 391) oder im selbstständigen Verfahren nach §§ 440, 442 (BGH **21**, 367, 371). Nach I S 2 ist auch die Verwarnung mit Strafvorbehalt nach § 59 StGB und das Absehen von Strafe (vgl 1 zu § 153b) eine Verurteilung. Dem steht die Nichtverurteilung infolge der Sperrwirkung der §§ 331, 358 II, 373 II gleich (BGH KostRspr Nr 11 mit Anm Herget; LR-Hilger 3). Für die Straffreierklärung gilt § 468.

3 B. **Wegen der Tat entstandene Kosten:** Der Tatbegriff ist der des § 264 (Zweibrücken MDR **66**, 351; **aM** Sommermeyer MDR **91**, 932 Fn 23; erg 1ff zu § 264). Wegen der Kosten vgl 1ff zu § 464a. Sind im 1. Rechtszug mehrere Hauptverhandlungen notwendig gewesen, zB infolge Verweisung nach § 270 (Oldenburg NStZ **96**, 405) oder Aufhebung und Zurückverweisung nach § 354 II oder § 357 (BGH StraFo **08**, 529), so trägt der Verurteilte alle Kosten; das Verfahren bildet eine Einheit (BGH **18**, 231; NStZ **87**, 86; NStZ-RR **99**, 63; **06**, 32; BGHR § 473 IV Quotelung 5 mwN). Das gilt auch für mehrere Rechtszüge; der zunächst freigesprochene und erst auf die Berufung oder Revision der StA verurteilte Angeklagte hat daher auch die Kosten der 1. Instanz zu tragen (Düsseldorf JurBüro **92**, 255; Stuttgart Justiz **87**, 160; erg 6 zu § 473). Auch sonst muss der Angeklagte Mehrkosten tragen, die durch unrichtige Sachbehandlung oder durch eine unzutreffende Beurteilung des Gerichts entstanden sind, zB bei der Fortsetzung des Verfahrens nach nicht erkannter Rechtskraft des Strafbefehls (BGH **13**, 306, 311; Düsseldorf MDR **86**, 428; Hamm VRS **41**, 381; erg unten 11).

4 **Eingeschränkt** ist die Kostentragungspflicht des Verurteilten, wenn ein Dritter nach § 51 oder einer anderen Vorschrift (vgl 2 zu § 467) mit Kosten belastet worden ist. Auch wenn das – zulässigerweise (BGH **43**, 146) und wie in der Praxis üblich – durch gesonderten Beschluss und nicht in der Kostenentscheidung des Urteils geschieht, hat der Verurteilte die Kosten nur in dem eingeschränkten Umfang zu tragen (Düsseldorf VRS **89**, 202; LG Aachen NStE Nr 7 mwN). Eine dahin gehende Ergänzung der Kostenentscheidung des Urteils kann nicht verlangt werden (Dresden NStZ-RR **00**, 30). Bei nachträglicher Aufhebung des den Dritten belastenden Beschlusses lebt die volle Kostentragungspflicht des Verurteilten wieder auf (LR-Hilger 12).

5 **2) Auslagenteilung zwischen Staatskasse und Verurteiltem** (II):

6 A. **Besondere Auslagen der Staatskasse** (S 1) und besondere notwendige Auslagen des Angeklagten (S 3) können aus Billigkeitsgründen ganz oder teilw der Staatskasse auferlegt werden. Der Begriff besondere Auslagen stimmt nicht mit dem der (genau feststellbaren) ausscheidbaren Auslagen überein; gemeint sind vielmehr alle Mehrkosten (BGH **25**, 109, 116 = JR **74**, 30 mit krit Anm Meyer; **aM** KG NJW **70**, 1806; Braunschweig NJW **70**, 1809).

7 B. Durch **Untersuchungen zur Aufklärung bestimmter Umstände,** die nach dem Gesamtergebnis der Untersuchungshandlungen zugunsten des Angeklagten ausgegangen sind (BGH 4 StR 252/91 vom 7. 11. 1991; Bode NJW **69**, 213), müssen die besonderen Auslagen entstanden sein, zB durch Zeugenvernehmungen und Sachverständigengutachten zu einzelnen rechtlichen Gesichtspunkten (LG Freiburg StV **98**, 611; D. Meyer JurBüro **94**, 519). Dass die Verurteilung weniger schwer wiegt als der ursprüngliche Tatvorwurf, genügt allein nicht (BGH NStZ **82**, 80; Karlsruhe MDR **81**, 781), auch nicht, dass die Milderung des Schuldvorwurfs und die Herabsetzung der Strafe erst auf eine Revisionsentscheidung hin erfolgt sind (BGH NStZ **86**, 210 [Pf/M]), uU aber eine Strafherabsetzung bei beschränktem Einspruch gegen einen Strafbefehl (D. Meyer JurBüro **89**, 1331). Es müssen stets besondere Auslagen entstanden sein (BGH **25**, 109, 118; **26**, 29, 34). Das kann der Fall sein bei Anklage wegen einer Verkehrsstraftat und Verurteilung nur wegen einer OWi (Celle MDR **72**, 439; Düsseldorf JurBüro **85**, 898;

OLGSt Nr 5 zu § 473; Stuttgart Justiz **74**, 136). Ist anzunehmen, dass der Verurteilte einen Bußgeldbescheid hingenommen hätte, so ist es billig, der Staatskasse seine gesamten notwendigen Auslagen aufzuerlegen (BGH **25**, 109, 118; Celle JurBüro **83**, 402; MDR **75**, 165; LG Augsburg JurBüro **84**, 1207 mit Anm Mümmler; Schmidt DAR **83**, 318; vgl auch Hausel JurBüro **94**, 580 zum Fall des § 408 III; vgl zum fiktiven Teilfreispruch im OWi-Verfahren Lehmann-Richter NZV **03**, 366). Ähnlich ist es, wenn der bei dem LG wegen eines schweren Delikts Angeklagte nur wegen einer Tat verurteilt worden ist, für die das AG zuständig gewesen wäre, und die sachgemäße Behandlung des Falls von vornherein die Anklage vor diesem Gericht nahegelegt hätte (BGH **26**, 29, 35). Nach II S 2 besteht die Möglichkeit der Billigkeitsentscheidung vor allem in den Fällen des sog fiktiven Teilfreispruchs, dh bei der Nichtverurteilung wegen einzelner abtrennbarer Teile einer Tat (LG München I NStZ-RR **99**, 384) oder wegen einzelner von mehreren Gesetzesverletzungen bei Tateinheit (Düsseldorf StV **85**, 142). Vgl auch die Rspr-Übersicht bei D. Meyer JurBüro **94**, 519, 520.

C. Die **Auslagenteilung** kann schon im Urteil nach Bruchteilen erfolgen (§ 464d). Das Gericht kann sich aber auch darauf beschränken, die nach der Entstehungsursache abzugrenzenden besonderen Auslagen, zB „die besonderen Auslagen des Verfahrens und die besonderen notwendigen Auslagen des Angeklagten, die wegen des Verdachts der Trunkenheitsfahrt entstanden sind" (BGH **25**, 109, 112), der Staatskasse aufzuerlegen und deren genaue Feststellung dem Verfahren nach § 464b zu überlassen. Das gilt insbesondere für Verteidigerkosten (dazu eingehend Sommermeyer MDR **91**, 931 und Mümmler JurBüro **92**, 221). Sie werden erst im Kostenfestsetzungsverfahren nach der Differenztheorie festgestellt, dh es wird geprüft, welche Verteidigergebühren entstanden wären, wenn die Untersuchungen nicht stattgefunden hätten oder die Anklage von vornherein so gelautet hätte wie das Urteil (KG NJW **70**, 1806; Düsseldorf OLGSt Nr 5 zu § 473; Köln NStZ **90**, 423). Nur der rechnerische Teil der einheitlichen Verteidigergebühr, der das fiktive Honorar übersteigt, wird erstattet (Braunschweig NJW **70**, 1809; Düsseldorf NJW **71**, 394). **8**

3) Teilfreispruch und Teileinstellung: In diesem Fall wird über Kosten und Auslagen nach § 467 I entschieden: „Der Angeklagte hat die Kosten zu tragen, soweit er verurteilt ist; soweit er freigesprochen (das Verfahren eingestellt) worden ist, trägt die Staatskasse die Verfahrenskosten und die notwendigen Auslagen des Angeklagten". Eine Bruchteilsentscheidung über die Auslagen der Staatskasse oder des Angeklagten ist nunmehr durch § 464d (vgl dort) im Gegensatz zur bisherigen Rspr (BGH **25**, 109) zugelassen. In entspr Anwendung des II kommt es auf die Ausscheidbarkeit der Mehrkosten nicht an (BGH **25**, 109, 116; Düsseldorf StV **85**, 142; JurBüro **89**, 1720). Die Verteidigerkosten werden auch hier im Verfahren nach § 464b nach der Differenztheorie (oben 8) bestimmt (Karlsruhe NStZ **98**, 317; Koblenz StV **98**, 610 L; LG Hamburg StV **98**, 610; **aM** LG Frankfurt aM StV **98**, 85). Wäre wegen der übrig gebliebenen Fälle Anklage vor dem SchG und nicht dem LG erhoben worden, so muss der Angeklagte von der höheren Verteidigungsgebühr vor dem Landgericht entlastet werden (Celle Rpfleger **87**, 518). Hat der Teilfreispruch neben der Verurteilung in zahlreichen anderen Fällen keine Bedeutung, so muss der Verurteilte idR seine Auslagen in vollem Umfang tragen (Stuttgart MDR **75**, 598; vgl auch LG Passau JurBüro **87**, 726). Bezieht sich der Teilfreispruch auf die Verkehrsstraftat und hätte sich der Angeklagte wegen der OWi, derentwegen er nur verurteilt wurde, nicht verteidigt, so werden der Staatskasse idR seine gesamten notwendigen Auslagen auferlegt (Stuttgart Justiz **87**, 160; LG Bremen MDR **64**, 422; AG Mannheim AnwBl **85**, 164; erg oben 7). Weitere Einzelfälle bei LR-Hilger 42. Zur Festsetzung nach Bruchteilen in dem Verfahren nach § 464b vgl dort 1. **9**

Bei nur **teilweiser Eröffnung des Hauptverfahrens** und bei Teileinstellung des Verfahrens gelten diese Grundsätze entspr. **10**

11 **4)** Die **Nichterhebung von Verfahrenskosten,** die bei richtiger Behandlung der Sache (aus der damaligen Sicht) nicht entstanden wäre, kann nach § 21 I S 1 GKG in der Kostenentscheidung oder im Kostenansatzverfahren (BGH DAR **99**, 208 [To]; Celle NdsRpfl **81**, 239; Düsseldorf VRS **80**, 40; vgl auch D. Meyer JurBüro **91**, 175; **aM** Koblenz JurBüro **92**, 111: nur im Kostenansatzverfahren) angeordnet werden; überlässt das Gericht die Anordnung dem Kostenansatzverfahren, ist dagegen keine Beschwerde zulässig (BGH StraFo **08**, 48; Düsseldorf aaO). Die Anordnung setzt voraus, dass das Gericht gegen eindeutige gesetzliche Vorschriften verstoßen hat und das offen zutage tritt oder dass ein offensichtliches Versehen vorliegt (BGH GA **60**, 314; LG Osnabrück NStZ-RR **96**, 192), aber nicht schon bei jedem Verfahrensverstoß (Zweibrücken wistra **00**, 400: offensichtlich unrichtige Rechtsmittelbelehrung), sondern nur bei schweren Verfahrensfehlern (Düsseldorf JurBüro **96**, 655), insbesondere wenn grobe Verfahrensfehler zur Aufhebung und Zurückverweisung nach § 354 II geführt haben, zB bei Verweigerung des rechtlichen Gehörs (Köln NJW **79**, 1834) oder bei unrichtiger Gerichtsbesetzung (BGH NStZ **89**, 191; NStZ-RR **01**, 135 [K]; 1 StR 502/04 vom 25. 1. 2005) oder Anklage beim unzuständigen Gericht (BGH 3 StR 263/01 vom 15. 8. 2001). Die notwendigen Auslagen des Angeklagten fallen nicht unter § 21 I S 1 GKG; das Gericht darf sie nicht aus Billigkeitsgründen der Staatskasse auferlegen (BGH NStZ **00**, 499; Koblenz NStZ **89**, 46 mwN). Gegen die Nichtfreistellung von vermeidbaren Kosten in der Kostenentscheidung kann keine sofortige Beschwerde nach § 464 III erhoben werden (Düsseldorf VRS **80**, 40). Eine gleichwohl eingelegte Beschwerde ist idR in einen Antrag nach §§ 21, 66 GKG umzudeuten (D. Meyer JurBüro **91**, 175).

12 **5)** Bei **Tod des Verurteilten vor Rechtskraft** (III) ist das Verfahren einzustellen (8 zu § 206 a), auch wenn es nur noch in einem Nebenpunkt anhängig ist (Bay NJW **57**, 1448: Einziehungsanordnung; Köln JMBlNW **60**, 248: Strafaussetzungsentscheidung). Zur Kostenentscheidung vgl 14 zu § 464. Stirbt der Verurteilte erst nach Rechtskraft der Entscheidung, so haftet der Nachlass (KMR-Stöckel 18).

Haftung Mitverurteilter

466 [1] **Mitangeklagte, gegen die in Bezug auf dieselbe Tat auf Strafe erkannt oder eine Maßregel der Besserung und Sicherung angeordnet wird, haften für die Auslagen als Gesamtschuldner.** [2] **Dies gilt nicht für die durch die Tätigkeit eines bestellten Verteidigers oder eines Dolmetschers und die durch die Vollstreckung, die einstweilige Unterbringung oder die Untersuchungshaft entstandenen Kosten sowie für Auslagen, die durch Untersuchungshandlungen, die ausschließlich gegen einen Mitangeklagten gerichtet waren, entstanden sind.**

1 **1)** Die **gesamtschuldnerische Haftung** mehrerer Angeklagter (S 1) setzt eine Verurteilung iS des § 465 I wegen derselben Tat (2 zu § 264; Karlsruhe StV **06**, 34 L = Justiz **06**, 13) in einem gemeinsamen Verfahren (Koblenz NStZ-RR **02**, 160) voraus, nicht aber im selben Urteil (LR-Hilger 4) oder im selben Rechtszug (LG Amberg NJW **52**, 398). Erforderlich ist eine Mitwirkung, nicht unbedingt als Täter oder Teilnehmer, in der gleichen Richtung (KG JR **67**, 431; Celle NJW **60**, 2305; erg 15 zu § 60), einschließlich Begünstigung, Strafvereitelung (**aM** Celle aaO) und Hehlerei (Stuttgart Justiz **72**, 19). Dieselbe Tat liegt zB vor bei Beteiligung mehrerer an einer Schlägerei, bei Bestechlichkeit und Bestechung (KMR-Stöckel 5) und bei fahrlässiger Nebentäterschaft (Bay **60**, 9 = Rpfleger **60**, 306; LR-Hilger 8; SK-Degener 3); nicht aber bei Körperverletzung und unterlassener Hilfeleistung (Hamm NJW **61**, 1833), Meineid und Prozessbetrug (Celle MDR **70**, 1030). Auf den Umfang der Beteiligung kommt es nicht an.

Nur **für die Auslagen der Staatskasse** (§ 464 a I) im 1. Rechtszug (LR-Hilger 1), nicht für die Gerichtsgebühren, gilt die gesamtschuldnerische Haftung. Ein besonderer Ausspruch darüber in der Kostenentscheidung ist überflüssig (BGH 5 StR 663/84 vom 23. 10. 1984), aber nicht unzulässig (Bay Rpfleger **60**, 306). Ob und in welchem Umfang der Kostenbeamte die Auslagen von dem einen oder anderen Verurteilten einfordert, steht nach § 8 III KostVfg in seinem pflichtgemäßen Ermessen (dazu KG JR **67**, 431; KK-Gieg 3). Der Ausgleichsanspruch nach § 426 BGB kann nicht im Kostenfestsetzungsverfahren festgestellt, sondern muss im Zivilprozess ausgetragen werden (Koblenz Rpfleger **90**, 36). 2

2) Ausnahmen (S 2): Für die Pflichtverteidigervergütung besteht keine Mithaft. Dolmetscherkosten werden ohnehin nicht berechnet (1 zu § 464 a; vgl aber § 464 c). Ausgenommen sind ferner Haft- und Vollstreckungskosten. Ausschließlich gegen einen Mitangeklagten gerichtete Untersuchungshandlungen sind zB die allein wegen dessen Einlassung erforderlichen Beweiserhebungen (Bode NJW **69**, 214), die Unterbringung nach § 81 oder § 73 **JGG** (Nürnberg OLGSt S 1) und Untersuchungen nach § 81 a. Im Urteil braucht die Befreiung von der Mithaft nicht ausgesprochen zu werden; sie wird erst im Kostenansatzverfahren (1 zu § 464 b) berücksichtigt (BGH NStZ **86**, 210 [Pf/M]; Karlsruhe MDR **90**, 464). Wird bei nach § 103 **JGG** verbundenen Verfahren gemäß § 74 **JGG** von der Auferlegung von Kosten abgesehen, haftet der Erwachsene nur für den auf ihn entfallenden Anteil nach Kopfteilen (Koblenz NStZ-RR **99**, 160). 3

Kosten und Auslagen bei Nichtverurteilung

467 **I Soweit der Angeschuldigte freigesprochen, die Eröffnung des Hauptverfahrens gegen ihn abgelehnt oder das Verfahren gegen ihn eingestellt wird, fallen die Auslagen der Staatskasse und die notwendigen Auslagen des Angeschuldigten der Staatskasse zur Last.**

II [1] Die Kosten des Verfahrens, die der Angeschuldigte durch eine schuldhafte Säumnis verursacht hat, werden ihm auferlegt. [2] Die ihm insoweit entstandenen Auslagen werden der Staatskasse nicht auferlegt.

III [1] Die notwendigen Auslagen des Angeschuldigten werden der Staatskasse nicht auferlegt, wenn der Angeschuldigte die Erhebung der öffentlichen Klage dadurch veranlasst hat, dass er in einer Selbstanzeige vorgetäuscht hat, die ihm zur Last gelegte Tat begangen zu haben. [2] Das Gericht kann davon absehen, die notwendigen Auslagen des Angeschuldigten der Staatskasse aufzuerlegen, wenn er

1. **die Erhebung der öffentlichen Klage dadurch veranlasst hat, dass er sich selbst in wesentlichen Punkten wahrheitswidrig oder im Widerspruch zu seinen späteren Erklärungen belastet oder wesentliche entlastende Umstände verschwiegen hat, obwohl er sich zur Beschuldigung geäußert hat, oder**
2. **wegen einer Straftat nur deshalb nicht verurteilt wird, weil ein Verfahrenshindernis besteht.**

IV Stellt das Gericht das Verfahren nach einer Vorschrift ein, die dies nach seinem Ermessen zulässt, so kann es davon absehen, die notwendigen Auslagen des Angeschuldigten der Staatkasse aufzuerlegen.

V Die notwendigen Auslagen des Angeschuldigten werden der Staatskasse nicht auferlegt, wenn das Verfahren nach vorangegangener vorläufiger Einstellung (§ 153 a) endgültig eingestellt wird.

1) Grundsatz (I): Der Angeschuldigte, gegen den das Verfahren ohne Verurteilung abgeschlossen wird, gilt ohne Rücksicht auf die Stärke des verbleibenden Tatverdachts als unschuldig (Art 6 II **MRK**). Hieraus zieht I die kostenrechtlichen Folgerungen. Die Auslagen der Staatskasse (1 ff zu § 464 a) und die notwendigen 1

Auslagen des Angeschuldigten (5 ff zu § 464 a), auch für erfolglose Beschwerden im Zwischenverfahren (Hamm StraFo **09**, 261; **aM** Huber NStZ **85**, 18), fallen der Staatskasse zur Last, und zwar der des Landes, dem das Gericht 1. Instanz zugehört, auch im Fall des § 120 VI GVG. Diese Kosten- und Auslagenregelung, die in der verfahrensabschließenden Entscheidung ausdrücklich ausgesprochen werden muss (unten 20), gilt beim Freispruch ohne gleichzeitige Anordnung einer Sicherungsmaßregel (vgl § 465 I S 1), bei der Ablehnung der Eröffnung des Hauptverfahrens (§ 204) und bei der endgültigen Verfahrenseinstellung (6, 11 zu § 464), auch wenn die StA die Klage nach Behebung des Verfahrenshindernisses erneut oder bei einem anderen Gericht erheben kann (Hamm JMBlNW **62**, 166). Dem Freispruch steht die Ablehnung des Antrags im Sicherungsverfahren nach § 414 II S 4 gleich (BGH NJW **70**, 1242; 6 zu § 414). Der Auslagenerstattungsanspruch gegen die Staatskasse wird in dem Verfahren nach § 464 b durchgesetzt.

2 Die **Kostentragungspflicht eines Dritten** nach §§ 51, 70, 77 I, 81 c VI, 138 c VI, 145 IV, 161 a II, 177, 469 I, 470, 472 a, 472 b, § 56 GVG ist bei der Entscheidung nach I nicht zu berücksichtigen (Foth NJW **73**, 887, erg 7 zu § 469; 4 zu § 470). Der Erstattungsberechtigte braucht sich auch nicht darauf verweisen zu lassen, sich zunächst (über § 464 b) an den Dritten zu halten (LG Aachen NJW **71**, 576; LG Dortmund JVBl **72**, 941; LG Münster NJW **74**, 1342; str). Die Staatskasse kann dann aber im Verfahren nach § 464 b Regress nehmen (D. Meyer JurBüro **89**, 1633).

3 **2) Zwingende Ausnahmen** (II, III S 1, V): Die ihnen zugrunde liegenden Tatsachen werden im Freibeweis (7, 9 zu § 244) festgestellt.

4 A. **Schuldhafte Säumnis** (II): Gemeint ist die schuldhafte (BVerfG NStE Nr 4) Versäumung eines Termins oder einer Frist (Stuttgart NJW **74**, 512; Koch GA **64**, 174), nicht die verspätete Vorlegung von Beweisen (Karlsruhe NJW **61**, 1128) oder andere Fälle schuldhafter Verzögerung (Stuttgart Justiz **87**, 116); bei Einstellung des Verfahrens wegen Verjährung gilt nur III S 2 Nr 2, nicht etwa II S 2 analog (BVerfG NStZ **93**, 195). Die Säumnis kann auch vorwerfbar sein, wenn der Angeschuldigte einen Entschuldigungsgrund nicht rechtzeitig vorgebracht hat, obwohl das möglich und zumutbar war (Stuttgart aaO; LR-Hilger 24). Die Kostenfolge des II ist zwingend, gilt aber nur bei ausdrücklicher Anordnung in dem verfahrensabschließenden Urteil oder Beschluss (unten 20).

5 B. **Unrichtige Selbstanzeige** (III S 1): Eine förmliche Anzeige iS des § 158 oder eine Straftat nach § 145 d StGB braucht nicht vorzuliegen (KK-Gieg 5). Es genügt, dass der Beschuldigte die öffentliche Klage gegen sich durch irgendeine Selbstbezichtigung gegenüber einer Strafverfolgungsbehörde oder einer zur Anzeige verpflichteten Behörde, nicht gegenüber anderen Behörden oder Privatpersonen (LR-Hilger 29), veranlasst (unten 8) hat, zB einer Vernehmung als Beschuldigter oder Zeuge. Warum er seine Täterschaft vorgetäuscht hat, ist gleichgültig. In der verfahrensabschließenden Entscheidung ist auszusprechen, dass die Staatskasse die Verfahrenskosten, nicht aber die notwendigen Auslagen des Angeschuldigten trägt (unten 20).

6 C. **Endgültige Einstellung nach § 153 a** (V): Vgl 55 zu § 153 a.

7 **3) Ausnahmen nach gerichtlichem Ermessen** (III S 2, IV):

8 A. **Wahrheitswidrige Selbstbelastung und Verschweigen entlastender Umstände** (III S 2 Nr 1) rechtfertigen die Abweichung von der Regel des I, auch wenn der Beschuldigte sich nicht bei einer förmlichen, sondern nur bei einer informatorischen Vernehmung (**aM** LR-Hilger 42; offen gelassen von BGH NStZ-RR **03**, 103) oder in einer schriftlichen Erklärung, aber nicht nur bei einer Vernehmung als Zeuge (Oldenburg NStZ **92**, 245; zust D. Meyer JurBüro **92**, 518), so verhalten hat. Die Staatskasse darf von den notwendigen Auslagen des Angeschuldigten aber nur entlastet werden, wenn er die Klageerhebung veranlasst, dh durch sein Verhalten mindestens mitverursacht hat (Braunschweig NJW **73**, 158; Nürnberg MDR **70**, 69). Daran fehlt es, wenn der Strafverfolgungsbehörde, etwa durch

die Aussage eines anderen Beteiligten, die Wahrheit bekannt war (LG Duisburg AnwBl **74**, 228; LR-Hilger 37). Zum Fall des Widerrufs vgl unten 12. Der Angeschuldigte muss ferner schuldhaft gehandelt haben. Das bedeutet nicht, dass er sich der ursächlichen Wirkung seines Verhaltens bewusst gewesen sein und sie mindestens billigend in Kauf genommen haben muss (so aber Braunschweig aaO). Vielmehr handelt auch schuldhaft, wer die Bedeutung und Wirkung seines Verhaltens fahrlässig verkennt (LR-Hilger 35; **aM** SK-Degener 17; vgl auch § 6 I Nr 1 **StrEG,** dort 2).

Die **Ermessensentscheidung des Gerichts,** deren tatsächliche Grundlagen im Freibeweis (7, 9 zu § 244) festgestellt werden (oben 3), hängt allgemein davon ab, ob der Beschuldigte die Klageerhebung missbräuchlich oder sonst in unlauterer Weise, ohne vernünftigen oder billigenswerten Grund, veranlasst hat (Düsseldorf VRS **64**, 450; Nürnberg MDR **70**, 69; LG Münster **72**, 261; LR-Hilger 48). Davon kann mangels Vorliegens besonderer entschuldigender Umstände ausgegangen werden (Frankfurt NJW **72**, 784). 9

a) Die **wahrheitswidrige Selbstbelastung** unterscheidet sich von der unwahren Selbstanzeige nach III S 1 dadurch, dass bereits Verdachtsgründe vorlagen (Oldenburg VRS **67**, 125; KK-Gieg 7), die der Beschuldigte aber durch die Selbstbelastung in einem wesentlichen, dh für die Entschließung der StA entscheidenden, Punkt so verstärkt hat, dass dadurch die Anklageerhebung (mit-)verursacht worden ist. Eine Täuschungsabsicht ist nicht erforderlich (LR-Hilger 39). Die Entlastung der Staatskasse von den notwendigen Auslagen des Beschuldigten wird die Regel sein. 10

Die **entsprechende Anwendung** auf den Fall, dass sich der Angeschuldigte im 1. Rechtszug wahrheitswidrig belastet hat und erst im 2. Rechtszug auf Grund seiner geänderten Einlassung freigesprochen wird, ist nach dem Grundsatz, dass Ausnahmebestimmungen nicht erweiternd ausgelegt werden dürfen (Einl 199), nicht zulässig (Brandenburg NStZ-RR **10**, 95; Koblenz MDR **82**, 252; LR-Hilger 37, 48; SK-Degener 15; **aM** Düsseldorf NStZ **92**, 557; München NStZ **84**, 185 mit zust Anm Schikora; Schleswig SchlHA **90**, 129 [L/G]; Stuttgart Justiz **87**, 116; vgl auch BayVerfGH NStE Nr 12). Das gilt auch für den Fall, dass der Angeklagte sich im Ermittlungsverfahren nicht um Vorlage von Entlastungsmaterial bemüht hat (Düsseldorf StV **84**, 108), dass er den Entlastungszeugen, dessen Aussage zum Freispruch führt, erst im Berufungsrechtszug benannt hat (**aM** Koblenz VRS **65**, 49; vgl auch Hamm MDR **81**, 423; D. Meyer MDR **73**, 468) oder dass er nach Selbstbelastung im Ermittlungsverfahren auf Grund seiner geänderten Einlassung freigesprochen wird und die StA gegen das freisprechende Urteil erfolglos ein Rechtsmittel einlegt (Bay MDR **71**, 322). Erg 2 zu § 473. 11

b) **Selbstbelastung im Widerspruch zu späteren Erklärungen:** Ob die Selbstbelastung oder die spätere Erklärung wahr und wann der Widerruf erfolgt ist, spielt keine Rolle (LR-Hilger 40; **aM** SK-Degener 20). Die Klageerhebung ist trotz des Widerrufs veranlasst, wenn er nicht geeignet war, den durch die frühere Erklärung entstandenen Tatverdacht auszuräumen (EbSchmidt Nachtr II 18), nicht aber, wenn das falsche Geständnis noch vor der Anklageerhebung unter Nennung des wahren Täters widerrufen wird (Koblenz VRS **45**, 374; vgl auch Nürnberg MDR **70**, 69). 12

c) **Verschweigen wesentlicher Umstände:** Die Bestimmung setzt voraus, dass der Beschuldigte sich zur Sache eingelassen hat (15 ff zu § 261). Schweigt er bis zur Erhebung der öffentlichen Klage, so hat er sie nicht iS des III S 2 Nr 1 veranlasst, und es gilt I. Eine entspr Anwendung der Ausnahmevorschrift auf den Fall, dass der bis dahin schweigende Angeklagte erst im gerichtlichen Verfahren entlastende Umstände vorbringt, ist ausgeschlossen (Koblenz MDR **82**, 252; LG Braunschweig AnwBl **79**, 41; LG Flensburg JurBüro **84**, 1860; LG Krefeld Rpfleger **84**, 331; LG Würzburg MDR **81**, 958; LR-Hilger 41, 47; **aM** München NStZ **84**, 185 mit Anm Schikora; LG Flensburg JurBüro **83**, 1217; LG Heidelberg Justiz **76**, 267; vgl 13 auch BVerfG NJW **82**, 275 und dazu D. Meyer DAR **82**, 277). Die Vorschrift erfasst auch nicht den Fall, dass der Angeklagte entlastendes Beweismaterial nicht vorlegt (Düsseldorf VRS **64**, 450).

14 **Wesentliche Umstände** sind zB das Alibi und die notwehrbegründenden Tatsachen (EbSchmidt Nachtr II 19), bei den Straftaten nach §§ 315 c, 316 StGB der Nachtrunk (KG VRS **44**, 122; Frankfurt NJW **78**, 1017), beim Betrug die Aufklärung des angeblichen Tatopfers über die schlechten Vermögensverhältnisse des Angeschuldigten (Saarbrücken NJW **75**, 292). Wesentlich ist insbesondere die Tatsache, dass ein anderer die Tat begangen hat (LR-Hilger 43); kein „Umstand" ist aber dessen Name (Götz MDR **77**, 1042; **aM** LG Aachen MDR **92**, 288 mwN; vgl aber unten 15). Das Verschweigen bloßer Vermutungen und Möglichkeiten zählt nicht (LG Dortmund AnwBl **72**, 94). III S 2 Nr 1 ist nicht anwendbar, wenn sich der Beschuldigte bei seiner Vernehmung des entlastenden Umstandes überhaupt nicht bewusst war (Stuttgart MDR **84**, 427 zu § 6 I Nr 1 **StrEG**).

15 Die **Ermessensausübung** hängt davon ab, ob der Beschuldigte vernünftige und billigenswerte Gründe für sein Verschweigen hatte (Hamm MDR **77**, 1042). Das ist zB der Fall, wenn er seine der Umwelt bisher unbekannte Geisteskrankheit aus menschlich verständlichen Gründen (LR-Hilger 48) oder wenn er einen entlastenden Umstand verschwiegen hat, um die Strafverfolgung eines nahen Angehörigen (LG Münster AnwBl **74**, 227; LR-Hilger 48), nicht anderer Personen (LG Münster aaO; MDR **72**, 261; **aM** Düsseldorf JurBüro **83**, 1849; Hamm MDR **77**, 1042 mit krit Anm Götz; Schleswig SchlHA **82**, 105 [E/L]; Stuttgart Justiz **87**, 116) zu verhindern.

16 B. **Einstellung wegen eines Verfahrenshindernisses** (III S 2 Nr 2): Erfasst wird hiervon zunächst der Fall, dass wegen eines Verfahrenshindernisses nicht verurteilt werden kann, obwohl die Schuld gerichtlich festgestellt ist (vgl BGH **29**, 168, 171; Hamm NJW **86**, 734; Zweibrücken NStZ **87**, 425 mit Anm Kusch). Bleibt die Schuld zweifelhaft, so gilt I (Bay **69**, 133 = NJW **70**, 875). Grundsätzlich ist eine Schuldfeststellung nur in der Hauptverhandlung möglich. Bei Verfahrenseinstellungen vor oder außerhalb der Hauptverhandlung (zB nach § 206 a) kann von einer Auslagenerstattung – verfassungsrechtlich unbedenklich (BVerfG NJW **92**, 1612, 1613) – abgesehen werden, wenn ein hinreichender (Jena NStZ-RR **07**, 254: erheblicher) Tatverdacht fortbesteht (BGH NStZ **00**, 330 mit abl Anm Hilger; Frankfurt NStR-RR **02**, 246; Hamm VRS **100**, 52; Karlsruhe NStZ-RR **03**, 286; vgl auch München NStZ **89**, 134 mit Anm Kühl; **aM** KG NJW **94**, 600 mwN; StraFo **05**, 483; Düsseldorf OLGSt Nr 9; LG Düsseldorf StraFo **09**, 396: nur zu versagen, wenn bei Hinwegdenken des Verfahrenshindernisses Verurteilung mit Sicherheit wegen Schuldspruchreife zu erwarten gewesen wäre). Strafrechtliche Schuldzuweisung darf insoweit aber nicht erfolgen (BVerfG aaO; BGH aaO; erg unten 19). Diese Grundsätze gelten auch bei Ablehnung der Eröffnung des Hauptverfahrens wegen eines Verfahrenshindernisses (BVerfG NJW **92**, 1611; Hamm wistra **06**, 359). Bei Einstellung durch das Berufungs- (Stuttgart Justiz **08**, 372) oder Revisionsgericht kommt es darauf an, ob die Verurteilung beim Hinwegdenken des Verfahrenshindernisses sicher erscheint (Bay **69**, 133 = NJW **70**, 875; Hamburg MDR **69**, 945; **72**, 344). Ein Verstoß gegen Art 6 II **MRK** ist bei dieser Auslegung ausgeschlossen (erg unten 19 und 12 zu Art 6 MRK).

17 Auf die **Einstellung nach § 206 b** oder sonst bei Freispruch wegen einer Gesetzesänderung ist die Vorschrift nicht anwendbar (LG Koblenz NStZ-RR **08**, 128 mwN), auch nicht im Bußgeldverfahren (vgl LG Koblenz **07**, 637). Sie gilt aber, wenn bei Tateinheit nur deshalb freigesprochen werden muss (vgl 46 zu § 260), weil der schwerere Vorwurf nicht erwiesen ist und der Verurteilung wegen des leichteren ein Verfahrenshindernis entgegensteht (Karlsruhe NStZ **81**, 228; Köln MDR **70**, 610; LR-Hilger 55; **aM** Naucke NJW **70**, 85). Die Belastung der

Staatskasse mit den notwendigen Auslagen des Angeklagten ist gerechtfertigt, wenn anzunehmen ist, dass er einen Bußgeldbescheid wegen der (nun verjährten) OWi hingenommen hätte (Celle VRS **48**, 115; erg 7 zu § 465).

Die **Ermessensentscheidung** hängt in 1. Hinsicht davon ab, ob das Verfahrenshindernis vor oder nach Klageerhebung eingetreten ist. Im zuerst genannten Fall hat idR die Staatskasse die notwendigen Auslagen des Angeschuldigten zu tragen (KG StV **91**, 479 und Karlsruhe NStZ **81**, 228 je mwN; Naucke NJW **70**, 85), auch wenn das Hindernis erst nach einer Beweisaufnahme in der Hauptverhandlung erkennbar wird (**aM** Frankfurt NJW **71**, 818; LR-Hilger 57). Stellt sich erst nach langwieriger Aufklärung des Tatgeschehens heraus, dass die nachweisbare Tat verjährt ist, werden die notwendigen Auslagen des Angeschuldigten aber nicht der Staatskasse auferlegt (BGH NJW **95**, 1297, 1301). Ist das Verfahrenshindernis erst im Lauf des Verfahrens eingetreten, so werden vielfach der Staatskasse die dem Angeschuldigten seit der Entstehung des Hindernisses entstandenen notwendigen Auslagen überbürdet (Celle NJW **73**, 1987; Hamburg MDR **75**, 165; Saarbrücken MDR **72**, 442; vgl auch München MDR **87**, 606 und StV **88**, 71 für den Fall des Fehlens des Eröffnungsbeschlusses und JurBüro **85**, 1509 für den Fall des Strafklageverbrauchs bei doppelter Rechtshängigkeit). Es müssen jedoch immer Gründe hinzutreten, die eine andere Regelung unbillig erscheinen lassen (Düsseldorf MDR **90**, 359; Köln NJW **91**, 506; StraFo **97**, 18), zB die Herbeiführung des Verfahrenshindernisses durch den Angeschuldigten (LG Frankfurt aM NJW **71**, 952; LG Koblenz NStZ **83**, 235; Lampe NJW **74**, 1856; Liemersdorf/Miebach NJW **80**, 375) oder sonstiges strafprozessual vorwerfbares Verhalten (Köln StraFo **03**, 105), zB das Unterlassen eines Hinweises auf ein wegen derselben Tat bereits ergangenes Urteil (Düsseldorf JurBüro **86**, 1535; vgl auch BVerfG NStZ-RR **96**, 45). Bei Beachtung dieser Grundsätze ist III S 2 Nr 2 nur in seltenen Ausnahmefällen anwendbar, das entspricht dem Willen des Gesetzgebers. 18

C. **Einstellung nach Ermessen** (IV; 29 zu § 153; 3 zu § 153b; 8 zu § 153e; 18 zu § 154; 5 zu § 154b; 11 zu § 383). Auch hier gilt als Grundsatz die Regelung in I (J. M. Schmid JR **79**, 223: für alle „durchschnittlichen" Fälle). IV sieht aber eine andere Entscheidungsmöglichkeit vor. Nach nunmehr übereinstimmender Auffassung des EGMR (NJW **88**, 3257; dazu Beitlich NStZ **88**, 490; abl Kühl NJW **88**, 3233; eingehend dazu Kieschke, Die Praxis des EGMR und ihre Auswirkungen auf das deutsche Strafverfahrensrecht, 2003, S 163 ff; zugl Diss Halle-Wittenberg 2001), des BVerfG (BVerfGE **82**, 106 = NStZ **90**, 598 mit abl Anm Paulus; JMBlNW **92**, 78; ähnlich Frankfurt NJW **80**, 2031 mit abl Anm Kühl NStZ **81**, 114) und des BGH (NStZ **00**, 330 mit abl Anm Hilger) darf hierbei auf die Stärke des Tatverdachts abgestellt werden (ebenso BerlVerfGH **01**, 203; **aM** Kühl aaO; NJW **80**, 806; JR **78**, 94; Liemersdorf/Miebach NJW **80**, 374); die Unschuldsvermutung (Art 6 II **MRK;** dort 12) ist nach dieser Rspr nur dann verletzt, wenn das Gericht dem Angeschuldigten über Verdachtserwägungen hinaus strafrechtliche Schuld zuweist, ohne dass diese prozessordnungsgemäß festgestellt wurde (BVerfG aaO; NStZ **87**, 421; **88**, 84; **92**, 238; vgl auch BVerfG StV **08**, 368, wo aber anscheinend die Sonderregelung in V übersehen wurde). Ist das nicht der Fall, hat somit jegliche Erwägung, der Angeschuldigte sei „wahrscheinlich schuldig" oder ähnliches zu unterbleiben. Der Staatskasse sind die Auslagen aufzuerlegen, wenn der bei der Einstellung noch vorhandene Verdacht sich auf eine Straftat bezieht, die sehr viel leichter wiegt als der Vorwurf, zu dessen Entkräftung dem Angeschuldigten die Auslagen entstanden sind (vgl Frankfurt NJW **80**, 2031, 2032). Hat sich der Angeschuldigte zur Tragung seiner Auslagen bereit erklärt, so kommt eine Belastung der Staatskasse nicht in Betracht (Frankfurt Rpfleger **73**, 143; LR-Hilger 66; Göhler 51 zu § 47 OWiG; **aM** J. M. Schmid JR **79**, 222). Eine Aufteilung nach Instanzen (zB bei Einstellung in der Revisionsinstanz) ist möglich (BGH NStZ **91**, 47, 48). 19

20 **4) Ausdrücklich ausgesprochen** werden muss die Kosten- und Auslagenfolge im Fall des I in der verfahrensabschließenden Entscheidung (§ 464 I, II; dort 20). Werden der Staatskasse nur die Verfahrenskosten auferlegt, so darf das, auch wenn es sich zweifelsfrei um einen Fall des I handelt, nicht dahin ausgelegt werden, dass auch die notwendigen Auslagen des Angeschuldigten gemeint sind (KG NStZ-RR **04**, 190; Düsseldorf MDR **86**, 76; Hamm NJW **74**, 71; Karlsruhe MDR **76**, 513; LG Koblenz NStZ-RR **03**, 191; LR-Hilger 25 zu § 464; **aM** Naumburg NStZ-RR **01**, 189 mwN; LG Krefeld NJW **76**, 1548). Das gilt insbesondere, wenn der Angeklagte „auf Kosten der Landeskasse" freigesprochen wird (**aM** Düsseldorf Rpfleger **94**, 315; Köln JurBüro **85**, 1206; Oldenburg StraFo **02**, 359; LG Limburg JurBüro **85**, 1511; LG Zweibrücken JurBüro **93**, 238 mit Anm Mümmler lässt Gegenvorstellungen entspr § 33a zu). Hat das Gericht andererseits die notwendigen Auslagen der Staatskasse auferlegt, ohne eine einschränkende Bestimmung zu treffen, so steht fest, dass kein Teil seiner Auslagen dem Angeschuldigten zur Last fällt (Zweibrücken Rpfleger **79**, 344; LG Krefeld Rpfleger **75**, 320). Das gilt insbesondere für II (Zweibrücken aaO; LG Wuppertal JurBüro **84**, 1059; KK-Gieg 4; **aM** LG Flensburg JurBüro **85**, 1050 mit zust Anm D. Meyer; LG Trier Rpfleger **77**, 106; LG Wuppertal JurBüro **79**, 1184) und für III S 2 Nr 1 (LG Hamburg AnwBl **74**, 89; LG Münster AnwBl **74**, 227; **aM** LG Frankenthal MDR **79**, 165; LG Siegen Rpfleger **73**, 177; LG Würzburg JurBüro **74**, 889, die eine Korrektur der Entscheidung im Festsetzungsverfahren in der Weise für zulässig halten, dass die Notwendigkeit von Auslagen verneint wird, die bei Nichtverschweigen wesentlicher Umstände nicht entstanden wären). Die Entscheidung nach II–IV ist zu begründen, wenn sie anfechtbar ist (§ 34); so muss dargelegt werden, warum nach III davon abgesehen wird, die Auslagen der Staatskasse aufzuerlegen (Stuttgart NStZ-RR **03**, 60). Bei V genügt idR der Gesetzeswortlaut (vgl aber 55 zu § 153a).

21 **5) Verteilung der Auslagen:** Die Ermächtigung, alle notwendigen Auslagen des Angeschuldigten ihm oder der Staatskasse aufzuerlegen, schließt grundsätzlich die Befugnis zur Aufteilung ein (Hamburg NJW **71**, 292; Hamm NJW **70**, 2128; Nürnberg NJW **72**, 67). Das gilt insbesondere im Fall des IV (Naucke NJW **70**, 84; M.J. Schmid JR **79**, 224).

Auslagen bei Einstellung des Ermittlungsverfahrens

467a

I [1]Nimmt die Staatsanwaltschaft die öffentliche Klage zurück und stellt sie das Verfahren ein, so hat das Gericht, bei dem die öffentliche Klage erhoben war, auf Antrag der Staatsanwaltschaft oder des Angeschuldigten die diesem erwachsenen notwendigen Auslagen der Staatskasse aufzuerlegen. [2]§ 467 Abs. 2 bis 5 gilt sinngemäß.

II Die einem Nebenbeteiligten (§ 431 Abs. 1 Satz 1, §§ 442, 444 Abs. 1 Satz 1) erwachsenen notwendigen Auslagen kann das Gericht in den Fällen des Absatzes 1 Satz 1 auf Antrag der Staatsanwaltschaft oder des Nebenbeteiligten der Staatskasse oder einem anderen Beteiligten auferlegen.

III Die Entscheidung nach den Absätzen 1 und 2 ist unanfechtbar.

1 **1) Notwendige Auslagen des Beschuldigten** (I):

2 A. Eine **abschließende Regelung** für den Fall der Verfahrenseinstellung durch die StA nach Klagerücknahme enthält die Vorschrift. Unzulässig ist die erweiternde Auslegung der Ausnahmeregelung auf zeitlich frühere Einstellungen (BGH **30**, 152, 157; BGHZ **65**, 170, 176 = NJW **75**, 2341, 2343; München NJW **69**, 1449; Saarbrücken NJW **69**, 1451; SK-Degener 2; D. Meyer JurBüro **84**, 1627; **93**, 521; **aM** Bohlander AnwBl **92**, 161; erg Einl 199) und auf andere Fallgestaltungen (Celle NStZ **88**, 196; Schleswig SchlHA **86**, 114 [E/L]: Rücknahme des Antrages der StA auf Widerruf der Strafaussetzung). Nur wenn der Beschuldigte für eine

Strafverfolgungsmaßnahme zu entschädigen ist (§§ 2, 9 **StrEG**), kann er auch für die zur Beseitigung einer solchen Maßnahme notwendigen Auslagen im Ermittlungsverfahren Entschädigung verlangen (5 zu § 7 StrEG). Für die Zurücknahme der Privatklage gilt § 471 II.

B. **Zurücknahme der Klage:** Vgl §§ 156, 153c IV, 153d II, 153f III, 411 III. 3
Der Zurücknahme der Klage stehen gleich die Zurücknahme des Antrags auf Entscheidung im beschleunigten Verfahren nach § 417 (AG Wetzlar AnwBl **83**, 464), die Ablehnung dieses Antrags (LG Aachen JMBlNW **70**, 47; Geisler NJW **72**, 753) und die Zurücknahme des Strafbefehlsantrags vor dessen Erlass oder vor Anberaumung einer Hauptverhandlung nach § 408 III S 2 und nach §§ 400, 406 I **AO.** Wird die Klage nur zurückgenommen, um sie vor dem zuständigen Gericht erneut zu erheben, so ist § 467a nicht anwendbar (Düsseldorf JMBlNW **82**, 185; LG Nürnberg-Fürth NJW **71**, 1281 mit Anm H. Schmidt).

C. **Einstellung des Ermittlungsverfahrens:** Es muss sich um eine endgül- 4
tige Einstellung handeln. Der Grund ist gleichgültig (Oske MDR **69**, 714). § 467a gilt daher nicht nur im Fall des § 170 II S 1 (AG Bayreuth JurBüro **92**, 758), sondern auch, wenn die StA nach der Zurücknahme der früheren Anklage das Verfahren nach §§ 153 I, 153b I, 153c IV, 153d II oder 153f III einstellt; das gilt auch bei Einstellung des Verfahrens nach § 154 I, § 154b I (LR-Hilger 9), jedoch nicht bei vorläufiger Einstellung nach § 154d und entspr § 205 (vgl RiStBV 104). Wegen der Einstellung nach § 153a vgl I S 2 und § 467 V. Die bloße Untätigkeit der StA steht der Einstellung nicht gleich (LR-Hilger 11; **aM** Kohlhaas NJW **66**, 1112). Wird nach der Einstellung erneut Anklage erhoben und das Verfahren dann vom Gericht eingestellt, so gilt nicht § 467a, sondern § 467.

D. Die **Belastung der Staatskasse** ist grundsätzlich zwingend. Jedoch gilt 5
nach I S 2 der § 467 II–V sinngemäß. Daraus folgt, dass auch eine Aufteilung der notwendigen Auslagen zwischen Staatskasse und Beschuldigten zulässig ist (21 zu § 467). Die Anwendung des § 469 schließt die Auslagenüberbürdung nach § 467a nicht aus (AG Moers AnwBl **70**, 240). Über die Höhe wird nach § 464b entschieden.

2) Notwendige Auslagen eines Nebenbeteiligten (II): 6

A. **Nebenbeteiligte** sind nur Verfalls- und Einziehungsbeteiligte (§§ 431 I S 1, 7
442) und die JP oder PV, gegen die die Festsetzung einer Geldbuße zulässig ist (§ 444). Für andere Nebenbeteiligte (Einl 73) gilt II nicht. Die Vorschrift setzt aber nicht voraus, dass die Beteiligung der als Nebenbeteiligte in Betracht kommenden Personen (vgl § 432 I S 1), JP oder PV schon angeordnet worden ist (LR-Hilger 31). Sie ist nicht anwendbar, wenn der Privatkläger den Antrag auf selbstständige Einziehung stellt (SK-Degener 12; **aM** LR-Hilger 30).

B. Die **Kannbestimmung** gestattet die Belastung der Staatskasse oder eines an- 8
deren Beteiligten, dh eines Beschuldigten, Nebenklägers oder eines Nebenbeteiligten, dem die notwendigen Auslagen nicht selbst entstanden sind (EbSchmidt Nachtr II 14). Ein anderer Beteiligter wird insbesondere dann belastet, wenn er durch unrichtige Angaben die Zuziehung des Nebenbeteiligten verursacht hat. Auch eine Aufteilung zwischen Staatskasse und Beteiligten ist zulässig (vgl 21 zu § 467).

C. **Umfang der notwendigen Auslagen.** Vgl 5ff zu § 464a. Die im Ermitt- 9
lungsverfahren entstandenen Gebühren und Auslagen eines nach § 434 I gewählten Vertreters können bei berechtigtem Schutzinteresse des Nebenbeteiligten als notwendig anerkannt werden.

3) Gerichtliche Entscheidung: 10

A. Ein **Antrag** ist Voraussetzung für das Auslagenverfahren nach § 467a. Er ist 11
an keine bestimmte Frist oder Form gebunden und kann zurückgenommen wer-

den. Antragsteller können der Beschuldigte, sein gesetzlicher Vertreter (LR-Hilger 15; **aM** KMR-Stöckel 13: nur im Fall des § 67 I **JGG**), der Erziehungsberechtigte, der Verteidiger und die StA sein. Der Nebenbeteiligte, dessen Beteiligung noch nicht angeordnet war (oben 7), kann einen zulässigen Antrag nur stellen, wenn die Beteiligungsvoraussetzungen im Fall einer Neuerhebung der öffentlichen Klage vorliegen würden (LR-Hilger 31). Das Gleiche gilt, wenn die StA den Antrag nach II zugunsten des Nebenbeteiligten stellt.

12 B. **Zuständig** ist grundsätzlich das Gericht, bei dem Anklage erhoben oder der Antrag nach §§ 407 I, 417, § 400 **AO** gestellt war. Das gilt auch, wenn das Gericht unzuständig war (LR-Hilger 16).

13 C. **Rechtliches Gehör** muss der StA stets, dem Angeschuldigten oder sonstigen Beteiligten nur gewährt werden, wenn eine ihm nachteilige Entscheidung getroffen wird (§§ 33 II, III; Einl 23 ff).

14 D. **Vor der Entscheidung** muss die Frist des § 172 II S 1 abgewartet werden; § 9 III **StrEG** gilt entspr (LR-Hilger 13; **aM** KK-Gieg 2; KMR-Stöckel 16; SK-Degener 8). Kommt es nach rechtskräftiger Belastung der Staatskasse mit den notwendigen Auslagen des Angeschuldigten wegen derselben Tat zu einer gerichtlichen Verurteilung, so ist § 14 **StrEG** entspr anwendbar (LR-Hilger 20; zw KMR-Stöckel 19).

15 E. **Bindung des Gerichts:** Die Auslagenentscheidung knüpft an die Einstellungsverfügung der StA an. Daher muss das Gericht von ihr ausgehen. Es darf die Berechtigung der Einstellung nicht prüfen, insbesondere keine Beweise über die Tatsachen erheben, die ihre Grundlage bilden. Nur über die besonderen Voraussetzungen der Auslagenentscheidung, zB über die schuldhafte Säumnis iS des § 467 II, können im Freibeweis (7, 9 zu § 244) Ermittlungen angestellt werden. Ergeben sich dabei neue Tatsachen oder Beweismittel, die der Hauptentscheidung die Grundlage entziehen, so beantragt die StA Aussetzung des Verfahrens, führt die erforderliche Klärung herbei und macht das Auslagenverfahren ggf durch Erhebung der öffentlichen Klage gegenstandslos (EbSchmidt Nachtr II 15).

16 **4) Unanfechtbar** (III) sind die Entscheidungen nach I und II, auch bei unzutr Entscheidung (KK-Gieg 4). Dies entspricht § 464 III S 1 Hs 2 (vgl 17 zu § 464).

Kostenentscheidung bei Straffreierklärung

468 **Bei wechselseitigen Beleidigungen wird die Verurteilung eines oder beider Teile in die Kosten dadurch nicht ausgeschlossen, dass einer oder beide für straffrei erklärt werden.**

1 **1)** Die **Straffreierklärung** nach § 199 StGB ist von der starren Kostenregelung des § 465 I ausgenommen. Nach § 468, der auch im Privatklageverfahren gilt (LR-Hilger 5 mwN, erg 5 zu § 471), kann das Gericht nach pflichtgemäßem Ermessen einen oder beide Angeklagte in die Kosten verurteilen. Es kann die Kosten auch (nach Bruchteilen, ausscheidbaren Teilmassen oder bestimmten Beträgen) auf beide verteilen oder teilw der Staatskasse auferlegen (KK-Gieg 1). Ist nur ein Beteiligter angeklagt, so kann er ganz oder teilw von den Kosten befreit werden; insoweit wird die Staatskasse oder der Privatkläger belastet (SK-Degener 5).

2 **2) Kosten:** Eine Gerichtsgebühr entsteht nicht (Hartmann 5 zu Nr 3110–3117 KVGKG). Die Entscheidung betrifft daher nur die Auslagen des Gerichts. Seine notwendigen Auslagen trägt der Angeklagte selbst.

3 **3)** Einem **Zeugen** dürfen nach § 468 keine Kosten aufgebürdet werden (RG **13**, 421). Geschieht dies doch, so kann er diesen Teil des Urteils wie ein Angeklagter, in dessen Rolle er gedrängt ist, mit der sofortigen Beschwerde nach § 464 III anfechten (KMR-Stöckel 7; LR-Hilger 4; **aM** EbSchmidt Nachtr II 8: einfache Beschwerde nach § 304 II).

Kostenpflicht des Anzeigenden **RiStBV 92, 139 II**

469 **I [1]Ist ein, wenn auch nur außergerichtliches Verfahren durch eine vorsätzlich oder leichtfertig erstattete unwahre Anzeige veranlasst worden, so hat das Gericht dem Anzeigenden, nachdem er gehört worden ist, die Kosten des Verfahrens und die dem Beschuldigten erwachsenen notwendigen Auslagen aufzuerlegen. [2]Die einem Nebenbeteiligten (§ 431 Abs. 1 Satz 1, §§ 442, 444 Abs. 1 Satz 1) erwachsenen notwendigen Auslagen kann das Gericht dem Anzeigenden auferlegen.**

II War noch kein Gericht mit der Sache befasst, so ergeht die Entscheidung auf Antrag der Staatsanwaltschaft durch das Gericht, das für die Eröffnung des Hauptverfahrens zuständig gewesen wäre.

III Die Entscheidung nach den Absätzen 1 und 2 ist unanfechtbar.

1) Eine **unwahre Anzeige** löst die Kostentragungspflicht des Anzeigenden aus. Für amtlich zur Anzeige verpflichtete Personen (6 zu § 158) gilt § 469 nur bei strafrechtlich (§ 344 StGB) oder disziplinarrechtlich zu ahndender Pflichtwidrigkeit (LR-Hilger 9), für einen RA, der eine Anzeige für seinen Mandanten erstattet, ohne diese Einschränkung (KMR-Stöckel 9; LR-Hilger 10). Im Privatklageverfahren gilt nur § 471 II. 1

A. **Anzeige** ist wie in § 164 StGB in weitestem Sinne zu verstehen. Es genügen Angaben anlässlich einer Vernehmung und öffentl aufgestellte Behauptungen (LR-Hilger 5; **aM** SK-Degener 3). Unter § 469 fällt auch die falsche Selbstbezichtigung in Form einer Anzeige; kommt es zum gerichtlichen Verfahren, so gilt aber § 467 III S 1 (LR-Hilger 8). 2

B. **Unwahr** muss die Anzeige in tatsächlicher Hinsicht sein. Falsche Schlussfolgerungen und unrichtige Rechtsausführungen sind unschädlich. Die Unwahrheit muss feststehen. Ist der Tatverdacht gegen den Angezeigten nicht beseitigt, so ist § 469 nicht anwendbar (Hamm NJW **73**, 1850; Neustadt NJW **52**, 718). 3

C. **Vorsatz oder Leichtfertigkeit** (dazu Fischer 20 zu § 15 StGB) muss dem Anzeigenden vorzuwerfen sein. 4

D. **Ursächlich** für die Einleitung oder Fortsetzung (Hamm NJW **73**, 1850 unter Hinweis auf diese Gleichstellung in § 164 StGB) eines, wenn auch nur außergerichtlichen Verfahrens muss die Anzeige oder jedenfalls ihr unwahrer Teil gewesen sein. 5

2) Die **Kosten des Verfahrens** (§ 464 a) und die notwendigen Auslagen des Beschuldigten (§ 464 a II) müssen dem Anzeigenden auferlegt werden. Dagegen steht es im Ermessen des Gerichts, ob es die einem Nebenbeteiligten (7 zu § 467 a) erwachsenen notwendigen Auslagen dem Anzeigenden ganz oder teilw auferlegt. § 74 **JGG** gilt nicht entspr (Stuttgart MDR **82**, 519; **aM** SK-Degener 9). 6

3) Verhältnis des I S 1 zu § 467: Die notwendigen Auslagen des Beschuldigten müssen der Staatskasse nach § 467 I überbürdet werden, auch wenn die Entscheidung nach § 469 zugleich mit dem Urteil ergeht (Düsseldorf OLGSt Nr 1). Denn es steht weder fest, dass der Beschluss rechtskräftig wird (III), noch dass der Anzeigende zahlungsfähig ist (Bay NJW **58**, 1933; LG Mainz StraFo **99**, 135; erg 2 zu § 467). Erstattet die Staatskasse dem Angeschuldigten die notwendigen Auslagen, so gehört der Betrag zu den Kosten, die der Anzeigende auf Grund des Beschlusses nach § 469 zu bezahlen hat (LR-Hilger 16). 7

4) Entscheidung des Gerichts: 8

A. **Von Amts wegen oder auf Antrag** der StA, des Angeschuldigten oder eines Nebenbeteiligten entscheidet das Gericht im Fall des I S 1. Hat die StA das Verfahren eingestellt, so ergeht die Entscheidung nur auf deren Antrag (II), also nicht auf Antrag des Beschuldigten (AG Lüdinghausen NStZ-RR **03**, 382); I gilt 9 aber, wenn die Einstellung erst nach Zurücknahme der Anklage verfügt worden ist (KMR-Stöckel 14; SK-Degener 12; **aM** Bremen JZ **53**, 471 mit zust Anm Niethammer).

10 B. **Zuständig** ist das Gericht, auch das Berufungsgericht, das den Angeschuldigten freigesprochen oder das Verfahren eingestellt hat, vorher das Gericht, das für die Eröffnung des Hauptverfahrens zuständig gewesen wäre (II). Im Klageerzwingungsverfahren ist das OLG nicht das mit der Sache befasste Gericht iS von II (Frankfurt NJW **72**, 1724). Den Kostenfestsetzungsbeschluss erlässt auch im Fall des II der Rechtspfleger des Gerichts (3 zu § 464 b), nicht der Rechtspfleger der StA (Stuttgart Justiz **03**, 155).

11 C. **Durch Beschluss** neben der Entscheidung nach § 467 I erfolgt die Auferlegung der Kosten, auch in der Hauptverhandlung (Bay NJW **58**, 1933). Das Gericht kann aber, ohne dass dazu im Urteil ein besonderer Vorbehalt erforderlich ist, auch in einem Nachverfahren durch selbstständigen Beschluss entscheiden (BGH NStE Nr 14 zu § 464; LR-Hilger 20). Wegen des rechtlichen Gehörs gilt § 33 I–III; es muss auch dem Anzeigenden vor der Entscheidung gewährt werden.

12 **5) Unanfechtbar** (III) sind die Entscheidungen nach I und II. Vgl 16 zu § 467 a.

Zurücknahme des Strafantrags

470 [1] **Wird das Verfahren wegen Zurücknahme des Antrags, durch den es bedingt war, eingestellt, so hat der Antragsteller die Kosten sowie die dem Beschuldigten und einem Nebenbeteiligten (§ 431 Abs. 1 Satz 1, §§ 442, 444 Abs. 1 Satz 1) erwachsenen notwendigen Auslagen zu tragen.** [2] **Sie können dem Angeklagten oder einem Nebenbeteiligten auferlegt werden, soweit er sich zur Übernahme bereit erklärt, der Staatskasse, soweit es unbillig wäre, die Beteiligten damit zu belasten.**

1 **1) Kostentragungspflicht des Antragstellers** (S 1):

2 A. **Durch den Antrag bedingt** ist das Verfahren, wenn er zulässig und wirksam war und das Verfahren ohne ihn nicht eingeleitet oder weiterbetrieben worden wäre. Das ist nicht der Fall, wenn die StA Tateinheit mit einem Offizialdelikt oder das besondere öffentliche Interesse an der Strafverfolgung (etwa nach §§ 183 II, 230 I, 248 a StGB) angenommen hat. Wird das wegen eines Offizialdelikts eingeleitete Verfahren nur wegen des Antragsdelikts fortgesetzt, so ist es von diesem Zeitpunkt ab, zB nach Anklageerhebung, durch den Antrag bedingt (Oldenburg GA **64**, 250, **aM** EbSchmidt Nachtr II 7). Auf die Ermächtigung zur Strafverfolgung und das Strafverlangen (§§ 77 e StGB) ist § 470 nicht anzuwenden.

3 B. **In jedem Verfahrensabschnitt** gilt S 1. War das Gericht mit der Sache noch nicht befasst, muss die StA zur Durchsetzung der Kostenfolge den Antrag auf Erlass des Kostenbeschlusses entspr § 469 II bei Gericht stellen (LR-Hilger 3; unten 7).

4 C. **Kosten und notwendige Auslagen** (vgl § 464 a) sind, wirksame Antragsrücknahme vorausgesetzt, dem Anzeigenden aufzuerlegen. Haben mehrere den Antrag gestellt und zurückgenommen, so werden sie gemeinsam belastet und haften entspr dem Grundsatz der §§ 466, 471 IV als Gesamtschuldner (KK-Gieg 2). Gerichtsgebühren können nach Nr 3200 KVGKG herabgesetzt werden oder ganz entfallen; sie fallen erst an, wenn das Hauptverfahren schon eröffnet war (vgl Hartmann 9 zu Nr 3200). Hat der Dienstvorgesetzte die Anzeige erstattet (§§ 77 a, 194 III StGB), so werden nicht ihm, sondern dem Bund oder dem Land, dessen Behörde er vertritt, die Kosten auferlegt (LR-Hilger 5; **aM** EbSchmidt Nachtr II 11: die in §§ 465 ff immer gemeinte Staatskasse). Für das Verhältnis zu § 467 gilt 7 zu § 469 entspr.

2) Kostenverteilung nach Ermessen (S 2): Die Abweichung von der Regel des S 1 ist, da S 2 vom Angeklagten (vgl § 157) spricht, nur nach Eröffnung des Hauptverfahrens zulässig (LR-Hilger 8; D. Meyer JurBüro **84**, 1627; **aM** AG Schwetzingen NJW **75**, 946, KK-Gieg 3). S 2 hat den Nebenzweck, die Beendigung des Verfahrens durch einen Kosten- und Auslagenvergleich (zum Vergleich 8 ff vor § 374; 13 vor § 395) zu erleichtern. Da ein Vergleich der Prozessbeteiligten das Gericht nicht bindet, darf die Zurücknahme des Strafantrags an die Bedingung geknüpft werden, dass der Antragsteller von Kosten freigestellt wird (BGH **9**, 149; **16**, 105, 107). Mit den Kosten und notwendigen Auslagen, auch des antragstellenden Privat- oder Nebenklägers, kann der Angeklagte oder ein Nebenbeteiligter allein belastet werden, wenn er sich zur vollen Übernahme ausdrücklich oder stillschweigend (LG Potsdam NStZ **06**, 655: bei Entschuldigung) bereit erklärt hat; dies kann insbesondere im Rahmen eines TOA nach §§ 155 a, 155 b von Bedeutung sein (KK-Gieg 3). Handelt es sich um mehrere Übernahmebereite, so haften sie als Gesamtschuldner (oben 4). Es ist aber auch zulässig, Kosten und Auslagen auf mehrere Antragsteller nach dem Maß ihrer Übernahmebereitschaft aufzuteilen und erforderlichenfalls im Übrigen den Angeklagten zu belasten (vgl im Einzelnen KK-Gieg 3). 5

3) Die **Staatskasse** darf nur ausnahmsweise belastet werden (Oldenburg GA **64**, 250), wenn anerkennenswerte Gründe vorliegen, die es unbillig erscheinen lassen, die Regel des S 1 anzuwenden oder von der Übernahmebereitschaft des Angeklagten oder eines Nebenbeteiligten Gebrauch zu machen. Wenn die Rücknahme des Strafantrags übersehen wurde, sind aber die danach entstandenen Kosten der Staatskasse aufzuerlegen (Koblenz StraFo **05**, 129). 6

4) Die **Entscheidung des Gerichts** ergeht in dem Einstellungsurteil nach § 260 III oder dem Beschluss nach § 206 a von Amts wegen oder auf Antrag. Hat die StA das Verfahren eingestellt, so wird nur auf deren Antrag (oben 3) und durch selbstständigen Kostenbeschluss entschieden. Die Zuständigkeitsregelung des § 469 II gilt dann entspr. Vor der Entscheidung, die nach § 34 zu begründen ist, muss der Antragsteller gehört werden (§ 33 I–III). 7

5) Anfechtung: Gegen die Kostenauferlegung ist die sofortige Beschwerde nach § 464 III zulässig, auch wenn durch Urteil entschieden worden ist. 8

Privatklagekosten

471 **I In einem Verfahren auf erhobene Privatklage hat der Verurteilte auch die dem Privatkläger erwachsenen notwendigen Auslagen zu erstatten.**

II Wird die Klage gegen den Beschuldigten zurückgewiesen oder wird dieser freigesprochen oder wird das Verfahren eingestellt, so fallen dem Privatkläger die Kosten des Verfahrens sowie die dem Beschuldigten erwachsenen notwendigen Auslagen zur Last.

III Das Gericht kann die Kosten des Verfahrens und die notwendigen Auslagen der Beteiligten angemessen verteilen oder nach pflichtgemäßem Ermessen einem der Beteiligten auferlegen, wenn

1. es den Anträgen des Privatklägers nur zum Teil entsprochen hat;
2. es das Verfahren nach § 383 Abs. 2 (§ 390 Abs. 5) wegen Geringfügigkeit eingestellt hat;
3. Widerklage erhoben worden ist.

IV 1 Mehrere Privatkläger haften als Gesamtschuldner. 2 Das Gleiche gilt hinsichtlich der Haftung mehrerer Beschuldigter für die dem Privatkläger erwachsenen notwendigen Auslagen.

1 **1) Die allgemeinen Kostenbestimmungen** der §§ 464 ff gelten auch im Privatklageverfahren, soweit § 471 nichts anderes bestimmt (Stuttgart NJW **74**, 512, 513). Jedoch tritt an die Stelle der StA und der Staatskasse der Privatkläger (BGH **17**, 376, 380). § 471 gilt für alle Rechtszüge (LR-Hilger 4). Wegen der Rechtsmittelkosten vgl 32 ff zu § 473. Anders als das Offizialverfahren kann das Privatklageverfahren durch Vergleich beendet werden (9 ff vor § 374). An die darin enthaltene Kostenregelung ist das Gericht nicht gebunden (LR-Hilger 23).

2 **2)** Der **verurteilte Angeklagte** (I) hat dem Privatkläger, was das Gericht ausdrücklich aussprechen muss (Düsseldorf JurBüro **89**, 1000), die notwendigen Auslagen (§ 464 a II) zu erstatten, auch soweit sie vor Klageerhebung entstanden sind.

3 **3) Im Fall der Nichtverurteilung** (II) muss in dem freisprechenden Urteil oder in dem Einstellungsbeschluss ausgesprochen werden, dass der Privatkläger dem Beschuldigten dessen notwendige Auslagen zu erstatten hat. Das gilt auch, wenn die Privatklage nach § 383 I S 1 zurückgewiesen (dort 13) oder zurückgenommen wird oder nach § 391 II als zurückgenommen gilt (LG Hagen NJW **55**, 1646), wenn das Verfahren nach § 389 eingestellt wird, weil ein Offizialdelikt vorliegt (Bay **59**, 257 = NJW **59**, 2274; LR-Hilger 12; **aM** Traub NJW **60**, 710, der III Nr 2 entspr anwenden will), und wenn es nach § 393 I wegen des Todes des Privatklägers eingestellt und nicht nach § 393 II fortgesetzt wird (Bay **60**, 141; LR-Hilger 10; **aM** Traub aaO; erg 1 zu § 393), nicht aber im Fall des § 379 a III S 1 (D. Meyer JurBüro **89**, 1205). Über den Tod des Beschuldigten vgl 14 zu § 464; 12 zu § 465. Bei schuldhafter Säumnis der Beschuldigten gilt § 467 II (Stuttgart NJW **74**, 512, 513), bei Teilfreispruch III Nr 1 (unten 5). Bei Widerklage ist stets nach III Nr 3 zu entscheiden (unten 7).

4 **4) Verteilung; Belastung eines Beteiligten** (III): Die Vorschrift gilt für alle Rechtszüge (33 zu § 473). Zulässig ist die Verteilung der Gebühren und Auslagen der Staatskasse (§ 464 a I) und der notwendigen Auslagen der Beteiligten (§ 464 a II), und zwar nach Bruchteilen oder nach ausscheidbaren Teilen (Massen oder Einzelposten). Die Vollstreckungskosten werden nach dem Grundgedanken des § 466 S 2 idR dem Verurteilten aufzuerlegen sein, ebenso die sich nach der Verurteilung richtenden Gerichtsgebühren. Die Verteilung muss so eindeutig sein, dass sie eine sichere Grundlage für die Festsetzung der Höhe der Ansprüche erlaubt (vgl 1 zu § 464 b). Werden die Ansprüche der Beteiligten auf Auslagenerstattung gegeneinander aufgehoben, so hat keiner gegenüber dem anderen einen Zahlungsanspruch. III gilt auch, wenn von mehreren Mitangeklagten einer freigesprochen wird. Jedoch dürfen dann die Kosten, die nur im Verfahren gegen den Freigesprochenen entstanden sind, nicht einem Verurteilten auferlegt werden (Bay **57**, 190 = JZ **58**, 180). Zur Berücksichtigung eines Kosten- und Auslagenvergleichs vgl 8 ff vor § 374.

5 A. **Teilerfolg des Privatklägers** (III Nr 1): Maßgebend ist, ob der Verfahrensausgang hinter dem den Anträgen des Privatklägers entspr Eröffnungsbeschluss zurückbleibt. Dabei kommt es nicht darauf an, ob der Angeklagte wegen aller in Tateinheit stehender Delikte (**aM** KK-Gieg 4), oder bei einer natürlichen Handlungseinheit wegen aller Teilvorgänge verurteilt wird (**aM** Bay **62**, 139). Dagegen kann Nr 1 anwendbar sein, wenn das Urteil nicht wegen aller selbstständigen Handlungen ergeht; dann beurteilt sich die Frage, ob der Privatkläger nur teilw Erfolg hat, nach dem Gesamtgegenstand der Privatklage (LR-Hilger 27). Für die Frage des Erfolgs ist gleichgültig, ob der Privatkläger die Tat rechtlich anders beurteilt und ob auf die Strafe erkannt wird, die er im Schlussvortrag (§§ 385 I, 258) beantragt hat (Düsseldorf JurBüro **85**, 896). Bei Straffreierklärung nach § 199 StGB ist III Nr 1 neben § 468 anwendbar (RG **44**, 333; KMR-Stöckel 4 zu § 468); idR werden dem Privatkläger die Kosten aufzuerlegen sein (LR-Hilger 6).

B. **Einstellung wegen Geringfügigkeit** (III Nr 2): Die volle oder teilw Belastung eines der Beteiligten ist Teil des Einstellungsbeschlusses nach §§ 383 II, 390 V. Die Ermessensentscheidung darf das Gericht dann nicht mit der Schuld des Beschuldigten begründen, wenn es die Hauptverhandlung in der Schuldfrage nicht bis zur Entscheidungsreife geführt hat (BVerfG **74**, 358 = NJW **87**, 2427, 2428; **90**, 2741; krit Krehl NJW **88**, 3254). Es darf aber berücksichtigen, inwieweit der Beschuldigte nachvollziehbaren Anlass zur Klageerhebung gegeben hat; dabei darf es aber nur die Umstände des Sachverhalts zugrunde legen, die keiner Aufklärung mehr bedürfen (BVerfG NJW **91**, 829; **92**, 1611; Nierwetberg NJW **89**, 1978). Die Staatskasse darf nicht belastet werden. 6

C. **Bei Widerklage** (III Nr 3) bilden die Verfahrenskosten und notwendigen Auslagen beider Beteiligter eine unteilbare Einheit (EbSchmidt Nachtr II 28). Ohne Rücksicht auf den Ausgang der Privatklage muss daher über Kosten und Auslagen ausdrücklich entschieden werden (Bay **55**, 238), und zwar im Urteil oder in der sonstigen verfahrensabschließenden Entscheidung. Eine Verteilung ist auch bei Freisprechung des Privatklägers von der Beschuldigung der Widerklage möglich (Celle NdsRpfl **66**, 227). 7

5) **Als Gesamtschuldner** (IV) haften mehrere Privatkläger in den Fällen des II, in denen des III nur insoweit, als sie in der gerichtlichen Kostenverteilung gemeinsam belastet werden. Ebenso haften mehrere Beschuldigte als Gesamtschuldner im Fall des I für die dem Privatkläger oder den mehreren Privatklägern erwachsenen notwendigen Auslagen, soweit sie wegen derselben Tat (§ 264) verurteilt sind (LR-Hilger 37). Das Gleiche gilt im Fall des III, wenn und soweit die notwendigen Auslagen den mehreren Beschuldigten ohne Aufteilung auf die Einzelnen auferlegt werden. Die gesamtschuldnerische Haftung der mehreren Mitbeschuldigten für die Auslagen der Staatskasse richtet sich nach § 466. Für die Gerichtsgebühren gibt es keine solche Haftung (vgl § 466 S 1). 8

Notwendige Auslagen des Nebenklägers

472 I [1]**Die dem Nebenkläger erwachsenen notwendigen Auslagen sind dem Angeklagten aufzuerlegen, wenn er wegen einer Tat verurteilt wird, die den Nebenkläger betrifft.** [2]**Hiervon kann ganz oder teilweise abgesehen werden, soweit es unbillig wäre, den Angeklagten damit zu belasten.**

II [1]**Stellt das Gericht das Verfahren nach einer Vorschrift, die dies nach seinem Ermessen zulässt, ein, so kann es die in Absatz 1 genannten notwendigen Auslagen ganz oder teilweise dem Angeschuldigten auferlegen, soweit dies aus besonderen Gründen der Billigkeit entspricht.** [2]**Stellt das Gericht das Verfahren nach vorangegangener vorläufiger Einstellung (§ 153 a) endgültig ein, gilt Absatz 1 entsprechend.**

III [1]**Die Absätze 1 und 2 gelten entsprechend für die notwendigen Auslagen, die einem zum Anschluss als Nebenkläger Berechtigten in Wahrnehmung seiner Befugnisse nach § 406 g erwachsen sind.** [2]**Gleiches gilt für die notwendigen Auslagen eines Privatklägers, wenn die Staatsanwaltschaft nach § 377 Abs. 2 die Verfolgung übernommen hat.**

IV **§ 471 Abs. 4 Satz 2 gilt entsprechend.**

1) Die **Kosten der Beteiligung des Nebenklägers** sind von dem Angeklagten zu tragen, wenn er wegen der den Nebenkläger betreffenden Tat verurteilt wird (I), und verbleiben grundsätzlich bei dem Nebenkläger, wenn das Verfahren nach einer Ermessensvorschrift eingestellt wird (II). In beiden Fällen wird durch Billigkeitsklauseln die Möglichkeit einer abweichenden gerichtlichen Entscheidung eröffnet. Bei der Überbürdung der notwendigen Auslagen des Nebenklägers auf den Untergebrachten verbleibt es bei der analogen Anwendung von §§ 465, 467 1

(Hamm NStZ **88**, 379). Die Entscheidung setzt nur eine wirksame Anschlusserklärung, nicht den (deklaratorischen) Beschluss nach § 396 II voraus (LG Koblenz StraFo **09**, 440); widerruft der Nebenkläger aber seine Anschlusserklärung, so verliert er den Kostenerstattungsanspruch (2 zu § 402); stirbt er vor Rechtskraft des Verfahrens, so bleibt der Anspruch bestehen (5 zu § 402).

2 Wenn der **Angeklagte freigesprochen,** das Hauptverfahren gegen ihn nicht eröffnet oder das Verfahren nach §§ 206 a, 206 b, 260 III eingestellt wird, trägt die durch seine Beteiligung entstandenen Kosten stets der Nebenkläger selbst (BGH wistra **99**, 426 bei Tod des Angeklagten). Er kann auch nicht die Erstattung der durch die Säumnis des Beschuldigten entstandenen Kosten verlangen, denn I S 1 geht als abschließende Sonderregelung § 467 II vor (LR-Hilger 2, 4; **aM** Saarbrücken NStZ-RR **97**, 158 mwN). In dem das Verfahren abschließenden Urteil oder Beschluss ist ein besonderer Ausspruch darüber, dass die Kosten bei dem Nebenkläger verbleiben, nicht erforderlich (Düsseldorf OLGSt § 469 Nr 1; **aM** LR-Hilger 8). Nach hM kann der Nebenkläger Kostenerstattungsansprüche gegen den freigesprochenen Angeklagten auch nicht auf dem Zivilrechtsweg geltend machen (BGHZ **24**, 263 = NJW **57**, 1593; LR-Hilger 29 vor § 464).

3 Der **Staatskasse** dürfen die Auslagen des Nebenklägers in keinem Fall überbürdet werden (Celle NdsRpfl **70**, 184; Hamm VRS **42**, 36; München AnwBl **78**, 189; LG Essen Rpfleger **84**, 268; erg 1 zu § 464 b; 12 zu § 473). Sie tritt auch im Fall des § 74 **JGG** nicht für den Angeklagten ein (Celle MDR **75**, 338; LR-Hilger 7; **aM** Zweibrücken AnwBl **73**, 86; LG Darmstadt NStZ **85**, 235 L; zw Eisenberg/Schimmel JR **96**, 218; erg unten 8).

4 **2) Kostenentscheidung bei Verurteilung des Angeklagten (I):**

5 A. Bei **Verurteilung wegen einer den Nebenkläger betreffenden Tat** (S 1) hat der Angeklagte grundsätzlich die Kosten des Nebenklägers zu tragen. Verurteilt iS der Vorschrift ist auch der Freigesprochene, gegen den eine Maßregel nach §§ 63, 64, 69 StGB angeordnet worden ist (Bay **54**, 43 = NJW **54**, 1090; LG Stuttgart AnwBl **73**, 176 mit Anm Schick).

6 In den **Fällen des § 395 I, III** hängt die Kostentragungspflicht des Angeklagten nicht davon ab, dass es zur Verurteilung wegen des Nebenklagedelikts kommt (BGH **20**, 284; Bay JR **86**, 556 = MDR **86**, 606). Eine den Nebenkläger betreffende Tat liegt vielmehr immer vor, wenn sie denselben geschichtlichen Vorrang iS des § 264 betrifft, der der Nebenklage zugrunde liegt, und wenn sie sich gegen den Nebenkläger als Träger eines strafrechtlich geschützten Rechtsguts richtet (BGH **38**, 93 mwN; NStZ **97**, 74 [K]; **98**, 28 [K]; **aM** LR-Hilger 12: nur wenn grundsätzlich eine Verurteilung wegen eines Nebenklagedelikts möglich wäre; offen gelassen von Celle NZV **91**, 42 mit Anm Riegner, der Tateinheit verlangt). Das gilt auch bei Verurteilung nach § 323 a StGB, wenn sich die Rauschtat gegen den Nebenkläger gerichtet hatte (BGH **20**, 284; Bay aaO; Kotz NStZ-RR **99**, 166), bei § 323 c, wenn ihm gegenüber Hilfe unterblieb (BGH NJW **02**, 1356), und bei Verurteilung wegen fahrlässiger Veröffentlichung nach § 11 III Bay-LPresseG, wenn der strafbare Inhalt des Druckwerks eine Tat darstellt, derentwegen die Nebenklage erhoben werden kann (Bay **82**, 146 = AfP **83**, 275). Es genügt auch die Verurteilung wegen einer OWi, die Schutzcharakter gegenüber dem Nebenkläger hat; dazu gehört § 1 StVO (Bay **70**, 227 = VRS **40**, 240; Hamm JMBlNW **58**, 236; **aM** LG Limburg VRS **49**, 118), aber nicht die nur im Interesse der allgemeinen Verkehrssicherheit erlassenen Vorschriften der StVO (BGH **11**, 195, 198; Celle NJW **56**, 1611). Die Erstattungspflicht entfällt mangels Schutzcharakters dieser Vorschriften auch bei Verurteilung nach § 142 StGB (BGH VRS **17**, 424; Hamm DAR **61**, 344; **aM** Düsseldorf MDR **81**, 958; Riegner NZV **91**, 43) und nach § 316 StGB (Bay **68**, 36 = NJW **68**, 1732; KG VRS **44**, 119), nicht aber bei Verurteilung nach § 315 b StGB (BGH NStZ-RR **06**, 127).

7 Im **Fall des § 395 II Nr 1** genügt es ebenfalls, dass der Angeklagte wegen einer Straftat verurteilt ist, die gegen den Getöteten als Träger eines strafrechtlich ge-

schützten Rechtsguts erhoben werden kann (BGH NJW **60**, 1311; GA **68**, 184; Hamm Anwbl **82**, 168; Stuttgart NJW **59**, 1455).

B. Die **notwendigen Auslagen** (S 1) des zu Recht und wirksam zugelassenen (Bay **71**, 56; LR-Hilger 13) Nebenklägers hat der Angeklagte zu tragen; das gilt idR auch für einen verurteilten Heranwachsenden, bei dem aber nach §§ 74, 109 II S 1 **JGG** davon abgesehen werden kann (KG JR **96**, 216 mit abl Anm Eisenberg/Schimmel). Maßgebend ist § 464a II. Notwendige Auslagen des Nebenklägers sind auch diejenigen, die zeitlich in das Vorverfahren fallen (Hamm JMBlNW **79**, 287; Schmidt NJW **79**, 1396; **aM** Schmid NJW **79**, 302) oder die nach teilw Aufhebung des Urteils und Zurückverweisung zur erneuten Straffestsetzung entstehen (Brandenburg NStZ-RR **98**, 255). Die Erstattungspflicht besteht gegenüber dem mitangeklagten Nebenkläger (Bay **59**, 168 = VRS **18**, 198; Stuttgart NJW **57**, 435; SK-Degener 16; **aM** Lechleitner NJW **59**, 859; vgl auch LR-Hilger 16: Billigkeitsentscheidung nach S 2). Dann ist aber nur der Differenzbetrag zu erstatten, um den sich die Verteidigergebühr infolge der Hinzunahme der Nebenklägervertretung erhöht (Bay aaO; LG Bonn MDR **71**, 776 mit abl Anm H. Schmidt; LG Regensburg NJW **67**, 898; LR-Hilger 16; **aM** LG Arnsberg JurBüro **85**, 1511 mit abl Anm Mümmler: volle Kosten der Nebenklägervertretung). 8

C. **Billigkeitsentscheidung** (S 2): Von der Kostenentscheidung nach S 1 kann mit der Folge abgesehen werden, dass die Kosten beim Nebenkläger verbleiben, wenn das der Billigkeit entspricht. Das Gericht kann dabei die Umstände des Einzelfalls berücksichtigen (BGH NStZ **99**, 261), insbesondere den Umstand, dass der Beschuldigte durch sein Verhalten keinen vernünftigen Anlass für einen Anschluss als Nebenkläger gegeben hat (LR-Hilger 15; **aM** Beulke DAR **88**, 119) oder dass den Verletzten ein Mitverschulden trifft (vgl BGH **38**, 93, 95). S 2 ermöglicht auch eine Teilung der dem Nebenkläger erwachsenen notwendigen Auslagen, wobei in die Billigkeitsentscheidung auch die finanzielle Lage des Beteiligten und der Umstand einfließen, ob der Nebenkläger durch sein Prozessverhalten schuldhaft vermeidbare Auslagen verursacht hat (KG NStZ-RR **99**, 223). Hat der Angeklagte erfolglos Rechtsmittel eingelegt, gilt insoweit aber nicht S 2 sondern § 473 I S 2 (Düsseldorf JurBüro **91**, 853); zum Teilerfolg vgl 29 zu § 473. 9

D. Eine **ausdrückliche Entscheidung** über die notwendigen Auslagen des Nebenklägers ist in jedem verurteilenden Erkenntnis zu treffen (KG JR **89**, 392; Koblenz NStE Nr 5). Die Billigkeitsentscheidung nach S 2 ist zu begründen. Enthält das Urteil keine Entscheidung, so trägt der Nebenkläger seine Kosten selbst, sofern er nicht erfolgreich sofortige Beschwerde nach § 464 III S 1 Hs 1 einlegt (LG Koblenz StraFo **09**, 440). Die Nachholung der unterbliebenen Entscheidung ist unzulässig (LG Stuttgart NStE Nr 19 zu § 464; erg 12 zu § 464). 10

Entsprechendes – also Entscheidung notwendig, Beschwerde zulässig, Nachholung unzulässig (nicht verstanden von LG Nürnberg-Fürth NStZ-RR **05**, 159) – gilt für den Fall, dass der Angeklagte den Einspruch gegen den **Strafbefehl** nach Terminsanberaumung zurückgenommen hat (LG Hechingen DAR **91**, 197; LG Zweibrücken Rpfleger **92**, 128; AK-Meier 7; erg 13 zu § 464) oder der Einspruch nach § 412 verworfen worden ist (**aM** LG Berlin NStE Nr 16 zu § 464, das zu Unrecht – vgl 19 zu § 464 – dem Nebenkläger die Anfechtungsmöglichkeit versagt). Falls gegen den Strafbefehl kein Einspruch eingelegt wird, trägt der Nebenkläger seine notwendigen Auslagen selbst, ausgenommen nach III solche für eine Tätigkeit im Rahmen des § 406g (Frankfurt NStZ-RR **01**, 63 mwN; erg unten 14). 10a

3) Kostenentscheidung bei Verfahrenseinstellung (II): 11

A. Die **allgemeine Regelung** (S 1) dieser Kostenfrage geht dahin, dass der Nebenkläger bei einer Verfahrenseinstellung nach §§ 153, 154ff seine notwendigen Auslagen grundsätzlich selbst zu tragen hat, dass das Gericht aber die notwendigen 12

Auslagen des Nebenklägers ganz oder teilw dem Angeschuldigten auferlegen kann, soweit das aus besonderen Gründen der Billigkeit entspricht (München NJW **03**, 3072). Dabei darf berücksichtigt werden, dass der Beschuldigte durch die bereits feststehenden Tatsachen verständlichen Anlass zur Nebenklage gegeben hat (BVerfG StV **88**, 31; vgl auch Beulke DAR **88**, 114, 119).

13 B. Bei **endgültiger Verfahrenseinstellung nach § 153 a** (S 2) sind entspr I S 1 die notwendigen Auslagen des Nebenklägers grundsätzlich dem Beschuldigten aufzuerlegen; nur aus Billigkeitsgründen kann bestimmt werden, dass sie bei dem Nebenkläger verbleiben; dieser ist jedoch vorher anzuhören (Düsseldorf MDR **93**, 786; Stuttgart StraFo **04**, 291: sonst § 33 a). Auch wegen der Notwendigkeit eines ausdrücklichen Kostenausspruchs in dem Einstellungsbeschluss gelten die Grundsätze zu I S 1 (oben 10). Da der Beschuldigte der Einstellung gegen Auflagen und Weisungen nach § 153 a II in jedem Fall zustimmen muss, kann er auch die Kostenlast nach II S 2 in seine Überlegungen einbeziehen; auch das Gericht kann den Umstand, dass den Angeschuldigten auch die Auslagen des Nebenklägers treffen, bei der Bemessung der Auflagen nach § 153 a I S 1 Nrn 1–4 berücksichtigen.

14 **4)** Die **entsprechende Anwendung von I und II** (III) ist für zwei Fälle bestimmt. Einmal stellt S 1 denjenigen Verletzten, der an sich zum Anschluss als Nebenkläger berechtigt wäre, sich aber darauf beschränkt hat, einen Rechtsanwalt nach § 406 g hinzuzuziehen, kostenmäßig im Hinblick auf die ihm insoweit entstandenen Kosten einem Nebenkläger gleich. Das gilt auch für die Hinzuziehung des Beistands schon im Vorverfahren, sofern es später zur Verurteilung des Beschuldigten (durch Strafbefehl genügt, vgl LG Traunstein DAR **91**, 316) kommt. Zum anderen stellt S 2 sicher, dass dem früheren Privatkläger durch die Übernahme des Verfahrens durch die StA nach § 377 keine kostenmäßigen Nachteile erwachsen.

15 **5) Gesamtschuldnerische Haftung** (IV). Mehrere Angeschuldigte, die für die notwendigen Auslagen des Nebenklägers einzustehen haben, haften entspr § 471 IV S 2 als Gesamtschuldner.

Kosten des Entschädigungsanspruchs

472a **I Soweit dem Antrag auf Zuerkennung eines aus der Straftat erwachsenen Anspruchs stattgegeben wird, hat der Angeklagte auch die dadurch entstandenen besonderen Kosten und die notwendigen Auslagen des Verletzten zu tragen.**

II 1 Sieht das Gericht von der Entscheidung über den Antrag ab, wird ein Teil des Anspruchs dem Verletzten nicht zuerkannt oder nimmt der Verletzte den Antrag zurück, so entscheidet das Gericht nach pflichtgemäßem Ermessen, wer die insoweit entstandenen gerichtlichen Auslagen und die insoweit den Beteiligten erwachsenen notwendigen Auslagen trägt. 2 Die gerichtlichen Auslagen können der Staatskasse auferlegt werden, soweit es unbillig wäre, die Beteiligten damit zu belasten.

1 **1) Bei vollem Erfolg des Antragstellers** (I) im Adhäsionsverfahren nach §§ 403 ff hat der Angeklagte die dadurch entstandenen besonderen Kosten (Nr 3700, 4145 KVGKG; 2 zu § 472 b) und die notwendigen Auslagen des Antragstellers zu tragen. Das muss im Urteil oder Beschluss besonders ausgesprochen werden.

2 **2) Ermessensentscheidung bei Erfolglosigkeit oder Zurücknahme** (II): Vgl den Fall BGH MDR **66**, 560 [H]: Zuerkennung eines geringen Schmerzensgeldes, das durch die Auferlegung von RA-Kosten nicht noch geschmälert werden soll. Auch die Verteilung ist zulässig (Nürnberg NJW **72**, 67, 69; vgl auch Feigen

Otto-FS 891: Bekämpfung eines Missbrauchs des Adhäsionsverfahrens durch Auferlegung der Kosten an denjenigen, der sie durch sein Prozessverhalten geradezu provoziert hat). Die Belastung der Staatskasse mit den gerichtlichen Auslagen (nicht mit den notwendigen Auslagen der Beteiligten) sieht II S 2 vor. Sie kommt vor allem im Fall des § 406 I S 3 in Betracht. Die Entscheidung ergeht in dem Urteil oder Beschluss, in dem über den Antrag entschieden wird.

3) Für **Grund- und Teilurteile** (§ 406 I S 2) gilt: Falls nur ein solches Urteil begehrt wurde, ist I, sonst II anzuwenden (vgl zur früheren Regelung auch Köckerbauer NStZ **94**, 310). 3

4) Sofortige Beschwerde nach § 464 III S 1 steht dem Angeklagten zu, soweit ihm nach I oder II Kosten und Auslagen auferlegt worden sind, dem Antragsteller hingegen wegen § 406a I S 2 iVm § 464 III S 1 Hs 2 nicht (BGH StraFo **08**, 164; LR-Hilger 4; Seier 104; **aM** Köckerbauer NStZ **94**, 311). Dasselbe gilt bei Rücknahme des Antrags nach § 404 IV (Düsseldorf JurBüro **89**, 240). 4

Kosten bei Nebenbeteiligten

472b **I [1] Wird der Verfall, die Einziehung, der Vorbehalt der Einziehung, die Vernichtung, Unbrauchbarmachung oder Beseitigung eines gesetzwidrigen Zustandes angeordnet, so können dem Nebenbeteiligten die durch seine Beteiligung erwachsenen besonderen Kosten auferlegt werden. [2] Die dem Nebenbeteiligten erwachsenen notwendigen Auslagen können, soweit es der Billigkeit entspricht, dem Angeklagten, im selbstständigen Verfahren auch einem anderen Nebenbeteiligten auferlegt werden.**

II Wird eine Geldbuße gegen eine juristische Person oder eine Personenvereinigung festgesetzt, so hat diese die Kosten des Verfahrens entsprechend den §§ 465, 466 zu tragen.

III Wird von der Anordnung einer der in Absatz 1 Satz 1 bezeichneten Nebenfolgen oder der Festsetzung einer Geldbuße gegen eine juristische Person oder eine Personenvereinigung abgesehen, so können die dem Nebenbeteiligten erwachsenen notwendigen Auslagen der Staatskasse oder einem anderen Beteiligten auferlegt werden.

1) Anordnung von Maßnahmen und Festsetzung von Geldbußen gegen Nebenbeteiligte (§§ 431, 442, 444) (I): 1

A. **Besondere Kosten** (I S 1) sind, da eine Gebühr für die Anordnung nicht entsteht (vgl Nrn 3410ff KVGKG), nur die ausscheidbaren Auslagen der Staatskasse, zB für eine Beweisaufnahme über Einwendungen des Nebenbeteiligten (LR-Hilger 3). Von der die grundsätzliche Kostentragungspflicht des Angeklagten (§ 465) abändernden Kannbestimmung ist insbesondere Gebrauch zu machen, wenn die Auslagen durch unbegründete Einwendungen der Nebenbeteiligten entstanden sind. 2

B. Die **notwendigen Auslagen** (I S 2) trägt der Nebenbeteiligte selbst, wenn darüber keine besondere Entscheidung ergeht (LR-Hilger 4). Aus Billigkeitsgründen kommt im subjektiven Verfahren die Belastung des Angeklagten in Betracht, zB wenn er einen gestohlenen Gegenstand an den gutgläubigen Einziehungsbeteiligten veräußert hat und dieser die Einziehung aus seinem vermeintlichen Recht bekämpft oder wenn die JP oder PV auf Grund der später widerlegten Behauptung des Angeklagten, er habe die Tat zu ihrem Vorteil begangen, in das Verfahren hineingezogen wird. Die Aufteilung der Auslagen, auch nach Bruchteilen, ist zulässig (§ 464d; vgl auch Nürnberg NJW **72**, 67, 69). 3

C. **Im selbstständigen Verfahren** (§§ 440, 442, 444 III) ist § 465 I nicht anwendbar; grundsätzlich muss daher die Staatkasse die Kosten tragen (RG **74**, 326, 334; LR-Hilger 3). Wenn ein Nebenbeteiligter belastet werden soll, kann das auch 4 hier nur durch Überbürdung der durch seine Beteiligung entstandenen besonderen Kosten geschehen (I S 1). Seine notwendigen Auslagen trägt der Nebenbeteiligte grundsätzlich selbst; sie können aber aus Billigkeitsgründen einem anderen Nebenbeteiligten auferlegt werden (I S 2), auch dem Privatkläger, der das Verfahren beantragt hat.

5 **2) Geldbuße gegen eine JP oder PV** (II): Wird gegen diese nach § 30 OWiG im Strafverfahren eine Geldbuße verhängt, so wird die JP oder PV kostenmäßig wie ein verurteilter Angeklagter nach § 465 I behandelt. Wird sie neben einer natürlichen Person als Organ usw der JP oder PV verurteilt, haftet sie neben dieser als Gesamtschuldner nach § 466.

6 **3) Absehen von der Anordnung oder Festsetzung** (III): Kostenpflichtig ist der verurteilte Angeklagte (§ 465 I) oder die verurteilte JP oder PV (II), bei Nichtverurteilung die Staatskasse. Der Nebenbeteiligte trägt seine notwendigen Auslagen selbst. Das Gericht kann sie jedoch ganz oder teilw der Staatskasse oder dem Angeklagten, dem Privat- oder Nebenkläger oder einem anderen Nebenbeteiligten (LR-Hilger 10) auferlegen. III gilt auch im selbstständigen Verfahren.

7 **4) Rechtsmittelkosten:** Vgl 28 zu § 473.

Kosten und Auslagen bei Rechtsmittel

473 **I [1]Die Kosten eines zurückgenommenen oder erfolglos eingelegten Rechtsmittels treffen den, der es eingelegt hat. [2]Hat der Beschuldigte das Rechtsmittel erfolglos eingelegt oder zurückgenommen, so sind ihm die dadurch dem Nebenkläger oder dem zum Anschluss als Nebenkläger Berechtigten in Wahrnehmung seiner Befugnisse nach § 406 g erwachsenen notwendigen Auslagen aufzuerlegen. [3]Hat im Falle des Satzes 1 allein der Nebenkläger ein Rechtsmittel eingelegt oder durchgeführt, so sind ihm die dadurch erwachsenen notwendigen Auslagen des Beschuldigten aufzuerlegen. [4]Für die Kosten des Rechtsmittels und die notwendigen Auslagen der Beteiligten gilt § 472 a Abs. 2 entsprechend, wenn eine zulässig erhobene sofortige Beschwerde nach § 406 a Abs. 1 Satz 1 durch eine den Rechtszug abschließende Entscheidung unzulässig geworden ist.**

II [1]Hat im Falle des Absatzes 1 die Staatsanwaltschaft das Rechtsmittel zuungunsten des Beschuldigten oder eines Nebenbeteiligten (§ 431 Abs. 1 Satz 1, §§ 442, 444 Abs. 1 Satz 1) eingelegt, so sind die ihm erwachsenen notwendigen Auslagen der Staatskasse aufzuerlegen. [2]Dasselbe gilt, wenn das von der Staatsanwaltschaft zugunsten des Beschuldigten oder eines Nebenbeteiligten eingelegte Rechtsmittel Erfolg hat.

III Hat der Beschuldigte oder ein anderer Beteiligter das Rechtsmittel auf bestimmte Beschwerdepunkte beschränkt und hat ein solches Rechtsmittel Erfolg, so sind die notwendigen Auslagen des Beteiligten der Staatskasse aufzuerlegen.

IV [1]Hat das Rechtsmittel teilweise Erfolg, so hat das Gericht die Gebühr zu ermäßigen und die entstandenen Auslagen teilweise oder auch ganz der Staatskasse aufzuerlegen, soweit es unbillig wäre, die Beteiligten damit zu belasten. [2]Dies gilt entsprechend für die notwendigen Auslagen der Beteiligten.

V Ein Rechtsmittel gilt als erfolglos, soweit eine Anordnung nach § 69 Abs. 1 oder § 69 b Abs. 1 des Strafgesetzbuches nur deshalb nicht aufrechterhalten wird, weil ihre Voraussetzungen wegen der Dauer einer vorläufigen Entziehung der Fahrerlaubnis (§ 111 a Abs. 1) oder einer Verwahrung, Sicherstellung oder Beschlagnahme des Führerscheins (§ 69 a Abs. 6 des Strafgesetzbuches) nicht mehr vorliegen.

VI Die Absätze 1 bis 4 gelten entsprechend für die Kosten und die notwendigen Auslagen, die durch einen Antrag

1. auf Wiederaufnahme des durch ein rechtskräftiges Urteil abgeschlossenen Verfahrens oder

2. auf ein Nachverfahren (§ 439)

verursacht worden sind.

VII Die Kosten der Wiedereinsetzung in den vorigen Stand fallen dem Antragsteller zur Last, soweit sie nicht durch einen unbegründeten Widerspruch des Gegners entstanden sind.

Übersicht

1 **1) Rechtsmittel** sind Beschwerde, Berufung und Revision (1 vor § 296), nicht der Einspruch gegen den Strafbefehl, auch nicht bei erfolgreichem Teileinspruch nach § 410 II (Stuttgart NStZ **89**, 589 mwN; LG Göttingen NdsRpfl **92**, 8; LG Hamburg NZV **93**, 205; LG Hildesheim NdsRpfl **89**, 41; LG Kempten DAR **99**, 141; **aM** München NStZ **88**, 241 mit abl Anm Mertens NStZ **88**, 473; AG Bretten MDR **91**, 371; Reisser in MDR **90**, 880 hält das sogar für verfassungswidrig); hier kann ggf § 465 II helfen (LG Bremen MDR **91**, 666; LG Mosbach StV **97**, 34; D. Meyer JurBüro **89**, 1331). Die entspr Anwendung des § 473 bestimmt § 161 a III S 3. Zur Frage, wann Rechtsmittelentscheidungen mit einer Kosten- und Auslagenentscheidung versehen werden müssen, vgl 7 a, 11 a zu § 464.

2 **2) Die Kostentragungspflicht bei vollem Erfolg eines unbeschränkten Rechtsmittels** ist in II S 2 nur für einen Sonderfall geregelt. Besteht der Erfolg des Rechtsmittels im Freispruch des Angeklagten oder in der Verfahrenseinstellung, so gilt § 467 (Karlsruhe NJW **74**, 469; Koblenz VRS **65**, 49). Zur entspr Anwendung des § 467 III S 1 Nr 1 vgl dort 11. Bei erfolgreicher Beschwerde trägt mangels eines anderen Kostenschuldners die Staatskasse die Kosten (2 zu § 464) und, sofern darüber eine Entscheidung zu treffen ist (11 zu § 464), die notwendigen Auslagen des Beschwerdeführers (Hamm NJW **75**, 2112). § 467 II–IV ist dann sinngemäß anzuwenden (**aM** Hamm aaO; SK-Degener 27). Entspr § 467 III S 2 Nr 1 trägt der Beschwerdeführer, der erst mit der Beschwerde die deren Erfolg begründenden Tatsachen vorträgt, idR seine notwendigen Auslagen selbst (Frankfurt NJW **72**, 784 für § 453 II S 1; Hamburg NStZ-RR **97**, 31; Hamm MDR **81**, 423; LG Duisburg JurBüro **84**, 250; 1204; LG Mainz MDR **81**, 781 für § 46 III; **aM** LR-Hilger 15). Beruht die Beschwerdeentscheidung nur auf einer von dem angefochtenen Beschluss abweichenden Beurteilung einer Ermessensfrage, so ändert das an der Belastung der Staatskasse mit den notwendigen Auslagen des Beschwerdeführers nichts (LR-Hilger 15; **aM** Hamburg NJW **74**, 325 = JR **74**, 342 mit abl Anm Meyer; Hamm MDR **74**, 689; die § 467 IV entspr anwenden wollen).

3 Da bei vollem Erfolg seines Rechtsmittels Beschwerdegegner des Beschuldigten die StA ist, braucht er dem **Nebenkläger** keine Auslagen zu erstatten (Bay

VRS **18**, 451; Frankfurt MDR **57**, 474; Hamm NJW **62**, 2023). Bei vollem Erfolg des Rechtsmittels des Nebenkläger sind dem Angeklagten die Kosten und die notwendigen Auslagen des Nebenklägers aufzuerlegen, auch wenn daneben die StA ein Rechtsmittel eingelegt hat. Zum Fall des Teilerfolgs vgl unten 29.

4 **3) Kostentragungspflicht bei Zurücknahme und Erfolglosigkeit des Rechtsmittels** (I):

5 A. **Zurücknahme:** Die wirksame Zurücknahme zwingt idR zu einer selbstständigen Kostenentscheidung (13 zu § 464). Wenn die Sache wegen eines anderen Rechtsmittels bei dem Rechtsmittelgericht anhängig bleibt, kann es aber in dem verfahrensabschließenden Urteil auch über die Kosten nach I entscheiden (Bay **55**, 54 = JZ **55**, 553). Abweichend von I gilt § 467 I entspr, wenn der Grund der Zurücknahme eine Berichtigung der angefochtenen Entscheidung ist (Saarbrücken VRS **49**, 436; LR-Hilger 4; erg unten 37).

6 B. **Erfolglos** ist ein Rechtsmittel, wenn es als unzulässig oder unbegründet verworfen wird oder nur einen ganz unwesentlichen Teilerfolg hat (vgl unten 21). Eine Revision, die nur zur Aufhebung des Berufungsurteils und Verwerfung der verspätet eingelegten Berufung als unzulässig führt, ist erfolglos (Düsseldorf GA **83**, 220), ebenso ein Rechtsmittel, auf das der Einspruch gegen den Strafbefehl unter Aufhebung des angefochtenen Urteils als unzulässig verworfen wird (Düsseldorf MDR **86**, 428), sofern das nicht das Ziel des Rechtsmittels gewesen ist (Hamm VRS **43**, 112; Karlsruhe DAR **60**, 237). Ein Rechtsmittelerfolg ist aber auch eingetreten, wenn er nur auf einer Gesetzesänderung beruht (München MDR **77**, 249). Bei erfolgloser Berufung trägt der Verurteilte die Kosten aller Hauptverhandlungen, auch wenn sie aus Gründen wiederholt werden müssen, auf die das Gericht keinen Einfluss hat (Hamm MDR **77**, 865; Erkrankung eines Schöffen). Zum vollen Erfolg infolge Zeitablaufs vgl unten 30 ff, zum Teilerfolg unten 24 ff.

7 Die **Zurückverweisung der Sache** nach §§ 328 II, 354 II, 355 ist nur ein vorläufiger Erfolg; eine Kostenentscheidung ergeht nicht (3 zu § 464). Maßgebend für den Rechtsmittelerfolg ist erst die abschließende Sachentscheidung (LR-Hilger 27), es sei denn, die neue Verhandlung kann an dem Erfolg des Rechtsmittels nichts mehr ändern (Jena NJW **06**, 1892, 1994: voller Erfolg der StA-Revision). Bleibt es bei einer im Wesentlichen gleichen Verurteilung, wenn auch aus einem anderen Rechtsgrund (BGH JR **56**, 69; Bay **71**, 201 = GA **71**, 247), so wird der Verurteilte, außer im Fall des § 357 (Oldenburg NdsRpfl **49**, 184), auch mit den Rechtsmittelkosten belastet (Hamm JMBlNW **64**, 153; LR-Hilger 27 ff; **aM** D. Meyer DAR **73**, 231; Warburg NJW **73**, 23). Er trägt das Kosten- und Auslagenrisiko dafür, dass die endgültige Entscheidung nicht schon im 1. Rechtszug getroffen wird (BGH **17**, 376, 381; Bay JR **61**, 224 mit Anm Sarstedt; erg unten 16). Wird er schließlich freigesprochen oder wird das Verfahren eingestellt, so gilt § 467, bei Teilerfolg IV.

8 C. **Zur Tragung der Kosten verpflichtet** (S 1) ist der Beschwerdeführer, der Angeklagte auch bei einem Rechtsmittel des Verteidigers. Sind mehrere Beschwerdeführer vorhanden, so trägt jeder die Kosten seines Rechtsmittels. Gesetzliche Vertreter und Erziehungsberechtigte (§ 298, § 67 I III **JGG**) haben die Kosten ihrer erfolglosen Rechtsmittel zu tragen, haften aber nur mit dem ihrer Verwaltung unterliegenden Vermögen des Angeklagten (BGH **19**, 196, 199; NJW **56**, 520). Kostentragungspflichtig ist auch der vollmachtlose Vertreter (KG Rpfleger **71**, 193; Celle StraFo **98**, 31), zB der Verteidiger, der das Rechtsmittel ohne gültige Vollmacht oder gegen den Willen des Angeklagten einlegt (Hamm NJW **08**, 3799; Stuttgart Justiz **94**, 453; anders aber beim RA als Beistand der zu Unrecht als Nebenkläger zugelassenen Person, BGH 4 StR 301/08 vom 18. 11. 2008) oder nachdem er nach § 146a zurückgewiesen worden ist (**aM** KG NJW **77**, 913), und der gesetzliche Vertreter nach Volljährigkeit des Angeklagten (LG Lüneburg NdsRpfl **66**, 274). Bei Jugendlichen und Heranwachsenden, auf die Jugendstrafrecht ange-

wendet worden ist, gilt § 74 **JGG** (1 zu § 465), nicht aber für die Kosten und Auslagen bei erfolglosem Rechtsmittel des gesetzlichen Vertreters oder des Erziehungsberechtigten (Brunner/Dölling 12 zu § 74 JGG; **aM** Hamburg MDR **69**, 73). Bei Tod des Beschuldigten oder Todeserklärung wird das Verfahren eingestellt (8 zu § 206 a). Für Rechtsmittelkosten haftet der Nachlass entspr § 465 III nicht (vgl Hamm NJW **78**, 177, 178). Zum Fall des Todes des Nebenklägers, durch oder für den das Rechtsmittel eingelegt worden ist, vgl unten 12, zum Tod des Privatklägers 3 zu § 471.

D. **Kostentragungspflicht bei Nebenklage** (S 2, 3): 9

Bei Zurücknahme oder Erfolglosigkeit des Rechtsmittel des Beschuldigten, die im Hinblick auf das Nebenklagedelikt zu beurteilen ist (Frankfurt AnwBl **81**, 512), sind dem Beschuldigten durch ausdrücklichen Urteilsausspruch (vgl 10 zu § 472) die dem zu Recht zugelassenen (BGH NStZ **97**, 74 [K]; Düsseldorf NJW **83**, 1337: Rechtsmittelgericht prüft das für die Kostenfrage von Amts wegen) Nebenkläger durch das Rechtsmittel entstandenen notwendigen Auslagen aufzuerlegen (S 2); das gilt auch bei einer erfolglosen Strafmaßberufung (Koblenz VRS **54**, 201), falls der rechtskräftige Schuldspruch das Nebenklagedelikt enthält (Celle NZV **91**, 42 mit zust Anm Riegner) oder zumindest den Nebenkläger iSd § 472 I S 1 betrifft (dort 6; BGH NStZ **97**, 74 [K]), und für den Fall, dass nicht nur das Rechtsmittel des Angeklagten, sondern auch ein zu seinen Ungunsten eingelegtes Rechtsmittel der StA erfolglos (Hamburg MDR **70**, 1029) oder zurückgenommen worden ist (Schleswig JurBüro **87**, 556). 10

Bei erfolglosem Rechtsmittel des Angeklagten und des Nebenklägers trägt jeder seine notwendigen Auslagen selbst (BGH NStZ **93**, 230 [K]; **94**, 229 [K]), anders nur, wenn der Anfechtungsumfang der beiden Rechtsmittel infolge einer Rechtsmittelbeschränkung nicht deckungsgleich war (BGH bei Kotz NStZ-RR **99**, 167). Die Regelung des I S 2 gilt auch für den Fall, dass einem Berechtigten in Wahrnehmung seiner Befugnisse nach § 406 g notwendige Auslagen erwachsen sind (dort 4). 10a

Wenn der **Nebenkläger das Rechtsmittel allein eingelegt** oder wenn er es durchgeführt hat, nachdem das Rechtsmittel eines anderen Prozessbeteiligten zurückgenommen worden ist (vgl Hamm NJW **59**, 1984; Karlsruhe Justiz **74**, 270), muss er dem Beschuldigten unter den Voraussetzungen des I S 1 die notwendigen Auslagen erstatten (S 3). Um einen Fall des I S 1 handelt es sich auch, wenn sich das Rechtsmittel des Nebenklägers durch dessen Tod erledigt hat; es gilt dann als zurückgenommen (6 zu § 402). Statt des Nebenklägers wird der Nachlass belastet (Celle NJW **53**, 1726). Bei erfolgloser oder zurückgenommener Revision der StA hat der Nebenkläger seine notwendigen Auslagen selbst zu tragen (BGH NStZ-RR **06**, 67 [B]). Bei Erfolglosigkeit des Rechtsmittels der StA und des Nebenklägers tragen dieser und die Staatskasse die gerichtlichen Auslagen je zur Hälfte; die notwendigen Auslagen des Angeklagten fallen nach II S 1 allein der Staatskasse zur Last (BGH NStZ-RR **06**, 128 L; **08**, 146; Koblenz VRS **54**, 131). 11

Sonst können der **Staatskasse** bei Erfolglosigkeit des Rechtsmittel des Nebenklägers Kosten und notwendige Auslagen des Verfahrens grundsätzlich nicht auferlegt werden (BVerfG NStE Nr 20; Bay NStZ **81**, 312). Eine Ausnahme gilt, wenn das erfolglose Rechtsmittel nach § 301 zum Freispruch des Angeklagten geführt hat; die notwendigen Auslagen des Angeklagten für das Rechtsmittel tragen dann Staatskasse und Nebenkläger als Gesamtschuldner (Bay **68**, 26; NJW **59**, 1236; **aM** RG **41**, 349, 351: nur die Staatskasse). Hat erst die Berufung des Nebenklägers zur Verurteilung des Angeklagten geführt und wird er nach Aufhebung des Urteils durch das Revisionsgericht in der neuen Berufungsverhandlung freigesprochen, so trägt der Nebenkläger die Kosten und notwendigen Auslagen des Angeklagten für beide Berufungsverhandlungen allein (Bay NStZ **81**, 312 mit abl Anm Dünnebier). Anders ist es aber, wenn der Nebenkläger nicht die Berufung, sondern nur erfolg- 12 reich Revision eingelegt hatte; dann trägt er bei Freispruch des Angeklagten in der neuen Berufungsverhandlung nur die Kosten der Revision und die dadurch entstandenen notwendigen Auslagen des Angeklagten (Stuttgart NStE Nr 21).

13 E. **Kostentragungspflicht bei überholter Beschwerde** (I S 4): Es wäre unbillig, wenn der Beschwerdeführer nach I S 1 die Kosten tragen müsste, weil seine zunächst nach § 406 a I S 1 zulässig eingelegte Beschwerde durch die den Rechtszug abschließende Entscheidung unzulässig geworden ist (vgl 3 zu § 406 a). Daher gilt hier der auch sonst die Kostenentscheidung im Adhäsionsverfahren bei Absehen von der Entscheidung über den Antrag (§ 406 I S 3, 4) regelnde § 472 a II entspr. Somit können ggf auch nach § 472 a II S 2 die gerichtlichen Gebühren der Staatskasse auferlegt werden.

14 4) **Rechtsmittel der StA** (II):

15 A. **Zuungunsten des Beschuldigten oder Nebenbeteiligten** (II S 1): Bei Zurücknahme oder Erfolglosigkeit, der eine Entscheidung nach § 301 gleichsteht (RG **60**, 16; Hamm NJW **53**, 118), wird die Staatskasse mit den Kosten des Rechtsmittels (I) und den dem Beschwerdegegner entstandenen notwendigen Auslagen belastet (II S 1). Ob solche Auslagen entstanden sind, wird erst in dem Verfahren nach § 464 b geprüft (Bay MDR **83**, 156; Hamburg NJW **75**, 103). Auf die Gründe des Misserfolgs kommt es nicht an (Karlsruhe VRS **50**, 272; Oldenburg VRS **68**, 215); § 467 III S 2 gilt nicht entspr (dort 11), auch nicht IV. Bleibt es nach Zurückverweisung (§ 354 II) bei der früheren Verurteilung, so trägt der Angeklagte die gesamten Verfahrenskosten (3 zu § 465) mit Ausnahme der Kosten der Revision und der ihm durch das Rechtsmittel entstandenen notwendigen Auslagen; sie werden der Staatskasse auferlegt (BGH **18**, 231). Hatte das Rechtsmittel Erfolg, so gehören die Rechtsmittelkosten zu den Verfahrenskosten, die der Angeklagte nach § 465 zu tragen hat; von seinen notwendigen Auslagen wird er nicht entlastet (BGH **19**, 226, 229). Das gilt auch beim Erfolg eines auf bestimmte Beschwerdepunkte beschränkten Rechtsmittels (Düsseldorf MDR **82**, 518).

16 B. **Zugunsten des Beschuldigten oder Nebenbeteiligten** (II S 2): Bei einem Erfolg wird der Beschuldigte so gestellt, als habe er das Rechtsmittel selbst eingelegt. Die Kosten fallen der Staatskasse zur Last (BGH **19**, 226); für die notwendigen Auslagen gilt II S 2. Bei Zurücknahme oder Erfolglosigkeit des Rechtsmittels trägt die Staatskasse ebenfalls die Kosten, nicht aber die dem Angeklagten im Rechtsmittelzug entstandenen notwendigen Auslagen (Bay DAR **86**, 249 [R]).

17 C. **Weder zugunsten noch zuungunsten** des Beschuldigten wird ein Rechtsmittel eingelegt, mit dem die StA nur ihre Aufgabe wahrnimmt, Gerichtsentscheidungen ohne Rücksicht darauf, welche Wirkung damit für den Verurteilten erzielt wird, mit dem Gesetz im Einklang zu bringen (Einl 87; 16 vor § 296); idR trägt dann die Staatskasse die Kosten und die notwendigen Auslagen des Angeklagten (BGH **18**, 268; Düsseldorf NStZ-RR **98**, 159; **00**, 223).

18 D. **Zusammentreffen mit einem Rechtsmittel des Angeklagten:** Rechtsmittel der StA und des Angeklagten werden kostenrechtlich getrennt behandelt (BGH **19**, 226). Bei Zurücknahme oder Erfolglosigkeit beider Rechtsmittel werden die ausscheidbaren (Hamburg NJW **75**, 130; **aM** Zweibrücken NJW **74**, 659; LR-Hilger 60: alle Mehrkosten ohne Rücksicht auf ihre Ausscheidbarkeit) notwendigen Auslagen des Angeklagten der Staatskasse auferlegt, soweit das Rechtsmittel der StA sie verursacht hat (BGH DAR **69**, 105, 106; Bamberg JurBüro **87**, 1840). Ob solche Mehrkosten entstanden sind, wird erst im Verfahren nach § 464 b geprüft (KG VRS **38**, 359; Hamburg NJW **75**, 130). Sind Mehrkosten aber offensichtlich ausgeschlossen, so können die Rechtsmittelkosten auch uneingeschränkt dem Angeklagten auferlegt werden (Bay **62**, 298 = NJW **63**, 601; KG aaO; Düsseldorf NStE Nr 8; Schleswig SchlHA **03**, 207 [D/D] und **05**, 264 [D/D]; **aM** Hamm aaO; LR-Hilger 59).

5) Beschränktes Rechtsmittel (III): 19

A. **Begriff:** Die Vorschrift gilt unmittelbar nur für den Fall, dass die Beschränkung schon bei der Einlegung oder Begründung (§§ 318 S 1, 344 I) des Rechtsmittels erklärt wird (Frankfurt NJW **74**, 1670; **aM** Oldenburg NJW **70**, 2130). Die nachträgliche Beschränkung ist idR (vgl aber 29 zu § 302) eine Teilrücknahme (2 zu § 302; 1 zu § 318); insoweit gilt I. In diesem Fall werden daher die Kosten des erfolgreichen Rechtsmittels und die dem Angeklagten erwachsenen notwendigen Auslagen der Staatskasse nur mit Ausnahme derjenigen auferlegt, die bei einer alsbald nach Urteilszustellung erklärten Rechtsmittelbeschränkung vermeidbar gewesen wären; diese trägt der Angeklagte (nunmehr allgM; vgl nur Hamm NStZ-RR **98**, 221; München NStZ-RR **97**, 192; Schleswig SchlHA **98**, 180 [L/S]; AK-Meier 11). Ihre Höhe wird im Kostenansatzverfahren (vgl 1 zu § 464 b) festgestellt. 20

B. **Vollen Erfolg** hat das beschränkte Rechtsmittel, wenn der Beschwerdeführer sein erklärtes Ziel im Wesentlichen erreicht (Düsseldorf NStZ **85**, 380). Bei einer Strafmaßberufung kommt es nach heute hM nur auf einen Vergleich zwischen der in der Vorinstanz erkannten Strafe und der in der Rechtsmittelinstanz erreichten Milderung, hingegen nicht entscheidend auf den Schlussantrag des Beschwerdeführers an (Köln StV **93**, 649 mwN; Zweibrücken OLGSt Nr 6). Wenn die Strafmilderung in das Ermessen des Gerichts gestellt wird, liegt ein voller Erfolg schon in der erheblichen Herabsetzung der Strafe, mindestens um ein Viertel (Frankfurt NJW **79**, 1515: Nürnberg OLGSt Nr 1; LR-Hilger 35; **aM** Saarbrücken AnwBl **93**, 293). Einen vollen Erfolg hat das Rechtsmittel auch, wenn statt auf Geldstrafe auf Verwarnung mit Strafvorbehalt erkannt (Bremen StV **94**, 495) oder wenn der Geldstrafentagessatz nur wegen der Änderung der wirtschaftlichen Verhältnisse des Beschwerdeführers herabgesetzt wird (Kadel GA **79**, 465; D. Meyer JurBüro **92**, 145; **aM** Hamburg MDR **77**, 72; Zweibrücken NStZ **91**, 602 mit abl Anm Hilger; vgl auch Bay DAR **82**, 256 [R], das IV anwendet). Als Erfolg gilt aber nicht eine Abänderung des Urteils, die allein auf den Zeitablauf zurückzuführen ist (unten 30 ff). 21

Ist eine **Rechtsmittelbeschränkung aus Rechtsgründen nicht möglich** (13 ff zu § 318; 17 zu § 344), so hat der Beschwerdeführer iS des III vollen Erfolg, wenn er von vornherein erklärt, dass er mit seinem Rechtsmittel nur das beschränkte Ziel verfolgt, das er im Ergebnis erreicht hat (BGH **19**, 226, 229; KG bei Kotz NStZ-RR **99**, 168; Düsseldorf JR **91**, 120 mwN und Anm Hilger), zB den erstrebten Wegfall einer tateinheitlichen Verurteilung (BGH aaO) oder des Fahrverbots (Köln VRS **109**, 338, 340) oder Verurteilung wegen einer milderen Strafvorschrift (Düsseldorf aaO: § 229 statt § 222 StGB). 22

C. **Rechtsmittelkosten und notwendige Auslagen:** Der Angeklagte wird bei vollem Erfolg für das Rechtsmittelverfahren wie ein Freigesprochener behandelt (Saarbrücken StV **90**, 366); Auslagen des Nebenklägers dürfen ihm nicht auferlegt werden (KK-Gieg 10; **aM** Hamm NStZ-RR **98**, 221 mwN zum Streitstand: § 472 I entspr), es sei denn, der Angeklagte habe sein Rechtsmittel erst in der Hauptverhandlung beschränkt (Köln NStZ-RR **09**, 126). Die Staatskasse trägt die (in III nicht erwähnten) Kosten des Rechtsmittels (Düsseldorf JR **91**, 120 mit Anm Hilger) und die notwendigen Auslagen des Beschwerdeführers. Beteiligter iS des III ist nicht der Nebenkläger; die Erstattung seiner Auslagen aus der Staatskasse kommt nicht in Betracht (oben 13). 23

6) Teilerfolg (IV): 24

A. **Begriff:** Bei Teilfreispruch in der Rechtsmittelinstanz gilt nicht IV, sondern § 467 (Düsseldorf StV **95**, 308 mwN; Rpfleger **96**, 303). IV ist nur bei Teilerfolg hinsichtlich einer und derselben Tat anzuwenden (LR-Hilger 52), gleichgültig, ob das Rechtsmittel in vollem Umfang eingelegt oder beschränkt ist. Ein Teilerfolg liegt bei unbeschränktem Rechtsmittel des Angeklagten zB in der nicht unwesentlichen Strafmilderung (Hamm MDR **73**, 1041: Ermäßigung um ein Viertel) und in der Bewilligung von Strafaussetzung, nicht aber in der Schuldspruchänderung 25

(BGH JR **56**, 69; Hamm MDR **93**, 376; SK-Degener 45; **aM** München NJW **73**, 864; Schleswig SchlHA **88**, 119 [L/G]; LR-Hilger 50 und NStZ **91**, 604; ebenso Celle MDR **76**, 1042; Düsseldorf VRS **69**, 225 für den Fall, dass statt wegen Vorsatzes nur wegen Fahrlässigkeit verurteilt wird) oder in der Klarstellung der vom 1. Gericht offen gelassenen Schuldform (Düsseldorf JMBlNW **82**, 256), auch nicht, wenn nur eine Auflage im Bewährungsbeschluss gemildert wird (Celle NStZ-RR **08**, 359). Die Berufung der StA gegen ein freisprechendes Urteil hat vollen Erfolg, wenn der beantragte Schuldspruch ergeht, auch wenn die Strafe hinter dem Antrag zurückbleibt; bei Strafmaßberufung liegt kein Teilerfolg vor, wenn die Straferhöhung wesentlich geringer ist, als die StA beantragt hat (Bay NJW **60**, 255). Die Verfolgungsbeschränkung nach § 154 a II ist kein Teilerfolg (LR-Hilger 49; **aM** Hamm 5 Ws 195/79 vom 6. 11. 1979).

26 B. **Billigkeitsentscheidung:** Der Teilerfolg allein führt nicht zur Anwendung des IV. Diese Ausnahme von I setzt voraus, dass nach den Umständen anzunehmen ist, der Beschwerdeführer hätte das Rechtsmittel nicht eingelegt, wenn schon das 1. Urteil so gelautet hätte wie das des Rechtsmittelgerichts (BayVerfGH NStE Nr 13; BGH GA **78**, 241; **86**, 418; NStZ **87**, 86; NStE Nr 9; NStZ-RR **98**, 70; Düsseldorf VRS **98**, 366; Köln AnwBl **83**, 461). Im Übrigen kommt es auf den Umfang des Teilerfolgs an (BGH NStZ **89**, 221 [M]; Düsseldorf StV **96**, 613 mwN). Dass der Angeklagte in der 1. Instanz die Einlassung zur Sache verweigert hat und erst in der Berufungsinstanz die zum Teilerfolg führenden Umstände vorgetragen hat, darf nicht zu seinem Nachteil berücksichtigt werden (KG JR **71**, 299; Schleswig OLGSt Nr 2), wohl aber, wenn er in beiden Instanzen voneinander abweichende Angaben gemacht hat (Frankfurt NStZ-RR **07**, 158). Vgl ferner die Nw bei Kotz NStZ-RR **99**, 168.

27 C. Die **Gebührenermäßigung** ist nicht zwingend (Bay DAR **82**, 256 [R]; Karlsruhe Justiz **84**, 432; KK-Gieg 7; LR-Hilger 47; **aM** Hamm MDR **73**, 1041), sondern kommt nur aus Billigkeitsgründen in Betracht. Sie entfällt, wenn nach Zurückverweisung und Neuverhandlung nochmals – nunmehr aber erfolglos – Revision eingelegt wird (BGH NStE Nr 7). Die Ermäßigung kann in der Bestimmung eines Bruchteils oder eines bestimmten Betrages bestehen. Auch der Ausspruch, dass die Gebühr ganz entfällt, ist durch IV gedeckt (KG GA **73**, 85; Hamm MDR **81**, 427; **aM** LR-Hilger 47 Fn 136).

28 D. **Auslagenverteilung:** In Betracht kommen die Auslagen der Staatskasse (IV S 1) und die notwendigen Auslagen der Beteiligten (IV S 2) für die Rechtsmittelinstanz. Auch hier kann eine Aufteilung nach Bruchteilen, aber auch nach Massen oder Einzelposten erfolgen. Bei Vorliegen besonderer Umstände kann die Staatskasse mit den vollen Auslagen des Beschwerdeführers belastet werden.

29 E. **Nebenklage:** Beim Teilerfolg eines Rechtsmittels des Angeklagten oder des Nebenklägers ist IV S 2 entspr (= Verteilung zwischen Angeklagtem und Nebenkläger) anzuwenden (Celle NdsRpfl **99**, 325; Düsseldorf JurBüro **90**, 1324; NStZ **92**, 250; KMR-Stöckel 52; Beulke DAR **88**, 119; **aM** Düsseldorf JurBüro **91**, 853: § 473 I; Böttcher JR **87**, 137: entspr Anwendung des § 471 III Nr 1).

30 **7) Erfolg wegen Zeitablaufs** (V): Es ist kein Erfolg des Rechtsmittels des Angeklagten, wenn im Berufungsurteil die Fahrerlaubnisentziehung nach § 69 StGB nur deshalb wegfällt, weil wegen der inzwischen verstrichenen Zeit die Ungeeignetheit des Angeklagten zum Führen von Kraftfahrzeugen nicht mehr festgestellt werden kann (vgl Düsseldorf StV **95**, 308, 309). Denn in diesem Fall führt das Rechtsmittel nicht zur Korrektur einer fehlerhaften Entscheidung, sondern zu einer abweichenden Entscheidung, die allein auf der Veränderung der Umstände durch bloßen Zeitablauf beruht. Die Vorschrift ist nur anwendbar, wenn das Berufungsgericht die Anordnung der Maßregel nach § 69 StGB lediglich deshalb aufhebt, weil ihr Zweck bereits durch die vorläufige Entziehung der Fahrerlaubnis nach § 111 a erreicht worden ist (vgl aber LR-Hilger 55: charakterliche Nachreife).

Entsprechendes gilt, wenn eine vergleichbare Maßnahme iS des § 69a VI StGB angeordnet war. V erfasst auch die Fälle, in denen der Angeklagte das Urteil in mehreren Punkten anficht, seine Berufung aber nur dazu führt, dass das Berufungsgericht eine Maßregel nach § 69 I StGB wegfallen lässt. Die Vorschrift betrifft aber nicht den Fall, dass das Berufungsgericht die Entziehung der Fahrerlaubnis deshalb aufhebt, weil der Angeklagte nach der Tat längere Zeit beanstandungsfrei ein Kraftfahrzeug geführt hat, etwa weil eine vorläufige Anordnung nach § 111a nicht getroffen worden war und sich die Durchführung des Berufungsverfahrens verzögert hat, oder wenn es die mit dem Ziel der Verhängung einer längeren Sperrfrist eingelegte Berufung der StA verwirft (Düsseldorf VRS **86**, 136).

Die Vorschrift regelt den Fall, dass der Berufungserfolg allein auf dem Zeitablauf beruht, **nicht abschließend** (AK-Meier 7). Als Erfolg des Rechtsmittels gilt daher auch die Milderung der Rechtsfolgen nicht, die allein darauf zurückzuführen ist, dass infolge Zeitablaufs für einen vom 1. Richter als strafschärfend berücksichtigte Vorstrafe Tilgungsreife und demgemäß ein Verwertungsverbot nach § 51 **BZRG** eingetreten (Düsseldorf JurBüro **85**, 1352; NStZ **85**, 380; **aM** LR-Hilger 23 und NStZ **91**, 604) oder wenn wegen zwischenzeitlicher Veränderung der wirtschaftlichen Lage des Angeklagten die Tagessatzhöhe herabgesetzt worden ist (Jena NStZ-RR **97**, 384 L; Schleswig SchlHA **08**, 240 [D/D]). 31

8) Rechtsmittel im Privatklageverfahren: 32

A. **Rechtsmittel des Privatklägers:** Bei Zurücknahme oder Erfolglosigkeit des Rechtsmittels trägt der Privatkläger nach I die Gerichtskosten und nach § 471 II, der für alle Rechtszüge gilt (Bay **53**, 257; KG NJW **53**, 1405; Celle MDR **57**, 375; Karlsruhe JR **75**, 250), die notwendigen Auslagen des Angeklagten (Bay **60**, 283 = Rpfleger **61**, 81). Der Erfolglosigkeit steht der Tod des Privatklägers vor der Entscheidung über das Rechtsmittel gleich. Bei Erfolg eines beschränkten und bei Teilerfolg eines unbeschränkten Rechtsmittels gilt § 471 III Nr 1. 33

B. **Rechtsmittel des Angeklagten:** Unter den Voraussetzungen des I trägt der Angeklagte die Gerichtskosten und die notwendigen Auslagen des Privatklägers (Bay **60**, 283 = Rpfleger **61**, 81; 2 zu § 471). Bei vollem Erfolg, der zur Nichtverurteilung führt, gilt § 471 II. Dagegen ist § 471 III Nr 1 entspr anzuwenden, wenn ein beschränktes Rechtsmittel des Angeklagten vollen Erfolg hat (BGH **17**, 376; Hamm MDR **81**, 427; LR-Hilger 64 ff) oder wenn ein unbeschränktes teilw erfolgreich ist (Karlsruhe JR **75**, 250 mit Anm Meyer; vgl auch Düsseldorf JurBüro **85**, 896). 34

C. **Beiderseitige Rechtsmittel:** Sind beide Rechtsmittel erfolglos, so gilt § 471 III Nr 1 (Bay Rpfleger **61**, 81; LR-Hilger 70). Bei Widerklage ist § 471 III Nr 3 anzuwenden (Hamm MDR **53**, 441). 35

9) Rechtsmittelkosten bei Nebenbeteiligung nach §§ 431, 442, 444: Bei Zurücknahme oder Erfolglosigkeit des Rechtsmittel des Nebenbeteiligten gilt I. Hat ein unbeschränktes Rechtsmittel vollen Erfolg, so trägt die Staatskasse die Kosten und die notwendigen Auslagen des Nebenbeteiligten. Bei Erfolg eines beschränkten Rechtsmittels gilt hinsichtlich der notwendigen Auslagen III; die Kosten trägt die Staatskasse (Hilger 12). Legt die StA zuungunsten des Nebenbeteiligten ein Rechtsmittel ein und hat sie Erfolg, so trägt der Nebenbeteiligte die Kosten und seine notwendigen Auslagen. Für Rechtsmittel zugunsten des Nebenbeteiligten gilt das Gleiche wie für die zugunsten des Angeklagten (oben 16). 36

10) Wiederaufnahme und Nachverfahren (VI): Für den zurückgenommenen oder erfolglosen Wiederaufnahmeantrag gilt I. Wird der Antrag nur wegen einer Urteilsberichtigung zurückgenommen, die ihm die Grundlage entzieht, so gilt § 467 I entspr (Perels NStZ **85**, 538; oben 5). Wegen des Umfangs der Kosten vgl 4 zu § 464a. Die Anordnung der Wiederaufnahme nach § 370 II ist mit keiner Kostenentscheidung zu verbinden (KK-Gieg 14; LR-Hilger 96); erst in der neuen Hauptverhandlung wird über die Kosten des gesamten früheren Verfahrens ent- 37 schieden. Bei Freispruch und Einstellung gilt dann § 467 I, auch für die Kosten der früheren Revision (BGH JR **56**, 101; KK-Gieg 14). Bei neuer Verurteilung wird nach § 465 I entschieden, sofern das Urteil nicht hinter dem Ziel des Wiederaufnahmeantrags zurückbleibt; dann gilt IV (LR-Hilger 96). Entsprechendes gilt für den Fall des § 439.

38 **11) Kosten der Wiedereinsetzung** (VII): Eine Kostenentscheidung wird nur bei Gewährung der Wiedereinsetzung getroffen; bei Antragsverwerfung gehören die durch den Antrag entstandenen Kosten zu den Verfahrenskosten, mit denen der Antragsteller schon belastet ist (Bay **70**, 148 = VRS **40**, 30; KG JR **83**, 214; Düsseldorf JurBüro **84**, 251). Hat der Wiedereinsetzungsantrag Erfolg oder wird Wiedereinsetzung von Amts wegen gewährt, so muss der Betroffene die gerichtlichen Auslagen (Gebühren sind nicht vorgesehen) und seine notwendigen Auslagen (LG Krefeld JurBüro **79**, 237) auch tragen, wenn er freigesprochen wird. In der Kostenentscheidung werden die durch unbegründeten Widerspruch des Gegners entstandenen Auslagen der Staatskasse (ohne Bezifferung) ausgenommen; nach dem Sinn der Bestimmung sind sie dem widersprechenden Gegner aufzuerlegen (Müller NJW **62**, 238).

Kosten bei gesonderten Entscheidung über die Rechtmäßigkeit einer Ermittlungsmaßnahme

473a **[1] Hat das Gericht auf Antrag des Betroffenen in einer gesonderten Entscheidung über die Rechtmäßigkeit einer Ermittlungsmaßnahme oder ihres Vollzuges zu befinden, bestimmt es zugleich, von wem die Kosten und die notwendigen Auslagen der Beteiligten zu tragen sind. [2] Diese sind, soweit die Maßnahme oder ihr Vollzug für rechtswidrig erklärt wird, der Staatskasse, im Übrigen dem Antragsteller aufzuerlegen. [3] § 304 Absatz 3 und § 464 Absatz 3 Satz 1 gelten entsprechend.**

1 **1) Die Kostenregelung** bei Entscheidungen über die **Rechtmäßigkeit einer Ermittlungsmaßnahme n**ach § 81g V S 4, § 98 II S 2 in unmittelbarer oder entspr (dort 23) Anwendung und nach § 101 VII S 2 (dort 25ff) trifft die Vorschrift. Sie ist aber mangels einer „gesonderten Entscheidung" nicht anwendbar, wenn das Gericht über die Rechtmäßigkeit der Maßnahme in der das Verfahren abschließenden Entscheidung befindet; dann gelten die §§ 464ff. Schließlich gilt § 473a auch bei Entscheidungen nach § 161a III (dort 21) und § 163a III S 4.

2 **2) Nach S 2** hat das Gericht, falls die Maßnahme oder ihr Vollzug für rechtswidrig angesehen wird, die Kosten und notwendigen Auslagen (vgl § 464 II) der Staatskasse, sonst dem Antragsteller aufzuerlegen. Auch eine angemessene Verteilung bei Feststellung teilweiser Rechtswidrigkeit ist zulässig (BR-Drucks 178/09 S 65).

3 **3)** S 3 stellt klar, dass die Entscheidung der **sofortigen Beschwerde** unterliegt, falls auch gegen die Hauptentscheidung über die Rechtmäßigkeit der Maßnahme oder ihres Vollzugs die Anfechtung statthaft ist und der Wert des Beschwerdegegenstands 200 € übersteigt.

Achtes Buch. Erteilung von Auskünften und Akteneinsicht, sonstige Verwendung von Daten für verfahrensübergreifende Zwecke, Dateiregelungen, länderübergreifendes staatsanwaltschaftliches Verfahrensregister

1. Abschnitt. Erteilung von Auskünften und Akteneinsicht, sonstige Verwendung von Daten für verfahrensübergreifende Zwecke

Vorbemerkungen

1) Das aus dem **allgemeinen Persönlichkeitsrecht** nach Art 2 I iVm 1 I GG abgeleitete Recht auf informationelle Selbstbestimmung (vgl BVerfGE **65**, 1) schützt den einzelnen gegen unbegrenzte Erhebung und Verwendung seiner persönlichen Daten. Die durch das – im Wesentlichen am 1. 11. 2000 in Kraft getretene – StVÄG 1999 neu geschaffenen ersten beiden Abschnitte des 8. Buchs (dazu Matheis, Strafverfahrensänderungsgesetz 1999, 2007, zugl Diss Marburg 2006; zur Gesetzesgeschichte ferner Brodersen NJW **00**, 2536; s auch 1 zu § 492) enthalten in den §§ 474 bis 480 dem Bestimmtheitsgrundsatz Rechnung tragende gesetzliche Grundlagen für die Erteilung von Auskünften und die Gewährung von Akteneinsicht an Gerichte, StAen, sonstige Behörden, Privatpersonen und für Zwecke wissenschaftlicher Forschung; aus ihnen ergeben sich für den Bürger erkennbar die Voraussetzungen und der Umfang der Beschränkungen des genannten Grundrechts. Mit diesen Vorschriften über die Erteilung von Informationen für verfahrensübergreifende Zwecke werden bereits vorhandene Regelungen über Auskünfte und Akteneinsicht ergänzt (vgl – neben § 80 II – für die Akteneinsicht durch Verfahrensbeteiligte insbesondere §§ 147, 406 e, 434 I S 2, 442 I, 444 II S 2). Verfahrensübergreifende Mitteilungen von Amts wegen sehen neben § 479 etwa die §§ 12 ff **EGGVG** vor. Für das Bußgeldverfahren erklärt § 49 b OWiG die §§ 474 bis 478, 480 und 481 mit Abweichungen bei § 474 und § 477 für entspr anwendbar (zu den hierbei auftretenden Zweifelsfragen vgl LG Kassel NZV **03**, 437 mit Anm Schellhase, dieser insbesondere auch zur Zuständigkeit von AG oder LG). Vgl auch die erg Bestimmungen in den RiStBV 182 ff sowie SK-Weßlau 59 vor § 474 zur Entwicklung auf europäischer Ebene. 1

2) Als **weitere Regelung** im 1. Abschnitt bestimmen die §§ 477 II S 3 Nr 1, 481, unter welchen Voraussetzungen Polizeibehörden personenbezogene Daten (§ 3 I BDSG), die zunächst allein für Zwecke der Strafverfolgung erhoben worden sind, für Aufgaben nach den Polizeigesetzen verwenden dürfen. In § 482 wird insb. die Unterrichtung der Polizei über den Ausgang des Verfahrens geregelt. 2

3) Die **datenschutzrechtlichen Vorschriften** des StVÄG 1999 gehen den Datenschutzgesetzen des Bundes und der Länder als *leges speciales* vor (§ 1 IV BDSG; vgl LG Hildesheim NJW **08**, 531, 533). Da die bereichsspezifischen Regelungen der StPO jedoch nicht abschließend sind, ist im Einzelfall ein Rückgriff auf allgemeines Datenschutzrecht nicht ausgeschlossen (Dresden StV **04**, 68, ber S 368; Brodersen NJW **00**, 2537); das gilt etwa für aus Datenschutzgründen erforderliche Sicherungsvorkehrungen (§ 9 BDSG; vgl auch § 476 VIII und SK-Weßlau 26 ff vor § 474 zur Kontrollbefugnis des Datenschutzbeauftragten). 3

Akteneinsicht und Auskünfte für Justizbehörden und andere öffentliche Stellen — RiStBV 182 ff

474 **I Gerichte, Staatsanwaltschaften und andere Justizbehörden erhalten Akteneinsicht, wenn dies für Zwecke der Rechtspflege erforderlich ist.**

II 1 Im Übrigen sind Auskünfte aus Akten an öffentliche Stellen zulässig, soweit

1. die Auskünfte zur Feststellung, Durchsetzung oder zur Abwehr von Rechtsansprüchen im Zusammenhang mit der Straftat erforderlich sind,
2. diesen Stellen in sonstigen Fällen auf Grund einer besonderen Vorschrift von Amts wegen personenbezogene Daten aus Strafverfahren übermittelt werden dürfen oder soweit nach einer Übermittlung von Amts wegen die Übermittlung weiterer personenbezogener Daten zur Aufgabenerfüllung erforderlich ist oder
3. die Auskünfte zur Vorbereitung von Maßnahmen erforderlich sind, nach deren Erlass auf Grund einer besonderen Vorschrift von Amts wegen personenbezogene Daten aus Strafverfahren an diese Stellen übermittelt werden dürfen.

2 Die Erteilung von Auskünften an die Nachrichtendienste richtet sich nach § 18 des Bundesverfassungsschutzgesetzes, § 10 des MAD-Gesetzes und § 8 des BND-Gesetzes sowie den entsprechenden landesrechtlichen Vorschriften.

III Unter den Voraussetzungen des Absatzes 2 kann Akteneinsicht gewährt werden, wenn die Erteilung von Auskünften einen unverhältnismäßigen Aufwand erfordern würde oder die Akteneinsicht begehrende Stelle unter Angabe von Gründen erklärt, dass die Erteilung einer Auskunft zur Erfüllung ihrer Aufgabe nicht ausreichen würde.

IV Unter den Voraussetzungen der Absätze 1 oder 3 können amtlich verwahrte Beweisstücke besichtigt werden.

V Akten können in den Fällen der Absätze 1 und 3 zur Einsichtnahme übersandt werden.

VI Landesgesetzliche Regelungen, die parlamentarischen Ausschüssen ein Recht auf Akteneinsicht einräumen, bleiben unberührt.

1 **1) Amtliche Stellen** erhalten unter den Voraussetzungen der Vorschrift Einsicht in die Akten eines laufenden oder abgeschlossenen Strafverfahrens einschließlich der beigezogenen Akten (erg 3 zu § 478) oder Auskünfte hieraus für verfahrensexterne Zwecke. Wer die Verantwortung für die Zulässigkeit der Übermittlung trägt, ist in § 477 IV geregelt (dort 14). Für Forschungszwecke gilt § 476. Die Vorlage der Akten an im Verfahren mitwirkende Stellen, insbesondere über- oder untergeordnete Instanzgerichte ist gesondert geregelt etwa in §§ 27 IV, 41, 163 II, 306 II, 320, 321, 347 II, 354 II, III, 355 oder § 152 I GVG (vgl hierzu 1 a aE zu § 161); nicht unter die Vorschrift fällt auch die Übersendung der Akten an übergeordnete Stellen zur Wahrnehmung der Aufsichts-, Kontroll- und Weisungsbefugnisse.

2 **2) Justizbehörden** erhalten nach I Akteneinsicht für Zwecke der Rechtspflege; idR wird der Übersendung der Akten (V) nichts entgegenstehen, andererseits deckt die Vorschrift auch – allerdings nicht vorrangig – die Erteilung von Auskünften aus Akten als Minus (vgl II, III) ab. I gilt für Gerichte, StAen und andere Justizbehörden im funktionellen Sinn einschließlich der strafverfolgend tätigen Polizei (vgl 2 zu § 23 EGGVG und das vereinfachte Verfahren in § 478 I S 5) und der Finanzbehörden in den Fällen der §§ 386 II, 399 I, 402 I, 404 **AO.** Für Ersuchen um Einsicht in Strafakten, die von nicht am anhängigen Verfahren beteiligten Strafverfolgungsorganen gestellt werden (oben 1), ergänzt I die Befugnisse von StA (§ 161 I S 1), Polizei (§§ 161 I S 2, 163 I S 2) und Gericht (§§ 161 I, 202, 244 II; vgl BGH **30**, 34, 35; **36**, 328, 337; Stuttgart NStZ **08**, 359; anders LR-Erb 11 a zu § 161: § 161 I S 1 als Sonderregelung iS des § 480), wenn eine danach zulässige Auskunft dem Ermittlungszweck nicht genügen würde (vgl auch unten 4).

3 Die Akteneinsicht erfolgt **zu Zwecken der Rechtspflege,** dh für ein bestimmtes anderes Verfahren (nicht schon für Vorermittlungen, Krause Strauda-FS 360; Senge Hamm-FS 710 mwN) oder einen bestimmten anderen Vorgang und

damit für einen Zweck, der nicht der Grund für die Erhebung der Information im Ursprungsverfahren war. Eine nähere Zweckbestimmung ist idR nicht erforderlich (zur Zweckbindung 15 zu § 477).

Die im Wortlaut als Ausprägung des allgemeinen Verhältnismäßigkeitsprinzips (4 zu § 14 EGGVG) hervorgehobene **Erforderlichkeit** ist Voraussetzung einer jeden Akteneinsicht und bestimmt daher – ungeachtet des unterschiedlichen Wortlauts in I und II – ggf auch hier deren Umfang. Die Erforderlichkeit ist von der die Akteneinsicht begehrenden Justizbehörde zu prüfen (Stuttgart StraFo **07**, 70, 71) und ihre Annahme zu verantworten (§ 477 IV S 1); näher darlegen muss sie die Notwendigkeit in ihrem Ersuchen jedoch nicht (BT-Drucks 14/1484 S 26). Vom Vorliegen dieser Voraussetzung kann die ersuchte Stelle ohne weiteres ausgehen (vgl § 477 IV), insbesondere wenn ein Gericht in einem Verfahren mit Amtsermittlungsgrundsatz von seiner Befugnis zur Akteneinsicht gegenüber der StA – etwa in §§ 99 I S 1 VwGO, 86 I FGO – Gebrauch macht (1 zu § 478); es ist allerdings (allein) Sache der ersuchenden Stelle zu prüfen, ob nicht die in Vorschriften wie den Genannten alternativ vorgesehene Einholung einer Auskunft (§ 477 I) genügt (SK-Weßlau 11). Begrenzungen können sich aus § 477 II ergeben. Enthalten die Akten die Bild-Ton-Aufzeichnung einer Zeugenvernehmung, ist bereits bei dem Ersuchen um Akteneinsicht und deren Gewährung (vgl § 477 IV) die Vorschrift des § 58a II S 1 mit der dort angeordneten Subsidiarität und der Beschränkung (der Verwendung) auf Zwecke der Strafverfolgung zu berücksichtigen (erg 14 zu § 58a; 15 zu § 477); die eine Einsichtnahme ablehnende Auffassung (Brodersen NJW **00**, 2540) ist überholt (vgl § 58a II S 6; SK-Weßlau 14 zu § 475 und 10 zu § 477). 4

3) Andere öffentliche Stellen können unter den Voraussetzungen des II S 1 um die Übermittlung von Informationen aus Strafakten für bestimmte verfahrensexterne Zwecke nachsuchen. Erfasst sind alle nicht in I genannten, hoheitlich tätigen Stellen, auch Körperschaften, Anstalten und Stiftungen des öffentlichen Rechts (vgl auch SK-Weßlau 14 zu Fällen privatisierter staatlicher oder kommunaler Aufgaben, ferner KMR-Gemählich 8 zu Auskünften an ausländische Behörden sowie diplomatische und konsularische Vertretungen). S 1 gilt nach S 2 (Gleiches würde sich aus § 480 ergeben) nicht für Auskünfte an Nachrichtendienste (erg § 477 II S 3 Nr 2); die Übermittlung von Informationen an Polizeibehörden richtet sich, soweit sie nach Maßgabe der Polizeigesetze tätig werden, nach §§ 477 II S 3 Nr 1, 481. 5

A. Grundsätzlich (s. aber unten 7) **nur Auskünfte** (§ 477 I) können die öffentlichen Stellen nach S 1 für die dort bezeichneten Übermittlungszwecke erhalten. Die Auskünfte können erteilt werden, soweit sie für die in Nr 1 genannten Zwecke erforderlich (dazu oben 4) sind, etwa zur Verfolgung oder Abwehr von Regressansprüchen. Nr 2 regelt zwei Fälle: Informationen aus Strafakten dürfen einer um Auskunft ersuchenden Stelle zum einen insoweit gegeben werden, als besondere gesetzliche Regelungen wie die §§ 12ff **EGGVG** es gestatten, ihr personenbezogene Informationen von Amts wegen zu übermitteln. Dabei ist auf den konkreten, von der ersuchenden Stelle verfolgten Zweck abzustellen; ein abstraktes Verständnis der Formulierung „in sonstigen Fällen" scheidet im Blick auf den Bestimmtheitsgrundsatz (1 vor § 474) aus. Hieraus folgt zugleich die Zweckbindung iS des § 477 V. Die vom BRat befürchtete Gesetzeslücke in Fällen, in denen Gefahren für das Gemeinwohl verhindert werden müssen (BT-Drucks 14/2886 S 4), besteht nicht (s. insbesondere §§ 14 I Nr 7, 17 Nr 3 **EGGVG**). Zum anderen können nach einer Übermittlung von Amts wegen, soweit erforderlich (oben 4), der (nunmehr) ersuchenden Stelle weitere Auskünfte aus den Akten gegeben werden; dies gilt unabhängig von der Nachberichts- und Unterrichtungspflicht in § 20 **EGGVG.** Nr 3 gestattet den Strafverfolgungsbehörden in den Fällen, in denen sie nach dem Erlass einer Maßnahme durch eine öffentliche Stelle zur Mitteilung von Amts wegen berechtigt sind – etwa nach Erlass der in § 14 I Nr 5 und 7 **EGGVG** genannten 6

Erlaubnisse, Genehmigungen, Zulassungen und Berechtigungen oder nach Verleihung von Titeln, Orden und Ehrenzeichen gemäß § 4 II, III des Gesetzes über Titel, Orden und Ehrenzeichen (MiStra 30) –, einer solchen Stelle auf deren Ersuchen bereits vor dem Erlass die zur Vorbereitung der Maßnahme erforderlichen (oben 4) Auskünfte zu erteilen. Einschränkungen der nach Erlass bestehenden Übermittlungsbefugnisse von Amts wegen (Rechtskraft, Verbrechen, Strafhöhe usw) bleiben hierbei außer Betracht (Brodersen NJW **00**, 2540).

7 B. **Akteneinsicht** kann der öffentlichen Stelle unter den Voraussetzungen des III ausnahmsweise (BT-Drucks 14/1484 S 26) gewährt werden, so wenn die (an sich vorrangige, oben 6) Erteilung von Auskünften einen unverhältnismäßigen Aufwand verursachen würde; Zweck dieser Alternative ist die Entlastung der Justiz. Das Gleiche gilt, wenn die ersuchende Stelle die Notwendigkeit der Akteneinsicht begründet. Diese hat hierbei das Regel-Ausnahme-Verhältnis zwischen Auskunft und Akteneinsicht zu beachten; für die über das Ersuchen entscheidende Strafverfolgungsbehörde besteht aber keine über § 477 IV hinausgehende Prüfungspflicht. Die Übersendung der Akten zur Einsichtnahme ist nach V zulässig. Infolge der einschränkungslosen Bezugnahme auf II, der in S 1 Nr 3 ebenfalls auf andere Vorschriften verweist, gilt III auch in den Fällen des II S 2 (vgl auch RiStBV 205 II S 1: „in geeigneter Weise").

8 **4) Amtlich verwahrte Beweisstücke** (19 zu § 147) können nach IV besichtigt werden von Justizbehörden, soweit für Zwecke der Rechtspflege erforderlich (oben 2 bis 4), von öffentlichen Stellen, wenn die Voraussetzungen des II (oben 6) und des III (oben 7) kumulativ vorliegen. Damit wahrt das Gesetz gegenüber öffentlichen Stellen iS des II einschließlich der Nachrichtendienste das Regel-Ausnahme-Verhältnis, so dass grundsätzlich auch über die verwahrten Beweisstücke nur Auskünfte erteilt werden dürfen (SK-Weßlau 23). Eine Übersendung ist in V nicht vorgesehen, in geeigneten Einzelfällen indes nicht ausgeschlossen.

9 **5) VI** hat klarstellende Bedeutung (vgl auch BVerwGE **109**, 258 mit Anm Jutzi NJ **00**, 103; Gielen JR **00**, 140). Die Akteneinsichts- und Auskunftsberechtigung der parlamentarischen Untersuchungsausschüsse des Btags folgt aus Art 44 GG, § 18 PUAG (vgl auch BVerfG NVwZ **09**, 1353, 1354; 6 zu § 23 EGGVG; Kissel/Mayer Einl 175, 180).

10 **6) Zuständigkeit** (und Rechtsbehelfe): Vgl die Erläuterungen zu § 478.

Auskünfte und Akteneinsicht für Privatpersonen und für sonstige Stellen

475 **I** **1 Für eine Privatperson und für sonstige Stellen kann, unbeschadet der Vorschrift des § 406 e, ein Rechtsanwalt Auskünfte aus Akten erhalten, die dem Gericht vorliegen oder diesem im Falle der Erhebung der öffentlichen Klage vorzulegen wären, soweit er hierfür ein berechtigtes Interesse darlegt. 2 Auskünfte sind zu versagen, wenn der hiervon Betroffene ein schutzwürdiges Interesse an der Versagung hat.**

II Unter den Voraussetzungen des Absatzes 1 kann Akteneinsicht gewährt werden, wenn die Erteilung von Auskünften einen unverhältnismäßigen Aufwand erfordern oder nach Darlegung dessen, der Akteneinsicht begehrt, zur Wahrnehmung des berechtigten Interesses nicht ausreichen würde.

III 1 Unter den Voraussetzungen des Absatzes 2 können amtlich verwahrte Beweisstücke besichtigt werden. 2 Auf Antrag können dem Rechtsanwalt, soweit Akteneinsicht gewährt wird und nicht wichtige Gründe entgegenstehen, die Akten mit Ausnahme der Beweisstücke in seine Geschäftsräume oder seine Wohnung mitgegeben werden. 3 Die Entscheidung ist nicht anfechtbar.

IV Unter den Voraussetzungen des Absatzes 1 können auch Privatpersonen und sonstigen Stellen Auskünfte aus den Akten erteilt werden.

1) **Privatpersonen** oder sonstige (private) Stellen (zB private Versicherungen) können grundsätzlich (vgl IV) Auskünfte aus Akten (2 zu § 199; weiterg Weßlau Hamm-FS 849 für nicht beigefügte Spurenakten) eines laufenden oder abgeschlossenen Strafverfahrens nur über einen Rechtsanwalt (BVerfG NJW **02**, 2307: nicht über einen nicht der RA-Kammer angehörenden Rechtsbeistand) erhalten; ein RA kann aber in eigener Sache auch selbst Akteneinsicht beantragen (LG Regensburg NZV **04**, 154). Die Vorschrift gilt nicht für Verfahrensbeteiligte (1 vor § 474), für den früheren Beschuldigten dann nicht, wenn sein Informationsgesuch der Vorbereitung weiterer Prozesshandlungen dient (Schleswig SchlHA **07**, 293 [D/D]; erg 11 zu § 147). Sie gilt ferner nicht für Verletzte (§ 406e; vgl Krüger ZRP **09**, 187), wohl aber für (nicht-verletzte) Zeugen und deren anwaltlichen Beistand (Hamburg NJW **02**, 1590; KG bei Hanschke StRR **08**, 104; NStZ **08**, 587 L; vgl aber KK-Senge 18a vor § 48 und 9 zu § 68b; erg 4 zu § 477), für nicht am Verfahren beteiligte Antragsteller nach § 101 VII S 2 (hM; erg 25d zu § 101), auch für den Strafverteidiger in einem anderen Verfahren (BGH StV **08**, 295, 296; StraFo **08**, 472), für den Insolvenzverwalter (2 vor § 406d) und uU für ein von Ermittlungen betroffenes Unternehmen (vgl Taschke StV **07**, 499); sie geht vergleichbaren Regelungen des Datenschutzrechts vor (vgl Hamm NStZ-RR **96**, 11; 3 vor 474). Auf die Auskunftserteilung ggü. den Medien ist sie – mangels anderer gesetzlichen Regelung – ebenfalls anzuwenden (OVG Münster NJW **01**, 3803; Lindner StV **08**, 211, 216 und Meier Schreiber-FS 331 [jew auch zu den Grenzen der Auskunftserteilung]; **aM** LR-Hilger 2; Matheis [1 vor § 474] 162; vgl auch Mensching AfP **07**, 537; Neuling StV **08**, 390 mwN). 1

Der private Antragsteller muss ein **berechtigtes Interesse** an der Informationserteilung darlegen (vgl aber § 477 III), dh Tatsachen schlüssig vortragen (nicht aber glaubhaft machen, vgl LR-Hilger 6 zu § 406e), aus denen sich Grund und Umfang der benötigten Auskünfte ergeben (LG Kassel StraFo **05**, 428 mit Anm Durth/Kempf). Das berechtigte Interesse (vgl Stuttgart NStZ-RR **00**, 349; LG Frankfurt aM StV **03**, 495; Hilger NStZ **84**, 541) muss nicht auf die Wahrnehmung formal eingeräumter Rechte – wie die Verfolgung bürgerlich-rechtlicher Ansprüche (vgl LG Hildesheim NJW **09**, 3799, 3800) – gerichtet sein; der Umstand, dass die Akte personenbezogene Daten des Antragstellers enthält, genügt allerdings für sich allein nicht (vgl 3 zu § 406e; einschr auch LG Görlitz StraFo **01**, 315). Dem Antrag eines von einer Versicherungsgesellschaft bevollmächtigten RA wird vorbehaltlich der nachfolgenden Beschränkungen im Allgemeinen zu entsprechen sein (Düsseldorf NJW **65**, 1033), ebenso dem Antrag des Insolvenzverwalters zur Prüfung insolvenzrechtlicher Ansprüche (LG Hildesheim NJW **08**, 531; einschr Koch Hamm-FS 292: erst bei hinreichendem Tatverdacht) oder des Strafverteidigers zu Verteidigungszwecken (BGH StV **08**, 295, 296; StraFo **08**, 472 und 4 StR 599/09 vom 23. 2. 2010 [Tz 10]: Begründung einer Verfahrensrüge mit Tatsachen aus anderen Verfahren), uU auch des Arbeitgebers zur Klärung von Vorwürfen gegen seinen Arbeitnehmer, die Auswirkungen auf das Arbeitsverhältnis haben können (BAG NJW **09**, 1897). Ein schützenswertes Interesse des Privaten kann sich auch daraus ergeben, dass dessen Kontostammdaten nach § 24c III S 1 Nr 2 KWG abgerufen wurden (BVerfGE **118**, 168 = NJW **07**, 2464, 2473) oder dass eine gegnerische amtliche Stelle nach § 474 Informationen erhalten hat (weitergehend SK-Weßlau 19: auch in Fällen der Informationsübermittlung an Private). Ggf ist dem Auskunftsbegehren nur teilw („soweit") stattzugeben; das kommt auch in Betracht, wenn hierdurch einem schutzwürdigen Interesse des von der Auskunft Betroffenen (vgl die Legaldefinition in § 3 I BDSG) ausreichend Rechnung getragen werden kann (vgl BVerfG NJW **09**, 2876; Hamburg NJW **95**, 1440), wie etwa durch die Weglassung der Feststellungen zur Person vor Übersendung einer anonymisierten Urteilsabschrift an einen wissenschaftlichen Autor (LG Bochum NJW **05**, 999; krit hierzu Mensching AfP **07**, 538 Fn 52; vgl aber auch LG Hildesheim NJW **09**, 3799, 3801: keine Anonymisierung bei entgegenstehendem berechtigtem Interesse). 2

3 Genügt dies nicht, ist nach I S 2 die **Auskunft zu versagen,** wenn der Betroffene ein schutzwürdiges Interesse hat und dieses das berechtigte Interesse des Antragstellers überwiegt (BT-Drucks 14/1484 S 27; HK-GS/Hölscher 3; KK-Gieg 2; KMR-Gemählich 5; **aM** LG Dresden StV **06**, 11; LG Frankfurt aM StV **03**, 495; Koch Hamm-FS 297; LR-Hilger 7: Interessenkonflikt führt zwingend zur Versagung; vgl auch SK-Weßlau 15); zu denken ist etwa an den Schutz der Intimsphäre oder von Geschäfts- und Betriebsgeheimnissen (vgl LG Hildesheim NJW **09**, 3799, 3800). Weitere Ablehnungsgründe (zB Zwecke des Strafverfahrens, Steuergeheimnis) ergeben sich aus § 477 II. Für beigezogene Akten gilt § 478 II (dort 3).

4 **2)** Die **Akteneinsicht** ist nach II auch bei Privaten die Ausnahme, die Auskunftserteilung die Regel (vgl im Einzelnen 7 zu § 474). Dies hat der Akteneinsicht begehrende RA zu beachten (vgl § 477 IV, auch zur Prüfungspflicht der übermittelnden Stelle). Im Blick auf die Verweisung auf I („soweit"; oben 2 aE) sind einfach zu entfernende Aktenteile, auf die sich das berechtigte Interesse des Antragstellers offensichtlich nicht bezieht, vor der Akteneinsicht zu entheften bzw herauszunehmen (zu Auskunft aus dem BZR und Lichtbildern von Verletzten vgl RiStBV 16 II S 2, 220 II S 1; BVerfG NJW **07**, 1052: persönliche Briefe, intime Zeichnungen; LG Regensburg NStZ **85**, 233, 234: nervenärztliches Gutachten). Bild-Ton-Aufzeichnungen iS der §§ 58 a I, 168 e S 4 und 247 a S 4, 5 sind stets von der Akteneinsicht Privater auszuschließen (§ 58 a II S 1; so auch KMR-Gemählich 7; **aM** SK-Weßlau 10 zu § 477). Für „überschießende" Informationen gilt im Übrigen § 477 V.

5 **3)** Die **Besichtigung amtlich verwahrter Beweisstücke** (19 zu § 147) kann nach III S 1 unter den Voraussetzungen des II gestattet werden, dh wenn eine (grundsätzlich vorrangige) Auskunftserteilung einen unverhältnismäßigen Aufwand erfordern würde oder wenn nach Darlegung desjenigen, der die Besichtigung begehrt, eine Auskunft über das amtlich verwahrte Beweisstück nicht zur Wahrnehmung des berechtigten Interesses ausreichen würde.

6 Zur **Mitgabe der Akten** (III S 2, 3) vgl 8 zu § 406 e; der Wortlaut stellt klar, dass hierzu ein Recht auf Auskunft nicht genügt.

7 **4) Auskünfte an Privatpersonen** oder private Einrichtungen ohne Einschaltung eines RA – nicht aber Akteneinsicht oder Besichtigung amtlich verwahrter Beweisstücke – ermöglicht IV unter den Voraussetzungen des I; daher können insoweit auch Abschriften aus den Akten überlassen werden (§ 477 I). Eine Fachzeitschrift kann die Übersendung anonymisierter Entscheidungsabschriften verlangen (LG Berlin NJW **02**, 838; Mensching AfP **07**, 534, vgl aber LR-Hilger 2). Versagungsgründe ergeben sich insbesondere aus I S 2 (oben 2 aE, 3), § 477 II, III, § 478 II Hs 1; im Übrigen ergeht die Entscheidung nach pflichtgemäßem Ermessen. Im Falle einer Auskunftserteilung ist auf die Zweckbindung hinzuweisen, § 477 V S 3. Eine Spezialregelung enthält § 11 VIII S 3, 4 GwG für Verpflichtete (§ 2 GwG), die eine Verdachtsanzeige (§ 11 I GwG) erstattet haben (Helmrich NJW **09**, 3689).

8 **5) Zuständigkeit, Rechtsbehelfe:** Vgl die Erläuterungen zu § 478. Das OLG Dresden (bei Burhoff/Lange-Bertalot StRR **07**, 229) hält einen Widerspruch gegen die Vernehmung eines Zeugen für erforderlich, dessen Beistand zuvor Akteneinsicht gewährt worden war (vgl erg 25 zu § 136, aber auch 11 aE zu § 406 e).

Übermittlung für wissenschaftliche Zwecke **RiStBV 189**

476 **I [1]Die Übermittlung personenbezogener Daten in Akten an Hochschulen, andere Einrichtungen, die wissenschaftliche Forschung betreiben, und öffentliche Stellen ist zulässig, soweit**

1. dies für die Durchführung bestimmter wissenschaftlicher Forschungsarbeiten erforderlich ist,

2. eine Nutzung anonymisierter Daten zu diesem Zweck nicht möglich oder die Anonymisierung mit einem unverhältnismäßigen Aufwand verbunden ist und

3. das öffentliche Interesse an der Forschungsarbeit das schutzwürdige Interesse des Betroffenen an dem Ausschluss der Übermittlung erheblich überwiegt.

[2]Bei der Abwägung nach Satz 1 Nr. 3 ist im Rahmen des öffentlichen Interesses das wissenschaftliche Interesse an dem Forschungsvorhaben besonders zu berücksichtigen.

II [1]Die Übermittlung der Daten erfolgt durch Erteilung von Auskünften, wenn hierdurch der Zweck der Forschungsarbeit erreicht werden kann und die Erteilung keinen unverhältnismäßigen Aufwand erfordert. [2]Andernfalls kann auch Akteneinsicht gewährt werden. [3]Die Akten können zur Einsichtnahme übersandt werden.

III [1]Personenbezogene Daten werden nur an solche Personen übermittelt, die Amtsträger oder für den öffentlichen Dienst besonders Verpflichtete sind oder die zur Geheimhaltung verpflichtet worden sind. [2]§ 1 Abs. 2, 3 und 4 Nr. 2 des Verpflichtungsgesetzes findet auf die Verpflichtung zur Geheimhaltung entsprechende Anwendung.

IV [1]Die personenbezogenen Daten dürfen nur für die Forschungsarbeit verwendet werden, für die sie übermittelt worden sind. [2]Die Verwendung für andere Forschungsarbeiten oder die Weitergabe richtet sich nach den Absätzen 1 bis 3 und bedarf der Zustimmung der Stelle, die die Übermittlung der Daten angeordnet hat.

V [1]Die Daten sind gegen unbefugte Kenntnisnahme durch Dritte zu schützen. [2]Die wissenschaftliche Forschung betreibende Stelle hat dafür zu sorgen, dass die Verwendung der personenbezogenen Daten räumlich und organisatorisch getrennt von der Erfüllung solcher Verwaltungsaufgaben oder Geschäftszwecke erfolgt, für die diese Daten gleichfalls von Bedeutung sein können.

VI [1]Sobald der Forschungszweck es erlaubt, sind die personenbezogenen Daten zu anonymisieren. [2]Solange dies noch nicht möglich ist, sind die Merkmale gesondert aufzubewahren, mit denen Einzelangaben über persönliche oder sachliche Verhältnisse einer bestimmten oder bestimmbaren Person zugeordnet werden können. [3]Sie dürfen mit den Einzelangaben nur zusammengeführt werden, soweit der Forschungszweck dies erfordert.

VII [1]Wer nach den Absätzen 1 bis 3 personenbezogene Daten erhalten hat, darf diese nur veröffentlichen, wenn dies für die Darstellung von Forschungsergebnissen über Ereignisse der Zeitgeschichte unerlässlich ist. [2]Die Veröffentlichung bedarf der Zustimmung der Stelle, die die Daten übermittelt hat.

VIII Ist der Empfänger eine nichtöffentliche Stelle, finden die Vorschriften des Dritten Abschnitts des Bundesdatenschutzgesetzes auch Anwendung, wenn die Daten nicht in oder aus Dateien verarbeitet werden.

1) Für Zwecke **wissenschaftlicher Forschung** (Eigen- oder Auftragsforschung) dürfen unter den Voraussetzungen des I personenbezogene Daten aus Strafakten – auch befugt übermittelte Sozialdaten (§ 78 IV SGB X) oder Erkenntnisse aus bestimmten, besonders eingriffsintensiven Maßnahmen (§ 477 II S 3 Nr 3) – an Hochschulen (auch Fachhochschulen), andere Einrichtungen, die wissenschaftliche Forschung betreiben, und öffentliche Stellen übermittelt werden (erg § 487 IV); Doktoranden und Habilitanden als Privatpersonen können aber nach § 475 I, IV Auskunft oder Akteneinsicht erhalten (Graalmann-Scheerer NStZ **05**, 435; **aM** SK-Weßlau 8). Die Übermittlungsbefugnis besteht, wenn keine Einwilligung der Betroffenen vorliegt (§§ 3 I, 4 I BDSG; unten 3), nur insoweit, als die Mitteilung für die Durchführung eines bestimmten wissenschaftlichen Forschungs- 1 vorhabens erforderlich ist (erg 10 zu § 477) und die Herstellung oder Nutzung anonymisierter Informationen (vgl § 3 VI BDSG) aus den im Gesetz genannten Gründen ausscheidet (S 1 Nr 1, 2), wobei es genügt, dass anonymisierte Daten für den Forschungszweck nicht hinreichen (BT-Drucks 14/1484 S 27). Ferner muss nach S 1 Nr 3, S 2 das öffentliche, insbesondere wissenschaftliche Interesse an der Forschungsarbeit das unter Berücksichtigung der Einschränkungen in II bis VIII schutzwürdige Interesse des Betroffenen an dem Ausschluss der Übermittlung erheblich überwiegen; vor dieser gesetzlichen Abwägung zwischen dem Grundrecht auf informationelle Selbstbestimmung und der Freiheit von Wissenschaft und Forschung (Art 5 III GG) haben solche Forschungsvorhaben keinen Bestand, die methodisch unzulänglich sind, bei denen der Verdacht besteht, dass sie der Ausspionierung personenbezogener Daten dienen sollen, oder die offensichtlich als Instrument im wirtschaftlichen Konkurrenzkampf gedacht sind (BT-Drucks aaO). Bei umfangreichen Forschungsvorhaben mit vielen Betroffenen wird nur deren mutmaßliches Interesse in die Abwägung eingestellt werden können (LR-Hilger 6).

2 **2)** Regelungen zum **Schutz des allgemeinen Persönlichkeitsrechts** enthalten II bis VIII. II ordnet den grundsätzlichen Vorrang von Auskünften vor einer Akteneinsicht an (wegen des mit der Auskunftserteilung verbundenen großen Aufwandes ist es in der Praxis aber umgekehrt, vgl Graalmann-Scheerer NStZ **05**, 437). Personenbezogene Daten dürfen nur an zur Geheimhaltung verpflichtete Personen übermittelt werden (III; Strafbewehrung in § 203 II S 1 Nr 6 StGB). Die Zweckbindung in IV gilt auch für die durch die Forschung neu gewonnenen personenbezogenen Informationen. Die Verwendung für einen anderen wissenschaftlichen Zweck oder die Weitergabe an andere Personen – jeweils gemessen an der erteilten Genehmigung – setzen die vorherige Zustimmung der bewilligenden Stelle nach Maßgabe der I bis III voraus. V bis VII enthalten weitere Pflichten des Empfängers; die Zustimmung der übermittelnden Stelle zur Veröffentlichung personenbezogener Daten ist entbehrlich, wenn der Betroffene einwilligt oder sich Einzelangaben nur mit einem unverhältnismäßig großen Aufwand an Zeit, Kosten und Arbeitskraft einer bestimmten Person zuordnen lassen (BT-Drucks 14/1484 S 28). Für nichtöffentliche Stellen gilt der 3. Abschnitt des BDSG auch, soweit die übermittelten Informationen beim Empfänger nicht in oder aus Dateien verarbeitet werden. Zu den datenschutzrechtlichen Anforderungen im Einzelnen – insbesondere auch zur Vorlage eines Datenschutzkonzepts durch den Antragsteller – vgl Graalmann-Scheerer aaO.

3 **3) Im Einzelnen darlegen** muss die ersuchende Stelle, dass die gesetzlichen Voraussetzungen für die Mitteilung nicht anonymisierter Informationen – abgesehen von der Frage des unverhältnismäßigen Aufwands in I S 1 Nr. 2, II S 1 – gegeben sind. Dies wollte der Gesetzgeber durch die Fassung der Vorschrift klarstellen; der weitere Hinweis der Entwurfsbegründung (BT-Drucks 14/1484 S 28) auf eine sachgerechte Prüfung durch die zuständige Stelle (§ 478 I S 1) ändert nichts am Maßstab des § 477 IV S 2. Der Antragsteller muss darlegen, welche konkreten Informationen er aus den Akten für sein Forschungsvorhaben begehrt (Graalmann-Scheerer NStZ **05**, 435). Vorsitzender und StA haben einen Ermessensspielraum und können die Erlaubnis mit sachgerechten, den Datenschutz konkretisierenden Auflagen verbinden. § 477 II S 1, S 3 Nr 3 ist zu beachten (vgl Graalmann-Scheerer aaO 436; erg 10 zu § 477). Auf eine Einholung der Einwilligung der Betroffenen darf die ersuchende Stelle nicht verwiesen werden (SK-Weßlau 16).

4 **4) Zuständigkeit, Rechtsbehelfe:** Vgl die Erläuterungen zu § 478.

5 **5)** Zu den **Kosten** der Übermittlung vgl Graalmann-Scheerer NStZ **05**, 440.

Datenübermittlung und -verwendung; Zufallsfunde

477 **I Auskünfte können auch durch Überlassung von Abschriften aus den Akten erteilt werden.**

II 1 Auskünfte aus Akten und Akteneinsicht sind zu versagen, wenn der Übermittlung Zwecke des Strafverfahrens, auch die Gefährdung des Untersuchungszwecks in einem anderen Strafverfahren, oder besondere bundesgesetzliche oder entsprechende landesgesetzliche Verwendungsregelungen entgegenstehen. 2 Ist eine Maßnahme nach diesem Gesetz nur bei Verdacht bestimmter Straftaten zulässig, so dürfen die auf Grund einer solchen Maßnahme erlangten personenbezogenen Daten ohne Einwilligung der von der Maßnahme betroffenen Personen zu Beweiszwecken in anderen Strafverfahren nur zur Aufklärung solcher Straftaten verwendet werden, zu deren Aufklärung eine solche Maßnahme nach diesem Gesetz hätte angeordnet werden dürfen. 3 Darüber hinaus dürfen personenbezogene Daten, die durch eine Maßnahme der in Satz 2 bezeichneten Art erlangt worden sind, ohne Einwilligung der von der Maßnahme betroffenen Personen nur verwendet werden

1. zur Abwehr einer erheblichen Gefahr für die öffentliche Sicherheit,
2. für die Zwecke, für die eine Übermittlung nach § 18 des Bundesverfassungsschutzgesetzes zulässig ist, sowie
3. nach Maßgabe des § 476.

4 § 100 d Abs. 5, § 100 i Abs. 2 Satz 2 und § 108 Abs. 2 und 3 bleiben unberührt.

III In Verfahren, in denen

1. der Angeklagte freigesprochen, die Eröffnung des Hauptverfahrens abgelehnt oder das Verfahren eingestellt wurde oder
2. die Verurteilung nicht in ein Führungszeugnis für Behörden aufgenommen wird und seit der Rechtskraft der Entscheidung mehr als zwei Jahre verstrichen sind,

dürfen Auskünfte aus den Akten und Akteneinsicht an nichtöffentliche Stellen nur gewährt werden, wenn ein rechtliches Interesse an der Kenntnis der Information glaubhaft gemacht ist und der frühere Beschuldigte kein schutzwürdiges Interesse an der Versagung hat.

IV 1 Die Verantwortung für die Zulässigkeit der Übermittlung trägt der Empfänger, soweit dieser eine öffentliche Stelle oder ein Rechtsanwalt ist. 2 Die übermittelnde Stelle prüft in diesem Falle nur, ob das Übermittlungsersuchen im Rahmen der Aufgaben des Empfängers liegt, es sei denn, dass besonderer Anlass zu einer weitergehenden Prüfung der Zulässigkeit der Übermittlung besteht.

V 1 Die nach den §§ 474, 475 erlangten personenbezogenen Daten dürfen nur zu dem Zweck verwendet werden, für den die Auskunft oder Akteneinsicht gewährt wurde. 2 Eine Verwendung für andere Zwecke ist zulässig, wenn dafür Auskunft oder Akteneinsicht gewährt werden dürfte und im Falle des § 475 die Stelle, die Auskunft oder Akteneinsicht gewährt hat, zustimmt. 3 Wird eine Auskunft ohne Einschaltung eines Rechtsanwalts erteilt, so ist auf die Zweckbindung hinzuweisen.

1) Regelungen über die **Zulässigkeit der Übermittlung** von Informationen aus Strafakten nach den §§ 474 bis 476 (für Beiakten vgl § 478 II) und deren verfahrensübergreifende Verwendung fasst die Vorschrift zusammen (vgl BVerfGE **120**, 351 = NJW **08**, 2099, 2102 mwN zur Zweckänderung); aus der Neuregelung folgende Konsequenzen für die Aktenführung werden in RiStBV 186 gezogen (vgl bereits Groß/Fünfsinn NStZ **92**, 106). 1

2 2) Eine **vereinfachte Form** lässt I in allen Fällen der Auskunftserteilung (§§ 474 II, 475 I, IV, 476 II S 1) zu.

3 **3) Einschränkungen der Übermittlung und sonstigen Verwendung** (II):

4 A. **Zwecke des Strafverfahrens** (Strafverfolgung, -vollstreckung) stehen Auskunft und Akteneinsicht nach II S 1, 1. Alt entgegen, wenn der Untersuchungszweck – auch in einem anderen Strafverfahren (vgl 6 a zu § 406 e) – gefährdet erscheint (vgl Düsseldorf NJW **02**, 2806; KG bei Hanschke StRR **08**, 104; NStZ **08**, 587 L: grds keine Akteneinsicht an Zeugenbeistand; **aM** für Fälle des § 55 Koch Hamm-FS 295; erg 5 zu § 68 b) oder die Informationsübermittlung zu unverhältnismäßigen Verzögerungen bzw Belastungen führen würde (vgl SK-Weßlau 4: Beurteilungsspielraum); zu den bundes- oder landesgesetzlichen Verwendungsregelungen iS des II S 1, 2. Alt vgl 6 zu § 12 EGGVG.

5 B. Die Verwendung von **Zufallsfunden** regelt das Gesetz in II S 2; dem liegt der Gedanke des hypothetischen Ersatzeingriffs zugrunde (BT-Drucks 16/5846 S 66; Einl 57 c; vgl auch Singelnstein ZStW **120**, 880 ff). Die Vorschrift betrifft nicht die Verwertung von Erkenntnissen im Ausgangsverfahren zur Aufklärung der Anlasstat (einschließlich von vornherein getrennt geführter oder später abgetrennter Verfahren gegen Mitbeteiligte, SK-Weßlau 7 vor § 474; Bittmann DRiZ **07**, 120; 30 zu § 100 a). Sie beschränkt die verfahrensübergreifende Verwertung personenbezogener Daten, wenn diese durch strafprozessuale Maßnahmen (andernfalls: § 161 II) erlangt worden sind, die nur bei Verdacht bestimmter Straftaten zulässig sind. Einen solchen spezifizierten Verdacht setzen – mit Ausnahme von §§ 99, 100 h I S 1 Nr 1 – insbesondere die in § 101 I aufgezählten verdeckten Ermittlungsmaßnahmen voraus (BT-Drucks 16/5846 S 58; erg 35 zu § 100 g), aber auch zB Maßnahmen nach §§ 131 III, 131 a III, 131 b (Singelnstein aaO 879; zu § 111 vgl unten 12). Die Verwendung der gewonnenen personenbezogenen Daten in anderen Strafverfahren (dh für andere prozessuale Taten als die Anlasstat) ist nur zulässig, wenn sie der Aufklärung einer Straftat dient, aufgrund derer eine solche Maßnahme ebenfalls hätte angeordnet werden dürfen. Der Begriff „Strafverfahren" umfasst auch die Strafvollstreckung.

5a Beschränkt ist die Verwendung der Daten allerdings **nur zu Beweiszwecken** (vgl BT-Drucks 16/5846 S 64). Zufallserkenntnisse dürfen, auch wenn sie keine Katalogtaten (bestimmte Straftaten iS des II S 2) betreffen, als Spurenansatz oder zur Ermittlung des Aufenthaltsorts des Beschuldigten verwertet werden (BeckOK-Wittig 5; LR-Erb 34 a aE zu § 160; Zöller StraFo **08**, 24 [vgl aber dens in HK 19 zu § 163 d, 14 zu § 163 e, 12 zu § 163 f]; **aM** Jahn C 96, der eine Frühwirkung [Einl 57 e] bejaht; krit SK-Weßlau 27; Velten Fezer-FS 92, 95, 97, 104; vgl auch Glaser/Gedeon GA **07**, 435, Singelnstein aaO 887 sowie die Kritik bei Rogall JZ **08**, 828 an der im Ges verwandten Begrifflichkeit); mit Einwilligung der von der Maßnahme jeweils Betroffenen können die erlangten personenbezogenen Daten (§ 3 I BDSG) aber auch in einem solchen Fall zu Beweiszwecken weiterverwendet werden. II S 2 ist in Anlehnung an die Rspr des BGH zu § 100 a geschaffen worden und fasst frühere Einzelregelungen zusammen (BT-Drucks 16/5846 S 66). Im Einzelnen gilt daher Folgendes:

6 a) Zur **Strafverfolgung gegen den Beschuldigten** und die Teilnehmer an seiner Tat dürfen Zufallserkenntnisse über eine andere als die in der Anordnung bezeichnete Katalogtat uneingeschränkt verwertet werden (Knauth NJW **77**, 1510; Peters 452; ANM 525 mwN in Fn 709); das gilt auch für Zufallsfunde von Taten, die im Zusammenhang mit einer Katalogtat stehen (zB Taten, auf deren Begehung die kriminelle Vereinigung nach § 129 StGB abzielt: BGH NStZ **98**, 426; dazu eingehend Kretschmer StV **99**, 223). Zufallserkenntnisse über Nichtkatalogtaten, auch wenn es sich um Anschlussdelikte zu einer Katalogtat handelt (Begünstigung, Hehlerei, Strafvereitelung), dürfen dagegen nicht unmittelbar zum Beweis (BGH **27**, 355 = JR **79**, 163 mit Anm Rieß; BGH **28**, 122, 127 = JR **79**, 165 mit

Anm Rieß; Bay **82**, 40; ANM 525 mwN in Fn 711; vgl auch BVerfG NJW **88**, 1075; Buse/Bohnert NJW **08**, 619 zu Steuerstraftaten), auch nicht zu Vorhalten benutzt werden (BGH **27**, 355; Roxin/Schünemann § 36, 23; vgl aber auch BGH **30**, 317, Karlsruhe NStZ **94**, 201 mit abl Anm Schneider NStZ **94**, 504 = StV **94**, 529 mit abl Anm Klesczewski: Verwertung in späterem Meineidsverfahren). Zulässig ist aber eine mittelbare Verwertung in der Weise, dass auf Grund der erlangten Erkenntnisse Ermittlungen geführt und dabei andere Beweismittel gewonnen werden (BVerfG NJW **05**, 2766; BGH **27**, 355; Allgayer NStZ **06**, 603; Welp JZ **73**, 290; **aM** Böse Amelung-FS 567; Knauth NJW **78**, 741; Wulf wistra **08**, 325; einschr auch Kaiser NJW **74**, 350; Maiwald JuS **78**, 385).

b) Zur **Strafverfolgung gegen dritte Personen** dürfen Zufallserkenntnisse uneingeschränkt verwertet werden, die sich auf irgendeine Katalogtat beziehen (BGH **28**, 122, 129 = JR **79**, 165 mit Anm Rieß; BGH **32**, 10, 15 = NStZ **84**, 372 mit Anm Schlüchter; BGH NJW **79**, 1370; wistra **91**, 146; ANM 526 mwN in Fn 718; vgl auch BGH **26**, 298, 302; BGHR Verwertbarkeit 1; Bay **82**, 40 = MDR **82**, 690; einschr Kretschmer StV **99**, 227: nur aus Gesprächen, an denen der Beschuldigte unmittelbar oder mittelbar selbst teilnimmt). Für die Verfolgung von Nichtkatalogtaten ist auch hier eine unmittelbare Verwertung als Beweismittel unzulässig (BGH **26**, 298, 303; Düsseldorf NStZ **01**, 657 [Anschlussdelikte]; LG Münster StV **08**, 460; ANM 526 mwN in Fn 719), also auch nicht im Wege eines Vorhalts (Karlsruhe NJW **04**, 2687), nicht aber die mittelbare Verwertung in der Weise, dass die Zufallserkenntnisse zur Grundlage weiterer Ermittlungen gegen den Dritten gemacht werden (München wistra **06**, 472 [Durchsuchung]; Allgayer NStZ **06**, 607; Lehmann ArchPF **79**, 126; **aM** Knauth NJW **78**, 742; Lohberger Hanack-FS 264 ff mwN zum Streitstand; vgl auch LG Landshut NStZ **99**, 635 im Anschluss an Kaiser NJW **74**, 350: zulässig bei einer Straftat nach § 112 a). Dies alles muss auch für Zufallsfunde aus einer im Ausland angeordneten Telefonüberwachung gelten (Zietsch Kriminalistik **96**, 129). Verwertbar sind Äußerungen eines Angehörigen, die aufgrund eines in einer anderen Strafsache angeordneten „kleinen" Lauschangriffs (§ 100 f) überwacht und protokolliert wurden, in dem gegen den Angeklagten gerichteten Verfahren wegen Bankraubs, ohne dass § 52 oder fair trial entgegenstehen (BVerfG NJW **10**, 287). **7**

Bei **Änderung der Rechtslage** ist – mangels Übergangsbestimmungen – auf den Zeitpunkt der Verwendung des Zufallsfundes (bzw der Revisionsentscheidung, 4 zu § 354 a) abzustellen; wegen der Ausweitung der Katalogtaten in § 100 a durch das Ges vom 21. 12. 2007 kann dies zur Verwertbarkeit von zuvor nach § 100 b V aF unverwertbaren Erkenntnissen führen (BGH **53**, 64 mit krit Anm Sankol MMR **09**, 181; vgl Einl 203). **7a**

c) **Überschneiden** sich Maßnahmen iS des II S 2 mit anderen, ggf auch unter II S 2 fallenden Eingriffen, dürfte nach dem Grundsatz zu entscheiden sein, dass sich die Verwendung des Zufallsfundes nach der höchsten Verdachtsschwelle richtet (zust AnwK-Pananis 4; Singelnstein ZStW **120**, 882 Fn 135; vgl aber die wohl auf einem Missverständnis beruhende Gegenauffassung von HK-Temming 8); für den Fall der akustischen Wohnraumüberwachung durch einen Verdeckten Ermittler stellte dies der aufgehobene § 110 e Hs 2 klar. Beispiele für (formell und materiell rechtmäßige) Maßnahmen außerhalb von Wohnungen: Der Verdeckte Ermittler (§ 110 a) fertigt Bildaufnahmen an oder setzt besondere Observationsmittel ein (§ 100 h I S 1 Nr 1 und 2); die Verwertung eines Zufallsfundes richtet sich nach der Schwelle des § 110 a I. Der Verdeckte Ermittler führt einen „kleinen Lauschangriff" aus; es gilt die Schwelle des § 100 f I. **8**

d) **Rechtswidrigkeit** der Ermittlungsmaßnahme: Der Gesetzgeber ist bei der Neuregelung des II S 2 davon ausgegangen, dass die Zufallserkenntnisse im Ausgangsverfahren rechtmäßig gewonnen werden (BT-Drucks 16/5846 S 66 iVm 64). Daraus allein folgt aber nicht, dass durch eine rechtswidrige Maßnahme erlangte personenbezogene Informationen zu einer anderen prozessualen Tat unverwertbar **9** sind (so aber Singelnstein ZStW **120**, 889; SK-Weßlau 16); bei einem rechtswidrig erlangten Zufallsfund ist hierüber vielmehr anhand der von der Rspr für sog relative Verwertungsverbote vertretenen Abwägungslehre zu entscheiden (BGH NJW **09**, 3448, 3454 [jedenfalls außerhalb von Fällen bewusster Umgehung des Ges ist die Unverwertbarkeit die Ausnahme; krit Gusy HRRS **09**, 491]; Einl 55 a, 57 d).

10 C. Zu **präventiven Zwecken** sowie zu Zwecken der Forschung dürfen personenbezogene Daten (nicht nur Zufallsfunde), die durch die in II S 2 (oben 5) bezeichneten strafprozessualen Maßnahmen erlangt wurden, ohne Einwilligung der Betroffenen lediglich eingeschränkt verwendet werden (II S 3; krit zur Weite der Nr 1 und 2 SK-Weßlau 30; vgl auch LSG Hessen MMR **09**, 718 mit Anm Sankol zur fehlenden gesetzlichen Grundlage im Sozialrecht): Die damit verbundene Zweckänderung erlauben Nr 1 zur Abwehr einer erheblichen Gefahr (nur) für die öffentliche Sicherheit (erg 2 zu § 481), Nr 2 für die Zwecke, für die eine Übermittlung nach § 18 BVerfSchG zulässig ist (5 zu § 474) und Nr 3 für Forschungszwecke. Die in § 477 II S 3 aF enthaltene Einschränkung, die den Gegenstand der Forschung an den Anwendungsbereich des II S 2 gekoppelt hatte, ist mit Rücksicht auf die in § 476 I S 1 Nr 1 vorausgesetzte Erforderlichkeit der Datenübermittlung für den jeweiligen Forschungszweck entfallen.

11 D. Die Verantwortung für die Zulässigkeit der **Übermittlung** auch der von II S 2 und 3 erfassten Daten richtet sich nach IV (unten 14); die Verwendung umfasst als Oberbegriff über das Verarbeiten auch die Übermittlung (§ 3 IV, V BDSG; vgl Dencker Meyer-Goßner-FS 243).

12 E. Die **speziellen Verwendungsregelungen** in §§ 100 d V, 100 i II S 2 und 108 II, III gehen den allgemeinen Bestimmungen in II vor (II S 4; BT-Drucks 16/6979 S 46); diese beschränken auch nicht das Recht des durch die Straftat Verletzten auf Akteneinsicht nach § 406 e, wie im Gegenschluss aus § 406 e VI folgt (BT-Drucks 16/5846 S 67). § 111 III (iVm § 108) wird in II S 4 nicht erwähnt; gleichwohl dürfte auch insoweit von einer *lex specialis* auszugehen sein (zu § 163 d I S 3 vgl dort 13, 24). Zu Kernbereichsschutz sowie §§ 148, 160 a vgl Knierim StV **08**, 605.

13 **4)** In Fällen, in denen der Beschuldigte **freigesprochen,** die Eröffnung des Hauptverfahrens abgelehnt (§ 204) oder das Verfahren (auch vorläufig) eingestellt wurde oder seit der Rechtskraft der gemäß § 32 **BZRG** nicht in ein Führungszeugnis für Behörden aufzunehmenden Verurteilung mehr als 2 Jahre verstrichen sind, schränkt III Auskünfte aus Akten und Akteneinsicht an nichtöffentliche Stellen gegenüber § 475 ein: Der Antragsteller muss glaubhaft machen (vgl 5 ff zu § 26, 6 ff zu § 45), dass sein mit dem Ersuchen verfolgtes Interesse die Wahrnehmung formal eingeräumter Rechte zum Gegenstand hat (vgl zum rechtlichen Interesse BT-Drucks 14/2595 S 29); gleichwohl ist der Antrag abzulehnen, wenn der frühere Beschuldigte ein schutzwürdiges Interesse an der Versagung hat (vgl BVerfG NJW **09**, 2876). Zur vorherigen Anhörung oder nachträglichen Unterrichtung des Beschuldigten vgl 2 a zu § 478. In Fällen des § 11 VIII S 3 GwG (7 aE zu § 475) gilt III nicht.

14 **5)** Hinsichtlich der **Verantwortung** für die Zulässigkeit der Übermittlung differenziert IV S 1 nach dem Empfänger: Öffentliche Stellen und RAe sind dafür verantwortlich, dass die Voraussetzungen für ihr Ersuchen vorliegen; in diesen Fällen beschränkt sich der Prüfungsmaßstab der übermittelnden Stelle nach Maßgabe des IV S 2. Andernfalls trifft diese die uneingeschränkte Verantwortung (BeckOK-Wittig 9; vgl auch § 479 III 2. Hs).

15 **6)** Die **Zweckbindung** für nach §§ 474, 475 erlangte personenbezogene Daten ergibt sich, bei einem RA zugleich für seinen Mandanten, aus V (für den Bereich der Forschung gilt § 476 IV); hierauf wird in §§ 147 VII S 2, 385 III S 2 und 406 e

VI verwiesen. Die Wahrnehmung von Aufsichts- und Kontrollbefugnissen, die Rechnungsprüfung, die Durchführung von Organisationsuntersuchungen für die aktenführende Stelle und die Verwendung zu Ausbildungs- und Prüfungszwecken hält sich im Rahmen der nach S 1 bindenden ursprünglichen Zweckbestimmung (vgl § 14 III BDSG); das Gleiche gilt für eine Verwertung der für ein Eilverfahren übermittelten Informationen im nachfolgenden Hauptverfahren. Nach S 2 ist – vorbehaltlich einer spezialgesetzlichen Regelung (zB § 11 VIII S 4 GwG) – eine Verwendung für andere Zwecke zulässig, wenn auch insoweit die Voraussetzungen für die Gewährung von Auskunft oder Akteneinsicht gegeben sind (vgl SK-Weßlau 39), also nicht, soweit Bild-Ton-Aufzeichnungen von Zeugenvernehmungen Aktenbestandteil sind (§§ 58a II S 1, 168e S 4, 247a S 5; 4 zu § 474). In Fällen des § 475 muss außerdem die Zustimmung der bewilligenden Stelle eingeholt werden. Die eine Auskunft gewährende Stelle ist nach S 3 verpflichtet, den Empfänger, der nicht RA oder eine öffentliche Stelle ist, auf die Zweckbindung hinzuweisen (vgl auch Lindner StV **08**, 216: Aufforderung, die Informationen nicht an die Medien weiterzugeben). V ist Schutzgesetz iS der §§ 1004, 823 II BGB (Braunschweig NJW **08**, 3294; LG Mannheim 70128/06 vom 24. 11. 2006).

Zuständigkeit, beigezogene Akten, Rechtsbehelfe **RiStBV 183, 188, 189**

478 **I [1]Über die Erteilung von Auskünften und die Akteneinsicht entscheidet im vorbereitenden Verfahren und nach rechtskräftigem Abschluss des Verfahrens die Staatsanwaltschaft, im Übrigen der Vorsitzende des mit der Sache befassten Gerichts. [2]Die Staatsanwaltschaft ist auch nach Erhebung der öffentlichen Klage befugt, Auskünfte zu erteilen. [3]Die Staatsanwaltschaft kann die Behörden des Polizeidienstes, die die Ermittlungen geführt haben oder führen, ermächtigen, in den Fällen des § 475 Akteneinsicht und Auskünfte zu erteilen. [4]Gegen deren Entscheidung kann die Entscheidung der Staatsanwaltschaft eingeholt werden. [5]Die Übermittlung personenbezogener Daten zwischen Behörden des Polizeidienstes oder eine entsprechende Akteneinsicht ist ohne Entscheidung nach Satz 1 zulässig.**

II Aus beigezogenen Akten, die nicht Aktenbestandteil sind, dürfen Auskünfte nur erteilt werden, wenn der Antragsteller die Zustimmung der Stelle nachweist, um deren Akten es sich handelt; Gleiches gilt für die Akteneinsicht.

III [1]In den Fällen des § 475 kann gegen die Entscheidung der Staatsanwaltschaft nach Absatz 1 gerichtliche Entscheidung durch das nach § 162 zuständige Gericht beantragt werden. [2]Die §§ 297 bis 300, 302, 306 bis 309, 311a und 473a gelten entsprechend. [3]Die Entscheidung des Gerichts ist unanfechtbar, solange die Ermittlungen noch nicht abgeschlossen sind. [4]Diese Entscheidungen werden nicht mit Gründen versehen, soweit durch deren Offenlegung der Untersuchungszweck gefährdet werden könnte.

1) Zuständig für die – mit Gründen zu versehene (Graalmann-Scheerer NStZ **05**, 439) – Entscheidung über die Erteilung von Auskünften und Akteneinsicht ist nach I S 1 die StA im Vorverfahren (auch nach Einstellung) und nach rechtskräftigem Abschluss des Verfahrens gegen alle Beschuldigten (KMR-Gemählich 3), sonst der Vorsitzende des mit der Sache befassten (dh erkennenden) Gerichts, der des Rechtsmittelgerichts erst nach Vorlage der Sache nach §§ 321 S 2, 347 II; der Vorsitzende entscheidet in richterlicher Unabhängigkeit. In Fällen des § 386 I, II **AO** ist im Ermittlungsverfahren die Finanzbehörde zuständig. Bei Ersuchen um Einsicht in die Akten mehrerer StAen für wissenschaftliche Vorhaben wird eine gemeinschaftliche übergeordnete Behörde auf eine einheitliche Entscheidung hinwirken. Die StA darf auch nach Anklageerhebung gemäß § 170 I oder vergleichbaren Verfahrenshandlungen (zB §§ 407 I S 4, 418 III S 2) Auskunft erteilen (I S 2). Darüber, ob Zwecke des Strafverfahrens iS des § 477 II S 1, 1. Alt 1 der Erteilung von Auskunft und Akteneinsicht entgegenstehen, entscheidet sie auch in den Fällen, in denen andere Verfahrensordnungen ein Akteneinsichts- und Auskunftsrecht gegenüber Behörden vorsehen (vgl §§ 99 VwGO, 86 FGO, 119 SGG; ferner BT-Drucks 14/1484 S 26, 28); es ist ihr allerdings unbenommen, die in § 99 I S 2 VwGO, § 86 II FGO, § 119 I SGG vorgesehene Erklärung ihrer obersten Aufsichtsbehörde herbeizuführen (vgl aber BVerfG NJW **00**, 1175).

2 Sie kann – wohl nur im Ermittlungsverfahren (**aM** LR-Hilger 5) – die in I S 3 bezeichneten **Behörden des Polizeidienstes** zur Erteilung von Auskünften an und zur Gewährung von Akteneinsicht durch Privatpersonen und nichtöffentliche Stellen (§ 475) ermächtigen; handelt es sich bei dem Antragsteller um einen Verletzten, gilt § 406e V (dort 12). Nicht gegen diese innerdienstliche Maßnahme, sondern erst gegen die Entscheidung der Polizei ist ein Rechtsbehelf statthaft (I S 4; s weiter unter 4). Für die Informationsübermittlung zwischen Behörden des Polizeidienstes einschließlich der Akteneinsicht bedarf es gemäß I S 5 keiner Entscheidung nach I S 1; dies soll nach dem Willen des Gesetzgebers (BT-Drucks 14/1484 S 30) nur für Zwecke der Strafverfolgung gelten (vgl § 474 I und dort 2).

2a **2) Rechtliches Gehör** sollte den Betroffenen vor der Gewährung der Akteneinsicht nach der Vorstellung des Gesetzgebers (vgl BT-Drucks 14/1484 S 29; 14/2595 S 29; 14/2886 S 4; 14/3225 S 2) nicht gewährt werden. Das BVerfG (NJW **07**, 1052; **09**, 2876) hält eine Anhörung jedoch idR für erforderlich, wenn dadurch in Grundrechte des Betroffenen (Recht auf informationelle Selbstbestimmung) eingegriffen wird (ebenso LR-Hilger 7; eingehend SK-Weßlau 9, 10; vgl auch 9 zu § 406e sowie Lindner StV **08**, 216). Ist vorher keine Anhörung erfolgt, wird demnach wohl auch – entgegen der bisher hM – eine nachträgliche Unterrichtung des Betroffenen erfolgen müssen (vgl auch § 491 sowie SK-Weßlau 16 unter Hinweis auf § 19a BDSG und § 21 II **EGGVG**).

3 **3)** Für **Beiakten** trifft II eine besondere Regelung: Auskunft und Akteneinsicht sind nur zulässig, wenn die insoweit aktenführende Stelle zustimmt. Zur Entlastung der Justizbehörden bestimmt die Vorschrift weiter, dass der Antragsteller eine erforderliche Zustimmung nachweisen, dh auch einholen muss. Soweit jedoch die zunächst verfahrensfremden Vorgänge durch Verbindung der Sachen oder durch Fertigung von Kopien Bestandteil der Akten der nach I zuständigen Stelle geworden sind, trägt diese im Rahmen des § 477 IV die Verantwortung. Kann sie nicht hinreichend beurteilen, ob der Übermittlung von Informationen aus diesen Aktenteilen rechtliche Hindernisse entgegenstehen, etwa besondere Verwendungsregelungen nach der AO oder dem SGB, darf sie ihre Entscheidung von der Zustimmung der die Informationen ursprünglich erhebenden Stelle abhängig machen; nach Sinn und Zweck des II ist deren Einholung Sache des Antragstellers.

4 **4)** Einen **Rechtsbehelf** sieht III in den Fällen des § 475 dann vor, wenn die StA nach I S 1, 2 oder 4 – stattgebend oder ablehnend – entschieden hat (vgl dazu Schleswig SchlHA **07**, 293 [D/D]; LG Dresden StV **06**, 11), in Fällen unterbliebener Anhörung des Betroffenen (oben 2a) auch zur Feststellung der Rechtswidrigkeit der durch Vollzug erledigten Anordnung (KK-Gieg 3, der – mit LG Stralsund StraFo **06**, 76, 77, aber entgegen Dresden aaO 13 und wohl auch BVerfG NJW **07**, 1052 – eine Heilung des Gehörsverstoßes durch einen solchen Antrag annimmt; vgl aber Koch Hamm-FS 298, 300: vorbeugender Rechtsschutz). Die Zuständigkeit des Gerichts folgt aus § 162 I, III S 3 (ggf auch iVm § 169 I, BGH StB 28/09 vom 22. 9. 2009). Die Regelung entspricht § 406e IV S 2 bis 5 (vgl dort 11). Soweit in den Fällen der §§ 474, 476 der Antragsteller im Einzelfall Träger eigener Rechte iS des § 24 I **EGGVG** ist und jedenfalls eine Verletzung seines Anspruchs auf ermessensfehlerfreie Entscheidung geltend machen kann, steht ihm gegen Entscheidungen der StA über Akteneinsicht oder Auskunft – auch nach rechtskräftigem Abschluss des Verfahrens – der Rechtsweg nach §§ 23ff **EGGVG** offen (SK-Weßlau 22, 23; Graalmann-Scheerer NStZ **05**, 440; **aM** LR-Hilger 16:

§ 161 a III entspr), ebenso dem dadurch beschwerten Beschuldigten; gegen positive wie negative Entscheidungen des Vorsitzenden (nicht des OLG, 16 zu § 304) nach §§ 474, 476 ist, wenn im Einzelfall eine Beschwerdeberechtigung gegeben ist (6, 7 zu § 304), die Beschwerde zulässig (Graalmann-Scheerer aaO), auch für nichtverfahrensbeteiligte Antragsteller (§ 304 II), denen demgegenüber kein Antragsrecht nach §§ 23 ff **EGGVG** zusteht. Unberührt bleiben in Fällen des § 474 I die speziellen Verfahrensvorschriften der §§ 99 II VwGO, 86 III FGO (KMR-Gemählich 8; vgl aber BVerfG NJW **00**, 1175).

Datenübermittlung von Amts wegen

479 **I Von Amts wegen dürfen personenbezogene Daten aus Strafverfahren Strafverfolgungsbehörden und Strafgerichten für Zwecke der Strafverfolgung sowie den zuständigen Behörden und Gerichten für Zwecke der Verfolgung von Ordnungswidrigkeiten übermittelt werden, soweit diese Daten aus der Sicht der übermittelnden Stelle hierfür erforderlich sind.**

II Die Übermittlung personenbezogener Daten von Amts wegen aus einem Strafverfahren ist auch zulässig, wenn die Kenntnis der Daten aus der Sicht der übermittelnden Stelle erforderlich ist für

1. **die Vollstreckung von Strafen oder von Maßnahmen im Sinne des § 11 Abs. 1 Nr. 8 des Strafgesetzbuches oder die Vollstreckung oder Durchführung von Erziehungsmaßregeln oder Zuchtmitteln im Sinne des Jugendgerichtsgesetzes,**
2. **den Vollzug von freiheitsentziehenden Maßnahmen,**
3. **Entscheidungen in Strafsachen, insbesondere über die Strafaussetzung zur Bewährung oder deren Widerruf, in Bußgeld- oder Gnadensachen.**

III § 477 Abs. 1, 2 und 5 sowie § 478 Abs. 1 und 2 gelten entsprechend; die Verantwortung für die Zulässigkeit der Übermittlung trägt die übermittelnde Stelle.

1) Von Amts wegen, dh ohne Auskunftsersuchen, dürfen personenbezogene Daten, die für ein bei der übermittelnden Stelle (III iVm § 478 I) anhängiges oder anhängig gewesenes Strafverfahren erhoben worden sind, für die in der Vorschrift bezeichneten Zwecke der Strafrechtspflege iwS übermittelt werden; hieraus ergibt sich zugleich die Zulässigkeit der Zweckänderung. Indem das Gesetz auf die Sicht der übermittelnden Stelle abhebt (krit dazu Paeffgen Hilger-FG 159), verlangt es eine Art Schlüssigkeitsprüfung (vgl 3 zu § 14 EGGVG); diese ist an der Erforderlichkeit und damit an dem verfassungsrechtlichen Grundsatz der Verhältnismäßigkeit auszurichten (4 zu § 474; weitere Fälle verfahrensübergreifender Mitteilungen von Amts wegen: §§ 12 ff **EGGVG**). 1

A. Für **Zwecke der Strafverfolgung** (I) ist die Mitteilung zulässig, wenn die übermittelnde Stelle erkennt, dass die in einem von ihr geführten Strafverfahren angefallenen Erkenntnisse – teilw („soweit") – auch für die dem genannten Zweck verpflichtete Tätigkeit einer anderen Strafverfolgungsbehörde oder eines anderen Strafgerichts erforderlich sind; Bezugspunkt ist stets eine andere prozessuale Tat. Mitteilungen an eine Stelle zur Förderung des anhängigen Verfahrens (zB zur Durchführung des Täter-Opfer-Ausgleichs) fallen nicht unter die Vorschrift. 2

B. Für bestimmte **andere Zwecke der Strafrechtspflege iwS** erlaubt II verfahrensübergreifende Mitteilungen von Amts wegen; die in § 14 I Nr 1 bis 3 **EGGVG** aF auf Daten des Beschuldigten, die den Gegenstand des Verfahrens betreffen, beschränkte Ermächtigung ist durch die Einbeziehung grundsätzlich aller personenbezogenen Informationen aus einem Strafverfahren in personeller und sachlicher Hinsicht erweitert worden (vgl aber BT-Drucks 14/1484 S 31). 3

Nr 1 betrifft Mitteilungen, die zur Vollstreckung oder Durchführung der im Gesetz aufgezählten, in einem anderen Verfahren verhängten Sanktionen er- 4 forderlich sind, zB Hinweise auf festgestellte Vermögenswerte, um die Vollstreckung einer Geldstrafe zu ermöglichen.

5 Insbesondere an den Leiter einer JVA oder einer Anstalt iS der §§ 63, 64 StGB können nach **Nr 2** solche Informationen übermittelt werden, deren Kenntnis für den Vollzug einer freiheitsentziehenden Maßnahme (U-Haft, Strafhaft, Unterbringungsmaßnahmen, Ordnungs- oder Erzwingungshaft) in einem anderen Verfahren erforderlich ist, etwa eine weitere Verurteilung eines Gefangenen (MiStra 43).

6 **Nr 3** betrifft Informationen, die für Entscheidungen in anderen Verfahren einschließlich Gnadensachen erheblich sind, zB über die nachträgliche Strafaussetzung zur Bewährung (§§ 57 ff StGB, § 57 **JGG**) oder den Widerruf der Strafaussetzung (vgl MiStra 13). Die Übermittlung von Informationen, die für die Aussetzung der Verhängung einer Jugendstrafe (§ 27 JGG) oder der Vollstreckung der ausgesprochenen Strafe zur Bewährung (§ 56 StGB, § 21 JGG) erheblich sind, richtet sich nach § 17 Nr. 1 **EGGVG** (dort 1, 2; BT-Drucks 13/4709 S 22; HK-Temming 3; **aM** SK-Weßlau 10).

7 **2) Grenzen der Übermittlungsbefugnis und die Zuständigkeit** regelt III 1. Hs durch Verweisung auf § 477 I (dort 2), II (dort 3 ff) und V (dort 15) sowie auf § 478 I (dort 1, 2) und II (dort 3).

8 Die **Verantwortung** der übermittelnden Stelle für die Zulässigkeit der Mitteilung von Amts wegen (III 2. Hs) entspricht datenschutzrechtlichen Grundsätzen (vgl § 15 II S 1 BDSG).

Vorbehalt für Spezialvorschriften

480 **Besondere gesetzliche Bestimmungen, die die Übermittlung personenbezogener Daten aus Strafverfahren anordnen oder erlauben, bleiben unberührt.**

1 **1) Besondere gesetzliche Bestimmungen** des Bundes- oder auch des Landesrechts (SK-Weßlau 6) über die Übermittlung personenbezogener Informationen aus Strafverfahren bleiben neben den Vorschriften des 1. Abschnitts bestehen. Die Klarstellung betrifft zB § 453 I S 4, § 117 b BRAO, § 60 a III KWG (auch iVm § 34 S 2 Zahlungsdiensteaufsichtsgesetz) und die Auskunftspflichten ggü den Rechnungshöfen (vgl § 95 BHO) oder dem Parlamentarischen Kontrollgremium (§ 5 IV G vom 29. 7. 2009 zur Fortentwicklung der parlamentarischen Kontrolle der Nachrichtendienste des Bundes, BGBl I 2346). Für die Nachrichtendienste gelten §§ 474 II S 2, 477 II S 3 Nr 2.

Informationen aus Strafverfahren für die Polizei

481 **I [1]Die Polizeibehörden dürfen nach Maßgabe der Polizeigesetze personenbezogene Daten aus Strafverfahren verwenden. [2]Zu den dort genannten Zwecken dürfen Strafverfolgungsbehörden an Polizeibehörden personenbezogene Daten aus Strafverfahren übermitteln. [3]Die Sätze 1 und 2 gelten nicht in den Fällen, in denen die Polizei ausschließlich zum Schutz privater Rechte tätig wird.**

II Die Verwendung ist unzulässig, soweit besondere bundesgesetzliche oder entsprechende landesgesetzliche Verwendungsregelungen entgegenstehen.

1 **1)** In Form einer **Generalklausel** erlaubt I eine weitgehende Änderung der Zweckbestimmung personenbezogener Daten, die ausschließlich für Zwecke eines Strafverfahrens (Strafverfolgung, -vollstreckung) erhoben worden sind, durch die Polizeibehörden, dh alle Behörden, die polizeiliche Aufgaben wahrnehmen (Soiné Kriminalistik **01**, 249). Die Vorschrift enthält die Ermächtigungsgrundlage für die Verwendung der Daten zu den im Gesetz genannten Zwecken, wie sich aus der

Entstehungsgeschichte (BT-Drucks 14/1484 S 31), dem Wortlaut („dürfen") sowie der Aufnahme des Vorbehalts in II ergibt (im Erg ebenso Hilger NStZ **01**, 17; Brodersen NJW **00**, 2539; **aM** SK-Weßlau 2; Schenke JZ **01**, 998). Im Einzelnen wird durch die Bezugnahme auf die Polizeigesetze eine Änderung des Zwecks zur Gefahrenabwehr ieS, zur vorbeugenden Bekämpfung von Straftaten, zur Erfüllung von durch andere Rechtsvorschriften übertragene Aufgaben oder zur Vollzugshilfe für zulässig erklärt (LR-Hilger 6; Baumanns Polizei **08**, 87; vgl aber unten 2); die in S 3 geregelte Ausnahme gilt nicht, wenn die Polizei zugleich auch gefahrenabwehrend tätig wird. S 1 betrifft vor allem Informationen, die bereits im Besitz der Polizei sind; der Begriff des Verwendens umfasst das Verarbeiten und Nutzen der Informationen (vgl § 3 IV, V BDSG; Soiné aaO). S 2 gestattet den Strafverfolgungsbehörden – auch von Amts wegen – die Übermittlung der Informationen an Polizeibehörden für die genannten Zwecke der Polizeigesetze (BGH **51**, 191, 202: psychische Erkrankung; erg 2 zu § 487); danach richtet sich auch die Übermittlung an das BKA zur Abwehr von Gefahren des internationalen Terrorismus (§ 20x S 3 BKAG). Nach einer Zweckänderung gemäß § 481 gilt auch die Löschungsregelung in § 101 VIII nicht für die Unterlagen, die nunmehr zur Erfüllung der polizeilichen Aufgaben bestimmt sind (vgl Brodersen NJW **00**, 2540).

2) Die in II erwähnten **Verwendungsregelungen** (6 zu § 12 EGGVG; vgl auch § 160 IV) schließen die Zweckänderung aus; dann ist nicht nur die Verwendung (I S 1), sondern auch die Übermittlung (I S 2) unzulässig. Das gilt auch dann, wenn die in § 477 II S 3 Nr 1 enthaltene Schwelle für die präventive Verwendung der dort genannten Daten nicht erreicht ist (für nach § 100a erhobene Daten vgl bereits R. P. Schenke Hilger-FG 219). Ob andererseits nach §§ 481, 477 II S 3 Nr 1 auch rechtswidrig erlangte Daten verwertet werden dürfen, erscheint zw; es wird nur als Anlass für gezielte weitere polizeiliche Maßnahmen zum Schutz elementarer Rechtsgüter – wie Leben und Gesundheit von Menschen – als zulässig zu erachten sein (Schenke Hilger-FG 244; Würtenberger Hilger-FG 273; vgl auch OVG Hamburg NJW **08**, 96). 2

Benachrichtigung der Polizei über den Ausgang des Strafverfahrens

482 **I Die Staatsanwaltschaft teilt der Polizeibehörde, die mit der Angelegenheit befasst war, ihr Aktenzeichen mit.**

II 1 Sie unterrichtet die Polizeibehörde in den Fällen des Absatzes 1 über den Ausgang des Verfahrens durch Mitteilung der Entscheidungsformel, der entscheidenden Stelle sowie des Datums und der Art der Entscheidung. 2 Die Übersendung eines Abdrucks der Mitteilung zum Bundeszentralregister ist zulässig, im Falle des Erforderns auch des Urteils oder einer mit Gründen versehenen Einstellungsentscheidung.

III In Verfahren gegen Unbekannt sowie bei Verkehrsstrafsachen, soweit sie nicht unter die §§ 142, 315 bis 315c des Strafgesetzbuches fallen, wird der Ausgang des Verfahrens nach Absatz 2 von Amts wegen nicht mitgeteilt.

IV Wird ein Urteil übersandt, das angefochten worden ist, so ist anzugeben, wer Rechtsmittel eingelegt hat.

1) Der **Polizeibehörde,** die mit der Angelegenheit befasst war, teilt die StA von Amts wegen ihr Aktenzeichen (I) und den Ausgang des Verfahrens mit; hierzu trifft II (und MiStra 11) zugleich die näheren Bestimmungen über Inhalt und Form der Mitteilung. Zu den Polizeibehörden iS der Vorschrift gehören auch die in §§ 402, 404 **AO** genannten zuständigen Finanzbehörden, die Zollfahndungsämter (auch das ZKA gemäß § 16 ZFdG) und die mit der Steuerfahndung betrauten Dienststellen der Landesfinanzbehörden. Die Mitteilungspflicht greift etwa ein, wenn ein Urteil gegen einen von mehreren Angeklagten rechtskräftig wird. Da nach dem Willen des Gesetzgebers die StA die Polizei „in allen Fällen" (abgesehen von III) zu informieren 1 hat, ergibt sich aus seiner Erläuterung des Begriffs „Ausgang des Verfahrens" mit „rechtskräftigem Abschluss des Verfahrens" keine Beschränkung auf an sich rechtskraftfähige Entscheidungen (BT-Drucks 13/4709 S 37; vgl auch II S 2 aE und III 1. Alt). Ein Urteil einschließlich der gemäß § 267 I S 3, IV S 1, 2. Hs in Bezug genommenen Schriftstücke oder eine mit Gründen versehene Einstellungsentscheidung kann der Polizeibehörde auf Anforderung übersandt werden; entgegenstehende (offensichtliche) datenschutzrechtliche Gesichtspunkte, etwa schwerwiegende Interessen sonstiger Personen, über die die Entscheidung personenbezogene Informationen enthält, berücksichtigt die StA bei ihrer Ermessensentscheidung (SK-Weßlau 5; **aM** HK-Temming 3). Im Verfahren gegen Unbekannt und in minder bedeutsamen Verkehrsstrafsachen (zB § 316 StGB, § 21 StVG) wird deren Ausgang nicht von Amts wegen mitgeteilt (III); im Einzelfall kann die Polizei jedoch auf Ersuchen die ihr erforderlich erscheinenden Informationen durch Auskunft oder Akteneinsicht erhalten. Ist die Übersendung eines Urteils ausnahmsweise erforderlich, bevor es rechtskräftig ist, muss nach IV mitgeteilt werden, wer es angefochten hat.

2 In Verfahren wegen **Geldwäsche** oder Handlungen iS des § 1 II GwG teilt die StA dem BKA – Zentralstelle für Verdachtsanzeigen – die Erhebung der öffentlichen Klage und den Ausgang des Verfahrens mit (§ 11 VIII S 1, 2 GwG). Die Mitteilung erfolgt durch Übersendung einer Abschrift der Anklageschrift, der begründeten Einstellungsentscheidung oder des Urteils (vgl auch MiStra 52).

2. Abschnitt. Dateiregelungen

Strafverfahrensdatei

483 **I Gerichte, Strafverfolgungsbehörden einschließlich Vollstreckungsbehörden, Bewährungshelfer, Aufsichtsstellen bei Führungsaufsicht und die Gerichtshilfe dürfen personenbezogene Daten in Dateien speichern, verändern und nutzen, soweit dies für Zwecke des Strafverfahrens erforderlich ist.**

II Die Daten dürfen auch für andere Strafverfahren, die internationale Rechtshilfe in Strafsachen und Gnadensachen genutzt werden.

III Erfolgt in einer Datei der Polizei die Speicherung zusammen mit Daten, deren Speicherung sich nach den Polizeigesetzen richtet, so ist für die Verarbeitung und Nutzung personenbezogener Daten und die Rechte der Betroffenen das für die speichernde Stelle geltende Recht maßgeblich.

1 **1)** Mit einer **Generalklausel** gestattet I den im Gesetz bezeichneten, mit den jeweiligen Abschnitten eines Strafverfahrens einschließlich der Vollstreckung befassten Stellen, personenbezogene Daten (§ 3 I BDSG) in Dateien (vgl § 3 II BDSG) zu speichern (§ 3 IV S 2 Nr 1 BDSG), zu verändern (§ 3 IV S 2 Nr 2 BDSG) und zu nutzen (§ 3 V BDSG), soweit dies für Zwecke des Strafverfahrens erforderlich ist. Erlaubt sind zB Dateien, die aufgrund der Auswertung beschlagnahmter Beweismittel erstellt wurden (BVerfG 2 BvR 237/06 vom 2. 4. 2006: gespiegelte Datenbestände), ferner Falldateien und Spurendokumentationsdateien, auch wenn sie zu Bearbeitungszwecken im privaten Rechner angelegt wurden. Die Vorschrift setzt voraus, dass die Daten zuvor auf Grund einer gesonderten Ermächtigungsgrundlage erhoben worden sind (zB erkennungsdienstliche Daten nach § 81 b 1. Altern). Die jeweilige Art der Datei und der zu speichernden Daten wird in der Errichtungsanordnung (§ 490) der speichernden Stelle (vgl § 3 VII BDSG) festgelegt.

2 Die **Bindung der Befugnis an den Erhebungszweck** ordnet das Gesetz an, indem es die – oben 1 – genannte Verwendung der personenbezogenen Daten auf Zwecke des Strafverfahrens, dh des konkreten Verfahrens, in dem die Informationen ermittelt worden sind, beschränkt (Singelnstein ZStW **120**, 858 Fn 24,

874; vgl aber unten 4). Dies umfasst die Zulässigkeit der automatisierten Verarbeitung der Daten, etwa im Strafbefehlsverfahren.

Die Ermächtigung zur Verwendung der Daten ist, auch vom Umfang her („soweit"), auf das für Zwecke des Strafverfahrens **Erforderliche** (4 zu § 474) beschränkt. Daraus folgt, dass die Aufrechterhaltung einer Speicherung nach rechtskräftigem Freispruch, unanfechtbarer Ablehnung der Eröffnung des Hauptverfahrens oder nicht nur vorläufiger Einstellung des Verfahrens einer besonderen Prüfung bedarf (vgl § 489 II bis IV, dort 3); als Gründe, die eine weitere Speicherung im Einzelfall rechtfertigen, kommen etwa folgende Umstände in Betracht: Die StA erwägt eine Wiederaufnahme nach § 362; neue Tatsachen oder Beweismittel (§ 211), Gründe nach § 154 III, IV oder eine Wiederaufnahme der Ermittlungen, etwa in Verfahren gegen Unbekannt, sind zu erwarten; die Durchführung eines Klageerzwingungsverfahrens ist noch möglich. 3

2) Eine **Nutzung** der personenbezogenen Daten lässt II zur Vermeidung von Doppelerhebungen und -speicherungen für andere Strafverfahren, die internationale Rechtshilfe in Strafsachen und Gnadensachen zu. Durch die Zweckänderung dürfen grundrechtsbezogene Beschränkungen des Einsatzes bestimmter Erhebungsmethoden in dem anderen Strafverfahren nicht umgangen werden (BVerfGE **120**, 351 = NJW **08**, 2099, 2102 mwN; vgl auch Radtke Meyer-Goßner-FS 336); besondere Verwendungsbeschränkungen sind daher zu beachten (vgl etwa die Regelung in § 477 II S 2 über die Verwertung von Zufallsfunden zu Beweiszwecken). Daneben bleiben die Verwendungs- und Übermittlungsbefugnisse nach §§ 481, 487 unberührt (krit SK-Weßlau 14). 4

3) Für **polizeiliche Dateien,** deren Datenbestand meist zugleich repressiven und präventiven Zwecken dient (sog Mischdateien, vgl BVerfGE **120**, 378 = NJW **08**, 1505, 1513; Soiné Kriminalistik **01**, 250), ist nach III im Blick auf die Verarbeitung und Nutzung personenbezogener Daten sowie die Rechte der Betroffenen das für die speichernde Stelle geltende Recht, also idR das Polizeirecht, maßgeblich (vgl Nds OVG NdsVBl **08**, 323; KMR-Gemählich 8). 5

Für das **Bußgeldverfahren** erklärt § 49 c OWiG die §§ 483 bis 491 mit Abweichungen für entspr anwendbar. 6

§§ 483 bis 491 und § 49 c OWiG bleiben durch das **Schriftgutaufbewahrungsgesetz**, welches die Aufbewahrung von Strafakten betrifft, unberührt (§ 1 III SchrAG; vergleichbare Klauseln sind auch in die entspr Landesgesetze aufgenommen worden, zB § 77 III AGGVG NW; § 1 III rheinland-pfälzisches LandesG zur Aufbewahrung von Schriftgut der Justiz vom 29. 4. 2008 [GVBl 77]; erg Einl 64). 7

Verwendung von Daten für künftige Strafverfahren

484 **I Strafverfolgungsbehörden dürfen für Zwecke künftiger Strafverfahren**

1. die Personendaten des Beschuldigten und, soweit erforderlich, andere zur Identifizierung geeignete Merkmale,
2. die zuständige Stelle und das Aktenzeichen,
3. die nähere Bezeichnung der Straftaten, insbesondere die Tatzeiten, die Tatorte und die Höhe etwaiger Schäden,
4. die Tatvorwürfe durch Angabe der gesetzlichen Vorschriften,
5. die Einleitung des Verfahrens sowie die Verfahrenserledigungen bei der Staatsanwaltschaft und bei Gericht nebst Angabe der gesetzlichen Vorschriften

in Dateien speichern, verändern und nutzen.

II 1 Weitere personenbezogene Daten von Beschuldigten und Tatbeteiligten dürfen sie in Dateien nur speichern, verändern und nutzen, soweit dies erfor-

derlich ist, weil wegen der Art oder Ausführung der Tat, der Persönlichkeit des Beschuldigten oder Tatbeteiligten oder sonstiger Erkenntnisse Grund zu der Annahme besteht, dass weitere Strafverfahren gegen den Beschuldigten zu führen sind. [2]Wird der Beschuldigte rechtskräftig freigesprochen, die Eröffnung des Hauptverfahrens gegen ihn unanfechtbar abgelehnt oder das Verfahren nicht nur vorläufig eingestellt, so ist die Speicherung, Veränderung und Nutzung nach Satz 1 unzulässig, wenn sich aus den Gründen der Entscheidung ergibt, dass der Betroffene die Tat nicht oder nicht rechtswidrig begangen hat.

III [1]**Das Bundesministerium der Justiz und die Landesregierungen bestimmen für ihren jeweiligen Geschäftsbereich durch Rechtsverordnung das Nähere über die Art der Daten, die nach Absatz 2 für Zwecke künftiger Strafverfahren gespeichert werden dürfen. [2]Dies gilt nicht für Daten in Dateien, die nur vorübergehend vorgehalten und innerhalb von drei Monaten nach ihrer Erstellung gelöscht werden. [3]Die Landesregierungen können die Ermächtigung durch Rechtsverordnung auf die zuständigen Landesministerien übertragen.**

IV **Die Verwendung personenbezogener Daten, die für Zwecke künftiger Strafverfahren in Dateien der Polizei gespeichert sind oder werden, richtet sich, ausgenommen die Verwendung für Zwecke eines Strafverfahrens, nach den Polizeigesetzen.**

1 **1)** Für **Zwecke künftiger Strafverfahren** dürfen Strafverfolgungsbehörden die in I enumerativ aufgezählten Daten, die bereits in einem Strafverfahren für dessen Zwecke erhoben wurden, in Dateien speichern, verändern und nutzen (zu den datenschutzrechtlichen Begriffen vgl 1 zu § 483; zur Zweckänderung 4 zu § 483 sowie zur kompetenzrechtlichen Seite Rieß Otto-FS 964, 966 mwN). Der hiernach zulässige Umfang der aufzubewahrenden Daten begrenzt die Dateien weitgehend auf sog Aktenhinweissysteme (vgl Hamburg 2 VAs 5/09 vom 27. 11. 2009 zur Wiederauffindbarkeit und den Aufbewahrungsfristen [1 zu § 485]). Der in II S 1 vorausgesetzten konkreten Besorgnis bedarf es nicht (Hamburg StraFo **10**, 85, 87: aber keine bloße „Kompilation“). Die Speicherung kann gleichzeitig Zwecken des § 483 und des § 484 dienen (vgl § 489 II; dort 3). Datenerhebungen erlaubt die Vorschrift nicht; sie lässt die Verwendungs- und Übermittlungsbefugnisse nach §§ 481, 487 unberührt. Zu Daten Strafunmündiger vgl 4 zu § 489.

2 **2) Weitere personenbezogene Daten** (vgl unten 4) von Beschuldigten und Tatbeteiligten (§ 3 2. Alt) dürfen die Strafverfolgungsbehörden für Zwecke künftiger Strafverfahren unter den engeren Voraussetzungen des II S 1 in Dateien speichern, verändern und nutzen. Das vorsorgliche Aufbewahren dieser Daten ist im Rahmen des Erforderlichen (4 zu § 474) zulässig, wenn Grund zur Annahme besteht, dass wegen bereits begangener oder künftig zu erwartender Straftaten weitere Strafverfahren gegen den Beschuldigten zu führen sein werden. Für diese Bewertung hebt das Gesetz als Anhaltspunkte Art oder Ausführung der Tat, Persönlichkeit des Beschuldigten oder Tatbeteiligten hervor und lässt ferner die Berücksichtigung aller Umstände des Strafverfahrens zu, die Rückschlüsse auf die Notwendigkeit einer Speicherung erlauben; die Grundlage der Prognose muss positiv festgestellt werden (Stuckenberg Hilger-FG 37); auf das Gewicht der anderweitigen strafrechtlichen Verfehlungen kommt es nicht an.

3 Der § 8 III BKAG nachgebildete **Ausschluss der Datenverwendung** in den in II S 2 genannten Fällen bezieht sich nach Wortlaut und Systematik nur auf II S 1, nicht auf I. In welchen Fällen eine Verfahrenseinstellung endgültig ist, ist in 6 zu § 494 erläutert; auch hier sind Einstellungen nach § 170 II erfasst (Habenicht NStZ **09**, 709), was zusätzlich durch die gesetzliche Voraussetzung für das (sofortige) Verwendungsverbot nahegelegt wird.

4 Da II S 1 darauf verzichtet, die verschiedenen Arten der einzelnen Dateien festzulegen und durch Aufzählung von Datenfeldern die Daten gesetzlich zu um-

schreiben, die gespeichert werden dürfen, haben nach III S 1 das BMJ und die Landesregierungen (Delegationsnorm in III S 3) dies in **Rechtsverordnungen** – abgesehen von „flüchtigen" Dateien (III S 2) – zu konkretisieren; solche RechtsVOen sind aber bisher nicht erlassen worden (vgl SK-Weßlau 14, 20), weil für eine Datenspeicherung nach II offenbar kein Bedarf besteht (vgl dazu Pollähne GA **06**, 813ff; dort auch zur Kritik an § 484 I und II). Weitere Einzelheiten können nach § 490 festgelegt werden.

3) Die Verwendung in **Dateien der Polizei** für Zwecke künftiger Strafverfahren gespeicherter personenbezogener Daten richtet sich grundsätzlich nach den Polizeigesetzen der Länder; ausgenommen ist die Verarbeitung oder Nutzung für Zwecke eines konkreten Strafverfahrens (IV). 5

Vorgangsverwaltung

485 [1] **Gerichte, Strafverfolgungsbehörden einschließlich Vollstreckungsbehörden, Bewährungshelfer, Aufsichtsstellen bei Führungsaufsicht und die Gerichtshilfe dürfen personenbezogene Daten in Dateien speichern, verändern und nutzen, soweit dies für Zwecke der Vorgangsverwaltung erforderlich ist.** [2] **Eine Nutzung für die in § 483 bezeichneten Zwecke ist zulässig.** [3] **Eine Nutzung für die in § 484 bezeichneten Zwecke ist zulässig, soweit die Speicherung auch nach dieser Vorschrift zulässig wäre.** [4] **§ 483 Abs. 3 ist entsprechend anwendbar.**

1) Für **Zwecke der Vorgangsverwaltung** ermächtigt S 1 die im Gesetz bezeichneten Stellen, in dem erforderlichen (4 zu § 474) Umfang personenbezogene Daten in Dateien zu speichern, zu verändern und zu nutzen (zu den datenschutzrechtlichen Begriffen vgl 1 zu § 483). Hinsichtlich der Speicherungsdauer kann von dem durch die AufbewahrungsVOen zu den Schriftgutaufbewahrungsgesetzen (7 zu § 483) aufgestellten Fristrahmen ausgegangen werden (Hamburg StV **09**, 234 mit Anm Habenicht NStZ **09**, 708; StraFo **10,** 85, 86 [zur Berücksichtigung der sich nach § 78 b I Nr 1 StGB ergebenden Verjährungsfrist]; erg 3, 9 zu § 489). Die Speicherung der Daten in einer Datei auch für Zwecke der §§ 483 oder 484 ist zulässig (vgl § 489 II). 1

Die **Befugnis zur Nutzung** von ausschließlich zu Zwecken der Vorgangsverwaltung gespeicherten Daten erweitert S 2 für Zwecke des (konkreten) Strafverfahrens iS des § 483 und S 3 für Zwecke künftiger Strafverfahren, und zwar soweit eine Speicherung der entspr Daten durch eine Strafverfolgungsbehörde nach § 484 zulässig wäre. Dies ist für Stellen gedacht, die auf Speicherungen nach §§ 483, 484 verzichten. 2

Für Vorgangsverwaltungsdaten der **Polizei** verweist S 4 auf § 483 III (dort 5). 3

Gemeinsame Dateien

486 I **Die personenbezogenen Daten können für die in den §§ 483 bis 485 genannten Stellen in gemeinsamen Dateien gespeichert werden.**

II **Bei länderübergreifenden gemeinsamen Dateien gilt für Schadenersatzansprüche eines Betroffenen § 8 des Bundesdatenschutzgesetzes entsprechend.**

1) Auch in **gemeinsamen Dateien** ist nach I die Speicherung personenbezogener Daten für die in §§ 483 bis 485 genannten Stellen zulässig. Für gemeinsame Dateien, die den Bereich eines Landes nicht überschreiten, gelten die jeweiligen Landesdatenschutzgesetze. Für länderübergreifende Dateien ist eine Vereinbarung zwischen den beteiligten Ländern erforderlich; für diesen Fall bestimmt II, dass § 8 BDSG für Schadensersatzansprüche eines Betroffenen (§ 3 I BDSG) entspr gilt. 1

Übermittlung gespeicherter Daten

487 **I [1]Die nach den §§ 483 bis 485 gespeicherten Daten dürfen den zuständigen Stellen übermittelt werden, soweit dies für die in diesen Vorschriften genannten Zwecke, für Zwecke eines Gnadenverfahrens oder der internationalen Rechtshilfe in Strafsachen erforderlich ist. [2]§ 477 Abs. 2 und § 485 Satz 3 gelten entsprechend.**

II [1]Außerdem kann Auskunft aus einer Datei erteilt werden, soweit nach den Vorschriften dieses Gesetzes Akteneinsicht oder Auskunft aus den Akten gewährt werden könnte. [2]Entsprechendes gilt für Mitteilungen nach den §§ 479, 480 und 481 Abs. 1 Satz 2.

III [1]Die Verantwortung für die Zulässigkeit der Übermittlung trägt die übermittelnde Stelle. [2]Erfolgt die Übermittlung auf Ersuchen des Empfängers, trägt dieser die Verantwortung. [3]In diesem Falle prüft die übermittelnde Stelle nur, ob das Übermittlungsersuchen im Rahmen der Aufgaben des Empfängers liegt, es sei denn, dass besonderer Anlass zu einer weitergehenden Prüfung der Zulässigkeit der Übermittlung besteht.

IV [1]Die nach den §§ 483 bis 485 gespeicherten Daten dürfen auch für wissenschaftliche Zwecke übermittelt werden. [2]§ 476 gilt entsprechend.

V Besondere gesetzliche Bestimmungen, die die Übermittlung von Daten aus einem Strafverfahren anordnen oder erlauben, bleiben unberührt.

VI [1]Die Daten dürfen nur zu dem Zweck verwendet werden, für den sie übermittelt worden sind. [2]Eine Verwendung für andere Zwecke ist zulässig, soweit die Daten auch dafür hätten übermittelt werden dürfen.

1 **1)** Die **Übermittlung** der nach §§ 483 bis 485 gespeicherten Daten an die Stellen, die für die Nutzung der Daten zu den in diesen Vorschriften bezeichneten Zwecken oder zu den Zwecken eines Gnadenverfahrens bzw. der internationalen Rechtshilfe in Strafsachen zuständig sind, gestattet I S 1 in dem hierfür jeweils erforderlichen Umfang (4 zu § 474). Als Empfänger kommen vor allem die in § 483 I genannten Stellen, die Vornahme- und Bewilligungsbehörden im internationalen Rechtshilfeverkehr, die Gnadenbehörden, aber auch die Jugendgerichtshilfe in Betracht. Zulässig ist daher die Übermittlung der nach §§ 483, 484 gespeicherten Daten für die bzw in den Strafverfahren, in denen die Informationen ermittelt worden sind, und für alle anderen Strafverfahren, zu denen auch die Vollstreckung gehört, sowie für die internationale Rechtshilfe in Strafsachen und für Gnadensachen. Die Übermittlung der nach § 485 gespeicherten Daten ist zulässig für die Vorgangsverwaltung, die in § 483 bezeichneten Zwecke und – soweit eine Speicherbefugnis nach § 484 besteht – auch für Zwecke künftiger Strafverfahren (BT-Drucks 14/1484 S 33). I S 2 ordnet weitere Beschränkungen durch die Verweisung auf § 477 II (dort 3 ff) an.

2 **2)** Eine **Auskunft aus der Datei** (II S 1) kann anstelle von Akteneinsicht oder Auskunft aus den Akten gegeben werden, wenn und soweit diese nach den Vorschriften der StPO gewährt werden könnten (etwa nach §§ 474 ff oder an Verfahrensbeteiligte, vgl 1 vor § 474). Das gilt entspr für Übermittlungen nach den §§ 479, 480 und 481 I S 2 (II S 2); daher kann die Polizei etwa ihr auf der Grundlage eines elektronischen Datenaustauschs von der StA überspielte Daten auch zur polizeilichen Aufgabenerfüllung verwenden. Eine über den Umfang einer „gewöhnlichen" Akteneinsicht oder Aktenauskunft hinausgehende Auskunftserteilung gestattet II nicht. Aus der Vorschrift, die der Entlastung der Justiz dient, kann daher auch kein Anspruch auf Auskunft aus einer Datei hergeleitet werden (SK-Weßlau 7); dem Akteneinsichtsrecht können Dateien vielmehr nur unterliegen, wenn sie zu den Akten genommen worden sind (18 a zu § 147).

3) Weitere **Einzelheiten** der Übermittlung gespeicherter Daten regeln die Absätze 3 bis 6: III stellt die Verantwortung für die Zulässigkeit der Übermittlung klar; gemäß IV dürfen die gespeicherten Daten (einschließlich befugt übermittelter Sozialdaten, § 78 IV SGB X) entspr § 476 auch für wissenschaftliche Zwecke übermittelt werden (vgl auch § 42a **BZRG**). Spezialbestimmungen, die ausdrücklich die Datenübermittlung aus Strafverfahren zulassen, werden nach V von der im Übrigen abschließenden Vorschrift nicht verdrängt. VI regelt die Zweckbindung. 3

Automatisiertes Abrufverfahren

488 **I [1]Die Einrichtung eines automatisierten Abrufverfahrens oder eines automatisierten Anfrage- und Auskunftsverfahrens ist für Übermittlungen nach § 487 Abs. 1 zwischen den in § 483 Abs. 1 genannten Stellen zulässig, soweit diese Form der Datenübermittlung unter Berücksichtigung der schutzwürdigen Interessen der Betroffenen wegen der Vielzahl der Übermittlungen oder wegen ihrer besonderen Eilbedürftigkeit angemessen ist. [2]Die beteiligten Stellen haben zu gewährleisten, dass dem jeweiligen Stand der Technik entsprechende Maßnahmen zur Sicherstellung von Datenschutz und Datensicherheit getroffen werden, die insbesondere die Vertraulichkeit und Unversehrtheit der Daten gewährleisten; im Falle der Nutzung allgemein zugänglicher Netze sind dem jeweiligen Stand der Technik entsprechende Verschlüsselungsverfahren anzuwenden.**

II [1]Für die Festlegung zur Einrichtung eines automatisierten Abrufverfahrens gilt § 10 Abs. 2 des Bundesdatenschutzgesetzes entsprechend. [2]Diese bedarf der Zustimmung der für die speichernde und die abrufende Stelle jeweils zuständigen Bundes- und Landesministerien. [3]Die speichernde Stelle übersendet die Festlegungen der Stelle, die für die Kontrolle der Einhaltung der Vorschriften über den Datenschutz bei öffentlichen Stellen zuständig ist.

III [1]Die Verantwortung für die Zulässigkeit des einzelnen Abrufs trägt der Empfänger. [2]Die speichernde Stelle prüft die Zulässigkeit der Abrufe nur, wenn dazu Anlass besteht. [3]Die speichernde Stelle hat zu gewährleisten, dass die Übermittlung personenbezogener Daten zumindest durch geeignete Stichprobenverfahren festgestellt und überprüft werden kann. [4]Sie soll bei jedem zehnten Abruf zumindest den Zeitpunkt, die abgerufenen Daten, die Kennung der abrufenden Stelle und das Aktenzeichen des Empfängers protokollieren. [5]Die Protokolldaten dürfen nur für die Kontrolle der Zulässigkeit der Abrufe verwendet werden und sind nach zwölf Monaten zu löschen.

1) Die **Einrichtung eines automatisierten Abruf-, Anfrage- und Auskunftsverfahrens** (online-Verfahren) ist für die Übermittlung von Daten zwischen den in § 483 I genannten Stellen nach § 487 I (vgl dort 1) zulässig, wobei die Beschränkung in § 484 auf Strafverfolgungsbehörden zu beachten ist (SK-Weßlau 4, 5). Das Verfahren muss nach näherer Maßgabe des I unter Berücksichtigung der schutzwürdigen Interessen der Betroffenen (§ 3 I BDSG) und der Erfüllung der Aufgaben des Empfängers angemessen sein (näher LR-Hilger 6 ff; vgl auch AnwK-Pananis 3). I S 2 trägt – in Anknüpfung an § 493 – den Anforderungen an die Sicherheit von Datenschutz und Datensicherheit Rechnung. 1

II S 1 schreibt durch die Verweisung auf § 10 II BDSG vor, welche Einzelheiten über das automatisierte Abrufverfahren vor dessen Inbetriebnahme festzulegen sind; die schriftlichen Festlegungen bedürfen der Zustimmung der in II S 2 bezeichneten Stellen und sind dem zuständigen Datenschutzbeauftragten zu übersenden (II S 3). 2

III regelt die Verantwortung für die Zulässigkeit der Abrufe im Einzelfall (dazu näher LR-Hilger 13 ff) und stellt sicher, dass die Übermittlung personenbezogener Daten zumindest durch geeignete Stichprobenverfahren festgestellt und überprüft werden kann. Die in S 5 enthaltene Zweckbindung für die bei den Stichproben 3 anfallenden Protokolldaten erlaubt die Verwendung zur Ahndung unbefugter Abrufe. Im Fall des § 489 VII S 1 Nr 1 soll nach SK-Weßlau 21 an die Stelle der Löschung nach 12 Monaten die bloße Sperrung der Daten treten.

4 **2) Die StA ist nach § 11 IV S 2 BKAG befugt,** für Zwecke der Strafrechtspflege im automatisierten Verfahren abzurufen: Fahndungsausschreibungen zur Festnahme und Aufenthaltsermittlung und, nach Maßgabe der Regelungen des SDÜ, auch die Ausschreibungen, die im Schengener Informationssystem gespeichert sind (INPOL), ferner Daten über Freiheitsentziehungen (Haftdatei) sowie Daten aus der DNA-Analyse-Datei (1 zu § 81 g). § 11 IV S 3 BKAG ermächtigt darüber hinaus das BMI im Einvernehmen mit dem BMJ durch RechtsVO, die der Zustimmung des BRat bedarf, weitere im polizeilichen Informationssystem gespeicherte Daten unter denselben Voraussetzungen wie in § 488 I S 1 2. Halbsatz zum automatisierten Abruf freizugeben.

Berichtigung, Löschung oder Sperrung

489 **I Personenbezogene Daten in Dateien sind zu berichtigen, wenn sie unrichtig sind.**

II [1] Sie sind zu löschen, wenn ihre Speicherung unzulässig ist oder sich aus Anlass einer Einzelfallbearbeitung ergibt, dass die Kenntnis der Daten für die in den §§ 483, 484, 485 jeweils bezeichneten Zwecke nicht mehr erforderlich ist. [2] Es sind ferner zu löschen

1. nach § 483 gespeicherte Daten mit der Erledigung des Verfahrens, soweit ihre Speicherung nicht nach den §§ 484, 485 zulässig ist,
2. nach § 484 gespeicherte Daten, soweit die Prüfung nach Absatz 4 ergibt, dass die Kenntnis der Daten für den in § 484 bezeichneten Zweck nicht mehr erforderlich ist und ihre Speicherung nicht nach § 485 zulässig ist,
3. nach § 485 gespeicherte Daten, sobald ihre Speicherung zur Vorgangsverwaltung nicht mehr erforderlich ist.

III [1] Als Erledigung des Verfahrens gilt die Erledigung bei der Staatsanwaltschaft oder, sofern die öffentliche Klage erhoben wurde, bei Gericht. [2] Ist eine Strafe oder eine sonstige Sanktion angeordnet worden, ist der Abschluss der Vollstreckung oder der Erlass maßgeblich. [3] Wird das Verfahren eingestellt und hindert die Einstellung die Wiederaufnahme der Verfolgung nicht, so ist das Verfahren mit Eintritt der Verjährung als erledigt anzusehen.

IV [1] Die speichernde Stelle prüft nach festgesetzten Fristen, ob nach § 484 gespeicherte Daten zu löschen sind. [2] Die Frist beträgt

1. bei Beschuldigten, die zur Zeit der Tat das achtzehnte Lebensjahr vollendet hatten, zehn Jahre,
2. bei Jugendlichen fünf Jahre,
3. in den Fällen des rechtskräftigen Freispruchs, der unanfechtbaren Ablehnung der Eröffnung des Hauptverfahrens und der nicht nur vorläufigen Verfahrenseinstellung drei Jahre,
4. bei nach § 484 Abs. 1 gespeicherten Personen, die zur Tatzeit nicht strafmündig waren, zwei Jahre.

V Die speichernde Stelle kann in der Errichtungsanordnung nach § 490 kürzere Prüffristen festlegen.

VI [1] Werden die Daten einer Person für ein weiteres Verfahren in der Datei gespeichert, so unterbleibt die Löschung, bis für alle Eintragungen die Löschungsvoraussetzungen vorliegen. [2] Absatz 2 Satz 1 bleibt unberührt.

VII [1] An die Stelle einer Löschung tritt eine Sperrung, soweit

1. Grund zu der Annahme besteht, dass schutzwürdige Interessen einer betroffenen Person beeinträchtigt würden,

2. die Daten für laufende Forschungsarbeiten benötigt werden oder
3. eine Löschung wegen der besonderen Art der Speicherung nicht oder nur mit unverhältnismäßigem Aufwand möglich ist.

[2]Personenbezogene Daten sind ferner zu sperren, soweit sie nur zu Zwecken der Datensicherung oder der Datenschutzkontrolle gespeichert sind. [3]Gesperrte Daten dürfen nur für den Zweck verwendet werden, für den die Löschung unterblieben ist. [4]Sie dürfen auch verwendet werden, soweit dies zur Behebung einer bestehenden Beweisnot unerlässlich ist.

VIII Stellt die speichernde Stelle fest, dass unrichtige, zu löschende oder zu sperrende personenbezogene Daten übermittelt worden sind, so ist dem Empfänger die Berichtigung, Löschung oder Sperrung mitzuteilen, wenn dies zur Wahrung schutzwürdiger Interessen des Betroffenen erforderlich ist.

IX Anstelle der Löschung der Daten sind die Datenträger an ein Staatsarchiv abzugeben, soweit besondere archivrechtliche Regelungen dies vorsehen.

1) Die **Berichtigung, Löschung oder Sperrung** (§ 3 IV S 2 Nr 4, 5 BDSG) 1
personenbezogener Daten in Dateien (zu diesen Begriffen vgl 1 zu § 483) nach den §§ 483 bis 485 regelt die Vorschrift zum Schutz der Persönlichkeit des Betroffenen (§ 3 I BDSG); sie gilt nicht für Dateien der Polizei in den Fällen der §§ 483 III, 484 IV, 485 S 4 (Nds OVG NdsVBl **08**, 323), geht aber den Bestimmungen in Schriftgutaufbewahrungsgesetzen vor (7 zu § 483).

Die speichernde Stelle (vgl § 3 VII BDSG) ist nach I unabhängig von einem 2
Antrag des Betroffenen verpflichtet, unrichtige Daten zu **berichtigen.** Die ursprüngliche Speicherung und deren Änderung müssen aber nachvollziehbar bleiben (Aktenvollständigkeit, -wahrheit).

In II regelt das Gesetz verschiedene Fälle, in denen die Daten zu **löschen** sind: 3
S 1 verpflichtet die speichernde Stelle zur Löschung, wenn die Speicherung unzulässig ist – etwa weil die Angaben nach den §§ 483 bis 485 nicht hätten gespeichert werden dürfen – oder sich aus Anlass einer Einzelfallbearbeitung ergibt, dass die Kenntnis der Daten für die jeweiligen gesetzlichen Speicherzwecke nicht mehr erforderlich ist (den Zusammenhang mit dem Zweckbindungsgrundsatz betont auch BVerfGE **113**, 29 = NJW **05**, 1917, 1922; ebenso BVerfG NJW **09**, 2431, 2438 für beschlagnahmte E-Mail-Dateien). Letzteres kann im Rahmen der Vorgangsverwaltung auch teilw in Bezug auf stigmatisierende Zusätze der Fall sein (Frankfurt NStZ-RR **08**, 183 und Hamburg StraFo **10**, 85, 86, jew zu §§ 174 ff StGB; vgl auch Hamburg StV **09**, 234 mit Anm Habenicht NStZ **09**, 708: weitere Speicherung unzulässig, wenn erneute Straffälligkeit ausgeschlossen erscheint). Eine solche Einzelfallbearbeitung hat die StA vorzunehmen, wenn der Betroffene einen konkreten Löschungsantrag an sie richtet (Dresden StV **04**, 68, ber S 368; Hamburg aaO; NStZ-RR **10**, 118 L; v. Galen DAV-FS 505). Abzuwägen sind dann das Recht des Antragstellers auf informationelle Selbstbestimmung und das Interesse der Allgemeinheit an Strafverfolgung und Vorgangsverwaltung unter Berücksichtigung des Grundsatzes der Verhältnismäßigkeit anhand der Umstände des Einzelfalls (KG StraFo **09**, 337). Das „Erforderlichsein" ist ein unbestimmter Rechtsbegriff, der der gerichtlichen Überprüfung unterliegt (KG aaO 338; Hamburg StraFo **10**, 85, 86; erg unten 9). Nach S 2 sind ferner zu löschen (1.) Daten in einer Strafverfahrensdatei (§ 483) mit Verfahrenserledigung (III), es sei denn, ihre Speicherung ist in diesem Zeitpunkt nach den §§ 484, 485 zulässig (vgl 3 zu § 483), (2.) Daten für Zwecke künftiger Strafverfahren (§ 484) vorbehaltlich ihrer fortdauernden Speicherung nach § 485, soweit das Ergebnis der anlassunabhängigen Prüfung nach IV ergibt, dass deren Kenntnis für den Speicherzweck nicht mehr erforderlich ist, und (3.) Daten in einer Vorgangsverwaltungsdatei (§ 485) nach Wegfall der Erforderlichkeit ihrer Speicherung.

IV bestimmt **Aussonderungsprüffristen** für Speicherungen nach § 484. Die 4
Fälle einer endgültigen Verfahrenseinstellung (IV S 2 Nr 3) sind in 6 zu § 494 er-

läutert. Die Regelung in IV S 2 Nr 4 ändert nichts an der grundsätzlichen Unzulässigkeit der Speicherung personenbezogener Informationen über zur Tatzeit Strafunmündige, da Kinder nicht Beschuldigte sein können (§ 19 StGB). Gemeint sind die Ausnahmefälle, in denen Daten Strafunmündiger gleichwohl zunächst gespeichert werden, etwa weil ihr Alter im Zeitpunkt der Speicherung nicht bekannt war. Nicht ausdrücklich geregelt ist der Fristbeginn (anders zB § 32 V BKAG); er wird auf den Tag der (ersten) Speicherung nach § 484 festzulegen sein. Nach V können die Aussonderungsprüffristen in einer Errichtungsanordnung (§ 490) abgekürzt werden (hierzu Brodersen NJW **00**, 2541; Wollweber NJW **00**, 3624).

5 **2)** Eine **Löschung unterbleibt** nach VI, wenn ein weiteres Verfahren gespeichert wird. Maßgeblich ist in diesem Fall der Zeitpunkt, in dem alle Daten gelöscht werden müssen; dies entspricht § 47 III **BZRG.** Anders verhält es sich nur, wenn eine Speicherung unzulässig oder die Kenntnis der Daten für den jeweiligen Zweck nicht mehr erforderlich ist.

6 **3)** Eine **Sperrung** statt der Löschung erfolgt ausnahmsweise nach VII. Sperrung ist das Kennzeichnen gespeicherter personenbezogener Daten, um ihre weitere Verarbeitung oder Nutzung einzuschränken (§ 3 IV S 2 Nr 4 BDSG). Dies kommt zum einen in Betracht, wenn Informationen erhalten bleiben sollen, die für den Betroffenen möglicherweise günstig sind. Das richtet sich nach den Umständen des Einzelfalles und ist etwa dann zu bejahen, wenn eine ansonsten eintretende Beweisnot nur durch Aufrechterhaltung der Speicherung verhindert werden kann. Weitere Fälle der Sperrung sind die Erhaltung von Daten für bereits laufende Forschungsarbeiten, insbesondere für wissenschaftliche Auswertungen. Aus rein praktischen Gründen – unverhältnismäßiger Aufwand – sieht VII S 1 Nr 3 eine Sperrung statt der Löschung vor. Gemäß VII S 2 sind ferner ausschließlich zur Datensicherung oder Datenschutzkontrolle gespeicherte personenbezogene Daten zu sperren; das gilt auch, wenn Protokolldaten für das gesamte System in einer Datei gespeichert werden. VII S 3 und 4 ordnen eine dem Sinn der Sperrung entspr Zweckbindung an. In einem Sperrvermerk sind der Grund für die unterbliebene Löschung und die sich hieraus ergebende Zweckbindung kenntlich zu machen (SK-Weßlau 19; Lemke NStZ **95**, 486 zu § 476 III aF).

7 **4)** Eine **Nachberichtspflicht** regelt VIII in Fällen der Übermittlung unrichtiger, zu löschender oder zu sperrender personenbezogener Daten; die Mitteilung kann unterbleiben, wenn keine Anhaltspunkte bestehen, dass sie zur Wahrung schutzwürdiger Interessen des Betroffenen erforderlich ist.

8 **5) Archivrechtliche Regelungen** bleiben unberührt (IX); § 489 ist also keine diesen gegenüber vorrangige Vorschrift über die Vernichtung von Unterlagen. Die speichernde Stelle darf, wenn sie Daten nach Löschungsreife an ein Staatsarchiv abgibt, keine Kopien zurückbehalten (SK-Weßlau 31).

9 **6) Anfechtung:** Kommt die StA einem auf Datenlöschung gerichteten Antrag nicht nach, ist der Rechtsweg nach § 23 **EGGVG** eröffnet (BVerfG StV **07**, 226 L; Dresden StV **04**, 68, ber S 368; Frankfurt NStZ-RR **08**, 183; Hamburg StV **09**, 234; 2 VAs 5/09 vom 27. 11. 2009; LR-Hilger 16, der auch eine entspr Anwendung des § 161 a erwägt).

Errichtungsanordnung

490 [1] **Die speichernde Stelle legt für jede automatisierte Datei in einer Errichtungsanordnung mindestens fest:**

1. die Bezeichnung der Datei,

2. die Rechtsgrundlage und den Zweck der Datei,

3. den Personenkreis, über den Daten in der Datei verarbeitet werden,

4. die Art der zu verarbeitenden Daten,

5. die Anlieferung oder Eingabe der zu verarbeitenden Daten,
6. die Voraussetzungen, unter denen in der Datei verarbeitete Daten an welche Empfänger und in welchem Verfahren übermittelt werden,
7. Prüffristen und Speicherungsdauer.

[2]Dies gilt nicht für Dateien, die nur vorübergehend vorgehalten und innerhalb von drei Monaten nach ihrer Erstellung gelöscht werden.

1 **1)** Eine **Errichtungsanordnung** für jede automatisierte Datei – abgesehen von „flüchtigen" Dateien (S 2) – hat die speichernde Stelle (vgl § 3 VII BDSG) zu erstellen; die Vorschrift bestimmt auch den Mindestinhalt der Anordnung (vgl auch Dresden StV **04**, 68, 69; ber S 368). Dies dient sowohl der Eigenkontrolle der Stelle, die eine Datei errichtet, als auch der externen Kontrolle, zB durch den Datenschutzbeauftragten. Festgelegt werden können etwa auch über die Rechtsverordnungen nach § 484 III hinaus weitere Einzelheiten über die Art der Daten iS des § 484 II oder kürzere als die gesetzlichen Aussonderungsprüffristen (§ 489 V, dort 4). Die Vorschrift geht Landesdatenschutzrecht vor (KMR-Gemählich 2).

Auskunft an den Betroffenen

491 **I [1]Dem Betroffenen ist, soweit die Erteilung oder Versagung von Auskünften in diesem Gesetz nicht besonders geregelt ist, entsprechend § 19 des Bundesdatenschutzgesetzes Auskunft zu erteilen. [2]Auskunft über Verfahren, bei denen die Einleitung des Verfahrens bei der Staatsanwaltschaft im Zeitpunkt der Beantragung der Auskunft noch nicht mehr als sechs Monate zurückliegt, wird nicht erteilt. [3]Die Staatsanwaltschaft kann die Frist des Satzes 2 auf bis zu 24 Monate verlängern, wenn wegen der Schwierigkeit oder des Umfangs der Ermittlungen im Einzelfall ein Geheimhaltungsbedürfnis fortbesteht. [4]Über eine darüber hinausgehende Verlängerung der Frist entscheidet der Generalstaatsanwalt, in Verfahren der Generalbundesanwaltschaft der Generalbundesanwalt. [5]Die Entscheidungen nach den Sätzen 3 und 4 und die Gründe hierfür sind zu dokumentieren. [6]Der Antragsteller ist unabhängig davon, ob Verfahren gegen ihn geführt werden oder nicht, auf die Regelung in den Sätzen 2 bis 5 hinzuweisen.**

II [1]Ist der Betroffene bei einer gemeinsamen Datei nicht in der Lage, die speichernde Stelle festzustellen, so kann er sich an jede beteiligte speicherungsberechtigte Stelle wenden. [2]Über die Erteilung einer Auskunft entscheidet diese im Einvernehmen mit der Stelle, die die Daten eingegeben hat.

1 **1) Auskunft** über die zu seiner Person gespeicherten Daten und den damit verfolgten Zweck kann der von der Speicherung in einer Datei Betroffene (§ 3 I BDSG) mit einem entspr Antrag verlangen; hierfür verweist I S 1 auf den bundesdatenschutzrechtlichen Anspruch nach § 19 BDSG (3 zu § 495; eingehend SK-Weßlau 8 ff). Die Bestimmung gilt nur für die Fälle, die in der StPO nicht besonders geregelt sind (BGH NStZ-RR **09**, 145), also nicht für Verfahrensbeteiligte (§§ 147, 406 e, 434 I S 2, 442 I, 444 II S 2) sowie für Auskünfte und Akteneinsicht gemäß § 475 (hM; vgl BVerfGE **113**, 29 = NJW **05**, 1917, 1922; BVerfG NJW **09**, 2431, 2437; LR-Hilger 2; **aM** SK-Weßlau 6); der Spezialität steht nicht entgegen, dass sich die genannten Vorschriften auf die Einsicht in Akten, nicht in Dateien beziehen (zur Problematik der gesetzlichen Ausschlussklausel Weßlau Hamm-FS 845). Auskunftspflichtig ist gemäß § 3 VII BDSG jede Stelle, die personenbezogene Daten aus einem Strafverfahren nach §§ 483 ff speichert (vgl VG Wiesbaden NVwZ-RR **06**, 693, auch zur Erlaubnis nach § 12 V BKAG). Der Anspruch Betroffener auf Auskunft aus Akten richtet sich (soweit nicht die vorgenannten Bestimmungen eingreifen) nach den Datenschutzgesetzen.

2 **2) Beschränkungen** des Auskunftsanspruchs enthalten I S 2 bis 4. Die durch Ges vom 10. 9. 2004 (BGBl I 2318) getroffene Neuregelung trägt dem Umstand

Rechnung, dass der Gefahr einer Ausforschung von Dateien der StA, insbesondere des Zentralen Staatsanwaltschaftlichen Verfahrensregisters (§ 492), begegnet werden und verhindert werden muss, dass Beschuldigte, die noch keine Kenntnis von einem gegen sie gerichteten Ermittlungsverfahren haben und aus ermittlungstaktischen Gründen auch nicht haben sollen, aus der Art der Beantwortung eines Auskunftsersuchens von dem Verfahren erfahren oder Rückschlüsse darauf ziehen können (BR-Drucks 390/03 S 14). Andererseits darf der grundgesetzlich geschützte (vgl BVerfGE 65, 1, 43) Auskunftsanspruch des Betroffenen auch nicht zu stark eingeschränkt werden; ihm muss die Überprüfung ermöglicht werden, ob die verantwortliche Stelle rechtmäßig Daten zu seiner Person verarbeitet. Der Gesetzgeber hat diesen Zwiespalt dadurch gelöst, dass der Auskunftsanspruch an ein bestimmtes „Alter" des Verfahrens geknüpft wird: Bei Verfahren, die noch keine 6 Monate alt sind, wird keine Auskunft erteilt (I S 2; einschr v. Galen DAV-FS 506), bei älteren Verfahren kann die StA die Frist wegen der Schwierigkeit oder des Umfangs der Ermittlungen (zB in komplexen Verfahren der Organisierten oder der Wirtschafts- und Korruptionskriminalität) auf 24 Monate verlängern, eine noch darüber hinaus gehende Verlängerung kann nur der GenStA bzw der GBA anordnen (I S 3 und 4). Dabei ist nicht nur die Verlängerung bis zu 24 Monate oder darüber hinaus als solche aktenkundig zu machen, vielmehr sind auch die konkreten Gründe für die Verlängerung zu dokumentieren (I S 5).

3 **3) Inhalt der Auskunft:** Soweit eine Auskunftssperre (oben 2) eingreift, der Betroffene also keine Auskunft erhält, wird ihm mitgeteilt, dass Eintragungen, über die eine Auskunft erteilt werden kann, nicht vorhanden sind. Um hierdurch beim Antragsteller nicht die falsche Vorstellung hervorzurufen, dass dies bedeute, es seien keine entspr Daten gespeichert, ist er nach I S 6 auf die Regelungen der Sätze 2 bis 5 hinzuweisen. Soweit die Sperrmöglichkeit nicht (mehr) besteht, ist die Auskunft entspr § 19 BDSG zu erteilen. Dabei kann wiederum nach § 19 IV BDSG unter bestimmten dort bezeichneten Voraussetzungen (zB Gefährdung der ordnungsgemäßen Aufgabenerfüllung [BVerfGE **120**, 351 = NJW **08**, 2099, 2101, 2104] oder der öffentlichen Sicherheit oder Ordnung bzw wegen überwiegender Interessen eines Dritten) die Auskunftserteilung abgelehnt werden; dazu zählt auch der Fall, dass der Untersuchungszweck gerade durch die Auskunft (nicht durch die damit verbundene Arbeitsbelastung) gefährdet werden könnte (BVerfGE **113**, 29 = NJW **05**, 1917, 1922). Dagegen kann sich der Betroffene an den BfDI wenden (§ 19 VI BDSG; Hinweispflicht in § 19 V S 2 BDSG), an das Gericht unter den Voraussetzungen des § 147 V S 2 (dort 38) allenfalls in dem Sonderfall, dass in der Entscheidung eine zumindest faktische Verweigerung des tatsächlich bestehenden Anspruchs auf Akteneinsicht gemäß § 147 I zu sehen ist (BGH NStZ-RR **09**, 145). Nach unbekannten Beteiligten muss und soll nicht geforscht werden (BVerfG NJW **09**, 2431, 2438).

4 4) Eine **Vereinfachung** für den Betroffenen enthält II in den Fällen einer gemeinsamen Datei gemäß § 486.

3. Abschnitt. Länderübergreifendes staatsanwaltschaftliches Verfahrensregister

Zentrales staatsanwaltschaftliches Verfahrensregister

492 **I Das Bundesamt für Justiz (Registerbehörde) führt ein zentrales staatsanwaltschaftliches Verfahrensregister.**

II 1 In das Register sind

1. **die Personendaten des Beschuldigten und, soweit erforderlich, andere zur Identifizierung geeignete Merkmale,**
2. **die zuständige Stelle und das Aktenzeichen,**

3. die nähere Bezeichnung der Straftaten, insbesondere die Tatzeiten, die Tatorte und die Höhe etwaiger Schäden,
4. die Tatvorwürfe durch Angabe der gesetzlichen Vorschriften,
5. die Einleitung des Verfahrens sowie die Verfahrenserledigungen bei der Staatsanwaltschaft und bei Gericht nebst Angabe der gesetzlichen Vorschriften

einzutragen. [2] Die Daten dürfen nur für Strafverfahren gespeichert und verändert werden.

III [1] Die Staatsanwaltschaften teilen die einzutragenden Daten der Registerbehörde zu dem in Absatz 2 Satz 2 genannten Zweck mit. [2] Auskünfte aus dem Verfahrensregister dürfen nur Strafverfolgungsbehörden für Zwecke eines Strafverfahrens erteilt werden. [3] § 5 Abs. 5 Satz 1 Nr. 2 des Waffengesetzes und § 8 Absatz 5 Satz 1 Nummer 2 des Sprengstoffgesetzes bleiben unberührt; die Auskunft über die Eintragung wird insoweit im Einvernehmen mit der Staatsanwaltschaft, die die personenbezogenen Daten zur Eintragung in das Verfahrensregister mitgeteilt hat, erteilt, wenn hiervon eine Gefährdung des Untersuchungszwecks nicht zu besorgen ist.

IV [1] Die in Absatz 2 Satz 1 Nr. 1 und 2 genannten Daten dürfen nach Maßgabe des § 18 Abs. 3 des Bundesverfassungsschutzgesetzes, auch in Verbindung mit § 10 Abs. 2 des Gesetzes über den Militärischen Abschirmdienst und § 8 Abs. 3 des Gesetzes über den Bundesnachrichtendienst, auf Ersuchen auch an die Verfassungsschutzbehörden des Bundes und der Länder, das Amt für den Militärischen Abschirmdienst und den Bundesnachrichtendienst übermittelt werden. [2] § 18 Abs. 5 Satz 2 des Bundesverfassungsschutzgesetzes gilt entsprechend.

IVa [1] Kann die Registerbehörde eine Mitteilung oder ein Ersuchen einem Datensatz nicht eindeutig zuordnen, übermittelt sie an die ersuchende Stelle zur Identitätsfeststellung Datensätze zu Personen mit ähnlichen Personalien. [2] Nach erfolgter Identifizierung hat die ersuchende Stelle alle Daten, die sich nicht auf den Betroffenen beziehen, unverzüglich zu löschen. [3] Ist eine Identifizierung nicht möglich, sind alle übermittelten Daten zu löschen. [4] In der Rechtsverordnung nach § 494 Abs. 4 ist die Anzahl der Datensätze, die auf Grund eines Abrufs übermittelt werden dürfen, auf das für eine Identifizierung notwendige Maß zu begrenzen.

V [1] Die Verantwortung für die Zulässigkeit der Übermittlung trägt der Empfänger. [2] Die Registerbehörde prüft die Zulässigkeit der Übermittlung nur, wenn besonderer Anlass hierzu besteht.

VI Die Daten dürfen unbeschadet des Absatzes 3 Satz 3 und des Absatzes 4 nur in Strafverfahren verwendet werden.

1) Zweck des Registers: Die gesetzliche Grundlage für dieses von den Informationsregistern der Polizei unabhängige zentrale staatsanwaltschaftliche Informationssystem (im allgemeinen Sprachgebrauch kurz SISY genannt) ist durch das Verbrechensbekämpfungsgesetz 1994 geschaffen worden (Einfügung der §§ 474–477, nun §§ 492–495). Der Registerbetrieb ist 1999 aufgenommen worden. Mit der Einrichtung dieses Registers wurde eine schon lange erhobene Forderung erfüllt (vgl Hoffmann ZRP **90**, 56; Rebmann/Schoreit NStZ **84**, 7; Schoreit DRiZ **87**, 85). Das Register dient dazu, die Funktionstüchtigkeit der Strafrechtspflege zu verbessern (vgl Rieß Otto-FS 966), indem es die Ermittlung überörtlicher Täter und Mehrfachtäter erleichtert, das frühzeitige Erkennen von Tat- und Täterverbindungen fördert, insbesondere es auch ermöglicht, reisende Gewalttäter festzustellen und in Haft zu nehmen. Ferner werden dadurch zuverlässige Grundlagen für Verfahrenseinstellungen nach §§ 153 ff geschaffen, indem zB einerseits keine ungerechtfertigten wiederholten Einstellungen gegen Auflagen nach § 153 a mehr erfolgen, andererseits unbedeutende Verfahren mit Rücksicht auf schwerwie- 1 gendere Vorwürfe nach § 154 schnell beendet werden. Notwendige Verfahrenskonzentrationen durch Verbindung von Ermittlungs- und Strafverfahren sollen dadurch erzielt, übermäßige Grundrechtseingriffe im Rahmen von Doppelverfahren (BVerfGE **112**, 304, 320 = NJW **05**, 1338, 1341) sowie mehrere Hauptverhandlungen gegen denselben Angeklagten und damit nachträgliche Gesamtstrafenbildungen (§ 55 StGB, § 460) sollen vermieden werden.

2 **Neben die bereits bestehenden Register,** nämlich das Bundeszentralregister (§§ 1–58 **BZRG**) und das Erziehungsregister (§§ 59–64 **BZRG**), ist dieses Register getreten; es hätte daher gesetzestechnisch näher gelegen, die Vorschriften der §§ 492 ff in das BZRG statt in die StPO einzufügen (vgl Schoreit aaO; Uhlig Rebmann-FS 523 ff). Das Register erschien erforderlich, weil sich aus den übrigen Registern nicht entnehmen lässt, ob im Zuständigkeitsbereich einer anderen StA ebenfalls Ermittlungsverfahren gegen denselben Beschuldigten anhängig sind oder vor kurzem durch Einstellung des Verfahrens erledigt wurden (Richter NJW **89**, 1785; krit jedoch – auch wegen der Doppelspeicherung der Daten bei Polizei und StA – Krüger Kriminalistik **95**, 43). Insofern wären sonst umständliche Anfragen bei den StAen der anderen LG-Bezirke notwendig (zur Häufigkeit LG-Bezirke übergreifender Eintragungen im BZR vgl Uhlig aaO 522).

3 **2)** Das durch Ges vom 17. 12. 2006 (BGBl I 3171) errichtete **Bundesamt für Justiz** (früher der GBA) führt das zentrale staatsanwaltschaftliche Register; es ist die Registerbehörde iSd §§ 492 ff. Das Bundesamt hat seinen Sitz in Bonn. Die näheren Einzelheiten regelte früher die Errichtungsanordnung, die nun durch eine RechtsVO ersetzt worden ist (§ 494 IV; vgl 12 zu § 494).

4 **3) Umfang der Daten** (II): Alle staatsanwaltschaftlichen Ermittlungsverfahren, die sich gegen einen bestimmten, bekannten Täter richten (also nicht Anzeigen gegen unbekannte Täter, vgl Lemke NStZ **95**, 485), werden mit den unter II S 1 Nr 1–5 vorgeschriebenen Angaben gespeichert (abschließende Aufzählung in § 4 ZStVBetrV [12 zu § 494]). Die im Entwurf eines StVÄG 1988 vorgesehene Beschränkung auf Verfahren mit erheblicher oder überörtlicher Bedeutung ist als unpraktikabel gestrichen worden (zutr Hoffmann ZRP **90**, 59; König/Seitz NStZ **95**, 5). Die geforderten Angaben zur näheren Bezeichnung der Straftaten, also insbesondere die Tatzeiten, die Tatorte und die Höhe etwaiger Schäden, sowie zu den Tatvorwürfen durch Angabe der gesetzlichen Vorschriften werden sich aus dem polizeilichen Schlussbericht (48 zu § 163) entnehmen lassen (vgl auch Habenicht NStZ **09**, 708 zu „MESTA").

5 Mindestens **2 Mitteilungen** muss die StA der Registerbehörde machen, falls es zur Einstellung des Verfahrens kommt: Zunächst die Mitteilung über die Einleitung des Verfahrens, sodann die über seine Erledigung durch Einstellung mit Angabe der gesetzlichen Vorschriften (zB nach § 153 oder nach § 170 II). Kommt es zur Anklageerhebung, so ist diese (ebenso wie ein Strafbefehlsantrag oder Antrag nach § 417) und die Art der Erledigung des gerichtlichen Verfahrens mitzuteilen. Auch die vorläufige Einstellung des Verfahrens nach § 205 ist mitzuteilen.

6 **4)** Die **StA ist verpflichtet,** der Registerbehörde die Daten mitzuteilen (III S 1); dieselbe Verpflichtung trifft die Finanzbehörde, soweit diese das Ermittlungsverfahren führt (Einl 12). Die Daten dürfen nur zum Zwecke der Speicherung und Veränderung für Strafverfahren mitgeteilt werden (II S 2). Fälle besonderer Geheimhaltungsbedürftigkeit oder zu besorgender Gefährdung des Untersuchungszwecks sind in § 3 II und III ZStVBetrV (12 zu § 494) geregelt.

7 **5) Auskünfte** aus dem Verfahrensregister dürfen grundsätzlich nach III S 2 nur an Strafverfolgungsbehörden und nur für Zwecke des Strafverfahrens erteilt werden. Daher erhalten Verwaltungsbehörden für Bußgeldverfahren nach dem OWiG keine Auskünfte (§ 46 III S 4 OWiG). Wenn ein Gericht eine Auskunft möchte, muss es sich an die zuständige StA wenden und diese um Einholung der Auskunft bitten, was wenig sachdienlich erscheint; eine Erstreckung des Auskunftsrechts auf

Gerichte, wie vom BRat gewollt (vgl BR-Drucks 390/03 S 15 und 18), ist allerdings im Gesetzgebungsverfahren gescheitert (vgl BT-Drucks 15/1492 S 13). § 5 V S 1 Nr 2 WaffG und § 8a V S 1 Nr 2 Sprengstoffgesetz (Auskunftseinholung aus dem zentralen staatsanwaltschaftlichen Verfahrensregister durch die für die Erteilung einer waffen- oder sprengstoffrechtlichen Erlaubnis zuständige Behörde) bleiben nach Maßgabe des III S 3 unberührt.

IV erweitert aber den Kreis der Auskunftsberechtigten über StAen, Polizeien, Finanzbehörden, Steuer- und Zollfahndungsdienststellen hinaus auf die Verfassungsschutzbehörden des Bundes und der Länder, das Amt für den Militärischen Abschirmdienst und den Bundesnachrichtendienst. Diesen steht zur Erfüllung ihrer Aufgaben ohnehin gegenüber der StA und anderen Behörden ein Auskunftserteilungsrecht zu (vgl § 18 III BVerfSchG). Sie erhalten aber nur Auskunft über die Person und die zuständige Stelle nebst Aktenzeichen des Verfahrens (II Nr 1 und 2; Kalf StV **97**, 611); wenn sie nähere Auskünfte wollen, müssen sie sich an die zuständige StA usw wenden. Die Dienste sind entspr § 18 V S 2 BVerfSchG verpflichtet, einen gesonderten Nachweis über das Auskunftsersuchen zu führen, aus dem der Zweck und die Veranlassung der Anfrage hervorgehen. Dass der Beschuldigte von der Weitergabe der Daten nicht informiert wird, bemängelt Kestel StV **97**, 267; dagegen zutr Kalf aaO. 8

6) Bei der **Unmöglichkeit, eine Mitteilung oder ein Ersuchen einem Datensatz zuzuordnen,** erlaubt IVa der Registerbehörde, an die ersuchende Stelle zur Identitätsfeststellung Datensätze zu Personen mit ähnlichen Personalien zu übermitteln. Damit ist eine ausdrückliche gesetzliche Grundlage für das nunmehr in § 8 ZStVBetrV (12 zu § 494) vorgesehene Verfahren (sog Ähnlichenservice und sog Sonderanfragen) geschaffen worden. Mit dem sog Ähnlichenservice können Anfragen nach Datensätzen mit geringfügig abweichenden Personendaten, mit sog Sonderanfragen können Anfragen anhand eines unvollständigen Ausgangdatensatzes gestellt werden. In der Gesetzesbegründung (BT-Drucks 15/3331 S 11) wird betont, dass der Einsatz dieser Möglichkeiten erforderlich und wichtig ist, wenn der Name eines Beschuldigten nicht vollständig bekannt ist oder – etwa bei Ausländern – Unsicherheiten über die Namensschreibweise bestehen, so dass eine Zuordnung zwar nicht eindeutig möglich ist, jedoch die hohe Wahrscheinlichkeit einer Übereinstimmung besteht. 9

Eine **Löschungsverpflichtung** enthalten IVa S 2 und 3, damit die Daten Unbeteiligter nicht über das Erforderliche hinaus genutzt werden. Daraus ergibt sich zugleich für die ersuchende Stelle die Verpflichtung, die Identitätsprüfung unverzüglich durchzuführen (BT-Drucks aaO). 10

7) Verantwortlichkeit (V): Die Verantwortung für die Zulässigkeit der Übermittlung trägt grundsätzlich der Empfänger. Das entspricht der Regelung in § 15 II S 2, 3 BDSG. Sieht die Registerbehörde besonderen Anlass, die Zulässigkeit der Übermittlung zu überprüfen, muss die anfragende Stelle ihr die erforderliche Auskunft erteilen. 11

8) Zweckbindung (VI): Ebenso wie die Auskünfte nach III S 2 nur für Zwecke des Strafverfahrens erteilt werden dürfen, dürfen die übermittelten Daten grundsätzlich (Ausnahmen nach III S 3 und IV) auch nur im Strafverfahren verwertet werden, wobei es keine Rolle spielt, ob dies in dem Verfahren, zu dem die Übermittlung erfolgte, oder in einem anderen Strafverfahren geschieht (Schneider NJW **96**, 304). Zum Strafverfahren idS gehört die Strafverfolgung selbst, die Strafvollstreckung einschließlich der Bewährungsaufsicht, das Gnadenwesen, die Internationale Rechtshilfe und die Dienstaufsicht (KK-Gieg 11; KMR-Gemählich 16; Lemke NStZ **95**, 485; **aM** LR-Hilger 39 [hinsichtlich Gnadenwesen, Internationale Rechtshilfe]; SK-Weßlau 17 [hinsichtlich Gnadenwesen, Internationale Rechtshilfe, Dienstaufsicht]). Benötigt der Empfänger der Auskunft nähere Einzelheiten, so wendet er sich an die zuständige Stelle (II Nr 2), die diese, soweit es um Zwecke 12 des Strafverfahrens geht, erteilt (Uhlig Rebmann-FS 524). Die den in IV erwähnten Nachrichtendiensten übermittelten Daten dürfen allerdings für deren Zwecke verwertet werden, da sonst die Übermittlung nutzlos wäre.

Automatisiertes Abrufverfahren

493 **I [1]Die Übermittlung der Daten erfolgt im Wege eines automatisierten Abrufverfahrens oder eines automatisierten Anfrage- und Auskunftsverfahrens, im Falle einer Störung der Datenfernübertragung oder bei außergewöhnlicher Dringlichkeit telefonisch oder durch Telefax. [2]Die beteiligten Stellen haben zu gewährleisten, dass dem jeweiligen Stand der Technik entsprechende Maßnahmen zur Sicherstellung von Datenschutz und Datensicherheit getroffen werden, die insbesondere die Vertraulichkeit und Unversehrtheit der Daten gewährleisten; im Falle der Nutzung allgemein zugänglicher Netze sind dem jeweiligen Stand der Technik entsprechende Verschlüsselungsverfahren anzuwenden.**

II [1]Für die Festlegungen zur Einrichtung eines automatisierten Abrufverfahrens findet § 10 Abs. 2 des Bundesdatenschutzgesetzes Anwendung. [2]Die Registerbehörde übersendet die Festlegungen dem Bundesbeauftragten für den Datenschutz.

III [1]Die Verantwortung für die Zulässigkeit des einzelnen automatisierten Abrufs trägt der Empfänger. [2]Die Registerbehörde prüft die Zulässigkeit der Abrufe nur, wenn dazu Anlass besteht. [3]Sie hat bei jedem zehnten Abruf zumindest den Zeitpunkt, die abgerufenen Daten, die Kennung der abrufenden Stelle und das Aktenzeichen des Empfängers zu protokollieren. [4]Die Protokolldaten dürfen nur für die Kontrolle der Zulässigkeit der Abrufe verwendet werden und sind nach sechs Monaten zu löschen.

IV Die Absätze 2 und 3 gelten für das automatisierte Anfrage- und Auskunftsverfahren entsprechend.

1 **1) Der automatisierte Abruf und die automatisierte Anfrage und Auskunft** von Daten für Zwecke eines Strafverfahrens ist nur den Strafverfolgungsbehörden (7, 8 zu § 492) gestattet, also nicht den Gerichten (vgl 7 zu § 492). Die Polizeibehörden haben damit einen Online-Lesezugriff auf das staatsanwaltschaftliche Verfahrensregister.

2 **2) Besondere Voraussetzungen** für das automatisierte Verfahren enthält die Vorschrift im Gegensatz zur früheren Regelung zu Recht nicht mehr, weil im Regelfall der Zugriff immer schon im Wege der Datenfernübertragung erfolgte (krit SK-Weßlau 3). Nur ausnahmsweise – nämlich bei technischer Störung der Datenfernübertragung oder bei außergewöhnlicher Dringlichkeit (die Abfragezeit beträgt derzeit idR noch etwa 2–3 Stunden) – wird die Datenübermittlung durch Telefon oder Telefax gestattet (I S 2). Für diese Fälle werden aber in I S 3 besondere Schutzmaßnahmen verlangt; die Vorschrift entspricht der verwandten Regelung in § 488 I (zur Verschlüsselung vgl Lemke NStZ **95**, 485 und 486). Bei der telefonischen oder Telefaxauskunft wird daher zuvor eine Rückfrage bei der auskunftsbegehrenden Stelle erforderlich sein, um deren Abfrageberechtigung sicher festzustellen (BT-Drucks 15/3331 S 11). Auch beim automatisierten Abruf-, Anfrage- und Auskunftsverfahren dürfen nur diejenigen Daten zur Verfügung gestellt werden, hinsichtlich derer der ersuchenden Stelle nach Maßgabe des § 492 und der dort in Bezug genommenen Bestimmungen Auskunft erteilt werden darf (BT-Drucks aaO). Die Verwendungsregelung des § 492 VI gilt daher auch hier unmittelbar.

3 **3) Festlegungen** (II): Nach § 10 II BDSG, der entspr Anwendung findet, ist zu gewährleisten, dass die Zulässigkeit des Abrufverfahrens kontrolliert werden

kann. Dazu sind schriftlich festzulegen: Anlass und Zweck des Abrufverfahrens, Datenempfänger, Art der zu übermittelnden Daten und die erforderlichen technischen und organisatorischen Maßnahmen, deren Aufwand nach § 9 BDSG in einem angemessenen Verhältnis zu dem angestrebten Schutzzweck stehen müssen. Diese Festlegungen sind von der Registerbehörde dem BfDI (zu dessen Rechtsstellung und Aufgaben vgl §§ 23 ff BDSG) zu übersenden.

4) Verantwortlichkeit (III): Sie ist für das automatisierte Abrufverfahren genauso wie bei der sonstigen Datenübermittlung nach § 492 V geregelt. Die Registerbehörde hat allerdings nach III S 3 ein Stichprobenverfahren durchzuführen; die Stichprobenprotokolle ermöglichen bis zu ihrer Löschung nach 6 Monaten (III S 4) eine Überprüfung dieser automatischen Abrufe. 4

5) IV stellt klar, dass II und III nicht nur für ein automatisiertes Abrufverfahren, sondern auch für das automatisierte Anfrage- und Auskunftsverfahren Anwendung finden. 5

Berichtigung und Löschung der Daten

494 **I [1]Die Daten sind zu berichtigen, wenn sie unrichtig sind. [2]Die zuständige Stelle teilt der Registerbehörde die Unrichtigkeit unverzüglich mit; sie trägt die Verantwortung für die Richtigkeit und die Aktualität der Daten.**

II [1]Die Daten sind zu löschen,

1. wenn ihre Speicherung unzulässig ist oder
2. sobald sich aus dem Bundeszentralregister ergibt, dass in dem Strafverfahren, aus dem die Daten übermittelt worden sind, eine nach § 20 des Bundeszentralregistergesetzes mitteilungspflichtige gerichtliche Entscheidung oder Verfügung der Strafverfolgungsbehörde ergangen ist.

[2]Wird der Beschuldigte rechtskräftig freigesprochen, die Eröffnung des Hauptverfahrens gegen ihn unanfechtbar abgelehnt oder das Verfahren nicht nur vorläufig eingestellt, so sind die Daten zwei Jahre nach der Erledigung des Verfahrens zu löschen, es sei denn, vor Eintritt der Löschungsfrist wird ein weiteres Verfahren zur Eintragung in das Verfahrensregister mitgeteilt. [3]In diesem Fall bleiben die Daten gespeichert, bis für alle Eintragungen die Löschungsvoraussetzungen vorliegen. [4]Die Staatsanwaltschaft teilt der Registerbehörde unverzüglich den Eintritt der Löschungsvoraussetzungen oder den Beginn der Löschungsfrist nach Satz 2 mit.

III § 489 Abs. 7 und 8 gilt entsprechend.

IV Das Bundesministerium der Justiz bestimmt durch Rechtsverordnung mit Zustimmung des Bundesrates die näheren Einzelheiten, insbesondere

1. die Art der zu verarbeitenden Daten,
2. die Anlieferung der zu verarbeitenden Daten,
3. die Voraussetzungen, unter denen in der Datei verarbeitete Daten an welche Empfänger und in welchem Verfahren übermittelt werden,
4. die Einrichtung eines automatisierten Abrufverfahrens,
5. die nach § 9 des Bundesdatenschutzgesetzes erforderlichen technischen und organisatorischen Maßnahmen.

1) Die **Berichtigung** unrichtiger Daten (I) erfolgt auf Mitteilung der zuständigen Stelle durch die Registerbehörde. Weil die Registerbehörde selbst keine Kenntnis über die Richtigkeit der Daten hat, trägt die mitteilende StA die Verantwortung für Richtigkeit und Aktualität der Daten. 1

2) Die **Löschung** der gespeicherten Daten (II) hat in folgenden Fällen zu geschehen: 2

3 A. War die Speicherung **unzulässig,** weil die Daten nach § 492 II S 2 nicht hätten gespeichert werden dürfen oder weil über § 492 II S 1 hinausgehende Angaben gespeichert wurden, muss – was selbstverständlich ist – die Löschung dieser Daten erfolgen.

4 B. Ist dem **BZR** durch ein Gericht oder eine Verwaltungsbehörde gemäß § 20 **BZRG** Mitteilung von einer eintragungspflichtigen Entscheidung, Feststellung oder Tatsache gemacht worden, wird die entspr Eintragung im staatsanwaltschaftlichen zentralen Verfahrensregister gelöscht, um Doppelspeicherungen zu vermeiden. Sobald die Auskunft aus dem BZR gewonnen werden kann, bedarf es hier keiner zusätzlichen Speicherung mehr (Lemke NStZ **95**, 485).

5 C. Bei rechtskräftigem **Freispruch,** unanfechtbarer **Ablehnung der Eröffnung** des Hauptverfahrens (§ 204) oder endgültiger **Verfahrenseinstellung** erfolgt keine sofortige Löschung sondern erst nach einer Frist von 2 Jahren nach Erledigung des Verfahrens, falls nicht vor Eintritt der Löschungsfrist ein weiteres Verfahren zur Eintragung mitgeteilt wird (krit dazu Staechelin StV **95**, 354); letzteres entspricht § 47 III **BZRG.**

6 a) **Endgültige Verfahrenseinstellung** liegt bei unanfechtbarem Beschluss nach §§ 206 a, 206 b vor, ferner bei erfolgter Einstellung nach § 153 a I S 5 und II S 2 iVm I S 5, nicht aber bei Einstellung nach §§ 154 f, 205. Auch in den übrigen Fällen der Einstellung nach §§ 153 ff sowie bei Einstellung nach § 170 II sollte die Löschung nach 2 Jahren erfolgen. Zwar besteht in diesen Fällen die rechtliche Möglichkeit einer Fortsetzung des Verfahrens (vgl zB 37 zu § 153, 21 zu § 154, 9 zu § 170). Dies ist hier aber nicht einer vorläufigen Einstellung gleichzusetzen (so auch v. Galen DAV-FS 505), sondern eher der Wiederaufnahme nach einem rechtskräftigen Freispruch (§ 362) oder nach unanfechtbarer Ablehnung der Eröffnung des Hauptverfahrens (§ 211); diese Möglichkeiten hindern jedoch eine Löschung nicht. Im Übrigen erscheint es nicht hinnehmbar, wenn diese Daten, insbesondere bei Einstellung nach § 170 II wegen erwiesener Unschuld oder wegen eines endgültigen Verfahrenshindernisses, für immer gespeichert bleiben (auf § 489 III S 3 wird nicht verwiesen), während sonst alle Daten spätestens nach 2 Jahren (bei Fehlen weiterer Eintragungen) gelöscht werden (zw auch Lemke NStZ **95**, 486). Kestel StV **97**, 268 sieht in der Speicherung überhaupt einen Verstoß gegen die Unschuldsvermutung, dagegen SK-Weßlau 17; Kalf StV **97**, 612.

7 b) Die **Löschungsfrist beginnt** mit der Verfahrenserledigung, dh sobald Rechtskraft des Freispruchs eingetreten oder die Ablehnung der Eröffnung oder die Einstellung des Verfahrens unanfechtbar geworden sind (v. Galen DAV-FS 507). Dieses Datum muss die StA der Registerbehörde unverzüglich mitteilen (II S 4).

8 c) **Unbedenklich** ist die Einhaltung der Löschungsfrist bei Einstellungen nach § 153 a I S 4 sowie bei den sonstigen Fällen, in denen die Einstellung aus Opportunitätsgründen erfolgt (§§ 153 ff); denn das Register soll gerade auch dazu dienen, ungerechtfertigte Einstellungen bei Mehrfachtätern zu verhindern (erg 1 zu § 492). Hinnehmbar ist dies auch noch bei Einstellungen nach § 170 II, da hier oftmals die Möglichkeit der Fortsetzung des Verfahrens bei neuen Erkenntnissen besteht (anders SK-Weßlau 21: Löschung nach Ablauf der Frist des § 172 II S 1; ähnlich v. Galen 508: Antrag auf vorzeitige Löschung, durchsetzbar nach § 23 **EGGVG**).

9 **Bedenklich** erscheint aber das Absehen von der sofortigen Löschung bei Freispruch, Ablehnung der Eröffnung und Verfahrenseinstellung nach §§ 206 a, 206 b. Allein die Möglichkeit einer Wiederaufnahme des Verfahrens (oben 6) rechtfertigt die langfristige Speicherung nicht. Dass gegenüber der Unschuldsvermutung für den Betroffenen insofern ein „unverzichtbares Informationsbedürfnis der StA" bestehen soll (BT-Drucks 12/6853 S 39), ist nicht überzeugend. Aus rechtsstaatlichen Gründen sollten vielmehr in diesen Fällen ebenso wie nach II S 1 die gespeicherten Daten idR sogleich gelöscht werden (ebenso AK-Hellmann 7 zu

§ 476; Wolter ZStW **107**, 802; **aM** KK-Gieg 6; eingehend und abl, weil die Regelung in II S 2 bis 4 gegen das Recht auf informationelle Selbstbestimmung und andere Grundsätze verstoße, SK-Weßlau 15 ff; im Wesentlichen der Regelung aber zust LR-Hilger 28 ff; vgl auch KMR-Gemählich 7); etwas anderes kann höchstens dann gelten, wenn trotz Freispruchs die Verdachtsmomente nicht ausgeräumt worden sind (so BVerfG NJW **02**, 3231 zu § 39 III 1 NdsGefAG; dazu Hohnstädter NJW **03**, 490 und eingehend Stuckenberg Hilger-FG 42).

3) Eine **Sperrung** der Daten anstelle ihrer Löschung sowie eine Nachberichtspflicht regelt III durch Verweisung auf § 489 VII und VIII (dort 6, 7). 10

4) Eine **Errichtungsanordnung** war entspr der ursprünglichen gesetzlichen Regelung in IV am 7. 8. 1995 durch das BMJ erlassen worden (BAnz 9761); der Registerbetrieb ist 1999 aufgenommen worden (erg 1 zu § 492). Infolge des Urteils des BVerfG vom 2. 3. 1999 (BVerfGE **100**, 249 = NJW **99**, 3621 L) reichte die Errichtungsanordnung des BMJ jedoch nicht aus; deswegen ist nunmehr nach IV am 23. 9. 2005 (BGBl I 2885) die erforderliche RechtsVO erlassen worden; sie ist durch Art 4 VII Ges vom 17. 12. 2006 (BGBl I 3171, 3173) und Art 3 III Ges vom 17. 7. 2009 (BGBl I 2062, 2088) geändert worden und hat folgenden Wortlaut: 11

Verordnung über den Betrieb des Zentralen Staatsanwaltschaftlichen Verfahrensregisters (ZStVBetrV) 12

Vom 23. September 2005 (BGBl I S 2885)
FNA 312-2-4
zuletzt geänd durch G v 17. 7. 2009 (BGBl I S 2062)

Auf Grund des § 494 Abs. 4 der Strafprozessordnung in der Fassung der Bekanntmachung vom 7. April 1987 (BGBl. I S. 1074, 1319), der zuletzt durch Artikel 2 Nr. 6 des Gesetzes vom 10. September 2004 (BGBl. I S. 2318) geändert worden ist, verordnet das Bundesministerium der Justiz:

§ 1 Register. *(1) Das Register nach den §§ 492 bis 495 der Strafprozessordnung wird bei dem Bundesamt für Justiz (Registerbehörde) unter der Bezeichnung „Zentrales Staatsanwaltschaftliches Verfahrensregister" geführt.*

(2) Eine Erhebung oder Verwendung personenbezogener Daten im Auftrag durch andere Stellen ist unzulässig.

§ 2 Inhalt und Zweck des Registers. *In dem Register werden die in § 4 bezeichneten Daten zu in der Bundesrepublik Deutschland geführten Strafverfahren einschließlich steuerstrafrechtlicher Verfahren zu dem Zweck gespeichert, die Durchführung von Strafverfahren effektiver zu gestalten, insbesondere die Ermittlung überörtlich handelnder Täter und Mehrfachtäter zu erleichtern, das frühzeitige Erkennen von Tat- und Täterverbindungen zu ermöglichen und gebotene Verfahrenskonzentrationen zu fördern.*

§ 3 Übermittlung von Daten an das Register. *(1) [1] Die Staatsanwaltschaften und die diesen in steuerstrafrechtlichen Angelegenheiten nach § 386 Abs. 2 und § 399 der Abgabenordnung gleichgestellten Finanzbehörden (mitteilende Stellen) übermitteln, sobald ein Strafverfahren bei ihnen anhängig wird, die in § 4 bezeichneten Daten in einer den Regelungen nach § 10 Abs. 1 entsprechenden standardisierten Form im Wege der Datenfernübertragung an die Registerbehörde. [2] Unrichtigkeiten und Änderungen der Daten sind der Registerbehörde unverzüglich mitzuteilen; dies gilt auch für Verfahrensabgaben, -übernahmen, -verbindungen und -abtrennungen.*

(2) Die Übermittlung kann mit der Maßgabe erfolgen, dass wegen besonderer Geheimhaltungsbedürftigkeit des Strafverfahrens Auskünfte über die übermittelten Daten an eine andere als die mitteilende Stelle ganz oder teilweise zu unterbleiben haben.

(3) [1] Die Übermittlung kann vorübergehend zurückgestellt werden, wenn eine Gefährdung des Untersuchungszwecks zu besorgen ist und diese Gefährdung auf andere Weise, insbesondere durch eine Maßgabe nach Absatz 2, nicht abgewendet werden kann. [2] Die Gründe für eine Zurückstellung der Übermittlung sind zu dokumentieren.

§ 4 Zu speichernde Daten. *(1) Es werden die folgenden Identifizierungsdaten der beschuldigten Person gespeichert:*

1. *der Geburtsname,*
2. *der Familienname,*
3. *die Vornamen,*
4. *das Geburtsdatum,*
5. *der Geburtsort und der Geburtsstaat,*
6. *das Geschlecht,*
7. *die Staatsangehörigkeiten,*
8. *die letzte bekannte Anschrift und, sofern sich die beschuldigte Person in Haft befindet oder eine sonstige freiheitsentziehende Maßnahme gegen sie vollzogen wird, die Anschrift der Justizvollzugsanstalt mit Gefangenenbuchnummer oder die Anschrift der Anstalt, in der die sonstige freiheitsentziehende Maßnahme vollzogen wird,*
9. *besondere körperliche Merkmale und Kennzeichen (zum Beispiel Muttermale, Narben, Tätowierungen), soweit zur Identifizierung erforderlich,*
10. *etwaige abweichende Angaben zu den Daten nach den Nummern 1 bis 7 (zum Beispiel frühere, Alias- oder sonst vom Familiennamen abweichende Namen).*

(2) [1] Es werden die folgenden Daten zur Straftat gespeichert:

1. *die Zeiten oder der Zeitraum der Tat,*
2. *die Orte der Tat,*
3. *die verletzten Gesetze,*
4. *die nähere Bezeichnung der Straftat (zum Beispiel Handtaschenraub, Straßenraub),*
5. *die Höhe etwaiger durch die Tat verursachter Schäden in Euro,*
6. *die Angabe, dass es Mitbeschuldigte gibt.*

[2] Die Angaben nach Satz 1 Nr. 3 und 4 können unter Verwendung eines Straftatenschlüssels erfolgen.

(3) Es werden die folgenden Vorgangsdaten gespeichert:

1. *die mitteilende Stelle,*
2. *die sachbearbeitende Stelle der Polizei, der Zoll- und der Steuerfahndung,*
3. *die Aktenzeichen und Tagebuchnummern der in den Nummern 1 und 2 bezeichneten Stellen.*

(4) Es werden die folgenden Daten zum Verfahrensstand gespeichert:

1. *das Datum der Einleitung des Ermittlungsverfahrens durch die mitteilende Stelle,*
2. *das Datum der Anklage und das Gericht, vor dem die Hauptverhandlung stattfinden soll,*
3. *das Datum des Antrags auf Durchführung eines besonderen Verfahrens nach dem Sechsten Buch der Strafprozessordnung und die Art des Verfahrens,*
4. *das Datum des Antrags auf Entscheidung im vereinfachten Jugendverfahren nach § 76 des Jugendgerichtsgesetzes,*
5. *das Datum der Aussetzung oder vorläufigen oder endgültigen Einstellung des Verfahrens und die angewandte Vorschrift,*
6. *das Datum des Freispruchs oder der Verurteilung,*
7. *das Datum und die Art einer sonstigen staatsanwaltschaftlichen oder gerichtlichen Verfahrenserledigung.*

(5) Andere als die in den Absätzen 1 bis 4 genannten Daten werden in dem Register nicht gespeichert.

§ 5 Berichtigung, Löschung und Sperrung. *Die Berichtigung, Löschung und Sperrung der gespeicherten Daten bestimmt sich nach § 494 Abs. 1 bis 3 der Strafprozessordnung.*

§ 6 Auskunft an Behörden. *(1) Auf Ersuchen erhalten Auskunft über die in § 4 genannten Daten*

1. die mitteilenden Stellen; bei Mitteilung eines neuen Verfahrens erhalten sie auch ohne Ersuchen Auskunft über die zu der beschuldigten Person bereits gespeicherten Daten,
2. die Polizei- und Sonderpolizeibehörden, soweit sie im Einzelfall strafverfolgend tätig sind,
3. die Finanzbehörden in steuerstrafrechtlichen Ermittlungsverfahren der Staatsanwaltschaft (§ 402 der Abgabenordnung),
4. die Steuer- und Zollfahndungsdienststellen, soweit sie im Einzelfall strafverfolgend tätig sind,
5. die Waffenbehörden nach Maßgabe des § 492 Abs. 3 Satz 3 der Strafprozessordnung und des § 5 Abs. 5 Satz 1 Nr. 2 und Satz 2 des Waffengesetzes,
5a. die Sprengstoffbehörden nach Maßgabe des § 492 Absatz 3 Satz 3 der Strafprozessordnung und des § 8a Absatz 5 Satz 1 Nummer 2 und Satz 3 des Sprengstoffgesetzes,
6. das nationale Mitglied von Eurojust nach Maßgabe des § 4 Abs. 4 des Eurojust-Gesetzes.

(2) Nach Maßgabe der in § 492 Abs. 4 der Strafprozessordnung genannten Bestimmungen erhalten auf Ersuchen Auskunft über die in § 4 Abs. 1 und 3 genannten Daten auch

1. die Verfassungsschutzbehörden des Bundes und der Länder,
2. der Militärische Abschirmdienst,
3. der Bundesnachrichtendienst.

(3) [1] Auskunft wird erteilt über Eintragungen zu Personen mit gleichen und zu Personen mit ähnlichen Identifizierungsdaten. [2] Auf gesondertes Ersuchen wird Auskunft auch über Eintragungen zu Mitbeschuldigten erteilt.

(4) Auskunft wird nicht erteilt, soweit eine Maßgabe nach § 3 Abs. 2 entgegensteht.

§ 7 Automatisiertes Anfrage- und Auskunftsverfahren; automatisiertes Abrufverfahren. *(1) [1] Auskunftsersuchen und Auskünfte werden im Wege eines automatisierten Anfrage- und Auskunftsverfahrens übermittelt. [2] Die Registerbehörde kann Maßnahmen zur Einführung eines automatisierten Abrufverfahrens treffen.*

(2) [1] Bei Störung der technischen Einrichtungen für automatisierte Übermittlungen und bei außergewöhnlicher Dringlichkeit können Auskunftsersuchen und Auskünfte auch mittels Telefon oder Telefax übermittelt werden. [2] Hierbei hat die Registerbehörde sicherzustellen, dass die Mitteilung der Auskunft an die ersuchende Stelle erfolgt.

§ 8 Auskunft bei Anfragen mit ähnlichen oder unvollständigen Angaben. *(1) [1] Auf Ersuchen mit nicht eindeutig zuordenbaren oder unvollständigen Identifizierungsdatensätzen übermittelt die Registerbehörde an die ersuchende Stelle für Zwecke der Identitätsprüfung die in § 4 Abs. 1, 2 Satz 1 Nr. 1 und 2 sowie Abs. 3 bezeichneten Daten von bis zu 20 unter ähnlichen Identifizierungsdaten gespeicherten Personen. [2] Satz 1 gilt entsprechend, wenn Anfragedatensätze zwar eindeutig zugeordnet werden können, aber auch Eintragungen unter ähnlichen Identifizierungsdaten vorhanden sind. [3] Die Registerbehörde teilt ferner mit, wie viele weitere Datensätze zu Personen mit ähnlichen Identifizierungsdaten vorhanden sind.*

(2) Die ersuchende Stelle hat die Identitätsprüfung unverzüglich vorzunehmen und Datensätze, die nicht zu einer Identifizierung führen, unverzüglich zu löschen.

(3) [1] Ist eine Identifizierung anhand der mitgeteilten Datensätze nicht möglich, kann die ersuchende Stelle der Registerbehörde ein Folgeersuchen übermitteln. [2] Für die aufgrund des Folgeersuchens von der Registerbehörde zu übermittelnden Daten gelten die Absätze 1 und 2 entsprechend mit der Maßgabe, dass die Daten von bis zu 50 unter ähnlichen Identifizierungsdaten gespeicherten Personen übermittelt werden.

(4) [1] Ist eine Identifizierung auch anhand der nach Absatz 3 mitgeteilten Datensätze nicht möglich, kann die ersuchende Stelle der Registerbehörde weitere Folgeersuchen übermitteln, wenn dies für Zwecke eines Strafverfahrens erforderlich ist, das eine Straftat von erhebli-

cher Bedeutung zum Gegenstand hat. [2] Für die weiteren Folgeersuchen gelten die Absätze 1 und 2 entsprechend mit der Maßgabe, dass von der Registerbehörde jeweils die Daten von bis zu 50 weiteren unter ähnlichen Identifizierungsdaten gespeicherten Personen übermittelt werden.

§ 9 Auskunft an Betroffene. *(1) Für den Auskunftsanspruch Betroffener gilt § 19 des Bundesdatenschutzgesetzes.*

(2) Über die Erteilung der Auskunft entscheidet die Registerbehörde im Einvernehmen mit der Stelle, welche die in die Auskunft aufzunehmenden personenbezogenen Daten mitgeteilt hat.

(3) Daten, die einer Auskunftssperre nach § 495 Satz 1 Halbsatz 2 in Verbindung mit § 491 Abs. 1 Satz 2 bis 6 der Strafprozessordnung unterliegen, werden nicht in die Auskunft aufgenommen.

(4) [1] Die Registerbehörde weist Antragsteller bei der Auskunftserteilung auf die in Absatz 3 genannten Vorschriften hin. [2] Eine Auskunft darf nicht erkennen lassen, ob zu der betreffenden Person Daten gespeichert sind, die einer Auskunftssperre unterliegen.

§ 10 Organisatorische und technische Leitlinien und Maßnahmen. *(1) [1] Die Registerbehörde regelt die organisatorischen und technischen Einzelheiten im Einvernehmen mit den obersten Justiz-, Innen- und Finanzbehörden des Bundes und der Länder sowie unter Beteiligung des Bundesbeauftragten für den Datenschutz und des Bundesamtes für Sicherheit in der Informationstechnik. [2] Insbesondere sind die Kommunikation zwischen den mitteilenden und auskunftsberechtigten Stellen und der Registerbehörde, der Aufbau der Datensätze und der Datenstruktur, die Kriterien zur Feststellung gleicher Identifizierungsdaten und die Beantwortung von Anfragen mit ähnlichen oder unvollständigen Angaben zu regeln.*

(2) [1] Die Registerbehörde trifft die erforderlichen und angemessenen Maßnahmen, um die Verfügbarkeit, Integrität, Authentizität und Vertraulichkeit der im Register gespeicherten Daten entsprechend dem jeweiligen Stand der Technik sicherzustellen. [2] Dabei ist die besondere Schutzbedürftigkeit der im Register gespeicherten Daten zu berücksichtigen. [3] Die Organisation innerhalb der Registerbehörde ist so zu gestalten, dass sie den Grundsätzen der Aufgabentrennung und der Beschränkung des Zugangs zu personenbezogenen Daten auf das zur Aufgabenerfüllung Erforderliche entspricht.

§ 11 Inkrafttreten, Außerkrafttreten. *[1] Diese Verordnung tritt am ersten Tag des neunten auf die Verkündung folgenden Kalendermonats in Kraft. [2] Gleichzeitig tritt die Allgemeine Verwaltungsvorschrift über eine Errichtungsanordnung für das länderübergreifende staatsanwaltschaftliche Verfahrensregister vom 7. August 1995 (BAnz. S. 9761) außer Kraft.*

Auskunftserteilung

495 **[1] Dem Betroffenen ist entsprechend § 19 des Bundesdatenschutzgesetzes Auskunft aus dem Verfahrensregister zu erteilen; § 491 Abs. 1 Satz 2 bis 6 gilt entsprechend. [2] Über die Erteilung einer Auskunft entscheidet die Registerbehörde im Einvernehmen mit der Staatsanwaltschaft, die die personenbezogenen Daten zur Eintragung in das Verfahrensregister mitgeteilt hat. [3] Soweit eine Auskunft aus dem Verfahrensregister an eine öffentliche Stelle erteilt wurde und der Betroffene von dieser Stelle Auskunft über die so erhobenen Daten begehrt, entscheidet hierüber diese Stelle im Einvernehmen mit der Staatsanwaltschaft, die die personenbezogenen Daten zur Eintragung in das Verfahrensregister mitgeteilt hat.**

1 **1) Für alle Betroffenen** gilt die Auskunftsregelung; anders als in § 491 (dort 1) sind auch verfahrensbeteiligte Betroffene davon erfasst. Weil aber gerade bei Auskunftsersuchen Betroffener an das Verfahrensregister die Gefahr einer Ausfor-

schung von Bedeutung ist, gelten die gleichen Beschränkungen wie in § 491 (vgl dort 2 und 3).

Die **Registerbehörde** (3 zu § 492) darf nach S 2 nur im Einvernehmen mit der StA, die ihr die personenbezogenen Daten übermittelt hat, Auskunft erteilen; der Registerbehörde fehlt es idR an hinreichender Kenntnis von Tatsachen für die insofern zu treffende Entscheidung (Uhlig Rebmann-FS 527). 2

§ 19 BDSG, auf den hier verwiesen wird, enthält ins Einzelne gehende Regelungen über den Inhalt der auf Antrag des Betroffenen zu erteilenden Auskunft und über die Möglichkeit der Ablehnung der Auskunftserteilung. Die Auskunft ist nach § 19 VII BDSG unentgeltlich. Wird sie verweigert, kann der Betroffene verlangen, dass die Auskunft dem BfDI erteilt wird (§ 19 VI BDSG). 3

2) Auskunftserteilung durch andere Stellen (S 3): Hiermit ist eine zuvor in § 5 V S 1 Nr 2, S 3 WaffG enthaltene Regelung in die StPO übernommen worden. Die öffentlichen Stellen, denen eine Auskunft aus dem Verfahrensregister erteilt worden ist, dürfen die personenbezogenen Daten nur im Einvernehmen mit der StA, die die Daten dem Verfahrensregister mitgeteilt hatte, weitergeben. Damit gilt diese Regelung nicht mehr nur für die Waffenbehörden, sondern für alle Stellen, die Auskünfte aus dem Verfahrensregister über von ihnen nicht selbst dort eingestellte Daten erhalten haben. 4

2. Gerichtsverfassungsgesetz (GVG)

Vom 27. Januar 1877 (RGBl 41; III 300–2) idF vom 9. Mai 1975 (BGBl I 1077), letztes ÄndG vom 30. Juli 2009 (BGBl I 2449, 2472)

Vorbemerkungen

1 **1) Gerichtsverfassungsrecht** ist einerseits Teil des Verfassungsrechts für den Bereich der ordentlichen Gerichtsbarkeit (vgl Art 92–104, ferner Art 30, 31 GG), andererseits konkrete Grundlage für das Verfahrensrecht.

2 **2)** Das **GVG** wird durch andere Gesetze ergänzt, zB durch die Bestimmungen der StPO über die sachliche (§§ 1–6 a) und die örtliche Zuständigkeit (§§ 7–21) und über die Ausschließung und Ablehnung von Richtern (§§ 22 ff) sowie des **JGG** über die Jugendgerichtsverfassung (§§ 33–37), ferner durch das **RPflG** sowie durch AusführungsGe der Länder (zB §§ 7–21 BWAGGVG, BayAGGVG, HambAGGVG, NdsAGGVG).

3 **3) Gerichte** sind von der Exekutive getrennte, unabhängige, nur dem Gesetz unterworfene Institutionen zur Ausübung der rechtsprechenden Gewalt (Art 92 GG; § 1). Das Gericht als organisatorische Einheit besteht aus mehreren Abteilungen oder Spruchkörpern und der Gerichtsverwaltung. Unter den Abteilungen oder Spruchkörpern wird die Gesamtkompetenz des Gerichts nach den Regeln der sachlichen Zuständigkeit und der Zuständigkeit besonderer StrKn aufgeteilt (1 ff vor § 1 StPO). Die Unabhängigkeit ist den Gerichten nur für die richterliche Tätigkeit gewährleistet (§§ 25, 26 DRiG).

4 **4)** Der **Status des Richters,** den das GG selbst (Art 98 I, III) aus dem sonstigen öffentlichen Dienst herausgelöst hat (BayVerfGH JZ **61**, 418), ist die Kernmaterie des Gerichtsverfassungsrechts, die im Einzelnen hauptsächlich im DRiG rechtlich Gestalt gewonnen hat.

5 **5)** Bei der **Ausübung der Strafgerichtsbarkeit** hat die BRep mit ihren Ländern als einheitliches Staatsganzes zu gelten. Darin sind die Länder als zur gemeinsamen Ausübung der Strafrechtspflege verbunden und alle Gerichte, StAen und Polizeibehörden als Organe ein und derselben Strafgewalt anzusehen (BGH **3**, 134, 137).

1. Titel. Gerichtsbarkeit

Richterliche Unabhängigkeit

1 **Die richterliche Gewalt wird durch unabhängige, nur dem Gesetz unterworfene Gerichte ausgeübt.**

1 **1)** Die **Richter** sind in Ausübung ihrer Rechtsprechungsfunktion persönlich und sachlich unabhängig nach Art 97 I GG (§§ 25, 45 I **DRiG**).

2 **2)** Der **Rechtspfleger** trifft die ihm aus dem Richterbereich übertragenen Entscheidungen, zB die ihm übertragenen gerichtlichen Geschäfte in Strafverfahren (§ 22 **RPflG**). Er ist sachlich unabhängig und nur an Recht und Gesetz gebunden (§ 9 **RPflG**).

2–9 (weggefallen)

Referendare

10 [1]**Unter Aufsicht des Richters können Referendare Rechtshilfeersuchen erledigen und außer in Strafsachen Verfahrensbeteiligte anhören, Beweise erheben und die mündliche Verhandlung leiten.** [2]**Referendare sind nicht befugt, eine Beeidigung anzuordnen oder einen Eid abzunehmen.**

1 **1) Aufsicht des Richters:** Das bezieht sich auf die beiden Fallgruppen in S 1 und bedeutet: Der funktionell zuständige Richter überträgt (widerruflich) seine Kompetenz, nimmt aber durch vorangehende Besprechung der Sach- und Rechtslage und Beobachtung der Ausführung, falls erforderlich durch eigenes Eingreifen, so sehr teil, dass die Prozesshandlung iS des GVG eine solche des Richters bleibt, unter seiner Verfahrensherrschaft steht (Kissel/Mayer 12). Der Richter muss daher idR ständig anwesend sein (KG NJW **74**, 2094; KK-Hannich 2; Thomas/Putzo 2 zu § 10; **aM** Hahn NJW **73**, 1782; vgl auch LR-Böttcher 6: kurzzeitige Abwesenheit uU unschädlich). Ein Protokoll wird von dem Referendar aufgenommen und unterzeichnet, jedoch mit einem den Auftrag und die Aufsicht bestätigenden Vermerk des Richters versehen. Es genügt nicht, dass der Richter lediglich das Protokoll nachträglich durchsieht (Köln JMBlNW **73**, 282). Zur Verhandlungsleitung durch Referendare vgl allg Franzki JuS **72**, 615.

2 **2) Rechtshilfeersuchen:** Der Begriff ist weit auszulegen (Celle NJW **67**, 993; KK-Hannich 4; **aM** SK-Frister 3). Darunter fallen nicht nur Ersuchen nach §§ 156, 157; auch die Ersuchen nach § 162 StPO sind hierher zu rechnen (Kissel/Mayer 7). Nur im Einzelfall wird die Aufgabe übertragen (ebenso wie eine Aufgabe des StA nach § 142 III).

3 **3) Anordnung und Abnahme des Eides** (S 2): Soll eine Aussage beeidet werden, so muss der Richter ständig anwesend gewesen sein oder zumindest das von dem Referendar aufgenommene Vernehmungsprotokoll dem Vernommenen nochmals vorlesen (lassen) und sich persönlich von der Richtigkeit der Protokollierung und der Genehmigung des Aussagenden Gewissheit verschaffen (vgl BGH **12**, 92; LR-Böttcher 9).

4 **4) Staatsanwaltschaftliche Aufgaben** können dem Referendar nach § 142 III übertragen werden.

5 **5) Rechtspflegeraufgaben** können dem Referendar nach § 2 V **RpflG** zeitweilig übertragen werden, und zwar in irgendeiner Weise zusammengefasst oder (erst recht) im Einzelfall.

6 **6) Kompetenzüberschreitung:** Die Erledigung von Aufgaben, die dem Referendar nach § 10 nicht übertragen werden dürfen, insbesondere nach S 1 (vgl BGH **10**, 142, 143; **12**, 92, 94), führt zur Unwirksamkeit (Kissel/Mayer 18; KK-Hannich 6). Das Fehlen der in S 1 vorgeschriebenen Aufsicht macht die Handlung nur anfechtbar (Kissel/Mayer 18; **aM** LR-Böttcher 11).

11 (weggefallen)

Ordentliche Gerichtsbarkeit

12 **Die ordentliche Gerichtsbarkeit wird durch Amtsgerichte, Landgerichte, Oberlandesgerichte und durch den Bundesgerichtshof (den obersten Gerichtshof des Bundes für das Gebiet der ordentlichen Gerichtsbarkeit) ausgeübt.**

1 **1) In den Ländern Brandenburg, Mecklenburg-Vorpommern, Sachsen, Sachsen-Anhalt und Thüringen** traten nach dem EV (Anl I Kap III Sachgebiet

A Abschn III Nr 1 a I, II, b I), bis dort Amts-, Land- und Oberlandesgerichte errichtet wurden, grundsätzlich an die Stelle der Amtsgerichte die Kreisgerichte, an die Stelle der Landgerichte und der Oberlandesgerichte die Bezirksgerichte. Bei den Bezirksgerichten, in deren Bezirk die Landesregierung ihren Sitz hat, wurden besondere Senate gebildet; diese traten im Rahmen ihrer Zuständigkeit an die Stelle der Oberlandesgerichte (EV aaO Nr 1 k I). Nachdem in allen Ländern Amts-, Land- und Oberlandesgerichte errichtet wurden, sind die Amtsgerichte an die Stelle der Kreisgerichte, die Landgerichte an die Stelle der Bezirksgerichte getreten. Für Rehabilitationsverfahren (vgl 9 vor § 359 StPO) ist das Landgericht an die Stelle des Bezirksgerichts, das Oberlandesgericht an die Stelle des besonderen Senats getreten (§§ 8, 13 III StrRehaG).

In **Berlin** sind in Strafsachen das Kammergericht (= OLG), das Landgericht 2
Berlin und das AG Tiergarten für ganz Berlin zuständig.

Zuständigkeit der ordentlichen Gerichte

13 Vor die ordentlichen Gerichte gehören die bürgerlichen Rechtsstreitigkeiten, die Familiensachen und die Angelegenheiten der freiwilligen Gerichtsbarkeit (Zivilsachen) sowie die Strafsachen, für die nicht entweder die Zuständigkeit von Verwaltungsbehörden oder Verwaltungsgerichten begründet ist oder auf Grund von Vorschriften des Bundesrechts besondere Gerichte bestellt oder zugelassen sind.

1) Strafsachen gehören stets vor die ordentlichen Gerichte (BVerfGE **22**, 49 1
= NJW **67**, 1219). Für Bußgeldsachen besteht primär die Kompetenz der VerwBen (Einl 17); die Gerichte sind mit ihnen nur im Nachprüfungsverfahren (§§ 68 ff OWiG) und bei Zusammenhang mit Straftaten (§§ 42, 64, 82 OWiG) befasst.

Konzentrationsermächtigung

13a Durch Landesrecht können einem Gericht für die Bezirke mehrerer Gerichte Sachen aller Art ganz oder teilweise zugewiesen sowie auswärtige Spruchkörper von Gerichten eingerichtet werden.

1) Eine ursprünglich nur in den neuen Bundesländern nach dem EV gel- 1
tende Regelung, die sich dort bewährt hat, ist durch § 13 a auf das gesamte Bundesgebiet erstreckt worden (dazu Rieß Böttcher-FS 147). Dem Landesgesetzgeber ist damit die erforderliche Regelungsbefugnis eingeräumt. Spezielle Konzentrationsermächtigungen, zB nach § 74 d oder nach § 30 a III EGGVG, bleiben unberührt.

Schifffahrtsgerichte

14 Als besondere Gerichte werden Gerichte der Schifffahrt für die in den Staatsverträgen bezeichneten Angelegenheiten zugelassen.

1) Für Binnenschifffahrtssachen (§ 2 III BinSchVfG; dazu BGH NStZ-RR **98**, 1
367) gibt es eine besondere Zuständigkeitsregelung, aber keine besonderen Gerichte (vgl dazu KG VRS **79**, 433; Karlsruhe Justiz **00**, 403; **03**, 457 L; erg 5 vor § 7 StPO). Der Tatort ist ausschließlicher Gerichtsstand (§ 3 III S 1 BinSchVfG); die Revision ist nach § 10 BinSchVfG in Strafsachen ausgeschlossen (BGH NStZ **94**, 229 [K]). § 313 StPO gilt aber auch hier (Köln VRS **90**, 50). Sondergerichte sind nur die Zentralkommission in Rheinschifffahrts- und die Moselkommission in Moselschifffahrtssachen (vgl LR-Böttcher 8, 9; SK-Frister 3 ff).

15 (weggefallen)

Verbot von Ausnahmegerichten

16 [1]**Ausnahmegerichte sind unstatthaft.** [2]**Niemand darf seinem gesetzlichen Richter entzogen werden.**

1 **1) Ausnahmegerichte** (S 1; Art 101 I S 1 GG) sind erst nach Tatbegehung zur Untersuchung und Entscheidung eines oder mehrerer konkreter oder individuell bestimmter Einzelfälle oder zur Aburteilung bestimmter Personen besonders eingesetzte Gerichte (BVerfGE **8**, 174, 182 = NJW **58**, 2011; BVerfGE **10**, 200, 212 = NJW **60**, 187; BayVerfGHE 37 II 1 = NJW **84**, 2813). Auch ein einzelner Spruchkörper kann ein Ausnahmegericht sein, wenn ihm durch die Geschäftsverteilung ein Einzelfall oder eine Gruppe von Einzelfällen zugewiesen wird (BVerfGE **40**, 356, 361 = NJW **76**, 283; BayVerfGH aaO). Spezialspruchkörper für besondere Sachgebiete sind aber zulässig (Kissel/Mayer 13, 16; KK-Hannich 3).

2 **2) Sondergerichte** (Art 101 II GG) können nur durch Gesetz und für einzelne bestimmte Sachgebiete errichtet werden, in denen sie abstrakt und generell zu entscheiden berufen sind. Dass die Beschränkung auf das bestimmte Sachgebiet notwendigerweise auch eine Beschränkung auf einen bestimmten Personenkreis bedeutet (zB bei RA-Berufsgerichten auf RAe und Bewerber um die Zulassung zur Anwaltschaft), begründet keinen Verstoß gegen Art 101 II GG (KK-Hannich 2).

3 **3)** Das **Prinzip des gesetzlichen Richters** hat Verfassungsrang (Art 101 I S 2 GG) und sichert die Rechtsstaatlichkeit auf dem Gebiet der Gerichtsverfassung (BVerfGE **40**, 356, 361 = NJW **76**, 283; Einl 18 ff). Es gilt nicht nur für das Gericht als organisatorische Einheit, sondern auch für den im Einzelfall zur Entscheidung berufenen Richter (BVerfG aaO; BGH **28**, 290). Ihm kommt eine wesentliche Funktion bei der Stabilisierung der Rechtsprechung gegenüber den Gefahren einer zielgerichteten Einflussnahme zu (Sowada 104; im Einzelnen zum Anwendungsbereich des Art 101 I S 2 GG Sowada 136 ff).

4 **4) Gesetzlicher Richter** (I S 2): Das Gesetz und der im GVG vorgesehene Geschäftsverteilungsplan des Präsidiums müssen zusammen, so eindeutig und genau wie möglich, den zuständigen Richter bestimmen (BVerfGE **18**, 345, 349; **19**, 52, 59 = NJW **65**, 2291; 2 zu § 21 e, 4 zu § 21 g). Die Verteilung nach dem Anfangsbuchstaben des Namens des Beschuldigten ist die gebräuchlichste Methode.

5 Bei **mehreren Beschuldigten** darf nicht einfach auf die in der Anklageschrift gewählte Reihenfolge abgestellt werden (so aber noch BGH NJW **58**, 1503), weil dadurch der StA die Möglichkeit eröffnet würde, selbst den im Einzelfall zuständigen Richter zu bestimmen; statt dessen ist etwa auf den lebensältesten oder den im Alphabet an erster Stelle stehenden Beschuldigten abzustellen (Sowada 321).

6 **5) Richterentziehung** liegt nicht vor bei einer auf einem Verfahrensirrtum *(error in procedendo)* beruhenden gesetzwidrigen Besetzung (BVerfGE **30**, 165, 167 = NJW **71**, 1033); sie setzt eine (objektiv) willkürliche Maßnahme (BVerfGE **20**, 336, 346; **42**, 237, 241 = NJW **76**, 2128; BVerfG NJW **84**, 2147; BayVerfGHE 37 II 1 = NJW **84**, 281; Karlsruhe StV **98**, 252) voraus, dh eine Maßnahme, die auf unsachlichen, sich von den gesetzlichen Maßstäben völlig entfernenden Erwägungen beruht und unter keinem Gesichtspunkt mehr vertretbar erscheint (BVerfGE **6**, 45, 53 = NJW **57**, 337; BVerfGE **19**, 38, 43 = NJW **65**, 1323; BVerfG NJW **84**, 1874; BGH **26**, 206, 211; Karlsruhe NStZ **81**, 272; Köln VRS **70**, 437), zB bei Nichtbeachtung veröffentlichter obergerichtlicher Entscheidungen (BGH **31**, 3, 5; krit zur „Willkürformel" und für deren Abschaffung Sowada 216 ff). Ein Verfahrensirrtum ist begrifflich nicht möglich, wenn eine außerhalb der Gerichtsorganisation stehende Person auf die Besetzung einwirkt. Das Gleiche gilt im Ergebnis, wenn ein ausgeschlossener Richter in einer Sache keine richterliche Funktion

wahrnehmen durfte (BVerfGE **30**, 165, 167 = NJW **71**, 1033). Art 101 I S 2 GG kann bei Willkür auch dadurch verletzt sein, dass die Verpflichtung zu einer Vorlage nach §§ 121 II, 132 II oder nach Art 100 GG (Einl 218 ff) nicht erfüllt wird (BVerfGE **18**, 447).

Die **StA kann selbst nicht entziehen,** weil ihre Auffassung von der Zuständigkeit noch von dem angegangenen Gericht nachgeprüft wird (BVerfGE **18**, 428), soweit sie kein echtes Wahlrecht hat (10 vor § 7 StPO). 7

6) Absoluter Revisionsgrund ist der Verstoß gegen § 16 (6 zu § 338 StPO). 8
Gegenüber diesem tritt die Unanfechtbarkeit eines Beschlusses nach § 336 S 2 zurück (Karlsruhe NStZ **81**, 272; Katholnigg NJW **78**, 2378; Rieß NJW **78**, 2271; 8 zu § 269).

Entscheidung über die Zulässigkeit des Rechtsweges

17 **I 1 Die Zulässigkeit des beschrittenen Rechtsweges wird durch eine nach Rechtshängigkeit eintretende Veränderung der sie begründenden Umstände nicht berührt. 2 Während der Rechtshängigkeit kann die Sache von keiner Partei anderweitig anhängig gemacht werden.**

II 1 Das Gericht des zulässigen Rechtsweges entscheidet den Rechtsstreit unter allen in Betracht kommenden rechtlichen Gesichtspunkten. 2 Artikel 14 Abs. 3 Satz 4 und Artikel 34 Satz 3 des Grundgesetzes bleiben unberührt.

Rechtsweg

17a **I Hat ein Gericht den zu ihm beschrittenen Rechtsweg rechtskräftig für zulässig erklärt, sind andere Gerichte an diese Entscheidung gebunden.**

II 1 Ist der beschrittene Rechtsweg unzulässig, spricht das Gericht dies nach Anhörung der Parteien von Amts wegen aus und verweist den Rechtsstreit zugleich an das zuständige Gericht des zulässigen Rechtsweges. 2 Sind mehrere Gerichte zuständig, wird an das vom Kläger oder Antragsteller auszuwählende Gericht verwiesen oder, wenn die Wahl unterbleibt, an das vom Gericht bestimmte. 3 Der Beschluss ist für das Gericht, an das der Rechtsstreit verwiesen worden ist, hinsichtlich des Rechtsweges bindend.

III 1 Ist der beschrittene Rechtsweg zulässig, kann das Gericht dies vorab aussprechen. 2 Es hat vorab zu entscheiden, wenn eine Partei die Zulässigkeit des Rechtsweges rügt.

IV 1 Der Beschluss nach den Absätzen 2 und 3 kann ohne mündliche Verhandlung ergehen. 2 Er ist zu begründen. 3 Gegen den Beschluss ist die sofortige Beschwerde nach den Vorschriften der jeweils anzuwendenden Verfahrensordnung gegeben. 4 Den Beteiligten steht die Beschwerde gegen einen Beschluss des oberen Landesgerichts an den obersten Gerichtshof des Bundes nur zu, wenn sie in dem Beschluss zugelassen worden ist. 5 Die Beschwerde ist zuzulassen, wenn die Rechtsfrage grundsätzliche Bedeutung hat oder wenn das Gericht von der Entscheidung eines obersten Gerichtshofes des Bundes oder des Gemeinsamen Senats der obersten Gerichtshöfe des Bundes abweicht. 6 Der oberste Gerichtshof des Bundes ist an die Zulassung der Beschwerde gebunden.

V Das Gericht, das über ein Rechtsmittel gegen eine Entscheidung in der Hauptsache entscheidet, prüft nicht, ob der beschrittene Rechtsweg zulässig ist.

VI Die Absätze 1 bis 5 gelten für die in bürgerlichen Rechtsstreitigkeiten, Familiensachen und Angelegenheiten der freiwilligen Gerichtsbarkeit zuständigen Spruchkörper in ihrem Verhältnis zueinander entsprechend.

Anhängigkeit nach Verweisung; Kosten

17b **I [1]Nach Eintritt der Rechtskraft des Verweisungsbeschlusses wird der Rechtsstreit mit Eingang der Akten bei dem im Beschluss bezeichneten Gericht anhängig. [2]Die Wirkungen der Rechtshängigkeit bleiben bestehen.**

II [1]Wird ein Rechtsstreit an ein anderes Gericht verwiesen, so werden die Kosten im Verfahren vor dem angegangenen Gericht als Teil der Kosten behandelt, die bei dem Gericht erwachsen, an das der Rechtsstreit verwiesen wurde. [2]Dem Kläger sind die entstandenen Mehrkosten auch dann aufzuerlegen, wenn er in der Hauptsache obsiegt.

III Absatz 2 Satz 2 gilt nicht in Familiensachen und in Angelegenheiten der freiwilligen Gerichtsbarkeit.

1 **1)** Die **Rechtswegentscheidung und -verweisung** sind in §§ 17–17b geregelt. Danach ist die rechtskräftige Zulässigkeitserklärung für alle Gerichte bindend (§ 17a I); die Verweisung wegen Unzulässigkeit des Rechtswegs ist für das Gericht, an das verwiesen wird, insoweit, jedoch nicht hinsichtlich der örtlichen und sachlichen Zuständigkeit bindend (§ 17a II S 3). Die Entscheidungen sind nur nach § 17a IV S 3 bis 6 anfechtbar. § 17a V ist nicht anwendbar, wenn das Gericht 1. Instanz über die Zulässigkeit des Rechtswegs entgegen § 17a III S 2 nicht vorab durch Beschluss, sondern erst im Urteil – oder einer sonstigen abschließenden Entscheidung (Jena NStZ-RR **09**, 155; **10**, 61 L) – entschieden hat (BGH NJW **93**, 470 = JR **93**, 148 mit Anm Hoffmann; BGH JZ **93**, 1009 mit Anm Haas). Art 34 S. 3 GG bleibt nach § 17 II S. 2 unberührt; für die Geltendmachung von Ansprüchen aus Amtspflichtverletzung kann somit der ordentliche Rechtsweg von Verfassungs wegen nicht ausgeschlossen werden (BGH 2 ARs 16/05 vom 23. 3. 2005).

2 **2) In strafrechtlichen Angelegenheiten** kommt die Anwendung der §§ 17ff im Verfahren nach §§ 23ff EGGVG in Betracht (BGH **46**, 261 = NStZ **01**, 389 mit zust Anm Katholnigg; Frankfurt NStZ-RR **01**, 44; erg 2 zu § 25 EGGVG und Kissel NJW **91**, 947ff. Eine entspr Anwendung erscheint angezeigt, wenn der Kartellsenat des OLG einen Straftatbestand für erfüllt ansieht (vgl 2 zu § 270 StPO), ebenso, wenn statt des zuständigen Zivilgerichts oder des OLG nach § 23 EGGVG die StVollstrK nach § 109 StVollzG angerufen worden ist (Celle StraFo **98**, 27; Saarbrücken NJW **94**, 1423) oder umgekehrt (Jena StV **06**, 147 L) oder allgemein bei sonstigen Verweisungen zwischen verschiedenen Sparten der ordentlichen Gerichtsbarkeit (BGH 2 ARs 16/05 vom 23. 3. 2005); demgegenüber lehnen Frankfurt NJW **96**, 1484; **98**, 1165; NStZ-RR **97**, 246, Hamburg NStZ **95**, 252, Nürnberg NStZ **06**, 654 und Stuttgart wistra **02**, 38 eine entspr Anwendung für Verweisungen innerhalb der ordentlichen Gerichtsbarkeit ab (vom LG an das nach § 25 EGGVG zuständige OLG bzw von diesem an den Haftrichter und vom Straf- an das Zivilgericht), dagegen aber BGH aaO. Vgl zur Problematik Krack JR **96**, 259.

Befreiungen im diplomatischen Dienst **RiStBV 193–199**

18 **[1]Die Mitglieder der im Geltungsbereich dieses Gesetzes errichteten diplomatischen Missionen, ihre Familienmitglieder und ihre privaten Hausangestellten sind nach Maßgabe des Wiener Übereinkommens über diplomatische Beziehungen vom 18. April 1961 (Bundesgesetzbl. 1964 II S. 957 ff.) von der deutschen Gerichtsbarkeit befreit. [2]Dies gilt auch, wenn ihr Entsendestaat nicht Vertragspartei dieses Übereinkommens ist; in diesem Falle findet Artikel 2 des Gesetzes vom 6. August 1964 zu dem Wiener Übereinkommen vom 18. April 1961 über diplomatische Beziehungen (Bundesgesetzbl. 1964 II S. 957) entsprechende Anwendung.**

1) Das **WÜD** mit seiner abgestuften Exterritorialität und Immunität (S 1; näher unten 11) wird in das GVG einbezogen, jedoch nicht im Wortlaut. Das **WÜD** gilt aber nach S 2 auch für diejenigen Angehörigen ausländischer Missionen, deren Staaten dem Übereinkommen noch nicht beigetreten sind. Dadurch wird eine einheitliche Rechtslage für die ausländischen diplomatischen Missionen in der BRep geschaffen. 1

Ergänzend und in allen Einzelheiten zu §§ 18 ff (mit WÜD und WÜK) vgl nunmehr Kreicker „**Völkerrechtliche Exemtionen,** Grundlagen und Grenzen völkerrechtlicher Immunitäten und ihre Wirkungen im Strafrecht" (2 Bände), 2007. 1a

2) Kein Strafverfahren darf gegen einen Exterritorialen eingeleitet oder fortgeführt werden. Unzulässig sind schon polizeiliche, staatsanwaltschaftliche und richterliche Untersuchungshandlungen, und zwar auch dann, wenn die Maßnahmen für ein anderes Strafverfahren bestimmt sind, aber in die Rechtssphäre der bevorrechtigten Person eingreifen (Kissel/Mayer 18). Zu dieser Rechtssphäre gehören auch die Wohn- und Diensträume und das Eigentum der Person. 2

Auch die Einleitung und Fortführung eines **Bußgeldverfahrens** gegen einen Exterritorialen ist unzulässig (§ 18 iVm § 46 I OWiG); daher darf auch keine Verwarnung mit Verwarnungsgeld (§ 56 OWiG) erteilt werden. Die Festsetzung von Ordnungsmitteln, Vorführung und Erzwingungshaft sind unzulässig. 3

3) Ein **Verfahrenshindernis** von besonderer Verbotskraft liegt in der Exterritorialität (Kissel/Mayer 18 ff; vgl auch Rüping Kleinknecht-FS 405 ff). Eine unzulässige Entscheidung gegen einen Exterritorialen ist als Verstoß gegen ein Befassungsverbot (Einl 143) rechtsfehlerhaft (SK-Frister 38 vor §§ 18–21) und auf Rechtsmittel aufzuheben, aber nicht etwa nichtig (SK-Frister 45; Rüping Kleinknecht-FS 409; wohl auch LR-Böttcher 6; **aM** KK-Hannich 7). 4

4) Ein **Verzicht** auf die Exterritorialität im Einzelfall ist zulässig, aber grundsätzlich nur mit Einwilligung des Entsendestaates. Bei Beweiserhebung kann auch die bevorrechtigte Person – ausdrücklich oder stillschweigend – verzichten. 5

5) Für **Zustellungen** an Exterritoriale gelten die Grundsätze der Zustellung im Ausland (RiStBV 196, 197). 6

6) Im Einzelfall entscheidet die für das Verfahren zuständige Behörde, ob ein Verfahrenshindernis nach § 18 vorliegt, nach Anklageerhebung das Gericht. 7

7) Äußerungen des AA sind nur nichtbindende Gutachten (Kissel/Mayer 5; Rüping Kleinknecht-FS 406 ff; vgl auch BGH **32**, 275, 281), allerdings von besonderem Gewicht (Karlsruhe Justiz **83**, 133; vgl auch RiStBV 193 II). Mit dem Erlöschen der Exterritorialität wird der inländische Strafzwang wirksam; dies selbst für die Verfehlungen der Vergangenheit. 7a

8) Das **NATO-Truppenstatut** und die Zusatzvereinbarungen regeln die Gerichtsbarkeit für Angehörige der verbündeten Truppen, die in der BRep stationiert sind (Nürnberg NJW **75**, 2151). ZT besteht nur die Gerichtsbarkeit des Entsendestaates, zT die deutsche, zT eine konkurrierende Zuständigkeit. Bei dieser (Art VII Abs 1 NTS) würde der BRep im Rahmen des Art VII Abs 3 Buchst b NTS ein Vorrecht auf Ausübung der Gerichtsbarkeit zustehen. 8

Nach Art 19 I NTS-ZA hat die BRep jedoch auf Ersuchen aller Entsendestaaten auf dieses **Vorrecht verzichtet,** soweit die Personen dem Militärrecht der Entsendestaaten unterstehen. Der Verzicht kann nach Art 19 III NTS-ZA im Einzelfall zurückgenommen werden, wenn wesentliche Belange der deutschen Strafrechtspflege die Ausübung der deutschen Gerichtsbarkeit erfordern. Auch ohne Zurücknahme unterliegt der Täter der deutschen Gerichtsbarkeit, wenn gegen ihn kein militärgerichtliches Verfahren durchgeführt worden ist und er als Privatmann in die BRep zurückkehrt (BGH **28**, 96). Art 19 NTS-UP führt Beispiele mit Richtliniencharakter auf. 9

10 Die **StA erklärt die Rücknahme des Verzichts** (Teil II Kap 1 Art 3 NTS-AG). Über Zustellungen und Ladungen vgl Art 36, 37 NTS-ZA. Zu den prozessualen Bestimmungen vgl Schwenk NJW **63**, 1425.

11 **9) WÜD und WÜK** (dazu § 19), auszugsweise wiedergegeben nach dem RdSchr des AA vom 19. 9. 2008 **„Zur Behandlung von Diplomaten und andere bevorrechtigte Personen in der Bundesrepublik Deutschland"** (GMBl **08**, 1154ff):

A. Allgemeine Rechtsgrundlagen

Nach allgemeinen Regeln des Völkerrechts (Art. 25 des Grundgesetzes) oder auf der Grundlage besonderer völkerrechtlicher Vereinbarungen, wie z. B. des Wiener Übereinkommens über diplomatische Beziehungen vom 18. April 1961 (BGBl. 1964 II S. 957 – WÜD) oder des Wiener Übereinkommens über konsularische Beziehungen vom 24. April 1963 (BGBl. 1969 II S. 1585 – WÜK) genießen Mitglieder diplomatischer Missionen, konsularischer Vertretungen, Vertreter der Mitgliedsstaaten, Bedienstete und Sachverständige der Internationalen Organisationen sowie Mitglieder weiterer berechtigter Personengruppen bei ihrem (dienstlichen) Aufenthalt in der Bundesrepublik Deutschland bestimmte Vorrechte und Befreiungen. Alle Personen, die Vorrechte und Befreiungen genießen, sind unbeschadet dieser Privilegierungen verpflichtet, die in der Bundesrepublik Deutschland geltenden Gesetze und anderen Rechtsvorschriften zu beachten und sich nicht in innere Angelegenheiten der Bundesrepublik Deutschland einzumischen (so z. B. normiert in Art. 41 Abs. 1 WÜD und Art. 55 Abs. 1 WÜK).

B. Bedeutung der Regeln von Sitte, Anstand und Höflichkeit

Der Courtoisie, das heißt den Regeln von Sitte, Höflichkeit und Anstand, kommt im Umgang mit bevorrechtigten Personen eine herausragende Bedeutung zu. Es ist unerlässlich, eine betroffene bevorrechtigte Person und die zu ihr in einer engen Beziehung stehenden Personen in jedem Fall mit ausgesprochener Höflichkeit zu behandeln. Politische Folgen sind zu bedenken. Da gerade die Einhaltung der Regeln von Sitte, Höflichkeit und Anstand sehr oft Gegenseitigkeitserwartungen unterliegt, kann ein Verstoß in der Bundesrepublik Deutschland schnell auf deutsche Diplomaten, Konsuln oder anderes staatlich entsandtes Personal im Ausland zurückfallen.

Abschnitt II
Durch Vorrechte und Befreiungen begünstigte Personen – Umfang ihrer Privilegien

A. Staatsoberhäupter, Regierungschefs und Minister

1. Amtierende Staatsoberhäupter, bei Besuchen aufgrund amtlicher Einladung auch die sie amtlich begleitenden Angehörigen sowie ihr sonstiges Gefolge, sind nach allgemeinem Völkergewohnheitsrecht i. V.m. Art. 25 GG umfassend geschützt. Sie sind von der deutschen Gerichtsbarkeit befreit und genießen das Privileg der Unverletzlichkeit, so dass keine hoheitlichen Zwangsmaßnahmen gegen sie durchgeführt werden dürfen. Die Angehörigen von Staatsoberhäuptern genießen keine Vorrechte und Befreiungen, z. B. der in der Bundesrepublik Deutschland studierende Sohn eines Staatspräsidenten; vgl. § 20 GVG.

2. Amtierende Regierungschefs und Minister von Regierungen anderer Staaten sind bei Besuchen in amtlicher Eigenschaft ebenso wie die sie amtlich begleitenden Angehörigen und ihr sonstiges Gefolge in gleicher Weise geschützt wie das Staatsoberhaupt, vgl. § 20 GVG.

3. Nach Völkergewohnheitsrecht genießen auch Mitglieder sogenannter „Sondermissionen" (offiziell vom Entsendestaat angezeigte Delegationsreise) Immunität und Unverletzlichkeit. Einzelheiten sind von Fall zu Fall mit dem Auswärtigen Amt zu klären.

B. Diplomaten, Konsularbeamte und gleich zu behandelnde Personen

I. Allgemeiner Teil

1. Zeitlicher Anwendungsbereich der Privilegien

Die Vorrechte und Befreiungen stehen einem zur Diplomatenliste angemeldeten (akkreditierten) Berechtigten von dem Zeitpunkt an zu, in dem er in das Gebiet der Bundesrepublik Deutschland einreist, um seinen Posten dort anzutreten. Oder, wenn er sich bereits in der Bundesrepublik Deutschland befindet, von dem Zeitpunkt an, in dem der Entsendestaat den Beginn seiner Tätigkeit dem Auswärtigen Amt notifiziert hat.

Unter Akkreditierung ist in der Regel ein offizielles Schreiben der jeweiligen ausländischen Vertretung an das Auswärtige Amt zu verstehen, mit dem die Person zur Diplomaten- oder Konsularliste angemeldet wird. Die „Akkreditierung" wird durch den dann vom Auswärtigen Amt ausgestellten Protokollausweis nachgewiesen (s. Abschnitt VI).

Die Vorrechte und Befreiungen enden bei einer Person, deren dienstliche Tätigkeit beendet ist, normalerweise im Zeitpunkt der Ausreise oder werden bei Ablauf einer hierfür gewährten angemessenen Frist hinfällig. Nach der deutschen Praxis haben ausländische Missionsmitglieder, deren Tätigkeitsbeendigung dem Auswärtigen Amt notifiziert wird, ab dem Datum der Abmeldung bis zu drei Monate Zeit, um die Bundesrepublik als Bevorrechtigte zu verlassen. Stirbt ein Mitglied der Mission oder konsularischen Vertretung, so genießen seine Familienangehörigen bis zum Ablauf einer angemessenen Frist die Vorrechte und Befreiungen, die ihnen bisher zugestanden haben (Art. 39 WÜD, Art. 53 WÜK).

Honorarkonsularbeamten stehen in der Bundesrepublik Deutschland Vorrechte und Befreiungen in der Regel nur für die Dauer ihrer Zulassung durch die Bundesregierung zu.

2. Persönlicher Anwendungsbereich der Privilegien

a) Erfordernis einer Akkreditierung

Grundsätzlich gilt, dass nur die Personen Privilegien genießen, die in der Bundesrepublik Deutschland akkreditiert sind. Der Besitz eines ausländischen Diplomatenpasses allein begründet keine Privilegien, sollte aber Veranlassung zur Klärung des Status der Person geben (s. unten, B. 1.3).

b) (Dienst-)Reise durch/in das Gebiet der Bundesrepublik Deutschland

***Reist** ein Diplomat, ein Konsularbeamter, ein Mitglied des Verwaltungs- und technischen Personals (VtP) oder des dienstlichen Hauspersonals (dHP) (nicht jedoch des privaten Hauspersonals [PP]) **durch das Gebiet der Bundesrepublik Deutschland,** um sein Amt in einem dritten Staat anzutreten oder um auf seinen Posten oder in seinen Heimatstaat zurückzukehren, so stehen ihm Unverletzlichkeit und alle sonstigen für seine sichere Durchreise oder Rückkehr erforderlichen Vorrechte und Befreiungen zu. Das gilt auch, wenn er in den Heimaturlaub fährt oder aus dem Urlaub an seine Dienststelle zurückkehrt. Der Transit darf grundsätzlich allerdings nicht mit unüblich langen Unterbrechungen touristischer bzw. sonstiger persönlicher Art verbunden werden. Dies gilt auch für die Familienangehörigen, die ihn begleiten oder die getrennt von ihm reisen, um sich zu ihm zu begeben oder die in ihren Heimatstaat zurückkehren (Art. 40 Abs. 1 WÜD, Art. 54 Abs. 1 und 2 WÜK).*

***Hält sich** die betroffene Person **dienstlich in der Bundesrepublik Deutschland auf** (z. B. als Teilnehmer einer Konferenz), genießt sie Privilegien nur, wenn die entsprechende Reise offiziell angekündigt war, auf offizielle deutsche Einladung hin erfolgte oder wenn für die Durchführung der Konferenz mit der durchführenden Internationalen Organisation ein sog. „Konferenzabkommen" abgeschlossen wurde, welches Privilegien vorsieht. Möglich ist auch, dass mit der betreffenden Internationalen Organisation bereits entsprechende Privilegienabkommen existieren (z. B. bei den Vereinten Nationen).*

c) Deutsche Staatsangehörige oder in der Bundesrepublik Deutschland ständig ansässige Diplomaten, Konsularbeamte und gleich zu behandelnde Personen

aa) Grundsätzlich gilt:

Ist eine Person, die aufgrund ihres Status privilegiert wäre, deutsche Staatsangehörige oder in der Bundesrepublik Deutschland ständig ansässig, so genießt sie in der Bundesrepublik Deutschland keine Privilegien (Ausnahme: Amtshandlungen).

***Ständig ansässig ist eine Person** in der Regel, wenn sie zu dem Zeitpunkt, zu dem sie von der Mission angestellt wird, bereits längere Zeit im Empfangsstaat ihren Wohnsitz hat. Bei einem entsandten Mitglied einer Mission oder konsularischen Vertretung, das sich ungewöhnlich lange (über zehn Jahre) im Empfangsstaat aufhält, ist ebenfalls von einer ständigen Ansässigkeit auszugehen.*

Die Bundesrepublik Deutschland darf grundsätzlich ihre Hoheitsrechte über diese Personen jedoch nur so ausüben, dass sie die Mission oder konsularische Vertretung bei ihrer Arbeit nicht ungebührlich behindert (Rechtsgedanke aus Art. 38 Abs. 2, 37 Abs. 4 WÜD, Art. 71 WÜK).

bb) Folgende Besonderheiten sind zu beachten:

- *Ein Diplomat oder Konsularbeamter genießt weiterhin Befreiung von der Gerichtsbarkeit und das Privileg der Unverletzlichkeit in Bezug auf seine in Ausübung seiner dienstlichen Tätigkeit vorgenommenen Amtshandlungen (Art. 38 Abs. 1 WÜD, Art. 71 Abs. 1 WÜK). Das gilt nicht für seine Familienmitglieder, da sie keine Amtshandlungen vornehmen können. Der Begriff der Amtshandlung ist eng zu verstehen. Er umfasst nur die Amtshandlung selbst und nicht die Handlungen, die damit im zeitlichen oder sachlichen Zusammenhang stehen (Dienstfahrten sind z. B. nicht umfasst).*
  Wird ein Berufskonsularbeamter oder ein Honorarkonsul in Untersuchungshaft genommen oder wird ein Strafverfahren eingeleitet, muss die Bundesrepublik den Leiter der konsularischen Vertretung verständigen (Art. 42 WÜK).
- *Die Familienangehörigen eines Konsularbeamten oder eines Mitarbeiters des Verwaltungs- und technischen Personals (VtP), die deutsche Staatsangehörige oder in der Bundesrepublik Deutschland ständig ansässig sind, genießen keine Privilegien, unabhängig von ihrer eigenen Staatsangehörigkeit (Art. 71 Abs. 2 WÜK).*

3. Vorgehen bei Zweifeln über den Status einer Person

Allgemein zur Feststellung von Personalien ermächtigte Behörden und Beamte sind befugt, Namen und Anschrift von Personen festzustellen, sofern dies sachlich notwendig ist. Beruft sich eine Person auf Vorrechte und Befreiungen, so kann verlangt werden, dass der Nachweis durch Vorlage entsprechender Urkunden, insbesondere durch die in Abschnitt VI genannten Ausweise (Protokollausweise), den Diplomatenpass oder auf andere Weise geführt wird.

Es ist jedoch unerlässlich, die betroffene Person in jedem erdenklichen Fall ausgesprochen höflich zu behandeln und die politischen Folgen einer Maßnahme zu bedenken.

In eiligen Zweifelsfällen kann unmittelbar

- *beim Auswärtigen Amt (unter der Rufnummer 030-18-17-3411, 9.00–16.00 Uhr, ansonsten im Lagezentrum unter der Rufnummer 030-18-17-2911) über Mitglieder diplomatischer Missionen, über Angehörige der konsularischen Vertretungen und über Bedienstete internationaler Organisationen,*
- *und hilfsweise auch bei den Staats-/Senatskanzleien der Länder über Angehörige der konsularischen Vertretungen*

Auskunft eingeholt werden. Anhaltspunkte, die für oder gegen die Zugehörigkeit der Person zu einer in der Bundesrepublik Deutschland errichteten diplomatischen oder konsularischen Vertretung oder einer zwischenstaatlichen oder überstaatlichen Organisation sprechen, sind hierbei mitzuteilen.

4. Liste diplomatischer Missionen und konsularischer Vertretungen

Eine aktuelle Liste der diplomatischen Missionen und konsularischen Vertretungen, die auch die Namen der diplomatischen Mitglieder enthält, ist auf der Homepage des Auswärtigen Amts unter:

http://www.auswaertiges-amt.de/diplo/de/Laenderinformationen/VertretungenFremderStaaten-Laenderauswahlseite.jsp

zu finden. Darüber hinaus erscheint ein- bis zweimal jährlich eine Liste im Bundesanzeiger-Verlag, Postfach 100 534, 50445 Köln unter dem Titel: „Diplomatische und konsularische Vertretungen in der Bundesrepublik Deutschland" und ist im Buchhandel erhältlich. Eine Bestellung kann auch telefonisch unter 0221-97668-200 oder unter http://www. bundesanzeiger.de erfolgen.

II. Diplomaten und gleich zu behandelnde Personen

1. Mitglieder diplomatischer Missionen und ihre Familienangehörigen

a) Der Diplomat und seine Familienangehörigen

Diplomaten sind zum einen die Missionschefs, d. h. die bei dem Bundespräsidenten oder bei dem Bundesaußenminister beglaubigten Leiter der ausländischen diplomatischen Missionen: die Botschafter, der Apostolische Nuntius und Geschäftsträger. Diplomaten sind darüber hinaus die Mitglieder des diplomatischen Personals: Gesandte, Räte, Sekretäre und Attaches der Botschaften und der Apostolischen Nuntiatur sowie die Sonderattaches, z. B. Wirtschafts-, Handels-, Finanz-, Landwirtschafts-, Kultur-, Presse-, Militärattaches und die Botschaftsseelsorger und -ärzte.

***Familienangehörige sind** nach geltendem Völkerrecht Ehepartner und Kinder (nach deutschen Protokollrichtlinien sind dies Kinder, die unverheiratet und nicht älter als 27 Jahre sind), die mit dem Diplomaten in häuslicher Gemeinschaft leben. Andere Familienmitglieder, wie z. B. Eltern oder Schwiegereltern, genießen keine Privilegien.*

Gleichgeschlechtliche Lebenspartner sind dann privilegiert, wenn sie den Nachweis einer „eingetragenen Lebenspartnerschaft" analog den Bestimmungen des LPartG beibringen, der Entsendestaat dem Lebenspartner einen Diplomaten-/Dienstpass ausgestellt hat und Gegenseitigkeit zugesichert wird. Sie erhalten dann wie andere bevorrechtigte Personen einen Protokollausweis.

Die Familienangehörigen von Diplomaten genießen die gleichen Vorrechte und Befreiungen wie der Diplomat (Art. 37 Abs. 1 WÜD). Für den Fall einer Erwerbstätigkeit gelten für den Bereich der Erwerbstätigkeit Einschränkungen.

aa) Befreiung von der Gerichtsbarkeit (Immunität) (Art. 31 WÜD)

*aaa) Aus Art. 31 Abs. 1 WÜD folgt, dass der ausländische Diplomat in der Bundesrepublik Deutschland uneingeschränkt Immunität **von der deutschen Strafgerichtsbarkeit genießt (hierzu zählt im Kontext des WÜD auch das Ordnungswidrigkeitsverfahren).***

Deshalb liegt im Falle der Immunität ein Verfahrenshindernis vor, das von Amts wegen zu beachten ist. Gegen den Diplomaten darf in keinem Fall ein Strafverfahren oder Ordnungswidrigkeitsverfahren durchgeführt werden. Er darf nicht geladen und es darf kein Termin zur mündlichen Verhandlung anberaumt werden. Unerheblich ist dabei, ob der Diplomat im Dienst oder als Privatperson gehandelt hat.

*bbb) Grundsätzlich genießt der Diplomat auch **Befreiung von der Zivil- und Verwaltungsgerichtsbarkeit** sowie von Vollstreckungsmaßnahmen. Unerheblich ist dabei, ob er dienstlich oder als Privatperson gehandelt hat.*

Es gelten jedoch folgende Ausnahmen (Art. 31 Abs. 1 WÜD):

- *Bei **dinglichen Klagen** in Bezug auf privates, im Hoheitsgebiet des Empfangstaats gelegenes unbewegliches Vermögen, es sei denn, dass der Diplomat dieses im Auftrag des Entsendestaats für die Zwecke der Mission in Besitz hat.*

Praxisrelevantes Beispiel: *In Mietsachen genießt der Diplomat Immunität. Nicht jedoch, wenn Streitgegenstand sein unbewegliches Eigentum (Grundstück) ist.*

- *Bei Klagen im Zusammenhang mit einem **freien Beruf oder einer gewerblichen Tätigkeit,** die der Diplomat neben seiner amtlichen Tätigkeit ausübt (Verstoß gegen Art. 42 WÜD). Darunter fallen Geschäfte, die nicht alltäglich und für den Aufenthalt in der Bundesrepublik nicht notwendig sind, so z. B. das Spekulieren an der Börse oder die maßgebliche Beteiligung an einem insolventen Unternehmen.*
- *Bei Klagen in **Nachlasssachen,** in denen der Diplomat als Testamentvollstrecker, Verwalter, Erbe oder Vermächtnisnehmer in privater Eigenschaft und nicht als Vertreter des Entsendestaat beteiligt ist.*
- *Strengt der Diplomat selbst einen Prozess an, obwohl er Immunität genießt, kann er sich bei einer zulässigen **Widerklage** nach § 33 der Zivilprozessordnung (ZPO) nicht auf die Immunität berufen (Art. 32 Abs. 3 WÜD). Die Klageerhebung durch einen Diplomaten ist jedoch nur zulässig, wenn der Entsendestaat zuvor für das Verfahren auf die Immunität des Diplomaten verzichtet hat. Das Vorliegen eines ausdrücklichen Immunitätsverzichts ist von Amts wegen zu prüfen.*

Zu beachten ist: *Werden in diesen Fällen Urteile gefällt, darf in das Vermögen vollstreckt werden, das sich außerhalb der Privatwohnung befindet, z. B. in Bankkonten.*

ccc) Rechtsfolge von Verletzungen der Immunität

Gerichtsentscheidungen, die die Immunität verletzen, sind nichtig. Rechtsmittel sind dann zulässig, wenn geklärt werden soll, ob Immunität bestand oder nicht.

bb) Unverletzlichkeit des Diplomaten (Art. 29 WÜD) – Bedeutung der Regeln von Sitte, Anstand und Höflichkeit

Unverletzlichkeit bedeutet, *dass die Androhung oder Durchführung einer Maßnahme, die in irgendeiner Weise auf hoheitlichen Zwang hinausläuft, unzulässig ist. Zu beachten ist, dass darüber hinaus auch die Zustellung (Zusendung) eines Hoheitsakts an die Mission oder an die Privatwohnung eines Diplomaten unzulässig ist, weil auch die Räumlichkeiten der Mission und die Privatwohnung unverletzlich sind (Art. 22 und Art. 30 Abs. 2 WÜD).*

*In besonderen, seltenen Ausnahmefällen, insbesondere zur Abwehr von Gefahren für die Allgemeinheit oder die bevorrechtigte Person selbst, kann es geboten sein, die Unverletzlichkeit zugunsten anderer Rechtsgüter einzuschränken. Dabei ist es stets unerlässlich, die betroffene **bevorrechtigte Person** und ggf. begleitende Personen (Angehörige), die u. U. keine Vorrechte genießen, in jedem erdenklichen Fall mit **besonderer Höflichkeit zu behandeln.** Maßnahmen sollen die absolute Ausnahme darstellen; politische Folgen sind zu bedenken. Im Regelfall führt die Anwendung von Maßnahmen zu Spannungen auf politischer Ebene. Da gerade die Einhaltung der Regeln von Sitte, Höflichkeit und Anstand auf dem Gegenseitigkeitsprinzip beruht, fällt ein Verstoß in der Bundesrepublik Deutschland nicht selten auf deutsche Diplomaten im Ausland zurück.*

Praxisrelevante Beispiele:

- *Die Androhung und Anwendung hoheitlicher Gewalt gegen den Diplomaten ist unzulässig.*
  Als absolute Ausnahme unter Beachtung des Verhältnismäßigkeitsgrundsatzes und der Regeln von Sitte, Anstand und Höflichkeit darf Zwang gegen einen Diplomaten angewandt werden, wenn dies zu seinem eigenen Schutz geschieht oder eine konkrete Gefahr für Leib und Leben anderer Personen droht oder besteht. So ist es zulässig, einen alkoholisierten Diplomaten an der Weiterfahrt mit seinem Kfz zu hindern. Unzulässig wäre es aber, ihn daran zu hindern, ein Taxi zu nehmen und sich zu entfernen.
- *Maßnahmen der Strafverfolgung ggü. dem Diplomat sind unzulässig (z. B. vorläufige Festnahme, Verhaftung, Durchsuchung, Beschlagnahme, Sicherstellung, Vernehung gegen den Willen des Betroffenen, Telefonüberwachung, Entnahme von Blutproben oder Durchführung eines Alkohol-Atem-Test gegen den Willen des Betroffenen zur Feststellung des BAK-Wertes bei Verdacht des Führens eines Kfz in alkoholisiertem Zustand).*
  Ausnahmsweise unter Beachtung des Verhältnismäßigkeitsgrundsatzes und der Regeln von Sitte, Höflichkeit und Anstand kann ein kurzfristiges Festhalten zulässig sein, etwa um den Diplomaten an einem gravierenden Rechtsverstoß zu hindern oder um schlicht seine Identität und damit eventuelle Privilegien festzustellen.
- *Hoheitliche Maßnahmen ggü. dem Diplomaten zur Verfolgung und Ahndung von Ordnungswidrigkeiten einschließlich einer Verwarnung mit Verwarnungsgeld sind unzulässig. Dies gilt auch bei der Feststellung eines Verkehrsverstoßes bevorrechtigter Personen; siehe hierzu unten Abschnitt VII, A.*
- *Belastende Verwaltungs- oder Realakte der Verwaltungsvollstreckung, z. B. die Androhung, Festsetzung und Durchführung von Zwangsmitteln, sind unzulässig.*
- *Weitere belastende Real- oder Verwaltungsakte, wie z. B. Standardmaßnahmen aufgrund der Polizeigesetze der Länder, sind unzulässig, z. B. die Ingewahrsamnahme, Durchsuchung oder Beschlagnahme von Gegenständen, die im Eigentum des Betroffenen stehen (z. B. das Abschleppen eines Kfz) oder der Einzug des Führerscheins.*
  Hinsichtlich der Sicherheitskontrollen der Fluggäste auf Flughäfen wird nach den „Grundsätzen für die Freistellung hochgestellter Persönlichkeiten des politischen Lebens, von Diplomaten und anderen bevor-

rechtigten Personen sowie des diplomatischen und konsularischen Kuriergepäcks von den Sicherheitskontrollen" (Rahmenplan Luftsicherheit – Teil II Abschnitt A) verfahren. Ins Ausland entsandte deutsche Diplomaten oder andere Inhaber eines deutschen Diplomatenpasses genießen im Geltungsbereich des Grundgesetzes keine Privilegien.

cc) Maßnahmen zum Schutz der Gesundheit des Diplomaten und der Bevölkerung (nicht abgedruckt)

dd) Befreiung von der Besteuerung (nicht abgedruckt)

ee) Befreiung von Zöllen und ähnlichen Abgaben hinsichtlich der Einfuhr persönlicher Gegenstände (nicht abgedruckt)

ff) Kontrollen des persönlichen Gepäcks

Diplomaten genießen Befreiung von der (Zoll-)Kontrolle ihres persönlichen Gepäcks, sofern nicht triftige Gründe für die Vermutung vorliegen, dass es Gegenstände enthält, die nicht für den amtlichen Gebrauch der Missionen oder den persönlichen Gebrauch des Diplomaten bestimmt sind oder deren Ein- und Ausfuhr nach dem Recht der Bundesrepublik Deutschland verboten oder durch Quarantänevorschriften geregelt ist (etwa durch das Bundesseuchen- oder Tierseuchengesetz). Ein triftiger Grund erfordert objektiv vorhandene, gleichsam „ins Auge springende" Hinweise auf eine missbräuchliche Verwendung. Die Kontrolle muss daher ein Ausnahmefall bleiben. Selbst bei Vorliegen triftiger Gründe darf die Kontrolle nur in Anwesenheit des Diplomaten oder eines ermächtigten Vertreters stattfinden (Art. 36 Abs. 2 WÜD).

Am Flughafen ist der Diplomat aus Anlass der Flugsicherheitskontrollen berechtigt, die Leibesvisitation und die Kontrolle seines persönlichen Gepäcks zu verweigern. In einem solchen Fall ist der Diplomat darauf hinzuweisen, dass er von der Beförderung ausgeschlossen wird, wenn er sich nicht freiwillig der Personenkontrolle und der Kontrolle seines persönlichen Gepäcks unterzieht. Hält der Diplomat seine Weigerung aufrecht, darf er den Kontrollpunkt nicht passieren. Es ist auch hier zu beachten, dass die betroffene Person mit ausgesuchter Höflichkeit zu behandeln ist.

gg) Unverletzlichkeit der Privatwohnung und des Vermögens

Die Privatwohnung eines Diplomaten ist unverletzlich und genießt denselben Schutz wie die Räumlichkeiten der Mission (vgl. Abschnitt III, A. sowie Art. 30 Abs. 1 WÜD); hierzu gehören auch Zweitwohnungen, wie Ferienhäuser, wenn die Nutzung regelmäßig erfolgt und es der Bundesrepublik Deutschland möglich ist, ihrer Schutzverpflichtung dort wirksam nachzukommen. Seine Papiere, seine Korrespondenz und sein Vermögen sind ebenfalls unverletzlich.

Unverletzlich ist nach Art. 30 Abs. 2 WÜD grundsätzlich auch das Vermögen des Diplomaten. Ein wichtiger praktischer Anwendungsfall ist das Kfz (vgl. dazu unten Abschnitt VII).

hh) Freizügigkeit

Der Diplomat darf sich im gesamten Hoheitsgebiet des Empfangsstaates frei bewegen (Art. 26 WÜD). Zu beachten sind jedoch Gesetze oder Rechtsvorschriften über Zonen, deren Betreten aus Gründen der nationalen Sicherheit verboten oder geregelt ist.

ii) Zeugnisverweigerungsrecht

Der Diplomat hat ein Zeugnisverweigerungsrecht sowohl in privaten als auch in dienstlichen Angelegenheiten (Art. 31 Abs. 2 WÜD). Er selbst kann nicht darauf verzichten. Hierzu ist allein der Entsendestaat berechtigt (Art. 32 Abs. 1 WÜD). Der Entsendestaat kann es jedoch dem Diplomaten überlassen, selbst zu entscheiden, wann er aussagen will und wann nicht. Ein Richter sollte über das Zeugnisverweigerungsrecht belehren und von Amts wegen ermitteln, ob ggf. ein Verzicht vorliegt.

kk) Weitere Privilegien

Der Diplomat unterliegt nicht den Vorschriften über soziale Sicherheit (Art. 33 Abs. 1 und 3 WÜD), ferner ist er von persönlichen und öffentlichen Dienstleistungen (Art. 35 WÜD) sowie der Ausländermelde- und Aufenthaltstitelpflicht (indirekt Art. 10 Abs. 1 Buchst. a WÜD) befreit (vgl. Abschnitt IV, A.).

b) Mitglieder des Verwaltungs- und technischen Personals (VtP) und ihre Familienangehörigen

Mitglieder des VtP sind z. B. Kanzleibeamte, Chiffreure, Übersetzer, Schreibkräfte.

***Die Familienangehörigen** (Definition s. o. Abschnitt II. B. II. Ziff. 1) der Mitglieder des VtP genießen die gleichen Privilegien wie das VtP-Mitglied selbst.*

aa) Befreiung von der Gerichtsbarkeit (Immunität)

Für Mitglieder des VtP gilt dasselbe wie für Diplomaten (Abschnitt II. B. II. Ziff. 1) mit folgender Ausnahme: Das VtP genießt die Immunität von der Zivil- oder Verwaltungsgerichtsbarkeit nur für Handlungen, die in Ausübung der dienstlichen Tätigkeit vorgenommen wurden (§ 18 GVG, Art. 37 Abs. 2 WÜD). Das sind die Handlungen, die für den Dienst oder dienstlich angeordnete Veranstaltungen unumgänglich sind. So z. B. auch die Fahrten zum und vom täglichen Dienst. Da bei Familienmitgliedern Handlungen in Ausübung dienstlicher Tätigkeit nicht möglich sind, genießen Familienmitglieder – anders als Familienmitglieder von Diplomaten i. S. d. Art. 1 e) WÜD – in der Praxis keine Befreiung von der Zivil- und Verwaltungsgerichtsbarkeit.

bb) Bei folgenden Regelungsgegenständen gilt für VtP dasselbe wie für Diplomaten (vgl. Art. 37 Abs. 2 WÜD und oben Abschnitt II. B. II):

– *Schutz des VtP vor hoheitlichen Maßnahmen (Unverletzlichkeit),*
– *Maßnahmen zum Schutz der Gesundheit der Diplomaten und der Bevölkerung,*
– *Befreiung von der Besteuerung,*
– *Kontrollen des persönlichen Gepäcks,*
– *Unverletzlichkeit der Privatwohnung,*
– *Freizügigkeit,*
– *Zeugnisverweigerungsrecht,*
– *Vorschriften über soziale Sicherheit, persönliche und öffentliche Dienstleistungen, Ausländermelde-, Aufenthaltstitelpflicht.*

cc) Befreiung von Zöllen, Steuern und ähnlichen Abgaben hinsichtlich der Einfuhr persönlicher Gegenstände, sowie Zollkontrollen (Art. 36 Abs. 1 WÜD)
Das VtP ist von diesen Abgaben nur in Bezug auf Gegenstände befreit, die anlässlich der Ersteinrichtung eingeführt werden (Art. 37 Abs. 2 Satz 2 WÜD).

c) Mitglieder des dienstlichen Hauspersonals (dHP) und ihre Familienangehörigen
Mitglieder des dHP sind z. B. Fahrer, Pförtner, Boten, Gärtner, Köche und Nachtwächter der diplomatischen Mission.
***Die Familienangehörigen** (vgl. Definition: Abschnitt II, B. II. Ziff. 1) des dHP genießen keine Privilegien. Aber wegen ihres engen Kontakts zu einer bevorrechtigten Person sind sie mit ausgesprochener Höflichkeit zu behandeln und Maßnahmen sollten nicht vorschnell durchgeführt werden.*

aa) Befreiung von der Gerichtsbarkeit (Immunität)
Diesbezüglich gilt für sie dasselbe wie für Diplomaten (Abschnitt II, B. II.) mit folgenden Einschränkungen:
Das dHP genießt die Befreiung von der Straf-, Zivil- oder Verwaltungsgerichtsbarkeit nur für Handlungen, die in Ausübung der dienstlichen Tätigkeit vorgenommen wurden (§ 18 GVG, Art. 37 Abs. 3 WÜD). Das sind die Handlungen, die für den Dienst oder dienstlich angeordnete Veranstaltungen unumgänglich sind, so z. B. auch die Fahrten zum und vom täglichen Dienst.

bb) Weitere Privilegien
Das dHP muss keine Steuern oder sonstigen Abgaben auf seine Dienstbezüge leisten.
Außerdem ist es von den Vorschriften über die soziale Sicherheit (Art. 37 Abs. 3 WÜD i. V. m. Art. 33 WÜD) sowie der Ausländermelde- und Aufenthaltstitelpflicht (vgl. Abschnitt IV) befreit. Weitere Privilegien genießt das dHP nicht.

2. Private Hausangestellte von Mitgliedern diplomatischer Missionen (PP)
Mitglieder des PP sind z. B. persönliche Hausangestellte, Fahrer, Erzieher und sonstiges Personal. ***Der Nachzug von Familienangehörigen des PP ist nicht gestattet.***

a) Befreiung von der Besteuerung
Das PP muss keine Steuern oder sonstige Abgaben auf seine Dienstbezüge leisten (Art. 37 Abs. 4 WÜD).

b) Weitere Privilegien
Private Hausangestellte sind von der Arbeitserlaubnispflicht sowie von den Vorschriften über soziale Sicherheit befreit, soweit sie den im Entsendestaat oder einem dritten Staat geltenden Vorschriften über soziale Sicherheit unterstehen (Art. 33 Abs. 2 WÜD). Soweit Gegenseitigkeit besteht, sind sie von der Aufenthaltstitelpflicht (vgl. Abschnitt IV, A.) befreit. Mehr Privilegien stehen dem PP nicht zu.

3. Ortskräfte
Ortskräfte sind die Mitarbeiter einer ausländischen Vertretung, die auf dem lokalen Arbeitsmarkt angeworben werden und die nicht der Rotation unterliegen. Sie besitzen entweder die deutsche Staatsangehörigkeit oder haben einen deutschen Aufenthaltstitel, der die Beschäftigung erlaubt.
Darüber hinaus erlaubt das Auswärtige Amt den diplomatischen und berufskonsularischen Vertretungen, Ortskräfte im Entsendestaat der jeweiligen Vertretung anzuwerben, sofern sie seine Staatsangehörigkeit besitzen (sogenannte „unechte Ortskräfte").
Beide Kategorien genießen in der Bundesrepublik Deutschland keine Privilegien, da sie rechtlich als „ständig ansässig" betrachtet werden. Allerdings darf der Empfangsstaat seine Befugnisse ggü. den Ortskräften nicht in einer Weise ausüben, dass er die Mission bei der Wahrnehmung ihrer Aufgaben ungebührlich behindert (vgl. Art. 38 Abs. 2 WÜD).

III. Konsularbeamte und gleich zu behandelnde Personen

1. Mitglieder konsularischer Vertretungen und ihre Familienangehörigen

a) Berufskonsularbeamte und ihre Familienangehörigen
Berufskonsularbeamte sind Generalkonsuln, Konsuln, Vizekonsuln, Konsularagenten und andere mit der Wahrnehmung von konsularischen Aufgaben beauftragte Personen.

Die Familienangehörigen *(vgl. Definition: Abschnitt II, B. II. Ziff. 1) der Berufskonsularbeamten genießen nur eingeschränkte Privilegien.*

aa) Befreiung von der Gerichtsbarkeit (Immunität)

Für Konsularbeamte gilt diesbezüglich dasselbe wie für Diplomaten (Abschnitt II, B. II), allerdings mit folgender Einschränkung: Konsularbeamte genießen die Befreiung von der Straf-, Zivil- oder Verwaltungsgerichtsbarkeit nur für Handlungen, die sie in Wahrnehmung konsularischer Aufgaben vorgenommen haben (Art. 43 WÜK, § 19 GVG). Diese sog. Amtsimmunität betrifft alle Handlungen, die in Ausübung der amtlichen bzw. dienstlichen Tätigkeit ausgeübt wurden. Der Begriff ist weit zu verstehen und umfasst nicht nur die eigentliche Amtshandlung selbst, sondern ebenso Akte in engem sachlichen und zeitlichen Zusammenhang mit der Amtshandlung, z. B. auch die Fahrten zum und vom täglichen Dienst.

Allerdings sind selbst dann die Konsularbeamten nach Art. 43 Abs. 2 WÜK bei Zivilklagen ***nicht*** *von der Gerichtsbarkeit befreit,*

- *wenn die Klage aufgrund eines Vertrages erhoben wurde, den der Konsularbeamte geschlossen hat, ohne dabei ausdrücklich oder erkennbar im Auftrag seines Entsendestaates zu handeln (Rechtsscheinhaftung),*
- *wenn die Klage von einem Dritten wegen eines Schadens angestrengt wird, der aus einem in der Bundesrepublik durch ein Land-, Wasser- oder Luftfahrzeug verursachten Unfall entstanden ist. So z. B. bei Verkehrsunfällen.*

bb) Schutz vor hoheitlichen Maßnahmen (Unverletzlichkeit)

Für ***Handlungen, die amtlich vorgenommen wurden,*** *genießt der Konsularbeamte umfassenden Schutz vor staatlichen Eingriffen (Art. 43 Abs. 1 WÜK). In diesem Rahmen gilt dasselbe wie für Diplomaten (Abschnitt II, B. II), jedoch mit folgender Ausnahme: Bei schweren strafbaren Handlungen und wenn eine Entscheidung der zuständigen Justizbehörde vorliegt, kann eine verhältnismäßige Zwangshandlung gerechtfertigt sein.*

Im privaten Bereich *ist der Schutz der Unverletzlichkeit grundsätzlich geringer (vgl. Art. 41 WÜK). Der Konsularbeamte darf zwar auf keine Weise in seiner persönlichen Freiheit beschränkt werden. So darf er z. B. nicht festgenommen oder in Untersuchungshaft festgehalten werden. Es gelten jedoch folgende Ausnahmen:*

- *Es liegt eine schwere strafbare Handlung und eine Entscheidung der zuständigen Justizbehörde zur freiheitsentziehenden Maßnahme vor (Art. 41 Abs. 1 WÜK). Die Entscheidung, wann eine schwere strafbare Handlung vorliegt, obliegt dem mit der Haftprüfung befassten Gericht.*
- *Es handelt sich um die Vollstreckung einer rechtskräftigen gerichtlichen Entscheidung (Art. 41 Abs. 2 WÜK).*

Wird ein Mitglied des konsularischen Personals vorläufig festgenommen oder in Untersuchungshaft genommen oder wird ein Strafverfahren gegen ein Mitglied eingeleitet, so hat die zuständige Behörde in der Bundesrepublik Deutschland sofort den Leiter der konsularischen Vertretung zu benachrichtigen. Ist dieser selbst von einer der genannten Maßnahmen betroffen, so ist sofort das Auswärtige Amt (unter der Rufnummer 030-18-17-2424, 9.00–16.00 Uhr, ansonsten unter der Rufnummer 030-18-17-2911) zu unterrichten (Art. 42 WÜK). Entsprechendes gilt für Honorarkonsularbeamte (Art. 58 Abs. 2 WÜK).

Zu beachten ist, dass sich in der Staatenpraxis der Status des Konsularbeamten trotz der ggü. Diplomaten restriktiveren Regelung des WÜK bei nicht-dienstlichem Handeln dem Status des Diplomaten annähert. *Zwangsmaßnahmen (z. B. Blutentnahme, Alkoholtest) sind deshalb jedenfalls dann nicht erlaubt, wenn schon die freiheitsentziehende Maßnahme nicht erlaubt ist, wenn also keine schwere strafbare Handlung vorliegt. Im Übrigen ist ausdrücklich darauf hinzuweisen, dass der Konsularbeamte mit* ***besonderer Höflichkeit*** *zu behandeln ist. Eine Zwangsmaßnahme darf auch im privaten Bereich nur eine Ausnahme darstellen. Jeder Eingriff in die persönliche Unverletzlichkeit ist genau auf Zulässigkeit und Erforderlichkeit hin zu prüfen. Gleichzeitig sind die politischen Folgen stets in Betracht zu ziehen.*

cc) Bei folgenden Regelungsgegenständen gilt für die Konsularbeamten dasselbe wie für Diplomaten (siehe dazu oben Abschnitt II, B. II):

- *Befreiung von Besteuerung (Art. 49 Abs. 1 WÜK),*
- *Maßnahmen zum Schutz der Gesundheit des Diplomaten und der Bevölkerung,*
- *Befreiung von Zöllen und ähnlichen Abgaben hinsichtlich der Einfuhr persönlicher Gegenstände sowie Zollkontrollen (Art. 50 Abs. 1 WÜK),*
- *Kontrollen persönlichen Gepäcks (Art. 50 Abs. 3 WÜK),*
- *Freizügigkeit,*
- *Vorschriften über soziale Sicherheit, persönliche und öffentliche Dienstleistungen sowie über Ausländermelde-, Aufenthaltstitelpflicht.*

dd) Die Privatwohnung des Konsularbeamten

Die Privatwohnung von Mitgliedern einer konsularischen Vertretung, einschließlich des Leiters, genießt ***nicht*** *das Privileg der Unverletzlichkeit.*

ee) Zeugnisverweigerungsrecht

Der Konsularbeamte kann in einem Gerichts- oder Verwaltungsverfahren als Zeuge geladen werden. Er ist jedoch nicht verpflichtet, Zeugnis über die Angelegenheiten abzulegen, die mit der Wahrnehmung seiner Aufgaben zusammenhängen, oder die darauf bezüglichen amtlichen Korrespondenzen und Schriftstücke vorzulegen (Art. 44 Abs. 1 und Abs. 3 WÜK). Das Gleiche gilt für Honorarkonsularbeamte (Art. 58 Abs. 2 WÜK). Gegen den Konsularbeamten dürfen keine Zwangsmaßnahmen ergriffen werden, auch wenn er im privaten Bereich das Zeugnis verweigert. Das gilt auch, wenn er in seinen Privilegien beschränkt ist (Art. 71 Abs. 1 WÜK).

ff) Die Familienangehörigen des Konsularbeamten

Sie genießen im gleichen Umfang wie der Konsularbeamte selbst Befreiung von der Besteuerung, von Zöllen (Art. 50 Abs. 1 lit. b WÜK), von persönlichen Dienstleistungen und Auflagen sowie von der Ausländermeldepflicht, Aufenthaltstitelpflicht (Art. 46, 47 WÜK) und von den Vorschriften über soziale Sicherheit. Sie dürfen einer privaten Erwerbstätigkeit nachgehen, genießen in diesem Bereich dann jedoch keine Vorrechte (Art. 57 Abs. 2 WÜK).

Weitere Privilegien genießen sie nicht. Aber aus **gesandtschaftlich politischer Rücksichtnahme** *sollte auch bei Familienmitgliedern im* **privaten Bereich die persönliche Unverletzlichkeit** *ebenso* **geschützt werden** *wie beim Konsularbeamten (Abschnitt II, B. III). Ein Anspruch darauf besteht allerdings nicht.*

b) Mitglieder des Verwaltungs- oder technischen Personals (VtP) der konsularischen Vertretung und ihre Familienangehörigen

Mitglieder des VtP sind z. B. Kanzleibeamte, Chiffreure, Übersetzer, Schreibkräfte.

Die Familienangehörigen *(vgl. Definition: Abschnitt II, B. II. Ziff. 1) des VtP genießen die gleichen Privilegien wie die Familienangehörigen von Konsularbeamten (vgl. Abschnitt II, B. III).*

aa) Immunität

Diesbezüglich gilt für das VtP das Gleiche wie für Diplomaten (Abschnitt II, B. II), jedoch mit folgender Einschränkung: Das VtP genießt die Befreiung von der Straf-, Zivil- und Verwaltungsgerichtsbarkeit nur für Handlungen, die in Wahrnehmung konsularischer Aufgaben vorgenommen wurden. (Amtsimmunität, vgl. Art. 43 WÜK sowie Abschnitt II, B. III).

Allerdings ist das VtP selbst dann bei Zivilklagen **nicht** *von der Gerichtsbarkeit befreit,*
- *wenn die Klage aufgrund eines Vertrages erhoben wurde, der geschlossen wurde, ohne dabei ausdrücklich oder erkennbar im Auftrag des Entsendestaates zu handeln (Rechtsscheinhaftung),*
- *wenn die Klage von einem Dritten wegen eines Schadens angestrengt wird, der aus einem in der Bundesrepublik durch ein Land-, Wasser- oder Luftfahrzeug verursachten Unfall entstanden ist. So z. B. bei Verkehrsunfällen.*

bb) Unverletzlichkeit

Für **Handlungen, die im Dienst vorgenommen wurden,** *genießen Mitarbeiter des VtP umfassenden Schutz vor staatlichen Eingriffen (Art. 43 Abs. 1 WÜK). Insoweit gilt dasselbe wie für Diplomaten (vgl. Abschnitt II, B. II). Wie schon beim Konsularbeamten gibt es jedoch auch hier folgende Ausnahme: Bei schweren strafbaren Handlungen und wenn eine Entscheidung der zuständigen Justizbehörde vorliegt, kann eine verhältnismäßige Zwangsmaßnahme gerechtfertigt sein.*

Im privaten Bereich *genießen Mitarbeiter des VtP nicht das Privileg der Unverletzlichkeit, so dass grundsätzlich Zwangsmaßnahmen durchgeführt werden dürfen. Aber aus* **gesandtschaftlich politischer Rücksichtnahme** *sollte auch bei VtP und den Familienmitgliedern im* **privaten Bereich die persönliche Unverletzlichkeit** *ebenso* **geschützt werden** *wie beim Konsularbeamten (Abschnitt II, B. III). Ein Anspruch darauf besteht jedoch nicht.*

cc) Es gilt für das VtP dasselbe wie für den Konsularbeamten bzw. dem Diplomaten bei folgenden Regelungsgegenständen (siehe dazu auch oben Abschnitt II, B. II):
- *Befreiung von Besteuerung (vgl. Art. 49 Abs. 1 WÜK),*
- *Maßnahmen zum Schutz der Gesundheit des VtP und der Bevölkerung,*
- *Freizügigkeit,*
- *Vorschriften über soziale Sicherheit, persönliche und öffentliche Dienstleistungen, Ausländermelde-, Aufenthaltstitelpflicht (Art. 46, 47, 48, 52 WÜK).*

Es ist jedoch zu beachten, dass diese Privilegien nicht in Anspruch genommen werden können, wenn sie eine private Erwerbstätigkeit des Mitglieds des VtP betreffen (Art. 57 Abs. 2 WÜK, Art. 47 Abs. 2 WÜK).

dd) Zeugnisverweigerungsrecht

Für das VtP gilt dasselbe wie für den Konsularbeamten (vgl. Abschnitt II, B. III) mit folgender Ausnahme: Verweigert das Mitglied des VtP im privaten Bereich die Aussage, können Zwangsmaßnahmen durchgeführt werden (Art. 44 Abs. 1 und Abs. 3 WÜK).

ee) Befreiung von Zöllen und ähnlichen Abgaben

Das VtP ist bezüglich der Ersteinfuhr von persönlichen Gegenständen von Zöllen, Steuern und ähnlichen Abgaben befreit (Art. 50 Abs. 2 WÜK).

c) Mitglieder des dienstlichen Hauspersonals der konsularischen Vertretungen (dHP) und ihre Familienangehörigen

Mitglieder des dHP sind z. B. Kraftfahrer, Pförtner, Boten, Gärtner, Köche, Nachtwächter.

***Familienangehörige** (vgl. Definition: Abschnitt II, B. II. Ziff. 1) des dHP genießen keine Privilegien. Aufgrund der engen Beziehung zu einer bevorrechtigten Person sind sie aber mit besonderer Höflichkeit zu behandeln und Maßnahmen sollten nicht vorschnell durchgeführt werden.*

***Mitglieder des dHP** sind von der Verpflichtung hinsichtlich einer **Arbeitserlaubnis,** der **Vorschriften über soziale Sicherheit,** von **Steuern und sonstigen Abgaben auf ihre Dienstbezüge** und von **persönlichen und öffentlichen Dienstleistungen** befreit. Es ist jedoch zu beachten, dass diese Privilegien in Bezug auf eine private Erwerbstätigkeit nicht in Anspruch genommen werden können (Art. 57 Abs. 2 WÜK). Hinsichtlich eines **Zeugnisverweigerungsrechts** gilt dasselbe wie für Konsularbeamte (Abschnitt II, B. III. Ziff. 1) mit folgender Ausnahme: Verweigert das Mitglied des dHP im privaten Bereich die Aussage, können Zwangsmaßnahmen durchgeführt werden (Art. 44 Abs. 1 und Abs. 3 WÜK).*

*Mehr Privilegien genießt das dHP konsularischer Vertretungen nicht. Aber aus **gesandtschaftlich politischer Rücksichtnahme** sollte auch beim dHP und seinen Familienmitgliedern im privaten Bereich die persönliche Unverletzlichkeit ebenso geschützt werden wie beim Konsularbeamten (Abschnitt II, B. III). Ein Anspruch darauf besteht jedoch nicht.*

*Besonders zu beachten ist, dass das dHP und seine Familienangehörigen zwar grundsätzlich einen **Aufenthaltstitel** benötigen. Davon kann jedoch dann abgesehen werden, wenn Gegenseitigkeit besteht (§ 27 Abs. 1 Nr. 3 AufenthV).*

2. Privates Hauspersonal von Mitgliedern der konsularischen Vertretung (PP)

*Das PP sind z. B. persönliche Hausangestellte, Fahrer, Erzieher und sonstige Hausangestellte. Für die Tätigkeit als Mitglieder des PP benötigen sie keine **Arbeitserlaubnis.** Das gilt allerdings nicht für eine zulässigerweise ausgeübte **private Erwerbstätigkeit** (Art. 47 Abs. 2 WÜK). Das PP ist ferner von den **Vorschriften über soziale Sicherheit** befreit, sofern es den im Entsendestaat oder einem dritten Staat geltenden Vorschriften über soziale Sicherheit untersteht (Art. 48 Abs. 2 WÜK).*

3. Ortskräfte

Ortskräfte (siehe Definition in Abschnitt II, B. II. Ziff. 3) genießen in der Bundesrepublik Deutschland keine Privilegien, da sie grundsätzlich wie ständig Ansässige behandelt werden.

4. Honorarkonsularbeamte, Mitarbeiter und Personal in Honorarkonsulaten und Familienangehörige

a) Zu den Honorarkonsularbeamten zählen Honorargeneralkonsuln und Honorarkonsuln.

***Die Familienangehörigen** (vgl. Definition: Abschnitt II, B. II. Ziff. 1) von Honorarkonsuln genießen keine Privilegien.*

Privilegien:

*Der Honorarkonsularbeamte besitzt in der Regel die deutsche Staatsangehörigkeit oder ist in der Bundesrepublik ständig ansässig. Er genießt in dem Fall lediglich Befreiung von der Gerichtsbarkeit (Immunität) und Schutz vor hoheitlichen Maßnahmen (persönliche Unverletzlichkeit) wegen seiner in Wahrnehmung konsularischer Aufgaben vorgenommenen Amtshandlungen (Art. 71 Abs. 1 WÜK). Diese sog. **Amtshandlungsimmunität** ist enger als die den Berufskonsularbeamten zustehende **Amtsimmunität** (vgl. Art. 43 WÜK sowie Abschnitt II, B. III. Ziff. 1) und umfasst nur die Amtshandlung selbst, nicht aber andere – von der Amtsimmunität noch erfasste – Handlungen, die mit der eigentlichen Amtshandlung lediglich in einem engen zeitlichen Zusammenhang stehen.*

Der ausländische, bei Übernahme des Amts nicht schon in der Bundesrepublik ansässige Honorarkonsularbeamte genießt Befreiung von

- *der Ausländermelde- und Aufenthaltstitelpflicht, soweit der Honorarkonsul nicht im Bundesgebiet einen freien Beruf oder eine gewerbliche Tätigkeit ausübt, welche auf persönlichen Gewinn gerichtet ist (vgl. Art. 65 WÜK) (vgl. Abschnitt IV),*
- *der Besteuerung hinsichtlich seiner Bezüge, die er für seine amtliche Tätigkeit erhält (Art. 66 WÜK),*
- *persönlichen Dienstleistungen und Auflagen (Art. 67 WÜK).*

Für nichtamtliche Handlungen genießen (ausländische wie deutsche) Honorarkonsuln weder Befreiung von der Gerichtsbarkeit, noch Schutz vor hoheitlichen Maßnahmen (Art. 63 WÜK), allerdings ist es ausdrücklich geboten, ein Strafverfahren mit Rücksicht auf seine amtliche Stellung zu führen.

Hinsichtlich eines Zeugnisverweigerungsrechts gilt dasselbe wie für Konsularbeamte (Abschnitt II, B. III).

b) In der honorarkonsularischen Vertretung tätige Berufskonsularbeamte, VtP und dHP im Honorarkonsulat und ihre Familienangehörigen

Grundsätzlich ist nicht ausgeschlossen, dass ein Honorarkonsul zeitweise oder dauerhaft durch Berufskonsularbeamte unterstützt wird. In solchen Fällen genießen Berufskonsularbeamte, VtP und das dHP weiterhin die Privilegien, die sie auch in anderen Konsulaten genießen würden (vgl. Abschnitt III, B. III). Die Familienangehörigen der Berufskonsularbeamten sind ebenfalls geschützt, nicht jedoch die Familienmitglieder des VtP und dHP (Art. 58 Abs. 1 und Abs. 3 WÜK).

C. Vertreter der Mitgliedsstaaten und Bedienstete Internationaler Organisationen, Kongressteilnehmer

I. *Das Ausmaß der gewährten Vorrechte und Immunitäten für Vertreter der Mitgliedstaaten und Bedienstete Internationaler Organisationen, Familienmitglieder sowie die im Auftrag der betreffenden Organisationen tätigen Sachverständigen* richtet sich nach jeweiligen völkerrechtlichen Vereinbarungen und dazu erlassenen innerstaatlichen Vorschriften. *Diese sind je nach Aufgabe der Organisation unterschiedlich ausgestaltet.*

Für die VN sind von besonderer Bedeutung das Übereinkommen vom 13. Februar 1946 über die Vorrechte und Immunitäten der Vereinten Nationen (BGBl. 1980 II S. 941), sowie das Abkommen vom 21. November 1947 über die Vorrechte und Befreiungen der Sonderorganisationen der Vereinten Nationen (BGBl. 1954 II S. 639). Seit 1996 ist Maßstab für alle Ansiedlungen aus dem Bereich der Vereinten Nationen (VN) das 1995 mit den VN unterzeichnete Sitzstaatabkommen für das VN-Freiwilligenprogramm (BGBl. 1996 II, S. 903).

Für die EG ist z. B. das Protokoll über die Vorrechte und Befreiungen der Europäischen Gemeinschaft (BGBl. 1965 II S. 1482) maßgebend.

Folgende Angehörige Internationaler Organisationen genießen während der Wahrnehmung ihrer jeweiligen Aufgaben innerhalb der Bundesrepublik Deutschland in der Regel Vorrechte und Immunitäten aufgrund völkerrechtlicher Vereinbarungen und innerstaatlichen Rechts:
- *Vertreter der Mitgliedstaaten und deren Familienangehörige (vgl. Definition: Abschnitt II, B. II. Ziff. 1),*
- *Bedienstete Internationaler Organisationen und deren Familienangehörige,*
- *die im Auftrag der betreffenden Organisationen tätigen Sachverständigen.*

II. *Für die Vorrechte und Privilegien von* ***Teilnehmern an Kongressen, Seminaren oder ähnlichen Veranstaltungen der Vereinten Nationen,*** *ihrer Sonderorganisationen oder der durch zwischenstaatliche Vereinbarungen geschaffenen Organisationen unter dem Schirm der Vereinten Nationen, die mit ausdrücklicher Zustimmung der Bundesregierung in der Bundesrepublik Deutschland stattfinden, gilt das Übereinkommen von 1946 über die Vorrechte und Immunitäten der Vereinten Nationen (dazu Art. 3 Abs. 2 des Gesetzes vom 16. August 1980, BGBl. 1980 II S. 941). Im Übrigen werden bisweilen Konferenzabkommen geschlossen, aus denen sich die gewährten Vorrechte und Befreiungen ergeben. Diese orientieren sich i. d. R. weitestgehend an den Regelungen des o. g. VN-Privilegienabkommens von 1946.*

Sonstige Teilnehmer an derartigen Veranstaltungen, *die weder Staatenvertreter noch Bedienstete oder Sachverständige der veranstaltenden Organisation sind, genießen nach Art. 3 Abs. 2 und 3 des Gesetzes vom 16. August 1980 zum Übereinkommen vom 13. Februar 1946 über die Vorrechte und Immunitäten der Vereinten Nationen (BGBl. 1980, S. 941ff.) diejenigen Vorrechte und Immunitäten, die im Auftrag der Vereinten Nationen tätigen Sachverständigen i. S. dieses Privilegienabkommens zustehen.*

III. *Für Konferenzteilnehmer, die Deutsche im Sinne des Grundgesetzes mit einem gültigen Reisepass oder Personalausweis sind, oder die in der Bundesrepublik Deutschland ständig ansässig sind, gelten die durch Privilegienabkommen gewährten Vorrechte und Immunitäten nur in eingeschränktem Maße:*
- *Befreiung von jeder Gerichtsbarkeit hinsichtlich der von ihnen in Wahrnehmung ihrer Aufgaben vorgenommenen Handlungen; die vorgesehene Befreiung von der Gerichtsbarkeit gilt jedoch nicht für Verstöße gegen die Vorschriften über den Straßenverkehr im Falle von Schäden, die durch ein Motorfahrzeug verursacht wurden, das einem Teilnehmer gehört oder von einem Teilnehmer gesteuert wurde,*
- *Unverletzlichkeit aller Papiere und Schriftstücke,*
- *Recht zur Verwendung von Verschlüsselungen für ihren Verkehr mit der veranstaltenden Organisation sowie zum Empfang von Papieren und Korrespondenz durch Kurier oder in versiegelten Behältern.*

IV. *Eine Zusammenstellung der völkerrechtlichen Übereinkommen und der damit in Zusammenhang stehenden Rechtsvorschriften, aufgrund derer Personen, insbesondere Bedienstete aus anderen Staaten, in der Bundesrepublik Deutschland besondere Vorrechte und Befreiungen genießen, ist in dem vom Bundesministerium der Justiz jährlich als Beilage zum Bundesgesetzblatt Teil I herausgegebenen Fundstellennachweis A und als Beilage zum Bundesgesetzblatt Teil II herausgegebenen Fundstellennachweis B enthalten. Nähere Auskunft erteilt das Auswärtige Amt unter der Rufnummer 030-18-17-3411, 9.00–16.00 Uhr.*

D. Rüstungskontrolleure

Teilnehmer an Inspektionen genießen Vorrechte und Befreiungen gemäß bereits bestehender und noch zu schließender Verträge über Abrüstung und Rüstungskontrolle.

E. Soldaten anderer Staaten

I. Vorrechte und Befreiungen kraft Völkergewohnheitsrechts genießen Besatzungen ausländischer Kriegsschiffe und anderen hoheitlichen Zwecken dienender Staatsschiffe und Staatsluftfahrzeuge, solange sie sich an Bord oder mit Erlaubnis der Behörden der Bundesrepublik Deutschland in geschlossenen Verbänden im Lande befinden. Die Schiffe oder Luftfahrzeuge oder die von geschlossenen Verbänden an Land benutzten Unterkünfte dürfen von Vertretern des Empfangsstaates nur mit Zustimmung des Kommandanten oder befehlshabenden Offiziers betreten werden. Sie genießen Befreiung von jeder Durchsuchung, Beschlagnahme, Pfändung oder Vollstreckung.

II. Beschränkte Vorrechte und Befreiungen kraft Völkergewohnheitsrechts genießen auch geschlossene Verbände ausländischer Streitkräfte, wenn und solange sie sich mit Genehmigung der Behörden der Bundesrepublik Deutschland in dienstlicher Eigenschaft in der Bundesrepublik Deutschland aufhalten.

III. Zu Bevorrechtigungen und Befreiungen der Streitkräfte von NATO-Mitgliedsstaaten, Teilnehmerstaaten der NATO-Partnerschaft für den Frieden (PfP) sowie Drittstaaten siehe im einzelnen Abschnitt V.

F. Kuriere und Kurierverkehr

I. Kuriere

Diplomatische oder konsularische Kuriere oder ihnen gleichgestellte Personen mit amtlichem Schriftstück, aus welchem ihre Stellung hervorgeht („Kurierausweis") genießen umfassenden Schutz vor hoheitlichen Zwangsmaßnahmen. Dies gilt insbesondere für Festnahme und Untersuchungshaft. Dabei ist zu beachten, dass der Genuss dieser Privilegierung zeitlich auf die Anreise, ggf. mit Zwischenstopp in einem Drittstaat (vgl. Art. 40 Abs. 3 WÜD, Art. 54 Abs. 3 WÜK), den Aufenthalt im Empfangsstaat und die Rückkehr in den Entsendestaat beschränkt ist.

In der deutschen Praxis unterliegt der Kurier zwar den Sicherheitskontrollen an den Flughäfen, ist jedoch berechtigt, die Leibesvisitationen zu verweigern, Art. 27 Abs. 5 Satz 2 WÜD. In einem solchen Fall ist der Kurier darauf hinzuweisen, dass er von der Beförderung ausgeschlossen wird, wenn er sich nicht freiwillig der Personenkontrolle und der Kontrolle seines persönlichen Gepäcks (nicht aber der Kontrolle des amtlichen Kuriergepäcks) unterzieht. Hält der Kurier seine Weigerung aufrecht, darf er den Kontrollpunkt nicht passieren.

Sind Kuriere Diplomaten oder Konsularbeamte, genießen sie Befreiung von der Kontrolle ihres ***persönlichen*** *Gepäcks. Dies schließt nicht die Befreiung von den Luftsicherheitskontrollen ein. Eine Befreiung von den Luftsicherheitskontrollen gilt nur für Kuriergepäck (siehe unten: II. Kuriergepäck).*

II. Kurierverkehr

1. Die Bundesrepublik Deutschland gestattet und schützt den freien Verkehr eines sich in der Bundesrepublik aufhaltenden Staatsoberhauptes, des Chefs oder Ministers einer anderen Regierung, des Chefs einer diplomatischen Mission, einer konsularischen oder sonstigen Vertretung, der dieses Recht eingeräumt wurde, für alle amtlichen Zwecke. Daraus folgt, dass sich diese im Verkehr mit anderen amtlichen Vertretungen des Entsendestaates aller geeigneten Mittel einschließlich Kurieren und verschlüsselten Nachrichten bedienen können, des Funkverkehrs jedoch nur auf Antrag an das Auswärtige Amt mit Zustimmung der Bundesnetzagentur, wenn Gegenseitigkeit besteht (Art. 27 Abs. 1 WÜD, Art. 35 Abs. 1 WÜK).

2. Diplomatisches und konsularisches Kuriergepäck darf weder geöffnet noch zurückgehalten werden.

a) Eine Ausnahme von diesem Grundsatz ist für ***diplomatisches Kuriergepäck*** *vom WÜD nicht vorgesehen. In der deutschen Praxis kann lediglich in Fällen des dringenden Verdachts eines besonders gravierenden Missbrauchs des Kuriergepäcks im äußersten Notfall im Beisein eines Botschaftsmitgliedes eine Überprüfung (Durchleuchtung) gefordert werden, sofern eine Weisung des Auswärtigen Amtes eingeholt und eine umfassende Güterabwägung mit dem Ergebnis getroffen wurde, dass es sich um einen rechtfertigenden Notstand handelt. Verweigert der Entsendestaat die Überprüfung, ist nur eine Rücksendung an den Ursprungsort möglich. Eine andere Reaktion dürfte nur bei lebensgefährlichen Bedrohungen in Betracht kommen.*

b) Für ***konsularisches Kuriergepäck*** *ist eine ausdrückliche Begrenzung des Grundsatzes, dass eine Öffnung und Zurückbehaltung verboten ist, vorgesehen. Wenn die zuständigen deutschen Behörden triftige Gründe für die Annahme haben, dass das konsularische Kuriergepäck nicht nur amtliche Korrespondenz bzw. für den amtlichen Gebrauch bestimmte Schriftstücke oder Gegenstände enthält, können sie die Öffnung durch einen ermächtigten, d. h. entsprechend ausgewiesenen (amtlicher Kurierausweis, Diplomatenausweis, evtl. in Verbindung mit einer besonderen Vollmacht) Vertreter des Entsendestaates in Gegenwart eines Vertreters der deutschen Behörden verlangen. Lehnen die Behörden des Entsendestaates dieses Verlangen ab, ist das Gepäck zurückzuschicken. Eine zwangsweise Öffnung ist nicht zulässig.*

Für die Abfertigungspraxis ergibt sich daraus Folgendes:
In Verdachtsfällen dieser Art ist in jedem Fall sofort auf dem Dienstweg Weisung einzuholen, wie verfahren werden soll.

3. Kuriergepäck kann befördert werden

a) ***durch einen diplomatischen oder konsularischen Kurier.*** *Dieser muss ein amtliches Schriftstück mit sich führen, aus dem seine Stellung und die Anzahl der Gepäckstücke ersichtlich sind, die das diplomatische oder konsularische Kuriergepäck bilden. Der Kurier genießt persönliche Unverletzlichkeit und unterliegt keiner Festnahme oder Haft irgendwelcher Art (Art. 27 Abs. 5 WÜD, Art. 35 Abs. 5 WÜK);*

b) als diplomatisches oder konsularisches Kuriergepäck ***durch den verantwortlichen Flugzeugführer (Kommandanten) eines im gewerblichen Luftverkehr eingesetzten Luftfahrzeuges,*** *dessen Bestimmungsort ein zugelassener Einreiseflugplatz ist. Der Kommandant muss ein amtliches Schriftstück mit sich führen, aus dem die Anzahl der Gepäckstücke ersichtlich ist, die das Kuriergepäck bilden. Er gilt jedoch nicht als diplomatischer oder konsularischer Kurier. Ein entsandtes Mitglied einer diplomatischen Mission oder konsularischen Vertretung darf nicht gehindert werden, das Kuriergepäck unmittelbar von dem Kommandanten entgegenzunehmen, wobei in Bezug auf konsularisches Kuriergepäck eine entsprechende Abmachung mit den zuständigen Ortsbehörden zur Voraussetzung gemacht werden darf (Art. 27 Abs. 7 WÜD, Art. 35 Abs. 7 WÜK);*

c) als diplomatisches oder konsularisches Kuriergepäck ***durch den Kapitän eines Seeschiffes,*** *dessen Bestimmungsort ein zugelassener Einreisehafen ist. Der Kapitän muss ein amtliches Schriftstück mit sich führen, aus dem die Anzahl der Gepäckstücke ersichtlich ist, die das Kuriergepäck bilden. Er gilt jedoch nicht als diplomatischer oder konsularischer Kurier. Ein entsandtes Mitglied der diplomatischen oder konsularischen Vertretung darf nicht gehindert werden, das Kuriergepäck unmittelbar von dem Kapitän entgegenzunehmen (Art. 35 Abs. 7 WÜK, der für das WÜD analog angewendet wird).*

4. Gepäckstücke, die das Kuriergepäck bilden, müssen äußerlich sichtbar als solche gekennzeichnet sein (Art. 27 Abs. 4 WÜD, Art. 35 Abs. 4 WÜK). Der Kurier, der Kuriergepäck befördert, muss ein amtliches Schriftstück mit sich führen, aus dem seine Stellung und die Anzahl der Gepäckstücke ersichtlich sind, die das Kuriergepäck bilden.

5. Bei Luftsicherheitskontrollen wird nach dem Rahmenplan Luftsicherheit verfahren (vgl. Teil II, Abschnitt A Nr. 5 ff.). Diplomatisches und konsularisches Kuriergepäck darf grundsätzlich weder geöffnet noch zurückgehalten werden (vgl. Nr. 2). Auch die Durchleuchtung und die Identifizierung des Inhalts mit elektronischen Mitteln sind unzulässig.

6. Für die Zollabfertigung von diplomatischem und konsularischem Kuriergepäck gelten die Weisungen in der Kennung Z 2554 der vom Bundesministerium der Finanzen herausgegebenen Vorschriftensammlung Bundesfinanzverwaltung – VSF –.

Abschnitt III
Diplomatische Missionen und konsularische Vertretungen

A. Diplomatische Missionen

Den diplomatischen Missionen ist zur Wahrnehmung ihrer Aufgaben jede Erleichterung zu gewähren (Art. 25 WÜD).

I. Räumlichkeiten der Mission

1. Unverletzlichkeit

Die Räumlichkeiten der Mission, d. h. die Residenz des Missionschefs, die Botschaftskanzlei und die Räume, Gebäudeteile und das dazugehörige Gelände, die für amtliche Zwecke genutzt werden, sind ***unverletzlich.*** *Das Gebäude, die Räume und das Grundstück sind dadurch jedoch nicht „exterritorial" – es handelt sich weiterhin um Hoheitsgebiet der Bundesrepublik Deutschland. Die Vornahme von Hoheitsakten durch deutsche Behörden ist dort jedoch ausgeschlossen. Die Räumlichkeiten, ihre Einrichtung und die sonstigen darin befindlichen Gegenstände sowie die Beförderungsmittel genießen* ***Befreiung von jeder Durchsuchung, Beschlagnahme, Pfändung oder Vollstreckung*** *(Art. 22 Abs. 3 WÜD). Vertreter deutscher Behörden dürfen die Räumlichkeiten einer Mission nur mit* ***Zustimmung des Leiters*** *oder in Notfällen (z. B. bei Unerreichbarkeit oder Krankheit des Missionschefs)* ***mit Zustimmung seines Vertreters betreten*** *(Art. 22 Abs. 1 Satz 2 WÜD).*
Daraus ergibt sich für die zuständige Behörde die besondere Pflicht, durch geeignete Maßnahmen die Missionsräumlichkeiten vor jedem Eindringen und jeder Beschädigung zu schützen und zu verhindern, dass der Friede der Mission gestört oder ihre Würde beeinträchtigt wird (Art. 22 Abs. 1, 2 WÜD).

Praxisrelevante Beispiele:

- ***Da der Empfangsstaat auf dem Missionsgelände und in anderen geschützten Räumlichkeiten keine Hoheitsakte vornehmen darf, sind Zustellungen*** *sowie jede andere Form der* ***Aushändigung von Hoheitsakten*** *– z. B. mit einfachem Brief per Post – unzulässig. Unter den Begriff „Hoheitsakt" fallen Verfügungen, Entscheidungen, Anordnungen oder andere Maßnahmen, mit denen Behörden, Gerichte oder sonstige Träger von obrigkeitlicher Gewalt ein bestimmtes Handeln, Dulden oder Unterlassen fordern, oder die verbindlichen Feststellungs- bzw. Entscheidungscharakter haben. Es handelt sich hierbei vor allem um Verwaltungsakte (Legaldefinition s. § 35 VwVfG) sowie Gerichtsurteile und -beschlüsse, aber auch vorbereitende Maßnahmen wie Anhörungsbögen.*
- *Verbotswidrig abgestellte* ***Dienstwagen*** *dürfen nicht* ***abgeschleppt*** *werden, soweit nicht Leib und Leben anderer Personen gefährdet sind.*
- *Die* ***Zwangsvollstreckung*** *in die Räumlichkeiten und Gegenstände in der Mission sowie in Botschaftskonten sind unzulässig.*
- ***Öffnen des Kofferraums*** *und* ***Durchsuchen des mitgeführten Gepäcks*** *sind unzulässig.*
- ***Abhörmaßnahmen*** *sind unzulässig.*
- ***Unglücksfälle auf dem Grundstück der Mission***
  Grundsätzlich ist auch in einem solchen Fall z. B. die Feuerwehr oder das Technische Hilfswerk gehalten, die Genehmigung des Missionschefs oder seines Vertreters zum Betreten einzuholen. Ist dies nicht möglich, ist es zweckmäßig, unverzüglich das Auswärtige Amt – Protokoll – Berlin (030-18-17-2424 von 9.00–16.00 Uhr, ansonsten: 030-18-17-2911) zu unterrichten. Ist wegen der Dringlichkeit der Maßnahmen (z. B. wg. Gefährdung von Menschenleben) ein sofortiges Eingreifen geboten, so ist der verantwortliche Leiter nach pflichtgemäßem Ermessen berechtigt, das Betreten anzuordnen. Die Hilfsmaßnahmen haben sich auf das zur Abwehr der Gefahr Erforderliche zu beschränken.

II. *Befreiung von der Gerichtsbarkeit (Immunität)*

Botschaften haben keine eigene Rechtspersönlichkeit. Sie handeln stets nur im Namen des Staates, den sie vertreten.

III. *Die Archive und Schriftstücke der Mission sind jederzeit unverletzlich, wo immer sie sich befinden.*

IV. *Diplomatische Missionen haben das Recht, die Hoheitszeichen ihres Staates (Flagge, Wappen usw.) zu führen (Art. 20 WÜD).*

B. Konsularische Vertretungen

Den konsularischen Vertretungen ist bei der Wahrnehmung ihrer Aufgaben jede Erleichterung zu gewähren (Art. 28 WÜK).

I. Räumlichkeiten der konsularischen Vertretung

1. Für die Räumlichkeiten der konsularischen Vertretung gilt dasselbe wie für die Räumlichkeiten einer Mission (vgl. Abschnitt III. A). Trotz des Wortlauts von Art. 31 Abs. 4 WÜK gilt das auch für Durchsuchung, Pfändung und Vollstreckung. Es sind jedoch folgende Ausnahmen zu beachten:

- *Die Räumlichkeiten genießen den Schutz nur, wenn sie ausschließlich bzw. auch für dienstliche Zwecke genutzt werden. Anders als die Residenz eines Botschafters gehört die Residenz eines Konsuls nicht zu den geschützten Räumlichkeiten (Art. 31 Abs. 1 WÜK).*
- *In einer Notlage kann das Einverständnis des Leiters der konsularischen Vertretung vermutet werden (Art. 31 Abs. 2 WÜK). In einem solchen Fall ist die zuständige Landesbehörde – Staats- oder Senatskanzlei – unverzüglich zu unterrichten.*

2. ***Für die Räumlichkeiten einer honorarkonsularischen Vertretung*** *gilt das* ***Privileg der Unverletzlichkeit nicht.*** *Das Konsulat darf also betreten werden, möglichst jedoch im Einvernehmen mit dem Honorarkonsul. Die Bundesrepublik Deutschland trifft nach Art. 59 WÜK außerdem die Pflicht, alle erforderlichen Maßnahmen zu treffen, um die Räumlichkeiten vor jedem Eindringen und jeder Beschädigung zu schützen und um zu verhindern, dass der Friede der honorarkonsularischen Vertretung gestört und ihre Würde beeinträchtigt wird.*

II. Konsularische Archive

Konsularische Archive und Schriftstücke sind jederzeit unverletzlich, wo immer sie sich befinden (Art. 33 WÜK). Das Gleiche gilt für die konsularischen Archive und Schriftstücke in einer von einem Honorarkonsularbeamten geleiteten konsularischen Vertretung, sofern sie von anderen Papieren und Schriftstücken getrennt gehalten werden, insbesondere von der privaten Korrespondenz sowie von den Gegenständen, Büchern oder Schriftstücken, die sich auf den Beruf oder das Gewerbe beziehen (Art. 61 WÜK).

III. Hoheitszeichen (Flagge, Wappen)

Konsularische Vertretungen können die Hoheitszeichen ihres Staates (Flagge, Wappen) an dem Gebäude, in dem sich die konsularische Vertretung befindet, an der Wohnung des Leiters der konsularischen Vertretung und an den Beförderungsmitteln führen, wenn diese dienstlich benutzt werden (Art. 29 Abs. 2 WÜK). Konsularische Vertretungen, die von einem Honorarkonsularbeamten geleitet werden, führen gemäß Art. 29 Abs. 3 WÜK die Hoheitszeichen nur an dem Gebäude, in dem sich die dienstlichen Räumlichkeiten befinden.

C. Vertretungen Internationaler Organisationen

Zu beachten ist, dass auch die in Deutschland ansässigen Vertretungen Internationaler Organisationen in vielen Fällen Vorrechte und Befreiungen genießen (z. B. Unverletzlichkeit der Räumlichkeiten, Schutz der Archive und des Kuriers). Da diese Privilegien auf unterschiedlichen völkerrechtlichen Abkommen beruhen, können diese nicht zusammenfassend dargestellt werden. In Zweifelsfällen sollte das Auswärtige Amt, Referat 701 (Tel. 030-18-17-2424, von 9.00–16.00 Uhr) befragt werden.

Abschnitt IV
Weitere relevante Regelungen

A. Aufenthaltsgesetz (AufenthG) – nicht abgedruckt –

B. Melderechtsrahmengesetz (MRRG) vom 16. August 1980 – nicht abgedruckt –

C. Waffengesetz (WaffG) vom 11. Oktober 2002 – nicht abgedruckt –

D. Personenstandsgesetz (PStG) vom 19. 2. 2007 – nicht abgedruckt –

Abschnitt V
Sonderbestimmungen für die Rechtsstellung der Stationierungsstreitkräfte, der Streitkräfte der NATO-Mitgliedsstaaten, der aufgrund des Nordatlantikvertrages errichteten internationalen militärischen Hauptquartiere, der Teilnehmerstaaten an der NATO-Partnerschaft für den Frieden (PfP) sowie der Streitkräfte aus Drittstaaten – nicht abgedruckt –

Abschnitt VI
Ausweise für Mitglieder ausländischer Vertretungen und internationaler Organisationen

1. Das Auswärtige Amt – Protokoll – stellt den Mitgliedern ausländischer Vertretungen und internationaler Organisationen seit 1999 **nur** *noch einen* **roten Protokollausweis** *(laminierte Plastikkarte im Format 110 mm × 80 mm) aus.*

Auf der Vorderseite befindet sich neben dem Lichtbild und den persönlichen Informationen die Funktionsbezeichnung des Ausweisinhabers. Oben rechts wird der Typ des Protokollausweises mitgeteilt (vgl. sogleich folgende Liste), sowie die Nummer des Protokollausweises.

Auf der Rückseite befindet sich ein zweisprachiger Hinweis auf die Vorrechte und Befreiungen des Ausweisinhabers sowie auf die aufenthaltsrechtlichen Besonderheiten. Daneben wird auf die Nummer des dazugehörigen Reisedokuments verwiesen sowie in der unteren rechten Ecke der Typ des Protokollausweises gekennzeichnet. Derzeit gibt es elf Ausweistypen:

„D" Ausweis für Diplomaten und deren Familienangehörige
„VB" Ausweis für Verwaltungs- und technisches Personal an Botschaften und deren Familienangehörige
„DP" Ausweis für dienstliches Hauspersonal an Botschaften und deren Familienangehörige
„K" Ausweis für Konsularbeamte
„VK" Ausweis für Verwaltungs- und technisches Personal an Konsulaten
„DH" Ausweis für dienstliches Hauspersonal an Konsulaten
„KF" Ausweis für Familienangehörige von Konsularbeamten, Verwaltungs- und technisches Personal und Hauspersonal an Konsulaten
„OK" Ausweis für Ortskräfte und deren Familienangehörige
„PP" Ausweis für privates Hauspersonal
„IO" Ausweis für Mitglieder von in Deutschland eingerichteten Vertretungen Internationaler und Supranationaler Organisationen sowie zwischenstaatlicher Einrichtungen und deren Familienangehörige
„S" Sonderausweise für Haushaltsangehörige i. S. v. § 27 Abs. 1 Nr. 5 AufenthV

Hinweis: *Die jeweiligen Vorrechte, die auf den Karten mitgeteilt werden, können voneinander abweichen, auch wenn derselbe Ausweistyp vorliegt. Dies liegt daran, dass z. B. bei Diplomaten die Vorrechte u. a. davon abhängen, ob der Diplomat Ausländer oder Deutscher ist. Zu den Vermerken, die einen abweichenden Status anzeigen, zählen (Vermerk auf der Vorderseite des Ausweises oben rechts):*

Zusatz „A"

(zum Beispiel: „Protokollausweis für Diplomaten A"):
= Arbeitsaufnahme durch den Ausweisinhaber, dadurch Privilegienbeschränkung gemäß Art 31 Abs. 1 lit c) WÜD, siehe hierzu Abschnitt II, B. II. Ziff. 1);

Zusatz „Art. 38 I WÜD"

(zum Beispiel: „Protokollausweis für Diplomaten Art. 38 I WÜD")
= Ausweisinhaber ist deutscher Staatsangehöriger oder ständig in Deutschland ansässig, dadurch Privilegienbeschränkung gemäß Art. 38 Abs. 1 WÜD, siehe hierzu Abschnitt II, B. I. Ziff. 2);

Zusatz „Art. 71 I WÜK"

(zum Beispiel: „Protokollausweis für Konsularbeamte Art. 71 IWÜK")
= Ausweisinhaber ist deutscher Staatsangehöriger oder ständig in Deutschland ansässig, dadurch Privilegienbeschränkung nach Art. 71 Abs. 1 WÜK, siehe hierzu Abschnitt II, B. I. Ziff. 2);

Hinweis: *Honorarkonsuln erhalten keine Ausweise vom Auswärtigen Amt. Ihnen werden vom Protokoll des jeweiligen Bundeslandes (Senats- oder Staatskanzlei) weiße Ausweise im Scheckkartenformat ausgestellt, die im Jahr 2008 für alle Bundesländer einheitlich neu gestaltet wurden (siehe nachstehendes Muster). Die bislang ausgestellten weißen Ausweise mit grünem Querstreifen verlieren ihre Gültigkeit, wenn die neuen Ausweise vollständig ausgegeben wurden.*

2. Die Entsendestaaten pflegen ihrerseits die Angehörigen ihres Auswärtigen Dienstes mit Sonderpässen zu versehen (Diplomatenpass, Dienstpass). Diese Pässe haben für den Status des Inhabers in der Bundesrepublik Deutschland zwar keine unmittelbare Bedeutung, doch können sie als Hinweis auf die Sonderstellung wichtig sein. Bei Vorweisen solcher Pässe ist daher eine vorsichtige Prüfung aller Maßnahmen, notfalls Rückfrage angezeigt (vgl. die besonderen Rechte durchreisender Diplomaten Art. 40 Abs. 2 WÜD, siehe auch Abschnitt II, B. I. Ziff. 2, und Konsularbeamten, Art. 54 Abs. 2 WÜK).

Abschnitt VII
Behandlung von bevorrechtigten Personen bei Verstößen gegen die Straßenverkehrs- und öffentliche Ordnung

A. Nach dem Wiener Übereinkommen über diplomatische Beziehungen (WÜD) bevorrechtigte Personen

I. Diplomaten und ihre im Haushalt lebenden Familienangehörigen

Art. 29 WÜD regelt den fundamentalen Grundsatz der Unverletzlichkeit des Diplomaten. ***Auch im Straßenverkehr sind alle Maßnahmen gegen den Diplomaten, die auf hoheitlichen Zwang hinauslaufen, unzulässig.***

Die deutsche Verwaltungspraxis qualifiziert u. a. folgende Maßnahmen als dem Gebot des Art. 29 WÜD widersprechend und daher unzulässig:

- *Maßnahmen der Strafverfolgung (vorläufige Festnahme, Verhaftung, Durchsuchung, Beschlagnahme, Entnahme von Blutproben oder andere Alkoholtests bei Trunkenheitsverdacht im Straßenverkehr, Vernehmung gegen den Willen des Betroffenen);*
- *Maßnahmen zur Verfolgung und Ahndung von Ordnungswidrigkeiten einschließlich der Verwarnung mit Verwarnungsgeld;*
- *Verwaltungsakte, welche die persönliche Freiheit der Diplomaten einschränken (z. B. polizeilicher Gewahrsam) oder mit denen Gegenstände beschlagnahmt oder sichergestellt werden (z. B. von der Polizei angeordnetes Abschleppen eines Kfz), die im Eigentum oder in der tatsächlichen Gewalt dieser Person stehen; die Verwahrung solcher Gegenstände ist nur zulässig, soweit kein entgegenstehender Wille des Berechtigten erkennbar ist und die Verwahrung in seinem Interesse liegt;*
- *Sonstige Verwaltungsakte mit Sanktionscharakter (z. B. Entzug der Fahrerlaubnis, Sicherstellen eines Kraftfahrzeugs, Anbringen von Parkkrallen).*

Nach deutscher und internationaler Praxis erstrecken sich die genannten Verbote nicht nur auf die Ausführung, sondern bereits auf eine entsprechende Androhung derartiger Maßnahmen.

Der Grundsatz der Unverletzlichkeit gemäß Art. 29 WÜD gilt sowohl bei dienstlichen als auch rein privaten Handlungen des Diplomaten.

Gerichtliche und behördliche Maßahmen mit Sanktionscharakter gegen einen Diplomaten sind nur möglich, wenn der Entsendestaat über seine Mission ausdrücklich nach Art. 32 WÜD einen Immunitätsverzicht erklärt (notifiziert). Hierzu haben Gerichte und Behörden in jedem Einzelfall das Auswärtige Amt zu konsultieren. ***Der Diplomat selbst kann nicht wirksam auf seine Immunität verzichten.***

Die deutsche Praxis lässt ausnahmsweise und nur unter äußerst engen Voraussetzungen (Notwehr, Notstand) eine Anwendung von Zwang auch gegen Diplomaten zu. Dies ist z. B. der Fall, wenn die Anwendung von Zwang zum eigenen Schutz des Diplomaten erforderlich ist oder wenn eine konkrete Gefahr für Leben oder Gesundheit anderer Personen besteht oder eine solche Gefahr droht und dadurch die Gefährdung verhindert werden kann. Die Frage, ob diese Voraussetzungen vorliegen, ist seitens der deutschen Behörden mit größter Sorgfalt zu behandeln.

Wurde ein Diplomat z. B. bei einem Verkehrsunfall verletzt und ist nicht ansprechbar, können Behandlung und Transport in eine Klinik auch ohne sein Einverständnis erfolgen. Die zuständige Mission oder der Entsendestaat sind jedoch schnellstmöglich von diesen Maßnahmen zu unterrichten.

Über Art. 37 Abs. 1 WÜD werden auch die ***Familienangehörigen von Diplomaten, wenn sie nicht Angehörige des Empfangsstaates*** *sind, in den Schutz des Art. 29 WÜD einbezogen.*

1. Allgemeiner Schutz vor Sanktionen bei Verkehrsverstößen

Zwangsmaßnahmen dürfen gegen einen Diplomaten grundsätzlich nicht vorgenommen werden. Unzulässiger Zwang liegt auch schon vor, wenn der Betroffene im Falle einer Weigerung mit tatsächlichen Behinderungen durch Behörden, wie z. B. die Polizei, zu rechnen hat. Auch durch die Androhung von Sanktionen wird Zwang ausgeübt. Die Unverletzlichkeit des Diplomaten gehört zu den überragenden Schutzgütern des Gesandtschaftsrechts, das in keinem Fall durch Hinweis auf die Einhaltung von Straßenverkehrsvorschriften durchbrochen werden darf.

Eine ***Anzeige der Polizei*** *bei der Staatsanwaltschaft ist möglich; nicht dagegen die Eröffnung eines Hauptverfahrens gegen den Diplomaten. Insoweit besteht ein Verfahrenshindernis, das von Amts wegen zu beachten ist.*

Die direkte Zustellung von Bescheiden (auch Verwarnungen für Parkverstöße) an Botschaften und Diplomaten im Zusammenhang mit Verkehrsordnungswidrigkeiten nach der StVO ist völkerrechtswidrig und daher unzulässig.

Dazu zählen insbesondere:

- *das Anheften von Bescheiden an die Windschutzscheibe von Kraftfahrzeugen mit amtlichen diplomatischen Kennzeichen,*
- *die Übersendung von Bußgeldbescheiden an die Adresse fremder Missionen oder an die Privatadresse von Diplomaten und*
- *jede andere direkte Zustellung (z. B. durch persönliche Übergabe) an Diplomaten.*

Möglich sind schlichte Hinweise – auch schriftlich – auf den begangenen Verkehrsverstoß, so lange diese Hinweise nicht hoheitlich-autoritativen Charakter haben. Bund und Länder haben sich im Juni 2007 im Rahmen des Bund-Länder-Fachausschusses StVO/StVOWi mit Schwerpunkt Straßenverkehrsordnungswidrigkeiten (Sitzung 1/07) auf entsprechende Mustertexte und Hinweise geeinigt (vgl. die Ergebnisniederschrift v. 27728. 6., Gz. des BMVBS: S 02 (032)/7393.2/3-4/656 550 (1/07)).

2. Trunkenheitsfahrt

Das Anhalten eines Diplomaten bei Anzeichen einer Trunkenheitsfahrt im Straßenverkehr ist zulässig. Erst durch die Identitätskontrolle (i. d. R. Protokollausweis) ist eine abschließende Überprüfung möglich, ob der Fahrer tatsächlich Privilegien nach dem Gesandtschaftsrecht genießt. Der Betroffene hat in diesen Fällen mitzuwirken. Weigert er sich, so ist ein Festhalten bis zur Klärung der Identität zulässig.

Die Durchführung eines Alkoholtests *ist nur im Einvernehmen mit dem Diplomaten möglich. Aus der Weigerung dürfen keine für ihn nachteiligen Schlüsse gezogen werden, d. h. es erfolgt keine Umkehr der Beweislast, da der Empfangsstaat keinen Anspruch auf Mitwirkung des Diplomaten hat. Will der Diplomat kooperieren und an dem Test teilnehmen, sollte er dennoch eine rechtswahrende Erklärung zu Protokoll der kontrollierenden Polizeibeamten geben, da ein Immunitätsverzieht nur durch seinen Dienstherrn, den Entsendestaat, erklärt werden kann.*

Hindert die Polizei einen eindeutig angetrunkenen Diplomaten an der Weiterfahrt und nimmt gegebenenfalls die Fahrzeugschlüssel weg, ist diese Maßnahme nur zu seinem eigenen Schutz sowie dem anderer Verkehrsteilnehmer hinnehmbar.

Die Polizei kann den Diplomaten nicht daran hindern, sich vom Ort der Verkehrskontrolle zu Fuß, mit dem Taxi oder einem öffentlichen Verkehrsmittel zu entfernen. Ausgeschlossen ist das Anlegen von Handschellen, um den Betroffenen am Weggehen zu hindern. Etwas anderes gilt z. B. dann, wenn eine akute Gefahr der Selbstgefährdung bestünde. Dann ist es zulässig, den Diplomat zu seiner Mission oder nach Hause zu bringen. Zu beachten ist in jedem Einzelfall der Grundsatz der Verhältnismäßigkeit.

Das Kfz eines erkennbar fahruntüchtigen Diplomaten kann durch die Polizei an einer sicheren Stelle am Ort der Verkehrskontrolle oder in unmittelbarer Nähe dazu geparkt (umgesetzt) werden. Ein Abschleppen ist dagegen nur möglich, wenn der Betroffene fahruntüchtig ist und eine Stelle am Ort der Verkehrskontrolle nicht vorhanden ist, an dem das Auto sicher geparkt werden kann.

3. Falschparken und Abschleppen – nicht abgedruckt –

4. Entzug der Fahrerlaubnis

Der Entzug der Fahrerlaubnis bzw. die Sicherstellung oder Beschlagnahme des Führerscheins verstößt bei Diplomaten gegen den Unverletzlichkeitsgrundsatz des Art. 29 WÜD (sowie gegen die gerichtliche Immunität nach Art. 31 WÜD) und ist deshalb unzulässig.

5. Missbräuchliche Nutzung von Missions- und Diplomatenfahrzeugen

Die Mission und der Diplomat haben dafür Sorge zu tragen, dass ihre Fahrzeuge nur von gesandtschaftsrechtlich privilegierten Personen genutzt werden. Tun sie dies nicht, ist grundsätzlich von einem Privilegienmissbrauch auszugehen. Diese unzulässige Nutzung führt aber nicht automatisch dazu, dass die Fahrzeuge ihren gesandtschaftsrechtlichen Schutz verlieren. Sie sind daher zunächst weiterhin als Beförderungsmittel der Botschaft (Art. 22 Abs. 3 WÜD) bzw. als Vermögen des Diplomaten, auf dessen Namen sie angemeldet sind (Art. 30 Abs. 2 WÜD), geschützt. Durchsuchungen, Beschlagnahmen etc. sind daher grundsätzlich nicht zulässig. Dies gilt auch in Fällen des Diebstahls und der Gebrauchsanmaßung.

Bei fortgesetzter zweckwidriger Nutzung kann aber der betreffenden Mission oder dem Diplomaten mit der Aufhebung des geschützten Status und mit der Einziehung der das Fahrzeug nach außen privilegierenden Kennzeichen gedroht werden. Dabei ist der Grundsatz der Verhältnismäßigkeit zu beachten (Bsp.: möglicherweise hinzunehmen wäre z. B. die Nutzung des Diplomatenfahrzeugs durch die – aufgrund ihrer deutschen Staatsangehörigkeit selbst nicht privilegierte – Ehefrau). Die Bundesrepublik ist als Empfangsstaat nicht verpflichtet, die völkerrechtlich unzulässige Nutzung der Fahrzeuge dauerhaft hinzunehmen. Bis zu einer entsprechenden Aufhebung sind die Behörden allerdings grundsätzlich verpflichtet, den geschützten Status der Fahrzeuge zu respektieren.

II. Diplomaten, die Angehörige des Empfangsstaates oder dort ständig ansässig sind

Diplomaten, die die deutsche Staatsangehörigkeit besitzen oder in der Bundesrepublik Deutschland ständig ansässig sind, genießen gemäß Art. 38 Abs. 1 WÜD Immunität von der Gerichtsbarkeit und Unverletzlichkeit lediglich in Bezug auf ihre in Ausübung ihrer dienstlichen Tätigkeit vorgenommenen Amtshandlungen. Diese ***Amtshandlungsimmunität*** *ist enger zu verstehen als die sog. Amtsimmunität, die gemäß Art. 43 Abs. 1 WÜK entsandten Konsularbeamten zusteht. Sie umfasst nur die Amtshandlung selbst, nicht jedoch Handlungen, die mit der Amtshandlung in engem sachlichen Zusammenhang stehen, wie z. B. die Fahrt mit dem PKW zum Ort der Amtshandlung.* ***Die Amtshandlungsimmunität umfasst keine Immunität bei Verstößen gegen die StVO.***

Ihre Familienangehörigen *besitzen keine Privilegien. Es gilt jedoch der Grundsatz, dass der Empfangsstaat seine Hoheitsgewalt über diese Personen nur so ausüben darf, dass er die Mission bei der Wahrnehmung ihrer Aufgaben nicht ungebührlich behindert.*

III. Mitglieder des Verwaltungs- und technischen Personals sowie im Haushalt lebende Familienangehörige

Über Art. 37 Abs. 2 WÜD werden Mitglieder des Verwaltungs- und technischen Personals der Mission und die zu ihrem Haushalt gehörenden Familienmitglieder, wenn sie weder Angehörige des Empfangsstaats noch in demselben ständig ansässig sind, bei Verstößen gegen die StVO in den Schutz des Art. 29 WÜD einbezogen. Es gelten deshalb hier analog auch die Regelungen wie oben I.).

IV. Mitglieder des dienstlichen Hauspersonals

Mitglieder des dienstlichen Hauspersonals der Mission, die weder Angehörige des Empfangsstaats noch in demselben ständig ansässig sind, genießen nur ***Amtshandlungsimmunität. Diese umfasst keine Immunität bei Verstößen gegen die StVO, da Handlungen im Straßenverkehr kaum jemals als WÜD-bezogene Amtshandlung vorstellbar sind.***

Ihre Familienangehörigen *besitzen unabhängig davon, ob sie Deutsche bzw. im Bundesgebiet ständig ansässig sind oder nicht, keine Privilegien. Es gilt jedoch der Grundsatz, dass der Empfangsstaat seine Hoheitsgewalt über diese Personen nur so ausübt, dass er die Mission bei der Wahrnehmung ihrer Aufgaben nicht ungebührlich behindert.*

V. Private Hausangestellte

Nach Art. 1 lit. h) WÜD ist das private Hauspersonal im häuslichen Dienst eines Missionsmitglieds beschäftigt und nicht Bediensteter des Entsendestaates. Private Hausangestellte von Mitgliedern der Mission, die weder Angehörige des Empfangsstaats noch in demselben ständig ansässig sind, sind unter bestimmten Voraussetzungen von der Sozialversicherungspflicht und von Steuern auf ihre Arbeitsbezüge befreit, genießen aber weder Unverletzlichkeit noch Immunität. Es besteht keine Immunität, ***sie können für Verstöße gegen die StVO zur Verantwortung gezogen werden.*** *Es gilt jedoch der Grundsatz, dass der Empfangsstaat seine Hoheitsgewalt über diese Personen nur so ausübt, dass er die Mission bei der Wahrnehmung ihrer Aufgaben nicht ungebührlich behindert.*

VI. Mitglieder des Verwaltungs- und technischen Personals, des dienstlichen Hauspersonals, private Hausangestellte, die Angehörige des Empfangsstaates bzw. dort ständig ansässig sind, sowie Ortskräfte

Diesen Bediensteten stehen gemäß Art. 38 Abs. 2 WÜD lediglich Vorrechte und Immunitäten in dem vom Empfangsstaat zugelassenen Umfang zu. ***Demnach besteht keinerlei Privilegierung, wenn es die innerstaatliche Rechtsordnung, wie in Deutschland, nicht vorsieht.***

Ortskräfte *(siehe hierzu die Definition in Abschnitt II, B. II. Ziff. 3)* ***genießen keine Immunität.*** *Es gilt jedoch auch hier der Grundsatz, dass der Empfangsstaat seine Hoheitsgewalt über diese Personen nur so ausübt, dass er die Mission bei der Wahrnehmung ihrer Aufgaben nicht ungebührlich behindert.*

B. Nach dem Wiener Übereinkommen über konsularische Beziehungen (WÜK) bevorrechtigte Personen

I. Berufskonsularbeamte

Im Gegensatz zu der umfassenden persönlichen Unverletzlichkeit des Diplomaten ist die persönliche Unverletzlichkeit des Berufskonsularbeamten im WÜK unterschiedlich geregelt:

- *Handelt der Berufskonsularbeamte amtlich, dann genießt er absolute Unverletzlichkeit und* ***Amtsimmunität*** *(vgl. Art. 43 Abs. 1 WÜK).*
- *Im rein privaten Bereich ist Art. 41 WÜK die maßgebende Norm. Danach sind freiheitsentziehende Maßnahmen gegenüber Berufskonsularbeamten i. d. R. unzulässig. Die persönliche Freiheit des Berufskonsularbeamten ist jedoch ausnahmsweise einschränkbar*
  - *wegen einer schweren strafbaren Handlung und aufgrund einer Entscheidung der zuständigen Justizbehörde,*
  - *oder in Vollstreckung einer rechtskräftigen gerichtlichen Entscheidung.*
- *Darüber hinaus und obwohl es Art. 41 WÜK dem Wortlaut nach nicht explizit vorsieht, ist davon auszugehen, dass die persönliche Unverletzlichkeit des Berufskonsularbeamten auch das Verbot aller anderen administrativen Eingriffe bzw. Zwangsmaßnahmen des Empfangsstaates umfasst.*
- *Daneben muss der Empfangsstaat die persönliche Unverletzlichkeit der Berufskonsularbeamten nach Art. 40 WÜK auch dadurch gewährleisten, dass er jeden Angriff auf ihre Person, Freiheit oder Würde verhindert.*

1. Dienst- und Privatfahrten von Berufskonsularbeamten

Die in Art. 43 WÜK geregelte so genannte ***Amtsimmunität*** *erfasst alle Handlungen, die in Ausübung der amtlichen bzw. dienstlichen Tätigkeit vorgenommen werden, d. h.,* ***nicht nur die eigentliche Amtshandlung selbst, sondern ebenso Akte, die in engem zeitlichen und sachlichen Zusammenhang mit der Amtshandlung stehen.*** *Von dem Begriff „Handlungen in Wahrnehmung konsularischer Aufgaben" werden deshalb auch eng mit der Amtshandlung als solcher zusammenhängende Handlungen erfasst.*

- *So sind beispielsweise* ***Fahrten zum und vom täglichen Dienst*** *(oder z. B. von der Wohnung zu einem offiziellen Empfang im Empfangsstaat und zurück) noch als in Wahrnehmung konsularischer Aufgaben erfolgt anzusehen. Denn sie sind für die Wahrnehmung konsularischer Aufgaben unumgänglich. Auch wenn man die Auffassung vertreten sollte, dass die Rückfahrt nach Hause nicht mehr unmittelbar der Wahrnehmung konsularischer Aufgaben i. S. v. Art. 5 WÜK dient, so ist es dennoch nicht vertretbar, zwischen Hin- und Rückfahrt einen Unterschied zu machen und nur die Hinfahrt als von Art. 43 WÜK erfasst anzusehen, während die Rückfahrt der vollen Jurisdiktion im Empfangsstaat unterliegt. Vielmehr müssen Hin- und Rückfahrt als einheitlicher Gesamtvorgang (außer bei privaten Unterbrechungen) angesehen werden, die noch zum Bereich der konsularischen Aufgabenwahrnehmung gehören.*
- *Dabei ist nicht entscheidend, ob der betreffende Berufskonsularbeamte hierfür einen Privatwagen benutzt oder ob er einen Dienstwagen fährt. Allein die Benutzung des Dienstwagens spricht zwar dem ersten Anschein nach für eine Fahrt in Wahrnehmung konsularischer Aufgaben. Aber* ***auch das Benutzen eines Privatwagens kann in Wahrnehmung konsularischer Aufgaben erfolgen.*** *Erfolgt während der Fahrt ein Verkehrsunfall, ist die betreffende Person nach deutscher Praxis vor gerichtlicher Verfolgung im Empfangsstaat geschützt.*
- *Auch die Fahrt eines Berufskonsularbeamten zum dienstlich angeordneten Sprachunterricht oder zum Flughafen, um dort das Kuriergepäck bzw. sonstige dienstliche Post abzuholen, geschieht in Ausübung dienstlicher Tätigkeit.*
- *Dasselbe gilt, wenn der Berufskonsularbeamte etwa mit seinem eigenen PKW unterwegs ist, um hilfsbedürftige Angehörige seines Entsendestaates aufzusuchen und ihre Heimführung vorzubereiten, oder wenn er zu einer Unfallstelle fährt, bei der solche Personen zu Schaden gekommen sind.*
- *Wenn nach Beendigung des Dienstes z. B. eine Gaststätte besucht wird, besteht für die anschließende Heimfahrt allerdings kein enger sachlicher Zusammenhang mit der Wahrnehmung konsularischer Auf-*

gaben mehr. Mit der Heimfahrt wird die dienstliche Tätigkeit nicht wieder aufgenommen, sondern dient allein privaten Interessen.

– Kein Bezug zum Dienst besteht außerdem bei Wochenend- bzw. Urlaubsreisen.

Bei eindeutig außerdienstlicher Benutzung des PKW unterliegen Berufskonsularbeamte bei Zuwiderhandlungen gegen das Straßenverkehrsrecht des Empfangsstaates der Strafverfolgung oder dem Bußgeldverfahren. Allerdings ist eine Festnahme oder Untersuchungshaft nur im Rahmen des Art. 41 Abs. 1 WÜK zulässig.

2. Trunkenheitsfahrt

Das Anhalten eines Konsularbeamten bei Anzeichen einer Trunkenheitsfahrt im Straßenverkehr ist zulässig. Erst durch die Identitätskontrolle (i. d. R. Protokollausweis) ist eine abschließende Überprüfung möglich, ob der Fahrer tatsächlich Privilegien nach dem Gesandtschaftsrecht genießt. Der Betroffene hat in diesen Fällen mitzuwirken. Weigert er sich, so ist ein Festhalten bis zur Klärung der Identität zulässig.

*Die **zwangsweise Durchführung von Alkoholtests** bei Trunkenheitsverdacht im Straßenverkehr ist **unzulässig.** Die Unverletzlichkeit des Konsularbeamten, die ihn auch vor der zwangsweisen Durchführung eines Alkoholtestes schützt, kann nach Art. 41 WÜK nur aufgrund einer „Entscheidung der zuständigen Justizbehörde" und bei Vorliegen einer „schweren Straftat" eingeschränkt werden. Dies ist wohl stets das entscheidende Rechtshindernis für die zwangsweise Durchführung eines Alkoholtests bei routinemäßigen Verkehrskontrollen.*

Hindert die Polizei einen eindeutig angetrunkenen Konsularbeamten an der Weiterfahrt und nimmt gegebenenfalls die Fahrzeugschlüssel weg, ist diese Maßnahme nur zu seinem eigenen Schutz sowie dem anderer Verkehrsteilnehmer hinnehmbar. Der Grundsatz der Verhältnismäßigkeit ist stets zu beachten. Die Polizei kann außerdem den Konsularbeamten nicht daran hindern, sich vom Ort der Verkehrskontrolle zu Fuß, mit dem Taxi oder einem öffentlichen Verkehrsmittel zu entfernen.

3. Falschparken und Abschleppen – nicht abgedruckt –

4. Entzug der Fahrerlaubnis

Der Entzug der Fahrerlaubnis bzw. die Sicherstellung oder Beschlagnahme des Führerscheins von Berufskonsularbeamten im Zusammenhang mit einer Dienstfahrt ist ein unzulässiger Verwaltungseingriff in die bestehende Amtsimmunität im Sinne des Art. 43 Abs. 1 WÜK.

Der Entzug der Fahrerlaubnis bzw. die Sicherstellung oder Beschlagnahme des Führerscheins eines Berufskonsularbeamten im Zusammenhang mit einer Privatfahrt durch die Behörden des Empfangsstaats ist eine hoheitliche Maßnahme, die zwangsläufig auch seinen dienstlichen Bereich berührt, und ist deshalb auch hier nicht zulässig. Sie kann dazu führen, dass der Betroffene nicht mehr seinen Dienst versehen kann. Verletzt würde durch eine solche Maßnahme das doppelte Gebot des Art. 28 WÜK, die Tätigkeit der konsularischen Vertretung nicht nur zu erleichtern, sondern alles zu unterlassen, was die Funktion der Vertretung erschwert.

II. Berufskonsularbeamte, die Angehörige des Empfangsstaates oder dort ständig ansässig sind

*Nach Art. 71 Abs. 1 WÜK genießt ein Berufskonsularbeamter, der Angehöriger des Empfangsstaates oder dort ständig ansässig ist, Immunität von der Gerichtsbarkeit lediglich in Bezug auf seine in Ausübung seiner dienstlichen Tätigkeit vorgenommenen Amtshandlungen. Diese **Amtshandlungsimmunität** ist begrenzter als die Amtsimmunität, wie sie gemäß Art. 43 Abs. 1 WÜK den entsandten Konsularbeamten zusteht. Sie umfasst nur die Amtshandlung selbst, nicht jedoch Handlungen, die mit der Amtshandlung in engem sachlichen Zusammenhang stehen, wie z. B. die Fahrt mit dem PKW zum Ort der Amtshandlung. Auch die Unverletzlichkeit ist auf Amtshandlungen begrenzt.*

Des Weiteren muss der Empfangsstaat gem. Art. 71 Abs. 1 Satz 2 WÜK die nach Art. 42 WÜK vorgesehenen Benachrichtigungen vornehmen, wenn ein Konsularbeamter mit eingeschränktem Status festgenommen, in Untersuchungshaft genommen oder ein Strafverfahren gegen ihn eingeleitet wird.

Auch wenn dies in Art. 71 Abs. 1 WÜK nicht ausdrücklich erwähnt ist, so muss der in Art. 71 Abs. 2 Satz 3 WÜK verankerte Grundsatz, dass der Empfangsstaat seine Hoheitsgewalt insbesondere über die dort erwähnten Konsulatsbediensteten nur so ausüben darf, dass dabei die Aufgabenwahrnehmung der konsularischen Vertretung nicht ungebührlich behindert wird, auch dann greifen, wenn es sich um Konsularbeamte handelt. Was für das verwaltungstechnische Personal und das dienstliche Hauspersonal gilt, muss erst recht für Konsularbeamte gelten.

III. Mitglieder des Verwaltungs- und technischen Personals

Die Mitglieder des Verwaltungs- und technischen Personals einer konsularischen Vertretung können sich nur im Rahmen ihrer dienstlichen Tätigkeit auf die persönliche Unverletzlichkeit i. S. v. Art. 43 Abs. 1 Alt. 2 WÜK berufen (Verbot des Eingriffs der Verwaltungsbehörden). Im rein privaten Bereich besteht dagegen kein gesandtschaftsrechtlicher Schutz, da die Artikel 40 und 41 WÜK sich nur auf den Konsularbeamten beziehen. Dennoch sollte der Empfangsstaat aufgrund des Gebots gegenseitiger gesandt-

schaftlich-politischer Rücksichtnahme auch dann persönliche Unverletzlichkeit im Rahmen seiner Möglichkeiten gewähren. Ein Anspruch darauf besteht allerdings nicht.

IV. Mitglieder des dienstlichen Hauspersonals

Das dienstliche Hauspersonal genießt nach dem WÜK keine persönliche Unverletzlichkeit, auch nicht über Art. 43 Abs. 1 Alt. 2 WÜK, der sich ausdrücklich nur auf die Konsularbeamten und das Verwaltungs- und technische Personal bezieht. Allerdings gilt in der Staatenpraxis, dass das entsandte und mit hoheitlichen Aufgaben betraute dienstliche Hauspersonal bei dienstlichen Handlungen weder der Gerichtsbarkeit noch administrativen Eingriffen des Empfangsstaats unterliegen und dies Teil des Völkergewohnheitsrechts ist. Deshalb kann zumindest bei amtlichen Handlungen ein Schutz des dienstlichen Hauspersonals angenommen werden.

V. Mitglieder des Privatpersonals

Das private Hauspersonal von Mitgliedern konsularischer Vertretungen, das weder die Staatsangehörigkeit des Empfangsstaats hat noch in demselben ständig ansässig ist, ist unter bestimmten Voraussetzungen von der Sozialversicherungspflicht und von Steuern auf seine Arbeitsbezüge befreit, genießt aber weder Unverletzlichkeit noch Immunität. Bei Verstößen gegen die StVO kann es grundsätzlich verantwortlich gemacht werden. Es gilt jedoch der Grundsatz, dass der Empfangsstaat seine Hoheitsgewalt über diese Personen nur so ausübt, dass er die konsularische Vertretung bei der Wahrnehmung ihrer Aufgaben nicht ungebührlich behindert.

VI. Mitglieder des Verwaltungs- und technischen Personals, des dienstlichen Hauspersonals, private Hausangestellte, die Angehörige des Empfangsstaates bzw. dort ständig ansässig sind, sowie Ortskräfte

Diesen Bediensteten stehen gemäß Art. 71 Abs. 2 WÜK lediglich Vorrechte und Immunitäten in dem vom Empfangsstaat zugelassenen Umfang zu. ***Demnach besteht keinerlei Privilegierung, wenn es die innerstaatliche Rechtsordnung wie in Deutschland nicht vorsieht.***

Es gilt jedoch der Grundsatz, dass der Empfangsstaat seine Hoheitsgewalt über diese Personen nur so ausübt, dass er die konsularische Vertretung bei der Wahrnehmung ihrer Aufgaben nicht ungebührlich behindert.

Ortskräfte genießen keine Immunität *(Abschnitt II, B. II. Ziff. 3):*

VII. Familienangehörige des konsularischen Personals berufskonsularischer Vertretungen

Familienangehörige des konsularischen Personals genießen mangels entsprechender Regelung im WÜK keine persönliche Unverletzlichkeit und Immunität. Der Empfangsstaat sollte sie aber dennoch aus Gründen gegenseitiger gesandtschaftlich-politischer Rücksichtnahme im Rahmen seiner Möglichkeit als unverletzlich behandeln. Ein anerkannter Anspruch darauf besteht allerdings nicht.

VIII. Honorarkonsularbeamte

1. Allgemeines

Das WÜK gewährt Vorrechte und Befreiungen ausschließlich dem Honorarkonsularbeamten selbst, nicht jedoch seinen Hilfskräften.

Für den Fall, dass ***Berufskonsularbeamte des Entsendestaates einem Honorarkonsul zur Unterstützung zugeteilt werden,*** *gelten für sie weiterhin in vollem Umfang die Privilegien nach Abschnitt II, B. III. Ziff. 1). Da sie auch im Rahmen einer solchen Beiordnung allein berufskonsularische Tätigkeiten ausüben, besteht kein plausibler Grund und auch keine einschlägige gesandtschaftsrechtliche Norm, ihren Status einzuschränken. Dementsprechend hat die Bundesregierung zu Kapitel II des WÜK (Art. 28–57) beim Generalsekretär der Vereinten Nationen eine spezielle Interpretationserklärung abgegeben. Danach legt die Bundesrepublik Deutschland die Bestimmungen über die Vorrechte und Befreiungen i. S. v. Art. 28 bis 57 WÜK so aus bzw. wendet sie so an, dass diese Regelungen ohne Unterschied für alle Berufsbediensteten einer konsularischen Vertretung einschließlich derjenigen gelten, die einer von einem Honorarkonsularbeamten geleiteten konsularischen Vertretung zugeteilt sind.*

2. Honorarkonsularbeamte die nicht Angehörige des Empfangsstaates oder dort ständig ansässig sind

Gemäß Art. 58 Abs. 2 WÜK gilt Art. 43 Abs. 1 WÜK auch für entsandte Honorarkonsularbeamte (die nicht Angehörige des Empfangsstaates oder dort ständig ansässig sind). Danach unterliegt der Honorarkonsularbeamte wegen Handlungen, die er in Wahrnehmung konsularischer Aufgaben vorgenommen hat, weder der Gerichtsbarkeit des Empfangsstaates noch Eingriffen seiner Verwaltungsbehörden ***(Amtsimmunität wie Berufskonsularbeamte).***

Für alle Handlungen, die der entsandte Honorarkonsularbeamte nicht in Wahrnehmung konsularischer Aufgaben vorgenommen hat, genießt er keinerlei Unverletzlichkeit und Immunität.

Der Empfangsstaat ist im Übrigen gem. Art. 64 WÜK verpflichtet, dem entsandten Honorarkonsularbeamten den aufgrund seiner amtlichen Stellung erforderlichen Schutz zu gewähren.

3. Honorarkonsularbeamte die Angehörige des Empfangsstaates oder dort ständig ansässig sind

In der Regel werden in Deutschland Honorarkonsuln zugelassen, die entweder die deutsche Staatsangehörigkeit besitzen oder im Bundesgebiet ständig ansässig sind.

*Sie genießen nach Artikel 71 Abs. 1 WÜK lediglich Immunität von der Gerichtsbarkeit und persönliche Unverletzlichkeit wegen in Wahrnehmung ihrer Aufgaben vorgenommener Amtshandlungen **(Amtshandlungsimmunität).** Die Amtshandlungsimmunität erfasst dabei nur echte Amtshandlungen, nicht aber Tätigkeiten, die mit der Amtshandlung bloß im sachlichen Zusammenhang stehen. Eine Dienstfahrt zum Ort der Amtshandlung ist daher z. B. von der Amtshandlungsimmunität nicht erfasst.*

Der Empfangsstaat ist im Übrigen gem. Art. 64 WÜK verpflichtet, auch dem Honorarkonsularbeamten, der Angehöriger des Empfangsstaates oder dort ständig ansässig ist, den aufgrund seiner amtlichen Stellung erforderlichen Schutz zu gewähren.

4. Familienangehörige von Honorarkonsularbeamten

Familienangehörige von Honorarkonsularbeamten genießen mangels entsprechender Regelung im WÜK keine persönliche Unverletzlichkeit und Immunität (Art. 58 Abs. 3 WÜK). Es gilt jedoch auch hier die Mindestforderung von Art. 71 Abs. 2 WÜK, dass der Empfangsstaat seine Hoheitsgewalt über diese Personen nur so ausüben darf, dass er die konsularische Vertretung bei der Wahrnehmung ihrer Aufgaben nicht ungebührlich behindert.

C. Bedienstete und Vertreter Internationaler Organisationen

Für den Status dieses Personenkreises ist das jeweilige Privilegienabkommen maßgeblich. Die Bandbreite reicht von einer Gleichbehandlung mit Diplomaten bis zur bloßen Amtshandlungsimmunität. Im konkreten Fall sollte der Status mit dem Auswärtigen Amt (Referat 701, Tel. 030-18-17-2424, 9.00–16.00 Uhr) abgeklärt werden.

D. Kraftfahrzeug-Haftpflichtversicherungsschutz / TÜV / AU – nicht abgedruckt –

Abschnitt VIII
Kraftfahrzeugkennzeichen – nicht abgedruckt –

Abschnitt IX
Ehrung und Schutz von Besuchern – nicht abgedruckt –

Abschnitt X
Schlussbestimmungen

Das Rundschreiben des Bundesministeriums des Innern vom 17. August 1993 – Gz: P I 6-640 005/1 – wird im Einvernehmen mit dem BMI aufgehoben.

Befreiungen im konsularischen Bereich **RiStBV 193–199**

19 I [1]**Die Mitglieder der im Geltungsbereich dieses Gesetzes errichteten konsularischen Vertretungen einschließlich der Wahlkonsularbeamten sind nach Maßgabe des Wiener Übereinkommens über konsularische Beziehungen vom 24. April 1963 (Bundesgesetzbl. 1969 II S. 1585 ff.) von der deutschen Gerichtsbarkeit befreit.** [2]**Dies gilt auch, wenn ihr Entsendestaat nicht Vertragspartei dieses Übereinkommens ist; in diesem Falle findet Artikel 2 des Gesetzes vom 26. August 1969 zu dem Wiener Übereinkommen vom 24. April 1963 über konsularische Beziehungen (Bundesgesetzbl. 1969 II S. 1585) entsprechende Anwendung.**

II **Besondere völkerrechtliche Vereinbarungen über die Befreiung der in Absatz 1 genannten Personen von der deutschen Gerichtsbarkeit bleiben unberührt.**

1 **1)** Das **WÜK** (S 1; näher 11 zu § 18) wird in I S 2 ebenfalls zur allgemeinen Regelung gemacht (1 zu § 18). Vgl im Übrigen 2 ff zu § 18. Die in § 19 als Wahlkonsularbeamte bezeichneten werden auch Honorarkonsularbeamte genannt (vgl 11 zu § 18 unter II E 1 c).

2) Bilaterale Abmachungen (II) gehen der allgemeinen Regelung (I) vor, auch wenn sie in Handels-, Schifffahrts-, Freundschafts- oder Niederlassungsverträgen uä enthalten sind. Diese Regelung steht im Einklang mit Art 73 WÜK. 2

3) Zuwiderhandlungen im Straßenverkehr: Konsularbeamte und Bedienstete des Verwaltungs- und technischen Personals unterliegen wegen Zuwiderhandlungen, die sie in Wahrnehmung konsularischer Aufgaben begangen haben, nach Art 43 I WÜK nicht der deutschen Gerichtsbarkeit (BMI-Rdschr 12 zu § 18 unter IV B 4). Daher sind Ermittlungs-, Straf- und Bußgeldverfahren nur zulässig, wenn der Gebrauch eines Kfz nicht in engem sachlichen Zusammenhang mit der wirksamen Wahrnehmung konsularischer Aufgaben stand (Bay NJW **74**, 431; Karlsruhe NJW **04**, 3273; Schleswig VRS **62**, 277; vgl auch Düsseldorf VRS **92**, 18; Hamburg NJW **88**, 2191; LG Stuttgart VRS **89**, 457). Konsularische Beamte dürfen nach Art 41 I WÜK nur wegen einer schweren strafbaren Handlung (eine solche, die mit Freiheitsstrafe mit einem Mindestmaß von 3 Jahren und mehr bedroht ist) und auf Grund einer Entscheidung der zuständigen Justizbehörde (BMI-Rdschr unter IV B 2; gilt nicht für Wahlkonsularbeamte, Art 58, 71 WÜK) festgenommen oder in UHaft genommen werden. In solchen Fällen bestehen keine Bedenken gegen die zwangsweise Entnahme einer Blutprobe; bei Wahlkonsuln oder Bediensteten des Verwaltungs- oder technischen Personals ist die zwangsweise Entnahme einer Blutprobe zulässig wegen Taten, die sie nicht in Wahrnehmung konsularischer Aufgaben begangen haben (BMI-Rdschr unter IV B 4). 3

4) Die **Telefonüberwachung** eines Konsulats ist unzulässig, wenn die vermuteten strafbaren Handlungen mit der Wahrnehmung konsularischer Aufgaben zusammenhängen können; es besteht dann für daraus gewonnene Erkenntnisse ein Verwertungsverbot (BGH **36**, 396 = JZ **90**, 1031 mit krit Anm Schroeder; erg Einl 55, 57). 4

Andere Exterritoriale **RiStBV 193–199**

20 **I Die deutsche Gerichtsbarkeit erstreckt sich auch nicht auf Repräsentanten anderer Staaten und deren Begleitung, die sich auf amtliche Einladung der Bundesrepublik Deutschland im Geltungsbereich dieses Gesetzes aufhalten.**

II Im Übrigen erstreckt sich die deutsche Gerichtsbarkeit auch nicht auf andere als die in Absatz 1 und in den §§ 18 und 19 genannten Personen, soweit sie nach den allgemeinen Regeln des Völkerrechts, auf Grund völkerrechtlicher Vereinbarungen oder sonstiger Rechtsvorschriften von ihr befreit sind.

1) Repräsentanten anderer Staaten (I): Staatsoberhäupter und Regierungsmitglieder ausländischer Staaten sind schon nach Art 25 GG von der deutschen Gerichtsbarkeit befreit (unten 4). Die Einfügung des I im Jahre 1984 diente dem Zweck, bei dem damals erwarteten Besuch des Staatsratsvorsitzenden der DDR Störungen durch Strafanzeigen zu verhindern (vgl Blumenwitz JZ **85**, 614 gegen BGH **33**, 97, der II anwendet). Zu diesem Zweck wurde die Exterritorialität auf die nicht schon nach II von der deutschen Gerichtsbarkeit ausgenommenen Repräsentanten anderer Staaten ausgedehnt. Dazu gehören außer dem Staatsoberhaupt die Regierungsmitglieder und die Repräsentanten anderer Staatsorgane. Die Befreiung erstreckt sich auf die Begleitung; das sind die auf der vom Gastland akzeptierten Delegationsliste genannten Begleitpersonen (vgl BT-Drucks 10/1447 S 14). 1

Voraussetzung der Befreiung nach I ist aber stets ein Aufenthalt in der BRep auf **amtliche Einladung** der BReg oder einer anderen dazu befugten Stelle der BRep. Die Einladung eines Bundeslandes genügt nicht, selbst wenn sie auf Veranlassung der BRep ergeht oder mit ihr abgestimmt ist. 2

3 **2) Weitere Befreiungen** (II):

4 Solche gelten für alle Personen, die nach den allgemeinen **Regeln des Völkerrechts** (zum Begriff vgl BVerfGE **16**, 27, 33 = NJW **63**, 1732; BVerfGE **46**, 342, 367 = NJW **78**, 485) nicht der deutschen Gerichtsbarkeit unterliegen. Das ergibt sich bereits aus Art 25 GG (Kissel/Mayer 2; Bleckmann NJW **78**, 1092; zur Frage der Völkerrechtmäßigkeit von Haftbefehlen gegen Regierungsmitglieder anderer Staaten vgl Folz/Soppe NStZ **96**, 576). Die Befreiung gilt in 1. Hinsicht für ausländische Staatsoberhäupter, auch wenn sie sich nicht in amtlicher Eigenschaft in der BRep aufhalten (Oehler ZStW **91**, 399). Abgeleitete Immunität kommt dem Gefolge und den Familienmitgliedern zu, wenn sie das Staatsoberhaupt bei Besuchen begleiten (Oehler aaO), sonst nicht (Kissel/Mayer 11). Immunität genießen ferner die Chefs und Mitglieder ausländischer Regierungen, aber nur bei Besuchen in amtlicher Eigenschaft (Kissel/Mayer 12; Oehler, Internationales Strafrecht, 2. Aufl, 1983, Rn 525). Auch hier genießen Gefolge und Familienmitglieder abgeleitete Immunität. Zur Frage der Immunität von ad hoc bestellten Sonderbotschaftern vgl BGH **32**, 275 = JR **85**, 77 mit Anm Oehler; BGH NJW **86**, 2204; Düsseldorf EuGRZ **83**, 159 mit Anm Zuck; NStZ **87**, 87 mit Anm Jakobs; LG Düsseldorf JZ **83**, 625 mit Anm Engel; Wolf EuGRZ **83**, 401. Nach allgemeinem Völkerrecht sind auch die Besatzungen ausländischer Kriegsschiffe (Kissel/Mayer 13) und ausländische geschlossene Truppenverbände befreit, die befugt den Boden der BRep betreten, (Oehler ZStW **91**, 401), nicht aber einzelne Angehörige fremder Truppen (BGH NStZ **04**, 402; Nürnberg NJW **75**, 2151; Kissel/Mayer 13; Schwenk NJW **63**, 1426). Für Angehörige der NATO-Truppen vgl Art VII **NTS.**

5 Zu den **völkerrechtlichen Vereinbarungen** gehört insbesondere das Abkommen über die Vorrechte und Befreiungen der Sonderorganisationen der UN vom 21. 11. 1947 und über die Gewährung von Vorrechten und Befreiungen an andere zwischenstaatliche Organisationen vom 22. 6. 1954 (BGBl II 639). Dazu sind zahlreiche Einzelregelungen erlassen worden (vgl den Fundstellennachweis A, Beil zum BAnz, Stand 31. 12. 1989, S 10ff).

Ersuchen eines internationalen Strafgerichtshofes

21 **Die §§ 18 bis 20 stehen der Erledigung eines Ersuchens um Überstellung und Rechtshilfe eines internationalen Strafgerichtshofes, der durch einen für die Bundesrepublik Deutschland verbindlichen Rechtsakt errichtet wurde, nicht entgegen.**

1 **1)** Das Gesetz zur Ausführung des **Römischen Statuts des IStGH** (vgl Einl 207b) hat die Vorschrift eingefügt und damit dessen Vorschriften den Vorrang eingeräumt. Vgl dazu im Einzelnen SK-Frister 3ff.

2. Titel. Allgemeine Vorschriften über das Präsidium und die Geschäftsverteilung

Zusammensetzung des Präsidiums

21a **I Bei jedem Gericht wird ein Präsidium gebildet.**

II Das Präsidium besteht aus dem Präsidenten oder aufsichtführenden Richter als Vorsitzenden und

1. **bei Gerichten mit mindestens achtzig Richterplanstellen aus zehn gewählten Richtern,**
2. **bei Gerichten mit mindestens vierzig Richterplanstellen aus acht gewählten Richtern,**

3. bei Gerichten mit mindestens zwanzig Richterplanstellen aus sechs gewählten Richtern,
4. bei Gerichten mit mindestens acht Richterplanstellen aus vier gewählten Richtern,
5. bei den anderen Gerichten aus den nach § 21 b Abs. 1 wählbaren Richtern.

1) Die **Präsidialverfassung** ist für alle Rechtszweige im Wesentlichen gleich. 1
Die Tätigkeit des Präsidiums ist Verwaltung im materiellen Sinn (Jahn DRiZ **72**, 32), also nicht richterliche Tätigkeit ieS (BVerwG **50**, 11 = NJW **76**, 1224; KK-Diemer 3), jedoch ausgeübt in richterlicher Unabhängigkeit, als Teil der richterlichen Amtspflicht (Schäfer DRiZ **72**, 405), in einer Art „Allzuständigkeit". Auch der Vorsitzende ist unabhängig. Für die Dienstaufsicht in der Tätigkeit im Präsidium gelten die §§ 25, 26 **DRiG.**

2) Bei jedem Gericht (I): Ausnahme bei dem Einrichtergericht nach § 22b 2
(**aM** Kissel/Mayer 9).

3) Zusammensetzung (II): 3

A. **Präs und aufsichtführende Richter** (5 zu § 22) sind Mitglieder kraft Geset- 4
zes. Sie werden nach § 21 c I vertreten (dort 1). Bei der Berechnung der Stärke des zu wählenden Präsidiums (II S 1 Nrn 1 bis 4; Stichtag § 21 d Abs 1) wird die Stelle des Präs mitgerechnet, da auch er richterliche Aufgaben wahrnimmt (§ 21 e I S 2). II gilt auch, wenn eine Stelle seit Jahren nicht besetzt ist (Koblenz DRiZ **96**, 329).

B. **Kleines AG** (II Nr 5): Die wählbaren Richter sind Mitglieder kraft Gesetzes. 5
Tritt ein neuer Richter hinzu, ohne dass die Mindestzahl 8 (S 1 Nr 4) erreicht wird, so gehört auch er dem Präsidium kraft Gesetzes an; denn § 21 d gilt nur für die gewählten Präsidien (II Nrn 1–4). Zum Einrichtergericht vgl § 22b.

C. Das **Vorsitzendenquorum** (= Hälfte der beim LG, OLG und BGH ge- 6
wählten Richter müssen Vorsitzende Richter sein) ist durch das Ges vom 22. 12. 1999 (BGBl I 2598) „zugunsten der Gleichrangigkeit der Richter zurückgefahren" (BT-Drucks 14/979 S 4) worden; damit ist aber auch die früher notwendigerweise hälftige Besetzung des Präsidiums mit Beisitzern beseitigt worden.

Wahl des Präsidiums

21b **I [1] Wahlberechtigt sind die Richter auf Lebenszeit und die Richter auf Zeit, denen bei dem Gericht ein Richteramt übertragen ist, sowie die bei dem Gericht tätigen Richter auf Probe, die Richter kraft Auftrags und die für eine Dauer von mindestens drei Monaten abgeordneten Richter, die Aufgaben der Rechtsprechung wahrnehmen. [2] Wählbar sind die Richter auf Lebenszeit und die Richter auf Zeit, denen bei dem Gericht ein Richteramt übertragen ist. Nicht wahlberechtigt und nicht wählbar sind Richter, die für mehr als drei Monate an ein anderes Gericht abgeordnet, für mehr als drei Monate beurlaubt oder an eine Verwaltungsbehörde abgeordnet sind.**

II Jeder Wahlberechtigte wählt höchstens die vorgeschriebene Zahl von Richtern.

III [1] Die Wahl ist unmittelbar und geheim. [2] Gewählt ist, wer die meisten Stimmen auf sich vereint. [3] Durch Landesgesetz können andere Wahlverfahren für die Wahl zum Präsidium bestimmt werden; in diesem Fall erlässt die Landesregierung durch Rechtsverordnung die erforderlichen Wahlordnungsvorschriften; sie kann die Ermächtigung hierzu auf die Landesjustizverwaltung übertragen. [4] Bei Stimmengleichheit entscheidet das Los.

IV [1] Die Mitglieder werden für vier Jahre gewählt. [2] Alle zwei Jahre scheidet die Hälfte aus. [3] Die zum ersten Mal ausscheidenden Mitglieder werden durch das Los bestimmt.

V Das Wahlverfahren wird durch eine Rechtsverordnung geregelt, die von der Bundesregierung mit Zustimmung des Bundesrates erlassen wird.

VI [1]Ist bei der Wahl ein Gesetz verletzt worden, so kann die Wahl von den in Absatz 1 Satz 1 bezeichneten Richtern angefochten werden. [2]Über die Wahlanfechtung entscheidet ein Senat des zuständigen Oberlandesgerichts, bei dem Bundesgerichtshof ein Senat dieses Gerichts. [3]Wird die Anfechtung für begründet erklärt, so kann ein Rechtsmittel gegen eine gerichtliche Entscheidung nicht darauf gestützt werden, das Präsidium sei deswegen nicht ordnungsgemäß zusammengesetzt gewesen. [4]Im Übrigen sind auf das Verfahren die Vorschriften des Gesetzes über das Verfahren in Familiensachen und in den Angelegenheiten der freiwilligen Gerichtsbarkeit entsprechend anzuwenden.

1 **1) Wahlrecht und Wählbarkeit** (I): Wahlberechtigt ist auch der Präs (§ 21 e I S 2); denn auch ihm ist ein Richteramt übertragen (§ 21 e I S 2). Die Übertragung eines Richteramtes ist zwar idR, aber nicht notwendig mit der Übertragung einer Planstelle verbunden. Wahlrecht und Wählbarkeit fehlen dem Richter bei bestehender voller Abordnung über 3 Monate (I S 3); ebenso bei Beurlaubung über 3 Monate. Sie fehlen also nicht dem Halbtagsrichter, dem Richter, der teilw an ein anderes Gericht abgeordnet ist; auch nicht dem Richter, der in seinem Gericht nur mit JV Aufgaben befasst ist.

2 Im Fall der **Abordnung** ist der Richter bei dem Gericht der Abordnung wahlberechtigt, wenn er länger als 3 Monate dort RsprAufgaben wahrnimmt (I S 1); wählbar ist er dagegen bei dem Gericht der Abordnung nicht (I S 2, 3).

3 **2) Maßgebender Tag** (I): Der für die Organisation in § 21 d festgelegte Stichtag gilt hier nicht. Es kommt vielmehr auf den Wahltag an. Umstände, die nach der Erstellung des Wahlverzeichnisses, das nur formelle Bedeutung hat, eintreten oder erst erkannt werden, werden nachträglich berücksichtigt.

4 **3) Wahlverfahren** (II–V; Wahlordnung für die Präsidien der Gerichte vom 19. 9. 1972 [BGBl I 1821; III 300–2-2] idF des Ges vom 22. 12. 1999 [BGBl I 2598]), zuletzt geänd durch Ges vom 23. 7. 2002 (BGBl I 2850): Nach dem Wortlaut („wählt") besteht Wahlpflicht (Kissel/Mayer 16). Der Gewählte darf die Wahl nicht ausschlagen, braucht aber auch nicht zu erklären, dass er sie annehme. Die Mitgliedschaft wächst dem Gewählten in dem Zeitpunkt zu, von dem an das Präsidium gebildet oder ergänzt wird, und zwar mit seiner Benachrichtigung über das festgestellte Wahlergebnis (§§ 8, 10 der Wahlordnung). Der Wahlberechtigte ist frei in der Zahl derer, die er wählt; Panaschieren und additive Stimmabgabe sind aber nicht erlaubt (Kissel NJW **00**, 461).

5 **4) Wahlanfechtung** (VI S 1, 2): Ihr braucht nicht ein Einspruch gegen die Richtigkeit des Wahlverzeichnisses vorausgegangen zu sein. Mit der konkretisierten Behauptung, bei der Wahl sei ein zwingendes Gesetz, etwa eine der in I–III oder in der Wahlordnung (V) enthaltene obligatorische Regelung, verletzt worden, kann ein Richter die Wahl anfechten, wenn er bei dieser das aktive Wahlrecht hatte (OVG Münster NJW **88**, 723; Katholnigg 5; **aM** Kissel/Mayer 18; KK-Diemer 5; LR-Breidling 16, die auf das Wahlrecht zZ der Anfechtung abstellen). Auch die Feststellung, wer nach § 21 c II an die Stelle eines ausgeschiedenen Mitglieds tritt, unterliegt der Anfechtung (BGHZ **112**, 330; vgl auch Frankfurt DRiZ **08**, 184). Der nach § 78 II zum Mitglied der StVollstrK bestellte Richter kann die Wahl zum Präsidium des LG nicht anfechten (Bamberg NStZ **84**, 471 mit abl Anm Feiber). Die Entscheidung nach VI S 2 ist unanfechtbar (BGHZ **88**, 143 = NStZ **84**, 470 mit Anm Feiber; KK-Diemer 5; **aM** Celle NdsRpfl **75**, 138). Wird die Anfechtung für begründet erklärt, so muss die Wahl wiederholt werden, soweit sich der Mangel ausgewirkt haben kann.

5) Rechtsmittel gegen eine gerichtliche Entscheidung (VI S 3): Der von dem Präsidium aufgestellte Geschäftsverteilungsplan ist nicht ungültig, wenn festgestellt ist, dass bei der Wahl dieses Präsidiums eine Rechtsbestimmung verletzt worden ist (vgl BGH **12**, 227; 402, 406). Zurückliegende gerichtliche Entscheidungen können nicht deshalb angefochten und aufgehoben werden, weil das Präsidium nicht ordnungsgemäß besetzt war (BGH **26**, 206, 208ff). Dieser Grundsatz gilt allgemein bei fehlerhafter Zusammensetzung der Gremien für die Richterbestimmung (zB 6 zu § 40). Vgl ferner 6 zu § 16; 7 zu § 338 StPO. 6

6) Sinngemäße Anwendung des FamFG (VI S 4): Die Verweisung bezieht sich nur auf das Verfahren, nicht auf die Anfechtbarkeit (BGHZ **88**, 143; KK-Diemer 5). Auch § 28 II, III FGG (Vorlegung an den BGH) gelten entspr (BGHZ **112**, 330). Ab 1. 9. 2009 tritt an die Stelle des Vorlegungsverfahrens die Rechtsbeschwerde nach § 70 FamFG und die Sprungrechtsbeschwerde nach § 75 FamFG, für die gemäß § 133 der BGH zuständig ist. 7

Vertretung im Präsidium

21c I [1] **Bei einer Verhinderung des Präsidenten oder aufsichtführenden Richters tritt sein Vertreter (§ 21h) an seine Stelle. [2] Ist der Präsident oder aufsichtführende Richter anwesend, so kann sein Vertreter, wenn er nicht selbst gewählt ist, an den Sitzungen des Präsidiums mit beratender Stimme teilnehmen. [3] Die gewählten Mitglieder des Präsidiums werden nicht vertreten.**

II **Scheidet ein gewähltes Mitglied des Präsidiums aus dem Gericht aus, wird es für mehr als drei Monate an ein anderes Gericht abgeordnet oder für mehr als drei Monate beurlaubt, wird es an eine Verwaltungsbehörde abgeordnet oder wird es kraft Gesetzes Mitglied des Präsidiums, so tritt an seine Stelle der durch die letzte Wahl Nächstberufene.**

1) Vertreter (I; § 21h): Er tritt an die Stelle des verhinderten Vorsitzenden kraft Gesetzes, und zwar nur im Vorsitz, nicht in der Mitgliedschaft. Ist er gewähltes Mitglied, so stimmt er in dieser Eigenschaft während der Vertretung nicht ab und wird auch nicht vertreten (I S 3). Er wird aber auch nicht ersetzt (II); denn vorübergehende Mitgliedschaft gibt es nicht. 1

2) Ausscheiden und Wechsel (II): Versetzung, Entlassung, Ruhestand, Tod. Abordnung: Nur die volle Abordnung, nicht auch die teilw, führt zum Ausscheiden aus dem Präsidium (1 zu § 21b). Veränderung des Status im Präsidium: Wenn ein Mitglied Präs oder aufsichtführender Richter und damit kraft Gesetzes Mitglied (als Vorsitzender) des Präsidiums wird, rückt der nächste Wahllegitimierte nach. Die Dauer der Amtszeit eines nach II nächstberufenen Präsidiumsmitglieds wird durch die restliche Amtszeit des Ausgeschiedenen bestimmt (Frankfurt DRiZ **08**, 184). 2

3) Der durch die Wahl Nächstberufene (II) ist immer der durch die jüngste Wahl Nächstberufene, wie das Gesetz jetzt ausdrücklich feststellt (so aber auch schon früher die hM, vgl BGHZ **112**, 330 mwN). Fehlt ein Nächstberufener, so findet Nachwahl statt (§ 14 Wahlordnung; 4 zu § 21b). Eine andere Regelung besteht auch nicht (entspr § 21a II Nr 5) für den Fall, dass nur noch ein wählbarer Richter vorhanden ist, der entweder zZ der Wahl noch nicht zum Gericht gehörte oder keine Stimme erhalten hat. Die Feststellung des Nächstberufenen trifft das Präsidium, nicht der Wahlvorstand (BGHZ **112**, 330 gegen die früher hM), bei gleichzeitigem Ausscheiden mehrerer aus verschiedenen Wahlen hervorgegangener Mitglieder durch Auslosung (BGH aaO). Ist streitig, wer in das Präsidium nachrückt, so entscheidet entspr § 21b VI S 2 das dort bezeichnete Gericht (Frankfurt DRiZ **84**, 196; **08**, 184). Seine Entscheidung ist nicht anfechtbar (BGH MDR **84**, 1008 L). 3

Größe des Präsidiums

21d **I Für die Größe des Präsidiums ist die Zahl der Richterplanstellen am Ablauf des Tages maßgebend, der dem Tage, an dem das Geschäftsjahr beginnt, um sechs Monate vorhergeht.**

II 1 Ist die Zahl der Richterplanstellen bei einem Gericht mit einem Präsidium nach § 21 a Abs. 2 Nr. 1 bis 3 unter die jeweils genannte Mindestzahl gefallen, so ist bei der nächsten Wahl, die nach § 21 b Abs. 4 stattfindet, die folgende Zahl von Richtern zu wählen:

1. **bei einem Gericht mit einem Präsidium nach § 21 a Abs. 2 Nr. 1 vier Richter,**
2. **bei einem Gericht mit einem Präsidium nach § 21 a Abs. 2 Nr. 2 drei Richter,**
3. **bei einem Gericht mit einem Präsidium nach § 21 a Abs. 2 Nr. 3 zwei Richter.**

2 Neben den nach § 21 b Abs. 4 ausscheidenden Mitgliedern scheidet jeweils ein weiteres Mitglied, das durch das Los bestimmt wird, aus.

III 1 Ist die Zahl der Richterplanstellen bei einem Gericht mit einem Präsidium nach § 21 a Abs. 2 Nr. 2 bis 4 über die für die bisherige Größe des Präsidiums maßgebende Höchstzahl gestiegen, so ist bei der nächsten Wahl, die nach § 21 b Abs. 4 stattfindet, die folgende Zahl von Richtern zu wählen:

1. **bei einem Gericht mit einem Präsidium nach § 21 a Abs. 2 Nr. 2 sechs Richter,**
2. **bei einem Gericht mit einem Präsidium nach § 21 a Abs. 2 Nr. 3 fünf Richter,**
3. **bei einem Gericht mit einem Präsidium nach § 21 a Abs. 2 Nr. 4 vier Richter.**

2 Hiervon scheidet jeweils ein Mitglied, das durch das Los bestimmt wird, nach zwei Jahren aus.

1 1) **Nur für das zu wählende Präsidium** gilt § 21 d, nicht für das Präsidium nach § 21 a II Nr. 5 (dort 4), auch nicht für die Wahlberechtigung (4 zu § 21 b).

Aufgaben des Präsidiums

21e **I 1 Das Präsidium bestimmt die Besetzung der Spruchkörper, bestellt die Ermittlungsrichter, regelt die Vertretung und verteilt die Geschäfte. 2 Es trifft diese Anordnungen vor dem Beginn des Geschäftsjahres für dessen Dauer. 3 Der Präsident bestimmt, welche richterlichen Aufgaben er wahrnimmt. 4 Jeder Richter kann mehreren Spruchkörpern angehören.**

II Vor der Geschäftsverteilung ist den Richtern, die nicht Mitglied des Präsidiums sind, Gelegenheit zur Äußerung zu geben.

III 1 Die Anordnungen nach Absatz 1 dürfen im Laufe des Geschäftsjahres nur geändert werden, wenn dies wegen Überlastung oder ungenügender Auslastung eines Richters oder Spruchkörpers oder infolge Wechsels oder dauernder Verhinderung einzelner Richter nötig wird. 2 Vor der Änderung ist den Vorsitzenden Richtern, deren Spruchkörper von der Änderung der Geschäftsverteilung berührt wird, Gelegenheit zu einer Äußerung zu geben.

IV Das Präsidium kann anordnen, dass ein Richter oder Spruchkörper, der in einer Sache tätig geworden ist, für diese nach einer Änderung der Geschäftsverteilung zuständig bleibt.

V Soll ein Richter einem anderen Spruchkörper zugeteilt oder soll sein Zuständigkeitsbereich geändert werden, so ist ihm, außer in Eilfällen, vorher Gelegenheit zu einer Äußerung zu geben.

VI Soll ein Richter für Aufgaben der Justizverwaltung ganz oder teilweise freigestellt werden, so ist das Präsidium vorher zu hören.

VII [1]**Das Präsidium entscheidet mit Stimmenmehrheit.** [2]**§ 21 i Abs. 2 gilt entsprechend.**

VIII [1]**Das Präsidium kann beschließen, dass Richter des Gerichts bei den Beratungen und Abstimmungen des Präsidiums für die gesamte Dauer oder zeitweise zugegen sein können.** [2]**§ 171 b gilt entsprechend.**

IX **Der Geschäftsverteilungsplan des Gerichts ist in der von dem Präsidenten oder aufsichtführenden Richter bestimmten Geschäftsstelle des Gerichts zur Einsichtnahme aufzulegen; einer Veröffentlichung bedarf es nicht.**

1) Geschäftsverteilungsplan (I; auch Geschäftsplan): Die Geschäftsverteilung ist ein organisatorischer Akt der gerichtlichen Selbstverwaltung zur Bestimmung des gesetzlichen Richters und keine Rechtsvorschrift (BayVerfGE 38 II 90). Sie wirkt auch auf die Rechtsstellung des einzelnen Richters ein. Denn sie regelt seine öffentlich-rechtlichen Berechtigungen und Verpflichtungen im Hinblick auf die von ihm wahrzunehmenden richterlichen Geschäfte (BVerwGE **50**, 11, 13 = NJW **76**, 1224). Alle vom Gesetz dem betreffenden Gericht zugewiesenen Geschäftsaufgaben müssen verteilt werden (sog Vollständigkeitsprinzip, vgl Sowada 251). Lücken im Geschäftsverteilungsplan dürfen aber nach allgM durch „gewachsene Übung" ausgefüllt werden (BGH 5 StR 474/92 vom 10. 11. 1992; Katholnigg 2 mwN). 1

A. **Besetzung:** Jeder Spruchkörper muss einen Vorsitzenden haben (BGH **28**, 290). Allen Richtern wird eine der bezeichneten richterlichen Aufgaben zugeteilt. Dabei wird § 29 DRiG berücksichtigt; der danach – vorübergehend – erlaubte Einsatz von 2 abgeordneten Richtern ist aber nur dann zulässig, wenn hierfür eine sachliche Notwendigkeit besteht (vgl Katholnigg JR **96**, 167 mwN; str). Alle Aufgaben müssen verteilt werden (Maunz/Dürig 53 zu Art 101 GG; Rieß JR **78**, 302; Stanicki DRiZ **76**, 80). Die Besetzung der Spruchkörper ist so zu regeln, dass im Voraus und generell so eindeutig wie möglich festgelegt ist, welche Richter bei der Entscheidung des einzelnen Falles berufen sind und wer im Vertretungsfall an ihre Stelle tritt (BGH **27**, 209, 210; NJW **88**, 1921; 4 zu § 16; vgl auch Sangmeister MDR **88**, 190); das schließt aber nicht aus, einen im Laufe des Geschäftsjahres wegen Ausscheiden eines Richters sicher eintretenden Wechsel bereits bei Aufstellung des Planes zu berücksichtigen. Die Zuteilung der Richter muss sich auf die Dauer des Geschäftsjahrs erstrecken, nicht nur bis zur Erledigung bestimmter Sachen (BGH **8**, 252; **33**, 234, 236 = JR **86**, 125 mit Anm Katholnigg). In gleicher Weise wird die Besetzung eines Spruchkörpers, der im Laufe des Geschäftsjahres neu eingerichtet wird, für den Rest des Jahres bestimmt (BGH GA **79**, 223). Auch der Überwachungsrichter (§ 148 a StPO) muss bestimmt werden, wenn sich sein Tätigwerden als möglich abzeichnet. Ein Präsidialbeschluss, der bestimmte richterliche Geschäfte von der Verteilung ausnimmt, ist insoweit, nicht wegen seines sonstigen Inhalts, unwirksam (Feiber NJW **75**, 2005). Auch wenn von vornherein abzusehen ist, dass der Geschäftsverteilungsplan wegen Richtermangels nicht einzuhalten ist, muss das Präsidium ihn aufstellen; der Plan ist deswegen nicht insgesamt gesetzwidrig (KG JR **82**, 433). Eine beschränkte Dauerverhinderung eines Richters (unten 15, 20) wird berücksichtigt, zB im Fall des § 4 II DRiG, durch Zuweisung zu einem Bruchteil seiner Arbeitskraft oder für von vornherein nach allgemeinen Gesichtspunkten bestimmte Sitzungstage (BGH **25**, 239). 2

B. Die **Art der Verteilung** (eingehend dazu Sowada 311 ff) richtet sich entweder nach der Art der Aufgaben oder nach den Anfangsbuchstaben des Familiennamens des (ältesten oder alphabetisch an erster Stelle stehenden) Angeschuldigten (5 zu § 16). Bei Verteilung nach Registernummern muss für die am selben Tag eingehenden Sachen eine Regelung getroffen werden (BGHZ **40**, 91; Saarbrücken StraFo **96**, 150). Ein „rollierendes System", wonach die Zuständigkeit nach einigen aufeinander folgenden Eingangszahlen, die im Voraus festgelegt sind, wechselt, ist 3 zulässig (BGH NStZ **90**, 138). Die Bestimmung des Geschäftsverteilungsplans, dass eine bei Eröffnung des Hauptverfahrens versehentlich angenommene Zuständigkeit bestehen bleibt, verstößt nicht gegen Art 101 I S 2 GG (BGH NStZ **84**, 181; einschr Sowada 330: Angeklagter muss Unzuständigkeit bis zum Beginn seiner Vernehmung zur Sache geltend machen können). Bei der Sachverteilung sind die rechtlich zwingend vorgeschriebenen Sonderzuständigkeiten (§§ 74 II, 74a, 74c, 74d; §§ 39–41 JGG; § 391 **AO**) zu beachten. Die Bestimmung, dass die Zuständigkeit des Spezialspruchkörpers gegeben ist, wenn eine die Sonderzuständigkeit begründende Norm in der Anklageschrift als verletzt bezeichnet wird, ist (von willkürlicher Annahme dieser Norm abgesehen) zulässig (**aM** Sowada 324). Beim AG ist auch die Zuständigkeit für die Fälle der §§ 27 III S 1, 30 StPO zu bestimmen.

4 Die **Zuständigkeit nach Zurückverweisung** (§§ 210 III, 354 II StPO) ist bei den tatrichterlichen Spruchkörpern ebenfalls zu regeln. Wenn von einem übergeordneten Gericht an eine andere Kammer oder Abteilung der Vorinstanz zurückverwiesen wird, muss sich aus dem Geschäftsverteilungsplan eindeutig (BGH NStZ **82**, 211) ergeben, welcher andere Senat, welche andere Kammer oder Abteilung anstelle der ursprünglichen zuständig ist. Fehlt ein solcher Auffangspruchkörper, so muss er in sinngemäßer Anwendung des § 21 e im Laufe des Geschäftsjahrs eingerichtet werden (11 zu § 210; 38 zu § 354 StPO).

5 C. **Statthafte Überbesetzung der Kollegialgerichte:** Der Spruchkörper darf mehr Mitglieder haben, als er für eine Entscheidung, die volle Besetzung erfordert, benötigt, vorausgesetzt, dass es für eine geordnete Rechtspflege unvermeidbar und vom VorsRi zu bewältigen ist (BVerfGE **18**, 344, 350 = NJW **65**, 1219; BVerfGE **22**, 282, 286; BGH **33**, 234 = JR **86**, 125 mit Anm Katholnigg; BGH NJW **65**, 1715; Sowada 263). Nach der früheren Rspr des BVerfG durfte ein Spruchkörper nur soviel Mitglieder mehr haben, dass er in den Sachen, bei deren Entscheidung die größte Anzahl seiner Mitglieder mitwirken müssen, nicht in zwei personenverschiedenen Sitzgruppen gleichzeitig Sitzung halten oder drei Sitzgruppen zur Verhandlung zu verschiedenen Zeiten bilden kann (BVerfGE **17**, 294 = NJW **64**, 1020; BVerfGE **18**, 65 = NJW **64**, 1667; BVerfGE **18**, 344, 350 = NJW **65**, 1219; BGH **33**, 234 = JR **86**, 125 mit Anm Katholnigg; Sowada 267). Da nun aber nach § 21 g durch einen generell-abstrakten Mitwirkungsplan die Heranziehung der einzelnen Richter zu den Verfahren festgelegt ist, hat diese Rspr ihre Bedeutung verloren. Daher darf die große StrK beim LG auch neben dem Vorsitzenden – trotz der in der Hauptverhandlung nach § 76 II möglichen Entscheidung mit 2 Richtern (und 2 Schöffen) – mit 3 Beisitzern besetzt sein (BVerfG NJW **04**, 3482; BGH NJW **04**, 1118 = JR **04**, 305 mit Anm Weber = StV **05**, 2 mit Anm v Döllen/Meyer-Mews; Peglau wistra **05**, 92). Ob es darüber hinaus noch – wie bisher angenommen – eine absolute Grenze der Überbesetzung eines Spruchkörpers gibt (zB Besetzung der Großen StrK mit einem Vorsitzenden und 5 Beisitzern; dazu aber auch 2 zu § 21 f), hat das BVerfG (aaO) offen gelassen. Bei einem Senat des OLG, der erstinstanzlich tätig wird – ebenso beim BGH für Beschwerdeentscheidungen –, muss bestimmt werden, welche Richter bei den nach § 122 II S 2 möglichen Dreierentscheidungen ausscheiden (vgl Katholnigg JR **98**, 35).

5a Der **Sinn und die tatsächliche Handhabung** des Geschäftsverteilungsplanes, nicht sein Wortlaut entscheiden, ob ein Richter ständiges Mitglied oder nur Vertreter ist (BGH NJW **65**, 875). Ständiges Mitglied ist nur, wer zur ständigen Dienstleistung zugeteilt ist (BGH **20**, 61, 63; NStZ **91**, 143).

6 D. Die **Zuteilung an mehrere Spruchkörper** (I S 4) ist stets zulässig. Auch der Vorsitzende kann den Vorsitz in mehreren Spruchkörpern übernehmen (BGH **28**, 290, 292), sofern er seine Aufgaben als Vorsitzender ausreichend wahrnehmen kann (BGH **25**, 54). Für den Fall des Zusammentreffens der verschiedenen Dienstgeschäfte wird deren Rangverhältnis geregelt (BGH NJW **73**, 1291; Kollisionsre-

gel, vgl dazu Kissel Rebmann-FS 66). Ist dies nicht geschehen, so muss im Kollisionsfall geklärt werden, in welcher Sache der Richter verhindert ist und vertreten wird (unten 8).

E. Die **Vertretungsregelung** gilt ebenfalls für die Dauer des Geschäftsjahres (oben 2). Sie muss, auch für Hilfsstrafkammern (Hamm JMBlNW **82**, 45), die voraussehbaren Verhinderungsfälle (BGH StV **87**, 286; **88**, 194) berücksichtigen. Vertretung ist nur bei vorübergehender Verhinderung zulässig (vgl § 21f II; erg dort 4ff). Die Vertretungsregelung bezieht sich beim LG, OLG und BGH nur auf den Fall der Vertretung durch einen Richter eines anderen Spruchkörpers. Spruchkörperintern gilt § 21g. **7**

Feststellungsverfahren (8 zu § 21f): Nur bei offensichtlicher Verhinderung aus tatsächlichen Gründen (5 zu § 21f) tritt der geschäftsplanmäßige Vertreter ohne weiteres an die Stelle des verhinderten Richters, zB bei Krankheit, Urlaub, Dienstbefreiung, Eintritt der Kollisionssituation nach der Kollisionsregel (oben 6), kurzfristiger Abordnung oder Unerreichbarkeit (Frankfurt DRiZ **80**, 430 mwN; KK-Diemer 10). In den übrigen Fällen, zB bei Überlastung oder wegen anderer richterlicher Aufgaben (BGH StV **89**, 338), greift die Vertretungsregelung nicht automatisch ein, sondern setzt voraus, dass die Verhinderung durch den Präs oder aufsichtführenden Richter (formlos, zweckmäßig aber mit Aktenvermerk; **aM** Schrader StV **91**, 540: schriftlich und begründet) festgestellt wird (BGH **21**, 174; NJW **74**, 870; erg 8 zu § 21f), und zwar in einer für das Revisionsgericht nachprüfbaren Weise (BGH NStZ **88**, 325; StV **89**, 338). Ohne diese Entscheidung liegt in einem solchen Fall eine wirksame Verhinderung des Richters nicht vor (mit der Folge der Anwendbarkeit des § 338 Nr 1 StPO: BGH NJW **73**, 1291). Wenn die vorübergehende Verhinderung eines Richters vor Beginn der Hauptverhandlung wegfällt und er an dieser teilnehmen kann, muss der Wegfall der Verhinderung (BGHSt **35**, 55 = NStZ **88**, 418 mit Anm Kissel), wenn der vertretene Richter den Dienst zwar wieder antritt, infolge der Nachwirkungen seiner Krankheit an einer anstehenden Hauptverhandlung aber noch nicht teilnehmen kann, muss auch die Verhinderung festgestellt werden. **8**

Dauerverhinderung (5ff zu § 21f): Ist oder wird die Verhinderung eine dauernde, so darf die Vertretungsregelung durch eine Änderung der Geschäftsverteilung (III) abgelöst werden. Das ist kein Muss, weil durch die Änderung vielleicht keine bessere Lösung gefunden werden kann. **9**

F. **Ring-Vertretung:** Es reicht grundsätzlich nicht aus, nur einen Vertreter zu bestellen. Daher genügt bei einer mit 3 Mitgliedern besetzten Strafkammer die Bestellung von nur 4 Vertretern idR nicht (BGHR StPO § 338 Nr 1 Beisitzer 4 und 6). Für jedes Mitglied sollten somit mindestens 2 Vertreter bestimmt werden, falls nicht eine Regelung gewählt wird, wonach bei Verhinderung der regelmäßigen Vertreter alle Richter des Gerichts in einer bestimmten Reihenfolge zur Vertretung berufen sind (BGH NStZ **91**, 195; StV **93**, 398 mit Anm Kissel). Werden mehrere Vertreter bestellt, so wird die Reihenfolge bestimmt, in der sie zur Vertretung berufen sind (Münn DRiZ **73**, 233). Wird dabei auf das Dienst- oder Lebensalter abgestellt, so wird auch der Fall der Altersgleichheit berücksichtigt, falls er in Betracht kommt. Ausnahmsweise kann ein zeitweiliger Vertreter bestellt werden, wenn trotz ausreichender Vertretungsregelung unvorhersehbar alle Vertreter verhindert sind (Rspr-Nachweise bei Kissel StV **93**, 399, der selbst jedoch eine solche *ad hoc*-Vertreterbestellung für unzulässig hält; ebenso Sowada 338: Ringvertretung zwingend). **10**

G. **Zweigstellen des Gerichts** sind in ihrem Bezirk für sämtliche gerichtlichen Geschäfte zuständig, soweit nichts anderes bestimmt ist. Soweit ein Richter einem detachierten Spruchkörper oder einer Zweigstelle des Gerichts zugeteilt wird, bestimmt das Präsidium damit auch den Dienstsitz dieses Richters. Besteht sowohl im Bezirk des Hauptgerichts als auch im Bezirk der Zweigstelle ein Gerichtsstand, so hat die StA das Wahlrecht (10 vor § 7 StPO). **11**

12 **Ergänzungsrichter** (§ 192 II) sind vom Präsidium zu bestellen, ohne dass auf die Vertretungsregelung im Geschäftsverteilungsplan zurückgegriffen werden muss (BGH **26**, 324; **aM** SK-Velten 49). Denn die Teilnahme eines Ergänzungsrichters ist kein Fall der im Geschäftsverteilungsplan geregelten Vertretung. Sie wird vielmehr vom Vorsitzenden nach seinem Ermessen angeordnet, während der Vertretungsfall unabhängig davon eintritt (vgl auch Foth DRiZ **74**, 87).

12a H. **Ermittlungsrichter:** Vgl 7 ff zu § 162 StPO.

13 **2) Änderungen** (III): Die weitere Ausbildung des richterlichen Nachwuchses ist kein Änderungsgrund (BGH **26**, 382). Jedoch berücksichtigt das Präsidium bei einer aus anderen Gründen notwendigen Änderung alle Umstände, die der Gewährleistung einer geordneten Rechtspflege dienen (BGHR Änderung 4), auch die Ausbildung des richterlichen Nachwuchses (BGH **27**, 397 mit krit Anm Müller NJW **78**, 2163 und Peters JR **79**, 82). IdR handelt es sich um Daueränderungen (Münn DRiZ **73**, 233). Im Interesse einer sachgerechten und raschen Durchführung eines Verfahrens ist aber auch eine zeitweilige Vertreterbestellung durch das Präsidium nach III zulässig, sofern nicht durch voraussehbare Häufigkeit solcher Bestellungen die gesetzliche Spruchkörperbesetzung in Frage gestellt wird (BGH **27**, 209, 210 mit Anm Holch JR **78**, 37 und Müller NJW **78**, 899; dagegen BGH NStZ **88**, 37). Das gilt zB, wenn die beschlossene Ringvertretung (oben 10) wider Erwarten nicht ausreicht (BGH NStZ-RR **04**, 229 [B]; 4 StR 622/09 vom 28. 1. 2010). Die vorübergehende Verhinderung eines Richters durch die Vorbereitung einer außergewöhnlich umfangreichen Strafsache ist kein Änderungsgrund (BGH NJW **86**, 1884). Änderungen nach III können auch bereits anhängige Verfahren erfassen (BVerfG NJW **09**, 1734; BGH **30**, 37; **44**, 161; NJW **04**, 865; Sowada 259; **aM** Gubitz/Bock NStZ **10**, 191 mwN). Allerdings dürfen nicht einzelne Sachen ausgesucht und einem anderen Richter zugewiesen werden; das ist auch dann unzulässig, wenn dies durch eine allgemein gehaltene Klausel geschieht (BVerfG NJW **05**, 2689; BGH NStE Nr 10; StraFo **98**, 377; Bay **00**, 108 = NStZ-RR **01**, 49).

14 A. **Überlastung; ungenügende Auslastung:** Auch hier muss idR ein längerer Zeitraum ins Auge gefasst werden. Die Veränderung des Belastungsausmaßes kann sich im Laufe des Geschäftsjahres zeigen, wenn die Folgen der änderungsbedürftigen Geschäftsverteilung zunehmend Gewicht erlangen und zu größeren Unzuträglichkeiten führen (BGH NJW **04**, 865); sie kann sich auch zwangsläufig aus einer Gesetzesänderung ergeben (Münn DRiZ **73**, 233). Überlastung liegt vor, wenn über einen längeren Zeitraum ein erheblicher Überhang der Eingänge über die Erledigungen zu verzeichnen ist, so dass mit einer Bearbeitung der Sachen innerhalb eines angemessenen Zeitraumes nicht zu rechnen ist und sich die Überlastung daher als so erheblich darstellt, dass der Ausgleich nicht bis zum Ende des Geschäftsjahres zurückgestellt werden kann (BGH **53**, 268). Die Änderung muss nach allgemeinen Merkmalen (oben 3) vorgenommen werden (KG StV **81**, 14). Eine (allgemeine) Regelung für den Fall des Eintritts einer Überlastung braucht der Geschäftsverteilungsplan nicht zu enthalten (BGH **44**, 161). Endet die Überlastung einer StrK, die nach III entlastet worden ist, so ist nicht etwa die Rückübertragung der während der Zeit der Entlastung eingegangenen Sachen auf die entlastete StrK geboten (BGH NStZ-RR **06**, 67 [B]).

15 B. **Wechsel; dauernde Verhinderung:** Wechsel bedeutet Ausscheiden eines Richters aus dem Gericht (Versetzung, Entlassung, Ruhestand, Tod) und seine Ersetzung durch einen anderen. Die dauernde Verhinderung besteht bei dem planmäßig bei dem Gericht verbleibenden Richter, wenn er über geraume oder nicht absehbare Zeit (BGH NJW **03**, 150, 154: mehr als 3 Monate) – ganz oder teilw – verhindert ist. Über Verhinderung vgl 4 ff zu § 21 f. Der neu hinzukommende Richter muss nicht in die Lücke eingeteilt werden (BGH **22**, 232; StV **03**, 8). Auch die Änderung der Besetzung eines Spruchkörpers, in dem sich der Änderungsanlass nicht ergeben hat, ist als Folgemaßnahme gesetzlich abgedeckt (BGH

aaO), sofern sie nicht auf Willkür beruht (6 zu § 16). Es ist aber dafür Sorge zu tragen, dass anstehende Haftsachen durch die Maßnahmen nicht unvermeidbar verzögert werden (BVerfG StraFo **07**, 18).

C. **Die HilfsStrK** ist keine Dauerinstitution (2 zu § 60), sondern Ergebnis der Geschäftsverteilung nach III (BGH **15**, 217; **21**, 260). Ihre Bildung ist eine andere Lösung des Verhinderungsfalls, die vorzuziehen ist, wenn die Verhinderung nicht auf einzelne wenige Sitzungen beschränkt bleibt (BGH **25**, 174; **31**, 389 = NStZ **84**, 84 mit abl Anm Frisch; allg zur Hilfsstrafkammer Frisch NStZ **87**, 265, 304), oder sie ist eine Lösung des Überlastungsfalls. 16

Die **Überlastung** der ordentlichen StrK darf **nur vorübergehend** sein (BGH NJW **00**, 1581: „unbestimmter Rechtsbegriff"; dazu krit Katholnigg NStZ **00**, 443). Insbesondere infolge Anfalls umfangreicher und schwieriger Strafsachen, zB Wirtschaftsstrafsachen (§ 74c), kann es notwendig werden, einen neuen Spruchkörper zu bilden, ihm einen wesentlichen Teil der Verfahren zu übertragen und ihn entspr zu besetzen (BGH **31**, 389; MDR **76**, 63). Die Bildung der HilfsStrK darf nicht dadurch umgangen werden, dass der überlasteten StrK für ein Großverfahren zwei weitere Richter zugeteilt werden, damit sie gleichzeitig in zwei verschiedenen Besetzungen zwei Hauptverhandlungen nebeneinander durchführen kann (BGH **33**, 234, 236 = JR **86**, 125 mit Anm Katholnigg; BGH GA **77**, 366). Auch den HilfsStrKn müssen die Geschäfte nach allgemeinen Gesichtspunkten zugewiesen werden (BGH **15**, 116, 217); die Übertragung von Einzelsachen ist unzulässig (BGH **7**, 23, 25; **33**, 234, 237; 3 StR 174/09 vom 4. 8. 2009), es sei denn, dies ist der sachgerechte Weg, um eine nur durch das abgeleitete Verfahren entstandene Überlastung auszugleichen (BGH **44**, 161, 166; 5 StR 94/07 vom 22. 5. 2007). Das Ende der Tätigkeit der HilfsStrK kann kalendermäßig oder mit einem sicher eintretenden, vom Willen einzelner unabhängigen Ereignis begrenzt werden (BGH **21**, 260, 263), auch wenn das voraussichtlich nicht mehr im laufenden Geschäftsjahr der Fall sein wird (Kissel/Mayer 12 zu § 60; **aM** Frisch NStZ **84**, 86). Ist ihre Lebensdauer durch den Tag der Entscheidung in einer Strafsache durch die ordentliche (überlastete) StrK begrenzt, so macht auch eine erhebliche Verzögerung des Abschlusses dieser Strafsache die HilfsStrK nicht nachträglich unzulässig (BGH **31**, 389 = JR **83**, 519 mit Anm Katholnigg = NStZ **84**, 84 mit Anm Frisch). Jedoch darf die HilfsStrK nicht über das ihrer Einrichtung folgende Geschäftsjahr aufrechterhalten werden (BGH **33**, 303 = JR **86**, 260 mit Anm Katholnigg; vgl zu anderen Lösungen Sowada 350); ggf muss eine ordentliche StrK eingerichtet oder eine Neuverteilung der Sachen vorgenommen werden (BGH aaO). Die der HilfsStrK zugeteilten Richter können noch einer anderen Kammer des LG angehören (oben 6). Über die Bestellung eines Vorsitzenden vgl 10 ff zu § 21f. 16a

Eine **Pflicht zur umfassenden, nachvollziehbaren Dokumentation** der Gründe für die Einrichtung der Hilfsstrafkammer besteht, da ihre Errichtung erhebliche Gefahren für das verfassungsrechtliche Gebot des gesetzlichen Richters birgt, wenn bereits anhängige oder auch zukünftig eingehende Sachen auf sie übertragen werden. Diese Dokumentation muss grundsätzlich schon zZ der Präsidiumsentscheidung vorliegen, spätestens jedoch, wenn über einen (zulässig erhobenen) Besetzungseinwand nach § 222b II StPO sachlich zu entscheiden ist, wobei etwaige Begründungsmängel in einem ergänzenden Beschluss behoben werden können. Auf Verlangen ist den Verfahrensbeteiligten die Dokumentation bekanntzumachen (BGH **53**, 268; 3 StR 174/09 vom 4. 8. 2009 und 3 StR 507/09 vom 13. 1. 2010; Gubitz/Bock NStZ **10**, 190). 16b

3) Fortdauer der Zuständigkeit (IV): Dies gilt auch nach der Änderung durch den neuen Jahresgeschäftsverteilungsplan (I S 1; KK-Diemer 15) und auch dann, wenn der Richter nur vorbereitend tätig war. Die im abgelaufenen Geschäftsjahr eingegangenen und noch nicht erledigten Sachen können nach IV nur so weit von der Neueinteilung ausgenommen werden, als der nach der bisherigen Geschäftsverteilung zuständige Richter oder Spruchkörper in ihnen bereits tätig 17 geworden ist (BGH **30**, 371, 375), dh eine Entscheidung getroffen oder eine sonstige Prozesshandlung vorgenommen hat. Nicht nur in „einer", sondern auch für mehrere oder eine Gruppe von Sachen, die jedoch eindeutig beschrieben sein müssen (BGH **33**, 234, 236 = JR **86**, 125 mit Anm Katholnigg), kann die Zuständigkeit erhalten werden.

18 IV betrifft aber nicht den Fall, dass eine begonnene **Hauptverhandlung** in das neue Geschäftsjahr hinüberreicht (BGH aaO; **8**, 250). Dieser Fall ist für die Schöffen in den §§ 50, 77 I geregelt. Für die Berufsrichter ist eine solche besondere Regelung entbehrlich (BGH **19**, 382).

19 **4) Anhörung:** Die Zuteilung an einen anderen Spruchkörper (V) besteht beim AG in der Herausnahme aus der bisherigen und in der Einweisung in eine andere Geschäftsaufgabe. Wird die Geschäftsaufgabe eines Richters geändert (dh vergrößert, verringert oder in Teilen ausgetauscht), so ändert sich damit idR zugleich der Zuständigkeitsbereich eines anderen Richters, der ebenso nach V zu hören ist. II gilt nur bei der Geschäftsverteilung vor dem Beginn des Geschäftsjahres für dessen Dauer. Bei Änderungen gilt III S 2.

20 **5) Freistellung für Justizverwaltung** (VI): Justizverwaltung deckt sich nicht mit Gerichtsverwaltung iS des § 4 II DRiG (Schmidt-Räntsch 16 zu § 4 DRiG), ganz allgemein nicht mit den in § 4 II DRiG bezeichneten Aufgaben. Ein Richter kann trotz § 4 II DRiG zB in ein Ministerium abgeordnet werden. Denn in diesem Fall nimmt er nicht zugleich richterliche Aufgaben wahr. Dass das Präsidium auch in solchen Fällen gehört werden muss, beruht darauf, dass ein Richter seiner Verteilungsbefugnis entzogen wird (vgl auch BGHZ **112**, 189 zur Freistellung zwecks Referendarausbildung). Ein Mitbestimmungsrecht des Präsidiums lässt sich aus VI nicht ableiten.

21 **6) Entscheidung und Auflegung** (VII, IX): Zur Beschlussfähigkeit vgl § 21 i. Wie bei gerichtlichen Entscheidungen (§ 195) dürfen sich die Mitglieder des Präsidiums nicht der Stimme enthalten (LR-Breidling 66; SK-Velten 34; Fischer DRiZ **78**, 174). Die Unterzeichnung der gefassten Beschlüsse durch die Präsidiumsmitglieder ist nicht erforderlich; es genügt die Protokollierung und Unterzeichnung des Protokolls durch Vorsitzenden und Protokollführer, auch durch den Vorsitzenden allein (BVerwG NJW **84**, 575 L). Das Auflegen des Geschäftsverteilungsplans soll den Verfahrensbeteiligten die Nachprüfung der ordnungsgemäßen Besetzung des Gerichts erleichtern. Zur Angabe der Richterverhältnisse im Geschäftsverteilungsplan und in der Entscheidung vgl § 29 **DRiG.** Für die kammerinterne Geschäftsverteilung gilt IX nach § 21 g VII entspr.

22 **7) Kompetenzkonflikte** (§ 14 StPO): Bei Abgabe einer Strafsache von einem Spruchkörper an einen anderen im Eröffnungsverfahren außerhalb des Anwendungsbereichs der §§ 209, 209 a StPO (4 zu § 209; 6 zu § 269 StPO) entscheidet bei Meinungsverschiedenheiten das Präsidium (BGH **18**, 173, 175; **25**, 242); in Eilfällen gilt § 21 i II. Eine vertretbare Auslegung des Geschäftsverteilungsplans ist dabei bindend (BGH **26**, 191, 199). Voraussetzung dafür ist aber, dass der Kompetenzkonflikt auf die Geschäftsverteilung zurückzuführen und nur durch deren authentische Auslegung oder durch ihre Ergänzung zu klären ist (1 zu § 14 StPO). Anders ist es, wenn es lediglich um Auslegung eines Gesetzes geht, durch das einem Spruchkörper ein besonderer Geschäftskreis zugewiesen worden ist; dann obliegt die Auslegung des Geschäftsverteilungsplans ausschließlich dem mit der Sache befassten Spruchkörper (BGH 5 StR 688/92 vom 3. 5. 1993).

23 **8) Richter-Öffentlichkeit** (VIII): Nach bisherigem Recht waren die Sitzungen des Präsidiums nicht öffentlich und die ihm angehörenden Richter nach hM zur Geheimhaltung der Beratung und Abstimmung verpflichtet (vgl NJW **95**, 2494; Kissel/Mayer 22). Nachdem demgegenüber zunächst vom BTag eine generelle Richteröffentlichkeit beschlossen worden war (vgl Kissel NJW **00**, 462), hat

das Ges vom 22. 12. 1999 (BGBl I 2598) schließlich doch die Regelung der Nichtöffentlichkeit beibehalten, jedoch dem Präsidium die Befugnis eingeräumt, unter Beachtung des Schutzes der Privatsphäre entspr § 171 b einigen oder allen Richtern des Gerichts zeitweise oder ständig die Anwesenheit zu gestatten (vgl dazu Sowada 425 ff). Insoweit besteht dann auch keine Verschwiegenheitspflicht für die Präsidiumsmitglieder mehr (Kissel aaO).

9) Die **Anfechtung des Geschäftsverteilungsplans** ist grundsätzlich ausgeschlossen (BGH DRiZ **73**, 280; MDR **85**, 319). Durch die Zuteilung oder Nichtzuteilung von Dienstgeschäften kann das Recht eines Richters nach Meinung des BVerwG verletzt sein (oben 1). Zur Klärung der Frage, ob dies der Fall ist, steht ihm der Verwaltungsrechtsweg offen (BVerwGE **50**, 11 = NJW **76**, 1224; OVG Hamburg NJW **87**, 1215; krit Kornblum NJW **77**, 666; Müller NJW **78**, 975). Die §§ 23 ff **EGGVG** sind hier nicht anwendbar, weil die Geschäftsverteilung keine Maßnahme einer VerwB und mithin auch nicht einer Justizbehörde (iS des § 23 I S 1 **EGGVG**) ist (BVerwG aaO). Die Klage des Richterrates auf Zuweisung einer neuen Richterstelle ist unzulässig (HessVGH DRiZ **78**, 120). 24

10) Revision: Die abstrakte Möglichkeit eines Missbrauchs macht eine Geschäftsverteilung weder verfassungs- noch gesetzwidrig (BGH NStZ **90**, 138 mwN). Durch die falsche Zusammensetzung des Präsidiums wird die Geschäftsverteilung nicht unwirksam (BVerfGE **31**, 47, 53 = DVBl **71**, 786 mit abl Anm Bettermann) und kann daher im Einzelfall nicht mit der Revision gerügt werden (BGH **26**, 206, 208; 6 zu § 21 b; 7 zu § 338 StPO). Auch eine Änderung nach III unterliegt der Nachprüfung durch das Revisionsgericht (BGH **53**, 268, 274; anders noch BGH **22**, 237, 239; **44**, 161, 165, 170: nur bei Wilkür). Auch der Mangel der (für das Revisionsgericht bindenden, BGH **21**, 42) notwendigen Feststellung des Vertretungsfalles (6 ff) und der Rechtsirrtum bei der Entscheidung eines Kompetenzkonfliktes (oben 22; BGH MDR **75**, 770, 771) können geltend gemacht werden. Dienstliche Äußerungen zur Frage der Geschäftsverteilung sind grundsätzlich vom Präs selbst abzugeben. Die Äußerung eines „Präsidialrichters" kann nur dann genügen, wenn sie auch vom Präs iS der Zustimmung abgezeichnet ist (BGH GA **79**, 222). 25

Vorsitz in den Spruchkörpern

21f [I] **Den Vorsitz in den Spruchkörpern bei den Landgerichten, bei den Oberlandesgerichten sowie bei dem Bundesgerichtshof führen der Präsident und die Vorsitzenden Richter.**

[II] [1] **Bei Verhinderung des Vorsitzenden führt den Vorsitz das vom Präsidium bestimmte Mitglied des Spruchkörpers.** [2] **Ist auch dieser Vertreter verhindert, führt das dienstälteste, bei gleichem Dienstalter das lebensälteste Mitglied des Spruchkörpers den Vorsitz.**

1) Vorsitz: § 21 f betrifft nicht das AG. Denn hier ist der Vorsitzende jeweils zugleich der Einzige mitwirkende Berufsrichter (abgesehen von dem erweiterten SchG, § 29 II). Bei seiner Verhinderung gilt die Vertretung in der Richteraufgabe, die notwendigerweise zugleich Vertretung im Vorsitz ist. Für eine spezielle Vorsitzvertretung ist kein Raum. Daher betrifft § 21 f nur das LG, das OLG und den BGH. 1

A. **Vorsitz im Kollegialgericht:** Dass in einer StrK oder in einem Senat der Vorsitzende einen richtungweisenden Einfluss auf den Geschäftsgang und die Rspr des Spruchkörpers ausüben muss, wie die Rspr früher angenommen hatte (vgl BGH **21**, 133; **25**, 55; BGHZ **88**, 1 = NJW **84**, 129, 130 mwN), ist zweifelhaft geworden, nachdem die in § 21 g aF enthaltene Befugnis des Vorsitzenden zur internen Geschäftsverteilung aufgehoben worden ist. Das BVerfG (NJW **04**, 3482, 3483) scheint aber hieran festzuhalten, da es nur offen gelassen hat, „ob der Gedanke des richtunggebenden Einflusses des Vorsitzenden verfassungsrechtlich ver- 2 ankert oder lediglich dem einfachen Recht zuzuordnen ist". Insbesondere aus der dem Vorsitzenden obliegenden Verhandlungsleitung in der Sitzung und bei den Beratungen ergibt sich jedenfalls nach wie vor seine hervorgehobene Stellung (BGH NJW **09**, 931; vgl auch LR-Breidling 3; SK-Velten 1). Ausführlich zur Rolle des Vorsitzenden im Spruchkörper – auch zur „faktischen Dominanz" – Sowada 407 ff.

3 B. **Bestimmung des Vorsitzenden:** Die Vorsitzverteilung ist Besetzung der Spruchkörper und wird daher vom Präsidium vorgenommen (§ 21 e I S 1; für den Präs: § 21 e I S 2). Das gilt auch für die kleine StrK und die HilfsStrK (16 zu § 21 e). Ein Vorsitzender kann für mehrere StrKn bestellt werden; eine zugewiesene Stelle kann im Geschäftsverteilungsplan bis zur Besetzung durch „NN" berücksichtigt werden (vgl hierzu BGH **34**, 379, 381; Hamm StV **98**, 6; Sowada 285). Es kann ihm auch – uU sogar darüber hinaus – der Vorsitz in einer großen StrK in Abwechslung mit seinem Vertreter übertragen werden. Nur darf sein Einfluss (oben 2) nicht unzulässig gemindert werden. Unter dieser Voraussetzung steht eine turnusmäßige Teildauerverhinderung einer vorübergehenden gleich (Bay RReg 2 St 139/80 vom 24. 10. 1980; vgl auch BGH NJW **74**, 1572). Unzulässig ist es, bei vorübergehender Verhinderung des (bisherigen) Vorsitzenden einer kleinen Strafkammer dessen Stelle im (neuen) Geschäftsverteilungsplan nicht zu besetzen und statt dessen dort allein einen stellvertretenden Vorsitzenden zu bestimmen (Hamm StV **04**, 366). Vorsitzender eines Spruchkörpers beim LG kann auch ein Vorsitzender Richter am OLG sein, der an das LG (rück-)abgeordnet wurde (BGH **53**, 99).

4 **2) Allgemeines zur Verhinderung** (II): Die Vertretung ist stets an die vorübergehende Verhinderung des zu Vertretenden geknüpft (7 zu § 21 e; BGH **21**, 131, 133; NJW **74**, 1572 mit Anm Müller S 2242; Hamburg NStZ **84**, 570 = JR **85**, 36 mit Anm Katholnigg). Verhinderung liegt vor, wenn der Richter aus tatsächlichen (unten 5) oder rechtlichen (unten 6) Gründen außerstande ist, die ihm nach dem Geschäftsverteilungsplan obliegende konkrete Aufgabe wahrzunehmen (Kissel/Mayer 114 zu § 21 e und Kissel Rebmann-FS 64; Schrader StV **91**, 540). Bei dauernder Verhinderung, zB Versetzung in ein anderes Bundesland oder in den Ruhestand, muss ein neuer Vorsitzender bestellt werden (BVerwG NJW **86**, 1366, BGH NStZ **89**, 32; Celle StV **93**, 66; Frankfurt MDR **79**, 162); das gilt auch bei länger andauernder (über ein Geschäftsjahr hinausgehender) Erkrankung (BGH DRiZ **06**, 352). Die Neubestellung muss nicht sofort, aber ohne ungebührliche Verzögerung geschehen (BVerfGE **18**, 423, 426 = NJW **65**, 1223; Oldenburg StraFo **01**, 131; StV **03**, 12); haushaltsrechtliche Gründe rechtfertigen keine Verzögerung (BGHZ **95**, 246 = NJW **85**, 2337; Hamburg aaO), jedenfalls nicht über 6 Monate (BSG NJW **07**, 2717; dazu Werner NJW **07**, 2671; s auch Sowada 292: höchstens 3 Monate). Ein Vertretungsfall liegt auch vor, wenn der Vorsitzende in dem betreffenden Verfahren als Zeuge vernommen werden soll. Die bloße, nicht näher konkretisierte Möglichkeit hierzu genügt noch nicht zur Annahme eines Verhinderungsfalles (BGH 5 StR 215/76 vom 10. 9. 1976 im Anschluss an BGH **7**, 44, 46; 330, 331; **11**, 206). Unzulässig ist es, einen Teil der anhängig werdenden Verfahren generell auf den Vertreter ohne Rücksicht darauf zu übertragen, ob im konkreten Fall ein Verhinderungsgrund besteht (Düsseldorf StV **94**, 533; zust Katholnigg Anm zu BGH LM Nr 5), oder den Vorsitzenden generell durch einen Vertreter zu entlasten (Hamburg StV **03**, 11).

5 A. **Tatsächliche Hinderungsgründe** sind zB Urlaub, Krankheit (dazu BGH NStZ **89**, 33), Abordnung, Unerreichbarkeit, Überlastung iS einer Arbeitsanhäufung in RsprAufgaben und anderen übertragenen Obliegenheiten (§§ 4 II, 40–42 **DRiG;** BGH **21**, 175; StV **89**, 338), zB für die Vorbereitung eines Großverfahrens (BGH aaO), für die Fertigung des schriftlichen Urteils (§ 275 StPO), Unkenntnis der Akten in einer großen Sache, wenn der Richter kurzfristig den Vorsitzenden vertreten soll (BGH **21**, 42; vgl auch Kissel Rebmann-FS 65). Eine Verhinderung kann grundsätzlich nicht in einem schweren Gewissenskonflikt (Art 4 GG) beste-

hen, der den Einzelfall betrifft (**aM** LR-Böttcher 13 zu § 1; Peters 112ff; vgl auch A. Kaufmann Peters-FS 295).

Einer **Beteiligung als Beisitzer** steht die Verhinderung, den Vorsitz zu führen, nicht entgegen, zB wenn diese nur darin besteht, dass sich der Richter nicht rechtzeitig und genügend auf den Vorsitz vorbereiten kann (LG Frankfurt aM, Dienstgericht für Richter, DRiZ **80**, 311). 6

B. **Rechtliche Hinderungsgründe** können sich ergeben aus der erfolgreichen Ablehnung nach §§ 22–24 StPO (vgl Düsseldorf OLGSt § 21e Nr 1) oder aus der Teilnahme an einer langen Hauptverhandlung oder dem Doppelvorsitz (unten 10). 7

C. Die **Feststellung der Verhinderung** ist Aufgabe des Vorsitzenden der Kammer, wenn sie ausschließlich auf RsprAufgaben der Kammer beruht und sich nicht auf andere Kammern auswirkt (BGH NJW **68**, 512). Das gilt auch bei Verhinderung des Vorsitzenden selbst, nicht aber, wenn er sich wegen starker Belastung in der eigenen Strafkammer gehindert sieht, als Vertreter in einer anderen Kammer tätig zu werden. Hier (BGH NStZ **88**, 325; Düsseldorf StV **94**, 533) und sonst trifft die Feststellung der PräsLG (BGH NJW **74**, 870; MDR **91**, 486 [H]; Kissel/Mayer 148 zu § 21e; Rieß DRiZ **77**, 292; NStZ **82**, 296), auch wenn es sich um seine eigene Verhinderung in seinen richterlichen Aufgaben handelt (BGH **21**, 174 zu § 66 aF). Im Rahmen des Verfahrens nach §§ 222a, 222b StPO kann sie nachgeholt werden (12 zu § 222b StPO), sonst nicht (BGH **21**, 174, 179). Die Feststellung kann auch inzident (stillschweigend) getroffen werden (BGH LM Nr 5 mit Anm Katholnigg); bei Offensichtlichkeit ist sie entbehrlich (BGH **18**, 162; 8 zu § 21e), auch hier kann sich aber eine deklaratorische Feststellung empfehlen (Kissel Rebmann-FS 68). 8

D. **Vertreterbestimmung** (II): Das Präsidium ist verpflichtet, den Vertreter zu bestimmen (BGH NJW **09**, 931). Ohne Rücksicht auf das Dienstalter kann das geeignetste Mitglied des Spruchkörpers zum regelmäßigen Vertreter des Vorsitzenden bestimmt werden. Ein Richter am AG kann nicht zum ständigen Vorsitzenden einer ordentlichen StrK bestellt werden (Hamm StV **04**, 366). Ist in Verkennung der Verpflichtung, einen Vertreter zu bestellen, keiner bestimmt worden, so ist von einer stillschweigenden Entscheidung dahin auszugehen, dass dem dienstältesten Mitglied des Spruchkörpers (I S 2) die regelmäßige Vertretung übertragen werden sollte. „Dienstältester“: § 20 **DRiG.** Mehrere Richter können nicht nebeneinander als Vertreter bestellt werden (Hamm StV **98**, 6), vielmehr muss bestimmt sein, in welcher Reihenfolge sie berufen sind (Hamm StV **04**, 366). 9

3) Vorsitz in mehreren Spruchkörpern: I sieht nicht vor, dass dem Präs oder einem VorsRi der Vorsitz nur in einem Spruchkörper übertragen werden darf. Er darf daneben auch in einem anderen Spruchkörper als Beisitzer eingesetzt werden (BGHZ **88**, 1 = NJW **84**, 129). 10

A. **In zwei ordentlichen Spruchkörpern** (§ 60 GVG): Ist ein Vorsitzender nicht nur vorübergehend verhindert (II), so muss das Präsidium einen anderen Vorsitzenden bestellen, selbst wenn die Stelle des verhinderten Vorsitzenden nicht frei ist. Daraus ergibt sich die Notwendigkeit, dass ein Vorsitzender für längere Zeit den Vorsitz in zwei Kammern führen muss. Das ist zulässig (BGH **2**, 71, 73; **25**, 54). Ist für den Fall der Kollision keine Regelung im Geschäftsverteilungsplan getroffen, so entscheidet der PräsLG (Rieß DRiZ **77**, 291). Nach der Rspr der Zivilsenate des BGH muss der Vorsitzende in den mehreren Spruchkörpern (oben 3) mindestens 75% der Aufgaben des Vorsitzenden selbst wahrnehmen (BGHZ **37**, 210 [GrS] = NJW **62**, 1570). Diese 75%-Klausel ist von den Strafsenaten des BGH bisher nicht förmlich übernommen worden (BGH **21**, 131; vgl allerdings die ihr etwa gleichkommende „Mitunter-Klausel“ in BGH JZ **74**, 586 mit krit Anm Kleinknecht). Im Strafverfahren kann jedoch nichts anderes gelten als im Zivilverfahren (Bay RReg 2 St 139/80 vom 24. 10. 1980). Erforderlichenfalls muss die 11

Zuständigkeit der mehreren Spruchkörper so eingeengt werden, dass der Vorsitzende den erforderlichen Einfluss (oben 2) wahrnehmen kann (BGH **25**, 54, 59).

12 B. **In einem ordentlichen Spruchkörper und einer HilfsStrK** (16 zu § 21 e): Beide können in der Hand eines und desselben Vorsitzenden bleiben. Für die HilfsStrK gilt das Vorsitzenden-Prinzip des I nicht (BGH **12**, 104; **18**, 176, 178; **31**, 389 = JR **83**, 519 mit Anm Katholnigg = NStZ **84**, 84 mit Anm Frisch; KK-Diemer 1; LR-Breidling 12). Die im Schrifttum (Kissel/Mayer 7; SK-Velten 3; Schorn/Stanicki 142; vgl auch Sowada 352 ff) vertretene **aM** zwingt, da die LGe nicht über überzählige Vorsitzende verfügen, die auf Zeit einsetzbar sind, zur Doppelbesetzung und dadurch zwangsläufig zur Vertretung nach II. Der Grundsatz des I lässt sich auf nur vorübergehend bestehende Spruchkörper nicht anwenden.

13 C. **Folgerungen aus der Rspr** (oben 12): Wird eine HilfsStrK neben der ordentlichen StrK, die eine Hauptverhandlung in einem Großverfahren durchzuführen hat, gebildet und bestimmt das Präsidium hinsichtlich der Aufgabe des Vorsitzenden (BGH NJW **73**, 1291), dass die Geschäfte in der ordentlichen StrK den Vorrang haben, so wird der Vorsitzende in der HilfsStrK nach II vertreten.

14 **4) Vertretung** (II S 2): Die Regelung betrifft die ständigen Mitglieder des Spruchkörpers, die Richter auf Lebenszeit sind und daher den Vorsitz führen dürfen (§ 28 II S 2 **DRiG**). Scheiden sie aus, so darf ein ständiges Mitglied des LG, das einem anderen Spruchkörper zugeteilt ist, den Vorsitzenden vertreten (BGH **21**, 42), und zwar nach Bestimmung des Präsidiums (§ 21 e I) oder, falls dieses nicht mehr rechtzeitig entscheiden kann, auf Anordnung des Präs (§ 21 i II).

15 **5) Vertretung bei Verhinderung während der Hauptverhandlung:** Hier gilt II nicht. Wenn ein Ergänzungsrichter (§ 192) zugezogen ist, tritt an die Stelle des verhinderten Vorsitzenden der Dienst-, ersatzweise der Lebensälteste (vgl oben 9), der an der Hauptverhandlung mitwirkenden, vorsitzfähigen Richter (LR-Breidling 35). Dieser wird wie ein anderer verhinderter mitwirkender Richter durch den Ergänzungsrichter ersetzt. Bei dauerhafter Verhinderung gilt auch für eine begonnene Hauptverhandlung § 21 e III S 1, so dass auch ein bisheriger Ergänzungsrichter zum neuen Vorsitzenden bestimmt werden kann (BGH NJW **09**, 931).

16 **6) Revision:** Wird der Vorsitz einer StrK dauerhaft mit einem Richter statt einem Vorsitzenden Richter am LG besetzt, begründet dies die Revision (Oldenburg StraFo **00**, 237). Erg 5 ff zu § 338 StPO.

Geschäftsverteilung innerhalb des Spruchkörpers

21g **I [1]Innerhalb des mit mehreren Richtern besetzten Spruchkörpers werden die Geschäfte durch Beschluss aller dem Spruchkörper angehörenden Berufsrichter auf die Mitglieder verteilt. [2]Bei Stimmengleichheit entscheidet das Präsidium.**

II Der Beschluss bestimmt vor Beginn des Geschäftsjahres für dessen Dauer, nach welchen Grundsätzen die Mitglieder an den Verfahren mitwirken; er kann nur geändert werden, wenn es wegen Überlastung, ungenügender Auslastung, Wechsels oder dauernder Verhinderung einzelner Mitglieder des Spruchkörpers nötig wird.

III Absatz 2 gilt entsprechend, soweit nach den Vorschriften der Prozessordnungen die Verfahren durch den Spruchkörper einem seiner Mitglieder zur Entscheidung als Einzelrichter übertragen werden können.

IV Ist ein Berufsrichter an der Beschlussfassung verhindert, tritt der durch den Geschäftsverteilungsplan bestimmte Vertreter an seine Stelle.

V § 21 i Abs. 2 findet mit der Maßgabe entsprechende Anwendung, dass die Bestimmung durch den Vorsitzenden getroffen wird.

VI Vor der Beschlussfassung ist den Berufsrichtern, die von dem Beschluss betroffen werden, Gelegenheit zur Äußerung zu geben.

VII § 21 e Abs. 9 findet entsprechende Anwendung.

1) Durch Beschluss aller Berufsrichter des Spruchkörpers statt wie früher durch den Vorsitzenden werden die Geschäfte auf die Mitglieder verteilt. Damit soll eine möglichst einverständliche Aufteilung der Verfahren erfolgen (BT-Drucks 14/597 S 5). Mit der Neuregelung hat der Gesetzgeber einer auch im Schrifttum erhobenen Forderung (Eser Salger-FS 266 ff) Rechnung getragen. Durch den Beschluss dürfen aber grundsätzlich nicht Vorsitzendenaufgaben (zB Terminierung) auf andere übertragen werden, auch nicht ein Teil auf den Vertreter des Vorsitzenden (§ 21 f II S 1) zur ständigen Wahrnehmung. 1

Unklar ist nach der gesetzlichen Regelung, ob auch die **Bestellung des Berichterstatters** durch den Beschluss geregelt werden muss oder ob dies – wie bisher (vgl BVerfGE **96**, 27 = NJW **97**, 1497, 1498/99 = JR **97**, 278 mit insoweit krit Anm Berkemann und Katholnigg; BGHZ [VerGrSe] **126**, 63 = NJW **94**, 1735, 1740) – dem Vorsitzenden vorbehalten bleiben kann (so auch Kissel/Mayer 41; sehr str, vgl Sowada 448 mit zahlreichen Nw in Fn 73 und 74). Für letzteres und gegen eine schematische Zuweisung spricht, dass dadurch eine gleichmäßigere Belastung der Mitglieder sichergestellt ist und zudem die besonderen Kenntnisse und Fähigkeiten des jeweiligen Mitglieds angemessener berücksichtigt werden können (**aM** Sowada 459, der „der Stärkung der Demokratie in den Gerichten" den Vorrang vor einer möglichst funktionstüchtigen Zusammenarbeit im Spruchkörper einräumen will). 2

§ 21 g gilt auch für die **StVollstrK,** die Kollegialgericht ist (§ 78 b I Nr 1). 3

2) Überbesetzte Spruchkörper: In jedem Jahr erneut („Jährlichkeitsprinzip", vgl BGH NJW **99**, 796) müssen die Mitwirkungsgrundsätze aufgestellt werden. Sie müssen mit abstrakten Merkmalen regeln, welche Richter an der Entscheidung mitzuwirken haben; die Grundsätze müssen ein System in der Weise ergeben, dass die Besetzung des Spruchkörpers bei der einzelnen Entscheidung im Regelfall aus ihnen ableitbar ist. Danach sind verschiedene Systeme möglich, je nachdem, ob bestimmte Spruchgruppen gebildet oder die Richter bestimmten Terminstagen zugeordnet werden oder durch die Auswahl des Berichterstatters zugleich die Spruchgruppe bestimmt wird. Auch die Verteilung nach Aktenzeichen oder nach Rechtsgebieten ist grundsätzlich möglich (BVerfG NJW **05**, 2540; Sowada 440, 441). Für die nähere Ausgestaltung des Systems besteht Gestaltungsfreiheit; Merkmale wie der Sachzusammenhang, eine frühere Befassung mit der Sache oder besondere Eilbedürftigkeit dürfen berücksichtigt werden (vgl BGH [VerGrSe] NStZ **94**, 443 mit Anm Katholnigg = JZ **94**, 1175 mit Anm Kissel). Die einzelne Sache muss danach „blindlings" auf Grund allgemeiner, vorab festgelegter Merkmale an den entscheidenden Richter gelangen; Geschäftsverteilungs- und Mitwirkungspläne eines Gerichts dürfen keinen vermeidbaren Spielraum bei der Heranziehung der einzelnen Richter zur Entscheidung einer Sache lassen; das schließt aber die Verwendung unbestimmter Begriffe – wie in § 21 e III S 1 und § 21 g II Hs 2 – nicht aus. Diese Grundsätze gelten auch für die in der Besetzung mit 2 Richtern (und 2 Schöffen; § 76 II 1. Alt) entscheidende StrK (BGH NJW **00**, 371 = JR **00**, 166 mit Anm Katholnigg; BGH NJW **04**, 2992); auch hier sollte ausdrücklich eine Besetzungsregelung getroffen und die Besetzung nicht nur incidenter durch die Bestimmung des Berichterstatters festgelegt werden (BGH NStZ-RR **08**, 69 [B]). 4

Ist der **Vorsitzende verhindert,** und gehört der vom Präsidium bestimmte Vertreter (§ 21 f II S 1) demselben Spruchkörper an, so ist dieser Richter durch die Vertretung im Vorsitz verhindert, als Beisitzer mitzuwirken, wenn er den Vorsitz zu führen hat. Er wird als Beisitzer nach der spruchkörperinternen Regelung vertreten. Dauert die Vertretung im Vorsitz längere Zeit, so kann der Vertreter des 5

Vorsitzenden für diese Zeit seine Beisitzeraufgaben innerhalb des Spruchkörpers gleichmäßig verteilen.

6 3) **Form:** Der Beschluss muss schriftlich abgefasst werden (vgl BGH VerGrSe NStZ **94**, 443 mit Anm Katholnigg = JZ **94**, 1175 mit Anm Kissel; BGH **49**, 130), von den Mitwirkenden zu unterschreiben und in der dazu bestimmten Geschäftsstelle des Gerichts zur Einsichtnahme aufzulegen (VII iVm § 21 e IX).

7 4) **Beschlussfassung:** III findet in Strafsachen keine Anwendung. Die Vertretungsregelung in IV erscheint verfehlt, da hier kollegiumsfremde (uU mehrere!) Richter über die Aufteilung der Geschäfte in einem ihnen nicht vertrauten Spruchkörper befinden. Ebenso unglücklich und dazu auch umständlich ist die Bestimmung in I S 2, dass bei Stimmengleichheit – es gilt das Mehrheitsprinzip – das Präsidium entscheidet. V enthält eine Eilkompetenz für den Vorsitzenden entspr derjenigen des Präsidenten in § 21 i II; § 21 i II S 2–4 gelten entspr. VI ist für die Richter von Bedeutung, die dem Spruchkörper im Zeitpunkt der Beschlussfassung noch nicht angehören, später aber von dem Mitwirkungsplan betroffen werden.

8 5) **Vertretung:** Die Vertretung im Vorsitz bestimmt der Geschäftsverteilungsplan (§ 21 f II S 1). Im Übrigen gelten die Mitwirkungsgrundsätze bei offensichtlicher Verhinderung aus tatsächlichen Gründen von selbst (8 zu § 21 e; 8 zu § 21 f); sonst muss ebenso wie bei Abweichung von den Mitwirkungsgrundsätzen das Kollegium entscheiden. Wenn Vertretung durch einen Richter eines anderen Spruchkörpers notwendig wird, handelt es sich um Geschäftsverteilung nach § 21 e.

9 6) **Änderungen** (II Hs 2): Die Änderungsanlässe sind die gleichen wie in § 21 e III (dort 13 ff). Die Änderung ist aktenkundig zu machen (BGH **21**, 250); auch insoweit gilt VII.

10 7) Eine **Abweichung im Einzelfall** ist nicht nur unter den Voraussetzungen des II Hs 2 und nicht nur nach den Vertretungsgrundsätzen (7 zu § 21 e; 4 ff zu § 21 f) zulässig (BGH VerGrSe NJW **94**, 1735, 1739). Es genügen auch sonstige Umstände, die im Geschäftsjahr auftreten und bei strikter Einhaltung der Grundsätze zu Verzögerungen, teilweisem Leerlauf, ungleichmäßiger Auslastung oder vermeidbarem doppelten Arbeitsaufwand führen würden (BGH **29**, 162, 163). Bei solcher Abweichung ist das Aktenkundigmachen des Grundes empfehlenswert, aber rechtlich nicht notwendig (BGH **29**, 162, 164).

11 8) **Revision:** Nach § 338 Nr 1 StPO kann willkürliche oder sonst missbräuchliche Nichteinhaltung der Grundsätze (II; BGH **21**, 250; **29**, 162) oder unzulässige Abweichung (oben 10) gerügt werden. In der Begründung sind die spruchkörperinternen Vorgänge anzugeben, die sich aus den nach VII aufliegenden Mitwirkungsgrundsätzen ergeben (erg 22 zu § 344 StPO).

Vertretung des Präsidenten oder des aufsichtführenden Richters

21h [1]**Der Präsident oder aufsichtführende Richter wird in seinen durch dieses Gesetz bestimmten Geschäften, die nicht durch das Präsidium zu verteilen sind, durch seinen ständigen Vertreter, bei mehreren ständigen Vertretern durch den dienstältesten, bei gleichem Dienstalter durch den lebensältesten von ihnen vertreten.** [2]**Ist ein ständiger Vertreter nicht bestellt oder ist er verhindert, wird der Präsident oder aufsichtführende Richter durch den dienstältesten, bei gleichem Dienstalter durch den lebensältesten Richter vertreten.**

1 1) Der **ständige Vertreter** (I S 1) vertritt den Präs im Bereich der sog justizförmigen Verwaltungstätigkeit, die in richterlicher Unabhängigkeit ausgeübt wird

(BGH **25**, 257; LR-Breidling 3), zB in den Fällen der §§ 21 i II, 22 b III. Für die „reine" JV gilt das Landesrecht (zB § 7 II BWAGGVG), auch „im Vorfeld" der Schöffenbestimmung, zB in den Fällen der §§ 43 I, 45 II, III, 77 II S 1, III S 1 (BGH aaO). Für die Vertretung bei richterlichen Aufgaben ist § 21 f II maßgebend.

2) Subsidiäre Vertretung durch andere Richter (S 2): Die Regelung beruht 2
auf einem allgemein gültigen Grundsatz (9 zu § 21 f).

3) Die **Feststellung des Vertretungsfalles** trifft der Vertretene, notfalls der 3
Vertreter.

Beschlussfähigkeit des Präsidiums; Notkompetenz

21i **I Das Präsidium ist beschlussfähig, wenn mindestens die Hälfte seiner gewählten Mitglieder anwesend ist.**

II [1]Sofern eine Entscheidung des Präsidiums nicht rechtzeitig ergehen kann, werden die in § 21 e bezeichneten Anordnungen von dem Präsidenten oder aufsichtführenden Richter getroffen. [2]Die Gründe für die getroffene Anordnung sind schriftlich niederzulegen. [3]Die Anordnung ist dem Präsidium unverzüglich zur Genehmigung vorzulegen. [4]Sie bleibt in Kraft, solange das Präsidium nicht anderweit beschließt.

1) Mindestens die Hälfte anwesend: Über Stimmenthaltung vgl 21 zu 1
§ 21 e. I ist – auch nach seiner Entstehungsgeschichte – nicht so aufzufassen, dass er das bewährte und praktisch kaum entbehrliche Umlaufverfahren unzulässig macht (BVerwGE **88**, 159 = NJW **92**, 254; LR-Breidling 75 zu § 21 e; Schorn/Stanicki 164; Schmidt DRiZ **73**, 163; BGH **44**, 161: jedenfalls nicht im Bereich des § 21 e III; **aM** Thomas/Putzo 6 zu § 21 e; Baumbach/Lauterbach 4 A zu § 21 e; vgl auch KK-Diemer 7 zu § 21 a: seltene Ausnahme). I gilt aber nur für den Fall, dass das Präsidium zu einer Sitzung zusammentritt. Im Umlaufverfahren müssen alle nicht verhinderten Mitglieder unterschreiben.

2) Der **Vorsitzende des Präsidiums** (II S 1; § 21 a II) entscheidet ersatzweise. 2
Diese Eilzuständigkeit ist Kompetenz kraft Gesetzes. Mit Art 101 I S 2 GG ist sie vereinbar (BVerfG NJW **82**, 29 mwN). Von sich aus darf das Präsidium keine seiner Aufgaben auf den Vorsitzenden des Präsidiums übertragen. Der Vorsitzende trifft die Eilanordnung nach pflichtgemäßem Ermessen in eigener Verantwortung (BGH MDR **77**, 461 [H]). Er kann auch eine vorübergehende Vertretungsregelung im Einzelfall treffen, wenn die Regelung im Geschäftsverteilungsplan nicht ausreicht.

Vorlage an das Präsidium (II S 2, 3): Die Eilanordnung bleibt in Kraft, bis 3
das Präsidium anderweit, dh sachlich anders, beschließt. Hält es die Eilanordnung für richtig, so braucht es nur festzustellen, dass zu einer abweichenden Entscheidung kein Anlass besteht (**aM** Katholnigg 3: nichts zu veranlassen).

3) Revision: Die Rüge, dass die tatsächlichen Voraussetzungen für eine vom 4
Präsidenten angenommene Verhinderung eines Vertreters nicht vorgelegen hätten, ist nicht zulässig; denn das Revisionsgericht hat diese Voraussetzungen nicht zu prüfen (BGH **12**, 33; MDR **77**, 461 [H]).

Neu errichtete Gerichte

21j **I [1]Wird ein Gericht errichtet und ist das Präsidium nach § 21 a Abs. 2 Nr. 1 bis 4 zu bilden, so werden die in § 21 e bezeichneten Anordnungen bis zur Bildung des Präsidiums von dem Präsidenten oder aufsichtführenden Richter getroffen. [2]§ 21 i Abs. 2 Satz 2 bis 4 gilt entsprechend.**

II [1]Ein Präsidium nach § 21 a Abs. 2 Nr. 1 bis 4 ist innerhalb von drei Monaten nach der Errichtung des Gerichts zu bilden. [2]Die in § 21 b Abs. 4

Satz 1 bestimmte Frist beginnt mit dem auf die Bildung des Präsidiums folgenden Geschäftsjahr, wenn das Präsidium nicht zu Beginn eines Geschäftsjahres gebildet wird.

III An die Stelle des in § 21 d Abs. 1 bezeichneten Zeitpunkts tritt der Tag der Errichtung des Gerichts.

IV [1]Die Aufgaben nach § 1 Abs. 2 Satz 2 und 3 und Abs. 3 der Wahlordnung für die Präsidien der Gerichte vom 19. September 1972 (BGBl. I S. 1821) nimmt bei der erstmaligen Bestellung des Wahlvorstandes der Präsident oder aufsichtführende Richter wahr. [2]Als Ablauf des Geschäftsjahres in § 1 Abs. 2 Satz 2 und § 3 Satz 1 der Wahlordnung für die Präsidien der Gerichte gilt der Ablauf der in Absatz 2 Satz 1 genannten Frist.

1 **1)** Die Regelung über die **Bildung von Präsidien und die Geschäftsverteilung bei der Neuerrichtung von Gerichten** enthält die Vorschrift, die an die Stelle des § 30 RpflAnpG (aufgehoben durch Art 3 des Ges vom 19. 4. 2006, BGBl I 866) getreten ist. Die Vorschrift nimmt hierfür Bestimmungen aus den §§ 21 a, 21 b, 21 d, 21 e und 21 i in Bezug.

3. Titel. Amtsgerichte

Richter beim Amtsgericht

22 **I Den Amtsgerichten stehen Einzelrichter vor.**

II Einem Richter beim Amtsgericht kann zugleich ein weiteres Richteramt bei einem anderen Amtsgericht oder bei einem Landgericht übertragen werden.

III [1]Die allgemeine Dienstaufsicht kann von der Landesjustizverwaltung dem Präsidenten des übergeordneten Landgerichts übertragen werden. [2]Geschieht dies nicht, so ist, wenn das Amtsgericht mit mehreren Richtern besetzt ist, einem von ihnen von der Landesjustizverwaltung die allgemeine Dienstaufsicht zu übertragen.

IV Jeder Richter beim Amtsgericht erledigt die ihm obliegenden Geschäfte, soweit dieses Gesetz nichts anderes bestimmt, als Einzelrichter.

V [1]Es können Richter kraft Auftrags verwendet werden. [2]Richter auf Probe können verwendet werden, soweit sich aus Absatz 6, § 23 b Abs. 3 Satz 2, § 23 c Abs. 2 oder § 29 Abs. 1 Satz 2 nichts anderes ergibt.

VI Ein Richter auf Probe darf im ersten Jahr nach seiner Ernennung Geschäfte in Insolvenzsachen nicht wahrnehmen.

1 **1) Einzelrichter als Vorstand** (I): Der Einzelrichter repräsentiert das AG im Spruchkörper (IV), auch im SchG (§§ 28 ff). Die Zahl der Richter bestimmt die LJV (2 zu § 60).

2 **2) Doppelernennung** (II; § 27 II **DRiG,** vgl auch § 59 II): Das Präsidium kann den Richter zur Dienstleistung beim LG oder beim AG heranziehen, ohne dass es noch einer besonderen Zuweisung des Richters an dieses Gericht durch die JV bedarf (BGH **24**, 283).

3 **3)** Für die **Errichtung und Aufhebung** von AGen gilt der Vorbehalt des Gesetzes (BVerfGE **2**, 307), ebenso für die Verlegung des Gerichtssitzes. Über Zuständigkeitskonzentration vgl 2 zu § 58.

4 **Zweigstellen** kann die LJV errichten (vgl zB § 2 II BWAGGVG). Diese sind keine selbstständigen Gerichte, sondern nur Spruchabteilungen desselben Gerichts

(Zweibrücken VRS **68**, 54; Kissel/Mayer 2; erg 11 zu § 21 e); Schriftsätze können fristwahrend daher sowohl beim Hauptgericht als auch bei der Zweigstelle eingereicht werden (Katholnigg 2). Im Gegensatz zu den §§ 78 und 116 II bestimmt hier die LJV nicht den örtlichen Zuständigkeitsbereich und den Geschäftskreis. Daher bedarf die Anordnung nicht der Form einer RechtsVO (vgl 1 zu § 58).

4) Allgemeine Dienstaufsicht (III): Zu ihr gehört nicht die Dienstaufsicht über Richter (§ 26 **DRiG;** § 16 BWAGGVG). Diese ist gemeint, wenn nur von Dienstaufsicht die Rede ist (zB §§ 22 a, 22 b IV, 22 c I) oder vom aufsichtführenden Richter (zB §§ 21 a II, 21 h). 5

Präsidium bei den Amtsgerichten

22a Bei Amtsgerichten mit einem aus allen wählbaren Richtern bestehenden Präsidium (§ 21 a Abs. 2 Nr. 5) gehört der Präsident des übergeordneten Landgerichts oder, wenn der Präsident eines anderen Amtsgerichts die Dienstaufsicht ausübt, dieser Präsident dem Präsidium als Vorsitzender an.

1) Mindestens zwei Mitglieder – bei weniger als 8 Richterplanstellen (vgl § 21 a II Nr 5) – müssen vorhanden sein; zu ihnen tritt der Präs, der die Dienstaufsicht ausübt (5 zu § 22) als drittes Mitglied. Zum Einrichtergericht § 22 b. 1

2) Für die Vertretung des Präs gelten §§ 21 c, 21 h (Kissel/Mayer 3). Der Präs hat auch die Notkompetenz nach § 21 i II (Kissel/Mayer 5). 2

Amtsgericht mit nur einem Richter

22b I Ist ein Amtsgericht nur mit einem Richter besetzt, so beauftragt das Präsidium des Landgerichts einen Richter seines Bezirks mit der ständigen Vertretung dieses Richters.

II Wird an einem Amtsgericht die vorübergehende Vertretung durch einen Richter eines anderen Gerichts nötig, so beauftragt das Präsidium des Landgerichts einen Richter seines Bezirks längstens für zwei Monate mit der Vertretung.

III [1] In Eilfällen kann der Präsident des Landgerichts einen zeitweiligen Vertreter bestellen. [2] Die Gründe für die getroffene Anordnung sind schriftlich niederzulegen.

IV Bei Amtsgerichten, über die der Präsident eines anderen Amtsgerichts die Dienstaufsicht ausübt, ist in den Fällen der Absätze 1 und 2 das Präsidium des anderen Amtsgerichts und im Falle des Absatzes 3 dessen Präsident zuständig.

1) Nicht präsidiumsfähig: 2 zu § 21 a. 1

2) Vertretung (II–IV): Die Aufteilung der Vertretung des (ganz oder teilw) verhinderten Richter beim AG auf 2 Richter des Bezirks des Präsidiums ist zulässig. II geht von der Vertretung einer vorübergehend nicht besetzten oder nicht wahrgenommenen Geschäftsaufgabe aus. Die zeitliche Beschränkung steht einer Verlängerung entgegen (Katholnigg 2; SK-Degener 6; **aM** Kissel/Mayer 5). Im Fall des II handelt es sich nicht um Abordnung (§ 37 DRiG). Eine Abordnung oder eine Verwendungsanordnung nach § 13 DRiG anstatt des Auftrags nach § 22 b oder auch im Anschluss an einen solchen ist zulässig. III ist eine Sonderregelung gegenüber § 21 i II. 2

Gemeinsamer Bereitschaftsdienst

22c **I [1]Die Landesregierungen werden ermächtigt, durch Rechtsverordnung zu bestimmen, dass für mehrere Amtsgerichte im Bezirk eines Landgerichts ein gemeinsamer Bereitschaftsdienstplan aufgestellt wird oder ein Amtsgericht Geschäfte des Bereitschaftsdienstes ganz oder teilweise wahrnimmt, wenn dies zur Sicherstellung einer gleichmäßigeren Belastung der Richter mit Bereitschaftsdiensten angezeigt ist. [2]Zu dem Bereitschaftsdienst sind die Richter der in Satz 1 bezeichneten Amtsgerichte heranzuziehen. [3]In der Verordnung nach Satz 1 kann bestimmt werden, dass auch die Richter des Landgerichts heranzuziehen sind. [4]Über die Verteilung der Geschäfte des Bereitschaftsdienstes beschließt nach Maßgabe des § 21 e das Präsidium des Landgerichts im Einvernehmen mit den Präsidien der betroffenen Amtsgerichte. [5]Kommt eine Einigung nicht zustande, obliegt die Beschlussfassung dem Präsidium des Oberlandesgerichts, zu dessen Bezirk das Landgericht gehört.**

II Die Landesregierungen können die Ermächtigung nach Absatz 1 auf die Landesjustizverwaltungen übertragen.

1 **1)** Eine **gleichmäßige Belastung** der AGe mit Bereitschaftsdiensten will die Vorschrift sicherstellen. Da sich in Befolgung der Rspr des BVerfG zum Begriff der „Gefahr im Verzug“ (vgl 2 zu § 105 StPO) eine vermehrte Inanspruchnahme des richterlichen Bereitschaftsdienstes außerhalb der üblichen Dienstzeiten ergeben hat, ist durch die Änderung des § 22 c durch das Ges vom 23. 7. 2002 (BGBl I 2850, 2855) die Beschränkung der Vorschrift auf dienstfreie Tage gefallen (dazu unten 2) und zudem die Möglichkeit geschaffen worden, zum Bereitschaftsdienst auch Richter des LG heranzuziehen (dazu unten 3). Um die regionalen Verhältnisse (Aufteilung der Gerichtsbezirke, personelle Ausstattung der einzelnen AGe) berücksichtigen zu können, delegiert die Vorschrift die Befugnis zur Einrichtung der gemeinsamen Bereitschaftsdienste auf die Landesregierungen bzw (über II) auf die Landesjustizverwaltungen.

2 **2) Eine über die dienstfreien Tage hinaus** gehende Konzentrationskompetenz ermöglicht die gesetzliche Regelung. Dadurch soll die beabsichtigte gleichmäßigere Belastung aller Richter mit Bereitschaftsdiensten auch an normalen Werktagen außerhalb der üblichen Dienstzeiten ermöglicht werden. Es können entweder einem AG Geschäfte des Bereitschaftsdienstes mehrerer AGe übertragen werden, wobei der für ein anderes AG tätig werdende Richter seine Entscheidungen dann nach außen für das AG, dessen Aufgaben er wahrnimmt, trifft, oder es kann für mehrere AGe in Form einer „Pool-Lösung“ ein gemeinsamer Bereitschaftsdienstplan aufgestellt werden. Der Bereitschaftsdienstplan „bestimmt dann nicht nur Namen und Zeitpunkt der am Bereitschaftsdienst teilnehmenden Richter, sondern darüber hinaus auch das zuständige Bereitschaftsdienstgericht, das zweckmäßigerweise dasjenige AG sein wird, dem der jeweils zum Bereitschaftsdienst eingeteilte Richter angehört“ (BT-Drucks 14/9266 S 38).

3 **3)** Auch **Richter des LG** können unter Berücksichtigung der örtlichen und personellen Gegebenheiten, der generellen Belastung dieser Richter mit Bereitschaftsdiensten und der Notwendigkeit einer Entlastung der Richter der AGe (BT-Drucks 14/9266 S 39) zum Bereitschaftsdienst herangezogen werden. Geschieht dies, so ist die Heranziehung grundsätzlich auf alle Richter des LG (einschließlich der Vorsitzenden Richter) zu erstrecken. Einer Ernennung des Richters im Einzelfall oder einer Zustimmung des Richters bedarf es nicht (Zöller/Lückemann 3). Die Richter des LG werden dann der Sache nach und formell als Amtsrichter tätig, so dass auch für sie § 22 d gilt (BT-Drucks aaO).

4 **4) Zuständig** für die Verteilung der Geschäfte des Bereitschaftsdienstes und für die Aufstellung des Bereitschaftsdienstplanes ist das Präsidium des LG (§ 21 a) im

Einvernehmen mit den Präsidien der betroffenen AGe (§§ 21 a II Nr 5, 22 a). Da es hier wegen zu vermutender Interessengegensätze möglicherweise nicht zu einer Einigung kommt, sieht I S 5 eine Ersatzzuständigkeit des Präsidiums des OLG, zu dessen Bezirk das LG gehört, vor.

Das Präsidium nimmt **die konkrete Ausgestaltung des gemeinsamen Bereitschaftsdienstes** (auch hinsichtlich des Umfangs der in der RechtsVO generell angeordneten Zuziehung von Richtern des LG) vor. Es legt Beginn und Ende des Bereitschaftsdienstzeitraums fest und trifft die Zuständigkeitsabgrenzung gegenüber dem nach dem regulären Geschäftsverteilungsplan zuständigen Richter, soweit der Bereitschaftsdienst sich auch auf nicht dienstfreie Tage erstreckt. Eingehend zur Organisation des Bereitschaftsdienstes unter Beachtung des Art 101 I S 2 GG Falk DRiZ **07**, 151. 5

Gültigkeit einer Handlung

22d **Die Gültigkeit der Handlung eines Richters beim Amtsgericht wird nicht dadurch berührt, dass die Handlung nach der Geschäftsverteilung von einem anderen Richter wahrzunehmen gewesen wäre.**

1) Einen **allgemeinen Rechtsgrundsatz** enthält § 22 d (SK-Degener 2, 3; 1 zu § 20 StPO; Einl 104 ff; auch 2 zu § 16). Er gilt auch für Kollegialgerichte, aber nur bei Abweichung von einem gesetzmäßigen Geschäftsverteilungsplan. Besteht ein solcher Plan nicht oder ist er gesetzwidrig, so gelten § 16 und Art 101 I S 2 GG. Über die Revision bei Verstoß gegen die Geschäftsverteilung vgl 7 zu § 338 StPO. 1

23-23d (betreffen Zivilsachen)

Zuständigkeit des Amtsgerichts **RiStBV 113**

24 **I In Strafsachen sind die Amtsgerichte zuständig, wenn nicht**

1. die Zuständigkeit des Landgerichts nach § 74 Abs. 2 oder § 74 a oder des Oberlandesgerichts nach § 120 begründet ist,

2. im Einzelfall eine höhere Strafe als vier Jahre Freiheitsstrafe oder die Unterbringung des Beschuldigten in einem psychiatrischen Krankenhaus, allein oder neben einer Strafe, oder in der Sicherungsverwahrung (§§ 66 bis 66 b des Strafgesetzbuches) zu erwarten ist oder

3. die Staatsanwaltschaft wegen der besonderen Schutzbedürftigkeit von Verletzten der Straftat, die als Zeugen in Betracht kommen, des besonderen Umfangs oder der besonderen Bedeutung des Falles Anklage beim Landgericht erhebt.

II Das Amtsgericht darf nicht auf eine höhere Strafe als vier Jahre Freiheitsstrafe und nicht auf die Unterbringung in einem psychiatrischen Krankenhaus, allein oder neben einer Strafe, oder in der Sicherungsverwahrung erkennen.

1) Die **grundsätzliche Zuständigkeit des AG** bestimmt die Vorschrift. Seine Zuständigkeit entfällt nur in den Ausnahmefällen des I Nrn 1–3 und bei nicht ausreichender Strafgewalt (II); allein zum Zwecke der Verbindung mit einem beim LG anhängigen Berufungsverfahren darf weder ein nach § 24 zur Zuständigkeit des AG gehörendes Verfahren beim LG angeklagt (BGH **38**, 172 mit Anm Rieß NStZ **92**, 548; NStZ **92**, 397) noch ein beim AG anhängiges Verfahren dorthin abgegeben werden (BGH **37**, 15, 19/20). Das AG bilden Strafrichter und SchG; beides sind Gerichte verschiedener Ordnung (1 zu § 25; 2 zu § 1 StPO). Das SchG ist zuständig, wenn nicht die Zuständigkeit des Strafrichters nach § 25 gegeben ist. 1

Bei den JugGen des AG ergibt sich die Abgrenzung aus §§ 33 II, 39, 40, 108 **JGG.** In Binnenschifffahrtssachen ist im 1. Rechtszug das AG zuständig (§§ 1, 2 II BinSchVfG).

2 2) **Ausnahmen von der Zuständigkeit des AG** (I):

3 A. **SchwurG- und Staatsschutzsachen** (Nr 1) sind von der Zuständigkeit des AG immer ausgenommen. Stellt sich erst nach Anklageerhebung heraus, dass es sich um eine solche Sache handelt, so gelten die §§ 209 II, 225 a, 270 StPO. § 74 c ist in Nr 1 nicht aufgeführt, weil Wirtschaftsstrafsachen nur dann zur Zuständigkeit der WirtschaftsStrK gehören, wenn sie von besonderer Bedeutung sind (Nr 3) oder wenn die Strafgewalt des AG (II) nicht ausreicht (vgl 2 zu § 74 c).

4 B. Ob eine die **Strafgewalt übersteigende Rechtsfolgenerwartung** (Nr 2) besteht, muss auf Grund einer überschlägigen Prognoseentscheidung, ähnlich der Entscheidung über den hinreichenden Tatverdacht (§ 203 StPO), unter Berücksichtigung der nach § 160 II StPO ermittelten rechtsfolgenerheblichen Umstände festgestellt werden (Karlsruhe StV **98**, 252; Koblenz OLGSt S 5). Geldstrafen, Nebenstrafen und Nebenfolgen werden dabei nicht berücksichtigt (KK-Hannich 4). Unterbringung nach § 63 StGB oder Sicherungsverwahrung nach § 66 StGB – auch nach Vorbehalt (§ 66 a StGB) oder nachträglich (§ 66 b StGB) – darf das AG nie anordnen.

5 C. **Besondere Umstände des Falles** (Nr 3): Hierbei handelt es sich (wie in §§ 74 I S 2, 74 a II, 74 b, 120 II, 142 a IV) um eine sog bewegliche Zuständigkeitsregelung (dazu allg Achenbach Wassermann-FS 849; Rieß GA **76**, 8). Mit dem GG ist Nr 3 nur bei verfassungskonformer Auslegung vereinbar (BVerfGE **9**, 223 = NJW **59**, 871; Eisenberg NStZ **90**, 551; krit Baumann 94; Grünwald JuS **68**, 452; ohne diese Einschränkung: BGH **9**, 367; NJW **58**, 918; **aM** SK-Degener 21 ff; Herzog StV **93**, 612; Sowada 585: verfassungswidrig; vgl auch Arnold ZIS **08**, 92). Die Auslegung gebietet, dass die StA, wenn sie die besonderen Umstände bejaht, zur Anklageerhebung bei dem LG verpflichtet ist. Sie hat keinen Ermessensspielraum (Engelhardt DRiZ **82**, 419) und kein echtes Wahlrecht, sondern muss den unbestimmten Rechtsbegriff der besonderen Bedeutung auslegen und den konkreten Fall darunter subsumieren (BT-Drucks 15/1976 S 19). Sie muss daher in der Anklageschrift die Umstände darlegen, aus denen sich die besondere Schutzbedürftigkeit (unten 6), der besondere Umfang (unten 7) oder die besondere Bedeutung (unten 8) ergeben, soweit dies nicht offenkundig ist (vgl BGHR Bedeutung 3; RiStBV 113 II.

6 a) Die **Schutzbedürftigkeit von Verletzten** der Straftat, die als Zeugen in Betracht kommen, denen man durch Anklage beim LG (vgl auch § 41 I Nr 4 **JGG**) eine 2. Tatsacheninstanz ersparen will (vgl dazu BGH **47**, 16; Zweibrücken NStZ **95**, 357), ist zu bejahen, wenn durch eine weitere Vernehmung psychische Auswirkungen auf den Opfer-Zeugen zu befürchten sind. Das kann bei allen Opfern von Straftaten der Fall sein, die sich gegen höchstpersönliche Rechtsgüter richten, insbesondere aber bei (kindlichen oder erwachsenen) Opfern von Sexualdelikten. Es kommt dabei auf die individuelle Schutzbedürftigkeit des Zeugen in dem konkreten Strafverfahren an (LG Hechingen NStZ-RR **06**, 51). Einer besonderen näheren Begründung in der Anklageschrift bedarf dies aber idR nicht (Hamburg NStZ **05**, 654). Verfassungsrechtliche Bedenken gegen diese Regelung erhebt Heghmanns DRiZ **05**, 291; vgl auch LG Hechingen aaO.

7 b) Der **besondere Umfang** des Verfahrens ist gegeben, wenn die Sache wegen einer Vielzahl von Angeklagten und/oder Vielzahl von Zeugen besonders umfangreich ist, wenn besondere Schwierigkeiten bei der Beweiswürdigung erkennbar sind (zB eingehende Sachverständigengutachten erforderlich) oder auch eine lange Verfahrensdauer voraussehbar ist (vgl KG NStZ-RR **05**, 26; Hamburg NStZ **95**, 252; Karlsruhe StV **03**, 13 mit zust Anm Heghmanns). Mit dieser – der früheren gesetzlichen Regelung widersprechenden (vgl Düsseldorf StV **97**, 13; Saarbrücken

wistra **02**, 118; dazu Radtke/Bechtoldt GA **02**, 591), wie die vorhergehende (oben 6) durch das 1.OpferRRG eingefügten – Alternative ist eine weitgehende Verlagerung der Verfahren vom AG an das LG ermöglicht worden; dabei ist aber zu beachten, dass sich die zum LG anzuklagenden Verfahren stets deutlich aus der großen Masse der Verfahren, die den gleichen Tatbestand betreffen, herausheben müssen (BT-Drucks 15/1976 S 19). Der besondere Umfang muss daher noch über den die Anwendung des § 29 II rechtfertigenden Umfang hinausgehen. Heghmanns (DRiZ **05**, 290) hält die Voraussetzungen bei zu erwartenden 6 oder mehr Verhandlungstagen für gegeben.

c) Von **besonderer Bedeutung** ist auch hier eine Sache, die sich aus tatsächlichen oder rechtlichen Gründen (Bremen JZ **53**, 150 mit Anm Busch) aus der Masse der durchschnittlichen Strafsachen nach oben heraushebt (Düsseldorf StV **97**, 13; eingehend v Berg, Die besondere Bedeutung des Falles gemäß § 24 Abs. 1 Nr 3 Var. 3 GVG, 2005, zugl Diss Berlin). Die besondere Bedeutung kann sich insbesondere aus dem Ausmaß der Rechtsverletzung und den Auswirkungen der Straftat ergeben (Düsseldorf NStZ **90**, 292 mit Anm Eisenberg NStZ **90**, 551; VRS **85**, 204; RiStBV 113 I); dabei müssen die unverschuldeten Tatfolgen unberücksichtigt bleiben (Kissel/Mayer 15; Schroeder MDR **65**, 177). Die hervorragende Stellung des Beschuldigten oder des Verletzten im öffentlichen Leben kann die besondere Bedeutung ebenso begründen (Bremen aaO; Koblenz wistra **95**, 282; Schroeder aaO) wie das große Interesse der Medien und der Öffentlichkeit an der Sache (BGH **44**, 34, 37 = JR **98**, 467 mit zust Anm Dietmeier; einschr Karlsruhe NStZ-RR **00**, 60; Saarbrücken wistra **02**, 118; Michel StraFo **03**, 242). Auch Persönlichkeit und Stellung des Beschuldigten können insoweit von Bedeutung sein, als sie den Unrechtsgehalt der Tat erhöhen (Stuttgart MDR **75**, 1042; Schroeder aaO). Besondere Bedeutung können daher Strafsachen gegen hohe Beamte und gegen RAe haben (BGH NJW **60**, 542, 544; Stuttgart MDR **75**, 1042; Schleswig SchlHA **67**, 269). Entsprechendes gilt für Strafen, bei denen sonst schwerwiegende öffentliche Interessen auf dem Spiel stehen (Köln NJW **70**, 261: Landfriedensbruch). Dass schwierige Rechtsfragen zu lösen sind, begründet die besondere Bedeutung idR nicht (Bamberg MDR **57**, 117). Anders ist es, wenn ein besonderes Bedürfnis für die rasche Klärung einer grundsätzlichen, für eine Vielzahl gleich gelagerter Fälle bedeutsamen Rechtsfrage durch den BGH besteht (BGH **43**, 53 = JZ **98**, 627 mit Anm Bernsmann = JR **99**, 164 mit Anm Renzikowski; LG Nürnberg-Fürth NJW **88**, 2311, 2313). Zur Frage der Zulässigkeit strafrechtlicher Muster- oder Pilotverfahren Knauer ZStW **120**, 826. 8

d) Der **gerichtlichen Prüfung** unterliegt die Entscheidung der StA in vollem Umfang (BVerfGE **9**, 223 = NJW **59**, 871; Hamburg NStZ **95**, 252; **aM** Schleswig NStZ **85**, 74; Achenbach Wassermann-FS 851: nur eingeschränkte Prüfungskompetenz). Hält das AG die besonderen Umstände nach Nr 3 für gegeben, so legt es die Sache nach § 209 II StPO dem LG vor; das LG, bei dem Anklage erhoben ist, eröffnet die Sache nach § 209 I StPO vor dem AG, wenn es die besonderen Umstände verneint. 9

Nach Eröffnung des Hauptverfahrens wird die besondere Bedeutung der Sache nicht mehr geprüft. Mit dem Eröffnungsbeschluss tritt eine Zuständigkeitsperpetuierung ein; eine spätere Änderung der Beurteilung rechtfertigt die Anwendung der §§ 225a, 270 StPO nicht (Bay **85**, 33 = NStZ **85**, 470; Rieß GA **76**, 11 ff; erg 5 zu § 225a StPO; 5 zu § 270 StPO). Daher kann, sofern nicht Willkür und demgemäß ein Verstoß gegen Art 101 I S 2 GG vorliegt, auch die Revision nicht darauf gestützt werden, dass die besonderen Umstände zu Unrecht angenommen oder nicht angenommen worden seien (vgl BGH GA **80**, 220; **81**, 231 mit Anm Rieß; VRS **23**, 267; Bay aaO; 32 zu § 338 StPO). 10

3) Rechtsfolgenkompetenz (II): Durch das RpflEntlG ist die Strafgewalt des AG von 3 auf 4 Jahre erhöht worden, um einer „Austrocknung" des SchG (wegen der gleichzeitigen Erhöhung der Strafgewalt des Strafrichters von 1 auf 2 Jahre in 11

§ 25 Nr 2) vorzubeugen; im Übrigen erhoffte sich der Gesetzgeber dadurch eine Entlastung des BGH (erg 1 zu § 76 GVG). Die Begrenzung der Strafgewalt gilt auch für den Fall, dass eine Gesamtstrafe zu bilden ist. Werden in einem Urteil 2 getrennte, nicht mehr als 4 Jahre Freiheitsstrafe betragende Gesamtstrafen verhängt, so liegt darin aber auch dann kein Verstoß gegen II, wenn die Summe der Strafen 4 Jahre übersteigt (BGH **34**, 159 mit Anm Schnarr NStZ **87**, 236; vgl auch Fezer JR **88**, 89). Auch die StrK als Berufungsgericht darf keine über II hinausgehende Rechtsfolge verhängen (9 zu § 328 StPO). Die Überschreitung der Rechtsfolgengewalt berücksichtigt das Revisionsgericht von Amts wegen (BGH **18**, 79, 81; SK-Degener 39 ff); sie führt zur Urteilsaufhebung wegen Fehlens der sachlichen Zuständigkeit.

12 **4)** Die **Revision** ist begründet, wenn das SchG willkürlich (dazu ausführlich Bremen NStZ-RR **98**, 53; Karlsruhe StV **98**, 252) seine Zuständigkeit bejaht hat, weil eine Freiheitsstrafe von mehr als 2 Jahren offenkundig ausgeschlossen und somit gemäß § 25 Nr 2 der Strafrichter zuständig war (Hamm StV **95**, 182; Oldenburg NStZ **94**, 449; Neuhaus StV **95**, 212; erg 8 zu § 269 StPO). Hatte eine Berufungsverhandlung stattgefunden, soll der Verstoß gegen § 328 II StPO nach BGH **42**, 205 nur auf eine entspr Verfahrensrüge geprüft werden; das ist abzulehnen (vgl 8 zu § 269 StPO aE). Bei der Prüfung durch das Revisionsgericht, ob das LG die besondere Bedeutung nach I Nr 3 zu Recht bejaht hat, ist die objektive Sachlage zum Zeitpunkt der Eröffnungsentscheidung zugrunde zu legen (BGH **47**, 16).

Zuständigkeit des Strafrichters

25 Der Richter beim Amtsgericht entscheidet als Strafrichter bei Vergehen,
1. wenn sie im Wege der Privatklage verfolgt werden oder
2. wenn eine höhere Strafe als Freiheitsstrafe von zwei Jahren nicht zu erwarten ist.

1 **1)** Die **Zuständigkeit des Strafrichters** ist ein aus der Gesamtzuständigkeit des AG ausgegliederter Teil (1 zu § 24). Sie gehört zur sachlichen Zuständigkeit und ist daher nach § 6 StPO in jeder Lage des Verfahrens von Amts wegen zu prüfen. Im Verhältnis zum SchG ist der Strafrichter ein Gericht niederer Ordnung (BGH **19**, 177; Schleswig SchlHA **84**, 97 [E/L]; 2 zu § 1 StPO).

2 **2) Privatklagedelikte** (Nr 1): Wird das Privatklagedelikt (§ 374 StPO) im Offizialverfahren verfolgt (§ 376 StPO), so ist nur die Nr 2 maßgebend. Die Übernahme der Verfolgung durch die StA nach § 377 StPO ändert an der Zuständigkeit des Strafrichters nichts (dort 11).

3 **3) Rechtsfolgenerwartung von nicht mehr als 2 Jahren Freiheitsstrafe** (Nr 2): Nach dieser durch das RpflEntlG geänderten (vgl 9 zu § 24) Vorschrift ist die sachliche Zuständigkeit des Strafrichters dann gegeben, wenn eine konkrete Rechtsfolgenerwartung von nicht mehr als 2 Jahren Freiheitsstrafe besteht, wobei bei einer Gesamtstrafenbildung die Höhe der Gesamtstrafe entscheidet; neben der Freiheitsstrafe angedrohte Rechtsfolgen bleiben außer Betracht. Im Gegensatz zur früheren Rechtslage, nach der die Zuständigkeit des Strafrichters ferner davon abhing, ob die StA die Sache als eine solche von minderer Bedeutung ansah, kommt es hierauf nicht mehr an (Rieß AnwBl **93**, 54); alle Vergehen mit einer derartigen Straferwartung sind beim Strafrichter und nicht beim SchG anzuklagen (Düsseldorf JMBlNW **96**, 47; Hamburg NStZ **95**, 252, 253; Koblenz StV **96**, 588 mwN; Köln StraFo **96**, 55; 85; SK-Degener 5; Rieß NStZ **95**, 376; Böttcher/Mayer NStZ **93**, 157; Fischer NJW **96**, 1044; Radtke/Bechtoldt GA **02**, 589; Sowada 592 ff; Werle JZ **91**, 796; **aM** AG Höxter MDR **94**, 1139; Fuhse NStZ **95**,

165; Hohendorf NJW **95**, 1454; Schäfer DRiZ **97**, 169; Siegismund/Wickern wistra **93**, 137, die von der Weitergeltung eines ungeschriebenen Tatbestandsmerkmals „Sache von minderer Bedeutung" ausgehen; Kalf NJW **97**, 1489 entnimmt aus § 28, dass das SchG als höherrangiges Gericht die Zuständigkeit des Strafrichters einschließe). Nimmt der Strafrichter im Gegensatz zur StA an, dass eine Freiheitsstrafe von mehr als 2 Jahren zu erwarten ist (zur Prognoseentscheidung vgl Karlsruhe Justiz **97**, 403), so legt er die Sache nach § 209 II StPO dem Vorsitzenden des SchG vor (3 zu § 209 StPO); umgekehrt eröffnet der Vorsitzende des SchG eine bei ihm angeklagte Sache nach § 209 I StPO vor dem Strafrichter, wenn er dessen Zuständigkeit für ausreichend erachtet (2 zu § 209 StPO). Der Strafrichter hat die volle Strafgewalt des § 24 II (unten 4); verhängt er eine höhere Strafe als 2 Jahre Freiheitsstrafe, so hat er nicht zugleich zu prüfen, ob schon bei der Eröffnung des Hauptverfahrens mit einer solchen Strafe zu rechnen war (Bay **85**, 33 = NStZ **85**, 470 mit abl Anm Achenbach). Auch mit der Revision kann nicht geltend gemacht werden, dass schon bei Eröffnung des Hauptverfahrens eine höhere Straferwartung bestanden habe (Bay aaO; **aM** Bay DAR **84**, 243 [R]; Achenbach NStZ **85**, 471).

4) Die **Rechtsfolgenkompetenz** des Strafrichters geht ebenso weit wie die 4
des SchG nach § 24 II (BGH **16**, 248; **42**, 205, 213; Bay **85**, 33 = NStZ **85**, 470 mit abl Anm Achenbach; Düsseldorf StV **00**, 631 mwN; LR-Siolek 12). Eine Verweisung vom Strafrichter – oder auch vom Jugendrichter – an das Schöffengericht kommt daher nicht in Betracht (BGH StraFo **04**, 103; NStZ **09**, 579; erg 5 zu § 270 StPO).

Zuständigkeit der Jugendschutzgerichte

26 **I [1] Für Straftaten Erwachsener, durch die ein Kind oder ein Jugendlicher verletzt oder unmittelbar gefährdet wird, sowie für Verstöße Erwachsener gegen Vorschriften, die dem Jugendschutz oder der Jugenderziehung dienen, sind neben den für allgemeine Strafsachen zuständigen Gerichten auch die Jugendgerichte zuständig. [2] Die §§ 24 und 25 gelten entsprechend.**

II In Jugendschutzsachen soll der Staatsanwalt Anklage bei den Jugendgerichten nur erheben, wenn in dem Verfahren Kinder oder Jugendliche als Zeugen benötigt werden oder wenn aus sonstigen Gründen eine Verhandlung vor dem Jugendgericht zweckmäßig erscheint.

1) Eine **Doppelzuständigkeit** in Jugendschutzsachen schafft die Vorschrift, die 1
mit Art 101 I S 2 GG vereinbar ist (BGH **13**, 297; **aM** Achenbach Wassermann-FS 853; Arnold ZIS **08**, 92). Sie gestattet, Strafsachen Erwachsener vor dem JugG anzuklagen, wenn das aus besonderen Gründen (II) zweckmäßig erscheint für das weitere Verfahren, auch für das Rechtsmittelverfahren (Saarbrücken NJW **65**, 2313), gilt dann das JGG. Für die Verteilung der Jugendschutzsachen unter den JugGen beim AG (§ 33 II **JGG**) sind jedoch die §§ 24, 25 entspr anzuwenden (I S 2); die §§ 39, 40 **JGG** gelten nicht. Nach § 24 richtet sich auch die Zuständigkeitsabgrenzung zwischen dem AG und den Gerichten höherer Ordnung. Ist die StrK im 1. Rechtszug zuständig, so gilt § 74b.

2) Jugendschutzsachen (I S 1) sind Straftaten, durch die ein Kind oder ein Ju- 2
gendlicher (§ 1 II **JGG**) unmittelbar oder mittelbar verletzt oder unmittelbar gefährdet wird; Straftaten gegen Heranwachsende (§ 1 II **JGG**) sind keine Jugendschutzsachen. Die Art der Straftat ist ohne Bedeutung; der Tatbestand braucht nicht nur oder in besonderer Weise dem Schutz von Kindern oder Jugendlichen zu dienen. § 26 ist aber nicht anwendbar, wenn die Tat zum Tod eines Kindes oder Jugendlichen geführt hat (Düsseldorf JMBlNW **63**, 166; Hamm JMBlNW **63**, 34).

Jugendschutzsachen sind **ferner** Straftaten gegen Vorschriften, die dem Jugend- 3
schutz oder der Jugenderziehung dienen, auch wenn sie sich gegen Heranwach-

sende richten (BGH **13**, 53, 59). In Betracht kommen insbesondere Verstöße gegen §§ 174ff, 180, 180a II Nr 1, 182, 235, 236 StGB, gegen die Vorschriften des Jugendarbeitsschutzgesetzes vom 12. 4. 1976 (BGBl I 965), des Jugendschutzgesetzes vom 23. 7. 2002 (BGBl I 2730) und gegen die Vorschriften über die Schulpflicht, idR aber nicht Verstöße gegen § 29a I Nr 1 BtMG (Abgabe von Betäubungsmitteln an Jugendliche, vgl BVerfG NSt Z **07**, 40).

4 **3)** Ein uneingeschränktes **Wahlrecht** hat die StA nicht. Anklage vor dem JugG darf sie nur erheben, wenn die Voraussetzungen des II vorliegen. Auch unter diesen Voraussetzungen kann sie die Sache allerdings vor das allgemeine Strafgericht bringen (BGH **13**, 297, 300). Nach II ist das JugG ausnahmsweise zuständig, wenn in dem Verfahren Kinder oder Jugendliche als Zeugen benötigt werden oder wenn eine Verhandlung vor dem JugG aus sonstigen Gründen zweckmäßig erscheint, insbesondere, wenn es auf die besondere Sachkunde und Erfahrung dieses Gerichts, auch bei der Vernehmung jugendlicher Zeugen und der Würdigung ihrer Aussagen (BGH **13**, 53, 59), ankommt.

5 Für das Gericht ist die Entscheidung der StA **nicht bindend** (Engelhardt DRiZ **82**, 420); es muss sich aber ebenfalls an die Richtlinie des II halten. Das JugG, vor dem Anklage erhoben ist, kann die Sache vor dem allgemeinen Strafgericht eröffnen (§§ 209 I iVm § 209a Nr 2 Buchst b StPO). Das Erwachsenengericht kann sie dem JugG vorlegen, wenn es die Voraussetzungen des II für gegeben hält (§ 209 II iVm § 209a Nr 2 Buchst b StPO).

6 **Nach Eröffnung des Hauptverfahrens** wird das Vorliegen dieser Voraussetzungen nicht mehr geprüft (vgl 8 zu § 24; 3 zu § 25; 3 zu § 74b). Daher kann die Revision auf eine Verletzung des § 26 nur gestützt werden, wenn das Gericht willkürlich verfahren und daher gegen Art 101 I S 2 verstoßen hat (BGH bei Herlan GA **71**, 34; Kissel/Mayer 13; vgl auch BGH MDR **57**, 529 [D]).

26a (weggefallen)

Sonstige Zuständigkeit und Geschäftskreis

27 Im Übrigen wird die Zuständigkeit und der Geschäftskreis der Amtsgerichte durch die Vorschriften dieses Gesetzes und der Prozessordnungen bestimmt.

1 **1) Sonstige Zuständigkeiten** des AG bestehen in Strafsachen ua für die Rechtshilfe (§ 157), die Tätigkeit im vorbereitenden Verfahren (§§ 115a I, 125 I, 128 I, 162, 163 I S 2, 165, 166 StPO) und im beschleunigten Verfahren (§ 417 StPO) sowie für den Erlass des Strafbefehls (§ 407 StPO).

4. Titel. Schöffengerichte

Zuständigkeit

28 Für die Verhandlung und Entscheidung der zur Zuständigkeit der Amtsgerichte gehörenden Strafsachen werden, soweit nicht der Strafrichter entscheidet, bei den Amtsgerichten Schöffengerichte gebildet.

1 **1) Schöffen** sind die ehrenamtlichen Laienrichter in der Strafrechtspflege (§§ 44–45a **DRiG**). Über Entwicklung und Einschätzung vgl Jescheck, Das Laienrichtertum in der Strafrechtspflege der BRep und der Schweiz (1977); ferner SK-Degener 4ff; krit Duttge JR **06**, 358; Kühne Amelung-FS 657.

2 **2)** Die **Zuständigkeit des SchG** regelt § 24 I, seine Strafgewalt § 24 II.

Zusammensetzung **RiStBV 113 IV**

29 **I [1]Das Schöffengericht besteht aus dem Richter beim Amtsgericht als Vorsitzenden und zwei Schöffen. [2]Ein Richter auf Probe darf im ersten Jahr nach seiner Ernennung nicht Vorsitzender sein.**

II [1]Bei Eröffnung des Hauptverfahrens kann auf Antrag der Staatsanwaltschaft die Zuziehung eines zweiten Richters beim Amtsgericht beschlossen werden, wenn dessen Mitwirkung nach dem Umfang der Sache notwendig erscheint. [2]Eines Antrages der Staatsanwaltschaft bedarf es nicht, wenn ein Gericht höherer Ordnung das Hauptverfahren vor dem Schöffengericht eröffnet.

1) Zusammensetzung des SchG (I): Außer dem Richter beim AG wirken 2 Schöffen mit (S 1), aber nur in der Hauptverhandlung (§ 30 II). Den Vorsitz kann jeder Richter auf Lebenszeit bei dem AG führen, auch ein abgeordneter Richter (§ 37 DRiG) und ein Vertretungsrichter nach § 22b. Richter kraft Auftrags (§ 14 DRiG) können ebenfalls Vorsitzende sein, Richter auf Probe (§ 12 DRiG) aber nicht im 1. Jahr nach ihrer Ernennung (I S 2). Wegen der Schöffen vgl §§ 30, 31. 1

2) Das **erweiterte SchG** (II), das es tatsächlich fast nur noch im Bezirk des OLG Hamm gibt (vgl Heghmanns StV **03**, 15), hat die gleiche sachliche Zuständigkeit und Strafgewalt wie das gewöhnliche SchG nach § 24 (allg zu II: Deisberg/Hohendorf DRiZ **84**, 261). Es ist ein SchG in erweiterter Besetzung, aber kein Gericht höherer Ordnung gegenüber dem SchG (RG **62**, 265, 270; KG JR **76**, 209; Bremen NJW **58**, 432; Hamm MDR **88**, 696). Den Vorsitz muss ein Richter auf Lebenszeit führen (§ 28 II S 2 **DRiG**). Der 2. Richter kann ein Richter kraft Auftrags oder auf Probe sein, auch im 1. Jahr nach seiner Ernennung. 2

Grundsätzlich darf ein 2. Richter nur auf **Antrag der StA** hinzugezogen werden. Der Antrag, der im pflichtgemäßem Ermessen der StA steht, wird idR bei Anklageerhebung gestellt, kann aber (etwa auf Anregung des Vorsitzenden des SchG), nachgereicht werden, solange das Hauptverfahren noch nicht eröffnet ist (RG **62**, 265, 269; Kissel/Mayer 13). Bis zu diesem Zeitpunkt kann er auch zurückgenommen werden (LR-Siolek 6). Eines Antrags der StA bedarf es nicht, wenn ein höheres Gericht das Hauptverfahren nach § 209 I StPO vor dem SchG eröffnet (II S 2). 3

Die **Notwendigkeit** der Zuziehung des 2. Richters muss sich aus dem besonderen Umfang der Sache (zahlreiche Mitangeklagte, Straftaten oder Beweismittel) ergeben (RiStBV 113 III). Auch die zu erwartenden Beweisschwierigkeiten dürfen berücksichtigt werden, nicht aber die Schwierigkeit der Rechtslage oder die besondere Bedeutung der Sache (KK-Hannich 11); liegt sie vor, so ist nach § 24 I Nr 3 Anklage vor dem LG zu erheben. 4

Zuständig für die **Entscheidung** über die Zuziehung des 2. Richters ist im Fall des S 1 der Vorsitzende des SchG, im Fall des S 2 nur das höhere Gericht (KG JR **76**, 209; Bremen NJW **58**, 432; LR-Siolek 7; SK-Degener 14; Sowada 692 Fn 215). Die Entscheidung, bei der das Gericht an den Antrag der StA nicht gebunden ist, kann nur gleichzeitig mit der Eröffnung des Hauptverfahrens getroffen werden (Düsseldorf JMBlNW **64**, 260; KK-Hannich 13; krit dazu Nappe NJW **57**, 1827). Eine nachträgliche Entscheidung, zB bei Erhebung einer Nachtragsanklage nach § 266 StPO, Verweisung an das SchG nach § 270 StPO oder Zurückverweisung durch das Rechtsmittelgericht, ist unzulässig (KK-Hannich 13; **aM** für § 270 StPO: Deisberg/Hohendorf DRiZ **84**, 265). Die Entscheidung kann auch nicht nachträglich aufgehoben werden. Wird die Zuziehung eines 2. Richters beschlossen, so muss in dieser Besetzung entschieden werden, wenn die Sache mit einer gewöhnlichen SchG-Sache verbunden wird; ein weiterer Zuziehungsbeschluss ist nicht erforderlich (Kissel/Mayer 20). Bei Zurückverweisung der Sache 5 nach §§ 328 II, 354 II, III oder 355 StPO hat erneut ein erweitertes SchG zu entscheiden. Entsprechendes gilt für das Nachverfahren nach §§ 439, 441 StPO.

6 Im **beschleunigten Verfahren** nach §§ 417 ff StPO ist die Zuziehung eines 2. Amtsrichters ausgeschlossen (LR-Gössel 4 zu § 417 StPO; **aM** Deisberg/Hohendorf DRiZ **84**, 264 ff).

7 Die **Anfechtung** der Entscheidung des Gerichts über den Antrag der StA ist unzulässig, gleichgültig, ob er abgelehnt oder ihm stattgegeben wird (KG JR **76**, 209; Kissel/Mayer 17); das gilt auch für die Revision. Dieses Rechtsmittel kann aber darauf gestützt werden, dass ein erweitertes SchG entschieden hat, obwohl ein entspr Antrag der StA nicht gestellt worden war und auch die Voraussetzungen des S 2 nicht vorgelegen haben (Düsseldorf aaO).

Befugnisse der Schöffen

30 **I Insoweit das Gesetz nicht Ausnahmen bestimmt, üben die Schöffen während der Hauptverhandlung das Richteramt in vollem Umfang und mit gleichem Stimmrecht wie die Richter beim Amtsgericht aus und nehmen auch an den im Laufe einer Hauptverhandlung zu erlassenden Entscheidungen teil, die in keiner Beziehung zu der Urteilsfällung stehen und die auch ohne mündliche Verhandlung erlassen werden können.**

II Die außerhalb der Hauptverhandlung erforderlichen Entscheidungen werden von dem Richter beim Amtsgericht erlassen.

1 **1) Während der Hauptverhandlung** (I) wirken die Schöffen grundsätzlich in gleichem Maße mit wie die Berufsrichter; sie haben auch das Recht zur unmittelbaren Befragung (§ 240 II StPO). Die Mitwirkung der Schöffen erstreckt sich auf die in der Hauptverhandlung oder zugleich mit dem Urteil zu erlassenden Beschlüsse (zB nach §§ 228 II S 1, 230 II, 231 II, 231 a III S 1, 231 b, 231 c, 238 II, 268 a, 268 b, 270, 456 c StPO, §§ 171 a, 171 b, 172, 173 II, 174), auch auf Vorlageschlüsse nach Art 100 I GG, § 80 BVerfGG (Einl 225) und auf Beschlüsse, die in keinem Zusammenhang mit der Urteilsfällung stehen, wie die Beschlüsse nach §§ 51, 70, 77 StPO, §§ 177 S 2, 178 II. Dass bei der Beschlussfassung auf den Akteninhalt zurückgegriffen werden muss, spielt keine Rolle (8 zu § 126 StPO). Ausnahmen von der Mitwirkung der Schöffen bestimmen zB §§ 27 II, 31 II S 1 StPO. Für die Beratung und Abstimmung gelten §§ 192 ff.

2 Das **Recht auf Akteneinsicht** wurde den Schöffen von der hM früher mit der Begründung abgesprochen, dadurch werde der Unmittelbarkeitsgrundsatz des § 261 StPO verletzt (BGH **13**, 73 = JR **61**, 30 mit zust Anm EbSchmidt; BGH MDR **73**, 19 [D]; Hamburg MDR **73**, 69; jedoch bereits offen gelassen bei BGH NJW **87**, 1209 = JR **87**, 389 mit Anm Rieß; vgl auch Scheffler 64 und RiStBV 126 III). Nach richtiger Ansicht sind die Schöffen aber auch insoweit den Berufsrichtern gleichgestellt, mit denen sie die Verantwortung für die richtige Entscheidung teilen (Kissel/Mayer 2 ff; Atzler DRiZ **91**, 207; Hanack JZ **72**, 315; Hillenkamp Kaiser-FS 1437 ff; Linkenheil [8 zu § 126 StPO] S 228, 241; Lilie Rieß-FS 309; Nowak JR **06**, 459; Rüping JR **76**, 272; Schreiber Welzel-FS 954; Stüber [2 a zu § 250 StPO] S. 76]; Terhorst MDR **88**, 809; Volk Dünnebier-FS 382; **aM** SK-Degener 15 ff). Auch Kemmer „Befangenheit von Schöffen durch Aktenkenntnis?“ (1989) verneint die von ihm gestellte Frage mit überzeugender Begründung; für ein grundsätzliches Verbot der Akteneinsicht durch Schöffen hingegen Rennig, Die Entscheidungsfindung durch Schöffen und Berufsrichter, 1993, S 586. BGH **43**, 36 = NStZ **97**, 506 mit zust Anm Katholnigg = StV **97**, *450 mit abl Anm Lunnebach* = JR **99**, 297 mit zust Anm Imberger-Bayer hat es nunmehr – ua unter Hinweis auf § 249 II StPO – auch als rechtlich unbedenklich bezeichnet, wenn den Schöffen in der Hauptverhandlung zum besseren Verständnis der Beweisaufnahme aus den Akten stammende Protokolle über Beweismittel als

Begleittext zur Verfügung gestellt werden; dem zuneigend auch BGH **43**, 360 (erg 40 zu § 261 StPO; vgl auch EGMR NJW **09**, 2871).

2) An **Entscheidungen außerhalb der Hauptverhandlung** (II) wirken die Schöffen nicht mit (vgl auch § 76 I S 2). Das gilt für alle Entscheidungen, die vor Beginn oder nach Beendigung der Hauptverhandlung getroffen werden, aber auch für solche, die während der Unterbrechung der Hauptverhandlung erforderlich werden, aber nur, falls sie auch ohne mündliche Verhandlung erlassen werden können, wie Beschlagnahme- und Durchsuchungsanordnungen. Bei Entscheidungen über die UHaft wirken die Schöffen mit; erg 8 zu § 126 StPO), nicht notwendig aber bei der Entscheidung über die Unterbrechung der Hauptverhandlung nach § 229 II (BGH **34**, 154, 155). In den Fällen des II entscheidet – auch beim erweiterten SchG (§ 29 II) – der Richter beim AG allein, und zwar nicht als Vorsitzender des SchG, jedoch als dessen Vertreter (vgl § 319 I StPO: „Gericht des ersten Rechtszuges"). 3

Ehrenamt

31 [1]**Das Amt eines Schöffen ist ein Ehrenamt.** [2]**Es kann nur von Deutschen versehen werden.**

1) **Ehrenamtlich** (S 1) werden die Schöffen tätig; ihre Entschädigung regelt § 55. Schöffen sind Teil der rechtsprechenden Gewalt (§ 1 DRiG). Strafrechtlich werden sie wie Amtsträger und Richter behandelt (§ 11 Abs 1 Nr 2 Buchst a, Nr 3 StGB). Abberufen werden können sie vor Ablauf ihrer Amtszeit gegen ihren Willen nur durch Richterspruch (§ 44 II DRiG). Sie sind in gleichem Maße unabhängig wie Berufsrichter und müssen das Beratungsgeheimnis wahren (§ 45 I DRiG). Sie dürfen in der Übernahme oder Ausübung des Amtes nicht beschränkt oder benachteiligt werden, sind von ihrem Arbeitgeber freizustellen und dürfen wegen der Übernahme oder der Ausübung des Amtes nicht gekündigt werden (§ 45 I a DRiG). Sie sind vor ihrer 1. Dienstleistung zu vereidigen (§ 45 II–VII DRiG). Fehlt es an einer rechtswirksamen Vereidigung, so ist das Gericht iS des § 338 Nr 1 StPO nicht vorschriftsmäßig besetzt (RG **61**, 274; Köln JMBlNW **76**, 118; KK-Hannich 4). 1

2) Nur **Deutsche** (S 2) iS des Art 116 GG können Schöffen sein (für Berufsrichter gilt § 9 Nr 1 DRiG). Unfähig zum Schöffenamt sind aber nur Ausländer und Staatenlose, nicht Deutsche mit doppelter Staatsangehörigkeit (RG **25**, 415; Kissel/Mayer 10). 2

3) **Sonstige Eigenschaften** werden nicht vorausgesetzt. Der Schöffe braucht keine auch nur durchschnittlichen intellektuellen Fähigkeiten zu haben (RG **30**, 399); er muss aber der deutschen Sprache mächtig sein (LG Bochum NJW **05**, 3227; SK-Degener 5; **aM** RG aaO; Kissel/Mayer 11; zw LR-Siolek 11). Geisteskrankheit und andere die Verhandlungsfähigkeit ausschließende Zustände schwerer geistiger oder körperlicher Behinderung stehen der Mitwirkung des Schöffen entgegen (4 zu § 33). 3

Unfähigkeit zum Schöffenamt

32 **Unfähig zu dem Amt eines Schöffen sind:**

1. **Personen, die infolge Richterspruchs die Fähigkeit zur Bekleidung öffentlicher Ämter nicht besitzen oder wegen einer vorsätzlichen Tat zu einer Freiheitsstrafe von mehr als sechs Monaten verurteilt sind;**
2. **Personen, gegen die ein Ermittlungsverfahren wegen einer Tat schwebt, die den Verlust der Fähigkeit zur Bekleidung öffentlicher Ämter zur Folge haben kann.**

1 **1)** Die **Unfähigkeit im Allgemeinen** ist hier gemeint, nicht die Ausschließung oder Ablehnung eines Schöffen wegen seiner Beziehungen zu einer bestimmten Strafsache (§ 31 StPO). Maßgebender Zeitpunkt für die Unfähigkeit ist die tatsächliche Amtsausübung, nicht die Listenaufstellung. Ist die ursprünglich vorhandene Unfähigkeit bis zur Hauptverhandlung weggefallen, so ist das Gericht daher vorschriftsmäßig besetzt (EbSchmidt 3). Jedoch ist die Unfähigkeit bereits bei der Aufstellung der Listen nach § 36 und bei der Schöffenwahl nach § 42 zu berücksichtigen (KK-Hannich 2). Bei nachträglich eintretender oder bekannt gewordener Unfähigkeit ist nach § 52 I Nr 1 zu verfahren. Die Unfähigkeit hat das Gericht, bei dem der Schöffe mitwirkt, von Amts wegen zu beachten (Katholnigg 1). Auskunft über das Vorliegen von Gründen der Amtsunfähigkeit kann in der Hauptverhandlung aber nicht verlangt werden (BGH NStZ **94**, 139).

1a In Anlehnung an die **Rspr des BVerfG,** (NJW **08**, 2568) wird von Anger (NJW **08**, 3041) vorgeschlagen, die Vorschrift dahin zu ergänzen, dass Personen auch wegen Verstoßes gegen die Verfassungstreuepflicht zu dem Amt eines Schöffen unfähig sind.

2 **2) Die einzelnen Fälle:**

3 A. **Gerichtliche Verurteilung** (Nr 1): Die Aberkennung der Fähigkeit zur Bekleidung öffentlicher Ämter regeln §§ 45–45 b StGB; sie muss rechtskräftig sein (Kissel/Mayer 3). Die Verurteilung zu einer Freiheitsstrafe von mehr als 6 Monaten wegen vorsätzlicher Tat muss ebenfalls Rechtskraft erlangt haben (Kissel/Mayer 4). Das Urteil muss von einem inländischen Gericht erlassen worden sein (EbSchmidt 9). Freiheitsstrafe iS Nr 1 ist auch eine Jugendstrafe (KK-Hannich 3). Auch eine Gesamtfreiheitsstrafe von mehr als 6 Monaten führt zur Unfähigkeit (Kissel/Mayer 5). Hat das Urteil teils vorsätzliche, teils fahrlässige Taten zum Gegenstand, so sind die Einzelstrafen wegen der vorsätzlichen Taten maßgebend (Kissel/Mayer 5).

4 Die Unfähigkeit nach Nr 1 **endet** mit dem Wegfall der Amtsunfähigkeit durch Zeitablauf oder durch Wiederverleihung der verlorenen Rechte nach § 46 b StGB oder im Gnadenwege, im Fall der Verurteilung zu Freiheitsstrafe mit der Tilgung oder Tilgungsreife der Eintragung im BZRG (§ 51 **BZRG**); der Erlass der Strafe nach Ablauf der Bewährungsfrist (§ 56 g I S 1 StGB) oder im Gnadenweg ist ohne Bedeutung.

5 B. **Schwebende Ermittlungsverfahren** (Nr 2), dh von der StA, nicht nur von der Polizei nach § 163 StPO eingeleitete Verfahren, begründen die Unfähigkeit nur, wenn sie wegen einer Tat geführt werden, die zu der Nebenfolge des § 45 StGB führen kann (Moller MDR **65**, 534 hält das für verfassungswidrig; dagegen Katholnigg 3 und JR **89**, 37). Es reicht aus, dass diese Folge (abstrakt) möglich ist (BGH **35**, 28 = JR **89**, 35 mit Anm Katholnigg; Bremen MDR **64**, 244; Kissel/Mayer 7); wahrscheinlich braucht sie nicht zu sein. Das Vorliegen der Voraussetzungen der Nr 2 ist unmittelbar zu beachten: einer vorherigen Streichung aus der Schöffenliste bedarf es nicht, ein späterer Freispruch hat keine Rückwirkung auf den Ausschluss (BGH aaO). Ob die Streichung bei Freispruch oder Einstellung des Verfahrens rückgängig zu machen ist, hat der BGH (aaO) offen gelassen; bejaht wurde es von Bremen aaO, dagegen wird aber zu Recht darauf hingewiesen, dass dies zu kaum behebbaren Schwierigkeiten führen könnte (SK-Degener 10; Katholnigg JR **89**, 37). Dass der Schöffe wegen des Ermittlungsverfahrens nicht aufgestellt oder nicht gewählt worden ist, lässt sich nachträglich nicht ändern.

6 **3) Revision:** Die Mitwirkung eines nach § 32 unfähigen Schöffen führt auf entspr Rüge zur Urteilsaufhebung nach § 338 Nr 1 StPO (BGH **35**, 28). Zum notwendigen Revisionsvorbringen gehört im Fall der 2. Altern der Nr 1 die Darlegung von Schuldvorwurf und Strafmaß (BGH **33**, 261, 269).

Ungeeignete Schöffen

33 Zu dem Amt eines Schöffen sollen nicht berufen werden:

1. Personen, die bei Beginn der Amtsperiode das fünfundzwanzigste Lebensjahr noch nicht vollendet haben würden;
2. Personen, die das siebzigste Lebensjahr vollendet haben oder es bis zum Beginn der Amtsperiode vollenden würden;
3. Personen, die zur Zeit der Aufstellung der Vorschlagsliste nicht in der Gemeinde wohnen;
4. Personen, die aus gesundheitlichen Gründen zu dem Amt nicht geeignet sind;
5. Personen, die in Vermögensverfall geraten sind.

1) Eine bloße **Ordnungsvorschrift** ist § 33. Ihre Einhaltung steht gleichwohl nicht im Ermessen der zuständigen Stellen. Die Vorschrift enthält vielmehr ein von Amts wegen zu beachtendes allgemeines Verbot, ungeeignete Personen zum Schöffendienst heranzuziehen (Köln MDR **70**, 864; EbSchmidt 1). Die in § 33 bezeichneten Personen dürfen daher bereits in die Vorschlagslisten (§ 36; § 35 I S 1 **JGG**) nicht aufgenommen worden. Sind sie gleichwohl gewählt (§ 42) und ausgelost (§ 45) worden, so gilt § 52 I Nr 2. Ein Weigerungsrecht für den Schöffen begründet § 33 nicht (Kissel/Mayer 9). 1

2) Einzelheiten: 2

In den Fällen der Nrn 1 und 2 ist der Beginn der 4-Jährigen Amtsperiode nach § 42 I der **maßgebende Zeitpunkt.** Daher darf ein 24-Jähriger in die Vorschlagsliste aufgenommen werden, wenn er in diesem Zeitpunkt 25 Jahre, ein 69-Jähriger nicht, wenn er dann 70 Jahre alt sein wird. Im Fall der Nr 3 ist § 57 maßgebend. 3

Wohnen iS der Nr 3 verlangt nicht nur die rechtliche Wohnsitzbegründung, sondern den tatsächlichen Aufenthalt (BGH **28**, 61, 64). Beim nachträglichen Wegzug ist nach § 52 I S 1 Nr 2 zu verfahren. Der Wegzug in eine andere Gemeinde, die im selben LG-Bezirk liegt, ist jedoch kein Hinderungsgrund (§ 52 I S 2; BGH StV **82**, 60; vgl aber § 52 II S 1 Nr. 1). 4

Gesundheitliche Gründe iS der Nr 4 sind schwere Krankheit, Sucht oder Behinderungen, aber nur solche, die die Verhandlungsfähigkeit nicht ausschließen, zB starke Schwerhörigkeit (BGH **22**, 289, 291). Ist sie ausgeschlossen, so führt die Mitwirkung des Schöffen dazu, dass das Gericht iS des § 338 Nr 1 StPO nicht vorschriftsmäßig besetzt ist (BGH MDR **71**, 723 [D]; KK-Hannich 4). Das gilt insbesondere – verfassungsrechtlich unbedenklich (BVerfG NJW **04**, 2150) – für die Mitwirkung blinder, stummer und tauber Richter (vgl 10 ff zu § 338; LR-Siolek Nachtr 3; **aM** BGHR Gebrechen 1; Kissel/Mayer 12 zu § 31). 5

Für den **Vermögensverfall** iSd Nr 5 kann die Aufnahme in das Schuldnerverzeichnis nach § 915 ZPO oder die Eröffnung des Insolvenzverfahrens (§§ 11 ff InsO) sprechen. Bei völlig unverschuldetem Geraten in die wirtschaftliche Notlage oder bei dem Bemühen, nach den Vorschriften über die Restschuldbefreiung (§§ 286 ff InsO) wieder zu geordneten Vermögensverhältnissen zu gelangen, wird von der Anwendung der Nr 5 abgesehen werden können (BT-Drucks 12/3803 S 64). 6

3) Die **Revision** kann ein Verstoß gegen die Sollvorschrift des § 33 nicht begründen (BGH **30**, 255, 257; **33**, 261, 269; NStZ **95**, 20 [K]). 7

Weitere ungeeignete Schöffen

34 I Zu dem Amt eines Schöffen sollen ferner nicht berufen werden:

1. der Bundespräsident;
2. die Mitglieder der Bundesregierung oder einer Landesregierung;

3. Beamte, die jederzeit einstweilig in den Warte- oder Ruhestand versetzt werden können;

4. Richter und Beamte der Staatsanwaltschaft, Notare und Rechtsanwälte;

5. gerichtliche Vollstreckungsbeamte, Polizeivollzugsbeamte, Bedienstete des Strafvollzugs sowie hauptamtliche Bewährungs- und Gerichtshelfer;

6. Religionsdiener und Mitglieder solcher religiösen Vereinigungen, die satzungsgemäß zum gemeinsamen Leben verpflichtet sind;

7. Personen, die als ehrenamtliche Richter in der Strafrechtspflege in zwei aufeinanderfolgenden Amtsperioden tätig gewesen sind, von denen die letzte Amtsperiode zum Zeitpunkt der Aufstellung der Vorschlagslisten noch andauert.

II Die Landesgesetze können außer den vorbezeichneten Beamten höhere Verwaltungsbeamte bezeichnen, die zu dem Amt eines Schöffen nicht berufen werden sollen.

1 1) Eine **abschließende Regelung,** welche Personen wegen ihrer amtlichen Stellung oder beruflichen Betätigung nicht zum Schöffendienst herangezogen werden sollen, enthält die Bestimmung (SK-Degener 12), die wie § 33 nur eine Ordnungsvorschrift ist (dort 1). Der Grundsatz der Gewaltenteilung (Art 20 II S 2 GG) verbietet weder die Heranziehung von Abgeordneten (BGH **22**, 85; vgl aber § 35 Nr 1) noch von Mitgliedern kommunaler Selbstverwaltungskörperschaften (Kissel/Mayer 7 zu § 31; Birmanns NJW **63**, 144; Liekefett NJW **64**, 391; Isatsos DRiZ **64**, 256; **aM** Meier NJW **62**, 1999).

2 **2) Die einzelnen Fälle:**

3 A. Der **Bundespräsident** (I Nr 1) soll seiner Amtstätigkeit auch nicht zeitweise entzogen werden. Maßgebend ist der Zeitpunkt der Schöffenwahl (Kissel/Mayer 2).

4 B. **Regierungsmitglieder** (I Nr 2): Der Personenkreis ergibt sich aus Art 62 GG und den entspr Bestimmungen der Landesverfassungen (vgl auch 5 zu § 50 StPO).

5 C. **Politische Beamte** (I Nr 3): Vgl § 54 BBG, § 30 I BeamtStG. Die bereits im Ruhestand oder einstweiligen Ruhestand befindlichen Beamten fallen nicht unter die Vorschrift.

6 D. **Richter, StAe, Notare, RAe** (I Nr 4):

7 Gemeint sind die (noch im aktiven Dienst stehenden) **Berufsrichter** aller Gerichtszweige, gleichgültig, ob sie auf Lebenszeit ernannt oder Richter auf Probe (§ 12 DRiG) oder kraft Auftrags (§ 14 DRiG) sind und ob sie gegenwärtig richterlich tätig oder an eine andere Stelle abgeordnet sind (§ 37 DRiG), nicht aber Gerichtsreferendare (**aM** AG Berlin-Tiergarten NStE Nr 1), selbst wenn sie vorübergehend nach § 142 III die Aufgaben eines Amtsanwalts oder StA wahrnehmen (vgl aber § 22 Nr 4 StPO). Für ehrenamtliche Richter gilt § 35 Nr 2.

8 **Beamte der StA** iS Nr 4 sind nur StAe und Amtsanwälte (KK-Hannich 5).

9 Zu den **Notaren** gehören alle Notare nach der BNotO, auch die Notarassessoren, Bezirksnotare und Notarvertreter während der Zeit ihrer Bestellung.

10 Bei den **RAen** kommt es nur darauf an, dass sie nach der BRAO zugelassen sind (vgl 15 zu § 53 StPO). Auch Personen, die keine RAe, aber nach § 53 BRAO zu allgemeinen Vertretern bestellt sind, fallen unter Nr 4.

11 E. **Vollstreckungs- und Vollzugsbeamte, Bewährungs- und Gerichtshelfer** (I Nr 5): Darunter fallen die Gerichtsvollzieher (§ 154) und Vollziehungsbeamten der Justiz (nicht die Justizwachtmeister), die Vollzugsbeamten der Schutz- und Kriminalpolizei, die Beamten der Bundespolizei, die nach § 152 II zu Ermittlungspersonen der StA bestellten Beamten und Angestellten und alle mit vergleichbaren Aufgaben betrauten öffentlichen Bediensteten (KK-Hannich 6), die Beamten und Angestellten des Strafvollzugs (§ 155 StVollzG) ohne Rücksicht auf ihren Tätig-

keitsbereich (Kissel/Mayer 13) sowie die hauptamtlichen Bewährungs- und Gerichtshelfer. Bundeswehrangehörige können als Schöffen herangezogen werden.

F. **Religionsdiener** (I Nr 6). Über den in 12 zu § 53 StPO bezeichneten Per- 12
sonenkreis hinaus gehören dazu auch die Pfarrer nicht-öffentlicher Kirchengemeinden (Köln MDR **70**, 864; KK-Hannich 7).

Satzungsgemäß **zum gemeinsamen Leben verpflichtet** sind vor allem die 13
Mitglieder der Orden der katholischen Kirche (Kissel/Mayer 16).

G. **Bereits in 2 aufeinander folgenden Amtsperioden tätig gewesene** 14
ehrenamtliche Richter (I Nr 7): Die Tätigkeit muss in der Strafrechtspflege stattgefunden und 2 Amtsperioden gedauert haben, wobei die letzte Amtsperiode noch nicht beendet sein muss. Eine erneute Berufung bleibt möglich, wenn der Richter lediglich eine Amtsperiode ausgesetzt hat.

H. **Landesrechtlich bestimmte höhere Verwaltungsbeamte** (II): Gemeint 15
sind nur Beamte im höheren Dienst (vgl § 17 V BBG). Auch Bundesbeamte können in die landesgesetzliche Regelung einbezogen werden (Kissel/Mayer 18).

3) Revision: Vgl 7 zu § 33. 16

Ablehnung des Schöffenamts

35 **Die Berufung zum Amt eines Schöffen dürfen ablehnen:**

1. **Mitglieder des Bundestages, des Bundesrates, des Europäischen Parlaments, eines Landtages oder einer zweiten Kammer;**
2. **Personen, die in der vorhergehenden Amtsperiode die Verpflichtung eines ehrenamtlichen Richters in der Strafrechtspflege an vierzig Tagen erfüllt haben, sowie Personen, die bereits als ehrenamtliche Richter tätig sind;**
3. **Ärzte, Zahnärzte, Krankenschwestern, Kinderkrankenschwestern, Krankenpfleger und Hebammen;**
4. **Apothekenleiter, die keinen weiteren Apotheker beschäftigen;**
5. **Personen, die glaubhaft machen, dass ihnen die unmittelbare persönliche Fürsorge für ihre Familie die Ausübung des Amtes in besonderem Maße erschwert;**
6. **Personen, die das fünfundsechzigste Lebensjahr vollendet haben oder es bis zum Ende der Amtsperiode vollendet haben würden;**
7. **Personen, die glaubhaft machen, dass die Ausübung des Amtes für sie oder einen Dritten wegen Gefährdung oder erheblicher Beeinträchtigung einer ausreichenden wirtschaftlichen Lebensgrundlage eine besondere Härte bedeutet.**

1) Eine **abschließende Regelung der Gründe,** aus denen Personen, die un- 1
eingeschränkt zum Schöffendienst herangezogen werden können, zur Ablehnung der Berufung berechtigt sind, enthält die Vorschrift (BGH **9**, 203, 206; vgl auch LG Heidelberg NStZ **88**, 316 mit abl Anm Wahl). Mit der Behauptung, sein Gewissen erlaube ihm die Tätigkeit als Laienrichter nicht, kann der Schöffe daher die Berufung nicht ablehnen (KG JR **66**, 188; Kissel/Mayer 11). Das Vorliegen von Ablehnungsgründen können schon die Gemeinde bei der Aufstellung der Vorschlagslisten nach § 36 und der Ausschuss (§ 40) durch Nichtaufnahme in die Schöffenliste (§ 44) berücksichtigen, wenn vorauszusehen ist, dass der Betroffene die Berufung ablehnen wird. Ist der Ablehnungsberechtigte zum Schöffen gewählt worden, so gilt § 53. Die Ablehnungserklärung bezieht sich nur auf die einzelne Amtsperiode (§ 42), kann aber in jeder weiteren wiederholt werden.

2) Ablehnungsberechtigt sind die in Nr 1 bis 7 erwähnten Personen. Nr 7 ist 2
durch Ges vom 17. 12. 1990 (BGBl I 2847, 2853) eingefügt worden, um zu verhindern, dass die wirtschaftliche Existenz des Betroffenen oder eines Dritten durch

die Übernahme des Schöffenamtes gefährdet wird. Demgegenüber betrifft Nr 5 die persönliche Betreuung, nicht die Beschaffung der finanziellen Mittel (Kissel/Mayer 8).

Vorschlagsliste

36 I [1]**Die Gemeinde stellt in jedem fünften Jahr eine Vorschlagsliste für Schöffen auf.** [2]**Für die Aufnahme in die Liste ist die Zustimmung von zwei Dritteln der anwesenden Mitglieder der Gemeindevertretung, mindestens jedoch der Hälfte der gesetzlichen Zahl der Mitglieder der Gemeindevertretung erforderlich.** [3]**Die jeweiligen Regelungen zur Beschlussfassung der Gemeindevertretung bleiben unberührt.**

II [1]**Die Vorschlagsliste soll alle Gruppen der Bevölkerung nach Geschlecht, Alter, Beruf und sozialer Stellung angemessen berücksichtigen.** [2]**Sie muss Geburtsnamen, Familiennamen, Vornamen, Tag und Ort der Geburt, Wohnanschrift und Beruf der vorgeschlagenen Personen enthalten.**

III [1]**Die Vorschlagsliste ist in der Gemeinde eine Woche lang zu jedermanns Einsicht aufzulegen.** [2]**Der Zeitpunkt der Auflegung ist vorher öffentlich bekanntzumachen.**

IV [1]**In die Vorschlagslisten des Bezirks des Amtsgerichts sind mindestens doppelt so viele Personen aufzunehmen, wie als erforderliche Zahl von Haupt- und Hilfsschöffen nach § 43 bestimmt sind.** [2]**Die Verteilung auf die Gemeinden des Bezirks erfolgt durch den Präsidenten des Landgerichts (Präsidenten des Amtsgerichts) in Anlehnung an die Einwohnerzahl der Gemeinden.**

1 **1)** Die **Aufstellung der Vorschlagslisten** (I) ist Sache der Gemeinden (S 1). Zuständig ist die Gemeindevertretung (S 2). Das sind in Berlin die Bezirksverordnetenversammlungen (BGH StV **86**, 49 mit Anm Danckert), in Hamburg die Bezirksversammlungen (BGH NJW **86**, 1358; Hamburg StV **85**, 227; LG Hamburg NStZ **85**, 185). Sie entscheiden nach Änderung der Vorschrift durch Ges vom 21. 12. 2004 (BGBl I 3599) durch Wahl mit der Mehrheit von $^2/_3$ ihrer anwesenden Mitglieder, mindestens aber der Hälfte. Die sich aus den jeweiligen kommunalrechtlichen Regelungen ergebenden Wirksamkeitsvoraussetzungen für den Beschluss müssen erfüllt sein (I S 3). Den Schlusstermin für die in jedem 5. Jahr aufzustellenden Vorschlagslisten bestimmt die LJV (§ 57).

2 **2) Vorschlagslisten** (II, III): Jede Gemeinde stellt nur eine Liste auf (KK-Hannich 4). Dass eine Gesamtliste nicht in einer einzigen Liste zusammengefasst ist, schadet aber nicht (BGH **12**, 197, 201). Die Liste kann auf Grund von Vorschlägen der im Gemeinderat vertretenen Parteigruppen zusammengestellt werden (BGH **12**, 197 = NJW **59**, 349 mit Anm Martin) oder auf Vorschläge anderer Vereinigungen oder auch auf Selbstbewerbungen zurückgreifen (BGH **38**, 47). Da sie aber immer die gesamte Bevölkerung repräsentieren muss, dürfen die Gemeindevertretungen die Auswahl nicht auf einen nach den Anfangsbuchstaben der Namen oder Straßen oder nach anderen Merkmalen bestimmten Teil der Bevölkerung beschränken (BGH **30**, 255 = StV **82**, 6 mit Anm Katholnigg). Auch die Übernahme einer nach dem Zufallsprinzip erstellten Liste ist fehlerhaft (BGH **38**, 47; abl Katholnigg NStZ **92**, 73). Die Anforderungen an das Schöffenamt nach §§ 32ff sind in jedem Fall zu beachten. Aus der Vorschlagsliste werden auch die Schöffen für das LG (§ 77) entnommen. Die JugSchöffen schlägt der Jugendwohlfahrtsausschuss vor (§ 35 **JGG**).

3 Die **Offenlegung der Listen** regelt III; die Frist muss nicht 7 Werktage umfassen (Bay **96**, 172 = StV **98**, 8 mit abl Anm Bockemühl), die Listen sollten aber an 5 Werktagen eingesehen werden können (BGH StV **01**, 156). Zur richterlichen Prüfung vgl § 39 S 2.

3) Erforderliche Anzahl (IV): Die Zahl der in die Vorschlagsliste aufzunehmenden Personen bemisst sich nach der erforderlichen Zahl der Schöffen. Die Verteilung ist in S 2 nach dem Vorbild des § 43 I geregelt. Sie muss in Anlehnung an die Einwohnerzahl der Gemeinden erfolgen, also etwa deren Verhältnissen entsprechen; eine genaue prozentuale Entsprechung ist nicht erforderlich. Ob die Vorschlagslisten die in IV bestimmte Anzahl von Personen enthalten, hat der Vorsitzende des Schöffenwahlausschusses (§ 40 II) nicht zu prüfen (BGH **33**, 290, 291). 4

4) Revision: Vgl 9 zu § 338 StPO. Ein Mangel bei der Aufstellung der Vorschlagsliste stellt die vorschriftsmäßige Gerichtsbesetzung nicht in Frage, wenn die Schöffen von einem ordnungsgemäß besetzten Ausschuss in rechtswirksamer Weise gewählt worden sind (BGH StV **08**, 566). Der Verstoß gegen die Sollvorschrift des II kann die Revision nicht begründen (BGH **30**, 255, 257; **38**, 47, 51; NStZ **86**, 210 [Pf/M]; Katholnigg 7; Kissel/Mayer 9, 14). Zu III S 1 vgl BGH NStZ **97**, 74 [K] und Bay **96**, 172 = StV **98**, 8 mit abl Anm Bockemühl: Auflegung nur von Montag bis Freitag macht Wahl nicht unwirksam. 5

Einspruch gegen die Vorschlagsliste

37 Gegen die Vorschlagsliste kann binnen einer Woche, gerechnet vom Ende der Auflegungsfrist, schriftlich oder zu Protokoll mit der Begründung Einspruch erhoben werden, dass in die Vorschlagsliste Personen aufgenommen sind, die nach § 32 nicht aufgenommen werden durften oder nach den §§ 33, 34 nicht aufgenommen werden sollten.

1) Einspruchsberechtigt ist jedermann innerhalb 1 Woche nach dem Ende der Auslegungsfrist (§ 36 III), also auch jeder in die Liste Aufgenommene. Für die Fristberechnung gilt § 187 I BGB. 1

2) Der **Einspruch,** der schriftlich (Einl 128) oder zu Protokoll des UrkB (Einl 131 ff) eingelegt werden muss, kann nur auf die Hinderungsgründe der §§ 32–34 gestützt werden, nicht auf andere Bedenken gegen die Vorschlagsliste (KK-Hannich 1). Den Fällen des § 32 steht der Fall des § 31 S 2 gleich (Katholnigg 1). Vgl 1 zu § 52. Die Entscheidung trifft der Schöffenwahlausschuss (§§ 40, 41). 2

Übersendung der Vorschlagsliste

38 I Der Gemeindevorsteher sendet die Vorschlagsliste nebst den Einsprüchen an den Richter beim Amtsgericht des Bezirks.

II Wird nach Absendung der Vorschlagsliste ihre Berichtigung erforderlich, so hat der Gemeindevorsteher hiervon dem Richter beim Amtsgericht Anzeige zu machen.

1) Versandt (I) wird die Liste unter Beachtung des nach § 57 bezeichneten Zeitpunkts an den Vorsitzenden des Schöffenwahlausschusses (§ 40 II). Die Übersendung an das AG genügt (KK-Hannich 1). 1

2) Die **Berichtigung** (II) der Liste ist erforderlich, wenn nachträglich Umstände der in §§ 31 S 2, 32–34 bezeichneten Art bekannt werden, wenn der Vorgeschlagene verstorben ist oder von seinem Ablehnungsrecht nach § 35 Gebrauch gemacht hat. Zuständig für die Berichtigung ist der Schöffenwahlausschuss (§ 40). 2

Vorbereitung der Ausschussberatung

39 [1] Der Richter beim Amtsgericht stellt die Vorschlagslisten der Gemeinden zur Liste des Bezirks zusammen und bereitet den Beschluss über die Einsprüche vor. [2] Er hat die Beachtung der Vorschriften des § 36 Abs. 3 zu prüfen und die Abstellung etwaiger Mängel zu veranlassen.

1 **1)** Die Prüfung des Gerichts erstreckt sich auf die Dauer der Auflegung der Liste und die Tatsache ihrer vorherigen Ankündigung, nicht auf den zeitlichen Abstand zwischen Ankündigung und Auflegung (BGH NJW **97**, 3034, 3036), auch nicht auf die Vollständigkeit der Liste nach § 36 IV (dort 4) oder auf die Ordnungsmäßigkeit der Vorbereitungsarbeiten bei ihrer Aufstellung (BGH NStZ **86**, 210 [Pf/M]; NStE Nr 3 zu § 36; anders jedoch BGH **38**, 47, 51 mit krit Anm Katholnigg NStZ **92**, 73). Sie erstreckt sich aber darauf, ob sämtliche Gemeinden Vorschlagslisten eingereicht haben (BGH **33**, 290, 291 = JR **86**, 473 mit Anm Seebode; BGH NStZ **86**, 565), ferner auf Ausschluss und Eignungsmängel nach §§ 31 S 2, 32–34 (BGH **22**, 122, 123). Erg 5 zu § 36.

Schöffenwahlausschuss

40 **I Bei dem Amtsgericht tritt jedes fünfte Jahr ein Ausschuss zusammen.**

II 1 Der Ausschuss besteht aus dem Richter beim Amtsgericht als Vorsitzenden und einem von der Landesregierung zu bestimmenden Verwaltungsbeamten sowie sieben Vertrauenspersonen als Beisitzern. 2 Die Landesregierungen werden ermächtigt, durch Rechtsverordnung die Zuständigkeit für die Bestimmung des Verwaltungsbeamten abweichend von Satz 1 zu regeln. 3 Sie können diese Ermächtigung durch Rechtsverordnung auf oberste Landesbehörden übertragen.

III 1 Die Vertrauenspersonen werden aus den Einwohnern des Amtsgerichtsbezirks von der Vertretung des ihm entsprechenden unteren Verwaltungsbezirks mit einer Mehrheit von zwei Dritteln der anwesenden Mitglieder, mindestens jedoch mit der Hälfte der gesetzlichen Mitgliederzahl gewählt. 2 Die jeweiligen Regelungen zur Beschlussfassung dieser Vertretung bleiben unberührt. 3 Umfasst der Amtsgerichtsbezirk mehrere Verwaltungsbezirke oder Teile mehrerer Verwaltungsbezirke, so bestimmt die zuständige oberste Landesbehörde die Zahl der Vertrauenspersonen, die von den Vertretungen dieser Verwaltungsbezirke zu wählen sind.

IV Der Ausschuss ist beschlussfähig, wenn wenigstens der Vorsitzende, der Verwaltungsbeamte und drei Vertrauenspersonen anwesend sind.

1 **1) Bei jedem AG** (I), selbst wenn es kein SchG hat (vgl § 58), tritt der Schöffenwahlausschuss zusammen (SK-Degener 2). Der Richter prüft die Richtigkeit des Zustandekommens und der Zusammensetzung des Ausschusses und sorgt für die Behebung von Mängeln.

2 **2) Ausschuss** (II, III):

3 Der Geschäftsverteilungsplan (§ 21 e I S 1) bestimmt, welcher von mehreren **Richtern** den Vorsitz führt. Beim Fehlen einer ausdrücklichen Bestimmung wirkt der Richter mit, der nach dem Geschäftsverteilungsplan für die Sachen zuständig ist, die keiner anderen Abteilung zugewiesen sind (BGH NStZ **86**, 210 [Pf/M]). Die Mitwirkung eines unzuständigen Richters macht die Wahl nicht ungültig (BGH **29**, 283, 287 mit Anm Katholnigg NStZ **81**, 31).

4 Der **Verwaltungsbeamte** wird von der Landesregierung, dh von der nach der Landesverfassung zuständigen obersten Regierungsstelle (BGH 1 StR 412/70 vom 13. 11. 1970; Hruschka Larenz-FS 181), bestimmt, falls nicht von der Ermächtigung nach II S 2, 3 Gebrauch gemacht worden ist. Er braucht namentlich nicht bezeichnet zu werden. Auch der Träger eines bestimmten Amtes und für den Fall seiner Verhinderung sein Stellvertreter können bestimmt werden (BGH **12**, 197, 203). Auch wenn der Bezirk des AG sich auf mehrere Verwaltungsbezirke erstreckt (zB Stadtkreis und Landkreis), gehört dennoch nur ein Verwaltungsbeamter zum Ausschuss (BGH **26**, 206, 207; KK-Hannich 2). Die Teilnahme von 2 Beamten macht die Wahl aber nicht ungültig (BGH aaO; NStZ **86**, 84; unten 6).

Für die **Vertrauenspersonen,** von denen 7 dem Ausschuss angehören, gelten die §§ 32–35 entspr, wenn das nach Landesrecht vorgesehen ist (vgl zB § 5 NdsAGGVG). Sie können auch der Vertretungskörperschaft angehören, die sie wählt (BGH NStZ **81**, 150). Vertretung der unteren Verwaltungsbezirke iS III S 2 sind in Berlin die Bezirksverordnetenversammlungen, in Hamburg die Bezirksversammlungen (vgl 1 zu § 36). Eine fehlerhafte Bestellung der Vertrauenspersonen führt zur Unwirksamkeit der Schöffenwahl (Bay **87**, 131 = VRS **74**, 352). 5

Auch für Vertrauenspersonen können Vertreter für den Verhinderungsfall bestellt werden (BGH **12**, 197, 204), obwohl der Ausschuss, seine **Beschlussfähigkeit** (IV) vorausgesetzt, ohne die verhinderten Vertrauenspersonen entscheiden kann und § 56 die Disziplinierung der ausbleibenden Vertrauensleute vorsieht. 6

3) Die **Revision** kann (entspr § 21 b VI) nicht darauf gestützt werden, dass der Schöffenwahlausschuss nicht ordnungsgemäß zusammengesetzt gewesen sei (BGH **26**, 206; **29**, 283, 287; **37**, 245; NJW **88**, 3165; vgl auch BVerfG NJW **82**, 2368; BGH **20**, 37 ist überholt; erg 6 zu § 21 b; 8 zu § 42; 9 zu § 338 StPO). Etwas anderes kann nur bei offenkundigen schweren Mängeln gelten, zB wenn der Schöffenwahlausschuss nur unvollständig besetzt oder ohne Stellvertreter bestellt war (LR-Siolek 14; SK-Degener 16, 17). Zusammenfassend zu den verschiedenen beim Zustandekommen des Ausschusses möglichen Fehlern Katholnigg JR **90**, 82; vgl auch LR-Siolek 11 ff. 7

Entscheidung über Einsprüche

41 [1] **Der Ausschuss entscheidet mit einfacher Mehrheit über die gegen die Vorschlagsliste erhobenen Einsprüche.** [2] **Bei Stimmengleichheit entscheidet die Stimme des Vorsitzenden.** [3] **Die Entscheidungen sind zu Protokoll zu vermerken.** [4] **Sie sind nicht anfechtbar.**

1) In nichtöffentlicher Sitzung entscheidet der Ausschuss über die Einsprüche (§ 37) und die Mitteilungen (§ 38 II). Bei der Entscheidung über Einsprüche gegen die vorgeschlagenen JugSchöffen führt den Vorsitz der Jugendrichter (§ 35 IV **JGG**). Die Gründe der §§ 31 S 2, 32–34 sind von Amts wegen zu berücksichtigen, gleichviel, wie sie bekannt werden (KK-Hannich 1). Erweist sich ein Einspruch als begründet, so ist der Betroffene von der Vorschlagsliste zu streichen. 1

2) Nicht anfechtbar ist die Entscheidung; das gilt nach § 336 S 2 auch für die Revision. Die Unanfechtbarkeit entbindet aber das erkennende Gericht nicht davon, falls Anlass dazu besteht, zu prüfen, ob ein Schöffe für sein Amt unfähig oder geeignet (§ 52) ist (KK-Hannich 2). 2

Schöffenwahl

42 [I] **Aus der berichtigten Vorschlagsliste wählt der Ausschuss mit einer Mehrheit von zwei Dritteln der Stimmen für die nächsten fünf Geschäftsjahre:**

1. **die erforderliche Zahl von Schöffen;**
2. **die erforderliche Zahl der Personen, die an die Stelle wegfallender Schöffen treten oder in den Fällen der §§ 46, 47 als Schöffen benötigt werden (Hilfsschöffen). Zu wählen sind Personen, die am Sitz des Amtsgerichts oder in dessen nächster Umgebung wohnen.**

[II] **Bei der Wahl soll darauf geachtet werden, dass alle Gruppen der Bevölkerung nach Geschlecht, Alter, Beruf und sozialer Stellung angemessen berücksichtigt werden.**

1) Die **Schöffenwahl** nimmt der Ausschuss (§ 40) aus der berichtigten Vorschlagsliste (§§ 36, 38 II, 41) mit einer Mehrheit von $^2/_3$ der Stimmen vor (I S 1). 1

Der Wahlvorgang bedarf keiner Protokollierung, auch nicht das Stimmenverhältnis (BGH **26**, 206, 211 ff; NStZ **86**, 211 [Pf/M]. Zur Wahl der Jugendschöffen vgl § 35 **JGG.**

2 **2) Zu wählen ist** die erforderliche Zahl der Haupt- und Hilfsschöffen.

3 Die **Hauptschöffenliste** (I S 1 Nr 1) enthält die Namen der Personen, aus denen die erforderliche Zahl (§§ 43, 38 II, 77 II, 78 III) der Schöffen für die einzelnen Spruchkörper ausgelost werden sollen (§ 45).

4 In die **Hilfsschöffenliste** (I S 1 Nr 2) ist die erforderliche Zahl (§ 43) der Personen aufzunehmen, die an die Stelle wegfallender Schöffen treten (§§ 52, 53) oder bei Bildung eines weiteren SchG (§ 46) oder bei Anberaumung von außerordentlichen Sitzungen (§ 47) benötigt werden. Die Reihenfolge, in der auf sie zurückgegriffen werden soll, wird durch Auslosung nach §§ 45 II S 4, III, 77 III S 1 bestimmt. Die leichte Erreichbarkeit der Hilfsschöffen soll dadurch gesichert werden, dass am Sitz des AG oder in dessen nächster Umgebung wohnhafte Personen gewählt werden (I S 2). Das ist jedoch nur eine Ordnungsvorschrift, deren Verletzung die Gültigkeit der Wahl nicht beeinflusst (Kissel/Mayer 9).

5 **3)** Das **Wahlverfahren** ist nicht geregelt. Auf jeden Fall muss eine echte Wahl stattfinden, die den Ausschussmitgliedern Gelegenheit gibt, II zu beachten. Es ist unzulässig, wenn der Ausschuss sich darauf beschränkt, eine von anderen Gremien getroffene Auswahl zu übernehmen und nur formal nachzuvollziehen (BGH **35**, 190). Auch eine Auslosung von Schöffen ist gesetzwidrig (BGH **33**, 41 = JR **85**, 80 mit krit Anm Katholnigg = NStZ **85**, 82 mit zust Anm Schätzler; BGH **33**, 261, 263; NStZ **85**, 495 [Pf/M]; LG Frankfurt aM StV **83**, 413; Kissel NStZ **85**, 490; Meyer NJW **84**, 2805; Vogt/Kurth NJW **85**, 103; **aM** LG Frankfurt aM NJW **85**, 155; StV **83**, 411 mit abl Anm Danckert; Allgaier MDR **85**, 462; Knauth DRiZ **84**, 474; Jasper MDR **85**, 110 hält in Großgemeinden eine Wahl iS des Abwägens von persönlichen Eigenschaften für unmöglich). Die unter Mitwirkung ausgeloster Schöffen ergangenen Urteile sind aber nicht nichtig (BGH **33**, 126 = JR **85**, 344 mit Anm Katholnigg; Kissel aaO; Meyer aaO; Vogt/Kurth aaO; **aM** Weis NJW **84**, 2804; vgl auch BVerfG NJW **85**, 125). Keine verbotene Auslosung liegt vor, wenn der Ausschuss zunächst, als den Wahlakt vorbereitende Handlung, die Schöffen auslost und sodann förmlich wählt (BGH **33**, 261, 264). Zulässig ist auch das Auszählverfahren; der Ausschussvorsitzende kann jeden 2. Schöffen (eine andere Möglichkeit besteht nach § 36 IV nF idR nicht mehr) aus der den Ausschussmitgliedern vorliegenden Vorschlagsliste zur Wahl stellen (BGH NJW **86**, 1358 = JR **86**, 388 mit krit Anm Katholnigg; Hamburg StV **85**, 227; LG Hamburg NStZ **85**, 185; **aM** LG Hamburg StV **85**, 10). Auch die Schöffenwahl aus einer beschränkten Vorschlagsliste (Teilliste) ist nicht ungültig (BGH StV **87**, 285). Der Wahlausschuss hat das Recht und die Pflicht, einen Wahlfehler, der sich auf die Besetzung der gerichtlichen Spruchkörper auswirken kann, durch Wiederholung der Schöffenwahl zu beheben (BGH NStZ-RR **99**, 49).

6 **4)** Die **angemessene Berücksichtigung aller Bevölkerungsgruppen** (II) ist nicht zwingend vorgeschrieben („soll"). Die Verletzung der Vorschrift hat auf die Ordnungsmäßigkeit der Wahl kein Einfluss (BGH NJW **86**, 1358 = JR **85**, 388 mit Anm Katholnigg; Kissel/Mayer 15; einschr SK-Degener 21).

7 **5)** Die isolierte **Anfechtung** der Wahl ist nicht zulässig (Kissel/Mayer 20), auch nicht in dem Verfahren nach §§ 23 ff **EGGVG;** der Ausschuss ist keine Justizbehörde iS § 23 I **EGGVG** (Stuttgart NJW **85**, 2343).

8 Auch die **Revision** kann auf einen Fehler im Wahlverfahren grundsätzlich nicht gestützt werden (BGH **26**, 206; **29**, 283, 287; NStZ **91**, 546; erg 7 zu § 40). Das gilt auch für den Fall, dass bei der Wahl die Vorschlagsliste einer Gemeinde gefehlt hat (BGH **33**, 290 = JR **86**, 473 mit abl Anm Seebode; BGH NStZ **86**, 565; LG Koblenz MDR **87**, 77). Die Besetzungsrüge (§ 338 Nr 1) kann aber mit Erfolg erhoben werden, wenn die Wahl wegen eines besonders schwerwiegenden und

offensichtlichen Mangels nichtig ist (BGH **29**, 283, 287; **33**, 261, 268), zB wenn ein Schöffenwahlausschuss entschieden hat, der als solcher gar nicht besteht (BVerfGE **31**, 181, 184), wenn Personen gewählt wurden, die nicht zur Wahl bereitstanden (BGH **26**, 393: Wahl von Jugendschöffen aus der Liste der Erwachsenenschöffen; BGH **29**, 114: Wahl aus der Liste eines anderen AG; BGH NStZ **91**, 546: Wahl aus einer EDV-Liste) oder wenn die Schöffen nicht gewählt, sondern ausgelost worden sind (oben 5). Jedoch ist die Wahl eines Schöffen nicht deshalb unwirksam, weil zugleich Personen gewählt wurden, die nicht hätten gewählt werden dürfen (BGH **39**, 353, 365; NStZ **91**, 546; BGHR § 42 I Schöffenwahl 3).

Zahl der Schöffen

43 **I Die für jedes Amtsgericht erforderliche Zahl von Haupt- und Hilfsschöffen wird durch den Präsidenten des Landgerichts (Präsidenten des Amtsgerichts) bestimmt.**

II Die Zahl der Hauptschöffen ist so zu bemessen, dass voraussichtlich jeder zu nicht mehr als zwölf ordentlichen Sitzungstagen im Jahr herangezogen wird.

1) Die **Bestimmung der Zahl der Schöffen** (I) ist ein Akt der JV (vgl BGH **25**, 257; KK-Hannich 1). Für das gemeinsame SchG gilt § 58 II. 1

2) Zu **mehr als 12 Sitzungstagen** (II) soll der Schöffe nicht herangezogen werden. Ansprüche lassen sich aus dieser Sollvorschrift aber nicht herleiten (KK-Hannich 2); der zu mehr als 12 Sitzungstagen herangezogene Schöffe darf den Dienst nicht verweigern (LR-Siolek; vgl aber § 35 Nr 2). In Großverfahren muss er an weitaus mehr Sitzungstagen mitwirken. 2

3) Revision: Eine über die erforderliche Zahl von Hauptschöffen getroffene Entscheidung nach I kann mit der Besetzungsrüge (§ 338 Nr 1) nur bei Ermessensmissbrauch gerügt werden, nicht aber, wenn sie sich im Rahmen einer vertretbaren Anwendung des Grundsatzes des II (und des § 45 II S 2) hält (BGH NJW **74**, 155; **78**, 1444, 1445; Kissel/Mayer 6). 3

Schöffenliste

44 **Die Namen der gewählten Hauptschöffen und Hilfsschöffen werden bei jedem Amtsgericht in gesonderte Verzeichnisse aufgenommen (Schöffenlisten).**

1) Die **Schöffenlisten des AG** enthalten getrennt die Namen der nach § 42 gewählten Haupt- und Hilfsschöffen. Durch die Auslosung nach § 45 werden aus ihnen die Schöffenlisten für die einzelnen Sitzungen und die Hilfsschöffenliste mit der maßgebenden Reihenfolge der Heranziehung gewonnen. 1

2) Die **Schöffenlisten des LG** entstehen auf Grund der Mitteilung des bei der Wahl tätigen Richters beim AG (§ 77 II S 4) oder Jugendrichters (§ 35 **JGG**). 2

3) Dem **Verteidiger** muss Einsicht zur Prüfung der Besetzung gewährt werden (BVerwGE **12**, 261 = NJW **61**, 1989; erg 23 zu § 222a StPO; vgl auch Katholnigg 8 zu § 45). 3

Feststellung der Sitzungstage; Schöffenauslosung

45 **I Die Tage der ordentlichen Sitzungen des Schöffengerichts werden für das ganze Jahr im Voraus festgestellt.**

II 1 Die Reihenfolge, in der die Hauptschöffen an den einzelnen ordentlichen Sitzungen des Jahres teilnehmen, wird durch Auslosung in öffentlicher

Sitzung des Amtsgerichts bestimmt. [2]Sind bei einem Amtsgericht mehrere Schöffengerichte eingerichtet, so kann die Auslosung in einer Weise bewirkt werden, nach der jeder Hauptschöffe nur an den Sitzungen eines Schöffengerichts teilnimmt. [3]Die Auslosung ist so vorzunehmen, dass jeder ausgeloste Hauptschöffe möglichst zu zwölf Sitzungstagen herangezogen wird. [4]Satz 1 gilt entsprechend für die Reihenfolge, in der die Hilfsschöffen an die Stelle wegfallender Schöffen treten (Hilfsschöffenliste); Satz 2 ist auf sie nicht anzuwenden.

III Das Los zieht der Richter beim Amtsgericht.

IV [1]Die Schöffenlisten werden bei einem Urkundsbeamten der Geschäftsstelle (Schöffengeschäftsstelle) geführt. [2]Er nimmt ein Protokoll über die Auslosung auf. [3]Der Richter beim Amtsgericht benachrichtigt die Schöffen von der Auslosung. [4]Zugleich sind die Hauptschöffen von den Sitzungstagen, an denen sie tätig werden müssen, unter Hinweis auf die gesetzlichen Folgen des Ausbleibens in Kenntnis zu setzen. [5]Ein Schöffe, der erst im Laufe des Geschäftsjahres zu einem Sitzungstag herangezogen wird, ist sodann in gleicher Weise zu benachrichtigen.

1 **1)** Die **Feststellung der ordentlichen Sitzungstage** (I) erfolgt als Maßnahme der JV (RG **64**, 50; Bay **60**, 277 = NJW **61**, 568) vor Beginn des Geschäftsjahrs unter Berücksichtigung des erfahrungsgemäß zu erwartenden Anfalls (BGH **15**, 107, 109) nach Kalendertagen oder wiederkehrend nach Wochen und Wochentagen (Kissel/Mayer 4). Welche Strafsachen in den einzelnen Sitzungen verhandelt werden, bestimmt der Vorsitzende im Laufe des Jahres (§ 213 StPO; Bedenken gegen diese Regelung unter dem Gesichtspunkt der Vorausbestimmtheit des gesetzlichen Richters äußert Katholnigg JR **97**, 284). Bei gleich bleibender Zahl der Spruchkörper ist eine Änderung der festgesetzten Sitzungstage unzulässig, nicht aber, wenn ein neuer Spruchkörper gebildet und die Sitzungstage neu verteilt werden (Bay aaO). Ist der Erwachsenenspruchkörper zugleich JugG, so müssen getrennte Sitzungstage bestimmt werden (BGH **15**, 107, 109). Ist ein allgemeiner Spruchkörper zugleich für nach § 354 II StPO zurückverwiesene JGG-Sachen zuständig, so brauchen hierfür nicht von vornherein feste Sitzungstage bestimmt zu werden, wenn ungewiss ist, ob solche Sachen überhaupt anfallen; die Entscheidungen können außerordentlichen Sitzungen vorbehalten werden (Kissel/Mayer 4; **aM** Sieg NJW **80**, 2453).

2 **2) Auslosung der Schöffen** (II):

3 A. Durch **Auslosung in öffentlicher Sitzung** (S 1) wird die Reihenfolge bestimmt, in der die Schöffen an den einzelnen ordentlichen Sitzungstagen teilnehmen; die Geschäftsstelle darf sie nicht ändern (BGH GA **82**, 324).

4 Wegen der **Öffentlichkeit** gelten die Anforderungen der §§ 169 ff (BGH NStZ **84**, 89; LG Bremen StV **82**, 461); ein Aushang am Zimmer des Präs oder an seinem Vorzimmer genügt (BGH NStZ **85**, 514; **06**, 512).

5 Die **Auslosung** erfolgt bei jedem AG, bei dem ein SchG besteht (für das LG gilt § 77 I), aus der Schöffenliste (§ 44) für jeweils ein Geschäftsjahr. Für die weiteren Geschäftsjahre der Wahlperiode (§ 42 I) ist jeweils vor deren Beginn eine neue Auslosung erforderlich; jedoch ist die Auslosung für die gesamte Amtszeit im Voraus, getrennt nach Geschäftsjahren, zulässig (LR-Siolek 12; **aM** SK-Degener 6).

6 Das **Auslosungsverfahren** (vgl dazu LG Braunschweig NJW **90**, 1191; LG Hannover StV **91**, 205) steht im pflichtgemäßen Ermessen des Richters, muss aber alle gewählten Schöffen erfassen (Celle NStZ **91**, 350 mit Anm Katholnigg). Er kann die Schöffen für jeden Sitzungstag einzeln auslosen, aber auch so verfahren, dass immer für mehrere aufeinander folgende Sitzungstage 2 Hauptschöffen ausgelost werden (BGH NJW **91**, 435, 436; NStZ **92**, 226 [K]). Bei den Auslosungen dürfen Schöffen nicht berücksichtigt werden, die im Vorjahr zu Unrecht von der Hilfs- in die Hauptschöffenliste übernommen worden waren (KG StV **86**, 49;

aM BGH StV **86**, 49 mit abl Anm Danckert). „Reserveschöffen" dürfen keinem Spruchkörper zugewiesen werden (BGH GA **78**, 120 mit Anm Katholnigg).

Durch die Auslosung entstehen die **Schöffenlisten** für die einzelnen Spruchkörper, denen die Namen der an den einzelnen Sitzungstagen mitwirkenden Schöffen entnommen werden können. Fällt eine Sitzung aus, so werden die für sie bestimmten Schöffen nicht für die nächste Sitzung herangezogen, sondern übersprungen; das gilt auch dann, wenn die neue Hauptverhandlung an einem Tag beginnt, der von Anfang an als (Fortsetzungs-)Sitzungstag bestimmt war (BGH NJW **02**, 2963 = JR **03**, 29 mit Anm Katholnigg). 7

B. **Bei mehreren Spruchkörpern** (S 2) kann so verfahren werden, dass die Hauptschöffen für die einzelnen Sitzungstage in deren chronologischer Folge (I) ausgelost werden. Für den Fall, dass mehrere Spruchkörper am selben Tag Sitzung haben, muss dann aber die Reihenfolge der Heranziehung der Schöffen im Einzelnen festgesetzt werden (Hamm NJW **56**, 1937). Die Auslosung ist auch in der Weise zulässig, dass jeder der mehreren Spruchkörper seine eigenen Schöffen erhält, die nur bei ihm tätig werden. 8

C. Zu **mindestens 12 Sitzungstagen** (S 3) soll jeder Schöffe herangezogen werden; das ist bei der Auslosung zu berücksichtigen. Ein Verstoß gegen diese Sollvorschrift führt aber nur bei Ermessensmissbrauch zur vorschriftswidrigen Besetzung des Gerichts (3 zu § 43). 9

D. **Die Reihenfolge der Heranziehung der Hilfsschöffen** (S 4) wird durch das Los bestimmt. Die Hilfsschöffen werden aber nicht für jedes Geschäftsjahr, sondern nur einmal für die vierjährige Wahlperiode ausgelost (BGH **36**, 138 = JR **89**, 479 mit zust Anm Katholnigg). Anders als die Hauptschöffen werden die Hilfsschöffen nicht auf die einzelnen Spruchkörper verteilt, sondern es wird für das ganze Gericht eine einheitliche Liste aufgestellt, aus der die Hilfsschöffen in der dort festgesetzten Reihenfolge herangezogen werden. 10

Sie treten **an die Stelle weggefallener Schöffen.** Wegfallende Schöffen (vgl BGH **30**, 149, 150) sind solche, die gestrichen (§ 52) oder für eine Einzelsitzung entbunden worden oder ausgefallen sind (§ 54). Darüber hinaus werden auch die Schöffen für neu gebildete SchGe (§ 46) und für außerordentlichen Sitzungen (§ 47) sowie die Ergänzungsschöffen (§ 48 I) aus der Hilfsschöffenliste in der dort festgesetzten Reihenfolge zugewiesen (§ 49 I; vgl auch § 42 I Nr 2 S 1). 11

3) Der **Richter** (III), dem die Schöffenangelegenheiten im Geschäftsverteilungsplan übertragen sind (4 zu § 40), muss die Auslosung vornehmen. Einem anderen Richter darf er sie nicht überlassen, auch nicht dem UrkB nach IV. Bei der Auslosung der JugSchöffen tritt der Jugendrichter an seine Stelle (§§ 33, 34 I **JGG**). Für das LG gilt § 77 III S 1. Die Auslosung ist eine Maßnahme der JV (BGH **3**, 68; **25**, 257); die Ausschließungsgründe des § 22 StPO gelten nicht. 12

4) Schöffengeschäftsstelle (IV S 1, 2): Ein UrkB führt unter dieser Bezeichnung die Schöffenlisten nach § 44 und nach II S 1 und 4. Er nimmt auch das Protokoll über die Auslosung auf (S 2), dem keine Beweiskraft nach § 274 StPO zukommt (SK-Degener 14), und weist die Hilfsschöffen zu (§ 49 III). Dem UrkB können daneben aber auch andere Aufgaben im Bereich der Rspr oder JV übertragen werden (KK-Hannich 9; Katholnigg NJW **78**, 2377). Das LG hat seine eigene Schöffengeschäftsstelle (§ 77 I). Zum Recht auf Einsichtnahme in die Schöffenlisten vgl 3 zu § 44. 13

5) Benachrichtigung der Schöffen (IV S 3–5): Der Richter, der die Auslosung vorgenommen hat, benachrichtigt die Schöffen formlos (Hamburg GA **79**, 146; Kissel/Mayer 22) von deren Ergebnis. Den Hauptschöffen werden dabei zugleich ihre Sitzungstage unter Hinweis auf die Rechtsfolgen des § 56 I mitgeteilt. Eine weitere Ladung zu den einzelnen Sitzungen ist nicht erforderlich. Ein Schöffe, der erst später zu einer bestimmten Sitzung herangezogen wird, wird 14 ebenfalls von diesem Richter, nicht vom Vorsitzenden des erkennenden Gerichts, unterrichtet (S 5). Für das LG gilt § 77 III S 1.

15 6) Mit der **Revision** kann beanstandet werden, dass keine Auslosung stattgefunden hat (BGH NStZ **84**, 274), nicht aber, dass ein unzuständiger Richter die Lose gezogen habe (BGH **25**, 257 = JR **75**, 206 mit Anm Kohlhaas; Kissel/Mayer 14).

Zusätzlicher Spruchkörper

46 [1]**Wird bei einem Amtsgericht während des Geschäftsjahres ein weiteres Schöffengericht gebildet, so werden für dessen ordentliche Sitzungen die benötigten Hauptschöffen gemäß § 45 Abs. 1, 2 Satz 1, Abs. 3, 4 aus der Hilfsschöffenliste ausgelost.** [2]**Die ausgelosten Schöffen werden in der Hilfsschöffenliste gestrichen.**

1 **1) Aus der Hilfsschöffenliste** werden die Hauptschöffen für die ordentlichen Sitzungen des nachträglich gebildeten Spruchkörpers ausgelost (§ 45); denn es handelt sich nicht um Heranziehung für einzelne Sitzungen, die sich nach der festgelegten Zuweisungsreihenfolge richtet (§ 49 I). Für die HilfsStrK gilt § 46 nicht (6 zu § 77).

2 2) Die **vorangegangene Heranziehung als Hilfsschöffe** muss noch vorrangig erfüllt werden (§ 52 V).

Außerordentliche Sitzungen

47 **Wenn die Geschäfte die Anberaumung außerordentlicher Sitzungen erforderlich machen oder wenn zu einzelnen Sitzungen die Zuziehung anderer als der zunächst berufenen Schöffen oder Ergänzungsschöffen erforderlich wird, so werden Schöffen aus der Hilfsschöffenliste herangezogen.**

1 **1) Außerordentliche Sitzung:** Das ist eine solche, die wegen des zusätzlich erforderlichen Verhandlungsbedarfs neben den ordentlichen Sitzungen abgehalten wird (BGH **41**, 175, 177 mwN = JR **96**, 165 mit Anm Katholnigg). Ob und wann sie anzusetzen ist, bestimmt der Vorsitzende nach pflichtgemäßem Ermessen (BGH **12**, 159, 161). Es ist nicht zulässig, einen ordentlichen Sitzungstermin (§ 45 I) allgemein für künftige Terminierungen freizuhalten (BGH **37**, 324), wohl aber für eine eilige Haftsache (Einl 160), deren Eingang sicher zu erwarten ist. Keine außerordentliche Sitzung ist die Verlegung der Sitzung von einem ordentlichen Sitzungstag auf einen anderen (Schleswig SchlHA **09**, 245 [D/D]; Stuttgart NStZ **84**, 231 mit Anm Katholnigg; LG Bremen StV **82**, 461), die Verlegung des Beginns des ordentlichen Sitzungstags „nach hinten" (BGH NJW **06**, 241 L = StraFo **05**, 206) sowie die Vorverlegung einer ordentlichen Sitzung, die sich voraussichtlich über einen oder mehrere ordentliche Sitzungstage erstreckt (BGH GA **80**, 68); dies gilt auch für HilfsStrKn (BGH **41**, 175 = JR **96**, 165 mit Anm Katholnigg). Liegt der verlegte Sitzungstag genau zwischen 2 freien Sitzungstagen, so bestimmt der frühere ordentliche Sitzungstag die Schöffenbesetzung; es handelt sich somit um einen nach hinten verlegten Sitzungstag (BGH **43**, 270). Wird eine Strafsache auf einen Tag zwischen 2 ordentlichen Sitzungstagen terminiert, die zu diesem Zeitpunkt bereits mit Fortsetzungsverhandlungen in anderen Sachen belegt war, handelt es sich um eine außerordentliche Sitzung (BGH **50**, 132). Bei der außerordentlichen Sitzung muss die Schöffenbesetzung im Einzelfall bestimmt werden. Zugezogen werden die beiden nächstbereiten Hilfsschöffen (§ 49 I). Dabei kommt es darauf an, wann die Terminsbestimmung des Richters, mit der die außerordentliche Sitzung angeordnet wird, bei der Schöffengeschäftsstelle eingeht (§ 49 III).

2 **2) Ausfallende Schöffen,** die zunächst bei der Schöffenbesetzung von Anfang an (2 zu § 45) oder im Einzelfall (§ 49 I) herangezogen waren, werden aus der Hilfsschöffenliste ersetzt, und auf Anordnung des Vorsitzenden (1 zu § 54) nach § 49.

Ergänzungsschöffen

48 **I Ergänzungsschöffen (§ 192 Abs. 2, 3) werden aus der Hilfsschöffenliste zugewiesen.**

II Im Fall der Verhinderung eines Hauptschöffen tritt der zunächst zugewiesene Ergänzungsschöffe auch dann an seine Stelle, wenn die Verhinderung vor Beginn der Sitzung bekannt wird.

1) Aus der Hilfsschöffenliste (I) werden die Ergänzungsschöffen nach dem einheitlichen Verfahren des § 49 zugewiesen. 1

2) Bei **Verhinderung eines Hauptschöffen** tritt in der Hauptverhandlung der Ergänzungsschöffe an seine Stelle (6, 7 zu § 192). Das gilt nach II aber auch dann, wenn der Verhinderungsfall nach der Bestimmung und Zuweisung eines Ergänzungsschöffen schon vor dem Beginn der Hauptverhandlung bekannt wird. Ist auch dieser verhindert, rückt der nächste aus der Hilfsschöffenliste zugewiesene Ergänzungsschöffe nach (BGHR Verhinderung 1; Katholnigg 2). 2

Zuweisung aus der Hilfsschöffenliste

49 **I Wird die Heranziehung von Hilfsschöffen zu einzelnen Sitzungen erforderlich (§§ 47, 48 Abs. 1), so werden sie aus der Hilfsschöffenliste in deren Reihenfolge zugewiesen.**

II 1 Wird ein Hauptschöffe von der Schöffenliste gestrichen, so tritt der Hilfsschöffe, der nach der Reihenfolge der Hilfsschöffenliste an nächster Stelle steht, unter seiner Streichung in der Hilfsschöffenliste an die Stelle des gestrichenen Hauptschöffen. 2 Die Schöffengeschäftsstelle benachrichtigt den neuen Hauptschöffen gemäß § 45 Abs. 4 Satz 3, 4.

III 1 Maßgebend für die Reihenfolge ist der Eingang der Anordnung oder Feststellung, aus der sich die Notwendigkeit der Heranziehung ergibt, bei der Schöffengeschäftsstelle. 2 Die Schöffengeschäftsstelle vermerkt Datum und Uhrzeit des Eingangs auf der Anordnung oder Feststellung. 3 In der Reihenfolge des Eingangs weist sie die Hilfsschöffen nach Absatz 1 den verschiedenen Sitzungen zu oder überträgt sie nach Absatz 2 in die Hauptschöffenliste. 4 Gehen mehrere Anordnungen oder Feststellungen gleichzeitig ein, so sind zunächst Übertragungen aus der Hilfsschöffenliste in die Hauptschöffenliste nach Absatz 2 in der alphabetischen Reihenfolge der Familiennamen der von der Schöffenliste gestrichenen Hauptschöffen vorzunehmen; im Übrigen ist die alphabetische Reihenfolge der Familiennamen der an erster Stelle Angeklagten maßgebend.

IV 1 Ist ein Hilfsschöffe einem Sitzungstag zugewiesen, so ist er erst wieder heranzuziehen, nachdem alle anderen Hilfsschöffen ebenfalls zugewiesen oder von der Dienstleistung entbunden oder nicht erreichbar (§ 54) gewesen sind. 2 Dies gilt auch, wenn er selbst nach seiner Zuweisung von der Dienstleistung entbunden worden oder nicht erreichbar gewesen ist.

1) Für alle Fälle, in denen die Heranziehung der Hilfsschöffenliste erforderlich wird, regelt § 49 das Verfahren. § 46 ist nicht anwendbar (BGH NStZ **85**, 135). 1

2) Bei **Übertragung in die Hauptschöffenliste** (II) handelt es sich um eine nicht nur vorübergehende Änderung der Schöffenliste für die ordentlichen Sitzungstage; vielmehr tritt mit der Übertragung der bisherige Hilfsschöffe in die Termine des Ausgeschiedenen ein. Daher ist mit der Übertragung die Streichung in der Hilfsschöffenliste verbunden. Soweit eine Heranziehung als Hilfsschöffe noch nicht erledigt ist, wirkt sie weiter und hat den Vorrang (§ 52 V). 2

3) Wer **an bereitester Stelle** (III) steht, wird herangezogen. Das ist, wer nach Heranziehung („Verbrauch") seiner Vorgänger als nächster zur Verfügung steht 3

(BGH **30**, 244 = JR **82**, 257 mit Anm Rieß; BGH NStZ **85**, 135). Maßgebend ist der Eingang der Heranziehungsanordnung (BGH **30**, 255, 258). Zunächst ist die Hilfsschöffenliste durch Vornahme der angeordneten Streichungen auf den neuesten Stand zu bringen (KG StV **84**, 504). Es braucht aber nicht ausdrücklich die Zuweisung verlangt zu werden. Vielmehr muss nur die Anordnung oder Feststellung, aus der sich die Notwendigkeit der Heranziehung ergibt, an die Schöffengeschäftsstelle gelangen, zB die Anordnung einer außerordentlichen Sitzung (§ 47), die Entbindung oder Feststellung der Unerreichbarkeit nach § 54 I, II, die Anordnung der Streichung aus der Hauptschöffenliste (II iVm § 52 I, II) oder die Anordnung nach § 192 III. Im Fall des III S 4 fehlt eine Regelung für den seltenen Fall, dass verschiedene Hauptschöffen oder Angeklagte denselben Namen haben. Hier ist notfalls von der alphabetischen Reihenfolge der Vornamen auszugehen (Katholnigg 5 und JR **80**, 173); sollten auch die gleich sein, entscheidet das Los (Kissel/Mayer 6; SK-Degener 5; **aM** LR-Siolek 8; Katholnigg aaO: Geburtsdatum).

4 **4) Erst nach Verbrauch aller anderen Hilfsschöffen** (IV) ist der herangezogene wieder an der Reihe. Wird er von der dann anfallenden Dienstleistung entbunden (§ 54 I) oder ist er nicht erreichbar (7 zu § 54), so wird auf ihn erst wieder nach dem nächsten Umlauf zurückgegriffen (KK-Hannich 6). Der Listenplatz des Hilfsschöffen ist auch dann verbraucht, wenn seine Heranziehung oder die maßgebliche Eintragung fehlerhaft war (BGH JR **78**, 210, 211 mit Anm Meyer = GA **78**, 120 mit Anm Katholnigg; Kissel/Mayer 13; **aM** SK-Degener 10).

Sitzungsdauer über die Wahlperiode hinaus

50 **Erstreckt sich die Dauer einer Sitzung über die Zeit hinaus, für die der Schöffe zunächst einberufen ist, so hat er bis zur Beendigung der Sitzung seine Amtstätigkeit fortzusetzen.**

1 **1) Drei Fälle:** a) Die Hauptverhandlung dauert lediglich länger als erwartet; b) sie wird unterbrochen und später fortgesetzt (§ 229 StPO); c) sie greift (ohne oder nach Unterbrechung) über die Wahlperiode des Schöffen (§ 42) hinaus (BGH **8**, 250; vgl aber BGH **19**, 382).

2 **2) Für die Berufsrichter** am AG und LG ist eine solche besondere Regelung entbehrlich (BGH **8**, 250; **19**, 382; 17, 18 zu § 21 e).

51 (weggefallen)

Streichung von der Schöffenliste

52 **I** [1] **Ein Schöffe ist von der Schöffenliste zu streichen, wenn**

1. seine Unfähigkeit zum Amt eines Schöffen eintritt oder bekannt wird, oder
2. Umstände eintreten oder bekannt werden, bei deren Vorhandensein eine Berufung zum Schöffenamt nicht erfolgen soll.

[2] **Im Falle des § 33 Nr. 3 gilt dies jedoch nur, wenn der Schöffe seinen Wohnsitz im Landgerichtsbezirk aufgibt.**

II [1] **Auf seinen Antrag ist ein Schöffe aus der Schöffenliste zu streichen, wenn er**

1. seinen Wohnsitz im Amtsgerichtsbezirk, in dem er tätig ist, aufgibt oder
2. *während eines* Geschäftsjahres an mehr als 24 Sitzungstagen an Sitzungen teilgenommen hat.

[2] **Bei Hauptschöffen wird die Streichung nur für Sitzungen wirksam, die später als zwei Wochen nach dem Tag beginnen, an dem der Antrag bei der**

Schöffengeschäftsstelle eingeht. [3]Ist einem Hilfsschöffen eine Mitteilung über seine Heranziehung zu einem bestimmten Sitzungstag bereits zugegangen, so wird seine Streichung erst nach Abschluss der an diesem Sitzungstag begonnenen Hauptverhandlung wirksam.

III [1]Ist der Schöffe verstorben oder aus dem Landgerichtsbezirk verzogen, ordnet der Richter beim Amtsgericht seine Streichung an. [2]Im Übrigen entscheidet er nach Anhörung der Staatsanwaltschaft und des beteiligten Schöffen.

IV Die Entscheidung ist nicht anfechtbar.

V Wird ein Hilfsschöffe in die Hauptschöffenliste übertragen, so gehen die Dienstleistungen vor, zu denen er zuvor als Hilfsschöffe herangezogen war.

VI [1]Hat sich die ursprüngliche Zahl der Hilfsschöffen in der Hilfsschöffenliste auf die Hälfte verringert, so findet aus den vorhandenen Vorschlagslisten eine Ergänzungswahl durch den Ausschuss statt, der die Schöffenwahl vorgenommen hatte. [2]Der Richter beim Amtsgericht kann von der Ergänzungswahl absehen, wenn sie in den letzten sechs Monaten des Zeitraums stattfinden müsste, für den die Schöffen gewählt sind. [3]Für die Bestimmung der Reihenfolge der neuen Hilfsschöffen gilt § 45 entsprechend mit der Maßgabe, dass die Plätze im Anschluss an den im Zeitpunkt der Auslosung an letzter Stelle der Hilfsschöffenliste stehenden Schöffen ausgelost werden.

1) Von Amts wegen (I) durchzuführen und obligatorisch ist die Streichung nach Nrn 1 und 2. Die Unfähigkeit ergibt sich aus den §§ 31 S 2, 32, durch den Tod (vgl III S 1; BGH NStZ **94**, 26 [K]) oder aus sonstigen Gründen (I Nr 1), zB der auf religiöser Überzeugung beruhenden Ablehnung, Männer und Frauen hinsichtlich ihrer Glaubwürdigkeit rechtlich gleich zu behandeln (LG Dortmund NStZ **07**, 360); allein die religiös motivierte Kleidung (Kopftuch) ist aber kein Grund zur Streichung (LG Bielefeld NJW **07**, 3014; Bader NJW **07**, 2964; Buggert StRR **08**, 47; **aM** LG Dortmund NJW **07**, 3013), anders wiederum, wenn die Schöffin auf Grund ihrer Bekleidung (Ganzkörperschleier) nicht mehr erkennbar ist (Bader aaO 2965; erg 7, 10 zu § 176; 9 zu § 24 StPO; eingehend Kretschmer, Schöffin mit Kopftuch – persona non grata? 2007). Die Gründe des I Nr 2 ergeben sich aus den §§ 33–35 (vgl BGH **28**, 61, 63; NStZ **94**, 26 [K]; hinsichtlich § 35 **aM** KK-Hannich 4; SK-Degener 4). Die Streichung ist zB geboten, wenn der Schöffe seinen Wohnsitz an einen anderen Ort außerhalb des Land-(nicht des Amts-)Gerichtsbezirks verlegt (4 zu § 33) oder wenn seine Wohngemeinde aus dem Landgerichtsbezirk ausscheidet (BGH aaO). 1

2) Nur auf Antrag (II) führt die Verlegung des Wohnsitzes oder die näher bezeichnete Heranziehung im Übermaß zur Streichung. Wenn die Voraussetzungen vorliegen, muss dem Antrag entsprochen werden. An mehr als 24 Sitzungstagen hat der Schöffe auch dann teilgenommen, wenn eine einzige Hauptverhandlung so lange gedauert hat (KK-Hannich 5). Gezählt werden aber immer nur die Tage, an denen verhandelt worden ist, wenn auch nur für kurze Zeit (Katholnigg NJW **78**, 2377). II S 1 Nr 1 gilt nach § 77 V nicht für einen Schöffen am LG, der innerhalb des LG-Bezirks seinen Wohnsitz wechselt. 2

3) Die **Entscheidung** (III) trifft bei einem Schöffen des AG der Richter beim AG (§ 45 III), der Jugendrichter bei einem Jugendschöffen des AG (§ 34 I JGG), eine (nach § 21 e I S 1 bestimmte) StrK bei einem Schöffen des LG (§ 77 III S 2). Erforderlich ist eine förmliche Entscheidung, außer in den Fällen des III S 1 nach Anhörung der StA und des Schöffen (BGH **28**, 61, 64). Die Anhörung des beteiligten Schöffen ist aber entbehrlich, wenn er selbst den Antrag (II) gestellt hat, außer wenn Tatsachen zu seinem Nachteil verwendet werden, zu denen er nicht schon Stellung genommen hat (Einl 29). Ist der Streichungsantrag erst eingegangen, nachdem bereits eine Sitzung unter Mitwirkung des Schöffen bestimmt war, so hat die Entscheidung nach § 54 I den Vorrang (BGH GA **79**, 271; KK-Hannich 6). 3

4 **4) Unanfechtbarkeit** (IV): Beschwerde ist für den Schöffen und die StA ausgeschlossen (§ 304 I, II StPO). Die Streichung aus der Hauptschöffenliste führt zwar zu einer Änderung der Besetzung für noch bevorstehende Hauptverhandlungen, aber die Besetzungsrüge (§ 338 Nr 1 StPO) kann auf die Entscheidung über die Streichung nicht gestützt werden (§ 336 S 2 StPO), wenn es sich nicht um einen Fall der Entziehung des gesetzlichen Richters handelt (6, 8 zu § 16).

5 Bei **Unterlassung einer Entscheidung** infolge Nichterkennens des Streichungsgrundes kann die Revision nur darauf gestützt werden, dass ein Schöffe bei dem Urteil mitgewirkt hat, der für das Schöffenamt unfähig war (7 zu § 32). Der Verstoß gegen eine Sollvorschrift, die der Berufung entgegenstand, macht die Besetzung nicht vorschriftswidrig iS des § 338 Nr 1 StPO (vgl 3 zu § 36; 4 zu § 337 StPO).

6 **5)** Die **Übertragung eines Hilfsschöffen** (V) wird durch die Streichung des Hauptschöffen ausgelöst (§ 49 II S 1) und von der Schöffengeschäftsstelle durchgeführt (§ 49 III S 3). Die Übertragung kann dazu führen, dass Pflichten, die noch aus der Zeit des Hilfsschöffenamtes herrühren, und neue Hauptschöffenaufgaben nebeneinander bestehen. Dieser Fall kann insbesondere deshalb eintreten, weil der Schöffe nach § 49 II S 1 in die Termine des ausgeschiedenen Hauptschöffen eintritt (Katholnigg NJW **78**, 2377). Bei Kollision haben die noch verbleibenden Hilfsschöffenpflichten den Vorrang.

7 **6)** Eine **Ergänzungswahl** (VI iVm § 42) zur Auffüllung der Hilfsschöffenliste ist notwendig, wenn diese auf die Hälfte geschrumpft ist. Dabei wird derselbe Ausschuss tätig; ein verhindertes Mitglied kann aber vertreten werden.

8 Keine Ergänzungswahl, sondern eine **Wiederholungswahl** ist vorzunehmen, wenn die Schöffenwahl nach § 42 unwirksam war und daher von vornherein nicht genügend Schöffen vorhanden waren (BGH **33**, 261, 265; LG Frankfurt aM NJW **85**, 157; **aM** LG Frankfurt aM NJW **85**, 928).

Ablehnungsgründe

53 I [1] **Ablehnungsgründe sind nur zu berücksichtigen, wenn sie innerhalb einer Woche, nachdem der beteiligte Schöffe von seiner Einberufung in Kenntnis gesetzt worden ist, von ihm geltend gemacht werden.** [2] **Sind sie später entstanden oder bekannt geworden, so ist die Frist erst von diesem Zeitpunkt zu berechnen.**

II [1] **Der Richter beim Amtsgericht entscheidet über das Gesuch nach Anhörung der Staatsanwaltschaft.** [2] **Die Entscheidung ist nicht anfechtbar.**

1 **1)** Die **Ablehnungsgründe** sind in § 35 abschließend aufgeführt (BGH **9**, 203). Werden Ablehnungsgründe rechtzeitig geltend gemacht, so tritt eine völlige Befreiung vom Schöffendienst für die ganze Wahlperiode oder ihren Rest ein; der Schöffe ist von der Liste zu streichen (KK-Hannich 1). Die Ablehnungserklärung kann schriftlich oder zu Protokoll der Geschäftsstelle abgegeben werden.

2 **2) Zuständigkeit** (II S 1): 3 zu § 52.

3 **3) Unanfechtbarkeit** (II S 2): 4 zu § 52.

Entbindung an bestimmten Sitzungstagen

54 I [1] **Der Richter beim Amtsgericht kann einen Schöffen auf dessen Antrag wegen eingetretener Hinderungsgründe von der Dienstleistung an bestimmten Sitzungstagen entbinden.** [2] **Ein Hinderungsgrund liegt vor, wenn der Schöffe an der Dienstleistung durch unabwendbare Umstände gehindert ist oder wenn ihm die Dienstleistung nicht zugemutet werden kann.**

II [1]Für die Heranziehung von Hilfsschöffen steht es der Verhinderung eines Schöffen gleich, wenn der Schöffe nicht erreichbar ist. [2]Ein Schöffe, der sich zur Sitzung nicht einfindet und dessen Erscheinen ohne erhebliche Verzögerung ihres Beginns voraussichtlich nicht herbeigeführt werden kann, gilt als nicht erreichbar. [3]Ein Hilfsschöffe ist auch dann als nicht erreichbar anzusehen, wenn seine Heranziehung eine Vertagung der Verhandlung oder eine erhebliche Verzögerung ihres Beginns notwendig machen würde. [4]Die Entscheidung darüber, dass ein Schöffe nicht erreichbar ist, trifft der Richter beim Amtsgericht. [5]§ 56 bleibt unberührt.

III [1]Die Entscheidung ist nicht anfechtbar. [2]Der Antrag nach Absatz 1 und die Entscheidung sind aktenkundig zu machen.

1) Der **Vorsitzende** des SchG, beim LG der Vorsitzende der StrK (§ 77 III S 3), entscheidet über einen Entbindungsantrag (I) und über die Heranziehung eines Hilfsschöffen bei Unerreichbarkeit des zunächst berufenen Schöffen (II; 2 zu § 47; unten 7, 8). Denn es handelt sich um die Führung seiner Sitzung. Der Anhörung der StA bedarf es bei den Entscheidungen nach § 54 nicht. Betreibt ein Schöffe zugleich seine Entbindung im Einzelfall und seine Streichung aus der Schöffenliste (§ 52 II), so ist über beide Anträge selbstständig zu entscheiden (BGH **27**, 105; Katholnigg NJW **78**, 2378). Ein Widerruf der Entbindung ist nach deren Eingang bei der Schöffengeschäftsstelle nicht mehr wirksam (BGH **30**, 149 mit Anm Rieß JR **82**, 256; BGH StV **83**, 497), sofern die Entbindung nicht gegen Art 101 I S 2 GG verstoßen hatte (BGH **31**, 3). 1

Eine bestimmte **Form** der Entscheidung ist nicht vorgeschrieben; telefonische Entbindung genügt. Der Antrag und die Entscheidung müssen aber aktenkundig gemacht werden (III S 2). 2

2) Hinderungsgründe (I S 2) brauchen entgegen dem Gesetzeswortlaut noch nicht eingetreten zu sein; ihr Bevorstehen zZ der Dienstleistung genügt (Rieß JR **82**, 256). Sie können bei einem Hauptschöffen und bei herangezogenen Hilfsschöffen auf unabwendbaren Umständen oder auf Unzumutbarkeit beruhen. Das ist im Hinblick auf die Bedeutung des Schöffenamts eng auszulegen (BGH **28**, 61, 66). Der Vorsitzende braucht die geltend gemachten Hinderungsgründe nicht nachzuprüfen, wenn er sie für glaubhaft hält (BGH NStZ **82**, 476). 3

A. **Unabwendbare Umstände:** Dass der Schöffe diese Umstände selbst verursacht hat, spielt keine Rolle (Katholnigg NJW **78**, 2378). Der Hauptfall ist Erkrankung mit Bettlägerigkeit. Es genügt aber zB auch erhebliche Schwerhörigkeit (BGH **22**, 290). 4

B. **Unzumutbarkeit:** Mit Hilfe dieses Kriteriums kann der Richter die Umstände des Einzelfalls und die Situation des Schöffen in stärkerem Maß berücksichtigen als bei dem Kriterium der unabwendbaren Umstände. Das eigene Verursachen der Umstände, mit denen der Schöffe die Unzumutbarkeit begründet, kann, insbesondere bei Voraussehbarkeit der Schöffenpflicht, berücksichtigt werden. Unter dem Gesichtspunkt der Unzumutbarkeit kann zB ein herangezogener Hilfsschöffe entbunden werden, der während einer länger dauernden Hauptverhandlung nach Durchlauf der Schöffenliste erneut an der Reihe ist, wenn er an einem noch freien Tag an einer anderen Sitzung teilnehmen soll (Katholnigg NJW **78**, 2378). Unzumutbarkeit liegt nicht schon vor, wenn ein Prüfungsverfahren nach § 52 I Nr 2 oder II läuft (BGH **27**, 105; **28**, 61, 65). Ob die Unzumutbarkeit besteht, wenn ein Streichungsverfahren nach § 52 I Nr 1 läuft, kann nur im Einzelfall beurteilt werden. Eine Entbindung „aus Gewissensgründen" ist nicht möglich (Karlsruhe NJW **96**, 606 = JR **96**, 127 mit Anm Foth; krit Lisken NJW **97**, 34). Die Drohung des Arbeitgebers, den Schöffen bei Teilnahme an einer außerordentlich langen oder für die beruflichen Aufgaben des Schöffen sonst exzeptionell ungünstig liegenden Hauptverhandlung zu entlassen, ist ein Eingriff in die Entscheidungsfreiheit des Richters, der möglicherweise eine Nötigung darstellt und zudem Anlass gibt, den Schöffen 5 durch Belehrung des Arbeitgebers aus Gründen der Fürsorge (Einl 155) zu schützen (BGH **27**, 344, 346 = JR **78**, 304 mit Anm P. Müller und Anm Pohl NJW **78**, 1868). Das schließt jedoch nicht völlig aus, dass die Drohung im Einzelfall als Hinderungsgrund anzuerkennen ist (vgl BGH MDR **78**, 626 [H]; SK-Degener 7).

6 **Berufliche Umstände** begründen nur ausnahmsweise die Unzumutbarkeit. Zu berücksichtigen sind Berufsgeschäfte, die der Schöffe nicht oder nicht ohne erheblichen Schaden für sich oder den Betrieb aufschieben oder bei denen er sich nicht durch einen anderen vertreten lassen kann, weil die Geschäfte ihrer Art nach eine Vertretung nicht zulassen oder kein geeigneter Vertreter zur Verfügung steht (BGH **28**, 61, 66; NJW **78**, 1169 mwN). Bei einem auf Urlaub gestützten Entbindungsantrag können Rückfragen oder Nachforschungen zur Klärung der Zumutbarkeit geboten sein.

7 **3) Unerreichbarkeit** (II): Ein Hauptschöffe ist unerreichbar, wenn ihm die Benachrichtigung (§ 46) oder die Ladung nicht übermittelt werden kann (KK-Hannich 14). Das Gleiche gilt, wenn er bei dem Versuch, ihn an die Sitzung zu erinnern oder ihn herbeizuholen, nicht angetroffen wird. Der unerreichbare Schöffe wird nicht von Amts wegen von der Teilnahme an der Sitzung entbunden; vielmehr zieht der Vorsitzende (oben 1) für ihn nach § 47 einen Ersatzschöffen heran (Bay MDR **79**, 1044). Diese Anordnung ist aktenkundig zu machen; einer besonderen Begründung des Verhinderungsfalles bedarf es dabei nicht (vgl BGH MDR **77**, 639 [H]).

8 Bei kleiner **Verspätung** kann die Heranziehung eines Ersatzschöffen überflüssig sein. Daher wird idR die ortsübliche Zeit auf den Schöffen zu warten und zu versuchen sein, ihn telefonisch oder durch Gerichtswachtmeister, Polizei ua herbeizuholen (Katholnigg NJW **78**, 2378). Wenn von vornherein anzunehmen ist, dass dadurch eine erhebliche Verzögerung nicht zu vermeiden ist, kann von solchen Versuchen abgesehen werden (Katholnigg aaO).

9 **4)** Sind **mehrere Sachen an einem Sitzungstag** angesetzt, so entfällt die Unerreichbarkeit des zunächst berufenen Schöffen und endet die Heranziehung des Hilfsschöffen, wenn sich ersterer vor Beginn einer neuen Sache zur Teilnahme meldet. Hatte sich der Vorsitzende zur Prüfung iS des II S 2 vor Beginn der Sitzung nach dem Verbleib des nichterschienenen Schöffen erkundigt und erfahren, dieser sei zur Wahrnehmung der Sitzung aufgebrochen, so muss sich der Vorsitzende jeweils vor Beginn einer neuen Sache erkundigen, ob der zunächst berufenen Schöffe jetzt erreichbar ist (Bay MDR **79**, 1044; KK-Hannich 19).

10 **5) Unanfechtbar** (III S 1) ist die Entscheidung über den Entbindungsantrag (I), nicht aber der Widerruf der Entbindung (BGH **30**, 149 = JR **82**, 255 mit abl Anm Rieß; BGH **31**, 3, 4). Unanfechtbar ist auch die Entscheidung über die Unerreichbarkeit (II S 4). Denn die Ersetzung des unerreichbaren Schöffen durch einen anderen kommt in der rechtlichen Wirkung einer Entbindung des ersteren gleich. Infolge des Ausschlusses der Beschwerde ist die Besetzungsrüge (§ 338 Nr 1 StPO) ausgeschlossen (§ 336 S 2 StPO), wenn nicht ein Fall der willkürlichen Richterentziehung vorliegt (BGH **31**, 3, 5; NStZ-RR **04**, 230 [B]; Hamm NStZ **01**, 611; Karlsruhe NStZ **81**, 272; Katholnigg NJW **78**, 2378; 6, 8 zu § 16). Bei Entbindung wegen Urlaubs des Schöffen scheidet Willkür aus (BGH 5 StR 426/81 vom 5. 1. 1982; vgl auch Rieß DRiZ **77**, 294).

Entschädigung

55 **Die Schöffen und Vertrauenspersonen des Ausschusses erhalten eine Entschädigung nach dem Justizvergütungs- und -entschädigungsgesetz.**

1 **1) Nach § 15 I JVEG** erhalten die Schöffen und Vertrauenspersonen Entschädigung für Fahrtkosten, Aufwand, Aufwendungen, Zeitversäumnis, für Nachteile bei der Haushaltsführung und für Verdienstausfall.

Unentschuldigtes Ausbleiben

56 **I [1] Gegen Schöffen und Vertrauenspersonen des Ausschusses, die sich ohne genügende Entschuldigung zu den Sitzungen nicht rechtzeitig einfinden oder sich ihren Obliegenheiten in anderer Weise entziehen, wird ein Ordnungsgeld festgesetzt. [2] Zugleich werden ihnen auch die verursachten Kosten auferlegt.**

II [1] Die Entscheidung trifft der Richter beim Amtsgericht nach Anhörung der Staatsanwaltschaft. [2] Bei nachträglicher genügender Entschuldigung kann die Entscheidung ganz oder zum Teil zurückgenommen werden. [3] Gegen die Entscheidung ist Beschwerde des Betroffenen nach den Vorschriften der Strafprozessordnung zulässig.

1) Zwingend vorgeschrieben sind die Maßnahmen, wenn ihre Voraussetzungen vorliegen. Einzelheiten der Festsetzung des Ordnungsgeldes regeln Art 6 ff **EGStGB.** 1

A. **Ohne genügende Entschuldigung:** Vgl 10 ff zu § 51 StPO. Die Benachrichtigung nach § 46 muss nachgewiesen sein. Eine mündliche Ladung reicht aber aus (Koblenz OLGSt Nr 2). Ein nach § 54 von der Dienstleistung entbundener Schöffe ist stets entschuldigt; gegen ihn kann daher, auch wenn er die Entbindung durch unwahre Angaben erschlichen hat, kein Ordnungsgeld verhängt werden (Frankfurt NJW **96**, 1687). 2

B. **Nicht rechtzeitig** (I): Dazu gehört auch das Nichterscheinen (3 zu § 51 StPO). Kurzes Zuwarten mit der Maßregelung ist angebracht, soweit es den Beteiligten zugemutet werden kann (unten 6). Der Vorsitzende kann sich inzwischen um Ersatz nach § 49 bemühen. Die Berufung des Hilfsschöffen wird nicht dadurch wieder hinfällig, dass der zunächst berufene Schöffe nachher noch erscheint (zu einem ähnlichen Fall BGH **22**, 289). 3

C. **Sonstige Obliegenheiten** sind zB Eidesleistung und Beteiligung an der Abstimmung (§ 195; § 45 **DRiG**). Der Schöffe verletzt seine Pflicht schon dann, wenn er von vornherein bestimmt erklärt, er weigere sich, sachlich irgendwie richterlich mitzuwirken (Frankfurt NJW **92**, 3183), und werde bei den Beschlussabstimmungen und in der Urteilsberatung sich der Stimme enthalten. Hier kann § 56 schon anwendbar sein, wenn die Sitzung beginnen soll (KG 4 Ws 58/66 vom 4. 7. 1966). Die Verletzung des Beratungsgeheimnisses (§ 45 I S 2 DRiG) kann nicht nach § 56 geahndet werden (KG JR **87**, 302; LR-Siolek 4; **aM** Schmidt-Räntsch 4 zu § 45 DRiG), ebenso wenig sonstige Pflichtverletzungen (Frankfurt NStZ **90**, 503; SK-Degener 6), ein Verhalten, das zur Ablehnung des Schöffen wegen Besorgnis der Befangenheit führt (KG NStZ **99**, 427) oder das Verlangen nach einer Zwischenberatung (LG Münster NJW **93**, 1088). Bei wiederholten, erheblichen Pflichtverletzungen wird Streichung von der Schöffenliste entspr § 52 I Nr 1 befürwortet (v. Danwitz ZRP **95**, 443; zw). 4

2) Die **Entscheidung** ergeht ohne Schöffenmitwirkung nach Anhörung des StA durch den Vorsitzenden des SchG oder der StrK (§ 77 III S 3), nicht erst iVm der Entscheidung über die Kosten und Auslagen nach §§ 464 ff StPO. Wenn den Schöffen kein Verschulden an der Unterbrechung oder Vertagung der Hauptverhandlung trifft, wird der Angeklagte, falls er verurteilt wird oder sein Rechtsmittel keinen Erfolg hat, auch mit den durch das Ausbleiben des Schöffen entstandenen Mehrkosten belastet (Hamm MDR **77**, 865). Die Höhe des Ordnungsgeldes richtet sich nach Art 6 EGStGB; Ersatzordnungshaft scheidet aus (SK-Degener 10). 5

3) Anhörung des Betroffenen: Ist der Schöffe nicht anwesend, so braucht er vor dem Beschluss nicht gehört zu werden (KK-Hannich 5). Er ist auf die Folgen des Ausbleibens ohne genügende Entschuldigung nach § 46 schon hingewiesen worden. Ist der Schöffe vor dem Erlass des Beschlusses erschienen, so wird er gehört; ebenso bei Verletzung sonstiger Obliegenheiten (oben 4). 6

7 **4) Zurückzunehmen** (II S 2) ist der Beschluss bei nachträglicher genügender Entschuldigung, und zwar ganz oder zum Teil, sei es, dass die Entschuldigungsgründe durch den Betroffenen dargetan, sei es, dass sie sonst bekannt werden. Eine Ausschlussfrist ist hierfür nicht vorgesehen. Im Gegensatz zu § 51 II S 3 StPO ist die Aufhebung bei nachträglicher Entschuldigung nicht zwingend vorgeschrieben. Dadurch soll aber nur ermöglicht werden, den Beschluss so abzuwandeln, dass er nur dem verbleibenden Verschulden Rechnung trägt, zB dem schuldhaften Verzögern der Entschuldigung (Koblenz MDR **93**, 1229).

8 **5) Wiederholung der Maßregeln:** Die Belastung mit den Kosten (I S 2) ist wiederholt zulässig, ebenso die Wiederholung des Ordnungsgeldes (KK-Hannich 7), und zwar nicht nur einmal (wie nach § 51 I S 4 StPO), sondern so oft, wie der Pflichtige seine Pflicht verletzt.

9 **6) Beschwerde** (II S 2) gegen den Beschluss steht dem Betroffenen zu (§ 304 II StPO). Wenn die Beschwerde nachträgliches Entschuldigungsvorbringen enthält, gelten die Grundsätze zu § 51 StPO (dort 28) entspr (Düsseldorf MDR **83**, 690). Die StA kann sich gegen die Festsetzung des Ordnungsgeldes und die Kostenauferlegung oder gegen deren Ablehnung nicht beschweren, selbst wenn sie einen Antrag gestellt hatte; denn sie hat in dem Verfahren nur ein Anhörungsrecht, aber kein weitergehendes Beteiligungsrecht.

Bestimmung der Fristen

57 Bis zu welchem Tag die Vorschlagslisten aufzustellen und dem Richter beim Amtsgericht einzureichen sind, der Ausschuss zu berufen und die Auslosung der Schöffen zu bewirken ist, wird durch die Landesjustizverwaltung bestimmt.

Gemeinsames Amtsgericht

58 I [1] Die Landesregierungen werden ermächtigt, durch Rechtsverordnung einem Amtsgericht für die Bezirke mehrerer Amtsgerichte die Strafsachen ganz oder teilweise, Entscheidungen bestimmter Art in Strafsachen sowie Rechtshilfeersuchen in strafrechtlichen Angelegenheiten von Stellen außerhalb des räumlichen Geltungsbereichs dieses Gesetzes zuzuweisen, sofern die Zusammenfassung für eine sachdienliche Förderung oder schnellere Erledigung der Verfahren zweckmäßig ist. [2] Die Landesregierungen können die Ermächtigung durch Rechtsverordnung auf die Landesjustizverwaltungen übertragen.

II [1] Wird ein gemeinsames Schöffengericht für die Bezirke mehrerer Amtsgerichte eingerichtet, so bestimmt der Präsident des Landgerichts (Präsident des Amtsgerichts) die erforderliche Zahl von Haupt- und Hilfsschöffen und die Verteilung der Zahl der Hauptschöffen auf die einzelnen Amtsgerichtsbezirke. [2] Ist Sitz des Amtsgerichts, bei dem ein gemeinsames Schöffengericht eingerichtet ist, eine Stadt, die Bezirke der anderen Amtsgerichte oder Teile davon umfasst, so verteilt der Präsident des Landgerichts (Präsident des Amtsgerichts) die Zahl der Hilfsschöffen auf diese Amtsgerichte; die Landesjustizverwaltung kann bestimmte Amtsgerichte davon ausnehmen. [3] Der Präsident des Amtsgerichts tritt nur dann an die Stelle des Präsidenten des Landgerichts, wenn alle beteiligten Amtsgerichte seiner Dienstaufsicht unterstehen.

III Die übrigen Vorschriften dieses Titels sind entsprechend anzuwenden.

1 **1) Nur durch RechtsVO** (I) kann durch Zusammenfassung mehrerer AG-Bezirke ein neuer AG-Bezirk gebildet werden (BVerfGE **24**, 155, 166 = NJW **69**, 1291; BVerfGE **30**, 103, 106 = NJW **71**, 795), da hierdurch in die Gerichtsbezirke

eingegriffen und der gesetzliche Richter geändert wird. Vgl zB in Bayern § 30 GZVJu, in Hessen VO vom 8. 6. 1968 (GVBl I 170), letzte ÄndVO vom 12. 10. 1992 (GVBl I 473), in Mecklenburg-Vorpommern §§ 9, 10 VO vom 28. 3. 1994 (GVOBl 514), in Nordrhein-Westfalen VO vom 30. 12. 1961 (GVNW 1962, 9), letzte ÄndVO vom 24. 9. 1991 (GVNW 373), in Sachsen VO vom 6. 8. 1996 (GVBl 369).

2) Nur Konzentration der örtlichen Zuständigkeit auf der AG-Ebene ist nach § 58 zulässig, und zwar über die LGBezirke hinweg, jedoch nur innerhalb des Landes (BVerfGE **24**, 155, 168 = NJW **69**, 1291; BVerfGE **30**, 103, 107 = NJW **71**, 795). Für Jugendsachen vgl § 33 III **JGG.** Weitere Regelungen: § 78 a II für StVollstrK, § 391 I, II AO für Steuerstrafsachen, § 13 I WiStG 1954 für Wirtschaftsstrafsachen, § 38 I AWG für Außenwirtschaftssachen und § 38 I MOG für EG-Marktordnungssachen sowie in Binnenschifffahrtssachen § 4 BinSchVfG. 2

A. Für eine **sachdienliche Förderung oder schnellere Erledigung** muss die Zusammenfassung zweckmäßig sein (I S 1). Mit dieser Klausel wird Zweck und Ausmaß der Ermächtigung zum Erlass von RechtsVOen näher bestimmt (Art 80 I S 2 GG). I S 1 ist, ebenso wie § 33 III **JGG** und § 391 II S 1 **AO,** mit dem GG vereinbar (BVerfGE **24**, 155 = NJW **69**, 1291; BVerfGE **30**, 103 = NJW **71**, 795). 3

B. Die **Strafsachen ganz oder teilweise** können dem einen AG genommen und dem anderen zugewiesen werden. Die Hauptbedeutung des I liegt darin, dass die Haftsachen für mehrere Bezirke bei dem AG zusammengefasst werden können, bei dem sich eine UHaftvollzugsanstalt befindet (Köln NStZ-RR **00**, 273; Nürnberg NStZ **87**, 37; vgl § 22 III Nr 2 ZuVOJu-BW und dazu LG Offenburg NStZ-RR **00**, 246: keine Fortwirkung der dadurch begründeten Zuständigkeit nach Anklageerhebung), und dass für mehrere AG-Bezirke ein gemeinsames SchG eingerichtet werden kann (vgl II). Die Zuständigkeitskonzentration nur für die Fälle, in denen das erweiterte SchG (§ 29 II) entscheidet, ist nicht zulässig (Dallinger JZ **53**, 434). 4

C. **Entscheidungen bestimmter Art:** ZB kann die Entscheidung über den Erlass eines Haftbefehls gegen einen von der Polizei vorläufig Festgenommenen (§ 127 II StPO) bei dem AG am Sitz der StA (oder einer Zweigstelle) konzentriert werden, um der StA die Freilassung (vgl § 120 III StPO) vor der richterlichen Entscheidung (§ 128 II StPO) und andernfalls die Abgabe einer Erklärung (§ 33 II StPO) vor der richterlichen Entscheidung praktisch zu erleichtern. 5

3) Rechtshilfeersuchen von außerhalb des Geltungsbereichs der StPO (11 zu § 10 StPO): Die Konzentrationsmöglichkeit nach I gilt nur für strafrechtliche Angelegenheiten (vgl erg unten 8). 6

4) Einrichtung eines gemeinsamen SchG (II; § 43): Die Verteilung der Hilfsschöffen regeln S 2 und 3 für den dort bezeichneten Sonderfall. Darüber hinaus kommt eine Verteilung von Hilfsschöffen nicht in Betracht. 7

5) Die **BRep-internen Rechtshilfesachen** (§§ 156, 157) können für die Bezirke mehrerer AGe einem von ihnen ganz oder teilw zugewiesen werden (§ 157 II). 8

6) In den neuen Bundesländern gilt die durch den EV (Anl I Kap III Sachgebiet A Abschn III Nr 1 n) den Landesregierungen erteilte Ermächtigung, durch RechtsVO einem Gericht für die Bezirke mehrerer Gerichte Sachen aller Art ganz oder teilw zuzuweisen, fort; danach können die Länder durch Vereinbarung Aufgaben auch dem Gericht eines anderen Landes übertragen. 9

5. Titel. Landgerichte

Besetzung

59 **I Die Landgerichte werden mit einem Präsidenten sowie mit Vorsitzenden Richtern und weiteren Richtern besetzt.**

II Den Richtern kann gleichzeitig ein weiteres Richteramt bei einem Amtsgericht übertragen werden.

III Es können Richter auf Probe und Richter kraft Auftrags verwendet werden.

1 **1) Besetzung:** Der Präs hat eine Doppelfunktion: Er ist Richter (§§ 21 e I S 3, 21 f I) und hat Verwaltungsaufgaben, und zwar in der gerichtlichen Selbstverwaltung (§§ 21 a ff) und der JV (20 zu § 21 e; 1 zu § 21 h). VorsRi: § 21 f I. Weitere Richter iS I sind die Richter am LG (§ 19 a I DRiG), Richter auf Probe (III; § 12 DRiG), Richter kraft Auftrags (III; § 14 DRiG) und an das LG abgeordnete Richter (§ 37 DRiG).

2 **2) Doppelernennung** (II): Vgl 2 zu § 22. II gilt für die Richter und die VorsRi am LG.

3 **3) Richter auf Probe** (III): Vgl § 22 V.

Kammern

60 **Bei den Landgerichten werden Zivil- und Strafkammern gebildet.**

1 **1) StrK:** Zuständigkeitsbereich §§ 73–74 c, 78 a. Auch die Kammer nach § 74 a IV ist eine StrK, ebenso die „kleine StrK", die lediglich in der Hauptverhandlung in anderer Besetzung als die große StrK entscheidet (§ 76 I). Über die „kleine" StVollstrK vgl § 78 b I Nr 2.

2 **2)** Die **Zahl der „institutionellen" ordentlichen Kammern,** die dauernde Einrichtungen sind (BGH **21**, 260), bestimmt die JV (BGH **20**, 132), in Bayern das JM (Art 5 AGGVG), in den anderen Ländern der LGPräs (LR-Siolek 7). Zur Problematik vgl Holch DRiZ **76**, 135 gegen Stanicki DRiZ **76**, 80. Zur HilfsStrK vgl 16 zu § 21 e. Wenn 2 VorsRi nicht nur vorübergehend ausfallen, kann eine StrK auch im Laufe des Geschäftsjahres aufgelöst werden (BGH **20**, 132).

3 **3)** Die **JugK** beim LG ist ein JugG (§ 33 II **JGG**). Sie entscheidet nach § 33 b I, III **JGG** als kleine oder große JugK; sie kann auch als JugschutzK (§ 74 b) tätig und zusätzlich mit allgemeinen Strafsachen betraut werden.

61-69 (weggefallen)

Vertretung der Kammermitglieder

70 **I Soweit die Vertretung eines Mitgliedes nicht durch ein Mitglied desselben Gerichts möglich ist, wird sie auf den Antrag des Präsidiums durch die Landesjustizverwaltung geordnet.**

II Die Beiordnung eines Richters auf Probe oder eines Richters kraft Auftrags ist auf eine bestimmte Zeit auszusprechen und darf vor Ablauf dieser Zeit nicht widerrufen werden.

III Unberührt bleiben die landesgesetzlichen Vorschriften, nach denen richterliche Geschäfte nur von auf Lebenszeit ernannten Richtern wahrgenommen werden können, sowie die, welche die Vertretung durch auf Lebenszeit ernannte Richter regeln.

1) Antrag des Präsidiums (I): Dem Mangel der dem Präsidium nicht mehr möglichen gerichtsinternen Vertretungsregelung (4ff zu § 21f) hilft die LJV durch Abordnung eines planmäßigen Richters eines anderen Gerichts an das LG (erg § 37 DRiG) oder durch Zuteilung eines Hilfsrichters ab. Das Präsidium hat aber keinen Rechtsanspruch gegen die JV auf Zuweisung weiterer Richter (Holch DRiZ **76**, 137; **aM** Katholnigg 2). 1

2) Beiordnung (II): Das Präsidium hat dem – auf eine bestimmte Zeit (dazu LG Bremen StV **98**, 13) – zugeteilten Richter Geschäftsaufgaben zuzuweisen (§ 21e I S 1) unter Berücksichtigung der besonderen Eignung für ein Rechtsgebiet oder der Erfordernisse der weiteren Ausbildung. Es besteht kein Zwang, ihn gerade dort einzusetzen, wo wegen des zeitweiligen Ausfalls oder des außergewöhnlichen Geschäftsanfalls der Anlass zur Beiordnung entstanden ist (BGH **12**, 159, 161; **13**, 53, 56; **22**, 237, 239). Durch die Ernennung zum Richter auf Lebenszeit wird die Beiordnung ebenso beendet wie durch das Ausscheiden aus dem Richterdienst (BGH NStZ-RR **09**, 41 [C]; Kissel/Mayer 11). 2

3) Landesgesetzliche Vorschriften: Vgl SK-Degener 9. Die Bestimmung hat zZ keine praktische Bedeutung (Katholnigg 4). 3

71, 72 (betreffen Zivilsachen)

Beschluss- und Beschwerdezuständigkeit

73 I Die Strafkammern entscheiden über Beschwerden gegen Verfügungen des Richters beim Amtsgericht sowie gegen Entscheidungen des Richters beim Amtsgericht und der Schöffengerichte.

II Die Strafkammern erledigen außerdem die in der Strafprozessordnung den Landgerichten zugewiesenen Geschäfte.

1) In Staatsschutz-Strafsachen nach § 120 I, II trifft die Entscheidungen nach I das OLG (§ 120 III S 1), sonst die Staatsschutz-StrK (§ 74a III). 1

2) In Wirtschaftsstrafsachen trifft die Entscheidungen die große WirtschaftsStrK als Gericht des 1. Rechtszugs oder die kleine WirtschaftsStrK als Berufungsgericht (§ 74c; dort 8). Das gilt nur, wenn sie nach dem Stand des Verfahrens zu dem Zeitpunkt, in dem die Entscheidung nach I anfällt, voraussichtlich als Gericht des 1. Rechtszugs zuständig wäre (2ff zu § 74c). 2

3) Die **allgemeine StrK** trifft die Entscheidung auch dann, wenn sie entgegen der Ansicht des AG ein JugG als erstinstanzliches Gericht für zuständig erachtet (Zweibrücken NStZ **94**, 48; erg 2 zu § 210 StPO aE); die JugK ist nur zuständig, wenn im 1. Rechtszug ein JugG entschieden hat. 3

4) Auch **außerhalb des GVG und der StPO** sind der StrK Aufgaben zugewiesen, so zB nach § 8 III **StrEG** sowie nach §§ 70 II, 100 II S 2, 104 III S 1, 108 I S 2 Hs 2, 110 II S 2 OWiG. 4

73a (weggefallen)

Zuständigkeiten

74 I [1] Die Strafkammern sind als erkennende Gerichte des ersten Rechtszuges zuständig für alle Verbrechen, die nicht zur Zuständigkeit des Amtsgerichts oder des Oberlandesgerichts gehören. [2] Sie sind auch zuständig für alle Straftaten, bei denen eine höhere Strafe als vier Jahre Freiheitsstrafe oder die Unterbringung in einem psychiatrischen Krankenhaus, allein oder neben einer Strafe, oder in der Sicherungsverwahrung zu erwarten ist oder bei denen die Staatsanwaltschaft in den Fällen des § 24 Abs. 1 Nr. 3 Anklage beim Landgericht erhebt.

II [1] Für die Verbrechen

1. des sexuellen Missbrauchs von Kindern mit Todesfolge (§ 176 b des Strafgesetzbuches),
2. der sexuellen Nötigung und Vergewaltigung mit Todesfolge (§ 178 des Strafgesetzbuches),
3. des sexuellen Missbrauchs widerstandsunfähiger Personen mit Todesfolge (§ 179 Abs. 7 in Verbindung mit § 178 des Strafgesetzbuches),
4. des Mordes (§ 211 des Strafgesetzbuches),
5. des Totschlags (§ 212 des Strafgesetzbuches),
6. *(aufgehoben)*
7. der Aussetzung mit Todesfolge (§ 221 Abs. 3 des Strafgesetzbuches),
8. der Körperverletzung mit Todesfolge (§ 227 des Strafgesetzbuches),
9. der Entziehung Minderjähriger mit Todesfolge (§ 235 Abs. 5 des Strafgesetzbuches),
10. der Freiheitsberaubung mit Todesfolge (§ 239 Abs. 4 des Strafgesetzbuches),
11. des erpresserischen Menschenraubes mit Todesfolge (§ 239 a Abs. 2 des Strafgesetzbuches),
12. der Geiselnahme mit Todesfolge (§ 239 b Abs. 2 in Verbindung mit § 239 a Abs. 2 des Strafgesetzbuches),
13. des Raubes mit Todesfolge (§ 251 des Strafgesetzbuches),
14. des räuberischen Diebstahls mit Todesfolge (§ 252 in Verbindung mit § 251 des Strafgesetzbuches),
15. der räuberischen Erpressung mit Todesfolge (§ 255 in Verbindung mit § 251 des Strafgesetzbuches),
16. der Brandstiftung mit Todesfolge (§ 306 c des Strafgesetzbuches),
17. des Herbeiführens einer Explosion durch Kernenergie (§ 307 Abs. 1 bis 3 des Strafgesetzbuches),
18. des Herbeiführens einer Sprengstoffexplosion mit Todesfolge (§ 308 Abs. 3 des Strafgesetzbuches),
19. des Missbrauchs ionisierender Strahlen gegenüber einer unübersehbaren Zahl von Menschen (§ 309 Abs. 2 und 4 des Strafgesetzbuches),
20. der fehlerhaften Herstellung einer kerntechnischen Anlage mit Todesfolge (§ 312 Abs. 4 des Strafgesetzbuches),
21. des Herbeiführens einer Überschwemmung mit Todesfolge (§ 313 in Verbindung mit § 308 Abs. 3 des Strafgesetzbuches),
22. der gemeingefährlichen Vergiftung mit Todesfolge (§ 314 in Verbindung mit § 308 Abs. 3 des Strafgesetzbuches),
23. des räuberischen Angriffs auf Kraftfahrer mit Todesfolge (§ 316 a Abs. 3 des Strafgesetzbuches),
24. des Angriffs auf den Luft- und Seeverkehr mit Todesfolge (§ 316 c Abs. 3 des Strafgesetzbuches),
25. der Beschädigung wichtiger Anlagen mit Todesfolge (§ 318 Abs. 4 des Strafgesetzbuches),
26. einer vorsätzlichen Umweltstraftat mit Todesfolge (§ 330 Abs. 2 Nr. 2 des Strafgesetzbuches)

ist eine Strafkammer als Schwurgericht zuständig. [2] § 120 bleibt unberührt.

III Die Strafkammern sind außerdem zuständig für die Verhandlung und Entscheidung über das Rechtsmittel der Berufung gegen die Urteile des Strafrichters und des Schöffengerichts.

1) Negative Umschreibung der erstinstanzlichen Zuständigkeit (I): Die StrK ist nicht zuständig, wenn das AG (§§ 24, 25) oder das OLG (§ 120) zuständig ist (vgl die Erläuterungen zu § 24 und zu § 120). Besondere StrKn mit gesetzlich zugewiesenen Aufgabenbereichen sind das SchwurG (II), die StaatsschutzStrK (§ 74a) und die WirtschaftsStrK (§ 74c). Über ihre Rangfolge untereinander und im Verhältnis zur allgemeinen StrK vgl § 74e. 1

Auch die **JugK** ist eine StrK mit besonderer Zuständigkeit (§§ 33 II, 41 I **JGG**). 2

2) Berufungsgericht (III) ist nach der Änderung des § 76 durch das RpflEntlG die kleine StrK, und zwar immer dann, wenn ein Urteil eines zu demselben LG-Bezirk gehörenden AG angefochten ist (BGH **22**, 48, 50). Hatte das mit der Berufung angefochtene Urteil eines SchG eine Wirtschaftsstrafsache zum Gegenstand, so ist die WirtschaftsStrK Berufungsgericht (§ 74c I). Wenn das Urteil des Strafrichters eine Wirtschaftssache zum Gegenstand hatte, kann über die Berufung eine allg. kleine StrK entscheiden (vgl aber 6 zu § 74c). War das angefochtene Urteil von einem zum LG-Bezirk gehörenden Jugendrichter oder JugSchG erlassen, so tritt an die Stelle der sonst zuständigen BerufungsStrK die JugK (§ 41 II **JGG;** vgl auch 4 zu § 74b), wobei nach § 33b I **JGG** die kleine JugK (Besetzung: Vorsitzender und 2 Jugendschöffen) für Berufungen gegen Urteile des Jugendrichters und die große JugK (Besetzung: Vorsitzender und 1 oder 2 Beisitzer sowie 2 Jugendschöffen, vgl 2 zu § 76) für Berufungen gegen Urteile des JSchG zuständig sind. 3

3) SchwurG (II): Es handelt sich um eine besondere StrK (zur geschichtlichen Entwicklung Rieß Widmaier-FS 473), die nicht mit besonderen Schöffen ausgestattet ist, in der sachlichen Zuständigkeitsordnung den anderen StrKn gleichsteht, aber den Vorrang hat (§ 74e). Für die Prüfung ihrer Zuständigkeit im tatrichterlichen Verfahren gelten die §§ 6a, 209a Nr 1, 225a IV, 270 I S 2 StPO. Im Sicherungsverfahren nach §§ 413ff StPO ist dann ebenfalls das SchwurG, nicht die allgemeine StrK zuständig (8 zu § 414 StPO). Das SchwurG ist – ebenso wie die in SchwurG-Sachen entscheidende große JugK – stets mit 3 Richtern und 2 Schöffen besetzt (§ 76 II, § 33b II **JGG**). 4

4) Durch einen **Zuständigkeitskatalog** (II S 1 Nrn 1–26) ist die Zuständigkeit des SchwurG bestimmt. Wenn es für das Urteil zuständig ist, hat es die Tat unter jedem rechtlichen Gesichtspunkt zu würdigen, auch dann, wenn der Verdacht eines im Katalog aufgezählten Verbrechens entfällt (BGH MDR **77**, 810 [H]). Teilnahme und Versuch stehen iS des II der Tatbegehung gleich (Kissel/Mayer 9). Zur Zuständigkeit des SchwurG gehören auch Verbrechen nach § 30 StGB iVm §§ 211, 212 StGB (Schnarr NStZ **90**, 260), nicht aber Vergehen nach § 323a StGB, auch wenn die Rauschtat unter II fällt (Stuttgart MDR **92**, 290). § 238 III StGB ist durch ein Versehen des Gesetzgebers nicht aufgeführt (vgl Verrel NJW **08**, 974), ebenso § 330a II StGB und § 97 I AufenthG; schon wegen der nach § 76 II möglichen unterschiedlichen Besetzung von SchwurG und allg Großer StrK wird man die Zuständigkeit des SchwurG entspr auch für diese Delikte bejahen können (**aM** Rieß NStZ **08**, 546). 5

5) § 120 bleibt unberührt (II S 2): Das Evokationsrecht des GBA nach §§ 74a, 120 II S 1 gilt auch dann, wenn die Staatsschutzsache mit einem in dem Zuständigkeitskatalog des II S 1 aufgezählten Verbrechen zusammentrifft. Übernimmt der GBA die Verfolgung, so wird anstatt des LG insgesamt das OLG zuständig (vgl auch 5 zu § 74a). 6

6) Konzentrationsgrundsatz: „Eine“ StrK als SchwurG hat die bezeichneten Strafsachen abzuurteilen. Bei jedem LG muss ein SchwurG bestehen, wenn nicht 7 eine Ausnahme nach § 74d geschaffen wird. Wenn die SchwurGStrK mit diesen Sachen nicht voll ausgelastet ist, können ihr noch andere Aufgaben zugewiesen werden. Erst wenn die SchwurGStrK die zu erwartenden SchwurG-Sachen nicht mehr bewältigen kann, darf ein weiteres SchwurG eingerichtet werden (BGH **27**, 349, 350). Bleibt hierbei bei der Ersteren noch eine Restkapazität, so kann sie durch Zuweisung kleinerer anderer Aufgaben aufgefüllt werden (BGH NJW **78**, 1594 mit Anm Katholnigg; 3 zu § 74a; 7 zu § 74c).

8 **7) Jugendstrafverfahren:** Im Verfahren gegen einen Jugendlichen oder Heranwachsenden ist anstelle des SchwurG die JugK zuständig (§§ 41 I Nr 1, 108 I **JGG**), die stets in der Besetzung von 3 Richtern einschließlich des Vorsitzenden und 2 Jugendschöffen tätig wird (§ 33b I, II **JGG**).

9 **8) Auffang-SchwurG:** Für den Fall, dass ein SchwurG-Urteil aufgehoben und die Sache nach § 354 II an ein anderes SchwurG zurückverwiesen wird, muss bei jedem LG ein anderes SchwurG durch die Geschäftsverteilung bestimmt werden (4 zu § 21e; 38 zu § 354 StPO). Bestehen zwei SchwurGe bei dem LG, so kann jedes für die Zurückweisungsfälle der anderen als Auffang-SchwurG bestimmt werden.

10 **9) Revision:** Die Rüge nach § 338 Nr 1 StPO kann nicht darauf gestützt werden, dass das Präsidium sich in der Erwartung des künftigen Geschäftsanfalls (vertretbar) geirrt hat (BGH MDR **78**, 626 [H]). Die unzutreffende Beurteilung des Zuständigkeitsmerkmals der besonderen Bedeutung (I S 2) kann mit der Revision nur gerügt werden, wenn sie auf Willkür beruht (8 zu § 24).

Zuständigkeit der Staatsschutzkammer und der Kammer für § 100c StPO **RiStBV 202 ff**

74a **I Bei den Landgerichten, in deren Bezirk ein Oberlandesgericht seinen Sitz hat, ist eine Strafkammer für den Bezirk dieses Oberlandesgerichts als erkennendes Gericht des ersten Rechtszuges zuständig für Straftaten**

1. des Friedensverrats in den Fällen des § 80a des Strafgesetzbuches,
2. der Gefährdung des demokratischen Rechtsstaates in den Fällen der §§ 84 bis 86, 87 bis 90, 90a Abs. 3 und des § 90b des Strafgesetzbuches,
3. der Gefährdung der Landesverteidigung in den Fällen der §§ 109d bis 109g des Strafgesetzbuches,
4. der Zuwiderhandlung gegen ein Vereinigungsverbot in den Fällen des § 129, auch in Verbindung mit § 129b Abs. 1, des Strafgesetzbuches und des § 20 Abs. 1 Satz 1 Nr. 1 bis 4 des Vereinsgesetzes; dies gilt nicht, wenn dieselbe Handlung eine Straftat nach dem Betäubungsmittelgesetz darstellt,
5. der Verschleppung (§ 234a des Strafgesetzbuches) und
6. der politischen Verdächtigung (§ 241a des Strafgesetzbuches).

II Die Zuständigkeit des Landgerichts entfällt, wenn der Generalbundesanwalt wegen der besonderen Bedeutung des Falles vor der Eröffnung des Hauptverfahrens die Verfolgung übernimmt, es sei denn, dass durch Abgabe nach § 142a Abs. 4 oder durch Verweisung nach § 120 Abs. 2 Satz 2 die Zuständigkeit des Landgerichts begründet wird.

III In den Sachen, in denen die Strafkammer nach Absatz 1 zuständig ist, trifft sie auch die in § 73 Abs. 1 bezeichneten Entscheidungen.

IV Für die Anordnung von Maßnahmen nach § 100c der Strafprozessordnung ist eine nicht mit Hauptverfahren in Strafsachen befasste Kammer bei *den Landgerichten*, in deren Bezirk ein Oberlandesgericht seinen Sitz hat, für den Bezirk dieses Oberlandesgerichts zuständig.

V Im Rahmen der Absätze 1, 3 und 4 erstreckt sich der Bezirk des Landgerichts auf den Bezirk des Oberlandesgerichts.

1) StaatsschutzStrK (I): 1

A. **Eine besondere StrK** wie das SchwurG und die WirtschaftsStrK mit gesetzlich bestimmter Geschäftsaufgabe ist die StaatsschutzStrK (4 zu § 74; 1 zu § 74c). Für ihren Rang gegenüber anderen StrKn gelten § 74e und § 103 II **JGG.** Sie ist für ihren Zuständigkeitsbereich auch Beschwerdekammer (III iVm § 73 I). 2

B. **Doppelte Konzentration** I): Wie beim SchwurG und der WirtschaftsStrK müssen die durch einen Katalog bezeichneten Staatsschutzsachen zu einer StrK zusammengefasst werden. Eine Auffang-StaatsschutzStrK muss aber daneben gebildet werden (9 zu § 74). Erst wenn die StaatsschutzStrK die zu erwartende Geschäftslast nicht bewältigen kann, darf das Präsidium eine weitere StaatsschutzStrK einrichten (7 zu § 74; 7 zu § 74c). 3

Eine **Zuständigkeit** der StaatsschutzStrK **nach I Nr 4** ist nicht gegeben, wenn die dort bezeichneten Straftaten mit solchen nach dem BtMG zusammentreffen; das gilt auch, wenn zu den BtM-Straftaten noch andere Straftaten hinzutreten, falls diese von minderem Gewicht sind (Oldenburg NStZ-RR **04**, 178; **aM** LR-Siolek 6). 4

C. Durch **Übernahme der Verfolgung durch den GBA** (II) wird das OLG in den im Zuständigkeitskatalog des I bezeichneten Strafsachen als Gericht des 1. Rechtszugs zuständig (§ 120 II Nr 1). Das gilt auch, wenn die Zuständigkeit der StaatsschutzStrK nach § 74e zurücktritt (vgl BGH NJW **88**, 1474 zur Zuständigkeit des OLG für Verfahren gegen eine kriminelle Ausländervereinigung; KK-Diemer 3; Katholnigg NJW **78**, 2376); auch dann geht die Strafsache infolge der Evokation durch den GBA auf das OLG über (vgl auch 6 zu § 74). Jedoch darf die StaatsschutzStrK im Eröffnungsverfahren und im Hauptverfahren die Sache dem OLG von sich aus nur unterbreiten, wenn der hinreichende Verdacht einer Straftat nach § 120 I besteht (§§ 209 II, 225a I, 270 I StPO). 5

D. Bei **Straftaten gegen Truppen der NATO-Staaten** in der BRep nach § 1 II NTSG, die den in § 74a genannten entsprechen, ist § 74a ebenfalls anzuwenden (§ 3 NTSG). 6

2) Kammer für Maßnahmen nach § 100c StPO (IV): Für die bei der akustischen Wohnraumüberwachung nach § 100c StPO erforderlichen gerichtlichen Entscheidungen (§ 100d I StPO: Anordnung; § 100d IV StPO: Überwachung; § 101 IV S 1 Nr 4, VII S 1: Benachrichtigung; § 101 VI: Weitere Zurückstellung der Benachrichtigung; § 101 VII S 2 StPO: Nachträglicher Rechtsschutz) wird ebenfalls bei dem LG, in dessen Bezirk das OLG seinen Sitz hat, eine besondere Kammer eingerichtet. Eine einmalige Besonderheit ist dabei, dass diese Kammer – obwohl sie eine Strafkammer ist (vgl 1 zu § 60) – nicht mit Hauptverfahren in Strafsachen befasst sein darf. Damit wird den Vorgaben des BVerfG (BVerfGE **109**, 279 = NJW **04**, 999) Rechnung getragen, dass, wenn der Angeklagte von der Durchführung der Maßnahme nicht unterrichtet worden ist, das in der Hauptsache erkennende Gericht nicht über die Zurückstellung der Benachrichtigung oder Anträge anderer Betroffener entscheiden darf (BT-Drucks 15/4533 S 20). Deshalb besteht insoweit auch beim OLG ein besonderer Senat (§ 120 IV S 2). 7

3) Für den ganzen OLG-Bezirk ist ein LG zuständig (V) und damit zugleich auch nur eine StA (§ 143 I). 8

4) Revision: Vgl 10 zu § 74 und 13 zu § 100d StPO. 9

Zuständigkeit der Jugendschutzkammer

74b [1]**In Jugendschutzsachen (§ 26 Abs. 1 Satz 1) ist neben der für allgemeine Strafsachen zuständigen Strafkammer auch die Jugendkammer als erkennendes Gericht des ersten Rechtszuges zuständig.** [2]**§ 26 Abs. 2 und §§ 73 und 74 gelten entsprechend.**

1 **1) JugK** (I; § 41 **JGG**): In ihrer Hauptverhandlung wirken Jugendschöffen mit (§§ 33b I, 35 **JGG**), auch wenn sie in einer Jugendschutzsache tätig wird.

2 **2)** Eine **Jugendschutzkammer** kann bei dem LG durch Geschäftsverteilung eingerichtet werden; sie ist eine gewöhnliche StrK (SK-Degener 2), der die Jugendschutzsachen (allein oder zusammen mit anderen Sachen) zugewiesen sind und die mit dafür besonders geeigneten Richtern besetzt wird.

3 **3)** Die **Zuständigkeitskriterien des § 26 II** sind nicht nur für die StA bindend, sondern auch für die Gerichte im Eröffnungsverfahren. Die JugK hat im Verhältnis zur allgemeinen StrK, auch wenn sie Jugendschutzkammer ist, die Kompetenz-Kompetenz (12 vor § 1 StPO). Sie eröffnet das Hauptverfahren, wenn die Voraussetzungen hierfür vorliegen, vor der anderen StrK, wenn es die Aburteilung durch diese für ausreichend hält (§ 209 I iVm § 209a Nr 2 Buchst b StPO). Ist die Klage zur anderen StrK erhoben, hält sie aber die JugK für zuständig, so legt sie dieser die Sache vor (§ 209 I iVm § 209a Nr 2 Buchst b StPO). Die JugK kann auch in diesem Fall das Verfahren bei der anderen StrK eröffnen. Im Hauptverfahren ist diese Zuständigkeitsverschiebung nach §§ 225a I S 1, 270 I S 1 StPO nicht mehr zulässig (BGH **42**, 39; erg 2 zu § 225a StPO).

4 **4) Berufungsgericht:** Bei Berufung gegen Urteile des Jugendrichters entscheidet die kleine JugK, gegen Urteile des JugSchG die große JugK (§§ 33b I, 41 II **JGG;** 3 zu § 74); bei Berufung gegen ein Urteil des Strafrichters oder des SchG in einer Jugendschutzsache die durch die Geschäftsverteilung gebildete kleine Berufungskammer. Die JugK ist auch dann Berufungsgericht, wenn bei Verbindung nach §§ 103, 108 **JGG** nur der erwachsene Mitangeklagte Berufung einlegt (BGH **22**, 40, 51, 52).

Zuständigkeit der Wirtschaftsstrafkammer **RiStBV 113 II**

74c

I 1 Für Straftaten

1. nach dem Patentgesetz, dem Gebrauchsmustergesetz, dem Halbleiterschutzgesetz, dem Sortenschutzgesetz, dem Markengesetz, dem Geschmacksmustergesetz, dem Urheberrechtsgesetz, dem Gesetz gegen den unlauteren Wettbewerb, der Insolvenzordnung, dem Aktiengesetz, dem Gesetz über die Rechnungslegung von bestimmten Unternehmen und Konzernen, dem Gesetz betreffend die Gesellschaften mit beschränkter Haftung, dem Handelsgesetzbuch, dem SE-Ausführungsgesetz, dem Gesetz zur Ausführung der EWG-Verordnung über die Europäische wirtschaftliche Interessenvereinigung, dem Genossenschaftsgesetz, dem SCE-Ausführungsgesetz und dem Umwandlungsgesetz,

2. nach den Gesetzen über das Bank-, Depot-, Börsen- und Kreditwesen sowie nach dem Versicherungsaufsichtsgesetz und dem Wertpapierhandelsgesetz,

3. nach dem Wirtschaftsstrafgesetz 1954, dem Außenwirtschaftsgesetz, den Devisenbewirtschaftungsgesetzen sowie dem Finanzmonopol-, Steuer- und Zollrecht, auch soweit dessen Strafvorschriften nach anderen Gesetzen anwendbar sind; dies gilt nicht, wenn dieselbe Handlung eine Straftat nach dem Betäubungsmittelgesetz darstellt, und nicht für Steuerstraftaten, welche die Kraftfahrzeugsteuer betreffen,

4. nach dem Weingesetz und dem Lebensmittelrecht,

5. des Subventionsbetruges, des Kapitalanlagebetruges, des Kreditbetruges, des Bankrotts, der Gläubigerbegünstigung und der Schuldnerbegünstigung,

5a. der wettbewerbsbeschränkenden Absprachen bei Ausschreibungen sowie der Bestechlichkeit und Bestechung im geschäftlichen Verkehr,

6. a) des Betruges, des Computerbetruges, der Untreue, des Wuchers, der Vorteilsgewährung, der Bestechung und des Vorenthaltens und Veruntreuens von Arbeitsentgelt,

b) nach dem Arbeitnehmerüberlassungsgesetz und dem Dritten Buch Sozialgesetzbuch sowie dem Schwarzarbeitsbekämpfungsgesetz,

soweit zur Beurteilung des Falles besondere Kenntnisse des Wirtschaftslebens erforderlich sind,

ist, soweit nach § 74 Abs. 1 als Gericht des ersten Rechtszuges und nach § 74 Abs. 3 für die Verhandlung und Entscheidung über das Rechtsmittel der Berufung gegen die Urteile des Schöffengerichts das Landgericht zuständig ist, eine Strafkammer als Wirtschaftsstrafkammer zuständig. [2] § 120 bleibt unberührt.

II In den Sachen, in denen die Wirtschaftsstrafkammer nach Absatz 1 zuständig ist, trifft sie auch die in § 73 Abs. 1 bezeichneten Entscheidungen.

III [1] Die Landesregierungen werden ermächtigt, zur sachdienlichen Förderung oder schnelleren Erledigung der Verfahren durch Rechtsverordnung einem Landgericht für die Bezirke mehrerer Landgerichte ganz oder teilweise Strafsachen zuzuweisen, welche die in Absatz 1 bezeichneten Straftaten zum Gegenstand haben. [2] Die Landesregierungen können die Ermächtigung durch Rechtsverordnung auf die Landesjustizverwaltungen übertragen.

IV Im Rahmen des Absatzes 3 erstreckt sich der Bezirk des danach bestimmten Landgerichts auf die Bezirke der anderen Landgerichte.

1) Eine besondere StrK ist außer dem SchwurG und der StaatsschutzStrK 1
auch die WirtschaftsStrK (4 zu § 74; 1 zu § 74a; 4 vor § 1 StPO). Einer nicht ausgelasteten besonderen StrK können auch allgemeine Strafsachen zugewiesen werden (BGH **27**, 349; **34**, 379). Es genügt, dass der Schwerpunkt der Zuständigkeit eindeutig bei den Wirtschaftsverfahren liegt (BGH **31**, 323).

2) Katalog der Wirtschaftsstrafsachen (I): Während die in den §§ 74 II, 2
74a I angeführten Straftaten ohne weiteres die LG-Zuständigkeit begründen, muss bei den Wirtschaftsstraftaten nach § 74c auf die §§ 74 I, 24 I Nr 3, II zurückgegriffen werden. Nur wenn die Katalogtat von besonderer Bedeutung ist oder die Rechtsfolgenkompetenz des AG (§ 24 II) nicht ausreicht, gehört sie vor die WirtschaftsStrK (Stuttgart wistra **86**, 191, 192). Sind außer der Wirtschaftsstraftat noch andere Taten angeklagt, so ist die Rechtsfolgenerwartung insgesamt maßgeblich (Karlsruhe NStZ **85**, 517; zum Zusammentreffen von Wirtschafts- und Nichtwirtschaftsstraftaten vgl auch Firgau wistra **88**, 140).

3) Besonderheiten ergeben sich bei der Anwendung der Nrn 3, 5 und 6: 3

A. **Nr 3:** Wenn die Katalogtat mit einer Straftat nach dem BtMG zusammen- 4
trifft (§ 52 StGB), ist die WirtschaftsStrK nicht zuständig. Das bedeutet keinen Ausschluss der Sache von der Zuständigkeit des LG. Wenn diese für den Fall begründet ist (§ 24 I Nr 3, II), gehört sie vor eine allgemeine StrK. Das Gleiche gilt bei einer Steuerstraftat, die die Kfz-Steuer betrifft (vgl auch § 391 IV **AO**). Die Zuständigkeit des OLG nach § 120 für Straftaten nach dem AWG geht vor (I S 2).

B. **Nr 5:** Es bleibt bei der Zuständigkeit der WirtschaftsStrK auch dann, wenn 4a
§ 265b StGB aus sachlich-rechtlichen Gründen (vgl BGH **36**, 130) hinter § 263 StGB zurücktritt (Celle wistra **91**, 359 mit zust Anm Kochheim; SK-Degener 8; **aM** Stuttgart wistra **91**, 236).

C. **Nr 6:** Hier ist die Zuständigkeit der WirtschaftsStrK von dem genannten zu- 5
sätzlichen normativen Zuständigkeitsmerkmal abhängig (Rieß NJW **78**, 2267; Sowada 654). Die besonderen Kenntnisse beziehen sich über die allgemeine Erfahrung hinaus auf Verfahrensweisen, die nur besonderen Wirtschaftskreisen eigen oder geläufig sind, insbesondere auf die komplizierten, schwer zu durchschauenden

Mechanismen des Wirtschaftslebens, deren raffinierten Missbrauch die Wirtschaftsstrafsachen kennzeichnet (Koblenz NStZ **86**, 327; München JR **80**, 77 mit Anm Rieß; Stuttgart wistra **91**, 236). Sind zur Beurteilung einer noch so schwierigen oder umfangreichen Sache von der in Nr 6 beschriebenen Art solche Spezialkenntnisse nicht erforderlich, so ist die allgemeine StrK zuständig (Düsseldorf NStE Nr 2; wistra **93**, 277: Scheckreiterei; Koblenz aaO; Köln wistra **91**, 79; Saarbrücken wistra **07**, 360: Abrechnungsbetrug von Kassenärzten; erg 12 zu § 270 StPO).

6 **4) Als Berufungsgericht** (I) ist nicht die große, sondern die kleine WirtschaftsStrK (§ 76 I) zuständig, wenn das Urteil in einer Wirtschaftsstrafsache im 1. Rechtszug vom SchG erlassen worden ist (3 zu § 74). Das gilt nicht, wenn eine Ausnahme nach Nr 3 oder 6 zutrifft. Für die Prüfung der Berufungszuständigkeit kommt es nur darauf an, ob der Eröffnungsbeschluss den Verfahrensgegenstand als Katalogtat nach § 74c würdigt (Schleswig SchlHA **05**, 257; Stuttgart MDR **82**, 252). Für die Zuständigkeitsverschiebung innerhalb des Berufungsgerichts gelten die gleichen Grundsätze wie im 1. Rechtszug (Düsseldorf JR **82**, 514 mit Anm Rieß; Kissel/Mayer 10; Meyer-Goßner NStZ **81**, 169; Rieß JR **80**, 80); bei der Anwendung des § 6a StPO tritt an die Stelle der Eröffnung des Hauptverfahrens der Vortrag des Berichterstatters nach § 324 I S 1 StPO (14 zu § 6a StPO). Die Bestimmung des zuständigen Gerichts nach den §§ 14 und 19 StPO ist unzulässig (1 zu § 14 StPO). Die Anfechtbarkeit einer Zuständigkeitsverschiebung richtet sich nach § 210 StPO (Schleswig aaO). Hat der Strafrichter (§ 25 Nr 2) in einer Wirtschaftsstrafsache in 1. Instanz entschieden, so ist eine allgemeine kleine StrK als Berufungsgericht zuständig. Ist beim LG jedoch eine kleine WirtschaftsStrK eingerichtet, so sollten ihr zweckmäßigerweise durch den Geschäftsverteilungsplan (vgl § 21e) auch diese Berufungen zugewiesen werden.

7 **5) Konzentrationsgrundsatz:** Wie beim SchwurG und der StaatsschutzStrK darf das Präsidium die erstinstanzlichen Katalogstraftaten nur einer großen StrK und die zweitinstanzlichen nur einer kleinen StrK zuteilen; nur wenn diese voraussichtlich nicht in der Lage sein werden, den Geschäftsanfall zu bewältigen, dürfen weitere WirtschaftsStrKn gebildet werden (Kissel/Mayer 8; Katholnigg NJW **78**, 2376; 7 zu § 74).

8 **6)** Für **Beschwerdeentscheidungen und Entscheidungen nach § 161a III StPO** (II iVm § 73 I) ist die WirtschaftsStrK in den Fällen des I ebenfalls zuständig (vgl auch § 74a III). Die Zuständigkeit der großen WirtschaftsStrK ist gegeben, wenn sie nach dem Sachstand zZ des Anfalls der Entscheidung nach § 73 I voraussichtlich als Gericht des 1. Rechtszugs zuständig sein oder die kleine WirtschaftsStrK als Berufungsgericht tätig sein wird (Koblenz JBlRP **98**, 67; trotz der missverständlichen Bezugnahme des II auf I entscheidet die kleine WirtschaftsStrK niemals als Beschwerdegericht, sondern nur in der Berufungsinstanz (erg 7 zu § 76). Ist das Verfahren rechtskräftig abgeschlossen, so entscheidet die WirtschaftsStrK auch über Beschwerden gegen Nachtragsentscheidungen, sofern eine Katalogtat nach I Gegenstand des Urteils ist (LG Hildesheim wistra **85**, 245).

9 **7) Ermächtigung zu weiterer Konzentration** (III, IV; vgl auch § 58): Sie betrifft nur die örtliche Zuständigkeit (Rieß GA **76**, 6). Eine Änderung der Zuständigkeit für den Haftbefehlserlass nach § 125 I StPO tritt dadurch nicht ein (Nürnberg wistra **99**, 280). Mit der Konzentration wird zugleich die StA zuständig, die für das Gericht, bei dem die Konzentration stattfindet, bestellt ist (§ 143 I). Von der Ermächtigung nach III ist Gebrauch gemacht worden in Baden-Württemberg durch VO vom 27. 4. 1989 (GBl 155), in Bayern durch § 31 GZVJu, in Bremen durch VO vom 3. 12. 1974 (GBl 337), in Mecklenburg-Vorpommern durch § 8 VO vom 28. 3. 1994 (GVOBl 514), in Niedersachsen durch VO idF vom 7. 5. 1993 (GVBl 101), in Rheinland-Pfalz durch VO idF vom 27. 5. 1988 (GVBl 109), in Schleswig-Holstein durch VO idF vom 1. 9. 1986 (GVOBl 199), in Thüringen durch VO idF vom 1. 12. 1995 (GVBl 404).

8) Revision: Die Entscheidung über das Vorliegen eines normativen Zuständigkeitsmerkmals ist nicht revisibel (8 zu § 24). Das gilt auch für das Erfordernis der besonderen Kenntnisse des Wirtschaftslebens (oben 5, 6; BGH NStZ **85**, 464, 466; Rieß NJW **78**, 2268; KK-Diemer 4; 33 zu § 338 StPO). Nur bei der Zurückverweisung der Sache (§ 354 III StPO) kann es berücksichtigt werden (7 zu § 74). 10

Gemeinsames Schwurgericht

74d **I 1 Die Landesregierungen werden ermächtigt, durch Rechtsverordnung einem Landgericht für die Bezirke mehrerer Landgerichte die in § 74 Abs. 2 bezeichneten Strafsachen zuzuweisen, sofern dies der sachlichen Förderung der Verfahren dient. 2 Die Landesregierungen können die Ermächtigung auf die Landesjustizverwaltungen übertragen.**

II *(aufgehoben)*

1) KonzentrationsVO (I; 1 ff zu § 58): Die Konzentration kann über einen OLG-Bezirk hinausgreifen. 1

2) Neue Bundesländer: Die durch den EV erlaubte Möglichkeit der Konzentration auf ein Gericht besteht fort (vgl 9 zu § 58). 2

Vorrang

74e **Unter verschiedenen nach den Vorschriften der §§ 74 bis 74 d zuständigen Strafkammern kommt**

1. in erster Linie dem Schwurgericht (§ 74 Abs. 2, § 74 d),
2. in zweiter Linie der Wirtschaftsstrafkammer (§ 74 c),
3. in dritter Linie der Strafkammer nach § 74 a
der Vorrang zu.

1) Das **Vorrangprinzip** dient der Vermeidung und Klärung von Kompetenzkonflikten. Die Rangordnung richtet sich nach der generellen Beurteilung der Schwere der Delikte. Die allgemeine StrK ist im Reihenfolgekatalog nicht aufgeführt, weil ihr niemals der Vorrang zukommt. Sie ist aber in das System durch die Bezugnahme auf § 74 I, III miteinbezogen. Die StaatsschutzStrK liegt an 3. Stelle, weil in den schwersten Staatsschutzsachen das OLG zuständig ist (Katholnigg NJW **78**, 2376), entweder nach § 120 I oder nach §§ 74 a II, 120 II. 1

2) Rangverhältnis zur JugK (§ 41 **JGG**): Es gilt nicht § 74 e (BGH **42**, 39), sondern der Grundsatz, dass die JugGe den Vorrang vor den Erwachsenengerichten haben (§§ 102, 103 II S 1, 112 **JGG;** 11 ff vor § 1 StPO). Eine Ausnahme besteht nur bei Verbindung von Strafsachen gegen Jugendliche oder Heranwachsende mit einer Erwachsenensache. Wenn für letztere die WirtschaftsStrK oder die StaatsschutzStrK zuständig ist, geht ihre Zuständigkeit vor (§§ 103 II S 2, 3, 108 **JGG**), auch soweit es um Berufung geht oder um die Entscheidung nach § 73 I (§ 74 c I, II). Wird die Zuständigkeit der WirtschaftsStrK oder der StaatsschutzStrK durch die des SchwurG verdrängt, so lebt der Vorrang des JugG nach § 103 II S 1 **JGG** wieder auf. 2

3) Berücksichtigung des Vorrangs: §§ 6 a, 209 a, 225 a IV, 270 I S 2. 3

Zuständigkeit bei vorbehaltener oder nachträglicher Sicherungsverwahrung

74f **I Hat im ersten Rechtszug eine Strafkammer die Anordnung der Sicherungsverwahrung vorbehalten oder in den Fällen des § 66 b des Strafgesetzbuches als Tatgericht entschieden, ist diese Strafkammer im ersten Rechtszug für die Verhandlung und Entscheidung über die im Urteil vorbe-**

haltene oder die nachträgliche Anordnung der Sicherungsverwahrung zuständig.

II Hat in den Fällen des § 66b des Strafgesetzbuches im ersten Rechtszug ausschließlich das Amtsgericht als Tatgericht entschieden, ist im ersten Rechtszug eine Strafkammer des ihm übergeordneten Landgerichts für die Verhandlung und Entscheidung über die nachträgliche Anordnung der Sicherungsverwahrung zuständig.

III In den Fällen des § 66b des Strafgesetzbuches gilt § 462a Abs. 3 Satz 2 und 3 der Strafprozessordnung entsprechend; § 76 Abs. 2 dieses Gesetzes und § 33b Abs. 2 des Jugendgerichtsgesetzes sind nicht anzuwenden.

1 **1) Vorangegangene Entscheidung einer Großen StrK** (I): Die vorbehaltene Sicherungsverwahrung (§ 66a StGB; § 106 III, 1 JGG) kann wegen § 24 I Nr 2 beim LG immer nur von einer Großen StrK (auch einer nach §§ 74 II, 74a, 74b, 74c) oder einer JugK angeordnet worden sein. Daher ist auch diese StrK für den 2. Teil des Verfahrens – Entscheidung über den Vorbehalt (vgl 2 zu § 275a StPO) – zuständig, wobei es unerheblich ist, ob die so bezeichnete StrK inzwischen mit anderen Richtern besetzt ist (andere Schöffen werden es ohnehin so gut wie immer sein). Auch bei beabsichtigter nachträglicher Anordnung der Sicherungsverwahrung (§ 66b StGB, §§ 7 II–IV, 106 V und VI JGG) wird idR – bei Jugendlichen gemäß § 41 I Nr 5 JGG stets – eine Große StrK bzw JugK zuvor entschieden haben. Das ist immer bei § 66b II StGB der Fall, weil dort eine Freiheitsstrafe von 5 Jahren Voraussetzung ist, die aber das AG nicht verhängen kann. Dasselbe gilt bei § 66b III StGB, weil auch die Unterbringung im psychiatrischen Krankenhaus nach § 24 I Nr 2 nicht durch das AG angeordnet worden sein kann; das gilt nach §§ 41 I Nr 5, 108 III S 2 JGG auch bei Jugendlichen und Heranwachsenden. Somit kann lediglich im Fall des § 66b I StGB zuvor ein AG entschieden haben (dazu unten 2ff).

2 **2) Vorangegangene Entscheidung eines AG** (II): Es ist möglich, dass das AG wegen eines der in § 66b I StGB bezeichneten Verbrechen (mit Ausnahme der Verbrechen gegen das Leben, für die nach § 74 II das SchwurG zuständig ist) verurteilt hat und sich nun die weitere Gefährlichkeit des Verurteilten iSd § 66b I StGB ergibt. Hier ist hinsichtlich der Zuständigkeit für das Verfahren über die Anordnung der nachträglichen Sicherungsverwahrung zu unterscheiden:

3 A. Hat **kein Berufungsverfahren** stattgefunden (wurde das Urteil des AG rechtskräftig oder nur mit der Sprungrevision – § 335 I StPO – angegriffen), so ist eine Große StrK des dem AG übergeordneten LG zuständig. Hier werden die Taten jedoch idR so unerheblich gewesen sein, dass die nachträgliche Anordnung der Sicherungsverwahrung ohnehin ausscheiden wird. Hatte allein das JugSchG entschieden, so ist die übergeordnete JugK unter den Voraussetzungen des § 106 VI JGG für die Anordnung der nachträglichen Sicherungsverwahrung zuständig.

4 B. Hatte allerdings eine **Berufungsverhandlung stattgefunden** (wobei eine Verhandlung nach § 329 StPO nicht genügt, weil dabei keine „Entscheidung als Tatgericht“ ergeht), ist dieses LG für das Verfahren zur nachträglichen Anordnung der Sicherungsverwahrung zuständig. Dabei ist es dasselbe Gericht, wenn die Berufungsverhandlung vor der Großen Jugk stattgefunden hat. Hier ergibt sich aber die Problematik, welche StrK entscheidet, wenn die Berufungsverhandlung bei der Kleinen StrK durchgeführt wurde: Da die Verhandlung über die Anordnung der nachträglichen Sicherungsverwahrung vor einer Großen StrK mit 2 Beisitzern (vgl III 2. Hs: § 76 II ist unanwendbar; unten 5) stattfinden muss, kommt entweder die Verhandlung vor einer Großen StrK (so SK-Degener 8) oder vor der um 2 Beisitzer verstärkten ursprünglich tätig gewesenen Kleinen StrK in Frage. Weil nach der Gesetzesbegründung (BR-Drucks 202/04 S 29) grundsätzlich immer das Gericht entscheiden soll, das bereits früher mit der Sache befasst war, dürfte die Lösung dieses vom Gesetzgeber offenbar nicht gesehenen Problems (die

Gesetzesbegründung – aaO – verweist hier statt dessen unverständlich auch auf das OLG, obwohl dies doch niemals 2. Tatsacheninstanz sein kann) darin liegen, im Geschäftsverteilungsplan des LG (§ 21 e) eine Regelung aufzunehmen, wonach eine Große StrK zuständig ist, deren Vorsitz nun der frühere Vorsitzende der Kleinen (Berufungs-)StrK führt; ist dieser nicht mehr Mitglied des LG, gibt es in diesem Fall aber keine personelle Identität mehr. Soweit in II auch auf § 66 b II StGB verwiesen wird, geht die Verweisung ins Leere (vgl oben 1; die Verweisung auch auf § 66 b II StGB geht möglicherweise darauf zurück, dass dort nach dem Gesetzentwurf der BReg Voraussetzung eine Strafe von nur 4 Jahren sein sollte, vgl BR-Drucks 202/04 S 18); dasselbe gilt für die Verweisung auf § 66 b III StGB (hier passte die Verweisung von vornherein nicht).

3) Besetzung der StrK: Die StrK muss bei nachträglicher Anordnung der Sicherungsverwahrung (§ 66 b StGB) stets mit 3 Berufsrichtern (und 2 Schöffen) besetzt sein; die nach § 76 II und nach § 33 b II JGG mögliche Besetzungsreduzierung auf 2 Berufsrichter ist nach III 2. Halbs. ausgeschlossen. Bei vorbehaltener Sicherungsverwahrung (§ 66 a StGB) bleibt die Besetzungsreduktion möglich. 5

4) Vorentscheidungen verschiedener Gerichte (III 1. Halbs): Die hier gegebene Verweisung auf § 462 a III S 2 und 3 StPO bedeutet, dass im Falle der beabsichtigten nachträglichen Anordnung der Sicherungsverwahrung (§ 66 b StGB bzw § 106 V und VI JGG) beim Vorliegen von Urteilen verschiedener Gerichte die Entscheidung dem Gericht zusteht, das auf die schwerste Strafart oder bei Strafen gleicher Art auf die höchste Strafe erkannt hat, und falls hiernach mehrere Gerichte zuständig sein sollten, dem Gericht, dessen Urteil zuletzt ergangen ist. Falls das Urteil eines Tatgerichts bereits vollständig vollstreckt ist, scheidet dieses Gericht aber für die nachträgliche Anordnung der Sicherungsverwahrung (und damit auch für den Erlass eines Unterbringungsbefehls) aus (Frankfurt NStZ-RR **05**, 106). War eines der Urteile von einem OLG im 1. Rechtszug erlassen worden, ist das OLG zuständig (§ 120 a). Im Fall der vorbehaltenen Sicherungsverwahrung (§ 66 a StGB bzw § 106 III JGG) bedarf es solch einer Vorrangregelung nicht: Hier muss jedes Gericht, das einen Vorbehalt angeordnet hat, selbst über diesen Vorbehalt in einem 2. Verfahren (vgl 2 zu § 275 a StPO) entscheiden. Gesonderte Entscheidungen müssen auch in dem theoretisch denkbaren Fall ergehen, dass auf Grund verschiedener Urteile sowohl die Voraussetzungen des § 66 a StGB bzw § 106 III JGG als auch des § 66 b StGB bzw § 106 V oder VI JGG vorliegen. 6

5) Die StVollstrK kann entspr § 462 a I S 3 StPO die Entscheidung über Weisungen im Rahmen von Führungsaufsicht der nach § 74 f zuständigen StrK für die Dauer des Verfahrens nach § 275 a StPO übertragen (BGH **50**, 373). 7

75 (betrifft die Zivilkammern)

Besetzung der Spruchkörper

76 I [1] **Die Strafkammern sind mit drei Richtern einschließlich des Vorsitzenden und zwei Schöffen (große Strafkammer), in Verfahren über Berufungen gegen ein Urteil des Strafrichters oder des Schöffengerichts mit dem Vorsitzenden und zwei Schöffen (kleine Strafkammer) besetzt.** [2] **Bei Entscheidungen außerhalb der Hauptverhandlung wirken die Schöffen nicht mit.**

II [1] **Bei der Eröffnung des Hauptverfahrens beschließt die große Strafkammer, dass sie in der Hauptverhandlung mit zwei Richtern einschließlich des Vorsitzenden und zwei Schöffen besetzt ist, wenn nicht die Strafkammer als Schwurgericht zuständig ist oder nach dem Umfang oder der Schwierigkeit**

der Sache die Mitwirkung eines dritten Richters notwendig erscheint. [2]**Ist eine Sache vom Revisionsgericht zurückverwiesen worden, kann die nunmehr zuständige Strafkammer erneut nach Satz 1 über ihre Besetzung beschließen.**

III [1]**In Verfahren über Berufungen gegen ein Urteil des erweiterten Schöffengerichts (§ 29 Abs. 2) ist ein zweiter Richter hinzuzuziehen.** [2]**Außerhalb der Hauptverhandlung entscheidet der Vorsitzende allein.**

1 **1)** Das **RpflEntlG** hat die Zuständigkeit der großen StrK für Berufungen gegen Urteile des SchG beseitigt; zuständig ist auch hierfür nun die kleine StrK (vgl unten 2). Damit sind in SchG-Sachen 1. Instanz und Berufungsgericht gleich besetzt (ebenso in Sachen des erweiterten SchG, unten 6). Das ist ein Systembruch (Schulz Schwind-FS 441); der Sinn des Berufungsverfahrens in SchG-Sachen ist damit zweifelhaft geworden (Werle JZ **91**, 796; vgl auch Jerouschek GA **92**, 514; zum Vorschlag einer Gesetzesänderung unter Beibehaltung der nach II bisher nur für einen beschränkten Zeitraum vorgesehenen großen StrK in der Besetzung mit 2 Richtern einschließlich des Vorsitzenden und 2 Schöffen vgl Laufhütte Salger-FS 343; Meyer-Goßner Sarstedt-FS 197).

2 **2) In der Hauptverhandlung** (I S 1) ist die große StrK mit 3 Berufsrichtern (einschließlich des Vorsitzenden) und 2 Schöffen besetzt, falls sie als SchwurG (§ 74 II) entscheidet; in den übrigen Fällen – auch wenn es um die Anordnung der Sicherungsverwahrung geht (BGH StV **04**, 250) – kommt es auf den Umfang oder die Schwierigkeit der Sache an: Ist sie weder besonders umfangreich noch besonders schwierig (dazu unten 3), so wirkt außer dem Vorsitzenden und den Schöffen nur ein richterlicher Beisitzer mit. Diese durch das RpflEntlG als II eingefügte und in ihrer Geltungsdauer immer wieder verlängerte Bestimmung (eingehend und zutr krit dazu Haller/Janßen NStZ **04**, 469) gilt nun bis zum 31. 12. 2011 (Art 15 II RpflEntlG idF des Ges vom 7. 12. 2008, BGBl I 2348; anders § 122 II S 2, vgl 6 zu § 122). Über Berufungen gegen Urteile des AG (Strafrichter und SchG) entscheidet stets die kleine StrK mit dem Vorsitzenden und 2 Schöffen (krit hierzu Meyer-Goßner/Ströber ZRP **96**, 358). Im Jugendstrafverfahren ist abweichend hiervon die kleine JugK mit dem Vorsitzenden und 2 Jugendschöffen für Berufungen gegen Urteile des Jugendrichters, die große JugK mit der Besetzung von 2 oder 3 Richtern einschließlich des Vorsitzenden für Berufungen gegen Urteile des JugSchG zuständig (§ 33b I **JGG;** erg unten 5). Außerhalb der Hauptverhandlung gilt II nicht (Zweibrücken StraFo **97**, 204).

3 **3) Umfang oder Schwierigkeit der Sache:** Die bei der Eröffnung zu treffende Entscheidung (unten 4, 5), ob ein dritter Richter mitwirken soll (zutr Weber JR **04**, 172: „was der Qualität des Verfahrens ebenso zugute kommt wie der Qualität des Urteils in der Beratung"), hängt von der Bewertung des Umfangs und der Schwierigkeit der Sache ab. Bedeutsam für den Umfang der Sache sind die Zahl der Angeklagten, Verteidiger und erforderlichen Dolmetscher, die Zahl der den Angeklagten vorgeworfenen Straftaten, die Zahl der Zeugen und anderen Beweismittel, die Notwendigkeit von Sachverständigengutachten, der Umfang der Akten sowie die zu erwartende Dauer der Hauptverhandlung (BGH StraFo **09**, 338); die überdurchschnittliche Schwierigkeit der Sache kann sich aus der Erforderlichkeit umfangreicher Sachverständigengutachten, aus zu erwartenden Beweisschwierigkeiten oder aus der Komplexität der aufgeworfenen Sach- und Rechtsfragen ergeben (BGH JR **04**, 170), sie liegt aber nicht schon bei jedem Indizienprozess vor (daher viel zu weitgehend Schlothauer StV **93**, 147). Die „besondere Bedeutung des Falles" (vgl § 24 I Nr 3) spielt hier keine Rolle (Kissel NJW **93**, 492). Besondere Schwierigkeiten werden oftmals in Staatsschutz- und in Wirtschaftsstrafsachen bestehen. Der Gesetzgeber ist aber davon ausgegangen, dass die Besetzung mit 3 Richtern die Ausnahme, die mit 2 Richtern die Regel sein soll (BGH **44**, 328 = NStZ **99**, 367 mit Anm Rieß = JR **99**, 302 mit Anm Katholnigg; BGH **44**, 361); in Zweifelsfällen verdient aber die 3er-Besetzung den Vorzug (BGH JR **04**, 170).

4) Bei der Eröffnung des Hauptverfahrens ist die Entscheidung über die Zahl der mitwirkenden Richter zu treffen. Die Entscheidung ergeht außerhalb der Hauptverhandlung stets durch die 3 Richter der StrK ohne Mitwirkung der Schöffen (BGH **50**, 267 = NStZ **06**, 298 mit zust Anm Rieß; BGH NStZ-RR **07**, 317; NStZ **09**, 52; erg 4 zu § 203 StPO und unten 7). Die Verfahrensbeteiligten werden dazu nicht gehört (BGH **44**, 328, 336 = NStZ **99**, 367 mit Anm Rieß = JR **99**, 302 mit Anm Katholnigg; **aM** SK-Degener 15). Die Entscheidung ist in den Eröffnungsbeschluss (§ 207 I StPO) mit aufzunehmen (vgl BGH NStZ-RR **99**, 274) und kann lediglich auf zulässige Beanstandung nach § 222b (dort 3a) geändert (BGH NJW **03**, 3644 = StV **03**, 657 mit zust Anm Husheer; zust auch Haller/Janßen NStZ **04**, 471; LG Aschaffenburg StV **07**, 522), sonst aber nicht wieder aufgehoben werden (BGH **44**, 328, 333; StraFo **05**, 162); bei nachträglich erkannter fehlerhafter Entscheidung ist die Hauptverhandlung auszusetzen. Die Entscheidung ist unanfechtbar (Bremen StV **93**, 350; Siegismund/Wickern wistra **93**, 133). Weil sie der StrK selbst zugewiesen worden ist, ist sie von ihr auch dann zu treffen, wenn eine Verweisung nach §§ 225a, 270 StPO vom AG an das LG erfolgt (BGH StraFo **00**, 333) oder wenn eine nach § 74e vorrangige StrK oder wenn das OLG nach sofortiger Beschwerde gemäß § 210 II StPO das Hauptverfahren vor der StrK eröffnet (Koblenz wistra **95**, 282). Falls versehentlich nicht über die Besetzung entschieden wurde, bleibt es bei der 3er-Besetzung (BGH NStZ **09**, 53; LG Bremen StraFo **04**, 102 mwN); das gilt auch dann, wenn wegen Änderung des Geschäftsverteilungsplans eine andere StrK zuständig geworden ist (BGH StV **05**, 654). Wird die Sache nach Revision vom BGH zurückverwiesen, kann die nunmehr zuständige StrK eine andere Besetzung beschließen (II S 2), muss es aber nicht (BGH StraFo **03**, 134); dasselbe gilt, wenn sich der Verfahrensumfang durch Verbindung mit weiteren Verfahren ändert (BGH **53**, 169; dazu eingehend unter Erörterung von Zweifelsfragen Freuding NStZ **09**, 611, 613). 4

In **Jugendsachen** trifft § 33b II **JGG** eine ähnliche (nach Art 15 II RpflEntlG auch bis 31. 12. 2011 befristete) Regelung: Die große JugK entscheidet, ob sie mit 3 oder mit 2 Richtern tätig wird; ist Gegenstand des Verfahrens eine SchwurG-Sache, so ist auch bei ihr die Zuziehung eines 3. Richters stets erforderlich. Keine Bestimmung hat der Gesetzgeber darüber getroffen, ob die große JugK auch als Berufungsgericht mit nur 2 Richtern einschließlich des Vorsitzenden entscheiden darf. Es erscheint aber nicht systemgerecht, hier stets eine Besetzung wie in SchwurG-Sachen vorzusehen, während sonst die große StrK und die große JugK idR (oben 3) nur mit 2 Richtern entscheiden; daher treffen die 3 Richter der JugK (Brandenburg NStZ **09**, 43: nicht nur der Vorsitzende) entspr § 33b II **JGG** bei der Terminierung der Berufungssache eine Entscheidung über die Besetzung der großen JugK in der Berufungshauptverhandlung (BGHR StPO § 328 I Überleitung 2; Bay **97**, 130 = NStZ **98**, 102; Düsseldorf StV **01**, 166 mit abl Anm Rzepka; Koblenz StraFo **07**, 119; LR-Siolek 21; SK-Degener 26; Brunner/Dölling 9, Eisenberg 16, je zu §§ 33–33b JGG; **aM** Ostendorf 11 zu §§ 33–33b JGG; Schmidt NStZ **95**, 217); eine Verfügung des Vorsitzenden allein genügt dafür selbstverständlich nicht. 5

5) Erweitertes SchG: Damit in Berufungsverfahren gegen Urteile des erweiterten SchG die 2. Instanz nicht schlechter besetzt ist als die 1. Instanz, ist nach III S 1 die Zuziehung eines 2. Richters zwingend vorgeschrieben. Das gilt ohne Rücksicht darauf, ob das SchG den 2. Richter zu Recht nach § 29 II hinzugezogen hat (Düsseldorf NStZ **94**, 97). Obwohl das Berufungsgericht die gleiche Besetzung aufweist wie die große StrK (falls diese nicht ausnahmsweise – oben 2 – mit 3 Richtern verhandelt), bleibt es hier eine kleine StrK. 6

6) Außerhalb der Hauptverhandlung (S 2) wirken die Schöffen nicht mit (erg 3 zu § 30). Bei der großen StrK entscheiden die 3 Berufsrichter, auch wenn in der Hauptverhandlung nach II eine Besetzung mit nur 2 Richtern vorgesehen oder zu erwarten ist, bei der kleinen StrK der Vorsitzende allein. Einzelrichterentscheidungen gibt es bei der großen StrK nicht (LG Hildesheim StraFo **05**, 393 zu § 33 7

VIII RVG; vgl auch 1 zu § 139). Aus S 1 iVm § 73 I ergibt sich, dass über Beschwerden gegen Verfügungen und Entscheidungen des AG, auch des Strafrichters, immer die große StrK entscheidet, auch wenn sie mit dem durch die Berufung angefochtenen Urteil im Zusammenhang stehen; das gilt auch in Wirtschaftsstrafsachen (Köln StV **93**, 464).

8 **7) Revision:** Sie ist begründet, wenn das SchwurG statt mit 3 mit nur 2 Richtern entschieden hat. Dass der Umfang oder die Schwierigkeit der Sache die Zuziehung eines 3. Richters im Gegensatz zum Eröffnungsbeschluss (oben 4) erfordert oder nicht erfordert hätte, kann mit der Revision nicht beanstandet werden (vgl 10 zu § 74), es sei denn, die StrK habe den ihr insoweit zustehenden weiten Beurteilungsspielraum in unvertretbarer Weise überschritten und damit objektiv willkürlich gehandelt (BGH **44**, 328 = NStZ **99**, 367 mit Anm Rieß = JR **99**, 302 mit Anm Katholnigg; BGH StraFo **03**, 134; **09**, 338; StV **04**, 250), so zB bei Hunderten von angeklagten Straftaten und nicht geständigem Angeklagten (BGH NJW **03**, 3644 = StV **03**, 657 mit zust Anm Husheer; zust auch Haller/Janßen NStZ **04**, 469). § 222b StPO gilt auch hier (vgl dort 3a).

Schöffen beim LG

77 **I Für die Schöffen der Strafkammern gelten entsprechend die Vorschriften über die Schöffen des Schöffengerichts mit folgender Maßgabe:**

II 1 Der Präsident des Landgerichts verteilt die Zahl der erforderlichen Hauptschöffen für die Strafkammern auf die zum Bezirk des Landgerichts gehörenden Amtsgerichtsbezirke. 2 Die Hilfsschöffen wählt der Ausschuss bei dem Amtsgericht, in dessen Bezirk das Landgericht seinen Sitz hat. 3 Hat das Landgericht seinen Sitz außerhalb seines Bezirks, so bestimmt die Landesjustizverwaltung, welcher Ausschuss der zum Bezirk des Landgerichts gehörigen Amtsgerichte die Hilfsschöffen wählt. 4 Ist Sitz des Landgerichts eine Stadt, die Bezirke von zwei oder mehr zum Bezirk des Landgerichts gehörenden Amtsgerichten oder Teile davon umfasst, so gilt für die Wahl der Hilfsschöffen durch die bei diesen Amtsgerichten gebildeten Ausschüsse Satz 1 entsprechend; die Landesjustizverwaltung kann bestimmte Amtsgerichte davon ausnehmen. 5 Die Namen der gewählten Hauptschöffen und der Hilfsschöffen werden von dem Richter beim Amtsgericht dem Präsidenten des Landgerichts mitgeteilt. 6 Der Präsident des Landgerichts stellt die Namen der Hauptschöffen zur Schöffenliste des Landgerichts zusammen.

III 1 An die Stelle des Richters beim Amtsgericht tritt für die Auslosung der Reihenfolge, in der die Hauptschöffen an den einzelnen ordentlichen Sitzungen teilnehmen, und der Reihenfolge, in der die Hilfsschöffen an die Stelle wegfallender Schöffen treten, der Präsident des Landgerichts; § 45 Abs. 4 Satz 3, 4 gilt entsprechend. 2 Ist der Schöffe verstorben oder aus dem Landgerichtsbezirk verzogen, ordnet der Vorsitzende der Strafkammer die Streichung von der Schöffenliste an; in anderen Fällen wird die Entscheidung darüber, ob ein Schöffe von der Schöffenliste zu streichen ist, sowie über die von einem Schöffen vorgebrachten Ablehnungsgründe von einer Strafkammer getroffen. 3 Im Übrigen tritt an die Stelle des Richters beim Amtsgericht der Vorsitzende der Strafkammer.

IV 1 Ein ehrenamtlicher Richter darf für dasselbe Geschäftsjahr nur entweder als Schöffe für das Schöffengericht oder als Schöffe für die Strafkammern bestimmt werden. 2 Ist jemand für dasselbe Geschäftsjahr in einem Bezirk zu mehreren dieser Ämter oder in mehreren Bezirken zu diesen Ämtern bestimmt worden, so hat der Einberufene das Amt zu übernehmen, zu dem er zuerst einberufen wird.

V § 52 Abs. 2 Satz 1 Nr. 1 findet keine Anwendung.

1) Entsprechend anwendbar (I) sind die Vorschriften über die Schöffen des SchG (§§ 30–57), soweit II–V nichts Abweichendes bestimmen. 1

2) Hauptschöffen (II S 1, 5, 6): Die erforderliche Zahl der Schöffen (§ 43) verteilt der PräsLG auf die zum Bezirk des LG gehörenden AGe (S 1; BGH 5 StR 51/92 vom 25. 2. 1992: Prinzip der flächendeckenden Repräsentation der Bevölkerung bei der Rspr); dabei ist auch der Bezirk einer auswärtigen StrK zu berücksichtigen (BGH **34**, 121 = NStZ **87**, 238 mit Anm Katholnigg = StV **87**, 93 mit Anm Mehle). Die nach § 42 gewählten Schöffen teilt der Richter beim AG (§ 40 II) dem PräsLG mit (S 5), der sie in der Schöffenliste des LG zusammenfasst (S 6). Dabei muss für alle StrKn, einschließlich des SchwurG, eine einheitliche Schöffenliste aufgestellt werden (BGH NJW **86**, 1356 = JR **86**, 389 mit Anm Katholnigg; Celle NJW **91**, 2848, 2849). Aus ihr werden die Hauptschöffen für die Einzelnen ordentlichen Sitzungen entspr § 45 I, II ausgelost. 2

3) Hilfsschöffen (II S 2–4) werden in der erforderlichen Zahl (§ 43) von den Schöffenwahlausschuss des AG (§ 40) am Sitz des LG gewählt (S 2), und zwar Personen, die am Sitz des AG oder in dessen nächster Umgebung wohnen (§ 42 I Nr 2 S 2). Im Fall des S 3, der zB auf das LG München II zutrifft (3 zu § 166), bestimmt die LJV den zuständigen Ausschuss. S 4 ermöglicht jetzt, dass in den Stadtstaaten und in Großstädten die Hilfsschöffen nach denselben Grundsätzen gewählt werden wie die Hauptschöffen; sie können (was BGH **29**, 144 für unzulässig erklärt hatte) idR aus allen AG-Bezirken nach einer durch den PräsLG vorzunehmenden Aufteilung von den bei den betreffenden AGen gebildeten Ausschüssen gewählt werden. 3

4) An die Stelle des Richters beim AG (III) tritt der PräsLG bei der Auslosung nach § 45 II, sonst der StrK-Vorsitzende. Der PräsLG kann sich vertreten lassen (BGH **25**, 257). Über Streichungen von den Schöffenlisten entscheidet bei Tod des Schöffen oder Wegzug aus dem LG-Bezirk (nicht bei Umzug innerhalb des LG-Bezirks, vgl V und 2 zu § 52) der Vorsitzende der Strafkammer, bei sonstigen Gründen eine vom Präsidium bestimmte StrK, die auch über die von den Schöffen vorgebrachten Ablehnungsgründe zu befinden hat (S 2). 4

5) Der **mehrfache Einsatz von Schöffen** (IV) ist unzulässig. Bei mehrfacher Einberufung übernimmt der Schöffe das Amt, zu dem er zuerst einberufen worden ist. Die Heranziehung für mehrere SchGe oder StrKn schließt IV nicht aus (BGH **20**, 296; LG Hamburg MDR **68**, 170). 5

6) Auf **HilfsStrKn** (16 zu § 21 e) ist § 46 nicht anzuwenden (BGH **31**, 157 = StV **83**, 9 mit Anm Jungfer und krit Anm Katholnigg NStZ **83**, 178; BGH **41**, 175, 178; GA **83**, 180 mit Anm Katholnigg; BGH StV **86**, 49 und KG StV **86**, 49 mit Anm Danckert). Benötigt die HauptStrK die Schöffen eines ordentlichen Sitzungstages für den Beginn einer neuen Hauptverhandlung nicht, muss die HilfStrK mit den für diesen Tag ausgelosten Schöffen verhandeln (BGH NStZ **07**, 537); nur wenn die ordentliche StrK an demselben Tag eine Verhandlung beginnt, liegt eine außerordentliche Sitzung iS des § 47 vor, für die die Schöffen aus der Hilfsschöffenliste nach deren Reihenfolge zuzuweisen sind (BGH **41**, 175, 178 = JR **96**, 165 mit Anm Katholnigg). 6

Auswärtige Strafkammer

78 I [1]**Die Landesregierungen werden ermächtigt, durch Rechtsverordnung wegen großer Entfernung zu dem Sitz eines Landgerichts bei einem Amtsgericht für den Bezirk eines oder mehrerer Amtsgerichte eine Strafkammer zu bilden und ihr für diesen Bezirk die gesamte Tätigkeit der Strafkammer des Landgerichts oder einen Teil dieser Tätigkeit zuzuweisen.** [2]**Die in § 74 Abs. 2 bezeichneten Verbrechen dürfen einer nach Satz 1 gebildeten**

Strafkammer nicht zugewiesen werden. [3]Die Landesregierungen können die Ermächtigung auf die Landesjustizverwaltungen übertragen.

II [1]Die Kammer wird aus Mitgliedern des Landgerichts oder Richtern beim Amtsgericht des Bezirks besetzt, für den sie gebildet wird. [2]Der Vorsitzende und die übrigen Mitglieder werden durch das Präsidium des Landgerichts bezeichnet.

III [1]Der Präsident des Landgerichts verteilt die Zahl der erforderlichen Hauptschöffen auf die zum Bezirk der Strafkammer gehörenden Amtsgerichtsbezirke. [2]Die Hilfsschöffen wählt der Ausschuss bei dem Amtsgericht, bei dem die auswärtige Strafkammer gebildet worden ist. [3]Die sonstigen in § 77 dem Präsidenten des Landgerichts zugewiesenen Geschäfte nimmt der Vorsitzende der Strafkammer wahr.

1 **1)** Die **Ermächtigung** ergänzt die §§ 58, 74c, 74d, 78a II, 116 II, 130 II; vgl auch § 33 III **JGG** und 2ff zu § 58. Vgl zB in Niedersachsen VO vom 14. 8. 1975 (GVBl 291), letzte ÄndVO vom 25. 7. 1994 (GVBl 409), in Nordrhein-Westfalen VO vom 15. 7. 1960 (GVNW 296), letzte ÄndVO vom 21. 11. 1978 (GVNW 604).

2 **2) Ein selbstständiger RsprKörper** ist die auswärtige StrK. Sie ist Teil des LG mit der in I bezeichneten und in der RechtsVO abgegrenzten örtlichen Zuständigkeit (BGH **18**, 176; **34**, 121; MDR **58**, 566 [D]). Ihre Zugehörigkeit zum Stammgericht ist trotzdem so stark, dass Fristwahrung bei diesem genügt (6 zu § 341 StPO). Die Zuteilung eines Mitglieds des LG an sie ist keine Versetzung. Das Gleiche gilt für die Zuteilung eines RiAG aus dem Bezirk der Kammer (II S 1; dazu bedarf es keiner Doppelernennung nach § 22 II). Die StrK bei dem LG ist im Verhältnis zu der detachierten eine andere Kammer iS des § 354 II StPO (LR-Siolek 11; **aM** KK-Diemer 2: anderes Gericht) und umgekehrt.

3 **3) SchwurG** kann die auswärtige StrK **nicht** sein (I S 2), auch nicht StaatsschutzStrK nach § 74a (allgM). Werden mehrere auswärtige StrKn für denselben AG-Bezirk eingerichtet, kann aber eine davon WirtschaftsStrK (§ 74c) sein (**aM** Katholnigg 2).

4 **4) Geschäftsverteilung** (II; § 21e): Die Aufgabenzuteilung durch die RechtsVO ist für das Präsidium bindend. Über einen Zuständigkeitsstreit zwischen der auswärtigen StrK und einer anderen StrK desselben LG entscheidet das Präsidium nur, soweit es sich um seine Geschäftsverteilung handelt (22 zu § 21e), sonst das OLG (2 zu § 14 StPO; Hamm NJW **56**, 317).

5 **5) Schöffen** (III): Die auswärtige StrK hat ihre eigene Haupt- und Hilfsschöffenliste und ebenso eine eigene Schöffengeschäftsstelle (§ 45 IV). Die Auslosung (§ 45 III) erfolgt durch den StrK-Vorsitzenden (Katholnigg 4; Kissel/Mayer 14).

5a. Titel. Strafvollstreckungskammern

Errichtung und Zuständigkeit

78a **I [1]Bei den Landgerichten werden, soweit in ihrem Bezirk für Erwachsene Anstalten unterhalten werden, in denen Freiheitsstrafe oder freiheitsentziehende Maßregeln der Besserung und Sicherung vollzogen werden, oder soweit in ihrem Bezirk andere Vollzugsbehörden ihren Sitz haben, Strafvollstreckungskammern gebildet. [2]Diese sind zuständig für die Entscheidungen**

1. **nach den §§ 462a, 463 der Strafprozessordnung, soweit sich nicht aus der Strafprozessordnung etwas anderes ergibt,**
2. **nach den § 50 Abs. 5, §§ 109, 138 Abs. 3 des Strafvollzugsgesetzes,**

3. nach den §§ 50, 58 Abs. 2 und § 71 Abs. 4 des Gesetzes über die internationale Rechtshilfe in Strafsachen.

[3]Ist nach § 454 b Abs. 3 der Strafprozessordnung über die Aussetzung der Vollstreckung mehrerer Freiheitsstrafen gleichzeitig zu entscheiden, so entscheidet eine Strafvollstreckungskammer über die Aussetzung der Vollstreckung aller Strafen.

II [1]Die Landesregierungen weisen Strafsachen nach Absatz 1 Satz 2 Nr. 3 für die Bezirke der Landgerichte, bei denen keine Strafvollstreckungskammern zu bilden sind, in Absatz 1 Satz 1 bezeichneten Landgerichten durch Rechtsverordnung zu. [2]Die Landesregierungen werden ermächtigt, durch Rechtsverordnung einem der in Absatz 1 bezeichneten Landgerichte für die Bezirke mehrerer Landgerichte die in die Zuständigkeit der Strafvollstreckungskammern fallenden Strafsachen zuzuweisen und zu bestimmen, dass Strafvollstreckungskammern ihren Sitz innerhalb ihres Bezirkes auch oder ausschließlich an Orten haben, an denen das Landgericht seinen Sitz nicht hat, sofern diese Bestimmungen für eine sachdienliche Förderung oder schnellere Erledigung der Verfahren zweckmäßig sind. [3]Die Landesregierungen können die Ermächtigungen nach den Sätzen 1 und 2 durch Rechtsverordnung auf die Landesjustizverwaltungen übertragen.

III Unterhält ein Land eine Anstalt, in der Freiheitsstrafe oder freiheitsentziehende Maßregeln der Besserung und Sicherung vollzogen werden, auf dem Gebiete eines anderen Landes, so können die beteiligten Länder vereinbaren, dass die Strafvollstreckungskammer bei dem Landgericht zuständig ist, in dessen Bezirk die für die Anstalt zuständige Aufsichtsbehörde ihren Sitz hat.

1) Bildung von StVollstrKn (I S 1): Im Bezirk des LG muss eine JVA für Erwachsene ihren Sitz haben oder eine andere Anstalt, in der nach dem Vollstreckungsplan freiheitsentziehende Maßregeln der Besserung und Sicherung an Erwachsenen vollzogen werden. Die in einem anderen LG-Bezirk liegende Zweigstelle, für die im Vollstreckungsplan keine eigene Zuständigkeit vorgesehen ist, wird der Hauptanstalt zugerechnet. 1

2) Zuständigkeit (I S 2): Zu der Zuständigkeit der StVollstrK im Vollstreckungsverfahren nach I S 2 Nr 1 tritt die Zuständigkeit im Vollzugsverfahren nach I S 2 Nr 2, nämlich für den Antrag auf gerichtliche Entscheidung gegen eine Maßnahme zur Regelung einzelner Angelegenheiten auf dem Gebiet des Strafvollzugs (§ 109 I sowie § 50 V S 2 und § 138 III, jeweils iVm § 109 I **StVollzG**). Das gilt auch, wenn der Antrag nicht von dem Strafgefangenen, sondern von einem Außenstehenden gestellt wird (BGH NJW **78**, 282). Ferner ist die StVollstrK zuständig für die Entscheidung über die Vollstreckbarkeit eines ausländischen Erkenntnisses (§ 50 IRG), über die Haftanordnung zur Sicherung der Vollstreckung von freiheitsentziehenden Sanktionen in ausländischen Erkenntnissen (§ 58 II IRG) und über die Zulässigkeit der Vollstreckung von im Geltungsbereich des IRG verhängten Strafen oder sonstigen Sanktionen in einem ausländischen Staat (§ 71 IV IRG). 2

Die ***gleichzeitige Entscheidung nach § 454 b StPO*** trifft eine und dieselbe StVollstrK (S 3). 3

Örtlich zuständig ist die StVollstrK, in deren Bezirk die beteiligte Vollzugsbehörde ihren Sitz hat (§ 462 a I S 1 StPO, § 110 **StVollzG;** 8 zu § 462 a StPO). Über die Besetzung der StVollstrK vgl § 78 b. 4

3) Zuständigkeitskonzentration und auswärtige StVollstrK (II): Die Ermächtigung zur Bildung einer StVollstrK, die auch oder ausschließlich ihren Sitz auswärts hat, ist eine Erweiterung des § 78 I (vgl auch dort 1); 2 ff zu § 58. VOen nach II: in Bayern § 36 GZVJu, in Bremen VO vom 3. 12. 1974 (GBl 337) für die 5

StrK beim AG Bremerhaven, in Hessen VO vom 31. 12. 1974 (GVBl 1975, 2), in Niedersachsen VO vom 11. 1. 1990 (GVBl 29), in Nordrhein-Westfalen VO vom 19. 7. 1976 (GVNW 291), in Rheinland-Pfalz VO vom 19. 2. 1979 (GVBl 66), in Sachsen VO vom 8. 12. 1992 (GVBl 605); in Sachsen-Anhalt VO vom 25. 8. 1992 (GVBl 660), in Schleswig-Holstein VO vom 16. 12. 1974 (GVOBl 497).

6 **4) Zuständigkeitsvereinbarungen** bei Anstalten außerhalb des Landesgebiets (III): Vgl Abk zwischen Schleswig-Holstein und Hamburg vom 10. 10. 1974 nebst Hamb G vom 18. 11. 1974 (GVBl 331) sowie Bek vom 6. 1. 1975 (GVBl 6) und Schl-H G v 18. 12. 1974 (GVOBl 475) sowie Bek vom 3. 1. 1975 (GVOBl 5).

7 **5) Vollstreckung von Verurteilungen nach materiellem Jugendstrafrecht:** Die Aufgabe der StVollstrK nimmt der Jugendrichter als Vollstreckungsleiter wahr (§§ 82 I, 83, 110 I **JGG,** erg 40 zu § 462 a StPO). Wenn der Jugendrichter selbst im 1. Rechtszug am Urteil mitgewirkt hat oder wenn über seine eigene Anordnung als Vollstreckungsleiter zu entscheiden ist, ist die JugK zuständig (§§ 83 II, 110 I **JGG**).

8 **6) Antrag auf gerichtliche Entscheidung gegen Maßnahmen des Vollzugs:** Soweit der Jugendrichter Vollstreckungsleiter ist, entscheidet nicht er über den Antrag auf gerichtliche Entscheidung, der sich gegen Maßnahmen der Vollzugsbehörde richtet; insofern tritt er nicht an die Stelle der StVollstrK. Denn I S 2 Nr 2 gilt für diesen Fall nicht. Für den Antrag auf gerichtliche Entscheidung gelten nach wie vor die §§ 23 ff **EGGVG.**

Besetzung

78b

I Die Strafvollstreckungskammern sind besetzt

1. in Verfahren über die Aussetzung der Vollstreckung des Restes einer lebenslangen Freiheitsstrafe oder die Aussetzung der Vollstreckung der Unterbringung in einem psychiatrischen Krankenhaus oder in der Sicherungsverwahrung mit drei Richtern unter Einschluss des Vorsitzenden,

2. in den sonstigen Fällen mit einem Richter.

II Die Mitglieder der Strafvollstreckungskammern werden vom Präsidium des Landgerichts aus der Zahl der Mitglieder des Landgerichts und der in seinem Bezirk angestellten Richter beim Amtsgericht bestellt.

1 **1)** Ein **einheitlicher Spruchkörper** (I), der in unterschiedlicher Besetzung entscheidet, ist die StVollstrK nach jetzt hM (Düsseldorf MDR **84**, 777; NStZ **82**, 301; Hamm GA **78**, 335; NStZ **81**, 452; Karlsruhe MDR **79**, 1045; Katholnigg 1; Peters GA **77**, 102; JR **77**, 401; vgl auch BVerfG NStZ **83**, 44: verfassungsrechtlich nicht zu beanstanden). Dem steht nicht entgegen, dass zwecks sprachlicher Vereinfachung je nach der Besetzung von der „kleinen" und „großen" StVollstrK gesprochen wird (vgl etwa BGH **28**, 138). Daran hat sich auch dadurch nichts geändert, dass nach der Neufassung der Vorschrift durch das RpflEntlG die „große" StVollstrK nur noch ausnahmsweise (I Nr 1) entscheidet und die „kleine" StVollstrK im Grunde keine „Kammer" ist, weil sie stets nur mit einem Richter besetzt ist (Kissel/Mayer 3 zu § 78 a). Schöffen wirken bei der Entscheidung nicht mit.

2 **Bei jedem LG,** in dessen Bezirk sich eine JVA befindet, ist eine StVollstrK einzurichten und personell durch die Geschäftsverteilung (§ 21 I S 1) zu besetzen.

3 **2) Besetzung der StVollstrK** (I): Für den Vorsitz gilt § 21 f I, II. Davon befreit II nicht. Die StVollstrK kann auch in der Weise gebildet werden, dass einer StrK die Aufgaben der StrVollstrK zugewiesen werden. In diesem Fall wird sie in

den einzelnen Sachen in verschiedener Eigenschaft tätig. Das muss in ihrer Bezeichnung jeweils zum Ausdruck gebracht werden.

Die StVollstrK entscheidet nach I in **unterschiedlicher Besetzung,** und zwar idR als „kleine" StVollstrK durch ein Mitglied der Kammer (Vorsitzender oder Beisitzer), als „große" StVollstrK mit 3 Richtern mit Einschluss des Vorsitzenden. 4

3) Die „große" StVollstrK (I Nr 1) ist nur noch zuständig, wenn es um die Aussetzung der Vollstreckung des Restes einer lebenslangen (Einzel- oder Gesamt-) Freiheitsstrafe nach §§ 57a, 57b StGB oder die Aussetzung der Vollstreckung der Unterbringung nach §§ 63, 66 StGB geht. Hierzu gehören aber auch die diesbezüglichen nachträglichen Entscheidungen, zB der Widerruf der Aussetzung zur Bewährung (Hamm NStZ **94**, 146), die Umkehr der Vollstreckungsreihenfolge nach § 67 II StGB (Hamm NStZ **94**, 207) oder über Einwendungen gegen die Zulässigkeit der Vollstreckung der Sicherungsverwahrung (Hamm NStZ-RR **99**, 126). Wird neben der lebenslangen Freiheitsstrafe oder der Unterbringung nach §§ 63, 66 StGB noch eine weitere zeitige Freiheitsstrafe oder eine sonstige freiheitsentziehende Maßregel vollstreckt, so ist insoweit die „kleine" StVollstrK zuständig; die frühere Regelung, wonach in solchen Fällen die „große" StVollstrK insgesamt zuständig war (§ 78b I Nr 1 Hs 3 aF), ist nicht beibehalten worden. Für die bedingte Aussetzung der Vollstreckung des Restes einer zeitigen Freiheitsstrafe und der Unterbringung in einem psychiatrischen Krankenhaus ist jedoch die einheitliche Zuständigkeit der großen StVollstrK gegeben, wenn Strafe und Maßregel in einem Urteil verhängt worden sind (Zweibrücken JBlRP **07**, 38). 5

4) Die „kleine" StVollstrK (I Nr 2) ist in allen übrigen Fällen im Strafvollstreckungsverfahren und im Gegensatz zur früheren Regelung (§ 78b I Nr 2, 3 aF) in allen Fällen bei Entscheidungen nach §§ 50 V, 109, 138 III **StVollzG** und nach §§ 50, 58 II, 71 IV IRG (vgl § 78a I Nr 2, 3; München NStZ **95**, 207) zuständig. 6

5) Die **zu treffende Entscheidung** iS des I betrifft jeweils nur eine bestimmte Verurteilung, mögen auch andere Verurteilungen als Material zu berücksichtigen sein. Für das Verfahren gilt der Freibeweis (dazu im Einzelnen Voigtel, Zum Freibeweis bei Entscheidungen der StVollstrK, 1998, zugl Diss Göttingen 1997). § 462a IV StPO regelt nur das Verhältnis zwischen den Gerichten des 1. Rechtszugs und den StVollstrKn, ändert aber nichts an I. 7

6) Beschwerdegericht, das über eine zulässige sofortige Beschwerde gegen die Entscheidung der StVollstrK zu entscheiden hat, ist stets das OLG. Es entscheidet idR selbst, auch wenn statt der „kleinen" die „große" StVollstrK entschieden hat (Düsseldorf NStZ **84**, 477; **00**, 444; **aM** Koblenz NStZ **84**, 284 L; Kissel/Mayer 9). Im umgekehrten Fall kann das OLG zurückverweisen (Düsseldorf StV **91**, 432; Hamm NStZ **94**, 146), muss dies aber nicht unbedingt tun (Frankfurt StV **89**, 491; Hamm NStZ **92**, 407; Karlsruhe Justiz **98**, 603; erg 6 zu § 309 StPO). 8

7) Zurückgreifen auf Richter beim AG (II): Vorsitzender in der „großen" StVollstrK kann auch ein (ranggleicher) Richter beim AG sein, dem zugleich das Amt eines VorsRi beim LG zugewiesen ist (§ 22 II). Im Übrigen können als Kammermitglieder Richter beim LG und Richter bei einem AG des Bezirks bestellt werden. Bei letzteren bedarf es für die Heranziehung nicht einer Doppelernennung nach § 22 II (Hamm 1 DGH 2/90 vom 17. 7. 1990). Die Auswahl trifft das Präsidium des LG. Bei der Geschäftsverteilung im AG muss dann hierauf Rücksicht genommen werden, ggf nach § 21e III. Die Regelung soll es ermöglichen, die Erfahrungen der Spruchrichter durch Erfahrungen in der Strafvollstreckung anzureichern und umgekehrt. 9

6. Titel. Schwurgerichte

79-92 (weggefallen)

7. Titel. Kammern für Handelssachen

93-114 (für den Strafprozess bedeutungslos)

8. Titel. Oberlandesgerichte

Besetzung

115 Die Oberlandesgerichte werden mit einem Präsidenten sowie mit Vorsitzenden Richtern und weiteren Richtern besetzt.

1 **1) Besetzung:** Es muss mindestens ein VorsRi vorhanden sein. Über Zuteilung eines Hochschullehrers vgl BGH NJW **66**, 1458.

2 **2) Nur Richter auf Lebenszeit** (§ 28 I DRiG): Als Hilfsrichter können auch abgeordnete Richter verwendet werden (§§ 27, 29 DRiG). Die Zuziehung solcher Hilfsrichter ist in dem unumgänglichen Ausmaß zulässig, zB zur Vertretung, bei zeitweiligem außergewöhnlichen Arbeitsanfall, zur Erprobung (BVerfG DRiZ **71**, 27; BGH NJW **66**, 352; Kissel/Mayer 6). Die Mitwirkung eines Hilfsrichters, der erneut in dieser Eigenschaft tätig ist, weil eine allgemeine Beförderungssperre besteht, ist unzulässig (BGHZ **95**, 22 = NJW **85**, 2336). Zur Überbesetzung vgl 5 zu § 21 e.

115a (weggefallen)

Senate

116 I [1] **Bei den Oberlandesgerichten werden Zivil- und Strafsenate gebildet.** [2] **Bei den nach § 120 zuständigen Oberlandesgerichten werden Ermittlungsrichter bestellt; zum Ermittlungsrichter kann auch jedes Mitglied eines anderen Oberlandesgerichts, das in dem in § 120 bezeichneten Gebiet seinen Sitz hat, bestellt werden.**

II [1] **Die Landesregierungen werden ermächtigt, durch Rechtsverordnung außerhalb des Sitzes des Oberlandesgerichts für den Bezirk eines oder mehrerer Landgerichte Zivil- oder Strafsenate zu bilden und ihnen für diesen Bezirk die gesamte Tätigkeit des Zivil- oder Strafsenats des Oberlandesgerichts oder einen Teil dieser Tätigkeit zuzuweisen.** [2] **Ein auswärtiger Senat für Familiensachen kann für die Bezirke mehrerer Familiengerichte gebildet werden.**

III **Die Landesregierungen können die Ermächtigung nach Absatz 2 auf die Landesjustizverwaltungen übertragen.**

1 **1) Zahl der ordentlichen Senate:** Sie bestimmt idR der PräsOLG (vgl 2 zu § 60; § 5 BWAGGVG), jedoch das JM in Bayern (Art 5 BayAGGVG), Sachsen (Art 2 I GerichtsordnungsG) und Thüringen (§ 3 AGGVG).

2 **2)** Der **auswärtige Senat** (II) ähnelt der auswärtigen StrK des LG (§ 78) und wird wie diese durch RechtsVO gebildet (1 zu § 78). Über einen Zuständigkeits-

streit, der nicht die Geschäftsverteilung betrifft, entscheidet nicht das Präsidium (22 zu § 21 e), sondern in entspr Anwendung der §§ 14, 19 StPO der BGH (KK-Hannich 6; SK-Frister 6).

3) Für die **Besetzung des auswärtigen Senats** gelten die §§ 21 e, 21 f. 3

4) Ermittlungsrichter: Vgl § 169 StPO. Die Abordnung eines Richters von 4
einem anderen OLG ist eine Maßnahme nach § 21 e (Kissel/Mayer 21).

Notvertretung

117 **Die Vorschrift des § 70 Abs. 1 ist entsprechend anzuwenden.**

118 (betrifft den Zivilprozess)

119 (betrifft den Zivilprozess)

Erstinstanzliche Zuständigkeit RiStBV 202 ff

120 **I In Strafsachen sind die Oberlandesgerichte, in deren Bezirk die Landesregierungen ihren Sitz haben, für das Gebiet des Landes zuständig für die Verhandlung und Entscheidung im ersten Rechtszug**

1. bei Friedensverrat in den Fällen des § 80 des Strafgesetzbuches,
2. bei Hochverrat (§§ 81 bis 83 des Strafgesetzbuches),
3. bei Landesverrat und Gefährdung der äußeren Sicherheit (§§ 94 bis 100 a des Strafgesetzbuches) sowie bei Straftaten nach § 52 Abs. 2 des Patentgesetzes, nach § 9 Abs. 2 des Gebrauchsmustergesetzes in Verbindung mit § 52 Abs. 2 des Patentgesetzes oder nach § 4 Abs. 4 des Halbleiterschutzgesetzes in Verbindung mit § 9 Abs. 2 des Gebrauchsmustergesetzes und § 52 Abs. 2 des Patentgesetzes,
4. bei einem Angriff gegen Organe und Vertreter ausländischer Staaten (§ 102 des Strafgesetzbuches),
5. bei einer Straftat gegen Verfassungsorgane in den Fällen der §§ 105, 106 des Strafgesetzbuches,
6. bei einer Zuwiderhandlung gegen das Vereinigungsverbot des § 129 a, auch in Verbindung mit § 129 b Abs. 1, des Strafgesetzbuches,
7. bei Nichtanzeige von Straftaten nach § 138 des Strafgesetzbuches, wenn die Nichtanzeige eine Straftat betrifft, die zur Zuständigkeit der Oberlandesgerichte gehört, und
8. bei Straftaten nach dem Völkerstrafgesetzbuch.

II 1 Diese Oberlandesgerichte sind ferner für die Verhandlung und Entscheidung im ersten Rechtszug zuständig

1. bei den in § 74 a Abs. 1 bezeichneten Straftaten, wenn der Generalbundesanwalt wegen der besonderen Bedeutung des Falles nach § 74 a Abs. 2 die Verfolgung übernimmt,
2. bei Mord (§ 211 des Strafgesetzbuches), Totschlag (§ 212 des Strafgesetzbuches) und den in § 129 a Abs. 1 Nr. 2 und Abs. 2 des Strafgesetzbuches bezeichneten Straftaten, wenn ein Zusammenhang mit der Tätigkeit einer nicht oder nicht nur im Inland bestehenden Vereinigung besteht, deren Zweck oder Tätigkeit die Begehung von Straftaten dieser Art zum Gegenstand hat, und der Generalbundesanwalt wegen der besonderen Bedeutung des Falles die Verfolgung übernimmt,

3. bei Mord (§ 211 des Strafgesetzbuchs), Totschlag (§ 212 des Strafgesetzbuchs), erpresserischem Menschenraub (§ 239 a des Strafgesetzbuchs), Geiselnahme (§ 239 b des Strafgesetzbuchs), schwerer und besonders schwerer Brandstiftung (§§ 306 a und 306 b des Strafgesetzbuchs), Brandstiftung mit Todesfolge (§ 306 c des Strafgesetzbuchs), Herbeiführen einer Explosion durch Kernenergie in den Fällen des § 307 Abs. 1 und 3 Nr. 1 des Strafgesetzbuchs, Herbeiführen einer Sprengstoffexplosion in den Fällen des § 308 Abs. 1 bis 3 des Strafgesetzbuchs, Missbrauch ionisierender Strahlen in den Fällen des § 309 Abs. 1 bis 4 des Strafgesetzbuchs, Vorbereitung eines Explosions- oder Strahlungsverbrechens in den Fällen des § 310 Abs. 1 Nr. 1 bis 3 des Strafgesetzbuchs, Herbeiführen einer Überschwemmung in den Fällen des § 313 Abs. 2 in Verbindung mit § 308 Abs. 2 und 3 des Strafgesetzbuchs, gemeingefährlicher Vergiftung in den Fällen des § 314 Abs. 2 in Verbindung mit § 308 Abs. 2 und 3 des Strafgesetzbuchs und Angriff auf den Luft- und Seeverkehr in den Fällen des § 316 c Abs. 1 und 3 des Strafgesetzbuchs, wenn die Tat nach den Umständen bestimmt und geeignet ist,
   a) den Bestand oder die Sicherheit eines Staates zu beeinträchtigen,
   b) Verfassungsgrundsätze der Bundesrepublik Deutschland zu beseitigen, außer Geltung zu setzen oder zu untergraben,
   c) die Sicherheit der in der Bundesrepublik Deutschland stationierten Truppen des Nordatlantik-Pakts, oder seiner nichtdeutschen Vertragsstaaten zu beeinträchtigen oder
   d) den Bestand oder die Sicherheit einer internationalen Organisation zu beeinträchtigen

   und der Generalbundesanwalt wegen der besonderen Bedeutung des Falles die Verfolgung übernimmt,
4. bei Straftaten nach dem Außenwirtschaftsgesetz sowie bei Straftaten nach § 19 Abs. 2 Nr. 2 und § 20 Abs. 1 des Gesetzes über die Kontrolle von Kriegswaffen, wenn die Tat nach den Umständen
   a) geeignet ist, die äußere Sicherheit oder die auswärtigen Beziehungen der Bundesrepublik Deutschland erheblich zu gefährden, oder
   b) bestimmt und geeignet ist, das friedliche Zusammenleben der Völker zu stören,

   und der Generalbundesanwalt wegen der besonderen Bedeutung des Falles die Verfolgung übernimmt.

[2] Sie verweisen bei der Eröffnung des Hauptverfahrens die Sache in den Fällen der Nummer 1 an das Landgericht, in den Fällen der Nummern 2 bis 4 an das Land- oder Amtsgericht, wenn eine besondere Bedeutung des Falles nicht vorliegt.

III [1] In den Sachen, in denen diese Oberlandesgerichte nach Absatz 1 oder 2 zuständig sind, treffen sie auch die in § 73 Abs. 1 bezeichneten Entscheidungen. [2] Sie entscheiden ferner über die Beschwerde gegen Verfügungen der Ermittlungsrichter der Oberlandesgerichte (§ 169 Abs. 1 Satz 1 der Strafprozessordnung) in den in § 304 Abs. 5 der Strafprozessordnung bezeichneten Fällen.

IV [1] Diese Oberlandesgerichte entscheiden auch über die Beschwerde gegen Verfügungen und Entscheidungen des nach § 74 a zuständigen Gerichts. [2] Für Entscheidungen über die Beschwerde gegen Verfügungen und Entscheidungen des nach § 74 a Abs. 4 zuständigen Gerichts sowie in den Fällen des § 100 d Abs. 1 Satz 6 der Strafprozessordnung ist ein nicht mit Hauptverfahren in Strafsachen befasster Senat zuständig.

V [1] Für den Gerichtsstand gelten die allgemeinen Vorschriften. [2] Die beteiligten Länder können durch Vereinbarung die den Oberlandesgerichten in den Absätzen 1 bis 4 zugewiesenen Aufgaben dem hiernach zuständigen Gericht eines Landes auch für das Gebiet eines anderen Landes übertragen.

VI Soweit nach § 142 a für die Verfolgung der Strafsachen die Zuständigkeit des Bundes begründet ist, üben diese Oberlandesgerichte Gerichtsbarkeit nach Artikel 96 Abs. 5 des Grundgesetzes aus.

VII Soweit die Länder aufgrund von Strafverfahren, in denen die Oberlandesgerichte in Ausübung von Gerichtsbarkeit des Bundes entscheiden, Verfahrenskosten und Auslagen von Verfahrensbeteiligten zu tragen oder Entschädigungen zu leisten haben, können sie vom Bund Erstattung verlangen.

1) Landeshauptstadt-OLG: Über die landesinterne Zuständigkeitskonzentration hinaus sieht V S 2 noch die Möglichkeit einer Zuständigkeitszusammenfassung für mehrere Bundesländer durch Staatsvertrag vor (so das OLG Hamburg durch Abk zwischen Bremen und Hamburg; vgl Bremen: G vom 29. 9. 1970, GBl 123 und G vom 16. 6. 1978, GBl 163, mit Bek vom 17. 12. 1970, GBl 71, 1, und 15. 8. 1978, GBl 194; Hamburg: G vom 12. 10. 1970, GVBl 271, ÄndG vom 13. 3. 1978, GVBl 73, mit Bek vom 28. 12. 1970, GVBl 1971 1, und 1. 8. 1978, GVBl 325; das OLG Koblenz durch Abk zwischen Rheinland-Pfalz und Saarland; vgl Rheinland-Pfalz: G vom 20. 12. 1971, GVBl 304 und G vom 21. 7. 1978, GVBl 584, mit Bek vom 31. 1. 1972, GVBl 106, und 31. 8. 1978, GVBl 639; Saarland: G vom 15. 12. 1971, ABl 848, und G vom 12. 7. 1978, ABl 696, mit Bek vom 1. 2. 1972, ABl 61). Mit der Konzentration soll erreicht werden, dass in den in Betracht kommenden Strafsachen, in denen schwierige tatsächliche und rechtliche Fragen auftreten, Richter mit besonderer Sachkunde und mit genügend Erfahrung zur Verfügung stehen. Zur Verfolgungsbeschränkung nach § 154 a StPO vgl dort 17. 1

2) In den Fällen des I ist primär der GBA zuständige StA (München NStZ **05**, 706); er muss das Verfahren aber unter den Voraussetzungen des § 142 a II, III an die StA bei dem zuständigen Landeshauptstadt-OLG abgeben. Mit dem Eingang der Abgabeerklärung bei dieser wird die Gerichtsbarkeit des OLG Ausübung von Landesgerichtsbarkeit (unten 9). Den negativen Kompetenzkonflikt entscheidet der GBA (§ 142 a I S 2). Auf andere als in § 120 aufgeführte Straftaten erstreckt sich die Zuständigkeit des OLG nur, wenn es sich iVm einer Katalogtat um dieselbe Straftat iSd § 264 StPO handelt (BGH NStZ **07**, 117). 2

3) In den Fällen des II ist das OLG, wenn der GBA wegen der besonderen Bedeutung des Falles die Verfolgung übernimmt, für die in § 74 a I bezeichneten Straftaten (vgl BGH NStZ **88**, 188), für terroristische Gewalttaten, deren Verfolgung nicht zugleich nach § 129 a StGB möglich ist (vgl Schnarr MDR **88**, 89), und unter den Voraussetzungen der Buchst a–c der Nr 3 (vgl BGH **46**, 238, 248; krit dazu Schaefer NJW **01**, 1621; Schroeder JR **01**, 391; Welp NStZ **02**, 5; BGH NJW **00**, 1580) sowie unter den Voraussetzungen der Buchst a und b der Nr 4 für die dort jeweils bezeichneten Straftaten, auch für Vorbereitungshandlungen (vgl Schnarr NStZ **90**, 260), zuständig (eingehend zu den zu II S 1 Nr 3 auftretenden Zweifelsfragen Schnarr MDR **93**, 589 ff; vgl auch BGH 3 StR 327/09 vom 24. 11. 2009). An die Bejahung der „besonderen Bedeutung" sind strenge Anforderungen zu stellen; sie ist nur anzunehmen, wenn es sich unter Beachtung des Ausmaßes der Rechtsgutverletzung um ein staatsgefährdendes Delikt von erheblichem Gewicht handelt, das die Schutzgüter des Gesamtstaates in einer derart spezifischen Weise angreift, dass ein Einschreiten des GBA und eine Aburteilung durch ein Bundesgerichtsbarkeit ausübendes Gericht geboten ist (BGH **53**, 128, 140; dazu Safferling NStZ **09**, 610). Es handelt sich um eine bewegliche Zuständigkeitsregelung (vgl 5 zu § 24), bei der die Entscheidung des GBA gerichtlich überprüft wird (BGH **46**, 238, 254; NStZ **02**, 447 = JR **02**, 344 mit Anm Katholnigg und Anm Welp NStZ **02**, 609; BGH StB 12, 13, 47/07 vom 20. 12. 2007). Bei der Eröffnung des Hauptverfahrens verweist das OLG die Sache an das LG oder an das AG, wenn es der Ansicht ist, dass der Fall keine besondere Bedeutung (zum Begriff 6 zu § 24) hat (II S 2; Sowada 674); im umgekehrten Fall wendet das LG § 209 II StPO 3 entspr an (Kissel/Mayer 10; Sowada Fezer-FS 170). Der Übernahme steht nicht entgegen, dass der GBA die Verfolgung nicht übernehmen konnte, weil seine Zuständigkeit infolge der Ergänzung des II S 1 erst nach dem Eröffnungsbeschluss begründet worden ist (Stuttgart NStZ **09**, 348; **aM** Sowada aaO 183).

4 **4) Nebenentscheidungen** (III) nach § 73 I trifft ebenfalls das Landeshauptstadt-OLG während seiner Zuständigkeit (2 zu § 135). Eine Einschränkung besteht darin, dass es nur über die Beschwerden gegen Beschlüsse und Verfügungen des Richters beim AG als Ermittlungsrichter und in den Fällen des § 304 V StPO des Ermittlungsrichters des OLG (§ 169 I S 1 StPO) zu entscheiden hat, während über Beschwerden gegen Verfügungen des Ermittlungsrichters des BGH (§ 169 I S 2 StPO) in den Fällen des § 304 V StPO der BGH entscheidet (§ 135 II). Ferner entscheidet das OLG über Beschwerden gegen Entscheidungen der StaatsschutzStrK, über die Fortdauer der UHaft nach § 121 IV S 1 StPO, nach Erhebung der öffentlichen Klage auch über Entscheidungen der StA oder des GBA entspr § 161 a III S 1 StPO iVm § 162 III S 1 StPO sowie über Anträge im Klageerzwingungsverfahren nach § 172 IV S 2 StPO.

5 **Über die Beschwerde** gegen eine Verfügung des Überwachungsrichters nach § 148 a I StPO entscheidet das LG (dort 12).

6 **5) Konzentration der Beschwerdezuständigkeit in § 74 a-Strafsachen** (IV): Über Beschwerden gegen Verfügungen und Beschlüsse der StaatsschutzStrK entscheidet ebenfalls das Landeshauptstadt-OLG, das nach I, II, V S 2 zuständig ist; ein hier ansässiger besonderer Senat, der nicht mit Hauptverfahren in Strafsachen befasst sein darf, gleichwohl aber ein Strafsenat (§ 116) ist (erg 1 zu § 60), entscheidet auch in den Fällen der akustischen Wohnraumüberwachung nach § 100 d I S 6 StPO (erg 7 zu § 74 a). Über weitere Beschwerde zum BGH vgl 2 zu § 135.

7 **6) Gerichtsstand** (V): Welches von mehreren in Betracht kommenden Landeshauptstadt-OLGen örtlich zuständig ist, bestimmt sich nach den §§ 7 ff StPO. IdR wird der Gerichtsstand des Tatorts gewählt; über Sammelverfahren vgl RiStBV 25 ff, § 18 BKAG. Ist der GBA Strafverfolgungsbehörde, so wählt er unter mehreren örtlich zuständigen OLGen das aus, bei dem nach justizgemäßen Gesichtspunkten der Schwerpunkt liegt.

8 **7) Polizeiliche Ermittlungen:** Ist der GBA der zuständige StA, so kann er sich des Bundeskriminalamtes als Ermittlungsorgan bedienen, das jedoch nur auf Ersuchen oder Auftrag tätig wird, dann aber die Ermittlungskompetenz im ganzen Bundesgebiet hat (§ 4 III Nr 3, § 18 BKAG). Die Notzuständigkeit jeglicher StA (§ 143 II) und Polizei (nach Landesrecht) für eilige Untersuchungshandlungen bleibt daneben bestehen.

9 **8) Bundesgerichtsbarkeit** (VI) übt das Landeshauptstadt-OLG in den Fällen des I, II aus, wenn und solange der GBA das Amt der StA ausübt (§ 142 a). Abgesehen von dem StA-Wechsel ändert sich bei einer Abgabe der Sache im StA-Bereich an der Gerichtstätigkeit nichts. Die Kosten und Auslagen (§§ 464 ff StPO) und die Entschädigung für Strafverfolgungsmaßnahmen (§§ 8, 15 **StrEG**), die der Staatskasse zur Last fallen, trägt das Land, dem das mit der Sache befasste OLG angehört. Über Erstattung von Kosten vom Bund an das Land vgl Art 3 des Ges vom 8. 9. 1969 (BGBl I 1582) sowie die Vereinbarung der LJVen und des BMJ über den Kostenausgleich in Staatsschutz-Strafsachen (abgedr bei Piller/Herrmann Nr 10 f).

10 **9) Jugendliche oder Heranwachsende:** Die Zuständigkeiten des OLG und des BGH werden durch das JGG nicht berührt (§ 102 S 1 **JGG;** krit dazu Eisenberg NStZ **96**, 263, der eine Anklage zum OLG bei jugendlichen Angeklagten nur ausnahmsweise für zulässig hält; dagegen Schoreit NStZ **97**, 69). Der Vorrang des OLG gegenüber dem JugG greift jedoch erst ein, wenn die Zuständigkeit des OLG feststeht (BGH NStZ **02**, 447, 448 mit Anm Welp NStZ **02**, 609, 610).

10) Ein **Verfahrenshindernis,** das von Amts wegen zu beachten ist, besteht, wenn das OLG entgegen I oder II nach Anklage durch den GBA seine Zuständigkeit angenommen hat; dies führt zur Verweisung an das zuständige Gericht (BGH **46**, 238, 245, 246; **aM** Welp NStZ **02**, 4: Einstellung des Verfahrens). Das gilt nicht, wenn *nach* rechtmäßiger Eröffnung des Hauptverfahrens später eines der gesetzlichen Zuständigkeitsmerkmale nicht mehr bejaht werden kann (BGH aaO 247; **aM** Welp aaO; dagegen Sowada Fezer-FS 178). 11

11) Die Kosten muss nach VII letztlich der Bund tragen, wenn die Länder für ihn Gerichtsbarkeit ausüben. Die Regelung wurde aus dem durch Ges vom 19. 4. 2006 (BGBl I 866, 869) aufgehobenen Ges vom 8. 9. 1969 (BGBl I 1582) hierher übernommen. 12

Zuständigkeit bei vorbehaltener oder nachträglicher Anordnung der Sicherungsverwahrung

120a **I Hat im ersten Rechtszug ein Strafsenat die Anordnung der Sicherungsverwahrung vorbehalten oder in den Fällen des § 66 b des Strafgesetzbuches als Tatgericht entschieden, ist dieser Strafsenat im ersten Rechtszug für die Verhandlung und Entscheidung über die im Urteil vorbehaltene oder die nachträgliche Anordnung der Sicherungsverwahrung zuständig.**

II In den Fällen des § 66 b des Strafgesetzbuches gilt § 462 a Abs. 3 Satz 2 und 3 der Strafprozessordnung entsprechend.

1) Das **Fortbestehen der Zuständigkeit** ordnet I für das OLG – abweichend von § 74 f – an, wenn dieses im 1. Rechtszug nach § 66 a StGB die Anordnung der Sicherungsverwahrung vorbehalten hatte und nunmehr über den Vorbehalt entscheiden muss; in gleicher Weise ist es zuständig, wenn es eine Entscheidung als Tatgericht erlassen hat, die Grundlage für die Anordnung der nachträglichen Sicherungsverwahrung nach § 66 b sein soll. 1

2) Entscheidungen verschiedener OLGs (II): Hier wird für die Fälle der nachträglichen Anordnung der Sicherungsverwahrung entspr der Regelung in § 74 f III 1. Halbs auf § 462 a III S 2 und 3 StPO verwiesen (vgl 6 zu § 74 f; dort auch zum Fall der vorbehaltenen Sicherungsverwahrung). Damit ist beim Zusammentreffen von Urteilen von LGs und OLGs der Vorrang des OLG festgelegt. 2

Zuständigkeit in der Rechtsmittelinstanz

121 **I Die Oberlandesgerichte sind in Strafsachen ferner zuständig für die Verhandlung und Entscheidung über die Rechtsmittel:**

1. der Revision gegen
   a) die mit der Berufung nicht anfechtbaren Urteile des Strafrichters;
   b) die Berufungsurteile der kleinen und großen Strafkammern;
   c) die Urteile des Landgerichts im ersten Rechtszug, wenn die Revision ausschließlich auf die Verletzung einer in den Landesgesetzen enthaltenen Rechtsnorm gestützt wird;

2. der Beschwerde gegen strafrichterliche Entscheidungen, soweit nicht die Zuständigkeit der Strafkammern oder des Bundesgerichtshofes begründet ist;

3. der Rechtsbeschwerde gegen Entscheidungen der Strafvollstreckungskammern nach den § 50 Abs. 5, §§ 116, 138 Abs. 3 des Strafvollzugsgesetzes und der Jugendkammern nach § 92 Abs. 2 des Jugendgerichtsgesetzes.

II Will ein Oberlandesgericht bei seiner Entscheidung nach Absatz 1 Nr. 1 a oder b von einer nach dem 1. April 1950 ergangenen, bei seiner Entscheidung

nach Absatz 1 Nr. 3 von einer nach dem 1. Januar 1977 ergangenen Entscheidung eines anderen Oberlandesgerichts oder von einer Entscheidung des Bundesgerichtshofes abweichen, so hat es die Sache diesem vorzulegen.

III [1]Ein Land, in dem mehrere Oberlandesgerichte errichtet sind, kann durch Rechtsverordnung der Landesregierung die Entscheidungen nach Absatz 1 Nr. 3 einem Oberlandesgericht für die Bezirke mehrerer Oberlandesgerichte oder dem Obersten Landesgericht zuweisen, sofern die Zuweisung für eine sachdienliche Förderung oder schnellere Erledigung der Verfahren zweckmäßig ist. [2]Die Landesregierungen können die Ermächtigung durch Rechtsverordnung auf die Landesjustizverwaltungen übertragen.

1 **1) Revisionsgericht** (I Nr 1) ist das OLG – abgesehen von I Nr 1 Buchst c –, wenn im 1. Rechtszug das AG entschieden hat, und zwar auch im Fall des § 335 StPO (BGH **2**, 63); zum Fall der Nichtannahme der Berufung nach §§ 313, 322a StPO vgl 21, 22 zu § 335 StPO. Berufungsurteile der großen StrK (I Nr 1b) gibt es nur noch in Jugendsachen (vgl 1, 2 zu § 76). I Nr 1 Buchst c ist anwendbar, wenn die Sachrüge erhoben ist und das Urteil nur Landesrecht zum Gegenstand hat oder, falls es auch auf Bundesrecht beruht, nur die Verletzung einer landesrechtlichen Norm geltend gemacht wird, obgleich die Prüfungspflicht (§ 352 I StPO) weitergeht.

2 Die Vorschrift gilt aber nicht bei **tateinheitlicher Anwendung von Bundesrecht** (KG JR **57**, 230; Sarstedt/Hamm 83) und bei gleichzeitig auf die Verletzung von Bundesrecht gestützter Revision von Mitangeklagten (BGH **4**, 207; Kissel/Mayer 4) oder Erziehungsberechtigten (BGH NStZ **81**, 483).

3 **2) Beschwerdegericht** (I Nr 2) ist das OLG, wenn eine Entscheidung des LG mit der einfachen (§ 304 StPO), sofortigen (§ 311 StPO) oder weiteren (§ 310 StPO) Beschwerde angefochten wird. Das OLG entscheidet auch über Beschwerden gegen Beschlüsse des AG, wenn es selbst für die Erstentscheidung zuständig gewesen wäre; der Umweg über die Beschwerde beim LG ist dann überflüssig (KG JR **83**, 214). Soweit eine Konzentration der Beschwerdesachen bei einem Senat sinnvoll oder geboten erscheint, kann sie das Präsidium des OLG anordnen (§ 21e I S 1), zB für Beschwerden gegen Entscheidungen der StVollstrKn.

4 **3) Rechtsbeschwerdegericht** (I Nr 3): Hier wird die Zuständigkeit der OLGe für die Rechtsbeschwerde gegen Entscheidungen der StVollstrK und der JugK in Vollzugsangelegenheiten begründet(§§ 78a I Nr 2, 78b I Nr 2; § 92 II JGG). Zuständigkeitskonzentration ist nach III möglich; vgl unten 17.

5 **4)** Die **Vorlegungspflicht** (II) dient einer einheitlichen Rspr (BGH **4**, 138), und zwar auch bei Sprungrevision nach § 335 I StPO (BGH **2**, 63; wistra **87**, 349). Sie entsteht nur, wenn die Herbeiführung der Rechtseinheit unerlässlich ist (BGH MDR **79**, 109 [H]). Will ein Gericht von einem anderen OLG – oder auch vom BGH (Köln NZV **05**, 111) – abweichen, aber der Rspr des EuGH folgen, so besteht keine Vorlegungspflicht (BGH **33**, 76; dazu KK-Hannich 13; Herdegen MDR **85**, 542), ebenso wenig bei Differenzen über die Auslegung des Rechts der Europäischen Gemeinschaft, denn die verbindliche Auslegung steht dem EuGH zu (BGH **36**, 92). Unzulässig ist die Vorlegung, wenn der Gesetzgeber den Inhalt einer zunächst unterschiedlich ausgelegten Vorschrift durch einen neuen Gesetzgebungsakt klargestellt hat (BGH **46**, 17). II betrifft nur Abweichungen in Rechtsfragen (BGH **27**, 212, 214 = JR **78**, 162 mit Anm Zipf; BGH **29**, 18; **31**, 86; 314; **46**, 358; **52**, 84 [Verhältnisse des Einzelfalls; abl Grosse-Wilde HRRS **09**, 363]; zur Abgrenzung von der Tatfrage und zur Identität der Rechtsfrage vgl S chroth JR **90**, 94ff sowie Neumann Meyer-Goßner-FS 683, der die Vorlegung auch dann für zulässig hält, wenn es um die Frage geht, ob es auf die Umstände des Einzelfalls ankommt); dazu gehören auch Fragen, die Inhalt und Tragweite allgemeiner Erfahrungssätze betreffen (BGH **23**, 156, 159; **31**, 86, 89 = JR **83**, 128 mit Anm Katholnigg; **39**,

291, 294). Die Vorlegungspflicht wird nicht dadurch berührt, dass die sich widersprechenden Entscheidungen (unterschiedliche) rechtliche Bestimmungen verschiedener Länder zur Grundlage haben (BGH **21**, 293). Es kommt nicht darauf an, ob das OLG das angefochtene Urteil aufheben oder bestätigen will, ob die abweichende Rechtsauffassung erst vom OLG oder schon im angefochtenen Urteil vertreten wird (BGH **17**, 205) und ob die Entscheidung durch Urteil oder durch Beschluss ergehen soll. Daher entsteht die Vorlegungspflicht ggf auch bei der Entscheidung nach § 346 II StPO (BGH **11**, 152) oder nach § 206 a StPO. Jedoch muss sich das OLG eine abschließende Meinung über die Erheblichkeit der Vorlegungsfrage (unten 10) gebildet haben. Zu den Entscheidungen über die Revision gehört nicht die Entscheidung über die Einstellung des Verfahrens nach § 153 StPO (BGH **12**, 213), über die Wiedereinsetzung in den vorigen Stand (Bay **70**, 9) und über eine Beschwerde (BGH **13**, 46). Die Nichtvorlage trotz zweifelsfrei gegebener Vorlegungsvoraussetzungen begründet die Verfassungsbeschwerde (Schroth JR **90**, 93 mwN). Der nach § 80 a I OWiG allein entscheidende Richter darf nicht vorlegen; er hat vielmehr die Entscheidung des Senats nach § 80 a III OWiG herbeizuführen (BGH **44**, 144).

5) Nur die **Außendivergenz** betrifft II (krit Lilie [14 zu § 132] S 44 ff) dh den Fall, dass ein OLG von der – in einer Revisions- oder Rechtsbeschwerdesache, nicht in Zivilsachen (Stuttgart DAR **95**, 32 mwN) ergangenen – Entscheidung eines anderen OLG oder des BGH abweichen will. Es bleibt ein Fall der Divergenz, wenn der BGH-Senat, von dem abzuweichen beabsichtigt ist, nicht mehr besteht (BGH **17**, 360; VRS **41**, 437; Kleinknecht JZ **59**, 182). Dasselbe gilt, wenn das andere OLG nicht mehr besteht (BGH **52**, 364, 369 mwN hinsichtlich des aufgelösten BayObLG; zw Rieß NStZ **09**, 230), es sei denn, das OLG, das abweichen will, ist das alleinige Nachfolgegericht des nicht mehr bestehenden OLG (LR-Franke 44; Rieß aaO; erg 14 zu § 132). 6

Dass **RsprVereinbarungen** zulässig sind, folgt jetzt aus § 132 III S 1; die Vorlegungspflicht entfällt somit, wenn das OLG, von dessen Entscheidung abgewichen werden soll, auf Anfrage erklärt, an seiner früheren Rechtsauffassung nicht mehr festhalten zu wollen (vgl BGH **14**, 319; NJW **96**, 3219). 7

6) Um ein **Abweichen** (dazu Schroth JR **90**, 96) handelt es sich nicht nur, wenn das OLG eine Gesetzesbestimmung anders auslegen will, sondern auch dann, wenn der gleiche Rechtsgrundsatz in mehreren Gesetzesbestimmungen enthalten ist und das OLG ihn anders auffasst (BGH **6**, 41, 42; **31**, 195, 198 mwN). Das Gleiche gilt bei Meinungsverschiedenheit im Landesrecht, und zwar auch, wenn es sich um inhaltsgleiche Bestimmungen verschiedener Länder handelt (BGH bei Herlan GA **59**, 49). Ein Abweichen liegt aber nicht vor, wenn infolge einer Entscheidung des BVerfG (BGH **44**, 171, 173; vgl auch BGH NJW **77**, 686) oder einer Gesetzesänderung die tragenden Grundlagen der früheren Entscheidung weggefallen sind (Bay **86**, 75, 80; **92**, 127, 130 = NJW **93**, 1215, 1216). Zwischen Entscheidungen der Straf- und der Zivilsenate besteht hinsichtlich der Vorlegungspflicht kein Unterschied (BGH **13**, 373; Karlsruhe Justiz **88**, 73); Abweichen von einer Entscheidung des Ermittlungsrichters des BGH zwingt aber nicht zur Vorlage (SK-Frister 14; offen gelassen von BGH **44**, 171, 173). Das OLG muss jedoch auch dann vorlegen, wenn es die Ansicht eines anderen OLG billigen will, von der inzwischen ein drittes OLG abgewichen ist (vgl BGH **13**, 49). Ist dagegen ein OLG vom BGH abgewichen, so braucht das OLG, das sich dem BGH anschließen will, nicht vorzulegen (BGH bei Herlan GA **59**, 338). Auch wenn der BGH inzwischen so entschieden hat, wie das vorlegende Gericht entscheiden will, ist eine Vorlage nicht zulässig (BGH GA **82**, 126). 8

7) Die **Innendivergenz,** dh den Fall des Abweichens eines Senats des OLG von einem anderen Senat desselben OLG, behandelt II nicht. Haben zwei Senate desselben OLG divergierende Entscheidungen erlassen, so muss ein anderes OLG 9 die Sache dem BGH vorlegen, wenn es von einer der beiden divergierenden Entscheidungen des anderen OLG abweichen will. Eine gesetzliche Regelung zur Vermeidung der Innendivergenz besteht nur in § 132 II für den BGH und bestand nach § 10 I **EGGVG** für das BayObLG. Beim Zusammentreffen der Innendivergenz mit einer Außendivergenz gilt II, ebenso bei mehrfacher Außendivergenz, dh wenn das OLG bei seiner Revisionsentscheidung von mehreren OLGen abweichen will, die verschieden oder gleich entschieden haben.

10 **8) Entscheidungserheblich,** und zwar für die frühere und die neue Entscheidung, muss die betreffende Rechtsansicht sein (BGH **7**, 314; **36**, 389, 394; NJW **86**, 1271, 1272 aE; Düsseldorf VRS **83**, 435; Schroth JR **90**, 98); stillschweigende Stellungnahme in diesem Sinn genügt (BGH **11**, 34). Es ist kein Vorlegungsgrund, wenn das OLG nur in der Begründung seiner Rechtsansicht, nicht aber im Ergebnis von einer Entscheidung eines anderen OLG oder des BGH abweichen will (BGH NStZ **00**, 222; VRS **59**, 345). Ob die Rechtsansicht für die neue Entscheidung als Grundlage (vgl § 358 I StPO) erheblich ist, hängt von der Auffassung des vorlegenden OLG ab, es sei denn, dass diese offenbar unhaltbar ist oder Gegenstand einer Verfassungsbeschwerde werden kann (BGH **22**, 94, 100; **25**, 325, 328; NStZ **85**, 217, 218; KK-Hannich 43 ff). Eine Tatfrage ist der Klärung im Vorlegungsverfahren auch dann nicht zugänglich, wenn das vorlegende OLG sie als Rechtsfrage behandelt hat (BGH NStZ **95**, 409, 410).

11 Eine **die frühere Entscheidung nicht tragende Rechtsäußerung** (obiter dictum) hat nur eine freie Autorität (vgl BVerfGE **3**, 261). Die Absicht, von ihr abzuweichen, verpflichtet nicht zur Vorlegung (BGH **3**, 234; SK-Frister 26; erg aber unten 13).

12 9) Der **Vorlegungsbeschluss,** der nur in einer Hauptverhandlung ergehen kann, wenn das OLG die beabsichtigte Entscheidung durch Urteil treffen muss (BGH **29**, 310), muss die dem BGH vorgelegte Frage genau formulieren und die Entscheidungserheblichkeit darlegen (BGH VRS **59**, 345). Eine eigene Stellungnahme ist entbehrlich, wenn das OLG mit jeder möglichen Entscheidung von der Ansicht der Strafsenate des BGH abweichen würde (BGH **30**, 93, 95). Der Beschluss ist dem Angeklagten mitzuteilen (§ 35 II StPO). Dieser erhält dadurch Gelegenheit, sich zu dem Zwischenverfahren bei dem BGH zu äußern. Der Beschluss ist nicht anfechtbar (§ 304 IV StPO). Erachtet der BGH die Vorlegungsvoraussetzungen nicht für gegeben, so erlässt er einen Beschluss, dass die Sache an das vorlegende Gericht zurückgegeben wird.

13 **10) Nur eine Teilentscheidung** trifft der BGH nach der Vorlegung. Voraussetzung ist die Zulässigkeit der Vorlegung. Hieran fehlt es, wenn die Revision oder Rechtsbeschwerde unzulässig ist. In diesem Fall verwirft der BGH das Rechtsmittel (vgl BGH JZ **63**, 596 mit Anm Baur). Bei Zulässigkeit des Rechtsmittels entscheidet der BGH nur über die Rechtsfrage (BGH **3**, 72; Jescheck GA **56**, 116). Er ist jedoch nicht gehindert, eine zu eng oder zu weit gefasste Vorlegungsfrage zu präzisieren; hat er sie weiter gefasst, um eine sinnvolle und erschöpfende Antwort geben zu können, ist diese für die OLGe insgesamt bindend, eine erneute Vorlegung also nur zulässig, wenn ein OLG von der Antwort auf diese weiter gefasste Frage abweichen will (BGH **43**, 277).

14 Eine **volle Sachentscheidung** trifft der BGH nur, wenn es ihm aus besonderen Gründen zweckmäßig erscheint (BGH **2**, 63; **17**, 14; **39**, 291, 294; BGHR § 121 II Sachentscheidung 1; zust EbSchmidt JR **62**, 290; weitergehend Baur JZ **53**, 328). In diesem Fall ist das Verfahren nach den §§ 350, 351 StPO zu gestalten (Jagusch NJW **62**, 1647; vgl auch Baur JZ **64**, 597; Einl 23 ff).

15 Die **Inzidententscheidung** bildet einen Bestandteil der Revisionsentscheidung. Darüber hinaus entsteht eine Bindung aus Rechtsgründen nicht (vgl 18, 19 zu § 132). Das OLG kann im nächsten Fall gleicher Art die Sache wieder vorle-

gen; denn die Gerichte sind nur an das Gesetz – dh an die Rechtsnormen (§ 7 **EGStPO**) – gebunden (§ 25 **DRiG**).

11) Weitere Zuständigkeiten des OLG: § 159; §§ 121, 138c, 172 StPO, vgl auch §§ 4, 12, 14, 15, 19, 27 StPO; § 25 **EGGVG;** §§ 13 I, 44 I, 61 I, 65 IRG; wegen der Zuständigkeit des OLG bei KartellOWien vgl § 82 GWB. 16

12) Zuständigkeitskonzentration (III): Hiernach sind Entscheidungen nach §§ 116, 117, 138 III **StVollzG** für Nordrhein-Westfalen durch VO vom 8. 1. 1985 (GVBl.NW 46) dem OLG Hamm, für Niedersachsen durch VO vom 22. 1. 1998 (Nds.GVBl 66) dem OLG Celle übertragen; auf andere anfechtbare Entscheidungen der StVollstrKn erstreckt sich die Zuständigkeit aber nicht (Celle NdsRpfl **94**, 22: Streitwertfestsetzung). Erg 14 zu § 4 StPO. 17

Besetzung der Senate

122 **I Die Senate der Oberlandesgerichte entscheiden, soweit nicht nach den Vorschriften der Prozessgesetze an Stelle des Senats der Einzelrichter zu entscheiden hat, in der Besetzung von drei Mitgliedern mit Einschluss des Vorsitzenden.**

II 1 Die Strafsenate entscheiden über die Eröffnung des Hauptverfahrens des ersten Rechtszuges mit einer Besetzung von fünf Richtern einschließlich des Vorsitzenden. 2 Bei der Eröffnung des Hauptverfahrens beschließt der Strafsenat, dass er in der Hauptverhandlung mit drei Richtern einschließlich des Vorsitzenden besetzt ist, wenn nicht nach dem Umfang oder der Schwierigkeit der Sache die Mitwirkung zweier weiterer Richter notwendig erscheint. 3 Über die Einstellung des Hauptverfahrens wegen eines Verfahrenshindernisses entscheidet der Strafsenat in der für die Hauptverhandlung bestimmten Besetzung. 4 Ist eine Sache vom Revisionsgericht zurückverwiesen worden, kann der nunmehr zuständige Strafsenat erneut nach Satz 2 über seine Besetzung beschließen.

1) Besetzung: 1

A. Als **Rechtsmittelgerichte** (§ 121) entscheiden die Strafsenate immer in der Besetzung von 3 Richtern einschließlich des Vorsitzenden. 2

B. Wird der Strafsenat **als Gericht des ersten Rechtszuges** (§ 120) tätig, ist zu unterscheiden: Vor der Eröffnung des Hauptverfahrens entscheidet der Strafsenat stets in der Besetzung mit 3 Richtern (I), über die Eröffnung – auch im Fall des § 225a StPO (dazu Stuttgart NStZ **09**, 348; erg 3 aE zu § 120) – hingegen immer mit 5 Richtern einschließl. des Vorsitzenden (II S 1). In der Hauptverhandlung ist der Strafsenat je nach der bei der Eröffnung zu treffenden Entscheidung mit 3 oder mit 5 Richtern einschließlich des Vorsitzenden besetzt. Damit ist eine § 76 II entspr Regelung für das OLG übernommen worden. Wie dort soll auch hier idR in der reduzierten Besetzung verhandelt werden, wie sich aus der Fassung der Vorschrift ergibt. Nach Zurückverweisung einer Sache durch den BGH kann das OLG eine andere Besetzung beschließen (II S 4; KK-Hannich 3a). Soweit im *Hauptverfahren die Einstellung* wegen eines Verfahrenshindernisses erfolgen soll (§§ 206a, 260 III StPO), richtet sich die Besetzung nach derjenigen in der Hauptverhandlung (II S 3); dasselbe gilt für während einer Hauptverhandlung zu treffende Haftentscheidungen, auch wenn die Entscheidung selbst außerhalb der Hauptverhandlung ergeht (BGH **43**, 91 = NStZ **97**, 606 mit zust Anm Dehn = JR **98**, 33 mit abl Anm Katholnigg; dem BGH zust auch Schlothauer StV **98**, 144, abl hingegen SK-Frister 11; Foth NStZ **98**, 262). 3

Nicht geregelt ist, in welcher Besetzung sonstige Entscheidungen außerhalb der Hauptverhandlung zu treffen sind. Da sich aber der Grundsatz der 3er-Besetzung aus I ergibt und hiervon nur in II S 1 und S 3 Ausnahmen gemacht sind, verbietet 4 sich nach ganz hM eine entspr Anwendung des II S 3 auf andere Beschlüsse, etwa nach §§ 206 b, 370, 441, 442 StPO (SK-Frister 9 mwN; **aM** Katholnigg 5).

5 **II S 3 gilt** auch dann, wenn sich die Entscheidung nur auf einen Prozessrechtlich selbstständigen Verfahrensteil bezieht (BGH **38**, 312, 313).

6 **2)** Zu den Begriffen **Umfang oder Schwierigkeit der Sache** in II S 2 vgl 3 zu § 76 mit der Abwandlung, dass die Tatsache des Vorliegens einer Staatsschutzsache hier für sich natürlich noch nicht diese Voraussetzungen erfüllt.

7 **3) Revision:** Dass Umfang oder Schwierigkeit der Sache die Zuziehung von 2 weiteren Richtern erfordert hätten, kann auch hier mit der Revision nicht gerügt werden (erg 8 zu § 76).

9. Titel. Bundesgerichtshof

Sitz

123 **Sitz des Bundesgerichtshofes ist Karlsruhe.**

1 **1)** Der **5. StS des BGH,** der seit 1952 in Berlin ansässig war, sowie die dazu gehörige Dienststelle des GBA haben seit 14. 7. 1997 ihren Sitz in Leipzig (erg 2 zu § 130).

Besetzung

124 **Der Bundesgerichtshof wird mit einem Präsidenten sowie mit Vorsitzenden Richtern und weiteren Richtern besetzt.**

Ernennung der Mitglieder

125 **I Die Mitglieder des Bundesgerichtshofes werden durch den Bundesminister der Justiz gemeinsam mit dem Richterwahlausschuss gemäß dem Richterwahlgesetz berufen und vom Bundespräsidenten ernannt.**

II Zum Mitglied des Bundesgerichtshofes kann nur berufen werden, wer das fünfunddreißigste Lebensjahr vollendet hat.

1 **1)** Das **RichterwahlG** vom 25. 8. 1950 (BGBl 368; III 301–2), ÄndG vom 30. 7. 1968 (BGBl I 873), enthält die nähere Regelung.

2 **2)** Die **Ernennung** durch den BPräs (Art 60 I GG) bedarf der Gegenzeichnung des BMJ (Art 58 GG). Vgl auch Anordnung des BPräs vom 14. 7. 1975 (BGBl I 1915; III 2030–11–47) mit Änderung vom 10. 10. 1978 (BGBl I 1685).

126–129 (weggefallen)

Senate; Ermittlungsrichter

130 **I 1 Bei dem Bundesgerichtshof werden Zivil- und Strafsenate gebildet und Ermittlungsrichter bestellt. 2 Ihre Zahl bestimmt der Bundesminister der Justiz.**

II Der Bundesminister der Justiz wird ermächtigt, Zivil- und Strafsenate auch außerhalb des Sitzes des Bundesgerichtshofes zu bilden und die Dienstsitze für Ermittlungsrichter des Bundesgerichtshofes zu bestimmen.

1) Die **Anzahl** der institutionellen Senate bestimmt der BMJ durch Verwaltungsanordnung, und zwar nicht nur die Gesamtzahl, sondern auch die Zahl der Straf- und Zivilsenate (zZ 5 Straf- und 12 Zivilsenate). 1

2) Der **auswärtige Senat** (II) ist lediglich Spruchkörper des BGH, also nicht ein von diesem verschiedener Gerichtskörper. Die JV greift hier weder in sachlicher noch in persönlicher Beziehung in die Geschäftsverteilung ein. Daher bedarf es im Fall des II (anders als in den Fällen der §§ 78 II, 116 II) nicht einer RechtsVO. Aufgrund der AO des BMJ vom 2. 7. 1997 (BAnz Nr 125) befindet sich der 5. StS in Leipzig (erg 1 zu § 123). 2

3) Den **Dienstsitz für Ermittlungsrichter des BGH** (II; § 169 StPO) kann der BMJ ebenfalls bestimmen, jedoch nur im Einvernehmen mit dem Präsidium, das die Ermittlungsrichter bestellt und die Geschäfte auf sie verteilt. 3

131, 131a (weggefallen)

Große Senate; Vereinigte Große Senate

132 I [1]**Beim Bundesgerichtshof werden ein Großer Senat für Zivilsachen und ein Großer Senat für Strafsachen gebildet.** [2]**Die Großen Senate bilden die Vereinigten Großen Senate.**

II **Will ein Senat in einer Rechtsfrage von der Entscheidung eines anderen Senats abweichen, so entscheiden der Große Senat für Zivilsachen, wenn ein Zivilsenat von einem anderen Zivilsenat oder von dem Großen Zivilsenat, der Große Senat für Strafsachen, wenn ein Strafsenat von einem anderen Strafsenat oder von dem Großen Senat für Strafsachen, die Vereinigten Großen Senate, wenn ein Zivilsenat von einem Strafsenat oder von dem Großen Senat für Strafsachen oder ein Strafsenat von einem Zivilsenat oder von dem Großen Senat für Zivilsachen oder ein Senat von den Vereinigten Großen Senaten abweichen will.**

III [1]**Eine Vorlage an den Großen Senat oder die Vereinigten Großen Senate ist nur zulässig, wenn der Senat, von dessen Entscheidung abgewichen werden soll, auf Anfrage des erkennenden Senats erklärt hat, dass er an seiner Rechtsauffassung festhält.** [2]**Kann der Senat, von dessen Entscheidung abgewichen werden soll, wegen einer Änderung des Geschäftsverteilungsplanes mit der Rechtsfrage nicht mehr befasst werden, tritt der Senat an seine Stelle, der nach dem Geschäftsverteilungsplan für den Fall, in dem abweichend entschieden wurde, zuständig wäre.** [3]**Über die Anfrage und die Antwort entscheidet der jeweilige Senat durch Beschluss in der für Urteile erforderlichen Besetzung; § 97 Abs. 2 Satz 1 des Steuerberatungsgesetzes und § 74 Abs. 2 Satz 1 der Wirtschaftsprüferordnung bleiben unberührt.**

IV **Der erkennende Senat kann eine Frage von grundsätzlicher Bedeutung dem Großen Senat zur Entscheidung vorlegen, wenn das nach seiner Auffassung zur Fortbildung des Rechts oder zur Sicherung einer einheitlichen Rechtsprechung erforderlich ist.**

V [1]**Der Große Senat für Zivilsachen besteht aus dem Präsidenten und je einem Mitglied der Zivilsenate, der Große Senat für Strafsachen aus dem Präsidenten und je zwei Mitgliedern der Strafsenate.** [2]**Legt ein anderer Senat vor oder soll von dessen Entscheidung abgewichen werden, ist auch ein Mitglied dieses Senats im Großen Senat vertreten.** [3]**Die Vereinigten Großen Senate bestehen aus dem Präsidenten und den Mitgliedern der Großen Senate.**

VI [1]**Die Mitglieder und die Vertreter werden durch das Präsidium für ein Geschäftsjahr bestellt.** [2]**Dies gilt auch für das Mitglied eines anderen Senats**

nach Absatz 5 Satz 2 und für seinen Vertreter. [3]Den Vorsitz in den Großen Senaten und den Vereinigten Großen Senaten führt der Präsident, bei Verhinderung das dienstälteste Mitglied. [4]Bei Stimmengleichheit gibt die Stimme des Vorsitzenden den Ausschlag.

1 **1) Bildung Großer Senate:**

2 A. **Für Zivil- und Strafsachen** wird jeweils ein **Großer Senat** errichtet. Die unterschiedliche Besetzung (V S 1) rechtfertigt sich daraus, dass die Zahl der Zivilsenate die der Strafsenate erheblich übersteigt (zZ 12 ZS, 5 StS), dh der GrZS hat 13, der GrStS 11 Mitglieder; damit soll in etwa ein Gleichgewicht zwischen den GrS hergestellt werden (BT-Drucks 11/3621 S 55); dazu tritt ggf noch 1 Mitglied nach V S 2 aus einem anderen Senat (Senat für Anwaltssachen, § 106 BRAO, für Landwirtschaftssachen, § 2 LwVG, für Notarsachen, § 106 BNotO, für Patentanwaltssachen, § 90 PatAO, für Steuerberater- und Steuerbevollmächtigtensachen, § 97 StBerG, und für Wirtschaftsprüfersachen, § 74 WiPrO, sowie das Dienstgericht des Bundes, §§ 61, 79 DRiG, und der Kartellsenat § 95 GWB).

3 Die **Vereinigten Großen Senate** bestehen daher idR aus 23 Mitgliedern, zu denen ggf noch 1 Mitglied nach V S 2 hinzutreten kann.

4 B. Für jedes Mitglied ist ein **Vertreter** zu bestellen. Die Bestellung erfolgt durch das Präsidium für 1 Jahr (VI). Auch das nach V S 2 mitwirkende weitere Mitglied und dessen Vertreter werden durch das Präsidium bestimmt.

5 C. Den **Vorsitz** führt stets der Präsident des BGH. Im Gegensatz zur früheren Regelung wird er nicht durch den Vizepräsidenten, sondern durch das dienstälteste Mitglied vertreten, auch wenn dieses nur Richter am BGH ist und VorsRichter am BGH mitwirken. Stimmengleichheit kann es zZ nur bei Hinzutritt eines Mitglieds nach V S 2 geben, da lediglich hier eine gerade Teilnehmerzahl erreicht wird. Stimmenthaltung ist nicht gestattet (vgl § 195).

6 **2) Verfahren:**

7 A. Eine **Zuständigkeit** für den GrS oder die Vereinigten GrS kann sich nur in 2 Fällen ergeben: Entweder bei bestehender Innendivergenz (II, dazu unten 13 f) oder bei einer Vorlage wegen grundsätzlicher Bedeutung (IV, dazu unten 15 ff). Eine Vorlage sowohl nach II als auch nach IV ist zulässig, allerdings müssen dabei die jeweiligen Zulässigkeitsvoraussetzungen erfüllt sein (Kissel/Mayer 30; vgl aber auch BGH GrS NJW **08**, 860: IV geht II vor; dagegen Ignor/Bertheau NJW **08**, 2211).

8 B. Bei beabsichtigter **Abweichung** (II) ist die Vorlage nur zulässig, wenn der andere Senat erklärt hat, dass er an seiner Meinung festhalten will (III S 1). Dies schon früher praktizierte, aber lediglich in § 9 GeschOBGH enthaltene innergerichtliche Anfrageverfahren ist jetzt gesetzlich geregelt (vgl Kissel NJW **91**, 951; sehr krit dazu Puppe NStZ **03**, 310; dagegen Rissing-van Saan Widmaier-FS 515). Bei beabsichtigter Abweichung von der Rspr mehrerer Senate ist bei jedem von ihnen anzufragen. Besteht der andere Senat nicht mehr, so tritt an die Stelle des weggefallenen Senats der nunmehr zuständige (III S 2; KK-Hannich 7). Ist der Senat, der abweichen will, jetzt allein zuständig, so entfällt die Vorlage (BGH **11**, 15, 17; KK-Hannich 6). Bei Zweifeln über die Zuständigkeit muss das Präsidium entscheiden. Wird ein anderer Senat mit einer Rechtsfrage aus einem Spezialgebiet befasst (zB infolge Verbindung mehrerer Strafsachen oder in einem Zivilprozess) und will er von der Auffassung des Spezialsenats abweichen, so ist vorzulegen.

9 Die **Entscheidung über Anfrage und Antwort** ergeht in der Urteilsbesetzung, dh durch 5 Mitglieder einschließlich des Vorsitzenden des Senats (§ 139 I); lediglich der StBerS und der WiPrS entscheiden nur in der Besetzung von 3 Berufsrichtern. Bei der Beratung sollten aber alle Senatsmitglieder mitwirken (KK-Hannich 13); welche Rchter entscheiden, richtet sich aber nach den senatsinternen Mitwirkungsgrundsätzen (§ 21 g II; Rissing-van Saan aaO 516).

Bei **Zustimmung des Senats,** von dessen Auffassung abgegangen werden soll, erübrigt sich die Vorlegung (BGH **4**, 316, 319). Die Zustimmung wird in der neuen Entscheidung erwähnt. Damit wird diese richtungweisend (Kleinknecht JZ **59**, 182ff; vgl 8 zu § 121). Die Anfrage selbst erzeugt noch keine Bindungswirkung (BGH 1 StR 427/04 vom 19. 10. 2004), auch nicht die Vorlegung (BGH StV **10**, 60), wohl aber die zust Antwort des angefragten Senats (BGHR Anfrageverfahren 1; LR-Franke 21). 10

C. **Durch Beschluss** des Senats wird die genau formulierte Rechtsfrage dem GrS vorgelegt (12 zu § 121). Damit wird das Zwischenverfahren eingeleitet. Die Anhörung der Verfahrensbeteiligten ist nicht erforderlich (**aM** KK-Hannich 14; SK-Frister 19), der Beschluss wird ihnen jedoch bekanntgegeben (Kissel/Mayer 27). Der Beschluss kann auch nach einer – dann auszusetzenden – Hauptverhandlung (§ 351 StPO) ergehen (BGH NStZ **92**, 230). Das Zwischenverfahren wird durch einen Beschluss des GrS (mit Entscheidungsgründen) abgeschlossen, in dem entweder die Entscheidung wegen Fehlens der Vorlegungsvoraussetzungen abgelehnt oder der beschlossene Rechtssatz festgestellt wird (§ 138 I). Die Entscheidung unterbleibt, wenn der vorlegende Senat – etwa auf Anregung des GrS – den Vorlegungsbeschluss vorher zurücknimmt oder der andere Senat nun doch nicht mehr an seiner abweichenden Meinung festhalten will (erg unten 14; vgl zum Verfahren allgemein auch May DRiZ **83**, 305). 11

D. **Für die Mitwirkung** im Verfahren gelten die §§ 22ff StPO (Kissel/Mayer 2); denn es wird eine Teilentscheidung zu dem anhängigen Verfahren getroffen (vgl 13, 15 zu § 121). Der GrS ist aber keine Rechtsmittelinstanz; sonst wären gerade die Mitglieder des erkennenden Senats ausgeschlossen (§ 23 I StPO), was nicht der Fall ist (V S 1). Die Mitglieder des GrS sind in ihrer Entscheidung frei; sie sind insbesondere nicht an die Auffassung gebunden, die „ihr" Senat im Anfrageverfahren (oben 8) vertreten hat (Rissing-van Saan Widmaier-FS 510). 12

3) Innendivergenz (vgl 9 zu § 121): Ein Abweichen des einen Senats von der Rechtsauffassung eines anderen Senats des BGH bei unveränderter Rechtslage wird durch die Institution der GrS vermieden. Diese ist notwendig, weil es eine Hauptaufgabe des BGH ist, für die Einheitlichkeit der Rspr zu sorgen (vgl §§ 121 II, 120 III, ferner § 29 I S 2 **EGGVG;** § 28 FGG). Die Bestimmung will nicht eine Änderung der Rspr des BGH verhindern, die nicht durch den GrS sanktioniert worden ist; sie will nur vermeiden, dass mehrere widersprechende Entscheidungen verschiedener Senate des BGH bestehen, von denen keiner eindeutig die richtungsweisende Funktion zukommt. Die Nichtvorlage kann gegen Art 101 I S 2 GG verstoßen (BVerfG NStZ **93**, 90; **95**, 76; NJW **95**, 2914; erg 6 zu § 16). Art 100 1 S 1 GG geht vor. 13

Es ist **kein Vorlegungsfall,** wenn ein Senat seine eigene Rspr ändert, ohne dabei mit der Auffassung eines anderen Senats in Kollision zu geraten (Katholnigg 4). Hat ein Senat nach der Geschäftsverteilung die ausschließliche Zuständigkeit für ein bestimmtes Rechtsgebiet, kann er bei einer nur dieses betreffenden Rechtsfrage ohne Vorlegung von der Rechtsansicht eines anderen Senats abweichen (KK-Hannich 6). Vorlegungspflicht besteht nach hM wie in § 121 (dort 10) nur bei beabsichtigtem Abweichen von tragenden Entscheidungsgründen (**aM** Lilie, Obiter dictum und Divergenzausgleich in Strafsachen, 1993, S 263). Auch von der in einer nur vorläufigen Entscheidung eines anderen Senats, zB im Rahmen einer Haftprüfung, geäußerten Rechtsansicht kann ohne Anfrage abgewichen werden. 14

4) Grundsätzliche Rechtsfragen: 15

A. **Auch ohne RsprDivergenz** kann der GrS angerufen werden, wenn es sich um eine Rechtsfrage handelt, die nicht dem Verfassungsgericht vorbehalten (Einl 220) und nicht nur für den Einzelfall von sachentscheidender Bedeutung ist (über das Erfordernis der Entscheidungserheblichkeit vgl auch 10 zu § 121), sondern auch grundsätzliche Bedeutung hat (BGH **33**, 356, 359 [GSSt]; KK-Hannich 16

18). Die Vorlage nach II geht der nach IV vor (LR-Franke 39; Rissing-van Saan Widmaier-FS 517, 519; anders BGH **52**, 124; NJW **07**, 3294, 3298); eine Vorlage sowohl nach II als auch nach IV ist aber zulässig (BGH **40**, 360, 366).

17 B. **Zur Sicherung einer einheitlichen Rspr** wird der GrS von vornherein angerufen, wenn damit zu rechnen ist, dass er doch bald nach II mit der Frage befasst sein wird und eine etwaige Korrektur der Auffassung des zuerst entscheidenden Senats bei der Bedeutung der Rechtsfrage schwer erträglich wäre.

18 C. Die **Fortbildung des Rechts,** die mit der Vorlage ebenfalls bezweckt werden kann, besteht in der Bildung von Auslegungsgrundsätzen (vgl Einl 190 ff). Die Entscheidung eines GrS ist aber nicht unmittelbar Rechtsschöpfung. Sie ist auch nur in der vorliegenden Sache für den Senat bindend (§ 138 I S 3).

19 Die **Bildung von Gewohnheitsrecht** setzt außer konstantem, langjährigen Gerichtsgebrauch die Aufnahme durch die Beteiligten und Billigung durch die (hM der) Rechtslehre als verbindliche Rechtsnorm voraus (BVerfGE **15**, 226, 232; BVerfGE **122**, 248 = NJW **09**, 1469). § 132 meint mit Fortbildung des Rechts die Aufstellung von höchstrichterlichen Leitsätzen für die Auslegung, ferner die rechtsschöpferische Ausfüllung von Gesetzeslücken, die von Anfang an bestehen, und von sekundären Anschauungs- und Wertungslücken, die „Zusammenpassung der Gebote zu einem harmonischen Ganzen" (Heck, Gesetzesauslegung, S 169, 179; auch Reinicke NJW **54**, 1217), sowie die institutionelle Verfestigung der gewonnenen Leitsätze in der Rspr, die zu organischer und kontinuierlicher Rechtsentwicklung führt.

20 Das von der Rspr entwickelte **sog Richterrecht** hat keine gesetzesgleiche oder gesetzesähnliche Kraft (Fischer, Die Weiterbildung des Rechts durch die Rechtsprechung, 1971, S 38). Über Gesetzesrecht und Richterrecht auch Arndt NJW **63**, 1273, und zur unzulässigen Gesetzesänderung durch angebliche richterliche Rechtsfortbildung Bruns JR **81**, 358 und Kleinknecht-FS 59. Zur Reform durch Richterrecht vgl auch einerseits Hattenhauer ZRP **78**, 83, andererseits Haverkate ZRP **78**, 88. Vgl ferner Schlüchter, Mittlerfunktion der Präjudizien, 1986, und Orru ZRP **89**, 441.

21 **5)** Ob die **Vorlegungsvoraussetzungen** gegeben sind, prüft der GrS in vollem Umfang nach (KK-Hannich 19). Verneint er dieses, so lehnt er eine Entscheidung ab (BT-Drucks 11/3621 S 55). Andernfalls trifft er eine Inzidententscheidung (1 zu § 138).

22 **6)** Einen **Überblick** über die Tätigkeit des GrS in Strafsachen und die seit 1952 von ihm getroffenen Entscheidungen gibt Rieß Miebach-SH 30 ff.

23 **7) Andere Gerichtszweige:** Gleichartige Regelungen wie § 132 enthalten § 45 ArbGG, § 11 FGO, § 41 SGG und § 11 VwGO. Die Einheitlichkeit unter den Obersten Gerichtshöfen des Bundes (Art 95 I GG) wird durch den „Gemeinsamen Senat" dieser Gerichte gewahrt (Art 95 III GG; Ges vom 19. 6. 1968, BGBl I 661; III 304–1; vgl Katholnigg S 493 ff).

133 (betrifft den Zivilprozess)

134, 134a (weggefallen)

Zuständigkeit in Strafsachen

135 **I In Strafsachen ist der Bundesgerichtshof zuständig zur Verhandlung und Entscheidung über das Rechtsmittel der Revision gegen die Urteile der Oberlandesgerichte im ersten Rechtszug sowie gegen die Urteile**

der Landgerichte im ersten Rechtszug, soweit nicht die Zuständigkeit der Oberlandesgerichte begründet ist.

II Der Bundesgerichtshof entscheidet ferner über Beschwerden gegen Beschlüsse und Verfügungen der Oberlandesgerichte in den in § 138 d Abs. 6 Satz 1, § 304 Abs. 4 Satz 2 und § 310 Abs. 1 der Strafprozessordnung bezeichneten Fällen sowie über Beschwerden gegen Verfügungen des Ermittlungsrichters des Bundesgerichtshofes (§ 169 Abs. 1 Satz 2 der Strafprozessordnung) in den in § 304 Abs. 5 der Strafprozessordnung bezeichneten Fällen.

1) Die **Zuständigkeit des BGH** als Revisionsgericht (I) hängt allein davon ab, ob das angefochtene Urteil von einem der genannten Gerichte erlassen worden ist (BGH **22**, 48). Hat das LG eine im 1. Rechtszug anhängige Sache nach § 4 StPO zur gemeinsamen Verhandlung und Entscheidung mit einer Berufungssache verbunden – was unzulässig ist, aber von der Rspr bisher toleriert wird (vgl 7, 8 d zu § 4 StPO) –, so ist der BGH ebenfalls zuständig (BGH **36**, 348), auch wenn die Revision sich nur gegen den das ursprüngliche Berufungsverfahren betreffenden Teil der Entscheidung wendet (KG JR **69**, 349; vgl auch BGH **26**, 271). Bei Verfahrensverbindung nach § 237 StPO ist der BGH nur zuständig, soweit sich die Revision gegen die erstinstanzliche Entscheidung richtet (BGH **36**, 348, 351; erg 8 zu § 237 StPO). Zur Überleitung eines Berufungsverfahrens in ein Verfahren 1. Instanz bei der großen JugK vgl 9 zu § 328 StPO. 1

2) Beschwerdezuständigkeit des BGH (II): Aus der Bezugnahme auf § 304 IV S 2 StPO ergibt sich, dass es sich insoweit um Beschlüsse und Verfügungen handeln muss, die das OLG als Gericht des 1. Rechtszugs in Staatsschutz-Strafsachen nach § 120 I, II erlassen hat. In den Fällen, in denen die weitere Beschwerde nach § 310 I StPO zulässig ist, kann auch die vom OLG nach § 120 III erlassene Beschwerdeentscheidung mit weiterer Beschwerde zum BGH angefochten werden; gegen die nach § 120 IV erlassenen Beschwerdeentscheidungen ist aber keine weitere Beschwerde zulässig (LR-Franke 4). Die Beschwerde gegen einen Beschluss oder eine Verfügung des Ermittlungsrichters des BGH (§ 169 I S 2 StPO) geht unmittelbar an den BGH. Mit dem Entfallen der Zuständigkeit des Ermittlungsrichters des BGH, also mit der Abgabe der Sache nach § 142 a II oder mit der Erhebung der öffentlichen Klage durch den GBA, entfällt auch die Zuständigkeit des BGH für die Entscheidung über eine noch anhängige Beschwerde gegen eine Entscheidung dieses Ermittlungsrichters (BGH **27**, 253; vgl auch 19 zu § 162 StPO). Die Zuständigkeit des BGH entfällt auch, wenn das OLG die Eröffnung des Hauptverfahrens wegen der Straftat, die seine Zuständigkeit begründen würde, ablehnt und das Hauptverfahren wegen anderer Anklagepunkte bei einem Gericht niederer Ordnung eröffnet. Die vom OLG erlassene Haftanordnung gilt von diesem Beschluss an als eine vom nunmehr zuständigen Haftrichter getroffene Entscheidung (BGH **29**, 200, 202). Die Entscheidung gegen Anordnungen des GBA nach §§ 161 a III S 1, 163 a III S 3 StPO trifft nunmehr auch der Ermittlungsrichter des BGH (3 zu § 169 StPO) bzw das OLG (4 zu § 120; BGH **39**, 96 ist durch das 2. OpferRRG überholt). 2

3) Weitere Zuständigkeiten des BGH außerhalb des GVG: vgl zB §§ 13 a, 138 c I S 2 StPO; §§ 29 I S 2, 35 S 2 Hs 1 **EGGVG;** § 42 IRG; § 83 GWB. 3

136, 137 *(aufgehoben)*

Verfahren vor dem Plenum

138 **I 1 Die Großen Senate und die Vereinigten Großen Senate entscheiden nur über die Rechtsfrage. 2 Sie können ohne mündliche Verhandlung entscheiden. 3 Die Entscheidung ist in der vorliegenden Sache für den erkennenden Senat bindend.**

II [1] Vor der Entscheidung des Großen Senats für Strafsachen oder der Vereinigten Großen Senate und in Rechtsstreitigkeiten, welche die Anfechtung einer Todeserklärung zum Gegenstand haben, ist der Generalbundesanwalt zu hören. [2] Der Generalbundesanwalt kann auch in der Sitzung seine Auffassung darlegen.

III Erfordert die Entscheidung der Sache eine erneute mündliche Verhandlung vor dem erkennenden Senat, so sind die Beteiligten unter Mitteilung der ergangenen Entscheidung der Rechtsfrage zu der Verhandlung zu laden.

1 **1) Nur eine Teilentscheidung** in einem Zwischenverfahren treffen die GrSe, nämlich eine Entscheidung nur über die vorgelegte Rechtsfrage (vgl 13, 15 zu § 121). Die Entscheidung ergeht in Form eines Beschlusses, der den Verfahrensbeteiligten mitzuteilen ist (KK-Hannich 7). Der GrS ist befugt, über mit der vorgelegten Rechtsfrage in unmittelbarem Zusammenhang stehende Rechtsfragen mitzuentscheiden (KK-Hannich 9 mit Beispielen; **aM** Lilie [14 zu § 132] S 218 ff).

2 **2)** Die Möglichkeit einer **mündlichen Verhandlung** vor dem GrS ist erst durch das Ges vom 17. 12. 1990 (BGBl I 2847) geschaffen worden. Ob mündlich verhandelt werden soll, steht grundsätzlich im pflichtgemäßen Ermessen des GrS (Kissel NJW **91**, 951); vgl aber unten 3. Findet eine mündliche Verhandlung statt, so sind die Verfahrensbeteiligten zu laden.

3 **3) Anhörung des GBA:** Nachdem die Möglichkeit einer mündlichen Verhandlung eingeführt worden ist (oben 2), in der der GBA selbstverständlich zu hören ist, kann der Sinn des II S 2 nur darin gesehen werden, dass auf Antrag des GBA mündlich verhandelt werden muss; denn eine Anhörung des GBA ohne die anderen Verfahrensbeteiligten ist ausgeschlossen (vgl Kissel/Mayer 11; KK-Hannich 5; weitergehend Katholnigg Anm zu BGH LM Nr 11 zu § 579 ZPO: stets mündliche Verhandlung).

4 **4)** Eine **Bindungswirkung** besteht nur in der vorliegenden Sache (I S 3); im Übrigen ergibt sich nur bei beabsichtigter Abweichung die allgemeine Vorlegungspflicht nach § 132 II (vgl Kissel/Mayer 14).

Besetzung der Senate

139 **I Die Senate des Bundesgerichtshofes entscheiden in der Besetzung von fünf Mitgliedern einschließlich des Vorsitzenden.**

II [1] Die Strafsenate entscheiden über Beschwerden in der Besetzung von drei Mitgliedern einschließlich des Vorsitzenden. [2] Dies gilt nicht für die Entscheidung über Beschwerden gegen Beschlüsse, durch welche die Eröffnung des Hauptverfahrens abgelehnt oder das Verfahren wegen eines Verfahrenshindernisses eingestellt wird.

1 **1)** Vgl 1 zu § 122. Eine Entscheidung durch den Einzelrichter (wie nach § 122 I) gibt es beim BGH nicht (BGH NStZ **06**, 239 zu § 51 II S. 4 iVm § 42 III RVG). Auch über die Erinnerung nach § 66 GKG wird daher mit 5 Richtern entschieden (BGH NStZ **07**, 663 L; NStZ-RR **08**, 69 [B]).

Geschäftsordnung

140 **Der Geschäftsgang wird durch eine Geschäftsordnung geregelt, die das Plenum beschließt.**

1 **1) Plenum:** Einziger Fall der gesetzlichen Zuständigkeit des Plenums.

2 **2)** Die **Geschäftsordnung** erging am 3. 3. 1952 (BAnz Nr 83 vom 30. 4. 1952), zuletzt geänd durch Bek vom 21. 6. 1971 (BAnz Nr 114 vom 26. 6. 1971).

9a. Titel. Zuständigkeit für Wiederaufnahmeverfahren in Strafsachen

140a **I [1]Im Wiederaufnahmeverfahren entscheidet ein anderes Gericht mit gleicher sachlicher Zuständigkeit als das Gericht, gegen dessen Entscheidung sich der Antrag auf Wiederaufnahme des Verfahrens richtet. [2]Über einen Antrag gegen ein im Revisionsverfahren erlassenes Urteil entscheidet ein anderes Gericht der Ordnung des Gerichts, gegen dessen Urteil die Revision eingelegt war.**

II Das Präsidium des Oberlandesgerichts bestimmt vor Beginn des Geschäftsjahres die Gerichte, die innerhalb seines Bezirks für die Entscheidungen in Wiederaufnahmeverfahren örtlich zuständig sind.

III [1]Ist im Bezirk eines Oberlandesgerichts nur ein Landgericht eingerichtet, so entscheidet über den Antrag, für den nach Absatz 1 das Landgericht zuständig ist, eine andere Strafkammer des Landgerichts, die vom Präsidium des Oberlandesgerichts vor Beginn des Geschäftsjahres bestimmt wird. [2]Die Landesregierungen werden ermächtigt, durch Rechtsverordnung die nach Absatz 2 zu treffende Entscheidung des Präsidiums eines Oberlandesgerichts, in dessen Bezirk nur ein Landgericht eingerichtet ist, dem Präsidium eines benachbarten Oberlandesgerichts für solche Anträge zuzuweisen, für die nach Absatz 1 das Landgericht zuständig ist. [3]Die Landesregierungen können die Ermächtigung durch Rechtsverordnung auf die Landesjustizverwaltungen übertragen.

IV [1]In den Ländern, in denen nur ein Oberlandesgericht und nur ein Landgericht eingerichtet sind, gilt Absatz 3 Satz 1 entsprechend. [2]Die Landesregierungen dieser Länder werden ermächtigt, mit einem benachbarten Land zu vereinbaren, dass die Aufgaben des Präsidiums des Oberlandesgerichts nach Absatz 2 einem benachbarten, zu einem anderen Land gehörenden Oberlandesgericht für Anträge übertragen werden, für die nach Absatz 1 das Landgericht zuständig ist.

V In den Ländern, in denen nur ein Landgericht eingerichtet ist und einem Amtsgericht die Strafsachen für die Bezirke der anderen Amtsgerichte zugewiesen sind, gelten Absatz 3 Satz 1 und Absatz 4 Satz 2 entsprechend.

VI [1]Wird die Wiederaufnahme des Verfahrens beantragt, das von einem Oberlandesgericht im ersten Rechtszug entschieden worden war, so ist ein anderer Senat dieses Oberlandesgerichts zuständig. [2]§ 120 Abs. 5 Satz 2 gilt entsprechend.

VII Für Entscheidungen über Anträge zur Vorbereitung eines Wiederaufnahmeverfahrens gelten die Absätze 1 bis 6 entsprechend.

1) Wiederaufnahmegericht (§ 367 I S 1 StPO) ist das Gericht, das über Wiederaufnahmeanträge und (VII) über Anträge zur Vorbereitung des Wiederaufnahmeverfahrens nach §§ 364a, 364b StPO, auch nach § 360 StPO (BGH **29**, 47, 49), zu entscheiden hat. Zur Zuständigkeit der StA vgl 2 zu § 367 StPO. 1

2) Die **örtliche Zuständigkeit** (I S 1, II) des Wiederaufnahmegerichts bestimmt das Präsidium des OLG – verfassungsmäßig unbedenklich (LR-Franke 7a unter Hinweis auf den Beschluss des BVerfG 2 BvR 410/87 vom 7. 5. 1987; **aM** Feiber NJW **86**, 699) – jeweils vor Beginn des Geschäftsjahrs. Das ist kein Akt der Geschäftsverteilung nach § 21e I, kann aber mit dem Geschäftsverteilungsplan verbunden werden (LR-Franke 7). Eine Veröffentlichung der Anordnung ist nicht geboten; § 21e VIII gilt entspr (**aM** Kissel/Mayer 10; Feiber aaO). 2

3 Ein **anderes Gericht** innerhalb des OLG-Bezirks muss bestimmt werden, nicht nur ein anderer Spruchkörper (Karlsruhe MDR **80**, 252; Kissel/Mayer 3), auch kein auswärtiger (LR-Franke 4). Für den Fall, dass ein AG-Urteil mit dem Wiederaufnahmeantrag angefochten ist, kann ein anderes AG innerhalb desselben LG-Bezirks bestimmt werden; denn über eine Berufung gegen das neue Urteil kann dasselbe LG wie zuvor entscheiden (Nürnberg MDR **77**, 688; Kissel/Mayer 3). Wenn im Fall der Zuständigkeitskonzentration nach §§ 74c III, 74d in dem OLG-Bezirk nur ein LG bestimmt ist, wird nicht irgendein anderes LG (**aM** Kissel/Mayer 13), sondern entspr III S 1 eine andere StrK desselben LG bestimmt (Karlsruhe JR **80**, 305 mit zust Anm Rieß; LR-Gössel 18 zu § 367 StPO). Das gilt auch im Fall des § 74a (LR-Franke 8a; insoweit übereinstimmend Kissel/Mayer 14). Die Ansicht des BGH, der Fall biete unlösbare Schwierigkeiten, sofern nicht durch RechtsVO ein weiteres LG zuständig gemacht oder entspr III S 2 die Entscheidung nach II einem benachbarten OLG zugewiesen wird (BGH **29**, 47 = NJW **80**, 131 mit abl Anm Katholnigg), erscheint unrichtig (vgl SK-Rogall 14).

4 **3) Sachliche Zuständigkeit** (I S 1):

5 A. **Grundsätzlich** ist ein gleichrangiger Spruchkörper des von dem OLG-Präsidium bestimmten Gerichts zuständig, beim LG erneut eine allgemeine StrK oder eine StrK mit besonderer Zuständigkeit (München MDR **80**, 601). Die Zuständigkeit im Einzelfall richtet sich nach dem Geschäftsverteilungsplan für das neue Gericht. Für die Zuständigkeit der Rechtsmittelgerichte gelten die allgemeinen Bestimmungen. Zur Wirksamkeit von Entscheidungen unzuständiger Gerichte vgl 5 zu § 367 StPO.

6 B. **Berufungsurteile:** War über eine in vollem Umfang eingelegte Berufung sachlich entschieden worden, so richtet sich ein unbeschränkter Wiederaufnahmeantrag gegen das Berufungsurteil (RG **77**, 281, 284; Düsseldorf JMBlNW **79**, 261; LR-Gössel 8 zu § 367 StPO). Zuständig ist dann das nach II bestimmte LG, das grundsätzlich in der gleichen Besetzung (§ 76) wie in der früheren Hauptverhandlung entscheidet; hatte jedoch nach früherer Rechtslage eine große StrK über die Berufung gegen ein Urteil des SchG entschieden (§ 76 S 1 aF GVG), so ist eine kleine StrK zuständig (§ 76 I S 1). Hatte das LG über die Schuldfrage nicht zu entscheiden (Strafmaßberufung, Verwerfung nach § 329 I StPO), so ist ein AG Wiederaufnahmegericht (Frankfurt NStZ-RR **06**, 275 mwN; Koblenz NStZ-RR **98**, 19), auch wenn das Berufungsgericht versehentlich Feststellungen zur Frage der Schuldfähigkeit nach § 20 StGB getroffen (Düsseldorf MDR **86**, 1050) oder die Schuldfrage sonst erneut geprüft hat (Bremen JZ **58**, 546 mit Anm Spendel; **aM** Peters Fehlerquellen III 129). Das Berufungsgericht entscheidet in diesem Fall nur dann über die Wiederaufnahme, wenn der Antrag auf einen innerhalb des Berufungsverfahrens liegenden Wiederaufnahmegrund gestützt wird (Köln MBlNW **57**, 131). War bei der großen StrK ein erstinstanzliches mit einem Berufungsverfahren nach § 237 StPO verbunden worden (was jetzt nur noch bei der großen JugK vorkommen kann, vgl 4 zu § 237 StPO), kommt es darauf an, gegen welchen Urteilsteil sich der Wiederaufnahmeantrag richtet. Im Wiederaufnahmeverfahren selbst sind Verbindungen zur Verschiebung der sachlichen Zuständigkeit unzulässig (Koblenz aaO).

7 C. **Revisionsurteile:** Es entscheidet immer ein Gericht gleicher Ordnung wie das Gericht, dessen Urteil mit der Revision angefochten war (I S 2), auch wenn das ein Verwerfungsurteil nach § 329 I StPO gewesen ist (LR-Gössel 13 zu § 367 StPO) und auch, wenn nur ein Mangel des revisionsgerichtlichen Verfahrens geltend gemacht wird (BGH GA **85**, 419; MDR **77**, 811 [H]); StV **99**, 138; gleichgültig ist, ob über die Revision durch Urteil oder Beschluss entschieden worden war (BGH NStZ **85**, 496 [Pf/M]). Erg 1 zu § 373 StPO.

8 D. **Besondere Fälle:**

9 a) Bei **Gesamtstrafen** unter Einbeziehung früherer Urteile (§ 55 StGB) bleibt es bei der Zuständigkeit der einzelnen Gerichte, die die Urteile erlassen haben

(Köln JMBlNW **59**, 283; KK-Schmidt 8; vgl auch BGH 2 ARs 360/92 vom 19. 8. 1992 mwN). Das kann zur Aufteilung des Verfahrens und Entscheidung verschiedener nach II bestimmter Ersatzgerichte zwingen (LR-Gössel 19 zu § 367 StPO).

b) Bei **Zurückverweisung durch das Revisionsgericht** nach § 354 II, III StPO entscheidet grundsätzlich das nach II bestimmte Ersatzgericht für das Gericht, das das letzte Urteil erlassen hatte, auch wenn die Feststellungen zum äußeren Tatbestand aufrechterhalten worden sind (Hamm NJW **68**, 313). Ist bei Zurückverweisung an ein anderes LG das LG, das zuerst entschieden hatte, nach II zum Ersatzgericht für das andere LG bestimmt worden, so ist es für die Entscheidung zuständig (Koblenz NJW **96**, 1072 L; **aM** LG Bad Kreuznach NJW **96**, 1070; SK-Rogall 8; Weiler NJW **96**, 1043). Das 1. Gericht ist zuständig, wenn bei Aufhebung nur im Rechtsfolgenausspruch mit dem Wiederaufnahmeantrag der Schuldspruch angegriffen wird (Braunschweig NJW **61**, 1082; Köln MDR **73**, 603; Saarbrücken OLGSt § 367 StPO S 5). Das gilt auch, wenn die Sache nach §§ 354 II S 1, 355 StPO an ein anderes Gericht zurückverwiesen worden war (Celle MDR **60**, 947) oder wenn das Revisionsgericht nach vorangegangenem Freispruch selbst die Schuldfeststellung getroffen hatte (Koblenz NStZ-RR **97**, 111). 10

c) **Jugendgerichte** bleiben zuständig, auch wenn der Verurteilte bei der Aburteilung erwachsen war oder es inzwischen geworden ist (LR-Gössel 17 zu § 367 StPO). In dem Beschluss nach § 370 II StPO kann die Sache aber an ein allgemeines Strafgericht verwiesen werden (dort 17). 11

d) **Weggefallene Gerichte:** Für Gerichte, an deren Sitz deutsche Gerichtsbarkeit nicht mehr ausgeübt wird, gelten die §§ 1, 17, 19 ZEG, für Wehrmacht- und Sondergerichte die §§ 18, 19 ZEG. Wegen der Urteile des RG im 1. Rechtszug vgl BGH **31**, 365; NStZ **82**, 214; KG NStZ **81**, 273 mit Anm Rieß. 12

4) Sonderregelungen aus gerichtsorganisatorischen Gründen (III–V): III betraf Braunschweig, zu dem bis Ende 1997 nur das LG Braunschweig (seit 1. 1. 1998 auch das LG Göttingen) gehörte; IV betrifft Bremen, Hamburg und das Saarland, V Berlin. Zur entspr Anwendung des III S 1 und 2 bei Zuständigkeitskonzentrationen vgl oben 3. 13

5) OLG als Wiederaufnahmegericht (VI): Für Wiederaufnahmeverfahren gegen OLG-Urteile im 1. Rechtszug (§ 120 I, II) gilt § 140 a nicht. Zuständig ist vielmehr ein vom OLG-Präsidium im Geschäftsverteilungsplan nach § 21 e I zu bestimmender anderer Senat desselben OLG, sofern keine länderübergreifende Regelung nach IV S 2 iVm § 120 V S 2 besteht. 14

10. Titel. Staatsanwaltschaft

Vorbemerkungen

1) Die **StA** ist ein dem Gericht gleichgeordnetes Organ der Strafrechtspflege (BGH **24**, 170, 171 a; **aM** Peters 161), dem die Strafverfolgung und Mitwirkung im Strafverfahren obliegt. Sie trägt die Verantwortung für die Rechtmäßigkeit und *Ordnungsmäßigkeit*, aber auch für die Gründlichkeit des Ermittlungsverfahrens (3 zu § 163 StPO) sowie dessen schnelle Durchführung (Kohlmann Maurach-FS 50 ff; Schaefer Stöckel-FS 307; Einl 160; 7 zu Art 6 MRK). 1

Straftaten zu verhüten, ist ihr, soweit das Ges nichts anderes bestimmt, nicht als unmittelbare Pflicht übertragen (Peters 181); in dieser Richtung wirkt sie nur insoweit, als mit der Verfolgung von Straftaten auch die Verhütung weiterer Straftaten bezweckt wird (BGH LM Nr 5 zu § 839 BGB). Über das Zusammentreffen von Strafverfolgung und präventivpolizeilichen Maßnahmen vgl 17 zu § 163 StPO. 2

Im **Verhältnis zu den Strafgerichten** schafft die StA die Voraussetzungen für die Ausübung der rechtsprechenden Gewalt (Ermittlungsverfahren, Anklageer- 3 hebung), fördert die rechtsprechende Tätigkeit der Gerichte (vgl zB §§ 226, 296 StPO) und vollstreckt die gerichtlichen Entscheidungen (vgl §§ 36 II, 451 StPO). Vgl auch Einl 11 ff, 87. Sie ist „Wächter des Gesetzes" (vgl Savigny bei der Einführung der StA in Preußen 1840, zitiert bei Otto, Die Preußische StA, S 17 ff) insofern, als sie dem Legalitätsprinzip unterworfen (§ 152 II StPO) und ihr das Anklagemonopol übertragen ist (§ 151 I StPO). In der Hauptverhandlung ist der StA „Anwalt eines die moderne Kriminalpolitik bestimmenden Resozialisierungsstrafrechts" (Roxin DRiZ **69**, 389), in diesem Sinn eine Art Gegner des Angeklagten (Marx GA **78**, 360; erg unten 8).

4 Zur **Stellung der StA** vgl Dünnebier JZ **58**, 417; Gössel GA **80**, 325; Roxin DRiZ **69**, 385; Sarstedt NJW **64**, 1752; Wohlers 278. Über Haftung für Amtspflichtverletzungen des StA vgl Blomeyer JZ **70**, 715; Steffen DRiZ **72**, 153 mwN und aus jüngerer Zeit einerseits (verneinend) BGH NJW **96**, 2373 (in aller Regel) und Düsseldorf NJW **96**, 530, andererseits (bejahend) Hörstel NJW **96**, 497 sowie Vogel wistra **96**, 219 ff und NJW **96**, 3401 (nur bei gegenwärtig Verletzten). Verhältnis zur Polizei vgl 3 ff zu § 163 StPO; Blanckenburg ZRP **78**, 263; Görgen DRiZ **76**, 296; Kuhlmann DRiZ **76**, 265, 313; Rupprecht ZRP **77**, 275; Ulrich ZRP **77**, 159.

5 **2) Weisungsgebundenheit; Verhältnis zur dritten Gewalt; parlamentarische Verantwortlichkeit:** Der StA ist weisungsgebunden (Näheres zu §§ 146, 147); er übt schon deshalb keine rechtsprechende Gewalt aus (1 zu § 151), auch soweit er judizielle Entscheidungen als Rechtspflegeorgan der Justiz trifft. Zu diesen Entscheidungen gehören insbesondere die Einstellungsverfügungen, mit denen der StA mehr als die Hälfte der Strafverfahren durch eigene Sachentscheidung beendet (5 ff zu § 170 StPO). Diese Entscheidungen gehören noch aus einem anderen Grund nicht zur Rspr: Sie sind – im Gegensatz zu den richterlichen – nicht der materiellen Rechtskraft fähig (Einl 168 ff; EbSchmidt I 13; Arndt NJW **59**, 605; vgl auch BVerfGE **9**, 89, 96, 97; Einschränkung: § 153 a I S 4 StPO).

6 Daher gehört die **StA zur Exekutive** (BVerfGE **103**, 142 = NJW **01**, 1121, 1123; SK-Wohlers 13; eingehend zur verfassungsrechtlichen Einordnung der StA Kurzrock, Die Zulässigkeit politischer Einflussnahme auf Strafverfahren, Diss Greifswald 2003). Über sie und den JM ist im Bereich der Strafrechtspflege das Grundprinzip der parlamentarischen Verantwortlichkeit realisiert. Jedoch ist die StA **eine Institution *sui generis***. Sie „verwaltet" nicht (vgl auch Peters 161 ff), sondern arbeitet auf Rspr hin, gehört zum Funktionsbereich der Rspr, erfüllt gemeinsam mit dem Richter auf dem strafrechtlichen Gebiet die Aufgabe der Justizgewährung (BVerfGE **9**, 223, 228).

7 In diesem Sinn ist sie **„ein der dritten Gewalt zugeordnetes Organ der Rechtspflege"** (Paeffgen Schlüchter-GS 569; Schaefer Stöckel-FS 321; Vogel DRiZ **74**, 236). Ihr „Grundgesetz" ist das Legalitätsprinzip in seiner positiven und negativen Seite (2 ff zu § 152 StPO). Dieses Prinzip bindet auch den JM (1 ff zu § 146), ebenso die Regierung und das Parlament, wenn sie über den JM auf die Strafjustiz Einfluss nehmen wollen. Die StA hat die Funktion einer Brücke zwischen beiden zu erfüllen; sie ist „Mittlerin zwischen der Exekutive und der Gerichtsbarkeit" (Arndt im BTag bei der Beratung des DRiG am 14. 6. 1961, Bericht S 9373). Die StA hat nach § 152 StPO die Initiativbefugnis, die dem Richter fehlt; StA und Gericht stellen damit gemeinsam die Justizgewährung sicher (Lilie Mehle-FS 364, 367). Eine solche „Vermengung" im System der Gewaltenverteilung (Trautmann MDR **71**, 173, 174) gibt es auch auf anderen Gebieten (vgl Böckstiegel NJW **70**, 1712).

8 **3)** Die **StA ist nicht Partei** im Strafprozess (Stuttgart MDR **74**, 1394, 1395; Kissel/Mayer 5 zu § 141; Kintzi Wassermann-FS 902; Krause SchlHA **68**, 105; Wendisch Schäfer-FS 247; **aM** Blomeyer GA **70**, 172). Das gilt auch für die Hauptverhandlung, in der ein Verteidiger mitwirkt. Denn der StA ist verpflichtet, den Richter in seinem Ringen um die Erforschung des wirklichen Sachverhalts

und um die richtige Rechtsanwendung zu unterstützen (RG **60**, 190). Die StA hat während des ganzen Verfahrens Belastung und Entlastung des Beschuldigten gleichermaßen zu berücksichtigen. Sie hat im Rahmen des Zulässigen dazu beizutragen, dass der Bürger zu seinem Recht kommt (vgl BVerwGE **9**, 90, 91; Einl 161). Fehlerhafte Sachbehandlung kann einen Schadensersatzanspruch gegen den Staat nach § 839 BGB iVm Art 34 GG begründen (BGH [ZS] StV **04**, 330: Haftbefehlsantrag unter Verschweigen erheblicher Beweisergebnisse).

Der **Grundsatz der verfahrensrechtlichen Waffengleichheit** zwischen Angeklagtem und StA (Einl 88) besteht nur iS einer Ausbalancierung der Rechte 9
(E. Müller NJW **76**, 1063). Der Grundsatz hat vorwiegend im Hauptverfahren Bedeutung; im Vorverfahren ist er nur beschränkt realisierbar (vgl Kuhlmann DRiZ **76**, 14; Schaefer MDR **77**, 982), nämlich nur im Rahmen der Verfahrensstruktur und der Prozessrollen.

4) Auch in anderen Verfahren sind der StA Funktionen zugewiesen. Nach 10
§§ 16 II, 30 I VerschollenheitsG idF v. 15. 1. 1951 (BGBl. I 63; III 401–6) wirkt die StA mit im Todeserklärungsverfahren und zur Feststellung der Todeszeit sowie bei der Aufhebung einer Todeserklärung. Bund und Länder lassen sich zT auch in Zivilprozessen gegen den Justizfiskus durch die StA vertreten. Bei OWien nach § 115 OWiG ist die StA zuständige VerwB iS des § 36 OWiG; vgl zB in Baden-Württemberg § 8 Nr 2 OWiZuV idF vom 2. 2. 1990 (GBl 75), in Bayern § 7 Nr 1 ZuVOWiG vom 21. 10. 1997 (GVBl 727), letzte ÄndVO vom 7. 8. 2007 (GVBl 575); vgl zu den übrigen Bundesländern Göhler Anh B.

5) Ob eine **rechtliche Bindung der StA** an gerichtliche Präjudizien besteht, 11
ist sehr str (verneinend LR-Graalmann-Scheerer 25, 26 mwN; Fezer 2/33; Roxin DRiZ **69**, 387; **97**, 115; Haft/Hilgendorf StASchlH-FS 279; Schroers Wolff-FS 475; bejahend BGH **15**, 155; Krey/Pföhler NStZ **85**, 150; Peters 167; Woesner NJW **61**, 535). Es wird zu unterscheiden sein: Hält die StA entgegen der höchstrichterlichen Rspr ein Verhalten für strafbar, ist sie an der Anklage nicht gehindert; hält sie es im Gegensatz dazu für straflos, muss sie zwar nicht auf Grund einer Bindungswirkung, aber wegen der ihr obliegenden Pflicht, auf eine einheitliche Rechtsanwendung zu achten, durch Anklageerhebung eine Änderung der Rspr herbeizuführen versuchen (Zweibrücken NStZ **07**, 420; SK-Wohlers 17; Ranft 242). Innerhalb der StA geht bei zweifelhaften Rechtsfragen die Auffassung des Dienstvorgesetzten vor. Vgl aber 6, 7 zu § 146.

Sitz

141 Bei jedem Gericht soll eine Staatsanwaltschaft bestehen.

1) Der **Begriff des Gerichts** ist hier im administrativen Sinn zu verstehen; eine 1
StA kann auch Aufgaben bei mehreren Gerichten wahrnehmen (Kissel/Mayer 26). Bei der auswärtigen StrK (§ 78) oder bei dem auswärtigen Strafsenat (§ 116) besteht keine eigene StA.

2) Beim AG nimmt die staatsanwaltschaftlichen Aufgaben die StA des übergeordneten LG wahr (zB Art 12 II S 1 BayAGGVG; § 8 II S 1 BWAGGVG). Das ist 2
zulässig, weil § 141 dem Sinn nach nur verlangt, dass für jedes Gericht eine StA als Anklagebehörde zuständig ist.

3) Eine **Zweigstelle der StA** kann für den Bezirk eines oder mehrerer AGe 3
bei einem AG nach Maßgabe des Landesrechts (zB Art 12 II S 2 BayAGGVG; § 8 II S 2 BWAGGVG) eingerichtet werden. Eine „Außenstelle" kann durch JVerwA errichtet und wieder aufgelöst werden.

Zuständigkeit der StA

142 **I Das Amt der Staatsanwaltschaft wird ausgeübt:**

1. bei dem Bundesgerichtshof durch einen Generalbundesanwalt und durch einen oder mehrere Bundesanwälte;

2. bei den Oberlandesgerichten und den Landgerichten durch einen oder mehrere Staatsanwälte;

3. bei den Amtsgerichten durch einen oder mehrere Staatsanwälte oder Amtsanwälte.

II Die Zuständigkeit der Amtsanwälte erstreckt sich nicht auf das amtsrichterliche Verfahren zur Vorbereitung der öffentlichen Klage in den Strafsachen, die zur Zuständigkeit anderer Gerichte als der Amtsgerichte gehören.

III Referendaren kann die Wahrnehmung der Aufgaben eines Amtsanwalts und im Einzelfall die Wahrnehmung der Aufgaben eines Staatsanwalts unter dessen Aufsicht übertragen werden.

1 **1) Sequenzzuständigkeit der StA:** Die Zuständigkeit der StA bei dem LG richtet sich grundsätzlich nach der örtlichen (§ 143) Zuständigkeit des Gerichts (für das Hauptverfahren). Ändert sich diese Zuständigkeit irgendwann im Verfahren, zB durch Übertragung (5 ff zu § 12 StPO), Abgabe (5 ff zu § 13 StPO), Zurückverweisung (§ 354 II StPO), Wiederaufnahmeantrag (§ 140 a), so ist die StA zuständig, die zu dem nunmehr mit der Sache befassten Gericht gehört, solange dessen Zuständigkeit besteht.

2 **Keine Verfahrensvoraussetzung** ist die Zuständigkeit der StA. Hat die StA Anklage bei einem nach ihrer Meinung zuständigen Gericht erhoben, ist dieses Gericht aber sachlich nicht zuständig, so kommt es zur Anwendung des § 209 StPO oder der §§ 225 a, 270 StPO, aber grundsätzlich nicht zur Einstellung des Verfahrens. Daher ist auch keine neue Anklageschrift erforderlich (Bay **73**, 8).

3 **Anträge an Gerichte außerhalb ihres Bezirks** kann die das Ermittlungsverfahren führende StA stellen, wenn einzelne Untersuchungshandlungen von diesem auswärtigen Gericht vorzunehmen sind, zB nach § 162 StPO.

4 Im **Strafvollstreckungsverfahren** ist die StA, die VollstrB ist, am Verfahren der StVollstrK beteiligt, auch wenn diese in einem anderen Bezirk liegt (§§ 451 III, 462 a I StPO); im Beschwerdeverfahren ist dagegen der GStA bei dem beschließenden OLG verfahrensbeteiligt (erg 21 zu § 451).

5 **2) Beim BGH** (I Nr 1): Der Begriff Bundesanwälte in Nr 1 ist – ebenso wie der Begriff Staatsanwälte in Nrn 2, 3 – nicht iS einer Rangbezeichnung, sondern iS einer Funktion zu verstehen. Er umfasst also auch die OStAe beim BGH sowie die Richter und StAe, die zur Wahrnehmung staatsanwaltschaftlicher Aufgaben an die Bundesanwaltschaft beim BGH abgeordnet sind (vgl 1 zu § 149).

6 **3) Beim OLG** (I Nr 2) besteht eine eigene StA, an deren Spitze der GStA steht (gesetzliche Bezeichnung, Besoldungsordnung R, Anlage III zum BBesG). Erg § 147 Nr 3.

7 **4) Beim LG** (I Nr 2): Diese StA – mit einem leitenden OStA an der Spitze – übt mit ihren StAen und Amtsanwälten auch die Funktion der StA bei den AGen ihres Bezirks aus (2 zu § 141). Der StA kann ein Wirtschaftsreferent zugeteilt werden (zu seiner Stellung BGH **28**, 381; Zweibrücken MDR **79**, 425). Diese Kooperation darf jedoch nicht dazu führen, dass der zugeteilte Gehilfe das Verfahren leitet. Dieser ist auch nicht befugt, dem LG gegenüber Prozesserklärungen abzugeben oder Anträge zu stellen. Er kann aber mit der Durchführung von Vernehmungen betraut werden. Die von dem Vernommenen unterschriebene Niederschrift steht dann einer von ihm bei schriftlicher Vernehmung abgegebenen Äußerung gleich (11 ff, 26 zu § 163 a StPO). Auch mit anderen Untersuchungshandlungen, für die keine besondere Zu-

ständigkeit besteht, darf der zugeteilte Gehilfe beauftragt werden. Ein vom JM an die StA abgeordneter Beamter mit der Befähigung nach §§ 5 ff DRiG kann ebenfalls das Amt eines StA ausüben (KG NStZ **95**, 148).

5) Beim AG (I Nr 3) können die Aufgaben der StA auch durch eine Zweigstelle oder Außenstelle der StA beim LG wahrgenommen werden (3 zu § 141). Nach der von den LJVen bundeseinheitlich erlassenen Anordnung über Organisation und Dienstbetrieb der StA – OrgStA (abgedruckt zB in Justiz **03**, 627) – werden den Amtsanwälten (über Befähigung zB § 9 I BWAGGVG) nur Strafsachen übertragen, in denen der Strafrichter (§ 25 GVG) entscheidet, und zwar nur die in einem Katalog bezeichneten Strafsachen. Mit der Wahrnehmung der Aufgaben des Amtsanwalts können auch sonstige Beamte des gehobenen Dienstes (vgl Art 14 I BayAGGVG; § 20 II HambAGGVG) beauftragt werden. 8

6) Örtliche Sitzungsvertreter können nach Landesrecht bei dem AG, bei dem weder ein StA noch ein Amtsanwalt seinen Dienstsitz hat, für die Strafrichtersitzungen bestellt werden; zB nach § 10 II BWAGGVG, Art 14 II BayAGGVG nebst VO vom 16. 5. 1957 (GVBl 119), ÄndVO vom 18. 6. 1970 (GBVl 296), § 8 NdsAGGVG, RhPf-G vom 18. 12. 1967 (GVBl 321), ÄndG vom 26. 5. 1972 (BGBl I 841), Schl-H G vom 20. 11. 1967 (GVOBl 265). Das ist mit §§ 142, 150 vereinbar (BVerfGE **56**, 110 = NJW **81**, 1033). Über Inhalt und Schranken der Tätigkeit des örtlichen Sitzungsvertreters vgl Landau/Globuschütz NStZ **92**, 68, über die Rechtsmittelbefugnis vgl 3 zu § 296 StPO. 9

7) JugStA (§ 36 **JGG**): Er bearbeitet die Verfahren, für die das JugG zuständig ist (§§ 33–33 b, 107 **JGG**), sowie die Jugendschutzsachen (§§ 26, 74 b), soweit Anklage zum Jugendgericht in Betracht kommt (Eisenberg 8 zu § 36 JGG). § 36 **JGG** ist eine Ordnungsvorschrift (BGH bei Herlan GA **61**, 358). Daher findet § 338 Nr 5 StPO keine Anwendung, wenn die StA anstatt durch einen JugStA durch einen anderen StA (Brunner/Dölling 1 zu § 36 JGG) oder einen Amtsanwalt (Karlsruhe NStZ **88**, 241) vertreten war (**aM** Eisenberg NStZ **94**, 69: § 337 StPO anwendbar). 10

8) Übertragung auf Referendare (III; vgl auch § 10): 11

A. **Die beiden Aufgabenbereiche** sind nur dadurch voneinander unterschieden, dass dem Amtsanwalt lediglich die in I Nr 3, II bezeichneten Funktionen übertragen werden dürfen. In III sind daher unter den Aufgaben eines Amtsanwalts diejenigen Funktionen gemeint, die ihm übertragen werden können. Die LJVen können die Übertragung auf einen Referendar zur unbeaufsichtigten Erledigung in der gleichen Weise beschränken wie die Übertragung auf Amtsanwälte durch die OrgStA (oben 8). Bei der Anwendung des III ist sowohl ein konkret abgegrenzter allgemeiner Auftrag als auch ein Spezialauftrag für einen Einzelfall möglich. In diesem Rahmen handelt der Referendar, soweit erforderlich, zwar nach vorangegangenen Besprechungen und Instruktionen durch den AusbildungsStA, aber nicht unter dessen Aufsicht. Eine Aufsicht des Amtsanwalts ist nicht vorgesehen (ebenso wenig wie bei der Ausführung von Aufgaben des Rechtspflegers, 5 zu § 10). 12

B. **Aufgaben eines StA** sind alle übrigen Aufgaben der StA (2. Fallgruppe). Ein spezieller Auftrag aus diesem Bereich wird unter der Aufsicht des (behördenintern) zuständigen StA ausgeführt. Die Aufsicht muss nicht in ständiger Anwesenheit bei der Ausführung vorgenommen werden. Der StA muss aber so viel an Aufsichtstätigkeit entfalten, dass das Ergebnis der Arbeit des Referendars als vollwertige staatsanwaltschaftliche Untersuchungshandlung anerkannt werden kann. Ein Referendarprotokoll versieht der StA mit einem Aufsichtsvermerk (1 zu § 10). Anklageschriften und Einstellungsverfügungen sollten stets vom StA unterzeichnet sein (**aM** LR-Boll 46). 13

C. **Sitzungsvertretung:** Im Rahmen der 1. Fallgruppe (oben 12) kann der Referendar als Sitzungsvertreter in den Sitzungen des AG – auch des JugG (Hamm 14

JMBlNW **94**, 23; **aM** Eisenberg DRiZ **98**, 161; dagegen Löhr DRiZ **98**, 165) – nach Entscheidung des Leiters der StA (vgl zB Art 14 III BayAGGVG) allein auftreten. Den Auftrag erteilt der Leiter der StA oder ein von ihm beauftragter StA, was auch durch schlüssige Handlung geschehen kann (Einl 126). Nicht aus Rechtsgründen, aber aus Gründen der Ausbildung kann die JV anordnen, dass der Ausbildungs-StA anwesend ist.

15 **Bei den anderen erkennenden Gerichten** gestaltet sich die Mitwirkung des Referendars in der Hauptverhandlung in der Weise, dass er als 2. Sitzungsvertreter neben dem StA fungiert oder der StA – überwiegend (Zweibrücken VRS **47**, 352) oder jedenfalls von Zeit zu Zeit (Landau/Globuschütz NStZ **92**, 68) – anwesend ist und die Aufsicht ausübt, um ggf selbst tätig werden zu können. Bei der Urteilsverkündung ist die zusätzliche Anwesenheit des StA nicht erforderlich.

16 Die **Disposition des Referendars über den staatlichen Strafanspruch** (zB durch Zustimmung nach §§ 153 II, 153a II StPO) wird zweckmäßigerweise von der Zustimmung des sachbearbeitenden oder ausbildenden StA abhängig gemacht, die in geeigneten Fällen für den Fall bestimmter Entwicklung der Sache schon vor der Hauptverhandlung erteilt werden kann. Das Gleiche gilt für Rechtsmittelverzicht.

17 **9)** Dem **Rechtspfleger** bei der StA sind bestimmte Geschäfte der StA übertragen (§ 31 **RPflG**), insbesondere die Geschäfte der VollstrB (2 zu § 451 StPO).

18 **10) Unwirksamkeit:** Führt ein Amtsanwalt ein Ermittlungsverfahren in einer Sache, für die er zu Unrecht die künftige Zuständigkeit des AG als erkennendes Gericht annimmt oder in der sich die Zuständigkeit des LG erst in einem späteren Stadium des Ermittlungsverfahrens ergibt, so sind seine Prozesshandlungen wirksam. Das Gleiche gilt, wenn er die Beschränkung seiner Kompetenz auf Strafrichtersachen (oben 8) nicht beachtet. Gibt der Amtsanwalt aber eine Prozesserklärung namens der StA entgegen dem Verbot in I Nr 3 gegenüber dem LG ab, so ist diese unwirksam (Bay NJW **74**, 761 für die Beschränkung der Berufung). Wenn die Erklärung aber nicht rechtsgestaltender Art ist, gilt das in 1 zu § 22d Ausgeführte (vgl auch oben 1 ff).

Generalbundesanwalt **RiStBV 202–214**

142a **I [1]Der Generalbundesanwalt übt in den zur Zuständigkeit von Oberlandesgerichten im ersten Rechtszug gehörenden Strafsachen (§ 120 Abs. 1 und 2) das Amt der Staatsanwaltschaft auch bei diesen Gerichten aus. [2]Können in den Fällen des § 120 Abs. 1 die Beamten der Staatsanwaltschaft eines Landes und der Generalbundesanwalt sich nicht darüber einigen, wer von ihnen die Verfolgung zu übernehmen hat, so entscheidet der Generalbundesanwalt.**

II Der Generalbundesanwalt gibt das Verfahren vor Einreichung einer Anklageschrift oder einer Antragsschrift (§ 440 der Strafprozessordnung) an die Landesstaatsanwaltschaft ab,

1. wenn es folgende Straftaten zum Gegenstand hat:
  a) Straftaten nach den §§ 82, 83 Abs. 2, §§ 98, 99 oder 102 des Strafgesetzbuches,
  b) Straftaten nach den §§ 105 oder 106 des Strafgesetzbuches, wenn die Tat sich gegen ein Organ eines Landes oder gegen ein Mitglied eines solchen Organs richtet,
  c) Straftaten nach § 138 des Strafgesetzbuches in Verbindung mit einer der in Buchstabe a bezeichneten Strafvorschriften oder
  d) Straftaten nach § 52 Abs. 2 des Patentgesetzes, nach § 9 Abs. 2 des Gebrauchsmustergesetzes in Verbindung mit § 52 Abs. 2 des Patentgesetzes

oder nach § 4 Abs. 4 des Halbleiterschutzgesetzes in Verbindung mit § 9 Abs. 2 des Gebrauchsmustergesetzes und § 52 Abs. 2 des Patentgesetzes;
2. in Sachen von minderer Bedeutung.

III Eine Abgabe an die Landesstaatsanwaltschaft unterbleibt,
1. wenn die Tat die Interessen des Bundes in besonderem Maße berührt oder
2. wenn es im Interesse der Rechtseinheit geboten ist, dass der Generalbundesanwalt die Tat verfolgt.

IV Der Generalbundesanwalt gibt eine Sache, die er nach § 120 Abs. 2 Nr. 2 bis 4 oder § 74a Abs. 2 übernommen hat, wieder an die Landesstaatsanwaltschaft ab, wenn eine besondere Bedeutung des Falles nicht mehr vorliegt.

1) Primärzuständigkeit des GBA: Soweit der GBA als Strafverfolgungsbehörde (außerhalb seiner Mitwirkung beim BGH als Revisions- oder Beschwerdegericht, § 135) tätig wird, übt er seine StA-Funktion bei den OLGen aus (§ 120 I, II), die insoweit im Wege der sog Organleihe Bundesgerichtsbarkeit ausüben (Art 96 V GG; § 120 VI). Gegenüber der Landes-StA hat der GBA zwar das Kompetenzbestimmungsrecht in Staatsschutzsachen nach I S 2, II–IV, aber kein Weisungsrecht (§ 147 Nrn 2, 3). Der GBA ist befugt, Erhebungen darüber anzustellen, ob ein Anfangsverdacht (§ 152 II StPO) für eine in seine Zuständigkeit fallende Straftat besteht (Diemer NStZ **05**, 666). 1

2) Abgeleitete Zuständigkeit der Landes-StA (II, III): 2

A. Die **Abgabepflicht** nach II entsteht erst, wenn nach Auffassung des GBA die Sache abschließend so weit geklärt ist, dass über die Anklageerhebung entschieden werden kann. Er darf die Sache aber auch früher abgeben, wenn die Voraussetzungen abschließend geklärt sind. Betrifft das Verfahren nicht (oder nicht nur) eine Straftat aus dem Katalog des II Nr 1, sondern (auch) eine andere der in § 120 I aufgezählten Sachen, so hat sie der GBA abzugeben, wenn die Sache von minderer Bedeutung ist (II Nr 2). Rückübernahme durch den GBA ist zulässig (vgl RiStBV 203 II). 3

B. Die **Rückausnahmen** nach III verpflichten den GBA, die Anklage- oder Antragsschrift selbst bei dem OLG einzureichen und die Sache im weiteren Verfahren zu vertreten. 4

3) Abgabe an die Landes-StA (IV): Zwar wird der GBA die übernommene Sache idR erst abgeben, wenn das Vorverfahren die Voraussetzungen für die Einreichung einer Anklageschrift oder Antragsschrift ergeben hat, um das Vorverfahren nicht in zwei Teile zu trennen. Das Abgaberecht entsteht aber bereits, wenn erkennbar ist, dass die besondere Bedeutung des Falls, die zur Übernahme geführt hat (§§ 74a II, 120 II Nrn 2 bis 4), eindeutig nicht mehr besteht. Der in II bezeichnete Endzeitpunkt (dazu Sowada Fezer-FS 165) gilt praktisch auch für IV. Eine erneute Übernahme durch den GBA ist ausgeschlossen (KK-Schoreit 10; Kissel/Mayer 11; **aM** Katholnigg 5). 5

4) Eine **gerichtliche Nachprüfung** der Übernahme oder Abgabe, die in der Gesamtinstitution der StA Interna sind, findet nicht statt. Mit der Abgabe nach II, IV entfällt auch die Zuständigkeit des BGH für eine Beschwerde gegen eine Entscheidung des Ermittlungsrichters des BGH (BGH NJW **73**, 477; erg 2 zu § 169 StPO). 6

Örtliche Zuständigkeit

143 **I Die örtliche Zuständigkeit der Beamten der Staatsanwaltschaft wird durch die örtliche Zuständigkeit des Gerichts bestimmt, für das sie bestellt sind.**

II Ein unzuständiger Beamter der Staatsanwaltschaft hat sich den innerhalb seines Bezirks vorzunehmenden Amtshandlungen zu unterziehen, bei denen Gefahr im Verzug ist.

III Können die Beamten der Staatsanwaltschaft verschiedener Länder sich nicht darüber einigen, wer von ihnen die Verfolgung zu übernehmen hat, so entscheidet der ihnen gemeinsam vorgesetzte Beamte der Staatsanwaltschaft, sonst der Generalbundesanwalt.

IV Den Beamten einer Staatsanwaltschaft kann für die Bezirke mehrerer Land- oder Oberlandesgerichte die Zuständigkeit für die Verfolgung bestimmter Arten von Strafsachen, die Strafvollstreckung in diesen Sachen sowie die Bearbeitung von Rechtshilfeersuchen von Stellen außerhalb des räumlichen Geltungsbereichs dieses Gesetzes zugewiesen werden, sofern dies für eine sachdienliche Förderung oder schnellere Erledigung der Verfahren zweckmäßig ist; in diesen Fällen erstreckt sich die örtliche Zuständigkeit der Beamten der Staatsanwaltschaft in den ihnen zugewiesenen Sachen auf alle Gerichte der Bezirke, für die ihnen diese Sachen zugewiesen sind.

V [1] Die Landesregierungen werden ermächtigt, durch Rechtsverordnung einer Staatsanwaltschaft für die Bezirke mehrerer Land- oder Oberlandesgerichte die Zuständigkeit für die Strafvollstreckung und die Vollstreckung von Maßregeln der Besserung und Sicherung ganz oder teilweise zuzuweisen, sofern dies für eine sachdienliche Förderung oder schnellere Erledigung der Vollstreckungsverfahren zweckmäßig ist. [2] Die Landesregierungen können die Ermächtigung durch Rechtsverordnung den Landesjustizverwaltungen übertragen.

1 **1)** Die **örtliche Zuständigkeit der StA** richtet sich nach der des Gerichts (I; 1 ff zu § 142), auch in den Fällen, wo bestimmte Strafsachen bei einem Gericht örtlich konzentriert sind (§§ 58, 74 a, 74 c III, IV, 74 d). Die StA kann eine Sache formlos an die StA eines anderen örtlich zuständigen Gerichts abgeben. Eine gerichtliche Kontrolle besteht im Ermittlungsverfahren hinsichtlich der örtlichen Zuständigkeit insoweit nicht; die StA erklärt sich – wie Strate Widmaier-FS 572 beklagt – faktisch selbst für zuständig. Erst nach der Eröffnung der gerichtlichen Untersuchung gilt § 12 II StPO (BGH **14**, 179, 184). Der Bereich der Zuständigkeit des einzelnen StA fällt mit dem seiner Behörde zusammen. Wenn aber eine Sache zur Zuständigkeit einer StA gehört, ist diese und damit auch der Sachbearbeiter weder an den Bezirk der Behörde noch an die Grenzen des Landes gebunden. Der StA kann im ganzen Bundesgebiet Amtshandlungen vornehmen, die ihm zur Verfolgung notwendig erscheinen (Kissel/Mayer 4). Der Sachbearbeiter kann auch bei jedem Ermittlungsrichter Anträge stellen (1 zu § 162 StPO) und bei dem jeweils zuständigen LG Beschwerde einlegen.

2 **2) Notzuständigkeit** (II): Entsprechend gilt II bei sachlicher Unzuständigkeit, zB wenn nicht die StA beim LG, sondern der GBA zuständig ist (§ 120 I, II); rascheste Aufnahme der Verbindung zum GBA ist dann notwendig. Vgl auch § 4 III S 2 BKAG.

2a Die **örtliche Unzuständigkeit** hat die Unwirksamkeit einer Prozesshandlung der StA und das Entstehen eines Verfahrenshindernisses höchstens dann zur Folge, wenn die Annahme der örtlichen Zuständigkeit objektiv willkürlich war (Düsseldorf JMBlNW **96**, 260; LR-Boll 10).

3 **3) Kompetenzkonflikte** (III): Hier ist nur der über ein Land hinausgreifende Konfliktsfall geregelt. Eine den beteiligten StAen gemeinsam vorgesetzte Instanz gibt es in diesen Fällen nicht. Der landesinterne Kompetenzkonflikt wird mit den Mitteln der Dienstaufsicht des § 147 geregelt. Im Übrigen gilt III nur als letztes Mittel (RiStBV 27 III).

4) Partielle Konzentration bei der StA (IV) und damit eine Ausnahme der gesetzlichen Regelung des I ist Gegenstand der Ermächtigung. Der für die Änderung der Gerichtsorganisation bestehende Gesetzesvorbehalt (BVerfGE **24**, 155) gilt nicht für die Organisationsänderung der StA (KK-Schoreit 7). Eine RechtsVO ist daher für die Ausführung der Ermächtigung – anders als zB nach den §§ 58, 74c III, 74d und 78a II – nicht erforderlich. Es genügt ein Organisationsakt des JM (§ 147). Dieser kann die Ermächtigung auch auf den GStA delegieren, ihm jedenfalls die Details für seinen Bezirk überlassen. 4

A. **Den Beamten einer StA:** Das sind alle Beamten, vor allem der Behördenleiter und alle anderen, die bei der Ausführung und Beaufsichtigung beteiligt sind. 5

B. Die **erweiterten Kompetenzen** verleihen der StA die Befugnis, bei jedem Gericht des Zuständigkeitsbereichs Anträge zu stellen, die Anklage zu erheben und Rechtsmittel einzulegen. Die Zuständigkeit der StA nach I wird dadurch nicht ausgeschlossen (Zweibrücken NStZ **84**, 233 mit Anm Schoreit; SK-Wohlers 11; **aM** Katholnigg 4; Kissel/Mayer 9). Die Erweiterung gilt auch gegenüber den Behörden und Beamten des Polizeidienstes. Schon wegen dieser Wirkungen macht das JM die Kompetenzerweiterung in der landesüblichen Weise bekannt. 6

C. **Aufrechterhaltung zentraler Zuständigkeit:** Die Anwendung des IV kommt besonders für den Fall in Betracht, dass die Zuständigkeit der zentralen StaatsschutzStA (I iVm § 74a IV) dadurch entfällt, dass ein anderes LG zuständig wird (§ 74e). Hier kann es sachdienlich sein und einer unnötigen Verzögerung der Verfahren entgegenwirken, wenn die StaatsschutzStA trotz des Übergangs der Zuständigkeit auf ein anderes LG zuständig bleibt (Katholnigg NJW **78**, 2379). 7

Bei ähnlichen Zuständigkeitskonzentrationen (§§ 74d, 74c III, IV; vgl 9 zu § 74c) kann das gleiche Bedürfnis für die Anwendung des IV bestehen (vgl SchlHA **79**, 120 für Wirtschaftsstrafsachen). 8

D. Bei **Konzentration der Rechtshilfeersuchen,** die von Stellen außerhalb des Geltungsbereiches des GVG kommen, sind weniger Fachkräfte nötig und werden die Kenntnisse der vorhandenen Fachkräfte besser ausgenutzt. Für die Rechtshilfeersuchen in umgekehrter Richtung gilt IV nicht. 9

SchwerpunktStAen können auch zur Verfolgung anderer Straftaten eingerichtet werden, zB für Straftaten nach § 129a StGB und die in dieser Vorschrift bezeichneten anderen Straftaten (vgl § 103 I S 3 StPO). 10

5) Umfassende Konzentration: V ermöglicht es, über IV und § 451 III S 2 hinaus, den StAen jeweils für den Zuständigkeitsbereich der StVollstrKen die Aufgaben der VollstrB zuzuweisen. 11

Organisation der StA

144 **Besteht die Staatsanwaltschaft eines Gerichts aus mehreren Beamten, so handeln die dem ersten Beamten beigeordneten Personen als dessen Vertreter; sie sind, wenn sie für ihn auftreten, zu allen Amtsverrichtungen desselben ohne den Nachweis eines besonderen Auftrags berechtigt.**

1) Bürokratisch ist die StA organisiert. Vgl OrgStA; 8 zu § 142. 1

2) Unbeschränkbar nach außen (also gegenüber dem Gericht) ist die sich aus § 144 ergebende Vertretungsbefugnis des amtierenden StA. 2

Ersetzungsbefugnisse

145 **I Die ersten Beamten der Staatsanwaltschaft bei den Oberlandesgerichten und den Landgerichten sind befugt, bei allen Gerichten ihres Bezirks die Amtsverrichtungen der Staatsanwaltschaft selbst zu übernehmen**

oder mit ihrer Wahrnehmung einen anderen als den zunächst zuständigen Beamten zu beauftragen.

II Amtsanwälte können das Amt der Staatsanwaltschaft nur bei den Amtsgerichten versehen.

1 **1)** Das **Recht der Devolution (Übernahme) und der Substitution (Beauftragung eines anderen StA)** haben die ersten Beamten und bei deren Verhinderung ihre Vertreter, nicht aber die sonstigen „beigeordneten" StAe (§ 144; LR-Boll 7). Die Substitution kann sich auf einen bestimmten StA oder auf die gesamte Staatsanwaltschaft als Behörde beziehen (BGH NStZ **98**, 309; **aM** Stuttgart Justiz **97**, 222: nur ein StA). Die Schranke des II gilt auch, falls der Amtsanwalt die Befähigung zum Richteramt besitzt (Kissel/Mayer 3; KK-Schoreit 6; Katholnigg 5; **aM** RG **51**, 222; LR-Boll 10). Es gibt nur einen gesetzlichen Richter (§ 16 S 2), aber keinen gesetzlichen StA (vgl 3 ff vor § 22 StPO).

2 Die Substitutionsbefugnis hat **auch der JM** (1 zu § 147). Der Auftrag kann auch eine Gruppe von Strafsachen betreffen. Wird er dem Leiter einer StA oder einer Zweigstelle (3 zu § 141) erteilt, so kann damit der Auftrag verbunden werden, die Sachbearbeiter im Einzelfall oder durch Geschäftsverteilung zu bestimmen.

3 **2) Beauftragt der GStA** einen StA seines Bezirks, der nicht zu der nach § 143 I zuständigen Behörde gehört, so wird dieser als Beamter der an sich zuständigen StA tätig. Bei Unterzeichnung braucht er nicht auf den Auftrag nach I hinzuweisen (BGH NStZ **95**, 204).

4 **3) Auch der GBA** beim BGH kann jegliche Amtsverrichtung der Bundesanwaltschaft selbst übernehmen oder sie einem anderen als dem nach der Geschäftsverteilung zuständigen StA übertragen.

5 **4)** Der **Auftrag** nach § 145 muss in irgendeiner Form aktenkundig gemacht werden, damit das Gericht die Berechtigung erkennen kann (KK-Schoreit 4; EbSchmidt 8).

6 **5)** Einen **Rechtsanspruch** auf Substitution oder Devolution hat der Beschuldigte nicht (Hamm NJW **69**, 808; Karlsruhe MDR **74**, 423; Schleswig SchlHA **83**, 106 [E/L]; Arloth NJW **83**, 207; Bruns JR **80**, 400; Bottke JA **80**, 720; Wendisch Schäfer-FS 264; 7 vor § 22 StPO), daher auch nicht die Befugnis zum Antrag nach § 23 **EGGVG** (dort 15). Ein Revisionsgrund kann sich aus § 145 nicht ergeben (7 vor § 22 StPO). Erg 2 zu § 296 StPO und 39 zu § 338 StPO.

145a (weggefallen)

Weisungen

146 **Die Beamten der Staatsanwaltschaft haben den dienstlichen Anweisungen ihres Vorgesetzten nachzukommen.**

1 **1) Weisungsbefugt** (§ 147) sind die vorgesetzten StAe und der JM (mit den von ihm bevollmächtigten Beamten). Da der JM nicht StA ist, wird seine Weisungsbefugnis als extern bezeichnet (zur Kritik, Bedeutung und Reform des externen Weisungsrechts Paeffgen Schlüchter-GS 563; Schaefer Hamm-FS 643; Wohlers Schroeder-FS 735). Die externe Weisung des JM wird vom GStA (1 zu § 147) in eine StA-interne umgewandelt, falls sie akzeptiert wird (unten 6, 7). Die Weisungen können allgemeiner Art sein oder einen Einzelfall betreffen. Die einen wie die anderen können die rechtliche oder tatsächliche Sachbehandlung zum Gegenstand haben.

Allgemeine Weisungen sind zB enthalten in den RiStBV, in den RiJGG, in den RiVASt, in der MiStra (vgl 8, 9 zu § 12 **EGGVG** und in den Anordnungen über Berichtspflichten in Strafsachen. Sie können aber auch die Behandlung einzelner Sachen betreffen. 2

2) Die **Grenzen des Weisungsrechts** (vgl allg Geerds StASchlH-FS 297; Hund ZRP **94**, 470; Krey/Pföhler NStZ **85**, 145; Roxin DRiZ **97**, 118; Schairer Lenckner-FS 739) ergeben sich aus dem Legalitätsprinzip (§ 152 II StPO) und den dieses Prinzip nach der positiven und negativen Seite strafrechtlich schützenden §§ 344, 345, 258a StGB. Diese Grenzen gelten auch für den JM (eingehend dazu Bölter Strauda-FS 293; Paeffgen Schlüchter-GS 574ff); denn Dienstaufsicht ist Kontrolle der Richtigkeit der Dienstausübung. Außer im Bereich des Ermessens (9ff zu § 152 StPO) ist für Weisungen nur Raum, soweit die Beurteilung zweifelhaft ist. 3

Für die Würdigung der Beweise **in der Hauptverhandlung** können dem Sitzungsvertreter von einem nicht teilnehmenden Vorgesetzten grundsätzlich keine speziellen Weisungen für die Beweiswürdigung oder Rechtsfolgenbemessung gegeben werden, soweit die Anträge hierzu von dem Ergebnis der Beweisaufnahme und dem Inbegriff der Verhandlung (§ 261 StPO) abhängen (KK-Schoreit 9; Geerds aaO 304; Markwardt Böttcher-FS 97; **aM** Kissel/Mayer 6; LR-Boll 28ff; Fezer 2/23; Wohlers 275). Das betrifft zB die Beurteilung der Größe der Schuld in § 153 II und § 153a II StPO, grundsätzlich aber nicht die Wertung des öffentlichen Interesses an der Strafverfolgung aus grundsätzlichen Erwägungen. Dadurch wird aber nicht ausgeschlossen, dass der Vorgesetzte die Anweisung zur Anfechtung des Urteils gibt. 4

In keinem Fall darf sich der Weisungsberechtigte von **justizfremden Zwecken** (Lüttger GA **57**, 216ff), von rechts- oder sachwidrigen Erwägungen leiten lassen (BVerfGE **9**, 223, 229 = NJW **59**, 871). Dabei ist Richtschnur, dass die StA nur den Rechtswillen, nicht den politischen Machtwillen des Staates zu vertreten hat (EbSchmidt 5). 5

3) Die **Grenzen der Befolgungspflicht** des StA ergeben sich aus den Grenzen des Weisungsrechts. Hat der StA unüberwindliche Bedenken gegen die Rechtmäßigkeit einer dienstlichen Anordnung, so trifft ihn eine zweifache Remonstrationspflicht, wie sie das für ihn geltende Beamtenrecht vorsieht (vgl § 63 II BBG; § 36 II BeamtStG). Die Remonstration dient einerseits der Klärung und Vermeidung falscher Sachbehandlung, andererseits der Entlastung des Angewiesenen von der Verantwortung. 6

Eine rechtswidrige Weisung darf der StA auch nach vergeblicher Remonstration nicht befolgen, wenn das ihm aufgetragene Verhalten **strafbar** oder ordnungswidrig und die Strafbarkeit oder Ordnungswidrigkeit für ihn erkennbar ist (SK-Wohlers 23). Das gilt auch, wenn sich die Weisung auf den Schlussvortrag des StA (§ 258 I StPO; Less JR **51**, 193) oder auf Rechtsmitteleinlegung bezieht (vgl BGH **15**, 210; Dünnebier JZ **58**, 417). Die Weisungsgebundenheit der StA darf der sachgerechten Erfüllung ihrer Aufgaben nicht entgegenstehen (BVerfGE **9**, 223). Das Risiko des Ungehorsams bleibt dem Angewiesenen; er hat nicht das Recht der gerichtlichen Anfechtung (BGHZ **42**, 163, 170; LR-Boll 35). Anders § 26 III DRiG. 7

4) Nur im Innenverhältnis ist die zulässige Weisung bindend; auftragswidriges Prozessverhalten des StA ist nicht unwirksam (2 zu § 144). 8

Dienstaufsicht

147 Das Recht der Aufsicht und Leitung steht zu:

1. dem Bundesminister der Justiz hinsichtlich des Generalbundesanwalts und der Bundesanwälte;

2. der Landesjustizverwaltung hinsichtlich aller staatsanwaltschaftlichen Beamten des betreffenden Landes;

3. dem ersten Beamten der Staatsanwaltschaft bei den Oberlandesgerichten und den Landgerichten hinsichtlich aller Beamten der Staatsanwaltschaft ihres Bezirks.

1 **1)** Die **Dienstaufsicht** – für Richter vgl § 26 DRiG – umfasst außer dem Beaufsichtigen der formellen und sachlichen Erledigung der Dienstgeschäfte die Befugnis, zu rügen und zu mahnen. Das Recht der Leitung gibt die Befugnis zur Anweisung (§ 146), auch in Einzelfällen (Markwardt Böttcher-FS 99; str). Der JM hat nicht das Recht, selbst die Funktionen der StA wahrzunehmen (zB ein Rechtsmittel einzulegen); sein Gesprächspartner ist der GStA (Leverenz SchlHA **61**, 39). Die Substitutionsbefugnis nach § 145 steht auch dem JM zu, auch für bestimmte Gruppen von Sachen, wobei die OLG-Grenzen nicht im Wege stehen (BGH 4 StR 519/69 vom 6. 8. 1970; RG **58**, 105; Hellebrand 105).

2 **2)** Der **hierarchische Aufbau** der StA (dazu Frank Schlüchter-FG 49) ergibt sich aus § 147, insbesondere aus Nr 3 (vgl auch 1, 2 zu § 146). Nr 3 gilt auch – obwohl nicht ausdrücklich erwähnt – für die Bundesanwaltschaft (Kissel/Mayer 2; eine gesetzliche Regelung ist beabsichtigt, vgl BT-Drucks 16/47 S 52).

3 **3)** Auch die **Berichtspflicht** ergibt sich aus § 147; denn ohne Berichte können die Vorgesetzten von ihrem Recht der Leitung kaum Gebrauch machen. Zur Weitergabe personenbezogener Daten im Hinblick auf das informationelle Selbstbestimmungsrecht vgl Landau/Dames DRiZ **92**, 130.

Befähigung

148 **Der Generalbundesanwalt und die Bundesanwälte sind Beamte.**

Ernennung der Bundesanwälte

149 **Der Generalbundesanwalt und die Bundesanwälte werden auf Vorschlag des Bundesministers der Justiz, der der Zustimmung des Bundesrates bedarf, vom Bundespräsidenten ernannt.**

1 **1)** Der **Begriff „Bundesanwälte“** ist hier – anders als in § 142 I Nr 1 – iS des Ranges zu verstehen. Die Vorschrift gilt also nicht für die OStAe beim GBA.

Unabhängigkeit von den Gerichten

150 **Die Staatsanwaltschaft ist in ihren amtlichen Verrichtungen von den Gerichten unabhängig.**

1 **1) Dem Gericht gleichgeordnet** (vgl 1 ff vor § 141) ist die StA, obwohl sie ihre Maßnahmen manchmal gemäß der richterlichen Entscheidungen treffen muss, vgl §§ 175, 458 StPO. Zum Verhältnis zwischen dem Vorsitzenden und dem Sitzungsvertreter der StA in der Hauptverhandlung vgl 10 zu § 176. Das Ersuchen des Gerichts, einen offensichtlich befangenen StA in der Hauptverhandlung abzulösen, schließt § 150 nicht aus (**aM** LG Köln NStZ **85**, 230 mit abl Anm Wendisch; erg 4 vor § 22 StPO).

Ausschluss von richterlichen Geschäften

151 [1]**Die Staatsanwälte dürfen richterliche Geschäfte nicht wahrnehmen.** [2]**Auch darf ihnen eine Dienstaufsicht über die Richter nicht übertragen werden.**

1) Der StA als solcher darf richterliche Geschäfte nicht wahrnehmen (Art 92 GG; 5 ff vor § 141). Er darf auch nicht durch Doppelernennung (vgl § 59 II) zugleich zum Richter ernannt werden. 1

2) Richter können auf Grund Gesetzes (vgl § 165 StPO) staatsanwaltschaftliche Geschäfte ausüben. Sie können auch auf Grund einer Abordnung (mit Einverständnis des Richters, § 37 I DRiG) oder nach §§ 13, 16 II DRiG Aufgaben der StA wahrnehmen; dann gilt S 2 nicht (Kissel/Mayer 2). 2

Ermittlungspersonen der Staatsanwaltschaft

152 **I Die Ermittlungspersonen der Staatsanwaltschaft sind in dieser Eigenschaft verpflichtet, den Anordnungen der Staatsanwaltschaft ihres Bezirks und der dieser vorgesetzten Beamten Folge zu leisten.**

II 1 Die Landesregierungen werden ermächtigt, durch Rechtsverordnung diejenigen Beamten- und Angestelltengruppen zu bezeichnen, auf die diese Vorschrift anzuwenden ist. 2 Die Angestellten müssen im öffentlichen Dienst stehen, das 21. Lebensjahr vollendet haben und mindestens zwei Jahre in den bezeichneten Beamten- oder Angestelltengruppen tätig gewesen sein. 3 Die Landesregierungen können die Ermächtigung durch Rechtsverordnung auf die Landesjustizverwaltungen übertragen.

1) Bedeutung: Die Beamten und Behörden des Polizeidienstes sind nach § 161 S 2 StPO verpflichtet, dem Ersuchen oder Auftrag der StA Folge zu leisten. Diese Pflicht gilt nicht nur im Ermittlungsverfahren, sondern im gesamten Strafverfahren (Einl 43), was gerade § 152, der ohne Rücksicht auf den Stand des Verfahrens gilt, bestätigt. Die Ermittlungspersonen (frühere Bezeichnung: Hilfsbeamten) der StA haben mehr Anordnungsbefugnisse als die (sonstigen) Beamten des Polizeidienstes, die diese Eigenschaft nicht haben, vor allem das Recht, unter bestimmten Voraussetzungen die körperliche Untersuchung des Beschuldigten (§ 81 a StPO) oder Unverdächtiger (§ 81 c StPO), die Beschlagnahme (§§ 98 I, 111 e I S 2, 132 III S 2 StPO), die Durchsuchung (§§ 105 I S 1, 111 b IV StPO, soweit die Beschlagnahmezuständigkeit nach § 111 e I S 2 StPO besteht), die Einrichtung einer Kontrollstelle (§ 111 II StPO) und die Notveräußerung (§ 111 l II S 2, III S 2 Hs. 2 StPO) anzuordnen sowie eine Maßnahme nach § 132 II oder § 163 d StPO zu treffen (zur Problematik vgl Nelles, Kompetenzen und Ausnahmekompetenzen in der StPO, 1980, S 81 ff). Hatte der bestellte Beamte noch keine kriminalpolizeilichen Befugnisse, so erhält er sie mit der Bestellung. Die Vollstreckung der Anordnung ist Sache der Ermittlungsperson selbst; es können auch andere Polizeibeamte dazu herangezogen oder damit beauftragt werden. 1

2) Anordnung der StA (I): Der StA richtet, solange nicht eine bestimmte Ermittlungsperson mit der Bearbeitung des konkreten Falls befasst ist, seinen Auftrag grundsätzlich an die Polizeidienststelle (entspr der AV über unmittelbaren Zwang, RiStBV Anl A unter B I; **aM** Füllkrug ZRP **84**, 193: an den einzelnen Hilfsbeamten). Jedoch darf die StA nach § 152 auch die persönliche Ausführung von einer Ermittlungsperson ihres Bezirks fordern (11 zu § 161 StPO), auch die Landes-StA von einem Bundesbeamten, und zwar nicht nur hinsichtlich einer Prozesshandlung, die der Ermittlungsperson vorbehalten ist (oben 1). Die gleiche Befugnis haben die der örtlichen StA vorgesetzten Beamten (vgl § 147). Der Bezirk des GBA ist die ganze BRep (KK-Schoreit 16); er kann daher allen Ermittlungspersonen verbindliche Anweisungen geben (Holland MDR **73**, 376; Katholnigg 2). 2

Der **spezielle Auftrag** an einen bestimmten Beamten spielt insbesondere bei Eile sowie am Tat- oder Augenscheinsort (vgl 11 zu § 161 StPO) und sonst bei wichtigem Grund eine Rolle. Denn nach dem Sinn des § 152 stehen die Ermittlungspersonen in noch stärkerer Bindung zur StA als andere Polizeibeamte (vgl 3 auch RiStBV Anl A unter B I). Auf polizeiliche Präventivmaßnahmen erstreckt sich die Weisungsbefugnis des StA nicht (Hirsch ZRP **71**, 206; 13 zu § 161; 17 zu § 163 StPO; RiStBV Anl A unter A Abs 2).

4 **Besondere Verfahrensarten:** Im Ermittlungsverfahren wegen einer Steuerstraftat, das von der FinB geführt wird (Einl 12), gilt § 399 **AO.** Im Bußgeldverfahren haben die Ermittlungspersonen den Anordnungen der VerwB nachzukommen (§ 53 I S 2 OWiG) und die gleichen Anordnungsbefugnisse wie im Strafverfahren (§ 53 II OWiG).

5 **3)** Der **Zuständigkeitsbereich** der Ermittlungsperson wird mit der Bestellung allein nicht erweitert; er richtet sich vielmehr nach ihrem allgemein- oder spezialpolizeilichen Hauptamt (RG **66**, 339; Bay NJW **54**, 362; Krause/Nehring 57), gleichviel, ob sie auf Anordnung oder aus eigener Entschließung tätig wird (Katholnigg 5; KK-Schoreit 11; **aM** SK-Wohlers 21, 23; Kramer wistra **90**, 176). Für die zuständigen Ermittlungsperson kann auch, wie beim StA, ein anderer Beamter tätig werden, wenn der Erstere nicht rechtzeitig eingreifen kann (§ 143 II).

6 **4) Bestellt** (II) werden die Ermittlungspersonen nach Gruppen, nicht einzeln. Dies geschieht durch RechtsVOen der Länder (S 1). Beamte der Betriebssicherung der Deutschen Post AG können nicht bestellt werden (Hamburg NStZ-RR **96**, 13). In den neuen Bundesländern können auch Angestellte zu Ermittlungspersonen der StA bestellt werden (EV Anl I Kap III Sachgebiet A Abschn III Nr 1 o II). Die Ermächtigung haben nach S 3 auf den JM übertragen: Mecklenburg-Vorpommern durch VO vom 6. 6. 1991 (GVBl 170), Rheinland-Pfalz durch VO vom 30. 5. 1975 (GVBl 214), Sachsen durch VO vom 9. 4. 1991 (GVBl 57) und Schleswig-Holstein durch VO vom 17. 12. 1976 (GVOBl 1977 S 1). Die Ermittlungspersonen sind bestellt für Baden-Württemberg durch VO vom 12. 2. 1996 (GBl 184), für Bayern durch VO vom 21. 12. 1995 (GVBl 1996 4), für Berlin durch VO vom 6. 1. 1997 (GVBl 5), für Brandenburg durch VO vom 28. 12. 1995 (GVBl 1996 II 62), für Bremen durch VO vom 5. 2. 1991 (GBl 61), für Hamburg durch VO vom 2. 4. 1996 (GVBl 44, 167), für Hessen durch VO vom 15. 3. 1996 (GVBl I 114), für Mecklenburg-Vorpommern durch VO vom 2. 7. 1996 (GVBl 311), für Niedersachsen durch VO vom 2. 10. 1997 (GVBl 423; 1998, 485), für Nordrhein-Westfalen durch VO vom 30. 4. 1996 (GVBl 180), für Rheinland-Pfalz durch VO vom 3. 9. 1975 (GVBl 375; ÄndVO vom 27. 9. 1985, GVBl 222), für das Saarland durch VO vom 11. 7. 1996 (ABl 784), für Sachsen durch VO vom 8. 6. 1991 (GVBl 209), für Sachsen-Anhalt durch VO vom 9. 8. 2001 (GVBl 334), für Schleswig-Holstein durch VO vom 23. 11. 1995 (GVBl 391) und für Thüringen durch VO vom 12. 6. 1996 (GVBl 110).

7 **5) Kraft Gesetzes:** In den Fällen des § 4 I, II und des § 18 I BKAG sind die Vollzugsbeamten des Bundes – also des BKA – und der Länder Ermittlungspersonen der zuständigen StA (§ 19 BKAG). Der Zusatz „zuständig" hat praktisch keine Bedeutung. Ermittlungspersonen kraft Gesetzes gibt es ferner zB bei der Finanzverwaltung (§ 404 **AO,** § 37 III AWG, § 37 III S 2 MOG) und bei der Forst- und Jagdverwaltung (§ 25 II BJagdG); vgl ferner die Regelungen in § 148 II BBergG sowie § 18 III TiefseebergbauG. Dazu kommen noch einige landesrechtliche Regelungen und § 63 I S 2 OWiG, auch iVm § 13 II WiStG 1954.

8 **6)** Als **Rechtsbehelf** gegen eine Maßnahme der Ermittlungsperson der StA gibt es die Sachaufsichtsbeschwerde an die StA, für die der Beamte tätig geworden ist (Hamburg NJW **70**, 1700). Über die Dienstaufsichtsbeschwerde, die das Verhalten des Beamten, nicht die eigentliche Sachbearbeitung betrifft, entscheidet der Dienstvorgesetzte des Beamten (SK-Wohlers 28). Zum Antrag auf gerichtliche Entscheidung gegen Untersuchungshandlungen der Ermittlungsperson der StA vgl 10 zu § 23 **EGGVG.**

11. Titel. Geschäftsstelle

153 **I Bei jedem Gericht und jeder Staatsanwaltschaft wird eine Geschäftsstelle eingerichtet, die mit der erforderlichen Zahl von Urkundsbeamten besetzt wird.**

II [1]Mit den Aufgaben eines Urkundsbeamten der Geschäftsstelle kann betraut werden, wer einen Vorbereitungsdienst von zwei Jahren abgeleistet und die Prüfung für den mittleren Justizdienst oder für den mittleren Dienst bei der Arbeitsgerichtsbarkeit bestanden hat. [2]Sechs Monate des Vorbereitungsdienstes sollen auf einen Fachlehrgang entfallen.

III Mit den Aufgaben eines Urkundsbeamten der Geschäftsstelle kann auch betraut werden,

1. wer die Rechtspflegerprüfung oder die Prüfung für den gehobenen Dienst bei der Arbeitsgerichtsbarkeit bestanden hat,
2. wer nach den Vorschriften über den Laufbahnwechsel die Befähigung für die Laufbahn des mittleren Justizdienstes erhalten hat,
3. wer als anderer Bewerber nach den landesrechtlichen Vorschriften in die Laufbahn des mittleren Justizdienstes übernommen worden ist.

IV [1]Die näheren Vorschriften zur Ausführung der Absätze 1 bis 3 erlassen der Bund und die Länder für ihren Bereich. [2]Sie können auch bestimmen, ob und inwieweit Zeiten einer dem Ausbildungsziel förderlichen sonstigen Ausbildung oder Tätigkeit auf den Vorbereitungsdienst angerechnet werden können.

V [1]Der Bund und die Länder können ferner bestimmen, dass mit Aufgaben eines Urkundsbeamten der Geschäftsstelle auch betraut werden kann, wer auf dem Sachgebiet, das ihm übertragen werden soll, einen Wissens- und Leistungsstand aufweist, der dem durch die Ausbildung nach Absatz 2 vermittelten Stand gleichwertig ist. [2]In den Ländern Brandenburg, Mecklenburg-Vorpommern, Sachsen, Sachsen-Anhalt und Thüringen dürfen solche Personen weiterhin mit den Aufgaben eines Urkundsbeamten der Geschäftsstelle betraut werden, die bis zum 25. April 2006 gemäß Anlage I Kapitel III Sachgebiet A Abschnitt III Nr. 1 Buchstabe q Abs. 1 zum Einigungsvertrag vom 31. August 1990 (BGBl. 1990 II S. 889, 922) mit diesen Aufgaben betraut worden sind.

1) Die Geschäftsstelle (I) ist eine einheitliche Einrichtung des Gerichts bzw der StA und untersteht dem Behördenleiter (SK-Degener 6). Der Personenkreis, der mit den Aufgaben des UrkB betraut werden kann, ist zu II, III, V näher umschrieben. Ob die Vorschriften zur Ausführung von I–V als Rechtsnorm oder als Verwaltungsanordnung erlassen werden, bestimmt das Landesrecht (vgl zB Art 15 I BayAGGVG iVm VO vom 6. 5. 1982, GVBl 271, zuletzt geändert durch VO vom 27. 10. 1999, GVBl 454; für Bremen vgl Bremen StV **84**, 109 mit Anm Katholnigg). 1

2) Aufgaben: Der Geschäftsstelle obliegen der Geschäftsgang und die Erledigung der Aufgaben, die weder der Verwaltungsspitze zugeordnet sind noch zum Funktionsbereich des Richters oder des StA gehören. Die Geschäftsstelle bewirkt zB die Zustellungen (§§ 36, 214 StPO). 2

A. Die **UrkBen** sind besonders genannt. Ihre Aufgaben bestehen in der Aufnahme von Niederschriften (zB §§ 168, 168a, 168b StPO), im Protokolldienst in der Hauptverhandlung (§ 271 I StPO), in der Entgegennahme von Prozesserklärungen einfacher Art zur Niederschrift der Geschäftsstelle (zB nach § 158 StPO) und in der Führung der Schöffenlisten (§ 49 IV). Ferner bescheinigt der UrkB die Vollstreckbarkeit des rechtskräftigen Urteils (§ 451 I StPO; § 13 II–V StVollstrO). 3

Der UrkB muss nicht dem Gericht angehören, für das er tätig wird (BGH NStZ **83**, 213 [Pf/M]). Auch der Stationsreferendar kann die Aufgaben des UrkB wahrnehmen, wenn das Landesrecht das vorsieht (vgl BGH NStZ **84**, 327: in Niedersachsen nur auf Anordnung des Behördenleiters; BGH MDR **85**, 862: in Baden-Württemberg im Auftrag des für die Ausbildung Verantwortlichen; Koblenz Rpfleger **85**, 77: in Rheinland-Pfalz im Auftrag des jeweiligen Ausbilders; vgl auch AV des JM Schleswig-Holstein vom 4. 12. 1984 [SchlHA **85**, 6]: Behördenleiter). Seine Betrauung mit der Aufgabe des UrkB muss aber vor Aufnahme der entspr Tätigkeit ausgesprochen werden (Hamburg MDR **84**, 337).

4 B. **Rechtspfleger:** Ein Teil der Erklärungen muss, ein anderer soll vom Rechtspfleger aufgenommen werden (§ 24 **RPflG;** Einl 133). Zu den Aufgaben des UrkB, die vom Rechtspfleger wahrgenommen werden (§ 21 **RPflG**), gehört auch die Festsetzung von Kosten und Auslagen im Kostenfestsetzungsverfahren (§ 464 b StPO). Nach § 36 b **RPflG** ist eine Übertragung von Rechtspflegeraufgaben auf den UrkB der Geschäftsstelle möglich (dazu Wiedemann NJW **02**, 3448).

5 **3)** In den **neuen Bundesländern** können nach V S 2 (wie zuvor schon nach dem EV) auch andere als die in § 153 genannten Personen mit den Aufgaben eines UrkB betraut werden, zB in Sachsen Rechtsreferendare (vgl Dresden StV **04**, 368 L).

12. Titel. Zustellungs- und Vollstreckungsbeamte

154 (betrifft Gerichtsvollzieher)

Ausschließung des Gerichtsvollziehers

155 Der Gerichtsvollzieher ist von der Ausübung seines Amts kraft Gesetzes ausgeschlossen:

I. in bürgerlichen Rechtsstreitigkeiten:

1. (nicht abgedruckt)
2. (nicht abgedruckt)
3. **wenn eine Person Partei ist, mit der er in gerader Linie verwandt oder verschwägert, in der Seitenlinie bis zum dritten Grad verwandt oder bis zum zweiten Grad verschwägert ist oder war;**

II. in Strafsachen:

1. **wenn er selbst durch die Straftat verletzt ist;**
2. **wenn er der Ehegatte oder Lebenspartner des Beschuldigten oder Verletzten ist oder gewesen ist;**
3. **wenn er mit dem Beschuldigten oder Verletzten in dem unter Nr. I 3 bezeichneten Verwandtschafts- oder Schwägerschaftsverhältnis steht oder stand.**

13. Titel. Rechtshilfe

Vorbemerkungen

1 **1) Rechts- und Amtshilfe** haben sich die Behörden des Bundes und der Länder gegenseitig zu leisten (Art 35 GG), zB eine StA der anderen bei der Vernehmung des Beschuldigten oder von Beweispersonen (§ 161 a IV StPO hat insoweit keine konstitutive Wirkung). Soweit besondere Bestimmungen bestehen, ist die

Rechtshilfe in dem darin vorgesehenen Rahmen zu leisten. Um einen solchen Fall handelt es sich bei den §§ 156ff. Die Rechtshilfe wird auf Ersuchen eines Gerichts von einem anderen Gericht im Aufgabenbereich des Richters, des Rechtspflegers oder des UrkB (RG **46**, 175) geleistet. Das ersuchende Gericht muss für die Handlung sachlich zuständig sein (RG **52**, 21). Die örtliche und sachliche Zuständigkeit des ersuchten Gerichts ergibt sich aus § 157.

2) Eine andere Behörde als ein Gericht des Bundes oder eines Landes kann 2
von einem Gericht Amtshilfe verlangen, soweit es ein Gesetz vorsieht, zB § 4 NdsAGGVG. Die Pflicht zur Amtshilfe findet aber ihre Grenze in der Rücksicht auf den betroffenen Bürger, nämlich dort, wo unangemessen in die persönliche Sphäre des einzelnen eingegriffen (Art 1, 2 GG; Einl 20, 21; Becker NJW **70**, 1075) und wo sie dem Bund oder einem Land unangemessenen Nachteil bereiten würde (vgl § 96 StPO).

3) In dem Titel über Rechtshilfe sind auch Bestimmungen enthalten, die 3
zum Teil die Amtshilfe betreffen, zB § 162.

4) Die **zwischenstaatliche oder supranationale Rechts- und Amtshilfe** in 4
Strafsachen wird durch den 13. Titel nicht geregelt; vgl dazu Einl 207ff.

Rechtshilfepflicht

156 **Die Gerichte haben sich in Zivilsachen und in Strafsachen Rechtshilfe zu leisten.**

1) Die **Rechtshilfepflicht** besteht ohne Rücksicht auf das Stadium des Verfah- 1
rens. Ihr unterliegen alle Prozesshandlungen, die der Durchführung eines anhängigen Verfahrens zu dienen bestimmt sind (Frankfurt NStZ **81**, 191: Akteneinsicht). Der ausführende Richter ist der „ersuchte Richter" (vgl zB § 223 I StPO).

2) Die **Zulässigkeit** des Rechtshilfeersuchens setzt voraus, dass es rechtlich ge- 2
stattet ist (zB § 223 I StPO); hieran fehlt es zB bei einem Ersuchen um Durchführung der mündlichen Verhandlung im Haftprüfungsverfahren (München MDR **58**, 181). Vgl 2 zu § 158.

Rechtshilfegericht

157 **I Das Ersuchen um Rechtshilfe ist an das Amtsgericht zu richten, in dessen Bezirk die Amtshandlung vorgenommen werden soll.**

II [1]Die Landesregierungen werden ermächtigt, durch Rechtsverordnung die Erledigung von Rechtshilfeersuchen für die Bezirke mehrerer Amtsgerichte einem von ihnen ganz oder teilweise zuzuweisen, sofern dadurch der Rechtshilfeverkehr erleichtert oder beschleunigt wird. [2]Die Landesregierungen können diese Ermächtigung durch Rechtsverordnung auf die Landesjustizverwaltungen übertragen.

1) Als Rechtshilferichter ist der Richter beim Amtsgericht funktionell zu- 1
ständig (10 vor § 1 StPO), der durch die Geschäftsverteilung bestimmt ist (§ 21e I S 1), auch wenn die Strafsache zur Zuständigkeit eines Gerichts höherer Ordnung gehört. Die Aufgabe des Rechtshilferichters und des Ermittlungsrichters können nach der Geschäftsverteilung einem und demselben Richter oder gemeinsam mehreren Richtern unter Abgrenzung ihrer Zuständigkeiten übertragen werden.

2) Örtlich zuständig ist das AG, in dessen Bezirk die Handlung vorgenom- 2
men werden soll, sei es, dass sie anderswo gar nicht möglich ist, sei es, dass es nach der Natur der Sache zweckmäßig ist, sie in diesem Bezirk vorzunehmen. Bei Vernehmung einer Person ist idR der Gedanke des § 8 StPO zu berücksichtigen. Es kann aber auch auf günstige Verkehrsverbindung zum Gericht, auf den Dienst-

oder Geschäftssitz oder auf eine Reisetätigkeit der Person Rücksicht genommen werden (vgl KK-Schoreit 3; Hamm MDR **57**, 437); auch die Grenznähe kann zwecks Vernehmung eines im Ausland wohnhaften Zeugen ausreichend sein (Schleswig NStZ **89**, 240; Rose wistra **98**, 13).

3 Sind **mehrere Zeugen** in einer Strafsache zu vernehmen, so kann das Ersuchen um ihre Vernehmung an jedes AG gerichtet werden, das für die Vernehmung eines der Zeugen zuständig ist, falls die Zusammenfassung aus sachgemäßen Zweckmäßigkeitserwägungen angebracht ist, zB zur Ermöglichung einer erforderlichen Gegenüberstellung (§ 58 II StPO; BGH 1 StR 317/71 vom 9. 9. 1971).

4 **Ordnungs- und Zwangsmittel:** Ergibt sich mit Bezug auf das Ersuchen die Notwendigkeit eines Beschlusses nach §§ 51, 70, 77, 133, 134 StPO, § 178, so trifft die Entscheidung der ersuchte Richter. Ob das ersuchende Gericht für den Eventualfall des Nichterscheinens der zu vernehmenden Person bei dem ersuchten Richter von vornherein die Vorführung zu diesem anordnen darf, ist zweifelhaft (Frössler NJW **72**, 517).

5 **3) Örtliche Konzentration** (II): Vgl zu § 58 sowie in Hamburg VO vom 1. 9. 1987 (GVBl 172).

Ablehnung der Rechtshilfe

158 **I Das Ersuchen darf nicht abgelehnt werden.**

II [1]Das Ersuchen eines nicht im Rechtszuge vorgesetzten Gerichts ist jedoch abzulehnen, wenn die vorzunehmende Handlung nach dem Recht des ersuchten Gerichts verboten ist. [2]Ist das ersuchte Gericht örtlich nicht zuständig, so gibt es das Ersuchen an das zuständige Gericht ab.

1 **1)** Das **Ersuchen des Gerichts höherer Instanz,** in dessen Bezirk das AG liegt, darf nicht abgelehnt werden, auch wenn das ersuchende Gericht dabei als Gericht des ersten Rechtszugs tätig ist. Das gilt sogar für den Fall, dass das ersuchende Gericht am gleichen Ort seinen Sitz hat (Koblenz OLGSt S 3).

2 **2) In anderen Fällen** ist das Ersuchen abzulehnen, wenn die gewünschte Handlung ausdrücklich oder nach dem Sinn der gesetzlichen Vorschrift (Frankfurt NStZ **81**, 191; LR-Boll 3) verboten ist. Hierfür ist nach hM erforderlich, dass sie schlechthin – *in abstracto* – rechtlich unzulässig ist (BGH NJW **91**, 2936; Düsseldorf MDR **88**, 604; NZV **98**, 516; Frankfurt NJW **74**, 430; Stuttgart NStZ **87**, 43; 14 zu § 162 StPO); denn der ersuchte Richter ist nur der „verlängerte Arm" des ersuchenden Richters (BGH JZ **53**, 230 mit Anm Schwoerer). Das Vernehmungsersuchen nach § 233 II StPO darf zB nicht mit der Begründung abgelehnt werden, der Angeklagte habe noch keinen Entbindungsantrag gestellt (Hamm NdsRpfl **84**, 47; vgl auch BGH **25**, 42) oder die vorzunehmende Handlung sei nicht zweckmäßig (Düsseldorf MDR **88**, 604; **96**, 843; Frankfurt NStZ-RR **04**, 50; **aM** zu § 223 StPO AG Höxter MDR **92**, 893; AG Solingen MDR **96**, 629); auch die Eröffnung eines erweiterten Haftbefehls (12 zu § 115 StPO) darf nicht abgelehnt werden (Stuttgart Justiz **97**, 140; **aM** Frankfurt NStZ **88**, 471). Dem Ersuchen, dem Verteidiger Akten in die Kanzlei mitzugeben, muss stattgegeben werden (Karlsruhe Justiz **86**, 50). Jedoch darf der ersuchte Richter, wenn sich ihm irgendwie aufdrängt, dass die tatsächliche Grundlage des Ersuchens mangelhaft ist oder sich inzwischen wesentlich geändert hat, vor der Ausführung eine Entscheidung des ersuchenden Gerichts darüber herbeiführen, ob das Ersuchen zurückgenommen oder geändert wird (Seetzen NJW **72**, 1190). Ein Verfahrenshindernis, das nicht für das ersuchende Gericht gilt, hindert die Rechtshilfehandlung nicht (Einl 205).

3 **Unzulässig** und daher abzulehnen ist nach der Neufassung des OWiG durch das Ges vom 26. 1. 1998 (BGBl I 156, 340) aber das Ersuchen um kommissarische

Vernehmung des Betroffenen im gerichtlichen Bußgeldverfahren (BGH **44**, 345; Düsseldorf NZV **98**, 516; **aM** Celle VRS **96**, 110).

4 **3)** Bei **Amtshilfeersuchen** prüft das Gericht nicht nur die rechtlichen, sondern auch – soweit es geboten erscheint – die tatsächlichen Voraussetzungen nach.

5 **4)** Die **Abgabe wegen örtlicher Unzuständigkeit** (II S 2) ist nicht bindend; das betroffene Gericht kann sich auch für örtlich unzuständig erklären und das Gesuch an das von ihm für zuständig gehaltene Gericht weiterleiten (SK-Degener 19; erg 1 zu § 159).

Entscheidung des Oberlandesgerichts

159 **I** [1] **Wird das Ersuchen abgelehnt oder wird der Vorschrift des § 158 Abs. 2 zuwider dem Ersuchen stattgegeben, so entscheidet das Oberlandesgericht, zu dessen Bezirk das ersuchte Gericht gehört.** [2] **Die Entscheidung ist nur anfechtbar, wenn sie die Rechtshilfe für unzulässig erklärt und das ersuchende und das ersuchte Gericht den Bezirken verschiedener Oberlandesgerichte angehören.** [3] **Über die Beschwerde entscheidet der Bundesgerichtshof.**

II Die Entscheidungen ergehen auf Antrag der Beteiligten oder des ersuchenden Gerichts ohne mündliche Verhandlung.

1 **1)** Die **Nachprüfung nach I S 1** setzt einen Antrag eines Beteiligten oder des ersuchenden Gerichts voraus, wie sich aus II ergibt. Sie bezieht sich nur darauf, ob die ablehnende oder stattgebende Entscheidung dem § 158 entspricht (Nürnberg MDR **68**, 946; **aM** Katholnigg 2). Eine teilw Ablehnung kann in dem Streit über die Art der Ausführung des Ersuchens enthalten sein (BGH NJW **58**, 1310; Düsseldorf NStZ **89**, 39), zB bei Meinungsverschiedenheiten über die Verpflichtung zur Festsetzung der Entschädigung für Zeugen oder Sachverständige. Eine Ablehnung ist auch gegeben, wenn das ersuchte Gericht die Sache an dass nach seiner Auffassung örtlich zuständige Gericht gemäß § 158 II S 2 abgibt, dies das Ersuchen aber wieder zurückgibt und das ersuchte Gericht sich weiterhin weigert, das Ersuchen auszuführen (Frankfurt NStZ-RR **04**, 50). § 159 geht §§ 14, 19 StPO vor (Frankfurt aaO).

2 **2)** Einen **Rechtshilfefall** setzt § 159 voraus. Daran fehlt es bei Versagung der Zustimmung nach § 166 (dort 2). Gegen die Verweigerung der Amtshilfe durch den Richter ist, soweit das Landesrecht nichts anderes bestimmt (vgl § 4 Nds-AGGVG), die Beschwerde nach § 304 StPO zulässig, wie zB gegen die Ablehnung eines Ersuchens nach § 162 StPO. Auf dem Gebiet der Strafvollstreckung ist nur die Dienstaufsichtsbeschwerde an die Aufsichtsbehörde zulässig.

3 **3) Verfahren:** Den Beteiligten ist rechtliches Gehör zu gewähren (Kissel/Mayer 14; einschr Katholnigg 4). Das AG kann abhelfen. Die Entscheidung des OLG ist den Beteiligten mitzuteilen. Sie ist stets unanfechtbar, wenn sie die Rechtshilfe für zulässig erklärt; sonst entscheidet der BGH (BGH NStZ-RR **03**, 97 [B]).

Einheitliches Rechtspflegegebiet

160 **Vollstreckungen, Ladungen und Zustellungen werden nach Vorschrift der Prozessordnungen bewirkt ohne Rücksicht darauf, ob sie in dem Land, dem das Prozessgericht angehört, oder in einem anderen deutschen Land vorzunehmen sind.**

1 **1) Vollstreckt** werden Anordnungen des Richters und der StA auch in einem anderen Land der BRep (Karlsruhe NJW **69**, 1546), auch schon im Ermittlungsverfahren, zB Beschlagnahme und Durchsuchung (Einl 43), Haft- und Vorführungsbefehle (KG JR **76**, 253; LR-Boll 5); ebenso die allgemeine Beschlagnahme

von Schriften (§§ 111m, 111n; 5 zu § 111n StPO). Das gilt auch, wenn die Anordnung auf Landesrecht beruht. Für Freiheitsstrafen gelten die §§ 162, 163.

2 **2)** Auch für **Ladungen und Zustellungen** erstreckt sich der Wirkungsbereich des Gerichts und der StA auf den ganzen Geltungsbereich des Gesetzes.

3 **3)** Die **unmittelbare Bewirkung** der bezeichneten Maßnahme im ganzen Geltungsbereich des Gesetzes gestattet § 160, ohne dass es eines Ersuchens um Amtshilfe nach § 157 I bedarf (LR-Boll 1; Zender NJW **91**, 2947).

Vermittlung der Geschäftsstelle

161 [1] **Gerichte, Staatsanwaltschaften und Geschäftsstellen der Gerichte können wegen Erteilung eines Auftrags an einen Gerichtsvollzieher die Mitwirkung der Geschäftsstelle des Amtsgerichts in Anspruch nehmen, in dessen Bezirk der Auftrag ausgeführt werden soll.** [2] **Der von der Geschäftsstelle beauftragte Gerichtsvollzieher gilt als unmittelbar beauftragt.**

Vollstreckung von Freiheitsstrafen

162 **Hält sich ein zu einer Freiheitsstrafe Verurteilter außerhalb des Bezirks der Strafvollstreckungsbehörde auf, so kann diese Behörde die Staatsanwaltschaft des Landgerichts, in dessen Bezirk sich der Verurteilte befindet, um die Vollstreckung der Strafe ersuchen.**

1 **1) Freiheitsstrafen:** § 162 gilt auch für freiheitsentziehende Maßregeln der Besserung und Sicherung (§ 463 I StPO). Das Ersuchen und seine Ausführung sind dem Rechtspfleger übertragen (§ 31 II S 1 **RPflG**).

2 **2)** Die **Vollstreckung von Ordnungs- und Zwangsmitteln,** also auch von Ordnungshaft (Art 6, 7 **EGStGB**), ist nach § 31 III **RPflG** auf den Rechtspfleger des Gerichts übertragen, soweit sich nicht der Richter im Einzelfall die Vollstreckung ganz oder teilw vorbehält. Für ein Vollstreckungsersuchen an eine StA ist daher kein Raum; jedoch kann hier nach den §§ 156, 157 verfahren werden, wobei bei fehlendem Zuständigkeitsvorbehalt des Richters auf beiden Seiten der Rechtspfleger tätig wird.

3 **3)** Nach **Ländervereinbarung** vom 13. 1. 1965 zur Vereinfachung und Beschleunigung der Strafvollstreckung (abgedr bei Piller-Herrmann Nr 2b Anh 1) können die VollstrBen Freiheitsstrafen unmittelbar durch Einweisung in die Vollzugsanstalten eines anderen Landes vollstrecken.

Vollstreckungshilfe

163 **Soll eine Freiheitsstrafe in dem Bezirk eines anderen Gerichts vollstreckt oder ein in dem Bezirk eines anderen Gerichts befindlicher Verurteilter zum Zwecke der Strafverbüßung ergriffen und abgeliefert werden, so ist die Staatsanwaltschaft bei dem Landgericht des Bezirks um die Ausführung zu ersuchen.**

1 **1)** Vgl 1 zu § 162.

Kostenersatz

164 [I] **Kosten und Auslagen der Rechtshilfe werden von der ersuchenden Behörde nicht erstattet.**

[II] ***Gebühren*** **oder andere öffentliche Abgaben, denen die von der ersuchenden Behörde übersendeten Schriftstücke (Urkunden, Protokolle) nach dem Recht der ersuchten Behörde unterliegen, bleiben außer Ansatz.**

1 **1)** Vgl dazu BVerwG Rpfleger **91**, 473.

165 (weggefallen)

Amtshandlungen außerhalb des Bezirks

166 Ein Gericht darf Amtshandlungen im Geltungsbereich dieses Gesetzes auch außerhalb seines Bezirks vornehmen.

1) Es kommen sowohl **Amtshandlungen,** die an sich auch im Wege der Rechtshilfe vorgenommen werden könnten (vgl §§ 223, 225 StPO) als auch andere Tätigkeiten in Betracht. So darf das Gericht auch die ganze Hauptverhandlung außerhalb seines Bezirks durchführen (BGH **22**, 250; SK-Degener 4). 1

2) Zustimmung des Gerichts des anderen Bezirkes oder Gefahr im Verzug ist nach der Neufassung der Vorschrift durch das Rechtspflege-Vereinfachungsgesetz (BGBl 1990 I 2847, 2855) nicht mehr erforderlich. 2

3) Über den Sitz des Gerichts sagt § 166 nichts aus. Das Gericht kann seinen Sitz außerhalb seines Bezirks haben (zB LG München II, das in der Stadt München, dem Bezirk des LG München I liegt), bei entsprechendem Staatsvertrag auch in einem anderen Bundesland. 3

4) Auch die **StA** darf ohne weiteres in anderen Bezirken tätig werden, auch über die Grenzen der Bundesländer hinweg (Loh MDR **70**, 812). 4

Nacheile

167 I **Die Polizeibeamten eines deutschen Landes sind ermächtigt, die Verfolgung eines Flüchtigen auf das Gebiet eines anderen deutschen Landes fortzusetzen und den Flüchtigen dort zu ergreifen.**

II **Der Ergriffene ist unverzüglich an das nächste Gericht oder die nächste Polizeibehörde des Landes, in dem er ergriffen wurde, abzuführen.**

1) Flüchtiger: Auch ein schon Verurteilter oder ein auf frischer Tat Verfolgter (dazu im einzelnen Heinrich NStZ **96**, 362). Ohne die Voraussetzungen des I dürfen Polizeibeamte in dem Gebiet eines anderen Landes auf Grund einer Vereinbarung zwischen den Ländern tätig werden (8 zu § 163 StPO); zur Verfolgung über das Gebiet der BRep hinaus vgl 8a zu § 163 StPO. 1

2) Polizeibeamte: Ermittlungspersonen der StA (§ 152) sind wegen § 143 nicht an § 167 gebunden (SK-Degener 7; Heinrich NStZ **96**, 362). Dasselbe gilt für Polizeibeamte des Bundes, vgl § 19 BKAG, § 44 II, III BGSG. Für Strafvollzugsbeamte trifft § 87 **StVollzG** eine Regelung. 2

3) Art und Dauer der Verfolgung sind gleichgültig; die Verfolgung darf auch über mehrere Landesgrenzen gehen (Heinrich NStZ **96**, 363). 3

Mitteilung von Akten

168 Die in einem deutschen Land bestehenden Vorschriften über die Mitteilung von Akten einer öffentlichen Behörde an ein Gericht dieses Landes sind auch dann anzuwenden, wenn das ersuchende Gericht einem anderen deutschen Land angehört.

14. Titel. Öffentlichkeit und Sitzungspolizei

Öffentlichkeit

169 **[1]Die Verhandlung vor dem erkennenden Gericht einschließlich der Verkündung der Urteile und Beschlüsse ist öffentlich. [2]Ton- und Fernseh-Rundfunkaufnahmen sowie Ton- und Filmaufnahmen zum Zwecke der öffentlichen Vorführung oder Veröffentlichung ihres Inhalts sind unzulässig.**

1 **1) Ganz überwiegend dem Informationsinteresse der Allgemeinheit** dient die Öffentlichkeitsmaxime (vgl Kleinknecht Schmidt-Leichner-FS 112; Kübler DRiZ **69**, 379; Schmidthals, Wert und Grenzen der Verfahrensöffentlichkeit im Strafprozess, 1977). Dabei steht heute die Massenmedienöffentlichkeit im Vordergrund (Scherer ZaöRV **39**, 81 und Gerichtsöffentlichkeit als Medienöffentlichkeit, 1979). Die staatstheoretische Begründung (öffentliche Kontrolle und Schutz vor Willkür) hat heute ihre Bedeutung im Wesentlichen verloren (vgl Schilken 155). Das Informationsinteresse schließt mittelbar den Zweck ein, dass die Rspr in die Rechtsgemeinschaft hineinwirkt und das Recht lebendig erhält. Die Öffentlichkeitsmaxime ist nicht im GG (anders zB Art 90 BayVerf) verankert, aber in den durch S 2 aufgezeigten Grenzen eine grundlegende Einrichtung des Rechtsstaates und Prozessmaxime für die Hauptverhandlung (BGH **22**, 297, 301; MDR **80**, 273 [H]; Meurer JR **90**, 391; 46 zu § 338 StPO). Jedoch muss sie sich heute Abstriche zum verfassungsrechtlich gewährleisteten Schutz der Persönlichkeitssphäre des Angeklagten oder anderer Personen gefallen lassen (§§ 171 b, 172 Nrn 2, 3). Ein Bedeutungswandel der Öffentlichkeitsmaxime kommt in diesen Vorschriften zum Ausdruck (Kleinknecht Schmidt-Leichner-FS 111 ff; vgl auch Franke, Die Bildberichterstattung über den Angeklagten und der Öffentlichkeitsgrundsatz, 1978). Für alle Hauptverhandlungen gilt die Öffentlichkeitsmaxime, auch für die Hauptverhandlung vor dem Revisionsgericht (§ 351 StPO) nicht auch für andere gerichtliche Verhandlungen (Koblenz VRS **61**, 270: kommissarische Vernehmung), auch nicht für solche, die außerhalb der Hauptverhandlung vorgenommen werden dürfen (BGH NStZ **02**, 106), wie zB Verhandlungen über Ablehnungsanträge (BGH NStZ **96**, 398) und über den Ausschluss des Verteidigers (erg 1 zu § 138 d StPO). Die §§ 175 I, 176, 177 bedeuten keine Einschränkung, sondern eine Konkretisierung der Öffentlichkeitsmaxime. Das Vertrauen in eine Terminsankündigung umfasst der Öffentlichkeitsgrundsatz nicht (BGH NStZ **84**, 134; NStZ-RR **09**, 35 [C]).

2 **2) Gegen Jugendliche,** dh gegen Angeklagte, die zZ der Tat Jugendliche waren (§ 1 II **JGG**), ist die Hauptverhandlung beim JugG (einschließlich der Verkündung der Entscheidungen) nicht öffentl (§ 48 I, II **JGG**). Das gilt auch für das Berufungsgericht (RG **59**, 375), nicht aber für die Revisionsgerichte (**aM** BGH 5 StR 530/03 vom 20. 1. 2004; LR-Wickern 1 mwN), da diese keine Jugendgerichte sind. Hat der Angeklagte die Tat oder die Taten teils vor und teils nach Vollendung des 18. Lebensjahres begangen, so gilt § 48 **JGG** ebenfalls und zwar auch dann noch, wenn in der Hauptverhandlung das Verfahren wegen der Jugendtaten nach § 154 II StPO eingestellt worden ist (BGH **44**, 43 = JR **99**, 171 mit abl Anm Wölfl). Nur wenn er die Taten ausschließlich in der Altersstufe des Heranwachsenden begangen hat, gilt § 109 I S 4 **JGG** (BGH **22**, 21). Durch besonderen Beschluss kann die Öffentlichkeit ausgeschlossen werden, wenn neben dem Jugendlichen zugleich Heranwachsende oder Erwachsene angeklagt sind, und zwar nach § 48 III S 2 **JGG** oder nach § 109 I S 4 **JGG** oder nach § 172. Die allgemeinen Regeln über Öffentlichkeit gelten für Verfahren gegen Jugendliche vor den für die allgemeinen Strafsachen zuständigen Gerichten (§ 104 I **JGG**) und für die Hauptverhandlung vor einem JugG ausschließlich gegen Erwachsene (§§ 26, 74 b; BGH MDR **55**, 246).

3) Unmittelbare und beschränkte mittelbare Öffentlichkeit: Die Öffentlichkeit iS des § 169 besteht darin, dass jedermann aus dem Publikum ohne Rücksicht auf seine Gesinnung oder seine Zugehörigkeit zu einer bestimmten Bevölkerungsgruppe sich ohne besondere Schwierigkeit Kenntnis von Ort und Zeit der Verhandlung verschaffen kann (BGH DAR **81**, 195 [D]; Bay GA **70**, 242; Köln VRS **66**, 209) und dass ihm im Rahmen der tatsächlichen Gegebenheiten (BGH **24**, 72; Foth JR **79**, 262) der Zutritt eröffnet wird (BVerfG NJW **02**, 814; BGH **21**, 72, 73; **28**, 341, 343; Bay NJW **82**, 395 mwN; Hamm VRS **64**, 451; erg unten 6), nicht aber, dass er auch alle Vorgänge im Sitzungssaal erkennen kann (zB Inaugenscheinnahme einer Urkunde: BGH NStZ **91**, 122 [M/K]; krit SK-Velten 14). Geringfügige Erschwerungen des Zutritts sind unschädlich (BGH **24**, 72, 74; Hamm aaO mwN). Ausnahmsweise ist der Öffentlichkeitsgrundsatz aber auch dann verletzt, wenn die physische Möglichkeit des Zutritts zwar besteht, aber im unmittelbaren Bereich des Zugangs zum Verhandlungsraum starke psychische Hemmungsschwellen errichtet sind (vgl BGH NJW **80**, 249; Hamm aaO; Kissel/Mayer 40; unten 7). Die „mittelbare" Öffentlichkeit, die durch Massenmedien vermittelt wird (oben 1), findet nur insoweit Berücksichtigung, als das räumliche Dabei sein den einzelnen Personen ermöglicht, über das Gehörte und Gesehene Berichte an andere oder das Publikum gelangen zu lassen. 3

A. Für die **Wahrung der Öffentlichkeit** ist es erforderlich, dass im Sitzungssaal Zuhörer in einer Anzahl, in der sie noch als Repräsentanten einer keiner besonderen Auswahl unterliegenden Öffentlichkeit angesehen werden können, Platz finden (BGH **5**, 75, 83; Bay NJW **82**, 395; Hamburg VRS **24**, 437). Bei Verhandlung im Richterzimmer ist die Öffentlichkeit daher nicht gewahrt, wenn nur ein Zuhörer Platz findet (Köln NStZ **84**, 282). Ferner müssen die Zuhörer in der Reihenfolge ihrer Ankunft eingelassen werden, selbst wenn zB eine Schulklasse erscheint, die den ganzen Zuhörerraum ausfüllt; dieses Reihenfolgeprinzip darf nicht durch Platzreservierung beeinträchtigt werden. Im Hinblick auf die Bedeutung der Presse (Art 5 GG; oben 1) ist es aber zulässig, ihr eine bestimmte Anzahl von Plätzen vorzubehalten (Foth DRiZ **80**, 103). Vor dem Verhandlungsraum muss nicht notwendig ein Sitzungszettel angebracht sein (Zweibrücken VRS **30**, 205); andererseits genügt es nicht, dass Zeit und Ort der (Weiter-)Verhandlung auf der Geschäftsstelle erfragt werden können (Hamburg VRS **24**, 437). Besondere Hinweise sind notwendig, wenn die Hauptverhandlung nicht in den gewohnten Räumen stattfindet (Dresden DAR **09**, 212; Hamburg GA **64**, 24; Hamm NJW **60**, 785; Oldenburg MDR **79**, 518; erg unten 6). 4

B. **Eine Schranke findet die Öffentlichkeitsmaxime** dort, wo eine geordnete Verhandlung nicht mehr durchführbar wäre, zB wegen Raummangels (BGH **24**, 72; NJW **59**, 899; Bay NJW **82**, 395; Köln VRS **50**, 370) oder wegen gesundheits- oder gewerbepolizeilicher Sicherheitsvorschriften bei der Einnahme des Augenscheins (BGH **21**, 72, 73), bei der die Öffentlichkeit ohnehin in den gegebenen Verhältnissen eine natürliche Schranke findet (BGH **5**, 83; RG **52**, 137). Der Zutritt muss nur nach Maßgabe der räumlichen Möglichkeiten und örtlichen Verhältnisse gewährt werden (BGH **21**, 72; **27**, 13; NJW **06**, 1220; oben 3). Der ungestörte Ablauf der Verhandlung ist ebenso wichtig wie die Kontrolle des Verfahrensgangs durch die Allgemeinheit (BGH **24**, 72, 74; **27**, 13, 15; **29**, 258, 259 ff; MDR **83**, 795 [H]; NStZ **84**, 134; Kissel/Mayer 38). Wenn die zur Verfügung stehenden Gerichtssäle die Zahl derer nicht fassen, die an dem Prozess als Zuhörer teilnehmen wollen, darf die Hauptverhandlung nicht in eine Stadthalle, ein Auditorium Maximum, einen Ballsaal oder in ein Freilichttheater verlegt werden (Roxin Peters-FS 400). Schon die Ausdehnung der Öffentlichkeit auf Flure um den Gerichtssaal herum iVm Lautsprecherübertragung ist unzulässig (Roxin aaO). Solche Öffentlichkeitserweiterungen über den Gerichtssaal hinaus würden den Angeklagten zum Schauobjekt degradieren, was seiner Menschenwürde und auch dem Sinn des S 2 zuwiderliefe. Gegen die Ausgabe von Einlasskarten in der 5 auf den Gerichtssaal zugeschnittenen Zahl bestehen keine Bedenken; die Karten müssen aber nach dem Prioritätsprinzip vergeben werden (Roxin aaO).

6 Zuweilen muss die **Hauptverhandlung ganz oder teilweise außerhalb des Gerichtsgebäudes** (oder in einem anderen Sitzungssaal, dazu Dresden StV **09**, 682) stattfinden, zB in einem Privat- oder Krankenhaus (etwa weil der Zeuge bettlägerig ist), zur Einnahme eines Augenscheins auf öffentlicher Straße (zB am Rande einer Autobahn, Köln NJW **76**, 637) oder auch in einer JVA. Wird dadurch in ein Hausrecht eingegriffen, so muss der Vorsitzende die erforderliche Erlaubnis einholen; wird sie versagt, muss der Öffentlichkeitsgrundsatz zurücktreten (BGH **40**, 191; DAR **00**, 207 [To]; **aM** Lilie NStZ **93**, 121), bei Erteilung der Erlaubnis muss der Vorsitzende sicherstellen, dass die Öffentlichkeit gewahrt wird (Foth JR **79**, 262). So muss zB bei Verhandlung in der Wohnung des Angeklagten dort ein „Terminszettel" angebracht werden (Köln NStZ-RR **99**, 335); im Gerichtsgebäude selbst ist für jedermann erkennbar darauf hinzuweisen, wann und wo verhandelt wird (BGH NStZ **81**, 311; Düsseldorf NJW **83**, 2514; Hamm StV **00**, 659; **02**, 474; Köln StV **92**, 222). Bei Fortsetzung der Verhandlung außerhalb des Gerichtsgebäudes kann es aber auch genügen, dass Ort und Zeit der Fortsetzung in der Verhandlung bekanntgegeben und dort nicht anwesenden Interessenten Auskunft gegeben wird (BGH NStZ-RR **06**, 261 [B]; Thym NStZ **81**, 293 mwN). Das gilt insbesondere für Augenscheinseinnahmen außerhalb des Gerichts (BGHR StPO § 338 Nr 6 Ortstermin 1, 2, 3; Bay **00**, 108 = NStZ-RR **01**, 49; Karlsruhe MDR **81**, 692 mwN; Köln StV **84**, 275 mit abl Anm Fezer; weitergehend Celle StV **87**, 287). Im Anschluss an eine solche Augenscheinseinnahme kann die Verhandlung im dortigen AG-Gebäude oder an anderer Stelle fortgesetzt werden, auch wenn das ursprünglich nicht angekündigt war (BGH NStZ **84**, 470; **02**, 46). Bei Verhandlung in einer JVA (zB zur Zeugenvernehmung) genügt es nicht, dem Aufsichtspersonal den Zutritt zu ermöglichen (BGH NJW **79**, 770). Die Wahrung der Sicherheit und Ordnung kann jedoch die Beschränkung der Zahl der Zuhörer durch den Vorsitzenden (BGH **5**, 75, 83), eine Ausweiskontrolle oder gar die Durchsuchung der Zuhörer notwendig machen (BGH JR **79**, 261 mit Anm Foth; unten 7; 7 zu § 176). Dass auch bei beschränkten räumlichen Verhältnissen einige (nicht alle) Plätze für Pressevertreter freigehalten werden, ist nicht zu beanstanden (BGH NJW **06**, 1220 = JR **06**, 389 mit zust Anm Humberg). Zum Ausschluss der Öffentlichkeit wegen Gefährdung der öffentlichen Ordnung vgl 3 zu § 172.

7 C. **Kontrollmaßnahmen** sind zulässig, weil die ungestörte Verhandlung ebenso wesentlich ist wie ihre Kontrolle durch die Öffentlichkeit (oben 5). Nicht jede mögliche psychologische Hemmungsschwelle kommt einer Verwehrung des Zutritts gleich (BGH NJW **80**, 249). Hat der Vorsitzende eine Maßnahme zur Kontrolle der Zuhörer angeordnet (zB Ausweiskontrolle, Durchsuchung auf Waffen, gefährliche Gegenstände und Wurfgegenstände; 5 zu § 176), darf die Hauptverhandlung erst beginnen, sobald die rechtzeitig zum angesetzten Termin erschienenen Zuhörer den Sitzungssaal betreten haben; die Verzögerung des Eintritts später erschienener Personen schadet nicht (BGH **28**, 341 mit Anm Foth JR **79**, 522). Die Fortsetzung der Verhandlung ist bereits zulässig, wenn ein Zutritt zum Sitzungssaal überhaupt eröffnet ist, auch bei durch die Kontrollmaßnahmen verzögerter Eintrittsmöglichkeit (BGH **29**, 258, 261); das gilt auch für den Fall, dass Kontrollmaßnahmen während der Sitzung erforderlich werden (BGH NStZ **84**, 18 [Pf/M]). Wird dem Vorsitzenden bekannt, dass der freie Zugang (oben 4) durch nicht von ihm angeordnete Maßnahmen verhindert wird, so muss er auf Abhilfe hinwirken, notfalls die Hauptverhandlung aufschieben (BGH NJW **80**, 249).

8 **4) Ton- und Fernseh-Rundfunkaufnahmen** (S 2) dürfen in der Hauptverhandlung nicht gemacht werden (krit hierzu Gerhardt ZRP **93**, 377; dagegen Wolf ZRP **94**, 187; gegen ihn Eberle NJW **94**, 1637; für Zulässigkeit der Übertragung

der Urteilsverkündung Gündisch/Dany NJW **99**, 256; gegen jede Änderung des S 2 zutr Beck Graßhof-FG 129). Die Vorschrift ist verfassungsgemäß (BVerfGE **103**, 44 = NJW **01**, 1633; zust Huff NJW **01**, 1622, Siebrasse StV **01**, 661, abl Zuck NJW **01**, 1623; vgl auch BVerfG NJW **96**, 581 und dazu Huff NJW **96**, 571; ferner Dieckmann NJW **01**, 2451; Enders NJW **96**, 2712; Kaulbach ZRP **09**, 236; Plate NStZ **99**, 391); für die Verhandlungen vor dem BVerfG ist S 2 durch § 17 a BVerfGG eingeschränkt. Von diesem Verbot darf weder der Vorsitzende noch das Gericht eine Ausnahme zulassen, auch nicht für die Urteilsverkündung (BGH **22, 83** mit Anm EbSchmidt NJW **68**, 804). Denn mit dem Erfordernis der Öffentlichkeit ist nicht die Verbreitung des gesprochenen Wortes oder des Gebarens der Beteiligten durch den Rundfunk an eine unbestimmte Vielzahl von Menschen gemeint (vgl BGH **16**, 111; Dahs NJW **61**, 1755; EbSchmidt JZ **62**, 221). S 2 gilt nur für die Verhandlung, auch für Ortsbesichtigungen (BGH **36**, 119), aber nicht während einer Verhandlungspause (BGH **23**, 123) und vor und nach der Verhandlung. Regelmäßig muss dann auch die Übertragung der Abbildung der Mitglieder des Gerichts gestattet werden (BVerfG NJW **00**, 2890; **08**, 977; StraFo **07**, 284 mit abl Anm J. Eisenberg; abl auch Ernst NJW **01**, 1624; JR **07**, 392), notfalls aber in anonymisierter Form der Gesichter (BVerfG JR **02**, 409 mit krit Anm Bertram). Ebenso kann – auch bei schweren Straftaten – angeordnet werden, dass das Gesicht des Angeklagten unkenntlich gemacht (etwa „verpixelt") wird, wenn sonst die Gefahr seiner Stigmatisierung begründet wird (BVerfGE **119**, 309 = NJW **09**, 350). Bei engen räumlichen Verhältnissen ist eine Beschränkung im Rahmen einer Pool-Lösung möglich (= Aufnehmen durch nur *ein* Fernsehteam für alle interessierten Anstalten).

5) Auch **Ton- und Filmaufnahmen,** die nicht für den Rundfunk bestimmt **9**
sind, dürfen aus den gleichen Gründen in der Hauptverhandlung zum Zweck der Veröffentlichung oder der Veröffentlichung ihres Inhalts nicht gemacht werden.

A. **Einfache Bildaufnahmen** betrifft S 2 nicht (BGH MDR **71**, 188 [D]; Maul **10**
MDR **70**, 286; unten 14). Für diese gilt im Rahmen des § 23 I, II KUG: Aufnahme und Verbreitung von Bildnissen von Personen der Zeitgeschichte sind zulässig, sofern nicht berechtigte Interessen entgegenstehen. Personen der Zeitgeschichte sind Repräsentanten ihrer Zeit (Stuttgart JZ **60**, 126); darüber hinaus aber auch „relative" Personen der Zeitgeschichte, dh solche, die erst durch das Strafverfahren oder die in diesem untersuchte Tat zu solchen geworden sind. Daher sind Abbildungen rechtmäßig, wenn der Gegenstand des Verfahrens über das Alltägliche und häufig Wiederkehrende hinausgeht und deshalb für die Öffentlichkeit etwas besonderes bedeutet oder wenn es sich zwar um den Vorwurf einer alltäglichen Straftat handelt, die Sache aber durch die Person des Angeklagten dem Bereich des Alltäglichen weit entrückt wird und aus diesem Grund Bedeutung für die Öffentlichkeit gewinnt und ihr Aufsehen erregt (München NJW **63**, 658; enger Stuttgart aaO). Erg 15 zu § 176.

B. **Gerichtliche Ton- und Filmaufnahmen** für justizinterne Zwecke und für **11**
Zwecke der Verteidigung sind nicht ausgeschlossen, sofern sie vor Missbrauch jeglicher Art und Fälschung gesichert werden (vgl Dahs 704). Dass das Gericht diese Aufnahmen selbst (mit eigenem Gerät und Personal) anfertigt, ist nicht erforderlich, wohl aber die Beaufsichtigung durch den Vorsitzenden. In Betracht kommen insbesondere Tonbandaufnahmen von Aussagen der Angeklagten, Zeugen und Sachverständigen sowie Filmaufnahmen von der Einnahme eines Augenscheins, und zwar zur Verwendung als Gedächtnisstütze für den Vorsitzenden bei der Verhandlungsleitung, für das Gericht in der Beratung, für den StA oder Verteidiger zur Vorbereitung von Beweisanträgen oder der Plädoyers, für Vorhalte (mit oder ohne Wiedergabe der Aufnahme), für die Herstellung des Protokolls (§ 273 II, III StPO), der mündlichen Urteilsbegründung durch einen Beisitzer als Gedächtnisstütze für die Urteilsabsetzung (Koblenz NStZ **88**, 42) oder auch zur Verwendung in einem Parallelverfahren, um dort einen Ausschluss des Richters

nach § 22 Nr 5 StPO zu vermeiden (Bremen NStZ **07**, 481). Für weitergehende Zwecke dürfen Aussagen von Zeugen aber ohne deren Einverständnis nicht auf Tonband aufgenommen werden (Schleswig NStZ **92**, 399 mit zust Anm Molketin NStZ **93**, 145: Untersuchung durch einen Sachverständigen). Zum Einsatz der Videotechnik vgl §§ 58 a, 168 e, 247 a und § 255 a.

12 C. **Tonbandaufnahmen des Verteidigers oder des StA:** Sie dürfen Vorgänge in der Hauptverhandlung nicht heimlich aufnehmen oder aufnehmen lassen (Marxen NJW **77**, 2188). Wenn einer von ihnen wünscht, sein Plädoyer für persönliche Zwecke auf Tonband aufzunehmen und Missbrauch nicht zu besorgen ist, kann und wird ihm der Vorsitzende dies gestatten und ihm auch die Aufnahme überlassen. Bei besonderem Interesse, insbesondere in Großverfahren, gilt das auch für andere Aufnahmen (Marxen aaO), aber auch hier nicht, wenn die Gefahr des Missbrauchs besteht (Düsseldorf NJW **96**, 1360), und nicht für die gesamte Hauptverhandlung (Düsseldorf NStZ **90**, 554 mit Anm Kühne StV **91**, 103). Dabei handelt es sich um Sachleitung (§ 238 II StPO; dort 5), in außergewöhnlich gelagerten Fällen auch um Sitzungspolizei (§ 176). Einen Rechtsanspruch darauf, dass das Gericht bestimmte Ausführungen auf Tonband aufnimmt und dann schreiben lässt, hat kein Verfahrensbeteiligter (vgl auch Hamburg MDR **77**, 688 zum Schlussvortrag des StA).

13 D. **Ohne Zustimmung der Beteiligten** kann das gerichtliche Tonband aufgenommen werden (Kleinknecht NJW **66**, 1541; Meyer-Mews NJW **02**, 105; erg 10 zu § 261 StPO; **aM** R. Schmitt JuS **67**, 20). Ein Verbot ergibt sich auch nicht aus § 201 StGB (42 zu § 163 StPO; nicht überzeugend die Bedenken in BGH MDR **68**, 729 [D] in Anknüpfung an BGH **19**, 193). Anders verhält es sich wegen des ungleich intensiveren Eingriffs in das Persönlichkeitsrecht bei einer Videoaufnahme zu justizinternen Zwecken (so auch KK-Diemer 19 zu § 247 a StPO; erg 11 zu § 247 a StPO). Dass die Beteiligten gezielt in ein Mikrofon sprechen, kann nicht erzwungen und daher nicht verlangt werden (vgl BGH **10**, 202, 207).

14 **6) Presse und Rundfunk** kann der Vorsitzende Aufnahmen auch im Gerichtssaal gestatten, jedoch nur im Rahmen des § 176 und nicht während des eigentlichen Ganges der Hauptverhandlung (BGH **23**, 123). Dabei sind die schutzwürdigen Interessen der Beteiligten und das Interesse der Allgemeinheit an Unterrichtung über das Zeitgeschehen gegeneinander abzuwägen; die Rundfunkfreiheit ist angemessen zu berücksichtigen (BVerfGE **87**, 334 = NJW **92**, 3288; eingehend dazu Lehr NStZ **01**, 63). Bis zu einem erstinstanzlichen Schuldspruch wird oftmals das Gewicht des Persönlichkeitsrechts gegenüber der Freiheit der Berichterstattung überwiegen; der Betreffende wird sich aber idR nicht mehr auf sein allgemeines Persönlichkeitsrecht berufen können, wenn er sich in eigenverantwortlicher Weise den ihm gegenüber erhobenen Vorwürfen jn der medialen Öffentlichkeit auch im Wege der Bildberichterstattung gestellt hat (BVerfG NJW **09**, 350, 352; 2117, 2119). Erg oben 8.

15 **7)** Die **Anfertigung von Notizen und Zeichnungen** über Vorgänge in der Hauptverhandlung ist im Rahmen des § 176 nicht nur den an der Verhandlung Beteiligten gestattet, sondern auch den Zuhörern, zB einem Angestellten des Verteidigers (BGH **18**, 179) oder den Presse- und Rundfunkreportern zum Zweck der Berichterstattung; die Benutzung eines Notebooks kann aber untersagt werden (BVerfG NJW **09**, 352). Zur Problematik der „polizeilichen Prozessbeobachter", die noch zu vernehmende polizeiliche Zeugen über den bisherigen Verhandlungsverlauf unterrichten, vgl Rühlmann StV **05**, 692; erg 7 zu § 172 sowie 5 zu § 58 StPO. Fotografische Lichtbilder in der Hauptverhandlung anzufertigen, kann der *Vorsitzende nach* § 176 verbieten (dort 15).

16 **8)** Den **Einsatz von Multimedia** behandeln Beukelmann/Sacher Volk-FS 33. Sie erörtern die Ausstattung des Gerichtssaals mit einer Flipchart bzw einer Magnettafel, die Verwendung von Computern mit Beamer oder Arbeitsplatzbildschir-

men für das Gericht und alle Prozessbeteiligten sowie einen Saalmonitor für die Öffentlichkeit und ferner PowerPoint-Präsentationen.

9) Revision: 45 ff zu § 338 StPO. 17

170 (betrifft Zivilsachen)

171 *(aufgehoben)*

Ausschluss der Öffentlichkeit

171a Die Öffentlichkeit kann für die Hauptverhandlung oder für einen Teil davon ausgeschlossen werden, wenn das Verfahren die Unterbringung des Beschuldigten in einem psychiatrischen Krankenhaus oder einer Entziehungsanstalt, allein oder neben einer Strafe, zum Gegenstand hat.

1) Die **Ausschließungsgründe** sind in den §§ 171 a, 171 b, 172 aufgezählt. Sie 1
werden ergänzt durch die Regelungen im **JGG** (2 zu § 169) und Art 38 NTS-ZA. Da in nach § 103 **JGG** verbundenen Strafverfahren und in Verfahren gegen Heranwachsende nicht § 48 **JGG** anzuwenden ist (§§ 104 I, 109 **JGG**), sind hier die §§ 171 a, 171 b, 172 von Bedeutung.

2) **Unerheblich** ist es, ob die Unterbringung beantragt ist. Wenn das Sachver- 2
ständigengutachten nur die Persönlichkeitsstruktur des Angeklagten erkennen lassen soll, ohne dass die Unterbringung in Betracht kommt, gilt § 171 a nicht, sondern § 171 b.

3) Das **Urteil** muss öffentl verkündet werden (§ 173 I). Für die Dauer der Ur- 3
teilsbegründung (oder eines Teils davon) kann die Öffentlichkeit nur ausgeschlossen werden, wenn die Voraussetzungen der §§ 171 b, 172 gegeben sind (§ 173 II).

4) Die **Revision** kann den Ausschluss bei Vorliegen der Voraussetzungen des 4
§ 171 a nicht rügen, weil der Ausschluss im Ermessen des Gerichts liegt (Katholnigg 2; erg 21 zu § 174, 48 zu § 338 StPO). Der Nichtausschluss kann nur als Verstoß gegen die Aufklärungspflicht (§ 244 II StPO) geltend gemacht werden (BGH NStZ **98**, 586 mit Anm Foth NStZ **99**, 373).

Ausschluss der Öffentlichkeit zum Schutz von Persönlichkeitsrechten **RiStBV 131 a**

171b I [1]Die Öffentlichkeit kann ausgeschlossen werden, soweit Umstände aus dem persönlichen Lebensbereich eines Prozessbeteiligten, Zeugen oder durch eine rechtswidrige Tat (§ 11 Abs. 1 Nr. 5 des Strafgesetzbuches) Verletzten zur Sprache kommen, deren öffentliche Erörterung schutzwürdige Interessen verletzen würde, soweit nicht das Interesse an der öffentlichen Erörterung dieser Umstände überwiegt. [2]Dies gilt nicht, soweit die Personen, deren Lebensbereiche betroffen sind, in der Hauptverhandlung dem Ausschluss der Öffentlichkeit widersprechen.

II Die Öffentlichkeit ist auszuschließen, wenn die Voraussetzungen des Absatzes 1 Satz 1 vorliegen und der Ausschluss von der Person, deren Lebensbereich betroffen ist, beantragt wird.

III Die Entscheidungen nach den Absätzen 1 und 2 sind unanfechtbar.

1) Den **Ausschluss der Öffentlichkeit zum Schutz der Persönlichkeits-** 1
rechte der Verfahrensbeteiligten, Zeugen und Verletzten ermöglicht die Vorschrift.

Sie trägt dem Umstand Rechnung, dass ein Straf- und Strafprozessrecht, das sich immer mehr die Persönlichkeitserforschung zur Aufgabe macht, es erfordert, in der Hauptverhandlung mehr als früher Umstände aus dem persönlichen Lebensbereich, teilw auch aus dem Intimbereich, sowohl des Angeklagten als auch von Zeugen und insbesondere von Tatopfern zu erörtern. Wie sich aus § 68a StPO (dort 5) ergibt, müssen sie es hinnehmen, dass solche Umstände in der Hauptverhandlung zur Sprache kommen, wenn das zur Wahrheitserforschung unerlässlich ist. Das muss aber nicht vor den Ohren der Öffentlichkeit geschehen. § 171b erlaubt es daher in Übereinstimmung mit Art 6 I S 2 **MRK** (dort 6), das Öffentlichkeitsprinzip (1 zu § 169) hinter dem verfassungsrechtlich geschützten Anspruch auf Achtung der Privatsphäre zurücktreten zu lassen.

2 **2) Voraussetzungen des Ausschlusses** (I):

3 Die Öffentlichkeit kann ausgeschlossen werden, wenn und soweit **Umstände aus dem persönlichen Lebensbereich** eines Prozessbeteiligten (Angeklagten, Privatkläger, Nebenkläger, Nebenbeteiligten, Antragsteller im Adhäsionsverfahren), Zeugen oder durch eine rechtswidrige Tat Verletzten zur Sprache kommen (vgl unten 7). Zeuge iS der Vorschrift ist auch, wer noch nicht oder nicht mehr geladen ist, aber als Zeuge in Betracht kommt (Kleinknecht Schmidt-Leichner-FS 115; Mertens NJW **80**, 2687; **aM** SK-Velten 5; Sieg NJW **80**, 379; **81**, 963). Zum persönlichen Lebensbereich gehören nur Umstände, die nicht das Berufs- oder Erwerbsleben betreffen (KK-Diemer 3). Gemeint ist der private Bereich, der jedermann zur Entfaltung seiner Persönlichkeit gewährleistet werden muss (Kissel/Mayer 3; Odersky Pfeiffer-FS 330ff). Dazu gehören insbesondere private Eigenschaften und Neigungen des Betroffenen, sein Gesundheitszustand, seine Sexualsphäre (Kissel/Mayer aaO), seine politische und religiöse Einstellung, aber auch Tatsachen aus dem Familienleben, die unbefugten Dritten nicht ohne weiteres zugänglich sind und Schutz vor dem Einblick Außenstehender verdienen (BGH **30**, 212). Insgesamt handelt es sich um Tatsachen, nach denen üblicherweise im Sozialleben nicht gefragt zu werden pflegt und die idR nicht spontan und unbefangen mitgeteilt werden (Rieß/Hilger NStZ **87**, 150).

4 Die öffentliche Erörterung solcher Tatsachen muss **schutzwürdige Interessen** des Betroffenen verletzen. Das ist der Fall, wenn sie sich für ihn in irgendeiner Hinsicht nachteilig auswirken kann, was nach objektiven Maßstäben, nicht nach den Wertvorstellungen des Betroffenen zu beurteilen ist (Odersky Pfeiffer-FS 332). Das bloße Interesse des Betroffenen an der Geheimhaltung der Tatsachen genügt daher nicht. Die Geheimhaltung muss vielmehr erforderlich sein, um den Betroffenen davor zu schützen, dass sein Ansehen in der Öffentlichkeit gemindert oder dass ihr ein Einblick in sein Wesen und seine Lebensgewohnheiten verschafft wird, den zu versagen er ein verständliches Interesse hat. Die Erörterung von Tatsachen aus der Intimsphäre des Betroffenen wird seine schutzwürdigen Interessen idR berühren. Das gilt insbesondere für die Vernehmung der Opfer von Vergewaltigungen. An der Schutzwürdigkeit fehlt es allerdings, wenn der Betroffene die Tatsachen freiwillig und außerhalb des Verfahrens vor der Öffentlichkeit ausgebreitet hat, etwa indem er einer Illustrierten das Recht übertragen hat, sie bekanntzumachen. Schutzwürdig ist die Interessenverletzung auch dann nicht, wenn der Betroffene die Privatsphäre eines anderen selbst zum Gegenstand öffentlicher Auseinandersetzung gemacht hat und nun bei der strafrechtlichen Prüfung dieses Verhaltens seine eigene Privatsphäre in der Hauptverhandlung erörtert werden muss (Kissel/Mayer 8; Kleinknecht Schmidt-Leichner-FS 113).

5 Der Ausschluss der Öffentlichkeit scheidet bei **überwiegendem Interesse an der öffentlichen Erörterung** der Umstände aus dem Lebensbereich des Betroffenen aus. Dabei gilt der Grundsatz, dass das Öffentlichkeitsprinzip umso mehr zurücktreten muss, je stärker es um den Schutz des inneren Kerns der Persönlichkeitssphäre geht und je größer die Gefahr einer unzumutbaren öffentlichen Anprangerung durch die Berichterstattung der Massenmedien ist (Kleinknecht

Schmidt-Leichner-FS 114). IdR ist das Interesse der Öffentlichkeit bei tatbezogenen Umständen höher zu bewerten als bei solchen, die nur für die Rechtsfolgenentscheidung von Bedeutung sind (Kleinknecht aaO). Vorstrafen werden daher grundsätzlich in öffentlicher Sitzung erörtert (KK-Diemer 3). Lässt sich nicht sicher feststellen, ob die Interessen des Betroffenen oder die der öffentlichen Erörterung überwiegen, so ist der Ausschluss der Öffentlichkeit zulässig.

Gegen den **Widerspruch des Betroffenen** darf der Ausschluss nicht angeordnet werden (S 2). Bei mehreren Betroffenen ist der Ausschluss zwar zulässig, wenn nur Einzelne widersprechen (Rieß/Hilger NStZ **87**, 208 Fn 335; **aM** KK-Diemer 6). Diese unterschiedliche Interessenlage muss das Gericht aber in die Abwägung einbeziehen, ob das öffentliche Interesse an der öffentlichen Erörterung der Umstände überwiegt. 6

3) Für die **Rechtmäßigkeit des Ausschlusses** der Öffentlichkeit kommt es nur darauf an, dass im Zeitpunkt der gerichtlichen Beschlussfassung mit der Erörterung der in I S 1 bezeichneten Umstände zu rechnen ist. Bestätigt sich diese Erwartung nicht, so wird das Verfahren dadurch nicht fehlerhaft; die Vernehmung braucht daher nicht in öffentlicher Sitzung wiederholt zu werden (BGH **30**, 212, 215). 7

4) Auf Antrag oder von Amts wegen kann die Öffentlichkeit nach I ausgeschlossen werden. 8

Wird der **Antrag** von der Person gestellt, deren Lebensbereich betroffen ist, so muss ihm beim Vorliegen der Voraussetzungen des I S 1 stattgegeben werden (II); verneint das Gericht das Vorliegen dieser Voraussetzungen, so lehnt es den Antrag durch Beschluss ab. Antragsberechtigt sind die betroffenen Prozessbeteiligten, Zeugen und Verletzten (oben 3), der Verletzte auch, wenn er sich sonst nicht am Verfahren beteiligt und auch nicht als Zeuge vernommen wird, Umstände aus seinem persönlichen Lebensbereich aber bei der Vernehmung des Angeklagten zur Sache oder bei der Beweisaufnahme erörtert werden; den Antrag kann dann für ihn sein Beistand stellen (5 zu § 406f StPO). Betreffen die zu erörternden Umstände den persönlichen Lebensbereich mehrerer Personen, so ist jeder von ihnen unabhängig von dem anderen antragsberechtigt. Ein Antrag liegt aber nur vor, wenn er in der Hauptverhandlung angebracht wird. 9

Andere Anträge können dem Gericht nur Anlass zur Prüfung der Frage geben, ob die Öffentlichkeit **von Amts wegen** ausgeschlossen werden soll. Auch Prozessbeteiligte, deren persönlicher Lebensbereich nicht betroffen ist, können bei Gericht anregen, die Öffentlichkeit auszuschließen. Zu einer solchen Anregung ist insbesondere die StA, auch im Interesse des Verletzten verpflichtet, wenn erkennbar ist, dass der Betroffene aus Unbeholfenheit keine eigenen Anträge stellt, oder wenn er nicht anwesend und auch nicht vertreten ist (RiStBV 131 a). 10

Die Entscheidung des Gerichts bedarf der **Begründung,** und zwar der den Ausschluss der Öffentlichkeit anordnende Beschluss nach § 174 I S 3, der einen Antrag nach II ablehnende Beschluss nach § 34 StPO. 11

5) Unanfechtbar (III) sind die Entscheidungen nach I und II (dagegen verfassungsrechtliche Bedenken bei SK-Velten 15); das gilt auch, soweit der Ausschluss der Öffentlichkeit abgelehnt oder nur in geringerem Umfang als beantragt beschlossen worden ist (BGH NStZ **96**, 243; StV **08**, 10 L). Nach § 336 S 2 StPO kann auch die Revision nicht darauf gestützt werden, dass die Voraussetzungen der Vorschrift nicht vorgelegen hätten (BGH NJW **07**, 709). Die Rüge, das gerichtliche Verfahren habe gegen § 174 verstoßen (48 zu § 338 StPO), ist zulässig (BGH StV **90**, 10), ebenso die Beanstandung, die Öffentlichkeit sei aus einem anderen als dem in I bezeichneten Grunde ausgeschlossen worden oder über den festgelegten Umfang hinausgehend (BGH StV **98**, 364). Wegen der **Dauer** des Ausschlusses vgl im Übrigen 17 zu § 172. 12

Ausschluss der Öffentlichkeit **RiStBV 130 a–133, 219 III, 222 III**

172 **Das Gericht kann für die Verhandlung oder für einen Teil davon die Öffentlichkeit ausschließen, wenn**

1. eine Gefährdung der Staatssicherheit, der öffentlichen Ordnung oder der Sittlichkeit zu besorgen ist,

1 a. eine Gefährdung des Lebens, des Leibes oder der Freiheit eines Zeugen oder einer anderen Person zu besorgen ist,

2. ein wichtiges Geschäfts-, Betriebs-, Erfindungs- oder Steuergeheimnis zur Sprache kommt, durch dessen öffentliche Erörterung überwiegende schutzwürdige Interessen verletzt würden,

3. ein privates Geheimnis erörtert wird, dessen unbefugte Offenbarung durch den Zeugen oder Sachverständigen mit Strafe bedroht ist,

4. eine Person unter 18 Jahren vernommen wird.

1 **1) In zwei Gruppen** sind die Ausschließungsgründe einzuteilen. Bei der einen besteht ein vorrangiges Interesse der Allgemeinheit (Nr 1); bei der anderen steht der Schutz des Einzelinteresses, der freilich auch im öffentlichen Interesse liegt, im Vordergrund (Nrn 1 a–4). Die Ermessensentscheidung (BGH NStZ-RR **04**, 116, 118) nach § 172 trifft das Gericht unter Würdigung des Rechtsgutes, das mit dem Ausschließungsgrund geschützt werden soll. Wenn eine Maßnahme des Vorsitzenden nach § 175 I genügt, hat sie den Vorrang. Bei Wegfall des Grundes wird der Ausschluss aufgehoben (Loesdau MDR **62**, 778).

2 **2) Gefährdung der Staatssicherheit** (Nr 1): In Betracht kommt die äußere und die innere Sicherheit der BRep (vgl § 92 III Nr 2 StGB). „Staatswohl" ist nicht gleichbedeutend (LR-Wickern 2). Der Ruf eines hohen Amtsträgers oder führenden Politikers kann also nicht durch Ausschluss der Öffentlichkeit nach Nr 1 geschützt werden (KK-Diemer 4). Die Ausschließungsgründe gelten auch zugunsten der NATO-Verbündeten nach näherer Bestimmung des Art 38 NTS-ZA.

3 **3) Gefährdung der öffentlichen Ordnung** (Nr 1): Sie setzt voraus, dass gerade aus der Öffentlichkeit der Verhandlung sich eine Wahrscheinlichkeit dafür ergibt, dass die öffentliche Ruhe, Sicherheit oder Ordnung gestört wird, mag sich diese Störung in der Verhandlung selbst (also im Gerichtssaal) oder außerhalb auswirken (BGH **30**, 193, 194). Dieser Ausschließungsgrund kann zB vorliegen, wenn geheimhaltungsbedürftige Maßnahmen oder Einrichtungen zur Verhütung oder Aufklärung von Straftaten, neuartige Deliktsformen oder Gegebenheiten aus dem Bereich des Vollzugs in der Hauptverhandlung erörtert werden müssen (RiStBV 133; LR-Wickern 6).

4 Auch eine wiederholte oder fortgesetzte **Störung** der Verhandlung **durch die Zuhörerschaft** oder einen Teil der Zuhörer, zB durch Applaudieren, Zwischenrufe, Sprechchöre, wenn das Gericht mit weiteren Störungen durch im Voraus nicht bestimmbare Personen rechnen kann und muss, rechtfertigt den Ausschluss (BGH 5 StR 294/69 vom 13. 1. 1970); vgl ferner unten 7 aE.

5 **4) Gefährdung der Sittlichkeit** (Nr 1; Art 6 I S 2 **MRK;** Art 14 des Intern Paktes über die staatsbürgerlichen und politischen Rechte vom 19. 12. 1966 nebst Ges vom 15. 11. 1973 [BGBl II 1533] und Bek vom 14. 6. 1976 [BGBl II 1068]): Vor Anwendung dieser Vorschrift ist § 171 b I S 1 zu prüfen und eine Entschließung des betroffenen Prozessbeteiligten herbeizuführen, ob er selbst einen Ausschluss der Öffentlichkeit zur Wahrung seiner Intimsphäre wünscht (BGH **38**, 248 = JR **93**, 297 mit Anm Katholnigg). Erst wenn dieser dem Ausschluss nach § 171 b I S 2 widerspricht oder er den Ausschluss nach § 171 b II nicht beantragt, stellt sich die Frage des Ausschlusses nach § 172 Nr 1. Ein Ausschluss kommt dann noch in Betracht, wenn durch die Erörterung des Falles das Scham- und Sittlichkeitsgefühl des Durchschnittsmenschen verletzt würde (Düsseldorf MDR **81**, 427; **aM** offenbar Rüping 434: nur Unterfall der öffentlichen Ordnung). Das ist – auch

im Hinblick auf § 171 b – nur in seltenen Ausnahmefällen denkbar (Kissel/Mayer 32; vgl auch Schweling DRiZ **70**, 354), zB wenn in der Hauptverhandlung Einzelheiten des sexuellen Missbrauchs eines Kindes durch einen möglicherweise triebgestörten Täter zu erörtern sind (BGH NJW **86**, 200 = JR **86**, 215 mit Anm Böttcher = NStZ **86**, 179 mit Anm Gössel).

5) Gefährdung eines Zeugen oder einer anderen Person (Nr 1 a): Bei Gefahr für Leib oder Leben des Angeklagten oder eines Zeugen durch andere Personen bei wahrheitsgemäßer Aussage in öffentlicher Verhandlung (BGH **3**, 344, 345; **16**, 111, 113; **30**, 193, 194; MDR **80**, 273 [H]) gilt Nr 1 a, auch bei Gefahr für den Informanten, über dessen Person und Tätigkeit der Zeuge aussagen soll (BGH 1 StR 300/74 vom 27. 8. 1974). Geht eine solche Drohung von einem beschränkten Personenkreis aus (zB von den Angehörigen des Angeklagten), so genügt es, ihn auszuschließen (BGH MDR **80**, 273 [H]). Nr 1 a ist auch anzuwenden, wenn die Behörde die „Freigabe“ eines Zeugen an die Bedingung knüpft, dass er unter Ausschluss der Öffentlichkeit vernommen wird (BGH **32**, 115, 125 [GSSt]; NStZ **84**, 522; KK-Diemer 5). Eine Gesundheitsgefährdung, die in keinem Zusammenhang mit der Öffentlichkeit der Verhandlung steht, genügt nicht (BGH NStZ **87**, 86). 6

Eine **Erschwerung der Wahrheitsermittlung** ohne Gefahr für Leib oder Leben des Angeklagten oder eines Zeugen rechtfertigt den Ausschluss nicht. Es genügt daher nicht die bloße Erwartung, dass der Angeklagte in nichtöffentlicher Verhandlung ein Geständnis ablegen (BGH **9**, 280; KK-Diemer 5), oder die Möglichkeit, dass die Berichterstattung über das Verfahren die Wahrheitsfindung erschweren werde (BGH MDR **73**, 730 [D]), insbesondere, weil ein Zeuge aus Furcht vor falschen Berichten nicht aussagen will (BGH **30**, 193, 195; vgl auch BVerfGE **50**, 234 = NJW **79**, 1400). Die Weigerung des Zeugen, in öffentlicher Sitzung auszusagen, rechtfertigt den Ausschluss auch dann nicht, wenn ihm ein Aussageverweigerungsrecht zusteht (BGH **30**, 193). Bei Gefährdung anderer Rechtsgüter als Leib, Leben oder Freiheit (zB erhebliche Sachbeschädigungen) kann ein Ausschluss nach Nr 1 wegen Gefährdung der öffentlichen Ordnung erfolgen (LR-Wickern 11); aus Nr 1 a ist nicht ein Umkehrschluss zu ziehen, dass nur bei Gefährdung der hier erwähnten Rechtsgüter der Ausschluss zulässig ist (Rieß NJ **92**, 495). 7

6) Überwiegende schutzbedürftige persönliche Interessen (Nr 2) 8

A. **Geschäfts- oder Betriebsgeheimnis** (§§ 203, 355 I Nr 2 StGB; § 17 UWG): Geheimnis ist eine Tatsache, die nur einem einzelnen oder einem beschränkten Personenkreis bekannt oder zugänglich ist und an deren Geheimhaltung der Berechtigte ein schutzwürdiges Interesse hat (Fischer 4 zu § 203 StGB). Das Geschäftsgeheimnis betrifft die unternehmerische Tätigkeit, das Betriebsgeheimnis die technische Ausgestaltung und Führung des Betriebs. Der Ausschlusstatbestand ist gegeben, wenn für den Geheimnisgeschützten durch die öffentliche Verhandlung Nachteile entstehen würden, die durch den Zweck des Verfahrens nicht gerechtfertigt sind. 9

B. **Erfindungsgeheimnis:** Zu ihm gehören alle auf eine Erfindung bezüglichen Umstände, an deren Geheimhaltung eine Person oder Institution ein berechtigtes Interesse hat (Kissel/Mayer 42). Die Erfindung besteht in einer anwendbaren, niederlegungsfähigen und ausführbaren technischen Idee oder Regel. Sie muss einen technischen Fortschritt und eine persönliche Leistung des Erfinders darstellen, die über das hinausgeht, was für einen Durchschnittsfachmann erreichbar ist. Die Erfindung ist nicht mehr geheim (vgl oben 9), wenn ein Patent oder Gebrauchsmuster gewährt worden ist (**aM** Katholnigg 6: bereits ab Patentanmeldung). 10

C. **Steuergeheimnis** (§ 30 **AO;** § 355 StGB; 3 zu § 161 StPO): Zum Schutz des Steuergeheimnisses wird im Allgemeinen die Öffentlichkeit nicht ausgeschlossen, soweit die Erörterung in einem Steuerstrafverfahren der Tatfeststellung dient. 11

Unzulässig ist das aber nicht (Rüping/Arloth DB **84**, 1795; Weyand wistra **93**, 135; **aM** Schomberg NJW **79**, 526). Jedoch liegt der Ausschluss näher, wenn es sich um die Gewinnung der tatsächlichen Grundlage für die Bemessung des Tagessatzes (§ 40 StGB) handelt (Weyand aaO).

12 D. **Geschützter Personenkreis nach Nr 2** sind alle Verfahrensbeteiligten, Zeugen und Unbeteiligten.

13 **7) Privates Geheimnis** (Nr 3; § 203 StGB): Die Ausschließungsbefugnis besteht, wenn das Offenbaren des Geheimnisses gegenüber Dritten oder der Öffentlichkeit außerhalb des Strafverfahrens dem Geheimhaltungsgebot des § 203 StGB widersprechen würde. Sie ist nicht davon abhängig, dass sich der Geheimnisträger, der sich als Zeuge oder Sachverständiger äußern soll, durch die Äußerung strafbar machen würde. Bei der Ermessensentscheidung über die Ausschließung der Öffentlichkeit wird hier – trotz Fehlens einer Abwägungsklausel – abgewogen auf der einen Seite: Das Interesse der Allgemeinheit an der uneingeschränkten Öffentlichkeit der Hauptverhandlung (1 zu § 169), das Interesse an möglichst umfassender und gründlicher Aufklärung aller für die Strafsache bedeutender Umstände. Auf der anderen Seite: Das öffentliche Interesse an der Schonung des geschützten Geheimnisses vor vermeidbarer Offenlegung und die Rücksicht auf die Auskunftsperson, die als Berufsträger das Geheimnis im Rahmen des möglichen wahren und gewahrt sehen will; diese Interessen wiegen umso mehr, je mehr das Geheimnis dem inneren Bereich der Persönlichkeitsphäre angehört. Werden private Geheimnisse in der Hauptverhandlung erörtert, so wird durch die Ausschließung der Öffentlichkeit der durch das Vertrauensverhältnis geschaffene Schutz des Geheimnisses so weit gewahrt, wie es geschehen kann, ohne dass das Anvertraute dem gerichtlichen Verfahren entzogen wird. Besteht ein Zeugnisverweigerungsrecht, so kann es bei zu erwartendem Ausschluss der Öffentlichkeit leichter zu einer Entbindung von der Schweigepflicht nach § 53 II S 1 StPO oder zur Aussage auf Grund einer Güter- und Pflichtenabwägung (5, 6 u § 53 StPO) kommen.

14 **8) Eine Person unter 18 Jahren** (Nr 4; vgl auch §§ 241 a, 247 StPO): Der innere Grund für die Anwendung der Nr 4 können der Schutz der Person des Zeugen und die bessere Sachaufklärung sein. Durch den Ausschlussgrund kann insbesondere auf die besondere psychische Situation des jungen Zeugen Rücksicht genommen werden, für den bereits das Auftreten vor Gericht, vollends vor zahlreichen Zuhörern, eine schwere Belastung darstellen kann, die auch durch das Informationsinteresse der Öffentlichkeit nicht zu rechtfertigen ist. Nr 4 ist ferner anzuwenden, wenn der junge Zeuge wegen großen Aufsehens der Hauptverhandlung übermäßig in seinem Fortkommen gehemmt werden oder wenn bei ihm im Fall öffentlicher Verhandlung der Eindruck entstehen könnte, er sei Mittelpunkt des allgemeinen Interesses. In diesem Fall oder wenn „Freunde“ oder „Feinde“ im Zuhörerraum anwesend sind, kann es zu wesentlichen Entstellungen der Sachschilderung kommen, die durch Ausschließung der Öffentlichkeit vermieden werden können. Der Ausschluss erstreckt sich auch auf den gesetzlichen Vertreter des Zeugen, selbst wenn er als Begleitperson erschienen ist. Ihm kann aber die Anwesenheit gestattet werden (§ 175 II; dort 4). Ob von dieser Möglichkeit Gebrauch gemacht wird, hängt davon ab, ob seine Anwesenheit der Vernehmung voraussichtlich nützen oder schaden wird.

15 **9)** Die **Dauer der Ausschließung** richtet sich danach, für welche Teile der Hauptverhandlung der Ausschließungsgrund nach pflichtgemäßem Ermessen anzuerkennen ist (vgl BGH **7**, 218; Düsseldorf MDR **81**, 427). Die Ausschließung für die gesamte weitere Dauer der Verhandlung kann zulässig sein (BGH NJW **86**, *200 = JR **86**, 215 mit Anm Böttcher* = NStZ **86**, 179 mit Anm Gössel; erg 8 zu § 174).

16 A. **Für die Verhandlung:** Der Ausschluss „für die ganze Verhandlung“ oder „für die Verhandlung“ oder „bis zur Urteilsverkündung“ endet von selbst (vgl

§ 173 iVm § 172) vor der Urteilsverkündung, ohne dass es eines ausdrücklichen Beschlusses über die Wiederherstellung der Öffentlichkeit bedarf (RG **53**, 271; JW **26**, 2762). Daher genügt es, dass der Gerichtswachtmeister die Öffentlichkeit wiederherstellt und der Protokollführer dies im Protokoll vermerkt.

B. **Für einen Teil der Verhandlung:** Zulässig ist auch der Ausschluss „bis auf weiteres", dh so lange, bis dem Gericht die Wiederherstellung der Öffentlichkeit geboten erscheint (RG JW **28**, 1940 mit Anm Alsberg). Für die Wiederherstellung der Öffentlichkeit ist dann ein besonderer Beschluss notwendig. Beschränkt sich der Ausschluss auf einen bestimmten Verfahrensabschnitt, so ist nach dessen Ablauf kein Beschluss zur Wiederherstellung der Öffentlichkeit erforderlich (BGH GA **81**, 473; vgl aber Frankfurt StV **85**, 8); die Öffentlichkeit muss aber tatsächlich wiederhergestellt werden (BGH **7**, 218; BGHR § 171 b I Dauer 7). Der Ausschluss für die Dauer der Vernehmung eines Zeugen bedeutet, dass er bis zur Beendigung der Vernehmung (auch bei mehrmaliger Unterbrechung der Vernehmung) gilt (BGH **41**, 145, 148) und dass er alle Verfahrensvorgänge umfasst, die mit der Vernehmung in enger Verbindung stehen oder sich aus ihr entwickeln und daher zu diesem Verfahrensabschnitt gehören (BGH MDR **75**, 198 [D]; 544 [D]; NStZ **83**, 213 [Pf/M]), zB die Beschlussfassung nach § 247 I StPO (BGH NStZ **85**, 206 [Pf/M]; **94**, 354), die Verlesung von im Zusammenhang mit der Zeugenvernehmung stehenden Urkunden (BGH StV **85**, 402 mit krit Anm Fezer), Befragung des gesetzlichen Vertreters nach § 52 II StPO, die Abgabe von Erklärungen nach § 257 StPO (BGH NStZ **06**, 117), eine Augenscheinseinnahme, die im Zusammenhang mit der Zeugenaussage steht (BGH NStZ **88**, 190), kurze Äußerungen anderer Zeugen oder eine Beweisanregung und die Verhandlung hierüber, die durch die Vernehmung veranlasst werden (BGHR § 171 b I Dauer 8). Auch die Verhandlung und Entscheidung über die Vereidigung sowie die Vereidigung selbst können noch während des Ausschlusses der Öffentlichkeit vorgenommen werden (BGH NJW **96**, 2663), ebenso über die Entlassung des Zeugen (BGH NJW **03**, 2761). Im Übrigen gilt der Ausschluss für alle Erklärungen eines Zeugen, die mit dem Ausschließungsgrund in Zusammenhang stehen und zu dem Verfahrensabschnitt gehören, der Anlass zu dem Ausschluss gegeben hat (BGH GA **81**, 473; NStZ **99**, 371). 17

10) Revision: Es kommt darauf an, ob der Ausschluss der Öffentlichkeit wegen des zu erwartenden Inhalts des betreffenden Verhandlungsabschnitts gerechtfertigt war; dass sich diese Erwartung nicht bestätigt hat, macht den Ausschluss nicht unrechtmäßig (BGH **38**, 248 = JR **93**, 297 mit Anm Katholnigg). Vgl im Übrigen 48 zu § 338 StPO. 18

Öffentliche Urteilsverkündung

173 **I Die Verkündung des Urteils erfolgt in jedem Falle öffentlich.**

II Durch einen besonderen Beschluss des Gerichts kann unter den Voraussetzungen der §§ 171 b und 172 auch für die Verkündung der Urteilsgründe oder eines Teiles davon die Öffentlichkeit ausgeschlossen werden.

1) Verkündung des Urteils (I): Dazu gehört auch die Eröffnung der Urteilsgründe (§ 268 I S 2 StPO). Wenn die Öffentlichkeit in der Verhandlung oder in einem Teil davon ausgeschlossen war, muss bei der Urteilsverkündung das während des Ausschlusses erzielte Ergebnis schonend wiedergegeben werden, dh ohne Verletzung des materiellen Gehalts des Ausschlussgrundes. Die Gerichtsbeschlüsse, die nicht zu dem Verfahrensteil gehören, in dem die Öffentlichkeit ausgeschlossen worden ist, werden ebenfalls öffentl verkündet. Wenn sie dagegen zu dem nichtöffentlichen Teil der Verhandlung gehören (zB bei Ausschluss der Öffentlichkeit für die Dauer der Vernehmung eines Zeugen der Beschluss über die Vereidigung; 21 1 zu § 172), so können sie auch noch während des Ausschlusses verkündet werden. Das ergibt sich schon daraus, dass die Öffentlichkeit auch für die ganze Verhandlung ausgeschlossen werden kann (20 zu § 172).

2 **2) Verfahren nach dem JGG:** §§ 48 I, III S 2, 109 I S 4 **JGG.** Diese Vorschriften können auch angewendet werden, wenn das Erwachsenengericht gegen einen Jugendlichen (§§ 103 I, 104 II **JGG**) oder gegen einen Heranwachsenden (§ 112 S 1 **JGG**) verhandelt (Brunner/Dölling 3 zu § 48 JGG). Die Ausschließung der Öffentlichkeit nach § 109 I S 4 **JGG** umfasst, soweit das Gericht nichts anderes bestimmt, wie in § 48 I **JGG** auch die Urteilsverkündung (BGH **42**, 294 = NStZ **98**, 51 mit abl Anm Eisenberg).

3 **3) Heilung des Mangels:** 10 zu § 174.

4 **4) Revision:** Vgl 48 zu § 338 StPO.

Ausschließungsverhandlung; Schweigegebot **RiStBV 131–134, 219 III, 222**

174 **I [1]Über die Ausschließung der Öffentlichkeit ist in nicht öffentlicher Sitzung zu verhandeln, wenn ein Beteiligter es beantragt oder das Gericht es für angemessen erachtet. [2]Der Beschluss, der die Öffentlichkeit ausschließt, muss öffentlich verkündet werden; er kann in nicht öffentlicher Sitzung verkündet werden, wenn zu befürchten ist, dass seine öffentliche Verkündung eine erhebliche Störung der Ordnung in der Sitzung zur Folge haben würde. [3]Bei der Verkündung ist in den Fällen der §§ 171 b, 172 und 173 anzugeben, aus welchem Grund die Öffentlichkeit ausgeschlossen worden ist.**

II Soweit die Öffentlichkeit wegen Gefährdung der Staatssicherheit ausgeschlossen wird, dürfen Presse, Rundfunk und Fernsehen keine Berichte über die Verhandlung und den Inhalt eines die Sache betreffenden amtlichen Schriftstücks veröffentlichen.

III [1]Ist die Öffentlichkeit wegen Gefährdung der Staatssicherheit oder aus den in §§ 171 b und 172 Nr. 2 und 3 bezeichneten Gründen ausgeschlossen, so kann das Gericht den anwesenden Personen die Geheimhaltung von Tatsachen, die durch die Verhandlung oder durch ein die Sache betreffendes amtliches Schriftstück zu ihrer Kenntnis gelangen, zur Pflicht machen. [2]Der Beschluss ist in das Sitzungsprotokoll aufzunehmen. [3]Er ist anfechtbar. [4]Die Beschwerde hat keine aufschiebende Wirkung.

1 **1)** Das **Ausschließungsverfahren** ist ein Inzidentverfahren des erkennenden Gerichts in der Besetzung, in der die Hauptverhandlung stattfindet, unter Mitwirkung der Schöffen. Der Angeklagte nimmt teil; zum Fall seiner Ausschließung nach § 247 StPO vgl dort 6.

2 A. **Antrag auf Ausschließung:** Aus I S 1 ergibt sich, dass ein „Beteiligter" den Antrag stellen kann. Beteiligter ist jedenfalls der am Hauptverfahren Beteiligte. Diejenigen, deren Persönlichkeitssphäre im konkreten Fall bei öffentlicher Verhandlung beeinträchtigt würde (§ 172 Nrn 2, 3), haben die Befugnis, den Ausschluss der Öffentlichkeit für die Verhandlung oder einen Teil davon anzuregen. Damit werden sie aber nicht zu Beteiligten am Ausschließungsverfahren; sie können nicht einmal die Verhandlung über die Ausschließung erzwingen (**aM** LR-Wickern 2).

3 Da der Kreis der am Hauptverfahren Beteiligten nicht notwendig deckungsgleich sein muss mit den am Inzidentverfahren Beteiligten, kann demjenigen, dessen Persönlichkeitsrechte mit dem Ausschließungstatbestand des § 172 Nrn 2 oder 3 geschützt werden soll, ein förmliches Antragsrecht zugestanden werden, soweit er ein **anzuerkennendes Interesse** an dem Ausschluss haben kann (Kleinknecht Schmidt-Leichner-FS 115). Der Antrag eines Berechtigten führt zwingend zur Ausschließungsverhandlung. Für § 171 b vgl dort 9.

B. **Auch ohne Antrag** auf Ausschließung kann das Gericht die Ausschließungsverhandlung durchführen. Die Beteiligten erhalten auch in diesem Fall Gelegenheit zur Äußerung. Der in Betracht kommende Ausschließungstatbestand wird im Freibeweisverfahren (7, 9 zu § 244 StPO) geklärt, wobei freieste Ermittlung (RG **66**, 113) zur Gewinnung einer genügenden Prognosegrundlage statthaft ist. 4

C. **In nichtöffentlicher Sitzung** muss verhandelt werden, wenn ein Beteiligter es beantragt oder das Gericht es von sich aus für angemessen hält. Das kann im Sitzungssaal geschehen oder im Beratungszimmer oder in einem sonstigen Raum. Die Tatsache des Zwischenverfahrens und sein Ergebnis müssen im Protokoll vermerkt werden. 5

D. **Unterbleibt die Ausschließungsverhandlung** trotz gültigen Antrags, so kann der Mangel durch Nachholung geheilt werden. Dabei kann auch der Beschluss geändert werden. Wenn es § 244 II StPO gebietet, kann es zu einer Teilwiederholung der Hauptverhandlung unter Ausschluss der Öffentlichkeit kommen. 6

E. **Jugendstrafsachen:** Wenn das JugG gegen einen Jugendlichen verhandelt, gilt § 174 nicht (§ 48 I **JGG**). Er gilt aber bei Verhandlung gegen einen Heranwachsenden (§ 109 I S 4 **JGG**); ebenso bei Verhandlung des Erwachsenengerichts gegen einen Jugendlichen oder Heranwachsenden (§§ 104 II, 112 S 1 **JGG;** 2 zu § 173). 7

2) Ein **Ausschließungsbeschluss** (I S 2) des Gerichts ist erforderlich; eine Anordnung des Vorsitzenden genügt nicht (BGH NStZ **99**, 371). Soll die Öffentlichkeit nur für bestimmte Verfahrensabschnitte ausgeschlossen werden (17 zu § 172), ist dies im Beschluss anzugeben (BGH NStZ **89**, 483; StV **90**, 10 mit Anm Frommel); der Ausschließungsbeschluss deckt dann aber auch nur diese Abschnitte (BGH StV **90**, 252). Ist der Zeitraum des Ausschlusses im Beschluss versehentlich nicht eingegrenzt worden, so ist idR davon auszugehen, dass die Öffentlichkeit für die gesamte Dauer der Hauptverhandlung ausgeschlossen werden sollte (BGH MDR **92**, 634 [H]). Der Beschluss mit seiner Begründung (unten 9) muss grundsätzlich öffentl verkündet werden (BGH NStZ **96**, 202). Das gilt auch, wenn die Öffentlichkeit nach vorübergehendem Ausschluss weiterhin ausgeschlossen wird (BGH NJW **80**, 2088 mwN; NStZ **85**, 37; NStZ-RR **00**, 40 [K]). Die Verkündung gehört zu den Förmlichkeiten iS der §§ 273, 274 StPO (BGH **27**, 187, 189). Der Verkündung bedarf es nicht bei dem Beschluss, mit dem der Ausschluss abgelehnt oder wieder aufgehoben wird. Jedoch dürfen auch diese Beschlüsse verkündet werden; jedenfalls aber muss für das Publikum erkennbar sein, ob die Öffentlichkeit ausgeschlossen ist oder nicht. Die Ausnahme des Hs 2 des I S 2 setzt nur voraus, dass gewisse Tatsachen die Befürchtung als subjektives Empfinden begründen. Sie setzt aber keinen Beschluss voraus, sondern ist Teil der Verhandlungsleitung gemäß § 238 I StPO (**aM** Kissel/Mayer 8; offengelassen von BGH NStZ **96**, 202). 8

Die **Mitteilung des Ausschlussgrundes** (I S 3) in der Begründung des Ausschließungsbeschlusses ist in den Fällen der §§ 171b, 172, 173 II vorgeschrieben (BGH NStZ **88**, 20 [Pf/M]. Der Beschluss muss aus sich heraus verständlich sein (BGH NJW **88**, 429, 431). Der Begründungszwang entfällt nicht deshalb, weil sich der Ausschlussgrund für alle Beteiligten aus dem Gang der Verhandlung ergibt (BGH StV **81**, 3; **84**, 146; zw BGH NStZ **94**, 591; **99**, 372; einschr BGH **45**, 117 „unter besonderen Umständen"; abl dazu Fahl 720; Gössel NStZ **00**, 181; Park StV **00**, 246; krit auch Rieß JR **00**, 251). Wenn die Verständlichkeit dadurch gewährleistet ist, genügt aber die Angabe mit dem abstrakten Gesetzeswortlaut (BGH **30**, 212 für § 172 Nr 2; BGH **27**, 117 für § 172 Nr 4; BGH NJW **86**, 200 = JR **86**, 215 mit Anm Böttcher = NStZ **86**, 179 mit Anm Gössel; BGH GA **75**, 283; NStZ **89**, 442; jedoch verneint bei § 172 Nr 3 durch BGH StV **96**, 134). Die tatsächlichen Umstände, aus denen sich der Ausschließungsgrund ergibt, brauchen nicht angegeben zu werden (BGH **30**, 212; NJW **86**, 200; Gössel NStZ **82**, 140; **aM** Park NJW **96**, 2214). Wenn eine Bestimmung nur einen einzigen Ausschließungsgrund enthält – wie zB § 172 Nr 1 a oder Nr 4 – reicht auch die bloße Anga- 9 be der Gesetzesbestimmung aus (BGH **41**, 145 mit abl Anm Park StV **96**, 136); sind aber mehrere Gründe vorgesehen, muss der angewendete Grund bezeichnet werden, zB im Fall des § 172 Nr 1 (BGH NStZ **91**, 122 [M/K]) oder Nr 2 (BGH **27**, 187; NStZ **82**, 169; **85**, 496 [Pf/M]; **88**, 20 [Pf/M]; StV **84**, 146; **86**, 376). Es genügt nicht, dass er aus dem Zusammenhang (BGH StV **86**, 376) oder aus früheren Beschlüssen oder Anträgen (BGH NStZ **85**, 496 [Pf/M]; zw BGH NStZ **94**, 591) erkennbar ist oder für die Beteiligten und die Zuhörerschaft offen zutage liegt (BGH **27**, 117; 187; StV **84**, 146), auch nicht, wenn zugleich eine Anordnung nach § 247 StPO begründet ist (BGH NStZ **83**, 324). Die Bezugnahme auf die Gründe eines vorangehenden Ausschließungsbeschlusses ist ausnahmsweise zulässig, wenn der nochmalige Ausschluss auf denselben Grund gestützt wird (BGH **30**, 298; NJW **07**, 709), insbesondere, wenn beide Beschlüsse insofern eine Einheit bilden (BGH NJW **79**, 276 = JR **79**, 434 mit Anm Gollwitzer). Sonst ist aber stets, zB bei wiederholter Zeugenvernehmung, ein neuer Beschluss erforderlich (BGH NJW **82**, 275; NStZ **08**, 476; **09**, 286; NStZ-RR **09**, 213), es sei denn, die bereits verfügte Entlassung des Zeugen wird sogleich zurückgenommen und die Vernehmung des Zeugen fortgesetzt (BGH NStZ **92**, 447; **04**, 220). Die Zurückweisung des Antrags auf Wiederherstellung der Öffentlichkeit bedarf der Form des I S 3 nicht (BGH GA **83**, 361).

10 **3)** Ein **rechtzeitig bemerkter Verstoß** iS des § 338 Nr 6 StPO kann durch Wiederholung des fehlerhaften Verhandlungsteils geheilt werden (RG **35**, 354; Einl 159). Ein nachträglicher Beschluss heilt den Mangel nicht, auch nicht, wenn dieser nur in einer Überschreitung der Ausschlussdauer besteht.

11 **4) Verbot öffentlicher Berichte** (II; § 353 d Nr 1 StGB): Es tritt mit dem Ausschluss der Öffentlichkeit wg. Gefährdung der Staatssicherheit (§ 172 Nr 1) von selbst ein. Die sonstigen Strafbestimmungen, insb. die §§ 94 ff StGB, bleiben unberührt.

12 **5) Gerichtliches Schweigegebot** (III; § 353 d Nr 2 StGB):

13 A. **Persönlicher Umfang:** Zu den anwesenden Personen gehören auch die Richter, der StA, der Angeklagte und sein Verteidiger, der Zeuge und ggf sein Beistand, der Sachverständige, der Gerichtswachtmeister und zugelassene Personen (§ 175 II S 1), zB Presseberichterstatter.

14 B. **Sachlicher Umfang:** Die geheimzuhaltenden Tatsachen müssen in dem Gerichtsbeschluss bezeichnet werden (Fischer 5 zu § 353 d StGB). Dies kann auch durch komplexartige Bezeichnung geschehen. Im Übrigen wird das Schweigegebot – zweckmäßigerweise unter Hinweis auf § 353 d Nr 2 StGB (RiStBV 131 II) – als absolutes angeordnet, obwohl nur das unbefugte Offenbaren strafbar ist, dh nur das Offenbaren ohne Rechtfertigungsgrund. Ein solcher kann zB darin bestehen, dass der StA seinen Vorgesetzten berichten muss (vgl 3 zu § 147). Im Übrigen bindet der Beschluss nicht denjenigen, der befugt ist, die Tatsache zu offenbaren und in dessen ausschließlichem Interesse die Schweigepflicht ausgesprochen worden ist.

15 **Gegenstandslos wird das Schweigegebot,** wenn und soweit die Tatsachen bei der öffentlichen Urteilsverkündung (§ 173 I) bekanntgegeben werden; nicht schon dadurch, dass sie in den schriftlichen Urteilsgründen dargelegt werden.

16 C. Der **Beschluss** ergeht von Amts wegen oder auf Antrag eines Beteiligten, entweder mit dem Beschluss, durch den die Öffentlichkeit ausgeschlossen wird, oder in einem späteren Zeitpunkt, in dem sich das Bedürfnis für die Anordnung ergibt. Dabei muss aber bedacht werden, dass der Beschluss keine rückwirkende Kraft hat. Das Schweigegebot kann auch noch in der Hauptverhandlung und auch nach dieser aufgehoben werden, zB im Fall der Beschwerde durch die Abhilfeentscheidung (§ 306 II StPO).

17 D. **Verfahren vor den JugGen** (2 zu § 169): Das Schweigegebot ist nur iVm dem Beschluss zulässig, durch den die Öffentlichkeit ausgeschlossen wird. Für einen solchen ist kein Raum, wenn die Hauptverhandlung ohnehin nicht öffentl ist. Daher gibt es in diesen Fällen auch keinen Beschluss, der zum Schweigen verpflichtet (LR-Wickern 36; **aM** Katholnigg 7). Insoweit bleibt nur das persönliche Hinwirken auf die freiwillige Geheimhaltung (RiStBV 131 II).

6) Nach Wiederherstellung der Öffentlichkeit behalten das Gericht und der StA, aber auch der RA als Rechtspflegeorgan, den durch die Ausschließung der Öffentlichkeit bezweckten Schutz, soweit es mit Rücksicht auf die Wahrnehmung ihrer Funktion möglich ist, im Auge, zB bei den Schlussvorträgen und bei der Urteilsverkündung (Kleinknecht Schmidt-Leichner-FS 116). **18**

7) Beschwerde (III S 3, 4) gegen den Ausschließungsbeschluss oder gegen den Beschluss, durch den die Ausschließung der Öffentlichkeit abgelehnt wird, scheidet für die Prozessbeteiligten nach § 305 StPO aus. Sie ist auch für andere Personen (§ 304 II StPO) unzulässig. Von einem Ausschließungsbeschluss sind sie nicht betroffen (Nürnberg MDR **61**, 508). Aber auch den ablehnenden Beschluss können sie nicht anfechten, weil die Entscheidung über die Ausschließung der Öffentlichkeit der Anfechtung durch einen Dritten nach dem Sinn der Bestimmungen entzogen ist (6 zu § 304 StPO). **19**

Die **Schweigeanordnung** ist dagegen mit der Beschwerde (§ 304 StPO) anfechtbar (III S 3), nicht der diese Anordnung ablehnende Beschluss. Diese Anfechtbarkeit des Schweigegebots ist für die Verfahrensbeteiligten eine Ausnahme von § 305 StPO. Die Beschwerde ist unbefristet wie das Schweigegebot selbst, das mit der Beschwerde angefochten wird. **20**

8) Revision: Vgl 48 zu § 338 StPO. Die tatsächlichen Umstände, auf denen der Ausschluss beruht, prüft das Revisionsgericht nicht nach (Gössel NStZ **82**, 140). Aus II, III ergeben sich keine Revisionsgründe; sie betreffen nur zusätzlichen Geheimnisschutz nach außen, der auf das Urteil keinen Einfluss hat. Eine Auswechslung des Ausschließungsgrundes durch das Revisionsgericht ist wegen I S 3 nicht zulässig (Park NJW **96**, 2215; erg oben 9). Dass an Stelle des Gerichts der Vorsitzende entschieden hat, schadet im Fall des I S 1 1. Alt (Antrag), anders als bei der 2. Alt nicht (BGH NStZ **99**, 372). **21**

Versagung des Zutritts

175 **I Der Zutritt zu öffentlichen Verhandlungen kann unerwachsenen und solchen Personen versagt werden, die in einer der Würde des Gerichts nicht entsprechenden Weise erscheinen.**

II 1 Zu nicht öffentlichen Verhandlungen kann der Zutritt einzelnen Personen vom Gericht gestattet werden. 2 In Strafsachen soll dem Verletzten der Zutritt gestattet werden. 3 Einer Anhörung der Beteiligten bedarf es nicht.

III Die Ausschließung der Öffentlichkeit steht der Anwesenheit der die Dienstaufsicht führenden Beamten der Justizverwaltung bei den Verhandlungen vor dem erkennenden Gericht nicht entgegen.

1) Die **Ausschließung einzelner Personen** (I) aus der Hauptverhandlung sehen auch die §§ 177, 178 vor. Jedoch ist der in diesen Bestimmungen enthaltene Katalog der Ausschließungsgründe nicht abschließend. Die Ausschließung ist vielmehr auch auf Grund allgemeiner übergeordneter Verfahrensgesichtspunkte zulässig (BGH **3**, 338; **17**, 203; Strassburg MDR **77**, 712; erg 8 zu § 176). Die Versagung nach I obliegt dem Vorsitzenden (§ 176). Er wird dabei von dem Justizwachtmeister unterstützt (RiStBV 128 III; 12ff zu § 176), der in eindeutigen Fällen für den Vorsitzenden handeln darf. Für die Eigenschaft „unerwachsen" ist zunächst die äußere Erscheinung maßgebend, also nicht eine bestimmte Altersgrenze (RG **47**, 376; **aM** Schilken 193); jedoch ist es zulässig, ggf alle Personen unter 16 Jahren auszuschließen (BGH NStZ **06**, 652; NStZ-RR **09**, 40 [C]). Ent- **1**

scheidend ist die zur ernsthaften Teilnahme erforderliche Reife, die aber bei über 18-Jährigen immer besteht (KK-Diemer 1).

2 **Würde des Gerichts:** § 175 betrifft (ebenso wie die §§ 176, 177) Abwehr konkreter Verstöße gegen das Schutzgut, § 178 die Ahndung. Bei der Auslegung des Begriffs „Ungebühr" in § 178 wird ebenfalls auf den Begriff der „Würde des Gerichts" zurückgegriffen.

3 **Schutzgut** ist das Ansehen des Gerichts als Institution in der sozialen Gemeinschaft (Düsseldorf JZ **85**, 1012; Nürnberg JZ **69**, 150 mit krit Anm Sarstedt; Wolf § 25 III 3; Baufeld GA **04**, 163). Auch die Störung des Ablaufs der Hauptverhandlung kann dieses Ansehen beeinträchtigen. Daher ist die akute Gefahr solcher Störung oder anderer Kundgabe der Missachtung (§ 185 StGB) Zurückweisungsgrund nach I (vgl auch BGH **17**, 201; Kern JZ **62**, 564; 4 zu § 176). Der Würde des Gerichts widerspricht insbesondere das Erscheinen in provozierendem Aufzug (Roxin JR **76**, 387; Baufeld aaO) oder in betrunkenem oder verwahrlostem Zustand (Rehbinder MDR **63**, 642; erg 2, 3 zu § 178).

4 **2)** Die **Zulassung nach II** ist eine Abweichung von einem Gerichtsbeschluss; sie setzt daher einen Gerichtsbeschluss voraus. Die vorherige Anhörung der Beteiligten ist nicht notwendig (II S 3); für den Beschluss muss die ausgeschlossene Öffentlichkeit nicht wiederhergestellt werden (BGH 4 StR 100/95 vom 14. 3. 1995). Der Beschluss kann auch in dem stillschweigenden Gestatten der Anwesenheit liegen (Einl 123). Ein Beteiligter kann aber Einwendungen erheben und so einen ausdrücklichen förmlichen Beschluss herbeiführen (§ 238 II StPO). Die Methode der stillschweigenden Zulassung wird am häufigsten bei Referendaren angewendet, die dem Gericht zur Ausbildung zugewiesen sind. Niemand hat Anspruch auf Zulassung; den Vertretern der Presse wird der Zutritt jedoch idR gestattet werden (vgl Schweiz. Bundesgericht Lausanne EuGRZ **92**, 202 zu Art 6 I S 2 **MRK**). Ein Anspruch kann auch nicht aus § 149 StPO oder Art 6 I GG abgeleitet werden (BGH 1 StR 227/65 vom 6. 7. 1965). Daher haben auch die Eltern keinen Anspruch auf Anwesenheit während der Zeugenvernehmung ihres Kindes, selbst wenn sie als Begleitpersonen auf Aufforderung des Gerichts erschienen sind. Anders ist es bei dem förmlich zugelassenen Beistand (1, 2 zu § 149 StPO), falls dieser nicht als Zeuge außerhalb des Sitzungssaales warten muss (7 zu § 243 StPO).

5 Dem **Verletzten** soll nach S 2 der Zutritt gestattet werden. Nur in Ausnahmefällen darf ihm die Zulassung verwehrt werden (vgl auch § 48 II **JGG**), zB wenn er noch als Zeuge vernommen werden soll oder ein besonderes Interesse an der Vertraulichkeit der in §§ 171 b, 172 Nr 2 bezeichneten Umstände auch gegenüber dem Verletzten besteht (Rieß/Hilger NStZ **87**, 208).

6 Die Zulassung kann aus sitzungspolizeilichen Gründen **zurückgenommen** werden. Ist ein Reporter zugelassen worden und veröffentlicht er unsachliche und aufreizende Berichte (zB über die Tätigkeit des Verteidigers), so kann die Zulassung aus diesem Grunde nicht zurückgenommen werden (**aM** BGH NJW **64**, 1485). Denn damit würde letztlich auf Erscheinen und Inhalt von Presseveröffentlichungen Einfluss genommen, was mit Art 5 I S 2 GG nicht vereinbar wäre (BVerfGE **50**, 234, 243 = NJW **79**, 1400; 3 zu § 172).

7 Im **Verfahren nach dem JGG** entscheidet, soweit die Öffentlichkeit nach § 48 I **JGG** kraft Gesetzes ausgeschlossen ist, über die Zulassung von Personen, denen die Anwesenheit nicht kraft Gesetzes gestattet ist, der Vorsitzende allein (§ 48 II S 3 **JGG**); § 238 II StPO gilt insoweit nicht (Eisenberg 18 zu § 48 JGG). Wenn in einem Verfahren gegen einen Heranwachsenden die Öffentlichkeit nach § 109 I S 4 **JGG** ausgeschlossen wird, kann den Eltern der Zutritt nach II gestattet werden, auch bei Widerspruch des Angeklagten; jedoch wird der Zutritt nur erlaubt, wenn er nach Auffassung des Gerichts dem Ausschließungsgrund („Interesse des Heranwachsenden") nicht zuwiderläuft.

8 **3)** Das **Anwesenheitsrecht nach III** ist nicht von einer Anordnung des Vorsitzenden oder des Gerichts abhängig. Die Beobachtung der Vorgänge im Gerichts-

saal ist eine Frage der Dienstaufsicht. Daher kann sich der Präsident dabei auch einer Hilfsperson bedienen, zB des Pressereferenten. III gilt auch für die nichtöffentliche Ausschließungsverhandlung (§ 174 I S 1).

Sitzungspolizei **RiStBV 125, 128**

176 **Die Aufrechterhaltung der Ordnung in der Sitzung obliegt dem Vorsitzenden.**

1) Die **Sitzung** (6 zu § 178) erstreckt sich in örtlicher Hinsicht auch auf die dem Sitzungssaal vorgelagerten Räume (BGH **44**, 23; Stuttgart Justiz **93**, 147), in persönlicher Hinsicht auf alle Anwesenden (unten 10). 1

In zeitlicher Hinsicht erfasst der Begriff auch die kurzen Sitzungspausen (BGH aaO), ferner die Zeit für Verrichtungen vor (Karlsruhe JR **76**, 383) und nach der Sitzung, die mit der verhandelten Sache zusammenhängen (Schorn, Der Strafrichter, S 209), schließlich die Zeitspanne vor und nach der Sitzung, in der sich die Beteiligten einfinden oder entfernen (Hamm NJW **56**, 1452), insbesondere die Zeit, die das Gericht benötigt, um ohne Hast die mit der endgültigen Abwicklung der verhandelten Sache zusammenhängenden Verrichtungen vorzunehmen und in Ruhe den Sitzungssaal zu verlassen (Düsseldorf MDR **86**, 428). Längere Unterbrechungen (zB mehrstündige Mittagspausen) gehören nicht zur Sitzungszeit (EbSchmidt 2). 2

Das **Hausrecht** wird durch das Recht und die Pflicht, die Sitzungspolizei auszuüben, verdrängt (BGH **30**, 350). Mit ihm kann eingegriffen werden, wo weder die sitzungspolizeiliche Zuständigkeit noch der Öffentlichkeitsgrundsatz berührt sind, zB nach Entfernung aus der Sitzung (BGH **24**, 329 = JZ **72**, 663 mit Anm Stürner; vgl unten 4; 1 ff zu § 177). Bei der Ausübung des Hausrechts ist darauf zu achten, dass andere, zB die Polizei, unzulässige Verwehrung des Zutritts unterlassen (BGH NJW **80**, 249; 7 zu § 169). Dem Vorsitzenden kann auch das Hausrecht übertragen werden (Willms JZ **72**, 654). 3

2) Ordnung in der Sitzung ist der Zustand, der dem Gericht und den Verfahrensbeteiligten eine störungsfreie Ausübung ihrer Funktionen ermöglicht (Marxen NJW **77**, 2192), die Aufmerksamkeit der übrigen Anwesenden in der öffentlichen Verhandlung nicht beeinträchtigt und allgemein deren gebührlichen Ablauf sichert (Wolf § 26 II 1; Baufeld GA **04**, 168). Diesen störungsfreien äußeren Sitzungsablauf – letzten Endes im Interesse der Wahrheitsfindung – zu sichern, gehört zur Sitzungspolizei (BVerfGE **50**, 234, 242 = NJW **79**, 1400; BGH **44**, 23), die dem Vorsitzenden als eigene Aufgabe obliegt, und zwar als Teil der Verhandlungsleitung (§ 238 I StPO), also als Ausfluss der richterlichen Gewalt (BGH **17**, 201, 204). 4

A. **Vorbereitung auf die Sitzung:** Dazu gehören zB Auswahl des Sitzungssaales nach dem zu erwartenden Interesse der Öffentlichkeit (Weidemann DRiZ **70**, 114); Absprache mit JV und Polizei über Sicherungsmaßnahmen, zB zur Personenkontrolle beim Eingang in den Sitzungssaal oder beim Zutritt zu den diesem vorgelagerten Räumlichkeiten, etwa durch Ausgabe von Einlasskarten (Karlsruhe JR **76**, 383), Ausweiskontrollen (BGH **27**, 13) oder Durchsuchung der Personen und der von ihnen mitgeführten Gegenstände (BVerfGE **48**, 118, 123 = NJW **78**, 1048; BGH MDR **79**, 247; 6, 7 zu § 169). Das gilt auch gegenüber Verteidigern (BVerfG NJW **98**, 296 = StV **98**, 241 mit abl Anm Hübel; BVerfG NJW **06**, 1500; Artkämper NJ **99**, 80). Dass durch die Vorkehrungen auch Personen betroffen werden, die keinen Anlass für die Annahme gegeben haben, sie würden die Ordnung in der Sitzung gefährden, muss im Interesse der Sicherheit in Kauf genommen werden (BVerfGE **46**, 1, 13). In Betracht kommt ferner eine Absprache mit den Beisitzern und Schöffen, um Gerichtsbeschlüsse nach kurzer Verständigung im Gerichtssaal zu ermöglichen (Willms JR **72**, 653; 3 zu § 193). 5

6 B. **Maßnahmen in der Sitzung:** Ob hinreichender Anlass für eine sitzungspolizeiliche Maßnahme besteht, entscheidet der Vorsitzende nach pflichtgemäßem Ermessen, soweit nicht die Mitwirkung des Gerichts nach §§ 177, 178 erforderlich ist (OVG Berlin NJW **73**, 1246; 3, 5 zu § 238 StPO). Die Maßnahmen müssen aus wichtigen konkreten Gründen erforderlich sein und dürfen sich nicht auf ein allgemeines Misstrauen gegen eine Person oder auf einen nicht weiter belegten Verdacht stützen (Marxen NJW **77**, 2192). Unter dieser Voraussetzung darf der Vorsitzende zB anordnen, dass sich uniformierte Polizeibeamte mit Funksprechgerät in seiner Nähe und weitere Polizeibeamte in Reichweite im Sitzungssaal aufhalten sollen (Schleswig SchlHA **78**, 186).

7 C. **Störungsabwehr:** Der Vorsitzende kann Ermahnungen und Rügen erteilen, ungebührliches Verhalten untersagen, wie zB das Fotografieren aus dem Zuhörerraum während der Verhandlung, wobei er erforderlichenfalls den Fotoapparat bis zum Schluss der Sitzung wegnehmen lassen kann (Koblenz HESt **3**, 59). Er kann ferner die Zuhörer ermahnen, Beifalls- oder Missfallenskundgebungen zu unterlassen oder die Ruhe zu bewahren. Eine solche Aufforderung kann durch die Drohung verstärkt werden, bei Nichtbefolgung werde der Sitzungssaal geräumt (§ 177). Über Festnahme wegen Straftaten in der Sitzung vgl § 183. Wird die äußere Ordnung der Sitzung durch Erregung einzelner Beteiligter gestört, so kann eine kurze Unterbrechung (§ 228 I S 2 StPO) helfen (Seibert NJW **73**, 128). Der Vorsitzende darf auch anordnen, die Tür zum Sitzungssaal solle während der Bekanntgabe der Urteilsgründe oder während eines anderen eng begrenzten Abschnitts der Hauptverhandlung möglichst geschlossen bleiben, wenn es geboten erscheint, Störungen in dem beengten Verhandlungsraum zu vermeiden (BGH **24**, 73). Das Tragen eines Kopftuchs aus religiösen Gründen kann einer Angeklagten, Zeugin oder Zuhörerin nicht untersagt werden (BVerfG NJW **07**, 56; Buggert StRR **08**, 45; zur Kopftuch tragenden Schöffin 1 zu § 52).

8 D. **Abwehr von Einflussnahme:** Es gehört auch zur Wahrung der äußeren Ordnung, einer durch konkrete Tatsachen begründeten Gefahr entgegenzuwirken, dass Zuhörer Aussagen wartenden Zeugen unzulässigerweise mitteilen (RG **64**, 385) oder auf den Angeklagten oder einen Zeugen durch Zeichen einwirken (Kern JZ **62**, 564). Zu solchem Zweck kann das Mitschreiben untersagt (BGH NStZ **82**, 389: nicht aus anderen Gründen; vgl auch Hamm JMBlNW **90**, 42) oder ein Zuhörer aus dem Sitzungssaal entfernt werden. Diese Maßnahmen sind aber nicht erforderlich, wenn die Hauptverhandlung voraussichtlich ohne Unterbrechung durchgeführt wird, die Zeugen alle vorgeladen und erschienen sind und auch in den Pausen von den Zuhörern getrennt bleiben. Die Anordnung, den Sitzungssaal zu verlassen, ist auch zulässig, wenn ein Zuhörer als Zeuge in Betracht kommt (§§ 58 I, 243 II S 1 StPO; BGH **3**, 388; NStZ **91**, 122 [M/K]; **aM** mit beachtlichen Erwägungen Schneiders StV **90**, 91), oder wenn gegen ihn wegen derselben Vorgänge, über die verhandelt wird, ein Ermittlungsverfahren schwebt (BGH **17**, 201).

9 Ein **Prozessbeobachter,** der sich für den Geschädigten im Zuhörerraum aufhält, kann grundsätzlich nicht zum Verlassen des Sitzungssaales aufgefordert werden; anders nur bei konkreter Gefahr störender Einflussnahme (zB der Zeugenbeeinflussung), falls es nicht ausreicht, ihm das Mitschreiben zu untersagen (Straßburg MDR **77**, 712).

10 **3) In persönlicher Hinsicht** erstreckt sich die Sitzungspolizei auf alle Anwesenden. Die Pressevertreter genießen grundsätzlich keinen weitergehenden Schutz als andere Bürger; aber es darf kein Einfluss auf die Berichterstattung genommen werden (BVerfGE **50**, 234, 242 ff = NJW **79**, 1400; 3 zu § 172; 5 zu § 175). Der Sitzungspolizei unterstehen auch der Verteidiger (BVerfGE **48**, 118, 123 = NJW **78**, 1048; SK-Wohlers 79 vor § 137 StPO; Malmendier NJW **97**, 232 ff), der RA als Vertreter des Privat- oder Nebenklägers (§§ 378, 387 StPO) und der StA sowie der UrkB, die mitwirkenden Richter einschließlich Schöffen, wobei bei

letzteren. Für diese Personen gilt jedoch nur § 176; die §§ 177, 178 sind gegen sie nicht anwendbar (3 zu § 177; eingehend dazu Kramer, Die Zurückweisung von Rechtsanwälten und deren zwangsweise Entfernung aus dem Sitzungssaal, Diss Bielefeld 2000). Sie dürfen auch durch Anwendung des § 176 nicht in ihrer Rechtspflegefunktion beeinträchtigt werden. Bei Schöffinnen ist das religiös motivierte Tragen eines Kopftuchs aber kein Ausschließungsgrund (Bader NJW **07**, 2964; erg 1 zu § 52). Jedoch hat der Vorsitzende bei unangebrachten Ausführungen auch diesen Personen gegenüber durch Ordnungs- oder Rügerufe einzugreifen, wenn auch mit Zurückhaltung und unter möglichster Vermeidung einer Bloßstellung. Die sitzungspolizeilichen Aufgaben müssen aber auch wahrgenommen werden, um die Verfahrensbeteiligten, Zeugen oder Sachverständigen vor grob verfahrenswidrigen Angriffen zu schützen (BGH **44**, 23; Einl 157).

Der Verstoß des RAs gegen die in § 20 BORA vorgeschriebene Pflicht, **in Robe aufzutreten,** kann bei grundsätzlicher Weigerung in Anwendung des § 176 zur Zurückweisung für die betreffende Sitzung führen (vgl auch BVerfGE **28**, 21 = NJW **70**, 851; **34**, 138; BGH **27**, 34, 38; BayVerfGE 25 II 51 = AnwBl **72**, 228; Karlsruhe NJW **77**, 309; Wolf NJW **77**, 1064; **aM** Kissel/Mayer 20; Weihrauch Müller-FS 761; Sälzer JZ **70**, 572). Ein besonderes Verfahren ist hierfür nicht vorgesehen. Wenn der Verteidiger in der Hauptverhandlung keine weiße Krawatte trägt, rechtfertigt dieser Umstand nicht die Zurückweisung oder die Bestellung eines (weiteren) Pflichtverteidigers (Zweibrücken NStZ **88**, 144), nach München NJW **06**, 3079 wohl aber, wenn er nur ein weißes T-Shirt unter der offenen Robe trägt; dagegen zutr Beulke Hamm-FS 21, Pielke NJW **07**, 3261 sowie Weihrauch StV **07**, 28 und Müller-FS 759; differenzierend LG Mannheim NJW **09**, 1094 mit Anm Leitner. **11**

4) Zuständig ist der Vorsitzende, wenn sich die Maßnahme in dem durch § 176 gewährten Ermessensspielraum hält (BGH **17**, 201; erg 11 zu § 177). Der Vorsitzende kann die Verweisung von Störern aus dem Saal zugleich in Vollmacht des Hausherrn aussprechen, wenn diese für die betreffende Sitzung oder allgemein erteilt ist, und darauf hinweisen, dass die Nichtbefolgung die Strafbarkeit wegen Hausfriedensbruchs begründet. **12**

Die **Kompetenz des Vorsitzenden endet** in jedem Fall, wenn eine Maßnahme zur Zuständigkeit des Gerichts gehört. Das ist der Fall, wenn die Maßnahme die Verteidigung des Angeklagten beschränken, die wahrheitsgemäße Ermittlung des Sachverhalts gefährden oder die Grundsätze über die Öffentlichkeit verletzen würde (BGH **17**, 201, 203), ebenso wenn die Maßnahme die „Sitzung" überhaupt aufheben würde. **13**

Zur **Ausführung der Anordnungen** bedient sich der Vorsitzende des Justizwachtmeisters (RiStBV 128 III), erforderlichenfalls im Wege der Amtshilfe der Polizei (BGH NJW **80**, 249; Einl 44), der er jedoch keine bindenden Einzelweisungen (zB für das Waffentragen im Gerichtssaal) erteilen kann (Leimius NJW **73**, 448). Die Justizwachtmeister sind Beamte, die mit Vollzugs- und Sicherungsaufgaben betraut sind, daher in rechtmäßiger Ausübung dieses Dienstes zur Anwendung von Zwang unmittelbar befugt (vgl §§ 1, 6 Nr 7 UZwG; Einl 46). **14**

5) Über **Presse- und Rundfunkberichterstatter** vgl 8 ff zu § 169. Für die Erlaubnis von Bild- und Funkaufnahmen in der Sitzung ist der Vorsitzende, sonst der Behördenleiter als Hausherr zuständig. Dieser muss auch zustimmen, wenn im Gebäude Leitungen gelegt oder im Sitzungssaal Veränderungen vorgenommen werden sollen (Rasehorn DRiZ **61**, 256). Ob und in welchem Umfang fotografische Aufnahmen in dem Bereich gemacht werden dürfen, für den die sitzungspolizeilichen Rechte und Pflichten gelten, entscheidet ebenfalls der Vorsitzende. Ob er sie erlauben oder unterbinden soll, richtet sich nach den Erfordernissen der öffentlichen Ordnung (vgl dazu BVerfG NJW **96**, 310). Es ist aber auch der Schutz des Angeklagten und der Zeugen in den Grenzen des § 23 KUG (10 zu § 169) zu berücksichtigen (LG Ravensburg NStZ-RR **07**, 348). Sofern die Person nicht **15**

erkennbar einverstanden ist, darf der Vorsitzende die zur Veröffentlichung bestimmten Aufnahmen nicht erlauben oder dulden, wenn die Gefahr einer unzumutbaren Anprangerung besteht. Die Pflicht des Vorsitzenden, die Persönlichkeitsrechte des Angeklagten und der Zeugen vor ungesetzlicher Verletzung zu schützen, hat auch in § 172 Nr 2 Niederschlag gefunden (vgl auch RiStBV 129, 23). Jede Beschränkung der Berichterstattung muss aber der Bedeutung des Art 5 I S 2 GG Rechnung tragen und dem Grundsatz der Verhältnismäßigkeit genügen (BVerfGE **91**, 125 = NStZ **95**, 40 mit Anm Scholz; vgl auch BVerfG NJW **03**, 500 zur Platzverteilung für Journalisten).

16 **6) Rechtsbehelfe:** Die Anrufung des Gerichts zur Nachprüfung einer sitzungspolizeilichen Maßnahme ist nach § 238 II StPO zulässig (dort 13). Sitzungspolizeiliche Maßnahmen können aber nicht mit der Beschwerde (Hamburg NJW **76**, 1987; Zweibrücken StV **88**, 519 mit abl Anm Gatzweiler; zw BVerfGE **87**, 334 = NJW **92**, 3288), mit der Revision (BGH **17**, 201, 202) oder mit dem Antrag nach § 23 **EGGVG** (Hamburg NStZ **92**, 509) angegriffen werden; LG Ravensburg NStZ-RR **07**, 348 lässt aber zutr eine Beschwerde zu, wenn durch die Anordnung Rechtspositionen des Betroffenen über die Hauptverhandlung hinaus beeinträchtigt werden; für weitgehende Angreifbarkeit mit Beschwerde und Revision SK-Velten 11, 12. Greift eine Maßnahme über die Sitzungspolizei hinaus (vgl oben 13) in die Sachleitung ein, so kann das Gericht angerufen und dann auch mit der Revision eine etwaige Beschränkung der Verteidigung in einem wesentlichen Punkt nach § 338 Nr 8 StPO geltend gemacht werden (5, 22 zu § 238 StPO; krit Krekeler NJW **79**, 185). Hat der Vorsitzende jemanden unter Ermessensüberschreitung aus dem Saal verwiesen, so gilt § 338 Nr 6 StPO (BGH **17**, 201). Es ist hier unschädlich, wenn das Gericht an Stelle des Vorsitzenden entschieden hat (BGH NStZ **04**, 220).

Ungehorsamsfolgen

177 [1] **Parteien, Beschuldigte, Zeugen, Sachverständige oder bei der Verhandlung nicht beteiligte Personen, die den zur Aufrechterhaltung der Ordnung getroffenen Anordnungen nicht Folge leisten, können aus dem Sitzungszimmer entfernt sowie zur Ordnungshaft abgeführt und während einer zu bestimmenden Zeit, die vierundzwanzig Stunden nicht übersteigen darf, festgehalten werden.** [2] **Über Maßnahmen nach Satz 1 entscheidet gegenüber Personen, die bei der Verhandlung nicht beteiligt sind, der Vorsitzende, in den übrigen Fällen das Gericht.**

1 **1) Maßnahmen bei manifesten Störungen:**

2 A. **Bei der Verhandlung nicht beteiligte Personen:** Das sind die Zuhörer, auch Vertreter der Medien (LR-Wickern 17). Die Zeugen und Sachverständigen gehören zwar nicht zu den Verfahrensbeteiligten, sind aber bei der Verhandlung beteiligt; ebenso der UrkB (Protokollführer). Der Vorsitzende kann die Maßnahmen in geeigneten Fällen zunächst androhen.

3 B. **Bei der Verhandlung beteiligte Personen:** Soweit sie aufgezählt sind, kann nach § 177 gegen sie vorgegangen werden (Köln NJW **08**, 2865: auch gegen eine am Verfahren nicht beteiligte Rechtspflegerin). Gegen die anderen an der Verhandlung beteiligten Personen ist dies nicht zulässig, zB nicht gegen Beisitzer, Schöffen, den StA, den Verteidiger (Düsseldorf MDR **94**, 297: auch wenn er erst Rechtsreferendar ist) und gegen den RA als Beistand oder Vertreter des Privatklägers (§ 378 StPO), des Nebenklägers (§§ 397 I S 1 iVm 378 StPO) oder eines sonstigen Nebenbeteiligten (Einl 73). Ist ein RA Beschuldigter, so wird er nur als solcher behandelt (BVerfGE **53**, 207 = NJW **80**, 1677; 4 zu § 138 StPO). Nach § 51 III **JGG** gilt § 177 aber entspr für Erziehungsberechtigte und gesetzliche Vertreter jugendlicher Angeklagter.

Gegen Verteidiger sind Zwangsmaßnahmen stets unzulässig. Die Ansicht, in Extremfällen sei die zwangsweise Entfernung des Störers in Anwaltsrobe (aber nicht die Verhängung von Ordnungshaft gegen ihn) unter Beachtung des Verhältnismäßigkeitsgrundsatzes nicht ausgeschlossen (BGH NJW **77**, 437, 438; Katholnigg 3; Malmendier NJW **97**, 235), steht im Widerspruch zu dem eindeutigen Wortlaut des Gesetzes (Celle StraFo **02**, 355; Hamm JZ **04**, 205 mit zust Anm Jahn; SK-Velten 2; Kissel/Mayer 42 zu § 176 mwN; Baumann Jescheck-FS 114 ff; Jahn NStZ **98**, 389; Leuze StV **04**, 101). Es ist allein Sache des Gesetzgebers, Vorsorge dagegen zu treffen, dass die Durchführung einer Hauptverhandlung an dem ungehörigen Verhalten eines RAs scheitert (LR-Wickern 8; vgl auch Fahl 329 ff), der im Übrigen der Anwaltsgerichtsbarkeit unterliegt. **3a**

Für den **RA als Beistand des Zeugen** müssen nach der in § 68 b StPO durch das 2. OpferRRG getroffenen Neuregelung die rechtlichen Möglichkeiten der §§ 176 ff, also auch die des § 177 ausscheiden (so schon früher KK-Diemer 2; LR-Wickern 15). **4**

Parteien: Dazu zählen der Privat- und der Nebenkläger, der Verfalls- oder Einziehungsbeteiligte (§§ 431, 442 I, II StPO) und der Vertreter der bußgeldbeteiligten JP oder PV (§ 444 StPO). **5**

Beschuldigte (4 zu § 157 StPO): Gegen den Beschuldigten kommen die Maßnahmen auch bei einer Sitzung in Betracht, die nicht Hauptverhandlung ist, zB im Fall des § 118 I StPO oder des § 138 d StPO. **6**

2) Nicht Folge leisten: Es muss eine verständliche und verstandene Anordnung vorangegangen sein. **7**

3) Entfernung aus dem Sitzungszimmer: Hier handelt es sich um eine Maßnahme der Sitzungspolizei (§ 176; § 238 I StPO), die zwar klaren Ungehorsam in der Sitzung (4 zu § 176), aber nicht nachgewiesenes Verschulden voraussetzt. Die Entfernung ist nicht Ausschluss von Öffentlichkeit. Daher müssen auch neue Zuhörer zugelassen werden (RG **30**, 105). Ist Polizei im Sitzungssaal anwesend, so kann die Anordnung des Vorsitzenden auch darin bestehen, dass der Sitzungssaal von den offensichtlich am Krawall beteiligten Zuhörern zu räumen sei (BGH 1 StR 72/74 vom 7. 5. 1974). **8**

Ist eine Differenzierung nicht möglich, so kann die **Entfernung aller anwesenden Zuhörer** angeordnet werden. Präventive Abweisung bei vermutlich zu erwartenden Störungen, zB Abweisung Verdächtiger oder gezielte Verkleinerung des Zuhörerraums, sind nicht zulässig (Roxin Peters-FS 397), auch nicht auf Grund des Hausrechts (Stürner JZ **72**, 665; 3 zu § 176). Wenn die Maßnahmen nach § 177 nicht ausreichen, kommt die Ausschließung der Öffentlichkeit wegen Gefährdung der öffentlichen Ordnung in Betracht (3 zu § 172). **9**

4) Ordnungshaft: Ihre Anordnung setzt Verschulden voraus (15 zu § 51 StPO; **aM** Katholnigg 2). Sie darf die Dauer der Sitzung nicht überschreiten (Kissel/Mayer 5; **aM** LR-Wickern 26); die 24-Stundengrenze ist absolut. Die Ordnungshaft kann aber erforderlichenfalls wiederholt angeordnet werden (vgl 7 zu § 178). Gegen den Beschuldigten vollzogene Ordnungshaft ist nicht nach § 51 StGB anrechnungsfähig. Dagegen wird Ordnungshaft auf die Strafe angerechnet, wenn später wegen derselben Tat auf Strafe erkannt wird (§ 178 III). Einzelheiten der Ordnungshaft regeln die Art 6 ff **EGStGB.** **10**

5) Zuständigkeit (I S 2): Der Vorsitzende allein entscheidet nur gegenüber den Personen, die bei der Verhandlung nicht beteiligt sind. Entscheidungen des Gerichts sind nicht unwirksam, auch wenn der Vorsitzende zuständig ist (Karlsruhe NJW **77**, 309; **aM** Koblenz MDR **78**, 693). Bei den anderen genannten Personen, von denen die Durchführung der Hauptverhandlung abhängen kann, entscheidet das Gericht. In Fällen äußerster Dringlichkeit kann zunächst der Vorsitzende entscheiden; er muss die Maßnahme dann aber alsbald durch Gerichtsbeschluss bestätigen lassen (vgl BGH NStZ **88**, 85) oder rückgängig machen (Greiser JA **83**, 431). **11**

12 Ist zu befürchten, dass aus der Sitzung entfernte Personen ihre Störaktionen wiederholen werden, so können gegen sie alsbald **Hausverbote** (in Ausübung des Hausrechts; 3 zu § 176) angeordnet werden (vgl BGH **24**, 329), die für sofort vollziehbar erklärt werden müssen (§ 80 II S 1 Nr 4 VwGO) und auch bei Widerspruch wirksam sind.

13 **6) Nach Entfernung des Angeklagten** aus dem Sitzungszimmer kann in seiner Abwesenheit verhandelt werden. Eines gesonderten Beschlusses nach § 231 b StPO bedarf es dann nicht mehr (vgl 9 zu § 231 b StPO).

14 **7) Rechtliches Gehör** muss dem von einer Einzelmaßnahme Betroffenen gewährt werden. Einschränkung: 13 ff zu § 178.

15 **8) Anfechtung:** Beschwerde ist nicht zulässig. Dies ergibt sich auch aus dem Umkehrschluss aus § 181 (dort 5; Katholnigg 9; einschr Schilken 240; vgl auch 16 zu § 176). Auch mit der Revision können die sitzungspolizeilichen Maßnahmen und Ordnungsmittel nicht angegriffen werden. Die Entfernung des Angeklagten aus dem Sitzungssaal auf Anordnung des Vorsitzenden ohne Gerichtsbeschluss (S 2) ist absoluter Revisionsgrund nach § 338 Nr 5 StPO, allerdings nur, wenn kein Grund für die Maßnahme bestand (RG **70**, 65, 70).

Ordnungsmittel wegen Ungebühr

178 **I [1] Gegen Parteien, Beschuldigte, Zeugen, Sachverständige oder bei der Verhandlung nicht beteiligte Personen, die sich in der Sitzung einer Ungebühr schuldig machen, kann vorbehaltlich der strafgerichtlichen Verfolgung ein Ordnungsgeld bis zu eintausend Euro oder Ordnungshaft bis zu einer Woche festgesetzt und sofort vollstreckt werden. [2] Bei der Festsetzung von Ordnungsgeld ist zugleich für den Fall, dass dieses nicht beigetrieben werden kann, zu bestimmen, in welchem Maße Ordnungshaft an seine Stelle tritt.**

II Über die Festsetzung von Ordnungsmitteln entscheidet gegenüber Personen, die bei der Verhandlung nicht beteiligt sind, der Vorsitzende, in den übrigen Fällen das Gericht.

III Wird wegen derselben Tat später auf Strafe erkannt, so sind das Ordnungsgeld oder die Ordnungshaft auf die Strafe anzurechnen.

1 **1) Der in Betracht kommende Personenkreis** (I) ist der Gleiche wie in § 177 (dort 2 ff).

2 **2) Ungebühr** (I) ist ein erheblicher (Schwind JR **73**, 134) Angriff auf die Ordnung in der Sitzung (§ 176), auf deren justizgemäßen Ablauf (Stuttgart NJW **69**, 627), auf den „Gerichtsfrieden" und damit auf die Ehre und Würde des Gerichts (Koblenz VRS **68**, 48; Nürnberg JZ **69**, 150 mit krit Anm Sarstedt; Schleswig SchlHA **02**, 148 [D/D]; Stuttgart Justiz **86**, 228; zust Wolf § 26 III; vgl auch BerlVerfGH JR **01**, 363; erg 2, 3 zu § 175), aber nicht ein Verhalten, das lediglich prozessualen Vorschriften zuwiderläuft (Stuttgart NStZ **91**, 297). Ein Verfahrensbeteiligter darf auch „starke, eindringliche Ausdrücke und sinnfällige Schlagworte benutzen, um seine Rechtsposition zu unterstreichen", nicht gestattet sind jedoch „ehrverletzende Äußerungen, die in keinem inneren Zusammenhang zur Ausführung oder Verteidigung der geltend gemachten Rechte stehen" (BVerfG NJW **07**, 2839).

3 **Beispiele:** Das Erscheinen in unangemessener Kleidung (BVerfG DRiZ **66**, 356; Düsseldorf NJW **86**, 1505; Koblenz OLGSt S 19; Stuttgart Justiz **07**, 281: provokantes Aufbehalten einer Mütze), nicht aber in Freizeitkleidung (Düsseldorf JMBlNW **81**, 215; Koblenz NJW **95**, 976: kurze Hose), das Erscheinen im Zustand der Trunkenheit (Düsseldorf NJW **89**, 241 mwN; Schleswig SchlHA **83**, 106; **07**, 280 [D/D]; **aM** Stuttgart MDR **89**, 763; Michel MDR **92**, 544), das

Zuschlagen der Tür des Sitzungssaales (Zweibrücken NJW **05**, 611); ordnungsstörendes Fotografieren in der Hauptverhandlung trotz Verbots (15 zu § 176); das Nichtaufstehen beim ersten Betreten des Sitzungssaals durch das Gericht (Koblenz NStZ **84**, 234; krit dazu Pardey DRiZ **90**, 132; anders aber idR nach einer Sitzungspause, Saarbrücken StraFo **07**, 208), insbesondere trotz mehrfacher Aufforderung des Vorsitzenden in der Absicht, das Gericht herauszufordern und zu verletzen (vgl Bamberg NStE Nr 7) oder das Nichtaufstehen in solcher Absicht bei der Zeugenvereidigung (Koblenz GA **85**, 328) oder bei der Urteilsverkündung (Hamm NJW **75**, 942), auch das Aufstehen nach mehrmaliger Aufforderung unter Zuwendung der Rückseite (Köln NJW **85**, 446); das wiederholte Verlassen des Sitzungssaals trotz Belehrung (Koblenz OLGSt Nr 7); das allgemein sichtbare Lesen einer Zeitung oder Zeitschrift während der Hauptverhandlung (Karlsruhe JR **77**, 392); die Beleidigung eines Richters, der dann trotz § 22 Nr 1 StPO und trotz etwaiger Ablehnung ein Ordnungsmittel mitverhängen darf; uU auch ein ehrverletzender Angriff gegen einen anderen an der Verhandlung Beteiligten (Hamm NJW **63**, 1791; Koblenz NStE Nr 10; Stuttgart OLGSt Nr 12), zB seitens eines Zeugen auf den Angeklagten (Hamm StraFo **05**, 251) oder den Verteidiger; die Äußerung eines Zeugen, der Richter wolle ihn mit einer Frage nur „fangen" (BGH JZ **51**, 791); die Äußerung des Angeklagten gegenüber dem Richter: „Dann erhalten Sie ein Disziplinarverfahren" (Hamm NJW **69**, 256); der Vorwurf eines Zeugen, das Gericht habe nicht unvoreingenommen entschieden und die Richter hätten ihre Pflichten verletzt (Koblenz OLGSt Nr 9); die Äußerung „Man meint ja, man wäre beim Volksgerichtshof" (Koblenz VRS **72**, 189).

Es **genügt nicht** eine – möglicherweise sogar heftige – Reaktion des Angeklagten auf eine Zeugenaussage, wenn sie sich als nichts anderes als Betonung der eigenen Selbstdarstellung erweist (Koblenz MDR **80**, 76; Zweibrücken VRS **77**, 447). Fortgehen des Angeklagten in einer Pause vor der Urteilsverkündung ist noch keine Ungebühr (München MDR **56**, 503), auch nicht das Klatschen (Saarbrücken NJW **61**, 890 mit krit Anm Händel S 1176), geschmacklose Haartracht (München NJW **66**, 1935) oder bei Erkältung das Lutschen eines Hustenbonbons (Schleswig NStE Nr 12). Das Klingeln eines Mobiltelefons kann trotz eines Hinweises am Sitzungssaal, dass Handys auszuschalten seien, nicht schon als Ungebühr angesehen werden (Brandenburg NZV **04**, 213). Bei einer aus einer gereizten Verhandlungssituation entstandenen, einmaligen Entgleisung ist eine Ahndung idR nicht geboten (KG StraFo **08**, 33; Düsseldorf NStE Nr 11; wistra **97**, 319; Hamm DAR **01**, 134; Koblenz NStE Nr 10; eingehend Milger NStZ **06**, 123), auch nicht bei einer Spontanreaktion auf ein aus Sicht des Betroffenen beanstandungswürdiges Verhalten (BVerfG NJW **07**, 2839). 3a

3) Schuldhaft muss die Ungebühr sein. Nach dem Sinn und Zweck ist Vorsatz gemeint (Schleswig SchlHA **62**, 84; **83**, 106 [E/L]; Stuttgart Justiz **86**, 228, Rosenberg/Schwab/Gottwald § 23 V 2b; **aM** Katholnigg 2; Kissel/Mayer 32 mwN; Schilken 236). Wenn der Ungebührwille nicht außer Zweifel steht, ist idR zunächst eine Ermahnung durch den Vorsitzenden angebracht (BVerfG NJW **07**, 2839; Karlsruhe JR **77**, 392). Die Maßnahmen sind auch gegen Jugendliche zulässig. 4

Es gilt auch § **20 StGB.** Ein Affektsturm kann in Extremfällen zu einer tiefgreifenden Bewusstseinsstörung führen (Bremen NJW **59**, 952; Koblenz VRS **72**, 189, 191). Es müssen aber verschiedene äußere und innere Faktoren zusammenwirken, die das seelische Gefüge des Täters zerstören oder tiefgreifend erschüttern (Sch/Sch-Lenckner/Perron 13, 14 zu § 20 StGB; Geilen Maurach-FS 173; von Winterfeld NJW **75**, 2229). Es genügt nicht, dass sich der Betroffene in eine völlig unangemessene Erregung hineingesteigert und sich dann so wie ein jähzorniger Choleriker ohne Selbstdisziplin verhalten hat (Frankfurt 2 Ws 75/76 vom 12. 3. 1976). 5

4) Sitzung (1, 2 zu § 176) ist die Gerichtsverhandlung, die öffentliche oder nicht öffentliche, im Gerichtsgebäude, am Augenscheinsort oder in einer Privatwohnung. 6

Ordnungsgemäße Ladung (2 zu § 51 StPO) ist nicht Voraussetzung für das Ordnungsmittel (**aM** Hamburg MDR **79**, 160). § 178 gilt nicht bei Ungebühr auf der Geschäftsstelle (Schleswig SchlHA **67**, 152). Vgl auch § 180; ferner § 164 StPO.

7 **5) Festsetzung der Ordnungsmittel:** Es gilt das Opportunitäts-, nicht das Legalitätsprinzip (Köln NJW **08**, 2865). „Kann" bedeutet nach pflichtgemäßem Ermessen (Koblenz OLGSt Nr 7; Köln aaO; Stuttgart OLGSt Nr 12; hM). Jedoch ist zu berücksichtigen, dass die geschützte Ordnung der Sitzung für den einzelnen Richter kein disponibles Gut ist (Willms JZ **74**, 138). Mehrfaches Fehlverhalten in der Sitzung gehört bis zur Anordnung des Ordnungsmittels zur selben Ungebühr. Neue Ungebühr nach der Festsetzung kann zur wiederholten Anordnung eines Ordnungsmittels führen (vgl Bremen NJW **56**, 113). Bei geringem Verschulden kann von der Festsetzung entspr § 153 StPO abgesehen werden (Neustadt NJW **62**, 602; erg 17 zu § 51 StPO).

8 A. **Ordnungsgeld:** Die Festsetzung kann mit der Entfernung nach § 177 verbunden werden. Das Höchstmaß beträgt 1000 Euro. Einzelheiten regeln die Art 6 ff **EGStGB.** Immunität steht der Festsetzung von Ordnungsgeld nicht entgegen (32 zu § 51 StPO; dort auch zur Exterritorialität).

9 B. **Ordnungshaft:** Das Höchstmaß beträgt 1 Woche. Wegen der Einzelheiten vgl Art 6 ff **EGStGB.** Die Ordnungshaft darf die Sitzungsdauer übersteigen; das Höchstmaß von 1 Woche darf aber nicht überschritten werden.

10 **6) Vorbehaltlich der strafgerichtlichen Verfolgung:** Ob eine Ahndung nach § 178 eine disziplinare Maßnahme unzulässig macht, erscheint zweifelhaft (Einl 178), dürfte aber für den Regelfall zutreffen. Die Unterlassung eines Ordnungsmittels steht jedenfalls einer disziplinaren Maßnahme nicht entgegen. Gegen einen UGefangenen darf nach hM auch nach Festsetzung eines Ordnungsmittels wegen der Ungebühr in der Sitzung noch eine Hausstrafe angeordnet werden (LR-Wickern 28); das Gleiche gilt bei einem Strafgefangenen.

11 Bei einer **Widersetzlichkeit, die Straftat ist,** kann der Störer festgehalten und nach Ermittlung seiner Person vorgeführt werden, damit der Vorfall in das Protokoll aufgenommen (§ 183) und dem Störer das rechtliche Gehör gewährt werden kann. Über die vorläufige Festnahme zum Zweck der Strafverfolgung vgl 2 zu § 183.

12 **7) Festsetzungszuständigkeit** (II; wie § 177 S 2): Entscheidet der Vorsitzende anstatt des Gerichts oder umgekehrt, so ist die Anordnung nicht unwirksam (1 zu § 22 d; 11 zu § 177; Einl 104 ff). Dass der Vorsitzende hier „in eigener Sache" tätig wird, macht ihn nicht befangen und steht seiner Entscheidungsbefugnis nicht entgegen (Kissel NJW **07**, 1109 in krit Auseinandersetzung mit EGMR NJW **06**, 2901).

13 **8) Festsetzungsverfahren:** Weder die StA noch andere Verfahrensbeteiligte haben ein förmliches Recht, die Festsetzung einer Maßnahme nach § 178 zu beantragen. Über die Verpflichtung der StA vgl aber RiStBV 128 I. Das rechtliche Gehör muss der betroffenen Person – wenn auch nicht durch ausdrückliche Aufforderung zur Äußerung (Einl 28, 29, 31) – vor der Anordnung der Maßnahme gewährt werden (Hamm NStZ-RR **09**, 93; Köln NJW **08**, 2865; Saarbrücken NJW **61**, 890; Röhl NJW **64**, 275; Tillmann MDR **60**, 197; Woesner NJW **59**, 866). Richtet sich das Festsetzungsverfahren gegen den Beschuldigten, so wird mit diesem der Verteidiger gehört; richtet es sich gegen eine sonst am Verfahren beteiligte Person, die im Beistand eines RA erschienen ist, so wird dieser mit angehört.

14 Das **Absehen von der vorherigen Anhörung** der betroffenen Person ist gerechtfertigt, wenn die Ungebühr und der Ungebührwille völlig außer Frage stehen und die Anhörung nur zu weiteren Ausfällen Gelegenheit gäbe (Düsseldorf NStZ **88**, 238; NStE Nr 8; VRS **80**, 29; Schleswig SchlHA **82**, 114 [E/L]), etwa bei Rohheitsausschreitungen oder groben unflätigen Beleidigungen (Hamm MDR **78**, 780); uU kann nachträgliche Anhörung genügen (Stuttgart NStE Nr 9). Ein

im Sitzungssaal angebrachter Hinweis auf die Verhängung von Ordnungsgeld bei einem bestimmten Verhalten (Nichtausschalten des Handys) entbindet aber nicht von der Anhörungspflicht (Brandenburg NZV **04**, 189).

Die **Anhörung des Sitzungsvertreters der StA** ist zu empfehlen, ihre Unterlassung aber keine Verletzung des § 33 I, weil es sich um den sitzungspolizeilichen Bereich handelt. Der Beschluss des Gerichts kann bei genügender Vorbesprechung nach Verständigung im Sitzungssaal ergehen (5 zu § 176; 3 zu § 193). 15

9) Erlass des Beschlusses: Der Anordnungsbeschluss des Vorsitzenden oder des Gerichts muss noch während der Sitzung erlassen (Hamburg NJW **99**, 2607 mwN; Nürnberg NStZ-RR **06**, 308), bei mehrtägiger Verhandlung uU erst am folgenden Verhandlungstag (Schleswig MDR **80**, 76), begründet (Hamm NStZ-RR **09**, 183) und nach § 35 StPO bekanntgemacht werden (Koblenz GA **89**, 175). Damit wird die Rechtsmittelbelehrung verbunden (§ 181 iVm § 35 a StPO). Zur Protokollierung vgl § 182. 16

10) Vollstreckung: § 179; § 36 II S 2 StPO. Vgl auch 5, 6 zu Art 6 **EGStGB.** Jedenfalls bei an der Verhandlung nicht beteiligten Personen veranlasst der Vorsitzende idR alsbald die sofortige Vollstreckung (§ 179); die sofortige Beschwerde hat keine aufschiebende Wirkung (§ 181 II). Zulässig sind auch erkennungsdienstliche Maßnahmen (§ 81 b StPO), wenn die Personalien eines in Ordnungshaft genommenen Zeugen anders nicht festgestellt werden können (Koblenz OLGSt § 181 Nr 1). Das in allen Haftsachen zu beachtende Beschleunigungsgebot (1 zu § 121 StPO) gilt auch für die Ordnungshaft; so kann es geboten sein, eine Beschwerde sofort dem Beschwerdegericht vorzulegen (BGH **47**, 105 = JR **02**, 254 mit Anm Foth; Schiemann NJW **02**, 114; vgl auch Böttcher NStZ **02**, 146; Kühl/Heger JZ **02**, 203). 17

11) Rechtsbehelfe: § 181. 18

Vollstreckung

179 **Die Vollstreckung der vorstehend bezeichneten Ordnungsmittel hat der Vorsitzende unmittelbar zu veranlassen.**

1) Die **StA** wirkt bei der Vollstreckung nicht mit (§ 36 II S 2 StPO; § 88 II StVollstrO). Die gerichtliche Vollstreckung ist nach § 31 III **RPflG** dem Rechtspfleger übertragen, soweit sie sich der Richter nicht im Einzelfall ganz oder teilw vorbehält. 1

2) Vollstreckungsverjährung: Art 9 II **EGStGB.** 2

Einzelrichter außerhalb der Sitzung

180 **Die in den §§ 176 bis 179 bezeichneten Befugnisse stehen auch einem einzelnen Richter bei der Vornahme von Amtshandlungen außerhalb der Sitzung zu.**

1) Einzelner Richter: Der Ermittlungsrichter (§§ 162, 169 StPO), der Rechtshilferichter (§ 157), der ersuchte und der beauftragte Richter. § 180 setzt eine einer Sitzung vergleichbare Verhandlung voraus (LR-Wickern 1), gilt also bei richterlichen Vernehmungen und richterlichem Augenschein, bei denen ein Protokoll aufgenommen wird (§§ 168, 168 a StPO, wo in I, III der Ausdruck Verhandlung verwendet wird). § 164 StPO betrifft Maßnahmen gegen Störungen an Ort und Stelle; die eine Bestimmung schließt die Anwendbarkeit der anderen nicht aus (Celle MDR **55**, 692; 1 zu § 164 StPO). 1

Beschwerde

181 **I Ist in den Fällen der §§ 178, 180 ein Ordnungsmittel festgesetzt, so kann gegen die Entscheidung binnen der Frist von einer Woche nach ihrer Bekanntmachung Beschwerde eingelegt werden, sofern sie nicht von dem Bundesgerichtshof oder einem Oberlandesgericht getroffen ist.**

II Die Beschwerde hat in dem Falle des § 178 keine aufschiebende Wirkung, in dem Falle des § 180 aufschiebende Wirkung.

III Über die Beschwerde entscheidet das Oberlandesgericht.

1 **1) Frist von einer Woche:** Es handelt sich nach ganz hM (vgl Schiemann NJW **02**, 112) um eine sofortige Beschwerde (§ 311 StPO), die nur deshalb nicht als solche bezeichnet ist, weil diese Beschwerde in StPO und ZPO an verschiedene Fristen gebunden ist. Daher ist eine Abänderung des Beschlusses durch die untere Instanz ausgeschlossen (LR-Wickern 2, 3); jedoch gilt § 311 III S 2 StPO. Erklärt der Betroffene alsbald nach der Verkündung des Beschlusses, dass er Beschwerde einlege, so wird diese Erklärung nicht protokolliert, da § 306 StPO gilt. Wenn sie aber mit Wissen und Willen des Beschwerdeführers protokolliert wird, ist sie wirksam eingelegt (Koblenz VRS **61**, 356; **72**, 189; Einl 137). Die Einlegung der Beschwerde beim OLG wahrt die Beschwerdefrist nicht (Hamburg NJW **99**, 2607 mwN). Die Beschwerde hat nur im Fall des § 180 aufschiebende Wirkung (II); das Beschwerdegericht kann aber eine Anordnung nach § 307 II StPO treffen, sofern ihm eine wenigstens summarische Prüfung möglich ist (BGH **47**, 105; Karlsruhe NJW **76**, 2274; Kissel/Mayer 11 mwN).

2 A. Die **Frist beginnt** mit der Verkündung, wenn der Betroffene anwesend ist; sonst mit der Zustellung (§ 35 StPO).

3 B. Die **Vollstreckung** macht die Beschwerde nicht gegenstandslos (Düsseldorf NJW **92**, 1712 mwN; vgl 18 vor § 296 StPO). Ist gegen den Beschuldigten Ordnungshaft angeordnet und vollstreckt worden, so gilt bei nachträglicher Aufhebung des Beschlusses weder § 51 StGB noch § 2 **StrEG** (Frankfurt NJW **76**, 303).

4 C. Gegen **Fristversäumung** gibt es auch hier die Wiedereinsetzung in den vorigen Stand, zB bei Nichtbelehrung nach § 35 a StPO (Düsseldorf Rpfleger **94**, 429; Hamburg NJW **99**, 2607; Hamm NJW **63**, 1791; JZ **54**, 171).

5 **2) Beschwerdeberechtigt ist** allein der, gegen den das Ordnungsmittel festgesetzt worden ist, nicht die StA (Kissel/Mayer 10; **aM** Stuttgart NStZ **91**, 297; Kaehne, Die Anfechtung sitzungspolizeilicher Maßnahmen, 2000, S 51: auch StA); daher ist der das Ordnungsmittel ablehnende Beschluss unanfechtbar. Beschwerdegericht ist stets das OLG, auch bei einem Anordnungsbeschluss seines beauftragten Richters. Ausnahmen: § 120 III, IV. Gegen andere als die in § 181 genannten sitzungspolizeilichen Maßnahmen ist Beschwerde nicht zulässig (Karlsruhe NJW **77**, 309; Koblenz OLGSt Nr 1; Nürnberg MDR **69**, 600; Kissel/Mayer 1; **aM** Krekeler NJW **79**, 185; 15 zu § 177), außer gegen solche, die Rechtsfolgen enthalten, die allein auf § 178 gestützt werden könnten (vgl Kaehne S 49). Jedoch gilt § 304 I, II StPO, wenn die Maßnahme in der Wirkung über die reine Sitzungspolizei hinausgeht (Karlsruhe aaO; vgl dazu auch Kaehne S 77, 184). Alle sitzungspolizeilichen Anordnungen des OLG sind nach I der Beschwerde entzogen (BGH **44**, 23 zu einer Sicherstellung); gegen die vom ER des OLG oder des BGH (§ 169 StPO) verhängte Ordnungshaft ist aber gemäß § 304 V StPO Beschwerde zulässig (LR-Wickern 1; **aM** Kaehne S 50).

6 **3)** Die **Aufhebung des Beschlusses** führt nicht zur Zurückverweisung zwecks erneuter Beschlussfassung; denn die sitzungspolizeiliche Gewalt des Gerichts endete nach Abschluss der Sitzung (Stuttgart NJW **69**, 227; Justiz **60**, 252). Das Beschwerdegericht kann auch von der Festsetzung in entspr Anwendung des § 153 StPO absehen (7 zu § 178). Im Übrigen wird der Beschluss aufgehoben, wenn der

protokollierte Sachverhalt die Annahme der Ungebühr nicht rechtfertigt oder sie widerlegt wird (1, 2 zu § 182); idR nicht wegen Fehlens der Begründung (16 zu § 178; 4 zu § 182) oder des rechtlichen Gehörs (Einl 34; 13 ff zu § 178). Das Beschwerdegericht kann aufheben oder mildern, aber nicht verschärfen (vgl 28 zu § 51 StPO; 3 vor § 304 StPO).

4) Kostenentscheidung: Bei erfolgloser Beschwerde werden (im Gegensatz zur früheren Regelung, vgl Brandenburg NZV **04**, 213) dem Beschwerdeführer gemäß § 1 IV iVm I Nr 5 GKG die Gerichtskosten des Beschwerdeverfahrens (Nr 3602 KVGKG: 50 €) auferlegt (Hamburg 3 Ws 1/09 vom 9. 1. 2009). Bei erfolgreicher Beschwerde können die dem Beschwerdeführer entstandenen notwendigen Auslagen entspr § 467 I StPO der Landeskasse auferlegt werden. 7

5) Das **OLG** entscheidet über die Beschwerde in der Besetzung von 3 Richtern (§ 122 I); das gilt aber nach § 80 a I OWiG nicht für Beschwerden gegen im Bußgeldverfahren festgesetzte Ordnungsmittel (Köln NStZ **07**, 181: 1 Richter). Nach Verwerfung der Beschwerde durch das OLG ist eine Änderung oder Aufhebung des Ordnungsmittels ausgeschlossen (Schleswig SchlHA **07**, 281 [D/D]). 8

Protokollierung

182 **Ist ein Ordnungsmittel wegen Ungebühr festgesetzt oder eine Person zur Ordnungshaft abgeführt oder eine bei der Verhandlung beteiligte Person entfernt worden, so ist der Beschluss des Gerichts und dessen Veranlassung in das Protokoll aufzunehmen.**

1) Der **Protokollierungszwang** gilt für die Vorgänge nach den §§ 177 bis 180 (mit Ausnahme der bloßen Entfernung einer nicht beteiligten Person). Der Sachverhalt muss so deutlich dargestellt werden, dass, falls die Beschwerde nach § 181 zulässig ist, das Beschwerdegericht nachprüfen kann, ob eine Ungebühr vorlag. Die Niederschrift muss ein so deutliches Bild von dem Vorgang geben, dass der Grund und die Höhe der Sanktion idR ohne weiteres nachzuprüfen sind (Düsseldorf StV **83**, 274; NStZ **88**, 238; Hamm JMBlNW **77**, 94; Stuttgart Justiz **79**, 347; **93**, 147). Wesentliche Lücken können nicht durch dienstliche Erklärungen oder sonstige Beweiserhebungen ausgefüllt werden (BVerfG NJW **07**, 2839, 2840). 1

§ 182 ersetzt § 273 StPO für das Festsetzungsverfahren. Der Inhalt dieses Teils der Niederschrift ist widerlegbar, zB durch (formlose) Zeugenvernehmungen oder dienstliche Erklärungen, und der freien Auslegung zugänglich (Dallinger JR **51**, 693). Die Nichtaufnahme der Veranlassung in das Protokoll führt auf sofortige Beschwerde (§ 181) regelmäßig zur Aufhebung des Ordnungsmittelbeschlusses, wenn das veranlassende Geschehen in Frage gestellt wird (KG MDR **82**, 329; Hamm NJW **63**, 1791; Koblenz NJW **55**, 348; Köln JR **52**, 484). Die Beschlussbegründung kann die fehlende Protokollierung nicht ersetzen (Stuttgart Justiz **79**, 347; **aM** Foth JR **02**, 257), es sei denn, eine Aufnahme ins Protokoll war aus tatsächlichen Gründen unmöglich (Stuttgart OLGSt Nr 2). 2

2) Der **Ordnungsmittelbeschluss** muss grundsätzlich eine Begründung enthalten (§ 34 StPO; 16 zu § 178). Für die Fassung des Beschlusses und seine Begründung sind das Gericht bzw. der Vorsitzende (§ 178 II), für die Protokollierung der Veranlassung des Beschlusses die Urkundspersonen (§ 271 StPO) verantwortlich. Daher ist es keine Protokollierung der Veranlassung, wenn diese in der Beschlussbegründung geschildert wird (Düsseldorf StraFo **00**, 412; Koblenz NJW **55**, 348). 3

Fehlt dem Beschluss die Begründung, so führt dieser Mangel nicht notwendig zur Aufhebung, wenn auf Grund des Protokollvermerks über seine Veranlassung davon auszugehen ist, dass die Gründe für den Betroffenen außer Zweifel standen, und wenn der Protokollvermerk dem Beschwerdegericht die volle Nach- 4 prüfung des Beschlusses ermöglicht (Düsseldorf NStZ **88**, 238 mwN; VRS **80**, 29; Hamm MDR **78**, 780; Koblenz VRS **72**, 189; Stuttgart Justiz **91**, 27).

Straftaten in der Sitzung **RiStBV 136**

183 [1] **Wird eine Straftat in der Sitzung begangen, so hat das Gericht den Tatbestand festzustellen und der zuständigen Behörde das darüber aufgenommene Protokoll mitzuteilen.** [2] **In geeigneten Fällen ist die vorläufige Festnahme des Täters zu verfügen.**

1 **1) Straftaten:** Auch solche, die nicht gegen die Sitzungspolizei verstoßen (vgl RiStBV 136: Falschaussagen; dazu Nierwetberg NJW **96**, 433). Zum Begriff Sitzung vgl 6 zu § 178. Die Feststellung des Sachverhalts ist Aufgabe des Gerichts, nicht nur der Urkundspersonen (§ 271 I StPO), denen die Beurkundung und Weiterleitung des (Teiles des) Protokolls obliegt. Ein Antrag der StA ist nicht Voraussetzung für das Verfahren nach § 183. Zum Fall, dass der Vorsitzende selbst einer Straftat bezichtigt wird, LG Regensburg NJW **08**, 1094 mit Anm Nierwetberg. Bei Amtshandlungen außerhalb der Sitzung (§ 180) ist § 183 nach dessen Sinn ebenfalls anwendbar.

2 **2)** Die **vorläufige Festnahme** richtet sich nach den §§ 127, 128 StPO. In einer Verhandlung, an der der StA teilnimmt, kann sie dieser veranlassen, in jedem Fall auch das Gericht (auch ein Zivilgericht, RG **73**, 337). Einen Haftbefehl kann das Gericht jedoch nicht erlassen (Hamm NJW **49**, 191), weil es dafür in diesem Stadium der Strafverfolgung nicht zuständig ist.

3 **3) Ordnungswidrigkeiten:** Wird in der gerichtlichen Sitzung eine OWi begangen, so gilt § 183 nicht; § 46 I OWiG greift hier nicht durch. Jedoch kann sich aus dem Gesichtspunkt der Amtshilfe (Art 35 GG) eine Feststellungs- und Mitteilungspflicht des Vorsitzenden ergeben (LR-Wickern 4), insbesondere, wenn in der Sitzung kein StA anwesend ist, zB bei einem Verstoß gegen § 111 OWiG.

15. Titel. Gerichtssprache

Deutsche Sprache

184 [1] **Die Gerichtssprache ist deutsch.** [2] **Das Recht der Sorben, in den Heimatkreisen der sorbischen Bevölkerung vor Gericht sorbisch zu sprechen, ist gewährleistet.**

1 **1)** Die **Verhandlung** darf nur in deutscher Sprache geführt werden (vgl umfassend zu § 184: Weith, Gerichtssprachenproblematik im Straf- und Bußgeldverfahren, 1992; zur Bedeutung der Vorschrift Paulus JuS **94**, 367). Beherrscht ein Beteiligter sie nicht, so ist ein Dolmetscher zuzuziehen (§ 185 I). Die Ausnahme des § 185 II gilt nur für Verhandlungen im Vorverfahren und für Vernehmungen außerhalb der Hauptverhandlung (9 zu § 185). Deutsche Mundarten, die alle Beteiligten verstehen, dürfen benutzt werden (Schneider MDR **79**, 534).

2 **2) Schriftliche Eingaben** in fremder Sprache sind unbeachtlich (KG JR **77**, 129; JurBüro **86**, 1107). Das gilt ohne Ausnahme (zB AG Zittau NStZ **02**, 498: Zustellvollmacht), insbesondere ohne Rücksicht darauf, ob dem Verfasser die Einreichung einer deutschsprachigen Schrift möglich oder zuzumuten ist. Gleichgültig ist auch, ob sie in einer gängigen Sprache abgefasst sind, die der Richter versteht. Fristgebundene Eingaben und Rechtsmittelschriften, die vollständig (anders uU bei teilw vgl Düsseldorf NStZ-RR **00**, 215) in fremder Sprache abgefasst sind, sind unwirksam (BGH **30**, 182 = JR **82**, 516 mit abl Anm Meurer; Bay(Z) MDR **87**, 416; Düsseldorf NStZ-RR **99**, 364; Köln VRS **67**, 251; **aM** LR-Wickern 17), sofern ihnen

keine deutsche Übersetzung beigefügt ist, die ihrerseits die erforderliche Form wahrt. Die Beibringung einer deutschen Übersetzung nach Fristablauf macht sie nicht wirksam (Kissel/Mayer 6; **aM** LG Berlin JR **61**, 384; Schneider MDR **79**, 535). Bei allen fremdsprachigen Eingaben kann aber die Fürsorgepflicht gebieten, den Absender auf § 184 hinzuweisen (BVerfG StV **95**, 394 L; Basdorf Meyer-GedSchr 23). Nur in ganz besonderen Ausnahmefällen ist eine Übersetzung von Amts wegen zu veranlassen, so bei Rechtsmittelrücknahmen, die erst mit Eingang der Übersetzung wirksam werden (BGHR StPO § 302 I Rücknahme 1; Hamburg MDR **89**, 90), dann aber auch nicht mehr zurückgenommen werden können (BGH NStZ **00**, 553).

3) Gerichtliche Entscheidungen werden stets in deutscher Sprache abgefasst. 3
Dasselbe gilt für Anklageschriften und Strafbefehle (Eschelbach HRRS **07**, 466, dort auch zu Verstößen gegen diese Pflicht), Ladungen (BGH **32**, 342, 344; erg 25 zu § 37 StPO) und Rechtsmittelbelehrungen (9 zu § 35 a StPO). Zur Wahrung der Verteidigungsinteressen des Beschuldigten, dessen mangelnde Kenntnis der deutschen Sprache nicht zur Verkürzung seines Anspruchs auf rechtliches Gehör führen darf (BVerfGE **40**, 95 = NJW **75**, 1597; Bay NJW **76**, 2084; Düsseldorf JZ **85**, 200), ist entweder die Mitwirkung eines Dolmetschers (§ 185) oder die Beifügung einer Übersetzung (26 zu Art 6 MRK) erforderlich. Die Wirksamkeit von Ladungen, denen keine Übersetzung beigefügt ist, wird dadurch nicht berührt (Bay **95**, 215 = NStZ **96**, 248; Hamm JMBlNW **84**, 78) – die anderslautenden RiStBV 181 II enthalten für das Gericht nur eine Empfehlung (BVerfGE **64**, 135, 150 = NJW **83**, 2762, 2764; Düsseldorf aaO; vgl auch Basdorf Meyer-GedSchr 24); Zwangsmittel nach § 230 II StPO werden dann aber idR nicht angeordnet werden dürfen (Bremen NStZ **05**, 527; Dresden StV **09**, 348).

4) Auch **sonstiger Schriftverkehr** des Gerichts ist in deutscher Sprache abzu- 4
fassen. Der Richter ist auch im Rechtshilfeverkehr mit dem Ausland nicht gehalten, einen Text in einer ihm nicht verständlichen Sprache zu unterschreiben (BGH **32**, 342 = JR **85**, 76 mit abl Anm Lichtenberger; **aM** auch Vogler NJW **85**, 1764).

5) Den **Sorben** wurde schon durch den EV das Recht, in den Heimatkreisen 5
der sorbischen Bevölkerung vor Gericht sorbisch zu sprechen, garantiert; das bestätigt nunmehr S. 2 (vgl BT-Drucks 16/47 S 50).

Dolmetscher

185 I [1] **Wird unter Beteiligung von Personen verhandelt, die der deutschen Sprache nicht mächtig sind, so ist ein Dolmetscher zuzuziehen.** [2] **Ein Nebenprotokoll in der fremden Sprache wird nicht geführt; jedoch sollen Aussagen und Erklärungen in fremder Sprache, wenn und soweit der Richter dies mit Rücksicht auf die Wichtigkeit der Sache für erforderlich erachtet, auch in der fremden Sprache in das Protokoll oder in eine Anlage niedergeschrieben werden.** [3] **In den dazu geeigneten Fällen soll dem Protokoll eine durch den Dolmetscher zu beglaubigende Übersetzung beigefügt werden.**

II **Die Zuziehung eines Dolmetschers kann unterbleiben, wenn die beteiligten Personen sämtlich der fremden Sprache mächtig sind.**

III **In Familiensachen und in Angelegenheiten der freiwilligen Gerichtsbarkeit bedarf es der Zuziehung eines Dolmetschers nicht, wenn der Richter der Sprache, in der sich die beteiligten Personen erklären, mächtig ist.**

1) Die **Aufgabe des Dolmetschers** besteht darin, den Prozessverkehr zwi- 1
schen dem Gericht und den der deutschen Sprache nicht mächtigen Beteiligten zu vermitteln (BGH **1**, 4, 7; vgl auch Kabbani StV **87**, 410 zu Auswahl des Dolmet-

schers, Art und Umfang der Übersetzung). § 185 gilt bei jeder Art der Verhandlung, zB auch bei der Vernehmung eines Beschuldigten, Zeugen oder Sachverständigen im Inland oder im Ausland.

2 Ein **Übersetzer,** dh ein Sprachmittler, der schriftlich von einer Sprache in die andere überträgt (Jessnitzer Rpfleger **82**, 366), kann, muss aber nicht mit dem Dolmetscher identisch sein (BGH NJW **65**, 643; NStZ **85**, 466; eingehend dazu Cebulla, Sprachmittlerstrafrecht, 2007, S 34 ff). Ein Übersetzer kann auch notwendig sein, wenn es eines Dolmetschers nicht bedarf. Im Regelfall wird der Übersetzer als Sachverständiger vernommen (BGH **1**, 4, 7; EzSt § 241 StPO Nr 1; NStZ **98**, 158). Hierauf kann das Gericht verzichten, wenn es die Richtigkeit auf Grund eigener Sachkunde beurteilen kann.

3 **2) Übersetzt** wird in die Muttersprache des Beteiligten oder in eine andere ihm geläufige Sprache (BGH 1 StR 491/65 vom 25. 1. 1966; vgl Art 6 III **MRK**). Dass ein Sprachkundiger zur Überwindung etwaiger Sprachschwierigkeiten der Verhandlung beiwohnt, ersetzt die Zuziehung des Dolmetschers nicht (BGH 5 StR 105/62 vom 17. 4. 1962).

4 **Anspruch auf einen Dolmetscher** – jedenfalls für die mündliche Verhandlung (BVerfG NJW **88**, 1462, 1464), aber auch auf deren Vorbereitung (dazu 25 zu Art 6 **MRK**) – haben der Angeklagte und (entgegen der früheren Regelung, vgl BGH NStZ **03**, 218) gemäß § 187 II auch der Nebenkläger, soweit sie der deutschen Sprache nicht mächtig, dh nicht in der Lage sind, der Verhandlung zu folgen und selbst das vorzubringen, was sie vortragen wollen (Frankfurt NJW **52**, 1310; Zweibrücken VRS **53**, 39; Kissel/Mayer 5; vgl auch BVerfGE **64**, 135, 146 = NJW **83**, 2762, 2763). Einem Ausländer, der die deutsche Sprache nicht versteht, muss ohne Rücksicht auf seine finanzielle Lage unentgeltlich ein Dolmetscher beigeordnet werden (Art 6 III Buchst e **MRK;** dort 23 ff; vgl auch § 464 c StPO). Ein Auswahlrecht (wie nach § 142 I S 2 StPO für den Verteidiger) hat der Beschuldigte nicht (**aM** LG Duisburg StraFo **08**, 328). Einen absoluten Anspruch auf Beiordnung eines Dolmetschers gibt Art VII Abs 9 Buchst f NTS dem Beschuldigten, wenn er als Mitglied der ausländischen NATO-Truppe oder eines zivilen Gefolges oder als Angehöriger einer solchen Person in der BRep verfolgt wird. Der Verzicht des Beteiligten, der der deutschen Sprache nicht mächtig ist, hat keine Bedeutung. Für die Schlussvorträge gilt § 259 I StPO.

5 Auf die **Verhandlung** (vgl 3 vor § 226 StPO) bezieht sich § 185. Die notwendige Übersetzungstätigkeit erstreckt sich auf alle wesentlichen Vorgänge und Äußerungen (vgl im einzelnen BVerfGE **64**, 135, 148 = NJW **83**, 2762, 2764). Anders als in Zivilsachen (vgl III) bedarf es der Zuziehung des Dolmetschers auch dann, wenn der Richter die Fremdsprache beherrscht.

6 Ist der Angeklagte der deutschen Sprache nur teilw mächtig, so bleibt es dem pflichtgemäßen Ermessen des Gerichts überlassen, in welchem **Umfang** unter Mitwirkung des Dolmetschers verhandelt wird (BGH **3**, 285; NStZ **02**, 275; **90**, 229 [M] mit Anm Kühne StV **90**, 102; Stuttgart NJW **06**, 3797; Basdorf Meyer-GedSchr 21; **aM** SK-Frister 5). Dabei ist die Zuziehung aber in allen wesentlichen Teilen erforderlich, soweit nicht feststeht, dass der Beteiligte die Verhandlung versteht (Bay **04**, 123 = NStZ-RR **05**, 178). Wie der Richter sich die Überzeugung vom Umfang der Sprachkenntnisse des Angeklagten verschafft, gehört zur Ausübung seines Ermessens (BGH NStZ **84**, 328). Die Zuziehung des Dolmetschers kann zeitlich beschränkt werden, wenn die Person, derentwegen seine Mitwirkung beschlossen wird – zB der Zeuge –, nur vorübergehend anwesend zu sein braucht.

7 **3) Gehilfe des Gerichts und der Prozessbeteiligten** ist der Dolmetscher, ein Beteiligter eigener Art. Er ist nicht Sachverständiger (vgl § 191; BGH **4**, 154), wird aber in mancher Beziehung wie ein solcher behandelt. Er wird vom Gericht ausgewählt. Seine Zuziehung und ihr Anlass werden im Protokoll vermerkt; ist die Zuziehung für die ganze Hauptverhandlung angeordnet, so braucht die Mitwir-

kung nicht bei jedem Verhandlungsakt erwähnt zu werden (BGH NStE Nr 2; RG **43**, 441, 442). Bei unentschuldigtem Ausbleiben des Dolmetschers gilt § 77 StPO nicht entspr hinsichtlich der Verhängung eines Ordnungsgeldes (Stuttgart Justiz **03**, 449; LG Hamburg StV **85**, 500; LG Nürnberg-Fürth MDR **78**, 508; AG Tiergarten StV **87**, 13; Wittschier NJW **85**, 2873; **aM** Koblenz VRS **47**, 353), wohl aber bezüglich der Auferlegung der entstandenen Kosten (LG Hildesheim NdsRpfl **90**, 232; **aM** KG StraFo **08**, 89; SK-Frister 11; offen gelassen von Stuttgart aaO).

4) Die **teilweise fremdsprachige Protokollierung,** deren Anordnung in dem in I S 2 (Hs 2) bezeichneten Umfang im Ermessen des Vorsitzenden steht, obliegt dem Dolmetscher im Zusammenwirken mit den Urkundspersonen (§ 271 StPO). 8

5) II hat hauptsächlich für das Vorverfahren und für Vernehmungen außerhalb der Hauptverhandlung Bedeutung (Kissel/Mayer 9; Hoffmann/Mildeberger StraFo **04**, 412; vgl aber auch Sommer StraFo **10**, 109). 9

6) Revision: Vgl § 338 Nr 5 StPO (dort 44). Falls die Zuziehung nicht dauernd notwendig oder nicht zwingend war, gilt § 337 StPO (Katholnigg 5). Das Ermessen des Tatrichters (oben 6) kann vom Revisionsgericht nur darauf geprüft werden, ob seine Grenzen eingehalten worden sind (BGH NStZ **84**, 328; Stuttgart NJW **06**, 3797); das gilt auch, wenn es um die Wirksamkeit eines vom Tatrichter zu Protokoll genommenen mündlichen Rechtsmittelverzicht geht (BGH 1 StR 1/04 vom 30. 3. 2004). Die Ermessensentscheidung der Auswahl ist grundsätzlich nicht anfechtbar (RG **76**, 177; KK-Diemer 7), jedenfalls nicht mit der allgemeinen Behauptung, der Dolmetscher sei zu einer richtigen Übersetzung teilw nicht in der Lage gewesen (BGH NStZ **85**, 376) oder der Angeklagte habe der Verhandlung teilw nicht folgen können (BGH MDR **91**, 1025 [H]). Auf der fehlenden Vereidigung als Sachverständiger (oben 2) kann das Urteil nicht beruhen, wenn der Dolmetschereid geleistet wurde (BGH NStZ **98**, 158). 10

Hör- und Sprachbehinderte

186 I [1]**Die Verständigung mit einer hör- oder sprachbehinderten Person in der Verhandlung erfolgt nach ihrer Wahl mündlich, schriftlich oder mit Hilfe einer die Verständigung ermöglichenden Person, die vom Gericht hinzuziehen ist.** [2]**Für die mündliche und schriftliche Verständigung hat das Gericht die geeigneten technischen Hilfsmittel bereitzustellen.** [3]**Die hör- oder sprachbehinderte Person ist auf ihr Wahlrecht hinzuweisen.**

II **Das Gericht kann eine schriftliche Verständigung verlangen oder die Hinzuziehung einer Person als Dolmetscher anordnen, wenn die hör- oder sprachbehinderte Person von ihrem Wahlrecht nach Absatz 1 keinen Gebrauch gemacht hat oder eine ausreichende Verständigung in der nach Absatz 1 gewählten Form nicht oder nur mit unverhältnismäßigem Aufwand möglich ist.**

1) Für die **Verständigung mit hör- oder sprachbehinderten Personen** (natürlich auch für hör- *und* sprachbehinderte) ist durch Ges vom 23. 7. 2002 (BGBl I 2850, 2855) hier eine neue Regelung geschaffen worden, während früher nur taube und stumme, also nur gänzlich hör- oder sprachbehinderte erfasst wurden (für die Eidesleistung von Zeugen im Strafverfahren trifft § 66 StPO jetzt eine entspr Bestimmung, vgl dort). Die in § 186 aufgestellten Grundsätze gelten nicht nur für das Gericht, sondern auch für das der Verfahrensherrschaft der StA unterliegende Ermittlungs- und das Vollstreckungsverfahren. 1

2) Ein **Wahlrecht** zwischen mündlicher oder schriftlicher Verständigung oder der Hinzuziehung einer die Verständigung ermöglichenden Person wird der behinderten Person eingeräumt, auf das sie hinzuweisen ist (I S 1, 3), wobei der Hinweis seinerseits in mündlicher oder schriftlicher Form oder durch Hinzuzie- 2 hung einer zur Übersetzung geeigneten Person erfolgen kann. Die behinderte Person hat Anspruch auf die Bereitstellung der für die Verständigung zweckdienlichen technischen Hilfsmittel durch das Gericht (I S 2); als geeignete Kommunikationshilfen kommen zB Tonübertragungseinrichtungen (Höranlagen) in Betracht. Bei Taubblinden kann eine Übertragung der gesprochenen Rede simultan in Punktschrift auf einen Papierstreifen zur Abtastung durch diesen geboten sein. Ggf sind Hilfspersonen (technische Kommunikationsassistenten) hinzuzuziehen (BT-Drucks 14/9266 S 40).

3 Macht die behinderte Person von ihrem **Wahlrecht keinen Gebrauch** oder erfordert die gewünschte Verständigungsart einen unverhältnismäßigen Aufwand oder ist sie gar unmöglich, kann das Gericht eine schriftliche Verständigung verlangen, wenn zB auch durch den Einsatz technischer Hilfsmittel keine ausreichende Verständigung möglich ist, oder umgekehrt die Hinzuziehung eines Dolmetschers anordnen, wenn etwa eine gewünschte schriftliche Verständigung zu aufwändig wäre (II). Aber auch hierbei ist I S 2 zu beachten.

4 **3) Als Sprachmittler** kommen Gebärden-, Schrift- und Oraldolmetscher in Betracht. Daneben kann die Verständigung aber auch mit Hilfe anderer dem behinderten Menschen vertrauter Personen, die zB lautsprachbegleitende Gebärden, das Lormen oder die Methode der „gestützten Kommunikation“ beherrschen, ohne formelle Dolmetscherfunktion erfolgen (BT-Drucks 14/9266 S 40). Ob diese wie ein Dolmetscher durch einen Eid nach § 189 zu verpflichten sind, steht im Ermessen des Gerichts (BGH **43**, 62).

5 **4) Zusätzliche Verständigungsmöglichkeiten** – neben den in I genannten – sind nicht ausgeschlossen, zB die Beantwortung von Fragen des Vorsitzenden durch den sprachbehinderten Angeklagten mittels Kopfnicken oder Kopfschütteln (SK-Frister 4). Dabei muss der Sinn der Antworten jeweils durch Erläuterung des Vorsitzenden klargestellt werden.

6 **5) Dolmetscherkosten** (vgl § 9 III JVEG) werden von den in § 186 genannten Personen auch im Falle der Verurteilung nicht erhoben (Nr 9005 IV KVGKG; 24 zu Art 6 MRK; vgl aber §§ 464 c, 467 II S 1 StPO).

Heranziehung eines Dolmetschers oder Übersetzers

187 **I Das Gericht zieht für den Beschuldigten oder Verurteilten, der der deutschen Sprache nicht mächtig, hör- oder sprachbehindert ist, einen Dolmetscher oder Übersetzer heran, soweit dies zur Ausübung seiner strafprozessualen Rechte erforderlich ist.**

II Absatz 1 gilt auch für die Personen, die nach § 395 der Strafprozessordnung zum Anschluss mit der Nebenklage berechtigt sind.

1 **1) Ausländischer oder behinderter Beschuldigter** (I): Nach Art 6 III Buchst e **MRK** hat jeder Beschuldigte, der der deutschen Sprache nicht mächtig ist (BGH NJW **05**, 3434: aber nicht der Ausländer, der sie ausreichend versteht, aber nicht in ihr verhandeln will), Anspruch auf unentgeltliche Beiordnung eines Dolmetschers für das gesamte Strafverfahren (erg 5 zu § 185); dies umschließt – unabhängig von der finanziellen Lage des Beschuldigten – auch Gespräche mit einem Wahlverteidiger (vgl 25 zu Art 6 MRK). Dem trägt § 187 I Rechnung und erstreckt zugleich die Regelung auf hör- und sprachbehinderte Beschuldigte; er enthält damit gegenüber §§ 185, 186 eine Sonderregelung für das Strafverfahren. Über § 46 OWiG gilt die Regelung grundsätzlich auch im Bußgeldverfahren.

2 **2) Ausländischer oder behinderter Nebenkläger** (II): Auch solche nebenklageberechtigten Verletzten – ohne Rücksicht darauf, ob sie sich dem Verfahren als Nebenkläger angeschlossen haben – haben Anspruch auf unentgeltliche Beiord-

nung eines Dolmetschers oder Übersetzers; denn das Opfer soll nicht schlechter gestellt sein als der Beschuldigte. Die Dolmetscherkosten sind Teil der Gerichtskosten und werden als Auslagen erhoben (Nr 9005 KVGKG). OLG Hamburg (NJW **05**, 1135 = Rpfleger **05**, 108 mit Anm Grau) hat die Vorschrift zutr folgendermaßen ausgelegt: Der Anspruch auf unentgeltliche Dolmetscherleistung ist auf das zur Wahrnehmung strafprozessualer Rechte erforderliche Maß beschränkt. Die Dolmetscherhilfe umfasst eine Übersetzungshilfe bei der Hauptverhandlung sowie eigene Verfahrenshandlungen vorbereitende Gespräche mit dem Vertreter. Die wörtliche Übersetzung der gesamten Akte oder einzelner Aktenbestandteile kann idR nicht verlangt werden, zusammenfassende Berichte genügen. Erforderlich ist die vorherige Bestellung des Dolmetschers durch das Gericht; selbst aufgewandte Dolmetscherkosten können nur ausnahmsweise bei nicht rechtzeitiger Entscheidung über einen Antrag auf Bestellung erstattet werden.

Eid in fremder Sprache

188 **Personen, die der deutschen Sprache nicht mächtig sind, leisten Eide in der ihnen geläufigen Sprache.**

1) Die **Form der Eidesleistung** für Zeugen und Sachverständige enthalten die §§ 64, 65, 79 II StPO. Der Dolmetscher spricht den Wortlaut in der Fremdsprache vor. Die (Rück-)Übertragung des von dem Zeugen gesprochenen Eideswortlauts ins Deutsche ist nicht erforderlich (RG **45**, 304; Kissel/Mayer 1; **aM** KK-Senge 3 zu § 64 StPO). Ist der Richter der fremden Sprache mächtig, so kann er dem Zeugen Eidesnorm und -formel selbst in dessen Sprache vorsprechen (KMR-Neubeck 2 zu § 64 StPO; **aM** Köln MDR **69**, 501). 1

Dolmetschereid

189 **I [1] Der Dolmetscher hat einen Eid dahin zu leisten: dass er treu und gewissenhaft übertragen werde. [2] Gibt der Dolmetscher an, dass er aus Glaubens- oder Gewissensgründen keinen Eid leisten wolle, so hat er eine Bekräftigung abzugeben. [3] Diese Bekräftigung steht dem Eid gleich; hierauf ist der Dolmetscher hinzuweisen.**

II Ist der Dolmetscher für Übertragungen der betreffenden Art in einem Land nach den landesrechtlichen Vorschriften allgemein beeidigt, so genügt vor allen Gerichten des Bundes und der Länder die Berufung auf diesen Eid.

III In Familiensachen und in Angelegenheiten der freiwilligen Gerichtsbarkeit ist die Beeidigung des Dolmetschers nicht erforderlich, wenn die beteiligten Personen darauf verzichten.

1) Die **Vereidigung** ist – anders als in Zivilsachen (vgl III) – stets notwendig (mit Ausnahme des § 190), und zwar nach dem Aufruf der Sache vor der Übertragung (I: „dass er … übertragen werde"; Hamburg OLGSt § 247 StPO S 1), auch im Ermittlungsverfahren (BGH StV **92**, 551; vgl auch Düsseldorf NJW **93**, 3084); die dort vorgenommene Vereidigung kann aber die in der Hauptverhandlung erforderliche Vereidigung nicht ersetzen (BGH NStZ **92**, 30 [K]). Die Vereidigung ist in jeder neuen Strafsache zu wiederholen. Das Gleiche gilt für eine neue Hauptverhandlung in derselben Sache (Bay MDR **79**, 696), hier aber mit der Erleichterung der §§ 67, 72 StPO, falls die neue Zuziehung in der gleichen Verfahrensstufe erfolgt. Bei einer lediglich unterbrochenen Hauptverhandlung ist hingegen keine neue Vereidigung erforderl., auch wenn sich die Verhandlung über mehrere Sitzungstage erstreckt (BGH GA **79**, 272). Die bloße Feststellung des Vorsitzenden, der Dolmetscher sei in dem früheren Hauptverhandlungstermin vereidigt worden, genügt nicht (Bay aaO). Für die Eidesleistung gelten §§ 64, 65, 72 StPO. Die bewusst unrichtige Übertragung fällt unter § 154 StGB (BGH **4**, 154). 1

2 **2)** Die **allgemeine Vereidigung** (II) ist zulässig für Dolmetscher nach § 185 in einer bestimmten Fremdsprache oder für das Dolmetschen nach § 186. Sie obliegt dem PräsLG, in dessen Bezirk der Dolmetscher seinen Wohnsitz hat (vgl zB § 14 I BWAGGVG). Der Dolmetscher selbst muss sich auf den Eid berufen (Celle NdsRpfl **87**, 259); der Protokollvermerk: „Allgemein vereidigt", reicht daher nicht aus (BGH NStZ **81**, 69 mit Anm Liemersdorff; BGH NStZ **81**, 190; **87**, 568; Düsseldorf StraFo **98**, 123; vgl auch BGH **31**, 39; MDR **78**, 280 [H]: Auslegung zulässig; erg 5 zu § 79 StPO), auch nicht der Protokollvermerk: „Personalien und allgemeine Vereidigung gerichtsbekannt" (BGH StV **84**, 146). Es genügt aber, dass er anlässlich der Vernehmung zur Person erklärt, „allgemein vereidigter Dolmetscher" zu sein (BGH MDR **78**, 280 [H]); denn diese Erklärung lässt erkennen, dass er sich seiner Bindung an den Eid bewusst war. Ob der Dolmetscher allgemein vereidigt ist, unterliegt dem Freibeweis (Frankfurt StV **06**, 519).

3 **3) Revision:** Auf der fehlenden Vereidigung, die durch das Schweigen des Sitzungsprotokolls unwiderlegbar bewiesen wird (§ 274 StPO; vgl BGH NStZ **88**, 20 [Pf/M]; Köln NStZ-RR **02**, 247), wird das Urteil idR beruhen (BGH NStZ **82**, 517; **87**, 568; **88**, 20 [Pf/M]; StV **92**, 551; **96**, 531; **97**, 515; wistra **05**, 272; Hamburg StV **83**, 410; Hamm StV **96**, 532; Koblenz VRS **71**, 438; Köln aaO; Schleswig SchlHA **96**, 87 [L/T]; Stuttgart NStZ-RR **03**, 88; einschr BGH NStZ **98**, 204); das kann aber ausgeschlossen sein, wenn die Richtigkeit der Übersetzung leicht kontrollierbar war (BGH NStZ **98**, 204) oder anderweitig bestätigt worden ist (BGH NStZ **94**, 230 [K]; **96**, 608) oder sich der Dolmetscher jahrelang auf seinen allgemein geleisteten Eid berufen hat und dies nur einmal offenbar versehentlich unterblieben war (BGH NStZ **05**, 705; **aM** SK-Frister 9). Auf der Leistung des Nacheides statt des Voreides beruht das Urteil nicht (BGH NStZ **87**, 568; Saarbrücken NJW **75**, 65). Die Revision muss, falls dies zweifelhaft ist, darlegen, dass der Dolmetscher ohne Vereidigung tatsächlich tätig geworden ist (BGH NStZ **94**, 26 [K]; vgl auch BGHR § 274 StPO Beweiskraft 17). Hat sich der Dolmetscher auf eine nicht ordnungsgemäße allgemeine Vereidigung berufen, so beruht das Urteil darauf nicht, wenn er und das Gericht sie für rechtsfehlerfrei gehalten haben (BGH NStZ **84**, 328; **86**, 469; erg 9 zu § 67 StPO; 13 zu § 79 StPO). Das Gleiche gilt, wenn der Eid, auf den er sich berufen hat, im Bezirk des erkennenden Gerichts nicht gilt (Celle NdsRpfl **87**, 259). Die Berufung auf eine allgemeine Vereidigung schließt idR aus, dass das Urteil darauf beruht, dass der Dolmetscher eine Übertragung in eine Sprache vorgenommen hat, auf die sich die Vereidigung nicht erstreckt (BGH NJW **87**, 1033; vgl aber Frankfurt StV **06**, 519).

Urkundsbeamter als Dolmetscher

190 **[1]Der Dienst des Dolmetschers kann von dem Urkundsbeamten der Geschäftsstelle wahrgenommen werden. [2]Einer besonderen Beeidigung bedarf es nicht.**

1 **1) Nur der UrkB,** nicht ein mitwirkender Richter (Karlsruhe Justiz **62**, 93), der StA oder Verteidiger; auch der UrkB nur, falls er in der Verhandlung als solcher tätig ist (das Protokoll führt).

Ausschließung und Ablehnung

191 **[1]Auf den Dolmetscher sind die Vorschriften über Ausschließung und Ablehnung der Sachverständigen entsprechend anzuwenden. [2]Es entscheidet das Gericht oder der Richter, von dem der Dolmetscher zugezogen ist.**

1 **1)** Der **Dolmetscher** kann zugleich Zeuge oder Sachverständiger sein, also seine Aussage selbst übertragen (RG **45**, 304). Das Protokoll hat hinsichtlich seiner

Tätigkeit nur freien, nicht den ausschließlichen Beweiswert des § 274 StPO (RG **43**, 442).

2) Ablehnung: Die Ausschließung von Sachverständigen sieht das Gesetz nicht vor; S 1 beruht insoweit auf einem redaktionellen Versehen (LR-Wickern 1; Wittschier NJW **85**, 2874). Auch Verwandte des Beschuldigten sind nicht ausgeschlossen, können aber entspr § 74 StPO abgelehnt werden (BVerwG StV **84**, 681). Dass der Dolmetscher schon im Vorverfahren von der Polizei oder der StA herangezogen war, begründet nicht seine Befangenheit (BGH 1 StR 287/67 vom 1. 8. 1967; 6 zu § 74 StPO). Diese Besorgnis kann aber bestehen, wenn er die Übersetzung mit Wertungen versieht (LG Darmstadt StV **90**, 258; **95**, 239; vgl auch LG Berlin StV **94**, 180). Die Vernehmung des mit Erfolg abgelehnten Dolmetschers als Zeuge über von ihm übersetzte Aussagen ist unzulässig (LG Köln StV **92**, 460; **aM** Bay **97**, 157 = StV **01**, 264 mit krit Anm Seibert; erg 19 zu § 74 StPO). 2

Blinde und Sehbehinderte

191a I [1] **Eine blinde oder sehbehinderte Person kann nach Maßgabe der Rechtsverordnung nach Absatz 2 verlangen, dass ihr die für sie bestimmten gerichtlichen Dokumente auch in einer für sie wahrnehmbaren Form zugänglich gemacht werden, soweit dies zur Wahrnehmung ihrer Rechte im Verfahren erforderlich ist.** [2] **Hierfür werden Auslagen nicht erhoben.**

II **Das Bundesministerium der Justiz bestimmt durch Rechtsverordnung, die der Zustimmung des Bundesrates bedarf, unter welchen Voraussetzungen und in welcher Weise die in Absatz 1 genannten Dokumente und Dokumente, die von den Parteien zur Akte gereicht werden, einer blinden oder sehbehinderten Person zugänglich gemacht werden, sowie ob und wie diese Person bei der Wahrnehmung ihrer Rechte mitzuwirken hat.**

1) Blinden und sehbehinderten Menschen sind auf ihren Antrag hin die von den Gerichten erstellten Dokumente (insbesondere Verfügungen, Beschlüsse und Urteile) zusätzlich zur üblichen Schriftform in einer für sie wahrnehmbaren Form zu übermitteln, soweit dies zur Wahrnehmung ihrer Rechte im Verfahren erforderlich ist. Letzteres wird im Strafverfahren idR nur dann zu verneinen sein, wenn die sehbehinderte Person als Beschuldigte einen Verteidiger hat, oder wenn sie in einer anderen Rechtsstellung (zB als Nebenkläger) durch einen Prozessbevollmächtigten vertreten ist. Die Vorschrift gilt nicht nur für die Gerichte, sondern auch für die StA im Ermittlungs- und im Vollstreckungsverfahren. 1

2) Der **Umfang des Anspruchs** auf Übermittlung richtet sich nach den individuellen Fähigkeiten des Betroffenen. In Betracht kommt die Übersendung eines Dokuments in elektronischer Form, wenn die sehbehinderte Person über einen Internetzugang sowie über einen Computer mit Braille-Zeile oder Sprachausgabe verfügt (BT-Drucks 14/9266 S 41). Für die besondere Übermittlung werden besondere Auslagen nicht erhoben (I S 2). 2

3) Unberührt bleiben durch § 191 a die Vorschriften über Formen, Fristen und Zustellungen. Bei unverschuldeter Fristversäumnis im Zusammenhang mit der Übersendung eines Dokuments in einer für den Sehbehinderten wahrnehmbaren Form kann eine Wiedereinsetzung in den vorigen Stand (§§ 44 ff StPO) in Betracht kommen. 3

4) Die RechtsVO (II) hat das BMJ am 26. 2. 2007 erlassen (BGBl I 215). Sie trägt den Titel „VO zur barrierefreien Zugänglichmachung von Dokumenten für blinde und sehbehinderte Personen im gerichtlichen Verfahren (Zugänglichmachungsverordnung – ZMV) und enthält nähere Bestimmungen zur Art und Weise sowie zur Mitwirkungspflicht der Betroffenen bei der Geltendmachung ihres Anspruchs auf zusätzliche Übermittlung von Dokumenten in behindertengerechter 4

Form. Danach können der berechtigten Person auf Verlangen, worauf diese hinzuweisen ist, nach ihrer Wahl die Dokumente schriftlich, elektronisch, akustisch, mündlich, fernmündlich oder in anderer Weise zugänglich gemacht werden; die schriftliche Zugänglichmachung erfolgt in Blindenschrift oder Großbuchstaben, die elektronische durch Übermittlung eines elektronischen Dokuments. Dabei sind die Standards von § 3 der Barrierefreie Informationstechnikverordnung (BJTV vom 17. 7. 2002) maßgebend.

16. Titel. Beratung und Abstimmung

Quorum; Ergänzungsrichter

192 **I Bei Entscheidungen dürfen Richter nur in der gesetzlich bestimmten Anzahl mitwirken.**

II Bei Verhandlungen von längerer Dauer kann der Vorsitzende die Zuziehung von Ergänzungsrichtern anordnen, die der Verhandlung beizuwohnen und im Falle der Verhinderung eines Richters für ihn einzutreten haben.

III Diese Vorschriften sind auch auf Schöffen anzuwenden.

1 **1)** Das **Quorum** darf nicht unter- und nicht überschritten werden; die Anordnung nach II, III ändert daran nichts. Sie kann von dem Vorsitzenden noch vor der Hauptverhandlung und auch noch in dieser widerrufen werden.

2 **2)** Ein **Berufs-Ergänzungsrichter** kann erst in das Quorum eintreten, wenn die Verhandlung bereits begonnen hat und sich erst in dieser die Verhinderung eines bereits mitwirkenden Berufsrichters ergibt (II). Wird die Verhinderung eines zum erkennenden Gericht gehörenden Berufsrichters vor der Hauptverhandlung bekannt, so wird dieser durch den nach der Geschäftsverteilung zuständigen Vertreter ersetzt (§ 21 e I S 1). § 48 II (unten 6) gilt nicht entspr.

3 **3)** Der **Vertretungsfall des II** entsteht erst mit dem Ausscheiden eines mitwirkenden Richters. Bis dahin gehören die Ergänzungsrichter zwar zum erkennenden Gericht, haben also alle Rechte dieser Richter (RG **67**, 277); sie wirken aber bei den Beratungen, bei denen sie nicht einmal zugegen sein dürfen (SK-Frister 9), und bei den Entscheidungen nicht mit, solange sie nicht in das Quorum eingetreten sind (BGH **18**, 331). Die frühere Mitwirkung (§§ 23 I, 31 I StPO) schließt daher den Ergänzungsrichter nicht aus, wenn er an der damaligen Entscheidung nicht mitgewirkt hat (vgl RG **65**, 40; **aM** Arzt NJW **71**, 1112, 1114). Beim AG kann der Vorsitzende keinen Richter als Ergänzungsrichter zuziehen (LR-Wickern 8; **aM** Katholnigg 3); es gibt nur einen Ergänzungsschöffen.

4 **Mehrere Berufsrichter oder mehrere Schöffen** können nach § 192 herangezogen werden; jedoch muss dann die Reihenfolge ihres Eintretens bestimmt sein.

5 **4) Bestimmung des Ergänzungsrichters:** Bei den Berufsrichtern ist sie, falls ein spruchkörperfremder Richter beigezogen werden soll, eine Angelegenheit des Präsidiums (BGH StV **03**, 8), sonst gilt § 21 g (SK-Frister 8). Die Regelung für Vertretung (§ 21 e I S 1) betrifft den Fall des Ergänzungsrichters nicht. Daher wird im Geschäftsverteilungsplan (außer beim AG) allgemein geregelt, welche Richter als Ergänzungsrichter von den Vorsitzenden der einzelnen Spruchkörper herangezogen werden können (12 zu § 21 e) und in welcher Reihenfolge dies zu geschehen hat (LG Halle StV **05**, 208).

6 Für **Ergänzungschöffen** gelten die §§ 48, 49, 77 I. Wenn ein zugeteilter Ergänzungsschöffe während der Hauptverhandlung wegfällt, kann er nicht mehr ersetzt werden. Wird seine Verhinderung schon vor Beginn der Hauptverhandlung bekannt, so wird er, falls der Vorsitzende die Zuziehungsanordnung nicht wider-

ruft (oben 1), von der Schöffengeschäftsstelle durch den nächstberufenen Hilfsschöffen ersetzt (§ 49 III). Dabei rückt ein vorher zugewiesener Ergänzungsschöffe in der Zuziehungsreihenfolge nach vorn. Entspr wird verfahren, wenn ein Hauptschöffe vor der Sitzung ausfällt. In diesem Fall tritt der zunächst zugewiesene Ergänzungsschöffe in das Quorum ein; die weiteren Ergänzungsschöffen rücken nach. Der letzte Platz wird aus der Hilfsschöffenliste aufgefüllt.

5) Der **Eintritt des Ergänzungsrichters** (II, III) hängt davon ab, dass ein Fall der Verhinderung vorliegt (4 ff zu § 21 f; LG Bremen StV **98**, 13). Die Feststellung darüber obliegt dem Vorsitzenden, nicht dem Gericht (zw wegen § 21 g I Sowada 369 mit Fn 170; **aM** Schlothauer Müller-FS 647 für den Fall des § 229 III StPO); sie ist formfrei und kann auch durch schlüssiges Verhalten getroffen (BGH **35**, 366; NJW **91**, 51), sollte aber besser aktenkundig gemacht (protokolliert) werden (Katholnigg JR **89**, 349). Der Beschluss kann außerhalb der Hauptverhandlung ergehen. Die Verkennung des Rechtsbegriffs der Verhinderung begründet nicht die Revision, sondern nur Willkür (BGH **47**, 220). Der Ergänzungsrichter muss eintreten, wenn einem zeitweise verhinderten Richter die weitere Mitwirkung nur unter Verstoß gegen § 229 StPO möglich ist (BGH NStZ **86**, 518); dass der Richter nur an einzelnen – sitzungsfreien – Tagen nicht zur Verfügung steht, ist unschädlich (BGH **53**, 99). Im Fall der Erkrankung eines Richters kann abgewartet werden, ob der Richter innerhalb der Frist genesen wird (**aM** Schlothauer aaO 646: § 192 II geht § 229 III StPO vor). 7

6) **Ausfall des Vorsitzenden** während der Hauptverhandlung: Den weiteren Vorsitz übernimmt der regelmäßige Vertreter (§ 21 f II), wenn er in der Hauptverhandlung mitwirkt, sonst der nach Dienstalter, ersatzweise nach Geburt älteste Beisitzer. Kennt dieser die Akten nicht genügend, so tritt an seine Stelle der Berichterstatter (BGH **21**, 108, 111), falls er nicht nach § 28 II DRiG daran gehindert ist. Die Lücke füllt der Ergänzungsrichter aus (BGH **21**, 108). 8

Anwesende Personen

193 **I Bei der Beratung und Abstimmung dürfen außer den zur Entscheidung berufenen Richtern nur die bei demselben Gericht zu ihrer juristischen Ausbildung beschäftigten Personen und die dort beschäftigten wissenschaftlichen Hilfskräfte zugegen sein, soweit der Vorsitzende deren Anwesenheit gestattet.**

II 1 Ausländische Berufsrichter, Staatsanwälte und Anwälte, die einem Gericht zur Ableistung eines Studienaufenthaltes zugewiesen worden sind, können bei demselben Gericht bei der Beratung und Abstimmung zugegen sein, soweit der Vorsitzende deren Anwesenheit gestattet und sie gemäß den Absätzen 3 und 4 verpflichtet sind. 2 Satz 1 gilt entsprechend für ausländische Juristen, die im Entsendestaat in einem Ausbildungsverhältnis stehen.

III 1 Die in Absatz 2 genannten Personen sind auf ihren Antrag zur Geheimhaltung besonders zu verpflichten. 2 § 1 Abs. 2 und 3 des Verpflichtungsgesetzes vom 2. März 1974 (BGBl. I S. 469, 547 – Artikel 42) gilt entsprechend. 3 Personen, die nach Satz 1 besonders verpflichtet worden sind, stehen für die Anwendung der Vorschriften des Strafgesetzbuches über die Verletzung von Privatgeheimnissen (§ 203 Abs. 2 Satz 1 Nr. 2, Satz 2, Abs. 4 und 5, § 205), Verwertung fremder Geheimnisse (§§ 204, 205), Verletzung des Dienstgeheimnisses (§ 353 b Abs. 1 Satz 1 Nr. 2, Satz 2, Abs. 3 und 4) sowie Verletzung des Steuergeheimnisses (§ 355) den für den öffentlichen Dienst besonders Verpflichteten gleich.

IV 1 Die Verpflichtung wird vom Präsidenten oder vom aufsichtsführenden Richter des Gerichts vorgenommen. 2 Er kann diese Befugnis auf den Vorsitzenden des Spruchkörpers oder auf den Richter übertragen, dem die in Ab-

satz 2 genannten Personen zugewiesen sind. [3]Einer erneuten Verpflichtung bedarf es während der Dauer des Studienaufenthaltes nicht. [4]In den Fällen des § 355 des Strafgesetzbuches ist der Richter, der die Verpflichtung vorgenommen hat, neben dem Verletzten antragsberechtigt.

1 **1)** Die **Beratung** dient der gründlichen Prüfung und Abwägung aller für die Entscheidungsbildung wichtigen Umstände, die Gegenstand der Verhandlung waren (§ 261 StPO), mit dem Ziel einer Einigung der Richter (einschl der Schöffen, ohne die Ergänzungsschöffen, vgl BGHR § 344 II S 2 StPO Ergänzungsrichter 1). Die Richter müssen sich gewissermaßen „zusammenraufen" (Kleinknecht GA **61**, 49). Deshalb müssen grundsätzlich alle Richter ununterbrochen anwesend sein. Vorheriges Sichten und Ordnen des Verhandlungsstoffes und vorbereitende Überlegungen und Gespräche der Richter außerhalb der Beratung sind nicht unzulässig (vgl dazu Michel DRiZ **92**, 262). Es ist nicht erforderlich, dass in einem Kollegialgericht alle Mitglieder die Akten lesen; grundsätzlich genügt der Vortrag eines Berichterstatters (BVerfG NJW **87**, 2219, 2220; BGH 5 StR 15/92 vom 15. 2. 1994). Geleitet wird die Beratung vom Vorsitzenden (§ 194 I).

2 **2)** Die **Beratung ist geheim** (vgl §§ 43, 45 I S 2 **DRiG;** erg dazu 2 zu § 260 StPO; 9 zu § 263 StPO) und findet daher regelmäßig im Beratungszimmer statt (zum Beratungsgeheimnis vgl Michel DRiZ **92**, 266). Sie ist kein Teil der Hauptverhandlung. Im Protokoll kann nur die Unterbrechung der Hauptverhandlung zum Zweck der Beratung, nicht aber diese selbst bestätigt werden (BGH **5**, 294).

3 Es gibt auch **Beratung im Sitzungssaal.** Sie kann in einfachen Fällen zum Zweck der Beschlussfassung oder auch als Nachberatung eines Urteils nach kurzem Wiedereintritt in die Verhandlung im Sitzungssaal selbst stattfinden, wenn dabei die nicht beteiligten Personen nichts vernehmen können, zB wenn die Beratung sachgemäß durch Zeichen und Flüstern geführt werden kann, falls dabei keine Zweifel über das Beratungsergebnis entstehen können (BGH **19**, 156; **24**, 170: „größte Zurückhaltung"; BGH NJW **87**, 3210: „in Ausnahmefällen"; BGH StV **91**, 547: nicht zulässig, wenn der Angeklagte, der sich bisher nicht geäußert hatte, nun eine Erklärung abgegeben hat; **aM** Mellinghoff 16: stets unzulässig; erg 4 zu § 260 StPO).

4 **3)** Zur **Abstimmung** vgl §§ 194 II, 195, 196, 197 sowie § 263 StPO.

5 **4) Auszubildende Personen:** Ein Referendar darf nicht zugegen sein, wenn er mit der Sache über die Ausbildung hinaus befasst war oder ist (BGH **18**, 165; BVerwG NJW **82**, 1716), zB als Zeuge oder nach § 142 III oder auf der Seite der Verteidigung. Frühere Befassung nach § 10 hindert nicht (vgl § 23 StPO), ebenso nicht seine Einteilung als Protokollführer in der Hauptverhandlung. Studenten, die sich informatorisch bei dem Gericht beschäftigen, dürfen nicht zugelassen werden (BGH **41**, 119 mwN; SK-Frister 20; **aM** Seifert MDR **96**, 125; Speiermann NStZ **96**, 397; zu letzterem Meyer-Goßner NStZ **96**, 607), schon gar nicht Abiturienten in einem freiwilligen Berufsorientierungspraktikum (Koblenz StraFo **05**, 79). Von der Beratung, bei der das Urteil gewonnen wird (oben 1), sind Ausbildungsgespräche zu unterscheiden (EbSchmidt 10).

6 **5) Wissenschaftliche Hilfskräfte** werden bei den Obersten Gerichtshöfen des Bundes beschäftigt. Ob sie zur Beratung zugelassen werden durften, war früher umstritten. Der Gesetzgeber hat die Streitfrage im Interesse sowohl eines sinnvollen Einsatzes der Hilfskräfte als auch ihrer Aus- und Weiterbildung zutr dahin entschieden, dass ihre Anwesenheit zulässig ist. Über den Umfang ihrer Teilnahme an der Beratung befindet der Vorsitzende.

7 **6) Ausländische Richter, StAe und RAe** oder im Ausland in einem Ausbildungsverhältnis hierzu stehende Juristen, die dem Gericht zur Ableistung eines Studienaufenthaltes zugewiesen sind, können vom Vorsitzenden bei der Beratung und Abstimmung zugelassen werden, falls sie zuvor nach III, IV zur Verschwiegenheit verpflichtet worden sind. Sie werden nicht von Amts wegen, sondern nur auf

ihren Antrag verpflichtet; stellen sie den Antrag nicht, können sie auch nicht teilnehmen. Zur Wahrung des Steuergeheimnisses durch die Hospitanten vgl § 30 III Nr 1 a **AO.** Ausländische Rechtsstudenten, auch wenn sie sich zur Ausbildung bei dem Gericht befinden, dürfen nicht teilnehmen.

7) Revision: Ein Verstoß gegen § 193 ist kein absoluter Revisionsgrund (BGHR § 344 II S 2 StPO Ergänzungsrichter 1); es kann aber nach § 337 die Revision begründen, wenn jemand bei der Beratung und Abstimmung unbefugt zugegen war (BGH **18**, 165, 166; 331, 332; Koblenz VRS **46**, 449). Dass jemand außerhalb des Beratungszimmers oder in diesem versteckt zugehört hat, genügt nicht (BGH GA **64**, 134; SK-Frister 28). 8

Beratungshergang

194 **I Der Vorsitzende leitet die Beratung, stellt die Fragen und sammelt die Stimmen.**

II Meinungsverschiedenheiten über den Gegenstand, die Fassung und die Reihenfolge der Fragen oder über das Ergebnis der Abstimmung entscheidet das Gericht.

1) Die **Abstimmungsweise** ist vom Gesetz nicht vorgeschrieben. Bei einem mit mehreren Richtern besetzten Spruchkörper sollten alle bedeutsamen Fragen im Spruchkörper erörtert werden (BVerfG NJW **87**, 2219). Grundsätze der Logik sind maßgebend (vgl im einzelnen Michel DRiZ **92**, 264). Reihenfolge etwa: a) Verfahrenshindernisse (Einl 141 ff), bei mehreren gesondert (Mellinghoff 112 ff, 137 f); b) Tatfrage, Schuldfrage (§ 263 I, II StPO); ggf zunächst über den Ausgangstatbestand, dann über einen normierten Rechtsfolgenmilderungstatbestand und über einen Rechtsfolgenverschärfungstatbestand (15 zu § 267 StPO); Konkurrenzen (Mellinghoff 126). Nach Verneinung der Vorsatztat Frage eines in Betracht kommenden Fahrlässigkeitstatbestandes (RG **59**, 83; 36 zu § 261 StPO); c) Nach der Vorwegnahme der im Einzelfall in Betracht kommenden Teilfragen ist über das Ob und Wie des Schuldspruchs insgesamt abzustimmen (LR-Gollwitzer 5 zu § 263 StPO). 1

Reihenfolge bei der Rechtsfolgenentscheidung: Strafe, Nebenstrafe, andere Rechtsfolgen. 2

Am Ende stehen Kosten und Auslagenentscheidungen; ggf die Entschädigungsfrage nach dem **StrEG** und gleichzeitige Beschlüsse (§§ 268 a, 268 b StPO). 3

2) Nachträgliche Änderung der Stimmabgabe ist unzulässig, auch vor Verkündung der Entscheidung (Kissel/Mayer 5; **aM** LR-Wickern 19). Eine Nachberatung (mit neuer Abstimmung) kann nur verlangt werden, wenn sich neue Gesichtspunkte ergeben haben oder Abstimmungsfehler unterlaufen sind (Mellinghoff 19 f; **aM** SK-Frister 13). 4

3) Umlaufverfahren bei Entscheidung außerhalb der Hauptverhandlung ist in einfachen Sachen zulässig, wenn es offensichtlich einer Beratung nicht bedarf (LR-Wickern 21; **aM** Mellinghoff 15). Diese kann aber von jedem der an der Entscheidung beteiligten Richter verlangt werden. 5

Keine Verweigerung der Abstimmung

195 **Kein Richter oder Schöffe darf die Abstimmung über eine Frage verweigern, weil er bei der Abstimmung über eine vorhergegangene Frage in der Minderheit geblieben ist.**

1) Der **Standpunkt der Mehrheit** ist für die Überstimmten für die Folge maßgebend (krit dazu Peters Meyer-GedSchr 336). Wer bei seiner Bejahung der vorsätzlichen Tötung in der Minderheit geblieben ist, darf nicht die Abstimmung über die fahrlässige Tötung verweigern (RG **59**, 84). 1

2 **2)** Der **überstimmte Vorsitzende** darf die Gründe der Mehrheit und das Urteil bei der Verkündung nicht desavouieren (Seibert MDR **57**, 597), auch nicht der überstimmte Berichterstatter bei der Urteilsabfassung. Bei Entscheidungen eines Kollegialgerichts bedeutet die Unterschrift (6 vor § 33; 19 ff zu § 275 StPO) nicht Billigung, sondern nur Bescheinigung richtigen Zustandekommens.

Stimmenverhältnis

196 **I Das Gericht entscheidet, soweit das Gesetz nicht ein anderes bestimmt, mit der absoluten Mehrheit der Stimmen.**

II Bilden sich in Beziehung auf Summen, über die zu entscheiden ist, mehr als zwei Meinungen, deren keine die Mehrheit für sich hat, so werden die für die größte Summe abgegebenen Stimmen den für die zunächst geringere abgegebenen so lange hinzugerechnet, bis sich eine Mehrheit ergibt.

III 1 Bilden sich in einer Strafsache, von der Schuldfrage abgesehen, mehr als zwei Meinungen, deren keine die erforderliche Mehrheit für sich hat, so werden die dem Beschuldigten nachteiligsten Stimmen den zunächst minder nachteiligen so lange hinzugerechnet, bis sich die erforderliche Mehrheit ergibt. 2 Bilden sich in der Straffrage zwei Meinungen, ohne dass eine die erforderliche Mehrheit für sich hat, so gilt die mildere Meinung.

IV Ergibt sich in dem mit zwei Richtern und zwei Schöffen besetzten Gericht in einer Frage, über die mit einfacher Mehrheit zu entscheiden ist, Stimmengleichheit, so gibt die Stimme des Vorsitzenden den Ausschlag.

1 **1)** Ein **qualifiziertes Stimmenverhältnis** bestimmt das Gesetz für die Schuld- und Straffrage in § 263 StPO. Für das Revisionsgericht gilt, abgesehen vom Fall des § 354 I StPO, stets die Regel des I.

2 **2) Mit 2 Richtern und 2 Schöffen** (IV) ist die große StrK besetzt, falls sie nicht als SchwurG tätig wird oder falls nicht die Zuziehung eines 3. Richters beschlossen worden ist (§ 76 I S 1, II); ferner entscheidet das erweiterte SchG (§ 29 II) und bei Berufungen gegen dessen Urteile die kleine StrK (5 zu § 76) in dieser Besetzung (§ 76 III). Hier gibt bei Stimmengleichheit die Stimme des Vorsitzenden den Ausschlag. Das gilt auch bei Streit über den Inhalt der Urteilsgründe (Katholnigg 7 zu § 29; **aM** Kissel/Mayer 7: Erneute Zuziehung der Schöffen).

Reihenfolge der Stimmabgabe

197 **1 Die Richter stimmen nach dem Dienstalter, bei gleichem Dienstalter nach dem Lebensalter, ehrenamtliche Richter und Schöffen nach dem Lebensalter; der jüngere stimmt vor dem älteren. 2 Die Schöffen stimmen vor den Richtern. 3 Wenn ein Berichterstatter ernannt ist, so stimmt er zuerst. 4 Zuletzt stimmt der Vorsitzende.**

1 **1)** Die **Vorschrift regelt** nur die Abstimmung. Bei der vorhergehenden Beratung entscheidet auch über die Reihenfolge der Vorsitzende (§ 194 I), so dass er nicht als letzter sprechen muss, sondern sogleich nach dem Berichterstatter das Wort ergreifen kann.

198–202 (weggefallen)

3. Anhang
Nebengesetze und ergänzende Bestimmungen

I. *Erläuterte Gesetze*

1. Einführungsgesetz zur Strafprozessordnung

Vom 1. Februar 1877 (RGBl 346; BGBl III 312–1), letztes ÄndG vom 29. Juli 2009 (BGBl I 2274)

1 (aufgehoben)

2 (gegenstandslose Überleitungsvorschrift)

Anwendungsgebiet

3 **I Die Strafprozessordnung findet auf alle Strafsachen Anwendung, welche vor die ordentlichen Gerichte gehören.**

II Insoweit die Gerichtsbarkeit in Strafsachen, für welche besondere Gerichte zugelassen sind, durch die Landesgesetzgebung den ordentlichen Gerichten übertragen wird, kann diese ein abweichendes Verfahren gestatten.

III Die Landesgesetze können anordnen, dass Forst- und Feldrügesachen durch die Amtsgerichte in einem besonderen Verfahren, sowie ohne Zuziehung von Schöffen verhandelt und entschieden werden.

1) Strafsache: Ein Verfahren, in dem geprüft wird, ob Anklage bei einem ordentlichen Gericht erhoben werden soll, und in dem, wenn es hierzu kommt, die ordentlichen Gerichte entscheiden. Zum Übergang vom Bußgeld- zum Strafverfahren vgl § 81 OWiG. 1

2) Sinngemäße Anwendung der StPO sehen die meisten Disziplinargesetze und die Gesetze über die Ehren- und Berufsgerichtsbarkeit vor, soweit nicht besondere Regelungen getroffen sind und die Eigenart des Verfahrens entgegensteht (vgl zB § 91 I WDO, § 116 S 2 BRAO; anders aber § 3 BDG: VwVfG und VwGO). Auch im Bußgeldverfahren ist die StPO sinngemäß anzuwenden, soweit das OWiG nichts anderes bestimmt (§ 46 I OWiG). 2

3) Über ordentliche Gerichte, besondere Gerichte und Ausnahmegerichte vgl §§ 12–14, 16 GVG. 3

4) Im Rahmen des II und III ist der Landesgesetzgeber zB ermächtigt, die Rechtsmittel einzuschränken (BGH **4**, 138). Das Urteil hat die gleiche strafklageverbrauchende Wirkung wie andere Urteile der ordentlichen Gerichte. Abweichende Regelungen in Feld- und Forstschutzsachen (vgl Art 4 V EGStGB) enthält das Landesrecht nicht mehr; Verstöße gegen die Feld- und Forststrafengesetze werden nur noch als Ordnungswidrigkeiten geahndet. 4

4 (sachlich überholt)

5 (aufgehoben)

Verhältnis zu den Landesgesetzen

6 I [1]**Die prozessrechtlichen Vorschriften der Landesgesetze treten für alle Strafsachen, über die gemäß § 3 nach den Vorschriften der Strafprozessordnung zu entscheiden ist, außer Kraft, soweit nicht in der Strafprozessordnung auf sie verwiesen ist.** [2]**Außer Kraft treten insbesondere die Vorschriften über die Befugnis zum Erlass polizeilicher Strafverfügungen.**

II **Unberührt bleiben landesgesetzliche Vorschriften:**

1. **über die Voraussetzungen, unter denen gegen Mitglieder eines Organs der Gesetzgebung eine Strafverfolgung eingeleitet oder fortgesetzt werden kann;**
2. **über das Verfahren bei Zuwiderhandlungen gegen die Vorschriften über die Erhebung öffentlicher Abgaben und Gefälle, soweit sie auf die Abgabenordnung verweisen.**

1 **1) Ergänzung der StPO durch Polizeigesetze:** Das Strafverfolgungsrecht gehört zur konkurrierenden Gesetzgebung (Art 74 Nr 1 GG). Ergänzende landesrechtliche Bestimmungen sind nur zulässig, soweit die StPO keine abschließende Regelung enthält (Art 72 I GG). § 6 enthält hierfür kein Verbot (Sigrist JR **76**, 397, 399; Krause/Nehring 173). Eine subsidiäre Anwendung des Landespolizeirechts auf dem Gebiet der repressiven Strafverfolgung ist jedoch mit Rücksicht auf die inzwischen erfolgten Änderungen der StPO nicht mehr möglich (Götz NVwZ **84**, 212; Rogall GA **85**, 7).

2 **2) Strafverfolgung von Abgeordneten (II Nr 1):** Zu § 152a StPO.

3 **3) Abgaben-Verfahren (II Nr 2):** Die Vorschrift betrifft nur die Abgaben, die nicht der **AO** unterliegen, und nur die Verfahrensvorschriften, die auf die **AO** (§§ 385 ff) verweisen (LR-Hilger 5).

Begriff des Gesetzes

7 **Gesetz im Sinne der Strafprozessordnung und dieses Gesetzes ist jede Rechtsnorm.**

1 **1) Gesetz:** Art 20 III GG; § 337 II StPO; § 25 **DRiG.**

Mitteilung in Strafsachen gegen Abgeordnete

8 I [1]**In Strafsachen gegen Mitglieder der gesetzgebenden Körperschaften des Bundes oder eines Landes oder gegen Mitglieder des Europäischen Parlaments ist dem Präsidenten der Körperschaft, dem das Mitglied angehört, nach nicht nur vorläufiger Einstellung oder nach rechtskräftigem Abschluss des Verfahrens zur Sicherstellung der Funktionsfähigkeit oder zur Wahrung des Ansehens der jeweiligen Körperschaft die das Verfahren abschließende Entscheidung mit Begründung zu übermitteln; ist mit dieser Entscheidung ein Rechtsmittel verworfen worden, so ist auch die angefochtene Entscheidung zu übermitteln.** [2]**Bei Mitgliedern des Deutschen Bundestages oder des Europäischen Parlaments erfolgt die Übermittlung über das Bundesministerium der Justiz.** [3]**Die Übermittlung veranlasst die Strafverfolgungs- oder Strafvollstreckungsbehörde.**

II **Die Übermittlung unterbleibt, wenn die jeweilige Körperschaft darauf verzichtet hat.**

1 **1)** Eine **bereichsspezifische Übermittlungsvorschrift** (vgl 1 vor § 12 EGGVG) für Strafsachen gegen Mitglieder der gesetzgebenden Körperschaften des Bundes oder eines Landes oder gegen Mitglieder des Europäischen Parlaments, die gegenüber den §§ 12 bis 22 **EGGVG** vorrangig ist, enthält die durch das JuMiG

eingefügte Bestimmung; sie tritt an die Stelle der RiStBV 192 V aF, deren Neufassung die Mitteilung auf dem Dienstweg vorschreibt.

2) Mitzuteilen ist entweder die endgültige Einstellung oder – nach Rechtskraft 2
– die abschließende Entscheidung mit Begründung; mit einer ein Rechtsmittel verwerfenden Entscheidung ist auch das angefochtene Erkenntnis zu übermitteln.

Zuständig ist nach I S 4 die Strafverfolgungs- oder Strafvollstreckungsbehörde; 3
Einzelheiten – auch zur funktionellen Zuständigkeit – ergeben sich aus MiStra 4.

Empfänger der Mitteilung ist der Präsident der jeweiligen Körperschaft. I S 2 4
schreibt – ergänzt durch RiStBV 192 V, 192a IV S 3, 192b V S 2 – die Übermittlung über das Bundesministerium der Justiz vor, wenn es sich um eine Strafsache gegen Abgeordnete des BTags oder des Europäischen Parlaments handelt. Da es den im Gesetz bezeichneten Körperschaften obliegt, die in I S 1 genannten Zwecke zu wahren, unterbleibt die Mitteilung bei Verzicht (II).

Übergangsvorschrift

9 Für Dateien, die am 1. November 2000 bestehen, sind die §§ 483 bis 490 der Strafprozessordnung erst ab dem 1. November 2001 anzuwenden.

Opferrechtsreformgesetz

10 I War beim Inkrafttreten des Opferrechtsreformgesetzes die öffentliche Klage bereits erhoben, so bleibt die Befugnis, sich nach § 395 Abs. 2 Nr. 2 der Strafprozessordnung in der bisherigen Fassung der erhobenen öffentlichen Klage als Nebenkläger anzuschließen, auch nach dem Inkrafttreten des Opferrechtsreformgesetzes erhalten.

II Artikel 2 Nr. 1 des Opferrechtsreformgesetzes gilt nicht für Verfahren, in denen die Staatsanwaltschaft vor Inkrafttreten der Änderung die öffentliche Klage erhoben hat.

III § 10 tritt mit Ablauf des 31. Dezember 2014 außer Kraft.

1) Nach § 395 II Nr 2 StPO stand im Falle des § 90 StGB dem BPräs und im 1
Falle des § 90b StGB der betroffenen Person das Recht zu, sich als Nebenkläger anzuschließen. Bis 31. 12. 2014 bleibt diese Befugnis erhalten, falls am 1. 9. 2004 (= Inkrafttreten des 1.OpferRRG) die öffentl Klage bereits erhoben worden war.

2) Art 2 Nr 1 des 1. OpferRRG betrifft die Änderung des § 24 GVG dahin, 2
dass auch bei besonderer Schutzbedürftigkeit von Verletzten der Straftat und wegen des besonderen Umfangs Anklage beim LG erhoben werden darf; diese Erweiterung gilt nicht für bei Inkrafttreten des 1.OpferRRG bereits laufende Verfahren.

Übergangsregelung zum Gesetz zur Novellierung der forensischen DNA-Analyse

11 I Die Staatsanwaltschaften dürfen die nach den §§ 2b und 2e des DNA-Identitätsfeststellungsgesetzes vom 7. September 1998 (BGBl. I S. 2646), das zuletzt durch Artikel 4 des Gesetzes vom 27. Dezember 2003 (BGBl. I S. 3007) geändert worden ist, übermittelten Daten bis einschließlich 31. Dezember 2010 für Maßnahmen nach § 81g der Strafprozessordnung weiter verwenden.

II Für die nach dem DNA-Identitätsfeststellungsgesetz erhobenen und verwendeten Daten finden ab dem 1. November 2005 die Regelungen der Strafprozessordnung Anwendung.

12 (aufgehoben)

Übergangsregelung zum Gesetz zur Änderung des Untersuchungshaftrechts

13 **In den Ländern, die bis zum 1. Januar 2010 noch keine landesgesetzlichen Regelungen zum Vollzug der Untersuchungshaft getroffen haben, gilt bis zum Inkrafttreten solcher Regelungen, längstens jedoch bis zum 31. Dezember 2011, § 119 der Strafprozessordnung in der bis zum 31. Dezember 2009 geltenden Fassung, soweit dort der Vollzug der Untersuchungshaft geregelt ist, neben der ab dem 1. Januar 2010 geltenden Fassung fort.**

1 **1) Mit Ablauf des 31. 12. 2011** tritt die Vorschrift außer Kraft (Art. 8 Abs. 2 des oben bezeichneten Gesetzes).

2. Einführungsgesetz zum Gerichtsverfassungsgesetz

Vom 27. Januar 1877 (RGBl 77; BGBl III 300–1), letztes ÄndG vom 17. Dezember 2008 (BGBl I 2586, 2694; mittelbare Änderung durch Art 8 G vom 30. 7. 2009, BGBl I 2449, 2472)

Erster Abschnitt. Allgemeine Vorschriften

1 (aufgehoben)

Anwendungsgebiet

2 **Die Vorschriften des Gerichtsverfassungsgesetzes finden auf die ordentliche Gerichtsbarkeit und deren Ausübung Anwendung.**

1 **1)** Zur **ordentlichen Gerichtsbarkeit** gehört auch die Strafrechtspflege (1 zu § 3 EGStPO); der Strafprozess ist freilich kein Parteiverfahren (Einl 9, 10). In Jugendsachen gilt das GVG nur, soweit das JGG nichts anderes bestimmt (§ 2 II **JGG**).

Übertragung der Gerichtsbarkeit

3 **I [1]Die Gerichtsbarkeit in bürgerlichen Rechtsstreitigkeiten und Strafsachen, für welche besondere Gerichte zugelassen sind, kann den ordentlichen Landesgerichten durch die Landesgesetzgebung übertragen werden. [2]Die Übertragung darf nach anderen als den durch das Gerichtsverfassungsgesetz vorgeschriebenen Zuständigkeitsnormen erfolgen.**

II (aufgehoben)

III (betrifft bürgerliche Rechtsstreitigkeiten)

4 (aufgehoben)

Sondervorschrift für Stadtstaaten

4a **I [1]Die Länder Berlin und Hamburg bestimmen, welche Stellen die Aufgaben erfüllen, die im Gerichtsverfassungsgesetz den Landesbehörden, den Gemeinden oder den unteren Verwaltungsbezirken sowie deren Vertretungen zugewiesen sind. [2]Das Land Berlin kann bestimmen, dass die Wahl der Schöffen und Jugendschöffen bei einem gemeinsamen Amtsgericht stattfindet, bei diesem mehrere Schöffenwahlausschüsse gebildet werden und deren Zuständigkeit sich nach den Grenzen der Verwaltungsbezirke bestimmt.**

II (aufgehoben)

1 **1) Berlin** hat von der Ermächtigung des I S 2 Gebrauch gemacht und nach § 6a seines AGGVG die Schöffenwahl beim AG Tiergarten konzentriert und dort entspr Schöffenwahlausschüsse gebildet.

5 (gegenstandslos)

Übergangsvorschrift für das Recht der ehrenamtlichen Richter

6 **I Vorschriften über die Wahl oder Ernennung ehrenamtlicher Richter in der ordentlichen Gerichtsbarkeit einschließlich ihrer Vorbereitung, über die Voraussetzung hierfür, die Zuständigkeit und das dabei einzuschlagende Verfahren sowie über die allgemeinen Regeln über Auswahl und Zuziehung dieser ehrenamtlichen Richter zu den einzelnen Sitzungen sind erstmals auf die erste Amtsperiode der ehrenamtlichen Richter anzuwenden, die nicht früher als am ersten Tag des auf ihr Inkrafttreten folgenden zwölften Kalendermonats beginnt.**

II Vorschriften über die Dauer der Amtsperiode ehrenamtlicher Richter in der ordentlichen Gerichtsbarkeit sind erstmals auf die erste nach ihrem Inkrafttreten beginnende Amtsperiode anzuwenden.

1) **Allgemeine Übergangsvorschriften** für alle Gesetze, mit denen künftig das 1
Recht der ehrenamtlichen Richter in der ordentlichen Gerichtsbarkeit geändert wird, enthält die Vorschrift. Dadurch soll vermieden werden, dass jeweils neue Übergangsvorschriften für jedes einzelne Änderungsgesetz geschaffen werden müssen.

2) Für **Vorschriften über die Wahl oder Ernennung** der ehrenamtlichen 2
Richter enthält I eine Anwendungsregelung. Die Schutzfrist von 12 Monaten soll sicherstellen, dass ausreichend Zeit für die Vorbereitung und Durchführung der Wahl oder Ernennung bleibt.

3) **Neue Vorschriften über die Dauer der Amtsperioden** sind nach II 3
nicht für die laufenden Amtsperioden anzuwenden.

7 (gegenstandslos)

8 (betrifft bürgerliche Rechtsstreitigkeiten)

Zuständigkeitskonzentration; Oberstes Landesgericht

9 **1 Durch die Gesetzgebung eines Landes, in dem mehrere Oberlandesgerichte errichtet werden, können die zur Zuständigkeit der Oberlandesgerichte gehörenden Entscheidungen in Strafsachen oder in Verfahren nach dem Gesetz über die internationale Rechtshilfe in Strafsachen ganz oder teilweise ausschließlich einem der mehreren Oberlandesgerichte oder an Stelle eines solchen Oberlandesgerichts dem Obersten Landesgericht zugewiesen werden. 2 Dem Obersten Landesgericht können auch die zur Zuständigkeit eines Oberlandesgerichts nach § 120 des Gerichtsverfassungsgesetzes gehörenden Entscheidungen zugewiesen werden.**

1) Ein **ObLG** war nur in Bayern errichtet (Art 11 BayAGGVG); ihm waren die 1
erstinstanzlichen Strafsachen des § 120 GVG (II Nr 1), die OLG-Revisionssachen für Bayern (II Nr 2) und die Rechtsbeschwerdesachen im Bußgeldverfahren (II Nr 3) übertragen; es hatte ferner die Zuständigkeit nach § 35 S 2 (II Nr 4). Das traditionsreiche, fast 400 Jahre alte BayObLG wurde zum 30. 6. 2006 aufgelöst (GVBl **04**, 400); damit wurde eine in jeder Hinsicht bewährte Institution, die für eine einheitliche Rechtsprechung in Bayern sorgte, aus rein fiskalischen Gründen beseitigt (vgl Kruis NJW **04**, 640). Gegen die Auflösung gerichtete Anträge wurden vom BayVerfGH abgewiesen (NJW **05**, 3699). Die Entscheidung über die Rechts-

beschwerden auf Grund des WiStG, des OWiG oder einer hierauf verweisenden Vorschrift wurde allerdings auch für den Bezirk der beiden anderen bayer. OLGe (München und Nürnberg) dem OLG Bamberg zugewiesen (Art 11 b BayAGGVG).

2 **2) Zuständigkeitskonzentration bei einem OLG:** Für Entscheidungen über Beschwerden nach § 57 a StGB, § 454 II StPO sind zuständig: Celle in Niedersachsen (G vom 27. 6. 1982, GVBl 195), Hamm in NW (G vom 6. 4. 1982, GVNW 170), Karlsruhe in BW (§ 44 BWAGGVG), Koblenz in RP (§ 4 III Nr 1 RPGerOrgG).

3 **3) Ergänzende Vorschriften:** §§ 83, 92 GWB für KartellOWien, § 25 II für die gerichtliche Nachprüfung von VerwAen, § 37 IV iVm § 25 II für das Anfechtungsverfahren bei Kontaktsperre und § 4 III BinSchVfG.

Anwendbare Vorschriften

10 **I Die allgemeinen sowie die in § 116 Abs. 1 Satz 2, §§ 124, 130 Abs. 1 und § 181 Abs. 1 enthaltenen besonderen Vorschriften des Gerichtsverfassungsgesetzes finden auf die obersten Landesgerichte der ordentlichen Gerichtsbarkeit entsprechende Anwendung; ferner sind die Vorschriften der §§ 132, 138 des Gerichtsverfassungsgesetzes mit der Maßgabe entsprechend anzuwenden, dass durch Landesgesetz die Zahl der Mitglieder der Großen Senate anderweitig geregelt oder die Bildung eines einzigen großen Senats angeordnet werden kann, der aus dem Präsidenten und mindestens acht Mitgliedern zu bestehen hat und an die Stelle der Großen Senate für Zivilsachen und für Strafsachen sowie der Vereinigten Großen Senate tritt.**

II Die Besetzung der Senate bestimmt sich in Strafsachen, in Grundbuchsachen und in Angelegenheiten der freiwilligen Gerichtsbarkeit nach den Vorschriften über die Oberlandesgerichte, im Übrigen nach den Vorschriften über den Bundesgerichtshof.

1 **1)** Die **Verfassung des ObLG** wird der Verfassung des BGH angeglichen. In der Besetzung und auch sonst, soweit sich aus § 10 nichts anderes ergibt, bleibt das ObLG ein OLG. Keine erweiternde Auslegung von II auf uU vergleichbare Fälle, wie zB einen Beschluss nach § 441 StPO; Besetzung mit drei Richtern (Bay AfP **87**, 690). Beim BayObLG (1 zu § 9) waren entspr § 132 GVG Große Senate für Zivil- und Strafsachen errichtet.

11 (aufgehoben)

Zweiter Abschnitt. Verfahrensübergreifende Mitteilungen von Amts wegen

Vorbemerkungen

1 **1)** Das **Justizmitteilungsgesetz** und Gesetz zur Änderung kostenrechtlicher Vorschriften und anderer Gesetze (JuMiG) vom 18. Juni 1997 (BGBl I 1430) hat in Art 1 das EGGVG in Abschnitte eingeteilt und die Bestimmungen des 2. Abschnitts neu eingefügt. Die Änderungsvorschriften in den Art 2 bis 31 JuMiG implementierten – grundsätzlich vorrangige – bereichsspezifische Übermittlungsvorschriften in eine Vielzahl von Gesetzen (Wollweber NJW **97**, 2488). Dort oder in anderen Spezialvorschriften (vgl zB 2 zu § 13) nicht erfasste verfahrensübergreifende Mitteilungen (Übermittlung personenbezogener Daten) durch Gerichte der ordentlichen Gerichtsbarkeit und Staatsanwaltschaften an öffentliche Stellen des Bundes oder eines Landes von Amts wegen (nicht auf Ersuchen, vgl §§ 474 ff StPO) sind – begrenzt auf das unbedingt Erforderliche (das betont auch BGH ZIP **08**, 466) – im

2. Abschnitt des EGGVG geregelt worden. Den verfahrensrechtlichen Vorkehrungen (unten 4) kann aber auch in den bereichsspezifisch – auch landesrechtlich – vorgesehenen Mitteilungen Bedeutung zukommen, soweit die Vorschriften über das Verfahren der übermittelnden Stelle keine datenschutzrechtlichen Regelungen enthalten (Wollweber aaO 2489). Als *leges speciales* gehen die §§ 12 ff dem BDSG vor; dessen Bestimmungen können jedoch wegen der identischen Schutzrichtung ergänzend herangezogen werden (KK-Schoreit 3 zu § 12; vgl ferner Wullweber SchlHA **99**, 70 ff, auch zur Kontrollbefugnis des Datenschutzbeauftragten).

2) Auf eine **verfassungsrechtlich einwandfreie gesetzliche Grundlage** soll durch das JuMiG die Übermittlung personenbezogener Daten durch die Gerichte der ordentlichen Gerichtsbarkeit und die Staatsanwaltschaften gestellt werden. Das vom BVerfG in seiner Entscheidung vom 15. Dezember 1983 zum Volkszählungsgesetz 1983 (BVerfGE **65**, 1) aus dem allgemeinen Persönlichkeitsrecht entwickelte Recht auf „informationelle Selbstbestimmung", das den einzelnen gegen unbegrenzte Erhebung, Speicherung, Verwendung und Weitergabe seiner persönlichen Daten schützt, umfasst die Übermittlung staatlicher Entscheidungen, die eine Person betreffen (BVerfGE **78**, 77, 84). Wegen der Gemeinschaftsbezogenheit und Gemeinschaftsgebundenheit der Person muss der einzelne Einschränkungen im überwiegenden Allgemeininteresse hinnehmen (BVerfGE **65**, 1, 43; **80**, 367, 373); strafrechtlich relevante Verhaltensweisen berühren Belange der Allgemeinheit (BVerwG NJW **90**, 2765, 2766). Eingriffe in das Recht auf „informationelle Selbstbestimmung" bedürfen jedoch einer gesetzlichen Grundlage, die dem Gebot der Normenklarheit und dem Grundsatz der Verhältnismäßigkeit genügt sowie die organisatorischen und verfahrensrechtlichen Vorkehrungen enthält, die der Gefahr einer Verletzung des Persönlichkeitsrechts entgegenwirken (BVerfGE **65**, 1, 44). 2

3) Bewusst auf **Mitteilungsermächtigungen** beschränkt sich das Gesetz; die Begründung von Mitteilungspflichten bleibt, soweit diese nicht spezialgesetzlich bestehen (vgl auch §§ 20, 21), Verwaltungsvorschriften im Wege der Normenkonkretisierung und Ermessensbindung vorbehalten (8, 9 zu § 12). Nach Auffassung des Gesetzgebers (BT-Drucks 13/4709 S 18) entspricht die Anknüpfung an das „bewährte System" der einschlägigen Regelungen (insbesondere der MiStra) dem verfassungsrechtlichen Erfordernis, dass „für jeden klar und erkennbar bestimmt (ist), in welchen Fällen eine Mitteilung rechtmäßig erfolgen kann" (krit unter Hinweis auf die eingeschränkte Pflicht zur Unterrichtung Betroffener von Amts wegen in § 21 Wollweber NJW **97**, 2489). 3

4) Die **wesentlichen verfahrensrechtlichen Vorkehrungen,** die der Gefahr einer Verletzung des Persönlichkeitsrechts entgegenwirken (oben 2), sind die Zweckbindung (§§ 19 I, 18 I S 2), die Prüfungs- und Rücksendepflicht (§ 19 II), die Nachberichts- und Korrekturpflicht (§ 20), die Auskunfts- und Unterrichtungspflicht (§ 21) und die Gewährung effektiven Rechtsschutzes (§ 22). 4

Anwendungsbereich; Verantwortung

12 I [1]**Die Vorschriften dieses Abschnitts gelten für die Übermittlung personenbezogener Daten von Amts wegen durch Gerichte der ordentlichen Gerichtsbarkeit und Staatsanwaltschaften an öffentliche Stellen des Bundes oder eines Landes für andere Zwecke als die des Verfahrens, für die die Daten erhoben worden sind.** [2]**Besondere Rechtsvorschriften des Bundes oder, wenn die Daten aus einem landesrechtlich geregelten Verfahren übermittelt werden, eines Landes, die von den §§ 18 bis 22 abweichen, gehen diesen Vorschriften vor.**

II **Absatz 1 gilt entsprechend für die Übermittlung personenbezogener Daten an Stellen der öffentlich-rechtlichen Religionsgesellschaften, sofern sichergestellt ist, dass bei dem Empfänger ausreichende Datenschutzmaßnahmen getroffen werden.**

III Eine Übermittlung unterbleibt, wenn ihr eine besondere bundes- oder entsprechende landesgesetzliche Verwendungsregelung entgegensteht.

IV Die Verantwortung für die Zulässigkeit der Übermittlung trägt die übermittelnde Stelle.

V [1]Das Bundesministerium der Justiz kann mit Zustimmung des Bundesrates allgemeine Verwaltungsvorschriften zu den nach diesem Abschnitt zulässigen Mitteilungen erlassen. [2]Ermächtigungen zum Erlass von Verwaltungsvorschriften über Mitteilungen in besonderen Rechtsvorschriften bleiben unberührt.

1 **1)** Den **Anwendungsbereich** der Vorschriften des 2. Abschnitts regelt I.

2 A. **Für Übermittlungen von Amts wegen** durch die Gerichte der ordentl. Gerichtsbarkeit (einschließlich der Arbeitsgerichte, Art 14 JuMiG) und der StAen gelten die Vorschriften des 2. Abschnitts (I S 1). Nach der Begründung des Gesetzentwurfs der Bundesregierung (BT-Drucks 13/4709 S 19) zählen Gerichtsvollzieher wegen ihrer eigenständigen Stellung nicht zu den Gerichten. Wer im jeweiligen Verfahrensstadium mitteilungspflichtige Stelle und dort funktionell zuständig ist, ergibt sich für den Anwendungsbereich der MiStra aus deren Nr 4 (vgl unten 8, 9).

3 B. Die für die **Empfänger der Daten** verwendete Bezeichnung „öffentliche Stellen des Bundes oder eines Landes" übernimmt die Begriffsbestimmung in § 2 BDSG: Gerichte, Behörden, andere öffentlich-rechtlich organisierte Einrichtungen des Bundes, der Länder, der Gemeinden und der Gemeindeverbände, ferner bundesunmittelbare Körperschaften, Anstalten und Stiftungen des öffentlichen Rechts sowie sonstige der Aufsicht eines Landes unterstehende juristische Personen des öffentlichen Rechts, jeweils einschließlich deren Vereinigungen ungeachtet ihrer Rechtsform. Hinzu kommen nichtöffentliche Stellen, soweit sie hoheitliche Aufgaben der öffentlichen Verwaltung wahrnehmen (zB die Post-Aktiengesellschaften nach Art 143b III GG iVm § 1 I des Postpersonalrechtsgesetzes). Adressat der Mitteilung können nach II, der § 15 IV BDSG nachgebildet ist, ferner Stellen der öffentlich-rechtlichen Religionsgesellschaften sein. Bei den in Betracht kommenden kirchlichen Körperschaften des öffentlichen Rechts ist die Datensicherheit gewährleistet (KK-Schoreit 8). Die Empfänger haben weitere Schritte in eigener Zuständigkeit zu prüfen (BGH ZIP **08**, 466: Insolvenzvergehen eines Insolvenzverwalters). Transnationale Datenübermittlungen von Amts wegen sehen zB §§ 61a, 92 IRG vor.

4 C. **Personenbezogene Daten** unmittelbar am Verfahren beteiligter, aber auch am Verfahren unbeteiligter Personen sind Gegenstand der Übermittlung. Der Begriff wird vom JuMiG vorausgesetzt. Nach § 3 I BDSG sind dies Einzelangaben über persönliche oder sachliche Verhältnisse einer bestimmten oder bestimmbaren natürlichen Person (Betroffener); sie müssen für Zwecke des Verfahrens, aus dem die Mitteilung erfolgen soll, erhoben worden sein (vgl 2 zu § 14).

5 D. **Nicht erfasst** sind Übermittlungen auf Ersuchen an nicht-öffentliche Stellen (vgl aber oben 3) und Privatpersonen; insoweit ergeben sich die Rechtsgrundlagen aus den einzelnen Verfahrensgesetzen, etwa den §§ 474 ff StPO, und aus bereichsspezifischen Regelungen. Mitteilungen „für andere Zwecke" (als die des Verfahrens vor der übermittelnden Stelle) liegen nicht vor bei Übermittlungen an im Verfahren mitwirkende Stellen einschließlich der über- und untergeordneten Instanzgerichte sowie zur Wahrnehmung von Aufsichtsbefugnissen oder zu Ausbildungs- und Prüfungszwecken (vgl § 14 III BDSG). Soweit bereichsspezifisch geregelte Übermittlungen besondere, von den §§ 18 bis 22 abweichende – auch landesrechtliche – Bestimmungen enthalten, verdrängen sie gemäß I S 2 die subsidiär geltenden (1 vor § 12) Vorschriften des 2. Abschnitts, zB § 30 **AO.**

6 **2)** Besondere **Verwendungsregelungen** (III) einschließlich der Übermittlungsverbote schließen eine Mitteilung der geschützten Daten aus. Erfasst sind zB besondere Amts- und Berufsgeheimnisse sowie das Steuer- (§ 30 I, IV **AO**) und das

in § 35 SGB I, §§ 67ff SGB X geregelte Sozialgeheimnis (vgl Lührs MDR **96**, 21; 3 zu § 98b StPO), ferner §§ 311, 338 FamFG (vgl BT-Drucks 13/4709 S 20, 31 zu den Vorgängervorschriften in §§ 69n, 70n FGG), aber auch landesrechtliche Geheimhaltungspflichten, etwa in den Landesstatistik- und Kommunalabgabengesetzen. Das an den Ablauf der Tilgungsfristen des § 46 **BZRG** anknüpfende Verwertungsverbot der §§ 51, 52, 63 IV **BZRG** wird im Allgemeinen erst vom Empfänger zu beachten sein (SK-Weßlau 6 zu § 477).

3) Die **Verantwortung der übermittelnden Stelle** für die Zulässigkeit von Mitteilungen von Amts wegen (IV) entspricht datenschutzrechtlichen Grundsätzen (vgl § 15 II S 1 BDSG). 7

4) Zu V: Durch allgemeine Justizverwaltungsvorschriften soll im Interesse der Praxis und einer in den wesentlichen Punkten bundeseinheitlichen Regelung eine Aufsplitterung in bundes- und landesrechtliche Bestimmungen vermieden werden. Die Begründung von Mitteilungspflichten durch den Erlass einheitlicher Verwaltungsvorschriften des Bundes und der Länder entspricht der auf Mitteilungsermächtigungen (3 vor § 12) beschränkten Regelungssystematik des 2. Abschnitts. 8

Die zwischen den Landesjustizverwaltungen und dem BMJ vereinbarte Neufassung der **Anordnung über Mitteilungen in Strafsachen (MiStra)** ist am 1. 6. 2008 in Kraft getreten (Anh **A 13**). Mitteilungspflichten können sich auch aus anderen Verwaltungsvorschriften ergeben (zB RiStBV, RiVASt, StVollstrO; vgl die Zusammenstellung im Anh der MiStra). Nicht geregelten Einzelfällen kann durch Entscheidungen auf der Grundlage gesetzlicher Befugnisse (zB § 17) Rechnung getragen werden. 9

Übermittlungsvoraussetzungen

13 **I Gerichte und Staatsanwaltschaften dürfen personenbezogene Daten zur Erfüllung der in der Zuständigkeit des Empfängers liegenden Aufgaben übermitteln, wenn**

1. eine besondere Rechtsvorschrift dies vorsieht oder zwingend voraussetzt,
2. der Betroffene eingewilligt hat,
3. offensichtlich ist, dass die Übermittlung im Interesse des Betroffenen liegt, und kein Grund zu der Annahme besteht, dass er in Kenntnis dieses Zwecks seine Einwilligung verweigern würde,
4. die Daten auf Grund einer Rechtsvorschrift von Amts wegen öffentlich bekannt zu machen sind oder in ein von einem Gericht geführtes, für jedermann unbeschränkt einsehbares öffentliches Register einzutragen sind oder es sich um die Abweisung des Antrags auf Eröffnung des Insolvenzverfahrens mangels Masse handelt oder
5. auf Grund einer Entscheidung
a) bestimmte Rechtsfolgen eingetreten sind, insbesondere der Verlust der Rechtsstellung aus einem öffentlich-rechtlichen Amts- oder Dienstverhältnis, der Ausschluss vom Wehr- oder Zivildienst, der Verlust des Wahlrechts oder der Wählbarkeit oder der Wegfall von Leistungen aus öffentlichen Kassen, und
b) die Kenntnis der Daten aus der Sicht der übermittelnden Stelle für die Verwirklichung der Rechtsfolgen erforderlich ist;
dies gilt auch, wenn auf Grund der Entscheidung der Erlass eines Verwaltungsaktes vorgeschrieben ist, ein Verwaltungsakt nicht erlassen werden darf oder wenn der Betroffene ihm durch Verwaltungsakt gewährte Rechte auch nur vorläufig nicht wahrnehmen darf.

II 1 In anderen als in den in Absatz 1 genannten Fällen dürfen Gerichte und Staatsanwaltschaften personenbezogene Daten zur Erfüllung der in der Zuständigkeit des Empfängers liegenden Aufgaben einschließlich der Wahrnehmung personalrechtlicher Befugnisse übermitteln, wenn eine Übermittlung

nach den §§ 14 bis 17 zulässig ist und soweit nicht für die übermittelnde Stelle offensichtlich ist, dass schutzwürdige Interessen des Betroffenen an dem Ausschluss der Übermittlung überwiegen. [2]Übermittelte Daten dürfen auch für die Wahrnehmung der Aufgaben nach dem Sicherheitsüberprüfungsgesetz oder einem entsprechenden Landesgesetz verwendet werden.

1 **1) I ermächtigt Gerichte und StAen** in den dort genannten 5 Fallgruppen personenbezogene Daten zur Erfüllung von Aufgaben zu übermitteln, die in der – durch Rechtsnorm begründeten – Zuständigkeit des Empfängers (3 zu § 12) liegen.

2 **Nr 1 bis 3** entsprechen im Wesentlichen § 14 II Nr 1 bis 3 BDSG: Nr 1 stellt klar, dass bereichsspezifisch – auch landesrechtlich – geregelte oder zwingend vorausgesetzte Übermittlungen nicht eingeschränkt werden. Das gilt etwa für § 8 II AsylVfG, §§ 87, 88 AufenthG, § 27 III, IV BtMG, § 18 I und II BVerfSchG, § 8 I und II BNDG, § 64a II BNotO, § 36 II BRAO (vgl BGH ZIP **08**, 466 zu MiStra 23 aF), §§ 9, 34a EuRAG, § 4 V S 1 Nr 10 S 2, 4 EStG, § 311 FamFG, § 15 II GwG, § 84a II WiPrO und § 34 Zahlungsdiensteaufsichtsgesetz. Nr 2 entspricht allgemeinen datenschutzrechtlichen Grundsätzen; die Einwilligung bedarf keiner Form. Nr 3 enthält insbesondere die Rechtsgrundlage für die Mitteilung der Einstellung des Verfahrens oder des Freispruchs des Angeklagten an die öffentliche Stelle, die das Strafverfahren veranlasst hat (zum Maßstab der Offensichtlichkeit vgl unten 7). Die Abweichung vom Wortlaut des § 14 II Nr 3 BDSG („dieses Zwecks" statt „des anderen Zwecks") soll klarstellen, dass mit dem Zweck der Übermittlung die in der Zuständigkeit des Empfängers liegenden Aufgaben gemeint sind (BT-Drucks 13/7489 S 54).

3 In **Nr 4** greift die Bestimmung den auf Art 5 I S 1 GG beruhenden Rechtsgedanken des § 14 II Nr 5 BDSG auf. Auch die Übermittlung zuvor bereits öffentlich bekanntgemachter Daten bedarf einer gesetzlichen Grundlage (vgl BVerfGE **78**, 77, 85). Gesetzlich vorgeschrieben ist eine Bekanntmachung etwa bei Vermögensbeschlagnahmen in Strafsachen nach § 291 StPO (dort 1, 2), sonst zB in §§ 50 I, 66 I, 1562, 1983 BGB, § 435 FamFG, §§ 39, 40 ZVG, §§ 23 I, 30 I InsO. Insoweit reicht aus, dass die Übermittlung zur Erfüllung der in der Zuständigkeit des Empfängers liegenden Aufgaben erfolgt. Allgemein zugängliche Register sind zB das Vereinsregister (§ 79 I S 1 BGB), das Güterrechtsregister (§ 1563 BGB), das Handelsregister (§ 9 I HGB) und das Register nach § 20 AGBG; es genügt nicht, dass der Empfänger – wie beim Grundbuch nach § 12 GBO – ein Recht auf Einsicht hat (BT-Drucks 13/4709 S 25, 40, 54; 13/7489 S 54). Die Abweisung des Antrags auf Eröffnung des Insolvenzverfahrens mangels Masse darf mitgeteilt werden, obwohl die Entscheidung nicht öffentlich bekanntgemacht wird und das Schuldnerverzeichnis nicht unbeschränkt einsehbar ist (§ 26 II InsO iVm §§ 915b ff ZPO).

4 **Nr 5** betrifft die Fälle, in denen Rechtsfolgen an eine Entscheidung – sei es nach ihrem Inhalt, sei es auf Grund von Rechtsvorschriften – geknüpft sind und die Mitteilung – aus der Sicht der übermittelnden Stelle – erforderlich ist, um deren Beachtung und Umsetzung zu gewährleisten. Die Rechtsfolgen können bundesrechtlich (zB § 45 StGB; § 41 BBG; § 24 BeamtStG; § 61 I S 1 Nr 4 des Beamtenversorgungsgesetzes), landesrechtlich oder in Satzungen von Selbstverwaltungskörperschaften angeordnet sein (vgl BT-Drucks 13/4709 S 23: Erlöschen der Zusatzversorgung durch die Versorgungsanstalt des Bundes und der Länder nach § 42 III S 1 ihrer Satzung, wenn der Betroffene wegen einer vorsätzlichen Tat zu einer Freiheitsstrafe von mindestens 2 Jahren – wegen bestimmter Staatsschutzdelikte mindestens 6 Monaten – verurteilt worden ist). Die Übermittlungsermächtigung besteht nach dem 2. Hs auch, wenn die Rechtsfolge zusätzlich von einem Verwaltungsakt abhängt oder dessen Erlass ausschließt, ferner zB, wenn ein Führerschein, den der Beschuldigte freiwillig ohne vorläufige Entziehung nach § 111a StPO herausgegeben hat, in amtliche Verwahrung genommen wird (vgl § 21 II Nr 2 StVG). Eine gesetzliche Mitteilungspflicht bei Verlust des Wahlrechts oder der Wählbarkeit – wie in § 309 I FamFG – sieht das Gesetz nicht vor.

2) Als **Auffangvorschrift** gegenüber I und bereichsspezifischen Regelungen kennzeichnet II die §§ 14 bis 17. Diese Ermächtigungen gestatten Übermittlungen nur zur Erfüllung der in der Zuständigkeit des Empfängers liegenden Aufgaben (oben 1). Personalrechtliche Befugnisse werden mit Blick auf § 14 I Nr 5 ausdrücklich genannt. Der Empfänger darf übermittelte Daten auch für Aufgaben nach dem Sicherheitsüberprüfungsgesetz vom 20. April 1994 (BGBl I 867) bzw entsprechenden Landesgesetzen verwenden (II S 2). 5

Eine Mitteilung unterbleibt, wenn ihr **überwiegende schutzwürdige Interessen des Betroffenen** entgegenstehen (krit zu dieser Formel Wollweber NJW **97**, 2488). Das Abwägungserfordernis ist eine Ausprägung des Grundsatzes der Verhältnismäßigkeit, der einen Eingriff nur in dem unbedingt erforderlichen Umfang und nur zu dem Zeitpunkt zulässt, der den Betroffenen am wenigsten belastet. Schon daraus folgt, dass in Strafsachen Mitteilungen erst nach rechtskräftigem Abschluss des Verfahrens gemacht werden dürfen, wenn dies zur Erfüllung der Aufgaben des Empfängers ausreichend erscheint (BT-Drucks 13/4709 S 21; zu Übermittlungen vor Verfahrensabschluss vgl auch 4 zu § 14). 6

Sowohl die für eine Abweichung sprechenden Umstände als auch deren Überwiegen müssen für die übermittelnde Stelle **offensichtlich** sein, dh sich auf Grund besonderer Umstände aufdrängen. Mit dem Maßstab der Offensichtlichkeit wollte der Gesetzgeber klarstellen, dass im Einzelfall keine Ermittlungen erforderlich sind (BT-Drucks 13/7489 S 54). Auch soweit in der MiStra auf Erkennbarkeit abgestellt wird (zB Nr 29 II, 48 I S 2), entscheidet die übermittelnde Stelle auf Grund ihres Kenntnisstandes ohne weitere Ermittlungen (vgl BT-Drucks 13/4709 S 21; krit Wollweber aaO und Wullweber SchlHA **99**, 71 mit dem Hinweis, dass die Betroffenen mangels Kenntnis ihre Bedenken nicht geltend machen können). In den durch Verwaltungsvorschriften vorbewerteten Fällen (vgl 8, 9 zu § 12) räumt II der übermittelnden Stelle die Möglichkeit ein, von der Mitteilung abzusehen, wenn sich dies auf Grund besonderer Umstände aufdrängt. Für „Bagatellfälle" enthält § 14 II eine Sonderregelung (vgl dort 11). 7

Bei **nicht allgemein angeordneten Mitteilungen,** wie dies etwa nach § 17 der Fall sein kann (9 zu § 12), ist eine Interessenabwägung im Einzelfall erforderlich, allerdings beschränkt auf die vorhandenen Unterlagen und sonstigen offensichtlichen Umstände. 8

Datenübermittlung in Strafsachen

14 **I In Strafsachen ist die Übermittlung personenbezogener Daten des Beschuldigten, die den Gegenstand des Verfahrens betreffen, zulässig, wenn die Kenntnis der Daten aus der Sicht der übermittelnden Stelle erforderlich ist für**

1. bis 3. (aufgehoben)

4. dienstrechtliche Maßnahmen oder Maßnahmen der Aufsicht, falls
   a) der Betroffene wegen seines Berufs oder Amtsverhältnisses einer Dienst-, Staats- oder Standesaufsicht unterliegt, Geistlicher einer Kirche ist oder ein entsprechendes Amt bei einer anderen öffentlich-rechtlichen Religionsgesellschaft bekleidet oder Beamter einer Kirche oder einer Religionsgesellschaft ist und
   b) die Daten auf eine Verletzung von Pflichten schließen lassen, die bei der Ausübung des Berufs oder der Wahrnehmung der Aufgaben aus dem Amtsverhältnis zu beachten sind oder in anderer Weise geeignet sind, Zweifel an der Eignung, Zuverlässigkeit oder Befähigung hervorzurufen,

5. die Entscheidung über eine Kündigung oder für andere arbeitsrechtliche Maßnahmen, für die Entscheidung über eine Amtsenthebung, für den Widerruf, die Rücknahme, die Einschränkung einer behördlichen Erlaubnis, Genehmigung oder Zulassung zur Ausübung eines Gewerbes, einer sonstigen wirtschaftlichen Unternehmung oder eines Berufs oder zum Führen ei-

ner Berufsbezeichnung, für die Untersagung der beruflichen, gewerblichen oder ehrenamtlichen Tätigkeit oder der sonstigen wirtschaftlichen Unternehmung oder für die Untersagung der Einstellung, Beschäftigung, Beaufsichtigung von Kindern und Jugendlichen, für die Untersagung der Durchführung der Berufsausbildung oder für die Anordnung einer Auflage, falls

a) der Betroffene ein nicht unter Nummer 4 fallender Angehöriger des öffentlichen Dienstes oder des Dienstes einer öffentlich-rechtlichen Religionsgesellschaft, ein Gewerbetreibender oder ein Vertretungsberechtigter eines Gewerbetreibenden oder eine mit der Leitung eines Gewerbebetriebes oder einer sonstigen wirtschaftlichen Unternehmung beauftragte Person, ein sonstiger Berufstätiger oder Inhaber eines Ehrenamtes ist und
b) die Daten auf eine Verletzung von Pflichten schließen lassen, die bei der Ausübung des Dienstes, des Gewerbes, der sonstigen wirtschaftlichen Unternehmung, des Berufs oder des Ehrenamtes zu beachten sind oder in anderer Weise geeignet sind, Zweifel an der Eignung, Zuverlässigkeit oder Befähigung hervorzurufen,

6. Dienstordnungsmaßnahmen mit versorgungsrechtlichen Folgen oder für den Entzug von Hinterbliebenenversorgung, falls der Betroffene aus einem öffentlich-rechtlichen Amts- oder Dienstverhältnis oder aus einem Amts- oder Dienstverhältnis mit einer Kirche oder anderen öffentlich-rechtlichen Religionsgesellschaft Versorgungsbezüge erhält oder zu beanspruchen hat,
7. den Widerruf, die Rücknahme, die Versagung oder Einschränkung der Berechtigung, der Erlaubnis oder der Genehmigung oder für die Anordnung einer Auflage, falls der Betroffene
   a) in einem besonderen gesetzlichen Sicherheitsanforderungen unterliegenden genehmigungs- oder erlaubnispflichtigen Betrieb verantwortlich tätig oder
   b) Inhaber einer atom-, waffen-, sprengstoff-, gefahrstoff-, immissionsschutz-, abfall-, wasser-, seuchen-, tierseuchen-, betäubungsmittel- oder arzneimittelrechtlichen Berechtigung, Erlaubnis oder Genehmigung, einer Genehmigung nach dem Gentechnikgesetz, dem Gesetz über die Kontrolle von Kriegswaffen oder dem Außenwirtschaftsgesetz, einer Erlaubnis zur Arbeitsvermittlung nach dem Dritten Buch Sozialgesetzbuch, einer Verleiherlaubnis nach dem Arbeitnehmerüberlassungsgesetz, einer Erlaubnis nach tierschutzrechtlichen Vorschriften, eines Jagdscheins, eines Fischereischeins, einer verkehrsrechtlichen oder im Übrigen einer sicherheitsrechtlichen Erlaubnis oder Befähigung ist oder einen entsprechenden Antrag gestellt hat,
8. Maßnahmen der Aufsicht, falls es sich
   a) um Strafsachen im Zusammenhang mit Betriebsunfällen, in denen Zuwiderhandlungen gegen Unfallverhütungsvorschriften bekannt werden, oder
   b) um Straftaten gegen Vorschriften zum Schutz der Arbeitskraft oder zum Schutz der Gesundheit von Arbeitnehmern handelt, oder
9. die Abwehr erheblicher Nachteile für Tiere und Pflanzen, Boden, Wasser, Luft, Klima und Landschaft.

II [1]In Privatklageverfahren, in Verfahren wegen fahrlässig begangener Straftaten, in sonstigen Verfahren bei Verurteilung zu einer anderen Maßnahme als einer Strafe oder einer Maßnahme im Sinne des § 11 Abs. 1 Nr. 8 des Strafgesetzbuches, oder wenn das Verfahren eingestellt worden ist, unterbleibt die Übermittlung in den Fällen des Absatzes 1 Nr. 4 bis 9, wenn nicht besondere Umstände des Einzelfalles die Übermittlung erfordern. [2]Die Übermittlung ist insbesondere erforderlich, wenn die Tat bereits ihrer Art nach geeignet ist, Zweifel an der Zuverlässigkeit oder Eignung des Betroffenen für die gerade

von ihm ausgeübte berufliche, gewerbliche oder ehrenamtliche Tätigkeit oder für die Wahrnehmung von Rechten aus einer ihm erteilten Berechtigung, Genehmigung oder Erlaubnis hervorzurufen. [3]Die Sätze 1 und 2 gelten nicht bei Straftaten, durch die der Tod eines Menschen verursacht worden ist, und bei gefährlicher Körperverletzung. [4]Im Falle der Einstellung des Verfahrens ist zu berücksichtigen, wie gesichert die zu übermittelnden Erkenntnisse sind.

1) Eine **Aufzählung der Zwecke,** für die in Strafsachen eine Übermittlung personenbezogener Daten (4 zu § 12) des Beschuldigten zulässig ist, enthält I, der durch §§ 16 bis 18 – etwa für Daten anderer Verfahrensbeteiligter – ergänzt wird. Die Frage einer Harmonisierung der Übermittlungen von Amts wegen mit den Verwendungsbeschränkungen in §§ 41, 61 **BZRG** hat der Gesetzgeber offengelassen (krit Wollweber NJW **97**, 2490 mwN). 1

A. Den **Gegenstand des Verfahrens** müssen die übermittelten Daten betreffen. Dies umfasst die prozessuale Tat, alle dazugehörenden Tatsachen und alle sonstigen Umstände, die damit zusammenhängen und für die Entscheidung – einschließlich der Bestimmung der Rechtsfolgen und der Nebenentscheidungen – von Bedeutung sein können. 2

Das mitteilungspflichtige Strafverfolgungsorgan (2 zu § 12) hat keine Ermittlungen, sondern lediglich eine Art **Schlüssigkeitsprüfung** durchzuführen; dies stellt die an § 15 I, II BDSG und entspr Regelungen in den Landesdatenschutzgesetzen angelehnte Formulierung, dass die Kenntnis der Daten aus der Sicht der übermittelnden Stelle für die in Nr 4 bis 9 genannten Zwecke erforderlich ist, klar. Es genügt, wenn die Daten nach den für den Empfänger geltenden Rechtsvorschriften zur Erfüllung seiner Aufgaben grundsätzlich beachtlich sind, also Anlass bieten zu prüfen, ob Maßnahmen zu ergreifen sind (Kissel/Mayer 3; so auch BFH wistra **08**, 224 zu § 125 c BRRG [§§ 115 BBG; 49 BeamtStG; erg unten 5]; zur Prüfung durch den Empfänger vgl 3 zu § 19). 3

Die Ausrichtung dieser Prüfung an der **Erforderlichkeit** trägt dem verfassungsrechtlichen Grundsatz der Verhältnismäßigkeit Rechnung; dies ist insbesondere bei Übermittlungen vor rechtskräftigem Abschluss oder vor nicht nur vorläufiger Einstellung des Verfahrens zu prüfen (KK-Schoreit 16). Risiken einer vorzeitigen Übermittlung können schon nach § 13 II zu berücksichtigen sein (wohl **aM** Wollweber NJW **97**, 2491); insoweit können überwiegende schutzwürdige Interessen des Betroffenen einer Übermittlung offensichtlich entgegenstehen (vgl 6, 7 zu § 13), zB bei Jugendlichen in den Fällen des I Nr 4 und 5 (vgl ferner MiStra 12 I; 17; 30 I; 33; 38 I, II; 39 I; 50 I Nr 1, II); zu „Bagatellfällen" vgl II und unten 11. 4

B. Der **Nr 4** gehen die bereichsspezifischen Regelungen in §§ 49 BeamtStG, 115 BBG (vgl, auch zum Verhältnis zu § 30 **AO**, BFH wistra **08**, 224: keine antezipierte disziplinarrechtliche Prüfung erforderlich [dies offen lassend BVerfG NJW **08**, 3489]; BMF BStBl 2000 I 494; Schmidt-Keßeler DStZ **09**, 52), § 89 SG und § 45 a Zivildienstgesetz vor; die beamtenrechtlichen Bestimmungen gelten für Richter entspr (vgl §§ 46, 71 DRiG). Nr 4 betrifft neben Personen, die in einem sonstigen öffentlich-rechtlichen Amtsverhältnis oder in einem im Gesetz bezeichneten Dienstverhältnis zu einer Religionsgemeinschaft stehen, Angehörige von Berufen, die einer Staats- oder Standesaufsicht unterliegen, wenn eine bereichsspezifische Norm fehlt (zB Heilhilfsberufe). Die Zulässigkeit von Mitteilungen aus Strafverfahren ist nach dem Grundsatz der Verhältnismäßigkeit (6, 7 zu § 13; oben 4) auf Grund des Inhalts des jeweiligen (bundes- oder landesrechtlichen) Berufsgesetzes zu bestimmen. Zweck ist, wie sich aus Buchst b) ergibt, die Unterstützung der jeweils zuständigen Stelle (Behörde, öffentlich-rechtlich verfasste Berufsorganisation, Disziplinar- oder Berufsgerichtsbarkeit) bei der Überwachung der Anforderungen an die persönliche und fachliche Eignung und das berufliche Verhalten; in der MiStra (vgl Nr 22, 23, 24, 26) ist der Adressat näher bezeichnet. 5

Nach **Nr 5** können die Daten der dem Tarifrecht unterstehenden Angehörigen des öffentlichen Dienstes mitgeteilt werden, wenn sie die Fähigkeit zur Berufsaus- 6 übung in diesem Bereich betreffen. Die Bestimmung erfasst ferner Inhaber von Ehrenämtern, Gewerbetreibende einschließlich ihrer Vertretungsberechtigten, eine mit der Leitung eines Gewerbebetriebes oder einer sonstigen wirtschaftlichen Unternehmung beauftragte Person und sonstige Berufstätige, die zur Ausübung ihres Berufs oder zur Führung ihrer Berufsbezeichnung einer besonderen Erlaubnis bedürfen (zB Privatschullehrer, Betreiber von Altenpflegeheimen, Makler, Bauträger, Baubetreuer). Bei erlaubnisfreien Berufen oder Gewerben ist die Übermittlung zulässig, wenn die Daten Anlass geben können, die Ausübung des Berufs oder Gewerbes zu untersagen oder Auflagen anzuordnen. Zulässig ist schließlich die Mitteilung von Daten, die nach dem Jugendarbeitsschutzgesetz oder dem Berufsbildungsgesetz zur Untersagung der Einstellung, Beschäftigung oder Beaufsichtigung von Kindern und Jugendlichen oder der Durchführung der Berufsausbildung führen können.

7 **Nr 6** lässt die Übermittlung personenbezogener Daten von Betroffenen, die im Gesetz näher bezeichnete Versorgungsbezüge erhalten oder zu beanspruchen haben, nur zu, wenn dies für Dienstordnungsmaßnahmen mit versorgungsrechtlichen Folgen (zB auf Grund des § 77 II BBG) oder für den Entzug der Hinterbliebenenversorgung nach § 64 des Beamtenversorgungsgesetzes erforderlich ist. Jedoch greift § 13 I Nr 5 (vgl dort 4) ein, wenn auf Grund einer Entscheidung in einer Rechtsvorschrift bestimmte Rechtsfolgen eintreten. Übermittlungen hinsichtlich Disziplinarmaßnahmen mit anderen als versorgungsrechtlichen Folgen sieht § 89 II SG vor (MiStra 20).

8 Mitteilungen nach **Nr 7** sollen der zuständigen Behörde ermöglichen, die zum Schutz der Allgemeinheit erforderlichen Maßnahmen gegen Beschuldigte zu treffen, die in einem besonderen gesetzlichen Sicherheitsanforderungen unterliegenden genehmigungs- oder erlaubnispflichtigen Betrieb verantwortlich tätig oder Inhaber der in Buchst b) aufgezählten Berechtigungen, Genehmigungen oder Erlaubnisse sind (zum Widerruf einer Waffenbesitzkarte vgl BVerwGE **97**, 245; zur Erteilung einer Fahrerlaubnis VGH Mannheim NJW **05**, 234).

9 **Nr 8** gestattet Mitteilungen an die zuständige Aufsichtsstelle, wenn in Strafsachen, die Betriebsunfälle zum Gegenstand haben, Verstöße gegen Unfallverhütungsvorschriften bekanntgeworden sind (MiStra 44) oder wenn Straftaten gegen Vorschriften zum Schutz der Arbeitskraft oder der Gesundheit von Arbeitnehmern verfolgt werden (Arbeitsschutzgesetz, Arbeitszeitgesetz usw, vgl MiStra 46).

10 Die Formulierung der **Nr 9** ist § 2 I S 2 Nr 1 des Gesetzes über die Umweltverträglichkeitsprüfung vom 12. 2. 1990 (BGBl I 205) entlehnt und betrifft die Mitteilung von Daten, deren Kenntnis zur Abwehr erheblicher Gefahren für die Umwelt erforderlich ist (vgl die nicht abschließende Aufzählung der in Betracht kommenden Straftaten in MiStra 51).

11 **2)** Bei **leichten Straftaten** oder geringer Schuld, bei Anordnung von Erziehungsmaßregeln oder Zuchtmitteln sowie im Falle der Einstellung des Verfahrens schließt II, der den Grundsatz der Verhältnismäßigkeit weiter (6, 7 zu § 13; oben 4) konkretisiert, in den Fällen des Absatzes 1 die Übermittlung aus, wenn diese nicht auf Grund der besonderen Umstände des Einzelfalles erforderlich ist (zB MiStra 40 II, 51 II). Insoweit stellt das Regelbeispiel in S 2 auf die konkrete, vom Betroffenen ausgeübte Tätigkeit ab; ist die Tat geeignet, Zweifel an seiner Zuverlässigkeit und Eignung hervorzurufen, ist die Mitteilung zulässig. Bedenken gegen seine Befähigung etwa zu einer Tätigkeit im öffentlichen Dienst schlechthin sind nicht erforderlich. S 2 erfasst aber zB auch den Fall, dass das Verfahren wegen eines Trunkenheitsdelikts gegen den Inhaber eines Waffenscheines nach § 153a StPO eingestellt wird. Die Entscheidung ist auf der Grundlage vorhandener Erkenntnisse ohne weitere Sachaufklärung zu treffen (unten 13).

12 Wegen der **Schwere des Delikts** gilt der Ausschluss der Übermittlung nicht für Straftaten, durch die der Tod eines Menschen verursacht worden ist, und für die gefährliche Körperverletzung (II S 3). Nicht ausgeschlossen sind Mitteilungen ferner in den Fällen des § 479 II StPO, da angesichts des engen Zusammenhangs

zwischen dem Zweck des Verfahrens, aus dem übermittelt werden soll, und den vom Empfänger verfolgten Zwecken auch den in „Bagatellsachen" übermittelten Daten häufig erhebliche Bedeutung für Entscheidungen des Empfängers – zB über die Aussetzung eines Strafrests zur Bewährung – zukommen wird (vgl auch das Beispiel in 4 zu § 479 StPO).

Im Falle der **Einstellung** (II S 4) ist – ohne weitere Sachaufklärung – zu berücksichtigen, wie gesichert die Erkenntnisse sind, so dass eine Übermittlung idR zu unterbleiben hat, wenn nach § 170 II StPO verfahren wird. In den Fällen des § 153 a StPO wird vornehmlich der prozessuale Kontext zu beachten sein (vgl Dahs NJW **96**, 1192). 13

15 (betrifft Zivilsachen)

Übermittlung an andere als deutsche Stellen

16 Werden personenbezogene Daten an ausländische öffentliche Stellen oder an über- oder zwischenstaatliche Stellen nach den hierfür geltenden Rechtsvorschriften übermittelt, so ist eine Übermittlung dieser Daten auch zulässig

1. an das Bundesministerium der Justiz und das Auswärtige Amt,

2. in Strafsachen gegen Mitglieder einer ausländischen konsularischen Vertretung zusätzlich an die Staats- oder Senatskanzlei des Landes, in dem die konsularische Vertretung ihren Sitz hat.

1) Werden an **ausländische öffentliche Stellen** oder an über- oder zwischenstaatliche Einrichtungen personenbezogene Daten übermittelt (vgl auch die Dokumentation in DuD **98**, 97), gestattet die Bestimmung, sie auch dem BMJ und dem AA mitzuteilen. Diese Ermächtigung hat insbesondere Bedeutung, wenn der diplomatische Weg eingehalten wird. Die zugrundeliegenden Rechtsvorschriften ergeben sich aus völkerrechtlichen Vereinbarungen (vgl etwa die Hinweise im Anh II der RiVASt [Länderteil]; vgl auch Art 36 I b und 42 WÜK sowie 9 zu § 114 b). 1

In Strafsachen gegen Mitglieder einer ausländischen **konsularischen Vertretung** lässt die Vorschrift zusätzlich die Unterrichtung der Staats- oder Senatskanzlei des Landes zu, in dem die Vertretung ihren Sitz hat. Der hiervon betroffene Personenkreis wird in der eine Mitteilungspflicht regelnden MiStra 41 – in Übereinstimmung mit Art 1 I g WÜK – näher bezeichnet. Das AA wird nur unterrichtet, wenn der Leiter der konsularischen Vertretung von der Maßnahme betroffen ist (in diesem Fall ist der Entsendestaat zu benachrichtigen, Art 42 S 2 WÜK). 2

Kontaktstellen

16a I **Das Bundesamt für Justiz nach Maßgabe des Absatzes 2 und die von den Landesregierungen durch Rechtsverordnung bestimmten weiteren Stellen nehmen die Aufgaben der Kontaktstellen im Sinne des Artikels 2 der Entscheidung 2001/470/EG des Rates vom 28. Mai 2001 über die Einrichtung eines Europäischen Justiziellen Netzes für Zivil- und Handelssachen (ABl. EG Nr. L 174 S. 25) wahr.**

II **Das Bundesamt für Justiz stellt die Koordinierung zwischen den Kontaktstellen sicher.**

III [1] **Die Landesregierungen werden ermächtigt, durch Rechtsverordnung die Aufgaben der Kontaktstelle einer Landesbehörde zuzuweisen.** [2] **Sie können die Befugnis zum Erlass einer Rechtsverordnung nach Absatz 1 einer obersten Landesbehörde übertragen.**

1 **1)** Die **Zuständigkeit** des durch Ges vom 17. 12. 2006 (BGBl I 3171) errichteten Bundesamtes für Justiz (statt früher des GBA) als Kontaktstelle auf Bundesebene ist hier bestimmt. Es stellt die Koordinierung zwischen den von den Ländern zu benennenden Kontaktstellen sicher. Im Wesentlichen handelt es sich darum, Anfragen aus anderen Mitgliedstaaten an die jeweils auf Landesebene zu errichtende örtlich zuständige Kontaktstelle weiterzuleiten und der Kommission als Ansprechpartner zur Verfügung zu stehen (BT-Drucks 14/9266 S 41).

2 **2)** Der Begriff **Koordinierung** in II schließt auch eigene Sacharbeit wie zB Sitzungswahrnehmung und Mitarbeit beim Aufbau des Informationssystems für die Öffentlichkeit mit ein (BT-Drucks 14/9266 S 41).

Übermittlung in weiteren Fällen

17 Die Übermittlung personenbezogener Daten ist ferner zulässig, wenn die Kenntnis der Daten aus der Sicht der übermittelnden Stelle

1. zur Verfolgung von Straftaten oder Ordnungswidrigkeiten,
2. für ein Verfahren der internationalen Rechtshilfe,
3. zur Abwehr erheblicher Nachteile für das Gemeinwohl oder einer Gefahr für die öffentliche Sicherheit,
4. zur Abwehr einer schwerwiegenden Beeinträchtigung der Rechte einer anderen Person oder
5. zur Abwehr einer erheblichen Gefährdung Minderjähriger

erforderlich ist.

1 **1) Aus allen Verfahren** ist die Übermittlung personenbezogener Daten in den genannten 5 Fällen zulässig, und zwar unabhängig davon, gegen wen sich das Verfahren richtet und wer Partei oder Beschuldigter ist (vgl zB MiStra 29 I, 35 I, 36 IV, 38 III, 45 II). Das gilt auch für zufällig bekanntgewordene Daten Dritter. Ein Betroffener, der nicht zugleich Beschuldigter (Partei oder Beteiligter) ist, wird gemäß § 21 II von Amts wegen über die Weitergabe seiner Daten unterrichtet (3 zu § 21). Die übermittelnde Stelle ist nach der Fassung der Bestimmung auf eine „Schlüssigkeitsprüfung“ beschränkt (vgl 3 zu § 14) und hat § 13 II (dort 6–8) sowie besondere Verwendungsregelungen iS des § 12 III (dort 6) zu beachten.

2 **2)** Die **Voraussetzungen** in Nr 1, 3 und 4 entsprechen im Wesentlichen denen in § 14 II Nr 6, 7 (1. Alt) und in § 8 BDSG (zu Nr 3 vgl KK-Schoreit 4). Nr 2 gestattet, Daten – vornehmlich aus Strafverfahren – zur Durchführung von Verfahren der internationalen Rechtshilfe (zB Auslieferungsverfahren) zu übermitteln; nach Nr 5 dürfen den zuständigen Stellen (vgl MiStra 35) etwa Erkenntnisse über Straftaten gegen die sexuelle Selbstbestimmung Minderjähriger oder nach den §§ 171, 225 StGB sowie über die Notwendigkeit einer Vormundschaft oder Pflegschaft mitgeteilt werden.

Untrennbarkeit; Form der Übermittlung

18 I [1]Sind mit personenbezogenen Daten, die nach diesem Abschnitt übermittelt werden dürfen, weitere personenbezogene Daten des Betroffenen oder eines Dritten so verbunden, dass eine Trennung nicht oder nur mit unvertretbarem Aufwand möglich ist, so ist die Übermittlung auch dieser Daten zulässig, soweit nicht berechtigte Interessen des Betroffenen oder eines Dritten an deren Geheimhaltung offensichtlich überwiegen. [2]Eine Verwendung der Daten durch den Empfänger ist unzulässig; für Daten des Betroffenen gilt § 19 Abs. 1 Satz 2 entsprechend.

II [1]Die übermittelnde Stelle bestimmt die Form der Übermittlung nach pflichtgemäßem Ermessen. [2]Soweit dies nach der Art der zu übermittelnden Daten und der Organisation des Empfängers geboten ist, trifft sie angemesse-

ne Vorkehrungen, um sicherzustellen, dass die Daten unmittelbar den beim Empfänger funktionell zuständigen Bediensteten erreichen.

1) „Überschießende Daten" des Betroffenen oder eines Dritten, für die die Voraussetzungen der §§ 13 bis 17 nicht vorliegen, dürfen nach I zusammen mit Daten, deren Übermittlung zulässig ist, mitgeteilt werden, wenn eine Trennung nicht möglich oder unvertretbar ist. Das ist der Fall bei „Angaben, die untrennbar mit weiteren Daten dieser oder einer anderen Person verbunden sind, so dass die an sich gebotene isolierte Übermittlung oft daran scheitert, dass der innere und äußere Zusammenhang der zu übermittelnden Daten zerstört würde oder dass die Trennung dieser Daten mit unvertretbarem Aufwand verbunden wäre" (BT-Drucks 13/4709 S 25). Anders als in § 15 V BDSG können die Informationen nicht nur in Akten, sondern auch in Dateien verbunden sein. Offensichtlich (vgl 7 zu § 13) überwiegende berechtigte Geheimhaltungsinteressen des Betroffenen oder eines Dritten schließen jedoch die Übermittlung – ganz oder teilweise („soweit") – aus (ebenso § 15 V BDSG). 1

„Überschießende Daten" des Betroffenen darf der Empfänger nach I S 2 unter den Voraussetzungen des § 19 I S 2 **verwenden** (1 zu § 19), solche eines Dritten hingegen nicht (absolutes Verwendungsverbot). 2

2) Die übermittelnde Stelle befindet gemäß II S 1 nach pflichtgemäßem Ermessen etwa darüber, ob sie eine Abschrift der Entscheidung oder nur bestimmte Daten übersendet und ob sie den Zweck der Übermittlung nennt oder statt dessen die Bestimmung der VV (8, 9 zu § 12) bezeichnet (vgl zur Zweckbestimmung und zur Aktenkundigkeit 2 zu § 19). II S 2 meint allerdings nur solche Vorkehrungen, die mit zumutbarem Aufwand durchgeführt werden können. Dies kann zB die Adressierung an den Leiter der Behörde persönlich sein; werden insbesondere Daten mit dienst- oder arbeitsrechtlicher Relevanz einem öffentlich-rechtlichen Arbeitgeber mitgeteilt, ist darauf Bedacht zu nehmen, dass die Informationen nur denjenigen Bediensteten zur Kenntnis gelangen, die für die Personalangelegenheiten zuständig sind. Nach der MiStra sind außerhalb automatisierter Verfahren verschlossene Umschläge zu verwenden (vgl näher MiStra 9, 10). 3

Zweckbindung

19 I [1]**Die übermittelten Daten dürfen nur zu dem Zweck verwendet werden, zu dessen Erfüllung sie übermittelt worden sind.** [2]**Eine Verwendung für andere Zwecke ist zulässig, soweit die Daten auch dafür hätten übermittelt werden dürfen.**

II [1]**Der Empfänger prüft, ob die übermittelten Daten für die in Absatz 1 genannten Zwecke erforderlich sind.** [2]**Sind die Daten hierfür nicht erforderlich, so schickt er die Unterlagen an die übermittelnde Stelle zurück.** [3]**Ist der Empfänger nicht zuständig und ist ihm die für die Verwendung der Daten zuständige Stelle bekannt, so leitet er die übermittelten Unterlagen dorthin weiter und benachrichtigt hiervon die übermittelnde Stelle.**

1) Die **Zweckbindung** für den Empfänger (I) – ein wesentlicher Grundsatz des Datenschutzrechts (vgl § 15 III BDSG) – gestattet die Verwendung der Daten für einen anderen als den von der übermittelnden Stelle bestimmten Zweck nur unter der Voraussetzung, dass die Mitteilung an diesen Empfänger auch zu diesem Zweck hätte erfolgen dürfen. Die Prüfung obliegt dem Empfänger (krit KK-Schoreit 2), der das Ergebnis aktenkundig zu machen hat. Zulässig ist die Verwendung der übermittelten Daten für einen anderen Zweck, wenn eine besondere Rechtsvorschrift solches erlaubt. Nach einem allgemeinen datenschutzrechtlichen Grundsatz verstößt der Adressat ferner dann nicht gegen die Zweckbindung, wenn er die Daten zur Wahrnehmung von Aufsichts- und Kontrollbefugnissen, zur Rechnungsprüfung, zur Durchführung von Organisationsuntersuchungen oder – grundsätzlich – zu Ausbildungs- und Prüfungszwecken (vgl § 14 III BDSG) verwendet. 1

2 Aus der Zweckbindung folgt, dass die übermittelnde Stelle bei jeder Mitteilung **den Zweck bestimmen** und dem Empfänger bekannt geben muss (vgl zur Form 3 zu § 18). Das hat sie – nicht zuletzt mit Blick auf die gerichtliche Nachprüfbarkeit – aktenkundig zu machen, ohne dass dies einer ausdrücklichen Regelung bedürfte.

3 **2)** Der **Empfänger hat nach II S 1 zu prüfen,** ob die Daten für den Zweck, für den sie übermittelt worden sind (I S 1) oder hätten übermittelt werden dürfen (I S 2), erforderlich sind. Die Prüfungspflicht zählt nicht nur zu den vom BVerfG geforderten verfahrensrechtlichen Vorkehrungen (4 vor § 12), sie ist auch notwendige Folge der Beschränkung der übermittelnden Stelle auf eine „Art Schlüssigkeitsprüfung" (3 zu § 14). Die mitgeteilten Daten sind schon dann erforderlich, wenn sie Anlass geben zu prüfen, ob eine Maßnahme ergriffen werden soll; ob dies letztlich geschieht, ist unerheblich.

4 **Verneint der Empfänger die Erforderlichkeit** (auch wegen fehlender Zuständigkeit), schickt er die Unterlagen zurück (II S 2). Hierauf prüft die übermittelnde Stelle, ob sie die Mitteilung an einen anderen Empfänger zu richten hat, etwa an die örtlich oder sachlich zuständige Stelle. Ist diese jedoch dem unzuständigen Empfänger bekannt, verpflichtet II S 3 bereits ihn zur unmittelbaren Weiterleitung der Daten. Die erforderliche Abgabenachricht sichert die Nachberichts- (§ 20) sowie die Auskunfts- und Unterrichtungspflicht (§ 21). Auf die Zweckbindung nach I und § 18 I S 2 sowie über das Verfahren in II wird der Empfänger nach näherer Maßgabe der MiStra 9 V hingewiesen; die Pflicht zur Weiterleitung nach II S 3 wird jedoch im vorformulierten Text der MiStra nicht erwähnt.

5 **3)** Daten „auch zur **vorbeugenden Bekämpfung** von Straftaten" zu verwenden (BT-Drucks 13/4709 S 44, 56), lässt § 481 StPO zu.

6 **4)** Ein **Verstoß** gegen den Zweckbindungsgrundsatz schließt eine Verwendung der übermittelten Daten aus. Die Empfangsbehörde darf aber die Ergebnisse eigener weiterer Ermittlungen verwerten. Dem steht auch der auf die Übermittlung beschränkte Rechtsschutz nach § 22 nicht entgegen (vgl dort 2). Die Verletzung der Zweckbindung kann aber Schadensersatzansprüche begründen (vgl § 7 BDSG).

Nachberichts- und Unterrichtungspflicht

20 **I [1] Betreffen Daten, die vor Beendigung eines Verfahrens übermittelt worden sind, den Gegenstand dieses Verfahrens, so ist der Empfänger vom Ausgang des Verfahrens zu unterrichten; das Gleiche gilt, wenn eine übermittelte Entscheidung abgeändert oder aufgehoben wird, das Verfahren, außer in den Fällen des § 153 a der Strafprozessordnung, auch nur vorläufig eingestellt worden ist oder nach den Umständen angenommen werden kann, dass das Verfahren auch nur vorläufig nicht weiter betrieben wird. [2] Der Empfänger ist über neue Erkenntnisse unverzüglich zu unterrichten, wenn dies erforderlich erscheint, um bis zu einer Unterrichtung nach Satz 1 drohende Nachteile für den Betroffenen zu vermeiden.**

II [1] Erweist sich, dass unrichtige Daten übermittelt worden sind, so ist der Empfänger unverzüglich zu unterrichten. [2] Der Empfänger berichtigt die Daten oder vermerkt ihre Unrichtigkeit in den Akten.

III Die Unterrichtung nach Absatz 1 oder 2 Satz 1 kann unterbleiben, wenn sie erkennbar weder zur Wahrung der schutzwürdigen Interessen des Betroffenen noch zur Erfüllung der Aufgaben des Empfängers erforderlich ist.

1 **1)** Zweck der **Nachberichts- und Unterrichtungspflicht,** die im Allgemeinen (vgl aber I S 2, II) erst mit Beendigung des Verfahrens entsteht, ist es, der Nutzung überholter oder unrichtiger Daten durch den Empfänger entgegenzuwirken (vgl ferner § 22 II sowie das Auskunftsrecht des Empfängers nach § 474 II S 1 Nr 2, dort 6). Sind Daten vor Beendigung des Verfahrens mitgeteilt worden (4 zu § 14), verpflichtet I S 1 – vorbehaltlich III (unten 3) – die übermittelnde Stelle,

den Empfänger – im Falle des § 19 II S 3 den Adressaten der Weiterleitung – über den Ausgang des Verfahrens (jede die Instanz abschließende Erledigung) zu informieren. Erwächst die abschließende Entscheidung in Rechtskraft, ist dieser Zeitpunkt, im Übrigen aber der Erlass für die Mitteilung maßgebend. Zuvor, und zwar unverzüglich, ist der Empfänger nach I S 2 nur bei dem Betroffenen sonst drohenden Nachteilen zu unterrichten. Das gilt nicht, wenn der Empfänger die Unterlagen nach § 19 II S 2 zurückgeschickt hat oder wenn die Daten nicht den Gegenstand des Verfahrens betreffen, sondern nur bei Gelegenheit desselben bekanntgeworden sind. Unter die Nachberichtspflicht fällt weiter die Abänderung oder Aufhebung der übermittelten Entscheidung – zB auf Beschwerde oder nach Wiederaufnahme – und die vorläufige – wegen des idR kurzen Schwebezustands jedoch nicht in den Fällen des § 153a StPO – oder endgültige Einstellung des Verfahrens. Auch nur vorläufig nicht weiter betrieben wird das Strafverfahren etwa in den Fällen des § 153b I StPO.

2) Eine **Pflicht zur unverzüglichen Unterrichtung** des Empfängers besteht 2
nach II (vgl aber unten 3), wenn sich die übermittelten, im Strafverfahren häufig besonders sensiblen Daten als unrichtig erweisen. Die im Gesetz angeordnete Korrektur verhindert ihre weitere – unzulässige – Verwendung.

3) Die **Ausnahmen von der Unterrichtungspflicht** in III sind im Interesse 3
des Betroffenen und des Empfängers eng auszulegen (KK-Schoreit 5); darüber entscheidet nach MiStra 7 I S 4 der Richter oder StA.

Auskunft

21 **I [1]Dem Betroffenen ist auf Antrag Auskunft über die übermittelten Daten und deren Empfänger zu erteilen. [2]Der Antrag ist schriftlich zu stellen. [3]Die Auskunft wird nur erteilt, soweit der Betroffene Angaben macht, die das Auffinden der Daten ermöglichen, und der für die Erteilung der Auskunft erforderliche Aufwand nicht außer Verhältnis zu dem geltend gemachten Informationsinteresse steht. [4]Die übermittelnde Stelle bestimmt das Verfahren, insbesondere die Form der Auskunftserteilung, nach pflichtgemäßem Ermessen.**

II [1]Ist der Betroffene bei Mitteilungen in Strafsachen nicht zugleich der Beschuldigte oder in Zivilsachen nicht zugleich Partei oder Beteiligter, ist er gleichzeitig mit der Übermittlung personenbezogener Daten über den Inhalt und den Empfänger zu unterrichten. [2]Die Unterrichtung des gesetzlichen Vertreters eines Minderjährigen, des Bevollmächtigten oder Verteidigers reicht aus. [3]Die übermittelnde Stelle bestimmt die Form der Unterrichtung nach pflichtgemäßem Ermessen. [4]Eine Pflicht zur Unterrichtung besteht nicht, wenn die Anschrift des zu Unterrichtenden nur mit unvertretbarem Aufwand festgestellt werden kann.

III Bezieht sich die Auskunftserteilung oder die Unterrichtung auf die Übermittlung personenbezogener Daten an Verfassungsschutzbehörden, den Bundesnachrichtendienst, den Militärischen Abschirmdienst oder, soweit die Sicherheit des Bundes berührt wird, andere Behörden des Bundesministers der Verteidigung, ist sie nur mit Zustimmung dieser Stellen zulässig.

IV [1]Die Auskunftserteilung und die Unterrichtung unterbleiben, soweit

1. **sie die ordnungsgemäße Erfüllung der Aufgaben der übermittelnden Stelle oder des Empfängers gefährden würden,**
2. **sie die öffentliche Sicherheit oder Ordnung gefährden oder sonst dem Wohle des Bundes oder eines Landes Nachteile bereiten würden oder**
3. **die Daten oder die Tatsache ihrer Übermittlung nach einer Rechtsvorschrift oder ihrem Wesen nach, insbesondere wegen der überwiegenden berechtigten Interessen eines Dritten, geheim gehalten werden müssen**

und deswegen das Interesse des Betroffenen an der Auskunftserteilung oder Unterrichtung zurücktreten muss. [2]Die Unterrichtung des Betroffenen unterbleibt ferner, wenn erhebliche Nachteile für seine Gesundheit zu befürchten sind.

V Die Ablehnung der Auskunftserteilung bedarf keiner Begründung, soweit durch die Mitteilung der tatsächlichen und rechtlichen Gründe, auf die die Entscheidung gestützt wird, der mit der Auskunftsverweigerung verfolgte Zweck gefährdet würde.

1 **1)** Mit dem **Auskunftsrecht** in I wird die datenschutzrechtliche Forderung erfüllt (vgl § 19 I BDSG), dass es den Bürgern möglich sein muss zu erfahren, wer was wann und bei welcher Gelegenheit über sie weiß (BVerfGE **65**, 1, 43). Es umfasst nicht den Zweck der Datenübermittlung (§ 19).

2 Nach I S 1 und 2 ist ein **schriftlicher Antrag** erforderlich. I S 3 setzt voraus, dass der Antragsteller das Auffinden der Daten – in Akten oder in Dateien – durch geeignete Angaben ermöglicht; ferner darf der für die Auskunftserteilung erforderliche Aufwand nicht außer Verhältnis zum Informationsinteresse stehen. Andernfalls hat die übermittelnde Stelle den Antrag – ggf teilw – abzulehnen. Häufig wird es sich empfehlen, dem Betroffenen einen Abdruck der Mitteilung zu übersenden (I S 4; vgl MiStra 3 III).

3 **2)** Eine **Unterrichtung von Amts wegen** sieht II in Strafsachen nur vor, wenn der Betroffene nicht zugleich Beschuldigter ist; diese Beschränkung verstößt nicht gegen Art 19 IV GG (vgl BVerwG NJW **90**, 2761, 2762; 2765, 2766; krit Wollweber NJW **97**, 2489). Wer am Verfahren nicht (mehr) beteiligt ist, wird häufig nicht mit einer Weitergabe seiner Daten rechnen; er kann daher aus verfassungsrechtlichen Gründen nicht auf sein Auskunftsrecht in I verwiesen werden. So liegt es etwa, wenn Daten aus einem bis zur Abtrennung auch gegen den Betroffenen geführten Prozess mitgeteilt werden oder sich das Verfahren noch nicht gegen ihn als Beschuldigten gerichtet hat (vgl Einl 76); ebenso kann es sich bei Übermittlungen nach § 17 (dort 1) verhalten (MiStra 3 I iVm 1 III ist, soweit Beschuldigte einbezogen werden, gegenüber II weiter gefasst; vgl Wollweber aaO). In diesen Fällen ist der Betroffene gleichzeitig mit der Übermittlung seiner Daten über Inhalt und Empfänger zu unterrichten; wegen der Form vgl II S 3 und oben 2. Nach II S 2 reicht die Unterrichtung eines Bevollmächtigten oder Verteidigers bzw des gesetzlichen Vertreters eines Kindes oder Jugendlichen aus. Unvertretbarem Aufwand bei der Ermittlung der Anschrift beugt II S 4 vor.

4 **3) III bis V** entsprechen im Wesentlichen § 19 III bis V BDSG. Sie sehen in den im Gesetz näher bezeichneten Fällen die Zustimmung anderer Stellen bzw das Unterbleiben einer Auskunft oder Unterrichtung vor. Die ablehnende Entscheidung, die idR schriftlich ergehen wird, bedarf ausnahmsweise keiner Begründung, soweit dies den mit der Auskunftsverweigerung verfolgten Zweck gefährden würde. Die Unterrichtung nach II ist nachzuholen, sobald die Beschränkungen in IV entfallen sind (vgl MiStra 3 IV). Die Entscheidung über die Auskunftserteilung ist kostenfrei (vgl auch § 19 VII BDSG).

Rechtsschutz

22 **I [1]Ist die Rechtsgrundlage für die Übermittlung personenbezogener Daten nicht in den Vorschriften enthalten, die das Verfahren der übermittelnden Stelle regeln, sind für die Überprüfung der Rechtmäßigkeit der Übermittlung die §§ 23 bis 30 nach Maßgabe der Absätze 2 und 3 anzuwenden. [2]Hat der Empfänger auf Grund der übermittelten Daten eine Entscheidung oder andere Maßnahme getroffen und dies dem Betroffenen bekannt gegeben, bevor ein Antrag auf gerichtliche Entscheidung gestellt worden ist, so wird die Rechtmäßigkeit der Übermittlung ausschließlich von dem Ge-**

richt, das gegen die Entscheidung oder Maßnahme des Empfängers angerufen werden kann, in der dafür vorgesehenen Verfahrensart überprüft.

II [1] **Wird ein Antrag auf gerichtliche Entscheidung gestellt, ist der Empfänger zu unterrichten.** [2] **Dieser teilt dem nach § 25 zuständigen Gericht mit, ob die Voraussetzungen des Absatzes 1 Satz 2 vorliegen.**

III [1] **War die Übermittlung rechtswidrig, so spricht das Gericht dies aus.** [2] **Die Entscheidung ist auch für den Empfänger bindend und ist ihm bekannt zu machen.** [3] **Die Verwendung der übermittelten Daten ist unzulässig, wenn die Rechtswidrigkeit der Übermittlung festgestellt worden ist.**

1) Einen **lückenlosen Rechtsschutz,** aber auch ein möglichst prozessökonomisches Verfahren zu gewährleisten, ist Zweck der Bestimmung. Die gerichtliche Überprüfung der Übermittlung personenbezogener Daten richtet sich nur dann nach den §§ 23 bis 30, wenn die Mitteilung ihre Rechtsgrundlage nicht im Verfahrensrecht der übermittelnden Stelle hat, wie zB bei Mitteilungen der Justizbehörden nach §§ 28 IV StVG, 13 I Nr 1 an das Kraftfahrt-Bundesamt zwecks Eintragung im Verkehrszentralregister (Jena NStZ-RR **06**, 321; VRS **115**, 439; Schleswig SchlHA **09**, 217 [D/D]; Stuttgart NStZ **06**, 535; StraFo **08**, 128; vgl auch Hamm NZV **08**, 365). Ferner darf der Empfänger dem Betroffenen auf Grund der übermittelten Daten nicht schon vor Antragstellung eine Entscheidung oder andere Maßnahme bekanntgegeben haben (I S 2); in diesem Fall wird der Rechtsschutz, auch soweit er die Rechtmäßigkeit der Übermittlung betrifft, ausschließlich bei dem Gericht konzentriert, das gegen die Entscheidung oder Maßnahme des Empfängers angerufen werden kann (vgl Jena, Schleswig und Stuttgart aaO zu Maßnahmen der vom Kraftfahrt-Bundesamt nach § 30 I StVG informierten Führerscheinstelle), und zwar in der hierfür vorgesehenen Verfahrensart (zu den Konsequenzen vgl Wollweber NJW **97**, 2490). Das gilt auch für die Ablehnung einer Maßnahme durch den Datenempfänger (KK-Schoreit 5). Ein der Bekanntgabe nachfolgender Antrag gemäß §§ 23 ff wäre unzulässig; mit der Unterrichtungs- und Auskunftspflicht in II stellt das Gesetz sicher, dass das nach § 25 zuständige Gericht vom Vorliegen eines gemäß I S 2 zur Unzulässigkeit führenden Sachverhalts erfährt. Auf seine Mitteilungspflicht nach II S 2 soll der Empfänger bei Unterrichtung über die Antragstellung hingewiesen werden (MiStra 7 III S 2). § 22 erfasst nicht die Auskunftserteilung nach § 21. 1

2) Das **Verfahren** richtet sich nach den §§ 23 bis 30. Der Empfänger der Daten kann nicht beigeladen werden (1 zu § 28; krit zu dessen verfahrensrechtlicher Stellung Wollweber aaO). Gemäß der ergänzenden Regelung in III stellt das OLG ggf die Rechtswidrigkeit der Übermittlung fest; die dies gegenüber der übermittelnden Stelle – der Antragsgegnerin (1 zu § 28) – aussprechende Entscheidung bindet auch den Empfänger. Er darf daher die ihm rechtswidrig übermittelten Daten nicht (weiter-)verwenden (LR-Böttcher 8); deshalb ist ihm die Entscheidung bekanntzumachen. Die Unzulässigkeit der Verwendung tritt grundsätzlich rückwirkend ab Mitteilung der Daten ein (KK-Schoreit 4). Die Ergebnisse eigener Ermittlungen sind aber verwertbar (6 zu § 19). Auch die Gerichte, die über Maßnahmen des Empfängers zu befinden haben, sind an die Feststellung gebunden; diese Folge kann sich ergeben, wenn der Betroffene den Antrag auf gerichtliche Entscheidung nach §§ 23 ff vor Bekanntgabe einer Maßnahme des Empfängers an ihn gestellt hat. In einem solchen Fall hat das gegen die Maßnahme angerufene Gericht die Vorgreiflichkeit der Entscheidung des OLG zu berücksichtigen, zB nach §§ 148 ZPO, 46 II S 1 ArbGG. 2

III betrifft nur die Entscheidung in der Hauptsache; liegen die Voraussetzungen einer **einstweiligen Anordnung** vor (OLG Karlsruhe NStZ **94**, 142; 13 zu § 28), wird das OLG ggf die Verwertung der übermittelten Daten durch den Empfänger vorläufig aussetzen. 3

Dritter Abschnitt. Anfechtung von Justizverwaltungsakten

Vorbemerkungen

1 **1) Ausführungsbestimmungen zu Art 19 IV GG** sind die §§ 23–30. Sie bestimmen abweichend von der Generalklausel des § 40 VwGO die Zuständigkeit der sachnäheren ordentlichen Gerichte für die Überprüfung der in § 23 I bezeichneten Maßnahmen (BVerwGE **47**, 255 = NJW **75**, 893; KG DVBl **60**, 812, 814). Die StPO enthält Einzelregelungen in §§ 147 V, 161 a III, 163 III S 3, 406 e IV und 478 III. Für den Bereich des Strafvollzugs gegen Erwachsene und deren Unterbringung nach §§ 63, 64 StGB gelten §§ 109 ff **StVollzG.**

2 **2) „Klage"arten:** Die §§ 23 ff kennen nur die Anfechtung einer belastenden Maßnahme (§ 23 I), den Verpflichtungsantrag, mit dem der Erlass eines abgelehnten oder unterlassenen VerwA begehrt wird (§ 23 II), und den Antrag auf Feststellung der Rechtswidrigkeit einer vor oder nach der Antragstellung durch Vollzug oder auf andere Weise erledigten Maßnahme (§ 28 I S 4). Unzulässig sind der (entspr § 113 IV VwGO) auf eine Leistung gerichtete Antrag (Kissel/Mayer 13 zu § 28), der allgemeine Feststellungsantrag (Karlsruhe NStZ **85**, 525; München NJW **75**, 509, 511; Schleswig SchlHA **88**, 108 [L/G]; Zweibrücken StV **97**, 313) und der vorbeugende Unterlassungsantrag (Hamm GA **75**, 178; JR **96**, 257 mit Anm Krack; Koblenz NJW **85**, 2038, 2040), insbesondere der Antrag, der Behörde für künftige Fälle Anweisungen zu erteilen (Frankfurt NStZ **82**, 134; Karlsruhe NStZ **97**, 407 mwN); für die Zulässigkeit der Leistungs- (Unterlassungs-) und allgemeinen Feststellungsklage aber Neuling StV **08**, 388.

3 **3) Notwendiges Antragsvorbringen:** Zur Zulässigkeit des Antrags gehört eine aus sich heraus verständliche Sachdarstellung, aus der Art und Datum der angefochtenen Maßnahme hervorgehen und der Grund ersichtlich ist, aus dem sich der Antragsteller gegen sie wendet. Wegen der Darlegung der Rechtsverletzung vgl 1 zu § 24. Der Antragsgegner muss bezeichnet werden (KG GA **78**, 244; Stuttgart NJW **85**, 2343). Erschöpft sich das Antragsvorbringen in der Beschimpfung der Behörde, so ist der Antrag unzulässig (KG NJW **69**, 151 = JZ **69**, 268 mit Anm EbSchmidt; Koblenz OLGSt § 23 EGGVG S 65; KK-Schoreit 45 zu § 23).

Rechtsweg bei Justizverwaltungsakten

23 **I [1] Über die Rechtmäßigkeit der Anordnungen, Verfügungen oder sonstigen Maßnahmen, die von den Justizbehörden zur Regelung einzelner Angelegenheiten auf den Gebieten des bürgerlichen Rechts einschließlich des Handelsrechts, des Zivilprozesses, der freiwilligen Gerichtsbarkeit und der Strafrechtspflege getroffen werden, entscheiden auf Antrag die ordentlichen Gerichte. [2] Das Gleiche gilt für Anordnungen, Verfügungen oder sonstige Maßnahmen der Vollzugsbehörden im Vollzug der Untersuchungshaft sowie derjenigen Freiheitsstrafen und Maßregeln der Besserung und Sicherung, die außerhalb des Justizvollzuges vollzogen werden.**

II Mit dem Antrag auf gerichtliche Entscheidung kann auch die Verpflichtung der Justiz- oder Vollzugsbehörde zum Erlass eines abgelehnten oder unterlassenen Verwaltungsaktes begehrt werden.

III Soweit die ordentlichen Gerichte bereits auf Grund anderer Vorschriften angerufen werden können, behält es hierbei sein Bewenden.

1 **1) Maßnahmen von Justiz- und Vollzugsbehörden** können vor dem OLG angefochten werden (I). Die Vorschrift regelt die Zuständigkeitsfrage, will aber nicht abschließend klarstellen, welche Maßnahmen überprüfbar sind (BGH **16**, 225, 230).

A. **Justizbehörden** (I S 1): Maßgebend ist die funktionale Betrachtungsweise (BGH **28**, 206, 209; BVerwGE **47**, 255, 262 = NJW **75**, 893; Frankfurt NStZ-RR **01**, 44). Nimmt eine Behörde kraft Gesetzes Aufgaben wahr, die unmittelbar der Strafrechtspflege dienen, so ist sie Justizbehörde iS I S 1 (Kissel/Mayer 13 mwN). Daher fallen unter den Begriff nicht nur die Gerichte, soweit sie nicht in richterlicher Unabhängigkeit tätig werden (Hamm MDR **83**, 75; NStZ **83**, 232; Karlsruhe NStZ **93**, 104; Stuttgart NJW **85**, 2343; Altenhain JZ **65**, 757), der JM (Hamburg MDR **82**, 602; Hamm NStZ **82**, 215; OVG Münster NJW **77**, 1790) und die StA als Strafverfolgungs-, Strafvollstreckungs- und Strafregisterbehörde, sondern auch die Polizei, soweit ihre Beamten im Einzelfall überwiegend zur Strafverfolgung tätig werden (BVerwGE **47**, 255 = NJW **75**, 893; Hamm NJW **73**, 1089; Nürnberg GA **87**, 270; Stuttgart NStZ **08**, 359, 360; OVG Münster NJW **80**, 855; Katholnigg 4; Kissel/Mayer 19), gleichgültig, ob sie Ermittlungspersonen der StA sind (hM, vgl Kissel/Mayer 18 mwN) und auf deren Weisung oder aus eigener Initiative handeln (BVerwG aaO; Karlsruhe NJW **76**, 1417; **aM** Markworth DVBl **75**, 575), die Finanzbehörde, soweit sie nach §§ 386 II, 399 I **AO** die Rechte und Pflichten der StA (Celle NJW **90**, 1802; Karlsruhe NStZ **95**, 48; Stuttgart NJW **72**, 2146; wistra **93**, 120; Karlsruhe NJW **78**, 1338: nicht nach Einstellung des Verfahrens) oder nach §§ 402 I, 404 I **AO** der Polizei hat (BFHE **138**, 164 = BStBl 1983 II 482; Karlsruhe NStZ **86**, 567). 2

Keine Justizbehörden iS I S 1 sind das nach § 21 e GVG tätige Präsidium (dort 24), der Bundesbeauftragte für die Unterlagen des Staatssicherheitsdienstes der ehemaligen DDR (KG NStZ **93**, 45), die Polizeibehörde, die die Auskunft über den Namen eines V-Manns verweigert (Hamm NJW **73**, 1089; VGH München NJW **80**, 198), und der Innenminister oder -senator, der die Genehmigung zur Aussage nach beamtenrechtlichen Vorschriften verweigert, eine Sperrerklärung nach § 96 StPO abgibt oder in entspr Anwendung der Vorschrift (dort 12) eine Auskunft verweigert (BGH **44**, 107 mit Anm Katholnigg NStZ **99**, 40; BVerwGE **69**, 192 = NJW **84**, 2233; VGH Mannheim NJW **91**, 2097; die **aM** – zB Celle JR **84**, 297 mit abl Anm Meyer; NStZ **91**, 145; Hamm NStZ **90**, 44 mit abl Anm Schäfer; Hilger NStZ **84**, 145 mwN – ist durch die nun übereinstimmende Auffassung von BGH und BVerwG bedeutungslos geworden; erg 14 zu § 96 StPO); nur für Sperrerklärungen des JM, die Akten der StA betreffen, gilt § 23 (OVG Münster NJW **77**, 1790). 2a

B. **Vollzugsbehörden** (I S 2): Im Verfahren nach §§ 23 ff anfechtbar sind nur Maßnahmen der Behörden im Vollzug von UHaft und von Strafen und Maßregeln, die außerhalb des Justizvollzugs vollzogen werden, wie kurzfristige Freiheitsstrafen in Anstalten der Bundeswehr (4 vor § 449 StPO). Sonst gelten für den Strafvollzug gegen Erwachsene die §§ 109 ff **StVollzG** (KG NStZ **08**, 226: auch nach Entlassung), auch wenn eine Jugendstrafe vollzogen wird (§ 92 VI JGG; früher schon BGH **29**, 33). Nach § 138 III StVollzG sind die §§ 109 ff StVollzG auch auf die Unterbringung nach §§ 63, 64 StGB anzuwenden. Über Maßnahmen im Vollzug des Jugendarrestes, der Jugendstrafe und der Maßregeln der Unterbringung in einem psychiatrischen Krankenhaus oder in der Entziehungsanstalt entscheidet nach § 92 II JGG eine JugK (vgl Arloth GA **08**, 140; Eisenberg NStZ **08**, 260; bei Untergebrachten ist aber die Altersgrenze in § 92 VI JGG zu beachten). Gegen Maßnahmen eines Beamten, der nicht zur Vertretung des Anstaltsleiters befugt ist, muss zunächst dessen Entscheidung herbeigeführt werden; erst hiergegen ist der Antrag nach I zulässig (Stuttgart JVBl **71**, 114). Anordnungen des Anstaltsarztes gelten als Maßnahmen der Behörde, wenn sie wie diese auf Art und Weise des Vollzugs einwirken (Bremen NJW **64**, 1194). 3

2) Auf dem Gebiet der Strafrechtspflege müssen die Maßnahmen getroffen worden sein, und zwar auf dem der innerstaatlichen (Vogler NJW **82**, 470). Die Bewilligung der Auslieferung und anderer ausländischer Rechtshilfeersuchen durch die BReg oder die StA kann daher nicht nach I angefochten werden (dazu Hamburg 4

GA **85**, 325; Hamm GA **75**, 150; 178; Stuttgart StV **90**, 123; OVG Münster DVBl **63**, 731; Ahlbrecht/Börgers ZIS **08**, 221; Vogler NJW **82**, 468), ebenso wenig Rechtshilfeersuchen der BRep an ausländische Staaten (München NJW **75**, 509; vgl auch BVerfG NJW **81**, 1154: Auslieferungsersuchen; Celle NdsRpfl **09**, 431: Europäischer Haftbefehl; erg 1, 7 zu § 131) und die Weigerung, ein solches Ersuchen zu stellen (Bamberg NStZ **85**, 224; ebenso KG StV **93**, 543 zur Ablehnung der Stellung eines Vollstreckungshilfeersuchens). Zur Strafrechtspflege gehört die Führung des BZR, des Erziehungs- und des Gewerbezentralregisters (KG GA **73**, 180; Hamm NStZ **88**, 136; Karlsruhe Justiz **00**, 24; erg unten 19), aber nicht die Beförderung von Strafrichtern in ein höheres Amt, die disziplinarische Ahndung von Dienstvergehen (Koblenz GA **76**, 151), die Erteilung der Aussagegenehmigung (BVerwG NJW **64**, 1088; Hamm NJW **68**, 1440; **aM** Hamburg NJW **82**, 297) und andere beamtenrechtliche Maßnahmen sowie der Bau von Gerichtsgebäuden mit Sitzungssälen (KK-Schoreit 39; **aM** VG Stuttgart NJW **75**, 1294).

5 **3) Maßnahmen zur Regelung einzelner Angelegenheiten:**

6 A. **Maßnahme** ist jedes behördliche Vorgehen in Form einer Anordnung, Verfügung oder in sonstiger Weise, das der Regelung einer Einzelangelegenheit dient und geeignet ist, den Betroffenen in seinen Rechten zu verletzen (KK-Schoreit 21). Der Begriff VerwA, den II verwendet (der sonst gleich lautende § 109 I S 2 **StVollzG** spricht auch hier von „Maßnahmen") und den § 35 S 1 VwVfG definiert, muss nicht erfüllt sein (VGH Kassel VerwRspr **28**, 1009; VGH Mannheim NJW **69**, 1319; **73**, 214). Anfechtbar ist daher (nach § 28 I S 4) auch schlichtes Verwaltungshandeln mit Außenwirkung (KG NJW **87**, 197; Hamburg NJW **79**, 279; Hamm NStZ **84**, 136; StV **82**, 125; OVG Hamburg NJW **70**, 1699; OVG München BayVBl **85**, 121; Kissel/Mayer 24, 29; Wasmuth NJW **88**, 1705). Für Streitigkeiten über die von einem Untersuchungsausschuss des BTags im Wege der Amtshilfe begehrte Einsicht in staatsanwaltliche Ermittlungsakten ist nicht mehr der Rechtsweg nach § 23 (so noch BGH **46**, 261), sondern der nach §§ 18, 36 PUAG gegeben (vgl BVerfG 2 BvE 3/07 vom 17. 6. 2009 [Tz 77]; Kissel/Mayer 164 und Einl 180). Keine „Maßnahmen" sind Auskünfte (Koblenz MDR **84**, 1036), Ermahnungen (Stuttgart JVBl **71**, 114), Stellungnahmen (Hamm NJW **85**, 2040; Altenhain JZ **65**, 759 mwN), Belehrungen und Feststellungen (Bamberg JVBl **63**, 175). Unter I fallen auch nicht – von § 22 nicht erfasste – Maßnahmen gegenüber anderen Behörden und Ersuchen an andere Behörden, in bestimmter Weise zu verfahren (Koblenz MDR **72**, 169; München NJW **75**, 509), oder die Ablehnung des Antrags, ein solches Ersuchen zu stellen (Schleswig SchlHA **84**, 97 [E/L]), Wissenserklärungen (Karlsruhe NJW **65**, 1545; Stuttgart NStZ **08**, 359; zw KK-Schoreit 27) und Weisungen des JM an die StA (OVG Münster JMBlNW **68**, 23; VGH Mannheim NJW **73**, 214).

7 B. **Unmittelbar der Regelung einer einzelnen Angelegenheit** muss die Maßnahme dienen. In seinem Anwendungsbereich unterstellt § 22 jedoch die Übermittlung personenbezogener Daten, die nur eine andere Maßnahme vorbereitet, ebenfalls der Anfechtung. Allgemeine behördeninterne Verwaltungsanordnungen regeln keinen Einzelfall und sind daher nur anfechtbar, wenn sie schon durch ihre Existenz unmittelbar in die Rechte des einzelnen eingreifen (KG NJW **71**, 476; Frankfurt NJW **77**, 2177; Hamm NStZ **88**, 93; vgl auch Saarbrücken NJW **78**, 1446; Holch JR **79**, 350; Rupp/Hanack JR **71**, 275). Eine Allgemeinverfügung, die einen konkreten Sachverhalt für einen größeren Personenkreis regelt, kann aber jeder davon Betroffene anfechten (Kopp/Schenke Anh 52ff zu § 42 VwGO). Die Beschränkung auf Einzelregelungen bedeutet auch, dass es unzulässig ist, der Behörde für die Zukunft bestimmte Maßnahmen zu untersagen (2 vor § 23).

8 C. **Zweitbescheide,** insbesondere auf Gegenvorstellungen, sind nur anfechtbar, wenn sie neue Gesichtspunkte tatsächlicher oder rechtlicher Art berücksichtigen (KK-Schoreit 42). Ablehnende Bescheide auf Dienstaufsichtsbeschwerde sind ebenfalls keine selbstständigen Maßnahmen, sondern verneinen nur einen Grund

zum Einschreiten (KG GA **76**, 342; Koblenz wistra **87**, 359; Stuttgart NStZ **86**, 480; Kissel/Mayer 114). Auch sie sind nur anfechtbar, wenn eine neue selbstständige Rechtsverletzung geltend gemacht wird (Hamburg MDR **75**, 248; Koblenz GA **76**, 151; Stuttgart NJW **64**, 1382).

D. **Maßnahmen der StA im Ermittlungsverfahren,** gegen die nicht nach § 22 oder mit den in 1 vor § 23 genannten Rechtsbehelfen auf gerichtliche Entscheidung angetragen werden kann, sind – verfassungsrechtlich unbedenklich (BVerfG NJW **84**, 1451; **85**, 1019; NStZ **84**, 228) – grundsätzlich unanfechtbar (vgl Heinrich NStZ **96**, 110, der aber bei objektiv willkürlicher Verfahrenseinstellung § 23 entspr anwenden will). Der Beschuldigte kann seine auf den Beginn und Betrieb des Ermittlungsverfahrens gerichteten Anträge nicht nach §§ 23 ff durchsetzen (Hamburg NStZ **84**, 566; Hamm NStZ **84**, 280; **95**, 412; Karlsruhe NStZ **82**, 434 mit zust Anm Rieß; **94**, 142; Jena NStZ **05**, 343; Nürnberg NStZ **86**, 575; Stuttgart NStZ **08**, 359; Rieß Geerds-FS 503; vgl auch Brößler/Terbach Schlüchter-FG 85; **aM** LR-Erb 67 a ff zu § 160; SK-Wohlers 100 ff zu § 160; Beckemper NStZ **99**, 221; Kölbel JR **06**, 322; hinsichtlich der Einleitung eines Ermittlungsverfahrens nach § 152 II StPO Eisenberg/Conen NJW **98**, 2247; SK-Weßlau 55 zu § 152; hinsichtlich verfahrenseinleitender und -fortführender Maßnahmen Nagel StV **01**, 185); denn durch solche Maßnahmen (Anhörung von Zeugen, Zuziehung von Sachverständigen uä) wird keine Regelung iS I S 1 getroffen (vgl Dresden NJW **98**, 3368; Frankfurt NJW **05**, 379 L = NStZ-RR **05**, 13; Schleswig SchlHA **08**, 268 [D/D]). Gegen die Einleitung oder Fortführung eines Ermittlungsverfahrens gibt es – abgesehen davon, wenn dies aus schlechthin unhaltbaren Erwägungen, also objektiv willkürlich geschieht (dazu eingehend Jahn Strauda-FS 335) – keinen Rechtsschutz (BVerfG NStZ **04**, 447); daher sind auch nicht anfechtbar die verzögerliche Behandlung (Stuttgart OLGSt Nr 11) und die verzögerte Einstellung des Ermittlungsverfahrens (Frankfurt NStZ-RR **08**, 78; Hamm NStZ **83**, 38; JMBlNW **94**, 23; **aM** Böttcher Dahs-FS 243; Brete/Thomsen wistra **08**, 370; Füßer/Viertel NStZ **99**, 118 [§ 27]; Mansdörfer GA **10**, 166 [Verfassungsbeschwerde in Extremfällen]; Rieß Roxin-FS 1319 plädiert *de lege ferenda* für ein Einstellungserzwingungsverfahren entspr § 172 StPO); wegen der Gewährung und Versagung der Akteneinsicht vgl unten 15 sowie 24 ff und 39 ff zu § 147 StPO, 4 zu § 478 StPO. 9

Für **Eingriffe in Grundrechte,** zu denen StA und ihre Ermittlungspersonen allgemein (§§ 81 b, 163 b, 164 StPO) oder bei Gefahr im Verzug (§§ 81 a II, 81 c III S 3, V, 98 I, 100 I, 100 b I, 105 I, 111 II, 127 II, 132 II, 163 d II, 163 e IV, 163 f III StPO) berechtigt sind, gilt das nicht. Zwar sind alle Maßnahmen der StA, die der Einleitung, Durchführung und Gestaltung des Strafverfahrens dienen, der Anfechtung entzogen, weil sie keine JVerwA, sondern Prozesshandlungen sind (Hamm NJW **73**, 1089; Karlsruhe NJW **76**, 1417; Stuttgart NJW **77**, 2276; weit Nachw bei Kissel/Mayer 31); eine Ausnahme ist aber im Hinblick auf Art 19 IV GG zu machen, soweit es sich um in Grundrechte eingreifende Maßnahmen handelt (vgl BGH **28**, 57, 58; Amelung 34; Bottke StV **86**, 120; Fezer Jura **82**, 23; Schenke NJW **76**, 1816). Eine Anfechtung nach I scheidet allerdings aus, solange die Maßnahme nicht durchgeführt ist; dann gilt § 98 II S 2 StPO entspr (dort 23). Auch nach Erledigung der Maßnahme durch Vollzug ist nach der Rspr des BGH aber diese Vorschrift – und nicht § 23 – anzuwenden (vgl 23 zu § 98 StPO; 23 zu § 127 *StPO; 18* a vor *§ 296 StPO*). Dasselbe gilt nach neuerer Rspr, wenn die Art und Weise des Vollzugs einer in Grundrechte eingreifenden Maßnahme der StA und der Polizei angefochten wird (BGH **44**, 265; erg 17 zu § 105 StPO). Die „Ausforschung und Beschlagnahme" einer Powerpointdatei pornographischen Inhalts ist einer Entscheidung nach § 98 II S 2 StPO aber nicht zugänglich (BVerfG NJW **07**, 3343). 10

4) Verpflichtungsantrag (II): Der Antrag ist nur zulässig, wenn der Antragsteller geltend macht, durch die Ablehnung oder Unterlassung in seinen Rechten verletzt zu sein (1 zu § 24), zB durch die Ablehnung der Löschung der Eintragung in die Zentrale Namenskartei der StA (Frankfurt NJW **89**, 48; dazu Scholderer 11

NStZ **89**, 585 und Simitis NJW **89**, 21). Für den Antrag auf Verpflichtung zum Erlass einer abgelehnten Maßnahme gilt § 26 I (Frankfurt ZInsO **09**, 388). Der Antrag, die Behörden zum Erlass eines unterlassenen VerwA zu verpflichten, kann nur unter den Voraussetzungen des § 27 als Vornahmeantrag gestellt werden (KG NJW **68**, 609).

12 **5) Subsidiarität** (III): Die §§ 23 ff treten zurück, wenn das Gesetz andere Rechtsbehelfe vorsieht (vgl KG NStZ **08**, 226 und NStZ-RR **09**, 324 zu § 109 I **StVollzG**), auch wenn der Betroffene von ihnen, zB wegen Fristversäumung, nicht mehr Gebrauch machen kann (Frankfurt NStZ-RR **04**, 184), und auch bei Verletzung des Willkürverbots (Frankfurt NStZ-RR **05**, 282). Über den Wortlaut der Vorschrift hinaus gelten die §§ 23 ff auch dann nicht, wenn Verwaltungs-, Arbeits-, Sozial- oder Finanzgerichte zuständig sind (Hamm NJW **66**, 607, 609; Katholnigg 13). Sieht das Gesetz die Anfechtung einer Maßnahme vor, so ist der Antrag nach § 23 auch dann ausgeschlossen, wenn diese Regelung bewusst nicht alle Fälle erfasst (vgl Frankfurt ZInsO **09**, 242, 244), zB § 172 II StPO (Bamberg JVBl **65**, 262; **aM** KG JVBl **62**, 20) oder § 4 III JVEG. Wenn der Antrag im Zeitpunkt der Antragstellung beim OLG nicht zulässig ist, weil das Gericht nach § 98 II S 2 StPO angerufen werden kann, wird er nicht nachträglich zulässig, weil die Maßnahme nunmehr abgeschlossen ist (Karlsruhe NJW **79**, 2527; Zweibrücken StV **97**, 313). Für Einwendungen des Verurteilten gegen die Vollstreckungsreihenfolge ist der Antrag nur zulässig, wenn diese in keinem Zusammenhang mit der Unterbrechung der gesetzlich vorgesehenen Strafvollstreckung nach der Hälfte bzw zwei Dritteln der Strafe stehen (Stuttgart StV **09**, 259 mwN; 9 zu § 454 b StPO).

13 **6) Beispiele aus der Rspr:**

14 A. **Maßnahmen der Gerichte:** Nicht nach §§ 23 ff anfechtbar sind alle Akte der Rechtsprechung (Karlsruhe NJW **88**, 983), zB für den Verurteilten die Verweigerung der Zustimmung nach § 35 BtMG (so ausdrücklich § 35 II S 2 BtMG: nur zusammen mit der Ablehnung der Zurückstellung durch die VollstrB nach §§ 23 ff anfechtbar), anders aber, wenn der Jugendrichter als VollstrB entscheidet (Stuttgart NStZ **86**, 141), die Verweigerung der Akteneinsicht (vgl 40 zu § 147 StPO, 1 und 4 zu § 478 StPO), auch für Dritte (Hamburg NStZ **82**, 482; Hamm NJW **68**, 169; **aM** Altenhain JZ **65**, 757), die Weigerung, den Hauptverhandlungstermin abzusetzen (Koblenz MDR **73**, 521), Schriftstücke aus den Akten zu entfernen (Köln NJW **66**, 1761), Reisekostenvorschüsse an Angeklagte zu zahlen (Bremen NJW **65**, 1617; Düsseldorf MDR **83**, 689; Stuttgart NJW **56**, 473: Beschwerde nach § 304 StPO) oder über einen Kostenfestsetzungsantrag zu befinden (Jena NStZ-RR **04**, 319; vgl aber auch Frankfurt NStZ-RR **96**, 183 und Koblenz JBlRP **09**, 71 zur Erstattung der Kosten des Aufenthalts in einem Heim der Jugendhilfe in Erfüllung einer jugendrichterlichen Weisung: Justizverwaltungsakt). Auch die Verweigerung der Dienstreisegenehmigung für Angehörige der Führungsaufsichtsstelle zur Betreuung eines Verurteilten ist nur nach § 304 StPO anfechtbar (Hamm NStZ **84**, 285).

15 B. **Maßnahmen der StA im Strafverfahren:** Die Abgabe oder Nichtabgabe einer Presseverlautbarung ist nach der Rspr des BVerwG (NStZ **88**, 513; NJW **92**, 62) im Verwaltungsrechtsweg anfechtbar (ebenso VG Berlin NJW **01**, 3799; VG Saarlouis DRiZ **08**, 356 L; Lehr NStZ **09**, 413); nach **aM** ist hingegen der Rechtsweg nach § 23 eröffnet (Hamm NStZ **95**, 412; Karlsruhe NJW **95**, 899; Justiz **08**, 363; Stuttgart NJW **01**, 3797; NStZ **08**, 359, 360; Neuling StV **08**, 387; Wasmuth NJW **88**, 1705; NStZ **90**, 138). Nicht anfechtbar ist die Weigerung, der Verfahrenseinstellung nach den §§ 153 ff StPO zuzustimmen (Hamm NStZ **85**, 472; **aM** Terbach NStZ **98**, 172), die Ablehnung der Ersetzung des ermittelnden StA durch einen anderen (Frankfurt NStZ-RR **99**, 81; Hamm NJW **69**, 808; Karlsruhe MDR **74**, 423; Schleswig SchlHA **83**, 106 [E/L]; Pawlik NStZ **95**, 314; Pfeiffer Rebmann-FS 367; Schlüchter 66. 1; Wendisch Schäfer-FS 243; **aM** Bottke

StV **86**, 123; Buckert NJW **70**, 847; Hilgendorf StV **96**, 53; Roxin/Schünemann § 9, 15; Wohlers 301 und GA **06**, 403; einschr Böttcher Roxin-FS 1343: nur bei Willkür; erg 5 vor § 22 StPO; 6 zu § 145 GVG), die Erklärung nach § 230 StGB (BGH **16**, 225; Kauffmann Kleinknecht-FS 210 mwN), die Verweigerung der Akteneinsicht an den Beschuldigten (40 zu § 147 StPO) oder von Auskünften an ihn über die verdachtsbegründenden Tatsachen (BVerfG NJW **84**, 1451), die Weigerung der Herausgabe sichergestellter Sachen (Nürnberg NStZ **06**, 654; Stuttgart wistra **02**, 38 mwN; LG Mannheim NStZ-RR **98**, 113: Zivilrechtsweg; **aM** Hoffmann/Knierim NStZ **00**, 463: § 98 II S 2 entspr), die Verneinung oder Bejahung des öffentl. Interesses nach § 376 StPO (dort 6, 7), die Nichteinhaltung einer Zusage, kein Rechtsmittel einzulegen (Hamm NJW **65**, 1241; dazu Altenhain JZ **65**, 759; ebenso Krumdiek StRR **10**, 88 zu sog Sperrberufungen), sowie von Maßnahmen im Ermittlungsverfahren (oben 9). Dagegen kann die Entscheidung darüber, ob einem Dritten (iS des § 475 StPO) eine anonymisierte Urteilsabschrift, sonstige Abschriften aus den Ermittlungsakten sowie die Akten zur Einsichtnahme überlassen oder Auskünfte aus Akten erteilt werden sollen, mit einem Antrag nach § 478 III StPO (dort 4) angefochten werden (OVG Münster NJW **01**, 3803; Lindner StV **08**, 216). Einen Antrag nach § 23 kann aber die Ablehnung des Antrags auf Aktenvernichtung (Frankfurt NJW **99**, 73) oder Datenlöschung (BVerfG StV **07**, 226 L; Hamburg StV **09**, 234, 235; vgl 9 zu § 489) begründen.

C. **Maßnahmen der StA bei der Vollstreckung:** Anfechtbar nach §§ 23 ff 16
sind Entscheidungen über die Unterbrechung der Vollstreckung eines Strafrests auf Grund einer widerrufenen Strafaussetzung zur Bewährung (BGH NStZ **91**, 205), Entscheidungen nach § 456 a StPO (dort 9; Karlsruhe NStZ **08**, 222; StraFo **09**, 83), Zwangsmaßnahmen nach § 457 StPO (dort 16), Entscheidungen der VollstrB über die Art und Weise der Vollstreckung der Unterbringungsanordnung (Hamburg NStZ **88**, 242), die Ablehnung, die Vollstreckung für die Strafaussetzung nach § 57 II Nr 2 StGB zum Zwecke der Anschlussvollstreckung in anderer Sache zu unterbrechen (Celle NdsRpfl **89**, 299; vgl auch BVerfG NJW **95**, 1885 mwN) oder nach § 35 BtMG die Vollstreckung zurückzustellen (vgl § 35 II S 2 BtMG, zum hierbei einzuhaltenden Verfahren 5 zu § 24), ferner die bei der Zurückstellung angeordneten Weisungen und Auflagen (Hamm NStZ **86**, 187; StV **88**, 24 mit Anm Schneider), die Ablehnung der Vorabvollstreckung einer nicht zurückstellungsfähigen Strafe (Köln NStZ-RR **10**, 157), die Entscheidung bei der Vollstreckung der Geldstrafe nach § 459 b StPO (dort 5), die Ablehnung der Abwendung der Vollstreckung der Ersatzfreiheitsstrafe durch freie Arbeit (7 zu § 459 e; Dresden NStZ **99**, 160; Jena NJ **08**, 376 L; NStZ-RR **09**, 155 und **10**, 61 L [Widerruf der Bewilligung]; **aM** und für § 459 h StPO Karlsruhe NStZ-RR **09**, 220 [beiläufig zust BGH NJW **09**, 3587, 3588 mwN]; vgl auch HessStGH P. St. 2234 vom 9. 12. 2008) und die Abgabe der Vollstreckung nach § 85 VI **JGG** (LG Koblenz NStZ-RR **97**, 53) sowie die Ablehnung der Aufnahme zur Strafvollstreckung in einem anderen Bundesland (KG NStZ-RR **07**, 124; Bamberg 1 Ws 45/10 vom 18. 2. 2010; Hamm StV **04**, 86; 1 VAs 26/08 vom 6. 5. 2008; Schleswig NStZ-RR **07**, 324; vgl auch BGH StraFo **01**, 432), nicht aber die Ablehnung eines Antrages auf Verlegung in ein anderes Bundesland (KG NStZ-RR **07**, 124; Jena StV **06**, 147 L; **aM** Schleswig NStZ-RR **08**, 126) oder des Antrags auf Verlegung in eine andere JVA desselben Bundeslandes (Frankfurt NStZ-RR **06**, 253); dann gelten §§ 109, 110 **StVollzG**. Keine Verlegung, sondern nach § 23 anfechtbar ist die Entscheidung der VollstrB über die Überführung und Einweisung des Verurteilten, der sich im Zeitpunkt der Einleitung der Vollstreckung in einer für ihn nicht zuständigen Vollzugsanstalt befindet, in die zuständige JVA gemäß §§ 28 I S 1, 29 I StVollstrO (Schleswig SchlHA **08**, 268 [D/D] = bei Roth NStZ **08**, 683) oder über die Abweichung vom Vollstreckungsplan durch unmittelbare Ladung in den offenen Vollzug (Frankfurt NStZ **07**, 173; Naumburg OLGSt Nr 3 zu § 10 StVollzG; Zweibrücken StraFo **10**, 129, 130; vgl auch Hamm StV **09**, 204).

Der Überprüfung unterliegt auch, ob die Vollstreckungsbehörde bei der Ablehnung eines Überstellungswunsches nach dem ÜberstÜbk (Einl 215 c) ihr Ermessen fehlerfrei ausgeübt hat (BVerfG NStZ **98**, 140 mit Anm Schomburg NStZ **98**, 142 = JZ **98**, 565 mit Anm Lagodny; Frankfurt NStZ-RR **02**, 310). Wegen der Mitteilungen in Strafsachen vgl oben 7 und § 22.

17 D. **Gnadenentscheidungen** sind unanfechtbar (BVerfGE **25**, 352 = NJW **69**, 1895; **45**, 187, 242 = NJW **77**, 1525, 1529; **66**, 337, 363 = NJW **84**, 2341, 2343; BVerfG NJW **01**, 3771; BVerwGE **14**, 73 = NJW **62**, 1410; BVerwG NJW **83**, 187; BayVerfGH NStZ-RR **97**, 39; Celle NdsRpfl **96**, 310; Hamburg JR **97**, 255 mwN auch zur im verfassungs- und verwaltungsrechtlichen Schrifttum teilw vertretenen Gegenmeinung, mit Anm Streng JR **97**, 257, der ein differenzierendes Modell entwickelt; Stuttgart NStZ **85**, 331; Dreher Lange-FS 345). I gilt aber für ihren Widerruf (KG NStZ **93**, 54 mit Anm Eisenberg; Celle NJW **89**, 114; Hamburg NStZ-RR **04**, 223; Saarbrücken MDR **79**, 338; Schleswig SchlHA **08**, 268 [D/D]; BVerfGE **30**, 108 = NJW **71**, 795 hatte die Frage des Rechtswegs offen gelassen); vgl zum Widerruf von Gnadenentscheidungen Lemke Strauda-FS 375 und die Rspr-Übersicht von Rinio NStZ **06**, 438.

18 E. **Maßnahmen im UHaft-Vollzug** sind nach III nur anfechtbar, wenn sie nicht in die Anordnungskompetenz des Haftrichters nach § 119 I S 3 StPO fallen (dort 25; Frankfurt NStZ-RR **04**, 184; eingehend dazu Cassardt NStZ **94**, 523 ff; krit zur Abgrenzung Krack JR **96**, 258) oder nach § 119 a StPO beanstandet werden können. Nach I anfechtbar ist die Anordnung von Besuchssperren (KG JR **77**, 213), die Festsetzung der Zeiten für Verteidigerbesuche (Hamm NStZ **85**, 432; Karlsruhe NStZ **97**, 407 mit abl Anm Schriever NStZ **98**, 159), die Kontrolle von Verteidigerpost in Anwendung eines ministeriellen Erlasses (Frankfurt StV **05**, 226), die Erhöhung der allgemeinen Gewichtsgrenze für den Paketempfang (Hamm NStZ **82**, 134), die Anordnung des Anstaltsleiters, dass alle Besucher körperlich zu durchsuchen sind (BGH **29**, 135), die Art der Ausgestaltung der Sprechzellen mit Trennscheiben (KG JR **79**, 519), die Weigerung, Arbeitsbelohnungen zu zahlen (Hamburg GA **64**, 87), die Regelung der Dauer der Zellenbeleuchtung (KG GA **78**, 81), die Anbringung von Sichtblenden (Karlsruhe NStZ-RR **05**, 191), die Ablehnung der Einsicht eines UGefangenen in seine vollständigen Krankenakten (Brandenburg StraFo **08**, 154 [zw]), die Heilbehandlung durch die Anstaltsärzte (Frankfurt NStZ-RR **05**, 220), nicht aber deren Weigerung, andere Ärzte hinzuzuziehen (Hamburg NJW **62**, 1930; **82**, 2133), auch nicht das maschinelle Auslesen und Speichern der Ausweise von Besuchern (VG Aachen DuD **09**, 192: § 40 VwGO). Die Regelung der Dauer der Freistunde ist nur nach § 304 I StPO anfechtbar (Hamm NStZ **81**, 156), die Weigerung des Anstaltsleiters, Weisungen des Haftrichters nachzukommen, nur mit der Dienstaufsichtsbeschwerde (Hamm NJW **65**, 1554). Wendet sich der Gefangene erst nach längerer Zeit gegen die Maßnahme, kann das Recht auf Feststellung der Rechtswidrigkeit verwirkt sein (Karlsruhe aaO). § 27 III kann entspr angewendet werden (Frankfurt aaO).

19 F. **Bundeszentral- und erziehungsregister:** Die Entscheidung über eine den Verurteilten begünstigende Maßnahme der Registerbehörde (§ 1 I **BZRG**: Bundesamt für Justiz; 3 zu § 492 StPO) enthält einen JVerwA auf dem Gebiet der Strafrechtspflege (vgl Karlsruhe Justiz **00**, 24; LR-Böttcher 34). Anfechtbar ist daher zB die Ablehnung der Entfernung einer Eintragung (§§ 25, 55 II, 63 III **BZRG**), der Nichtaufnahme von Verurteilungen in das Führungszeugnis (§ 39 **BZRG**; KG GA **73**, 180, NStZ-RR **09**, 27), der Tilgung in besonderen Fällen (§ 49 **BZRG**; KG Rpfleger **09**, 696 = NStZ-RR **10**, 27 L; Hamm MDR **92**, 283) und der Entfernung einer ausländischen Verurteilung (§ 56 I S 1 **BZRG**; Karlsruhe NStZ **92**, 40); das Gleiche gilt für die Übermittlung von Strafnachrichten an einen ausländischen Staat (§ 57 III S 1 **BZRG**; Karlsruhe wistra **03**, 478) oder einen Streit über die Berechnung der gesetzlichen Fristen (Böttcher aaO). Zum Vorverfahren vgl 5 zu § 24, zur Zuständigkeit 1 zu § 25.

Zulässigkeit des Antrags

24 **I Der Antrag auf gerichtliche Entscheidung ist nur zulässig, wenn der Antragsteller geltend macht, durch die Maßnahme oder ihre Ablehnung oder Unterlassung in seinen Rechten verletzt zu sein.**

II Soweit Maßnahmen der Justiz- oder Vollzugsbehörden der Beschwerde oder einem anderen förmlichen Rechtsbehelf im Verwaltungsverfahren unterliegen, kann der Antrag auf gerichtliche Entscheidung erst nach vorausgegangenem Beschwerdeverfahren gestellt werden.

1) Die **Rechtsverletzung** (I) muss der Antragsteller als mögliche Beeinträchtigung behaupten (Frankfurt NJW **79**, 1613); dafür muss er Tatsachen anführen, die, wenn sie zuträfen, die Rechtsverletzung ergäben (Bremen NJW **60**, 2261; Hamm MDR **83**, 602; Kissel/Mayer 1). Ein Antrag, der weder ausdrücklich noch durch seine Begründung (Saarbrücken JBl Saar **61**, 129) eine Rechtsverletzung substanziiert geltend macht, wird als unzulässig verworfen (Frankfurt NStZ-RR **05**, 282; ZInsO **09**, 388). Auf die Wahrheit des Antragsvorbringens kommt es bei der Zulässigkeitsprüfung aber nicht an (KG DVBl **60**, 812; Kissel/Mayer 1). 1

Die **eigenen Rechte des Antragstellers** müssen verletzt sein (Frankfurt ZInsO **09**, 242, 246); hierzu zählen auch das Recht auf Löschung von Verfahrensdaten (Dresden StV **04**, 68, ber S 368; Hamburg StV **09**, 234, 235) und der Anspruch auf ermessensfehlerfreie Entscheidung (Frankfurt NStZ-RR **08**, 174). Die Verletzung der Rechte Dritter genügt ebenso wenig wie der Eingriff in die bloße Interessensphäre des Antragstellers (Hamm MDR **67**, 137). Die Ablehnung einer gerichtlichen Aktenanforderung wirkt dann unmittelbar auf die Rechtsposition des Angeklagten ein, wenn die Aktenauswertung allein seiner Entlastung dienen soll (vgl Hamm Rpfleger **09**, 150). 2

2) Vorschaltverfahren (II): 3

A. Eine **von Amts wegen zu prüfende Sachentscheidungsvoraussetzung** ist die Einhaltung des Vorschaltverfahrens. Im Fall des § 28 I S 4 gilt II nicht, weil hier eine Beschwerde rechtlich nicht mehr möglich ist (7 zu § 28; zw Katholnigg 10), wohl aber bei Eröffnung des falschen Rechtswegs nach oder entspr § 17a V GVG (Jena NStZ-RR **10**, 61 L). Die Beschwerdeentscheidung muss nicht schon bei Stellung des Antrags nach § 23 ergangen sein; es genügt, dass sie im Zeitpunkt der Entscheidung des OLG vorliegt (KG Rpfleger **09**, 412; Hamm NStZ **82**, 134; Schleswig SchlHA **88**, 108 [L/G]). Hatte der Antragsteller die Frist für den Rechtsbehelf nach II versäumt, so kommt es darauf an, ob von der VerwB, die über ihn zu befinden hat, entspr § 70 II iVm § 60 I, IV VwGO Wiedereinsetzung gewährt worden ist. Hat sie ohne Wiedereinsetzung sachlich entschieden, so verwirft das OLG, das die rechtzeitige Einlegung des Rechtsbehelfs selbstständig prüfen muss, den Antrag als unzulässig (Oldenburg NdsRpfl **68**, 234; Stuttgart NJW **70**, 718; Schmid NStZ **90**, 451; **aM** Celle NJW **69**, 522; Katholnigg 9; Kissel/Mayer 5; Karstendiek DRiZ **77**, 50). 4

B. Ein **förmlicher Rechtsbehelf** muss gegeben sein, nicht nur die Dienstaufsichtsbeschwerde (Kissel/Mayer 8). Ob der Rechtsbehelf durch Gesetz (zB §§ 25 II, 39 III, 49 III, 55 II S 3, 63 III S 2 **BZRG**), durch RechtsVO oder durch eine allgemeine Verwaltungsvorschrift eingeführt ist, macht keinen Unterschied (BVerfGE **40**, 237 = NJW **76**, 34; Katholnigg 7; Kissel/Mayer 6). Danach kann das Vorschaltverfahren auch durch Verwaltungsvorschriften angeordnet werden, die jedem, den es angeht, bekannt werden können und für jeden gleich gehandhabt werden, für die Verwaltung verbindlich sind und wie eine Norm als objektives Recht angewendet werden. Diese Voraussetzungen erfüllen vor allem die Einwendungen nach § 21 StVollstrO (KG StV **89**, 27; Oldenburg NStZ **91**, 512 mwN), so auch bei Ablehnung der Zurückstellung der Vollstreckung nach § 35 BtMG (München JR **94**, 296 mit zust Anm Katholnigg; Oldenburg StraFo **00**, 67; Stutt- 5 gart MDR **94**, 297; Zweibrücken JBlRP **98**, 244; vgl dazu auch Katholnigg NJW **95**, 1330; Körner NStZ **95**, 64; **98**, 228; Weichert NJW **99**, 830); das OLG kann über den Antrag bei Ablehnung durch die StA wegen Verweigerung der erforderlichen gerichtlichen Zustimmung nach § 35 I S 1 BtMG aber erst entscheiden, wenn die StA dagegen nach § 35 II S 1 BtMG erfolglos Beschwerde eingelegt hatte (Celle NStZ **96**, 304; **aM** Katholnigg NStZ **96**, 615; Weichert aaO). Mitteilungen der StA an das Kraftfahrt-Bundesamt unterfallen nicht § 21 StVollstrO (Jena NStZ-RR **06**, 321; VRS **115**, 439, 441; Stuttgart StraFo **08**, 128; vgl aber Hamm NZV **08**, 365).

6 C. **Eigene Ermessensentscheidung**: Soweit der VerwB in der anzuwendenden Norm Ermessen eingeräumt ist, darf sich die Beschwerdeinstanz nicht auf eine bloße Überprüfung der angegriffenen Entscheidung auf Rechtsfehler beschränken (KG NStZ **09**, 527 zu § 456 a StPO).

7 D. **Anfechtungsgegenstand** in dem Verfahren nach §§ 23 ff ist der ursprüngliche VerwA in der Gestalt, die er im Vorschaltverfahren gefunden hat (Hamburg StV **99**, 105; Karlsruhe Justiz **00**, 147), der Beschwerdebescheid nur, wenn er eine zusätzliche Beschwer enthält (Katholnigg 8; Bettermann NJW **58**, 81; erg 8 zu § 23).

Zuständigkeit des OLG

25 **I** [1] **Über den Antrag entscheidet ein Zivilsenat oder, wenn der Antrag eine Angelegenheit der Strafrechtspflege oder des Vollzugs betrifft, ein Strafsenat des Oberlandesgerichts, in dessen Bezirk die Justiz- oder Vollzugsbehörde ihren Sitz hat.** [2] **Ist ein Beschwerdeverfahren (§ 24 Abs. 2) vorausgegangen, so ist das Oberlandesgericht zuständig, in dessen Bezirk die Beschwerdebehörde ihren Sitz hat.**

II Ein Land, in dem mehrere Oberlandesgerichte errichtet sind, kann durch Gesetz die nach Absatz 1 zur Zuständigkeit des Zivilsenats oder des Strafsenats gehörenden Entscheidungen ausschließlich einem der Oberlandesgerichte oder dem Obersten Landesgericht zuweisen.

1 **1) Zuständigkeit** (I): Sachlich zuständig ist in Angelegenheiten der Strafrechtspflege und des Vollzugs (§ 23 I) der geschäftsplanmäßig bestimmte Strafsenat des OLG; es können auch mehrere bestimmt werden. Örtlich zuständig ist das OLG, in dessen Bezirk die Justiz- oder Vollzugsbehörde, deren Maßnahme angefochten ist oder herbeigeführt werden soll, im Fall des § 24 II die Beschwerdebehörde ihren Sitz hat. Ist der Behördensitz nicht durch Rechtsnorm bestimmt, so kommt es darauf an, wo die Verwaltung geführt wird. In Angelegenheiten nach dem BZRG ist das OLG Hamm zuständig (§ 1 **BZRG**; Hamm 1 VAs 32/08 vom 3. 7. 2008; unten 3, 3 zu § 492), im Falle einer Beschwerdeentscheidung des BMJ das KG.

2 **2) Verweisung:** Bei der gebotenen verfassungskonformen Auslegung des § 25 ist das OLG befugt, die Sache an das zuständige Gericht zu verweisen (vgl BVerfGE **57**, 9, 22 = NJW **81**, 1154; KG StV **96**, 326; Braunschweig NStZ **90**, 608; **91**, 551; NdsRpfl **92**, 56; Celle NStE Nr 14 zu § 23; NdsRpfl **09**, 431; Hamm NStZ-RR **96**, 210; Karlsruhe NJW **88**, 84; Krack JR **96**, 260; **aM** Oldenburg NStZ **90**, 504 mit abl Anm Katholnigg), auch an die StVollstrK (KG GA **85**, 271; NStZ **08**, 226). Die Verweisung setzt aber voraus, dass überhaupt eine Rechtsbeeinträchtigung des Antragstellers vorliegt (Hamburg GA **85**, 325). Hat ein anderes Gericht die Sache nach § 17 a II S 1 GVG an das OLG verwiesen, so ist nicht nur eine Zurückverweisung (Frankfurt NStZ **83**, 231), sondern nach § 17 a II S 3 GVG auch eine Weiterverweisung in einen dritten Rechtszug unzulässig; das schließt aber eine interne Weiterverweisung aus Gründen der örtlichen, sachlichen oder funktionellen Zuständigkeit, zB vom OLG an das AG, nicht aus (vgl Karlsruhe MDR **95**, 88). Vor der Verweisung ist ein Antrag bei dem OLG wegen der anderweitigen Rechtshängigkeit unzulässig (§ 17 I S 2 GVG; Stuttgart Justiz **80**, 359).

Die Verweisung ist auch dann bindend, wenn die Zulässigkeitsvoraussetzungen nach § 23 nicht vorliegen; damit wird aber noch nicht die Zulässigkeit des Antrages nach §§ 23 ff begründet (Hamm JR **96**, 257 mit Anm Krack; vgl auch Dresden NStZ **99**, 160).

3) Zuständigkeitskonzentration (II): In NW sind die nach I den Strafsenaten zugewiesenen Entscheidungen durch Ges vom 8. 11. 1960 (GVNW 352) dem OLG Hamm übertragen. 3

Antragsfrist und Wiedereinsetzung

26 **I Der Antrag auf gerichtliche Entscheidung muss innerhalb eines Monats nach Zustellung oder schriftlicher Bekanntgabe des Bescheides oder, soweit ein Beschwerdeverfahren (§ 24 Abs. 2) vorausgegangen ist, nach Zustellung des Beschwerdebescheides schriftlich oder zur Niederschrift der Geschäftsstelle des Oberlandesgerichts oder eines Amtsgerichts gestellt werden.**

II War der Antragsteller ohne Verschulden verhindert, die Frist einzuhalten, so ist ihm auf Antrag Wiedereinsetzung in den vorigen Stand zu gewähren.

III [1] Der Antrag auf Wiedereinsetzung ist binnen zwei Wochen nach Wegfall des Hindernisses zu stellen. [2] Die Tatsachen zur Begründung des Antrags sind bei der Antragstellung oder im Verfahren über den Antrag glaubhaft zu machen. [3] Innerhalb der Antragsfrist ist die versäumte Rechtshandlung nachzuholen. [4] Ist dies geschehen, so kann die Wiedereinsetzung auch ohne Antrag gewährt werden.

IV Nach einem Jahr seit dem Ende der versäumten Frist ist der Antrag auf Wiedereinsetzung unzulässig, außer wenn der Antrag vor Ablauf der Jahresfrist infolge höherer Gewalt unmöglich war.

1) Form des Antrags (I): Schriftlich oder zu Protokoll (Einl 128 ff, 131 ff) des nach § 25 zuständigen OLG oder eines beliebigen AG kann der Antrag gestellt werden. Wegen der notwendigen Begründung vgl 3 vor § 23, 1 zu § 24. Antragsberechtigt ist in eigener Sache auch ein verhandlungsfähiger Minderjähriger (Frankfurt JR **64**, 393) und ein nach § 63 StGB Untergebrachter. Über Rücknahme und Verzicht vgl 2 zu § 28. 1

2) Antragsfrist (I): 2

A. **Innerhalb eines Monats** (vgl § 43 Abs. 1 StPO zur Fristberechnung) nach Zustellung oder schriftlicher Bekanntgabe des Bescheides oder (im Fall des § 24 II) nach Zustellung des Beschwerdebescheides muss der Antrag nicht nur gestellt, sondern auch begründet werden (vgl Celle NdsRpfl **80**, 156; Hamm MDR **83**, 602). Bei Realakten erfolgt keine Zustellung oder schriftliche Bekanntgabe an den Betroffenen; in diesen Fällen gibt es keine Ausschlussfrist (Koblenz StV **87**, 430). Ein inhaltlich den Antragserfordernissen entspr Antrag auf Prozesskostenhilfe (§ 29 IV) wahrt die Frist (Katholnigg 3), nicht aber das bloße Gesuch des Gefangenen bei der Anstalt, den Antrag anbringen zu dürfen (Schleswig SchlHA **61**, 146). Die Nichtigkeit der Maßnahme (vgl §§ 43 III, 44 VwVfG) kann noch nach Fristablauf geltend gemacht werden (Kissel/Mayer 7). 3

B. Die **mündliche Bekanntgabe** der Maßnahme setzt die Frist nicht in Lauf (BGH NJW **63**, 1789), auch nicht, wenn ein schriftlicher Bescheid ergangen ist oder sein Inhalt sich aus einem schriftlich bekanntgegebenen Bescheid über die Dienstaufsichtsbeschwerde ergibt (KG GA **76**, 342). Dass die Antragsfrist nicht begonnen hat, hindert aber die Antragstellung nicht. Wird damit ungewöhnlich lange gewartet, so kann das Antragsrecht verwirkt sein (vgl Bremen MDR **66**, 867; Jena VRS **115**, 439, 441; Kissel/Mayer 4 mwN). Entsprechendes gilt bei der Anfechtung eines Realakts (Kissel/Mayer 3). 4

5 C. Eine **Belehrung über das Antragsrecht** setzt der Fristbeginn nicht voraus, da sie bei Bekanntmachung der nach § 23 I anfechtbaren Maßnahmen gesetzlich nicht vorgeschrieben ist (BGH NJW **74**, 1335; Katholnigg 4; **aM** KK-Schoreit 8: § 35 a StPO entspr). Ihr Fehlen hindert den Fristablauf auch dann nicht, wenn sie durch Verwaltungsvorschriften angeordnet ist.

6 **3) Wiedereinsetzung** (II–IV): Anders als nach § 45 I S 1 StPO beträgt die Antragsfrist 2 Wochen; auch sonst stimmen II–IV weniger mit den §§ 44, 45 StPO als mit § 60 VwGO überein, an dem daher ihre Auslegung auszurichten ist (Hamm GA **68**, 310; Katholnigg 5; Kissel/Mayer 10). Die Frist, innerhalb deren der Antrag zu stellen ist und die Wiedereinsetzungsgründe geltend zu machen sind (BVerwG NJW **76**, 74), beginnt mit dem Wegfall des Hindernisses. Dessen Zeitpunkt muss der Antrag dartun, wenn er nicht offensichtlich ist. Zur Glaubhaftmachung der Wiedereinsetzungsgründe vgl 5 zu § 26 StPO; die Glaubhaftmachung kann nach Fristablauf nachgeholt werden (OVG Koblenz NJW **72**, 2326).

7 **Unverschuldet** iS II ist eine Fristversäumnis, wenn der Antragsteller die gebotene und ihm nach den gesamten Umständen zumutbare Sorgfalt beachtet hat (vgl BVerwG NJW **76**, 1332, 1333; Hamm GA **68**, 310; erg 10 ff zu § 44 StPO). Das Verschulden eines gewählten oder nach § 29 III bestellten RA ist dem Antragsteller zuzurechnen (KG StraFo **08**, 221; Hamburg NStZ-RR **04**, 185 mwN; 19 zu § 44 StPO). Ausnahmen sollen gelten, wenn der Antrag einen Justizverwaltungsakt in einer Strafvollstreckungssache betrifft (so Hamm NStZ **82**, 483: ablehnende Entscheidung nach § 35 BtMG; Stuttgart NStZ **88**, 430: Widerruf eines Gnadenerweises); dagegen zutr Hamburg aaO. Da die Rechtsvermutung des § 44 S 2 StPO nicht gilt, rechtfertigt das Fehlen der Rechtsmittelbelehrung nicht ohne weiteres die Wiedereinsetzung (Schleswig SchlHA **81**, 91 [E/L]; Altenhain JZ **66**, 18; **aM** Hamburg JVBl **62**, 18). Ist die Antragstellung verspätet, weil der Antragsteller die Antragsberechtigung oder -frist nicht kannte, so fehlt es am Verschulden nur, wenn er alles ihm billigerweise Zumutbare getan hat, um die der Fristwahrung entgegenstehende Rechtsunkenntnis zu beseitigen (vgl OVG Berlin DÖV **53**, 93).

8 Über den Wiedereinsetzungsantrag muss **ausdrücklich entschieden** werden; eine stillschweigende Wiedereinsetzung ist ausgeschlossen (vgl BVerwGE **59**, 302 = NJW **81**, 698).

9 Die **Jahresfrist des IV** ist eine Ausschlussfrist. Wiedereinsetzung ist nicht zulässig; der Antrag kann aber nachträglich (binnen 2 Wochen) gestellt werden, wenn die Antragstellung vor Ablauf der Jahresfrist infolge höherer Gewalt unmöglich war. Das ist ein Ereignis, das durch äußerste Sorgfalt weder abgewehrt noch verhindert werden kann (Kissel/Mayer 18), wobei das Geringste eigene Verschulden die höhere Gewalt ausschließt (OVG Berlin NJW **65**, 1151).

Antragstellung bei Untätigkeit der Behörde

27 **I [1] Ein Antrag auf gerichtliche Entscheidung kann auch gestellt werden, wenn über einen Antrag, eine Maßnahme zu treffen, oder über eine Beschwerde oder einen anderen förmlichen Rechtsbehelf ohne zureichenden Grund nicht innerhalb von drei Monaten entschieden ist. [2] Das Gericht kann vor Ablauf dieser Frist angerufen werden, wenn dies wegen besonderer Umstände des Falles geboten ist.**

II [1] Liegt ein zureichender Grund dafür vor, dass über die Beschwerde oder den förmlichen Rechtsbehelf noch nicht entschieden oder die beantragte Maßnahme noch nicht erlassen ist, so setzt das Gericht das Verfahren bis zum Ablauf einer von ihm bestimmten Frist, die verlängert werden kann, aus. [2] Wird der Beschwerde innerhalb der vom Gericht gesetzten Frist stattgegeben oder der Verwaltungsakt innerhalb dieser Frist erlassen, so ist die Hauptsache für erledigt zu erklären.

III Der Antrag nach Absatz 1 ist nur bis zum Ablauf eines Jahres seit der Einlegung der Beschwerde oder seit der Stellung des Antrags auf Vornahme der Maßnahme zulässig, außer wenn die Antragstellung vor Ablauf der Jahresfrist infolge höherer Gewalt unmöglich war oder unter den besonderen Verhältnissen des Einzelfalles unterblieben ist.

1) Der **Untätigkeitsantrag** (vgl § 23 II) entspricht der Untätigkeitsklage nach § 75 VwGO. Er muss auf Vornahme einer bestimmten Maßnahme, die der Antragsteller bei der Behörde erfolglos beantragt hatte (KG NJW **68**, 609), nicht bloß auf „Bearbeitung" gerichtet sein (VGH Mannheim NJW **75**, 707; OVG Münster DÖV **74**, 97; KK-Schoreit 7) und kann grundsätzlich erst 3 Monate nach Stellung des Antrags, eine Maßnahme nach § 23 I zu treffen oder über einen förmlichen Rechtsbehelf (nicht über eine Dienstaufsichtsbeschwerde) zu entscheiden, angebracht werden. Nur bei Vorliegen besonderer Umstände ist eine frühere Antragstellung zulässig (I S 2). Der Behörde, gegen die sich der Antrag richtet, muss eine angemessene Handlungs- und Entscheidungsfrist gewahrt bleiben; dem trägt II Rechnung. Erfolg kann der Vornahmeantrag nur haben, wenn der Antragsteller einen Rechtsanspruch auf die beantragte Maßnahme hat (vgl BVerwGE **29**, 239 = NJW **68**, 1643). Erteilt die Behörde nach Stellung des Vornahmeantrags einen ablehnenden Bescheid, so kann der Antrag als Verpflichtungsantrag (2 vor § 23) weiterverfolgt werden (Hamburg GA **63**, 316; Hamm MDR **90**, 465). 1

2) Die **Jahresfrist des III** ist wie die des § 26 IV eine Ausschlussfrist. Wiedereinsetzung wird nicht gewährt. Zulässig ist aber die nachträgliche Antragstellung, und zwar innerhalb der Frist des § 26 III S 1 (Kissel/Mayer 7; vgl auch BVerwG MDR **73**, 523), bei Verhinderung durch höhere Gewalt (9 zu § 26) oder wegen der besonderen Verhältnisse des Einzelfalls. Das sind erwiesene (bleiben Zweifel, so ist der Antrag unzulässig) Umstände, die die Fristüberschreitung als geboten, das Unterbleiben der Antragstellung als gerechtfertigt erscheinen lassen (BVerwGE **26**, 54 = DÖV **67**, 787). 2

Entscheidung über den Antrag

28 **I [1] Soweit die Maßnahme rechtswidrig und der Antragsteller dadurch in seinen Rechten verletzt ist, hebt das Gericht die Maßnahme und, soweit ein Beschwerdeverfahren (§ 24 Abs. 2) vorausgegangen ist, den Beschwerdebescheid auf. [2] Ist die Maßnahme schon vollzogen, so kann das Gericht auf Antrag auch aussprechen, dass und wie die Justiz- oder Vollzugsbehörde die Vollziehung rückgängig zu machen hat. [3] Dieser Ausspruch ist nur zulässig, wenn die Behörde dazu in der Lage und diese Frage spruchreif ist. [4] Hat sich die Maßnahme vorher durch Zurücknahme oder anders erledigt, so spricht das Gericht auf Antrag aus, dass die Maßnahme rechtswidrig gewesen ist, wenn der Antragsteller ein berechtigtes Interesse an dieser Feststellung hat.**

II [1] Soweit die Ablehnung oder Unterlassung der Maßnahme rechtswidrig und der Antragsteller dadurch in seinen Rechten verletzt ist, spricht das Gericht die Verpflichtung der Justiz- oder Vollzugsbehörde aus, die beantragte Amtshandlung vorzunehmen, wenn die Sache spruchreif ist. [2] Andernfalls *spricht* es die Verpflichtung aus, den Antragsteller unter Beachtung der Rechtsauffassung des Gerichts zu bescheiden.

III Soweit die Justiz- oder Vollzugsbehörde ermächtigt ist, nach ihrem Ermessen zu handeln, prüft das Gericht auch, ob die Maßnahme oder ihre Ablehnung oder Unterlassung rechtswidrig ist, weil die gesetzlichen Grenzen des Ermessens überschritten sind oder von dem Ermessen in einer dem Zweck der Ermächtigung nicht entsprechenden Weise Gebrauch gemacht ist.

1) Verfahren des OLG: Mit Wirkung vom 1. 9. 2009 entfällt zwar der in § 29 II aF enthaltene Verweis auf die Vorschriften der StPO über das Beschwerdeverfah- 1 ren. Die Gesetzesmaterialien ergeben jedoch keinen Anhalt für die Annahme, dass der Gesetzgeber die sinngemäße Anwendung der Beschwerdegrundsätze, die sich bereits aus der Sachnähe ergibt, abschaffen wollte (vgl BT-Drucks 16/6308 S 318); daher gelten auch für den Rechtszustand ab 1. 9. 2009 die §§ 307–309 StPO sinngemäß. Eine mündliche Verhandlung findet daher nicht statt (vgl KG NJW **68**, 608). Antragsgegner iS § 308 I StPO ist die Behörde, deren Maßnahme angefochten oder verlangt wird, oder ihre Aufsichtsbehörde. Der GStA muss nur in „geeigneten Fällen" gehört werden (§ 309 I StPO), eine „Beiladung" entspr § 65 VwGO gibt es nicht (Celle NdsRpfl **90**, 254; Frankfurt NStZ-RR **01**, 46).

2 Auch **allgemeine Grundsätze der StPO,** die für das Beschwerdeverfahren Bedeutung haben, sind anzuwenden (Bremen JVBl **63**, 12), zB §§ 22–30 StPO (KG NJW **61**, 2363), §§ 299, 302 StPO und der Grundsatz, dass der Rechtsbehelf nicht wiederholt werden kann, wenn wirksam auf ihn verzichtet worden ist. Nicht anwendbar sind die §§ 464 ff StPO (1 zu § 30).

3 Das **OLG entscheidet ohne Bindung an die Feststellungen** der VerwB (Altenhain JZ **66**, 18). Es prüft den Sachverhalt auch in tatsächlicher Hinsicht (BGH **24**, 290). Für die Art der Beweiserhebung gilt § 308 II StPO; in Vollzugssachen nach § 23 I S 2 kann auch der Anstaltsvorstand mit Beweiserhebungen beauftragt werden (KG NJW **68**, 608). Zur Prüfung von Ermessensentscheidungen vgl unten 10. Maßgebender Zeitpunkt für die Prüfung der Rechtswidrigkeit ist bei Anfechtungsanträgen die Sach- und Rechtslage zZ des Erlasses des VerwA bzw des Beschwerdebescheids in den Fällen des § 24 II (Kissel/Mayer 7), die Sach- und Rechtslage zZ der Entscheidung des OLG bei Verpflichtungsanträgen nach § 23 II (KG GA **77**, 115; Kissel/Mayer 7; vgl auch Frankfurt NStZ **86**, 240) und bei Anfechtung von Maßnahmen mit Dauerwirkung (KG GA **73**, 49; Karlsruhe VRS **67**, 433; Kissel/Mayer 7). Ist der VerwA rechtmäßig oder der Antragsteller nicht in seinen Rechten verletzt, so wird der Antrag als unbegründet verworfen.

4 **2) Entscheidung bei Rechtswidrigkeit der Maßnahme** (I):

5 A. Ist die **Maßnahme noch nicht vollzogen** und hat sie sich auch nicht auf andere Weise erledigt (I S 4), so hebt das OLG sie und den etwa ergangenen Beschwerdebescheid (§ 24 II) auf (I S 1).

6 B. Bei einer **schon vollzogenen Maßnahme** wird auf Antrag neben der Aufhebung (Hamburg MDR **70**, 865) ausgesprochen, dass und wie ihre Vollziehung rückgängig zu machen ist (I S 2; vgl Neuling StV **08**, 390: Widerruf oder Ergänzung nach rechtswidriger Medienauskunft), aber nur, wenn die Behörde dazu in der Lage und die Folgenbeseitigungsfrage spruchreif (unten 9) ist (I S 3). Wenn die Folgen der vollständig vollzogenen Maßnahme nicht mehr rückgängig gemacht werden können, wäre die Aufhebung des VerwA sinnlos; dann kommt nur (auf Antrag) der Ausspruch nach I S 4 in Betracht (BGH **29**, 33, 34; KG NJW **72**, 169; GA **76**, 79; Katholnigg 5).

7 C. Eine **erledigte Maßnahme** kann nicht mehr aufgehoben werden. I S 4 sieht aber ein Feststellungsverfahren vor, wobei Art und Zeitpunkt der Erledigung gleichgültig sind. Ist die Erledigung schon vor Antragstellung eingetreten, so entfällt das Verfahren nach § 24 II (KG NJW **72**, 169; Frankfurt NJW **65**, 2315; Koblenz NJW **86**, 3093, 3094; Stuttgart NStZ **84**, 574; **98**, 212). I S 4 gilt entspr, wenn ein Verpflichtungsantrag gegenstandslos geworden ist (vgl BVerwG DVBl **70**, 277 mwN; KG StV **85**, 70).

8 Voraussetzung für die Feststellung der Rechtswidrigkeit ist – verfassungsrechtlich unbedenklich (BVerfG wistra **84**, 221) – ein **berechtigtes Interesse** des Antragstellers, das vor allem bei Wiederholungsgefahr bestehen kann (KG NJW **72**, 169; GA **77**, 115; Frankfurt NStZ-RR **96**, 364; StV **05**, 226; Hamm NJW **85**, 2040; Koblenz aaO; Nürnberg StV **88**, 372; Stuttgart aaO), aber entspr der Rspr des BVerfG (18 a vor § 296 StPO) auch bei schlüssiger Behauptung einer Grundrechtsverletzung anzunehmen ist (Hamburg StV **00**, 518), zB hinsichtlich Erlass und Vollzug eines Vollstreckungsvorführungs- oder Haftbefehls nach § 457 II (KG NStZ-RR **09**, 324; Dresden Rpfleger **08**, 389; Frankfurt StraFo **05**, 259; Karlsruhe

StraFo **05**, 261). Die Möglichkeit der Wiederholung muss substantiiert dargetan werden (BGH aaO; KG GA **76**, 79; Karlsruhe NStZ **86**, 567; StraFo **97**, 13; Nürnberg NStZ **86**, 575). Allgemeine Befürchtungen des Betroffenen genügen nicht (KG aaO; GA **84**, 24; NStZ **86**, 135; **97**, 563; Koblenz StV **94**, 284 mit krit Anm Globig). Rechtsirrtum (bei einer polizeilichen Beschlagnahme) begründet idR keine Wiederholungsgefahr (KG JR **83**, 304). Bei Nichtbeschuldigten kommt auch das Bedürfnis nach Rehabilitierung wegen des diskriminierenden Charakters der Maßnahme in Betracht; der Beschuldigte kann seine Rehabilitierung idR in dem gegen ihn eingeleiteten Strafverfahren durchsetzen (BGH **37**, 79, 83; KG GA **84**, 24; NStZ **86**, 135; Brandenburg OLG-NL **95**, 191; Nürnberg NStZ **86**, 575; Meyer Schäfer-FS 124; vgl auch BVerfG NStZ **84**, 228; BGH **33**, 196, 207; hiergegen Dörr NJW **84**, 2258; vgl auch 10 zu § 23). Dass der Antragsteller eine Amtshaftungsklage erheben will, begründet kein Feststellungsinteresse, da, anders als im Verwaltungsrechtsstreit, hierfür keine prozessökonomischen Gründe sprechen (KG GA **76**, 79; **84**, 24; NStZ **86**, 135; **97**, 563; Frankfurt NJW **65**, 2315; Karlsruhe NStZ **86**, 567; Stuttgart NStZ **86**, 431 mit Anm Volckart; Meyer Schäfer-FS 123; **aM** Katholnigg 5; Kissel/Mayer 19; Dörr NJW **84**, 2261; vgl auch Hamm NStZ **87**, 183 und LR-Böttcher 13: ausnahmsweise bei Entscheidungsreife nach Erledigung des Anfechtungsantrags; ferner Stuttgart NStE Nr 7 zu § 23); an eine im Verfahren nach § 28 ergangene Feststellung oder Verneinung der Rechtswidrigkeit ist das Zivilgericht im Amtshaftungsprozess aber gebunden (BGH NJW **94**, 1950 mN auch zur Gegenauffassung = LM Nr 95 zu § 839 BGB mit Anm Katholnigg; **03**, 3693, 3696). Zum berechtigten Interesse bei gewährter Behördeneinsicht in Akten des JugG vgl Karlsruhe MDR **93**, 1229.

3) Die **Verpflichtung zur Vornahme einer Maßnahme** (II) kann ausgesprochen werden, wenn die Sache spruchreif ist, dh weitere Erhebungen nicht mehr erforderlich sind. Die Spruchreife fehlt insbesondere, wenn eine Ermessensentscheidung zu treffen ist; dem OLG ist sie verwehrt (III). Anders liegt es, wenn der Ermessensspielraum der VerwB auf Null reduziert ist (Naumburg OLGSt Nr 3 zu § 10 StVollzG). 9

4) Ermessensprüfung (III): Das OLG setzt nicht sein Ermessen an die Stelle des Ermessens der VerwB, sondern prüft nur, ob Willkür oder Missbrauch des Ermessens vorliegt (KG NStZ-RR **09**, 27; Hamm StV **09**, 204; Karlsruhe StraFo **09**, 83 und Naumburg OLGSt Nr 3 zu § 10 StVollzG: wesentlicher Gesichtspunkt übergangen; Jena NStZ-RR **09**, 156: unvollständige tatsächliche Grundlage; vgl auch Frankfurt NStZ-RR **09**, 214, Hamm StV **10**, 147, Karlsruhe StraFo **09**, 124, StV **10**, 148, München StV **09**, 370 und Schleswig SchlHA **09**, 256 [D/D] zu § 35 BtMG). Enthält der VerwA keine diese Prüfung ermöglichende Begründung, so muss er aufgehoben werden (KG GA **73**, 180; NStZ **09**, 527 [Ermessensausfall]; StV **09**, 594; Frankfurt NJW **66**, 465; Karlsruhe JR **83**, 386 mit Anm Katholnigg; LR-Böttcher 20 mwN); die Gründe können aber im gerichtlichen Verfahren nachgeschoben werden (Karlsruhe Justiz **80**, 450; Kissel/Mayer 8; **aM** Hamm NJW **67**, 1976; Katholnigg 7; vgl auch BVerwG DÖV **67**, 63), erst recht im Vorschaltverfahren (Karlsruhe Justiz **00**, 147). Zur eingeschränkten Prüfungsmöglichkeit bei Sperrerklärungen nach oder entspr § 96 StPO (dort 12) und den dagegen sprechenden verfassungsrechtlichen Bedenken vgl Fezer Kleinknecht-FS 113. 10

5) Bekanntmachung der Entscheidung: Ist die OLG-Entscheidung endgültig, genügt formlose Mitteilung; lässt das OLG die Rechtsbeschwerde zu, ist der Beschluss dem hierdurch Beschwerten zuzustellen (vgl § 29 I, III iVm §§ 41, 71 FamFG; 1, 6 zu § 29). 11

6) Vollstreckung: § 36 II StPO gilt nicht; für die Ausführung der Entscheidung zu sorgen, ist Sache des Gerichts. Entscheidungen der Strafsenate können gegenüber der Justizverwaltungsbehörde nicht entspr § 35 FamFG, §§ 170 ff VwGO vollstreckt werden (Celle NdsRpfl **90**, 254; **aM** Katholnigg 9). 12

13 **7) Einstweiliger Rechtsschutz:** Die Aussetzung des Vollzugs des angefochtenen VerwA ist entspr § 307 II StPO möglich (vgl auch § 114 II S 1 **StVollzG**); Art 19 IV GG gebietet die Auslegung, dass sie schon vor der Entscheidung nach § 24 II beantragt werden kann (BVerfGE **37**, 150 = NJW **74**, 1079; Kissel/Mayer 24; 18 zu § 29). Einstweilige Anordnungen (in §§ 307 ff StPO nicht vorgesehen) sind in sinngemäßer Anwendung der §§ 114 II S 2 **StVollzG,** 123 I VwGO zulässig (Karlsruhe NStZ **94**, 142 und Justiz **08**, 363, jew mwN; Neuling StV **08**, 389; **aM** Celle JR **84**, 297; Hamm GA **75**, 150), auch schon vor der Entscheidung nach § 24 II, dürfen aber dem Antragsteller nicht endgültig das gewähren, was ihm erst in der Endentscheidung zugesprochen werden könnte (Hamburg MDR **77**, 688; NJW **79**, 279 = JR **79**, 349 mit Anm Holch; Karlsruhe aaO).

14 Für die **Prozesskostenhilfe** verweist § 29 IV auf die §§ 114 ff ZPO; das gilt auch für die 1. Instanz (vgl im Einzelnen 11 zu § 29).

Rechtsbeschwerde; Prozesskostenhilfe

29 **I Gegen einen Beschluss des Oberlandesgerichts ist die Rechtsbeschwerde statthaft, wenn sie das Oberlandesgericht im ersten Rechtszug in dem Beschluss zugelassen hat.**

II 1 Die Rechtsbeschwerde ist zuzulassen, wenn

1. die Rechtssache grundsätzliche Bedeutung hat oder

2. die Fortbildung des Rechts oder die Sicherung einer einheitlichen Rechtsprechung eine Entscheidung des Rechtsbeschwerdegerichts erfordert.

2 Das Rechtsbeschwerdegericht ist an die Zulassung gebunden.

III Auf das weitere Verfahren sind die §§ 71 bis 74 a des Gesetzes über das Verfahren in Familiensachen und in den Angelegenheiten der freiwilligen Gerichtsbarkeit entsprechend anzuwenden.

IV Auf die Bewilligung der Prozesskostenhilfe sind die Vorschriften der Zivilprozessordnung entsprechend anzuwenden.

1 1) Zur **Vereinheitlichung** des Rechtsmittelrechts hat das FGG-RG nach dem Vorbild der §§ 574 ff ZPO das Rechtsbeschwerderecht – ebenso wie in §§ 70 ff FamFG – auch für die Entscheidung von (Zivil- und) Strafsenaten in Justizverwaltungssachen eingeführt. Die durch Art 21 Nr 2 FGG-RG neu gefasste Vorschrift trat gemäß Art 112 I FGG-RG am 1. 9. 2009 in Kraft und löste die bis dahin vorgesehene Divergenzvorlage durch eine Zulassungsrechtsbeschwerde ab (vgl auch die Übergangsvorschrift in Art 111 FGG-RG und dazu BT-Drucks 16/6308 S 358; 16/11 903 S 61; Schleswig NJW **10**, 242). Macht das OLG von der neuen Zulassungsmöglichkeit keinen Gebrauch, verbleibt es bei der Endgültigkeit seiner Entscheidung; diese kann durch Antragsrücknahme nicht mehr beseitigt werden (Hamburg Rpfleger **65**, 45). Das OLG kann sie bei offensichtlichem Versehen berichtigen, aber nicht auf Gegenvorstellungen ändern, es sei denn, das Gericht hat das rechtliche Gehör verletzt (§ 33 a StPO entspr, vgl BVerfG EuGRZ **07**, 738, 742; erg unten 2). Nur die Änderung der Sach- und Rechtslage berechtigt den Antragsteller, seinen Antrag bei der VerwB zu wiederholen und ggf erneut den Antrag nach § 23 zu stellen. Der OLG-Beschluss, mit dem der Antrag aus formellen Gründen als unzulässig verworfen worden ist, kann bei tatsächlichem Irrtum wieder aufgehoben werden (Hamm bei Altenhain JZ **66**, 19).

2 2) **Statthaft** ist die Rechtsbeschwerde gemäß I nur gegen Beschlüsse der OLGe, die diese im Verfahren nach §§ 23 ff erlassen haben; hinzukommen muss, dass das OLG dieses Rechtsmittel in dem angefochtenen Beschluss zugelassen hat. Hierüber entscheidet es von Amts wegen; Schweigen bedeutet Nichtzulassung. Diese ist unanfechtbar. Nachholung der Zulassung kommt nur bei Berichtigung wegen offenbarer

Unrichtigkeit oder analog § 33 a StPO dann in Betracht, wenn ihre Unterlassung gegen das Verfassungsgebot des gesetzlichen Richters verstößt (vgl BGH NJW **04**, 2529; WM **07**, 2035; erg oben 1). Der sonst (vgl §§ 574 I S 2 ZPO, 70 IV FamFG) angeordnete Ausschluss der Rechtsbeschwerde im einstweiligen Rechtsschutzverfahren (vgl 13 zu § 28) ist nicht in das Gesetz aufgenommen worden. Die Zulassung kann auf einen abtrennbaren Teil des Beschlusses (einen von mehreren Beteiligten) beschränkt werden; das kann sich auch aus den Entscheidungsgründen ergeben (vgl BVerfG 1 BvR 2298/09 vom 9. 11. 2009; BGH NJW **08**, 2351).

Liegen die in II S 1 abschließend aufgezählten **Zulassungsgründe** vor, ist 3
die Zulassung auszusprechen (kein Ermessen): Grundsätzliche Bedeutung einer Rechtssache gemäß Nr 1 ist regelmäßig dann gegeben, wenn eine klärungsbedürftige Rechtsfrage zu entscheiden ist, deren Auftreten in einer unbestimmten Vielzahl von Fällen denkbar ist. Die Zulassung erfolgt nach Nr 2 des Weiteren, wenn die Fortbildung des Rechts oder die Sicherung einer einheitlichen Rechtsprechung dies erfordert. Zur Fortbildung des Rechts ist die Zulassung erforderlich, wenn der Einzelfall Veranlassung gibt, Leitsätze für die Auslegung von Gesetzesbestimmungen des materiellen oder des Verfahrensrechts aufzustellen oder Gesetzeslücken auszufüllen. Zur Sicherung einer einheitlichen Rechtsprechung ist die Rechtsbeschwerde zuzulassen, wenn vermieden werden soll, dass schwer erträgliche Unterschiede in der Rspr entstehen oder fortbestehen, wobei darauf abzustellen ist, welche Bedeutung die angefochtene Entscheidung für die Rspr als Ganzes hat. Diese Gründe (dazu auch Zweibrücken wistra **10**, 118, 120) entsprechen dem Rechtsbeschwerderecht der ZPO (vgl BGH NJW **02**, 2473; 3029; **03**, 831; 1943; **04**, 367; 1960; **05**, 153; 2710; **07**, 2702; Thomas/Putzo 4 ff zu § 574, 2 ff zu § 543) und des FamFG.

An die Zulassung ist das Rechtsbeschwerdegericht (der BGH) **gebunden** (II 4
S 2; Korrektur des urspr gegenteiligen Wortlauts durch Art 8 Nr 3 Ges vom 30. 7. 2009, BGBl I 2449, 2472).

3) Für das **weitere Verfahren** vor dem Rechtsbeschwerdegericht verweist III 5
auf §§ 71–74 a FamFG und damit über § 74 IV FamFG subsidiär auf die entspr Anwendung der §§ 23 ff. Das Gesetz setzt eine Beschwer voraus; eine Abhilfebefugnis des OLG besteht nicht (BT-Drucks 16/6308 S 209).

Frist und Form: Nach § 71 FamFG ist die Rechtsbeschwerde beim Rechtsbe- 6
schwerdegericht (BGH) binnen eines Monats nach schriftlicher Bekanntgabe des Beschlusses einzulegen (11 zu § 28) *und* – insoweit allerdings mit Verlängerungsmöglichkeit – zu begründen. Die Anforderungen, die § 71 III FamFG an die Begründung stellt, ähneln denen des § 344 StPO; abtrennbare Teile des Verfahrensgegenstandes können isoliert angefochten werden.

Revisionsähnlich ist das Rechtsbeschwerdeverfahren ausgestaltet; § 72 I FamFG 7
entspr im Wesentlichen § 337 StPO, wobei mit dem Begriff der Rechtsnorm Bundesrecht, Landesrecht und andere regional begrenzte Vorschriften gemeint sind (BT-Drucks 16/9733 S 301; Bumiller/Harders 3 zu § 72 FamFG). Str ist, ob und inwieweit die Verletzung ausländischen Rechts gerügt werden kann (vgl Keidel 53 ff zu § 72 FamFG; Roth JZ **09**, 590). Die fehlerhafte Annahme der Zuständigkeit durch das OLG kann nicht gerügt werden (§ 72 II FamFG). § 72 III FamFG verweist insbesondere auf die absoluten Revisionsgründe nach § 547 ZPO; ferner verweist § 74 III S 4 FamFG ua auf § 559 ZPO.

Dem Hauptrechtsmittel **anschließen** kann sich der Rechtsbeschwerdegegner 8
nach näherer Maßgabe des § 73 FamFG binnen 1 Monats nach Bekanntgabe der Rechtsbeschwerdebegründung (§ 71 IV FamFG); die Anschließung wird wirkungslos, wenn die Rechtsbeschwerde zurückgenommen, als unzulässig verworfen oder nach § 74 a I FamFG zurückgewiesen wird (unselbständiges Anschlussrechtsmittel). Vgl zur Statthaftigkeit bei einseitiger Zulassung BGH MDR **05**, 823, zum unmittelbaren Zusammenhang der Gegenstände von Haupt- und Anschlussrechtsmittel BGH NJW **08**, 920.

9 Detaillierte Bestimmungen für die **Entscheidung** über die Rechtsbeschwerde treffen §§ 74, 74a FamFG: Von der in § 74 I FamFG vorgesehenen Verwerfung als unzulässig ist die Zurückweisung nach § 74a FamFG durch einstimmigen Beschluss des Rechtsbeschwerdegerichts zu unterscheiden; hiernach ist (nach Gewährung rechtlichen Gehörs) zu verfahren, wenn ein Zulassungsgrund nicht vorliegt und die Sache keine Aussicht auf Erfolg hat (vgl zum nachträglichen Wegfall des Zulassungsgrundes BVerfG WM **05**, 2014; NJW **08**, 2493). Neben der Ergebnisrichtigkeit aus anderen Gründen (§ 74 II FamFG) ist die Geltung des Grundsatzes *ne ultra petita* hervorzuheben; innerhalb der gestellten Anträge (oben 6) ist das Rechtsbeschwerdegericht an die geltend gemachten Rechtsbeschwerdegründe allerdings nicht gebunden, wobei nicht von Amts wegen zu berücksichtigende Verfahrensmängel formgerecht (§§ 71 III, 73 S 2 FamFG) gerügt sein müssen (§ 74 III FamFG). Der BGH hebt den angefochtenen Beschluss auf, soweit die Rechtsbeschwerde begründet ist. Bei Entscheidungsreife trifft er die abschließende Entscheidung; ansonsten wird die Sache zurückverwiesen, ggf auch an einen anderen Senat des OLG. Der neue Tatrichter ist an die Aufhebungsansicht gebunden (§ 74 V, VI FamFG).

10 Von einer **Begründung** kann der BGH (nach dem Vorbild des § 544 IV S 2 ZPO) gemäß § 74 VII FamFG absehen, wenn diese nicht geeignet wäre, zur Klärung von Rechtsfragen grundsätzlicher Bedeutung, zur Fortbildung des Rechts oder zur Sicherung einer einheitlichen Rechtsprechung beizutragen; das gilt – vorbehaltlich der Spezialregelung in § 74a III FamFG – sowohl für Verwerfungs- als auch für Sachentscheidungen (oben 9). Von einer Begründung kann weiter nach § 74 III S 4 FamFG, § 564 ZPO abgesehen werden, soweit Verfahrensrügen nicht durchgreifen; das gilt allerdings nicht für die absoluten Rechtsbeschwerdegründe (oben 7).

11 **4)** Für die **Prozesskostenhilfe** verweist IV auf die §§ 114ff ZPO; da der Gesetzgeber hiermit den Regelungsgehalt des § 29 III in der bis zum 31. 8. 2009 geltenden Fassung übernehmen wollte (BT-Drucks 16/6308 S 318), gilt der Verweis auch für die 1. Instanz. Ggf ist Prozesskostenhilfe für jede Instanz gesondert zu beantragen (§ 119 ZPO). Der Antrag muss eine zusammenhängende, aus sich heraus verständliche Sachdarstellung enthalten. Wird ein Antrag nach § 23 von der gleichzeitig beantragten Bewilligung der Prozesskostenhilfe nicht abhängig gemacht, so ist über beide Anträge zu entscheiden. § 140 II StPO ist nicht entspr anwendbar (Litwinski/Bublies 161; Isak/Wagner 45).

Kosten

30 I [1] **Für die Kosten des Verfahrens vor dem Oberlandesgericht gelten die Vorschriften der Kostenordnung entsprechend.** [2] **Abweichend von § 130 der Kostenordnung wird jedoch ohne Begrenzung durch einen Höchstbetrag bei Zurückweisung das Doppelte der vollen Gebühr, bei Zurücknahme des Antrags eine volle Gebühr erhoben.**

II [1] **Das Oberlandesgericht kann nach billigem Ermessen bestimmen, dass die außergerichtlichen Kosten des Antragstellers, die zur zweckentsprechenden Rechtsverfolgung notwendig waren, ganz oder teilweise aus der Staatskasse zu erstatten sind.** [2] **Die Vorschriften des § 91 Abs. 1 Satz 2 und der §§ *102* bis 107 der Zivilprozessordnung gelten entsprechend.** [3] **Die Entscheidung des Oberlandesgerichts kann nicht angefochten werden.**

III [1] **Der Geschäftswert bestimmt sich nach § 30 der Kostenordnung.** [2] **Er wird von dem Oberlandesgericht durch unanfechtbaren Beschluss festgesetzt.**

1 **1) Kostenentscheidung:** Die Sonderregelung des I S 1 schließt die Anwendung der §§ 464ff StPO aus (KK-Schoreit 1; LR-Böttcher 1; **aM** Hamburg NJW **72**, 1586 für § 473 StPO). Insbesondere gilt § 464 II StPO nicht; eine Kos-

tenentscheidung ist entbehrlich (München NJW **75**, 509, 511; Jena 1 VAs 2/08 vom 24. 7. 2008), in der Praxis aber zT üblich.

2) Gerichtsgebühren entstehen nach § 130 KostO nur bei (teilw) Zurücknahme und Zurückweisung des Antrags (vgl Zweibrücken wistra **10**, 118, 120: Ausspruch nach § 28 II S 2 auf Verpflichtungsantrag keine Teilabweisung). Die Entscheidung nach § 27 II S 2 und die sonstige Erledigung ohne Antragstellung nach § 28 I S 4 lösen keine Gebühren aus. Ein Kostenvorschuss nach § 8 KostO wird nicht erhoben (Hamm JVBl **64**, 36; Katholnigg 1; **aM** Hamburg Rpfleger **66**, 27; NStZ-RR **03**, 383 mwN). 2

3) Außergerichtliche Kosten des (ganz oder teilw) erfolgreichen Antragstellers werden nur erstattet, wenn das OLG es ausdrücklich bestimmt (II). Die Entscheidung, die auch nachträglich, auch nach dem Tod des Antragstellers (Hamm NJW **71**, 209), getroffen werden kann, ergeht von Amts wegen nach billigem Ermessen. Die Belastung der Staatskasse bleibt die Ausnahme (Naumburg OLGSt Nr 3 zu § 10 StVollzG; Zweibrücken wistra **10**, 118, 120; LR-Böttcher 4). Die Erstattung der Auslagen eines Dritten kann nicht angeordnet werden (Frankfurt ZInsO **09**, 242, 247; Hamm Rpfleger **74**, 228). Für das Verfahren gelten die §§ 103–107 ZPO. § 162 II S 1 VwGO gilt nicht entspr; wird die Hauptsache für erledigt erklärt, so kann daher nicht die Erstattung von Auslagen im Vorverfahren angeordnet werden (vgl Hamm NStZ **84**, 332). 3

4) Der **Geschäftswert** (III), der nur festgesetzt werden muss, wenn eine Kostentragungspflicht in Betracht kommt, bestimmt sich nach § 30 KostO (dazu Foth JR **62**, 417). Er beträgt regelmäßig 3000 €, kann nach Lage des Falles niedriger oder höher, jedoch nicht über 500 000 € angenommen werden. 4

Anfechtung von Verwaltungsakten durch Antrag auf gerichtliche Entscheidung

30a **I [1]Verwaltungsakte, die im Bereich der Justizverwaltung beim Vollzug des Gerichtskostengesetzes, der Kostenordnung, des Gerichtsvollzieherkostengesetzes, des Justizvergütungs- und -entschädigungsgesetzes oder sonstiger für gerichtliche Verfahren oder Verfahren der Justizverwaltung geltender Kostenvorschriften, insbesondere hinsichtlich der Einforderung oder Zurückzahlung ergehen, können durch einen Antrag auf gerichtliche Entscheidung auch dann angefochten werden, wenn es nicht ausdrücklich bestimmt ist. [2]Der Antrag kann nur darauf gestützt werden, dass der Verwaltungsakt den Antragsteller in seinen Rechten beeinträchtige, weil er rechtswidrig sei. [3]Soweit die Verwaltungsbehörde ermächtigt ist, nach ihrem Ermessen zu befinden, kann der Antrag nur darauf gestützt werden, dass die gesetzlichen Grenzen des Ermessens überschritten seien, oder dass von dem Ermessen in einer dem Zweck der Ermächtigung nicht entsprechenden Weise Gebrauch gemacht worden sei.**

II [1]Über den Antrag entscheidet das Amtsgericht, in dessen Bezirk die für die Einziehung oder Befriedigung des Anspruchs zuständige Kasse ihren Sitz hat. [2]In dem Verfahren ist die Staatskasse zu hören. [3]§ 14 Abs. 3 bis 9 und § 157 a der Kostenordnung gelten entsprechend.

III [1]Durch die Gesetzgebung eines Landes, in dem mehrere Oberlandesgerichte errichtet sind, kann die Entscheidung über das Rechtsmittel der weiteren Beschwerde nach Absatz 1 und 2 sowie nach § 14 der Kostenordnung, der Beschwerde nach § 156 der Kostenordnung, nach § 66 des Gerichtskostengesetzes, nach § 57 des Gesetzes über Kosten in Familiensachen, nach § 14 der Kostenordnung und nach § 4 des Justizvergütungs- und -entschädigungsgesetzes einem der mehreren Oberlandesgerichte oder anstelle eines solchen Oberlandesgerichts einem obersten Landesgericht zugewiesen werden. [2]Dies

gilt auch für die Entscheidung über das Rechtsmittel der weiteren Beschwerde nach § 33 des Rechtsanwaltsvergütungsgesetzes, soweit nach dieser Vorschrift das Oberlandesgericht zuständig ist.

IV Für die Beschwerde finden die vor dem Inkrafttreten des Kostenrechtsmodernisierungsgesetzes vom 5. Mai 2004 (BGBl. I S. 718) am 1. Juli 2004 geltenden Vorschriften weiter Anwendung, wenn die anzufechtende Entscheidung vor dem 1. Juli 2004 der Geschäftsstelle übermittelt worden ist.

1 **1)** Für die **Anfechtbarkeit von Kosten-JustizVerwAen** hat § 30 a Regelungen übernommen, die in durch Art 115 des Ges vom 19. 4. 2006 (BGBl I 866, 881) aufgehobenen Kostengesetzen enthalten waren. Es wird durch die Vorschrift klargestellt, dass hierfür die ordentlichen Gerichte zuständig sind. Im Unterschied zu §§ 23 ff ist aber nicht die Zuständigkeit des OLG, sondern die des AG gegeben.

2 **2)** Die **Konzentrationsermächtigung** des III ist eine Spezialregelung gegenüber der allgemeinen Vorschrift des § 13 a GVG.

3 **3) Übergangsvorschriften:** Neben IV findet sich für die Änderungen durch Art 21 Nr 3 FGG-RG eine Übergangsvorschrift in Art 111 FGG-RG (vgl dazu die Nachw in 1 zu § 29).

Vierter Abschnitt. Kontaktsperre

Vorbemerkungen

1 **1)** Durch das sog **Kontaktsperregesetz** (Ges zur Änderung des EGGVG vom 30. 9. 1977 [BGBl I 1877]) sind die §§ 31–38 eingefügt worden, § 34 a durch das ÄndG vom 4. 12. 1985 (BGBl I 2141), zu § 38 a vgl dort 1. Die Einordnung dieser Vorschriften in das EGGVG im Anschluss an die §§ 23 ff rechtfertigt sich dadurch, dass sie Vorgänge betreffen, die nicht zum Strafprozessrecht gehören, aber dem Justizbereich zuzurechnen sind und im Überprüfungs- und Anfechtungsverfahren zur Entscheidung obergerichtlicher Strafsenate führen (§§ 35, 37).

2 **2)** Die **Abwehr schwerer terroristischer Gefahren** ist das Ziel der Kontaktsperre. Die Notwendigkeit einer solchen Sperre ergab sich nach der Entführung des (wenig später ermordeten) Industriellen Schleyer am 5. 9. 1977. Es bestanden Anhaltspunkte dafür, dass Mitglieder terroristischer Vereinigungen, die ua für die Ermordung des GBA Buback und des Bankiers Ponto im Jahre 1977 verantwortlich waren, aus der UHaft oder Strafhaft heraus die Schleyer-Entführung unterstützten oder sogar leiteten und dass Verteidiger dabei Hilfe leisteten. Daher ordneten die JM der Bundesländer am 9. 9. 1977 eine auf § 34 StGB gestützte Kontaktsperre an. Der BGH billigte am 23. 9. 1977 entspr richterliche Anordnungen, auch soweit sie gegen § 148 I StPO verstießen (BGH **27**, 260). Den Erlass einer einstweiligen Anordnung gegen diese Maßnahmen lehnte das BVerfG ab (BVerfGE **46**, 1 = NJW **77**, 2157). Um die Kontaktsperre gesetzlich abzusichern, wurde dann innerhalb von 2 Tagen das ÄndG vom 30. 9. 1977 im BTag eingebracht, beraten und verabschiedet. Das Gesetz ist mit dem GG vereinbar (BVerfGE **49**, 24 = NJW **78**, 2235); es schafft keine neuen Eingriffsbefugnisse, enthält eine abschließende Regelung und lässt daher keinen weitergehenden Rückgriff auf das allgemeine Notstandsprinzip zu (Vogel NJW **78**, 1223; Kissel/Mayer 11 zu § 31). Die §§ 31 ff brauchten seit 1977 nicht mehr angewendet zu werden.

Feststellung der Voraussetzungen für Kontaktsperre

31 [1] **Besteht eine gegenwärtige Gefahr für Leben, Leib oder Freiheit einer Person, begründen bestimmte Tatsachen den Verdacht, dass die Gefahr von einer terroristischen Vereinigung ausgeht, und ist es zur Abwehr dieser**

Gefahr geboten, jedwede Verbindung von Gefangenen untereinander und mit der Außenwelt einschließlich des schriftlichen und mündlichen Verkehrs mit dem Verteidiger zu unterbrechen, so kann eine entsprechende Feststellung getroffen werden. [2]Die Feststellung darf sich nur auf Gefangene beziehen, die wegen einer Straftat nach § 129 a, auch in Verbindung mit § 129 b Abs. 1, des Strafgesetzbuches oder wegen einer der in dieser Vorschrift bezeichneten Straftaten rechtskräftig verurteilt sind oder gegen die ein Haftbefehl wegen des Verdachts einer solchen Straftat besteht; das Gleiche gilt für solche Gefangene, die wegen einer anderen Straftat verurteilt oder die wegen des Verdachts einer anderen Straftat in Haft sind und gegen die der dringende Verdacht besteht, dass sie diese Tat im Zusammenhang mit einer Tat nach § 129 a, auch in Verbindung mit § 129 b Abs. 1, des Strafgesetzbuches begangen haben. [3]Die Feststellung ist auf bestimmte Gefangene oder Gruppen von Gefangenen zu beschränken, wenn dies zur Abwehr der Gefahr ausreicht. [4]Die Feststellung ist nach pflichtgemäßem Ermessen zu treffen.

1) Voraussetzungen der Kontaktsperre (S 1): Es muss eine gegenwärtige Gefahr für Leben, Leib oder Freiheit einer Person (vgl § 34 StGB) vorliegen; bestimmte Tatsachen (vgl 5 zu § 112 StPO) müssen den Verdacht begründen, dass die Gefahr von einer terroristischen Vereinigung (§ 129 a StGB) oder von mehreren ausgeht, und die Kontaktsperre muss zur Abwehr der Gefahr geboten, dh geeignet und erforderlich sein (dazu BVerfGE **49**, 24, 61 = NJW **78**, 2235, 2237; Kissel/Mayer 16). Welchen Personen die Gefahr droht, braucht noch nicht festzustehen. 1

2) Der **von der Kontaktsperre erfassbare Personenkreis** ist in S 2 bezeichnet (wegen der Einzelheiten vgl Kissel/Mayer 20 ff). Die Vorschrift wird durch § 38 und § 38 a ergänzt. Eine Beschränkung auf bestimmte Gefangene oder Gruppen von Gefangenen ist erforderlich, wenn das zur Abwehr der Gefahr ausreicht (S 3). 2

3) Die **Anordnung der Kontaktsperre** erfolgt durch Feststellung der zuständigen Behörde (§ 32), die dabei nach pflichtgemäßem Ermessen handelt (S 4). 3

Inhaltlich muss die Feststellung die Eingriffsvoraussetzung des S 1 darlegen und die Gefangenen, auf die sich die Feststellung bezieht, namentlich bezeichnen (BGH **27**, 276; Kissel/Mayer 27). In den Gründen der Feststellung werden, entspr § 34 StPO, die Tatsachen und Erwägungen angeführt, die die Grundlage für die Feststellung bilden und für die gerichtliche Nachprüfung (§§ 35, 37) benötigt werden. 4

Bekanntzumachen ist die Feststellung mit Begründung auch den betroffenen Gefangenen (vgl § 34 a VI) und ihren Verteidigern. Sie müssen von ihr Kenntnis erhalten, weil sie nur dann mit Aussicht auf Erfolg einen Antrag nach § 37 I stellen können (BVerfGE **49**, 24, 67 = NJW **78**, 2235, 2239). Dabei gelten aber die Grenzen des § 37 III (BVerfG aaO). Mit der Bekanntmachung der Feststellung ist die Belehrung der Gefangenen nach § 34 a VI zu verbinden. 5

Die Feststellung **tritt außer Kraft,** wenn sie nicht nach § 35 bestätigt oder wenn sie nach § 36 S 1 zurückgenommen wird, sonst nach Ablauf der in §§ 35 S 1, 36 S 2 bezeichneten Fristen. 6

4) Wirkung der Kontaktsperre: Jede Verbindung von Gefangenen untereinander und mit der Außenwelt (vgl dazu Kissel/Mayer 28 ff) wird unterbrochen, auch der schriftliche und mündliche Verkehr mit dem Verteidiger (dazu Kissel/Mayer 33 ff). Ein Verkehr findet lediglich mit den Vollzugsbediensteten, soweit nicht nach § 33 auch insoweit Beschränkungen angeordnet worden sind, und mit der nach § 34 a bestellten Kontaktperson statt. Für den Verkehr mit StA und Gericht trifft § 34 III eine besondere Regelung. Das Petitionsrecht (Art 17 GG) bleibt erhalten (BVerfGE **49**, 24, 65 = NJW **78**, 2235, 2239); jedoch gilt § 37 II sinngemäß (Kissel/Mayer 32). 7

8 **5)** Eine **Anfechtung** der Feststellung nach § 31 lässt das Gesetz nicht zu; auch eine Verfassungsbeschwerde (Einl 230 ff) ist nicht statthaft (BVerfGE **49**, 24 = NJW **78**, 2235). Vorgesehen ist nur das Bestätigungsverfahren nach § 35 und die Anfechtung einzelner Maßnahmen durch die Betroffenen nach § 37, bei der allerdings die Rechtmäßigkeit der Feststellung als Vorfrage geprüft wird (4 zu § 37).

Feststellungsverfahren

32 **[1]Die Feststellung nach § 31 trifft die Landesregierung oder die von ihr bestimmte oberste Landesbehörde. [2]Ist es zur Abwendung der Gefahr geboten, die Verbindung in mehreren Ländern zu unterbrechen, so kann die Feststellung der Bundesminister der Justiz treffen.**

1 **1) Zuständig** für die Feststellung nach § 31 sind in 1. Hinsicht die Landesregierungen oder die von ihnen bestimmten obersten Landesbehörden (S 1). Der JM ist als zuständige Behörde bestimmt in Baden-Württemberg durch VO vom 15. 11. 1977 (GVBl 672), in Bayern durch VO vom 4. 10. 1977 (GVBl 505), in Hessen durch AO vom 20. 1. 1978 (GVBl I 91), in Nordrhein-Westfalen durch VO vom 25. 10. 1977 (GVNW 368) und in Rheinland-Pfalz durch AO vom 13. 10. 1977 (GVBl 341).

2 Der **BJM** ist zuständig, wenn es erforderlich ist, die Kontaktsperre in mehreren (mindestens 2) Ländern anzuordnen (S 2), aber nicht alle betroffenen Länder die Anordnung treffen oder besondere Eile geboten ist (Kissel/Mayer 2). Macht der BJM von seiner Befugnis nicht oder nicht rechtzeitig Gebrauch, so bleibt die Zuständigkeit der Länder nach S 1 unberührt (Kissel/Mayer 2). Hat das Land die Feststellung vor dem BJM getroffen, so bleibt sie bestehen; die Feststellung des BJM hat dann nur Bedeutung, soweit sie weitergeht als die des Landes.

3 **2)** In **Form** einer Verwaltungsanordnung ergeht die Feststellung (Kissel/Mayer 3 ff). Der BJM erlässt sie als Verwaltungsanordnung iS des Art 84 V GG (Kissel/Mayer 5) mit bindender Wirkung für die Ausführungsbehörden der Länder (§ 33). Die Anordnung bedarf der Schriftform und hat nur eine behördeninterne Wirkung. Für den Gefangenen entsteht eine Beschwer erst durch die Maßnahmen nach § 33 (Kissel/Mayer 4).

Unterbrechungsmaßnahmen

33 **Ist eine Feststellung nach § 31 erfolgt, so treffen die zuständigen Behörden der Länder die Maßnahmen, die zur Unterbrechung der Verbindung erforderlich sind.**

1 **1)** Die **Durchführung der Kontaktsperre** obliegt den zuständigen Landesbehörden, vor allem den Strafvollzugsbehörden. Sie sind an die Feststellung nach § 31 gebunden. Ihre Maßnahmen gehen (auch richterlichen) Anordnungen nach § 119 StPO und den Vorschriften der UVollzGe oder StVollzGe vor (Kissel/Mayer 2).

2 **2)** Die **Bekanntgabe an die Gefangenen,** welche Maßnahmen gegen sie getroffen worden sind, ist erforderlich (BVerfGE **49**, 24, 66 = NJW **78**, 2235, 2239); eine mündliche Unterrichtung genügt. Tatsachen und Umstände dürfen so weit und so lange nicht mitgeteilt werden, als die Mitteilung den Zweck der Kontaktsperre gefährden würde. Dieses noch im Anfechtungsverfahren geltende Verbot (§ 37 III S 1) besteht erst recht vor der Anfechtung. Die Begründung ist dann aber nachzuholen, sobald die Voraussetzungen dieser Vorschrift nicht mehr vorliegen (BVerfG aaO).

Besondere Vorschriften

34 **I Sind Gefangene von Maßnahmen nach § 33 betroffen, so gelten für sie, von der ersten sie betreffenden Maßnahme an, solange sie von einer Feststellung erfasst sind, die in den Absätzen 2 bis 4 nachfolgenden besonderen Vorschriften.**

II Gegen die Gefangenen laufende Fristen werden gehemmt, wenn sie nicht nach anderen Vorschriften unterbrochen werden.

III In Strafverfahren und anderen gerichtlichen Verfahren, für die die Vorschriften der Strafprozessordnung als anwendbar erklärt sind, gilt ergänzend Folgendes:

1. **Gefangenen, die keinen Verteidiger haben, wird ein Verteidiger bestellt.**
2. **Gefangene dürfen bei Vernehmungen und anderen Ermittlungshandlungen auch dann nicht anwesend sein, wenn sie nach allgemeinen Vorschriften ein Recht auf Anwesenheit haben; Gleiches gilt für ihre Verteidiger, soweit ein von der Feststellung nach § 31 erfasster Mitgefangener anwesend ist. Solche Maßnahmen dürfen nur stattfinden, wenn der Gefangene oder der Verteidiger ihre Durchführung verlangt und derjenige, der nach Satz 1 nicht anwesend sein darf, auf seine Anwesenheit verzichtet. § 147 Abs. 3 der Strafprozessordnung ist nicht anzuwenden, soweit der Zweck der Unterbrechung gefährdet würde.**
3. **Eine Vernehmung des Gefangenen als Beschuldigter, bei der der Verteidiger nach allgemeinen Vorschriften ein Anwesenheitsrecht hat, findet nur statt, wenn der Gefangene und der Verteidiger auf die Anwesenheit des Verteidigers verzichten.**
4. **Bei der Verkündung eines Haftbefehls hat der Verteidiger kein Recht auf Anwesenheit; er ist von der Verkündung des Haftbefehls zu unterrichten. Der Richter hat dem Verteidiger das wesentliche Ergebnis der Vernehmung des Gefangenen bei der Verkündung, soweit der Zweck der Unterbrechung nicht gefährdet wird, und die Entscheidung mitzuteilen.**
5. **Mündliche Haftprüfungen sowie andere mündliche Verhandlungen, deren Durchführung innerhalb bestimmter Fristen vorgeschrieben ist, finden, soweit der Gefangene anwesend ist, ohne den Verteidiger statt; Nummer 4 Satz 2 gilt entsprechend. Eine mündliche Verhandlung bei der Haftprüfung ist auf Antrag des Gefangenen oder seines Verteidigers nach Ende der Maßnahmen nach § 33 zu wiederholen, auch wenn die Voraussetzungen des § 118 Abs. 3 der Strafprozessordnung nicht vorliegen.**
6. **Eine Hauptverhandlung findet nicht statt und wird, wenn sie bereits begonnen hat, nicht fortgesetzt. Die Hauptverhandlung darf bis zur Dauer von dreißig Tagen unterbrochen werden; § 229 Abs. 2 der Strafprozessordnung bleibt unberührt.**
7. **Eine Unterbringung zur Beobachtung des psychischen Zustandes nach § 81 der Strafprozessordnung darf nicht vollzogen werden.**
8. **Der Gefangene darf sich in einem gegen ihn gerichteten Strafverfahren schriftlich an das Gericht oder die Staatsanwaltschaft wenden. Dem Verteidiger darf für die Dauer der Feststellung keine Einsicht in diese Schriftstücke gewährt werden.**

IV Ein anderer Rechtsstreit oder ein anderes gerichtliches Verfahren, in dem der Gefangene Partei oder Beteiligter ist, wird unterbrochen; das Gericht kann einstweilige Maßnahmen treffen.

1) Zur **Nachteilsmilderung** werden die gegen den Gefangenen laufenden Fristen gehemmt (II). Für Straf-, Bußgeld- und Disziplinarverfahren lockert III die Auswirkungen der Sperre; die übrigen Verfahren werden kraft Gesetzes unterbrochen (IV). 1

Diese Rechtswirkungen **enden** in dem Zeitpunkt, in dem die Feststellung ihre Wirkung durch Nichtbestätigung (§ 35), Zurücknahme oder Fristablauf (§§ 35 S 1, 36 S 1, 2) verliert, für den einzelnen Gefangenen auch mit der Haftentlassung oder nach Feststellung seines Nichtbetroffenseins im Anfechtungsverfahren nach § 37. 2

2) Fristenhemmung (II): Hemmung bedeutet, dass der Zeitraum, während dessen die Maßnahmen bestehen, nicht in die Fristen eingerechnet wird (vgl § 209 3

BGB). Gehemmt werden nur Fristen, die gegen den Gefangenen laufen. Das sind alle gesetzlichen, richterlichen (7 vor § 42 StPO) und vereinbarten Fristen, nach deren ungenutztem Ablauf sich die Rechtsposition des Gefangenen verschlechtert. Dazu gehören auch die für ihn laufenden Anfechtungsfristen.

4 **3)** Für das **Strafverfahren und ähnliche Verfahren** (III), zu denen insbesondere das Bußgeld-, das Disziplinarverfahren und das Verfahren nach §§ 23 ff gehören, gelten folgende besonderen Regelungen:

5 A. **Verteidigerbestellung** (Nr 1): Die Befugnis, einen Verteidiger zu wählen (§ 137 StPO), kann der Gefangene infolge der Kontaktsperre nicht ausüben (Kissel/Mayer 5; **aM** LR-Böttcher 6). Ihm muss daher ein Verteidiger beigeordnet werden, wenn er noch keinen Verteidiger hat. Die Beiordnung, die der nach § 141 IV Hs 1 StPO zuständige Richter vorzunehmen hat, endet mit der Aufhebung der Kontaktsperre (Kissel/Mayer 6). Eine Bestellung nach anderen Bestimmungen, insbesondere nach § 141 I StPO, die in ihrer Dauer weiterreicht als die nach Nr 1, hat den Vorrang. Für Strafgefangene, gegen die keine weiteren Strafverfahren anhängig sind, gilt Nr 1 nicht; ihnen wird kein Verteidiger beigeordnet (Kissel/Mayer 3).

6 B. **Ermittlungshandlungen** (Nr 2): Das Strafverfahren wird durch die Kontaktsperre nicht unterbrochen (vgl IV). Daher können richterliche, staatsanwaltschaftliche und polizeiliche Vernehmungen sowie andere Ermittlungshandlungen unter den Beschränkungen der Nr 2 S 1, 2 durchgeführt werden. Für die Beschuldigtenvernehmung gilt die Sonderregelung der Nr 3, für die Hauptverhandlung Nr 6.

7 Als **Zeuge** kann der Gefangene während der Kontaktsperre nicht vernommen werden. Da die Vernehmung in der JVA unzulässig ist und der Gefangene nicht zur Vernehmung vorgeführt werden darf, ist er während der Sperre aus rechtlichen Gründen unerreichbar iS des § 244 III S 2 StPO (Kissel/Mayer 11; LR-Böttcher 12; 66 zu § 244 StPO).

8 Das **Akteneinsichtsrecht** nach § 147 III StPO ist, soweit der Zweck der Kontaktsperre gefährdet würde (S 3), allgemein ausgeschlossen, also nicht nur für Protokolle und Niederschriften, die während der Sperre entstehen und zu den Akten gelangen (Kissel/Mayer 9).

9 C. An der **Beschuldigtenvernehmung** (Nr 3) darf der Verteidiger, abweichend von §§ 163 a III S 2, 168 c I StPO, nicht teilnehmen. Eine solche Vernehmung findet aber nur statt, wenn der Gefangene und der Verteidiger auf die Anwesenheit des Verteidigers verzichten. Für die Vernehmung nach §§ 115 II 115 a II S 1 StPO ist Nr 4 die Sondervorschrift.

10 D. Bei der **Verkündung des Haftbefehls** (Nr 4) nach § 114 a StPO gegenüber einem Beschuldigten, der erst nach Erlass der Feststellung nach § 31 ergriffen worden ist, darf der Verteidiger nicht anwesend sein; er wird von der Verkündung lediglich unterrichtet. Auch die Vernehmung nach §§ 115 II, 115 a II S 1 StPO ist in Abwesenheit des Verteidigers durchzuführen (Nr 4 S 2); über ihren Inhalt und die Entscheidung wird er nur unterrichtet, wenn dadurch der Zweck der Kontaktsperre nicht gefährdet wird.

11 Bei **vorläufiger Festnahme** und der darauf folgenden richterlichen Vernehmung (§§ 127 II, 128 StPO) gelten die Einschränkungen der Nr 4 nicht; denn solange noch kein Haftbefehl besteht, kann sich die Feststellung nach § 31 nicht auf den Beschuldigten beziehen.

12 E. **Mündliche Haftprüfungen** (Nr 5) finden auch während der Kontaktsperre statt, aber in Abwesenheit des Verteidigers, wenn der Beschuldigte anwesend ist. Für die Unterrichtung des Verteidigers gilt Nr 4 S 2 entspr. Auf Antrag des Gefangenen oder des Verteidigers wird die mündliche Haftprüfung nach Ende der Kontaktsperre wiederholt (Nr 5 S 2). Die mündliche Anhörung nach § 454 I S 3 StPO ist keine Haftprüfung iS der Nr 5 (Kissel/Mayer 14; **aM** LR-Böttcher 14).

F. **Hauptverhandlungen** (Nr 6) gegen den von der Kontaktsperre betroffenen Gefangenen finden nicht statt oder werden, ohne dass es einer besonderen Unterbrechungsanordnung bedarf, nicht fortgesetzt. Eine Unterbrechung bis zu 30 Tagen ist ohne Rücksicht auf die bisherige Dauer der Verhandlung und unabhängig von bereits eingetretenen Unterbrechungen nach § 229 II StPO zulässig. Sie darf jedoch nicht länger dauern als die Kontaktsperre; nach deren Beendigung muss die Hauptverhandlung unverzüglich fortgesetzt werden. Nach Verlängerung der Kontaktsperre gilt Nr 6 nicht mehr (§ 36 S 5), auch wenn die 30-Tage-Frist noch nicht ausgenutzt worden ist (5 zu § 36). 13

G. Die **Unterbringung** zur Beobachtung (Nr 7) nach § 81 StPO, § 73 **JGG** darf nicht eingeleitet und, falls sie bereits begonnen hat, nicht weiter vollzogen werden. Ihre Anordnung ist aber zulässig (Kissel/Mayer 21). 14

H. **Schriftliche Eingaben an Gerichte oder StA** (Nr 8) werden im Gegensatz zu Eingaben an andere Behörden von der JVA weitergeleitet. Dem Verteidiger darf aber in diese Schriftstücke keine Einsicht gewährt werden. 15

4) Eine **Unterbrechung anderer Verfahren** (IV), dh solcher, die nicht unter III fallen, tritt kraft Gesetzes und ausnahmslos ein (Kissel/Mayer 23). Einstweilige Maßnahmen kann das Gericht von Amts wegen oder auf Antrag treffen (wegen der Einzelheiten vgl Kissel/Mayer 28 ff). 16

Beordnung von Kontaktpersonen

34a I [1]**Dem Gefangenen ist auf seinen Antrag ein Rechtsanwalt als Kontaktperson beizuordnen.** [2]**Der Kontaktperson obliegt, unter Wahrung der Ziele der nach § 31 getroffenen Feststellung, die rechtliche Betreuung des Gefangenen, soweit dafür infolge der nach § 33 getroffenen Maßnahmen ein Bedürfnis besteht; die Kontaktperson kann insbesondere durch Anträge und Anregungen auf die Ermittlung entlastender Tatsachen und Umstände hinwirken, die im Interesse des Gefangenen unverzüglicher Aufklärung bedürfen.**

II [1]**Soweit der Gefangene damit einverstanden ist, teilt die Kontaktperson dem Gericht und der Staatsanwaltschaft die bei dem Gespräch mit dem Gefangenen und im weiteren Verlauf ihrer Tätigkeit gewonnenen Erkenntnisse mit; sie kann im Namen des Gefangenen Anträge stellen.** [2]**Die Kontaktperson ist im Einverständnis mit dem Gefangenen befugt, an Vernehmungen und Ermittlungshandlungen teilzunehmen, bei denen der Verteidiger nach § 34 Abs. 3 Nr. 3, Nr. 4 Satz 1 und Nr. 5 Satz 1 nicht anwesend sein darf.** [3]**Die Kontaktperson darf Verbindung mit Dritten aufnehmen, soweit dies zur Erfüllung ihrer Aufgaben nach Absatz 1 unabweisbar ist.**

III [1]**Über die Beiordnung einer Kontaktperson und deren Auswahl aus dem Kreis der im Geltungsbereich dieses Gesetzes zugelassenen Rechtsanwälte entscheidet der Präsident des Landgerichts, in dessen Bezirk die Justizvollzugsanstalt liegt, innerhalb von 48 Stunden nach Eingang des Antrags.** [2]**Der Verteidiger des Gefangenen darf nicht beigeordnet werden.** [3]**Der Präsident ist hinsichtlich der Beiordnung und der Auswahl Weisungen nicht unterworfen; seine Vertretung richtet sich nach § 21 h des Gerichtsverfassungsgesetzes.** [4]**Dritte dürfen über die Person des beigeordneten Rechtsanwalts, außer durch ihn selbst im Rahmen seiner Aufgabenerfüllung nach Absatz 1 und 2, nicht unterrichtet werden.** [5]**Der beigeordnete Rechtsanwalt muss die Aufgaben einer Kontaktperson übernehmen.** [6]**Der Rechtsanwalt kann beantragen, die Beiordnung aufzuheben, wenn hierfür wichtige Gründe vorliegen.**

IV **Der Gefangene hat nicht das Recht, einen bestimmten Rechtsanwalt als Kontaktperson vorzuschlagen.**

V [1]**Dem Gefangenen ist mündlicher Verkehr mit der Kontaktperson gestattet.** [2]**Für das Gespräch sind Vorrichtungen vorzusehen, die die Übergabe von Schriftstücken und anderen Gegenständen ausschließen.**

VI Der Gefangene ist bei Bekanntgabe der Feststellung nach § 31 über sein Recht, die Beiordnung einer Kontaktperson zu beantragen, und über die übrigen Regelungen der Absätze 1 bis 5 zu belehren.

1 **1)** Durch die **Beiordnung einer Kontaktperson sollen** die strafprozessualen Garantien des von einer Kontaktsperre betroffenen Gefangenen verbessert werden. Die Beiordnung setzt einen Antrag des Gefangenen voraus; über sein Antragsrecht muss er belehrt werden (VI). Widerruft er den Antrag, so ist die Beiordnung zurückzunehmen (vgl Krekeler NJW **86**, 418).

2 **2) Nur ein RA** kann Kontaktperson sein (I S 1); der Verteidiger des Gefangenen ist ausgeschlossen (III S 2). Die Beiordnung eines RA als Kontaktperson für mehrere Gefangene ist unzulässig (vgl BT-Drucks 10/902 S 8). Der beigeordnete RA ist (entspr §§ 48, 49 BRAO) verpflichtet, die Aufgaben einer Kontaktperson zu übernehmen (III S 5); er kann aber die Aufhebung der Beiordnung beantragen, wenn hierfür wichtige Gründe (vgl 3 zu § 143 StPO) vorliegen (III S 6). Zum Schutz der Kontaktperson dürfen Dritte über die Beiordnung nicht unterrichtet werden (III S 4). Die Vergütung der Tätigkeit des RA regelt § 55 III RVG mit Nr 4304 VVRVG.

3 **3) Zuständig** für die Beiordnung ist der Präs des LG, in dessen Bezirk die JVA liegt, in der der Gefangene verwahrt wird (III S 1). Die Entscheidung ist innerhalb von 48 Stunden nach Eingang des Antrags zu treffen (III S 1). Der LG-Präs wählt die Kontaktperson aus dem Kreis der in der BRep zugelassenen RAe aus; der Gefangene hat kein Vorschlagsrecht (IV). Die Beiordnung kann zurückgenommen werden, wenn der RA seine Aufgabe nicht oder nur unzulänglich erfüllt. Der LG-Präs ist bei der ihm durch § 34 a übertragenen Tätigkeit keinen Weisungen unterworfen; seine Vertretung richtet sich nach § 21 h GVG (III S 3).

4 **4) Aufgabe der Kontaktperson** ist die rechtliche Betreuung des Gefangenen, soweit dafür im Hinblick auf die nach § 33 getroffenen Maßnahmen ein Bedürfnis besteht (I S 2 Hs 1). Der Gefangene soll Gelegenheit haben, sich in allen Rechtsangelegenheiten mit der Kontaktperson zu besprechen. Der RA hat zwar nicht die umfassenden Aufgaben eines Verteidigers, kann aber Aufgaben wahrnehmen, die der Verteidiger infolge der Kontaktsperre nicht ausüben kann.

5 Insbesondere ist es seine Aufgabe, durch **Anträge und Anregungen** bei StA und Gericht darauf hinzuwirken, dass entlastende Tatsachen in einem gegen den Gefangenen anhängigen Strafverfahren ermittelt werden, sofern eine unverzügliche Aufklärung geboten ist (I S 2 Hs 2). Dabei wird allerdings eine vorherige Abstimmung mit dem Verteidiger notwendig sein. Von den während seiner Tätigkeit, insbesondere durch Gespräche mit dem Gefangenen, gewonnenen Erkenntnissen darf der RA das Gericht und die StA nur mit dessen Einverständnis unterrichten (II S 1 Hs 1); auch Anträge im Namen des Gefangenen darf er nur stellen, wenn dieser damit einverstanden ist. An Vernehmungen und Ermittlungshandlungen, von denen der Verteidiger nach § 34 II Nrn 3, 4 S 1, 5 S 1 ausgeschlossen ist, darf die Kontaktperson im Einverständnis mit dem Gefangenen teilnehmen (II S 2). Die besonderen Schutzvorschriften des § 34 III Nr 4 S 2, 5 S 2 bleiben bestehen.

6 **Verbindung mit Dritten** darf die Kontaktperson nur aufnehmen, wenn das zur Erfüllung ihrer Aufgaben unabweisbar ist (II S 3). Um die Gefahr einer auch nur unbewussten Nachrichtenübermittlung auf ein Mindestmaß zu beschränken, dürfen solche Kontaktaufnahmen nur in besonderen Ausnahmefällen stattfinden (vgl BT-Drucks 10/902 S 4/5; 10/3958 S 7). Überhaupt hat die Kontaktperson vor jeder Maßnahme zu prüfen, ob ihre Tätigkeit den Zweck der Kontaktsperre unterlaufen könnte.

5) Der **Verkehr des Gefangenen mit der Kontaktsperre** darf nur mündlich stattfinden (V S 1). Ein Schriftwechsel und die Aushändigung von Schriftstücken ist nicht erlaubt. Gespräche dürfen nur geführt werden, wenn Vorrichtungen vorhanden sind, die die Übergabe von Schriftstücken und anderen Gegenständen ausschließen (dazu 21 zu § 148 StPO). 7

6) Anfechtung: Der Gefangene kann nach § 23 auf gerichtliche Entscheidung antragen, wenn der LG-Präs dem Antrag auf Beiordnung einer Kontaktperson nicht stattgibt. Die Auswahl der Kontaktperson kann er nur anfechten, wenn er geltend macht, dass sie ermessensfehlerhaft ist (§ 28 III), etwa weil der beigeordnete RA ungeeignet erscheint. Der beigeordnete RA kann den Antrag nach § 23 nur darauf stützen, dass ihm die Tätigkeit als Kontaktperson nicht zuzumuten und seine Beiordnung daher ermessensmissbräuchlich ist. 8

Bestätigungsverfahren

35 [1]**Die Feststellung nach § 31 verliert ihre Wirkung, wenn sie nicht innerhalb von zwei Wochen nach ihrem Erlass bestätigt worden ist.** [2]**Für die Bestätigung einer Feststellung, die eine Landesbehörde getroffen hat, ist ein Strafsenat des Oberlandesgerichts zuständig, in dessen Bezirk die Landesregierung ihren Sitz hat, für die Bestätigung einer Feststellung des Bundesministers der Justiz ein Strafsenat des Bundesgerichtshofes; § 25 Abs. 2 gilt entsprechend.**

1) Ohne **richterliche Bestätigung** verliert die nach § 31 ergangene Feststellung 2 Wochen nach ihrem Erlass ihre Wirkung; wenn sie bestätigt wird, spätestens nach 30 Tagen (§ 36 S 2 Hs 1). Die Frist beginnt „nach" dem Erlass der Feststellung, dh mit Ablauf des Tages, unter dem sie ergangen ist (vgl § 36 S 2 Hs 2). Wird die Bestätigung abgelehnt, so wird die Feststellung sofort wirkungslos. 1

2) Zuständig (S 2) für die Bestätigung der Feststellung einer Landesregierung oder -behörde ist ein StS des OLG, in dessen Bezirk die Landesregierung ihren Sitz hat, für die Bestätigung einer Feststellung des BJM ein StS des BGH. 2

3) Das **Bestätigungsverfahren,** das nur eingeleitet werden muss, wenn die Kontaktsperre länger als 2 Wochen dauern soll, richtet sich nach den §§ 29, 30 (Kissel/Mayer 3). Verfahrensbeteiligt ist nur die Feststellungsbehörde, die zugleich verpflichtet ist, das Verfahren in Gang zu bringen; für ihre Vertretung gelten die allgemeinen Vorschriften. Die Gefangenen sind an dem Verfahren nicht beteiligt (BGH **27**, 276, 280; vgl auch BVerfGE **49**, 24, 67 = NJW **78**, 2235, 2239); sie erhalten daher auch kein rechtliches Gehör (Kissel/Mayer 4). 3

Die **Entscheidung** bestätigt die Feststellung oder hebt sie auf; auch eine teilw Bestätigung unter Herausnahme einzelner Gefangener aus der Feststellung ist zulässig (vgl BGH **27**, 276). Für die Rechtmäßigkeit der Feststellung ist der Zeitpunkt der Entscheidung maßgebend (Kissel/Mayer 5). Eine Kosten- und Auslagenentscheidung ergeht nicht (Kissel/Mayer 5). Die Entscheidung, die nicht anfechtbar ist, wird der Feststellungsbehörde und den betroffenen Gefangenen mitgeteilt (BVerfG aaO, Kissel/Mayer 6). 4

Zurücknahme; Wiederholung

36 [1]**Die Feststellung nach § 31 ist zurückzunehmen, sobald ihre Voraussetzungen nicht mehr vorliegen.** [2]**Sie verliert spätestens nach Ablauf von dreißig Tagen ihre Wirkung; die Frist beginnt mit Ablauf des Tages, unter dem die Feststellung ergeht.** [3]**Eine Feststellung, die bestätigt worden ist, kann mit ihrem Ablauf erneut getroffen werden, wenn die Voraussetzungen noch vorliegen; für die erneute Feststellung gilt § 35.** [4]**War eine Feststellung nicht**

bestätigt, so kann eine erneute Feststellung nur getroffen werden, wenn neue Tatsachen es erfordern. [5] § 34 Abs. 3 Nr. 6 Satz 2 ist bei erneuten Feststellungen nicht mehr anwendbar.

1 **1)** Zur **Zurücknahme der Feststellung** (S 1) ist die Feststellungsbehörde verpflichtet, wenn die Voraussetzungen des § 31 nicht mehr vorliegen. Die Behörde hat insoweit eine ständige Prüfungspflicht.

2 **2) Wirkungslos** (S 2) wird die nach § 35 bestätigte Feststellung spätestens 30 Tage nach Ablauf des Tages, unter dem sie ergangen ist. War sie nicht bestätigt worden, so tritt sie spätestens nach 2 Wochen außer Kraft (§ 35 S 1).

3 **3)** Die **Wiederholung der Feststellung** (S 3, 4) ist zulässig. Eine nach § 35 gerichtlich bestätigte Feststellung kann mit ihrem Ablauf (auch mehrmals) erneut erlassen werden, wenn die Voraussetzungen des § 31 noch vorliegen; auch die neue Feststellung muss dann nach § 35 bestätigt werden. Eine nicht bestätigte Feststellung kann nur auf Grund veränderter tatsächlicher Umstände erneut erlassen werden. Das Gleiche gilt, wenn die Feststellung vor der Entscheidung über die Bestätigung oder vor ihrem Wirkungsverlust zurückgenommen oder die Bestätigung nicht beantragt worden ist (Katholnigg 4; Kissel/Mayer 4). Neue Beweismittel rechtfertigen die Wiederholung der Feststellung jedenfalls dann, wenn sich aus ihnen neue Tatsachen ergeben; neue Beweisanzeichen reichen aus.

4 **Zuständig** für die erneute Feststellung ist die Behörde, die die frühere Feststellung erlassen hat; jedoch kann auch ein Land die Feststellung des BJM für seinen Bereich wiederholen, der BJM die Feststellungen mehrerer Länder.

5 **4)** Für die **Hauptverhandlung bei erneuter Kontaktsperre** (S 5) gilt § 34 III Nr 6 S 2 nicht mehr (vgl dort 13). Eine Unterbrechung ist nur nach § 229 I, II StPO zulässig. Reicht diese Unterbrechung nicht aus, so muss die Hauptverhandlung ausgesetzt werden (§§ 228, 229 IV S 1 StPO).

Anfechtung einzelner Maßnahmen

37 **I Über die Rechtmäßigkeit einzelner Maßnahmen nach § 33 entscheidet auf Antrag ein Strafsenat des Oberlandesgerichts, in dessen Bezirk die Landesregierung ihren Sitz hat.**

II Stellt ein Gefangener einen Antrag nach Absatz 1, so ist der Antrag von einem Richter bei dem Amtsgericht aufzunehmen, in dessen Bezirk der Gefangene verwahrt wird.

III [1] Bei der Anhörung werden Tatsachen und Umstände soweit und solange nicht mitgeteilt, als die Mitteilung den Zweck der Unterbrechung gefährden würde. [2] § 33 a der Strafprozessordnung gilt entsprechend.

IV Die Vorschriften des § 23 Abs. 2, des § 24 Abs. 1, des § 25 Abs. 2 und der §§ 26 bis 30 gelten entsprechend.

1 **1)** Zur **Anfechtung einzelner Maßnahmen** nach § 33 stellt das Gesetz den Antrag auf gerichtliche Entscheidung zur Verfügung. Dieser Rechtsbehelf entspricht dem nach §§ 23 ff; jedoch enthält § 37 eine Sonderregelung. Der Antrag richtet sich idR gegen die Anordnung einer Maßnahme; angefochten werden kann aber auch die Ablehnung oder das Unterlassen einer konkreten, die Kontaktsperre betreffenden Maßnahme (IV iVm § 23 II).

2 **Antragsberechtigt** ist in 1. Hinsicht der von der Maßnahme betroffene Gefangene. Der Verteidiger kann Anträge im Namen des Gefangenen, aber auch im eigenen Namen stellen, wenn er durch die Maßnahme in seinen Rechten verletzt ist (Kissel/Mayer 4).

3 Der **Antrag des Gefangenen** kann nicht schriftlich gestellt, sondern muss von einem Richter bei dem AG aufgenommen werden, in dessen Bezirk der Gefange-

ne verwahrt wird (II). Der Richter muss den Gefangenen auf dessen Verlangen über seine Rechte aufklären; über diese Möglichkeit ist der Gefangene zu belehren (BVerfGE **49**, 24, 69 = NJW **78**, 2235, 2239).

2) Das **Verfahren** entspricht im Wesentlichen dem nach §§ 23 ff. Beteiligt ist außer dem Antragsteller die Behörde, die die angefochtene Maßnahmen getroffen hat oder die erstrebte Maßnahme hätte treffen sollen. Wenn der Antragsteller zu dem Vorbringen der Behörde in der JVA mündlich, sonst schriftlich (vgl 1 zu § 28), angehört werden muss, dürfen ihm Tatsachen so weit und so lange nicht mitgeteilt werden, als die Mitteilung den Zweck der Kontaktsperre gefährden würde (III S 1). Jedoch kann dann von Amts wegen oder auf Antrag des Gefangenen entspr § 33 a StPO ein Nachtragsverfahren durchgeführt werden (III S 2). 4

3) Die **Entscheidung** trifft ein StS des OLG, in dessen Bezirk die Landesregierung ihren Sitz hat (I), oder des nach § 25 II bestimmten OLG (IV) ohne mündliche Verhandlung durch Beschluss. Die Prüfung der Rechtmäßigkeit der Einzelmaßnahme nach § 33 hat sich, auch wenn die Feststellung bereits nach § 35 bestätigt worden ist, darauf zu erstrecken, ob die Feststellung allgemein und insbesondere gegen den Antragsteller zu Recht besteht (BGH **27**, 276, 280; Kissel/Mayer 7). Das OLG ist allerdings nicht berechtigt, einen Gefangenen aus der durch den BGH bestätigten Feststellung des BJM (§ 35 S 2) zu entlassen. Meint es, dass die Feststellung gegen den Antragsteller nicht aufrechterhalten werden kann, so muss es die Sache dem BGH vorlegen (IV iVm § 29 I S 2), und zwar nach dem Sinn der Regelung auch dann, wenn die Auffassung des OLG auf veränderten tatsächlichen Umständen oder auf inzwischen gewonnenen neuen Erkenntnissen beruht, die sich auf solche Umstände beziehen (BGH aaO). Ist die angefochtene Maßnahme oder die Kontaktsperre insgesamt erledigt, so kann auf Antrag des Betroffenen nachträglich über die Rechtmäßigkeit der Maßnahme entschieden werden, wenn er ein berechtigtes Interesse an dieser Feststellung hat (IV iVm § 28 I S 4). 5

Entsprechende Geltung

38 Die Vorschriften der §§ 31 bis 37 gelten entsprechend, wenn eine Maßregel der Besserung und Sicherung vollzogen wird oder wenn ein Unterbringungsbefehl nach § 126 a der Strafprozessordnung besteht.

1) Die **Erweiterung des Personenkreises des § 31 I** ermöglicht die Vorschrift. Die Kontaktsperre ist auch gegen Personen zulässig, gegen die freiheitsentziehende Maßregeln der Besserung und Sicherung nach §§ 61 ff StGB vollzogen werden. In Betracht kommen die in einem psychiatrischen Krankenhaus (§ 63 StGB), einer Entziehungsanstalt (§ 64 StGB) oder in Sicherungsverwahrung (§ 66 StGB) untergebrachten Verurteilten. Ferner kann die Kontaktsperre gegen Personen angeordnet werden, gegen die ein Unterbringungsbefehl nach § 126 a StPO vollzogen wird. 1

2) **Nicht anwendbar** ist § 38 auf Personen, die sich in anderer öffentlichrechtlicher Verwahrung befinden, auch nicht auf die nach § 81 StPO zur Beobachtung untergebrachten Beschuldigten. Besteht gegen solche Personen ein Haftbefehl, so kann die Kontaktsperre angeordnet werden; dann muss die Unterbringung nach § 81 StPO abgebrochen und der Beschuldigte in die JVA zurückverlegt werden (Kissel/Mayer 4). 2

Entsprechende Anwendung der §§ 31 bis 38

38a I [1]**Die §§ 31 bis 38 finden entsprechende Anwendung, wenn gegen einen Gefangenen ein Strafverfahren wegen des Verdachts der Bildung einer kriminellen Vereinigung (§ 129 des Strafgesetzbuches) eingeleitet worden ist oder eingeleitet wird, deren Zweck oder deren Tätigkeit darauf gerichtet ist,**

1. Mord oder Totschlag (§§ 211, 212) oder Völkermord (§ 6 des Völkerstrafgesetzbuches),
2. Straftaten gegen die persönliche Freiheit in den Fällen des § 239 a oder des § 239 b oder
3. gemeingefährliche Straftaten in den Fällen der §§ 306 bis 308, des § 310 b Abs. 1, des § 311 Abs. 1, des § 311 a Abs. 1, der §§ 312, 316 c Abs. 1 oder des § 319

zu begehen. [2] Sie finden entsprechende Anwendung auch für den Fall, dass der nach § 31 Satz 2 zweiter Halbsatz erforderliche dringende Tatverdacht sich auf eine Straftat nach § 129 des Strafgesetzbuches bezieht, die die Voraussetzungen des Satzes 1 Nr. 1 bis 3 erfüllt.

II Das Gleiche gilt, wenn der Gefangene wegen einer solchen Straftat rechtskräftig verurteilt worden ist.

1 **1)** Eine **gleichlautende Regelung** war zuvor in Art 2 des Ges zur Änderung des EGGVG (vgl 1 vor § 31) enthalten; durch Art 16 des Ges vom 19. 4. 2006 (BGBl I 866, 868) wurde die Vorschrift aufgehoben und durch Art 14 dieses Gesetzes wegen des Sachzusammenhangs hier eingestellt.

2 **2)** Die **Vorschrift erfasst diejenigen Gefangenen**, gegen die ein Verfahren eingeleitet oder rechtskräftig abgeschlossen worden ist, das eine vor dem Inkrafttreten des § 129 a StGB (eingefügt durch Ges vom 18. 8. 1976, BGBl I 2181) begangene Straftat nach § 129 StGB iVm I Nr 1 bis 3 zum Gegenstand hat (Kissel/Mayer 24 zu § 31).

Fünfter Abschnitt. Insolvenzstatistik

39 (nicht abgedruckt)

Sechster Abschnitt. Übergangsvorschriften

40 (betrifft den Zivilprozess)

3. Einführungsgesetz zum Strafgesetzbuch

Vom 2. März 1974 (BGBl I 469; III 450–16), letztes ÄndG vom 29. Juli 2009 (BGBl I 2288, 2289)

(Auszug)

1 **1) Gemeinsame Vorschriften** für Ordnungs- und Zwangsmittel enthalten die Art 6 bis 9. Im Strafprozess haben sie nur für die Ordnungsmittel Bedeutung. Frühere Bestimmungen sind durch Art 287 Nr 26 aufgehoben worden.

2 **2) Ordnungsmittel** sind Ordnungsgeld und Ordnungshaft. Sie sind für das Strafverfahren in § 51 I S 1, § 70 I S 2, §§ 77, 81 c VI S 1, § 95 II, § 161 a I S 2 StPO und § 56 I S 1, § 177 S 1, § 178 GVG vorgesehen. Ordnungshaft darf, abgesehen von den Fällen der §§ 177, 178 GVG, nur als Ersatzhaft festgesetzt werden.

Anwendbarkeit der Vorschriften über die Sicherungsverwahrung

1a [1]**§ 66 b des Strafgesetzbuches findet auch Anwendung auf diejenigen Personen, gegen die auf Grund des Gesetzes des Landes Baden-Württemberg über die Unterbringung besonders rückfallgefährdeter Straftäter vom 14. März 2001 (Gesetzblatt für Baden-Württemberg Seite 188), auf Grund des Bayerischen Gesetzes zur Unterbringung von besonders rückfallgefährdeten Straftätern vom 24. Dezember 2001 (Bayerisches Gesetz- und Verordnungsblatt Seite 978), auf Grund des Gesetzes des Landes Niedersachsen über die Unterbringung besonders gefährlicher Personen zur Abwehr erheblicher Gefahren für die öffentliche Sicherheit vom 20. Oktober 2003 (Niedersächsisches Gesetz- und Verordnungsblatt Seite 368), auf Grund des Gesetzes des Landes Sachsen-Anhalt über die Unterbringung besonders rückfallgefährdeter Personen zur Abwehr erheblicher Gefahren für die öffentliche Sicherheit und Ordnung vom 6. März 2002 (Gesetz- und Verordnungsblatt für das Land Sachsen-Anhalt Seite 80) oder auf Grund des Thüringer Gesetzes über die Unterbringung besonders rückfallgefährdeter Straftäter vom 17. März 2003 (Gesetz- und Verordnungsblatt für den Freistaat Thüringen Seite 195) die Unterbringung angeordnet ist.** [2]**Tatsachen im Sinne des § 66 b des Strafgesetzbuches sind in den in Satz 1 bezeichneten Fällen Tatsachen, die bis zum Ende des Vollzugs der Freiheitsstrafe erkennbar geworden sind.** [3]**Die Frist des § 275 a Abs. 1 Satz 3 der Strafprozessordnung findet in den in Satz 1 bezeichneten Fällen keine Anwendung.**

1) Anwendbar sind die Regeln über die Anordnung der nachträglichen Sicherungsverwahrung (§ 66 b StGB) auch auf Personen, gegen die auf Grund landesrechtlicher Unterbringungsgesetze, die das BVerfG mit Urteil vom 10. 2. 2004 (BVerfGE **109**, 190 = NJW **04**, 750 = StV **04**, 267 mit Anm Waterkamp; vgl auch Kinzig NJW **04**, 911) – bezogen auf die Unterbringungsgesetze von Bayern und Sachsen-Anhalt, was aber auch für die anderen Unterbringungsgesetze gelten muss – für verfassungswidrig erklärt hat, die Sicherungsverwahrung angeordnet wurde. Das bedeutet, dass bei diesen Personen nach § 66 b StGB zu prüfen ist, ob sie in nachträglicher Sicherungsverwahrung verbleiben. Hierüber ist nach § 275 a StPO zu befinden, wobei aber die Frist des § 275 a I S 3 StPO nicht gilt (s. S 3). 1

2) Neue Tatsachen: Weil § 66 b StGB auf den Vollzug der Freiheitsstrafe abstellt, die hier angesprochenen Personen sich jedoch bereits in der Unterbringung befinden, war die Klarstellung in S 2 erforderlich. 2

Mindest- und Höchstmaß von Ordnungs- und Zwangsmitteln

6 I [1]**Droht das Bundesgesetz Ordnungsgeld oder Zwangsgeld an, ohne dessen Mindest- oder Höchstmaß zu bestimmen, so beträgt das Mindestmaß fünf, das Höchstmaß tausend Euro.** [2]**Droht das Landesgesetz Ordnungsgeld an, so gilt Satz 1 entsprechend.**

II [1]**Droht das Gesetz Ordnungshaft an, ohne das Mindest- oder Höchstmaß zu bestimmen, so beträgt das Mindestmaß einen Tag, das Höchstmaß sechs Wochen.** [2]**Die Ordnungshaft wird in diesem Fall nach Tagen bemessen.**

1) Ordnungsgeld (I): Wenn nichts anderes bestimmt ist, beträgt das Mindestmaß 5 Euro, das Höchstmaß 1000 Euro. Die Festsetzung eines durch 5 oder 10 teilbaren Betrags ist üblich und empfehlenswert. Die Beitreibung regeln § 1 I Nr 3 JBeitrO, §§ 1 ff EBAO. 1

2) Ordnungshaft (II): 2

A. Der **Haftrahmen** bewegt sich, sofern nichts anderes bestimmt ist, zwischen 1 Tag und 6 Wochen. Maß und Folgen des Ungehorsams bestimmen die Höhe im Einzelfall. Die Bemessung erfolgt nach Tagen (II S 2). 3

4 B. **Als Ersatzhaft** muss die Ordnungshaft schon im Ordnungsgeldbeschluss festgesetzt werden; die nachträgliche Festsetzung ermöglicht Art 8 I. Die Ersatzhaft kann in ihrer gesamten Höhe bezeichnet (zB Ordnungsgeld von 100 Euro, ersatzweise 4 Tage Ordnungshaft) oder nach einem Umrechnungsschlüssel (zB je 1 Tag Ordnungshaft für 50 € Ordnungsgeld) festgesetzt werden. Die Teilung des Ordnungsgeldes muss dann eine ohne Rest errechenbare Zahl ergeben (Bay NJW **60**, 878).

5 C. Die **Vollstreckung der Ersatzhaft** setzt die Uneinbringlichkeit des Ordnungsgeldes voraus (vgl § 459e StPO für die Geldstrafe). Zur quotenmäßigen Berechnung bei nur teilweiser Uneinbringlichkeit vgl Hamburg HESt **1**, 30. Die Vollstreckung regelt § 88 StVollstrO, den Vollzug §§ 171 ff StVollzG.

6 **3) Vollstreckungsbehörde** ist grundsätzlich die StA (§ 36 II S 1, § 161a II S 1 StPO); zur Übertragung auf den Rechtspfleger vgl § 31 IV iVm II RPflG. Für die Vollstreckung der nach §§ 177, 178 GVG verhängten Ordnungsmittel gilt die Sondervorschrift des § 179 GVG iVm § 31 III **RPflG.**

Zahlungserleichterungen bei Ordnungsgeld

7 **I [1]Ist dem Betroffenen nach seinen wirtschaftlichen Verhältnissen nicht zuzumuten, das Ordnungsgeld sofort zu zahlen, so wird ihm eine Zahlungsfrist bewilligt oder gestattet, das Ordnungsgeld in bestimmten Teilbeträgen zu zahlen. [2]Dabei kann angeordnet werden, dass die Vergünstigung, das Ordnungsgeld in bestimmten Teilbeträgen zu zahlen, entfällt, wenn der Betroffene einen Teilbetrag nicht rechtzeitig zahlt.**

II [1]Nach Festsetzung des Ordnungsgeldes entscheidet über die Bewilligung von Zahlungserleichterungen nach Absatz 1 die Stelle, der die Vollstreckung des Ordnungsgeldes obliegt. [2]Sie kann eine Entscheidung über Zahlungserleichterungen nachträglich ändern oder aufheben. [3]Dabei darf sie von einer vorausgegangenen Entscheidung zum Nachteil des Betroffenen nur auf Grund neuer Tatsachen oder Beweismittel abweichen.

III [1]Entfällt die Vergünstigung nach Absatz 1 Satz 2, das Ordnungsgeld in bestimmten Teilbeträgen zu zahlen, so wird dies in den Akten vermerkt. [2]Dem Betroffenen kann erneut eine Zahlungserleichterung bewilligt werden.

IV Über Einwendungen gegen Anordnungen nach den Absätzen 2 und 3 entscheidet die Stelle, die das Ordnungsgeld festgesetzt hat, wenn einer anderen Stelle die Vollstreckung obliegt.

1 **1) Zahlungserleichterungen** (I): Bei Unzumutbarkeit der sofortigen Zahlung sind die Stundung (Bewilligung einer Zahlungsfrist) und die Teilzahlungsbewilligung mit oder ohne Verfallklausel zulässig. Die Verfallklausel führt zum Wegfall der Teilzahlungsbewilligung bei Verzug mit nur einer Rate; ein Widerrufsbeschluss ist nicht erforderlich (6 zu § 459a StPO). Die zu § 42 StGB, § 18 OWiG entwickelten Grundsätze gelten entspr. Ist mit der Zahlung des Ordnungsgeldes von vornherein nicht zu rechnen, so braucht auch keine Zahlungserleichterung gewährt zu werden (vgl BGH **13**, 356). Die nachträgliche Änderung und Aufhebung ist zulässig (II 2), zum Nachteil des Betroffenen aber nur auf Grund neuer Tatsachen oder Beweismittel (II 3; vgl dazu 5 zu § 459a StPO). Bei Bewilligung einer Zahlungserleichterung ruht die Vollstreckungsverjährung (Art 9 II S 4 Nr 3).

2 **2)** Die **Bewilligung** (II) ist schon im Ordnungsgeldbeschluss möglich, kommt aber vor allem im Vollstreckungsverfahren in Betracht. Zuständig ist die Vollstreckungsbehörde (6 zu Art 6). Es gelten die gleichen Grundsätze wie bei § 459a StPO (dort 1, 2, 4) und § 93 OWiG.

3 **3)** Das **Entfallen der Ratenzahlungsbewilligung** (III) wegen Eintritts der Verfallklausel nach I S 2 muss in den Akten vermerkt werden, schließt aber eine

erneute Bewilligung von Zahlungserleichterungen nicht aus. Die Vorschrift entspricht § 459 a III StPO (dort 6).

4) Einwendungen gegen nachträgliche Anordnungen (IV) werden von der Stelle beschieden, die den Ordnungsgeldbeschluss erlassen hat, auch wenn sie nicht zugleich Vollstreckungsbehörde ist. Gegen Anordnungen des Rechtspflegers ist der Rechtsbehelf gegeben, der nach den allgemeinen verfahrensrechtlichen Vorschriften zulässig ist (§ 31 VI S 1 **RPflG**). Gegen die Entscheidung des Gerichts ist nach § 304 I, II StPO Beschwerde zulässig. Im Fall des § 161 a II S 1 StPO kann auf gerichtliche Entscheidung nach § 161 III StPO angetragen werden. 4

Nachträgliche Entscheidungen über die Ordnungshaft

8 **I [1]Kann das Ordnungsgeld nicht beigetrieben werden und ist die Festsetzung der für diesen Fall vorgesehenen Ordnungshaft unterblieben, so wandelt das Gericht das Ordnungsgeld nachträglich in Ordnungshaft um. [2]Das Gericht entscheidet nach Anhörung der Beteiligten durch Beschluss.**

II Das Gericht ordnet an, dass die Vollstreckung der Ordnungshaft, die an Stelle eines uneinbringlichen Ordnungsgeldes festgesetzt worden ist, unterbleibt, wenn die Vollstreckung für den Betroffenen eine unbillige Härte wäre.

1) Nachträgliche Festsetzung der Ersatzhaft (I) ist zulässig, wenn die Festsetzung in dem Ordnungsgeldbeschluss versehentlich oder absichtlich unterlassen worden war. Zuständig ist das Gericht, das den Beschluss erlassen hat, auch wenn die Strafsache bei ihm nicht mehr anhängig ist, bei Ordnungsgeldfestsetzungen der StA das nach § 161 a II S 2 StPO zuständige Gericht. Die Beteiligten (StA und Betroffener) müssen gehört werden. Der Beschluss ist nach § 304 I, II StPO mit der Beschwerde anfechtbar (Celle NStZ-RR **98**, 210). 1

2) Absehen von der Vollstreckung (II): Die Vorschrift entspricht dem § 459 f StPO. Zuständig für die Anordnung ist das Gericht, das den Ordnungsgeldbeschluss erlassen oder die Ersatzhaft nach § 161 a II S 2 StPO festgesetzt hat. 2

Verjährung von Ordnungsmitteln

9 **I [1]Die Verjährung schließt die Festsetzung von Ordnungsgeld und Ordnungshaft aus. [2]Die Verjährungsfrist beträgt, soweit das Gesetz nichts anderes bestimmt, zwei Jahre. [3]Die Verjährung beginnt, sobald die Handlung beendet ist. [4]Die Verjährung ruht, solange nach dem Gesetz das Verfahren zur Festsetzung des Ordnungsgeldes nicht begonnen oder nicht fortgesetzt werden kann.**

II [1]Die Verjährung schließt auch die Vollstreckung des Ordnungsgeldes und der Ordnungshaft aus. [2]Die Verjährungsfrist beträgt zwei Jahre. [3]Die Verjährung beginnt, sobald das Ordnungsmittel vollstreckbar ist. [4]Die Verjährung ruht, solange

1. nach dem Gesetz die Vollstreckung nicht begonnen oder nicht fortgesetzt werden kann,
2. die Vollstreckung ausgesetzt ist oder
3. eine Zahlungserleichterung bewilligt ist.

1) Festsetzungsverjährung (I): 1

A. Die **Verjährungsfrist** (I S 2) beträgt, wenn nichts anderes bestimmt ist, 2 Jahre. Die Fristberechnung regeln §§ 187 I, 188 II BGB. 2

B. Die **Verjährung beginnt** (I S 3), sobald die Handlung beendet ist, bei der Ungebühr nach § 178 GVG also an dem Tag, an dem sie begangen wurde. Bei Nichterfüllung gesetzlich bestimmter Pflichten gelten die Grundsätze des echten 3

Unterlassungsdelikts. Die Verjährung beginnt, sobald die Pflicht zum Handeln entfällt (Fischer 14 zu § 78a StGB mwN). In den Fällen der §§ 51, 70 StPO, 56 GVG beginnt die Verjährung an dem Verhandlungstag, an dem der Betroffene säumig oder sonst ungehorsam war.

4 C. **Ruhen der Verjährung** (I S 4): Die Vorschrift entspricht § 78b I S 1 Nr 2 1. Hs StGB, § 32 I S 1 OWiG.

5 2) **Vollstreckungsverjährung** (II): Die Verjährungsfrist beträgt auch hier 2 Jahre (erg oben 2). Sie beginnt, sobald das Ordnungsmittel vollstreckbar ist, setzt also (vgl § 307 I StPO, § 181 II GVG) die Rechtskraft des Beschlusses nicht voraus. Eine Ausnahme gilt für den Fall des § 180 GVG (vgl § 181 II GVG). Das Ruhen der Verjährung regelt II S 4.

4. Konvention zum Schutze der Menschenrechte und Grundfreiheiten

Vom 4. November 1950 (BGBl 1952 II 685) idF der Bek vom 17. Mai 2002 (BGBl II 1054)
(Auszug)

Vorbemerkungen

1 1) Ein **völkerrechtlicher Vertrag,** dem alle 47 Mitgliedstaaten des Europarats beigetreten sind und den alle gezeichnet und ratifiziert haben, ist die am 4. 11. 1950 in Rom von zunächst 15 Staaten unterzeichnete MRK. Die BRep hat sie durch Ges vom 7. 8. 1952 (BGBl II 685, 953) ratifiziert. Nach der Bek vom 15. 12. 1953 (BGBl 1954 II 14) ist die MRK für die BRep am 3. 9. 1953 in Kraft getreten; seit dem 1. 11. 1998 gilt sie in der bereinigten Fassung des 11. ZP (BGBl 2002 II 1054; unten 2; Sartorius II 130). Der Beitritt der Europäischen Union ist in Art 6 II EUV (idF des am 1. 12. 2009 in Kraft getretenen Lissabonner Vertrags vom 13. 12. 2007, ABl EU 2007 Nr C 306; BGBl 2009 II 1223) vorgesehen (dazu Heger ZIS **09**, 408; vgl auch Esser StRR **10**, 138); die korrespondierende „Öffnungsklausel" findet sich in Art 59 II MRK.

2 2) **Zusatzprotokolle:** Abschn I MRK wird durch das ZP vom 20. 3. 1952 ergänzt, das von der BRep durch Ges vom 20. 12. 1956 (BGBl II 1879) ratifiziert worden ist. Das nach der Bek vom 13. 4. 1957 (BGBl II 226) am 13. 2. 1957 in Kraft getretene ZP sichert das Recht auf Eigentum (Art 1), Bildung (Art 2) sowie freie und geheime Wahlen (Art 3). Zu der MRK sind ferner das 2. ZP (Zuständigkeit des EGMR zur Erstattung von Gutachten), das 3. ZP (Änderung der Art 29, 30, 34), das 4. ZP (Verbot des Freiheitsentzuges wegen Nichterfüllung vertraglicher Verpflichtungen [Art 1], Gewährleistung der Freizügigkeit [Art 2], Verbot der Ausweisung der eigenen Staatsangehörigen [Art 3] und der Kollektivausweisung von Ausländern [Art 4]), das 5. ZP (Änderung der Art 22, 40) und das 6. ZP (Abschaffung der Todesstrafe) vereinbart worden. Das 2., 3. und 5. ZP ist von der BRep durch Ges vom 10. 12. 1968 (BGBl II 1111), das 4. ZP durch Ges vom 9. 5. 1968 (BGBl II 422), das 6. ZP durch Ges vom 23. 7. 1988 (BGBl II 662; dazu Calliess NJW **89**, 1019) ratifiziert worden. Das 2. und 3. ZP ist am 21. 9. 1970 in Kraft getreten (vgl Bek vom 20. 11. 1971 [BGBl 1972 II 105]), das 4. ZP am 1. 6. 1968 (Bek vom 18. 11. 1968 [BGBl II 1109]), das 5. ZP am 20. 12. 1971 (Bek vom 8. 2. 1972 [BGBl II 105]) und das 6. ZP am 1. 8. 1989 (Bek vom 27. 9. 1989 [BGBl II 814]). Von der BRep noch nicht ratifiziert ist das 7. ZP vom 22. 11. 1984, das den Grundrechtskatalog der MRK um solche Rechte erweitert, die der Internationale Pakt der Vereinten Nationen über bürgerliche und politische Rechte (IPBPR), nicht aber die MRK gewährleistet (vgl Bartsch NJW **85**, 1758). Zum IBPR vgl unten 7; dem am 23. 3. 1976 in Kraft getretenen Fakultativprotokoll

vom 19. 12. 1966 zum IPBPR, welches das Verfahren des Ausschusses zur Entgegennahme und Prüfung einer behaupteten Verletzung eines im Pakt niedergelegten Rechts regelt, hat der BTag am 21. 12. 1992 zugestimmt (BGBl II 1246). Das 8. ZP vom 19. 3. 1985, das Verfahren der Individualbeschwerde nach Art 34 verbessert und beschleunigt (vgl Bartsch NJW **86**, 1385), ist durch Ges vom 30. 6. 1989 (BGBl II 546) ratifiziert worden und am 1. 1. 1990 in Kraft getreten (dazu Bartsch NJW **91**, 1396). Das 9. ZP ist am 1. 10. 1994 in Kraft getreten und durch Art 2 VIII des 11. ZP aufgehoben worden (durch dessen Vorschriften abgelöst); das 10. ZP ist durch die Neufassung des Art 32 gegenstandslos geworden. Das 11. ZP, das die Ersetzung der EMRK, des EGMR und des Ministerkomitees für Individualbeschwerden durch einen ständigen Gerichtshof mit der Neufassung der Art 19 ff gebracht hat, ist von der BRep durch Ges vom 24. 7. 1995 (BGBl II 578) ratifiziert worden und am 1. 11. 1998 in Kraft getreten (vgl Meyer-Ladewig NJW **98**, 512); es ist nach Ablauf der Übergangsregeln gegenstandslos geworden. Das 12. ZP vom 4. 11. 2000, das auf zusätzliche Absicherung gegen jede Form von Diskriminierung zielt, ist am 1. 4. 2005 in Kraft getreten, von der BRep allerdings noch nicht ratifiziert. Hingegen ist das 13. ZP, das die Todesstrafe „unter allen Umständen" abschafft, von Deutschland am 5. 7. 2004 ratifiziert worden (BGBl II 982) und am 1. 2. 2005 in Kraft getreten (BGBl 2004 II 1722). Dem 14. ZP vom 13. 5. 2004 über die Änderung des Kontrollsystems der MRK hat die BRep mit Gesetz vom 21. 2. 2006 (BGBl II 138) zugestimmt. Es ist am 1. 6. 2010 in Kraft getreten (Übergangsvorschriften in Art 20, 21 14. ZP), nachdem seine Art 4, 6, 7 und 8 schon seit dem 1. 6. 2009 in Verfahren gegenüber Deutschland vorläufig anwendbar waren (BGBl 2009 II 823: Bek der Erklärung vom 29. 5. 2009 aufgrund des Madrider Abkommens vom 12. 5. 2009; vgl auch Meyer-Ladewig/Petzold NJW **09**, 3752 zu der nunmehr entfallenen „Zwischenlösung" des Protokolls Nr. 14bis).

3) Innerstaatliche Geltung: Die durch Art II des Zustimmungsgesetzes vom 7. 8. 1952 mit Gesetzeskraft veröffentlichte MRK ist unmittelbar geltendes innerstaatliches Recht der BRep. Gegenüber dem sonstigen innerstaatlichen Recht hat sie keinen Vorrang; sie steht nur im Rang eines einfachen Bundesgesetzes (BVerfGE **10**, 271, 274 = NJW **60**, 1243 mit Anm Guradze; BayVerfGHE **9** II 21 = NJW **61**, 1619; BGH **21**, 81, 84; KG Rpfleger **88**, 331; Bremen NJW **60**, 1265 mit Anm von Stackelberg; Weigend StV **00**, 386). Allgemeine Regeln des Völkerrechts iS des Art 25 GG sind auch die Bestimmungen des Abschn I nicht (KG aaO; Herzog DÖV **59**, 44; Klein in FS für Laun, 1962, S 152 ff; **aM** Guradze Einl S 17; Schorn 38, 44). Ein der MRK widersprechendes Gesetz ist daher zwar völkerrechtswidrig, aber innerstaatlich gültig (Herzog aaO); späteres Recht setzt entgegenstehende Bestimmungen der MRK außer kraft (Göhler NStZ **85**, 64; Krey JZ **79**, 708; **aM** Guradze aaO; DÖV **60**, 286). 3

4) Wirkung der MRK auf bestehendes Recht: Durch die Aufnahme der MRK in das Recht der BRep ist das mit ihr übereinstimmende bestehende Recht nicht auf- oder abgelöst, sondern nur gefestigt und mit übernationalem Rechtsschutz (vgl Art 25) versehen worden (Jescheck NJW **54**, 784; D. Meyer NJW **74**, 1175; von Weber ZStW **65**, 339). Mit ihr nicht übereinstimmendes Recht hat die MRK aufgehoben, abgeändert oder ergänzt, soweit es sich um gewährleistete Menschenrechte und Grundfreiheiten handelt (Bremen NJW **60**, 1265; Düsseldorf NStZ **85**, 370, 731; Kühne NJW **71**, 224; Münch JZ **61**, 154; Woesner NJW **61**, 1383). Bei der Auslegung der bestehenden Gesetze sind die Wertentscheidungen der MRK stets zu berücksichtigen (BVerfGE **74**, 358, 370 = NJW **87**, 2427; BVerfG EuGRZ **10**, 145, 147; BGH **8**, 59, 64; BVerwGE **6**, 271; BVerwG DÖV **60**, 65; Krey JZ **79**, 708; Kühne 29 ff; vgl zum Einfluss der MRK auf den deutschen Strafprozess Eisele JR **04**, 12 sowie Kruis StraFo **03**, 34). Wegen des Verhältnisses zum EU-Recht vgl LR-Gollwitzer Einf 50 ff; Polakiewicz EuGRZ **10**, 11. 4

4a 5) **Entscheidungen des EGMR** sind bei der Gesetzesauslegung zu berücksichtigen. Das BVerfG hat dazu in seinem grundlegenden Beschluss vom 14. 10. 2004 (NJW **04**, 3407; krit dazu Kühne GA **05**, 207) ausgeführt: Sowohl die fehlende Auseinandersetzung mit einer Entscheidung des EGMR als auch deren gegen vorrangiges Recht verstoßende schematische „Vollstreckung" können gegen Grundrechte iVm dem Rechtsstaatsprinzip verstoßen. Bei der Berücksichtigung von Entscheidungen des EGMR haben die staatlichen Organe die Auswirkungen auf die nationale Rechtsordnung in ihre Rechtsanwendung einzubeziehen. Das gilt insbesondere dann, wenn es sich bei dem einschlägigen nationalen Recht um ein ausbalanciertes Teilsystem des innerstaatlichen Rechts handelt, das verschiedene Grundrechtspositionen miteinander zum Ausgleich bringen will (verschiedene Fallgruppen erörtert I. Roxin DAV-FS 1070).

5 6) Bei der **Auslegung der MRK** ist, wie allgemein bei der Anwendung internationaler Abkommen, auf den Wortlaut weniger Gewicht zu legen als bei ausschließlich innerstaatlichen Gesetzen. Art 31 I der Wiener Vertragsrechtskonvention verlangt, einen völkerrechtlichen Vertrag „nach Treu und Glauben in Übereinstimmung mit den gewöhnlichen, seinen Bestimmungen in ihrem Zusammenhang zukommenden Bedeutungen und im Lichte seines Ziels und Zwecks auszulegen". Demnach kann die Orientierung an nationalen Vorschriften in die Irre führen. Vielmehr ist die Auslegung der MRK autonom, dh unabhängig von den in den einzelnen nationalen Rechtsordnungen verwendeten Begriffen vorzunehmen, was angesichts der unterschiedlichen Rechtssysteme auch nicht anders sein kann (vgl Kühne 33; Renzikowski Keller-GS 200; Uerpmann, Die Europäische Menschenrechtskonvention, 1993, 217; Wildhaber EuGRZ **09**, 545). Nur auf diese Weise kann die Einhaltung der Garantien der MRK effektiv kontrolliert werden. In Zweifelsfällen ist für die Gerichte und Behörden der BRep nicht der deutsche, sondern der französische und englische Text maßgebend (Guradze Einl S 33; Herzog JZ **66**, 657; Lenckner GA **68**, 6; **aM** BGHZ **45**, 58, 68 = NJW **66**, 1021, 1024; Krüger NJW **70**, 1485; Woesner NJW **61**, 1383). Hier wiedergegeben ist die zwischen der BRep, Liechtenstein, Österreich und der Schweiz abgestimmte Fassung der deutschen Übersetzung (Sartorius II 130).

6 7) Die **Verletzung** der in der MRK gewährleisteten Rechte und Freiheiten durch die Gerichte oder Behörden der BRep kann mit den allgemeinen Rechtsmitteln (Beschwerde, Revision, Rechtsbeschwerde, Klage im Verwaltungsrechtsweg usw) und im Wege der Individualbeschwerde nach Art 34 gerügt werden. Eine Verfassungsbeschwerde ist ausgeschlossen (2 zu Art 13). Die Unzulässigkeit der Strafverfolgung hat der Verstoß grundsätzlich nicht zur Folge (vgl aber 9 zu Art 6 und § 359 Nr 6 StPO).

7 8) Der **Internationale Pakt über bürgerliche und politische Rechte (IPBPR)** (vgl oben 2) gewährt im Wesentlichen denselben Menschenrechtsschutz wie die MRK (vgl die Gegenüberstellung der Vorschriften bei LR-Gollwitzer Erläuterungen zur MRK); Art 53 MRK und Art 5 II IPBPR lassen jeweils weitergehende Gewährleistungen unberührt (LR-Gollwitzer Einf 51). Die deutsche Beitrittsurkunde zu dem Fakultativprotokoll vom 19. 12. 1966 zum IPBPR (BGBl 1992 II 1246) ist am 25. 8. 1993 bei der Vertragsabteilung der Vereinten Nationen in New York hinterlegt worden; damit ist das Fakultativprotokoll nach seinem Art 9 I am 25. 11. 1993 für die BRep (mit den von dieser erklärten Vorbehalten) in Kraft getreten. Das Protokoll eröffnet jedermann, der sich in seinen im Zivilpakt (BGBl 1973 II 1533) geschützten Menschenrechten verletzt fühlt, die Möglichkeit, eine Beschwerde bei dem Ausschuss für Menschenrechte der Vereinten Nationen in Genf in Gang zu bringen. Die gleichzeitige Behandlung einer Beschwerde vor diesem Ausschuss und vor dem EGMR ist ausgeschlossen; der UN-Ausschuss darf aber dieselbe Sache prüfen, nachdem das Verfahren vor dem EGMR abgeschlossen ist (Bartsch NJW **94**, 1323).

9) Die **Charta der Grundrechte der EU** (ABl EU 2007 Nr C 364 S 1) haben das Europäischen Parlament, der Rat und die Kommission am 12. 12. 2007 proklamiert. Der Wortlaut übernimmt mit Anpassungen die am 7. 12. 2000 proklamierte Charta der Grundrechte (ABl EU 2000 Nr C 364 S 1; vgl dazu Tettinger NJW **01**, 1010; Alber/Widmaier EuGRZ **00**, 497; Zuleeg EuGRZ **00**, 511) und ersetzt sie ab dem Zeitpunkt des Inkrafttretens des Vertrages von Lissabon vom 13. 12. 2007 (BGBl 2008 II 1038) am 1. 12. 2009 (BGBl 2009 II 1223). Die Charta ist am 8. 10. 2008 in BGBl II 1165 veröffentlicht worden (ebenso in EuGRZ **07**, 750; vgl dazu auch Heger ZIS **09**, 408; Mansdörfer HRRS **10**, 14). 8

Verpflichtung zur Achtung der Menschenrechte

1 Die Hohen Vertragsparteien sichern allen ihrer Hoheitsgewalt unterstehenden Personen die in Abschnitt I bestimmten Rechte und Freiheiten zu.

1) Einen **Mindeststandard an Rechten und Freiheiten,** die der gemeinsamen Überlieferung aller Vertragstaaten entsprechen, soll die MRK gewährleisten (vgl Heubel, Der „fair trial" – ein Grundsatz des Strafverfahrens? 1981, S 39; Mattil JR **65**, 167; D. Meyer MDR **74**, 194; Scheuner Jahrreiss-FS 367). Dabei ging jeder Vertragstaat davon aus, dass seine Rechtsordnung der MRK entspricht (Bockelmann Engisch-FS 464; Heubel S 38; von Weber **65**, 346). Mit der MRK sollen in 1. Hinsicht staatliche Eingriffe verhindert werden, durch die der Wesensgehalt der in Abschn I bezeichneten Grundrechte angetastet würde (Jescheck NJW **54**, 784; von Weber ZStW **65**, 335). Bei der Auslegung des GG – insbesondere bei der Bestimmung des Inhalts und der Reichweite der Grundrechte wowie des Rechtsstaatsprinzips – stellen der jeweilige Inhalt und der Entwicklungsstand der MRK sowie die Rspr des EGMR eine wichtige Auslegungshilfe dar (LR-Gollwitzer Einf 41; Kühl Jung-FS 435: „Der Sache nach 2. Verfassung hinter dem GG"; erg 4, 4 a vor Art 1). 1

2) Allen Personen werden die in Abschn I bezeichneten Rechte und Freiheiten (die Begriffe meinen dasselbe) zugesichert. Ausländer und Staatenlose stehen insoweit den eigenen Staatsangehörigen gleich. Geschützt werden auch im Ausland wohnende Inländer und Ausländer, die vor einem inländischen Gericht prozessieren oder mit inländischen Behörden zu tun haben (Echterhölter JZ **56**, 143). Auch (inländische und ausländische) juristische Personen werden geschützt und sind nach Art 25 beschwerdeberechtigt (Guradze 4). 2

3) Als **Anspruch gegen den Staat** fasst die MRK die Menschenrechte und Grundfreiheiten auf, und zwar gegenüber positivem Eingriff und Unterlassen gleichermaßen (LR-Gollwitzer 16 ff). Sie betreffen nur das Verhältnis zwischen Staat und Bürger. Daher kann der einzelne Bürger im konkreten Fall auf die Ausübung eines dieser Rechte verzichten (Echterhölter JZ **56**, 145); er muss aber die Konsequenzen seines Tuns vorhersehen können (EGMR **10**, 179 L). 3

Privatpersonen werden durch die MRK nicht zu bestimmten Handlungen verpflichtet (Herzog JZ **66**, 658; Morvay ZaöRV **21**, 319; **aM** Guradze Einl S 22; Frister GA **85**, 553; Krüger NJW **70**, 1483; von Weber ZStW **65**, 340 ff). Ob den Menschenrechten und Grundfreiheiten der MRK eine mittelbare Drittwirkung, die den Staat verpflichtet, den Einzelnen vor Angriffen von Privatpersonen zu schützen, zukommt,ist str (vgl dazu LR-Gollnitzer 21). Selbstverständlich kann aber die MRK als Prüfungsmaßstab für Handlungen Privater verwendet wird (vgl BVerwG DÖV **60**, 65, 66), zB bei der Anwendung der §§ 234 a, 241 a StGB. 4

Abschnitt I. Rechte und Freiheiten

Recht auf Leben

2 **I 1 Das Recht jedes Menschen auf Leben wird gesetzlich geschützt. 2 Niemand darf absichtlich getötet werden, außer durch Vollstreckung eines Todesurteils, das ein Gericht wegen eines Verbrechens verhängt hat, für das die Todesstrafe gesetzlich vorgesehen ist.**

II Eine Tötung wird nicht als Verletzung dieses Artikels betrachtet, wenn sie durch eine Gewaltanwendung verursacht wird, die unbedingt erforderlich ist, um

a) jemanden gegen rechtswidrige Gewalt zu verteidigen;
b) jemanden rechtmäßig festzunehmen oder jemanden, dem die Freiheit rechtmäßig entzogen ist, an der Flucht zu hindern;
c) einen Aufruhr oder Aufstand rechtmäßig niederzuschlagen.

1 **1)** Das **menschliche Leben** wird durch die Vorschrift geschützt; zur Frage, inwieweit der Schutz des vorgeburtlichen Lebens einbezogen ist, eingehend SK-Paeffgen 5 ff. I S 1 entspricht etwa dem Grundrecht auf Leben nach Art 2 II S 1 GG, hat aber keine weitergehende Bedeutung iS einer Gewährleistung der Entfaltung der Persönlichkeit (BVerfGE **6**, 389, 441 = NJW **57**, 865, 869). Die in I S 2 zugelassene Todesstrafe darf nach Art 1, 2 des 6. ZP (vgl Vorbem 2) nur noch in Kriegszeiten und in Zeiten unmittelbar bevorstehender Kriegsgefahr verhängt werden (vgl Bartsch NJW **83**, 480); nach dem von der BRep noch nicht ratifizierten 13. ZP (vgl Vorbem 2 aE) ist die Todesstrafe auch dann verboten. In der BRep ist die Todesstrafe allgemein abgeschafft (Art 102 GG; vgl auch 2 vor Art 1: 6. ZP; zur Auslieferung bei drohender Todesstrafe vgl 4 zu Art 3); ihre Wiedereinführung ist im Hinblick auf 2 II S 1 iVm Art 19 II GG ausgeschlossen (BGH NJW **96**, 857, 858). Im Kriegsfall und bei lebensbedrohendem Notstand kann Art 2 außer Kraft gesetzt werden (Art 15 I, II; vgl zur Terrorismusbekämpfung Meyer-Ladewig NVwZ **09**, 1531).

2 **2) Ausnahmen** (II):

3 A. **Notwehr** (Buchst a): Nach hM schließt die Vorschrift die Anerkennung von Notwehr zur Rettung von immateriellen Gütern und Sachwerten, auch gegen Angriffe ohne Gewaltanwendung, nicht aus, da sie das Notwehr- und Nothilferecht des einzelnen Staatsbürgers gegen seine Rechtsgenossen nicht betrifft (Fischer 40; Sch/Sch-Lenckner/Perron 62; alle zu § 32 StGB; Bockelmann Engisch-FS 456; Krey JZ **79**, 709; **aM** Köln OLGSt § 32 StGB S 1; Schorn 87; Echterhölter JZ **56**, 143; Frister GA **85**, 553; Woesner NJW **61**, 1384). Aber auch für die staatliche Notwehr oder -hilfe hat Art 2 praktisch keine Bedeutung, da die absichtliche Tötung, die er verbietet, zur Abwehr von Angriffen auf Sachen ohnehin nicht zulässig ist (Sch/Sch-Lenckner/Perron aaO). Die Notwehr nach § 32 StGB, § 15 OWiG wird durch Art 2 daher nicht berührt (Sch/Sch-Lenckner/Perron aaO; Bockelmann aaO; Roxin ZStW **93**, 99; **aM** Frister aaO; Krüger NJW **70**, 1483; vgl auch SK-Paeffgen 61 ff).

4 B. **Festnahme** (Buchst b): Die Vorschrift betrifft nur die Festnahme durch staatliche Organe, nicht durch Privatpersonen nach § 127 I StPO (Guradze 11; **aM** Schorn 88). Der Schusswaffengebrauch bei Festnahmen ist in § 10 Nrn 2–4 UZwG geregelt. Die vorsätzliche Tötung zum Zweck der Festnahme oder der Verhinderung einer Flucht ist nach dem Recht der BRep unzulässig (vgl Echterhölter JZ **56**, 144).

5 C. **Unterdrückung von Aufruhr und Aufstand** (Buchst c): Die Vorschrift ist eine Blankettnorm, die für Vollzugsbeamte durch § 10 II UZwG ausgefüllt wird (Guradze 12). Aufruhr ist die ungesetzliche Zusammenrottung einer gewalttätigen

Menschenmenge, Aufstand deren bewaffneter Widerstand gegen die Staatsgewalt (LR-Gollwitzer 23; SK-Paeffgen 70).

Verbot der Folter

3 Niemand darf der Folter oder unmenschlicher oder erniedrigender Strafe oder Behandlung unterworfen werden.

1) Folter ist die vorbedachte und gewollte Auferlegung schwerer körperlicher Qualen, die „ernste und grausame" Leiden hervorruft (EGMR EuGRZ **79**, 153; BGH **46,** 292, 303), vornehmlich zur Erlangung von Informationen oder Geständnissen, aber auch als Quälerei zu anderen Zwecken (LR-Gollwitzer 18). Sie ist eine erschwerte Form der unmenschlichen Behandlung und in der BRep schon durch Art 1 I, 104 I S 2 GG und § 136a I S 1 StPO verboten (BVerfG NJW **05**, 656). Eine Ausnahme – präventiv, nicht repressiv – kann aus Nothilfegesichtspunkten höchstens bei anders nicht zu beseitigender akuter Lebensgefahr bestimmter anderer Personen in Betracht kommen [sog Rettungsfolter]; zutr Lackner/Kühl 17a zu § 32; Erb NStZ **05**, 593, Nehm-FS 186 und Seebode-FS 99; Gössel Otto-FS 41; Götz NJW **05**, 953 gegen LG Frankfurt a. M. NJW **05**, 692; vgl ferner Fahl JR **04**, 182; Hilgendorf JZ **04**, 331; Jerouschek/Kölbel JZ **03**, 613; Miehe NJW **03**, 1219; Saliger ZStW **116**, 35; auch für diesen Fall aber gänzlich abl hingegen Jahn KritV **04**, 24; Kinzig ZStW **115**, 791; Lüderssen Rudolphi-FS 691; Merten JR **03**, 404; Roxin Eser-FS 461 und Nehm-FS 205; ferner Greco GA **07**, 628, dagegen zutr Schünemann GA **07**, 644; abwegig Scheller NJW **09**, 705, denn es geht gerade nicht um allgemeine Einschränkungen des strafprozessualen Verwertungsverbots nach § 136a StPO, sondern nur um die Frage der materiellrechtlichen Entschuldbarkeit einer Gewaltmaßnahme in einem Extremfall. Der EGMR (NStZ **08**, 699 [Entführung und Ermordung eines Elfjährigen]) hat jedoch auch für diesen Fall und selbst für den Fall eines öffentlichen Notstandes, der das Leben der Nation bedroht, das Folterverbot bestätigt; dazu eingehend Esser NStZ **08**, 657. 1

Dem **Europ. Übereinkommen** vom 26. 11. 1987 zur Verhütung von Folter und unmenschlicher oder erniedrigender Behandlung oder Strafe (Sartorius II Nr 140) hat die BRep mit Gesetz vom 29. 11. 1989 (BGBl II 946) zugestimmt (vgl dazu Bartsch NJW **91**, 1397; Puhl NJW **90**, 3057; Zimmermann NStZ **92**, 318); es ist für die BRep am 1. 6. 1990 in Kraft getreten (BGBl II 491). Den Protokollen Nr 1 und Nr 2 vom 4. 11. 1993 zum Übereinkommen hat die BRep mit Gesetz vom 17. 7. 1996 (BGBl II 1114) zugestimmt (zum Ratifikationsstand des Übereinkommens vgl EuGRZ **91**, 548). 1a

Neben das Europ. Übk tritt das „Übk gegen Folter und andere grausame, unmenschliche oder erniedrigende Behandlung oder Strafe" **(UN-Antifolterkonvention)** vom 10. 12. 1984, das völkerrechtlich am 26. 6. 1987 in Kraft getreten ist; die BRep hat es mit Ges vom 6. 4. 1990 ratifiziert (vgl LR-Gollwitzer 3). Die Ratifikationsurkunde zum Fakultativprotokoll vom 18. 12. 2002 hierzu hat die BRep am 4. 12. 2008 bei den Vereinten Nationen in New York hinterlegt; das Fakultativprotokoll ist 30 Tage nach der Hinterlegung in Kraft getreten. In Ausführung des Protokolls ist eine „Bundesstelle zur Verhütung von Folter" für den Zuständigkeitsbereich des Bundes eingerichtet (BAnz Nr 182, S 4277); durch Staatsvertrag der Länder erfolgt die Gründung einer „Kommission zur Verhütung von Folter" für den Zuständigkeitsbereich der Länder (vgl zB GVBl NW **09**, 555). Das Sekretariat der beiden Einrichtungen befindet sich bei der Kriminologischen Zentralstelle in Wiesbaden. Diese Einrichtungen sollen als unabhängige Kontrollstellen fungieren, die Gewahrsamseinrichtungen überprüfen, Mängel beanstanden und Verbesserungen anregen können. 1b

2) Unmenschliche oder erniedrigende Behandlung: Unmenschlich ist eine Behandlung, die vorsätzlich schwere geistige oder körperliche Leiden verursacht 2

und in der besonderen Situation nicht zu rechtfertigen ist (EKMR NJW **78**, 475). Unmenschlichkeit greift den Kern des Menschseins des Betroffenen an und missachtet seine Menschenwürde (Celle NdsRpfl **64**, 255). In der BRep gelten hierfür dieselben Verbotsbestimmungen wie für die Folter (oben 1). Eine erniedrigende Behandlung liegt vor, wenn sie den Betroffenen vor anderen in hohem Maße demütigt oder ihn dazu bringt, gegen Willen und Gewissen zu handeln (EKMR aaO), wenn demnach seine Stellung als freie, auf Entfaltung der geistigen und seelischen Kräfte in der Gemeinschaft angelegte Persönlichkeit nicht unerheblich in Frage steht (Köln NJW **63**, 1748; vgl auch Koblenz NJW **62**, 1881). Als unmenschlich und erniedrigend ist zB das gewaltsame Verabreichen einer Beruhigungsspritze nach der Festnahme angesehen worden (ÖstVerfGH EuGRZ **84**, 530) sowie das zwangsweise Einflößen eines Brechmittels durch eine Nasen-Magen-Sonde (EGMR NJW **06**, 3117; dazu eingehend Renzikowski Amelung-FS 669; erg 22 zu § 81 a StPO). Im oben 1 aE genannten Entführungsfall hat der EGMR die Androhung von Folter als unmenschliche Behandlung eingestuft (NStZ **08**, 699, 700; krit hierzu Esser NStZ **08**, 658).

3 **3) Unmenschliche oder erniedrigende Strafe:** Das Verbot bindet nicht nur den Gesetzgeber, sondern auch den Richter bei der Festsetzung der angemessenen Strafe innerhalb des gesetzlichen Strafrahmens (Woesner NJW **61**, 1384). Die Verhängung einer Strafe, die in keinem gerechten Verhältnis zur Schuld steht, verstößt aber schon gegen das aus Art 2 II S 1 iVm Art 1 I GG herzuleitende Übermaßverbot (BVerfGE **6**, 389, 439 = NJW **57**, 865; BVerfGE **45**, 187, 228 = NJW **77**, 1525; vgl auch Einl 20). Das Verbot gilt entspr für die Unterbringung im Strafvollzug (Frankfurt NStZ **85**, 572 mwN; Frowein/Peukert 10 ff) und für die im UHaft- und Strafvollzug in den UVollzGen der Länder (zB § 61 UVollzG RP) sowie in § 103 StVollzG vorgesehenen Disziplinarmaßnahmen (vgl VGH Bremen DÖV **56**, 703; Morvay ZaöRV **21**, 323). Bejahende und verneinende Beispiele für unmenschliche und erniedrigende Strafen bei SK-Paeffgen 15 ff.

4 **4)** Die **Ausweisung und Abschiebung von Ausländern** schließt die MRK nicht aus (BVerwGE **3**, 235 = NJW **56**, 1046; VGH Stuttgart VerwRspr **8**, 335; 859; eingehend dazu SK-Paeffgen 20 ff), von besonderen Härtefällen abgesehen, zB wenn die Ehe getrennt und dadurch gegen Art 8 verstoßen würde (VGH Stuttgart DÖV **54**, 223). Die Überantwortung eines Menschen an einen anderen Staat ist unzulässig, wenn er dort schlechthin menschenunwürdig behandelt würde (EKMR EuGRZ **86**, 324; EGMR EuGRZ **91**, 203; NJW **90**, 2183 mit Anm Lagodny: „Todeszellensyndrom"; dazu auch Vogler Meyer-GedSchr 477; OVG Mün.ster DÖV **56**, 381; Frowein/Peukert 18 ff; Kimminich EuGRZ **86**, 317; Morvay ZaöRV **21**, 329). Das Verbot der Auslieferung bei drohender Verhängung oder Vollstreckung der Todesstrafe folgt für den vertraglosen Auslieferungsverkehr aus § 8 IRG; bei bestehender vertraglicher Verpflichtung kann eine Erklärung nach Art 11 EuAlÜbk, dass die Todesstrafe nicht verhängt oder vollstreckt werde, verlangt und bei nicht ausreichender Erklärung wieder nach § 8 IRG die Auslieferung verweigert werden (Vogler NJW **94**, 1433). Ein völkerrechtliches Verbot der Auslieferung bei drohender Todesstrafe besteht (noch) nicht (**aM** Düsseldorf NJW **94**, 1485).

5 **5) Beweisverwertungsverbot:** Ein unter Anwendung von Folter erhobener Beweis ist stets unverwertbar (EGMR Nr 36 892/05 vom 3. 2. 2009); im Übrigen ist ein Beweisverwertungsverbot anzunehmen, wenn die Gesamtabwägung der Umstände graduell einen schweren Verstoß begründet (vgl EGMR NJW **06**, 3117; Lubig/Sprenger ZIS **08**, 439). Im Fall der Entführung und Ermordung eines Elfjährigen hat der EGMR – unter dem Aspekt des fairen Verfahrens – eine Fernwirkung trotz gegenteiliger „starker Vermutung" abgelehnt, da den sachlichen Beweismitteln, die aufgrund des durch unmenschliche Behandlung gewonnenen Geständnisses erlangt wurden, nur eine „Nebenrolle" im Beweisgebäude zukam und die Rechte der Verteidigung gewahrt waren (NStZ **08**, 699; vertiefend und krit hierzu Esser NStZ **08**, 658, 661).

Verbot der Sklaverei und der Zwangsarbeit

4 **I Niemand darf in Sklaverei oder Leibeigenschaft gehalten werden.**

II Niemand darf gezwungen werden, Zwangs- oder Pflichtarbeit zu verrichten.

III Nicht als Zwangs- oder Pflichtarbeit im Sinne dieses Artikels gilt

a) eine Arbeit, die üblicherweise von einer Person verlangt wird, der unter den Voraussetzungen des Artikels 5 die Freiheit entzogen oder die bedingt entlassen worden ist;

b) eine Dienstleistung militärischer Art oder eine Dienstleistung, die an die Stelle des im Rahmen der Wehrpflicht zu leistenden Dienstes tritt, in Ländern, wo die Dienstverweigerung aus Gewissensgründen anerkannt ist;

c) eine Dienstleistung, die verlangt wird, wenn Notstände oder Katastrophen das Leben oder das Wohl der Gemeinschaft bedrohen;

d) eine Arbeit oder Dienstleistung, die zu den üblichen Bürgerpflichten gehört.

1) Sklaverei und Leibeigenschaft (I) sind in den Mitgliedstaaten des Europa- 1
rats seit langem abgeschafft. Für die BRep ist das Verbot ohne Bedeutung, vgl aber zu den Begriffen EGMR NJW **07**, 41.

2) Zwangs- oder Pflichtarbeit: 2

A. **Verbot** (II): Schon nach Art 12 II S 1, III GG ist Zwangsarbeit (dazu EGMR 3
EuGRZ **85**, 477; NJW **07**, 41) nur bei einer gerichtlich angeordneten Freiheitsentziehung zulässig. II hat keine weitergehende Bedeutung.

B. **Ausnahmen** (III): 4

a) **Häftlinge oder bedingt freigelassene Verurteilte** (Buchst a): Die Vorschrift 5
lässt die Arbeit zu, die üblicherweise von nach Art 5 rechtmäßig in Haft gehaltenen Personen verlangt wird; neben Art 12 III GG hat sie keine Bedeutung. In der BRep besteht eine Arbeitspflicht nur für Strafgefangene (§§ 37, 103 I Nr 7 StVollzG) und Sicherungsverwahrte (§ 130 StVollzG); die (frühere) Arbeitspflicht für junge UGefangene (UVollzO 80 II; verfassungsrechtliche Bedenken hiergegen bei AG Zweibrücken NJW **79**, 1557; Eisenberg 84 zu § 89 c JGG mwN) ist den Regelungen in den UVollzGen der Länder gewichen (vgl zB § 71 IV UVollzG RP; § 75 III JVollzGB BW II; § 161 I S 1 NJVollzG; Ostendorf/Rose SchlHA **09**, 207). Die Weisung an einen Jugendlichen oder Heranwachsenden, Arbeitsleistungen zu erbringen (§§ 10 I S 3 Nr 4, 105 I **JGG**), verstößt nicht gegen III Buchst a, weil sie eine Freiheitsstrafe nicht verschärfen, sondern abwenden soll (Guradze 9). Nach III Buchst a sind auch Arbeitsauflagen für bedingt freigelassene Verurteilte zulässig. Das gilt sowohl bei der Aussetzung der Vollstreckung der Strafe nach § 56 StGB, §§ 21, 57 **JGG** (vgl § 56 b II Nr 3 StGB: Erbringen gemeinnütziger Leistungen; § 23 I S 2 JGG: Auflagen) als auch bei der Aussetzung des Restes einer teilverbüßten Freiheitsstrafe nach §§ 57, 57 a StGB, § 88 **JGG** (einschr KK-Schädler 6). In diesem Fall gelten § 56 b StGB (vgl §§ 57 III S 1, 57 a III S 2 StGB) und § 23 JGG (vgl § 88 VI S 1 **JGG**) entspr.

b) **Wehr- und Ersatzdienst** (Buchst b): Vgl Art 12 a GG. Der Staat ist berech- 6
tigt, die im Zusammenhang mit diesen Dienstleistungen stehende Arbeit von den wehrpflichtigen Bürgern zu verlangen.

c) **Notstandspflichten** (Buchst c) sind Feuerwehr-, Wasserwehr- und Deich- 7
pflichten, Hilfspflichten beim polizeilichen Notstand und Dienstleistungen nach §§ 1 I Nrn 1 und 2, 2 I Nr 9 des Bundesleistungsgesetzes idF vom 27. 9. 1961 (BGBl I 1769, 1820). Bei Notstand und in Katastrophenfällen ergibt sich eine Arbeitspflicht auch aus § 323 c StGB. Sie ist aber an strengere Anforderungen geknüpft, als III Buchst c aufstellt; denn die Strafvorschrift setzt die Zumutbarkeit der Hilfeleistung voraus.

8 d) **Normale Bürgerpflichten** (Buchst d): Hierzu gehören alle Straßenreinigungs-, Streu- und Schneeräumungspflichten sowie Hand- und Spanndienste, die auch Art 12 II GG zulässt, weil sie im Rahmen einer herkömmlichen, für alle gleichen öffentlichen Dienstleistungspflicht geleistet werden (vgl Scholz in Maunz/Dürig 489 zu Art 12 GG; Echterhölter JZ **56**, 144). Zur Diskussion um die Einführung eines sozialen Pflichtjahres bei Abschaffung der Wehrpflicht vgl SK-Paeffgen 21: Kein Verstoß gegen Art 4.

Recht auf Freiheit und Sicherheit

5 **I [1] Jede Person hat das Recht auf Freiheit und Sicherheit. [2] Die Freiheit darf nur in den folgenden Fällen und nur auf die gesetzlich vorgeschriebene Weise entzogen werden:**

a) rechtmäßige Freiheitsentziehung nach Verurteilung durch ein zuständiges Gericht;

b) rechtmäßige Festnahme oder Freiheitsentziehung wegen Nichtbefolgung einer rechtmäßigen gerichtlichen Anordnung oder zur Erzwingung der Erfüllung einer gesetzlichen Verpflichtung;

c) rechtmäßige Festnahme oder Freiheitsentziehung zur Vorführung vor die zuständige Gerichtsbehörde, wenn hinreichender Verdacht besteht, dass die betreffende Person eine Straftat begangen hat, oder wenn begründeter Anlass zu der Annahme besteht, dass es notwendig ist, sie an der Begehung einer Straftat oder an der Flucht nach Begehung einer solchen zu hindern;

d) rechtmäßige Freiheitsentziehung bei Minderjährigen zum Zweck überwachter Erziehung oder zur Vorführung vor die zuständige Behörde;

e) rechtmäßige Freiheitsentziehung mit dem Ziel, eine Verbreitung ansteckender Krankheiten zu verhindern, sowie bei psychisch Kranken, Alkohol- oder Rauschgiftsüchtigen und Landstreichern;

f) rechtmäßige Festnahme oder Freiheitsentziehung zur Verhinderung der unerlaubten Einreise sowie bei Personen, gegen die ein Ausweisungs- oder Auslieferungsverfahren im Gange ist.

II Jeder festgenommenen Person muss innerhalb möglichst kurzer Frist in einer ihr verständlichen Sprache mitgeteilt werden, welches die Gründe für ihre Festnahme sind und welche Beschuldigungen gegen sie erhoben werden.

III [1] Jede Person, die nach Absatz 1 Buchstabe c von Festnahme oder Freiheitsentziehung betroffen ist, muss unverzüglich einem Richter oder einer anderen gesetzlich zur Wahrnehmung richterlicher Aufgaben ermächtigten Person vorgeführt werden; sie hat Anspruch auf ein Urteil innerhalb angemessener Frist oder auf Entlassung während des Verfahrens. [2] Die Entlassung kann von der Leistung einer Sicherheit für das Erscheinen vor Gericht abhängig gemacht werden.

IV Jede Person, die festgenommen oder der die Freiheit entzogen ist, hat das Recht zu beantragen, dass ein Gericht innerhalb kurzer Frist über die Rechtmäßigkeit der Freiheitsentziehung entscheidet und ihre Entlassung anordnet, wenn die Freiheitsentziehung nicht rechtmäßig ist.

V Jede Person, die unter Verletzung dieses Artikels von Festnahme oder Freiheitsentziehung betroffen ist, hat Anspruch auf Schadensersatz.

1 **1) Freiheitsentziehung** (I): Freiheit und Sicherheit bedeuten dasselbe (Frowein/Peukert 4; Guradze 2). Wie in Art 2 II S 2 GG ist nur der, auch kurzfristige (Frowein/Peukert 16 ff; Maaß NVwZ **85**, 155), Freiheitsentzug ieS (im Gegensatz zur bloßen Freiheitsbeschränkung) gemeint (Vogler ZStW **82**, 754; **89**, 767; vgl auch EGMR NJW **84**, 544, 547). Die Fälle der zulässigen Freiheitsentziehung führt Art 5 I S 2, anders als Art 104 I GG, erschöpfend auf (EGMR StV **10**, 181, 182; Meyer-Ladewig 5; Herzog AöR **86**, 207). Auch diese Vorschrift stellt aber

nur Mindestanforderungen an den Gesetzgeber (zur Rspr des EGMR vgl Trechsel EuGRZ **80**, 514; zum Rechtmäßigkeitsbegriff vgl LR-Gollwitzer 27 ff). Die Haft ist grundsätzlich rechtmäßig, wenn sie aufgrund einer (nicht willkürlichen) gerichtlichen Anordnung erfolgt; die nachträgliche Feststellung, dass dem Gericht nach innerstaatlichem Recht bei dem Erlass der Anordnung ein Fehler unterlief, bedeutet nicht notwendigerweise, dass die dazwischen liegende Haft rückwirkend für unrechtmäßig erklärt wird (EGMR StV **08**, 475, 478, bestätigt durch Große Kammer EuGRZ **09**, 566, 572 [anders nur bei groben offensichtlichen Mängeln]). Ein Verstoß gegen I hat daher auch nicht ohne weiteres die Unzulässigkeit der Strafverfolgung zur Folge (Düsseldorf NJW **84**, 2050, 2052). Im Einzelnen sind folgende Freiheitsentziehungen, wenn sie gesetzlich ausdrücklich bestimmt sind, auf dem gesetzlich vorgeschriebenen Weg zulässig (I S 2; vgl auch zu § 7 II JGG BGH 1 StR 554/09 vom 9. 3. 2010):

A. **Freiheitsentziehung auf Grund richterlicher Verurteilung** (Buchst a): 2
Der Strafbefehl steht dem Urteil gleich (Trechsel JR **81**, 137). In Betracht kommen Freiheitsstrafen, freiheitsentziehende Maßregeln der Besserung und Sicherung (nicht aber – mangels hinreichenden Kausalzusammenhangs mit der Verurteilung – die 1. Sicherungsverwahrung über 10 Jahre in sog Altfällen, EGMR StV **10**, 181 [dazu Müller StV **10**, 207]), Straf- und Jugendarrest, auch die Ordnungshaft nach § 890 ZPO (Guradze 12). Die Rechtskraft des Urteils wird nicht vorausgesetzt (Vogler ZStW **89**, 770). Haft aufgr Sicherungshaftbefehls nach § 453 c StPO und zur Sicherung der Vollstreckung ausl Urteile (§ 58 IRG) ist ebenfalls zulässig.

B. **Ordnungs- und Erzwingungshaft** (Buchst b): Die Vorschrift enthält eine 3
Art Generalklausel (Guradze 13; Schorn 139; von Weber ZStW **65**, 343), die alle in den innerstaatlichen Verfahrensordnungen vorgesehenen Festnahme- und Vorführungsfälle sowie die Fälle unmittelbaren Zwangs (Einl 46; vgl etwa 28 ff zu § 81 a StPO) deckt, soweit sie nicht durch andere Bestimmungen des Art 5 erfasst werden. Unter I Buchst b fallen insbesondere die Ordnungs- und Beugehaft nach §§ 51, 70 I und II (BGH **36**, 236, 239), 95 II StPO, §§ 380 I, 390, 888, 901, 918 ZPO, §§ 177, 178 GVG, § 21 III InsO, die Erzwingungshaft nach § 96 OWiG, die Festhaltung nach §§ 164, 231 I StPO, die Vorführung nach §§ 51 I, 134, 230 II, 457 II StPO, § 380 II ZPO, § 21 III InsO, die Untersuchungshaft nach §§ 127 b II, 230 II StPO und die polizeiliche Festhaltung von Störern (Guradze 13; Maaß NVwZ **85**, 155).

C. **Vorläufige Festnahme** (Buchst c): Die Vorschrift verlangt nur Tatverdacht 4
oder Fluchtgefahr; der Verdachtsgrad, den sie voraussetzt, ist geringer als der nach §§ 112 ff, 127 StPO. Haft zum Zweck der Vorführung iS der Vorschrift ist auch und insbesondere die UHaft (BGHZ **57**, 33 = NJW **71**, 1986), ferner die einstweilige Unterbringung nach § 126 a StPO (vgl EGMR EuGRZ **92**, 535; Pollähne/Ernst StV **09**, 706 Fn 14 mwN); die nach I Buchst c zulässige UHaft wegen Wiederholungsgefahr sieht § 112 a StPO vor (Renzikowski JR **04**, 273). Zulässig ist auch die Freiheitsentziehung zur Verhütung einer „konkreten und spezifischen" Straftat (EGMR StV **10**, 181, 183, 184; zur Zulässigkeit des Polizeigewahrsams zur Verhinderung unmittelbar bevorstehender Straftaten vgl Maaß NVwZ **85**, 155).

D. **Haftanordnung gegen Minderjährige aus Erziehungsgründen** 5
(Buchst d): Zulässig ist die Heimerziehung (§§ 1666, 1666 a BGB; §§ 34, 42, 43 *SGB VIII*; §§ 5, 9, 12 Nr 2 JGG) und die Vorführung vor Gericht nach § 90 II S 2 FamFG.

E. **Haft wegen Allgemeingefährlichkeit** (Buchst e): Vgl § 126 a StPO, § 30 6
II IFSG sowie die Unterbringungsgesetze der Länder (vgl auch EGMR EuGRZ **92**, 535; NJW **04**, 2209; NStZ **10**, 263, 264). Landstreicherei ist nur bei einem Zustand „schwerer Verwahrlosung" anzunehmen (SK-Paeffgen 44).

F. **Abschiebungs- und Auslieferungshaft gegen Ausländer** (Buchst f): Vgl 7
§ 62 AufenthG, §§ 15, 16, 34 IRG. Auch die Haft zur Sicherung der Durchlieferung nach § 45 IRG ist durch I Buchst f abgedeckt (Schorn 165).

8 **2) Unterrichtungspflicht** (II): Vgl (weitergehend, KK-Schädler 20) § 114a StPO, RiStBV 181 II.

9 **3) Vorführungspflicht** (III S 1, 1. Hs): Vgl Art 104 III GG, §§ 115, 115a, 128 StPO. Die Vorschrift gilt nur für die Festnahme oder Verhaftung nach I Buchst c (EGMR NJW **07**, 3699). Um eine Festnahme iS III handelt es sich daher nicht bei der Vorführung zur Vernehmung nach §§ 51 I S 3, 133 II, 134, 135, 161 a I S 2, 163 a III S 2 StPO. Nach Erlass eines Urteils gilt nur I Buchst a (Vogler ZStW **89**, 770).

9a Zur B**egründung** von Entscheidungen, die Haft anordnen oder aufrechterhalten, genügt nicht die bloße Aufzählung der Haftgründe; vielmehr sind diese mit stichhaltigen und ausreichenden Angaben zu untermauern, wobei auch zu überprüfen ist, ob die Gründe im Voranschreiten des Verfahrens noch gültig sind (EGMR – Große Kammer – NJW **10**, 213).

10 **4) Beschleunigungspflicht** (III S 1, 2. Hs): Ein Anspruch auf Aburteilung innerhalb angemessener Frist besteht nach Art 6 I S 1 allgemein (vgl auch Einl 160 und Starke StV **88**, 224). Dass er Inhaftierten in besonderem Maße zusteht, ergibt sich bereits aus Art 2 I S 2 GG (BVerfGE **20**, 45 = NJW **66**, 1259; Baumann EbSchmidt-FS 536). III S 1, 2. Hs bestimmt darüber hinaus, dass der Inhaftierte aus der Haft zu entlassen ist, wenn dem Beschleunigungsgebot nicht entsprochen wird (EGMR NJW **07**, 3699). Das Wort „oder" bedeutet nicht, dass der Verhaftete insoweit ein Wahlrecht hat (Guradze 32; Vogler ZStW **82**, 758; **89**, 773). Haftentlassung gegen Sicherheitsleistung (III S 2) sieht § 116 I S 2 Nr 4 StPO vor.

11 Für die Beurteilung der **Angemessenheit der Frist,** die im Hinblick auf die Umstände des Einzelfalls geprüft werden muss (EGMR EuGRZ **93**, 384; NJW **05**, 3125; zur EGMR-Rspr vgl ferner Frowein/Peukert 122ff; Keller/Meyer-Mews StraFo **05**, 354) ist der Zeitraum von der nach Festnahme oder nach Auslieferung einsetzenden UHaft (Frowein/Peukert 120) bis zu dem Tag maßgebend, an dem über die Begründetheit der Anklage entschieden wird (EGMR JR **68**, 463; Schultz JR **68**, 441), also bis zum Erlass des erstinstanzlichen Urteils (Bartsch JuS **70**, 448; Vogler ZStW **82**, 758). Dauer der UHaft über 6 Monate ist nach § 121 I StPO idR unzulässig. Dauert die UHaft schon überaus lange, muss das Prozessgericht mit besonderer Beschleunigung verhandeln (EGMR NJW **05**, 3125 = StV **05**, 136 mit Anm Pauly: Verstoß gegen Art 5 III bei 2jähriger UHaft und weniger als 4 Verhandlungsterminen pro Monat mit durchschnittlich weniger als $2^1/_2$ Stunden Verhandlungsdauer). Nach Urteilserlass schützt Art 6 I, der auch den Zeitraum bis zur Rechtskraft des Urteils umfasst. Dass die UHaft die Strafe übersteigt, die am Ende ausgesprochen wird, beweist nicht ohne weiteres einen Verstoß gegen III (Morvay ZaöRV **21**, 331; Vogler ZStW **82**, 759).

12 Die **Überschreitung der angemessenen Frist** führt zwar zur Beendigung der Haft, grundsätzlich aber nicht zur Einstellung des Verfahrens (erg 9, 9b aE zu Art 6); zu § 126a StPO vgl Hamm StV **09**, 703 mit Anm Pollähne/Ernst).

13 **5) Haftprüfungsverfahren** (IV): Vgl §§ 115, 117, 122, 128 StPO. Die Entscheidung muss innerhalb einer den konkreten Umständen des Falles angemessenen Frist erfolgen (EGMR StV **08**, 475, 479, bestätigt durch Große Kammer EuGRZ **09**, 566, 576; vgl im Einzelnen SK-Paeffgen 65ff). Regelmäßig ist dabei nur die bei größtmöglicher Beschleunigung erreichbare Minimaldauer hinnehmbar (BGH StV **08**, 633). Im Prüfungsverfahren nach § 67e StGB muss einem nach § 63 StGB Untergebrachten idR rechtlicher Beistand gewährt werden (EGMR NJW **92**, 2945 = StV **93**, 88 mit zust Anm Bernsmann). Zur wirksamen Anfechtung der Rechtmäßigkeit einer Freiheitsentziehung hat der Verteidiger ein Recht auf Akteneinsicht (§ 147 II S 2, dort 25a). Zur Prüfung der Rechtmäßigkeit einer (vorläufigen) Unterbringung zur Erstellung eines psychiatrischen Gutachtens vgl EGMR NJW **04**, 2209.

14 **6) Schadensersatzanspruch** (V): Die Vorschrift begründet unmittelbar einen Entschädigungsanspruch gegen den Staat (BGHZ **45**, 30, 34 = NJW **66**, 924), und

zwar gegen die öffentlich-rechtliche Körperschaft, in deren Bereich die Verhaftung eingetreten ist (Brückler DRiZ **65**, 255); er kann nur im Zivilrechtsweg geltend gemacht werden (München NStZ-RR **96**, 125). Der Anspruch setzt rechtswidrige Haft, aber kein Verschulden voraus (BGHZ **45**, 58, 66 = NJW **66**, 1021, 1023), wobei die Rechtswidrigkeit sowohl an den innerstaatlichen Gesetzen als auch an den Bestimmungen der MRK gemessen werden kann (BGH aaO; BGHZ **57**, 33 = NJW **71**, 1986), und geht daher über den Anspruch nach § 839 BGB hinaus, der aber neben dem nach V bestehen bleibt (Rüping 710). Ansprüche nach dem **StrEG** schließen den Anspruch nach V nicht aus (LR-Gollwitzer 130; erg 3 vor § 1 StrEG)). Die Vorschrift gilt jedoch nicht für den Fall der Strafverbüßung auf Grund eines unrichtigen, aber formell rechtmäßigen Urteils (BGHZ **57**, 33 = NJW **71**, 1986), nach Hamm (NStZ **89**, 327 mit abl Anm Seebode) auch nicht bei einer gegen den Verhältnismäßigkeitsgrundsatz verstoßenden, jedoch nicht willkürlich angeordneten Unterbringung in einem psychiatrischen Krankenhaus. Der Anspruch nach V ist kein Aufopferungsanspruch (**aM** Guradze 43; Schorn 178; Brückler DRiZ **65**, 253; Echterhölter JZ **56**, 142; Herzog AöR **86**, 238; JZ **66**, 657), sondern ein Fall der Gefährdungshaftung mit deliktsähnlichem Einschlag (BGHZ **45**, 58, 66 ff = NJW **66**, 1021, 1025); für die Verjährung gilt daher § 195 (früher § 852) BGB entspr (BGH aaO; LR-Gollwitzer 137). Nach V wird der volle Schaden ersetzt (BGHZ **45**, 58, 68 = NJW **66**, 1021, 1024; Guradze 41; Herzog JZ **66**, 657; Vogler ZStW **82**, 761; Zörb NJW **70**, 2146), auch der immaterielle (BGH NJW **93**, 2927; NStZ **10**, 229; Rüping 710; **aM** Brückler DRiZ **65**, 257). Vgl nunmehr auch Strafner StV **10**, 275.

Recht auf ein faires Verfahren

6 **I [1]Jede Person hat ein Recht darauf, dass über Streitigkeiten in Bezug auf ihre zivilrechtlichen Ansprüche und Verpflichtungen oder über eine gegen sie erhobene strafrechtliche Anklage von einem unabhängigen und unparteiischen, auf Gesetz beruhenden Gericht in einem fairen Verfahren, öffentlich und innerhalb angemessener Frist verhandelt wird. [2]Das Urteil muss öffentlich verkündet werden; Presse und Öffentlichkeit können jedoch während des ganzen oder eines Teiles des Verfahrens ausgeschlossen werden, wenn dies im Interesse der Moral, der öffentlichen Ordnung oder der nationalen Sicherheit in einer demokratischen Gesellschaft liegt, wenn die Interessen von Jugendlichen oder der Schutz des Privatlebens der Prozessparteien es verlangen oder – soweit das Gericht es für unbedingt erforderlich hält – wenn unter besonderen Umständen eine öffentliche Verhandlung die Interessen der Rechtspflege beeinträchtigen würde.**

II Jede Person, die einer Straftat angeklagt ist, gilt bis zum gesetzlichen Beweis ihrer Schuld als unschuldig.

III Jede angeklagte Person hat mindestens folgende Rechte:

a) innerhalb möglichst kurzer Frist in einer ihr verständlichen Sprache in allen Einzelheiten über Art und Grund der gegen sie erhobenen Beschuldigung unterrichtet zu werden;

b) ausreichende Zeit und Gelegenheit zur Vorbereitung ihrer Verteidigung zu haben;

c) sich selbst zu verteidigen, sich durch einen Verteidiger ihrer Wahl verteidigen zu lassen oder, falls ihr die Mittel zur Bezahlung fehlen, unentgeltlich den Beistand eines Verteidigers zu erhalten, wenn dies im Interesse der Rechtspflege erforderlich ist;

d) Fragen an Belastungszeugen zu stellen oder stellen zu lassen und die Ladung und Vernehmung von Entlastungszeugen unter denselben Bedingungen zu erwirken, wie sie für Belastungszeugen gelten;

e) unentgeltliche Unterstützung durch einen Dolmetscher zu erhalten, wenn sie die Verhandlungssprache des Gerichts nicht versteht oder spricht.

1 **1) Anwendungsbereich:** Die Vorschrift gilt nicht nur für die Straf- und Zivilgerichtsbarkeit, sondern auch für das Bußgeldverfahren (EGMR NJW **85**, 1273; EuGH WM **10**, 65; Bamberg NJW **09**, 2468; Schroth EuGRZ **85**, 557; str; zum Streitstand und zur praktischen Bedeutung der Streitfrage ausführlich KK/OWiG-Lampe 6 ff zu § 46). Sie gilt uU – abhängig von der Sanktions-Intensität – auch in berufsrechtlichen „Disziplinarverfahren" (vgl dazu EGMR NJW **82**, 2714; **84**, 548 L; BGH NJW **10**, 1155 [Steuerberater]; SK-Paeffgen 23; anders noch BVerwG NJW **83**, 531), ähnlich im Auslieferungsverfahren (SK-Paeffgen 24); im verwaltungsgerichtlichen Verfahren gilt sie jedenfalls nicht, wenn der Organwalter hoheitlich tätig wird (dazu eingehend SK-Paeffgen 20 ff). Sie ist entgegen ihrem Wortlaut nicht nur auf Angeklagte (vgl § 157 StPO), sondern auf jeden Beschuldigten anzuwenden (EGMR NJW **09**, 3709; Kempf DAV-FS 595; Schroeder GA-FS 206 ff; erg unten 8). Zum Geltungsbereich des Art 6 im Einzelnen vgl auch LR-Gollwitzer 12 ff, zur Auslegung durch den EGMR vgl Frowein/Peukert 4 ff, 51 ff. „Argumentationspotentiale und Verteidigungschancen des Art. 6 EMRK" erörtert Gaede HRRS-Fezer-FG 21 ff.

2 **2) Anspruch auf faires Verfahren und öffentliche Anhörung in angemessener Frist** (I S 1):

3 A. Die **Anhörung** muss nicht in mündlicher Verhandlung stattfinden (Röhl NJW **64**, 275).

4 B. **Faires Verfahren:** Die Vorschrift enthält den fair trial-Grundsatz (EKMR NJW **63**, 2247). Er hat allgemeine Bedeutung für den gesamten Bereich des Art 6, garantiert aber nach der MRK nur einen Mindeststandard an Rechten (vgl Dörr, Faires Verfahren, 1984, S 71 ff; Heubel, Der „fair trial" – ein Grundsatz des Strafverfahrens? 1981, S 30 ff; erg unten 16); dazu gehört insbesondere der Grundsatz der Waffengleichheit (Frowein/Peukert 83 ff; dazu Einl 88), nach Engländer (JZ **09**, 1180 mwN) auch das Verbot des *venire contra factum proprium.* Darüber hinausgehende Ansprüche stehen den Beschuldigten und anderen Verfahrensbeteiligten auf Grund des Rechtsstaatsgrundsatzes (Art 20 III GG) zu; vgl im Einzelnen Einl 19. Art 6 enthält keine grundsätzlichen Bestimmungen über die Zulässigkeit von Beweismitteln und schreibt insbesondere nicht vor, dass nach nationalem Recht rechtswidrig erlangte Beweismittel nicht verwertet werden dürfen (EGMR NJW **89**, 655; ebenso EGMR NJW **10**, 213, 215 für unter Verstoß gegen Art 8 erlangte Beweise; eing und krit Gaede JR **09**, 494).

5 Den **Anforderungen** des I S 1 genügt die StPO grundsätzlich durch die Gewährung des rechtlichen Gehörs (§§ 33, 33 a, 308 I, 311 a), des Rechts auf Verteidigung (§§ 137 ff, 265 III, IV; vgl EGMR HRRS **09**, 471 L: auch bei unentschuldigtem Ausbleiben des Angeklagten), die Aussagefreiheit des Beschuldigten (EGMR NJW **02**, 499; **10**, 213, 215; JR **05**, 423 mit Anm Gaede; BGH **53**, 294, 305), dessen Schweigen allein nicht als belastendes Indiz gewertet werden darf (15 zu § 261), den Grundsatz der freien Beweiswürdigung (§ 261), die Einräumung von Rechtsmitteln (§§ 296 ff), die Rechtsmittelbelehrung (§ 35 a) ua. Die Auslegung der MRK durch den EGMR ist jedoch bei der Anwendung der StPO zu berücksichtigen (BGH **46**, 93, 97; erg 4 a vor Art 1).

5a **Verstöße** gegen den Grundsatz des fairen Verfahrens müssen mit einer Verfahrensrüge geltend gemacht werden (offen gelassen von BGH **45**, 321, 323 und NStZ **01**, 553; vgl aber BGH NStZ **10**, 294).

6 C. **Öffentlich:** Vgl § 169 GVG. Die Beschränkungen der Öffentlichkeit nach den §§ 170 ff GVG, §§ 48, 109 I S 4 **JGG** sind durch I S 2 gedeckt (Guradze 17). Zu den Ausschlussgründen nach I S 2 eingehend SK-Paeffgen 90 ff. Die Rechtsmittelverwerfung durch schriftlich bekanntgemachten Beschluss schließt I S 2, der nicht buchstabengetreu angewendet werden muss, nicht generell aus (EGMR EuGRZ **85**, 225; 548; **91**, 415, 419/420; vgl auch EKMR NJW **63**, 2247). Das Strafbefehlsverfahren (§§ 407 ff StPO) ist zulässig (EKMR bei Strasser EuGRZ **92**, 277).

D. **Innerhalb angemessener Frist:** 7

a) Die Vorschrift **verpflichtet die Regierungen,** ihre Gerichtsbarkeit so zu organisieren, dass sie den Anforderungen des I gerecht wird (EGMR NJW **84**, 2749; **99**, 3545; BGH NStZ **10**, 230); hiergegen wird auch durch eine unzureichende Ausstattung des für gutachtliche Untersuchungen als zuständig bestimmten LKA verstoßen (BGH 3 StR 494/09 vom 13. 1. 2010). Sie ergänzt Art 5 III S 2 dahin, dass jeder, nicht nur der inhaftierte Beschuldigte (BGH NStZ **03**, 384), einen unmittelbaren Anspruch auf Beschleunigung des Verfahrens hat (10 zu Art 5; erg unten 9g; zum Ermittlungsverfahren eing Mansdörfer GA **10**, 153). 7a

Die **Angemessenheit** der Frist hängt von den Umständen des Einzelfalls ab (BVerfG NJW **92**, 2472; BGH NStZ **04**, 345; JR **06**, 297 mit Anm Cirener/Sander und Anm Gaede HRRS **05**, 377; Krehl/Eidam NStZ **06**, 2; vgl auch BGH 3 StR 148/09 vom 16. 6. und 3 StR 44/09 vom 28. 7. 2009: kein rein rechnerischer Maßstab), wobei aber lediglich ein vorübergehender Engpass in der Arbeits- und Verhandlungskapazität der Strafverfolgungsorgane nicht zu einem Verstoß führt (BGH wistra **05**, 34; vgl auch BGH NJW **09**, 3734, 3735 zum Vorwurf, es hätte noch intensiver ermittelt werden können). Zu berücksichtigen sind die Schwere des Tatvorwurfs, Umfang und Schwierigkeit des Verfahrens, Art und Weise der Ermittlungen, die Belastung durch das Verfahren für den Beschuldigten und sein eigenes – auch prozessual zulässiges – Verhalten (vgl EGMR NJW **86**, 647; EuGRZ **85**, 548; BVerfG NStZ-RR **05**, 346; StV **09**, 673; BGH **46**, 159, 173 = JZ **01**, 1091 mit Anm Ostendorf/Radke; BGH NJW **10**, 1155; NStZ **99**, 313; NStZ-RR **01**, 294; **06**, 50; StV **02**, 598; **04**, 420; **10**, 228, 230; Düsseldorf StV **95**, 400 mit abl Anm Bauschulte/Drees; Frowein/Peukert 143 ff; SK-Paeffgen 118 ff; I. Roxin Volk-FS 618; Ulsamer Faller-FS 378; anders Scheffler 105 ff; 271 ff). Eine Verfahrensdauer von mehr als 7 Jahren (BVerfG NStZ **04**, 335 mit Anm Foth = JZ **03**, 999 mit Anm Bohnert) oder gar 9 bis 11 Jahren ist jedenfalls übermäßig lang (vgl EGMR EuGRZ **83**, 346; StV **05**, 475 mit Anm Pauly; **09**, 519, 521; Nr. 31 890/06 vom 23. 6. 2009; BVerfG NJW **93**, 3254, 3255; Nachw zur Rspr des EGMR bei Meyer-Ladewig 82). Das Beschleunigungsgebot gilt auch in umfangreichen Wirtschaftsstrafsachen (EGMR wistra **04**, 177: 5 jähriges Ermittlungsverfahren zu lang; vgl aber BGH wistra **07**, 392: trotz überdurchschnittlich langer Verfahrensdauer keine rechtsstaatswidrige Verfahrensverzögerung; eingehend zum Recht auf Verfahrensbeschleunigung in Steuer- und Wirtschaftsstrafsachen Gaede wistra **04**, 166 ff). In sog Umfangverfahren muss grundsätzlich mindestens zweimal wöchentlich verhandelt werden (BVerfG StV **06**, 318; Hamburg NJW **06**, 2792). Haftsachen haben Vorrang vor Nichthaftsachen (Hamm StV **06**, 319). Ob allein die durch Aufhebung des Urteils und Zurückverweisung der Sache bedingte längere Verfahrensdauer eine rechtsstaatswidrige Verfahrensverzögerung begründet, wird vom BVerfG und vom BGH unterschiedlich beantwortet: Während ersteres dies bejaht, lehnt letzterer es grundsätzlich ab (vgl BGH StV **06**, 237 und 241, jeweils mit ausführlichen Nachweisen; NJW **08**, 307; NStZ-RR **10**, 40 L; zu Art 5 I wie BGH auch EGMR EuGRZ **09**, 566, 575; dagegen Krehl StV **06**, 408; vgl auch eingehend dazu Koblenz StV **06**, 645 sowie Nack Strauda-FS 425) und bejaht es nur bei erheblichen, kaum verständlichen Rechtsfehlern (BGH NStZ **09**, 104) oder bei wiederholter Aufhebung und Zurückverweisung (BGH NStZ **09**, 472; vgl dazu auch BGH StV **09**, 692). Keine zu beanstandende Verfahrensverzögerung ist die Ausschöpfung der Frist des § 275 I StPO zur Urteilsabsetzung (BGH NStZ **04**, 504), wohl aber 1 Jahr „Pause" aus gerichtsorganisatorischen Gründen nach erfolgreicher Ablehnung (BGH StraFo **09**, 245; ähnlich BGH 3 StR 430/09 vom 29. 10. 2009) oder eine „willkürliche" Berufungseinlegung durch die StA (Karlsruhe NJW **04**, 1887). Bei einer insgesamt angemessenen Verfahrensdauer führt eine gewisse Untätigkeit während eines einzelnen Verfahrensabschnitts noch nicht zu einem Verstoß gegen I S 1 (BGH StraFo **01**, 409; **09**, 245; NStZ **04**, 504; **05**, 445; 582; NStZ-RR **06**, 50; **07**, 150; NJW **10**, 1155; krit Theile ZIS **09**, 450 7b mwN). Die angemessene Frist nach I S 1 kann länger sein als die für die Dauer der UHaft nach Art 5 III S 1 Hs 2 vertretbare (BGH StV **08**, 633; erg unten 9 g).

8 b) Die **Frist beginnt,** wenn der Beschuldigte von der Einleitung des Ermittlungsverfahrens in Kenntnis gesetzt wird (EGMR NJW **86**, 647; StV **09**, 519, 521; BVerfG NJW **93**, 3254; BGH NStZ **82**, 291; StV **93**, 452 mit Anm Scheffler StV **93**, 568; wistra **04**, 298; NStZ-RR **09**, 298 [M/P]; Schroeder GA-FS 212; Ulsamer Faller-FS 375; Vogler ZStW **89**, 780), und endet nicht schon mit Erlass des Urteils (Hamburg MDR **83**, 71 mwN), sondern erst mit dem rechtskräftigen Abschluss des Verfahrens (BGH **35**, 137, 141; EGMR EuGRZ **78**, 417; **83**, 371, 380; Düsseldorf MDR **92**, 1078; Ulsamer aaO; Vogler aaO, 11 zu Art 5), ggf also sogar erst mit Rechtskraft eines Gesamtstrafenbeschlusses nach § 460 StPO (EGMR EuGRZ **83**, 346; Pfeiffer Baumann-FS 335; vgl auch BGH NStZ **87**, 232); sie ist folglich auch im Revisionsverfahren zu beachten (BVerfG NStZ **05**, 456 mit krit Anm Foth; gegen ihn Krehl StV **05**, 561), darüber hinaus auch im Verfahren vor dem BVerfG (EGMR NJW **01**, 211; **02**, 2856; StV **09**, 519, 521; 561 mit Anm Krehl = JR **09**, 172 mit Anm Krawczyk). Die Frist läuft nicht, wenn die Strafverfolgung kraft Gesetzes (zB wegen Immunität) nicht fortgesetzt werden kann (BGH **36**, 363, 372).

9 c) Die **Verletzung des Beschleunigungsgebots** begründet grundsätzlich kein Verfahrenshindernis (BGH **21**, 81; **24**, 239; **27**, 274 = JR **78**, 246 mit krit Anm Peters; **35**, 137, 140). Etwas anderes gilt nur in außergewöhnlichen Einzelfällen, wenn sonst eine angemessene Berücksichtigung des Verstoßes im Rahmen einer Sachentscheidung nicht mehr in Betracht kommt (BGH **46**, 159 mit Anm Kempf StV **01**, 134, Ostendorf/Radke JZ **01**, 1094 und I. Roxin StraFo **01**, 51; Saarbrücken StV **07**, 178; Schleswig StV **03**, 379; vgl auch EGMR StV **01**, 489 mit Anm I. Roxin; **09**, 519, 521; Hillenkamp JR **75**, 133 und NJW **89**, 2841; Schroth NJW **90**, 29 im Anschluss an I. Roxin, Die Rechtsfolgen schwerwiegender Rechtsverstöße in der Strafrechtspflege [4. Aufl 2004]; ebenso BVerfG NJW **84**, 967; **92**, 2473; Koblenz NJW **94**, 1887; Zweibrücken NStZ **89**, 134; LG Bad Kreuznach NJW **93**, 1725; LG Düsseldorf NStZ **88**, 427; erg Einl 147). Solches kann sich in jeder Lage des Verfahrens ergeben (BVerfG 2 BvR 1089/09 vom 4. 9. 2009). Im Einstellungsurteil müssen dann die Verfahrenstatsachen, die Feststellungen zum Schuldumfang des Angeklagten und die der Prognose über die weitere Verfahrensdauer zugrunde liegenden Tatsachen dargelegt werden (BGH aaO; NStZ-RR **03**, 104 [B]; Bay StV **03**, 375 mit Anm I. Roxin und krit Anm Scheffler JR **03**, 509; Ambos NStZ **02**, 629 ff; abl zur Einbeziehung der Schuldhöhe Kempf aaO 136; Ostendorf/Radke aaO 1096; I. Roxin aaO; Trunit/Schroth StraFo **05**, 363). Die übermäßige (dazu BGH NStZ **99**, 418) und von dem Beschuldigten nicht zu vertretende (dazu Bay **00**, 94 = wistra **00**, 477; KG StV **09**, 534) rechtsstaatswidrige Verzögerung wurde bis zur Entscheidung des GrS des BGH vom 17. 1. 2008 (BGH **52**, 124) sonst beim Rechtsfolgenausspruch (BVerfG NJW **92**, 2472; **93**, 3254), insbesondere bei der Strafbemessung berücksichtigt (BVerfG NJW **03**, 2225; 2228; BGH **24**, 239; NStZ **86**, 217, 218; **87**, 233; **92**, 229; StV **92**, 452 mit Anm Scheffler StV **93**, 568; krit Kraatz JR **06**, 403; **aM** Wohlers JR **94**, 138: nur Ansprüche nach Art 34 GG, § 839 BGB; vgl auch Paeffgen StV **07**, 487), wobei in den Urteilsgründen sowohl für die Einzelstrafen als auch für die Gesamtstrafe jeweils die an sich verwirkte und die nach Durchführung der Kompensation verhängte Höhe konkret anzugeben waren (BGH NJW **03**, 2759).

9a Auf Vorlage durch den 3. StS des BGH (NJW **07**, 3294 mit zust Anm Peglau = JR **08**, 31 mit zust Anm Weber; abl I. Roxin StV **08**, 14; Salditt StraFo **07**, 513) hat der GrS (BGH **52**, 124) nun aber diese sog Strafabschlagslösung aufgegeben und sich für die sog **Vollstreckungslösung** ausgesprochen (zust Bußmann NStZ **08**, 236; krit Scheffler ZIS **08**, 269; abl Gaede JZ **08**, 422; Ignor/Bertheau NJW **08**, 2209; I. Roxin DAV-FS 1087; Volk-FS 624; Ziegert StraFo **08**, 321; für eine Kombination Leipold DAV-FS 643). Danach lässt die rechtsstaatswidrige Verfahrensverzögerung die Frage des Unrechts, der Schuld und der Strafhöhe unberührt; die Kompensation wird aus dem Vorgang der Strafzumessung herausgelöst. Der Angeklagte ist somit zu der angemessenen Strafe zu verurteilen, jedoch ist – falls nicht bei nur unbedeutenderer Verzögerung/Belastung deren ausdrückliche Feststellung als Kompensation genügt (BGH StraFo **08**, 297; NStZ-RR **09**, 248; 339 L; NJW **10**, 1155; 3 StR 36/08 vom 11. 3. 2008; 4 StR 246/09 vom 20. 10. 2009; 3 StR 494/09 vom 13. 1. 2010; krit Gaede HRRS-Fezer-FG 40; vgl auch BGH NStZ-RR **10**, 106: Bewährungsstrafe wegen Verzögerung) – in entspr Anwendung des § 51 I S 1, IV S 2 StGB in der Urteilsformel auszusprechen, dass (zur Entschädigung für die überlange Verfahrensdauer) ein bezifferter Teil der verhängten (Gesamt-)Strafe als vollstreckt gilt. Die Höhe der Entschädigung ist auf Grund einer wertenden Betrachtung der maßgeblichen Umstände des Einzelfalls vorzunehmen, wobei das Maß der Anrechnung aber nicht mit der Verzögerung gleichzusetzen ist (BGH StV **08**, 298). Das Gewicht der Tat und das Maß der Schuld spielen weder für die Frage, ob das Verfahren rechtswidrig verzögert ist, noch für Art und Umfang der zu gewährenden Kompensation eine Rolle (BGH NJW **09**, 3734). Die Kompensation betrifft nur die Gesamtstrafe, nicht die Einzelstrafen (BGH 5 StR 302/09 vom 19. 8. 2009). Bei einer Geldstrafe ist ein bezifferter Teil der zugemessenen Tagessätze als bereits vollstreckt zu bezeichnen. Bei Verhängung einer lebenslangen Freiheitsstrafe (bei der die Gewährung eines Strafabschlags bisher umstritten war, vgl BGH NJW **06**, 1529, bestätigt durch BVerfG NStZ **06**, 680; dazu Gaede JR **07**, 254; Hoffmann-Holland ZIS **06**, 539; Strate NJW **06**, 1481) kann Anrechnung auf die Mindestverbüßungsdauer iSd § 57 a I Nr 1 StGB erfolgen (zust EGMR StV **09**, 561, 563 mit Anm Krawczyk JR **09**, 172 einschr Reichenbach NStZ **09**, 120) bei Verhängung einer Jugendstrafe ist zu fragen, ob es dem Erziehungsgedanken widerstreitet, einen Teil der Strafe entspr § 52 a JGG als Entschädigung für vollstreckt zu erklären (vgl BGH NStZ **10**, 94). Bei nachträglicher Auflösung der Gesamtstrafe nach § 55 I StGB ist die angeordnete Kompensation, die dabei nicht eingeschränkt werden darf, entspr auf die neuen Strafen zu verteilen (zur Berechnung im Einzelnen Kraatz JR **08**, 194). Wenn die Kompensation die schuldangemessene (Einzel-)Strafe erreicht, kommt – wie bisher auch schon – die Anwendung der §§ 59 ff StGB (BVerfG NStZ **04**, 335 mit abl Anm Foth), des § 60 StGB, wenn das Gesetz das zulässt (BGH StV **04**, 420 Krehl/Eidam NStZ **06**, 9; **aM** Gaede JZ **08**, 422) oder die (teilw) Einstellung nach §§ 153, 153 a, 154, 154 a StPO in Betracht (BGH StV **08**, 299). Das Revisionsgericht prüfte bisher, ob der Strafabschlag nicht überzogen war (BGH StV **07**, 461; dazu eingehend und krit Paeffgen StV **07**, 487; BGH NStZ-RR **07**, 176); ebenso ist jetzt zu prüfen, ob die Kompensation den Umständen des Einzelfalls gerecht wird. Bei auf Revision erfolgte Aufhebung des Urteils und Zurückverweisung der Sache gilt § 358 II StPO (Weber JR **08**, 38). Hatte das Tatgericht noch nach der früheren Regelung einen Strafabschlag vorgenommen, so dürfen auf Revision des Angeklagten höhere Strafen als die bisher erkannten (also zB die ohne den Strafabschlag als an sich verwirkt angesehenen) wegen § 358 II nicht verhängt werden (**aM** BGH – 3. StS – NStZ-RR **08,** 168, StraFo **08**, 250, StV **08**, 399; 3 StR 437/09 vom 17. 11. 2009 [anders aber, wenn die an sich verwirkte Strafe nicht festgesetzt wurde]; dagegen zurecht zw die übrigen StSe: BGH NJW **08**, 2451; StraFo **08**, 251; NJW **08**, 3232 L = StV **08**, 400; wistra **08**, 313; vgl auch Schäfer JR **08**, 302); denn es kommt auf die unterschiedliche Höhe der ohne und mit Kompensation erkannten Strafen und nicht darauf an, ob sich möglicherweise durch die Vollstreckungslösung bei der Strafaussetzung zur Bewährung ein Vorteil ergibt, zumal sich dieser Vorteil bei Widerruf der Strafaussetzung wieder in einen Nachteil verwandeln würde (vgl auch BGH StV **08**, 405).

Prüfungsreihenfolge: Neben der im Wege der Vollstreckungslösung erfolgenden Kompensation der Verletzung des Beschleunigungsgebotes nach I S 1 sind unverändert als selbstständige Strafmilderungsgründe der lange zeitliche Abstand zwischen Tat und Urteil sowie die Belastungen durch lange Verfahrensdauer zu 9b bedenken (BGH NJW **99**, 1198; NStZ **08**, 478; KG StV **09**, 694; Jena StV **09**, 132; Weber JR **08**, 36; einschr Scheffler ZIS **08**, 275: nur die Tatferne; noch weiter einschr Heghmanns ZJS **08**, 199: sämtl Folgen bei der Bemessung der als vollstreckt geltenden Strafe heranzuziehen). Somit ist nach der Rspr des BGH folgendermaßen vorzugehen: Zunächst sind nach den Kriterien des § 46 StGB die schuldangemessenen, die rechtsstaatswidrige Verfahrensverzögerung außer Acht lassenden Einzelstrafen festzusetzen und aus diesen ist eine Gesamtstrafe zu bilden. Dabei ist zu prüfen, inwieweit der zeitliche Abstand zwischen den begangenen Taten und dem Urteil sowie die Verfahrensdauer als solche bei der Straffestsetzung mildernd zu berücksichtigen sind. Die entspr Erörterungen sind als bestimmende Zulassungsfaktoren in den Urteilsgründen kenntlich zu machen (§ 267 III S 1 StPO); einer Bezifferung des Maßes der Strafmilderung bedarf es nicht. Für den Fall, dass allein die Feststellung einer rechtsstaatswidrigen Verfahrensverzögerung als Kompensation nicht ausreicht, ist entspr § 39 StGB im Urteilstenor festzulegen, welcher bezifferte Teil der Gesamtstrafe zur Kompensation der Verzögerung als vollstreckt gilt (BGH NJW **09**, 307; 2 StR 248/09 vom 23. 7. 2009 [nicht als Bruchteil der verhängten Strafe]; 2 StR 113/09 vom 25. 6. 2009 [nicht: „2/5 der Verzögerung"]). Entscheidend für diese Festlegung sind der Umfang der staatlich zu verantwortenden Verzögerung, das Maß des Fehlverhaltens der Strafverfolgungsorgane oder einer anderen staatlichen Stelle (BGH NStZ **10**, 230; KG aaO) sowie die Auswirkungen all dessen auf den jeweiligen Angeklagten (BGH wistra **09**, 271; NStZ **09**, 287). Dabei ist im Auge zu behalten, dass die mit der Verfahrensdauer als solcher verbundenen Belastungen des Angeklagten bereits mildernd in die Strafbemessung eingeflossen sind und es nur noch um einen Ausgleich für die rechtsstaatswidrige Verursachung dieses Umstandes geht (BGH 4 StR 514/09 vom 2. 2. 2010). Eine Kompensation, die die Dauer einer nach § 51 I S 1 StGB anrechenbaren Zeit der UHaft (nahezu) erreicht oder gar überschreitet, ist nur ausnahmsweise bei deutlich gravierenden individuellen Belastungen angemessen (BGH StV **08**, 633 mit Anm Scheffler S 719; vgl auch – noch restriktiver – BGH StV **10**, 228, 230, 3 StR 511/08 vom 7. 1. und 3 StR 148/09 vom 16. 7. 2009).

9c d) Ist **nach Erlass des tatrichterlichen Urteils** das Beschleunigungsgebot in erheblicher Weise verletzt worden (BGH NStZ **04**, 504: nicht bei einer Dauer von 3 Monaten zwischen dem Eingang der Revisionsbegründung beim LG und Übersendung des gesamten Vorgangs an den GBA), kann dies die Aufhebung des angefochtenen Urteils, soweit eine Kompensation unterblieben ist, nur noch in Ausnahmefällen auch die Aufhebung des (sonst fehlerfreien) Strafausspruchs (BGH StV **09**, 638 [mehrjährige Verzögerung]; vgl auch Bay **89**, 85 = StV **89**, 394; Koblenz StV **97**, 409 sowie die Herabsetzung der Strafe durch das Revisionsgericht unter der Geltung der Strafabschlagslösung in BGH NStZ **97**, 29 mit zust Anm Scheffler; StV **97**, 409; NStZ-RR **00**, 41 [K]; wistra **03**, 20; **07**, 257), den unmittelbaren Ausspruch der Kompensation (Feststellung, ggf Bezifferung des als vollstreckt geltenden Teils der Strafe; BGH wistra **09**, 437; NStZ **10**, 94 [Jugendsache]; 5 StR 456/09 vom 24. 11. 2009; 4 StR 245/09 vom 24. 11. 2009 und 1 StR 163/10 vom 15. 4. 2010 [§ 354 I a S 2]; 5 StR 72/10 vom 14. 4. 2010), die Einstellung des Verfahrens nach § 153 II StPO (BGH NJW **90**, 1000; NStZ **96**, 21 [K]; 506 = StraFo **96**, 147 mit Anm Münchhalffen; LG Stuttgart NStE Nr 23) oder – wenn eine Sachentscheidung nicht mehr in Betracht kommt (oben 9) – sogar die Einstellung des Verfahrens wegen eines Verfahrenshindernisses zur Folge haben. Die Rspr nimmt hier ggf auch einen „Abbruch des Verfahrens" vor (vgl BGH **35**, 137, 140; **49**, 189, 195 = NStZ **05**, 36 mit insoweit abl Anm Gribbohm und insoweit zust Anm Bröhmer/Bröhmer; Düsseldorf MDR **89**, 935; Rostock 1 Ss 8/10 I *11/10* vom 24. 3. *2010*; Zweibrücken NStZ **95**, 49; zust Rieß BGH-FG 826), was aber nichts anderes als eine Verfahrenseinstellung und als eine „erfundene" eigene Art einer Verfahrensbeendigung unzulässig ist (eingehend dazu Meyer-Goßner Eser-FS 383); schon gar nicht ist eine solche Verfahrensweise im Berufungsverfahren erlaubt (so aber Stuttgart NStZ **93**, 450 = JR **94**, 81 mit abl Anm Meurer; LG Memmingen StV **95**, 403; vgl auch LG Berlin StV **91**, 371 = JZ **92**, 159 mit eingehender Kritik Scheffler JZ **92**, 131). Das Revisionsgericht hat einen nach Ablauf der Revisionsbegründungsfrist begangenen Verstoß auf die zulässige Revision von Amts wegen zu beachten (BGH NStZ **95**, 335 mit zust Anm Uerpmann; **97**, 29 mit Anm Scheffler; StV **97**, 409; **98**, 377; **99**, 205 L; NStZ **01**, 52; NStZ-RR **02**, 166; **05**, 320; Karlsruhe aaO; Stuttgart Justiz **04**, 169), ggf auch noch auf Gegenvorstellung (24 zu § 349). Das gilt auch, wenn sich das Verfahren bei Vorlage der Sache nach § 132 GVG unangemessen verzögert hat (BGH 3 StR 61/02 und 243/02, jeweils vom 15. 12. 2005; BGH NStZ **07**, 719 sieht hierin hingegen keine rechtsstaatswidrige Verfahrensverzögerung [„grundsätzlich" ebenso BVerfGE **122**, 248, 280 = NJW **09**, 1469, 1476; BGH NJW **10**, 1010, 1012]). Eine Verfahrensrüge ist aber erforderlich, wenn das Urteil nach Einlegung der Revision wegen eines Zustellungsmangels erneut zugestellt werden musste und der Revisionsführer dadurch die Möglichkeit hatte, die ihm bekannte Verzögerung innerhalb der neu in Gang gesetzten Frist des § 345 I StPO geltend zu machen (BGH NJW **07**, 2647).

e) Bei **Freispruch** oder Einstellung aus mit der Verfahrenslänge nicht zusammenhängenden Gründen (oder bei durch Strafmilderung nicht genügend ausgleichbarer Verfahrensdauer) wird eine entspr Anwendung des StrEG iVm Art 41 (= Art 50 aF) MRK diskutiert (vgl Scheffler 262ff). BGH (GSSt) **52**, 124, 140 schließt die entspr Anwendung der Vorschriften des StrEG wegen dessen „abschließenden Charakters" allerdings aus. Dem zust empfiehlt deswegen Volkmer NStZ **08**, 608 eine Geldentschädigung im Rahmen des öffentlich-rechtlichen Folgenbeseitigungsanspruchs (zur Höhe mit entspr Anwendung der Regelung des § 7 III StrEG); in einem anwaltsgerichtlichen Verfahren hat der BGH (AnwSt [B] 3/09 vom 14. 10. 2009) der Verletzung des Beschleunigungsgrundsatzes im Rahmen der auf entspr Anwendung des § 21 GKG gestützten Kostenentscheidung Rechnung getragen (vgl auch BGH NJW **10**, 1155 zur Kompensation im berufsrechtlichen Verfahren der Steuerberater). EGMR StV **09**, 519 fordert eine angemessene Entschädigung für den materiellen und den immateriellen Schaden (vgl auch EGMR bei Artkämper StRR **09**, 227). **9d**

f) In der **Revision** muss – außer in dem oben 9c erörterten Fall – grundsätzlich eine Verfahrensrüge erhoben werden, wenn eine der Justiz zuzurechnende Verletzung des Beschleunigungsgrundsatzes beanstandet werden soll (BGH StV **99**, 205; NStZ **00**, 418; NStZ-RR **06**, 50; 56; Schäfer Rieß-FS 489); in ihr sind gemäß § 344 II S 2 StPO die die Verfahrensverzögerung begründenden Tatsachen darzulegen (BGH StV **98**, 377 mwN; **08**, 345; NStZ **04**, 504; Düsseldorf StraFo **00**, 379; Hamm NStZ-RR **09**, 318 zum Fristbeginn [oben 8]), wobei die Anforderungen aber nicht überspannt werden dürfen (BGH NJW **08**, 2451, 2452; zu weitgehend – jedoch von BVerfG StV **09**, 673 bestätigt – daher BGH StV **09**, 118, wo sich die Verfahrensverzögerung aus dem angefochtenen Urteil ergab; in der Tendenz ebenso BVerfG NStZ-RR **10**, 139 [bei Cirener]: hohe Anforderungen; vgl noch BGH StraFo **10**, 112; 5 StR 518/09 vom 25. 3. 2010). Das gilt richtiger Ansicht nach auch, soweit wegen außergewöhnlich langer Verzögerung ein Verfahrenshindernis geltend gemacht wird (Meyer-Goßner NStZ **03**, 173 und Eser-FS 386; unentschieden insoweit etwa BGH wistra **04**, 29, 30 und BGH 5 StR 330/03 vom 10. 9. 2003; **aM** Wohlers JR **05**, 189 mit der nicht überzeugenden Folgerung, die vorzunehmende Amtsprüfung sei abzubrechen, wenn nur eine „einfache Überlänge" gegeben sein könnte). Mit der Aufklärungsrüge (80 zu § 244 StPO) kann beanstandet werden, dass das Gericht es unterlassen hat, eine verfahrensverzögernde Sachbehandlung durch StA und Gericht aufzuklären (BGH StV **92**, 452; **94**, 652). Die (allgemeine) Sachrüge kann aber zur Urteilsaufhebung – nicht auch zugunsten von Nichtrevidenten (11 zu § 357) – führen, wenn sich die Verfahrensverzögerung aus den Urteilsgründen ergibt oder diese ausreichende Anhaltspunkte enthalten, die das Tatgericht zur Prüfung einer solchen Verfahrensverzögerung drängen mussten **9e**

(BGH **49**, 342 in Erledigung des Anfragebeschlusses BGH NStZ **04**, 639, dazu BGH wistra **04**, 398 L und **04**, 470; NStZ-RR **05**, 81 L; **07**, 71; vgl dazu Sander NStZ **05**, 390, Waßmer ZStW **118**, 159 und Wohlers JR **05**, 187; vgl auch BGH NJW **06**, 536 L = NStZ-RR **06**, 56; 1 StR 32/07 vom 9. 5. 2007 [Tz 60]); zur Beschränkung des Rechtsmittels auf die Kompensationsentscheidung 30b zu § 318. Die lange Zeitspanne zwischen Beendigung der Tat und ihrer Aburteilung stellt hingegen einen wesentlichen Strafmilderungsgrund dar (vgl oben 9, 9b), bei dessen Nichtberücksichtigung der Strafausspruch des Urteils auf die Sachrüge aufzuheben ist (BGH NStZ-RR **99**, 108; NStZ **10**, 230).

9f **Hebt** das Revisionsgericht das angefochtene Urteil nur im **Strafausspruch auf**, erfasst dies grundsätzlich nicht die Frage der Kompensation einer bis dahin eingetretenen rechtsstaatswidrigen Verfahrensverzögerung; ist im ersten Durchgang eine Kompensationsentscheidung nicht ergangen, darf der Tatrichter im zweiten Durchgang wegen der eingetretenen Teilrechtskraft keine Entschädigung wegen eines vor der Revisionsentscheidung liegenden Verstoßes gegen Art 6 zusprechen, hat allerdings ggf über einen solchen Verstoß nach der Aufhebung im Wege der Gesamtbetrachtung des ganzen Verfahrens zu entscheiden (BGH NJW **09**, 3734; vgl auch zur Abgrenzung BGH 4 StR 514/09 vom 2. 2. 2010: Aufhebung des Rechtsfolgenausspruchs).

9g Nicht **anzuwenden** ist die Vollstreckungslösung auf andere konventionsrechtlich begründete Kompensationsfälle (zB Verstoß gegen Art 36 I Buchst b WÜK, dazu 9 zu § 114b StPO; offen gelassen für fair trial in BGH 4 StR 436/09 vom 11. 2. 2010 [Tz 16]), bei Tatprovokation (**aM** Kraatz JR **08**, 194) oder zur Kompensation von Verfahrensfehlern (BGH **52**, 110, 118; NJW **10**, 1470), wohl aber auf einen parallelen Verstoß gegen Art 5 III S 1 Hs 2 (BGH NStZ **10**, 229, 230); reicht insoweit trotz vollständiger Anrechnung der U-Haft die Feststellung dieses Konventionsverstoßes nicht aus (hierzu Mansdörfer GA **10**, 165: iaR keine weitere Kompensation), ist eine einheitliche Kompensation festzusetzen (BGH aaO; 3 StR 148/09 vom 16. 7. 2009). Bei Verhängung lebenslanger Freiheitsstrafe ist der Härteausgleich für erledigte, an sich gesamtstrafenfähige Vorstrafen im Vollstreckungsmodell zu gewähren (BGH NJW **10**, 1157; 1470). Der 5. StS des BGH hat das Vollstreckungsmodell auch auf einen Härteausgleich wegen entgangener Bewährung infolge des Wegfalls einer den Angeklagten begünstigenden Zäsur angewendet (BGH StV **10**, 239), nicht aber bei ausländischer Vorverurteilung (BGH StV **10**, 238, 239).

10 E. **Unabhängiger und unparteiischer Richter:** Art 6 geht nicht weiter als die Garantie der rechtsprechenden Gewalt in Art 92 GG (Jescheck NJW **54**, 785 Fn 28). Vgl im übrigen Art 97 GG, § 1 GVG, §§ 25, 26 **DRiG,** §§ 22 ff StPO, §§ 41 ff ZPO. Es dürfen nach objektiven und subjektiven Maßstäben keine Zweifel an der Unparteilichkeit des Richters bestehen (EGMR NJW **06**, 2901); so liegt es etwa nach Überlassung des wesentlichen Ermittlungsergebnisses an über dessen Bedeutung aufgeklärte Schöffen (EGMR NJW **09**, 2871; erg 2 zu § 30 GVG). Nach Ansicht von Lippold (NJW **91**, 2383) erfüllt ein Gericht, an dem ein Richter auf Probe mitwirkt, nicht das Erfordernis der Unabhängigkeit nach I S 1.

11 F. **Gesetzlicher Richter:** Vgl Art 101 I GG, §§ 16, 21a GVG.

12 **3)** Die **Unschuldsvermutung** (II; eingehend dazu SK-Paeffgen 175 ff; Stuckenberg, Untersuchungen zur Unschuldsvermutung, 1997, zugl Diss Bonn 1997; ders ZStW **111**, 422 ff: Unschuldsvermutung als „Verbot der Desavouierung des Verfahrens") folgt schon aus dem Rechtsstaatsprinzip (BVerfGE **22**, 254, 265 = NJW **67**, 2151, 2153; NJW **90**, 2741; Paeffgen 64 ff; Einl 19) und ist nunmehr auch in Art 48 I der Charta der Grundrechte der EU verankert (8 vor Art 1). Sie will verhüten, dass jemand als schuldig behandelt wird, ohne dass ihm in einem gesetzlich geregelten Verfahren seine Schuld nachgewiesen ist (vgl im Einzelnen: Kühl, Unschuldsvermutung, Freispruch und Einstellung, 1983, S 9 ff; Lilie Remmers-FS 601; K. Meyer Tröndle-FS 61; Pfeiffer Geiß-FS 147; zur „verfahrenslimitierenden" Wirkung der Unschuldsvermutung Gropp JZ **91**, 804). Maßnahmen, die den vollen Nachweis der Schuld erfordern, dürfen nicht getroffen werden, bevor er erbracht ist (BGH NJW **75**, 1829, 1831). Das gilt insbesondere bei Verfahrenseinstellungen (EGMR NJW **06**, 1113; Kühl NJW **84**, 1264), auch nach § 383 II (BVerfG **74**, 358, 370 ff = NJW **87**, 2427), und beim Widerruf der Strafaussetzung (KG StV **88**, 26; LR-Gollwitzer 148 mwN); Art 6 II steht aber Vermutungen tatsächlicher oder rechtlicher Art in Strafgesetzen nicht entgegen, sofern die Vermutung widerlegbar ist und die Verteidigungsrechte gewahrt sind (EuGH WM **10**, 65, 69). Die Unschuldsvermutung schützt Dritte nicht vor faktischen Belastungen, die sich daraus ergeben, dass im Rahmen eines gegen andere Personen ergangenen Strafurteils Feststellungen über eine Beteiligung ihrerseits getroffen werden (BVerfG NJW **09**, 3569).

Die Unschuldsvermutung gebietet auch eine unvoreingenommene Behandlung des Beschuldigten im Verfahren (§§ 22 ff StPO), Güterabwägung bei öffentlicher Fahndung (Hamburg NJW **80**, 842) und Zurückhaltung bei behördlicher Unterstützung der **Publikation einer strafrechtlichen Beschuldigung** (KK-Schädler 44; Loesdau MDR **62**, 772; vgl auch EGMR HRRS **09**, 226 L; Koblenz StV **87**, 430); auch steht Art 6 II der Berücksichtigung einer noch nicht rechtskräftig abgeurteilten Tat bei der Prognoseentscheidung nach § 57 StGB grundsätzlich entgegen (vgl 4 zu § 453 c). Sie bindet zwar nur die staatliche Strafgerichtsbarkeit (Frankfurt NJW **80**, 597; **aM** Grave NJW **81**, 209, Marxen GA **80**, 365; 4 zu Art 1) und Träger öffentlicher Gewalt, wie etwa der Justizminister in einem Fernsehinterview oder Justizpressestellen (Kühl Müller-Dietz-FS 415 mwN), hat aber insofern eine mittelbare Drittwirkung, als sie den Maßstab für die Beurteilung von öffentlichen Berichten über Strafverfahren abgibt (Frankfurt aaO; Köln JMBlNW **85**, 282; Bornkamm NStZ **83**, 103; Lampe NJW **73**, 217; weitergehend Stapper AfP **96**, 349: Presse ist an die Unschuldsvermutung gebunden). 13

Die Unschuldsvermutung berührt nicht die **Zulässigkeit von Strafverfolgungsmaßnahmen** auf Grund bestimmten Verdachts, zB die vorläufige Festnahme oder UHaft (vgl Art 5 I Buchst c), Maßnahmen nach § 119 StPO (vgl BVerfGE **35**, 307 = MDR **74**, 204) und die Erhebung der strafrechtlichen Anklage (I S 1); denn diese Maßnahmen bezwecken erst die Klärung des Tatvorwurfs. Sie verwehrt also nicht die Beurteilung des Grades des Verdachts einer strafbaren Handlung eines Beschuldigten (BVerfG NJW **90**, 2741). Auch die Berücksichtigung von Vor- oder Nachtaten, die nicht oder noch nicht zu einer rechtskräftigen Verurteilung geführt haben, bei der Beweiswürdigung (BGH **34**, 209 = NStZ **87**, 127 mit abl Anm Vogler), der Strafzumessung oder einer Strafrestaussetzung nach § 57 StGB (BVerfG NStZ **88**, 21) wird durch II nicht ausgeschlossen, wenn das Gericht von ihrer Begehung überzeugt ist (BVerfG 2 BvR 366/10 vom 5. 4. 2010; vgl auch Peukert EuGRZ **80**, 261; **aM** Vogler Kleinknecht-FS 429 und Tröndle-FS 423). 14

Die **Vermutung der Unschuld endet** mit der Rechtskraft der Verurteilung (BVerfGE **35**, 202, 232 = NJW **73**, 1226, 1230). Wird das gerichtliche Verfahren eingestellt, so hindert die Unschuldsvermutung nicht, den Beschuldigten die ihm entstandenen Auslagen selbst tragen zu lassen, die Regelung des § 467 III–V ist daher unbedenklich (EGMR NJW **88**, 3257; BVerfG NJW **90**, 2741; BGH NJW **75**, 1829, 1831; München NStZ **84**, 185; Kühl [oben 12] S 129 ff und NJW **84**, 1264; vgl auch Haberstroh NStZ **84**, 294; erg 16, 19 zu § 467 StPO); Art 6 II gibt dann auch kein Recht auf Entschädigung für rechtmäßige UHaft (EGMR NJW **06**, 1113). 15

4) Mindestrechte des Angeklagten (III). Die Vorschrift erweitert die Garantien des I (EKMR NJW **78**, 477). Die Aufzählung ist aber nicht erschöpfend; das fair trial-Gebot (oben 4) geht über III hinaus (Vogler ZStW **89**, 787). Verstöße gegen Art 6 führen nach der Rspr des EGMR nicht automatisch zu einem Verwertungsverbot, sondern nur dann, wenn das Verfahren nach einer Gesamtbetrachtung nicht mehr fair war (vgl dazu EGMR NJW **06**, 3117, 3122; Eisele JR **04**, 15; Gaede StV **04**, 48; JR **09**, 495; erg unten 22). Das ist insbesondere anzunehmen, 16 wenn der Beschuldigte auf das Verfahren keinen Einfluss nehmen und an ihm nicht teilnehmen konnte (vgl EGMR NJW **10**, 213; Lubig/Sprenger ZIS **08**, 438; krit Gaede aaO 499). Beauftragt das erkennende Gericht während laufender Hauptverhandlung die Polizei mit einer Wahlgegenüberstellung des Angeklagten, so muss es den Verteidiger vor deren Durchführung unterrichten (anders bei einer Wahllichtbildvorlage), nicht aber den Versuch unternehmen, eine effektive Teilhabe der Verteidigung hieran zu gewährleisten (Schneider NStZ **10**, 54 in zutr krit Anm zu BGH NStZ **10**, 53 [*obiter dictum*]).

17 A. **Bekanntgabe der Beschuldigung** (Buchst a): Der Angeklagte hat Anspruch auf Unterrichtung über den Grund der Anklage innerhalb möglichst kurzer Frist, dh über die tatsächlichen Vorkommnisse, die ihm zur Last gelegt werden, und über die Art der Anklage, dh über die rechtliche Würdigung dieser Vorkommnisse (EKMR NJW **77**, 2011; **99**, 3545). Die Mitteilung muss die Einzelheiten enthalten, deren Kenntnis für den Angeklagten zur Vorbereitung der Verteidigung erforderlich ist. Die Angabe der Beweismittel schreibt III Buchst a nicht vor (EKMR aaO). Der Anspruch auf Unterrichtung besteht bei Festnahme schon im Ermittlungsverfahren (Art 5 II); nach einer weitergehenden Ansicht folgt aus Art 6 III Buchst a, dass der Beschuldigte bereits zu Beginn jedes Ermittlungsverfahrens zu unterrichten sei (Frister StV **98**, 159; Müller Koch-FG 196 f; Weigend StV **00**, 385; **aM** Schroeder GA-FS 210; vgl auch Gillmeister StraFo **96**, 115), es sei denn, der Untersuchungserfolg könne dadurch vereitelt werden (Frister aaO 162).

18 **In einer ihm verständlichen Sprache** muss dem Angeklagten die Beschuldigung bekanntgegeben werden und zwar nicht erst in der Hauptverhandlung (LG Heilbronn StV **87**, 192), anders aber bei der Antragsschrift (§ 417 StPO) im beschleunigten Verfahren (Stuttgart NStZ **05**, 471). Beherrscht er die deutsche Sprache nicht hinreichend, so muss ihm neben der Anklageschrift eine schriftliche Übersetzung in seine Muttersprache oder eine andere Sprache, die er versteht, übersandt werden (Düsseldorf StraFo **01**, 91 mwN; Kissel/Mayer 13 zu § 184 GVG; einschr Basdorf Meyer-GedSchr 25); mündliche Übersetzung genügt nur in Ausnahmefällen (Hamburg NStZ **93**, 53 = StV **94**, 65 mit abl Anm Kühne), dh dann, wenn der Verfahrensgegenstand rechtlich und tatsächlich leicht überschaubar ist (Düsseldorf NJW **03**, 2766; Hamburg StV **06**, 175, 177 mit abl Anm Keller/Gericke; Schleswig SchlHA **05**, 259 [D/D]; **aM** Hamm StV **04**, 364; Karlsruhe StraFo **05**, 370). Das Gleiche gilt für den Strafbefehl (LG München II NJW **72**, 405), aber nicht für den Strafbefehlsentwurf der StA (LG Aachen NStZ **84**, 283 L). Die schriftliche oder mündliche Übersetzung des gesamten Akteninhalts oder wesentlicher Teile davon in eine ihm verständliche Sprache kann der Angeklagte nicht verlangen (Düsseldorf JZ **86**, 508; Hamm NStZ-RR **99**, 158, 159 mwN; Vogler ZStW **89**, 787).

19 B. **Zeit und Gelegenheit zur Vorbereitung der Verteidigung** (Buchst b) muss dem Angeklagten gegeben werden (Stuttgart JR **79**, 170, 172; Einl 131; 8 zu § 147 StPO). Die Vorschrift gilt auch für die StA, soweit von ihren Anträgen die Zeit der Vorbereitung der Verteidigung abhängt, zB bei dem Antrag nach § 417 StPO (Dünnebier GA **59**, 163). Dass die starren gesetzlichen Fristen nicht verlängert werden können, verstößt nicht gegen III Buchst b (BGH 5 StR 232/59 vom 5. 8. 1958 zu § 345 I StPO; Int Komm EMRK-Vogler 494).

20 C. **Recht auf Verteidigung** (Buchst c): Der Angeklagte hat Anspruch auf „konkrete und wirkliche" Verteidigung (EGMR EuGRZ **80**, 662; **85**, 234; BGH **46**, 36, 44; eing Gaede, Fairness als Teilhabe – Das Recht auf konkrete und wirksame Teilhabe durch Verteidigung gemäß Art. 6 EMRK, Berlin 2007, zugl Diss Zürich 2005), der verletzt ist, wenn ihm nicht schon von der ersten Vernehmung durch die Polizei an Zugang zu einem Verteidiger gewährt wird (EGMR NJW **09**, 3707: Einschränkung bei zwingenden Gründen), ihm unüberwachte persönliche Kontakte mit dem Anwalt verweigert werden (EKMR NJW **87**, 563; EGMR NJW **92**, 3090) oder mit diesem trotz eingeschränkter Verteidigungsfähigkeit „substantiell" verhandelt wird (BGH StV **09**, 565, 567, auch zum Verhältnis zu Buchst b). Er darf sich selbst verteidigen oder einen Verteidiger wählen; ist er mittellos, so muss ihm ein Verteidiger beigeordnet werden, wenn das geboten erscheint (vgl §§ 137 ff StPO; weiter gehend unter Hinweis auf die Rspr des EGMR Demko HRRS-Fezer-FG 1: in jedem Fall), uU auch für die Revisionsverhandlung (7 zu § 350 StPO). Der Regelungszweck besteht darin, jede Ungleichheit unter Angeklagten zu vermeiden (EKMR NJW **78**, 477). Zulässig ist die Beschränkung der Zahl der Verteidiger (§ 137 I S 2 StPO; Int Komm EMRK-Vogler 519) und des Personenkreises, der verteidigen darf (§ 138 StPO, EKMR EuGRZ **78**, 314). Der Angekl hat Anspruch auf einen Verteidiger seines Vertrauens, kann sich aber den Pflichtverteidiger nicht selbst aussuchen (9 zu § 142 StPO); zur Pflicht zu dessen Ablösung 4 zu § 143 sowie EGMR Nr 28 154/05 vom 29. 9. 2009.

Dass der Verurteilte die **Kosten des Pflichtverteidigers** nachträglich der Staatskasse erstatten muss (Nr 9007 KVGKG), steht dem Sinn des III Buchst c nicht entgegen (Düsseldorf NStZ **84**, 283 mwN; Koblenz JBlRP **98**, 90; Zweibrücken NStZ **90**, 51 mwN; LG Mainz NStE Nr 19; vgl auch BVerfG NJW **03**, 196: verfassungsrechtlich unbedenklich; erg 1 zu § 464 a StPO); eine allgemeine Befreiung des Verurteilten von der Erstattung dieser Auslagen lässt sich aus der Vorschrift nicht herleiten (Bamberg JurBüro **86**, 1057; **87**, 254; Köln JurBüro **91**, 855; München aaO; LG Osnabrück JurBüro **91**, 718; Int Komm EMRK-Vogler 542 ff; D. Meyer JurBüro **91**, 1031; **aM** Düsseldorf NStZ **82**, 339; **85**, 370 mit abl Anm Schikora). Nur wenn der Angeklagte auch nach der Rechtskraft des Urteils noch mittellos ist, braucht er die Verteidigerkosten nicht zu tragen (EKMR StV **85**, 89 L; Peukert EuGRZ **80**, 276); das schließt den Kostenansatz aber nicht aus (Köln JurBüro **91**, 856). Die Erstattung der durch die „aufgedrängte" Bestellung eines weiteren Verteidigers (1 a zu § 141 StPO) entstandenen Kosten kann vom Angeklagten nicht verlangt werden (Neumann NJW **91**, 266; **aM** EGMR EuGRZ **92**, 542 mit abl Anm Kühne; EKMR bei Strasser EuGRZ **92**, 280; Zweibrücken NJW **91**, 309 = StV **90**, 363 mit abl Anm Beulke; LG Göttingen NdsRpfl **92**, 241). 21

D. **Heranziehung und Befragung von Zeugen** (Buchst d): Vgl §§ 168 c, 219, 220, 224, 239, 240 II, 244, 245, 255 a II S 2 StPO. Zeuge iSd III Buchst d ist jeder, dessen Aussage vor Gericht als Beweismittel zur Entscheidungsfindung verwendet wird, unabhängig davon, ob sie vor Gericht oder außerhalb des Gerichts oder von einem Mitbeschuldigten gemacht wurde (EGMR NStZ **07**, 103 mit Anm Esser = JR **06**, 289 mit Anm Gaede; Kinzig StV **97**, 5 mwN in Fn 30; Renzikowski Mehle-FS 532). Die (unbeeinflusste) Ausübung des Schweigerechts des Mitangeklagten gegenüber Fragen der Verteidiger der anderen Angeklagten ist jedoch vom Gericht zu respektieren (BGH NStZ **09**, 581; dazu Dehne-Niemann HRRS **10**, 189 mN). Nicht ausgeschlossen wird durch III Buchst d die Verlesung von Vernehmungsprotokollen nach § 251 StPO (BGH NStZ **85**, 376), die Vorführung von Bild-Ton-Aufzeichnungen nach § 255 a StPO (Weigend, Gutachten zum 62. DJT, C 63 ff) und die Vernehmung von Zeugen vom Hörensagen (Gollwitzer Meyer-GedSchr 156), insbesondere von Verhörsbeamten anonymer V-Leute (BVerfG NJW **10**, 925; BGH **17**, 382, 388; NStZ **00**, 265 mit krit Anm Wattenberg StV **00**, 688; Int Komm EMRK-Vogler 562 ff; Peukert EuGRZ **80**, 258 mwN; Vogler ZStW **89**, 788; **aM** Grünwald Dünnebier-FS 359; krit auch SK-Paeffgen 157; erg 5 zu § 250 StPO), *oder die Vernehmung* eines V-Mannes unter Wahrung seiner Anonymität (EGMR NJW **92**, 3088). Der Angeklagte muss aber idR zu irgendeinem Zeitpunkt des Verfahrens Gelegenheit gehabt haben, einen gegen ihn aussagenden Zeugen zu befragen (EGMR StV **90**, 481; **91**, 193; **97**, 239 mit zust Anm Sommer = StV **97**, 617 mit zust Anm Wattenberg/Violet; NJW **03**, 2297; **03**, 2893 = StV **02**, 289 mit Anm Pauly; HRRS **09**, 176 L; Ambos NStZ **03**, 16; Cornelius NStZ **08**, 247; Renzikowski aaO 535; einschr demgegenüber BGH NJW **91**, 646, bestätigt durch BVerfG NJW **92**, 168, soweit es sich um die Verwertung von Angaben verdeckt operierender Polizeibeamter handelt; vgl dazu Joachim StV **92**, 245). Notfalls ist dem Zeugen durch das Gericht ein vorbereiteter Fragenkatalog des Angeklagten vorzulegen 22

(BGH NStZ **93**, 292; NStZ-RR **01**, 268 [B]). Befragungsmöglichkeit durch den Verteidiger genügt (EGMR Nr 36 892/05 vom 3. 2. 2009; BVerfG NJW **96**, 3408; BGH StV **96**, 471; vgl aber Renzikowski aaO 536 mwN), auch bei einer Videosimultanvernehmung des Zeugen (BVerfG NStZ **07**, 534).

22a Ist die **unterbliebene konfrontative Befragung** eines Zeugen der Justiz zuzurechnen, kann eine Verurteilung auf dessen Angaben nur gestützt werden, wenn diese durch andere gewichtige Gesichtspunkte außerhalb der Aussage bestätigt werden (BGH **51**, 150 = JR **07**, 300 mit zust Anm Eisele; BGH **51**, 280; Schädler StraFo **08**, 229). In diesem Zusammenhang scheidet die Zurechnung einer nichtkonfrontativen Vernehmung im Wege der Rechtshilfe durch einen anderen Mitgliedstaat der MRK jedenfalls dann aus, wenn das deutsche Gericht alles Erforderliche getan hat, um die Anwesenheit des Verteidigers bzw des Angeklagten zu erreichen, und der ausländische Staat in deren Abwesenheit den Zeugen in Übereinstimmung mit seinen verfahrensrechtlichen Vorschriften vernommen hat (BGH 2 StR 397/09 vom 17. 3. 2010: kein einheitliches Verfahrensrecht der Vertragsstaaten). Da sich das Fragerecht aber aus dem Grundsatz des fair trial ableitet, kommt es für die Prüfung seiner Verletzung auf die Gesamtheit des Verfahrens an; ein Konventionsverstoß liegt auch dann nicht vor, wenn – trotz fehlender Konfrontation des Angeklagten mit dem Zeugen – die Verteidigungsrechte insgesamt angemessen gewahrt wurden (EGMR NStZ **07**, 103 mit Anm Esser = JR **06**, 289 mit Anm Gaede; EGMR StraFo **07**, 107 mit abl Anm Sommer; BVerfG NJW **10**, 925; BGH NStZ **04**, 505 mwN; NStZ-RR **05**, 321, bestätigt durch BVerfG NJW **07**, 204; BGH NJW **05**, 1132 = JR **05**, 247 mit Anm Esser; **aM** Sommer NJW **05**, 1240; krit Renzikowski Mehle-FS 540, 543; vgl auch BGH StV **05**, 533 mit abl Anm Wohlers; **09**, 346; NStZ-RR **10**, 83, 84; erg oben 16). Zusammenfassend zum Zeugenschutz im Lichte der Rspr des EGMR Renzikowski JZ **99**, 605 sowie Gaede StV **06**, 599, zum Frage- und Konfrontationsrecht Beulke Rieß-FS 9; Jung GA **09**, 235; sowie Walther GA **03**, 204 zur Ausgestaltung des Konfrontationsrechts als eigenständiges Prozessgrundrecht; zu Differenzen zwischen der Rspr des BGH und derjenigen des EGMR eingehend Dehne-Niemann HRRS **10**, 189, Safferling NStZ **06**, 75 und Widmaier Nehm-FS 357.

23 E. **Dolmetscher** (Buchst e):

23a a) **Ausländer** in der BRep haben die gleichen prozessualen Grundrechte sowie den gleichen Anspruch auf ein rechtsstaatliches Verfahren und auf umfassenden und objektiven gerichtlichen Schutz wie Deutsche (BVerfGE **40**, 95 = NJW **75**, 1597 mwN). Einem ausländischen Angeklagten, der die deutsche Sprache nicht hinreichend beherrscht, muss daher ohne Rücksicht auf seine finanzielle Lage unentgeltlich ein Dolmetscher beigeordnet werden (EKMR NJW **78**, 477; 4 zu § 185 GVG), und zwar für das gesamte Strafverfahren (BGH NJW **01**, 309); ein verhafteter Beschuldigter ist auf dieses Recht hinzuweisen (§ 114b II S 2; dort 8; ebenso in den Fällen §§ 127 IV, 127b I S 2, 163c I S 3).

24 b) Die **Erstattung der Dolmetscherkosten** darf zwar vom Privatkläger (BVerfG NStZ **81**, 230) nicht aber von dem Angeklagten, auch nicht im Fall der Verurteilung verlangt werden (EGMR NJW **79**, 1091), auch nicht im Bußgeldverfahren, wie in Befolgung der Rspr des EGMR (NJW **85**, 1273; vgl auch KK/OWiG-Lampe 11 zu § 46) in Nr 9005 IV KVGKG klargestellt ist (vgl 1 zu § 464a StPO), es sei denn, dem freigesprochenen Angeklagten seien nach § 467 II StPO die Kosten seiner Säumnis oder dem Verurteilten seien nach § 464c StPO die Auslagen des Dolmetschers auferlegt worden. Der Angeklagte darf auch nicht mit den Kosten belastet werden, die bei Verfahrensaussetzung wegen Ausbleibens des Dolmetschers entstanden sind (LG Hamburg StV **85**, 500). Von den Kosten für die Übersetzung von Briefen zwecks Kontrolle ist der ausländische Gefangene freigestellt (BVerfG NJW **04**, 1095 mwN), ebenso von den bei der Besuchsüberwachung des UGefangenen entstandenen Kosten (BVerfG aaO) oder den Kosten der Überwachung eines Telefongesprächs (Stuttgart StV **95**, 260 mwN); denn die vom Staat erzwungene Überwachung kostenmäßig dem Gefangenen zu überbürden, verstößt

gegen Art 3 III S 1 GG (BVerfG aaO). Stattdessen ist notfalls eine Beschränkung des Briefverkehrs anzuordnen (BVerfG aaO 1096 mwN; 18 zu § 119; vgl auch § 146 IV NJVollzG). Eine Freistellung von Kosten für eine angeordnete Telefonüberwachung nach § 100a StPO scheidet aber aus (BVerfG aaO), ebenso von Kosten im Vollstreckungsverfahren (AG Montabaur NStZ **97**, 616; dagegen Kotz NStZ-RR **99**, 164).

c) Die im **Verkehr mit dem Wahlverteidiger** entstandenen Dolmetscherkosten sind dem Verurteilten zu erstatten (BVerfG NJW **04**, 50; BGH **46**, 178 = JR **02**, 121 mit zust Anm Tag; Staudinger StV **02**, 327; Kieschke [19 zu § 467 StPO] S 92). Der Beschuldigte hat unabhängig von seiner finanziellen Lage für das gesamte Strafverfahren und damit auch für vorbereitende und abschließende (München StraFo **08**, 88) Gespräche mit einem Verteidiger Anspruch auf unentgeltliche Zuziehung eines Dolmetschers, und zwar auch dann, wenn kein Fall der notwendigen Verteidigung nach § 140 StPO gegeben ist; ein Pflichtverteidiger ist ihm nicht – wie früher vielfach vertreten – allein deswegen beizuordnen, weil er die deutsche Sprache nicht beherrscht und wegen seiner Mittellosigkeit nicht in der Lage ist, die Kosten für einen Dolmetscher aufzubringen (erg 30a zu § 140 StPO; 5 zu § 185 GVG). Von einer vor der Zuziehung erteilten gerichtlichen Bewilligung ist die Kostenerstattung für den Dolmetscher nicht abhängig (BVerfG aaO), auch dann nicht, wenn zusätzlich ein Pflichtverteidiger bestellt ist (Brandenburg StraFo **05**, 415); eines nachträglichen, gesonderten Ausspruchs bedarf es ebenfalls nicht (Karlsruhe StraFo **09**, 527). Zu den Dolmetscherkosten für ein Gespräch mit dem deutschen „Einvernehmensanwalt" (3 zu § 138 StPO) vgl KG NStZ **02**, 52. 25

d) **Zu übersetzen** sind neben staatsanwaltschaftlichen und gerichtlichen Äußerungen auch Erklärungen des Beschuldigten und Schriftstücke; einen Anspruch auf Übersetzung der gesamten Akten hat der Beschuldigte aber nicht (SK-Paeffgen 169; Staudinger StV **02**, 328). 26

Gerichtsentscheidungen, die in seiner Abwesenheit ergangen sind, werden dem Ausländer, der die deutsche Sprache nicht hinreichend beherrscht, mit schriftlicher Übersetzung in einer ihm verständlichen Sprache bekanntgemacht (vgl RiStBV 181 II; **aM** Köln VRS **63**, 457; Stuttgart Justiz **86**, 307), grundsätzlich aber nicht Urteile, die in seiner Anwesenheit unter Mitwirkung eines Dolmetschers verkündet und begründet worden sind (BGH GA **81**, 262; Düsseldorf JZ **85**, 200; Frankfurt NJW **80**, 1238; Hamburg NJW **78**, 2462; Hamm StV **90**, 101 mit Anm Kühne; Köln NStZ-RR **06**, 51; Stuttgart NStZ **81**, 225; Kissel/Mayer 10 zu § 184 GVG; **aM** SK-Paeffgen 170; Sieg MDR **81**, 279; Strate AnwBl **80**, 15). Eine Ausnahme gilt, wenn der Angeklagte für seine weitere Verteidigung auf die Übersetzung angewiesen ist (Römer NStZ **81**, 474), aber nicht schon deshalb, weil er Berufung (Stuttgart MDR **83**, 256) oder Revision eingelegt hat (Stuttgart NStZ **81**, 225; **aM** Sieg MDR **83**, 636), jedenfalls nicht, wenn ein Verteidiger mitwirkt (BVerfGE **64**, 135, 151 = NJW **83**, 2762, 2764 = JZ **83**, 659 mit Anm Rüping; BVerfG NStZ-RR **05**, 273 L; Düsseldorf JZ **85**, 200; vgl auch LR-Hilger 12 zu § 464a StPO). 27

Über die **Rechtsmittelbelehrung** vgl 9 zu § 35a StPO. Ladungen erfolgen nur in deutscher Sprache (3 zu § 184 GVG). 28

Keine Strafe ohne Gesetz

7 **I [1]Niemand darf wegen einer Handlung oder Unterlassung verurteilt werden, die zur Zeit ihrer Begehung nach innerstaatlichem oder internationalem Recht nicht strafbar war. [2]Es darf auch keine schwerere als die zur Zeit der Begehung angedrohte Strafe verhängt werden.**

II Dieser Artikel schließt nicht aus, dass jemand wegen einer Handlung oder Unterlassung verurteilt oder bestraft wird, die zur Zeit ihrer Begehung nach den von den zivilisierten Völkern anerkannten allgemeinen Rechtsgrundsätzen strafbar war.

1 **1) Verbot der Rückwirkung** (I): Vgl Art 103 II GG, §§ 1, 2 II StGB. I gilt auch für die Sicherungsverwahrung (EGMR StV **10**, 181 [dazu Müller StV **10**, 207]; **aM** zu Art 103 II GG BVerfGE **109**, 133 = NJW **04**, 739; vgl auch BGH 4 StR 577/09 vom 11. 2. 2010, 1 StR 554/09 vom 9. 3. 2010 sowie Koblenz JBlRP **10**, 50), nicht aber für Präventionsmaßnahmen, Disziplinarstrafen (Frowein/Peukert 5; eingehend SK-Paeffgen 5) und für Ehrengerichtsverfahren; es bezieht sich auch nicht auf Maßnahmen, die die Vollstreckung bzw den Vollzug der Strafe betreffen (EGMR aaO), sowie auf die richterliche Gesetzesauslegung (BVerfG NStZ **90**, 537; BGH 5 StR 314/09 vom 23. 9. 2009; Bay **90**, 78 = NJW **90**, 2833; **aM** Hettinger/Engländer Meyer-Goßner-FS 145). Aus der Vorschrift ergibt sich ein sachlich-rechtliches Analogieverbot (Frowein/Peukert 2; Guradze 7; Vogler ZStW **89**, 791; Einl 198). Sie verpflichtet aber nicht dazu, ein in fremdem Machtbereich ergangenes Strafurteil deshalb als unwirksam zu behandeln, weil die Tat zZ ihrer Begehung nach dem eigenen Recht keine Straftat darstellte.

2 **2)** Die **Ausnahme** (II) von dem Rückwirkungsverbot erklärt sich in 1. Hinsicht aus dem Bestreben, die Nürnberger Kriegsverbrecherurteile vor dem Vorwurf zu schützen, sie verstießen gegen den Grundsatz *nulla poena sine lege* (Frowein/Peukert 8; Jescheck NJW **54**, 785; von Weber ZStW **65**, 348). Die BReg hat auf Wunsch des BTages den „Vorbehalt" erklärt, dass sie die Vorschrift nur in den Grenzen des Art 103 II anwenden wird. Dabei handelt es sich nicht um einen Vorbehalt iSd Art 64 II, sondern um einen bloßen Ausdruck der Missbilligung (Jescheck aaO; von Weber ZStW **65**, 347; vgl auch Guradze 11); dass Art 103 II GG dem Art 7 vorgeht, der nur Mindestrechte gewährt (1 zu Art 1), ist ohnehin selbstverständlich. Vgl zu Art 7 II nunmehr auch die Urteile des EGMR vom 22. 3. 2001 in NJW **01**, 3035 (betr Streletz/Keßler/Krenz) und **01**, 3042 und dazu eing und krit Kreicker, Art 7 MRK und die Gewalttaten an der deutsch-deutschen Grenze, 2002.

3 **3)** Zu den **Justizgewährleistungen nach dem 7. ZP** (2 vor Art 1) – Recht auf Überprüfung von Strafurteilen, Recht auf Entschädigung nach Fehlurteilen, Verbot der Doppelbestrafung – vgl SK-Paeffgen Annex zu Art 7.

Recht auf Achtung des Privat- und Familienlebens

8 **I Jede Person hat das Recht auf Achtung ihres Privat- und Familienlebens, ihrer Wohnung und ihrer Korrespondenz.**

II Eine Behörde darf in die Ausübung dieses Rechts nur eingreifen, soweit der Eingriff gesetzlich vorgesehen und in einer demokratischen Gesellschaft notwendig ist für die nationale oder öffentliche Sicherheit, für das wirtschaftliche Wohl des Landes, zur Aufrechterhaltung der Ordnung, zur Verhütung von Straftaten, zum Schutz der Gesundheit oder der Moral oder zum Schutz der Rechte und Freiheiten anderer.

1 **1)** Die **Privatsphäre** als Rechtsposition wird hier, ebenso wie durch Art. 1 II, 2 II GG, gewährleistet (zu den Schutzbereichen im Einzelnen vgl EGMR EuGRZ **09**, 299 [Zellproben, DNA-Profile, Fingerabdrücke]; NJW **09**, 3637; LR-Gollwitzer 22 ff; SK-Paeffgen 17 ff; Gusy Hilger-FG 119 ff; Schweizer DuD **09**, 464 ff).

2 **2) Eingriffe** (II; dazu Schweizer DuD **09**, 467 und eing SK-Paeffgen 103 ff) sind nur auf Grund gesetzlicher Vorschriften zulässig, auch auf Grund ungeschriebenen Rechts (EGMR EuGRZ **79**, 386; **85**, 17). Räumt das Ges Ermessen ein, muss es dessen Umfang und die Art seiner Ausübung ausreichend deutlich bestimmen (EGMR NJW **10**, 213). Zu den – abschließend aufgezählten – zulässigen Eingriffszwecken gehören die Strafverfolgung und ihre Fortsetzung in Strafvollstreckung und -vollzug (Einl 65 ff; vgl zur Vorratsdatenspeicherung Klug/Reif RDV **08**, 91 [erg 7 zu § 100 g]). Jedes Strafgesetz, das den Grundsätzen eines demokratischen Rechtsstaats entspricht, wird durch II gedeckt (BVerfGE **6**, 389 = NJW **57**, 865, 869). Für die Beurteilung der Notwendigkeit in einer demokratischen Gesellschaft besteht ein

Beurteilungsspielraum, der aber bei unterschiedsloser und unbefristeter Aufbewahrung von Fingerabdrücken, Zellproben und DNA-Profilen verdächtiger, aber nicht schuldig gesprochener Personen überschritten ist (EGMR EuGRZ **09**, 299, 311). Zulässig ist zB die Kontrolle und Beschlagnahme des Postverkehrs eines UGefangenen (BGH NStZ **82**, 188 [Pf]; zu den Grenzen zulässiger Zensurmaßnahmen vgl aber EGMR EuGRZ **92**, 99; 535), auch die mit dem Verteidiger nach § 148 II StPO (EGMR NJW **03**, 1439). Auch §§ 99, 100a, 102, 103 StPO und § 1 **G 10** sind mit II vereinbar (EGMR NJW **79**, 1755; **07**, 1433; vgl aber auch EGMR NJW **93**, 718, **06**, 1495 und **08**, 3409: Verhältnismäßigkeitsgrundsatz ist zu beachten), ebenso § 100f (Hauck NStZ **10**, 20 Fn 51), auch der Einsatz eines V-Mannes iVm einer Telefonüberwachung (EGMR NJW **92**, 3088). Ein durch die dem Staat zurechenbare Einwirkung von Privatpersonen in die Strafverfolgung erfolgender Eingriff kann Art 8 verletzen (EGMR StV **04**, 1: „Hörfalle"; zust Gaede StV **04**, 46; erg 4a zu § 136a StPO). Die Verwertung eines unter Verstoß gegen Art 8 erhobenen Beweises macht das Verfahren aber nicht stets unfair (EGMR NJW **10**, 213; vertiefend und krit hierzu Gaede JR **09**, 498, Jung GA **09**, 651).

Gedanken-, Gewissens- und Religionsfreiheit

9 **I Jede Person hat das Recht auf Gedanken-, Gewissens- und Religionsfreiheit; dieses Recht umfasst die Freiheit, seine Religion oder Weltanschauung zu wechseln, und die Freiheit, seine Religion oder Weltanschauung einzeln oder gemeinsam mit anderen öffentlich oder privat durch Gottesdienst, Unterricht oder Praktizieren von Bräuchen und Riten zu bekennen.**

II Die Freiheit, seine Religion oder Weltanschauung zu bekennen, darf nur Einschränkungen unterworfen werden, die gesetzlich vorgesehen und in einer demokratischen Gesellschaft notwendig sind für die öffentliche Sicherheit, zum Schutz der öffentlichen Ordnung, Gesundheit oder Moral oder zum Schutz der Rechte und Freiheiten anderer.

Freiheit der Meinungsäußerung

10 **I [1]Jede Person hat das Recht auf freie Meinungsäußerung. [2]Dieses Recht schließt die Meinungsfreiheit und die Freiheit ein, Informationen und Ideen ohne behördliche Eingriffe und ohne Rücksicht auf Staatsgrenzen zu empfangen und weiterzugeben. [3]Dieser Artikel hindert die Staaten nicht, für Hörfunk-, Fernseh- oder Kinounternehmen eine Genehmigung vorzuschreiben.**

II Die Ausübung dieser Freiheiten ist mit Pflichten und Verantwortung verbunden; sie kann daher Formvorschriften, Bedingungen, Einschränkungen oder Strafdrohungen unterworfen werden, die gesetzlich vorgesehen und in einer demokratischen Gesellschaft notwendig sind für die nationale Sicherheit, die territoriale Unversehrtheit oder die öffentliche Sicherheit, zur Aufrechterhaltung der Ordnung oder zur Verhütung von Straftaten, zum Schutz der Gesundheit oder der Moral, zum Schutz des guten Rufes oder der Rechte anderer, zur Verhinderung der Verbreitung vertraulicher Informationen oder zur Wahrung der Autorität und der Unparteilichkeit der Rechtsprechung.

1) Einen **Eingriff in die hier garantierte Freiheit der Meinungsäußerung** 1
stellen Zwangsmaßnahmen wie Haft, Durchsuchung einer Wohnung und dabei erfolgte Beschlagnahme von Beweismitteln dar. Ein solcher Eingriff ist mit I nur vereinbar, wenn er durch die in II benannten übergeordneten Erfordernisse des öffentlichen Interesses gerechtfertigt ist Es muss ein „dringendes soziales Bedürfnis" für den Eingriff bestehen, und er muss verhältnismäßig zu dem verfolgten berechtigten Ziel sein. Die staatlichen Behörden müssen zu seiner Rechtfertigung Gründe angeführt haben, die stichhaltig und ausreichend sind. Diese Garantien sind von besonderer Bedeutung für den Schutz journalistischer Quellen (zum Ganzen

EGMR NJW **08**, 2563 und 2565; erg 26ff zu § 53 StPO). Zur Auslegung von Art 10 vgl auch EGMR NJW **08**, 3412 mit Anm Schork; erg 5a zu § 102 StPO.

Versammlungs- und Vereinigungsfreiheit

11 **I Jede Person hat das Recht, sich frei und friedlich mit anderen zu versammeln und sich frei mit anderen zusammenzuschließen; dazu gehört auch das Recht, zum Schutz seiner Interessen Gewerkschaften zu gründen und Gewerkschaften beizutreten.**

II 1 Die Ausübung dieser Rechte darf nur Einschränkungen unterworfen werden, die gesetzlich vorgesehen und in einer demokratischen Gesellschaft notwendig sind für die nationale oder öffentliche Sicherheit, zur Aufrechterhaltung der Ordnung oder zur Verhütung von Straftaten, zum Schutz der Gesundheit oder der Moral oder zum Schutz der Rechte und Freiheiten anderer. 2 Dieser Artikel steht rechtmäßigen Einschränkungen der Ausübung dieser Rechte für Angehörige der Streitkräfte, der Polizei oder der Staatsverwaltung nicht entgegen.

Recht auf Eheschließung

12 **Männer und Frauen im heiratsfähigen Alter haben das Recht, nach den innerstaatlichen Gesetzen, welche die Ausübung dieses Rechts regeln, eine Ehe einzugehen und eine Familie zu gründen.**

Recht auf wirksame Beschwerde

13 **Jede Person, die in ihren in dieser Konvention anerkannten Rechten oder Freiheiten verletzt worden ist, hat das Recht, bei einer innerstaatlichen Instanz eine wirksame Beschwerde zu erheben, auch wenn die Verletzung von Personen begangen worden ist, die in amtlicher Eigenschaft gehandelt haben.**

1 **1) Beschwerderecht:** Art 13 verlangt eine wirksame Beschwerdemöglichkeit – auch gegen Verfahrensverzögerungen (EGMR NJW **01**, 2694, 2699; **06**, 2389) – vor einer nationalen Instanz (EMGR EuGRZ **77**, 419; **79**, 278), schafft aber sonst keine neuen Rechtsschutzmöglichkeiten, gibt also kein Beschwerderecht gegen eine nach deutschem Recht unanfechtbare Entscheidung (BGH **20**, 68) und verpflichtet auch nicht zur Gewährung von anderen Rechtsbehelfen, die im ordentlichen Rechtsweg nicht vorgesehen sind (EKMR DÖV **59**, 743; VerfGH Koblenz NJW **59**, 1628; Münch JZ **61**, 154). Der Begriff „wirksame Beschwerde" enthält eine Verweisung auf die innerstaatliche Rechtsordnung. Soweit sie ein Rechtsmittel zulässt, kann damit die Verletzung der innerstaatlich unmittelbar anwendbaren Bestimmungen der MRK geltend gemacht werden (6 vor Art 1). Aus der Formulierung „auch wenn" kann nicht geschlossen werden, dass die MRK erst recht für die Eingriffe des einen Bürgers gegen den anderen gilt. Weitergehende Rechtsbehelfsgarantien der MRK (zB Art 5 III, IV, 6 I) gehen grundsätzlich als Spezialregelungen Art 13 vor; der EGMR NJW **01**, 2694 mit abl Anm Meyer-Ladewig NJW **01**, 2679 hat sich allerdings nun für eine Gewährleistungs-Konkurrenz ausgesprochen). Bei allen Konventionsverletzungen ist in der BRep im Hinblick auf Art 19 IV GG grundsätzlich der Weg zu den Gerichten eröffnet, jedoch kein weiterer außerordentlicher Rechtsbehelf gegen einen einmaligen Konventionsverstoß durch ein letztinstanzliches Gericht gegeben (vgl LR-Gollwitzer 6a).

2 **2)** Die **Verfassungsbeschwerde** kann auf Verletzung der MRK nicht gestützt werden (BVerfGE **10**, 271, 274 = NJW **60**, 1243 mit abl Anm Guradze; BVerfGE **34**, 384, 395; **41**, 126, 149; BVerfG EuGRZ **86**, 439; BayVerfGH NJW **61**, 1619). Nur soweit Verstöße gegen die Menschenrechte und Grundfreiheiten der

MRK zugleich das GG oder Landesverfassungsrecht verletzen, können sie mit der Verfassungsbeschwerde geltend gemacht werden (Einl 231; 1 zu Art 26).

Diskriminierungsverbot

14 **Der Genuss der in der dieser Konvention anerkannten Rechte und Freiheiten ist ohne Diskriminierung insbesondere wegen des Geschlechts, der Rasse, der Hautfarbe, der Sprache, der Religion, der politischen oder sonstigen Anschauung, der nationalen oder sozialen Herkunft, der Zugehörigkeit zu einer nationalen Minderheit, des Vermögens, der Geburt oder eines sonstigen Status zu gewährleisten.**

Abweichen im Notstandsfall

15 **I Wird das Leben der Nation durch Krieg oder einen anderen öffentlichen Notstand bedroht, so kann jede Hohe Vertragspartei Maßnahmen treffen, die von den in dieser Konvention vorgesehenen Verpflichtungen abweichen, jedoch nur, soweit es die Lage unbedingt erfordert und wenn die Maßnahmen nicht im Widerspruch zu den sonstigen völkerrechtlichen Verpflichtungen der Vertragspartei stehen.**

II Aufgrund des Absatzes 1 darf von Artikel 2 nur bei Todesfällen infolge rechtmäßiger Kriegshandlungen und von Artikel 3, Artikel 4 Absatz 1 und Artikel 7 in keinem Fall abgewichen werden.

III [1]Jede Hohe Vertragspartei, die dieses Recht auf Abweichung ausübt, unterrichtet den Generalsekretär des Europarats umfassend über die getroffenen Maßnahmen und deren Gründe. [2]Sie unterrichtet den Generalsekretär des Europarats auch über den Zeitpunkt, zu dem diese Maßnahmen außer Kraft getreten sind und die Konvention wieder volle Anwendung findet.

Beschränkungen der politischen Tätigkeit ausländischer Personen

16 **Die Artikel 10, 11 und 14 sind nicht so auszulegen, als untersagten sie den Hohen Vertragsparteien, die politische Tätigkeit ausländischer Personen zu beschränken.**

Verbot des Missbrauchs der Rechte

17 **Diese Konvention ist nicht so auszulegen, als begründe sie für einen Staat, eine Gruppe oder eine Person das Recht, eine Tätigkeit auszuüben oder eine Handlung vorzunehmen, die darauf abzielt, die in der Konvention festgelegten Rechte und Freiheiten abzuschaffen oder sie stärker einzuschränken, als es in der Konvention vorgesehen ist.**

Begrenzung der Rechtseinschränkungen

18 **Die nach dieser Konvention zulässigen Einschränkungen der genannten Rechte und Freiheiten dürfen nur zu den vorgesehenen Zwecken erfolgen.**

Abschnitt II. Europäischer Gerichtshof für Menschenrechte

Errichtung des Gerichtshofs

19 **[1]Um die Einhaltung der Verpflichtungen sicherzustellen, welche die Hohen Vertragsparteien in dieser Konvention und den Protokollen dazu übernommen haben, wird ein Europäischer Gerichtshof für Menschenrechte,**

im Folgenden als „Gerichtshof" bezeichnet, errichtet. [2]**Er nimmt seine Aufgaben als ständiger Gerichtshof wahr.**

1 **1)** Der ständige **Europäische Gerichtshof für Menschenrechte** (EGMR) in Straßburg ist seit 1. 11. 1998 an die Stelle der früher zuständigen Europäischen Kommission (EKMR) und des früher nicht ständig tagenden EGMR getreten; das Ministerkomitee des Europarates ist nunmehr darauf beschränkt, die Einhaltung der Urteile zu überwachen (Art 46 II). Der Gerichtshof besteht aus ebenso vielen Richtern, wie es Vertragsstaaten gibt (Art 20). Die Richter werden von der Parlamentarischen Versammlung des Europarates für 9 Jahre gewählt; Wiederwahl ist nicht zulässig (Art 23 I). Vgl im Einzelnen Meyer-Ladewig/Petzold NJW **99**, 1165; **09**, 3749; Wittinger NJW **01**, 1238. Eingehend zu Stellung, Funktion und Reform des EGMR Wildhaber EuGRZ **09**, 541.

2 **2)** Seine **Entscheidungen** trifft der EGMR in Einzelrichterbesetzung, in Ausschüssen mit 3 Richtern, in Kammern mit grundsätzlich 7 Richtern und in einer Großen Kammer mit 17 Richtern. Die Kammern des Gerichtshofs bilden die Ausschüsse für einen bestimmten Zeitraum (Art 26). Einzelrichter und Ausschüsse (diese durch einstimmigen Beschluss) können eine Individualbeschwerde (vgl Art 34) endgültig für unzulässig erklären (Art 35 III) oder im Register streichen, wenn sie offensichtlich unbegründet ist; die Ausschüsse können darüber hinaus einstimmig durch endgültiges Sachurteil entscheiden, wenn die aufgeworfenen Fragen Gegenstand einer gefestigten Rechtsprechung des Gerichtshofs sind (Art 27, 28). Einzelrichter und Ausschüsse übernehmen daher die Filterwirkung, die früher der EKMR zukam. Sonst entscheidet über Zulässigkeit und Begründetheit die Kammer, die aber die Sache an die Große Kammer abgibt, wenn eine schwerwiegende Frage der Auslegung der MRK oder der Zusatzprotokolle (vgl 2 vor Art 1) zu entscheiden oder eine Divergenz von einer früheren Entscheidung des EGMR möglich ist; die Abgabe ist jedoch nicht zulässig, wenn eine Partei widerspricht (Art 30). Die Große Kammer entscheidet ferner, wenn ein Ausschuss von 5 Richtern der Großen Kammer eine von einer Partei innerhalb von 3 Monaten nach Urteilserlass der Kammer beantragte Verweisung annimmt; dies ist nur für Ausnahmefälle bei Fragen grundsätzlicher Bedeutung vorgesehen (Art 43).

3 **3) Verfahren** (ausführlich hierzu SK-Paeffgen Einl 102 ff): Die Beschwerde wird bei der beim EGMR bestehenden Kanzlei (Art 24) eingelegt, die prüft, ob die Beschwerde formal in Ordnung ist, und den Beschwerdeführer ggf darauf hinweist, wenn Angaben oder Unterlagen fehlen (Meyer-Ladewig NJW **98**, 513). Nach Registrierung gelangt die Sache an einen Einzelrichter (oben 2) und im Falle der Zulässigkeit des Rechtsbehelfs an einen Ausschuss oder eine Kammer (Art 27 III); dort wird sie nach Bestimmung eines Berichterstatters geprüft. Erweist sich die Beschwerde als zulässig (Art 35) und bedarf sie – weil keine gefestigte Rechtsprechung des EGMR zu der aufgeworfenen Frage vorliegt (Art 28 I Buchst b) – einer näheren Prüfung, wird sie der Regierung des betroffenen Landes zur Stellungnahme zugeleitet, auf die der Beschwerdeführer erwidern kann (vgl zur Beteiligung des Kommissars für Menschenrechte des Europarats Art 36 III). Das Gericht stellt den Sachverhalt fest und führt erforderlichenfalls eine Beweisaufnahme durch (Art 38). Das Gericht prüft, ob eine gütliche Einigung möglich ist; das hierfür eingeschlagene Verfahren ist vertraulich (Art 39). Kommt eine gütliche Einigung nicht zustande, entscheidet die Kammer idR im schriftlichen Verfahren durch Urteil, das begründet und veröffentlicht wird (Art 45 I, 44 III). Der EGMR kann zur Wiedergutmachung für die Folgen der Menschenrechtsverletzung (Vermögens- und Nichtvermögensschaden sowie Kosten und Auslagen) eine Entschädigung zusprechen (Art 41).

4 **4) Nach der Verfahrensordnung** vom 4. 11. 1998 (BGBl 2006 II 693; zuletzt geändert mWv 1. 7. 2009 [www.echr.coe.int]) sind 5 Sektionen gebildet. Jeder

Richter gehört einer Sektion an, aus der die Kammern gebildet werden. Da der nationale Richter in der Kammer sitzen muss, wenn ein Fall gegen sein Land verhandelt wird, „folgt der Fall dem Richter"; der Fall wird also der Kammer zugewiesen, in der der nationale Richter sitzt (Art 26 IV; vgl auch Art 28 III für die Ausschüsse sowie Meyer-Ladewig NJW **98**, 513).

5) Die **Urteile sind verbindlich;** alle Vertragsstaaten haben sich verpflichtet, das endgültige Urteil des Gerichtshofs in allen Rechtssachen, in denen sie Partei sind, zu befolgen (Art 46 I). Das endgültige Urteil wird dem Ministerkomitee zugeleitet, das seine Durchführung überwacht (Art 46 II-V). Eine festgestellte Menschenrechtsverletzung führt zur Wiederaufnahme des Verfahrens, wenn das angefochtene Urteil auf ihr beruht (vgl 52 zu § 359 StPO). 5

20-33 (nicht abgedruckt)

Individualbeschwerden

34 [1]**Der Gerichtshof kann von jeder natürlichen Person, nichtstaatlichen Organisation oder Personengruppe, die behauptet, durch eine der Hohen Vertragsparteien in einem der in dieser Konvention oder den Protokollen dazu anerkannten Rechte verletzt zu sein, mit einer Beschwerde befasst werden.** [2]**Die Hohen Vertragsparteien verpflichten sich, die wirksame Ausübung dieses Rechts nicht zu behindern.**

Zulässigkeitsvoraussetzungen

35 [I] **Der Gerichtshof kann sich mit einer Angelegenheit erst nach Erschöpfung aller innerstaatlichen Rechtsbehelfe in Übereinstimmung mit den allgemein anerkannten Grundsätzen des Völkerrechts und nur innerhalb einer Frist von sechs Monaten nach der endgültigen innerstaatlichen Entscheidung befassen.**

[II] **Der Gerichtshof befasst sich nicht mit einer nach Artikel 34 erhobenen Individualbeschwerde, die**

a) anonym ist oder
b) im Wesentlichen mit einer schon vorher vom Gerichtshof geprüften Beschwerde übereinstimmt oder schon einer anderen internationalen Untersuchungs- oder Vergleichsinstanz unterbreitet worden ist und keine neuen Tatsachen enthält.

[III] **Der Gerichtshof erklärt eine nach Artikel 34 erhobene Individualbeschwerde für unzulässig, wenn er sie für unvereinbar mit dieser Konvention oder den Protokollen dazu, für offensichtlich unbegründet oder für einen Missbrauch des Beschwerderechts hält.**

[IV] [1]**Der Gerichtshof weist eine Beschwerde zurück, die er nach diesem Artikel für unzulässig hält.** [2]**Er kann dies in jedem Stadium des Verfahrens tun.**

1) Jedermann, der sich in seinen Rechten nach der MRK verletzt fühlt, kann den EGMR anrufen, ohne dass eine Unterwerfungserklärung des betroffenen Staates erforderlich wäre. 1

Allerdings befasst sich der EGMR erst nach **Erschöpfung des innerstaatlichen Rechtswegs,** für die der Beschwerdeführer die Beweislast trägt (vgl im Einzelnen EGMR – Große Kammer – EuGRZ **09**, 566, 577; Frowein/Peukert 7), mit der Sache (EGMR NJW **01**, 55). Der Beschwerdeführer muss sich vor einem 2 innerstaatlichen Gericht zwar nicht unbedingt unter Anführung der MRK, aber wenigstens substantiell auf die angeblich verletzte MRK-Bestimmung berufen haben (EGMR NJW **84**, 544). Davon kann aber abgesehen werden, wenn nach der Rspr der obersten Gerichte ein Rechtsmittel von vornherein aussichtslos ist (EGMR – Große Kammer – EuGRZ **09**, 566, 577; Frowein/Peukert 35), nicht aber schon dann, wenn nur Zweifel hinsichtlich der Erfolgsaussichten bestehen (EGMR NStZ **01**, 335 L). Zum Rechtsweg gehört nicht nur ein Rechtsmittelverfahren ieS, sondern jede rechtliche Möglichkeit der Abhilfe, die zugänglich und geeignet erscheint (EGMR NJW **82**, 497; Vogler ZStW **89**, 792), auch die Richterablehnung (Peukert EuGRZ **80**, 249), die Dienstaufsichtsbeschwerde (22 vor § 296 StPO), der Antrag nach §§ 23, 37 **EGGVG** (Vogler aaO) und die Verfassungsbeschwerde nach § 90 BVerfGG (Frowein/Peukert 25 ff; Kühne 36; Münch JZ **61**, 155). Soweit sich die in der MRK verbürgten Rechte und Grundfreiheiten mit den Grundrechten des GG decken, muss daher vor Anrufung des EGMR eine erfolglose Verfassungsbeschwerde eingelegt worden sein (EKMR NJW **56**, 1376; VerfGH Koblenz NJW **59**, 1628; Peukert EuGRZ **79**, 264; **80**, 249; Weigend StV **00**, 389; Einl 230 ff), sofern das BVerfG nicht in einem ähnlichen Fall bereits eine Verfassungsbeschwerde verworfen hat (Vogler aaO; einschr LR-Gollwitzer Verfahren 42). Hat das BVerfG die Verfassungsbeschwerde wegen fehlender Substantiierung des Beschwerdegegenstandes verworfen, so ist der innerstaatliche Rechtsweg nicht erschöpft (EKMR NJW **88**, 1441); das gilt aber nicht, wenn das BVerfG zu Unrecht fehlende Substantiierung gerügt oder gleichwohl eine (teilweise) Sachprüfung vorgenommen hatte (EGMR StV **05**, 475 mit Anm Pauly; vgl auch EGMR StraFo **06**, 406). Hatte der Beschwerdeführer seine gegen das Urteil eingelegte Berufung zurückgenommen, ist die Beschwerde unzulässig (EGMR NJW **08**, 3273). Ein Wiederaufnahmeverfahren braucht nicht beantragt worden zu sein (Vogler aaO). Eine wegen Nichterschöpfung des Rechtsweges für unzulässig erklärte Beschwerde kann nach Erschöpfung der Rechtsbehelfe wiederholt werden (Vogler ZStW **89**, 793).

3 **2) Frist:** Die Beschwerde nach Art 34 muss dem EGMR so rechtzeitig vorliegen, dass er sich noch vor Fristablauf mit ihr befassen kann. Die 6-Monatsfrist beginnt mit der (förmlichen oder formlosen) Bekanntmachung der innerstaatlichen Entscheidung (Frowein/Peukert 48 ff; Peukert EuGRZ **80**, 250; erg 5 ff zu § 35 StPO). Wiedereinsetzung ist nicht zulässig (3 vor § 42 StPO).

4 **3) Form:** Die Einlegung erfolgt schriftlich (vgl Meyer-Ladewig/Petzold NJW **09**, 3751); sie kann in deutscher Sprache abgefasst werden; erst nach der Zulässigkeitserklärung durch eine Kammer (3 zu Art 19) müssen die Schriftsätze in einer der beiden Amtssprachen (Englisch und Französisch) verfasst sein (vgl Willinger NJW **01**, 1239). Das Verfahren ist insgesamt für den Beschwerdeführer gebührenfrei.

5 **4)** Als **unzulässig zurückgewiesen** (Art 35 IV) wird die Beschwerde, wenn die Voraussetzungen des Art 35 I oder II oder III (zur Vereinbarkeit der Beschwerde mit der MRK in persönlicher, zeitlicher und sachlicher Hinsicht vgl zB EGMR NJW **09**, 3775) gegeben sind. Zum Verfahrensgang im Übrigen vgl 3 zu Art 19.

36–59 (nicht abgedruckt)

5. Gesetz über die Entschädigung für Strafverfolgungsmaßnahmen (StrEG)

Vom 8. März 1971 (BGBl I 157; III 313–4), letztes ÄndG vom 30. Juli 2009 (BGBl I 2478)

(Auszug)

Vorbemerkungen

1) Der **Entschädigungsanspruch** nach dem StrEG ist seiner Rechtsnatur nach ein Aufopferungsanspruch (BGHZ **72**, 302 = NJW **79**, 425; Nürnberg MDR **75**, 779; Schätzler/Kunz 31; **aM** Paeffgen 211 ff: Gefährdungstatbestand eigener Art). Er setzt voraus, dass der Betroffene ein unveranlasstes Sonderopfer erbracht hat (BGHZ **60**, 302 = NJW **73**, 1322; Karlsruhe MDR **76**, 515). Auf den Nachweis seiner Unschuld kommt es nicht an. Aus der Regelung der Entschädigungspflicht nach dem StrEG lässt sich daher nicht schließen, dass die Anordnung der Strafverfolgungsmaßnahme oder ihr Vollzug rechtswidrig war. Wird das sachliche Recht geändert und der Angeklagte deswegen nach § 206 b StPO freigesprochen, so kommt jedoch eine Entschädigung in Betracht, weil keiner der Ausschließungsgründe (§§ 5, 6) greift (LR-Stuckenberg 18; SK-Paeffgen 13, je zu § 206 b StPO; **aM** KG JR **77**, 334; Schätzler GA **90**, 37); dasselbe gilt, wenn der erneut verurteilte Angeklagte nur wegen einer Gesetzesänderung milder bestraft worden ist (München StV **84**, 471 mit zust Anm H. Schmidt). 1

2) Entschädigungsberechtigt können nur der in einem Strafverfahren Beschuldigte, Angeschuldigte, Angeklagte oder Verurteilte, gegen den die schadensbegründende Strafverfolgungsmaßnahme gerichtet gewesen ist (KG StraFo **09**, 437; Hamburg MDR **94**, 310; Hamm wistra **06**, 359; Karlsruhe StraFo **98**, 33), oder ein Unterhaltsberechtigter (§ 11) sein (KG NJW **78**, 2406). Für Ausländer gelten keine Einschränkungen. Wer sonst durch Strafverfolgungsmaßnahmen einen Schaden erlitten hat, wird nicht nach dem StrEG entschädigt (Celle NdsRpfl **86**, 38, 40; Nürnberg NStZ-RR **03**, 62; Schleswig SchlHA **89**, 78; LG Freiburg NJW **90**, 399; LG Kassel NStZ **94**, 497; D. Meyer Einl 50; erg 7 zu § 2). Insbesondere Zeugen, gegen die zu Unrecht Erzwingungshaft nach § 70 II StPO angeordnet wurde, oder Einziehungs- und andere Nebenbeteiligte müssen ihre Ansprüche im Zivilrechtsweg geltend machen (BGH **36**, 236 mwN; Düsseldorf VRS **83**, 198). 2

3) Andere Entschädigungsregelungen, wie § 74 f StGB und die Bestimmungen über die notwendigen Auslagen nach §§ 464 ff StPO (5 zu § 7), sowie Schadensersatzansprüche nach Art 34 GG, § 839 BGB und nach Art 5 V **MRK** (dort 14) bleiben unberührt (Karlsruhe Justiz **88**, 87; Schleswig SchlHA **90**, 132 [L/G]; Einzelheiten bei D. Meyer Einl 53 ff). Für vor Inkrafttreten des EV erlassene Urteile der DDR gelten §§ 1, 2 nicht (vgl § 16 a). 3

4) Entsprechend anwendbar ist das StrEG auf Verfolgungsmaßnahmen wegen einer OWiG (§ 46 I OWiG; RiStBV 295). Nur für das von einer VerwB abgeschlossene Bußgeldverfahren gelten nach § 110 OWiG Besonderheiten für das Verfahren. Für zu Unrecht erlittene Auslieferungshaft kann das StrEG nur dann entspr angewendet werden, wenn die Behörden der BRep die unberechtigte Verfolgung zu vertreten haben (BGH **30**, 152 = NStZ **81**, 441 mit abl Anm Schätzler; **32**, 221 = NStZ **85**, 222 mit Anm Schomburg; LG Berlin StraFo **08,** 311 mit zust Anm König; **aM** Düsseldorf NJW **92**, 646; Schätzler aaO: stets ausgeschlossen; offengelassen von Hamm NStZ **97**, 246; vgl auch Gillmeister NJW **91**, 2251; D. Meyer JurBüro **91**, 1592). Entsprechendes gilt für im Ausland auf Grund ausländischer Vorschriften vollzogene Untersuchungs- oder Strafhaft (Düsseldorf NStZ **88**, 371). Bei irrtümlicher Verhaftung (Düsseldorf StraFo **00**, 429) oder zu Unrecht erlittener Abschie- 4 bungshaft nach § 62 AufenthGG ist das StrEG nicht entspr anwendbar (AG Kiel JurBüro **84**, 1060 mit Anm D. Meyer; vgl aber zu einem Ausnahmefall Schleswig SchlHA **95**, 37 [L/T]), auch nicht bei Ordnungsmitteln nach § 178 GVG (Schleswig SchlHA **83**, 121 [E/L]) oder bei einer Entscheidung nach § 57 a StGB (Köln StraFo **98**, 286). Erg 1 zu § 2.

Entschädigung für Urteilsfolgen

1 **I Wer durch eine strafgerichtliche Verurteilung einen Schaden erlitten hat, wird aus der Staatskasse entschädigt, soweit die Verurteilung im Wiederaufnahmeverfahren oder sonst, nachdem sie rechtskräftig geworden ist, in einem Strafverfahren fortfällt oder gemildert wird.**

II Absatz 1 gilt entsprechend, wenn ohne Verurteilung eine Maßregel der Besserung und Sicherung oder eine Nebenfolge angeordnet worden ist.

1 **1) Schaden durch strafgerichtliche Verurteilung:** Entschädigt wird nur, wer als Verurteilter (2 vor § 1) durch die frühere Verurteilung (I) oder durch selbstständig angeordnete Maßregeln oder Nebenfolgen (II) einen Schaden erlitten hat. Dem Urteil steht der Strafbefehl (§ 407 StPO) gleich (dazu D. Meyer 6 ff). Maßregeln der Besserung und Sicherung sind die in § 61 StGB vorgesehenen Rechtsfolgen. Nebenfolgen sind Verfall, Einziehung und Unbrauchbarmachung, die nach § 76 a StGB, §§ 440 I, 442 StPO selbstständig angeordnet werden können. Der Schaden muss nicht unmittelbar durch die Rechtsfolge entstanden sein (vgl Düsseldorf MDR **80**, 958: Schaden infolge des durch die Verurteilung veranlassten Widerrufs der in einem anderen Verfahren bewilligten Strafaussetzung). Für einen auf die Strafe angerechneten Disziplinararrest der Bundeswehr wird kein Ersatz geleistet (Schleswig MDR **79**, 165).

2 **2) Fortfall im Wiederaufnahmeverfahren oder sonst:** Der Wegfall einer Rechtsfolge in dem Verfahren nach §§ 359 ff StPO führt, vorbehaltlich der §§ 5, 6, zur Entschädigung. Eine Ausnahme gilt, wenn der 1. Richter in Kenntnis der neuen Tatsachen eine andere Rechtsfolge verhängt hätte, im Wiederaufnahmeverfahren aber das Verbot der Schlechterstellung nach § 373 II StPO zum Freispruch zwingt (Schätzler/Kunz 17; **aM** Nürnberg MDR **75**, 779; D. Meyer 23; erg 6 zu § 6). Neben dem Wiederaufnahmeverfahren kommen nur ähnliche Korrekturen einer rechtskräftigen strafgerichtlichen Entscheidung (zB in Anwendung des § 357 StPO oder des § 95 II BVerfGG; vgl Stuttgart NJW **97**, 206) in Betracht. Dazu gehört auch Wiedereinsetzung gegen die Versäumung der Einspruchsfrist, nachdem auf Grund des rechtskräftigen Strafbefehls die Ersatzfreiheitsstrafe bereits vollstreckt war (Bay **86**, 25 = VRS **71**, 77; **aM** D. Meyer 11 und JurBüro **87**, 1603; vgl aber auch Saarbrücken NStZ **92**, 442: nicht bei nur teilw Verbüßung und Aussetzung des Strafrestes zur Bewährung). § 1 ist nicht anwendbar, wenn die bedingte Entlassung nach § 57 oder § 67 d II StGB verspätet angeordnet worden ist (Hamm EuGRZ **86**, 546; Karlsruhe MDR **76**, 515). Der Erlass einer rechtskräftig verhängten Strafe durch Gnadenerweis oder Amnestie führt nicht zur Anwendung des StrEG (D. Meyer 12, 13; Schätzler/Kunz 32).

3 **3) Milderung der Rechtsfolgen:** Ob der spätere Rechtsfolgenausspruch milder ist als der frühere, ergibt ein Vergleich der ursprünglichen mit den jetzigen Rechtsfolgen auf Grund einer ganzheitlichen Betrachtungsweise (München StV **84**, 471; D. Meyer 27 und JurBüro **87**, 1602; erg 12 zu § 331 StPO). Das gilt auch bei Wegfall einer tatmehrheitlichen Handlung (Frankfurt NJW **83**, 2398 aE). Auf der Anwendung eines milderen Strafgesetzes muss die Milderung nicht beruhen (Schätzler/Kunz 15).

4 **4)** Die **Ausschluss- und Versagungsgründe** der §§ 5 und 6 gelten auch im Fall des § 1 (Saarbrücken NJW **75**, 792). Die §§ 3, 4, die nur die Maßnahmen

nach § 2 betreffen, sind von Bedeutung, wenn solche Maßnahmen in dem wiederaufgenommenen Verfahren vollzogen worden sind. Da dieses und das frühere Verfahren eine Einheit bilden (vgl 37 zu § 473 StPO), sind auch die in dem früheren Verfahren vollzogenen Maßnahmen iS des § 2 entschädigungsfähig, soweit der Anspruch nicht mit dem nach § 1 zusammenfällt (D. Meyer 35), wie etwa angerechnete Haft.

Entschädigung für andere Strafverfolgungsmaßnahmen

2 **I Wer durch den Vollzug der Untersuchungshaft oder einer anderen Strafverfolgungsmaßnahme einen Schaden erlitten hat, wird aus der Staatskasse entschädigt, soweit er freigesprochen oder das Verfahren gegen ihn eingestellt wird oder soweit das Gericht die Eröffnung des Hauptverfahrens gegen ihn ablehnt.**

II Andere Strafverfolgungsmaßnahmen sind

1. **die einstweilige Unterbringung und die Unterbringung zur Beobachtung nach den Vorschriften der Strafprozessordnung und des Jugendgerichtsgesetzes,**
2. **die vorläufige Festnahme nach § 127 Abs. 2 der Strafprozessordnung,**
3. **Maßnahmen des Richters, der den Vollzug des Haftbefehls aussetzt (§ 116 der Strafprozessordnung),**
4. **die Sicherstellung, die Beschlagnahme, der Arrest nach den §§ 111 d *und 111 o* der Strafprozessordnung *sowie die Vermögensbeschlagnahme nach § 111 p der Strafprozessordnung* und die Durchsuchung, soweit die Entschädigung nicht in anderen Gesetzen geregelt ist,**
5. **die vorläufige Entziehung der Fahrerlaubnis,**
6. **das vorläufige Berufsverbot.**

III Als Strafverfolgungsmaßnahmen im Sinne dieser Vorschrift gelten die Auslieferungshaft, die vorläufige Auslieferungshaft, die Sicherstellung, die Beschlagnahme und die Durchsuchung, die im Ausland auf Ersuchen einer deutschen Behörde angeordnet worden sind.

1) Nichtverurteilte Angeschuldigte, im Fall des § 9 auch Beschuldigte, haben Anspruch auf Entschädigung für den Vollzug, nicht für die bloße Anordnung (BGH MDR **79**, 562; Hamburg MDR **82**, 519), der in I, II abschließend aufgezählten (Jena NStZ-RR **01**, 160 Maßnahmen, sofern sich nicht eine Ausnahme oder Einschränkung aus §§ 3, 5 oder 6 ergibt. Dem Freispruch stehen nicht nur die (endgültige; vgl 1 zu § 3; 2 zu § 8) Einstellung des Verfahrens auf Grund zwingender Vorschriften (§§ 170 II, 206 a, 206 b, 260 III StPO) und die Ablehnung der Eröffnung des Hauptverfahrens (§ 204 StPO) gleich, sondern auch die in I nicht erwähnte Ablehnung des Erlasses eines Strafbefehls (D. Meyer 33) und die Ablehnung des Antrags auf Anordnung der Unterbringung nach § 63 StGB (BGH 5 StR 503/09 vom 10. 3. 2010) oder der nachträglichen Sicherungsverwahrung nach § 66 b StGB, § 275 a StPO (BGH 2 StR 598/05 vom 3. 2. 2006) sowie des Antrags im Sicherungsverfahren nach § 414 II S 4 StPO (Stuttgart NStZ-RR **00**, 190; erg 1 zu § 467 StPO). Auch die Teilfreisprechung kann zur Entschädigung führen (D. Meyer 26). Nachteile, die auf der Einleitung eines Ermittlungsverfahrens beruhen, werden nicht entschädigt (Schleswig SchlHA **00**, 68). Erg 1 zu § 1. 1

2) Schaden durch Vollzug der UHaft (I): UHaft ist die Haft nach §§ 112 ff, 230 II, 231 (Frankfurt NStZ-RR **05**, 96), 236, 329 IV StPO (Schätzler/Kunz 42), nicht aber der Vollzug eines Sicherungshaftbefehls nach § 453 c StPO (KG JR **81**, 87; Düsseldorf MDR **82**, 958; Burmann StV **86**, 80; **aM** Bringewat StVollstr 21 zu § 453 c StPO; von Meding NJW **77**, 914) oder die Strafvollstreckung auf Grund Widerrufs der Strafaussetzung zur Bewährung, wenn der Widerruf nachträglich wieder aufgehoben wird (Düsseldorf MDR **93**, 808; Katzenstein StV **03**, 363). Der 2

Schaden muss unmittelbar durch die Freiheitsentziehung entstanden sein; Rufschaden wird als immaterieller Schaden nicht ersetzt, wohl aber, wenn er zu einer Vermögensschädigung geführt hat (3 zu § 7; BGH MDR **79**, 562; Schätzler/Kunz 59 zu § 7). § 4 dehnt die Regelung des I auf Fälle aus, in denen das Verfahren mit Verurteilung endet.

3 **3) Andere Strafverfolgungsmaßnahmen** (II):

4 A. **Nr 1:** Vgl §§ 81, 126 a StPO, § 73 **JGG.** Hierzu gehören auch die einstweilige Unterbringung nach § 275 a V StPO (BGH **52**, 213, 219; StraFo **08**, 266; Koblenz NStZ **07**, 56 L = JBlRP **06**, 38) sowie die einstweilige Unterbringung nach §§ 71 II, 72 IV **JGG** (Schätzler/Kunz 44).

5 B. **Nr 2:** Der vorläufigen Festnahme nach § 127 II StPO steht die nach § 127 I StPO auch dann nicht gleich, wenn sie durch einen Strafverfolgungsbeamten zur alsbaldigen Identitätsfeststellung vorgenommen worden ist. Die Vorschrift muss aber auch im Fall des § 127 b I StPO gelten; bei der Einfügung dieser Vorschrift in die StPO ist die Änderung der Nr 2 offensichtlich vergessen worden. Keine vorläufige Festnahme ist die Verbringung zur Blutprobenentnahme (29 zu § 81 a StPO), die Zuführung zur erkennungsdienstlichen Behandlung (15 zu § 81 b StPO) und das Festhalten zur Identitätsfeststellung (7 zu § 163 b StPO).

6 C. **Nr 3:** Die weniger einschneidenden Maßnahmen nach § 116 StPO können die Bewegungsfreiheit und dadurch die Erwerbsmöglichkeiten einschränken oder, bei Sicherheitsleistung, Darlehnszinsen oder Zinsverluste verursachen (Schätzler/Kunz 50). Anordnungen und andere Maßnahmen zur Abwendung der UHaft gegen Jugendliche (§ 72 I **JGG**) fallen nicht unter Nr 3 (**aM** D. Meyer 50).

7 D. **Nr 4:** Die Vorschrift gilt nur subsidiär. In Betracht kommt der Vollzug, nicht schon die Anordnung, der Maßnahmen nach §§ 94, 99, 108 I S 1, 111 b, 111 d, 132 III, 290, 443 StPO. Die Führerscheinbeschlagnahme nach § 94 III StPO fällt unter die Vorschrift, wenn keine Anordnung nach § 111 a StPO ergangen ist (Stuttgart VerkMitt **83**, 45); sonst gilt Nr 5. Der Entschädigungsanspruch besteht auch, wenn der Betroffene der Sicherstellung nicht widersprochen (LG Memmingen NJW **77**, 347), keine richterliche Entscheidung nach §§ 98 II S 2, 111 e II S 3 StPO beantragt oder die Sache sogar freiwillig herausgegeben hat, um der sonst zu erwartenden Beschlagnahme zuvorzukommen (BGH NJW **75**, 347, 348; Hamm NJW **72**, 1477; VRS **47**, 201; AG Osnabrück DAR **84**, 94; einschr LG Flensburg GA **78**, 341; D. Meyer 20, 63: wenn die Beschlagnahme mit Sicherheit zu erwarten ist). Durchsuchung iS Nr 4 ist nur die nach §§ 102, 103 StPO, nicht die nach § 111 StPO (D. Meyer 55). Entschädigt wird nur der Beschuldigte selbst, gegen den sich die Maßnahme gerichtet hat (Celle NdsRpfl **86**, 38, 40; Frankfurt NStZ-RR **02**, 320; LG Freiburg NJW **90**, 399; erg 2 vor § 1), und nur für die typischen Folgen des Vollzugs der Maßnahme; eine durch sie eingetretene Diskriminierung gehört dazu nicht (BGH MDR **79**, 562); zum Verlust des Arbeitsplatzes vgl § 7 Rn 3. Entschädigungsfähig ist aber der durch die Herausgabe einer beschlagnahmten Sache an einen Nichtberechtigten entstandene Verlust (BGHZ **72**, 302 = NJW **79**, 425; Jena NStZ-RR **05**, 125). Zur Haftungssituation bei Ausbleiben der Verfallsanordnung vgl Rönnau/Hohn wistra **02**, 448. §§ 111 o, 111 p StPO sind gegenstandslos geworden (vgl dort).

8 E. **Nr 5:** Die freiwillige Herausgabe des Führerscheins steht der Beschlagnahme gleich (oben 7). Für die vorläufige Entziehung der Fahrerlaubnis (§ 111 a StPO) wird kein Ersatz geleistet, wenn die Fahrerlaubnis schon vorher rechtskräftig entzogen war (Zweibrücken VRS **54**, 203). Die Beschlagnahme nach § 111 a VI S 2 StPO ist nicht entschädigungsfähig (Schätzler/Kunz 66; **aM** D. Meyer 70). Einen besonderen Ausschlussgrund enthält § 5 I Nr 4.

9 F. **Nr 6:** Vgl § 132 a StPO. Nr 6 gilt nicht bei einem vorläufigen Tierhaltungsverbot nach § 20 a TierschG (Jena NStZ-RR **01**, 160).

4) Strafverfolgungsmaßnahmen im Ausland (III), die von den Behörden der BRep veranlasst worden sind, werden in der Entschädigungsfrage wie inländische behandelt. Wegen der entspr Anwendung des III auf Maßnahmen, die auf Ersuchen eines ausländischen Staates im Inland angeordnet worden sind, vgl 4 vor § 1. 10

Entschädigung bei Einstellung nach Ermessensvorschrift

3 Wird das Verfahren nach einer Vorschrift eingestellt, die dies nach dem Ermessen des Gerichts oder der Staatsanwaltschaft zulässt, so kann für die in § 2 genannten Strafverfolgungsmaßnahmen eine Entschädigung gewährt werden, soweit dies nach den Umständen des Falles der Billigkeit entspricht.

1) Einstellung nach Ermessen: Gemeint ist die endgültige Verfahrenseinstellung nach §§ 153 I, II, 153 b, 153 d, 153 e, 154 c, 383 II, 390 V StPO, §§ 45, 47 **JGG**, § 398 **AO.** Hierzu gehören aber auch die Einstellungen nach § 153 a StPO (Hamburg OLGSt Nr 2 = MDR **93**, 948 mit Anm Sojka; Stuttgart MDR **91**, 978; Schätzler/Kunz 20; **aM** Grohmann BA **85**, 234) und nach §§ 154, 154 b StPO (vgl 2 zu § 8), wobei aber bei Anrechnung der UHaft in einem anderen Verfahren die Entschädigung natürlich ausgeschlossen ist (Frankfurt NStZ-RR **00**, 159). Die Verfolgungsbeschränkung nach § 154 a StPO ist keine Einstellung; eine Entschädigung ist daher idR ausgeschlossen (D. Meyer 23 und JurBüro **84**, 343; erg 2 zu § 8). § 3 ist auch nicht entspr anwendbar, wenn von der Einziehung oder dem Verfall nach §§ 430, 442 I StPO abgesehen wird (D. Meyer 25). 1

2) Entschädigung aus Billigkeitsgründen: Die Ausschlussgründe der §§ 5 und 6 haben Vorrang (KG Rpfleger **99**, 350). Die Billigkeitsentscheidung ist nicht die Regel, sondern die Ausnahme (LG Flensburg GA **85**, 329; Schätzler/Kunz 27; **aM** Dahs 366) und setzt voraus, dass sich der Fall von anderen auffallend abhebt (D. Meyer 45 und MDR **80**, 722). Billigkeitsgründe werden insbesondere bei der Einstellung nach § 153 StPO (LG Flensburg MDR **79**, 76) nur vorliegen, wenn der Tatverdacht, der bei der Einstellung noch besteht, erheblich hinter dem zurückbleibt, der zu der Verfolgungsmaßnahme geführt hat (zB UHaft wegen Raubes, verbleibender Verdacht einer Tat nach § 248 a StGB). Von der Stärke des bei der Einstellung vorhandenen Tatverdachts darf die Entscheidung aber sonst nicht abhängig gemacht werden; denn der Beschuldigte gilt nach Art 6 II **MRK** in jedem Fall als unschuldig (vgl Kühl NJW **80**, 806; **aM** D. Meyer 38, 39; vgl auch 19 zu § 467 StPO). Fahrlässige Herbeiführung der Verfolgungsmaßnahme und das Vorliegen eines der Gründe des § 6 I Nr 1 schließen die Entschädigung idR aus. Auch der Verzicht des Betroffenen (3 zu § 8) führt zur Versagung (allg dazu Seebode NStZ **82**, 144, der den Verzicht nur im Fall des § 153 a StPO zulassen will). Ggf ist eine teilw Entschädigung zu bewilligen. Zur Frage der unterschiedlichen Entscheidungen nach § 3 und § 467 IV StPO vgl D. Meyer 50 ff. 2

Entschädigung nach Billigkeit

4 I Für die in § 2 genannten Strafverfolgungsmaßnahmen kann eine Entschädigung gewährt werden, soweit dies nach den Umständen des Falles der Billigkeit entspricht,

1. wenn das Gericht von Strafe abgesehen hat,

2. soweit die in der strafgerichtlichen Verurteilung angeordneten Rechtsfolgen geringer sind als die darauf gerichteten Strafverfolgungsmaßnahmen.

II Der strafgerichtlichen Verurteilung im Sinne des Absatzes 1 Nr. 2 steht es gleich, wenn die Tat nach Einleitung des Strafverfahrens nur unter dem rechtlichen Gesichtspunkt einer Ordnungswidrigkeit geahndet wird.

1 **1) Von Strafe absehen** (I Nr 1): Vgl die Aufzählung 1 zu § 153b StPO. Je näher die Grenzen zwischen Absehen und Festsetzung von Strafe beieinander liegen, desto mehr spricht gegen die Entschädigung. Sie kommt nur in seltenen Ausnahmefällen in Betracht (D. Meyer 34, 35 und JurBüro **87**, 1604).

2 **2) Überschießende Strafverfolgungsmaßnahme** (I Nr 2):

3 A. **Strafverfolgungsmaßnahmen** iS des I Nr 2 sind solche, die einen der Tatbestände des § 2 StrEG erfüllen (Düsseldorf NStZ **88**, 371), vor allem UHaft und vorläufige Unterbringung. Auch eine Beschlagnahme kann aber eine zeitlich überschießende Maßnahme sein. Die überschießende vorläufige Entziehung der Fahrerlaubnis regelt § 5 I Nr 3. UHaft, die das Gericht nicht nach § 51 I S 2 StGB, § 52a I S 2 **JGG** auf die Strafe angerechnet hat, wird nicht berücksichtigt (§ 5 I Nr 1). UHaft, die die verhängte Freiheitsstrafe nicht übersteigt, ist auch dann keine überschießende Maßnahme, wenn die Vollstreckung der Strafe zur Bewährung ausgesetzt ist (Schätzler/Kunz 19). Für im Ausland erlittene Freiheitsentziehung, deren tatsächliche Dauer hinter der erkannten Freiheitsstrafe zurückbleibt, wird auch dann keine Entschädigung gewährt, wenn sich in Anwendung des § 51 IV S 2 StGB ein Überschuss ergibt (Karlsruhe MDR **91**, 978). Bei Teilfreispruch wird für UHaft, die wegen der nicht erwiesenen Tat vollzogen wurde, nicht entschädigt, sondern sie wird auf die Strafe angerechnet (BGH **28**, 29; Schleswig NJW **78**, 115; vgl auch Düsseldorf MDR **86**, 422; Hamm StV **08**, 365).

4 B. **Grundlage der Billigkeitsentscheidung:** Erforderlich ist eine Gesamtabwägung der vorläufigen Maßnahmen und der endgültigen Rechtsfolgen (BGH GA **75**, 208; Düsseldorf MDR **87**, 80; NStZ **82**, 252; vgl 12 zu § 331 StPO). Der dem Richter eingeräumte Ermessensspielraum (Hamm JMBlNW **75**, 177; München MDR **72**, 1056) wird umso mehr eingeengt, je stärker die vorläufige Maßnahme die endgültig angeordnete übersteigt (Karlsruhe NJW **74**, 1008). Bei geringfügiger Abweichung wird kein Anspruch zuerkannt (BGHR UHaft 4: wenige Tage mehr; Frankfurt DAR **73**, 161: Rückgabe des Führerscheins eine Woche nach Ablauf der festgesetzten Sperre; zust D. Meyer 52, 53; krit Hentschel 1057); bei einem Missverhältnis ist die Zuerkennung geboten (BGH EzSt Nr 2 zu § 5). Der Billigkeit entspricht es idR, den Betroffenen zu entschädigen, wenn die verhängte Strafe in keinem angemessenen Verhältnis zur UHaft steht (BGH GA **75**, 208; Düsseldorf StV **89**, 29). Ein solches Missverhältnis liegt vor, wenn die UHaft 6 Monate dauerte, aber nur ein 4-wöchiger Dauerarrest verhängt wurde (Stuttgart StV **02**, 556), nicht aber schon dann, wenn die UHaft nur unerheblich länger als die erkannte Freiheitsstrafe gedauert hat. Auch besondere Härten, die durch den faktischen Vorwegvollzug der Strafe im Wege der UHaft für den Angeklagten entstanden sind, müssen berücksichtigt werden (BGH StV **08**, 369). Ob die Freiheitsstrafe zur Bewährung ausgesetzt wurde oder nicht, spielt für den anzustellenden Vergleich selbst keine Rolle, sondern kann nur im Rahmen der Billigkeitsbeurteilung von Bedeutung sein (D. Meyer 38; **aM** Hofmann StraFo **07**, 52, die aber verkennt, dass Strafaussetzung zur Bewährung nur hinsichtlich einer Freiheitsstrafe möglich ist, die nicht durch UHaft verbüßt ist, vgl BGH **31**, 25, und dass durch Anrechnung kompensierte Strafverfolgungsmaßnahmen nicht entschädigungspflichtig sind, vgl auch Schätzler/Kunz 19). In Betracht kommt auch eine Teilentschädigung, wenn das der Billigkeit entspricht.

5 Auch **andere Gesichtspunkte** sind zu berücksichtigen, insbesondere die Schwere der Schuld, die Auswirkungen der Strafverfolgungsmaßnahmen auf die Person und die Lebensverhältnisse des Angeklagten (Karlsruhe Justiz **77**, 393; Stuttgart OLGSt § 2 StrEG S 21; einschr Stuttgart NStZ-RR **98**, 95). Die Entschädigung kann zB versagt werden, wenn zwar von vornherein nur eine geringe Straferwartung bestand, der Täter aber wohnungs- und ausweislos war und daher in UHaft genommen werden musste (Karlsruhe NJW **74**, 1008). Auch sonst muss der Betroffene gegen sich gelten lassen, dass eine Aussetzung des Haftvollzugs aus in seiner Person liegenden Gründen nicht in Betracht kam (Hamm JMBlNW **75**,

177; MDR **74**, 777). Bei der Billigkeitsentscheidung spielt auch eine Rolle, ob der Betroffene die Maßnahme leicht fahrlässig (bei grober Fahrlässigkeit gilt § 5 II; vgl Düsseldorf NStZ **89**, 232 mit Anm Schätzler) verursacht hat (D. Meyer 16, 45; Göhler 11 zu § 110 OWiG). Das ist zB der Fall bei schuldhaft ausgelöstem Verdacht einer weitergehenden strafbaren Tätigkeit, der weitere Ermittlungen veranlasst und die UHaft verlängert hat (Hamburg MDR **77**, 74). Zu berücksichtigen ist ferner, dass die Strafe mit Rücksicht auf die überschießende Verfolgungsmaßnahme niedriger festgesetzt wurde (Göhler aaO) oder dass das Berufungsgericht nur durch § 331 StPO an der Anordnung einer Sicherungsmaßregel gehindert war (Stuttgart NJW **77**, 641: Fahrerlaubnisentziehung).

3) Die Gleichstellung von strafgerichtlicher Verurteilung und Bußgeldfestsetzung (II) entspricht der Gleichstellung der Entschädigungspflicht von Strafverfolgungsmaßnahmen und Maßnahmen zur Verfolgung einer OWi (4 vor § 1). Auch eine Strafverfolgungsmaßnahme, die nur der Verfolgung der Tat als Straftat zu dienen bestimmt und geeignet war, kann zu den Rechtsfolgen, die schließlich von der VerwB oder vom Gericht allein unter dem rechtlichen Gesichtspunkt einer OWi ausgesprochen worden sind, in Beziehung gesetzt werden. 6

Ausschluss der Entschädigung

5 **I Die Entschädigung ist ausgeschlossen**

1. **für die erlittene Untersuchungshaft, eine andere Freiheitsentziehung und für die vorläufige Entziehung der Fahrerlaubnis, soweit deren Anrechnung auf die verhängte Strafe unterbleibt,**
2. **für eine Freiheitsentziehung, wenn eine freiheitsentziehende Maßregel der Besserung und Sicherung angeordnet oder von einer solchen Anordnung nur deshalb abgesehen worden ist, weil der Zweck der Maßregel bereits durch die Freiheitsentziehung erreicht ist,**
3. **für die vorläufige Entziehung der Fahrerlaubnis und das vorläufige Berufsverbot, wenn die Entziehung der Fahrerlaubnis oder das Berufsverbot endgültig angeordnet oder von einer solchen Anordnung nur deshalb abgesehen worden ist, weil ihre Voraussetzungen nicht mehr vorlagen,**
4. **für die Beschlagnahme und den Arrest (§§ 111 b bis 111 d der Strafprozessordnung), wenn der Verfall oder die Einziehung einer Sache angeordnet oder von einer solchen Anordnung nur deshalb abgesehen worden ist, weil durch den Verfall die Erfüllung eines Anspruchs beseitigt oder gemindert worden wäre, der dem Verletzten aus der Tat erwachsen ist.**

II [1] Die Entschädigung ist auch ausgeschlossen, wenn und soweit der Beschuldigte die Strafverfolgungsmaßnahme vorsätzlich oder grob fahrlässig verursacht hat. [2] Die Entschädigung wird nicht dadurch ausgeschlossen, dass der Beschuldigte sich darauf beschränkt hat, nicht zur Sache auszusagen, oder dass er unterlassen hat, ein Rechtsmittel einzulegen.

III Die Entschädigung ist ferner ausgeschlossen, wenn und soweit der Beschuldigte die Strafverfolgungsmaßnahme dadurch schuldhaft verursacht hat, dass er einer ordnungsgemäßen Ladung vor den Richter nicht Folge geleistet oder einer Anweisung nach § 116 Abs. 1 Nr. 1 bis 3, Abs. 3 der Strafprozessordnung zuwidergehandelt hat.

1) Die **zwingenden Ausschlussgründe** gelten bei allen Entschädigungstatbeständen der §§ 1 und 2. Soweit sie durchgreifen, schließen sie die Gewährung einer Entschädigung nach §§ 3, 4 und 6 aus (D. Meyer 4). Auch eine Teilentschädigung ist dann unzulässig. Die Anwendung des § 5 hat stets Vorrang vor der des § 6 (dort 1). 1

2 **2) Nichtanrechnung von Verfolgungsmaßnahmen** (I Nr 1): Die Nichtanrechnung der UHaft und anderer Freiheitsentziehungen auf die Freiheits- und Geldstrafe kann der Tatrichter nach § 51 I S 2 StGB, § 52a I S 2 **JGG** anordnen, die der vorläufigen Entziehung der Fahrerlaubnis auf das Fahrverbot nach § 51 IV StGB. Insoweit ist die Entschädigung ausgeschlossen. Die entspr Anwendung der Nr 1 auf die Verfahrenseinstellung nach §§ 153ff StPO kommt nicht in Betracht (D. Meyer 10; **aM** Schätzler/Kunz 15). Soweit eine der genannten Maßnahmen nach § 450 StPO bei der Vollstreckung angerechnet wird, ist eine Entschädigung nur auf dem Weg über § 1 möglich (D. Meyer 11).

3 **3) Vorläufige Freiheitsentziehung zur Sicherung einer freiheitsentziehenden Maßregel** (I Nr 2): Bei der 1. Altern handelt es sich um eine durch die Anordnung im Urteil gedeckte vorläufige Maßnahme, bei der 2. Altern um eine Art formloser Anrechnung. Der Zweck der Maßregel ist durch die Freiheitsentziehung erreicht, wenn er durch die Vollzugswirkung an sich oder durch ärztliche Behandlung während des Vollzugs, zB eine Entziehungsbehandlung, die eine Unterbringung nach § 64 StGB entbehrlich macht, eingetreten ist (Schätzler/Kunz 23). Zum Verhältnis des I Nr 2 zu § 6 I Nr 2 vgl D. Meyer 18 und MDR **79**, 192.

4 **4) Vorläufige Entziehung der Fahrerlaubnis und vorläufiges Berufsverbot** (I Nr 3): Auch hier handelt es sich bei der 1. Altern („endgültig angeordnet"), die auch bei Freispruch vorliegen kann (§§ 69, 70 StGB), um einen durch die Anordnung im Urteil gedeckten vorläufigen Eingriff, bei der 2. Altern („Voraussetzungen nicht mehr vorliegen") um eine Art formlose Anrechnung der Maßnahmen nach §§ 111a, 132a StPO, sei es auch erst in der Berufungsinstanz (Bay DAR **74**, 177 [R]). Auf den Fall, dass das Berufungsgericht nur durch § 331 StPO an der Anordnung der Maßregel gehindert ist, kann I Nr 3 nicht entspr angewendet werden (Stuttgart NJW **77**, 641). Auch bei unverhältnismäßig langer Dauer der vorläufigen Entziehung kommt eine Entschädigung nicht in Betracht (Düsseldorf NZV **01**, 177; Schätzler/Kunz 26; **aM** Bay **86**, 83 = VRS **71**, 386; D. Meyer 24 und DAR **77**, 68).

5 **5) Beschlagnahme; Arrest** (I Nr 4): Der Ausschlussgrund ist erforderlich, weil Einziehung und Verfall auch ohne Verurteilung zu einer Strafe angeordnet werden können (§ 76a StGB, §§ 440, 442 I StPO). Auf Beschlagnahmen zu Beweiszwecken nach § 94 StPO bezieht er sich nicht. Die 1. Altern gilt, wenn der Verfall oder die Einziehung eines nach §§ 111b I, 111c StPO beschlagnahmten Gegenstandes angeordnet worden ist. Der dingliche Arrest nach § 111d StPO betrifft keine „Sache". Hier muss die 1. Altern so gelesen werden: „… wenn der Verfall oder die Einziehung des Wertersatzes angeordnet ist" (so auch D. Meyer 32). Die 2. Altern trägt dem Ausschluss der Verfallsanordnung durch § 73 I S 2 StGB Rechnung (vgl auch § 111b V StPO). Beim Arrest erfasst sie den Fall, dass er zur Sicherung von Wertersatz nach § 73a StGB angeordnet worden und die endgültige Anordnung nach § 73 I S 2 StGB unterblieben ist.

6 **6) Vorsätzliche oder grob fahrlässige Verursachung** (II):

7 A. **Ursächlicher Zusammenhang:** Die Vorschrift beruht auf dem Rechtsgedanken des § 254 BGB. Gleichgültig ist, ob das ursächliche Verhalten des Beschuldigten bereits in der Tat selbst oder vor ihr lag oder ihr erst nachfolgte (Bay **73**, 83 = NJW **73**, 1938; KG Rpfleger **99**, 350; Düsseldorf JZ **85**, 400; AnwBl **87**, 151; Stuttgart NStZ **81**, 484 mwN). Das Verhalten des Beschuldigten ist nicht oder nicht mehr ursächlich, wenn die Maßnahme auch ohne sein Verhalten angeordnet worden wäre (KG StraFo **09**, 129; Karlsruhe NStZ-RR **05**, 255: UHaft), aber auch, wenn sie allein oder überwiegend auf Grund von Zeugenaussagen (BGH NStE Nr 5; Düsseldorf StV **88**, 446; Köln StraFo **01**, 146; LG Freiburg StV **90**, 80) oder eines groben Bearbeitungsfehlers der Strafverfolgungsbehörde angeordnet und vollzogen oder aufrechterhalten worden ist (KG VRS **44**, 122; Hamm MDR **75**, 167;

Jena NStZ-RR **05**, 125; Karlsruhe Justiz **76**, 376; **93**, 148; Stuttgart NJW **77**, 641), insbesondere bei abwegiger oder schlechthin unvertretbarer Beweiswürdigung oder rechtsfehlerhafter Verfahrensweise, die bei sorgfältiger Prüfung ohne weiteres erkennbar war (Hamm MDR **84**, 253: aber nicht stets bei Verfahrensfortführung trotz Strafklageverbrauchs). Der Ausschluss nach II entfällt daher für die Zeit, von der an die von dem Beschuldigten gesetzte Kausalität nicht mehr fortwirkt und die Maßnahme hätte aufgehoben werden müssen (BGH **29**, 168, 172; BGHR Ursächlichkeit 2; KG aaO; Hamm VRS **58**, 69; Göhler 19 zu § 110 OWiG). Als zurechenbare Ursachen scheiden die Weigerung des Beschuldigten, Angaben zur Sache (anders bei Angaben zur Person, anders auch bei Zeugenaussage, Frankfurt NStZ-RR **99**, 349 gegen Oldenburg NStZ **92**, 245) zu machen, und die Nichteinlegung von Rechtsmitteln aus (II S 2). Das Gleiche gilt, wenn der Beschuldigte es unterlässt, entlastendes Beweismaterial vorzulegen (Düsseldorf StV **84**, 108; OLGSt Nr 6). Maßnahmen, die auch beim Schweigen des Beschuldigten angeordnet worden wären, sind nicht durch die vorwerfbare Art der Einlassung verursacht (Sieg MDR **80**, 907). In solchen Fällen kommt auch der Ausschluss der Entschädigung unter dem Gesichtspunkt des Rechtsmissbrauchs idR nicht in Betracht (Oldenburg NdsRpfl **83**, 253). Ein Ausschließungsgrund nach II liegt aber vor, wenn sich der Beschuldigte mit einem Alkoholtest einverstanden erklärt, dann jedoch nicht sachgerecht mitwirkt und dadurch den gegen ihn bestehenden Verdacht verstärkt (LG Passau JurBüro **86**, 1218), oder wenn der Beschuldigte nicht aus der UHaft entlassen werden will und sich deshalb weigert, eine Sicherheitsleistung zu erbringen (BGH NStZ **92**, 286).

B. **Vorsatz:** Der Begriff umfasst den bedingten Vorsatz (Schätzler/Kunz 66). Bei 8
Schuldunfähigen genügt die natürliche Einsicht (KG VRS **100**, 317; Hamburg NStZ **83**, 30; **aM** LG München I StraFo **08**, 266).

C. **Grob fahrlässig** ist iS der §§ 276 II, 277 BGB zu verstehen (BGH EzSt 9
Nr 1; Düsseldorf AnwBl **87**, 151; Hamburg MDR **82**, 870; Köln VRS **50**, 207; Saarbrücken NJW **75**, 792; D. Meyer 45; Schätzler/Kunz 69). Der Vorwurf trifft den Beschuldigten (bei Einstellung wegen eines Verfahrenshindernisses) schon wegen der Tatbegehung (BGH **29**, 168, 172; NJW **95**, 1297, 1301; Stuttgart NStZ **81**, 484). Sonst handelt grob fahrlässig, wer nach objektiven, abstrakten Maßstäben (BGH EzSt Nr 1; Düsseldorf JurBüro **89**, 1301; Frankfurt MDR **78**, 514; Karlsruhe StV **88**, 447; Stuttgart aaO) in ungewöhnlichem Maß die Sorgfalt außer acht lässt, die ein verständiger Mensch in gleicher Lage anwenden würde, um sich vor Schaden durch die Strafverfolgungsmaßnahme zu schützen (BGH StraFo **10**, 87; Bay **86**, 25 = VRS **71**, 77; KG VRS **64**, 373; Düsseldorf JZ **85**, 400; VRS **78**, 115; Frankfurt NJW **78**, 1017; Köln VRS **50**, 207; Zweibrücken NStZ **86**, 129). Ergebnisse einer Telefonüberwachung rechtfertigen nicht die Annahme einer groben Fahrlässigkeit (Karlsruhe StV **88**, 447; zw Düsseldorf NStE Nr 11; vgl aber auch Düsseldorf JMBlNW **91**, 33: Starke objektive Verdachtsgründe genügen nicht). Grob fahrlässig handelt aber auch, wer nicht bedenkt, was im gegebenen Fall jedem einleuchten müsste (Düsseldorf MDR **77**, 866; Hamm NJW **75**, 2033; D. Meyer 49), oder wer ein jeglichen Regeln über das Verhalten eines ordentlichen Kaufmanns widersprechendes Geschäftsgebaren zeigt (Düsseldorf NStE Nr 12). Missbräuchliches oder sonst unlauteres Verhalten wird nicht vorausgesetzt (Bay **73**, 83 = NJW **73**, 1938; Düsseldorf JurBüro **84**, 1858; MDR **84**, 1048; Stuttgart NStZ **81**, 484; Hentschel 1063). Vgl im Übrigen zur Rspr D. Meyer JurBüro **91**, 1596, zu einem Fall willkürlicher Ablehnung einer Entschädigung BVerfG NJW **96**, 1049. Zur Angabe eines falschen Alibis KG StraFo **09**, 129.

a) **Beurteilungsgrundlagen:** Bei der Beurteilung, ob der Anspruch ausge- 10
schlossen ist, wird nicht auf das Ergebnis der Hauptverhandlung, sondern darauf abgestellt, wie sich der Sachverhalt in dem Zeitpunkt dargestellt hat, in dem die Maßnahme angeordnet oder aufrechterhalten wurde (BGH EzSt Nr 1; BGHR Fahrlässigkeit, grobe 6; KG VRS **64**, 373; Braunschweig VRS **42**, 50; Düsseldorf

NStZ **89**, 232 mit abl Anm Schätzler; NJW **92**, 326; Frankfurt MDR **78**, 514 und bei Sieg MDR **80**, 907; Karlsruhe StraFo **98**, 33; NJW **04**, 3356; Stuttgart NStZ **81**, 484; **aM** Abramenko NStZ **98**, 177). Bei Freispruch durch das Berufungsgericht wirkt das Ergebnis der Beweiswürdigung nicht ohne weiteres auf den Zeitpunkt des 1. Urteils zurück (Hamm VRS **49**, 56; Karlsruhe Justiz **76**, 367; Koblenz VRS **50**, 303; **aM** Celle VRS **45**, 375; vgl auch Hentschel 1080). Der Anspruch ist aber nicht etwa deshalb ausgeschlossen, weil ein nach neuer höchstrichterlicher Rspr strafloses Verhalten zur „Tatzeit" als strafbar angesehen wurde (Düsseldorf NStZ **90**, 39 mit abl Anm D. Meyer = GA **90**, 34 mit abl Anm Schätzler; zust aber Hentschel JR **90**, 33).

11 b) Bei **UHaft** entfällt der Entschädigungsanspruch, wenn der Beschuldigte durch die Tat oder durch sein Prozessverhalten den Erlass des Haftbefehls herausgefordert hat (oben 9; vgl auch die Rspr-Übersicht bei D. Meyer 52, 55), zB durch ein falsches Geständnis (Frankfurt MDR **78**, 514), auch wenn er es noch vor Erlass des Haftbefehls widerrufen hat (Düsseldorf JurBüro **84**, 1858), durch unglaubhafte, wechselnde Einlassung, die den Tatverdacht dringend machte (BGH MDR **83**, 450 [H]; Frankfurt bei Sieg MDR **80**, 907), durch Untertauchen trotz Zusage, auf Ladung zu erscheinen, durch illegalen Aufenthalt in der BRep (Hamburg MDR **75**, 166; Karlsruhe Justiz **73**, 28), durch Flucht ins Ausland (LG Flensburg JurBüro **84**, 1861), auch wenn der Haftbefehl ohnehin erlassen worden wäre (Hamburg MDR **80**, 79), durch den Versuch, sich ein falsches Alibi zu verschaffen (Frankfurt NStZ-RR **98**, 341; Karlsruhe MDR **75**, 251) oder einen Zeugen zu einer bestimmten Aussage zu veranlassen. Die UHaft hat auch selbst verschuldet, wer ein Alibi grundlos verschweigt oder es sonst unterlässt, durch zumutbares Verhalten den Tatverdacht zu entkräften (BGH StraFo **08**, 352; D. Meyer JurBüro **91**, 746), oder wer sich trotz einschlägiger Vorstrafen erneut in eine Schlägerei verwickeln lässt (Hamburg NStZ **81**, 396) oder wer in einem nicht genehmigten und zT bewaffneten Aufzug mitmarschiert und bei seiner Festnahme Widerstand leistet (BGH MDR **84**, 980, 981 [H]: Verdacht des Landfriedensbruchs). Es genügt nicht, dass der Beschuldigte sich irgendwie verdächtig gemacht hat (BGH StraFo **10**, 87).

12 c) Bei **vorläufiger Entziehung der Fahrerlaubnis** (§ 111a StPO) wegen Führens eines Kfz nach Alkoholgenuss wurde grobe Fahrlässigkeit idR schon bei 0,8‰ Blutalkoholgehalt angenommen (Bay JR **90**, 436 mit Anm Loos; Düsseldorf VRS **81**, 124; Hamm NJW **75**, 790 mwN); nach der Änderung des § 24a StVG durch Ges vom 27. 4. 1998 (BGBl I 795) wird dies jetzt schon ab 0,5‰ zu bejahen sein (zw Hentschel JR **99**, 479). Bei noch geringerem Blutalkoholgehalt setzt der Ausschluss voraus, dass sich der Beschuldigte vorwerfbar verkehrswidrig verhalten und dadurch schuldhaft den Tatverdacht verstärkt hat, so dass die Verursachung insgesamt als grob fahrlässig zu beurteilen ist (Düsseldorf MDR **77**, 866; Köln VRS **50**, 207; Schleswig SchlHA **86**, 121 [E/L]; Zweibrücken VRS **53**, 284; vgl auch LG Flensburg JurBüro **85**, 1209: schon bei 0,2‰). Dass der Alkoholtest positiv war, genügt allein nicht (Hamm NJW **75**, 790; LG Passau JurBüro **87**, 559; Grohmann aaO; **aM** LG Flensburg MDR **76**, 954; LG Krefeld DAR **79**, 337; LG Münster NJW **74**, 1008; LG Osnabrück DAR **85**, 94; D. Meyer 63 und JurBüro **87**, 1607; vgl auch Hentschel 1063 ff); wer die durch § 24a I Nr 2 StVG gesetzte Grenze von 0,5‰ Blutalkohol einhält und fahrtüchtig ist, darf nicht deswegen Nachteile erleiden, weil das Alcotestverfahren ungenau ist. Grob fahrlässig verhält sich aber, wer nach einem Unfall zu einem Zeitpunkt, in dem noch mit polizeilichem Einschreiten zu rechnen ist, Alkohol nachtrinkt (KG VRS **44**, 122; Hamm VRS **58**, 69; Karlsruhe Justiz **78**, 373; Köln VRS **65**, 218; Nürnberg NStZ-RR **97**, 189; Stuttgart MDR **72**, 539; Grohmann BA **85**, 237), ohne dass dies (ausnahmsweise) entschuldigt ist (Schleswig SchlHA **86**, 121 [E/L]; LG Flensburg BA **84**, 89), wer sich vom Unfallort entfernt und dadurch die Ausräumung des gegen ihn bestehenden Verdachts verhindert (KG VRS **64**, 373) oder wer den

Namen des wahren Fahrers verschweigt oder sonst das Einschreiten der Polizei herausfordert (LG Flensburg VRS **68**, 46). Grob fahrlässig handelt auch, wer nach Einnahme eines berauschenden Mittels iSd § 24a II, V StVG, zB in engem zeitlichen Zusammenhang mit Haschischkonsum, ein Kfz im Verkehr führt (BGHR Fahrlässigkeit, grobe 7; Bay **94**, 71 = NJW **94**, 2427; Düsseldorf BA **95**, 62; JR **99**, 474, 476 mit Anm Hentschel). Vgl ferner die Rspr-Übersicht DAR **89**, 312 und die Zusammenfassung von Sandherr DAR **07**, 420.

D. Die nur **leicht fahrlässige Verursachung** der Strafverfolgungsmaßnahme durch den Betroffenen, die für den Ausschluss nach II nicht ausreicht, hat nur bei III und bei der Anwendung des § 4 (dort 5) und des § 6 I Nr 1 Bedeutung. Sonst darf der Strafrichter die Entschädigung nicht nach § 254 BGB versagen; denn II beschränkt den Ausschluss ausdrücklich auf Vorsatz und grobe Fahrlässigkeit (Schätzler/Kunz 72; Göhler 18 zu § 110 OWiG; D. Meyer 5 und NJW **76**, 761; **aM** BGHZ **63**, 209, 214 = NJW **75**, 350; Hamm NJW **75**, 2033). 13

7) Nichtbefolgung der Ladung oder der Anweisungen bei der Haftverschonung (III): Hier genügt auch einfache Fahrlässigkeit iS des § 276 II BGB. Der Ausschlussgrund liegt nicht nur vor, wenn wegen des Ausbleibens des Angeklagten ein Haftbefehl nach § 230 II StPO ergeht und vollzogen wird (dazu Saarbrücken NJW **75**, 792; Löffler MDR **78**, 726), sondern auch, wenn die Hauptverhandlung vertagt werden muss und die Dauer bereits angeordneter Strafverfolgungsmaßnahmen dadurch verlängert wird (D. Meyer 90). Der Widerruf der Aussetzung des UHaft-Vollzugs erfolgt nach § 116 IV Nr 2 StPO (dazu LG Flensburg MDR **79**, 77). 14

Versagung der Entschädigung

6 **I Die Entschädigung kann ganz oder teilweise versagt werden, wenn der Beschuldigte**

1. **die Strafverfolgungsmaßnahme dadurch veranlasst hat, dass er sich selbst in wesentlichen Punkten wahrheitswidrig oder im Widerspruch zu seinen späteren Erklärungen belastet oder wesentliche entlastende Umstände verschwiegen hat, obwohl er sich zur Beschuldigung geäußert hat, oder**
2. **wegen einer Straftat nur deshalb nicht verurteilt oder das Verfahren gegen ihn eingestellt worden ist, weil er im Zustand der Schuldunfähigkeit gehandelt hat oder weil ein Verfahrenshindernis bestand.**

II Die Entschädigung für eine Freiheitsentziehung kann ferner ganz oder teilweise versagt werden, wenn das Gericht die für einen Jugendlichen geltenden Vorschriften anwendet und hierbei eine erlittene Freiheitsentziehung berücksichtigt.

1) Im **Ermessen des Gerichts** steht die volle oder teilw Versagung der Entschädigung aus Billigkeitsgründen. Die Teilversagung kann sich auf einzelne Maßnahmen, Teile davon, bestimmte Zeitabschnitte oder auf Bruchteile des Schadens beziehen (D. Meyer 5; Schätzler/Kunz 40). Sind die Voraussetzungen des § 5 II erfüllt, so hat dieser Ausschlussgrund den Vorrang (BGH **29**, 168 mwN; KG GA **87**, 405; Düsseldorf MDR **88**, 887). Gegenüber §§ 3 und 4 ist § 6 dagegen die speziellere Vorschrift (LG Flensburg JurBüro **76**, 1407; D. Meyer 11 zu § 4). 1

2) Eigene Veranlassung der Maßnahme (I Nr 1): Die Regelung ist an § 467 III S 2 Nr 1 StPO angeglichen (dort 7 ff); sie gilt auch im Fall des § 1, immer aber nur für den Zeitraum, für den den Betroffenen der Vorwurf der überwiegenden Verursachung trifft (7 zu § 5). Die Ursächlichkeit endet, wenn die Maßnahme auch bei Berücksichtigung des Verhaltens des Betroffenen hätte aufgehoben werden müssen (KG VRS **44**, 122; Schleswig NJW **76**, 1467) oder auch bei Angabe der entlastenden Umstände nicht aufgehoben worden wäre (Oldenburg 2

StraFo **05**, 384). Der Versagungsgrund gilt auch, wenn der Betroffene fahrlässig nicht erkannt hat, dass er die Strafverfolgungmaßnahme durch sein eigenes Verhalten veranlasst (LG Flensburg VRS **68**, 46). Vorsatz kann schon deshalb nicht verlangt werden, weil § 5 II, der dem § 6 vorgeht (oben 1), grobe Fahrlässigkeit genügen lässt.

3 A. **Wahrheitswidrige oder mit späteren Erklärungen im Widerspruch stehende Selbstbelastung:** Es muss sich um wesentliche Punkte handeln (Schätzler/Kunz 9; 13 zu § 467 StPO). Bei widersprüchlicher Einlassung kommt es nicht darauf an, welche davon wahr ist (Schätzler/Kunz 8); eine Einlassung muss aber die Strafverfolgungsmaßnahme veranlasst haben (Düsseldorf JurBüro **91**, 425).

4 B. **Verschweigen wesentlicher entlastender Umstände:** Der Betroffene muss sich als Beschuldigter (Oldenburg NStZ **92**, 245; zust D. Meyer JurBüro **92**, 518) zur Sache mindestens teilw geäußert (dazu D. Meyer 9), und er muss einen wesentlichen entlastenden Umstand, dessen er sich bewusst gewesen ist (Hamm StV **84**, 472 L; Stuttgart MDR **84**, 427) und dessen Bedeutung er verstanden (vgl BGH NJW **94**, 334) oder fahrlässig verkannt hat, verschwiegen haben. In Betracht kommt insbesondere das Verschweigen des wahren Täters (LG Flensburg VRS **68**, 46). Das gilt auch, wenn der Betroffenen damit den Rat seines Verteidigers befolgt hat (Düsseldorf NStZ-RR **96**, 223). Ob der Berücksichtigung der Aussage im Strafverfahren möglicherweise ein Verwertungsverbot entgegenstand (20 zu § 136 StPO), spielt hier idR keine Rolle (Karlsruhe NStZ **98**, 211; Koblenz JBlRP **05**, 223; **aM** Abramenko NStZ **98**, 177). Vgl auch 13 ff zu § 467 StPO.

5 **3) Schuldunfähigkeit und Verfahrenshindernisse** (I Nr 2):

6 A. **Schuldunfähigkeit:** Die Versagung der Entschädigung ist die Regel (so zB BGH 5 StR 503/09 vom 10. 3. 2010; vgl aber Stuttgart NStZ-RR **00**, 190: anders, wenn Anordnung der UHaft erkennbar verfehlt war), setzt aber voraus, dass die (nicht ausschließbare, vgl Schleswig NStE Nr 5) Schuldunfähigkeit der einzige Grund für die Verfahrensbeendigung ist (Düsseldorf JurBüro **86**, 249; D. Meyer 27). Eine Entschädigung ist auch zu versagen, wenn die Maßregel nach § 63 StGB rechtsfehlerhaft nur deshalb unterblieben ist, weil sie schon in anderer Sache angeordnet worden war (Schleswig MDR **79**, 165). Erfolgt im Wiederaufnahmeverfahren Freispruch nach § 20 StGB, so kommt eine Entschädigung nicht in Betracht, wenn das 1. Gericht bei Kenntnis der Schuldunfähigkeit die Unterbringung nach § 63 StGB angeordnet hätte (Saarbrücken MDR **75**, 1044; **aM** D. Meyer MDR **79**, 192; erg 2 zu § 1). Der Schuldunfähigkeit steht das Fehlen der Verantwortungsreife Jugendlicher (§ 3 JGG) gleich, nicht aber das Vorliegen eines Schuldausschließungsgrundes (D. Meyer 28, 29). Die Vorschrift gilt auch im Sicherungsverfahren (Schleswig NStE Nr 5).

7 B. **Verfahrenshindernisse:** Die Regelung entspricht § 467 III Nr 2 StPO (dort 16 ff). Die Schuld des Angeklagten muss gerichtlich festgestellt sein (BGH **29**, 168, 171; Hamm NStZ-RR **97**, 127). Da die Tatbegehung selbst schon dem Beschuldigten vorzuwerfen ist (9 zu § 5) und § 5 II vorgeht (oben 1), kommt die Vorschrift nur bei leichter Fahrlässigkeit zur Anwendung (BGH aaO 172). Die Entschädigung ist idR zu versagen, wenn das Verfahrenshindernis erst nach Beendigung des Vollzugs der Maßnahme eintritt oder bekannt wird (Schätzler/Kunz 31). § 6 I Nr 2 ist entspr anwendbar, wenn nur das Verbot des § 331 StPO die Anordnung einer Sicherungsmaßregel hindert (Stuttgart NJW **77**, 641; **aM** D. Meyer 34), nicht aber, wenn freigesprochen werden muss, weil eine Wahlfeststellung rechtlich unzulässig ist (**aM** Karlsruhe NStZ **81**, 228 mit Anm Schätzler).

8 C. **Tod des Beschuldigten** (8 zu § 206 a StPO): Eine vor dem Tod des Betroffenen erlassene zuerkennende Entscheidung kommt seinen Erben zugute (erg 3 zu § 13); sie wird nicht etwa durch den Tod gegenstandslos (Schätzler/Kunz 37 zu § 8). Bei Tod des Beschuldigten während des Strafverfahrens ist nach I Nr 2 über

die Entschädigungspflicht zu befinden (BGH NStZ-RR **03**, 103 [B]; Hamm NJW **78**, 177; Pflüger GA **92**, 20; erg 14 zu § 464 StPO).

4) Berücksichtigung einer Freiheitsentziehung bei Anwendung von Jugendrecht (II): Die Regelung, die auf demselben Rechtsgedanken beruht wie § 5 I Nr 2 (Schätzler/Kunz 37), gilt zB, wenn unter Berücksichtigung der erlittenen UHaft eine Ahndung nach §§ 45 I, 47 I Nr 1 **JGG** für entbehrlich gehalten wird (dazu Eisenberg/Reuther, Kindschaftsrecht und Jugendhilfe, 2006, 490). Zur Anwendung des StrEG im Jugendstrafverfahren im Einzelnen eingehend Eisenberg GA **04**, 385. 9

Umfang des Entschädigungsanspruchs

7 **I Gegenstand der Entschädigung ist der durch die Strafverfolgungsmaßnahme verursachte Vermögensschaden, im Falle der Freiheitsentziehung auf Grund gerichtlicher Entscheidung auch der Schaden, der nicht Vermögensschaden ist.**

II Entschädigung für Vermögensschaden wird nur geleistet, wenn der nachgewiesene Schaden den Betrag von fünfundzwanzig Euro übersteigt.

III Für den Schaden, der nicht Vermögensschaden ist, beträgt die Entschädigung 25 Euro für jeden angefangenen Tag der Freiheitsentziehung.

IV Für einen Schaden, der auch ohne die Strafverfolgungsmaßnahme eingetreten wäre, wird keine Entschädigung geleistet.

1) Vermögensschaden (I, II): Dem bürgerlichen Recht (§§ 249–252 BGB) ist der Begriff entnommen (BGHZ **65**, 170 = NJW **75**, 2341). Der Antragsteller trägt die Beweislast für das Entstehen des Schadens (LG Flensburg JurBüro **91**, 1382; LG Karlsruhe AnwBl **85**, 158; D. Meyer 116; Schätzler/Kunz 13). Eine Ersatzgrenze besteht nach unten (II), nicht nach oben. Ausgaben, die der Berechtigte infolge Inhaftierung für Verpflegung und Unterkunft erspart, können im Wege der Vorteilsausgleichung angerechnet werden (RiStBV Anl C Teil I, B II 2b), aber nur, soweit ein innerer Zusammenhang zwischen Vor- und Nachteil besteht (Düsseldorf StraFo **07**, 35; LG Frankfurt a. M. NStZ **85**, 30 mit zust Anm Baukelmann). Mitwirkendes Verschulden (§ 254 BGB) ist zu berücksichtigen (BGH NJW **88**, 1141; Schätzler/Kunz 88ff; erg 13 zu § 5). Zur Zahlung von Vorschüssen vgl RiStBV aaO, B II 8. Im Einzelnen gilt (vgl auch zur Rspr des BGH Galke DVBl **90**, 145; Kröner Baumann-FS 407): 1

A. **Geldstrafen und -auflagen:** Die Rückzahlung einer später weggefallenen Geldstrafe vollzieht sich außerhalb des StrEG (9 zu § 373 StPO). Vermögensschaden ist aber die Zahlung für eine Geldauflage nach § 56b II Nrn 2, 4 StGB, auch Zinsaufwendungen zur Aufbringung von Strafe, Geldauflage und Kosten (Stuttgart NJW **97**, 206; D. Meyer MDR **79**, 459). Bei Vollstreckung einer Geldstrafe durch freie Arbeit (7 zu § 459e StPO) ist Entschädigung in Höhe des Wertes der geleisteten Arbeit zu gewähren (so zutr D. Meyer StV **03**, 240 gegen Dresden StV **03**, 239). 2

B. **Entgangener Gewinn:** Vermögensschäden sind vor allem der Verdienstausfall infolge der Inhaftierung (nicht wegen unbezahlten Urlaubs zwecks Sammlung von Wiederaufnahmematerial; Koblenz Rpfleger **73**, 144; **aM** Hamm MDR **88**, 414: bloßer, nicht entschädigungsfähiger Rufschaden), auch der Verlust des Arbeitsplatzes (BGHZ NJW **88**, 1141; MDR **88**, 385: wegen Sicherstellung der Fahrerlaubnis) und andere entgangene Gewinne, auch entgangene Naturalbezüge, Arbeitgeberanteile zur Sozialversicherung. Der Ersatz kann in der Form wiederkehrender Leistungen gewährt werden (vgl § 16 S 4), zB bei Unterhaltsleistungen (vgl auch § 11). Bei der Berechnung des Vermögensschadens infolge Freiheitsentziehung wird das vom Arbeitgeber bezogene Urlaubsgeld nicht von dem 3 zu ersetzenden entgangenen Arbeitslohn abgezogen (GStA Nürnberg MDR **73**, 249).

4 C. **Zeitweiliger Nutzungsausfall bei einem Kfz** (oder auch bei einem anderen Gegenstand, LG Stuttgart NStZ-RR **10**, 128 L: Computer) infolge vorläufiger Entziehung der Fahrerlaubnis (§ 2 II Nr 5, § 111 a StPO): Zu erstatten sind nur tatsächliche finanzielle Mehraufwendungen oder sonstige wirtschaftliche Nachteile, die dem Betroffenen durch die Maßnahme entstanden sind, zB für Fahrgelder, Verdienstausfall, Nutzungsausfall eines Kfz (Celle VRS **107**, 166; Schleswig NJW-RR **86**, 775), Mietwagenkosten, Anstellung eines Fahrers (BGHZ **63**, 203 = NJW **75**, 347; BGH DAR **79**, 171). Dass der Antragsteller das Fahrzeug nicht benutzen konnte, weil ihm das Führen von Kraftfahrzeugen vorläufig untersagt war, begründet allein keinen Entschädigungsanspruch (BGHZ **65**, 170 = NJW **75**, 2341; Hentschel 1085; **aM** Nickel DAR **72**, 181).

5 D. **Ersatz notwendiger Auslagen, insbesondere von Verteidigungskosten:** Der Anspruch nach I schließt den Ersatz der Auslagen ein, die für die Beseitigung der erstattungsfähigen Strafverfolgungsmaßnahme notwendig waren, soweit die §§ 464 ff StPO die Möglichkeit einer prozessualen Kostenerstattung nicht vorsehen (BGH **30**, 152, 157; BGHZ **65**, 170 = NJW **75**, 2341; Nürnberg MDR **75**, 414; str). Das hat insbesondere Bedeutung für den Fall, dass das Verfahren durch die StA eingestellt wird, ohne dass die Voraussetzungen des § 467 a StPO vorliegen (Schätzler/Kunz 25 ff; Stoll JZ **76**, 284). Verteidigerkosten werden nur bis zum Höchstmaß der gesetzlichen Gebühren (**aM** v. Galen DAV-FS 495) und, wenn der Verteidiger auch sonst tätig war, nur anteilig erstattet (BGHZ **68**, 86 = NJW **77**, 957). Lässt sich die Verteidigung gegen die entschädigungsfähigen Strafverfolgungsmaßnahmen von der allgemeinen Verteidigung nicht abgrenzen, so ist der ersatzfähige Anteil nach § 287 ZPO zu schätzen; das gilt auch dann, wenn die anwaltliche Tätigkeit „deckungsgleich" ist, dh wenn während des gesamten Zeitraums sowohl das Ermittlungsverfahren lief als auch die Strafverfolgungsmaßnahme aufrechterhalten wurde (BGH NJW **09**, 2682).

5a Auch wenn ein Verteidiger erst **nach Durchführung einer Durchsuchung** beauftragt wird, sind die Anwaltskosten nach der von ihm betriebenen gerichtlichen Feststellung der Rechtswidrigkeit der Maßnahme zu erstatten (vgl auch BGH NJW **09**, 2682, 2683); das folgt allerdings nicht aus dem StrEG, sondern ist nun ausdrücklich in § 473 a festgelegt (zur – gleichen – Rechtslage vor Inkrafttreten dieser Vorschrift BVerfG 1 BvR 3229 vom 16. 11. 2009).

6 E. **Kosten der Geltendmachung des Anspruchs:** Wird der Entschädigungsanspruch durch einen RA geltend gemacht, so werden seine Gebühren hierfür (§§ 16 Nr 1, 17 Nr 1 RVG mit Nr 2400 VVRVG) in den Entschädigungsbetrag einbezogen (RiStBV Anl C Teil I, B II 2 h); vgl dazu Schätzler/Kunz 31; die Zuziehung eines RA muss aber notwendig gewesen sein (LG Koblenz NStZ **01**, 500. Eine Anrechnung der durch UHaft ersparten Verpflegung ist ausgeschlossen (LG Frankfurt a. M. NStZ **85**, 30 mit Anm Baukelmann).

7 F. **Versteuern** muss der Entschädigungsempfänger die Beträge (vgl § 24 Nr 1 Buchst a EStG). Hat er keinen festen Wohnsitz oder gewöhnlichen Aufenthalt im Inland, so wird der von der FinB zu bestimmende Steuerbetrag unmittelbar an sie abgeführt und von dem auszuzahlenden Betrag abgezogen.

8 **2) Immaterieller Schaden** (I, III) wird nur bei Freiheitsentziehung und nur in der Form der Pauschale nach III ersetzt (erg 2 zu § 2). Eine höhere Entschädigung für solchen Schaden ist ausgeschlossen; eine niedrigere kann sich in den Fällen der §§ 3, 4, 6 ergeben. Eine Vorteilsausgleichung (oben 1) ist unzulässig (Schätzler/Kunz 83; Baukelmann NStZ **85**, 31). Zur Entschädigung wegen entgangenen Urlaubs vgl Köln MDR **94**, 658 mit Anm D. Meyer, zur Zahlung von Vorschüssen vgl RiStBV Anl C Teil I, B II 7.

3) Kausalität (IV): Die Beweislast hat die JVerwB (D. Meyer 135). Entschädigung wird nicht geleistet, wenn der Schaden schon auf Grund des Ermittlungsverfahrens entstanden ist (vgl 2 zu § 2 für den Rufschaden). Denn ein Schaden, der nur äußerlich durch die Strafverfolgung ausgelöst wird, in der Sache aber nur auf dem bekanntgewordenen Fehlverhalten des Beschuldigten beruht, stellt kein Sonderopfer (1 vor § 1) dar. Daher wird zB auch dann kein Ersatz für Verdienstausfall geleistet, wenn anlässlich einer Strafverfolgung eine bis dahin verborgene Krankheit des Beschuldigten entdeckt wird und zu seiner vorzeitigen Versetzung in den Ruhestand führt (vgl BGH NJW **68**, 2287). Ursächlich ist aber die Kündigung des Arbeitsverhältnisses wegen Verlustes der Fahrerlaubnis (BGH MDR **88**, 385; Düsseldorf VersR **76**, 1134). Zur Ursächlichkeit muss hinzukommen, dass der Schaden dem Staat zuzurechnen ist (vgl. BGHZ **60**, 302 = NJW **73**, 1322, 1325: Verletzung in der UHaft durch einen Mitgefangenen). 9

4) Anrechnung von Freiheitsentziehung durch Gnade und Verzicht auf Entschädigung: Ist der Antragsteller berechtigt, die Entschädigung für eine Freiheitsentziehung zu verlangen, so kann er wirksam auf die Entschädigung für den Fall verzichten, dass die Freiheitsentziehung auf eine zu verbüßende Freiheitsstrafe im Gnadenweg angerechnet wird. 10

5) Abtreten von Ansprüchen. Der zur Entschädigung nach §§ 1 ff Verpflichtete kann in Anwendung des Grundgedankens des § 255 BGB verlangen, dass der Berechtigte ihm kongruente Schadensersatzansprüche gegen Dritte wegen schuldhafter Vertragsverletzung abtritt (BGH NStZ **89**, 479). 11

Entscheidung des Strafgerichts **RiStBV Anl C Teil I, A I**

8 **I [1] Über die Verpflichtung zur Entschädigung entscheidet das Gericht in dem Urteil oder in dem Beschluss, der das Verfahren abschließt. [2] Ist die Entscheidung in der Hauptverhandlung nicht möglich, so entscheidet das Gericht nach Anhörung der Beteiligten außerhalb der Hauptverhandlung durch Beschluss.**

II Die Entscheidung muss die Art und gegebenenfalls den Zeitraum der Strafverfolgungsmaßnahme bezeichnen, für die Entschädigung zugesprochen wird.

III [1] Gegen die Entscheidung über die Entschädigungspflicht ist auch im Falle der Unanfechtbarkeit der das Verfahren abschließenden Entscheidung die sofortige Beschwerde nach den Vorschriften der Strafprozessordnung zulässig. [2] § 464 Abs. 3 Satz 2 und 3 der Strafprozessordnung ist entsprechend anzuwenden.

1) Die **Entscheidung über die Entschädigungspflicht** (I) ergeht mit dem Abschluss des Verfahrens (5 ff zu § 464 StPO) und ist Bestandteil der Hauptentscheidung. Im Vollstreckungsverfahren entscheidet das nach § 462 a StPO zuständige Gericht (Düsseldorf MDR **82**, 958; vgl auch BGH NStZ **94**, 27 [K]). Die Entschädigungspflicht wird nur dem Grunde nach festgestellt (BGHZ **63**, 209 = NJW **75**, 350; BGHZ **103**, 113 = NJW **88**, 1141). Bei der Entscheidung ist die Unschuldsvermutung zu beachten; ist das Verfahren vor Schuldspruchreife abgeschlossen worden, darf nicht auf strafrechtliche Schuld, sondern nur auf einen verbleibenden Tatverdacht abgestellt werden (BVerfG NJW **92**, 2011; erg 16 ff zu § 467 StPO). Der Strafrichter bestimmt nur den Entschädigungsberechtigten und die Maßnahmen, für deren Vollzug er entschädigt wird (Düsseldorf NStZ-RR **96**, 287). Die Entscheidung ist die Grundlage für das Betragsverfahren (§§ 10, 13) und in diesem bindend (BGHZ **103**, 113 = NJW **88**, 1141; **108**, 14 = NJW **89**, 2619; Dresden OLG-NL **96**, 216; Düsseldorf MDR **85**, 504; München MDR **76**, 228), auch in der Frage, wofür entschädigt wird und wer anspruchsberechtigt ist (BGH 1

MDR **79**, 562), selbst bei offenbarer Unrichtigkeit (LG München I AnwBl **81**, 292), es sei denn, die Grundentscheidung entbehrt jeder gesetzlichen Grundlage (Jena NStZ-RR **01**, 160). Zur Ergänzung unvollständiger Entscheidungen durch das Zivilgericht vgl Odenthal MDR **90**, 961. Die strafrichterliche Entscheidung steht unter dem stillschweigenden Vorbehalt, dass dem Betroffenen überhaupt ein Schaden entstanden ist; geprüft wird das erst im Betragsverfahren nach den §§ 10, 13 (BGHZ **63**, 209 = NJW **75**, 350; BGHZ **103**, 113 = NJW **88**, 1141). Daher wird eine Entscheidung auch getroffen, wenn ein Schaden offensichtlich nicht entstanden ist (Bamberg NStZ **89**, 185; LG Flensburg GA **84**, 30; **aM** Düsseldorf MDR **87**, 80; Jena NStZ-RR **05**, 125; D. Meyer 6).

2 **2) Verfahrensabschließende Entscheidung:** Es gelten dieselben Grundsätze wie bei § 464 II StPO (dort 11). Hierzu gehört auch der Strafbefehl (D. Meyer MDR **92**, 219), nicht aber die Einstellung wegen Fehlens eines Eröffnungsbeschlusses, wenn dieser nachholbar ist (Frankfurt NStZ-RR **06**, 159). Die vorläufige Verfahrenseinstellung gibt keinen Anlass zu einer Entscheidung über die Entschädigungspflicht. Das gilt aber nicht bei der Einstellung nach § 154 StPO (Düsseldorf NJW **81**, 833; MDR **88**, 164; Frankfurt JR **84**, 389 mit Anm Baukelmann; Schätzler/Kunz 30; **aM** KG JR **73**, 167; München NJW **75**, 68; MDR **74**, 162; erg 6 zu § 464 StPO) und nach § 154b StPO (Düsseldorf MDR **90**, 568; Hamburg NStZ **81**, 187; Schätzler/Kunz 39); die Frist des § 154 IV StPO muss allerdings abgelaufen sein (Düsseldorf StraFo **99**, 176). Bei einer Beschränkung nach § 154a StPO kommt eine Entschädigungsentscheidung idR nicht in Betracht (BGHR § 5 II S 1 Fahrlässigkeit, grobe 7). Ist eine ausgesetzte Strafe ganz oder teilw in der irrigen Annahme rechtskräftigen Widerrufs vollstreckt worden, so ist die Entschädigungsentscheidung erst zu treffen, wenn über den Erlass der Strafe und damit auch abschließend über die sachliche Berechtigung der Vollstreckung entschieden wird (Oldenburg MDR **76**, 166; **aM** D. Meyer 17: StrEG ist auf diesen Fall nicht anwendbar).

3 **3) Von Amts wegen** nach Anhörung der Beteiligten (§ 33 I–III StPO) ergeht die Entscheidung. Im erfolgreichen Wiederaufnahmeverfahren ist sie stets erforderlich, sonst nur, wenn eine entschädigungspflichtige Strafverfolgungsmaßnahme (§§ 1, 2) vollzogen war (D. Meyer 5) und das Gesetz die Möglichkeit einer Entschädigung vorsieht. Der Berechtigte kann auf die Entscheidung nicht wirksam verzichten (BGH NJW **90**, 1000, 1001; KG VRS **72**, 380; Karlsruhe Justiz **76**, 367; München NJW **73**, 721; AG Pasewalk NStZ-RR **04**, 352; Seebode NStZ **82**, 146; **aM** Stuttgart MDR **92**, 897; D. Meyer 14 vor §§ 1–6 und JurBüro **91**, 1593; vgl auch Schätzler/Kunz 15 ff). Er kann aber, auch bevor sie ergangen ist, darauf verzichten, Ansprüche aus ihr herzuleiten (erg 2 zu § 3; vgl hierzu die umfangreiche Abhandlung von Friehe, Der Verzicht auf Entschädigung für Strafverfolgungsmaßnahmen, 1997 [zugl Diss München 1996], die jeden abgesprochenen Verzicht für unwirksam erachtet).

4 **4) Annex zum Strafverfahren** ist die Entscheidung über den Grund (BGH **26**, 250, 252; D. Meyer 10 und 8 vor §§ 8 und 9). Daher gelten insoweit noch die Vollmacht oder Bestellung des Verteidigers und § 145a StPO (Düsseldorf NStZ-RR **02**, 109). In der Hauptverhandlung stellt der StA beim Vorliegen eines entschädigungsfähigen Tatbestandes einen Antrag zur Entschädigungsentscheidung, ebenso, wenn er eine verfahrensabschließende Entscheidung durch das Gericht außerhalb der Hauptverhandlung beantragt oder sich mit ihr einverstanden erklärt (zB im Fall des § 153 II StPO).

5 **5) Isolierte Entschädigungsentscheidung** (I S 2):

6 A. **Teil des Hauptverfahrens** ist die isolierte Entscheidung; daher bedarf sie keiner Kostenentscheidung (Bremen MDR **75**, 602; D. Meyer 22).

B. **Voraussetzungen:** Die Entscheidung ist in der Hauptverhandlung nicht möglich, wenn Hindernisse bestehen, deren Überwindung zur Aussetzung oder längeren Unterbrechung der Hauptverhandlung zwingen würde, zB weil über die Entscheidungsgrundlagen nach §§ 3–6 zusätzliche Beweise erhoben werden müssen (Düsseldorf NJW **73**, 1660). Entgegen dem zu engen Gesetzeswortlaut ist die isolierte Entscheidung nach hM auch zulässig, wenn die Entscheidung in der Hauptverhandlung aus anderen Gründen unterblieben ist (Düsseldorf NJW **99**, 2830 mwN; Nürnberg NJW **06**, 1826; **aM** KG StraFo **09**, 437; München AnwBl **98**, 50; D. Meyer 18 ff mwN); dasselbe gilt im Strafbefehlsverfahren (**aM** D. Meyer MDR **92**, 220). Anders als bei § 464 II StPO (dort 12) bedeutet das bloße Schweigen im Urteil keine Versagung der Entschädigung (Stuttgart Justiz **72**, 327; Zweibrücken VRS **47**, 443; D. Meyer 28; **aM** Naton NJW **73**, 479; Seier 25), auch wenn nur eine von mehreren Strafverfolgungsmaßnahmen unberücksichtigt geblieben ist (Düsseldorf GA **81**, 173; Karlsruhe StV **84**, 474; München NJW **77**, 2090), anders aber, wenn mit dem Urteil über das Rechtsmittel der sofortigen Beschwerde „gegen die nicht ausgesprochene Haftentschädigung" belehrt wurde (Nürnberg aaO), oder wenn Entschädigung nur für einen Teil ein und derselben Strafverfolgungsmaßnahme zugesprochen wurde (Düsseldorf NStZ-RR **01**, 159: dann nur sofortige Beschwerde nach III). Die unterbliebene Entscheidung darf und muss im Beschlussverfahren nachgeholt werden (Bay DAR **73**, 210 [R]; Düsseldorf NJW **73**, 1660; VRS **73**, 457, 460; Koblenz aaO; Schätzler/Kunz 28; **aM** LG Bautzen NStZ **96**, 446; Seier NStZ **82**, 272). Das gilt auch, wenn sich eine Entscheidung zwar in den Urteilsgründen befindet, aus Gründen der Rechtssicherheit aber eine Klarstellung geboten ist (Oldenburg VRS **67**, 37). Für ein Rechtsmittel ist vor Erlass der isolierten Entscheidung kein Raum (Koblenz aaO; München aaO), auch nicht in einem aus anderen Gründen anhängigen Beschwerdeverfahren (Stuttgart NStZ **01**, 496). Die Nachholung ist auch zulässig, wenn die abschließende Entscheidung durch Beschluss außerhalb der Hauptverhandlung getroffen worden ist (Hamm NJW **74**, 374). **7**

C. **Tod des Beschuldigten:** Vgl 8 zu § 6. **8**

6) Inhalt des Ausspruchs: (II): **9**

A. **Art der Maßnahme:** Im Fall des § 1 muss die fortgefallene Verurteilung oder die Milderung (Differenz zwischen früherer und neuer Verurteilung) angegeben werden, ggf auch bestimmte Verfolgungsmaßnahmen aus dem ersten, später wiederaufgenommenen Verfahren (4 zu § 1). Im Fall des § 2 sind Angaben über die erlittene UHaft oder, genau und erschöpfend (BGH MDR **79**, 562; LG Flensburg SchlHA **92**, 12), die sonstigen Verfolgungsmaßnahmen zu machen. Soweit erforderlich (zB bei Beschlagnahme) muss auch angegeben werden, in welcher Weise die Maßnahme vollzogen worden ist (BGH aaO). **10**

B. **Zeitraum:** Die Angabe des Zeitraums ist bei freiheitsentziehenden Maßnahmen (BGH StraFo **10**, 87, 88; Düsseldorf JMBlNW **86**, 30) und Beschlagnahme (BGHZ NJW **88**, 1141; Düsseldorf JMBlNW **87**, 198) notwendig, in anderen Fällen (zB bei § 111 a StPO) zweckmäßig (BGHZ **108**, 14 = NJW **89**, 2619; **aM** Odenthal MDR **90**, 961: immer erforderlich). In Betracht kommt auch die Einschränkung der Entschädigungspflicht bis zu dem sich aus § 5 III ergebenden Zeitpunkt, bis zum Zeitpunkt der Äußerung des Beschuldigten, bei der er einen wesentlichen entlastenden Umstand verschwiegen und dadurch den Ausschlussgrund des § 6 I Nr 1 geschaffen hat, oder bis zur Entstehung des Verfahrenshindernisses im Fall des § 6 I Nr 2. Die nachträgliche Berichtigung oder Ergänzung ist zulässig (Düsseldorf MDR **80**, 958; Odenthal aaO 964; **aM** D. Meyer 44: § 458 II StPO gilt entspr). Die teilweise Gewährung oder Versagung in den Fällen der §§ 3, 4 II, III, 6 kann nach Zeiträumen näher bestimmt werden (1 zu § 6). **11**

C. **Begründung des Ausspruchs** (III iVm § 34 StPO): Sie ist insbesondere erforderlich, wenn der Anspruch nach § 5 ausgeschlossen ist oder nach § 6 versagt **12** wird (Schätzler/Kunz 43). Bei allen Ermessensentscheidungen bedarf es einer eingehenden Abwägung aller entscheidungserheblichen Umstände (BGH **11**, 383, 389 zum früheren Recht).

13 **7) Zuständigkeit:**

14 A. Der **Tatrichter,** der das abschließende Urteil oder den abschließenden Beschluss erlässt, entscheidet auch über die Entschädigungsfrage. Hatte eine StrVollstrK die Vollstreckungsmaßnahme angeordnet, für die Entschädigung verlangt wird, so ist sie auch für die Entscheidung über die Entschädigung zuständig (Düsseldorf MDR **82**, 958; München NStZ-RR **96**, 125; Schleswig SchlHA **86**, 122 [E/L]; **aM** LG Krefeld NJW **77**, 117). Ergeben sich entschädigungspflichtige Tatbestände erst im Beschwerdeverfahren, so entscheidet das Beschwerdegericht (Hamm EuGRZ **86**, 546).

15 B. Das **Berufungsgericht** entscheidet von Amts wegen nur bei vollem oder teilweisen Erfolg des Rechtsmittels erneut über die Entschädigungsfrage (Bay **72**, 10 = VRS **43**, 369; Celle MDR **77**, 74; VRS **50**, 122; **51**, 440; Karlsruhe NJW **72**, 2323; **aM** D. Meyer 35: bei jeder Sachentscheidung), auch wenn es das Verfahren nach § 153 a StPO einstellt (Düsseldorf NStE Nr 2). Bei Verwerfung der Berufung prüft es die Entscheidung des 1. Rechtszugs nur auf eine sofortige Beschwerde nach III S 1 (Düsseldorf JMBlNW **95**, 250 mwN). Die Beschwerdeentscheidung ist nicht anfechtbar, auch wenn sie in den Urteilsgründen getroffen wird (Celle VRS **51**, 440; Düsseldorf aaO; Oldenburg VRS **67**, 37).

16 C. Das **Revisionsgericht** hat über die Entschädigungspflicht zu entscheiden, wenn es das Verfahren durch freisprechendes oder einstellendes Urteil oder einen entspr Beschluss abschließt (BGH StraFo **08**, 266; Schätzler/Kunz 33). Es darf diese Aufgabe grundsätzlich nicht dem Tatrichter überlassen (Düsseldorf NStZ **90**, 39 mit insoweit zust Anm D. Meyer und Schätzler GA **90**, 36; **aM** Düsseldorf VRS **54**, 44; Hamm NJW **57**, 209; erg 5 zu § 305 a StPO; 25 zu § 464 StPO). Von einer Entscheidung sieht es nur ab, wenn dazu noch tatrichterliche Feststellungen nötig sind (BGH NJW **90**, 2073; **91**, 1839, 1840 aE; weitergehend BGH NJW **84**, 1312 aE; **88**, 2483, 2485 aE), oder eine Fortführung des teilw nach § 154 II StPO eingestellten Verfahrens in Betracht kommt (BGH NJW **94**, 2966; BGHR Verfahrensabschluss 1, 2) oder wenn das Verfahren beim Revisionsgericht nur teilw anhängig (BGH NJW **99**, 1562, 1564) oder schon früher rechtskräftig abgeschlossen worden war (BGH NStZ **94**, 230 [K]).

16a D. Im **Wiederaufnahmeverfahren** trifft das nach § 373 StPO entscheidende Gericht die Entschädigungsentscheidung (Köln GA **92**, 180).

17 **8) Sofortige Beschwerde** (III):

18 A. Die **Einlegung** des Rechtsmittels ist nicht in der Einlegung der Berufung oder Revision enthalten. Sie muss vielmehr ausdrücklich erklärt werden (Düsseldorf JMBlNW **95**, 250; Frankfurt NJW **74**, 202; Karlsruhe NJW **72**, 2323; erg 21 zu § 464 StPO), und zwar innerhalb der Frist des § 311 II S 1 StPO. Bei Fristversäumung ist dem Antragsteller das Verschulden seines Verteidigers zuzurechnen (19 zu § 44 StPO).

19 B. **Zulässig** ist die sofortige Beschwerde ohne Rücksicht darauf, ob die Hauptentscheidung anfechtbar ist. Die Einschränkung des § 464 III S 1 Hs 2 StPO gilt für § 8 III nicht. Auch gegen das Unterlassen der Entscheidung ist sofortige Beschwerde zulässig (Düsseldorf NJW **99**, 2830). Die isolierte Anfechtung einer OLG-Entscheidung schließt § 304 IV S 2 aus (BGH **26**, 250). Der Verzicht auf die Entschädigung (oben 3) macht die sofortige Beschwerde unzulässig (Karlsruhe Justiz **81**, 450).

20 Die **Wertgrenze des § 304 III StPO** gilt nicht; denn die Entscheidung nach § 8 I betrifft nur den Grund, nicht die noch völlig ungeklärte Höhe des Anspruchs

(KG JR **81**, 524; München NJW **73**, 721; MDR **75**, 68; Schätzler/Kunz 54; **aM** Düsseldorf JMBlNW **78**, 170; D. Meyer 50; Seier 120).

C. Die **Bindung des Beschwerdegerichts** an die Urteilsfeststellungen ordnet III S 2 unter Verweisung auf § 464 III S 2 StPO an (zum Umfang vgl Schleswig MDR **79**, 165; 23 zu § 464 StPO). Sie gilt auch für die Tatsachen, auf Grund deren die grobe Fahrlässigkeit nach § 5 II zu beurteilen ist (Frankfurt NJW **78**, 1392). Zusätzliche Feststellungen auf Grund des Akteninhalts sind zulässig (Düsseldorf Jur-Büro **86**, 249; Frankfurt NJW **78**, 1017; Karlsruhe Justiz **73**, 360; Schleswig NJW **76**, 1467; 24 zu § 464 StPO). Richtet sich die sofortige Beschwerde gegen das Unterlassen der Entscheidung nach III 1, so wird das Beschwerdegericht uU nicht selbst entscheiden können, sondern die Sache an den Tatrichter zurückgeben müssen (Düsseldorf VRS **73**, 457, 461; NStE Nr 2; **aM** D. Meyer JurBüro **90**, 798). 21

Ermessensentscheidungen des Tatrichters prüft das Beschwerdegericht in vollem Umfang. Eine Beschränkung der Prüfungsbefugnis auf Ermessensfehler besteht nicht (Schleswig NJW **76**, 1467, 1468; D. Meyer 57; **aM** Frankfurt NStZ-RR **96**, 286; München MDR **72**, 1056; Hamm NJW **74**, 374; Saarbrücken MDR **75**, 1044; erg 4 zu § 309 StPO). Das Verbot der Schlechterstellung (§ 331 StPO) gilt nicht (LG Flensburg JurBüro **82**, 882; D. Meyer 58; Schätzler/Kunz 46; vgl 5 vor § 304 StPO). 22

D. **Zuständiges Beschwerdegericht:** Vgl 25 zu § 464 StPO. 23

Verfahren nach Einstellung durch die Staatsanwaltschaft RiStBV Anl C Teil I, A II, C 2

9 **I [1] Hat die Staatsanwaltschaft das Verfahren eingestellt, so entscheidet das Amtsgericht am Sitz der Staatsanwaltschaft über die Entschädigungspflicht. [2] An die Stelle des Amtsgerichts tritt das Gericht, das für die Eröffnung des Hauptverfahrens zuständig gewesen wäre, wenn**

1. **die Staatsanwaltschaft das Verfahren eingestellt hat, nachdem sie die öffentliche Klage zurückgenommen hat,**
2. **der Generalbundesanwalt oder die Staatsanwaltschaft beim Oberlandesgericht das Verfahren in einer Strafsache eingestellt hat, für die das Oberlandesgericht im ersten Rechtszug zuständig ist.**

[3] Die Entscheidung ergeht auf Antrag des Beschuldigten. [4] Der Antrag ist innerhalb einer Frist von einem Monat nach Zustellung der Mitteilung über die Einstellung des Verfahrens zu stellen. [5] In der Mitteilung ist der Beschuldigte über sein Antragsrecht, die Frist und das zuständige Gericht zu belehren. [6] Die Vorschriften der §§ 44 bis 46 der Strafprozessordnung gelten entsprechend.

II Gegen die Entscheidung des Gerichts ist die sofortige Beschwerde nach den Vorschriften der Strafprozessordnung zulässig.

III War die Erhebung der öffentlichen Klage von dem Verletzten beantragt, so ist über die Entschädigungspflicht nicht zu entscheiden, solange durch einen Antrag auf gerichtliche Entscheidung die Erhebung der öffentlichen Klage herbeigeführt werden kann.

1) Auch **nach Einstellung des Ermittlungsverfahrens** durch StA oder FinB (§ 399 **AO**) entscheidet stets das Gericht über den Entschädigungsanspruch. Vorausgesetzt wird, dass das Verfahren durch die Einstellung endgültig abgeschlossen ist (2 zu § 8). Um eine derartige Einstellung handelt es sich auch, wenn die StA nach § 376 StPO verfährt oder wenn sie die Sache nach § 43 I OWiG an die VerwB abgibt. In diesem Fall wirkt die StA idR darauf hin, dass das Gericht nicht über die Entschädigungspflicht entscheidet, solange das Bußgeldverfahren nicht abgeschlossen ist (RiStBV Anl C Teil I, A II 2). 1

2 **2) Zustellung und Belehrung** (I S 4, 5): Liegt ein entschädigungsfähiger Tatbestand vor (§§ 1, 2), so muss die StA oder FinB (§ 399 **AO**) die Einstellungsverfügung dem Antragsberechtigten (2 vor § 1) förmlich zustellen (I S 4 iVm § 35 II S 1 StPO), dem Beschuldigten auch dann, wenn er sonst nach § 170 II S 2 StPO nur formlos von der Einstellung unterrichtet werden müsste (D. Meyer 24). § 145 a StPO ist anwendbar (RiStBV Anl C Teil I, C 2). Bei jugendlichen Beschuldigten wird auch den Erziehungsberechtigten und gesetzlichen Vertretern zugestellt (§ 67 I, II **JGG**). Die Einstellungsverfügung muss die in I S 5 vorgeschriebene Belehrung enthalten. Hatte der Verletzte Strafanzeige erstattet, so wird der Beschuldigte auch darüber belehrt, dass über die Entschädigungspflicht nicht entschieden wird, solange durch einen Antrag nach § 172 II StPO die Erhebung der Klage herbeigeführt werden kann (III; RiStBV Anl C Teil I, A II 1).

3 Die **Belehrung** muss konkret sein, dh auch die Art der Maßnahme (vgl § 8 III) und ggf die Dauer ihres Vollzugs angeben. Sie ist so zu fassen, dass sie nicht als Zusicherung mißverstanden werden kann. Das kann durch allgemeine oder besondere Hinweise auf Ausschluss- und Versagungsgründe und durch den Hinweis auf § 7 II erreicht werden.

4 **3) Antragstellung** (I S 3): Das Gericht entscheidet nur auf Antrag des Beschuldigten (Stuttgart NStZ **94**, 291: auch des Verdächtigen, gegen den eine Durchsuchung gemäß § 102 StPO durchgeführt wurde) oder des nach § 11 Unterhaltsberechtigten. Für den Beschuldigten kann der im Ermittlungsverfahren bevollmächtigte Verteidiger den Antrag stellen (LG Bonn StV **84**, 476). Tatunbeteiligte Dritte haben kein Antragsrecht (LG Flensburg JurBüro **84**, 419). Ein schon im Ermittlungsverfahren gestellter Antrag wird mit der Verfahrenseinstellung wirksam (LG Passau JurBüro **86**, 1218). Der Antragsteller kann sich darauf beschränken, die Feststellung der Entschädigungspflicht der Staatskasse zu beantragen. Ausdrückliche Angaben über Verfolgungsmaßnahmen oder über die Schadensentstehung sind entbehrlich (vgl LG Krefeld VRS **42**, 293). Auch die Voraussetzungen des § 7 II brauchen nicht dargetan zu werden.

5 **4) Antragsfrist und Wiedereinsetzung** (I S 4, 6): Die Monatsfrist (I S 4) beginnt mit der Zustellung der Einstellungsverfügung, auch wenn die Belehrung nach I S 5 ganz oder teilw unterblieben ist (LG Aschaffenburg NStZ **82**, 167; LG Freiburg NStZ-RR **02**, 367, 368; Budach SchlHA **73**, 203). Ihre Unterlassung ist Wiedereinsetzungsgrund in entspr Anwendung des § 44 S 2 StPO, wobei die Belehrung einer Rechtsmittelbelehrung (§ 35 a StPO) entspricht. Bei Versäumung der Antragsfrist aus anderen Gründen muss sich der Antragsteller nach dem Grundsatz des § 85 II ZPO das Verschulden seines Verteidigers zurechnen lassen (Hamburg NStZ **90**, 191; erg 19 zu § 44 StPO).

6 **5) Gerichtliche Zuständigkeit** (I S 1, 2):

7 A. Das **AG am Sitz der StA** (I S 1), bei einer Zweig- oder Außenstelle der StA (3 zu § 141 GVG) an deren Sitz (D. Meyer 12), ist zuständig, auch wenn die Strafsache, falls es zur Anklage gekommen wäre, bei einem anderen Gericht hätte anhängig gemacht werden müssen oder wenn die StA Anklage beim LG erhoben, die Tat, in deren Zusammenhang eine Entschädigung beantragt ist, aber nach § 154 a StPO von der Verfolgung ausgenommen hat (Düsseldorf JMBlNW **84**, 20; dazu D. Meyer JurBüro **84**, 343; vgl auch Koblenz NStZ-RR **99**, 52 zur Zuständigkeit bei getrennten Verfahrensteilen). Hat die FinB das Verfahren eingestellt (§§ 386, 399 **AO**), so ist das AG an seinem Sitz zuständig, auch wenn es nicht das AG des § 391 I **AO** ist (Nürnberg 3 AR 13/72 vom 28. 3. 1972). Welcher Richter beim AG zuständig ist, bestimmt die Geschäftsverteilung des AG (§ 22 e I GVG). Die Bestellung zum Ermittlungsrichter begründet die Zuständigkeit nach I S 1 nicht. Zum Zusammentreffen verschiedener Zuständigkeiten vgl Düsseldorf NStZ **91**, 141.

B. **Hypothetisches Eröffnungsgericht** (I S 2): Welcher Richter beim AG oder welcher Spruchkörper beim LG oder OLG zuständig ist, bestimmt sich im Fall des I S 2 nach der allgemeinen Verteilung der Strafsachen. 8

6) Die **Prüfung des Gerichts** bezieht sich auf die tatsächlichen und rechtlichen Voraussetzungen der Entschädigungspflicht dem Grunde nach (1 zu § 8). Das Gericht entscheidet nach Anhörung der StA und ist dabei an die Einstellungsverfügung gebunden, nicht aber an die tatsächlichen Feststellungen, auf denen sie beruht. Diese braucht es der Entscheidung nicht ungeprüft zugrunde zu legen. Vor der Entscheidung ist der Ablauf der Frist des § 172 II S 1 StPO abzuwarten (III). 9

7) Sofortige Beschwerde (II) kann vom Beschuldigten, dem Verteidiger, in den Fällen des § 67 I, II **JGG** auch vom Erziehungsberechtigten oder gesetzlichen Vertreter eingelegt werden, auch vom gesetzlichen Vertreter des Erwachsenen (§ 298 StPO) und von der StA (§ 296 I, II StPO). Ist der Beschluss von dem im 1. Rechtszug zuständigen OLG (I S 1 Nr 2) erlassen worden, so ist die sofortige Beschwerde zum BGH nach § 304 IV S 2 StPO unzulässig (BGH **26**, 250). Das gilt auch für die sofortige Beschwerde gegen die Versagung der Wiedereinsetzung (BGH NJW **76**, 525). 10

Anmeldung des Anspruchs; Frist **RiStBV Anl C Teil I, A–D, Teil II**

10 **I [1] Ist die Entschädigungspflicht der Staatskasse rechtskräftig festgestellt, so ist der Anspruch auf Entschädigung innerhalb von sechs Monaten bei der Staatsanwaltschaft geltend zu machen, welche die Ermittlungen im ersten Rechtszug zuletzt geführt hat. [2] Der Anspruch ist ausgeschlossen, wenn der Berechtigte es schuldhaft versäumt hat, ihn innerhalb der Frist zu stellen. [3] Die Staatsanwaltschaft hat den Berechtigten über sein Antragsrecht und die Frist zu belehren. [4] Die Frist beginnt mit der Zustellung der Belehrung.**

II [1] Über den Antrag entscheidet die Landesjustizverwaltung. [2] Eine Ausfertigung der Entscheidung ist dem Antragsteller nach den Vorschriften der Zivilprozessordnung zuzustellen.

1) Das **Betragsverfahren** (dazu RiStBV Anl C; Matt Rpfleger **97**, 468) gehört nicht mehr zum Strafverfahren, sondern ist ein dem Rechtsweg (§ 13) vorgeschaltetes Verwaltungsverfahren zur Festsetzung der Höhe der Entschädigung (BGHZ **66**, 122, 124 = NJW **76**, 1218). Die Entscheidung des Strafgerichts über die Entschädigungspflicht dem Grunde nach (§§ 8 I, 9 I) ist bindend (1 zu § 8). 1

2) Belehrung durch die StA (I S 3): Steht mit der Rechtskraft der gerichtlichen Entscheidung nach § 8 oder § 9 die Entschädigungspflicht der Staatskasse dem Grunde nach fest, so stellt die StA, die insoweit als Verwaltungsbehörde tätig wird (D. Meyer 2 vor §§ 10–13; Schätzler/Kunz 1), dem Berechtigten unverzüglich eine Belehrung über sein Antragsrecht und die Antragsfrist zu. Eine verfrühte oder unrichtige Belehrung und die Zustellung an einen nicht besonders bevollmächtigten Vertreter (vgl RiStBV Anl C Teil I, C) sind wirkungslos (Schätzler/Kunz 3, 6). Ist bekannt oder besteht nach den Umständen die Möglichkeit, dass ein Fall des § 11 I vorliegt, so soll den Unterhaltsberechtigten die Belehrung nach § 11 II S 2 zugestellt werden (RiStBV aaO, A III Nr 2). Zuständig ist stets die StA, die die Ermittlungen im 1. Rechtszug zuletzt geführt hat, um Steuerstrafverfahren die an die Stelle der StA getretene Finanzbehörde (§ 386 II **AO**). 2

3) Antragstellung (I S 1): Der Entschädigungsantrag ist bei der StA geltend zu machen, auch wenn die FinB die Ermittlungen geführt hat; denn die Rechte der StA hat sie nur im Ermittlungsverfahren (§ 399 I **AO**). Zur Antragstellung ist der- 3 jenige berechtigt, „zu dessen Gunsten die Entschädigungspflicht ausgesprochen worden ist“ (vgl § 11 I S 1). Die Unterhaltsberechtigten haben ein zusätzliches eigenes Antragsrecht (§ 11 I). Ist der Beschuldigte nach der rechtskräftigen Entstehung des Anspruchs gestorben, so sind seine Erben als Rechtsnachfolger berechtigt (3 zu § 13), auch wenn sie nicht zu den Unterhaltsberechtigten gehören. Der Antrag kann von einem bevollmächtigten Vertreter gestellt werden (BGHZ **66**, 122 = NJW **76**, 1218; RiStBV Anl C Teil I, C). Der Verteidiger braucht dazu eine besondere Vollmacht (D. Meyer 9; 5 vor § 137 StPO); denn das Betragsverfahren gehört nicht mehr zum Strafverfahren (oben 1).

4 Die **Geltendmachung des Anspruchs** zum Zweck der Festsetzung seiner Höhe ist der Inhalt des Antrags. Gleichwohl ist die Bezifferung der Schadenshöhe nicht unbedingt erforderlich (D. Meyer 13; Schätzler/Kunz 8a). Angaben und Nachweise können nachgereicht werden. Jedoch genügt die bloße Erklärung, die Entschädigung werde „dem Grunde nach“ angemeldet, nicht (BGHZ **108**, 14 = NJW **89**, 2619; D. Meyer JurBüro **91**, 1598). Wird in dem Antrag auch die Erstattung von Verfahrensauslagen auf Grund einer Kosten- und Auslagenentscheidung verlangt, so wird eine Ablichtung zu den Akten genommen und nach § 464b StPO behandelt (RiStBV Anl C Teil I, B I 3; vgl auch 5 zu § 7). Anregungen für den Inhalt des Antrags ergeben sich aus RiStBV aaO, B II. Zum Anspruch auf Zahlung eines Vorschusses vgl D. Meyer JurBüro **91**, 771.

5 **4) Versäumung der Antragsfrist** (I S 2): Die 6-Monatsfrist des § 10 I S 1 beginnt mit der Zustellung der Belehrung an den Berechtigten (I S 3, 4). Die Zustellung an den nicht besonders bevollmächtigten Verteidiger setzt sie nicht in Lauf (BGHZ **29**, 334 = NJW **59**, 1129 zum früheren Recht). Bei nicht schuldhafter Versäumung der Antragsfrist kann die Behörde nach I S 2 Nachsicht gewähren (Schätzler/Kunz 13; Schütz StV **08**, 53; **aM** D. Meyer 15; Kröner Baumann-FS 416). Das Verschulden seines Verfahrensbevollmächtigten muss sich der Antragsteller nach dem Grundsatz des § 85 II ZPO zurechnen lassen (BGHZ **66**, 122 = NJW **76**, 1218). Eine absolute Ausschlussfrist setzt § 12 fest (Schütz aaO).

6 **5) Prüfungs- und Entscheidungsstelle** (II): Wenn nicht ihr Leiter selbst mit der Prüfung des Anspruchs betraut ist, legt die StA den Antrag der Prüfungsstelle mit den Akten und einem Bericht vor (RiStBV Anl C Teil I, B I). Prüfungsstelle ist je nach Delegation der Leiter der StA beim LG oder beim OLG (vgl RiStBV aaO Teil II). Ist die Prüfungsstelle nicht selbst zur Entscheidung befugt, so berichtet sie an die Entscheidungsstelle. Ihr Verfahren regelt RiStBV aaO Teil I, B II. Die Zustellung der Entscheidung nach den Vorschriften der ZPO setzt die Frist für den Rechtsweg nach § 13 I in Lauf (II S 2).

Ersatzanspruch des kraft Gesetzes Unterhaltsberechtigten **RiStBV Anl C Teil I, A III 2, B II 3**

11 I [1] **Außer demjenigen, zu dessen Gunsten die Entschädigungspflicht der Staatskasse ausgesprochen worden ist, haben die Personen, denen er kraft Gesetzes unterhaltspflichtig war, Anspruch auf Entschädigung.** [2] **Ihnen ist insoweit Ersatz zu leisten, als ihnen durch die Strafverfolgungsmaßnahme der Unterhalt entzogen worden ist.**

II [1] **Sind Unterhaltsberechtigte bekannt, so soll die Staatsanwaltschaft, bei welcher der Anspruch geltend zu machen ist, sie über ihr Antragsrecht und die Frist belehren.** [2] **Im Übrigen ist § 10 Abs. 1 anzuwenden.**

1 **1) Unterhaltsberechtigte** (I): Außer dem Hauptanspruchsberechtigten haben Personen einen Entschädigungsanspruch, denen er kraft Gesetzes unterhaltspflichtig war. In Betracht kommen nur Unterhaltsansprüche nach §§ 1360, 1361, 1569ff, 1601, 1615aff BGB. Ihre vertraglich vereinbarte Höhe ist zu berücksichti-

gen (Schätzler/Kunz 5; **aM** D. Meyer 9). Ersatz wird nur insoweit geleistet, als der Hauptberechtigte eine Entschädigung verlangen kann und die Strafverfolgungsmaßnahme für den Entzug des Unterhalts ursächlich war (I S 2). Zum Begriff des Unterhaltsentzuges vgl RiStBV Anl C Teil I, B II 3 a.

2) Die **Gesamtleistung** der Staatskasse darf den Hauptanspruch nicht über- 2
steigen (Düsseldorf JMBlNW **86**, 30; Schätzler/Kunz 7). Der Hauptanspruchsberechtigte und der Unterhaltsberechtigte haben eine ähnliche Stellung wie Gesamtgläubiger nach § 428 BGB (D. Meyer 3). Die Staatskasse muss aber die Unterhaltsansprüche gesondert erfüllen, wenn das geboten erscheint. Sie muss eine Einigung der Beteiligten auf Aufteilung der Gesamtentschädigung herbeiführen; notfalls ist der Entschädigungsbetrag zu hinterlegen (RiStBV Anl C Teil I, B II 3 b, c).

3) Die **Belehrung** (II; 2 zu § 10) ist entbehrlich, wenn nach der Sachlage nicht 3
damit gerechnet zu werden braucht, dass Unterhalt entzogen worden ist oder dass der Hauptberechtigte die Entschädigung nicht auch zum Ausgleich verwenden wird (D. Meyer 19). Eine Nachforschung nach bisher unbekannten Unterhaltsberechtigten findet nicht statt. Die Frist zur Geltendmachung des Anspruchs beginnt für den Unterhaltsberechtigten mit der Zustellung der Belehrung an ihn (§§ 11 II S 2, 10 I S 4).

Ausschluss der Geltendmachung der Entschädigung

12 Der Anspruch auf Entschädigung kann nicht mehr geltend gemacht werden, wenn seit dem Ablauf des Tages, an dem die Entschädigungspflicht rechtskräftig festgestellt ist, ein Jahr verstrichen ist, ohne dass ein Antrag nach § 10 Abs. 1 gestellt worden ist.

1) Die **absolute Ausschlussfrist** (Düsseldorf JMBlNW **86**, 30) wird in ihrem 1
Lauf durch das Unterlassen der Belehrung über das Antragsrecht und die Antragsfrist oder deren Zustellung (§§ 10 I S 3, 11 II S 1) nicht beeinträchtigt. Sie macht jeglichen Antrag unzulässig, gleichgültig, aus welchen Gründen der Antrag verspätet gestellt worden ist (Düsseldorf aaO). Eine Wiedereinsetzung kommt nicht in Betracht (BGHZ **108**, 14 = NStZ **90**, 131). Den Beginn der Ausschlussfrist hat das Zivilgericht selbstständig zu prüfen (BGH aaO).

2) Eine **Hemmung der Frist** tritt in entspr Anwendung des § 210 BGB ein, 2
wenn der Berechtigte geschäftsunfähig oder in seiner Geschäftsfähigkeit beschränkt wird und keinen gesetzlichen Vertreter hat (BGHZ **79**, 1 = NJW **81**, 285).

Rechtsweg; Beschränkung der Übertragbarkeit

13 I [1] Gegen die Entscheidung über den Entschädigungsanspruch ist der Rechtsweg gegeben. [2] Die Klage ist innerhalb von drei Monaten nach Zustellung der Entscheidung zu erheben. [3] Für die Ansprüche auf Entschädigung sind die Zivilkammern der Landgerichte ohne Rücksicht auf den Wert des Streitgegenstandes ausschließlich zuständig.

II Bis zur rechtskräftigen Entscheidung über den Antrag ist der Anspruch nicht übertragbar.

1) Der **Rechtsweg** (I) zu den ordentlichen Gerichten steht offen, soweit dem 1
Antrag im Betragsverfahren (1 zu § 10) nicht entsprochen worden ist. Darüber und über die Klagefrist (I S 2) ist der Berechtigte bei der Antragsablehnung zu belehren (RiStBV Anl C Teil I, B III 2); das Unterlassen der Belehrung berührt den Fristablauf jedoch nicht (BGH VRS **65**, 416; StV **84**, 477 L). Eine Partei, die sich für bedürftig halten darf, wahrt die Ausschlussfrist, wenn sie rechtzeitig einen vollstän-

digen Prozesskostenhilfeantrag stellt und die Klage unverzüglich nach der von ihr nicht verzögerten Entscheidung über ihr Gesuch zugestellt wird (BGH NJW **07**, 439 und 441; Schütz StV **08**, 53). Die Klage, für die das LG ausschließlich zuständig ist (I S 3), muss sich gegen das nach § 15 ersatzpflichtige Land richten, dessen Vertretung (meist durch den GStA beim OLG) das Landesrecht bestimmt. Falls die StA über einen Antrag ohne zureichenden Grund in angemessener Frist nicht entscheidet, gilt § 75 VwGO entspr (Köln NStZ **88**, 508; **aM** D. Meyer JurBüro **91**, 1599: Verpflichtungsklage beim VG).

2 **2)** Die **Unübertragbarkeit** (II) des Anspruchs, auch auf Vorschusszahlung (Hamm NJW **75**, 2075), bedeutet zugleich Unpfändbarkeit (§ 851 ZPO), Unverpfändbarkeit (§ 1274 II BGB) und den Ausschluss der Aufrechnung (§ 394 BGB); § 134 BGB gilt entspr. Eine Teilungsabrede, bei der der Berechtigte zunächst Inhaber des Anspruchs bleibt, ist zulässig (BGH NJW **82**, 2504). Übertragbar wird der Anspruch grundsätzlich erst, wenn er im Rechtsweg rechtskräftig festgestellt ist. Jedoch kann auch der im Betragsverfahren (§ 10) unabänderbar zuerkannte Anspruch schon vor der Auszahlung übertragen werden (Hamm aaO). Insoweit kann die Staatskasse wegen ihrer Ansprüche (Geldstrafe, Kosten, Wertersatz usw) aufrechnen (LG Stuttgart MDR **80**, 590 mit Anm Schmierer).

3 **3) Vererblich** wird der Anspruch schon mit seiner Entstehung dem Grunde nach (D. Meyer 13 vor §§ 10–13). Denn weder das öffentliche Recht (vgl BVerwGE **21**, 302, 303) noch das BGB enthält eine ausdrückliche oder entspr anwendbare gegenteilige Vorschrift. Der Erbfall gilt auch nicht als Forderungsübergang iS des § 412 BGB. Zum Fall des Todes des Betroffenen vgl 8 zu § 6.

Nachträgliche Strafverfolgung **RiStBV Anl C Teil I, B IV**

14 **I 1 Die Entscheidung über die Entschädigungspflicht tritt außer Kraft, wenn zuungunsten des Freigesprochenen die Wiederaufnahme des Verfahrens angeordnet oder wenn gegen den Berechtigten, gegen den das Verfahren eingestellt worden war, oder gegen den das Gericht die Eröffnung des Hauptverfahrens abgelehnt hatte, nachträglich wegen derselben Tat das Hauptverfahren eröffnet wird. 2 Eine bereits geleistete Entschädigung kann zurückgefordert werden.**

II Ist zuungunsten des Freigesprochenen die Wiederaufnahme beantragt oder sind gegen denjenigen, gegen den das Verfahren eingestellt worden war, oder gegen den das Gericht die Eröffnung des Hauptverfahrens abgelehnt hatte, die Untersuchung oder die Ermittlungen wiederaufgenommen worden, so kann die Entscheidung über den Anspruch sowie die Zahlung der Entschädigung ausgesetzt werden.

1 **1) Außerkrafttreten der Entscheidung über die Entschädigungspflicht** (I S 1): Im Fall der Wiederaufnahme aus einem der Gründe des § 362 StPO (nicht nur bei Freispruch) tritt diese Wirkung mit dem Beschluss nach § 370 II iVm § 362 StPO ein, im Fall der nachträglichen Eröffnung des Hauptverfahrens mit dem Eröffnungsbeschluss, dem der Erlass eines Strafbefehls gleichsteht. Düsseldorf StV **01**, 517 wendet die Vorschrift bei Entschädigung trotz Anrechnung der UHaft nach § 51 StGB entspr an.

2 **2) Rückforderung** (I S 2): Darüber entscheidet die für das Betragsverfahren zuständige Stelle (6 zu § 10). Sie betreibt auch die Wiedereinziehung der geleisteten Entschädigung.

3 **3) Aussetzung des Betragsverfahrens und der Zahlung** (II): Die zuständige Stelle (6 zu § 10) ist von Wiederaufnahmeanträgen und -entscheidungen zu

unterrichten (RiStBV Anl C Teil I, B IV). Sie entscheidet über die Aussetzung nach pflichtgemäßem Ermessen.

Ersatzpflichtige Kasse

15 **I Ersatzpflichtig ist das Land, bei dessen Gericht das Strafverfahren im ersten Rechtszug anhängig war oder, wenn das Verfahren bei Gericht noch nicht anhängig war, dessen Gericht nach § 9 Abs. 1 über die Entschädigungspflicht entschieden hat.**

II [1]Bis zum Betrag der geleisteten Entschädigung gehen die Ansprüche auf die Staatskasse über, welche dem Entschädigten gegen Dritte zustehen, weil durch deren rechtswidrige Handlungen die Strafverfolgungsmaßnahme herbeigeführt worden war. [2]Der Übergang kann nicht zum Nachteil des Berechtigten geltend gemacht werden.

1) Ersatzpflichtige Landeskasse (I): Maßgebend ist der Sitz des Gerichts des 1. Rechtszugs, bei dessen Wechsel (§§ 12ff StPO) des zuletzt entscheidenden Gerichts, im Fall des § 9 I des Gerichts, das den Beschluss erlassen hat. Bei erstinstanzlicher Zuständigkeit des OLG (§ 120 GVG) kann das Land nach Art 3 des G zur allgemeinen Einführung eines zweiten Rechtszuges in Staatsschutz-Strafsachen vom 8. 9. 1969 (BGBl I 1582; III 300–2-1) die Erstattung der geleisteten Entschädigung vom Bund verlangen. 1

2) Forderungsübergang (II): Zivilrechtliche Ansprüche des Entschädigungsberechtigten gegen einen Dritten (zB nach §§ 823 II, 826 BGB), der die Strafverfolgungsmaßnahme verursacht hat, gehen bis zur Höhe der geleisteten Entschädigung kraft Gesetzes auf die Staatskasse über. 2

16 (nicht abgedruckt)

Entschädigung für die Folgen einer rechtskräftigen Verurteilung, einer freiheitsentziehenden oder anderen vorläufigen Strafverfolgungsmaßnahme in der Deutschen Demokratischen Republik

16a **[1]Die §§ 1 und 2 finden keine Anwendung auf die Folgen einer strafgerichtlichen Verurteilung, einer Maßregel oder Nebenfolge oder einer freiheitsentziehenden oder anderen vorläufigen Strafverfolgungsmaßnahme, die vor dem Wirksamwerden des Beitritts in der Deutschen Demokratischen Republik erfolgte oder angeordnet wurde. [2]Die Voraussetzungen der Entschädigung für diese Folgen richten sich nach den bis zu diesem Zeitpunkt in der Deutschen Demokratischen Republik geltenden Vorschriften über die Entschädigung für Untersuchungshaft und Strafen mit Freiheitsentzug (§§ 369ff. der Strafprozessordnung der Deutschen Demokratischen Republik), soweit nicht eine Rehabilitierung nach dem Strafrechtlichen Rehabilitierungsgesetz erfolgt oder ein Kassationsverfahren nach den vom 3. Oktober 1990 bis zum Inkrafttreten des Strafrechtlichen Rehabilitierungsgesetzes geltenden Vorschriften abgeschlossen ist. [3]Für Art und Höhe der Entschädigung gelten die Vorschriften des Strafrechtlichen Rehabilitierungsgesetzes entsprechend.**

1) Nicht nur §§ 1 und 2 gelten nicht (S 1), sondern dementsprechend auch 1
§§ 3 bis 7 nicht, §§ 8 und 9 sind hingegen anzuwenden (D. Meyer JurBüro **91**, 899ff). Für die Realisierung eines dem Grunde nach festgestellten Anspruchs

und das dabei einzuhaltende Verfahren gelten die §§ 10 ff (BGH NStZ **91**, 245; LG Berlin NStZ **91**, 200 = NJ **91**, 110, 111). Die Voraussetzungen der Entschädigung richten sich grundsätzlich nach §§ 369–372 StPO-DDR (vgl dazu KG NJW **94**, 601 und D. Meyer 14 ff), es sei denn, die Rehabilitierung erfolgt nach dem StrRehaG oder ein Kassationsverfahren wurde nach dem 3. 10. 1990 bis zum 4. 11. 1992 (= Inkrafttreten des StrRehaG) abgeschlossen. Art und Höhe der Entschädigung richten sich stets nach §§ 16 ff StrRehaG.

17-21 (nicht abgedruckt)

II. Andere Gesetze

6. Abgabenordnung (AO)

In der Fassung vom 1. Oktober 2002 (BGBl. I S. 3866, ber. BGBl. I S. 2003, S. 61), zuletzt geändert durch Gesetz vom 30. Juli 2009 (BGBl. I S. 2474)

BGBl. III/FNA 610-1-3

(Auszug)

§ 30 Steuergeheimnis. (1) Amtsträger haben das Steuergeheimnis zu wahren.

(2) Ein Amtsträger verletzt das Steuergeheimnis, wenn er

1. Verhältnisse eines anderen, die ihm
   a) in einem Verwaltungsverfahren, einem Rechnungsprüfungsverfahren oder einem gerichtlichen Verfahren in Steuersachen,
   b) in einem Strafverfahren wegen einer Steuerstraftat oder einem Bußgeldverfahren wegen einer Steuerordnungswidrigkeit,
   c) aus anderem Anlass durch Mitteilung einer Finanzbehörde oder durch die gesetzlich vorgeschriebene Vorlage eines Steuerbescheids oder eine Bescheinigung über die bei der Besteuerung getroffenen Feststellungen

   bekannt geworden sind, oder
2. ein fremdes Betriebs- oder Geschäftsgeheimnis, das ihm in einem der in Nummer 1 genannten Verfahren bekannt geworden ist,

unbefugt offenbart oder verwertet oder

3. nach Nummer 1 oder Nummer 2 geschützte Daten im automatisierten Verfahren unbefugt abruft, wenn sie für eines der in Nummer 1 genannten Verfahren in einer Datei gespeichert sind.

(3) Den Amtsträgern stehen gleich

1. die für den öffentlichen Dienst besonders Verpflichteten (§ 11 Abs. 1 Nr. 4 des Strafgesetzbuchs),

1a. die in § 193 Abs. 2 des Gerichtsverfassungsgesetzes genannten Personen,

2. amtlich zugezogene Sachverständige,
3. die Träger von Ämtern der Kirchen und anderen Religionsgemeinschaften, die Körperschaften des öffentlichen Rechts sind.

(4) Die Offenbarung der nach Absatz 2 erlangten Kenntnisse ist zulässig, soweit

1. sie der Durchführung eines Verfahrens im Sinne des Absatzes 2 Nr. 1 Buchstaben a und b dient,
2. sie durch Gesetz ausdrücklich zugelassen ist,
3. der Betroffene zustimmt,
4. sie der Durchführung eines Strafverfahrens wegen einer Tat dient, die keine Steuerstraftat ist, und die Kenntnisse
   a) in einem Verfahren wegen einer Steuerstraftat oder Steuerordnungswidrigkeit erlangt worden sind; dies gilt jedoch nicht für solche Tatsachen, die der Steuerpflichtige in Unkenntnis der Einleitung des Strafverfahrens oder des Bußgeldverfahrens offenbart hat oder die bereits vor Einleitung des Strafverfahrens oder des Bußgeldverfahrens im Besteuerungsverfahren bekannt geworden sind, oder
   b) ohne Bestehen einer steuerlichen Verpflichtung oder unter Verzicht auf ein Auskunftsverweigerungsrecht erlangt worden sind,
5. für sie ein zwingendes öffentliches Interesse besteht; ein zwingendes öffentliches Interesse ist namentlich gegeben, wenn

a) Verbrechen und vorsätzliche schwere Vergehen gegen Leib und Leben oder gegen den Staat und seine Einrichtungen verfolgt werden oder verfolgt werden sollen,
b) Wirtschaftsstraftaten verfolgt werden oder verfolgt werden sollen, die nach ihrer Begehungsweise oder wegen des Umfangs des durch sie verursachten Schadens geeignet sind, die wirtschaftliche Ordnung erheblich zu stören oder das Vertrauen der Allgemeinheit auf die Redlichkeit des geschäftlichen Verkehrs oder auf die ordnungsgemäße Arbeit der Behörden und der öffentlichen Einrichtungen erheblich zu erschüttern, oder
c) die Offenbarung erforderlich ist zur Richtigstellung in der Öffentlichkeit verbreiteter unwahrer Tatsachen, die geeignet sind, das Vertrauen in die Verwaltung erheblich zu erschüttern; die Entscheidung trifft die zuständige oberste Finanzbehörde im Einvernehmen mit dem Bundesministerium der Finanzen; vor der Richtigstellung soll der Steuerpflichtige gehört werden.

(5) Vorsätzlich falsche Angaben des Betroffenen dürfen den Strafverfolgungsbehörden gegenüber offenbart werden.

(6) [1] Der automatisierte Abruf von Daten, die für eines der in Absatz 2 Nr. 1 genannten Verfahren in einer Datei gespeichert sind, ist nur zulässig, soweit er der Durchführung eines Verfahrens im Sinne des Absatzes 2 Nr. 1 Buchstaben a und b oder der zulässigen Weitergabe von Daten dient. [2] Zur Wahrung des Steuergeheimnisses kann das Bundesministerium der Finanzen durch Rechtsverordnung mit Zustimmung des Bundesrates bestimmen, welche technischen und organisatorischen Maßnahmen gegen den unbefugten Abruf von Daten zu treffen sind. [3] Insbesondere kann es nähere Regelungen treffen über die Art der Daten, deren Abruf zulässig ist, sowie über den Kreis der Amtsträger, die zum Abruf solcher Daten berechtigt sind. [4] Die Rechtsverordnungen bedürfen nicht der Zustimmung des Bundesrates, soweit sie Einfuhr- und Ausfuhrabgaben und Verbrauchsteuern, mit Ausnahme der Biersteuer, betreffen.

§ 30a Schutz von Bankkunden. (1) Bei der Ermittlung des Sachverhalts (§ 88) haben die Finanzbehörden auf das Vertrauensverhältnis zwischen den Kreditinstituten und deren Kunden besonders Rücksicht zu nehmen.

(2) Die Finanzbehörden dürfen von den Kreditinstituten zum Zweck der allgemeinen Überwachung die einmalige oder periodische Mitteilung von Konten bestimmter Art oder bestimmter Höhe nicht verlangen.

(3) [1] Die Guthabenkonten oder Depots, bei deren Errichtung eine Legitimationsprüfung nach § 154 Abs. 2 vorgenommen worden ist, dürfen anlässlich der Außenprüfung bei einem Kreditinstitut nicht zwecks Nachprüfung der ordnungsmäßigen Versteuerung festgestellt oder abgeschrieben werden. [2] Die Ausschreibung von Kontrollmitteilungen soll insoweit unterbleiben.

(4) In Vordrucken für Steuererklärungen soll die Angabe der Nummern von Konten und Depots, die der Steuerpflichtige bei Kreditinstituten unterhält, nicht verlangt werden, soweit nicht steuermindernde Ausgaben oder Vergünstigungen geltend gemacht werden oder die Abwicklung des Zahlungsverkehrs mit dem Finanzamt dies bedingt.

(5) [1] Für Auskunftsersuchen an Kreditinstitute gilt § 93. [2] Ist die Person des Steuerpflichtigen bekannt und gegen ihn kein Verfahren wegen einer Steuerstraftat oder einer Steuerordnungswidrigkeit eingeleitet, soll auch im Verfahren nach § 208 Abs. 1 Satz 1 ein Kreditinstitut erst um Auskunft und Vorlage von Urkunden gebeten werden, wenn ein Auskunftsersuchen an den Steuerpflichtigen nicht zum Ziele führt oder keinen Erfolg verspricht.

§ 31 Mitteilung von Besteuerungsgrundlagen. (1) [1] Die Finanzbehörden sind verpflichtet, Besteuerungsgrundlagen, Steuermessbeträge und Steuerbeträge an Körperschaften des öffentlichen Rechts einschließlich der Religionsgemeinschaften, die Körperschaften des öffentlichen Rechts sind, zur Festsetzung von solchen Abgaben mitzuteilen, die an diese Besteuerungsgrundlagen, Steuermessbeträge oder Steuerbeträge anknüpfen.

[2]Die Mitteilungspflicht besteht nicht, soweit deren Erfüllung mit einem unverhältnismäßigen Aufwand verbunden wäre. [3]Die Finanzbehörden dürfen Körperschaften des öffentlichen Rechts auf Ersuchen Namen und Anschriften ihrer Mitglieder, die dem Grunde nach zur Entrichtung von Abgaben im Sinne des Satzes 1 verpflichtet sind, sowie die von der Finanzbehörde für die Körperschaft festgesetzten Abgaben übermitteln, soweit die Kenntnis dieser Daten zur Erfüllung von in der Zuständigkeit der Körperschaft liegenden öffentlichen Aufgaben erforderlich ist und überwiegende schutzwürdige Interessen des Betroffenen nicht entgegenstehen.

(2) [1]Die Finanzbehörden sind verpflichtet, die nach § 30 geschützten Verhältnisse des Betroffenen den Trägern der gesetzlichen Sozialversicherung, der Bundesagentur für Arbeit und der Künstlersozialkasse mitzuteilen, soweit die Kenntnis dieser Verhältnisse für die Feststellung der Versicherungspflicht oder die Festsetzung von Beiträgen einschließlich der Künstlersozialabgabe erforderlich ist oder der Betroffene einen Antrag auf Mitteilung stellt. [2]Die Mitteilungspflicht besteht nicht, soweit deren Erfüllung mit einem unverhältnismäßigen Aufwand verbunden wäre.

(3) Die für die Verwaltung der Grundsteuer zuständigen Behörden sind berechtigt, die nach § 30 geschützten Namen und Anschriften von Grundstückseigentümern, die bei der Verwaltung der Grundsteuer bekannt geworden sind, zur Verwaltung anderer Abgaben sowie zur Erfüllung sonstiger öffentlicher Aufgaben zu verwenden oder den hierfür zuständigen Gerichten, Behörden oder juristischen Personen des öffentlichen Rechts auf Ersuchen mitzuteilen, soweit nicht überwiegende schutzwürdige Interessen des Betroffenen entgegenstehen.

§ 31a Mitteilungen zur Bekämpfung der illegalen Beschäftigung und des Leistungsmissbrauchs. (1) Die Offenbarung der nach § 30 geschützten Verhältnisse des Betroffenen ist zulässig, soweit sie

1. für die Durchführung eines Strafverfahrens, eines Bußgeldverfahrens oder eines anderen gerichtlichen oder Verwaltungsverfahrens mit dem Ziel
   a) der Bekämpfung von illegaler Beschäftigung oder Schwarzarbeit oder
   b) der Entscheidung
      aa) über Erteilung, Rücknahme oder Widerruf einer Erlaubnis nach dem Arbeitnehmerüberlassungsgesetz oder
      bb) über Bewilligung, Gewährung, Rückforderung, Erstattung, Weitergewährung oder Belassen einer Leistung aus öffentlichen Mitteln

   oder
2. für die Geltendmachung eines Anspruchs auf Rückgewähr einer Leistung aus öffentlichen Mitteln

erforderlich ist.

(2) [1]Die Finanzbehörden sind in den Fällen des Absatzes 1 verpflichtet, der zuständigen Stelle die jeweils benötigten Tatsachen mitzuteilen. [2]In den Fällen des Absatzes 1 Nr. 1 Buchstabe b und Nr. 2 erfolgt die Mitteilung auch auf Antrag des Betroffenen. [3]Die Mitteilungspflicht nach den Sätzen 1 und 2 besteht nicht, soweit deren Erfüllung mit einem unverhältnismäßigen Aufwand verbunden wäre.

§ 31b Mitteilungen zur Bekämpfung der Geldwäsche und der Terrorismusfinanzierung. [1]Die Offenbarung der nach § 30 geschützten Verhältnisse des Betroffenen ist zulässig, soweit sie der Durchführung eines Strafverfahrens wegen einer Straftat nach § 261 des Strafgesetzbuches oder der Bekämpfung der Terrorismusfinanzierung im Sinne des § 1 Abs. 2 des Geldwäschegesetzes dient. [2]Die Finanzbehörden haben Tatsachen, die darauf schließen lassen, dass eine Straftat nach § 261 des Strafgesetzbuches oder eine Terrorismusfinanzierung im Sinne des § 1 Abs. 2 des Geldwäschegesetzes begangen oder versucht wurde oder wird, unverzüglich den zuständigen Strafverfolgungsbehörden und in Kopie dem Bundeskriminalamt – Zentralstelle für Verdachtsanzeigen – mitzuteilen.

Achter Teil. Straf- und Bußgeldvorschriften, Straf- und Bußgeldverfahren

Erster Abschnitt. Strafvorschriften

§ 369 Steuerstraftaten. (1) Steuerstraftaten (Zollstraftaten) sind:

1. Taten, die nach den Steuergesetzen strafbar sind,
2. der Bannbruch,
3. die Wertzeichenfälschung und deren Vorbereitung, soweit die Tat Steuerzeichen betrifft,
4. die Begünstigung einer Person, die eine Tat nach den Nummern 1 bis 3 begangen hat.

(2) (nicht abgedruckt)

§§ 370–376. (nicht abgedruckt)

Zweiter Abschnitt. Bußgeldvorschriften

§§ 377–384. (nicht abgedruckt)

Dritter Abschnitt. Strafverfahren

1. Unterabschnitt. Allgemeine Vorschriften

§ 385 Geltung von Verfahrensvorschriften. (1) Für das Strafverfahren wegen Steuerstraftaten gelten, soweit die folgenden Vorschriften nichts anderes bestimmen, die allgemeinen Gesetze über das Strafverfahren, namentlich die Strafprozessordnung, das Gerichtsverfassungsgesetz und das Jugendgerichtsgesetz.

(2) Die für Steuerstraftaten geltenden Vorschriften dieses Abschnitts, mit Ausnahme des § 386 Abs. 2 sowie der §§ 399 bis 401, sind bei dem Verdacht einer Straftat, die unter Vorspiegelung eines steuerlich erheblichen Sachverhalts gegenüber der Finanzbehörde oder einer anderen Behörde auf die Erlangung von Vermögensvorteilen gerichtet ist und kein Steuerstrafgesetz verletzt, entsprechend anzuwenden.

§ 386 Zuständigkeit der Finanzbehörde bei Steuerstraftaten. (1) [1] Bei dem Verdacht einer Steuerstraftat ermittelt die Finanzbehörde den Sachverhalt. [2] Finanzbehörde im Sinne dieses Abschnitts sind das Hauptzollamt, das Finanzamt, das Bundeszentralamt für Steuern und die Familienkasse.

(2) Die Finanzbehörde führt das Ermittlungsverfahren in den Grenzen des § 399 Abs. 1 und der §§ 400, 401 selbständig durch, wenn die Tat

1. ausschließlich eine Steuerstraftat darstellt oder
2. zugleich andere Strafgesetze verletzt und deren Verletzung Kirchensteuern oder andere öffentlich-rechtliche Abgaben betrifft, die an Besteuerungsgrundlagen, Steuermessbeträge oder Steuerbeträge anknüpfen.

(3) Absatz 2 gilt nicht, sobald gegen einen Beschuldigten wegen der Tat ein Haftbefehl oder ein Unterbringungsbefehl erlassen ist.

(4) [1] Die Finanzbehörde kann die Strafsache jederzeit an die Staatsanwaltschaft abgeben. [2] Die Staatsanwaltschaft kann die Strafsache jederzeit an sich ziehen. [3] In beiden Fällen kann die Staatsanwaltschaft im Einvernehmen mit der Finanzbehörde die Strafsache wieder an die Finanzbehörde abgeben.

§ 387 Sachlich zuständige Finanzbehörde. (1) Sachlich zuständig ist die Finanzbehörde, welche die betroffene Steuer verwaltet.

(2) [1] Die Zuständigkeit nach Absatz 1 kann durch Rechtsverordnung einer Finanzbehörde für den Bereich mehrerer Finanzbehörden übertragen werden, soweit dies mit

Rücksicht auf die Wirtschafts- oder Verkehrsverhältnisse, den Aufbau der Verwaltungsbehörden oder andere örtliche Bedürfnisse zweckmäßig erscheint. [2]Die Rechtsverordnung erlässt, soweit die Finanzbehörde eine Landesbehörde ist, die Landesregierung, im Übrigen das Bundesministerium der Finanzen. [3]Die Rechtsverordnung des Bundesministeriums der Finanzen bedarf nicht der Zustimmung des Bundesrates. [4]Die Landesregierung kann die Ermächtigung auf die für die Finanzverwaltung zuständige oberste Landesbehörde übertragen.

§ 388 Örtlich zuständige Finanzbehörde. (1) Örtlich zuständig ist die Finanzbehörde,

1. in deren Bezirk die Steuerstraftat begangen oder entdeckt worden ist,
2. die zur Zeit der Einleitung des Strafverfahrens für die Abgabenangelegenheiten zuständig ist oder
3. in deren Bezirk der Beschuldigte zur Zeit der Einleitung des Strafverfahrens seinen Wohnsitz hat.

(2) [1]Ändert sich der Wohnsitz des Beschuldigten nach Einleitung des Strafverfahrens, so ist auch die Finanzbehörde örtlich zuständig, in deren Bezirk der neue Wohnsitz liegt. [2]Entsprechendes gilt, wenn sich die Zuständigkeit der Finanzbehörde für die Abgabenangelegenheit ändert.

(3) Hat der Beschuldigte im räumlichen Geltungsbereich dieses Gesetzes keinen Wohnsitz, so wird die Zuständigkeit auch durch den gewöhnlichen Aufenthaltsort bestimmt.

§ 389 Zusammenhängende Strafsachen. [1]Für zusammenhängende Strafsachen, die einzeln nach § 388 zur Zuständigkeit verschiedener Finanzbehörden gehören würden, ist jede dieser Finanzbehörden zuständig. [2]§ 3 der Strafprozessordnung gilt entsprechend.

§ 390 Mehrfache Zuständigkeit. (1) Sind nach den §§ 387 bis 389 mehrere Finanzbehörden zuständig, so gebührt der Vorzug der Finanzbehörde, die wegen der Tat zuerst ein Strafverfahren eingeleitet hat.

(2) [1]Auf Ersuchen dieser Finanzbehörde hat eine andere zuständige Finanzbehörde die Strafsache zu übernehmen, wenn dies für die Ermittlungen sachdienlich erscheint. [2]In Zweifelsfällen entscheidet die Behörde, der die ersuchte Finanzbehörde untersteht.

§ 391 Zuständiges Gericht. (1) [1]Ist das Amtsgericht sachlich zuständig, so ist örtlich zuständig das Amtsgericht, in dessen Bezirk das Landgericht seinen Sitz hat. [2]Im vorbereitenden Verfahren gilt dies, unbeschadet einer weitergehenden Regelung nach § 58 Abs. 1 des Gerichtsverfassungsgesetzes, nur für die Zustimmung des Gerichts nach § 153 Abs. 1 und § 153a Abs. 1 der Strafprozessordnung.

(2) [1]Die Landesregierung kann durch Rechtsverordnung die Zuständigkeit abweichend von Absatz 1 Satz 1 regeln, soweit dies mit Rücksicht auf die Wirtschafts- oder Verkehrsverhältnisse, den Aufbau der Verwaltungsbehörden oder andere örtliche Bedürfnisse zweckmäßig erscheint. [2]Die Landesregierung kann diese Ermächtigung auf die Landesjustizverwaltung übertragen.

(3) Strafsachen wegen Steuerstraftaten sollen beim Amtsgericht einer bestimmten Abteilung zugewiesen werden.

(4) Die Absätze 1 bis 3 gelten auch, wenn das Verfahren nicht nur Steuerstraftaten zum Gegenstand hat; sie gelten jedoch nicht, wenn dieselbe Handlung eine Straftat nach dem Betäubungsmittelgesetz darstellt, und nicht für Steuerstraftaten, welche die Kraftfahrzeugsteuer betreffen.

§ 392 Verteidigung. (1) Abweichend von § 138 Abs. 1 der Strafprozessordnung können auch Steuerberater, Steuerbevollmächtigte, Wirtschaftsprüfer und vereidigte Buchprüfer zu Verteidigern gewählt werden, soweit die Finanzbehörde das Strafverfahren selbständig durchführt; im Übrigen können sie die Verteidigung nur in Gemeinschaft mit einem Rechtsanwalt oder einem Rechtslehrer an einer deutschen Hochschule im Sinne des Hochschulrahmengesetzes mit Befähigung zum Richteramt führen.

(2) § 138 Abs. 2 der Strafprozessordnung bleibt unberührt.

§ 393 Verhältnis des Strafverfahrens zum Besteuerungsverfahren. (1) [1]Die Rechte und Pflichten der Steuerpflichtigen und der Finanzbehörde im Besteuerungsverfahren und im Strafverfahren richten sich nach den für das jeweilige Verfahren geltenden Vorschriften. [2]Im Besteuerungsverfahren sind jedoch Zwangsmittel (§ 328) gegen den Steuerpflichtigen unzulässig, wenn er dadurch gezwungen würde, sich selbst wegen einer von ihm begangenen Steuerstraftat oder Steuerordnungswidrigkeit zu belasten. [3]Dies gilt stets, soweit gegen ihn wegen einer solchen Tat das Strafverfahren eingeleitet worden ist. [4]Der Steuerpflichtige ist hierüber zu belehren, soweit dazu Anlass besteht.

(2) [1]Soweit der Staatsanwaltschaft oder dem Gericht in einem Strafverfahren aus den Steuerakten Tatsachen oder Beweismittel bekannt werden, die der Steuerpflichtige der Finanzbehörde vor Einleitung des Strafverfahrens oder in Unkenntnis der Einleitung des Strafverfahrens in Erfüllung steuerrechtlicher Pflichten offenbart hat, dürfen diese Kenntnisse gegen ihn nicht für die Verfolgung einer Tat verwendet werden, die keine Steuerstraftat ist. [2]Dies gilt nicht für Straftaten, an deren Verfolgung ein zwingendes öffentliches Interesse (§ 30 Abs. 4 Nr. 5) besteht.

(3) [1]Erkenntnisse, die die Finanzbehörde oder die Staatsanwaltschaft rechtmäßig im Rahmen strafrechtlicher Ermittlungen gewonnen hat, dürfen im Besteuerungsverfahren verwendet werden. [2]Dies gilt auch für Erkenntnisse, die dem Brief-, Post- und Fernmeldegeheimnis unterliegen, soweit die Finanzbehörde diese rechtmäßig im Rahmen eigener strafrechtlicher Ermittlungen gewonnen hat oder soweit nach den Vorschriften der Strafprozessordnung Auskunft an die Finanzbehörden erteilt werden darf.

§ 394 Übergang des Eigentums. [1]Hat ein Unbekannter, der bei einer Steuerstraftat auf frischer Tat betroffen wurde, aber entkommen ist, Sachen zurückgelassen und sind diese Sachen beschlagnahmt oder sonst sichergestellt worden, weil sie eingezogen werden können, so gehen sie nach Ablauf eines Jahres in das Eigentum des Staates über, wenn der Eigentümer der Sachen unbekannt ist und die Finanzbehörde durch eine öffentliche Bekanntmachung auf den drohenden Verlust des Eigentums hingewiesen hat. [2]§ 10 Abs. 2 Satz 1 des Verwaltungszustellungsgesetzes ist mit der Maßgabe anzuwenden, dass anstelle einer Benachrichtigung der Hinweis nach Satz 1 bekannt gemacht oder veröffentlicht wird. [3]Die Frist beginnt mit dem Aushang der Bekanntmachung.

§ 395 Akteneinsicht der Finanzbehörde. [1]Die Finanzbehörde ist befugt, die Akten, die dem Gericht vorliegen oder im Fall der Erhebung der Anklage vorzulegen wären, einzusehen sowie beschlagnahmte oder sonst sichergestellte Gegenstände zu besichtigen. [2]Die Akten werden der Finanzbehörde auf Antrag zur Einsichtnahme übersandt.

§ 396 Aussetzung des Verfahrens. (1) Hängt die Beurteilung der Tat als Steuerhinterziehung davon ab, ob ein Steueranspruch besteht, ob Steuern verkürzt oder ob nicht gerechtfertigte Steuervorteile erlangt sind, so kann das Strafverfahren ausgesetzt werden, bis das Besteuerungsverfahren rechtskräftig abgeschlossen ist.

(2) Über die Aussetzung entscheidet im Ermittlungsverfahren die Staatsanwaltschaft, im Verfahren nach Erhebung der öffentlichen Klage das Gericht, das mit der Sache befasst ist.

(3) Während der Aussetzung des Verfahrens ruht die Verjährung.

2. Unterabschnitt. Ermittlungsverfahren

I. Allgemeines

§ 397 Einleitung des Strafverfahrens. (1) Das Strafverfahren ist eingeleitet, sobald die Finanzbehörde, die Polizei, die Staatsanwaltschaft, einer ihrer Ermittlungspersonen oder der Strafrichter eine Maßnahme trifft, die erkennbar darauf abzielt, gegen jemanden wegen einer Steuerstraftat strafrechtlich vorzugehen.

(2) Die Maßnahme ist unter Angabe des Zeitpunkts unverzüglich in den Akten zu vermerken.

(3) Die Einleitung des Strafverfahrens ist dem Beschuldigten spätestens mitzuteilen, wenn er dazu aufgefordert wird, Tatsachen darzulegen oder Unterlagen vorzulegen, die im Zusammenhang mit der Straftat stehen, derer er verdächtig ist.

§ 398 Einstellung wegen Geringfügigkeit. [1] Die Staatsanwaltschaft kann von der Verfolgung einer Steuerhinterziehung, bei der nur eine geringwertige Steuerverkürzung eingetreten ist oder nur geringwertige Steuervorteile erlangt sind, auch ohne Zustimmung des für die Eröffnung des Hauptverfahrens zuständigen Gerichts absehen, wenn die Schuld des Täters als gering anzusehen wäre und kein öffentliches Interesse an der Verfolgung besteht. [2] Dies gilt für das Verfahren wegen einer Steuerhehlerei nach § 374 und einer Begünstigung einer Person, die eine der in § 375 Abs. 1 Nr. 1 bis 3 genannten Taten begangen hat, entsprechend.

II. Verfahren der Finanzbehörde bei Steuerstraftaten

§ 399 Rechte und Pflichten der Finanzbehörde. (1) Führt die Finanzbehörde das Ermittlungsverfahren auf Grund des § 386 Abs. 2 selbständig durch, so nimmt sie die Rechte und Pflichten wahr, die der Staatsanwaltschaft im Ermittlungsverfahren zustehen.

(2) [1] Ist einer Finanzbehörde nach § 387 Abs. 2 die Zuständigkeit für den Bereich mehrerer Finanzbehörden übertragen, so bleiben das Recht und die Pflicht dieser Finanzbehörden unberührt, bei dem Verdacht einer Steuerstraftat den Sachverhalt zu erforschen und alle unaufschiebbaren Anordnungen zu treffen, um die Verdunkelung der Sache zu verhüten. [2] Sie können Beschlagnahmen, Notveräußerungen, Durchsuchungen, Untersuchungen und sonstige Maßnahmen nach den für Ermittlungspersonen der Staatsanwaltschaft geltenden Vorschriften der Strafprozessordnung anordnen.

§ 400 Antrag auf Erlass eines Strafbefehls. Bieten die Ermittlungen genügenden Anlass zur Erhebung der öffentlichen Klage, so beantragt die Finanzbehörde beim Richter den Erlass eines Strafbefehls, wenn die Strafsache zur Behandlung im Strafbefehlsverfahren geeignet erscheint; ist dies nicht der Fall, so legt die Finanzbehörde die Akten der Staatsanwaltschaft vor.

§ 401 Antrag auf Anordnung von Nebenfolgen im selbständigen Verfahren. Die Finanzbehörde kann den Antrag stellen, die Einziehung oder den Verfall selbständig anzuordnen oder eine Geldbuße gegen eine juristische Person oder eine Personenvereinigung selbständig festzusetzen (§§ 440, 442 Abs. 1, § 444 Abs. 3 der Strafprozessordnung).

III. Stellung der Finanzbehörde im Verfahren der Staatsanwaltschaft

§ 402 Allgemeine Rechte und Pflichten der Finanzbehörde. (1) Führt die Staatsanwaltschaft das Ermittlungsverfahren durch, so hat die sonst zuständige Finanzbehörde dieselben Rechte und Pflichten wie die Behörden des Polizeidienstes nach der Strafprozessordnung sowie die Befugnisse nach § 399 Abs. 2 Satz 2.

(2) Ist einer Finanzbehörde nach § 387 Abs. 2 die Zuständigkeit für den Bereich mehrerer Finanzbehörden übertragen, so gilt Absatz 1 für jede dieser Finanzbehörden.

§ 403 Beteiligung der Finanzbehörde. (1) [1] Führt die Staatsanwaltschaft oder die Polizei Ermittlungen durch, die Steuerstraftaten betreffen, so ist die sonst zuständige Finanzbehörde befugt, daran teilzunehmen. [2] Ort und Zeit der Ermittlungshandlungen sollen ihr rechtzeitig mitgeteilt werden. [3] Dem Vertreter der Finanzbehörde ist zu gestatten, Fragen an Beschuldigte, Zeugen und Sachverständige zu stellen.

(2) Absatz 1 gilt sinngemäß für solche richterlichen Verhandlungen, bei denen auch der Staatsanwaltschaft die Anwesenheit gestattet ist.

(3) Der sonst zuständigen Finanzbehörde sind die Anklageschrift und der Antrag auf Erlass eines Strafbefehls mitzuteilen.

(4) Erwägt die Staatsanwaltschaft, das Verfahren einzustellen, so hat sie die sonst zuständige Finanzbehörde zu hören.

IV. Steuer- und Zollfahndung

§ 404 Steuer- und Zollfahndung. [1]Die Zollfahndungsämter und die mit der Steuerfahndung betrauten Dienststellen der Landesfinanzbehörden sowie ihre Beamten haben im Strafverfahren wegen Steuerstraftaten dieselben Rechte und Pflichten wie die Behörden und Beamten des Polizeidienstes nach den Vorschriften der Strafprozessordnung. [2]Die in Satz 1 bezeichneten Stellen haben die Befugnisse nach § 399 Abs. 2 Satz 2 sowie die Befugnis zur Durchsicht der Papiere des von der Durchsuchung Betroffenen (§ 110 Abs. 1 der Strafprozessordnung); ihre Beamten sind Ermittlungspersonen der Staatsanwaltschaft.

V. Entschädigung der Zeugen und der Sachverständigen

§ 405 Entschädigung der Zeugen und der Sachverständigen. [1]Werden Zeugen und Sachverständige von der Finanzbehörde zu Beweiszwecken herangezogen, so erhalten sie eine Entschädigung oder Vergütung nach dem Justizvergütungs- und -entschädigungsgesetz. [2]Dies gilt auch in den Fällen des § 404.

3. Unterabschnitt. Gerichtliches Verfahren

§ 406 Mitwirkung der Finanzbehörde im Strafbefehlsverfahren und im selbständigen Verfahren. (1) Hat die Finanzbehörde den Erlass eines Strafbefehls beantragt, so nimmt sie die Rechte und Pflichten der Staatsanwaltschaft wahr, solange nicht nach § 408 Abs. 3 Satz 2 der Strafprozessordnung Hauptverhandlung anberaumt oder Einspruch gegen den Strafbefehl erhoben wird.

(2) Hat die Finanzbehörde den Antrag gestellt, die Einziehung oder den Verfall selbständig anzuordnen oder eine Geldbuße gegen eine juristische Person oder eine Personenvereinigung selbständig festzusetzen (§ 401), so nimmt sie die Rechte und Pflichten der Staatsanwaltschaft wahr, solange nicht mündliche Verhandlung beantragt oder vom Gericht angeordnet wird.

§ 407 Beteiligung der Finanzbehörde in sonstigen Fällen. (1) [1]Das Gericht gibt der Finanzbehörde Gelegenheit, die Gesichtspunkte vorzubringen, die von ihrem Standpunkt für die Entscheidung von Bedeutung sind. [2]Dies gilt auch, wenn das Gericht erwägt, das Verfahren einzustellen. [3]Der Termin zur Hauptverhandlung und der Termin zur Vernehmung durch einen beauftragten oder ersuchten Richter (§§ 223, 233 der Strafprozessordnung) werden der Finanzbehörde mitgeteilt. [4]Ihr Vertreter erhält in der Hauptverhandlung auf Verlangen das Wort. [5]Ihm ist zu gestatten, Fragen an Angeklagte, Zeugen und Sachverständige zu richten.

(2) Das Urteil und andere das Verfahren abschließende Entscheidungen sind der Finanzbehörde mitzuteilen.

4. Unterabschnitt. Kosten des Verfahrens

§ 408 Kosten des Verfahrens. [1]Notwendige Auslagen eines Beteiligten im Sinne des § 464a Abs. 2 Nr. 2 der Strafprozessordnung sind im Strafverfahren wegen einer Steuerstraftat auch die gesetzlichen Gebühren und Auslagen eines Steuerberaters, Steuerbevollmächtigten, Wirtschaftsprüfers oder vereidigten Buchprüfers. [2]Sind Gebühren und

Auslagen gesetzlich nicht geregelt, so können sie bis zur Höhe der gesetzlichen Gebühren und Auslagen eines Rechtsanwalts erstattet werden.

Vierter Abschnitt. Bußgeldverfahren

§ 409 Zuständige Verwaltungsbehörde. [1] Bei Steuerordnungswidrigkeiten ist zuständige Verwaltungsbehörde im Sinne des § 36 Abs. 1 Nr. 1 des Gesetzes über Ordnungswidrigkeiten die nach § 387 Abs. 1 sachlich zuständige Finanzbehörde. [2] § 387 Abs. 2 gilt entsprechend.

§ 410 Ergänzende Vorschriften für das Bußgeldverfahren. (1) Für das Bußgeldverfahren gelten außer den verfahrensrechtlichen Vorschriften des Gesetzes über Ordnungswidrigkeiten entsprechend:

1. die §§ 388 bis 390 über die Zuständigkeit der Finanzbehörde,
2. § 391 über die Zuständigkeit des Gerichts,
3. § 392 über die Verteidigung,
4. § 393 über das Verhältnis des Strafverfahrens zum Besteuerungsverfahren,
5. § 396 über die Aussetzung des Verfahrens,
6. § 397 über die Einleitung des Strafverfahrens,
7. § 399 Abs. 2 über die Rechte und Pflichten der Finanzbehörde,
8. die §§ 402, 403 Abs. 1, 3 und 4 über die Stellung der Finanzbehörde im Verfahren der Staatsanwaltschaft,
9. § 404 Satz 1 und Satz 2 erster Halbsatz über die Steuer- und Zollfahndung
10. § 405 über die Entschädigung der Zeugen und der Sachverständigen,
11. § 407 über die Beteiligung der Finanzbehörde und
12. § 408 über die Kosten des Verfahrens.

(2) Verfolgt die Finanzbehörde eine Steuerstraftat, die mit einer Steuerordnungswidrigkeit zusammenhängt (§ 42 Abs. 1 Satz 2 des Gesetzes über Ordnungswidrigkeiten), so kann sie in den Fällen des § 400 beantragen, den Strafbefehl auf die Steuerordnungswidrigkeit zu erstrecken.

§ 411 Bußgeldverfahren gegen Rechtsanwälte, Steuerberater, Steuerbevollmächtigte, Wirtschaftsprüfer oder vereidigte Buchprüfer. Bevor gegen einen Rechtsanwalt, Steuerberater, Steuerbevollmächtigten, Wirtschaftsprüfer oder vereidigten Buchprüfer wegen einer Steuerordnungswidrigkeit, die er in Ausübung seines Berufs bei der Beratung in Steuersachen begangen hat, ein Bußgeldbescheid erlassen wird, gibt die Finanzbehörde der zuständigen Berufskammer Gelegenheit, die Gesichtspunkte vorzubringen, die von ihrem Standpunkt für die Entscheidung von Bedeutung sind.

§ 412 Zustellung, Vollstreckung, Kosten. (1) [1] Für das Zustellungsverfahren gelten abweichend von § 51 Abs. 1 Satz 1 des Gesetzes über Ordnungswidrigkeiten die Vorschriften des Verwaltungszustellungsgesetzes auch dann, wenn eine Landesfinanzbehörde den Bescheid erlassen hat. [2] § 51 Abs. 1 Satz 2 und Absatz 2 bis 5 des Gesetzes über Ordnungswidrigkeiten bleibt unberührt.

(2) [1] Für die Vollstreckung von Bescheiden der Finanzbehörden in Bußgeldverfahren gelten abweichend von § 90 Abs. 1 und 4, § 108 Abs. 2 des Gesetzes über Ordnungswidrigkeiten die Vorschriften des Sechsten Teils dieses Gesetzes. [2] Die übrigen Vorschriften des Neunten Abschnitts des Zweiten Teils des Gesetzes über Ordnungswidrigkeiten bleiben unberührt.

(3) Für die Kosten des Bußgeldverfahrens gilt § 107 Abs. 4 des Gesetzes über Ordnungswidrigkeiten auch dann, wenn eine Landesfinanzbehörde den Bußgeldbescheid erlassen hat; an Stelle des § 19 des Verwaltungskostengesetzes gelten § 227 und § 261 dieses Gesetzes.

7. Gesetz über das Zentralregister und das Erziehungsregister (Bundeszentralregistergesetz – BZRG)

In der Fassung der Bekanntmachung vom 21. September 1984 (BGBl. I S. 1229, ber. 1985 S. 195), zuletzt geändert durch Gesetz vom 14. 8. 2009 (BGBl. I S. 2827)

FNA 312–7

Erster Teil. Registerbehörde

§ 1 Bundeszentralregister. (1) Für den Geltungsbereich dieses Gesetzes führt das Bundesamt für Justiz ein zentrales Register (Bundeszentralregister).

(2) [1] Die näheren Bestimmungen trifft das Bundesministerium der Justiz. [2] Soweit die Bestimmungen die Erfassung und Aufbereitung der Daten sowie die Auskunftserteilung betreffen, werden sie von der Bundesregierung mit Zustimmung des Bundesrates erlassen.

§ 2 *(aufgehoben)*

Zweiter Teil. Das Zentralregister

Erster Abschnitt. Inhalt und Führung des Registers

§ 3 Inhalt des Registers. In das Register werden eingetragen
1. strafgerichtliche Verurteilungen (§§ 4 bis 8),
2. *(aufgehoben)*
3. Entscheidungen von Verwaltungsbehörden und Gerichten (§ 10),
4. Vermerke über Schuldunfähigkeit (§ 11),
5. gerichtliche Feststellungen nach § 17 Abs. 2, § 18,
6. nachträgliche Entscheidungen und Tatsachen, die sich auf eine der in den Nummern 1 bis 4 genannten Eintragungen beziehen (§§ 12 bis 16, § 17 Abs. 1).

§ 4 Verurteilungen. In das Register sind die rechtskräftigen Entscheidungen einzutragen, durch die ein deutsches Gericht im Geltungsbereich dieses Gesetzes wegen einer rechtswidrigen Tat
1. auf Strafe erkannt,
2. eine Maßregel der Besserung und Sicherung angeordnet,
3. jemanden nach § 59 des Strafgesetzbuchs mit Strafvorbehalt verwarnt oder
4. nach § 27 des Jugendgerichtsgesetzes die Schuld eines Jugendlichen oder Heranwachsenden festgestellt

hat.

§ 5 Inhalt der Eintragung. (1) Einzutragen sind
1. die Personendaten des Betroffenen; dazu gehören der Geburtsname, ein hiervon abweichender Familienname, die Vornamen, das Geschlecht, das Geburtsdatum, der Geburtsort, die Staatsangehörigkeit und die Anschrift sowie abweichende Personendaten,
2. die entscheidende Stelle samt Geschäftsnummer,
3. der Tag der (letzten) Tat,
4. der Tag des ersten Urteils; bei Strafbefehlen gilt als Tag des ersten Urteils der Tag der Unterzeichnung durch den Richter; ist gegen den Strafbefehl Einspruch eingelegt

worden, so ist der Tag der auf den Einspruch ergehenden Entscheidung Tag des ersten Urteils, außer wenn der Einspruch verworfen wurde,
5. der Tag der Rechtskraft,
6. die rechtliche Bezeichnung der Tat, deren der Verurteilte schuldig gesprochen worden ist, unter Angabe der angewendeten Strafvorschriften,
7. die verhängten Strafen, die nach § 59 des Strafgesetzbuchs vorbehaltene Strafe sowie alle kraft Gesetzes eintretenden oder in der Entscheidung neben einer Strafe oder neben Freisprechung oder selbstständig angeordneten oder vorbehaltenen Maßnahmen (§ 11 Abs. 1 Nr. 8 des Strafgesetzbuchs) und Nebenfolgen.

(2) Die Anordnung von Erziehungsmaßregeln und Zuchtmitteln sowie von Nebenstrafen und Nebenfolgen, auf die bei Anwendung von Jugendstrafrecht erkannt worden ist, wird in das Register eingetragen, wenn sie mit einem Schuldspruch nach § 27 des Jugendgerichtsgesetzes, einer Verurteilung zu Jugendstrafe oder der Anordnung einer Maßregel der Besserung und Sicherung verbunden ist.

(3) [1] Ist auf Geldstrafe erkannt, so sind die Zahl der Tagessätze und die Höhe eines Tagessatzes einzutragen. [2] Ist auf Vermögensstrafe erkannt, so sind deren Höhe und die Dauer der Ersatzfreiheitsstrafe einzutragen.

§ 6 Gesamtstrafe und Einheitsstrafe. Wird aus mehreren Einzelstrafen nachträglich eine Gesamtstrafe gebildet oder eine einheitliche Jugendstrafe festgesetzt, so ist auch diese in das Register einzutragen.

§ 7 Aussetzung zur Bewährung. (1) [1] Wird die Vollstreckung einer Strafe oder eine Maßregel der Besserung und Sicherung zur Bewährung ausgesetzt, so ist dies in das Register einzutragen. [2] Dabei ist das Ende der Bewährungszeit oder der Führungsaufsicht zu vermerken.

(2) Hat das Gericht den Verurteilten nach § 56 d des Strafgesetzbuchs der Aufsicht und Leitung eines Bewährungshelfers unterstellt, so ist auch diese Entscheidung einzutragen.

(3) Wird jemand mit Strafvorbehalt verwarnt (§ 59 des Strafgesetzbuchs) oder wird die Entscheidung über die Verhängung einer Jugendstrafe zur Bewährung ausgesetzt (§ 27 des Jugendgerichtsgesetzes), so ist das Ende der Bewährungszeit einzutragen.

§ 8 Sperre für Fahrerlaubnis. Hat das Gericht eine Sperre (§ 69 a des Strafgesetzbuchs) angeordnet, so ist der Tag ihres Ablaufs in das Register einzutragen.

§ 9 *(aufgehoben)*

§ 10 Entscheidungen von Verwaltungsbehörden und Gerichten. (1) In das Register sind die vollziehbaren und die nicht mehr anfechtbaren Entscheidungen einer Verwaltungsbehörde einzutragen, durch die

1. von einer deutschen Behörde die Entfernung eines Mitgliedes einer Truppe oder eines zivilen Gefolges der Stationierungsstreitkräfte nach Artikel III Abs. 5 des NATO-Truppenstatuts verlangt wird,
2. ein Pass versagt, entzogen oder in seinem Geltungsbereich beschränkt oder angeordnet wird, dass ein Personalausweis nicht zum Verlassen des Gebiets des Geltungsbereichs des Grundgesetzes über eine Auslandsgrenze berechtigt,
3. a) wegen Gefahr der missbräuchlichen Verwendung die Ausübung der tatsächlichen Gewalt über Waffen, Munition und Geschosse mit pyrotechnischer Wirkung oder der Umgang, Verkehr, Besitz und Erwerb von Gegenständen und Stoffen im Sinne von § 3 Abs. 1 des Sprengstoffgesetzes untersagt wird,
   b) die Erteilung einer Waffenbesitzkarte, eines Munitionserwerbscheins, eines Waffenscheins, eines Jagdscheins oder einer Erlaubnis nach § 27 des Sprengstoffgesetzes wegen Unzuverlässigkeit oder fehlender persönlicher Eignung abgelehnt, zurückgenommen oder widerrufen wird.

(2) In das Register sind auch die vollziehbaren und die nicht mehr anfechtbaren Entscheidungen einer Verwaltungsbehörde sowie rechtskräftige gerichtliche Entscheidungen einzutragen, durch die wegen Unzuverlässigkeit, Ungeeignetheit oder Unwürdigkeit

1. ein Antrag auf Zulassung zu einem Beruf oder Gewerbe abgelehnt oder eine erteilte Erlaubnis zurückgenommen oder widerrufen,
2. die Ausübung eines Berufes oder Gewerbes untersagt,
3. die Befugnis zur Einstellung oder Ausbildung von Auszubildenden entzogen oder
4. die Beschäftigung, Beaufsichtigung, Anweisung oder Ausbildung von Kindern und Jugendlichen verboten

wird, falls die Entscheidung nicht nach § 149 Abs. 2 Nr. 1 der Gewerbeordnung in das Gewerbezentralregister einzutragen ist; richtet sich die Entscheidung nicht gegen eine natürliche Person, so ist die Eintragung bei der vertretungsberechtigten natürlichen Person vorzunehmen, die unzuverlässig, ungeeignet oder unwürdig ist.

(3) Wird eine nach Absatz 1 oder 2 eingetragene vollziehbare Entscheidung unanfechtbar, so ist dies in das Register einzutragen.

§ 11 Schuldunfähigkeit. (1) [1] In das Register sind einzutragen

1. gerichtliche Entscheidungen und Verfügungen einer Strafverfolgungsbehörde, durch die ein Strafverfahren wegen erwiesener oder nicht auszuschließender Schuldunfähigkeit oder auf psychischer Krankheit beruhender Verhandlungsunfähigkeit ohne Verurteilung abgeschlossen wird,
2. gerichtliche Entscheidungen, durch die der Antrag der Staatsanwaltschaft, eine Maßregel der Besserung und Sicherung selbstständig anzuordnen (§ 413 der Strafprozessordnung), mit der Begründung abgelehnt wird, dass von dem Beschuldigten erhebliche rechtswidrige Taten nicht zu erwarten seien oder dass er für die Allgemeinheit trotzdem nicht gefährlich sei,

sofern die Entscheidung oder Verfügung auf Grund des Gutachtens eines medizinischen Sachverständigen ergangen ist und das Gutachten bei der Entscheidung nicht älter als fünf Jahre ist. [2] Das Datum des Gutachtens ist einzutragen. [3] Verfügungen der Staatsanwaltschaft werden eingetragen, wenn auf Grund bestimmter Tatsachen davon auszugehen ist, dass weitere Ermittlungen zur Erhebung der öffentlichen Klage führen würden. [4] § 5 findet entsprechende Anwendung. [5] Ferner ist einzutragen, ob es sich bei der Tat um ein Vergehen oder ein Verbrechen handelt.

(2) Die Registerbehörde unterrichtet den Betroffenen von der Eintragung.

(3) Absatz 1 gilt nicht, wenn lediglich die fehlende Verantwortlichkeit eines Jugendlichen (§ 3 des Jugendgerichtsgesetzes) festgestellt wird oder nicht ausgeschlossen werden kann.

§ 12 Nachträgliche Entscheidungen nach allgemeinem Strafrecht. (1) In das Register sind einzutragen

1. die nachträgliche Aussetzung der Strafe, eines Strafrestes oder einer Maßregel der Besserung und Sicherung; dabei ist das Ende der Bewährungszeit oder der Führungsaufsicht zu vermerken,
2. die nachträgliche Unterstellung des Verurteilten unter die Aufsicht und Leitung eines Bewährungshelfers sowie die Abkürzung oder Verlängerung der Bewährungszeit oder der Führungsaufsicht,
3. der Erlass oder Teilerlass der Strafe,
4. die Überweisung des Täters in den Vollzug einer anderen Maßregel der Besserung und Sicherung,
5. der Widerruf der Aussetzung einer Strafe, eines Strafrestes oder einer Maßregel der Besserung und Sicherung zur Bewährung und der Widerruf des Straferlasses,
6. die Aufhebung der Unterstellung unter die Aufsicht und Leitung eines Bewährungshelfers,

7. der Tag des Ablaufs des Verlustes der Amtsfähigkeit, der Wählbarkeit und des Wahl- und Stimmrechts,
8. die vorzeitige Aufhebung der Sperre für die Erteilung der Fahrerlaubnis,
9. Entscheidungen über eine vorbehaltene Sicherungsverwahrung,
10. die nachträgliche Anordnung der Unterbringung in der Sicherungsverwahrung.

(2) [1] Wird nach einer Verwarnung mit Strafvorbehalt auf die vorbehaltene Strafe erkannt, so ist diese Entscheidung in das Register einzutragen. [2] Stellt das Gericht nach Ablauf der Bewährungszeit fest, dass es bei der Verwarnung sein Bewenden hat (§ 59b Abs. 2 des Strafgesetzbuchs), so wird die Eintragung über die Verwarnung mit Strafvorbehalt aus dem Register entfernt.

§ 13 Nachträgliche Entscheidungen nach Jugendstrafrecht. (1) In das Register sind einzutragen

1. die Aussetzung der Jugendstrafe zur Bewährung durch Beschluss; dabei ist das Ende der Bewährungszeit zu vermerken,
2. die Aussetzung des Strafrestes; dabei ist das Ende der Bewährungszeit zu vermerken,
3. die Abkürzung oder Verlängerung der Bewährungszeit,
4. der Erlass oder Teilerlass der Jugendstrafe,
5. die Beseitigung des Strafmakels,
6. der Widerruf der Aussetzung einer Jugendstrafe oder eines Strafrestes und der Beseitigung des Strafmakels.

(2) [1] Wird nach § 30 Abs. 1 des Jugendgerichtsgesetzes auf Jugendstrafe erkannt, so ist auch diese in das Register einzutragen; § 7 Abs. 1 gilt entsprechend. [2] Die Eintragung über einen Schuldspruch wird aus dem Register entfernt, wenn der Schuldspruch

1. nach § 30 Abs. 2 des Jugendgerichtsgesetzes getilgt wird oder
2. nach § 31 Abs. 2, § 66 des Jugendgerichtsgesetzes in eine Entscheidung einbezogen wird, die in das Erziehungsregister einzutragen ist.

§ 14 Gnadenerweise und Amnestien. In das Register sind einzutragen

1. die Aussetzung einer im Register eingetragenen Strafe oder einer Maßregel der Besserung und Sicherung sowie deren Widerruf; wird eine Bewährungszeit festgesetzt, so ist auch deren Ende zu vermerken,
2. die Unterstellung des Verurteilten unter die Aufsicht und Leitung eines Bewährungshelfers sowie die Abkürzung oder Verlängerung der Bewährungszeit,
3. der Erlass, der Teilerlass, die Ermäßigung oder die Umwandlung einer im Register eingetragenen Strafe oder einer Maßregel der Besserung und Sicherung sowie die Wiederverleihung von Fähigkeiten und Rechten, die der Verurteilte nach dem Strafgesetz infolge der Verurteilung verloren hatte,
4. die Aufhebung der Unterstellung unter die Aufsicht und Leitung eines Bewährungshelfers.

§ 15 Eintragung der Vollstreckung. In das Register ist der Tag einzutragen, an dem die Vollstreckung einer Freiheitsstrafe, eines Strafarrestes, einer Jugendstrafe oder einer Vermögensstrafe oder eine Maßregel der Besserung und Sicherung mit Ausnahme der Sperre für die Erteilung einer Fahrerlaubnis beendet oder auf andere Weise erledigt ist.

§ 16 Wiederaufnahme des Verfahrens. (1) In das Register ist der rechtskräftige Beschluss einzutragen, durch den das Gericht wegen einer registerpflichtigen Verurteilung die Wiederaufnahme des Verfahrens anordnet (§ 370 Abs. 2 der Strafprozessordnung).

(2) [1] Ist die endgültige Entscheidung in dem Wiederaufnahmeverfahren (§§ 371, 373 der Strafprozessordnung) rechtskräftig geworden, so wird die Eintragung nach Absatz 1 aus dem Register entfernt. [2] Wird durch die Entscheidung das frühere Urteil aufrechterhalten, so wird dies im Register vermerkt. [3] Andernfalls wird die auf die erneute Haupt-

verhandlung ergangene Entscheidung in das Register eingetragen, wenn sie eine registerpflichtige Verurteilung enthält, die frühere Eintragung wird aus dem Register entfernt.

§ 17 Sonstige Entscheidungen und gerichtliche Feststellungen. (1) [1] Wird die Vollstreckung einer Strafe, eines Strafrestes oder der Unterbringung in einer Entziehungsanstalt nach § 35 – auch in Verbindung mit § 38 – des Betäubungsmittelgesetzes zurückgestellt, so ist dies in das Register einzutragen. [2] Dabei ist zu vermerken, bis zu welchem Tage die Vollstreckung zurückgestellt worden ist. [3] Wird nachträglich ein anderer Tag festgesetzt oder die Zurückstellung der Vollstreckung widerrufen, so ist auch dies mitzuteilen.

(2) Wird auf Freiheitsstrafe von nicht mehr als zwei Jahren erkannt und hat das Gericht festgestellt, dass der Verurteilte die Tat auf Grund einer Betäubungsmittelabhängigkeit begangen hat, so ist diese Feststellung in das Register einzutragen; dies gilt auch bei einer Gesamtstrafe von nicht mehr als zwei Jahren, wenn der Verurteilte alle oder den ihrer Bedeutung nach überwiegenden Teil der abgeurteilten Straftaten auf Grund einer Betäubungsmittelabhängigkeit begangen hat.

§ 18 Straftaten im Zusammenhang mit der Ausübung eines Gewerbes. Ist eine Verurteilung im Falle des § 32 Abs. 4 in ein Führungszeugnis aufzunehmen, so ist dies in das Register einzutragen.

§ 19 Aufhebung von Entscheidungen. (1) Wird eine nach § 10 eingetragene Entscheidung aufgehoben oder durch eine neue Entscheidung gegenstandslos, so wird die Eintragung aus dem Register entfernt.

(2) Entsprechend wird verfahren, wenn

1. die Vollziehbarkeit einer nach § 10 eingetragenen Entscheidung aufgrund behördlicher oder gerichtlicher Entscheidung entfällt,
2. die Verwaltungsbehörde eine befristete Entscheidung erlassen oder in der Mitteilung an das Register bestimmt hat, dass die Entscheidung nur für eine bestimmte Frist eingetragen werden soll, und diese Frist abgelaufen ist.

§ 20 Mitteilungen, Berichtigungen, Sperrvermerke. (1) [1] Gerichte und Behörden teilen der Registerbehörde die in den §§ 4 bis 19 bezeichneten Entscheidungen, Feststellungen und Tatsachen mit. [2] Stellen sie fest, dass die mitgeteilten Daten unrichtig sind, haben sie der Registerbehörde dies und, soweit und sobald sie bekannt sind, die richtigen Daten unverzüglich anzugeben. [3] Stellt die Registerbehörde eine Unrichtigkeit fest, hat sie die mitteilende Stelle zu ersuchen, die richtigen Daten mitzuteilen. [4] In beiden Fällen hat die Registerbehörde die unrichtige Eintragung zu berichtigen. [5] Die mitteilende Stelle sowie Stellen, denen nachweisbar eine unrichtige Auskunft erteilt worden ist, sind hiervon zu unterrichten, sofern es sich nicht um eine offenbare Unrichtigkeit handelt.

(2) [1] Legt der Betroffene schlüssig dar, dass eine Eintragung unrichtig ist, so hat die Registerbehörde die Eintragung mit einem Sperrvermerk zu versehen, solange sich weder die Richtigkeit noch die Unrichtigkeit der Eintragung feststellen lässt. [2] Die Daten dürfen außer zur Prüfung der Richtigkeit und außer in den Fällen des Absatzes 3 Satz 1 ohne Einwilligung des Betroffenen nicht verarbeitet oder genutzt werden. [3] Absatz 1 Satz 5 gilt entsprechend.

(3) [1] Sind Eintragungen mit einem Sperrvermerk versehen, wird eine Auskunft über sie nur den in § 41 Abs. 1 Nr. 1, 3 bis 5 genannten Stellen erteilt. [2] In der Auskunft ist auf den Sperrvermerk hinzuweisen. [3] Im Übrigen wird nur auf den Sperrvermerk hingewiesen.

§ 20a Namensänderung. (1) [1] Die Meldebehörden haben der Registerbehörde bei Änderung des Geburtsnamens, Familiennamens oder Vornamens einer Person für die in den Absätzen 2 und 3 genannten Zwecke neben dem bisherigen Namen folgende weitere Daten zu übermitteln:

1. Geburtsname,
2. Familienname,
3. Vorname,
4. Geburtsdatum,
5. Geburtsort,
6. Anschrift,
7. Bezeichnung der Behörde, die die Namensänderung im Melderegister veranlasst hat, sowie
8. Datum und Aktenzeichen des zu Grunde liegenden Rechtsaktes.

[2] Die Mitteilung ist ungeachtet des Offenbarungsverbots nach § 5 Abs. 1 des Transsexuellengesetzes und des Adoptionsgeheimnisses nach § 1758 Abs. 1 des Bürgerlichen Gesetzbuchs zulässig.

(2) Enthält das Register eine Eintragung über die Person, deren Geburtsname, Familienname oder Vorname sich geändert hat, oder ist über diese Person eine Nachricht über eine Ausschreibung zur Festnahme oder Aufenthaltsermittlung oder ein Suchvermerk niedergelegt, so ist der neue Name bei der Eintragung, der Ausschreibungsnachricht oder dem Suchvermerk zu vermerken.

(3) [1] Eine Mitteilung nach Absatz 1 darf nur für die in Absatz 2, § 476 Abs. 1 Satz 1 der Strafprozessordnung oder in § 153 a Abs. 2 der Gewerbeordnung genannten Zwecke verwendet werden. [2] Liegen diese Voraussetzungen nicht vor, so ist die Mitteilung von der Registerbehörde unverzüglich zu vernichten.

§ 21 *(aufgehoben)*

§ 21 a Automatisiertes Auskunftsverfahren. [1] Die Einrichtung eines automatisierten Verfahrens, das die Übermittlung personenbezogener Daten durch Abruf ermöglicht, ist zulässig, soweit diese Form der Datenübermittlung unter Berücksichtigung der schutzwürdigen Interessen der Betroffenen wegen der Vielzahl der Übermittlungen oder wegen ihrer besonderen Eilbedürftigkeit angemessen ist und wenn gewährleistet ist, dass die Daten gegen den unbefugten Zugriff Dritter bei der Übermittlung wirksam geschützt werden. [2] § 493 Abs. 2, Abs. 3 Satz 1 und 2 der Strafprozessordnung gilt entsprechend.

§ 22 Hinweispflicht der Registerbehörde. (1) [1] Erhält das Register eine Mitteilung über

1. eine Verwarnung mit Strafvorbehalt,
2. die Aussetzung der Verhängung einer Jugendstrafe,
3. die Zurückstellung der Vollstreckung oder die Aussetzung einer Strafe, eines Strafrestes oder einer Maßregel der Besserung und Sicherung zur Bewährung,
4. den Erlass oder Teilerlass der Strafe,

so wird die Behörde, welche die Mitteilung gemacht hat, von der Registerbehörde unterrichtet, wenn eine Mitteilung über eine weitere Verurteilung eingeht, bevor sich aus dem Register ergibt, dass die Entscheidung nicht mehr widerrufen werden kann. [2] Ist eine Maßregel der Besserung und Sicherung ausgesetzt, so stehen in den Fällen der Nummer 3 Mitteilungen nach § 11 einer Mitteilung über eine Verurteilung gleich.

(2) Das Gleiche gilt, wenn eine Mitteilung über die Bewilligung einer weiteren in Absatz 1 bezeichneten Anordnung oder ein Suchvermerk eingeht.

(3) Wird eine in Absatz 1 bezeichnete Entscheidung widerrufen und ist im Register eine weitere Entscheidung nach Absatz 1 eingetragen, so hat die Registerbehörde die Behörde, welche die weitere Entscheidung mitgeteilt hat, von dem Widerruf zu benachrichtigen.

§ 23 Hinweis auf Gesamtstrafenbildung. Ist bei Eintragung einer Verurteilung in das Register ersichtlich, dass im Register eine weitere Verurteilung eingetragen ist, bei der die Bildung einer Gesamtstrafe mit der neu einzutragenden Verurteilung in Betracht kommt, so weist die Registerbehörde die Behörde, welche die letzte Mitteilung gemacht hat, auf die Möglichkeit einer Gesamtstrafenbildung hin.

§ 24 Entfernung von Eintragungen. (1) [1]Eintragungen über Personen, deren Tod der Registerbehörde amtlich mitgeteilt worden ist, werden drei Jahre nach dem Eingang der Mitteilung aus dem Register entfernt. [2]Während dieser Zeit darf nur den Gerichten und Staatsanwaltschaften Auskunft erteilt werden.

(2) Eintragungen, die eine über 90 Jahre alte Person betreffen, werden ebenfalls aus dem Register entfernt.

(3) [1]Eintragungen nach § 11 werden bei Verfahren wegen eines Vergehens nach zehn Jahren, bei Verfahren wegen eines Verbrechens nach 20 Jahren aus dem Register entfernt. [2]Bei Straftaten nach den §§ 174 bis 180 oder § 182 des Strafgesetzbuches beträgt die Frist 20 Jahre. [3]Die Frist beginnt mit dem Tag der Entscheidung oder Verfügung.

(4) Sind im Register mehrere Eintragungen nach § 11 vorhanden, so ist die Entfernung einer Eintragung erst zulässig, wenn für alle Eintragungen die Voraussetzungen der Entfernung vorliegen.

§ 25 Anordnung der Entfernung. (1) [1]Die Registerbehörde kann auf Antrag oder von Amts wegen im Benehmen mit der Stelle, welche die Entscheidung getroffen hat, insbesondere im Interesse der Rehabilitierung des Betroffenen anordnen, dass Eintragungen nach den §§ 10 und 11 vorzeitig aus dem Register entfernt werden, soweit nicht das öffentliche Interesse einer solchen Anordnung entgegensteht. [2]Vor ihrer Entscheidung soll sie in den Fällen des § 11 einen in der Psychiatrie erfahrenen medizinischen Sachverständigen hören.

(2) [1]Gegen die Ablehnung eines Antrags auf Entfernung einer Eintragung steht dem Antragsteller innerhalb zwei Wochen nach der Bekanntgabe der Entscheidung die Beschwerde zu. [2]Hilft die Registerbehörde der Beschwerde nicht ab, so entscheidet das Bundesministerium der Justiz.

§ 26 Zu Unrecht entfernte Eintragungen. Die Registerbehörde hat vor ihrer Entscheidung darüber, ob eine zu Unrecht aus dem Register entfernte Eintragung wieder in das Register aufgenommen wird, dem Betroffenen Gelegenheit zur Stellungnahme zu geben.

Zweiter Abschnitt. Suchvermerke

§ 27 Speicherung. Auf Grund einer Ausschreibung zur Festnahme oder zur Feststellung des Aufenthalts einer Person wird auf Ersuchen einer Behörde ein Suchvermerk im Register gespeichert, wenn der Suchvermerk der Erfüllung hoheitlicher Aufgaben oder der Durchführung von Maßnahmen der Zentralen Behörde nach § 7 des Internationalen Familienrechtsverfahrensgesetzes vom 26. Januar 2005 (BGBl. I S. 162) *oder § 4 Abs. 3 des Erwachsenenschutzübereinkommens-Ausführungsgesetzes vom 17. März 2007 (BGBl. I S. 314)*[1)] dient und der Aufenthaltsort des Betroffenen zum Zeitpunkt der Anfrage unbekannt ist.

§ 28 Behandlung. (1) [1]Enthält das Register eine Eintragung oder erhält es eine Mitteilung über den Gesuchten, so gibt die Registerbehörde der anfragenden Behörde

[1)] Die kursiv gesetzte Änderung tritt an dem Tage in Kraft, an dem das Haager Übereinkommen vom 13. Januar 2000 über den internationalen Schutz von Erwachsenen (BGBl. 2007 II S. 323) nach seinem Artikel 57 für die Bundesrepublik Deutschland in Kraft tritt (Art. 3 Ges. v. 17. 3. 2007) (BGBl. I S. 314).

das Datum und die Geschäftsnummer der Entscheidung sowie die mitteilende Behörde bekannt. [2]Entsprechend ist zu verfahren, wenn ein Antrag auf Erteilung eines Führungszeugnisses oder auf Auskunft aus dem Register eingeht.

(2) [1]Liegen von verschiedenen Behörden Anfragen vor, welche dieselbe Person betreffen, so ist jeder Behörde von der Anfrage der anderen Behörde Mitteilung zu machen. [2]Entsprechendes gilt, wenn Anfragen von derselben Behörde unter verschiedenen Geschäftsnummern vorliegen.

§ 29 Erledigung. (1) Erledigt sich eine Anfrage vor Ablauf von drei Jahren seit der Niederlegung, so ist dies der Registerbehörde mitzuteilen.

(2) Die Nachricht wird entfernt, wenn ihre Erledigung mitgeteilt wird, spätestens jedoch nach Ablauf von drei Jahren seit der Niederlegung.

Dritter Abschnitt. Auskunft aus dem Zentralregister

1. Führungszeugnis

§ 30 Antrag. (1) [1]Jeder Person, die das 14. Lebensjahr vollendet hat, wird auf Antrag ein Zeugnis über den sie betreffenden Inhalt des Zentralregisters erteilt (Führungszeugnis). [2]Hat der Betroffene einen gesetzlichen Vertreter, so ist auch dieser antragsberechtigt. [3]Ist der Betroffene geschäftsunfähig, so ist nur sein gesetzlicher Vertreter antragsberechtigt.

(2) [1]Der Antrag ist bei der Meldebehörde zu stellen. [2]Der Antragsteller hat seine Identität und, wenn er als gesetzlicher Vertreter handelt, seine Vertretungsmacht nachzuweisen. [3]Der Betroffene und sein gesetzlicher Vertreter können sich bei der Antragstellung nicht durch einen Bevollmächtigten vertreten lassen. [4]Die Meldebehörde nimmt die Gebühr für das Führungszeugnis entgegen, behält davon zwei Fünftel ein und führt den Restbetrag an die Bundeskasse ab.

(3) [1]Wohnt der Antragsteller außerhalb des Geltungsbereichs dieses Gesetzes, so kann er den Antrag unmittelbar bei der Registerbehörde stellen. [2]Absatz 2 Satz 2 und 3 gilt entsprechend.

(4) Die Übersendung des Führungszeugnisses an eine andere Person als den Antragsteller ist nicht zulässig.

(5) [1]Wird das Führungszeugnis zur Vorlage bei einer Behörde beantragt, so ist es der Behörde unmittelbar zu übersenden. [2]Die Behörde hat dem Antragsteller auf Verlangen Einsicht in das Führungszeugnis zu gewähren. [3]Der Antragsteller kann verlangen, dass das Führungszeugnis, wenn es Eintragungen enthält, zunächst an ein von ihm benanntes Amtsgericht zur Einsichtnahme durch ihn übersandt wird. [4]Die Meldebehörde hat den Antragsteller in den Fällen, in denen der Antrag bei ihr gestellt wird, auf diese Möglichkeit hinzuweisen. [5]Das Amtsgericht darf die Einsicht nur dem Antragsteller persönlich gewähren. [6]Nach Einsichtnahme ist das Führungszeugnis an die Behörde weiterzuleiten oder, falls der Antragsteller dem widerspricht, vom Amtsgericht zu vernichten.

(6) [1]Wohnt der Antragsteller außerhalb des Geltungsbereichs dieses Gesetzes, so kann er verlangen, dass das Führungszeugnis, wenn es Eintragungen enthält, zunächst an eine von ihm benannte amtliche Vertretung der Bundesrepublik Deutschland zur Einsichtnahme durch ihn übersandt wird. [2]Absatz 5 Satz 5 und 6 gilt für die amtliche Vertretung der Bundesrepublik Deutschland entsprechend.

§ 30a Antrag auf ein erweitertes Führungszeugnis. (1) Einer Person wird auf Antrag ein erweitertes Führungszeugnis erteilt,

1. wenn die Erteilung in gesetzlichen Bestimmungen unter Bezugnahme auf diese Vorschrift vorgesehen ist oder
2. wenn dieses Führungszeugnis benötigt wird für
   a) die Prüfung der persönlichen Eignung nach § 72a des Achten Buches Sozialgesetzbuch – Kinder- und Jugendhilfe –,

b) eine sonstige berufliche oder ehrenamtliche Beaufsichtigung, Betreuung, Erziehung oder Ausbildung Minderjähriger oder
c) eine Tätigkeit, die in einer Buchstabe b vergleichbaren Weise geeignet ist, Kontakt zu Minderjährigen aufzunehmen.

(2) [1] Wer einen Antrag auf Erteilung eines erweiterten Führungszeugnisses stellt, hat eine schriftliche Aufforderung vorzulegen, in der die Person, die das erweiterte Führungszeugnis vom Antragsteller verlangt, bestätigt, dass die Voraussetzungen nach Absatz 1 vorliegen. [2] Im Übrigen gilt § 30 entsprechend.

§ 31 Erteilung des Führungszeugnisses und des erweiterten Führungszeugnisses an Behörden. (1) [1] Behörden erhalten über eine bestimmte Person ein Führungszeugnis, soweit sie es zur Erledigung ihrer hoheitlichen Aufgaben benötigen und eine Aufforderung an den Betroffenen, ein Führungszeugnis vorzulegen, nicht sachgemäß ist oder erfolglos bleibt. [2] Die Behörde hat dem Betroffenen auf Verlangen Einsicht in das Führungszeugnis zu gewähren.

(2) [1] Behörden erhalten zum Zweck des Schutzes Minderjähriger ein erweitertes Führungszeugnis unter den Voraussetzungen des Absatzes 1. [2] Absatz 1 Satz 2 gilt entsprechend.

§ 32 Inhalt des Führungszeugnisses. (1) [1] In das Führungszeugnis werden die in den §§ 4 bis 16 bezeichneten Eintragungen aufgenommen. [2] Soweit in Absatz 2 Nr. 3 bis 9 hiervon Ausnahmen zugelassen werden, gelten diese nicht bei Verurteilungen wegen einer Straftat nach den §§ 174 bis 180 oder 182 des Strafgesetzbuches.

(2) Nicht aufgenommen werden

1. die Verwarnung mit Strafvorbehalt nach § 59 des Strafgesetzbuchs,
2. der Schuldspruch nach § 27 des Jugendgerichtsgesetzes,
3. Verurteilungen, durch die auf Jugendstrafe von nicht mehr als zwei Jahren erkannt worden ist, wenn die Vollstreckung der Strafe oder eines Strafrestes gerichtlich oder im Gnadenwege zur Bewährung ausgesetzt oder nach § 35 des Betäubungsmittelgesetzes zurückgestellt und diese Entscheidung nicht widerrufen worden ist,
4. Verurteilungen, durch die auf Jugendstrafe erkannt worden ist, wenn der Strafmakel gerichtlich oder im Gnadenwege als beseitigt erklärt und die Beseitigung nicht widerrufen worden ist,
5. Verurteilungen, durch die auf
   a) Geldstrafe von nicht mehr als neunzig Tagessätzen,
   b) Freiheitsstrafe oder Strafarrest von nicht mehr als drei Monaten

   erkannt worden ist, wenn im Register keine weitere Strafe eingetragen ist,
6. Verurteilungen, durch die auf Freiheitsstrafe von nicht mehr als zwei Jahren erkannt worden ist, wenn die Vollstreckung der Strafe oder eines Strafrestes
   a) nach § 35 oder § 36 des Betäubungsmittelgesetzes zurückgestellt oder zur Bewährung ausgesetzt oder
   b) nach § 56 oder § 57 des Strafgesetzbuchs zur Bewährung ausgesetzt worden ist und sich aus dem Register ergibt, dass der Verurteilte die Tat oder bei Gesamtstrafen alle oder den ihrer Bedeutung nach überwiegenden Teil der Taten auf Grund einer Betäubungsmittelabhängigkeit begangen hat,

   diese Entscheidungen nicht widerrufen worden sind und im Register keine weitere Strafe eingetragen ist,
7. Verurteilungen, durch die neben Jugendstrafe oder Freiheitsstrafe von nicht mehr als zwei Jahren die Unterbringung in einer Entziehungsanstalt angeordnet worden ist, wenn die Vollstreckung der Strafe, des Strafrestes oder der Maßregel nach § 35 des Betäubungsmittelgesetzes zurückgestellt worden ist und im Übrigen die Voraussetzungen der Nummer 3 oder 6 erfüllt sind,
8. Verurteilungen, durch die Maßregeln der Besserung und Sicherung, Nebenstrafen oder Nebenfolgen allein oder in Verbindung miteinander oder in Verbindung mit Erziehungsmaßregeln oder Zuchtmitteln angeordnet worden sind,

9. Verurteilungen, bei denen die Wiederaufnahme des gesamten Verfahrens vermerkt ist; ist die Wiederaufnahme nur eines Teils des Verfahrens angeordnet, so ist im Führungszeugnis darauf hinzuweisen,
10. abweichende Personendaten gemäß § 5 Abs. 1 Nr. 1,
11. Eintragungen nach den §§ 10 und 11,
12. die vorbehaltene Sicherungsverwahrung, falls von der Anordnung der Sicherungsverwahrung rechtskräftig abgesehen worden ist.

(3) In ein Führungszeugnis für Behörden (§ 30 Abs. 5, § 31) sind entgegen Absatz 2 auch aufzunehmen

1. Verurteilungen, durch die eine freiheitsentziehende Maßregel der Besserung und Sicherung angeordnet worden ist,
2. Eintragungen nach § 10, wenn die Entscheidung nicht länger als zehn Jahre zurückliegt,
3. Eintragungen nach § 11, wenn die Entscheidung oder Verfügung nicht länger als fünf Jahre zurückliegt,
4. abweichende Personendaten gemäß § 5 Abs. 1 Nr. 1, sofern unter diesen Daten Eintragungen erfolgt sind, die in ein Führungszeugnis für Behörden aufzunehmen sind.

(4) In ein Führungszeugnis für Behörden (§ 30 Abs. 5, § 31) sind ferner die in Absatz 2 Nr. 5 bis 9 bezeichneten Verurteilungen wegen Straftaten aufzunehmen, die

1. bei oder in Zusammenhang mit der Ausübung eines Gewerbes oder dem Betrieb einer sonstigen wirtschaftlichen Unternehmung oder
2. bei der Tätigkeit in einem Gewerbe oder einer sonstigen wirtschaftlichen Unternehmung
   a) von einem Vertreter oder Beauftragten im Sinne des § 14 des Strafgesetzbuchs oder
   b) von einer Person, die in einer Rechtsvorschrift ausdrücklich als Verantwortlicher bezeichnet ist,

begangen worden sind, wenn das Führungszeugnis für die in § 149 Abs. 2 Nr. 1 der Gewerbeordnung bezeichneten Entscheidungen bestimmt ist.

(5) Soweit in Absatz 2 Nummer 3 bis 9 Ausnahmen für die Aufnahme von Eintragungen zugelassen werden, gelten diese nicht bei einer Verurteilung wegen einer Straftat nach den §§ 171, 180a, 181a, 183 bis 184f, 225, 232 bis 233a, 234, 235 oder § 236 des Strafgesetzbuchs, wenn ein erweitertes Führungszeugnis nach § 30a oder § 31 Absatz 2 erteilt wird.

§ 33 Nichtaufnahme von Verurteilungen nach Fristablauf. (1) Nach Ablauf einer bestimmten Frist werden Verurteilungen nicht mehr in das Führungszeugnis aufgenommen.

(2) Dies gilt nicht bei Verurteilungen, durch die

1. auf lebenslange Freiheitsstrafe erkannt worden ist, wenn der Strafrest nicht nach § 57a Abs. 3 Satz 2 in Verbindung mit § 56g des Strafgesetzbuches oder im Gnadenwege erlassen ist,
2. Sicherungsverwahrung angeordnet worden ist oder
3. die Unterbringung in einem psychiatrischen Krankenhaus angeordnet worden ist, wenn ein Führungszeugnis für Behörden (§ 30 Abs. 5, § 31) beantragt wird.

§ 34 Länge der Frist. (1) Die Frist, nach deren Ablauf eine Verurteilung nicht mehr in das Führungszeugnis aufgenommen wird, beträgt

1. drei Jahre
   bei Verurteilungen zu
   a) Geldstrafe und Freiheitsstrafe oder Strafarrest von nicht mehr als drei Monaten, wenn die Voraussetzungen des § 32 Abs. 2 nicht vorliegen,
   b) Freiheitsstrafe oder Strafarrest von mehr als drei Monaten, aber nicht mehr als einem Jahr, wenn die Vollstreckung der Strafe oder eines Strafrestes gerichtlich

oder im Gnadenwege zur Bewährung ausgesetzt, diese Entscheidung nicht widerrufen worden und im Register nicht außerdem Freiheitsstrafe, Strafarrest oder Jugendstrafe eingetragen ist,

c) Jugendstrafe von nicht mehr als einem Jahr, wenn die Voraussetzungen des § 32 Abs. 2 nicht vorliegen,

d) Jugendstrafe von mehr als zwei Jahren, wenn ein Strafrest nach Ablauf der Bewährungszeit gerichtlich oder im Gnadenwege erlassen worden ist,

2. zehn Jahre bei Verurteilungen wegen einer Straftat nach den §§ 174 bis 180 oder 182 des Strafgesetzbuches zu einer Freiheitsstrafe oder Jugendstrafe von mehr als einem Jahr,
3. fünf Jahre in den übrigen Fällen.

(2) Die Frist, nach deren Ablauf eine Verurteilung wegen einer Straftat nach den §§ 171, 180 a, 181 a, 183 bis 184 f, 225, 232 bis 233 a, 234, 235 oder § 236 des Strafgesetzbuchs zu einer Freiheitsstrafe oder Jugendstrafe von mehr als einem Jahr nicht mehr in ein erweitertes Führungszeugnis aufgenommen wird, beträgt zehn Jahre.

(3) [1] In den Fällen des Absatzes 1 Nr. 1 Buchstabe d, Nr. 2, Nr. 3 verlängert sich die Frist um die Dauer der Freiheitsstrafe, des Strafarrestes oder der Jugendstrafe. [2] Bei Erlass des Restes einer lebenslangen Freiheitsstrafe verlängert sich die Frist um den zwischen dem Tag des ersten Urteils und dem Ende der Bewährungszeit liegenden Zeitraum, mindestens jedoch um zwanzig Jahre.

§ 35 Gesamtstrafe, Einheitsstrafe und Nebenentscheidungen. (1) Ist eine Gesamtstrafe oder eine einheitliche Jugendstrafe gebildet oder ist nach § 30 Abs. 1 des Jugendgerichtsgesetzes auf Jugendstrafe erkannt worden, so ist allein die neue Entscheidung für § 32 Abs. 2 und § 34 maßgebend.

(2) In den Fällen des § 34 bleiben Nebenstrafen, Nebenfolgen und neben Freiheitsstrafe oder Strafarrest ausgesprochene Geldstrafen bei der Feststellung der Frist unberücksichtigt.

§ 36 Beginn der Frist. [1] Die Frist beginnt mit dem Tag des ersten Urteils (§ 5 Abs. 1 Nr. 4). [2] Dieser Tag bleibt auch maßgebend, wenn
1. eine Gesamtstrafe oder eine einheitliche Jugendstrafe gebildet,
2. nach § 30 Abs. 1 des Jugendgerichtsgesetzes auf Jugendstrafe erkannt wird oder
3. eine Entscheidung im Wiederaufnahmeverfahren ergeht, die eine registerpflichtige Verurteilung enthält.

§ 37 Ablaufhemmung. (1) Hat ein Verurteilter infolge der Verurteilung die Fähigkeit, öffentliche Ämter zu bekleiden und Rechte aus öffentlichen Wahlen zu erlangen, oder das Recht, in öffentlichen Angelegenheiten zu wählen oder zu stimmen, verloren, so läuft die Frist nicht ab, solange er diese Fähigkeit oder dieses Recht nicht wiedererlangt hat.

(2) Die Frist läuft ferner nicht ab, solange sich aus dem Register ergibt, dass die Vollstreckung einer Strafe oder eine der in § 61 des Strafgesetzbuchs aufgeführten Maßregeln der Besserung und Sicherung mit Ausnahme der Sperre für die Erteilung einer Fahrerlaubnis noch nicht erledigt oder die Strafe noch nicht erlassen ist.

§ 38 Mehrere Verurteilungen. (1) Sind im Register mehrere Verurteilungen eingetragen, so sind sie alle in das Führungszeugnis aufzunehmen, solange eine von ihnen in das Zeugnis aufzunehmen ist.

(2) Außer Betracht bleiben
1. Verurteilungen, die nur in ein Führungszeugnis für Behörden aufzunehmen sind (§ 32 Abs. 3, 4, § 33 Abs. 2 Nr. 3),
2. Verurteilungen in den Fällen des § 32 Abs. 2 Nr. 1 bis 4,
3. Verurteilungen, durch die auf Geldstrafe von nicht mehr als neunzig Tagessätzen oder auf Freiheitsstrafe oder Strafarrest von nicht mehr als drei Monaten erkannt worden ist.

§ 39 Anordnung der Nichtaufnahme. (1) [1]Die Registerbehörde kann auf Antrag oder von Amts wegen anordnen, dass Verurteilungen und Eintragungen nach § 11 entgegen diesem Gesetz nicht in das Führungszeugnis aufgenommen werden. [2]Dies gilt nicht, soweit das öffentliche Interesse der Anordnung entgegensteht. [3]Die Anordnung kann auf Führungszeugnisse ohne Einbeziehung der Führungszeugnisse für Behörden, auf Führungszeugnisse ohne Einbeziehung der erweiterten Führungszeugnisse, auf Führungszeugnisse ohne Einbeziehung der erweiterten Führungszeugnisse für Behörden oder auf die einmalige Erteilung eines Führungszeugnisses beschränkt werden. [4]Wohnt der Betroffene im Geltungsbereich dieses Gesetzes, so soll die Registerbehörde das erkennende Gericht und die sonst zuständige Behörde hören. [5]Betrifft die Eintragung eine solche der in § 11 bezeichneten Art oder eine Verurteilung, durch die eine freiheitsentziehende Maßregel der Besserung und Sicherung angeordnet worden ist, so soll sie auch einen in der Psychiatrie erfahrenen medizinischen Sachverständigen hören.

(2) Hat der Verurteilte infolge der Verurteilung durch ein Gericht im Geltungsbereich dieses Gesetzes die Fähigkeit, öffentliche Ämter zu bekleiden und Rechte aus öffentlichen Wahlen zu erlangen, oder das Recht, in öffentlichen Angelegenheiten zu wählen oder zu stimmen, verloren, so darf eine Anordnung nach Absatz 1 nicht ergehen, solange er diese Fähigkeit oder dieses Recht nicht wiedererlangt hat.

(3) [1]Gegen die Ablehnung einer Anordnung nach Absatz 1 steht dem Antragsteller innerhalb zwei Wochen nach der Bekanntgabe der Entscheidung die Beschwerde zu. [2]Hilft die Registerbehörde der Beschwerde nicht ab, so entscheidet das Bundesministerium der Justiz.

§ 40 Nachträgliche Eintragung. [1]Wird eine weitere Verurteilung im Register eingetragen oder erfolgt eine weitere Eintragung nach § 11, so kommt dem Betroffenen eine Anordnung nach § 39 nicht zugute, solange die spätere Eintragung in das Führungszeugnis aufzunehmen ist. [2]§ 38 Abs. 2 gilt entsprechend.

2. Unbeschränkte Auskunft aus dem Zentralregister

§ 41 Umfang der Auskunft. (1) Von Eintragungen, die in ein Führungszeugnis nicht aufgenommen werden, sowie von Suchvermerken darf – unbeschadet der §§ 42 und 57 – nur Kenntnis gegeben werden

1. den Gerichten, Gerichtsvorständen, Staatsanwaltschaften und Aufsichtsstellen (§ 68 a des Strafgesetzbuchs) für Zwecke der Rechtspflege sowie den Justizvollzugsbehörden für Zwecke des Strafvollzugs einschließlich der Überprüfung aller im Strafvollzug tätigen Personen,
2. den obersten Bundes- und Landesbehörden,
3. den Verfassungsschutzbehörden des Bundes und der Länder, dem Bundesnachrichtendienst und dem Militärischen Abschirmdienst für die diesen Behörden übertragenen Sicherheitsaufgaben,
4. den Finanzbehörden für die Verfolgung von Straftaten, die zu ihrer Zuständigkeit gehört,
5. den Kriminaldienst verrichtenden Dienststellen der Polizei für Zwecke der Verhütung und Verfolgung von Straftaten,
6. den Einbürgerungsbehörden für Einbürgerungsverfahren,
7. den Ausländerbehörden und dem Bundesamt für Migration und Flüchtlinge, wenn sich die Auskunft auf einen Ausländer bezieht,
8. den Gnadenbehörden für Gnadensachen,
9. den für waffenrechtliche oder sprengstoffrechtliche Erlaubnisse, für die Erteilung von Jagdscheinen, für Erlaubnisse zum Halten eines gefährlichen Hundes oder für Erlaubnisse für das Bewachungsgewerbe und die Überprüfung des Bewachungspersonals zuständigen Behörden,
10. dem Bundesinstitut für Arzneimittel und Medizinprodukte im Rahmen des Erlaubnisverfahrens nach dem Betäubungsmittelgesetz,

11. den Rechtsanwaltskammern oder der Patentanwaltskammer für die Entscheidung in Zulassungsverfahren nach der Bundesrechtsanwaltsordnung oder der Patentanwaltsordnung,
12. dem Bundesamt für Strahlenschutz im Rahmen der atomrechtlichen Zuverlässigkeitsprüfung nach dem Atomgesetz,
13. den Luftsicherheitsbehörden für Zwecke der Zuverlässigkeitsüberprüfung nach § 7 des Luftsicherheitsgesetzes.

(2) *(aufgehoben)*

(3) [1] Eintragungen nach § 17 und Verurteilungen zu Jugendstrafe, bei denen der Strafmakel als beseitigt erklärt ist, dürfen nicht nach Absatz 1 mitgeteilt werden; über sie wird nur noch den Strafgerichten und Staatsanwaltschaften für ein Strafverfahren gegen den Betroffenen Auskunft erteilt. [2] Dies gilt nicht für Verurteilungen wegen einer Straftat nach den §§ 171, 174 bis 180a, 181a, 182 bis 184f, 225, 232 bis 233a, 234, 235 oder § 236 des Strafgesetzbuchs.

(4) [1] Die Auskunft nach den Absätzen 1 bis 3 wird nur auf ausdrückliches Ersuchen erteilt. [2] Die in Absatz 1 genannten Stellen haben den Zweck anzugeben, für den die Auskunft benötigt wird; sie darf nur für diesen Zweck verwertet werden.

(5) Enthält eine Auskunft Verurteilungen, die in ein Führungszeugnis nicht oder die nur in ein Führungszeugnis nach § 32 Abs. 3 bis 5 aufzunehmen sind, so ist hierauf besonders hinzuweisen.

§ 42 Auskunft an den Betroffenen. [1] Einer Person, die das 14. Lebensjahr vollendet hat, wird auf Antrag mitgeteilt, welche Eintragungen über sie im Register enthalten sind. [2] § 30 Abs. 1 Satz 2, 3 gilt entsprechend. [3] Erfolgt die Mitteilung nicht durch Einsichtnahme bei der Registerbehörde, so ist sie, wenn der Antragsteller im Geltungsbereich dieses Gesetzes wohnt, an ein von ihm benanntes Amtsgericht zu senden, bei dem er die Mitteilung persönlich einsehen kann. [4] Befindet sich der Betroffene in amtlichem Gewahrsam einer Justizbehörde, so tritt die Anstaltsleitung an die Stelle des Amtsgerichts. [5] Wohnt der Antragsteller außerhalb des Geltungsbereichs dieses Gesetzes, so ist die Mitteilung an eine von ihm benannte amtliche Vertretung der Bundesrepublik Deutschland zu senden, bei der er die Mitteilung persönlich einsehen kann. [6] Nach Einsichtnahme ist die Mitteilung vom Amtsgericht, der Anstaltsleitung oder der amtlichen Vertretung der Bundesrepublik Deutschland zu vernichten.

§ 42a Auskunft für wissenschaftliche Zwecke. (1) [1] Die Übermittlung personenbezogener Daten aus dem Register an Hochschulen, andere Einrichtungen, die wissenschaftliche Forschung betreiben, und öffentliche Stellen ist zulässig, soweit

1. dies für die Durchführung bestimmter wissenschaftlicher Forschungsarbeiten erforderlich ist,
2. eine Nutzung anonymisierter Daten zu diesem Zweck nicht möglich oder die Anonymisierung mit einem unverhältnismäßigen Aufwand verbunden ist und
3. das öffentliche Interesse an der Forschungsarbeit das schutzwürdige Interesse des Betroffenen an dem Ausschluss der Übermittlung erheblich überwiegt.

[2] Bei der Abwägung nach Satz 1 Nr. 3 ist im Rahmen des öffentlichen Interesses das wissenschaftliche Interesse an dem Forschungsvorhaben besonders zu berücksichtigen.

(2) [1] Personenbezogene Daten werden nur an solche Personen übermittelt, die Amtsträger oder für den öffentlichen Dienst besonders Verpflichtete sind oder die zur Geheimhaltung verpflichtet worden sind. [2] § 1 Abs. 2, 3 und Abs. 4 Nr. 2 des Verpflichtungsgesetzes findet auf die Verpflichtung zur Geheimhaltung entsprechende Anwendung.

(3) [1] Die personenbezogenen Daten dürfen nur für den Zweck verwendet werden, für den sie übermittelt worden sind. [2] Die Verwendung für andere Forschungsvorhaben der die Weitergabe richtet sich nach den Absätzen 1 und 2 und bedarf der Zustimmung der Registerbehörde.

(4) [1] Die Daten sind gegen unbefugte Kenntnisnahme durch Dritte zu schützen. [2] Die wissenschaftliche Forschung betreibende Stelle hat dafür zu sorgen, dass die Verwendung der personenbezogenen Daten räumlich und organisatorisch getrennt von der Erfüllung solcher Verwaltungsaufgaben oder Geschäftszwecke erfolgt, für die diese Daten gleichfalls von Bedeutung sein können.

(5) [1] Sobald der Forschungszweck es erlaubt, sind die personenbezogenen Daten zu anonymisieren. [2] Solange dies noch nicht möglich ist, sind die Merkmale gesondert aufzubewahren, mit denen Einzelangaben über persönliche oder sachliche Verhältnisse einer bestimmten oder bestimmbaren Person zugeordnet werden können. [3] Sie dürfen mit den Einzelangaben nur zusammengeführt werden, soweit der Forschungszweck dies erfordert.

(6) [1] Wer nach den Absätzen 1 und 2 personenbezogene Daten erhalten hat, darf diese nur veröffentlichen, wenn dies für die Darstellung von Forschungsergebnissen über Ereignisse der Zeitgeschichte unerlässlich ist. [2] Die Veröffentlichung bedarf der Zustimmung der Registerbehörde.

(7) Ist der Empfänger eine nichtöffentliche Stelle, finden die Vorschriften des Dritten Abschnitts des Bundesdatenschutzgesetzes auch Anwendung, wenn die Informationen nicht in oder aus Dateien verarbeitet werden.

(8) Ist es der Registerbehörde mit vertretbarem Aufwand möglich, kann sie mit den Registerdaten vorbereitende Analysen durchführen.

§ 42b Auskünfte zur Vorbereitung von Rechtsvorschriften und allgemeinen Verwaltungsvorschriften. [1] Die Registerbehörde kann öffentlichen Stellen zur Vorbereitung und Überprüfung von Rechtsvorschriften und allgemeinen Verwaltungsvorschriften Auskünfte in anonymisierter Form erteilen. [2] § 42a Abs. 8 gilt entsprechend.

§ 42c Protokollierungen. (1) Die Registerbehörde fertigt zu den von ihr erteilten Auskünften und Hinweisen Protokolle über folgende Daten:

1. die Vorschrift dieses Gesetzes, auf der die Auskunft oder der Hinweis beruht,
2. den Zweck der Auskunft,
3. die in der Anfrage und der Auskunft verwendeten Personendaten,
4. die Person oder Stelle, die um Erteilung der Auskunft ersucht hat, den Empfänger eines Hinweises sowie die Behörde in den Fällen des § 30 Abs. 5 oder deren Kennung,
5. den Zeitpunkt der Übermittlung,
6. den Namen des Bediensteten, der die Mitteilung gemacht hat oder eine Kennung, außer bei Abrufen im automatisierten Verfahren,
7. das Aktenzeichen, außer bei Führungszeugnissen nach § 30 Abs. 1.

(2) [1] Die Protokolldaten dürfen nur für Mitteilungen über Berichtigungen nach § 20, zu internen Prüfzwecken und zur Datenschutzkontrolle verwendet werden. [2] Sie sind durch geeignete Vorkehrungen gegen Missbrauch zu schützen. [3] Protokolldaten sind nach einem Jahr zu löschen, es sei denn, sie werden für Zwecke nach Satz 1 benötigt. [4] Danach sind sie unverzüglich zu löschen.

§ 43 Weiterleitung von Auskünften. Oberste Bundes- oder Landesbehörden dürfen Eintragungen, die in ein Führungszeugnis nicht aufgenommen werden, einer nachgeordneten oder ihrer Aufsicht unterstehenden Behörde nur mitteilen, wenn dies zur Vermeidung von Nachteilen für den Bund oder ein Land unerlässlich ist oder wenn andernfalls die Erfüllung öffentlicher Aufgaben erheblich gefährdet oder erschwert würde.

3. Auskünfte an Behörden

§ 44 Vertrauliche Behandlung der Auskünfte. Auskünfte aus dem Zentralregister an Behörden (§ 30 Abs. 5, §§ 31, 41, 43) dürfen nur den mit der Entgegennahme oder Bearbeitung betrauten Bediensteten zur Kenntnis gebracht werden.

4. Versagung der Auskunft zu Zwecken des Zeugenschutzes

§ 44 a Versagung der Auskunft. (1) Die Registerbehörde sperrt den Datensatz einer im Register eingetragenen Person für die Auskunftserteilung, wenn eine Zeugenschutzstelle mitteilt, dass dies zum Schutz der Person als Zeuge erforderlich ist.

(2) [1]Die Registerbehörde soll die Erteilung einer Auskunft aus dem Bundeszentralregister über die gesperrten Personendaten versagen, soweit entgegenstehende öffentliche Interessen oder schutzwürdige Interessen Dritter nicht überwiegen. [2]Sie gibt der Zeugenschutzstelle zuvor Gelegenheit zur Stellungnahme; die Beurteilung der Zeugenschutzstelle, dass die Versagung der Auskunft für Zwecke des Zeugenschutzes erforderlich ist, ist für die Registerbehörde bindend. [3]Die Versagung der Auskunft bedarf keiner Begründung.

(3) [1]Die Registerbehörde legt über eine Person, über die keine Eintragung vorhanden ist, einen besonders gekennzeichneten Personendatensatz an, wenn die Zeugenschutzstelle darlegt, dass dies zum Schutze dieser Person als Zeuge vor Ausforschung durch missbräuchliche Auskunftsersuchen erforderlich ist. [2]Über diesen Datensatz werden Auskünfte nicht erteilt. [3]Die Registerbehörde unterrichtet die Zeugenschutzstelle über jeden Antrag auf Erteilung einer Auskunft, der zu dieser Person oder zu sonst von der Zeugenschutzstelle bestimmten Daten eingeht.

(4) Die §§ 161, 161 a der Strafprozessordnung bleiben unberührt.

Vierter Abschnitt. Tilgung

§ 45 Tilgung nach Fristablauf. (1) Eintragungen über Verurteilungen (§ 4) werden nach Ablauf einer bestimmten Frist getilgt.

(2) [1]Eine zu tilgende Eintragung wird ein Jahr nach Eintritt der Tilgungsreife aus dem Register entfernt. [2]Während dieser Zeit darf über die Eintragung keine Auskunft erteilt werden.

(3) Absatz 1 gilt nicht

1. bei Verurteilungen zu lebenslanger Freiheitsstrafe,
2. bei Anordnung der Unterbringung in der Sicherungsverwahrung oder in einem psychiatrischen Krankenhaus.

§ 46 Länge der Tilgungsfrist. (1) Die Tilgungsfrist beträgt

1. fünf Jahre
   bei Verurteilungen
   a) zu Geldstrafe von nicht mehr als neunzig Tagessätzen, wenn keine Freiheitsstrafe, kein Strafarrest und keine Jugendstrafe im Register eingetragen ist,
   b) zu Freiheitsstrafe oder Strafarrest von nicht mehr als drei Monaten, wenn im Register keine weitere Strafe eingetragen ist,
   c) zu Jugendstrafe von nicht mehr als einem Jahr,
   d) zu Jugendstrafe von nicht mehr als zwei Jahren, wenn die Vollstreckung der Strafe oder eines Strafrestes gerichtlich oder im Gnadenwege zur Bewährung ausgesetzt worden ist,
   e) zu Jugendstrafe von mehr als zwei Jahren, wenn ein Strafrest nach Ablauf der Bewährungszeit gerichtlich oder im Gnadenwege erlassen worden ist,
   f) zu Jugendstrafe, wenn der Strafmakel gerichtlich oder im Gnadenwege als beseitigt erklärt worden ist,
   g) durch welche eine Maßnahme (§ 11 Abs. 1 Nr. 8 des Strafgesetzbuchs) mit Ausnahme der Sperre für die Erteilung einer Fahrerlaubnis für immer und des Berufsverbots für immer, eine Nebenstrafe oder eine Nebenfolge allein oder in Verbindung miteinander oder in Verbindung mit Erziehungsmaßregeln oder Zuchtmitteln angeordnet worden ist,

2. zehn Jahre
   bei Verurteilungen zu
   a) Geldstrafe und Freiheitsstrafe oder Strafarrest von nicht mehr als drei Monaten, wenn die Voraussetzungen der Nummer 1 Buchstaben a und b nicht vorliegen,
   b) Freiheitsstrafe oder Strafarrest von mehr als drei Monaten, aber nicht mehr als einem Jahr, wenn die Vollstreckung der Strafe oder eines Strafrestes gerichtlich oder im Gnadenwege zur Bewährung ausgesetzt worden und im Register nicht außerdem Freiheitsstrafe, Strafarrest oder Jugendstrafe eingetragen ist,
   c) Jugendstrafe von mehr als einem Jahr, außer in den Fällen der Nummer 1 Buchstaben d bis f,
   d) Jugendstrafe bei Verurteilungen wegen einer Straftat nach den §§ 171, 180 a, 181 a, 183 bis 184 f, 225, 232 bis 233 a, 234, 235 oder § 236 des Strafgesetzbuchs von mehr als einem Jahr in Fällen der Nummer 1 Buchstabe d bis f,
3. zwanzig Jahre bei Verurteilungen wegen einer Straftat nach den §§ 174 bis 180 oder 182 des Strafgesetzbuches zu einer Freiheitsstrafe oder Jugendstrafe von mehr als einem Jahr,
4. fünfzehn Jahre
   in allen übrigen Fällen.

(2) Die Aussetzung der Strafe oder eines Strafrestes zur Bewährung oder die Beseitigung des Strafmakels bleiben bei der Berechnung der Frist unberücksichtigt, wenn diese Entscheidungen widerrufen worden sind.

(3) In den Fällen des Absatzes 1 Nr. 1 Buchstabe e, Nr. 2 Buchstabe c, Nr. 3, Nr. 4 verlängert sich die Frist um die Dauer der Freiheitsstrafe, des Strafarrestes oder der Jugendstrafe.

§ 47 Feststellung der Frist und Ablaufhemmung. (1) Für die Feststellung und Berechnung der Frist gelten die §§ 35, 36 entsprechend.

(2) [1] Die Tilgungsfrist läuft nicht ab, solange sich aus dem Register ergibt, dass die Vollstreckung einer Strafe oder eine der in § 61 des Strafgesetzbuchs aufgeführten Maßregeln der Besserung und Sicherung noch nicht erledigt oder die Strafe noch nicht erlassen ist. [2] § 37 Abs. 1 gilt entsprechend.

(3) [1] Sind im Register mehrere Verurteilungen eingetragen, so ist die Tilgung einer Eintragung erst zulässig, wenn für alle Verurteilungen die Voraussetzungen der Tilgung vorliegen. [2] Die Eintragung einer Verurteilung, durch die eine Sperre für die Erteilung der Fahrerlaubnis für immer angeordnet worden ist, hindert die Tilgung anderer Verurteilungen nur, wenn zugleich auf eine Strafe erkannt worden ist, für die allein die Tilgungsfrist nach § 46 noch nicht abgelaufen wäre.

§ 48 Anordnung der Tilgung wegen Gesetzesänderung. Ist die Verurteilung lediglich wegen einer Handlung eingetragen, für die das nach der Verurteilung geltende Gesetz nicht mehr Strafe, sondern nur noch Geldbuße allein oder in Verbindung mit einer Nebenfolge androht, so ordnet die Registerbehörde auf Antrag des Verurteilten an, dass die Eintragung zu tilgen ist.

§ 49 Anordnung der Tilgung in besonderen Fällen. (1) [1] Die Registerbehörde kann auf Antrag oder von Amts wegen anordnen, dass Eintragungen entgegen den §§ 45, 46 zu tilgen sind, falls die Vollstreckung erledigt ist und das öffentliche Interesse der Anordnung nicht entgegensteht. [2] Wohnt der Betroffene im Geltungsbereich dieses Gesetzes, so soll die Registerbehörde das erkennende Gericht und die sonst zuständige Behörde hören. [3] Betrifft die Eintragung eine Verurteilung, durch welche eine freiheitsentziehende Maßregel der Besserung und Sicherung angeordnet worden ist, so soll sie auch einen in der Psychiatrie erfahrenen medizinischen Sachverständigen hören.

(2) Hat der Verurteilte infolge der Verurteilung durch ein Gericht im Geltungsbereich dieses Gesetzes die Fähigkeit, öffentliche Ämter zu bekleiden und Rechte aus öffentlichen Wahlen zu erlangen, oder das Recht, in öffentlichen Angelegenheiten zu wählen

oder zu stimmen, verloren, so darf eine Anordnung nach Absatz 1 nicht ergehen, solange er diese Fähigkeit oder dieses Recht nicht wiedererlangt hat.

(3) [1] Gegen die Ablehnung einer Anordnung nach Absatz 1 steht dem Antragsteller innerhalb zwei Wochen nach der Bekanntgabe der Entscheidung die Beschwerde zu. [2] Hilft die Registerbehörde der Beschwerde nicht ab, so entscheidet das Bundesministerium der Justiz.

§ 50 Zu Unrecht getilgte Eintragungen. Die Registerbehörde hat vor ihrer Entscheidung darüber, ob eine zu Unrecht im Register getilgte Eintragung wieder in das Register aufgenommen wird, dem Betroffenen Gelegenheit zur Stellungnahme zu geben.

Fünfter Abschnitt. Rechtswirkungen der Tilgung

§ 51 Verwertungsverbot. (1) Ist die Eintragung über eine Verurteilung im Register getilgt worden oder ist sie zu tilgen, so dürfen die Tat und die Verurteilung dem Betroffenen im Rechtsverkehr nicht mehr vorgehalten und nicht zu seinem Nachteil verwertet werden.

(2) Aus der Tat oder der Verurteilung entstandene Rechte Dritter, gesetzliche Rechtsfolgen der Tat oder der Verurteilung und Entscheidungen von Gerichten oder Verwaltungsbehörden, die im Zusammenhang mit der Tat oder der Verurteilung ergangen sind, bleiben unberührt.

§ 52 Ausnahmen. (1) Die frühere Tat darf abweichend von § 51 Abs. 1 nur berücksichtigt werden, wenn

1. die Sicherheit der Bundesrepublik Deutschland oder eines ihrer Länder eine Ausnahme zwingend gebietet,
2. in einem erneuten Strafverfahren ein Gutachten über den Geisteszustand des Betroffenen zu erstatten ist, falls die Umstände der früheren Tat für die Beurteilung seines Geisteszustandes von Bedeutung sind,
3. die Wiederaufnahme des früheren Verfahrens beantragt wird oder
4. der Betroffene die Zulassung zu einem Beruf oder einem Gewerbe, die Einstellung in den öffentlichen Dienst oder die Erteilung einer Waffenbesitzkarte, eines Munitionserwerbscheins, Waffenscheins, Jagdscheins oder einer Erlaubnis nach § 27 des Sprengstoffgesetzes beantragt, falls die Zulassung, Einstellung oder Erteilung der Erlaubnis sonst zu einer erheblichen Gefährdung der Allgemeinheit führen würde; das Gleiche gilt, wenn der Betroffene die Aufhebung einer die Ausübung eines Berufes oder Gewerbes untersagenden Entscheidung beantragt.

(2) [1] Abweichend von § 51 Abs. 1 darf eine frühere Tat ferner in einem Verfahren berücksichtigt werden, das die Erteilung oder Entziehung einer Fahrerlaubnis zum Gegenstand hat, solange die Verurteilung nach den Vorschriften der §§ 28 bis 30 b des Straßenverkehrsgesetzes verwertet werden darf. [2] Außerdem dürfen für die Prüfung der Berechtigung zum Führen von Kraftfahrzeugen Entscheidungen der Gerichte nach den §§ 69 bis 69 b des Strafgesetzbuches verwertet werden.

Sechster Abschnitt. Begrenzung von Offenbarungspflichten des Verurteilten

§ 53 Offenbarungspflicht bei Verurteilungen. (1) Der Verurteilte darf sich als unbestraft bezeichnen und braucht den der Verurteilung zugrunde liegenden Sachverhalt nicht zu offenbaren, wenn die Verurteilung

1. nicht in das Führungszeugnis oder nur in ein Führungszeugnis nach § 32 Abs. 3, 4 aufzunehmen oder
2. zu tilgen ist.

(2) Soweit Gerichte oder Behörden ein Recht auf unbeschränkte Auskunft haben, kann der Verurteilte ihnen gegenüber keine Rechte aus Absatz 1 Nr. 1 herleiten, falls er hierüber belehrt wird.

Siebenter Abschnitt. Verurteilungen durch Stellen eines anderen Staates und Auskünfte an solche Stellen

§ 54 Eintragungen in das Register. (1) Strafrechtliche Verurteilungen, die nicht durch deutsche Gerichte im Geltungsbereich dieses Gesetzes ergangen sind, werden in das Register eingetragen, wenn

1. der Verurteilte Deutscher oder im Geltungsbereich dieses Gesetzes geboren oder wohnhaft ist,
2. wegen des der Verurteilung zugrunde liegenden oder sinngemäß umgestellten Sachverhalts auch nach dem im Geltungsbereich dieses Gesetzes geltenden Recht, ungeachtet etwaiger Verfahrenshindernisse, eine Strafe oder eine Maßregel der Besserung und Sicherung hätte verhängt werden können,
3. die Entscheidung rechtskräftig ist.

(2) Erfüllt eine Verurteilung die Voraussetzungen des Absatzes 1 Nr. 2 nur hinsichtlich eines Teils der abgeurteilten Tat oder Taten, so wird die ganze Verurteilung eingetragen.

§ 55 Verfahren bei der Eintragung. (1) Die Registerbehörde trägt eine Verurteilung, die nicht durch ein deutsches Gericht im Geltungsbereich dieses Gesetzes ergangen ist, ein, wenn ihr die Verurteilung von einer Behörde des Staates, der sie ausgesprochen hat, mitgeteilt worden ist und sich aus der Mitteilung nicht ergibt, dass die Voraussetzungen des § 54 nicht vorliegen.

(2) [1] Der Betroffene soll unverzüglich zu der Eintragung gehört werden, wenn sein Aufenthalt feststellbar ist. [2] Ergibt sich, dass bei einer Verurteilung oder einem abtrennbaren Teil einer Verurteilung die Voraussetzungen des § 54 Abs. 1 nicht vorliegen, so ist die Eintragung insoweit zu entfernen. [3] Lehnt die Registerbehörde einen Antrag des Betroffenen auf Entfernung der Eintragung ab, so steht dem Betroffenen innerhalb von zwei Wochen nach der Bekanntgabe der Entscheidung die Beschwerde zu. [4] Hilft die Registerbehörde der Beschwerde nicht ab, so entscheidet das Bundesministerium der Justiz.

§ 56 Behandlung von Eintragungen. (1) [1] Eintragungen nach § 54 werden bei der Anwendung dieses Gesetzes wie Eintragungen von Verurteilungen durch deutsche Gerichte im Geltungsbereich dieses Gesetzes behandelt. [2] Hierbei steht eine Rechtsfolge der im Geltungsbereich dieses Gesetzes geltenden Rechtsfolge gleich, der sie am meisten entspricht; Nebenstrafen und Nebenfolgen haben für die Anwendung dieses Gesetzes keine Rechtswirkung.

(2) Für die Nichtaufnahme einer nach § 54 eingetragenen Verurteilung in das Führungszeugnis und für die Tilgung der Eintragung bedarf es nicht der Erledigung der Vollstreckung.

§ 57 Auskunft an ausländische sowie über- und zwischenstaatliche Stellen. (1) Stellen eines anderen Staates sowie über- und zwischenstaatlichen Stellen wird nach den hierfür geltenden völkerrechtlichen Verträgen, die der Mitwirkung der gesetzgebenden Körperschaften nach Artikel 59 Abs. 2 des Grundgesetzes bedurften, Auskunft aus dem Register erteilt.

(2) [1] Soweit völkerrechtliche Verträge nicht geschlossen worden sind, kann das Bundesamt für Justiz den in Absatz 1 genannten Stellen für die gleichen Zwecke und in gleichem Umfang Auskunft erteilen wie vergleichbaren deutschen Stellen. [2] Der Empfänger ist darauf hinzuweisen, dass er die Auskunft nur zu dem Zweck verwenden darf, für den sie erteilt worden ist. [3] Eine Auskunft unterbleibt, soweit schutzwürdige Interes-

sen des Betroffenen beeinträchtigt werden, insbesondere wenn im Empfängerland ein angemessener Datenschutzstandard nicht gewährleistet ist.

(3) [1] Regelmäßige Benachrichtigungen über strafrechtliche Verurteilungen und nachfolgende Maßnahmen, die im Zentralregister eingetragen werden (Strafnachrichten), werden nach den hierfür geltenden völkerrechtlichen Verträgen, die der Mitwirkung der gesetzgebenden Körperschaften nach Artikel 59 Abs. 2 des Grundgesetzes bedurften, erstellt und übermittelt. [2] Absatz 2 Satz 2 gilt entsprechend.

(4) Die Verantwortung für die Zulässigkeit der Übermittlung trägt die übermittelnde Stelle.

§ 58 Berücksichtigung von Verurteilungen. [1] Eine strafrechtliche Verurteilung gilt, auch wenn sie nicht nach § 54 in das Register eingetragen ist, als tilgungsreif, sobald eine ihr vergleichbare Verurteilung im Geltungsbereich dieses Gesetzes tilgungsreif wäre. [2] § 53 gilt auch zugunsten des außerhalb des Geltungsbereichs dieses Gesetzes Verurteilten.

Dritter Teil. Das Erziehungsregister

§ 59 Führung des Erziehungsregisters. [1] Das Erziehungsregister wird von dem Bundeszentralregister geführt. [2] Für das Erziehungsregister gelten die Vorschriften des Zweiten Teils, soweit die §§ 60 bis 64 nicht etwas anderes bestimmen.

§ 60 Eintragungen in das Erziehungsregister. (1) In das Erziehungsregister werden die folgenden Entscheidungen und Anordnungen eingetragen, soweit sie nicht nach § 5 Abs. 2 in das Zentralregister einzutragen sind:

1. die Anordnung von Maßnahmen nach § 3 Satz 2 des Jugendgerichtsgesetzes,
2. die Anordnung von Erziehungsmaßregeln oder Zuchtmitteln (§§ 9 bis 16, 112a Nr. 2 des Jugendgerichtsgesetzes), Nebenstrafen oder Nebenfolgen (§ 8 Abs. 3, § 76 des Jugendgerichtsgesetzes) allein oder in Verbindung miteinander,
3. der Schuldspruch, der nach § 13 Abs. 2 Satz 2 Nr. 2 aus dem Zentralregister entfernt worden ist,
4. Entscheidungen, in denen der Richter die Auswahl und Anordnung von Erziehungsmaßregeln dem Familiengericht überlässt (§§ 53, 104 Abs. 4 des Jugendgerichtsgesetzes),
5. Anordnungen des Familiengerichts, die auf Grund einer Entscheidung nach Nummer 4 ergehen,
6. der Freispruch wegen mangelnder Reife und die Einstellung des Verfahrens aus diesem Grunde (§ 3 Satz 1 des Jugendgerichtsgesetzes),
7. das Absehen von der Verfolgung nach § 45 des Jugendgerichtsgesetzes und die Einstellung des Verfahrens nach § 47 des Jugendgerichtsgesetzes,
8. *(aufgehoben)*
9. vorläufige und endgültige Entscheidungen des Familiengerichts nach § 1666 Abs. 1 und § 1666a des Bürgerlichen Gesetzbuchs sowie Entscheidungen des Familiengerichts nach § 1837 Abs. 4 in Verbindung mit § 1666 Abs. 1 und § 1666a des Bürgerlichen Gesetzbuchs, welche die Sorge für die Person des Minderjährigen betreffen; ferner die Entscheidungen, durch welche die vorgenannten Entscheidungen aufgehoben oder geändert werden.

(2) In den Fällen des Absatzes 1 Nr. 7 ist zugleich die vom Richter nach § 45 Abs. 3 oder § 47 Abs. 1 Satz 1 Nr. 3 des Jugendgerichtsgesetzes getroffene Maßnahme einzutragen.

(3), (4) *(aufgehoben)*

§ 61 Auskunft aus dem Erziehungsregister. (1) Eintragungen im Erziehungsregister dürfen – unbeschadet der §§ 42a, 42c – nur mitgeteilt werden

1. den Strafgerichten und Staatsanwaltschaften für Zwecke der Rechtspflege sowie den Justizvollzugsbehörden für Zwecke des Strafvollzugs einschließlich der Überprüfung aller im Strafvollzug tätigen Personen,
2. den Familiengerichten für Verfahren, welche die Sorge für die Person des im Register Geführten betreffen,
3. den Jugendämtern und den Landesjugendämtern für die Wahrnehmung von Erziehungsaufgaben der Jugendhilfe,
4. den Gnadenbehörden für Gnadensachen,
5. den für waffen- und sprengstoffrechtliche Erlaubnisse zuständigen Behörden mit der Maßgabe, dass nur Entscheidungen und Anordnungen nach § 60 Abs. 1 Nr. 1 bis 7 mitgeteilt werden dürfen.

(2) Soweit Behörden sowohl aus dem Zentralregister als auch aus dem Erziehungsregister Auskunft zu erteilen ist, werden auf ein Ersuchen um Auskunft aus dem Zentralregister (§ 41 Abs. 4) auch die in das Erziehungsregister aufgenommenen Eintragungen mitgeteilt.

(3) Auskünfte aus dem Erziehungsregister dürfen nicht an andere als die in Absatz 1 genannten Behörden weitergeleitet werden.

§ 62 Suchvermerke. Im Erziehungsregister können Suchvermerke unter den Voraussetzungen des § 27 nur von den Behörden niedergelegt werden, denen Auskunft aus dem Erziehungsregister erteilt wird.

§ 63 Entfernung von Eintragungen. (1) Eintragungen im Erziehungsregister werden entfernt, sobald der Betroffene das 24. Lebensjahr vollendet hat.

(2) Die Entfernung unterbleibt, solange im Zentralregister eine Verurteilung zu Freiheitsstrafe, Strafarrest oder Jugendstrafe oder eine freiheitsentziehende Maßregel der Besserung und Sicherung eingetragen ist.

(3) [1] Die Registerbehörde kann auf Antrag oder von Amts wegen anordnen, dass Eintragungen vorzeitig entfernt werden, wenn die Vollstreckung erledigt ist und das öffentliche Interesse einer solchen Anordnung nicht entgegensteht. [2] § 49 Abs. 3 ist anzuwenden.

(4) Die §§ 51, 52 gelten entsprechend.

§ 64 Begrenzung von Offenbarungspflichten des Betroffenen. (1) Eintragungen in das Erziehungsregister und die ihnen zugrunde liegenden Sachverhalte braucht der Betroffene nicht zu offenbaren.

(2) Soweit Gerichte oder Behörden ein Recht auf Auskunft aus dem Erziehungsregister haben, kann der Betroffene ihnen gegenüber keine Rechte aus Absatz 1 herleiten, falls er hierüber belehrt wird.

Vierter Teil. Übernahme des Strafregisters beim Generalstaatsanwalt der Deutschen Demokratischen Republik

§ 64a Strafregister der Deutschen Demokratischen Republik. (1) Das Bundesamt für Justiz ist für das Speichern, Verändern, Übermitteln, Sperren und Löschen der Eintragungen und der zugrunde liegenden Unterlagen des bisher beim Generalstaatsanwalt der Deutschen Demokratischen Republik geführten Strafregisters zuständig; es trägt als speichernde Stelle insoweit die datenschutzrechtliche Verantwortung.

(2) [1] Eintragungen des bisher beim Generalstaatsanwalt der Deutschen Demokratischen Republik geführten Strafregisters werden in das Bundeszentralregister übernommen. [2] Die Übernahme der Eintragungen in das Bundeszentralregister erfolgt spätestens anlässlich der Bearbeitung einer Auskunft aus dem Bundeszentralregister nach Prüfung

durch die Registerbehörde unter Beachtung von Absatz 3. [3]Die Entscheidung über die Übernahme aller Eintragungen hat innerhalb von drei Jahren zu erfolgen.

(3) [1]Nicht übernommen werden Eintragungen

1. über Verurteilungen oder Erkenntnisse, bei denen der zugrunde liegende Sachverhalt im Zeitpunkt der Übernahme dieses Gesetzes nicht mehr mit Strafe bedroht oder mit Ordnungsmitteln belegt ist,
2. über Verurteilungen oder Erkenntnisse, bei denen sich ergibt, dass diese mit rechtsstaatlichen Maßstäben nicht vereinbar sind,
3. von Untersuchungsorganen und von Staatsanwaltschaften im Sinne des Strafregistergesetzes der Deutschen Demokratischen Republik.

[2]Für Verurteilungen, die nicht übernommen wurden, gelten die §§ 51 bis 53.

(4) [1]Bis zur Entscheidung über die Übernahme sind die Eintragungen nach Absatz 1 außerhalb des Bundeszentralregisters zu speichern und für Auskünfte nach diesem Gesetz zu sperren. [2]Dies gilt auch für Eintragungen, deren Übernahme abgelehnt worden ist. [3]Die in das Bundeszentralregister zu übernehmenden Eintragungen werden vom Zeitpunkt der Übernahmeentscheidung an nach den Vorschriften dieses Gesetzes behandelt.

(5) [1]Die Tilgungsfrist berechnet sich weiterhin nach den bisherigen Bestimmungen (§§ 26 bis 34 des Strafregistergesetzes der Deutschen Demokratischen Republik). [2]Erfolgt eine Neueintragung nach Übernahme des Bundeszentralregistergesetzes, gelten für die Feststellung und Berechnung der Tilgungsfrist die Vorschriften dieses Gesetzes.

§ 64b Eintragungen und Eintragungsunterlagen. (1) [1]Die nach § 64a Abs. 1 gespeicherten Eintragungen und Eintragungsunterlagen aus dem ehemaligen Strafregister der Deutschen Demokratischen Republik sind nach dem 31. Dezember 2012 zu vernichten. [2]Sie dürfen bis dahin den für die Rehabilitierung zuständigen Stellen für Zwecke der Rehabilitierung übermittelt werden. [3]Eine Verwendung für andere Zwecke ist nur mit Einwilligung des Betroffenen zulässig.

(2) [1]Auf Anforderung darf den zuständigen Stellen mitgeteilt werden, welche Eintragungen gemäß § 64a Abs. 3 nicht in das Bundeszentralregister übernommen worden sind, soweit dies bei Richtern und Staatsanwälten wegen ihrer dienstlichen Tätigkeit in der Deutschen Demokratischen Republik für dienstrechtliche Maßnahmen oder zur Rehabilitierung Betroffener erforderlich ist. [2]Die Mitteilung kann alle Eintragungen, die die anfordernde Stelle für ihre Entscheidung nach Satz 1 benötigt, oder nur solche Eintragungen umfassen, die bestimmte, von der anfordernden Stelle vorgegebene Eintragungsmerkmale erfüllen.

Fünfter Teil. Übergangs- und Schlussvorschriften

§ 65 Übernahme von Eintragungen in das Zentralregister. (1) Eintragungen, die vor dem Inkrafttreten dieses Gesetzes in das Strafregister aufgenommen worden sind, werden in das Zentralregister übernommen.

(2) Nicht übernommen werden Eintragungen über Verurteilungen zu

1. Geldstrafe, die mehr als zwei Jahre vor dem Inkrafttreten dieses Gesetzes ausgesprochen worden ist, wenn die Ersatzfreiheitsstrafe nicht mehr als drei Monate beträgt und keine weitere Eintragung im Register enthalten ist,
2. Geldstrafe, bei der die Voraussetzungen der Nummer 1 nicht vorliegen, Freiheitsstrafe und Jugendstrafe von nicht mehr als neun Monaten sowie Strafarrest, wenn die Strafe mehr als fünf Jahre vor dem Inkrafttreten dieses Gesetzes ausgesprochen worden ist,
3. Freiheitsstrafe und Jugendstrafe von mehr als neun Monaten, aber nicht mehr als drei Jahren, die mehr als zehn Jahre vor dem Inkrafttreten dieses Gesetzes ausgesprochen worden ist,
4. Freiheitsstrafe und Jugendstrafe von mehr als drei, aber nicht mehr als fünf Jahren, die mehr als fünfzehn Jahre vor dem Inkrafttreten dieses Gesetzes ausgesprochen worden ist.

(3) Absatz 2 gilt nicht, wenn

1. der Betroffene als gefährlicher Gewohnheitsverbrecher oder innerhalb der letzten zehn Jahre vor dem Inkrafttreten dieses Gesetzes zu Freiheitsstrafe oder Jugendstrafe von mehr als neun Monaten verurteilt worden ist,
2. gegen den Betroffenen auf Unterbringung in einer Heil- oder Pflegeanstalt oder auf Untersagung der Erteilung der Fahrerlaubnis für immer erkannt worden ist.

(4) Nicht übernommen werden ferner Eintragungen über Entscheidungen von Verwaltungsbehörden aus der Zeit bis zum 23. Mai 1945.

(5) Die in das Zentralregister zu übernehmenden Eintragungen werden nach den Vorschriften dieses Gesetzes behandelt.

§ 66 Bei Inkrafttreten dieses Gesetzes getilgte oder tilgungsreife Eintragungen. Für die Verurteilungen, die bei dem Inkrafttreten dieses Gesetzes im Strafregister getilgt oder tilgungsreif sind oder die nach § 65 Abs. 2 nicht in das Zentralregister übernommen werden, gelten die §§ 51 bis 53.

§ 67 Eintragungen in der Erziehungskartei. Die bei dem Inkrafttreten dieses Gesetzes vorhandenen Eintragungen in der gerichtlichen Erziehungskartei sind in das Erziehungsregister zu übernehmen.

§ 68 Bestimmungen und Bezeichnungen in anderen Vorschriften. Soweit in anderen Vorschriften auf das Gesetz über beschränkte Auskunft aus dem Strafregister und die Tilgung von Strafvermerken oder auf Bestimmungen des Jugendgerichtsgesetzes, welche die Behandlung von Verurteilungen nach Jugendstrafrecht im Strafregister betreffen, verwiesen wird oder Bezeichnungen verwendet werden, die durch dieses Gesetz aufgehoben oder geändert werden, treten an ihre Stelle die entsprechenden Bestimmungen und Bezeichnungen dieses Gesetzes.

§ 69 Übergangsvorschriften. (1) Sind strafrechtliche Verurteilungen, die nicht durch deutsche Gerichte im Geltungsbereich dieses Gesetzes ergangen sind, vor dem 1. August 1984 in das Bundeszentralregister eingetragen worden, so ist die Eintragung nach den bis zum Inkrafttreten des Zweiten Gesetzes zur Änderung des Bundeszentralregistergesetzes vom 17. Juli 1984 (BGBl. I S. 990) geltenden Vorschriften zu behandeln.

(2) [1] Verurteilungen wegen einer Straftat nach den §§ 174 bis 180 oder § 182 des Strafgesetzbuches zu einer Freiheitsstrafe oder Jugendstrafe, die vor dem 1. Juli 1998 in das Zentralregister eingetragen wurden, werden nach den Vorschriften dieses Gesetzes in der ab dem 1. Juli 1998 gültigen Fassung behandelt. [2] In ein Führungszeugnis oder eine unbeschränkte Auskunft werden vor dem 30. Januar 1998 erfolgte Verurteilungen nur aufgenommen, soweit sie zu diesem Zeitpunkt in ein Führungszeugnis oder eine unbeschränkte Auskunft aufzunehmen waren.

(3) [1] Eintragungen nach § 11, die vor dem 1. Oktober 2002 erfolgt sind, werden nach 20 Jahren aus dem Register entfernt. [2] Die Frist beginnt mit dem Tag der Entscheidung oder Verfügung. [3] § 24 Abs. 4 gilt entsprechend.

(4) Verurteilungen wegen einer Straftat nach den §§ 171, 180a, 181a, 183 bis 184f, 225, 232 bis 233a, 234, 235 oder § 236 des Strafgesetzbuchs, die vor dem 1. Mai 2010 in das Zentralregister eingetragen wurden, werden nach den Vorschriften dieses Gesetzes in der ab 1. Mai 2010 geltenden Fassung behandelt.

§§ 70, 71 *(aufgehoben)*

8. Jugendgerichtsgesetz (JGG)

Vom 4. August 1953 (BGBl. I S. 751), zuletzt geändert durch Gesetz vom 29. Juli 2009 (BGBl. I S. 2280)

BGBl. III/FNA 451–1

(Auszug)

Erster Teil. Anwendungsbereich

§ 1 Persönlicher und sachlicher Anwendungsbereich. (1) Dieses Gesetz gilt, wenn ein Jugendlicher oder ein Heranwachsender eine Verfehlung begeht, die nach den allgemeinen Vorschriften mit Strafe bedroht ist.

(2) Jugendlicher ist, wer zurzeit der Tat vierzehn, aber noch nicht achtzehn, Heranwachsender, wer zurzeit der Tat achtzehn, aber noch nicht einundzwanzig Jahre alt ist.

§ 2 Ziel des Jugendstrafrechts; Anwendung des allgemeinen Strafrechts. (1) [1]Die Anwendung des Jugendstrafrechts soll vor allem erneuten Straftaten eines Jugendlichen oder Heranwachsenden entgegenwirken. [2]Um dieses Ziel zu erreichen, sind die Rechtsfolgen und unter Beachtung des elterlichen Erziehungsrechts auch das Verfahren vorrangig am Erziehungsgedanken auszurichten.

(2) Die allgemeinen Vorschriften gelten nur, soweit in diesem Gesetz nichts anderes bestimmt ist.

Zweiter Teil. Jugendliche

Erstes Hauptstück. Verfehlungen Jugendlicher und ihre Folgen

§§ 3–32 (nicht abgedruckt)

Zweites Hauptstück. Jugendgerichtsverfassung und Jugendstrafverfahren

Erster Abschnitt. Jugendgerichtsverfassung

§ 33 Jugendgerichte. (1) Über Verfehlungen Jugendlicher entscheiden die Jugendgerichte.

(2) Jugendgerichte sind der Strafrichter als Jugendrichter, das Schöffengericht (Jugendschöffengericht) und die Strafkammer (Jugendkammer).

(3) [1]Die Landesregierungen werden ermächtigt, durch Rechtsverordnung zu regeln, dass ein Richter bei einem Amtsgericht zum Jugendrichter für den Bezirk mehrerer Amtsgerichte (Bezirksjugendrichter) bestellt und dass bei einem Amtsgericht ein gemeinsames Jugendschöffengericht für den Bezirk mehrerer Amtsgerichte eingerichtet wird. [2]Die Landesregierungen können die Ermächtigung durch Rechtsverordnung auf die Landesjustizverwaltungen übertragen.

§ 33 a (1) [1]Das Jugendschöffengericht besteht aus dem Jugendrichter als Vorsitzenden und zwei Jugendschöffen. [2]Als Jugendschöffen sollen zu jeder Hauptverhandlung ein Mann und eine Frau herangezogen werden.

(2) Bei Entscheidungen außerhalb der Hauptverhandlung wirken die Jugendschöffen nicht mit.

§ 33 b (1) Die Jugendkammer ist mit drei Richtern einschließlich des Vorsitzenden und zwei Jugendschöffen (große Jugendkammer), in Verfahren über Berufungen gegen Urteile des Jugendrichters mit dem Vorsitzenden und zwei Jugendschöffen (kleine Jugendkammer) besetzt.

(2) [1] Bei Eröffnung des Hauptverfahrens beschließt die große Jugendkammer, dass sie in der Hauptverhandlung mit zwei Richtern einschließlich des Vorsitzenden und zwei Jugendschöffen besetzt ist, wenn nicht die Sache nach den allgemeinen Vorschriften einschließlich der Regelung des § 74 e des Gerichtsverfassungsgesetzes zur Zuständigkeit des Schwurgerichts gehört oder nach dem Umfang oder der Schwierigkeit der Sache die Mitwirkung eines dritten Richters notwendig erscheint. [2] Ist eine Sache vom Revisionsgericht zurückverwiesen worden, kann die nunmehr zuständige Jugendkammer erneut nach Satz 1 über ihre Besetzung beschließen.[1)]

(3) § 33 a Abs. 1 Satz 2, Abs. 2 gilt entsprechend.

§ 34 Aufgaben des Jugendrichters. (1) Dem Jugendrichter obliegen alle Aufgaben, die ein Richter beim Amtsgericht im Strafverfahren hat.

(2) [1] Dem Jugendrichter sollen für die Jugendlichen die familiengerichtlichen Erziehungsaufgaben übertragen werden. [2] Aus besonderen Gründen, namentlich wenn der Jugendrichter für den Bezirk mehrerer Amtsgerichte bestellt ist, kann hiervon abgewichen werden.

(3) Familiengerichtliche Erziehungsaufgaben sind

1. die Unterstützung der Eltern, des Vormundes und des Pflegers durch geeignete Maßnahmen (§ 1631 Abs. 3, §§ 1800, 1915 des Bürgerlichen Gesetzbuches),
2. die Maßnahmen zur Abwendung einer Gefährdung des Jugendlichen (§§ 1666, 1666 a, 1837 Abs. 4, § 1915 des Bürgerlichen Gesetzbuches).

§ 35 Jugendschöffen. (1) [1] Die Schöffen der Jugendgerichte (Jugendschöffen) werden auf Vorschlag des Jugendhilfeausschusses für die Dauer von fünf Geschäftsjahren von dem in § 40 des Gerichtsverfassungsgesetzes vorgesehenen Ausschuss gewählt. [2] Dieser soll eine gleiche Anzahl von Männern und Frauen wählen.

(2) [1] Der Jugendhilfeausschuss soll ebenso viele Männer wie Frauen und muss mindestens die doppelte Anzahl von Personen vorschlagen, die als Jugendschöffen und -hilfsschöffen benötigt werden. [2] Die Vorgeschlagenen sollen erzieherisch befähigt und in der Jugenderziehung erfahren sein.

(3) [1] Die Vorschlagsliste des Jugendhilfeausschusses gilt als Vorschlagsliste im Sinne des § 36 des Gerichtsverfassungsgesetzes. [2] Für die Aufnahme in die Liste ist die Zustimmung von zwei Dritteln der stimmberechtigten Mitglieder erforderlich. [3] Die Vorschlagsliste ist im Jugendamt eine Woche lang zu jedermanns Einsicht aufzulegen. [4] Der Zeitpunkt der Auflegung ist vorher öffentlich bekanntzumachen.

(4) Bei der Entscheidung über Einsprüche gegen die Vorschlagsliste des Jugendhilfeausschusses und bei der Wahl der Jugendschöffen und -hilfsschöffen führt der Jugendrichter den Vorsitz in dem Schöffenwahlausschuss.

(5) Die Jugendschöffen werden in besondere für Männer und Frauen getrennt zu führende Schöffenlisten aufgenommen.

§ 36 Jugendstaatsanwalt. Für Verfahren, die zur Zuständigkeit der Jugendgerichte gehören, werden Jugendstaatsanwälte bestellt.

§ 37 Auswahl der Jugendrichter und Jugendstaatsanwälte. Die Richter bei den Jugendgerichten und die Jugendstaatsanwälte sollen erzieherisch befähigt und in der Jugenderziehung erfahren sein.

[1)] § 33 b Abs. 2 tritt mit Ablauf des 31. 12. 2011 außer Kraft (Gesetz vom 11. 1. 1993, BGBl. I 50, iVm Art. 1 des Gesetzes vom 7. 12. 2008, BGBl. I 2348).

§ 38 Jugendgerichtshilfe. (1) Die Jugendgerichtshilfe wird von den Jugendämtern im Zusammenwirken mit den Vereinigungen für Jugendhilfe ausgeübt.

(2) [1]Die Vertreter der Jugendgerichtshilfe bringen die erzieherischen, sozialen und fürsorgerischen Gesichtspunkte im Verfahren vor den Jugendgerichten zur Geltung. [2]Sie unterstützen zu diesem Zweck die beteiligten Behörden durch Erforschung der Persönlichkeit, der Entwicklung und der Umwelt des Beschuldigten und äußern sich zu den Maßnahmen, die zu ergreifen sind. [3]In Haftsachen berichten sie beschleunigt über das Ergebnis ihrer Nachforschungen. [4]In die Hauptverhandlung soll der Vertreter der Jugendgerichtshilfe entsandt werden, der die Nachforschungen angestellt hat. [5]Soweit nicht ein Bewährungshelfer dazu berufen ist, wachen sie darüber, dass der Jugendliche Weisungen und Auflagen nachkommt. [6]Erhebliche Zuwiderhandlungen teilen sie dem Richter mit. [7]Im Fall der Unterstellung nach § 10 Abs. 1 Satz 3 Nr. 5 üben sie die Betreuung und Aufsicht aus, wenn der Richter nicht eine andere Person damit betraut. [8]Während der Bewährungszeit arbeiten sie eng mit dem Bewährungshelfer zusammen. [9]Während des Vollzugs bleiben sie mit dem Jugendlichen in Verbindung und nehmen sich seiner Wiedereingliederung in die Gemeinschaft an.

(3) [1]Im gesamten Verfahren gegen einen Jugendlichen ist die Jugendgerichtshilfe heranzuziehen. [2]Dies soll so früh wie möglich geschehen. [3]Vor der Erteilung von Weisungen (§ 10) sind die Vertreter der Jugendgerichtshilfe stets zu hören; kommt eine Betreuungsweisung in Betracht, sollen sie sich auch dazu äußern, wer als Betreuungshelfer bestellt werden soll.

Zweiter Abschnitt. Zuständigkeit

§ 39 Sachliche Zuständigkeit des Jugendrichters. (1) [1]Der Jugendrichter ist zuständig für Verfehlungen Jugendlicher, wenn nur Erziehungsmaßregeln, Zuchtmittel, nach diesem Gesetz zulässige Nebenstrafen und Nebenfolgen oder die Entziehung der Fahrerlaubnis zu erwarten sind und der Staatsanwalt Anklage beim Strafrichter erhebt. [2]Der Jugendrichter ist nicht zuständig in Sachen, die nach § 103 gegen Jugendliche und Erwachsene verbunden sind, wenn für die Erwachsenen nach allgemeinen Vorschriften der Richter beim Amtsgericht nicht zuständig wäre. [3]§ 209 Abs. 2 der Strafprozessordnung gilt entsprechend.

(2) Der Jugendrichter darf auf Jugendstrafe von mehr als einem Jahr nicht erkennen; die Unterbringung in einem psychiatrischen Krankenhaus darf er nicht anordnen.

§ 40 Sachliche Zuständigkeit des Jugendschöffengerichts. (1) [1]Das Jugendschöffengericht ist zuständig für alle Verfehlungen, die nicht zur Zuständigkeit eines anderen Jugendgerichts gehören. [2]§ 209 der Strafprozessordnung gilt entsprechend.

(2) Das Jugendschöffengericht kann bis zur Eröffnung des Hauptverfahrens von Amts wegen die Entscheidung der Jugendkammer darüber herbeiführen, ob sie eine Sache wegen ihres besonderen Umfangs übernehmen will.

(3) Vor Erlass des Übernahmebeschlusses fordert der Vorsitzende der Jugendkammer den Angeschuldigten auf, sich innerhalb einer zu bestimmenden Frist zu erklären, ob er die Vornahme einzelner Beweiserhebungen vor der Hauptverhandlung beantragen will.

(4) [1]Der Beschluss, durch den die Jugendkammer die Sache übernimmt oder die Übernahme ablehnt, ist nicht anfechtbar. [2]Der Übernahmebeschluss ist mit dem Eröffnungsbeschluss zu verbinden.

§ 41 Sachliche Zuständigkeit der Jugendkammer. (1) Die Jugendkammer ist als erkennendes Gericht des ersten Rechtszuges zuständig in Sachen,

1. die nach den allgemeinen Vorschriften einschließlich der Regelung des § 74e des Gerichtsverfassungsgesetzes zur Zuständigkeit des Schwurgerichts gehören,
2. die sie nach Vorlage durch das Jugendschöffengericht wegen ihres besonderen Umfangs übernimmt (§ 40 Abs. 2),

3. die nach § 103 gegen Jugendliche und Erwachsene verbunden sind, wenn für die Erwachsenen nach allgemeinen Vorschriften eine große Strafkammer zuständig wäre,
4. bei denen die Staatsanwaltschaft wegen der besonderen Schutzbedürftigkeit von Verletzten der Straftat, die als Zeugen in Betracht kommen, Anklage bei der Jugendkammer erhebt und
5. bei denen dem Beschuldigten eine Tat der in § 7 Abs. 2 bezeichneten Art vorgeworfen wird und eine höhere Strafe als fünf Jahre Jugendstrafe oder die Unterbringung in einem psychiatrischen Krankenhaus zu erwarten ist.

(2) [1] Die Jugendkammer ist außerdem zuständig für die Verhandlung und Entscheidung über das Rechtsmittel der Berufung gegen die Urteile des Jugendrichters und des Jugendschöffengerichts. [2] Sie trifft auch die in § 73 Abs. 1 des Gerichtsverfassungsgesetzes bezeichneten Entscheidungen.

§ 42 Örtliche Zuständigkeit. (1) Neben dem Richter, der nach dem allgemeinen Verfahrensrecht oder nach besonderen Vorschriften zuständig ist, sind zuständig
1. der Richter, dem die familiengerichtlichen Erziehungsaufgaben für den Beschuldigten obliegen,
2. der Richter, in dessen Bezirk sich der auf freiem Fuß befindliche Beschuldigte zurzeit der Erhebung der Anklage aufhält,
3. solange der Beschuldigte eine Jugendstrafe noch nicht vollständig verbüßt hat, der Richter, dem die Aufgaben des Vollstreckungsleiters obliegen.

(2) Der Staatsanwalt soll die Anklage nach Möglichkeit vor dem Richter erheben, dem die familiengerichtlichen Erziehungsaufgaben obliegen, solange aber der Beschuldigte eine Jugendstrafe noch nicht vollständig verbüßt hat, vor dem Richter, dem die Aufgaben des Vollstreckungsleiters obliegen.

(3) [1] Wechselt der Angeklagte seinen Aufenthalt, so kann der Richter das Verfahren mit Zustimmung des Staatsanwalts an den Richter abgeben, in dessen Bezirk sich der Angeklagte aufhält. [2] Hat der Richter, an den das Verfahren abgegeben worden ist, gegen die Übernahme Bedenken, so entscheidet das gemeinschaftliche obere Gericht.

Dritter Abschnitt. Jugendstrafverfahren

Erster Unterabschnitt. Das Vorverfahren

§ 43 Umfang der Ermittlungen. (1) [1] Nach Einleitung des Verfahrens sollen so bald wie möglich die Lebens- und Familienverhältnisse, der Werdegang, das bisherige Verhalten des Beschuldigten und alle übrigen Umstände ermittelt werden, die zur Beurteilung seiner seelischen, geistigen und charakterlichen Eigenart dienen können. [2] Der Erziehungsberechtigte und der gesetzliche Vertreter, die Schule und der Ausbildende sollen, soweit möglich, gehört werden. [3] Die Anhörung der Schule oder des Ausbildenden unterbleibt, wenn der Jugendliche davon unerwünschte Nachteile, namentlich den Verlust seines Ausbildungs- oder Arbeitsplatzes, zu besorgen hätte. [4] § 38 Abs. 3 ist zu beachten.

(2) [1] Soweit erforderlich, ist eine Untersuchung des Beschuldigten, namentlich zur Feststellung seines Entwicklungsstandes oder anderer für das Verfahren wesentlicher Eigenschaften, herbeizuführen. [2] Nach Möglichkeit soll ein zur Untersuchung von Jugendlichen befähigter Sachverständiger mit der Durchführung der Anordnung beauftragt werden.

§ 44 Vernehmung des Beschuldigten. Ist Jugendstrafe zu erwarten, so soll der Staatsanwalt oder der Vorsitzende des Jugendgerichts den Beschuldigten vernehmen, ehe die Anklage erhoben wird.

§ 45 Absehen von der Verfolgung. (1) Der Staatsanwalt kann ohne Zustimmung des Richters von der Verfolgung absehen, wenn die Voraussetzungen des § 153 der Strafprozessordnung vorliegen.

(2) [1] Der Staatsanwalt sieht von der Verfolgung ab, wenn eine erzieherische Maßnahme bereits durchgeführt oder eingeleitet ist und er weder eine Beteiligung des Richters nach Absatz 3 noch die Erhebung der Anklage für erforderlich hält. [2] Einer erzieherischen Maßnahme steht das Bemühen des Jugendlichen gleich, einen Ausgleich mit dem Verletzten zu erreichen.

(3) [1] Der Staatsanwalt regt die Erteilung einer Ermahnung, von Weisungen nach § 10 Abs. 1 Satz 3 Nr. 4, 7 und 9 oder von Auflagen durch den Jugendrichter an, wenn der Beschuldigte geständig ist und der Staatsanwalt die Anordnung einer solchen richterlichen Maßnahme für erforderlich, die Erhebung der Anklage aber nicht für geboten hält. [2] Entspricht der Jugendrichter der Anregung, so sieht der Staatsanwalt von der Verfolgung ab, bei Erteilung von Weisungen oder Auflagen jedoch nur, nachdem der Jugendliche ihnen nachgekommen ist. [3] § 11 Abs. 3 und § 15 Abs. 3 Satz 2 sind nicht anzuwenden. [4] § 47 Abs. 3 findet entsprechende Anwendung.

§ 46 Wesentliches Ergebnis der Ermittlungen. Der Staatsanwalt soll das wesentliche Ergebnis der Ermittlungen in der Anklageschrift (§ 200 Abs. 2 der Strafprozessordnung) so darstellen, dass die Kenntnisnahme durch den Beschuldigten möglichst keine Nachteile für seine Erziehung verursacht.

Zweiter Unterabschnitt. Das Hauptverfahren

§ 47 Einstellung des Verfahrens durch den Richter. (1) [1] Ist die Anklage eingereicht, so kann der Richter das Verfahren einstellen, wenn

1. die Voraussetzungen des § 153 der Strafprozessordnung vorliegen,
2. eine erzieherische Maßnahme im Sinne des § 45 Abs. 2, die eine Entscheidung durch Urteil entbehrlich macht, bereits durchgeführt oder eingeleitet ist,
3. der Richter eine Entscheidung durch Urteil für entbehrlich hält und gegen den geständigen Jugendlichen eine in § 45 Abs. 3 Satz 1 bezeichnete Maßnahme anordnet oder
4. der Angeklagte mangels Reife strafrechtlich nicht verantwortlich ist.

[2] In den Fällen von Satz 1 Nr. 2 und 3 kann der Richter mit Zustimmung des Staatsanwalts das Verfahren vorläufig einstellen und dem Jugendlichen eine Frist von höchstens sechs Monaten setzen, binnen der er den Auflagen, Weisungen oder erzieherischen Maßnahmen nachzukommen hat. [3] Die Entscheidung ergeht durch Beschluss. [4] Der Beschluss ist nicht anfechtbar. [5] Kommt der Jugendliche den Auflagen, Weisungen oder erzieherischen Maßnahmen nach, so stellt der Richter das Verfahren ein. [6] § 11 Abs. 3 und § 15 Abs. 3 Satz 2 sind nicht anzuwenden.

(2) [1] Die Einstellung bedarf der Zustimmung des Staatsanwalts, soweit er nicht bereits der vorläufigen Einstellung zugestimmt hat. [2] Der Einstellungsbeschluss kann auch in der Hauptverhandlung ergehen. [3] Er wird mit Gründen versehen und ist nicht anfechtbar. [4] Die Gründe werden dem Angeklagten nicht mitgeteilt, soweit davon Nachteile für die Erziehung zu befürchten sind.

(3) Wegen derselben Tat kann nur auf Grund neuer Tatsachen oder Beweismittel von neuem Anklage erhoben werden.

§ 47 a Vorrang der Jugendgerichte. [1] Ein Jugendgericht darf sich nach Eröffnung des Hauptverfahrens nicht für unzuständig erklären, weil die Sache vor ein für allgemeine Strafsachen zuständiges Gericht gleicher oder niedrigerer Ordnung gehöre. [2] § 103 Abs. 2 Satz 2, 3 bleibt unberührt.

§ 48 Nichtöffentlichkeit. (1) Die Verhandlung vor dem erkennenden Gericht einschließlich der Verkündung der Entscheidungen ist nicht öffentlich.

(2) [1] Neben den am Verfahren Beteiligten ist dem Verletzten, seinem Erziehungsberechtigten und seinem gesetzlichen Vertreter und, falls der Angeklagte der Aufsicht und Leitung eines Bewährungshelfers oder der Betreuung und Aufsicht eines Betreuungshelfers untersteht oder für ihn ein Erziehungsbeistand bestellt ist, dem Helfer und dem Erziehungsbeistand die Anwesenheit gestattet. [2] Das Gleiche gilt in den Fällen, in denen

dem Jugendlichen Hilfe zur Erziehung in einem Heim oder einer vergleichbaren Einrichtung gewährt wird, für den Leiter der Einrichtung. [3]Andere Personen kann der Vorsitzende aus besonderen Gründen, namentlich zu Ausbildungszwecken, zulassen.

(3) [1]Sind in dem Verfahren auch Heranwachsende oder Erwachsene angeklagt, so ist die Verhandlung öffentlich. [2]Die Öffentlichkeit kann ausgeschlossen werden, wenn dies im Interesse der Erziehung jugendlicher Angeklagter geboten ist.

§ 49 *(aufgehoben)*

§ 50 Anwesenheit in der Hauptverhandlung. (1) Die Hauptverhandlung kann nur dann ohne den Angeklagten stattfinden, wenn dies im allgemeinen Verfahren zulässig wäre, besondere Gründe dafür vorliegen und der Staatsanwalt zustimmt.

(2) [1]Der Vorsitzende soll auch die Ladung des Erziehungsberechtigten und des gesetzlichen Vertreters anordnen. [2]Die Vorschriften über die Ladung, die Folgen des Ausbleibens und die Entschädigung von Zeugen gelten entsprechend.

(3) [1]Dem Vertreter der Jugendgerichtshilfe sind Ort und Zeit der Hauptverhandlung mitzuteilen. [2]Er erhält auf Verlangen das Wort.

(4) [1]Nimmt ein bestellter Bewährungshelfer an der Hauptverhandlung teil, so soll er zu der Entwicklung des Jugendlichen in der Bewährungszeit gehört werden. [2]Satz 1 gilt für einen bestellten Betreuungshelfer und den Leiter eines sozialen Trainingskurses, an dem der Jugendliche teilnimmt, entsprechend.

§ 51 Zeitweilige Ausschließung von Beteiligten. (1) [1]Der Vorsitzende soll den Angeklagten für die Dauer solcher Erörterungen von der Verhandlung ausschließen, aus denen Nachteile für die Erziehung entstehen können. [2]Er hat ihn von dem, was in seiner Abwesenheit verhandelt worden ist, zu unterrichten, soweit es für seine Verteidigung erforderlich ist.

(2) [1]Der Vorsitzende kann auch Erziehungsberechtigte und gesetzliche Vertreter des Angeklagten von der Verhandlung ausschließen, soweit

1. erhebliche erzieherische Nachteile drohen, weil zu befürchten ist, dass durch die Erörterung der persönlichen Verhältnisse des Angeklagten in ihrer Gegenwart eine erforderliche künftige Zusammenarbeit zwischen den genannten Personen und der Jugendgerichtshilfe bei der Umsetzung zu erwartender jugendgerichtlicher Sanktionen in erheblichem Maße erschwert wird,
2. sie verdächtig sind, an der Verfehlung des Angeklagten beteiligt zu sein, oder soweit sie wegen einer Beteiligung verurteilt sind,
3. eine Gefährdung des Lebens, des Leibes oder der Freiheit des Angeklagten, eines Zeugen oder einer anderen Person oder eine sonstige erhebliche Beeinträchtigung des Wohls des Angeklagten zu besorgen ist,
4. zu befürchten ist, dass durch ihre Anwesenheit die Ermittlung der Wahrheit beeinträchtigt wird, oder
5. Umstände aus dem persönlichen Lebensbereich eines Verfahrensbeteiligten, Zeugen oder durch eine rechtswidrige Tat Verletzten zur Sprache kommen, deren Erörterung in ihrer Anwesenheit schutzwürdige Interessen verletzen würde, es sei denn, das Interesse der Erziehungsberechtigten und gesetzlichen Vertreter an der Erörterung dieser Umstände in ihrer Gegenwart überwiegt.

[2]Der Vorsitzende kann in den Fällen des Satzes 1 Nr. 3 bis 5 auch Erziehungsberechtigte und gesetzliche Vertreter des Verletzten von der Verhandlung ausschließen, im Fall der Nummer 3 auch dann, wenn eine sonstige erhebliche Beeinträchtigung des Wohls des Verletzten zu besorgen ist. [3]Erziehungsberechtigte und gesetzliche Vertreter sind auszuschließen, wenn die Voraussetzungen des Satzes 1 Nr. 5 vorliegen und der Ausschluss von der Person, deren Lebensbereich betroffen ist, beantragt wird. [4]Satz 1 Nr. 5 gilt nicht, soweit die Personen, deren Lebensbereiche betroffen sind, in der Hauptverhandlung dem Ausschluss widersprechen.

(3) § 177 des Gerichtsverfassungsgesetzes gilt entsprechend.

(4) [1]In den Fällen des Absatzes 2 ist vor einem Ausschluss auf ein einvernehmliches Verlassen des Sitzungssaales hinzuwirken. [2]Der Vorsitzende hat die Erziehungsberechtigten und gesetzlichen Vertreter des Angeklagten, sobald diese wieder anwesend sind, in geeigneter Weise von dem wesentlichen Inhalt desssen zu unterrichten, was während ihrer Abwesenheit ausgesagt oder sonst verhandelt worden ist.

(5) Der Ausschluss von Erziehungsberechtigten und gesetzlichen Vertretern nach den Absätzen 2 und 3 ist auch zulässig, wenn sie zum Beistand (§ 69) bestellt sind.

§ 52 Berücksichtigung von Untersuchungshaft bei Jugendarrest. Wird auf Jugendarrest erkannt und ist dessen Zweck durch Untersuchungshaft oder eine andere wegen der Tat erlittene Freiheitsentziehung ganz oder teilweise erreicht, so kann der Richter im Urteil aussprechen, dass oder wieweit der Jugendarrest nicht vollstreckt wird.

§ 52 a Anrechnung von Untersuchungshaft bei Jugendstrafe. (1) [1]Hat der Angeklagte aus Anlass einer Tat, die Gegenstand des Verfahrens ist oder gewesen ist, Untersuchungshaft oder eine andere Freiheitsentziehung erlitten, so wird sie auf die Jugendstrafe angerechnet. [2]Der Richter kann jedoch anordnen, dass die Anrechnung ganz oder zum Teil unterbleibt, wenn sie im Hinblick auf das Verhalten des Angeklagten nach der Tat oder aus erzieherischen Gründen nicht gerechtfertigt ist. [3]Erzieherische Gründe liegen namentlich vor, wenn bei Anrechnung der Freiheitsentziehung die noch erforderliche erzieherische Einwirkung auf den Angeklagten nicht gewährleistet ist.

(2) *(aufgehoben)*

§ 53 Überweisung an das Familiengericht. [1]Der Richter kann dem Familiengericht im Urteil die Auswahl und Anordnung von Erziehungsmaßregeln überlassen, wenn er nicht auf Jugendstrafe erkennt. [2]Das Familiengericht muss dann eine Erziehungsmaßregel anordnen, soweit sich nicht die Umstände, die für das Urteil maßgebend waren, verändert haben.

§ 54 Urteilsgründe. (1) [1]Wird der Angeklagte schuldig gesprochen, so wird in den Urteilsgründen auch ausgeführt, welche Umstände für seine Bestrafung, für die angeordneten Maßnahmen, für die Überlassung ihrer Auswahl und Anordnung an das Familiengericht oder für das Absehen von Zuchtmitteln und Strafe bestimmend waren. [2]Dabei soll namentlich die seelische, geistige und körperliche Eigenart des Angeklagten berücksichtigt werden.

(2) Die Urteilsgründe werden dem Angeklagten nicht mitgeteilt, soweit davon Nachteile für die Erziehung zu befürchten sind.

Dritter Unterabschnitt. Rechtsmittelverfahren

§ 55 Anfechtung von Entscheidungen. (1) [1]Eine Entscheidung, in der lediglich Erziehungsmaßregeln oder Zuchtmittel angeordnet oder die Auswahl und Anordnung von Erziehungsmaßregeln dem Familiengericht überlassen sind, kann nicht wegen des Umfangs der Maßnahmen und nicht deshalb angefochten werden, weil andere oder weitere Erziehungsmaßregeln oder Zuchtmittel hätten angeordnet werden sollen oder weil die Auswahl und Anordnung der Erziehungsmaßregeln dem Familiengericht überlassen worden sind. [2]Diese Vorschrift gilt nicht, wenn der Richter angeordnet hat, Hilfe zur Erziehung nach § 12 Nr. 2 in Anspruch zu nehmen.

(2) [1]Wer eine zulässige Berufung eingelegt hat, kann gegen das Berufungsurteil nicht mehr Revision einlegen. [2]Hat der Angeklagte, der Erziehungsberechtigte oder der gesetzliche Vertreter eine zulässige Berufung eingelegt, so steht gegen das Berufungsurteil keinem von ihnen das Rechtsmittel der Revision zu.

(3) Der Erziehungsberechtigte oder der gesetzliche Vertreter kann das von ihm eingelegte Rechtsmittel nur mit Zustimmung des Angeklagten zurücknehmen.

(4) Soweit ein Beteiligter nach Absatz 1 Satz 1 an der Anfechtung einer Entscheidung gehindert ist oder nach Absatz 2 kein Rechtsmittel gegen die Berufungsentscheidung einlegen kann, gilt § 356 a der Strafprozessordnung entsprechend.

§ 56 Teilvollstreckung einer Einheitsstrafe. (1) [1] Ist ein Angeklagter wegen mehrerer Straftaten zu einer Einheitsstrafe verurteilt worden, so kann das Rechtsmittelgericht vor der Hauptverhandlung das Urteil für einen Teil der Strafe als vollstreckbar erklären, wenn die Schuldfeststellungen bei einer Straftat oder bei mehreren Straftaten nicht beanstandet worden sind. [2] Die Anordnung ist nur zulässig, wenn sie dem wohlverstandenen Interesse des Angeklagten entspricht. [3] Der Teil der Strafe darf nicht über die Strafe hinausgehen, die einer Verurteilung wegen der Straftaten entspricht, bei denen die Schuldfeststellungen nicht beanstandet worden sind.

(2) Gegen den Beschluss ist sofortige Beschwerde zulässig.

Vierter Unterabschnitt. Verfahren bei Aussetzung der Jugendstrafe zur Bewährung

§ 57 Entscheidung über die Aussetzung. (1) [1] Die Aussetzung der Jugendstrafe zur Bewährung wird im Urteil oder, solange der Strafvollzug noch nicht begonnen hat, nachträglich durch Beschluss angeordnet. [2] Für den nachträglichen Beschluss ist der Richter zuständig, der in der Sache im ersten Rechtszuge erkannt hat; der Staatsanwalt und der Jugendliche sind zu hören.

(2) Hat der Richter die Aussetzung im Urteil abgelehnt, so ist ihre nachträgliche Anordnung nur zulässig, wenn seit Erlass des Urteils Umstände hervorgetreten sind, die allein oder in Verbindung mit den bereits bekannten Umständen eine Aussetzung der Jugendstrafe zur Bewährung rechtfertigen.

(3) [1] Kommen Weisungen oder Auflagen (§ 23) in Betracht, so ist der Jugendliche in geeigneten Fällen zu befragen, ob er Zusagen für seine künftige Lebensführung macht oder sich zu Leistungen erbietet, die der Genugtuung für das begangene Unrecht dienen. [2] Kommt die Weisung in Betracht, sich einer heilerzieherischen Behandlung oder einer Entziehungskur zu unterziehen, so ist der Jugendliche, der das sechzehnte Lebensjahr vollendet hat, zu befragen, ob er hierzu seine Einwilligung gibt.

(4) § 260 Abs. 4 Satz 4 und § 267 Abs. 3 Satz 4 der Strafprozessordnung gelten entsprechend.

§ 58 Weitere Entscheidungen. (1) [1] Entscheidungen, die infolge der Aussetzung erforderlich werden (§§ 22, 23, 24, 26, 26 a), trifft der Richter durch Beschluss. [2] Der Staatsanwalt, der Jugendliche und der Bewährungshelfer sind zu hören. [3] Wenn eine Entscheidung nach § 26 oder die Verhängung von Jugendarrest in Betracht kommt, ist dem Jugendlichen Gelegenheit zur mündlichen Äußerung vor dem Richter zu geben. [4] Der Beschluss ist zu begründen.

(2) Der Richter leitet auch die Vollstreckung der vorläufigen Maßnahmen nach § 453 c der Strafprozessordnung.

(3) [1] Zuständig ist der Richter, der die Aussetzung angeordnet hat. [2] Er kann die Entscheidungen ganz oder teilweise dem Jugendrichter übertragen, in dessen Bezirk sich der Jugendliche aufhält. [3] § 42 Abs. 3 Satz 2 gilt entsprechend.

§ 59 Anfechtung. (1) [1] Gegen eine Entscheidung, durch welche die Aussetzung der Jugendstrafe angeordnet oder abgelehnt wird, ist, wenn sie für sich allein angefochten wird, sofortige Beschwerde zulässig. [2] Das Gleiche gilt, wenn ein Urteil nur deshalb angefochten wird, weil die Strafe nicht ausgesetzt worden ist.

(2) [1] Gegen eine Entscheidung über die Dauer der Bewährungszeit (§ 22), die Dauer der Unterstellungszeit (§ 24), die erneute Anordnung der Unterstellung in der Bewährungszeit (§ 24 Abs. 2) und über Weisungen oder Auflagen (§ 23) ist Beschwerde

zulässig. [2] Sie kann nur darauf gestützt werden, dass die Bewährungs- oder die Unterstellungszeit nachträglich verlängert, die Unterstellung erneut angeordnet worden oder dass eine getroffene Anordnung gesetzwidrig ist.

(3) Gegen den Widerruf der Aussetzung der Jugendstrafe (§ 26 Abs. 1) ist sofortige Beschwerde zulässig.

(4) Der Beschluss über den Straferlass (§ 26 a) ist nicht anfechtbar.

(5) Wird gegen ein Urteil eine zulässige Revision und gegen eine Entscheidung, die sich auf eine in dem Urteil angeordnete Aussetzung der Jugendstrafe zur Bewährung bezieht, Beschwerde eingelegt, so ist das Revisionsgericht auch zur Entscheidung über die Beschwerde zuständig.

§ 60 Bewährungsplan. (1) [1] Der Vorsitzende stellt die erteilten Weisungen und Auflagen in einem Bewährungsplan zusammen. [2] Er händigt ihn dem Jugendlichen aus und belehrt ihn zugleich über die Bedeutung der Aussetzung, die Bewährungs- und Unterstellungszeit, die Weisungen und Auflagen sowie über die Möglichkeit des Widerrufs der Aussetzung. [3] Zugleich ist ihm aufzugeben, jeden Wechsel seines Aufenthalts, Ausbildungs- oder Arbeitsplatzes während der Bewährungszeit anzuzeigen. [4] Auch bei nachträglichen Änderungen des Bewährungsplans ist der Jugendliche über den wesentlichen Inhalt zu belehren.

(2) Der Name des Bewährungshelfers wird in den Bewährungsplan eingetragen.

(3) [1] Der Jugendliche soll durch seine Unterschrift bestätigen, dass er den Bewährungsplan gelesen hat, und versprechen, dass er den Weisungen und Auflagen nachkommen will. [2] Auch der Erziehungsberechtigte und der gesetzliche Vertreter sollen den Bewährungsplan unterzeichnen.

§ 61 (weggefallen)

Fünfter Unterabschnitt. Verfahren bei Aussetzung der Verhängung der Jugendstrafe

§ 62 Entscheidungen. (1) [1] Entscheidungen nach den §§ 27 und 30 ergehen auf Grund einer Hauptverhandlung durch Urteil. [2] Für die Entscheidung über die Aussetzung der Verhängung der Jugendstrafe gilt § 267 Abs. 3 Satz 4 der Strafprozessordnung sinngemäß.

(2) Mit Zustimmung des Staatsanwalts kann die Tilgung des Schuldspruchs nach Ablauf der Bewährungszeit auch ohne Hauptverhandlung durch Beschluss angeordnet werden.

(3) Ergibt eine während der Bewährungszeit durchgeführte Hauptverhandlung nicht, dass eine Jugendstrafe erforderlich ist (§ 30 Abs. 1), so ergeht der Beschluss, dass die Entscheidung über die Verhängung der Strafe ausgesetzt bleibt.

(4) Für die übrigen Entscheidungen, die infolge einer Aussetzung der Verhängung der Jugendstrafe erforderlich werden, gilt § 58 Abs. 1 Satz 1, 2 und 4 und Abs. 3 Satz 1 sinngemäß.

§ 63 Anfechtung. (1) Ein Beschluss, durch den der Schuldspruch nach Ablauf der Bewährungszeit getilgt wird (§ 62 Abs. 2) oder die Entscheidung über die Verhängung der Jugendstrafe ausgesetzt bleibt (§ 62 Abs. 3), ist nicht anfechtbar.

(2) Im Übrigen gilt § 59 Abs. 2 und 5 sinngemäß.

§ 64 Bewährungsplan. [1] § 60 gilt sinngemäß. [2] Der Jugendliche ist über die Bedeutung der Aussetzung, die Bewährungs- und Unterstellungszeit, die Weisungen und Auflagen sowie darüber zu belehren, dass er die Festsetzung einer Jugendstrafe zu erwarten habe, wenn er sich während der Bewährungszeit schlecht führe.

Sechster Unterabschnitt. Ergänzende Entscheidungen

§ 65 Nachträgliche Entscheidungen über Weisungen und Auflagen. (1) [1] Nachträgliche Entscheidungen, die sich auf Weisungen (§ 11 Abs. 2, 3) oder Auflagen (§ 15 Abs. 3) beziehen, trifft der Richter des ersten Rechtszuges nach Anhören des Staatsanwalts und des Jugendlichen durch Beschluss. [2] Soweit erforderlich, sind der Vertreter der Jugendgerichtshilfe, der nach § 10 Abs. 1 Satz 3 Nr. 5 bestellte Betreuungshelfer und der nach § 10 Abs. 1 Satz 3 Nr. 6 tätige Leiter eines sozialen Trainingskurses zu hören. [3] Wenn die Verhängung von Jugendarrest in Betracht kommt, ist dem Jugendlichen Gelegenheit zur mündlichen Äußerung vor dem Richter zu geben. [4] Der Richter kann das Verfahren an den Jugendrichter abgeben, in dessen Bezirk sich der Jugendliche aufhält, wenn dieser seinen Aufenthalt gewechselt hat. [5] § 42 Abs. 3 Satz 2 gilt entsprechend.

(2) [1] Hat der Richter die Änderung von Weisungen abgelehnt, so ist der Beschluss nicht anfechtbar. [2] Hat er Jugendarrest verhängt, so ist gegen den Beschluss sofortige Beschwerde zulässig. [3] Diese hat aufschiebende Wirkung.

§ 66 Ergänzung rechtskräftiger Entscheidungen bei mehrfacher Verurteilung. (1) [1] Ist die einheitliche Festsetzung von Maßnahmen oder Jugendstrafe (§ 31) unterblieben und sind die durch die rechtskräftigen Entscheidungen erkannten Erziehungsmaßregeln, Zuchtmittel und Strafen noch nicht vollständig ausgeführt, verbüßt oder sonst erledigt, so trifft der Richter eine solche Entscheidung nachträglich. [2] Dies gilt nicht, soweit der Richter nach § 31 Abs. 3 von der Einbeziehung rechtskräftig abgeurteilter Straftaten abgesehen hatte.

(2) [1] Die Entscheidung ergeht auf Grund einer Hauptverhandlung durch Urteil, wenn der Staatsanwalt es beantragt oder der Vorsitzende es für angemessen hält. [2] Wird keine Hauptverhandlung durchgeführt, so entscheidet der Richter durch Beschluss. [3] Für die Zuständigkeit und das Beschlussverfahren gilt dasselbe wie für die nachträgliche Bildung einer Gesamtstrafe nach den allgemeinen Vorschriften. [4] Ist eine Jugendstrafe teilweise verbüßt, so ist der Richter zuständig, dem die Aufgaben des Vollstreckungsleiters obliegen.

Siebenter Unterabschnitt. Gemeinsame Verfahrensvorschriften

§ 67 Stellung des Erziehungsberechtigten und des gesetzlichen Vertreters.
(1) Soweit der Beschuldigte ein Recht darauf hat, gehört zu werden, Fragen und Anträge zu stellen oder bei Untersuchungshandlungen anwesend zu sein, steht dieses Recht auch dem Erziehungsberechtigten und dem gesetzlichen Vertreter zu.

(2) Ist eine Mitteilung an den Beschuldigten vorgeschrieben, so soll die entsprechende Mitteilung an den Erziehungsberechtigten und den gesetzlichen Vertreter gerichtet werden.

(3) Die Rechte des gesetzlichen Vertreters zur Wahl eines Verteidigers und zur Einlegung von Rechtsbehelfen stehen auch dem Erziehungsberechtigten zu.

(4) [1] Der Richter kann diese Rechte dem Erziehungsberechtigten und dem gesetzlichen Vertreter entziehen, soweit sie verdächtig sind, an der Verfehlung des Beschuldigten beteiligt zu sein, oder soweit sie wegen einer Beteiligung verurteilt sind. [2] Liegen die Voraussetzungen des Satzes 1 bei dem Erziehungsberechtigten oder dem gesetzlichen Vertreter vor, so kann der Richter die Entziehung gegen beide aussprechen, wenn ein Missbrauch der Rechte zu befürchten ist. [3] Stehen dem Erziehungsberechtigten und dem gesetzlichen Vertreter ihre Rechte nicht mehr zu, so bestellt das Familiengericht einen Pfleger zur Wahrnehmung der Interessen des Beschuldigten im anhängigen Strafverfahren. [4] Die Hauptverhandlung wird bis zur Bestellung des Pflegers ausgesetzt.

(5) [1] Sind mehrere erziehungsberechtigt, so kann jeder von ihnen die in diesem Gesetz bestimmten Rechte des Erziehungsberechtigten ausüben. [2] In der Hauptverhand-

lung oder in einer sonstigen Verhandlung vor dem Richter wird der abwesende Erziehungsberechtigte als durch den anwesenden vertreten angesehen. [3]Sind Mitteilungen oder Ladungen vorgeschrieben, so genügt es, wenn sie an einen Erziehungsberechtigten gerichtet werden.

§ 68 Notwendige Verteidigung. Der Vorsitzende bestellt dem Beschuldigten einen Verteidiger, wenn

1. einem Erwachsenen ein Verteidiger zu bestellen wäre,
2. dem Erziehungsberechtigten und dem gesetzlichen Vertreter ihre Rechte nach diesem Gesetz entzogen sind,
3. der Erziehungsberechtigte und der gesetzliche Vertreter nach § 51 Abs. 2 von der Verhandlung ausgeschlossen worden sind und die Beeinträchtigung in der Wahrnehmung ihrer Rechte durch eine nachträgliche Unterrichtung (§ 51 Abs. 4 Satz 2) nicht hinreichend ausgeglichen werden kann,
4. zur Vorbereitung eines Gutachtens über den Entwicklungsstand des Beschuldigten (§ 73) seine Unterbringung in einer Anstalt in Frage kommt oder
5. gegen ihn Untersuchungshaft oder einstweilige Unterbringung gemäß § 126a der Strafprozessordnung vollstreckt wird, solange er das achtzehnte Lebensjahr nicht vollendet hat; der Verteidiger wird unverzüglich bestellt.

§ 69 Beistand. (1) Der Vorsitzende kann dem Beschuldigten in jeder Lage des Verfahrens einen Beistand bestellen, wenn kein Fall der notwendigen Verteidigung vorliegt.

(2) Der Erziehungsberechtigte und der gesetzliche Vertreter dürfen nicht zum Beistand bestellt werden, wenn hierdurch ein Nachteil für die Erziehung zu erwarten wäre.

(3) [1]Dem Beistand kann Akteneinsicht gewährt werden. [2]Im Übrigen hat er in der Hauptverhandlung die Rechte eines Verteidigers.

§ 70 Mitteilungen. [1]Die Jugendgerichtshilfe, in geeigneten Fällen auch das Familiengericht und die Schule werden von der Einleitung und dem Ausgang des Verfahrens unterrichtet. [2]Sie benachrichtigen den Staatsanwalt, wenn ihnen bekannt wird, dass gegen den Beschuldigten noch ein anderes Strafverfahren anhängig ist. [3]Das Familiengericht teilt dem Staatsanwalt ferner familiengerichtliche Maßnahmen sowie ihre Änderung und Aufhebung mit, soweit nicht für das Familiengericht erkennbar ist, dass schutzwürdige Interessen des Beschuldigten oder des sonst von der Mitteilung Betroffenen an dem Ausschluss der Übermittlung überwiegen.

§ 71 Vorläufige Anordnungen über die Erziehung. (1) Bis zur Rechtskraft des Urteils kann der Richter vorläufige Anordnungen über die Erziehung des Jugendlichen treffen oder die Gewährung von Leistungen nach dem Achten Buch Sozialgesetzbuch anregen.

(2) [1]Der Richter kann die einstweilige Unterbringung in einem geeigneten Heim der Jugendhilfe anordnen, wenn dies auch im Hinblick auf die zu erwartenden Maßnahmen geboten ist, um den Jugendlichen vor einer weiteren Gefährdung seiner Entwicklung, insbesondere vor der Begehung neuer Straftaten, zu bewahren. [2]Für die einstweilige Unterbringung gelten die §§ 114 bis 115a, 117 bis 118b, 120, 125 und 126 der Strafprozessordnung sinngemäß. [3]Die Ausführung der einstweiligen Unterbringung richtet sich nach den für das Heim der Jugendhilfe geltenden Regelungen.

§ 72 Untersuchungshaft. (1) [1]Untersuchungshaft darf nur verhängt und vollstreckt werden, wenn ihr Zweck nicht durch eine vorläufige Anordnung über die Erziehung oder durch andere Maßnahmen erreicht werden kann. [2]Bei der Prüfung der Verhältnismäßigkeit (§ 112 Abs. 1 Satz 2 der Strafprozessordnung) sind auch die besonderen Belastungen des Vollzuges für Jugendliche zu berücksichtigen. [3]Wird Untersuchungshaft verhängt, so sind im Haftbefehl die Gründe anzuführen, aus denen sich ergibt, dass andere Maßnahmen, insbesondere die einstweilige Unterbringung in einem Heim der Jugendhilfe, nicht ausreichen und die Untersuchungshaft nicht unverhältnismäßig ist.

(2) Solange der Jugendliche das sechzehnte Lebensjahr noch nicht vollendet hat, ist die Verhängung von Untersuchungshaft wegen Fluchtgefahr nur zulässig, wenn er

1. sich dem Verfahren bereits entzogen hatte oder Anstalten zur Flucht getroffen hat oder
2. im Geltungsbereich dieses Gesetzes keinen festen Wohnsitz oder Aufenthalt hat.

(3) Über die Vollstreckung eines Haftbefehls und über die Maßnahmen zur Abwendung seiner Vollstreckung entscheidet der Richter, der den Haftbefehl erlassen hat, in dringenden Fällen der Jugendrichter, in dessen Bezirk die Untersuchungshaft vollzogen werden müsste.

(4) [1] Unter denselben Voraussetzungen, unter denen ein Haftbefehl erlassen werden kann, kann auch die einstweilige Unterbringung in einem Heim der Jugendhilfe (§ 71 Abs. 2) angeordnet werden. [2] In diesem Falle kann der Richter den Unterbringungsbefehl nachträglich durch einen Haftbefehl ersetzen, wenn sich dies als notwendig erweist.

(5) Befindet sich ein Jugendlicher in Untersuchungshaft, so ist das Verfahren mit besonderer Beschleunigung durchzuführen.

(6) Die richterlichen Entscheidungen, welche die Untersuchungshaft betreffen, kann der zuständige Richter aus wichtigen Gründen sämtlich oder zum Teil einem anderen Jugendrichter übertragen.

§ 72a Heranziehung der Jugendgerichtshilfe in Haftsachen. [1] Die Jugendgerichtshilfe ist unverzüglich von der Vollstreckung eines Haftbefehls zu unterrichten; ihr soll bereits der Erlass eines Haftbefehls mitgeteilt werden. [2] Von der vorläufigen Festnahme eines Jugendlichen ist die Jugendgerichtshilfe zu unterrichten, wenn nach dem Stand der Ermittlungen zu erwarten ist, dass der Jugendliche gemäß § 128 der Strafprozessordnung dem Richter vorgeführt wird.

§ 72b Verkehr mit Vertretern der Jugendgerichtshilfe, dem Betreuungshelfer und dem Erziehungsbeistand. [1] Befindet sich ein Jugendlicher in Untersuchungshaft, so ist auch den Vertretern der Jugendgerichtshilfe der Verkehr mit dem Beschuldigten in demselben Umfang wie einem Verteidiger gestattet. [2] Entsprechendes gilt, wenn der Beschuldigte der Betreuung und Aufsicht eines Betreuungshelfers untersteht oder für ihn ein Erziehungsbeistand bestellt ist, für den Helfer oder den Erziehungsbeistand.

§ 73 Unterbringung zur Beobachtung. (1) [1] Zur Vorbereitung eines Gutachtens über den Entwicklungsstand des Beschuldigten kann der Richter nach Anhören eines Sachverständigen und des Verteidigers anordnen, dass der Beschuldigte in eine zur Untersuchung Jugendlicher geeignete Anstalt gebracht und dort beobachtet wird. [2] Im vorbereiteten Verfahren entscheidet der Richter, der für die Eröffnung des Hauptverfahrens zuständig wäre.

(2) [1] Gegen den Beschluss ist sofortige Beschwerde zulässig. [2] Sie hat aufschiebende Wirkung.

(3) Die Verwahrung in der Anstalt darf die Dauer von sechs Wochen nicht überschreiten.

§ 74 Kosten und Auslagen. Im Verfahren gegen einen Jugendlichen kann davon abgesehen werden, dem Angeklagten Kosten und Auslagen aufzuerlegen.

Achter Unterabschnitt. Vereinfachtes Jugendverfahren

§ 75 (weggefallen)

§ 76 Voraussetzungen des vereinfachten Jugendverfahrens. [1] Der Staatsanwalt kann bei dem Jugendrichter schriftlich oder mündlich beantragen, im vereinfachten Jugendverfahren zu entscheiden, wenn zu erwarten ist, dass der Jugendrichter ausschließlich Weisungen erteilen, Hilfe zur Erziehung im Sinne des § 12 Nr. 1 anordnen,

Zuchtmittel verhängen, auf ein Fahrverbot erkennen, die Fahrerlaubnis entziehen und eine Sperre von nicht mehr als zwei Jahren festsetzen oder den Verfall oder die Einziehung aussprechen wird. [2] Der Antrag des Staatsanwalts steht der Anklage gleich.

§ 77 Ablehnung des Antrags. (1) [1] Der Jugendrichter lehnt die Entscheidung im vereinfachten Verfahren ab, wenn sich die Sache hierzu nicht eignet, namentlich wenn die Anordnung von Hilfe zur Erziehung im Sinne des § 12 Nr. 2 oder die Verhängung von Jugendstrafe wahrscheinlich oder eine umfangreiche Beweisaufnahme erforderlich ist. [2] Der Beschluss kann bis zur Verkündung des Urteils ergehen. [3] Er ist nicht anfechtbar.

(2) Lehnt der Jugendrichter die Entscheidung im vereinfachten Verfahren ab, so reicht der Staatsanwalt eine Anklageschrift ein.

§ 78 Verfahren und Entscheidung. (1) [1] Der Jugendrichter entscheidet im vereinfachten Jugendverfahren auf Grund einer mündlichen Verhandlung durch Urteil. [2] Er darf auf Hilfe zur Erziehung im Sinne des § 12 Nr. 2, Jugendstrafe oder Unterbringung in einer Entziehungsanstalt nicht erkennen.

(2) [1] Der Staatsanwalt ist nicht verpflichtet, an der Verhandlung teilzunehmen. [2] Nimmt er nicht teil, so bedarf es seiner Zustimmung zu einer Einstellung des Verfahrens in der Verhandlung oder zur Durchführung der Verhandlung in Abwesenheit des Angeklagten nicht.

(3) [1] Zur Vereinfachung, Beschleunigung und jugendgemäßen Gestaltung des Verfahrens darf von Verfahrensvorschriften abgewichen werden, soweit dadurch die Erforschung der Wahrheit nicht beeinträchtigt wird. [2] Die Vorschriften über die Anwesenheit des Angeklagten (§ 50), die Stellung des Erziehungsberechtigten und des gesetzlichen Vertreters (§ 67) und die Mitteilung von Entscheidungen (§ 70) müssen beachtet werden. [3] Bleibt der Beschuldigte der mündlichen Verhandlung fern und ist sein Fernbleiben nicht genügend entschuldigt, so kann die Vorführung angeordnet werden, wenn dies mit der Ladung angedroht worden ist.

Neunter Unterabschnitt. Ausschluss von Vorschriften des allgemeinen Verfahrensrechts

§ 79 Strafbefehl und beschleunigtes Verfahren. (1) Gegen einen Jugendlichen darf kein Strafbefehl erlassen werden.

(2) Das beschleunigte Verfahren des allgemeinen Verfahrensrechts ist unzulässig.

§ 80 Privatklage und Nebenklage. (1) [1] Gegen einen Jugendlichen kann Privatklage nicht erhoben werden. [2] Eine Verfehlung, die nach den allgemeinen Vorschriften durch Privatklage verfolgt werden kann, verfolgt der Staatsanwalt auch dann, wenn Gründe der Erziehung oder ein berechtigtes Interesse des Verletzten, das dem Erziehungszweck nicht entgegensteht, es erfordern.

(2) [1] Gegen einen jugendlichen Privatkläger ist Widerklage zulässig. [2] Auf Jugendstrafe darf nicht erkannt werden.

(3) [1] Der erhobenen öffentlichen Klage kann sich als Nebenkläger nur anschließen, wer durch ein Verbrechen gegen das Leben, die körperliche Unversehrtheit oder die sexuelle Selbstbestimmung oder nach § 239 Abs. 3, § 239 a oder § 239 b des Strafgesetzbuchs, durch welches das Opfer seelisch oder körperlich schwer geschädigt oder einer solchen Gefahr ausgesetzt worden ist, oder durch ein Verbrechen nach § 251 des Strafgesetzbuchs, auch in Verbindung mit § 252 oder § 255 des Strafgesetzbuchs, verletzt worden ist. [2] Im Übrigen gelten § 395 Absatz 2 Nummer 1, Absatz 4 und 5 und §§ 396 bis 402 der Strafprozessordnung entsprechend.

§ 81 Entschädigung des Verletzten. Die Vorschriften der Strafprozessordnung über die Entschädigung des Verletzten (§§ 403 bis 406 c der Strafprozessordnung) werden im Verfahren gegen einen Jugendlichen nicht angewendet.

Drittes Hauptstück. Vollstreckung und Vollzug

Erster Abschnitt. Vollstreckung

Erster Unterabschnitt. Verfassung der Vollstreckung und Zuständigkeit

§ 82 Vollstreckungsleiter. (1) [1] Vollstreckungsleiter ist der Jugendrichter. [2] Er nimmt auch die Aufgaben wahr, welche die Strafprozessordnung der Strafvollstreckungskammer zuweist.

(2) Soweit der Richter Hilfe zur Erziehung im Sinne des § 12 angeordnet hat, richtet sich die weitere Zuständigkeit nach den Vorschriften des Achten Buches Sozialgesetzbuch.

(3) In den Fällen des § 7 Abs. 2 und 3 richten sich die Vollstreckung der Unterbringung und die Zuständigkeit hierfür nach den Vorschriften der Strafprozessordnung, wenn der Betroffene das einundzwanzigste Lebensjahr vollendet hat.

§ 83 Entscheidungen im Vollstreckungsverfahren. (1) Die Entscheidungen des Vollstreckungsleiters nach den §§ 86 bis 89a und 89b Abs. 2 sowie nach den §§ 462a und 463 der Strafprozessordnung sind jugendrichterliche Entscheidungen.

(2) Für die bei der Vollstreckung notwendig werdenden gerichtlichen Entscheidungen gegen eine vom Vollstreckungsleiter getroffene Anordnung ist die Jugendkammer in den Fällen zuständig, in denen

1. der Vollstreckungsleiter selbst oder unter seinem Vorsitz das Jugendschöffengericht im ersten Rechtszug erkannt hat,
2. der Vollstreckungsleiter in Wahrnehmung der Aufgaben der Strafvollstreckungskammer über seine eigene Anordnung zu entscheiden hätte.

(3) [1] Die Entscheidungen nach den Absätzen 1 und 2 können, soweit nichts anderes bestimmt ist, mit sofortiger Beschwerde angefochten werden. [2] Die §§ 67 bis 69 gelten sinngemäß.

§ 84 Örtliche Zuständigkeit. (1) Der Jugendrichter leitet die Vollstreckung in allen Verfahren ein, in denen er selbst oder unter seinem Vorsitz das Jugendschöffengericht im ersten Rechtszuge erkannt hat.

(2) [1] Soweit, abgesehen von den Fällen des Absatzes 1, die Entscheidung eines anderen Richters zu vollstrecken ist, steht die Einleitung der Vollstreckung dem Jugendrichter des Amtsgerichts zu, dem die familiengerichtlichen Erziehungsaufgaben obliegen. [2] Ist in diesen Fällen der Verurteilte volljährig, steht die Einleitung der Vollstreckung dem Jugendrichter des Amtsgerichts zu, dem die familiengerichtlichen Erziehungsaufgaben bei noch fehlender Volljährigkeit oblägen.

(3) In den Fällen der Absätze 1 und 2 führt der Jugendrichter die Vollstreckung durch, soweit § 85 nichts anderes bestimmt.

§ 85 Abgabe und Übergang der Vollstreckung. (1) Ist Jugendarrest zu vollstrecken, so gibt der zunächst zuständige Jugendrichter die Vollstreckung an den Jugendrichter ab, der nach § 90 Abs. 2 Satz 2 als Vollzugsleiter zuständig ist.

(2) [1] Ist Jugendstrafe zu vollstrecken, so geht nach der Aufnahme des Verurteilten in die Einrichtung für den Vollzug der Jugendstrafe die Vollstreckung auf den Jugendrichter des Amtsgerichts über, in dessen Bezirk die Jugendstrafanstalt liegt. [2] Die Landesregierungen werden ermächtigt, durch Rechtsverordnung zu bestimmen, dass die Vollstreckung auf den Jugendrichter eines anderen Amtsgerichts übergeht, wenn dies aus verkehrsmäßigen Gründen günstiger erscheint. [3] Die Landesregierungen können die Ermächtigung durch Rechtsverordnung auf die Landesjustizverwaltungen übertragen.

(3) [1] Unterhält ein Land eine Jugendstrafanstalt auf dem Gebiet eines anderen Landes, so können die beteiligten Länder vereinbaren, dass der Jugendrichter eines Amtsgerichts des Landes, das die Einrichtung für den Vollzug der Jugendstrafe unterhält, zuständig sein soll. [2] Wird eine solche Vereinbarung getroffen, so geht die Vollstreckung auf den

Jugendrichter des Amtsgerichts über, in dessen Bezirk die für die Einrichtung für den Vollzug der Jugendstrafe zuständige Aufsichtsbehörde ihren Sitz hat. [3]Die Regierung des Landes, das die Einrichtung für den Vollzug der Jugendstrafe unterhält, wird ermächtigt, durch Rechtsverordnung zu bestimmen, dass der Jugendrichter eines anderen Amtsgerichts zuständig wird, wenn dies aus verkehrsmäßigen Gründen günstiger erscheint. [4]Die Landesregierung kann die Ermächtigung durch Rechtsverordnung auf die Landesjustizverwaltung übertragen.

(4) Absatz 2 gilt entsprechend bei der Vollstreckung einer Maßregel der Besserung und Sicherung nach § 61 Nr. 1 oder 2 des Strafgesetzbuches.

(5) Aus wichtigen Gründen kann der Vollstreckungsleiter die Vollstreckung widerruflich an einen sonst nicht oder nicht mehr zuständigen Jugendrichter abgeben.

(6) [1]Hat der Verurteilte das vierundzwanzigste Lebensjahr vollendet, so kann der nach den Absätzen 2 bis 4 zuständige Vollstreckungsleiter die Vollstreckung einer nach den Vorschriften des Strafvollzugs für Erwachsene vollzogenen Jugendstrafe oder einer Maßregel der Besserung und Sicherung an die nach den allgemeinen Vorschriften zuständige Vollstreckungsbehörde abgeben, wenn der Straf- oder Maßregelvollzug voraussichtlich noch länger dauern wird und die besonderen Grundgedanken des Jugendstrafrechts unter Berücksichtigung der Persönlichkeit des Verurteilten für die weiteren Entscheidungen nicht mehr maßgebend sind; die Abgabe ist bindend. [2]Mit der Abgabe sind die Vorschriften der Strafprozessordnung und des Gerichtsverfassungsgesetzes über die Strafvollstreckung anzuwenden.

(7) Für die Zuständigkeit der Staatsanwaltschaft im Vollstreckungsverfahren gilt § 451 Abs. 3 der Strafprozessordnung entsprechend.

Zweiter Unterabschnitt. Jugendarrest

§ 86 Umwandlung des Freizeitarrestes. Der Vollstreckungsleiter kann Freizeitarrest in Kurzarrest umwandeln, wenn die Voraussetzungen des § 16 Abs. 3 nachträglich eingetreten sind.

§ 87 Vollstreckung des Jugendarrestes. (1) Die Vollstreckung des Jugendarrestes wird nicht zur Bewährung ausgesetzt.

(2) Für die Anrechnung von Untersuchungshaft auf Jugendarrest gilt § 450 der Strafprozessordnung sinngemäß.

(3) [1]Der Vollstreckungsleiter sieht von der Vollstreckung des Jugendarrestes ganz oder, ist Jugendarrest teilweise verbüßt, von der Vollstreckung des Restes ab, wenn seit Erlass des Urteils Umstände hervorgetreten sind, die allein oder in Verbindung mit den bereits bekannten Umständen ein Absehen von der Vollstreckung aus Gründen der Erziehung rechtfertigen. [2]Sind seit Eintritt der Rechtskraft sechs Monate verstrichen, sieht er von der Vollstreckung ganz ab, wenn dies aus Gründen der Erziehung geboten ist. [3]Von der Vollstreckung des Jugendarrestes kann er ganz absehen, wenn zu erwarten ist, dass der Jugendarrest neben einer Strafe, die gegen den Verurteilten wegen einer anderen Tat verhängt worden ist oder die er wegen einer anderen Tat zu erwarten hat, seinen erzieherischen Zweck nicht mehr erfüllen wird. [4]Vor der Entscheidung hört der Vollstreckungsleiter nach Möglichkeit den erkennenden Richter, den Staatsanwalt und den Vertreter der Jugendgerichtshilfe.

(4) Die Vollstreckung des Jugendarrestes ist unzulässig, wenn seit Eintritt der Rechtskraft ein Jahr verstrichen ist.

Dritter Unterabschnitt. Jugendstrafe

§ 88 Aussetzung des Restes der Jugendstrafe. (1) Der Vollstreckungsleiter kann die Vollstreckung des Restes der Jugendstrafe zur Bewährung aussetzen, wenn der Verurteilte einen Teil der Strafe verbüßt hat und dies im Hinblick auf die Entwicklung des Jugendlichen, auch unter Berücksichtigung des Sicherheitsinteresses der Allgemeinheit, verantwortet werden kann.

(2) [1]Vor Verbüßung von sechs Monaten darf die Aussetzung der Vollstreckung des Restes nur aus besonders wichtigen Gründen angeordnet werden. [2]Sie ist bei einer Jugendstrafe von mehr als einem Jahr nur zulässig, wenn der Verurteilte mindestens ein Drittel der Strafe verbüßt hat.

(3) [1]Der Vollstreckungsleiter soll in den Fällen der Absätze 1 und 2 seine Entscheidung so frühzeitig treffen, dass die erforderlichen Maßnahmen zur Vorbereitung des Verurteilten auf sein Leben nach der Entlassung durchgeführt werden können. [2]Er kann seine Entscheidung bis zur Entlassung des Verurteilten wieder aufheben, wenn die Aussetzung auf Grund neu eingetretener oder bekannt gewordener Tatsachen im Hinblick auf die Entwicklung des Jugendlichen, auch unter Berücksichtigung des Sicherheitsinteresses der Allgemeinheit, nicht mehr verantwortet werden kann.

(4) [1]Der Vollstreckungsleiter entscheidet nach Anhören des Staatsanwalts und des Vollzugsleiters. [2]Dem Verurteilten ist Gelegenheit zur mündlichen Äußerung zu geben.

(5) Der Vollstreckungsleiter kann Fristen von höchstens sechs Monaten festsetzen, vor deren Ablauf ein Antrag des Verurteilten, den Strafrest zur Bewährung auszusetzen, unzulässig ist.

(6) [1]Ordnet der Vollstreckungsleiter die Aussetzung der Vollstreckung des Restes der Jugendstrafe an, so gelten § 22 Abs. 1, 2 Satz 1 und 2 sowie die §§ 23 bis 26a sinngemäß. [2]An die Stelle des erkennenden Richters tritt der Vollstreckungsleiter. [3]Auf das Verfahren und die Anfechtung von Entscheidungen sind die §§ 58, 59 Abs. 2 bis 4 und § 60 entsprechend anzuwenden. [4]Die Beschwerde der Staatsanwaltschaft gegen den Beschluss, der die Aussetzung des Strafrestes anordnet, hat aufschiebende Wirkung.

§ 89 (aufgehoben)

§ 89a Unterbrechung und Vollstreckung der Jugendstrafe neben Freiheitsstrafe. (1) [1]Ist gegen den zu Jugendstrafe Verurteilten auch Freiheitsstrafe zu vollstrecken, so wird die Jugendstrafe in der Regel zuerst vollstreckt. [2]Der Vollstreckungsleiter unterbricht die Vollstreckung der Jugendstrafe, wenn die Hälfte, mindestens jedoch sechs Monate, der Jugendstrafe verbüßt sind. [3]Er kann die Vollstreckung zu einem früheren Zeitpunkt unterbrechen, wenn die Aussetzung des Strafrestes in Betracht kommt. [4]Ein Strafrest, der auf Grund des Widerrufs seiner Aussetzung vollstreckt wird, kann unterbrochen werden, wenn die Hälfte, mindestens jedoch sechs Monate, des Strafrestes verbüßt sind und eine erneute Aussetzung in Betracht kommt. [5]§ 454b Abs. 3 der Strafprozessordnung gilt entsprechend.

(2) [1]Ist gegen einen Verurteilten außer lebenslanger Freiheitsstrafe auch Jugendstrafe zu vollstrecken, so wird, wenn die letzte Verurteilung eine Straftat betrifft, die der Verurteilte vor der früheren Verurteilung begangen hat, nur die lebenslange Freiheitsstrafe vollstreckt; als Verurteilung gilt das Urteil in dem Verfahren, in dem die zu Grunde liegenden tatsächlichen Feststellungen letztmals geprüft werden konnten. [2]Wird die Vollstreckung des Restes der lebenslangen Freiheitsstrafe durch das Gericht zur Bewährung ausgesetzt, so erklärt das Gericht die Vollstreckung der Jugendstrafe für erledigt.

(3) In den Fällen des Absatzes 1 gilt § 85 Abs. 6 entsprechend mit der Maßgabe, dass der Vollstreckungsleiter die Vollstreckung der Jugendstrafe abgeben kann, wenn der Verurteilte das einundzwanzigste Lebensjahr vollendet hat.

§ 89b Ausnahme vom Jugendstrafvollzug. (1) [1]An einem Verurteilten, der das 18. Lebensjahr vollendet hat und sich nicht für den Jugendstrafvollzug eignet, kann die Jugendstrafe statt nach den Vorschriften für den Jugendstrafvollzug nach den Vorschriften des Strafvollzuges für Erwachsene vollzogen werden. [2]Hat der Verurteilte das 24. Lebensjahr vollendet, so soll Jugendstrafe nach den Vorschriften des Strafvollzuges für Erwachsene vollzogen werden.

(2) Über die Ausnahme vom Jugendstrafvollzug entscheidet der Vollstreckungsleiter.

Vierter Unterabschnitt. Untersuchungshaft

§ 89 c Vollstreckung der Untersuchungshaft. [1] Solange zur Tatzeit Jugendliche das 21. Lebensjahr noch nicht vollendet haben, wird die Untersuchungshaft nach den Vorschriften für den Vollzug der Untersuchungshaft an jungen Gefangenen und nach Möglichkeit in den für junge Gefangene vorgesehenen Einrichtungen vollzogen. [2] Ist die betroffene Person bei Vollstreckung des Haftbefehls 21, aber noch nicht 24 Jahre alt, kann die Untersuchungshaft nach diesen Vorschriften und in diesen Einrichtungen vollzogen werden. [3] Die Entscheidung trifft das Gericht. [4] Die für die Aufnahme vorgesehene Einrichtung ist vor der Entscheidung zu hören.

Zweiter Abschnitt. Vollzug

§§ 90–93 a (nicht abgedruckt bzw. aufgehoben)

Viertes Hauptstück. Beseitigung des Strafmakels

§§ 94–96 (weggefallen)

§ 97 Beseitigung des Strafmakels durch Richterspruch. (1) [1] Hat der Jugendrichter die Überzeugung erlangt, dass sich ein zu Jugendstrafe verurteilter Jugendlicher durch einwandfreie Führung als rechtschaffener Mensch erwiesen hat, so erklärt er von Amts wegen oder auf Antrag des Verurteilten, des Erziehungsberechtigten oder des gesetzlichen Vertreters den Strafmakel als beseitigt. [2] Dies kann auch auf Antrag des Staatsanwalts oder, wenn der Verurteilte im Zeitpunkt der Antragstellung noch minderjährig ist, auf Antrag des Vertreters der Jugendgerichtshilfe geschehen. [3] Die Erklärung ist unzulässig, wenn es sich um eine Verurteilung nach den §§ 174 bis 180 oder 182 des Strafgesetzbuches handelt.

(2) [1] Die Anordnung kann erst zwei Jahre nach Verbüßung oder Erlass der Strafe ergehen, es sei denn, dass der Verurteilte sich der Beseitigung des Strafmakels besonders würdig gezeigt hat. [2] Während des Vollzugs oder während einer Bewährungszeit ist die Anordnung unzulässig.

§ 98 Verfahren. (1) [1] Zuständig ist der Jugendrichter des Amtsgerichts, dem die familiengerichtlichen Erziehungsaufgaben für den Verurteilten obliegen. [2] Ist der Verurteilte volljährig, so ist der Jugendrichter zuständig, in dessen Bezirk der Verurteilte seinen Wohnsitz hat.

(2) [1] Der Jugendrichter beauftragt mit den Ermittlungen über die Führung des Verurteilten und dessen Bewährung vorzugsweise die Stelle, die den Verurteilten nach der Verbüßung der Strafe betreut hat. [2] Er kann eigene Ermittlungen anstellen. [3] Er hört den Verurteilten und, wenn dieser minderjährig ist, den Erziehungsberechtigten und den gesetzlichen Vertreter, ferner die Schule und die zuständige Verwaltungsbehörde.

(3) Nach Abschluss der Ermittlungen ist der Staatsanwalt zu hören.

§ 99 Entscheidung. (1) Der Jugendrichter entscheidet durch Beschluss.

(2) Hält er die Voraussetzungen für eine Beseitigung des Strafmakels noch nicht für gegeben, so kann er die Entscheidung um höchstens zwei Jahre aufschieben.

(3) Gegen den Beschluss ist sofortige Beschwerde zulässig.

§ 100 Beseitigung des Strafmakels nach Erlass einer Strafe oder eines Strafrestes. [1] Wird die Strafe oder ein Strafrest bei Verurteilung zu nicht mehr als zwei Jahren Jugendstrafe nach Aussetzung zur Bewährung erlassen, so erklärt der Richter zugleich den Strafmakel als beseitigt. [2] Dies gilt nicht, wenn es sich um eine Verurteilung nach den §§ 174 bis 180 oder 182 des Strafgesetzbuches handelt.

§ 101 Widerruf. [1]Wird der Verurteilte, dessen Strafmakel als beseitigt erklärt worden ist, vor der Tilgung des Vermerks wegen eines Verbrechens oder vorsätzlichen Vergehens erneut zu Freiheitsstrafe verurteilt, so widerruft der Richter in dem Urteil oder nachträglich durch Beschluss die Beseitigung des Strafmakels. [2]In besonderen Fällen kann er von dem Widerruf absehen.

Fünftes Hauptstück. Jugendliche vor Gerichten, die für allgemeine Strafsachen zuständig sind

§ 102 Zuständigkeit. [1]Die Zuständigkeit des Bundesgerichtshofes und des Oberlandesgerichts wird durch die Vorschriften dieses Gesetzes nicht berührt. [2]In den zur Zuständigkeit von Oberlandesgerichten im ersten Rechtszug gehörenden Strafsachen (§ 120 Abs. 1 und 2 des Gerichtsverfassungsgesetzes) entscheidet der Bundesgerichtshof auch über Beschwerden gegen Entscheidungen dieser Oberlandesgerichte, durch welche die Aussetzung der Jugendstrafe zur Bewährung angeordnet oder abgelehnt wird (§ 59 Abs. 1).

§ 103 Verbindung mehrerer Strafsachen. (1) Strafsachen gegen Jugendliche und Erwachsene können nach den Vorschriften des allgemeinen Verfahrensrechts verbunden werden, wenn es zur Erforschung der Wahrheit oder aus anderen wichtigen Gründen geboten ist.

(2) [1]Zuständig ist das Jugendgericht. [2]Dies gilt nicht, wenn die Strafsache gegen Erwachsene nach den allgemeinen Vorschriften einschließlich der Regelung des § 74e des Gerichtsverfassungsgesetzes zur Zuständigkeit der Wirtschaftsstrafkammer oder der Strafkammer nach § 74a des Gerichtsverfassungsgesetzes gehört; in einem solchen Fall sind diese Strafkammern auch für die Strafsache gegen den Jugendlichen zuständig. [3]Für die Prüfung der Zuständigkeit der Wirtschaftsstrafkammer und der Strafkammer nach § 74a des Gerichtsverfassungsgesetzes gelten im Falle des Satzes 2 die §§ 6a, 225a Abs. 4, § 270 Abs. 1 Satz 2 der Strafprozessordnung entsprechend; § 209a der Strafprozessordnung ist mit der Maßgabe anzuwenden, dass diese Strafkammern auch gegenüber der Jugendkammer einem Gericht höherer Ordnung gleichstehen.

(3) Beschließt der Richter die Trennung der verbundenen Sachen, so erfolgt zugleich Abgabe der abgetrennten Sache an den Richter, der ohne die Verbindung zuständig gewesen wäre.

§ 104 Verfahren gegen Jugendliche. (1) In Verfahren gegen Jugendliche vor den für allgemeine Strafsachen zuständigen Gerichten gelten die Vorschriften dieses Gesetzes über

1. Verfehlungen Jugendlicher und ihre Folgen (§§ 3 bis 32),
2. die Heranziehung und die Rechtsstellung der Jugendgerichtshilfe (§§ 38, 50 Abs. 3),
3. den Umfang der Ermittlungen im Vorverfahren (§ 43),
4. das Absehen von der Verfolgung und die Einstellung des Verfahrens durch den Richter (§§ 45, 47),
5. die Untersuchungshaft (§§ 52, 52a, 72),
6. die Urteilsgründe (§ 54),
7. das Rechtsmittelverfahren (§§ 55, 56),
8. das Verfahren bei Aussetzung der Jugendstrafe zur Bewährung und der Verhängung der Jugendstrafe (§§ 57 bis 64),
9. die Beteiligung und die Rechtsstellung des Erziehungsberechtigten und des gesetzlichen Vertreters (§§ 67, 50 Abs. 2),
10. die notwendige Verteidigung (§ 68),
11. Mitteilungen (§ 70),
12. die Unterbringung zur Beobachtung (§ 73),
13. Kosten und Auslagen (§ 74) und
14. den Ausschluss von Vorschriften des allgemeinen Verfahrensrechts (§§ 79 bis 81).

(2) Die Anwendung weiterer Verfahrensvorschriften dieses Gesetzes steht im Ermessen des Richters.

(3) Soweit es aus Gründen der Staatssicherheit geboten ist, kann der Richter anordnen, dass die Heranziehung der Jugendgerichtshilfe und die Beteiligung des Erziehungsberechtigten und des gesetzlichen Vertreters unterbleiben.

(4) [1] Hält der Richter Erziehungsmaßregeln für erforderlich, so hat er deren Auswahl und Anordnung dem Familiengericht zu überlassen. [2] § 53 Satz 2 gilt entsprechend.

(5) [1] Entscheidungen, die nach einer Aussetzung der Jugendstrafe zur Bewährung erforderlich werden, sind dem Jugendrichter zu übertragen, in dessen Bezirk sich der Jugendliche aufhält. [2] Das Gleiche gilt für Entscheidungen nach einer Aussetzung der Verhängung der Jugendstrafe mit Ausnahme der Entscheidungen über die Festsetzung der Strafe und die Tilgung des Schuldspruchs (§ 30).

Dritter Teil. Heranwachsende

Erster Abschnitt. Anwendung des sachlichen Strafrechts

§ 105 Anwendung des Jugendstrafrechts auf Heranwachsende. (1) Begeht ein Heranwachsender eine Verfehlung, die nach den allgemeinen Vorschriften mit Strafe bedroht ist, so wendet der Richter die für einen Jugendlichen geltenden Vorschriften der §§ 4 bis 8, 9 Nr. 1, §§ 10, 11 und 13 bis 32 entsprechend an, wenn

1. die Gesamtwürdigung der Persönlichkeit des Täters bei Berücksichtigung auch der Umweltbedingungen ergibt, dass er zur Zeit der Tat nach seiner sittlichen und geistigen Entwicklung noch einem Jugendlichen gleichstand, oder
2. es sich nach der Art, den Umständen oder den Beweggründen der Tat um eine Jugendverfehlung handelt.

(2) § 31 Abs. 2 Satz 1, Abs. 3 ist auch dann anzuwenden, wenn der Heranwachsende wegen eines Teils der Straftaten bereits rechtskräftig nach allgemeinem Strafrecht verurteilt worden ist.

(3) Das Höchstmaß der Jugendstrafe für Heranwachsende beträgt zehn Jahre.

§ 106 Milderung des allgemeinen Strafrechts für Heranwachsende; Sicherungsverwahrung. (1) Ist wegen der Straftat eines Heranwachsenden das allgemeine Strafrecht anzuwenden, so kann das Gericht an Stelle von lebenslanger Freiheitsstrafe auf eine Freiheitsstrafe von zehn bis zu fünfzehn Jahren erkennen.

(2) Das Gericht kann anordnen, dass der Verlust der Fähigkeit, öffentliche Ämter zu bekleiden und Rechte aus öffentlichen Wahlen zu erlangen (§ 45 Abs. 1 des Strafgesetzbuches), nicht eintritt.

(3) [1] Sicherungsverwahrung darf neben der Strafe nicht angeordnet werden. [2] Unter den übrigen Voraussetzungen des § 66 des Strafgesetzbuches kann das Gericht die Anordnung der Sicherungsverwahrung vorbehalten, wenn

1. der Heranwachsende wegen einer Straftat der in § 66 Abs. 3 Satz 1 des Strafgesetzbuches bezeichneten Art, durch welche das Opfer seelisch oder körperlich schwer geschädigt oder einer solchen Gefahr ausgesetzt worden ist, zu einer Freiheitsstrafe von mindestens fünf Jahren verurteilt wird,
2. es sich auch bei den nach den allgemeinen Vorschriften maßgeblichen früheren Taten um solche der in Nummer 1 bezeichneten Art handelt und
3. die Gesamtwürdigung des Täters und seiner Taten ergibt, dass er infolge eines Hanges zu solchen Straftaten für die Allgemeinheit gefährlich ist.

[3] § 66 a Abs. 2 und 3 des Strafgesetzbuches gilt entsprechend.

(4) [1] Wird neben der Strafe die Anordnung der Sicherungsverwahrung vorbehalten und hat der Verurteilte das siebenundzwanzigste Lebensjahr noch nicht vollendet, so

ordnet das Gericht an, dass bereits die Strafe in einer sozialtherapeutischen Anstalt zu vollziehen ist, es sei denn, dass die Resozialisierung des Täters dadurch nicht besser gefördert werden kann. [2] Diese Anordnung kann auch nachträglich erfolgen. [3] Solange der Vollzug in einer sozialtherapeutischen Anstalt noch nicht angeordnet oder der Gefangene noch nicht in eine sozialtherapeutische Anstalt verlegt worden ist, ist darüber jeweils nach sechs Monaten neu zu entscheiden. [4] Für die nachträgliche Anordnung nach Satz 2 ist die Strafvollstreckungskammer zuständig.

(5) [1] Werden nach einer Verurteilung wegen einer Straftat der in Absatz 3 Satz 2 Nr. 1 bezeichneten Art zu einer Freiheitsstrafe von mindestens fünf Jahren vor Ende des Vollzugs dieser Freiheitsstrafe Tatsachen erkennbar, die auf eine erhebliche Gefährlichkeit des Verurteilten für die Allgemeinheit hinweisen, so kann das Gericht die Unterbringung in der Sicherungsverwahrung nachträglich anordnen, wenn die Gesamtwürdigung des Verurteilten, seiner Taten und ergänzend seiner Entwicklung während des Strafvollzugs ergibt, dass er mit hoher Wahrscheinlichkeit erneut Straftaten der in Absatz 3 Satz 2 Nr. 1 bezeichneten Art begehen wird. [2] War keine der Straftaten dieser Art, die der Verurteilung zugrunde lagen, nach dem 1. April 2004 begangen worden und konnte die Sicherungsverwahrung deshalb nicht nach Absatz 3 Satz 2 vorbehalten werden, so berücksichtigt das Gericht als Tatsachen im Sinne des Satzes 1 auch solche, die im Zeitpunkt der Verurteilung bereits erkennbar waren.

(6) [1] Ist die wegen einer Tat der in Absatz 3 Satz 2 Nr. 1 bezeichneten Art angeordnete Unterbringung in einem psychiatrischen Krankenhaus nach § 67 d Abs. 6 des Strafgesetzbuches für erledigt erklärt worden, weil der die Schuldfähigkeit ausschließende oder vermindernde Zustand, auf dem die Unterbringung beruhte, im Zeitpunkt der Erledigungsentscheidung nicht bestanden hat, so kann das Gericht die Unterbringung in der Sicherungsverwahrung nachträglich anordnen, wenn

1. die Unterbringung des Betroffenen nach § 63 des Strafgesetzbuches wegen mehrerer solcher Taten angeordnet wurde oder wenn der Betroffene wegen einer oder mehrerer solcher Taten, die er vor der zur Unterbringung nach § 63 des Strafgesetzbuches führenden Tat begangen hat, schon einmal zu einer Freiheitsstrafe von mindestens drei Jahren verurteilt oder in einem psychiatrischen Krankenhaus untergebracht worden war und
2. die Gesamtwürdigung des Betroffenen, seiner Taten und ergänzend seiner Entwicklung während des Vollzugs der Maßregel ergibt, dass er mit hoher Wahrscheinlichkeit erneut Straftaten der in Absatz 3 Satz 1 Nr. 1 bezeichneten Art begehen wird.

(7) Für das Verfahren und die Entscheidung über die im Urteil vorbehaltene und über die nachträgliche Anordnung der Unterbringung in der Sicherungsverwahrung nach den Absätzen 3, 5 und 6 gelten § 275 a der Strafprozessordnung und die §§ 74 f und 120 a des Gerichtsverfassungsgesetzes sinngemäß.

Zweiter Abschnitt. Gerichtsverfassung und Verfahren

§ 107 Gerichtsverfassung. Von den Vorschriften über die Jugendgerichtsverfassung gelten die §§ 33 bis 34 Abs. 1 und §§ 35 bis 38 für Heranwachsende entsprechend.

§ 108 Zuständigkeit. (1) Die Vorschriften über die Zuständigkeit der Jugendgerichte (§§ 39 bis 42) gelten auch bei Verfehlungen Heranwachsender.

(2) Der Jugendrichter ist für Verfehlungen Heranwachsender auch zuständig, wenn die Anwendung des allgemeinen Strafrechts zu erwarten ist und nach § 25 des Gerichtsverfassungsgesetzes der Strafrichter zu entscheiden hätte.

(3) [1] Ist wegen der rechtswidrigen Tat eines Heranwachsenden das allgemeine Strafrecht anzuwenden, so gilt § 24 Abs. 2 des Gerichtsverfassungsgesetzes. [2] Ist im Einzelfall eine höhere Strafe als vier Jahre Freiheitsstrafe oder die Unterbringung des Beschuldigten in einem psychiatrischen Krankenhaus, allein oder neben einer Strafe, oder in der Sicherungsverwahrung (§ 106 Abs. 3, 5, 6) zu erwarten, so ist die Jugendkammer zuständig.

§ 109 Verfahren. (1) [1]Von den Vorschriften über das Jugendstrafverfahren (§§ 43 bis 81) sind im Verfahren gegen einen Heranwachsenden die §§ 43, 47 a, 50 Abs. 3 und 4, § 68 Nr. 1 und 4 sowie die §§ 72 a bis 73 entsprechend anzuwenden. [2]Die Jugendgerichtshilfe und in geeigneten Fällen auch die Schule werden von der Einleitung und dem Ausgang des Verfahrens unterrichtet. [3]Sie benachrichtigen den Staatsanwalt, wenn ihnen bekannt wird, dass gegen den Beschuldigten noch ein anderes Strafverfahren anhängig ist. [4]Die Öffentlichkeit kann ausgeschlossen werden, wenn dies im Interesse des Heranwachsenden geboten ist.

(2) [1]Wendet der Richter Jugendstrafrecht an (§ 105), so gelten auch die §§ 45, 47 Abs. 1 Satz 1 Nr. 1, 2 und 3, Abs. 2, 3, §§ 52, 52 a, 54 Abs. 1, §§ 55 bis 66, 74 und 79 Abs. 1 entsprechend. [2]§ 66 ist auch dann anzuwenden, wenn die einheitliche Festsetzung von Maßnahmen oder Jugendstrafe nach § 105 Abs. 2 unterblieben ist. [3]§ 55 Abs. 1 und 2 ist nicht anzuwenden, wenn die Entscheidung im beschleunigten Verfahren des allgemeinen Verfahrensrechts ergangen ist. [4]§ 74 ist im Rahmen einer Entscheidung über die Auslagen des Verletzten nach § 472 a der Strafprozessordnung nicht anzuwenden.

(3) In einem Verfahren gegen einen Heranwachsenden findet § 407 Abs. 2 Satz 2 der Strafprozessordnung keine Anwendung.

Dritter Abschnitt. Vollstreckung, Vollzug und Beseitigung des Strafmakels

§ 110 Vollstreckung und Vollzug. (1) Von den Vorschriften über die Vollstreckung und den Vollzug bei Jugendlichen gelten § 82 Abs. 1, §§ 83 bis 93 a für Heranwachsende entsprechend, soweit der Richter Jugendstrafrecht angewendet (§ 105) und nach diesem Gesetz zulässige Maßnahmen oder Jugendstrafe verhängt hat.

(2) Für die Vollstreckung von Untersuchungshaft an zur Tatzeit Heranwachsenden gilt § 89 c entsprechend.

§ 111 Beseitigung des Strafmakels. Die Vorschriften über die Beseitigung des Strafmakels (§§ 97 bis 101) gelten für Heranwachsende entsprechend, soweit der Richter Jugendstrafe verhängt hat.

Vierter Abschnitt. Heranwachsende vor Gerichten, die für allgemeine Strafsachen zuständig sind

§ 112 Entsprechende Anwendung. [1]Die §§ 102, 103, 104 Abs. 1 bis 3 und 5 gelten für Verfahren gegen Heranwachsende entsprechend. [2]Die in § 104 Abs. 1 genannten Vorschriften sind nur insoweit anzuwenden, als sie nach dem für die Heranwachsenden geltenden Recht nicht ausgeschlossen sind. [3]Hält der Richter die Erteilung von Weisungen für erforderlich, so überlässt er die Auswahl und Anordnung dem Jugendrichter, in dessen Bezirk sich der Heranwachsende aufhält.

Vierter Teil. Sondervorschriften für Soldaten der Bundeswehr

§§ 112 a–112 d (nicht abgedruckt)

§ 112 e Verfahren vor Gerichten, die für allgemeine Strafsachen zuständig sind. In Verfahren gegen Jugendliche oder Heranwachsende vor den für allgemeine Strafsachen zuständigen Gerichten (§ 104) sind die §§ 112 a, 112 b und 112 d anzuwenden.

Fünfter Teil. Schluss- und Übergangsvorschriften

§§ 113–125 (nicht abgedruckt)

9. Rechtspflegergesetz (RPflG)

Vom 5. November 1969 (BGBl. I S. 2065), zuletzt geändert durch Gesetz vom 30. Juli 2009 (BGBl. I S. 2474)

FNA 302–2

Erster Abschnitt. Aufgaben und Stellung des Rechtspflegers

§ 1 Allgemeine Stellung des Rechtspflegers. Der Rechtspfleger nimmt die ihm durch dieses Gesetz übertragenen Aufgaben der Rechtspflege wahr.

§ 2 Voraussetzungen für die Tätigkeit als Rechtspfleger. (1) Mit den Aufgaben eines Rechtspflegers kann ein Beamter des Justizdienstes betraut werden, der einen Vorbereitungsdienst von drei Jahren abgeleistet und die Rechtspflegerprüfung bestanden hat (S. 2–4 nicht abgedruckt).

(2) (nicht abgedruckt)

(3) Mit den Aufgaben eines Rechtspflegers kann auf seinen Antrag auch betraut werden, wer die Befähigung zum Richteramt besitzt.

(4) (nicht abgedruckt)

(5) Referendare können mit der zeitweiligen Wahrnehmung der Geschäfte eines Rechtspflegers beauftragt werden.

(6) Die Länder erlassen die näheren Vorschriften.

§ 3 Übertragene Geschäfte. Dem Rechtspfleger werden folgende Geschäfte übertragen:

1.–2. (nicht abgedruckt)

3. die in den §§ 20 bis 24 a, 25 und 25 a dieses Gesetzes einzeln aufgeführten Geschäfte
   a) in Verfahren nach der Zivilprozessordnung und dem Mieterschutzgesetz,
   b) in Festsetzungsverfahren,
   c) des Gerichts im Straf- und Bußgeldverfahren,
   d) in Verfahren vor dem Patentgericht,
   e) auf dem Gebiet der Aufnahme von Erklärungen,
   f) auf dem Gebiet der Beratungshilfe,
   g) auf dem Gebiet der Familiensachen,
   h) in Verfahren über die Verfahrenskostenhilfe nach dem Gesetz über das Verfahren in Familiensachen und in den Angelegenheiten der freiwilligen Gerichtsbarkeit;
4. die in den §§ 29 bis *(ab 1. 12. 2010: und)* 31 dieses Gesetzes einzeln aufgeführten Geschäfte
   a) im internationalen Rechtsverkehr,
   b) Hinterlegungssachen *(ab 1. 12. 2010 aufgeh.)*
   c) der Staatsanwaltschaft im Strafverfahren und der Vollstreckung in Straf- und Bußgeldsachen sowie von Ordnungs- und Zwangsmitteln.

§ 4 Umfang der Übertragung. (1) Der Rechtspfleger trifft alle Maßnahmen, die zur Erledigung der ihm übertragenen Geschäfte erforderlich sind.

(2) Der Rechtspfleger ist nicht befugt,

1. eine Beeidigung anzuordnen oder einen Eid abzunehmen,
2. Freiheitsentziehungen anzudrohen oder anzuordnen, sofern es sich nicht um Maßnahmen zur Vollstreckung
   a) einer Freiheitsstrafe nach § 457 der Strafprozessordnung oder einer Ordnungshaft nach § 890 der Zivilprozessordnung,
   b) einer Maßregel der Besserung und Sicherung nach § 463 der Strafprozessordnung oder

c) der Erzwingungshaft nach § 97 des Gesetzes über Ordnungswidrigkeiten handelt.

(3) Hält der Rechtspfleger Maßnahmen für geboten, zu denen er nach Absatz 2 Nr. 1 und 2 nicht befugt ist, so legt er deswegen die Sache dem Richter zur Entscheidung vor.

§ 5 Vorlage an den Richter. (1) Der Rechtspfleger hat ihm übertragene Geschäfte dem Richter vorzulegen, wenn

1. sich bei der Bearbeitung der Sache ergibt, dass eine Entscheidung des Bundesverfassungsgerichts oder eines für Verfassungsstreitigkeiten zuständigen Gerichts eines Landes nach Artikel 100 des Grundgesetzes einzuholen ist;
2. zwischen dem übertragenen Geschäft und einem vom Richter wahrzunehmenden Geschäft ein so enger Zusammenhang besteht, dass eine getrennte Behandlung nicht sachdienlich ist.

(2) Der Rechtspfleger kann ihm übertragene Geschäfte dem Richter vorlegen, wenn die Anwendung ausländischen Rechts in Betracht kommt.

(3) [1] Die vorgelegten Sachen bearbeitet der Richter, solange er es für erforderlich hält. [2] Er kann die Sachen dem Rechtspfleger zurückgeben. [3] Gibt der Richter eine Sache an den Rechtspfleger zurück, so ist dieser an eine von dem Richter mitgeteilte Rechtsauffassung gebunden.

§ 6 Bearbeitung übertragener Sachen durch den Richter. Steht ein übertragenes Geschäft mit einem vom Richter wahrzunehmenden Geschäft in einem so engen Zusammenhang, dass eine getrennte Bearbeitung nicht sachdienlich wäre, so soll der Richter die gesamte Angelegenheit bearbeiten.

§ 7 Bestimmung des zuständigen Organs der Rechtspflege. [1] Bei Streit oder Ungewissheit darüber, ob ein Geschäft von dem Richter oder dem Rechtspfleger zu bearbeiten ist, entscheidet der Richter über die Zuständigkeit durch Beschluss. [2] Der Beschluss ist unanfechtbar.

§ 8 Gültigkeit von Geschäften. (1) Hat der Richter ein Geschäft wahrgenommen, das dem Rechtspfleger übertragen ist, so wird die Wirksamkeit des Geschäfts hierdurch nicht berührt.

(2) Hat der Rechtspfleger ein Geschäft wahrgenommen, das ihm der Richter nach diesem Gesetz übertragen kann, so ist das Geschäft nicht deshalb unwirksam, weil die Übertragung unterblieben ist oder die Voraussetzungen für die Übertragung im Einzelfalle nicht gegeben waren.

(3) Ein Geschäft ist nicht deshalb unwirksam, weil es der Rechtspfleger entgegen § 5 Abs. 1 dem Richter nicht vorgelegt hat.

(4) [1] Hat der Rechtspfleger ein Geschäft des Richters wahrgenommen, das ihm nach diesem Gesetz weder übertragen ist noch übertragen werden kann, so ist das Geschäft unwirksam. [2] Das gilt nicht, wenn das Geschäft dem Rechtspfleger durch eine Entscheidung nach § 7 zugewiesen worden war.

(5) Hat der Rechtspfleger ein Geschäft des Urkundsbeamten der Geschäftsstelle wahrgenommen, so wird die Wirksamkeit des Geschäfts hierdurch nicht berührt.

§ 9 Weisungsfreiheit des Rechtspflegers. Der Rechtspfleger ist sachlich unabhängig und nur an Recht und Gesetz gebunden.

§ 10 Ausschließung und Ablehnung des Rechtspflegers. [1] Für die Ausschließung und Ablehnung des Rechtspflegers sind die für den Richter geltenden Vorschriften entsprechend anzuwenden. [2] Über die Ablehnung des Rechtspflegers entscheidet der Richter.

§ 11 Rechtsbehelfe. (1) Gegen die Entscheidungen des Rechtspflegers ist das Rechtsmittel gegeben, das nach den allgemeinen verfahrensrechtlichen Vorschriften zulässig ist.

(2) [1] Ist gegen die Entscheidung nach den allgemeinen verfahrensrechtlichen Vorschriften ein Rechtsmittel nicht gegeben, so findet die Erinnerung statt, die in Verfahren nach dem Gesetz über das Verfahren in Familiensachen und in den Angelegenheiten der freiwilligen Gerichtsbarkeit innerhalb der für die Beschwerde, im Übrigen innerhalb der für die sofortige Beschwerde geltenden Frist einzulegen ist. [2] Der Rechtspfleger kann der Erinnerung abhelfen. [3] Erinnerungen, denen er nicht abhilft, legt er dem Richter zur Entscheidung vor. [4] Auf die Erinnerung sind im Übrigen die Vorschriften über die Beschwerde sinngemäß anzuwenden.

(3) [1] Gerichtliche Verfügungen, Beschlüsse oder Zeugnisse, die nach den Vorschriften der Grundbuchordnung, der Schiffsregisterordnung oder des Gesetzes über das Verfahren in Familiensachen und in den Angelegenheiten der freiwilligen Gerichtsbarkeit wirksam geworden sind und nicht mehr geändert werden können, sind mit der Erinnerung nicht anfechtbar. [2] Die Erinnerung ist ferner in den Fällen der §§ 694, 700 der Zivilprozessordnung und gegen die Entscheidungen über die Gewährung eines Stimmrechts (§§ 77, 237 und 238 der Insolvenzordnung) ausgeschlossen.

(4) Das Erinnerungsverfahren ist gerichtsgebührenfrei.

§ 12 Bezeichnung des Rechtspflegers. Im Schriftverkehr und bei der Aufnahme von Urkunden in übertragenen Angelegenheiten hat der Rechtspfleger seiner Unterschrift das Wort „Rechtspfleger“ beizufügen.

§ 13 (nicht abgedruckt)

Zweiter Abschnitt. Dem Richter vorbehaltene Geschäfte in Familiensachen und auf dem Gebiet der freiwilligen Gerichtsbarkeit sowie in Insolvenzverfahren und schifffahrtsrechtlichen Verteilungsverfahren

§§ 14–19 b (nicht abgedruckt)

Dritter Abschnitt. Dem Rechtspfleger nach § 3 Nr. 3 übertragene Geschäfte

§ 20 (nicht abgedruckt)

§ 21 Festsetzungsverfahren. Folgende Geschäfte im Festsetzungsverfahren werden dem Rechtspfleger übertragen:

1. die Festsetzung der Kosten in den Fällen, in denen die §§ 103 ff. der Zivilprozessordnung anzuwenden sind;

2.–3. (nicht abgedruckt)

§ 22 Gerichtliche Geschäfte in Straf- und Bußgeldverfahren. Von den gerichtlichen Geschäften in Straf- und Bußgeldverfahren werden dem Rechtspfleger übertragen:

1. die Geschäfte bei der Durchführung der Beschlagnahme (§ 111 f Abs. 2 der Strafprozessordnung, § 46 Abs. 1 des Gesetzes über Ordnungswidrigkeiten),
2. die Geschäfte bei der Vollziehung des Arrestes sowie die Anordnung der Notveräußerung und die weiteren Anordnungen bei deren Durchführung (§ 111 f Abs. 3 Satz 3, § 111 l der Strafprozessordnung, § 46 Abs. 1 des Gesetzes über Ordnungswidrigkeiten), soweit die entsprechenden Geschäfte im Zwangsvollstreckungs- und Arrestverfahren dem Rechtspfleger übertragen sind,
3. die Entscheidung über Feststellungsanträge nach § 52 Absatz 2 und § 53 Absatz 3 des Rechtsanwaltsvergütungsgesetzes.

§ 23 (nicht abgedruckt)

§ 24 Aufnahme von Erklärungen. (1) Folgende Geschäfte der Geschäftsstelle werden dem Rechtspfleger übertragen:

1. die Aufnahme von Erklärungen über die Einlegung und Begründung

a) der Rechtsbeschwerde und der weiteren Beschwerde,
b) der Revision in Strafsachen;

2. die Aufnahme eines Antrags auf Wiederaufnahme des Verfahrens (§ 366 Abs. 2 der Strafprozessordnung, § 85 des Gesetzes über Ordnungswidrigkeiten).

(2) Ferner soll der Rechtspfleger aufnehmen:

1. sonstige Rechtsbehelfe, soweit sie gleichzeitig begründet werden;
2. Klagen und Klageerwiderungen;
3. andere Anträge und Erklärungen, die zur Niederschrift der Geschäftsstelle abgegeben werden können, soweit sie nach Schwierigkeit und Bedeutung den in den Nummern 1 und 2 genannten Geschäften vergleichbar sind.

(3) § 5 ist nicht anzuwenden.

§§ 24 a, 24 b (nicht abgedruckt)

Vierter Abschnitt. Sonstige Vorschriften auf dem Gebiet der Gerichtsverfassung

§§ 25, 25 a (nicht abgedruckt)

§ 26 Verhältnis des Rechtspflegers zum Urkundsbeamten der Geschäftsstelle. Die Zuständigkeit des Urkundsbeamten der Geschäftsstelle nach Maßgabe der gesetzlichen Vorschriften bleibt unberührt, soweit sich nicht aus § 20 Satz 1 Nr. 12 (zu den §§ 726 ff. der Zivilprozessordnung), aus § 21 Nr. 1 (Festsetzungsverfahren) und aus § 24 (Aufnahme von Erklärungen) etwas anderes ergibt.

§ 27 Pflicht zur Wahrnehmung sonstiger Dienstgeschäfte. (1) Durch die Beschäftigung eines Beamten als Rechtspfleger wird seine Pflicht, andere Dienstgeschäfte einschließlich der Geschäfte des Urkundsbeamten der Geschäftsstelle wahrzunehmen, nicht berührt.

(2) Die Vorschriften dieses Gesetzes sind auf die sonstigen Dienstgeschäfte eines mit den Aufgaben des Rechtspflegers betrauten Beamten nicht anzuwenden.

§ 28 Zuständiger Richter. Soweit mit Angelegenheiten, die dem Rechtspfleger zur selbstständigen Wahrnehmung übertragen sind, nach diesem Gesetz der Richter befasst wird, ist hierfür das nach den allgemeinen Verfahrensvorschriften zu bestimmende Gericht in der für die jeweilige Amtshandlung vorgeschriebenen Besetzung zuständig.

Fünfter Abschnitt. Dem Rechtspfleger übertragene Geschäfte in anderen Bereichen

§ 29 (nicht abgedruckt)

§ 30 (ab 1. 12. 2010: aufgehoben)

§ 31 Geschäfte der Staatsanwaltschaft im Strafverfahren und Vollstreckung in Straf- und Bußgeldsachen sowie von Ordnungs- und Zwangsmitteln. (1) Von den Geschäften der Staatsanwaltschaft im Strafverfahren werden dem Rechtspfleger übertragen:

1. die Geschäfte bei der Durchführung der Beschlagnahme (§ 111 f Abs. 2 der Strafprozessordnung),
2. die Geschäfte bei der Durchführung der Beschlagnahme und Vollziehung des Arrestes sowie die Anordnung der Notveräußerung und die weiteren Anordnungen bei deren Durchführung (§ 111 f Abs. 1, 3, § 111 l der Strafprozessordnung), soweit die entsprechenden Geschäfte im Zwangsvollstreckungs- und Arrestverfahren dem Rechtspfleger übertragen sind.

(2) [1]Die der Vollstreckungsbehörde in Straf- und Bußgeldsachen obliegenden Geschäfte werden dem Rechtspfleger übertragen. [2]Ausgenommen sind Entscheidungen nach § 114 des Jugendgerichtsgesetzes. [3]Satz 1 gilt entsprechend, soweit Ordnungs- und Zwangsmittel von der Staatsanwaltschaft vollstreckt werden.

(2 a) Der Rechtspfleger hat die ihm nach Absatz 2 Satz 1 übertragenen Sachen dem Staatsanwalt vorzulegen, wenn

1. er von einer ihm bekannten Stellungnahme des Staatsanwalts abweichen will oder
2. zwischen dem übertragenen Geschäft und einem vom Staatsanwalt wahrzunehmenden Geschäft ein so enger Zusammenhang besteht, dass eine getrennte Sachbearbeitung nicht sachdienlich ist, oder
3. ein Ordnungs- oder Zwangsmittel von dem Staatsanwalt verhängt ist und dieser sich die Vorlage ganz oder teilweise vorbehalten hat.

(2 b) Der Rechtspfleger kann die ihm nach Absatz 2 Satz 1 übertragenen Geschäfte dem Staatsanwalt vorlegen, wenn

1. sich bei der Bearbeitung Bedenken gegen die Zulässigkeit der Vollstreckung ergeben oder
2. ein Urteil vollstreckt werden soll, das von einem Mitangeklagten mit der Revision angefochten ist.

(2 c) [1]Die vorgelegten Sachen bearbeitet der Staatsanwalt, solange er es für erforderlich hält. [2]Er kann die Sachen dem Rechtspfleger zurückgeben. [3]An eine dabei mitgeteilte Rechtsauffassung oder erteilte Weisungen ist der Rechtspfleger gebunden.

(3) Die gerichtliche Vollstreckung von Ordnungs- und Zwangsmitteln wird dem Rechtspfleger übertragen, soweit sich nicht der Richter im Einzelfall die Vollstreckung ganz oder teilweise vorbehält.

(4) *(aufgehoben)*

(5) [1]Die Leitung der Vollstreckung im Jugendstrafverfahren bleibt dem Richter vorbehalten. [2]Dem Rechtspfleger werden die Geschäfte der Vollstreckung übertragen, durch die eine richterliche Vollstreckungsanordnung oder eine die Leitung der Vollstreckung nicht betreffende allgemeine Verwaltungsvorschrift ausgeführt wird. [3]Der Bundesminister der Justiz wird ermächtigt, durch Rechtsverordnung mit Zustimmung des Bundesrates auf dem Gebiet der Vollstreckung im Jugendstrafverfahren dem Rechtspfleger nichtrichterliche Geschäfte zu übertragen, soweit nicht die Leitung der Vollstreckung durch den Jugendrichter beeinträchtigt wird oder das Vollstreckungsgeschäft wegen seiner rechtlichen Schwierigkeit, wegen der Bedeutung für den Betroffenen, vor allem aus erzieherischen Gründen, oder zur Sicherung einer einheitlichen Rechtsanwendung dem Vollstreckungsleiter vorbehalten bleiben muss. [4]Der Richter kann die Vorlage von übertragenen Vollstreckungsgeschäften anordnen.

(6) [1]Gegen die Maßnahmen des Rechtspflegers ist der Rechtsbehelf gegeben, der nach den allgemeinen verfahrensrechtlichen Vorschriften zulässig ist. [2]Ist hiernach ein Rechtsbehelf nicht gegeben, entscheidet über Einwendungen der Richter oder Staatsanwalt, an dessen Stelle der Rechtspfleger tätig geworden ist. [3]Er kann dem Rechtspfleger Weisungen erteilen. [4]Die Befugnisse des Behördenleiters aus den §§ 145, 146 des Gerichtsverfassungsgesetzes bleiben unberührt.

(7) Unberührt bleiben ferner bundes- und landesrechtliche Vorschriften, welche die Vollstreckung von Vermögensstrafen im Verwaltungszwangsverfahren regeln.

§ 32 Nicht anzuwendende Vorschriften. Auf die nach den §§ 29 bis *(ab 1. 12. 2010: und)* 31 dem Rechtspfleger übertragenen Geschäfte sind die §§ 5 bis 11 nicht anzuwenden.

Sechster Abschnitt. Schlussvorschriften

§§ 33–36 a (nicht abgedruckt)

§ 36 b Übertragung von Rechtspflegeraufgaben auf den Urkundsbeamten der Geschäftsstelle. (1) [1]Die Landesregierungen werden ermächtigt, durch Rechtsverordnung folgende nach diesem Gesetz vom Rechtspfleger wahrzunehmende Geschäfte ganz oder teilweise dem Urkundsbeamten der Geschäftsstelle zu übertragen:

1.–4. (nicht abgedruckt)

5. die der Staatsanwaltschaft als Vollstreckungsbehörde in Straf- und Bußgeldsachen obliegenden Geschäfte bei der Vollstreckung von Geldstrafen und Geldbußen (§ 31 Abs. 2); hierzu gehört nicht die Vollstreckung von Ersatzfreiheitsstrafen.

[2]Die Landesregierungen können die Ermächtigung auf die Landesjustizverwaltungen übertragen.

(2) [1]Der Urkundsbeamte der Geschäftsstelle trifft alle Maßnahmen, die zur Erledigung der ihm übertragenen Geschäfte erforderlich sind. [2]Die Vorschriften über die Vorlage einzelner Geschäfte durch den Rechtspfleger an den Richter oder Staatsanwalt (§§ 5, 28, 31 Abs. 2a und 2b) gelten entsprechend.

(3) Bei der Wahrnehmung von Geschäften nach Absatz 1 Satz 1 Nr. 2 kann in den Fällen der §§ 694, 696 Abs. 1, § 700 Abs. 3 der Zivilprozessordnung eine Entscheidung des Prozessgerichts zur Änderung einer Entscheidung des Urkundsbeamten der Geschäftsstelle (§ 573 der Zivilprozessordnung) nicht nachgesucht werden.

(4) [1]Bei der Wahrnehmung von Geschäften nach Absatz 1 Satz 1 Nr. 5 entscheidet über Einwendungen gegen Maßnahmen des Urkundsbeamten der Geschäftsstelle der Rechtspfleger, an dessen Stelle der Urkundsbeamte tätig geworden ist. [2]Er kann dem Urkundsbeamten Weisungen erteilen. [3]Die Befugnisse des Behördenleiters aus den §§ 145, 146 des Gerichtsverfassungsgesetzes bleiben unberührt.

§ 37 Rechtspflegergeschäfte nach Landesrecht. Die Länder können Aufgaben, die den Gerichten durch landesrechtliche Vorschriften zugewiesen sind, auf den Rechtspfleger übertragen.

§ 38 (nicht abgedruckt)

§ 39 Überleitungsvorschrift. Für die Anfechtung von Entscheidungen des Rechtspflegers gelten die §§ 11 und 23 Abs. 2 in der vor dem 1. Oktober 1998 geltenden Fassung, wenn die anzufechtende Entscheidung vor diesem Datum verkündet oder, wenn eine Verkündung nicht stattgefunden hat, der Geschäftsstelle übergeben worden ist.

§ 40 Inkrafttreten.

10. Gesetz über den Vollzug der Freiheitsstrafe und der freiheitsentziehenden Maßregeln der Besserung und Sicherung – Strafvollzugsgesetz (StVollzG) –[1)]

Vom 16. März 1976 (BGBl. I S. 581, ber. S. 2088 und 1977 I S. 436), zuletzt geändert durch Gesetz vom 29. 7. 2009 (BGBl. I S. 2274)

BGBl. III/FNA 312-9-1

(Auszug)

§ 1 [Anwendungsbereich]. Dieses Gesetz regelt den Vollzug der Freiheitsstrafe in Justizvollzugsanstalten und der freiheitsentziehenden Maßregeln der Besserung und Sicherung.

[1)] Mit Ges vom 28. 8. 2006 (BGBl. I 2034) wurde die Gesetzgebungskompetenz für den Strafvollzug auf die Länder übertragen. Das StVollzG gilt nach Art. 125 a I GG als partikulares Bundesrecht fort, *soweit es nicht durch* Landesrecht ersetzt wird. Von der Gesetzgebungskompetenz haben bisher Baden-Württemberg, Bayern, Hamburg und Niedersachsen Gebrauch gemacht, die jeweils einheitliche Gesetze zum Erwachsenen- und Jugendstrafvollzug erlassen haben. Eine Übersicht über die Jugendstrafvollzugsgesetze der Bundesländer gibt Eisenberg NStZ **08**, 250, vgl dazu auch Diemer/Schoreit/Sonnen Einl JStVollzG.

§ 23 Grundsatz. [1]Der Gefangene hat das Recht, mit Personen außerhalb der Anstalt im Rahmen der Vorschriften dieses Gesetzes zu verkehren. [2]Der Verkehr mit Personen außerhalb der Anstalt ist zu fördern.

§ 24 Recht auf Besuch. (1) [1]Der Gefangene darf regelmäßig Besuch empfangen. [2]Die Gesamtdauer beträgt mindestens eine Stunde im Monat. [3]Das Weitere regelt die Hausordnung.

(2) Besuche sollen darüber hinaus zugelassen werden, wenn sie die Behandlung oder Eingliederung des Gefangenen fördern oder persönlichen, rechtlichen oder geschäftlichen Angelegenheiten dienen, die nicht vom Gefangenen schriftlich erledigt, durch Dritte wahrgenommen oder bis zur Entlassung des Gefangenen aufgeschoben werden können.

(3) Aus Gründen der Sicherheit kann ein Besuch davon abhängig gemacht werden, dass sich der Besucher durchsuchen lässt.

§ 25 Besuchsverbot. Der Anstaltsleiter kann Besuche untersagen,
1. wenn die Sicherheit oder Ordnung der Anstalt gefährdet würde,
2. bei Besuchern, die nicht Angehörige des Gefangenen im Sinne des Strafgesetzbuches sind, wenn zu befürchten ist, dass sie einen schädlichen Einfluss auf den Gefangenen haben oder seine Eingliederung behindern würden.

§ 26 Besuche von Verteidigern, Rechtsanwälten und Notaren. [1]Besuche von Verteidigern sowie von Rechtsanwälten oder Notaren in einer den Gefangenen betreffenden Rechtssache sind zu gestatten. [2]§ 24 Abs. 3 gilt entsprechend. [3]Eine inhaltliche Überprüfung der vom Verteidiger mitgeführten Schriftstücke und sonstigen Unterlagen ist nicht zulässig. [4]§ 29 Abs. 1 Satz 2 und 3 bleibt unberührt.

§ 27 Überwachung der Besuche. (1) [1]Die Besuche dürfen aus Gründen der Behandlung oder der Sicherheit oder Ordnung der Anstalt überwacht werden, es sei denn, es liegen im Einzelfall Erkenntnisse dafür vor, dass es der Überwachung nicht bedarf. [2]Die Unterhaltung darf nur überwacht werden, soweit dies im Einzelfall aus diesen Gründen erforderlich ist.

(2) [1]Ein Besuch darf abgebrochen werden, wenn Besucher oder Gefangene gegen die Vorschriften dieses Gesetzes oder die auf Grund dieses Gesetzes getroffenen Anordnungen trotz Abmahnung verstoßen. [2]Die Abmahnung unterbleibt, wenn es unerlässlich ist, den Besuch sofort abzubrechen.

(3) Besuche von Verteidigern werden nicht überwacht.

(4) [1]Gegenstände dürfen beim Besuch nur mit Erlaubnis übergeben werden. [2]Dies gilt nicht für die bei dem Besuch des Verteidigers übergebenen Schriftstücke und sonstigen Unterlagen sowie für die bei dem Besuch eines Rechtsanwalts oder Notars zur Erledigung einer den Gefangenen betreffenden Rechtssache übergebenen Schriftstücke und sonstigen Unterlagen; bei dem Besuch eines Rechtsanwalts oder Notars kann die Übergabe aus Gründen der Sicherheit oder Ordnung der Anstalt von der Erlaubnis abhängig gemacht werden. [3]§ 29 Abs. 1 Satz 2 und 3 bleibt unberührt.

§ 28 Recht auf Schriftwechsel. (1) Der Gefangene hat das Recht, unbeschränkt Schreiben abzusenden und zu empfangen.

(2) Der Anstaltsleiter kann den Schriftwechsel mit bestimmten Personen untersagen,
1. wenn die Sicherheit oder Ordnung der Anstalt gefährdet würde,
2. bei Personen, die nicht Angehörige des Gefangenen im Sinne des Strafgesetzbuches sind, wenn zu befürchten ist, dass der Schriftwechsel einen schädlichen Einfluss auf den Gefangenen haben oder seine Eingliederung behindern würde.

§ 29 Überwachung des Schriftwechsels. (1) [1]Der Schriftwechsel des Gefangenen mit seinem Verteidiger wird nicht überwacht. [2]Liegt dem Vollzug der Freiheitsstrafe eine Straftat nach § 129a, auch in Verbindung mit § 129b Abs. 1, des Strafgesetzbuches zugrunde, gelten § 148 Abs. 2, § 148a der Strafprozessordnung entsprechend; dies gilt nicht, wenn der Gefangene sich in einer Einrichtung des offenen Vollzuges befindet oder wenn ihm Lockerungen des Vollzuges gemäß § 11 Abs. 1 Nr. 1 oder 2 zweiter Halbsatz oder Urlaub gemäß § 13 oder § 15 Abs. 3 gewährt worden sind und ein Grund, der den Anstaltsleiter nach § 14 Abs. 2 zum Widerruf oder zur Zurücknahme von Lockerungen und Urlaub ermächtigt, nicht vorliegt. [3] Satz 2 gilt auch, wenn gegen einen Strafgefangenen im Anschluss an die dem Vollzug der Freiheitsstrafe zu Grunde liegende Verurteilung eine Freiheitsstrafe wegen einer Straftat nach § 129 a, auch in Verbindung mit § 129 b Abs. 1, des Strafgesetzbuches zu vollstrecken ist.

(2) [1] Nicht überwacht werden ferner Schreiben des Gefangenen an Volksvertretungen des Bundes und der Länder sowie an deren Mitglieder, soweit die Schreiben an die Anschriften dieser Volksvertretungen gerichtet sind und den Absender zutreffend angeben. [2] Entsprechendes gilt für Schreiben an das Europäische Parlament und dessen Mitglieder, den Europäischen Gerichtshof für Menschenrechte, die Europäische Kommission für Menschenrechte, den Europäischen Ausschuss zur Verhütung von Folter und unmenschlicher oder erniedrigender Behandlung oder Strafe und die Datenschutzbeauftragten des Bundes und der Länder. [3] Schreiben der in den Sätzen 1 und 2 genannten Stellen, die an den Gefangenen gerichtet sind, werden nicht überwacht, sofern die Identität des Absenders zweifelsfrei feststeht.

(3) Der übrige Schriftwechsel darf überwacht werden, soweit es aus Gründen der Behandlung oder der Sicherheit oder Ordnung der Anstalt erforderlich ist.

§ 30 Weiterleitung von Schreiben. Aufbewahrung. (1) Der Gefangene hat Absendung und Empfang seiner Schreiben durch die Anstalt zu vermitteln zu lassen, soweit nichts anderes gestattet ist.

(2) Eingehende und ausgehende Schreiben sind unverzüglich weiterzuleiten.

(3) Der Gefangene hat eingehende Schreiben unverschlossen zu verwahren, sofern nichts anderes gestattet wird; er kann sie verschlossen zu seiner Habe geben.

§ 31 Anhalten von Schreiben. (1) Der Anstaltsleiter kann Schreiben anhalten,

1. wenn das Ziel des Vollzuges oder die Sicherheit oder Ordnung der Anstalt gefährdet würde,
2. wenn die Weitergabe in Kenntnis ihres Inhalts einen Straf- oder Bußgeldtatbestand verwirklichen würde,
3. wenn sie grob unrichtige oder erheblich entstellende Darstellungen von Anstaltsverhältnissen enthalten,
4. wenn sie grobe Beleidigungen enthalten,
5. wenn sie die Eingliederung eines anderen Gefangenen gefährden können oder
6. wenn sie in Geheimschrift, unlesbar, unverständlich oder ohne zwingenden Grund in einer fremden Sprache abgefasst sind.

(2) Ausgehenden Schreiben, die unrichtige Darstellungen enthalten, kann ein Begleitschreiben beigefügt werden, wenn der Gefangene auf der Absendung besteht.

(3) [1] Ist ein Schreiben angehalten worden, wird das dem Gefangenen mitgeteilt. [2] Angehaltene Schreiben werden an den Absender zurückgegeben oder, sofern dies unmöglich oder aus besonderen Gründen untunlich ist, behördlich verwahrt.

(4) Schreiben, deren Überwachung nach § 29 Abs. 1 und 2 ausgeschlossen ist, dürfen nicht angehalten werden.

§ 32 Ferngespräche und Telegramme. [1] Dem Gefangenen kann gestattet werden, Ferngespräche zu führen oder Telegramme aufzugeben. [2] Im Übrigen gelten für Ferngespräche die Vorschriften über den Besuch und für Telegramme die Vorschriften über den Schriftwechsel entsprechend. [3] Ist die Überwachung der fernmündlichen Unterhaltung erforderlich, ist die beabsichtigte Überwachung dem Gesprächspartner des Gefangenen unmittelbar nach Herstellung der Verbindung durch die Vollzugsbehörde oder den Gefangenen mitzuteilen. [4] Der Gefangene ist rechtzeitig vor Beginn der fernmündlichen Unterhaltung über die beabsichtigte Überwachung und die Mitteilungspflicht nach Satz 3 zu unterrichten.

§ 33 Pakete. (1) [1]Der Gefangene darf dreimal jährlich in angemessenen Abständen ein Paket mit Nahrungs- und Genussmitteln empfangen. [2]Die Vollzugsbehörde kann Zeitpunkt und Höchstmengen für die Sendung und für einzelne Gegenstände festsetzen. [3]Der Empfang weiterer Pakete oder solcher mit anderem Inhalt bedarf ihrer Erlaubnis. [4]Für den Ausschluss von Gegenständen gilt § 22 Abs. 2 entsprechend.

(2) [1]Pakete sind in Gegenwart des Gefangenen zu öffnen. [2]Ausgeschlossene Gegenstände können zu seiner Habe genommen oder dem Absender zurückgesandt werden. [3]Nicht ausgehändigte Gegenstände, durch die bei der Versendung oder Aufbewahrung Personen verletzt oder Sachschäden verursacht werden können, dürfen vernichtet werden. [4]Die hiernach getroffenen Maßnahmen werden dem Gefangenen eröffnet.

(3) Der Empfang von Paketen kann vorübergehend versagt werden, wenn dies wegen Gefährdung der Sicherheit oder Ordnung der Anstalt unerlässlich ist.

(4) [1]Dem Gefangenen kann gestattet werden, Pakete zu versenden. [2]Die Vollzugsbehörde kann ihren Inhalt aus Gründen der Sicherheit oder Ordnung der Anstalt überprüfen.

§ 34 *(aufgehoben)*

§ 35 Urlaub, Ausgang und Ausführung aus wichtigem Anlass. (1) [1]Aus wichtigem Anlass kann der Anstaltsleiter dem Gefangenen Ausgang gewähren oder ihn bis zu sieben Tagen beurlauben; der Urlaub aus anderem wichtigen Anlass als wegen einer lebensgefährlichen Erkrankung oder wegen des Todes eines Angehörigen darf sieben Tage im Jahr nicht übersteigen. [2]§ 11 Abs. 2, § 13 Abs. 5 und § 14 gelten entsprechend.

(2) Der Urlaub nach Absatz 1 wird nicht auf den regelmäßigen Urlaub angerechnet.

(3) [1]Kann Ausgang oder Urlaub aus den in § 11 Abs. 2 genannten Gründen nicht gewährt werden, kann der Anstaltsleiter den Gefangenen ausführen lassen. [2]Die Aufwendungen hierfür hat der Gefangene zu tragen. [3]Der Anspruch ist nicht geltend zu machen, wenn dies die Behandlung oder die Eingliederung behindern würde.

§ 36 Gerichtliche Termine. (1) [1]Der Anstaltsleiter kann einem Gefangenen zur Teilnahme an einem gerichtlichen Termin Ausgang oder Urlaub erteilen, wenn anzunehmen ist, dass er der Ladung folgt und keine Entweichungs- oder Missbrauchsgefahr (§ 11 Abs. 2) besteht. [2]§ 13 Abs. 5 und § 14 gelten entsprechend.

(2) [1]Wenn ein Gefangener zu einem gerichtlichen Termin geladen ist und Ausgang oder Urlaub nicht gewährt wird, lässt der Anstaltsleiter ihn mit seiner Zustimmung zu dem Termin ausführen, sofern wegen Entweichungs- oder Missbrauchsgefahr (§ 11 Abs. 2) keine überwiegenden Gründe entgegenstehen. [2]Auf Ersuchen eines Gerichts lässt er den Gefangenen vorführen, sofern ein Vorführungsbefehl vorliegt.

(3) Die Vollzugsbehörde unterrichtet das Gericht über das Veranlasste.

§ 43 Arbeitsentgelt, Arbeitsurlaub und Anrechnung der Freistellung auf den Entlassungszeitpunkt. (1) Die Arbeit des Gefangenen wird anerkannt durch Arbeitsentgelt und eine Freistellung von der Arbeit, die auch als Urlaub aus der Haft (Arbeitsurlaub) genutzt oder auf den Entlassungszeitpunkt angerechnet werden kann.

(2) [1]Übt der Gefangene eine zugewiesene Arbeit, sonstige Beschäftigung oder eine Hilfstätigkeit nach § 41 Abs. 1 Satz 2 aus, so erhält er ein Arbeitsentgelt. [2]Der Bemessung des Arbeitsentgelts ist der in § 200 bestimmte Satz der Bezugsgröße nach § 18 des Vierten Buches Sozialgesetzbuch zu Grunde zu legen (Eckvergütung). [3]Ein Tagessatz ist der zweihundertfünfzigste Teil der Eckvergütung; das Arbeitsentgelt kann nach einem Stundensatz bemessen werden.

(3) [1]Das Arbeitsentgelt kann je nach Leistung des Gefangenen und der Art der Arbeit gestuft werden. [2]75 vom Hundert der Eckvergütung dürfen nur dann unterschritten werden, wenn die Arbeitsleistungen des Gefangenen den Mindestanforderungen nicht genügen.

(4) Übt ein Gefangener zugewiesene arbeitstherapeutische Beschäftigung aus, erhält er ein Arbeitsentgelt, soweit dies der Art seiner Beschäftigung und seiner Arbeitsleistung entspricht.

(5) Das Arbeitsentgelt ist dem Gefangenen schriftlich bekannt zu geben.

(6) [1] Hat der Gefangene zwei Monate lang zusammenhängend eine zugewiesene Tätigkeit nach § 37 oder eine Hilfstätigkeit nach § 41 Abs. 1 Satz 2 ausgeübt, so wird er auf seinen Antrag hin einen Werktag von der Arbeit freigestellt. [2] Die Regelung des § 42 bleibt unberührt. [3] Durch Zeiten, in denen der Gefangene ohne sein Verschulden durch Krankheit, Ausführung, Ausgang, Urlaub aus der Haft, Freistellung von der Arbeitspflicht oder sonstige nicht von ihm zu vertretende Gründe an der Arbeitsleistung gehindert ist, wird die Frist nach Satz 1 gehemmt. [4] Beschäftigungszeiträume von weniger als zwei Monaten bleiben unberücksichtigt.

(7) [1] Der Gefangene kann beantragen, dass die Freistellung nach Absatz 6 in Form von Urlaub aus der Haft gewährt wird (Arbeitsurlaub). [2] § 11 Abs. 2, § 13 Abs. 2 bis 5 und § 14 gelten entsprechend.

(8) § 42 Abs. 3 gilt entsprechend.

(9) Stellt der Gefangene keinen Antrag nach Absatz 6 Satz 1 oder Absatz 7 Satz 1 oder kann die Freistellung nach Maßgabe der Regelung des Absatzes 7 Satz 2 nicht gewährt werden, so wird die Freistellung nach Absatz 6 Satz 1 von der Anstalt auf den Entlassungszeitpunkt des Gefangenen angerechnet.

(10) Eine Anrechnung nach Absatz 9 ist ausgeschlossen,

1. soweit eine lebenslange Freiheitsstrafe oder Sicherungsverwahrung verbüßt wird und ein Entlassungszeitpunkt noch nicht bestimmt ist,
2. bei einer Aussetzung der Vollstreckung des Restes einer Freiheitsstrafe oder einer Sicherungsverwahrung zur Bewährung, soweit wegen des von der Entscheidung des Gerichts bis zur Entlassung verbleibenden Zeitraums eine Anrechnung nicht mehr möglich ist,
3. wenn dies vom Gericht angeordnet wird, weil bei einer Aussetzung der Vollstreckung des Restes einer Freiheitsstrafe oder einer Sicherungsverwahrung zur Bewährung die Lebensverhältnisse des Gefangenen oder die Wirkungen, die von der Aussetzung für ihn zu erwarten sind, die Vollstreckung bis zu einem bestimmten Zeitpunkt erfordern,
4. wenn nach § 456a Abs. 1 der Strafprozessordnung von der Vollstreckung abgesehen wird,
5. wenn der Gefangene im Gnadenwege aus der Haft entlassen wird.

(11) [1] Soweit eine Anrechnung nach Absatz 10 ausgeschlossen ist, erhält der Gefangene bei seiner Entlassung für seine Tätigkeit nach Absatz 2 als Ausgleichsentschädigung zusätzlich 15 vom Hundert des ihm nach den Absätzen 2 und 3 gewährten Entgelts oder der ihm nach § 44 gewährten Ausbildungsbeihilfe. [2] Der Anspruch entsteht erst mit der Entlassung; vor der Entlassung ist der Anspruch nicht verzinslich, nicht abtretbar und nicht vererblich. [3] Einem Gefangenen, bei dem eine Anrechnung nach Absatz 10 Nr. 1 ausgeschlossen ist, wird die Ausgleichszahlung bereits nach Verbüßung von jeweils zehn Jahren der lebenslangen Freiheitsstrafe oder Sicherungsverwahrung zum Eigengeld (§ 52) gutgeschrieben, soweit er nicht vor diesem Zeitpunkt entlassen wird; § 57 Abs. 4 des Strafgesetzbuches gilt entsprechend.

§ 87 Festnahmerecht. (1) Ein Gefangener, der entwichen ist oder sich sonst ohne Erlaubnis außerhalb der Anstalt aufhält, kann durch die Vollzugsbehörde oder auf ihre Veranlassung hin festgenommen und in die Anstalt zurückgebracht werden.

(2) Nach § 86 Abs. 1 erhobene und nach §§ 86a, 179 erhobene und zur Identifizierung oder Festnahme erforderliche Daten dürfen den Vollstreckungs- und Strafverfolgungsbehörden übermittelt werden, soweit dies für Zwecke der Fahndung und Festnahme des entwichenen oder sich sonst ohne Erlaubnis außerhalb der Anstalt aufhaltenden Gefangenen erforderlich ist.

§ 94 Allgemeine Voraussetzungen. (1) Bedienstete der Justizvollzugsanstalten dürfen unmittelbaren Zwang anwenden, wenn sie Vollzugs- und Sicherungsmaßnahmen rechtmäßig durchführen und der damit verfolgte Zweck auf keine andere Weise erreicht werden kann.

(2) Gegen andere Personen als Gefangene darf unmittelbarer Zwang angewendet werden, wenn sie es unternehmen, Gefangene zu befreien oder in den Anstaltsbereich widerrechtlich einzudringen, oder wenn sie sich unbefugt darin aufhalten.

(3) Das Recht zu unmittelbarem Zwang auf Grund anderer Regelungen bleibt unberührt.

§ 95 Begriffsbestimmungen. (1) Unmittelbarer Zwang ist die Einwirkung auf Personen oder Sachen durch körperliche Gewalt, ihre Hilfsmittel und durch Waffen.

(2) Körperliche Gewalt ist jede unmittelbare körperliche Einwirkung auf Personen oder Sachen.

(3) Hilfsmittel der körperlichen Gewalt sind namentlich Fesseln.

(4) Waffen sind die dienstlich zugelassenen Hieb- und Schusswaffen sowie Reizstoffe.

§ 96 Grundsatz der Verhältnismäßigkeit. (1) Unter mehreren möglichen und geeigneten Maßnahmen des unmittelbaren Zwanges sind diejenigen zu wählen, die den Einzelnen und die Allgemeinheit voraussichtlich am wenigsten beeinträchtigen.

(2) Unmittelbarer Zwang unterbleibt, wenn ein durch ihn zu erwartender Schaden erkennbar außer Verhältnis zu dem angestrebten Erfolg steht.

§ 97 Handeln auf Anordnung. (1) Wird unmittelbarer Zwang von einem Vorgesetzten oder einer sonst befugten Person angeordnet, sind Vollzugsbedienstete verpflichtet, ihn anzuwenden, es sei denn, die Anordnung verletzt die Menschenwürde oder ist nicht zu dienstlichen Zwecken erteilt worden.

(2) [1] Die Anordnung darf nicht befolgt werden, wenn dadurch eine Straftat begangen würde. [2] Befolgt der Vollzugsbedienstete sie trotzdem, trifft ihn eine Schuld nur, wenn er erkennt oder wenn es nach den ihm bekannten Umständen offensichtlich ist, dass dadurch eine Straftat begangen wird.

(3) [1] Bedenken gegen die Rechtmäßigkeit der Anordnung hat der Vollzugsbedienstete dem Anordnenden gegenüber vorzubringen, soweit das nach den Umständen möglich ist. [2] Abweichende Vorschriften des allgemeinen Beamtenrechts über die Mitteilung solcher Bedenken an einen Vorgesetzten (§ 36 Abs. 2 und 3 des Beamtenstatusgesetzes) sind nicht anzuwenden.

§ 98 Androhung. [1] Unmittelbarer Zwang ist vorher anzudrohen. [2] Die Androhung darf nur dann unterbleiben, wenn die Umstände sie nicht zulassen oder unmittelbarer Zwang sofort angewendet werden muss, um eine rechtswidrige Tat, die den Tatbestand eines Strafgesetzes erfüllt, zu verhindern oder eine gegenwärtige Gefahr abzuwenden.

§ 99 Allgemeine Vorschriften für den Schusswaffengebrauch. (1) [1] Schusswaffen dürfen nur gebraucht werden, wenn andere Maßnahmen des unmittelbaren Zwanges bereits erfolglos waren oder keinen Erfolg versprechen. [2] Gegen Personen ist ihr Gebrauch nur zulässig, wenn der Zweck nicht durch Waffenwirkung gegen Sachen erreicht wird.

(2) [1] Schusswaffen dürfen nur die dazu bestimmten Vollzugsbediensteten gebrauchen und nur, um angriffs- oder fluchtunfähig zu machen. [2] Ihr Gebrauch unterbleibt, wenn dadurch erkennbar Unbeteiligte mit hoher Wahrscheinlichkeit gefährdet würden.

(3) [1] Der Gebrauch von Schusswaffen ist vorher anzudrohen. [2] Als Androhung gilt auch ein Warnschuss. [3] Ohne Androhung dürfen Schusswaffen nur dann gebraucht werden, wenn das zur Abwehr einer gegenwärtigen Gefahr für Leib oder Leben erforderlich ist.

§ 100 Besondere Vorschriften für den Schusswaffengebrauch. (1) [1] Gegen Gefangene dürfen Schusswaffen gebraucht werden,

1. wenn sie eine Waffe oder ein anderes gefährliches Werkzeug trotz wiederholter Aufforderung nicht ablegen,
2. wenn sie eine Meuterei (§ 121 des Strafgesetzbuches) unternehmen oder
3. um ihre Flucht zu vereiteln oder um sie wieder zu ergreifen.

[2] Um die Flucht aus einer offenen Anstalt zu vereiteln, dürfen keine Schusswaffen gebraucht werden.

(2) Gegen andere Personen dürfen Schusswaffen gebraucht werden, wenn sie es unternehmen, Gefangene gewaltsam zu befreien oder gewaltsam in eine Anstalt einzudringen.

§ 101 Zwangsmaßnahmen auf dem Gebiet der Gesundheitsfürsorge. (1) [1] Medizinische Untersuchung und Behandlung sowie Ernährung sind zwangsweise nur bei Lebensgefahr, bei schwer wiegender Gefahr für die Gesundheit des Gefangenen oder bei Gefahr für die Gesundheit anderer Personen zulässig; die Maßnahmen müssen für die Beteiligten zumutbar und dürfen nicht mit erheblicher Gefahr für Leben oder Gesundheit des Gefangenen verbunden sein. [2] Zur Durchführung der Maßnahmen ist die Vollzugsbehörde nicht verpflichtet, solange von einer freien Willensbestimmung des Gefangenen ausgegangen werden kann.

(2) Zum Gesundheitsschutz und zur Hygiene ist die zwangsweise körperliche Untersuchung außer im Falle des Absatzes 1 zulässig, wenn sie nicht mit einem körperlichen Eingriff verbunden ist.

(3) Die Maßnahmen dürfen nur auf Anordnung und unter Leitung eines Arztes durchgeführt werden, unbeschadet der Leistung erster Hilfe für den Fall, dass ein Arzt nicht rechtzeitig erreichbar und mit einem Aufschub Lebensgefahr verbunden ist.

§ 108 Beschwerderecht. (1) [1] Der Gefangene erhält Gelegenheit, sich mit Wünschen, Anregungen und Beschwerden in Angelegenheiten, die ihn selbst betreffen, an den Anstaltsleiter zu wenden. [2] Regelmäßige Sprechstunden sind einzurichten.

(2) Besichtigt ein Vertreter der Aufsichtsbehörde die Anstalt, so ist zu gewährleisten, dass ein Gefangener sich in Angelegenheiten, die ihn selbst betreffen, an ihn wenden kann.

(3) Die Möglichkeit der Dienstaufsichtsbeschwerde bleibt unberührt.

§ 109 Antrag auf gerichtliche Entscheidung. (1) [1] Gegen eine Maßnahme zur Regelung einzelner Angelegenheiten auf dem Gebiete des Strafvollzuges kann gerichtliche Entscheidung beantragt werden. [2] Mit dem Antrag kann auch die Verpflichtung zum Erlass einer abgelehnten oder unterlassenen Maßnahme begehrt werden.

(2) Der Antrag auf gerichtliche Entscheidung ist nur zulässig, wenn der Antragsteller geltend macht, durch die Maßnahme oder ihre Ablehnung oder Unterlassung in seinen Rechten verletzt zu sein.

(3) Das Landesrecht kann vorsehen, dass der Antrag erst nach vorausgegangenem Verwaltungsvorverfahren gestellt werden kann.

§ 110 Zuständigkeit. [1] Über den Antrag entscheidet die Strafvollstreckungskammer, in deren Bezirk die beteiligte Vollzugsbehörde ihren Sitz hat. [2] Durch die Entscheidung in einem Verwaltungsvorverfahren nach § 109 Abs. 3 ändert sich die Zuständigkeit der Strafvollstreckungskammer nicht.

§ 111 Beteiligte. (1) Beteiligte des gerichtlichen Verfahrens sind

1. der Antragsteller,
2. die Vollzugsbehörde, die die angefochtene Maßnahme angeordnet oder die beantragte abgelehnt oder unterlassen hat.

(2) In dem Verfahren vor dem Oberlandesgericht oder dem Bundesgerichtshof ist Beteiligte nach Absatz 1 Nr. 2 die zuständige Aufsichtsbehörde.

§ 112 Antragsfrist. Wiedereinsetzung. (1) [1]Der Antrag muss binnen zwei Wochen nach Zustellung oder schriftlicher Bekanntgabe der Maßnahme oder ihrer Ablehnung schriftlich oder zur Niederschrift der Geschäftsstelle des Gerichts gestellt werden. [2]Soweit ein Verwaltungsvorverfahren (§ 109 Abs. 3) durchzuführen ist, beginnt die Frist mit der Zustellung oder schriftlichen Bekanntgabe des Widerspruchsbescheides.

(2) War der Antragsteller ohne Verschulden verhindert, die Frist einzuhalten, so ist ihm auf Antrag Wiedereinsetzung in den vorigen Stand zu gewähren.

(3) [1]Der Antrag auf Wiedereinsetzung ist binnen zwei Wochen nach Wegfall des Hindernisses zu stellen. [2]Die Tatsachen zur Begründung des Antrags sind bei der Antragstellung oder im Verfahren über den Antrag glaubhaft zu machen. [3]Innerhalb der Antragsfrist ist die versäumte Rechtshandlung nachzuholen. [4]Ist dies geschehen, so kann die Wiedereinsetzung auch ohne Antrag gewährt werden.

(4) Nach einem Jahr seit dem Ende der versäumten Frist ist der Antrag auf Wiedereinsetzung unzulässig, außer wenn der Antrag vor Ablauf der Jahresfrist infolge höherer Gewalt unmöglich war.

§ 113 Vornahmeantrag. (1) Wendet sich der Antragsteller gegen das Unterlassen einer Maßnahme, kann der Antrag auf gerichtliche Entscheidung nicht vor Ablauf von drei Monaten seit dem Antrag auf Vornahme der Maßnahme gestellt werden, es sei denn, dass eine frühere Anrufung des Gerichts wegen besonderer Umstände des Falles geboten ist.

(2) [1]Liegt ein zureichender Grund dafür vor, dass die beantragte Maßnahme noch nicht erlassen ist, so setzt das Gericht das Verfahren bis zum Ablauf einer von ihm bestimmten Frist aus. [2]Die Frist kann verlängert werden. [3]Wird die beantragte Maßnahme in der gesetzten Frist erlassen, so ist der Rechtsstreit in der Hauptsache erledigt.

(3) Der Antrag nach Absatz 1 ist nur bis zum Ablauf eines Jahres seit der Stellung des Antrags auf Vornahme der Maßnahme zulässig, außer wenn die Antragstellung vor Ablauf der Jahresfrist infolge höherer Gewalt unmöglich war oder unter den besonderen Verhältnissen des Einzelfalles unterblieben ist.

§ 114 Aussetzung der Maßnahme. (1) Der Antrag auf gerichtliche Entscheidung hat keine aufschiebende Wirkung.

(2) [1]Das Gericht kann den Vollzug der angefochtenen Maßnahme aussetzen, wenn die Gefahr besteht, dass die Verwirklichung eines Rechts des Antragstellers vereitelt oder wesentlich erschwert wird und ein höher zu bewertendes Interesse an dem sofortigen Vollzug nicht entgegensteht. [2]Das Gericht kann auch eine einstweilige Anordnung erlassen; § 123 Abs. 1 der Verwaltungsgerichtsordnung ist entsprechend anzuwenden. [3]Die Entscheidungen sind nicht anfechtbar; sie können vom Gericht jederzeit geändert oder aufgehoben werden.

(3) Der Antrag auf eine Entscheidung nach Absatz 2 ist schon vor Stellung des Antrags auf gerichtliche Entscheidung zulässig.

§ 115 Gerichtliche Entscheidung. (1) [1]Das Gericht entscheidet ohne mündliche Verhandlung durch Beschluss. [2]Der Beschluss stellt den Sach- und Streitstand seinem wesentlichen Inhalt nach gedrängt zusammen. [3]Wegen der Einzelheiten soll auf bei den Gerichtsakten befindliche Schriftstücke, die nach Herkunft und Datum genau zu bezeichnen sind, verwiesen werden, soweit sich aus ihnen der Sach- und Streitstand ausreichend ergibt. [4]Das Gericht kann von einer Darstellung der Entscheidungsgründe absehen, soweit es der Begründung der angefochtenen Entscheidung folgt und dies in seiner Entscheidung feststellt.

(2) [1] Soweit die Maßnahme rechtswidrig und der Antragsteller dadurch in seinen Rechten verletzt ist, hebt das Gericht die Maßnahme und, soweit ein Verwaltungsvorverfahren vorhergegangen ist, den Widerspruchsbescheid auf. [2] Ist die Maßnahme schon vollzogen, kann das Gericht auch aussprechen, dass und wie die Vollzugsbehörde die Vollziehung rückgängig zu machen hat, soweit die Sache spruchreif ist.

(3) Hat sich die Maßnahme vorher durch Zurücknahme oder anders erledigt, spricht das Gericht auf Antrag aus, dass die Maßnahme rechtswidrig gewesen ist, wenn der Antragsteller ein berechtigtes Interesse an dieser Feststellung hat.

(4) [1] Soweit die Ablehnung oder Unterlassung der Maßnahme rechtswidrig und der Antragsteller dadurch in seinen Rechten verletzt ist, spricht das Gericht die Verpflichtung der Vollzugsbehörde aus, die beantragte Amtshandlung vorzunehmen, wenn die Sache spruchreif ist. [2] Anderenfalls spricht es die Verpflichtung aus, den Antragsteller unter Beachtung der Rechtsauffassung des Gerichts zu bescheiden.

(5) Soweit die Vollzugsbehörde ermächtigt ist, nach ihrem Ermessen zu handeln, prüft das Gericht auch, ob die Maßnahme oder ihre Ablehnung oder Unterlassung rechtswidrig ist, weil die gesetzlichen Grenzen des Ermessens überschritten sind oder von dem Ermessen in einer dem Zweck der Ermächtigung nicht entsprechenden Weise Gebrauch gemacht ist.

§ 116 Rechtsbeschwerde. (1) Gegen die gerichtliche Entscheidung der Strafvollstreckungskammer ist die Rechtsbeschwerde zulässig, wenn es geboten ist, die Nachprüfung zur Fortbildung des Rechts oder zur Sicherung einer einheitlichen Rechtsprechung zu ermöglichen.

(2) [1] Die Rechtsbeschwerde kann nur darauf gestützt werden, dass die Entscheidung auf einer Verletzung des Gesetzes beruhe. [2] Das Gesetz ist verletzt, wenn eine Rechtsnorm nicht oder nicht richtig angewendet worden ist.

(3) [1] Die Rechtsbeschwerde hat keine aufschiebende Wirkung. [2] § 114 Abs. 2 gilt entsprechend.

(4) Für die Rechtsbeschwerde gelten die Vorschriften der Strafprozessordnung über die Beschwerde entsprechend, soweit dieses Gesetz nichts anderes bestimmt.

§ 117 Zuständigkeit für die Rechtsbeschwerde. Über die Rechtsbeschwerde entscheidet ein Strafsenat des Oberlandesgerichts, in dessen Bezirk die Strafvollstreckungskammer ihren Sitz hat.

§ 118 Form. Frist. Begründung. (1) [1] Die Rechtsbeschwerde muss bei dem Gericht, dessen Entscheidung angefochten wird, binnen eines Monats nach Zustellung der gerichtlichen Entscheidung eingelegt werden. [2] In dieser Frist ist außerdem die Erklärung abzugeben, inwieweit die Entscheidung angefochten und ihre Aufhebung beantragt wird. [3] Die Anträge sind zu begründen.

(2) [1] Aus der Begründung muss hervorgehen, ob die Entscheidung wegen Verletzung einer Rechtsnorm über das Verfahren oder wegen Verletzung einer anderen Rechtsnorm angefochten wird. [2] Ersterenfalls müssen die den Mangel enthaltenden Tatsachen angegeben werden.

(3) Der Antragsteller als Beschwerdeführer kann dies nur in einer von einem Rechtsanwalt unterzeichneten Schrift oder zur Niederschrift der Geschäftsstelle tun.

§ 119 Entscheidung über die Rechtsbeschwerde. (1) Der Strafsenat entscheidet ohne mündliche Verhandlung durch Beschluss.

(2) Seiner Prüfung unterliegen nur die Beschwerdeanträge und, soweit die Rechtsbeschwerde auf Mängel des Verfahrens gestützt wird, nur die Tatsachen, die in der Begründung der Rechtsbeschwerde bezeichnet worden sind.

(3) Der Beschluss, durch den die Beschwerde verworfen wird, bedarf keiner Begründung, wenn der Strafsenat die Beschwerde einstimmig für unzulässig oder für offensichtlich unbegründet erachtet.

(4) [1] Soweit die Rechtsbeschwerde für begründet erachtet wird, ist die angefochtene Entscheidung aufzuheben. [2] Der Strafsenat kann an Stelle der Strafvollstreckungskammer entscheiden, wenn die Sache spruchreif ist. [3] Sonst ist die Sache zur neuen Entscheidung an die Strafvollstreckungskammer zurückzuverweisen.

(5) Die Entscheidung des Strafsenats ist endgültig.

§ 120 Entsprechende Anwendung anderer Vorschriften. (1) Soweit sich aus diesem Gesetz nichts anderes ergibt, sind die Vorschriften der Strafprozessordnung entsprechend anzuwenden.

(2) Auf die Bewilligung der Prozesskostenhilfe sind die Vorschriften der Zivilprozessordnung entsprechend anzuwenden.

§ 121 Kosten des Verfahrens. (1) In der das Verfahren abschließenden Entscheidung ist zu bestimmen, von wem die Kosten des Verfahrens und die notwendigen Auslagen zu tragen sind.

(2) [1] Soweit der Antragsteller unterliegt oder seinen Antrag zurücknimmt, trägt er die Kosten des Verfahrens und die notwendigen Auslagen. [2] Hat sich die Maßnahme vor einer Entscheidung nach Absatz 1 in anderer Weise als durch Zurücknahme des Antrags erledigt, so entscheidet das Gericht über die Kosten des Verfahrens und die notwendigen Auslagen nach billigem Ermessen.

(3) Absatz 2 Satz 2 gilt nicht im Falle des § 115 Abs. 3.

(4) Im Übrigen gelten die §§ 464 bis 473 der Strafprozessordnung entsprechend.

(5) Für die Kosten des Verfahrens nach den §§ 109ff. kann auch ein den dreifachen Tagessatz der Eckvergütung nach § 43 Abs. 2 übersteigender Teil des Hausgeldes (§ 47) in Anspruch genommen werden.

§ 122 (aufgehoben)

§ 177 Untersuchungshaft. [1] Übt der Untersuchungsgefangene eine ihm zugewiesene Arbeit, Beschäftigung oder Hilfstätigkeit aus, so erhält er ein nach § 43 Abs. 2 bis 5 zu bemessendes und bekannt zu gebendes Arbeitsentgelt. [2] Der Bemessung des Arbeitsentgelts ist abweichend von § 200 fünf vom Hundert der Bezugsgröße nach § 18 des Vierten Buches Sozialgesetzbuch zu Grunde zu legen (Eckvergütung). [3] § 43 Abs. 6 bis 11 findet keine Anwendung. [4] Für junge und heranwachsende Untersuchungsgefangene gilt § 176 Abs. 1 Satz 1 und 2 entsprechend.

§ 178 [Unmittelbarer Zwang in Justizvollzugsanstalten]. (1) Die §§ 94 bis 101 über den unmittelbaren Zwang gelten nach Maßgabe der folgenden Absätze auch für Justizvollzugsbedienstete außerhalb des Anwendungsbereichs des Strafvollzugsgesetzes (§ 1).

(2) [1] Beim Vollzug des Jugendarrestes, des Strafarrestes sowie der Ordnungs-, Sicherungs-, Zwangs- und Erzwingungshaft dürfen zur Vereitelung einer Flucht oder zur Wiederergreifung (§ 100 Abs. 1 Nr. 3) keine Schusswaffen gebraucht werden. [2] Dies gilt nicht, wenn Strafarrest oder Ordnungs-, Sicherungs-, Zwangs- oder Erzwingungshaft in Unterbrechung einer Untersuchungshaft, einer Strafhaft oder einer Unterbringung im Vollzuge einer freiheitsentziehenden Maßregel der Besserung und Sicherung vollzogen wird.

(3) Das Landesrecht kann, namentlich beim Vollzug der Jugendstrafe, weitere Einschränkungen des Rechtes zum Schusswaffengebrauch vorsehen.

§ 185 Auskunft an den Betroffenen, Akteneinsicht. [1] Der Betroffene erhält nach Maßgabe des § 19 des Bundesdatenschutzgesetzes Auskunft und, soweit eine Auskunft für die Wahrnehmung seiner rechtlichen Interessen nicht ausreicht und er hierfür auf die Einsichtnahme angewiesen ist, Akteneinsicht. [2] An die Stelle des Bundesbeauftragten für den Datenschutz in § 19 Abs. 5 und 6 des Bundesdatenschutzgesetzes tritt der Landesbeauftragte für den Datenschutz, an die Stelle der obersten Bundesbehörde tritt die entsprechende Landesbehörde.

§ 186 Auskunft und Akteneinsicht für wissenschaftliche Zwecke. Für die Auskunft und Akteneinsicht für wissenschaftliche Zwecke gilt § 476 der Strafprozessordnung entsprechend.

11. Gesetz zur Beschränkung des Brief-, Post- und Fernmeldegeheimnisses (Artikel 10-Gesetz – G 10)

Vom 26. Juni 2001 (BGBl. I S. 1254, ber. S. 2298), zuletzt geändert durch Gesetz vom 31. 7. 2009 (BGBl. I S. 2499)

FNA 190–4

Abschnitt 1. Allgemeine Bestimmungen

§ 1 Gegenstand des Gesetzes. (1) Es sind

1. die Verfassungsschutzbehörden des Bundes und der Länder, der Militärische Abschirmdienst und der Bundesnachrichtendienst zur Abwehr von drohenden Gefahren für die freiheitliche demokratische Grundordnung oder den Bestand oder die Sicherheit des Bundes oder eines Landes einschließlich der Sicherheit der in der Bundesrepublik Deutschland stationierten Truppen der nichtdeutschen Vertragsstaaten des Nordatlantikvertrages,
2. der Bundesnachrichtendienst im Rahmen seiner Aufgaben nach § 1 Abs. 2 des BND-Gesetzes auch zu den in § 5 Abs. 1 Satz 3 Nr. 2 bis 7 und § 8 Abs. 1 Satz 1 bestimmten Zwecken

berechtigt, die Telekommunikation zu überwachen und aufzuzeichnen, in den Fällen der Nummer 1 auch die dem Brief- oder Postgeheimnis unterliegenden Sendungen zu öffnen und einzusehen.

(2) Soweit Maßnahmen nach Absatz 1 von Behörden des Bundes durchgeführt werden, unterliegen sie der Kontrolle durch das Parlamentarische Kontrollgremium und durch eine besondere Kommission (G 10-Kommission).

§ 2 Pflichten der Anbieter von Post- und Telekommunikationsdiensten. (1) [1] Wer geschäftsmäßig Postdienste erbringt oder an der Erbringung solcher Dienste mitwirkt, hat der berechtigten Stelle auf Anordnung Auskunft über die näheren Umstände des Postverkehrs zu erteilen und Sendungen, die ihm zum Einsammeln, Weiterleiten oder Ausliefern anvertraut sind, auszuhändigen. [2] Der nach Satz 1 Verpflichtete hat der berechtigten Stelle auf Verlangen die zur Vorbereitung einer Anordnung erforderlichen Auskünfte zu Postfächern zu erteilen, ohne dass es hierzu einer gesonderten Anordnung bedarf. [3] Wer geschäftsmäßig Telekommunikationsdienste erbringt oder an der Erbringung solcher Dienste mitwirkt, hat der berechtigten Stelle auf Anordnung Auskunft über die näheren Umstände der nach Wirksamwerden der Anordnung durchgeführten Telekommunikation zu erteilen, Sendungen, die ihm zur Übermittlung auf dem Telekommunikationsweg anvertraut sind, auszuhändigen sowie die Überwachung und Aufzeichnung der Telekommunikation zu ermöglichen. [4] § 8 a Abs. 2 Satz 1 Nr. 3 und 4 des Bundesverfassungsschutzgesetzes, § 4 a des MAD-Gesetzes und § 2 a des BND-Gesetzes bleiben unberührt. [5] Ob und in welchem Umfang der nach Satz 3 Verpflichtete Vorkehrungen für die technische und organisatorische Umsetzung der Überwachungsmaßnahme zu treffen hat, bestimmt sich nach § 110 des Telekommunikationsgesetzes und der dazu erlassenen Rechtsverordnung.

(2) [1] Der nach Absatz 1 Satz 1 oder 3 Verpflichtete hat vor Durchführung einer beabsichtigten Beschränkungsmaßnahme unverzüglich die Personen, die mit der Durchführung der Maßnahme betraut werden sollen,

1. auszuwählen,
2. einer einfachen Sicherheitsüberprüfung unterziehen zu lassen und
3. über Mitteilungsverbote nach § 17 sowie die Strafbarkeit eines Verstoßes nach § 18 zu belehren; die Belehrung ist aktenkundig zu machen.

[2] Mit der Durchführung einer Beschränkungsmaßnahme dürfen nur Personen betraut werden, die nach Maßgabe des Satzes 1 überprüft und belehrt worden sind. [3] Nach Zustimmung des Bundesministeriums des Innern kann der Behördenleiter der berechtigten Stelle oder dessen Stellvertreter die nach Absatz 1 Satz 1 oder 3 Verpflichteten schriftlich auffordern, die Beschränkungsmaßnahme bereits vor Abschluss der Sicherheitsüberprüfung durchzuführen. [4] Der nach Absatz 1 Satz 1 oder 3 Verpflichtete hat sicherzustellen, dass die Geheimschutzmaßnahmen nach den Abschnitten 1.1 bis 1.4, 1.6, 2.1 und 2.3 bis 2.5 der Anlage 7 zur Allgemeinen Verwaltungsvorschrift zum materiellen und organisatorischen Schutz von Verschlusssachen vom 29. April 1994 (GMBl. S. 674) getroffen werden.

(3) [1] Die Sicherheitsüberprüfung nach Absatz 2 Satz 1 Nr. 2 ist entsprechend dem Sicherheitsüberprüfungsgesetz durchzuführen. [2] Für Beschränkungsmaßnahmen einer Landesbehörde gilt dies nicht, soweit Rechtsvorschriften des Landes vergleichbare Bestimmungen enthalten; in diesem Fall sind die Rechtsvorschriften des Landes entsprechend anzuwenden. [3] Zuständig ist bei Beschränkungsmaßnahmen von Bundesbehörden das Bundesministerium des Innern; im Übrigen sind die nach Landesrecht bestimmten Behörden zuständig. [4] Soll mit der Durchführung einer Beschränkungsmaßnahme eine Person betraut werden, für die innerhalb der letzten fünf Jahre bereits eine gleich- oder höherwertige Sicherheitsüberprüfung nach Bundes- oder Landesrecht durchgeführt worden ist, soll von einer erneuten Sicherheitsüberprüfung abgesehen werden.

Abschnitt 2. Beschränkungen in Einzelfällen

§ 3 Voraussetzungen. (1) [1] Beschränkungen nach § 1 Abs. 1 Nr. 1 dürfen unter den dort bezeichneten Voraussetzungen angeordnet werden, wenn tatsächliche Anhaltspunkte für den Verdacht bestehen, dass jemand

1. Straftaten des Friedensverrats oder des Hochverrats (§§ 80 bis 83 des Strafgesetzbuches),
2. Straftaten der Gefährdung des demokratischen Rechtsstaates (§§ 84 bis 86, 87 bis 89 a des Strafgesetzbuches, § 20 Abs. 1 Nr. 1 bis 4 des Vereinsgesetzes),
3. Straftaten des Landesverrats und der Gefährdung der äußeren Sicherheit (§§ 94 bis 96, 97 a bis 100 a des Strafgesetzbuches),
4. Straftaten gegen die Landesverteidigung (§§ 109 e bis 109 g des Strafgesetzbuches),
5. Straftaten gegen die Sicherheit der in der Bundesrepublik Deutschland stationierten Truppen der nichtdeutschen Vertragsstaaten des Nordatlantikvertrages (§§ 87, 89, 94 bis 96, 98 bis 100, 109 e bis 109 g des Strafgesetzbuches) in Verbindung mit § 1 des NATO-Truppen-Schutzgesetzes,
6. Straftaten nach
   a) den §§ 129 a bis 130 des Strafgesetzbuches sowie
   b) den §§ 211, 212, 239 a, 239 b, 306 bis 306 c, 308 Abs. 1 bis 3, § 315 Abs. 3, § 316 b Abs. 3 und § 316 c Abs. 1 und 3 des Strafgesetzbuches, soweit diese sich gegen die freiheitliche demokratische Grundordnung, den Bestand oder die Sicherheit des Bundes oder eines Landes richten, oder
7. Straftaten nach § 95 Abs. 1 Nr. 8 des Aufenthaltsgesetzes

plant, begeht oder begangen hat. [2] Gleiches gilt, wenn tatsächliche Anhaltspunkte für den Verdacht bestehen, dass jemand Mitglied einer Vereinigung ist, deren Zwecke oder deren Tätigkeit darauf gerichtet sind, Straftaten zu begehen, die gegen die freiheitliche demokratische Grundordnung, den Bestand oder die Sicherheit des Bundes oder eines Landes gerichtet sind.

(1 a) Beschränkungen nach § 1 Abs. 1 Nr. 1 dürfen unter den dort bezeichneten Voraussetzungen für den Bundesnachrichtendienst auch für Telekommunikationsanschlüsse, die sich an Bord deutscher Schiffe außerhalb deutscher Hoheitsgewässer befinden, angeordnet werden, wenn tatsächliche Anhaltspunkte bestehen, dass jemand eine der in § 23 a Abs. 1 und 3 des Zollfahndungsdienstgesetzes genannten Straftaten plant, begeht oder begangen hat.

(2) [1] Die Anordnung ist nur zulässig, wenn die Erforschung des Sachverhalts auf andere Weise aussichtslos oder wesentlich erschwert wäre. [2] Sie darf sich nur gegen den Verdächtigen oder gegen Personen richten, von denen auf Grund bestimmter Tatsachen anzunehmen ist, dass sie für den Verdächtigen bestimmte oder von ihm herrührende Mitteilungen entgegennehmen oder weitergeben oder dass der Verdächtige ihren Anschluss benutzt. [3] Maßnahmen, die sich auf Sendungen beziehen, sind nur hinsichtlich solcher Sendungen zulässig, bei denen Tatsachen die Annahme rechtfertigen, dass sie von dem, gegen den sich die Anordnung richtet, herrühren oder für ihn bestimmt sind. [4] Abgeordnetenpost von Mitgliedern des Deutschen Bundestages und der Parlamente der Länder darf nicht in eine Maßnahme einbezogen werden, die sich gegen einen Dritten richtet.

§ 3 a Schutz des Kernbereichs privater Lebensgestaltung. [1] Beschränkungen nach § 1 Abs. 1 Nr. 1 sind unzulässig, soweit tatsächliche Anhaltspunkte für die Annahme vorliegen, dass durch sie allein Erkenntnisse aus dem Kernbereich privater Lebensgestaltung erfasst würden. [2] Soweit im Rahmen von Beschränkungen nach § 1 Abs. 1 Nr. 1 neben einer automatischen Aufzeichnung eine unmittelbare Kenntnisnahme erfolgt, ist die Maßnahme unverzüglich zu unterbrechen, soweit sich während der Überwachung tatsächliche Anhaltspunkte dafür ergeben, dass Inhalte, die dem Kernbereich privater Lebensgestaltung zuzurechnen sind, erfasst werden. [3] Bestehen insoweit Zweifel, darf nur eine automatische Aufzeichnung fortgesetzt werden. [4] Automatische Aufzeichnungen nach Satz 3 sind unverzüglich einem bestimmten Mitglied der G10-Kommission oder seinem Stellvertreter zur Entscheidung über die Verwertbarkeit oder Löschung der Daten vorzulegen. [5] Das Nähere regelt die Geschäftsordnung. [6] Die Entscheidung des Mitglieds der Kommission, dass eine Verwertung erfolgen darf, ist unverzüglich durch die Kommission zu bestätigen. [7] Ist die Maßnahme nach Satz 2 unterbrochen worden, so darf sie für den Fall, dass sie nicht nach Satz 1 unzulässig ist, fortgeführt werden. [8] Erkenntnisse aus dem Kernbereich privater Lebensgestaltung, die durch eine Beschränkung nach § 1 Abs. 1 Nr. 1 erlangt worden sind, dürfen nicht verwertet werden. [9] Aufzeichnungen hierüber sind unverzüglich zu löschen. [10] Die Tatsachen der Erfassung der Daten und der Löschung sind zu dokumentieren. [11] Die Dokumentation darf ausschließlich für Zwecke der Datenschutzkontrolle verwendet werden. [12] Sie ist zu löschen, wenn sie für diese Zwecke nicht mehr erforderlich ist, spätestens jedoch am Ende des Kalenderjahres, das dem Jahr der Dokumentation folgt.

§ 3 b Schutz zeugnisverweigerungsberechtigter Personen. (1) [1] Maßnahmen nach § 1 Abs. 1 Nr. 1, die sich gegen eine in § 53 Abs. 1 Satz 1 Nr. 1, 2 oder Nr. 4 der Strafprozessordnung genannte Person richten und voraussichtlich Erkenntnisse erbringen würden, über die diese Person das Zeugnis verweigern dürfte, sind unzulässig. [2] Dennoch erlangte Erkenntnisse dürfen nicht verwertet werden. [3] Aufzeichnungen hierüber sind unverzüglich zu löschen. [4] Die Tatsache ihrer Erlangung und Löschung ist zu dokumentieren. [5] Die Sätze 2 bis 3 gelten entsprechend, wenn durch eine Maßnahme, die sich nicht gegen eine in § 53 Abs. 1 Satz 1 Nr. 1, 2 oder Nr. 4 der Strafprozessordnung genannte Person richtet, von einer dort genannten Person Erkenntnisse erlangt werden, über die sie das Zeugnis verweigern dürfte.

(2) [1] Soweit durch eine Beschränkung eine in § 53 Abs. 1 Satz 1 Nr. 3 bis 3 b oder Nr. 5 der Strafprozessordnung genannte Person betroffen wäre und dadurch voraussicht-

lich Erkenntnisse erlangt würden, über die diese Person das Zeugnis verweigern dürfte, ist dies im Rahmen der Prüfung der Verhältnismäßigkeit unter Würdigung des öffentlichen Interesses an den von dieser Person wahrgenommenen Aufgaben und des Interesses an der Geheimhaltung der dieser Person anvertrauten oder bekannt gewordenen Tatsachen besonders zu berücksichtigen. [2]Soweit hiernach geboten, ist die Maßnahme zu unterlassen oder, soweit dies nach der Art der Maßnahme möglich ist, zu beschränken.

(3) Die Absätze 1 und 2 gelten entsprechend, soweit die in § 53a der Strafprozessordnung Genannten das Zeugnis verweigern dürften.

(4) Die Absätze 1 bis 3 gelten nicht, sofern die zeugnisverweigerungsberechtigte Person Verdächtiger im Sinne des § 3 Abs. 2 Satz 2 ist oder tatsächliche Anhaltspunkte den Verdacht begründen, dass sie dessen in § 3 Abs. 1 bezeichnete Bestrebungen durch Entgegennahme oder Weitergabe von Mitteilungen bewusst unterstützt.

§ 4 Prüf-, Kennzeichnungs- und Löschungspflichten, Übermittlungen, Zweckbindung. (1) [1]Die erhebende Stelle prüft unverzüglich und sodann in Abständen von höchstens sechs Monaten, ob die erhobenen personenbezogenen Daten im Rahmen ihrer Aufgaben allein oder zusammen mit bereits vorliegenden Daten für die in § 1 Abs. 1 Nr. 1 bestimmten Zwecke erforderlich sind. [2]Soweit die Daten für diese Zwecke nicht erforderlich sind und nicht für eine Übermittlung an andere Stellen benötigt werden, sind sie unverzüglich unter Aufsicht eines Bediensteten, der die Befähigung zum Richteramt hat, zu löschen. [3]Die Löschung ist zu protokollieren. [4]Die Protokolldaten dürfen ausschließlich zur Durchführung der Datenschutzkontrolle verwendet werden. [5]Die Protokolldaten sind am Ende des Kalenderjahres, das dem Jahr der Protokollierung folgt, zu löschen. [6]Die Löschung der Daten unterbleibt, soweit die Daten für eine Mitteilung nach § 12 Abs. 1 oder für eine gerichtliche Nachprüfung der Rechtmäßigkeit der Beschränkungsmaßnahme von Bedeutung sein können. [7]In diesem Fall sind die Daten zu sperren; sie dürfen nur zu diesen Zwecken verwendet werden.

(2) [1]Die verbleibenden Daten sind zu kennzeichnen. [2]Nach einer Übermittlung ist die Kennzeichnung durch den Empfänger aufrechtzuerhalten. [3]Die Daten dürfen nur zu den in § 1 Abs. 1 Nr. 1 und den in Absatz 4 genannten Zwecken verwendet werden.

(3) [1]Der Behördenleiter oder sein Stellvertreter kann anordnen, dass bei der Übermittlung auf die Kennzeichnung verzichtet wird, wenn dies unerlässlich ist, um die Geheimhaltung einer Beschränkungsmaßnahme nicht zu gefährden, und die G 10-Kommission oder, soweit es sich um die Übermittlung durch eine Landesbehörde handelt, die nach Landesrecht zuständige Stelle zugestimmt hat. [2]Bei Gefahr im Verzuge kann die Anordnung bereits vor der Zustimmung getroffen werden. [3]Wird die Zustimmung versagt, ist die Kennzeichnung durch den Übermittlungsempfänger unverzüglich nachzuholen; die übermittelnde Behörde hat ihn hiervon zu unterrichten.

(4) Die Daten dürfen nur übermittelt werden

1. zur Verhinderung oder Aufklärung von Straftaten, wenn
   a) tatsächliche Anhaltspunkte für den Verdacht bestehen, dass jemand eine der in § 3 Abs. 1 und 1a genannten Straftaten plant oder begeht,
   b) bestimmte Tatsachen den Verdacht begründen, dass jemand eine sonstige in § 7 Abs. 4 Satz 1 genannte Straftat plant oder begeht,
2. zur Verfolgung von Straftaten, wenn bestimmte Tatsachen den Verdacht begründen, dass jemand eine in Nummer 1 bezeichnete Straftat begeht oder begangen hat, oder
3. zur Vorbereitung und Durchführung eines Verfahrens nach Artikel 21 Abs. 2 Satz 2 des Grundgesetzes oder einer Maßnahme nach § 3 Abs. 1 Satz 1 des Vereinsgesetzes,

soweit sie zur Erfüllung der Aufgaben des Empfängers erforderlich sind.

(5) [1]Sind mit personenbezogenen Daten, die übermittelt werden dürfen, weitere Daten des Betroffenen oder eines Dritten in Akten so verbunden, dass eine Trennung nicht oder nur mit unvertretbarem Aufwand möglich ist, ist die Übermittlung auch dieser

Daten zulässig; eine Verwendung dieser Daten ist unzulässig. [2]Über die Übermittlung entscheidet ein Bediensteter der übermittelnden Stelle, der die Befähigung zum Richteramt hat. [3]Die Übermittlung ist zu protokollieren.

(6) [1]Der Empfänger darf die übermittelten Daten nur für die Zwecke verwenden, zu deren Erfüllung sie ihm übermittelt worden sind. [2]Er prüft unverzüglich und sodann in Abständen von höchstens sechs Monaten, ob die übermittelten Daten für diese Zwecke erforderlich sind. [3]Absatz 1 Satz 2 und 3 gilt entsprechend. [4]Der Empfänger unterrichtet die übermittelnde Stelle unverzüglich über die erfolgte Löschung.

Abschnitt 3. Strategische Beschränkungen

§ 5 Voraussetzungen. (1) [1]Auf Antrag des Bundesnachrichtendienstes dürfen Beschränkungen nach § 1 für internationale Telekommunikationsbeziehungen, soweit eine gebündelte Übertragung erfolgt, angeordnet werden. [2]Die jeweiligen Telekommunikationsbeziehungen werden von dem nach § 10 Abs. 1 zuständigen Bundesministerium mit Zustimmung des Parlamentarischen Kontrollgremiums bestimmt. [3]Beschränkungen nach Satz 1 sind nur zulässig zur Sammlung von Informationen über Sachverhalte, deren Kenntnis notwendig ist, um die Gefahr

1. eines bewaffneten Angriffs auf die Bundesrepublik Deutschland,
2. der Begehung internationaler terroristischer Anschläge mit unmittelbarem Bezug zur Bundesrepublik Deutschland,
3. der internationalen Verbreitung von Kriegswaffen im Sinne des Gesetzes über die Kontrolle von Kriegswaffen sowie des unerlaubten Außenwirtschaftsverkehrs mit Waren, Datenverarbeitungsprogrammen und Technologien in Fällen von erheblicher Bedeutung,
4. der unbefugten gewerbs- oder bandenmäßig organisierten Verbringung von Betäubungsmitteln in das Gebiet der Europäischen Union in Fällen von erheblicher Bedeutung mit Bezug zur Bundesrepublik Deutschland,
5. der Beeinträchtigung der Geldwertstabilität im Euro-Währungsraum durch im Ausland begangene Geldfälschungen,
6. der international organisierten Geldwäsche in Fällen von erheblicher Bedeutung oder
7. des gewerbs- oder bandenmäßig organisierten Einschleusens von ausländischen Personen in das Gebiet der Europäischen Union in Fällen von erheblicher Bedeutung mit Bezug zur Bundesrepublik Deutschland
   a) bei unmittelbarem Bezug zu den Gefahrenbereichen nach Nr. 1 bis 3 oder
   b) in Fällen, in denen eine erhebliche Anzahl geschleuster Personen betroffen ist, insbesondere wenn durch die Art der Schleusung von einer Gefahr für ihr Leib oder Leben auszugehen ist, oder
   c) in Fällen von unmittelbarer oder mittelbarer Unterstützung oder Duldung durch ausländische öffentliche Stellen

rechtzeitig zu erkennen und einer solchen Gefahr zu begegnen. [4]In den Fällen von Satz 3 Nr. 1 dürfen Beschränkungen auch für Postverkehrsbeziehungen angeordnet werden; Satz 2 gilt entsprechend.

(2) [1]Bei Beschränkungen von Telekommunikationsbeziehungen darf der Bundesnachrichtendienst nur Suchbegriffe verwenden, die zur Aufklärung von Sachverhalten über den in der Anordnung bezeichneten Gefahrenbereich bestimmt und geeignet sind. [2]Es dürfen keine Suchbegriffe verwendet werden, die

1. Identifizierungsmerkmale enthalten, die zu einer gezielten Erfassung bestimmter Telekommunikationsanschlüsse führen, oder
2. den Kernbereich der privaten Lebensgestaltung betreffen.

[3]Dies gilt nicht für Telekommunikationsanschlüsse im Ausland, sofern ausgeschlossen werden kann, dass Anschlüsse, deren Inhaber oder regelmäßige Nutzer deutsche Staatsangehörige sind, gezielt erfasst werden. [4]Die Durchführung ist zu protokollieren. [5]Die Protokolldaten dürfen ausschließlich zu Zwecken der Datenschutzkontrolle verwendet

werden. [6]Sie sind am Ende des Kalenderjahres, das dem Jahr der Protokollierung folgt, zu löschen.

§ 5a Schutz des Kernbereichs privater Lebensgestaltung. [1]Durch Beschränkungen nach § 1 Abs. 1 Nr. 2 dürfen keine Kommunikationsinhalte aus dem Kernbereich privater Lebensgestaltung erfasst werden. [2]Sind durch eine Beschränkung nach § 1 Abs. 1 Nr. 2 Kommunikationsinhalte aus dem Kernbereich privater Lebensgestaltung erfasst worden, dürfen diese nicht verwertet werden. [3]Sie sind unverzüglich unter Aufsicht eines Bediensteten, der die Befähigung zum Richteramt hat, zu löschen. [4]§ 3a Satz 2 bis 7 gilt entsprechend. [5]Die Tatsache der Erfassung der Daten und ihrer Löschung ist zu protokollieren. [6]Die Protokolldaten dürfen ausschließlich zum Zwecke der Durchführung der Datenschutzkontrolle verwendet werden. [7]Sie sind zu löschen, wenn sie für diese Zwecke nicht mehr erforderlich sind, spätestens jedoch am Ende des Kalenderjahres, das dem Jahr der Protokollierung folgt.

§ 6 Prüf-, Kennzeichnungs- und Löschungspflichten, Zweckbindung. (1) [1]Der Bundesnachrichtendienst prüft unverzüglich und sodann in Abständen von höchstens sechs Monaten, ob die erhobenen personenbezogenen Daten im Rahmen seiner Aufgaben allein oder zusammen mit bereits vorliegenden Daten für die in § 5 Abs. 1 Satz 3 bestimmten Zwecke erforderlich sind. [2]Soweit die Daten für diese Zwecke nicht erforderlich sind und nicht für eine Übermittlung an andere Stellen benötigt werden, sind sie unverzüglich unter Aufsicht eines Bediensteten, der die Befähigung zum Richteramt hat, zu löschen. [3]Die Löschung ist zu protokollieren. [4]Die Protokolldaten dürfen ausschließlich zur Durchführung der Datenschutzkontrolle verwendet werden. [5]Die Protokolldaten sind am Ende des Kalenderjahres zu löschen, das dem Jahr der Protokollierung folgt. [6]Außer in den Fällen der erstmaligen Prüfung nach Satz 1 unterbleibt die Löschung, soweit die Daten für eine Mitteilung nach § 12 Abs. 2 oder für eine gerichtliche Nachprüfung der Rechtmäßigkeit der Beschränkungsmaßnahme von Bedeutung sein können. [7]In diesem Fall sind die Daten zu sperren; sie dürfen nur zu diesen Zwecken verwendet werden.

(2) [1]Die verbleibenden Daten sind zu kennzeichnen. [2]Nach einer Übermittlung ist die Kennzeichnung durch den Empfänger aufrechtzuerhalten. [3]Die Daten dürfen nur zu den in § 5 Abs. 1 Satz 3 genannten Zwecken und für Übermittlungen nach § 7 Abs. 1 bis 4 und § 7a verwendet werden.

(3) [1]Auf Antrag des Bundesnachrichtendienstes dürfen zur Prüfung der Relevanz erfasster Telekommunikationsverkehre auf Anordnung des nach § 10 Abs. 1 zuständigen Bundesministeriums die erhobenen Daten in einem automatisierten Verfahren mit bereits vorliegenden Rufnummern oder anderen Kennungen bestimmter Telekommunikationsanschlüsse abgeglichen werden, bei denen tatsächliche Anhaltspunkte dafür bestehen, dass sie in einem Zusammenhang mit dem Gefahrenbereich stehen, für den die Überwachungsmaßnahme angeordnet wurde. [2]Zu diesem Abgleich darf der Bundesnachrichtendienst auch Rufnummern oder andere Kennungen bestimmter Telekommunikationsanschlüsse im Inland verwenden. [3]Die zu diesem Abgleich genutzten Daten dürfen nicht als Suchbegriffe im Sinne des § 5 Abs. 2 Satz 1 verwendet werden. [4]Der Abgleich und die Gründe für die Verwendung der für den Abgleich genutzten Daten sind zu protokollieren. [5]Die Protokolldaten dürfen ausschließlich zu Zwecken der Datenschutzkontrolle verwendet werden. [6]Sie sind am Ende des Kalenderjahres, das dem Jahr der Protokollierung folgt, zu vernichten.

§ 7 Übermittlungen durch den Bundesnachrichtendienst. (1) Durch Beschränkungen nach § 5 erhobene personenbezogene Daten dürfen nach § 12 des BND-Gesetzes zur Unterrichtung über die in § 5 Abs. 1 Satz 3 genannten Gefahren übermittelt werden.

(2) Durch Beschränkungen nach § 5 erhobene personenbezogene Daten dürfen an die Verfassungsschutzbehörden des Bundes und der Länder sowie an den Militärischen Abschirmdienst übermittelt werden, wenn

1. tatsächliche Anhaltspunkte dafür bestehen, dass die Daten erforderlich sind zur Sammlung und Auswertung von Informationen über Bestrebungen in der Bundesrepublik Deutschland, die durch Anwendung von Gewalt oder darauf gerichtete Vorbereitungshandlungen gegen die in § 3 Abs. 1 Nr. 1 und 3 des Bundesverfassungsschutzgesetzes genannten Schutzgüter gerichtet sind, oder
2. bestimmte Tatsachen den Verdacht sicherheitsgefährdender oder geheimdienstlicher Tätigkeiten für eine fremde Macht begründen.

(3) Durch Beschränkungen nach § 5 Abs. 1 Satz 1 in Verbindung mit Satz 3 Nr. 3 erhobene personenbezogene Daten dürfen an das Bundesamt für Wirtschaft und Ausfuhrkontrolle (BAFA) übermittelt werden, wenn tatsächliche Anhaltspunkte dafür bestehen, dass die Kenntnis dieser Daten erforderlich ist

1. zur Aufklärung von Teilnehmern am Außenwirtschaftsverkehr über Umstände, die für die Einhaltung von Beschränkungen des Außenwirtschaftsverkehrs von Bedeutung sind, oder
2. im Rahmen eines Verfahrens zur Erteilung einer ausfuhrrechtlichen Genehmigung oder zur Unterrichtung von Teilnehmern am Außenwirtschaftsverkehr, soweit hierdurch eine Genehmigungspflicht für die Ausfuhr von Gütern begründet wird.

(4) [1] Durch Beschränkungen nach § 5 erhobene personenbezogene Daten dürfen zur Verhinderung von Straftaten an die mit polizeilichen Aufgaben betrauten Behörden übermittelt werden, wenn

1. tatsächliche Anhaltspunkte für den Verdacht bestehen, dass jemand
   a) Straftaten nach § 89 a oder § 129 a, auch in Verbindung mit § 129 b Abs. 1, sowie den §§ 146, 151 bis 152 a oder § 261 des Strafgesetzbuches,
   b) Straftaten nach § 34 Abs. 1 bis 6 und 8, § 35 des Außenwirtschaftsgesetzes, §§ 19 bis 21 oder § 22 a Abs. 1 Nr. 4, 5 und 7 des Gesetzes über die Kontrolle von Kriegswaffen oder
   c) Straftaten nach § 29 a Abs. 1 Nr. 2, § 30 Abs. 1 Nr. 1, 4 oder § 30 a des Betäubungsmittelgesetzes

   plant oder begeht oder
2. bestimmte Tatsachen den Verdacht begründen, dass jemand
   a) Straftaten, die in § 3 Abs. 1 Satz 1 Nr. 1 bis 5 und 7, Abs. 1 Satz 2 oder Abs. 1 a dieses Gesetzes oder in § 129 a Abs. 1 des Strafgesetzbuches bezeichnet sind,
   b) Straftaten nach den §§ 130, 232 Abs. 3, 4 oder Abs. 5 zweiter Halbsatz, §§ 249 bis 251, 255, 305 a, 306 bis 306 c, 307 Abs. 1 bis 3, § 308 Abs. 1 bis 4, § 309 Abs. 1 bis 5, §§ 313, 314, 315 Abs. 1, 3 oder Abs. 4, § 315 b Abs. 3, §§ 316 a, 316 b Abs. 1 oder Abs. 3 oder § 316 c Abs. 1 bis 3 des Strafgesetzbuches oder
   c) Straftaten nach § 96 Abs. 2, auch in Verbindung mit Absatz 4, und § 97 Abs. 1 bis 3 des Aufenthaltsgesetzes

   plant oder begeht. [2] Die Daten dürfen zur Verfolgung von Straftaten an die zuständigen Behörden übermittelt werden, wenn bestimmte Tatsachen den Verdacht begründen, dass jemand eine in Satz 1 bezeichnete Straftat begeht oder begangen hat.

(5) [1] Die Übermittlung ist nur zulässig, soweit sie zur Erfüllung der Aufgaben des Empfängers erforderlich ist. [2] Sind mit personenbezogenen Daten, die übermittelt werden dürfen, weitere Daten des Betroffenen oder eines Dritten in Akten so verbunden, dass eine Trennung nicht oder nur mit unvertretbarem Aufwand möglich ist, ist die Übermittlung auch dieser Daten zulässig; eine Verwendung dieser Daten ist unzulässig. [3] Über die Übermittlung entscheidet ein Bediensteter des Bundesnachrichtendienstes, der die Befähigung zum Richteramt hat. [4] Die Übermittlung ist zu protokollieren.

(6) [1] Der Empfänger darf die Daten nur für die Zwecke verwenden, zu deren Erfüllung sie ihm übermittelt worden sind. [2] Er prüft unverzüglich und sodann in Abständen von höchstens sechs Monaten, ob die übermittelten Daten für diese Zwecke erforderlich sind. [3] § 4 Abs. 6 Satz 4 und § 6 Abs. 1 Satz 2 und 3 gelten entsprechend.

§ 7a Übermittlungen durch den Bundesnachrichtendienst an ausländische öffentliche Stellen. (1) [1]Der Bundesnachrichtendienst darf durch Beschränkungen nach § 5 Abs. 1 Satz 3 Nr. 2, 3 und 7 erhobene personenbezogene Daten an die mit nachrichtendienstlichen Aufgaben betrauten ausländischen öffentlichen Stellen übermitteln, soweit

1. die Übermittlung zur Wahrung außen- oder sicherheitspolitischer Belange der Bundesrepublik Deutschland oder erheblicher Sicherheitsinteressen des ausländischen Staates erforderlich ist,
2. überwiegende schutzwürdige Interessen des Betroffenen nicht entgegenstehen, insbesondere in dem ausländischen Staat ein angemessenes Datenschutzniveau gewährleistet ist sowie davon auszugehen ist, dass die Verwendung der Daten durch den Empfänger in Einklang mit grundlegenden rechtsstaatlichen Prinzipien erfolgt, und
3. das Prinzip der Gegenseitigkeit gewahrt ist.

[2]Die Übermittlung bedarf der Zustimmung des Bundeskanzleramtes.

(2) Der Bundesnachrichtendienst darf unter den Voraussetzungen des Absatzes 1 durch Beschränkungen nach § 5 Abs. 1 Satz 3 Nr. 2, 3 und 7 erhobene personenbezogene Daten ferner im Rahmen von Artikel 3 des Zusatzabkommens zu dem Abkommen zwischen den Parteien des Nordatlantikvertrages über die Rechtsstellung ihrer Truppen hinsichtlich der in der Bundesrepublik Deutschland stationierten ausländischen Truppen vom 3. August 1959 (BGBl. 1961 II S. 1183, 1218) an Dienststellen der Stationierungsstreitkräfte übermitteln, soweit dies zur Erfüllung der in deren Zuständigkeit liegenden Aufgaben erforderlich ist.

(3) [1]Über die Übermittlung entscheidet ein Bediensteter des Bundesnachrichtendienstes, der die Befähigung zum Richteramt hat. [2]Die Übermittlung ist zu protokollieren. [3]Der Bundesnachrichtendienst führt einen Nachweis über den Zweck, die Veranlassung, die Aktenfundstelle und die Empfänger der Übermittlungen nach Absatz 1 und 2. [4]Die Nachweise sind gesondert aufzubewahren, gegen unberechtigten Zugriff zu sichern und am Ende des Kalenderjahres, das dem Jahr ihrer Erstellung folgt, zu vernichten.

(4) Der Empfänger ist zu verpflichten,

1. die übermittelten Daten nur zu dem Zweck zu verwenden, zu dem sie ihm übermittelt wurden,
2. eine angebrachte Kennzeichnung beizubehalten und
3. dem Bundesnachrichtendienst auf Ersuchen Auskunft über die Verwendung zu erteilen.

(5) Das zuständige Bundesministerium unterrichtet monatlich die G10-Kommission über Übermittlungen nach Absatz 1 und 2.

(6) Das Parlamentarische Kontrollgremium ist in Abständen von höchstens sechs Monaten über die vorgenommenen Übermittlungen nach Absatz 1 und 2 zu unterrichten.

§ 8 Gefahr für Leib oder Leben einer Person im Ausland. (1) Auf Antrag des Bundesnachrichtendienstes dürfen Beschränkungen nach § 1 für internationale Telekommunikationsbeziehungen im Sinne des § 5 Abs. 1 Satz 1 angeordnet werden, wenn dies erforderlich ist, um eine im Einzelfall bestehende Gefahr für Leib oder Leben einer Person im Ausland rechtzeitig zu erkennen oder ihr zu begegnen und dadurch Belange der Bundesrepublik Deutschland unmittelbar in besonderer Weise berührt sind.

(2) [1]Die jeweiligen Telekommunikationsbeziehungen werden von dem nach § 10 Abs. 1 zuständigen Bundesministerium mit Zustimmung des Parlamentarischen Kontrollgremiums bestimmt. [2]Die Zustimmung bedarf der Mehrheit von zwei Dritteln seiner Mitglieder. [3]Die Bestimmung tritt spätestens nach zwei Monaten außer Kraft. [4]Eine erneute Bestimmung ist zulässig, soweit ihre Voraussetzungen fortbestehen.

(3) [1] Die Anordnung ist nur zulässig, wenn die Erforschung des Sachverhalts auf andere Weise aussichtslos oder wesentlich erschwert wäre. [2] Der Bundesnachrichtendienst darf nur Suchbegriffe verwenden, die zur Erlangung von Informationen über die in der Anordnung bezeichnete Gefahr bestimmt und geeignet sind. [3] § 5 Abs. 2 Satz 2 bis 6 gilt entsprechend. [4] Ist die Überwachungsmaßnahme erforderlich, um einer im Einzelfall bestehenden Gefahr für Leib oder Leben einer Person zu begegnen, dürfen die Suchbegriffe auch Identifizierungsmerkmale enthalten, die zu einer gezielten Erfassung der Rufnummer oder einer anderen Kennung des Telekommunikationsanschlusses dieser Person im Ausland führen.

(4) [1] Der Bundesnachrichtendienst prüft unverzüglich und sodann in Abständen von höchstens sechs Monaten, ob die erhobenen personenbezogenen Daten im Rahmen seiner Aufgaben allein oder zusammen mit bereits vorliegenden Daten zu dem in Absatz 1 bestimmten Zweck erforderlich sind. [2] Soweit die Daten für diesen Zweck nicht erforderlich sind, sind sie unverzüglich unter Aufsicht eines Bediensteten, der die Befähigung zum Richteramt hat, zu löschen. [3] Die Löschung ist zu protokollieren. [4] § 6 Abs. 1 Satz 4 und 5, Abs. 2 Satz 1 und 2 gilt entsprechend. [5] Die Daten dürfen nur zu den in den Absätzen 1, 5 und 6 genannten Zwecken verwendet werden.

(5) Die erhobenen personenbezogenen Daten dürfen nach § 12 des BND-Gesetzes zur Unterrichtung über die in Absatz 1 genannte Gefahr übermittelt werden.

(6) [1] Die erhobenen personenbezogenen Daten dürfen zur Verhinderung von Straftaten an die zuständigen Behörden übermittelt werden, wenn tatsächliche Anhaltspunkte den Verdacht begründen, dass jemand eine Straftat plant oder begeht, die geeignet ist, zu der Entstehung oder Aufrechterhaltung der in Absatz 1 bezeichneten Gefahr beizutragen. [2] Die Daten dürfen zur Verfolgung von Straftaten an die zuständigen Behörden übermittelt werden, wenn bestimmte Tatsachen den Verdacht begründen, dass jemand eine in Satz 1 bezeichnete Straftat begeht oder begangen hat. [3] § 7 Abs. 5 und 6 sowie § 7 a Abs. 1 und 3 bis 6 gelten entsprechend.

Abschnitt 4. Verfahren

§ 9 Antrag. (1) Beschränkungsmaßnahmen nach diesem Gesetz dürfen nur auf Antrag angeordnet werden.

(2) Antragsberechtigt sind im Rahmen ihres Geschäftsbereichs

1. das Bundesamt für Verfassungsschutz,
2. die Verfassungsschutzbehörden der Länder,
3. das Amt für den Militärischen Abschirmdienst und
4. der Bundesnachrichtendienst

durch den Behördenleiter oder seinen Stellvertreter.

(3) [1] Der Antrag ist schriftlich zu stellen und zu begründen. [2] Er muss alle für die Anordnung erforderlichen Angaben enthalten. [3] In den Fällen der §§ 3 und 8 hat der Antragsteller darzulegen, dass die Erforschung des Sachverhalts auf andere Weise aussichtslos oder wesentlich erschwert wäre.

§ 10 Anordnung. (1) Zuständig für die Anordnung von Beschränkungsmaßnahmen ist bei Anträgen der Verfassungsschutzbehörden der Länder die zuständige oberste Landesbehörde, im Übrigen ein vom Bundeskanzler beauftragtes Bundesministerium.

(2) [1] Die Anordnung ergeht schriftlich. [2] In ihr sind der Grund der Anordnung und die zur Überwachung berechtigte Stelle anzugeben sowie Art, Umfang und Dauer der Beschränkungsmaßnahme zu bestimmen.

(3) [1] In den Fällen des § 3 muss die Anordnung denjenigen bezeichnen, gegen den sich die Beschränkungsmaßnahme richtet. [2] Bei einer Überwachung der Telekommunikation ist auch die Rufnummer oder eine andere Kennung des Telekommunikationsan-

schlusses oder die Kennung des Endgerätes, wenn diese allein diesem Endgerät zuzuordnen ist, anzugeben.

(4) [1] In den Fällen der §§ 5 und 8 sind die Suchbegriffe in der Anordnung zu benennen. [2] Ferner sind das Gebiet, über das Informationen gesammelt werden sollen, und die Übertragungswege, die der Beschränkung unterliegen, zu bezeichnen. [3] Weiterhin ist festzulegen, welcher Anteil der auf diesen Übertragungswegen zur Verfügung stehenden Übertragungskapazität überwacht werden darf. [4] In den Fällen des § 5 darf dieser Anteil höchstens 20 vom Hundert betragen.

(5) [1] In den Fällen der §§ 3 und 5 ist die Anordnung auf höchstens drei Monate zu befristen. [2] Verlängerungen um jeweils nicht mehr als drei weitere Monate sind auf Antrag zulässig, soweit die Voraussetzungen der Anordnung fortbestehen.

(6) [1] Die Anordnung ist dem nach § 2 Abs. 1 Satz 1 oder 3 Verpflichteten insoweit mitzuteilen, als dies erforderlich ist, um ihm die Erfüllung seiner Verpflichtungen zu ermöglichen. [2] Die Mitteilung entfällt, wenn die Anordnung ohne seine Mitwirkung ausgeführt werden kann.

(7) [1] Das Bundesamt für Verfassungsschutz unterrichtet die jeweilige Landesbehörde für Verfassungsschutz über die in deren Bereich getroffenen Beschränkungsanordnungen. [2] Die Landesbehörden für Verfassungsschutz teilen dem Bundesamt für Verfassungsschutz die in ihrem Bereich getroffenen Beschränkungsanordnungen mit.

§ 11 Durchführung. (1) Die aus der Anordnung sich ergebenden Beschränkungsmaßnahmen sind unter Verantwortung der Behörde, auf deren Antrag die Anordnung ergangen ist, und unter Aufsicht eines Bediensteten vorzunehmen, der die Befähigung zum Richteramt hat.

(2) [1] Die Maßnahmen sind unverzüglich zu beenden, wenn sie nicht mehr erforderlich sind oder die Voraussetzungen der Anordnung nicht mehr vorliegen. [2] Die Beendigung ist der Stelle, die die Anordnung getroffen hat, und dem nach § 2 Abs. 1 Satz 1 oder 3 Verpflichteten, dem die Anordnung mitgeteilt worden ist, anzuzeigen. [3] Die Anzeige an den Verpflichteten entfällt, wenn die Anordnung ohne seine Mitwirkung ausgeführt wurde.

(3) [1] Postsendungen, die zur Öffnung und Einsichtnahme ausgehändigt worden sind, sind dem Postverkehr unverzüglich wieder zuzuführen. [2] Telegramme dürfen dem Postverkehr nicht entzogen werden. [3] Der zur Einsichtnahme berechtigten Stelle ist eine Abschrift des Telegramms zu übergeben.

§ 12 Mitteilungen an Betroffene. (1) [1] Beschränkungsmaßnahmen nach § 3 sind dem Betroffenen nach ihrer Einstellung mitzuteilen. [2] Die Mitteilung unterbleibt, solange eine Gefährdung des Zwecks der Beschränkung nicht ausgeschlossen werden kann oder solange der Eintritt übergreifender Nachteile für das Wohl des Bundes oder eines Landes absehbar ist. [3] Erfolgt die nach Satz 2 zurückgestellte Mitteilung nicht binnen zwölf Monaten nach Beendigung der Maßnahme, bedarf die weitere Zurückstellung der Zustimmung der G10-Kommission. [4] Die G10-Kommission bestimmt die Dauer der weiteren Zurückstellung. [5] Einer Mitteilung bedarf es nicht, wenn die G10-Kommission einstimmig festgestellt hat, dass

1. eine der Voraussetzungen in Satz 2 auch nach fünf Jahren nach Beendigung der Maßnahme noch vorliegt,
2. sie mit an Sicherheit grenzender Wahrscheinlichkeit auch in Zukunft vorliegt und
3. die Voraussetzungen für eine Löschung sowohl bei der erhebenden Stelle als auch beim Empfänger vorliegen.

(2) [1] Absatz 1 gilt entsprechend für Beschränkungsmaßnahmen nach den §§ 5 und 8, sofern die personenbezogenen Daten nicht unverzüglich gelöscht wurden. [2] Die Frist von fünf Jahren beginnt mit der Erhebung der personenbezogenen Daten.

(3) [1]Die Mitteilung obliegt der Behörde, auf deren Antrag die Anordnung ergangen ist. [2]Wurden personenbezogene Daten übermittelt, erfolgt die Mitteilung im Benehmen mit dem Empfänger.

§ 13 Rechtsweg. Gegen die Anordnung von Beschränkungsmaßnahmen nach den §§ 3 und 5 Abs. 1 Satz 3 Nr. 1 und ihren Vollzug ist der Rechtsweg vor der Mitteilung an den Betroffenen nicht zulässig.

Abschnitt 5. Kontrolle

§ 14 Parlamentarisches Kontrollgremium. (1) [1]Das nach § 10 Abs. 1 für die Anordnung von Beschränkungsmaßnahmen zuständige Bundesministerium unterrichtet in Abständen von höchstens sechs Monaten das Parlamentarische Kontrollgremium über die Durchführung dieses Gesetzes. [2]Das Gremium erstattet dem Deutschen Bundestag jährlich einen Bericht über Durchführung sowie Art und Umfang der Maßnahmen nach den §§ 3, 5, 7 a und 8; dabei sind die Grundsätze des § 10 Absatz 1 des Kontrollgremiumgesetzes zu beachten.

(2) [1]Bei Gefahr im Verzuge kann die Zustimmung zu Bestimmungen nach den §§ 5 und 8 durch den Vorsitzenden des Parlamentarischen Kontrollgremiums und seinen Stellvertreter vorläufig erteilt werden. [2]Die Zustimmung des Parlamentarischen Kontrollgremiums ist unverzüglich einzuholen. [3]Die vorläufige Zustimmung tritt spätestens nach zwei Wochen außer Kraft.

§ 15 G 10-Kommission. (1) [1]Die G 10-Kommission besteht aus dem Vorsitzenden, der die Befähigung zum Richteramt besitzen muss, und drei Beisitzern sowie vier stellvertretenden Mitgliedern, die an den Sitzungen mit Rede- und Fragerecht teilnehmen können. [2]Bei Stimmengleichheit entscheidet die Stimme des Vorsitzenden. [3]Die Mitglieder der G 10-Kommission sind in ihrer Amtsführung unabhängig und Weisungen nicht unterworfen. [4]Sie nehmen ein öffentliches Ehrenamt wahr und werden von dem Parlamentarischen Kontrollgremium nach Anhörung der Bundesregierung für die Dauer einer Wahlperiode des Deutschen Bundestages mit der Maßgabe bestellt, dass ihre Amtszeit erst mit der Neubestimmung der Mitglieder der Kommission, spätestens jedoch drei Monate nach Ablauf der Wahlperiode endet.

(2) [1]Die Beratungen der G 10-Kommission sind geheim. [2]Die Mitglieder der Kommission sind zur Geheimhaltung der Angelegenheiten verpflichtet, die ihnen bei ihrer Tätigkeit in der Kommission bekannt geworden sind. [3]Dies gilt auch für die Zeit nach ihrem Ausscheiden aus der Kommission.

(3) [1]Der G 10-Kommission ist die für die Erfüllung ihrer Aufgaben notwendige Personal- und Sachausstattung zur Verfügung zu stellen; sie ist im Einzelplan des Deutschen Bundestages gesondert auszuweisen. [2]Der Kommission sind Mitarbeiter mit technischem Sachverstand zur Verfügung zu stellen.

(4) [1]Die G 10-Kommission tritt mindestens einmal im Monat zusammen. [2]Sie gibt sich eine Geschäftsordnung, die der Zustimmung des Parlamentarischen Kontrollgremiums bedarf. [3]Vor der Zustimmung ist die Bundesregierung zu hören.

(5) [1]Die G 10-Kommission entscheidet von Amts wegen oder auf Grund von Beschwerden über die Zulässigkeit und Notwendigkeit von Beschränkungsmaßnahmen. [2]Die Kontrollbefugnis der Kommission erstreckt sich auf die gesamte Erhebung, Verarbeitung und Nutzung der nach diesem Gesetz erlangten personenbezogenen Daten durch Nachrichtendienste des Bundes einschließlich der Entscheidung über die Mitteilung an Betroffene. [3]Der Kommission und ihren Mitarbeitern ist dabei insbesondere

1. Auskunft zu ihren Fragen zu erteilen,

2. Einsicht in alle Unterlagen, insbesondere in die gespeicherten Daten und in die Datenverarbeitungsprogramme, zu gewähren, die im Zusammenhang mit der Beschränkungsmaßnahme stehen, und
3. jederzeit Zutritt in alle Diensträume zu gewähren.

[4] Die Kommission kann dem Bundesbeauftragten für den Datenschutz Gelegenheit zur Stellungnahme in Fragen des Datenschutzes geben.

(6) [1] Das zuständige Bundesministerium unterrichtet monatlich die G 10-Kommission über die von ihm angeordneten Beschränkungsmaßnahmen vor deren Vollzug. [2] Bei Gefahr im Verzuge kann es den Vollzug der Beschränkungsmaßnahmen auch bereits vor der Unterrichtung der Kommission anordnen. [3] Anordnungen, die die Kommission für unzulässig oder nicht notwendig erklärt, hat das zuständige Bundesministerium unverzüglich aufzuheben. [4] In den Fällen des § 8 tritt die Anordnung außer Kraft, wenn sie nicht binnen drei Tagen vom Vorsitzenden oder seinem Stellvertreter bestätigt wird. [5] Die Bestätigung der Kommission ist unverzüglich nachzuholen.

(7) [1] Das zuständige Bundesministerium unterrichtet monatlich die G 10-Kommission über Mitteilungen von Bundesbehörden nach § 12 Abs. 1 und 2 oder über die Gründe, die einer Mitteilung entgegenstehen. [2] Hält die Kommission eine Mitteilung für geboten, ist diese unverzüglich vorzunehmen. [3] § 12 Abs. 3 Satz 2 bleibt unberührt, soweit das Benehmen einer Landesbehörde erforderlich ist.

§ 16 Parlamentarische Kontrolle in den Ländern. [1] Durch den Landesgesetzgeber wird die parlamentarische Kontrolle der nach § 10 Abs. 1 für die Anordnung von Beschränkungsmaßnahmen zuständigen obersten Landesbehörden und die Überprüfung der von ihnen angeordneten Beschränkungsmaßnahmen geregelt. [2] Personenbezogene Daten dürfen nur dann an Landesbehörden übermittelt werden, wenn die Kontrolle ihrer Verarbeitung und Nutzung durch den Landesgesetzgeber geregelt ist.

Abschnitt 6. Straf- und Bußgeldvorschriften

§ 17 Mitteilungsverbote. (1) Wird die Telekommunikation nach diesem Gesetz oder nach den §§ 100 a, 100 b der Strafprozessordnung überwacht, darf diese Tatsache von Personen, die Telekommunikationsdienste erbringen oder an der Erbringung solcher Dienste mitwirken, anderen nicht mitgeteilt werden.

(2) Wird die Aushändigung von Sendungen nach § 2 Abs. 1 Satz 1 oder 3 angeordnet, darf diese Tatsache von Personen, die zur Aushändigung verpflichtet oder mit der Sendungsübermittlung betraut sind oder hieran mitwirken, anderen nicht mitgeteilt werden.

(3) Erfolgt ein Auskunftsersuchen oder eine Auskunftserteilung nach § 2 Abs. 1, darf diese Tatsache oder der Inhalt des Ersuchens oder der erteilten Auskunft von Personen, die zur Beantwortung verpflichtet oder mit der Beantwortung betraut sind oder hieran mitwirken, anderen nicht mitgeteilt werden.

§ 18 Straftaten. Mit Freiheitsstrafe bis zu zwei Jahren oder mit Geldstrafe wird bestraft, wer entgegen § 17 eine Mitteilung macht.

§ 19 Ordnungswidrigkeiten. (1) Ordnungswidrig handelt, wer
1. einer vollziehbaren Anordnung nach § 2 Abs. 1 Satz 1 oder 3 zuwiderhandelt,
2. entgegen § 2 Abs. 2 Satz 2 eine Person betraut oder
3. entgegen § 2 Abs. 2 Satz 3 nicht sicherstellt, dass eine Geheimschutzmaßnahme getroffen wird.

(2) Die Ordnungswidrigkeit kann mit einer Geldbuße bis zu fünfzehntausend Euro geahndet werden.

(3) Bußgeldbehörde im Sinne des § 36 Abs. 1 Nr. 1 des Gesetzes über Ordnungswidrigkeiten ist die nach § 10 Abs. 1 zuständige Stelle.

Abschnitt 7. Schlussvorschriften

§ 20 Entschädigung. [1] Die nach § 1 Abs. 1 berechtigten Stellen haben für die Leistungen nach § 2 Abs. 1 eine Entschädigung zu gewähren, deren Umfang sich nach § 23 des Justizvergütungs- und -entschädigungsgesetzes bemisst. [2] In den Fällen der §§ 5 und 8 ist eine Entschädigung zu vereinbaren, deren Höhe sich an den nachgewiesenen tatsächlichen Kosten orientiert.

§ 21 Einschränkung von Grundrechten. Das Grundrecht des Brief-, Post- und Fernmeldegeheimnisses (Artikel 10 des Grundgesetzes) wird durch dieses Gesetz eingeschränkt.

III. Sonstige Rechtsvorschriften

12. Richtlinien für das Strafverfahren und das Bußgeldverfahren (RiStBV)

vom 1. Januar 1977 in der ab 1. 2. 1997 (bundeseinheitlich) geltenden Fassung

Die Richtlinien sind im Bund und in den Ländern eingeführt, geändert und ergänzt worden. Im **Bund** ist dies durch folgende Bekanntmachungen geschehen:

Bek. v. 21. 12. 1976 (BAnz. Nr. 245), v. 23. 6. 1980 (BAnz. Nr. 116), v. 2. 8. 1982 (BAnz. Nr. 107), v. 20. 2. 1984 (BAnz. Nr. 63), v. 11. 3. 1986 (BAnz. Nr. 60), v. 17. 9. 1987 (BAnz. Nr. 181), v. 8. 9. 1988 (BAnz. Nr. 183, 188), v. 23. 3. 1990 (BAnz. Nr. 63), v. 18. 4. 1991 (BAnz. Nr. 81), v. 15. 9. 1992 (BAnz. Nr. 184), v. 25. 8. 1994 (BAnz. Nr. 166), v. 22. 1. 1997 (BAnz. Nr. 18), v. 12. 6. 1998 (BAnz. Nr. 112), v. 4. 6. 1999 (BAnz. Nr. 106), v. 21. 7. 2000 (BAnz. Nr. 141), v. 14. 6. 2002 (BAnz. Nr. 113), v. 18. 4. 2005 (BAnz. Nr. 80), v. 24. 5. 2006 (BAnz. Nr. 131), v. 1. 11. 2007 (BAnz. Nr. 208)

Übersicht

Richtlinien für das Strafverfahren

Allgemeiner Teil

Besonderer Teil

I. Abschnitt: Strafvorschriften des StGB

II. Abschnitt: Strafvorschriften des Nebenstrafrechts

Richtlinien für das Bußgeldverfahren

Anlagen zu den Richtlinien für das Strafverfahren

A. Gemeinsame Richtlinien über die Anwendung unmittelbaren Zwanges durch Polizeibeamte auf Anordnung des Staatsanwalts
B. Richtlinien über die Inanspruchnahme von Publikationsorganen und die Nutzung des Internets sowie anderer elektronischer Kommunikationsmittel zur Öffentlichkeitsfahndung nach Personen im Rahmen von Strafverfahren
C. Ausführungsvorschriften zum Gesetz über die Entschädigung für Strafverfolgungsmaßnahmen
D. Gemeinsame Richtlinien über die Inanspruchnahme von Informanten sowie über den Einsatz von Vertrauenspersonen (V-Personen) und Verdeckten Ermittlern im Rahmen der Strafverfolgung
E. Gemeinsame Richtlinien über die Zusammenarbeit von Staatsanwaltschaft und Polizei bei der Verfolgung der Organisierten Kriminalität
F. Richtlinien über die internationale Fahndung nach Personen, einschließlich der Fahndung nach Personen im Schengener Informationssystem

Einführung

Die Richtlinien sind vornehmlich für den Staatsanwalt bestimmt. Einige Hinweise wenden sich aber auch an den Richter. Soweit diese Hinweise nicht die Art der Ausübung eines Amtsgeschäfts betreffen, bleibt es dem Richter überlassen, sie zu berücksichtigen. Auch im Übrigen enthalten die Richtlinien Grundsätze, die für den Richter von Bedeutung sein können.

Die Richtlinien können wegen der Mannigfaltigkeit des Lebens nur Anleitung für den Regelfall geben. Der Staatsanwalt hat daher in jeder Strafsache selbstständig und verantwortungsbewusst zu prüfen, welche Maßnahmen geboten sind. Er kann wegen der Besonderheit des Einzelfalles von den Richtlinien abweichen.

Für Verfahren, die zur Zuständigkeit der Jugendgerichte gehören, gelten diese Richtlinien nur, wenn in den Richtlinien zum Jugendgerichtsgesetz nichts anderes bestimmt ist.

Richtlinien für das Strafverfahren

Allgemeiner Teil

I. Abschnitt. Vorverfahren

1. Allgemeines

1. Der Staatsanwalt. Das vorbereitende Verfahren liegt in den Händen des Staatsanwalts. Er ist Organ der Rechtspflege. Im Rahmen der Gesetze verfolgt er Straftaten und leitet verantwortlich die Ermittlungen der sonst mit der Strafverfolgung befassten Stellen.

2. Zuständigkeit. (1) Die Ermittlungen führt grundsätzlich der Staatsanwalt, in dessen Bezirk die Tat begangen ist.

(2) Für Sammelverfahren und in den Fällen des § 18 des Gesetzes über die Einrichtung eines Bundeskriminalpolizeiamtes (BKAG) gelten die Nr. 25 bis 29.

3. Persönliche Ermittlungen des Staatsanwalts. (1) Der Staatsanwalt soll in bedeutsamen oder in rechtlich oder tatsächlich schwierigen Fällen den Sachverhalt vom ersten Zugriff an selbst aufklären, namentlich den Tatort selbst besichtigen, die Beschuldigten und die wichtigsten Zeugen selbst vernehmen. Bei der Entscheidung, ob er den Verletzten als Zeugen selbst vernimmt, können auch die Folgen der Tat von Bedeutung sein.

(2) Auch wenn der Staatsanwalt den Sachverhalt nicht selbst aufklärt, sondern seine Ermittlungspersonen (§ 152 Abs. 1 GVG), die Behörden und Beamten des Polizeidienstes (§ 161 Abs. 1 StPO) oder andere Stellen damit beauftragt, hat er die Ermittlungen zu leiten, mindestens ihre Richtung und ihren Umfang zu bestimmen. Er kann dabei auch

konkrete Einzelweisungen zur Art und Weise der Durchführung einzelner Ermittlungshandlungen erteilen (vgl. auch Anlage A).

(3) Bei formlosen mündlichen Erörterungen mit dem Anzeigenden, dem Beschuldigten oder mit anderen Beteiligten sind die Vorschriften der §§ 52 Abs. 3 Satz 1, 55 Abs. 2, 163 a Abs. 3 Satz 2 StPO zu beachten. Über das Ergebnis der Erörterung ist ein Vermerk niederzulegen.

4. Grundsatz der Verhältnismäßigkeit. Der Verfassungsgrundsatz der Verhältnismäßigkeit ist insbesondere bei Eingriffen in grundgesetzlich geschützte Rechte (z. B. Freiheit der Person, Unverletzlichkeit der Wohnung, Brief-, Post- und Fernmeldegeheimnis, Pressefreiheit) zu berücksichtigen; dies gilt vor allem bei der Anordnung von Maßnahmen, von denen Unverdächtige betroffen werden (z. B. Einrichtung von Kontrollstellen, Durchsuchung von Gebäuden).

4 a. Keine unnötige Bloßstellung des Beschuldigten. Der Staatsanwalt vermeidet alles, was zu einer nicht durch den Zweck des Ermittlungsverfahrens bedingten Bloßstellung des Beschuldigten führen kann. Das gilt insbesondere im Schriftverkehr mit anderen Behörden und Personen. Sollte die Bezeichnung des Beschuldigten oder der ihm zur Last gelegten Straftat nicht entbehrlich sein, ist deutlich zu machen, dass gegen den Beschuldigten lediglich der Verdacht einer Straftat besteht.

4 b. Ermittlungen gegen eine Vielzahl von Personen. Wird bei der Suche nach einem Täter gegen eine Vielzahl von Personen ermittelt, so achtet der Staatsanwalt darauf, dass diesen die Erforderlichkeit einer gegen sie gerichteten Maßnahme erläutert wird, soweit der Untersuchungszweck nicht entgegensteht.

4 c. Rücksichtnahme auf den Verletzten. Der Staatsanwalt achtet darauf, dass die für den Verletzten aus dem Strafverfahren entstehenden Belastungen möglichst gering gehalten und seine Belange im Strafverfahren berücksichtigt werden.

4 d. Unterrichtung des Verletzten. Sobald der Staatsanwalt mit den Ermittlungen selbst befasst ist, prüft er, ob der Verletzte bereits gemäß § 406 h StPO belehrt worden ist. Falls erforderlich, holt er diese Belehrung nach. Dazu kann er das übliche Formblatt verwenden.

5. Beschleunigung. (1) Die Ermittlungen sind zunächst nicht weiter auszudehnen, als nötig ist, um eine schnelle Entscheidung über die Erhebung der öffentlichen Klage oder die Einstellung des Verfahrens zu ermöglichen. Hierbei sind insbesondere die Möglichkeiten der §§ 154, 154 a StPO zu nutzen.

(2) Die Ermittlungshandlungen sind möglichst gleichzeitig durchzuführen (vgl. Nr. 12).

(3) Der Sachverhalt, die Einlassung des Beschuldigten und die für die Bemessung der Strafe oder für die Anordnung einer Maßnahme (§ 11 Abs. 1 Nr. 8 StGB) wichtigen Umstände sind so gründlich aufzuklären, dass die Hauptverhandlung reibungslos durchgeführt werden kann.

(4) In Haftsachen sind die Ermittlungen besonders zu beschleunigen. Das Gleiche gilt für Verfahren wegen Straftaten, die den öffentlichen Frieden nachhaltig gestört oder die sonst besonderes Aufsehen erregt haben, und für Straftaten mit kurzer Verjährungsfrist.

5 a. Kostenbewusstsein. Die Ermittlungen sind so durchzuführen, dass unnötige Kosten vermieden werden (vgl. auch Nummer 20 Abs. 1, Nummer 58 Abs. 3). Kostenbewusstes Handeln ist etwa möglich durch:

a) die frühzeitige Planung der Ermittlungen und Nutzung der gesetzlichen Möglichkeiten, von der Strafverfolgung oder der Erhebung der öffentlichen Klage abzusehen (vgl. auch Nummer 101 Abs. 1, Nummer 101 a Abs. 1 Satz 2),
b) die Nutzung der Möglichkeit zu standardisiertem Arbeiten (Textbausteine, Abschlussentscheidungen nach Fallgruppen),
c) den Verzicht auf die förmliche Zustellung, etwa wenn keine Zwangsmaßnahmen zu erwarten sind (vgl. auch Nummer 91 Abs. 2),

d) die Vermeidung einer Verwahrung, jedenfalls die rasche Rückgabe von Asservaten (vgl. auch Nummer 75 Abs. 1).

5 b. Vorläufige Aufzeichnung von Protokollen. Bei der vorläufigen Aufzeichnung von Protokollen (§ 168 a Abs. 2 StPO) soll vom Einsatz technischer Hilfsmittel (insbesondere von Tonaufnahmegeräten) möglichst weitgehend Gebrauch gemacht werden. Die Entscheidung hierüber trifft jedoch allein der Richter, in den Fällen des § 168 b StPO der Staatsanwalt.

6. Verfolgung von Antragsdelikten. (1) Wegen einer Straftat, die nur auf Antrag zu verfolgen ist, wird der Staatsanwalt in der Regel erst tätig, wenn ein ordnungsgemäßer Strafantrag vorliegt. Ist zu befürchten, dass wichtige Beweismittel verloren gehen, so kann es geboten sein, mit den Ermittlungen schon vorher zu beginnen.

(2) Hält der Staatsanwalt eine Strafverfolgung im öffentlichen Interesse für geboten und ist die Straftat oder das Antragserfordernis dem Antragsberechtigten offenbar noch unbekannt, so kann es angebracht sein, ihn von der Tat zu unterrichten und anzufragen, ob ein Strafantrag gestellt wird.

(3) Enthält eine von Amts wegen zu verfolgende Straftat zugleich eine nur auf Antrag verfolgbare Tat, so verfährt der Staatsanwalt nach Abs. 2.

(4) Wird der Strafantrag zu Protokoll gestellt, so soll der Antragsteller über die möglichen Kostenfolgen bei Rücknahme des Strafantrages (§ 470 StPO) und darüber belehrt werden, dass ein zurückgenommener Antrag nicht nochmals gestellt werden kann (§ 77 d Abs. 1 Satz 3 StGB).

(5) Kommt eine Ermächtigung eines obersten Staatsorgans des Bundes oder eines Landes zur Strafverfolgung (§§ 90 Abs. 4, 90 b Abs. 2, 97 Abs. 3, 104 a, 129 b Abs. 1 Satz 3, 194 Abs. 4, 353 a Abs. 2, 353 b Abs. 4 StGB) oder ein Strafantrag eines solchen Organs wegen Beleidigung (§ 194 Abs. 1, 3 StGB) in Betracht, so sind die besonderen Bestimmungen der Nr. 210 Abs. 1, 2, Nr. 211 Abs. 1, 2, Nr. 212, 213 zu beachten.

7. Haftbefehl bei Antragsdelikten. (1) Wird der Beschuldigte vorläufig festgenommen oder gegen ihn ein Haftbefehl erlassen, bevor ein Strafantrag gestellt ist, so hat der Staatsanwalt alle Ermittlungen vorzunehmen, die keinen Aufschub dulden.

(2) Ist eine Tat nur mit Ermächtigung oder auf Strafverlangen verfolgbar, so gilt Abs. 1 sinngemäß.

8. Namenlose Anzeigen. Auch bei namenlosen Anzeigen prüft der Staatsanwalt, ob ein Ermittlungsverfahren einzuleiten ist. Es kann sich empfehlen, den Beschuldigten erst dann zu vernehmen, wenn der Verdacht durch andere Ermittlungen eine gewisse Bestätigung gefunden hat.

9. Benachrichtigung des Anzeigenden. Wird ein Ermittlungsverfahren auf Grund einer Anzeige eingeleitet, so wird der Eingang der Anzeige bestätigt, sofern dies nicht nach den Umständen entbehrlich ist.

10. Richterliche Untersuchungshandlungen. Der Staatsanwalt beantragt richterliche Untersuchungshandlungen, wenn er sie aus besonderen Gründen für erforderlich erachtet, z. B. weil der Verlust eines Beweismittels droht, ein Geständnis festzuhalten ist (§ 254 StPO) oder wenn eine Straftat nur durch Personen bewiesen werden kann, die zur Verweigerung des Zeugnisses berechtigt sind.

11. Ermittlungen durch andere Stellen. (1) Den Behörden und Beamten des Polizeidienstes und den anderen Stellen, die zu den Ermittlungen herangezogen werden, ist möglichst genau anzugeben, welche Erhebungen sie vornehmen sollen; Wendungen wie „zur Erörterung", „zur weiteren Aufklärung" oder „zur weiteren Veranlassung" sind zu vermeiden.

(2) Ist zu erwarten, dass die Aufklärung einer Straftat schwierig sein wird oder umfangreiche Ermittlungen erforderlich werden, empfiehlt es sich, die durchzuführenden Maßnahmen und deren Reihenfolge mit den beteiligten Stellen zu besprechen.

12. Versendung der Akten, Hilfs- oder Doppelakten. (1) Ermittlungsersuchen sind möglichst so zu stellen, dass die Ermittlungen gleichzeitig durchgeführt werden können (Nr. 5 Abs. 2, Nr. 10, 11). Von der Beifügung der Ermittlungsakten ist abzusehen, wenn durch die Versendung eine Verzögerung des Verfahrens eintreten würde und wenn der für die Ermittlung maßgebliche Sachverhalt in dem Ersuchen dargestellt oder aus einem Aktenauszug entnommen werden kann.

(2) In geeigneten Fällen sind Hilfs- oder Doppelakten anzulegen. Dies gilt insbesondere, wenn Haftprüfungen oder Haftbeschwerden zu erwarten sind.

13. Feststellung der persönlichen Verhältnisse des Beschuldigten. (1) Die persönlichen Verhältnisse des Beschuldigten, besonders die richtige Schreibweise seines Familien- und Geburtsnamens, sein Geburtstag und Geburtsort und seine Staatsangehörigkeit, sind sorgfältig festzustellen; führt er einen abgekürzten Vornamen, so ist auch der volle Vorname anzugeben. Bei Ausländern sind die Passnummer und die Namen der Eltern (einschließlich deren Geburtsnamen) festzustellen. Wird bei einer Vernehmung auf die Angaben zur Person in einer früheren polizeilichen Vernehmung verwiesen, so sind diese mit dem Beschuldigten im Einzelnen durchzusprechen und, wenn nötig, zu ergänzen. Können die Eintragungen im Bundeszentralregister für die Untersuchung von Bedeutung sein und ist eine Registerauskunft bei den Akten, so ist der Beschuldigte auch hierüber zu vernehmen. Bestreitet er, die in der Auskunft genannte Person zu sein, oder behauptet er, die Eintragungen seien unrichtig, so ist auch dies in die Niederschrift aufzunehmen.

(2) Der Beschuldigte soll ferner befragt werden, ob er sozialleistungsberechtigt ist (Angaben über Rentenbescheid, Versorgungsbescheid, Art der Verletzung), ob er Betreuungen, Vormundschaften oder Pflegschaften führt, ob er die Erlaubnis zum Führen von Kraft-, Luft- oder Wasserfahrzeugen, eine gewerbliche Erlaubnis oder Berechtigung, einen Jagd- oder Fischereischein, eine waffen- oder sprengstoffrechtliche Erlaubnis oder Genehmigung, ein Schiffer- oder Lotsenpatent besitzt (Angabe der ausstellenden Behörde und der Nummer des Ausweises), ob er für die laufende oder für die nächste Wahlperiode als Schöffe gewählt oder ausgelost ist (Angabe des Ausschusses nach § 40 GVG) und ob er ein richterliches oder ein anderes Ehrenamt in Staat oder Gemeinde ausübt.

(3) Ist der Beschuldigte ein Soldat der Bundeswehr, so sind der Dienstgrad, der Truppenteil oder die Dienststelle sowie der Standort des Soldaten festzustellen. Bei Reservisten der Bundeswehr genügt die Angabe des letzten Dienstgrades.

(4) Besteht Fluchtgefahr, so ist festzustellen, ob der Beschuldigte einen Pass oder einen Personalausweis besitzt.

(5) Nach dem Religionsbekenntnis darf der Beschuldigte nur gefragt werden, wenn der Sachverhalt dazu Anlass gibt.

(6) Die Angaben des Beschuldigten sind, soweit veranlasst, nachzuprüfen; wenn nötig, ist eine Geburtsurkunde anzufordern.

14. Aufklärung der wirtschaftlichen Verhältnisse des Beschuldigten. (1) Die Einkommens- und Vermögensverhältnisse des Beschuldigten sind aufzuklären. Es ist festzustellen, welchen Beruf der Beschuldigte erlernt hat und welchen er ausübt (Angabe des Arbeitgebers). Bei verheirateten Beschuldigten ist auch der Beruf des Ehegatten, bei Minderjährigen auch der der Eltern anzugeben. Es ist ferner zu ermitteln, wieviel der Beschuldigte verdient, welche anderen Einkünfte, z. B. Zinsen aus Kapital, Mieteinnahmen er hat, ob er Grundstücke oder anderes Vermögen besitzt und welche Umstände sonst für seine Zahlungsfähigkeit von Bedeutung sind. In geeigneten Fällen soll der Beschuldigte befragt werden, ob er die Finanz- und Steuerbehörden ermächtigt, den Justizbehörden Auskunft zu erteilen. Dabei kann er auch darauf hingewiesen werden, dass seine Einkünfte, sein Vermögen und andere Grundlagen für die Bemessung eines Tagessatzes geschätzt werden können (§ 40 Abs. 3 StGB).

(2) Ist der Beschuldigte erwerbslos, so ist zu ermitteln, wieviel Unterstützung er erhält und welche Kasse sie zahlt.

(3) Bestehen gegen die Angaben des Beschuldigten über seine wirtschaftlichen Verhältnisse Bedenken oder wird vermutet, dass sie sich nachträglich wesentlich geändert haben, so kann sich der Staatsanwalt der Gerichtshilfe (§ 160 Abs. 3 StPO) bedienen. In manchen Fällen wird es genügen, eine Auskunft des Gerichtsvollziehers oder des Vollziehungsbeamten der Justiz oder eine Auskunft aus dem Schuldnerverzeichnis des Amtsgerichts einzuholen. Ist es nicht vermeidbar, eine Polizei-, Gemeinde- oder andere Behörde um eine Auskunft über die wirtschaftlichen Verhältnisse des Beschuldigten zu ersuchen, so soll sich das Ersuchen möglichst auf bestimmte Fragen beschränken.

15. Aufklärung der für die Bestimmung der Rechtsfolgen der Tat bedeutsamen Umstände. (1) Alle Umstände, die für die Strafbemessung, die Strafaussetzung zur Bewährung, die Verwarnung mit Strafvorbehalt, das Absehen von Strafe, die Nebenstrafe und Nebenfolgen oder die Anordnung von Maßregeln der Besserung und Sicherung, des Verfalls oder sonstiger Maßnahmen (§ 11 Abs. 1 Nr. 8 StGB) von Bedeutung sein können, sind schon im vorbereitenden Verfahren aufzuklären. Dazu kann sich der Staatsanwalt der Gerichtshilfe bedienen.

(2) Gemäß Abs. 1 ist der dem Verletzten durch die Tat entstandene Schaden aufzuklären, soweit er für das Strafverfahren von Bedeutung sein kann. Der Staatsanwalt prüft auch, ob und mit welchem Erfolg sich der Beschuldigte um eine Wiedergutmachung bemüht hat.

(3) Gehört der Beschuldigte zum Leitungsbereich einer juristischen Person oder Personenvereinigung und kommt die Festsetzung einer Geldbuße gegen diese in Betracht (Nummer 180 a), so sind schon im vorbereitenden Verfahren Ermittlungen zur Höhe des durch die Tat erlangten wirtschaftlichen Vorteils zu führen.

(4) Bei Körperverletzungen sind Feststellungen über deren Schwere, die Dauer der Heilung, etwaige Dauerfolgen und über den Grad einer etwaigen Erwerbsminderung zu treffen. Bei nicht ganz unbedeutenden Verletzungen wird ein Attest des behandelnden Arztes anzufordern sein.

16. Feststellung von Eintragungen im Bundeszentralregister. (1) Für die öffentliche Klage ist in der Regel eine Auskunft aus dem Zentralregister, gegebenenfalls auch aus dem Erziehungsregister, einzuholen. Gleiches gilt, wenn ein Absehen von der öffentlichen Klage (§ 153 a StPO) in Betracht kommt.

(2) Bei der Erörterung von Eintragungen im Bundeszentralregister ist darauf zu achten, dass dem Beschuldigten oder seiner Familie durch das Bekannt werden der eingetragenen Tatsachen keine Nachteile entstehen, die vermeidbar sind oder zur Bedeutung der Strafsache außer Verhältnis stehen. Werden die Akten an andere mit dem Strafverfahren nicht unmittelbar befasste Stellen versandt, so ist die Registerauskunft zurückzubehalten; wird ihnen Akteneinsicht gewährt, so ist sie aus den Akten herauszunehmen.

(3) Sind Anhaltspunkte dafür gegeben, dass ein Widerruf der Beseitigung des Strafmakels hinsichtlich einer früher erkannten Jugendstrafe in Betracht kommt (§ 101 JGG), so empfiehlt sich ein ausdrückliches Ersuchen um Auskunft aus dem Zentralregister im Sinne des § 41 Abs. 3 und 4 BZRG.

16 a. DNA-Maßnahmen für künftige Strafverfahren. Der Staatsanwalt wirkt darauf hin, dass bei Beschuldigten, bei denen die Voraussetzungen des § 81 g StPO gegeben sind, unverzüglich die erforderlichen DNA-Maßnahmen für Zwecke künftiger Strafverfahren erfolgen.

17. Mehrere Strafverfahren gegen denselben Beschuldigten. (1) Die Ermittlungen sollen sich auch darauf erstrecken, ob gegen den Beschuldigten noch weitere Strafverfahren anhängig sind und ob er eine frühere Strafe noch nicht voll verbüßt hat.

(2) Hat jemand mehrere selbstständige Straftaten begangen, so sorgt der Staatsanwalt dafür, dass die Verfahren verbunden oder die Ergebnisse des einen Verfahrens in dem anderen berücksichtigt werden. Nr. 2 ist zu beachten.

(3) Vor Anordnung oder Beantragung einer verdeckten Ermittlungsmaßnahme prüft der Staatsanwalt nach Möglichkeit, z. B. anhand des Auszugs aus dem zentralen staatsanwaltschaftlichen Verfahrensregister, ob gegen den Betroffenen der Maßnahme weitere Ermittlungsverfahren anhängig sind. In geeigneten Fällen, insbesondere wenn anhängige Ermittlungsverfahren Straftaten von erheblicher Bedeutung betreffen können, stimmt er sein Vorgehen mit dem das weitere Ermittlungsverfahren führenden Staatsanwalt ab, um unkoordinierte Ermittlungsmaßnahmen zu verhindern.

18. Gegenüberstellung. Soll durch eine Gegenüberstellung geklärt werden, ob der Beschuldigte der Täter ist, so ist dem Zeugen nicht nur der Beschuldigte, sondern zugleich auch eine Reihe anderer Personen gleichen Geschlechts, ähnlichen Alters und ähnlicher Erscheinung gegenüberzustellen, und zwar in einer Form, die nicht erkennen lässt, wer von den Gegenübergestellten der Beschuldigte ist (Wahlgegenüberstellung). Entsprechendes gilt bei der Vorlage von Lichtbildern. Die Einzelheiten sind aktenkundig zu machen.

19. Vernehmung von Kindern und Jugendlichen. (1) Eine mehrmalige Vernehmung von Kindern und Jugendlichen vor der Hauptverhandlung ist wegen der damit verbundenen seelischen Belastung dieser Zeugen nach Möglichkeit zu vermeiden.

(2) Bei Zeugen unter sechzehn Jahren soll zur Vermeidung wiederholter Vernehmungen von der Möglichkeit der Aufzeichnung auf Bild-Ton-Träger Gebrauch gemacht werden (§ 58 a Abs. 1 Satz 2 Nr. 1, § 255 a Abs. 1 StPO). Hierbei ist darauf zu achten, dass die vernehmende Person und der Zeuge gemeinsam und zeitgleich in Bild und Ton aufgenommen und dabei im Falle des § 52 StPO auch die Belehrung und die Bereitschaft des Zeugen zur Aussage (§ 52 Abs. 2 Satz 1 StPO) dokumentiert werden. Für die Anwesenheit einer Vertrauensperson soll nach Maßgabe des § 406 f Abs. 3 StPO Sorge getragen werden. Mit Blick auf eine spätere Verwendung der Aufzeichnung als Beweismittel in der Hauptverhandlung (§ 255 a StPO) empfiehlt sich eine richterliche Vernehmung (§§ 168 c, 168 e StPO). Bei Straftaten im Sinne des § 255 a Abs. 2 Satz 1 StPO soll rechtzeitig darauf hingewirkt werden, dass der Beschuldigte und sein Verteidiger Gelegenheit haben, an der Vernehmung mitzuwirken.

(3) In den Fällen des § 52 Abs. 2 Satz 2 StPO wirkt der Staatsanwalt möglichst frühzeitig auf die Anordnung einer Ergänzungspflegschaft (§ 1909 Abs. 1 Satz 1 BGB) durch das zuständige Vormundschaftsgericht (§§ 37, 36 FGG) hin.

(4) Alle Umstände, die für die Glaubwürdigkeit eines Kindes oder Jugendlichen bedeutsam sind, sollen möglichst frühzeitig festgestellt werden. Es ist zweckmäßig, hierüber Eltern, Lehrer, Erzieher oder andere Bezugspersonen zu befragen; gegebenenfalls ist mit dem Jugendamt Kontakt aufzunehmen.

(5) Bleibt die Glaubwürdigkeit zweifelhaft, so ist ein Sachverständiger, der über besondere Kenntnisse und Erfahrungen auf dem Gebiet der Kinderpsychologie verfügt, zuzuziehen.

19 a. Vernehmung des Verletzten als Zeuge. (1) Ist erkennbar, dass mit der Vernehmung als Zeuge für den Verletzten eine erhebliche psychische Belastung verbunden sein kann, wird ihm bei der Vernehmung mit besonderer Einfühlung und Rücksicht zu begegnen sein; auf §§ 68 a, 68 b StPO wird hingewiesen. Einer Vertrauensperson nach § 406 f Abs. 3 StPO ist die Anwesenheit zu gestatten, wenn der Untersuchungszweck nicht gefährdet wird.

(2) Bei der richterlichen Vernehmung des Verletzten wirkt der Staatsanwalt durch Anregung und Antragstellung auf eine entsprechende Durchführung der Vernehmung hin. Er achtet insbesondere darauf, dass der Verletzte durch Fragen und Erklärungen des Beschuldigten und seines Verteidigers nicht größeren Belastungen ausgesetzt wird, als im Interesse der Wahrheitsfindung hingenommen werden muss.

(3) Eine mehrmalige Vernehmung des Verletzten vor der Hauptverhandlung kann für diesen zu einer erheblichen Belastung führen und ist deshalb nach Möglichkeit zu vermeiden.

19 b. Widerspruchsrecht des Zeugen im Falle der Bild-Ton-Aufzeichnung. Wird die Vernehmung eines Zeugen auf Bild-Ton-Träger aufgezeichnet (§ 58a StPO), ist dieser darauf hinzuweisen, dass er der Überlassung einer Kopie der Aufzeichnung seiner Vernehmung im Wege der Akteneinsicht an den Verteidiger oder den Rechtsanwalt des Verletzten widersprechen kann.

20. Vernehmung von Gefangenen und Verwahrten. (1) Personen, die sich in Haft oder sonst in amtlicher Verwahrung befinden, sind in der Regel in der Anstalt zu vernehmen; dies gilt vor allem dann, wenn die Gefahr des Entweichens besteht oder die Vorführung besondere Kosten verursacht.

(2) Erscheint auf Grund der Vernehmung die Besorgnis begründet, dass ein Gefangener oder Verwahrter die Ordnung in der Anstalt beeinträchtigt oder sich selbst gefährdet, so ist der Anstaltsleiter zu unterrichten (vgl. auch Nr. 7 UVollzO).

21. Behandlung Schwerhöriger und Taubstummer. (1) Es empfiehlt sich, Schwerhörige zur Wiederholung dessen zu veranlassen, was sie von Fragen, Zeugenaussagen oder mündlichen Erörterungen verstanden haben. Wenn der Schwerhörige zu einer Wiederholung nicht in der Lage ist, wird man sich mit ihm schriftlich verständigen müssen.

(2) Zu Verhandlungen mit Taubstummen oder Gehörlosen ist regelmäßig ein Dolmetscher beizuziehen, der auch die Gebärdensprache beherrscht. Häufig wird schon im vorbereitenden Verfahren ein Sachverständiger, z. B. ein Psychiater oder ein Taubstummenlehrer, zuzuziehen sein, der Kenntnisse und Erfahrungen über die seelisch-geistige Eigenart von Taubstummen oder Gehörlosen besitzt.

22. Unterbrechung der Verjährung. Der Staatsanwalt hat während des ganzen Verfahrens darauf zu achten, dass die Verjährung rechtzeitig unterbrochen wird, besonders wenn kürzere Verjährungsfristen laufen. Dabei ist jedoch der Grundgedanke der Verjährung zu berücksichtigen und deren Eintritt nicht wahllos, vor allem nicht in minder schweren Fällen, die erst nach Jahren zur Aburteilung kämen, zu verhindern. Auf Nr. 274 wird hingewiesen.

23. Zusammenarbeit mit Presse und Rundfunk. (1) Bei der Unterrichtung der Öffentlichkeit ist mit Presse, Hörfunk und Fernsehen unter Berücksichtigung ihrer besonderen Aufgaben und ihrer Bedeutung für die öffentliche Meinungsbildung zusammenzuarbeiten. Diese Unterrichtung darf weder den Untersuchungszweck gefährden noch dem Ergebnis der Hauptverhandlung vorgreifen; der Anspruch des Beschuldigten auf ein faires Verfahren darf nicht beeinträchtigt werden. Auch ist im Einzelfall zu prüfen, ob das Interesse der Öffentlichkeit an einer vollständigen Berichterstattung gegenüber den Persönlichkeitsrechten des Beschuldigten oder anderer Beteiligter, insbesondere auch des Verletzten, überwiegt. Eine unnötige Bloßstellung dieser Person ist zu vermeiden. Dem allgemeinen Informationsinteresse der Öffentlichkeit wird in der Regel ohne Namensnennung entsprochen werden können. Auf die Nr. 129 Abs. 1, Nr. 219 Abs. 1 wird hingewiesen. Die entsprechenden Verwaltungsvorschriften der Länder sind zu beachten (vgl. auch Anlage B).

(2) Über die Anklageerhebung und Einzelheiten der Anklage darf die Öffentlichkeit grundsätzlich erst unterrichtet werden, nachdem die Anklageschrift dem Beschuldigten zugestellt oder sonst bekannt gemacht worden ist.

24. Verkehr mit ausländischen Vertretungen. Für den Verkehr mit ausländischen diplomatischen und konsularischen Vertretungen in der Bundesrepublik sind die Nr. 133 bis 137 RiVASt zu beachten.

2. Sammelverfahren, Fälle des § 18 BKAG und kontrollierte Transporte

25. Sammelverfahren. Im Interesse einer zügigen und wirksamen Strafverfolgung ist die Führung einheitlicher Ermittlungen als Sammelverfahren geboten, wenn der Verdacht mehrerer Straftaten besteht, eine Straftat den Bezirk mehrerer Staatsanwaltschaften berührt oder ein Zusammenhang mit einer Straftat im Bezirk einer anderen

Staatsanwaltschaft besteht. Dies gilt nicht, sofern die Verschiedenartigkeit der Taten oder ein anderer wichtiger Grund entgegensteht.

26. Zuständigkeit. (1) Die Bearbeitung von Sammelverfahren obliegt dem Staatsanwalt, in dessen Bezirk der Schwerpunkt des Verfahrens liegt.

(2) Der Schwerpunkt bestimmt sich nach den gesamten Umständen des Tatkomplexes. Dabei sind vor allem zu berücksichtigen:
a) die Zahl der Einzeltaten, der Täter oder der Zeugen;
b) der Sitz einer Organisation;
c) der Ort der geschäftlichen Niederlassung, wenn ein Zusammenhang mit der Tat besteht;
d) der Wohnsitz oder der gewöhnliche Aufenthaltsort des (Haupt-)Beschuldigten, wenn diese für Planung, Leitung oder Abwicklung der Taten von Bedeutung sind;
e) das Zusammenfallen des Wohnsitzes mit einem Tatort.

(3) Lässt sich der Schwerpunkt nicht feststellen, so ist der Staatsanwalt zuständig, der zuerst mit dem (Teil-)Sachverhalt befasst war.

(4) Die Führung eines Sammelverfahrens darf nicht allein mit der Begründung abgelehnt werden, dass wegen eines Teils der Taten bereits ein gerichtliches Verfahren anhängig ist.

27. Verfahren bei Abgabe und Übernahme. (1) Ist die Führung eines Sammelverfahrens geboten, so soll der Staatsanwalt bei ihm anhängige Einzelverfahren unverzüglich unter Bezeichnung der Umstände, aus denen sich der Schwerpunkt des Verfahrens ergibt (Nr. 26 Abs. 2), an den für das Sammelverfahren zuständigen Staatsanwalt abgeben.

(2) Der um Übernahme gebetene Staatsanwalt hat unverzüglich, möglichst binnen drei Tagen, zu entscheiden, ob er das Verfahren übernimmt. Die Ablehnung der Übernahme ist zu begründen.

(3) Verbleibt der Staatsanwalt, dessen Verfahren nicht übernommen worden ist, bei seinem Standpunkt, so berichtet er dem Generalstaatsanwalt. Können die Generalstaatsanwälte eines Landes sich nicht binnen einer Woche über die Frage des Schwerpunktes einigen, so ist unverzüglich eine Entscheidung der Landesjustizverwaltung herbeizuführen; im Übrigen ist nach § 143 Abs. 3 GVG zu verfahren.

(4) Bis zur Entscheidung über die Übernahme des Verfahrens hat der abgebende Staatsanwalt alle Amtshandlungen vorzunehmen, bei denen Gefahr im Verzug ist.

(5) Der übernehmende Staatsanwalt setzt den Anzeigenden von der Übernahme des Verfahrens in Kenntnis, sofern dies nicht nach den Umständen entbehrlich ist.

28. Regelung zu § 18 BKAG. (1) Unterrichtet das Bundeskriminalamt die Generalstaatsanwälte nach § 18 BKAG darüber, dass es angezeigt erscheine, die polizeilichen Aufgaben auf dem Gebiet der Strafverfolgung einheitlich wahrzunehmen, so ist wie folgt zu verfahren:
a) Der Generalstaatsanwalt, in dessen Bezirk ein Sammelverfahren geführt wird, stellt, wenn er eine Zuweisungsanordnung nach § 7 BKAG für erforderlich hält, unverzüglich, möglichst binnen drei Tagen, das Einvernehmen für diese Anordnung mit der obersten Behörde der Innenverwaltung seines Landes her.
b) Hält das Bundeskriminalamt es für angezeigt, dass die polizeilichen Aufgaben auf dem Gebiet der Strafverfolgung einem anderen als dem Land übertragen werden, in dem das staatsanwaltschaftliche Sammelverfahren geführt wird, so verständigen sich die beteiligten Generalstaatsanwälte unverzüglich, möglichst binnen drei Tagen, darüber, ob eine Zuweisungsanordnung erforderlich ist und ob das Sammelverfahren von einer Staatsanwaltschaft des vom Bundeskriminalamt bezeichneten Landes übernommen werden soll. Der Generalstaatsanwalt, in dessen Bezirk das Sammelverfahren übernommen werden soll, führt unverzüglich das für die Zuweisungsanordnung erforderliche Einvernehmen mit der obersten Behörde der Innenverwaltung seines Landes herbei.

c) Wird ein staatsanwaltschaftliches Sammelverfahren noch nicht geführt, so verständigen sich die beteiligten Generalstaatsanwälte fernmündlich oder fernschriftlich unverzüglich, möglichst binnen drei Tagen, darüber, ob die Einleitung eines Sammelverfahrens angezeigt ist und welche Staatsanwaltschaft das Sammelverfahren führen soll. Hält der Generalstaatsanwalt, in dessen Bezirk das Sammelverfahren geführt werden soll, eine Zuweisungsanordnung für erforderlich, so stellt er das Einvernehmen für diese Zuweisungsanordnung mit der obersten Behörde der Innenverwaltung seines Landes her.

(2) Bei der Entscheidung darüber, welche Staatsanwaltschaft ein Sammelverfahren führen soll, kann vor den sonstigen für die Führung von Sammelverfahren maßgebenden Gesichtspunkten kriminaltaktischen Erwägungen besondere Bedeutung zukommen. Können die Generalstaatsanwälte sich nicht einigen, so sind die zuständigen Landesjustizverwaltungen zu beteiligen.

(3) Der Generalstaatsanwalt, in dessen Bezirk das Sammelverfahren geführt wird, unterrichtet unverzüglich das Bundeskriminalamt über das Ergebnis seiner Verhandlungen mit der obersten Behörde der Innenverwaltung seines Landes und benennt gegebenenfalls die das Sammelverfahren führende Staatsanwaltschaft, deren Aktenzeichen sowie die sachbearbeitende Polizeidienststelle.

(4) Auch wenn die Einleitung eines staatsanwaltschaftlichen Sammelverfahrens nicht in Betracht kommt, ist unter Berücksichtigung kriminaltaktischer Erwägungen zu prüfen, ob eine Zuweisungsanordnung nach § 18 BKAG erforderlich ist. Die beteiligten Generalstaatsanwälte verständigen sich unverzüglich, möglichst binnen drei Tagen, darüber, ob das Einvernehmen erklärt werden soll. Vor einer Entscheidung, dass das Einvernehmen zu einer Zuweisungsanordnung nicht erklärt werden soll, sind die zuständigen Landesjustizverwaltungen zu unterrichten. Ein beteiligter Generalstaatsanwalt des Landes, dem die polizeilichen Aufgaben insgesamt zugewiesen werden sollen, stellt das Einvernehmen für die Zuweisungsanordnung mit der obersten Behörde der Innenverwaltung seines Landes her und unterrichtet unverzüglich das Bundeskriminalamt über das Ergebnis der Verhandlungen.

(5) Hält der ein Sammelverfahren bearbeitende Staatsanwalt eine Zuweisungsanordnung des Bundeskriminalamtes für angezeigt, so berichtet er dem Generalstaatsanwalt. Hält der Generalstaatsanwalt eine solche Anordnung des Bundeskriminalamtes für erforderlich, so stellt er unverzüglich das Einvernehmen mit der obersten Behörde der Innenverwaltung seines Landes her und regt beim Bundeskriminalamt eine Zuweisungsanordnung an.

29. Mitteilung an das Bundeskriminalamt. Der Staatsanwalt, der ein Sammelverfahren führt, bittet alsbald das Bundeskriminalamt, dies in das Bundeskriminalblatt aufzunehmen.

29 a. Kontrollierter Transport. Kontrollierte Durchfuhr ist der von den Strafverfolgungsbehörden überwachte illegale Transport von Betäubungsmitteln, Waffen, Diebesgut, Hehlerware u. Ä. vom Ausland durch das Inland in ein Drittland; kontrollierte Ausfuhr ist der vom Inland ausgehende überwachte illegale Transport in das Ausland; kontrollierte Einfuhr ist der überwachte illegale Transport vom Ausland in das Inland.

29 b. Voraussetzungen. (1) Ein kontrollierter Transport kommt nur in Betracht, wenn auf andere Weise die Hintermänner nicht ermittelt oder Verteilerwege nicht aufgedeckt werden können. Die Überwachung ist so zu gestalten, dass die Möglichkeit des Zugriffs auf Täter und Tatgegenstände jederzeit sichergestellt ist.

(2) Im Übrigen müssen für Durchfuhr und Ausfuhr folgende Erklärungen der ausländischen Staaten vorliegen:
a) Einverständnis mit der Einfuhr oder Durchfuhr;
b) Zusicherung, den Transport ständig zu kontrollieren;
c) Zusicherung, gegen die Kuriere, Hintermänner und Abnehmer zu ermitteln, die Betäubungsmittel, Waffen, das Diebesgut, die Hehlerware u. Ä. sicherzustellen und die Verurteilung der Täter sowie die Strafvollstreckung anzustreben;

d) Zusicherung, dass die deutschen Strafverfolgungsbehörden fortlaufend über den jeweiligen Verfahrensstand unterrichtet werden.

29 c. Zuständigkeit. Bei der kontrollierten Durchfuhr führt, wenn wegen der Tat noch kein Ermittlungsverfahren bei einer deutschen Staatsanwaltschaft anhängig ist, das Verfahren grundsätzlich der Staatsanwalt, in dessen Bezirk der Grenzübergang liegt, über den die Tatgegenstände in das Inland verbracht werden. Dies gilt auch bei der kontrollierten Einfuhr. Bei der kontrollierten Ausfuhr führt das Verfahren grundsätzlich der Staatsanwalt, in dessen Bezirk der Transport beginnt.

29 d. Zusammenarbeit. (1) Die Entscheidung über die Zulässigkeit des kontrollierten Transports trifft der zuständige Staatsanwalt (Nr. 29 c). Er unterrichtet den Staatsanwalt, in dessen Bezirk ein Transport voraussichtlich das Inland verlässt. Auch der für den Einfuhrort zuständige Staatsanwalt ist zu unterrichten, wenn ein anderer als dieser das Verfahren führt.

(2) Die Behörden und Beamten des Polizei- und Zolldienstes wenden sich grundsätzlich an den nach Nr. 29 c zuständigen Staatsanwalt.

3. Fälle des § 4 Abs. 1 bis 3 BKAG

30. Allgemeines. (1) Wird dem Staatsanwalt ein Sachverhalt bekannt, der den Verdacht einer der in § 4 Abs. 1 Satz 1 BKAG bezeichneten Straftaten begründet, so unterrichtet er unverzüglich, erforderlichenfalls fernschriftlich oder fernmündlich, das Bundeskriminalamt und das Landeskriminalamt. Er erörtert die Art der Ermittlungsführung in dem erforderlichen Umfange mit dem Bundeskriminalamt.

(2) Hält der Staatsanwalt zu Beginn oder im weiteren Verlaufe des Verfahrens Sofortmaßnahmen für erforderlich, die von dem Bundeskriminalamt nicht getroffen werden können, so erteilt er die notwendigen Aufträge bei gleichzeitiger Benachrichtigung des Bundeskriminalamtes an die sonst zuständigen Polizeibehörden (vgl. § 4 Abs. 3 Satz 2 BKAG).

(3) Die Benachrichtigung der in § 4 Abs. 3 Satz 1 BKAG bezeichneten Stellen obliegt in den Fällen des § 4 Abs. 1 Satz 1 und Abs. 2 Nr. 1 BKAG dem Bundeskriminalamt, in den Fällen des § 4 Abs. 2 Nr. 2 und 3 BKAG der Stelle, von der die Anordnung oder der Auftrag ausgeht, es sei denn, diese Stellen übertragen im Einzelfalle die Benachrichtigung dem Bundeskriminalamt.

31. Verfahren in den Fällen des § 4 Abs. 1 Satz 1 Nr. 1 BKAG. (1) Die Frage, ob eine Zusammenhangstat im Sinne des § 4 Abs. 1 Satz 1 Nr. 1 BKAG vorliegt, ist nach § 3 StPO zu beurteilen. Vor seiner Entscheidung soll sich der Staatsanwalt mit den beteiligten Polizeibehörden und dem Bundeskriminalamt ins Benehmen setzen.

(2) Bei seiner Entscheidung, ob die Ermittlungen einer anderen sonst zuständigen Polizeibehörde übertragen werden (vgl. § 4 Abs. 1 Satz 2 BKAG), berücksichtigt der Staatsanwalt insbesondere, ob eine rasche und wirksame Aufklärung besser durch zentrale Ermittlungen des Bundeskriminalamtes oder durch Ermittlungen der Landespolizeibehörden erreicht werden kann. Vor seiner Entscheidung erörtert der Staatsanwalt die Sachlage mit dem Bundeskriminalamt und den Polizeidienststellen, die für die weitere Durchführung der Ermittlungen in Betracht kommen.

32. Verfahren in den Fällen des § 4 Abs. 1 Satz 1 Nr. 2 und 3 b BKAG. In den Fällen des § 4 Abs. 1 Satz 1 Nr. 2 und 3 b BKAG führt der Staatsanwalt zugleich mit der Unterrichtung des Bundeskriminalamtes (vgl. Nr. 30 Abs. 1) unmittelbar die nach § 4 Abs. 1 Satz 3 BKAG erforderliche Zustimmung des Bundesministeriums des Innern herbei, es sei denn, dem Bundeskriminalamt ist wegen der Eilbedürftigkeit bereits die Zustimmung erteilt worden.

4. Leichenschau und Leichenöffnung

33. Voraussetzungen. (1) Sind Anhaltspunkte dafür vorhanden, dass jemand eines nicht natürlichen Todes gestorben ist oder wird die Leiche eines Unbekannten gefunden, so prüft der Staatsanwalt, ob eine Leichenschau oder eine Leichenöffnung erforderlich ist. Eine Leichenschau wird regelmäßig schon dann nötig sein, wenn eine Straftat als Todesursache nicht von vornherein ausgeschlossen werden kann. Die Leichenschau soll möglichst am Tatort oder am Fundort der Leiche durchgeführt werden.

(2) Lässt sich auch bei der Leichenschau eine Straftat als Todesursache nicht ausschließen oder ist damit zu rechnen, dass die Feststellungen später angezweifelt werden, so veranlasst der Staatsanwalt grundsätzlich die Leichenöffnung. Dies gilt namentlich bei Sterbefällen von Personen, die sich in Haft oder sonst in amtlicher Verwahrung befunden haben.

(3) Die Leichenschau nimmt in der Regel der Staatsanwalt vor. Die Vornahme der Leichenschau durch den Richter und die Anwesenheit des Richters bei der Leichenöffnung sollen nur beantragt werden, wenn dies aus besonderen Gründen, etwa um die Verlesung der Niederschrift nach § 249 StPO zu ermöglichen, erforderlich ist.

(4) Der Staatsanwalt nimmt an der Leichenöffnung nur teil, wenn er dies nach seinem pflichtgemäßen Ermessen im Rahmen einer umfassenden Sachaufklärung für geboten erachtet. Eine Teilnahme des Staatsanwalts wird in der Regel in Betracht kommen in Kapitalsachen, nach tödlichen Unfällen zur Rekonstruktion des Unfallgeschehens, bei Todesfällen durch Schusswaffengebrauch im Dienst, bei Todesfällen im Vollzug freiheitsentziehender Maßnahmen oder in Verfahren, die ärztliche Behandlungsfehler zum Gegenstand haben.

34. Exhumierung. Bei der Ausgrabung einer Leiche sollte einer der Obduzenten anwesend sein. Liegt der Verdacht einer Vergiftung vor, so ist das Mittelstück der Bodenfläche des Sarges herauszunehmen und aufzubewahren; von dem Erdboden, auf dem der Sarg stand, und von dem gewachsenen Boden der Seitenwände des Grabes sind zur chemischen Untersuchung und zum Vergleich Proben zu entnehmen. In solchen Fällen empfiehlt es sich, zur Ausgrabung und zur Sektion der Leiche den chemischen Sachverständigen eines Untersuchungsinstituts beizuziehen, damit er die Aufnahme von Erde, Sargschmuck, Sargteilen, Kleiderstücken und Leichenteilen selbst vornehmen kann.

35. Entnahme von Leichenteilen. (1) Der Staatsanwalt hat darauf hinzuwirken, dass bei der Leichenöffnung Blut- und Harnproben, Mageninhalt oder Leichenteile entnommen werden, falls es möglich ist, dass der Sachverhalt durch deren eingehende Untersuchung weiter aufgeklärt werden kann. Manchmal, z. B. bei mutmaßlichem Vergiftungstod, wird es sich empfehlen, einen besonderen Sachverständigen zuzuziehen, der diese Bestandteile bezeichnet.

(2) Werden Leichenteile zur weiteren Begutachtung versandt, so ist eine Abschrift der Niederschrift über die Leichenöffnung beizufügen. Die Ermittlungsakten sind grundsätzlich nicht zu übersenden (vgl. Nr. 12).

36. Beschleunigung. (1) Leichenschau und Leichenöffnung sind mit größter Beschleunigung herbeizuführen, weil die ärztlichen Feststellungen über die Todesursache auch durch geringe Verzögerungen an Zuverlässigkeit verlieren können.

(2) Dies gilt besonders bei Leichen von Personen, die möglicherweise durch elektrischen Strom getötet worden sind; die durch Elektrizität verursachten Veränderungen werden durch Fäulniserscheinungen rasch verwischt. In der Regel wird es sich empfehlen, bereits bei der Leichenöffnung einen auf dem Gebiet der Elektrotechnik erfahrenen Sachverständigen zu beteiligen. In den Fällen, in denen eine Tötung durch elektrischen Strom wahrscheinlich ist, können Verletzungen oder andere Veränderungen oft gar nicht oder nur von einem besonders geschulten Sachverständigen festgestellt werden; daher kann es ferner geboten sein, in schwierig zu deutenden Fällen außer dem elektrotechnischen Sachverständigen nach Anhörung des Gerichtsarztes auch einen erfahrenen Pathologen zu der Leichenöffnung zuzuziehen.

37. Leichenöffnung in Krankenhäusern. Besteht der Verdacht, dass der Tod einer Person, die in einem Krankenhaus gestorben ist, durch eine Straftat verursacht wurde, so haben der Staatsanwalt und seine Ermittlungspersonen darauf hinzuwirken, dass die

Leiche nicht von den Krankenhausärzten geöffnet wird. Da die Krankenhausärzte indes an der Leichenöffnung vielfach ein erhebliches wissenschaftliches Interesse haben, empfiehlt es sich, ihnen die Anwesenheit zu gestatten, sofern nicht gewichtige Bedenken entgegenstehen. Hat das Krankenhaus einen pathologisch besonders ausgebildeten Arzt zur Verfügung, so kann es zweckmäßig sein, auch ihn zu der Leichenöffnung zuzuziehen.

38. Feuerbestattung. Aus dem Bestattungsschein muss sich ergeben, ob auch die Feuerbestattung genehmigt wird. Bestehen gegen diese Bestattungsart Bedenken, weil dadurch die Leiche als Beweismittel verloren geht, so wird die Genehmigung hierfür zu versagen sein. Solange der Verdacht eines nicht natürlichen Todes besteht, empfiehlt es sich, die Feuerbestattung nur im Einvernehmen mit dem Arzt (§ 87 Abs. 2 Satz 3 StPO) zu genehmigen.

5. Fahndung

39. Allgemeines. (1) Ist der Täter nicht bekannt, oder ist der Aufenthalt des bekannten oder mutmaßlichen Täters oder eines wichtigen Zeugen nicht ermittelt, so veranlasst der Staatsanwalt die erforderlichen Fahndungsmaßnahmen nach Maßgabe der §§ 131 bis 131 c StPO.

(2) Soweit erforderlich, veranlasst der Staatsanwalt nach Wegfall des Fahndungsgrundes unverzüglich die Rücknahme aller Fahndungsmaßnahmen.

40. Fahndungshilfsmittel. (1) Fahndungshilfsmittel des Staatsanwalts, die auch dann eingesetzt werden können, wenn die Voraussetzungen einer Öffentlichkeitsfahndung nicht gegeben sind, sind neben Auskünften von Behörden oder anderen Stellen insbesondere:

a) das Bundeszentralregister, das Verkehrszentralregister, das Gewerbezentralregister, das Ausländerzentralregister,
b) das EDV-Fahndungssystem der Polizei (INPOL),
c) Dateien nach den §§ 483 ff. StPO, die Fahndungsinformationen enthalten,
d) das Bundeskriminalblatt und die Landeskriminalblätter,
e) das Schengener Informationssystem (SIS).

(2) Sollen für eine Öffentlichkeitsfahndung Publikationsorgane in Anspruch genommen oder öffentlich zugängliche elektronische Medien wie das Internet genutzt werden, ist Anlage B zu beachten.

41. Fahndung nach dem Beschuldigten. (1) In den Fällen des § 131 StPO veranlasst der Staatsanwalt die Ausschreibung des Beschuldigten zur Festnahme und die Niederlegung eines entsprechenden Suchvermerks im Bundeszentralregister. Die Ausschreibung ist grundsätzlich auch dann bei der Polizeidienststelle zu veranlassen, die für die Dateneingabe in das Informationssystem der Polizei (INPOL) und gegebenenfalls auch in das Schengener Informationssystem (SIS) zuständig ist (vgl. auch Nummer 43), wenn der Haftbefehl (Unterbringungsbefehl) zur Auslösung einer gezielten Fahndung der für den mutmaßlichen Wohnsitz des Gesuchten zuständigen Polizeidienststelle übersandt wird. Der für die Dateneingabe zuständigen Polizeidienststelle ist eine beglaubigte Abschrift der Haftunterlagen zu übersenden. Wenn die überörtliche Ausschreibung aus Verhältnismäßigkeitserwägungen nicht in Frage kommt, ist dies gegenüber der zur örtlichen Fahndung aufgeforderten Polizeidienststelle zum Ausdruck zu bringen.

(2) Erfolgt eine Ausschreibung zur Festnahme nach Absatz 1, ohne dass ein Haft- oder Unterbringungsbefehl vorliegt, ist § 131 Abs. 2 Satz 2 StPO zu beachten. Nach Erlass des Haft- oder Unterbringungsbefehls ist die Ausschreibung entsprechend zu aktualisieren.

(3) Ist der Beschuldigte Ausländer und liegen Anhaltspunkte dafür vor, dass er sich im Ausland befindet, so setzt sich der Staatsanwalt, bevor er um Ausschreibung zur Festnahme ersucht, in der Regel mit der Ausländerbehörde in Verbindung. Besteht ein Aufenthaltsverbot oder sind bei einer späteren Abschiebung Schwierigkeiten zu erwar-

ten, so prüft der Staatsanwalt bei Straftaten von geringerer Bedeutung, ob die Ausschreibung unterbleiben kann.

(4) Liegen die Voraussetzungen des § 131 StPO nicht vor, so veranlasst der Staatsanwalt die Ausschreibung zur Aufenthaltsermittlung (§ 131 a StPO) und die Niederlegung eines entsprechenden Suchvermerkes im Bundeszentralregister. Er veranlasst gegebenenfalls daneben die Ausschreibung zur Aufenthaltsermittlung im Schengener Informationssystem (SIS).

(5) Ist der Beschuldigte im Zusammenhang mit einer Haftverschonung nach § 116 Abs. 1 Satz 2 StPO angewiesen worden, den Geltungsbereich der Strafprozessordnung nicht zu verlassen, so veranlasst der Staatsanwalt die Ausschreibung des Beschuldigten zur Festnahme im geschützten Grenzfahndungsbestand.

42. Fahndung nach einem Zeugen. Ist der Aufenthalt eines wichtigen Zeugen nicht bekannt, so kann der Staatsanwalt nach Maßgabe des § 131 a Abs. 1, Abs. 3 bis 5, § 131 b Abs. 2 und 3, § 131 c StPO eine Fahndung nach ihm veranlassen. Ersuchen zur Aufnahme von Zeugen in die INPOL-Fahndung und gegebenenfalls in das Schengener Informationssystem (SIS) sind an die für die Dateneingabe zuständige Polizeidienststelle zu richten.

43. Internationale Fahndung. (1) Die internationale Fahndung nach Personen, deren Aufenthalt nicht bekannt ist, kann durch Interpol, im Schengener Informationssystem (SIS) und durch gezielte Mitfahndungsersuchen an andere Staaten veranlasst werden. International ist auch die Ausschreibung zur Aufenthaltsermittlung möglich.

(2) Liegen Anhaltspunkte dafür vor, dass sich die gesuchte Person im Ausland befindet, ist aber der Aufenthaltsstaat nicht bekannt, so kann die internationale Fahndung veranlasst werden, sofern beabsichtigt ist, im Falle der Ermittlung des Gesuchten ein Auslieferungsersuchen anzuregen.

(3) Liegt ein Haftbefehl vor und ist die Zulässigkeit der Festnahme und die Auslieferungsfähigkeit in den Schengener Vertragsstaaten nach dem Übereinkommen zur Durchführung des Schengener Übereinkommens vom 19. Juni 1990 gegeben (Artikel 95 Abs. 1, 2 und 4), so veranlasst der Staatsanwalt neben der Ausschreibung zur Festnahme im Informationssystem der Polizei (INPOL) die Ausschreibung im Schengener Informationssystem (SIS), es sei denn, es liegen Anhaltspunkte vor, dass sich die gesuchte Person nur im Inland aufhält.

(4) Für die internationale Fahndung gelten die hierfür erlassenen Richtlinien (vgl. auch Anlage F).

6. Vernehmung des Beschuldigten

44. Ladung und Aussagegenehmigung. (1) Die Ladung eines Beschuldigten soll erkennen lassen, dass er als Beschuldigter vernommen werden soll. Der Gegenstand der Beschuldigung wird dabei kurz anzugeben sein, wenn und soweit es mit dem Zweck der Untersuchung vereinbar ist. Der Beschuldigte ist durch Brief, nicht durch Postkarte, zu laden.

(2) In der Ladung zu einer richterlichen oder staatsanwaltschaftlichen Vernehmung sollen Zwangsmaßnahmen für den Fall des Ausbleibens nur angedroht werden, wenn sie gegen den unentschuldigt ausgebliebenen Beschuldigten voraussichtlich auch durchgeführt werden.

(3) Soll ein Richter, Beamter oder eine andere Person des öffentlichen Dienstes als Beschuldigter vernommen werden und erstreckt sich die Vernehmung auf Umstände, die der Amtsverschwiegenheit unterliegen können, so ist der Beschuldigte in der Ladung darauf hinzuweisen, dass er, sofern er sich zu der Beschuldigung äußern will, einer Aussagegenehmigung des Dienstherrn bedarf. Erklärt der Beschuldigte seine Aussagebereitschaft, soll ihm Gelegenheit gegeben werden, diese Aussagegenehmigung einzuholen. Im Übrigen gilt Nummer 66 Abs. 2 und 3 entsprechend.

45. Form der Vernehmung und Niederschrift. (1) Die Belehrung des Beschuldigten vor seiner ersten Vernehmung nach §§ 136 Abs. 1, 163a Abs. 3 Satz 2 StPO ist aktenkundig zu machen.

(2) Für bedeutsame Teile der Vernehmung empfiehlt es sich, die Fragen, Vorhalte und Antworten möglichst wörtlich in die Niederschrift aufzunehmen. Legt der Beschuldigte ein Geständnis ab, so sind die Einzelheiten der Tat möglichst mit seinen eigenen Worten wiederzugeben. Es ist darauf zu achten, dass besonders solche Umstände aktenkundig gemacht werden, die nur der Täter wissen kann. Die Namen der Personen, die das Geständnis mit angehört haben, sind zu vermerken.

7. Untersuchungshaft, einstweilige Unterbringung und sonstige Maßnahmen zur Sicherstellung der Strafverfolgung und der Strafvollstreckung

46. Begründung der Anträge in Haftsachen. (1) Der Staatsanwalt hat alle Anträge und Erklärungen, welche die Anordnung, Fortdauer und Aufhebung der Untersuchungshaft betreffen, zu begründen und dabei die Tatsachen anzuführen, aus denen sich
a) der dringende Tatverdacht,
b) der Haftgrund
ergeben.

(2) Wenn die Anwendung des § 112 Abs. 1 Satz 2 StPO nahe liegt, hat der Staatsanwalt darzulegen, weshalb er auch bei Berücksichtigung des Grundsatzes der Verhältnismäßigkeit die Anordnung der Untersuchungshaft für geboten hält.

(3) Soweit durch Bekannt werden der angeführten Tatsachen die Staatssicherheit gefährdet wird, ist auf diese Gefahr besonders hinzuweisen (§ 114 Abs. 2 Nr. 4 StPO).

(4) Besteht in den Fällen des § 112 Abs. 3 und des § 112a Abs. 1 StPO auch ein Haftgrund nach § 112 Abs. 2 StPO, so sind die Feststellungen hierüber aktenkundig zu machen.

47. Ankündigung der Verhaftung. (gestrichen)

48. Abschrift des Haftbefehls für den Beschuldigten. (1) Um sicherzustellen, dass dem Beschuldigten so früh wie möglich eine Abschrift des Haftbefehls ausgehändigt wird (vgl. § 114a Abs. 2 StPO), empfiehlt es sich, zusätzliche Abschriften des Haftbefehls bei den Akten bereitzuhalten.

(2) Wird eine bestimmte Polizeibehörde auf Grund eines Haftbefehls um die Festnahme des Beschuldigten ersucht, so ist dem Ersuchen eine Abschrift des Haftbefehls für den Beschuldigten beizufügen, wenn dies möglich ist.

49. Unterrichtung der Vollzugsanstalt. Umstände, welche die Besorgnis begründen, dass ein Untersuchungsgefangener die Ordnung in der Anstalt beeinträchtigt oder sich selbst gefährdet, sind dem Anstaltsleiter mitzuteilen (vgl. auch Nr. 7 UVollzO).

50. Untersuchungshaft bei Soldaten der Bundeswehr. Kann den Erfordernissen der Untersuchungshaft während des Vollzuges von Freiheitsstrafe, Strafarrest, Jugendarrest oder Disziplinararrest durch Behörden der Bundeswehr nicht Rechnung getragen werden, so prüft der Staatsanwalt, ob der Soldat im dortigen Vollzug verbleiben kann oder ob die Vollstreckung zu unterbrechen oder die Übernahme des Soldaten in den allgemeinen Vollzug erforderlich ist.

51. Symbolische Vorführung. Kann eine vorläufig festgenommene Person wegen Krankheit nicht in der vorgeschriebenen Frist (§ 128 StPO) dem Richter vorgeführt werden, so sind diesem die Akten innerhalb der Frist vorzulegen, damit er den Festgenommenen nach Möglichkeit an dem Verwahrungsort vernehmen und unverzüglich entscheiden kann, ob ein Haftbefehl zu erlassen ist.

52. Kennzeichnung der Haftsachen. In Haftsachen erhalten alle Verfügungen und ihre Ausfertigungen den deutlich sichtbaren Vermerk „Haft“. Befindet sich der Beschuldigte in anderer Sache in Haft, so ist auch dies ersichtlich zu machen.

53. Ausländer. Wird ein Ausländer in Untersuchungshaft genommen, so sind für seinen Verkehr mit der diplomatischen oder konsularischen Vertretung seines Landes die Nr. 135 und 136 RiVASt und die hierzu ergangenen Verwaltungsvorschriften der Länder zu beachten.

54. Überwachung, Haftprüfung. (1) Der Staatsanwalt achtet in jeder Lage des Verfahrens darauf,

a) ob die Voraussetzungen der Untersuchungshaft noch vorliegen und ob die weitere Untersuchungshaft zu der Bedeutung der Sache und zu der zu erwartenden Strafe oder Maßregel der Besserung und Sicherung nicht außer Verhältnis steht (§ 120 StPO);
b) ob der Zweck der Untersuchungshaft nicht auch durch weniger einschneidende Maßnahmen erreicht werden kann (§ 116 Abs. 1 bis 3 StPO).

Gegebenenfalls stellt er die entsprechenden Anträge.

(2) Der Staatsanwalt prüft vor Ablauf der in § 117 Abs. 4 StPO bezeichneten Frist, ob die Bestellung eines Verteidigers für die Dauer der Untersuchungshaft zu beantragen ist. Es empfiehlt sich, zugleich mit der durch § 117 Abs. 4 Satz 2 StPO angeordneten Belehrung des Beschuldigten zu klären, ob dieser einen Wahlverteidiger beauftragen will. Die Bestellung eines Verteidigers (§ 141 Abs. 4 StPO) teilt er dem nach § 126 StPO zuständigen Richter mit. Hat der Beschuldigte keinen Verteidiger, so legt der Staatsanwalt die Akten rechtzeitig vor Ablauf der in §§ 117 Abs. 4, 5 StPO bezeichneten Frist dem Gericht vor.

(3) Die Haftprüfung soll den Fortgang der Ermittlungen nicht aufhalten. Deshalb wird es vielfach zweckmäßig sein, rechtzeitig Hilfsakten anzulegen (vgl. Nr. 12).

55. Anordnung der Freilassung des Verhafteten. (1) Wird der Haftbefehl aufgehoben, so ordnet das Gericht zugleich die Freilassung des Untersuchungsgefangenen an.

(2) Wird der Haftbefehl in der Hauptverhandlung aufgehoben, so wird der Angeklagte sofort freigelassen, wenn keine Überhaft vorgemerkt ist. Jedoch kann der Hinweis an ihn angebracht sein, dass es sich empfiehlt, in die Anstalt zurückzukehren, um die Entlassungsförmlichkeiten zu erledigen.

(3) Der Staatsanwalt achtet darauf, dass der Verhaftete nach Aufhebung des Haftbefehls entlassen wird. Beantragt er vor Erhebung der öffentlichen Klage die Aufhebung des Haftbefehls, so ordnet er gleichzeitig die Freilassung des Beschuldigten an (§ 120 Abs. 3 Satz 2 StPO).

56. Haft über sechs Monate. (1) Ist es geboten, die Untersuchungshaft über sechs Monate hinaus aufrechtzuerhalten, und liegen die besonderen Voraussetzungen des § 121 Abs. 1 StPO vor, so leitet der Staatsanwalt die Akten dem zuständigen Gericht (§§ 122, 125, 126 StPO) so rechtzeitig zu, dass dieses sie durch Vermittlung der Staatsanwaltschaft innerhalb der Frist dem Oberlandesgericht oder in den Fällen des § 120 GVG dem Bundesgerichtshof vorlegen kann. Liegen die Akten dem zuständigen Gericht bereits vor, so wirkt der Staatsanwalt auf die rechtzeitige Vorlage der Akten hin. Er legt die Gründe dar, die nach seiner Auffassung die Fortdauer der Haft über sechs Monate hinaus rechtfertigen. Zugleich beantragt er, falls erforderlich, eine dem letzten Ermittlungsstand entsprechende Ergänzung oder sonstige Änderung des Haftbefehls.

(2) Die Akten sind besonders zu kennzeichnen. Sie sind stets mit Vorrang zu behandeln und beschleunigt zu befördern.

(3) Nr. 54 Abs. 3 gilt entsprechend.

(4) Hat das Oberlandesgericht oder in den Fällen des § 120 GVG der Bundesgerichtshof die Fortdauer der Untersuchungshaft angeordnet, so sorgt der Staatsanwalt dafür, dass auch die weiteren nach §§ 122 Abs. 3 und 4, 122a StPO erforderlichen gerichtlichen Entscheidungen rechtzeitig herbeigeführt werden.

(5) Soll eine Entscheidung des Oberlandesgerichts oder des Bundesgerichtshofs nicht herbeigeführt werden, so hat der Staatsanwalt dafür Sorge zu tragen, dass der Haftbefehl

nach Ablauf der Frist von sechs Monaten aufgehoben oder außer Vollzug gesetzt wird (§§ 121 Abs. 2, 120 Abs. 3 StPO).

57. Aussetzung des Vollzuges. (1) Hat der Richter den Vollzug des Haftbefehls nach § 116 StPO ausgesetzt, so überwacht der Staatsanwalt, ob die erteilten Anweisungen befolgt werden.

(2) Liegen die Voraussetzungen des § 116 Abs. 4 StPO vor, so beantragt der Staatsanwalt, den Vollzug des Haftbefehls anzuordnen. In den Fällen des § 123 Abs. 1 StPO beantragt er, die nach § 116 StPO angeordneten Maßnahmen aufzuheben.

(3) Bei der Erteilung von Anweisungen nach § 116 StPO an Soldaten der Bundeswehr sollte der Eigenart des Wehrdienstes Rechnung getragen werden. Der Staatsanwalt wirkt darauf hin, dass Anweisungen, denen der zur Truppe zurückgekehrte Soldat nur schwer nachkommen kann, oder die dem nicht rückkehrwilligen Soldaten Anlass zu dem Versuch geben könnten, sein Fernbleiben von der Truppe zu rechtfertigen, vermieden werden. Es kann sich daher empfehlen, eine Anweisung an den Soldaten anzuregen, sich bei seiner Einheit (Disziplinarvorgesetzten) zu melden (§ 116 Abs. 1 Satz 2 Nr. 1 StPO).

58. Unterbringung von Untersuchungsgefangenen in einem Krankenhaus. (1) Muss ein Untersuchungsgefangener in einem Krankenhaus außerhalb der Vollzugsanstalt ärztlich behandelt werden, so rechtfertigt dies allein die Aufhebung des Haftbefehls nicht. Entscheidend ist vielmehr, ob die Voraussetzungen für die Untersuchungshaft wegen der Krankheit weggefallen sind.

(2) Hebt der Richter wegen der Art, der Schwere oder der voraussichtlichen Dauer der Krankheit den Haftbefehl auf, so ist es nicht Aufgabe der Justizbehörden, den Beschuldigten in einem Krankenhaus unterzubringen, vielmehr ist es den Verwaltungsbehörden zu überlassen, notwendige Maßnahmen zu treffen.

(3) Wird der Haftbefehl aufgehoben, nachdem der Beschuldigte in einem Krankenhaus untergebracht worden ist, so teilt der Staatsanwalt die Aufhebung des Haftbefehls und die Haftentlassung dem Beschuldigten selbst und dem Krankenhaus unverzüglich mit. Dem Krankenhaus ist gleichzeitig zu eröffnen, dass der Justizfiskus für die weiteren Kosten der Unterbringung und Behandlung nicht mehr aufkommt. Die Polizei darf nicht im Voraus ersucht werden, den Beschuldigten nach seiner Heilung erneut vorläufig festzunehmen oder zu diesem Zweck den Heilungsverlauf zu überwachen; auch darf nicht gebeten werden, die Entlassung mitzuteilen, da solche Maßnahmen dahin ausgelegt werden könnten, dass die Untersuchungshaft trotz der Entlassung tatsächlich aufrechterhalten werden soll und der Justizfiskus für die Kosten der Unterbringung und Behandlung in Anspruch genommen werden kann.

(4) Wird der Haftbefehl trotz der Krankheit aufrechterhalten, so rechtfertigt es allein der Umstand, dass der Verhaftete vorübergehend in einem Krankenhaus unterzubringen ist, nicht, den Haftbefehl außer Vollzug zu setzen. Der Beschuldigte ist vielmehr auf Kosten des Justizfiskus unterzubringen.

59. Einstweilige Unterbringung. Auf die einstweilige Unterbringung sind die Nrn. 46 bis 55 sinngemäß anzuwenden.

60. Besondere Maßnahmen zur Sicherung der Strafverfolgung und Strafvollstreckung. Im Rahmen der besonderen Maßnahmen (§§ 127a, 132 StPO) zur Sicherung der Strafverfolgung und der Strafvollstreckung gegen Beschuldigte, die im Geltungsbereich der StPO keinen Wohnsitz haben, sind bei der Bemessung der Sicherheitsleistung die bei einschlägigen Straftaten erfahrungsgemäß festgesetzten Beträge für Geldstrafen und Kosten zugrunde zu legen. Kann der Beschuldigte einen Zustellungsbevollmächtigten eigener Wahl zunächst nicht benennen, so ist er darauf hinzuweisen, dass er einen Rechtsanwalt oder einen hierzu bereiten Beamten der Geschäftsstelle des zuständigen Amtsgerichts bevollmächtigen kann.

8. Beobachtung in einem psychiatrischen Krankenhaus

61. Allgemeines. (1) Der für die Anordnung der Unterbringung des Beschuldigten in einem psychiatrischen Krankenhaus geltende Grundsatz der Verhältnismäßigkeit (§ 81 Abs. 2 Satz 2 StPO) ist auch bei der Vollstreckung der Anordnung zu beachten.

(2) Der auf freiem Fuß befindliche Beschuldigte darf in der Regel erst dann zwangsweise in das psychiatrische Krankenhaus verbracht werden, wenn er unter Androhung der zwangsweisen Zuführung für den Fall der Nichtbefolgung aufgefordert worden ist, sich innerhalb einer bestimmten Frist in dem psychiatrischen Krankenhaus zu stellen, und er dieser Aufforderung nicht nachgekommen ist. Einer solchen Aufforderung bedarf es nicht, wenn zu erwarten ist, dass der Beschuldigte sie nicht befolgt.

62. Dauer und Vorbereitung der Beobachtung. (1) Der Sachverständige ist darauf hinzuweisen, dass die Unterbringung nicht länger dauern darf, als zur Beobachtung des Beschuldigten unbedingt notwendig ist, dass dieser entlassen werden muss, sobald der Zweck der Beobachtung erreicht ist, und dass das gesetzliche Höchstmaß von sechs Wochen keinesfalls überschritten werden darf.

(2) Der Sachverständige ist zu veranlassen, die Vorgeschichte möglichst vor der Aufnahme des Beschuldigten in die Anstalt zu erheben. Dazu sind ihm ausreichende Zeit vorher die Akten und Beiakten, besonders Akten früherer Straf- und Ermittlungsverfahren, Akten über den Aufenthalt in Justizvollzugsanstalten, in einer Entziehungsanstalt oder in einem psychiatrischen Krankenhaus (mit Krankenblättern), Betreuungs-, Entmündigungs-, Pflegschafts-, Ehescheidungs- und Rentenakten zugänglich zu machen, soweit sie für die Begutachtung von Bedeutung sein können.

(3) Angaben des Verteidigers, des Beschuldigten oder seiner Angehörigen, die für die Begutachtung von Bedeutung sind, z. B. über Erkrankungen, Verletzungen, auffälliges Verhalten, sind möglichst schnell nachzuprüfen, damit sie der Gutachter verwerten kann.

(4) Sobald der Beschluss nach § 81 StPO rechtskräftig ist, soll sich der Staatsanwalt mit dem Leiter des psychiatrischen Krankenhauses fernmündlich darüber verständigen, wann der Beschuldigte aufgenommen werden kann.

63. Strafverfahren gegen Hirnverletzte. (1) In Strafverfahren gegen Hirnverletzte empfiehlt es sich in der Regel, einen Facharzt für Nerven- und Gemütsleiden (Neurologie und Psychiatrie) oder einen auf einem dieser Fachgebiete vorgebildeten und besonders erfahrenen Arzt als Gutachter heranzuziehen.

(2) Die Kranken- und Versorgungsakten sind in der Regel für die fachärztliche Begutachtung von Bedeutung; sie sind daher rechtzeitig beizuziehen. Soweit möglich, sollte der Staatsanwalt auf die Einwilligung des Beschuldigten hinwirken. Im Übrigen sind die Vorschriften der §§ 67 ff. SGB X, insbesondere § 73 SGB X, zu beachten.

9. Zeugen

64. Ladung. (1) Die Ladung eines Zeugen muss erkennen lassen, dass er als Zeuge vernommen werden soll. Der Name des Beschuldigten ist anzugeben, wenn der Zweck der Untersuchung es nicht verbietet, der Gegenstand der Beschuldigung nur dann, wenn dies zur Vorbereitung der Aussage durch den Zeugen erforderlich ist. Mit der Ladung ist der Zeuge auf die seinem Interesse dienenden verfahrensrechtlichen Bestimmungen und die vorhandene Möglichkeit der Zeugenbetreuung hinzuweisen.

(2) Ist anzunehmen, dass der Zeuge Schriftstücke oder andere Beweismittel besitzt, die für die Untersuchung von Bedeutung sein können, so soll er in der Ladung aufgefordert werden, sie bei der Vernehmung vorzulegen.

(3) Die Zeugen sollen durch einfachen Brief, nicht durch Postkarte, geladen werden. Nur bei Vorliegen besonderer Umstände ist die Ladung zuzustellen. Wegen der Ladung zur Hauptverhandlung wird auf Nr. 117 hingewiesen.

65. Belehrung des Zeugen. Die Belehrung des Zeugen über sein Zeugnisverweigerungsrecht nach § 52 StPO und sein Auskunftsverweigerungsrecht nach § 55 StPO (§ 163a Abs. 5 StPO) ist aktenkundig zu machen. Entsprechendes gilt für eine Belehrung seines gesetzlichen Vertreters.

66. Vernehmung von Personen des öffentlichen Dienstes. (1) Soll ein Richter, ein Beamter oder eine andere Person des öffentlichen Dienstes als Zeuge vernommen werden und erstreckt sich die Vernehmung auf Umstände, die der Amtsverschwiegenheit unterliegen, so holt die Stelle, die den Zeugen vernehmen will, die Aussagegenehmigung von Amts wegen ein. Bestehen Zweifel, ob sich die Vernehmung auf Umstände, die der Amtsverschwiegenheit unterliegen, erstrecken kann, so ist dies vor der Vernehmung durch eine Anfrage bei dem Dienstvorgesetzten zu klären.

(2) Um die Genehmigung ist der Dienstvorgesetzte zu ersuchen, dem der Zeuge im Zeitpunkt der Vernehmung untersteht oder dem er im Falle des § 54 Abs. 4 StPO zuletzt unterstanden hat.

(3) Der Antrag auf Erteilung einer Aussagegenehmigung muss die Vorgänge, über die der Zeuge vernommen werden soll, kurz, aber erschöpfend angeben, damit der Dienstvorgesetzte beurteilen kann, ob Versagungsgründe vorliegen. Der Antrag ist so rechtzeitig zu stellen, dass der Dienstvorgesetzte ihn prüfen und seine Entscheidung noch vor dem Termin mitteilen kann. In eiligen Sachen wird deshalb die Aussagegenehmigung schon vor der Anberaumung des Termins einzuholen sein.

67. Schriftliche Aussage. (1) In geeigneten Fällen kann es ausreichen, dass ein Zeuge sich über bestimmte Fragen zunächst nur schriftlich äußert, vorausgesetzt, dass er glaubwürdig erscheint und eine vollständige Auskunft von ihm erwartet werden kann. In dieser Weise zu verfahren, empfiehlt sich besonders dann, wenn der Zeuge für seine Aussage Akten, Geschäftsbücher oder andere umfangreiche Schriftstücke braucht.

(2) Befindet sich der Zeuge im Ausland, so ist bei der schriftlichen Befragung Nr. 121 RiVASt zu beachten.

68. Behördliches Zeugnis. Die Vernehmung von Zeugen kann entbehrlich sein, wenn zum Beweis einer Tatsache die schriftliche Erklärung einer öffentlichen Behörde genügt. In geeigneten Fällen wird der Staatsanwalt daher ein behördliches Zeugnis einholen, das in der Hauptverhandlung verlesen werden kann (§ 256 StPO).

10. Sachverständige

69. Allgemeines. Ein Sachverständiger soll nur zugezogen werden, wenn sein Gutachten für die vollständige Aufklärung des Sachverhalts unentbehrlich ist. Nr. 68 gilt sinngemäß.

70. Auswahl des Sachverständigen und Belehrung. (1) Während des Ermittlungsverfahrens gibt der Staatsanwalt dem Verteidiger Gelegenheit, vor Auswahl eines Sachverständigen Stellung zu nehmen, es sei denn, dass Gegenstand der Untersuchung ein häufig wiederkehrender, tatsächlich gleichartiger Sachverhalt (z. B. Blutalkoholgutachten) ist oder eine Gefährdung des Untersuchungszwecks (vgl. § 147 Abs. 2 StPO) oder eine Verzögerung des Verfahrens zu besorgen ist.

(2) Ist dem Staatsanwalt kein geeigneter Sachverständiger bekannt, so ersucht er die Berufsorganisation oder die Behörde um Vorschläge, in deren Geschäftsbereich die zu begutachtende Frage fällt.

(3) Es empfiehlt sich, für die wichtigsten Gebiete Verzeichnisse bewährter Sachverständiger zu führen, damit das Verfahren nicht durch die Auswahl von Sachverständigen verzögert wird.

(4) Sollen Personen des öffentlichen Dienstes als Sachverständige vernommen werden, so gilt Nr. 66 sinngemäß.

(5) Für die Belehrung des Sachverständigen gilt Nr. 65 entsprechend.

71. Arbeitsunfälle. Bei Arbeitsunfällen empfiehlt es sich, der für den Betrieb zuständigen Berufsgenossenschaft oder ihren technischen Aufsichtsbeamten neben den für die Gewerbeaufsicht zuständigen Stellen Gelegenheit zu geben, sich gutachtlich zu äußern. Auch kann es geboten sein, sie schon zur Besichtigung der Unfallstelle zuzuziehen.

72. Beschleunigung. (1) Vor Beauftragung des Sachverständigen soll gegebenenfalls geklärt werden, ob dieser in der Lage ist, das Gutachten in angemessener Zeit zu erstatten.

(2) Dem Sachverständigen ist ein genau umgrenzter Auftrag zu erteilen; nach Möglichkeit sind bestimmte Fragen zu stellen. Oft ist es zweckmäßig, die entscheidenden Gesichtspunkte vorher mündlich zu erörtern.

(3) Bis zur Erstattung des Gutachtens wird der Staatsanwalt sonst noch fehlende Ermittlungen durchführen.

(4) Bestehen Zweifel an der Eignung des Sachverständigen, so ist alsbald zu prüfen, ob ein anderer Sachverständiger beauftragt werden muss.

11. Akten über Vorstrafen

73. Ist wegen der Vorstrafen des Beschuldigten zu prüfen, ob die Anordnung der Sicherungsverwahrung (§ 66 StGB) in Betracht kommt, oder kann es für die Strafbemessung wichtig sein, dass der Beschuldigte wegen gleichartiger Straftaten vorbestraft ist, so sind die vollständigen Akten beizuziehen.

11 a. Durchsuchung und Beschlagnahme

73 a. Durchsuchung und Beschlagnahme stellen erhebliche Eingriffe in die Rechte des Betroffenen dar und bedürfen daher im Hinblick auf den Verhältnismäßigkeitsgrundsatz einer sorgfältigen Abwägung. Bei der Prüfung, ob bei einem Zeugnisverweigerungsberechtigten die Voraussetzungen für eine solche Maßnahme vorliegen (§ 97 Abs. 2 Satz 3, Abs. 5 Satz 2 StPO), ist ein strenger Maßstab anzulegen.

12. Behandlung der amtlich verwahrten Gegenstände

74. Sorgfältige Verwahrung. Gegenstände, die in einem Strafverfahren beschlagnahmt oder sonst in amtliche Verwahrung genommen worden sind, müssen zur Vermeidung von Schadensersatzansprüchen vor Verlust, Entwertung oder Beschädigung geschützt werden. Die Verantwortung hierfür trifft zunächst den Beamten, der die Beschlagnahme vornimmt; sie geht auf die Stelle (Staatsanwaltschaft oder Gericht) über, der die weitere Verfügung über den verwahrten Gegenstand zusteht. Die Verwaltungsvorschriften der Länder über die Verwahrung sind zu beachten.

75. Herausgabe. (1) Sachen, deren Einziehung, Verfall oder Unbrauchbarmachung nicht in Betracht kommt, sind vorbehaltlich einer anderen Entscheidung nach § 111 i StPO herauszugeben, sobald sie für das Strafverfahren entbehrlich sind.

(2) Die Sachen werden an den letzten Gewahrsamsinhaber herausgegeben, es sei denn, dass dieser der Herausgabe an einen anderen zugestimmt hat oder ein Fall des § 111 k StPO vorliegt. Die Abs. 3 und 4 bleiben unberührt. Sind gefährliche Sachen an einen Gefangenen oder Untergebrachten herauszugeben, so sind diese an die Leitung der Justizvollzugsanstalt oder Unterbringungseinrichtung unter Hinweis auf die Gefährlichkeit zu übersenden.

(3) Stehen der Herausgabe an den letzten Gewahrsamsinhaber oder an eine von ihm benannte Person offensichtlich begründete Ansprüche eines Dritten entgegen, so werden die Sachen an diesen herausgegeben. Bestehen lediglich Anhaltspunkte für die Berechtigung eines Dritten, so kann der Staatsanwalt diesem unter Bestimmung einer Frist

Gelegenheit zu ihrem Nachweis geben. Lässt der Dritte die Frist ungenutzt verstreichen, so wird der Gegenstand an den letzten Gewahrsamsinhaber oder an eine von ihm benannte Person herausgegeben.

(4) Ergibt sich im Laufe der Ermittlungen zweifelsfrei, dass eine Sache unrechtmäßig in die Hand des letzten Gewahrsamsinhabers gekommen ist, lässt sich der Verletzte aber nicht ermitteln, so ist nach § 983 BGB und den dazu erlassenen Vorschriften zu verfahren.

(5) In der Herausgabeanordnung sind die Sachen und der Empfangsberechtigte genau zu bezeichnen. Die Sachen dürfen nur gegen eine Bescheinigung des Empfangsberechtigten oder dessen ausgewiesenen Bevollmächtigten herausgegeben werden. Anordnung und Herausgabe sind aktenkundig zu machen.

76. Beweissicherung. Vor der Notveräußerung, vor der Herausgabe oder bei drohendem Verderb eines Überführungsstückes prüft der Staatsanwalt, ob eine fotografische oder andere kriminaltechnische Sicherung des Überführungsstückes erforderlich ist.

13. Beschlagnahme von Postsendungen

77. Umfang der Beschlagnahme. (1) In dem Antrag auf Beschlagnahme von Postsendungen und Telegrammen sowie in einer Beschlagnahmeanordnung des Staatsanwalts sind die Briefe, Telegramme und andere Sendungen nach ihren äußeren Merkmalen so genau zu bezeichnen, dass Zweifel über den Umfang der Beschlagnahme ausgeschlossen sind.

(2) Der Staatsanwalt prüft, ob die Beschlagnahme aller Postsendungen und Telegramme an bestimmte Empfänger notwendig ist oder ob sie auf einzelne Gattungen von Sendungen beschränkt werden kann. Durch die Beschränkung und den Umstand, dass andere Sendungen ausgeliefert werden, kann verhindert werden, dass die Beschlagnahme vorzeitig bekannt wird.

(3) Für die einzelnen Gattungen von Sendungen können folgende Bezeichnungen verwendet werden:
a) Briefsendungen (§ 4 Nr. 2 Postgesetz);
b) adressierte Pakete;
c) Postanweisungen, Zahlungsanweisungen und Zahlkarten;
d) Bücher, Kataloge, Zeitungen oder Zeitschriften;
e) Telegramme.
Soll die Beschlagnahme auf einen engeren Kreis von Sendungen beschränkt werden, so ist deren Art in der Beschlagnahmeanordnung so zu beschreiben, dass der Adressat die betreffenden Sendungen eindeutig identifizieren kann. Erforderlichenfalls ist die Formulierung durch Rücksprache mit den jeweils als Adressaten in Betracht kommenden Personen oder Unternehmen, die geschäftsmäßig Post- und Telekommunikationsdienste erbringen oder daran mitwirken (Post- oder Telekommunikationsunternehmen), zu klären.

(4) Auf den Aktenumschlag ist der Vermerk „Postbeschlagnahme" deutlich anzubringen.

78. Inhalt der Beschlagnahmeanordnung. (1) Die Beschlagnahme von Sendungen, die bei einer inländischen Betriebsstätte eines Post- oder Telekommunikationsunternehmens für einen bestimmten Empfänger eingehen, z. B. an den Beschuldigten oder an eine von ihm verwendete Deckanschrift, ist in der Regel anderen Möglichkeiten vorzuziehen. Der volle Name, bei häufig wiederkehrenden Namen, zumal in Großstädten, auch andere Unterscheidungsmerkmale, der Bestimmungsort, bei größeren Orten die Straße und die Hausnummer und die Betriebsstätte eines Post- oder Telekommunikationsunternehmens, sind anzugeben.

(2) Bei der Beschlagnahme von Sendungen nach anderen Merkmalen, z. B. eines bestimmten Absenders, ist die Annahme-/Einlieferungsstelle des jeweiligen Post- oder

Telekommunikationsunternehmens zu bezeichnen, bei der die Einlieferung erwartet wird. Dasselbe gilt, wenn Sendungen an bestimmte Empfänger nicht bei der Auslieferungsstelle, z.B. weil diese im Ausland liegt, sondern bei anderen Betriebsstätten beschlagnahmt werden sollen. Beschlagnahmen solcher Art sollen nur beantragt werden, wenn sie unentbehrlich sind. In diesen Ausnahmefällen sind alle Merkmale, nach denen die Beschlagnahme ausgeführt werden soll, so genau zu beschreiben, dass kein Zweifel darüber besteht, welche Sendungen das Unternehmen auszuliefern hat.

(3) In zweifelhaften oder schwierigen Fällen wird sich der Staatsanwalt vorher mit dem betreffenden Post- oder Telekommunikationsunternehmen darüber verständigen, wie die Beschlagnahme am zweckmäßigsten durchgeführt wird.

79. Verfahren bei der Beschlagnahme. Der Staatsanwalt prüft, welche Post- oder Telekommunikationsunternehmen als Adressaten einer Beschlagnahmeanordnung in Betracht kommen. Hierzu ist zunächst festzustellen, welche Unternehmen eine Lizenz für die Beförderung von Sendungen der zu beschlagnahmenden Art in dem betreffenden geographischen Bereich besitzen. Die Beschlagnahmeanordnung ist allen Post- oder Telekommunikationsunternehmen zu übersenden, bei welchen die Beschlagnahme erfolgen soll. In Zweifelsfällen ist bei der Bundesnetzagentur für Elektrizität, Gas, Telekommunikation, Post und Eisenbahnen (Tulpenfeld 4, 53113 Bonn) festzustellen, welche Unternehmen als Adressaten einer Beschlagnahmeanordnung in Betracht kommen.[1] Bei der Adressierung der Beschlagnahmeanordnung ist die jeweilige Betriebsstruktur des Adressaten zu beachten (z.B. das Bestehen rechtlich selbstständiger Niederlassungen, Franchise-Unternehmen). In Zweifelsfällen empfiehlt sich eine vorherige Kontaktaufnahme mit dem jeweiligen Unternehmen.

80. Aufhebung der Beschlagnahme. (1) Die Beschlagnahme soll in der Regel von vornherein auf eine bestimmte Zeit (etwa einen Monat) beschränkt werden. Wegen der mit jeder Beschlagnahme verbundenen Verzögerung der Postzustellung achtet der Staatsanwalt darauf, dass die Beschlagnahme nicht länger als erforderlich aufrechterhalten wird.

(2) Sobald ein Beschlagnahmebeschluss erledigt ist, beantragt der Staatsanwalt unverzüglich, ihn aufzuheben und verständigt sofort die betroffenen Post- oder Telekommunikationsunternehmen.

(3) Der Vermerk „Postbeschlagnahme" (Nr. 77 Abs. 4) ist zu beseitigen.

81. Postsendungen mit staatsgefährdenden Schriften. Bei Postsendungen mit staatsgefährdenden Schriften ist Nr. 208 zu beachten.

82. (gestrichen)

83. (gestrichen)

14. Auskunft über den Postverkehr und die Telekommunikation

84. Postsendungen. Statt einer Beschlagnahme kann der Richter, unter den Voraussetzungen des § 100 StPO auch der Staatsanwalt, von Postunternehmen Auskunft über Postsendungen verlangen, die von dem Beschuldigten herrühren oder für ihn bestimmt sind. Die Auskunft wird auch über solche Postsendungen erteilt, die sich bei Eingang des Ersuchens nicht mehr im Machtbereich des Postunternehmens befinden.

85. Telekommunikation. Der Richter, unter den Voraussetzungen des § 100h Abs. 1 Satz 3 in Verbindung mit § 100b Abs. 1 Satz 2 und 3 StPO auch die Staatsanwaltschaft, kann nach § 100g StPO von Telekommunikationsunternehmen Auskunft über abgeschlossene und zukünftige Telekommunikationsverbindungen verlangen. Soweit danach keine Auskunft verlangt werden kann (z.B. Auskunft über die Standorter-

---

[1] **Amtlicher Fußnotentext:** Eine Aufstellung der Lizenzunternehmen kann im Internet abgerufen werden unter http://www.regtp.de/reg_post/start/fs_07.html.

kennung eines Mobiltelefons, wenn kein Fall einer Telekommunikationsverbindung besteht) sind Maßnahmen nach den §§ 100a, 100b StPO zu prüfen.

15. Öffentliches Interesse bei Privatklagesachen

86. Allgemeines. (1) Sobald der Staatsanwalt von einer Straftat erfährt, die mit der Privatklage verfolgt werden kann, prüft er, ob ein öffentliches Interesse an der Verfolgung von Amts wegen besteht.

(2) Ein öffentliches Interesse wird in der Regel vorliegen, wenn der Rechtsfrieden über den Lebenskreis des Verletzten hinaus gestört und die Strafverfolgung ein gegenwärtiges Anliegen der Allgemeinheit ist, z.B. wegen des Ausmaßes der Rechtsverletzung, wegen der Rohheit oder Gefährlichkeit der Tat, der niedrigen Beweggründe des Täters oder der Stellung des Verletzten im öffentlichen Leben. Ist der Rechtsfrieden über den Lebenskreis des Verletzten hinaus nicht gestört worden, so kann ein öffentliches Interesse auch dann vorliegen, wenn dem Verletzten wegen seiner persönlichen Beziehung zum Täter nicht zugemutet werden kann, die Privatklage zu erheben, und die Strafverfolgung ein gegenwärtiges Anliegen der Allgemeinheit ist.

(3) Der Staatsanwalt kann Ermittlungen darüber anstellen, ob ein öffentliches Interesse besteht.

87. Verweisung auf die Privatklage. (1) Die Entscheidung über die Verweisung auf den Privatklageweg trifft der Staatsanwalt. Besteht nach Ansicht der Behörden oder Beamten des Polizeidienstes kein öffentliches Interesse an der Strafverfolgung, so legen sie die Anzeige ohne weitere Ermittlungen dem Staatsanwalt vor.

(2) Kann dem Verletzten nicht zugemutet werden, die Privatklage zu erheben, weil er die Straftat nicht oder nur unter großen Schwierigkeiten aufklären könnte, so soll der Staatsanwalt die erforderlichen Ermittlungen anstellen, bevor er dem Verletzten auf die Privatklage verweist, z.B. bei Beleidigung durch namenlose Schriftstücke. Dies gilt aber nicht für unbedeutende Verfehlungen.

16. Einstellung des Verfahrens

88. Mitteilung an den Beschuldigten. In der Mitteilung an den Beschuldigten nach § 170 Abs. 2 StPO sind die Gründe der Einstellung nur auf Antrag und dann auch nur soweit bekannt zu geben, als kein schutzwürdiges Interesse entgegensteht. Hat sich herausgestellt, dass der Beschuldigte unschuldig ist oder dass gegen ihn kein begründeter Verdacht mehr besteht, so ist dies in der Mitteilung auszusprechen.

89. Bescheid an den Antragsteller und Mitteilung an den Verletzten. (1) Der Staatsanwalt hat dem Antragsteller den in § 171 StPO vorgesehenen Bescheid über die Einstellung auch dann zu erteilen, wenn die Erhebung der öffentlichen Klage nicht unmittelbar bei der Staatsanwaltschaft beantragt worden war.

(2) Die Begründung der Einstellungsverfügung darf sich nicht auf allgemeine und nichts sagende Redewendungen, z.B. „da eine Straftat nicht vorliegt oder nicht nachgewiesen ist", beschränken. Vielmehr soll in der Regel – schon um unnötige Beschwerden zu vermeiden – angegeben werden, aus welchen Gründen der Verdacht einer Straftat nicht ausreichend erscheint oder weshalb sich sonst die Anklageerhebung verbietet. Dabei kann es genügen, die Gründe anzuführen, die ein Eingehen auf Einzelheiten unnötig machen, z.B., dass die angezeigte Handlung unter kein Strafgesetz fällt, dass die Strafverfolgung verjährt oder aus anderen Gründen unzulässig ist oder dass kein öffentliches Interesse an der Strafverfolgung besteht.

(3) Auch bei einer Einstellung nach §§ 153 Abs. 1, 153a Abs. 1, 153b Abs. 1 StPO erteilt der Staatsanwalt dem Anzeigenden einen mit Gründen versehenen Bescheid.

(4) Der Staatsanwalt soll den Einstellungsbescheid so fassen, dass er auch dem rechtsunkundigen Antragsteller verständlich ist.

(5) Erhält der Verletzte nicht bereits gemäß Absatz 1 oder Absatz 3 Kenntnis von der Einstellung des Verfahrens, so ist ihm letztere auf Antrag mitzuteilen, soweit das Verfahren ihn betrifft.

90. Anhörung von Behörden und Körperschaften des öffentlichen Rechts.
(1) Hat eine Behörde oder eine Körperschaft des öffentlichen Rechts die Strafanzeige erstattet oder ist sie sonst am Ausgang des Verfahrens interessiert, so soll ihr der Staatsanwalt, bevor er das Verfahren einstellt, die Gründe mitteilen, die für die Einstellung sprechen, und ihr Gelegenheit zur Äußerung geben; zur Vereinfachung können Ablichtungen aus den Akten beigefügt werden. Stellt der Staatsanwalt entgegen einer widersprechenden Äußerung ein, so soll er in der Einstellungsverfügung auch die Einwendungen würdigen, die gegen die Einstellung erhoben worden sind.

(2) Hat ein oberstes Staatsorgan des Bundes oder eines Landes die Ermächtigung zur Strafverfolgung nach §§ 90 Abs. 4, 90b Abs. 2, 97 Abs. 3, 104a, 129b Abs. 1 Satz 3, 194 Abs. 4, 353a Abs. 2 oder 353b Abs. 4 StGB erteilt oder Strafantrag wegen Beleidigung gestellt, so ist Nr. 211 Abs. 1 und 3 Buchst. a zu beachten.

91. Bekanntgabe. (1) Dem Beschuldigten wird die Einstellungsverfügung grundsätzlich formlos durch einfachen Brief bekannt gegeben. Die Mitteilung über die Einstellung wird dem Beschuldigten zugestellt, wenn gegen ihn eine Strafverfolgungsmaßnahme im Sinne des § 2 des Gesetzes über die Entschädigung für Strafverfolgungsmaßnahmen (StrEG) vollzogen worden ist. Wegen der in der Einstellungsnachricht nach diesem Gesetz zu erteilenden Belehrung wird auf die Ausführungsvorschriften zum Gesetz über die Entschädigung für Strafverfolgungsmaßnahmen (Anlage C) verwiesen.

(2) Die Mitteilung über die Einstellung des Verfahrens ist dem Antragsteller (§ 171 StPO) im Regelfall formlos zu übersenden. Der Staatsanwalt soll die Zustellung nur dann anordnen, wenn im Einzelfall Anhaltspunkte dafür bestehen, dass mit einer Beschwerde und einem Antrag auf Durchführung des Klageerzwingungsverfahrens zu rechnen ist.

92. Kostenpflicht des Anzeigenden. Ist ein Verfahren durch eine vorsätzlich oder leichtfertig erstattete unwahre Anzeige veranlasst worden, so prüft der Staatsanwalt, ob die Kosten des Verfahrens und die dem Beschuldigten erwachsenen notwendigen Auslagen dem Anzeigeerstatter aufzuerlegen sind. Dies gilt auch dann, wenn die unwahren Angaben, die zur Einleitung des Verfahrens geführt haben, bei einer Vernehmung gemacht worden sind.

93. Einstellung nach §§ 153, 153a StPO. (1) Hat eine Behörde oder Körperschaft des öffentlichen Rechts Strafanzeige erstattet oder ist sie sonst an dem Verfahren interessiert, so tritt der Staatsanwalt, bevor er die Zustimmung des Gerichts zur beabsichtigten Einstellung einholt, mit ihr in Verbindung. Dies gilt auch für die Zustimmung des Staatsanwalts zu einer Einstellung, die das Gericht beabsichtigt (§§ 153 Abs. 2, 153a Abs. 2 StPO).

(2) Hat ein oberstes Staatsorgan des Bundes oder eines Landes die Ermächtigung zur Strafverfolgung nach §§ 90 Abs. 4, 90b Abs. 2, 97 Abs. 3, 104a, 129b Abs. 1 Satz 3, 194 Abs. 4, 353a Abs. 2 oder 353b Abs. 4 StGB erteilt oder Strafantrag wegen Beleidigung gestellt, so ist Nr. 211 Abs. 1 zu beachten.

(3) Bei einer Einstellung nach § 153a StPO oder der Erklärung seiner Zustimmung dazu prüft der Staatsanwalt, ob eine Wiedergutmachungsauflage (§ 153a Abs. 1 Nr. 1 StPO) in Betracht kommt.

(4) Bei einer Einstellung nach § 153a StPO, bei der die Auflage erteilt wird, einen Geldbetrag zugunsten einer gemeinnützigen Einrichtung zu zahlen, oder bei der Erklärung der Zustimmung dazu, beachtet der Staatsanwalt neben spezialpräventiven Erwägungen, dass bei der Auswahl des Zuwendungsempfängers insbesondere Einrichtungen der Opferhilfe, Kinder- und Jugendhilfe, Straffälligen- und Bewährungshilfe, Gesundheits- und Suchthilfe sowie Einrichtungen zur Förderung von Sanktionsalterna-

tiven und Vermeidung von Ersatzfreiheitsstrafen in angemessenem Umfang berücksichtigt werden.

93 a. Gewinnabschöpfung bei Einstellung nach § 153 a StPO. Bei einer Einstellung nach § 153 a StPO achtet der Staatsanwalt auch darauf, dass die Auflagen einen durch die Straftat erlangten Vermögensvorteil abschöpfen. Hierbei kommt in erster Linie die Erteilung einer Auflage nach § 153 a Abs. 1 Nr. 1 StPO (Wiedergutmachung des durch die Tat verursachten Schadens) in Betracht. Im Übrigen sollen unredlich erzielte Vermögensvorteile bei der Festsetzung einer Geldauflage nach § 153 a Abs. 1 Nr. 2 StPO berücksichtigt werden. In geeigneten Fällen können Auflagen miteinander kombiniert werden.

94. Einstellung nach § 153 c Abs. 1 StPO. (1) In den Fällen des § 153 c Abs. 1 StPO kann der Staatsanwalt nach pflichtgemäßem Ermessen von der Verfolgung absehen. Dies wird insbesondere in Betracht kommen, wenn die in § 153 c Abs. 3 StPO bezeichneten Gründe vorliegen können, wenn eine Strafverfolgung zu unbilligen Härten führen würde oder ein öffentliches Interesse an der strafrechtlichen Ahndung nicht oder nicht mehr besteht.

(2) Der Staatsanwalt prüft im Einzelfall, ob völkerrechtliche Vereinbarungen die Verpflichtung begründen, bestimmte außerhalb des räumlichen Geltungsbereichs der Strafprozessordnung begangene Taten so zu behandeln, als ob sie innerhalb dieses Bereichs begangen wären. Auskunft über derartige Vereinbarungen erteilt das Bundesministerium der Justiz.

(3) Bestehen in den Fällen des § 153 c Abs. 1 StPO Anhaltspunkte dafür, dass die Gründe des § 153 c Abs. 3 StPO gegeben sein könnten, holt der Staatsanwalt unverzüglich die Entscheidung des Generalstaatsanwalts ein, ob die Tat verfolgt werden soll. Der Generalstaatsanwalt berichtet vor seiner Entscheidung unverzüglich der Landesjustizverwaltung.

(4) Können die in § 153 c Abs. 3 StPO bezeichneten Gründe der Strafverfolgung entgegenstehen, so holt der Staatsanwalt unverzüglich die Entscheidung des Generalstaatsanwalts ein, wenn er wegen Gefahr im Verzuge eine Beschlagnahme, eine Durchsuchung oder eine mit Freiheitsentziehung verbundene Maßnahme für erforderlich hält. Der Generalstaatsanwalt unterrichtet vor seiner Entscheidung die Landesjustizverwaltung. Ist eine Entscheidung des Generalstaatsanwalts nicht rechtzeitig zu erlangen, so unterrichtet der Staatsanwalt die Landesjustizverwaltung unmittelbar. Ist auch das nicht möglich, so trifft er selbst die notwendige Entscheidung.

95. Einstellung nach § 153 c Abs. 3 StPO. (1) Bei Straftaten, die durch eine außerhalb des räumlichen Geltungsbereichs der Strafprozessordnung ausgeübte Tätigkeit begangen sind, deren Erfolg jedoch innerhalb dieses Bereichs eingetreten ist (Distanztaten), klärt der Staatsanwalt beschleunigt den Sachverhalt und die Umstände auf, die für eine Entscheidung nach § 153 c Abs. 3 StPO von Bedeutung sein können. Er beschränkt sich dabei auf solche Maßnahmen, die den Zweck der Vorschrift nicht gefährden.

(2) Bestehen Anhaltspunkte dafür, dass die Voraussetzungen des § 153 c Abs. 3 StPO gegeben sein könnten, so holt der Staatsanwalt unverzüglich die Entscheidung des Generalstaatsanwalts ein, ob die Tat verfolgt werden soll. Der Generalstaatsanwalt unterrichtet vor seiner Entscheidung unverzüglich die Landesjustizverwaltung.

(3) Hält der Staatsanwalt wegen Gefahr im Verzuge eine Beschlagnahme, eine Durchsuchung oder eine mit Freiheitsentziehung verbundene Maßnahme für erforderlich, so gelten Abs. 2 sowie Nr. 94 Abs. 4 Satz 3 und 4 entsprechend.

96. Einstellung nach § 153 c Abs. 4 StPO. In den Fällen des § 153 c Abs. 4 StPO gelten die Nr. 94 und 95 sinngemäß.

97. Einstellung nach § 153 c Abs. 5 StPO. In den Fällen des § 153 c Abs. 5 StPO klärt der Staatsanwalt alle für die Entscheidung des Generalbundesanwalts bedeutsamen Umstände mit größter Beschleunigung, jedoch unter Beschränkung auf solche Maßnahmen, die den Zweck dieser Vorschrift nicht gefährden; er unterrichtet fernmündlich oder fernschriftlich den Generalbundesanwalt unter gleichzeitiger Benachrichtigung des Generalstaatsanwalts. Die Vorgänge reicht er mit einem Begleitschreiben dem Generalbundesanwalt unverzüglich nach; eine Abschrift des Begleitschreibens leitet er dem Generalstaatsanwalt zu. Sind die Akten nicht entbehrlich, so werden dem Generalbundesanwalt Ablichtungen vorgelegt. In Verfahren, die nach § 142a Abs. 2 und 4 GVG an die Landesstaatsanwaltschaft abgegeben worden sind, ist entsprechend zu verfahren. Fordert der Generalstaatsanwalt die Vorgänge zum Zwecke der Prüfung an, ob die Voraussetzungen für eine Einstellung des Verfahrens nach § 153c Abs. 1, 3 und 4 StPO vorliegen, so trifft der Staatsanwalt weitere Verfolgungsmaßnahmen nur im Einverständnis mit dem Generalbundesanwalt.

98. Einstellung nach § 153d StPO. Ergeben sich für den Staatsanwalt Anhaltspunkte dafür, dass die Voraussetzungen des § 153d StPO vorliegen, so sind die in Nr. 97 getroffenen Anordnungen zu beachten. Eine Entscheidung des Generalbundesanwalts, solche Straftaten nicht zu verfolgen, bewirkt, dass polizeiliche und staatsanwaltschaftliche Verfolgungsmaßnahmen insoweit zu unterbleiben haben; diese Entscheidung kann schon vor der Einleitung von Verfolgungsmaßnahmen getroffen werden.

99. Benachrichtigung der Polizeidienststellen in den Fällen der §§ 153c, 153d StPO. (1) Wird von der Strafverfolgung nach §§ 153c, 153d StPO abgesehen, so kann neben der unverzüglichen Benachrichtigung der Polizeidienststelle, die mit der Sache unmittelbar befasst ist, die sofortige Benachrichtigung weiterer Polizeidienststellen erforderlich sein, um sicherzustellen, dass Verfolgungsmaßnahmen unterbleiben.

(2) In derartigen Fällen unterrichtet der Staatsanwalt neben der mit der Sache unmittelbar befassten Polizeidienststelle unverzüglich das Bundesministerium des Innern und nachrichtlich das Bundeskriminalamt, Thaerstraße 11, 65193 Wiesbaden, von seiner Entscheidung, mit der von der Strafverfolgung abgesehen wird. Einen Abdruck der schriftlichen Nachricht erhält die Landesjustizverwaltung/das Bundesministerium der Justiz.

(3) Sieht der Staatsanwalt einstweilen von weiteren Strafverfolgungsmaßnahmen ab, so unterrichtet er unverzüglich die mit der Sache befasste Polizeidienststelle.

100. Einstellung nach § 153e StPO. (1) Die Möglichkeit einer Einstellung des Verfahrens nach § 153e StPO (gegebenenfalls in Verbindung mit Art. 9 des Vierten Strafrechtsänderungsgesetzes) soll mit dem Beschuldigten und seinem Verteidiger nur erörtert werden, wenn diese selbst Fragen danach stellen oder wenn nach den bereits bekannten Umständen des Einzelfalles deutliche Anhaltspunkte dafür vorliegen, dass eine Anwendung des § 153e StPO in Betracht kommt und eine Erörterung hierüber aus besonderen Gründen zweckmäßig erscheint. Bei einer solchen Erörterung ist jedoch darauf zu achten, dass sie nicht als Zusicherung einer Einstellung des Verfahrens nach § 153e StPO missverstanden wird.

(2) Der Staatsanwalt legt die Akten dem Generalbundesanwalt vor, wenn Anhaltspunkte dafür bestehen, dass die Einstellung nach § 153e StPO in Betracht kommt.

101. Einstellung nach § 154 StPO. (1) Von den Möglichkeiten einer Einstellung nach § 154 Abs. 1 StPO soll der Staatsanwalt in weitem Umfang und in einem möglichst frühen Verfahrensstadium Gebrauch machen. Er prüft zu diesem Zweck vom Beginn der Ermittlungen an, ob die Voraussetzungen für eine Beschränkung des Prozessstoffes vorliegen. Der Staatsanwalt erteilt der Polizei allgemein oder im Einzelfall die Weisungen, die erforderlich sind, um die Rechtzeitigkeit der Prüfung zu gewährleisten.

(2) Wird das Verfahren nach § 154 Abs. 1 StPO eingestellt, so gilt für den Bescheid an den Anzeigenden Nr. 89 entsprechend.

(3) Ist mit Rücksicht auf eine wegen einer anderen Tat zu erwartende Strafe nach § 154 Abs. 1 StPO von der Verfolgung einer Tat abgesehen oder nach § 154 Abs. 2 StPO das Verfahren vorläufig eingestellt worden, so prüft der Staatsanwalt nach Abschluss des wegen dieser Tat eingeleiteten Verfahrens, ob es bei der Einstellung verbleiben kann.

101 a. Einstellung nach § 154 a StPO. (1) Soweit die Strafverfolgung nach § 154 a StPO beschränkt werden kann, soll der Staatsanwalt von dieser Möglichkeit Gebrauch machen, wenn dies das Verfahren vereinfacht. Nr. 101 Abs. 1 gilt entsprechend.

(2) Bei abtrennbaren Teilen einer Tat, die mit anderen in Fortsetzungszusammenhang stehen, wird nach § 154 a Abs. 1 Satz 1 StPO die Verfolgung häufig auf wenige Teilakte beschränkt werden können; eine Beschränkung auf einen einzelnen Teilakt kommt nur dann in Betracht, wenn dieser besonders schwerwiegend ist. In den Fällen des § 154 a Abs. 1 Satz 2 StPO kann die Verfolgung auf einen oder mehrere Teilakte beschränkt werden, wenn die Aufklärung der anderen Teilakte unverhältnismäßig viel Zeit in Anspruch nehmen würde und eine zur Einwirkung auf den Täter und zur Verteidigung der Rechtsordnung ausreichende Bestrafung gewährleistet ist.

(3) Beschränkungen nach § 154 a StPO werden aktenkundig gemacht; erfolgt die Beschränkung vor Erhebung der öffentlichen Klage, so wird in der Anklageschrift darauf hingewiesen.

(4) Nr. 101 Abs. 3 gilt entsprechend.

102. Einstellung zugunsten des Opfers einer Nötigung oder Erpressung. (1) Eine Einstellung nach § 154 c StPO soll grundsätzlich nur erfolgen, wenn die Nötigung oder die Erpressung strafwürdiger ist als die Tat des Genötigten oder Erpressten.

(2) Die Entscheidung, ob zugesichert werden kann, dass das Verfahren eingestellt wird, ist dem Behördenleiter vorzubehalten.

103. Mitteilung an den Anzeigenden. Sieht der Staatsanwalt nach § 154 e StPO von der Erhebung der öffentlichen Klage vorläufig ab, so teilt er dies dem Anzeigenden mit.

104. Vorläufige Einstellung nach § 205 StPO. (1) Unter den Voraussetzungen des § 205 StPO soll der Staatsanwalt das Ermittlungsverfahren vorläufig einstellen, wenn der Sachverhalt soweit wie möglich aufgeklärt ist und die Beweise, soweit notwendig, gesichert sind; eine förmliche Beweissicherung (§§ 285 ff. StPO) soll indessen nur in wichtigen Fällen stattfinden. Der Staatsanwalt hat in bestimmten, nicht zu lange bemessenen Abständen zu prüfen, ob die Hinderungsgründe des § 205 StPO noch fortbestehen.

(2) Kann nach dem Ergebnis der Ermittlungen mit einer Eröffnung des Hauptverfahrens auch dann nicht gerechnet werden, wenn die Hinderungsgründe des § 205 StPO wegfallen, so stellt der Staatsanwalt das Verfahren sofort ein.

(3) Nr. 103 gilt entsprechend.

105. Beschwerde gegen die Einstellungsverfügung. (1) Einer Beschwerde gegen die Einstellung des Verfahrens kann der Staatsanwalt, der die Einstellung verfügt hat, abhelfen. Werden in der Beschwerde neue und wesentliche Tatsachen oder Beweismittel angeführt, so nimmt er die Ermittlungen wieder auf.

(2) Geht eine Beschwerde des Verletzten bei dem Staatsanwalt ein, dessen Entscheidung angegriffen wird, so prüft er unverzüglich, ob er ihr abhilft. Hilft er ihr nicht ab, so legt er sie unverzüglich dem vorgesetzten Staatsanwalt (§ 147 GVG) vor. Im Übersendungsbericht legt er dar, aus welchen Gründen er die Ermittlungen nicht wieder aufnimmt; neue Tatsachen oder Beweismittel oder neue rechtliche Erwägungen, welche die Beschwerdeschrift enthält, sind zu würdigen. Werden dem Beschuldigten weitere selbstständige Straftaten vorgeworfen, so ist zu berichten, was insoweit bereits veranlasst oder was nach Rückkunft der Akten beabsichtigt ist. Die Akten sind dem Übersendungsbericht beizufügen oder, wenn sie nicht verfügbar oder nicht entbehrlich sind, nachzureichen.

(3) Ist die Beschwerde bei dem vorgesetzten Staatsanwalt eingereicht worden und hat er um Bericht oder um Beifügung der Vorgänge ersucht, so ist dieser Auftrag nur auszuführen, wenn die Ermittlungen nicht wieder aufgenommen werden; sonst genügt eine kurze Anzeige über die Wiederaufnahme der Ermittlungen. Kann die Beschwerde nicht sofort geprüft werden, so sind die Gründe hierfür anzugeben; die Akten sind nicht beizufügen.

(4) Dem Beschwerdeführer ist die Wiederaufnahme der Ermittlungen mitzuteilen.

(5) Für die Bekanntgabe des Bescheides des vorgesetzten Staatsanwalts gilt Nr. 91 Abs. 2 entsprechend.

17. Verteidiger

106. Auswahl des Verteidigers. Die Bitte eines Beschuldigten, ihm einen für seine Verteidigung geeigneten Rechtsanwalt zu bezeichnen, ist abzulehnen. Jedoch kann ihm ein nach der Buchstabenfolge geordnetes Verzeichnis der Rechtsanwälte des Landgerichtsbezirks vorgelegt werden, damit er einen Verteidiger selbst auswählt.

107. Referendare als Verteidiger. (1) Referendare sollen als Verteidiger nur bestellt werden (§ 142 Abs. 2 StPO), wenn nach der Art und der Bedeutung der Strafsache und der Person des Referendars Gewähr für eine sachgemäße Verteidigung besteht. Ist die Mitwirkung eines Verteidigers aus den Gründen des § 140 Abs. 2 StPO notwendig, so wird die Bestellung eines Referendars im Allgemeinen nur dann in Betracht kommen, wenn die Tat nicht besonders schwer und die Sach- und Rechtslage nicht besonders schwierig, aber ersichtlich ist, dass der Beschuldigte sich nicht selbst verteidigen kann. Der Gesichtspunkt der Gebührenersparnis soll bei der Bestellung unberücksichtigt bleiben.

(2) Dem von Amts wegen als Verteidiger bestellten Referendar sind die notwendigen baren Auslagen aus der Staatskasse zu erstatten.

108. Unterrichtung des Verteidigers. Der Verteidiger, der nach § 145a Abs. 1 StPO als ermächtigt gilt, Zustellungen für den Beschuldigten anzunehmen, ist über § 145a StPO hinaus über alle Entscheidungen zu unterrichten, die dem Beschuldigten mitgeteilt werden. Der Verteidiger soll dabei neben dem Beschuldigten und gleichzeitig mit diesem unterrichtet werden.

18. Abschluss der Ermittlungen

109. (1) Bei der Fertigung des Vermerkes über den Abschluss der Ermittlungen sind die besonderen verfahrensrechtlichen Wirkungen (§§ 141 Abs. 3 Satz 3, 147 Abs. 2 StPO) zu beachten.

(2) Richtet sich das Verfahren gegen mehrere Beschuldigte, so wird vor dem Vermerk über den Abschluss der Ermittlungen gegen einzelne von ihnen der Stand der Ermittlungen gegen die übrigen zu berücksichtigen sein.

(3) Der Vermerk über den Abschluss der Ermittlungen ist mit dem Datum und der Unterschrift des Staatsanwalts zu versehen. Richtet sich das Verfahren gegen mehrere Beschuldigte, so muss der Vermerk erkennen lassen, gegen welche Beschuldigten die Ermittlungen abgeschlossen sind.

II. Abschnitt. Anklage

110. Form und Inhalt der Anklageschrift. (1) Die Anklageschrift muss klar, übersichtlich und vor allem für den Angeschuldigten verständlich sein.

(2) In der Anklageschrift sind anzugeben:

a) der Familienname und die Vornamen (Rufname unterstrichen), Geburtsname, Beruf, Anschrift, Familienstand, Geburtstag und Geburtsort (Kreis, Bezirk) des Angeschuldigten und seine Staatsangehörigkeit, bei Minderjährigen Namen und Anschriften der gesetzlichen Vertreter;
b) der Verteidiger;
c) der Anklagesatz;
er umfasst:
die Tat, die dem Angeschuldigten zur Last gelegt wird, sowie Zeit und Ort ihrer Begehung, die gesetzlichen Merkmale der Straftat – gegebenenfalls in vereinfachter

Form, z. B. beim Versuch –, die anzuwendenden Strafvorschriften, die Umstände, welche die Anordnung einer Maßnahme (§ 11 Abs. 1 Nr. 8 StGB) rechtfertigen, bei Verletzungen mehrerer Strafvorschriften auch die Angabe, ob Tateinheit oder Tatmehrheit angenommen wird;

d) bei Antragsdelikten ein Hinweis auf den Strafantrag; wird in Fällen, in denen das Gesetz dies zulässt, bei einem Antragsdelikt die öffentliche Klage erhoben, ohne dass ein Strafantrag gestellt ist, so soll in der Anklageschrift erklärt werden, dass wegen des besonderen öffentlichen Interesses an der Strafverfolgung ein Einschreiten von Amts wegen geboten ist;

e) Hinweise auf Verfolgungsbeschränkungen nach § 154 a StPO;

f) die Zeugen (gegebenenfalls mit den nach § 200 Abs. 1 Satz 3 und 4 StPO zulässigen Einschränkungen) und anderen Beweismitteln;

g) das wesentliche Ergebnis der Ermittlungen (§ 200 Abs. 2 StPO) und alle Umstände, die für die Strafbemessung, die Strafaussetzung zur Bewährung, die Verwarnung mit Strafvorbehalt, das Absehen von Strafe, die Nebenstrafe und Nebenfolge von Bedeutung sein können.

(3) Die Anklageschrift hat ferner den Antrag auf Eröffnung des Hauptverfahrens und die Angabe des Gerichts zu enthalten, vor dem die Hauptverhandlung stattfinden soll. Sie hat auch den Spruchkörper (z. B. Wirtschaftsstrafkammer, Jugendkammer, Staatsschutzkammer) zu bezeichnen, den der Staatsanwalt als zuständig ansieht.

(4) War oder ist der Angeschuldigte in Untersuchungshaft, so sind Ort und Dauer der Haft zu vermerken; dies gilt auch für eine andere Freiheitsentziehung. Zur Frage der Fortdauer ist ein bestimmter Antrag zu stellen. Auf den nächsten von Amts wegen stattfindenden Haftprüfungstermin (§ 117 Abs. 5 StPO) und gegebenenfalls auf den Ablauf der in § 121 Abs. 2 StPO bezeichneten Frist ist hinzuweisen.

(5) Beantragt der Staatsanwalt die Beteiligung der juristischen Person oder Personenvereinigung und kündigt er die Beantragung der Festsetzung einer Geldbuße gegen diese an (Nummer 180 a Abs. 2), führt er sie als Nebenbeteiligte an und gibt die tatsächliche und rechtliche Grundlage für die begehrte Maßnahme an.

111. Auswahl der Beweismittel. (1) Der Staatsanwalt soll nur die Beweismittel aufführen, die für die Aufklärung des Sachverhalts und für die Beurteilung der Persönlichkeit des Angeschuldigten wesentlich sind.

(2) Haben mehrere Zeugen über denselben Vorgang im Vorverfahren übereinstimmend ausgesagt, so wird es häufig nicht nötig sein, jeden zu benennen.

(3) Für Sachverständige gilt Abs. 2 entsprechend. Soweit es zulässig ist, ein schriftliches Gutachten in der Hauptverhandlung zu verlesen (§ 256 Abs. 1 StPO), wird dieses oft ein ausreichendes Beweismittel sein; dies gilt nicht, wenn der Sachverständige ein Gutachten nur unter dem Eindruck der Hauptverhandlung erstatten kann, z. B. über die Schuldfähigkeit oder über besondere seelische oder geistige Eigenschaften des Angeschuldigten oder eines sonstigen Prozessbeteiligten.

(4) Liegt ein Geständnis des Angeschuldigten vor, das zur vollständigen Beurteilung der Tat, auch der Strafbemessung, voraussichtlich ausreicht, so kann auf die Benennung von Zeugen verzichtet werden.

(5) Der Staatsanwalt darf dem Gericht oder dem Vorsitzenden Akten, Schriftstücke oder Beweisstücke nur vorlegen, wenn er sie gleichzeitig zu Bestandteilen der gerichtlichen Akten erklärt und damit auch dem Verteidiger zugänglich macht. Legt er sie erst in der Hauptverhandlung vor, so hat er sie dadurch zum Gegenstand der Verhandlung zu machen, dass er die Vorlegung auch dem Angeklagten oder dem Verteidiger bekannt gibt.

112. Ermittlungsergebnis. (1) Auch wenn die Anklage vor dem Strafrichter erhoben wird, soll das wesentliche Ergebnis der Ermittlungen (§ 200 Abs. 2 StPO) in die Anklageschrift aufgenommen werden, wenn die Sach- oder Rechtslage Schwierigkeiten bietet.

(2) Sind die Akten umfangreich, so soll auf die Aktenstellen und möglichst auch auf die Beweismittel für die einzelnen Tatvorgänge verwiesen werden.

113. Zuständiges Gericht. (1) Bei der Beurteilung der Frage, ob ein Fall von besonderer Bedeutung vorliegt und deshalb die Anklage beim Landgericht (§ 24 Abs. 1 Nr. 3 GVG) zu erheben ist, prüft der Staatsanwalt, ob die besondere Bedeutung einer Sache sich etwa aus dem Ausmaß der Rechtsverletzung oder den Auswirkungen der Straftat, z. B. nach einer Sexualstraftat, ergibt.

(2) Erhebt der Staatsanwalt wegen der besonderen Schutzbedürftigkeit von Verletzten der Straftat, die als Zeugen in Betracht kommen, des besonderen Umfangs oder der besonderen Bedeutung des Falles Anklage beim Landgericht (§ 24 Abs. 1 Nr. 3 GVG), so macht er die hierfür bedeutsamen Umstände aktenkundig, sofern diese nicht offensichtlich sind. Satz 1 gilt entsprechend, wenn der Staatsanwalt Anklage zur Wirtschaftsstrafkammer nach § 74 c Abs. 1 Nr. 6 GVG erhebt, weil zur Beurteilung des Falles besondere Kenntnisse des Wirtschaftslebens erforderlich sind.

(3) Erhebt der Staatsanwalt Anklage beim Landgericht und hält er aus den in § 76 Abs. 2 GVG genannten Gründen die Mitwirkung eines dritten Richters für erforderlich, regt er dies an.

(4) Ist die Sache umfangreich, z. B. wegen der großen Anzahl der Angeschuldigten oder Zeugen, und erhebt der Staatsanwalt nicht Anklage beim Landgericht, so beantragt er, einen zweiten Richter beim Amtsgericht zuzuziehen (§ 29 Abs. 2 GVG).

114. Zusammenhängende Strafsachen. Zusammenhängende Strafsachen (§§ 2, 3 StPO) sind in einer Anklage zusammenzufassen (vgl. Nr. 17). Hiervon kann abgesehen werden, wenn die Erhebung der öffentlichen Klage wegen einer Tat durch die Aufklärung der anderen Tat erheblich verzögert würde und wenn gewichtige Interessen der Allgemeinheit oder des Beschuldigten nicht entgegenstehen.

III. Abschnitt. Hauptverfahren

1. Eröffnung des Hauptverfahrens

115. (1) Beschließt das Gericht, die Anklage mit Änderungen nach § 207 Abs. 2 StPO zuzulassen, so legt es die Akten mit diesem Beschluss der Staatsanwaltschaft vor.

(2) Reicht der Staatsanwalt nach § 207 Abs. 3 StPO eine neue Anklageschrift ein, so empfiehlt es sich in der Regel, das wesentliche Ergebnis der Ermittlungen darzustellen, wenn ausgeschiedene Teile einer Tat in das Verfahren wieder einbezogen oder wenn die ursprüngliche Anklageschrift durch Änderungen im Eröffnungsbeschluss unübersichtlich oder unverständlich geworden ist.

2. Vorbereitung der Hauptverhandlung

116. Anberaumung der Termine. (1) Die Hauptverhandlung findet grundsätzlich am Sitz des Gerichts statt; nur wenn es wegen der Besonderheit des Falles geboten erscheint, soll sie an einem anderen Ort durchgeführt werden.

(2) Für die Festsetzung der Terminstage sind die örtlichen Feiertage, auch wenn sie gesetzlich nicht anerkannt sind, von Bedeutung.

(3) Bei der Festsetzung der Terminsstunden wird den Beteiligten jeder vermeidbare Zeitverlust zu ersparen und daher zu prüfen sein, wie lange die Verhandlung der einzelnen Sachen voraussichtlich dauern wird und in welchen Abständen die einzelnen Termine daher anzuberaumen sind. Sind an einer Verhandlung Personen beteiligt, die außerhalb des Sitzungsortes wohnen, so sind auch die Verkehrsverhältnisse zu berücksichtigen.

(4) Ist für die Verhandlung eine längere Zeit (ein ganzer Tag oder mehrere Tage) vorgesehen, so kann es sich empfehlen, die einzelnen Zeugen und Sachverständigen, so-

fern dies die Hauptverhandlung nicht erschwert, erst für den Zeitpunkt zu laden, in dem sie voraussichtlich benötigt werden (§ 214 Abs. 2 StPO). In geeigneten Fällen kann es zweckmäßig sein, den Zeugen mit der Auflage zu laden, dass er sich zu einem bestimmten Zeitpunkt oder während eines bestimmten Zeitraumes auf Abruf bereithalten möge.

(5) Stellt sich nachträglich heraus, dass die Verhandlung einer Sache vermutlich länger als vorgesehen dauern wird, so kann es geboten sein, die folgenden Sachen auf eine spätere Terminstunde zu verlegen und die Beteiligten umzuladen.

117. Ladung und Benachrichtigung. (1) Die Ladung zur Hauptverhandlung soll dem auf freiem Fuß befindlichen Angeklagten, den Zeugen und den Sachverständigen zugestellt werden, damit sie nachweisbar ist. Bei Zeugen und Sachverständigen kann eine einfache Form der Ladung gewählt werden.

(2) Abs. 1 Satz 2 gilt auch für andere Prozessbeteiligte, soweit gesetzlich nichts anderes bestimmt ist. Ist eine Behörde am Verfahren zu beteiligen, so ist ihr der Termin zur Hauptverhandlung so rechtzeitig mitzuteilen, dass ihre Vertreter sich auf die Hauptverhandlung vorbereiten und die Akten vorher einsehen können.

(3) Bei der Ladung von Zeugen ist zu berücksichtigen, dass eine direkte Begegnung mit dem Beschuldigten in den Räumen der Justiz als bedrohlich oder belastend empfunden werden kann. Dies gilt insbesondere für durch die Tat verletzte Zeugen.

(4) Mit der Ladung ordnet der Vorsitzende an, dass die nach § 395 Abs. 1 und Abs. 2 Nr. 1 StPO zur Nebenklage berechtigten Verletzten Mitteilung vom Termin erhalten, wenn aktenkundig ist, dass sie dies beantragt haben. Unter der letztgenannten Voraussetzung sollen auch sonstige gemäß § 406 g Abs. 1 StPO zur Anwesenheit in der Hauptverhandlung berechtigte Verletzte eine solche Mitteilung erhalten.

118. Unterrichtung über die Beweismittel. (1) Die vom Gericht geladenen Zeugen und Sachverständigen sind dem Angeklagten und der Staatsanwaltschaft in der Regel in der Ladung oder Terminsmitteilung, sonst unverzüglich mitzuteilen (§ 222 Abs. 1 Satz 1 und 3 StPO). Sind sie bereits in der Anklageschrift benannt, so kann auf sie Bezug genommen werden.

(2) Nach Eingang der Mitteilung nach Abs. 1 Satz 1 prüft der Staatsanwalt, ob Anlass besteht, von dem unmittelbaren Ladungsrecht (§ 214 Abs. 3 StPO) Gebrauch zu machen; gegebenenfalls unterrichtet er Gericht und Angeklagten (§ 222 Abs. 1 Satz 2 und 3 StPO).

(3) Dem Angeklagten sollen ferner, um eine Aussetzung oder Unterbrechung nach § 246 Abs. 2 StPO zu vermeiden, mit der Ladung auch die als Beweismittel dienenden Gegenstände angegeben werden, soweit sie nicht in der Anklageschrift bezeichnet sind.

119. Beiakten. Der Eingang von Beiakten, die das Gericht angefordert hat, soll dem Staatsanwalt und dem Verteidiger rechtzeitig mitgeteilt werden, damit sie diese möglichst noch vor der Hauptverhandlung einsehen können.

120. Befreiung des Angeklagten von der Pflicht zum Erscheinen. (1) Ist die persönliche Anwesenheit des Angeklagten in der Hauptverhandlung entbehrlich, so empfiehlt sich, ihn über sein Antragsrecht nach § 233 StPO schon vor der Ladung zu belehren.

(2) Der Staatsanwalt prüft, ob er auf die Terminsnachricht (§ 233 Abs. 3 StPO) verzichten kann.

(3) Zur Hauptverhandlung ist der Angeklagte zu laden, wenn er nicht ausdrücklich darauf verzichtet hat. In der Ladung ist er darüber zu belehren, dass er zum Erscheinen *nicht* verpflichtet ist.

121. Kommissarische Vernehmung von Zeugen und Sachverständigen. (1) Die kommissarische Vernehmung von Zeugen oder Sachverständigen ist zu vermeiden, wenn eine hinreichende Aufklärung nur von der Vernehmung in der Hauptverhandlung zu erwarten ist oder wenn das Gericht aus anderen Gründen gezwungen sein wird, den Zeugen oder Sachverständigen unmittelbar zu vernehmen, z. B. weil die Verlesung der Aussage in der Hauptverhandlung nur unter weiteren Voraussetzungen zulässig ist (vgl. § 233 Abs. 2 in Verbindung mit § 251 Abs. 1 Nr. 3 StPO). Auf Bedenken gegen eine kommissarische Vernehmung hat der Staatsanwalt rechtzeitig hinzuweisen.

(2) Sind mehrere Zeugen oder Sachverständige bei verschiedenen Gerichten kommissarisch zu vernehmen, so kann es sich empfehlen, die Gerichte möglichst gleichzeitig unter Übersendung von Aktenauszügen um die Vernehmung zu ersuchen.

(3) Ist die Sache umfangreich, so sollen dem ersuchten Richter die Teile der Akten bezeichnet werden, die für die Vernehmung wichtig sind.

(4) Der Staatsanwalt prüft jeweils, ob er auf Terminsnachrichten verzichten kann.

122. Verhandlung in Abwesenheit des Angeklagten bei selbstverschuldeter Verhandlungsunfähigkeit. (1) Sind Anhaltspunkte dafür vorhanden, dass der Angeklagte vorsätzlich und schuldhaft seine Verhandlungsunfähigkeit herbeiführen und dadurch wissentlich die ordnungsmäßige Durchführung der Hauptverhandlung in seiner Gegenwart verhindern wird (§ 231 a Abs. 1 Satz 1 StPO), so ist ihm möglichst frühzeitig Gelegenheit zu geben, sich vor einem Richter zur Anklage zu äußern (§ 231 Abs. 1 Satz 2 StPO). Erforderlichenfalls wirkt der Staatsanwalt hierauf hin. In Verfahren von größerer Bedeutung soll der Staatsanwalt von seinem Anwesenheitsrecht Gebrauch machen.

(2) Kommt eine Verhandlung in Abwesenheit des Angeklagten in Betracht, so wirkt der Staatsanwalt darauf hin, dass

a) dem Angeklagten, der keinen Verteidiger hat, ein Verteidiger bestellt wird (§ 231 a Abs. 4 StPO) und
b) der Beschluss über die Durchführung der Hauptverhandlung in Abwesenheit des Angeklagten so rechtzeitig gefasst wird, dass die Rechtskraft des Beschlusses vor der Hauptverhandlung eintreten kann.

3. Hauptverhandlung

123. Allgemeines. Der Staatsanwalt vermeidet alles, was auch nur den Schein einer unzulässigen Einflussnahme auf das Gericht erwecken könnte; deshalb soll er den Sitzungssaal nicht gemeinsam mit dem Gericht betreten oder verlassen, sich nicht in das Beratungszimmer begeben und während der Verhandlungspausen sich nicht mit Mitgliedern des Gerichts unterhalten.

124. Äußere Gestaltung der Hauptverhandlung. (1) Die Hauptverhandlung soll im Sitzungssaal des Gerichts, nicht im Amtszimmer des Richters, durchgeführt werden.

(2) Pflicht des Staatsanwalts, des Urkundsbeamten und des Verteidigers ist es, schon vor Erscheinen des Gerichts ihren Platz im Sitzungssaal einzunehmen. Beim Eintritt des Gerichts zu Beginn der Sitzung, bei der Vereidigung von Zeugen und Sachverständigen und bei der Verkündung der Urteilsformel erheben sich sämtliche Anwesende von ihren Plätzen. Im Übrigen steht es allen am Prozess Beteiligten frei, ob sie bei der Abgabe von Erklärungen und bei Vernehmungen sitzen bleiben oder aufstehen.

125. Platzzuteilung. (1) Der Justizwachtmeister hat vor dem Erscheinen des Gerichts und während der Verhandlung dafür zu sorgen, dass die Platzordnung im Gerichtssaal eingehalten wird.

(2) Der Angeklagte soll in eine umfriedete Anklagebank nur dann verwiesen werden, wenn besondere Umstände vorliegen (z. B. Fluchtgefahr, Störung des Verhandlungsablaufs).

(3) Für die Presseberichterstatter sollen im Voraus geeignete Plätze in ausreichender Zahl bereitgestellt werden.

126. Schöffen. (1) Der Vorsitzende soll die mitwirkenden Schöffen vor Beginn der Sitzung über die Unfähigkeitsgründe (§§ 31, 32 GVG) und – unter Hinweis auf die einzelnen Strafsachen, die verhandelt werden – über die Ausschließungsgründe (§§ 22, 23, 31 StPO) belehren sowie auf die Umstände hinweisen, die eine Ablehnung wegen Besorgnis der Befangenheit rechtfertigen könnten (§ 24 StPO). Ein Hinweis auf das Merkblatt für Schöffen kann genügen.

(2) Die Berufsrichter sollen dazu beitragen, dass die Schöffen die ihnen vom Gesetz zugewiesenen Aufgaben erfüllen können. Die Verhandlung ist so zu führen, dass die Schöffen ihr folgen können; Förmlichkeiten und Fachausdrücke, die ihnen nicht verständlich sind, müssen erläutert werden.

(3) Die Anklageschrift darf den Schöffen nicht zugänglich gemacht werden. Ihnen kann jedoch, namentlich in Verfahren mit einem umfangreichen oder schwierigen Sachverhalt, für die Dauer der Hauptverhandlung eine Abschrift des Anklagesatzes nach dessen Verlesung überlassen werden.

127. Pflichten des Staatsanwalts in der Hauptverhandlung. (1) Der Staatsanwalt wirkt darauf hin, dass das Gesetz beachtet wird. Er sorgt durch geeignete Anträge, Fragen oder Anregungen dafür, dass nicht nur die Tat in ihren Einzelheiten, sondern auch die persönlichen und wirtschaftlichen Verhältnisse des Angeklagten und alle Umstände erörtert werden, die für die Strafbemessung, die Strafaussetzung zur Bewährung, die Verwarnung mit Strafvorbehalt, das Absehen von Strafe, die Nebenstrafe und Nebenfolgen oder die Anordnung von Maßregeln der Besserung und Sicherung, des Verfalls oder sonstiger Maßnahmen (§ 11 Abs. 1 Nr. 8 StGB) bedeutsam sein können. Nr. 4 c ist zu beachten.

(2) Der Staatsanwalt soll darauf hinwirken, dass ungeeignete oder nicht zur Sache gehörende Fragen zurückgewiesen werden. Dies gilt namentlich dann, wenn sie lediglich auf eine Ausforschung von Privat-, Geschäfts- oder Dienstgeheimnissen hinzielen.

(3) Der Staatsanwalt wirkt darauf hin, dass die gesetzlichen Möglichkeiten zur Beschleunigung und Vereinfachung der Hauptverhandlung genutzt werden.

128. Wahrung der Ordnung. (1) Der Staatsanwalt wirkt darauf hin, dass die Hauptverhandlung geordnet abläuft. Obwohl ihm kein förmliches Recht, Ordnungsmittel zu beantragen, zusteht, ist er nicht gehindert, unter Umständen sogar verpflichtet, eine Ungebühr zu rügen und ein Ordnungsmittel anzuregen, vor allem, wenn die Ungebühr mit seiner Amtsausübung in der Verhandlung zusammenhängt. Eine bestimmte Maßnahme soll er grundsätzlich nicht anregen. Ist die Ungebühr auf Ungewandtheit, Unerfahrenheit oder verständliche Erregung zurückzuführen, so wirkt der Staatsanwalt gegebenenfalls darauf hin, dass von einem Ordnungsmittel abgesehen wird.

(2) Auf Vorgänge, welche die Erforschung der Wahrheit vereiteln oder erschweren können, hat der Staatsanwalt das Gericht unverzüglich hinzuweisen, z. B. wenn ein Zuhörer Aufzeichnungen macht und der Verdacht besteht, dass er sie verwenden will, um einen noch nicht vernommenen Zeugen über den Verlauf der Verhandlung zu unterrichten.

(3) Der Vorsitzende wird, soweit erforderlich, bei der Aufrechterhaltung der Ordnung in der Hauptverhandlung durch einen Justizwachtmeister unterstützt. Dieser ist für die Dauer der Sitzung möglichst von jedem anderen Dienst freizustellen. Er hat dem Vorsitzenden jede Ungebühr im Sitzungssaal mitzuteilen und bei drohender Gefahr sofort selbstständig einzugreifen.

129. Berichterstattung durch Presse und Rundfunk. (1) Presse, Hörfunk und Fernsehen dürfen in ihrer Berichterstattung nicht mehr beschränkt werden, als das Gesetz und der Zweck der Hauptverhandlung es gebieten. Die Aufgabe des Gerichts, die Wahrheit zu erforschen, darf nicht vereitelt oder erschwert, das Recht des Angeklagten, sich ungehindert zu verteidigen, nicht beeinträchtigt werden; auch sind die Persönlichkeitsrechte des Angeklagten und anderer Beteiligter, insbesondere auch des Verletzten, zu berücksichtigen (vgl. Nr. 23).

(2) Während der Hauptverhandlung, einschließlich der Urteilsverkündung, sind Ton- und Fernseh-Rundfunkaufnahmen sowie Ton- und Filmaufnahmen zum Zwecke der öffentlichen Vorführung oder Veröffentlichung ihres Inhalts unzulässig.

(3) Ob und unter welchen Voraussetzungen im Sitzungssaal sonst Ton-, Film- und Bildaufnahmen gemacht werden dürfen, entscheidet der Vorsitzende.

(4) Über die Zulässigkeit von Ton-, Film- und Bildaufnahmen im Gerichtsgebäude außerhalb des Sitzungssaales entscheidet der Inhaber des Hausrechts.

(5) Bei Entscheidungen nach Abs. 3 und 4 sind die Persönlichkeitsrechte der Beteiligten zu berücksichtigen. Wird die Erlaubnis erteilt, so empfiehlt es sich klarzustellen, dass die Rechte der betroffenen Personen unberührt bleiben.

130. Belehrung der Zeugen und Sachverständigen. Die Belehrung der Zeugen und Sachverständigen über die Bedeutung des Eides und über die strafrechtlichen Folgen einer unrichtigen oder unvollständigen Aussage soll in angemessener und wirkungsvoller Form erfolgen. Sie wird im Sitzungsprotokoll vermerkt; der Staatsanwalt wirkt darauf hin, dass dies auch bei Zeugen oder Sachverständigen geschieht, die zu einem späteren Zeitpunkt vorgeladen worden sind.

130 a. Schutz der Zeugen. (1) Unter den Voraussetzungen des § 247 a StPO prüft der Staatsanwalt, ob es geboten ist, dass sich ein Zeuge während seiner Vernehmung an einem anderen Ort aufhält. Stellt der Staatsanwalt einen entsprechenden Antrag, so ist in der Begründung dazu Stellung zu nehmen, ob die Vernehmung aufgezeichnet werden soll.

(2) Besteht Anlass zu der Besorgnis, dass durch die Angabe des Wohnortes oder durch die Offenbarung der Identität oder des Wohn- oder Aufenthaltsortes der Zeuge oder eine andere Person gefährdet wird, so prüft der Staatsanwalt, ob Schutzmaßnahmen erforderlich sind. Unter den Voraussetzungen des § 68 Abs. 2 oder 3 StPO wirkt er darauf hin, dass dem Zeugen gestattet wird, seinen Wohnort oder seine Identität nicht preiszugeben. Im Fall des § 172 Nr. 1 a GVG beantragt er den Ausschluss der Öffentlichkeit.

(3) Für die Vernehmung des Verletzten in der Hauptverhandlung gilt Nr. 19 a Abs. 2.

(4) Unter den Voraussetzungen des § 255 a StPO wirkt der Staatsanwalt auf eine Ersetzung der Vernehmung von Zeugen durch die Vorführung einer Bild-Ton-Aufzeichnung seiner früheren Vernehmung hin, soweit der Schutz des Zeugen dies gebietet.

131. Ausschluss der Öffentlichkeit; Allgemeines. (1) Unabhängig vom Gericht hat auch der Staatsanwalt zu prüfen, ob es geboten ist, die Öffentlichkeit für die ganze Hauptverhandlung oder für einen Teil auszuschließen. Stellt er einen solchen Antrag, so hat er ihn zu begründen.

(2) Verpflichtet das Gericht die Anwesenden zur Geheimhaltung nach § 174 Abs. 3 GVG, so empfiehlt es sich, auf die Strafbarkeit eines Verstoßes gegen die Schweigepflicht hinzuweisen (§ 353 d Nr. 2 StGB). Ist zu befürchten, dass geheim zu haltende Tatsachen über den Kreis der Zeugen und Zuhörer hinaus durch Presse und Rundfunk verbreitet werden, so sollen der Vorsitzende und der Staatsanwalt die Berichterstatter zu einer freiwilligen Beschränkung in ihrem Bericht veranlassen, wenn es nicht geboten ist, auch sie zur Geheimhaltung zu verpflichten. Hält ein Berichterstatter die übernommene Verpflichtung nicht ein, so hat der Staatsanwalt – unbeschadet anderer Maßnahmen – darauf hinzuwirken, dass ihm der Zutritt zu Verhandlungen, in denen die Öffentlichkeit ausgeschlossen ist, nicht mehr gestattet wird.

131 a. Ausschluss der Öffentlichkeit zum Schutz des Verletzten. Wird beantragt, die Öffentlichkeit nach § 171 b GVG auszuschließen, so nimmt der Staatsanwalt dazu in der Regel Stellung. Wird ein Antrag nicht gestellt, liegen aber die Voraussetzungen für einen Ausschluss der Öffentlichkeit vor, so beantragt der Staatsanwalt den Ausschluss, wenn die betroffenen Personen in der Hauptverhandlung nicht anwesend oder vertreten sind oder wenn sie ihr Antragsrecht nicht sachgerecht ausüben können.

132. Ausschluss der Öffentlichkeit wegen Gefährdung der Sittlichkeit. Die Öffentlichkeit wegen Gefährdung der Sittlichkeit auszuschließen, kann schon dann gerechtfertigt sein, wenn Jugendliche durch die öffentliche Erörterung sittlicher Verfehlungen erheblich gefährdet würden. Aus den gleichen Erwägungen kann jugendlichen Personen auch der Zutritt zu einer Verhandlung versagt werden, für die sonst die Öffentlichkeit nicht ausgeschlossen zu werden braucht (§ 175 Abs. 1 GVG).

133. Ausschluss der Öffentlichkeit wegen Gefährdung der öffentlichen Ordnung. (1) Maßnahmen und Einrichtungen der Polizei und anderer an der Strafverfolgung beteiligter Stellen, die der Verhütung oder der Aufklärung von Straftaten dienen, bleiben vielfach nur wirksam, solange sie geheim gehalten werden können. In öffentlicher Hauptverhandlung soll daher möglichst nicht erörtert werden, mit welchen Mitteln und auf welchem Wege die Polizei die Täter überführt. Lässt sich dies weder vermeiden noch genügend einschränken, so beantragt der Staatsanwalt, für diese Teile der Hauptverhandlung die Öffentlichkeit wegen Gefährdung der öffentlichen Ordnung auszuschließen.

(2) Das Gleiche gilt, wenn Einzelheiten über neue oder eigenartige Begehungsformen von Straftaten, z. B. von Fälschungen, Betrügereien, Vergiftungen oder Einbruchsdiebstählen erörtert werden müssen.

(3) Auch Bauweise, Einrichtung, Belegung und Sicherheitssystem einer Vollzugsanstalt sollen in der Regel nicht in öffentlicher Hauptverhandlung erörtert werden. Gegebenenfalls wirkt der Staatsanwalt auf den Ausschluss der Öffentlichkeit hin.

134. Feststellung von Eintragungen im Bundeszentralregister. Bei der Erörterung von Eintragungen im Bundeszentralregister oder im Verkehrszentralregister ist darauf zu achten, dass dem Angeklagten durch das Bekannt werden der eingetragenen Tatsachen keine Nachteile entstehen, die vermeidbar sind oder zur Bedeutung der Straftat außer Verhältnis stehen. Hält der Staatsanwalt abweichend von der Ansicht des Vorsitzenden (§ 243 Abs. 4 Satz 3, 4 StPO) die Feststellung von Eintragungen für geboten, so bleibt es ihm unbenommen, hierüber eine Entscheidung des Gerichts herbeizuführen. Da es der Feststellung etwaiger Eintragungen in der Regel dann nicht bedarf, wenn eine Verurteilung des Angeklagten nicht zu erwarten ist, kann es angebracht sein, einen hierauf gerichteten Antrag bis zum Ende der Beweisaufnahme aufzuschieben.

135. Zeugen und Sachverständige. (1) Über das Erforderliche hinausgehende Begegnungen von Zeugen, insbesondere von Opfern, mit dem Angeklagten sollen vermieden, spezielle Warteräume für Zeugen genutzt werden.

(2) Zeugen und Sachverständige, die für die weitere Verhandlung nicht mehr benötigt werden, sollen nach ihrer Vernehmung entlassen werden.

(3) Kinder und Jugendliche sind möglichst vor anderen Zeugen zu vernehmen. In den Warteräumen sollen sie beaufsichtigt und, soweit möglich, betreut werden.

(4) Der Staatsanwalt soll durch geeignete Anträge auf eine entsprechende Verfahrensweise hinwirken.

136. Verdacht strafbarer Falschaussagen. Ergibt sich im Laufe der Verhandlung ein begründeter Verdacht, dass sich ein Zeuge oder ein Sachverständiger einer Eidesverletzung oder einer falschen uneidlichen Aussage schuldig gemacht hat, so beantragt der Staatsanwalt, die beanstandete Aussage zur Feststellung des Tatbestandes für ein künftiges Ermittlungsverfahren zu beurkunden (§ 183 GVG, § 273 Abs. 3 StPO). Er sorgt für die Einleitung eines Ermittlungsverfahrens und veranlasst, wenn nötig, die vorläufige Festnahme des Zeugen oder Sachverständigen.

137. Unterbrechung und Aussetzung der Hauptverhandlung. (1) Wird die Hauptverhandlung unterbrochen, so gibt der Vorsitzende den Anwesenden bekannt, wann sie fortgesetzt wird, und weist darauf hin, dass weitere Ladungen nicht ergehen.

(2) Wird die Verhandlung ausgesetzt und beraumt das Gericht den Termin für die neue Hauptverhandlung sofort an, so kann eine schriftliche Ladung der Zeugen und

Sachverständigen dadurch ersetzt werden, dass der Vorsitzende sie unter Hinweis auf die gesetzlichen Folgen ihres Ausbleibens zu dem neuen Termin mündlich lädt. Dies ist im Protokoll zu vermerken. Der Angeklagte und der Verteidiger sind zu dem neuen Termin schriftlich zu laden, der Verteidiger jedoch nur, wenn er nicht auf die Ladung verzichtet.

(3) Wird die Verhandlung ausgesetzt oder unterbrochen, weil gegen einen Verteidiger ein Ausschließungsverfahren eingeleitet worden ist (§ 138 c Abs. 4 StPO), empfiehlt es sich, dem über die Ausschließung entscheidenden Gericht mit der Vorlage (§ 138 c Abs. 2 StPO) auch die Aussetzung oder Unterbrechung mitzuteilen. Wird die Hauptverhandlung unterbrochen, so ist auch mitzuteilen, an welchem Tag sie spätestens fortgesetzt werden muss.

138. Schlussvortrag des Staatsanwalts. (1) Der Staatsanwalt erörtert in seinem Schlussvortrag das Gesamtergebnis der Hauptverhandlung und würdigt es tatsächlich und rechtlich. Darüber hinaus weist er in geeigneten Fällen darauf hin, welche Bedeutung der Strafvorschrift für das Gemeinwohl zukommt.

(2) Hält der Staatsanwalt die Schuld des Angeklagten für erwiesen, so erörtert er auch die Strafzumessungsgründe (§ 46 StGB; vgl. auch Nr. 15) sowie alle Umstände, die für die Strafbemessung, die Strafaussetzung zur Bewährung, die Verwarnung mit Strafvorbehalt, das Absehen von Strafe, die Nebenstrafe und Nebenfolgen oder die Anordnung von Maßregeln der Besserung und Sicherung, des Verfalls; des erweiterten Verfalls oder sonstiger Maßnahmen (§ 11 Abs. 1 Nr. 8 StGB) von Bedeutung sein können. Von einem Antrag auf Anordnung einer Maßregel der Besserung und Sicherung (z. B. eines Berufsverbotes nach § 70 StGB) soll regelmäßig nicht schon im Hinblick auf mögliche Maßnahmen der Verwaltungsbehörden oder der Berufsgerichtsbarkeit abgesehen werden.

(3) Kommt eine Verwarnung mit Strafvorbehalt (§ 59 StGB) in Betracht, so wägt der Staatsanwalt die besonderen Umstände des Falles gegen das Gebot der Verteidigung der Rechtsordnung ab.

(4) Beantragt der Staatsanwalt eine Freiheitsstrafe unter sechs Monaten, so nimmt er dazu Stellung, aus welchen Gründen die Verhängung einer Geldstrafe nicht ausreicht und deshalb eine Freiheitsstrafe unerlässlich ist (§ 47 StGB). Von der Geldstrafe darf nicht allein deshalb abgesehen werden, weil der Angeklagte sie nicht oder nicht sofort zahlen kann. Gegebenenfalls ist eine Anordnung gemäß § 42 StGB zu erörtern.

(5) Beantragt der Staatsanwalt eine Freiheitsstrafe von nicht mehr als zwei Jahren, so nimmt er dazu Stellung, ob die Voraussetzungen für die Strafaussetzung zur Bewährung vorliegen (§ 56 StGB). Beantragt der Staatsanwalt Verwarnung mit Strafvorbehalt, Strafaussetzung zur Bewährung oder eine Maßregel der Besserung und Sicherung, so schlägt er gegebenenfalls zugleich geeignete Auflagen und Weisungen vor; für Auflagen gelten die Nr. 93 Abs. 3, 4 und 93 a sinngemäß.

(6) Hat der Täter sich durch die Tat bereichert oder zu bereichern versucht, nimmt der Staatsanwalt in geeigneten Fällen auch dazu Stellung, ob Geldstrafe neben Freiheitsstrafe zu verhängen ist (§ 41 StGB).

(7) Besteht Anlass, vom Angeklagten erlittene Untersuchungshaft oder eine andere Freiheitsentziehung nicht auf die Strafe anzurechnen, so hat sich der Staatsanwalt hierzu zu äußern (vgl. § 51 Abs. 1 Satz 2 StGB). Er hat ferner zu der Frage Stellung zu nehmen, ob der Haftbefehl noch aufrechtzuerhalten oder aufzuheben ist. Hat die Verhandlung Haftgründe gegen den auf freiem Fuß befindlichen Angeklagten ergeben, so beantragt der Staatsanwalt einen Haftbefehl. Untersuchungshaft wegen Verdunkelungsgefahr wird jedoch nach Verkündung des Urteils nur ausnahmsweise in Betracht kommen.

(8) Beim Antrag zum Kostenausspruch beachtet der Staatsanwalt die Ausnahmen von der Haftung für die Auslagen bei bestimmten Untersuchungen (§ 465 Abs. 2 StPO).

139. Anträge zum Freispruch des Angeklagten. (1) Beantragt der Staatsanwalt, den Angeklagten freizusprechen oder das Verfahren gegen ihn einzustellen, so nimmt er in geeigneten Fällen in seinem Antrag zugleich zur Frage der Auferlegung der Kosten

(§§ 467 Abs. 2 Satz 1, 470 StPO) und des Ersatzes der dem Angeklagten erwachsenen notwendigen Auslagen (§ 467 Abs. 2 Satz 2, Abs. 3, 4; § 470 StPO) Stellung.

(2) Hat die Hauptverhandlung ergeben, dass eine unwahre Anzeige vorsätzlich oder leichtfertig erstattet worden ist, so regt der Staatsanwalt eine Entscheidung nach § 469 StPO an.

(3) Kann eine Entschädigung nach den §§ 1, 2 StrEG in Betracht kommen, so wirkt der Staatsanwalt darauf hin, dass das Gericht gemäß § 8 des Gesetzes über die Entschädigungspflicht entscheidet. Der Staatsanwalt nimmt unter Berücksichtigung der §§ 3 bis 6 dieses Gesetzes und des § 254 BGB dazu Stellung, ob und in welchem Umfang eine Verpflichtung zur Entschädigung besteht, und vermerkt dies in den Handakten.

140.[1] Mitteilung der Entscheidung und des Standes der Strafvollstreckung. (1) Von einem rechtskräftigen Urteil sowie von einem in § 268a StPO genannten Beschluss über Strafaussetzung zur Bewährung ist dem Verurteilten oder Freigesprochenen und, sofern er einen Verteidiger hat, auch diesem eine Abschrift zu übersenden. In Verfahren gegen Jugendliche und Heranwachsende sowie in Staatsschutzsachen kann im Einzelfall hiervon abgesehen werden. Andere Entscheidungen werden auf Antrag übersandt.

(2) Die Mitteilung nach § 406d Abs. 1 und 2 StPO veranlasst die zum Zeitpunkt der Mitteilung für den Verfahrensabschnitt zuständige Stelle.

141. Form des Urteils. (1) Im Urteil wird der Angeklagte so genau bezeichnet, wie es für die Anklage vorgeschrieben ist (Nr. 110 Abs. 2 Buchst. a). Werden die Urteilsgründe in die Verhandlungsniederschrift vollständig aufgenommen (§ 275 Abs. 1 Satz 1 StPO) und enthält diese auch die in Nr. 110 Abs. 2 Buchst. a vorgesehenen Angaben, so ist es nicht mehr nötig, das Urteil gesondert abzusetzen. Eine von der Niederschrift getrennte Absetzung der Urteilsgründe allein ist unzureichend. Ergeht das Urteil gegen mehrere Angeklagte, so sind die angewendeten Vorschriften (§ 260 Abs. 5 StPO) für jeden Angeklagten gesondert anzugeben.

(2) Das Urteil ist unverzüglich abzusetzen. Die in § 275 Abs. 1 Satz 2 StPO bestimmte Frist ist einzuhalten; erforderlichenfalls empfiehlt es sich, den Berichterstatter und gegebenenfalls auch den Vorsitzenden von anderen Dienstgeschäften freizustellen. Ist das Urteil in unterschriebener Form fristgerecht zu den Akten gebracht worden, so kann eine etwa erforderlich werdende Reinschrift auch noch nach Fristablauf hergestellt werden.

(3) Wird eine Überschreitung der Urteilsabsetzungsfrist durch einen im Einzelfall nicht voraussehbaren unabwendbaren Umstand veranlasst (§ 275 Abs. 1 Satz 4 StPO), ist es zweckmäßig, die Gründe hierfür aktenkundig zu machen.

142. Belehrung über Rechtsmittel und Rechtsbehelfe. (1) Ist der Angeklagte bei der Verkündung des Urteils anwesend, so belehrt ihn der Vorsitzende über die zulässigen Rechtsmittel (§ 35a StPO). Dabei wird dem Angeklagten ein Merkblatt ausgehändigt, auf das wegen der Einzelheiten verwiesen werden kann. Bei einem Angeklagten, der der deutschen Sprache nicht hinreichend mächtig ist, hat die durch den hinzugezogenen Dolmetscher (Nr. 181 Abs. 1) zu vermittelnde Rechtsmittelbelehrung den Hinweis zu enthalten, dass die schriftliche Rechtsmitteleinlegung in deutscher Sprache erfolgen muss. Die Belehrung wird im Protokoll über die Hauptverhandlung vermerkt.

(2) Der Angeklagte soll nicht veranlasst werden, im unmittelbaren Anschluss an die Urteilsverkündung zu erklären, ob er auf Rechtsmittel verzichtet. Erklärt er, ein Rechtsmittel einlegen zu wollen, so ist er an die Geschäftsstelle zu verweisen.

(3) Ist der Angeklagte bei der Verkündung des Urteils abwesend, so ist er über die Einlegung des zulässigen Rechtsmittels schriftlich zu belehren, sofern er nicht durch

---

[1] In Bayern gilt diese Vorschrift in einer abweichenden Fassung (Bekanntmachung des Bayerischen Staatsministeriums der Justiz über die Einführung der Richtlinien für das Strafverfahren und das Bußgeldverfahren, Justizministerialblatt).

einen mit einer schriftlichen Vollmacht versehenen Verteidiger vertreten war; es genügt, wenn dem zuzustellenden Urteil ein Merkblatt beigefügt und dies in der Zustellungsurkunde vermerkt wird. In den Fällen der §§ 232, 329 Abs. 1 und 2 und des § 412 StPO ist der Angeklagte zugleich über sein Recht zu belehren, die Wiedereinsetzung in den vorigen Stand zu beantragen (§§ 235, 329 Abs. 3 StPO).

143. Beurkundung eines Rechtsmittelverzichts. (1) Ein unmittelbar nach der Urteilsverkündung erklärter Verzicht auf Rechtsmittel ist im Protokoll zu beurkunden. Es empfiehlt sich, im Protokoll zu vermerken, dass die Erklärung über den Rechtsmittelverzicht verlesen und genehmigt worden ist (§ 273 Abs. 3 StPO).

(2) Verzichtet ein in Untersuchungshaft befindlicher Angeklagter auf Rechtsmittel, so ist der Zeitpunkt des Verzichts nach Stunde und Minute in das Protokoll aufzunehmen.

144. Die Beurkundung der Hauptverhandlung. (1) Der Urkundsbeamte hat das Protokoll über die Hauptverhandlung wegen dessen besonderer Bedeutung (§ 274 StPO) sorgfältig abzufassen. Der Vorsitzende überwacht die ordnungsgemäße Beurkundung, namentlich der Förmlichkeiten des Verfahrens (z. B. §§ 265, 303 StPO) und der Beweisanträge. Er prüft das Protokoll auf Richtigkeit und Vollständigkeit und veranlasst nötige Abänderungen und Ergänzungen. Als Tag der Fertigstellung des Protokolls (§ 271 Abs. 1 Satz 2 StPO) ist der Tag anzugeben, an dem die zweite Urkundsperson das Protokoll unterschreibt.

(2) Bei der Aufnahme von Zeugenaussagen kann auf amtliche, auch außergerichtliche Niederschriften über eine frühere Vernehmung des Zeugen im Vorverfahren Bezug genommen werden. Ändert oder ergänzt der Zeuge jedoch seine früheren Erklärungen oder bestreitet ein Beteiligter die Richtigkeit der Aussage, so ist es in der Regel geboten, die Aussage vollständig, in den entscheidenden Punkten unter Umständen sogar wörtlich, in das Protokoll aufzunehmen, damit für ein späteres Ermittlungsverfahren wegen einer unrichtigen Aussage ausreichende Unterlagen vorhanden sind. Auf nichtamtliche Niederschriften von Aussagen soll grundsätzlich nicht Bezug genommen werden.

145. Festsetzung der notwendigen Auslagen des Beschuldigten. (1) Vor dem Erlass des Festsetzungsbeschlusses soll der Rechtspfleger den Vertreter der Staatskasse hören. Dieser kann zu den von ihm beabsichtigten Äußerungen oder zu Einzelfragen eine Stellungnahme des Leiters der Strafverfolgungsbehörde beim Landgericht herbeiführen.

(2) Der Festsetzungsbeschluss des Rechtspflegers ist dem Vertreter der Staatskasse zuzustellen (§ 464 b Satz 3 StPO, § 104 Abs. 1 S. 3 ZPO). Dieser prüft, ob gegen den Festsetzungsbeschluss innerhalb der gesetzlichen Frist namens der Staatskasse ein Rechtsbehelf (Erinnerung oder sofortige Beschwerde) einzulegen ist. Dabei kann er den Leiter der Strafverfolgungsbehörde beim Landgericht beteiligen. Wird von einem Rechtsbehelf abgesehen, so teilt der Vertreter der Staatskasse dies dem Rechtspfleger mit. Legt der Vertreter der Staatskasse einen Rechtsbehelf ein, so beantragt er gleichzeitig, die Vollziehung des Festsetzungsbeschlusses auszusetzen. Er teilt dem Rechtspfleger unverzüglich die Entscheidung des Gerichts über diesen Antrag mit.

(3) Die Entscheidung des Gerichts über die Erinnerung wird dem Vertreter der Staatskasse zugestellt, wenn gegen sie die sofortige Beschwerde statthaft ist. Für die sofortige Beschwerde und für den Antrag auf Aussetzung der Vollziehung der angefochtenen Entscheidung gilt Absatz 2 Satz 2 bis 6 entsprechend.

(4) Soweit der Rechtspfleger bei der Festsetzung der Auslagen der Stellungsnahme des Vertreters der Staatskasse entspricht, ordnet er gleichzeitig mit dem Erlass des Festsetzungsbeschlusses die Auszahlung an. Die Auszahlung von Auslagen, deren Festsetzung der Vertreter der Staatskasse widersprochen hat, wird bereits vor der formellen Rechtskraft des Festsetzungsbeschlusses angeordnet, wenn

a) die Frist zur Einlegung des statthaften Rechtsbehelfs für den Vertreter der Staatskasse abgelaufen ist,

b) der Vertreter der Staatskasse erklärt hat, dass ein Rechtsbehelf nicht eingelegt werde, oder

c) der Vertreter der Staatskasse einen Rechtsbehelf eingelgt hat und
aa) die Vollziehung des Kostenfestsetzungsbeschlusses oder
bb) die Vollziehung der Entscheidung über die Erinnerung für den Fall, dass diese mit der sofortigen Beschwerde angefochten werden kann,

nicht innerhalb einer Woche nach Ablauf der Frist zur Einlegung des jeweiligen Rechtsbehelfs ausgesetzt wird.

Wird der Kostenfestsetzungsbeschluss nur zum Teil angefochten, so ist der Teil der Auslagen, dessen Festsetzung nicht angefochten ist, sofort zu erstatten; auf dem Auszahlungsbeleg ist auf die Teilanfechtung hinzuweisen.

4. Beschleunigtes Verfahren

146. (1) In allen geeigneten Fällen ist die Aburteilung im beschleunigten Verfahren (§ 417 StPO) zu beantragen; dies gilt vor allem, wenn der Beschuldigte geständig ist oder andere Beweismittel zur Verfügung stehen. Das beschleunigte Verfahren kommt nicht in Betracht, wenn Anlass besteht, die Person des Beschuldigten und sein Vorleben genau zu erforschen oder wenn der Beschuldigte durch die Anwendung dieses Verfahrens in seiner Verteidigung beeinträchtigt werden würde.

(2) Zur Vereinfachung und Erleichterung des Verfahrens soll der Staatsanwalt die Anklage nach Möglichkeit schriftlich niederlegen, sie in der Hauptverhandlung verlesen und dem Gericht einen Abdruck als Anlage für die Niederschrift übergeben.

IV. Abschnitt. Rechtsmittel

1. Einlegung

147. Rechtsmittel des Staatsanwalts. (1) Der Staatsanwalt soll ein Rechtsmittel nur einlegen, wenn wesentliche Belange der Allgemeinheit oder der am Verfahren beteiligten Personen es gebieten und wenn das Rechtsmittel aussichtsreich ist. Entspricht eine Entscheidung der Sachlage, so kann sie in der Regel auch dann unangefochten bleiben, wenn eine Rechtsnorm nicht oder nicht richtig angewendet worden ist. Zur Nachprüfung des Strafmaßes ist ein Rechtsmittel nur einzulegen, wenn die Strafe in einem offensichtlichen Missverhältnis zu der Schwere der Tat steht. Die Tatsache allein, dass ein anderer Beteiligter ein Rechtsmittel eingelegt hat, ist für den Staatsanwalt kein hinreichender Grund, das Urteil ebenfalls anzufechten.

(2) Von diesen Grundsätzen kann abgewichen werden, wenn ein Gericht in einer häufiger wiederkehrenden, bedeutsamen Rechtsfrage eine nach Ansicht des Staatsanwalts unzutreffende Rechtsauffassung vertritt oder wenn es im Strafmaß nicht nur vereinzelt, sondern allgemein den Aufgaben der Strafrechtspflege nicht gerecht wird.

(3) Der Staatsanwalt soll ein Rechtsmittel zugunsten des Angeklagten einlegen (§ 296 Abs. 2 StPO), wenn dieser durch einen Verfahrensverstoß oder durch einen offensichtlichen Irrtum des Gerichts benachteiligt worden ist oder wenn die Strafe unter Würdigung aller Umstände des Falles unangemessen hoch erscheint. Dass das Rechtsmittel zu Gunsten des Angeklagten eingelegt wird, muss deutlich zum Ausdruck gebracht werden.

148. Vorsorgliche Einlegung von Rechtsmitteln. (1) Nur ausnahmsweise soll ein Rechtsmittel lediglich vorsorglich eingelegt werden. Dies kann in Betracht kommen, wenn es geboten erscheint, die Entschließung der vorgesetzten Behörde herbeizuführen oder wenn das Verfahren eine Behörde besonders berührt und ihr Gelegenheit gegeben werden soll, sich zur Durchführung des Rechtsmittels zu äußern. Nr. 211 Abs. 2 und 3 Buchst. b ist zu beachten.

(2) In der Rechtsmittelschrift darf nicht zum Ausdruck kommen, dass das Rechtsmittel nur vorsorglich oder auf Weisung eingelegt wird.

(3) Wird ein Rechtsmittel lediglich vorsorglich eingelegt, so ist in der Rechtsmittelschrift nur die Tatsache der Einlegung mitzuteilen. Wenn so verfahren wird, braucht die Rechtsmittelschrift dem Angeklagten nicht zugestellt zu werden.

149. Unterzeichnung der Rechtsmittelschrift. Der Staatsanwalt hat die Reinschrift der Rechtsmittel- und der Begründungsschrift handschriftlich zu unterzeichnen.

150. Rechtsmittel des Angeklagten zu Protokoll der Geschäftsstelle. (1) Legt der Angeklagte die Berufung zu Protokoll der Geschäftsstelle ein oder begründet er sie in dieser Form, so ist er zu befragen, ob er das Urteil in seinem ganzen Umfang anfechten oder die Anfechtung auf bestimmte Beschwerdepunkte beschränken will (§ 318 StPO). Das Protokoll muss dies klar erkennen lassen. Wird eine erneute Beweisaufnahme begehrt, so sind neue Beweismittel genau zu bezeichnen. In den Fällen des § 313 Abs. 1 Satz 1 StPO ist der Angeklagte im Hinblick auf die Entscheidung über die Annahme der Berufung nach § 313 Abs. 2 StPO auf die Möglichkeit der Begründung des Rechtsmittels hinzuweisen.

(2) Rechtfertigt der Angeklagte die Revision zu Protokoll der Geschäftsstelle (§ 345 Abs. 2 StPO), so soll der Rechtspfleger dafür sorgen, dass er die Gerichtsakten, mindestens aber eine Abschrift des angefochtenen Urteils zur Hand hat. Der Rechtspfleger belehrt den Angeklagten über die richtige Art der Revisionsrechtfertigung und wirkt auf eine den gesetzlichen Vorschriften entsprechende Fassung hin. Der Rechtspfleger ist an den Wortlaut und die Form des zur Begründung der Revision Vorgebrachten nicht gebunden, wohl aber an dessen sachlichen Kern. Er nimmt in das Protokoll auch das Vorbringen auf, für das er die Verantwortung ablehnt; er belehrt den Angeklagten über die sich daraus ergebenden Folgen und vermerkt diese Belehrung im Protokoll.

(3) Das Protokoll muss aus sich heraus verständlich sein. Bezugnahmen auf andere Schriftstücke sind unwirksam. Dies gilt vor allem für handschriftliche Erklärungen des Beschwerdeführers. Diese können auch nicht dadurch zu einer zulässigen Begründung der Revision werden, dass sie äußerlich die Form des Protokolls erhalten oder dass sie in das Protokoll übernommen werden, ohne dass sie der Rechtspfleger geprüft und ihnen eine möglichst zweckmäßige Form gegeben hat.

(4) Es ist ein bestimmter Antrag aufzunehmen. Dieser muss erkennen lassen, ob der Beschwerdeführer das Urteil im Ganzen anfechten oder ob er die Revision beschränken will; der Umfang der Beschränkung ist genau anzugeben.

(5) Will der Beschwerdeführer rügen, dass das Strafgesetz nicht richtig angewandt worden sei, so ist die Erklärung aufzunehmen, dass die Verletzung sachlichen Rechts gerügt wird; Zusätze müssen rechtlicher Natur sein. Die allgemeine Sachrüge ist angebracht, wenn dem Revisionsgericht die materielle Überprüfung des Urteils im ganzen ermöglicht werden soll.

(6) Wird ein Verfahrensverstoß geltend gemacht, so muss der prozessuale Vorgang, in dem der Mangel gefunden wird, z. B. die Ablehnung eines Beweisantrages oder eines Antrages auf Bestellung eines Verteidigers, genau wiedergegeben werden. Es genügt nicht, auf Aktenstellen Bezug zu nehmen. Wohl aber ist es angebracht, auf die Aktenstellen hinzuweisen, aus denen sich die behaupteten Verfahrenstatsachen ergeben. Wird gerügt, dass die Aufklärungspflicht verletzt worden sei, so müssen auch die angeblich nicht benutzten Beweismittel bezeichnet werden.

151. Empfangsbestätigung. Die Geschäftsstelle hat dem Beschwerdeführer auf Verlangen den Eingang einer Rechtsmittel- oder Begründungsschrift zu bescheinigen. Von Rechtsanwälten kann verlangt werden, dass sie eine vorbereitete Empfangsbescheinigung vorlegen.

2. Verzicht und Rücknahme

152. (1) Verzichtet ein Verteidiger auf die Einlegung eines Rechtsmittels oder beschränkt er ein Rechtsmittel von vornherein oder nachträglich auf einen Teil der Entscheidung (Teilverzicht) oder nimmt er ein Rechtsmittel zurück, so ist zu prüfen, ob seine Ermächtigung zum Verzicht oder zur Rücknahme nachgewiesen ist (§ 302 Abs. 2 StPO). Das Ergebnis der Prüfung ist aktenkundig zu machen. Fehlt der Nachweis für die Ermächtigung, so ist sie vom Verteidiger oder vom Angeklagten einzufordern.

(2) Liegen die Akten bereits dem Rechtsmittelgericht vor, so wird die Rücknahmeerklärung erst wirksam, wenn sie bei dem Rechtsmittelgericht eingeht; daher sind in diesem Falle die Rücknahmeerklärungen, die bei der Staatsanwaltschaft oder beim Gericht des früheren Rechtszuges eingehen, unverzüglich weiterzuleiten. Ist Revision eingelegt, so ist darüber hinaus dem Revisionsgericht oder der Staatsanwaltschaft bei diesem Gericht fernmündlich oder telegrafisch mitzuteilen, dass eine Rücknahmeerklärung eingegangen ist.

(3) Nimmt der Angeklagte ein Rechtsmittel zurück, so ist der Staatsanwalt (gegebenenfalls auch der Nebenkläger), nimmt der Staatsanwalt oder der Nebenkläger ein Rechtsmittel zurück, so sind der Angeklagte und sein Verteidiger durch das mit der Sache befasste Gericht zu benachrichtigen, auch wenn ihnen die Rechtsmittelschrift nicht zur Kenntnis gebracht worden ist (Nr. 148 Abs. 3 Satz 2).

3. Verfahren nach der Einlegung

A. Gemeinsame Bestimmungen

153. Beschleunigung. Rechtsmittelsachen sind stets als Eilsachen zu behandeln.

154. Zustellung des Urteils. (1) Das Urteil, gegen das der Angeklagte ein Rechtsmittel eingelegt hat, ist dem Verteidiger zuzustellen, wenn sich dessen Vollmacht bei den Akten befindet (Wahlverteidiger) oder wenn er zum Verteidiger bestellt worden ist (Pflichtverteidiger). Kann an mehrere Verteidiger rechtswirksam zugestellt werden, so soll die Zustellung nur an einen von ihnen erfolgen. Die weiteren Verteidiger und der Angeklagte sind von der Zustellung zu unterrichten; eine Abschrift des Urteils ist beizufügen.

(2) Hat der gesetzliche Vertreter des Angeklagten ein Rechtsmittel eingelegt, so wird ihm das Urteil zugestellt. Haben beide das Rechtsmittel eingelegt, so ist das Urteil jedem von ihnen zuzustellen.

155. Antrag auf Wiedereinsetzung in den vorigen Stand. Wenn ein Antrag auf Wiedereinsetzung in den vorigen Stand wegen Versäumung einer Rechtsmittelfrist mit dem Verschulden anderer Personen (Urkundsbeamten, Bediensteten der Vollzugsanstalt, Verteidiger usw.) begründet wird, so ist eine (dienstliche) Äußerung dieser Personen herbeizuführen.

156. Rechtsmittelbegründung. (1) Der Staatsanwalt muss jedes von ihm eingelegte Rechtsmittel begründen, auch wenn es sich nur gegen das Strafmaß richtet.

(2) Eine Revisionsbegründung, die sich – abgesehen von den Anträgen – darauf beschränkt, die Verletzung sachlichen Rechts zu rügen, genügt zwar den gesetzlichen Erfordernissen; der Staatsanwalt soll aber seine Revision stets so rechtfertigen, dass klar ersichtlich ist, in welchen Ausführungen des angefochtenen Urteils er eine Rechtsverletzung erblickt und auf welche Gründe er seine Rechtsauffassung stützt.

(3) Stützt der Staatsanwalt seine Revision auf Verletzungen von Verfahrensvorschriften, so sind die formellen Rügen nicht nur mit der Angabe der die Mängel enthaltenden Tatsachen zu begründen (§ 344 Abs. 2 Satz 2 StPO), sondern es sind auch die Aktenstellen, auf die sich die Rügen beziehen, z. B. Teile des Protokolls über die Hauptverhandlung, abschriftlich in der Revisionsrechtfertigung anzuführen.

157. Urteilsabschrift an den Beschwerdegegner. Mit der Zustellung der Berufungs- oder Revisionsschriften ist dem Gegner des Beschwerdeführers, falls noch nicht geschehen, eine Abschrift des Urteils mit Gründen zu übersenden.

B. Berufungsverfahren

158. Benennung von Beweismitteln. Bei Übersendung der Akten an das Berufungsgericht (§ 321 Satz 2 StPO) benennt der Staatsanwalt nur solche Zeugen und Sachverständige, deren Vernehmung zur Durchführung der Berufung notwendig ist.

158 a. Annahmeberufung. (1) Hat in den Fällen des § 313 Abs. 1 Satz 1 StPO der Angeklagte oder der Nebenkläger Berufung eingelegt, so nimmt der Staatsanwalt gegenüber dem Berufungsgericht zur Frage der Zulässigkeit des Rechtsmittel Stellung und stellt einen Antrag zu der nach den § 313 Abs. 2, § 322 a StPO zu treffenden Entscheidung.

(2) In den Fällen des § 313 Abs. 3 StPO (Berufung gegen ein auf Geldbuße, Freispruch oder Einstellung wegen einer Ordnungswidrigkeit lautendes Urteil) gilt Nummer 293 Abs. 2 entsprechend.

C. Revisionsverfahren

159. Zustellung des Urteils an die Staatsanwaltschaft. Wird das Urteil der Staatsanwaltschaft durch Vorlegen der Urschrift (§ 41 StPO) zugestellt, so hat die Geschäftsstelle der Staatsanwaltschaft auf der Urschrift den Tag zu bescheinigen, an dem das Urteil eingegangen ist („Zur Zustellung eingegangen am ...“). Bleibt die Urschrift nicht bei den Akten, so vermerkt die Geschäftsstelle der Staatsanwaltschaft auf der mit der Urschrift vorgelegten, für die Akten bestimmten Ausfertigung des Urteils: „Die Urschrift des Urteils ist zur Zustellung am ... eingegangen.“ Beide Vermerke sind vom Staatsanwalt zu zeichnen.

160. Akteneinsicht durch den Verteidiger. Während die Frist zur Revisionsbegründung läuft, sind die Akten zur Einsichtnahme durch den Verteidiger bereitzuhalten.

161. Berichtigung des Verhandlungsprotokolls. (1) Wird beantragt, das Protokoll über die Hauptverhandlung zu berichtigen, so führt der Staatsanwalt eine Erklärung des Vorsitzenden und des Urkundsbeamten herbei.

(2) Wird – ohne einen förmlichen Antrag auf Berichtigung – nur in der Revisionsbegründung geltend gemacht, dass das Protokoll unrichtig oder unvollständig sei, so wird es sich empfehlen, dies vor der Einsendung der Akten an das Revisionsgericht durch Rückfrage aufzuklären.

162. Gegenerklärung des Staatsanwalts. (1) Begründet der Angeklagte oder der Nebenkläger seine Revision nur mit der Verletzung des sachlichen Rechts, so kann der Staatsanwalt in der Regel von einer Gegenerklärung (§ 347 Abs. 1 Satz 2 StPO) absehen.

(2) Wird das Urteil wegen eines Verfahrensmangels angefochten, so gibt der Staatsanwalt eine Gegenerklärung fristgemäß ab, wenn anzunehmen ist, dass dadurch die Prüfung der Revisionsbeschwerden erleichtert wird und zeitraubende Rückfragen und Erörterungen vermieden werden. Die Gegenerklärung soll die Tatsachen, auf die sich die Verfahrensrügen erstrecken, erschöpfend darstellen; die in Betracht kommenden Aktenstellen sind abzulichten oder abschriftlich wiederzugeben. Ausführungen des angefochtenen Urteils, die Gegenstand einer Verfahrensrüge sind, werden in die Gegenerklärung nicht aufgenommen. Wird die Behandlung von Beweisanträgen gerügt, so ist aus dem Protokoll über die Hauptverhandlung festzustellen, ob die Beteiligten auf weitere Beweise verzichtet oder sich mit der Schließung der Beweisaufnahme einverstanden erklärt haben. Trifft dies zu, so ist dieser Teil des Protokolls in der Gegenerklärung wörtlich wiederzugeben. Ist über einen Antrag, namentlich einen Beweisantrag, im Urteil entschieden worden, so ist auf die betreffende Urteilsstelle (nach der Seite der Abschrift) zu verweisen. Bezieht sich die Verfahrensrüge auf einen Vorgang, der aus einem Protokoll über die Hauptverhandlung nicht ersichtlich und auch von dem Sitzungsstaatsanwalt nicht wahrgenommen worden ist, so wird es zweckmäßig sein, über den Vorgang eine Äußerung der Beteiligten herbeizuführen.

(3) Der Staatsanwalt teilt eine Gegenerklärung dem Beschwerdeführer mit und legt sie dem Gericht vor. Anlagen (dienstliche Äußerungen usw.), auf die Bezug genommen wird, sind der Vorlage an das Gericht beizufügen. Enthält die Gegenerklärung erhebliche neue Tatsachen oder Beweisergebnisse, so ist sie dem Beschwerdeführer zuzustellen.

Wird keine Gegenerklärung abgegeben, so braucht das Gericht hiervon nicht unterrichtet zu werden.

(4) Der Vorsitzende leitet die Akten der Staatsanwaltschaft zur weiteren Verfügung zu, wenn er von der Gegenerklärung Kenntnis genommen hat oder wenn die Frist (§ 347 Abs. 1 Satz 2 StPO) abgelaufen ist.

163. Übersendung der Akten an das Revisionsgericht. (1) Die Akten werden dem Revisionsgericht durch die Staatsanwaltschaft bei diesem Gericht vorgelegt. Ist der Bundesgerichtshof zur Entscheidung über die Revision zuständig und betreibt der Staatsanwalt allein oder neben einem anderen Beteiligten die Revision, so werden die Akten über den Generalstaatsanwalt beim Oberlandesgericht geleitet. Dies gilt nicht, wenn das Amt des Staatsanwalts bei dem Oberlandesgericht durch den Generalbundesanwalt ausgeübt wird (§ 142a GVG). Der Vorlage an den Bundesgerichtshof ist ein Übersendungsbericht beizufügen; dies gilt auch für die Vorlage an ein Revisionsgericht eines Landes, soweit nichts anderes bestimmt ist.

(2) Abs. 1 gilt entsprechend, wenn der Beschwerdeführer Wiedereinsetzung in den vorigen Stand oder die Entscheidung des Revisionsgerichts nach § 346 Abs. 2 StPO beantragt hat.

(3) Vor der Übersendung prüft der Staatsanwalt, ob die Zustellungen und Vollmachten in Ordnung sind und veranlasst, dass alle Mängel beseitigt werden. Ist die Urschrift des Urteils schwer lesbar, so ist eine einwandfreie Ausfertigung oder beglaubigte Abschrift des Urteils beizuheften.

164. Form und Inhalt des Übersendungsberichts. (1) Der Übersendungsbericht soll folgende Angaben enthalten:

a) die Namen und die zuletzt bekannten vollständigen Anschriften aller Verfahrensbeteiligten (Angeklagte, Verteidiger, gesetzliche Vertreter, Nebenbeteiligte, Einziehungsbeteiligte usw.) sowie die Aktenstellen, aus denen sich Beiordnungen und Vollmachten von Rechtsanwälten ergeben;
b) die Angabe, ob der Angeklagte bei der Verkündung des Urteils anwesend war;
c) das Eingangsdatum und die Aktenstelle der Schriften über die Einlegung und die Begründung der Revision;
d) den Tag der Zustellung des Urteils an den Beschwerdeführer und der Revisionsbegründung an den Gegner des Beschwerdeführers;
e) die Aktenstelle der Gegenerklärung und der Mitteilung der Gegenerklärung an den Beschwerdeführer;
f) die Anzahl der Abschriften der Revisionsentscheidung, die für Mitteilungen gebraucht werden;
g) den Hinweis auf nur örtlich geltende gesetzliche Feiertage, wenn das Ende einer Frist, die für das Revisionsverfahren wesentlich ist, auf einen solchen Tag fällt;
h) den Hinweis auf die Zulassung eines Nebenklägers (§ 396 Abs. 2 StPO) mit Angabe der Aktenstelle;
i) den Hinweis auf einen in Beiakten anberaumten Termin oder auf andere Beschleunigungsgründe, die übersehen werden könnten.

(2) In Haftsachen ist ferner anzugeben, wo der Angeklagte verwahrt wird. Auf dem Übersendungsbericht ist deutlich sichtbar „Haft" zu vermerken (vgl. Nr. 52). Dieser Vermerk ist durch nähere Angaben (z. B. „Strafhaft in der Sache …") zu erläutern.

(3) Auf andere Strafverfolgungsmaßnahmen (vorläufige Entziehung der Fahrerlaubnis, vorläufiges Berufsverbot u. a.), die eine Entschädigungspflicht auslösen könnten, ist hinzuweisen.

(4) Legt der Staatsanwalt wegen der Bedeutung der Strafsache oder aus anderen Gründen, z. B. weil gegen den Angeklagten Haftbefehl erlassen ist, Wert darauf, über die Entscheidung des Revisionsgerichts beschleunigt unterrichtet zu werden, so weist er hierauf hin; wird eine besondere Übermittlungsart gewünscht (z. B. Telex, Telefax), so ist dies deutlich hervorzuheben.

165. Anlagen zum Übersendungsbericht. (1) Für das Revisionsgericht sind beizufügen je eine Ausfertigung oder beglaubigte Abschrift

a) des angefochtenen und jedes weiteren in diesem Verfahren gegen den Angeklagten ergangenen Urteils, sowie eines nach § 346 Abs. 1 StPO ergangenen Beschlusses, wobei einzelne Teile der Entscheidung, die einen anderen Angeklagten oder eine der Revisionsentscheidung nicht unterliegende Straftat betreffen, in der Abschrift ausgelassen werden können,

b) der Schriftstücke über die Einlegung und die Rechtfertigung der Revision, der sonstigen die Revision betreffenden Schriften (Wiedereinsetzungsantrag, Antrag nach § 346 Abs. 2 StPO usw., jeweils versehen mit dem Eingangsdatum), der Gegenerklärung mit den Anlagen und der Erwiderung.

(2) Kommen für die Entscheidung landesrechtliche oder örtliche Vorschriften in Betracht, die nur in Amts-, Kreis- oder ähnlichen Blättern von örtlicher Bedeutung veröffentlicht sind, so sind Abdrucke oder beglaubigte Abschriften beizufügen.

(3) Für die Staatsanwaltschaft beim Revisionsgericht sind je eine Ausfertigung oder beglaubigte Abschrift der in den Abs. 1 und 2 bezeichneten Schriftstücke beizufügen.

166. Übersendung von Überführungsstücken und Beiakten. (1) Dem Revisionsgericht sind nur die für die Entscheidung über die Revision nötigen Überführungsstücke und Akten zu übersenden, z. B. die Akten, die für die Nachprüfung von Prozessvoraussetzungen oder für die Anwendung der §§ 66, 69, 70 StGB von Bedeutung sind.

(2) Schriftstücke, Skizzen und Lichtbilder, auf die in dem angefochtenen Urteil Bezug genommen ist oder die zum besseren Verständnis des Urteils beitragen (z. B. Verkehrsunfallskizzen, Lichtbilder), sind zu übersenden. Welche anderen Überführungsstücke und Akten zu übersenden sind, entscheidet der Staatsanwalt.

167. Beschleunigung. Ist über Haft-, Dienstaufsichts- oder sonstige Beschwerden oder über Anträge auf Festsetzung von Kosten, Vergütungen oder Entschädigungen zu entscheiden, sind Gnadengesuche von Mitverurteilten zu bearbeiten oder ist gegen diese die Strafvollstreckung einzuleiten, so ist zu prüfen, ob diese Entscheidungen auf Grund von Aktenteilen, die für das Revisionsgericht entbehrlich sind, oder auf Grund von Abschriften oder Ablichtungen getroffen werden können. Ist dies nicht der Fall, so ist zu erwägen, ob die Angelegenheit bis zur Rückkunft der Akten aus der Revisionsinstanz zurückgestellt werden kann. Eine Zurückstellung unterbleibt bei Vollstreckungsmaßnahmen und Gnadenverfahren.

168. Überprüfung durch den Generalstaatsanwalt und Rücknahme der Revision. (1) Ist zur Entscheidung über die Revision der Staatsanwaltschaft der Bundesgerichtshof zuständig, so prüft der Generalstaatsanwalt beim Oberlandesgericht, ob die Förmlichkeiten beachtet worden sind und ob die Revision durchgeführt werden soll. Hält er sie nicht für angebracht oder verspricht er sich von ihr keinen Erfolg, so nimmt er die Revision entweder selbst zurück oder weist die Staatsanwaltschaft an, sie zurückzunehmen. Bei der Weiterleitung der Akten soll der Generalstaatsanwalt zum Ausdruck bringen, ob er der Revisionsbegründung beitritt oder aus welchen anderen Gründen er die Revision durchzuführen wünscht.

(2) Abs. 1 gilt entsprechend, wenn das Oberlandesgericht zur Entscheidung über die Revision zuständig ist.

169. Rückleitung der Akten. (1) Nach Erledigung der Revision werden die Akten über den Generalstaatsanwalt beim Oberlandesgericht an die Staatsanwaltschaft zurückgeleitet. Die Akten werden unmittelbar an die Staatsanwaltschaft zurückgeleitet, wenn lediglich der Angeklagte Revision eingelegt und der Generalstaatsanwalt bei dem Oberlandesgericht darauf verzichtet hat, dass die Akten über ihn zurückgeleitet werden.

(2) In Haftsachen ist die Rückleitung zu beschleunigen; der Zeitpunkt, zu dem das Urteil rechtskräftig geworden ist, soll nach Stunde und Minute angegeben werden und dem Staatsanwalt, wenn nötig, fernmündlich oder in der von ihm sonst gewünschten Art im Voraus mitgeteilt werden.

(3) In den Fällen der Nr. 164 Abs. 3 sind die Akten beschleunigt zurückzusenden. Dasselbe gilt, wenn die Befugnis zuerkannt worden ist, die Verurteilung innerhalb einer Frist öffentlich bekanntzumachen.

V. Abschnitt. Wiederaufnahme des Verfahrens

170. Allgemeines. (1) Der Staatsanwalt, der die Anklage oder die Antragsschrift verfasst hat oder der an der Hauptverhandlung gegen den Verurteilten teilgenommen hat, soll in der Regel in dem von dem Verurteilten beantragten Wiederaufnahmeverfahren nicht mitwirken.

(2) Der Generalstaatsanwalt beim Oberlandesgericht soll im Wiederaufnahmeverfahren von seiner Befugnis gemäß § 145 Abs. 1 GVG, die Amtsverrichtungen der Staatsanwaltschaft selbst zu übernehmen oder mit ihrer Wahrnehmung einen anderen als den zunächst zuständigen Beamten (§§ 140a, 143 GVG) zu beauftragen, nur in besonders begründeten Ausnahmefällen Gebrauch machen.

171. Erneuerung der Hauptverhandlung. (1) Ist die Wiederaufnahme des Verfahrens angeordnet, so muss in der Regel eine neue Hauptverhandlung stattfinden, weil nur so die meist vorhandenen Widersprüche geklärt und das gesamte Beweismaterial umfassend gewürdigt werden kann und weil nur dadurch gesichert ist, dass die Umstände, die für die frühere Verurteilung maßgebend waren, neben dem Ergebnis der neuen Beweisaufnahme gebührend berücksichtigt werden. Der Staatsanwalt wird deshalb einem Freispruch ohne neue Hauptverhandlung nur ausnahmsweise zustimmen können.

(2) Eine solche Ausnahme kann vorliegen, wenn einwandfrei festgestellt ist, dass der Verurteilte zurzeit der Tat geisteskrank war, oder wenn seine Unschuld klar zutage tritt und es wegen der besonderen Umstände des Falles unzweckmäßig ist, die Hauptverhandlung zu erneuern; jedoch ist zu berücksichtigen, dass der Verurteilte mitunter ein berechtigtes Interesse daran hat, dass seine Ehre in öffentlicher Verhandlung wiederhergestellt wird.

VI. Abschnitt. Beteiligung des Verletzten am Verfahren

1. Privatklage

172. Übernahme der Verfolgung durch den Staatsanwalt. (1) Legt das Gericht dem Staatsanwalt die Akten nach § 377 Abs. 1 Satz 2 StPO vor oder erwägt der Staatsanwalt von sich aus, die Verfolgung zu übernehmen, hält er aber noch weitere Ermittlungen für nötig, so teilt er dies dem Gericht mit und ersucht, die Entscheidung nach § 383 StPO zurückzustellen.

(2) Übernimmt der Staatsanwalt die Verfolgung (vgl. Nr. 86), so teilt er dies dem Gericht und dem Privatkläger mit; der Privatkläger ist zugleich auf eine etwa bestehende Nebenklagebefugnis und auf die Kostenfolge des § 472 Abs. 3 Satz 2 StPO hinzuweisen. Hält der Staatsanwalt später die Einstellung des Verfahrens für angezeigt, so legt er dem Gericht seine Auffassung dar und beantragt, das Hauptverfahren nicht zu eröffnen. Verneint er das öffentliche Interesse an weiterer Verfolgung, so gibt er die Akten dem Gericht mit einem entsprechenden Vermerk zurück.

2. Entschädigung des Verletzten

173. Unterrichtung des Verletzten über das Entschädigungsverfahren. Der Staatsanwalt hat den Verletzten oder dessen Erben in der Regel und so früh wie möglich auf die Möglichkeit, einen Entschädigungsanspruch nach den §§ 403ff. StPO geltend zu machen, hinzuweisen. Dabei wird der Verletzte über die Möglichkeit der Prozesskostenhilfe (§ 404 Abs. 5 StPO), Form und Inhalt des Antrags (§ 404 Abs. 1 StPO) und über das Recht auf Teilnahme an der Hauptverhandlung (§ 404 Abs. 3 StPO) zu belehren sein. Auch wird er darauf hinzuweisen sein, dass es sich in der Regel empfiehlt, den Antrag möglichst frühzeitig zu stellen, dass er seinen Anspruch, soweit er ihm nicht zuerkannt wird, noch im Zivilrechtsweg verfolgen kann (§ 406 Abs. 3 StPO) und dass das Gericht aus bestimmten Gründen von der Entscheidung über den Antrag absehen kann (§ 406 Abs. 1 StPO).

174. Stellung des Staatsanwalts im Entschädigungsverfahren. (1) Der Staatsanwalt nimmt zum Entschädigungsantrag nur Stellung, wenn dies nötig ist, um die Tat strafrechtlich zutreffend zu würdigen oder um einer Verzögerung des Strafverfahrens vorzubeugen.

(2) Der Staatsanwalt hat den bei ihm eingegangenen Entschädigungsantrag dem Gericht beschleunigt zuzuleiten, weil die Rechtswirkungen des Antrags (§ 404 Abs. 2 StPO) erst eintreten, wenn dieser bei Gericht eingegangen ist.

VII. Abschnitt. Besondere Verfahrensarten

1. Verfahren bei Strafbefehlen

175. Allgemeines. (1) Erwägt der Staatsanwalt, den Erlass eines Strafbefehls zu beantragen, so vermerkt er den Abschluss der Ermittlungen in den Akten (vgl. Nr. 109).

(2) Der Erlass eines Strafbefehls soll nur beantragt werden, wenn der Aufenthalt des Beschuldigten bekannt ist, so dass in der regelmäßigen Form zugestellt werden kann. Sonst ist das Verfahren vorläufig einzustellen oder, wenn sich die Abwesenheit des Beschuldigten erst nach dem Antrag auf Erlass des Strafbefehls herausgestellt hat, die vorläufige Einstellung des Verfahrens (§ 205 StPO) zu beantragen.

(3) Im Übrigen soll von dem Antrag auf Erlass eines Strafbefehls nur abgesehen werden, wenn die vollständige Aufklärung aller für die Rechtsfolgenbestimmung wesentlichen Umstände oder Gründe der Spezial- oder Generalprävention die Durchführung einer Hauptverhandlung geboten erscheinen lassen. Auf einen Strafbefehlsantrag ist nicht schon deswegen zu verzichten, weil ein Einspruch des Angeschuldigten zu erwarten ist.

(4) Bei verhafteten oder vorläufig festgenommenen Personen ist zu prüfen, ob das beschleunigte Verfahren nach § 417 StPO eine raschere Erledigung ermöglicht.

175 a. Strafbefehl nach Eröffnung des Hauptverfahrens. Ein Antrag auf Erlass eines Strafbefehls nach Eröffnung des Hauptverfahrens (§ 408 a Abs. 1 Satz 1 StPO) kommt namentlich in Betracht, wenn

a) der Angeklagte mit bekanntem Aufenthalt im Ausland wohnt, seine Einlieferung zur Durchführung der Hauptverhandlung aber nicht möglich oder nicht angemessen wäre,
b) der Angeklagte der Hauptverhandlung entschuldigt fernbleibt, weil er infolge einer längeren Krankheit an ihr nicht teilnehmen kann, obwohl seine Verhandlungsfähigkeit im Übrigen nicht beeinträchtigt ist,
c) der Angeklagte der Hauptverhandlung fernbleibt und nicht nach § 232 StPO ohne ihn verhandelt werden kann oder
d) der unmittelbaren Beweisaufnahme in der Hauptverhandlung erhebliche Hinderungsgründe entgegenstehen und die Voraussetzungen des § 251 Abs. 2 Satz 2 StPO nicht vorliegen, der Sachverhalt aber nach dem Akteninhalt genügend aufgeklärt erscheint.

176. Anträge. (1) Zur Vereinfachung und Beschleunigung des Geschäftsgangs hat der Staatsanwalt, wenn nicht besondere Umstände ein abweichendes Verfahren rechtfertigen, den Strafbefehlsantrag so zu stellen, dass er einen Strafbefehlsentwurf einreicht und beantragt, einen Strafbefehl dieses Inhalts zu erlassen. In den Fällen des § 444 StPO in Verbindung mit § 30 OWiG ist im Strafbefehlsentwurf die Anordnung der Beteiligung der juristischen Person oder Personenvereinigung und die Festsetzung einer konkreten Geldbuße aufzunehmen. In den Fällen des § 407 Abs. 2 Satz 2 StPO schlägt er gegebenenfalls zugleich geeignete Auflagen und Weisungen vor; für Auflagen gelten Nummer 93 Abs. 3, 4 und Nummer 93 a sinngemäß.

(2) Dem Entwurf ist die zur Zustellung des Strafbefehls und für etwa vorgeschriebene Mitteilungen nötige Zahl von Durchschlägen beizufügen.

177. Fassung des Strafbefehlsentwurfs. (1) Der Strafbefehlsentwurf muss klar, übersichtlich und leicht verständlich sein. Er darf sich nicht darauf beschränken, die Straftat formelhaft mit den Worten des Gesetzes zu bezeichnen.

(2) Soll die Fahrerlaubnis nicht entzogen oder eine Sperre für ihre Erteilung nicht angeordnet werden, obwohl dies nach der Art der Straftat in Betracht kommt, so müssen die Gründe dafür im Strafbefehlsentwurf angegeben werden (vgl. § 409 Abs. 1 Satz 3 StPO).

(3) Beantragt der Staatsanwalt die Beteiligung der juristischen Person oder Personenvereinigung und die Festsetzung einer Geldbuße gegen diese (Nummer 180 a Abs. 2), führt er sie als Nebenbeteiligte an und gibt die tatsächliche und rechtliche Grundlage für die begehrte Maßname an.

178. Prüfung durch den Richter. (1) Hat der Richter Bedenken, ohne Hauptverhandlung zu entscheiden, oder will er von der rechtlichen Beurteilung im Strafbefehlsantrag abweichen oder eine andere als die beantragte Rechtsfolge festsetzen (§ 408 Abs. 3 Satz 2 StPO), so teilt er vor einer Entscheidung über die Anberaumung der Hauptverhandlung seine Auffassung dem Staatsanwalt mit und bittet ihn um Äußerung.

(2) Tritt der Staatsanwalt der Auffassung des Richters bei, so gibt er die Akten mit einem entsprechenden Vermerk und dem abgeänderten Strafbefehlsantrag zurück. Sonst erklärt er, dass er seinen Antrag aufrechterhalte.

(3) Verfährt der Richter nach § 408 Abs. 1 Satz 2 StPO, so legt der Staatsanwalt seine Auffassung über die Zuständigkeit bei Weiterleitung der Akten dar.

(4) Der Beschluss, durch den der Antrag auf Erlass eines Strafbefehls zurückgewiesen wird, ist dem Angeschuldigten mitzuteilen, wenn das Verfahren durch den Beschluss abgeschlossen wird.

179. Zustellung. (1) Der Strafbefehl muss dem Angeklagten förmlich zugestellt werden, wenn er ihm nicht von dem Richter bekannt gemacht worden ist (§§ 35, 409 StPO). Es genügt nicht, dass ein Beamter der Geschäftsstelle dem Beschuldigten den Strafbefehl eröffnet.

(2) Ist der Angeklagte verhaftet, so ist der Zeitpunkt der Zustellung und, falls auf Einspruch verzichtet wird, auch der des Verzichts nach Stunde und Minute festzustellen.

(3) Hat der Angeklagte einen gesetzlichen Vertreter, so wird diesem eine Abschrift des Strafbefehls übersandt (§ 409 Abs. 2 StPO).

2. Selbstständiges Verfahren bei Verfall und Einziehung

180. (1) Für das selbstständige Verfahren nach den §§ 440 ff. StPO (z. B. in den Fällen des § 76 a StGB) besteht kein Verfolgungszwang.

(2) Soweit die Möglichkeit besteht, auf durch die Straftat erlangte Vermögensvorteile zuzugreifen, beantragt der Staatsanwalt die selbstständige Anordnung des Verfalls.

(3) Ist es wegen der Bedeutung oder der Schwierigkeit der Sache oder im Interesse eines Beteiligten geboten, so beantragt der Staatsanwalt, auf Grund mündlicher Verhandlung zu entscheiden.

(4) Sind keine Beteiligten vorhanden oder haben sie – gegebenenfalls nach Hinweis auf die Rechtslage – auf ihre Rechte und auf die Durchführung des selbstständigen Verfahrens verzichtet oder kommt ihre Befragung nicht in Betracht, so kann der Gegenstand in der Regel formlos aus dem Verkehr entfernt werden. Der Staatsanwalt leitet auch in diesen Fällen das selbstständige Verfahren ein, wenn die Herbeiführung einer gerichtlichen Entscheidung wegen der tatsächlichen oder rechtlichen Schwierigkeit oder sonstigen Bedeutung der Sache zweckmäßig ist.

3. Verfahren bei Festsetzung einer Geldbuße gegen eine juristische Person oder Personenvereinigung

180 a. (1) Gehört der Beschuldigte zum Leitungsbereich einer juristischen Person oder Personenvereinigung, prüft der Staatsanwalt, ob auch die Festsetzung einer Geldbuße gegen die juristische Person oder Personenvereinigung in Betracht kommt (§ 30 OWiG, § 444 StPO; vgl. aber Nummer 270 Satz 3). Ist dies der Fall, so sind schon im vorbereitenden Verfahren die Vertreter der juristischen Person oder Personenvereinigung wie Beschuldigte zu hören (§ 444 Abs. 2, § 432 StPO).

(2) Der Staatsanwalt beantragt in der Anklageschrift oder im Strafbefehlsantrag die Beteiligung der juristischen Person oder Personenvereinigung (§ 444 Abs. 1 StPO), insbesondere, wenn die Festsetzung einer Geldbuße gegen diese die Möglichkeit eröffnet, die wirtschaftlichen Verhältnisse der juristischen Person oder Personenvereinigung, auch im Hinblick auf den durch die Tat erlangten wirtschaftlichen Vorteil, angemessen zu berücksichtigen (§ 30 Abs. 3 in Verbindung mit § 17 Abs. 4 OWiG). In der Anklageschrift kündigt er zudem die Beantragung der Festsetzung einer Geldbuße an und im Strafbefehlsantrag beantragt er diese. Dies kann vor allem bei Delikten der Wirtschaftskriminalität, einschließlich Korruptions- und Umweltdelikten, in Betracht kommen.

(3) Für den Antrag auf Festsetzung einer Geldbuße im selbständigen Verfahren gegen die juristische Person oder Personenvereinigung in den – auch die Einstellungen nach §§ 153, 153a StPO, § 47 OWiG erfassenden – Fällen des § 30 Abs. 4 OWiG (§ 444 Abs. 3 in Verbindung mit § 440 StPO) gilt Absatz 2 entsprechend.

VIII. Abschnitt. Verfahren gegen sprachunkundige Ausländer

181. (1) Bei der ersten verantwortlichen Vernehmung eines Ausländers ist aktenkundig zu machen, ob der Beschuldigte die deutsche Sprache soweit beherrscht, dass ein Dolmetscher nicht hinzugezogen zu werden braucht.

(2) Ladungen, Haftbefehle, Strafbefehle, Anklageschriften und sonstige gerichtliche Sachentscheidungen sind dem Ausländer, der die deutsche Sprache nicht hinreichend beherrscht, mit einer Übersetzung in eine ihm verständliche Sprache bekannt zu geben.

IX. Abschnitt. Erteilung von Auskünften, Überlassung von Abschriften und Gewährung von Akteneinsicht

182. Geltungsbereich. Für die Erteilung von Auskünften, die auch durch eine Überlassung von Abschriften aus den Akten erfolgen kann (§ 477 Abs. 1 StPO), und die Gewährung von Akteneinsicht gegenüber Dritten nach den §§ 474ff. StPO (auch in Verbindung mit § 487 Abs. 2 Satz 1 StPO) gelten ergänzend die nachfolgenden Bestimmungen. Sie gelten hingegen insbesondere nicht

1. für die Erteilung von Auskünften und Akteneinsicht nach anderen gesetzlichen Bestimmungen als den §§ 474ff. StPO (z.B. nach den §§ 147, 385, 397, 406e, 487 Abs. 1, den §§ 491, 492 Abs. 3 Satz 2, Abs. 4, § 495 StPO, den §§ 3ff. SGB X),
2. für die Vorlage von Akten an im Verfahren mitwirkende Stellen, übergeordnete und untergeordnete Instanzgerichte bzw. Behörden z.B. nach § 27 Abs. 3, den §§ 41, 163 Abs. 2, § 306 Abs. 2, den §§ 320, 321, 347, 354, 355 StPO oder im Rahmen der Wahrnehmung von Aufsichts-, Kontroll- und Weisungsbefugnissen anderer Stellen.
3. für Mitteilungen nach den §§ 12ff. EGGVG sowie den Bestimmungen der Anordnung über Mitteilungen in Strafsachen (MiStra).

183. Zuständigkeit für die Erteilung von Auskünften und die Gewährung von Akteneinsicht. (1) Soweit nach § 478 Abs. 1 StPO die Staatsanwaltschaft die Entscheidung über die Erteilung von Auskünften und die Akteneinsicht zu treffen hat, obliegt diese Entscheidung grundsätzlich dem Staatsanwalt, im Vollstreckungsverfahren auch dem Rechtspfleger. In den Fällen des § 476 StPO ist Nummer 189 Abs. 2 zu beachten.

(2) Von der Möglichkeit der Delegation an die Behörden des Polizeidienstes nach § 478 Abs. 1 Satz 3 StPO soll nur insoweit Gebrauch gemacht werden, als dies im Interesse aller Beteiligten zur einfacheren oder beschleunigten Unterrichtung des Ersuchenden sachdienlich erscheint. Soweit eine Delegation in Betracht kommt, wird es grundsätzlich angezeigt sein, diese auf einfach und schnell zu erledigende Auskünfte zu beschränken.

184. Vorrang der Verfahrensbearbeitung, Gefährdung der Ermittlungen. Die Erteilung von Auskünften und die Gewährung von Akteneinsicht unterbleiben insbesondere dann, wenn das Verfahren unangemessen verzögert oder der Untersuchungszweck gefährdet würde. Auskünfte und Akteneinsicht unterbleiben nach § 477 Abs. 1 Satz 1 StPO u. a. dann, wenn Zwecke des Strafverfahrens entgegenstehen.

185. Vorrang der Erteilung von Auskünften. Abgesehen von den Fällen des § 474 Abs. 1 StPO räumt das Gesetz im Hinblick auf die Vermeidung einer Übermittlung von Überschussinformationen der Erteilung von Auskünften grundsätzlich Vorrang vor der Gewährung von Einsicht in die Verfahrensakten ein, soweit nicht die Aufgabe oder das berechtigte Interesse des Ersuchenden oder der Zweck der Forschungsarbeit die Einsichtnahme in Akten erfordert. Wenn mit der Auskunftserteilung – gegebenenfalls in der Form der Überlassung von Ablichtungen aus den Akten (§ 477 Abs. 1 StPO) – ein unverhältnismäßiger Aufwand verbunden wäre, kann dem Ersuchen grundsätzlich auch durch – gegebenenfalls teilweise (siehe Nummer 186) – Gewährung der Einsicht in die Akten nachgekommen werden (§ 474 Abs. 3, § 475 Abs. 2, § 476 Abs. 2 StPO).

186. Umfang der Akteneinsicht. (1) Die Akteneinsicht soll außer in den Fällen des § 474 Abs. 1 StPO nur in dem Umfang erfolgen, als dies zur Erfüllung der Aufgaben der ersuchenden öffentlichen Stelle, zur Wahrnehmung des berechtigten Interesses der Privatperson oder sonstigen Stelle oder zur Erreichung des Forschungszweckes erkennbar erforderlich ist. Wenn eine derartig beschränkte Akteneinsicht nur mit unverhältnismäßigem Aufwand möglich wäre, kann umfassende Akteneinsicht gewährt werden.

(2) Da die Frage der Einsichtsgewährung nicht immer für die Gesamtheit der Verfahrensakte einheitlich beantwortet werden kann, erscheint es angebracht, Aktenteile, die erkennbar sensible persönliche Informationen enthalten, gesondert zu heften und hinsichtlich der Einsichtsgewährung einer besonderen Prüfung zu unterziehen. Damit wird zugleich der Aufwand für eine beschränkte Akteneinsicht gering gehalten und in den Fällen des § 477 Abs. 2 Satz 2 StPO die Erkennbarkeit erhöht, wodurch im Interesse des Schutzes sensibler persönlicher Informationen eine beschränkte Akteneinsicht häufiger ermöglicht wird. Zu den gesondert zu heftenden Aktenteilen zählen regelmäßig:
- medizinische und psychologische Gutachten, mit Ausnahme solcher im Sinne des § 256 Abs. 1 Nummer 2, 3 und 4 StPO,
- Berichte der Gerichts- und Bewährungshilfe sowie anderer sozialer Dienste,
- Niederschriften über die in § 477 Abs. 2 Satz 2 StPO genannten Ermittlungsmaßnahmen, sowie personenbezogene Informationen aus Maßnahmen nach den §§ 100 c und 100 f Abs. 2 Satz 1 StPO.

Nummer 16 Abs. 2 Satz 2 und Nummer 220 Abs. 2 Satz 1 sind zu beachten.

(3) Von der Einsicht sind die Handakten der Staatsanwaltschaft und andere innerdienstliche Vorgänge auszuschließen. In Akten einer anderen Verwaltung darf nur mit deren ausdrücklicher Zustimmung Einsicht gewährt werden, deren Nachweis dem Antragsteller obliegt.

(4) Bei Verschlusssachen ist Nummer 213 zu beachten.

187. Überlassung der Akten. (1) Öffentlichen Stellen werden, soweit nicht lediglich eine Auskunft erteilt wird, die Akten teilweise oder ganz übersandt.

(2) Rechtsanwälten und Rechtsbeiständen sollen auf Antrag die Akten im Umfang der gewährten Akteneinsicht mit Ausnahme der Beweisstücke zur Einsichtnahme mitgegeben oder übersandt werden, soweit nicht wichtige Gründe entgegenstehen.

(3) Im Übrigen ist die Akteneinsicht grundsätzlich nur in den Diensträumen der Staatsanwaltschaft oder des Gerichts oder bei Delegation auf die Behörden des Polizeidienstes in deren Räumen zu gewähren.

188. Bescheid an den Antragsteller. (1) Wird die Erteilung der Auskunft oder die Gewährung von Akteneinsicht versagt, so wird dem Ersuchenden ein kurzer Bescheid erteilt. Ist in dem Ersuchen ein berechtigtes oder ein rechtliches Interesse an der Akteneinsicht dargelegt, so muss der Bescheid erkennen lassen, dass dieses Interesse gegen entgegenstehende Interessen abgewogen worden ist. Eine Begründung des Bescheides unterbleibt, soweit hierdurch der Untersuchungszweck gefährdet werden könnte.

(2) Ist der Antrag von einer Privatperson oder einer privaten Einrichtung gestellt worden, so soll, wenn dem Gesuch nicht nach § 475 Abs. 4 StPO entsprochen werden kann, auf die Möglichkeit der Akteneinsicht durch einen bevollmächtigten Rechtsanwalt hingewiesen werden.

189. Auskünfte und Akteneinsicht für wissenschaftliche Vorhaben. (1) Wenn die Voraussetzungen der §§ 476, 477 Abs. 2 Satz 3 StPO gegeben sind, also u. a. Zwecke des Strafverfahrens nicht entgegenstehen (§ 477 Abs. 2 Satz 1 StPO), ist die Übermittlung personenbezogener Informationen zu Forschungszwecken grundsätzlich zulässig. Ob Auskünfte und Akteneinsicht erteilt werden, steht im pflichtgemäßen Ermessen der zuständigen Stelle. Gegen die Erteilung von Auskünften und die Gewährung von Akteneinsicht kann insbesondere sprechen, dass es sich um ein vorbereitendes Verfahren oder ein Verfahren mit sicherheitsrelevanten Bezügen handelt.

(2) Soweit in den Fällen des § 476 StPO die Staatsanwaltschaft nach § 478 Abs. 1 StPO die Entscheidung über die Erteilung von Auskünften und Akteneinsicht zu treffen hat, obliegt diese Entscheidung dem Behördenleiter.

(3) Betrifft ein Forschungsvorhaben erkennbar mehrere Staatsanwaltschaften, ist der gemeinschaftlichen übergeordneten Behörde auf dem Dienstweg ein Absichtsbericht vorzulegen. Sind erkennbar Staatsanwaltschaften mehrerer Länder betroffen, ist der jeweils obersten Dienstbehörde auf dem Dienstweg ein Absichtsbericht vorzulegen.

(4) Stammt ein Ersuchen nach § 476 StPO von einer Einrichtung, die ihren Sitz außerhalb des Geltungsbereichs der Strafprozessordnung hat, ist der obersten Dienstbehörde auf dem Dienstweg ein Absichtsbericht vorzulegen.

X. Abschnitt. Einholung der Entscheidung des Bundesverfassungsgerichts

190. (1) Hat das Gericht beschlossen, die Entscheidung des Bundesverfassungsgerichts nach Art. 100 Abs. 1 und 2 oder Art. 126 GG in Verbindung mit § 13 Nr. 8, 10, 12, §§ 80, 83 oder 86 Abs. 2 BVerfGG zu beantragen, so leitet der Vorsitzende die Akten dem Bundesverfassungsgericht unmittelbar zu (§ 80 Abs. 1 BVerfGG). Das Begleitschreiben ist von dem Vorsitzenden zu unterschreiben. Es wird Bestandteil der Akten des Bundesverfassungsgerichts; eine beglaubigte Abschrift ist als Versendungsbeleg zurückzubehalten.

(2) Der Antrag an das Bundesverfassungsgericht ist zu begründen (§ 80 Abs. 2 BVerfGG). Seine Urschrift bleibt Bestandteil der Strafakten.

(3) Dem Begleitschreiben sind außer den Akten eine beglaubigte und 50 einfache Abschriften des Antrages für das Bundesverfassungsgericht beizufügen.

XI. Abschnitt. Strafsachen gegen Mitglieder des Deutschen Bundestages, der gesetzgebenden Körperschaften der Länder sowie des Europäischen Parlaments

191. Prozesshindernis der Immunität. (1) Wegen einer mit Strafe bedrohten Handlung darf ein Abgeordneter des Deutschen Bundestages nur mit Genehmigung des

Bundestages zur Verantwortung gezogen oder verhaftet werden, es sei denn, dass er bei der Begehung der Tat oder im Laufe des folgenden Tages festgenommen wird (Artikel 46 Abs. 2 GG). Entsprechende Vorschriften sind in den Verfassungen der Länder enthalten.[1)]

(2) Ein Ermittlungs- oder Strafverfahren, dessen Durchführung von der vorhergehenden gesetzgebenden Körperschaft genehmigt oder das vor dem Erwerb des Mandats eingeleitet worden war, darf nur mit Genehmigung der gesetzgebenden Körperschaft fortgesetzt werden, der der Abgeordnete zurzeit der Fortsetzung angehört.[2)]

(3) Die Immunität hindert nicht,

a) ein Verfahren gegen einen Abgeordneten einzuleiten und durchzuführen, wenn er bei der Begehung der Tat oder spätestens im Laufe des folgenden Tages festgenommen wird;[3)]
b) ein Verfahren gegen einen Abgeordneten zum Zwecke der Einstellung einzuleiten, wenn der Sachverhalt die Einstellung ohne Beweiserhebung rechtfertigt;
c) zur Prüfung der Frage, ob ein Vorwurf offensichtlich unbegründet ist, diesen dem Abgeordneten mitzuteilen und ihm anheim zu geben, dazu Stellung zu nehmen;
d) in einem Verfahren gegen eine andere Person den Abgeordneten als Zeugen zu vernehmen, bei ihm Durchsuchungen nach §§ 103, 104 StPO vorzunehmen oder von ihm die Herausgabe von Gegenständen nach § 95 StPO zu verlangen; §§ 50, 53 Abs. 1 Nr. 4, §§ 53 a und 97 Abs. 3 und 4 StPO sind zu beachten;
e) ein Verfahren gegen Mittäter, Anstifter, Gehilfen oder andere an der Tat eines Abgeordneten beteiligte Personen einzuleiten oder durchzuführen;
f) unaufschiebbare Maßnahmen zur Sicherung von Spuren (z. B. Messungen, Lichtbildaufnahmen am Tatort) in unmittelbarem zeitlichen Zusammenhang mit einer Straftat zu treffen;
g) bei Verkehrsunfällen, an denen ein Abgeordneter beteiligt ist, seine Personalien, das amtliche Kennzeichnen und den Zustand seines Fahrzeuges festzustellen, die Vorlage des Führerscheins und des Fahrzeugscheins zu verlangen sowie Fahr-, Brems- und andere Spuren, die von seinem Fahrzeug herrühren, zu sichern, zu vermessen und zu fotografieren;
h) einem Abgeordneten unter den Voraussetzungen des § 81 a StPO eine Blutprobe zu entnehmen, wenn dies innerhalb des in Buchst. a) genannten Zeitraums geschieht.

(4) Zur Klärung der Frage, ob es sich um eine offensichtlich unbegründete Anzeige handelt, kann der Staatsanwalt Feststellungen über die Persönlichkeit des Anzeigeerstatters sowie über andere für die Beurteilung der Ernsthaftigkeit der Anzeige wichtige Umstände treffen.

(5) Wird gegen einen Abgeordneten ein Ermittlungsverfahren eingeleitet, ohne dass es hierzu einer Genehmigung der gesetzgebenden Körperschaft bedarf (Artikel 46 Abs. 2 GG und die entsprechenden Vorschriften der Landesverfassungen), so unterrichtet der Staatsanwalt unverzüglich und unmittelbar den Präsidenten der betreffenden gesetzgebenden Körperschaft von der Einleitung des Verfahrens. Abschriften seiner Mitteilung übersendet er gleichzeitig dem Generalstaatsanwalt und der Landesjustizverwaltung, bei Abgeordneten des Deutschen Bundestages auch dem Bundesministerium der Justiz. Im weiteren Verfahren teilt der Staatsanwalt in gleicher Weise jede richterliche Anordnung einer Freiheitsentziehung und einer Freiheitsbeschränkung gegen den Abgeordneten sowie die Erhebung der öffentlichen Klage mit.

(6) In jedem Stadium des Verfahrens ist bei Auskünften und Erklärungen gegenüber Presse, Hörfunk und Fernsehen der Funktionsfähigkeit und dem Ansehen der betreffenden gesetzgebenden Körperschaft Rechnung zu tragen. Das Interesse der gesetzgeben-

---

[1)] Nach Artikel 35 Abs. 3 der Verfassung von Berlin gilt die in Satz 1 bezeichnete Ausnahme nur, wenn der Abgeordnete bei Ausübung der Tat festgenommen wird.

[2)] Sonderregelungen in Bayern, Berlin und Saarland; vgl. die jeweiligen Verwaltungsvorschriften.

[3)] Vgl. Fußnote zu Nr. 191 Abs. 1 Satz 2.

den Körperschaft, über eine die Immunität berührende Entscheidung früher als die Öffentlichkeit unterrichtet zu werden, ist zu berücksichtigen. Auf Nr. 23 wird hingewiesen.

192. Aufhebung der Immunität von Mitgliedern des Deutschen Bundestages und der gesetzgebenden Körperschaften der Länder. (1) Beabsichtigt der Staatsanwalt, gegen einen Abgeordneten ein Ermittlungsverfahren einzuleiten oder ein auf Freiheitsstrafe lautendes Urteil zu vollstrecken oder sonst eine genehmigungsbedürftige Strafverfolgungsmaßnahme zu treffen, so beantragt er, einen Beschluss der gesetzgebenden Körperschaft, der der Abgeordnete angehört, über die Genehmigung der Strafverfolgung oder der Strafvollstreckung oder zur Durchführung der beabsichtigten Maßnahme herbeizuführen.

(2) Der Antrag ist mit einer Sachdarstellung und einer Erläuterung der Rechtslage zu verbinden. Die Beschreibung der zur Last gelegten Tat soll die Tatsachen enthalten, in denen die gesetzlichen Merkmale der Straftat gesehen werden, sowie Zeit und Ort ihrer Begehung angeben; die Strafvorschriften sind zu bezeichnen, die als verletzt in Betracht kommen. Auf eine aus sich heraus verständliche Darstellung ist zu achten. Bei Anträgen auf Genehmigung der Strafvollstreckung genügt die Bezugnahme auf ein vorliegendes oder beigefügtes Strafurteil.

(3) Der Antrag ist auf dem Dienstweg an den Präsidenten der betreffenden gesetzgebenden Körperschaft zu richten, bei Abgeordneten des Deutschen Bundestages auch über das Bundesministerium der Justiz. Für die Landesjustizverwaltung und – bei Abgeordneten des Deutschen Bundestages – für das Bundesministerium der Justiz sind Abschriften des Antrages beizufügen; eine beglaubigte Abschrift ist zu den Akten zu nehmen.

(4) In Privatklagesachen führt der Staatsanwalt die Genehmigung nur herbei, wenn er die Verfolgung übernehmen will (§§ 377, 376 StPO).

(5) Die Mitteilung nach § 8 EGStPO erfolgt auf dem Dienstweg.

192 a. Allgemeine Genehmigung zur Durchführung von Ermittlungsverfahren (vereinfachte Handhabung). (1) Der Deutsche Bundestag sowie die gesetzgebenden Körperschaften der Länder pflegen regelmäßig zu Beginn einer neuen Wahlperiode eine allgemeine Genehmigung zur Durchführung von Ermittlungsverfahren gegen Abgeordnete zu erteilen; ausgenommen sind Ermittlungen wegen Beleidigungen (§§ 185, 186, 188 Abs. 1 StGB) politischen Charakters. Diese allgemeine Genehmigung wird im Einzelfall erst wirksam, nachdem dem Präsidenten der gesetzgebenden Körperschaft eine Mitteilung nach Absatz 3 zugegangen ist.[1]

(2) Die allgemeine Genehmigung umfasst nicht

a) die Erhebung der öffentlichen Klage in jeder Form,[2]
b) im Verfahren nach dem Gesetz über Ordnungswidrigkeiten den Hinweis des Gerichts, dass über die Tat auch auf Grund eines Strafgesetzes entschieden werden kann (§ 81 Abs. 1 Satz 2 OWiG),
c) freiheitsentziehende und freiheitsbeschränkende Maßnahmen im Ermittlungsverfahren,
d) den Vollzug einer angeordneten Durchsuchung oder Beschlagnahme in dem genehmigten Verfahren, vorbehaltlich etwaiger von den gesetzgebenden Körperschaften der Länder getroffener abweichender Regelungen,

---

[1] Abweichend:
Berlin, Bremen, Hamburg, Rheinland-Pfalz, Sachsen, Sachsen-Anhalt:
48 Stunden nach Zugang;
Deutscher Bundestag, Bayern:
48 Stunden nach Zugang (Fällt das Ende der Frist auf einen Samstag, einen Sonntag oder einen Feiertag, endet die Frist mit Ablauf des nächsten Werktags);
Mecklenburg-Vorpommern, Nordrhein-Westfalen, Saarland, Schleswig-Holstein:
48 Stunden nach Absendung.

[2] Abweichend Bayern: Die allgemeine Genehmigung umfasst auch den Antrag auf Erlass eines Strafbefehls wegen einer Straftat, die der Beschuldigte beim Führen eines Kraftfahrzeuges oder unter Verletzung der Pflichten eines Kraftfahrzeugführers begangen hat, wenn der Beschuldigte damit einverstanden ist.

e) den Antrag auf Verhängung eines vorläufigen Berufsverbotes (§ 132a StPO). Die allgemeine Genehmigung umfasst jedoch die vorläufige Entziehung der Fahrerlaubnis (§ 111a StPO).

(3) Soweit Ermittlungsverfahren allgemein genehmigt sind, ist dem Präsidenten der gesetzgebenden Körperschaft und, soweit nicht Gründe der Wahrheitsfindung entgegenstehen, dem betroffenen Abgeordneten mitzuteilen, dass die Einleitung eines Ermittlungsverfahrens beabsichtigt ist. In der Mitteilung an den Präsidenten ist zu erklären, dass der Abgeordnete gleichzeitig benachrichtigt worden ist; ist eine Mitteilung an den Abgeordneten unterblieben, so ist der Präsident auch hiervon unter Angabe der Gründe zu unterrichten. Die Mitteilung ist unmittelbar an den Präsidenten der gesetzgebenden Körperschaft zu richten.[1] Für ihren Inhalt gilt Nr. 192 Abs. 2 entsprechend; in den Fällen der Nr. 191 Abs. 3 Buchst. c) soll auch der wesentliche Inhalt einer Stellungnahme des Abgeordneten mitgeteilt werden. Abschriften der Mitteilung sind gleichzeitig dem Generalstaatsanwalt und der Landesjustizverwaltung sowie, bei Abgeordneten des Deutschen Bundestages, auch dem Bundesministerium der Justiz zu übersenden.

(4) Will der Staatsanwalt nach dem Abschluss der Ermittlungen die öffentliche Klage erheben, so beantragt er, einen Beschluss der gesetzgebenden Körperschaft über die Genehmigung der Strafverfolgung herbeizuführen. Für den Inhalt und den Weg des Antrages gilt Nr. 192 Abs. 2 und 3. Stellt er das Verfahren nicht nur vorläufig ein, so verfährt er nach Nr. 192 Abs. 5.

(5) Beabsichtigt der Staatsanwalt, die Genehmigung zur Durchführung der Strafverfolgung wegen einer Beleidigung politischen Charakters einzuholen, so verfährt er nach Nr. 192 Abs. 1 bis 3. Zur Vorbereitung seiner Entscheidung, ob die Genehmigung zur Strafverfolgung wegen einer Beleidigung politischen Charakters herbeigeführt werden soll, teil der Staatsanwalt dem Abgeordneten den Vorwurf mit und stellt ihm anheim, hierzu Stellung zu nehmen.

(6) Für Bußgeldsachen wird auf Nr. 298 verwiesen.

192 b. Aufhebung der Immunität eines Mitglieds des Europäischen Parlaments. (1) Einem Mitglied des Europäischen Parlaments aus der Bundesrepublik Deutschland steht die einem Abgeordneten des Deutschen Bundestages zuerkannte Immunität zu. Ein ausländisches Mitglied des Europäischen Parlaments kann im Inland weder festgehalten noch gerichtlich verfolgt werden. Die Immunität nach den vorstehenden Sätzen besteht während der Dauer der fünfjährigen Wahlperiode und auch während der Reise zum und vom Tagungsort des Europäischen Parlaments. Bei Ergreifung auf frischer Tat kann die Immunität nicht geltend gemacht werden (Artikel 4 Abs. 2 des Aktes des Rates der Europäischen Gemeinschaften vom 20. September 1976 zur Einführung allgemeiner unmittelbarer Wahlen der Abgeordneten der Versammlung – BGBl. 1977 II S. 733, 735 – in Verbindung mit Artikel 10 des Protokolls über die Vorrechte und Befreiungen der Europäischen Gemeinschaften vom 8. April 1965 – BGBl. 1965 II S. 1453, 1482). Nr. 191 Abs. 3 Buchst. b) bis e) und Abs. 4 gilt entsprechend.

(2) Das Europäische Parlament hat eine allgemeine Genehmigung zur Durchführung von Ermittlungsverfahren nicht erteilt.

(3) Beabsichtigt der Staatsanwalt, gegen eine Mitglied des Europäischen Parlaments ein Ermittlungsverfahren einzuleiten oder ein auf Freiheitsstrafe lautendes Urteil zu vollstrecken oder sonst eine genehmigungsbedürftige Strafverfolgungsmaßnahme zu treffen, so beantragt er, einen Beschluss des Europäischen Parlaments über die Aufhebung der Immunität herbeizuführen.

---

[1] Abweichend Bremen: Die Mitteilung ist über den Präsidenten des Senats an den Präsidenten des Deutschen Bundestages oder den Präsidenten der Bremischen Bürgerschaft, im Übrigen unmittelbar an den Präsidenten der gesetzgebenden Körperschaft zu richten.

Sachsen-Anhalt: Die Mitteilung ist über das Ministerium der Justiz an den Präsidenten des Landtags von Sachsen-Anhalt zu richten.

(4) Zur Vorbereitung seiner Entschließung teilt der Staatsanwalt, soweit nicht Gründe der Wahrheitsfindung entgegenstehen, dem Abgeordneten den Vorwurf mit und stellt ihm anheim, Stellung zu nehmen.

(5) Der Antrag ist an den Präsidenten des Europäischen Parlaments, Generalsekretariat, Plateau du Kirchberg, L-2929 Luxemburg, zu richten und auf dem Dienstweg, auch über das Bundesministerium der Justiz, zu übermitteln. Nummer 192 Abs. 2, Abs. 3 Satz 2 und Abs. 4 gilt entsprechend. Nummer 192 Abs. 5 gilt mit der Maßgabe entsprechend, dass die Übermittlung über das Bundesministerium der Justiz erfolgt.

XII. Abschnitt. Behandlung der von der deutschen Gerichtsbarkeit befreiten Personen

193. Allgemeines. (1) Handlungen, die eine Ausübung der inländischen Gerichtsbarkeit darstellen, sind gegenüber den Personen, die nach §§ 18 bis 20 GVG oder nach anderen Rechtsvorschriften von der deutschen Gerichtsbarkeit befreit sind, ohne ihre Zustimmung grundsätzlich unzulässig.

(2) Sache der Justizbehörden ist es, im Einzelfall die nötigen Feststellungen zu treffen und darüber zu befinden, ob und wieweit Personen nach den §§ 18 und 19 GVG von der deutschen Gerichtsbarkeit befreit sind.

194. Ausweise von Diplomaten und der anderen von der inländischen Gerichtsbarkeit befreiten Personen. Die Art der Ausweise von Diplomaten und der anderen von der inländischen Gerichtsbarkeit befreiten Personen ergibt sich aus dem Rundschreiben des Bundesministeriums des Innern über Diplomaten und andere bevorrechtigte Personen in seiner jeweils gültigen Fassung.

195. Verhalten gegenüber Diplomaten und den anderen von der inländischen Gerichtsbarkeit befreiten Personen. (1) Gegen Personen, die rechtmäßig den Ausweis eines Diplomaten oder einer anderen von der inländischen Gerichtsbarkeit befreiten Person besitzen oder die ihre Befreiung von der deutschen Gerichtsbarkeit anders glaubhaft machen, ist nicht einzuschreiten. Der Staatsanwalt hat sich darauf zu beschränken, die zulässigen Ermittlungen beschleunigt durchzuführen. Er unterrichtet unverzüglich unter Beigabe der Akten das Bundesministerium der Justiz über die Landesjustizverwaltung. Für diese und das Auswärtige Amt sind Abschriften beizufügen.

(2) In besonders eiligen Fällen kann unmittelbar beim Auswärtigen Amt in Berlin (Telefon 01888/17-0, Telefax: 01888/173402) bzw. beim Bundeskanzleramt (Telefon 01888/400-0 oder 030/4000-0, Telefax 030/4000-2357) Auskunft erbeten werden.

(3) Ist nach Abs. 2 eine Auskunft erbeten worden oder liegt ein Fall von besonderer Bedeutung vor, so ist die vorläufige Unterrichtung des Bundesministeriums der Justiz geboten, falls noch weitere Ermittlungen nötig sind. Abs. 1 Satz 3 und 4 gilt sinngemäß.

(4) Über Verkehrsordnungswidrigkeiten exterritorialer Personen ist das Auswärtige Amt unmittelbar zu unterrichten. Die Akten brauchen der Mitteilung nicht beigefügt zu werden. Eine Unterrichtung des Bundesministeriums der Justiz und der Landesjustizverwaltung bedarf es in diesen Fällen nicht.

196. Zustellungen. (1) Für die Zustellung von Schriftstücken, z.B. von Ladungen oder Urteilen, an Diplomaten oder andere von der inländischen Gerichtsbarkeit befreite Personen ist stets die Vermittlung des Auswärtigen Amts in Anspruch zu nehmen.

(2) Das Schreiben an das Auswärtige Amt, in dem um Zustellung ersucht wird, ist mit einem Begleitbericht der Landesjustizverwaltung vorzulegen, die es an das Auswärtige Amt weiterleitet. Das zuzustellende Schriftstück ist beizufügen.

(3) In dem Schreiben an das Auswärtige Amt ist der Sachverhalt kurz darzustellen und außerdem anzugeben:

a) Name, Stellung und Anschrift der Person, der zugestellt werden soll;

b) Bezeichnung des zuzustellenden Schriftstücks, z. B. Ladung als Zeuge, Sachverständiger, Privat- oder Nebenkläger;
c) Name und Stellung der Parteien in Privatklagesachen.

(4) Die Reinschrift des Schreibens an das Auswärtige Amt hat der Richter oder der Staatsanwalt handschriftlich zu unterzeichnen.

(5) Als Nachweis dafür, dass das Schriftstück dem Empfänger übergeben worden ist, übersendet das Auswärtige Amt ein Zeugnis.

(6) Ist ein Angehöriger einer diplomatischen Vertretung als Privatkläger oder Nebenkläger durch einen mit schriftlicher Vollmacht versehenen Rechtsanwalt vertreten, so kann nach § 378 StPO an den Anwalt zugestellt werden.

(7) Stellt der von einem Gericht oder einem Staatsanwalt mit der Zustellung beauftragte Beamte nach Empfang des Schriftstücks fest, dass die geforderte Amtshandlung nach den vorstehenden Bestimmungen nicht vorgenommen werden darf, so hat er den Auftrag unter Hinweis auf diese Bestimmung an die ersuchende Stelle zurückzugeben.

197. Ladungen. (1) Bei der Ladung eines Diplomaten oder einer anderen von der inländischen Gerichtsbarkeit befreiten Person sind weder Vordrucke zu verwenden noch Zwangsmaßnahmen anzudrohen. Es ist vielmehr eine besondere Vorladung zu fertigen, in der die von der Gerichtsbarkeit befreite Person unter genauer Bezeichnung des Gegenstandes und der Art der Verhandlung gebeten wird, zu erklären, ob sie bereit ist, sich zu dem angegebenen Zeitpunkt einzufinden oder ob sie sich statt dessen in ihren Wohn- oder Diensträumen vernehmen lassen oder über den Gegenstand der Vernehmung eine schriftliche Äußerung abgeben möchte.

(2) Die Ladung ist nach Nr. 196 zuzustellen.

(3) Abgesehen von besonders dringlichen Fällen ist der Tag der Vernehmung in der Regel so festzusetzen, dass zwischen der Absendung der Ladung mit Begleitbericht an die Landesjustizverwaltung und der Vernehmung mindestens vier Wochen liegen.

198. Vernehmungen. (1) Erscheint ein Diplomat oder eine andere von der inländischen Gerichtsbarkeit befreite Person vor Gericht, so soll sie möglichst bald vernommen und entlassen werden.

(2) Die Vernehmung in den Dienst- oder Wohnräumen eines Diplomaten oder einer anderen von der inländischen Gerichtsbarkeit befreiten Person darf nur unter den Voraussetzungen der Nr. 199 Nr. 1 erfolgen. Andere an dem Strafverfahren Beteiligte dürfen nur anwesend sein, wenn der Leiter der fremden Dienststelle ausdrücklich zugestimmt hat. Die Teilnahme eines sonst Beteiligten ist in dem Antrag auf Zustimmung zur Vernehmung in den Dienst- oder Wohnräumen besonders zu begründen.

199. Amtshandlungen in den Dienst- und Wohnräumen. (1) In den Diensträumen der diplomatischen Vertretungen, der konsularischen Vertretungen sowie von Organisationen und Stellen, die auf Grund allgemeiner Regeln des Völkerrechts, völkerrechtlicher Vereinbarungen oder sonstiger Rechtsvorschriften Unverletzlichkeit genießen, dürfen Amtshandlungen, durch die inländische Gerichtsbarkeit ausgeübt wird, nur mit Zustimmung des Leiters der Vertretung, der Organisation oder Stelle vorgenommen werden. Entsprechendes gilt für die Wohnräume der Mitglieder der diplomatischen Vertretungen.

(2) In den vorgenannten Dienst- und Wohnräumen dürfen Amtshandlungen nach Abs. 1 einschließlich Zustellungen ohne Zustimmung des Leiters der Vertretung, der Organisation oder der Stelle auch nicht gegenüber Personen vorgenommen werden, die nicht von der inländischen Gerichtsbarkeit befreit sind. Ihnen kann nach Nr. 196, 197 zugestellt werden.

(3) Die Zustimmung des Leiters nach Abs. 1 ist in entsprechender Anwendung der Nr. 196 zu beantragen.

(4) Zur Vornahme der Amtshandlung dürfen die Dienst- und Wohnräume nur betreten werden, wenn die Zustimmung schriftlich vorliegt.

XIII. Abschnitt
(gestrichen)

XIV. Abschnitt. Verfahren nach Feststellung der Entschädigungspflicht nach dem Gesetz über die Entschädigung für Strafverfolgungsmaßnahmen

201. Wegen der Belehrung über Recht und Frist zur Antragstellung nach rechtskräftiger Feststellung der Entschädigungspflicht sowie hinsichtlich des weiteren Verfahrens zur Feststellung der Höhe des Anspruchs wird auf die Ausführungsvorschriften zum Gesetz über die Entschädigung für Strafverfolgungsmaßnahmen (Anlage C) verwiesen.

Besonderer Teil

I. Abschnitt. Strafvorschriften des StGB

1. Staatsschutz und verwandte Strafsachen

202. Strafsachen, die zur Zuständigkeit der Oberlandesgerichte im ersten Rechtszug gehören. (1) Vorgänge, aus denen sich der Verdacht einer zur Zuständigkeit der Oberlandesgerichte im ersten Rechtszug gehörenden Straftat (§ 120 GVG, Art. 7, 8 des Vierten Strafrechtsänderungsgesetzes) ergibt, übersendet der Staatsanwalt mit einem Begleitschreiben unverzüglich dem Generalbundesanwalt.

(2) Das Begleitschreiben soll eine gedrängte Darstellung und eine kurze rechtliche Würdigung des Sachverhalts enthalten sowie die Umstände angeben, die sonst für das Verfahren von Bedeutung sein können. Erscheinen richterliche Maßnahmen alsbald geboten, so ist hierauf hinzuweisen. Das Schreiben ist dem Generalbundesanwalt über den Generalstaatsanwalt, in dringenden Fällen unmittelbar bei gleichzeitiger Übersendung von Abschriften an den Generalstaatsanwalt, zuzuleiten.

(3) Der Staatsanwalt hat jedoch die Amtshandlungen vorzunehmen, bei denen Gefahr im Verzuge ist; dringende richterliche Handlungen soll er nach Möglichkeit bei dem Ermittlungsrichter des Bundesgerichtshofes (§ 169 StPO) beantragen. Vor solchen Amtshandlungen hat der Staatsanwalt, soweit möglich, mit dem Generalbundesanwalt Fühlung zu nehmen; Nr. 5 findet Anwendung.

(4) Die Pflicht der Behörden und Beamten des Polizeidienstes, ihre Verhandlungen in Strafsachen, die zur Zuständigkeit der Oberlandesgerichte im ersten Rechtszug gehören, unmittelbar dem Generalbundesanwalt zu übersenden (§ 163 Abs. 2 Satz 1 StPO; § 142 a Abs. 1 GVG), wird durch Abs. 1 nicht berührt.

203. Behandlung der nach § 142 a Abs. 2 und 4 GVG abgegebenen Strafsachen. (1) Gibt der Generalbundesanwalt ein Verfahren nach § 142 a Abs. 2 oder 4 GVG an eine Landesstaatsanwaltschaft ab, so ist er über den Ausgang zu unterrichten. Die Anklageschrift und die gerichtlichen Sachentscheidungen sind ihm in Abschrift mitzuteilen.

(2) Ergeben sich Anhaltspunkte dafür, dass der Generalbundesanwalt nach § 142 a Abs. 3 GVG zuständig ist oder dass infolge einer Veränderung des rechtlichen Gesichtspunktes die Voraussetzungen für die Abgabe nach § 142 a Abs. 2 Nr. 1 GVG entfallen, so sind dem Generalbundesanwalt die Akten unverzüglich zur Entscheidung über die erneute Übernahme vorzulegen. Der Generalbundesanwalt ist ferner unverzüglich zu unterrichten, sobald sonst Anlass zu der Annahme besteht, dass er ein nach § 142 a Abs. 2 oder 4 GVG abgegebenes Verfahren wieder übernehmen wird. Bei der Vorlage ist auf die Umstände hinzuweisen, die eine erneute Übernahme des Verfahrens durch den Generalbundesanwalt nahe legen.

(3) Überweist ein Oberlandesgericht ein Verfahren nach § 120 Abs. 2 Satz 2 GVG an ein Landgericht, so unterrichtet der Staatsanwalt den Generalbundesanwalt über den Ausgang des Verfahrens und teilt ihm die gerichtlichen Sachentscheidungen in Abschrift mit.

(4) Für die Unterrichtung nach Abs. 1, 2 und 3 gilt Nr. 202 Abs. 2 Satz 3 sinngemäß.

(5) Beschwerden und weitere Beschwerden, über die der Bundesgerichtshof zu entscheiden hat, übersendet der Generalstaatsanwalt dem Generalbundesanwalt mit einer kurzen Stellungnahme.

204. Strafsachen, die zur Zuständigkeit der zentralen Strafkammern gehören. (1) Vorgänge, aus denen sich der Verdacht einer zur Zuständigkeit der Staatsschutzkammer gehörenden Straftat (§ 74 a Abs. 1 GVG, Art. 7, 8 des Vierten Strafrechtsänderungsgesetzes) ergibt, übersendet der Staatsanwalt unverzüglich dem hierfür zuständigen Staatsanwalt; er hat jedoch die Amtshandlungen vorzunehmen, bei denen Gefahr im Verzuge ist.

(2) Besteht ein Anlass zu der Annahme, dass der Generalbundesanwalt einem zur Zuständigkeit der Staatsschutzkammer gehörenden Fall besondere Bedeutung (§ 74 a Abs. 2 GVG) beimessen wird, so unterrichtet der zuständige Staatsanwalt den Generalbundesanwalt möglichst frühzeitig über den Sachverhalt und dessen bisherige rechtliche Würdigung sowie über die Gründe, aus denen er die besondere Bedeutung des Falles folgert; Nr. 202 Abs. 2 Satz 3 gilt sinngemäß. Der Staatsanwalt hat jedoch die Ermittlungen fortzuführen; er soll aber vor Ablauf eines Monats seit der Unterrichtung des Generalbundesanwalts keine abschließende Verfügung treffen, sofern der Generalbundesanwalt nicht vorher die Übernahme des Verfahrens abgelehnt hat. Übernimmt der Generalbundesanwalt das Verfahren nicht, so gilt Nr. 203 Abs. 2 und 4 sinngemäß.

205. Unterrichtung der Behörden für den Verfassungsschutz in Staatsschutz- und anderen Verfahren. (1) In Staatsschutzverfahren (§§ 74 a, 120 Abs. 1 und 2 Satz 1 GVG, Artikel 7, 8 des Vierten Strafrechtsänderungsgesetzes) ist es in der Regel geboten, mit den Behörden für Verfassungsschutz in geeigneter Weise nach Maßgabe der gesetzlichen Vorschriften zusammenzuarbeiten, damit dort gesammelte Informationen bei den Ermittlungen des Staatsanwalts und dessen Erkenntnisse für die Aufgaben des Verfassungsschutzes ausgewertet werden können. Dies gilt auch für andere Verfahren, bei denen Anhaltspunkte dafür bestehen, dass es um Straftaten zur Durchsetzung extremistischer politischer Ziele geht.

(2) Der Staatsanwalt unterrichtet das Bundesamt für Verfassungsschutz bei Bekannt werden von Tatsachen nach § 18 Abs. 1 BVerfSchG und die Verfassungsschutzbehörden des Landes nach Maßgabe des entsprechenden Landesrechts von sich aus in geeigneter Weise über die Einleitung und den Fortgang von Verfahren sowie die für eine Auswertung wesentlichen Entscheidungen (z. B. Anklageschriften, Urteile, Einstellungsverfügungen). Eine Unterrichtung nach Satz 1 kann insbesondere geboten sein in Verfahren wegen

- Landesverrats und Gefährdung der äußeren Sicherheit (§§ 94 bis 100 a StGB),
- Straftaten nach § 129 a StGB (Bildung terroristischer Vereinigungen) und damit in Zusammenhang stehenden Beschaffungsdelikten,
- Straftaten nach § 34 AWG und nach §§ 19 bis 22 a KWKG mit Bezügen zu ausländischen Nachrichtendiensten,
- Straftaten unter Anwendung von Gewalt zur Durchsetzung extremistischer politischer Ziele.

Im Übrigen unterrichtet der Staatsanwalt unter den Voraussetzungen des § 18 Abs. 2 BVerfSchG das Bundesamt für Verfassungsschutz und nach Maßgabe des Landesrechts die Verfassungsschutzbehörde des Landes jedenfalls dann, wenn dies für deren Aufgabenerfüllung erforderlich und über den Einzelfall hinaus von Bedeutung ist.

(3) Der Staatsanwalt unterrichtet die Behörden für Verfassungsschutz auf deren Ersuchen über vorhandene Erkenntnisse (vgl. § 18 Abs. 3 BVerfSchG und entsprechende Landesregelungen). Er kann ihnen auch Niederschriften über Vernehmungen oder Vermerke über andere Ermittlungsbehandlungen überlassen.

(4) Auf die Übermittlungsverbote nach § 23 BVerfSchG, den Minderjährigenschutz des § 24 BVerfSchG und die entsprechenden Landesregelungen wird hingewiesen.

(5) Angehörige der Behörden für Verfassungsschutz können als Sachverständige oder Auskunftspersonen zu Vernehmungen und anderen Ermittlungshandlungen (z. B. Tatortbesichtigung, Durchführung oder Beschlagnahme) zugezogen werden. Ihre Zuziehung ist in den Akten zu vermerken.

(6) Unbeschadet bestehender Berichtspflichten ist im Rahmen der Absätze 1 bis 3 und des Absatzes 5 der unmittelbare Geschäftsverkehr mit den in Absatz 1 bezeichneten Behörden zulässig.

206. Unterrichtung des Militärischen Abschirmdienstes und des Bundesnachrichtendienstes. Der Staatsanwalt unterrichtet den Militärischen Abschirmdienst von sich aus nach Maßgabe des § 22 in Verbindung mit § 18 Abs. 1 und 2 BVerfSchG und auf dessen Ersuchen nach Maßgabe des § 22 in Verbindung mit § 18 Abs. 3 BVerfSchG. Er unterrichtet den Bundesnachrichtendienst von sich aus zu dessen Eigensicherung nach Maßgabe des § 8 Abs. 2 BNDG sowie auf dessen Ersuchen nach Maßgabe des § 8 Abs. 3 BNDG in Verbindung mit § 18 Abs. 3 BVerfSchG. Nummer 205 ist jeweils entsprechend anzuwenden.

207. Benachrichtigung des Bundeskriminalamtes. (1) Von der Einleitung eines Verfahrens wegen eines Organisationsdeliktes (§§ 84, 85, 129, 129 a, 129 b StGB; § 20 Abs. 1 Nr. 1 bis 4 des Vereinsgesetzes; § 95 Abs. 1 Nr. 8 des Aufenthaltsgesetzes) ist das Bundeskriminalamt, Thaerstraße 11, 65193 Wiesbaden, zu benachrichtigen. Dieses gibt auf Anfrage an Hand der von ihm geführten Karteien Auskünfte darüber, ob und wo wegen des gleichen oder eines damit zusammenhängenden Organisationsdeliktes ein weiteres Verfahren anhängig ist oder anhängig gewesen ist.

(2) Die Akten über Ermittlungs- und Strafverfahren wegen Friedensverrats (§§ 80, 80 a StGB), Hochverrats (§§ 81 bis 83 a StGB), Landesverrats und Gefährdung der äußeren Sicherheit (§§ 93 bis 101 a StGB), Gefährdung des demokratischen Rechtsstaates und Organisationsdelikten (§§ 84 bis 92 b, 129, 129 a, 129 b StGB; § 20 Abs. 1 Nr. 1 bis 4 des Vereinsgesetzes und § 95 Abs. 1 Nr. 8 des Aufenthaltsgesetzes) werden von der Staatsanwaltschaft alsbald nach Abschluss des Verfahrens dem Bundeskriminalamt, Thaerstraße 11, 65193 Wiesbaden, zur Auswertung übersandt. Ausgenommen sind:

a) Akten, die keinerlei Erkenntnisse sachlicher oder personeller Art enthalten, z. B. Akten über Verfahren, die mangels Anhaltspunkten für eine Aufklärung eingestellt worden sind, und
b) Akten über selbstständige Einziehungsverfahren.

208. Verfahren betreffend staatsgefährdende Schriften. (1) Ist eine Schrift (§ 11 Abs. 3 StGB) zur Begehung einer Straftat nach den §§ 80 bis 101 a, 129 bis 130 StGB, § 20 Abs. 1 Nr. 1 bis 4 des Vereinsgesetzes oder nach § 95 Abs. 1 Nr. 8 des Aufenthaltsgesetzes gebraucht worden oder bestimmt gewesen, benachrichtigt der Staatsanwalt das Bundeskriminalamt, Thaerstraße 11, 65193 Wiesbaden, unter Verwendung des vorgeschriebenen Vordrucks unverzüglich von der Einleitung des Verfahrens. Einer gesonderten Benachrichtigung von der Einleitung des Verfahrens bedarf es nicht, wenn das Bundeskriminalamt binnen kürzester Frist durch ein Auskunftsersuchen nach Abs. 2 oder durch eine Mitteilung nach Abs. 4 benachrichtigt wird.

(2) Bevor der Staatsanwalt die Beschlagnahme oder die Einziehung beantragt, holt er unter Verwendung des vorgeschriebenen Vordrucks eine Auskunft des Bundeskriminalamtes darüber ein, ob und wo wegen der Schriften (§ 11 Abs. 3 StGB) schon ein Verfahren anhängig ist oder anhängig gewesen ist und ob und wo bereits Beschlagnahme- oder Einziehungsentscheidungen beantragt oder ergangen sind. In Eilfällen kann die Auskunft auch fernmündlich sowie unter Verwendung der Ordnungsziffern des Vordrucks fernschriftlich oder telegrafisch eingeholt werden. Ergibt sich aus der Auskunft des Bundeskriminalamtes, dass in einem wegen derselben Schriften (§ 11 Abs 3 StGB) bereits anhängigen Verfahren eine die gesamte Auflage erfassende (allgemeine) Beschlagnahmeanordnung beantragt oder ergangen oder eine allgemeine Einziehung bean-

tragt oder angeordnet, aber noch nicht rechtskräftig geworden ist, so wartet der Staatsanwalt den Abschluss dieses Verfahrens ab, wenn für ihn lediglich die Durchführung des selbstständigen Einziehungsverfahrens in Betracht käme. In allen anderen Fällen gilt Nr. 249 sinngemäß.

(3) In selbstständigen Einziehungsverfahren ist zu prüfen, ob auf die Herbeiführung einer gerichtlichen Beschlagnahme verzichtet und sogleich die Einziehung beantragt werden kann; von dieser Möglichkeit wird in der Regel bei selbstständigen Einziehungsverfahren betreffend Massenschriften Gebrauch zu machen sein. Anträge auf Beschlagnahme sollen nach Möglichkeit beim Amtsgericht am Sitz der in § 74a GVG bezeichneten Strafkammer gestellt werden. Anträge auf Beschlagnahme oder Einziehung sollen, soweit nicht Rechtsgründe entgegenstehen, die gesamte Auflage erfassen.

(4) Das Bundeskriminalamt ist von allen auf Beschlagnahme- und Einziehungsanträge hin ergehenden Entscheidungen sowie von der Rücknahme solcher Anträge unter Verwendung des vorgeschriebenen Vordrucks unverzüglich zu benachrichtigen. Handelt es sich um die Entscheidungen, durch welche die Beschlagnahme oder Einziehung nicht periodischer Schriften angeordnet, wieder aufgehoben oder abgelehnt wird, so kann zugleich um Bekanntmachung der Entscheidung im Bundeskriminalblatt ersucht werden; dasselbe gilt bei periodischen Schriften, die im räumlichen Geltungsbereich des Strafgesetzbuches erscheinen.

(5) Im Übrigen gelten die Nr. 226 Abs. 1 Satz 4 und Abs. 2, 251, 252 und 253 sinngemäß. Für die Verwertung der in Staatsschutzverfahren eingezogenen Filme gilt die bundeseinheitlich getroffene Anordnung vom 2. April 1973.

(6) Postsendungen, die von den Zollbehörden gemäß § 2 des Gesetzes zur Überwachung strafrechtlicher und anderer Verbringungsverbote vom 24. Mai 1961 der Staatsanwaltschaft vorgelegt, jedoch von dieser nach Prüfung freigegeben werden, sind beschleunigt an die Empfänger weiterzuleiten. Geöffnete Sendungen sind zu verschließen sowie mit dem Vermerk:

„Auf Grund des Gesetzes zur Überwachung strafrechtlicher und anderer Verbringungsverbote vom 24. Mai 1961 zollamtlich geöffnet und von der Staatsanwaltschaft freigegeben“

und mit dem Dienststempel der Staatsanwaltschaft zu versehen.

209. Verfahren wegen Verunglimpfung und Beleidigung oberster Staatsorgane. (1) Bei Verunglimpfungen und Beleidigungen oberster Staatsorgane des Bundes (§§ 90, 90b, 185 bis 188 StGB) ist das Bundesministerium der Justiz, bei Verunglimpfungen oder Beleidigungen oberster Staatsorgane eines Landes die Landesjustizverwaltung beschleunigt zu unterrichten, damit der Verletzte eine Entschließung darüber treffen kann, ob die Sache verfolgt werden soll. Zu diesem Zweck sind die im Interesse der Beweissicherung notwendigen Ermittlungen zu führen, von der Vernehmung des Beschuldigten ist jedoch zunächst abzusehen. Der Bericht soll eine gestraffte Darstellung des Sachverhalts mit kurzer rechtlicher Würdigung sowie Angaben über die persönlichen Verhältnisse des Beschuldigten, sofern diese bekannt sind, enthalten. Bei Verunglimpfung und Beleidigungen oberster Staatsorgane des Bundes ist der Bericht dem Bundesministerium der Justiz unmittelbar unter gleichzeitiger Übersendung von Abschriften an die Landesjustizverwaltung und die vorgesetzten Behörden zu erstatten.

(2) Erwägt ein oberstes Staatsorgan, eine Ermächtigung zur Strafverfolgung zu erteilen oder Strafantrag zu stellen, so ist der Sachverhalt beschleunigt aufzuklären. Der abschließende Bericht soll den Sachverhalt erschöpfend darstellen und rechtlich würdigen, die für die Entschließung des Verletzten bedeutsamen Umstände, wie besondere Tatumstände, Persönlichkeit, Verhältnisse, Vorstrafen und Reue des Täters, Entschuldigungen, Widerruf oder sonstige Wiedergutmachung bzw. die Bereitschaft dazu, darlegen sowie mit der Verunglimpfung oder Beleidigung zusammentreffende, von Amts wegen zu verfolgende Straftaten einbeziehen; soweit nach der Beweislage eine Überführung des Täters zweifelhaft erscheint, soll hierauf hingewiesen werden. Dem Bericht sind die erforderliche Anzahl von Abschriften für die Ermächtigungs- oder Antragsberechtigten

sowie in der Regel die Akten beizufügen. Der Bericht ist auf dem Dienstwege, in dringenden Fällen (z. B. bei bevorstehendem Fristablauf) unmittelbar, dem Bundesministerium der Justiz oder der Landesjustizverwaltung unter gleichzeitiger Übersendung von Abschriften an die vorgesetzten Behörden zu erstatten.

(3) Ist die Befugnis zur Bekanntgabe der Verurteilung anzuordnen, so gilt Nr. 231 sinngemäß.

(4) Kann bei Verunglimpfungen oder Beleidigungen oberster Staatsorgane selbstständig auf Einziehung und Unbrauchbarmachung erkannt werden (Nr. 180), so gelten die Abs. 1 bis 3 entsprechend.

210. Verfahren wegen Handlungen gegen ausländische Staaten (§§ 102 bis 104 a StGB). (1) Bei Handlungen gegen ausländische Staaten (§§ 102 bis 104 a StGB) soll der Staatsanwalt beschleunigt die im Interesse der Beweissicherung notwendigen Ermittlungen durchführen sowie die Umstände aufklären, die für die Entschließung des verletzten ausländischen Staates, ein Strafverlangen zu stellen, und für die Entschließung der Bundesregierung, die Ermächtigung zur Strafverfolgung zu erteilen, von Bedeutung sein können.

(2) Von dem Ergebnis dieser Ermittlungen ist das Bundesministerium der Justiz auf dem Dienstwege zu unterrichten. Für die Berichterstattung gilt Nr. 209 Abs. 2 Satz 2 sinngemäß. Dem Bericht sind drei Abschriften für die Bundesregierung sowie in der Regel die Akten beizufügen.

(3) Ist die Befugnis zur Bekanntgabe der Verurteilung anzuordnen (§§ 103 Abs. 2, 200 StGB), so gilt Nr. 231 sinngemäß.

211. Anhörung und Unterrichtung oberster Staatsorgane. (1) In den Fällen, in denen ein oberstes Staatsorgan des Bundes oder eines Landes die Ermächtigung zur Strafverfolgung nach §§ 90 Abs. 4, 90 b Abs. 2, 97 Abs. 3, 104 a, 129 b Abs. 1 Satz 3, 194 Abs. 4 StGB erteilt oder Strafantrag wegen Beleidigung gestellt hat, teilt der Staatsanwalt, bevor er das Verfahren mangels Beweises oder aus Rechtsgründen einstellt (§ 170 Abs. 2 Satz 1 StPO), die Zustimmung des Gerichts zur Einstellung des Verfahrens wegen Geringfügigkeit einholt (§§ 153 Abs. 1, 153 a Abs. 1 StPO) oder einer vom Gericht beabsichtigten Einstellung zustimmt (§§ 153 Abs. 2, 153 a Abs. 2 StPO), dem obersten Staatsorgan unter Beifügung der Akten die Gründe mit, die für die Einstellung des Verfahrens sprechen, und gibt ihm Gelegenheit zur Stellungnahme. Wenn der Staatsanwalt entgegen einer widersprechenden Stellungnahme des obersten Staatsorgans das Verfahren einstellt oder der Einstellung des Verfahrens durch das Gericht zustimmt, so soll er dabei auch die Einwendungen würdigen, die gegen die Einstellung erhoben worden sind.

(2) Wird in den in Abs. 1 Satz 1 bezeichneten Fällen die Eröffnung des Hauptverfahrens abgelehnt, das Verfahren durch das Gericht eingestellt oder der Angeklagte freigesprochen und erscheint ein Rechtsmittel nicht aussichtslos, so gibt der Staatsanwalt dem obersten Staatsorgan Gelegenheit zur Stellungnahme, bevor er von der Einlegung eines Rechtsmittels absieht, auf die Einlegung eines Rechtsmittels verzichtet oder ein Rechtsmittel zurücknimmt. Dies gilt auch, wenn der Staatsanwalt der Auffassung ist, dass die erkannte Strafe in einem Missverhältnis zur Schwere der Tat steht. Bei drohendem Fristablauf wird in der Regel die vorsorgliche Einlegung eines Rechtsmittels geboten sein.

(3) In den in Abs. 1 Satz 1 bezeichneten Fällen gibt der Staatsanwalt dem obersten Staatsorgan ferner Gelegenheit zur Stellungnahme,

a) bevor er von einem Antrag auf Einziehung und Unbrauchbarmachung im selbstständigen Verfahren absieht,
b) bevor er von der Durchführung eines Rechtsmittels gegen eine Entscheidung absieht, durch die das Gericht einem Antrag des Staatsanwalts auf Einziehung und Unbrauchbarmachung im selbstständigen Verfahren nicht stattgegeben hat, sofern nicht ein Rechtsmittel aussichtslos erscheint.

(4) Das Bundesministerium der Justiz, bei Beteiligung eines obersten Staatsorgans eines Landes die Landesjustizverwaltung, ist in angemessenen Zeitabständen über den Fortgang des Verfahrens sowie über dessen Ausgang zu unterrichten. Abschriften der

Einstellungsverfügungen und der gerichtlichen Sachentscheidungen sind in der erforderlichen Zahl für die beteiligten obersten Staatsorgane beizufügen.

(5) Für die Berichterstattung nach Abs. 1 bis 4 gilt Nr. 209 Abs. 2 Satz 4 sinngemäß; Nr. 5 Abs. 4 findet Anwendung.

212. Verfahren bei weiteren Ermächtigungsdelikten. (1) Wird dem Staatsanwalt eine Straftat nach §§ 353a oder 353b StGB bekannt, so holt er unter Mitteilung des bekannt gewordenen Sachverhalts, jedoch in der Regel vor weiteren Ermittlungen, über das Bundesministerium der Justiz bzw. über die Landesjustizverwaltung die Entscheidung ein, ob die Ermächtigung zur Strafverfolgung erteilt wird. Die Vorschriften der Nr. 209 Abs. 2 Satz 3 und 4, 211 gelten sinngemäß.

(2) Bei Straftaten betreffend die Bildung krimineller oder terroristischer Vereinigungen im Ausland außerhalb der Europäischen Union (§§ 129, 129a in Verbindung mit § 129b StGB) soll der Staatsanwalt beschleunigt die zur Beweissicherung notwendigen Ermittlungen durchführen sowie die Umstände aufklären, die für die Entschließung der Bundesregierung, die Ermächtigung zur Strafverfolgung zu erteilen, von Bedeutung sein können. Von dem Ergebnis dieser Ermittlungen ist das Bundesministerium der Justiz auf dem Dienstweg zu unterrichten. In Eilfällen (zum Beispiel Haftsachen) kann die Unterrichtung unmittelbar unter gleichzeitiger Übersendung von Abschriften an die vorgesetzte Behörde erfolgen. Der Bericht soll die Erkenntnisse zu der Vereinigung, die Gegenstand des Verfahrens ist, zusammenfassend darstellen. Das Bundesministrium der Justiz ist nach rechtskräftigem Abschluss des Verfahrens über den Verfahrensstand zu unterrichten.

213. Geheimhaltung. (1) Geheimzuhaltende Tatsachen und Erkenntnisse, insbesondere Staatsgeheimnisse (§ 93 StGB), dürfen in Sachakten nur insoweit schriftlich festgehalten werden, als dies für das Verfahren unerlässlich ist.

(2) Bei der Behandlung von Verschlusssachen sind die Vorschriften der Verschlusssachenanweisung, bei der Behandlung von Verschlusssachen zwischenstaatlichen oder überstaatlichen Ursprungs die für diese geltenden besonderen Geheimschutzvorschriften zu beachten. Das gilt auch bei der Mitteilung von Verschlusssachen an Verteidiger, Sachverständige und sonstige Verfahrensbeteiligte (z. B. Dolmetscher), soweit nicht zwingende Rechtsgrundsätze entgegenstehen.

(3) Auch wenn bei der Mitteilung von Verschlusssachen an Verteidiger, Sachverständige oder sonstige Verfahrensbeteiligte zwingende Rechtsgrundsätze den Vorschriften der Verschlusssachenanweisung oder den besonderen Geheimschutzvorschriften entgegenstehen, sind die Empfänger gleichwohl eindringlich auf ihre Geheimhaltungspflicht (§§ 93 ff., 203, 353b StGB) hinzuweisen; dabei ist ihnen zu empfehlen, bei der Behandlung der Verschlusssachen nach den im Einzelfall einschlägigen Vorschriften zu verfahren, die ihnen zu erläutern sind. Über den Hinweis und die Empfehlungen ist ein Vermerk zu den Akten zu nehmen; dieser soll vom Empfänger unterschrieben werden.

(4) Der Mitteilung von Verschlusssachen an Verteidiger im Sinne der Abs. 2 und 3 steht die Akteneinsicht gleich, wenn sie sich auf Verschlusssachen erstrecken. Bei Akten, die Verschlusssachen des Geheimhaltungsgrades VS-VERTRAULICH, GEHEIM oder STRENG GEHEIM enthalten, ist besonders sorgfältig zu prüfen,

a) ob nicht wichtige Gründe entgegenstehen, dem Verteidiger die Akten zur Einsichtnahme in seine Geschäftsräume oder in seine Wohnung mitzugeben (§ 147 Abs. 4 StPO);
b) ob rechtliche Bedenken gegen die Anfertigung von Notizen, Abschriften, Auszügen oder Ablichtungen durch den Verteidiger bestehen.

Dies gilt sinngemäß bei Sachverständigen und sonstigen Verfahrensbeteiligten.

(5) In geeigneten Fällen soll der Staatsanwalt die Verteidiger, Sachverständigen und sonstigen Verfahrensbeteiligten zur Geheimhaltung der ihnen mitgeteilten geheimhaltungsbedürftigen Umstände unter Hinweis auf die Strafbarkeit der Geheimnisverletzung (§ 353b Abs. 2 StGB) förmlich verpflichten. Dabei ist zu beachten, dass eine derartige Verpflichtung zur Geheimhaltung nur auf Grund eines Gesetzes oder mit Einwilligung

des Betroffenen möglich ist. Über die Einwilligung des Betroffenen und über die Vornahme der Verpflichtung ist ein Vermerk zu den Akten zu nehmen, der von dem Verpflichteten unterschrieben werden soll.

(6) Ist eine Gefährdung der Staatssicherheit zu besorgen, so hat der Staatsanwalt durch entsprechende Anträge auf gerichtliche Maßnahmen nach §§ 172 und 174 Abs. 2 GVG hinzuwirken. Im Übrigen ist Nr. 131 zu beachten.

214. Verlust oder Preisgabe von Verschlusssachen. Bei Ermittlungen, die den Verlust oder die Preisgabe von Verschlusssachen betreffen, ist zu prüfen, ob eine Verpflichtung besteht, ausländische Geheimhaltungsinteressen wahrzunehmen. Hierzu kann es sich empfehlen, eine Anfrage an das Bundesministerium des Innern zu richten, das eine Liste der internationalen Geheimschutzvereinbarungen führt.

2. Geld- und Wertzeichenfälschung

215. Internationale Abkommen. Bei der Verfolgung der Geld- und Wertzeichenfälschung (Münzstrafsachen) sind völkerrechtliche Vereinbarungen, insbesondere das Internationale Abkommen vom 20. April 1929 zur Bekämpfung der Falschmünzerei zu beachten. Auskunft erteilt das Bundesministerium der Justiz.

216. Zusammenwirken mit anderen Stellen. (1) Bei der Verfolgung von Münzstrafsachen arbeitet der Staatsanwalt insbesondere mit folgenden Stellen zusammen:
a) dem Bundeskriminalamt und den Landeskriminalämtern,
b) der Deutschen Bundesbank, Wilhelm-Epstein-Str. 14, 60431 Frankfurt am Main, als nationales Analysezentrum (NAZ) und nationales Münzanalysezentrum (MAZ), wenn es sich um in- oder ausländische Noten oder Münzen handelt,
c) der Bundesrepublik Deutschland – Finanzagentur GmbH, Lurgiallee 5, 60295 Frankfurt/Main, wenn es sich um Schuldverschreibungen oder Zins- und Erneuerungsscheine des Deutschen Reiches, der Deutschen Reichspost, des Preußischen Staates, der Bundesrepublik Deutschland, der Deutschen Bundesbahn oder der Deutschen Bundespost handelt.

(2) Bei Münzstrafsachen, die Schuldverschreibungen oder deren Zins- oder Erneuerungsscheine betreffen, soll die Körperschaft (z.B. das Land, die Gemeinde, der Gemeindeverband) beteiligt werden, die echte Schuldverschreibungen dieser Art ausgegeben hat oder in ihnen als Ausgeber genannt ist.

217. Nachrichtensammel- und Auswertungsstelle bei dem Bundeskriminalamt. (1) Bei der Verfolgung von Münzstrafsachen beachtet der Staatsanwalt, dass das Bundeskriminalamt auf diesem Gebiet die Aufgaben einer Zentralstelle wahrnimmt (vgl. Art. 12, 13 des Internationalen Abkommens zur Bekämpfung der Falschmünzerei) und die folgenden Sammlungen unterhält:
a) Falschgeldtypenlisten,
in denen alle bekannt gewordenen in- und ausländischen Falschgeldtypen registriert sind unter Angabe der Orte, an denen Falschgeld in Erscheinung getreten ist;
b) eine Geldfälscherkartei,
die untergliedert ist in
aa) *eine Hersteller- und Verbreiterkartei;*
aus ihr kann Auskunft über die Personen erteilt werden, die als Hersteller oder Verbreiter von Falschgeld in Erscheinung getreten sind;
bb) *eine Typenherstellerkartei;*
aus ihr kann Auskunft erteilt werden über die Hersteller bestimmter Fälschungstypen (bei Münzen) oder Fälschungsklassen (bei Noten).

(2) Auch die Landeskriminalämter unterhalten eine Nachrichtensammelstelle zur Bekämpfung von Geldfälschungen; sie stehen in enger Verbindung mit dem Bundeskriminalamt und erhalten von diesem regelmäßig Bericht mit Angaben über die Anfallmenge, Anfallorte und Verausgabungsstellen, mit Hinweisen auf vermutliche Verbreitungs-

zusammenhänge sowie mit einer Übersicht über die Menge der angehaltenen Fälschungstypen, Fälschungsklassen und die Verbreitungsschwerpunkte.

218. Verbindung mehrerer Verfahren. (1) Mehrere dieselbe Fälschungsklasse betreffende Verfahren, die von derselben Staatsanwaltschaft geführt werden, sind regelmäßig zu verbinden.

(2) Werden gegen mehrere Verbreiter oder gegen Hersteller und Verbreiter durch verschiedene Staatsanwaltschaften Verfahren geführt, so wird eine Verbindung nur zweckmäßig sein, wenn zwischen den Beschuldigten unmittelbare Zusammenhänge feststellbar sind. Ist ein Zusammenhang (Ringbildung) erkennbar, so ist die Verbindung regelmäßig geboten.

219. Unterrichtung und Ausschluss der Öffentlichkeit. (1) Über Münzstrafsachen unterrichtet der Staatsanwalt die Öffentlichkeit grundsätzlich nur im Einvernehmen mit den in Nr. 216 Abs. 1 Buchst. a und b genannten Stellen. Dies gilt auch für die Bezeichnung der Fälschungsklasse und die Reihennummern der einzelnen Falschstücke.

(2) In der Anklageschrift sind über die in Abs. 1 bezeichneten Umstände, sowie über die bei Münzstraftaten angewandten Verfahren und die Mittel zur Bekämpfung dieser Straftaten nur die unbedingt notwendigen Angaben zu machen.

(3) In der Hauptverhandlung soll der Staatsanwalt den Ausschluss der Öffentlichkeit sowie die Auferlegung der Schweigepflicht beantragen (§§ 172 Nr. 1, 174 Abs. 3 GVG; vgl. auch Nr. 131 Abs. 2); regelmäßig ist dies für die Erörterung des Herstellungsverfahrens und der anderen in Abs. 1 und 2 bezeichneten Umstände geboten. Auch wenn es sich nur um die Verbreitung von Falschgeld handelt, ist dies zweckmäßig.

3. Sexualstraftaten

220. Rücksichtnahme auf Verletzte. (1) Die Anordnung und Durchführung der körperlichen Untersuchung erfordern Behutsamkeit, Einfühlungsvermögen sowie hinreichende Betreuung und Information. Die Durchführung der körperlichen Untersuchung sollte mit Rücksicht auf das Schamgefühl des Opfers möglichst einer Person gleichen Geschlechts oder einer ärztlichen Kraft (§ 81 d StPO) übertragen werden. Bei berechtigtem Interesse soll dem Wunsch, die Untersuchung einer Person oder einem Arzt bestimmten Geschlechts zu übertragen, entsprochen werden. Auf Verlangen der betroffenen Person soll eine Person des Vertrauens zugelassen werden. Auf die beiden vorgenannten Regelungen ist die betroffene Person hinzuweisen.

(2) Lichtbilder von Verletzten, die sie ganz oder teilweise unbekleidet zeigen, sind in einem verschlossenen Umschlag oder gesondert geheftet zu den Akten zu nehmen und bei der Gewährung von Akteneinsicht – soweit sie nicht für die verletzte Person selbst erfolgt – vorübergehend aus den Akten zu entfernen. Der Verteidigung ist insoweit Akteneinsicht auf der Geschäftsstelle zu gewähren (§ 147 Abs. 4 Satz 1 StPO).

221. Beschleunigung in Verfahren mit kindlichen Opfern. (1) Das Verfahren ist zu beschleunigen, vor allem deswegen, weil das Erinnerungsvermögen der Kinder rasch verblasst und weil sie besonders leicht zu beeinflussen sind.

(2) Wird ein Beschuldigter, der in häuslicher Gemeinschaft mit dem Geschädigten lebt oder der auf diesen in anderer Weise unmittelbar einwirken kann, freigelassen, so ist das Jugendamt unverzüglich zu benachrichtigen, damit die erforderlichen Maßnahmen zum Schutze des Geschädigten ergriffen werden können. Die Benachrichtigung obliegt derjenigen Stelle, welche die Freilassung veranlasst hat.

222. Vernehmung von Kindern, Ausschluss und Beschränkung der Öffentlichkeit. (1) Werden Kinder als Zeugen vernommen, so sind die Nr. 19, 19 a, 130 a Abs. 2 und 135 Abs. 2 zu beachten. Vielfach wird es sich empfehlen, schon zur ersten Vernehmung einen Sachverständigen beizuziehen, der über besondere Kenntnisse und Erfahrungen auf dem Gebiet der Kinderpsychologie verfügt.

(2) Hat der Beschuldigte ein glaubhaftes Geständnis vor dem Richter abgelegt, so ist im Interesse des Kindes zu prüfen, ob dessen Vernehmung noch nötig ist (vgl. Nr. 111 Abs. 4).

(3) Wegen des Ausschlusses oder der Beschränkung der Öffentlichkeit sind Nr. 131 a, 132 zu beachten.

4. Bekämpfung gewaltdarstellender, pornographischer und sonstiger jugendgefährdender Schriften

223. Zentralstellen der Länder. Die Zentralstellen der Länder zur Bekämpfung gewaltdarstellender, pornographischer und sonstiger jugendgefährdender Schriften sorgen dafür, dass Straftaten nach den §§ 131, 184, 184 a, 184 b, 184 c StGB und den §§ 15, 27 des Jugendschutzgesetzes, § 23 des Jugendmedienschutz-Staatsvertrages (JMStV)[1] und Ordnungswidrigkeiten nach den §§ 119, 120 Abs. 1 Nr. 2 OWiG, § 28 Abs. 1 Nr. 1 bis 4, Nr. 9, Nr. 14 bis 20, Abs. 2, 3 und 4 JuSchG, § 24 JMStV nach einheitlichen Grundsätzen verfolgt werden, und halten insbesondere in den über den Bereich eines Landes hinausgehenden Fällen miteinander Verbindung. Sie beobachten auch die in ihrem Geschäftsbereich erscheinenden oder verbreiteten Zeitschriften und Zeitungen.

224. Mehrere Strafverfahren. (1) Das Bundeskriminalamt gibt Auskunft darüber, ob eine Schrift (§ 11 Abs. 3 StGB) bereits Gegenstand eines Strafverfahrens nach §§ 131, 184, 184 a, 184 b, 184 c StGB oder §§ 15, 27 JuSchG, § 23 JMStV gewesen ist.

(2) Um zu verhindern, dass voneinander abweichende Entscheidungen ergehen, sind folgende Grundsätze zu beachten:

a) Leitet der Staatsanwalt des Verbreitungsortes ein Verfahren wegen einer gewaltdarstellenden, pornographischen oder sonstigen jugendgefährdenden Schrift ein, so unterrichtet er gleichzeitig den Staatsanwalt des Erscheinungsortes. Dieser teilt ihm unverzüglich mit, ob er ebenfalls ein Verfahren eingeleitet hat oder einzuleiten beabsichtigt, und unterrichtet ihn über den Ausgang des Verfahrens.

b) Will der Staatsanwalt des Verbreitungsortes aus besonderen Gründen sein Verfahren durchführen, bevor das Verfahren am Erscheinungsort abgeschlossen ist, so führt er die Entscheidung der Landesjustizverwaltung (der Zentralstelle, falls ihr die Entscheidungsbefugnis übertragen ist) herbei.

c) Die Genehmigung der Landesjustizverwaltung (der Zentralstelle) ist auch dann einzuholen, wenn wegen einer Schrift eingeschritten werden soll, obwohl ein anderes Verfahren wegen derselben Schrift bereits deswegen zur Einstellung, zur Ablehnung der Eröffnung des Hauptverfahrens, zu einem Freispruch oder zur Ablehnung der Einziehung geführt hat, weil sie nicht als gewaltdarstellend, pornographisch oder sonst jugendgefährdend erachtet worden ist.

(3) Auf Schriften, auf denen der Name des Verlegers oder – beim Selbstverlag – der Name des Verfassers oder des Herausgebers und ein inländischer Erscheinungsort nicht angegeben sind, findet Abs. 2 keine Anwendung.

225. Verwahrung beschlagnahmter Schriften. Die beschlagnahmten Stücke sind so zu verwahren, dass ein Missbrauch ausgeschlossen ist; sie dürfen nur dem Staatsanwalt und dem Gericht zugänglich sein. Von den verwahrten Schriften werden höchstens je zwei Stück in einem besonderen Umschlag (zum Gebrauch des Staatsanwalts und des Gerichts) zu den Ermittlungs- oder Strafakten genommen. Wenn diese Stücke nicht benötigt werden, sind sie wie die übrigen amtlich verwahrten Schriften unter Verschluss zu halten.

226. Veröffentlichung von Entscheidungen. (1) Die Beschlagnahme gewaltdarstellender, pornographischer und sonstiger jugendgefährdender Schriften ist im Bundes-

---

[1] Vgl. Fundstellennachweis A zum Bundesrecht.

kriminalblatt bekanntzumachen, sofern nicht wegen voraussichtlich geringer oder nur örtlich beschränkter Verbreitung eine Veröffentlichung im Landeskriminalblatt genügt. Beschränkt sich die Beschlagnahme auf die in § 74 d Abs. 3 StGB bezeichneten Stücke, so wird hierauf in der Bekanntmachung hingewiesen. Nr. 251 Abs. 2 bis 6 gilt sinngemäß. Wird die Beschlagnahme aufgehoben, so ist dies in gleicher Weise bekanntzumachen.

(2) Bei rechtskräftigen Entscheidungen, die auf Einziehung einer Schrift erkennen, ist nach § 81 StVollstrO zu verfahren. Rechtskräftige Entscheidungen, in denen das Gericht den gewaltdarstellenden, pornographischen oder sonst jugendgefährdenden Charakter der Schrift verneint und den Angeklagten freigesprochen oder die Einziehung abgelehnt hat, sind im Bundeskriminalblatt auszugsweise zu veröffentlichen, wenn die Schrift genau genug bezeichnet werden kann. Ist die Schrift nur in wenigen Stücken oder nur in örtlich begrenztem Gebiet verbreitet worden, so genügt die Veröffentlichung im Landeskriminalblatt.

227. Unterrichtung des Bundeskriminalamts. Entscheidungen über die Beschlagnahme oder die Einziehung von Schriften nach §§ 74 d, 76 a StGB, sofern die Aufnahme dieser Schriften in die Liste nach § 18 JuSchG nicht bereits bekannt gemacht ist, sowie (rechtskräftige) Entscheidungen, in denen das Gericht den gewaltdarstellenden, pornographischen oder sonstigen jugendgefährdenden Charakter der Schrift verneint hat, teilen die Zentralstellen dem Bundeskriminalamt auch dann mit, wenn eine Bekanntmachung oder Veröffentlichung im Bundeskriminalblatt nicht verlangt wird oder nicht erfolgt ist.

228. Unterrichtung der Bundesprüfstelle für jugendgefährdende Medien. Stellt ein Gericht in einer rechtskräftigen Entscheidung fest, dass eine Schrift einen der in §§ 86, 130, 130 a, 131, 184, 184 a und 184 b StGB bezeichneten Inhalte hat, so übersendet die Zentralstelle eine Ausfertigung dieser Entscheidung der Bundesprüfstelle für jugendgefährdende Medien zur Aufnahme der Schrift in die Liste der jugendgefährdenden Medien nach § 18 Abs. 5 Jugendschutzgesetz. Die Ausfertigung soll mit Rechtskraftvermerk versehen sein.

5. Beleidigung

229. Erhebung der öffentlichen Klage. (1) Von der Erhebung der öffentlichen Klage soll der Staatsanwalt regelmäßig absehen, wenn eine wesentliche Ehrenkränkung nicht vorliegt, wie es vielfach bei Familienzwistigkeiten, Hausklatsch, Wirtshausstreitigkeiten der Fall ist. Liegt dagegen eine wesentliche Ehrenkränkung oder ein Fall des § 188 StGB vor, so wird das öffentliche Interesse meist gegeben sein. Auf Nr. 86 wird verwiesen.

(2) Auch wenn ein Strafantrag nach § 194 Abs. 3 StGB gestellt ist, prüft der Staatsanwalt, ob ein öffentliches Interesse an der Strafverfolgung besteht. Will er es verneinen, so gibt er dem Antragsteller vor der abschließenden Verfügung Gelegenheit, sich hierzu zu äußern.

(3) Ist kein Strafantrag nach § 194 Abs. 3 StGB gestellt, so folgt daraus allein noch nicht, dass kein öffentliches Interesse an der Strafverfolgung besteht. Will der Staatsanwalt die öffentliche Klage erheben, gibt er dem nach § 194 Abs. 3 StGB Berechtigten Gelegenheit, einen Strafantrag zu stellen. Dies gilt sinngemäß, sofern eine Beleidigung nur mit Ermächtigung der betroffenen politischen Körperschaften (§ 194 Abs. 4 StGB) zu verfolgen ist.

230. Wahrheitsbeweis. Dem Versuch, die Zulassung des Wahrheitsbeweises zur weiteren Verunglimpfung des Beleidigten zu missbrauchen und dadurch den strafrechtlichen Ehrenschutz zu unterlaufen, tritt der Staatsanwalt im Rahmen des § 244 Abs. 2, 3 StPO entgegen.

231. Öffentliche Bekanntgabe der Verurteilung. Ist nach § 200 StGB die Bekanntgabe der Verurteilung anzuordnen, so hat der Staatsanwalt darauf hinzuwirken, dass der Name des Beleidigten in die Urteilsformel aufgenommen wird. Ist die öffentliche Bekanntgabe der Verurteilung zu vollziehen (§ 463c StPO), so sind die dazu ergangenen Vorschriften der Strafvollstreckungsordnung zu beachten.

232. Beleidigung von Justizangehörigen. (1) Wird ein Justizangehöriger während der Ausübung seines Berufs oder in Beziehung auf ihn beleidigt und stellt die vorgesetzte Dienststelle zur Wahrung des Ansehens der Rechtspflege Strafantrag nach § 194 Abs. 3 StGB, so ist regelmäßig auch das öffentliche Interesse an der Strafverfolgung im Sinne des § 376 StPO zu bejahen (vgl. Nr. 229).

(2) Wird in Beschwerden, Gnadengesuchen oder ähnlichen Eingaben an Entscheidungen und anderen Maßnahmen von Justizbehörden oder -angehörigen in beleidigender Form Kritik geübt, so ist zu prüfen, ob es sich um ernst zu nehmende Ehrenkränkungen handelt und es zur Wahrung des Ansehens der Rechtspflege geboten ist, einzuschreiten (vgl. Nr. 229 Abs. 1). Offenbar haltlose Vorwürfe unbelehrbarer Querulanten oder allgemeine Unmutsäußerungen von Personen, die sich in ihrem Recht verletzt glauben, werden regelmäßig keine Veranlassung geben, die öffentliche Klage zu erheben, es sei denn, dass wegen falscher Verdächtigung vorzugehen ist.

(3) Für ehrenamtliche Richter gelten die Absätze 1 und 2 entsprechend.

6. Körperverletzung

233. Erhebung der öffentlichen Klage. Das öffentliche Interesse an der Verfolgung von Körperverletzungen ist vor allem dann zu bejahen, wenn eine rohe Tat, eine erhebliche Misshandlung oder eine erhebliche Verletzung vorliegt (vgl. Nr. 86). Dies gilt auch, wenn die Körperverletzung in einer engen Lebensgemeinschaft begangen wurde; Nr. 235 Abs. 3 gilt entsprechend.

234. Besonderes öffentliches Interesse an der Strafverfolgung (§ 230 Abs. 1 StGB). (1) Ein besonderes öffentliches Interesse an der Verfolgung von Körperverletzungen (§ 230 Abs. 1 Satz 1 StGB) wird namentlich dann anzunehmen sein, wenn der Täter einschlägig vorbestraft ist, roh oder besonders leichtfertig gehandelt hat, durch die Tat eine erhebliche Verletzung verursacht wurde oder dem Opfer wegen seiner persönlichen Beziehung zum Täter nicht zugemutet werden kann, Strafantrag zu stellen, und die Strafverfolgung ein gegenwärtiges Anliegen der Allgemeinheit ist. Nummer 235 Abs. 3 gilt entsprechend. Andererseits kann auch der Umstand beachtlich sein, dass der Verletzte auf Bestrafung keinen Wert legt.

(2) Ergibt sich in einem Verfahren wegen einer von Amts wegen zu verfolgenden Tat nach Anklageerhebung, dass möglicherweise nur eine Verurteilung wegen Körperverletzung (§ 230 Abs. 1 StGB) in Betracht kommt oder dass eine derartige Verurteilung nach dem Ergebnis der Beweisaufnahme zusätzlich dringend geboten erscheint, so erklärt der Staatsanwalt, ob er ein Einschreiten von Amts wegen für geboten hält.

(3) Bei im Straßenverkehr begangenen Körperverletzungen ist Nr. 243 Abs. 3 zu beachten.

235. Kindesmisshandlung. (1) Auch namenlosen und vertraulichen Hinweisen geht der Staatsanwalt grundsätzlich nach; bei der Beweissicherung beachtet er insbesondere § 81c Abs. 3 Satz 3 StPO. Im Übrigen gelten die Nr. 221, 222 Abs. 1 und 2 sinngemäß.

(2) Bei einer Kindesmisshandlung ist das besondere öffentliche Interesse an der Strafverfolgung (§ 230 Abs. 1 Satz 1 StGB) grundsätzlich zu bejahen. Eine Verweisung auf den Privatklageweg gemäß § 374 StPO ist in der Regel nicht angezeigt.

(3) Sind sozialpädagogische, familientherapeutische oder andere unterstützende Maßnahmen eingeleitet worden und erscheinen diese Erfolg versprechend, kann ein öffentliches Interesse an der Strafverfolgung entfallen.

7. Betrug

236. Schwindelunternehmen, Vermittlungsschwindel. (1) Bei der Bekämpfung von Schwindelunternehmen kann es zweckmäßig sein, mit dem Deutschen Schutzverband gegen Wirtschaftskriminalität e. V., Frankfurt am Main, Adresse: Landgrafenstraße 24 b, 61348 Bad Homburg v. d. H., in Verbindung zu treten. Auf Grund seiner umfangreichen Stoffsammlungen kann er Auskünfte erteilen und Sachverständige benennen.

(2) Der Immobilienverband Deutschland (IVD) Bundesverband der Immobilienberater, Makler, Verwalter und Sachverständigen e. V., Littenstraße 10, 10179 Berlin, und der Deutsche Schutzverband gegen Wirtschaftskriminalität e. V., Frankfurt am Main, Landgrafenstraße 24 b, 61348 Bad Homburg v. d. H., haben sich bereit erklärt, zur Bekämpfung der Wirtschaftskriminalität Material zur Verfügung zu stellen und Auskünfte zu erteilen.

(3) Verstöße gegen vom Bundeskartellamt nach den §§ 24 bis 27 GWB anerkannte Wettbewerbsregeln können nach den Vorschriften des UWG mit Strafe oder nach § 81 GWB als Ordnungswidrigkeiten mit Geldbuße bedroht sein. Dies ist insbesondere von Bedeutung, wenn in Ermittlungsverfahren gegen Makler ein Betrug nicht nachweisbar ist. Ferner ist die Verordnung über die Pflichten der Makler, Darlehens- und Anlagenvermittler, Bauträger und Baubetreuer (Makler- und Bauträgerverordnung MaBV)* zu beachten.

237. Abzahlungsgeschäfte. (1) Bei Strafanzeigen, die Abzahlungsgeschäfte zum Gegenstand haben, berücksichtigt der Staatsanwalt die Erfahrung, dass Abzahlungskäufer nicht selten leichtfertig des Betruges verdächtigt werden, um zivilrechtliche Ansprüche des Anzeigeerstatters unter dem Druck eines Strafverfahrens durchzusetzen.

(2) In den Fällen, in denen beim Abschluss von Abzahlungsgeschäften Unerfahrenheit, Ungewandtheit und Leichtgläubigkeit der Käufer ausgenutzt worden sind, prüft der Staatsanwalt, ob insoweit eine Straftat vorliegt.

238. Betrügerische Bankgeschäfte. Besteht gegen Geschäftsleiter von Kreditinstituten der Verdacht einer Straftat, so setzt sich der Staatsanwalt in der Regel möglichst frühzeitig mit der Aufsichtsbehörde in Verbindung. Nach dem Gesetz über das Kreditwesen besteht eine allgemeine Fachaufsicht über sämtliche Kreditinstitute, die die Bundesanstalt für Finanzdienstleistungsaufsicht (Graurheindörfer Straße 108, 53117 Bonn) ausübt. Die Sonderaufsicht (Staatsaufsicht) bestimmt sich nach Landes- oder Bundesrecht (§ 52 Kreditwesengesetz).

8. Mietwucher

239. Bei der Verfolgung von Mietwucher (§ 291 Abs. 1 Nr. 1 StGB) empfiehlt es sich, auch die in den Ländern erlassenen Richtlinien zur wirksameren Bekämpfung von Mietpreisüberhöhungen zu berücksichtigen.

9. Glücksspiel und Ausspielung

240. Glücksspiel. Gutachten darüber, ob es sich bei der Benutzung von mechanisch betriebenen Spielgeräten um ein Glücksspiel oder ein Geschicklichkeitsspiel handelt, erstattet die Physikalisch-Technische Bundesanstalt, Abbestraße 2–12, 10587 Berlin. Gutachten über den Spielcharakter nichtmechanischer Spiele (Glücks- oder Geschicklichkeitsspiele) werden vom Bundeskriminalamt erstellt.

241. Öffentliche Lotterien und Ausspielungen. Gewerbliche Unternehmen versuchen oft, in unlauterer Weise ihren Kundenkreis dadurch zu erweitern, dass sie unter dem Deckmantel eines Preisrätsels oder in ähnlicher Art (z. B. durch Benutzung des so

* **Amtl. Anm.:** Vgl. Fundstellennachweis A zum Bundesrecht.

genannten Schneeball- oder Hydrasystems) öffentliche Lotterien oder Ausspielungen veranstalten. Anlass zum Einschreiten besteht regelmäßig schon dann, wenn in öffentlichen Ankündigungen ein Hinweis auf die behördliche Genehmigung der Lotterie oder Ausspielung fehlt.

10. Straftaten gegen den Wettbewerb

242. (1) Bei der Verfolgung von wettbewerbsbeschränkenden Absprachen bei Ausschreibungen (§ 298 StGB) ist, wenn auch der Verdacht einer Kartellordnungswidrigkeit besteht, frühestmöglich eine Zusammenarbeit von Staatsanwaltschaft und Kartellbehörde sicherzustellen. Durch die vertrauensvolle gegenseitige Abstimmung können unnötige Doppelarbeiten dieser Behörden vermieden und die Gefahr sich widersprechender Entscheidungen vermindert werden.

(2) Hat die Kartellbehörde in den Fällen des § 82 Satz 1 GWB ein § 30 OWiG betreffendes Verfahren nicht nach § 82 Satz 1 GWB an die Staatsanwaltschaft abgegeben, ist grundsätzlich eine gegenseitige Unterrichtung über geplante Ermittlungsschritte mit Außenwirkung sowie eine Abstimmung der zu treffenden oder zu beantragenden Rechtsfolgen angezeigt.

(3) Bei Zweifeln, ob die Landeskartellbehörde oder das Bundeskartellamt zuständig ist, ist regelmäßig mit der Landeskartellbehörde Kontakt aufzunehmen.

242 a. Besonderes öffentliches Interesse an der Strafverfolgung (§ 301 Abs. 1, §§ 299, 300 StGB). (1) Ein besonderes öffentliches Interesse an der Strafverfolgung wegen Bestechung und Bestechlichkeit im geschäftlichen Verkehr (§ 299 StGB) wird insbesondere dann anzunehmen sein, wenn
- der Täter einschlägig (vermögensstrafrechtlich, insbesondere wirtschaftsstrafrechtlich) vorbestraft ist,
- der Täter im Zusammenwirken mit Amtsträgern gehandelt hat,
- mehrere geschäftliche Betriebe betroffen sind,
- der Betrieb mehrheitlich im Eigentum der öffentlichen Hand steht und öffentliche Aufgaben wahrnimmt,
- ein erheblicher Schaden droht oder eingetreten ist oder
- zureichende Anhaltspunkte dafür bestehen, dass ein Antragsberechtigter aus Furcht vor wirtschaftlichen oder beruflichen Nachteilen einen Strafantrag nicht stellt.

(2) Kommt ein besonders schwerer Fall (§ 300 StGB) in Betracht, so kann das besondere öffentliche Interesse an der Strafverfolgung nur ausnahmsweise verneint werden.

11. Straßenverkehr

243. Verkehrsstraftaten, Körperverletzungen im Straßenverkehr. (1) In Verkehrsstrafsachen wird der Staatsanwalt, wenn nötig (vgl. Nr. 3), die Ermittlungen selbst führen, den Tatort besichtigen, die Spuren sichern lassen und frühzeitig – in der Regel schon bei der Tatortbesichtigung – einen geeigneten Sachverständigen zuziehen, falls dies zur Begutachtung technischer Fragen notwendig ist. Neben einer Auskunft aus dem Zentralregister soll auch eine Auskunft aus dem Verkehrszentralregister eingeholt werden.

(2) Besteht der Verdacht, dass der Täter unter Alkoholeinwirkung gehandelt hat, so ist für eine unverzügliche Blutentnahme zur Bestimmung des Blutalkoholgehalts zu sorgen.

(3) Ein Grundsatz, dass bei einer im Straßenverkehr begangenen Körperverletzung das besondere öffentliche Interesse an der Strafverfolgung (§ 230 Abs. 1 Satz 1 StGB) stets oder in der Regel zu bejahen ist, besteht nicht. Bei der im Einzelfall zu treffenden Ermessensentscheidung sind das Maß der Pflichtwidrigkeit, insbesondere der vorangegangene Genuss von Alkohol oder anderer berauschender Mittel, die Tatfolgen für den Verletzten und den Täter, einschlägige Vorbelastungen des Täters sowie ein Mitverschulden des Verletzten von besonderem Gewicht.

244. Internationale Abkommen. Hinsichtlich des Rechtshilfeverkehrs mit dem Ausland wird auf die völkerrechtlichen Vereinbarungen, insbesondere das Übereinkommen vom 8. November 1968 über den Straßenverkehr, ergänzt durch das Europäische Zusatzübereinkommen vom 1. Mai 1971 sowie gegebenenfalls das Internationale Abkommen vom 24. April 1926 über Kraftfahrzeugverkehr hingewiesen. Auskunft erteilt das Bundesministerium der Justiz.

12. Bahnenverkehr, Schifffahrt und Luftfahrt

245. Transportgefährdung. (1) Bei dem Verdacht einer strafbaren Transportgefährdung, die wegen ihrer Folgen oder aus anderen Gründen in der Öffentlichkeit Aufsehen erregen kann, führt der Staatsanwalt, wenn nötig, die Ermittlungen selbst und besichtigt den Tatort (vgl. Nr. 3).

(2) Für die Frage, ob Leib oder Leben eines anderen oder fremde Sachen von bedeutendem Wert im Sinne der §§ 315, 315a StGB gefährdet worden sind, ist die Art des Verkehrsmittels von Bedeutung. Der Staatsanwalt wird daher in Verbindung treten bei Beeinträchtigungen der Sicherheit

a) des Betriebs der Eisenbahnen des Bundes:
mit der örtlichen Außenstelle des Eisenbahnbundesamtes;

b) des Betriebs anderer Schienenbahnen oder von Schwebebahnen:
mit der zuständigen Aufsichtsbehörde;

c) des Betriebs der Schifffahrt:
mit der zuständigen Wasser- und Schifffahrtsdirektion;

d) des Luftverkehrs:
mit der obersten Landesverkehrsbehörde.

(3) Im Betrieb der Eisenbahn wird eine Gefahr für Leib oder Leben eines anderen oder für fremde Sachen von bedeutendem Wert in der Regel dann bestehen, wenn der Triebfahrzeugführer bei Erkennen des Fahrhindernisses oder einer anderen Beeinträchtigung der Sicherheit des Betriebs pflichtgemäß die Schnellbremsung einzuleiten hätte.

(4) Wegen der Eigenart der in Abs. 2 genannten Verkehrsmittel können schon geringfügige Versehen Betriebsbeeinträchtigungen verursachen, die den Tatbestand des § 315 Abs. 5, 6 StGB erfüllen. Ist in solchen Fällen die Schuld des Täters gering, so wird der Staatsanwalt prüfen, ob §§ 153 Abs. 1, 153a Abs. 1 StPO (vgl. Nr. 93 Abs. 1) anzuwenden sind.

246. Unfälle beim Betrieb von Eisenbahnen. (1) Zur Aufklärung eines Unfalls beim Betrieb von Eisenbahnen, der wegen seiner Folgen oder aus anderen Gründen in der Öffentlichkeit Aufsehen erregen kann, setzt sich der Staatsanwalt sofort mit der zuständigen Polizeidienststelle und ggf. der zuständigen Aufsichtsbehörde der Eisenbahn in Verbindung und begibt sich in der Regel selbst unverzüglich an den Unfallort, um die Ermittlungen zu leiten (vgl. Nummern 3 und 11).

(2) Soweit im weiteren Verfahren Sachverständige benötigt werden, sind in der Regel fachkundige Angehörige der zuständigen Aufsichtsbehörde heranzuziehen. Wenn andere Sachverständige beauftragt werden, so ist auch der Aufsichtsbehörde Gelegenheit zur gutachtlichen Äußerung zu geben.

247. Schifffahrts- und Luftverkehrssachen. (1) In Strafverfahren wegen Gefährdung des Schiffsverkehrs (§ 315a Abs. 1 Nr. 2 StGB) und bei der Untersuchung von Schiffsunfällen können namentlich folgende Vorschriften zur Sicherung des Schiffsverkehrs von Bedeutung sein:

a) im Bereich des Seeschiffsverkehrs
das Seeaufgabengesetz (SeeAufgG) und die hierauf beruhenden Rechtsverordnungen, insbesondere
die Verordnung zu den Internationalen Regelungen von 1972 zur Verhütung von Zusammenstößen auf See,

die Seeschifffahrtstraßen-Ordnung (SeeSchStrO),
die Verordnung über die Sicherheit der Seefahrt,
die Schiffssicherheitsverordnung (SchSV),
die Verordnung über die Beförderung gefährlicher Güter mit Seeschiffen (GGV See),
die Internationalen Übereinkommen zum Schutze des menschlichen Lebens auf See (SOLAS 74) und zum Schutze der Umwelt (MARPOL),

b) im Bereich des Binnenschiffsverkehrs
das Binnenschifffahrtsaufgabengesetz (BinSchAufgG) und die hierauf beruhenden folgenden Verordnungen:
die Binnenschiffs-Untersuchungsordnung (BinSchUO),
die Rheinschiffsuntersuchungsordnung nebst ihrer Einführungsverordnung,
die Rhein- und Moselschifffahrtspolizeiverordnung,
die Binnenschifffahrtsstraßen-Ordnung nebst ihren Einführungsverordnungen,
die Donauschifffahrtspolizeiverordnung nebst ihrer Anlage A,
die Binnenschifferpatentverordnung,
die Rheinpatentverordnung nebst ihrer Einführungsverordnung,
die Gefahrgutverordnung-Binnenschifffahrt (GGVBinSch).

(2) In solchen Verfahren empfiehlt es sich in der Regel, die Wasser- und Schifffahrtsdirektionen zu hören. Bei Verstößen gegen Sicherheitsvorschriften sind
im Bereich des Seeschiffsverkehrs die See-Berufsgenossenschaft in Hamburg und gegebenenfalls das Bundesamt für Seeschifffahrt und Hydrographie in Hamburg und
im Bereich des Binnenschiffsverkehrs die Binnenschifffahrts-Berufsgenossenschaft in Duisburg
zu beteiligen.

(3) Verstöße gegen die in Absatz 1 Buchst. a) genannten Seeverkehrsvorschriften sind überwiegend auch Seeunfälle im Sinne des Seesicherheits-Untersuchungs-Gesetzes (SUG), die von den Seeämtern Rostock, Kiel, Hamburg, Bremerhaven und Emden förmlich untersucht werden. Die Seeämter sind zu beteiligen.

(4) In Strafverfahren wegen Zuwiderhandlungen gegen luftrechtliche Vorschriften, die der Abwehr von Gefahren für den Luftverkehr dienen (§§ 59, 60, 62 Luftverkehrsgesetz), und bei der Untersuchung von Luftfahrzeugunfällen, sind die obersten Verkehrsbehörden der Länder, die Bundesstelle für Flugunfalluntersuchung (BFU, Hermann-Blenk-Str. 16, 38108 Braunschweig, Telefon 05 31/3 54 80) oder das Bundesministerium für Verkehr, Bau und Stadtentwicklung zu beteiligen.

13. Förderung der Prostitution, Menschenhandel und Zuhälterei

248. (1) Es empfiehlt sich, nach der ersten Aussage einer Prostituierten unverzüglich, möglichst im Anschluss an die polizeiliche Vernehmung, eine richterliche Vernehmung herbeizuführen, da Prostituierte erfahrungsgemäß nicht selten ihre Aussagen gegen den Zuhälter in der Hauptverhandlung nicht aufrechterhalten oder zu diesem Zeitpunkt nicht mehr erreichbar sind.

(2) Ist zu befürchten, dass ein Zeuge wegen der Anwesenheit bestimmter Personen in der Hauptverhandlung die Wahrheit nicht sagen werde, so wirkt der Staatsanwalt auf gerichtliche Maßnahmen nach § 172 GVG oder §§ 247, 247 a StPO hin.

(3) Ist in einem Strafverfahren die Ladung einer von der Tat betroffenen ausländischen Person als Zeuge zur Hauptverhandlung erforderlich und liegt deren Einverständnis für einen weiteren befristeten Aufenthalt in der Bundesrepublik Deutschland vor, informiert der Staatsanwalt die zuständige Ausländerbehörde mit dem Ziel, aufenthaltsbeendende Maßnahmen für die Dauer des Strafverfahrens zurückzustellen. Wird die ausländische Person nicht mehr als Zeuge für das Strafverfahren benötigt, setzt der Staatsanwalt die Ausländerbehörde hiervon umgehend in Kenntnis.

14. Pressestrafsachen

249. Allgemeines. (1) Pressestrafsachen im Sinne dieses Abschnitts sind Strafsachen, die Verstöße gegen die Pressegesetze der Länder oder solche Straftaten zum Gegenstand haben, die durch Verbreitung von Druckschriften (Druckwerken) strafbaren Inhalts begangen werden.

(2) Ist eine Straftat nach §§ 80 bis 101 a, 129 bis 131 StGB, 20 Abs. 1 Nr. 1 bis 4 des Vereinsgesetzes oder nach § 95 Abs. 1 Nr. 8 des Aufenthaltsgesetzes (Nr. 208 Abs. 1 Satz 1), eine Verunglimpfung oder eine Beleidigung oberster Staatsorgane (Nr. 209 Abs. 1 Satz 1) oder eine Beleidigung Fremder Staatspersonen (Nr. 210 Abs. 1) mittels einer Druckschrift begangen worden, so gelten die Nr. 202 bis 214.

(3) Auf Straftaten nach den §§ 131, 184, 184 a, 184 b, 184 c StGB und den §§ 15, 27 JuSchG, § 23 JMStV finden die Nummern 223 bis 228 Anwendung.

(4) Die Vorschriften dieses Abschnitts finden auf die in Abs. 2 und 3 bezeichneten Straftaten nur Anwendung, soweit es besonders bestimmt ist.

(5) Durch rasches Handeln ist zu verhindern, dass Druckschriften strafbaren Inhalts weitere Verbreitung finden; dies gilt vor allem, wenn Flugblätter, Handzettel, verbotene Zeitungen und Zeitschriften heimlich verbreitet werden. Beschleunigung ist auch wegen der kurzen Verjährungsfristen von Pressestrafsachen geboten.

(6) Die Akten sind als Pressestrafsache kenntlich zu machen und mit einem Hinweis auf die kurze Verjährungsfrist zu versehen.

250. Einheitliche Bearbeitung verschiedener, dieselbe Druckschrift betreffender Verfahren. (1) Strafsachen, welche dieselbe Veröffentlichung betreffen, sind möglichst einheitlich zu bearbeiten. Leitet der Staatsanwalt wegen einer Veröffentlichung in einer Druckschrift, die nicht in seinem Bezirk erschienen ist, ein Verfahren ein, so hat er dies dem Staatsanwalt des Erscheinungsortes unverzüglich mitzuteilen (vgl. § 7 StPO). Dieser prüft, ob ein Verfahren einzuleiten oder das bei der anderen Staatsanwaltschaft anhängige Verfahren zu übernehmen ist.

(2) Werden die Verfahren getrennt geführt, so unterrichten sich die beteiligten Staatsanwälte gegenseitig.

(3) Die Abs. 1 und 2 gelten sinngemäß, wenn die Veröffentlichung im Wesentlichen ein Abdruck aus einer anderen Veröffentlichung oder mit einer anderen Veröffentlichung im Wesentlichen inhaltsgleich ist.

251. Vollstreckung einer Beschlagnahmeanordnung. (1) Maßnahmen zur Vollstreckung einer Beschlagnahmeanordnung sind der Bedeutung des Falles sowie dem Umfang und der Art der Verbreitung der Druckschrift anzupassen.

(2) Ist die Druckschrift offenbar noch nicht verbreitet, so wird es in der Regel genügen, wenn sich der Staatsanwalt in den Besitz der erreichbaren Stücke setzt.

(3) Ist eine nur örtliche Verbreitung der Druckschrift anzunehmen, so ist lediglich die Polizeidienststelle, in deren Bereich die Verbreitung vermutlich stattgefunden hat oder stattfinden könnte, und, wenn die Verbreitung über einen örtlichen Polizeibezirk hinausgeht, auch das zuständige Landeskriminalamt zu ersuchen, die Vollstreckung der Beschlagnahme zu veranlassen.

(4) Ist es unmöglich oder unangebracht, die Durchführung der Beschlagnahme örtlich zu beschränken, so empfiehlt es sich, das Ersuchen um Vollstreckung der Beschlagnahmeanordnung den Polizeidienststellen durch den Sprech- und Datenfunk der Polizei bekanntzumachen.

(5) Die Ersuchen sind auf schnellstem Wege zu übermitteln. Es ist dafür zu sorgen, dass die Beschlagnahmeanordnung nicht vorzeitig bekannt wird. Mitunter wird es nötig sein, Vollstreckungsersuchen an die Polizeidienststellen in verschlüsselter (chiffrierter) Form weiterzugeben.

(6) In dem Ersuchen sind die ersuchende Behörde, die zugrunde liegende Anordnung (nach Aktenzeichen, anordnender Stelle, Ort und Datum der Anordnung) und der genaue Titel der Druckschrift (mit Verlag und Erscheinungsort) anzugeben.

252. Aufhebung der Beschlagnahme. Wird die Beschlagnahme aufgehoben, so sind davon unverzüglich alle Behörden und Stellen, die um die Vollstreckung ersucht worden sind, auf demselben Wege unter Rücknahme des Vollstreckungsersuchens zu benachrichtigen.

253. Einziehung, Unbrauchbarmachung und Ablieferung. Der Staatsanwalt hat bei Veröffentlichungen strafbaren Inhalts durch geeignete Anträge, notfalls durch Einlegung der zulässigen Rechtsmittel, darauf hinzuwirken, dass auf Einziehung und Unbrauchbarmachung (§§ 74 d, 74 e StGB) erkannt wird. Kann wegen der Straftat aus tatsächlichen Gründen keine bestimmte Person verfolgt oder verurteilt werden, so ist zu prüfen, ob das selbstständige Verfahren nach § 76 a StGB einzuleiten ist.

254. Sachverständige in Presseangelegenheiten. Soweit Sachverständige in Presseangelegenheiten benötigt werden, wendet sich der Staatsanwalt oder das Gericht

a) für grundsätzliche Fragen an den Deutschen Presserat, Generalsekretariat, Gerhard-von-Are-Straße 8, 53111 Bonn;
b) für journalistische Fragen an den Deutschen Journalistenverband, Pressehaus 2107, Schiffbauerdamm 40, 10117 Berlin;
c) für das Zeitungswesen an den Bundesverband Deutscher Zeitungsverleger, Markgrafenstraße 15, 10969 Berlin;
d) für das Zeitschriftenwesen an den Verband Deutscher Zeitschriftenverleger e. V., Markgrafenstraße 15, 10969 Berlin;
e) für das Buchverlagswesen an den Börsenverein des Deutschen Buchhandels e. V., Großer Hirschgraben 17–21, 60311 Frankfurt am Main.

II. Abschnitt. Strafvorschriften des Nebenstrafrechts

A. Allgemeines

255. (1) Auch die Straftaten des Nebenstrafrechts sind Zuwiderhandlungen, die ein sozialethisches Unwerturteil verdienen; sie sind deshalb nach den gleichen Grundsätzen und mit dem gleichen Nachdruck zu verfolgen wie Zuwiderhandlungen gegen Vorschriften des Strafgesetzbuchs. Dies gilt auch für die Anwendung der §§ 153, 153 a StPO. Maßnahmen zur Abschöpfung des durch die Tat erlangten wirtschaftlichen Vorteils einer juristischen Person oder Personenvereinigung nach Nummer 180 a können auch bei Straftaten des Nebenstrafrechts in Betracht kommen. Den zuständigen Fachbehörden ist nach den Nr. 90, 93 Gelegenheit zur Äußerung zu geben.

(2) Bei der Verfolgung von Straftaten des Nebenstrafrechts arbeitet der Staatsanwalt mit den zuständigen Fachbehörden zusammen. Die Fachbehörden können vor allem bei der Benennung geeigneter Sachverständiger Hilfe leisten.

B. Einzelne Strafvorschriften

1. Waffen- und Sprengstoffsachen

256. (1) Bei der Verfolgung von Straftaten nach dem Waffengesetz oder dem Ausführungsgesetz zu Art. 26 Abs. 2 GG (Gesetz über die Kontrolle von Kriegswaffen) einschließlich der auf Grund dieser Gesetze erlassenen Rechtsverordnungen empfiehlt es sich, auch die hierzu ergangenen Verwaltungsvorschriften, namentlich die Allgemeine Verwaltungsvorschrift zum Waffengesetz (WaffVwV), heranzuziehen.

(2) Ein besonderes Augenmerk ist auf die Erkennung überörtlicher Zusammenhänge zu richten. In geeigneten Fällen ist mit der Zollbehörde zusammenzuarbeiten. Es emp-

fiehlt sich, möglichst frühzeitig Strafregisterauszüge aus den Staaten, in denen sich der Beschuldigte vermutlich aufgehalten hat, anzufordern.

(3) Bevor der Staatsanwalt Schusswaffen, insbesondere auch nachträglich veränderte (z. B. durchbohrte oder verkürzte) Schreckschuss-, Reizstoff- und Signalwaffen in amtliche Verwahrung nimmt, prüft er, ob der Schusswaffenerkennungsdienst durchgeführt ist.

(4) Der Staatsanwalt teilt der Polizei oder der Verwaltungsbehörde unverzüglich alle Umstände mit, aus denen sich der Verdacht ergibt, dass
a) vorschriftswidrig mit Sprengstoffen umgegangen oder gehandelt wurde, oder diese Stoffe vorschriftswidrig befördert worden sind,
b) vorschriftswidrig Schusswaffen hergestellt, gehandelt oder erworben worden sind.

2. Straftaten nach dem Betäubungsmittelgesetz

257. (1) Bei Straftaten nach dem Gesetz über den Verkehr mit Betäubungsmitteln gilt Nr. 256 Abs. 2 entsprechend.

(2) Der Staatsanwalt arbeitet auch mit den Stellen zusammen, die sich um die Betreuung von Suchtkranken bemühen, namentlich mit den Gesundheitsämtern, Jugendämtern und Verbänden der öffentlichen und freien Wohlfahrtspflege.

3. Arbeitsschutz

258. (1) Vorschriften zum Schutze der Arbeitskraft und der Gesundheit der Arbeitnehmer sind namentlich enthalten in
a) dem Arbeitsschutzgesetz* und dem Arbeitszeitgesetz*,
b) dem Atomgesetz*,
c) dem Bundesberggesetz*,
d) dem Chemikaliengesetz*,
e) dem Gesetz über den Ladenschluss*,
f) der Gewerbeordnung*,
g) dem Heimarbeitsgesetz*,
h) dem Jugendarbeitsschutzgesetz*,
i) dem Mutterschutzgesetz*,
j) dem Seemannsgesetz*,
k) dem Sprengstoffgesetz*,
l) dem Arbeitssicherheitsgesetz*,
m) dem Bundesurlaubsgesetz*,
n) Teil 2 des Sozialgesetzbuches IX*.

(2) Arbeitsschutzrechtliche Vorschriften enthalten auch die Strahlenschutzverordnung, die Röntgenverordnung, die Gefahrstoffverordnung, die PSA-Benutzungsverordnung (Verordnung über Sicherheit und Gesundheitsschutz bei der Benutzung persönlicher Schutzausrüstungen bei der Arbeit), die Bildschirmarbeitsverordnung, die Lastenhandhabungsverordnung, die Arbeitsstättenverordnung, die Biostoffverordnung und die Baustellenverordnung.

(3) Fachbehörden sind das Gewerbeaufsichtsamt, das Bergamt oder die sonst nach Landesrecht zuständigen Stellen.

259. Schutz des Arbeitsmarktes. (1) Vorschriften zum Schutze des Arbeitsmarktes und gegen die missbräuchliche Ausnutzung fremder Arbeitskraft sind namentlich enthalten im
a) Drittes Sozialgesetzbuch – Arbeitsförderung,
b) Arbeitnehmerüberlassungsgesetz.

(2) Zuständige Fachbehörde ist die Bundesagentur für Arbeit.

---

* **Amtl. Anm.:** Vgl. Fundstellennachweis A zum Bundesrecht.

4. Unlauterer Wettbewerb

260. Öffentliches Interesse an der Strafverfolgung. Das öffentliche Interesse an der Strafverfolgung wegen unlauteren Wettbewerbs (§ 299 StGB, §§ 16 bis 19 UWG) wird in der Regel zu bejahen sein, wenn eine nicht nur geringfügige Rechtsverletzung vorliegt. Dies gilt in Fällen

1. des § 16 Abs. 1 UWG vor allem, wenn durch unrichtige Angaben ein erheblicher Teil der Verbraucher irregeführt werden kann (vgl. auch § 144 Markengesetz in Bezug auf geographische Herkunftsangaben);
2. des § 16 Abs. 2 UWG vor allem, wenn insgesamt ein hoher Schaden droht, die Teilnehmer einen nicht unerheblichen Beitrag zu leisten haben oder besonders schutzwürdig sind.

Die Verweisung auf die Privatklage (§ 374 Abs. 1 Nr. 5 a, 7, § 376 StPO) ist in der Regel nur angebracht, wenn der Verstoß leichter Art ist und die Interessen eines eng umgrenzten Personenkreises berührt.

260 a. Besonderes öffentliches Interesse an der Strafverfolgung. (1) Ein besonderes öffentliches Interesse an der Strafverfolgung von Verletzungen von Geschäfts- oder Betriebsgeheimnissen (§§ 17 bis 19 UWG) wird insbesondere dann anzunehmen sein, wenn der Täter wirtschaftsstrafrechtlich vorbestraft ist, ein erheblicher Schaden droht oder eingetreten ist, die Tat Teil eines gegen mehrere Unternehmen gerichteten Plans zur Ausspähung von Geschäfts- oder Betriebsgeheimnissen ist oder den Verletzten in seiner wirtschaftlichen Existenz bedroht.

(2) Kommt ein besonders schwerer Fall (§ 17 Abs. 4 UWG) in Betracht, so kann das besondere öffentliche Interesse an der Verfolgung nur ausnahmsweise verneint werden. Das Gleiche gilt, auch bezüglich § 18 UWG, wenn der Täter davon ausgeht, dass das Geheimnis im Ausland verwertet werden soll, oder er es selbst im Ausland verwertet.

260 b. Geheimhaltung von Geschäfts- oder Betriebsgeheimnissen. (1) Bittet der Verletzte um Geheimhaltung oder stellt er keinen Strafantrag, so sollen Geschäfts- oder Betriebsgeheimnisse in der Sachakte nur insoweit schriftlich festgehalten werden, als dies für das Verfahren unerlässlich ist.

(2) Wird in den Fällen des Absatz 1 Akteneinsicht gewährt, so ist darauf hinzuweisen, dass die Akte Geschäfts- oder Betriebsgeheimnisse enthält; hierüber ist ein Vermerk zu den Akten zu nehmen. Dies gilt sinngemäß bei sonstigen Mitteilungen aus den Akten. Es ist zu prüfen, ob nicht Gründe entgegenstehen, dem Verteidiger die Akten zur Einsichtnahme in seine Geschäftsräume oder in seine Wohnung mitzugeben (§ 147 Abs. 4 StPO).

(3) Vor Gewährung von Akteneinsicht an Dritte ist, auch wenn die Voraussetzungen des Absatz 1 nicht vorliegen, besonders sorgfältig zu prüfen, ob nicht schutzwürdige Interessen des Verletzten entgegenstehen.

260 c. Auskünfte. Bei unlauteren Wettbewerbsmethoden von örtlicher Bedeutung können die Industrie- und Handelskammern Auskünfte geben; im Übrigen erteilen Auskünfte:

- die Zentrale zur Bekämpfung unlauteren Wettbewerbs e. V. Frankfurt am Main, Landgrafenstraße 24 b, 61348 Bad Homburg v. d. H., die mit den Spitzenverbänden der deutschen gewerblichen Wirtschaft zusammenarbeiten;
- der Gutachterausschuss für Wettbewerbsfragen, Adenauerallee 148, 53113 Bonn;
- der Deutsche Schutzverband gegen Wirtschaftskriminalität e. V. Frankfurt am Main, Landgrafenstraße 24 b, 61348 Bad Homburg v. d. H.;
- der Verein „Pro Honore", Verein für Treu und Glauben im Geschäftsverkehr e. V., Borgfelder Straße 30, 20537 Hamburg;
- Verbraucherzentrale Bundesverband e. V. (VZbV), Marktgrafenstraße 66, 10969 Berlin.

5. Straftaten nach den Gesetzen zum Schutze des geistigen Eigentums

261. Öffentliches Interesse an der Strafverfolgung. Das öffentliche Interesse an der Strafverfolgung von Verletzungen von Rechten des geistigen Eigentums (§ 142 Abs. 1 des Patentgesetzes, § 25 Abs. 1 des Gebrauchsmustergesetzes, § 10 Abs. 1 des Halbleiterschutzgesetzes, § 39 Abs. 1 des Sortenschutzgesetzes, § 143 Abs. 1, § 143 a und § 144 Abs. 1 und 2 des Markengesetzes, § 51 Abs. 1 und § 65 Abs. 1 des Geschmacksmustergesetzes, §§ 106 bis 108 und § 108 b des Urheberrechtsgesetzes und § 33 des Gesetzes betreffend das Urheberrecht an Werken der bildenden Künste und der Photografie) wird in der Regel zu bejahen sein, wenn eine nicht nur geringfügige Schutzrechtsverletzung vorliegt. Zu berücksichtigen sind dabei insbesondere das Ausmaß der Schutzrechtsverletzung, der eingetretene oder drohende wirtschaftliche Schaden und die vom Täter erstrebte Bereicherung.

261 a. Besonderes öffentliches Interesse an der Strafverfolgung. Ein besonderes öffentliches Interesse an der Strafverfolgung (§ 142 Abs. 4 des Patentgesetzes, § 25 Abs. 4 des Gebrauchsmustergesetzes, § 10 Abs. 4 des Halbleiterschutzgesetzes, § 39 Abs. 4 des Sortenschutzgesetzes, § 143 Abs. 4 des Markengesetzes, § 51 Abs. 4, § 65 Abs. 2 des Geschmacksmustergesetzes, § 109 des Urheberrechtsgesetzes) wird insbesondere dann anzunehmen sein, wenn der Täter einschlägig vorbestraft ist, ein erheblicher Schaden droht oder eingetreten ist, die Tat den Verletzten in seiner wirtschaftlichen Existenz bedroht oder die öffentliche Sicherheit oder die Gesundheit der Verbraucher gefährdet ist.

261 b. Öffentliche Bekanntmachung der Verurteilung. Ist die Bekanntmachung der Verurteilung anzuordnen, so hat der Staatsanwalt darauf hinzuwirken, dass der Name des Verletzten in die Urteilsformel aufgenommen wird. Ist die öffentliche Bekanntmachung der Verurteilung zu vollziehen (§ 463 c StPO), so ist § 59 der Strafvollstreckungsordnung zu beachten.

6. Verstöße gegen das Lebensmittelrecht

262. Strafvorschriften des Lebensmittelrechts sind insbesondere enthalten
a) im Lebensmittel-, Bedarfsgegenstände- und Futtermittelgesetzbuch
b) im Milch- und Margarinegesetz
sowie in den auf Grund dieser Gesetze erlassenen Rechtsverordnungen.

7. Verstöße gegen das Weingesetz

263. Als Sachverständige für Fragen der Herstellung und des gewerbsmäßigen Verkehrs mit Weinen und weinähnlichen Getränken kommen namentlich die hauptberuflichen Kontrolleure sowie die Beamten und Angestellten der Staatlichen Versuchs- und Lehranstalten für Obst- und Weinbau in Betracht. Für Fragen des Weinbaues benennen die landwirtschaftlichen Berufsvertretungen (z. B. Landwirtschaftskammern) Sachverständige.

8. Verstöße gegen das Futtermittelgesetz

264. In Verfahren wegen Straftaten nach §§ 58, 59 des Lebensmittel-, Bedarfsgegenstände- und Futtermittelgesetzbuches kommen als Sachverständige vor allem die mit der Futtermitteluntersuchung betrauten wissenschaftlichen Beamten (Angestellten) der öffentlich-rechtlichen oder unter öffentlicher Aufsicht stehenden Untersuchungs- und Forschungsinstitute oder die vereidigten Handelschemiker, ferner sachkundige Leiter (Inhaber) von Herstellerbetrieben und anderen Handelsfirmen, leitende Angestellte landwirschaftlicher Genossenschaften oder Landwirte in Betracht.

9. Verstöße gegen das Außenwirtschaftsgesetz

265. (1) In Verfahren wegen Straftaten nach dem Außenwirtschaftsgesetz und der Außenwirtschaftsverordnung kann der Staatsanwalt Ermittlungen auch durch die Hauptzollämter oder die Zollfahndungsämter und in Fällen überörtlicher Bedeutung auch durch das Zollkriminalamt vornehmen lassen. Auf die Koordinierungs- und Lenkungsfunktion des Zollkriminalamtes (§ 3 Abs. 5 des Gesetzes über das Zollkriminalamt und die Zollfahndungsämter) wird hingewiesen.

(2) Zuständige Verwaltungsbehörde ist die Oberfinanzdirektion. Ort und Zeit der Hauptverhandlung sind ihr mitzuteilen; ihr Vertreter erhält in der Hauptverhandlung auf Verlangen das Wort (vgl. § 38 Abs. 2 des Außenwirtschaftsgesetzes).

10. Verstöße gegen die Steuergesetze

(einschließlich der Gesetze über Eingangsabgaben)

266. Zusammenwirken mit den Finanzbehörden. (1) Ermittelt der Staatsanwalt wegen einer Steuerstraftat/Zollstraftat, so unterrichtet er das sonst zuständige Finanzamt/Hauptzollamt.

(2) Bei der Verfolgung von Straftaten gegen die Zoll- und Verbrauchssteuergesetze, das Branntweinmonopolgesetz und gegen Einfuhr-, Ausfuhr- und Durchfuhrverbote kann der Staatsanwalt die Zollfahndungsämter oder ihre Zweigstellen zur Mitwirkung heranziehen. Nach Übersendung des Schlussberichtes durch das Zollfahndungsamt richtet der Staatsanwalt Anfragen, die das Besteuerungsverfahren oder das Steuerstrafverfahren betreffen, an das sonst zuständige Hauptzollamt.

267. Zuständigkeit. (1) Von dem Recht, das Verfahren wegen einer Steuerstraftat/Zollstraftat an sich zu ziehen, macht der Staatsanwalt Gebrauch, wenn dies aus besonderen Gründen geboten erscheint, etwa wenn der Umfang und die Bedeutung der Steuerstraftat/Zollstraftat dies nahe legen, wenn die Steuerstraftat/Zollstraftat mit einer anderen Straftat zusammentrifft oder wenn der Verdacht der Beteiligung eines Angehörigen der Finanzverwaltung besteht.

(2) Im Interesse einer einheitlichen Strafzumessungspraxis unterrichtet sich der Staatsanwalt über die den Strafbefehlsanträgen des Finanzamtes/Hauptzollamtes zu Grunde liegenden allgemeinen Erwägungen.

11. Umweltschutz

268. Umwelt und Tierschutz. (1) Dem Schutz der Umwelt dienen außer § 307 Abs. 2 bis 4, § 309 Abs. 3 und 6, den §§ 310, 311, 312, 324 bis 330 a StGB in den Bereichen

Abfall- und Abwässerbeseitigung,
Boden-, Gewässer- und Grundwasserschutz,
Lärmbekämpfung,
Luftreinhaltung,
Naturschutz und Landschaftspflege,
Pflanzenschutz,
Strahlenschutz,
Tierschutz,
Tierkörperbeseitigung,
Trinkwasserschutz;

Straf- und Bußgeldvorschriften u. a. in folgenden Bundesgesetzen:
a) dem Kreislaufwirtschafts- und Abfallgesetz,
b) dem Wasserhaushaltsgesetz,
dem Bundeswasserstraßengesetz,
dem Wasch- und Reinigungsmittelgesetz,

c) der Verordnung über Zuwiderhandlungen gegen das Internationale Übereinkommen von 1973 zur Verhütung der Meeresverschmutzung durch Schiffe,
dem Gesetz zu dem Übereinkommen vom 29. April 1958 über die Hohe See,
dem Gesetz zu dem Internationalen Übereinkommen vom 29. November 1969 über Maßnahmen auf Hoher See bei Ölverschmutzungs-Unfällen,
dem Gesetz zu dem Übereinkommen vom 15. Februar 1972 und 29. Dezember 1972 zur Verhütung der Meeresverschmutzung durch das Einbringen von Abfällen durch Schiffe und Luftfahrzeuge,
dem Gesetz zu dem Internationalen Übereinkommen von 1973 zur Verhütung der Meeresverschmutzung durch Schiffe und zu dem Protokoll von 1978 zu diesem Übereinkommen,
d) dem Bundes-Immissionsschutzgesetz,
dem Luftverkehrsgesetz,
dem Benzinbleigesetz,
dem Chemikaliengesetz,
der Chemikalienverbotsverordnung,
dem Gesetz über die Beförderung gefährlicher Güter
der Gefahrstoffverordnung,
e) dem Bundesnaturschutzgesetz,
dem Pflanzenschutzgesetz,
der Reblaus-Verordnung,
dem Düngemittelgesetz,
f) dem Infektionsschutzgesetz,
dem Tierseuchengesetz,
g) dem Atomgesetz,
dem Strahlenschutzvorsorgegesetz,
der Röntgenverordnung,
h) dem Tierschutzgesetz,
der Tierschutz-Schlachtverordnung,
dem Bundesjagdgesetz,
dem Tierische Nebenprodukte-Beseitigungsgesetz,
i) dem Gentechnikgesetz,
j) dem Umweltschutzprotokoll-Ausführungsgesetz.

(2) Von erheblicher Bedeutung sind außerdem landesrechtliche Straf- und Bußgeldvorschriften. Auf die in einzelnen Ländern bestehenden Sammlungen von Straf- und Bußgeldvorschriften auf dem Gebiet des Umweltschutzes wird hingewiesen.

Richtlinien für das Bußgeldverfahren

I. Abschnitt. Zuständigkeit

269. Abgrenzung der Zuständigkeit zwischen Staatsanwaltschaft und Verwaltungsbehörde. (1) Die Staatsanwaltschaft ist im Vorverfahren für die Verfolgung einer Ordnungswidrigkeit nur ausnahmsweise zuständig (vgl. Nr. 270). Sie ist nicht befugt, ausschließlich wegen einer Ordnungswidrigkeit Anklage zu erheben.

(2) Im gerichtlichen Verfahren ist die Staatsanwaltschaft für die Verfolgung einer Ordnungswidrigkeit stets zuständig (vgl. Nr. 271). In Verfahren nach Einspruch gegen einen Bußgeldbescheid wird sie dies, sobald die Akten bei ihr eingehen (§ 69 Abs. 4 Satz 1 OWiG).

270. Zuständigkeit der Staatsanwaltschaft im vorbereitenden Verfahren. Die Staatsanwaltschaft ist im vorbereitenden Verfahren wegen einer Straftat zugleich auch für die Verfolgung einer Ordnungswidrigkeit zuständig, soweit

a) die Verfolgung der Tat auch unter dem rechtlichen Gesichtspunkt einer Ordnungswidrigkeit in Betracht kommt (§ 40 OWiG),
b) die Verfolgung einer Ordnungswidrigkeit wegen des Zusammenhanges mit einer Straftat übernommen worden ist (§ 42 OWiG).

Die Übernahme der Verfolgung einer Ordnungswidrigkeit nach § 130 OWiG eines zum Leitungsbereich einer juristischen Person oder Personenvereinigung gehördenden Betroffenen kommt insbesondere dann in Betracht, wenn die Ordnungswidrigkeit andernfalls nicht verfolgt werden könnte und die Übernahme die Möglichkeit der Verhängung einer Verbandsgeldbuße nach § 30 OWiG eröffnet; im Fall der Übernahme gilt Nummer 180a entsprechend. In den Fällen des § 82 GWB ist die Staatsanwaltschaft nur zuständig, wenn die Kartellbehörde das betreffende Verfahren abgegeben hat.

271. Zuständigkeit der Staatsanwaltschaft im gerichtlichen Verfahren. (1) Die Zuständigkeit der Staatsanwaltschaft für die Verfolgung einer Ordnungswidrigkeit im gerichtlichen Verfahren erstreckt sich auf

a) das Verfahren nach Einspruch gegen einen Bußgeldbescheid, sobald die Akten bei der Staatsanwaltschaft eingegangen sind (§ 69 Abs. 4 Satz 1 OWiG),
b) das Verfahren nach Anklage wegen einer Straftat, soweit es hier auf den rechtlichen Gesichtspunkt einer Ordnungswidrigkeit ankommt (§§ 40, 82 OWiG),
c) das Verfahren wegen Ordnungswidrigkeiten, die mit Straftaten zusammenhängen (§§ 42, 83 OWiG),
d) das Wiederaufnahmeverfahren gegen einen Bußgeldbescheid (§ 85 Abs. 4 Satz 2 OWiG) oder gegen eine gerichtliche Bußgeldentscheidung,
e) das Nachverfahren gegen einen Bußgeldbescheid (§ 87 Abs. 4 OWiG) oder gegen eine gerichtliche Bußgeldentscheidung.

(2) Im Verfahren nach Antrag auf gerichtliche Entscheidung gegen eine Maßnahme der Verwaltungsbehörde (§ 62 OWiG) ist die Staatsanwaltschaft nicht beteiligt.

II. Abschnitt. Zusammenarbeit der Staatsanwaltschaft mit den Verwaltungsbehörden

272. (1) Im Interesse einer sachgerechten Beurteilung und einer gleichmäßigen Behandlung berücksichtigt der Staatsanwalt, soweit er für die Verfolgung von Ordnungswidrigkeiten zuständig ist, die Belange der Verwaltungsbehörde und macht sich ihre besondere Sachkunde zunutze. Dies gilt namentlich bei Verstößen gegen Rechtsvorschriften, die nicht zum vertrauten Arbeitsgebiet des Staatsanwalts gehören.

(2) Auch in den Fällen, die in den nachstehenden Bestimmungen nicht ausdrücklich genannt sind, prüft der Staatsanwalt, bevor er Anträge stellt oder Entschließungen trifft, ob hierfür die besondere Sachkunde der zuständigen Verwaltungsbehörde von Bedeutung sein kann oder deren Interessen in besonderem Maße berührt sind. Trifft dies zu, so hört er die Verwaltungsbehörde.

(3) Sind mehrere Verwaltungsbehörden sachlich oder örtlich zuständig, so wendet sich der Staatsanwalt an die Verwaltungsbehörde, der nach § 39 Abs. 1 Satz 1 OWiG der Vorzug gebührt. Besteht keine Vorzugszuständigkeit, so wählt der Staatsanwalt unter mehreren zuständigen Verwaltungsbehörden diejenige aus, deren Einschaltung wegen ihrer besonderen Sachkunde oder im Interesse der Beschleunigung oder Vereinfachung des Verfahrens oder aus anderen Gründen sachdienlich erscheint; gegebenenfalls wendet er sich an die Verwaltungsbehörde, die auf Grund Vereinbarung mit der Verfolgung der Ordnungswidrigkeit betraut ist. Dabei ist zu berücksichtigen, dass der Staatsanwalt durch Übersendung der Akten an eine der mehreren zuständigen Verwaltungsbehörden bei sinngemäßer Anwendung des § 39 Abs. 1 Satz 1 OWiG deren Vorzugszuständigkeit herbeiführt, wenn der Betroffene wegen der Tat bereits vernommen ist.

III. Abschnitt. Einbeziehung von Ordnungswidrigkeiten in das vorbereitende Verfahren wegen einer Straftat

1. Berücksichtigung des rechtlichen Gesichtspunktes einer Ordnungswidrigkeit

273. Umfang der Ermittlungen. (1) Der Staatsanwalt erstreckt die Ermittlungen wegen einer Straftat auch auf den rechtlichen Gesichtspunkt einer Ordnungswidrigkeit, soweit er für die Beurteilung der Tat von Bedeutung ist oder sein kann.

(2) Ist eine Handlung gleichzeitig Straftat und Ordnungswidrigkeit, so kann das ordnungswidrige Verhalten für die Strafbemessung von Bedeutung sein oder die Grundlage für die Anordnung einer Nebenfolge bilden (§ 21 Abs. 1 Satz 2 OWiG). Im Übrigen ist zu berücksichtigen, dass die Ordnungswidrigkeit selbstständige Bedeutung erlangt, wenn sich der Verdacht der Straftat nicht erweist oder wenn eine Strafe nicht verhängt wird (§ 21 Abs. 2 OWiG).

(3) Umfasst die dem Beschuldigten zur Last gelegte Tat mehrere Handlungen im materiell-rechtlichen Sinne und ist eine von ihnen eine Ordnungswidrigkeit, so prüft der Staatsanwalt, ob die Verfolgung der Ordnungswidrigkeit geboten ist (§ 47 Abs. 1 Satz 1 OWiG). Bejaht er dies, so macht er seine Entschließung aktenkundig und klärt den Sachverhalt auch unter dem rechtlichen Gesichtspunkt der Ordnungswidrigkeit auf, ohne dass es einer Übernahme der Verfolgung (vgl. Abschnitt III/2) bedarf. Ist jedoch zweifelhaft, ob ein einheitliches Tatgeschehen vorliegt, so ist es zweckmäßig, die Verfolgung der Ordnungswidrigkeit ausdrücklich zu übernehmen (vgl. Nr. 277 Abs. 3).

274. Unterbrechung der Verjährung. Kommt eine Ahndung der Tat auch unter dem rechtlichen Gesichtspunkt einer Ordnungswidrigkeit in Betracht (vgl. Nr. 273 Abs. 1, 3), so ist es, namentlich in Verkehrssachen, vielfach geboten, die Verjährung der Ordnungswidrigkeit zu unterbrechen (§ 33 OWiG), damit diese geahndet werden kann, wenn der Täter wegen der anderen Rechtsverletzungen nicht verurteilt wird.

275. Einstellung des Verfahrens wegen der Ordnungswidrigkeit. I Erwägt der Staatsanwalt, das Verfahren wegen einer Straftat auch unter dem rechtlichen Gesichtspunkt der Ordnungswidrigkeit (§ 40 OWiG) oder nur hinsichtlich einer mit der Straftat zusammenhängenden Ordnungswidrigkeit (§ 42 Abs. 1 OWiG) einzustellen, so gibt er der Verwaltungsbehörde Gelegenheit zur Stellungnahme (§ 63 Abs. 3 OWiG). Hiervon kann abgesehen werden, wenn der Staatsanwalt in der Beurteilung bestimmter Ordnungswidrigkeiten ausreichende Erfahrung hat oder wenn die Einstellung des Verfahrens allein von einer Rechtsfrage abhängt, für deren Entscheidung es auf die besondere Sachkunde der Verwaltungsbehörde nicht ankommt.

(2) Bei Ordnungswidrigkeiten nach den Steuergesetzen (einschließlich der Gesetze über Eingangsabgaben und Monopole) ist die sonst zuständige Verwaltungsbehörde (Finanzamt, Hauptzollamt) vor der Einstellung zu hören. Dasselbe gilt bei Ordnungswidrigkeiten nach dem Wirtschaftsstrafgesetz 1954, dem Außenwirtschaftsgesetz und dem Gesetz zur Durchführung der gemeinsamen Marktorganisationen (MOG), da die Verwaltungsbehörde in diesen Fällen auch im Strafverfahren stets zu beteiligen ist (§ 13 Abs. 2 des Wirtschaftsstrafgesetzes 1954, § 38 Abs. 2 des Außenwirtschaftsgesetzes, § 38 Abs. 2 MOG).

(3) Würde die Anhörung der Verwaltungsbehörde das Verfahren unangemessen verzögern, so sieht der Staatsanwalt von der Einstellung des Verfahrens unter dem rechtlichen Gesichtspunkt einer Ordnungswidrigkeit ab; in diesem Falle gibt er die Sache, sofern er die Tat nicht als Straftat weiterverfolgt, an die Verwaltungsbehörde ab, wenn Anhaltspunkte dafür vorhanden sind, dass die Tat als Ordnungswidrigkeit verfolgt werden kann (§ 43 Abs. 1 OWiG).

(4) Stellt der Staatsanwalt das Verfahren sowohl wegen der Straftat als auch wegen der Ordnungswidrigkeit ein, so trifft er eine einheitliche Einstellungsverfügung.

(5) Stellt der Staatsanwalt das Verfahren unter dem rechtlichen Gesichtspunkt der Ordnungswidrigkeit ein, so braucht er dem Anzeigenden die Gründe für die Einstellung in der Regel nicht mitzuteilen. Hatte die Verwaltungsbehörde wegen der Ordnungswidrigkeit bereits ein Bußgeldverfahren eingeleitet, so teilt der Staatsanwalt auch ihr die Einstellung mit.

276. Einstellung des Verfahrens nur wegen der Straftat. (1) Der Staatsanwalt gibt die Sache an die Verwaltungsbehörde ab, wenn er das Verfahren nur wegen der Straftat einstellt, aber Anhaltspunkte dafür vorhanden sind, dass die Tat als Ordnungswidrigkeit verfolgt werden kann (§ 43 Abs. 1 OWiG). Die Nr. 88ff. sind zu beachten.

(2) Der Verwaltungsbehörde werden im Falle des Abs. 1 Satz 1 die Vorgänge oder Abdrucke der Vorgänge, soweit sie sich auf die Ordnungswidrigkeit beziehen, übersandt. Bei der Abgabe der Sache ist mitzuteilen, worin die Anhaltspunkte dafür gesehen werden, dass die Tat als Ordnungswidrigkeit verfolgt werden kann; dies gilt nicht, wenn ein solcher Hinweis für die Verwaltungsbehörde entbehrlich ist.

(3) Wird gegen die Einstellung des Verfahrens wegen der Straftat Beschwerde eingelegt, so hindert dies den Staatsanwalt nicht, die Sache wegen des Verdachts der Ordnungswidrigkeit an die Verwaltungsbehörde abzugeben. Die Abgabe wird in diesem Falle namentlich dann geboten sein, wenn die Beschwerde unbegründet erscheint und die Verfolgung der Ordnungswidrigkeit zu verjähren droht.

2. Übernahme der Verfolgung einer Ordnungswidrigkeit

277. Übernahme. (1) Der Staatsanwalt soll die Verfolgung einer Ordnungswidrigkeit nur dann übernehmen, wenn diese Verfahrensgestaltung wegen besonderer Umstände sachdienlich erscheint (§ 42 Abs. 2 OWiG). Das wird in erster Linie zu bejahen sein, wenn die Taten in einer engen zeitlichen oder räumlichen Beziehung zueinander stehen. Auch sonst kann die Übernahme zweckmäßig sein, z. B. wenn einheitliche Ermittlungen den Betroffenen oder die Ermittlungsbehörden weniger belasten.

(2) Der Staatsanwalt soll grundsätzlich nicht die Verfolgung solcher Ordnungswidrigkeiten übernehmen, mit deren Beurteilung er im Allgemeinen nicht vertraut ist (z. B. Ordnungswidrigkeiten nach den innerstaatlichen EG-Durchführungsbestimmungen). Erscheint es zweifelhaft, ob die Übernahme der Verfolgung sachdienlich ist, so hört die Staatsanwaltschaft vor der Übernahme die sonst zuständige Verwaltungsbehörde.

(3) Der Staatsanwalt macht die Übernahme aktenkundig und unterrichtet zugleich die Verwaltungsbehörde, wenn sie bereits ein Bußgeldverfahren eingeleitet hat oder diese Möglichkeit nahe liegt.

(4) Übernimmt der Staatsanwalt die Verfolgung nicht, so gilt Nr. 276 Abs. 2 entsprechend.

278. Verfahren nach Übernahme. (1) Ergeben die Ermittlungen wegen der Ordnungswidrigkeit, dass deren weitere Verfolgung im Zusammenhang mit der Straftat nicht sachdienlich erscheint, so gibt der Staatsanwalt insoweit die Sache an die Verwaltungsbehörde ab (§ 43 Abs. 2 Halbs. 1 OWiG); Nr. 276 Abs. 2 gilt entsprechend.

(2) Erwägt der Staatsanwalt, das Verfahren wegen der übernommenen Ordnungswidrigkeit einzustellen, so ist § 63 Abs. 3 OWiG zu beachten. Im Übrigen gilt Nr. 275 Abs. 3 entsprechend.

279. Einstellung des Verfahrens nur wegen der Straftat. Stellt der Staatsanwalt nach Übernahme der Verfolgung einer Ordnungswidrigkeit das Verfahren nur wegen der zusammenhängenden Straftat ein (§ 43 Abs. 2 Halbs. 2 OWiG), so gilt Nr. 276 entsprechend.

IV. Abschnitt. Erstreckung der öffentlichen Klage auf die Ordnungswidrigkeit

280. (1) Erstreckt der Staatsanwalt die öffentliche Klage auf die übernommene Ordnungswidrigkeit (§§ 42, 64 OWiG), so sind die Straftat und die Ordnungswidrigkeit in einer einheitlichen Anklageschrift zusammenzufassen.

(2) In der Anklageschrift ist die Ordnungswidrigkeit zu bezeichnen, die dem Angeschuldigten oder einem Betroffenen zur Last gelegt wird (§ 42 Abs. 1 Satz 2, 2. Fall OWiG). Die Nr. 110 bis 112 gelten sinngemäß auch für den Teil der Anklage, der sich auf die Ordnungswidrigkeit bezieht. Wer nur wegen einer Ordnungswidrigkeit verfolgt wird, ist in der Anklageschrift als „Betroffener" zu bezeichnen.

(3) § 63 OWiG ist zu beachten.

(4) Für den Antrag auf Erlass eines Strafbefehls gilt Abs. 1 bis 3 entsprechend.

V. Abschnitt. Verfahren nach Einspruch gegen den Bußgeldbescheid

281. Prüfung der Zulässigkeit des Einspruchs; Wiedereinsetzung in den vorigen Stand. Werden die Akten nach Einspruch gegen den Bußgeldbescheid über die Staatsanwaltschaft an das Amtsgericht übersandt und stellt der Staatsanwalt dabei fest, dass der Einspruch nicht rechtzeitig, nicht in der vorgeschriebenen Form oder sonst nicht wirksam eingelegt ist, so gibt er die Akten an die Verwaltungsbehörde zur Entscheidung über die Zulässigkeit des Einspruchs (§ 69 Abs. 1 Satz 1 OWiG) zurück. Satz 1 gilt entsprechend, wenn der Betroffene wegen Versäumung der Einspruchsfrist die Wiedereinsetzung in den vorigen Stand beantragt und die Verwaltungsbehörde hierüber noch nicht entschieden hat.

282. Prüfung des Vorwurfs. (1) Bei einem zulässigen Einspruch prüft der Staatsanwalt, ob der hinreichende Verdacht einer Ordnungswidrigkeit besteht, die Verfolgung geboten ist (§ 47 Abs. 1 OWiG) und Verfahrenshindernisse nicht entgegenstehen.

(2) Im Rahmen seiner Prüfung kann der Staatsanwalt selbst Ermittlungen vornehmen oder Ermittlungsorgane darum ersuchen oder von Behörden oder sonstigen Stellen die Abgabe von Erklärungen über dienstliche Wahrnehmungen, Untersuchungen und Erkenntnisse (§ 77 a Abs. 2 OWiG) verlangen.

(3) Stellt der Staatsanwalt das Verfahren ein, teilt er dies dem Betroffenen und der Verwaltungsbehörde formlos mit; Nummer 275 Abs. 2 gilt für die dort genannten Fälle entsprechend. Eine Auslagenentscheidung nach § 108 a Abs. 1 OWiG trifft die Staatsanwaltschaft in der Regel nur auf Antrag des Betroffenen oder eines anderen Antragsberechtigten; die Entscheidung kann auch von Amts wegen getroffen werden, so z. B. dann, wenn sich aus den Akten ergibt, dass dem Betroffenen notwendige Auslagen entstanden sind und das Verfahren mangels hinreichenden Verdachts eingestellt wird. Für die Festsetzung der notwendigen Auslagen des Betroffenen (§ 108 a Abs. 3 OWiG, § 464 b StPO) gilt Nr. 145 entsprechend.

(4) Bei der Einstellung des Verfahrens wegen eines Halt- oder Parkverstoßes hat der Staatsanwalt auch zu prüfen, ob eine Kostenentscheidung nach § 25 a StVG in Betracht kommt.

283. Zustimmung zur Rückgabe der Sache an die Verwaltungsbehörde. Eine Zustimmung zur Rückgabe der Sache an die Verwaltungsbehörde wegen offensichtlich ungenügender Aufklärung des Sachverhalts (§ 69 Abs. 5 Satz 1 OWiG) kommt namentlich in Betracht, wenn

a) nach dem Akteninhalt Beweismittel zur Feststellung der Beschuldigung fehlen oder nahe liegende Beweise hierzu nicht erhoben sind oder

b) Beweisanregungen des Betroffenen, die für die Entscheidung von wesentlicher Bedeutung sind, ohne Angabe von Gründen nicht entsprochen ist. Die Zustimmung zur Rückgabe ist in diesen Fällen geboten, wenn es angezeigt ist, die Verwaltungsbehörde auch für künftige Fälle zu einer näheren Prüfung nach § 69 Abs. 2 OWiG zu veranlassen.

284. Stellungnahme des Staatsanwalts bei Vorlage. (1) Bei der Vorlage der Akten an das Gericht soll sich der Staatsanwalt dazu äußern, ob er
a) einer Entscheidung durch Beschluss (§ 72 OWiG) widerspricht,
b) an der Hauptverhandlung nicht teilnehmen wird (vgl. auch § 47 Abs. 2 OWiG) und auf Terminsnachricht verzichtet,
c) die Vorladung eines Zeugen für erforderlich hält oder eine vereinfachte Art der Beweisaufnahme für ausreichend erachtet (§ 77 a OWiG),
d) die schriftliche Begründung des Urteils beantragt.

(2) Stimmt der Staatsanwalt einer Entscheidung durch Beschluss zu, so äußert er sich zugleich zur Sache und stellt einen bestimmten Antrag.

285. Hauptverhandlung. (1) Für die Hauptverhandlung sind, soweit nichts anderes bestimmt ist, die Nr. 116 bis 145 sinngemäß anzuwenden. Dabei ist auch zu prüfen, ob die Anwendung einzelner Vorschriften im Hinblick auf die unterschiedliche Bewertung von Straftaten und Ordnungswidrigkeiten angemessen ist.

(2) Es wird sich empfehlen, die Termine zur Hauptverhandlung in ihrer Aufeinanderfolge von denen in Strafsachen getrennt festzusetzen. Auch in der Bezeichnung der Sachen auf Formularen und Terminzetteln sollten Bußgeld- und Strafverfahren möglichst getrennt behandelt werden.

286. Umfang der Sachaufklärung. Bei der Aufklärung der Sache wird die Erörterung der persönlichen und wirtschaftlichen Verhältnisse und die Prüfung, ob der Betroffene bestraft oder gegen ihn schon früher eine Geldbuße festgesetzt worden ist, nur dann in Betracht kommen, wenn dies für die Entscheidung von Bedeutung sein kann.

287. Teilnahme an der Hauptverhandlung. (1) Der Staatsanwalt nimmt an der Hauptverhandlung teil, wenn
a) er einer Entscheidung durch Beschluss widersprochen hat (§ 72 Abs. 1 OWiG), oder
b) Anhaltspunkte dafür vorhanden sind, dass die Tat auch unter dem rechtlichen Gesichtspunkt einer Straftat beurteilt werden kann (§ 81 OWiG; vgl. Nr. 290).

(2) Der Staatsanwalt soll im Übrigen an der Hauptverhandlung teilnehmen, wenn seine Mitwirkung aus besonderen Gründen geboten erscheint. Das kommt vor allem in Betracht, wenn
a) das Gericht ihm mitgeteilt hat, dass es seine Mitwirkung an der Hauptverhandlung für angemessen hält (§ 75 Abs. 1 Satz 2 OWiG),
b) die Aufklärung des Sachverhalts eine umfangreiche Beweisaufnahme erfordert,
c) eine hohe Geldbuße oder eine bedeutsame Nebenfolge in Betracht kommt,
d) eine Rechtsfrage von allgemeiner Bedeutung zu entscheiden ist,
e) die Verwaltungsbehörde die Teilnahme des Staatsanwalts an der Hauptverhandlung angeregt hat oder
f) mit einer gerichtlichen Einstellung des Verfahrens nach § 47 Abs. 2 Satz 1 OWiG in Fällen zu rechnen ist, in denen dies vom Standpunkt des öffentlichen Interesses nicht vertretbar erscheint (vgl. § 75 Abs. 2 OWiG).

288. Beteiligung der Verwaltungsbehörde. (1) Der Termin zur Hauptverhandlung wird der Verwaltungsbehörde so rechtzeitig mitgeteilt, dass ihr Vertreter sich auf die Hauptverhandlung vorbereiten und die Akten vorher einsehen kann (§ 76 Abs. 1 OWiG). Nr. 275 Abs. 2 Satz 2, Abs. 3 gilt entsprechend.

(2) Kann nach Auffassung des Staatsanwalts die besondere Sachkunde der Verwaltungsbehörde für die Entscheidung von Bedeutung sein, so wirkt er darauf hin, dass ein Vertreter der Verwaltungsbehörde an der Hauptverhandlung teilnimmt.

(3) § 76 Abs. 4 OWiG ist zu beachten.

289. Rücknahme der Klage. (1) Erwägt der Staatsanwalt, die Klage zurückzunehmen, so prüft er, ob die Verwaltungsbehörde vorher zu hören ist (§ 76 Abs. 3 OWiG). Nr. 275 Abs. 2, 3 gilt entsprechend.

(2) Nimmt der Staatsanwalt die Klage zurück, so teilt er dies dem Betroffenen und der Verwaltungsbehörde formlos mit.

290. Übergang vom Bußgeld- zum Strafverfahren. (1) Ergibt sich nach Einspruch gegen den Bußgeldbescheid, dass der hinreichende Verdacht einer Straftat besteht, so übersendet der Staatsanwalt die Akten dem Gericht mit dem Antrag, den Betroffenen auf die Veränderung des rechtlichen Gesichtspunktes hinzuweisen (§ 81 Abs. 2 Satz 1 OWiG). In diesem Falle widerspricht er zugleich einer Entscheidung durch Beschluss (§ 72 OWiG).

(2) Auch im weiteren Verlauf des Verfahrens hat der Staatsanwalt darauf zu achten, ob der hinreichende Verdacht einer Straftat besteht. Gegebenenfalls wird der Betroffene auf die Veränderung des rechtlichen Gesichtspunktes hinzuweisen sein (vgl. § 81 Abs. 2 Satz 1 OWiG).

(3) Wegen der weitreichenden Folgen, die sich aus dem Hinweis auf die Veränderung des rechtlichen Gesichtspunktes ergeben (§ 81 Abs. 2 OWiG), soll der Staatsanwalt darauf hinwirken, dass das Gericht den betroffenen und seinen Verteidiger vor dem Hinweis hört, wenn er beantragt, den Hinweis zu geben, oder das Gericht dies erwägt.

VI. Abschnitt. Rechtsbeschwerdeverfahren

291. Rechtsbeschwerde und Antrag auf deren Zulassung. Für die Rechtsbeschwerde und den Antrag auf deren Zulassung gelten, soweit nichts anderes bestimmt ist, die Nr. 147 bis 152 sinngemäß.

292. Vorsorgliche Einlegung. Hat die Verwaltungsbehörde angeregt, gegen eine gerichtliche Entscheidung ein Rechtsmittel einzulegen, und bestehen Zweifel, ob die Anregung sachlich berechtigt ist, so kann das Rechtsmittel ausnahmsweise vorsorglich eingelegt werden, wenn die Zweifel vor Ablauf der Rechtsmittelfrist nicht behoben werden können.

293. Verfahren nach Einlegung. (1) Für das Verfahren nach Einlegung der Rechtsbeschwerde und des Antrags auf deren Zulassung gelten die Nr. 153 bis 169 sinngemäß. Ein Übersendungsbericht ist abweichend von Nr. 163 Abs. 1 Satz 4 nur in umfangreichen Sachen beizufügen.

(2) Beantragt der Staatsanwalt, die Rechtsbeschwerde zuzulassen (§ 80 OWiG), so ist anzugeben, aus welchen Gründen die Nachprüfung des Urteils zur Fortbildung des Rechts oder zur Sicherung einer einheitlichen Rechtsprechung oder die Aufhebung des Urteils wegen Versagung des rechtlichen Gehörs geboten erscheint.

VII. Abschnitt. Bußgelderkenntnis im Strafverfahren

294. (1) Der Staatsanwalt achtet nach Erhebung der öffentlichen Klage wegen einer Straftat darauf, dass das Gericht über die Tat zugleich unter dem rechtlichen Gesichtspunkt einer Ordnungswidrigkeit entscheidet, wenn sich der Verdacht der Straftat nicht erweist oder eine Strafe nicht verhängt wird (§ 82 Abs. 1 OWiG).

(2) Ist eine Handlung gleichzeitig Straftat und Ordnungswidrigkeit, so prüft der Staatsanwalt weiterhin, ob bei einer Bestrafung die Anordnung einer Nebenfolge der Ordnungswidrigkeit in Betracht kommt (vgl. Nr. 273 Abs. 2 Satz 1) und berücksichtigt dies bei seinem Antrag zur Entscheidung in der Sache.

VIII. Abschnitt. Entschädigung für Verfolgungsmaßnahmen

295. Das Gesetz über die Entschädigung für Strafverfolgungsmaßnahmen gilt sinngemäß auch für das Bußgeldverfahren (§ 46 Abs. 1 OWiG). Auf die Ausführungsvorschriften zu diesem Gesetz (Anlage C) wird verwiesen.

IX. Abschnitt. Akteneinsicht

296. Die Nr. 182 bis 189 gelten für das Bußgeldverfahren sinngemäß.

X. Abschnitt. Einholung der Entscheidung des Bundesverfassungsgerichts

297. Die Nr. 190 ist auch im Bußgeldverfahren anzuwenden.

XI. Abschnitt. Bußgeldsachen gegen Mitglieder der gesetzgebenden Körperschaften

298. Die Immunität der Mitglieder der gesetzgebenden Körperschaften hindert nicht, gegen diese ein Bußgeldverfahren durchzuführen. Dagegen ist der Übergang zum Strafverfahren nach § 81 OWiG nur mit Genehmigung der gesetzgebenden Körperschaft zulässig (vgl. Nr. 191 ff.); dies gilt auch für die Anordnung der Erzwingungshaft.

XII. Abschnitt. Behandlung der von der deutschen Gerichtsbarkeit befreiten Personen

299. Die Nr. 193 bis 199 gelten für das Bußgeldverfahren entsprechend.

XIII. Abschnitt. Rechtshilfeverkehr mit dem Ausland

300. Die Staatsanwaltschaft kann im Bußgeldverfahren der Verwaltungsbehörde im Wege der Amtshilfe bei ausländischen Behörden Rechtshilfe erbitten, soweit dies in zwischenstaatlichen Verträgen vereinbart ist oder auf Grund besonderer Umstände (z. B. eines Notenwechsels zwischen der Bundesregierung und einer ausländischen Regierung) damit gerechnet werden kann, dass der ausländische Staat die Rechtshilfe auch ohne vertragliche Regelung gewähren wird.

Anlage A

Gemeinsame Richtlinien der Justizminister/-senatoren und der Innenminister/-senatoren des Bundes und der Länder über die Anwendung unmittelbaren Zwanges durch Polizeibeamte auf Anordnung des Staatsanwalts

In Kraft gesetzt:
Bund: AV v. 15. 12. 1973 (BAnz. Nr. 240)
Baden-Württemberg: AV v. 15. 12. 1973 (Justiz 1974 S. 73)
Bayern: Bek. v. 15. 12. 1973 (JMBl. 1974 S. 4)
Berlin: AV v. 15. 12. 1973 (ABl. 1974 S. 15), v. 27. 12. 1991 (ABl. 1992 S. 169)
Brandenburg: RdErl. v. 29. 3. 1993 (JMBl. S. 91)
Bremen: AV v. 1. 1. 1974
Hamburg: VfJ v. 15. 12. 1973 (JVBl. 1976 S. 66)
Hessen: RdErl. v. 16. 6. 1997 (JMBl. S. 509)
Mecklenburg-Vorpommern: Erl. v. 30. 9. 1991 (ABl. S. 875)
Niedersachsen: RdErl. v. 15. 12. 1973 (MBl. 1974 S. 26)
Nordrhein-Westfalen: RdErl. v. 15. 12. 1973 (JMBl. 1974 S. 25)
Rheinland-Pfalz: AV v. 15. 12. 1973 (JBl. 1974 S. 2), v. 21. 11. 1991 (JBl. S. 288)
Saarland: Erl. v. 14. 12. 1973 (GMBl. 1974 S. 81)
Sachsen: Bek. v. 14. 5. 1991 (ABl. S. 4), v. 3. 12. 1996 (JMBl. S. 142)
Sachsen-Anhalt: RdErl. v. 15. 7. 1992 (MBl. S. 1099)
Schleswig-Holstein: Erl. v. 15. 12. 1973 (SchlHA 1974 S. 55)
Thüringen: RdErl. v. 7. 6. 1991 (JMBl. S. 91)

A.

Im Hinblick auf die Verantwortung der Staatsanwaltschaft für das Ermittlungsverfahren und damit auch für die Vollständigkeit der Ermittlungen und ihre Rechtmäßigkeit umfasst die Leitungs- und Weisungsbefugnis des Staatsanwalts gegenüber der Polizei auch Anordnungen zur Anwendung unmittelbaren Zwanges.

Die Gefahrenabwehr ist Aufgabe der Polizei. In diesem Bereich besteht kein Raum für Anordnungen des Staatsanwalts.

B.

Für die Ausübung des Weisungsrechts zur Anwendung unmittelbaren Zwanges ergehen – unbeschadet der Vorschriften der §§ 161 StPO, 152 GVG – folgende Richtlinien:

I.

Der Staatsanwalt richtet, solange nicht ein bestimmter Beamter mit der Bearbeitung des konkreten Falles befasst ist, Weisungen grundsätzlich an die zuständige Polizeidienststelle.

Sind in einem konkreten Fall mehrere Polizeibeamte unter einem weisungsbefugten Beamten eingesetzt (z. B. Einsatzleitung, Sonderkommission), richtet der Staatsanwalt Weisungen grundsätzlich an den weisungsbefugten Beamten. Dieser gibt – unabhängig davon, ob er selbst zu dem Kreis der nach § 152 GVG bezeichneten Beamten gehört – die Weisung an die ihm unterstellten Bediensteten weiter und veranlasst ihre Durchführung.

Ist eine polizeiliche Einsatzleitung gebildet, begibt sich der Staatsanwalt, der auf die Anwendung unmittelbaren Zwanges Einfluss nehmen will, grundsätzlich zur Einsatzleitung. Seine Weisungen soll er an den mit der Gesamtverantwortung betrauten Einsatzleiter richten. Besteht eine mehrstufige Einsatzleitung, hält sich der Staatsanwalt grundsätzlich bei der Gesamtleitung auf. Befindet er sich bei einem nachgeordneten Einsatzleiter, so wird er Weisungen nur im Rahmen der Befehlsgebung der übergeordneten

Einsatzleitung und des Ermessensspielraums geben, der dem nachgeordneten Einsatzleiter eingeräumt ist.

II.

Zur Art und Weise der Ausübung des unmittelbaren Zwanges soll der Staatsanwalt nur allgemeine Weisungen erteilen und deren Ausführung der Polizei überlassen.

Konkrete Einzelweisungen zur Art und Weise der Ausübung unmittelbaren Zwanges soll der Staatsanwalt nur erteilen, wenn

1. die Polizei darum nachsucht,
2. es aus Rechtsgründen unerlässlich ist oder
3. die Ausübung des unmittelbaren Zwanges Auswirkungen auf das weitere Ermittlungsverfahren hat.

Ob die Voraussetzungen zu Nr. 2 oder 3 gegeben sind, entscheidet der Staatsanwalt.

Die Erteilung konkreter Einzelweisungen setzt die genaue Kenntnis der jeweiligen Situation und der bestehenden Möglichkeiten für die Ausübung unmittelbaren Zwanges voraus. Dies bedingt in der Regel die Anwesenheit am Ort des Einsatzes oder der Einsatzleitung. Für konkrete Einzelweisungen zum Gebrauch von Schusswaffen ist die Anwesenheit am Ort des Einsatzes unerlässlich.

Bei konkreten Einzelweisungen soll der Staatsanwalt die besondere Sachkunde der Polizei berücksichtigen.

III.

Ergeben sich bei einem einheitlichen Lebenssachverhalt gleichzeitig und unmittelbar Aufgaben der Strafverfolgung und der Gefahrenabwehr, so sind die Staatsanwaltschaft und die Polizei zuständig, die zur Erfüllung ihrer Aufgaben notwendigen Maßnahmen zu treffen.

In einem solchen Falle ist eine enge und vertrauensvolle Zusammenarbeit zwischen Staatsanwaltschaft und Polizei in ganz besonderem Maße erforderlich. Die partnerschaftliche Zusammenarbeit gebietet es, dass jede Stelle bei der Wahrnehmung ihrer Aufgaben auch die Belange der übrigen sich aus dem Lebenssachverhalt stellenden Aufgaben berücksichtigt. Schaltet sich die Staatsanwaltschaft ein, so werden der Staatsanwalt und die Polizei möglichst im Einvernehmen handeln.

Dies gilt auch dann, wenn die Situation die gleichzeitige angemessene Wahrnehmung beider Aufgaben nicht zulässt. In diesem Falle ist nach dem Grundsatz der Güter- und Pflichtenabwägung jeweils für die konkrete Lage zu entscheiden, ob die Strafverfolgung oder die Gefahrenabwehr das höherwertige Rechtsgut ist.

Erfordert die Lage unverzüglich eine Entscheidung über die Anwendung unmittelbaren Zwanges und ist ein Einvernehmen darüber, welche Aufgabe in der konkreten Lage vorrangig vorzunehmen ist, – gegebenenfalls auch nach Einschaltung der vorgesetzten Dienststellen – nicht herzustellen, so entscheidet hierüber die Polizei.

Anlage B

Richtlinien über die Inanspruchnahme von Publikationsorganen und die Nutzung des Internets sowie anderer elektronischer Kommunikationsmittel zur Öffentlichkeitsfahndung nach Personen im Rahmen von Strafverfahren

In Kraft gesetzt bzw. geändert/verlängert:
Bund: AV v. 18. April 2005 (BAnz. Nr. 80)
Baden-Württemberg: VV v. 8. 4. 2005 (Justiz S. 241)
Bayern: Bek. v. 13. 6. 2005 (JMBl. S. 73)
Hamburg: AV v. 23. 5. 2005 (JVBl. S. 57)
Rheinland-Pfalz: aufgeh. durch VV v. 8. 12. 2005 (JBl. S. 244)
Thüringen: Gem. RL v. 4. 7./3. 8. 2005 (JMBl. S. 49)

Für die Inanspruchnahme von Publikationsorganen und die Nutzung des Internets sowie anderer elektronischer Kommunikationsmittel zur Öffentlichkeitsfahndung nach Personen im Rahmen von Strafverfahren wird Folgendes bestimmt:

1. Allgemeines

1.1 Grundsätzliches zur Einschaltung von Publikationsorganen und zur Nutzung von öffentlich zugänglichen elektronischen Medien

Die Strafverfolgungsbehörden sind gehalten, alle gesetzlich zulässigen Maßnahmen zu ergreifen, die geeignet sind, zur Aufklärung von Straftaten beizutragen. Insbesondere besteht die Möglichkeit, Publikationsorgane (z. B. Presse, Rundfunk, Fernsehen), die im Hinblick auf ihre Breitenwirkung in vielen Fällen wertvolle Fahndungshilfe leisten können, um ihre Mitwirkung zu bitten sowie öffentlich zugängliche elektronische Kommunikationsmittel zur Bereitstellung oder gezielten Verbreitung der Informationen (insbesondere das Internet) zu nutzen. Das gilt sowohl für die Fahndung nach einem bekannten oder unbekannten Tatverdächtigen als auch für die Suche nach anderen Personen, insbesondere Zeugen.

Die Einschaltung von Publikationsorganen sowie die Nutzung der öffentlich zugänglichen elektronischen Kommunikationsmittel zu Fahndungszwecken stellen stets eine Öffentlichkeitsfahndung dar, die nur bei Vorliegen der gesetzlichen Voraussetzungen (vgl. insbesondere § 131 Abs. 3 sowie § 131 a Abs. 3, §§ 131 b, 131 c Abs. 1 Satz 1 und § 131 c Abs. 2 der Strafprozessordnung – StPO) in Betracht kommt.

Darüber hinaus ist zu bedenken, dass bei allzu häufiger Inanspruchnahme der Massenmedien das Interesse und die Bereitschaft der Öffentlichkeit, an der Aufklärung von Straftaten mitzuwirken, erlahmen können. Stets ist auch zu prüfen, ob die Gefahr der Täter- oder Beteiligtenwarnung oder die Gefahr der Nachahmung von Straftaten zu befürchten ist.

1.2 Grundsatz der Verhältnismäßigkeit

Die gesetzlichen Regelungen der Öffentlichkeitsfahndung stellen in weiten Teilen Ausgestaltungen des Verhältnismäßigkeitsgrundsatzes dar. In jedem Einzelfall bedarf es daher einer sorgfältigen Abwägung zwischen dem öffentlichen Interesse an einer wirksamen Strafverfolgung einerseits und den schutzwürdigen Interessen des Beschuldigten und anderer Betroffener andererseits. Dabei sind namentlich folgende Gesichtspunkte zu berücksichtigen:

Die Öffentlichkeitsfahndung kann dazu führen, dass Straftaten beschleunigt aufgeklärt werden und der Tatverdächtige bald ergriffen wird. Die zügige Aufklärung von Straftaten und die Aburteilung des Täters können verhindern, dass der Täter weitere Straftaten begeht. Eine schnelle und wirksame Strafverfolgung hat auch einen bedeutenden generalpräventiven Effekt. Sie dient der Sicherheit und dem Schutz des Bürgers und schafft dadurch die Voraussetzungen für eine wirksame Verbrechensbekämpfung.

Andererseits entsteht durch die Erörterung eines Ermittlungsverfahrens mit Namensnennung des Tatverdächtigen in den Publikationsorganen die Gefahr einer erheblichen Rufschädigung. Mit zunehmender Verbreitung des Internets gilt dies im wachsenden Maße auch für die Nutzung dieses elektronischen Mediums zu Fahndungszwecken. Die spätere Resozialisierung des Täters kann durch unnötige Publizität seines Falles schon vor der Verhandlung erschwert werden. Auch andere Personen, die in den Tatkomplex verwickelt sind oder die in nahen Beziehungen zu dem Tatverdächtigen stehen, können durch eine öffentliche Erörterung schwer benachteiligt werden. Eine Bloßstellung oder Schädigung des Tatverdächtigen oder anderer Betroffener muss nicht nur in deren Interesse, sondern auch im Interesse der Strafrechtspflege möglichst vermieden werden.

Daher ist stets auch zu prüfen, ob der beabsichtigte Fahndungserfolg nicht auch durch Maßnahmen, die den Tatverdächtigen oder andere Betroffene weniger beeinträchtigen, erreicht werden kann, namentlich dadurch, dass

– nur Medien von geringerer Breitenwirkung in Anspruch genommen werden,
– andere Formen der Öffentlichkeitsfahndung wie Plakate, Handzettel oder Lautsprecherdurchsagen gewählt werden oder
– die Fahndungshilfe örtlich oder in anderer Weise, etwa durch Verzicht auf die Verbreitung der Abbildung eines Gesuchten, beschränkt wird.

Bei der Nutzung des Internets zu Fahndungszwecken ist außerdem zu berücksichtigen, dass die im Internet eingestellten Daten weltweit abgerufen und verarbeitet werden können. Dabei ist regelmäßig zu prüfen, ob und ggf. in welchem Umfang eine Internationale Fahndung einzuleiten ist.

Auf die schutzwürdigen Interessen von Personen, die von einer Straftat betroffen sind, ist Rücksicht zu nehmen. In der Regel ist dies dadurch zu erreichen, dass die Namen solcher Personen nicht publiziert werden. Sollte die Publizierung eines solchen Namens aus Fahndungsgründen zwingend notwendig sein, so ist vor Beginn der Öffentlichkeitsfahndung mit diesen Personen ins Benehmen zu treten, soweit der Fahndungszweck dadurch nicht gefährdet wird.

2. Entscheidung über die Einschaltung von Publikationsorganen und die Nutzung von öffentlich zugänglichen elektronischen Medien

2.1 Fahndung nach einem bekannten Tatverdächtigen

Die Öffentlichkeitsfahndung nach einem bekannten Tatverdächtigen kommt regelmäßig nur in Betracht, wenn dringender Tatverdacht wegen einer Straftat von erheblicher Bedeutung (Verbrechen, Vergehen von erheblichem Gewicht, z. B. schwere oder gefährliche Körperverletzung, Betrug mit hohem Vermögensschaden, Unterschlagung hoher Geldbeträge, Serientaten) gegeben ist.

Grundsätzlich muss bei Fahndungen mit dem Ziel der Festnahme ein Haftbefehl oder ein Unterbringungsbefehl vorliegen. Ist dies der Fall oder liegen die Voraussetzungen des § 131 Abs. 2 Satz 1 StPO vor, entscheidet über die Öffentlichkeitsfahndung grundsätzlich die Staatsanwaltschaft (§ 131 Abs. 3 Satz 1 StPO). Die Polizei führt eine nach § 131 Abs. 3 Satz 1 StPO gleichfalls mögliche Entscheidung des Richters nur herbei, wenn sie die Staatsanwaltschaft nicht rechtzeitig erreichen kann. Ist für die Polizei auch der Richter nicht rechtzeitig erreichbar, ist nach § 131 Abs. 3 Satz 2 bis 4 StPO zu verfahren und insbesondere unverzüglich binnen 24 Stunden eine Entscheidung der Staatsanwaltschaft herbeizuführen.

Wird die polizeiliche Eilanordnung von der Staatsanwaltschaft binnen 24 Stunden nicht bestätigt, teilt die Polizei dies den eingeschalteten Publikationsorganen mit und weist sie darauf hin, dass sie sich bei einer Fortsetzung ihrer Maßnahmen nicht mehr auf ein Fahndungsersuchen der Strafverfolgungsbehörden berufen können; eine erfolgte Nutzung des Internets zu Fahndungszwecken ist zu beenden.

Erfolgt die Öffentlichkeitsfahndung aufgrund einer Entscheidung der Staatsanwaltschaft, liegt ein Haft- oder Unterbringungsbefehl noch nicht vor und ist die Öffentlichkeitsfahndung noch nicht erledigt, ist unverzüglich, spätestens binnen einer Woche, von der Staatsanwaltschaft beim Richter eine Entscheidung über den Haft- oder Unterbringungsbefehl herbeizuführen (§ 131 Abs. 3 Satz 1 in Verbindung mit § 131 Abs. 2 Satz 2 StPO). Lehnt der Richter den Erlass des Haft- oder Unterbringungsbefehls ab und ordnet er auch keine Öffentlichkeitsfahndung mit dem Ziel der Aufenthaltsermittlung (§ 131 a Abs. 3 StPO) oder der Aufklärung einer Straftat (§ 131 b Abs. 1 StPO) an, teilt die Staatsanwaltschaft dies den eingeschalteten Publikationsorganen mit und weist sie darauf hin, dass sie sich bei einer Fortsetzung ihrer Maßnahmen nicht mehr auf ein Fahndungsersuchen der Strafverfolgungsbehörden berufen können; eine erfolgte Nutzung des Internets zu Fahndungszwecken ist zu beenden.

2.2 Fahndung nach einem unbekannten Tatverdächtigen

Auch bei der Fahndung nach einem unbekannten Tatverdächtigen kann die Öffentlichkeitsfahndung veranlasst sein. In diesen Fällen gilt § 131 StPO nicht. Es ist daher – wenn nicht Gefahr im Verzug vorliegt – stets eine richterliche Entscheidung herbeizuführen (§ 131 c Abs. 1 Satz 1 StPO). Die gesetzlichen Voraussetzungen des § 131 b Abs. 1 StPO sind zu beachten. § 131 b Abs. 1 StPO gilt auch für Phantombilder.

Wenn bei Gefahr im Verzug die Staatsanwaltschaft tätig geworden ist, bedarf die Maßnahme dann einer nachträglichen richterlichen Bestätigung, wenn das Internet zu Fahndungszwecken genutzt worden ist oder das Fernsehen oder ein periodisches Druckwerk dahingehend in Anspruch genommen worden ist, dass es zu einer wiederholten Veröffentlichung kommt, und die Maßnahme nicht binnen einer Woche erledigt ist (§ 131 c Abs. 2 Satz 1 StPO). Eine nachträgliche richterliche Bestätigung ist daher insbesondere dann nicht erforderlich, wenn der Hörfunk in Anspruch genommen wurde oder sich die Maßnahme binnen einer Woche erledigt hat.

Wenn bei Gefahr im Verzug eine Ermittlungsperson der Staatsanwaltschaft tätig geworden ist und die Maßnahme sich nicht alsbald erledigt hat, ist die Staatsanwaltschaft rechtzeitig vor Ablauf der Wochenfrist des § 131 c Abs. 2 Satz 2 StPO einzuschalten, damit die Staatsanwaltschaft entweder selbst über die Bestätigung der Fahndung entscheiden oder eine nach § 131 c Abs. 2 Satz 1 StPO notwendige richterliche Entscheidung herbeiführen kann.

2.3 Fahndung nach Zeugen

Für die Öffentlichkeitsfahndung nach Zeugen gilt die Nummer 2.2 entsprechend. Maßnahmen zur Aufenthaltsermittlung eines bekannten Zeugen sind in § 131 a Abs. 1, 3 bis 5 StPO, Maßnahmen zur Aufklärung einer Straftat, insbesondere zur Feststellung der Identität eines unbekannten Zeugen sind in § 131 b Abs. 2 und 3 StPO geregelt. Eine Öffentlichkeitsfahndung zur Aufenthaltsermittlung eines Zeugen unterbleibt nach § 131 a Abs. 4 Satz 3 StPO, wenn überwiegende schutzwürdige Interessen des Zeugen entgegenstehen. Bei der Veröffentlichung der Abbildung eines Zeugen ist zu beachten, dass die Subsidiaritätsklausel in § 131 b Abs. 2 StPO enger gefasst ist als die in § 131 b Abs. 1 StPO. Stets muss die Veröffentlichung erkennbar machen, dass die gesuchte Person nicht Beschuldigter ist (§ 131 a Abs. 4 Satz 2, § 131 b Abs. 2 Satz 2 StPO).

2.4 Fahndung nach einem flüchtigen Verurteilten

Die Öffentlichkeitsfahndung nach einem flüchtigen Verurteilten soll nur dann erfolgen, wenn der wegen einer Straftat von erheblicher Bedeutung Verurteilte noch mindestens ein Jahr Freiheitsstrafe zu verbüßen hat, wenn seine Unterbringung angeordnet ist oder wenn seine Ergreifung aus anderen Gründen, etwa wegen der Gefahr weiterer erheblicher Straftaten, im öffentlichen Interesse liegt.

Wer über die Öffentlichkeitsfahndung entscheidet, hängt auch in diesen Fällen davon ab, ob ein Haftbefehl oder Unterbringungsbefehl bzw. deren Voraussetzungen vorliegen oder nicht. Wenn zumindest die Voraussetzungen für einen Haftbefehl nach § 457 Abs. 2 StPO oder einen Unterbringungsbefehl nach § 463 Abs. 1 in Verbindung mit § 457 Abs. 2 StPO gegeben sind, was in aller Regel der Fall sein dürfte, gilt Nummer 2.1 Abs. 2 bis 4 mit der Maßgabe entsprechend, dass über den Vollstreckungshaftbefehl und die Öffentlichkeitsfahndung nicht der Richter entscheidet, sondern die Vollstreckungsbehörde.

3. Umsetzung der Maßnahmen

3.1 Einschaltung von Publikationsorganen, insbesondere des Fernsehens

Die Publikationsorgane sind grundsätzlich nicht verpflichtet, bei der Öffentlichkeitsfahndung mitzuwirken. Die Erfahrung hat aber gezeigt, dass viele Publikationsorgane zur Mitwirkung bereit sind.

Von praktischer Bedeutung für die inländische Fernsehfahndung sind dabei die „Grundsätze für die bundesweite Ausstrahlung von Fahndungsmeldungen im Fernsehen" aus dem Jahr 1987, an deren Erarbeitung die ARD-Rundfunkanstalten und das ZDF einerseits sowie die Justizminister und Innenminister und -senatoren des Bundes und der Länder andererseits beteiligt waren. Bei diesen Grundsätzen handelt es sich nicht um einen öffentlich-rechtlichen Vertrag, sondern um Absichtserklärungen der Beteiligten darüber, wie sie im Rahmen einer Fernsehfahndung verfahren wollen.

Wenn ausländische Fernsehsender in die Öffentlichkeitsfahndung eingeschaltet werden sollen, sind die Grundsätze der Internationalen Rechtshilfe und der Internationalen Fahndungsausschreibung zu beachten.

3.2 Nutzung des Internets

Um die Aufmerksamkeit der Internetnutzer für die Öffentlichkeitsfahndung zu erlangen, ist es zweckmäßig, die staatlichen Fahndungsaufrufe im Internet auf speziellen Seiten – etwa der Polizei – zu bündeln. Private Internetanbieter sollen grundsätzlich nicht eingeschaltet werden.

Sobald das Fahndungsziel erreicht ist oder die Ausschreibungsvoraussetzungen aus sonstigen Gründen nicht mehr vorliegen, ist die Nutzung des Internets zu Fahndungszwecken unverzüglich zu beenden. Darüber hinaus sind Internetfahndungen von der Staatsanwaltschaft – in den Fällen der Nummer 2.4 von der Vollstreckungsbehörde – regelmäßig, spätestens in halbjährlichen Abständen, hinsichtlich des weiteren Vorliegens der Ausschreibungsvoraussetzungen, insbesondere der weiteren Erfolgsaussichten dieser Fahndungsmethode, zu prüfen.

4. Öffentlichkeitsfahndung, die nicht ausschließlich Zwecken der Strafverfolgung oder -vollstreckung dient

Zum Strafverfahren im Sinne dieser Regelung gehören auch die Fälle des § 131 a Abs. 2 StPO und des § 2 Abs. 3 des DNA-Identitätsfeststellungsgesetzes. Die Inanspruchnahme der Fahndungshilfe durch Publikationsorgane sowie die Nutzung des Internets oder anderer elektronischer Kommunikationsmittel zur Fahndung für andere Aufgaben, insbesondere für präventivpolizeiliche Zwecke, zur Identifizierung von unbekannten Toten, zur Auffindung von Vermissten sowie die Sachfahndung bleiben von dieser Regelung unberührt. Dies gilt auch dann, wenn die Fahndungshilfe durch die Medien für eine andere Aufgabe in Anspruch genommen wird, zugleich aber auch der Strafverfolgung dient und die andere öffentliche Aufgabe vorrangig ist.

5. Auskünfte an Publikationsorgane aus anderen Gründen

Das Informationsrecht, das den Publikationsorganen nach dem Presserecht zusteht, sowie Auskünfte (insbesondere nach § 475 StPO) und Mitteilungen von Amts wegen, die nicht auf Öffentlichkeitsfahndung abzielen, bleiben von dieser Regelung unberührt.

Anlage C

Ausführungsvorschriften zum Gesetz über die Entschädigung für Strafverfolgungsmaßnahmen

In Kraft gesetzt, bzw. geändert:
Baden-Württemberg: VwV i. d. F. d. Bek. v. 21. 5. 2003 (Die J S. 281)
Bayern: I. d. F. d. Bek. v. 28. 5. 2003 (JMBl. S. 94)
Berlin: AV v. 21. 4. 1998 (ABl. S. 1811), v. 23. 5. 2001 (ABl. S. 2625), v. 18. 6. 2004 (ABl. S. 2630)
Brandenburg: AV i. d. F. d. Bek. v. 3. 8. 1998 (JMBl. S. 90), AV v. 15. 12. 1998 (JMBl. 1999, S. 6), AV v. 7. 12. 1999 (JMBl. S. 178), AV v. 21. 6. 2001 (JMBl. S. 151)
Bremen: AO v. 2. 8. 1971 i. d. F. v. 31. 7. 1975
Hamburg: AV v. 23. 8. 2002 (JVBl. S. 57), v. 10. 6. 2003 (JVBl. S. 39)
Hessen: RdErl. v. 21. 11. 1994 (JMBl. S. 520), neuveröff. d. RdErl. (JMBl. 1995, S. 8), v. 10. 2. 2000 (JMBl. S. 86), v. 20. 6. 2001 (JMBl. S. 409), v. 10. 6. 2003 (JMBl. S. 236), v. 1. 6. 2004 (JMBl. S. 225)
Mecklenburg-Vorpommern: AV i. d. F. d. Bek. v. 2. 9. 2003 (ABl. S. 931)
Niedersachsen: AV i. d. F. d. Bek. v. 25. 6. 2003 (Nds. RPfl. S. 207)
Nordrhein-Westfalen: AV v. 5. 7. 2001 (JMBl. S. 177), zuletzt geänd. durch AV v. 22. 5. 2003 (JMBl. 2004 S. 27)
Rheinland-Pfalz: VV v. 31. 10. 1986 (JMBl. S. 257), zuletzt geänd. durch VV v. 9. 12. 2003 (JBl. 2004, S. 2)
Saarland: AV i. d. F. d. Bek. v. 1. 9. 2003 (GMBl. S. 514)
Sachsen: Bek. v. 14. 5. 1991 (ABl. Nr. 14 S. 4), v. 14. 6. 1991 (ABl. Nr. 18 S. 3), v. 3. 12. 1996 (JMBl. S. 142), v. 12. 7. 2001 (JMBl. S. 82), VV v. 10. 7. 2003 (JMBl. S. 44)
Sachsen-Anhalt: AV v. 3. 3. 1992 (MBl. S. 402), AV v. 10. 12. 1992 (MBl. 1993, S. 455), AV v. 22. 12. 1994 (MBl. 1995 S. 64), AV v. 3. 3. 2000 (JMBl. S. 110), AV v. 26. 6. 2001 (JMBl. S. 237), AV v. 26. 6. 2003 (JMBl. S. 201)
Schleswig-Holstein: AV i. d. F. d. Bek. v. 10. 7. 2003 (SchlHA S. 195)
Thüringen: VV v. 3. 7. 2001 (JMBl. S. 53), VV v. 1. 7. 2003 (JMBl. S. 29)

Teil I

A. Verfahren über den Grund des Anspruchs

I. Entscheidung des Strafgerichts

Liegen in einem bei Gericht anhängigen Verfahren die Voraussetzungen der §§ 1, 2 des Gesetzes über die Entschädigung für Strafverfolgungsmaßnahmen (StrEG) vom 8. März 1971 – BGBl. I S. 157 – vor, so wirkt der Staatsanwalt darauf hin, dass das Gericht gem. § 8 StrEG über die Entschädigungspflicht entscheidet. Der Staatsanwalt nimmt unter Berücksichtigung der §§ 3 bis 6 StrEG dazu Stellung, ob oder in welchem Umfang eine Verpflichtung zur Entschädigung besteht.

II. Einstellung des Verfahrens durch die Staatsanwaltschaft

1. Stellt die Staatsanwaltschaft ein Verfahren ein, in welchem gegen den Beschuldigten eine Strafverfolgungsmaßnahme im Sinne des § 2 StrEG vollzogen worden ist, so wird diesem die Mitteilung über die Einstellung zugestellt. In der Einstellungsnachricht wird der Beschuldigte über sein Recht, einen Antrag auf Feststellung der Entschädigungspflicht der Staatskasse zu stellen, über die in § 9 Abs. 1 Satz 4 StrEG vorgeschriebene Frist sowie über das nach § 9 Abs. 1 Satz 1 und 2 StrEG zuständige Gericht belehrt.
War die Erhebung der öffentlichen Klage von dem Verletzten beantragt, so wird der Beschuldigte ferner darüber belehrt, dass über die Entschädigungspflicht nicht ent-

schieden wird, solange durch einen Antrag auf gerichtliche Entscheidung die Erhebung der öffentlichen Klage herbeigeführt werden kann. Bei der Belehrung wird darauf geachtet, dass sie nicht als Zusicherung einer Entschädigung missverstanden wird.

2. Die Staatsanwaltschaft nimmt gegenüber dem zuständigen Gericht zu dem Antrag des Beschuldigten, die Entschädigungspflicht der Staatskasse festzustellen, Stellung. Hat die Staatsanwaltschaft nach Einstellung des Verfahrens die Sache gem. § 43 des Gesetzes über Ordnungswidrigkeiten (OWiG) an die Verwaltungsbehörde abgegeben, so wirkt sie in der Regel darauf hin, dass das Gericht nicht über die Entschädigungspflicht entscheidet, solange das Bußgeldverfahren nicht abgeschlossen ist.

III. Verfahren nach Feststellung der Entschädigungspflicht

1. Ist die Entschädigungspflicht der Staatskasse rechtskräftig festgestellt (vgl. § 8 Abs. 1, § 9 Abs. 1 Satz 1 und 2 StrEG), so stellt die Staatsanwaltschaft dem Berechtigten unverzüglich eine Belehrung über sein Antragsrecht und die Frist zur Antragstellung zu (vgl. § 10 Abs. 1 StrEG). Zugleich weist sie ihn auf die Möglichkeit der Nachzahlung von Beiträgen zur Rentenversicherung, insbesondere auf die dabei zu beachtende Antragsfrist (§ 205 Abs. 2 SGB Sechstes Buch) hin.
2. Ist der Staatsanwaltschaft bekannt, dass der Berechtigte anderen Personen kraft Gesetzes unterhaltspflichtig war, und besteht nach den Umständen die Möglichkeit, dass den Unterhaltsberechtigten infolge der Strafverfolgungsmaßnahmen der Unterhalt entzogen worden ist (vgl. Abschnitt B II Nr. 3 Buchst. a), so stellt die Staatsanwaltschaft auch diesen Personen eine Belehrung über ihr Antragsrecht und die Frist zur Antragstellung zu (vgl. § 11 Abs. 2 StrEG).

B. Verfahren zur Feststellung der Höhe des Anspruchs

I. Behandlung des Entschädigungsantrages

1. Ist die Entscheidung über die Verpflichtung der Staatskasse zur Entschädigung rechtskräftig und wird daraufhin die Zahlung einer Entschädigung beantragt, so legt die Leiterin oder der Leiter der Staatsanwaltschaft, wenn sie oder er nicht selbst mit der Prüfung des Anspruchs betraut ist, der dafür zuständigen Stelle den Antrag unverzüglich mit einem Bericht vor.
2. In dem Bericht wird ausgeführt,
   a) welche Strafverfolgungsmaßnahmen gegen die berechtigte Person vollzogen worden sind,
   b) welche Entscheidung das Gericht über die Entschädigung getroffen hat,
   c) ob der Entschädigungsanspruch rechtzeitig geltend gemacht worden ist,
   d) ob Unterhaltsberechtigte gemäß Abschnitt A III Nr. 2 über ihr Antragsrecht belehrt worden sind und ob sie Ansprüche geltend gemacht haben,
   e) ob aus dem Strafverfahren Umstände bekannt sind, die für die Bearbeitung des Entschädigungsanspruchs wesentlich sein können, und ob bzw. in welcher Höhe aufrechenbare Forderungen (z. B. Geldstrafen und Kosten) bestehen,
   f) ob Anlass zu der Annahme besteht, dass die berechtigte Person Ansprüche gegen Dritte hat, die im Falle einer Entschädigung auf das Land übergehen (vgl. § 15 Abs. 2 StrEG).

   Dem Bericht werden die Strafakten, soweit tunlich, beigefügt. Andernfalls werden sie unverzüglich nachgereicht. Sofern die Strafakten nicht alsbald entbehrlich sind, sind dem Bericht beglaubigte Abschriften der zu Buchst. a, b und e in Betracht kommenden Unterlagen beizufügen.
3. Werden in dem Anspruchsschreiben gleichzeitig Ansprüche auf Erstattung von Auslagen aus dem Strafverfahren geltend gemacht, so wird eine beglaubigte Abschrift des Anspruchsschreibens zu den Strafakten genommen und veranlasst, dass der Anspruch auf Auslagenerstattung getrennt bearbeitet wird. Die berechtigte Person wird hiervon unterrichtet.

II. Prüfung des Entschädigungsanspruchs

1. Die mit der Prüfung des Anspruchs beauftragte Stelle (Prüfungsstelle) legt für die Prüfung ein Sonderheft an.
2. Sie prüft, in welcher Höhe der Anspruch der berechtigten Person begründet ist, sowie ob und in welcher Höhe aufrechenbare Forderungen bestehen. Die Prüfung erstreckt sich auf die Punkte, die nach den Angaben der berechtigten Person und nach den einschlägigen gesetzlichen Vorschriften (z.B. §§ 7, 11 StrEG; §§ 249 ff. BGB) sowie der dazu ergangenen Rechtsprechung erheblich sind. Das muss anhand der Umstände des Einzelfalles festgestellt werden. Die nachstehend wiedergegebenen Hinweise für häufiger auftauchende Fragen gelten nur unter dem Vorbehalt, dass die Umstände des Einzelfalles keine andere Behandlung erfordern:
   a) Anhaltspunkte für die Bewertung entgangener Sachleistungen können den Rechtsverordnungen gem. § 17 Abs. 1 Satz 1 Nr. 3 SGB Viertes Buch entnommen werden.
   b) Ausgaben, die die berechtigte Person infolge einer Haft für Unterkunft und Verpflegung erspart hat, werden allein bei der Geltendmachung von kongruenten Vermögensschäden (§ 7 Abs. 1 StrEG) und nur wie folgt angerechnet:
      aa) Sind der berechtigten Person Ausgaben für Verpflegung und Unterkunft erspart geblieben, so wird je Tag ein Betrag in Höhe von 3/4 aus der Summe des Haftkostensatzes für Einzelunterbringung und des Haftkostensatzes für Verpflegung (Frühstück, Mittagessen und Abendessen) angerechnet.
      bb) Sind ihr nur Ausgaben für Verpflegung oder nur Ausgaben für Unterkunft erspart geblieben, so wird je Tag ein Betrag in Höhe von 3/4 des Haftkostensatzes für Verpflegung (Frühstück, Mittagessen und Abendessen) bzw. des Haftkostensatzes für Einzelunterbringung angerechnet.
      cc) Dabei werden der Aufnahme- und der Entlassungstag als ein Tag gerechnet.
   c) Das während einer Haft gewährte Arbeitsentgelt wird nur auf einen Anspruch auf Entschädigung unmittelbar haftbedingter Vermögensschäden angerechnet.
   d) Durch die Strafverfolgungsmaßnahme erlittene rentenversicherungsrechtliche Nachteile werden regelmäßig dadurch ausgeglichen, dass der antragstellenden Person nach Maßgabe von Satz 2 bis 4 der Betrag erstattet wird, der ohne die Strafverfolgungsmaßnahme an Beträgen zur gesetzlichen Rentenversicherung entrichtet worden wäre. Hat die antragstellende Person freiwillige Beiträge zur Rentenversicherung für Zeiten von Strafverfolgungsmaßnahmen (vgl. § 205 SGB Sechstes Buch) nachgezahlt, so sind ihr die gezahlten Beiträge, höchstens jedoch der in Satz 1 genannte Betrag, zu erstatten. Hat sie rechtzeitig einen Antrag auf Nachzahlung freiwilliger Beiträge gestellt, die Beiträge aber noch nicht an den Rentenversicherungsträger gezahlt, so sind die Beiträge, höchstens jedoch der in Satz 1 genannte Betrag, unmittelbar an den Rentenversicherungsträger auszubezahlen. Hat die antragstellende Person einen Antrag auf Nachzahlung freiwilliger Beiträge nicht rechtzeitig gestellt, unterbleibt ein Ausgleich.
   e) In der Regel kann davon ausgegangen werden, dass die infolge eines Verdienstausfalles ersparten Beträge an Einkommens- oder Lohnsteuer dem Betrag entsprechen, den die berechtigte Person im Hinblick auf die Entschädigungsleistung als Einkommensteuer zu zahlen hat (vgl. § 2 Abs. 1 und 4, § 24 Nr. 1 Buchst. a Einkommensteuergesetz).
   f) Es besteht allgemein keine Verpflichtung des Landes, den Entschädigungsbetrag vom Zeitpunkt der Entstehung des Schadens bis zur Auszahlung des Entschädigungsbetrages zu verzinsen. Im Einzelfall können jedoch aufgrund besonderer Umstände im Hinblick auf den Zeitablauf Zuschläge zur Entschädigungssumme berechtigt sein (z.B. unter dem Gesichtspunkt des entgangenen Gewinns, wenn die berechtigte Person ohne den Verdienstausfall Beträge verzinslich angelegt hätte).
   g) Beauftragt die berechtigte Person eine Rechtsanwältin oder einen Rechtsanwalt mit der Geltendmachung ihrer Ansprüche, so sind die dafür entstandenen Gebüh-

ren (vgl. § 118 Bundesrechtsanwaltsgebührenordnung) als Teil des Vermögensschadens in der Regel erstattungsfähig. Eine Vorteilsausgleichung (Nr. 2 Buchst. b) findet insoweit nicht statt.

3. a) Entzogen im Sinne des § 11 Abs. 1 und 2 StrEG ist der Unterhalt, wenn ihn die unterhaltspflichtige Person infolge der Strafverfolgungsmaßnahmen nicht leisten und die unterhaltsberechtigte Person ihn auch nicht nachträglich beanspruchen konnte (vgl. z. B. § 1613 BGB).
   b) Kommen Ansprüche von Unterhaltsberechtigten in Betracht, so widmet die Prüfungsstelle der Gefahr von Doppelzahlungen besondere Aufmerksamkeit. Aus diesem Grund kann es im Einzelfall zweckmäßig sein, die berechtigten Personen zu einer Erklärung aufzufordern, ob und ggf. in welcher Höhe sie im fraglichen Zeitraum anderen Personen zur Unterhaltsleistung verpflichtet waren oder gewesen wären. Im Interesse der Beschleunigung und Vereinfachung ist anzustreben, dass sich die Beteiligten auf eine bestimmte Aufteilung der Gesamtentschädigung einigen oder eine der beteiligten oder eine dritte Person bevollmächtigen, die Gesamtentschädigung mit schuldbefreiender Wirkung für das Land in Empfang zu nehmen (vgl. § 362 Abs. 2 BGB).
   c) Einigen sich die Beteiligten nicht und ist eine Prüfung der Unterhaltsansprüche mit Schwierigkeiten verbunden, verspricht sie kein eindeutiges Ergebnis oder hat eine durchgeführte Prüfung kein eindeutiges Ergebnis gehabt, so kommt die Hinterlegung (vgl. §§ 372 ff. BGB) des Entschädigungsbetrages in Betracht, soweit er unter den Beteiligten streitig ist und Zweifel an ihrer Berechtigung bestehen.
4. Die Prüfungsstelle prüft die erheblichen Angaben der berechtigten Person nach und stellt erforderlichenfalls über zweifelhafte Punkte Ermittlungen an. Weicht deren Ergebnis von dem Vorbringen der berechtigten Person ab, so wird diese in der Regel zu hören sein. Von kleinlichen Beanstandungen wird abgesehen. Bei den Ermittlungen wird darauf geachtet, dass bei Dritten nicht der Eindruck entsteht, gegen die berechtigte Person sei ein strafrechtliches Ermittlungsverfahren anhängig.
5. Die Prüfungsstelle berichtet, wenn sie nicht selbst zur Entscheidung über den Anspruch befugt ist, auf dem Dienstwege an die für die Entscheidung zuständige Stelle. In dem Bericht legt die Prüfungsstelle das Ergebnis ihrer Ermittlungen dar und fügt die einschlägigen Vorgänge bei. Sie führt insbesondere aus,
   a) ob der Antrag rechtzeitig gestellt worden ist,
   b) ob und in welcher Höhe nach §§ 7, 11 StrEG zu ersetzende Schäden entstanden sind,
   c) ob durch die Leistung der Entschädigung nach § 15 Abs. 2 StrEG Ansprüche auf die Staatskasse übergehen und ob und in welcher Höhe deren Verfolgung voraussichtlich zu einem Ersatz führen wird.
6. Die Prüfung der geltend gemachten Ansprüche und die Erstattung des Berichts werden möglichst beschleunigt. Erweisen sich Ermittlungen durch andere Behörden als notwendig, so wird stets auf die Eilbedürftigkeit hingewiesen. Über einen nachgewiesenen Teil des Anspruchs kann die Prüfungsstelle vorab berichten. Sie kann weiter nur über den Anspruch vorab berichten, wenn sie die Ansprüche gegen Dritte noch nicht abschließend geprüft hat. Die weiteren Ermittlungen dürfen durch dieses Verfahren nicht verzögert werden.
7. Ist ein immaterieller Schaden zu ersetzen, so ordnet die Prüfungsstelle im Einvernehmen mit der für die Entscheidung zuständigen Stelle insoweit die Auszahlung eines Vorschusses unter Berücksichtigung aufrechenbarer Forderungen unverzüglich an.
8. Stellt die Prüfungsstelle fest, dass der Anspruch auf Ersatz des Vermögensschadens unter Berücksichtigung aufrechenbarer Forderungen ganz oder teilweise begründet ist, so kann sie im Einvernehmen mit der für die Entscheidung zuständigen Stelle in dringenden Fällen die Auszahlung eines Vorschusses anordnen. Der Vorschuss soll die Hälfte des für begründet erachteten Anspruchs oder Anspruchsteiles nicht übersteigen.
9. Wird ein Vorschuss gewährt, so werden seine Höhe und der Zeitpunkt der Zahlung in dem Bericht angegeben.

III. Entscheidung über den Anspruch

1. Die Entscheidung über den Anspruch wird dem Berechtigten durch die für die Entscheidung zuständige Stelle nach den Vorschriften der Zivilprozessordnung zugestellt (vgl. § 10 Abs. 2 Satz 2 StrEG).
2. Wird der Antrag ganz oder teilweise abgelehnt, so wird der Berechtigte über den Rechtsweg und die Klagefrist belehrt (vgl. § 13 Abs. 1 StrEG).
3. Die für die Entscheidung zuständige Stelle ordnet die Auszahlung der zuerkannten Entschädigung an.
4. Die für die Entscheidung zuständige Stelle gibt eine Durchschrift der Entscheidung zu den Strafakten.
5. Beschreitet der Berechtigte den Rechtsweg, so ist der für die Entscheidung zuständigen Stelle zu berichten.

IV. Außerkrafttreten der Entscheidung

1. In den Fällen des § 14 Abs. 2 StrEG berichtet der Leiter der Staatsanwaltschaft, sofern er nicht selbst zur Entscheidung über den Anspruch befugt ist, der dafür zuständigen Stelle auf dem Dienstwege unverzüglich von der Einreichung des Wiederaufnahmeantrages oder von der Wiederaufnahme der Untersuchungen oder Ermittlungen und von dem Ausgang des Verfahrens. Ist eine bereits festgesetzte Entschädigung noch nicht gezahlt, so ordnet die für die Entschädigung zuständige Stelle sofort die vorläufige Aussetzung der Zahlung an.
2. a) Tritt in den Fällen des § 14 Abs. 1 StrEG die Entscheidung über die Entschädigungspflicht außer Kraft, so berichtet der Leiter der Staatsanwaltschaft auf dem Dienstwege an die für die Entscheidung zuständige Stelle. Diese entscheidet darüber, ob eine schon bezahlte Entschädigung bereits vor Abschluss des neuen Verfahrens zurückgefordert werden soll.
   b) Der Eröffnung des Hauptverfahrens im Sinne des § 14 Abs. 1 StrEG steht der Erlass eines Strafbefehls oder eines Bußgeldbescheides gleich.
3. Die für die Entscheidung zuständige Stelle betreibt die Wiedereinziehung einer geleisteten Entschädigung.

C. Vertretung

1. Gibt der Beschuldigte oder der Berechtigte Erklärungen nicht persönlich ab, so wird die Vollmacht oder gesetzliche Vertretungsmacht des Vertreters geprüft. Grundsätzlich berechtigt weder die Vollmacht des Verteidigers noch die gewöhnliche Strafprozessvollmacht zur Vertretung im Entschädigungsverfahren.
2. Wird der Beschuldigte in dem Ermittlungs- oder Strafverfahren von einem Verteidiger vertreten, der nach § 145 a StPO als ermächtigt gilt, Zustellungen in Empfang zu nehmen, so wird diesem das Urteil oder der Beschluss, der das Verfahren abschließt (vgl. § 8 Abs. 1 Satz 1 StrEG), oder die Mitteilung über die Einstellung der Verfahrens (vgl. § 9 Abs. 1 Satz 4 StrEG) zugestellt. Die sonstigen nach diesem Gesetz vorgesehenen Zustellungen werden, soweit nicht eine Vollmacht für das Entschädigungsverfahren erteilt ist oder ein Fall der gesetzlichen Vertretungsmacht vorliegt, an den Beschuldigten oder Berechtigten persönlich bewirkt.
3. Die Entschädigungssumme darf an einen Vertreter nur gezahlt werden, wenn er nachweist, dass er von dem Berechtigten zur Entgegennahme der Entschädigung ausdrücklich bevollmächtigt ist.

Teil II

A. Prüfungsstelle im Sinne von Teil I Abschnitt B ist der Generalstaatsanwalt bei dem Oberlandesgericht Frankfurt am Main.

B. Über Entschädigungsansprüche entscheidet der Generalstaatsanwalt bei dem Oberlandesgericht,

1. wenn er den Anspruch ablehnt,
2. wenn er eine Entschädigung von nicht mehr als 10 000,– Euro zuerkannt und nicht der Generalbundesanwalt in der Strafsache, die der Entschädigung zugrunde liegt, Ermittlungen geführt hat.

Die Entscheidung ergeht im Namen und im Auftrag des Hessischen Ministeriums der Justiz; dies ist in den Bescheiden zum Ausdruck zu bringen.

C. Der Generalstaatsanwalt bei dem Oberlandesgericht Frankfurt am Main berichtet dem Hessischen Ministerium der Justiz zum 31. März jeden Jahres (zweifach) über die im abgelaufenen Kalenderjahr angeordneten Entschädigungszahlungen einschließlich der Entschädigungszahlen, die vom Hessischen Ministerium der Justiz angeordnet wurden. In dem Bericht werden Entschädigungszahlungen für Urteilsfolgen (§ 1 StrEG) und für andere Strafverfolgungsmaßnahmen (§ 2 StrEG) unterschieden, sowie zusätzlich Entschädigungszahlungen für die vorläufige Entziehung der Fahrerlaubnis (§ 2 Abs. 2 Nr. 5 StrEG), aus Billigkeitsgründen (§§ 3, 4 StrEG) und für immateriellen Schaden (§ 7 Abs. 3 StrEG) erfasst. In jeder Gruppe werden die Zahl der Entschädigungsfälle und die Gesamtsumme der Auszahlung angegeben.

Dieser Runderlass tritt am 1. Januar 2005 in Kraft.

Teil II[1)]
(Zusatzbestimmungen der Länder)

Anlage D

Gemeinsame Richtlinien der Justizminister/-senatoren und der Innenminister/-senatoren der Länder über die Inanspruchnahme von Informanten sowie über den Einsatz von Vertrauenspersonen (V-Personen) und Verdeckten Ermittlern im Rahmen der Strafverfolgung

In Kraft gesetzt (Fassung vom Sept./Okt. 1985 und Nov. 1993), bzw. geändert:
Baden-Württemberg: VV v. 23. 10. 1996 (Justiz S. 505), neu erlassen durch VV v. 8. 12. 2003 (Justiz 2004 S. 5)
Bayern: Bek. v. 27. 3. 1986 (JMBl. S. 33), v. 13. 5. 1994 (JMBl. S. 87)
Berlin: AV v. 25. 5. 1994 (ABl. S. 2505)
Brandenburg: Erl. v. 21. 2. 1994 (ABl. S. 352)
Bremen: (nicht veröffentlicht)
Hamburg: AV v. 12. 1. 1994 (JVBl. S. 10)
Hessen: (nicht veröffentlicht)
Mecklenburg-Vorpommern: Erl. v. 1. 3. 1995 (ABl. S. 385)
Niedersachsen: RdErl. v. 16. 6. 1986 (NdsRpfl. S. 211)
Nordrhein-Westfalen: RdErl. v. 17. 2. 1986 (JMBl. S. 62)
Rheinland-Pfalz: VV v. 31. 3. 1994 (JBl. S. 147)
Saarland: Erl. v. 24. 6. 1986 (JMBl. S. 464), v. 7. 3. 1994 (JMBl. S. 133)
Sachsen: Bek. v. 14. 5. 1991 (ABl. S. 4), geänd. durch VV v. 30. 11. 1995, v. 3. 12. 1996 (JMBl. S. 142)
Sachsen-Anhalt: RdErl. v. 8. 7. 1994 (MBl. S. 2017), v. 20. 9. 1995 (MBl. S. 2107)
Schleswig-Holstein: Erl. v. 28. 2. 1986 (SchlHA S. 52), v. 29. 6. 1994 (SchlHA S. 232)
Thüringen: GemRichtl. v. 23. 11. 1994 (StAnz. S. 2964)

---

1) Teil II abgedruckt bei Piller/Herrmann Nr. 2 d.

I. Inanspruchnahme von Informanten und Einsatz von Vertrauenspersonen (V-Personen) im Rahmen der Strafverfolgung

1 Grundsätzliches

1.1 Zur Erfüllung ihrer Aufgaben sind Polizei und Staatsanwaltschaft in zunehmendem Maße auf Informationen und Hinweise aus der Öffentlichkeit angewiesen. Diese lassen sich oft nur gegen Zusicherung der Vertraulichkeit gewinnen.

1.2 Darüber hinaus ist bei bestimmten Erscheinungsformen der Kriminalität der Einsatz von V-Personen erforderlich. Sie können regelmäßig nur dann für eine Mitarbeit gewonnen werden, wenn ihnen die Geheimhaltung ihrer Identität zugesichert wird.

1.3 Die Inanspruchnahme von Informanten und der Einsatz von V-Personen sind als zulässige Mittel der Strafverfolgung in der neueren Rechtsprechung des Bundesverfassungsgerichts, des Bundesgerichtshofs und der Obergerichte anerkannt.

1.4 Der Zeugenbeweis ist eines der wichtigsten Beweismittel, das die Strafprozessordnung zur Wahrheitserforschung zur Verfügung stellt. Die besondere Natur dieses Beweismittels gebietet es grundsätzlich, dass der Zeuge vor der Staatsanwaltschaft und/oder dem Gericht aussagt. Daher kann Informanten und V-Personen nur nach den folgenden Grundsätzen Vertraulichkeit bzw. Geheimhaltung zugesichert werden.

2 Begriffsbestimmungen

2.1 Informant ist eine Person, die im Einzelfall bereit ist, gegen Zusicherung der Vertraulichkeit der Strafverfolgungsbehörde Informationen zu geben.

2.2 V-Person ist eine Person, die, ohne einer Strafverfolgungsbehörde anzugehören, bereit ist, diese bei der Aufklärung von Straftaten auf längere Zeit vertraulich zu unterstützen, und deren Identität grundsätzlich geheim gehalten wird.

3 Voraussetzungen der Zusicherung der Vertraulichkeit/Geheimhaltung

3.1 Die Inanspruchnahme von Informanten und der Einsatz von V-Personen gebieten eine Abwägung der strafprozessualen Erfordernisse der Unmittelbarkeit der Beweisaufnahme und der vollständigen Sachverhaltserforschung einerseits und der Erfüllung öffentlicher Aufgaben durch Zusicherung der Vertraulichkeit/Geheimhaltung andererseits. Hierbei ist der Grundsatz des rechtsstaatlichen fairen Verfahrens zu beachten.

a) Die Zusicherung der Vertraulichkeit/Geheimhaltung kommt im Bereich der Schwerkriminalität, organisierten Kriminalität, des illegalen Betäubungsmittel- und Waffenhandels, der Falschgeldkriminalität und der Staatsschutzdelikte in Betracht.

b) Im Bereich der mittleren Kriminalität bedarf es einer besonders sorgfältigen Prüfung des Einzelfalls. Die Zusicherung der Vertraulichkeit/Geheimhaltung wird ausnahmsweise dann in Betracht kommen, wenn durch eine Massierung gleichartiger Straftaten ein die Erfüllung öffentlicher Aufgaben oder die Allgemeinheit ernsthaft gefährdender Schaden eintreten kann.

c) In Verfahren der Bagatellkriminalität kommt die Zusicherung der Vertraulichkeit/Geheimhaltung nicht in Betracht.

3.2 Informanten dürfen nur in Anspruch genommen, V-Personen nur eingesetzt werden, wenn die Aufklärung sonst aussichtslos oder wesentlich erschwert wäre. Werden sie in Anspruch genommen bzw. eingesetzt, so ist Ziel der weiteren Ermittlungen das Beschaffen von Beweismitteln, die den strafprozessualen Erfordernissen der Unmittelbarkeit der Beweisaufnahme entsprechen und einen Rückgriff auf diese Personen erübrigen.

3.3 Einem Informanten darf Vertraulichkeit nur zugesichert werden, wenn dieser bei Bekannt werden seiner Zusammenarbeit mit den Strafverfolgungsbehörden erheblich gefährdet wäre oder unzumutbare Nachteile zu erwarten hätte.

3.4 Der Einsatz von Minderjährigen als V-Personen ist nicht zulässig.

4 **Umfang und Folgen der Zusicherung**

Staatsanwaltschaft und Polizei sind an die Zusicherung der Vertraulichkeit/Geheimhaltung gebunden. Die Bindung entfällt grundsätzlich, wenn

a) die Information wissentlich oder leichtfertig falsch gegeben wird,

b) die V-Person von einer Weisung vorwerfbar abweicht oder sich sonst als unzuverlässig erweist,

c) sich eine strafbare Tatbeteiligung des Empfängers der Zusicherung herausstellt,

d) die V-Person sich bei der Tätigkeit für die Strafverfolgungsbehörden strafbar macht.

Hierauf ist der Informant/die V-Person vor jeder Zusicherung hinzuweisen.

5 **Verfahren**

5.1 Über die Zusicherung der Vertraulichkeit/Geheimhaltung entscheidet im Bereich der Staatsanwaltschaft der Behördenleiter oder ein von ihm besonders bezeichneter Staatsanwalt, bei Gefahr im Verzug der Dezernent. Im Polizeibereich werden Regelungen getroffen, die die Entscheidung auf einer möglichst hohen Ebene vorsehen, mindestens auf der Ebene des Leiters der sachbearbeitenden Organisationseinheit.

5.2 Vor der Zusicherung der Vertraulichkeit gegenüber einem Informanten ist die Einwilligung der Staatsanwaltschaft herbeizuführen, es sei denn, dass der Untersuchungszweck gefährdet würde. Ist die Einwilligung nach Satz 1 nicht herbeigeführt worden, so ist die Staatsanwaltschaft unverzüglich zu unterrichten.

5.3 Soll eine V-Person in einem Ermittlungsverfahren gezielt eingesetzt werden, so ist zur Bestätigung der zugesicherten Geheimhaltung für diesen Einsatz die Einwilligung der Staatsanwaltschaft herbeizuführen. Kann die Einwilligung nicht rechtzeitig herbeigeführt werden, so ist die Staatsanwaltschaft unverzüglich über den Einsatz zu unterrichten.

5.4 In begründeten Ausnahmefällen unterrichtet die Polizei die Staatsanwaltschaft auch über die Identität des Informanten/der V-Person. Vertraulichkeit/Geheimhaltung ist zu gewährleisten.

5.5 Die Zusage der Vertraulichkeit/Geheimhaltung umfasst neben den Personalien auch die Verbindung zu Strafverfolgungsbehörden sowie alle Umstände, aus denen Rückschlüsse auf die Eigenschaft als Informant/V-Person gezogen werden könnten.

5.6 Die Staatsanwaltschaft fertigt über das Gespräch mit der Polizei über die Mitwirkung des Informanten/der V-Person und über die getroffene Entscheidung ohne Nennung des Namens einen Vermerk zu den Generalakten 4110. Vertrauliche Behandlung ist sicherzustellen. Die Polizei verfährt entsprechend.

II. Einsatz Verdeckter Ermittler und sonstiger nicht offen ermittelnder Polizeibeamter im Rahmen der Strafverfolgung

1 **Grundsätzliches**

1.1 Die qualitative Veränderung der Erscheinungsformen der Kriminalität, insbesondere der organisierten Kriminalität, erfordern dieser Entwicklung angepasste Methoden der Verbrechensbekämpfung.

1.2 Zu ihnen gehört neben der Inanspruchnahme von Informanten und V-Personen auch der operative Einsatz Verdeckter Ermittler und sonstiger nicht offen ermittelnder Polizeibeamter.

2 **Voraussetzungen und Verfahren**

2.1 Der Einsatz Verdeckter Ermittler richtet sich nach §§ 110 a bis 110 e StPO.

2.2 Verdeckte Ermittler dürfen keine Straftaten begehen. Eingriffe in Rechte Dritter sind ihnen nur im Rahmen der geltenden Gesetze gestattet. Als gesetzliche Generalermächtigung kann § 34 StGB nicht herangezogen werden. Unberührt bleibt in Ausnahmefällen eine Rechtfertigung oder Entschuldigung des Verhaltens des einzelnen Polizeibeamten z. B. unter den Voraussetzungen der §§ 34, 35 StGB.

2.3 Bei Verletzung von Rechtsgütern, die zur Disposition des Berechtigten stehen, kann die Rechtswidrigkeit auch unter dem Gesichtspunkt der mutmaßlichen Einwilligung entfallen.

2.4 Die Entscheidung über die Zustimmung der Staatsanwaltschaft trifft der Behördenleiter oder ein ihm besonders bezeichneter Staatsanwalt. Im Polizeibereich werden Regelungen getroffen, die die Entscheidung über den Einsatz auf einer möglichst hohen Ebene vorsehen, mindestens auf der Ebene des Leiters der sachbearbeitenden Organisationseinheit.

2.5 Beim Einsatz auftretende materiell- oder verfahrensrechtliche Probleme trägt die Polizei an die Staatsanwaltschaft heran. Die Staatsanwaltschaft trifft ihre Entscheidung in enger und vertrauensvoller Zusammenarbeit mit der Polizei.

2.6 Der Verdeckte Ermittler ist von der Strafverfolgungspflicht gemäß § 163 StPO nicht befreit.

2.6.1 Aus kriminaltaktischen Erwägungen können Ermittlungsmaßnahmen, die in den Auftrag des Verdeckten Ermittlers fallen, zurückgestellt werden.

2.6.2 Neu hinzukommenden zureichenden Anhaltspunkten für strafbare Handlungen braucht der Verdeckte Ermittler solange nicht nachzugehen, als dies ohne Gefährdung seiner Ermittlungen nicht möglich ist; dieses gilt nicht, wenn sofortige Ermittlungsmaßnahmen wegen der Schwere der neu entdeckten Tat geboten sind.

2.6.3 In den Fällen der Nr. 2.6.1 und 2.6.2 ist die Zustimmung der Staatsanwaltschaft herbeizuführen. Kann die Zustimmung nicht rechtzeitig herbeigeführt werden, so ist die Staatsanwaltschaft unverzüglich zu unterrichten. Nummer 2.5 gilt entsprechend.

2.7 Die Staatsanwaltschaft fertigt über die Gespräche mit der Polizei, über die Mitwirkung der Verdeckten Ermittler und über die getroffenen Entscheidungen – ohne Nennung des Namens des Verdeckten Ermittlers – Vermerke, die gesondert zu verwahren sind. Vertrauliche Behandlung ist sicherzustellen. Die Polizei verfährt entsprechend.

2.8 Die Entscheidungen nach § 110 d StPO trifft die Staatsanwaltschaft im Benehmen mit der Polizei. Nummer 2.4 Satz 1 gilt entsprechend. Die Staatsanwaltschaft setzt die Polizei über ihre Entscheidung vor deren Ausführung in Kenntnis.

2.9 Die Ermittlungstätigkeit sonstiger nicht offen ermittelnder Polizeibeamter richtet sich nach den allgemeinen Bestimmungen. Ergibt sich im Einzelfall die Notwendigkeit, deren Identität im Strafverfahren geheim zu halten, so ist für den Einsatz die Zustimmung der Staatsanwaltschaft einzuholen. Ist diese nicht rechtzeitig zu erlangen, ist die Staatsanwaltschaft unverzüglich zu unterrichten; sie entscheidet, ob der Einsatz fortgeführt werden soll. Der Staatsanwalt, der für die Entscheidung über die Zustimmung zu dem Einsatz zuständig ist, kann verlangen, dass ihm gegenüber die Identität des nicht offen ermittelnden Polizeibeamten offenbart wird. Geheimhaltung ist zu gewährleisten.

Anlage E

Gemeinsame Richtlinien der Justizminister/-senatoren und der Innenminister/-senatoren der Länder über die Zusammenarbeit von Staatsanwaltschaft und Polizei bei der Verfolgung der Organisierten Kriminalität

Die Justizminister/-senatoren und die Innenminister/-senatoren der Länder haben bei ihrer Konferenz in München vom 28.–31. 5. 1990 Gemeinsame Richtlinien über die Zusammenarbeit von Staatsanwaltschaft und Polizei bei der Verfolgung der Organisierten Kriminalität beschlossen:

Die Richtlinien wurden durch folgende Erlasse veröffentlicht:
Baden-Württemberg: Gem. VV v. 15. 1. 1991 (unveröffentlicht)
Bayern: Gem. Bek. v. 29. 1. 1991 (JMBl. S. 1)
Berlin: Gem. Richtlinien v. 1. 10. 1991 (ABl. S. 2426)
Brandenburg: Gem. RdErl v. 8. 7. 1992 (JMBl. S. 139)
Hamburg: Gem. Vfg. v. 29. 1. 1991 (JVBl. S. 19), v. 14. 10. 1991 (JVBl. S. 83)
Hessen: Gem. RdErl. v. 4. 4. 1991 (JMBl. S. 221)
Mecklenburg-Vorpommern: Gem. RdErl. v. 25. 2. 1992 (ABl. S. 268)
Niedersachsen: Gem. RdErl. v. 10. 6. 1992 (NdsRpfl. S. 163)
Nordrhein-Westfalen: Gem. RdErl. v. 13. 11. 1990 (JMBl. S. 267)
Rheinland-Pfalz: Gem. RdSchr. v. 17. 12. 1990 (JBl. 1991 S. 13)
Saarland: Gem. Richtlinien v. 18. 4. 1991 (GMBl. S. 125)
Sachsen: Gem. VV über die Zusammenarbeit von Staatsanwaltschaft und Polizeivollzugsdienst bei Bekämpfung der Organisierten Kriminalität (VV-BekämpfungOK) v. 15. 2. 1995 (ABl. S. 346)
Sachsen-Anhalt: Gem. RdErl. v. 31. 7. 1996 (JMBl. S. 291)
Schleswig-Holstein: Bek. v. 19. 12. 1990 (SchlHA 1991, S. 18)
Thüringen: Gem. VV v. 29. 8. 1991 (JMBl. S. 124)

Die von den Ländern veröffentlichten Richtlinien sind **inhaltlich** im Wesentlichen **gleich;** im Wortlaut – bei Rheinland-Pfalz auch in der Gliederung – weisen sie aber Abweichungen auf, die hauptsächlich länderspezifische Zuständigkeiten betreffen. Ihre auszugsweise Darlegung in übersichtlicher Form ist nicht möglich und der Abdruck aller Texte wäre zu aufwändig. Andererseits ist die Aufnahme der Richtlinien in das Werk wegen ihrer Wichtigkeit dringlich.

Die bayerische Fassung ist auf die bundesweite Anwendbarkeit abgestellt. Sie enthält keine speziell auf Bayern bezogene Regelungen. Nachstehend ist daher die Bek. von **Bayern** v. 29. 1. 1991 **abgedruckt.**

1 **Grundsätzliches**

1.1 Die Verfolgung der Organisierten Kriminalität ist ein wichtiges Anliegen der Allgemeinheit. Es ist eine zentrale Aufgabe der Strafverfolgungsbehörden, dieser Erscheinungsform der Kriminalität wirksam und mit Nachdruck zu begegnen.

1.2 Aufklärungserfolge können nur erreicht werden, wenn Staatsanwaltschaft und Polizei im einzelnen Verfahren und verfahrensübergreifend besonders eng und vertrauensvoll zusammenarbeiten; dies setzt eine möglichst frühzeitige gegenseitige Unterrichtung voraus. Gleiches gilt für die Zusammenarbeit mit dem Zoll- und dem Steuerfahndungsdienst.

1.3 Notwendig ist auch die Zusammenarbeit mit anderen Stellen, insbesondere den Justizvollzugsanstalten, den Finanz- und Zollbehörden, den Ordnungsbehörden (z. B. Ausländer- oder Gewerbeämter) sowie den Dienststellen der Arbeitsverwaltung.

2 **Begriff, Erscheinungsformen und Indikatoren der Organisierten Kriminalität**

2.1 Organisierte Kriminalität ist die von Gewinn- oder Machtstreben bestimmte planmäßige Begehung von Straftaten, die einzeln oder in ihrer Gesamtheit von erheblicher Bedeutung sind, wenn mehr als zwei Beteiligte auf längere oder unbestimmte Dauer arbeitsteilig

a) unter Verwendung gewerblicher oder geschäftsähnlicher Strukturen,
b) unter Anwendung von Gewalt oder anderer zur Einschüchterung geeigneter Mittel oder
c) unter Einflussnahme auf Politik, Medien, öffentliche Verwaltung, Justiz oder Wirtschaft

zusammenwirken.

Der Begriff umfasst nicht Straftaten des Terrorismus.

2.2 Die Erscheinungsformen der Organisierten Kriminalität sind vielgestaltig. Neben strukturierten, hierarchisch aufgebauten Organisationsformen (häufig zusätzlich abgestützt durch ethnische Solidarität, Sprache, Sitten, sozialen und familiären Hintergrund) finden sich – auf der Basis eines Systems persönlicher und geschäftlicher kriminell nutzbarer Verbindungen – Straftäterverflechtungen mit unterschiedlichem Bindungsgrad der Personen untereinander, deren konkrete Ausformung durch die jeweiligen kriminellen Interessen bestimmt wird.

2.3 Organisierte Kriminalität wird zurzeit vorwiegend in den folgenden Kriminalitätsbereichen festgestellt:

- Rauschgifthandel und -schmuggel
- Waffenhandel und -schmuggel
- Kriminalität im Zusammenhang mit dem Nachtleben (vor allem Zuhälterei, Prostitution, Menschenhandel, illegales Glücks- und Falschspiel)
- Schutzgelderpressung
- unerlaubte Arbeitsvermittlung und Beschäftigung
- illegale Einschleusung von Ausländern
- Warenzeichenfälschung (Markenpiraterie)
- Goldschmuggel
- Kapitalanlagebetrug
- Subventionsbetrug und Eingangsabgabenhinterziehung
- Fälschung und Missbrauch unbarer Zahlungsmittel
- Herstellung und Verbreitung von Falschgeld
- Verschiebung insbesondere hochwertiger Kraftfahrzeuge und von Lkw-, Container- und Schiffsladungen
- Betrug zum Nachteil von Versicherungen
- Einbruchsdiebstahl in Wohnungen mit zentraler Beuteverwertung.

Neben diesen Kriminalitätsbereichen zeichnen sich Ansätze Organisierter Kriminalität auch auf den Gebieten der illegalen Entsorgung von Sonderabfall und des illegalen Technologietransfers ab.

2.4 Indikatoren, die einzeln oder in unterschiedlicher Verknüpfung Anlass geben können, einen Sachverhalt der Organisierten Kriminalität zuzurechnen, sind in der Anlage genannt. Die Aufzählung ist nicht abschließend und nicht auf spezielle Deliktsbereiche abgestellt. In Zweifelsfällen stellen die einander zugeordneten Strafverfolgungsbehörden umgehend Einvernehmen darüber her, ob sie einen Sachverhalt als Organisierte Kriminalität bewerten.

3 Grundlagen der Zusammenarbeit

3.1 Die zügige und wirksame Verfolgung der Organisierten Kriminalität setzt eine aufeinander abgestimmte Organisation der Strafverfolgungsbehörden voraus. Ein identischer Aufbau ist nicht erforderlich.

3.2 Örtliche und überörtliche Stellen der Staatsanwaltschaft:

3.2.1 Bei jeder Staatsanwaltschaft wird ein Abteilungsleiter oder Staatsanwalt bestellt, der die Aufgabe hat, in ständiger und enger Zusammenarbeit mit den zuständigen Kriminalpolizeidienststellen die Entwicklung der Organisierten Kriminalität zu beobachten, zu analysieren und Maßnahmen der Strafverfolgungsbehörden zu planen und zu koordinieren (Ansprechpartner/OK-Beauftragter).

3.2.2 Der Abteilung oder dem Sachgebiet des Ansprechpartners/OK-Beauftragten soll die Bearbeitung aller Verfahren zugewiesen werden, denen Organisierte Kriminalität zu Grunde liegt. Soweit besondere Zuständigkeiten bestehen (z. B. für die Rauschgift- oder Wirtschaftskriminalität), können diese hiervon ausgenommen werden.

3.2.3 Bei dem Generalstaatsanwalt werden die verfahrensübergreifenden Aufgaben des Ansprechpartners/OK-Beauftragten für den Bezirk des Generalstaatsanwalts einem Koordinator übertragen. Der Koordinator sorgt auch dafür, dass über die Führung von Sammelverfahren umgehend entschieden wird.

Er hat ferner die Aufgabe, den Erfahrungs- und Informationsaustausch auf überörtlicher Ebene zwischen Staatsanwaltschaft und Polizei sowie mit den sonst in den in Nrn. 1.2 und 1.3 genannten Behörden vorzubereiten und durchzuführen. Nr. 3.2.2 gilt sinngemäß.

3.2.4 Der Generalstaatsanwalt prüft in geeigneten Fällen, ob bestimmte Verfahren für den Bezirk mehrerer Staatsanwaltschaften einer Staatsanwaltschaft zuzuweisen sind (§§ 143, 145 GVG).

3.3 Örtliche und überörtliche Stellen der Kriminalpolizei

3.3.1 Zur Aufdeckung und Verfolgung von Organisierter Kriminalität werden beim Bundeskriminalamt, den Landeskriminalämtern sowie in den Flächenstaaten im örtlichen oder regionalen Bereich an Brennpunkten der Organisierten Kriminalität spezialisierte Dienststellen/Einheiten eingerichtet bzw. ausgebaut, die insbesondere deliktsübergreifend und täterorientiert ermitteln.
Fälle der deliktstreuen Organisierten Kriminalität, insbesondere der Rauschgiftkriminalität, können von besonders eingerichteten Organisationseinheiten der Kriminalpolizei bearbeitet werden. Sonderkommissionen zur Bekämpfung der Organisierten Kriminalität sollen nur in Ausnahmefällen eingerichtet werden.

3.3.2 Den örtlichen oder regionalen Dienststellen obliegen in enger Abstimmung mit der für das jeweilige Verfahren zuständigen Staatsanwaltschaft die kriminalpolizeilichen Ermittlungen einschließlich operativer Maßnahmen.
Zu ihren Aufgaben gehören ferner
– das Zusammenführen OK-relevanter Erkenntnisse
– die Mitwirkung an der Erstellung des Kriminalitätslagebildes „Organisierte Kriminalität" für das Land
– der Informationsaustausch
– mit der Staatsanwaltschaft
– mit den Organisierte Kriminalität bearbeitenden Dienststellen des Landes
– anlassbezogen mit anderen Polizeidienststellen
– mit dem Landeskriminalamt.

3.3.3 Das Landeskriminalamt wertet zentral den OK-Bereich betreffende Informationen aus und verknüpft sie mit eigenen und länderübergreifenden Erkenntnissen. Im Rahmen seiner Zuständigkeit führt es die Ermittlungen selbst oder veranlasst ihre Durchführung durch andere Dienststellen. Für den Informationsaustausch gilt Nr. 3.3.2 entsprechend.

3.3.4 Das Bundeskriminalamt wertet zentral OK-relevante Informationen aus und verknüpft sie mit Erkenntnissen aus eigenen Verfahren und aus dem internationalen Bereich. Es führt im Rahmen seiner originären oder auftragsabhängigen Zuständigkeit die kriminalpolizeilichen Ermittlungen selbst oder weist sie im Einvernehmen mit den zuständigen Stellen einem Land zu.

3.4 Die Bekämpfung der Organisierten Kriminalität ist eine Aufgabe nicht nur der in den Nrn. 3.2 und 3.3 aufgeführten Dienststellen und Beamten. Vielmehr sind alle Angehörigen der Strafverfolgungsbehörden gehalten, auf Anzeichen für Organisierte Kriminalität zu achten:

3.4.1 Im Bereich der Staatsanwaltschaft ist sicherzustellen, dass sich die Beamten an die besonderen Sachbearbeiter/Dezernenten wenden und, wenn die Sachbearbeitung konzentriert ist, die Verfahren abgeben können.

3.4.2 Im Bereich der Polizei sind entsprechende Erkenntnisse an die zur Bekämpfung der Organisierten Kriminalität eingerichteten Organisationseinheiten weiterzuleiten.

4 Zusammenarbeit bei der Verfahrensbearbeitung

4.1 Vorrangiges Ziel der Ermittlungen muss es sein, in den Kernbereich der kriminellen Organisation einzudringen und die im Hintergrund agierenden hauptverantwortlichen Straftäter zu erkennen, zu überführen und zur Aburteilung zu bringen.

4.2 Der Staatsanwalt schaltet sich schon zu Beginn der Ermittlungen in die unmittelbare Fallaufklärung ein. Die Verfahrenstaktik und die einzelnen Ermittlungsschritte sind abzustimmen. Die Sachleitungsbefugnis der Staatsanwaltschaft bleibt unberührt.

4.2.1 Der Grundsatz, dass Ermittlungen straff und beschleunigt zu führen sind, gilt auch in Verfahren wegen Organisierter Kriminalität. Das vorrangige Ermittlungsziel ist aber im Auge zu behalten, auch wenn dies längerdauernde Ermittlungen erfordert.

4.2.2 Im Interesse des vorrangigen Ermittlungszieles sind die Mittel zur Begrenzung des Verfahrensstoffes (§§ 153 ff. StPO) möglichst frühzeitig zu nutzen. Dies gilt besonders auch Hinblick auf das Hauptverfahren, das sich auf die wesentlichen Vorwürfe konzentrieren sollte.

4.2.3 Die Abfolge der Ermittlungshandlungen wird in erster Linie von dem vorrangigen Ermittlungsziel bestimmt. Einzelne Maßnahmen können vorläufig zurückgestellt werden, wenn ihre Vornahme die Erreichung dieses Zieles gefährden würde. Dies gilt nicht, wenn sofortige Maßnahmen wegen der Schwere der Tat oder aus Gründen der Gefahrenabwehr geboten sind.

4.2.4 Erfordert die Erledigung von Verfahren gegen Randtäter der kriminellen Organisation oder sonstige Nebenbeteiligte noch weitere Ermittlungen, so darf der schnelle Abschluss dieser Verfahren dem vorrangigen Ermittlungsziel nicht übergeordnet werden.

Bei der gebotenen Abwägung ist den Ermittlungen gegen die verantwortlichen Haupttäter der Vorzug zu geben; die übrigen Verfahren sind vorübergehend zurückzustellen.

4.3 In Verfahren wegen Organisierter Kriminalität soll möglichst der Staatsanwalt die Anklage vertreten, der die Ermittlungen geleitet hat.

4.4 Für die Zusammenarbeit bei der Inanspruchnahme von Informanten, bei dem Einsatz von V-Personen und Verdeckten Ermittlern sowie beim Zeugenschutz gelten die hierfür erlassenen Richtlinien.

4.5 Für die Zusammenarbeit im Rahmen von Initiativermittlungen gilt Nr. 6.

5 Verfahrensübergreifende Zusammenarbeit

5.1 Die verfahrensübergreifende Zusammenarbeit zwischen Staatsanwaltschaft und Polizei hat zum Ziel, dass beide Behörden einen vertieften und gleichen Erkenntnisstand über die Erscheinungsformen der Organisierten Kriminalität und die spezifischen Probleme einschlägiger Verfahren gewinnen, gemeinsam fortentwickeln und bei den jeweiligen Einzelmaßnahmen zugrunde legen.

Die verfahrensübergreifende Zusammenarbeit dient auch der Verständigung über die örtliche und zeitliche Steuerung der Ermittlungskapazitäten von Staatsanwaltschaft und Kriminalpolizei durch Bildung von Schwerpunkten entsprechend dem jeweiligen Lagebild.

5.2 Die Staatsanwaltschaft und die Kriminalpolizei vereinbaren regelmäßige Dienstbesprechungen, bei denen insbesondere erörtert werden

- Lage, voraussichtliche Entwicklung und Maßnahmen zur Bekämpfung der Organisierten Kriminalität in ihrem Bereich
- Erkenntnisse und Erfahrungen aus dem Ablauf von Ermittlungs- und gerichtlichen Verfahren, auch Auswirkungen von Fehlern in der Ermittlungstätigkeit
- Erkenntnisse und Erfahrungen aus der Anwendung verdeckter Ermittlungsmethoden und aus dem Zeugenschutz, einschließlich der Sicherung der gebotenen Geheimhaltung
- Erkenntnisse und Erfahrungen aus Maßnahmen zur Gewinnabschöpfung
- örtliche Praxis der internationalen Rechtshilfe und sonstigen Zusammenarbeit mit ausländischen Behörden
- allgemeine Fragen der Zusammenarbeit
- Öffentlichkeitsarbeit.

Die Besprechungen sollen einmal jährlich, bei Bedarf auch häufiger, stattfinden. Dem Zollfahndungsdienst soll Gelegenheit zur Teilnahme gegeben werden. Über die Zuziehung anderer Behörden entscheiden die beteiligten Stellen. Über das Ergebnis der Besprechungen ist den jeweils vorgesetzten Behörden zu berichten.

5.3 Die Besprechungen können auch auf der Ebene der Generalstaatsanwälte vereinbart werden.

5.4 Gemeinsame Informations- und Fortbildungsveranstaltungen sind vorzusehen.

5.5 Die Hospitation von Beamten der Staatsanwaltschaft und der Kriminalpolizei bei der jeweils anderen Behörde ist zu ermöglichen.

6 Initiativermittlungen

6.1 Organisierte Kriminalität wird nur selten von sich aus offenbar. Strafanzeigen in diesem Bereich werden häufig nicht erstattet, u. a. weil die Zeugen Angst haben.

Die Aufklärung und wirksame Verfolgung der Organisierten Kriminalität setzt daher voraus, dass Staatsanwaltschaft und Polizei von sich aus im Rahmen ihrer gesetzlichen Befugnisse Informationen gewinnen oder bereits erhobene Informationen zusammenführen, um Ansätze zu weiteren Ermittlungen zu erhalten (Initiativermittlungen).

6.2 Liegt ein Sachverhalt vor, bei dem nach kriminalistischer Erfahrung die wenn auch geringe Wahrscheinlichkeit besteht, dass eine verfolgbare Straftat begangen worden ist, besteht ein Anfangsverdacht (§ 152 Abs. 2 StPO). Dieser löst die Strafverfolgungspflicht aus. Es ist nicht notwendig, dass sich der Verdacht gegen eine bestimmte Person richtet.

Bleibt nach Prüfung der vorliegenden Anhaltspunkte unklar, ob ein Anfangsverdacht besteht, und sind Ansätze für weitere Nachforschungen vorhanden, so können die Strafverfolgungsbehörden diesen nachgehen. In solchen Fällen besteht keine gesetzliche Verfolgungspflicht. Ziel ist allein die Klärung, ob ein Anfangsverdacht besteht. Strafprozessuale Zwangs- und Eingriffsbefugnisse stehen den Strafverfolgungsbehörden in diesem Stadium nicht zu.

Ob und inwieweit die Strafverfolgungsbehörden sich in diesen Fällen um weitere Aufklärung bemühen, richtet sich nach Verhältnismäßigkeitserwägungen; wegen der besonderen Gefährlichkeit der Organisierten Kriminalität werden sie ihre Aufklärungsmöglichkeiten bei Anhaltspunkten für solche Straftaten in der Regel ausschöpfen.

6.3 Die Befugnisse der Polizei zu Initiativermittlungen im Rahmen der Gefahrenabwehr richten sich nach den Polizeigesetzen.

6.4 Bei Initiativermittlungen liegen häufig die Elemente der Strafverfolgung und der Gefahrenabwehr in Gemengelage vor oder gehen im Verlauf eines Verdichtungs- und Erkenntnisprozesses ineinander über. Staatsanwaltschaft und Polizei arbeiten auch in diesem Bereich eng zusammen. Für die Zusammenarbeit gelten die Nrn. 4 und 5 sinngemäß mit der Maßgabe, dass

- das Ziel der Initiativermittlungen die Klärung des Anfangsverdachts/der Gefahrenlage ist
- dem Staatsanwalt in Fällen der Gefahrenabwehr eine Leitungsbefugnis nicht zusteht.

6.5 Die Zusammenarbeit obliegt auf der Seite der Staatsanwaltschaft der Behörde, die für die Durchführung des Ermittlungsverfahrens zuständig wäre. In Zweifelsfällen entscheidet die nächsthöhere Behörde.

7 Zusammenarbeit mit den Justizvollzugsanstalten

7.1 Die von der Organisierten Kriminalität ausgehenden Gefahren sind auch bei Vollzugsentscheidungen zu berücksichtigen.

7.2 Die Justizvollzugsanstalten sind über

- Verbindungen eines Untersuchungs- oder Strafgefangenen zur Organisierten Kriminalität
- Erscheinungsformen und Entwicklung der Organisierten Kriminalität

zu informieren, soweit es für Vollzugsentscheidungen erheblich sein kann und Belange der Strafverfolgung nicht entgegenstehen.

7.3 Die Information über den Gefangenen muss möglichst bei der Einlieferung erfolgen. Anderenfalls ist sie nachzuholen. Sie obliegt der Staatsanwaltschaft, in Eilfällen der Kriminalpolizei.

7.4 Den Vollzugsbehörden soll Gelegenheit gegeben werden, an den in Nrn. 5.3 und 5.4 genannten Veranstaltungen teilzunehmen; bei Bedarf sind sie auch zu den Besprechungen nach Nr. 5.2 hinzuzuziehen.

7.5 Die Justizvollzugsanstalt unterrichtet die Staatsanwaltschaft, in Eilfällen die Kriminalpolizei, über Erkenntnisse, die für die Verfolgung der Organisierten Kriminalität von Bedeutung sein können.

7.6 Ansprechpartner in der Justizvollzugsanstalt ist der Anstaltsleiter.

8 Zusammenarbeit mit anderen Behörden

8.1 Zoll- und Finanzbehörden.

8.1.1 Soweit Staatsanwaltschaft oder Kriminalpolizei bei ihren Ermittlungen im Bereich der Organisierten Kriminalität Anhaltspunkte für

– Hinterziehung von Eingangsabgaben oder Verbrauchsteuern, z. B. Gold- oder Alkoholschmuggel
– Straftaten im Sinne des § 37 Abs. 1 des Gesetzes zur Durchführung der gemeinsamen Marktorganisationen (MOG), z. B. Subventionsbetrug im Zusammenhang mit Fleisch oder Getreide
– Straftaten nach dem Außenwirtschaftsgesetz (AWG), z. B. illegaler Technologietransfer, oder nach dem Kriegswaffenkontrollgesetz (KWKG) mit Auslandsbezug
– Zuwiderhandlungen gegen Verbote und Beschränkungen des grenzüberschreitenden Warenverkehrs, z. B. Rauschgift- oder Waffenschmuggel, Warenzeichenfälschungen

feststellen, ist der Zollfahndungsdienst zu unterrichten (vgl. §§ 403, 116 AO, 42 AWG). Dies kann entweder über das Zollkriminalinstitut – Zentrales Zollfahndungsamt – oder das örtliche Zollfahndungsamt erfolgen.

Gewinnt der Zollfahndungsdienst im Rahmen seiner Ermittlungen Anhaltspunkte, die auf das Vorliegen Organisierter Kriminalität hindeuten und für dessen Aufklärung die Polizei/Staatsanwaltschaft zuständig ist, so unterrichtet er die zuständigen Strafverfolgungsbehörden. Handelt es sich bei den Ermittlungen des Zollfahndungsdienstes um Ermittlungen wegen einer Zoll- oder Verbrauchsteuerstraftat, so ist das Steuergeheimnis zu beachten. Es ist dann im Einzelfall zu prüfen, ob das Steuergeheimnis durchbrochen werden kann.

8.1.2 Soweit Staatsanwaltschaft oder Kriminalpolizei bei ihren Ermittlungen im Bereich der Organisierten Kriminalität Anhaltspunkte für Steuerstraftaten feststellen, ist der Steuerfahndungsdienst zu unterrichten (vgl. §§ 403, 116 AO).

Gewinnt der Steuerfahndungsdienst im Rahmen seiner steuerstrafrechtlichen Ermittlungen Anhaltspunkte, die auf das Vorliegen von Organisierter Kriminalität hindeuten und für dessen Aufklärung die Polizei/Staatsanwaltschaft zuständig ist, so unterrichtet er die zuständigen Strafverfolgungsbehörden, wenn das Steuergeheimnis dem nicht entgegensteht. Dies ist im Einzelfall zu prüfen.

8.2 Andere Behörden

Die Organisierte Kriminalität kann mit strafrechtlichen Mitteln allein nicht mit Erfolg bekämpft werden. Die von ihr ausgehenden Gefahren sind auch bei den Entscheidungen der Ordnungsbehörden (vgl. Nr. 1.3) und sonstiger Verwaltungsbehörden zu berücksichtigen.

Die Verwaltungsbehörden können ferner zur Aufklärung der Organisierten Kriminalität beitragen, indem sie relevante Erkenntnisse z. B. über unerlaubte Arbeitsvermittlung und -beschäftigung, illegale Einschleusung von Ausländern, den Strafverfolgungsbehörden mitteilen.

8.3 Verfahrensübergreifende Zusammenarbeit

Für die verfahrensübergreifende Zusammenarbeit kann sich die Einrichtung von Gesprächskreisen auf örtlicher und überörtlicher Ebene durch die Ansprechpartner/OK-Beauftragten und Koordinatoren (Nr. 3.2) empfehlen.

9 Schutz der Ermittlungen

Dem Schutz der Ermittlungen kommt in Verfahren wegen Organisierter Kriminalität besonders hohe Bedeutung zu. Ihm muss durch Ermittlungsbehörden und Justizvollzugsanstalten Rechnung getragen werden. Um das vorrangige Ermittlungsziel (vgl. Nr. 4.1) nicht zu gefährden, ist sicherzustellen, dass

– ausschließlich unmittelbar an den Ermittlungen Beteiligte Kenntnis von Maßnahmen der verdeckten Informationsgewinnung erlangen

– in den mit der Bekämpfung der Organisierten Kriminalität befassten Dienststellen/Organisationseinheiten alle Voraussetzungen für den Schutz der Ermittlungen gegeben sind.

Die Rechte der Verteidigung bleiben unberührt.

10 Inkrafttreten

Diese Bekanntmachung tritt am 1. März 1991 in Kraft.

Anlage [zu Anl. E]

Generelle Indikatoren zur Erkennung OK-relevanter Sachverhalte[1), 2)]

Vorbereitung und Planung der Tat

- präzise Planung
- Anpassung an Markterfordernisse durch Ausnützen von Marktlücken, Erkundungen von Bedürfnissen u. Ä.
- Arbeit auf Bestellung
- hohe Investitionen, z. B. durch Vorfinanzierung aus nicht erkennbaren Quellen
- Verschaffung und Nutzung legaler Einflusssphären
- Vorhalten von Ruheräumen im Ausland

Ausführung der Tat

- präzise und qualifizierte Tatdurchführung
- Verwendung verhältnismäßig teurer oder schwierig einzusetzender wissenschaftlicher Mittel und Erkenntnisse
- Tätigwerden von Spezialisten (auch aus dem Ausland)
- arbeitsteiliges Zusammenwirken
- Einsatz von polizeilich „unbelasteten" Personen
- Konstruktion schwer durchschaubarer Firmengeflechte

Finanzgebaren

- Einsatz von Geldmitteln ungeklärter Herkunft im Zusammenhang mit Investitionen
- Inkaufnahme von Verlusten bei Gewerbebetrieben
- Diskrepanz zwischen dem Einsatz finanzieller Mittel und dem zu erwartenden Gewinn
- Auffälligkeiten bei Geldanlagen, z. B. beim Kauf von Immobilien oder sonstigen Sachwerten, die in keinem Verhältnis zum Einkommen stehen

Verwertung der Beute

- Rückfluss in den legalen Wirtschaftskreislauf
- Veräußerung im Rahmen eigener (legaler) Wirtschaftstätigkeiten
- Maßnahmen der Geldwäsche

Konspiratives Täterverhalten

- Gegenobservation
- Abschottung
- Decknamen
- Codierung in Sprache und Schrift
- Verwendung modernster technischer Mittel zur Umgehung polizeilicher Überwachungsmaßnahmen

---

[1)] Anmerkung: Generelle Indikatoren sind allgemein kennzeichnende Merkmale. Spezielle Indikatoren werden unter Einbeziehung zusätzlicher Erkenntnisse zu deliktspezifischen Handlungsformen und Gruppenstrukturen erarbeitet.

[2)] Anlage geänd. durch Gem. Bek. v. 29. 10. 1999 (JMBl. S. 186).

Täterverbindungen/Tatzusammenhänge
– überregional
– national
– international

Gruppenstruktur
– hierarchischer Aufbau
– ein nicht ohne weiteres erklärbares Abhängigkeits- oder Autoritätsverhältnis zwischen mehreren Tatverdächtigen
– internes Sanktionierungssystem

Hilfe für Gruppenmitglieder
– Fluchtunterstützung
– Beauftragung bestimmter Anwälte und deren Honorierung durch Dritte
– Aufwendung größerer Barmittel im Rahmen der Verteidigung
– hohe Kautionsangebote
– Bedrohung und Einschüchterung von Verfahrensbeteiligten
– Unauffindbarkeit von zuvor verfügbaren Zeugen
– ängstliches Schweigen von Betroffenen
– überraschendes Benennen von Entlastungszeugen
– Betreuung in der Untersuchungshaft/Strafhaft
– Versorgung von Angehörigen
– Wiederaufnahme nach der Haftentlassung

Korrumpierung
– Einbeziehung in das soziale Umfeld der Täter
– Herbeiführen von Abhängigkeiten (z. B. durch Sex, verbotenes Glücksspiel, Zins- und Kreditwucher)
– Zahlung von Bestechungsgeldern, Überlassung von Ferienwohnungen, Luxusfahrzeugen usw.

Monopolisierungsbestrebungen
– „Übernahme" von Geschäftsbetrieben und Teilhaberschaften
– Führung von Geschäftsbetrieben durch Strohleute
– Kontrolle bestimmter Geschäftszweige
– „Schutzgewährung" gegen Entgelt

Öffentlichkeitsarbeit
– gesteuerte oder tendenziöse Veröffentlichungen, die von einem bestimmten Tatverdacht ablenken
– systematischer Versuch der Ausnutzung gesellschaftlicher Einrichtungen (z. B. durch auffälliges Mäzenatentum)

Anlage F

Richtlinien über die internationale Fahndung nach Personen, einschließlich der Fahndung nach Personen im Schengener Informationssystem

Die Landesjustizverwaltungen, das Bundesministerium der Justiz und das Bundesministerium des Innern haben die in „Richtlinien über die internationale Fahndung nach Personen, einschließlich der Fahndung nach Personen im Schengener Informationssystem" vereinbart.

Baden-Württemberg: RdErl. v. 27. 9. 1993–9362-III-70 g –
Bayern: JMS v. 13. 9. 1993, Gz. 9362 – II – 235/92

Berlin: AO v. 17. 9. 1993
Brandenburg: AV v. 5. 1. 1994 (ABl. S. 78)
Bremen: Erl. v. 23. 9. 1993–9300
Hamburg: AO v. 24. 11. 1993–9362/4/1–4 –
Hessen: RdErl. v. 15. 9. 1993 (JMBl. S. 660)
Mecklenburg-Vorpommern: Erl. v. 8. 10. 1993 – III A 330 9362–4 –
Niedersachsen: Gem. RdErl. v. 21. 9. 1993 (NdsRpfl. S. 266)
Nordrhein-Westfalen: Rdverfügung v. 21. 9. 1993–9362 – III A 11 –
Rheinland-Pfalz: RdSchr. v. 21. 9. 1993–9362–4 – 24/93
Saarland: AV v. 24. 9. 1993 (GMBl. 1994 S. 131)
Sachsen: RdErl. v. 27. 9. 1993 (n. veröffentlicht)
Sachsen-Anhalt: RdVerf. v. 24. 9. 1993–9362–304.17
Schleswig-Holstein: Erl. v. 24. 9. 1993
Thüringen: Erl. v. 23. 9. 1993–9362–1/91

I. Allgemeines

1. Die internationale Fahndung nach Personen, deren Aufenthalt nicht bekannt ist, kann durch Interpol, im Schengener Informationssystem (SIS) und durch gezielte Mitfahndungsersuchen an andere Staaten veranlasst werden. International ist auch die Ausschreibung zur Aufenthaltsermittlung möglich.
Die internationale Fahndung darf nur beantragt werden, wenn gleichzeitig die nationale Fahndung im Informationssystem der Polizei (INPOL) betrieben wird und beabsichtigt ist, im Falle der Ermittlung des Verfolgten ein Auslieferungsersuchen anzuregen.
2. Die internationale Fahndung soll in den Vertragsstaaten des Schengener Durchführungsübereinkommens (SDÜ; BGBl. 1993 II Seite 1013) grundsätzlich im Schengener Informationssystem erfolgen. Vertragsstaaten sind derzeit neben der Bundesrepublik Deutschland Belgien, Frankreich, Luxemburg und die Niederlande. Weitere Vertragsstaaten sind Griechenland, Italien, Portugal und Spanien, deren Beitritt in Kürze wirksam werden wird.
Die internationale Fahndung im Schengener Informationssystem wird veranlasst, wenn eine deutsche Behörde die Strafverfolgung oder die Vollstreckung einer Freiheitsstrafe oder einer freiheitsentziehenden Maßregel der Besserung und Sicherung gegen eine Person betreibt, deren Aufenthalt nicht bekannt ist, es sei denn, es liegen Anhaltspunkte vor, dass sich die gesuchte Person nur im Inland aufhält.
Eine Beschränkung der Fahndung auf ein Land oder mehrere Länder ist im Schengener Informationssystem nicht möglich.
3. Im Übrigen erfolgt die internationale Fahndung durch Interpol. Sie kann veranlasst werden, wenn eine deutsche Behörde die Strafverfolgung oder die Vollstreckung einer Freiheitsstrafe oder einer freiheitsentziehenden Maßregel der Besserung und Sicherung gegen eine Person betreibt, die sich vermutlich im Ausland aufhält. Sie kann auf Länder, Ländergruppen oder Fahndungszonen beschränkt werden. Bei der Entscheidung über die Fahndung sowie bei der Festlegung der Länder, Ländergruppen oder Fahndungszonen, in denen gefahndet werden soll, ist der Grundsatz der Verhältnismäßigkeit zu beachten.
4. Eine Interpol-Fahndung ist in den Staaten des Schengener Informationssystems grundsätzlich nicht möglich. Ausnahmen regelt Abschnitt II, Nummer 2, 3. Absatz.
Fahndungen im Schengener Informationssystem und – für andere als Schengener Vertragsstaaten – durch Interpol sind nebeneinander möglich. Besonderheiten gelten für die gleichzeitige Ausschreibung zur Fahndung im Schengener Informationssystem und in sonstigen europäischen Nachbarstaaten (vgl. Abschnitt IV., Mischfälle).
5. Staaten, die Interpol nicht angehören (vgl. Länderteil der RiVASt), werden vom Bundeskriminalamt zur Mitfahndung ersucht, wenn die betreibende Behörde dies ausdrücklich verlangt und Anhaltspunkte vorliegen, dass sich der Verfolgte in diesem Staat aufhält.

6. Ist der Behörde, die eine internationale Fahndung veranlasst, bekannt, dass der Verfolgte auch von anderen Strafverfolgungs- oder Strafvollstreckungsbehörden gesucht wird, unterrichtet sie diese.

II. Fahndung im Schengener Informationssystem

1. Das Schengener Informationssystem (SIS) ist als Ausgleichsmaßnahme zum Abbau der Personenkontrollen an den Binnengrenzen der Schengener Vertragsstaaten errichtet worden. Durch einen einheitlichen, grenzüberschreitenden Fahndungsraum soll ein mögliches Sicherheitsdefizit durch den Grenzabbau so gering wie möglich gehalten werden. Im Hinblick hierauf ist daher in jedem Fall nationaler Fahndung zu prüfen, ob nicht auch eine Fahndung im SIS veranlasst ist. Diese Prüfung ist auch bei der Verlängerung der nationalen Fahndung vorzunehmen.
2. Eine Ausschreibung im SIS nach Art. 95 SDÜ stellt ein Ersuchen um vorläufige Festnahme zum Zweck der Auslieferung dar (Art. 64 SDÜ). Die Verantwortung für die Zulässigkeit der Ausschreibung trägt die Behörde, die die Fahndung betreibt. Eine weitere Prüfung der Zulässigkeit der Ausschreibung findet – im Gegensatz zur Interpol-Ausschreibung – in der Regel nicht statt. Die Prüfung der Auslieferungsfähigkeit erfordert daher besondere Sorgfalt.
   Ist eine Entscheidung über die Auslieferungsfähigkeit nicht möglich, ist eine Anfrage an die betreffenden Vertragsstaaten zu richten (Konsultationsverfahren, Art. 95 Abs. 2 SDÜ). In diesem Fall ist der obersten Justizbehörde zu berichten. Dem Bericht ist eine beglaubigte Mehrfertigung des Haftbefehls oder des vollstreckbaren Straferkenntnisses beizufügen. In Eilfällen kann die Anfrage und die Übermittlung der für die Entscheidung über die Auslieferungsfähigkeit erforderlichen Unterlagen unmittelbar über die nationale SIRENE (Abkürzung für: Supplementary Information Request at the National Entry) im Bundeskriminalamt erfolgen. Die oberste Justizbehörde ist gleichzeitig zu unterrichten.
   Eine Ausschreibung im SIS ist grundsätzlich nur einheitlich im gesamten Vertragsgebiet möglich. Das Verbot der Auslieferung eigener Staatsangehöriger kann dabei unberücksichtigt bleiben, weil entsprechende Fahndungen in den Heimatstaaten automatisch mit einem Vorbehalt versehen sind. Sollten sonstige Auslieferungshindernisse in einem oder mehreren Staaten bestehen, kann in den übrigen Staaten nicht im SIS, sondern nur durch Interpol gefahndet werden.
3. Das Ersuchen um internationale Fahndung im SIS ist unter Verwendung des Vordrucks KP 21/24 sowie der ergänzenden Begleitpapiere für Informationen gemäß Art. 95 Abs. 2 SDÜ an die für die Dateneingabe zuständige Polizeidienststelle zu richten. Der Vordruck und die Begleitpapiere sind soweit möglich vollständig und ohne Bezugnahme auf Anlagen auszufüllen. Bei der „Sachverhaltsschilderung“ ist die Darstellung der Modalitäten der Tatbegehung von besonderer Bedeutung. Eine bloße Bezugnahme auf den Haftbefehl reicht für die „Sachverhaltsschilderung“ nicht aus.
   Dem Ersuchen ist eine beglaubigte Mehrfertigung des Haftbefehls oder des vollstreckbaren Straferkenntnisses beizufügen.
4. In besonderen dringlichen Fällen versieht der Staatsanwalt zum Zwecke der beschleunigten Behandlung durch die ersuchten Vertragsparteien das Formblatt mit einem entsprechenden Hinweis.
   Dringende gezielte Fahndungen, die vor Vorliegen der Fahndungsunterlagen geboten sind, können auch in den Vertragsstaaten des Schengener Durchführungsübereinkommens nur über Interpol veranlasst werden (vgl. hierzu die Hinweise zur Eilfahndung im Abschnitt Interpol-Fahndung).
5. Die Pflicht zur Überprüfung, Änderung und gegebenenfalls Löschung der Ausschreibung (Art. 105, 106 SDÜ) obliegt der ausschreibenden Stelle. Diese hat bei der jährlich erforderlichen Überprüfung, ob die nationale Fahndung zu verlängern ist, auch die SIS-Fahndung auf deren Aktualität zu überprüfen. Besteht nur eine nationale Fahndung, so ist bei deren Überprüfung immer auch zu überlegen, ob zusätzlich eine SIS-Fahndung zu veranlassen ist.

Die ausschreibende Stelle unterrichtet bei Erledigung der Ausschreibung die für die Eingabe zuständige Polizeidienststelle.

III. Fahndung durch Interpol

1. Das Ersuchen um internationale Fahndung durch Interpol ist unter Verwendung des Vordrucks IKPO Nr. 1 mit einer Mehrfertigung über das Landeskriminalamt an das Bundeskriminalamt zu richten. Der Vordruck ist soweit möglich vollständig und ohne Bezugnahme auf Anlagen auszufüllen. Dem Ersuchen sind beizufügen:
   a) Fingerabdruckblatt und Lichtbilder des Verfolgten – zweifach –, falls vorhanden und zur Identifizierung erforderlich, und
   b) eine beglaubigte Mehrfertigung des Haftbefehls oder des vollstreckbaren Strafererkenntnisses.

   Das Landeskriminalamt ergänzt gegebenenfalls den Vordruck.
2. Wird schon vor Übersendung der Unterlagen gemäß Nummer 1, beispielsweise fernschriftlich, das Bundeskriminalamt unmittelbar um sofortige Einleitung der internationalen Fahndung ersucht, so hat das Ersuchen folgende Angaben zu enthalten:
   a) möglichst genaue Angaben über den Verfolgten (Geburtstag und -ort, Namen der Eltern, Staatsangehörigkeit, Personenbeschreibung, Ausweis- oder Passdaten),
   b) die Haftbefehlsdaten mit den Namen des Richters,
   c) eine kurze Darstellung der Straftat unter Angabe des Tatorts und der Tatzeit,
   d) die Erklärung mit dem Namen des die Fahndung veranlassenden Staatsanwalts, dass bei gleich bleibender Sach- und Rechtslage im Fall der Ermittlung des Verfolgten ein Auslieferungsersuchen angeregt werden wird, sowie
   e) die Länder, Ländergruppen oder Fahndungszonen, in denen gefahndet werden soll.
3. Die Löschung der Fahndung soll erst nach der Übernahme des Verfolgten durch die deutschen Behörden veranlasst werden.
4. Endet die nationale Fahndung durch Fristablauf, ist dem Bundeskriminalamt gemäß Nr. 6 RiVASt unverzüglich mitzuteilen, dass von dort aus die bestehende internationale Fahndung zu widerrufen ist.

IV. Fahndung im SIS und durch Interpol

1. Soll in den Schengener Vertragsstaaten und in einem oder mehrere der im Vordruck KP 21/24 genannten europäischen Nachbarstaaten gefahndet werden, so ist nur der Vordruck KP 21/24 mit den ergänzenden Begleitpapieren auszufüllen. Bei den Nachbarstaaten kann die Fahndung auf einen oder mehrere Staaten beschränkt werden.
   Soll nur in einem oder mehreren dieser europäischen Nachbarstaaten gefahndet werden (ohne SIS-Fahndung), so ist jedoch das Formblatt IKPO Nr. 1 zu verwenden.
2. Soll die Fahndung sowohl im Gebiet der Schengener Vertragsstaaten als auch in weiteren, nicht zu den europäischen Nachbarstaaten zu rechnenden Staaten über Interpol veranlasst werden, so ist sowohl der Vordruck KP 21/24 mit den ergänzenden Begleitpapieren als auch der Vordruck IKPO Nr. 1 auszufüllen.

V. Festnahme im Rahmen einer Nacheile

Wird der Verfolgte im Rahmen einer Nacheile aufgegriffen, muss der zuständigen ausländischen Behörde innerhalb von sechs Stunden (wobei die Stunden zwischen Mitternacht und neun Uhr nicht mitzählen), ein Ersuchen um vorläufige Festnahme zugehen (Art. 41 Abs. 6 SDÜ).

VI. Ausschreibung zur Aufenthaltsermittlung

Die Ausschreibung zur Aufenthaltsermittlung ist im Bereich des SIS (vgl. Art. 98 SDÜ) durch den Vordruck KP 21/24 und im Rahmen von Interpol durch IKPO Nr. 2 zu veranlassen.

VII.

Die Richtlinien treten am 1. Oktober 1993 in Kraft.

13. Anordnung über Mitteilungen in Strafsachen (MiStra)

Vom 19. Mai 2008 (BAnz. Nr. 126 a)

Das Bundesministerium der Justiz und die Landesjustizverwaltungen haben am 20. Juni 2007 die nachfolgende, ab dem 1. Juni 2008 geltende, Neufassung der Anordnung über Mitteilungen in Strafsachen beschlossen:

Inhaltsübersicht

4. Abschnitt. Mitteilungen wegen der Art des verletzten Strafgesetzes

Anhang

Erster Teil. Allgemeine Vorschriften

1. Grundsatz

(1) In Strafsachen sind Gerichte und Staatsanwaltschaften nach der gesetzlichen Regelung im Zweiten Abschnitt des EGGVG (§§ 12 ff.) zur Mitteilung personenbezogener Daten von Amts wegen an öffentliche Stellen für andere Zwecke als die des Strafverfahrens, für die die Daten erhoben worden sind, befugt. Verpflichtet sind sie zu Mitteilungen nur, wenn dies im Folgenden angeordnet oder in besonderen Vorschriften bestimmt ist.

(2) Wichtige in besonderen Vorschriften enthaltene Mitteilungspflichten werden in dieser Verwaltungsvorschrift neben den erst durch diese Verwaltungsvorschrift angeordneten Mitteilungspflichten wiedergegeben. Auf weitere besondere Vorschriften (Mitteilungspflichten und -befugnisse) wird im Anhang hingewiesen.

(3) Darüber hinaus ist im Einzelfall eine Mitteilung auch dann zu machen, wenn sie weder in einer besonderen Vorschrift noch im Folgenden vorgeschrieben, jedoch rechtlich zulässig und wegen eines besonderen öffentlichen Interesses unerlässlich ist, etwa in Fällen des § 17 EGGVG. Die Entscheidung treffen Richterinnen oder Richter, Staatsanwältinnen oder Staatsanwälte.

(4) Diese Verwaltungsvorschrift gilt nicht für Mitteilungen für Zwecke des Verfahrens, in dem die Daten erhoben worden sind, für Mitteilungen an Privatpersonen sowie für Auskünfte und Akteneinsicht auf Ersuchen. Die Nummern 11, 32 und 34 bleiben unberührt.

2. Einschränkung vorgeschriebener Mitteilungspflichten

(1) Eine an sich vorgeschriebene Mitteilung unterbleibt im Einzelfall, wenn ihr eine besondere bundesrechtliche Verwendungsregelung, insbesondere § 30 AO, § 78 SGB X, oder eine entsprechende landesrechtliche Verwendungsregelung entgegensteht. In anderen als den in § 13 Abs. 1 EGGVG genannten Fällen unterbleibt eine Mitteilung ferner, wenn im Einzelfall für die übermittelnde Stelle offensichtlich ist, dass schutzwürdige Interessen Betroffener an dem Ausschluss der Übermittlung überwiegen (§ 13 Abs. 2 EGGVG). Gesetzlich besonders geregelte Mitteilungspflichten und deren Einschränkungen bleiben von § 13 Abs. 2 EGGVG unberührt. Schließlich unterbleibt eine Mitteilung, solange Zwecke des Strafverfahrens entgegenstehen.

(2) Die Entscheidung treffen Richterinnen oder Richter, Staatsanwältinnen oder Staatsanwälte.

3. Auskunft an die und Unterrichtung der Betroffenen

(1) Die Voraussetzungen von Auskunft (auf Antrag) und Unterrichtung (von Amts wegen) der Betroffenen sind in § 21 EGGVG geregelt. Diesen ist grundsätzlich nur auf schriftlichen Antrag Auskunft über Mitteilungen zu erteilen. Die Unterrichtung von Amts wegen ist dann veranlasst, wenn von einer Mitteilung Betroffene nicht zugleich Beschuldigte im Verfahren sind oder es sich um eine Mitteilung nach Nummer 1 Abs. 3 handelt.

(2) Auf die Beschränkungen in § 21 Abs. 3 und 4 EGGVG wird hingewiesen. Die Entscheidung, dass Auskunft oder Unterrichtung unterbleiben, treffen Richterinnen oder Richter, Staatsanwältinnen oder Staatsanwälte.

(3) Die Form der Auskunftserteilung und Unterrichtung unterliegt pflichtgemäßem Ermessen. Grundsätzlich empfiehlt es sich, Betroffenen einen Abdruck der Mitteilung zu übersenden. Von der Beifügung der Schriftstücke (etwa Urteile), die Betroffenen schon übermittelt worden sind, kann abgesehen werden.

(4) Eine nach § 21 Abs. 4 EGGVG unterbliebene Unterrichtung ist nachzuholen, sobald die Beschränkungen entfallen sind.

4. Mitteilungspflichtige Stellen und dort funktional zuständige Personen

(1) Mitteilungspflichtige Stelle ist, soweit nichts anderes bestimmt ist,

1. die Staatsanwaltschaft für Mitteilungen bis zur Erhebung der öffentlichen Klage,
2. das Gericht für Mitteilungen nach der Erhebung der öffentlichen Klage oder der Privatklage bis zur Rechtskraft der Entscheidung,
3. die Vollstreckungsbehörde für Mitteilungen nach der Rechtskraft der Entscheidung.

Die oberste Justizbehörde kann, insbesondere aus Gründen der Verwaltungsvereinfachung, eine andere Bestimmung treffen.

(2) Richterinnen oder Richter, Staatsanwältinnen oder Staatsanwälte ordnen die Mitteilung in den Fällen an, in denen dies ausdrücklich bestimmt ist oder in denen sie sich die Anordnung ausdrücklich vorbehalten haben. Auch in anderen Fällen können sie Mitteilungen anordnen. Amtsanwältinnen und Amtsanwälte stehen im Rahmen ihrer Zuständigkeit Staatsanwältinnen und Staatsanwälten gleich.

(3) Im Übrigen ordnen Mitteilungen an

1. bei der Staatsanwaltschaft von der Behördenleitung bestimmte Bedienstete,
2. bei dem Gericht Urkundsbeamtinnen oder Urkundsbeamte der Geschäftsstelle,
3. bei der Vollstreckungsbehörde Beamtinnen oder Beamte des gehobenen Justizdienstes,

soweit vorgesetzte Stellen, nichts anderes bestimmen. Die Durchführung einer angeordneten Mitteilung kann einer anderen Justizbehörde überlassen werden; die Verantwortung der anordnenden Stelle für die Zulässigkeit der Mitteilung bleibt unberührt.

5. Kenntlichmachung der Mitteilungspflicht auf den Akten, Dokumentation der Mitteilung

(1) Die Mitteilungspflichten sind auf der Vorderseite der Akten in geeigneter Form kenntlich zu machen; dies gilt nicht für die Mitteilungspflicht nach Nummer 11.

(2) Sind Mitteilungen gemacht, ist dies in geeigneter Form zu dokumentieren. In Betracht kommt z. B. ein Vermerk. Ein Abdruck der Mitteilungen – ohne etwaige Anlagen – soll zur Dokumentation benutzt werden, wenn dies ohne größeren Aufwand möglich ist.

(3) Liegen die Beschränkungen des § 21 Abs. 3 und 4 EGGVG vor, sind die Kenntlichmachung der Mitteilungspflichten und die Dokumentation der Mitteilung in den Handakten oder in sonst geeigneter Weise vorzunehmen.

6. Inhalt und Zeitpunkt der Mitteilungen

(1) Der Inhalt und der Zeitpunkt der Mitteilungen richten sich nach den besonderen Vorschriften. Neben den mitzuteilenden Daten dürfen weitere Daten unter den Voraussetzungen des § 18 Abs. 1 EGGVG übermittelt werden. Im Übrigen gelten die folgenden Bestimmungen.

(2) Ist die Einleitung eines Verfahrens mitzuteilen, richtet sich der Inhalt der Mitteilung nach deren Zweck und den Umständen des Einzelfalles. Die Mitteilung unterbleibt, solange kein begründeter Verdacht vorliegt.

(3) Ist der Erlass und der Vollzug eines Haft- oder Unterbringungsbefehls mitzuteilen, sind auch die Aufhebung dieser Entscheidungen sowie die Aussetzung des Vollzuges mitzuteilen. Der Haft- oder der Unterbringungsbefehl selbst werden grundsätzlich nicht übermittelt. Soll der Erlass eines Haft- oder Unterbringungsbefehls vor dessen Vollzug mitgeteilt werden, ist besonders zu prüfen, ob Zwecke des Strafverfahrens dem entgegenstehen (Nummer 2 Abs. 1 Satz 4).

(4) Ist die Erhebung der öffentlichen Klage mitzuteilen, sind die Anklageschrift, eine an ihre Stelle tretende Antragsschrift nach § 414 Abs. 2 Satz 2 StPO, der Antrag auf Erlass eines Strafbefehls, der Antrag auf Entscheidung im beschleunigten Verfahren (§ 417 StPO) bzw. der Antrag im vereinfachten Jugendverfahren (§ 76 JGG) zu übermitteln. Staatsanwältinnen oder Staatsanwälte können im Einzelfall anordnen, dass die Übermittlung des wesentlichen Ergebnisses der Ermittlungen unterbleibt.

(5) Ist das Urteil mitzuteilen, sind die Urteilsformel und die Urteilsgründe zu übermitteln. Richterinnen oder Richter, Staatsanwältinnen oder Staatsanwälte können im Einzelfall anordnen, dass die Übermittlung der Urteilsgründe unterbleibt. Mitzuteilen ist auch, ob und von wem ein Rechtsmittel gegen das Urteil eingelegt worden ist.

(6) Ist die rechtskräftige Entscheidung (Urteil, Strafbefehl, Gesamtstrafenbeschluss) mitzuteilen, ist auch anzugeben, wann sie rechtskräftig geworden ist. Ist mit der rechtskräftigen Entscheidung ein Rechtsmittel verworfen worden oder wird darin auf eine angefochtene Entscheidung Bezug genommen, ist auch die angefochtene Entscheidung mitzuteilen; Absatz 5 Satz 2 gilt entsprechend.

(7) Ist der Ausgang des Verfahrens mitzuteilen, ist jede das Verfahren endgültig oder – außer in den Fällen des § 153 a StPO – vorläufig abschließende Entscheidung mit Begründung mitzuteilen, insbesondere die Einstellungsverfügung (Ablehnung der Strafverfolgung) der Staatsanwaltschaft, der nicht mehr anfechtbare Beschluss, der die Eröffnung des Hauptverfahrens ablehnt, die Einstellung des Verfahrens durch gerichtlichen Beschluss und die rechtskräftige Entscheidung. Richterinnen oder Richter, Staatsanwältinnen oder Staatsanwälte können im Einzelfall anordnen, dass die Übermittlung der Begründung unterbleibt.

7. Folgemitteilungen, Antrag auf gerichtliche Entscheidung

(1) Unter den Voraussetzungen des § 20 EGGVG sind Folgemitteilungen notwendig. Absatz 1 ordnet – eingeschränkt durch Absatz 3 – Folgemitteilungen für den Fall an, dass eine Mitteilung vor Beendigung des Verfahrens ergangen, insbesondere eine über-

mittelte Entscheidung abgeändert oder aufgehoben worden ist. Absatz 2 Satz 1 regelt – wiederum eingeschränkt durch Absatz 3 – die unverzügliche Berichtigung unrichtiger Daten. Die Entscheidung darüber, dass eine Folgemitteilung nach § 20 Abs. 3 EGGVG unterbleibt, treffen Richterinnen oder Richter, Staatsanwältinnen oder Staatsanwälte.

(2) Senden Empfänger Unterlagen zurück, weil sie für ihre Zwecke nicht erforderlich sind, ist sicherzustellen, dass sie keine Folgemitteilungen erhalten. Leiten Empfänger Unterlagen gemäß § 19 Abs. 2 Satz 3 EGGVG weiter, sind Folgemitteilungen an die nach ihren Angaben tatsächlich zuständige Stelle zu machen.

(3) Wird ein Antrag auf gerichtliche Entscheidung gestellt, ist der Empfänger zu unterrichten (§ 22 Abs. 2 Satz 1 EGGVG). Auf § 22 Abs. 2 Satz 2 EGGVG soll er hingewiesen werden.

8. Mitteilungen bei Tateinheit

Ist eine Mitteilung wegen der Art des verletzten Strafgesetzes vorgeschrieben, ist sie auch dann zu machen, wenn die Straftat zugleich ein anderes Strafgesetz verletzt und die Strafe diesem entnommen werden muss oder entnommen worden ist.

9. Form der Mitteilungen

(1) Soweit dies möglich und nichts anderes vorgeschrieben ist, werden Mitteilungen durch Übersendung einer Mehrfertigung des mitzuteilenden Schriftstücks bewirkt. Im Übrigen wird die Form der Mitteilungen von der übermittelnden Stelle nach pflichtgemäßem Ermessen bestimmt.

(2) Ein automatisiertes Verfahren zur Durchführung von Mitteilungen kann eingerichtet werden, wenn diese Form der Datenübermittlung – unter Berücksichtigung der schutzwürdigen Interessen der Betroffenen und der Aufgaben der beteiligten Stellen – wegen der Vielzahl der Übermittlungen oder aus anderen Gründen angemessen ist. Der automatisierte Abruf durch die empfangenden Stellen ist unzulässig. Die datenschutzrechtlichen Bestimmungen, die für die übermittelnde Stelle gelten, sind zu beachten.

(3) Mehrfertigungen sind nur zu beglaubigen, wenn dies besonders bestimmt ist.

(4) Soweit es nicht der Übersendung einer Mehrfertigung bedarf, sollen Vordrucke oder Muster verwendet werden.

(5) Auf der Mitteilung wird vermerkt:
„(Absendende Stelle) ...., den .... 20 ......
An
.... **– vertraulich zu behandeln –**
....
Zum dortigen Aktenzeichen (falls bekannt): ....
Mitteilung nach Nr. ....
der Anordnung über Mitteilungen in Strafsachen.
Die Mitteilung darf nur im Rahmen der §§ 19 Abs. 1, 18 Abs. 1 Satz 2 EGGVG verwertet werden, es sei denn, dass eine zweckändernde Nutzung ausdrücklich gesetzlich vorgesehen ist. Der Zweck ergibt sich aus der angegebenen Bestimmung der MiStra. Sind die übermittelten Daten im Sinne von § 19 Abs. 2 Satz 1 EGGVG nicht erforderlich, ist nach § 19 Abs. 2 Satz 2 EGGVG zu verfahren."

Die §§ 18, 19 EGGVG sowie die einschlägige Bestimmung des zweiten Teils dieser Verwaltungsvorschrift sind der Mitteilung im Wortlaut beizufügen, wenn die Kenntnis der empfangenden Stelle nicht vorausgesetzt werden kann.

(6) Die Mitteilung wird – sofern kein automatisiertes Verfahren Anwendung findet – verschlossen übersandt.

10. Mitteilungsweg

(1) Die Mitteilungen werden vorbehaltlich besonderer Vorschriften der empfangenden Stelle unmittelbar übersandt. Berichtspflichten bleiben unberührt.

(2) Soweit dies nach der Art der zu übermittelnden Daten und der Organisation der empfangenden Stelle veranlasst oder im Folgenden ausdrücklich angeordnet ist, trifft die übermittelnde Stelle angemessene Vorkehrungen, um sicherzustellen, dass Mitteilungen unmittelbar die bei der empfangenden Stelle funktionell zuständigen Bediensteten erreichen.

Zweiter Teil. Die einzelnen Mitteilungspflichten

1. Abschnitt. Allgemeine Mitteilungspflichten

11. Mitteilungen an die Polizei

§ 482 StPO

(1) Die Staatsanwaltschaft teilt der Polizeibehörde, die mit dem Verfahren befasst war, ihr Aktenzeichen mit.

(2) Die Staatsanwaltschaft teilt der Polizeibehörde, die mit dem Verfahren befasst war, den Ausgang des Verfahrens mit.

(3) Die Mitteilung nach Absatz 2 erfolgt

1. in den Fällen des § 20 Abs. 1 Satz 1 BZRG durch Übersendung einer Mehrfertigung der Mitteilung an das Bundeszentralregister,
2. im Übrigen grundsätzlich nur durch Übermittlung der Entscheidungsformel (Tenor), der entscheidenden Stelle sowie des Datums und der Art der Entscheidung (Urteil, Beschluss, Entschließung der Staatsanwaltschaft).

Eine Mehrfertigung des Urteils (ggf. auch der nach § 267 Abs. 1 Satz 3, Abs. 4 Satz 1 StPO in Bezug genommenen Abbildungen und Schriftstücke) oder einer mit Gründen versehenen Einstellungsentscheidung kann auf Ersuchen der befassten Polizeibehörde übersandt werden.

(4) Die Mitteilung des Verfahrensausgangs von Amts wegen unterbleibt in Verfahren gegen Unbekannt sowie bei Verkehrsstrafsachen, soweit sie nicht unter die §§ 142, 315 bis 315 c StGB fallen. Die Befugnis zur Erteilung von Auskünften oder der Gewährung von Akteneinsicht auf Ersuchen bleibt hiervon unberührt.

12. Mitteilungen zum Wählerverzeichnis

§ 13 Abs. 1 Nr. 5 EGGVG

(1) In Strafsachen gegen deutsche Staatsangehörige sowie gegen Staatsangehörige der übrigen Mitgliedstaaten der Europäischen Gemeinschaft (Unionsbürger), die in der Bundesrepublik Deutschland eine Wohnung innehaben oder sich sonst gewöhnlich aufhalten, ist der zuständigen Verwaltungsbehörde die Tatsache der rechtskräftigen Verurteilung (ohne Angabe der rechtlichen Bezeichnung der Tat und ohne Angabe der angewendeten Strafvorschriften) mitzuteilen, wenn

1. wegen eines Verbrechens auf eine Freiheitsstrafe von mindestens einem Jahr erkannt worden ist,
2. die Fähigkeit aberkannt worden ist, öffentliche Ämter zu bekleiden oder Rechte aus öffentlichen Wahlen zu erlangen, oder
3. das Recht aberkannt worden ist, in öffentlichen Angelegenheiten zu wählen oder zu stimmen.

In den Fällen der Ziffern 2 und 3 ist auch die Zeit mitzuteilen, für die die Aberkennung wirksam ist.

(2) Der zuständigen Verwaltungsbehörde ist eine Mitteilung zu machen, wenn jemand nach § 63 in Verbindung mit § 20 StGB in einem psychiatrischen Krankenhaus untergebracht wird. In diesen Fällen ist auch die Entlassung mitzuteilen.

(3) Die Mitteilungen sind der Verwaltungsbehörde zu machen, in deren Bezirk die Verurteilte oder der Verurteilte die Wohnung, bei mehreren Wohnungen die Haupt-

wohnung inne hat. Haben Verurteilte keine Wohnung im Gebiet der Bundesrepublik Deutschland oder lässt sich eine solche Wohnung nicht feststellen, so sind die Mitteilungen an die Verwaltungsbehörde zu machen, in deren Bezirk die Verurteilte oder der Verurteilte die letzte Wohnung, bei mehreren Wohnungen die letzte Hauptwohnung gehabt hat.

(4) In den Fällen des Absatzes 1 sind auch der Tag des Ablaufs des Verlustes der Amtsfähigkeit, der Wählbarkeit und des Wahl- und Stimmrechts sowie die Wiederverleihung dieser Fähigkeiten und Rechte mitzuteilen. Die Mitteilung ist an den Empfänger der Erstmitteilung und in den Fällen, in denen eine neue Wohnung aktenkundig ist, an die nunmehr zuständige Verwaltungsbehörde zu richten.

13. Bewährungs- und Führungsaufsichtsfälle

§ 479 Abs. 2 Nr. 3 StPO

(1) Ist durch eine Entscheidung des Gerichts oder durch eine Gnadenentscheidung

1. die Vollstreckung einer Freiheitsstrafe oder des Restes einer Freiheitsstrafe,
2. die Vollstreckung oder weitere Vollstreckung einer Unterbringung,
3. ein Berufsverbot,
4. die Vollstreckung einer Jugendstrafe oder des Restes einer Jugendstrafe,
5. die Vollstreckung eines Strafarrestes oder des Restes eines Strafarrestes zur Bewährung ausgesetzt oder
6. die Strafe oder der Strafarrest nach Ablauf der Bewährungszeit erlassen

worden, ist dem Gericht oder der Gnadenbehörde Mitteilung zu machen, sobald Umstände bekannt werden, die zu einem Widerruf der Aussetzung oder des Straferlasses oder des Erlasses des Strafarrestes führen können.

(2) Ist durch die Entscheidung eines Gerichts oder kraft Gesetzes Führungsaufsicht eingetreten, so ist dem Gericht sowie der Führungsaufsichtsstelle Mitteilung zu machen, sobald Umstände bekannt werden, die zu nachträglichen Entscheidungen führen können.

(3) Ist die Verurteilung zu einer Geldstrafe vorbehalten oder die Entscheidung über die Verhängung einer Jugendstrafe ausgesetzt worden, ist dem Gericht Mitteilung zu machen, sobald Umstände bekannt werden, die zur Verurteilung zu der vorbehaltenen Strafe oder zur Verhängung einer Jugendstrafe führen können.

(4) Ist Bewährungs- oder Führungsaufsicht angeordnet, ist die Mitteilung in zwei Stücken zu machen.

14. Ermittlungen über einen Todesfall

§ 13 Abs. 1 Nr. 1 EGGVG

(1) Werden in einem Strafverfahren amtliche Ermittlungen über den Tod einer Person durchgeführt, ist dem Standesbeamten (§ 32 PStG), in dessen Bezirk die Person gestorben ist, Mitteilung zu machen, wenn das Gericht oder die Staatsanwaltschaft hierfür zuständig ist.[1]

---

[1] **Amtl. Anm.:**

BW Behörde, die die amtliche Ermittlung führt (keine besondere Regelung)

BY Polizei (Artikel 4 Abs. 2 des Gesetzes zur Ausführung des Personenstandsgesetzes [AGPStG] vom 24. Juli 1975; GVBl. S. 179)

BE Polizeibehörde (§ 1 Abs. 1 der Verordnung zur Durchführung des Personenstandsgesetzes vom 29. Oktober 1974; GVBl. S. 2673 i. d. F. der Verordnung vom 5. April 2000; GVBl. S. 280)

BB Behörde, die die amtliche Ermittlung führt (§ 3 Abs. 3 der Verordnung zur Durchführung des Personenstandsgesetzes vom 4. September 1992; GVBl. II S. 591)

HB Polizei (§ 3 Abs. 4 der Zweiten Verordnung zur Durchführung des Personenstandsgesetzes vom 10. Dezember 1974 [Brem. GBl. S. 338] in der Fassung der Verordnung vom 31. August 1993; Brem. GBl. S. 287)

(2) In der Mitteilung sollen nach Möglichkeit angegeben werden

1. die Vornamen und der Familienname der verstorbenen Person, ihr Beruf und Wohnort sowie Ort und Tag der Geburt,
2. die Vornamen und der Familienname des Ehegatten bzw. der Ehegattin oder die Tatsache, dass die verstorbene Person nicht verheiratet war,
3. Ort, Tag und Stunde des Todes.

(3) Ist der Sterbeort nicht festzustellen, ist die Mitteilung an den Standesbeamten zu richten, in dessen Bezirk die Leiche gefunden worden ist.

2. Abschnitt. Mitteilungen über Personen, die einer Dienst-, Staats-, Standesaufsicht oder berufsrechtlichen Aufsicht unterliegen

15. Strafsachen gegen Personen in einem Beamten- oder Richterverhältnis

§ 125 c BRRG, § 46 Abs. 1, § 71 Abs. 3 DRiG

(1) In Strafsachen gegen Personen, die in einem Beamten- oder Richterverhältnis stehen, sind mitzuteilen

1. der Erlass und der Vollzug eines Haft- oder Unterbringungsbefehls,
2. die Anklageschrift oder eine an ihre Stelle tretende Antragsschrift,
3. der Antrag auf Erlass eines Strafbefehls und
4. die einen Rechtszug abschließende Entscheidung mit Begründung sowie ggf. mit dem Hinweis, dass ein Rechtsmittel eingelegt worden ist.

(2) Absatz 1 gilt in Verfahren wegen Privatklagedelikten nur, wenn die Staatsanwaltschaft das öffentliche Interesse an der Strafverfolgung bejaht hat; Nummer 29 bleibt unberührt. In Verfahren wegen fahrlässig begangener Straftaten sind Mitteilungen nach Absatz 1 Ziff. 2 bis 4 nur zu machen, wenn

1. es sich um schwere Verstöße, namentlich Vergehen der Trunkenheit im Straßenverkehr oder der fahrlässigen Tötung, handelt oder
2. in sonstigen Fällen die Kenntnis der Daten auf Grund der Umstände des Einzelfalles erforderlich ist, um zu prüfen, ob dienstrechtliche Maßnahmen zu ergreifen sind.

(3) Entscheidungen über Verfahrenseinstellungen, die nicht bereits nach Absatz 1 oder 2 zu übermitteln sind, sollen übermittelt werden, wenn die in Absatz 2 Ziff. 2 genannten Voraussetzungen erfüllt sind. Dabei ist zu berücksichtigen, wie gesichert die zu

---

HH Gerichte, Staatsanwaltschaften, Behörde für Inneres (Ziffer IV der Anordnung zur Durchführung des Personenstandgesetzes vom 3. Dezember 1974; Amtl. Anz. S. 1661, zuletzt geändert am 12. Februar 2002, Amtl. Anz. S. 817, 820)
HE Behörde, die die amtliche Ermittlung führt (keine besondere Regelung)
MV Behörde, die die amtliche Ermittlung führt (§ 6 Abs. 2 der Landesverordnung zur Durchführung des Personenstandsgesetzes [PStGLVO M-V] vom 4. Juli 2007; GVOBl. M-V S. 248)
NI Staatsanwaltschaft (Nummer 1 des Gem. RdErl. d. MJ u. d. MI vom 7. Oktober 2004; Nds. MBl. S. 637)
NW Behörde, die die amtliche Ermittlung führt (§ 3 Abs. 5 der Verordnung zur Durchführung des Personenstandsgesetzes [PStVO NRW] vom 10. Dezember 1974 in der Fassung vom 5. April 2005; GV. NRW. 2005 S. 274)
RP Behörde, die die amtliche Ermittlung führt (keine besondere Regelung)
SL Behörde, die die amtliche Ermittlung führt (§ 6 Abs. 4 der Verordnung zur Durchführung des Personenstandsgesetzes vom 18. Dezember 1974; ABl. S. 1046)
SN Polizei (§ 3 Abs. 2 des Sächsischen Gesetzes zur Ausführung des Personenstandsgesetzes [SächsAGPStG] vom 17. Januar 1994; SächsGVBl. S. 112)
ST Staatsanwaltschaft (Nummer 77.1. der VwV-PStR-LSA, RdErl. des MI vom 13. September 1996; MBl. LSA S. 2279, 2297)
SH Behörde, die die amtliche Ermittlung führt (keine besondere Regelung)
TH Polizei (§ 11 Abs. 4 der Zweiten Thüringer Verordnung zur Bestimmung von Zuständigkeiten im Geschäftsbereich des Thüringer Innenministeriums vom 12. Februar 1992; GVBl. S. 66)

übermittelnden Erkenntnisse sind. Übermittelt werden sollen insbesondere Einstellungsentscheidungen gem. § 170 Abs. 2 StPO, die Feststellungen zu einer Schuldunfähigkeit nach § 20 StGB enthalten. Die Mitteilung ordnen Richterinnen oder Richter, Staatsanwältinnen oder Staatsanwälte an.

(4) Übermittlungen nach den Absätzen 1 bis 3 sind auch zulässig, soweit sie Daten betreffen, die dem Steuergeheimnis (§ 30 AO) unterliegen.

(5) Die Mitteilungen sind ein die zuständigen Dienstvorgesetzten oder deren Vertretung im Amt zu richten und als „Vertrauliche Personalsache" zu kennzeichnen.

16. Strafsachen gegen Personen in einem Arbeitnehmer- oder sonstigen Beschäftigungsverhältnis im öffentlichen Dienst

§ 13 Abs. 2, § 14 Abs. 1 Nr. 5, Abs. 2 EGGVG

(1) In Strafsachen gegen Personen, die in einem privatrechtlichen Arbeitnehmer- oder Ausbildungsverhältnis zum Bund, einem Land, einer Gemeinde, einem Gemeindeverband oder einer anderen Körperschaft, Anstalt oder Stiftung des öffentlichen Rechts stehen, sind, soweit es um den Vorwurf eines Verbrechens geht, mitzuteilen

1. der Erlass und der Vollzug eines Haft- oder Unterbringungsbefehls,
2. die Erhebung der öffentlichen Klage,
3. die Urteile,
4. der Ausgang des Verfahrens, wenn eine Mitteilung nach den Ziffern 1 bis 3 zu machen war.

(2) Entsprechend ist in Strafsachen wegen eines Vergehens zu verfahren, wenn der Tatvorwurf auf eine Verletzung von Pflichten schließen lässt, die bei der Ausübung des Dienstes bzw. des Berufes zu beachten sind, oder er in anderer Weise geeignet ist, Zweifel an der Eignung, Zuverlässigkeit oder Befähigung hervorzurufen.

(3) In Privatklageverfahren, in Verfahren wegen fahrlässig begangener Straftaten und in sonstigen Verfahren bei Verurteilung zu einer anderen Maßnahme als einer Strafe oder einer Maßnahme im Sinne des § 11 Abs. 1 Nr. 8 StGB unterbleibt die Mitteilung, wenn nicht besondere Umstände des Einzelfalles sie erfordern. Sie ist insbesondere erforderlich, wenn die Tat bereits ihrer Art nach geeignet ist, Zweifel an der Zuverlässigkeit oder Eignung für die gerade ausgeübte berufliche Tätigkeit hervorzurufen. Die Mitteilung ordnen Richterinnen oder Richter, Staatsanwältinnen oder Staatsanwälte an. Die Sätze 1 bis 3 gelten nicht bei Straftaten, durch die der Tod eines Menschen verursacht worden ist, und bei gefährlicher Körperverletzung.

(4) In Strafsachen gegen Personen, die in einem öffentlich-rechtlichen Beschäftigungsverhältnis stehen, das nicht unter Nummer 15 fällt, ist diese Bestimmung dann anzuwenden, wenn für das Rechtsverhältnis im Gesetz auf die Regelungen des Beamtenrechts verwiesen wird. Ist dies nicht der Fall, ist nach den Absätzen 1 bis 3 zu verfahren.

(5) Die Mitteilungen sind an die Leitung der Behörde oder Beschäftigungsstelle oder die Vertretung im Amt zu richten und als „Vertrauliche Personalsache" zu kennzeichnen.

17. Strafsachen gegen ehrenamtliche Richterinnen und Richter

§ 13 Abs. 2, § 14 Abs. 1 Nr. 5, Abs. 2 EGGVG

(1) In Strafsachen gegen ehrenamtliche Richterinnen und Richter aller Zweige der Gerichtsbarkeit sind rechtskräftige Entscheidungen mitzuteilen, die den Verlust der Fähigkeit, öffentliche Ämter zu bekleiden, zur Folge haben oder in denen wegen einer vorsätzlichen Tat eine Freiheitsstrafe von mehr als sechs Monaten festgesetzt worden ist.

(2) Darüber hinaus sind in Strafsachen wegen einer Tat, die den Verlust der Fähigkeit zur Bekleidung öffentlicher Ämter zur Folge haben kann, mitzuteilen:

1. bei Schöffinnen und Schöffen, Jugendschöffinnen und Jugendschöffen sowie ehrenamtlichen Richterinnen und Richtern in Handels- und Landwirtschaftssachen die Einleitung des Ermittlungsverfahrens und der Ausgang des Verfahrens,
2. bei den übrigen ehrenamtlichen Richterinnen und Richtern die Erhebung der öffentlichen Klage und der Ausgang des Verfahrens.

(3) Bei ehrenamtlichen Richterinnen und Richtern der Finanzgerichtsbarkeit sind ferner alle rechtskräftigen Verurteilungen wegen einer Steuer- oder Monopolstraftat mitzuteilen.

(4) Die Mitteilungen sind an die Präsidentin oder den Präsidenten oder an die Direktorin oder den Direktor des Gerichts, bei dem die ehrenamtliche Richterin oder der ehrenamtliche Richter tätig ist oder tätig werden soll, zu richten. Bei ehrenamtlichen Richterinnen und Richtern an einem Arbeitsgericht oder Landesarbeitsgericht sind die Mitteilungen an die oberste Arbeitsbehörde des Landes,[1)] bei ehrenamtlichen Richterinnen und Richtern am Bundesarbeitsgericht an das Bundesministerium für Arbeit und Soziales zu richten. Sie sind als „Vertrauliche Personalsache" zu kennzeichnen.

18. Strafsachen gegen Versorgungsberechtigte

§ 13 Abs. 1 Nr. 5, Abs. 2, § 14 Abs. 1 Nr. 6, Abs. 2 EGGVG

(1) In Strafsachen gegen Personen, denen aufgrund früherer Dienstverhältnisse als Richterinnen oder Richter, Beamtinnen oder Beamte, Soldatinnen oder Soldaten Ansprüche auf Versorgungsbezüge zustehen oder Versorgungsleistungen gewährt werden, sind mitzuteilen

1. der für die Festsetzung der Versorgungsbezüge zuständigen Behörde das rechtskräftige Urteil, wenn
   a) wegen einer vor Beendigung des Amts- oder Dienstverhältnisses begangenen vorsätzlichen Tat
      aa) eine Freiheitsstrafe von mindestens einem Jahr verhängt,
      bb) eine Freiheitsstrafe von mindestens sechs Monaten – bei Soldatinnen und Soldaten eine Freiheitsstrafe in beliebiger Höhe – nach den Vorschriften über Friedensverrat, Hochverrat, Gefährdung des demokratischen Rechtsstaates oder Landesverrat und Gefährdung der äußeren Sicherheit verhängt,
      cc) die Fähigkeit zur Bekleidung öffentlicher Ämter aberkannt oder
      dd) nur bei Soldatinnen und Soldaten – eine Maßregel der Besserung und Sicherung nach §§ 64, 66 StGB angeordnet

      worden ist oder
   b) wegen einer nach Beendigung des Amts- oder Dienstverhältnisses begangenen vorsätzlichen Tat
      aa) eine Freiheitsstrafe von mindestens zwei Jahren oder
      bb) eine Freiheitsstrafe von mindestens sechs Monaten nach den Vorschriften über Friedensverrat, Hochverrat, Gefährdung des demokratischen Rechtsstaates oder Landesverrat und Gefährdung der äußeren Sicherheit

   verhängt worden ist,
2. der nach § 35 BDO oder den entsprechenden landesrechtlichen Vorschriften oder der nach der WDO zuständigen Einleitungsbehörde, wenn die Tat vor Beendigung des Amts- oder Dienstverhältnisses begangen wurde oder wenn bei einer nach diesem Zeitpunkt begangenen Tat die besonderen Voraussetzungen gem. § 2 Abs. 1 Nr. 2 Buchstabe b BDO i.V.m. § 77 Abs. 2 BBG oder den entsprechenden landesrechtlichen Vorschriften oder gem. § 1 Abs. 2 Satz 2 WDO i.V.m. § 23 Abs. 2 SG vorliegen:
   a) die Erhebung der öffentlichen Klage,
   b) die Urteile,

[1)] Anmerkung: In Baden-Württemberg, Mecklenburg-Vorpommern, Rheinland-Pfalz, Sachsen, Sachsen-Anhalt und Thüringen sind die Mitteilungen an die oberste Justizbehörde zu richten.

c) der Ausgang des Verfahrens, wenn eine Mitteilung nach Buchstabe a oder b zu machen war.

Nummer 15 Abs. 2 gilt in diesen Fällen entsprechend.

(2) In Strafsachen gegen Personen, denen aufgrund einer früheren Tätigkeit in einem privatrechtlichen Arbeitnehmerverhältnis im öffentlichen Dienst oder als Hinterbliebene einer solchen Person gegen eine Zusatzversorgungseinrichtung des öffentlichen Dienstes Ansprüche auf Betriebsrenten aufgrund einer Pflichtversicherung oder Besitzstandsrenten zustehen, sind der für die Festsetzung der Leistungen zuständigen Stelle rechtskräftige Urteile mitzuteilen, wenn:

1. wegen einer vorsätzlichen Tat eine Freiheitsstrafe von mindestens zwei Jahren oder
2. wegen einer vorsätzlichen Tat, die nach den Vorschriften über Friedensverrat, Hochverrat, Gefährdung des demokratischen Rechtsstaates oder Landesverrat und Gefährdung der äußeren Sicherheit strafbar ist, eine Freiheitsstrafe von mindestens sechs Monaten

verhängt worden ist.

(3) In Strafsachen gegen sonstige Personen, denen gegen eine öffentliche Kasse Ansprüche auf Leistungen mit Versorgungscharakter zustehen oder denen solche Leistungen gewährt werden, sind der für die Festsetzung der Leistungen zuständigen Stelle rechtskräftige Urteile mitzuteilen, in denen wegen einer vorsätzlichen Tat, die

1. vor Beendigung des Amts- oder Dienstverhältnisses begangen wurde, eine Freiheitsstrafe von mindestens einem Jahr verhängt oder die Fähigkeit zur Bekleidung öffentlicher Ämter aberkannt worden ist,
2. nach Beendigung des Amts- oder Dienstverhältnisses begangen wurde, eine Freiheitsstrafe von mindestens zwei Jahren verhängt worden ist oder
3. die nach den Vorschriften über Friedensverrat, Hochverrat, Gefährdung des demokratischen Rechtsstaates oder Landesverrat und Gefährdung der äußeren Sicherheit strafbar ist, eine Freiheitsstrafe von mindestens sechs Monaten verhängt worden ist.

(4) In Strafsachen gegen Hinterbliebene von Personen im Sinne der Absätze 1 und 3, die Anspruch auf Versorgungsbezüge haben oder Versorgungsleistungen erhalten, sind der für die Festsetzung der Versorgungsbezüge zuständigen Stelle rechtskräftige Urteile mitzuteilen, wenn:

1. wegen eines Verbrechens eine Freiheitsstrafe von mindestens zwei Jahren oder
2. wegen einer vorsätzlichen Tat, die nach den Vorschriften über Friedensverrat, Hochverrat, Gefährdung des demokratischen Rechtsstaates oder Landesverrat und Gefährdung der äußeren Sicherheit strafbar ist, eine Freiheitsstrafe von mindestens sechs Monaten

verhängt worden ist.

19. Strafsachen gegen Soldatinnen und Soldaten

§ 89 Abs. 1 und 3 SG, § 125 c BRRG

(1) In Strafsachen gegen Soldatinnen und Soldaten der Bundeswehr sind mitzuteilen

1. der Erlass und der Vollzug eines Haft- oder Unterbringungsbefehls,
2. die Anklageschrift oder eine an ihre Stelle tretende Antragsschrift,
3. der Antrag auf Erlass eines Strafbefehls und
4. die einen Rechtszug abschließende Entscheidung mit Begründung sowie ggf. mit dem Hinweis, dass ein Rechtsmittel eingelegt worden ist.

Endet das Wehrdienstverhältnis nach der Übermittlung einer Mitteilung, so ist der Empfänger vom Ausgang des Verfahrens nach § 20 Abs. 1 EGGVG zu unterrichten, soweit er hierauf nicht verzichtet hat.

(2) Absatz 1 gilt in Verfahren wegen Privatklagedelikten nur, wenn die Staatsanwaltschaft das öffentliche Interesse an der Strafverfolgung bejaht hat; Nummer 29 bleibt

unberührt. In Verfahren wegen fahrlässig begangener Straftaten sind Mitteilungen nach Absatz 1 Ziff. 2 bis 4 nur zu machen, wenn

1. es sich um schwere Verstöße, namentlich Vergehen der Trunkenheit im Straßenverkehr oder der fahrlässigen Tötung, handelt oder
2. in sonstigen Fällen die Kenntnis der Daten aufgrund der Umstände des Einzelfalles erforderlich ist, um zu prüfen, ob dienstrechtliche Maßnahmen zu ergreifen sind.

(3) Entscheidungen über Verfahrenseinstellungen, die nicht bereits nach Absatz 1 oder 2 zu übermitteln sind, sollen übermittelt werden, wenn die in Absatz 2 Ziff. 2 genannten Voraussetzungen erfüllt sind. Dabei ist zu berücksichtigen, wie gesichert die zu übermittelnden Erkenntnisse sind. Übermittelt werden sollen insbesondere Einstellungsentscheidungen gem. § 170 Abs. 2 StPO, die Feststellungen zu einer Schuldunfähigkeit nach § 20 StGB enthalten. Die Mitteilung ordnen Richterinnen oder Richter, Staatsanwältinnen oder Staatsanwälte an.

(4) Übermittlungen nach den Absätzen 1 bis 3 sind auch zulässig, soweit sie Daten betreffen, die dem Steuergeheimnis (§ 30 AO) unterliegen.

(5) Mitteilungen sind zu richten

1. bei Erlass und Vollzug eines Haft- oder Unterbringungsbefehls schriftlich an die nächsten Disziplinarvorgesetzten oder deren Vertretung im Amt,
2. in allen übrigen Fällen zum Zwecke der Weiterleitung an die zuständige Stelle an den Befehlshaber des Wehrbereichs, in dem die mitteilungspflichtige Stelle liegt.

Die Mitteilungen sind als „Vertrauliche Personalsache“ zu kennzeichnen. Im Falle der Ziffer 2 sind nur die Personendaten der Soldatinnen oder Soldaten, die zur Ermittlung der zuständigen Stelle erforderlich sind (Name, Geburtsname, Vorname, Geburtsdatum, Dienstgrad, Truppenteil oder Dienststelle sowie Standort), dem Befehlshaber des Wehrbereichs mitzuteilen. Die übrigen Daten sind ihm zur Weiterleitung in einem verschlossenen Umschlag zu übermitteln. Ist das Wehrdienstverhältnis zwischenzeitlich beendet, soll neben den bekannten, zuletzt gültigen Personendaten auch die bekannte Anschrift der entlassenen Soldatinnen oder Soldaten mitgeteilt werden.

20. Strafsachen gegen Soldatinnen und Soldaten im Ruhestand, frühere Berufssoldatinnen und Berufssoldaten und frühere Soldatinnen und Soldaten auf Zeit

§ 89 Abs. 2 SG

(1) In Strafsachen gegen Berufsoffiziere und -unteroffiziere im Ruhestand, frühere Berufsoffiziere und -unteroffiziere und frühere Offiziere und Unteroffiziere auf Zeit sind mitzuteilen

1. die Erhebung der öffentlichen Klage,
2. die Urteile,
3. der Ausgang des Verfahrens, wenn eine Mitteilung nach den Ziffern 1 oder 2 zu machen war, wenn der Tatvorwurf
   a) die §§ 80 bis 100 a, 105, 106, 129, 129 a StGB oder § 20 VereinsG betrifft und die Tat eine Betätigung gegen die freiheitliche demokratische Grundordnung im Sinne des Grundgesetzes zum Ziel hatte oder
   b) auf unwürdiges Verhalten im Sinne des § 23 Abs. 2 Nr. 2 SG schließen lässt

und nicht erkennbar ist, dass schutzwürdige Interessen der Betroffenen an dem Ausschluss der Übermittlung überwiegen. In Privatklageverfahren und in Verfahren wegen fahrlässig begangener Straftaten sind Mitteilungen nach dieser Bestimmung nicht zu machen.

(2) Die Mitteilungen sind zum Zwecke der Weiterleitung an die zuständige Stelle an den Befehlshaber des Wehrbereichs zu richten, in dem die mitteilungspflichtige Stelle liegt und als „Vertrauliche Personalsache“ zu kennzeichnen. Es sind nur die Personendaten der Beschuldigten mitzuteilen, die für die Ermittlung der zuständigen Stelle erforderlich sind. Hierzu sollen Name, Geburtsname, Vorname, Geburtsdatum, der frühere

Dienstgrad und die Anschrift der Beschuldigten angegeben werden. Die übrigen Daten sind dem Befehlshaber des Wehrbereichs in einem verschlossenen Umschlag zu übermitteln.

(3) Die Mitteilung ordnen Richterinnen oder Richter, Staatsanwältinnen oder Staatsanwälte an.

21. Strafsachen gegen Zivildienstleistende

§ 45 a ZDG, § 125 c BRRG

(1) In Strafsachen gegen Zivildienstleistende sind mitzuteilen

1. der Erlass und der Vollzug eines Haft- oder Unterbringungsbefehls,
2. die Anklageschrift oder eine an ihre Stelle tretende Antragsschrift,
3. der Antrag auf Erlass eines Strafbefehls und
4. die einen Rechtszug abschließende Entscheidung mit Begründung sowie ggf. mit dem Hinweis, dass ein Rechtsmittel eingelegt worden ist.

Endet das Zivildienstverhältnis nach Übermittlung einer Mitteilung, ist der Empfänger über den Ausgang des Verfahrens nach § 20 Abs. 1 EGGVG zu unterrichten, soweit er hierauf nicht verzichtet hat.

(2) Absatz 1 gilt in Verfahren wegen Privatklagedelikten nur, wenn die Staatsanwaltschaft das öffentliche Interesse an der Strafverfolgung bejaht hat; Nummer 29 bleibt unberührt. In Verfahren wegen fahrlässig begangener Straftaten sind Mitteilungen nach Absatz 1 Ziff. 2 bis 4 nur zu machen, wenn

1. es sich um schwere Verstöße, namentlich Vergehen der Trunkenheit im Straßenverkehr oder der fahrlässigen Tötung, handelt oder
2. in sonstigen Fällen die Kenntnis der Daten aufgrund der Umstände des Einzelfalles erforderlich ist, um zu prüfen, ob dienstrechtliche Maßnahmen zu ergreifen sind.

(3) Entscheidungen über Verfahrenseinstellungen, die nicht bereits nach Absatz 1 oder 2 zu übermitteln sind, sollen übermittelt werden, wenn die in Absatz 2 Ziff. 2 genannten Voraussetzungen erfüllt sind. Dabei ist zu berücksichtigen, wie gesichert die zu übermittelnden Erkenntnisse sind. Übermittelt werden sollen insbesondere Einstellungsentscheidungen gem. § 170 Abs. 2 StPO, die Feststellungen zu einer Schuldunfähigkeit nach § 20 StGB enthalten. Die Mitteilung ordnen Richterinnen oder Richter, Staatsanwältinnen oder Staatsanwälte an.

(4) Übermittlungen nach den Absätzen 1 bis 3 sind auch zulässig, soweit sie Daten betreffen, die dem Steuergeheimnis (§ 30 AO) unterliegen.

(5) Die Mitteilungen sind an das

Bundesamt für den Zivildienst
50964 Köln
Telefon: 02 21 36 73-0

zu richten und als „Vertrauliche Personalsache" zu kennzeichnen.

22. Strafsachen gegen Geistliche und Beamtinnen und Beamte öffentlich-rechtlicher Religionsgesellschaften

§ 12 Abs. 2, § 13 Abs. 2, § 14 Abs. 1 Nr. 4 und 6, Abs. 2 EGGVG

(1) Mitteilungen an Stellen der öffentlich-rechtlichen Religionsgesellschaften sind nur zulässig, sofern sichergestellt ist, dass bei dem Empfänger ausreichende Datenschutzmaßnahmen getroffen sind.

(2) In Strafsachen gegen Geistliche einer Kirche oder gegen Personen, die ein entsprechendes Amt bei einer anderen öffentlich-rechtlichen Religionsgesellschaft bekleiden, sowie gegen Beamtinnen und Beamte einer Kirche oder einer Religionsgesellschaft sind mitzuteilen

1. der Erlass und der Vollzug eines Haft- oder Unterbringungsbefehls,
2. die Erhebung der öffentlichen Klage,

3. die Urteile,
4. der Ausgang des Verfahrens, wenn eine Mitteilung nach den Ziffern 1 bis 3 zu machen war.

(3) In Privatklageverfahren, in Verfahren wegen fahrlässig begangener Straftaten und in sonstigen Verfahren bei Verurteilung zu einer anderen Maßnahme als einer Strafe oder einer Maßnahme im Sinne des § 11 Abs. 1 Nr. 8 StGB unterbleibt die Mitteilung, wenn nicht besondere Umstände des Einzelfalles sie erfordern. Sie ist insbesondere erforderlich, wenn die Tat bereits ihrer Art nach geeignet ist, Zweifel an der Zuverlässigkeit oder Eignung für die gerade ausgeübte berufliche oder ehrenamtliche Tätigkeit hervorzurufen. Die Mitteilung ordnen Richterinnen oder Richter, Staatsanwältinnen oder Staatsanwälte an. Die Sätze 1 bis 3 gelten nicht bei Straftaten, durch die der Tod eines Menschen verursacht worden ist, und bei gefährlicher Körperverletzung.

(4) Entscheidungen über Verfahrenseinstellungen, die nicht bereits nach den Absätzen 2 und 3 zu übermitteln sind, sollen nur übermittelt werden, wenn die Kenntnis der Daten aufgrund der Umstände des Einzelfalles erforderlich ist, um zu prüfen, ob disziplinarrechtliche Maßnahmen zu ergreifen sind. Dabei ist zu berücksichtigen, wie gesichert die zu übermittelnden Erkenntnisse sind. Übermittelt werden sollen insbesondere Einstellungsentscheidungen nach § 170 Abs. 2 StPO, wenn sie Feststellungen zu einer Schuldunfähigkeit nach § 20 StGB enthalten. Die Mitteilung ordnen Richterinnen oder Richter, Staatsanwältinnen oder Staatsanwälte ein.

(5) Für die in Absatz 2 genannten Personen gelten, wenn sie sich im Ruhestand befinden, die Absätze 2 bis 4 entsprechend.

(6) Die Mitteilungen sind an die jeweils zuständige Oberbehörde der öffentlich-rechtlichen Religionsgesellschaft zu richten und als „Vertrauliche Personalsache“ zu kennzeichnen.

23. Strafsachen gegen Notarinnen, Notare und Angehörige der rechtsberatenden Berufe

§ 13 Abs. 1 Nr. 1, Abs. 2, § 14 Abs. 1 Nr. 4, Abs. 2 EGGVG, § 64a Abs. 3 BNotO, § 24a Abs. 3 NotPrTV, § 36a Abs. 3 BRAO auch i. V. m. § 207 Abs. 2 Satz 1, § 209 Abs. 1 Satz 3, § 59m Abs. 2 BRAO, § 4 Abs. 1 EuRAG, § 32a Abs. 3 auch i. V. m. § 154b Abs. 2, § 52m Abs. 2 PatAnwO, Artikel 1 § 1 Abs. 5 RBerG)

(1) In Strafsachen gegen

- Notarinnen, Notare, Notarassessorinnen und Notarassessoren,
- Rechtsanwältinnen und Rechtsanwälte, einschließlich der niedergelassenen europäischen Rechtsanwältinnen und Rechtsanwälte i. S. v. § 2 EuRAG, der dienstleistenden europäischen Rechtsanwältinnen und Rechtsanwälte i. S. v. § 25 EuRAG und der niedergelassenen ausländischen Anwältinnen und Anwälte i. S. v. § 206 BRAO,
- Patentanwältinnen und Patentanwälte, einschließlich der ausländischen Mitglieder der Patentanwaltskammer i. S. v. § 154a PatAnwO,
- Geschäftsführerinnen und Geschäftsführer einer Rechtsanwaltsgesellschaft oder Patentanwaltsgesellschaft mit beschränkter Haftung,
- Rechtsberaterinnen und Rechtsberater (Artikel 1 § 1 RBerG), Rechtsbeistände, Prozessagentinnen und Prozessagenten

sind mitzuteilen

1. der Erlass und der Vollzug eines Haft- oder Unterbringungsbefehls,
2. Entscheidungen, durch die ein vorläufiges Berufsverbot angeordnet oder ein solches aufgehoben worden ist,
3. die Erhebung der öffentlichen Klage,
4. die Urteile,
5. der Ausgang des Verfahrens, wenn eine Mitteilung nach den Ziffern 1 bis 4 zu machen war.

(2) In besonderen Fällen, namentlich in Verfahren, die die pflichtwidrige Verwendung von Mandantengeldern oder einen sonstigen Vorwurf, der zu einem Berufs- oder Vertretungsverbot oder einer Amtsenthebung führen kann, zum Gegenstand haben, oder wenn im Verfahren Feststellungen zu einer Schuldunfähigkeit nach § 20 StGB getroffen werden, sind auch die Einleitung sowie der Ausgang des Ermittlungsverfahrens mitzuteilen.

(3) In Privatklageverfahren und in Verfahren wegen fahrlässig begangener Straftaten unterbleibt die Mitteilung, wenn nicht besondere Umstände des Einzelfalles sie erfordern. Sie ist insbesondere erforderlich, wenn die Tat bereits ihrer Art nach geeignet ist, Zweifel an der Zuverlässigkeit oder Eignung für die gerade ausgeübte berufliche Tätigkeit hervorzurufen. Die Mitteilung ordnen Richterinnen oder Richter, Staatsanwältinnen oder Staatsanwälte an. Die Sätze 1 bis 3 gelten nicht bei Straftaten, durch die der Tod eines Menschen verursacht worden ist, und bei gefährlicher Körperverletzung.

(4) Die Mitteilungen sind zu richten

1. bei Notarinnen, Notaren, Notarassessorinnen und Notarassessoren: an die Landesjustizverwaltung, die Präsidentin oder den Präsidenten des Oberlandesgerichts, des Landgerichts und der Notarkammer;
2. bei Rechtsanwältinnen und Rechtsanwälten beim Bundesgerichtshof: an das Bundesministerium der Justiz, die Generalbundesanwältin oder den Generalbundesanwalt beim Bundesgerichtshof und die Rechtsanwaltskammer beim Bundesgerichtshof;
3. bei den übrigen Rechtsanwältinnen und Rechtsanwälten gemäß Absatz 1 sowie bei Rechtsbeiständen, die Mitglieder einer Rechtsanwaltskammer sind: an die Generalstaatsanwaltschaft und die Rechtsanwaltskammer;
4. bei nichtanwaltlichen und nichtpatentanwaltlichen Geschäftsführerinnen und Geschäftsführern einer Rechtsanwaltsgesellschaft mit beschränkter Haftung an die gemäß §§ 120, 119 Abs. 2, § 60 Abs. 1 Satz 2 BRAO zuständige Generalstaatsanwaltschaft und die gemäß § 60 Abs. 1 Satz 2 BRAO zuständige Rechtsanwaltskammer (§§ 74, 113, 115c und 120 BRAO);
   bei nichtanwaltlichen und nichtpatentanwaltlichen Geschäftsführerinnen und Geschäftsführern einer Patentanwaltsgesellschaft mit beschränkter Haftung an die Generalstaatsanwaltschaft München (§§ 86, 104, 105 PatAnwO) und die Patentanwaltskammer (§§ 53, 58, 70, 95, 97a PatAnwO);
5. bei Patentanwältinnen und Patentanwälten – auch als Geschäftsführerinnen oder Geschäftsführer einer Patentanwaltsgesellschaft mit beschränkter Haftung – an die Präsidentin oder den Präsidenten des Deutschen Patent- und Markenamtes, die Generalstaatsanwaltschaft München und die Patentanwaltskammer (§§ 53, 58, 70, 86, 95, 97a, 104, 105 PatAnwO);
   Geschäftsführer einer Rechtsanwaltsgesellschaft mit beschränkter Haftung zusätzlich an die gemäß §§ 120, 119 Abs. 2, § 60 Abs. 1 Satz 2 BRAO zuständige Generalstaatsanwaltschaft und die gemäß § 60 Abs. 1 Satz 2 BRAO zuständige Rechtsanwaltskammer (§§ 74, 113, 115c, 120 BRAO);
6. bei den in Ziffern 3 und 5 genannten Angehörigen rechtsberatender Berufe, die Gesellschafterinnen oder Gesellschafter, Geschäftsführerinnen oder Geschäftsführer, Prokuristinnen oder Prokuristen oder Handlungsbevollmächtigte zum gesamten Geschäftsbetrieb einer Rechtsanwaltsgesellschaft mit beschränkter Haftung sind, zusätzlich an die für die Rechtsanwaltsgesellschaft zuständige Rechtsanwaltskammer, wenn die Mitteilung ein Berufsverbot betrifft; ist der Mitteilungsempfänger mit den nach Ziffer 3 zu unterrichtenden Stellen identisch, ist eine zusätzliche Mitteilung nicht erforderlich;
7. bei den in Ziffern 3 und 5 genannten Angehörigen rechtsberatender Berufe, die Gesellschafterinnen oder Gesellschafter, Geschäftsführerinnen oder Geschäftsführer, Prokuristinnen oder Prokuristen oder Handlungsbevollmächtigte zum gesamten Geschäftsbetrieb einer Patentanwaltsgesellschaft mit beschränkter Haftung sind, zusätzlich an die Präsidentin oder den Präsidenten des Deutschen Patent- und Markenamtes (§ 52g Abs. 1, § 52h Abs. 3 PatAnwO) und die Patentanwaltskammer (§ 53 Abs. 1,

§ 97a PatAnwO), wenn die Mitteilung ein Berufsverbot betrifft; sind die Mitteilungsempfänger mit den nach Ziffer 5 zu unterrichtenden Stellen identisch, ist eine zusätzliche Mitteilung nicht erforderlich;
8. bei Rechtsberaterinnen, Rechtsberatern, Rechtsbeiständen, die nicht Mitglieder einer Rechtsanwaltskammer sind, Prozessagentinnen und Prozessagenten: an die Präsidentin oder den Präsidenten des Landgerichts (des Amtsgerichts).

Die Mitteilungen sind als „Vertrauliche Personalsache" zu kennzeichnen.

24. Strafsachen gegen Angehörige bestimmter Berufe des Wirtschaftslebens und Sachverständige

§ 13 Abs. 2, § 14 Abs. 1 Nr. 4 und 5, Abs. 2 EGGVG, §§ 36a Abs. 3 Nr. 2, 84a Abs. 2, 130 Abs. 1 WPO, § 10 Abs. 2 StBerG

(1) In Strafsachen gegen

- Wirtschaftsprüferinnen und Wirtschaftsprüfer,
- vereidigte Buchprüferinnen und vereidigte Buchprüfer,
- Steuerberaterinnen und Steuerberater,
- Steuerbevollmächtigte,
- Vorstandsmitglieder, Geschäftsführerinnen und Geschäftsführer, persönlich haftende Gesellschafterinnen und Gesellschafter oder Partnerinnen und Partner einer
  - Wirtschaftsprüfungsgesellschaft,
  - Steuerberatungsgesellschaft oder
  - Buchprüfungsgesellschaft,
- Dispacheurinnen und Dispacheure,
- Markscheiderinnen und Markscheider,
- öffentlich bestellte Vermessungsingenieurinnen und Vermessungsingenieure,
- Vorstandsmitglieder, Geschäftsführerinnen und Geschäftsführer, geschäftsführende und gleichzeitig vertretungsberechtigte Gesellschafterinnen und Gesellschafter, Geschäftsinhaberinnen und Geschäftsinhaber eines zur Teilnahme am Börsenhandel zugelassenen Unternehmens und Personen, die für ein solches Unternehmen an der Börse handeln (Börsenhändler),
- öffentlich bestellte und vereidigte Sachverständige, öffentlich bestellte und vereidigte sowie allgemein beeidigte Dolmetscherinnen und Dolmetscher, ferner öffentlich bestellte und vereidigte sowie ermächtigte Übersetzerinnen und Übersetzer sowie
- Architektinnen und Architekten, Ingenieurinnen und Ingenieure, soweit diese in einer von einer Berufskammer geführten Liste eingetragen sind,

sind, wenn der Tatvorwurf auf eine Verletzung von Pflichten schließen lässt, die bei der Ausübung des Berufs zu beachten sind, oder er in anderer Weise geeignet ist, Zweifel an der Eignung, Zuverlässigkeit oder Befähigung hervorzurufen, mitzuteilen

1. der Erlass und der Vollzug eines Haft- oder Unterbringungsbefehls,
2. die Entscheidung, durch die ein vorläufiges Berufsverbot angeordnet oder ein solches aufgehoben worden ist,
3. die Erhebung der öffentlichen Klage,
4. der Ausgang des Verfahrens, wenn eine Mitteilung nach den Ziffern 1 bis 3 zu machen war.

(2) In Privatklageverfahren, in Verfahren wegen fahrlässig begangener Straftaten und in sonstigen Verfahren bei Verurteilung zu einer anderen Maßnahme als einer Strafe oder einer Maßnahme im Sinne des § 11 Abs. 1 Nr. 8 StGB unterbleibt die Mitteilung, wenn nicht besondere Umstände des Einzelfalles sie erfordern. Sie ist insbesondere erforderlich, wenn die Tat bereits ihrer Art nach geeignet ist, Zweifel an der Zuverlässigkeit oder Eignung für die gerade ausgeübte berufliche Tätigkeit hervorzurufen. Die Mitteilung ordnen Richterinnen oder Richter, Staatsanwältinnen oder Staatsanwälte an. Die Sätze 1 bis 3 gelten nicht bei Straftaten, durch die der Tod eines Menschen verursacht worden ist, und bei gefährlicher Körperverletzung.

(3) In Strafsachen gegen amtlich anerkannte Sachverständige oder Prüferinnen und Prüfer für den Kraftfahrzeugverkehr gelten die Absätze 1 und 2 mit der Maßgabe, dass sich die Mitteilungspflicht auch auf die vorläufige Entziehung der Fahrerlaubnis gem. § 111 a StPO oder die Sicherstellung, Inverwahrnahme oder Beschlagnahme des Führerscheins gem. § 94 StPO erstreckt. Gleiches gilt für Kraftfahrzeugsachverständige von amtlich anerkannten Überwachungsorganisationen, die mit der Durchführung von Untersuchungen betraut sind (Anl. VIII b StVZO).

(4) Die Mitteilungen sind zu richten an

1. die zuständige Landesbehörde in Fällen, in denen eine rechtskräftige Entscheidung ein Berufsverbot anordnet oder den Verlust der Fähigkeit zur Bekleidung öffentlicher Ämter zur Folge hat,
2. die zuständige Berufskammer, wenn eine solche als Körperschaft des öffentlichen Rechts besteht,
3. die für die Bestellung zuständige Behörde oder Stelle (Kammer) in Strafsachen gegen öffentlich bestellte und vereidigte Sachverständige, öffentlich bestellte und vereidigte sowie allgemein beeidigte Dolmetscherinnen und Dolmetscher, öffentlich bestellte und vereidigte sowie ermächtigte Übersetzerinnen und Übersetzer,
4. die für die Aufsicht über Dispacheurinnen und Dispacheure, Markscheiderinnen und Markscheider, öffentlich bestellte Vermessungsingenieurinnen und Vermessungsingenieure, die für die amtliche Anerkennung der Sachverständigen und Prüferinnen und Prüfer für den Kraftfahrzeugverkehr sowie die für die amtliche Anerkennung von Überwachungsorganisationen jeweils zuständige Stelle,
5. die Geschäftsführung der Börse in Strafsachen gegen Vorstandsmitglieder, Geschäftsführerinnen und Geschäftsführer, geschäftsführende und gleichzeitig vertretungsberechtigte Gesellschafterinnen und Gesellschafter, Geschäftsinhaberinnen und Geschäftsinhaber eines zur Teilnahme am Börsenhandel zugelassenen Unternehmens und Personen, die für ein solches Unternehmen an der Börse handeln (Börsenhändler), und an
6. die Generalstaatsanwältin oder den Generalstaatsanwalt, die oder der für die Einleitung des berufsgerichtlichen Verfahrens zuständig ist (§§ 84, 130 Abs. 1 WPO, § 113 StBerG), in Strafsachen gegen Wirtschaftsprüferinnen und Wirtschaftsprüfer, vereidigte Buchprüferinnen und vereidigte Buchprüfer, Steuerberaterinnen und Steuerberater sowie Steuerbevollmächtigte, gegen Vorstandsmitglieder, Geschäftsführerinnen und Geschäftsführer, persönlich haftende Gesellschafterinnen oder Gesellschafter oder Partnerinnen oder Partner einer Wirtschaftsprüfungsgesellschaft, Steuerberatungsgesellschaft oder Buchprüfungsgesellschaft.

25. Strafsachen gegen Inhaberinnen und Inhaber, Geschäftsleiterinnen und Geschäftsleiter von Kredit- und Finanzdienstleistungsinstituten

§ 60 a Abs. 1, Abs. 1 a KWG

(1) In Strafsachen gegen Inhaberinnen und Inhaber oder Geschäftsleiterinnen und Geschäftsleiter von Kredit- und Finanzdienstleistungsinstituten sowie gegen Inhaberinnen und Inhaber bedeutender Beteiligungen an solchen Instituten oder deren gesetzliche Vertreterinnen und Vertreter oder persönlich haftende Gesellschafterinnen und Gesellschafter wegen Verletzung ihrer Berufspflichten oder anderer Straftaten bei oder im Zusammenhang mit der Ausübung eines Gewerbes oder dem Betrieb einer sonstigen wirtschaftlichen Unternehmung, sind der

Bundesanstalt für Finanzdienstleistungsaufsicht
Bankenaufsicht
Graurheindorfer Str. 108
53117 Bonn

mitzuteilen

1. die Anklageschrift oder eine an ihre Stelle tretende Antragsschrift, in Strafsachen, die eine Straftat nach § 54 KWG zum Gegenstand haben, bereits die Einleitung des Ermittlungsverfahrens,

2. der Antrag auf Erlass eines Strafbefehls und
3. die das Verfahren abschließende Entscheidung mit Begründung, wenn eine Mitteilung nach den Ziffern 1 oder 2 zu machen war.

Ist gegen die Entscheidung ein Rechtsmittel eingelegt worden, ist die Entscheidung unter Hinweis auf das eingelegte Rechtsmittel zu übermitteln.

(2) In Verfahren wegen fahrlässig begangener Straftaten werden die in Absatz 1 Satz 1 Ziff. 1 und 2 bestimmten Übermittlungen nur vorgenommen, wenn aus der Sicht der übermittelnden Stelle unverzüglich Entscheidungen oder andere Maßnahmen der Bundesanstalt für Finanzdienstleistungsaufsicht geboten sind.

25 a. Strafsachen gegen Inhaberinnen und Inhaber, Geschäftsleiterinnen und Geschäftsleiter von Wertpapierdienstleistungsunternehmen

§ 40 a Abs. 1 WpHG

(1) In Strafsachen gegen Inhaberinnen und Inhaber oder Geschäftsleiterinnen und Geschäftsleiter von Wertpapierdienstleistungsunternehmen oder deren gesetzliche Vertreterinnen und Vertreter oder persönlich haftende Gesellschafterinnen oder Gesellschafter wegen Straftaten zum Nachteil von Kundinnen und Kunden bei oder im Zusammenhang mit dem Betrieb des Wertpapierdienstleistungsunternehmens, ferner in Strafsachen, die Straftaten nach § 38 WpHG zum Gegenstand haben, sind im Falle der Erhebung der öffentlichen Klage der

Bundesanstalt für Finanzdienstleistungsaufsicht
Wertpapieraufsicht
Lurgiallee 10/12
60439 Frankfurt am Main

mitzuteilen

1. die Anklageschrift oder eine an ihre Stelle tretende Antragsschrift,
2. der Antrag auf Erlass eines Strafbefehls und
3. die das Verfahren abschließende Entscheidung mit Begründung.

Ist gegen die Entscheidung ein Rechtsmittel eingelegt worden, ist die Entscheidung unter Hinweis auf das eingelegte Rechtsmittel zu übermitteln.

(2) In Verfahren wegen fahrlässig begangener Straftaten werden die in Absatz 1 Satz 1 Ziff. 1 und 2 bestimmten Übermittlungen nur vorgenommen, wenn aus der Sicht der übermittelnden Stelle unverzüglich Entscheidungen oder andere Maßnahmen der Bundesanstalt für Finanzdienstleistungsaufsicht geboten sind.

25 b. Strafsachen gegen Geschäftsleiterinnen und Geschäftsleiter von Versicherungsunternehmen

§ 145 b Abs. 1 VAG

(1) In Strafsachen gegen Geschäftsleiterinnen und Geschäftsleiter von Versicherungsunternehmen oder deren gesetzliche Vertreterinnen und Vertreter oder persönlich haftende Gesellschafterinnen und Gesellschafter wegen Verletzung ihrer Berufspflichten oder anderer Straftaten bei oder im Zusammenhang mit der Ausübung eines Gewerbes oder dem Betrieb einer sonstigen wirtschaftlichen Unternehmung, ferner in Strafverfahren, die Straftaten nach den §§ 134, 137 bis 141 und 143 VAG zum Gegenstand haben, sind im Falle der Erhebung der öffentlichen Klage – und zwar auch, wenn eine Landesbehörde die Aufsicht ausübt – der

Bundesanstalt für Finanzdienstleistungsaufsicht
Versicherungsaufsicht
Graurheindorfer Str. 108
53117 Bonn

mitzuteilen

1. die Anklageschrift oder eine an ihre Stelle tretende Antragsschrift,
2. der Antrag auf Erlass eines Strafbefehls und
3. die das Verfahren abschließende Entscheidung mit Begründung.

Ist gegen die Entscheidung ein Rechtsmittel eingelegt worden, ist die Entscheidung unter Hinweis auf das eingelegte Rechtsmittel zu übermitteln.

(2) In Verfahren wegen fahrlässig begangener Straftaten werden die in Absatz 1 Satz 1 Ziff. 1 und 2 bestimmten Übermittlungen nur vorgenommen, wenn aus der Sicht der übermittelnden Stelle unverzüglich Entscheidungen oder andere Maßnahmen der Bundesanstalt für Finanzdienstleistungsaufsicht geboten sind.

26. Strafsachen gegen Angehörige der Heilberufe

§ 13 Abs. 2, § 14 Abs. 1 Nr. 4, Abs. 2 EGGVG

(1) In Strafsachen gegen

– Ärztinnen und Arzte,
– Zahnärztinnen und Zahnärzte,
– Tierärztinnen und Tierärzte,
– Apothekerinnen und Apotheker,
– Psychologische Psychotherapeutinnen und Psychologische Psychotherapeuten,
– Kinder- und Jugendlichenpsychotherapeutinnen und Kinder- und Jugendlichenpsychotherapeuten,
– Heilpraktikerinnen und Heilpraktiker,
– Hebammen und Entbindungspfleger

sind, wenn der Tatvorwurf auf eine Verletzung von Pflichten schließen lässt, die bei der Ausübung des Berufes zu beachten sind, oder er in anderer Weise geeignet ist, Zweifel an der Eignung, Zuverlässigkeit oder Befähigung hervorzurufen, mitzuteilen

1. der Erlass und der Vollzug eines Haft- oder Unterbringungsbefehls,
2. die Entscheidung, durch die ein vorläufiges Berufsverbot angeordnet oder ein solches aufgehoben worden ist,
3. die Erhebung der öffentlichen Klage,
4. der Ausgang des Verfahrens, wenn eine Mitteilung nach den Ziffern 1 bis 3 zu machen war.

(2) In Privatklageverfahren, in Verfahren wegen fahrlässig begangener Straftaten und in sonstigen Verfahren bei Verurteilung zu einer anderen Maßnahme als einer Strafe oder einer Maßnahme im Sinne des § 11 Abs. 1 Nr. 8 StGB unterbleibt die Mitteilung, wenn nicht besondere Umstände des Einzelfalles sie erfordern. Sie ist insbesondere erforderlich, wenn die Tat bereits ihrer Art nach geeignet ist, Zweifel an der Zuverlässigkeit oder Eignung für die gerade ausgeübte berufliche Tätigkeit hervorzurufen. Die Mitteilung ordnen Richterinnen oder Richter, Staatsanwältinnen oder Staatsanwälte an. Die Sätze 1 bis 3 gelten nicht bei Straftaten, durch die der Tod eines Menschen verursacht worden ist, und bei gefährlicher Körperverletzung.

(3) Die Mitteilungen sind zu richten an

1. die zuständige Behörde und
2. die zuständige Berufskammer, wenn eine solche als Körperschaft des öffentlichen Rechts besteht.

Sie sind als „Vertrauliche Personalsache" zu kennzeichnen.

27. Strafsachen gegen sonstige Angehörige von Lehrberufen und erzieherischen Berufen

§ 13 Abs. 2, § 14 Abs. 1 Nr. 5, Abs. 2 EGGVG

(1) In Strafsachen gegen

1. Honorarprofessorinnen und Honorarprofessoren, außerplanmäßige Professorinnen und außerplanmäßige Professoren, Gastprofessorinnen und Gastprofessoren, Privatdozentinnen und Privatdozenten, Gastdozentinnen und Gastdozenten, Lehrbeauftragte an Hochschulen, Schulleiterinnen und Schulleiter, Lehrerinnen und Lehrer,

38. Mitteilungen über Inhaberinnen und Inhaber einer luftrechtlichen Erlaubnis oder Genehmigung sowie über sonstige nach dem Luftverkehrsgesetz berechtigte Personen

§ 13 Abs. 2, § 14 Abs. 1 Nr. 5, 7 Buchstabe b, Abs. 2, § 17 Nr. 3 EGGVG

(1) In Strafsachen gegen

1. Inhaberinnen und Inhaber
   a) einer Erlaubnis für das Luftfahrtpersonal, die Ausbildung von Luftfahrerinnen und Luftfahrern, das Flugsicherungspersonal oder die Ausbildung von Flugsicherungspersonal oder
   b) einer Genehmigung für Luftfahrtunternehmen oder
2. einer für die Leitung eines Luftfahrtunternehmens oder einer Luftfahrerschule verantwortliche Person

ist die rechtskräftige Verurteilung mitzuteilen, die ein Verbrechen zum Gegenstand hat oder in der wegen eines Vergehens nach §§ 142, 222, 315 bis 316, 323a StGB oder nach §§ 59, 60, 62 LuftVG auf Strafe erkannt worden ist.

(2) In Strafsachen gegen eine in Absatz 1 bezeichnete Person ist ferner die rechtskräftige Verurteilung mitzuteilen, in der wegen eines Vergehens auf Freiheitsstrafe von mindestens sechs Monaten erkannt worden ist.

(3) Sonstige Tatsachen, die in einem Strafverfahren – gleichgültig, gegen wen es sich richtet – bekannt werden, sind mitzuteilen, wenn ihre Kenntnis die Annahme rechtfertigt, dass jemand für eine Tätigkeit als Luftfahrt- oder Flugsicherungspersonal, für die Ausbildung von Luftfahrt- oder Flugsicherungspersonal oder für die Tätigkeit als Luftfahrtunternehmerin oder -unternehmer oder als eine für ein Luftfahrtunternehmen oder eine Luftfahrerschule verantwortliche Person ungeeignet ist. Dabei ist zu berücksichtigen, wie gesichert die zu übermittelnden Erkenntnisse sind. Die Mitteilung ordnen Richterinnen oder Richter, Staatsanwältinnen oder Staatsanwälte an.

(4) Mitteilungen über Inhaberinnen oder Inhaber einer Erlaubnis für das Luftfahrtpersonal sind an das

Luftfahrt-Bundesamt
Postfach 30 54
38020 Braunschweig,

sonstige Mitteilungen sind an die für die Erteilung der luftrechtlichen Erlaubnis oder Genehmigung zuständige Stelle zu richten.

39. Strafsachen gegen Inhaberinnen und Inhaber von Berechtigungen und gegen Gewerbetreibende

§ 13 Abs. 2, § 14 Abs. 1 Nr. 5, 7 Buchstabe b, Abs. 2 EGGVG

(1) In Strafsachen gegen Inhaberinnen und Inhaber von Berechtigungen und gegen Gewerbetreibende sind rechtskräftige Entscheidungen mitzuteilen, wenn Grund zu der Annahme besteht, dass Tatsachen, die den Gegenstand des Verfahrens betreffen und auf eine Verletzung von Pflichten schließen lassen, die bei der Ausübung des Berufs oder des Gewerbes zu beachten oder in anderer Weise geeignet sind, Zweifel an der Eignung, Zuverlässigkeit oder Befähigung hervorzurufen, den Widerruf, die Rücknahme oder die Einschränkung einer behördlichen Erlaubnis, Genehmigung oder Zulassung zur Ausübung eines Gewerbes oder eines Berufs, zum Führen einer Berufsbezeichnung, die Untersagung der gewerblichen Tätigkeit oder der Einstellung, Beschäftigung oder Beaufsichtigung von Kindern und Jugendlichen zur Folge haben können.

(2) In Privatklageverfahren, in Verfahren wegen fahrlässig begangener Straftaten und in sonstigen Verfahren bei Verurteilung zu einer anderen Maßnahme als einer Strafe oder einer Maßnahme im Sinne des § 11 Abs. 1 Nr. 8 StGB unterbleibt die Mitteilung, wenn nicht besondere Umstände des Einzelfalles sie erfordern. Sie ist insbesondere erforderlich, wenn die Tat bereits ihrer Art nach geeignet ist, Zweifel an der Eignung, Zuverlässigkeit oder Befähigung für die gerade ausgeübte berufliche oder gewerbliche

Tätigkeit hervorzurufen. Die Sätze 1 und 2 gelten nicht bei Straftaten, durch die der Tod eines Menschen verursacht worden ist, und bei gefährlicher Körperverletzung.

(3) Eine Mitteilungspflicht besteht ferner, wenn in der Entscheidung

1. die Ausübung des Gewerbes untersagt oder
2. eine Untersagung der Ausübung des Gewerbes ausdrücklich abgelehnt worden ist.

(4) Die Mitteilung – mit Ausnahme der in Absatz 3 Ziff. 1 – ordnen Richterinnen oder Richter, Staatsanwältinnen oder Staatsanwälte an.

(5) Die Mitteilungen sind an die Behörde zu richten, die die Berechtigung erteilt hat oder für die Untersagung der Berufs- oder Gewerbeausübung zuständig ist.

40. Strafsachen gegen mit Atomanlagen und Kernbrennstoffen oder sonstigen radioaktiven Stoffen verantwortlich befasste Personen

§ 13 Abs. 1 Nr. 5, Abs. 2, § 14 Abs. 1 Nr. 7 Buchstabe b, Abs. 2, § 17 Nr. 3 EGGVG

(1) In Strafsachen gegen Personen, die bei der Errichtung, Leitung oder Beaufsichtigung des Betriebes von kerntechnischen Anlagen, dem Umgang mit Kernbrennstoffen oder sonstigen radioaktiven Stoffen oder der Beförderung oder sonstigen Verwendung solcher Stoffe verantwortlich tätig sind, sind mitzuteilen

1. die Einleitung des Verfahrens,
2. der Ausgang des Verfahrens,

wenn Grund zu der Annahme besteht, dass eine atomrechtliche Genehmigung oder Zulassung, die ihnen oder demjenigen erteilt ist, der sie mit seiner Tätigkeit beauftragt hat, widerrufen, zurückgenommen oder eingeschränkt wird oder dass Maßnahmen der atomrechtlichen Aufsicht getroffen werden.

(2) In Privatklageverfahren, in Verfahren wegen fahrlässig begangener Straftaten und in sonstigen Verfahren bei Verurteilung zu einer anderen Maßnahme als einer Strafe oder einer Maßnahme im Sinne des § 11 Abs. 1 Nr. 8 StGB unterbleibt die Mitteilung, wenn nicht besondere Umstände des Einzelfalles sie erfordern. Sie ist insbesondere erforderlich, wenn die Tat bereits ihrer Art nach geeignet ist, Zweifel an der Zuverlässigkeit oder Eignung für die gerade ausgeübte Tätigkeit hervorzurufen. Die Sätze 1 und 2 gelten nicht bei Straftaten, durch die der Tod eines Menschen verursacht worden ist, und bei gefährlicher Körperverletzung.

(3) Die Mitteilung ordnen Richterinnen oder Richter, Staatsanwältinnen oder Staatsanwälte an.

(4) Die Mitteilungen sind an die Behörde zu richten, welche die Genehmigung oder Zulassung erteilt hat oder für die Aufsicht zuständig ist. Wird in der Entscheidung die Ausübung einer in Absatz 1 Satz 1 aufgeführten Tätigkeit untersagt, so ist der dort bezeichneten Behörde die rechtskräftige Entscheidung ohne Gründe mitzuteilen.

41. Strafsachen gegen Angehörige ausländischer Konsulate

Artikel 42 des Wiener Übereinkommens über konsularische Beziehungen (BGBl. 1969 II S. 1585), § 16 EGGVG)

(1) In Strafsachen gegen

1. Konsularbeamtinnen und -beamte ausländischer konsularischer Vertretungen,
2. Bedienstete des Verwaltungs- oder technischen Personals und Mitglieder des dienstlichen Hauspersonals ausländischer konsularischer Vertretungen
   sind mitzuteilen
   a) die Einleitung des Verfahrens,
   b) die Festnahme und der Vollzug eines Haft- oder Unterbringungsbefehls.

(2) Wird die Person in Untersuchungshaft genommen oder einstweilig untergebracht, ordnet die Richterin oder der Richter, dem die festgenommene Person erstmals vorgeführt wird, die Mitteilung an.

2. Leiterinnen und Leiter, Erzieherinnen und Erzieher und andere Personen, die in Heimen, Kindertagesstätten, Kindergärten oder ähnlichen Einrichtungen mit erzieherischen Aufgaben betraut sind,

wenn sie entweder an Hochschulen oder Schulen in freier Trägerschaft oder einer privaten Einrichtung der in Ziffer 2 genannten Art oder – ohne in einem Arbeitnehmer- oder Beamtenverhältnis zu stehen – an öffentlichen Hochschulen oder Schulen oder an einer der in Ziffer 2 genannten öffentlichen Einrichtungen tätig sind, gilt Nummer 16 Abs. 1 bis 3 entsprechend.

(2) Die Mitteilungen sind an die zuständige Aufsichtsbehörde zu richten und als „Vertrauliche Personalsache" zu kennzeichnen.

28. Strafsachen gegen Betreiberinnen und Betreiber von sowie Beschäftigte in Alten-, Behinderten- und Pflegeheimen und ambulanten Pflegediensten

§ 13 Abs. 2, § 14 Abs. 1 Nr. 5, Abs. 2 EGGVG

(1) In Strafsachen gegen Betreiberinnen oder Betreiber, Vertretungsberechtigte juristischer Personen als Betreiber, Leiterinnen oder Leiter von sowie Pflegedienstleiterinnen oder Pflegedienstleiter und andere pflegerisch tätige Beschäftigte in Heimen im Sinne des § 1 HeimG und ambulanten Pflegediensten nach SGB V und SGB XI sind, wenn der Tatvorwurf auf eine Verletzung von Pflichten schließen lässt, die bei der Ausübung der Tätigkeit zu beachten sind, oder er in anderer Weise geeignet ist, Zweifel an der Eignung, Zuverlässigkeit oder Befähigung hervorzurufen, mitzuteilen

1. der Erlass und der Vollzug eines Haft- oder Unterbringungsbefehls,
2. die Erhebung der öffentlichen Klage,
3. der Ausgang des Verfahrens, wenn eine Mitteilung nach den Ziffern 1 oder 2 zu machen war.

(2) In Privatklageverfahren, in Verfahren wegen fahrlässig begangener Straftaten und in sonstigen Verfahren bei Verurteilung zu einer anderen Maßnahme als einer Strafe oder einer Maßnahme im Sinne des § 11 Abs. 1 Nr. 8 StGB unterbleibt die Mitteilung, wenn nicht besondere Umstände des Einzelfalles sie erfordern. Sie ist insbesondere erforderlich, wenn die Tat bereits ihrer Art nach geeignet ist, Zweifel an der Zuverlässigkeit oder Eignung für die gerade ausgeübte berufliche Tätigkeit hervorzurufen. Die Mitteilung ordnen Richterinnen oder Richter, Staatsanwältinnen oder Staatsanwälte an. Die Sätze 1 bis 3 gelten nicht bei Straftaten, durch die der Tod eines Menschen verursacht worden ist, und bei gefährlicher Körperverletzung.

(3) Die Mitteilungen sind an die durch Landesrecht für die Durchführung des Heimgesetzes bestimmte Stelle und an die nach SGB V und SGB XI zuständige oberste Landesbehörde zu richten und als „Vertrauliche Personalsache" zu kennzeichnen.

29. Sonstige Mitteilungen über Personen, die einer Dienst-, Staats-, Standesaufsicht oder berufsrechtlichen Aufsicht unterliegen

§ 17 Nr. 3 und 4 EGGVG, § 125 c Abs. 4, 5 und 6 BRRG, §§ 46, 71 Abs. 3 DRiG, § 89 Abs. 1 SG, § 45 a Abs. 1 ZDG, § 64 a Abs. 3 BNotO, § 24 a Abs. 3 NotPrTV, § 36 a Abs. 3 auch i. V. m. § 207 Abs. 2 Satz 1, § 209 Abs. 1 Satz 3, § 59 m Abs. 2 BRAO, § 4 Abs. 1 EuRAG, § 32 a Abs. 3 auch i. V. m. § 154 b Abs. 2, § 52 m Abs. 2 PatAnwO, Artikel 1 § 1 Abs. 5 RBerG, § 40 a Abs. 2 WpHG, §§ 36 a Abs. 3 Nr. 2, 84 a Abs. 2, 130 Abs. 1 WPO, § 10 Abs. 2 StBerG, § 60 a Abs. 2 KWG, § 145 b Abs. 2 VAG

(1) Sonstige Tatsachen, die in einem Strafverfahren – gleichgültig, gegen wen es sich richtet – bekannt werden, sind mitzuteilen, wenn ihre Kenntnis aufgrund besonderer Umstände des Einzelfalls für dienst-, disziplinar-, standes- oder berufsrechtliche Maßnahmen gegen eine der nachfolgend genannten Personen oder für aufsichtsrechtliche Maßnahmen gegen deren Geschäftsbetrieb erforderlich ist:

1. Beamtinnen und Beamte, Richterinnen und Richter (Nummer 15)
2. Soldatinnen und Soldaten der Bundeswehr (Nummer 19)

3. Zivildienstleistende (Nummer 21)
4. Notarinnen und Notare sowie Angehörige der rechtsberatenden Berufe (Nummer 23)
5. Wirtschaftsprüferinnen und Wirtschaftsprüfer, vereidigte Buchprüferinnen und vereidigte Buchprüfer, Steuerberaterinnen und Steuerberater sowie Steuerbevollmächtigte (Nummer 24)
6. Inhaberinnen und Inhaber sowie Geschäftsleiterinnen und Geschäftsleiter von Kredit- und Finanzdienstleistungsinstituten (Nummer 25)
7. Inhaberinnen und Inhaber sowie Geschäftsleiterinnen und Geschäftsleiter von Wertpapierdienstleistungsunternehmen (Nummer 25 a)
8. Geschäftsleiterinnen und Geschäftsleiter von Versicherungsunternehmen oder deren gesetzliche Vertreterinnen und Vertreter oder persönlich haftende Gesellschafterinnen und Gesellschafter (Nummer 25 b)
9. Angehörige der Heilberufe (Nummer 26)
10. Betreiberinnen und Betreiber von sowie Beschäftigte in Alten-, Behinderten- und Pflegeheimen und ambulanten Pflegediensten (Nummer 28).

Erforderlich ist die Kenntnis der Daten auch, wenn diese Anlass zur Prüfung bietet, ob Maßnahmen der genannten Art zu ergreifen sind.

(2) Mitteilungen unterbleiben, soweit für die übermittelnde Stelle erkennbar ist, dass schutzwürdige Interessen der betroffenen Person an dem Ausschluss der Übermittlung das öffentliche Interesse überwiegen. Dabei ist zu berücksichtigen, wie gesichert die zu übermittelnden Erkenntnisse sind.

(3) Die Mitteilung ordnen Richterinnen oder Richter, Staatsanwältinnen oder Staatsanwälte an.

(4) Die Mitteilungen sind an die Stellen zu richten, die in den in Absatz 1 genannten Bestimmungen aufgeführt sind, und als „Vertrauliche Personalsache" zu kennzeichnen.

3. Abschnitt. Sonstige Mitteilungen wegen der persönlichen Verhältnisse der Betroffenen

30. Strafsachen gegen Inhaberinnen und Inhaber von Titeln, Orden und Ehrenzeichen

§ 4 Abs. 2 und 3 des Gesetzes über Titel, Orden und Ehrenzeichen

(1) Ergibt sich aus einem Strafurteil, dass die oder der Verurteilte Inhaberin oder Inhaber von Titeln, Orden oder Ehrenzeichen ist, die nach dem 8. Mai 1945 verliehen worden sind, so sind rechtskräftige Verurteilungen mitzuteilen, in denen erkannt ist

1. auf eine Freiheitsstrafe von mindestens einem Jahr wegen eines Verbrechens,
2. auf eine Freiheitsstrafe von mindestens sechs Monaten wegen einer vorsätzlichen Tat, die nach den Vorschriften über Friedensverrat, Hochverrat, Gefährdung des demokratischen Rechtsstaates, Landesverrat oder Gefährdung der äußeren Sicherheit strafbar ist,
3. auf Aberkennung der Fähigkeit, öffentliche Ämter zu bekleiden.

(2) Die Mitteilungen sind zu richten

1. bei Titeln, Orden und Ehrenzeichen, die von einer Stelle innerhalb des Geltungsbereichs des Gesetzes über Titel, Orden und Ehrenzeichen verliehen worden sind, an die oder den Verleihungsberechtigten,
2. bei Titeln, Orden und Ehrenzeichen, die von einem ausländischen Staatsoberhaupt, einer ausländischen Regierung oder einer anderen Stelle außerhalb des Geltungsbereichs des Gesetzes über Titel, Orden und Ehrenzeichen verliehen worden sind, an das Bundespräsidialamt.

Die Mitteilung umfasst den Urteilstenor sowie den verliehenen Titel oder die verliehene Auszeichnung.

3. eine mit der Leitung eines Betriebes, einer Zweigniederlassung oder einer unselbständigen Zweigstelle zum Umgang oder Verkehr mit explosionsgefährlichen Stoffen beauftragte Person

sind Mitteilungen über Verfahren zu machen, die zum Gegenstand haben

a) eine vorsätzliche Straftat,
b) eine gemeingefährliche fahrlässige Straftat,
c) eine im Zustand der Trunkenheit oder unter dem Einfluss anderer berauschender Mittel begangene Straftat, wenn die Täterin oder der Täter bereits mindestens einmal wegen einer solchen Tat verurteilt worden ist,
d) eine fahrlässige Straftat im Zusammenhang mit dem Umgang mit Waffen, Munition oder Sprengstoff,
e) eine Straftat nach dem Waffengesetz, dem Gesetz über die Kontrolle von Kriegswaffen, dem Sprengstoffgesetz oder dem Bundesjagdgesetz.

(2) In den Fällen des Absatzes 1 sind mitzuteilen

1. der Erlass und der Vollzug eines Haft- oder Unterbringungsbefehls,
2. die Erhebung der öffentlichen Klage,
3. der Ausgang des Verfahrens, wenn eine Mitteilung nach den Ziffern 1 oder 2 zu machen war,
4. die Einstellung des Verfahrens nach § 170 Abs. 2 StPO, wenn sie Feststellungen zu einer Schuldunfähigkeit nach § 20 StGB enthält.

(3) Werden sonst in einem Strafverfahren – gleichgültig, gegen wen es sich richtet – Tatsachen bekannt, sind diese mitzuteilen, wenn ihre Kenntnis aufgrund besonderer Umstände des Einzelfalls für waffen- oder sprengstoffrechtliche Maßnahmen erforderlich ist. Dies gilt insbesondere in Strafsachen nach Absatz 1 gegen eine Person, die auf Grund eines Arbeitsverhältnisses eine Schusswaffe nach den Weisungen der Inhaberin oder des Inhabers eines Waffenscheins zu führen hat. Dabei ist zu berücksichtigen, wie gesichert die zu übermittelnden Erkenntnisse sind. Die Mitteilung ordnen Richterinnen oder Richter, Staatsanwältinnen oder Staatsanwälte an.

(4) Die Mitteilungen sind an die für die Erteilung der Berechtigung zuständige Behörde zu richten:

1. im Falle des Absatzes 1 Ziff. 1 Buchstabe a und Ziff. 2, soweit die Person, die die Erlaubnis innehat, ein Gewerbe oder eine wirtschaftliche Unternehmung nach § 21 WaffG betreibt: an die Behörde, in deren Bezirk sich die gewerbliche Hauptniederlassung befindet; fehlt eine gewerbliche Niederlassung, so richtet sich die örtliche Zuständigkeit nach Ziffer 5,
2. im Falle einer Ausnahmebewilligung nach § 42 Abs. 2 WaffG: an die Behörde, in deren Bezirk die Veranstaltung stattfinden soll,
3. im Falle einer Erlaubnis nach § 10 Abs. 5 oder § 27 Abs. 1 WaffG: an die Behörde, in deren Bezirk geschossen werden soll,
4. im Falle einer Bescheinigung nach § 55 Abs. 2 WaffG: an die sachlich und örtlich zuständige Behörde,
5. in den übrigen Fällen einer waffenrechtlichen Berechtigung: an die Behörde, in deren Bezirk die betroffene Person ihren gewöhnlichen, bei Fehlen eines solchen ihren jeweiligen Aufenthaltsort hat,
6. im Falle des Absatzes 1 Ziff. 3 oder einer Erlaubnis nach § 7 SprengG: an die Behörde, in deren Bezirk sich die Hauptniederlassung befindet; bezieht sich die Erlaubnis nur auf eine Zweigniederlassung, so richtet sich die Zuständigkeit nach dem Ort dieser Niederlassung; fehlt eine Niederlassung, so richtet sich die Zuständigkeit nach § 36 Abs. 2 SprengG,
7. im Falle eines Befähigungsscheins nach § 20 SprengG: an die sachlich und örtlich zuständige Behörde,
8. im Falle einer Erlaubnis nach § 27 SprengG: an die Behörde, in deren Bezirk die betroffene Person ihren gewöhnlichen Aufenthalt hat oder zuletzt hatte.

36 a. Sonstige Mitteilungen aus waffenrechtlichen oder sprengstoffrechtlichen Gründen

§ 13 Abs. 2, § 14 Abs. 1 Nr. 7 Buchstabe b, Abs. 2, § 17 Nr. 3 EGGVG

(1) In Strafsachen wegen

1. unbefugten Erwerbs von Schusswaffen oder Munition, unbefugten Führens von Schusswaffen oder unbefugter Ausübung der tatsächlichen Gewalt über Schusswaffen oder über in Abschnitt 1 der Anlage 2 zum WaffG (Waffenliste) bezeichnete Gegenstände,
2. einer mit oder im Zusammenhang mit Schusswaffen, Munition oder in Abschnitt 1 der Anlage 2 zum WaffG (Waffenliste) bezeichneten Gegenständen begangenen Straftat,
3. unbefugten Umgangs oder Verkehrs mit explosionsgefährlichen Stoffen oder
4. einer mit oder im Zusammenhang mit solchen Stoffen begangenen Straftat

sind mitzuteilen

a) die Erhebung der öffentlichen Klage,
b) der Ausgang des Verfahrens, wenn eine Mitteilung nach Buchstabe a zu machen war,
c) die Einstellung des Verfahrens nach § 170 Abs. 2 StPO, wenn sie Feststellungen zu einer Schuldunfähigkeit nach § 20 StGB enthält.

(2) In den Fällen des Absatzes 1 Ziff. 2 und 4 ordnen die Mitteilung Richterinnen oder Richter, Staatsanwältinnen oder Staatsanwälte an.

(3) Die Mitteilungen sind an die zuständige Behörde zu richten, in deren Bereich die Betroffenen eine Wohnung haben.

37. Strafsachen gegen Inhaberinnen und Inhaber von Jagdscheinen und gegen Personen, die einen Antrag auf Erteilung eines Jagdscheines gestellt haben

§ 13 Abs. 1 Nr. 5, Abs. 2, § 14 Abs. 1 Nr. 7 Buchstabe b, Abs. 2, § 17 Nr. 3 EGGVG

(1) In Strafsachen gegen Inhaberinnen und Inhaber von Jagdscheinen und gegen Personen, die einen Antrag auf Erteilung eines Jagdscheines gestellt haben, sind Mitteilungen zu machen über Verfahren wegen

1. eines Verbrechens,
2. einer vorsätzlichen Straftat gegen das Leben, die Gesundheit oder die persönliche Freiheit, einer der in § 181 b StGB genannten Straftaten, Land- oder Hausfriedensbruchs, Widerstandes gegen die Staatsgewalt, einer gemeingefährlichen Straftat, einer Straftat gegen das Eigentum oder das Vermögen oder einer Wilderei,
3. einer fahrlässigen Straftat im Zusammenhang mit dem Umgang mit Waffen, Munition oder Sprengstoff,
4. einer Straftat nach jagd-, tierschutz- oder naturschutzrechtlichen Vorschriften, dem Waffengesetz, dem Gesetz über die Kontrolle von Kriegswaffen oder dem Sprengstoffgesetz.

(2) Mitzuteilen sind

1. die Erhebung der öffentlichen Klage,
2. der Ausgang des Verfahrens, wenn eine Mitteilung nach Ziffer 1 zu machen war,
3. die Einstellung des Verfahrens nach § 170 Abs. 2 StPO, wenn sie Feststellungen zu einer Schuldunfähigkeit nach § 20 StGB enthält.

(3) In sonstigen Strafsachen gegen eine der in Absatz 1 bezeichneten Personen ist die rechtskräftige Entscheidung mitzuteilen, wenn

1. Führungsaufsicht angeordnet ist oder kraft Gesetzes eintritt,
2. eine Entziehung des Jagdscheins, eine Sperrfrist zur Erteilung des Jagdscheins oder ein Verbot der Jagdausübung angeordnet worden ist.

(4) Die Mitteilungen sind an die für die Erteilung des Jagdscheins zuständige Behörde zu richten.

(5) Die Pflicht zur Mitteilung nach Nummer 36 bleibt unberührt.

31. Mitteilungen an das Vormundschafts- und an das Familiengericht

§ 35 a FGG, § 70 Satz 1 JGG

(1) Werden in einem Strafverfahren – gleichgültig, gegen wen es sich richtet – Tatsachen bekannt, die Maßnahmen des Vormundschafts- oder des Familiengerichts erfordern können, so sind diesen die Tatsachen mitzuteilen, soweit nicht für die übermittelnde Stelle erkennbar ist, dass schutzwürdige Interessen der Betroffenen an dem Ausschluss der Übermittlung das Schutzbedürfnis von Minderjährigen oder Betreuten oder das öffentliche Interesse an der Übermittlung überwiegen.

(2) Die Mitteilung ordnen Richterinnen oder Richter, Staatsanwältinnen oder Staatsanwälte an.

32. Mitteilungen an die Jugendgerichtshilfe in Strafsachen gegen Jugendliche und Heranwachsende

§§ 38, 50, 70 Satz 1, §§ 72 a, 107, 109 Abs. 1 JGG

In Strafsachen gegen Jugendliche und Heranwachsende sind der Jugendgerichtshilfe mitzuteilen

1. die Einleitung des Verfahrens,
2. vorläufige Anordnungen über die Erziehung,
3. der Erlass und der Vollzug eines Haft- oder Unterbringungsbefehls sowie die Unterbringung zur Beobachtung,
4. die Erhebung der öffentlichen Klage,
5. Ort und Zeit der Hauptverhandlung,
6. die Urteile,
7. der Ausgang des Verfahrens,
8. der Name und die Anschrift der Bewährungshelferin oder des Bewährungshelfers,
9. die nachträglichen Entscheidungen, die sich auf Weisungen oder Auflagen beziehen oder eine Aussetzung der Vollstreckung einer Jugendstrafe oder des Restes einer Jugendstrafe zur Bewährung, eine Aussetzung der Verhängung der Jugendstrafe oder die Führungsaufsicht betreffen.

33. Mitteilungen an die Schule in Strafsachen gegen Jugendliche und Heranwachsende

§ 70 Satz 1, § 109 Abs. 1 JGG

(1) In Strafsachen gegen Jugendliche und Heranwachsende sind Mitteilungen an die Schule nur in geeigneten Fällen zu machen. Es wird in der Regel genügen, die Schule von dem Ausgang des Verfahrens zu unterrichten. Die Einleitung des Verfahrens oder die Erhebung der öffentlichen Klage wird mitzuteilen sein, wenn aus Gründen der Schulordnung, insbesondere zur Wahrung eines geordneten Schulbetriebs oder zum Schutz anderer Schülerinnen oder Schüler, sofortige Maßnahmen geboten sein können.

(2) Die Mitteilungen sind an die Leiterin oder den Leiter der Schule oder die Vertretung im Amt zu richten.

(3) Die Mitteilung ordnen Richterinnen oder Richter, Staatsanwältinnen oder Staatsanwälte an.

34. Mitteilungen an andere Prozessbeteiligte in Strafsachen gegen Jugendliche

§§ 67, 43 Abs. 1 JGG, Artikel 104 Abs. 4 GG

(1) Sind in Strafsachen gegen Jugendliche durch verfahrensrechtliche Bestimmungen Mitteilungen an die Beschuldigten vorgeschrieben, so sind diese auch zu richten an

1. die Erziehungsberechtigten,
2. die gesetzlichen Vertreterinnen und gesetzlichen Vertreter,
3. die Verfahrenspflegerin oder den Verfahrenspfleger.

(2) Die in Absatz 1 bezeichneten Personen werden ferner benachrichtigt von

1. der Einleitung des Verfahrens,
2. der Verhaftung, Verwahrung oder Unterbringung.

Die Mitteilungen nach Satz 1 Ziff. 1 können bei Geringfügigkeit der Verfehlung unterbleiben.

(3) Die Mitteilung ordnen Richterinnen oder Richter, Staatsanwältinnen oder Staatsanwälte an.

35. Mitteilungen zum Schutz von Minderjährigen

§ 13 Abs. 2, § 14 Abs. 1 Nr. 5, § 17 Nr. 5 EGGVG

(1) Werden in einem Strafverfahren – gleichgültig, gegen wen es sich richtet – Tatsachen bekannt, deren Kenntnis aus der Sicht der übermittelnden Stelle zur Abwehr einer erheblichen Gefährdung von Minderjährigen erforderlich ist, sind diese der zuständigen öffentlichen Stelle mitzuteilen.

(2) Mitteilungen erhalten insbesondere

1. das Jugendamt und das Vormundschafts- oder Familiengericht, wenn gegen Minderjährige eine Straftat gegen die sexuelle Selbstbestimmung oder nach den §§ 171, 225, 232 bis 233 a StGB begangen oder versucht worden ist,
2. das Jugendamt und die für die Gewerbeaufsicht zuständige Stelle, wenn eine Verurteilung wegen Zuwiderhandlungen gegen §§ 27, 28 JuSchG ausgesprochen worden ist,
3. das Vormundschaftsgericht, wenn die Anordnung einer Vormundschaft (Pflegschaft) notwendig erscheint,
4. die für die Gewerbeaufsicht zuständige Stelle, das Landesjugendamt sowie die sonst zuständigen Stellen, wenn der Schutz von Minderjährigen die Unterrichtung dieser Stellen erfordert (vgl. §§ 28, 29, 32 BBiG, §§ 22, 22 a, 23 HwO, §§ 25, 27 JArbSchG, §§ 45, 85 SGB VIII),
5. das Jugendamt in sonstigen Fällen, wenn sein Tätigwerden zur Abwendung einer erheblichen Gefährdung von Minderjährigen erforderlich erscheint.

(3) In Strafsachen gegen einen Elternteil wegen einer an seinem minderjährigen Kind begangenen rechtswidrigen Tat ist die Erhebung der öffentlichen Klage oder die Einstellung des Verfahrens wegen Schuldunfähigkeit dem Vormundschaftsgericht oder dem Familiengericht und dem Jugendamt mitzuteilen.

(4) In Strafsachen, die eine erhebliche Gefährdung von Minderjährigen erkennen lassen, sowie in Jugendschutzsachen (§ 26 Abs. 1 Satz 1 GVG) werden dem Jugendamt Ort und Zeit der Hauptverhandlung mitgeteilt.

(5) Die Mitteilung ordnen Richterinnen oder Richter, Staatsanwältinnen oder Staatsanwälte an.

36. Mitteilungen über Inhaberinnen und Inhaber einer waffenrechtlichen oder sprengstoffrechtlichen Berechtigung sowie über sonstige nach dem WaffG oder SprengG berechtigte Personen

§ 13 Abs. 2, § 14 Abs. 1 Nr. 5, 7 Buchstabe b, Abs. 2, § 17 Nr. 3 EGGVG

(1) In Strafsachen gegen

1. Inhaberinnen und Inhaber
   a) einer Erlaubnis, Bescheinigung oder Ausnahmebewilligung nach dem Waffengesetz,
   b) einer sprengstoffrechtlichen Erlaubnis nach § 7 oder § 27 SprengG oder eines Befähigungsscheins nach § 20 SprengG,
2. eine mit der Leitung eines Betriebes, einer Zweigniederlassung oder einer unselbständigen Zweigstelle zur Waffenherstellung oder zum Waffenhandel beauftragte Person oder

(3) Die Mitteilungen sind sofort telefonisch, fernschriftlich, telegrafisch oder durch Telefax an

1. das Bundesministerium der Justiz, 11015 Berlin, Telefon: 0 30 20 25-70,
2. die Staatskanzlei (Senatskanzlei) des Landes, in dem die konsularische Vertretung ihren Sitz hat,
3. die Leiterin oder den Leiter der konsularischen Vertretung, es sei denn, dass sie oder er von der Maßnahme selbst betroffen ist, und
4. das Auswärtige Amt/Ref. 703, 11013 Berlin, Telefon: 0 30 50 00-34 11, sofern die Leiterin oder der Leiter der konsularischen Vertretung von der Maßnahme betroffen ist,

zu richten.

42. Mitteilungen über Ausländerinnen und Ausländer

§ 87 Abs. 2, 4, § 88 Abs. 2, 3 AufenthG, auch i. V. m. § 11 Abs. 1 FreizügG/EU, § 74, auch i. V. m. § 79 AufenthV

(1) In Strafsachen gegen Ausländerinnen und Ausländer (§ 2 Abs. 1 AufenthG) sind unverzüglich mitzuteilen

1. die Einleitung des Verfahrens unter Angabe der gesetzlichen Vorschriften,
2. der Ausgang des Verfahrens,
3. der Widerruf einer Strafaussetzung zur Bewährung,
4. der Widerruf der Zurückstellung der Strafvollstreckung.

Die Mitteilung nach Ziffer 1 kann unterbleiben, wenn in den Akten dokumentiert ist, dass sie bereits durch die Polizei erfolgt ist.

(2) Wird in einem Strafverfahren – gleichgültig, gegen wen es sich richtet –

1. der Aufenthalt einer Ausländerin oder eines Ausländers, wenn weder ein erforderlicher Aufenthaltstitel erteilt noch die Abschiebung ausgesetzt ist,
2. der Verstoß gegen eine räumliche Beschränkung oder
3. ein sonstiger Ausweisungsgrund

bekannt, so ist dies unverzüglich mitzuteilen. Satz 1 findet keine Anwendung auf Ausländerinnen und Ausländer, deren Rechtsstellung durch das Gesetz über die allgemeine Freizügigkeit von Unionsbürgern geregelt ist. Bei diesen sind sonstige Tatsachen dann mitzuteilen, wenn die Voraussetzungen des § 5 Abs. 5 oder § 6 Abs. 1 FreizügG/EU vorliegen können. Die Mitteilung kann unterbleiben, wenn in den Akten dokumentiert ist, dass sie bereits durch andere Stellen erfolgt ist.

(3) Bei den Mitteilungen sind, soweit bekannt, jeweils folgende Daten mit anzugeben:

1. Familiennamen,
2. Geburtsnamen,
3. Vornamen,
4. Tag und Ort mit Angabe des Staates der Geburt,
5. Staatsangehörigkeiten,
6. Anschrift.

(4) Personenbezogene Daten, die von einer Ärztin, einem Arzt oder einer der in § 203 Abs. 1 Nr. 1, 2, 4 bis 6 und Abs. 3 StGB bezeichneten Personen in Strafverfahren zugänglich gemacht worden sind, dürfen übermittelt werden,

1. wenn die Ausländerin oder der Ausländer die öffentliche Gesundheit gefährdet und besondere Schutzmaßnahmen zum Ausschluss der Gefährdung nicht möglich sind oder von der Ausländerin oder dem Ausländer nicht eingehalten werden oder
2. soweit die Daten für die Feststellung erforderlich sind, ob die in § 55 Abs. 2 Nr. 4 AufenthG bezeichneten Voraussetzungen vorliegen. Personenbezogene Daten, die nach § 30 AO dem Steuergeheimnis unterliegen, dürfen übermittelt werden, wenn gegen die Ausländerin oder den Ausländer wegen eines Verstoßes gegen eine Vor-

schrift des Steuer- einschließlich des Zoll- und des Monopolrechts oder des Außenwirtschaftsrechts oder gegen Einfuhr-, Ausfuhr-, Durchfuhr- oder Verbringungsverbote oder -beschränkungen ein strafrechtliches Ermittlungsverfahren eingeleitet worden ist.

(5) Die Mitteilungen sind an die nach jeweiligem Landesrecht örtlich zuständige Ausländerbehörde zu richten.

(6) In den Fällen des Absatzes 2 Ziff. 1 und 2 und sonstiger nach dem Aufenthaltsgesetz strafbarer Handlungen kann statt der Ausländerbehörde die zuständige Polizeibehörde unterrichtet werden, wenn eine der in § 71 Abs. 5 AufenthG bezeichneten Maßnahmen (Zurückschiebung, Festnahme, Durchsetzung der Verlassenspflicht, Durchführung der Abschiebung) in Betracht kommt. Absatz 2 Satz 2 gilt entsprechend.

(7) In den Fällen des Absatzes 4 Satz 2 dürfen auch die mit der polizeilichen Kontrolle des grenzüberschreitenden Verkehrs betrauten Behörden unterrichtet werden, wenn ein Ausreiseverbot nach § 46 Abs. 2 AufenthG erlassen werden soll.

(8) Mitteilungen nach Absatz 2 Satz 3 sowie den Absätzen 4 und 7 ordnen Richterinnen oder Richter, Staatsanwältinnen oder Staatsanwälte an.

43. Strafsachen gegen Gefangene und Untergebrachte

§ 479 Abs. 2 Nr. 1 und 2 StPO

Wird gegen Untersuchungsgefangene, Strafgefangene, Sicherungsverwahrte oder in einem psychiatrischen Krankenhaus oder in einer Entziehungsanstalt Untergebrachte ein weiteres Verfahren eingeleitet, sind der Leitung der Justizvollzugsanstalt, des psychiatrischen Krankenhauses oder der Entziehungsanstalt mitzuteilen

1. die Einleitung des Verfahrens,
2. die Erhebung der öffentlichen Klage,
3. der Ausgang des Verfahrens.

4. Abschnitt. Mitteilungen der Art des verletzten Strafgesetzes

44. Betriebsunfälle

§ 13 Abs. 2, § 14 Abs. 1 Nr. 5 und 8 Buchstabe a, Abs. 2, § 17 Nr. 3 EGGVG

In Strafsachen, in denen Zuwiderhandlungen gegen Unfallverhütungsvorschriften bekannt werden, sind der für die Aufsicht zuständigen Stelle mitzuteilen

1. die Einleitung des Verfahrens,
2. die Erhebung der öffentlichen Klage,
3. der Ausgang des Verfahrens.

45. Fahrerlaubnissachen

§ 13 Abs. 1 Nr. 5, Abs. 2, § 17 Nr. 1, 3 EGGVG

(1) In Strafsachen, in denen die Entziehung der Fahrerlaubnis (§§ 69, 69 a Abs. 1 Satz 1 und 2 StGB) oder nur eine Sperre nach § 69 a Abs. 1 Satz 3 StGB in Betracht kommt, sind der nach § 73 Abs. 1 bis 3 FeV zuständigen Verwaltungsbehörde mitzuteilen

1. die Beschlüsse nach § 111 a StPO,
2. der Ausgang des Verfahrens, in den Fällen des § 69 a Abs. 1 Satz 3, Abs. 5 und 6 StGB unter Angabe des Zeitpunktes, in dem die Sperre abläuft,
3. die rechtskräftigen Beschlüsse nach § 69 a Abs. 7 StGB.

(2) Sonstige Tatsachen, die in einem Strafverfahren – gleichgültig, gegen wen es sich richtet – bekannt werden, sind der nach § 73 Abs. 1 bis 3 FeV zuständigen Verwaltungsbehörde mitzuteilen, wenn ihre Kenntnis für die Beurteilung erforderlich ist, ob die Inhaberin oder der Inhaber einer Fahrerlaubnis zum Führen von Fahrzeugen ungeeignet ist. Dabei ist zu berücksichtigen, wie gesichert die zu übermittelnden Erkennt-

nisse sind. Die Mitteilung ordnen Richterinnen oder Richter, Staatsanwältinnen oder Staatsanwälte an.

(3) Der für die Wohnung der oder des Beschuldigten zuständigen Polizeidienststelle sind die Beschlüsse nach § 111 a StPO und, sofern sie die Ermittlungen nicht selbst geführt hat und daher schon nach Nummer 11 unterrichtet wird, die Entscheidungen nach §§ 44, 69 und 69 a StGB mitzuteilen.

(4) Ist die oder der Betroffene Inhaberin oder Inhaber einer Fahrerlaubnis, die von einer Dienststelle der Bundeswehr, der Bundes- oder Landespolizei erteilt worden ist, sind auch dieser Stelle die in den Absätzen 1 und 2 vorgesehenen Mitteilungen zu machen.

(5) In der Mitteilung sind die Fahrerlaubnis, insbesondere durch Nennung der Listennummer bzw. der Nummer des Führerscheins, und die Person der oder des Betroffenen durch Nennung von Name, Geburtsname, Vorname, Geburtsdatum und Wohnort näher zu bezeichnen.

(6) In Strafsachen, in denen eine ausländische Fahrerlaubnis entzogen wird, die von einer Behörde eines Mitgliedstaates der Europäischen Union oder eines anderen Vertragsstaates des Abkommens über den Europäischen Wirtschaftsraum erteilt worden ist, und deren Inhaberin oder Inhaber ihren oder seinen ordentlichen Wohnsitz in der Bundesrepublik Deutschland hat, sind mitzuteilen

1. die rechtskräftige Entscheidung,
2. der Zeitpunkt des Beginns und des Ablaufs der Sperrfrist.

Der Mitteilung nach Satz 1 ist der Führerschein beizufügen (§ 56 Abs. 2 Satz 1 StVollstrO). Die Mitteilung ist an das

Kraftfahrt-Bundesamt
24932 Flensburg

zu richten.

46. Straftaten gegen Vorschriften zum Schutz der Arbeitskraft und der Gesundheit der Arbeitnehmerinnen und Arbeitnehmer

(§ 13 Abs. 2, § 14 Abs. 1 Nr. 8 Buchstabe b, Abs. 2 EGGVG)

(1) In Strafsachen wegen Straftaten gegen Vorschriften zum Schutz der Arbeitskraft und zum Schutz der Gesundheit von Arbeitnehmerinnen und Arbeitnehmern sind mitzuteilen

1. die Erhebung der öffentlichen Klage,
2. der Ausgang des Verfahrens, wenn eine Mitteilung nach Ziffer 1 zu machen war.

(2) Vorschriften zum Schutz der Arbeitskraft und der Gesundheit von Arbeitnehmerinnen und Arbeitnehmern sind namentlich enthalten in

1. dem Arbeitsschutzgesetz,
2. dem Arbeitszeitgesetz,
3. dem Atomgesetz,
4. dem Bundesberggesetz,
5. dem Chemikaliengesetz,
6. dem Fahrpersonalgesetz,
7. dem Gentechnikgesetz,
8. dem Geräte- und Produktsicherheitsgesetz,
9. dem Gesetz über Betriebsärzte, Sicherheitsingenieure und andere Fachkräfte für Arbeitssicherheit,
10. dem Medizinproduktegesetz,
11. dem Gesetz über den Ladenschluss,
12. dem Titel VII der Gewerbeordnung,
13. dem Heimarbeitsgesetz,
14. dem Jugendarbeitsschutzgesetz,
15. dem Mutterschutzgesetz,
16. dem Seemannsgesetz,
17. dem Sprengstoffgesetz.

Arbeitsschutzrechtliche Vorschriften finden sich auch in Rechtsverordnungen, namentlich der Baustellenverordnung, der Betriebssicherheitsverordnung, der Biostoffverordnung, der Strahlenschutzverordnung, der Röntgenverordnung und der Gefahrstoffverordnung.

(3) Die Mitteilungen sind an die jeweils zuständige Aufsichtsbehörde zu richten.

47. Straftaten nach dem Gesetz zur Bekämpfung der Schwarzarbeit und illegalen Beschäftigung und dem Arbeitnehmerüberlassungsgesetz

§ 6 SchwarzArbG, § 405 Abs. 6 SGB III, § 18 Abs. 3 und 4 AÜG

(1) In Strafsachen, die Straftaten nach den §§ 10 und 11 SchwarzArbG und §§ 15 und 15 a AÜG zum Gegenstand haben, sind zur Verfolgung von Ordnungswidrigkeiten mitzuteilen

1. die Einleitung des Verfahrens unter Angabe der Personendaten der oder des Beschuldigten, des Straftatbestandes, der Tatzeit und des Tatortes,
2. die das Verfahren abschließende Entscheidung; ist mit der Entscheidung ein Rechtsmittel verworfen worden oder wird darin auf die angefochtene Entscheidung Bezug genommen, ist auch diese zu übermitteln.

(2) Mitzuteilen sind ferner Erkenntnisse, die aus der Sicht der übermittelnden Stelle zur Verfolgung von Ordnungswidrigkeiten nach § 404 Abs. 1 oder 2 Nr. 1, 3, 5 bis 9 und 11 bis 13 SGB III und § 16 Abs. 1 Nr. 1 bis 2 AÜG erforderlich sind. Eine Mitteilung unterbleibt in diesen Fällen, wenn erkennbar ist, dass schutzwürdige Interessen der Betroffenen oder anderer Verfahrensbeteiligter an dem Ausschluss der Übermittlung überwiegen. Dabei ist zu berücksichtigen, wie gesichert die zu übermittelnden Erkenntnisse sind.

(3) Die Mitteilungen sind an die örtlich zuständige Behörde der Zollverwaltung und an die Regionaldirektion der Bundesagentur für Arbeit zu richten.

48. Mitteilungen zur Bekämpfung der Schwarzarbeit und illegalen Beschäftigung

§ 6 Abs. 1 Satz 2, § 13 Abs. 3 i. V. m. § 1 Abs. 2 und § 8 SchwarzArbG

(1) Erkenntnisse, die aus der Sicht der übermittelnden Stelle zur Verfolgung von Ordnungswidrigkeiten nach § 8 SchwarzArbG erforderlich sind, sind mitzuteilen. Eine Mitteilung unterbleibt, wenn erkennbar ist, dass schutzwürdige Interessen der oder des Betroffenen oder anderer Verfahrensbeteiligter an dem Ausschluss der Übermittlung überwiegen. Dabei ist zu berücksichtigen, wie gesichert die zu übermittelnden Erkenntnisse sind.

(2) Die Mitteilungen in den Fällen des § 8 Abs. 1 Nr. 1 Buchstabe a bis c und § 8 Abs. 1 Nr. 2 SchwarzArbG, soweit ein Zusammenhang mit der Ordnungswidrigkeit nach § 8 Abs. 1 Nr. 1 Buchstabe a bis c SchwarzArbG besteht, sind an die örtlich zuständige Behörde der Zollverwaltung und den zuständigen Leistungsträger für seinen Geschäftsbereich, in den Fällen des § 8 Abs. 1 Nr. 1 Buchstabe d und e und § 8 Abs. 1 Nr. 2 SchwarzArbG, soweit ein Zusammenhang mit der Ordnungswidrigkeit nach § 8 Abs. 1 Nr. 1 Buchstabe d und e SchwarzArbG besteht, an die nach Landesrecht für die Verfolgung und Ahndung von Ordnungswidrigkeiten nach dem SchwarzArbG zuständigen Behörden zu richten. In den Fällen des § 8 Abs. 2 SchwarzArbG sind sie an die Behörden der Zollverwaltung zu richten.

(3) Die Mitteilung ordnen Richterinnen oder Richter, Staatsanwältinnen oder Staatsanwälte an.

49. Strafsachen wegen Verstoßes gegen das Außenwirtschaftsgesetz oder das Gesetz über die Kontrolle von Kriegswaffen

§ 45 b AWG

(1) In Strafsachen wegen Verstoßes gegen das Außenwirtschaftsgesetz oder das Gesetz über die Kontrolle von Kriegswaffen sind mitzuteilen

1. die Einleitung des Verfahrens,
2. die Erhebung der öffentlichen Klage,
3. der Ausgang des Verfahrens, wenn eine Mitteilung nach den Ziffern 1 oder 2 zu machen war.

Dies gilt nicht bei Verstößen gegen das Außenwirtschaftsgesetz, die unter dem Blickwinkel der Ausfuhrkontrolle und der Außenpolitik offensichtlich unbedeutend sind, und bei Verstößen gegen das Gesetz über die Kontrolle von Kriegswaffen, die sich nicht auf Ausfuhren, Durchfuhren oder Auslandsgeschäfte beziehen.

(2) Die Mitteilungen sind über die Landesjustizverwaltung an das

Bundesministerium der Justiz
11015 Berlin

zu richten.

(3) Ist die mitteilungspflichtige Stelle der Ansicht, dass wegen der besonderen Umstände des Einzelfalles der Untersuchungszweck des Strafverfahrens gefährdet werden kann, wenn der Empfänger der Mitteilung die darin enthaltenen personenbezogenen Daten an andere öffentliche Stellen als Oberste Bundesbehörden weiterübermittelt, sind diese Umstände bei der Mitteilung aufzuführen.

(4) Die Mitteilung ordnen Richterinnen oder Richter, Staatsanwältinnen oder Staatsanwälte an.

50. Betäubungsmittelsachen

§ 27 Abs. 3 und 4 BtMG

(1) In Strafsachen nach dem Betäubungsmittelgesetz sind mitzuteilen:

1. der für die Überwachung nach § 19 Abs. 1 Satz 3 BtMG zuständigen Landesbehörde die rechtskräftige Entscheidung mit Begründung, wenn
   a) auf eine Strafe oder eine Maßregel der Besserung und Sicherung erkannt oder der bzw. die Angeklagte wegen Schuldunfähigkeit freigesprochen worden ist und
   b) die Entscheidung Informationen zum Betäubungsmittelverkehr bei Ärztinnen und Ärzten, Zahnärztinnen und Zahnärzten, Tierärztinnen und Tierärzten oder in Apotheken, tierärztlichen Hausapotheken, Krankenhäusern und Tierkliniken enthält,
2. dem

   Bundesinstitut für Arzneimittel
   und Medizinprodukte
   Kurt-Georg-Kiesinger-Allee 3
   53175 Bonn

in Verfahren gegen Ärztinnen und Ärzte, Zahnärztinnen und Zahnärzte, Tierärztinnen und Tierärzte,
   a) die Anklageschrift oder eine an ihre Stelle tretende Antragsschrift,
   b) der Antrag auf Erlass eines Strafbefehls und
   c) die das Verfahren abschließende Entscheidung mit Begründung; ist mit dieser Entscheidung ein Rechtsmittel verworfen worden oder wird darin auf die angefochtene Entscheidung Bezug genommen, ist auch diese zu übermitteln.

(2) In gegen Ärztinnen und Ärzte, Zahnärztinnen und Zahnärzte, Tierärztinnen und Tierärzte, Apothekerinnen und Apotheker gerichteten sonstigen Strafsachen ist der für die Überwachung nach § 19 Abs. 1 Satz 3 BtMG zuständigen Landesbehörde die abschließende Entscheidung mit Begründung mitzuteilen, wenn

1. ein Zusammenhang der Straftat mit dem Betäubungsmittelverkehr im Sinne von Absatz 1 Ziff. 1 Buchstabe b besteht und
2. die Kenntnis der Entscheidung aus der Sicht der übermittelnden Stelle für dessen Überwachung erforderlich ist.

Absatz 1 Ziff. 2 Buchstabe c zweiter Halbsatz gilt entsprechend.

51. Straftaten gegen Vorschriften zum Schutz der Umwelt

§ 13 Abs. 2, § 14 Abs. 1 Nr. 9, Abs. 2, § 17 Nr. 3 EGGVG

(1) In Strafsachen wegen Straftaten gegen Vorschriften zum Schutz der Umwelt sind mitzuteilen

1. die Einleitung des Verfahrens,
2. der Ausgang des Verfahrens,

wenn dies zur Abwehr erheblicher Nachteile für Tiere und Pflanzen, Boden, Wasser, Luft, Klima und Landschaft erforderlich ist.

(2) In Verfahren wegen fahrlässig begangener Straftaten und in sonstigen Verfahren bei Verurteilung zu einer anderen Maßnahme als einer Strafe oder einer Maßnahme im Sinne des § 11 Abs. 1 Nr. 8 StGB unterbleibt die Mitteilung, wenn nicht besondere Umstände des Einzelfalles sie erfordern.

(3) Vorschriften zum Schutz der Umwelt im Sinne des Absatzes 1 sind namentlich Bestimmungen aus folgenden Sachgebieten:

1. Abfall- und Abwasserentsorgung,
2. Gewässerschutz,
3. Bodenschutz,
4. Lärmbekämpfung,
5. Luftreinhaltung,
6. Naturschutz und Landschaftspflege,
7. Pflanzenschutz,
8. Schutz der Wasserversorgung,
9. Strahlenschutz,
10. Tierschutz und Tierseuchenschutz,
11. Gentechnik,
12. Chemikaliensicherheit.

(4) Die Mitteilung nach Absatz 1 Ziff. 1 und Absatz 2 ordnen Richterinnen oder Richter, Staatsanwältinnen oder Staatsanwälte an.

(5) Die Mitteilungen sind an die zuständige Behörde und, bei Verstößen gegen Bestimmungen zur Verhütung von Meeresverschmutzungen auch an das

Bundesamt für Seeschifffahrt und Hydrographie
Postfach 30 12 20
20305 Hamburg

zu richten.

52. Verdachtsfälle nach dem Geldwäschegesetz

§ 11 Abs. 9 GwG, § 482 Abs. 2 StPO

(1) In Strafsachen, zu denen eine Anzeige nach § 11 Abs. 1 des Geldwäschegesetzes erstattet wurde, sind mitzuteilen

1. die Erhebung der öffentlichen Klage,
2. der Ausgang des Verfahrens (Nummer 11 Abs. 3).

(2) Die Mitteilungen sind an das

Bundeskriminalamt
– Zentralstelle für (Geldwäsche-)Verdachtsanzeigen –
65173 Wiesbaden

zu richten.

Anhang

Wichtige Mitteilungspflichten, die außerhalb der Anordnung über Mitteilungen in Strafsachen geregelt sind

Die Mitteilungspflichten betreffen:

Abgeordneter	§ 8 EGStPO, Nr. 191 Abs. 5, Nr. 192 Abs. 5, Nr. 192a Abs. 3 und 5, Nr. 192b Abs. 4 und Abs. 5 Satz 2 RiStBV
Ausland	
– Mitteilungen der Festnahme an die ausländische Behörde	Nr. 38 RiVASt
– Benachrichtigung der für Strafverfolgungs- oder Verwaltungsmaßnahmen zuständigen inländischen Behörden	Nr. 24 RiVASt
– Benachrichtigung des Bundeszentralregisters über rechtskräftige gerichtliche Entscheidungen im Vollstreckungshilfeverkehr	Nr. 71 RiVASt, § 55 Abs. 3 Satz 1 des Gesetzes über die internationale Rechtshilfe in Strafsachen (IRG) vom 27. Juni 1994 (BGBl. I S. 1537)
– Strafnachrichtenaustausch	Nr. 148 RiVASt
Ausländer	
– Benachrichtigung der ausländischen Behörde bei vorläufiger Festnahme in Auslieferungsangelegenheiten	Nr. 38 RiVASt
– Benachrichtigung der konsularischen Vertretungen bestimmter Staaten	Nr. 135 RiVASt; Art. 36 Abs. 1 Buchstabe b des Wiener Übereinkommens über konsularische Beziehungen vom 24. April 1963 (BGBl. 1969 II S. 1585), in Kraft für die Bundesrepublik Deutschland seit 7. Oktober 1971 (BGBl. II S. 1285)
– Benachrichtigung des Bundeszentralregisters und der Ausländerbehörde bei Absehen von der Vollstreckung bei Auslieferung oder Ausweisung	§ 17 Abs. 1 Satz 2 StVollstrO
– Exterritoriale	Nr. 195 RiStBV
– Verdacht einer Auslandsstraftat	Nr. 35 RiVASt
Auslieferungsfragen	
– Einbürgerungsersuchen	Nr. 48 Abs. 1 RiVASt
– Mitteilung über die vollzogene Auslieferung	Nr. 55 RiVASt
– Mitteilung grundsätzlicher Entscheidungen	Nr. 13 RiVASt
Bewachungsgewerbe	§ 15 BewachV
Bundeswehr	§ 47 StVollstrO
Bundeszentralregister	§ 20 BZRG
Deutscher Bundesrat	§ 8 EGStPO, Nr. 191 Abs. 5, Nr. 192 Abs. 5 und Nr. 192a Abs. 3 und 5 RiStBV
Deutscher Bundestag	§ 8 EGStPO, Nr. 191 Abs. 5, Nr. 192 Abs. 5 und Nr. 192a Abs. 3 und 5 RiStBV
Eingezogene Gegenstände	
– Abgabe als Forschungs- oder Lehrmittel	§ 67 StVollstrO
– Arzneimittel und chemische Stoffe	§ 74 Abs. 1 StVollstrO

– Betäubungsmittel	§ 75 StVollstrO
– Branntwein und Branntweinerzeugnisse	§ 85 Abs. 2 StVollstrO
– Brenn- oder Weingeräte	§ 86 StVollstrO
– Devisenwerte	§ 77 StVollstrO
– Falschgeld	§ 76 StVollstrO
– Funkanlagen	§ 72 Abs. 2 StVollstrO
– Fischereigeräte	§ 71 Abs. 1 und 2 StVollstrO
– Jagdwaffen, Jagd- und Forstgeräte	§ 69 Abs. 1 bis 3 StVollstrO
– andere Waffen und verbotene Gegenstände	§ 70 StVollstrO
– Schriften, Ton- und Bildträger, Abbildungen und Darstellungen	§ 81 Abs. 3 StVollstrO
– Wein	§ 82 Abs. 5 StVollstrO
– andere unter das Weingesetz fallende Erzeugnisse und Getränke	§ 83 StVollstrO
Europäisches Parlament	§ 8 EGStPO, Nr. 192 Abs. 5, Nr. 192 b Abs. 4 und 5 Satz 2 RiStBV
Freiheitsentziehungen	
– Unterrichtung des Landeskriminalamtes über Beginn, Unterbrechung und Ende richterlich angeordneter Freiheitsentziehungen	§ 13 Abs. 1 BKAG
Führungsaufsicht	§ 54 a StVollstrO
Geldwäschesachen	§ 10 Abs. 2 GwG
Gewaltverherrlichende, pornografische und sonstige jugendgefährdende Schriften und andere Abbildungen	
– mehrere Strafverfahren	Nr. 224 RiStBV
– Unterrichtung des Bundeskriminalamtes	Nr. 227 RiStBV
– Unterrichtung der Bundesprüfstelle für jugendgefährdende Schriften	Nr. 228 RiStBV
Gesetzgebende Körperschaften der Länder	§ 8 EGStPO, Nr. 192 Abs. 5 RiStBV
Immunitätssachen	§ 8 EGStPO, Nr. 192 Abs. 5, Nr. 192 a Abs. 3 und 5, Nr. 192 b Abs. 4 und 5 Satz 2 RiStBV
Jugendstrafsachen	
– Benachrichtigung des Jugendamtes von der beabsichtigten Erhebung der Anklage	§ 43 Nr. 6 RiJGG
– Erhebung der Anklage gegen einen Beschuldigten, der eine Jugendstrafe noch nicht vollständig verbüßt hat	§ 42 Nr. 2 RiJGG
– Heranwachsende, Benachrichtigung des Schulleiters von dem Vollzug einer Freiheitsstrafe	§ 110 Nr. 1 RiJGG
– Einstellung eines Verfahrens wegen Schuldunfähigkeit	§ 1 Nr. 2 RiJGG
– Vollstreckung bei Erziehungsmaßregeln	§§ 82 bis 85 Nr. III 1, 2 RiJGG
– Vollstreckung des Jugendarrestes	§§ 82 bis 85 Nr. V 7 RiJGG
– Vollstreckung des Jugendstrafe	§§ 82 bis 85 Nr. VI 4 RiJGG
– Vollstreckung von Zuchtmitteln (mit Ausnahme des Jugendarrestes)	§§ 82 bis 85 Nr. IV 2 RiJGG
– Vollzugsanstalt oder Unterrichtung über früher angeordnete Erziehungsbeistandschaft	§§ 82 bis 85 Nr. VI 3 RiJGG

Korruption	
– Mitteilung über die Zuwendung von Vorteilen	§ 4 Abs. 5 Satz 1 Nr. 10 Satz 2 EStG
Lebensmittel und Futtermittel	
– Mitteilung an die Verwaltungsbehörde	§ 42 Abs. 5 LFGB
Luftsicherheit	
– Mitteilung über die Verhaftung und Verfolgung wegen bestimmter Straftaten an Bord von Luftfahrzeugen	Artikel 13 Abs. 5 des Abkommens vom 14. September 1963 über strafbare und bestimmte andere an Bord von Luftfahrzeugen begangene Handlungen (BGBl. II 1969 S. 121), in Kraft für die Bundesrepublik Deutschland seit 16. März 1970 (BGBl. II S. 276); Artikel 6 Abs. 4 des Übereinkommens vom 16. Dezember 1970 zur Bekämpfung der widerrechtlichen Inbesitznahme von Luftfahrzeugen (BGBl. II 1972 S. 1505), in Kraft für die Bundesrepublik Deutschland seit 10. November 1974 (BGBl. II 1975 S. 1204)
Ordnungswidrigkeiten	
– Mitteilungen an die Verwaltungsbehörde	§ 63 Abs. 2, § 76 Abs. 1 Satz 3, Abs. 4 OWiG; Nr. 275 Abs. 5 Satz 2, Nr. 277 Abs. 3, Nr. 288 Abs. 1, Nr. 289 Abs. 2 RiStBV
– Mitteilungen an die Finanzbehörde (vgl. § 386 Abs. 1 Satz 2 AO 1977) in Verfahren wegen Steuerordnungswidrigkeiten	§ 403 Abs. 3 i. V. m. § 410 Abs. 1 Nr. 8, § 407 Abs. 1 Satz 3, Abs. 2 i. V. m. § 410 Abs. 1 Nr. 11 AO 1977, auch soweit diese Vorschriften nach anderen Gesetzen anwendbar sind (z. B. § 29 a Abs. 2 BerlinFG)
Parlament	§ 8 EGStPO, Nr. 191 Abs. 5, Nr. 192 Abs. 5, Nr. 192 a Abs. 3 und 5, Nr. 192 b Abs. 4 und 5 Satz 2 RiStBV
Pornografische Schriften	Nr. 223 ff. RiStBV
Pressestrafsachen	
– Aufhebung der Beschlagnahme	Nr. 252 RiStBV
– Einheitliche Bearbeitung verschiedener, dieselbe Druckschrift betreffender Verfahren	Nr. 250 RiStBV
Sexualstraftaten an Kindern	
– Benachrichtigung des Jugendamtes	Nr. 221 Abs. 2 RiStBV
Sicherstellungsvorschriften, strafbare Verstöße	
– Mitteilungen an die Verwaltungsbehörde	§ 13 Abs. 2 WiStG 1954, Artikel 320 Abs. 5 EGStGB jeweils i. V. m. § 63 Abs. 2, § 76 Abs. 1 Satz 3, Abs. 4 OWiG
– Mitteilungen an die Finanzbehörde	§ 34 Abs. 2 MOG, § 43 Abs. 2 AWG jeweils i. V. m. § 63 Abs. 2, § 76 Abs. 1 Satz 3, Abs. 4 OWiG
Sprengstoffsachen	Nr. 256 Abs. 4 RiStBV
Staatsschutz- und verwandte Strafsachen	
– Unterrichtung des Generalbundesanwaltes	Nr. 202 ff. RiStBV

– Unterrichtung von Verfassungsschutzbehörden	§ 18 BVerfSchG (bzw. der entsprechenden landesrechtlichen Vorschriften) i. V. m. Nr. 205, 206 RiStBV
– Unterrichtung des Bundeskriminalamtes bei Organisationsdelikten und in Verfahren betreffend staatsgefährdende Schriften	Nr. 207, 208 RiStBV
– Unterrichtung oberster Staatsorgane	Nr. 209, 211, 212 RiStBV
– Handlungen gegen ausländische Staaten	Nr. 210 Abs. 2 RiStBV
Steuerstrafsachen (Zollstrafsachen)	
– Mitteilung an das Finanzamt bei Verdacht einer Steuerstraftat	§ 116 AO 1977
– Mitteilungen an die Finanzbehörde (vgl. § 386 Abs. 1 Satz 2 AO 1977) im staatsanwaltschaftlichen und gerichtlichen Verfahren	§ 403 Abs. 3, § 407 Abs. 1 Satz 3, Abs. 2 AO 1977, auch soweit diese Vorschriften nach anderen Gesetzen anwendbar sind, Nr. 266 Abs. 1 RiStBV (vgl. dazu die Hinweise unter „Ordnungswidrigkeiten")
Strafunterbrechung	
– bei Vollzugsuntauglichkeit	§ 46 Abs. 2 StVollstrO
– bei Verurteilten, welche die Vollzugsbehörde bereits vor der Strafunterbrechung in eine Krankenanstalt, ein psychiatrisches Krankenhaus oder in eine entsprechende Einrichtung außerhalb des Bereichs der Justizverwaltung verbracht hat	§ 46 Abs. 3 StVollstrO
Subventionsbetrug	
– Mitteilung an die Strafverfolgungsbehörden bei Verdacht eines Subventionsbetruges	§ 6 SubvG und – soweit das Verfahren Leistungen nach Landesrecht betrifft, die Subventionen i. S. d. § 264 StGB sind – das Subventionsgesetz des jeweiligen Bundeslandes
– Mitteilung an das Finanzamt, soweit der Subventionsbetrug eine Investitionszulage betrifft	§ 403 Abs. 3, § 407 Abs. 1 Satz 3, Abs. 2 AO 1977 i. V. m. § 20 BerlinFG, § 5 a InvZulG 1986, § 9 InvZulG 1991–1996, § 8 InvZulG 1999, § 10 InvZulGVO
Untersuchungsgefangene	
– Unterrichtung der Vollzugsanstalt über bedeutsame Umstände	Nr. 7 UVollzO, Nr. 49 RiStBV
Verfahren gegen Abwesende	
– Beschlagnahme des Vermögens bei Abwesenheit des Angeschuldigten	§ 292 Abs. 2 StPO
Verkehrsstrafsachen	
– Mitteilungen an das Kraftfahrt-Bundesamt	§ 28 Abs. 4 StVG
– Mitteilungen an die Vertragsstaaten über gerichtliche Entscheidungen, durch die den Inhabern von im Ausland ausgestellten Führerscheinen das Recht aberkannt worden ist, die genannten Scheine zu gebrauchen	Artikel 10 Abs. 2 des Internationalen Abkommens über Kraftfahrzeugverkehr vom 24. April 1926 (RGBl. II 1930 S. 1233)
Verteidigerausschuss	
– Antrags- oder Vorlagemitteilung an den Vorstand der Rechtsanwaltskammer	§ 138 c Abs. 2 Satz 3 StPO
Waffen- und Sprengstoffsachen	Nr. 256 Abs. 4 RiStBV

Wehrbeauftragter	
– Mitteilungen an den Wehrbeauftragten, wenn der Justizbehörde die Vorgänge vom Wehrbeauftragten zugeleitet worden sind	§ 12 des Gesetzes über den Wehrbeauftragten (BGBl. I 1957 S. 652), neugefasst d. Bek. v. 16. Juni 1982 (BGBl. I S. 677), zuletzt geändert d. G. v. 30. März 1990 (BGBl. I S. 599)
Wirtschaftsstrafsachen	siehe unter „Sicherstellungsvorschriften“ und „Subventionsbetrug“
Zollstrafsachen	siehe unter „Steuerstrafsachen“

Gegenüberstellung der Fundstellen

der in den Erläuterungen zitierten Entscheidungen des Bundesgerichtshofs in der Amtlichen Sammlung und in der Neuen Juristischen Wochenschrift

Amtliche Sammlung Seite	NJW Seite
Bd 1	**Jahrg 51**
8	411
34	323
39	368
137	573
175	671
211	670
216	810
222	672
252	611
	Jahrg 52
275	193
334	153
346	192
366	151
373	153
376	152
387	152
Bd 2	
1	478
4	271
14	354
41	435
56	632
71	395
85	434
90	352
96	516
99	356
110	556
125	432
163	554
168	556
248	675
250	726*
269	673
284	714
290	714
351	755
371	899
Bd 3	
13	900
27	899
52	1064
62	1184
68	1265
69	1186
78	1027
134	1148
149	1265
169	1343
175	1305
179	1306
187	1306
199	192**
206	1345
213	1386
215	1422
218	36**
221	1383
	Jahrg 53
229	32
234	36
245	76
281	115
285	114
309	151
327	232
334	314
344	315
353	353
357	351
368	673
377	873
384	515
386	712
395	514
Bd 4	
130	915
138	1073
140	996
152	1273
155	1234
158	1154
191	1115
202	1273
205	1233
207	1313
208	1114
217	1193
255	1402
264	1358
275	1360
279	1442
287	1522
300	1602
308	1561
320	1481
321	1481
325	1679
345	1879
364	1925
368	1925
Bd 5	
5	1926
	Jahrg 54
34	83
52	122
57	119
73	82
75	281
85	203
106	81
140	280
153	284
183	243
207	260
214	361
225	1009
252	441
261	483
267	519
278	361
290	1114**
294	650
312	968
332	649
338	687

* Jahrg 1951 ** Jahrg 1953

Gegenüberstellung

Amtliche Sammlung Seite	NJW Seite
354	932
381	847
Bd 6	
70	1336
109	1375
122	1376
128	1336
140	1211
141	1497
167	1293
176	1252
186	1412
199	1415
206	1377
209	1415
229	1257
251	1576
258	1616
279	1496
289	1656
292	1656
298	1087
304	1776
326	1855
375	1943
	Jahrg 55
382	31
398	70
Bd 7	
6	112
15	32
23	152
26	273
44	152
64	232
67	311
69	231
73	191
75	510
82	599
86	600
101	640
127	230
129	471
153	639
162	641
180	758
194	721
205	680
218	759
238	840
256	835

Amtliche Sammlung Seite	NJW Seite
276	997
281	957
283	917
300	598
305	957
330	1239
356	1160
359	1159
363	1688
381	1198
Bd 8	
17	1447
34	1407
41	1367
46	1406
59	1365
76	1407
105	1526
107	1366
113	1642
130	1644
133	1565
144	1765
151	1804
155	1765
174	1846
177	1890
Jahrg 56	
191	32
194	997*
203	69
254	151
226	271
269	110
283	304
302	191
349	517
383	478
Bd 9	
1	273
5	555
10	600
24	557
34	680
37	679
59	599
71	879
77	837
88	799
104	960
149	1162
190	1209

Amtliche Sammlung Seite	NJW Seite
193	1246
195	1288
222	1209
230	1367
233	1246
243	1366
250	1448
280	1646
292	1526
297	1527
302	1485
324	1725
356	1727
362	1807
365	1886
	Jahrg 57
367	33
370	29
Bd 10	
8	230
15	1931**
19	192
62	472
64	389
65	431
71	433
74	511
77	1528**
88	637
100	680**
104	551
109	550
116	598
119	599
126	550
137	719
145	798
174	799
179	800
186	918
202	881
208	1039
230	1077
245	1040
255	1160
259	1117
272	1116
278	1244
288	1243
304	1325
320	1447
327	1327
342	1527

* Jahrg 1957

** Jahrg 1956

Amtliche Sammlung Seite	NJW Seite
358	1604
372	1683
379	1726
391	1809
393	1808
396	1809
Bd 11	
18	1888
29	1846
52	1846
	Jahrg 58
56	229
74	31
80	191
88	350
97	268
106	429
130	469
152	509
159	559
189	719
195	511
206	557
211	679
213	557
273	797
293	876
319	1050
332	1006
338	919
361	1309
379	1547
383	1452
393	1307
Bd 12	
1	1643
18	1596
33	1692
36	1690
92	2075
	Jahrg 59
94	56
104	108
180	396
217	348
235	445
270	733
311	780
317	734
326	779
332	899
335	894
367	731
374	899
386	896
399	1931
402	1093
Bd 13	
1	828
21	823
41	950
44	1142
53	1093
60	1142
75	1449
102	1230
121	1332
123	1330
128	1331
143	1740
186	1695
209	1835
223	1885
250	2222
252	2075
257	2125
268	2272
	Jahrg 60
289	55
300	54
303	207
306	109
320	110
337	253
358	349
363	442
378	493
388	494
394	584
Bd 14	
5	732
11	542
21	586
30	1393
64	545
85	780
114	731
136	878
137	1116
159	1396
162	1397
179	1069
189	1212
219	301
233	1310
240	1678
265	1358
293	1307
306	1774
310	1630
321	1475
330	1775
339	1582
343	1681
358	1580
374	1776
381	1870
391	1867
Bd 15	
1	2060
40	2106
60	2203
72	1963
78	2063
116	2109
155	2346
161	2349
164	2153
	Jahrg 61
187	84
194	132, 419
200	279
203	228
253	327
263	419
266	790
287	567
306	740
314	789
326	614
347	789
384	1077
390	1076
Bd 16	
47	1222
49	1364
67	1221
73	1366
84	1484
99	1485
105	1684
111	1781
115	1684
164	1979
168	1878
178	1980
184	1936
198	2170
200	1981
204	2070
237	2219
	Jahrg 62
306	165

Gegenüberstellung

Amtliche Sammlung Seite	NJW Seite
360	498
374	404
389	451
391	499
Bd 17	
14	598
28	500
35	748
38	643
44	820
94	818, 1357
128	1960*
176	1167
186	1117
188	1117
194	1069
201	1260
220	1308
245	1259
248	1451
253	1452
280	1628
303	1520
321	1306
324	1875
337	1873
351	1832
364	1972
376	1926
382	1876
388	1925
391	2020
Bd 18	
1	2116
19	2018
21	2262
34	2359
46	2358
51	2361
56	2360
	Jahrg 63
63	60
66	212
79	60
84	259
107	401
127	166
130	453
141	260
146	723
173	500
179	599
200	964
204	1019
214	821
225	1019
231	724
238	869
257	963
261	965
268	820
274	1209
288	1115
290	1509
324	1214
326	1214
331	1463
339	1364
347	1318
349	1511
352	1558
369	1462
374	1683
376	1627
381	1747
396	1787
Bd 19	
7	1988
24	1788
33	57*
46	1987
85	2378
88	2238
93	2084
101	2236
107	2238
	Jahrg 64
113	260
116	167
118	212
141	308
144	261, 779
156	308
170	603
177	506
193	602
196	674
217	988
226	875
240	780
258	1035
273	1234
320	1380
325	1139
354	1868
367	2431
377	1969
382	1866
Bd 20	
20	2168
22	2359
37	2432
	Jahrg 65
61	58
68	2119**
74	160
77	52
95	116
98	115
116	453
125	308, 544
132	544
157	923
160	874
164	827
189	922
205	1030
208	1286
219	1609
222	1492
225	1818
234	1870
245	2017
252	1871
268	2262
273	2356
	Jahrg 66
281	210
284	115
292	114
294	358
298	209
303	510
309	359
333	460
384	740
Bd 21	
1	676
4	603
12	742
18	842
23	940
38	989
40	941
62	1873
66	1465

* Jahrg 1960

** Jahrg 1964

Gegenüberstellung

Amtliche Sammlung Seite	NJW Seite
70	1037
72	1570
74	1668
81	2023
85	2321
108	2072
118	2174
131	2368
	Jahrg 67
142	62
149	213
152	359
154	164
167	893
174	637
180	580
183	835
186	788
191	789
211	894
212	1045
218	1094
222	1141
227	1520
229	1239
242	1476
245	1576
247	1720
250	1622
256	1972
260	1868
277	2069
285	2020
288	2070
303	2273
308	2217
316	2368
	Jahrg 68
322	59
326	116
332	167
334	710
367	900
371	309
Bd 22	
1	412
18	806
21	457
26	997
29	512
35	559
48	952

Amtliche Sammlung Seite	NJW Seite
52	557
58	1056
67	1244
83	804
85	996
90	1148
94	1242
100	1436
105	901
113	1246
118	1485
122	1436
124	1339
129	1388
154	1888
169	1684
170	1838
185	1730
187	1789
209	1974
213	2253
219	2018
221	2019
232	2387
237	2388
	Jahrg 69
250	105
266	61
268	196
278	473
282	517
289	703
297	756
307	995
311	669
321	887
336	941
347	1219
372	1445
Bd 23	
1	1582
8	2293
16	1633
30	2154
64	1970
79	1820
82	2107
86	2023
95	2246
98	2210
102	2057

Amtliche Sammlung Seite	NJW Seite
	Jahrg 70
115	105
123	63
141	255
151	393
156	520
176	523
200	478
213	573
221	766
224	767
233	1198
244	1197
254	1196
265	1558
270	1427
277	1512
280	1694
283	1614
298	1613
304	2071
307	1752
311	1981
329	2071
331	2253
336	2222
342	2255
	Jahrg 71
348	335
360	62
362	526
365	106
375	203
377	104
380	343
Bd 24	
11	105
15	389
26	291
29	290
54	521
69	814
72	715
98	1093
125	1097
143	1278
158	404*
164	1415
170	2082
183	2082
185	1948
193	1950
208	2272

* Jahrg 1972

Gegenüberstellung

Amtliche Sammlung Seite	NJW Seite
	Jahrg 72
239	402
254	499
257	545
268	454
274	548
280	695
283	779
290	780
293	881
297	1015
307	1013
321	914
329	1144
332	1289
336	1288
360	1905
365	2191
378	66*
Bd 25	
4	2006
6	2006
10	2053
13	2004
	Jahrg 73
19	65
24	206
38	107
42	204
44	154
51	204
54	205
64	289
66	476
72	335
77	336
81	524
85	523
89	521
95	474
97	528
100	523
104	526
109	665
120	664
122	860
142	910
163	1291
165	1006
168	1289
172	1204
174	1139
176	1139

Amtliche Sammlung Seite	NJW Seite
179	1467
182	1466
	Jahrg 74
187	66
207	1805*
234	66
239	109
242	154
246	246
252	371
257	509
259	373
263	708
272	655
281	868
285	869
287	1005
301	1098
309	1255
317	1290
321	1148
325	1570
333	1518
344	1777
355	64**
357	2294
365	2013
374	2191
	Jahrg 75
382	126
Bd 26	
1	63
4	395
18	505
21	177
24	320
29	699
56	788
67	1469
80	1178
84	885
92	1177
94	1038
106	1236
111	1232
118	1238
126	1332
127	2211
140	1612
148	1611
162	1846
165	1847

Amtliche Sammlung Seite	NJW Seite
183	2027
187	2352
191	2304
	Jahrg 76
204	154
206	432
212	153
214	336
218	199
221	58
228	116
241	526
247	431
250	523
258	575
270	721
271	720
276	1109
278	860
281	812
284	1512
288	1275
291	1106
298	1462
304	1700
319	1221
324	1547
332	1546
335	1414
352	1646
367	1902
374	2172
375	1984
379	1985
382	1029
384	1755
391	2356
393	2357
Bd 27	
2	2355
5	2354
	Jahrg 77
13	157
22	115
68	397
70	442
74	1461***
80	541
81	1018
85	723
90	815
96	1829

* Jahrg 1973 ** Jahrg 1975 *** Jahrg 1976

Amtliche Sammlung Seite	NJW Seite
99	1070
105	965
108	816
115	1729
117	964
124	910
135	1545
139	1161
148	1206
154	1208
166	1498
168	1598
175	1405
176	1544
181	1600
187	1643
189	2222
191	1599
196	1784
207	1973
209	1696
212	1459
216	1888
222	2036
231	2365
236	2273
244	2086
253	2175
260	2172
	Jahrg 78
266	504
270	59
274	503
276	2173*
287	229
302	551
315	434
322	1061
329	835
334	899
339	955
344	1169
349	1273
355	1390
359	1169
Bd 28	
11	2040
31	1753
35	2403

Amtliche Sammlung Seite	NJW Seite
44	1984
57	1815
61	2162
67	2519
69	2517
82	2561
96	2457
	Jahrg 79
103	55
110	2458**
116	115
119	54
122	990
135	2561**
138	116
160	881
162	378
165	435
174	770
194	663, 1310
196	663
206	882, 1992
224	726
240	1212
262	2160
266	1835
272	1310
285	1110
290	1052
310	1513
338	1720
341	2622
349	1418
351	1837
355	1419
381	2414
384	2319
Bd 29	
1	1056***
13	1612
18	2318
	Jahrg 80
23	67
33	351
43	298
47	131
54	2055†
63	2481†
67	2572†
94	2483†

Amtliche Sammlung Seite	NJW Seite
99	64
109	464
124	987
135	351
144	1175
149	1533
162	951
173	1290
196	1175
200	1401
203	1292
211	1237
216	1586
224	1858
230	1533, 2142
244	1700
252	2319
258	61††
269	1967
274	2479
283	2364
288	2718
305	2364
310	2365
315	2821
	Jahrg 81
341	180
351	133
359	589
390	355
394	411
396	354
Bd 30	
10	694
32	695
34	1052
38	1222
52	1221
64	1627
74	1568
93	2071
98	2422
105	1695
131	2267
147	2422
149	2073
152	2651
165	2422
168	2311

* Jahrg 1977

** Jahrg 1978
*** Jahrg 1980
† Jahrg 1979

†† Jahrg 1981

Gegenüberstellung

Amtliche Sammlung Seite	NJW Seite
172	2133
182	532*
187	2311
189	2766
193	2825
	Jahrg 82
212	59
223	248
225	589
244	294
250	115
255	293
260	454
263	393
268	1404
298	948
309	1544
332	947
335	1110
340	1295
350	947
371	1470
386	1005
Bd 31	
3	1655
7	1470
10	1600
15	1712
39	2739
51	1954
63	2674
86	2455
	Jahrg 83
128	582
132	1385
136	239
139	186
140	1006
148	1005
157	185
183	1437
195	765
212	1745
226	1205
236	1864
244	1687
290	1572
296	1569
302	1504
304	1570
314	1986
323	2335

Amtliche Sammlung Seite	NJW Seite
358	2711
361	1918
389	2952
395	2205
Bd 32	
1	2270
10	2396
	Jahrg 84
25	621
32	1973
44	2228
68	2772
84	1364
93	376
100	501
115	247
159	623
190	375
215	808
221	1309
231	935
270	1245
275	2048
326	2480
342	2050
345	2300
357	2711
365	1975
Bd 33	
41	2839
	Jahrg 85
44	443
59	1089
70	986
76	2904
83	984
97	639
99	1848
111	872
114	1175
119	1175
122	926
126	1173
148	2203
163	1967
167	1720
178	1789
183	2960
196	2096
217	390**
234	2840

Amtliche Sammlung Seite	NJW Seite
261	2341
283	2838
	Jahrg 86
290	1356
303	144
347	1183
356	1764
389	1555
Bd 34	
11	1820
15	1766
34	1821
39	2261
68	2121
85	3150
90	199***
121	2585
	Jahrg 87
138	1955
154	965
159	1211
184	661
204	204
209	660
215	1033
231	1652
236	1210
250	1562
324	2027
334	2168
355	2593
362	2525
365	2524
371	2824
	Jahrg 88
379	1397
392	1224
397	1037
Bd 35	
14	1800
28	1037
32	1223
39	1680
55	1922
60	1742
80	837
82	2187
137	2188
164	1333
190	3164

* Jahrg 1982 ** Jahrg 1986 *** Jahrg 1987

Amtliche Sammlung Seite	NJW Seite
195	2808
205	45★
216	3105
238	3161
243	2749
251	46★
259	3215
267	3216
290	3214
318	724
	Jahrg 89
328	842
344	237
363	114
366	1681
Bd 36	
27	464
30	57★★
44	1228
92	1437
119	1741
133	1813
139	1869
151	1810
155	1740
159	3291
175	2403
192	2702
205	2837
210	2270
217	2762
	Jahrg 90
229	264
236	397
241	460
242	333
259	586
262	129
283	845
286	778
294	920
305	584
320	1549
328	1426
338	1614
340	2073
348	1490
354	1740
361	1675
363	2828
384	1859
389	2395
396	1799
Bd 37	
1	1860
5	2143
10	1924
15	239★★★
21	2477
30	1801
42	2697
48	2633
55	3026
75	2698
79	2758
99	3030
136	2479
138	3283
	Jahrg 91
141	50
145	114
157	2944†
160	3281†
162	435
168	1622
204	435
245	1764
249	1364
260	1243
263	1244
264	1900
287	1902
298	1692
316	1367
324	1964
338	2162
347	2094
350	2300
356	2916
361	3034
395	2780
Bd 38	
4	3162
7	123††
14	252††
37	3227
43	3042
52	2917
	Jahrg 92
54	548
63	518
66	516
93	1182
96	1116
102	519
111	1245
144	763
172	1775
177	2037
212	2104
214	1463
237	1973
248	2436
251	2494
260	2241
263	1637
271	2039
276	1975
291	2903
300	2644
302	2304
307	2306
312	2775
320	2976
	Jahrg 93
362	477
366	476
369	803
372	338
376	672
381	605
388	544
Bd 39	
49	866
72	1343
75	1481
96	868
110	1147
112	1341
121	1084
141	1214
162	1808
195	1723
199	1938
202	2325
208	1999
233	2692
239	2758
251	2881
281	206†††
291	3081
305	3337
310	3275

★ Jahrg 1989
★★ Jahrg 1990
★★★ Jahrg 1991
† Jahrg 1990
†† Jahrg 1992
††† Jahrg 1994

Gegenüberstellung

Amtliche Sammlung Seite	NJW Seite
	Jahrg 94
335	596
349	333
353	267
390	1015
Bd 40	
3	1294
44	2556
60	1484
66	1807
97	1421
120	2369
125	3174
138	1663
191	2773
195	2368
211	2904
218	2703
	Jahrg 95
287	603
287	603
336	1501
360	407
374	1166
395	2367
Bd 41	
6	2424
16	1973
30	1974
36	2569
42	2236
57	2365
64	2237
119	2645
140	2301
145	3195
153	2997
	Jahrg 96
175	267
206	2930★
222	471
288	1007
292	1160
303	406
305	1293
317	857
348	1355
363	532
374	1220
376	1420
385	1973

Amtliche Sammlung Seite	NJW Seite
Bd 42	
15	1547
46	1763
71	2171
73	2435
86	2239
94	1975
103	2518
107	2107
139	2940
170	2242
175	2738
191	3018
	Jahrg 97
205	204
294	471
314	670
324	668
343	1452
365	1516
372	1018
391	1790
Bd 43	
16	550★★
22	1862
31	2061
36	1792
53	2689
62	2335
91	2531
96	3034
106	2828
112	2392
122	2828
146	2963
153	3385
169	2762
171	3180
195	86★★
212	3182
	Jahrg 98
262	467
270	390
277	321
300	840
321	1723
360	1163
Bd 44	
4	1234
13	1237
19	2066

Amtliche Sammlung Seite	NJW Seite
23	1420
26	2458
34	2149
43	2066
46	1963
82	2296
97	3069
107	3577
119	3212
121	157★★★
129	3506
138	3284
144	3211
153	3788
161	154
171	3653
	Jahrg 99
196	69
202	437
209	508
243	959
256	802
265	730
308	657
328	1644
345	961
347	1412
350	1269
361	1724
Bd 45	
26	1876
37	2290
51	2449
58	2604
108	3644
117	3060
123	3134
164	2746
183	3499
188	3788
	Jahrg 00
203	596
211	226
227	526
261	820
308	748
312	965
321	1123
342	1274
354	1204
363	1426
367	1962

★ Jahrg 1995 ★★ Jahrg 1998 ★★★ Jahrg 1999

Gegenüberstellung

Amtliche Sammlung Seite	NJW Seite
376	1204
378	1348
Bd 46	
1	1277
6	2118
17	1880
36	2217
53	2433
73	2517
81	2830
93	3505
130	3293
142	3795
159	1146
	Jahrg 01
178	309
187	692
189	528
204	838
230	1509
238	1359
257	1435
261	1077
266	1658
279	1802
307	2270
310	2102
345	3277
349	1734
358	141*
Bd 47	
16	2984
32	3134
44	2981
52	3560
62	3349
68	2891
105	3275
	Jahrg 02
116	526
172	975
202	692
220	1508
233	1279
238	1436
249	1132
270	2401
275	1589
311	2483
326	2653
362	368**
378	3560

Amtliche Sammlung Seite	NJW Seite
Bd 48	
4	3484
23	3787
	Jahrg 03
28	226
106	763
134	1466
153	1261
161	1615
170	1331
181	1131
183	1748
221	2107
240	1880
264	2396
268	2761
275	2252
290	2545
294	2619
Bd 49	**Jahrg 04**
29	865
34	1054
61	1398
68	1468
72	1605
84	1396
90	1748
112	1259
130	2992
209	2686
230	3643
	Jahrg 05
255	519
317	300
342	518
359	836
365	230
371	913
Bd 50	
16	1287
30	3363
40	1440
64	2406
93	1957
121	2022
132	3153
180	3078
206	3295
216	3436
224	3507

Amtliche Sammlung Seite	NJW Seite
	Jahrg 06
267	240
272	707
282	388
284	531
318	785
373	1442
Bd 51	
1	1361
18	1822
25	1745
29	1948
34	2275
81	2934
84	3362
88	3579
	Jahrg 07
100	1760
140	307
144	384
150	237
159	1011
180	709
202	853
211	930
232	1475
275	1829
280	2341
285	2269
298	2419
325	2195
333	2501
364	2566
367	2706
Bd 52	
11	3138
24	3364
	Jahrg 08
31	207
38	3567***
48	307
58	3652***
78	1749
84	672
96	1239
110	1090
119	1008
124	860
148	1010
153	2199
165	1752
175	2356

* Jahrg 2002

** Jahrg 2003

*** Jahrg 2007

Gegenüberstellung

Amtliche Sammlung Seite	NJW Seite	Amtliche Sammlung Seite	NJW Seite	Amtliche Sammlung Seite	NJW Seite
205	1682	**Bd 53**		268	625*
222	2455	1	454	284	2463
275	2931	64	791		
284	3446	99	381		
314	2792	108	1429	**Bd 54**	
322	3232	112	1427	1	2548
349	3509	128	1681	9	2319
		169	1760	13	3313
		191	1619	15	2834
	Jahrg 09	238	385*	30	3177
355	605	257	2690	37	2836
364	928	265	3735	69	3448

* Jahrg 2010

Sachverzeichnis

Fette Zahlen bezeichnen ohne Zusatz die Paragraphen der StPO, mit dem Zusatz GVG die Paragraphen des GVG, mit dem Zusatz **A 1–5** die Paragraphen (bzw Artikel) der im Anhang abgedruckten kommentierten Gesetze.

Magere Zahlen bezeichnen die Randnummern der Erläuterungen, mit dem Zusatz A 6–13 die Paragraphen (Artikel, Nummern) der im Anhang abgedruckten nicht kommentierten Rechts- oder Verwaltungsvorschriften.

Römische Zahlen verweisen auf die Absätze; es bedeuten „Anl": Anlage, „Einl": Einleitung, „vor": Vorbemerkung.

B

C

D

E

G

I

J

K

L

M

N

P

Q

R

T

U

V

W

Z